NomosKommentar

Herausgegeben von

Prof. Dr. Helge Sodan | Prof. Dr. Jan Ziekow

Verwaltungsgerichtsordnung

Großkommentar

5. Auflage

Bearbeitet von

Prof. Dr. Josef Aulehner, München | **Dr. Georg Axer**, Richter am Verwaltungsgericht, Berlin | **Prof. Dr. Hermann-Josef Blanke**, Erfurt | **Prof. Dr. Nadja Braun Binder**, MBA, Zürich | **Prof. Dr. Michael Brenner**, Jena | **Prof. Dr. Detlef Czybulka**, Rostock | **Prof. Dr. Oliver Dörr**, LL.M. (London), Osnabrück | **Dr. Michael Dolderer**, Richter am Landessozialgericht Baden-Württemberg, Stuttgart | **Prof. Dr. Max-Emanuel Geis**, Erlangen | **Prof. Dr. Annette Guckelberger**, Saarbrücken | **Prof. Dr. Dirk Heckmann**, Passau | **Dr. Daniel Hissnauer**, Richter am Verwaltungsgerichtshof Baden-Württemberg, Mannheim | **Prof. Dr. Ulrich Hösch**, Rechtsanwalt, Fachanwalt für Verwaltungsrecht, München | **Prof. Dr. Michael Kilian**, Halle | **Prof. Dr. Sebastian Kluckert**, Wuppertal | **Prof. Dr. Andreas Korbmacher**, Vorsitzender Richter am Bundesverwaltungsgericht, Leipzig | **Dr. Joachim Kronisch**, Präsident des Verwaltungsgerichts Schwerin | **Dr. Johanna Kujath**, Richterin am Verwaltungsgericht, Berlin | **Prof. Dr. Heinrich Lang**, Greifswald | **Christian Müller**, Richter am Verwaltungsgericht, Berlin | **Werner Neumann,** Vorsitzender Richter am Bundesverwaltungsgericht a. D., Leipzig | **Dr. Juliane Pätzold**, Richterin am Verwaltungsgericht, Berlin | **Dr. Wilfried Peters**, Vizepräsident des Verwaltungsgerichts, Berlin | **Prof. Dr. Adelheid Puttler**, LL.M. (Chicago), Bochum | **Dr. Mathias Reinke**, Richter am Verwaltungsgericht, Berlin | **Prof. Dr. Stephan Rixen**, Bayreuth | **Prof. Dr. Nils Schaks**, Mannheim | **Dr. Katrin Schwarzburg**, Richterin am Verwaltungsgericht, Berlin | **Prof. Dr. Max-Jürgen Seibert**, Vorsitzender Richter am Oberverwaltungsgericht, Münster | **Prof. Dr. Thorsten Siegel**, Berlin | **Prof. Dr. Helge Sodan**, Berlin | **Prof. Dr. Heinrich Amadeus Wolff**, Bayreuth | **Prof. Dr. Dr. h.c. (NUM) Jan Ziekow**, Speyer

Nomos

Die Deutsche Nationalbibliothek verzeichnet diese Publikation in
der Deutschen Nationalbibliografie; detaillierte bibliografische
Daten sind im Internet über http://dnb.d-nb.de abrufbar.

ISBN 978-3-8487-3974-5

5. Auflage 2018

Vorwort

Wieder einmal hat sich seit Erscheinen der letzten Auflage dieses Werkes die Erfahrung bestätigt, dass auch in konsolidierten staatlichen und supranationalen Kontexten die Aktivitäten des Gesetzgebers nicht nachlassen – eher im Gegenteil. Man braucht nicht einmal auf die großen Arenen der Digitalisierung aller Lebens- und Handlungsbereiche oder des Datenschutzes hinzuweisen, um diese Erkenntnis zu untermauern.

Gerade in einer legalistischen Verwaltungskultur wie der deutschen betreffen viele Regelungen die öffentliche Verwaltung und ihr Handeln. Diese Entwicklung spiegelt sich notwendigerweise im Verwaltungsprozess wider. Zwar sind Eingriffe in den Normbestand der Verwaltungsgerichtsordnung selbst nicht allzu häufig. In der Neuauflage wurden alle bis zum 1. Januar 2018 in Kraft getretenen Änderungen der Verwaltungsgerichtsordnung berücksichtigt, einschließlich derjenigen, welche Art. 20 des Gesetzes zur Einführung der elektronischen Akte in der Justiz und zur weiteren Förderung des elektronischen Rechtsverkehrs vom 5. Juli 2017 (BGBl I 2208) enthält. Jedoch haben viele Neuregelungen im Bereich des (Verwaltungs-)Verfahrens- und des materiellen Rechts Auswirkungen auf Anwendung und Reichweite verwaltungsprozessualer Regelungen. Die Fülle des bei der Neuauflage eines umfassenden Großkommentars wie dem vorliegenden zu berücksichtigenden Materials ist daher enorm. Dies gilt umso mehr, nimmt man die große Zahl von einschlägigen Veröffentlichungen und Neuauflagen hinzu, die es zu verarbeiten gilt.

Umso erleichterter waren Herausgeber und Verlag, mit ihrem Anliegen, eine 5. Auflage dieses Kommentars zu veröffentlichen, bei den Autorinnen und Autoren auf uneingeschränkte Unterstützung zu stoßen. Gerade bei einem Großkommentar, der nicht bei oberflächlichen Zusammenfassungen der Rechtsprechung stehen bleibt, sind Engagement und Bereitschaft der Bearbeiterinnen und Bearbeiter, sich nicht mit einfachen Antworten zu begnügen, für die Qualität entscheidend.

Bei einem Projekt, das vor mehr als einem Vierteljahrhundert begonnen wurde, sind Änderungen in der Zusammensetzung des Autorenkreises allerdings unvermeidlich. Prof. Dr. *Detlef Czybulka* hat die bereits in der Vorauflage begonnene Übergabe seiner Kommentierungen, die Maßstäbe gesetzt haben, in jüngere Hände fortgesetzt. Die Bearbeitungen der §§ 54, 55, 56 – 58 werden nunmehr von Prof. Dr. *Sebastian Kluckert* in alleiniger Autorschaft verantwortet. In die übrigen Kommentierungen von *Detlef Czybulka* sind als weitere Bearbeiter *Sebastian Kluckert* (§§ 60, 65 und 66), Prof. Dr. *Thorsten Siegel* (§§ 61 – 64, 67 und 67 a) sowie Prof. Dr. *Ulrich Hösch* (§§ 132 und 133) eingetreten. Die bisher von Prof. Dr. *Michael Kilian* kommentierten §§ 116 – 122 werden von RiVGH Dr. *Daniel Hissnauer* fortgeführt, davon die §§ 117 – 122 zunächst in Co-Autorschaft. Prof. Dr. *Andreas Korbmacher*, VorsRiBVerwG, hat sich der Fortführung der bisher in Alleinautorschaft von VorsRiBVerwG a.D. *Werner Neumann* verantworteten §§ 134 – 144 angenommen. Die Zweitautorschaft der ebenfalls von *Werner Neumann* bearbeiteten §§ 154 – 166 hat Prof. Dr. *Nils Schaks* übernommen. Vollständig aus dem Werk ausgeschieden sind Prof. Dr. *Wolfram Höfling*, so dass der § 108 nunmehr allein von Prof. Dr. *Stephan Rixen* kommentiert wird, und Prof. Dr. *Viola Schmid*. Die von ihr bisher bearbeiteten Vorschriften sind völlig neu von Prof. Dr. *Nadja Braun Binder* (§§ 55 a – 55 d, 173), VizePräs.VG Dr. *Wilfried Peters* (§§ 87 und 87 a, sowie §§ 87 b – 94 in Co-Autorschaft), RiVG *Christian Müller* (§§ 87 b und 93 a gemeinsam mit *Wilfried Peters*), RiVG Dr. *Johanna Kujath* (§§ 88 und 91 gemeinsam mit *Wilfried Peters*), RiVG Dr. *Juliane Pätzold* (§§ 89 und 93 gemeinsam mit *Wilfried Peters*), RiVG Dr. *Mathias Reinke* (§ 90 gemeinsam mit *Wilfried Peters*), RiVG Dr. *Georg Axer* (§ 92 gemeinsam mit *Wilfried Peters*) und RiVG Dr. *Katrin Schwarzburg* (§ 94 gemeinsam mit *Wilfried Peters*) kommentiert worden.

Auch diese Auflage hätte ohne die Unterstützung zahlreicher Mitarbeiterinnen und Mitarbeiter nicht verwirklicht werden können. Für wertvolle und ausdauernde Unterstützung an unseren Lehrstühlen danken wir herzlich:

- Den Herren *Jann Ferlemann*, *Bernhard Hadank* und *Michael Hahn*, die alle Wissenschaftliche Mitarbeiter an der Freien Universität Berlin sind, Frau *Nadine Preuß*, die Doktorandin an der Freien Universität Berlin ist, sowie Herrn *Robert Wille*, der mittlerweile Wissenschaftlicher Mitarbeiter an der Universität Potsdam ist;
- Herrn Assessor *Alexander Niestedt* und Frau *Martina Díaz-Carreño*, die beide an der Deutschen Universität für Verwaltungswissenschaften Speyer tätig sind, sowie Frau Referendarin *Victoria Ziekow*.

Für die weiterhin wohlwollende und wertvolle Förderung des Kommentars seitens der Nomos Verlagsgesellschaft danken wir besonders Herrn Prof. Dr. *Johannes Rux* und Frau Rechtsanwältin *Charlotte Frickinger*, Juristisches Lektorat.

Berlin/Speyer, im Juni 2018

Helge Sodan   *Jan Ziekow*

Autorenverzeichnis

Prof. Dr. *Josef Aulehner*
Ludwig-Maximilians-Universität München, Juristische Fakultät und Dezernat Recht

Dr. *Georg Axer*
Richter am Verwaltungsgericht, Berlin

Prof. Dr. *Hermann-Josef Blanke*
Universität Erfurt, Staatswissenschaftliche Fakultät, Lehrstuhl für Öffentliches Recht, Völkerrecht und Europäische Integration

Prof. Dr. *Nadja Braun Binder*
Universität Zürich, Rechtswissenschaftliches Institut der Universität Zürich/Zentrum für Demokratie Aarau

Prof. Dr. *Michael Brenner*
Friedrich-Schiller-Universität Jena, Rechtswissenschaftliche Fakultät, Lehrstuhl für Deutsches und Europäisches Verfassungs- und Verwaltungsrecht

Prof. Dr. *Detlef Czybulka*
Universität Rostock, Juristische Fakultät, ehem. Lehrstuhl für Staats- und Verwaltungsrecht, Umweltrecht und Öffentliches Wirtschaftsrecht;
Richter am Oberverwaltungsgericht Mecklenburg-Vorpommern a. D.

Prof. Dr. *Oliver Dörr*, LL.M. (London)
Universität Osnabrück, Fachbereich Rechtswissenschaften, Lehrstuhl für Öffentliches Recht, Europarecht, Völkerrecht und Rechtsvergleichung

Dr. *Michael Dolderer*
Richter am Landessozialgericht Baden-Württemberg, Stuttgart

Prof. Dr. *Max-Emanuel Geis*
Friedrich-Alexander-Universität Erlangen-Nürnberg, Rechts- und Wirtschaftswissenschaftliche Fakultät, Lehrstuhl für Öffentliches Recht

Prof. Dr. *Annette Guckelberger*
Universität des Saarlandes, Rechts- und Wirtschaftswissenschaftliche Fakultät, Lehrstuhl für Öffentliches Recht

Prof. Dr. *Dirk Heckmann*
Universität Passau, Juristische Fakultät, Lehrstuhl für Öffentliches Recht, Sicherheitsrecht und Internetrecht;
Mitglied des Bayerischen Verfassungsgerichtshofes

Dr. *Daniel Hissnauer*
Richter am Verwaltungsgerichtshof Baden-Württemberg, Mannheim

Prof. Dr. *Ulrich Hösch*
Rechtsanwalt, Fachanwalt für Verwaltungsrecht, München;
außerplanmäßiger Professor an der Universität Bayreuth, Rechts- und Wirtschaftswissenschaftliche Fakultät

Prof. Dr. *Michael Kilian*
Martin-Luther-Universität Halle-Wittenberg, Juristische und Wirtschaftswissenschaftliche Fakultät, ehem. Lehrstuhl für Öffentliches Recht, Finanz- und Umweltrecht, Völker- und Europarecht;
Richter des Landesverfassungsgerichts für das Land Sachsen-Anhalt a. D.

Prof. Dr. *Sebastian Kluckert*
Bergische Universität Wuppertal, Fakultät für Wirtschaftswissenschaft – Schumpeter School of Business and Economics, Professur für Öffentliches Recht

Prof. Dr. *Andreas Korbmacher*
Vorsitzender Richter am Bundesverwaltungsgericht, Leipzig

Dr. *Joachim Kronisch*
Präsident des Verwaltungsgerichts Schwerin;
stellvertretendes Mitglied des Landesverfassungsgerichts Mecklenburg-Vorpommern

Dr. *Johanna Kujath*
Richterin am Verwaltungsgericht, Berlin

Prof. Dr. *Heinrich Lang*
Ernst-Moritz-Arndt-Universität Greifswald, Rechts- und Staatswissenschaftliche Fakultät, Lehrstuhl für Öffentliches Recht, Sozial- und Gesundheitsrecht

Christian Müller
Richter am Verwaltungsgericht, Berlin

Werner Neumann
Vorsitzender Richter am Bundesverwaltungsgericht a. D., Leipzig

Dr. *Juliane Pätzold*
Richterin am Verwaltungsgericht, Berlin

Dr. *Wilfried Peters*
Vizepräsident des Verwaltungsgerichts, Berlin

Prof. Dr. *Adelheid Puttler*, LL.M. (Chicago)
Ruhr-Universität Bochum, Juristische Fakultät, Lehrstuhl für Öffentliches Recht, insbesondere Europarecht, Völkerrecht und Internationales Wirtschaftsrecht

Dr. *Mathias Reinke*
Richter am Verwaltungsgericht, Berlin

Prof. Dr. *Stephan Rixen*
Universität Bayreuth, Rechts- und Wirtschaftswissenschaftliche Fakultät, Lehrstuhl für Öffentliches Recht, Sozialwirtschafts- und Gesundheitsrecht

Prof. Dr. *Nils Schaks*
Universität Mannheim, Fakultät für Rechtswissenschaft und Volkswirtschaftslehre, Juniorprofessur für Öffentliches Recht

Dr. *Katrin Schwarzburg*
Richterin am Verwaltungsgericht, Berlin

Prof. Dr. *Max-Jürgen Seibert*
Vorsitzender Richter am Oberverwaltungsgericht für das Land Nordrhein-Westfalen, Münster;
Honorarprofessor an der Rechts- und Staatswissenschaftlichen Fakultät der Rheinischen Friedrich-Wilhelms-Universität Bonn

Prof. Dr. *Thorsten Siegel*
Freie Universität Berlin, Fachbereich Rechtswissenschaft, Professur für Öffentliches Recht, insbesondere Verwaltungsrecht

Prof. Dr. *Helge Sodan*
Freie Universität Berlin, Fachbereich Rechtswissenschaft, Lehrstuhl für Staats- und Verwaltungsrecht, Öffentliches Wirtschaftsrecht und Sozialrecht;
Präsident des Verfassungsgerichtshofes des Landes Berlin a. D.;
Direktor des Deutschen Instituts für Gesundheitsrecht

Prof. Dr. *Heinrich Amadeus Wolff*
Universität Bayreuth, Rechts- und Wirtschaftswissenschaftliche Fakultät, Lehrstuhl für Öffentliches Recht und Umweltrecht

Prof. Dr. Dr. h.c. (NUM) *Jan Ziekow*
Deutsche Universität für Verwaltungswissenschaften Speyer, Lehrstuhl für Öffentliches Recht, insbesondere allgemeines und besonderes Verwaltungsrecht;
Direktor des Deutschen Forschungsinstituts für öffentliche Verwaltung

Inhaltsverzeichnis

Europäischer Verwaltungsrechtsschutz

Verwaltungsgerichtsordnung (VwGO)

Teil I. Gerichtsverfassung

1. Abschnitt. Gerichte

2. Abschnitt. Richter

3. Abschnitt. Ehrenamtliche Richter

4. Abschnitt. Vertreter des öffentlichen Interesses

5. Abschnitt. Gerichtsverwaltung

6. Abschnitt. Verwaltungsrechtsweg und Zuständigkeit

Teil II. Verfahren

7. Abschnitt. Allgemeine Verfahrensvorschriften

8. Abschnitt. Besondere Vorschriften für Anfechtungs- und Verpflichtungsklagen

9. Abschnitt. Verfahren im ersten Rechtszug

10. Abschnitt. Urteile und andere Entscheidungen

11. Abschnitt. Einstweilige Anordnung

Teil III. Rechtsmittel und Wiederaufnahme des Verfahrens

12. Abschnitt. Berufung

13. Abschnitt. Revision

14. Abschnitt. Beschwerde, Erinnerung, Anhörungsrüge

15. Abschnitt. Wiederaufnahme des Verfahrens

Teil IV. Kosten und Vollstreckung

16. Abschnitt. Kosten

17. Abschnitt. Vollstreckung

Teil V. Schluß- und Übergangsbestimmungen

Bearbeiterverzeichnis

Europäischer Verwaltungsrechtsschutz	Oliver Dörr
§§ 1–18	Joachim Kronisch
§§ 19–34	Jan Ziekow
§§ 35–39	Annette Guckelberger
§ 40	Helge Sodan
§ 41 *(§§ 17–17b GVG)*	Jan Ziekow
§§ 42–44	Helge Sodan
§§ 44a–53	Jan Ziekow
§§ 54, 55	Sebastian Kluckert
§§ 55a–55d	Nadja Braun Binder
§§ 56, 56a	Detlef Czybulka/Sebastian Kluckert
§§ 57, 58	Sebastian Kluckert
§ 60	Detlef Czybulka/Sebastian Kluckert
§§ 61–64	Detlef Czybulka/Thorsten Siegel
§§ 65, 66	Detlef Czybulka/Sebastian Kluckert
§§ 67, 67a	Detlef Czybulka/Thorsten Siegel
§§ 68–73	Max-Emanuel Geis
§§ 74–79	Michael Brenner
§§ 80–80b	Adelheid Puttler
§§ 81–85	Josef Aulehner
§ 86	Stephan Rixen
§§ 87, 87a	Wilfried Peters
§ 87b	Wilfried Peters/Christian Müller
§ 88	Wilfried Peters/Johanna Kujath
§ 89	Wilfried Peters/Juliane Pätzold
§ 90	Wilfried Peters/Mathias Reinke
§ 91	Wilfried Peters/Johanna Kujath
§ 92	Wilfried Peters/Georg Axer
§ 93	Wilfried Peters/Juliane Pätzold
§ 93a	Wilfried Peters/Christian Müller
§ 94	Wilfried Peters/Katrin Schwarzburg
§§ 95–100	Heinrich Lang
§§ 101–106	Michael Dolderer
§ 107	Heinrich Amadeus Wolff
§ 108	Stephan Rixen
§§ 109–115	Heinrich Amadeus Wolff
Vorbem. § 116, §§ 116–122	Michael Kilian/Daniel Hissnauer
§ 123	Adelheid Puttler
Vorbem. §§ 124 ff.	Hermann-Josef Blanke
§§ 124–125	Max-Jürgen Seibert
§§ 126–130	Hermann-Josef Blanke
§§ 130a, 130b	Max-Jürgen Seibert
§§ 132, 133	Detlef Czybulka/Ulrich Hösch
§§ 134–144	Werner Neumann/Andreas Korbmacher
§§ 146–153	Annette Guckelberger

§§ 154–166	Werner Neumann/Nils Schaks
§§ 167–172	Dirk Heckmann
§ 173	Nadja Braun Binder
§§ 174, 180	Annette Guckelberger
§§ 183–188	Dirk Heckmann
§ 189	Heinrich Lang
§§ 190–193	Dirk Heckmann
§ 194	Max-Jürgen Seibert
§ 195	Jan Ziekow

Zitiervorschlag:
Bearbeiter, in: Sodan/Ziekow, VwGO, § … Rn. …

Abkürzungsverzeichnis

Die Systematik der verwendeten Abkürzungen folgt Kirchner, Abkürzungsverzeichnis der Rechtssprache, [8]2015. Das folgende Verzeichnis enthält daher nur solche Abkürzungen, die bei Kirchner nicht aufgeführt sind.

2. VwVfGÄndG	Zweites Gesetz zur Änderung verwaltungsverfahrensrechtlicher Vorschriften
3. RpflÄndG	Drittes Gesetz zur Änderung des Rechtspflegergesetzes und anderer Gesetze
4. VwGOÄndG	Viertes Gesetz zur Änderung der Verwaltungsgerichtsordnung und anderer Gesetze
abl.	ablehnend
ABl.	Amtsblatt
Achterberg	Norbert Achterberg, Allgemeines Verwaltungsrecht, [2]1986
AGB Brief National	Allgemeine Geschäftsbedingungen der Deutschen Post AG
AGVwGO Bay	(Bayerisches) Gesetz zur Ausführung der Verwaltungsgerichtsordnung
AGVwGO Bln	(Berliner) Gesetz zur Ausführung der Verwaltungsgerichtsordnung
AGVwGO Brem	(Bremisches) Gesetz zur Ausführung der Verwaltungsgerichtsordnung
AGVwGO BW	(Baden-Württembergisches) Gesetz zur Ausführung der Verwaltungsgerichtsordnung
AGVwGO Hamb	(Hamburgisches) Gesetz zur Ausführung der Verwaltungsgerichtsordnung
AGVwGO LSA	Gesetz zur Ausführung der Verwaltungsgerichtsordnung (des Landes Sachsen-Anhalt)
AGVwGO Nds	(Niedersächsisches) Gesetz zur Ausführung der Verwaltungsgerichtsordnung
AGVwGO NRW	(Nordrheinwestfälisches) Gesetz zur Ausführung der Verwaltungsgerichtsordnung
AGVwGO RP	(Rheinland-Pfälzisches) Gesetz zur Ausführung der Verwaltungsgerichtsordnung
AGVwGO SH	(Schleswig-Holsteinisches) Gesetz zur Ausführung der Verwaltungsgerichtsordnung
ähnl.	ähnlich
AK-GG	Reihe Alternativkommentare, Kommentar zum Grundgesetz für die Bundesrepublik Deutschland, Loseblatt
allg.	allgemein
Anl.	Anlage
Anm.	Anmerkung
APF	Ausbildung, Prüfung, Fortbildung. Zeitschrift für die staatliche und kommunale Verwaltung
AuAS	Schnelldienst Ausländer- und Asylrecht
AufbG Hmb	Gesetz über den Aufbau der Hansestadt Hamburg
AufbG RP	Rheinland-Pfälzisches Gesetz über den Aufbau in den Gemeinden
ausf.	ausführlich
Bader	Johann Bader/Michael Funke-Kaiser/Thomas Stuhlfauth/Jörg von Albedyll, Verwaltungsgerichtsordnung, [6]2015
Bader[1]	Johann Bader/Michael Funke-Kaiser/Stefan Kuntze/Jörg von Albedyll, Verwaltungsgerichtsordnung, 1999
Battis	Ulrich Battis, Bundesbeamtengesetz mit Erläuterungen, [5]2017
Battis/Krautzberger/Löhr	Ulrich Battis/Michael Krautzberger/Rolf-Peter Löhr, Baugesetzbuch, [13]2016

Baumbach/Lauterbach/ Albers/Hartmann	Zivilprozessordnung, begründet von Adolf Baumbach, fortgeführt zunächst von Wolfgang Lauterbach, sodann von Jan Albers/Peter Hartmann, nunmehr verfasst von Peter Hartmann, [75]2017
BauO BW	Landesbauordnung Baden-Württemberg
BayBauO	Bayerische Bauordnung
BayGO	Gemeindeordnung für den Freistaat Bayern
BayKG	(Bayerisches) Kostengesetz
BayKommZG	(Bayerisches) Gesetz über die kommunale Zusammenarbeit
BayLKrO	Landeskreisordnung für den Freistaat Bayern
BayPAG	Bayerisches Polizeiaufgabengesetz
BayVerf	Bayerische Verfassung
BayVerfGH-FS	Verfassung als Verantwortung und Verpflichtung. Festschrift zum 50-jährigen Bestehen des Bayerischen Verfassungsgerichtshofs, 1997
BayVwZVG	Bayerisches Verwaltungszustellungs- und Vollstreckungsgesetz
BbgLWahlG	Brandenburgisches Wahlgesetz
BbgNatschG	Brandenburgisches Gesetz über Naturschutz und Landschaftspflege
Beermann/Gosch	Abgabenordnung, Finanzgerichtsordnung, begründet von Albert Beermann, hrsg. v. Dietmar Gosch, Loseblatt
Benda/Klein/Klein	Ernst Benda/Eckart Klein/Oliver Klein, Verfassungsprozessrecht, [3]2011
Bergmann/Dienelt	Ausländerrecht, hrsg. v. Jan Bergmann/Klaus Dienelt, [12]2018
Berliner Kommentar zum BauGB	Berliner Kommentar zum Baugesetzbuch, hrsg. v. Otto Schlichter/Rudolf Stich/Joachim Driehaus/Stefan Paetow, Loseblatt
BezG	Bezirksgericht
BGH-FS III	50 Jahre Bundesgerichtshof. Festgabe aus der Wissenschaft, Bd. III: Zivilprozeß, Insolvenz, Öffentliches Recht, 2000
BK	Bonner Kommentar zum Grundgesetz, hrsg. v. Wolfgang Kahl/Christian Waldhoff/Christian Walter, Loseblatt
BlnDiszG	Berliner Disziplinargesetz
Bosch/Schmidt/Vondung	Edgar Bosch/Jörg Schmidt/Rolf Vondung/Ute Vondung, Praktische Einführung in das verwaltungsgerichtliche Verfahren, [9]2012
Brandt/Sachs	Jürgen Brandt/Michael Sachs (Hrsg.), Handbuch Verwaltungsverfahren und Verwaltungsprozess, [4]2017
BR-Drs.	Bundesrats-Drucksache
BremDG	Bremisches Disziplinargesetz
BremPersVG	Bremisches Personalvertretungsgesetz
StGH Brem	Staatsgerichtshof der Freien Hansestadt Bremen
BremStGHG	(Bremisches) Gesetz über den Staatsgerichtshof
BremVerf	Landesverfasung der Freien Hansestadt Bremen
Brox/Walker	Hans Brox/Wolf-Dietrich Walker, Zwangsvollstreckungsrecht, [10]2014
bspw.	beispielsweise
BT-Drs.	Bundestags-Drucksache
Büchner/Schlotterbeck	Hans Büchner/Karlheinz Schlotterbeck, Verwaltungsprozessrecht, [6]2001
BVerwGG	Gesetz über das Bundesverwaltungsgericht
Calliess/Ruffert	EUV/AEUV. Das Verfassungsrecht der Europäischen Union mit Europäischer Grundrechtecharta; Kommentar, hrsg. v. Christian Callies/Matthias Ruffert, [5]2016
CML Rev	Common Market Law Review
Degenhart	Christoph Degenhart, Staatsrecht I: Staatsorganisationsrecht, [33]2017
ders.	derselbe
Dreier I	Grundgesetzkommentar, hrsg. v. Horst Dreier, Bd. I, [3]2013
Dreier II	Grundgesetzkommentar, hrsg. v. Horst Dreier, Bd. II, [3]2015
Dreier III	Grundgesetzkommentar, hrsg. v. Horst Dreier, Bd. III, [2]2008

DVO	Durchführungsverordnung
EG RP	Rheinland-Pfälzisches Enteignungsgesetz
EGVP	Elektronisches Gerichts- und Verwaltungspostfach
endg.	endgültig
Erichsen/Ehlers	Allgemeines Verwaltungsrecht, hrsg. v. Hans-Uwe Erichsen/Dirk Ehlers, [14]2010
Ernst/Zinkahn/Bielenberg/ Krautzberger	Baugesetzbuch, Kommentar, begründet v. Werner Ernst/Willy Zinkahn/ Walter Bielenberg, fortgeführt v. Michael Krautzberger, Loseblatt
ESzA	Entscheidungssammlung zum Arzneimittelrecht
EVwPO	Entwurf einer Verwaltungsprozeßordnung; vorgelegt vom Koordinierungsausschuss zur Vereinheitlichung der Verwaltungsgerichtsordnung, der Finanzgerichtsordnung und des Sozialgerichtsgesetzes
EVwVfG 1973	Entwurf eines Verwaltungsverfahrensgesetzes, BT-Drs. 7/910
Eyermann	Erich Eyermann, Verwaltungsgerichtsordnung, [14]2014
Eyermann/Fröhler	Erich Eyermann/Ludwig Fröhler/Joachim Kormann, Verwaltungsgerichtsordnung, [9]1988
Faber	Heiko Faber, Verwaltungsrecht, [4]1995
FG BVerfG	Bundesverfassungsgericht und Grundgesetz. Festgabe aus Anlaß des 25jährigen Bestehens des Bundesverfassungsgerichts, 2 Bände, 1976
FG BVerwG	Festgabe aus Anlaß des 25-jährigen Bestehens des Bundesverwaltungsgerichts, 1978
Finkelnburg/Dombert/ Külpmann	Klaus Finkelnburg/Matthias Dombert/Christoph Külpmann, Vorläufiger Rechtsschutz im Verwaltungsstreitverfahren, [7]2017
Finkelnburg/Jank	Vorläufiger Rechtsschutz im Verwaltungsstreitverfahren, [4]1998
Finkelnburg/Ortloff/Otto	Öffentliches Baurecht Bd. II: Bauordnungsrecht, Nachbarschutz, Rechtschutz, begr. von Klaus Finkelnburg/Karsten-Michael Ortloff, fortgeführt von Christian-W. Otto, [7]2018
Forsthoff I	Ernst Forsthoff, Lehrbuch des Verwaltungsrechts, Bd. I: Allgemeiner Teil, [10]1973
Frank/Langrehr	Götz Frank/Heinrich W. Langrehr, Verwaltungsprozeßrecht, 1987
Friauf/Höfling	Berliner Kommentar zum Grundgesetz, hrsg. v. Karl Heinrich Friauf/ Wolfram Höfling, Loseblatt
FS	Festschrift
FS Baumgärtel	Festschrift für Gottfried Baumgärtel zum 70. Geburtstag, 1990
FS Bay. VGH	Verwaltung und Rechtsbindung, FS zum hundertjährigen Bestehen des Bayerischen Verwaltungsgerichtshofs, 1979
FS Blümel	Planung – Recht – Rechtsschutz. Festschrift für Willi Blümel zum 70. Geburtstag, 1999
FS Börner	Europarecht, Energierecht, Wirtschaftsrecht. Festschrift für Bodo Börner zum 70. Geburtstag, 1992
FS Brohm	Der Wandel des Staates vor den Herausforderungen der Gegenwart. Festschrift für Winfried Brohm zum 70. Geburtstag, 2002
FS Bülow	Festschrift für Arthur Bülow zum 80. Geburtstag, 1981
FS Carl Heymanns Verlag	Recht im Wandel, Beiträge zu Strömungen und Fragen im heutigen Recht. Festschrift 150 Jahre Carl Heymanns Verlag KG, 1965
FS Driehaus	Zwischen Abgabenrecht und Verfassungsrecht. Hans-Joachim Driehaus zum 65. Geburtstag, 2005
FS Everling	O. Due/M. Luter/J. Schwarze (Hrsg.), Festschrift für Ulrich Everling, 2 Bände, 1995
FS Fröhler	Verwaltung im Dienste von Wirtschaft und Gesellschaft. Festschrift für Ludwig Fröhler zum 60. Geburtstag, 1980
FS Gelzer	Festschrift für Konrad Gelzer zum 75. Geburtstag, 1991

FS Hirsch	Berliner Festschrift für Ernst E. Hirsch, dargebracht von Mitgliedern der Juristischen Fakultät zum 65. Geburtstag, 1968
FS Ipsen	Hamburg, Deutschland, Europa: Beiträge zum deutschen und europäischen Verfassungs-, Verwaltungs- und Wirtschaftsrecht. Festschrift für Hans Peter Ipsen zum 70. Geburtstag, 1977
FS Isensee	Staat im Wort. Festschrift für Josef Isensee, 2007
FS Kaufmann	Um Recht und Gerechtigkeit. Festgabe für Erich Kaufmann zum 70. Geburtstag, 1950
FS Kern	Tübinger Festschrift für Eduard Kern, 1968
FS Kissel	Arbeitsrecht in der Bewährung. Festschrift für Otto Rudolph Kissel zum 65. Geburtstag, 1994
FS Krasney	Festschrift für Otto Ernst Krasney zum 65. Geburtstag, 1997
FS Leisner	Freiheit und Eigentum. Festschrift für Walter Leisner zum 70. Geburtstag, 1999
FS Lerche	Wege und Verfahren des Verfassungslebens. Festschrift für Peter Lerche zum 65. Geburtstag, 1993
FS Löffler	Presserecht und Pressefreiheit. Festschrift für Martin Löffler zum 75. Geburtstag, 1980
FS Lüke	Verfahrensrecht am Ausgang des 20. Jahrhunderts. Festschrift für Gerhard Lüke zum 70. Geburtstag, 1997
FS Menger	System des verwaltungsgerichtlichen Rechtsschutzes. Festschrift für Christian-Friedrich Menger, 1985
FS Nagel	Beiträge zum internationalen Verfahrensrecht und zur Schiedsgerichtsbarkeit. Festschrift für Heinrich Nagel zum 75. Geburtstag, 1987
FS Raue	Festschrift für Peter Raue zum 65. Geburtstag, 2006
FS Redeker	Rechtsstaat zwischen Sozialgestaltung und Rechtsschutz. Festschrift für Konrad Redeker zum 70. Geburtstag, 1993
FS Rittner	Beiträge zum Handels- und Wirtschaftsrecht. Festschrift für Fritz Rittner zum 70. Geburtstag, 1991
FS Schäfer	Verfassung, Verwaltung, Finanzkontrolle. Festschrift für Fritz Schäfer zum 65. Geburtstag, 1975
FS Schlichter	Planung und Kontrolle, Entwicklungen im Bau- und Fachplanungsrecht. Festschrift für Otto Schlichter zum 65. Geburtstag, 1995
FS Schlochauer	Staatsrecht – Völkerrecht – Europarecht. Festschrift für Hans-Jürgen Schlochauer zum 75. Geburtstag, 1981
FS Sendler	Bürger – Richter – Staat. Festschrift für Horst Sendler, 1991
FS Wacke	Verfassung, Verwaltung, Finanzen. Festschrift für Gerhard Wacke zum 70. Geburtstag, 1972
FS Wolff	Fortschritte des Verwaltungsrechts. Festschrift für Hans J. Wolff zum 75. Geburtstag, 1973
Gärditz	Verwaltungsgerichtsordnung, Kommentar, hrsg. v. Klaus Ferdinand Gärditz, 2013
Gaul/Schilken/Becker-Eberhard	Zwangsvollstreckungsrecht, begründet von Leo Rosenberg/Hans Friedhelm Gaul, fortgeführt von Hans Friedhelm Gaul/Eberhard Schilken/Ekkehard Becker-Eberhard, [12]2010
GBl Brem	Gesetzesblatt der Freien Hansestadt Bremen
Geimer	Reinhold Geimer, Internationales Zivilprozessrecht, [7]2014
GemO BW	Gemeindeordnung für das Land Baden-Württemberg
GemO RhPf	Gemeindeordnung für das Land Rheinland-Pfalz
Germelmann/Matthes/Prütting	Claas-Hinrich Germelmann/Hans-Christoph Matthes, Arbeitsgerichtsgesetz, Kommentar, [9]2017
ggf.	gegebenenfalls

GjS	Gesetz über die Verbreitung jugendgefährdender Schriften und Medieninhalte
GK-AsylVfG	Gemeinschaftskommentar zum Asylverfahrensgesetz, hrsg. v. Roland Fritz/Jürgen Vormeier, Loseblatt
GO Bbg	Gemeindeordnung für das Land Brandenburg
GO LSA	Gemeindeordnung für das Land Sachsen-Anhalt
GO NRW	Gemeindeordnung für das Land Nordrhein-Westfalen
GPR	Zeitschrift für Gemeinschaftsprivatrecht
Gräber	Finanzgerichtsordnung, begründet von Fritz Gräber, bearbeitet von Rüdiger von Groll/Hanns-Reimer Koch/Christian Levedag/Eckart Ratschow/Reinhild Ruban/Thomas Stapperfend, [8]2015
Grabitz/Hilf/Nettesheim	Das Recht der Europäischen Union, Kommentar, begründet von Eberhard Grabitz, fortgeführt von Meinhard Hilf, hrsg. v. Martin Nettesheim, Loseblatt
GRCh	Charta der Grundrechte der Europäischen Union
grds.	grundsätzlich
Groeben/Schwarze/Hatje	Kommentar zum Vertrag über die Europäische Union und zur Gründung der Europäischen Gemeinschaft, hrsg. v. Hans von der Groeben/Jürgen Schwarze/Armin Hatje

Bd. I: [7]2015
Bd. II: [7]2015
Bd. III: [7]2015
Bd. IV: [7]2015

Groß	Ingo Michael Groß, Beratungshilfe – Prozesskostenhilfe – Verfahrenskostenhilfe, [13]2015
Grunsky	Wolfgang Grunsky, Zivilprozessrecht, [15]2016
GS	Gedächtnisschrift
GS Bruns	Gedächtnisschrift für Rudolf Bruns, 1980
GS Grabitz	Gedächtnisschrift für Eberhard Grabitz, 1995
GS Jellinek	Forschungen und Berichte aus dem Öffentlichen Recht. Gedächtnisschrift für Walter Jellinek, [2]1955
GS Peters	Gedächtnisschrift Hans Peters, 1967
GVBl Bbg	Gesetz- und Verordnungsblatt für das Land Brandenburg
GVBl Bln	Gesetz- und Verordnungsblatt für das Land Berlin
GVBl Hess	Gesetz- und Verordnungsblatt für das Land Hessen
GVBl SchlH	Gesetz- und Verordnungsblatt für das Land Schleswig-Holstein
Hailbronner/Wilms	Recht der Europäischen Union, hrsg. v. Kay Hailbronner/Heinrich Wilms, Loseblatt
Hartmann	Peter Hartmann, Kostengesetze, [47]2017
Hauck/Haines	Sozialgesetzbuch, Kommentar von Karl Hauck/Dieter Freischmidt/Robert Steinbach/Roland Klattenhoff, Loseblatt
HdbStR	Handbuch des Staatsrechts der Bundesrepublik Deutschland, hrsg. v. Joseph Isensee/Paul Kirchof

Bd. I: Historische Grundlagen, [3]2003
Bd. II: Verfassungsstaat, [3]2004
Bd. III: Demokratie – Bundesorgane, [3]2005
Bd. IV: Aufgaben des Staates, [3]2006
Bd. V: Rechtsquellen, Organisation, Finanzen, [3]2007
Bd. VI: Bundesstaat, [3]2009
Bd. VII: Freiheitsrechte, [3]2009
Bd. VIII: Grundrechte: Wirtschaft, Verfahren, Gleichheit, [3]2010
Bd. IX: Allgemeine Grundrechtslehren, 2011

	Bd. X: Deutschland in der Staatengemeinschaft, [3]2012
	Bd. XI: Internationale Bezüge, [3]2013
HeilberG BbG	Brandenburgisches Heilberufsgesetz
HeilberG Brem	Bremisches Heilberufsgesetz
HeilberG MV	Heilberufsgesetz des Landes Mecklenburg-Vorpommern
HeilbBG RhPf	Rheinländisch-Pfälzisches Heilberufsgesetz
HessArchG	Hessisches Architektengesetz
HessBG	Hessisches Beamtengesetz
HessDG	Hessisches Disziplinargesetz
Hesse	Konrad Hesse, Grundzüge des Verfassungsrechts, [20]1999
HessGO	Hessische Gemeindeordnung
HessKiStG	Hessisches Kirchensteuergesetz
HessStGHG	(Hessisches) Gesetz über den Staatsgerichtshof
HGZ	Hessische Städte- und Gemeindezeitung
HK-VerwR	Verwaltungsrecht. VwVfG – VwGO, Handkommentar, hrsg. v. Michael Fehling/Berthold Kastner/Rainer Störmer, [4]2016
HmbGVBl	Hamburgisches Gesetz- und Verordnungsblatt
HmbSOG	Hamburgisches Gesetz zum Schutz der öffentlichen Sicherheit und Ordnung
HmbVerf	Verfassung der Freien und Hansestadt Hamburg
HmbWG	Hamburgisches Wegegesetz
Hübschmann/Hepp/ Spitaler	Kommentar zur Abgabenordnung und Finanzgerichtsordnung, begründet von Walter Hübschmann/Ernst Hepp/Armin Spitaler, Loseblatt
Hufen	Friedhelm Hufen, Verwaltungsprozessrecht, [10]2016
HV	Verfassung des Landes Hessen
i.d.S.	in diesem/dem Sinne
i.E.	im Ergebnis
i.R.d.	im Rahmen des/der
i.R.e.	im Rahmen eines/einer
i.R.v.	im Rahmen von
i.S.d.	im Sinne des/der
i.S.v.	im Sinne von
Ipsen	Knut Ipsen, Völkerrecht, [6]2014
insbes.	insbesondere
i.Ü.	im Übrigen
Jäde	Henning Jäde, Verwaltungsverfahren, Widerspruchsverfahren, Verwaltungsprozess, [6]2011
Jarass	Hans D. Jarass, Bundes-Immissionsschutzgesetz, [12]2017
Jarass/Pieroth	Hans D. Jarass/Bodo Pieroth, Grundgesetz für die Bundesrepublik Deutschland, [14]2016
Jauernig/Hess	Othmar Jauernig/Burkhard Hess, Zivilprozessrecht, [30]2011
JuSchG	Jugendschutzgesetz
JVEG	Gesetz über die Vergütung von Sachverständigen, Dolmetscherinnen, Dolmetschern, Übersetzerinnen und Übersetzern sowie die Entschädigung von ehrenamtlichen Richterinnen, ehrenamtlichen Richtern, Zeuginnen, Zeugen und Dritten(Justizvergütungs- und -entschädigungsgesetz)
K	Kammerbeschluss
Katholnigg	Oskar Katholnigg, Strafgerichtsverfassungsrecht, [3]1999
Kegel/Schurig	Gerhard Kegel/Klaus Schurig, Internationales Privatrecht, [9]2004
Kissel/Mayer	Otto Rudolf Kissel/Herbert Mayer, Gerichtsverfassungsgesetz, [8]2015

KiStG	Kirchensteuergesetz
Klein/Czajka	Karl H. Klein/Dieter Czajka, Gutachten und Urteil im Verwaltungsprozeß und verwaltungsgerichtlichen Normenkontrollverfahren, begründet von Karl-Heinz Klein, fortgeführt von Dieter Czajka, [4]1995
Klinger	Hans Klinger, Verwaltungsgerichtsordnung, [2]1964
Knack/Henneke	Verwaltungsverfahrensgesetz, Kommentar, hrsg. v. Hans Joachim Knack/ Hans-Günter Henneke, [10]2014
Koehler	Alexander Koehler, Verwaltungsgerichtsordnung, 1960
Komm.	Kommentierung
KompKonflGH	Gerichtshof für Kompetenzkonflikte beim Bayerischen Obersten Landesgericht
König/Meins	Eberhard König/Jürgen Meins, Verwaltungsverfahrensrecht, Loseblatt
Kopp/Ramsauer	Verwaltungsverfahrensgesetz, begründet von Ferdinand O. Kopp, fortgeführt von Ulrich Ramsauer, [18]2017
Kopp/Schenke	Verwaltungsgerichtsordnung, begründet von Ferdinand O. Kopp, fortgeführt von Wolf-Rüdiger Schenke, unter Mitarbeit von Ralf Peter Schenke, [23]2017
KostRsp	Kostenrechtsprechung, Nachschlagewerk wichtiger Kostenentscheidungen aus der Zivil-, Straf-, Arbeits-, Sozial-, Verwaltungs- und Finanzgerichtsbarkeit mit kritischen Anmerkungen, hrsg. v. Friedrich Lappe, Loseblatt
KreisG	Kreisgericht
krit.	kritisch
Kuhla/Hüttenbrink/Endler	Wolfgang Kuhla/Jost Hüttenbrink/Jan Endler, Der Verwaltungsprozeß, [3]2002
KWahlG NRW	Kommunalwahlgesetz des Landes Nordrhein-Westfalen
Landmann/Rohmer	Umweltrecht, Kommentar, begründet von Robert von Landmann und Gustav Rohmer, in 4 Bänden, Loseblatt
LBG Bbg	Beamtengesetz für das Land Brandenburg
LBG Bln	(Berliner) Landesbeamtengesetz
LBG BW	(Landes-)Beamtengesetz für das Land Baden-Württemberg
LBG RhPf	Landesbeamtengesetz Rheinland-Pfalz
Lechner/Zuck	Hans Lechner/Rüdiger Zuck, Bundesverfassungsgerichtsgesetz. Kommentar, [7]2015
LFischG NRW	Nordrhein-Westfälisches Fischereigesetz
LIEI	Legal Issues of European Integration
Lit.	Literatur
LK	Strafgesetzbuch – Leipziger Kommentar, Bd. 2. §§ 32–55, [12]2006
LKRZ	Zeitschrift für Landes- und Kommunalrecht Hessen/Rheinland-Pfalz/ Saarland
LNatschG SchlH	Gesetz zum Schutz der Natur (des Landes Schleswig-Holstein)
Lorenz	Dieter Lorenz, Verwaltungsprozeßrecht, 2000
LStrG BW	(Landes-)Straßengesetz für das Land Baden-Württemberg
LVerfGG LSA	Gesetz über das Landesverfassungsgericht (des Landes Sachsen-Anhalt)
LVerfGG MV	Gesetz über das Landesverfassungsgericht Mecklenburg-Vorpommern
LVerfGG SchlH	Gesetz über das Schleswig-Holsteinische Landesverfassungsgericht
LVerfG MV	Verfassungsgericht des Landes Mecklenburg-Vorpommern
LWaldG BW	Baden-Württembergisches Waldgesetz

v. Mangoldt/Klein/Starck	Hermann v. Mangoldt/Friedrich Klein/Christian Starck, Kommentar zum Grundgesetz
	Bd. I: [6]2010
	Bd. II: [6]2010
	Bd. III: [6]2010
v. Münch/Mager	Staatsrecht, begründet von Ingo v. Münch, fortgeführt von Ute Mager, Bd. 1, [8]2015
v. Münch/Kunig	Grundgesetz-Kommentar, begründet von Ingo v. Münch, hrsg. v. Philip Kunig
	Bd. I: [6]2012
	Bd. II: [6]2012
Maunz/Dürig	Theodor Maunz/Günter Dürig u.a., Grundgesetz, Loseblatt
Maunz/Schmidt-Bleibtreu/ Klein/Bethge	Theodor Maunz/Bruno Schmidt-Bleibtreu/Franz Klein/ Herbert Bethge, Bundesverfassungsgerichtsgesetz, Loseblatt
Maurer	Hartmut Maurer, Allgemeines Verwaltungsrecht, [18]2011
Maurer/Waldhoff	Hartmut Maurer/Christian Waldhoff, Allgemeines Verwaltungsrecht, [19]2017
MEVwVfG 1963	Musterentwurf eines Verwaltungsverfahrensgesetzes, [2]1968
Meyer/Borgs	Hans Meyer/Hermann Borgs-Maciejewski, Verwaltungsverfahrensgesetz, [2]1982
Meyer-Goßner/Schmitt	Lutz Meyer-Goßner/Bertram Schmitt, Strafprozessordnung, [60]2017
Meyer-Ladewig/Keller/ Leitherer/Schmidt	Jens Meyer-Ladewig/Wolfgang Keller/Stephan Leitherer/Benjamin Schmidt, Sozialgerichtsgesetz, [12]2017
MRVO	Militärregierungsverordnung
MRVO Nr. 165	Militärregierungsverordnung über die Verwaltungsgerichtsbarkeit in der britischen Zone
MüKoZPO	Münchener Kommentar zur ZPO, hrsg. v. Wolfgang Krüger/Thomas Rauscher
	Bd. 1: [5]2016
	Bd. 2: [5]2016
	Bd. 3: [5]2017
Musielak	Hans-Joachim Musielak, Kommentar zur Zivilprozessordnung, [14]2017
Nachw.	Nachweis
NdsAbfG	Niedersächsisches Abfallgesetz
NdsBG	Niedersächsisches Beamtengesetz
NdsGVBl	Niedersächsisches Gesetz- und Verordnungsblatt
NdsNatSchG	Niedersächsisches Naturschutzgesetz
NdsStGHG	(Niedersächsisches) Gesetz über den Staatsgerichtshof
NdsStrG	Niedersächsisches Straßengesetz
NdsVerf	Niedersächsische Verfassung
NdsVwGG	Niedersächsiches Ausführungsgesetz zur Verwaltungsgerichtsordnung
Niehues/Fischer/Jeremias	Prüfungsrecht, Norbert Niehues/Edgar Fischer/Christoph Jeremias, [6]2014
NKWG	Niedersächsisches Kommunalwahlgesetz
Obermayer/Funke-Kaiser	VwVfG Verwaltungsverfahrensgesetz, Kommentar hrsg. v. Klaus Obermayer/Michael Funke-Kaiser, [4]2013
Obermayer, Grundzüge	Klaus Obermayer, Grundzüge des Verwaltungsrechts und des Verwaltungsprozeßrechts, [3]1988
OBG Bbg	Brandenburgisches Ordnungsbehördengesetz
OBG NRW	Nordrhein-Westfälisches Ordnungsbehördengesetz
OrdenG	Gesetz über Titel, Orden und Ehrenzeichen

Ossenbühl/Cornils	Fritz Ossenbühl/Matthias Cornils, Staatshaftungsrecht, [6]2013
OVGE MüLü	Entscheidungen der Oberverwaltungsgerichte für das Land Nordrhein-Westfalen in Münster und für das Land Niedersachsen in Lüneburg mit Entscheidungen des Verfassungsgerichtshofes Nordrhein-Westfalen und des Niedersächsischen Staatsgerichtshofes
Palandt	Otto Palandt, Bürgerliches Gesetzbuch, [76]2017
Peine	Franz-Joseph Peine, Allgemeines Verwaltungsrecht, [11]2015
Pestalozza	Christian Pestalozza, Verfassungsprozeßrecht, [3]1991
Peters/Sautter/Wolff	Horst Peters/Theodor Sautter/Richard Wolff, Kommentar zur Sozialgerichtsbarkeit, bearbeitet von Hubertus Hommel/Michael Behn/Peter Kummer Loseblatt
Pietzner/Ronellenfitsch	Rainer Pietzner/Michael Ronellenfitsch, Das Assessorexamen im Öffentlichen Recht, [13]2014
PKH	Prozesskostenhilfe
PKHÄndG	Prozesskostenhilfeänderungsgesetz
POG RhPf	Polizeiorganisationsgesetz für das Land Rheinland-Pfalz
PolG Bbg	Brandenburgisches Polizeigesetz
PolG Brem	Bremisches Polizeigesetz
PolG NRW	Nordrhein-Westfälisches Polizeigesetz
Posser/Wolff	Herbert Posser/Heinrich Amadeus Wolff (Hrsg.), Verwaltungsgerichtsordnung, Kommentar, [2]2014
PUAG	Parlamentarisches Untersuchungsausschussgesetz
Quaas/Zuck	Prozesse in Verwaltungssachen, hrsg. v. Michael Quaas/Rüdiger Zuck, [2]2011
RDE	Rivista di diritto europeo
RDG	Gesetz über außergerichtliche Rechtsdienstleistungen
RDGEG	Einführungsgesetz zum Rechtsdienstleistungsgesetz
Redeker/v. Oertzen	Konrad Redeker/Hans-Joachim von Oertzen, Verwaltungsgerichtsordnung, [16]2014
Reichsgerichtspraxis I	Die Reichsgerichtspraxis im deutschen Rechtsleben. Festgabe der juristischen Fakultäten zum 50-jährigen Bestehen des Reichsgerichts, Bd. I, 1929
Reports	Cour Européenne des Droits de l'Homme / European Court of Human Rights, Recueil des Arrêts et Décisions / Reports of Judgements and Decisions (ab 1996)
RMBeschrG	Gesetz zur Beschränkung von Rechtsmitteln in der Verwaltungsgerichtsbarkeit
RMG	Hans-Werner Rengeling/Andreas Middeke/Martin Gellermann (Hrsg.), Handbuch des Rechtsschutzes in der Europäischen Union, [3]2014
Rosenberg/Schwab/Gottwald	Zivilprozessrecht, begründet von Leo Rosenberg, fortgeführt von Karl Heinz Schwab, nunmehr bearbeitet von Peter Gottwald, [17]2010
RpflÄndG	Drittes Gesetz zur Änderung des Rechtspflegergesetzes und anderer Gesetze
Rux/Niehues	Schulrecht, begründet von Norbert Niehues, bearbeitet von Johannes Rux, [5]2013
s.a.	siehe auch
SaarlBG	Saarländisches Beamtengesetz
SaarlKWG	Saarländisches Kommunalwahlgesetz
SaarlLGG	Saarländisches Landesgleichstellungsgesetz
SaarlPolG	Saarländisches Polizeigesetz
SaarlVGG	(Saarländisches) Gesetz über die Verwaltungsgerichtsbarkeit

Sachs	Michael Sachs (Hrsg.), Grundgesetz, [7]2014
SächsDG	Sächsisches Disziplinargesetz
SächsGemO	Sächsische Gemeindeordnung
SächsKiStG	Sächsisches Kirchensteuergesetz
SächsKomWG	Gesetz über die Kommunalwahlen im Freistaat Sachsen
SächsLKrO	Landkreisordnung für den Freistaat Sachsen
SächsStrG	Sächsisches Straßengesetz
SächsUAG	Sächsisches Untersuchungsausschussgesetz
SächsVerf	Verfassung des Freistaates Sachsen
SächsVerfGHG	Gesetz über den Verfassungsgerichtshof des Freistaates Sachsen
Schenke	Wolf-Rüdiger Schenke, Verwaltungsprozessrecht, [15]2017
Schilken	Eberhard Schilken, Gerichtsverfassungsrecht, [4]2007
Schlichter/Stich/Driehaus/ Paetow	Berliner Kommentar zum Baugesetzbuch, hrsg. v. Otto Schlichter/Rudolf Stich/Hans-Joachim Driehaus/Stefan Paetow, Loseblatt
Schmalz	Dieter Schmalz, Allgemeines Verwaltungsrecht, Teil 1, [3]1983
Schmidt-Aßmann	Besonderes Verwaltungsrecht, hrsg. v. Eberhard Schmidt-Aßmann, [13]2005
Schmidt-Räntsch	Günther Schmidt-Räntsch/Jürgen Schmidt-Räntsch, Deutsches Richtergesetz, [6]2009
Schmitt Glaeser/Horn	Walter Schmitt Glaeser/Hans-Detlef Horn, Verwaltungsprozeßrecht, [15]2000
Schnellenbach	Hellmut Schnellenbach, Beamtenrecht in der Praxis, [9]2017
Schoch	Besonderes Verwaltungsrecht, hrsg. v. Friedrich Schoch, [15]2013
Schoch/Schneider/Bier	Verwaltungsgerichtsordnung. Kommentar, begründet von Friedrich Schoch/Eberhard Schmidt-Aßmann/Rainer Pietzner, hrsg. v. Friedrich Schoch/Jens-Peter Schneider/Wolfgang Bier, Loseblatt
Schroeder-Printzen	Sozialgesetzbuch, Verwaltungsverfahren – SGB X, hrsg. v. Günther Schroeder-Printzen, bearbeitet von Klaus Engelmann, [3]1996
Schunck/De Clerck	Egon Schunck/Hans De Clerck, Verwaltungsgerichtsordnung, [3]1977
Schuschke/Walker	Winfried Schuschke/Wolf-Dietrich Walker, Vollstreckung und vorläufiger Rechtsschutz, [6]2016
Schwerdtfeger/Schwerdt- feger	Gunther Schwerdtfeger/Angela Schwerdtfeger, Öffentliches Recht in der Fallbearbeitung, [14]2012
Series A	Publications de la Cour Européenne des Droits de l'Homme / Publications of the European Court of Human Rights, Série A: Arrêts et Décisions/Series A: Judgements and Decisions
Sodan	Grundgesetz, Beck'scher Kompakt-Kommentar, hrsg. v. Helge Sodan, [4]2018
Sodan/Ziekow	Helge Sodan/Jan Ziekow, Grundkurs Öffentliches Recht, [8]2018
sog.	so genannt
SoldatenG	Gesetz über die Rechtsstellung der Soldaten
Staatsbürger und Staatsge- walt	Staatsbürger und Staatsgewalt. Jubiläumsschrift zum 100-jährigen Bestehen der deutschen Verwaltungsgerichtsbarkeit und zum 10-jährigen Bestehen des Bundesverwaltungsgerichts, Bd. I und II, 1963
Stein/Jonas	Friedrich Stein/Martin Jonas, Kommentar zur Zivilprozessordnung

Bd. I:	[23]2014
Bd. II:	[23]2017
Bd. III:	[23]2016
Bd. IV:	[22]2008
Bd. V:	[23]2015
Bd. VI:	[22]2013
Bd. VII:	[22]2002

Stelkens/Bonk/Sachs	Paul Stelkens/Heinz Joachim Bonk/Michael Sachs, Verwaltungsverfahrensgesetz, [8]2014
Stern	Klaus Stern, Verwaltungsprozessuale Probleme in der öffentlich-rechtlichen Arbeit, [8]2000
Stern/Blanke	Klaus Stern/Hermann-Josef Blanke, Verwaltungsprozessrecht in der Klausur, [9]2008
Stern, Staatsrecht	Klaus Stern, Das Staatsrecht der Bundesrepublik Deutschland
	Bd. I: [2]1984
	Bd. II: 1980
	Bd. III/1: 1988
	Bd. V: 2000
StGH Brem	Staatsgerichtshof der Freien Hansestadt Bremen
StGH Hess	Staatsgerichtshof des Landes Hessen
Streinz, EUV/AEUV	Vertrag über die Europäische Union und Vertrag über die Arbeitsweise der Europäischen Union, Kommentar, hrsg. v. Rudolf Streinz, [2]2012
StrG	Straßengesetz
StrSchV	Strahlenschutzverordnung
südd.	süddeutsch
SUG	Seesicherheits-Untersuchungs-Gesetz
Thomas/Putzo	Zivilprozessordnung, begründet von Heinz Thomas/Hans Putzo, fortgeführt von Klaus Reichold/Rainer Hüßtege/Christian Seiler, [38]2017
ThürGVBl	Gesetz- und Verordnungsblatt für den Freistaat Thüringen
ThürHeilBG	Thüringer Heilberufsgesetz
ThürPAG	Thüringer Polizeiaufgabengesetz
ThürStrG	Thüringer Straßengesetz
ThürUAG	Thüringer Untersuchungsausschussgesetz
ThürVerf	Verfassung des Freistaats Thüringen
Tipke/Kruse	Klaus Tipke/Heinrich W. Kruse, Abgabenordnung, Finanzgerichtsordnung, Loseblatt
u.a.	unter anderem/und andere
UAG Bbg	Brandenburgisches Untersuchungsausschussgesetz
UAG Bln	Berliner Untersuchungsausschussgesetz
UAG Brem	Bremer Untersuchungsausschussgesetz
UAG BW	Baden-Württembergisches Untersuchungsausschussgesetz
UAG Hmb	Hamburger Untersuchungsausschussgesetz
UAG LSA	Untersuchungsausschussgesetz für das Land Sachsen-Anhalt
UAG NRW	Nordrhein-Westfälisches Untersuchungsausschussgesetz
Ule	Carl Hermann Ule, Verwaltungsprozeßrecht, [9]1987
Ule, Verwaltungsgerichtsbarkeit	Verwaltungsgerichtsbarkeit des Bundes und der Länder, Bd. I/2, begründet von M. von Brauchitsch, neu hrsg. v. Carl Hermann Ule, [2]1962
Ule/Laubinger	Carl Hermann Ule/Hans-Werner Laubinger, Verwaltungsverfahrensrecht, [4]1995
umfangr.	umfangreich
UmwRG	Gesetz über ergänzende Vorschriften zu Rechtsbehelfen in Umweltangelegenheiten nach der EG-Richtlinie 2003/35/EG (Umwelt-Rechtsbehelfsgesetz)
UnivG Baden-Württemberg	(Baden-Württembergisches) Universitätsgesetz
UVP-Richtlinie	Richtlinie 85/337/EWG vom 27.6.1985 über die Umweltverträglichkeitsprüfung bei bestimmten öffentlichen und privaten Projekten

VBI	Vertreter des Bundesinteresses
Verf.	Verfasser/Verfassung
VerfBW	Verfassung des Landes Baden-Württemberg
VerfG Bbg	Verfassungsgericht des Landes Brandenburg
VerfGH	Verfassungsgerichtshof
VerfGH RhPf	Verfassungsgerichtshof Rheinland-Pfalz
VerfGH Bln	Verfassungsgerichtshof des Landes Berlin
VerfGHG Bln	(Berliner) Gesetz über den Verfassungsgerichtshof
VerfLBbg	Verfassung des Landes Brandenburg
VerfLSA	Verfassung des Landes Sachsen-Anhalt
Verf MV	Verfassung des Landes Mecklenburg-Vorpommern
VerfNRW	Verfassung des Landes Nordrhein-Westfalen
VerfRP	Verfassung für Rheinland-Pfalz
VerfSH	Verfassung des Landes Schleswig-Holstein
VerkPBG	Gesetz zur Beschleunigung der Planungen für Verkehrswege in den neuen Ländern sowie im Land Berlin
VwKostG M-V	Verwaltungskostengesetz des Landes Mecklenburg-Vorpommern
VfGHG Bay	Gesetz über den Bayerischen Verfassungsgerichtshof
VGG RP	(Rheinland-Pfälzisches) Landesgesetz über die Verwaltungsgerichtsbarkeit
VGHBW RsprDienst	VGH Baden-Württemberg Rechtsprechungsdienst
VGHGSaarl	(Saarländisches) Gesetz über den Verfassungsgerichtshof
VöI	Vertreter des öffentlichen Interesses
Vorbem.	Vorbemerkung
VwGG	Verwaltungsgerichtsgesetz
VwVfG Bln	Gesetz über das Verfahren der Berliner Verwaltung
VwV Reiseentschädigung	Verwaltungsvorschrift über die Gewährung von Reiseentschädigungen an mittellose Personen und Vorschusszahlungen für Reiseentschädigungen an Zeuginnen, Zeugen, Sachverständige, Dolmetscherinnen, Dolmetscher, Übersetzerinnen, Übersetzer, ehrenamtliche Richterinnen, ehrenamtliche Richter und Dritte
WahlGLBbg	Brandenburgisches Wahlgesetz
WahlG NRW	Nordrhein-Westfälisches Wahlgesetz
Weides	Peter Weides, Verwaltungsverfahren und Widerspruchsverfahren, [3]1993
WG BW	Wassergesetz für Baden-Württemberg
WG NRW	Wassergesetz für das Land Nordrhein-Westfalen
WiB	Wirtschaftsrechtliche Beratung
Wieczorek/Schütze	Bernhard Wieczorek/Rolf A. Schütze, Zivilprozessordnung und Nebengesetze
	Bd. 1.1: [4]2015
	Bd. 1.2: [4]2015
	Bd. 3: [4]2013
	Bd. 5.1: [4]2015
	Bd. 5.2: [4]2017
Wolff/Bachof/Stober/Kluth	Verwaltungsrecht, begründet von Hans J. Wolff, fortgeführt von Otto Bachof, neubearbeitet von Rolf Stober/Winfried Kluth
	Bd. I: [13]2017
	Bd. II: [7]2010
WprüfG Bln	Wahlprüfungsgericht Berlin
Würtenberger	Thomas Würtenberger, Verwaltungsprozessrecht, [3]2011
Würtenberger/Heckmann/Tanneberger	Thomas Würtenberger/Dirk Heckmann/Steffen Tanneberger, Polizeirecht in Baden-Württemberg, [6]2005

Wysk	Verwaltungsgerichtsordnung, Beck'scher Kompakt-Kommentar, hrsg. v. Peter Wysk, ^{2}2016
Zeihe	Paul Arthur Zeihe, Das Sozialgerichtsgesetz und seine Anwendung, 1989
ZEuS	Zeitschrift für Europäische Studien
Ziekow	Jan Ziekow, Verwaltungsverfahrensgesetz, ^{3}2013
zit.	zitiert
ZNER	Zeitschrift für neues Energierecht
Zöller	Zivilprozessordnung, begründet von Richard Zöller, ^{31}2016
zul. geänd.	zuletzt geändert
zust.	zustimmend
zutr.	zutreffend

Europäischer Verwaltungsrechtsschutz

Auszug aus dem Vertrag über die Europäische Union (EUV)

Art. 19

(1) Der Gerichtshof der Europäischen Union umfasst den Gerichtshof, das Gericht und Fachgerichte. Er sichert die Wahrung des Rechts bei der Auslegung und Anwendung der Verträge.
Die Mitgliedstaaten schaffen die erforderlichen Rechtsbehelfe, damit ein wirksamer Rechtsschutz in den vom Unionsrecht erfassten Bereichen gewährleistet ist.
(2) Der Gerichtshof besteht aus einem Richter je Mitgliedstaat. Er wird von Generalanwälten unterstützt.
Das Gericht besteht aus mindestens einem Richter je Mitgliedstaat.
Als Richter und Generalanwälte des Gerichtshofs und als Richter des Gerichts sind Persönlichkeiten auszuwählen, die jede Gewähr für Unabhängigkeit bieten und die Voraussetzungen der Artikel 253 und 254 des Vertrags über die Arbeitsweise der Europäischen Union erfüllen. Sie werden von den Regierungen der Mitgliedstaaten im gegenseitigen Einvernehmen für eine Amtszeit von sechs Jahren ernannt. Die Wiederernennung ausscheidender Richter und Generalanwälte ist zulässig.
(3) Der Gerichtshof der Europäischen Union entscheidet nach Maßgabe der Verträge
a) über Klagen eines Mitgliedstaats, eines Organs oder natürlicher oder juristischer Personen;
b) im Wege der Vorabentscheidung auf Antrag der einzelstaatlichen Gerichte über die Auslegung des Unionsrechts oder über die Gültigkeit der Handlungen der Organe;
c) in allen anderen in den Verträgen vorgesehenen Fällen.

Auszug aus dem Vertrag über die Arbeitsweise der Europäischen Union (AEUV)

Art. 251

Der Gerichtshof tagt in Kammern oder als Große Kammer entsprechend den hierfür in der Satzung des Gerichtshofs der Europäischen Union vorgesehenen Regeln.
Wenn die Satzung es vorsieht, kann der Gerichtshof auch als Plenum tagen.

Artikel 252

Der Gerichtshof wird von acht Generalanwälten unterstützt. Auf Antrag des Gerichtshofs kann der Rat einstimmig die Zahl der Generalanwälte erhöhen.
Der Generalanwalt hat öffentlich in völliger Unparteilichkeit und Unabhängigkeit begründete Schlussanträge zu den Rechtssachen zu stellen, in denen nach der Satzung des Gerichtshofs der Europäischen Union seine Mitwirkung erforderlich ist.

Artikel 253

Zu Richtern und Generalanwälten des Gerichtshofs sind Persönlichkeiten auszuwählen, die jede Gewähr für Unabhängigkeit bieten und in ihrem Staat die für die höchsten richterlichen Ämter erforderlichen Voraussetzungen erfüllen oder Juristen von anerkannt hervorragender Befähigung sind; sie werden von den Regierungen der Mitgliedstaaten im gegenseitigen Einvernehmen nach Anhörung des in Artikel 255 vorgesehenen Ausschusses auf sechs Jahre ernannt.
Alle drei Jahre findet nach Maßgabe der Satzung des Gerichtshofs der Europäischen Union eine teilweise Neubesetzung der Stellen der Richter und Generalanwälte statt.
Die Richter wählen aus ihrer Mitte den Präsidenten des Gerichtshofs für die Dauer von drei Jahren. Wiederwahl ist zulässig.
Die Wiederernennung ausscheidender Richter und Generalanwälte ist zulässig.
Der Gerichtshof ernennt seinen Kanzler und bestimmt dessen Stellung.
Der Gerichtshof erlässt seine Verfahrensordnung. Sie bedarf der Genehmigung des Rates.

Artikel 254

Die Zahl der Richter des Gerichts wird in der Satzung des Gerichtshofs der Europäischen Union festgelegt. In der Satzung kann vorgesehen werden, dass das Gericht von Generalanwälten unterstützt wird.

Zu Mitgliedern des Gerichts sind Personen auszuwählen, die jede Gewähr für Unabhängigkeit bieten und über die Befähigung zur Ausübung hoher richterlicher Tätigkeiten verfügen. Sie werden von den Regierungen der Mitgliedstaaten im gegenseitigen Einvernehmen nach Anhörung des in Artikel 255 vorgesehenen Ausschusses für sechs Jahre ernannt. Alle drei Jahre wird das Gericht teilweise neu besetzt. Die Wiederernennung ausscheidender Mitglieder ist zulässig.

Die Richter wählen aus ihrer Mitte den Präsidenten des Gerichts für die Dauer von drei Jahren. Wiederwahl ist zulässig.

Das Gericht ernennt seinen Kanzler und bestimmt dessen Stellung.

Das Gericht erlässt seine Verfahrensordnung im Einvernehmen mit dem Gerichtshof. Sie bedarf der Genehmigung des Rates.

Soweit die Satzung des Gerichtshofs der Europäischen Union nichts anderes vorsieht, finden die den Gerichtshof betreffenden Bestimmungen der Verträge auf das Gericht Anwendung.

Artikel 255

Es wird ein Ausschuss eingerichtet, der die Aufgabe hat, vor einer Ernennung durch die Regierungen der Mitgliedstaaten nach den Artikeln 253 und 254 eine Stellungnahme zur Eignung der Bewerber für die Ausübung des Amts eines Richters oder Generalanwalts beim Gerichtshof oder beim Gericht abzugeben.

Der Ausschuss setzt sich aus sieben Persönlichkeiten zusammen, die aus dem Kreis ehemaliger Mitglieder des Gerichtshofs und des Gerichts, der Mitglieder der höchsten einzelstaatlichen Gerichte und der Juristen von anerkannt hervorragender Befähigung ausgewählt werden, von denen einer vom Europäischen Parlament vorgeschlagen wird. Der Rat erlässt einen Beschluss zur Festlegung der Vorschriften für die Arbeitsweise und einen Beschluss zur Ernennung der Mitglieder dieses Ausschusses. Er beschließt auf Initiative des Präsidenten des Gerichtshofs.

Artikel 256

(1) Das Gericht ist für Entscheidungen im ersten Rechtszug über die in den Artikeln 263, 265, 268, 270 und 272 genannten Klagen zuständig, mit Ausnahme derjenigen Klagen, die einem nach Artikel 257 gebildeten Fachgericht übertragen werden, und der Klagen, die gemäß der Satzung dem Gerichtshof vorbehalten sind. In der Satzung kann vorgesehen werden, dass das Gericht für andere Kategorien von Klagen zuständig ist.

Gegen die Entscheidungen des Gerichts aufgrund dieses Absatzes kann nach Maßgabe der Bedingungen und innerhalb der Grenzen, die in der Satzung vorgesehen sind, beim Gerichtshof ein auf Rechtsfragen beschränktes Rechtsmittel eingelegt werden.

(2) Das Gericht ist für Entscheidungen über Rechtsmittel gegen die Entscheidungen der Fachgerichte zuständig.

Die Entscheidungen des Gerichts aufgrund dieses Absatzes können nach Maßgabe der Bedingungen und innerhalb der Grenzen, die in der Satzung vorgesehen sind, in Ausnahmefällen vom Gerichtshof überprüft werden, wenn die ernste Gefahr besteht, dass die Einheit oder Kohärenz des Unionsrechts berührt wird.

(3) Das Gericht ist in besonderen in der Satzung festgelegten Sachgebieten für Vorabentscheidungen nach Artikel 267 zuständig.

Wenn das Gericht der Auffassung ist, dass eine Rechtssache eine Grundsatzentscheidung erfordert, die die Einheit oder die Kohärenz des Unionsrechts berühren könnte, kann es die Rechtssache zur Entscheidung an den Gerichtshof verweisen.

Die Entscheidungen des Gerichts über Anträge auf Vorabentscheidung können nach Maßgabe der Bedingungen und innerhalb der Grenzen, die in der Satzung vorgesehen sind, in Ausnahmefällen vom Gerichtshof überprüft werden, wenn die ernste Gefahr besteht, dass die Einheit oder die Kohärenz des Unionsrechts berührt wird.

Artikel 257

Das Europäische Parlament und der Rat können gemäß dem ordentlichen Gesetzgebungsverfahren dem Gericht beigeordnete Fachgerichte bilden, die für Entscheidungen im ersten Rechtszug über bestimmte Kategorien von Klagen zuständig sind, die auf besonderen Sachgebieten erhoben werden. Das

Europäische Parlament und der Rat beschließen durch Verordnungen entweder auf Vorschlag der Kommission nach Anhörung des Gerichtshofs oder auf Antrag des Gerichtshofs nach Anhörung der Kommission.

In der Verordnung über die Bildung eines Fachgerichts werden die Regeln für die Zusammensetzung dieses Gerichts und der ihm übertragene Zuständigkeitsbereich festgelegt.

Gegen die Entscheidungen der Fachgerichte kann vor dem Gericht ein auf Rechtsfragen beschränktes Rechtsmittel oder, wenn die Verordnung über die Bildung des Fachgerichts dies vorsieht, ein auch Sachfragen betreffendes Rechtsmittel eingelegt werden.

Zu Mitgliedern der Fachgerichte sind Personen auszuwählen, die jede Gewähr für Unabhängigkeit bieten und über die Befähigung zur Ausübung richterlicher Tätigkeiten verfügen. Sie werden einstimmig vom Rat ernannt.

Die Fachgerichte erlassen ihre Verfahrensordnung im Einvernehmen mit dem Gerichtshof. Diese Verfahrensordnung bedarf der Genehmigung des Rates.

Soweit die Verordnung über die Bildung der Fachgerichte nichts anderes vorsieht, finden die den Gerichtshof der Europäischen Union betreffenden Bestimmungen der Verträge und die Satzung des Gerichtshofs der Europäischen Union auf die Fachgerichte Anwendung. Titel I und Artikel 64 der Satzung gelten auf jeden Fall für die Fachgerichte.

Artikel 258

Hat nach Auffassung der Kommission ein Mitgliedstaat gegen eine Verpflichtung aus den Verträgen verstoßen, so gibt sie eine mit Gründen versehene Stellungnahme hierzu ab; sie hat dem Staat zuvor Gelegenheit zur Äußerung zu geben.

Kommt der Staat dieser Stellungnahme innerhalb der von der Kommission gesetzten Frist nicht nach, so kann die Kommission den Gerichtshof der Europäischen Union anrufen.

Artikel 259

Jeder Mitgliedstaat kann den Gerichtshof der Europäischen Union anrufen, wenn er der Auffassung ist, dass ein anderer Mitgliedstaat gegen eine Verpflichtung aus den Verträgen verstoßen hat.

Bevor ein Mitgliedstaat wegen einer angeblichen Verletzung der Verpflichtungen aus den Verträgen gegen einen anderen Staat Klage erhebt, muss er die Kommission damit befassen.

Die Kommission erlässt eine mit Gründen versehene Stellungnahme; sie gibt den beteiligten Staaten zuvor Gelegenheit zu schriftlicher und mündlicher Äußerung in einem kontradiktorischen Verfahren.

Gibt die Kommission binnen drei Monaten nach dem Zeitpunkt, in dem ein entsprechender Antrag gestellt wurde, keine Stellungnahme ab, so kann ungeachtet des Fehlens der Stellungnahme vor dem Gerichtshof geklagt werden.

Artikel 260

(1) Stellt der Gerichtshof der Europäischen Union fest, dass ein Mitgliedstaat gegen eine Verpflichtung aus den Verträgen verstoßen hat, so hat dieser Staat die Maßnahmen zu ergreifen, die sich aus dem Urteil des Gerichtshofs ergeben.

(2) Hat der betreffende Mitgliedstaat die Maßnahmen, die sich aus dem Urteil des Gerichtshofs ergeben, nach Auffassung der Kommission nicht getroffen, so kann die Kommission den Gerichtshof anrufen, nachdem sie diesem Staat zuvor Gelegenheit zur Äußerung gegeben hat. Hierbei benennt sie die Höhe des von dem betreffenden Mitgliedstaat zu zahlenden Pauschalbetrags oder Zwangsgelds, die sie den Umständen nach für angemessen hält.

Stellt der Gerichtshof fest, dass der betreffende Mitgliedstaat seinem Urteil nicht nachgekommen ist, so kann er die Zahlung eines Pauschalbetrags oder Zwangsgelds verhängen.

Dieses Verfahren lässt den Artikel 259 unberührt.

(3) Erhebt die Kommission beim Gerichtshof Klage nach Artikel 258, weil sie der Auffassung ist, dass der betreffende Mitgliedstaat gegen seine Verpflichtung verstoßen hat, Maßnahmen zur Umsetzung einer gemäß einem Gesetzgebungsverfahren erlassenen Richtlinie mitzuteilen, so kann sie, wenn sie dies für zweckmäßig hält, die Höhe des von dem betreffenden Mitgliedstaat zu zahlenden Pauschalbetrags oder Zwangsgelds benennen, die sie den Umständen nach für angemessen hält.

Stellt der Gerichtshof einen Verstoß fest, so kann er gegen den betreffenden Mitgliedstaat die Zahlung eines Pauschalbetrags oder eines Zwangsgelds bis zur Höhe des von der Kommission genannten Betrags verhängen. Die Zahlungsverpflichtung gilt ab dem vom Gerichtshof in seinem Urteil festgelegten Zeitpunkt.

Artikel 261

Aufgrund der Verträge vom Europäischen Parlament und vom Rat gemeinsam sowie vom Rat erlassene Verordnungen können hinsichtlich der darin vorgesehenen Zwangsmaßnahmen dem Gerichtshof der Europäischen Union eine Zuständigkeit übertragen, welche die Befugnis zu unbeschränkter Ermessensnachprüfung und zur Änderung oder Verhängung solcher Maßnahmen umfasst.

Artikel 262

Unbeschadet der sonstigen Bestimmungen der Verträge kann der Rat gemäß einem besonderen Gesetzgebungsverfahren nach Anhörung des Europäischen Parlaments einstimmig Bestimmungen erlassen, mit denen dem Gerichtshof der Europäischen Union in dem vom Rat festgelegten Umfang die Zuständigkeit übertragen wird, über Rechtsstreitigkeiten im Zusammenhang mit der Anwendung von aufgrund der Verträge erlassenen Rechtsakten, mit denen europäische Rechtstitel für das geistige Eigentum geschaffen werden, zu entscheiden. Diese Bestimmungen treten nach Zustimmung der Mitgliedstaaten im Einklang mit ihren jeweiligen verfassungsrechtlichen Vorschriften in Kraft.

Artikel 263

Der Gerichtshof der Europäischen Union überwacht die Rechtmäßigkeit der Gesetzgebungsakte sowie der Handlungen des Rates, der Kommission und der Europäischen Zentralbank, soweit es sich nicht um Empfehlungen oder Stellungnahmen handelt, und der Handlungen des Europäischen Parlaments und des Europäischen Rates mit Rechtswirkung gegenüber Dritten. Er überwacht ebenfalls die Rechtmäßigkeit der Handlungen der Einrichtungen oder sonstigen Stellen der Union mit Rechtswirkung gegenüber Dritten.
Zu diesem Zweck ist der Gerichtshof der Europäischen Union für Klagen zuständig, die ein Mitgliedstaat, das Europäische Parlament, der Rat oder die Kommission wegen Unzuständigkeit, Verletzung wesentlicher Formvorschriften, Verletzung der Verträge oder einer bei seiner Durchführung anzuwendenden Rechtsnorm oder wegen Ermessensmissbrauchs erhebt.
Der Gerichtshof der Europäischen Union ist unter den gleichen Voraussetzungen zuständig für Klagen des Rechnungshofs, der Europäischen Zentralbank und des Ausschusses der Regionen, die auf die Wahrung ihrer Rechte abzielen.
Jede natürliche oder juristische Person kann unter den Bedingungen nach den Absätzen 1 und 2 gegen die an sie gerichteten oder sie unmittelbar und individuell betreffenden Handlungen sowie gegen Rechtsakte mit Verordnungscharakter, die sie unmittelbar betreffen und keine Durchführungsmaßnahmen nach sich ziehen, Klage erheben.
In den Rechtsakten zur Gründung von Einrichtungen und sonstigen Stellen der Union können besondere Bedingungen und Einzelheiten für die Erhebung von Klagen von natürlichen oder juristischen Personen gegen Handlungen dieser Einrichtungen und sonstigen Stellen vorgesehen werden, die eine Rechtswirkung gegenüber diesen Personen haben.
Die in diesem Artikel vorgesehenen Klagen sind binnen zwei Monaten zu erheben; diese Frist läuft je nach Lage des Falles von der Bekanntgabe der betreffenden Handlung, ihrer Mitteilung an den Kläger oder in Ermangelung dessen von dem Zeitpunkt an, zu dem der Kläger von dieser Handlung Kenntnis erlangt hat.

Artikel 264

Ist die Klage begründet, so erklärt der Gerichtshof der Europäischen Union die angefochtene Handlung für nichtig.
Erklärt der Gerichtshof eine Handlung für nichtig, so bezeichnet er, falls er dies für notwendig hält, diejenigen ihrer Wirkungen, die als fortgeltend zu betrachten sind.

Artikel 265

Unterlässt es das Europäische Parlament, der Europäische Rat, der Rat, die Kommission oder die Europäische Zentralbank unter Verletzung der Verträge, einen Beschluss zu fassen, so können die Mitgliedstaaten und die anderen Organe der Union beim Gerichtshof der Europäischen Union Klage auf Feststellung dieser Vertragsverletzung erheben. Dieser Artikel gilt entsprechend für die Einrichtungen und sonstigen Stellen der Union, die es unterlassen, tätig zu werden.

Diese Klage ist nur zulässig, wenn das in Frage stehende Organ, die in Frage stehende Einrichtung oder sonstige Stelle zuvor aufgefordert worden ist, tätig zu werden. Hat es bzw. sie binnen zwei Monaten nach dieser Aufforderung nicht Stellung genommen, so kann die Klage innerhalb einer weiteren Frist von zwei Monaten erhoben werden.

Jede natürliche oder juristische Person kann nach Maßgabe der Absätze 1 und 2 vor dem Gerichtshof Beschwerde darüber führen, dass ein Organ oder eine Einrichtung oder sonstige Stelle der Union es unterlassen hat, einen anderen Akt als eine Empfehlung oder eine Stellungnahme an sie zu richten.

Artikel 266

Die Organe, Einrichtungen oder sonstigen Stellen, denen das für nichtig erklärte Handeln zur Last fällt oder deren Untätigkeit als vertragswidrig erklärt worden ist, haben die sich aus dem Urteil des Gerichtshofs der Europäischen Union ergebenden Maßnahmen zu ergreifen.

Diese Verpflichtung besteht unbeschadet der Verpflichtungen, die sich aus der Anwendung des Artikels 340 Absatz 2 ergeben.

Artikel 267

Der Gerichtshof der Europäischen Union entscheidet im Wege der Vorabentscheidung
a) über die Auslegung der Verträge,
b) über die Gültigkeit und die Auslegung der Handlungen der Organe, Einrichtungen oder sonstigen Stellen der Union,
Wird eine derartige Frage einem Gericht eines Mitgliedstaats gestellt und hält dieses Gericht eine Entscheidung darüber zum Erlass seines Urteils für erforderlich, so kann es diese Frage dem Gerichtshof zur Entscheidung vorlegen.

Wird eine derartige Frage in einem schwebenden Verfahren bei einem einzelstaatlichen Gericht gestellt, dessen Entscheidungen selbst nicht mehr mit Rechtsmitteln des innerstaatlichen Rechts angefochten werden können, so ist dieses Gericht zur Anrufung des Gerichtshofs verpflichtet.

Wird eine derartige Frage in einem schwebenden Verfahren, das eine inhaftierte Person betrifft, bei einem einzelstaatlichen Gericht gestellt, so entscheidet der Gerichtshof innerhalb kürzester Zeit.

Artikel 268

Der Gerichtshof der Europäischen Union ist für Streitsachen über den in Artikel 340 Absätze 2 und 3 vorgesehenen Schadensersatz zuständig.

Artikel 269

Der Gerichtshof ist für Entscheidungen über die Rechtmäßigkeit eines nach Artikel 7 des Vertrags über die Europäische Union erlassenen Rechtsakts des Europäischen Rates oder des Rates nur auf Antrag des von einer Feststellung des Europäischen Rates oder des Rates betroffenen Mitgliedstaats und lediglich im Hinblick auf die Einhaltung der in dem genannten Artikel vorgesehenen Verfahrensbestimmungen zuständig.

Der Antrag muss binnen eines Monats nach der jeweiligen Feststellung gestellt werden. Der Gerichtshof entscheidet binnen eines Monats nach Antragstellung.

Artikel 270

Der Gerichtshof der Europäischen Union ist für alle Streitsachen zwischen der Union und deren Bediensteten innerhalb der Grenzen und nach Maßgabe der Bedingungen zuständig, die im Statut der Beamten der Union und in den Beschäftigungsbedingungen für die sonstigen Bediensteten der Union festgelegt sind.

Artikel 271

Der Gerichtshof der Europäischen Union ist nach Maßgabe der folgenden Bestimmungen zuständig in Streitsachen über

a) die Erfüllung der Verpflichtungen der Mitgliedstaaten aus der Satzung der Europäischen Investitionsbank. Der Verwaltungsrat der Bank besitzt hierbei die der Kommission in Artikel 258 übertragenen Befugnisse;

b) die Beschlüsse des Rates der Gouverneure der Europäischen Investitionsbank. Jeder Mitgliedstaat, die Kommission und der Verwaltungsrat der Bank können hierzu nach Maßgabe des Artikels 263 Klage erheben;

c) die Beschlüsse des Verwaltungsrats der Europäischen Investitionsbank. Diese können nach Maßgabe des Artikels 263 nur von Mitgliedstaaten oder der Kommission und lediglich wegen Verletzung der Formvorschriften des Artikels 21 Absätze 2 und 5 bis 7 der Satzung der Investitionsbank angefochten werden;

d) die Erfüllung der sich aus den Verträgen und der Satzung des ESZB und der EZB ergebenden Verpflichtungen durch die nationalen Zentralbanken. Der Rat der Gouverneure der Europäischen Zentralbank besitzt hierbei gegenüber den nationalen Zentralbanken die Befugnisse, die der Kommission in Artikel 258 gegenüber den Mitgliedstaaten eingeräumt werden. Stellt der Gerichtshof der Europäischen Union fest, dass eine nationale Zentralbank gegen eine Verpflichtung aus den Verträgen verstoßen hat, so hat diese Bank die Maßnahmen zu ergreifen, die sich aus dem Urteil des Gerichtshofs ergeben.

Artikel 272

Der Gerichtshof der Europäischen Union ist für Entscheidungen aufgrund einer Schiedsklausel zuständig, die in einem von der Union oder für ihre Rechnung abgeschlossenen öffentlich-rechtlichen oder privatrechtlichen Vertrag enthalten ist.

Artikel 273

Der Gerichtshof ist für jede mit dem Gegenstand der Verträge in Zusammenhang stehende Streitigkeit zwischen Mitgliedstaaten zuständig, wenn diese bei ihm aufgrund eines Schiedsvertrags anhängig gemacht wird.

Artikel 274

Soweit keine Zuständigkeit des Gerichtshofs der Europäischen Union aufgrund der Verträge besteht, sind Streitsachen, bei denen die Union Partei ist, der Zuständigkeit der einzelstaatlichen Gerichte nicht entzogen.

Artikel 275

Der Gerichtshof der Europäischen Union ist nicht zuständig für die Bestimmungen hinsichtlich der Gemeinsamen Außen- und Sicherheitspolitik und für die auf der Grundlage dieser Bestimmungen erlassenen Rechtsakte.

Der Gerichtshof ist jedoch zuständig für die Kontrolle der Einhaltung von Artikel 40 des Vertrags über die Europäische Union und für die unter den Voraussetzungen des Artikels 263 Absatz 4 dieses Vertrags erhobenen Klagen im Zusammenhang mit der Überwachung der Rechtmäßigkeit von Beschlüssen über restriktive Maßnahmen gegenüber natürlichen oder juristischen Personen, die der Rat auf der Grundlage von Titel V Kapitel 2 des Vertrags über die Europäische Union erlassen hat.

Artikel 276

Bei der Ausübung seiner Befugnisse im Rahmen der Bestimmungen des Dritten Teils Titel V Kapitel 4 und 5 über den Raum der Freiheit, der Sicherheit und des Rechts ist der Gerichtshof der Europäischen Union nicht zuständig für die Überprüfung der Gültigkeit oder Verhältnismäßigkeit von Maßnahmen der Polizei oder anderer Strafverfolgungsbehörden eines Mitgliedstaats oder der Wahrnehmung der Zuständigkeiten der Mitgliedstaaten für die Aufrechterhaltung der öffentlichen Ordnung und den Schutz der inneren Sicherheit.

Artikel 277

Ungeachtet des Ablaufs der in Artikel 263 Absatz 6 genannten Frist kann jede Partei in einem Rechtsstreit, bei dem die Rechtmäßigkeit eines von einem Organ, einer Einrichtung oder einer sonstigen Stelle der Union erlassenen Rechtsakts mit allgemeiner Geltung angefochten wird, vor dem Gerichtshof der Europäischen Union die Unanwendbarkeit dieses Rechtsakts aus den in Artikel 263 Absatz 2 genannten Gründen geltend machen.

Artikel 278

Klagen bei dem Gerichtshof der Europäischen Union haben keine aufschiebende Wirkung. Der Gerichtshof kann jedoch, wenn er dies den Umständen nach für nötig hält, die Durchführung der angefochtenen Handlung aussetzen.

Artikel 279

Der Gerichtshof der Europäischen Union kann in den bei ihm anhängigen Sachen die erforderlichen einstweiligen Anordnungen treffen.

Artikel 280

Die Urteile des Gerichtshofs der Europäischen Union sind gemäß Artikel 299 vollstreckbar.

Artikel 281

Die Satzung des Gerichtshofs der Europäischen Union wird in einem besonderen Protokoll festgelegt. Das Europäische Parlament und der Rat können gemäß dem ordentlichen Gesetzgebungsverfahren die Satzung mit Ausnahme ihres Titels I und ihres Artikels 64 ändern. Das Europäische Parlament und der Rat beschließen entweder auf Antrag des Gerichtshofs nach Anhörung der Kommission oder auf Vorschlag der Kommission nach Anhörung des Gerichtshofs.

Auszug aus der Konvention zum Schutz der Menschenrechte und Grundfreiheiten (EMRK)

Art. 6 Recht auf ein faires Verfahren

(1) Jede Person hat ein Recht darauf, dass über Streitigkeiten in Bezug auf ihre zivilrechtlichen Ansprüche und Verpflichtungen oder über eine gegen sie erhobene strafrechtliche Anklage von einem unabhängigen und unparteiischen, auf Gesetz beruhenden Gericht in einem fairen Verfahren, öffentlich und innerhalb angemessener Frist verhandelt wird. Das Urteil muss öffentlich verkündet werden; Presse und Öffentlichkeit können jedoch während des ganzen oder eines Teiles des Verfahrens ausgeschlossen werden, wenn dies im Interesse der Moral, der öffentlichen Ordnung oder der nationalen Sicherheit in einer demokratischen Gesellschaft liegt, wenn die Interessen von Jugendlichen oder der Schutz des Privatlebens der Prozessparteien es verlangen oder – soweit das Gericht es für unbedingt erforderlich hält – wenn unter besonderen Umständen eine öffentliche Verhandlung die Interessen der Rechtspflege beeinträchtigen würde.

Art. 13 Recht auf wirksame Beschwerde

Jede Person, die in ihren in dieser Konvention anerkannten Rechten oder Freiheiten verletzt worden ist, hat das Recht, bei einer innerstaatlichen Instanz eine wirksame Beschwerde zu erheben, auch wenn die Verletzung von Personen begangen worden ist, die in amtlicher Eigenschaft gehandelt haben.

Art. 34 Individualbeschwerden

Der Gerichtshof kann von jeder natürlichen Person, nichtstaatlichen Organisation oder Personengruppe, die behauptet, durch eine der Hohen Vertragsparteien in einem der in dieser Konvention oder den Protokollen dazu anerkannten Rechte verletzt zu sein, mit einer Beschwerde befasst werden. Die Hohen Vertragsparteien verpflichten sich, die wirksame Ausübung dieses Rechts nicht zu behindern.

Schrifttum

1. Allgemeines

K.F. Gärditz, Europäisches Verwaltungsprozessrecht, JuS 2009, 385; *H.D. Jarass*, Grundfragen der innerstaatlichen Bedeutung des EG-Rechts, 1994; *ders./S. Beljin*, Unmittelbare Anwendung des EG-Rechts und EG-rechtskonforme Auslegung, JZ 2003, 768; *U. Karpenstein*, Praxis des EG-Rechts, 2. Aufl. 2013; *H.-W. Rengeling/A. Middeke/M. Gellermann* (Hrsg.), Handbuch des Rechtsschutzes in der Europäischen Union, 3. Aufl. 2014; *E. Schmidt-Aßmann/W. Schenk*, Einleitung, in: Schoch/Schneider/Bier, VwGO, Loseblatt (Januar 2012), Rn. 100–151.

2. Rechtsschutzsystem der EU-Verträge

a) Monographien und Beiträge in Sammelwerken: *W. A. Adam*, Die Kontrolldichte-Konzeption des EuGH und der deutschen Gerichte, 1993; *A. Baumhof*, Die Beweislast im Verfahren vor dem Europäischen Gerichtshof, 1996; *K.-D. Borchardt*, Der Europäische Gerichtshof, 2000; *K.-D. Borchardt/M. Dauses/U. Klinke/R. Stotz/M. Tonne/M. Wohlfahrt*, Gerichtsbarkeit der EG, in: Manfred Dauses (Hrsg.), Handbuch des EG-Wirtschaftsrechts, Loseblatt (Stand: Juli 2012/Februar 2014); *M. Broberg/N. Fenger*, Das Vorabentscheidungsverfahren vor dem Gerichtshof der Europäischen Union, 2014; *W. Cremer*, Individualrechtsschutz gegen Rechtsakte der Gemeinschaft: Grundlagen und neuere Entwicklungen, in: Carsten Nowak/Wolfram Cremer (Hrsg.), Individualrechtsschutz in der EG und der WTO, 2002, 27; *M. A. Dauses*, Das Vorabentscheidungsverfahren nach Artikel 177 EG-Vertrag, [2]1995; *W. Hakenberg/Ch. Stix-Hackl*, Handbuch zum Verfahren vor dem Europäischen Gerichtshof, Band 1, [3]2005; *A. Kastelik-Smaza*, Das Vorabentscheidungsverfahren aus der Sicht des individuellen Rechtsschutzes, 2010; *H. Kirchhoff*, Individualrechtsschutz im Europäischen Gemeinschaftsrecht, 2005; *Ch. Last*, Garantie wirksamen Rechtsschutzes gegen Maßnahmen der Europäischen Union, 2008; *C. Nowak*, Zentraler und dezentraler Individualrechtsschutz in der EG im Lichte des gemeinschaftsrechtlichen Rechtsgrundsatzes effektiven Rechtsschutzes, ebd., 47; *M. Pechstein*, EU-Prozessrecht, [4]2011; *R. Rausch*, Die Kontrolle von Tatsachenfeststellungen und -würdigungen durch den Gerichtshof der Europäischen Gemeinschaften, 1994; *B. Schima*, Das Vorabentscheidungsverfahren vor dem EuGH, [3]2015; *J. Sladič*, Einstweiliger Rechtsschutz im Gemeinschaftsprozessrecht, 2008; *P. Thalmann*, Nichtigkeitsklagen gegen Rechtsakte mit Verordnungscharakter, 2011; *A. Thiele*, Europäisches Prozessrecht, 2007; *P. Thomy*, Individualrechtsschutz durch das Vorabentscheidungsverfahren, 2009; *D. Tsikrikas*, Die Wirkungen der Urteile des Europäischen Gerichtshofs im Vertragsverletzungsverfahren (Art. 169 ff. EWGV), 1990; *B. Wägenbaur*, EuGH VerfO. Satzung und Verfahrensordnungen EuGH/EuG, 2008.

b) Beiträge in Zeitschriften: *P. Baumeister*, Effektiver Individualrechtsschutz im Gemeinschaftsrecht, EuR 2005, 1; *M. Broberg/N. Fenger*, Theorie und Praxis der Acte-clair-Doktrin des EuGH, EuR 2010, 835; *C. Calliess*, Kohärenz und Konvergenz beim europäischen Individualrechtsschutz, NJW 2002, 3577; *W. Cremer*, Zum Rechtsschutz des Einzelnen gegen abgeleitetes Unionsrecht nach dem Vertrag von Lissabon, DÖV 2010, 58; *Th. v. Danwitz*, Funktionsbedingungen der Rechtsprechung des Europäischen Gerichtshofes, EuR 2008, 769; *O. Dörr*, Das beschleunigte Vorabentscheidungsverfahren im Raum der Freiheit, der Sicherheit und des Rechts, EuGRZ 2008, 349; *D. Ehlers*, Vertragsverletzungsklage des Europäischen Gemeinschaftsrechts, Jura 2007, 684; *ders.*, Die Nichtigkeitsklage des europäischen Gemeinschaftsrechts, Jura 2009, 31, *ders.*, Die Schadensersatzklage des europäischen Gemeinschaftsrechts, Jura 2009, 187; *V. Epping*, Die demokratische Legitimation der dritten Gewalt der Europäischen Gemeinschaften, Der Staat 36 (1997), 349; *T. Giegerich*, Organstreit vor dem Gerichtshof der Europäischen Gemeinschaften, ZaöRV 50 (1990), 812; *A. Glaesner*, Die Vorlagepflicht unterinstanzlicher Gerichte im Vorabentscheidungsverfahren, EuR 1990, 143; *C. Gröpl*, Individualrechtsschutz gegen EG-Verordnungen, EuGRZ 1995, 583; *J. Gundel*, Rechtsschutz gegen Kommissions-Mitteilungen zur Auslegung des Gemeinschaftsrechts, EuR 1998, 90; *ders.*, Die neue Gestalt der Nichtigkeitsklage nach dem Vertrag von Lissabon, EWS 2012, 65; *K. Gutman*, The evolution of the action for damages against the European Union and its place in the system of judicial protection, CMLRev 48 (2011), 695; *Chr. Herrmann*, Individualrechtsschutz gegen Rechtsakte der EU „mit Verordnungscharakter" nach dem Vertrag von Lissabon, NVwZ 2011, 1352; *M. Jaeger*, Eilverfahren vor dem Gericht der Europäischen Union, EuR 2013, 3; *J. Hoffmann*, Der Gerichtshof der Europäischen Union – re-organisiert, EuR 2016, 331; *J. F. Lindner*, Individualrechtsschutz im europäischen Gemeinschaftsrecht – Ein systematischer Überblick, JuS 2008, 1; *P.-Chr. Müller-Graff/D. H. Scheuing* (Hrsg.), Gemeinschaftsgerichtsbarkeit und Rechtsstaatlichkeit, EuR 2008, Beiheft 3; *M. Nettesheim*, Grundrechtliche Prüfdichte durch den EuGH, EuZW 1995, 106; *M. Pechstein/Ph. Kubicki*, Gültigkeitskontrolle und Bestandskraft von EG-Rechtsakten, NJW 2005, 1825; *T. Pfeiffer*, Keine Beschwerde gegen EuGH-Vorlagen?, NJW 1994, 1996; *T. Rademacher*, Die Amtshaftungsklage als allgemeine Rechtsverletztenklage des Unionsrechts, ZÖR 71 (2016), 331; *J.-P. Schneider*, Konkurrentenklagen als Instrumente der europäischen Beihilfeaufsicht, DVBl 1996, 1301; *M. Schröder*, Neuerungen im Rechtsschutz der Europäischen Union durch den Vertrag von Lissabon, DÖV 2009, 61; *J. Schwarze*, Der Rechtsschutz Privater vor dem Europäischen Gerichtshof: Grundlagen, Entwicklungen und Perspektiven des Individualrechtsschutzes im Gemeinschaftsrecht, DVBl 2002, 1297; *R. Streinz*, Die Rolle des EuGH im Prozess der Europäischen Integration, AöR 135 (2010), 1; *A. Thiele*, Das Rechtsschutzsystem nach dem Vertrag von Lissabon – (K)ein Schritt nach vorn?, EuR 2010, 30; *R. Wernsmann/J. Behrmann*, Das Vorabentscheidungsverfahren nach Art. 234 EG, Jura 2006, 181; *J. Wieland*, Der EuGH im Spannungsverhältnis zwischen Rechtsanwendung und Rechtsgestaltung, NJW 2009, 1841.

3. Unionsrecht und nationaler Verwaltungsrechtsschutz

a) Monographien und Beiträge in Sammelwerken: *M. Burgi*, Verwaltungsprozeß und Europarecht, 1996; *C. D. Classen*, Die Europäisierung der Verwaltungsgerichtsbarkeit, 1996; *Th. v. Danwitz*, Verwaltungsrechtliches System und europäische Integration, 1996; *O. Dörr*, Der europäisierte Rechtsschutzauftrag deutscher Gerichte, 2003; *Th. Dünchheim*, Verwaltungsprozeßrecht unter europäischem Einfluß, 2003; *D. Ehlers*, Europäisierung des Verwaltungsprozeßrechts, 1999; *Th. Gross*, Einwirkungen des Gemeinschaftsrechts auf den mitgliedstaatlichen Verwaltungsprozess, in: Marauhn (Hrsg.), Bausteine eines europäischen Beweisrechts, 2007, 65; *J. Hoffmann*, Rechtsschutz und Haftung im Europäischen Verwaltungsverbund, 2004; *S. Kadelbach*, Allgemeines Verwaltungsrecht unter europäischem Einfluß, 1999; *S. Lehr*, Einstweiliger Rechtsschutz und Europäische Union. Nationaler einstweiliger Verwaltungsrechtsschutz im Widerstreit von Gemeinschaftsrecht und nationalem Verfassungsrecht, 1997; *J. Masing*, Die Mobilisierung des Bürgers für die Durchsetzung des Rechts. Europäische Impulse für eine Revision der Lehre vom subjektiv-öffentlichen Recht, 1997; *V. Röben*, Die Einwirkung der Rechtsprechung des Europäischen Gerichtshofs auf das mitgliedstaatliche Verfahren in öffentlich-rechtlichen Streitigkeiten, 1998; *M. Ruffert*, Subjektive Rechte im Umweltrecht der Europäischen Gemeinschaft. Unter besonderer Berücksichtigung ihrer prozessualen Durchsetzung, 1996; *F. Schoch*, Die Europäisierung des verwaltungsgerichtlichen Rechtsschutzes, 2000; *A. Schwerdtfeger*, Der deutsche Verwaltungsrechtsschutz unter dem Einfluss der Aarhus-Konvention, 2010; *R. Streinz*, Vollzug des europäischen Rechts durch deutsche Staatsorgane, in: HdbStR X, 3. Aufl. 2012, § 218; *M. Tonne*, Effektiver Rechtsschutz durch staatliche Gerichte als Forderung des europäischen Gemeinschaftsrechts, 1997.

b) Beiträge in Zeitschriften: *J. Berkemann*, Die unionsrechtliche Umweltverbandsklage des EuGH, DVBl 2011, 1253; *M. Brenner*, Allgemeine Prinzipien des verwaltungsgerichtlichen Rechtsschutzes in Europa, Verw 31 (1998), *M. Burgi*, Deutsche Verwaltungsgerichte als Gemeinschaftsgerichte, DVBl 1995, 772; *C. D. Classen*, Der einzelne als Instrument zur Durchsetzung des Gemeinschaftsrechts? Zum Problem der subjektiv-öffentlichen Rechte kraft Gemeinschaftsrechts, VerwArch 88 (1997), 645; *W. Cremer*, Gemeinschaftsrecht und deutsches Verwaltungsprozessrecht – Zum dezentralen Rechtsschutz gegenüber EG-Sekundärrecht, Verw 37 (2004), 165; *O. Dörr*, Rechtsprechungskonkurrenz zwischen nationalen und europäischen Verfassungsgerichten, DVBl 2006, 1088; *ders.*, Grundstrukturen eines europäischen Verwaltungsprozeßrechts, DVBl 2008, 1401; *D. Ehlers*, Die Europäisierung des Verwaltungsprozessrechts, DVBl 2004, 1441; *H.-U. Erichsen/W. Frenz*, Gemeinschaftsrecht vor deutschen Gerichten, Jura 1995, 422; *W. Frenz*, Subjektiv-öffentliche Rechte aus Unionsrecht vor deutschen Verwaltungsgerichten, DVBl 1995, 408; *ders.*, Subjektive Rechte aus Unionsrecht vor den nationalen Verwaltungsgerichten, VerwArch 102 (2011), 134; *T. Giegerich/S. Lauer*, Der Justizgewährleistungsanspruch in Europa: Art. 47 GRCh, Art. 19 Abs. 1 UAbs. 2 EUV und das deutsche Verwaltungsprozessrecht, ZEuS 2014, 461; *V. Götz*, Europarechtliche Vorgaben für das Verwaltungsprozeßrecht, DVBl 2002, 1; *J. Gundel*, Rechtsschutzlücken im Gemeinschaftsrecht?, VerwArch 92 (2001), 81; *R. Hauser*, Europarecht im deutschen Verwaltungsprozeß: Vorläufiger Rechtsschutz und Gemeinschaftsrecht, VBlBW 2000, 377; *A. Jannasch*, Europäisierung des Gemeinschaftsrechts auf den vorläufigen Rechtsschutz, NVwZ 1999, 495; *J. Kokott*, Europäisierung des Verwaltungsprozeßrechts, Verw 31 (1998), 335; *A.K. Mangold/R. Wahl*, Das europäisierte deutsche Rechtsschutzkonzept, Verw 48 (2015), 1; *O. Otting/U. Olgemöller*, Europäischer Rechtsschutz im Verwaltungsprozess?, AnwBl 2010, 155; *M. Ruffert*, Dogmatik und Praxis des subjektiv-öffentlichen Rechts unter dem Einfluß des Gemeinschaftsrechts, DVBl 1998, 69; *J. Ruthig*, Transformiertes Gemeinschaftsrecht und die Klagebefugnis des § 42 Abs. 2 VwGO, BayVBl 1997, 289; *S. Schlacke*, Zur fortschreitenden Europäisierung des (Umwelt-)Rechtsschutzes, NVwZ 2014, 11; *F. Schoch*, Die Europäisierung des verwaltungsgerichtlichen vorläufigen Rechtsschutzes, DVBl 1997, 289; *ders.*, Individualrechtsschutz im deutschen Umweltrecht unter dem Einfluß des Gemeinschaftsrechts, NVwZ 1999, 457; *J. Schwarze*, Europäische Rahmenbedingungen für die Verwaltungsgerichtsbarkeit, NVwZ 2000, 241; *T. Siegel*, Die Präklusion im europäisierten Verwaltungsrecht, NVwZ 2016, 337; *U. Soltész*, Der Rechtsschutz des Konkurrenten gegen gemeinschaftsrechtswidrige Beihilfen vor nationalen Gerichten, EuZW 2001, 202; *Chr. Steinbeiß-Winkelmann*, Europäisierung des Verwaltungsrechtsschutzes, NVwZ 2010, 1233; *D. Triantafyllou*, Zur Europäisierung des subjektiven öffentlichen Rechts, DÖV 1997, 192; *J. Ziekow*, Das Umwelt-Rechtsbehelfsgesetz im System des deutschen Rechtsschutzes, NVwZ 2007, 259; *ders.*, Europa und der deutsche Verwaltungsprozess – Schlaglichter auf eine unendliche Geschichte, NVwZ 2010, 793.

4. Staatshaftung nach Unionsrecht

a) Monographien und Beiträge in Sammelwerken: *S. Beljin*, Staatshaftung im Europarecht, 2000; *M. Breuer*, Staatshaftung für judikatives Unrecht, 2011; *M. Cornils*, Der gemeinschaftsrechtliche Staatshaftungsanspruch, 1995; *O. Dörr*, Entschädigung und Schadensersatz, in: Dörr/Grote/Marauhn (Hrsg.), Konkordanzkommentar zum europäischen und deutschen Grundrechtsschutz, 2. Aufl. 2013, Kap. 33; *K. Greb*, Der einheitliche gemeinschaftsrechtliche Staatshaftungsanspruch in Deutschland als Teil des europäischen Verwaltungsrechts, 2002; *F. Schoch*, Europäisierung des Staatshaftungsrechts, in: Staat – Kirche – Verwaltung. FS für Hartmut Maurer zum 70. Geb., 2001, 759; *D. Tietjen*, Das System des gemeinschaftsrechtlichen Staatshaftungsrechts, 2010.

b) Beiträge in Zeitschriften: *S. Burger*, Zur Passivlegitimation im europäischen Staatshaftungsrecht, DVBl 2012, 207; *T. v. Danwitz*, Die gemeinschaftsrechtliche Staatshaftung der Mitgliedstaaten, DVBl 1997, 1; *S. Detterbeck*, Haftung der Europäischen Gemeinschaft und gemeinschaftsrechtlicher Staatshaftungsanspruch, AöR 125 (2000), 202; *C. Dörr*, Der unionsrechtliche Staatshaftungsanspruch in Deutschland zwanzig Jahre nach Francovich, EuZW 2012, 86; *D. Ehlers*, Die Weiterentwicklung des Staatshaftungsrechts durch das europäische Gemeinschaftsrecht, JZ 1996, 776; *W. Frenz/V. Götzkes*, Die gemeinschaftsrechtliche Staatshaftung, JA 2009, 759; *B. Grzeszick*, Subjektive Gemeinschaftsrechte als Grundlage der europäischen Staatshaftungsrechts, EuR 1998, 417; *J. Gundel*, Die Bestimmung des richtigen Anspruchsgegners der Staatshaftung für Verstöße gegen Gemeinschaftsrecht, DVBl 2001, 95; *ders.*, Gemeinschaftsrechtliche Haftungsvorgaben für judikatives Unrecht – Konsequenzen für die Rechtskraft und das deutsche „Richterprivileg" (§ 839 Abs. 2 BGB), EWS 2004, 8; *M. Herdegen/T. Rensmann*, Die neuen Konturen der gemeinschaftsrechtlichen Staatshaftung, ZHR 161 (1997), 522; *G. Hermes*, Der Grundsatz der Staatshaftung für Gemeinschaftsrechtsverletzungen, in: Verw 31 (1998), 371; *U. Kischel*, Gemeinschaftsrechtliche Staatshaftung zwischen Europarecht und nationaler Rechtsordnung, EuR 2005, 441; *M. Kling*, Die Haftung der Mitgliedstaaten der EG bei Verstößen gegen das Gemeinschaftsrecht, Jura 2005, 298; *A. Martin-Ehlers*, Grundlagen einer gemeinschaftsrechtlich entwickelten Staatshaftung, EuR 1996, 376.

5. EMRK und Verwaltungsrechtsschutz

a) Monographien und Beiträge in Sammelwerken: *Ch. Grabenwarter*, Verfahrensgarantien in der Verwaltungsgerichtsbarkeit, 1997; *A. Kley-Struller*, Art. 6 EMRK als Rechtsschutzgarantie gegen die öffentliche Gewalt, 1993; *J. Polakiewicz*, Die Verpflichtungen der Staaten aus den Urteilen des Europäischen Gerichtshofs für Menschenrechte, 1993; *V. Schlette*, Der Anspruch auf gerichtliche Entscheidung in angemessener Frist, 1999; *A. Steger*, Überlange Verfahrensdauer bei öffentlich-rechtlichen Streitigkeiten vor deutschen und europäischen Gerichten, 2008; *R. Uerpmann*, Die Europäische Menschenrechtskonvention und die deutsche Rechtsprechung, 1993.

b) Beiträge in Zeitschriften: *G. Britz/D. Pfeifer*, Rechtsbehelf gegen unangemessene Verfahrensdauer im Verwaltungsprozeß, DÖV 2004, 245; *J. Gundel*, Neue Anforderungen des EGMR an die Ausgestaltung des nationalen Rechtsschutzsystems, DVBl 2004, 17; *S. Kadelbach*, Der Status der Europäischen Menschenrechtskonvention im deutschen Recht, Jura 2005, 480; *I. Kraft*, Der Einfluss des Art. 6 EMRK auf die deutsche Verwaltungsgerichtsbarkeit, EuGRZ 2014, 666; *C. Lenz/D. Klose*, Der menschenrechtliche Anspruch auf mündliche Verhandlung über Normenkontrollanträge, NVwZ 2000, 1004; *R. Lippold*, Grenzen der Zulässigkeit der Zustellung statt Verkündung von Urteilen – § 116 II VwGO und Art. 6 I EMRK, NVwZ 1996, 137; *J. Meyer-Ladewig/H. Petzold*, Die Bindung deutscher Gerichte an Urteile des EGMR, NJW 2005, 15; *S. Morscher/P. Christ*, Anspruch auf öffentliche Verhandlung gem. Art. 6 EMRK, EuGRZ 2010, 272; *W. Peukert*, Verfahrensgarantien und Zivilprozeß (Art. 6 EMRK), RabelsZ 63 (1999), 600; *G. Ress*, Wirkung und Beachtung der Urteile und Entscheidungen der Straßburger Konventionsorgane, EuGRZ 1996, 350; *W. Roth*, Zur Unvereinbarkeit des Gerichtsbescheides (§ 84 VwGO) mit Art. 6 I EMRK, NVwZ 1997, 656; *ders.*, Der Anspruch auf öffentliche Verhandlung nach Art. 6 Abs. 1 EMRK im verwaltungsgerichtlichen Rechtsmittelverfahren, EuGRZ 1998, 495; *ders.*, Richterliche Vorbefassung und das Konzept der objektiven Befangenheit, DÖV 1998, 916; *J. Ruthig*, Zustellung statt Verkündung verwaltungsgerichtlicher Entscheidungen – Eine Praxis mit Tücken zwischen VwGO und EMRK, NVwZ 1997, 1188; *M. Ruffert*, Die Europäische Menschenrechtskonvention und innerstaatliches Recht, EuGRZ 2007, 245; *M. Wittinger*, Die Einlegung einer Individualbeschwerde vor dem EGMR, NJW 2001, 1238.

Einleitung

Rechtsstaatlichkeit ist, wie die meisten Rechts- und Verfassungskonzepte in Europa, heute europäisch 1
determiniert. Die mit dem europäischen Integrationsprozess verknüpfte Idee der *europäischen Rechtsgemeinschaft*[1] definiert sich dabei ganz wesentlich durch den europäischen Rechtsschutz, bezogen auf
das Verhältnis des Einzelnen zur öffentlichen Gewalt also durch den europäischen Verwaltungsrechtsschutz. Das Konzept einer europäischen Rechtsgemeinschaft gebietet einen „europäischen Verwaltungsrechtsschutz" vor unabhängigen Gerichten.

Dieser europäische Verwaltungsrechtsschutz ruht im Wesentlichen auf *drei Säulen*: Die erste besteht 2
aus den Rechtsschutzverfahren der EU (dazu 1. Teil). Die zweite Säule sind die Regeln des nationalen
Verwaltungsprozessrechts, die in fortschreitendem Maße durch unionsrechtliche Vorgaben geprägt
und z.T. sogar verdrängt werden; die nationalen (Verwaltungs-)Gerichte kontrollieren den innerstaatlichen Vollzug des Unionsrechts und agieren in diesem Zusammenhang funktional als Unionsgerichte
(näher im 2. Teil). Diese beiden Säulen bilden zusammen *das duale Rechtsschutzsystem der EU*, wie es
nunmehr in Art. 19 Abs. 1 EUV festgeschrieben ist. Beide Ebenen dieses Rechtsschutzsystems unterliegen dem Gebot effektiven Individualrechtsschutzes, das mittlerweile zum grundrechtlichen *acquis
unionaire* gehört (vgl. Art. 47 Abs. 1 GRCh). Europäische Rechtsstaatlichkeit, und zwar auch der europäische Rechtsschutz des Einzelnen gegenüber der öffentlichen Gewalt, wird außerdem geprägt
durch die *EMRK* und ihre Zusatzprotokolle, in denen ein gemeinsamer rechtsstaatlicher Grundstan-
dard der europäischen Staaten seinen Niederschlag gefunden hat. Das Beschwerdeverfahren der
EMRK selbst und die Vorgaben der Konvention für das nationale Prozessrecht bilden zusammen die
dritte Säule des europäischen Verwaltungsrechtsschutzes (näher im 3. Teil).

Nachdem sich Begriff und Konzept eines „Europäischen Verwaltungsrechts" bereits seit längerem 3
durchgesetzt haben,[2] zeigt das Zusammenspiel dieser drei Elemente europäischen Verwaltungsrechtsschutzes, des autonom überstaatlichen, des überstaatlich bedingten und des konventionsrechtlichen,
dass mittlerweile auch ein „*Europäisches Verwaltungsprozessrecht*"[3] zur Entstehung gelangt ist.

1. Teil: Rechtsschutz in den EU-Verträgen

Die zwischenstaatliche Ebene des europäischen Rechtsschutzsystems fügt sich ein in den *institutionel-* 4
len Bezugsrahmen des europäischen Integrationsverbands. Dieser besteht, nachdem der Vertrag von
Lissabon (2007)[4] am 1.12.2009 in Kraft getreten ist, aus der Europäischen Union und der Europäischen Atomgemeinschaft. Vor allem durch die erfolgte Verschmelzung der EG auf die EU wurde die
komplizierte Organisationsstruktur der europäischen Integration wesentlich vereinfacht, die zuvor bestehende Notwendigkeit, zwischen Unions- und Gemeinschaftsrecht zu unterscheiden,[5] ist für die Beschreibung der gegenwärtigen Rechtslage entfallen.

Der **Vertrag von Lissabon** brachte für das Rechtsschutzsystem der EU keine umstürzenden Verände- 5
rungen. Primärrechtliche Grundnorm ist nunmehr Art. 19 Abs. 1 EUV, der die zwei Ebenen des EU-
Rechtsschutzsystems ausdrücklich in den Verträgen verankert und bei dieser Gelegenheit sowohl die
(potentiell) dreigestaltige Struktur des EuGH (UAbs. 1 S. 1), als auch die Gewährleistungspflicht der
Mitgliedstaaten für einen effektiven Rechtsschutz auf nationaler Ebene (UAbs. 2) festschreibt. Die Ver-
fahrenszuständigkeiten des EuGH umfassen jetzt wieder das gesamte Unionsrecht, die zuvor bestehende Bereichsausnahme für das Unionsrecht ieS (Art. 46 EUV aF) ist entfallen. Nachwirkungen dieser
Ausnahme finden sich als gezielte Zuständigkeitsgrenzen in Art. 275 Abs. 1, 276 AEUV. Die Nichtigkeitsklage, das zentrale Element des Individualrechtsschutzes auf Unionsebene, ist in Art. 263 AEUV
in zweierlei Hinsicht erweitert worden: Zum einen ist sie nun auch ausdrücklich gegen andere als die

1 Grundlegend *Walter Hallstein*, Die Europäische Gemeinschaft, 1973, 31. Aufgenommen z.B. in: EuGH 23.4.1986 –
   C-294/86, Slg. 1986, 1339, Rn. 23 – Les Verts; 14.12.1991 – C-1/91, Slg. 1991, I-6079, Rn. 21 – EWR I. Fortgeführt
   als „Rechtsunion" z.B. in EuGH 29.6.2010 – C-550/09, Slg. 2010, I-6213, Rn. 44 – E und F; 19.12.2013 – C-274/12 P,
   ECLI:EU:C:2013:852, Rn. 56 – Telefónica/Kommission; EuG 23.11.2011 – T-341/07, Slg. 2011, II-7915, Rn. 63 – Si-
   son/Rat.
2 Grundlegend *Jürgen Schwarze*, Europäisches Verwaltungsrecht, 2 Bände, 1988.
3 *K.F. Gärditz*, JuS 2009, 385; *O. Dörr*, DVBl 2008, 1401; s.a. schon *D. Triantafyllou*, NVwZ 1992, 129, 134 a.E.
4 ABl. 2007 C 306; BGBl 2008 II 1039. Konsolidierte Vertragsfassungen in ABl. 2012 C 326.
5 *O. Dörr*, Rechtsschutzauftrag, 2003, 134. Nach EuGH 3.9.2008 – C-402/05 P, C-415/05 P, Slg. 2008, I-6351, Rn. 202
   – Kadi u.a. waren Union und Gemeinschaften „integrierte, aber verschiedene Rechtsordnungen".

genannten Unionseinrichtungen eröffnet (Art. 263 Abs. 1 S. 2), zum anderen können Einzelpersonen nun auch gegen bestimmte abstrakt-generelle Rechtsakte der Union, sog. „Rechtsakte mit Verordnungscharakter", die sie unmittelbar betreffen, Klage erheben (Art. 263 Abs. 4, 3. Alt.).

A. Aufgaben und Funktionen der EU-Gerichtsbarkeit

6 Die rechtsprechende Gewalt der EU ist bei einem Organ konzentriert, das in den Verträgen selbst „Gerichtshof der Europäischen Union" genannt, in der Praxis durchgehend als „EuGH" abgekürzt wird. Seine vertragliche Aufgabe ist in Art. 19 Abs. 1 UAbs. 1 S. 2 EUV mit den Worten beschrieben, dass der Gerichtshof *die Wahrung des Rechts* bei der Auslegung und Anwendung der Verträge (sichert)". Diese Umschreibung ist trotz ihrer Weite offensichtlich unvollständig. Zum einen beschränkt sich die Jurisdiktion des EuGH nicht auf die eigentlichen Gründungsverträge oder auch nur das Unionsprimärrecht, sondern erstreckt sich unbestritten auch auf das sekundäre Unionsrecht. Zum anderen nimmt der Gerichtshof auch für sich in Anspruch, das ungeschriebene Unionsrecht in Gestalt der allgemeinen Rechtsgrundsätze zu entwickeln sowie selbst die von der Union abgeschlossenen völkerrechtlichen Verträge auszulegen.

7 Das vertragliche Mandat des EuGH bezieht sich daher anerkanntermaßen auf alle Rechtsakte, die zum *Unionsrecht* gerechnet werden. Dieses liefert die vom Gerichtshof anzuwendenden Kontrollmaßstäbe und umschreibt die Reichweite seiner Jurisdiktion. Zum Unionsrecht gehören als Primärrecht EUV und AEUV, einschließlich der Protokolle (Art. 51 EUV), sämtliche Änderungs- und Beitrittsverträge und die EU-Grundrechtecharta (Art. 6 Abs. 1 EUV) sowie als sekundäres Unionsrecht alle Rechtsakte, die von den Unionsorganen aufgrund des Primärrechts erlassen wurden. Weiter rechnen zum „Recht" i.S.v. Art. 19 Abs. 1 EUV die ungeschriebenen allgemeinen Rechtsgrundsätze, die der Gerichtshof in wertender Rechtsvergleichung aus den Rechts- und Verfassungsordnungen der Mitgliedstaaten entwickelt. Sie betreffen v.a. die Grundrechte des Unionsrechts sowie bestimmte rechtsstaatliche Grundsätze, die der Tätigkeit der Unionsorgane zugrunde zu legen sind.[6] Der EuGH zählt zu seinem Jurisdiktionsbereich schließlich die von der EU geschlossenen völkerrechtlichen Verträge als „integrierende Bestandteile der Unionsrechtsordnung".[7]

8 Die dem EuGH übertragene Aufgabe der „Rechtswahrung" ist in Art. 19 Abs. 1 EUV ausdrücklich verknüpft mit der *„Auslegung und Anwendung"* des Unionsrechts. Zu den Aufgaben des Gerichtshofs gehören daher jedenfalls die abstrakte Ermittlung des Inhalts von Unionsrechtsnormen sowie die Subsumtion eines konkreten Sachverhalts unter einen festgestellten Norminhalt. Die genaue Rolle des EuGH im Funktionsgefüge der Unionsverfassung bestimmt sich jedoch nach den konkreten Verfahrensvorschriften der Art. 258–280 AEUV. Der Gerichtshof unterliegt als Unionsorgan dem Prinzip der begrenzten Ermächtigung (vgl. Art. 5 Abs. 2 EUV) und ist daher nur nach Maßgabe der ihm vertraglich zugewiesenen Entscheidungskompetenzen zuständig und handlungsbefugt.[8] Ein regelrechtes „Auslegungsmonopol" in Bezug auf das Unionsrecht findet sich in den Vorschriften über den EuGH nicht. Es wäre auch mit dem dualen Rechtsschutzsystem der Union (→ Rn. 2) schlecht vereinbar, da es hierin jedem – auch dem innerstaatlichen – Rechtsanwender obliegt, eine anzuwendende Norm des Unionsrechts zunächst auszulegen. Eine Befugnis zur „letztverbindlichen Auslegung" kommt dem EuGH rechtlich nur i.R. seiner konkreten Zuständigkeiten, z.B. im Vorabentscheidungsverfahren gem. Art. 267 AEUV, zu.

9 Ausschließlich dem EuGH zugewiesen ist dagegen die *Gültigkeitsprüfung* von Sekundärrechtsakten der Union. Aus dem System der Rechtsschutzbestimmungen der Verträge ergibt sich, dass nur der Gerichtshof einen solchen Rechtsakt für unionsrechtswidrig und ungültig erklären kann.[9] Dem EuGH

---

6 Dazu ausf. z.B. *F. Mayer*, in: Grabitz/Hilf/Nettesheim Nach Art. 6 EUV; *Ch. Gaitanides*, in: Groeben/Schwarze/Hatje Art. 19 EUV Rn. 18–28.

7 Z.B. EuGH 30.4.1974 – C-181/73, Slg. 1974, 449, 460 – Haegemann; 26.10.1982 – C-104/81, Slg. 1982, 3641, Rn. 13 f. – Kupferberg; 30.9.1987 – C-12/86, Slg. 1987, 3719, Rn. 7 – Demirel; 12.12.1995 – C-469/93, Slg. 1995, I-4533, Rn. 40 – Chiquita Italia; 10.9.1996 – C-61/94, Slg. 1996, I-3989, Rn. 16 – Kommission/Deutschland.

8 So ausdrückl. EuGH 14.7.1998 – C-399/97, Slg. 1998, I-4521, Rn. 6 – Glasoltherm.

9 EuGH 22.10.1987 – C-314/85, Slg. 1987, 4199, Rn. 16 f. – Foto-Frost; 21.2.1991 – C-143/88, C-92/89, Slg. 1991, I-415, Rn. 17 – Zuckerfabrik Süderdithmarschen; 10.1.2006 – C-344/04, Slg. 2006, I-403, Rn. 27 – IATA und ELFAA; 3.10.2013 – C-583/11 P, ECLI:EU:C:2013:625, Rn. 96 – Inuit Tapiriit Kanatami u.a.; 28.4.2015 – C-456/13 P, ECLI:EU:C:2015:284, Rn. 48 – T & L Sugars u.a./Kommission.

kommt insoweit ein *Verwerfungsmonopol* zu. Das im Auftrag zur „Rechtswahrung" implizierte Element der Rechtsstaatlichkeit bedeutet daher auch, dass unionsrechtliche Normen solange wirksam bleiben, wie sie nicht vom EuGH für nichtig erklärt wurden.[10] Bis zu ihrer formalen Aufhebung streitet für Rechtsakte der Union, selbst wenn sie rechtsfehlerhaft sind, grds. eine Gültigkeitsvermutung.[11]

Die *Auslegungsmethoden* des EuGH sind grds. die gleichen wie diejenigen der nationalen Gerichte, doch ergeben sich einige Besonderheiten aus dem speziellen Charakter der Unionsrechtsordnung.[12] Deren dynamischer, auf schrittweise Verwirklichung der Unionsziele angelegter Charakter führt dazu, dass in der Rechtsprechungspraxis v.a. der systematischen und teleologischen Interpretation besonderes Gewicht zukommt. Bei der systematischen Auslegung orientiert sich der EuGH besonders an den ausdrücklichen Vertragszielen, als teleologischer Auslegungsgesichtspunkt findet v.a. der *effet utile* des Unionsrechts Berücksichtigung. Zum Maßstab der Auslegung wird damit die praktische Wirksamkeit der einzelnen Unionsrechtsnorm ebenso wie die bestmögliche Erreichung der Vertragsziele und die Funktionsfähigkeit der Union. 10

Das vertragliche Mandat des EuGH umfasst über die Rechtsanwendung und -auslegung hinaus eine an den Zielen der Verträge orientierte *Fortbildung des Unionsrechts*. Seine Aufgabe der „Rechtswahrung" ist eine dynamische, d.h. es gehört zu ihr, die der Unionsverfassung zugrunde liegenden Rechtsprinzipien und Wertmaßstäbe sowie die gemeinsamen Rechtstraditionen der Mitgliedstaaten zu konkretisieren und dadurch in der Unionsrechtsordnung angelegte Normen zu entwickeln und für die Rechtsanwendung bereitzustellen. Bekannte Beispiele dafür aus der Rechtsprechungspraxis des EuGH sind die allgemeinen Rechtsgrundsätze (z.B. zum Grundrechtsschutz in der Union), die Direktwirkung von Richtlinien (→ Rn. 182 f.) und die unionsrechtliche Staatshaftung (→ Rn. 253–262). Diese Befugnis des Gerichtshofs zu „vertragsimmanenter" Rechtsfortbildung ist prinzipiell mit den verfassungsrechtlichen Integrationsgrundlagen des GG vereinbar.[13] 11

Die Stellung des Gerichtshofs im Organgefüge der Union lässt sich zusammenfassend durch *verschiedene Funktionen* kennzeichnen. Materiell sind v.a. drei Funktionen der Unionsgerichtsbarkeit hervorzuheben: die Ausübung einer objektiven Rechtmäßigkeitskontrolle über das Handeln der Unionsorgane (Kontrollfunktion), die – unmittelbare oder mittelbare – Gewährung von Individualrechtsschutz (Rechtsschutzfunktion) und schließlich die Sicherung der Rechtseinheit, der Kohärenz der Unionsrechtsordnung und ihre Fortentwicklung (Integrationsfunktion). In formaler Hinsicht sind den Zuständigkeitsvorschriften der Art. 258–280 AEUV im Wesentlichen die Funktionen des *EuGH als Verfassungs- und Verwaltungsgericht* zu entnehmen. Dem Verwaltungsrechtsschutz zuzuordnen sind dabei z.B. Individualklagen gegen Unionsorgane, Schadensersatzklagen und Personalstreitigkeiten. 12

Die einheitliche „Rechtswahrung" war seit dem Vertrag von Amsterdam durch den damals eingefügten Art. 68 EGV infrage gestellt, der die Rechtsschutzregeln für Titel IV des EG-Vertrages (Visa, Asyl, Einwanderung und andere Politiken betreffend den freien Personenverkehr) modifizierte. Abs. 1 der Norm beschränkte das Vorabentscheidungsverfahren (Art. 234 EG) auf die letztinstanzlichen Gerichte der Mitgliedstaaten, während Art. 68 Abs. 2 EGV bestimmte Ratsbeschlüsse von der Jurisdiktion des EuGH insgesamt ausnahm. Damit hatte die europäische Rechtsgemeinschaft erstmals ausdrücklich einen *rechtsschutzfreien Raum* geschaffen und den *acquis communautaire* in diesem Bereich zurückgenommen.[14] Durch den Vertrag von Lissabon wurde die Lücke geschlossen, auch wenn in Art. 276 AEUV die Beschränkung des Art. 68 Abs. 2 EGV noch immer nachklingt. 13

B. Die Gerichtsverfassung des EuGH

Gerichtsverfassung und Organisationsstruktur des EuGH sind bestimmt durch das Zusammenspiel *verschiedener primär- und sekundärrechtlicher Vorschriften*. Der allgemeine institutionelle Rahmen ist primärrechtlich durch die Regeln in Art. 19 EUV, Art. 251–257 AEUV vorgegeben. Im Hinblick auf 14

---

10 EuGH 13.2.1979 – C-101/78, Slg. 1979, 623, Rn. 4 f. – Granaria.
11 EuGH 26.2.1987 – C-15/85, Slg. 1987, 1005, Rn. 10 – Consorzio Cooperative d'Abruzzo; 15.6.1994 – C-137/92 P, Slg. 1994, I-2555, Rn. 48 – BASF; EuG 12.7.2001 – T-120/99, Slg. 2001, II-2235, Rn. 55 – Kik.
12 Dazu z.B. *F. Mayer*, in: Grabitz/Hilf/Nettesheim Art. 19 EUV Rn. 53–68.
13 BVerfGE 75, 223, 242 f.; 126, 286, 305; zu den Grenzen aber BVerfGE 89, 155, 210.
14 Krit. z.B. *W. Weiß*, in: Streinz, ¹2003, Art. 68 EG Rn. 26 („einer Rechtsgemeinschaft unwürdig"); *O. Dörr/U. Mager*, AöR 125 (2000), 386, 401 f.

Gerichtsorganisation und -verfahren wird er konkretisiert durch die Satzung des Gerichtshofs,[15] die als Protokoll zum AEUV Bestandteil desselben ist (vgl. Art. 51 EUV), also seinen Rang teilt, dennoch aber gem. Art. 281 Abs. 2 AEUV im ordentlichen Gesetzgebungsverfahren geändert werden kann. Einzelheiten zu Organisation und Verfahren finden sich in den umfangreichen Verfahrensordnungen von Gerichtshof[16] und Gericht.[17] Es handelt sich um sekundäres Unionsrecht, welches der Gerichtshof selbst aufgrund primärrechtlicher Ermächtigung (vgl. Art. 253 Abs. 6 und Art. 254 Abs. 5 AEUV) erlassen und ändern kann. Hinzu treten etliche Beschlüsse der beiden Unionsgerichte zur Verfahrensgestaltung nach Maßgabe der Verfahrensordnungen sowie mittlerweile ein „Verhaltenskodex für die Mitglieder und ehemalige Mitglieder des Gerichtshofs der Europäischen Union".[18]

I. Ein Organ mit zwei Organteilen

15 Die institutionelle Struktur des Gerichtshofs ist heute (wieder) durch ihre *Zweigliedrigkeit* geprägt. Im Gefolge der Einheitlichen Europäischen Akte (1986) war dem Gerichtshof durch Ratsbeschluss ein „Gericht erster Instanz der Europäischen Gemeinschaften" „beigeordnet" worden, das mittlerweile als „Gericht" (EuG) seine konstitutive Grundlage im Primärrecht selbst findet (vgl. Art. 19 Abs. 1 S. 1 EUV, Art. 254 AEUV). Seit dem Vertrag von Nizza (2001) ist im Vertrag sogar ein dreistufiger Gerichtsaufbau angelegt: Durch Art. 257 AEUV werden Parlament und Rat ermächtigt, „beigeordnete Fachgerichte" für Entscheidungen im ersten Rechtszug zu bilden, gegen deren Entscheidungen ein Rechtsmittel zum EuG gegeben ist. Von der Möglichkeit, das Gerichtssystem der Union auf diese Weise zu erweitern, hatte der Rat zwischenzeitlich Gebrauch gemacht durch Errichtung des Gerichts für den öffentlichen Dienst der Europäischen Union (EuGöD),[19] das allerdings seine Tätigkeit zum 1.9.2016 eingestellt hat.[20]

16 Trotz der Errichtung des EuG ist ausweislich der Art. 13 Abs. 1 und 19 Abs. 1 EUV der Gerichtshof weiterhin *ein einheitliches Hauptorgan* der Union und das einzige Unionsorgan mit Rechtsprechungsaufgaben. Das EuG ist nach der bestehenden Unionsverfassung kein EU-Organ, sondern weiterhin nur ein Organteil des Gerichtshofs. Dadurch ergibt sich eine doppelte Bedeutung des Begriffs „Gerichtshof": I.w.S. bezeichnet er das einheitliche Rechtsprechungsorgan der Union, das den Gerichtshof i.e.S. und das Gericht umfasst; „Gerichtshof" i.e.S. schließt letzteres und seine Mitglieder aus. In der Fassung des Vertrags von Lissabon differenziert der Vertragstext insoweit sprachlich zwischen „Gerichtshof der Europäischen Union" und schlicht „Gerichtshof" (vgl. z.B. Art. 19 Abs. 1 UAbs. 1 S. 1 EUV, Art. 251–253 AEUV); für beide Bedeutungsvarianten ist die Abkürzung „EuGH" gebräuchlich. Sitz des einheitlichen Hauptorgans Gerichtshof ist Luxemburg.[21]

II. Zuständigkeitsverteilung

17 Die sachliche Zuständigkeitsverteilung zwischen Gerichtshof i.e.S. und Gericht ist im Grundsatz niedergelegt in *Art. 256 AEUV*, allerdings mit ausdrücklichen Vorbehalten für abweichende Regelungen in der Satzung des Gerichtshofs. Nachdem der Rat im April 2004 von seiner Satzungsänderungsbefugnis Gebrauch gemacht und dem Gericht einzelne der bislang dem Gerichtshof vorbehaltenen institutionellen Klagen übertragen hat (Beschluss des Rates vom 26.4.2004, ABl. L 132, 5), ist eine recht unübersichtliche Zuständigkeitslage entstanden. Gegenwärtig erstreckt sich danach die *sachliche Zuständigkeit des Gerichts* auf folgende Klagearten:

---

15 I.d.F. des Vertrags von Lissabon, ABl. 2012 C 326, 210; zul. geänd. durch VO (EU) Nr. 2016/1192 (ABl. L 200, 137); konsolidierte Fassung unter http://curia.europa.eu.

16 VerfOGH 25.9.2012, ABl. L 265, 1, zul. geänd. in ABl. 2016 L 217, 69. Zusätzliche Verfahrensordnung des EuGH 14.1.2014, ABl. L 32, 37, zul. geänd. in ABl. 2014 L 32, 37.

17 VerfOG 4.3.2015, ABl. L 105, 1, zul. geänd. in ABl. 2016 L 217, 73; konsolidierte Fassung unter http://curia.europa.eu.

18 ABl. 2016 C 483/1.

19 Ratsbeschluss v. 2.11.2004, ABl. L 333, 7. Zur Einführung *W. Hakenberg*, EuZW 2006, 391.

20 Vgl. VO (EU, Euratom) Nr. 2016/1192 v. 6.7.2016 über die Übertragung der Zuständigkeit für die Entscheidung im ersten Rechtszug über die Rechtsstreitigkeiten zwischen der Europäischen Union und ihren Bediensteten auf das Gericht, ABl. 2016 L 200, 137.

21 Buchst. d) des Protokolls über die Festlegung der Sitze der Organe und bestimmter Einrichtungen, sonstiger Stellen und Dienststellen der Europäischen Union, ABl. 2012 C 326, 265.

▪ Nichtigkeits- und Untätigkeitsklagen von Mitgliedstaaten (Art. 263 Abs. 2, Art. 265 Abs. 1 AEUV), soweit sie nicht durch Art. 51 Abs. 1 EuGH Satzg dem Gerichtshof i.e.S. vorbehalten sind;
▪ Nichtigkeits- und Untätigkeitsklagen von Unionsorganen nur, soweit sie nicht nach Maßgabe von Art. 51 Abs. 2 EuGH Satzg dem Gerichtshof i.e.S. vorbehalten sind;
▪ Nichtigkeitsklagen Privater (Art. 263 Abs. 4 AEUV);
▪ Untätigkeitsklagen Privater (Art. 265 Abs. 3 AEUV);
▪ Schadensersatzklagen Privater wegen außervertraglicher Haftung der Union (Art. 268 i.V.m. Art. 340 Abs. 2 AEUV);
▪ Streitigkeiten zwischen der Union und ihren Bediensteten (Art. 270 AEUV, Art. 50 a EuGH Satzg);
▪ Schiedsklagen aus einem Vertragsverhältnis gegen die Union (Art. 272 AEUV);
▪ Entscheidungen zum einstweiligen Rechtsschutz (Art. 278, 279 AEUV) in den vorgenannten Verfahren.

Damit verbleiben *für den Gerichtshof i.e.S.*   18

▪ Vertragsverletzungsverfahren (Art. 258, 259 AEUV),
▪ die ihm gem. Art. 51 EuGH Satzg vorbehaltenen Nichtigkeits- und Untätigkeitsklagen von Unionsorganen und Mitgliedstaaten,
▪ Vorabentscheidungen (Art. 267 AEUV),
▪ durch Schiedsvertrag übertragene Streitigkeiten zwischen Mitgliedstaaten (Art. 273 AEUV)
▪ und Rechtsmittelverfahren gegen Entscheidungen des EuG (Art. 256 Abs. 1 UAbs. 2 AEUV, Art. 56–61 EuGH Satzg).

Der Individualrechtsschutz auf Unionsebene ist somit erstinstanzlich beim Gericht konzentriert, alle Direktklagen natürlicher und juristischer Personen sind dort zu erheben. Mit einigem Recht kann man daher gegenwärtig das *Gericht als Verwaltungsgericht*, den Gerichtshof i.e.S. dagegen als Rechtsmittel- und Verfassungsgericht der Union bezeichnen.

Die Anrufung des im Einzelfall unzuständigen Organteils des Gerichtshofs führt nicht zur Unzulässigkeit der Klage. Vielmehr greifen in solchen Fällen die *Verweisungsregeln* des Art. 54 EuGH Satzg ein, die einen negativen Kompetenzkonflikt zwischen beiden Unionsgerichten ausschließen.[22] Aus den Verweisungsmöglichkeiten ergibt sich zugleich, dass die rechtzeitige Klageerhebung bei der falschen Rechtsprechungsinstanz keine Fristversäumung zur Folge hat.   19

Von der Anrufung des unzuständigen Organteils zu trennen ist der Fall einer materiell-rechtlichen *Verfahrenskonkurrenz*.[23] Wenn bei Gerichtshof i.e.S. und Gericht Rechtssachen anhängig sind, die in der Sache den gleichen Gegenstand haben, die gleiche Auslegungsfrage aufwerfen oder die Gültigkeit desselben Rechtsaktes betreffen, greifen die Aussetzungsregeln des Art. 54 Abs. 3 und 4 EuGH Satzg ein. Im Ergebnis setzt sich hier die Entscheidungszuständigkeit des Gerichtshofs i.e.S. durch.   20

III. Zusammensetzung und interne Organisation

1. Gerichtshof i.e.S. Der EuGH i.e.S. besteht aus einem Richter je Mitgliedstaat (Art. 19 Abs. 2 S. 1   21 EUV), gegenwärtig also (noch) aus *28 Richtern.* Die Richter werden von den „Regierungen der Mitgliedstaaten im gegenseitigen Einvernehmen" auf sechs Jahre ernannt (Art. 19 Abs. 2 UAbs. 3 EUV),[24] mittlerweile nach Anhörung eines Ausschusses zur Bewerberprüfung (Art. 255 AEUV). Alle drei Jahre findet eine partielle Neubesetzung der Richterstellen statt (Art. 253 Abs. 2 AEUV), und zwar jeweils für vierzehn Richter (Art. 9 Abs. 1 EuGH Satzg). Eine Wiederernennung ausscheidender Richter ist unbeschränkt zulässig (Art. 253 Abs. 4 AEUV). Die erforderliche *persönliche Qualifikation* der Richter ist in Art. 253 Abs. 1 AEUV näher umschrieben. Es muss sich um Persönlichkeiten handeln, die in ihrem Staat eine anerkannt hohe juristische Qualifikation aufweisen und jede Gewähr für ihre Unabhängigkeit bieten, da die Richter am EuGH gerade keine Vertreter ihrer Heimatstaaten sind. Eine Be-

---

22 *Dittert*, in: Groeben/Schwarze/Hatje Art. AEUV 256 Rn. 13; *M. Pechstein*, EU-Prozessrecht, Rn. 123.
23 Dazu *M. Dauses/B. Henkel*, EuZW 1999, 325; *W. Möschel*, NVwZ 1999, 1045.
24 Zum Auswahlverfahren *V. Epping*, Staat 36 (1997), 349, 361–366.

stimmung über ihre Staatsangehörigkeit findet sich nicht; in der Praxis benennt jedoch jeder Mitgliedstaat einen eigenen Staatsangehörigen.[25]

22 Die Richter wählen aus ihrer Mitte für jeweils drei Jahre den *Präsidenten* des Gerichtshofs i.e.S. (Art. 253 Abs. 3 AEUV). Dieser leitet die rechtsprechende Tätigkeit und die Verwaltung des Gerichtshofs (Art. 9 VerfOGH); insbes. obliegt ihm die Bestimmung des Berichterstatters (Art. 15 VerfOGH) und die Terminsanberaumung (Art. 75 VerfOGH). In Verfahren des einstweiligen Rechtsschutzes entscheidet der Präsident grds. allein (Art. 161 Abs. 1 VerfOGH), allerdings wird er hierbei mittlerweile durch den ebenfalls gewählten Vizepräsidenten vertreten.[26] Als Leiter der Verwaltung ist der Präsident der höchste Dienstvorgesetzte aller Bediensteten des Gerichtshofs i.e.S. (Art. 12 S. 2 EuGH Satzg).

23 Der Gerichtshof i.e.S. wird von mittlerweile elf[27] *Generalanwälten* „unterstützt" (Art. 252 Abs. 1 AEUV). Dabei handelt es sich um eine Institution aus der französischen Rechtsordnung, die dem dortigen „commissaire du gouvernement" beim Conseil d'Etat nachgebildet ist.[28] Der Generalanwalt bereitet die Entscheidungen des Gerichtshofs vor, indem er „in völliger Unparteilichkeit und Unabhängigkeit" (Art. 252 Abs. 2 AEUV) am Ende der mündlichen Verhandlung seine „Schlussanträge" stellt. Darin fasst er den Verfahrensgegenstand zusammen, würdigt ihn in Form eines Rechtsgutachtens und unterbreitet einen begründeten konkreten Entscheidungsvorschlag, der die Richter allerdings nicht bindet. Trotz des Wortlauts von Art. 252 Abs. 1 S. 1 AEUV, wonach die Generalanwälte „den Gerichtshof" – und nicht etwa die Richter – unterstützen, zählen die Generalanwälte institutionell zu den Mitgliedern des Gerichtshofs; allerdings nehmen sie weder an der Urteilsberatung noch an der Beschlussfassung im Richterkollegium teil.[29] Die Ernennung der Generalanwälte erfolgt ebenfalls durch die „Regierungen der Mitgliedstaaten im gegenseitigen Einvernehmen" für eine Amtszeit von sechs Jahren (Art. 253 Abs. 1 AEUV). Jeweils für ein Jahr wählen alle Mitglieder des Gerichtshofs i.e.S. einen Ersten Generalanwalt, der die Rechtssachen den einzelnen Generalanwälten zuweist (Art. 14, 16 VerfOGH).

24 Der Gerichtshof i.e.S. tagt gem. Art. 251 Abs. 1 AEUV grds. *in Kammern oder als „Große Kammer"*. Die Kammern entscheiden mit drei und fünf Richtern, während die Große Kammer mit fünfzehn Richtern unter Vorsitz des EuGH-Präsidenten besetzt ist (Art. 16 Abs. 1 und 2 EuGH Satzg). Der Gerichtshof tagt als große Kammer, wenn ein am Verfahren beteiligter(s) Mitgliedstaat oder Unionsorgan dies beantragt (Art. 16 Abs. 3 EuGH Satzg). Als Plenum tagt der Gerichtshof nur noch in den Fällen des Art. 16 Abs. 4 und 5 EuGH Satzg, z.B. wenn er einer Rechtssache „außergewöhnliche Bedeutung" zumisst. Gegenwärtig bestehen am Gerichtshof *zehn Kammern*, von denen – über den Wortlaut von Art. 16 EuGH Satzg hinaus – eine mit sechs, fünf mit je fünf und vier mit je vier Richtern besetzt sind.[30] Die jeweils mitwirkenden Richter werden für jede Rechtssache gem. Art. 27, 28 VerfOGH nach Maßgabe von eigens für diesen Zweck erstellten Besetzungslisten bestimmt.

25 Die *Verteilung der Rechtssachen auf die Kammern* erfolgt in einem zweistufigen Verfahren. Nach Eingang der Klageschrift bestimmt der Präsident des Gerichtshofs den für die Rechtssache zuständigen Berichterstatter (Art. 15 Abs. 1 VerfOGH). Abstrakte Kriterien für diese erste Verteilungsentscheidung sind, soweit ersichtlich, nicht festgelegt. Eine Entscheidungszuständigkeit für die jeweilige Rechtssache wird mit dieser ersten Zuweisung jedoch noch nicht übertragen. Dies geschieht erst auf der Grundlage des durch den Berichterstatter erstellten Vorberichts, über dessen Vorschläge die Generalversammlung des Gerichtshofs i.e.S. entscheidet (Art. 59 VerfOGH). Auch für diese Entscheidung sind abstrakt-generelle Maßstäbe nur sehr rudimentär festgelegt: Grds. wird an die Dreier- und Fünfer-Kammern verwiesen, wenn nicht ein beteiligtes Unionsorgan oder ein Mitgliedstaat ein Verfahren vor der Großen Kammer wünscht oder die Bedeutung der Rechtssache oder besondere Umstände dies erfordern (Art. 16 Abs. 3 EuGH Satzg, Art. 60 Abs. 1 VerfOGH). Das Fehlen einer abstrakt-generellen Ge-

---

25 Für ein entsprechendes rechtliches Gebot sogar *D. Siebert*, Die Auswahl der Richter am Gerichtshof der Europäischen Gemeinschaften, 1997, 105–109.

26 Beschluss des Gerichtshofs v. 23.10.2012, ABl. L 300, 47.

27 Vgl. den Ratsbeschluss v. 25.6.2013 zur Erhöhung der Zahl der Generalanwälte des Gerichtshofs der Europäischen Union, ABl. 2013 L 179, 92.

28 *S. Hackspiel*, in: Groeben/Schwarze/Hatje AEUV Art. 252 Rn. 1.

29 *S. Hackspiel*, in: Groeben/Schwarze/Hatje AEUV Art. 252 Rn. 5.

30 Vgl. die Aufstellung unter http://curia.europa.eu.

schäftsverteilung, die den im Einzelfall zuständigen Spruchkörper exakt vorausbestimmt, wird im Hinblick auf den *Grundsatz des gesetzlichen Richters* zuweilen kritisiert.[31] Maßstab dieser Kritik können aber nicht die strengen Anforderungen des Art. 101 Abs. 1 S. 2 GG sein, da die Unionsgerichtsbarkeit diesen nicht unterliegt.[32]

Der Gerichtshof i.e.S. verfügt unter Aufsicht des Präsidenten über einen eigenen *Verwaltungsapparat*.   26
Richter und Generalanwälte werden jeweils von einem „Kabinett" unterstützt, das aus drei Rechtsreferenten („réferendaires") und dem erforderlichen Schreib- und Hilfspersonal besteht. Oberster Verwaltungsbeamter des Gerichtshofs ist der Kanzler, den der Gerichtshof ernennt (Art. 253 Abs. 5 AEUV) und dessen Stellung und Aufgaben in Art. 18–21 VerfOGH bestimmt sind. Die Behörde Gerichtshof beschäftigte Ende 2016 ungefähr 2200 Mitarbeiter, darunter 985 (45%) im Sprachendienst.[33]

2. Gericht. Das Gericht besteht gegenwärtig aus 46 Mitgliedern (Stand 31.12.2017) und soll ab dem   27
1.9.2019 aus zwei Mitgliedern je Mitgliedstaat bestehen (Art. 48 EuGH Satzg). Die Richter werden ebenfalls von den Regierungen der Mitgliedstaaten einvernehmlich und nach Anhörung des Ausschusses für Bewerberprüfung für eine Amtszeit von sechs Jahren ernannt (Art. 254 Abs. 2 AEUV). Die Rechtsstellung der Mitglieder des Gerichts entspricht derjenigen der Richter am Gerichtshof i.e.S. (vgl. die pauschalen Verweisungen in Art. 254 Abs. 6 AEUV und Art. 47 EuGH Satzg), sie sind Mitglieder des Organs Gerichtshof im statusrechtlichen Sinn. Auch die Mitglieder des Gerichts wählen aus ihrer Mitte einen eigenen Präsidenten für eine Amtszeit von drei Jahren (Art. 254 Abs. 3 AEUV). Anders als der Gerichtshof i.e.S. verfügt das Gericht nicht über Mitglieder, die eigens nur als *Generalanwälte* ernannt werden. Vielmehr sieht Art. 49 EuGH Satzg die Möglichkeit vor, dass ein Mitglied des Gerichts im Einzelfall für eine Rechtssache zum Generalanwalt bestellt wird, bei deren Entscheidung es dann nicht als Richter mitwirken darf. In der Praxis wird davon allerdings wegen der Arbeitsbelastung des Gerichts kaum Gebrauch gemacht.[34]

Das Gericht tagt regelmäßig in *Kammern* mit drei oder fünf Richtern, während das Plenum oder die   28
Große Kammer mit fünfzehn Richtern für Ausnahmefälle vorgesehen sind, die von der Verfahrensordnung des EuG näher bestimmt werden können (Art. 50 EuGH Satzg). Art. 28 Abs. 1 VerfOG nennt für die Zuweisung an die Große Kammer insoweit „die rechtliche Schwierigkeit, die Bedeutung der Rechtssache oder besondere Umstände". Wegen der großen Arbeitsbelastung des Gerichts finden Plenarsitzungen praktisch nur noch zu Fragen der gerichtlichen Selbstverwaltung statt.[35] Gegenwärtig bestehen am Gericht neun Kammern, von denen acht mit je fünf Richtern besetzt sind, die zwei Unterformationen zugeteilt sind; eine Kammer ist mit vier Richtern besetzt und in drei Unterformationen unterteilt.[36] In den letzten Jahren wurden regelmäßig mehr als 85% der Rechtssachen durch die Dreierkammern erledigt.

Anders als beim Gerichtshof i.e.S. werden die Kriterien für die *Verteilung der Rechtssachen auf die*   29
Kammern, wie es Art. 25 VerfOG verlangt, vom Gericht für jedes Geschäftsjahr festgelegt und im Amtsblatt der EU veröffentlicht. Die Geschäftsverteilung für die Zeit bis zum 31.8.2019 (ABl. 2016 C 296, 2) sieht vor, dass die eingehenden Rechtssachen – vorbehaltlich einer späteren Verweisung – den Dreierkammern in einem vierstufigen Verteilungsvorgang zugewiesen werden. Dazu sind drei Kategorien von Rechtssachen gebildet, in denen die Streitigkeiten jeweils in der Reihenfolge ihres Eingangs auf die Kammern verteilt werden, um eine gleichmäßige Auslastung der Spruchkörper zu erreichen. Der Präsident des Gerichts kann, wenn er die Rechtssachen nach Eingang der Klageschrift auf die Kammern verteilt (Art. 26 Abs. 1 VerfOG), von diesen Kriterien im Einzelfall abweichen, um einem Zusammenhang zwischen bestimmten Rechtssachen Rechnung zu tragen oder eine ausgewogene Verteilung der Arbeitslast sicherzustellen.

Art. 50 Abs. 2 S. 2 EuGH Satzg eröffnet dem Gericht zudem die Möglichkeit, durch den *Einzelrichter*   30
zu entscheiden. Art. 29 Abs. 1 VerfOG listet drei Kategorien von Rechtssachen auf, die, wenn sie von

---

31 Z.B. von *G. Mößlang*, EuZW 1996, 69; *M. Pechstein*, EU-Prozessrecht, Rn. 105; *P.M. Huber*, in: Streinz AEUV Art. 251 Rn. 7.

32 Ebenso z.B. *C. Wichard*, EuZW 1996, 305 f.; *Schwarze*, in: ders. AEUV Art. 251 Rn. 7.

33 Angaben nach http://curia.europa.eu/jcms/jcms/P_80908/de/ (besucht am 20.10.2017).

34 *Landwehr*, in: Groeben/Schwarze/Hatje AEUV Art. 254 Rn. 42–45.

35 *Landwehr*, in: Groeben/Schwarze/Hatje AEUV Art. 254 Rn. 54 f.

36 Vgl. die Aufstellung unter http://curia.europa.eu.

geringer Schwierigkeit und begrenzter Bedeutung sind, vom Berichterstatter als Einzelrichter entschieden werden können:

- Klagen gegen Entscheidungen des EU-Markenamtes, die Fragen des geistigen Eigentums betreffen;
- Klagen Privater, deren Entscheidung durch die Rspr. bereits vorgezeichnet ist;
- Klagen aufgrund einer vertraglichen Schiedsklausel.

Bestimmte Sachbereiche sind dem Einzelrichter gem. Art. 29 Abs. 2 VerfOG von vornherein verschlossen. Ist im konkreten Fall die Möglichkeit aber eröffnet, dann kann die zuständige Kammer dem Berichterstatter die Entscheidung als Einzelrichter übertragen; am Verfahren beteiligte Mitgliedstaaten und Unionsorgane können der Übertragung widersprechen (Art. 29 Abs. 3 VerfOG). Ein Verstoß gegen die Einzelrichter-Bestimmungen der VerfOG begründet ein Rechtsmittel gegen die erstinstanzliche Entscheidung.[37] In der Praxis wird von der Übertragungsmöglichkeit bislang nur wenig Gebrauch gemacht.

31 Das Gericht verfügt über einen eigenen *Kanzler* (Art. 254 Abs. 4 AEUV, Art. 32–36 VerfOG), der jedoch im Wesentlichen Geschäftsstellenbefugnisse wahrnimmt. Die eigenen Verwaltungszuständigkeiten sind sehr begrenzt, da sich das Gericht insoweit nach Maßgabe einer Vereinbarung der Präsidenten beider Organteile der bestehenden Verwaltungsstrukturen des Gerichtshofs i.e.S. bedient (vgl. Art. 52 EuGH Satzg).

C. Die einzelnen Verfahren vor dem EuGH

32 Die Verbandskompetenz der Unionsgerichtsbarkeit im Verhältnis zu den nationalen Gerichten sowie die Organkompetenz des Gerichtshofs im Verhältnis zu den anderen Unionsorganen bestimmen sich nach den konkreten Zuständigkeitsvorschriften in Art. 258–281 und 218 Abs. 11 AEUV. Diese Bestimmungen begründen in ihrem Anwendungsbereich *ausschließliche Zuständigkeiten* der Unionsgerichte.[38] Eine Zuständigkeit nationaler Gerichte kann es insoweit ebensowenig geben wie eine Überschneidung beider Jurisdiktionsbereiche. Soweit eine Zuständigkeitsübertragung auf den Gerichtshof i.w.S. fehlt, bleiben die nationalen Gerichte zuständig (vgl. Art. 274 AEUV).

I. Vertragsverletzungsverfahren (Art. 258 AEUV)

33 Das Vertragsverletzungsverfahren ist auf die Feststellung gerichtet, dass ein Mitgliedstaat gegen eine unionsrechtliche Verpflichtung verstoßen hat. Es handelt sich um ein objektiv-rechtliches *Feststellungsverfahren*, das nicht nach einer Verletzung subjektiver Rechtspositionen fragt und dem daher auch keine unmittelbare Individualschutzfunktion zukommt.

34 Bedeutsam für den *Individualrechtsschutz* ist das Vertragsverletzungsverfahren zum einen jedoch insoweit, als der Einzelne bei der Kommission informell Beschwerde über den Unionsrechtsverstoß eines Mitgliedstaates führen und eine Verfahrenseinleitung anregen kann.[39] Ein einklagbares Recht auf die Einleitung des Vertragsverletzungsverfahrens steht dem einzelnen jedoch nicht zu (→ Rn. 36, 39). Zum anderen kann sich das Individuum die präjudizielle Wirkung der materiellen Rechtskraft[40] zunutze machen, die der Verurteilung eines Mitgliedstaates im Vertragsverletzungsverfahren zukommt: Da alle Organe des verurteilten Staates dieser Rechtskraft unterliegen, sind auch seine nationalen Gerichte, die der Einzelne in derselben Angelegenheit anruft, an die vom EuGH getroffene Feststellung eines Rechtsverstoßes gebunden.[41]

35 **1. Zulässigkeit.** *Parteifähig* sind i.R. der Aufsichtsklage gem. Art. 258 Abs. 2 AEUV ausschließlich die Kommission als Klägerin und der beklagte Mitgliedstaat. Beklagte sind jeweils die Mitgliedstaaten

---

37 Vgl. EuGH 15.1.2002 – C-171/00 P, Slg. 2002, I-451, Rn. 38 – Libéros.

38 Z.B. *U. Karpenstein*, in: Grabitz/Hilf/Nettesheim AEUV Art. 274 Rn. 4; *Ch. Gaitanides*, in: Groeben/Schwarze/Hatje AEUV Art. 274 Rn. 1, 4.

39 Vgl. das Formblatt für Beschwerden unter https://ec.europa.eu/assets/sg/report-a-breach/complaints_de/. Dazu auch der Anhang „Verwaltungsverfahren für die Beziehungen zu Beschwerdeführern in Fällen der Anwendung von Unionsrecht" zur Mitteilung der Kommission „EU-Recht: Bessere Ergebnisse durch bessere Anwendung", ABl. 2017 C 18, 10 (18–20).

40 *D. Tsikrikas*, Wirkungen, 1990, 114 f.

41 Z.B. EuGH 14.12.1982 – C-314/81, 315/81, 316/81, 83/82, Slg. 1982, 4337, Rn. 15 – Waterkeyn.

als solche, da ihnen als Völkerrechtssubjekten mögliche Rechtsverstöße ihrer Staatsorgane und Gebietskörperschaften zugerechnet werden. Das gilt auch, wenn die gesamtstaatliche Regierung nach innerstaatlichem Recht auf das gerügte Verhalten faktisch kaum Einfluss hatte, etwa auf die Rechtsprechungstätigkeit nationaler Gerichte oder das Vollzugshandeln der deutschen Bundesländer. Besonderheiten in Bezug auf die Parteistellung ergeben sich für den Finanz- und Währungsbereich aus Art. 271 AEUV. Wegen Verstößen gegen die unionsrechtlich gebotene Haushaltsdisziplin ist das Vertragsverletzungsverfahren generell ausgeschlossen durch Art. 126 Abs. 10 AEUV.

Die Klageerhebung ist erst nach Durchführung eines *Vorverfahrens* gem. Art. 258 Abs. 1, Art. 259   36
Abs. 2, 3 AEUV zulässig, welches die Beseitigung des beanstandeten Verhaltens ohne gerichtliche Auseinandersetzung ermöglichen soll. Es handelt sich in der Sache um ein förmliches administratives Anhörungsverfahren durch die Kommission, das dem Austausch der gegenseitigen Standpunkte, der Gewährung rechtlichen Gehörs und v.a. der Eingrenzung des späteren gerichtlichen Streitgegenstands dient. Die Einleitung eines Vertragsverletzungsverfahrens nach Art. 258 Abs. 1 AEUV liegt im *Ermessen der Kommission*, das vom Gerichtshof nicht überprüft wird.[42]

Das Vorverfahren nach Art. 258 Abs. 1 AEUV wird eingeleitet durch ein *Mahnschreiben* der Kommis-   37
sion an den einer Unionsrechtsverletzung verdächtigten Mitgliedstaat, in dem die Kommission die Einleitung des formalen Anhörungsverfahrens ankündigt und die Tatsachen mitteilt, die nach ihrer Ansicht den Rechtsverstoß begründen. Rechtlich wie tatsächlich wird in diesem Mahnschreiben der Verfahrensgegenstand abschließend festgelegt. Eine spätere Erweiterung um zusätzliche Verletzungstatbestände ist ohne erneutes Mahnschreiben ebenso unzulässig wie eine qualitative Erweiterung der rechtlichen Vorwürfe.[43] Zugleich fordert die Kommission den Mitgliedstaat auf, sich zu den Vorwürfen innerhalb einer bestimmten Frist zu äußern bzw. ihnen abzuhelfen. Die im Regelfall gesetzte Frist beträgt zwei Monate.[44]

Hält die Kommission auch nach Ablauf dieser Frist ihre Vorwürfe aufrecht, so gibt sie eine „mit   38
Gründen versehene *Stellungnahme*" ab, in der sie die Tatsachen, Rechtsgründe, Beweismittel und die Bewertung des gerügten Rechtsverstoßes zusammenfasst. Die Stellungnahme wird mit einer Fristsetzung verbunden, welche dem Mitgliedstaat letztmalig Gelegenheit gibt, einen rechtmäßigen Zustand herzustellen. Die Frist hat nach den Gesamtumständen des Einzelfalles angemesen zu sein, in der Praxis üblich sind wiederum zwei Monate. Verstreicht die gesetzte Frist, ohne dass dem Verstoß abgeholfen ist, kann die Kommission den Gerichtshof anrufen. Die wesentliche Funktion der Stellungnahme nach Art. 258 Abs. 1 AEUV liegt – neben der Gewährung rechtlichen Gehörs – in der verbindlichen *Determinierung des Streitgegenstands* für das spätere Klageverfahren. Die Klage der Kommission darf aus Gründen des rechtlichen Gehörs nicht auf andere als die in der vorangegangenen Stellungnahme angeführten Rügen gestützt werden.[45]

Der Kommission kommt ihre *Klageberechtigung* kraft Amtes gem. Art. 258 AEUV und im allgemei-   39
nen Interesse der Union zu, sie bedarf für die Klageerhebung daher grds. keines besonderen Verfolgungs- oder Rechtsschutzinteresses.[46] Die Klageberechtigung der Kommission besteht auch dann weiter, wenn der gerügte Rechtsverstoß nach Ablauf der gesetzten Frist durch den Mitgliedstaat behoben wird, da die Rechtsverletzung z.B. die Grundlage für einen Haftungsanspruch bieten kann.[47] Wird der Rechtsverstoß allerdings innerhalb der gesetzten Frist vollständig beseitigt, so ist das Ziel des Verfah-

---

42 St. Rspr., z.B. EuGH 18.6.1998 – C-35/96, Slg. 1998, I-3851, Rn. 27 – Kommission/Italien; 26.9.2000 – C-205/98, Slg. 2000, I-7367, Rn. 44 – Kommission/Österreich; 1.2.2001 – C-333/99, Slg. 2001, I-1025, Rn. 24 – Kommission/ Frankreich; EuG 13.11.1995 – T-126/95, Slg. 1995, II-2863, Rn. 34 – Dumez; 9.1.1996 – T-575/93, Slg. 1996, II-1, Rn. 71 – Koelman.

43 St. Rspr., z.B. EuGH 29.9.1998 – C-191/95, Slg. 1998, I-5449, Rn. 55 – Kommission/Deutschland; 9.11.1999 – C-365/97, Slg. 1999, I-7773, Rn. 23 – Kommission/Italien.

44 U. Karpenstein, in: Grabitz/Hilf/Nettesheim AEUV Art. 258 Rn. 31; Ch. Gaitanides, in: Groeben/Schwarze/Hatje AEUV Art. 258 Rn. 20.

45 St. Rspr., z.B. EuGH 15.1.2002 – C-439/99, Slg. 2002, I-305, Rn. 11 – Kommission/Italien; 14.7.2005 – C-433/03, Slg. 2005, I-6985, Rn. 28 – Kommission/Deutschland; 26.4.2007 – C-195/04, Slg. 2007, I-3351, Rn. 18 – Kommission/Finnland; 8.7.2010 – C-171/08, Slg. 2010, I-6817, Rn. 25 f. – Kommission/Portugal.

46 St. Rspr., z.B. EuGH 10.5.1995 – C-422/92, Slg. 1995, I-1097, Rn. 16 – Kommission/Deutschland; 11.8.1995 – C-431/92, Slg. 1995, I-2189, Rn. 21 – Kommission/Deutschland (Großkrotzenburg).

47 St. Rspr., z.B. EuGH 12.12.1990 – C-263/88, Slg. 1990, I-4611, Rn. 9 – Kommission/Frankreich; 30.5.1991 – C-59/89, Slg. 1991, I-2607, Rn. 35 – Kommission/Deutschland; 9.11.1999 – C-365/97, Slg. 1999, I-7773, Rn. 45 – Kommission/Italien.

rens erreicht, und die Kommission muss das Verfahren mangels Rechtsschutzbedürfnisses einstellen.[48] Selbst wenn alle Zulässigkeitsvoraussetzungen vorliegen, steht die Klageerhebung ebenso wie die Einleitung des Vertragsverletzungsverfahrens im *Ermessen* der Kommission, welches vom Gerichtshof nicht überprüft wird (zum Ermessen bei der Verfahrenseinleitung → Rn. 36).[49]

40 **2. Entscheidung.** Die Aufsichtsklage der Kommission – ebenso wie die Staatenklage eines Mitgliedstaates gem. Art. 259 AEUV – ist *begründet, wenn* die vom Kläger behaupteten Tatsachen zutreffen, das gerügte Verhalten dem beklagten Mitgliedstaat rechtlich zuzurechnen ist und sich hieraus ein – objektiver – Verstoß gegen Unionsrecht ergibt. Das Vorliegen der Tatsachen, die den gerügten Rechtsverstoß begründen sollen, hat die Kommission nachzuweisen.[50] Maßgeblicher Zeitpunkt für die Beurteilung, ob ein Verstoß tatsächlich und rechtlich vorliegt, ist stets der Ablauf der in der „Stellungnahme" gesetzten Frist.[51] Später eingetretene Änderungen kann der Gerichtshof nicht berücksichtigen.

41 Hält der Gerichtshof die Klage für zulässig und begründet, so *stellt er in seinem Urteil fest*, dass der Mitgliedstaat gegen die betreffende Vorschrift des Unionsrechts verstoßen hat. Aufgrund seiner begrenzten Kompetenz ist der EuGH nicht befugt, die gerügten mitgliedstaatlichen Maßnahmen selbst aufzuheben oder den Mitgliedstaat förmlich zur Beseitigung des rechtswidrigen Zustands zu verurteilen. Das Urteil wird mit seiner Verkündung formell und materiell rechtskräftig (Art. 91 VerfOGH).

42 **3. Urteilswirkungen (Art. 260 AEUV).** Als reines Feststellungsurteil ist die stattgebende Sachentscheidung weder ein Vollstreckungstitel, noch gestaltet es selbst die Rechtslage. Die unmittelbare Urteilswirkung ergibt sich vielmehr aus Art. 260 Abs. 1 AEUV, wonach der verurteilte Mitgliedstaat verpflichtet ist, die sich aus dem Urteil ergebenden Maßnahmen zu ergreifen, sprich: den unionsrechtswidrigen Zustand mit Wirkung *ex nunc* durch einen rechtmäßigen zu ersetzen. Dabei behält der Mitgliedstaat eine beträchtliche *Gestaltungsfreiheit*. Die Union besitzt keine Möglichkeit, den verurteilten Staat zur Urteilsbefolgung zu zwingen. Auf die möglichen Auswirkungen eines stattgebenden Feststellungsurteils in nationalen Gerichtsverfahren wurde bereits hingewiesen (→ Rn. 34).

43 Die einzige Konsequenz, welche die Kommission aus der nicht ordnungsgemäßen Befolgung eines Urteils ziehen kann, ist die Einleitung eines erneuten Vertragsverletzungsverfahrens gem. Art. 260 Abs. 2 AEUV. Es kann zur erneuten Verurteilung des säumigen Mitgliedstaats sowie gem. Art. 260 Abs. 2 UAbs. 2 AEUV dazu führen, dass der Gerichtshof auf Antrag der Kommission gegen den Staat eine *finanzielle Sanktion* – Pauschalbetrag oder/und Zwangsgeld – verhängt. Auch wenn von diesem Sanktionsinstrument in der Praxis regelmäßig Gebrauch gemacht wird und Mitgliedstaaten zu erheblichen Zahlungen verurteilt werden,[52] so gilt auch hier, dass die Verhängung eines Zwangsgeldes gegen einen souveränen Mitgliedstaat nach Unionsrecht nicht vollstreckbar ist. Art. 280 i.V.m. Art. 299 Abs. 1 Hs. 2 AEUV regelt dies für die Zahlungspflicht im Übrigen ausdrücklich.[53]

II. Nichtigkeitsklage (Art. 263 AEUV)

44 Die Nichtigkeitsklage ist stets gerichtet auf die Aufhebung von Rechtsakten der Unionsorgane und erfüllt dabei verschiedene *prozessuale Funktionen*. Sie verbindet Formen der verfassungsrechtlichen Or-

---

48 M. *Pechstein*, EU-Prozessrecht, Rn. 294. Vgl. z.B. EuGH 15.1.2002 – C-439/99, Slg. 2002, I-305, Rn. 17 – Kommission/Italien.

49 Aus der st. Rspr. z.B. EuGH 17.5.1990 – C-87/89, Slg. 1990, I-1981, Rn. 7 – Sonito; 6.7.2000 – C-236/99, Slg. 2000, I-5657, Rn. 28 – Kommission/Belgien; EuG 22.5.1996 – T-277/94, Slg. 1996, II-351, Rn. 67 – AITEC.

50 St. Rspr., z.B. EuGH 12.9.2000 – C-408/97, Slg. 2000, I-6417, Rn. 15 – Kommission/Niederlande; 12.5.2005 – C-287/03, Slg. 2005, I-3761, Rn. 27 – Kommission/Belgien; 18.7.2007 – C-490/04, Slg. 2007, I-6095, Rn. 48 – Kommission/Deutschland.

51 St. Rspr., z.B. EuGH 9.11.1999 – C-365/97, Slg. 1999, I-7773, Rn. 32 – Kommission/Italien; 6.12.2001 – C-166/00, Slg. 2001, I-9835, Rn. 8 – Kommission/Griechenland; 15.6.2006 – C-255/04, Slg. 2006, I-5251, Rn. 30 – Kommission/Frankreich. Krit. D. *Tsikrikas*, Wirkungen, 1990, 96.

52 Aus der jüngeren Spruchpraxis z.B. EuGH 13.7.2017 – C-388/16, ECLI:EU:C:2017:548 – Kommission/Spanien; 7.9.2016 – C-584/14, ECLI:EU:C:2016:636 – Kommission/Griechenland; 22.6.2016 – C-557/14, ECLI:EU:C:2016:471 – Kommission/Portugal; 15.10.2015 – C-167/14, ECLI:EU:C:2015:684 – Kommission/Griechenland; 16.7.2015 – C-653/13, ECLI:EU:C:2015:478 – Kommission/Italien; 30.5.2013 – C-270/11, ECLI:EU:C:2013:339 – Kommission/Schweden. Vgl. i.Ü. die Mitteilung der Kommission über die Anwendung von Art. 228 EG, SEK(2005) 1658 endg. und dazu R. *Pauling*, EuZW 2006, 492.

53 Ebenso z.B. D. *Ehlers*, Jura 2007, 684, 689. Allerdings ist die Anwendbarkeit dieser Verweisung streitig, statt aller *Stoll/Rigod*, in: Grabitz/Hilf/Nettesheim AEUV Art. 280 Rn. 1; *Wunderlich*, in: Groeben/Schwarze/Hatje AEUV Art. 260 Rn. 39 m.w.N. Zu anderen Durchsetzungsmöglichkeiten I. *Härtel*, EuR 2001, 617, 622 ff.

ganstreitigkeit mit Elementen des Individualrechtsschutzes und dient sowohl der objektiven Recht-mäßigkeitskontrolle als auch der Durchsetzung individueller Rechtspositionen. Für die privilegierten Kläger, die kein besonderes Rechtsschutzinteresse nachweisen müssen, wirkt sie als ein Instrument der abstrakten Normenkontrolle. Für natürliche und juristische Personen, die nur nach Maßgabe indivi-dueller und unmittelbarer Betroffenheit klagen können, besitzt sie Züge von Verfassungsbeschwerde und Anfechtungsklage.

1. Parteifähigkeit. Aktiv parteifähig sind im Verfahren der Nichtigkeitsklage als *privilegierte Kläger*   45
Parlament, Rat, Kommission und alle Mitgliedstaaten (Art. 263 Abs. 2 AEUV). Der Begriff der Mit-gliedstaaten in diesem Sinn bezieht sich allein auf die zentrale Regierungsebene der Staaten, nicht da-gegen auf ihre autonomen Gebietskörperschaften oder Regionen.[54] Auch den Verwaltungsrat der EIB, der gem. Art. 271 Buchst. b) AEUV gegen Beschlüsse des Gouverneursrates der Bank klagen kann, wird man zu den privilegierten Klägern zählen müssen. Art. 263 Abs. 3 AEUV begründet darüber hin-aus die aktive Parteifähigkeit des Rechnungshofs, der EZB und des Ausschusses der Regionen.

Als *nicht-privilegierte Kläger* nennt Art. 263 Abs. 4 AEUV „jede natürliche oder juristische Person".   46
Das Klagerecht ist nicht auf Staatsangehörige der Mitgliedstaaten beschränkt, auch ein Wohnsitz in oder für juristische Personen ein Sitz oder Standort im Binnenmarkt ist nicht erforderlich. Der Begriff der „juristischen Person" umfasst mindestens alle selbständigen Einheiten des öffentlichen und priva-ten Rechts, denen die Rechtsordnung, der sie unterstehen, den Status eines Rechtssubjekts verliehen hat.[55] Dazu zählen alle öffentlich-rechtlichen Körperschaften,[56] auch die Gebietskörperschaften der Mitgliedstaaten,[57] die selbst im Bereich ihrer hoheitlichen Betätigung hier den natürlichen Personen gleichgestellt sind, nicht aber die Verfassungsorgane der Gebietskörperschaften.[58] Die Anstalten und Stiftungen des öffentlichen Rechts unterfallen dem Begriff ebenso wie die juristischen Personen des Privatrechts und Personengesellschaften, denen die nationale Rechtsordnung Rechts- und Parteifähig-keit zuerkennt (z.B. OHG, KG).[59] Die aktive Parteifähigkeit von Berufs- und Unternehmensvereini-gungen[60] und Gewerkschaften[61] ist in der Rspr. des EuGH anerkannt.

Als mögliche *Beklagte* sind in Art. 263 Abs. 1 AEUV der Rat, die Kommission, das Parlament, die   47
EZB und der Europäische Rat genannt. Anfechtbar sind nun auch ausdrücklich „Gesetzgebungsakte", was die in Art. 289 AEUV genannten Organe zu möglichen Beklagten macht. Hinzu kommen gem. Art. 271 Buchst. b) und c) AEUV die Organe der EIB. Da jedoch die EU-Verträge, um dem Anspruch einer Rechtsgemeinschaft gerecht zu werden, ein umfassendes Rechtsschutzsystem geschaffen haben,[62] müssen auch andere Unionsorgane und -einrichtungen, soweit sie verbindliche Rechtsakte erlassen können, der Rechtmäßigkeitskontrolle durch den EuGH unterliegen.[63] Die Nichtigkeitsklage macht somit alle rechtsverbindlichen Handlungen von Unionseinrichtungen der Anfechtung zugänglich, was mittlerweile Art. 263 Abs. 1 S. 2 AEUV auch ausdrücklich klarstellt (s.a. Art. 263 Abs. 5 AEUV).

---

54 EuGH 21.3.1997 – C-95/97, Slg. 1997, I-1787 – Wallonische Region; 22.11.2001 – C-452/98, Slg. 2001, I-8973, Rn. 50 – Nederlandse Antillen; 2.5.2006 – C-417/04 P, Slg. 2006, I-3881, Rn. 21 – Regione Siciliana.

55 EuG 11.7.1996 – T-161/94, Slg. 1996, II-695, Rn. 31 – Sinochem Heilongjiang; 25.9.1997 – T-170/94, Slg. 1997, II-1383, Rn. 27 – Shanghai Bicycle.

56 Vgl. z.B. 11.1.1995 – T-116/94, EuG Slg. 1995, II-1, Rn. 21 – Cassa Nazionale (öffentlich-rechtliches Versorgungs-werk für Rechtsanwälte).

57 S. z.B. EuGH 8.3.1988 – C-62/87, C-72/87, Slg. 1988, 1573, Rn. 8 – Exécutif Régional Wallon; 29.6.1993 – C-298/89, Slg. 1993, I-3605, Rn. 14 – Gibraltar; 1.10.1997 – C-180/97, Slg. 1997, I-5245, Rn. 11 f. – Regione Tosca-na; EuG 15.12.1999 – T-132/96, T-143/96, Slg. 1999, II-3663, Rn. 81 – Freistaat Sachsen u.a. Zum unionsrechtlichen Rechtsschutz der Kommunen z.B. A. Gern, NVwZ 1996, 532, 533.

58 EuG 3.4.2008 – T-236/06, Slg. 2008, II-461 – Landtag Schleswig-Holstein.

59 M. Pechstein, EU-Prozessrecht, Rn. 361. Vgl. z.B. EuG 17.6.1998 – T-174/95, Slg. 1998, II-2289, Rn. 64 – Svenska Journalistförbundet.

60 Z.B. EuGH 28.10.1982 – C-135/81, Slg. 1982, 3799, Rn. 11 – Agences de Voyages; 30.6.1988 – C-297/86, Slg. 1988, 3531, Rn. 9 – CIDA; 23.11.1995 – C-10/95 P, Slg. 1995, I-4149, Rn. 35–39 – Asocarne.

61 Z.B. EuGH 8.10.1974 – C-175/73, Slg. 1974, 917, Rn. 17 – Gewerkschaftsbund u.a.; 8.10.1974 – C-18/74, Slg. 1974, 933, Rn. 13 – Allgemeine Gewerkschaft; 11.5.1989 – C-193/87, Slg. 1989, 1045, Rn. 29 – Maurissen u.a.

62 Vgl. den umfassenden Jurisdiktionsanspruch z.B. in EuGH 23.4.1986 – C-294/86, Slg. 1986, 1339, Rn. 23 – Les Verts; 25.7.2002 – C-50/00 P, Slg. 2002, I-6677, Rn. 40 – UPA; 1.4.2004 – C-263/02 P, Slg. 2004, I-3425, Rn. 30 – Jégo-Quéré.

63 EuG 8.10.2008 – T-411/06, Slg. 2008, II-2771, Rn. 37 Sogelma. Ebenso D. Ehlers, Jura 2009, 31, 32. Für eine Klage gegen den Rechnungshof schon EuGH 11.5.1989 – C-193 und 194/87, Slg. 1989, 1045, Rn. 29 ff. – Maurissen; 17.5.1994 – C-416/92, Slg. 1994, I-1741 – H./Rechnungshof.

48 **2. Klagegegenstand.** Statthaft ist im Verfahren nach Art. 263 AEUV nur ein Antrag, der auf die *Aufhebung eines Unionsrechtsakts* gerichtet ist. Die Unionsgerichte sind i.R. des Art. 263 AEUV nicht befugt, an die anderen Organe eigenständige Anordnungen zu richten oder sie zu einem bestimmten Handeln zu verpflichten.[64] Daher kann ein Unionsorgan auch nicht zum Erlass von Maßnahmen verurteilt werden, die sich aus der Annullierung einer seiner Rechtsakte ergeben.[65] Entsprechende Klageanträge sind unzulässig. Die mit der Nichtigkeitsklage anfechtbaren Rechtsakte sind in Art. 263 Abs. 1 sowie Art. 271 Buchst. b) und c) AEUV im Einzelnen aufgeführt.

49 Art. 263 Abs. 1 AEUV bezeichnet die anfechtbaren Rechtsakte – neben den „Gesetzgebungsakten" – als „Handlungen". Diese müssen, um mit der Nichtigkeitsklage angreifbar zu sein, einer Unionseinrichtung zurechenbar, von dieser endgültig verabschiedet und im Übrigen dazu bestimmt sein, verbindliche Rechtswirkungen im Außenverhältnis zu erzeugen.

50 Von „Handlungen" sind zunächst *nichtige Rechtsakte* auszunehmen. Dabei geht es um Unionsrechtsakte, die mit einem derart schweren und offensichtlichen Rechtsfehler behaftet sind, dass die Unionsrechtsordnung sie als inexistent behandelt[66] und eine Nichtigkeitsklage gegen sie als unzulässig abzuweisen ist.[67] Dies soll z.B. der Fall sein, wenn die handelnde Dienststelle offensichtlich unzuständig war[68] oder wenn ein Beschluss des Kommissionskollegiums nachträglich unter Verstoß gegen die Geschäftsordnung inhaltlich verändert wurde.[69] Allgemeine Kriterien zur Abgrenzung des inexistenten vom nur fehlerhaften Unionsakt hat der EuGH bislang nicht entwickelt, doch wird man aus Gründen der Rechtssicherheit und des effektiven Rechtschutzes das Konzept der Inexistenz auf extreme Ausnahmefälle beschränken müssen.[70]

51 Der Anfechtung im Wege der Nichtigkeitsklage nach Art. 263 AEUV unterliegen nur *Handlungen von Unionseinrichtungen.* Die angegriffene Handlung muss einem Organ oder einer sonstigen Unionseinrichtung (→ Rn. 47) als eigene Verlautbarung zuzuordnen sein. Auf einen körperschaftlichen Zurechnungszusammenhang zur Union selbst kommt es dabei nicht an, da diese nicht selbst Beklagte ist,[71] es genügt die Zurechnung zu einer anderen Rechtsperson, die auf Unionsrecht beruht (z.B. einer rechtsfähigen EU-Agentur). Völkerrechtliche Verträge der EU sind mittelbar anfechtbar durch eine Klage gegen diejenigen Handlungen, durch welche ein Unionsorgan den fraglichen Vertrag geschlossen hat.[72] Keine Organhandlungen i.S.v. Art. 263 Abs. 1 AEUV sind die kollektiven Handlungen der Mitgliedstaaten auf völkerrechtlicher Ebene[73] sowie Vollzugsmaßnahmen nationaler Behörden.[74]

52 Unionsakte sind weiter nur dann anfechtbar, wenn sie einen endgültigen Gestaltungswillen der betreffenden Institution zum Ausdruck bringen. Daran fehlt es zum einen grds. bei nur *vorbereitenden oder*

---

64 St. Rspr., z.B. EuG 9.1.1996 – T-575/93, Slg. 1996, II-1, Rn. 29 – Koelman; 11.7.1996 – T-146/95, Slg. 1996, II-769, Rn. 27 – Bernardi; 27.11.1997 – T-224/95, Slg. 1997, II-2215, Rn. 36 – Tremblay; 6.2.1998 – T-124/96, Slg. 1998, II-231, Rn. 61 – Interporc; 12.7.2001 – T-204/99, Slg. 2001, II-2265, Rn. 26 – Mattila.

65 EuG 9.11.1995 – T-346/94, Slg. 1995, II-2841, Rn. 42 – France-Aviation; 5.6.1996 – T-75/95, Slg. 1996, II-497, Rn. 18 – Günzler; 10.7.1997 – T-227/95, Slg. 1997, II-1185, Rn. 97 – AssiDomän.

66 Vgl. z.B. EuGH 8.7.1999 – C-245/92 P, Slg. 1999, I-4643, Rn. 94 – Chemie Linz; 5.10.2004 – C-475/01, Slg. 2004, I-8923, Rn. 19 – Kommission/Griechenland. *O. Dörr,* in: Grabitz/Hilf/Nettesheim AEUV Art. 263 Rn. 38; *K.-D. Borchardt,* Gerichtshof, Art. 230 Rn. 6 f.; *C. Annacker,* EuZW 1995, 755 ff.

67 Für diese Konsequenz z.B. EuGH 10.12.1957 – C-1/57, C-14/57, Slg. 1957, 213, 232 f. – Usines à Tubes de la Sarre; EuG 27.2.1992 – T-79/89 u.a., Slg. 1992, II-315, Rn. 65 – BASF.

68 EuGH 4.3.1982 – C-182/80, Slg. 1982, 799, Rn. 16–18 – Gauff; 10.7.1985 – C-118/83, Slg. 1985, 2325, Rn. 29 – CMC; 27.1.1993 – C-25/92, Slg. 1993, I-473, Rn. 15 f. – Miethke.

69 EuG 27.2.1992 – T-79/89 u.a., Slg. 1992, II-315, Rn. 49, 96 – BASF, aufgehoben durch EuGH 15.6.1994 – C-137/92 P, Slg. 1994, I-2555, Rn. 52 – BASF, der stattdessen einen einfachen Rechtsfehler annahm (ebd., Rn. 78).

70 EuGH 8.7.1999 – C-245/92 P, Slg. 1999, I-4643, Rn. 95 – Chemie Linz; 5.10.2004 – C-475/01, Slg. 2004, I-8923, Rn. 20 – Kommission/Griechenland. Ebenso *U. Ehricke,* in: Streinz AEUV Art. 263 Rn. 12.

71 *M. Pechstein,* EU-Prozessrecht, Rn. 385.

72 S. z.B. EuGH 7.3.1996 – C-360/93, Slg. 1996, I-1195 – Parlament/Rat; 10.3.1998 – C-122/95, Slg. 1998, I-973 – Deutschland/Rat; 12.12.2002 – C-281/01, Slg. 2002, I-12049 – Kommission/Rat.

73 Vgl. z.B. EuGH 30.6.1993 – C-181/91, C-248/91, Slg. 1993, I-3685, Rn. 12 – Parlament/Rat und Kommission; 2.10.1997 – C-259/95, Slg. 1997, I-5303, Rn. 9 – Parlament/Rat; EuG 28.2.2017 – T-192/16, ECLI:EU:T:2017:128, Rn. 44 – NF/Europäischer Rat.

74 Z.B. EuGH 3.12.1992 – C-97/91, Slg. 1992, I-6313, Rn. 9 – Oleificio Borelli; 5.5.2015 – C-146/13, ECLI:EU:C:2015:298, Rn. 102 – Spanien/EP und Rat; EuG 11.7.1996 – T-271/94, Slg. 1996, II-749, Rn. 45 ff. – Branco; 4.2.1998 – T-93/95, Slg. 1998, II-195, Rn. 41 f. – Laga.

Zwischenmaßnahmen in einem mehrphasigen Verfahren.[75] Nur die verfahrensabschließende Verfügung, die den Standpunkt des Organs endgültig festlegt, stellt dann eine nach Art. 263 Abs. 1 AEUV angreifbare Handlung dar. Zum anderen sind nur Maßnahmen anfechtbar, die bereits tatsächlich ergangen sind und ihren Adressaten gegenüber diesen Anspruch erheben. Damit scheiden insbes. reine *Ankündigungen* aus, die lediglich auf ein künftiges Organhandeln hinweisen.[76]

Das praktisch wichtigste Kriterium zur Bestimmung eines zulässigen Klagegegenstandes ist die *Außen-* 53 *rechtsverbindlichkeit* der betreffenden Maßnahme. Sie kommt in Art. 263 Abs. 1 AEUV im Erfordernis der „Rechtswirkung gegenüber Dritten" zum Ausdruck. In st. Rspr. beschränken die Unionsgerichte die mit der Nichtigkeitsklage angreifbaren Akte auf solche, die verbindliche Rechtswirkungen erzeugen (sollen), welche die Interessen des Klägers durch einen Eingriff in seine Rechtsstellung beeinträchtigen.[77] Diese Anforderung schließt aus dem Kreis der anfechtbaren Akte sowohl solche ohne Rechtsverbindlichkeit als auch solche ohne Außenwirkung aus. Ist die angegriffene Handlung aber darauf gerichtet, Rechtswirkungen zu entfalten, so spielen ihre Rechtsnatur und Form keine Rolle.[78] Die Anfechtbarkeit ist also nicht auf den Kreis der in Art. 288 AEUV genannten Rechtsakte beschränkt. Die erforderlichen Rechtswirkungen fehlen dagegen bei rein informatorischen Mitteilungen oder sonstigem faktischen Verwaltungshandeln der Unionsorgane. Gleiches gilt für wiederholende Verfügungen, die frühere, nicht rechtzeitig angefochtene Rechtshandlungen lediglich bestätigen.[79] Wegen fehlender Außenwirkung sind schließlich verwaltungsinterne Maßnahmen und reine Organisationsakte nicht mit der Nichtigkeitsklage anfechtbar.[80]

Für Nichtigkeitsklagen Privater fächert Art. 263 Abs. 4 AEUV den zulässigen Klagegegenstand in drei 54 Varianten auf: die unmittelbar an den Kläger gerichtete Handlung, die den Kläger individuell und unmittelbar betreffende Handlung sowie „Rechtsakte mit Verordnungscharakter", die den Kläger unmittelbar betreffen und keine Durchführungsmaßnahmen nach sich ziehen. Individualrechtsschutz vor den Unionsgerichten ist somit durch Art. 263 Abs. 4 AEUV **handlungsformenneutral** gewährleistet.[81] Er umfasst zunächst den konkret-individuellen Unionsrechtsakt, der unmittelbar an den Kläger gerichtet ist; die jetzt als „adressierter Beschluss" (Art. 288 Abs. 4 AEUV) ergehende Maßnahme entspricht praktisch dem Verwaltungsakt im deutschen Recht. Natürliche und juristische Personen besitzen als Adressaten einer solchen Maßnahme gem. Art. 263 Abs. 4 AEUV ein unbeschränktes Klagerecht. Auch die Variante der drittgerichteten „Handlung" bereitet unter dem Gesichtspunkt des statthaften Klagegegenstands wenig Schwierigkeiten: Adressat einer solchen Maßnahme, die nicht an den Kläger „gerichtet" ist, ihn aber unmittelbar und individuell betrifft, kann sowohl ein anderer Privater als auch ein Mitgliedstaat sein.[82] Auch sog. Scheinverordnungen oder -richtlinien, die in der äußeren Form einer Verordnung oder Richtlinie (Art. 288 Abs. 2, 3 AEUV) ergangen sind, den Kläger aber adressatengleich betreffen, sind als „Handlungen" grds. gem. Art. 263 Abs. 4 anfechtbar.

Als dritte Variante anfechtbarer Maßnahmen führt Art. 263 Abs. 4 AEUV die **„Rechtsakte mit Ver-** 55 **ordnungscharakter"** ein, gegen welche die Individualklage eröffnet ist, ohne dass der Kläger Adressat des Rechtsakts oder von ihm individuell betroffen ist. Die im Vertragstext wenig anschlussfähige Be-

---

75 St. Rspr., z.B. EuG 10.7.1990 – T-64/89, Slg. 1990, II-367, Rn. 42 – Automec; 18.5.1994 – T-37/92, Slg. 1994, II-285, Rn. 27 – BEUC; 22.5.1996 – T-277/94, Slg. 1996, II-351, Rn. 50 f. – AITEC; 10.7.1997 – T-212/95, Slg. 1997, II-1161, Rn. 53 – Oficemen.

76 Z.B. EuGH 27.9.1988 – C-114/86, Slg. 1988, 5289, Rn. 15 – Vereinigtes Königreich/Kommission; 8.3.1991 – C-66/91, C-66/91 R., Slg. 1991, I-1143, Rn. 28 – Emerald Meats.

77 Vgl. z.B. EuG 24.3.1994 – T-3/93, Slg. 1994, II-121, Rn. 43 – Air France; 22.10.1996 – T-330/94, Slg. 1996, II-1475, Rn. 31 – Salt Union; 4.5.1998 – T-84/97, Slg. 1998, II-795, Rn. 43 – BEUC; 17.2.2000 – T-241/97, Slg. 2000, II-309, Rn. 49 – Stork Amsterdam; 30.1.2002 – T-212/00, Slg. 2002, II-347, Rn. 36 – Molisane. Näher O. *Dörr*, in: Grabitz/Hilf/Nettesheim AEUV Art. 263 Rn. 41–43.

78 St. Rspr., z.B. EuGH 2.3.1994 – C-316/91, Slg. 1994, I-625, Rn. 8 – Parlament/Rat (Lomé IV); 29.6.1995 – C-135/93, Slg. 1995, I-1651, Rn. 20 – Spanien/Kommission; 19.3.1996 – C-25/94, Slg. 1996, I-1469, Rn. 29 – Kommission/Rat (FAO); 30.4.1996 – C-58/94, Slg. 1996, I-2169, Rn. 24 – Niederlande/Rat.

79 EuGH 11.1.1996 – C-480/93 P., Slg. 1996, I-1, Rn. 14 – Zunis; EuG 16.3.1998 – T-235/95, Slg. 1998, II-523, Rn. 41 – Goldstein; 7.2.2001 – T-186/98, Slg. 2001, II-557, Rn. 44 – Inpesca; 5.6.2008 – T-141/05, Slg. 2008, II-84, Rn. 69 – Internationaler Hilfsfond e.V. (summ.publ.). Dazu D. *Schröder*, Der bestätigende Rechtsakt in der Rspr. des EuGH und des EuG, EuZW 2007, 467.

80 Vgl. z.B. EuG 2.10.2001 – T-222/99, T-327/99, T-329/99, Slg. 2001, II-2823, Rn. 52 – Martinez u.a.; 15.10.2008 – T-345/05, Slg. 2008, II-2849, Rn. 23 – Mote.

81 *J. Schwarze*, in: ders. AEUV Art. 263 Rn. 20.

82 Grundlegend EuGH 15.7.1963 – C-25/62, Slg. 1963, 211, 237 – Plaumann.

zeichnung geht zurück auf die Beratungen des Verfassungskonvents von 2003 und bezieht sich, wie in der Rspr. mittlerweile geklärt ist, auf abstrakt-generelle Rechtsakte der Union, die nicht in einem Gesetzgebungsverfahren ergangen sind.[83] Das zielt vor allem auf das sog. Tertiärrecht in den Formen der delegierten Rechtsetzung (Art. 290) und der Durchführungsrechtsetzung (Art. 291 AEUV), erfasst aber auch autonome Rechtsakte der Unionsorgane ohne Gesetzescharakter.

56 **3. Klagebefugnis.** Von der Frage des statthaften Gegenstands einer Nichtigkeitsklage ist als Prozessvoraussetzung die Klagebefugnis zu unterscheiden, die an die subjektive Betroffenheit des Klägers anknüpft.

57 **a) Privilegierte Kläger.** Parlament, Rat, Kommission und Mitgliedstaaten müssen als Kläger einer „institutionellen" Nichtigkeitsklage keine besondere Klageberechtigung nachweisen. Art. 263 Abs. 2 AEUV eröffnet für sie die Möglichkeit, ein *objektives Normenkontrollverfahren* zur Überprüfung von Unionsakten in Gang zu setzen.

58 **b) Rechnungshof, EZB und AdR.** Der Rechnungshof, die EZB und der Ausschuß der Regionen sind i.R. der Nichtigkeitsklage teilprivilegierte Kläger. Ihnen steht ein Klagerecht gem. Art. 263 Abs. 3 AEUV nur insoweit zu, als sie damit auf „die Wahrung ihrer Rechte abzielen". Gemeint sind mit den „Rechten" die spezifischen Befugnisse, die diesen Einrichtungen durch das Unionsrecht verliehen sind. Mit dieser Anknüpfung an die Verletzung organschaftlicher Befugnisse begründet Art. 263 Abs. 3 AEUV eine besondere Form des *Organstreitverfahrens*.

59 **c) Privatpersonen.** Private Adressaten und Nichtadressaten einer anfechtbaren Maßnahme sind von vornherein nur klagebefugt, wenn sie in den Anwendungsbereich der Maßnahme fallen und dadurch *materiell beschwert*, d.h. in ihrer Rechtsstellung beeinträchtigt sind oder sein können. An einer solchen Beschwer fehlt es z.B., wenn zwar der Tenor einer Maßnahme einem Antrag des Klägers entspricht, ihm aber die Begründung des Rechtsakts missfällt;[84] Feststellungen in den Entscheidungsgründen können als solche nicht Gegenstand einer Nichtigkeitsklage sein.[85] Für eine zulässige Nichtigkeitsklage muss der Kläger vielmehr ein tatsächliches und gegenwärtiges Interesse an der Aufhebung des betreffenden Rechtsakts geltend machen.[86] Dies genügt für die Klagebefugnis, wenn der private Kläger Adressat einer „Handlung" i.S.v. Art. 263 Abs. 4 AEUV ist. Wendet sich eine Privatperson jedoch gegen einen nicht an sie adressierten Unionsakt, so ist sie gem. Art. 263 Abs. 4 AEUV nur klagebefugt, wenn und soweit sie durch diesen Rechtsakt „unmittelbar und individuell betroffen" ist. Lediglich für die Anfechtung von „Rechtsakten mit Verordnungscharakter" (→ Rn. 55) genügt allein die unmittelbare Betroffenheit.

60 Eine *unmittelbare Betroffenheit* liegt vor, wenn der angefochtene Unionsrechtsakt selbst und nicht erst eine in seiner Folge hinzutretende Durchführungsmaßnahme in die Interessensphäre des Klägers eingreift.[87] Ist dagegen zu einer solchen konkreten Beeinträchtigung noch ein weiterer Umsetzungsakt auf Unions- oder nationaler Ebene erforderlich, so liegt eine *materielle Unmittelbarkeit* vor, wenn die Durchführungsmaßnahme eine zwingende Folge des Unionsakts ist, z.B. weil den nationalen Behörden bei dessen Durchführung kein eigener Ermessensspielraum zukommt,[88] sodass der Vollzug „rein automatischen Charakter" hat.[89] Aber selbst wenn ein staatliches Durchführungsermessen besteht, bejaht der EuGH gelegentlich die unmittelbare Betroffenheit, wenn die Beeinträchtigung durch die

---

83 EuGH 3.10.2013 – C-583/11 P, ECLI:EU:C:2013:625, Rn. 58–61; EuG 6.9.2011 – T-18/10, Slg. 2011, II-5599, Rn. 42–56 – Inuit Tapiriit Kanatami; 25.10.2011 – T-262/10, Slg. 2011, I-7697, Rn. 21–24 – Microban; 4.6.2012 – T-381/11, ECLI:EU:T:2012:273, Rn. 42–44 – Eurofer/Kommission. Näher O. *Dörr*, in: Grabitz/Hilf/Nettesheim AEUV Art. 263 Rn. 80–83.

84 EuG 17.9.1992 – T-138/89, Slg. 1992, II-2181, Rn. 31 – NBV.

85 EuG 12.10.2007 – T-474/04, Slg. 2007, II-4225, Rn. 73 – Pergan.

86 EuG 17.9.1992 – T-138/89, Slg. 1992, II-2181, Rn. 33 – NBV; 30.1.2002 – T-212/00, Slg. 2002, II-347, Rn. 33 – Molisane; 12.10.2007 – T-474/04, Slg. 2007, II-4225, Rn. 38 – Pergan.

87 Aus der st. Rspr. z.B. EuGH 5.5.1998 – C-386/96 P, Slg. 1998, I-2309, Rn. 43 – Dreyfus; EuG 13.12.2000 – T-69/99, Slg. 2000, II-4039, Rn. 24 – Danish Satellite. Näher O. *Dörr*, in Grabitz/Hilf/Nettesheim AEUV Art. 263 Rn. 61–67.

88 Vgl. z.B. EuGH 13.3.2008 – C-125/06 P, Slg. 2008, I-1451, Rn. 47 – Infront WM; EuG 15.9.1998 – T-54/96, Slg. 1998, II-3377, Rn. 56 – Oleifici Italiani; 1.12.1999 – T-125/96, Slg. 1999, II-3427, Rn. 170 – Boehringer; 30.9.2003 – T-243/01, Slg. 2003, II-4189, Rn. 62 – Sony Computer.

89 So die Formulierung z.B. in EuGH 23.9.1979 – C-113/77, Slg. 1979, 1185, Rn. 11 – Toyo Bearing; EuG 18.9.1996 – T-155/94, Slg. 1996, II-873, Rn. 53 – Climax Paper Converters.

staatliche Vollzugsmaßnahme praktisch so gut wie feststand.[90] Bei drittgerichteten Entscheidungen (z.B. im Beihilferecht) soll es für die unmittelbare Betroffenheit ebenfalls maßgeblich auf die materielle Determinierung durch den Unionsakt ankommen, sodass die Willensentscheidung eines privaten Dritten, von dem Rechtsakt Gebrauch zu machen, den Unmittelbarkeitszusammenhang nicht unterbricht.[91]

In der Praxis erweist sich v.a. das Kriterium der *individuellen Betroffenheit* als problematisch. Im 61
Kern geht es hier darum, Popularklagen privater Kläger gegen Unionsakte auszuschließen. Diesem Anliegen hat der EuGH bereits sehr früh durch die sog. *„Plaumann"-Formel* Rechnung getragen: Danach ist eine Privatperson nur dann durch einen Unionsrechtsakt individuell betroffen, wenn dieser sie aufgrund bestimmter persönlicher Eigenschaften oder anderer Umstände berührt, die sie aus dem Kreis der übrigen Personen herausheben und dadurch in ähnlicher Weise individualisieren wie einen Adressaten.[92]

Als Folge einer intransparenten und wenig konsistenten EuGH-Rspr. sind die in der Praxis maßgeblichen 62
Individualisierungskriterien nicht sehr klar. Denn zum einen soll der geschlossene Adressatenkreis einer Maßnahme allein noch nicht die individuelle Betroffenheit der Adressaten begründen,[93] zum anderen soll eine individuelle Betroffenheit auch durch die allgemeine Geltung einer Maßnahme nicht ausgeschlossen sein.[94] Stattdessen scheint v.a. der Beteiligung des Klägers am Zustandekommen des fraglichen Rechtsakts, seiner ausdrücklichen Nennung im Text desselben, der Beeinträchtigung einer konkreten Rechtsposition sowie dem Prinzip effektiven Rechtsschutzes insoweit maßgebliche Bedeutung zuzukommen.[95] Einer zwischenzeitlich vom Gericht ins Spiel gebrachten Erweiterung der Klagebefugnis[96] hatte der Gerichtshof i.e.S. unter Hinweis auf die begrenzte Kompetenz der Unionsgerichte widersprochen.[97] Die dadurch offenbar gewordene Rechtsschutzlücke bei abstrakt-generellen Unionsmaßnahmen, die einzelne unmittelbar in ihren Rechten betreffen, schließt zum Teil die neue 3. Variante in Art. 263 Abs. 4. Im Übrigen müssen ggf. die nationalen Gerichte in ihrer Funktion als Unionsgerichte den unionsrechtlich gebotenen effektiven Rechtsschutz (→ Rn. 215–217) gewährleisten (vgl. Art. 19 Abs. 1 UAbs. 2 EUV).

4. Klagefrist. Die Nichtigkeitsklage ist innerhalb der in Art. 263 Abs. 6 AEUV vorgesehenen Frist 63
von zwei Monaten zu erheben. Dabei handelt es sich um eine zwingende *Ausschlussfrist*, deren Einhaltung von Amts wegen zu beachten ist. Mit ihrem Ablauf geht das Klagerecht grds. verloren, es sei denn, der Kläger wiese nach, dass Zufall oder höhere Gewalt vorliegt (vgl. Art. 45 Abs. 2 EuGH Satzg). Die Frist ist gewahrt, wenn die Klageschrift innerhalb der Klagefrist bei der Kanzlei von Gerichtshof oder Gericht eingeht (Art. 57 Abs. 6 VerfOGH, Art. 72 Abs. 2 VerfOG). Für die Berechnung der Frist gelten die Art. 49 VerfOGH, Art. 58 VerfOG. Die reine Zweimonatsfrist verlängert sich gem. Art. 51 VerfOGH, Art. 60 VerfOG um eine pauschale Entfernungsfrist von zehn Tagen.

Für den *Zeitpunkt des Fristbeginns* ist gem. Art. 263 Abs. 6 Hs. 2 AEUV zwischen den verschiedenen 64
Anfechtungskonstellationen zu unterscheiden. Richtet sich die Klage gegen einen Rechtsakt, der gem. Art. 297 AEUV im Amtsblatt der EU zu veröffentlichen ist, so knüpft der Fristbeginn naturgemäß an

---

90 Z.B. weil der betroffene Mitgliedstaat vorher um eine entsprechende gemeinschaftsrechtliche Ermächtigung nachgesucht hatte: EuGH 17.1.1985 – C-11/82, Slg. 1985, 207, Rn. 7 ff. – Piraiki-Patraiki. Oder weil die Gewährung einer genehmigten Beihilfe durch die nationalen Behörden praktisch sicher war: EuG 27.4.1995 – T-435/93, Slg. 1995, II-1281, Rn. 60 f. – ASPEC; 15.9.1998 – T-95/96, Slg. 1998, II-3407, Rn. 61 – Gestevisión Telecinco. Oder generell weil der Wille des Adressaten des Unionsakts, diesem nachzukommen, keinem Zweifel unterlag: EuGH 5.5.1998 – C-386/96 P, Slg. 1998, I-2309, Rn. 44 – Dreyfus; EuG 12.2.2008 – T-289/03, Slg. 2008, II-81, Rn. 81 – BUPA.
91 So *F. v. Burchard*, EuR 1991, 140, 154; *T. Körber*, EuZW 1996, 267, 269 f.
92 St. Rspr. seit EuGH 15.7.1963 – C-25/62,Slg. 1963, 213, 238 – Plaumann; aus jüngerer Zeit z.B. EuGH 10.12.2002 – C-312/00 P, Slg. 2002, I-11355, Rn. 73 – Camar; 13.3.2008 – C-125/06 P, Slg. 2008, I-1451, Rn. 70 – Infront WM; 23.4.2009 – C-362/06, Slg. 2009, I-2903, Rn. 26 – Sahlstedt; EuG 30.9.2003 – T-243/01, Slg. 2003, II-4189, Rn. 63 – Sony Computer; 1.7.2010 – T-335/08, Slg. 2010, II-3323, Rn. 64 – BNP Paribas und BNL; 10.7.2012 – T-304/08, ECLI:EU:T:2012:351, Rn. 44 – Smurfit Kappa.
93 Vgl. z.B. EuG 10.7.1996 – T-482/93, Slg. 1996, II-609, Rn. 63 f. – Weber; 7.11.1996 – T-298/94, Slg. 1996, II-1531, Rn. 41 – Roquette Frères.
94 Statt aller EuGH 18.5.1994 – C-309/89, Slg. 1994, I-1853, Rn. 19 – Codorniu; EuG 27.6.2000 – verb. Rs. T-172/98 ua, Slg. 2000, II-2487, Rn. 30 – Salamander; 30.9.2003 – T-243/01, Slg. 2003, II-4189, Rn. 59 – Sony Computer.
95 Näher O. *Dörr*, in: Grabitz/Hilf/Nettesheim AEUV Art. 263 Rn. 68-79. *Dervisopoulos*, in: RMG § 7 Rn. 59–72.
96 Vgl. EuG 3.5.2002 – T-177/01, Slg. 2002, II-2365, Rn. 47 ff. – Jégo-Quéré.
97 EuGH 25.7.2002 – C-50/00 P, Slg. 2002, I-6677, Rn. 38 ff. – UPA; 1.4.2004 – C-263/02 P, Slg. 2004, I-3425, Rn. 29 ff. – Jégo-Quéré. Dazu z.B.: *M. Nettesheim*, JZ 2002, 928; *U. Wölker*, DÖV 2003, 570.

den Tag der Veröffentlichung an; die Klagefrist ist dann gem. Art. 50 VerfOGH bzw. Art. 59 VerfOG „vom Ablauf des vierzehnten Tages nach der Veröffentlichung ... an zu berechnen". Richtet sich die Nichtigkeitsklage gegen einen Beschluss oder eine Richtlinie, die gem. Art. 297 Abs. 3 AEUV ihren Adressaten bekanntzugeben sind, so beginnt die Klagefrist mit dieser individuellen Bekanntgabe, d.h. an dem Tag, der dieser Mitteilung nachfolgt (vgl. Art. 49 Abs. 1 a) VerfOGH, Art. 58 Abs. 1 a) VerfOG). In allen anderen Fällen läuft die Klagefrist vom Tage nach der tatsächlichen Kenntniserlangung, d.h. wenn der Kläger die Möglichkeit hatte, umfassende und genaue Kenntnis vom Inhalt und von der Begründung des fraglichen Rechtsakts zu erlangen.[98]

65 Wird innerhalb der Klagefrist keine Klage erhoben, so ist der betreffende Rechtsakt *unanfechtbar und bestandskräftig*. Er darf auch in anderen Rechtsschutzverfahren nicht mehr in Frage gestellt werden. Dies hat auch Auswirkungen auf den nationalen Rechtsschutz und das Vorabentscheidungsverfahren nach Art. 267 AEUV: Macht ein Privater von einem ihm offensichtlich zustehenden Klagerecht gegen den Unionsakt keinen fristgemäßen Gebrauch, so kann er nach der Rspr. des EuGH selbst in nationalen Rechtsschutzverfahren gegen Maßnahmen zur Durchführung des Unionsakts nicht mehr dessen Rechtswidrigkeit geltend machen.[99] Die nationalen Gerichte sind dann an den Unionsrechtsakt gebunden, sodass auch ein nach seiner Gültigkeit fragendes Vorabentscheidungsersuchen gem. Art. 267 Abs. 1 Buchst. b) AEUV nicht mehr in Betracht kommt (→ Rn. 118).

66 **5. Klageerhebung.** Die Klageerhebung erfolgt durch eine an den Kanzler von Gericht oder Gerichtshof zu richtende *Klageschrift*, welche den Anforderungen des Art. 21 EuGH Satzg, Art. 120–122 VerfOGH bzw. Art. 76–78 VerfOG zu entsprechen hat.[100] Sie muss Name und Wohnsitz des Klägers enthalten und den Beklagten bezeichnen. Ferner müssen der „Streitgegenstand und eine kurze Darstellung der Klagegründe" sowie die „Anträge des Klägers" enthalten sein. Fehlt eine dieser konstitutiven Förmlichkeiten, so liegt keine wirksame Klageerhebung vor.[101] Seit 2011 können Klagen auch auf elektronischem Wege unter Nutzung der Anwendung e-Curia erhoben werden.[102] Ferner hat der Kläger bereits in diesem Stadium seine gesamten Beweismittel zu bezeichnen. Später können neue Angriffs- und Verteidigungsmittel nur nach Maßgabe von Art. 127 VerfOGH, Art. 84 VerfOG eingeführt werden.

67 Die Anträge des Klägers begrenzen sein Rechtsschutzbegehren und damit auch die Befugnisse des Unionsrichters, die grds. nicht weiter reichen als die Anträge (*ne ultra petita*).[103] Der sachgerechte *Antrag* in einer Nichtigkeitsklage lautet, der Gerichtshof/das Gericht möge den angefochtenen Rechtsakt für nichtig erklären (aufheben etc.). Abweichend formulierte Anträge führen nicht zur Unzulässigkeit der Klage, sofern sie mithilfe der Klageschrift entsprechend zu deuten sind. Der Kläger muss sein Begehren in der Klageschrift abschließend vorbringen; neue Anträge, die den ursprünglichen Klagegegenstand ändern würden, sind in einem späteren Schriftsatz unzulässig.[104]

---

98 EuGH 6.7.1988 – C-236/86, Slg. 1988, 3761, Rn. 14 – Dillinger; 6.12.1990 – C-180/88, Slg. 1990, I-4413, Rn. 22 – Wirtschaftsvereinigung Eisen- und Stahlindustrie; 19.2.1998 – C-309/95, Slg. 1998, I-655, Rn. 18 – Kommission/ Rat; 23.10.2007 – C-403/05, Slg. 2007, I-9045, Rn. 29 – EP/Kommission; EuG 20.11.2008 – T-185/05, Slg. 2008, II-3207, Rn. 68 – Italien/Kommission.

99 EuGH 9.3.1994 – C-188/92, Slg. 1994, I-833, Rn. 17 – Textilwerke Deggendorf; 30.1.1997 – C-178/95. Slg. 1997, I-585, Rn. 24 – Wiljo; 15.2.2001 – C-239/99, Slg. 2001, I-1197, Rn. 30 – Nachi Europe; 17.2.2011 – C-494/09, Slg. 2011, I-647, Rn. 22 f. – Bolton Alimentari; 27.11.2012 – C-370/12, Rn. 41 – Pringle; 14.3.2017 – C-158/14, ECLI:EU:C:2017:202, Rn. 66–70 – A u.a. Näher O. *Dörr*, in: Grabitz/Hilf/Nettesheim AEUV Art. 263 Rn. 139– 145.

100 Vgl. die „Checkliste" und das Muster einer Klageschrift bei M. *Pechstein*, EU-Prozessrecht, Rn. 128-130. S.a. die „Praktischen Anweisungen für die Parteien in den Rechtssachen vor dem Gerichtshof", ABl. 2014 L 31, 1. und die „Praktischen Durchführungsbestimmungen zur Verfahrensordnung des Gerichts" v. 20.5.2015 (ABl. 2015 L 152, 1), geänd. in ABl. 2016 L 217, 78; konsolidierte Fassung unter curia.europa.eu.

101 M. *Pechstein*, EU-Prozessrecht, Rn. 139, 526; *diff. Landwehr*, in: Groeben/Schwarze/Hatje Art. 21 EuGH Satzg Rn. 29 f.

102 Vgl. die entsprechenden Beschlüsse des Gerichts v. 14.9.2011 (ABl. 2011 C 289, 9) und des Gerichtshofs v. 13.9.2011 (ABl. 2011 C 289, 7).

103 St. Rspr., z.B. EuGH 14.9.1999 – C-310/97 P, Slg. 1999, I-5363, Rn. 52 – AssiDomän; 19.1.2006 – C-240/03 P, Slg. 2006, I-731, Rn. 43 – Communità montana della Valnerina; EuG 18.12.2008 – verb. T-90/07, T-99/07, Slg. 2008, II-3859 Rn. 72 – Genette.

104 EuG 26.10.1993 – T-22/92. Slg. 1993, II-1095, Rn. 27 – Weißenfels; 11.7.1996 – T-146/95, Slg. 1996, II-769, Rn. 31 – Bernardi; 11.1.2002 – T-210/00, Slg. 2002, II-47, Rn. 49 – Biret; 21.4.2005 – T-28/03, Slg. 2005, II-1357, Rn. 45 – Holcim (Deutschland).

Im Verfahren der Nichtigkeitsklage, wie in allen Direktklageverfahren vor den Unionsgerichten, wer- 68
den die Parteien durch Bevollmächtigte oder Anwälte vertreten. Für natürliche und juristische Personen besteht *Anwaltszwang* (Art. 19 Abs. 3 EuGH Satzg). Mitgliedstaaten und Unionsorgane werden
durch Prozessbevollmächtigte vertreten, die sich ihrerseits der Hilfe eines Anwalts bedienen können
(Art. 19 Abs. 1 EuGH Satzg).

Die Klageschrift ist, wie jeder Schriftsatz im Verfahren, vom Bevollmächtigten oder Anwalt des Klä- 69
gers zu *unterzeichnen* (Art. 57 Abs. 1 VerfOGH, Art. 73 Abs. 1 VerfOG). Fehlt die Unterschrift bei
Ablauf der Klagefrist, so kann dieser Mangel nicht geheilt werden.[105] Als *Anlagen* sind der Klageschrift die in den Art. 122 Abs. 1 VerfOGH bzw. Art. 78 VerfOG genannten Unterlagen beizufügen.
Schließlich ist in der Klageschrift zum Gerichtshof für die Zwecke des Verfahrens grds. ein Zustellungsbevollmächtigter zu benennen oder das Einverständnis mit elektronischer Zustellung zu erklären
(Art. 121 Abs. 1, 2 VerfOGH), während in Verfahren vor dem Gericht nur die Option der elektronischen Zustellung eröffnet ist und die Zustellung ansonsten automatisch an den benannten Parteivertreter erfolgt (Art. 77 VerfOG).

6. Verfahren. Das streitige Verfahren vor den Unionsgerichten gliedert sich grds. in einen schriftli- 70
chen und einen anschließenden mündlichen Teil (Art. 20 EuGH Satzg). Erfüllt die Klageschrift die
oben genannten konstitutiven Formerfordernisse, so wird sie in das *Register* der zuständigen Kanzlei
mit einer Rechtssachennummer eingetragen und eine entsprechende Mitteilung im Amtsblatt der EU,
Teil C veröffentlicht (vgl. Art. 21 Abs. 4 VerfOGH, Art. 79 VerfOG). Ist die Klageschrift durch die
Kanzlei bearbeitet, so weist der Präsident von Gerichtshof i.e.S. oder Gericht die neue Rechtssache
einem Berichterstatter zu (Art. 15 VerfOGH, Art. 26 VerfOG). Am Gerichtshof i.e.S. bestimmt sodann
der Erste Generalanwalt den zuständigen Generalanwalt (Art. 16 Abs. 1 VerfOGH).

Die formell ordnungsgemäße Klageschrift wird dem Beklagten durch den zuständigen Kanzler zuge- 71
stellt (Art. 123 VerfOGH, Art. 80 VerfOG). Das beklagte Organ kann innerhalb von zwei Monaten
eine *Klagebeantwortung* einreichen, die den formellen Anforderungen der Art. 124 VerfOGH, Art. 81
VerfOG genügen muss. Ggf. wird der schriftliche Verfahrensabschnitt um Replik und Duplik ergänzt
(Art. 126 VerfOGH, Art. 83 VerfOG).

Nach Abschluss des schriftlichen Verfahrens erstellt der Berichterstatter ein nicht öffentliches Arbeits- 72
papier, den sog. *Vorbericht* („rapport préalable"). Darin fasst er den Sach- und Verfahrensstand zusammen und unterbreitet Vorschläge dazu, ob eine Beweiserhebung oder andere prozessleitende Verfügungen notwendig sind und an welchen Spruchkörper die Rechtssache verwiesen werden soll (zu
den Kriterien für die Verteilung der Rechtssachen auf die Kammern → Rn. 25, 29). Über die Vorschläge des Berichterstatters entscheiden Gericht bzw. Gerichtshof i.e.S. nach Anhörung des Generalanwalts (Art. 59 Abs. 3 VerfOGH, Art. 87 VerfOG).

Entfällt eine Beweisaufnahme bzw. nach ihrem Abschluss bestimmt der Präsident den Termin für die 73
Eröffnung der mündlichen Verhandlung (Art. 75 VerfOGH, Art. 107 VerfOG). Die Abhaltung einer
mündlichen Verhandlung ist für Gerichtshof i.e.S. und Gericht grds. bindend vorgeschrieben (vgl.
Art. 20 Abs. 1 EuGH Satzg). In bestimmten Fällen allerdings kann auf eine mündliche Verhandlung
verzichtet und *durch Beschluss entschieden* werden (vgl. im Einzelnen Art. 76 Abs. 2 VerfOGH,
Art. 106 Abs. 3 VerfOG).

Findet eine *mündliche Verhandlung* statt, so ist ihr Ablauf in Art. 20 Abs. 4 EuGH Satzg festgelegt. 74
Zur Vorbereitung der mündlichen Verhandlung fasst der Berichterstatter den wesentlichen Sachverhalt
und den Inhalt der Schriftsätze in einem öffentlichen Sitzungsbericht („rapport d'audience") zusammen, der den Verfahrensbeteiligten zugestellt wird. Die mündliche Verhandlung selbst, die vom Präsidenten des zuständigen Spruchkörpers geleitet wird (Art. 78, 11 Abs. 4 VerfOGH, Art. 110 Abs. 1
VerfOG), ist grds. öffentlich (Art. 31 EuGH Satzg). Die Parteien können nur durch Bevollmächtigte,
Beistände oder Anwälte verhandeln (Art. 119 Abs. 1 VerfOGH, Art. 110 Abs. 2 VerfOG).

Am Schluss der mündlichen Verhandlung, i.d.R. in einer eigenen öffentlichen Sitzung trägt – in Ver- 75
fahren vor dem Gerichtshof i.e.S. – der Generalanwalt seine *Schlussanträge* vor (Art. 82 VerfOGH). In
der Praxis wird heute nur noch der eigentliche Entscheidungsvorschlag verlesen, während die z.T. um-

---

105 EuGH 22.9.2011 – C-426/10 P, Slg. 2011, I-8849, Rn. 42 – Bell & Ross; EuG 24.2.2000 – T-37/98, Slg. 2000,
II-373, Rn. 28 – FTA u.a.

fangreiche Begründung nur schriftlich vorliegt. Die Schlussanträge werden den Beteiligten zugestellt und später zusammen mit den Urteilen veröffentlicht.

76   Nach der mündlichen Verhandlung ziehen sich die Richter zur geheimen (Art. 35 EuGH Satzg) Beratung zurück. Der Spruchkörper von Gericht und Gerichtshof i.e.S. entscheidet als Kollegialgremium mit einfacher Mehrheit der anwesenden Richter (Art. 32 Abs. 4 VerfOGH, Art. 21 Abs. 4 VerfOG). Das *Urteil* wird in öffentlicher Sitzung verkündet (Art. 88 Abs. 1 VerfOGH, Art. 118 Abs. 1 VerfOG). Es hat neben Urteilsformel, Sachverhaltsdarstellung und Entscheidungsgründen eine Entscheidung über die Kosten zu enthalten (Art. 38 EuGH Satzg), welche grds. der unterlegenen Partei aufzuerlegen sind.[106] Das Verfahren vor den Unionsgerichten selbst ist grds. gerichtskostenfrei (Art. 143 VerfOGH, Art. 139 VerfOG), sodass lediglich über die außergerichtlichen Kosten dem Grunde nach entschieden wird.

77   Urteile des Gerichtshofs i.e.S. werden mit dem Tag ihrer Verkündung, Beschlüsse mit dem Tag ihrer Zustellung *rechtskräftig* (Art. 91 VerfOGH) und vollstreckbar. Urteile des Gerichts sind mit ihrer Verkündung grds. wirksam (Art. 121 VerfOG) und vollstreckbar, unterliegen aber einem Rechtsmittel zum Gerichtshof i.e.S.

78   **7. Begründetheit.** Die Nichtigkeitsklage ist begründet, wenn und soweit der angefochtene Rechtsakt mit einem der in Art. 263 Abs. 2 AEUV aufgeführten Rechtsmängel behaftet ist und dieser Mangel vom Kläger geltend gemacht ist oder vom Gericht *ex officio* aufgegriffen wird. Für die Begründetheit kommt es entsprechend dem objektiv-rechtlichen Kontrollansatz des Art. 263 AEUV grds. nicht darauf an, welche Normen verletzt sind und ob sie für den Kläger individualschützend sind.[107] Der *maßgebliche Zeitpunkt* für die Beurteilung der Sach- und Rechtslage i.R. der Begründetheit ist der Zeitpunkt, zu dem der angefochtene Rechtsakt erlassen wurde.[108]

79   Art. 263 Abs. 2 AEUV listet vier *Nichtigkeitsgründe* auf, die zum Erfolg einer Nichtigkeitsklage führen können. Zwar begründen alle diese Rechtsmängel einen Verstoß gegen primäres oder sekundäres Unionsrecht, jedoch differenziert die Rechtsprechungspraxis der Unionsgerichte nach Maßgabe der Norm. Obwohl die Rechtswahrungsfunktion, die dem EuGH gem. Art. 19 Abs. 1 EUV zukommt, eine Befugnis zur umfassenden Rechtmäßigkeitskontrolle nahelegt, orientieren sich die Gerichte in der Praxis an den vom Kläger geltend gemachten Nichtigkeitsgründen. Nur die formellen Klagegründe, also die Unzuständigkeit und Form- oder Verfahrensfehler, greifen sie von Amts wegen auf.[109] Die beiden materiellen Klagegründe prüft der EuGH dagegen nur in dem Maße, wie sie vom Kläger zulässigerweise vorgetragen worden sind,[110] und befolgt damit augenscheinlich eine unionsrechtliche Variante des Grundsatzes „ne ultra petita".

80   Der EuGH ist angesichts der Offenheit des Art. 263 AEUV im Verfahren der Nichtigkeitsklage grds. frei, den Umfang seines Nachprüfungsrechts gegenüber Unionsakten, v.a. aber die *Kontrolldichte*, selbst zu bestimmen. Als Vorgabe ergibt sich lediglich im Umkehrschluss aus Art. 261 AEUV, dass die Unionsgerichte im Normalfall bestehende Entscheidungsspielräume der anderen Unionsorgane beachten müssen. In der Rechtsprechungspraxis zeigt sich in Anlehnung an das französische Verwaltungsrecht seit jeher die Tendenz, der Unionsexekutive einen Spielraum bei der Beurteilung komplexer wirtschaftlicher oder technischer Sachverhalte zuzubilligen.[111] Die richterliche Kontrolle beschränkt sich in diesen Fällen regelmäßig darauf zu prüfen, ob der Sachverhalt zutreffend ermittelt, das vorgeschrie-

---

106 Im Einzelnen Art. 138–142 VerfOGH, Art. 134–138 VerfOG. Zum Kostenrecht z.B. *Rosch*, in: Groeben/Schwarze/Hatje Art. 38 EuGH Satzg; *B. Wägenbaur*, EuZW 1997, 197; *A. Fiebig*, CML Rev 34 (1997), 89.

107 *M. Pechstein*, EU-Prozessrecht, Rn. 542; *C.D. Classen*, Europäisierung, 72.

108 St. Rspr., z.B. EuGH 26.9.1996 – C-241/94, Slg. 1996, I-4551, Rn. 33 – Frankreich/Kommission; 17.7.1997 – C-248/95, Slg. 1997, I-4475, Rn. 46 – SAM; EuG 22.10.1996 – T-79/95, T-80/95, Slg. 1996, II-1491, Rn. 48 – SNCF; 22.1.1997 – T-115/94, Slg. 1997, II-39, Rn. 87 – Opel Austria; 28.3.2000 – T-251/97, Slg. 2000, II-1775, Rn. 38 – T. Port; 27.9.2006 – T-322/01, Slg. 2006, II-3137 Rn. 325 – Roquette Frères. Näher *O. Dörr*, in: Grabitz/Hilf/Nettesheim AEUV Art. 263 Rn. 161.

109 In jüngerer Zeit z.B. EuGH 2.4.1998 – C-367/95 P, Slg. 1998, I-1719, Rn. 67 – Sytraval; 10.7.2008 – C-413/06 P, Slg. 2008, I-4951, Rn. 174 – Bertelsmann ua; EuG 28.1.2003 – T-147/00, Slg. 2003, II-85 Rn. 45 – Laboratoires Servier; 13.4.2011 – T-320/09, Slg. 2011, II-1673, Rn. 41 – Planet.

110 Statt aller EuGH 8.12.2011 – C-389/10 P, Slg. 2011, I-13125, Rn. 131 – KME Germany u.a.; EuG 10.7.1990 – T-51/89, Slg. 1990, II-309, Rn. 13 – Tetra Pak; 15.6.2010 – T-177/07, Slg. 2010, II-2341, Rn. 140 – Mediaset.

111 Näher *C.D. Classen*, Europäisierung, 1996, 165–171; *Fritzsche*, CMLRev 47 (2010), 361, 367–381; *O. Dörr*, in: Grabitz/Hilf/Nettesheim AEUV Art. 263 Rn. 187–191.

bene Verfahren eingehalten wurde und ob die Beurteilung nicht offensichtlich fehlerhaft oder ermessensmissbräuchlich war.[112]

Die Nachprüfungsbefugnis des EuGH kann andererseits in Bezug auf Zwangsmaßnahmen der Unionsorgane gem. Art. 261 AEUV erweitert sein, wenn ihm eine solche *„compétence de pleine juridiction"* durch eine entsprechende Verordnung übertragen ist. Diese Ermächtigung erweitert i.R. der Nichtigkeitsklage sowohl Nachprüfungs- als auch Entscheidungsbefugnis des Unionsrichters. Klagegründe und Kontrollmaßstab des Art. 263 AEUV werden um die Angemessenheit und Zweckmäßigkeit der verhängten Zwangsmaßnahmen ergänzt. Außerdem wird das gem. Art. 264 AEUV auf die Kassation beschränkte Entscheidungsrecht des EuGH um die Befugnis erweitert, die verhängten Zwangsmaßnahmen selbst zu ändern. Dies schließt die Möglichkeiten ein, die Maßnahmen i.S. einer *reformatio in peius* noch zu verschärfen[113] sowie eine Geldbuße herabzusetzen, obwohl ihre Verhängung an sich rechtmäßig ist.[114] Den Unionsgerichten sind derartige Befugnisse vor allem im Kartellrecht (Art. 31 VO (EG) Nr. 1/2003), in der Fusionskontrolle (Art. 16 VO (EG) Nr. 139/2004), bei Sanktionsbeschlüssen der EZB (Art. 5 VO (EG) 2532/98) und bei Personalstreitsachen vermögensrechtlicher Art (Art. 91 Abs. 1 EU-Beamtenstatut) verliehen. 81

8. Sachentscheidung und ihre Wirkungen. Soweit die Klage begründet ist, erklärt das zuständige Unionsgericht die angefochtene Handlung für nichtig und hebt sie auf (Art. 264 Abs. 1 AEUV). Durch dieses *Gestaltungsurteil* wird der Rechtsakt mit Wirkung *ex tunc* sowie für und gegen alle (*erga omnes*) beseitigt.[115] Wird der Rechtsakt damit rückwirkend so angesehen, als habe er niemals existiert, so sind auch alle auf ihm beruhenden Unionsrechtsakte wegen fehlender Rechtsgrundlage als rechtswidrig zu betrachten und vom zuständigen Unionsorgan gem. Art. 266 AEUV aufzuheben.[116] An diese Wirkung des Urteils sind alle übrigen Spruchkörper der Unionsgerichte sowie alle anderen Unionsorgane gebunden. 82

Aus der Nichtigerklärung eines seiner Rechtsakte trifft das verurteilte Unionsorgan eine positive *Folgenbeseitigungspflicht* kraft Primärrechts: Gem. Art. 266 Abs. 1 AEUV ist es verpflichtet, „die sich aus dem Urteil ergebenden Maßnahmen" zu ergreifen. Dazu gehört insbes., die Wirkungen der im Nichtigkeitsurteil festgestellten Rechtsverstöße zu beseitigen, z.B. den Kläger wieder in einen früheren Stand zu versetzen oder dafür Sorge zu tragen, dass keine identische Handlung erlassen wird.[117] Bestand z.B. die aufgehobene Handlung in der abschlägigen Bescheidung eines Antrags, so ist dieser unter Beachtung der Entscheidungsgründe des Nichtigkeitsurteils erneut zu bescheiden.[118] Alle auf dem für nichtig erklärten Rechtsakt beruhenden Maßnahmen sind aufzuheben oder ggf. zu ändern,[119] soweit nicht ein Ausspruch gem. Art. 264 Abs. 2 AEUV die Kassationswirkung einschränkt. 83

Wird die Nichtigkeitsklage durch Sachurteil *abgewiesen*, so tritt die der Nichtigerklärung eigene Bindung der Unionsgerichte nicht ein: Diese sind nicht gehindert, den fraglichen Rechtsakt in einem anderen Verfahren für nichtig zu erklären.[120] Allerdings bindet die materielle Rechtskraft des abweisenden Urteils die Parteien an dessen Inhalt. Eine erneute Klage aufgrund derselben Klagegründe und mit 84

---

112 Statt aller EuGH 29.2.1996 C-56/93, Slg. 1996, I-723, Rn. 11 – Belgien/Kommission; 19.11.1998 C-150/94, Slg. 1998, I-7235, Rn. 54 – Vereinigtes Königreich/Rat; 22.12.2008 – C-333/07, Slg. 2008, I-10807, Rn. 78 – Société Régie Networks; EuG 5.6.1996 – T-162/94, Slg. 1996, II-427, Rn. 72 f. – NMB France; 30.1.2002 – T-54/99, Slg. 2002, II-313, Rn. 58 – max.mobil; 17.12.2008 – T-462/04, Slg. 2008, II-3685, Rn. 120 – HEG. Weitere Nachw. bei *R. Rausch*, Kontrolle, 1994, 238–250 und *O. Dörr*, in: Grabitz/Hilf/Nettesheim AEUV Art. 263 Rn. 192.

113 *Ch. Gaitanides*, in: Groeben/Schwarze/Hatje AEUV Art. 261 Rn. 16; *O. Dörr*, in: Grabitz/Hilf/Nettesheim AEUV Art. 263 Rn. 196.

114 Z.B. EuG 14.7.1994 – T-77/92, Slg. 1994, II-549, Rn. 95 – Parker Pen; 8.10.1996 – T-24/93, T-25/93 u.a., Slg. 1996, II-1201, Rn. 251 – Compagnie maritime belge; 22.10.1997 – T-213/95, T-18/96, Slg. 1997, II-1739, Rn. 255 – SCK; EuGH 7.1.2004 – C-204/00 P, C-205/00 P u.a., Slg. 2004, I-123, Rn. 385 – Aalborg Portland u.a.

115 Vgl. EuGH 1.6.2006 – C-442/04 P, C-471/03 P, Slg. 2006, I-4845, Rn. 43 – P&O European Ferries; 10.2.2008 – C-199/06, Slg. 2008, I-469, Rn. 61 – CELF u.a.

116 *O. Dörr*, in: Grabitz/Hilf/Nettesheim AEUV Art. 264 Rn. 10; *Ch. Gaitanides*, in: Groeben/Schwarze/Hatje AEUV Art. 264 Rn. 5.

117 *O.Dörr*, in: Grabitz/Hilf/Nettesheim AEUV Art. 266 Rn. 15–23 mwN.

118 Vgl. z.B. EuG 19.3.1997 – T-73/95, Slg. 1997, II-381, Rn. 43 – Oliveira. Einzelheiten bei *F. Schockweiler*, in: Du droit international au droit de l'intégration. Liber Amicorum Pierre Pescatore, 1987, 613, 616–619.

119 Für die Erstattung zu Unrecht erhobener Zahlungen oder Geldbußen z.B. EuG 10.7.1997 – T-227/95. Slg. 1997, II-1185, Rn. 92 – AssiDomän;10.10.2001 – T-171/99, Slg. 2001, II-2967, Rn. 52 – Corus UK; 4.5.2005 – T-86/03, Slg. 2005, II-1539, Rn. 30 – Holcim (France); 8.7.2008 – T-53/03, Slg. 2008, II-1333, Rn. 487 – BPB.

120 *O. Dörr*, in: Grabitz/Hilf/Nettesheim AEUV Art. 263 Rn. 199.

denselben Anträgen wäre unzulässig.[121] Dies gilt nicht für Prozessurteile, durch die eine Nichtigkeitsklage als unzulässig abgewiesen wird.

III. Untätigkeitsklage (Art. 265 AEUV)

85 Die Untätigkeitsklage gem. Art. 265 AEUV bildet eine komplementäre Ergänzung zur Nichtigkeitsklage. Auch sie ist darauf gerichtet, die Rechtmäßigkeit des Verhaltens der Unionsorgane zu überprüfen, nur geht es hier nicht um das Tun, sondern um das pflichtwidrige Unterlassen dieser Organe. Anders jedoch als die Nichtigkeitsklage ist die Untätigkeitsklage eine *reine Feststellungsklage*: Im Erfolgsfalle beschränkt sich der Richterspruch auf die Feststellung, dass das Unionsrecht in Gestalt einer Handlungspflicht verletzt ist. Der AEUV kennt keine Leistungs- oder Verpflichtungsklage, daher wird ein auf eine positive Entscheidung gerichteter Klageantrag regelmäßig als unzulässig zurückgewiesen (→ Rn. 48). Wird ein Begehren von einem Unionsorgan ausdrücklich abgelehnt, so ist statt einer Versagungsgegenklage die Ablehnungsentscheidung gem. Art. 263 AEUV anzufechten.

86 **1. Parteifähigkeit.** Aktiv parteifähig sind nach Art. 265 Abs. 1 AEUV alle Organe der Union (mit Ausnahme des Gerichtshofs selbst), also Rat, Europäischer Rat, Kommission, Parlament und Rechnungshof (s. Art. 13 Abs. 1 EUV). Über Art. 13 Abs. 1 EUV ist nun auch die EZB, obwohl im Rechtssinne kein „Organ" der Union, umfassend klageberechtigt.[122] Private sind gem. Abs. 3 aktivlegitimiert. Die Bestimmung deckt sich insoweit mit Art. 263 Abs. 4 AEUV (→ Rn. 46). Als mögliche *Beklagte* nennt Art. 265 Abs. 1 S. 1 AEUV ausdrücklich Parlament, Europäischen Rat, Rat, Kommission und die EZB. S. 2 ergänzt die sonstigen Unionseinrichtungen, die ihre Handlungspflichten versäumen.

87 **2. Klagegegenstand.** Für den statthaften Gegenstand einer Untätigkeitsklage ist wiederum zwischen den verschiedenen Klägergruppen zu differenzieren, da Art. 265 AEUV das rügefähige Unterlassen für beide Gruppen unterschiedlich qualifiziert. Gegenstand einer *Staaten- oder Organklage* gem. Abs. 1 ist ganz allgemein die unterlassene Beschlussfassung („failure to act", „abstention de statuer"), d.h. der Vorwurf, das beklagte Organ habe irgendeine unionsrechtlich gebotene Maßnahme nicht vorgenommen. Die unterlassene Handlung kann unverbindlicher oder nur vorbereitender Natur sein, sodass etwa auch die Nichtvorlage eines Rechtssetzungsvorschlags durch die Kommission gerügt werden kann.[123] Auch muss die Untätigkeitsklage nicht das Fehlen eines ganz bestimmten Rechtsakts monieren. Vielmehr kann der Kläger, solange er das Unterlassen in vollzugsfähiger Weise konkretisiert, auch ein ganzes Bündel von Beschlüssen anmahnen.[124]

88 Gegenstand einer *individuellen Untätigkeitsklage* kann nur die Beschwerde der Einzelperson sein, dass es ein Unionsorgan unterlassen hat, „einen anderen Akt als eine Empfehlung oder eine Stellungnahme an sie zu richten" (Art. 265 Abs. 3 AEUV). Quasi spiegelbildlich zu Art. 263 Abs. 4 AEUV kann mit der Untätigkeitsklage nur ein solcher Rechtsakt begehrt werden, der, wäre er erlassen worden, Gegenstand einer individuellen Nichtigkeitsklage hätte sein können.[125] Voraussetzung sind also jedenfalls die – hypothetische – Rechtsverbindlichkeit und der endgültige Charakter der gewünschten Maßnahme (zu diesen Voraussetzungen bei der Nichtigkeitsklage → Rn. 49–53). Außerdem muss der erstrebte Rechtsakt an den privaten Kläger „zu richten" gewesen sein. Über diesen Wortlaut hinaus konstruieren die Unionsgerichte Art. 265 Abs. 3 AEUV spiegelbildlich zu Art. 263 Abs. 4 AEUV und lassen es für die Untätigkeitsklage ausreichen, dass der unterlassene Rechtsakt den einzelnen unmittelbar und individuell betroffen hätte.[126] Demgegenüber hat die Rspr. die Ausdehnung der individuellen Nichtigkeitsklage auf „Rechtsakte mit Verordnungscharakter" (→ Rn. 55) bislang i.R.d. Art. 265 Abs. 3 AEUV nicht nachgebildet.[127]

---

121 Vgl. EuGH 21.5.1981 – 192/80, Slg. 1981, 1387 – Geist/Kommission; 1.4.1987 – 159/84 u.a., Slg. 1987, 1579 – Ainsworth u.a./Kommission.

122 *O. Dörr*, in: Grabitz/Hilf/Nettesheim AEUV Art. 265 Rn. 9.

123 *R. Stotz*, in: Dauses, Handbuch, P. I Rn. 227; *O. Dörr*, in: Grabitz/Hilf/Nettesheim AEUV Art. 265 Rn. 14.

124 Für Maßnahmen im Bereich der gemeinsamen Verkehrspolitik EuGH 22.5.1985 – C-13/83, Slg. 1985, 1513, Rn. 34–37 – Parlament/Rat.

125 *R. Stotz*, in: Dauses, Handbuch, P. I Rn. 233; *O. Dörr*, in: Grabitz/Hilf/Nettesheim AEUV Art. 265 Rn. 16.

126 St. Rspr. seit EuGH 26.11.1996 – C-68/95, Slg. 1996, I-6065, Rn. 59 – T.Port; vgl. z.B. EuG 25.6.2003 – T-41/01, Slg. 2003, II-2157, Rn. 29 – Pérez Escolar; 10.5.2006 – T-395/04, Slg. 2006, II-1343, Rn. 25 – Air One; 11.7.2007 – T-167/04, Slg. 2007, II-2379, Rn. 45 – Asklepios Kliniken.

127 *O. Dörr*, in: Grabitz/Hilf/Nettesheim AEUV Art. 265 Rn. 19.

3. Vorverfahren. Die Untätigkeitsklage ist gem. Art. 265 Abs. 2 AEUV nur zulässig, wenn das betref- 89
fende Unionsorgan zuvor aufgefordert wurde, tätig zu werden. Die *Aufforderung* sollte schriftlich erfolgen, da bei einer späteren Klage gem. Art. 21 Abs. 2 EuGH Satzg ein Nachweis über ihren Zeitpunkt beizufügen ist. Inhaltlich muss die Aufforderung zum einen ausdrücklich erfolgen[128] und zum
anderen deutlich zum Ausdruck bringen, welche Maßnahmen das betroffene Unionsorgan ergreifen
soll: Der Inhalt der gewünschten Handlung – und mit ihr der spätere Streitgegenstand – muss hinreichend klar umrissen sein.[129] Auch muss deutlich werden, dass die Aufforderung der Vorbereitung eines Streitverfahrens dient, die Unionseinrichtung also gerichtlich zum Handeln gezwungen werden
soll.[130]

Die Zulässigkeit einer Untätigkeitsklage hängt sodann von der Reaktion des betreffenden Unionsor- 90
gans ab. Die Klage ist nur zulässig, wenn das Organ innerhalb von zwei Monaten nach Eingang der
Aufforderung *„nicht Stellung genommen"* hat (Art. 265 Abs. 2 S. 2 AEUV). Dies ist unproblematisch
der Fall, wenn das Organ auf die Aufforderung zum Tätigwerden überhaupt nicht reagiert. Weiter
steht fest, dass der Erlass der erstrebten oder einer anderen Maßnahme die Untätigkeitsklage ausch-
ließt, da Art. 265 AEUV eben nur die Untätigkeit durch Nichtbescheidung oder Nichtstellungnahme
meint.[131]

Im Falle einer *ausdrücklichen Weigerung* des Unionsorgans, die beantragte Handlung vorzunehmen, 91
ist zu unterscheiden: Die endgültige Ablehnung ist eine „Stellungnahme" i.S.v. Art. 265 Abs. 2 S. 2
AEUV, wenn sie das Ergebnis einer substantiellen Auseinandersetzung mit der Aufforderung ist.[132]
Entsprechend macht nicht jede Äußerung des Unionsorgans die Klage gegenstandslos, v.a. nicht eine
nur hinhaltende Antwort oder eine reine *Zwischennachricht.* Auch ist die Festlegung abstrakter Kriterien keine hinreichende Stellungnahme auf eine spezifische Beschwerde hin.[133] Das Klagerecht ist nicht
ausgeschlossen, solange das Organ zu der beantragten Maßnahme nicht eindeutig und endgültig Stellung bezogen hat.[134] Ansonsten wäre der Antragsteller der Möglichkeit der Untätigkeitsklage beraubt,
ohne dass ein Bescheid vorläge, gegen den er mit der Nichtigkeitsklage vorgehen könnte.

Nimmt das Unionsorgan *nach Ablauf der Zweimonatsfrist,* aber vor Klageerhebung Stellung oder er- 92
lässt es die begehrte Maßnahme, so wäre eine dennoch erhobene Untätigkeitsklage mangels Rechtsschutzinteresses unzulässig.[135] Erfolgen „Stellungnahme" oder Bescheidung nach Klageerhebung, so
wird nach st. Rspr. auch dann die Klage gegenstandslos: Die Unionsgerichte erklären in einem solchen
Fall die Hauptsache für erledigt und entscheiden gem. Art. 142 VerfOEuGH, Art. 137 VerfOEuG nur
noch nach freiem Ermessen über die Kosten.[136] Die *Klagefrist* beträgt gem. Art. 265 Abs. 2 S. 2 AEUV
ebenfalls zwei Monate, sie beginnt ab dem Zeitpunkt zu laufen, zu dem die Stellungnahme des Unionsorgans dem Kläger hätte spätestens zugehen müssen.[137]

4. Sachentscheidung und ihre Wirkungen. Die Untätigkeitsklage ist begründet, wenn das beklagte 93
Organ unionsrechtlich dazu verpflichtet war, einen Beschluss zu fassen bzw. einen den individuellen
Kläger qualifiziert betreffenden Rechtsakt zu erlassen und diese Pflicht verletzt hat. Maßgeblich ist in-

---

128 EuGH 20.3.1984 – C-84/82, Slg. 1984, 1451 Rn. 23 – Deutschland/Kommission.
129 EuGH 22.5.1985 – C-13/83, Slg. 1985, 1513, Rn. 24, 36 – Parlament/Rat; 10.6.1986 – C-81/85, Slg. 1986, 1777,
      Rn. 15 – Usinor; EuG 3.6.1999 – T-17/96, Slg. 1999, II-1757, Rn. 41 – TF1.
130 St. Rspr., z.B. EuGH 6.5.1986 – 25/85, Slg. 1986, 1531, Rn. 8 – Nuovo Campsider; EuG 30.4.1999 – T-311/97,
      Slg. 1999, II-1407, Rn. 35 – Pescados Congelados Jogamar; 27.4.2005 – T-34/05 R, Slg. 2005, II-1465, Rn. 57 –
      Makhteshim-Agan u.a.
131 EuGH 15.12.1988 – C-166/86, Slg. 1988, 6473, Rn. 17 – Irish Cement; EuG 13.11.1995 – T-126/95, Slg. 1995,
      II-2863, Rn. 43 – Dumez; 17.2.1998 – T-107/96, Slg. 1998, II-311, Rn. 30 – Pantochim; 30.9.2003 – T-26/01,
      Slg. 2003, II-3951, Rn. 82 – Fiocchi munizioni.
132 So *R. Stotz,* in: Dauses, Handbuch, P. I Rn. 246.
133 EuG 11.7.2007 – T-167/04, Slg. 2007, II-2379, Rn. 77 – Asklepios Kliniken.
134 EuG 22.5.1985 – C-13/83, Slg. 1985, 1513, Rn. 25 – Parlament/Rat; *Ch. Gaitanides,* in: Groeben/Schwarze/Hatje
      AEUV Art. 265 Rn. 21; *O. Dörr,* in: Grabitz/Hilf/Nettesheim AEUV Art. 265 Rn. 28.
135 EuGH 1.4.1993 – C-25/91, Slg. 1993, I-1719, Rn. 11-13 – Pesqueras Echebastar; EuG 27.1.2000 – T-194/97,
      T-83/98, Slg. 2000, II-69, Rn. 57f. – Branco; 30.9.2003 – T-26/01, Slg. 2003, II-3951, Rn. 92 – Fiocchi munizioni;
      7.10.2009 – T-420/05, Slg. 2009, II-3841, Rn. 253-256 – Vischim.
136 Z.B. EuGH 12.7.1988 – T-383/87, Slg. 1988, 4051, Rn. 9-11 – Kommission/Rat; 13.12.2000 – C-44/00 P,
      Slg. 2000, I-11231, Rn. 83-85 – Sodima; EuG 17.2.1998 – T-105/96, Slg. 1998, II-285, Rn. 42 – Pharos; 7.3.2002 –
      T-212/99, Slg. 2002, II-1445, Rn. 67f. – Intervet; 27.4.2005 – T-34/05 R, Slg. 2005, II-1465, Rn. 67-73 – Makhtes-
      him-Agan u.a.; 19.5.2011 – T-423/07, Slg. 2011, II-2397, Rn. 26 – Ryanair.
137 *Ch. Gaitanides,* in: Groeben/Schwarze/Hatje AEUV Art. 265 Rn. 28; *Schwarze,* in: ders. AEUV Art. 265 Rn. 25.

soweit in der Praxis der Zeitpunkt der Aufforderung.[138] Ist die Klage zulässig und begründet, so stellt das Unionsgericht die Vertragsverletzung durch Unterlassen fest. Als *Feststellungsurteil* beseitigt der Richterspruch weder selbst den rechtswidrigen Zustand, noch wird das Unionsorgan formell zum Erlass der begehrten Maßnahme verurteilt. Vielmehr trifft auch hier das verurteilte Organ die allgemeine *Befolgungspflicht* gem. Art. 266 Abs. 1 AEUV, d.h. die Pflicht, „die sich aus dem Urteil ergebenden Maßnahmen zu ergreifen". Diese Durchführung muss innerhalb eines angemessenen Zeitraums erfolgen.[139]

IV. Haftungsklage (Art. 268 AEUV)

94 Die Haftungsklage gem. Art. 268 AEUV betrifft die außervertragliche Haftung der Union für die Amtsausübung ihrer Organwalter, deren materiell-rechtliche Grundlage sich in Art. 340 Abs. 2 AEUV findet. Da die Haftungsklage einen *selbständigen Rechtsbehelf* darstellt, setzt ihre Zulässigkeit nicht voraus, dass das schädigende Verhalten zunächst mit einer Nichtigkeits- oder Untätigkeitsklage angegriffen wurde.[140] Die Bestandskraft eines Unionsrechtsakts schadet daher grds. nicht. Anderes gilt jedoch, wenn mit der Haftungsklage praktisch die Aufhebung einer bestandskräftigen Einzelfallentscheidung begehrt wird, da dann ein Verfahrensmissbrauch vorläge.[141]

95 **1. Zulässigkeitsvoraussetzungen.** Zur Erhebung einer Haftungsklage sind alle natürlichen und juristischen Personen berechtigt, die in den Mitgliedstaaten oder auch in Drittstaaten rechts- und prozessfähig sind.[142] Dazu gehören auch Rechtssubjekte des öffentlichen Rechts, wie etwa die Bundesländer oder Gemeinden. Obwohl materiell-rechtlich die Union selbst passivlegitimiert ist (Art. 340 Abs. 2 AEUV), ist die Klage nach der Rechtsprechungspraxis gegen das verantwortliche Organ zu richten.[143] Der EuGH verfährt allerdings insoweit in der Praxis recht großzügig und deutet Klagen, die direkt gegen die Union erhoben werden, entsprechend um.[144] Da die EZB selbst für ihre schädigenden Handlungen haftet (Art. 340 Abs. 3 AEUV), ist die Haftungsklage auch gegen sie selbst zu richten.

96 Die Haftungsklage kann unmittelbar beim sachlich zuständigen Unionsgericht (zur Zuständigkeitsverteilung zwischen Gerichtshof und Gericht → Rn. 17 f.) erhoben werden, ohne dass es einer vorherigen Aufforderung zum Schadensersatz an die Union bedarf.[145] Eine *Klagefrist* sieht der AEUV nicht vor. Jedoch misst der EuGH der fünfjährigen Verjährungsfrist des Art. 46 EuGH Satzg prozessuale Bedeutung bei, sodass sie in der Praxis den Charakter einer Klagefrist erhält.[146]

97 **2. Klageerhebung und Verfahren.** Die Klageschrift muss den Anforderungen der Art. 21 EuGH Satzg, Art. 120-122 VerfOGH bzw. Art. 76-78 VerfOG genügen. Insbes. muss sie eine schlüssige Darstellung aller wesentlichen haftungsbegründenden Tatsachen enthalten. Allerdings ist es unschädlich, wenn die Schadenshöhe bei Klageerhebung noch nicht feststeht. In diesem Fall kann der Kläger zunächst ohne bezifferten Klageantrag *auf Feststellung eines Haftungsgrundes* klagen und die Klage dann bis zum Erlass eines entsprechenden Zwischenurteils auf einen Leistungsantrag umstellen. Im Übrigen entspricht der Verfahrensablauf demjenigen bei der Nichtigkeitsklage (→ Rn. 70–77).

---

138 EuG 15.9.1998 – T-96/96, Slg. 1998, II-3407, Rn. 71 – Gestevisión Telecinco; 9.9.1999 – T- 127/98, Slg. 1999, II-2633, Rn. 34 – UPS Europe; 10.5.2006 – T-395/04, Slg. 2006, II-1343, Rn. 60 – Air One; 19.5.2011 – T-423/07, Slg. 2011, II-2397, Rn. 25, 36, 52 – Ryanair.
139 EuGH 22.5.1985 – C-13/83, Slg. 1985, 1513, Rn. 69 – Parlament/Rat.
140 St. Rspr., z.B. EuGH 16.4.1997 – T-20/94, Slg. 1997, II-595, Rn. 115, 128 – Hartmann; 24.10.2000 – T-178/98, Slg. 2000, II-3331, Rn. 49 – Fresh Marine; 19.10.2005 – T-415/03, Slg. 2005, II-4355, Rn. 72 – San Pedro de Bermeo u.a.; 9.9.2009 – T-437/05, Slg. 2009, II-3233, Rn. 233 – Brink's Security.
141 Z.B. EuG 4.2.1998 – T-93/95, Slg. 1998, II-195, Rn. 48 – Laga; 7.2.2001 – T-186/98, Slg. 2001, II-557, Rn. 77 – Inpesca; 17.10.2002 – T-180/00, Slg. 2002, II-3985, Rn. 139 – Astipesca.
142 *I. Augsberg,* in: Groeben/Schwarze/Hatje AEUV Art. 23–25.
143 Z.B. EuGH 23.3.2004 – C-234/02 P, Slg. 2004, I-2803, Rn. 67 – Lamberts; EuG 6.7.1995 – T-572/93, Slg. 1995, II-2005, Rn. 22 – Odigitria; 12.12.2000 – T-201/99, Slg. 2000, II-4005, Rn. 20 – Royal Olympic Cruises u.a. Näher *Jacob/Kottmann,* in: Grabitz/Hilf/Nettesheim AEUV Art. 340 Rn. 43–45.
144 Vgl. z.B. EuG 12.12.2000 – T-201/99, Slg. 2000, II-4005, Rn. 20 – Royal Olympic Cruises u.a.
145 *K.-D. Borchardt,* Gerichtshof, Art. 235 Rn. 7.
146 *K.-D. Borchardt,* Gerichtshof, Art. 235 Rn. 8; *Jacob/Kottmann,* in: Grabitz/Hilf/Nettesheim AEUV Art. 340 Rn. 47. Klagen, die verjährte Ansprüche geltend machen, werden als unzulässig abgewiesen, vgl. z.B. EuGH 17.7.2008 – C-51/05 P, Slg. 2008, I-5341, Rn. 73 – Kommission/Cantina sociale di Dolianova u.a.; EuG 14.9.1995 – T-571/93, Slg. 1995, II-2379, Rn. 26 – Lefebvre; 17.10.2012 – T-340/11, ECLI:EU:T:2012:555, Rn. 28–33 – Régie Networks.

3. Begründetheit und Sachentscheidung. Die Haftungsklage ist gem. Art. 340 Abs. 2 AEUV begrün- 98
det, wenn das der Union zurechenbare Verhalten rechtswidrig ist, ein tatsächlicher Schaden eingetreten ist und zwischen dem Verhalten und dem behaupteten Schaden ein Kausalzusammenhang besteht.[147] Diese Haftungsvoraussetzungen sind allesamt vom Kläger zu beweisen.[148] Für die Einzelheiten des materiellen Haftungsrechts verweist Art. 340 Abs. 2 AEUV auf die *allgemeinen Rechtsgrundsätze*, welche den Rechtsordnungen der Mitgliedstaaten gemeinsam sind. Es handelt sich um eine Ermächtigung der Unionsgerichte, im Wege der Rechtsfortbildung ein Haftungsrecht der Union zu entwickeln.[149]

Das rechtswidrige amtliche Verhalten eines Unionsorgans kann für den Einzelnen nur dann haftungs- 99
begründend sein, wenn die verletzte Rechtsnorm jedenfalls auch die individuellen Interessen des Klägers schützen soll.[150] Zu den *Schutznormen* i.d.S. zählen jedenfalls die Unionsgrundrechte, die Grundfreiheiten und Diskriminierungsverbote des AEUV[151] sowie die allgemeinen Rechtsgrundsätze der Verhältnismäßigkeit und des Vertrauensschutzes.[152] Auch unionsrechtliche Regelungen, die einen Eingriff
in Rechte einzelner oder die Versagung einer beantragten Begünstigung nur unter abschließend aufgeführten Voraussetzungen zulassen, sind wegen ihrer freiheitssichernden Begrenzungswirkung als individualschützend in diesem Sinne anzusehen.[153] Nicht haftungsbegründend sind demgegenüber z.B. die
unzulängliche Begründung eines Rechtsakts oder die Nichtbeachtung der horizontalen Zuständigkeitsverteilung zwischen den Unionsorganen.

Liegt eine Schutznormverletzung vor, so kommt die Haftung der Union in Betracht, wenn es sich um 100
eine *„hinreichend qualifizierte Verletzung"* dieser Norm handelt. Dieses einschränkende Wertungskri-
terium, das der EuGH zunächst nur für legislatives Handeln der Gemeinschaft entwickelt hatte,[154]
betrifft nach der jüngeren Rspr. den gesamten Bereich der amtlichen Unionstätigkeit.[155] Ein Rechtsverstoß ist i.d.S. „hinreichend qualifiziert", wenn das Unionsorgan die „Grenzen seiner Befugnisse offenkundig und erheblich überschritten" hat.[156]

Der Kläger hat den Eintritt eines konkreten *Schadens* nachzuweisen. Das können Vermögensnachteile, 101
aber auch immaterielle Schäden sein.[157] Die Haftung der Union tritt nur ein, wenn zwischen dem
rechtswidrigen Verhalten und dem Schaden ein unmittelbarer *Kausalzusammenhang* besteht. Die
Rspr. spricht davon, dass sich der Schaden „mit hinreichender Unmittelbarkeit" aus dem gerügten
Verhalten ergeben müsse.[158] Dieser unmittelbare Zusammenhang kann durch ein Verhalten des Ge-

---

147   Zu den Haftungsvoraussetzungen und -folgen im Einzelnen *K.-D. Borchardt*, in: Dauses, Handbuch, P. I Rn. 283–
      301; *Jacob/Kottmann*, in: Grabitz/Hilf/Nettesheim AEUV Art. 340 Rn. 69–126.
148   EuG 11.7.1996 – T-175/94, Slg. 1996, II-729, Rn. 44 – International Procurement Services; 11.7.1997 – T-267/94,
      Slg. 1997, II-1239, Rn. 20 – Oleifici Italiani; 17.12.2003 – T-146/01, Slg. 2003, II-6005, Rn. 71 – DLD Trading.
149   *Jacob/Kottmann*, in: Grabitz/Hilf/Nettesheim AEUV Art. 340 Rn. 31; *K.-D. Borchardt*, in: Dauses, Handbuch, P. I
      Rn. 267.
150   EuGH 4.7.2000 – C-352/98 P, Slg. 2000, I-5291, Rn. 42 – Bergaderm; 10.12.2002 – C-312/00 P, Slg. 2002, I-11355,
      Rn. 53 – Camar u.a.; EuG 6.12.2001 – T-43/98, Slg. 2001, II-3519, Rn. 59 f. – Emesa Sugar; 6.12.2001 – T-196/99,
      Slg. 2001, II-3597, Rn. 42 f. – Area Cova u.a.
151   *Jacob/Kottmann*, in: Grabitz/Hilf/Nettesheim AEUV Art. 340 Rn. 79.
152   EuG 15.12.1994 – T-489/93, Slg. 1994, II-1201, Rn. 42 – Unifruit; 6.12.2001 – T-43/98, Slg. 2001, II-3519, Rn. 64
      – Emesa Sugar.
153   EuGH 19.4.2012 – C-221/10 P, ECLI:EU:C:2012:216, Rn. 96 – Artegodan/Kommission; EuG 3.3.2010 – T-429/05,
      Slg. 2010, II-491, Rn. 92–94 – Artegodan; 23.11.2011 – T-341/07, Slg. 2011, II-7915, Rn. 50–52 – Sison/Rat.
154   Grundlegend EuGH 2.12.1971 – C-5/71, Slg. 1971, 975, Rn. 11 – Schöppenstedt.
155   EuGH 4.7.2000 – C-352/98 P, Slg. 2000, I-5291, Rn. 42 ff. – Bergaderm; 10.12.2002 – C-312/00 P, Slg. 2002,
      I-11355, Rn. 52 ff. – Camar u.a.; 10.7.2003 – C-472/00 P, Slg. 2003, I-7541, Rn. 25–27 – Fresh Marine; 23.3.2004
      – C-234/02 P, Slg. 2004, I-2803, Rn. 49 – Lamberts; 19.4.2007 – C-282/05, Slg. 2007, I-2941, Rn. 48 – Holcim;
      EuG 6.12.2001 – T-43/98, Slg. 2001, II-3519, Rn. 59 – Emesa Sugar.
156   EuGH 4.7.2000 – C-352/98 P, Slg. 2000, I-5291, Rn. 43 – Camar u.a.; 10.12.2002 – C-312/00 P, Slg. 2002, I-11355,
      Rn. 54 – Camar u.a.; 10.7.2003 – C-472/00 P, Slg. 2003, I-7541, Rn. 26 – Fresh Marine; 19.4.2007 – C-282/05,
      Slg. 2007, I-2941, Rn. 47 – Holcim; EuG 6.12.2001 – T-196/99, Slg. 2001, II-3597, Rn. 45 – Area Cova u.a.;
      2.3.2010 – T-16/04, Slg. 2010, II-211, Rn. 141 – Arcelor.
157   EuG 28.1.1999 – T-230/95, Slg. 1999, II-123, Rn. 37 f. – BAI; 12.12.2000 – T-11/00, Slg. 2000, II-4019, Rn. 52 –
      Hautem; 8.7.2008 – T-48/05, Slg. 2008, II-1585, Rn. 400 ff. – Franchet und Byk; 8.11.2011 – T-88/09, Slg. 2011,
      II-7833, Rn. 60–63 – Idromacchine u.a. (Rufschädigung).
158   Z.B. EuG 11.7.1996 – T-175/94, Slg. 1996, II-729, Rn. 55 – International Procurement Services; 25.6.1997 – T-7/96,
      Slg. 1997, II-1061, Rn. 41 – Perillo; 14.12.2005 – T-383/00, Slg. 2005, II-5459, Rn. 193 – Beamglow; 8.7.2008 –
      T-48/05, Slg. 2008, II-1585, Rn. 397 – Franchet und Byk.

schädigten oder eines Mitgliedstaates unterbrochen werden. Ein Verschulden des Amtsträgers oder des Unionsorgans i.S. einer eigenständigen Haftungsvoraussetzung ist nicht erforderlich.

102 Der *Umfang des ersatzfähigen Schadens* ergibt sich aus einem Vergleich des tatsächlich bestehenden Zustands mit dem Zustand, der ohne das schädigende Verhalten bestehen würde. Die genaue Schadenshöhe bestimmt das Unionsgericht i.R. des Klageantrags unter Würdigung aller vorgebrachten Beweise. Der Anspruch richtet sich grds. nur auf Ersatz in Geld. Er wird ergänzt durch einen Zinsanspruch, den der EuGH auf der Grundlage eines entsprechenden allgemeinen Rechtsgrundsatzes anerkennt. Den Zinssatz legen die Unionsgerichte nach eigenem Ermessen fest und orientieren sich heute dafür am Hauptrefinanzierungszinssatz der EZB, der um zwei Prozentpunkte erhöht wird.[159]

103 Entscheidet der Gerichtshof zunächst nur über den Haftungsgrund (zu dieser Vorgehensweise → Rn. 97), so ergeht die Entscheidung durch ein nicht vollstreckbares Feststellungsurteil. Soweit die Union dagegen zur Zahlung eines konkreten Betrages verurteilt wird, ergeht ein *Leistungsurteil*, das gem. Art. 280 i.V.m. Art. 299 AEUV vollstreckbar ist. Das Leistungsurteil beseitigt nicht den rechtswidrigen Unionsakt, welcher den Schadensersatzanspruch auslöst. Die Rechtswidrigkeit wird vielmehr vom Unionsgericht nur inzidenter festgestellt.

V. Vorabentscheidungsverfahren (Art. 267 AEUV)

104 Im Gegensatz zu den bislang behandelten Verfahrensarten ist das Vorabentscheidungsverfahren des Art. 267 AEUV kein selbständiges Streitverfahren, sondern nur ein Zwischenverfahren in einem Rechtsstreit, der vor einem nationalen Gericht anhängig ist. Der Gerichtshof i.e.S., der für die Vorabentscheidung bislang ausschließlich zuständig ist (vgl. Art. 256 Abs. 1 S. 1 AEUV und → Rn. 18),[160] entscheidet nur über unionsrechtliche Vorfragen, die für die Entscheidung des Ausgangsrechtsstreits erheblich sind. Das Vorabentscheidungsverfahren ist damit Ausdruck einer *funktionsteiligen Zusammenarbeit zwischen den nationalen Gerichten und dem EuGH*, die wiederum durch das duale Rechtsschutzsystem der Union (→ Rn. 2, 170) bedingt ist: Der nationale Richter hat in dem bei ihm anhängigen Ausgangsrechtsstreit entscheidungserhebliche Fragen des Unionsrechts zu prüfen und ggf. durch eigene Auslegung zu beantworten. Stattdessen kann er – i.R. einer Vorlagepflicht muss er – den EuGH um eine Vorabentscheidung ersuchen. Legt er nach Art. 267 AEUV vor, so bleibt der nationale Richter dennoch für die Entscheidung des Ausgangsrechtsstreits ausschließlich zuständig. Der EuGH beantwortet die ihm vorgelegten Fragen zwar fallbezogen, aber abstrakt, d.h. beschränkt auf ihren unionsrechtlichen Gehalt. Dem vorlegenden Gericht bleibt es vorbehalten, den von ihm festgestellten Sachverhalt unter das vom EuGH konkretisierte Unionsrecht zu subsumieren, also die Vorgaben der Vorabentscheidung auf den konkreten Fall anzuwenden. Die wesentliche Funktion des Vorabentscheidungsverfahrens im Rechtsschutzsystem des AEUV ist es somit, die Einheit und Kohärenz der Unionsrechtsordnung sicherzustellen.

105 Aus der Anknüpfung an den nationalen Ausgangsrechtsstreit ergibt sich auch die zweifache Bedeutung des Verfahrens *für den Individualrechtsschutz*. Art. 267 AEUV bietet dem einzelnen die Möglichkeit, den EuGH – über den Umweg des nationalen Gerichts – mit der Gültigkeit von Unionsrechtsakten zu befassen, gegen die ein direktes Klagerecht nicht eröffnet ist. In der Praxis hat sich das Vorabentscheidungsverfahren so für den Einzelnen zu einem funktionellen Äquivalent zur Nichtigkeitsklage entwickelt. Des Weiteren hat der Private i.R. von Art. 267 AEUV praktisch die Möglichkeit, die Vereinbarkeit mitgliedstaatlicher Rechtsakte mit dem Unionsrecht überprüfen zu lassen.

106 **1. Vorlageberechtigung.** Vorlageberechtigt ist gem. Art. 267 Abs. 2 AEUV nur ein „Gericht eines Mitgliedstaates". Das Vorlagerecht steht allen mitgliedstaatlichen Gerichten ohne Beschränkung auf einen bestimmten Instanzenzug zu. Für den in Art. 267 AEUV verwendeten unionsrechtlichen *Gerichtsbegriff* verlangt der EuGH eine ständige, nicht weisungsgebundene staatliche Einrichtung, die auf gesetz-

---

159 Z.B. EuG 9.10.2002 – T-134/01, Slg. 2002, II-3909, Rn. 78 – Fuchs; 13.7.2005 – T-260/97, Slg. 2005, II-2741, Rn. 146 – Camar; 26.11.2008 – T-285/03, Slg. 2008, II-285 (summ.publ.), Rn. 54 – Agraz; 8.11.2011 – T-88/09, Slg. 2011, II-7833 Rn. 78 – Idromacchine u.a.

160 Die in Art. 256 Abs. 3 AEUV erlaubte Übertragung einzelner Vorabentscheidungen auf das Gericht ist in der Satzung des EuGH bislang nicht vollzogen worden.

licher Grundlage besteht und i.R. einer obligatorischen Gerichtsbarkeit streitige Verfahren nach Maßgabe von Rechtsnormen entscheidet.[161]

Handelt es sich i.d.S. institutionell um ein Gericht, so setzt die Vorlageberechtigung weiter voraus, 107 dass die Vorlage funktional *i.R. der Rechtsprechungstätigkeit* des Gerichts erfolgt. Das ist nur dann der Fall, wenn das konkrete Verfahren auf die Entscheidung eines Rechtsstreits zielt, wenngleich das Verfahren selbst keinen streitigen Charakter haben muss.[162] Der vom EuGH verlangte „Rechtsprechungscharakter" fehlt etwa, wenn das Gericht im konkreten Fall als Anstellungs- oder Verwaltungsbehörde tätig wird, Justizverwaltungsakte erlässt oder Aufgaben der freiwilligen Gerichtsbarkeit wahrnimmt.[163]

2. Vorlagegegenstand. Gem. Art. 267 Abs. 1 AEUV können sich die Vorlagefragen des nationalen 108 Gerichts beziehen auf die Auslegung der EU-Verträge sowie die Gültigkeit und Auslegung der Handlungen der Unionsorgane. Eine Gültigkeitsprüfung steht dem Gerichtshof damit nur in Bezug auf das sekundäre Unionsrecht zu. Seine Auslegungskompetenz erstreckt der EuGH jedoch über den Wortlaut der Norm hinaus auf *alle Bestandteile des Unionsrechts* (→ Rn. 7) sowie darüber hinaus auf die von der Union geschlossenen völkerrechtlichen Verträge,[164] ja sogar auf Beschlüsse von Gremien, die durch völkerrechtliche Übereinkommen eingesetzt wurden.[165] Für die Auslegungskompetenz des Gerichtshofs kommt es nicht darauf an, ob den betreffenden Normen oder Rechtsakten des Unionsrechts innerstaatlich unmittelbare Wirkung zukommt.[166]

Der umfassende Wortlaut des Art. 267 Abs. 1 Buchst. b) AEUV legt nahe, dass auch die Handlungen 109 des EuGH selbst Vorlagegegenstand sein können. In der Praxis lässt der Gerichtshof Auslegungsfragen gem. Art. 267 AEUV *zu vorangegangenen EuGH-Urteilen* durchaus zu. So können nationale Gerichte im selben Verfahren dem EuGH eine neue Rechtsfrage stellen oder die bereits beantwortete Frage unter Anfügung neuer Gesichtspunkte erneut unterbreiten.[167] Auch andere Gerichte können dieselbe Vorlagefrage jederzeit wieder stellen.[168] Selbst Vorlagen, die ausdrücklich nach der Deutung einer vorangegangenen Vorabentscheidung fragen, werden vom EuGH als neuerliche Rechtsfragen behandelt und beantwortet.[169]

Dagegen kann *nationales Recht* nicht Gegenstand einer Vorlage nach Art. 267 AEUV sein. Der EuGH 110 ist in diesem Rahmen nicht befugt, Bestimmungen oder Rechtsakte des mitgliedstaatlichen Rechts zu würdigen, auszulegen oder – unmittelbar – auf seine Vereinbarkeit mit dem Unionsrecht zu überprüfen.[170] Auch wenn die Vorabentscheidung in der Sache mittelbar häufig auf eine Überprüfung nationa-

---

161 Aus der st. Rspr. z.B. 21.3.2000 – C-110/98 bis C-147/98, Slg. 2000, I-1577, Rn. 33 – Gabalfrisa; 29.11.2001 – C-17/00, Slg. 2001, I-9445, Rn. 10 – De Coster; 30.5.2002 – C-16/99, Slg. 2002, I-4573, Rn. 34 – Schmid; 27.1.2005 – C-125/04, Slg. 2005, I-923, Rn. 12 – Denuit; 14.5.2008 – C-109/07, Slg. 2008, I-3503, Rn. 22 – Pilato; 19.12.2012 – C-363/11, ECLI:EU:C:2012:825 Rn. 18 – Epitropos tou Elegktikou Synedriou.

162 Z.B. EuGH 17.5.1994 – C-18/93, Slg. 1994, I-1783, Rn. 12 – Corsica Ferries; 19.10.1995 – C-111/94, Slg. 1995, I-3361, Rn. 9 – Job Centre.

163 Z.B. EuGH 15.1.2002 – C-182/00, Slg. 2002, I-547, Rn. 14 – Lutz u.a.; 22.1.2002 – C-447/00, Slg. 2002, I-735, Rn. 17 ff. – Holto; 27.4.2006 – C-96/04, Slg. 2006, I-3561, Rn. 17 – Standesamt Stadt Niebüll; 12.1.2010 – C-497/08, Slg. 2010, I-101, Rn. 17-22 – Amiraike Berlin; 31.1.2013 – C-394/11, ECLI:EU:C:2013:48, Rn. 40–51 – Belov.

164 Z.B. EuGH 12.12.1995 – C-469/93, Slg. 1995, I-4533, Rn. 40 – Chiquita Italia; 17.7.1997 – C-114/95, C-115/95, Slg. 1997, I-4263, Rn. 28 ff. – Texaco; 16.6.1998 – C-53/96, Slg. 1998, I-3603, Rn. 29 – Hermès International; 14.12.2000 – C-300/98, C-392/98, Slg. 2000, I-11307, Rn. 32 ff. – Dior.

165 Für den Assoziationsrat EG/Türkei z.B. EuGH 20.9.1990 – C-192/89, Slg. 1990, I-3461, Rn. 9 f. – Sevince; 16.12.1992 – C-237/91, Slg. 1992, I-6781, Rn. 9 – Kus; 5.10.1994 – C-355/93, Slg. 1994, I-5113 – Eroglu; 6.6.1995 – C-434/93, Slg. 1995, I-1475 – Bozkurt; 10.9.1996 – C-277/94, Slg. 1996, I-4085 – Taflan-Met; 30.9.1997 – C-36/96, Slg. 1997, I-5143 – Günaydin.

166 St. Rspr., z.B. EuGH 16.7.2009 – C-254/08, Slg. 2009, I-6995, Rn. 34 – Futura Immobiliare u.a.; 27.11.2012 – C-370/12, ECLI:EU:C:2012:756, Rn. 89 – Pringle.

167 EuGH 5.3.1986 – C-69/85, Slg. 1986, 947, Rn. 15 – Wünsche; 6.3.2003 – C-466/00, Slg. 2003, I-2219, Rn. 39 – Kaba.

168 Grundlegend EuGH 27.3.1963 – C-28 bis 30/62, Slg. 1963, 63, 81 – Da Costa; ebenso z.B. 3.3.1994 – C-332/92, Slg. 1994, I-711, Rn. 15 – Eurico Italia.

169 Vgl. z.B. EuGH 28.9.1994 – C-200/91, Slg. 1994, I-4389, Rn. 1 – Coloroll; 2.5.1996 – C-206/94, Slg. 1996, I-2357, Rn. 14 – Paletta; 18.12.1997 – C-5/97, Slg. 1997, I-7549, Rn. 1, 5 – BNG; 12.2.2008 – C-2/06, Slg. 2008, I-411, Rn. 28 – Kempter.

170 St. Rspr., z.B. EuGH 6.7.1995 – C-62/93, Slg. 1995, I-1883, Rn. 13 – BP Soupergaz; 16.1.1997 – C-134/95, Slg. 1997, I-195, Rn. 17 – USSL; 15.1.1998 – C-15/96, Slg. 1998, I-47, Rn. 9 – Schöning.

len Rechts hinauslaufen wird, so ist das vorlegende Gericht doch gehalten, seine Vorlagefragen zwar an den konkret einschlägigen Bestimmungen zu orientieren, dennoch aber abstrakt zu formulieren. An sich unzulässige Vorlagefragen deutet der EuGH regelmäßig i.S. abstrakter Auslegungsfragen um.

111 **3. Vorlagefähige Fragen.** Art. 267 Abs. 1 AEUV lässt nur Vorlagefragen nach der Auslegung von Unionsrecht sowie nach der Gültigkeit abgeleiteten Unionsrechts zu. Die Gültigkeit primären Unionsrechts kann vom vorlegenden Gericht nicht infrage gestellt werden.

112 Die *Prüfung der Gültigkeit* von Unionsrechtsakten impliziert eine umfassende Beurteilung ihrer formellen und materiellen Rechtmäßigkeit anhand des primären und – soweit es um „tertiäres" Durchführungsrecht geht – des sekundären Unionsrechts. Anders als bei der Nichtigkeitsklage ist der Prüfungsumfang i.R. des Art. 267 AEUV nicht an bestimmten Klagegründen orientiert oder gar auf Rechtmäßigkeitsbedenken beschränkt, die vor dem nationalen Gericht oder von diesem selbst geäußert wurden. Als Prüfungsmaßstab dienen neben der EU-Grundrechtcharta auch die ungeschriebenen allgemeinen Grundsätze des Unionsrechts, die jeder Form des Unionssekundärrechts vorgehen,[171] sowie grds. die völkerrechtlichen Normen, an welche die Union gebunden ist.[172]

113 Zur *Auslegung* eines Unionsrechtsakts gehört nicht nur die Ermittlung seines Norminhalts, sondern auch seines zeitlichen Geltungsbereichs sowie seiner Wirkungen in den mitgliedstaatlichen Rechtsordnungen. Die Frage nach Bestehen und Inhalt eines allgemeinen Rechtsgrundsatzes zielt auf eine wertende Betrachtung der Unionsrechtsordnung insgesamt und damit auf eine besondere Form der Auslegung.

114 Der Struktur des Vorabentscheidungsverfahrens entsprechend kann der EuGH *nicht den Sachverhalt des Ausgangsrechtsstreits* werten oder über die Anwendung des Unionsrechts auf diesen befinden. Die Subsumtion des konkreten Falles unter das vom EuGH ausgelegte Unionsrecht bleibt in jedem Fall Sache des vorlegenden Gerichts.

115 **4. Zulässigkeit der Vorlage im Übrigen.** Um zu ermitteln, ob ein Vorabentscheidungsersuchen zulässig ist, prüft der Gerichtshof schließlich noch, ob das vorlegende Gericht angemessenen Gebrauch von seinem Vorlagerecht gemacht hat. Hier geht es im Wesentlichen darum, einem Missbrauch des Vorabentscheidungsverfahrens entgegenzusteuern sowie bestimmte Vorlagen aus Gründen der Prozessökonomie auszuschließen. Grds. ist es allein Sache des nationalen Richters, im Hinblick auf den konkreten Ausgangsrechtsstreit über die Einholung einer Vorabentscheidung zu entscheiden; *Erforderlichkeit* einer Vorlage und *Erheblichkeit* der vorgelegten Fragen für die Entscheidung des Rechtsstreits obliegen allein seiner Beurteilung.[173]

116 Diesem Beurteilungsspielraum sind jedoch Grenzen gezogen, bei deren Überschreitung der EuGH ein Vorabentscheidungsersuchen zurückweist. Die wichtigste Grenze markiert die *offensichtliche Unerheblichkeit* der vorgelegten Fragen für die Entscheidung des Ausgangsrechtsstreits. So verneint der Gerichtshof z.B. die Sinnhaftigkeit seiner Befassung, wenn „offensichtlich kein Zusammenhang" zwischen der erbetenen Auslegung oder Gültigkeitsprüfung „und den Gegebenheiten oder dem Gegenstand des Ausgangsverfahrens besteht".[174] Dies ist auch etwa der Fall, wenn die Unionsrechtsnorm, auf die sich das vorlegende Gericht bezieht, ganz offensichtlich auf den Ausgangsrechtsstreit nicht anwendbar ist[175] oder wenn der Ausgangssachverhalt überhaupt nicht in den Anwendungsbereich des Unionsrechts fällt.[176] Um eine missbräuchliche Inanspruchnahme des Vorabentscheidungsverfahrens

171 Z.B. EuGH 15.4.1997 – C-27/95, Slg. 1997, I-1847, Rn. 17 – Bakers of Nailsea

172 Z.B. EuGH 16.6.1998 – C-162/96, Slg. 1998, I-3655, Rn. 45 ff. – Racke, im Grundsatz auch EuGH 3.6.2008 – C-308/06, Slg. 2008, I-4057, Rn. 43 – Intertanko u.a. Zum Vorrang der völkerrechtlichen Verträge der EU vor dem sekundären Unionsrecht s. Art. 216 Abs. 2 AEUV.

173 St. Rspr., z.B. EuGH 12.12.1996 – C-104/95, Slg. 1996, I-6643, Rn. 11 – Kontogeorgas; 17.7.1997 – C-28/95, Slg. 1997, I-4161, Rn. 24 – Leur-Bloem; 7.12.2000 – C-79/99, Slg. 2000, I-10997, Rn. 22 – Schnorbus; 24.4.2012 – C-571/10 ECLI:EU:C:2012:233, Rn. 40 – Kamberaj.

174 So z.B. EuGH 12.12.1996 – C-104/95, Slg. 1996, I-6643, Rn. 11 – Kontogeorgas; 11.11.1997 – C-408/95, Slg. 1997, I-6315, Rn. 21 – Eurotunnel; 7.12.2000 – C-79/99, Slg. 2000, I-10997, Rn. 23 – Schnorbus; 24.4.2012 – C-571/10 ECLI:EU:C:2012:233, Rn. 42, 46 – Kamberaj.

175 EuGH 5.12.1996 – C-85/95, Slg. 1996, I-6257, Rn. 16 – Reisdorf; 17.7.1997 – C-28/95, Slg. 1997, I-4161, Rn. 26 – Leur-Bloem.

176 EuGH 13.6.1996 – C-144/95, Slg. 1996, I-2909, Rn. 12 – Maurin; 18.12.1997 – C-309/96, Slg. 1997, I-7493 – Annibaldi.

zu verhindern, lehnt der Gerichtshof zudem die Beantwortung rein *hypothetischer Vorlagefragen* ab.[177]

Weiter werden *unzureichend begründete Vorlagen* als unzulässig zurückgewiesen. Wenn das vorlegen- 117 de Gericht weder den tatsächlichen und normativen Kontext des Ausgangsverfahrens noch die Grün- de angibt, warum es die Vorlage für erforderlich hält, dann ist der EuGH mitunter der Auffassung, dass die Angaben im Vorlagebeschluss nicht ausreichend sind, um eine sachdienliche Auslegung des Unionsrechts zu erlauben, und lehnt eine Behandlung der vorgelegten Fragen ab.[178]

Im Übrigen kann die Vorabentscheidungszuständigkeit des EuGH durch die *Bestandskraft* von Uni- 118 onsrechtsakten eingeschränkt sein. Die Gültigkeitsvorlage nach Art. 267 Abs. 1 Buchst. b) AEUV darf nicht dazu dienen, die Klagefristen des AEUV und die mit ihrem Ablauf eintretende Unanfechtbarkeit von Unionshandlungen zu unterlaufen. Der Einzelne, der die Entscheidung eines Unionsorgans mit der Nichtigkeitsklage ohne Zweifel gem. Art. 263 Abs. 4 AEUV hätte anfechten können (allg. → Rn. 54–62), dies aber innerhalb der Ausschlussfrist des Art. 263 Abs. 6 AEUV nicht getan hat, kann daher die Rechtmäßigkeit der Entscheidung auch vor den nationalen Gerichten nicht mehr in Frage stellen. Deshalb weist der Gerichtshof die Vorlage eines dermaßen befassten Prozessgerichts zu- rück, soweit sie sich auf die Gültigkeit der Unionshandlung bezieht (→ Rn. 65).[179]

5. Vorlageermessen und Vorlagepflicht. Die Vorlage liegt grds. im Ermessen des nationalen Prozessge- 119 richts; entsprechend bestimmt es auch allein, welche Fragen dem Gerichtshof vorgelegt werden und ihren genauen Inhalt.[180] Dieses Vorlagerecht gem. Art. 267 Abs. 2 AEUV ist eine unmittelbar aus dem Vertrag fließende Befugnis des nationalen Richters, die nicht durch mitgliedstaatliches Prozessrecht beschränkt werden darf, auch nicht durch die *innerprozessuale Bindung* eines nachgeordneten Ge- richts an die rechtliche Beurteilung eines übergeordneten Gerichts.[181] Wegen Art. 267 AEUV ist eine im nationalen Verfahrensrecht vorgesehene Bindungswirkung (z.B. §§ 130 Abs. 3, 144 Abs. 6 VwGO, § 126 Abs. 5 FGO, §§ 159 Abs. 2, 170 Abs. 5 SGG) also unionsrechtskonform zu reduzieren, sodass sie Fragen zu Auslegung und Gültigkeit von Unionsrecht nicht erfasst.[182] Das unterinstanzliche Ge- richt kann daher, wenn es die Auffassung des Rechtsmittelgerichts für unvereinbar mit dem Unions- recht hält, ein entsprechendes Vorabentscheidungsersuchen an den EuGH richten.

Eine unionsrechtliche *Pflicht zur Vorlage* an den EuGH besteht für mitgliedstaatliche Gerichte in zwei 120 unterschiedlichen Fällen: wenn ein Gericht in letzter Instanz entscheidet und wenn die Verwerfung von Unionsrecht infrage steht. Der erste Fall ist in Art. 267 Abs. 3 AEUV ausdrücklich damit um- schrieben, dass die Entscheidungen des betreffenden Gerichts „nicht mehr mit Rechtsmitteln des in- nerstaatlichen Rechts angefochten werden können". Hierbei geht es nach ganz h.M. stets um die *im konkreten Verfahren letzte Instanz*, deren Entscheidungen nicht mehr mit einem ordentlichen Rechts- behelf angegriffen werden können. Letztinstanzlichkeit scheidet also aus, wenn Berufung oder Revisi- on statthaft sind, während Wiederaufnahmeverfahren oder die Verfassungsbeschwerde keine „Rechts- mittel" i.d.S. sind, da Art. 267 Abs. 3 AEUV ansonsten praktisch leerliefe.

Problematisch sind Rechtsmittel, die der Zulassung durch den *iudex a quo* oder den *iudex ad quem* 121 bedürfen. Das BVerwG sieht in st. Rspr. die *Nichtzulassungsbeschwerde* gem. § 133 Abs. 1 als Rechts- mittel i.S.v. Art. 267 Abs. 3 AEUV an mit der Folge, dass das OVG, wenn es die Revision nicht zulässt,

---

177 Z.B. EuGH 9.10.1997 – C-291/96, Slg. 1997, I-5531, Rn. 12 – Grado; 11.11.1997 – C-408/95, Slg. 1997, I-6315, Rn. 20 f. – Eurotunnel; 7.12.2000 – C-79/99, Slg. 2000, I-10997, Rn. 23 – Schnorbus.

178 So z.B. EuGH 13.4.2000 – C-176/96, Slg. 2000, I-2681, Rn. 28–30 – Lehtonen; 8.10.2002 – C-190/02, Slg. 2002, I-8287, Rn. 15 ff. – Viacom; 25.2.2003 – C-445/01, Slg. 2003, I-1807, Rn. 23 ff. – Simoncello; 19.4.2007 – C-295/05, Slg. 2007, I-2999, Rn. 44 f. – Asemfo u.a.; 20.5.2009 – C-454/08, Slg. 2009, I-92 (summ.publ.) – Seaport Investments; 27.11.2012 – C-627/11, ECLI:EU:C:2012:754, Rn. 11–15 – Augustus.

179 EuGH 9.3.1994 – C-188/92, Slg. 1994, I-833, Rn. 17 f. – Textilwerke Deggendorf; 30.1.1997 – C-178/95, Slg. 1997, I-585, Rn. 19 ff. – Wiljo; 15.2.2001 – C-239/99, Slg. 2001, I-1197, Rn. 29 ff. – Nachi Europe; 14.3.2017 – C-158/14, ECLI:EU:C:2017:202, Rn. 66–70 – A u.a. Näher *M. Pechstein/Ph. Kubicki*, NJW 2005, 1825.

180 EuGH 12.11.1992 – C-134/91, Slg. 1992, I-5699, Rn. 16 – Kerafina; 17.7.1997 – C-183/95, Slg. 1997, I-4315, Rn. 24 – Affish.

181 EuGH 16.1.1974 – C-166/73, Slg. 1974, 33, Rn. 3 f. – Rheinmühlen I; 12.2.1974 – C-146/73, Slg. 1974, 139, Rn. 3 – Rheinmühlen II; 27.6.1991 – C-348/89, Slg. 1991, I-3277, Rn. 43–46 – Mecanarte; 5.10.2010 – C-173/09, Slg. 2010, I-8889, Rn. 25–30 – Elchinov; 20.10.2011 – C-396/09 Slg. 2011, I-9915, Rn. 35–38 – Interedil; 15.1.2013 – C-416/10, ECLI:EU:C:2013:8, Rn. 64–71 – Križan.

182 Speziell zu § 126 Abs. 5 FGO z.B. FG Düsseldorf EFG 1990, 120; FG Hmb EFG 1983, 72, 73; *K. Reiche*, EuZW 1995, 569.

damit nicht zum letztinstanzlichen Gericht i.d.S. wird.[183] Bei der Entscheidung über die Nichtzulassungsbeschwerde bzw., wenn sie zugelassen ist, über die Revision ist das BVerwG letztinstanzliches Gericht und unterliegt daher der Verpflichtung aus Art. 267 Abs. 3 AEUV. Gleiches gilt sinngemäß auch für den Antrag auf *Berufungszulassung* nach §§ 124, 124 a: Das OVG ist letztinstanzliches Gericht i.S.v. Art. 267 Abs. 3 AEUV, wenn es den Antrag ablehnt, da gegen diese Ablehnung ein Rechtsbehelf nicht gegeben ist (s. § 124 a Abs. 5 S. 3).[184] Lässt das OVG die Berufung zu, so unterliegt es wegen der Möglichkeit von Revision bzw. Nichtzulassungsbeschwerde nicht der Vorlagepflicht aus Art. 267 Abs. 3 AEUV.

122 Eine Vorlagepflicht besteht jedoch auch für letztinstanzliche Gerichte grds. *nicht im Verfahren des vorläufigen Rechtsschutzes*, soweit die Auslegung von Unionsrecht infrage steht. Selbst wenn in einem solchen Verfahren ein Rechtsmittel nicht mehr zur Verfügung steht, bleibt es den Parteien doch unbenommen, anschließend das Verfahren zur Hauptsache einzuleiten, in dessen Rahmen dann ein Vorabentscheidungsersuchen erfolgen kann bzw. muss.[185] Allerdings besteht eine Vorlagepflicht im vorläufigen Rechtsschutzverfahren dann, wenn das nationale Gericht eine Vorschrift des Unionsrechts einstweilig unangewendet lassen bzw. einen darauf gestützten nationalen Vollziehungsakt vorläufig aussetzen will.[186] Die Pflicht zur Vorlage an den EuGH resultiert in diesem Fall allerdings nicht aus der Letztinstanzlichkeit des Prozessgerichts, sondern aus dem Verwerfungsmonopol des EuGH für Vorschriften des Unionsrechts (→ Rn. 124).

123 Der *Umfang der Vorlagepflicht* letztinstanzlicher Gerichte bestimmt sich nach dem im Einzelfall bestehenden unionsrechtlichen Klärungsbedarf. So ist ein Gericht z.B. dann nicht zur Vorlage einer Auslegungsfrage verpflichtet, wenn sie für die Entscheidung des Ausgangsrechtsstreits nicht erheblich ist, also auf seinen Ausgang keinen Einfluss haben kann.[187] Weiterhin entfällt die Vorlagepflicht dann, wenn bereits eine „gesicherte Rechtsprechung" des Gerichtshofs vorliegt, durch welche die betreffende Rechtsfrage beantwortet ist,[188] und das letztinstanzliche Gericht dem folgt. Im Übrigen kann ein letztinstanzliches Gericht dann von einer Vorlage absehen, wenn die richtige Anwendung des Unionsrechts derart *offenkundig* ist, dass vernünftige Zweifel an der Beantwortung der gestellten Frage nicht bestehen können.[189] Die EuGH-Rspr. knüpft den Gebrauch dieser „acte clair"-Behauptung allerdings an äußerst restriktive Voraussetzungen,[190] die in der deutschen Rspr. nicht immer eingehalten werden.[191]

124 Der *zweite Fall der Vorlagepflicht* ergibt sich ungeschrieben aus dem Sinn und Zweck des Art. 267 AEUV. Die Pflicht, eine Vorabentscheidung durch den EuGH einzuholen, besteht für alle nationalen, auch unterinstanzlichen Gerichte, wenn sie Akte des sekundären Unionsrechts für ungültig halten oder im Einzelfall unangewendet lassen wollen. Könnten sie dies selbständig tun, wäre die Einheit der Unionsrechtsordnung im Kern gefährdet. Deshalb ist die Kompetenz zur *Verwerfung von Unionsakten* kraft Unionsrechts beim EuGH konzentriert, ihm kommt insoweit ein Verwerfungsmonopol zu (→ Rn. 9).[192] Ein nationales Gericht kann daher den staatlichen Vollzug von Unionsrecht zwar unter

---

183 Z.B. BVerwG NJW 1996, 1423; NVwZ 2000, 62, 63. Ebenso BVerfGE 82, 159, 196; BVerfG NVwZ 1993, 883.
184 Vgl. z.B. BGH EuZW 2005, 30, 31. S.a. schon *H.A. Petzold*, NJW 1998, 123, 125.
185 EuGH 24.5.1977 – C-107/76, Slg. 1977, 957, Rn. 5 – Hoffmann-La Roche; 27.10.1982 – C-35 und 36/82, Slg. 1982, 3723, Rn. 8 f. – Morson. Daran anschließend z.B. OVG Bln NVwZ 1999, 96, 98.
186 EuGH 21.2.1991 – C-143/88, Slg. 1991, I-415, Rn. 24 – Zuckerfabrik Süderdithmarschen; 9.11.1995 – C-465/93, Slg. 1995, I-3761, Rn. 32 f. – Atlanta; 17.7.1997 – C-334/95, Slg. 1997, I-4517, Rn. 50 – Krüger. Dazu näher → Rn. 252.
187 EuGH 6.10.1982 – C-283/81, Slg. 1982, 3415, Rn. 10 – C.I.L.F.I.T.
188 EuGH 6.10.1982 – C-283/81, Slg. 1982, 3415, Rn. 14 – C.I.L.F.I.T.
189 EuGH 6.10.1982 – C-283/81, Slg. 1982, 3415, Rn. 16 – C.I.L.F.I.T.
190 Vgl. EuGH 6.10.1982 – C-283/81, Slg. 1982, 3415, Rn. 16–20 – C.I.L.F.I.T; bestätigt z.B. in EuGH 28.7.2016 – C-379/15, ECLI:EU:C:2016:603, Rn. 48–53 – Association France Nature Environnement.
191 Vgl. z.B. BVerwGE 98, 31, 41; 98, 339, 365 f.; 102, 282, 285; BVerwG NvwZ 2007, 1074, 1076; BVerwG NVwZ 2008, 563, 566.
192 Grundlegend EuGH 22.10.1987 – C-314/85, Slg. 1987, 4199, Rn. 15 – Foto-Frost. Im Anschluss z.B. 21.2.1991 – C-143/88, Slg. 1991, I-415, Rn. 17 – Zuckerfabrik Süderdithmarschen; 9.11.1995 – C -465/93, Slg. 1995, I-3761, Rn. 21 – Atlanta; 15.4.1997 – C-27/95, Slg. 1997, I-1847, Rn. 20 – Bakers of Nailsea; 10.1.2006 – C-344/04, Slg. 2006, I-403, Rn. 27 – IATA und ELFAA; 18.7.2007 – C-119/05, Slg. 2007, I-6199, Rn. 53 – Lucchini; 22.6.2010 – verb. C-188/10, C-189/10, Slg. 2010, I-5667, Rn. 54 – Melki und Abdeli; 3.10.2013 – C-583/11 P, ECLI:EU:C:2013:625, Rn. 96 – Inuit Tapiriit Kanatami u.a.; 28.4.2015 – C-456/13 P, ECLI:EU:C:2015:284, Rn. 48 – T & L Sugars u.a./Kommission; 6.10.2015 – C-362/14, ECLI:EU:C:2015:650, Rn. 61 f. – Schrems.

bestimmten Voraussetzungen aussetzen, muss dann aber dem EuGH die Frage nach der Gültigkeit des betreffenden Unionsakts vorlegen.[193]

6. Vorlageentscheidung. Das Vorabentscheidungsersuchen des nationalen Gerichts ist in eine gericht-   125
liche Entscheidung zu fassen, die dem EuGH zu übermitteln ist. Die Form dieser Entscheidung richtet sich ausschließlich nach dem Prozessrecht des betreffenden Mitgliedstaats. Die Vorlage eines deutschen Gerichts ergeht als Beschluss (vgl. § 122), durch den das Verfahren ausgesetzt und dem Gerichtshof die betreffende Frage zur Vorabentscheidung vorgelegt wird.[194]

Eine *Begründung der Vorlage* ist zwar in Art. 267 AEUV nicht ausdrücklich vorgeschrieben, sie wird   126
vom EuGH aber verlangt, damit er seine Zuständigkeit prüfen und sachdienliche Antworten auf die Vorlagefragen geben kann. Wenngleich der notwendige Inhalt und Umfang sich nach den konkreten Umständen im Einzelfall richten, so muss das vorlegende Gericht doch wenigstens den tatsächlichen und rechtlichen Rahmen der Vorlagefragen umreißen (s.a. Art. 94 Buchst. c) VerfOGH).[195] Genügt die Vorlageentscheidung diesen Anforderungen nicht, so weist der EuGH das betreffende Vorabentscheidungsersuchen unter Umständen als unzulässig zurück (→ Rn. 117).

Gem. Art. 23 Abs. 1 S. 1 EuGH Satzg ist die Vorlageentscheidung dem Gerichtshof durch das vorle-   127
gende Gericht zu übermitteln. Die *Übermittlung*, für die eine besondere Form nicht vorgeschrieben ist, erfolgt unmittelbar von der Geschäftsstelle des nationalen Prozessgerichts (per Einschreiben) an die Kanzlei des EuGH.[196] Der Vorlageentscheidung sind die vollständigen Prozessakten sowie evtl. weitere zum Verständnis des Ausgangsrechtsstreits erforderliche Unterlagen beizufügen.

Der *Ausgangsrechtsstreit* ist, während das Vorlageverfahren beim EuGH läuft, ausgesetzt, bleibt aber   128
beim vorlegenden Gericht anhängig. Dieses kann daher weiterhin z.B. über eine Erledigung der Hauptsache entscheiden[197] oder das Vorabentscheidungsersuchen jederzeit zurücknehmen mit der Folge, dass das Verfahren beim EuGH gegenstandslos und die Rechtssache aus dem Register gestrichen wird.

7. Verfahren. Das Vorabentscheidungsverfahren wird anhängig mit dem Eingang der Vorlageent-   129
scheidung bei der Kanzlei des Gerichtshofs. Wie bei der Direktklage gliedert sich das Verfahren vor dem EuGH auch hier in einen schriftlichen und einen mündlichen Teil. Verfahrenssprache ist grds. die Sprache des vorlegenden Gerichts (Art. 37 Abs. 3 VerfOGH).

Nach Eingang des Ersuchens und seiner Eintragung in das Rechtssachenregister des EuGH stellt der   130
Kanzler des Gerichtshofs die Vorlageentscheidung gem. Art. 23 Abs. 1 S. 2 EuGH Satzg den beteiligten Parteien des Ausgangsrechtsstreits, allen Mitgliedstaaten und der Kommission zu. Dem Rat, Parlament und Rat gemeinsam oder der EZB wird sie zugestellt, sofern darin nach Gültigkeit oder Auslegung eines ihrer Rechtsakte gefragt ist. Die Zustellung der Vorlageentscheidung setzt für die Empfänger eine Erklärungsfrist in Gang. Innerhalb von zwei Monaten können die Zustellungsempfänger beim Gerichtshof *Schriftsätze einreichen oder schriftliche Erklärungen* abgeben (Art. 23 Abs. 2 EuGH Satzg). Dem Charakter des Vorabentscheidungsverfahrens entsprechend können sich die Parteien des Ausgangsrechtsstreits vor dem EuGH nur in dem vom nationalen Gericht gesteckten rechtlichen Rahmen äußern.

Bereits vor Abschluss des schriftlichen Verfahrens kann der EuGH über ein Vorabentscheidungsersu-   131
chen in einigen Fällen *durch Beschluss* entscheiden, z.B. wenn das Ersuchen offensichtlich unzulässig ist oder wenn die Beantwortung der vorgelegten Frage keine vernünftigen Zweifel zulässt, z.B. weil sie eindeutig aus der vorliegenden Rspr. des Gerichtshofs abzuleiten ist (Art. 99 VerfOGH). Im Übrigen lässt Art. 105 VerfOGH auf Antrag des vorlegenden Gerichts in Fällen besonderer Dringlichkeit eine Vorabentscheidung im beschleunigten Verfahren zu. Im Normalfall kommt es auch im Vorabentschei-

---

193 EuGH 21.2.1991 – C-143/88, Slg. 1991, I-415, Rn. 16 ff. – Zuckerfabrik Süderdithmarschen; 9.11.1995 – C-465/93, Slg. 1995, I-3761, Rn. 20 ff. – Atlanta; 17.7.1997 – C-334/95, Slg. 1997, I-4517, Rn. 50 – Krüger; 10.1.2006 – C-344/04, Slg. 2006, I-403, Rn. 30 – IATA und ELFAA; 28.4.2015 – C-456/13 P, ECLI:EU:C:2015:284, Rn. 48 – T & L Sugars u.a./Kommission. Näher → Rn. 246.
194 Für ein Muster eines Vorlagebeschlusses s. *M. Pechstein*, EU-Prozessrecht, Rn. 858.
195 St. Rspr., z.B. EuGH 26.1.1993 – C-320/90, Slg. 1993, I-393, Rn. 6 – Telemarsicabruzzo; 23.3.1995 – C-458/93, Slg. 1995, I-511, Rn. 12 – Saddick; 25.6.1996 – C-101/96, Slg. 1996, I-3081, Rn. 4 – Italia Testa.
196 Vgl. die Empfehlungen des Gerichtshofs an die nationalen Gerichte bzgl. der Vorlage von Vorabentscheidungsersuchen, ABl. 2016 C 439, 1, Ziff. 20.
197 S. EuGH 15.6.1995 – C-422/93, Slg. 1995, I-1567, Rn. 30 – Zabala Erasun.

dungsverfahren zu einer *mündlichen Verhandlung* vor der zuständigen Kammer des Gerichtshofs i.e.S., an der alle Beteiligten teilnehmen können. Sie beginnt mit dem Sitzungsbericht des Berichterstatters und endet mit den Schlussanträgen des Generalanwalts (zum Ablauf → Rn. 70–77).

132 Um auch in besonders eilbedürftigen Rechtssachen ein Vorabentscheidungsverfahren durchführen zu können, wurde 2008 ein *Eilvorlageverfahren* („procédure d'urgence") für Vorlagen betreffend den „Raum der Freiheit, der Sicherheit und des Rechts" eingeführt (Art. 23 a EuGH Satzg Art. 107–114 VerfOGH).[198] Das neue Verfahren ist bei einer Kammer des Gerichtshofs i.e.S. konzentriert und beschränkt die Möglichkeit der schriftlichen Stellungnahme auf die Parteien des Ausgangsverfahrens, den betroffenen Mitgliedstaat und die Unionsorgane, um deren Rechtsakte es geht. Die Schlussanträge des Generalanwalts entfallen. Das Verfahren dürfte vor allem in Fällen der Freiheitsentziehung, für die Art. 267 Abs. 4 AEUV eine Vorabentscheidung „innerhalb kürzester Zeit" vorsieht, sowie bei familienrechtlichen Streitigkeiten relevant werden. Seine Dauer vor dem EuGH soll nur noch höchstens drei Monate betragen.[199]

133 Die auf einer mündlichen Verhandlung beruhende Vorabentscheidung ergeht in Form eines *Urteils*, in welchem der Gerichtshof, wenn er das Ersuchen nicht zurückweist, die ihm vorgelegten Fragen zu Gültigkeit oder Auslegung des Unionsrechts beantwortet (zu den Entscheidungsmaßstäben → Rn. 112). Bei Auslegungsfragen achtet der Gerichtshof darauf, dass die Antwort zwar auf den Ausgangsrechtsstreit Bezug nimmt, um für dessen Entscheidung von Nutzen zu sein, andererseits aber abstrakt genug ist, um der Entscheidung des Einzelfalles durch das nationale Prozessgericht nicht vorzugreifen. Da Auslegungs- und Gültigkeitsfragen mitunter schwer voneinander zu trennen sind, kann es vorkommen, dass der EuGH auf eine Auslegungsfrage hin die Ungültigkeit eines Rechtsakts feststellt oder entscheidet, dass eine Vorschrift nur in einer bestimmten Auslegung als gültig anzusehen ist.[200] Für die Beurteilung der Gültigkeit von Unionsrechtsakten kommt es auch hier grds. auf den Zeitpunkt ihres Erlasses an.[201]

134 Eine Entscheidung über die *Kosten* trifft der EuGH im Vorabentscheidungsverfahren nicht, da dies Sache des vorlegenden nationalen Gerichts ist (Art. 102 VerfOGH). Das Verfahren vor dem Gerichtshof selbst ist grds. gerichtskostenfrei. Die Auslagen der Verfahrensbeteiligten fließen in die Kostenentscheidung im Endurteil des Ausgangsrechtsstreits ein. Das Urteil wird mit seiner Verkündung rechtskräftig (Art. 91 VerfOGH). Es wird in einer beglaubigten Ausfertigung dem vorlegenden Gericht *zugestellt*, die Verfahrensbeteiligten erhalten Abschriften.[202]

135 *Vorläufigen Rechtsschutz* kann der EuGH im Vorabentscheidungsverfahren selbst nicht gewähren. Gem. Art. 160 Abs. 2 VerfOGH wäre ein entsprechender Antrag „von einer Partei eines beim Gerichtshof anhängigen Rechtsstreits" zu stellen. Das Verfahren nach Art. 267 AEUV aber ist nur ein nichtstreitiges Zwischenverfahren, in dem es keine Parteien i.d.S. geben kann. Es ist daher ausschließlich Sache des vorlegenden Gerichts, den Parteien des bei ihm anhängigen Rechtsstreits vorläufigen Rechtsschutz nach Maßgabe des nationalen Prozessrechts zu gewähren.[203]

136 **8. Wirkungen der Vorabentscheidung.** Das Vorabentscheidungsurteil selbst erwächst unionsrechtlich in Rechtskraft und ist daher *für die Entscheidung des Ausgangsrechtsstreits verbindlich*. Das gilt sowohl für das vorlegende Gericht selbst als auch für jedes andere Gericht des betreffenden Mitgliedstaates, das mit demselben Verfahren befasst ist.[204] I.R.d. Ausgangsverfahrens erstreckt sich die Bindung auch auf das BVerfG.[205] Die rechtliche Verbindlichkeit der Vorabentscheidung ist jedoch zunächst auf den Streitgegenstand und die Parteien des Ausgangsrechtsstreits beschränkt. Die formale

---

198 Dazu z.B. *W.M. Kühn*, EuZW 2008, 263; *O. Dörr*, EuGRZ 2008, 349.

199 Vgl. die Protokollerklärung des Rates, ABl. 2008 L 24, 44. Die erste Entscheidung im neuen Verfahren erging innerhalb von acht Wochen, vgl. EuGH 11.7.2008 – C-195/08 PPU, Slg. 2008, I-5271 – Rinau; im Durchschnitt nahmen die Eilvorabentscheidungsverfahren in den Jahren 2012–2016 etwas mehr als zwei Monate in Anspruch, vgl. den Jahresbericht des Gerichtshof der Europäischen Union für 2016, 104 (unter https://curia.europa.eu).

200 Vgl. z.B. EuGH 7.9.1999 – C-61/98, Slg. 1999, I-5003, Rn. 47 ff. – De Haan.

201 EuGH 5.10.1994 – C-133/93, C-300/93, C-362/93, Slg. 1994, I-4863, Rn. 43 – Crispoltoni; 17.7.1997 – C-248/95, C-249/95, Slg. 1997, I-4475, Rn. 46 – SAM. Zur Nichtigkeitsklage → Rn. 78.

202 *M. Dauses*, Vorabentscheidungsverfahren, 1995, 147 f.

203 EuGH 24.10.2001 – C-186/01 R, Slg. 2001, I-7823 – Dory.

204 EuGH 24.6.1969 – C-29/68, Slg. 1969, 165, Rn. 3 und LS 1 – Milchkontor; 14.12.2000 – C-446/98, Slg. 2000, I-11435, Rn. 49 – Fazenda Pública; BVerfGE 52, 187, 201; 73, 339, 370; 75, 223, 234.

205 BVerfGE 45, 142, 162; 52, 187, 201.

Bindungswirkung für das Ausgangsverfahren verpflichtet die nationalen Gerichte, die Rechtsauffassung des EuGH, soweit sie entscheidungserheblich ist, bei der Entscheidung des Rechtsstreits zugrunde zu legen.[206] Stellt der Gerichtshof die Ungültigkeit eines Unionsrechtsakts fest, so sind zudem die zuständigen Unionsorgane *analog Art. 266 AEUV* verpflichtet, die sich daraus ergebenden Maßnahmen zu ergreifen.[207]

Über die formalrechtliche Bindung hinaus entfalten Vorabentscheidungen des EuGH auch eine *faktische Präzedenzwirkung*, die den Rahmen des Ausgangsrechtsstreits übersteigt. Für die Auslegung des Unionsrechts besitzen die Vorabentscheidungen des Gerichtshofs aufgrund seiner Stellung als die zentrale rechtswahrende Instanz der Union (Art. 19 Abs. 1 EUV) eine maßstabsbildende Leitfunktion. Auslegungsentscheidungen des EuGH entfalten so in der Praxis eine „tatsächlich rechtsbildende Kraft".[208] Jedenfalls letztinstanzliche Gerichte i.S.d. Art. 267 Abs. 3 AEUV müssen daher, wenn sie den Gerichtshof nicht selbst anrufen, das Unionsrecht in der vom EuGH zuvor in anderen Verfahren gegebenen Auslegung anwenden.[209] Darüber hinaus leitet der EuGH aus dem Grundsatz der Unionstreue (jetzt: Art. 4 Abs. 3 EUV) die Pflicht aller mitgliedstaatlichen Hoheitsträger ab, das nationale Recht umgehend mit dem Unionsrecht – bzw. mit seiner nunmehr veränderten Auslegung – in Einklang zu bringen.[210]   137

Eine formale *Bindungswirkung erga omnes* wird man zudem Vorabentscheidungen zuerkennen müssen, die einen Unionsrechtsakt für ungültig erklären.[211] Zwar ist das Verfahren nach Art. 267 AEUV systematisch nur auf den einzelnen Ausgangsrechtsstreit bezogen, die Beschränkung einer Ungültigerklärung auf diesen würde aber der Rechtssicherheit und der Einheit der Unionsrechtsordnung widerstreiten. Das anerkannte Verwerfungsmonopol des EuGH (→ Rn. 124) stützt diese Überlegung: Wenn es allen mitgliedstaatlichen Gerichten im Hinblick auf die einheitliche Anwendung des Unionsrechts untersagt ist, einen Unionsakt selbständig zu verwerfen, dann müssen sie auch daran gehindert sein, einen vom EuGH für ungültig erklärten Rechtsakt weiterhin als gültig zu behandeln. Der EuGH hat insoweit lange Zeit einen pragmatischen Mittelweg beschritten, indem er die Feststellung der Ungültigkeit für jedes andere als das vorlegende Gericht als „einen ausreichenden Grund" dafür bezeichnet, die betreffende Handlung bei den eigenen Entscheidungen „als ungültig anzusehen".[212]   138

In jedem Fall sind die nationalen Gerichte durch ein Vorabentscheidungsurteil nicht daran gehindert, die gleichen Auslegungsfragen *erneut dem EuGH vorzulegen*, wenn sie dies für angebracht halten (→ Rn. 109).[213] Zweifel an der in einem früheren Urteil getroffenen Auslegung oder an der zuvor bestätigten Gültigkeit eines Unionsakts können ein mitgliedstaatliches Gericht also dazu veranlassen, erneut ein Verfahren nach Art. 267 AEUV einzuleiten.   139

In zeitlicher Hinsicht wirkt eine Vorabentscheidung des EuGH grds. *ex tunc*. Wird also ein Rechtsakt für ungültig erklärt, so ist die unionsrechtliche Rechtslage so zu beurteilen, als hätte es ihn nie gegeben (zum entsprechenden Fall der erfolgreichen Nichtigkeitsklage → Rn. 82). Eine Auslegungsentscheidung ergibt grds. „rückwirkend", wie die betreffende Vorschrift des Unionsrechts seit ihrem Inkrafttreten hätte verstanden und angewendet werden müssen. Die gebundenen mitgliedstaatlichen Gerichte sind daher gehalten, die Vorschrift in dieser Auslegung auch auf Rechtsverhältnisse anzuwen-   140

---

206 EuGH 3.2.1977 – C-52/76, Slg. 1977, 163, Rn. 27 – Benedetti; 5.3.1986 – C-69/85, Slg. 1986, 947, Rn. 13 – Wünsche; BVerfGE 73, 339, 370.
207 EuGH 22.12.2008 – C-333/07, Slg. 2008, I-10807, Rn. 124 – Société Régie Networks; 9.9.2008 – C-121/06 P, Slg. 2008, I-6513, Rn. 123 – FIAMM; 8.11.2007 – C-421/06, Slg. 2007, I-152 (summ.publ.), Rn. 52 – Fratelli Martini und Cargill.
208 So die Formulierung bei *A. Epiney*, in: Bieber/Epiney/Haag/Kotzur, Die Europäische Union, 122016, § 9 Rn. 102.
209 BGHZ 125, 382, 388 f.; BGH EuZW 1997, 476, 479.
210 EuGH 21.6.2007 – C-231/06 u.a., Slg. 2007, I-5149, Rn. 38 – Jonkman
211 Ebenso z.B. *M. Pechstein*, EU-Prozessrecht, Rn. 866; *U. Karpenstein*, in: Grabitz/Hilf/Nettesheim AEUV Art. 267 Rn. 107; *K.-D. Borchardt*, Gerichtshof, Art. 234 Rn. 53; *Ch. Gaitanides*, in: Groeben/Schwarze/Hatje AEUV Art. 267 Rn. 90.
212 EuGH 13.5.1981 – 66/80, Slg. 1981, 1191, Rn. 13 – International Chemical Corporation; 27.2.1985 – C-112/83, Slg. 1985, 719, Rn. 16 – Produits de Maïs. Weitergehend aber EuG 5.2.2007 – T-91/05, Slg. 2007, II-245, Rn. 65 – Sinara Handel GmbH.
213 Grundlegend EuGH 27.3.1963 – C-28 bis 30/62, Slg. 1963, 63, 81 – Da Costa.

den, die vor Erlass der Vorabentscheidung entstanden sind.[214] Wenn das nationale Recht dies hergibt, können nationale Verwaltungsbehörden verpflichtet sein, bestandskräftige Verwaltungsakte zurückzunehmen.[215] Nur ausnahmsweise *beschränkt* der EuGH *die zeitlichen Wirkungen* seiner Urteile und stützt sich dafür in Fällen der Ungültigkeit auf die analoge Anwendung von Art. 264 Abs. 2 AEUV.[216] Bei Auslegungsentscheidungen schränkt der Gerichtshof bisweilen aus Gründen der Rechtssicherheit mit Wirkung für alle Betroffenen die Möglichkeit ein, sich auf die „neue" Auslegung zu berufen.[217]

141 **9. Rechtsschutz gegen Vorlage und Nichtvorlage.** Das Unionsrecht selbst enthält keine Regeln über die *Anfechtung eines Vorlagebeschlusses*, sondern überlässt dies dem nationalen Prozessrecht des vorlegenden Gerichts. Der EuGH sieht es als durchaus mit Art. 267 AEUV vereinbar an, wenn die mitgliedstaatliche Rechtsordnung einen Rechtsbehelf gegen die Vorlageentscheidung zulässt.[218] Für den Bereich des deutschen Rechts wird ganz überwiegend vertreten, dass Aussetzungs- und Vorlagebeschlüsse nach Art. 267 AEUV nicht anfechtbar seien.[219] Die dabei oft befürwortete Anwendung von § 146 Abs. 2 überzeugt jedoch nicht. Vielmehr bietet es sich wegen der mit einer Vorlage nach Art. 267 AEUV verbundenen Aussetzung des Ausgangsverfahrens an, § 94 *analog* anzuwenden (für eine direkte Anwendung von § 94 → § 94 Rn. 43).[220] Gegen einen Aussetzungsbeschluss nach § 94 aber ist gem. § 146 Abs. 1 grds. die Beschwerde gegeben (→ § 94 Rn. 54).[221] Dabei ist das dem nationalen Gericht aus Art. 267 Abs. 2 AEUV zustehende Vorlageermessen zu beachten und nur dessen pflichtgemäße Ausübung, also die Einhaltung der Ermessensgrenzen überprüfbar.[222] Wegen § 152 Abs. 1 kommt eine Beschwerde im Übrigen nur bei Vorlagen des VG in Betracht.

142 *Gegen die Ablehnung einer Vorlage* an den EuGH kann ein Vorgehen sowohl auf unionsrechtlicher als auch auf nationaler Ebene in Betracht kommen. Versäumt ein mitgliedstaatliches Gericht eine bestehende Vorlagepflicht, so ist unionsrechtlich zunächst an ein *Vertragsverletzungsverfahren* gegen den betroffenen Gerichtsstaat gem. Art. 258 AEUV zu denken, da die Mitgliedstaaten in diesem Rahmen für das Handeln aller ihrer Organe einzustehen haben. Allerdings kann der Einzelne die Einleitung eines solchen Verfahrens nicht erzwingen (→ Rn. 34). Denkbar wäre auch ein *Schadensersatzanspruch* nach den Grundsätzen der EuGH-Rspr., wonach grds. jeder Verstoß eines mitgliedstaatlichen Organs gegen EU-Recht eine Haftung des betreffenden Staates gegenüber dem einzelnen zur Folge haben kann (→ Rn. 253 ff.). Grds. könnte auch das Vorlageverhalten der nationalen Gerichte haftungsauslösend sein, doch bedürfte es nach der Rspr. dafür eines offenkundigen Rechtsverstoßes durch den nationalen Richter (→ Rn. 258).[223] Ernsthaft in Frage käme insoweit wohl nur die Nichtvorlage trotz Nichtanwendung einer einschlägigen Unionsrechtsnorm – also der Verstoß gegen das Verwerfungsmonopol des EuGH (→ Rn. 124).

143 Aussichtsreicher gegen die unterlassene Vorlage an den EuGH ist ein Vorgehen nach nationalem Prozessrecht. V.a. kann die unzulässige Nichtvorlage als Verfahrensfehler ein *Berufungs- oder Revisionszulassungsgrund* i.S.v. § 124 Abs. 2 Nr. 5 bzw. § 132 Abs. 2 Nr. 3 sein und damit einer Nichtzulas-

---

214 Aus der st. Rspr. z.B. EuGH 15.9.1998 – C-231/96, Slg. 1998, I-4951, Rn. 15 – Edis; 13.1.2004 – C-453/00, Slg. 2004, I-837, Rn. 22 – Kühne & Heitz; 6.3.2007 – C-292/04, Slg. 2007, I-1835, Rn. 34 – Meilicke u.a.; 21.10.2010 – C-242/09, Slg. 2010, I-10309, Rn. 35 – Albron Catering. Für die Rezeption im deutschen Recht z.B. BGHZ 125, 382, 393.

215 EuGH 13.1.2004 – C-453/00, Slg. 2004, I-837, Rn. 25-27 – Kühne & Heitz; 12.2.2008 – C-2/06, Slg. 2008, I-411, Rn. 38 ff. – Kempter.

216 Z.B. EuGH 29.6.1988 – C-300/86, Slg. 1988, 3443, Tz. 24 – van Landschoot; 26.4.1994 – C-228/92, Slg. 1994, I-1445, Tz. 19 f. – Roquette IV; 22.12.2008 – C-333/07, Slg. 2008, I-10807, Rn. 121 ff. – Société Régie Networks.

217 Z.B. EuGH 15.12.1995 – C-415/93, Slg. 1995, I-4921, Rn. 142 – Bosman; 7.11.1996 – C-126/94, Slg. 1996, I-5647, Rn. 33 – Cadi Surgelés; 9.3.2000 – C-437/97, Slg. 2000, I-1157, Rn. 57–60 – EKW. Abgelehnt z.B. in EuGH 6.3.2007 – C-292/04, Slg. 2007, I-1835, Rn. 35 ff. – Meilicke u.a. Dazu allg. *A. Wiedmann*, EuZW 2007, 692.

218 Ausdrückl. EuGH 6.4.1962 – 13/61, Slg. 1962, 97, 110 – de Geus; 12.2.1974 – 146/73, Slg. 1974, 139, Rn. 3 – Rheinmühlen II; 17.7.1997 – C-334/95, Slg. 1997, I-4517, Rn. 52 f. – Krüger; 16.12.2008 – C-210/06, Slg. 2008, I-9641, Rn. 89 – CARTESIO.

219 Vgl. z.B. BFHE 132, 217 (218); VGH Mannheim DÖV 1986, 707; 2002, 35; *Kopp/Schenke* § 146 Rn. 15 und § 94 Rn. 22; *M. Dauses*, Vorabentscheidungsverfahren, 1995, 95 f.

220 Ebenso BVerwG 18.2.2008 – 5 C 13/07, NVwZ 2008, 686 Rn. 8; VGH Mannheim 5.11.1998 – 13 S 816/96, BeckRS 1998, 23222, unter II.2; 19.9.2001 – 9 S 1464/01, NVwZ 2002, 236.

221 *Kopp/Schenke* § 94 Rn. 7 m.w.N.

222 Zu den Kriterien für pflichtgemäßes Ermessen insoweit *T. Pfeiffer*, NJW 1994, 1996, 2001 f.

223 EuGH 30.9.2003 – C-224/01, Slg. 2003, I-10239, Rn. 53 – Köbler; 13.6.2006 – C-173703, Slg. 2006, I-5177, Rn. 32 – Traghetti del Mediterraneo.

sungsbeschwerde zum Erfolg verhelfen. Ein Verfahrensfehler ist insoweit anzunehmen, wenn VG oder OVG, ohne dem EuGH vorzulegen, eine Norm des Unionsrechts verwerfen (→ Rn. 124) oder aber ihr Vorlageermessen nach Art. 267 Abs. 2 AEUV nicht sachgemäß ausüben. Daneben kann der Zulassungsgrund der grundsätzlichen Bedeutung (§ 132 Abs. 2 Nr. 1) treten, wenn im Revisionsverfahren ein Vorabentscheidungsersuchen nach Art. 267 Abs. 3 AEUV zu erfolgen hätte. Auch das Rechtsmittel gegen die Hauptsachenentscheidung kann ggf. darauf gestützt werden, dass das unterinstanzliche Gericht seine Pflichten aus Art. 267 AEUV (zwingende Vorlage bei Nichtanwendung, fehlerfreies Vorlageermessen) nicht beachtet hat. Ein Verstoß gegen Art. 267 AEUV wäre ein zulässiger *Revisionsgrund*, da das Unionsrecht zum revisiblen Recht i.S.v. § 137 Abs. 1 gehört.[224]

Schließlich ist bei einer Verletzung der unionsrechtlichen Vorlagepflicht das subjektive *Recht auf den*   144 *gesetzlichen Richter* (Art. 101 Abs. 1 S. 2 GG) berührt, das der Einzelne mit der Verfassungsbeschwerde nach Art. 93 Abs. 1 Nr. 4 a GG durchsetzen kann. Der EuGH ist im Vorabentscheidungsverfahren unbestritten „gesetzlicher Richter" i.S. dieser Norm.[225] Allerdings schützt Art. 101 Abs. 1 S. 2 GG nicht vor jedem Verfahrensfehler, sondern nur vor dem willkürlichen Entzug des gesetzlichen Richters. Für die „objektive Willkür" im Zusammenhang mit der Vorlagepflicht zum EuGH hat das BVerfG verschiedene Fallgruppen entwickelt, welche die gravierendsten Verstöße einfangen sollen.[226] Hauptsächlich geht es darum, ob das deutsche Gericht den ihm – auch i.R. von Art. 267 Abs. 3 AEUV – zukommenden Beurteilungsrahmen „in unvertretbarer Weise überschritten hat". Dafür stellt das BVerfG im Kern darauf ab, ob sich das Gericht, bevor es die Vorlage unterließ, mit der materiellen unionsrechtlichen Frage und der EuGH-Rspr. dazu auseinandergesetzt hatte oder nicht.[227] Für die verfassungsrechtliche Beurteilung dieser Frage ist ausschließlich auf die Unionsrechtslage zum Zeitpunkt der gerichtlichen Entscheidung abzustellen.[228]

VI. Sonstige Verfahrensarten

1. Vorläufiger Rechtsschutz. Klagen bei den Unionsgerichten haben keine aufschiebende Wirkung   145 (Art. 278 S. 1 AEUV). Jedoch stellt das Unionsrecht, um die Durchführung eines Unionsrechtsakts zu hemmen, drei Formen des vorläufigen Rechtsschutzes zur Verfügung. Die Unionsgerichte können gem. Art. 278 S. 2 AEUV den Vollzug eines angefochtenen Rechtsakts aussetzen, gem. Art. 299 Abs. 4 AEUV die Zwangsvollstreckung aus Entscheidungen von Rat, Kommission oder Gerichtshof aussetzen oder gem. Art. 279 AEUV sonstige einstweilige Anordnungen treffen.

Die *Vollzugsaussetzung* (Art. 278 S. 2 AEUV) betrifft belastende Organhandlungen, beschränkt sich   146 aber darauf, ihren Vollzug zu hemmen. Sie gewährleistet damit vorläufigen Rechtsschutz im Bereich der Nichtigkeitsklage (Art. 263 AEUV) und dienstrechtlicher Klagen (Art. 270 AEUV). Die vorläufige Einstellung der Zwangsvollstreckung gem. Art. 299 Abs. 4 AEUV ist systematisch ein Unterfall der Vollzugsaussetzung. *Einstweilige Anordnungen* nach Art. 279 AEUV erlauben darüber hinaus die vorläufige Gestaltung und Regelung streitiger Rechtsverhältnisse, die mit einer bloßen Vollzugsaussetzung nicht zu erreichen wären. Die damit verbundene Möglichkeit zu positiven Regelungs- und Sicherungsanordnungen kommt insbes. bei Untätigkeits- und sonstigen Feststellungsklagen sowie bei Haftungsklagen zum Tragen.

Für sämtliche Spielarten des vorläufigen Rechtsschutzes gilt im Unionsrecht eine strenge *Akzessorietät*   147 *zur Hauptsache*.[229] Der Antrag auf Vollzugsaussetzung ist nur zulässig, wenn der Antragsteller die betreffende Maßnahme beim zuständigen Unionsgericht angefochten hat; Anträge auf sonstige einstweilige Anordnungen sind nur zulässig, wenn sie von einer Partei eines beim Unionsgericht anhängigen Rechtsstreits gestellt werden und sich auf diesen beziehen (Art. 160 Abs. 2 VerfOGH, Art. 156 Abs. 2 VerfOG). Anders als im deutschen Verwaltungsprozessrecht kann vorläufiger Rechtsschutz somit nur i.R. eines bereits anhängigen Hauptsacheverfahrens begehrt werden. Der Antrag auf vorläufigen

---

224 BVerfGE 82, 159, 196; BVerwGE 35, 277 f.; 90, 18, 19. Dazu *H. A. Petzold*, NVwZ 1999, 151.
225 BVerfGE 73, 339, 366–369; 75, 223, 233 f.; 82, 159, 192; 126, 286, 315.
226 Vgl. BVerfGE 82, 159, 195 f.; 126, 286, 315–317.
227 Vgl. z.B. BVerfG NVwZ 2004, 1224, 1227; NVwZ 2005, 572, 575; NVwZ 2008, 550, 551; EuGRZ 2010, 641 Rn. 49–54; NVwZ 2012, 1033. Zusammenf. *O. Dörr*, Rechtsschutzauftrag, 2003, 165 f.
228 BVerfG NJW 1994, 2017, 2018; NJW 2008, 2325, Rn. 11.
229 *M. Pechstein*, EU-Prozessrecht, Rn. 918.

Rechtsschutz ist bei demjenigen Unionsgericht zu stellen, das auch für die Entscheidung der Hauptsache sachlich zuständig ist.

148 Der zulässige *Antragsgegenstand* wird ebenfalls von der strengen Akzessorietät zum Hauptverfahren bestimmt. Der Antrag im vorläufigen Rechtsschutzverfahren muss sich inhaltlich am Streitgegenstand der Hauptsache ausrichten und darf nicht über diesen hinausgehen.[230] Gegenstand eines Aussetzungsantrags nach Art. 278 S. 2 AEUV können alle belastenden Maßnahmen der Unionsorgane sein, die geeignet sind, Rechtswirkungen zu erzeugen.[231] Es muss sich jedoch um den in der Hauptsache angefochtenen Rechtsakt oder die mit ihm zusammenhängenden Nachteile handeln. Gegenstand eines Antrags auf Erlass einer einstweiligen Anordnung (Art. 279 AEUV) können alle Gebote oder Verbote sein, die zur vorläufigen Gestaltung und Regelung streitiger Rechtsverhältnisse geeignet und erforderlich sind. Aber auch hier kann der Antragsteller nichts Anderes beantragen, als ihm im Falle einer erfolgreichen Klage in der Hauptsache zugesprochen würde.[232]

149 Diese strenge Akzessorietät des vorläufigen Rechtsschutzes im Unionsrecht kann zu Rechtsschutzlücken führen, wenn der Kläger in der Sache ein *Tätigwerden der Unionsorgane* begehrt. In der Hauptsache kennt der AEUV für ein solches Begehren nur die Untätigkeitsklage (Art. 265 AEUV), die auf eine reine Feststellungswirkung beschränkt ist (→ Rn. 85, 93). Eine Versagungsgegenklage als Verpflichtungsklage kennt das Unionsrecht nicht, sodass auch ein entsprechender vorläufiger Rechtsschutz, etwa in Form einer Regelungsanordnung mit vorläufiger Verpflichtungswirkung formal nicht zur Verfügung steht.[233] Die Rspr. behilft sich insoweit mit einstweiligen Anordnungen (Art. 279 AEUV) und macht in diesem Rahmen gelegentlich von ihrem weiten Gestaltungsspielraum Gebrauch.[234]

150 Die *Antragsbefugnis* folgt der Klageberechtigung und steht somit allen Rechtssubjekten zu, die zur Erhebung der Klage in der Hauptsache befugt sind.[235] Unionsorgane und Mitgliedstaaten können als privilegierte Kläger Aussetzungen und einstweilige Anordnungen sowohl zum eigenen als auch zum Schutz Dritter zu beantragen, ohne besondere subjektive Voraussetzungen erfüllen zu müssen. Dagegen ist die Antragsbefugnis Privater auf den Schutz der eigenen Interessen beschränkt. Sie müssen für einen Antrag nach Art. 278 S. 2 AEUV geltend machen, dass der fragliche Unionsrechtsakt sie unmittelbar und individuell betrifft (zum Problem der unmittelbaren und individuellen Betroffenheit i.R. der Nichtigkeitsklage → Rn. 60–62),[236] und im Antrag auf Erlass einer einstweiligen Anordnung (Art. 279 AEUV) die unmittelbare und individuelle Verletzung eigener Rechte oder Interessen darlegen.

151 Der *Antrag* nach Art. 278 S. 2, Art. 279 AEUV ist mit einem gesonderten Schriftsatz einzureichen, der den Anforderungen einer Klageschrift entsprechen muss. Ferner ist die Dringlichkeit darzulegen und die Notwendigkeit der beantragten Anordnung glaubhaft zu machen (Art. 160 Abs. 3 VerfOGH, Art. 156 Abs. 4 VerfOG). Eine besondere Antragsfrist ist nicht vorgesehen; allerdings kann der Antrag frühestens mit Erhebung der Klage zur Hauptsache gestellt werden.

152 Für die Entscheidung *zuständig* ist grds. der Präsident des zuständigen Unionsgerichts, der im abgekürzten Verfahren entscheidet (Art. 39 EuGH Satzg, Art. 158 Abs. 1 VerfOG). Der Präsident des Gerichtshofs i.e.S. kann die Entscheidung auf den Gerichtshof übertragen, der dann umgehend zu entscheiden hat (Art. 161 Abs. 3 VerfOGH).

153 In der Sache kann die Aussetzung oder Anordnung ergehen, wenn *drei Voraussetzungen* erfüllt sind:[237] (1) Ihre Notwendigkeit muss in tatsächlicher und rechtlicher Hinsicht glaubhaft gemacht sein; hierfür stellt die Rspr. auf die Erfolgsaussichten in der Hauptsache („fumus boni iuris") ab. (2) Sie

---

230 EuG 14.12.1993 – T-543/93 R, Slg. 1993, II-1409, Rn. 25 – Gestevisión Telecinco. Im Einzelnen *Ch. Gaitanides*, in: Groeben/Schwarze/Hatje AEUV Art. 278, 279 Rn. 23–25; *U. Kischel*, in: Hailbronner/Wilms Art. 242, 243 EGV Rn. 7–11.
231 EuGH 26.6.1980 – C-136/79, Slg. 1980, 2033, Rn. 22 – National Panasonic; EuG 22.11.1995 – T-395/94 R II., Slg. 1995, II-2893, Rn. 39 – Atlantic Container.
232 *M. Pechstein*, EU-Prozessrecht, Rn. 924.
233 *C. Koenig/C. Zeiss*, JZ 1997, 461, 462; *S. Lehr*, Einstweiliger Rechtsschutz, 1997, 58–61.
234 Dazu *S. Lehr*, Einstweiliger Rechtsschutz, 1997, 93 f.
235 *Ch. Gaitanides*, in: Groeben/Schwarze/Hatje AEUV Art. 278, 279 Rn. 20; *M. Pechstein*, EU-Prozessrecht, Rn. 927.
236 Z.B. EuGH 28.5.1975 – C-44775 R, Slg. 1975, 637, Rn. 3 – Könecke; 1.2.1984 – C-1/84 R, Slg. 1984, 423, Rn. 6 – Ilford.
237 Zusammenf. *M. Pechstein*, EU-Prozessrecht, Rn. 931. Aus der Spruchpraxis z.B. EuGH 19.7.1995 – C-149/95 P (R), Slg. 1995, I-2165, Rn. 22 – Atlantic Container Line; 29.1.1997 – C-393/96 P (R), Slg. 1997, I-441, Rn. 27 – Antonissen; 23.2.2001 – C-445/00 R, Slg. 2001, I-1461, Rn. 73 – Österreich/Rat; 2.10.2003 – C-320/03 R, Slg. 2003,

muss dringlich sein; das ist der Fall, wenn die Vollzugsaussetzung oder Anordnung zur Verhinderung eines schweren und nicht wiedergutzumachenden Schadens für die Interessen des Antragstellers bereits vor der Entscheidung in der Hauptsache erlassen werden muss.[238] Und (3) muss die Aussetzung/ Anordnung in dem Sinne vorläufig sein, dass sie der Entscheidung in der Hauptsache nicht vorgreift und diese nicht im Voraus wirkungslos machen darf.[239]

Ist der Antrag auf vorläufigen Rechtsschutz zulässig und i.d.S. begründet, dann liegt der Inhalt der zu treffenden Anordnung im Ermessen des zuständigen Gerichts. Auch eine Vollzugsaussetzung unter bestimmten Bedingungen kommt in Betracht.[240] Die Entscheidung ergeht *durch Beschluss*, der mit Gründen zu versehen ist (Art. 162 Abs. 1 VerfOGH, Art. 158 Abs. 1 VerfOG). Er ist im Falle des Gerichtshofs i.e.S. nicht anfechtbar, während die Entscheidungen des EuG nach den allgemeinen Vorschriften rechtsmittelfähig sind (Art. 57 Abs. 2 EuGH Satzg). Die Anfechtung ist zu unterscheiden von der Änderung oder Aufhebung der einstweiligen Anordnung wegen veränderter Umstände, die eine Partei gem. Art. 163 VerfOGH, Art. 159 VerfOG jederzeit beantragen kann. Die einstweilige Maßnahme tritt mit der endgültigen Erledigung des Hauptsacheverfahrens automatisch außer Kraft (s. für das Endurteil Art. 162 Abs. 3 S. 2 VerfOGH, Art. 158 Abs. 3 S. 2 VerfOG). 154

2. Rechtsmittel. Gegen die Entscheidungen des Gerichts kann ein auf Rechtsfragen beschränktes Rechtsmittel zum Gerichtshof i.e.S. eingelegt werden (Art. 256 Abs. 1 UAbs. 2 AEUV, Art. 56 EuGH Satzg). *Rechtsmittelfähig* sind alle vom EuG getroffenen Endentscheidungen, Teilentscheidungen und Zwischenentscheidungen zu den Fragen von Zuständigkeit und Zulässigkeit (Art. 56 Abs. 1 EuGH Satzg), nicht dagegen reine Kostenentscheidungen und Kostenfestsetzungen (Art. 58 Abs. 2 EuGH Satzg) oder prozessleitende Verfügungen. 155

Zur Einlegung des Rechtsmittels *befugt* ist jede Partei, die in erster Instanz ganz oder teilweise mit ihren Anträgen unterlegen ist (Art. 56 Abs. 2 S. 1 EuGH Satzg); auch ein Anschlussrechtsmittel kann somit zulässig sein. Außer in Personalstreitigkeiten können darüber hinaus die Mitgliedstaaten und Unionsorgane in jedem Fall Rechtsmittel einlegen (vgl. Art. 56 Abs. 2 S. 2 EuGH Satzg). Die *Rechtsmittelfrist* beträgt zwei Monate und beginnt mit der Zustellung der angefochtenen Entscheidung (Art. 56 Abs. 1 Hs. 2 EuGH Satzg). 156

Das Rechtsmittel ist auf Rechtsfragen beschränkt und kann nur auf drei *Rechtsmittelgründe* gestützt werden: die Unzuständigkeit des Gerichts, Verfahrensfehler, durch welche die Interessen des Rechtsmittelführers beeinträchtigt werden, und auf eine Verletzung des (materiellen) Unionsrechts (Art. 58 Abs. 1 EuGH Satzg). Einwendungen gegen Tatsachenfeststellungen des Gerichts sind ausgeschlossen, denn hierfür ist der Gerichtshof ebensowenig zuständig wie für die Überprüfung der Beweiserhebung durch das Gericht.[241] 157

Das Rechtsmittel wird durch die Einreichung eines Schriftsatzes bei der Kanzlei des Gerichtshofes i.e.S. oder des Gerichts eingelegt (Art. 167 Abs. 1 VerfOGH). Die *Rechtsmittelschrift* muss in formaler Hinsicht im Wesentlichen den Anforderungen einer Klageschrift genügen (zu diesen → Rn. 66).[242] Die Rechtsmittelanträge müssen sich auf die vollständige oder partielle Aufhebung der erstinstanzlichen Entscheidung richten und dürfen von den im ersten Rechtszug gestellten nicht abweichen (Art. 170 Abs. 1 VerfOGH). Die *Rechtsmittelgründe* müssen die beanstandeten Teile des angefochtenen Urteils sowie die rechtliche Argumentation, die den Aufhebungsantrag stützen soll, genau bezeichnen. Dafür genügt es nicht, dass die bereits in erster Instanz vorgebrachten Klagegründe und Ar- 158

I-11665, Rn. 30 – Kommission/Österreich; EuG 11.10.2007 – T-120/07 R, Slg. 2007, II-130 (summ.publ.), Rn. 20 f. – MB Immobilien.

238 St. Rspr., z.B. EuGH 12.7.1996 – C-180/96 R, Slg. 1996, I-3903, Rn. 44 – Vereinigtes Königreich/Kommission; 29.1.1997 – C-393/96 P (R), Slg. 1997, I-441, Rn. 27 – Antonissen; 23.2.2001 – C-445700 R, Slg. 2001, I-1461, Rn. 73 – Österreich/Rat.

239 S. z.B. EuGH 19.7.1995 – C-149/95 P (R), Slg. 1995, I-2165, Rn. 22 – Atlantic Container Line; 29.1.1997 – C-393/96 P (R), Slg. 1997, I-441, Rn. 27 – Antonissen; EuG 10.12.1997 – T-260/97 R, Slg. 1997, II-2357, Rn. 27 – Camar.

240 Vgl. z.B. EuG 13.7.2006 – T-11/06 R, Slg. 2006, II-2491, Rn. 146 – Romana Tabacchi.

241 EuGH 10.5.2007 – C-328/05 P, Slg. 2007, I-3921, Rn. 41 – SGL Carbon.

242 Im Einzelnen Art. 168 VerfOGH und die „Checkliste" bei *M. Pechstein*, EU-Prozessrecht, Rn. 242 f.

gumente schlicht wiederholt werden[243] oder dass die angeblich verletzte Norm lediglich benannt wird, ohne dass der behauptete Verstoß mit rechtlichen Argumenten gestützt wird.[244] Rechtsmittelgründe, die diesen Anforderungen nicht genügen, werden als unzulässig zurückgewiesen.

159 Das Rechtsmittel zum Gerichtshof i.e.S. hat grds. *keine aufschiebende Wirkung* (Art. 60 Abs. 1 EuGH Satzg). Dem Rechtsmittelführer ist es aber unbenommen, vorläufigen Rechtsschutz gem. Art. 278 S. 2, Art. 279 AEUV zu beantragen. Im Übrigen werden Entscheidungen des Gerichts, die EU-Verordnungen für nichtig erklären, gem. Art. 60 Abs. 2 EuGH Satzg nicht bereits mit ihrer Verkündung wirksam, sondern erst, nachdem die Rechtsmittelfrist verstrichen ist bzw. ein eingelegtes Rechtsmittel zurückgewiesen wurde. Hier entfaltet die Einlegung des Rechtsmittels also *de facto* einen Suspensiveffekt.

160 Das *Verfahren* in der Rechtsmittelinstanz entspricht im Wesentlichen demjenigen der ersten Instanz (zum erstinstanzlichen Verfahren → Rn. 70–77).[245] Es besteht gem. Art. 59 EuGH Satzg ebenfalls grds. aus einem schriftlichen und einem mündlichen Abschnitt. Die Parteien dürfen den erstinstanzlich verhandelten Streitgegenstand nicht verändern (Art. 170 Abs. 1 S. 2 VerfOGH). Soweit das Rechtsmittel *zulässig und begründet* ist, hebt der Gerichtshof i.e.S. die erstinstanzliche Entscheidung auf. Er kann, wenn die Sache entscheidungsreif ist, den Rechtsstreit selbst entscheiden oder aber an das Gericht zurückverweisen (Art. 61 Abs. 1 EuGH Satzg). Im letzteren Fall ist das EuG bei der erneuten Entscheidung an die rechtliche Beurteilung durch den Gerichtshof i.e.S. gebunden (Art. 61 Abs. 2 EuGH Satzg).

161 **3. Personalstreitsachen (Art. 270 AEUV).** Für Streitigkeiten zwischen der Union und ihren Bediensteten sind die Unionsgerichte gem. Art. 270 AEUV nach Maßgabe des EU-Beamtenstatuts bzw. der Beschäftigungsbedingungen für die sonstigen Bediensteten ausschließlich zuständig. Diese Zuständigkeit nahm zwischenzeitlich in erster Instanz das Gericht für den öffentlichen Dienst der EU als Fachgericht (Art. 257 AEUV) wahr.[246] Zum 1.9.2016 wurde das EuGÖD jedoch aufgelöst und seine erstinstanzliche Zuständigkeit an das Gericht (zurück-)übertragen (vgl. Art. 50 a EuGH Satzg).[247] Dies gilt auch für Streitsachen zwischen den rechtsfähigen Einrichtungen und Agenturen der Union und deren Bediensteten. Art. 270 AEUV sieht formal keinen eigenständigen Rechtsbehelf vor, sondern greift auf das allgemeine Rechtsschutzsystem des AEUV zurück, das allerdings durch die im Beamtenstatut normierten Voraussetzungen als *leges speciales* modifiziert wird.

162 Mit einer dienstrechtlichen Klage können sich die Bediensteten gegen jede sie *beschwerende Maßnahme* wenden. Darunter wird sowohl die Belastung durch aktive Handlungen der Anstellungsbehörde als auch die Unterlassung dienstrechtlich gebotener Maßnahmen gefasst.[248] Der Rechtsakt bzw. seine Ablehnung muss den Kläger unmittelbar und individuell betreffen. Unter dieser Voraussetzung können aus dem Dienstverhältnis Anfechtungs-, Untätigkeits-, Feststellungs- und Schadensersatzklagen erhoben sowie Anträge auf vorläufigen Rechtsschutz gestellt werden.

163 Der Klageerhebung hat grds. ein administratives *Vorverfahren* vorauszugehen. Der Bedienstete muss gegen eine ihn belastende Maßnahme zunächst bei der Anstellungsbehörde Beschwerde einlegen bzw. eine von ihm erstrebte Maßnahme dort beantragen. Ist über eine entsprechende Beschwerde innerhalb von vier Monaten nicht entschieden oder wird die Beschwerde abgelehnt, so kann der Bedienstete binnen weiterer drei Monate Klage erheben.[249] Die Klage ist ist in jedem Fall beim Gericht zu erheben und unmittelbar gegen die als Anstellungsbehörde fungierende Unionseinrichtung zu richten, ggf. auch gegen den Gerichtshof selbst.

---

243 St. Rspr., z.B. EuGH 24.10.1996 – C-73/95 P, Slg. 1996, I-5457, Rn. 25 f. – Viho; 15.5.1997 – C-355/95 P, Slg. 1997, I-2549, Rn. 33, 36 – Textilwerke Deggendorf; 13.7.2000 – C-210/98 P, Slg. 2000, I-5843, Rn. 42 – Salzgitter/Kommission.

244 EuGH 29.5.1997 – C-153/96 P, Slg. 1997, I-2901, Rn. 17 – de Rijk.

245 Im Einzelnen Art. 171–190 a VerfOGH.

246 Vgl. den Einsetzungsbeschluss des Rates v. 2.11.2004, ABl. L 333, 7.

247 Vgl. VO (EU, Euratom) Nr. 2016/1192 v. 6.7.2016 über die Übertragung der Zuständigkeit für die Entscheidung im ersten Rechtszug über die Rechtsstreitigkeiten zwischen der Europäischen Union und ihren Bediensteten auf das Gericht, ABl. 2016 L 200, 137.

248 *Ch. Gaitanides*, in: Groeben/Schwarze/Hatje AEUV Art. 270 Rn. 8 f.; *K.-D. Borchardt*, Gerichtshof, Art. 236 Rn. 3.

249 *K.-D. Borchardt*, Gerichtshof, Art. 236 Rn. 13 f.; ausf. *Ch. Gaitanides*, in: Groeben/Schwarze/Hatje AEUV Art. 270 Rn. 15, 17.

In der Sache billigt die Rspr. den Anstellungsbehörden insbes. bei Einstellungen und Beförderungen   164
einen weiten Beurteilungs- und Ermessensspielraum zu, sodass sich die *gerichtliche Überprüfung* i.d.R.
auf eine Kontrolle der Ermessensgrenzen und des ordnungsgemäßen Verwaltungsverfahrens beschränkt.[250] In Streitsachen vermögensrechtlicher Art steht dem Unionsgericht hingegen gem. Art. 91
Abs. 1 S. 2 EG-Beamtenstatut die unbeschränkte Ermessensnachprüfung zu (→ Rn. 81).

4. Der EuGH als Vertragsgericht (Art. 272, 273 AEUV). Gem. Art. 272 AEUV ist der EuGH weiter-   165
hin zuständig für Streitigkeiten aus vertraglichen Rechtsbeziehungen der Union, wenn der fragliche
Vertrag eine Zuständigkeitsvereinbarung in Form einer *Schiedsklausel* enthält. Die Verträge können
öffentlich-rechtlicher oder privatrechtlicher Natur sein, d.h. es geht zum einen um Vereinbarungen,
welche die EU kraft ihrer Privatrechtsfähigkeit (Art. 335 AEUV) nach dem nationalen Recht eines
Mitgliedstaates abgeschlossen hat. Eine entsprechende Rechtsfähigkeit genießt die Union durch individuelle Anerkennung heute im innerstaatlichen Recht der meisten Staaten der Welt. In der Praxis geht
es z.B. um Dienstleistungs-, Forschungs- und Lieferverträge sowie um Vereinbarungen mit Versiche-
rungsgesellschaften.[251] Daneben können entsprechende Klauseln in völkerrechtlichen Verträgen der
Union enthalten sein.[252] Obwohl Art. 272 AEUV von einer „Schiedsklausel" spricht, wird der EuGH
in diesem Rahmen *als Unionsgericht* und nicht als Schiedsgericht im völkerrechtlichen Sinne tätig.
Schließlich kann der EuGH gem. Art. 273 AEUV durch *Schiedsverträge zwischen Mitgliedstaaten* zum   166
Zwecke der Streitentscheidung befasst werden, sofern die Streitsache mit den EU-Verträgen „in Zusammenhang steht". Die Vorschrift zielt insbes. auf Streitigkeiten aus völkerrechtlichen Verträgen zwischen den Mitgliedstaaten, die zwar nicht unmittelbar zum Unionsrecht gehören, aber doch einen inneren Bezug zur Tätigkeit der Union aufweisen. Ein jüngeres Beispiel bildet der ESM-Vertrag (2012),
in dem der Gerichtshof i.S.v. Art. 273 AEUV und damit unionsrechtskonform zur Streitentscheidung
berufen ist.[253] Demgegenüber scheiden Schiedsverträge für die Beilegung genuin unionsrechtlicher
Streitigkeiten aus, da hierfür das Vertragsverletzungsverfahren (Art. 259 AEUV) abschließend zur Verfügung steht (vgl. Art. 344 AEUV).

2. Teil: Unionsrecht und nationaler Verwaltungsrechtsschutz

Das zweite Standbein des Europäischen Verwaltungsrechtsschutzes ist der „europäisierte" Verwal-   167
tungsrechtsschutz, den die nationalen Verwaltungsgerichte in innerstaatlichen Streitigkeiten im Anwendungsbereich des Unionsrechts und unter dessen Einwirkung gewähren. Die europäischen Einwirkungen auf das deutsche Verfahrensrecht beruhen auf dem grundlegenden Verhältnis des Unionsrechts
zum nationalen Recht der Mitgliedstaaten (A.) und kommen in allgemeinen und speziellen Anforderungen zum Ausdruck, die das Unionsrecht an den nationalen Verwaltungsrechtsschutz stellt (B.).

A. Grundlagen

Die unionsrechtliche Rechtsschutzfunktion des nationalen Verwaltungsprozesses ist nicht zu verstehen   168
ohne einige Grundlagen zur Struktur des EU-Rechtsschutzsystems sowie zur Wirkungsweise des Unionsrechts in den Rechtsordnungen der EU-Mitgliedstaaten.

I. Das duale Rechtsschutzsystem der EU

Die EU besitzt eine *duale Vollzugsstruktur*, d.h. ihre Rechtsnormen werden sowohl von Unionsorga-   169
nen selbst als auch (überwiegend) durch die Behörden der Mitgliedstaaten vollzogen. I.R.d. letzteren,
also des indirekten Unionsrechtsvollzuges handeln die staatlichen Behörden funktional (auch) als Organe der Union, das nationale Verwaltungsverfahrensrecht kommt nur in seiner Modifikation durch
das vorrangige Unionsrecht zur Anwendung. Trotz ihrer unionsrechtlichen Determinierung sind alle

---

250 *Ch. Gaitanides*, in: Groeben/Schwarze/Hatje AEUV Art. 270 Rn. 28 m.w.N. Zum Problem *H. Henrichs*, EuR 1990,
     289.
251 Nachw. bei *U. Karpenstein*, in: Grabitz/Hilf/Nettesheim AEUV Art. 272 Rn. 16–18.
252 Zur Anwendung auf völkerrechtliche Verträge z.B. *Ch. Gaitanides*, in: Groeben/Schwarze/Hatje AEUV Art. 272
     Rn. 7; *K.-A. Schwarz*, in: RMG § 14 Rn. 9.
253 EuGH 27.11.2012 – C-370/12, Rn. 170–176 – Pringle.

Akte des mitgliedstaatlichen Vollzuges den staatlichen Organen und nicht etwa der Union zuzurechnen. Der gegen die (indirekten) Vollzugsmaßnahmen zur Verfügung stehende Rechtsschutz bestimmt sich daher grds. nach den mitgliedstaatlichen Vorschriften.

170 Aus der dualen Vollzugsstruktur ergibt sich die *Zweigleisigkeit der Vollzugskontrolle*, die das Rechtsschutzsystem der EU bestimmt (→ Rn. 2). Gegen Maßnahmen der Unionsorgane im direkten Vollzug steht der Rechtsweg zu den Unionsgerichten, gegen staatliche Akte des indirekten Vollzuges derjenige zu den nationalen Gerichten offen. Letztere werden in diesem Zusammenhang zwar nach Maßgabe und i.R.d. nationalen Prozessrechts tätig, ihre Rolle im europäischen Rechtsschutzsystem macht sie jedoch, soweit es um die Durchsetzung von EU-Recht geht, zu Unionsgerichten im funktionellen Sinn.[254] In dieser Funktion sind auch die nationalen Gerichte gehalten, wenn der Einzelfall dazu Anlass gibt, das einschlägige Unionsrecht auszulegen und auf den anhängigen Rechtsstreit anzuwenden. Dabei ist der autonome innerstaatliche Wirkungsanspruch des Unionsrechts zu berücksichtigen, der v.a. in seiner unmittelbaren Wirkung (unten II.) und seinem Vorrang (III.) zum Ausdruck kommt. Dieser Wirkungsanspruch prägt in relevanten Fällen den Kontrollmaßstab im Verwaltungsprozess, er beeinflusst aber auch das verwaltungsgerichtliche Verfahren selbst.

171 Soweit die nationalen Gerichte im dualen Rechtsschutzsystem der Union zuständig sind, gewähren sie unionsrechtlichen Rechtsschutz grds. *nach Maßgabe des nationalen Prozessrechts*. Wie für den (indirekten) Unionsrechtsvollzug, so gilt auch für die unionsrechtliche Vollzugskontrolle der Grundsatz der institutionellen und verfahrensmäßigen Autonomie der Mitgliedstaaten.[255] Es ist daher grds. Sache der mitgliedstaatlichen Rechtsordnung, die zuständigen Gerichte zu bestimmen und das Verfahren für die Klagen auszugestalten, die dem Einzelnen den vollen Schutz seiner aus dem Unionsrecht erwachsenden Rechte gewährleisten sollen.[256]

172 Die Maßgeblichkeit des nationalen Verfahrensrechts wird allerdings *eingeschränkt durch bindende Vorgaben*, welche das materielle Unionsrecht enthält, um seine effektive Durchsetzung sicherzustellen. Diese Anforderungen, die das nationale Prozessrecht überlagern und z.T. verdrängen, leiten sich z.B. aus den Grundfreiheiten des AEUV, den vom EuGH entwickelten allgemeinen Rechtsgrundsätzen, aber auch aus sonstigen Strukturelementen des Unionsrechts ab (insgesamt → Rn. 206–219). Eine der wesentlichen generellen Anforderungen schreibt nunmehr Art. 19 Abs. 1 UAbs. 2 EUV fest, der die Mitgliedstaaten verpflichtet, die „erforderlichen Rechtsbehelfe" zu schaffen und durch sie einen wirksamen Rechtsschutz „in den vom Unionsrecht erfassten Bereichen" zu gewährleisten. Viele dieser primärrechtlichen Anforderungen hat der EuGH in seiner Rspr. konkretisiert und damit zu spezifischen Vorgaben für das mitgliedstaatliche Prozessrecht geformt (zu diesen einzelnen Vorgaben → Rn. 220–252).

II. Unmittelbare Wirkung des Unionsrechts

173 **1. Begriff und Konzept.** Das eigentliche Spezifikum, welches das Unionsrecht von anderen zwischenstaatlichen Rechtsordnungen unterscheidet und auch seinen Vollzug entscheidend prägt, ist die unmittelbare innerstaatliche Wirkung (einiger) seiner Regeln. Das bedeutet, dass die betreffenden Normen des Unionsrechts ohne einen weiteren Transformations- oder Vollzugsakt in die Rechtsordnungen der Mitgliedstaaten hineinwirken und dort wie innerstaatliches Recht zu beachten sind. Unmittelbar wirksame Normen des Unionsrechts stellen selbst vollzugsfähige Handlungsanweisungen für die nationalen Behörden und Gerichte dar und begründen auf diese Weise unmittelbar Rechtsbeziehungen zwischen den Rechtsunterworfenen in den Mitgliedstaaten. Unmittelbare Wirkung bedeutet daher im Kern die *Vollzugsfähigkeit* in der nationalen Rechtsordnung.

174 Eine unmittelbar wirksame Norm des Unionsrechts kann selbst Rechte und Pflichten für einzelne Unionsbürger begründen, die für diese ein Rechtsverhältnis zu nationalen Instanzen schaffen. Begründet sie subjektive Rechte, so kann der Einzelne diese vor nationalen Behörden und Gerichten geltend machen und sich auf die unionsrechtliche Begünstigung gegenüber mitgliedstaatlichen Rechtsakten beru-

---

254 M. Burgi, Verwaltungsprozeß, 1996, 58.
255 J. Schwarze, NVwZ 2000, 241, 244; V. Götz, DVBl 2002, 1, 2 f.; M. Gellermann, in: RMG § 37 Rn. 2.
256 St. Rspr., z.B. EuGH 20.9.2001 – C-453/99, Slg. 2001, I-6297, Rn. 29 – Courage; 11.9.2003 – C-13/01, Slg. 2003, I-8679, Rn. 49 – Safalero; 21.2.2008 – C-426/05, Slg. 2008, I-685, Rn. 51 – Tele2; 15.4.2008 – C-268/06, Slg. 2008, I-2483, Rn. 44 – Impact; 27.6.2013 – C-93/12, ECLI:EU:C:2013:432, Rn. 35 – Agrokonsulting-04.

fen. Die „*Berufungsfähigkeit*" für Einzelne ist der praktische Kern der unmittelbaren Wirkung. Allerdings ist insoweit zwischen Struktur und Inhalt der geltend gemachten Norm zu differenzieren:

Die unmittelbare Wirksamkeit einer Unionsrechtsnorm ist *eine Frage der Normstruktur*. Sie richtet   175
sich nach der Regelungsdichte der betreffenden Bestimmung in Bezug auf ihren Adressaten und ihren Regelungsinhalt. Der EuGH hat die strukturellen Anforderungen, die an eine Norm zu stellen sind, damit ihr unmittelbare Wirkung zukommen kann, in seiner Rspr. präzisiert. Dabei geht es im Kern darum, dass die unionsrechtliche Norm inhaltlich unbedingt und hinreichend genau sein muss, um zum selbständigen Vollzug geeignet zu sein.[257]

Eine Unionsvorschrift ist i.d.S. *unbedingt*, wenn sie eine Verpflichtung normiert, die an keine Bedin-   176
gungen geknüpft ist und zu ihrer Durchführung oder Wirksamkeit keiner weiteren Maßnahmen der Unionsorgane oder der Mitgliedstaaten bedarf.[258] Daran fehlt es z.B., wenn der Vollzug an einen Ausführungsakt eines Unionsorgans oder der Mitgliedstaaten geknüpft ist oder die Norm den Mitgliedstaaten einen erheblichen Gestaltungsspielraum für ihre Umsetzung einräumt. Allerdings schließt ein Ermessensspielraum der Mitgliedstaaten weder aus, dass die nationalen Gerichte überprüfen, ob die Behörden diesen Spielraum überschritten haben,[259] noch dass sich aus der Unionsnorm – unbedingte – Mindestrechte entnehmen lassen.[260] Eine Vorschrift ist *hinreichend genau*, wenn sie in eindeutigen Worten eine Verpflichtung festlegt.[261] Dazu muss der nationale Rechtsanwender – und sei es durch Auslegung der Norm – erkennen können, wer Berechtigter und Verpflichteter und welches die konkrete Handlungsanweisung der Vorschrift ist.

Ob sich die unmittelbare Wirksamkeit der Norm dann auch dahingehend auswirkt, dass (unionsrecht-   177
liche) *subjektive Rechte* des einzelnen entstehen, die vor den nationalen Instanzen geltend gemacht werden können, ist demgegenüber eine *Frage des materiellen Norminhalts* und nur durch eine Auslegung der betreffenden Unionsrechtsnorm zu ermitteln.[262] Die unmittelbare Wirkung selbst führt somit nicht wirklich zur Begründung individueller Rechte, sondern ermöglicht nur die Durchsetzung solcher Rechte vor nationalen Instanzen. Über individualrechtliche Gewährleistungen hinaus kann unmittelbar wirksames Unionsrecht dem einzelnen auch *Belastungen* auferlegen. Eine Vorschrift des Unionsrechts kann selbst Pflichten für Unionsbürger begründen oder Ermächtigungsgrundlage für belastende Rechtsakte der nationalen Behörden sein. Das Institut der unmittelbaren Wirkung ergänzt in diesen Fällen den Vorbehalt des Gesetzes. Daneben gibt es direktwirksames Unionsrecht, das nach seinem Regelungsgehalt die Rechtsstellung des einzelnen überhaupt nicht unmittelbar berührt, sondern lediglich die Behörden der Mitgliedstaaten *objektiv* zu einem bestimmten Verhalten verpflichtet. Die unmittelbare Wirkung von Unionsrecht setzt also nicht voraus, dass es subjektive Rechte Einzelner zum Inhalt hat.[263]

2. Unmittelbar wirksames Unionsrecht. Unmittelbar wirksame Vorschriften finden sich auf allen   178
Ebenen des Unionsrechts. Nur teilweise ergibt sich die Wirkungsweise aus dem Wortlaut der Normen selbst, in vielen Fällen ist sie das Ergebnis einer am unionsrechtlichen *effet utile* orientierten Auslegung durch den EuGH.

a) Primärrecht. Für die Bestimmungen der Verträge selbst ist die unmittelbare Wirkung lediglich in   179
den Wettbewerbsvorschriften der Art. 101, 102 AEUV, die sich unmittelbar an Unternehmen richten,

---

257 Zusammenf. für Richtlinien z.B. EuGH 20.6.2002 – C-388/00, C-429/00, Slg. 2002, I-5845, Rn. 49 – Radiosistemi; 5.10.2004 – C-397/01 bis C-403/01, Slg. 2004, I-8835, Rn. 103 – Pfeiffer u.a.; *H. D. Jarass*, Grundfragen, 1994, 74–77; BVerwGE 100, 238, 241.
258 Z.B. EuGH 23.2.1994 – C-236/92, Slg. 1994, I-483, Rn. 9 – Difesa della Cava; 17.9.1996 – C-246/94, Slg. 1996, I-4373, Rn. 18 – S. Antonio; 29.5.1997 – C-389/95, Slg. 1997, I-2719, Rn. 33 – Klattner.
259 EuGH 24.10.1996 – C-72/95, Slg. 1996, I-5403, Rn. 59 – Kraaijeveld; 15.6.2000 – C-365/98, Slg. 2000, I-4619, Rn. 32 – Brinkmann.
260 Z.B. EuGH 14.7.1994 – C-91/92, Slg. 1994, I-3325, Rn. 17 – Faccini Dori; 4.12.1997 – C-253/96 bis C-258/96, Slg. 1997, I-6907, Rn. 39 – Kampelmann; 3.10.2000 – C-303/98, Slg. 2000, I-7963, Rn. 68 – Simap; 5.10.2004 – C-397/01 bis C-403/01, Slg. 2004, I-8835, Rn. 105 – Pfeiffer u.a.; 17.7.2008 – C-226/07, Slg. 2008, I-5999, Rn. 30 – Flughafen Köln/Bonn.
261 Z.B. EuGH 23.2.1994 – C-236/92, Slg. 1994, I-483, Rn. 10 – Difesa della Cava; 17.9.1996 – C-246/94, Slg. 1996, I-4373, Rn. 19 – S. Antonio; 29.5.1997 – C-389/95, Slg. 1997, I-2719, Rn. 33 – Klattner.
262 I.d.S. zur Trennung von Normstruktur und Norminhalt schon *E. Grabitz*, EuR 1971, 1, 7. In jüngerer Zeit z.B. BVerwG NVwZ 2007, 1074, 1076.
263 BVerwGE 100, 238, 242; *M. Ruffert*, CMLRev 34 (1997), 307, 321.

klar zum Ausdruck gebracht (v.a. durch die Nichtigkeitsanordnung in Art. 101 Abs. 2 AEUV). Für andere Bestimmungen des primären Unionsrechts hat der EuGH ihre unmittelbare Wirkung aus ihrer Normstruktur und ihrer Zielrichtung hergeleitet.[264] Zu den direktwirksamen Bestimmungen zählen heute jedenfalls die Grundfreiheiten des Vertrages (Art. 30, 34, 35, 45, 49, 56/57, 63 AEUV), einschließlich des allgemeinen Diskriminierungsverbots (Art. 18 Abs. 1 AEUV). Dazu kommen das spezielle Diskriminierungsverbot im Abgabenbereich (Art. 110 AEUV), die Verpflichtung zur Lohngleichheit (Art. 157 AEUV), das Freizügigkeitsrecht des Unionsbürgers (Art. 21 Abs. 1 AEUV)[265] und – in Konkurrentenfällen – das beihilferechtliche Durchführungsverbot (Art. 108 Abs. 3 S. 3 AEUV).[266]

180 **b) Verordnungen und adressierte Beschlüsse.** Das klassische direktwirksame Instrument des sekundären Unionsrechts ist die Verordnung, ein Rechtsakt mit allgemeiner Geltung, der mit seinem Inkrafttreten unmittelbar Bestandteil der mitgliedstaatlichen Rechtsordnungen wird (s. Art. 288 Abs. 2 AEUV). Entsprechend wirkt der adressierte Beschluss (Art. 288 Abs. 4 AEUV), der im EG-Vertrag noch Entscheidung hieß und als Einzelfallregelung des Unionsrechts für seinen Adressaten unmittelbar verbindlich ist. Einem Beschluss, der an eine Privatperson oder ein Unternehmen gerichtet ist, kommt somit unmittelbare Wirkung im betreffenden Mitgliedstaat zu, er ist von den nationalen Behörden als verbindlicher Rechtsakt anzuwenden und ggf. zu vollziehen.

181 **c) Richtlinien.** Der meistdiskutierte Problemfall der unmittelbaren Wirkung ist die Richtlinie. Sie ist gem. Art. 288 Abs. 3 AEUV ausschließlich an Mitgliedstaaten gerichtet und für diese nur hinsichtlich des zu erreichenden Ziels verbindlich. Die Richtlinie ist als unionsrechtliches Instrument der Rechtsangleichung konzipiert und lässt idealtypisch den Mitgliedstaaten durch die Notwendigkeit ihrer Umsetzung in das nationale Recht einen gewissen eigenen Regelungsspielraum. Aus diesem Grund soll die Richtlinie nicht mit ihrer Verabschiedung unmittelbare Wirkung enfalten, sondern die Rechtsunterworfenen in den Mitgliedstaaten erst auf dem Umweg über den einzelstaatlichen Umsetzungsakt erreichen.

182 Dieses Regelungskonzept des Vertrages hat durch die *Rspr. des EuGH* eine nicht unerhebliche Veränderung erfahren, welche mittlerweile überwiegend als ein Akt zulässiger Rechtsfortbildung anerkannt ist.[267] Um der mangelhaften Umsetzung von Richtlinien durch die Mitgliedstaaten entgegenzusteuern, nimmt der EuGH eine *unmittelbare Wirkung von Richtlinienbestimmungen* unter zwei kumulativen Voraussetzungen an: Die Richtlinie ist erstens im betreffenden Mitgliedstaat innerhalb der vorgeschriebenene Frist nicht oder nicht ordnungsgemäß umgesetzt oder wird nach Fristablauf fehlerhaft angewendet; ihre Bestimmungen sind zweitens inhaltlich unbedingt und hinreichend genau.[268] Liegen diese Voraussetzungen vor, so sind die betreffenden Vorschriften als Bestandteile der innerstaatlichen Rechtsordnung anzuwenden und zu vollziehen, der Private kann sich auf ihn begünstigende Regelungen unmittelbar berufen (sog. vertikale Direktwirkung). Behörden und Gerichte des säumigen Mitgliedstaates haben die unmittelbar wirksamen Vorschriften von Amts wegen zu beachten.

183 Demgegenüber schließt der EuGH eine (horizontale) Direktwirkung von Richtlinienbestimmungen zwischen Privatpersonen kategorisch aus. Wegen der Sanktionsfunktion der richterrechtlich geschaffenen Durchgriffswirkung von Richtlinien können diese *nur Verpflichtungen für den säumigen Mitgliedstaat*, nicht aber für den Einzelnen begründen.[269] V.a. kann sich der Staat nicht selbst gegenüber Pri-

---

264 S. den Überblick bei *Geismann*, in: Groeben/Schwarze/Hatje AEUV Art. 288 Rn. 11.
265 EuGH 17.9.2002 – C-413/99, Slg. 2002, I-7091, Rn. 84 – Baumbast und R; 7.9.2004 – C-456/02, Slg. 2004, I-7573, Rn. 31 – Trojani; 12.7.2005 – C-403/03, Slg. 2005, I-6421, Rn. 40 f. – Schempp; 4.10.2012 – C-249/11, ECLI:EU:C:2012:608, Rn. 63 – Byankov.
266 EuGH 21.11.1991 – C-354/90, Slg. 1991, I-5505, Rn. 11 – FNCE; 13.1.2005 – C-174/02, Slg. 2005, I-85, Rn. 15 – Streekgewest; 21.11.2013 – C-284/12, ECLI:EU:C:2013:755, Rn. 29 – Deutsche Lufthansa; 11.11.2015 – C-505/14, ECLI:EU:C:2015:742, Rn. 23 – Klausner Holz Niedersachsen.
267 Statt aller BVerfGE 75, 223, 240–244.
268 St. Rspr., z.B. EuGH 24.9.1998 – C-76/97, Slg. 1998, I-5357, Rn. 42 – Tögel; 11.7.2002 – C-62/00, Slg. 2002, I-6325, Rn. 25 – Marks&Spencer; 9.9.2004 – C- 292/02, Slg. 2004, I-7905, Rn. 57 – Meiland Azewijn; 19.4.2007 – C-356/05, Slg. 2007, I-3067, Rn. 37 – Farrell; 17.7.2008 – C-226/07, Slg. 2008, I-5999, Rn. 23 – Flughafen Köln/Bonn; 24.1.2012 – C-282/10, ECLI:EU:C:2012:33, Rn. 33 – Dominguez; 24.5.2012 – C-97/11 ECI:EU:C:2012:306, Rn. 33 – Amia; 15.1.2014 – C-176/12, ECLI:EU:C:2014:2, Rn. 31 – Association de médiation sociale.
269 St. Rspr., z.B. EuGH 14.7.1994 – C-91/92, Slg. 1994, I-3325, Rn. 20 – Faccini Dori; 25.6.1997 – C-304/94 u.a., Slg. 1997, I-3561, Rn. 42 – Tombesi; 5.10.2004 – C-397/01 bis C-403/01, Slg. 2004, I-8835, Rn. 108 – Pfeiffer u.a.; 26.5.2005 – C-297/03, Slg. 2005, I-4305, Rn. 32 – Sozialhilfeverband Rohrbach; 6.7.2007 – C-80/06, Slg. 2007, I-4473, Rn. 20 – Carp; 24.1.2012 – C-282/10, ECLI:EU:C:2012:33, Rn. 37 – Dominguez.

Dörr

vaten auf die Direktwirkung der nicht umgesetzten Richtlinie berufen (sog. umgekehrt-vertikale Direktwirkung), z.B. um eine strafrechtliche Verantwortung oder eine Abgabenschuld zu begründen.[270] Die Reichweite des Staatsbegriffs, der nach dieser Rspr. den Anwendungsbereich der Direktwirkung von Richtlinien bestimmt, ist noch nicht wirklich ausgeleuchtet. Ebenfalls noch wenig geklärt ist die Frage, inwieweit sich aus der unmittelbaren Wirkung einer nicht umgesetzten Richtlinie eine *mittelbare Belastung Privater* ergeben kann.[271] Gesichert ist mittlerweile immerhin, dass eine nicht umgesetzte Richtlinie im horizontalen Verhältnis zwischen Privaten zur *richtlinienkonformen Auslegung* nationalen Rechts heranzuziehen ist und auf diese Weise mittelbar Private belasten kann.[272]

d) Völkerrechtliche Verträge. Die von der Union geschlossenen völkerrechtlichen Verträge bilden   184
einen integralen Bestandteil der Unionsrechtsordnung (→ Rn. 7) und sind gem. Art. 216 Abs. 2 AEUV „für" die Mitgliedstaaten verbindlich. Darüber hinaus aber können sie nach gefestigter Rspr. des EuGH ebenfalls unmittelbare Wirkung „in" den Rechtsordnungen der Mitgliedstaaten entfalten, soweit sie unbedingt und hinreichend genau sind und Systematik und Zweck des Abkommens eine solche Wirkung nahelegen.[273] Dies nimmt der Gerichtshof z.B. für einzelne Bestimmungen der Kooperationsabkommen mit Marokko, Algerien und Tunesien,[274] der Assoziationsabkommen mit Beitrittskandidaten,[275] des Vierten AKP-EWG-Abkommens von Lomé[276] oder des Freizügigkeitsabkommens mit der Schweiz[277] an. Demgegenüber lehnt er eine Direktwirkung von Vorschriften des GATT oder anderer WTO-Verträge[278] sowie des Übereinkommens von Aarhus[279] bislang grds. ab.

Selbst die Beschlüsse von Gremien, die durch einen solchen Vertrag eingesetzt wurden, hält der EuGH   185
unter denselben Voraussetzungen einer unmittelbaren Wirkung für fähig, sodass sich einzelne vor mitgliedstaatlichen Behörden und Gerichten auf sie berufen können. Dies hat in Deutschland große praktische Bedeutung insbes. für die Beschlüsse 2/76 und 1/80 des Assoziationsrates nach dem *Assoziationsabkommen EG-Türkei*, die zum überwiegenden Teil i.d.S. innerstaatlich „berufungsfähig" sind.[280]

III. Vorrang des Unionsrechts

Die europäische Rechtsgemeinschaft kann nur bestehen, wenn ihre Regeln in allen Teilen der Union   186
einheitlich gelten und angewendet werden. Diese Rechtseinheit setzt voraus, dass sich das Unionsrecht im Konfliktfall gegenüber dem innerstaatlichen Recht der einzelnen Mitgliedstaaten durchsetzt. Zu

---

270 EuGH 26.9.1996 – C-168/95, Slg. 1996, I-4705, Rn. 37 – Arcaro; 12.12.1996 – C-74/95, C-129/95, Slg. 1996, I-6609, Rn. 24 – Strafverfahren gegen X.

271 Dazu z.B. *H. D. Jarass/S. Beljin*, EuR 2004, 714.

272 Z.B. EuGH 13.11.1990 – C-106/89, Slg. 1990, I-4135, Rn. 8 – Marleasing; 14.7.1994 – C-91/92, Slg. 1994, I-3325, Rn. 26 – Faccini Dori; 11.7.1996 – C-71/94, Slg. 1996, I-3603, Rn. 26 – Eurim-Pharm; 16.7.1998 – C-355/96, Slg. 1998, I-4799, Rn. 36 – Silhouette; 13.7.2000 – C-456/98, Slg. 2000, I-6007, Rn. 16 – Centrosteel; 5.10.2004 – C-397/01 bis C-403/01, Slg. 2004, I-8835, Rn. 110 ff. – Pfeiffer u.a.; 15.1.2014 – C-176/12, ECLI:EU:C:2014:2, Rn. 38 – Association de médiation sociale. Aus der deutschen Rspr. z.B. BGH NJW 2001, 3698, 3699 f.; BAG NJW 2006, 3161, 3163.

273 St. Rspr., z.B. EuGH 26.10.1982 – 104/81, Slg. 1982, 3641, Rn. 23 ff. – Kupferberg; 30.9.1987 – 12/86, Slg. 1987, 3719, Rn. 14 – Demirel; 5.7.1994 – C-432/92, Slg. 1994, I-3087, Rn. 23 – Anastasiou; 10.9.1996 – C-277/94, Slg. 1996, I-4085, Rn. 24 – Taflan-Met; 10.1.2006 – C-344/04, Slg. 2006, I-403, Rn. 39 – IATA u.a.; 15.3.2012 – C-135/10, ECLI:EU:C:2012:140, Rn. 44 – SCF.

274 Z.B. EuGH 20.4.1994 – C-58/93, Slg. 1994, I-1353, Rn. 16 ff. – Yousfi; 5.4.1995 – C-103/94, Slg. 1995, I-719, Rn. 21 ff. – Krid; 3.10.1996 – C-126/95, Slg. 1996, I-4807, Rn. 19 f. – Hallouzi-Choho; 15.1.1998 – C-113/97, Slg. 1998, I-183, Rn. 17 f. – Babahenini; 2.3.1999 – C-416/96, Slg. 1999, I-1209, Rn. 32 – El-Yassini; 14.12.2006 – C-97/05, Slg. 2006, I-11917, Rn. 28 – Gattoussi. Daran anknüpfend z.B. BVerwG NVwZ 2004, 241, 242; VG Darmstadt NVwZ 2007, 360.

275 Z.B. EuGH 27.9.2001 – C-235/99, Slg. 2001, I-6427, Rn. 39 – Kondova; 29.1.2002 – C-162/00, Slg. 2002, I-1049, Rn. 30 – Pokrzeptowicz-Meyer; 8.5.2003 – C-438/00, Slg. 2003, I-4135, Rn. 30 – Kolpak. Daran anschließend z.B. VG Berlin NVwZ 2003, 499.

276 EuGH 12.12.1995 – C-469/93, Slg. 1995, I-4533, Rn. 31 ff. – Chiquita Italia.

277 EuGH 28.2.2013 – C-425/11, ECLI:EU:C:2013:121, Rn. 33 – Ettwein.

278 S. z.B. EuGH 23.11.1999 – C-149/96, Slg. 1999, I-8395, Rn. 47 – Portugal/Rat; 12.3.2002 – C-27/00, C-122/00, Slg. 2002, I-2569, Rn. 93 – Omega Air; 1.3.2005 – C- 377/02, Slg. 2005, I-1465, Rn. 38 ff. – Van Parys.

279 EuGH 8.3.2011 – C-240/09, Slg. 2011, I-1255, Rn. 45-52 – Lesoochranárske zoskupenie.

280 Z.B. EuGH 20.9.1990 – C-192/89, Slg. 1990, I-3461, Rn. 14 ff. – Sevince; 17.4.1997 – C-351/95, Slg. 1997, I-2133, Rn. 28 – Kadiman; 11.11.2004 – C-467/02, Slg. 2004, I-10895, Rn. 31 – Cetinkaya; 25.7.2008 – C-453/07, Slg. 2008, I-6291, Rn. 29 f. – Kahveci; 22.12.2010 – C-303/08, Slg. 2010, I-13445, Rn. 31 – Bozkurt; 16.6.2011 – C-484/07, Slg. 2011, I-5203, Rn. 39 – Pehlivan. Ebenso z.B. BVerwGE 97, 301, 304 f.; 98, 298, 310; 99, 28, 31 f.; BVerwG NVwZ 2007, 1435, Rn. 12; OVG Lüneburg NVwZ 2001, Beilage I, 117 f.

den Grundlagen der Unionsrechtsordnung gehört daher der Vorrang des Unionsrechts gegenüber späterem wie früherem nationalem Recht.[281] Dieser Vorrang beruht auf einer *ungeschriebenen Norm des primären Unionsrechts*, welcher durch die deutschen Zustimmungsgesetze zu den Unionsverträgen der innerstaatliche Rechtsanwendungsbefehl erteilt worden ist.[282]

187   Das Vorrangprinzip bedeutet zunächst allgemein, dass das Unionsrecht zur *Maßstabsnorm* für das mitgliedstaatliche Recht wird. Dieses ist in jedem Fall am Unionsrecht zu messen und darf ihm nicht widersprechen. Darüber hinaus hat der Vorrang konkrete Auswirkungen auf den Vollzug des Unionsrechts und die unionsrechtliche Vollzugskontrolle durch die nationalen Gerichte. Alle Behörden und Gerichte der Mitgliedstaaten haben i.R. ihrer Zuständigkeiten das innerstaatliche Recht, soweit wie möglich, in Übereinstimmung mit dem Unionsrecht auszulegen und anzuwenden (→ Rn. 188 ff.). Sofern diese Übereinstimmung nicht durch Auslegung hergestellt werden kann, muss jede kollidierende nationale Rechtsvorschrift unangewendet bleiben bzw. einer entsprechenden Unionsrechtsnorm weichen (Anwendungsvorrang, → Rn. 192 ff.). Grenzen der Vorrangregel ergeben sich jedoch aus den verfassungsrechtlichen Schranken, die der mitgliedstaatlichen Integrationsgewalt gesetzt sind (→ Rn. 194 ff.).

188   **1. Unionsrechtskonforme Auslegung.**   Jeder nationale Rechtsanwender ist berechtigt und verpflichtet, jede relevante innerstaatliche Norm auf ihre Vereinbarkeit mit dem Unionsrecht zu überprüfen und letzteres zu diesem Zweck selbst auszulegen. Die Pflicht zur Berücksichtigung von EU-Recht impliziert für nationale Behörden und Gerichte somit grds. die Notwendigkeit, das Unionsrecht *eigenständig auszulegen* (gegen die Legende vom „Auslegungsmonopol" des EuGH → Rn. 8). Hat der innerstaatliche Rechtsanwender den Regelungsgehalt der einschlägigen Unionsrechtsnorm ermittelt, so muss er zur Vermeidung einer Normkollision versuchen, die maßgeblichen nationalen Bestimmungen mit den unionsrechtlichen Vorgaben in Einklang zu bringen.

189   Zu diesem Zweck trifft den nationalen Verwaltungsbeamten, Richter etc. aufgrund von Art. 4 Abs. 3 EUV zunächst die allgemeine Verpflichtung zur unionsrechtskonformen Auslegung mitgliedstaatlichen Rechts. *Alle Träger öffentlicher Gewalt* in den Mitgliedstaaten sind danach gehalten, das eigene nationale Recht, soweit dessen Wortsinn dies zulässt, im Wege der Auslegung in Einklang mit dem Unionsrecht zu bringen und in dieser Auslegung anzuwenden.[283] Von mehreren zur Auswahl stehenden Auslegungsmöglichkeiten ist diejenige zu wählen, die mit den unionsrechtlichen Vorgaben übereinstimmt. Eröffnet die nationale Norm einen Beurteilungsspielraum oder Ermessen, so ist davon in einer Weise Gebrauch zu machen, die dem einschlägigen Unionsrecht Rechnung trägt.

190   Die Pflicht zur unionsrechtskonformen Auslegung wird *begrenzt durch die nationalen Auslegungsregeln*, die für jeden Rechtsanwender gelten. Die unionsrechtskonforme Auslegung darf nicht dazu führen, dass Wortsinn und Bedeutungsgehalt der nationalen Norm über den Rahmen dessen hinaus verändert werden, was als Auslegung noch zulässig ist.[284] Ist eine nationale Norm nicht auslegungsfähig, so kann die Übereinstimmung mit dem EU-Recht nicht durch Auslegung, sondern unter Umständen nur durch ihre Nichtanwendung erreicht werden.

191   In der Praxis relevant ist v.a. der Unterfall der *richtlinienkonformen Auslegung* nationalen Rechts. Nach st. Rspr. des EuGH muss ein nationales Gericht, um der Umsetzungsverpflichtung aus Art. 288 Abs. 3 AEUV nachzukommen, seine Auslegung und Anwendung innerstaatlichen Rechts am Wortlaut und Zweck einer einschlägigen Richtlinie ausrichten, um das mit der Richtlinie verfolgte Ziel zu errei-

---

281   Grundlegend EuGH 15.7.1964 – 6/64, Slg. 1964, 1251, 1269 f. – Costa/ENEL.

282   O. *Dörr*, Rechtsschutzauftrag, 2003, 138; vgl. BVerfGE 75, 223, 244; 85, 191, 204.

283   Z.B. EuGH 26.9.2000 – C-262/97, Slg. 2000, I-7321, Rn. 39 – Engelbrecht; 11.1.2007 – C-208/05, Slg. 2007, I-181, Rn. 68 – ITC; 22.6.2010 – C-188/10, C-189/10, Slg. 2010, I-5667, Rn. 50 – Melki und Abdeli; 28.7.2011 – C-69/10, Slg. 2011, I-7151, Rn. 60 – Samba Diouf; 24.5.2012 – C-97/11, ECLI:EU:C:2012:306, Rn. 28–30 – Amia; 5.9.2012 – C-42/11, ECLI:EU:C:2012:517, Rn. 54 – Lopes da Silva Jorge. Aus der deutschen Praxis z.B. BVerwG NVwZ 2008, 791, 793; BAG NJW 1996, 2529, 2532; NJW 2006, 3161, 3163; OVG Schleswig NVwZ 1999, 670, 671 f.

284   H. D. *Jarass*, Grundfragen, 1994, 95. Der EuGH spricht insoweit vom Verbot einer „Auslegung *contra legem*", vgl. EuGH 4.7.2006 – C-212/04, Slg. 2006, I-6057, Rn. 110 – Adeneler u.a.; 15.4.2008 – C-268/06, Slg. 2008, I-2483, Rn. 100 – Impact; 5.9.2012 – C-42/11, ECLI:EU:C:2012:517, Rn. 55 – Lopes da Silva Jorge; 11.11.2015 – C-505/14, ECLI:EU:C:2015:742, Rn. 32 – Klausner Holz Niedersachsen. Aus der deutschen Praxis z.B. BVerwGE 100, 238, 240; 106, 90, 95; BAG NJW 1996, 2529, 2532; OLG Brandenburg NVwZ 1999, 1142, 1144.

chen.[285] Diese Verpflichtung erstreckt sich über die zur Umsetzung der betreffenden Richtlinien erlassenen Vorschriften hinaus auf das gesamte nationale Recht, soweit es einen Bezug zum Inhalt der Richtlinie aufweist. Gegenüber der allgemeinen Regel weist die richtlinienkonforme Auslegung zwei Besonderheiten auf, die mit dem zweistufigen Rechtsetzungsverfahren durch Richtlinien zusammenhängen. Zum einen setzt die Verpflichtung zur richtlinienkonformen Interpretation für Behörden und Gerichte erst mit dem Ablauf der gesetzten Umsetzungsfrist ein.[286] Zum anderen darf die richtlinienkonforme Auslegung nicht die fehlende Direktwirkung der Richtlinie zulasten Einzelner untergraben. Jedenfalls Verpflichtungen Einzelner gegenüber dem Staat können auf diese Weise nicht begründet werden. Demgegenüber ist eine richtlinienkonforme Auslegung im horizontalen Verhältnis Privater heute allgemein anerkannt (→ Rn. 183).

2. Anwendungsvorrang und Normverwerfung. Kann eine Übereinstimmung nationaler Bestimmungen mit dem einschlägigen Unionsrecht nicht durch Auslegung hergestellt werden, so entsteht, wenn beide für denselben Sachverhalt und denselben Adressaten eine andere Rechtsfolge anordnen, eine Normkollision. Diese ist, soweit es sich um eine unmittelbar wirksame Norm des Unionsrechts handelt, vom nationalen Rechtsanwender aufzulösen, und zwar i.S. einer *Unanwendbarkeit der nationalen Vorschrift*.[287] Die kollidierende mitgliedstaatliche Norm bleibt zwar gültig, wird aber im konkreten Einzelfall durch die vorrangige Unionsnorm verdrängt.   192

Soweit und solange die Normkollision besteht, ist jeder nationale Rechtsanwender kraft Unionsrechts   193
verpflichtet, die kollidierende nationale Vorschrift unangewendet zu lassen.[288] Sie darf der Entscheidung eines mitgliedstaatlichen Trägers hoheitlicher Gewalt nicht zugrunde gelegt werden. Der Anwendungsvorrang des Unionsrechts relativiert somit die innerstaatliche Gesetzesbindung und überlagert den Vorrang des Gesetzes. Nationale Instanzen besitzen gegenüber unionsrechtswidrigen nationalen Rechtsakten – auch formellen Gesetzen – ein *Nichtanwendungsrecht und eine Nichtanwendungspflicht*.[289] Die Normenkontrollbefugnis deutscher Gerichte geht also in Bezug auf das Unionsrecht deutlich weiter als in Bezug auf das nationale Verfassungsrecht: Während sie ein Gesetz, das sie für verfassungswidrig halten, gem. Art. 100 Abs. 1 GG dem BVerfG vorlegen müssen, können – und müssen – die Fachgerichte eine als unionsrechtswidrig erkannte Regelung selbständig verwerfen.[290] Nichtanwendungsrecht und -pflicht gelten kraft Unionsrechts auch für die nationalen Verwaltungsbehörden.[291] Zwischenzeitlich lehnten einige Obergerichte die Nichtanwendung unionsrechtswidrigen deutschen Rechts ab, wenn dadurch „inakzeptable Gesetzeslücken" entstünden und wichtige Allgemeininteressen gefährdet wären.[292] Ob diese freihändige „Suspendierung" des Anwendungsvorrangs mit dem Wirkungsanspruch des Unionsrechts vereinbar ist, muss allerdings bezweifelt werden.

3. Grenzen des Vorrangs. Eine absolute, uneingeschränkte Geltung der Vorrangregel widerspräche   194
der Struktur des europäischen Integrationsverbandes, die ganz offensichtlich auf souveränen Mitglied-

---

285 Z.B. EuGH 14.7.1994 – C-91/92, Slg. 1994, I-3325, Rn. 26 – Faccini Dori; 26.9.1996 – C-168/95, Slg. 1996, I-4705, Rn. 41 – Arcaro; 24.9.1998 – C-76/97, Slg. 1998, I-5357, Rn. 25 – Tögel; 11.7.2002 – C-62/00, Slg. 2002, I-6325, Rn. 24 – Marks&Spencer; 22.5.2003 – C-462/99, Slg. 2003, I-5197, Rn. 38 – Connect Austria; 4.7.2006 – C-212/04, Slg. 2006, I-6057, Rn. 108 – Adeneler u.a.

286 EuGH 4.7.2006 – C-212/04, Slg. 2006, I-6057, Rn. 110 – Adeneler u.a. Ebenso z.B. BGH NJW 1998, 2208, 2211; NJW 2006, 2630, 2634; VGH Mannheim NVwZ 2005, 1098, 1099.

287 Statt aller BVerfGE 75, 223, 224; 85, 191, 204; 92, 203, 227; 126, 286, 301 f.; *M. Nettesheim*, in: Grabitz/Hilf/Nettesheim AEUV Art. 1 Rn. 79–81.

288 St. Rspr., z.B. EuGH 8.6.2000 – C-258/98, Slg. 2000, I-4217, Rn. 16 – Carra; 18.4.2002 – C-290/00, Slg. 2002, I-3567, Rn. 31 – Duchon; 22.5.2003 – C-462/99, Slg. 2003, I-5197, Rn. 40 – Connect Austria; 11.1.2007 – C-208/05, Slg. 2007, I-181, Rn. 69 – ITC; 19.1.2010 – C-555/07, Slg. 2010, I-365, Rn. 51–55 – Kücükdeveci; 26.2.2013 – C-617/10, ECLI:EU:C:2013:105, Rn. 45 – Åkerberg Fransson. Aus der deutschen Praxis z.B. BVerwGE 87, 154, 158; 102, 331, 336; BVerwG NVwZ 1998, 520, 523; BFH NJW 2001, 847, 848; BAG NJW 1996, 2529, 2533.

289 *H. D. Jarass*, Grundfragen, 1994, 101. Da es um die Nichtanwendung einer Norm im Einzelfall geht, sollte nicht von einer „Verwerfungskompetenz" gesprochen werden.

290 BVerfGE 31, 145, 174 f.; 82, 159, 191; 85, 191, 205.

291 EuGH 22.6.1989 – 103/88, Slg. 1989, 1839, Rn. 31–33 – Costanzo; 29.4.1999 – C-224/97, Slg. 1999, I-2517, Rn. 30 – Ciola; 28.6.2001 – C-118/00, Slg. 2001, I-5063, Rn. 52 f. – Larsy; 25.11.2010 – C-429/09, Slg. 2010, I-12167, Rn. 40 – Fuß. Zum Problem z.B. *J. Pietzcker*, FS Everling, Bd. II, 1995, 1095; *Streinz/Herrmann*, BayVBl 2008, 1.

292 OVG Münster NVwZ 2006, 1078, 1080; OLG München NJW 2006, 3588, 3591. Dazu *D. Ehlers/A. Eggert* JZ 2008, 585.

staaten aufbaut. Eine grenzenlose und unkontrollierbare Verdrängung jeder Norm des mitgliedstaatlichen Verfassungsrechts durch das Unionsrecht würde die Mitgliedstaaten ihrer staatlichen Souveränität berauben[293] und damit die Fundamente der Unionsrechtsordnung selbst bedrohen. In Deutschland knüpft die innerstaatliche (Vorrang-)Wirkung des Unionrechts an den mitgliedstaatlichen Rechtsanwendungsbefehl an[294] und unterliegt daher den *verfassungsrechtlichen Grenzen der deutschen Integrationsgewalt.* Diese sind zu trennen in eine materiell-rechtliche „Grenze des Übertragbaren" und eine kompetenzrechtliche „Grenze des Übertragenen".[295]

195 Die *„Grenze des Übertragbaren"* bezeichnet den materiellen Kernbestand staatlicher Eigenheit, der einer rechtlichen Europäisierung verschlossen ist und den daher auch der deutsche Integrationsgesetzgeber nicht gem. Art. 23 Abs. 1 S. 2 GG auf die EU „übertragen" darf. Er widersteht somit auch den Einwirkungen des autonom gesetzten Unionsrechts. Dieser geschützte Kernbereich umfasst, wie sich aus Art. 23 Abs. 1 S. 3 GG ergibt, jedenfalls die Gewährleistungen des Art. 79 Abs. 3 GG; hinzu kommen im Vorfeld die Anforderungen des Art. 23 Abs. 1 S. 1 GG. Überschritte ein einzelner Unionsrechtsakt oder die Entwicklung der europäischen Integration insgesamt diese letzte Grenze, so würde der deutsche Rechtsanwendungsbefehl, mithin das betreffende „Übertragungs"gesetz nach Art. 23 Abs. 1 S. 2 GG, nachträglich verfassungswidrig.[296] Lange Zeit war eine solche Grenzüberschreitung äußerst unwahrscheinlich, da das BVerfG die Anforderungen v.a. an den „im wesentlichen vergleichbaren Grundrechtsschutz" (Art. 23 Abs. 1 S. 1 GG) bis zur Unkenntlichkeit zurückgenommen hatte: Diese Integrationsgrenze der Verfassung sollte nur noch relevant sein, wenn der Betroffene ein „generelles" Absinken des europäischen Grundrechtsstandards unter das vom GG gebotene Minimalniveau „im einzelnen" darlegte.[297] In seiner jüngeren Rspr. hat das BVerfG die materiellrechtliche Integrationsgrenze mit dem Stichwort der *„Verfassungsidentität"* wieder gestärkt und es damit wieder in den Bereich des Möglichen gerückt, dass ein Unionsrechtsakt die „Grenze des Übertragbaren" (z.B. unter dem Gesichtspunkt des Demokratieprinzips oder der Menschenwürde) erreicht.[298]

196 Soweit der Kontrollmaßstab für die materielle Verfassungsgrenze zurückgenommen ist, ergibt sich eine *Verfassungsfestigkeit der europäischen Integration,* die auch auf das unionsrechtlich determinierte nationale Gesetzesrecht erstreckt wird: Deutsche Umsetzungsakte, die vollständig durch EU-Recht vorgegeben und daher in der Sache nicht Ausdruck eines eigenen Gestaltungsakts deutscher Staatsgewalt sind, unterliegen ebenfalls bis auf weiteres nicht mehr der Grundrechtskontrolle durch das BVerfG.[299] Auf die Grundrechte des GG können sich Private dann nur noch berufen, soweit die deutsche Staatsgewalt bei der Umsetzung oder Durchführung von Unionsrecht über eigene Gestaltungsspielräume verfügt, d.h. nicht durch das Unionsrecht determiniert ist.[300]

197 *Zuständig für die Kontrolle* der „Grenze des Übertragbaren" ist das BVerfG. Rechtsschutz ist über nationale Durchführungsakte, jedenfalls über das deutsche Zustimmungsgesetz zu erlangen.[301] Das Verwerfungsmonopol aus Art. 100 Abs. 1 GG findet Anwendung,[302] da die „Transportfunktion" des einfachen Integrationsgesetzes am europafesten Kerngehalt der Verfassung gemessen wird. Fachgerichte sind – auch – verfassungsrechtlich gehindert, die Unanwendbarkeit eines Unionsrechtsaktes von sich aus festzustellen.[303] Verwaltungsbehörden müssen Unionsrecht, das sie für verfassungswidrig halten, nach den allgemeinen Grundsätzen weiter anwenden.

198 Die *„Grenze des Übertragenen"* hingegen knüpft an den in Art. 23 Abs. 1 GG enthaltenen Gesetzesvorbehalt an und schützt ihn gegen eine Aushöhlung durch andere Staatsorgane, v.a. aber durch kompetenzübersteigendes Sekundärhandeln der Union. Der in den deutschen Zustimmungsgesetzen ent-

---

293 M. Nettesheim, GS Grabitz, 1995, 447, 455–457.
294 BVerfGE 89, 155, 190; O. Dörr, Rechtsschutzauftrag, 2003, 94–96 m.w.N.
295 Zum Folgenden O. Dörr, Rechtsschutzauftrag, 2003, 109–133. Für diese Terminologie vorher schon M. Burgi, Verwaltungsprozeß, 1996, 24 f.; E. Klein, VVDStRL 50 (1991), 56, 68.
296 O. Dörr, Rechtsschutzauftrag, 2003, 112 f.
297 BVerfGE 102, 147, 164; für diese generalisierende Betrachtung vorher schon BVerfGE 73, 339, 387; 89, 155, 175. Näher dazu O. Dörr, Rechtsschutzauftrag, 2003, 121–126.
298 Vgl. BVerfGE 123, 267, 343 f. – Lissabon; 134, 366, 384–387 – OMT I; 142, 116, Rn. 120 – OMT II.
299 Vgl. BVerfGE 118, 79, 95–98 – Emissionshandel; 121, 1, 15; 125, 260, 306 – Vorratsdatenspeicherung; 129, 186, 199 – InvZulG.
300 BVerfGE 125, 260, 306 f.
301 O. Dörr, Rechtsschutzauftrag, 2003, 114, 239–275.
302 Für den Grundrechtsschutz schon BVerfGE 37, 271, 284 f.; 52, 187, 199.
303 Ebenso schon BVerfG NJW 1987, 3077.

haltene Rechtsanwendungsbefehl ist auf das in den EU-Verträgen angelegte „Integrationsprogramm" beschränkt. „Wesentliche Änderungen" dieses „Programms" durch die Unionsorgane wären daher nicht mehr vom Rechtsanwendungsbefehl umfasst und somit in der deutschen Rechtsordnung nicht anwendbar.[304] Vergleichbar mit dem innerstaatlichen Vorbehalt des Gesetzes[305] sind danach EU-Rechtsakte für die deutsche Staatsgewalt nur verbindlich (und von ihr als vorrangig zu behandeln), soweit sie sich i.R. der vertraglichen Verbandskompetenz der Union bewegen. Ein Unionsrechtsakt, der diesen Kompetenzrahmen sprengt, kann nationales Recht nicht verdrängen.

Die tatsächliche Relevanz dieser Kompetenzgrenze, hängt davon ab, wie das in den Unionsverträgen   199
angelegte „*Integrationsprogramm*" zu bestimmen ist und wem insoweit die letztverbindliche Kontroll-befugnis zusteht. Das Konzept des vertraglichen „Integrationsprogramms" verweist auf das Unions-recht selbst, und damit auch auf die ihm eigene Flexibilität und Dynamik. Im „Integrationspro-gramm" der EU-Verträge ist z.B. ein am *effet utile* orientiertes Mandat des EuGH zur Rechtsfortbil-dung und zur Ausformung konkreter Verhaltenspflichten der Mitgliedstaaten bewusst enthalten (zur Rechtsfortbildungskompetenz des EuGH → Rn. 11); auch dieses ist vom deutschen Rechtsanwen-dungsbefehl grds. umfasst.[306]

Dasselbe muss dann konsequenterweise auch für die Frage der *Kontrollbefugnis* gelten: Das „Integra-   200
tionsprogramm" der EU-Verträge beruht ersichtlich auf einer ausschließlichen Letztentscheidungsbe-fugnis des EuGH in Bezug auf die Auslegung des Primärrechts[307] und damit auch auf die Kompetenz-mäßigkeit unionaler Sekundärakte. Die Konzentrierung dieser Befugnis bei einer zentralen Rechtspre-chungsinstanz ist eine unabdingbare Voraussetzung für die Einheit der Unionsrechtsordnung und da-mit für das Funktionieren der Union als Rechtsgemeinschaft.[308] Sie ist damit auch Gegenstand des deutschen Rechtsanwendungsbefehls.[309] Einem nationalen Gericht, auch dem BVerfG, kann eine ent-sprechende Entscheidungsbefugnis selbst kraft Verfassungsrechts grds. nicht mehr zukommen; die an-derslautende Kompetenzbehauptung in der Rspr. des BVerfG,[310] die das Gericht allerdings mittlerwei-le selbst relativiert hat,[311] ist verfehlt. Soweit der EuGH also zuständig ist und seine Rspr. die materi-ell-rechtliche „Grenze des Übertragbaren" nicht verletzt, obliegt ihm die Letztentscheidung zur „Grenze des Übertragenen". Ein Kompetenzverstoß der EU ist vor den deutschen Fachgerichten justi-tiabel, denn er betrifft die Kontrolle am Maßstab des einfach-gesetzlichen Rechtsanwendungsbefehls, nicht an dem der Verfassung.[312] Allerdings ist dem nationalen Gericht die eigenständige Nichtanwen-dung des Unionsrechtsakts versagt: Wegen des Verwerfungsmonopols des EuGH (→ Rn. 124) muss es diesem die Kompetenzfrage gem. Art. 267 AEUV zur verbindlichen Vorabentscheidung vorlegen. Für das BVerfG gilt im Grundsatz nichts Anderes.[313]

IV. Die Rolle des Verwaltungsrichters im Rechtsschutzsystem der Union

Aus diesen Grundlagen der innerstaatlichen Wirkung des Unionsrechts ergibt sich die spezifische   201
Funktion der mitgliedstaatlichen Gerichte im dualen Rechtsschutzsystem der Union. Ihnen v.a. obliegt es, den Rechtsschutz zu gewährleisten, der sich für die Unionsbürger aus der unmittelbaren Wirkung des Unionsrechts ergibt.[314] Der *Rechtsschutzauftrag* der nationalen (Verwaltungs-)Gerichte ist mithin

---

304 BVerfGE 75, 223, 240 und 242; 85, 191, 204; 89, 155, 188. Ebenso für Art. 24 Abs. 2 GG BVerfGE 104, 151, 195.
305 *J. Isensee*, FS Stern, 1997, 1239, 1253 spricht insoweit von einem „europabezogene(n) Seitenstück".
306 Vgl. BVerfGE 75, 223, 241–244; 89, 155, 209.
307 Ebenso BVerfGE 52, 187, 200 f.; 75, 223, 234.
308 *D. Scheuing*, EuR 1997, Beiheft 1, 7, 41, *E. Klein*, VVDStRL 50 (1991), 56, 66 f.; *J. A. Frowein*, ZaöRV 54 (1994), 1, 8 f.; *F. Schockweiler*, EuR 1996, 123, 124–126; *G. Hirsch*, NJW 1996, 2457, 2463; *ders.*, NVwZ 1998, 907, 909.
309 Ebenso *E. Klein*, GS Grabitz, 1995, 271, 281; *D. Scheuing*, EuR 1997, Beiheft 1, 7, 41; *G. Nicolaysen/C. Nowak*, NJW 2001, 1233, 1237; *O. Dörr*, Rechtsschutzauftrag, 2003, 130.
310 BVerfGE 89, 155, 188 – Maastricht; 123, 267, 353 f. – Lissabon.
311 BVerfGE 126, 286, 302–307 – Honeywell; 142, 123, Rn. 143-151 – OMT II: Beschränkung der Kompetenzkontrol-le auf „offensichtliche" Überschreitungen, die „im Kompetenzgefüge zwischen Mitgliedstaaten und Union … erheb-lich ins Gewicht fallen"; dazu z.B. *H. Sauer*, EuZW 2011, 94; *A. Proelß*, EuR 2011, 241; *F. Mayer/M. Walter*, Jura 2011, 532.
312 *O. Dörr*, Rechtsschutzauftrag, 2003, 255 f. In der Praxis nahmen eine Kompetenz zur Prüfung des „Integrationspro-gramms" z.B. in Anspruch BVerwGE 106, 328, 333 f.; OVG Münster NVwZ 1996, 494, 495; OVG Bln GewArch 1999, 292, 293 f.; BFH NJW 1996, 1367, 1368; BGHZ 125, 382, 390 f.
313 Näher *O. Dörr*, Rechtsschutzauftrag, 2003, 261 f.
314 St. Rspr. seit EuGH 16.12.1976 – 33/76, Slg. 1976, 1989, Rn. 5 – Rewe-Zentralfinanz.

um die Aufgabe erweitert, für eine wirksame Durchsetzung des Unionsrechts zu sorgen. Durch die unionsrechtliche Überlagerung von Art. 19 Abs. 4 GG wird dieser Rechtsschutzauftrag zu einem Gebot des Verfassungsrechts,[315] d.h. der nationale Rechtsschutz vor deutschen Gerichten besitzt – auch – kraft Verfassungsrechts eine Implementierungsfunktion für Unionsrecht in Deutschland.[316]

202 Um diesen zugleich unions- und verfassungsrechtlichen Auftrag zu erfüllen, haben die Verwaltungsgerichte das einschlägige Unionsrecht zu ermitteln, selbst auszulegen und, soweit es unmittelbar wirksam ist, auf den Streitfall anzuwenden. Es gehört zu „Recht und Gesetz" i.S.v. Art. 20 Abs. 3 GG und damit zum verbindlichen *Entscheidungsprogramm* des Richters. Die unmittelbar wirksamen Vorschriften des Unionsrechts binden, soweit sie einschlägig sind, die nationalen Behörden in Bezug auf ihre gesamte Verwaltungstätigkeit. Sie bilden damit den Rechtmäßigkeits- und Kontrollmaßstab für die gerichtliche Überprüfung dieser Tätigkeit. Die Pflicht zu ihrer Berücksichtigung von Amts wegen[317] kann i.R. aller verwaltungsgerichtlichen Klagearten zum Tragen kommen.

203 Nationale Rechtsvorschriften, die mit dem anwendbaren Unionsrecht kollidieren und die nicht unionsrechtskonform ausgelegt werden können, muss das deutsche Gericht von sich aus unangewendet lassen (→ Rn. 193). In Bezug auf die Vereinbarkeit mit dem Unionsrecht besitzt es gegenüber dem nationalen Recht eine umfassende *Prüfungs- und Nichtanwendungskompetenz*, die nicht durch Art. 100 Abs. 1 GG beschränkt ist. Kommt es zur Streitentscheidung dagegen auf eine Norm des Unionsrechts an, so besitzt das nationale Gericht zwar eine Prüfungs-, aber keine Nichtanwendungsbefugnis. Hat es Zweifel an der Vereinbarkeit der Norm mit höherrangigem Unionsrecht, so muss es entweder eine Vorabentscheidung des EuGH gem. Art. 267 AEUV einholen oder aber seine Zweifel überwinden und die Norm anwenden (zum Verwerfungsmonopol des EuGH → Rn. 9, 124).

204 Die *Grenzen* für die Berücksichtigung des Unionsrechts im Verwaltungsprozess bestimmen sich nach den Grenzen für seine innerstaatliche Anwendbarkeit überhaupt. Zieht ein Gericht diese Anwendbarkeit im Einzelfall in Frage, so ist allerdings die insoweit begrenzte Kontrollbefugnis der VG zu beachten (→ Rn. 197, 200): Über die materiell-rechtliche „Grenze des Übertragbaren" entscheidet das BVerfG (ggf. nach Art. 100 Abs. 1 GG), über die kompetenzrechtliche „Grenze des Übertragenen" der EuGH (ggf. i.R. von Art. 267 AEUV).

B. Unionsrechtliche Anforderungen an den nationalen Verwaltungsrechtsschutz

205 In ihrer Funktion als Unionsgerichte (→ Rn. 170) kontrollieren die mitgliedstaatlichen Gerichte den Unionsrechtsvollzug der nationalen Behörden und gewähren in diesem Zusammenhang Rechtsschutz. Dies kommt v.a. darin zum Ausdruck, dass in einschlägigen Fällen das materielle Unionsrecht den Maßstab ihrer Begründetheitsprüfung bildet (→ Rn. 202). Das EU-Recht erweitert jedoch nicht nur das materiell-rechtliche Entscheidungsprogramm im nationalen Verwaltungsprozess, es enthält auch konkrete *Vorgaben für das verwaltungsgerichtliche Verfahren selbst*. Diesen unterliegen die mitgliedstaatlichen Gerichte bei der prozessualen Gestaltung ihrer unionsrechtlichen Vollzugskontrolle, aber auch darüber hinaus bei ihrer sonstigen Rechtsprechungstätigkeit. Die nationalen Gerichte sind an unmittelbar wirksame Normen des EU-Rechts gebunden, die allgemein für den (indirekten) Unionsrechtsvollzug und die nationale Rspr. gelten (→ Rn. 206 ff.), aber auch spezifische Anforderungen an das nationale Gerichtsverfahren stellen (→ Rn. 220 ff.). Verletzen die Staatsorgane individualschützendes Unionsrecht, so kann der einzelne unter Umständen vor den nationalen Gerichten Sekundärrechtsschutz nach den Regeln der unionsrechtlichen Staatshaftung erlangen (→ Rn. 253 ff.).

I. Unionsrecht und nationale Rechtsprechung

206 Soweit das Unionsrecht selbst keine unmittelbar wirksamen Regeln enthält,[318] sind die Mitgliedstaaten grds. autonom in der Ausgestaltung der Verfahren zum (indirekten) Vollzug des EU-Rechts sowie zur entsprechenden Vollzugskontrolle durch die nationalen Gerichte (→ Rn. 171). Diese *Verfahrens-*

---

315 O. *Dörr*, Rechtsschutzauftrag, 2003, 168 f.
316 Ausf. O. *Dörr*, Rechtsschutzauftrag, 2003, 173–237.
317 Vgl. EuGH 11.7.1991 – C-87/90, Slg. 1991, I-3757, Rn. 16 – Verholen; 14.12.1995 – C-430/93, Slg. 1995, I-4705, Rn. 15 – van Schijndel.
318 Wie z.B. für das Zollverfahren im EU-Zollkodex (VO (EU) Nr. 952/2013, ABl. 2013 L 269, 1), zum Rechtsbehelfsverfahren dort in Art. 44 f. Zu den Vorgängerregelungen schon M. *Tonne*, Rechtsschutz, 1997, 390–397.

autonomie wird jedoch *begrenzt* durch die Vorgaben, die das Unionsrecht sowohl allgemein für staatliches Handeln mit Unionsbezug als auch speziell für seine Umsetzung in der innerstaatlichen Rechtsordnung aufstellt. Die nationale Rspr. sieht sich insoweit zunächst den gleichen Anforderungen ausgesetzt wie die mitgliedstaatlichen Behörden in Bezug auf das Verwaltungsverfahren bei unionsrechtlich determinierten Sachverhalten.

1. Grundfreiheiten und Diskriminierungsverbot. Alle nationalen Hoheitsträger der EU-Mitgliedstaaten sind verpflichtet, die Grundfreiheiten und das allgemeine Diskriminierungsverbot des AEUV zu beachten. Die Normen sind unmittelbar wirksam (→ Rn. 179) und binden daher, soweit sie tatbestandlich einschlägig sind, den staatlichen Gesetzgeber bei der Ausgestaltung des nationalen Prozessrechts sowie die mitgliedstaatlichen Gerichte bei der Anwendung desselben. Weder die gesetzliche Regelung noch das verwaltungsgerichtliche Verfahren selbst dürfen daher unzulässig in die Freiheit des Waren-, Dienstleistungs- oder Kapitalverkehrs, die Arbeitnehmerfreizügigkeit oder das Niederlassungsrecht eingreifen. Alle diese Garantien schließen für ihren speziellen Anwendungsbereich ein Diskriminierungsverbot ein, zudem untersagt Art. 18 Abs. 1 AEUV allgemein „im Anwendungsbereich der Verträge" jede Diskriminierung aus Gründen der Staatsangehörigkeit.

Gerichtszugang und -verfahren in anderen Mitgliedstaaten kann den *Tatbestand einer Grundfreiheit*   207

im Kern berühren, wenn z.B. die Klageerhebung oder Prozessvertretung den eigentlichen Gegenstand einer grenzüberschreitend erbrachten Dienstleistung bildet.[319] Darüber hinaus ist die Möglichkeit, diskriminierungsfreien Rechtsschutz für Streitigkeiten im Zusammenhang mit einer wirtschaftlichen Tätigkeit zu erlangen, die „logische Folge" der vertraglichen Freiheiten, welche diese Tätigkeiten in allen Mitgliedstaaten garantieren.[320] Die gegenüber inländischen Staatsangehörigen gleichberechtigte Eröffnung des nationalen Rechtsweges sowie ein ebenso gleichberechtigtes gerichtliches Verfahren sind somit *notwendige Begleitrechte* der EU-Grundfreiheiten, soweit eine Rechtssache eine von diesen Freiheiten geschützte Tätigkeit betrifft.

Der Gewährleistungsgehalt aller EU-Grundfreiheiten geht jedoch bekanntlich über ein reines Diskriminierungsverbot hinaus.[321] Neben einer freiheitsrechtlichen kommt ihnen in der Rspr. des EuGH auch eine *verfahrensrechtliche Dimension* zu: Danach können staatliche Maßnahmen, welche die Grundfreiheiten beschränken, nur dann gerechtfertigt sein, wenn sie innerstaatlich einer effektiven gerichtlichen Überprüfung unterliegen.[322] Dieses Rechtsschutzgebot, das der Gerichtshof aus der Schrankenschranke der Verhältnismäßigkeit ableitet, muss im Kern dem Gewährleistungniveau des Unionsgrundrechts auf effektiven Rechtsschutz (heute Art. 47 GRCh → Rn. 215–217) entsprechen.[323]

Der EuGH betrachtete prozessrechtliche Vorschriften der Mitgliedstaaten in der Vergangenheit vorwiegend unter dem Blickwinkel des *allgemeinen Diskriminierungsverbots* (jetzt Art. 18 Abs. 1 AEUV). Dessen Tatbestand, der sich ausschließlich durch den „Anwendungsbereich der Verträge" bestimmt, ist eröffnet, soweit ein nationales Gerichtsverfahren die Ausübung einer durch den AEUV geschützten wirtschaftlichen Tätigkeit betrifft. Denn nach der Rspr. fallen alle nationalen Vorschriften, die – auch nur mittelbare – Auswirkungen (z.B.) auf den freien Waren- oder Dienstleistungsverkehr haben, in den „Anwendungsbereich des Vertrages" und unterliegen damit dem allgemeinen Diskriminierungsverbot.[324] Infolge der extensiven EuGH-Rspr. zu Art. 21 AEUV[325] dürfte mittlerweile jeder Unionsbürger,

---

319 Für die Tätigkeit eines Testamentsvollstreckers EuGH 1.7.1993 – C-20/92, Slg. 1993, I-3777, Rn. 9 ff. – Hubbard; einer Versicherungsgesellschaft EuGH 1.2.1996 – C-177/94, Slg. 1996, I-161, Rn. 16 – Perfili.

320 So EuGH 26.9.1996 – C-43/95, Slg. 1996, I-4661, Rn. 13 – Data Delecta; der Sache nach ebenso in 20.3.1997 – C-323/95, Slg. 1997, I-1711, Rn. 14 – Hayes.

321 Statt aller *D. Ehlers*, in: ders. Europäische Grundrechte und Grundfreiheiten, ⁴2014, § 7 Rn. 30–32; zur Verfahrensdimension ebd., Rn. 41.

322 Vgl. z.B. EuGH 14.3.2000 – C-54/99, Slg. 2000, I-1335, Rn. 17 – Église de scientologie; 20.2.2001 – C-205/99, Slg. 2001, I-1271, Rn. 38 – Analir; 23.3.2004 – C-138/02, Slg. 2004, I-2703, Rn. 72 – Collins; 17.3.2011 – C-372, C-373/09, Slg. 2011, I-1785, Rn. 62-64 – Peñarroja Fa. S.a. O. *Dörr*, Rechtsschutzauftrag, 2003, 47 f.

323 EuGH 17.3.2011 – C-372, C-373/09, Slg. 2011, I-1785, Rn. 62 – Peñarroja Fa.

324 EuGH 20.2.1993 – C-92/92, C-326/92, Slg. 1993, I-5145, Rn. 27 – Phil Collins; 26.9.1996 – C-43/95, Slg. 1996, I-4661, Rn. 14 – Data Delecta; 20.3.1997 – C-323/95, Slg. 1997, I-1711, Rn. 16 – Hayes; 2.10.1997 – C-122/96, Slg. 1997, I-5325, Rn. 20 – Saldanha. Für die Auslandszustellung BGH NJW 1999, 1187, 1190; NJW 1999, 1871, 1872.

325 Z.B. EuGH 20.9.2001 – C-184/99, Slg. 2001, I-6193, Rn. 29 ff. – Grzelczyk; 7.9.2004 – C-456/02, Slg. 2004, I-7573, Rn. 40 ff. – Trojani; 15.3.2005 – C-209/03, Slg. 2005, I-2119, Rn. 31 ff. – Bidar; 18.11.2008 – C-158/07, Slg. 2008, I-8507, Rn. 35 ff. – Förster.

der sich – aus welchem Grund auch immer – in einem anderen EU-Mitgliedstaat aufhält, den Schutz des Art. 18 Abs. 1 AEUV genießen.

211 Gegen dieses Verbot verstößt eine Prozessrechtsnorm oder eine gerichtliche Praxis, welche Unionsbürger aus anderen Mitgliedstaaten wegen ihrer Staatsangehörigkeit in Bezug auf den Zugang zum Gericht oder das gerichtliche Verfahren anders behandelt als Inländer. Als *diskriminierend* und damit unionsrechtswidrig sah der EuGH z.B. die auf Ausländer beschränkte Verpflichtung zur Leistung einer Prozesskostensicherheit (s. § 110 Abs. 1 ZPO a.F.)[326] sowie den Arrestgrund der Auslandsvollstreckung (s. § 917 Abs. 2 ZPO a.F.)[327] an.

212 **2. Allgemeine Rechtsgrundsätze und Unionsgrundrechte.** Unionsrechtliche Vorgaben für das nationale Verwaltungs- und Gerichtsverfahren ergeben sich weiter aus den allgemeinen Rechtsgrundsätzen des Unionsrechts, die der EuGH mithilfe einer wertenden Vergleichung aus den Rechts- und Verfassungstraditionen der Mitgliedstaaten entwickelt. Als ungeschriebene Bestandteile der unionsrechtlichen „rule of law" sind diese Grundsätze auf mitgliedstaatliche Maßnahmen anwendbar, soweit sie die Durchführung von Unionsrecht betreffen oder überhaupt im Anwendungsbereich des Unionsrechts ergehen.[328] In diesem Rahmen binden sie dann auch die mitgliedstaatlichen Gerichte, welche die allgemeinen Rechtsgrundsätze von Amts wegen anzuwenden haben. Die allgemeinen Rechtsgrundsätze enthalten *unmittelbar wirksame Handlungsanweisungen*, sodass sich der einzelne vor nationalen Gerichten auf sie berufen kann,[329] um nationale Vollzugsmaßnahmen oder auch – inzident – die zugrundeliegenden EU-Rechtsakte selbst anzugreifen.[330]

213 In der Sache enthalten die allgemeinen Rechtsgrundsätze v.a. die *Grundrechtsgewährleistungen* des Unionsrechts, die nunmehr in der EU-Grundrechtecharta (GRCh)[331] rechtsverbindlich und im Rang von Unionsprimärrecht (Art. 6 Abs. 1 EUV) festgeschrieben sind. Die Bindung an diese Unionsgrundrechte, die für die Organe der Mitgliedstaaten im gesamten Anwendungsbereich des Unionsrechts bindend sind,[332] führt zu einer doppelten Grundrechtsbindung der nationalen Gerichte und Behörden, die bei einem höheren Schutzniveau des Unionsrechts stets in dessen Sinne zu handhaben ist. Die Unionsgrundrechte können Beschränkungen unterworfen werden, die durch schutzwürdige Gemeinwohlziele oder die schutzwürdigen Rechte Dritter gerechtfertigt sind. Solche Eingriffe müssen gem. Art. 52 Abs. 1 GRCh gesetzlich vorgesehen und im Hinblick auf ihren Zweck verhältnismäßig sein und müssen das beschränkte Recht in seinem Wesensgehalt unangetastet lassen.[333] Diese Maßstäbe gelten auch, soweit mitgliedstaatliche Verwaltungs- oder Gerichtsverfahren in Unionsgrundrechte eingreifen.

214 Darüber hinaus sind bestimmte *rechtsstaatliche Garantien* für das Verwaltungs- und Gerichtsverfahren als allgemeine Rechtsgrundsätze des Unionsrechts verbürgt.[334] Dazu gehören als Verfahrensrechte v.a. das Recht auf rechtliches Gehör und auf Akteneinsicht im Verwaltungsverfahren sowie als objektiv-rechtliche Grundsätze die Gesetzmäßigkeit der Verwaltung, Rechtssicherheit und Vertrauensschutz, das Rückwirkungsverbot, der Bestimmtheitsgrundsatz sowie die Verhältnismäßigkeit hoheitlichen Handelns. Wesentliche Aspekte fasst nun Art. 41 GRCh in einem „Recht auf gute Verwaltung" zusammen.[335]

---

326 EuGH 1.7.1993 – C-20/92, Slg. 1993, I-3777, Rn. 15 – Hubbard; 26.9.1996 – C-43/95, Slg. 1996, I-4661, Rn. 22 – Data Delecta; 20.3.1997 – C-323/95, Slg. 1997, I-1711, Rn. 25 – Hayes; 2.10.1997 – C-122/96, Slg. 1997, I-5325, Rn. 30 – Saldanha.

327 EuGH 10.2.1994 – C-398/92, Slg. 1994, I-467, Rn. 22 – Mund & Fester.

328 Statt aller *C. Nowak*, in: Heselhaus/Nowak, Handbuch der Europäischen Grundrechte, 2006, § 6 Rn. 30–48; *W. Frenz*, Handbuch Europarecht, Bd. 4: Europäische Grundrechte, 2009, Rn. 222–278.

329 S. EuGH 15.4.1997 – C-27/95, Slg. 1997, I-1847, Rn. 17 – Bakers of Nailsea.

330 Im letzteren Fall müsste das nationale Gericht allerdings dem EuGH gem. Art. 267 AEUV die Gültigkeitsfrage vorlegen, → Rn. 124.

331 ABl. 2012 C 326, 391; BGBl 2008 II 1166.

332 So – gegen den einschränkenden Wortlaut von Art. 51 Abs. 1 S. 1 GRCh – EuGH (GK) 26.2.2013 – C-617/10, ECLI:EU:C:2013:105 Rn. 17–22 – Åkerberg Fransson.

333 Vor der GRCh so schon z.B. EuGH 12.6.2003 – C-112/00, Slg. 2003, I-5659, Rn. 80 – Schmidberger; EuG 11.12.1996 – T-521/93, Slg. 1996, II-1707, Rn. 62 – Atlanta. Zur Prüfungsfolge z.B. *T. Kingreen*, JuS 2000, 857, 860; *H.-W. Rengeling/P. Szczekalla*, Grundrechte in der Europäischen Union, 2004, Rn. 506.

334 Überblick z.B. bei *F. Mayer*, in: Grabitz/Hilf/Nettesheim Nach Art. 6 EUV Rn. 388–406.

335 Dazu z.B. *C. D. Classen*, Gute Verwaltung im Recht der Europäischen Union, 2008; *B. Grzeszick*, EuR 2006, 161; *H.-W. Rengeling/P. Szczekalla*, Grundrechte in der Europäischen Union, 2004, Rn. 885 ff.

Für den vorliegenden Zusammenhang besonders relevant ist die unionsrechtliche *Garantie effektiven* 215
Rechtsschutzes, die der EuGH ebenfalls den gemeinsamen Verfassungstraditionen der Mitgliedstaaten,
v.a. aber Art. 6 und 13 EMRK entnimmt.[336] Art. 47 GRCh kodifiziert diese Rspr. nunmehr in einem
geschriebenen Unionsgrundrecht. Danach hat jedermann, der im Anwendungsbereich des Unionsrechts von einer mitgliedstaatlichen Maßnahme betroffen ist, Anspruch auf einen wirksamen gerichtlichen Rechtsbehelf durch ein zuständiges Gericht.

Dies bedeutet zunächst ein *Rechtsweggebot*: Jede belastende Verwaltungsentscheidung muss vor 216
einem nationalen Gericht angefochten und auf ihre Vereinbarkeit mit dem Unionsrecht überprüft werden können. Auch für sonstige unionsrechtlich determinierte Rechtsschutzbegehren muss ein innerstaatlicher Rechtsweg zur Verfügung stehen, auf dem der Betroffene eine Gerichtentscheidung erwirken kann, welche die Unvereinbarkeit einer staatlichen Maßnahme oder Vorschrift mit dem Unionsrecht feststellt.[337] Hierzu reicht die Möglichkeit einer gerichtlichen Inzidentkontrolle aus,[338] in manchen Fällen kann zudem bereits die Eröffnung von Sekundärrechtsschutz dem Rechtsweggebot genügen.[339] Sieht das nationale Recht den gebotenen Rechtsweg nicht vor, so sind die innerstaatlichen Gerichte verpflichtet, in eigener Initiative einen solchen zu eröffnen.[340] Das Rechtsweggebot ist für zahlreiche Sachbereiche durch Vorschriften des sekundären Unionsrechts konkretisiert.[341]

Das Unionsgrundrecht verbürgt jedoch nicht nur den Zugang zu einem zuständigen nationalen Ge- 217
richt, sondern auch die *Wirksamkeit* des eröffneten Rechtsbehelfs und der gerichtlichen Kontrolle.
Dies setzt z.B. voraus, dass die Überprüfung sich auch auf die Begründung einer angefochtenen Verwaltungsentscheidung erstrecken kann. Zu diesem Zweck ist die Behörde verpflichtet, dem Betroffenen die Gründe für eine ablehnende Entscheidung mitzuteilen.[342] Das Unionsrecht gewährt somit dem
einzelnen im nationalen Verfahren des Unionsrechtsvollzuges einen Anspruch auf die Begründung
einer Verwaltungsentscheidung. Weiter ist der kontradiktorische Charakter des gerichtlichen Verfahrens gewährleistet, also das Recht auf Akteneinsicht und die Möglichkeit, sich zu den Argumenten der
Gegenseite zu äußern; Einschränkungen können sich aber z.B. aus dem legitimen Schutz von Geschäftsgeheimnissen ergeben.[343] Der Umfang der gerichtlichen Kontrolle darf sich grds. nicht auf eine
reine Willkürkontrolle beschränken.[344] Dennoch zählt auch das Gebot einer angemessenen Verfahrensdauer zur Effektivität des unionsrechtlich gebotenen Rechtsschutzes.[345] Auch die Eröffnung vorläufigen Rechtsschutzes ist, wenn es um die Durchsetzung unionsrechtlicher Rechtspositionen geht,

---

336 Aus der st. Rspr. z.B. EuGH 25.7.2002 – C-50/00 P, Slg. 2002, I-6677, Rn. 39 – UPA; 11.9.2003 – C-13/01,
     Slg. 2003, I-8679, Rn. 50 – Safalero; 13.3.2007 – C-432/05, Slg. 2007, I-2271, Rn. 37 – Unibet; 15.4.2008 –
     C-268/06, Slg. 2008, I-2483, Rn. 43 – Impact; 3.9.2008 – C-402/05 P, C-415/05 P, Slg. 2008, I-6351, Rn. 335 – Kadi
     u.a. Dazu auch O. *Dörr*, Rechtsschutzauftrag, 2003, 45–47.
337 Vgl. EuGH 11.9.2003 – C-13/01, Slg. 2003, I-8679, Rn. 55 – Safalero; 21.2.2008 – C-426/05, Slg. 2008, I-685,
     Rn. 33 – Tele2; 28.4.2015 – C-456/13 P, ECLI:EU:C:2015:284, Rn. 45, 49 – T&L Sugars u.a./Kommission.
338 EuGH 13.3.2007 – C-432/05, Slg. 2007, I-2271, Rn. 47 ff. – Unibet.
339 Dafür auf Unionsebene z.B. EuG 27.6.2000 – T-172/98 u.a., Slg. 2000, II-2487, Rn. 77 f. – Salamander u.a.;
     15.2.2003 – T-377/00 u.a., Slg. 2003, II-1, Rn. 123 – Philip Morris International u.a. Für die mitgliedstaatliche Ebe-
     ne z.B. EuGH 5.2.2004 – C-380/01, Slg. 2004, I-1389, Rn. 27 f. – Schneider m. Anm. O. *Dörr*, GPR 2005, 17 (19);
     13.3.2007 – C-432/05, Slg. 2007, I-2271, Rn. 58 – Unibet. Näher O.*Dörr/Chr. Lenz*, Europäischer Verwaltungs-
     rechtsschutz, 2006, Rn. 416.
340 S. EuGH 3.12.1992 – C-97/91, Slg. 1992, I-6313, Rn. 13 – Oleificio Borelli: „selbst wenn die innerstaatlichen Vor-
     schriften dies in einem solchen Fall nicht vorsehen"; 6.12.2001 – C-269/99, Slg. 2001, I-9517, Rn. 58 – Kühne;
     2.6.2005 – C-15/04, Slg. 2005, I-4855, Rn. 33 ff. – Koppensteiner.
341 Vgl. die Überblicke bei M. *Tonne*, Rechtsschutz, 1997, 363 f.; O. *Dörr/Chr. Lenz*, Europäischer Verwaltungsrechts-
     schutz, 2006, Rn. 414.
342 EuGH 15.10.1987 – 222/86, Slg. 1987, 4097, Rn. 15 – Heylens; 7.5.1991 – C-340/89, Slg. 1991, I-2357, Rn. 22 –
     Vlassopoulou; 7.5.1992 – C-104/91, Slg. 1992, I-3003, Rn. 15 – Borrell.
343 Vgl. EuGH 14.2.2008 – C-450/06, Slg. 2008, I-581, Rn. 47–51 – Varec.
344 EuGH 18.6.2002 – C-92/00, Slg. 2002, I-5553, Rn. 61–63 – Hospital Ingenieure; 11.12.2014 – C-440/13,
     ECLI:EU:C:2014:2435, Rn. 43 – Croce Amica One Italia.
345 Vgl. z.B. EuGH 17.12.1998 – C-185/95 P, Slg. 1998, I-8417, Rn. 26 ff. – Baustahlgewebe; 27.11.2001 – C-270/99 P,
     Slg. 2001, I-9197, Rn. 24 – Z/Parlament; 15.10.2002 – C-238/99 P u.a., Slg. 2002, I-8375, Rn. 207 ff. – Limburgse
     Vinyl.

i.d.R. geboten (→ Rn. 240).[346] Im Übrigen müsen die Kosten eines gerichtlichen Verfahrens objektiv angemessen sein und dürfen die finanziellen Möglichkeiten der Betroffenen nicht übersteigen.[347]

218 **3. Gleichwertigkeits- und Effektivitätsgebot.** Aus dem Grundsatz der Unionstreue (jetzt Art. 4 Abs. 3 EUV) sind die Mitgliedstaaten verpflichtet, für die effektive Durchführung des Unionsrechts zu sorgen.[348] Diese Verpflichtung trifft alle Träger staatlicher Gewalt, im Bereich der Vollzugskontrolle also auch die nationalen Gerichte. Wie für den behördlichen Vollzug auch,[349] fasst der EuGH die daraus für das nationale Rechtsschutzsystem und seine praktische Handhabung resultierenden Anforderungen in einem doppelten Obersatz zusammen: Zum einen dürfen die Bedingungen des nationalen Prozessrechts für Klagen zur Durchsetzung von Unionsrecht grds. nicht ungünstiger gestaltet sein als für gleichartige Klagen, die nur das innerstaatliche Recht betreffen (Gebot der *Gleichwertigkeit*); zum anderen dürfen die nationalen Verfahrensbestimmungen die gerichtliche Durchsetzung unionsrechtlicher Vorgaben nicht übermäßig erschweren oder praktisch unmöglich machen (Gebot der *Effektivität*).[350] Beide Gebote sind unmittelbar wirksame, wenngleich ungeschriebene Normen des Unionsrechts, die vom nationalen Richter eigenständig zu beachten sind. Aus Art. 4 Abs. 3 EUV ergibt sich somit die objektiv-rechtliche Pflicht der staatlichen Gerichte, in EU-Angelegenheiten einen gleichwertigen und effektiven Rechtsschutz zur Verfügung zu stellen.

219 V.a. über das Verbot der „übermäßigen Erschwerung" hat die EuGH-Rspr. in den letzten Jahren den verfahrensrechtlichen Spielraum der Mitgliedstaaten erheblich verringert. Indem der Gerichtshof das nationale Verfahrensrecht einer einfachen Wirksamkeitskontrolle unterwirft, erreicht er eine *weitgehende Determinierung und Vereinheitlichung des nationalen Verfahrensrechts*.[351] Hier findet sich – neben dem Unionsgrundrecht auf effektiven Rechtsschutz – ein weiterer wesentlicher Ansatzpunkt für die richterrechtliche Entwicklung eines europäischen Verwaltungsprozessrechts.[352] Der Stand dieser Entwicklung ergibt sich aus den konkreten Vorgaben, die der EuGH aus dem Effektivitätsgebot für das nationale Gerichtsverfahren ableitet.

II. Einzelne Vorgaben für das Verwaltungsgerichtsverfahren

220 Aus dem Grundsatz effektiven Rechtsschutzes und den Geboten von Gleichwertigkeit und Effektivität leitet der EuGH spezielle Anforderungen an das innerstaatliche Rechtsschutzverfahren ab. Diese greifen immer dann ein, wenn es um die Geltendmachung von Rechtspositionen geht, die durch Unionsrecht verliehen wurden, oder wenn die Durchführung unionsrechtlicher Normen in Frage steht. In bezug auf die konkreten verfahrensrechtlichen Folgerungen können sich die *verschiedenen Herleitungsansätze* (Unionsgrundrecht bzw. mitgliedstaatliche Durchführungspflicht) überschneiden. Wesentliche Vorgaben, die im deutschen Verwaltungsgerichtsverfahren relevant werden können, sind im Folgenden zusammengestellt.

221 **1. Verwaltungsrechtsweg.** Unionsrecht kann Maßstab im verwaltungsgerichtlichen Verfahren sein, sofern für das Klagebegehren im Einzelfall der Verwaltungsrechtsweg gegeben ist. Dies richtet sich auch in Fällen, in denen der Streitgegenstand unionsrechtlich determiniert ist, nach den allgemeinen

---

346 Vgl. EuGH 19.6.1990 – C-213/89, Slg. 1990, I-2433, Rn. 21 – Factortame; 11.1.2001 – C-1/99, Slg. 2001, I-207, Rn. 48 – Kofisa Italia; 13.3.2007 – C-432/05, Slg. 2007, I-2271, Rn. 67 ff. – Unibet; 15.1.2013 – C-416/10, ECLI:EU:C:2013:8 Rn. 107 – Križan; 13.2.2014 – C-530/11, ECLI:EU:C:2014:67, Rn. 65 – Kommission/Vereinigtes Königreich.

347 EuGH 11.4.2013 – C-260/11, ECLI:EU:C:2013:221 Rn. 40 – Edwards u.a.

348 Ausf. *A. v. Bogdandy/St. Schill*, in: Grabitz/Hilf/Nettesheim Art. 4 EUV Rn. 72–99.

349 Vgl. nur EuGH 21.9.1983 – C-205/82, Slg. 1983, 2633, Rn. 19, 22–23 – Deutsche Milchkontor; 6.7.1995 – C-62/93, Slg. 1995, I-1883, Rn. 41 – BP Soupergaz.

350 St. Rspr., z.B. EuGH 8.3.2001 – C-397/98, C-410/98, Slg. 2001, I-1727, Rn. 85 – Metallgesellschaft; 18.6.2002 – C-92/00, Slg. 2002, I-5553, Rn. 67 – Hospital Ingenieure; 11.9.2003 – C-13/01, Slg. 2003, I-8679, Rn. 49 – Safalero; 21.2.2008 – C-426/05, Slg. 2008, I-685, Rn. 54 – Tele2; 15.4.2008 – C-268/06, Slg. 2008, I-2483, Rn. 46 – Impact; 8.7.2010 – C-246/09, Slg. 2010, I-7003, Rn. 25 – Bulicke; 8.3.2011 – C-240/09, Slg. 2011, I-1255, Rn. 48 – Lesoochranárske zoskupenie; 15.1.2013 – C-416/10, ECLI:EU:C:2013:8, Rn. 85 – Križan; 27.6.2013 – C-93/12, ECLI:EU:C:2013:432, Rn. 36 f. – Agrokonsulting-04. Zur frühen Entwicklung der Rspr. *M. Tonne*, Rechtsschutz, 1997, 191–213.

351 *E. Gurlit*, in: Liber amicorum Norbert Reich, 1997, 55, 75. Die frühe Entwicklung zeichnen nach z.B. *W. van Gerven*, CMLRev 32 (1995), 679, 686–695; *R. Caranta*, CMLRev 32 (1995), 703, 705–718.

352 Dazu *O. Dörr*, DVBl 2008, 1401, 1407. Krit. aus Kompetenzgründen noch z.B. *M. Burgi*, Verwaltungsprozeß, 1996, 43; *F. Schoch*, JZ 1995, 109, 114–117.

Regeln. Daher kommt es, sofern die internationale Zuständigkeit der deutschen Verwaltungsgerichte gegeben ist,[353] mangels Sonderzuweisung darauf an, ob eine „öffentlich-rechtliche Streitigkeit" i.S.v. § 40 Abs. 1 vorliegt. Wenn die streitentscheidende Norm nun eine solche des – unmittelbar wirksamen – Unionsrechts ist (z.B. als Rechtsgrundlage eines belastenden Verwaltungsakts oder als Grundlage für einen gegen die Verwaltung gerichteten Anspruch), müsste es also nach der herrschenden Sonderrechtstheorie (→ § 40 Rn. 302)[354] darauf ankommen, ob durch die Unionsrechtsnorm ausschließlich ein Träger hoheitlicher Gewalt als solcher berechtigt oder verpflichtet wird.[355] Streng genommen jedoch passt dieses Theorem hier nicht, weil das Unionsrecht an die Mitgliedstaaten nicht nur „als Hoheitsträger", sondern in jeder Organisations- und Handlungsform adressiert ist. Somit wird es für die Zuordnung zum öffentlichen oder privaten Recht i.d.R. darauf ankommen, in welchem Kontext die Unionsrechtsnorm zur Anwendung kommt.[356] Dem öffentlichen Recht zuzurechnen sind jedenfalls solche EU-Normen, die Ge- oder Verbote enthalten, deren Durchsetzung oder Überwachung hoheitliche Befugnisse nationaler Stellen voraussetzt. Im Übrigen ist eine Streitigkeit jedenfalls dann öffentlich-rechtlich, wenn der Einzelne unter Berufung auf Unionsrecht ein hoheitliches Handeln der Behörde erstrebt.

Nicht streitentscheidend ist Unionsrecht im Übrigen, wenn es lediglich herangezogen wird, um die Anwendbarkeit einer nationalen Vorschrift zu bestreiten. Hier bestimmt weiterhin die Zuordnung der deutschen Rechtsnormen den Rechtsweg, denn die Unionsrechtsnorm ist lediglich als Vorfrage relevant.[357]   222

2. Klagearten. Die statthafte Klageart richtet sich nach dem Begehren des Klägers. Alle in der VwGO   223 angelegten Klagearten stehen uneingeschränkt auch für die Durchsetzung von EU-Recht zur Verfügung. So kann sich i.R. einer *Anfechtungsklage* die Rechtswidrigkeit eines Verwaltungsakts (§ 113 Abs. 1 S. 1) bzw. seiner gesetzlichen Grundlage aus einem Verstoß gegen unmittelbar wirksames Unionsrecht ergeben.[358] Eine Verpflichtungs- oder allgemeine *Leistungsklage* kann begründet sein, weil eine unmittelbar wirksame unionsrechtliche Anspruchsgrundlage das Klagebegehren trägt oder eine innerstaatliche Norm unionsrechtskonform in seinem Sinne auszulegen ist.[359] Unionsrecht kann Grundlage eines Anspruchs auf fehlerfreie Ermessensausübung sein (z.B. für die Umweltinformationsrichtlinie BVerwGE 102, 282, 287).

Bei der Entscheidung über ein *Feststellungsbegehren* können Vorschriften des Unionsrechts für die Be-   224 urteilung eines – konkreten – Rechtsverhältnisses maßgeblich sein. Die allgemeine Feststellungsklage (§ 43) kommt zur Durchsetzung von Unionsrecht v.a. dann in Betracht, wenn der Einzelne sich gegen staatliche oder unionsrechtliche Normativakte wendet, die er als solche nicht selbst anfechten kann.[360] So kann z.B. die Feststellung begehrt werden, dass wegen der Unanwendbarkeit einer Rechtsnorm kein Rechtsverhältnis zum zuständigen Hoheitsträger bestehe.[361] Im Verfahren der *Normenkontrolle* gem. § 47 führt der Verstoß gegen unmittelbar wirksames Unionsrecht zur Unanwendbarkeit der betreffenden untergesetzlichen Normen. Wegen des bloßen Anwendungsvorrangs des Unionsrechts (→ Rn. 192) kann das OVG in einem solchen Fall abweichend von § 47 Abs. 5 S. 2 nicht die Nichtigkeit, sondern lediglich die Unanwendbarkeit der Norm im konkreten Fall aussprechen.[362] Eine entsprechende Tenorierungsmöglichkeit ergibt sich aus einer unionsrechtskonformen Anwendung der deutschen Prozessrechtsnorm.

---

353 Daran fehlt es, soweit gem. Art. 258 ff. AEUV ausschließlich der EuGH zuständig ist, v.a. also regelmäßig bei Klagen gegen Unionsrechtsakte.
354 Statt aller *Schenke* Rn. 104.
355 Für die Anwendung der allg. Kriterien z.B. *D. Ehlers*, DVBl 2004, 1441, 1444 f.
356 Vgl. *O. Dörr*, Rechtsschutzauftrag, 2003, 205–207.
357 *O. Dörr*, Rechtsschutzauftrag, 2003, 205. Bsp. für diese Konstellation z.B. in BVerwGE 108, 289; BVerwG NVwZ 2002, 1508; OVG Münster NVwZ 2001, 1438; VGH Mannheim NVwZ 2000, 1070.
358 Vgl. z.B. BVerwGE 117, 149, 152 ff.; BVerwG NVwZ 2004, 1114; NVwZ 2004, 1258.
359 Vgl. z.B. BVerwG NVwZ 2001, 333; NVwZ 2011, 1201; OVG Münster NVwZ 2004, 758; VG Berlin NVwZ 2003, 499; VG Frankfurt/Main NVwZ 2006, 1321.
360 *S. Lenz/S. Staeglich*, NVwZ 2004, 1421, 1425–1428; *O. Dörr*, Rechtsschutzauftrag, 2003, 221; *J. Gundel*, VerwArch 92 (2001), 81, 108.
361 Vgl. BVerwG NVwZ 2007, 1428, 1429.
362 Ebenso *M. Burgi*, Verwaltungsprozeß, 1996, 34 f.; *D. Ehlers*, DVBl 2004, 1441, 1445 m.w.N.; *Kopp/Schenke* § 47 Rn. 99. Für EG-Recht als Prüfungsmaßstab i.R.d. § 47 auch z.B. BVerwG NVwZ-RR 1995, 358, 359; VGH Kassel GewArch 1996, 233, 237 f.; VGH Mannheim EuZW 1998, 221, 222 ff.

225 **3. Klagebefugnis.** Die Bestimmung der Zulässigkeitsvoraussetzungen für eine Klage vor nationalen Gerichten ist grds. auch dann Sache des innerstaatlichen Verfahrensrechts, wenn es um die Durchsetzung von Unionsrecht geht. Allerdings verlangt das unionsrechtliche Effektivitätsgebot (→ Rn. 218), dass der Einzelne seine Rechte mit den Rechtsschutzmöglichkeiten des nationalen Rechts wirksam durchsetzen kann. Setzt das nationale Prozessrecht für das auf EU-Recht gestützte Begehren eine besondere Form der rechtlichen Beschwer voraus, so muss gewährleistet sein, dass der Kläger diese Voraussetzung allein durch die *Berufung auf seine unionsrechtlichen Rechtspositionen* erfüllen kann. Die innerstaatlich geltenden Sachentscheidungsvoraussetzungen sind mit dieser Maßgabe auszulegen und anzuwenden. Wird in diesem Sinne der Effektivitätsanspruch des Unionsrechts beachtet (insbes. bei Verbandsklagen), ist gegen eine Beschränkung von Klagerecht und gerichtlicher Kontrolle auf die Verletzung subjektiver Rechte grds. nichts einzuwenden.[363]

226 Das gilt im deutschen Verwaltungsprozessrecht v.a. für die Klagebefugnis und das dafür erforderliche subjektiv-öffentliche Recht (§§ 42 Abs. 2, 47 Abs. 2 S. 1). Die Determinanten dieses Konzepts sind, wenn EU-Recht zur Debatte steht, im Einklang mit den Anforderungen des Unionsrechts zu verstehen, d.h. zur Anwendung kommen kann in diesem Zusammenhang nur eine unionsrechtlich *„aufgeladene"* *Version der sog. Schutznormlehre.*[364] Subjektive Rechte i.d.S. sind abzuleiten aus unmittelbar wirksamen Normen des Unionsrechts (→ Rn. 173–185), die dem Einzelnen ihrem Inhalt nach eigene Rechtspositionen vermitteln. Letzteres ist in jedem Einzelfall durch – an den Vorgaben der EuGH-Rspr. und dem unionsrechtlichen *effet utile* orientierte – Auslegung zu ermitteln.

227 Hierfür ist – wie im deutschen Recht – maßgeblich auf den *Schutzzweck* der betreffenden Vorschrift abzustellen:[365] Eine Individualberechtigung ergibt sich, wenn die Unionsrechtsnorm wenigstens auch Interessen einzelner schützen soll. Das ist unproblematisch für die EU-Grundfreiheiten[366] und -Grundrechte sowie für Sekundärnormen, die von Rechtsweggeboten zugunsten des Einzelnen begleitet sind (→ Rn. 216).[367] Einen zur Klage berechtigenden Konkurrentenschutz vermittelt im Subventionsrecht v.a. das Durchführungsverbot des Art. 108 Abs. 3 S. 3 AEUV.[368] Im Übrigen ist die wirksamkeitsorientierte Rspr. des EuGH bei der Ableitung subjektiver Rechtspositionen z.T. großzügiger als die traditionelle deutsche Schutznormlehre.[369] In Betracht kommen dafür neben Verordnungen und Richtlinien (z.B. im Umwelt-[370] und Vergaberecht[371]) auch völkerrechtliche Verträge der EU.[372] Subjektive Rechte entnimmt der Gerichtshof vor allem solchen Unionsrechtsakten, welche den Schutz der öffentlichen Gesundheit bezwecken.[373] In einem zweiten Auslegungsschritt ist die *personelle Reichweite* der unionsrechtlichen Individualberechtigung zu ermitteln, ob also der konkrete Kläger ihr auch unterfällt.

---

363 EuGH 16.4.2015 – C-570/13, ECLI:EU:C:2015:231, Rn. 40 – Gruber; 15.10.2015 – C-137/14, ECLI:EU:C:2015:683, Rn. 32 – Kommission/Deutschland.

364 Zum Folgenden O. *Dörr,* Rechtsschutzauftrag, 2003, 184–191; M. *Ruffert,* Subjektive Rechte, 1996, 295–318; *ders.,* DVBl 1998, 69 ff.; J. *Ruthig,* BayVBl 1997, 289 ff.; C. D. *Classen,* Europäisierung, 1996, 77–87; T. v. *Danwitz,* System, 1996, 230–248; M. *Burgi,* Verwaltungsprozeß, 1996, 51–55.

365 Zur Schutznormorientierung der EuGH-Rspr. z.B. D. *Triantafyllou,* DÖV 1997, 192, 196; K. *Stern,* JuS 1998, 769, 771; F. *Schoch,* NVwZ 1999, 457, 464; D. *Ehlers,* Europäisierung, 2000, 56 f.; *ders.,* DVBl 2004, 1441, 1445. S.a. das Schutznormerfordernis bei der Haftung der Union gem. Art. 340 Abs. 2 AEUV (→ Rn. 99) sowie bei der unionsrechtlichen Staatshaftung (→ Rn. 256).

366 Vgl. z.B. BVerwGE 110, 40, 53; OVG Münster NVwZ 2000, 1069, 1070; VGH Mannheim NVwZ 2000, 1070, 1071; VGH München NVwZ 1999, 903.

367 O. *Dörr,* Rechtsschutzauftrag, 2003, 187.

368 Vgl. z.B. EuGH 21.11.1991 – C-354/90, Slg. 1991, I-5505, Rn. 11 f. – FNCE; 11.7.1996 – C-39/94, Slg. 1996, I-3547, Rn. 39 f. – SFEI; 11.11.2015 – C-505/14, ECLI:EU:C:2015:742, Rn. 24 – Klausner Holz Niedersachsen. Aus dem Schrifttum z.B. J.-P. *Schneider,* DVBl 1996, 1301, 1306; E. C. *Zivier,* Jura 1997, 116, 120.

369 I. *Pernice/S. Kadelbach,* DVBl 1996, 1100, 1108; C. D. *Classen,* Europäisierung, 1996, 77; S. *Hölscheidt,* EuR 2001, 376, 387.

370 Vgl. z.B. EuGH 30.5.1991 – C-361/88, Slg. 1991, I-2567, Rn. 16; 30.5.1991 – C-59/89, Slg. 1991, I-2607, Rn. 19; 17.10.1991 – C-58/89, Slg. 1991, I-4983, Rn. 14; 12.12.1996 – C-298/95, Slg. 1996, I-6747, Rn. 16 – alle Kommission/Deutschland; 25.7.2008 – C-237/07, Slg. 2008, I-6221, Rn. 39 – Janecek.

371 Vgl. z.B. EuGH 11.8.1995 – C-433/93, Slg. 1995, I-2303, Rn. 19 – Kommission/Deutschland; 18.6.2002 – C-92/00, Slg. 2002, I-5553, Rn. 43 – Hospital Ingenieure.

372 Z.B. im Aufenthaltsrecht, vgl. z.B. BVerwG NVwZ 2001, 333.

373 Vgl. für die Erstellung immissionsschutzrechtlicher Aktionspläne EuGH 25.7.2008 – C-237/07, Slg. 2008, I-6221, Rn. 39 – Janecek. Dazu z.B. A. *Scheidler,* NVwZ 2008, 1083.

Der EuGH stellt insoweit überwiegend auf eine sachlich-räumliche Betroffenheit im konkreten Fall ab.[374]

4. Klagefähigkeit von Verfahrensrechten. Verleiht das unmittelbar wirksame Unionsrecht dem Einzelnen subjektive Verfahrensrechte, so darf die nationale Prozessordnung nicht jede gerichtliche Durchsetzung von vornherein ausschließen. Es muss allerdings nicht gegen das Effektivitätsgebot verstoßen, wenn ein selbständiger Rechtsbehelf gem. § 44 a S. 1 ausgeschlossen und die Verfahrensrüge der Anfechtung der Sachentscheidung vorbehalten ist. Solange ein *effektiver Rechtsschutz gegenüber der Sachentscheidung* gewährleistet ist, der auch etwaige Verletzungen der unionsrechtlich vorgegebenen Verfahrensrechte umfasst, ist dagegen unter dem Blickwinkel einer wirksamen Umsetzung des Unionsrechts grds. nichts zu erinnern.[375]

Soweit Unionssekundärrecht (wie z.B. Art. 10 a UVP-Richtlinie) Umweltverbänden ein eigenes altruistisches Klagerecht gegen staatliche Entscheidungen einräumt, muss dieses Recht auch zum Schutz von Interessen der Allgemeinheit ausgeübt werden können, soweit diese Interessen in Vorschriften des Unionsrechts festgeschrieben sind; eine Beschränkung des Verbandsklagerechts auf die Geltendmachung subjektiver Rechte Einzelner (wie zunächst in § 2 Abs. 1 Nr. 1 UmwRG) genügt in diesem Fall nicht den Effektivitätsansprüchen des Unionsrechts.[376]

Entscheidend für die Effektivität des nationalen Rechtsschutzes in Bezug auf Verfahrensmängel ist daher, ob solche Mängel inhaltlich zur Begründetheit einer Klage gegen die Sachentscheidung führen können. Auch die *Fehlerfolgenlehre* des deutschen Verwaltungsprozessrechts ist daher den unionsrechtlichen Vorgaben aus Gleichwertigkeits- und Effektivitätsgebot ausgesetzt.[377] Die entsprechenden Vorschriften (insbes. §§ 45, 46 VwVfG) sind zwar gleichermaßen auf unionsrechtlich wie nationalrechtlich bedingte Verfahrensfehler zu beziehen, ihre Anwendung auf den indirekten Vollzug darf jedoch nicht dazu führen, dass unionsrechtliche Verfahrensvorgaben innerstaatlich generell nicht sanktionierbar sind oder durch Unionsrecht verliehene Verfahrensrechte praktisch leerlaufen.[378] Praktische Beispiele hierfür liefern etwa die unbedingte Beachtlichkeit von Verfahrensfehlern im Bereich der Subventionskontrolle (Art. 108 Abs. 3 AEUV) sowie die – vom BVerwG sehr reduzierte[379] – Beachtlichkeit unterlassener Umweltverträglichkeitsprüfungen:[380] Die UVP-Richtlinie ist im mitgliedstaatlichen Recht nicht ordnungsgemäß umgesetzt, wenn die nationalen Regeln zur Heilung von Verfahrensfehlern den Betroffenen die Möglichkeiten geben, die Vorschriften der Richtlinie zu umgehen.[381] Dies ist insbes. dann der Fall, wenn die Unterlassung einer gebotenen UVP rückstandslos geheilt werden kann und praktisch keine Sanktionen nach sich zieht.[382] Ebenso unzulässig ist es, den Klägern, die unionsrechtlich legitimiert Verfahrensfehler geltend machen, die Beweislast dafür aufzubürden, dass ohne diese Fehler die Verwaltungsentscheidung anders ausgefallen wäre.[383] Soweit § 46 VwVfG in diesem Sinne gelesen wird, verstößt er gegen den Effektivitätsanspruch des maßgeblichen EU-Sekundärrechts.[384] Als Reaktion auf die EuGH-Rechtsprechung erklärt § 4 Abs. 1 und 3 des *Umwelt-Rechtsbehelfsgesetzes* die Nicht- oder nicht ordnungsgemäße Durchführung einer gebotenen UVP zu einem absoluten Verfahrensfehler und damit für *per se* beachtlich.[385]

228

229

230

---

374 Vgl. *S. Stüber*, Jura 2001, 798, 801 f. Rechtsprechungsüberblick bei *C. D. Classen*, VerwArch 88 (1997), 645, 658–668.

375 Vgl. z.B. EuGH 28.7.2011 – C-69/10, Slg. 2011, I-7151, Rn. 50–58 – Samba Diouf.

376 EuGH 12.5.2011 – C-115/09, Slg. 2011, I-3673, Rn. 42–48 – BUND (Trianel); dazu z.B. *W. Durner*, DVBl. 2011, 759; *Th. Groß*, Jura 2012, 386.

377 Dazu allg. schon *T. v. Danwitz*, System, 1996, 259–266.

378 Ausf. *W. Kahl*, VerwArch 95 (2004), 1, 19 ff.

379 BVerwGE 98, 339, 361 f.; 100, 238, 243 ff.; 122, 207, 212 f.; BVerwG NVwZ 2008, 563, 566. Krit. z.B. *D. Ehlers*, DVBl 2004, 1441, 1449; *B. W. Wegener*, ZUR 1996, 324, 325 f.; *E. Gassner*, NVwZ 2008, 1203.

380 Zu beidem *W. Kahl*, VerwArch 95 (2004), 1, 25–28.

381 EuGH 3.7.2008 – C-215/06, Slg. 2008, I-4911, Rn. 57 – Kommission/Irland; 15.1.2013 – C-416/10, ECLI:EU:C:2013:8, Rn. 87 – Križan.

382 EuGH 3.7.2008 – C-215/06, Slg. 2008, I-4911, Rn. 74 ff. – Kommission/Irland. Als Reaktion darauf für das deutsche VwVfG BVerwG NVwZ 2008, 1349, 1351 f.

383 EuGH 7.11.2013 – C-72/12, ECLI:EU:C:2013:712, Rn. 52 f. – Gemeinde Altrip u.a.; 15.10.2015 – C-137/14, ECLI:EU:C:2015:683, Rn. 57–62 – Kommission/Deutschland.

384 EuGH 15.10.2015 – C-137/14, ECLI:EU:C:2015:683, Rn. 56, 62 – Kommission/Deutschland.

385 Zugrunde liegen insbes. EuGH 7.11.2013 – C-72/12, ECLI:EU:C:2013:712, Rn. 36–38 – Gemeinde Altrip u.a.; 15.10.2015 – C-137/14, ECLI:EU:C:2015:683, Rn. 47–50 – Kommission/Deutschland. Zum UmwRBG z.B. *J. Ziekow*, NVwZ 2007, 259; *K.-F. Gärditz*, EurUP 2010, 210; *T. Siegel*, DÖV 2012, 709.

231 **5. Widerspruchsverfahren.** Aus Vorschriften des Unionsrechts kann sich ergeben, dass in bestimmten Fällen ein Vorverfahren gem. §§ 68 ff. VwGO *unbedingt durchzuführen* ist und die Anordnung seiner Entbehrlichkeit (§ 68 Abs. 1 S. 2) daher unionsrechtswidrig ist. Eine solche Vorschrift war etwa Art. 9 Abs. 1 der Richtlinie 64/221/EWG über Einreise und Aufenthalt von Unionsbürgern, der Ausweisungsentscheidungen gegen diese erst nach „Stellungnahme einer zuständigen Stelle" für zulässig erklärte. Da die Norm u.a. Anwendung fand, wenn sich die gerichtliche Nachprüfung auf die Rechtmäßigkeit der Verwaltungsentscheidung beschränkte, war in Ausweisungsverfahren gegen EG-Ausländer ein Widerspruchsverfahren vor einer anderen als der Ausgangsbehörde zwingend geboten.[386] Landesrechtliche Normen, die ein solches Vorverfahren ausschließen, waren insoweit unionsrechtswidrig, darauf beruhende Verwaltungsentscheidungen (unheilbar) rechtswidrig.[387] Art. 31 der neuen Freizügigkeitsrichtlinie 2004/38/EG (ABl. L 158, 77), der die genannte Bestimmung abgelöst hat, enthält keine entsprechende Beschränkung der nationalen Verfahrensautonomie mehr.

232 **6. Beweisrecht.** Bei der Anwendung nationaler Beweis- und Beweislastregeln sind in unionsrechtlich determinierten Fällen v.a. die Auswirkungen zu beachten, die diese Regeln auf die Verwirklichung des materiellen (Unions-)Rechts haben können. Auch hier gilt die doppelte Anforderung von Gleichwertigkeit und Effektivität (→ Rn. 218 f.)[388] sowie der aus Art. 6 Abs. 1 EMRK abgeleitete Grundsatz des fairen Verfahrens.[389] Beweisregeln des nationalen Prozessrechts sind z.B. dann nicht mit dem Unionsrecht vereinbar, wenn sie es dem einzelnen praktisch unmöglich machen, die Erstattung unionsrechtswidriger Abgaben zu erreichen[390] oder überhaupt einen Verstoß gegen unmittelbar wirksames Unionsrecht darzutun.[391] Eine solches Wirksamkeitshindernis kann sich etwa ergeben aus Beschränkungen der zulässigen Beweismittel, der Unwiderlegbarkeit behördlicher Bescheinigungen, Vermutungsregeln zuungunsten des Einzelnen etc.

233 **7. Fristen.** Auch Anfechtungs- und Verfahrensfristen des nationalen Rechts, die für die innerstaatliche Durchsetzung von Unionsrecht von entscheidender Bedeutung sind, unterliegen grds. der Verfahrensautonomie der Mitgliedstaaten. Innerstaatliche Ausschlussfristen können selbst dann unionsrechtlich unbedenklich sein, wenn sie im konkreten Fall zum Verlust oder zur Nichtdurchsetzung durch Unionsrecht verliehener Rechte führen.[392] Voraussetzung ist lediglich, dass die entsprechenden Vorschriften und ihre Anwendung im konkreten Fall den Geboten von *Gleichwertigkeit und Effektivität* genügen.[393]

234 Generell kommt es hierfür darauf an, dass eine nationale Ausschlussfrist, die im konkreten Fall der Durchsetzung eines unionsrechtlichen Anspruchs entgegensteht, als „*angemessen*" anzusehen ist.[394] Diesem Erfordernis genügten z.B. eine dreijährige Ausschlussfrist für Erstattungsansprüche,[395] eine Rechtsmittelfrist von 60 Tagen[396] sowie eine Jahresfrist zur Geltendmachung von Staatshaftungsansprüchen.[397] Auch die Monatsfrist des § 74 VwGO dürfte insoweit prinzipiell unbedenklich sein.[398]

---

386 EuGH 29.4.2004 – C-482/01, C-493/01, Slg. 2004, I-5257, Rn. 105 ff. – Orfanopoulos; 2.6.2005 – C-136/03, Slg. 2005, I-4759, 475, Rn. 42 ff. – Dörr und Ünal.

387 Vgl. BVerwG NVwZ 2006, 472, 473; NVwZ 2007, 1435, 1437. Vorher schon VGH Mannheim NVwZ 2003, Beilage I, 45; VGH München NVwZ 2002, 1268.

388 EuGH 3.2.2000 – C-228/98, Slg. 2000, I-577, Rn. 69 – Dounias; 10.4.2003 – C-276/01, Slg. 2003, I-3735, Rn. 63 – Steffensen; 7.9.2006 – 526/04, Slg. 2006, I-7529, Rn. 51 – Laboratoires Boiron.

389 EuGH 10.4.2003 – C-276/01, Slg. 2003, I-3735, Rn. 72 ff. – Steffensen.

390 Z.B. EuGH 9.2.1999 – C-343/96, Slg. 1999, I-579, Rn. 48 – Dilexport; 21.9.2000 – C-441/98, C-442/98, Slg. 2000, I-7145, Rn. 36 – Michaïlides.

391 So z.B. für das EG-Kartellrecht EuGH 17.7.1997 – C-242/95, Slg. 1997, I-4449, Rn. 26 – GT-Link.

392 Vgl. EuGH 16.5.2000 – C-78/98, Slg. 2000, I-3201, Rn. 34 – Preston; 28.11.2000 – C-88/99, Slg. 2000, I-10465, Rn. 23 – Roquette Frères; 18.9.2003 – C-125/01, Slg. 2003, I-9375, Rn. 35 – Pflücke.

393 Z.B. EuGH 18.9.2003 – C-125/01, Slg. 2003, I-9375, Rn. 34 – Pflücke.

394 Z.B. EuGH 9.2.1999 – C-343/96, Slg. 1999, I-579, Rn. 26 – Dilexport; 24.9.2002 – C-255/00, Slg. 2002, I-8003, Rn. 34 – Grundig Italiana; 27.2.2003 – C-327/00, Slg. 2003, I-1877, Rn. 52 – Santex; 12.2.2008 – C-2/06, Slg. 2008, I-411, Rn. 58 – Kempter.

395 EuGH 9.2.1999 – C-343/96, Slg. 1999, I-579, Rn. 26 – Dilexport; 24.9.2002 – C-255/00, Slg. 2002, I-8003, Rn. 34 – Grundig Italiana; 14.6.2012 – C-533/10, ECLI:EU:C:2012:347, Rn. 22 – CIVAD.

396 EuGH 27.2.2003 – C-327/00, Slg. 2003, I-1877, Rn. 54 – Santex.

397 EuGH 10.7.1997 – C-261/95, Slg. 1997, I-4025, Rn. 28 ff. – Palmisani.

398 OVG Koblenz NVwZ 1999, 198, 199. Vgl. auch EuGH 19.9.2006 – C-392/04, C-422/04, Slg. 2006, I-8559, Rn. 60 – i-21 Germany; für § 58 VwGO schon EuGH 16.12.1976 – 33/76, Slg. 1976, 1989, Rn. 5 – Rewe-Zentralfinanz. Ebenso M. *Gellermann,* in: RMG § 37 Rn. 35; D. *Ehlers,* DVBl 2004, 1441, 1446.

Der Maßstab der „angemessenen Frist" gilt grds. auch für den Fall, dass die innerstaatliche Rechtsla- 235
ge nicht dem Unionsrecht entspricht, z.B. weil der betreffende Mitgliedstaat es versäumt hat, eine einschlägige Richtlinie ordnungsgemäß umzusetzen. Zwar hatte der EuGH im *Fall „Emmott"* zunächst
pauschal judiziert, dass im Fall einer unzureichenden Richtlinienumsetzung dem Kläger, der sich auf
eine solche Richtlinie beruft, eine nationale Verfahrensfrist nicht entgegen gehalten werden könne.[399]
Aus der nachfolgenden Rspr. ergibt sich aber, dass diese „Emmott'sche Fristenhemmung"[400] ausschließlich durch die besonderen Umstände des Einzelfalls motiviert war.[401] Diese bestanden augenscheinlich darin, dass der Klägerin durch treuwidriges Verhalten der nationalen Behörden zunächst
die Möglichkeit genommen worden war, ihre Rechte geltend zu machen, und sie schließlich diese
Rechte aufgrund des innerstaatlichen Fristablaufs verloren hätte. Die Entscheidung im „Fall Emmott"
stellt sich damit als eine einzelfallbezogene Anwendung des Effektivitätsgebots und des Grundsatzes
von Treu und Glauben dar.[402]

8. Umfang der richterlichen Kontrollbefugnis. Der europäische Rechtsschutz vor nationalen Gerich- 236
ten ist nur dann hinreichend effektiv, wenn das Gericht staatliches Handeln voll auf seine Unions-
rechtskonformität überprüfen kann. Unionsrecht muss also zunächst Prüfungsmaßstab innerstaatlicher Gerichtsverfahren sein, und staatliche Maßnahmen, die im Anwendungsbereich des Unionsrechts
ergehen, müssen einer *umfassenden gerichtlichen Kontrolle* an diesem Maßstab unterliegen. Konkret
setzt ein effektiver Rechtsschutz voraus, dass, wenn es um die Beschränkung unionsrechtlicher Rechte
geht, das nationale Gericht von der zuständigen Behörde die Mitteilung der Begründung für eine
ablehnende Entscheidung verlangen und die Rechtmäßigkeit dieser Begründung nachprüfen kann
(→ Rn. 217).[403] Eine Anerkennung exekutiver Spielräume und damit einhergehend eine Reduzierung
der gerichtlichen Kontrolldichte kann in bestimmten Fällen durchaus zulässig sein,[404] doch darf sich
der Umfang der gerichtlichen Kontrolle grds. nicht auf eine reine Willkürkontrolle beschränken.[405]
Generell zeigt sich, dass das Unionsrecht grds. keine so weitgehende Kontrolldichte wie das deutsche
Recht (Art. 19 Abs. 4 GG) verlangt, diese aber auch nicht verbietet.[406]
Enthält das nationale Verfahrensrecht für Rechtsbehelfe gegen Verwaltungsentscheidungen ein *Verbot* 237
der reformatio in peius, so ist dies aus Gründen des fairen Verfahrens und der Rechtssicherheit mit
dem Unionsrecht vereinbar und findet auch Anwendung, wenn es um die Durchsetzung von Unionsrecht gegenüber Privaten geht.[407] Die entsprechende Beschränkung der gerichtlichen Überprüfung, die
sich aus dem Grundsatz „ne ultra petita" (§ 88 VwGO) ergibt, ist daher unionsrechtlich unproblematisch.[408]

9. Maßgeblicher Zeitpunkt im Verwaltungsprozess. Das Effektivitätsgebot für das innerstaatliche Ge- 238
richtsverfahren zur Durchsetzung von Unionsrecht kann sich auch auf die Frage auswirken, auf welchen Zeitpunkt das nationale Gericht abzustellen hat, wenn es über ein unionsrechtlich determiniertes
Klagebegehren entscheidet. So sollen bei staatlichen Beschränkungen der Freizügigkeit Veränderungen
der Sachlage, die nach Erlass der Verwaltungsentscheidung (z.B. einer Ausweisung) eintreten, grds.

---

399 EuGH 25.7.1991 – C-208/90, Slg. 1991, I-4269, Rn. 23 – Emmott.
400 Formulierung z.B. in BVerwG NVwZ 2000, 193; OVG Koblenz NVwZ 1999, 198; BFH RIW 1996, 878, 879.
401 Z.B. EuGH 2.12.1997 – C-188/95, Slg. 1997, I-6783, Rn. 51 – Fantask; 15.9.1998 – C-231/96, Slg. 1998, I-4951,
     Rn. 46 – Edis; 24.3.2009 – C-445/06, Slg. 2009, I-2119, Rn. 54 – Danske Slagterier. Zusammenf. zum Rückzug von
     der „Emmott"-Formel *J. Gundel*, NVwZ 1998, 910, 913 f.; *H.-G. Kamann*, Europa-Blätter 2000, 87. S.a. OVG
     Koblenz NVwZ 1999, 198, 199.
402 Ebenso *H.-G. Kamann*, Europa-Blätter 2000, 89 und 92 f.; *R. Caranta*, CMLRev 32 (1995), 703, 711 („estoppel").
403 EuGH 15.10.1987 – C-222/86, Slg. 1987, 4097, Rn. 15 – Heylens; 7.5.1991 – C-340/89, Slg. 1991, I-2357, Rn. 22 –
     Vlassopoulou; 7.5.1992 – C-104/91, Slg. 1992, I-3003, Rn. 15 – Borrell.
404 Vgl. EuGH 21.1.1999 – C-120/97, Slg. 1999, I-223, Rn. 35 – Upjohn; *O. Dörr*, Rechtsschutzauftrag, 2003, 231.
405 EuGH 18.6.2002 – C-92/00, Slg. 2002, I-5553, Rn. 61–63 – Hospital Ingenieure; 11.12.2014 – C-440/13,
     ECLI:EU:C:2014:2435, Rn. 43 – Croce Amica One Italia.
406 *D. Ehlers*, DVBl 2004, 1441, 1449.
407 EuGH 25.11.2008 – C-455/06, Slg. 2008, I-8763, Rn. 46 f. – Heemskerk u.a.; dazu z.B. *J. F. Lindner*, DVBl 2009,
     224.
408 Zur Relevanz der „von den Parteien bestimmten Grenzen des Rechtsstreits" für die gerichtliche Kontrolle auch
     EuGH 12.2.2008 – C-2/06, Slg. 2008, I-411, Rn. 45 – Kempter.

noch zu berücksichtigen sein[409] mit der Folge, dass die gerichtliche Nachprüfung dieser Entscheidung auf den *Zeitpunkt der Gerichtsentscheidung* abzustellen hat. Anders ist es nur, wenn der Betroffene die Möglichkeit hat, im Nachhinein einen neuen Antrag (z.B. auf Genehmigung des Inverkehrsbringens) zu stellen: In einem solchen Fall kann die gerichtliche Kontrolle auf den *Zeitpunkt der Verwaltungsentscheidung* abstellen und darauf verzichten, nachträglich gewonnene Erkenntnisse zu berücksichtigen.[410]

239 **10. Vorläufiger Rechtsschutz.** Die Gewährung vorläufigen Rechtsschutzes durch nationale Gerichte in unionsrechtlich determinierten Rechtssachen unterliegt besonders gravierenden Einwirkungen des Unionsrechts. Die wirksamkeitsorientierte Rspr. des EuGH hat in diesem Bereich positive Vorgaben für das nationale Recht entwickelt, welche die Verfahrensautonomie der Mitgliedstaaten weitgehend zugunsten gemeineuropäischer Standards zurückdrängen. Nach dem Rechtsschutzbegehren des Einzelnen lassen sich im Wesentlichen drei Konstellationen unterscheiden:

240 **a) Durchsetzung unionsrechtlicher Rechte.** Erstens verlangt das Unionsgrundrecht auf effektiven Rechtsschutz (→ Rn. 215–217), dass vor nationalen Gerichten vorläufiger Rechtsschutz zur Durchsetzung von Unionsrecht erlangt werden kann: Das zuständige nationale Gericht muss die Möglichkeit haben, *zugunsten unionsrechtlicher Rechtspositionen des Einzelnen*, die er durch nationales Recht beschränkt sieht, einstweilige Regelungen zu treffen.[411] Fehlt ein entsprechendes Institut im nationalen Prozessrecht, so müssen die nationalen Gerichte dennoch in eigener Verantwortung vorläufigen Rechtsschutz gewähren. Schließt nationales Prozessrecht die Gewährung vorläufigen Rechtsschutzes grds. aus, so ist es unanwendbar.

241 Die umfassende Möglichkeit der deutschen VG, vorläufigen Rechtsschutz gem. §§ 80 Abs. 5, 80a, § 47 Abs. 6 und § 123 zu gewähren, sollte dieser unionsrechtlichen Anforderung grds. genügen. In geeigneten Fällen ergibt sich der Anordnungsanspruch des Antragstellers unmittelbar aus dem Unionsrecht. Die regelmäßig vorzunehmende Interessenabwägung hat die Grundsätze von Vorrang und wirksamer Durchsetzung des Unionsrechts zu beachten.[412]

242 **b) Abwehr von Unionsrecht.** Zweitens können Private vorläufigen Rechtsschutz vor nationalen Gerichten zur Abwehr von Unionsrecht in Anspruch nehmen. Dabei wenden sie sich regelmäßig gegen die Durchsetzung von Unionsrecht in Form von belastenden Maßnahmen mitgliedstaatlicher Behörden. Ergehen diese Maßnahmen in Gestalt von Verwaltungsakten, so lösen Widerspruch und Klage dagegen grds. den *Suspensiveffekt* des § 80 Abs. 1 aus. Das deutsche Vollzugsrecht hemmt auf diese Weise vorübergehend die Durchsetzung des materiellen Unionsrechts. Dessen Effektivitätsanspruch schließt eine solche Vollzugshemmung nicht *a priori* aus.[413]

243 Allerdings können die deutschen Behörden gehalten sein, durch die Anordnung der sofortigen Vollziehung gem. *§ 80 Abs. 2 S. 1 Nr. 4* die aufschiebende Wirkung von Widersprüchen gegen unionsrechtlich indizierte Vollzugsmaßnahmen zu beseitigen.[414] Die Vorschrift ist unionsrechtskonform dahingehend auszulegen und anzuwenden, dass eine sofortige Vollziehung anzuordnen ist, wenn ansonsten im Einzelfall die effektive Durchsetzung unionsrechtlicher Belastungen gefährdet wäre.[415] Das „öffentliche Interesse" umfasst somit das Unionsinteresse am wirksamen Vollzug des EU-Rechts. Enthält die zu vollziehende Unionsrechtsnorm ein zwingendes Gebot, so wird aus der Ermessensentscheidung nach § 80 Abs. 2 Nr. 4 eine kraft Unionsrechts gebundene Entscheidung;[416] mitunter schreibt das Se-

---

409 EuGH 29.4.2004 – C-482/01, C-493/01, Slg. 2004, I-5257, Rn. 77 ff. – Orfanopoulos; daran anschließend BVerwG NVwZ 2005, 220, 222 f. Für die Ausweisung türkischer Staatsangehöriger entsprechend EuGH 11.11.2004 – C-467/02, Slg. 2004, I-10895, Rn. 47 – Cetinkaya; BVerwG NVwZ 2005, 224, 225. Generell für die Ausweisung nun BVerwG NVwZ 2008, 434.

410 EuGH 21.1.1999 – C-120/97, Slg. 1999, I-223, Rn. 38 ff. – Upjohn.

411 EuGH 19.6.1990 – C-213/89, Slg. 1990, I-2433, Rn. 21 f. – Factortame; 11.1.2001 – C-1/99, Slg. 2001, I-207, Rn. 48 – Kofisa Italia; 13.3.2007 – C-432/05, Slg. 2007, I-2271, Rn. 72 – Unibet; 15.1.2013 – C-416/10, ECLI:EU:C:2013:8, Rn. 107 – Križan.

412 Aus der Spruchpraxis z.B. BVerwG NVwZ 2003, 1395 (Planfeststellung und Vogelschutz-RL); VGH München NVwZ 2002, 1268 (Ausweisung).

413 Ebenso S. *Lehr*, Einstweiliger Rechtsschutz, 1997, 152–155.

414 EuGH 10.7.1990 – C-217/88, Slg. 1990, I-2879, Rn. 25 f. – Kommission/Deutschland (Tafelwein).

415 Für § 80 Abs. 2 Nr. 4 als Rezeptionsnorm auch z.B. *M. Gellermann*, in: RMG § 37 Rn. 69; *M. Burgi*, Verwaltungsprozeß, 1996, 70; *F. Schoch*, DVBl 1997, 289, 291; *Kopp/Schenke* § 80 Rn. 95.

416 S. *Lehr*, Einstweiliger Rechtsschutz, 1997, 155–158, 168.

kundärrecht dies auch selbst vor. Anknüpfend an Art. 16 Abs. 3 der BeihilfeverfahrensVO Nr. 2015/1589 hält der EuGH z.B. Anordnungen der Kommission zur Rückforderung unzulässiger Beihilfen grds. für zwingend sofort vollziehbar: Die Gewährung einer aufschiebenden Wirkung im nationalen Verfahrensrecht wäre insoweit unionsrechtswidrig.[417]

Durch das Erfordernis eines wirksamen Vollzuges des Unionsrechts ist auch die verwaltungsgerichtliche *Entscheidung nach § 80 Abs. 5* determiniert. Die Voraussetzungen, unter denen vorläufiger Rechtsschutz gegen Maßnahmen im indirekten Unionsrechtsvollzug gewährt werden darf, hat der EuGH in seiner „Süderdithmarschen"-Rspr. einschränkend bestimmt. Danach darf das VG den Vollzug der materiellen unionsrechtlichen Regelung nur hemmen, wenn es erhebliche Zweifel an ihrer Rechtmäßigkeit hat und diese Zweifel gem. Art. 267 AEUV dem EuGH vorlegt, wenn die Aussetzung dringlich ist, weil dem Antragsteller ansonsten ein schwerer, irreparabler Schaden droht, und wenn das Unionsinteresse i.R. der vorzunehmenden Abwägung angemessen berücksichtigt wird.[418] Dieselben Einschränkungen gelten für den *Erlass einer einstweiligen Anordnung (§ 123)*, die dazu führt, dass eine Unionsrechtsnorm im Einzelfall vorläufig unangewendet bleibt.[419] Liegen die im Folgenden näher beleuchteten Voraussetzungen vor, so lässt es das Unionsrecht zu, dass sein Befolgungsanspruch und das Verwerfungsmonopol des EuGH (→ Rn. 9, 124) vorübergehend durchbrochen werden. Diese Rspr. ist grds. mit den Anforderungen von Art. 19 Abs. 4 GG vereinbar.[420]

Die fünf Voraussetzungen, unter denen der EuGH einen vorläufigen Rechtsschutz nationaler Gerichte zur Abwehr von Unionsrecht zulässt, sind im Kern an die Voraussetzungen der Art. 278, 279 AEUV (→ Rn. 153) angelehnt. Zunächst soll eine zeitweise Vollzugshemmung oder Nichtbeachtung unionsrechtlicher Vorschriften überhaupt nur zulässig sein, wenn deren *Unionsrechtmäßigkeit in Zweifel* steht. Der nationale Richter muss „erhebliche Zweifel" an der Gültigkeit der zu vollziehenden Unionsrechtsnorm darlegen und begründen.[421] Dabei hat er die EuGH-Rspr. zur Rechtmäßigkeitskontrolle von Sekundärrecht, z.B. in Bezug auf Gestaltungsspielräume der Unionsorgane (→ Rn. 80), zu berücksichtigen.[422]

Die Beschränkung der Aussetzungs- bzw. Anordnungsbefugnis verbindet der EuGH mit der prozeduralen Verpflichtung des nationalen Gerichts, die Frage nach der Vereinbarkeit mit höherrangigem Unionsrecht *gem. Art. 267 AEUV dem EuGH vorzulegen* (zur Vorlagepflicht → Rn. 120–124).[423] Die Vorlagepflicht entfällt, wenn der EuGH mit der betreffenden Gültigkeitsfrage bereits befasst ist, sei es in einem Vorabentscheidungs- oder einem anderen Hauptsacheverfahren, in dem über die Gültigkeit des Unionsrechtsakts entschieden wird.

Drittens muss die Gewährung vorläufigen Rechtsschutzes in dem Sinne *dringlich* sein, dass sie erforderlich ist, um den Antragsteller vor einem schweren und irreparablen Schaden zu bewahren. Ein solcher Schaden muss bereits zu befürchten sein, bevor der EuGH über die Gültigkeit des angegriffenen Unionsrechtsakts entscheiden kann.[424] Als irreparabel gilt in diesem Zusammenhang grds. nicht ein rein finanzieller Schaden, wenngleich das nationale Gericht dies aufgrund der Umstände des Einzelfalls auch anders sehen kann.[425]

Viertens ist das Vollzugsinteresse der Union gegen das Aussetzungs- oder Anordnungsinteresse des Antragstellers *abzuwägen*. Die Abwägung im Einzelfall bleibt dem nationalen Gericht überlassen, doch hat es dabei v.a. das Unionsinteresse an der einheitlichen Geltung des Unionsrechts und seiner

417 Vgl. EuGH 5.10.2006 – C-232/05, Slg. 2006, I-10071, Rn. 49–53 – Kommission/Frankreich; 11.3.2010 – C-1/09, Slg. 2010, I-2099, Rn. 30–32 – CELF II.
418 EuGH 21.2.1991 – C-143/88, Slg. 1991, I-415, Rn. 23–33 – Zuckerfabrik Süderdithmarschen; bestätigt z.B. in 17.7.1997 – C-334/95, Slg. 1997, I-4517, Rn. 44 – Krüger.
419 EuGH 9.11.1995 – C-465/93, Slg. 1995, I-3761, Rn. 28, 33 – Atlanta; 8.2.2000 – C-17/98, Slg. 2000, I-675, Rn. 68 ff. – Emesa Sugar.
420 BVerfG NVwZ 2004, 1346 (1347). Einschränkend O. *Dörr*, Rechtsschutzauftrag, 2003, 270 f.
421 S. EuGH 21.2.1991 – C-143/88, Slg. 1991, I-415, Rn. 23 – Zuckerfabrik Süderdithmarschen; 9.11.1995 – C-465/93, Slg. 1995, I-3761, Rn. 35 – Atlanta; 17.7.1997 – C-334/95, Slg. 1997, I-4517, Rn. 44 – Krüger.
422 EuGH 9.11.1995 – C-465/93, Slg. 1995, I-3761, Rn. 37 – Atlanta.
423 EuGH 21.2.1991 – C-143/88, Slg. 1991, I-415, Rn. 24 – Zuckerfabrik Süderdithmarschen; Slg. 1995, I-3761, Rn. 51 – Atlanta; 17.7.1997 – C-334/95, Slg. 1997, I-4517, Rn. 44 – Krüger.
424 EuGH 21.2.1991 – C-143/88, Slg. 1991, I-415, Rn. 29 – Zuckerfabrik Süderdithmarschen; 9.11.1995 – C-465/93, Slg. 1995, I-3761, Rn. 41 – Atlanta.
425 EuGH 21.2.1991 – C-143/88, Slg. 1991, I-415, Rn. 29 – Zuckerfabrik Süderdithmarschen; 9.11.1995 – C-465/93, Slg. 1995, I-3761, Rn. 41 – Atlanta.

244

245

246

247

248

effektiven Durchsetzung angemessen zu berücksichtigen. Eine unionsrechtliche Norm darf nicht vorschnell außer Anwendung gelassen werden.

249 Schließlich muss das nationale Gericht bei der Entscheidung die *Rspr. der Unionsgerichte* zur Rechtmäßigkeit der streitigen Unionshandlung *beachten*. Die Gewährung vorläufigen Rechtsschutzes kommt überhaupt nicht mehr in Betracht, wenn der EuGH die Vereinbarkeit des Rechtsakts mit höherrangigem Unionsrecht in einem anderen Verfahren bereits festgestellt hat und neue Argumente dagegen nicht ersichtlich sind.[426] Bereits erlassene Maßnahmen des vorläufigen Rechtsschutzes hat das nationale Gericht aufzuheben, sobald der EuGH die Gültigkeit des Rechtsakts im Nachhinein bestätigt. Auch für die Frage, ob ein schwerer, irreparabler Schaden vorliegt, sowie bei der Interessenabwägung sind die vom EuGH bereits vorgenommenen Bewertungen zu beachten.[427] Deutsche Gerichte müssen aus Gründen des Art. 19 Abs. 4 GG zudem die Auffassung der Gerichte anderer Mitgliedstaaten berücksichtigen.[428]

250 **c) Untätigkeit von Unionsorganen.** Die dritte Konstellation, in der vorläufiger Rechtsschutz durch nationale Gerichte in Fällen mit EU-Bezug in Betracht kommt, ist ein *Verpflichtungsbegehren* bei Untätigkeit eines Unionsorgans i.R. einer bestehenden unionsrechtlichen Regelung. Eine einstweilige Anordnung des nationalen Gerichts soll dem einzelnen einstweilen die Vorteile im nationalen Vollzug sichern, die er eigentlich nur aufgrund eines Unionsrechtsakts erlangen könnte, und damit den fehlenden Sekundärrechtsakt praktisch vorübergehend ersetzen. Ein bekanntes Bsp., welches Anlass zur Begründung dieser Fallgruppe war, ist die Zuteilung höherer Importkontingente i.R. der EU-Bananenmarktordnung, ohne dass die Kommission eine entsprechende Härtefallregelung erlassen hätte.

251 Der EuGH hält in einem solchen Fall die nationalen Gerichte nicht für befugt, vorläufige Maßnahmen zum Schutz Einzelner zu erlassen, bis das zuständige Unionsorgan tätig geworden ist. Die Kontrolle der Untätigkeit von Unionsorganen falle vielmehr in die *ausschließliche Zuständigkeit der Unionsgerichte*, nur diese könnten daher in solchen Fällen Individualrechtsschutz gewähren.[429] Dies bedeutet praktisch, dass im indirekten Unionsrechtsvollzug der Erlass verpflichtender Regelungsanordnungen gem. § 123 Abs. 1 unionsrechtlich unzulässig ist.[430] Allerdings können deutsche Gerichte kraft Verfassungsrechts (Art. 19 Abs. 4 GG) verpflichtet sein, in Fällen erheblicher Grundrechtseinschränkung Rechtsschutz mit vorläufiger Verpflichtungswirkung zu gewähren.[431]

252 **11. Rechtsmittel.** Die Einwirkungen des Unionsrechts auf das nationale Rechtsmittelrecht sind gering. Insbes. gebietet weder das Effektivitätsgebot noch das Grundrecht auf effektiven Rechtsschutz einen innerstaatlichen Instanzenzug. Lediglich für die *Anwendung der Rechtsmittel- und Rechtsmittelzulassungsgründe* nach nationalem Prozessrecht können auch Vorschriften des Unionsrechts bedeutsam sein. So kann ein Verstoß gegen unionsrechtliche Vorgaben z.B. einen Verfahrensfehler i.S.v. §§ 124 Abs. 2 Nr. 5, 132 Abs. 2 Nr. 3 begründen (zu Verfahrensfehlern im Zusammenhang mit Art. 267 AEUV → Rn. 143). Das unmittelbar wirksame Unionsrecht ist als Bundesrecht revisibel (§ 137 Abs. 1 Nr. 1 → Rn. 143) und seine Auslegung und Anwendung daher vom Revisionsgericht zu überprüfen. Die Bindung an die rechtliche Beurteilung des Revisionsgerichts (§ 144 Abs. 6) darf nicht dazu führen, dass dem unterinstanzlichen Gericht die Möglichkeit genommen wird, den EuGH gem. 267 AEUV anzurufen (→ Rn. 119) oder allgemein eine feststehende Rspr. des Gerichtshofs zu übernehmen.

III. Staatshaftung kraft Unionsrechts

253 Zu den bekanntesten Problemen im Spannungsfeld von nationalem und Unionsrecht gehört die unionsrechtliche Staatshaftung. Ausgelöst durch die Entscheidung „Francovich"[432] und konturiert v.a. in der Entscheidung „Brasserie du Pêcheur"[433] hat der EuGH ein unionsrechtliches Konzept für die Haf-

---

426 EuGH 9.11.1995 – C-465/93, Slg. 1995, I-3761, Rn. 46 – Atlanta.
427 EuGH 9.11.1995 – C-465/93, Slg. 1995, I-3761, Rn. 49 f. – Atlanta.
428 BVerfG NVwZ 2004, 1346, 1347.
429 EuGH 26.11.1996 – C-68/95, Slg. 1996, I-6065, Rn. 53 f. – T. Port.
430 *C. Koenig/C. Zeiss,* JZ 1997, 461.
431 I.d.S. wohl auch BVerfG EuZW 1995, 126; vgl. *M. Nettesheim,* NJW 1995, 2083, 2084.
432 EuGH 19.11.1991 – C-6/90, C-9/90, Slg. 1991, I-5357.
433 EuGH 5.3.1996 – C-46/93, C-48/93, Slg. 1996, I-1029 – Brasserie du Pêcheur.

tung der Mitgliedstaaten gegenüber Privaten für Verletzungen des Unionsrechts entwickelt. Dieses Haftungskonzept gehört in einem weiteren Sinne zum Europäischen Verwaltungsrechtsschutz, da es dem einzelnen einen unionsrechtlich determinierten Sekundärrechtsschutz gegen die nationale öffentliche Gewalt eröffnet.

Lange umstritten war die *Rechtsnatur des Ersatzanspruchs*, der sich für den einzelnen aus einem staatlichen Verstoß gegen Unionsrecht ergeben kann. Während die Rspr. des EuGH insoweit ambivalent ist, gehen die deutsche Rspr. und die h.M. im Schrifttum heute von einem eigenständigen unionsrechtlichen Schadensersatzanspruch aus.[434] V.a. der Leitgedanke der Subsidiarität streitet jedoch dafür, das unionsrechtliche Haftungskonzept nur als bindende Vorgabe für die Anwendung des nationalen Staatshaftungsrechts auf Unionsrechtsverstöße zu verstehen. In Deutschland wären dann die Anforderungen aus der EuGH-Rspr. v.a. in den Amtshaftungsanspruch gem. § 839 BGB i.V.m. Art. 34 GG einzubauen.[435]   254

Die zur Begründung eines Ersatzanspruchs notwendigen Voraussetzungen sind in der Rspr. des EuGH abschließend umschrieben.[436] Nicht ausgeschlossen ist allerdings, dass das nationale Recht die Haftung des Staates unter weniger einschränkenden Voraussetzungen anordnet.[437] Im Kern lassen sich *fünf Anspruchsvoraussetzungen* identifizieren: Zunächst muss ein *Verstoß gegen eine Norm des Unionsrechts* vorliegen, der einem Mitgliedstaat zurechenbar ist. Haftungsauslösend kann das unionsrechtswidrige Handeln oder Unterlassen jedes mitgliedstaatlichen Organs und jeder öffentlichen Gebietskörperschaft sein.[438] In Betracht kommen also Zuwiderhandlungen der Verwaltung (z.B. die unzulässige Verweigerung einer Genehmigung oder Anerkennung, aber auch schädigende Äußerungen eines Beamten)[439] ebenso wie Akte oder Unterlassungen der nationalen Legislative (z.B. die nicht ordnungsgemäße Umsetzung von Richtlinien). Auch Rechtsverstöße der nationalen Gerichte (z.B. das Unterlassen einer unionsrechtskonformen Auslegung oder einer obligatorischen Vorlage an den EuGH; zu den Vorlagepflichten nationaler Gerichte → Rn. 120–124) können die Staatshaftung auslösen.[440] Ein Unionsrechtsverstoß ist dem Mitgliedstaat dann nicht zuzurechnen, wenn er allein daraus resultiert, dass die staatlichen Behörden Unionsrecht durchführen, das mit höherrangigem Recht unvereinbar ist.[441]   255

Zweitens muss die verletzte Unionsrechtsnorm *individualschützend* sein, also wenigstens auch den Schutz des Betroffenen bezwecken.[442] Eine solche individualschützende Zweckrichtung ist unproblematisch bei Verstößen gegen die Grundfreiheiten des AEUV oder die Unionsgrundrechte. Auch Verletzungen des EU-Beihilferechts (z.B. Art. 108 Abs. 3 AEUV oder der Pflicht zur Rückforderung unionsrechtswidriger Subventionen) kommen in Betracht.[443] Besteht der Rechtsverstoß dagegen in der unzureichenden Umsetzung einer Richtlinie, so kommt es darauf an, ob deren Bestimmungen dem Einzel-   256

---

434 Z.B. BGHZ 134, 30, 33, 36; 143, 153, 158 f.; 146, 153, 158 f.; 156, 294, 297 f.; 161, 224, 236; 178, 51, 54 f.; BVerwG NVwZ 2009, 1431, Rn. 15–16; NVwZ 2012, 1472, Rn. 9; OLG Köln NJW 2001, 2724. *Ossenbühl/ Cornils* S. 628 f.; *M. Ruffert* in: Calliess/Ruffert AEUV Art. 340 Rn. 70.

435 Ebenso noch z.B. *St. Kadelbach*, Verwaltungsrecht, 1999, 398–403; *Maurer* § 28 Rn. 56; *H.-J. Papier*, in: Maunz/ Dürig Art. 34 Rn. 80; *R. Streinz*, VVDStRL 61 (2002), 300, 349 f.; *O. Dörr*, Rechtsschutzauftrag, 2003, 217.

436 S. EuGH 5.3.1996 – C-46/93, C-48/93, Slg. 1996, I-1029, Rn. 66 – Brasserie du Pêcheur; 8.10.1996 – C-178/94 u.a., Slg. 1996, I-4845, Rn. 27 – Dillenkofer; 25.11.2010 – C-429/09, Slg. 2010, I-12167, Rn. 65 – Fuß.

437 EuGH 5.3.1996 – C-46/93, C-48/93, Slg. 1996, I-1029, Rn. 66 – Brasserie du Pêcheur; 14.3.2013 – C-420/11, ECLI:EU:C:2013:166, Rn. 42 – Leth.

438 EuGH 1.6.1999 – C-302/97, Slg. 1999, I-3099, Rn. 62 – Konle; 4.7.2000 – C-424/97, Slg. 2000, I-5123, Rn. 28 ff. – Haim; 28.6.2001 – C-118/00, Slg. 2001, I-5063 – Larsy.

439 Vgl. EuGH 17.4.2007 – C-470/03, Slg. 2007, I-2749, Rn. 86 – A.G.M.-COS.MET.

440 Vgl. EuGH 30.9.2003 – C-224/01, Slg. 2003, I-10239, Rn. 30 ff. – Köbler; 13.6.2006 – C-173703, Slg. 2006, I-5177, Rn. 30 f. – Traghetti del Mediterraneo; 28.7.2016 – C-168/15, ECLI:EU:C:2016:602, Rn. 19 f. – Tomášová; BGH EuZW 2005, 30.

441 BGHZ 125, 27, 37 f.; *H.-J. Papier*, in: Maunz/Dürig Art. 34 Rn. 81; *O. Dörr*, in: Dörr/Grote/Marauhn, Konkordanzkommentar EMRK/GG, ²2013, Kap. 33 Rn. 141.

442 S. z.B. EuGH 8.10.1996 – C-178/94 u.a., Slg. 1996, I-4845, Rn. 21 – Dillenkofer; 4.7.2000 – C-424/97, Slg. 2000, I-5123, Rn. 36 – Haim; 28.6.2001 – C-118/00, Slg. 2001, I-5063, Rn. 36 – Larsy. Zum Schutznormerfordernis i.R. der Unionshaftung nach Art. 340 Abs. 2 AEUV → Rn. 99.

443 Dazu z.B. *M. Deckert*, EuR 1997, 203, 209.

nen eine Rechtsposition einräumen und ihr Inhalt auf der Grundlage der Richtlinie selbst bestimmt werden kann.[444]

257 Drittens muss das staatliche Verhalten einen *„hinreichend qualifizierten Verstoß"* gegen Unionsrecht begründen. Dieses Merkmal, das aus der EuGH-Rspr. zu Art. 340 Abs. 2 AEUV bekannt ist (→ Rn. 100), bildet den Ansatzpunkt für eine umfassende Bewertung des gerügten Verhaltens. Die geforderte Qualifizierung soll auch hier vorliegen, wenn der Mitgliedstaat die Grenzen seiner Regelungsbefugnis „offenkundig und erheblich" überschritten hat.[445] Dafür stellt der EuGH zunächst auf die Klarheit und Genauigkeit der verletzten Vorschriften ab[446] sowie auf den Gestaltungsspielraum, der den staatlichen Organen belassen war.[447] Ein Unionsrechtsverstoß ist jedenfalls dann „hinreichend qualifiziert", wenn er trotz eines entsprechenden EuGH-Urteils in Bezug auf den konkreten Fall oder im Gegensatz zu einer „gefestigten einschlägigen Rechtsprechung" des Gerichtshofs fortbestand.[448] Die Frage staatlichen Verschuldens kann nur i.R. der Qualifizierung des Rechtsverstoßes eine Rolle spielen, nicht aber als zusätzliche Haftungsvoraussetzung.[449]

258 Da auch die nationale Rspr. zum haftungsrelevanten staatlichen Verhalten zählt, ist auch i.R. der unionsrechtlichen Staatshaftung ein haftungsbeschränkendes *Richterspruchprivileg* in Betracht zu ziehen: Ein „hinreichend qualifizierter" Rechtsverstoß kann sich aus rechtsprechender Tätigkeit nur unter erschwerten Voraussetzungen ergeben. Der EuGH stellt insoweit darauf ab, ob der richterliche Rechtsverstoß „offenkundig" war;[450] dafür soll es u.a. darauf ankommen, ob die Vorlagepflicht aus Art. 267 Abs. 3 AEUV eingehalten und die Rspr. der Unionsgerichte beachtet wurde.[451] Die pauschale Begrenzung der Staatshaftung für richterliches Fehlverhalten auf Vorsatz oder grobe Fahrlässigkeit ist jedoch unionsrechtswidrig,[452] so dass auch § 839 Abs. 2 S. 1 BGB erheblichen unionsrechtlichen Zweifeln ausgesetzt ist.

259 Viertens muss dem Betroffenen ein *Schaden* entstanden sein. Diese Haftungsvoraussetzung hat in der staatshaftungsrechtlichen Rspr. des EuGH bislang kaum eine Rolle gespielt, sodass es naheliegt, insoweit auf die Anforderungen i.R. der Unionshaftung (Art. 340 Abs. 2 AEUV → Rn. 101) zurückzugreifen. Auch für die Staatshaftung ist daher der Eintritt eines konkreten – materiellen oder immateriellen – Schadens nachzuweisen.

260 Fünftens schließlich setzt die unionsrechtliche Staatshaftung voraus, dass zwischen dem Unionsrechtsverstoß und dem entstandenen Schaden ein *unmittelbarer Kausalzusammenhang* besteht. Der Maßstab für die von den nationalen Gerichten zu treffende Kausalitätsfeststellung ist bislang nicht geklärt, sodass er wohl grds. dem nationalen Haftungsrecht zu entnehmen ist. Der BGH geht insoweit von einer wertenden, am Adäquanzgedanken orientierten Betrachtung aus.[453] Aus der EuGH-Rspr. ergibt sich immerhin, dass der Rechtsverstoß der nationalen Legislative nicht kausal ist, wenn im konkreten Fall eine unmittelbar wirksame Vorschrift des Unionsrechts anwendbar war.[454]

---

444 EuGH 19.11.1991 – C-6/90, C-9/90, Slg. 1991, I-5357, Rn. 40 – Francovich; 8.10.1996 – C-178/94 u.a., Slg. 1996, I-4845, Rn. 22 – Dillenkofer; 25.11.2010 – C-429/09, Slg. 2010, I-12167, Rn. 49 f. – Fuß; 14.3.2013 – C-420/11, ECLI:EU:C:2013:166, Rn. 44 – Leth.

445 EuGH 5.3.1996 – C-46/93, C-48/93, Slg. 1996, I-1029, Rn. 55 – Brasserie du Pêcheur; 26.3.1996 – C-392793, Slg. 1996, I-1631, Rn. 42 – British Telecom; 4.7.2000 – C-424/97, Slg. 2000, I-5123, Rn. 38 – Haim; 16.10.2008 – C-452/06, Slg. 2008, I-7681, Rn. 37 – Snython.

446 Z.B. EuGH 24.9.1998 – C-319/96, Slg. 1998, I-5255, Rn. 30 – Brinkmann; 15.6.1999 – C-140/97, Slg. 1999, I-3499, Rn. 50 – Rechberger; 18.1.2001 – C-150/99, Slg. 2001, I-493, Rn. 39 – Stockholm Lindöpark.

447 Z.B. EuGH 4.7.2000 – C-424/97, Slg. 2000, I-5123, Rn. 40 – Haim; 25.1.2007 – C-278/05, Slg. 2007, I-1053, Rn. 72 – Robins u.a.; 16.10.2008 – C-452/06, Slg. 2008, I-7681, Rn. 39 – Snython.

448 EuGH 5.3.1996 – C-46/93, C-48/93, Slg. 1996, I-1029, Rn. 57 – Brasserie du Pêcheur; 28.6.2001 – C-118/00, Slg. 2001, I-5063, Rn. 44 – Larsy; 23.4.2008 – C-201/05, Slg. 2008, I-2875, Rn. 123 – Test Claimants in the CFC; 25.11.2010 – C-429/09, Slg. 2010, I-12167, Rn. 52 und 58 – Fuß.

449 Vgl. EuGH 5.3.1996 – C-46/93, C-48/93, Slg. 1996, I-1029, Rn. 79 f. – Brasserie du Pêcheur; 4.7.2000 – C-424/97, Slg. 2000, I-5123, Rn. 39 – Haim; 25.11.2010 – C-429/09, Slg. 2010, I-12167, Rn. 67 – Fuß.

450 EuGH 30.9.2003 – C-224/01, Slg. 2003, I-10239, Rn. 53 – Köbler; 13.6.2006 – C-173/03, Slg. 2006, I-5177, Rn. 32. – Traghetti del Mediterraneo; 28.7.2016 – C-168/15, ECLI:EU:C:2016:602, Rn. 24 – Tomášová.

451 EuGH 30.9.2003 – C-224/01, Slg. 2003, I-10239, Rn. 54–56 – Köbler; 13.6.2006 – C-173/03, Slg. 2006, I-5177, Rn. 43 – Traghetti del Mediterraneo; 28.7.2016 – C-168/15, ECLI:EU:C:2016:602, Rn. 26 – Tomášová.

452 EuGH Slg. 2006, I-5177, Rn. 46 – Traghetti del Mediterraneo.

453 BGHZ 134, 30, 40.

454 Für die unterbliebene Richtlinienumsetzung EuGH 24.9.1998 – C-319/96, Slg. 1998, I-5255, Rn. 29 – Brinkmann.

Umfang und Inhalt des Anspruchs bestimmen sich nach dem Haftungsrecht des Mitgliedstaates, der   261
den Rechtsverstoß begangen hat. Der Verweis auf das nationale Recht impliziert die grundsätzliche
Autonomie der Mitgliedstaaten in der Ausgestaltung des Anspruchs und seiner verfahrensrechtlichen
Durchsetzung, die allerdings wiederum durch die doppelte Kautele von Gleichwertigkeit und Effektivität (allg. dazu → Rn. 218) begrenzt ist.[455] Für den Anspruchsumfang ergibt sich daraus, dass er dem
erlittenen Schaden angemessen sein muss, sodass ein effektiver Schutz der Individualrechte gewährleistet ist.[456] In diesem Zusammenhang kann ein Mitverschulden des Einzelnen anspruchsmindernd berücksichtigt werden, auch in Form einer Schadensverhinderungs- und Schadensbegrenzungspflicht, die
etwa dazu zwingt, die zumutbaren Möglichkeiten des Primärrechtsschutzes zunächst in Anspruch zu
nehmen (s. § 839 Abs. 3 BGB).[457] Der Ersatz entgangenen Gewinns darf nicht von vornherein ausgeschlossen sein.[458]

Der unionsrechtlich determinierte Haftungsanspruch ist *vor nationalen Gerichten nach Maßgabe des*   262
nationalen Verfahrensrechts geltend zu machen. Auch insoweit gelten die bekannten Maßgaben von
Gleichwertigkeit und Effektivität. In Deutschland sind gem. § 40 Abs. 2 S. 1 die Zivilgerichte zuständig. Adressat von Haftungsanspruch und -klage ist derjenige Rechtsträger, dessen Organe den haftungsbegründenden Rechtsverstoß begangen haben;[459] für die unionsrechtliche Staatshaftung gelten in
Deutschland also dieselben Grundsätze wie i.R. von Art. 34 GG.[460] Der Anspruch verjährt in
Deutschland nunmehr gem. § 199 BGB;[461] die darin vorgesehenen Fristen dürften den Effektivitätsan-
forderungen des EuGH genügen, der eine Ausschlussfrist von einem Jahr zur Erhebung der Schadensersatzklage für grds. zulässig hielt.[462]

3. Teil: Verwaltungsrechtsschutz und EMRK

Europäischen Verwaltungsrechtsschutz bietet neben dem Unionsrecht auch die i.R. des Europarats ge-   263
schlossene EMRK vom 4. 11. 1950,[463] die heute für 47 Staaten in Kraft ist. Sie verfügt zunächst selbst
über ein eigenes Rechtsschutzsystem, welches der Einzelne gegenüber Grundrechtseingriffen der Vertragsstaaten in Anspruch nehmen kann und das somit in einem weiteren Sinne ebenfalls eine verwaltungsgerichtliche Funktion erfüllt (dazu A.). Außerdem beeinflusst die Konvention, v.a. ihre Auslegung durch die Rspr. des EGMR, den Verwaltungsrechtsschutz in Deutschland. Denn die in die deutsche Rechtsordnung inkorporierten materiellen Konventionsregeln verlangen einen bestimmten
Rechtsschutzstandard, der auch von deutschen Verwaltungsgerichten zu gewährleisten ist (dazu B.).

A.   Das Rechtsschutzsystem der EMRK

Das Rechtsschutzsystem der Konvention erhielt seine gegenwärtige Gestalt durch das Protokoll Nr. 14   264
zur EMRK (Text in BGBl 2006 II 139), das am 1.6.2010 in Kraft trat. Seit 1998 wird Rechtsschutz
allein durch einen ständigen Gerichtshof gewährt, der als einzige Beschwerdeinstanz an die Stelle von
Kommission und Gerichtshof getreten ist und direkt von einzelnen Beschwerdeführern angerufen wer-

---

455   Vgl. EuGH 5.3.1996 – C-46/93, C-48/93, Slg. 1996, I-1029, Rn. 83 – Brasserie du Pêcheur; 2.4.1998 – C-127/95,
      Slg. 1998, I-1531, Rn. 111 – Norbrook; 17.4.2007 – C-470/03, Slg. 2007, I-2749, Rn. 89 – A.G.M.-COS.MET;
      28.7.2016 – C-168/15, ECLI:EU:C:2016:602, Rn. 38 – Tomášová.
456   EuGH 5.3.1996 – C-46/93, C-48/93, Slg. 1996, I-1029, Rn. 82 – Brasserie du Pêcheur; 10.7.1997 – C-261/95,
      Slg. 1997, I-4025, Rn. 26 – Palmisani; 25.11.2010 – C-429/09, Slg. 2010, I-12167, Rn. 92 – Fuß.
457   EuGH 5.3.1996 – C-46/93, C-48/93, Slg. 1996, I-1029, Rn. 84 f. – Brasserie du Pêcheur; 8.3.2001 – C-397/98,
      C-410/98, Slg. 2001, I-1727, Rn. 102 – Metallgesellschaft u.a.; 23.4.2008 – C-201/05, Slg. 2008, I-2875, Rn. 127 –
      Test Claimants in the CFC; grds. auch 24.3.2009 – C-445/06, Slg. 2009, I-2119 Rn. 60–64 – Danske Slagterier;
      25.11.2010 – C-429/09, Slg. 2010, I-12167, Rn. 75 f. – Fuß; BGH NJW 2004, 1241 (1242).
458   EuGH 5.3.1996 – C-46/93, C-48/93, Slg. 1996, I-1029, Rn. 87 – Brasserie du Pêcheur; 8.3.2001 – C-397/98,
      C-410/98, Slg. 2001, I-1727, Rn. 91 – Metallgesellschaft u.a.; 17.4.2007 – C-470/03, Slg. 2007, I-2749, Rn. 94 –
      A.G.M.-COS.MET.
459   J. Gundel, DVBl 2001, 95, 99 f.; näher S. Burger, DVBl 2012, 207. Vgl. auch EuGH 1.6.1999 – C-302/97,
      Slg. 1999, I-3099, Rn. 62 – Konle; 4.7.2000 – C-424/97, Slg. 2000, I-5123, Rn. 35–34 – Haim.
460   BGH DVBl 2005, 371, 372.
461   S. Heselhaus, DVBl 2004, 411; vgl. BGH NVwZ 2007, 362, 364.
462   EuGH 10.7.1997 – C-261/95, Slg. 1997, I-4025, Rn. 28 f. – Palmisani. Für die zuvor geltende Verjährungsregelung
      in § 852 BGB vgl. EuGH 24.3.2009 – C-445/06, Slg. 2009, I-2119, Rn. 29–34 – Danske Slagterier.
463   BGBl 1952 II 686; konsolidierte und sprachlich überarbeitete Fassung in BGBl 2010 II 1199.

den kann. Neben dem Gerichtshof steht als Überwachungsorgan das aus Vertretern der Vertragsstaaten bestehende Ministerkomitee des Europarates. Organisation und Verfahren des Rechtsschutzes richten sich nach den Art. 19-51 EMRK sowie nach der EGMR VerfO.[464]

265 Das System der Individualbeschwerde ist aufgrund seiner starken Inanspruchnahme von erheblicher praktischer Bedeutung. Allein im Jahr 2016 wurden beim EGMR über 53.500 Beschwerden anhängig gemacht und einem Spruchkörper zugewiesen; im selben Jahr erließ der Gerichtshof zu 1926 Beschwerden Hauptsachenentscheidungen, insgesamt wurden ca. 38.500 Fälle erledigt. Als Folge waren Ende 2016 knapp 80.000 Verfahren vor den Spruchkörpern des Gerichtshofs anhängig.[465] Nicht zuletzt die weiter ständig wachsende Arbeitsbelastung des EGMR, die sich auf die Dauer seiner Verfahren auswirkt, hatte den Anstoß für eine – neuerliche – Reform des Rechtsschutzsystems der EMRK gegeben, die durch Protokoll Nr. 14 (→ Rn. 264) ins Werk gesetzt worden war. Da die Fallzahlen und die Arbeitsbelastung des Gerichtshofs unverändert zu hoch sind, werden gegenwärtig weitere Änderungen des Verfahrensrechts vorbereitet.[466]

I. Organisation des EGMR

266 Der EGMR besteht aus je einem Richter der Konventionsstaaten (Art. 20 EMRK), also gegenwärtig aus 47 Richtern. Das Plenum hat jedoch nur die in Art. 26 EMRK beschriebenen organisatorischen Aufgaben und ist nicht mehr als Spruchkörper vorgesehen. Im Regelfall entscheidet der Gerichtshof durch *Ausschüsse* mit je drei oder *Kammern* mit je sieben Richtern, die aus den zurzeit fünf „Sektionen" gebildet werden (Art. 27 Abs. 1 EMRK; Art. 25-27 VerfO). Zudem können Beschwerden durch den Einzelrichter endgültig für unzulässig erklärt werden (Art. 27 EMRK). Der im Einzelfall zuständigen Kammer gehören stets der Sektionspräsident sowie der vom betroffenen Konventionsstaat benannte Richter an; die übrigen fünf Richter werden im Rotationsverfahren bestimmt. Jede Sektion bildet zudem Dreierausschüsse, die durch einstimmigen Beschluss Individualbeschwerden für unzulässig erklären oder für zulässig erklären und endgültig in der Sache entscheiden können (Art. 28 EMRK). Diesem Ausschuss muss der „nationale Richter" des im Einzelfall betroffenen Staates nicht zwingend angehören.

267 Die *Große Kammer* des Gerichtshofs besteht aus 17 Richtern, welche nach Maßgabe von Art. 26 Abs. 4, 5 EMRK, Art. 24 VerfO bestimmt werden. Sie entscheidet in Grundsatzfällen, die eine schwerwiegende Auslegungsfrage aufwerfen (Art. 30 EMRK), sowie als Rechtsmittelinstanz gem. Art. 43 EMRK. Für letztere Fälle verfügt die Große Kammer über einen Vorprüfungsausschuss aus fünf Richtern, der über die Annahme einer Rechtssache zur Überprüfung entscheidet.

II. Zulässigkeit der Individualbeschwerde

268 Der EGMR kann gem. Art. 34 S. 1 EMRK von jeder *natürlichen Person, nichtstaatlichen Organisation oder Personengruppe* angerufen werden, die eine Verletzung ihrer Rechte aus der Konvention behauptet. Das Beschwerderecht natürlicher Personen unterliegt keiner Altersbeschränkung und hängt weder von der Geschäftsfähigkeit noch von der Staatsangehörigkeit des Beschwerdeführers ab.[467] Als „nichtstaatliche Organisationen" sind juristische Personen des Privatrechts und sonstige Verbände parteifähig, soweit die Gewährleistungen der EMRK der Sache nach auf sie anwendbar sind.[468]

269 Der Beschwerdeführer muss die *Verletzung eines eigenen Rechts* geltend machen, reine Popularbeschwerden sind unzulässig. Die Geltendmachung erfordert einen substantiierten Vortrag, aus dem das angegriffene staatliche Verhalten, die völkerrechtliche Zurechnung als ein von der EMRK sanktioniertes Verhalten sowie die direkte Betroffenheit des Beschwerdeführers hervorgehen. Im Einzelnen muss der Beschwerdeführer also plausibel geltend machen:

- die Verletzung eines Menschenrechtes, das durch die Konvention oder durch die Protokolle Nr. 1, 4, 6 oder 7 garantiert ist;

---

464 Rules of Court v. 14.11.2016, abrufbar unter http://www.echr.coe.int.
465 Vgl. die statistischen Angaben im Jahresbericht 2016 des EGMR, S. 193, abrufbar unter http://www.echr.coe.int.
466 Vgl. z.B. das Protokoll Nr. 15 v. 24.6.2013 (BGBl 2014 II 1035, auch abrufbar unter http://www.echr.coe.int); noch nicht in Kraft. Dadurch würde z.B. die Beschwerdefrist (Art. 35 Abs. 1 EMRK) von sechs auf vier Monate verkürzt.
467 *St. Kadelbach*, in: Dörr/Grote/Marauhn, Konkordanzkommentar, ²2013, Kapitel 30 Rn. 20.
468 Dazu *Kadelbach* aaO, Rn. 21; *K. Rogge*, EuGRZ 1996, 341, 343 f.

- ein staatliches Handeln oder Unterlassen, das sich ereignet hat, nachdem die als verletzt gerügte Bestimmung für den betreffenden Staat in Kraft getreten ist;
- dass der beklagte Staat für das gerügte Verhalten völkerrechtlich verantwortlich ist;
- dass er selbst durch die geltend gemachte Konventionsverletzung betroffen ist und ein Rechtsschutzbedürfnis besitzt. Der Beschwerdeführer muss durch eine staatliche Maßnahme unmittelbar beschwert bzw. – entsprechend dem englischen und französischen Wortlaut von Art. 34 S. 1 EMRK – „Opfer" des staatlichen Verhaltens sein.[469] Diese Beschwer kann im Nachhinein durch eine zwischenzeitliche Wiedergutmachung von Seiten der staatlichen Behörden, welche eine öffentliche Anerkennung des Konventionsverstoßes einschließen muss, entfallen.[470]

Beschwerdegegner können nur die Vertragsparteien der EMRK sein. Dazu gehört (noch) nicht die EU,[471] sodass Beschwerden, die unmittelbar gegen Handlungen von EU-Organen erhoben werden, *ratione personae* unzulässig sind.[472] In Betracht kommt jedoch eine *mittelbare Kontrolle des EU-Rechts* auf seine Vereinbarkeit mit der EMRK, die durch die Überprüfung staatlicher Maßnahmen bewirkt wird, welche ganz oder teilweise durch unionsrechtliche Vorgaben determiniert sind. **270**

Während die EKommMR insoweit im Hinblick auf das funktionierende Rechtsschutzsystem der EG noch sehr zurückhaltend war,[473] nimmt der EGMR diesen Kontrollauftrag in differenzierter Weise an. In mehreren Entscheidungen hat der Gerichtshof staatliche Maßnahmen, die der Ausführung und Durchsetzung unionsrechtlicher Vorgaben dienten, am Maßstab der Konvention überprüft und dabei z.T. sogar eine Verletzung festgestellt.[474] Im rechtlichen Kern ging es dabei jedoch zunächst stets um das staatliche Durchführungsverhalten, nicht um das zugrunde liegende Unionsrecht. Im Fall *Matthews* betonte der EGMR, dass die Staaten für die wirksame Gewährleistung der Konventionsrechte *ratione materiae* auch i.R. völkerrechtlicher Vereinbarungen und bei Übertragung von Befugnissen auf zwischenstaatliche Hoheitsträger verantwortlich bleiben.[475] Dies bestätigte die Große Kammer im Fall *Bosphorus*, nahm jedoch gleichzeitig den Kontrollanspruch des EGMR zurück und erklärte, dass dieser staatliches Verhalten, das vollständig unionsrechtlich determiniert ist, wegen des äquivalenten Grundrechtsschutzes der Union nur noch eingeschränkt nachprüfe.[476] Diese zweistufige *„Bosphorus"-Doktrin* prägt die Kontrollpraxis des EGMR in bezug auf EU-Recht und Unionshandeln bis heute. **271**

Die wichtigste Zulässigkeitshürde ist sodann gem. Art. 35 Abs. 1 EMRK die *Erschöpfung des innerstaatlichen Rechtswegs*. Durch diese Voraussetzung, welche die völkergewohnheitsrechtliche *local remedies rule* widerspiegelt, soll es zunächst dem betroffenen Staat überlassen sein, die Rechtsverletzung effektiv zu beheben. Der in Art. 35 EMRK verwendete Begriff der „domestic remedies/voies de recours internes" umfasst neben den ordentlichen Rechtsmitteln alle Einspruchs- und Beschwerderechte, soweit damit die behauptete Konventionsverletzung erfasst und beseitigt werden kann. Unter dieser Voraussetzung gehört auch die Verfassungsbeschwerde zum BVerfG zu den innerstaatlichen Rechtsmitteln, die vor einer Individualbeschwerde grds. auszuschöpfen sind.[477] Die Erschöpfung des Rechtswegs i.S.v. Art. 35 Abs. 1 EMRK tritt nur ein, wenn der Beschwerdeführer bereits vor den innerstaatlichen Instanzen den späteren Beschwerdegegenstand *in seinen wesentlichen Zügen vorgetragen* und der Sache nach eine Verletzung der EMRK geltend gemacht hat.[478] Der Beschwerdeführer muss alle inner- **272**

---

469 Dazu *Kadelbach* aaO, Rn. 30–37.
470 Im Verhältnis zu Deutschland z.B. EGMR 10.11.2005 – No. 65745/01, § 83 – Dzelili ; 30.6.2008 – No. 22978/05, §§ 75–82 – Gäfgen.
471 Ein Beitritt der EU ist zwar in Art. 59 Abs. 2 EMRK vorgesehen. Einen ersten Versuch hat der EuGH allerdings durch Gutachten 2/13 (18.12.2014, ECLI:EU:C:2014:2454) für unzulässig erklärt.
472 EKommMR EuGRZ 1979, 431, Ziff. 3 – CFDT; bestätigt in EKommMR ZaöRV 50 (1990), 865, 866 – M. & Co.
473 Vgl. EKommMR ZaöRV 50 (1990), 865 – M. & Co.
474 EGMR 19.4.1994 - Series A 288 – Van de Hurk; 28.9.1995 – Series A 326 – Procola: jeweils Verletzung von Art. 6 Abs. 1 EMRK festgestellt; 15.11.1996 – Reports 1996-V, 1614 – Cantoni: Verletzung von Art. 7 EMRK verneint.
475 EGMR 18.2.1999 – No. 24833/94, Reports 1999-I, §§ 32–33.
476 EGMR 30.6.2005 – No. 45036/98, Reports 2005-VI, §§ 150 ff.; bestätigt z.B. in EGMR 6.12.2012 – No. 12323/11, Reports 2012-VI, §§ 101-111 – Michaud; 23.5.2016 – No. 17502/07, §§ 101-112 – Avotiņš.
477 Z.B. EGMR 12.6.2003 – No. 44672/98 – Herz; 19.1.1999 – No. 44911/89, EuGRZ 2002, 144 – Allaoui u.a. *St. Kadelbach*, in: Dörr/Grote/Marauhn, Konkordanzkommentar EMRK/GG, ²2013, Kapitel 30 Rn. 59.
478 Z.B. EGMR 16.9.1996 – Reports 1996-IV, § 66 – Akdivar u.a.; 21.1.1999 – Reports 1999-I, § 37 – Fressoz und Roire.

staatlich eröffneten Rechtsbehelfe nicht nur eingelegt, sondern auch aktiv und mit Umsicht betrieben haben.

273 Art. 35 Abs. 1 EMRK statuiert außerdem eine *Beschwerdefrist* von sechs Monaten, die mit der Bekanntgabe der endgültigen innerstaatlichen Entscheidung zu laufen beginnt. Ist gerichtlicher Rechtsschutz gegen die fraglichen Handlungen gegeben, so beginnt die Frist mit der Zustellung des letztinstanzlichen Urteils. Als Datum der Beschwerdeeinlegung gilt i.d.R. das Absendedatum der ersten Eingabe, mit welcher der Beschwerdeführer den Beschwerdegegenstand wenigstens summarisch vorträgt (Art. 47 Abs. 6 VerfO).

274 Durch die Statuierung zwingender Unzulässigkeitsgründe stellt Art. 35 Abs. 2 EMRK zwei *negative Zulässigkeitsvoraussetzungen* auf: Die Beschwerde darf nicht anonym erhoben werden, und sie darf nicht mit einem Gesuch übereinstimmen, welches bereits zuvor beim EGMR anhängig oder einer anderen internationalen Instanz unterbreitet war. Die Unzulässigkeit setzt allerdings eine Übereinstimmung von Beschwerdeführer, Sachverhalt und Beschwerdegegenstand voraus. Eine erneute Beschwerde desselben Beschwerdeführers in Bezug auf denselben Ausgangssachverhalt kann zulässig sein, wenn sie auf neue Tatsachen gestützt wird. Schließlich erklärt der Gerichtshof eine Beschwerde für unzulässig, wenn er sie für offensichtlich unbegründet oder für einen Missbrauch des Beschwerderechts hält (Art. 35 Abs. 3 lit. a EMRK). Art. 35 Abs. 3 lit. b EMRK erlaubt nunmehr die *de-minimis*-Abweisung für den Fall, dass der EGMR zwar eine Konventionsverletzung feststellt, aber der Ansicht ist, dass dem Beschwerdeführer durch sie „kein erheblicher Nachteil" entstanden ist. Den „erheblichen Nachteil" bestimmt der Gerichtshof z.B. anhand der finanziellen Auswirkungen der Streitigkeit bzw. nach der sonstigen Bedeutung für den Beschwerdeführer; einen finanziellen Nachteil von 90 Euro im Ausgangsverfahren hielt der EGMR i.d.S. für nicht „erheblich" und wies die fragliche Beschwerde ab.[479] In anderen Fällen war z.B. entscheidend, dass die Beeinträchtigung dermaßen gering war, dass sie keine erkennbaren nachteiligen Auswirkungen auf das Leben des Bf. hatte.[480]

III. Verfahren

275 Die Individualbeschwerde ist schriftlich (auch per Telefax) unter Beachtung der Formvorschriften in Art. 45, 47 VerfO zu erheben. Sie ist unter Verwendung des von der Kanzlei des EGMR bereitgestellten Formulars einzureichen und an den Kanzler des Gerichtshofs zu richten. Für die *Einreichung der Beschwerde* besteht kein Anwaltszwang (Art. 36 Abs. 1 VerfO), nach ihrer Zustellung an den beklagten Staat besteht für den Beschwerdeführer Anwaltszwang nach Maßgabe von Art. 36 Abs. 2–5 VerfO. Zwar sind die Amtssprachen des EGMR nur Englisch und Französisch, doch kann die Beschwerde auch in der Amtssprache eines Konventionsstaates erhoben werden (Art. 34 Abs. 1, 2 VerfO).

276 Ist die Beschwerde vollständig eingegangen und registriert, weist der Präsident des EGMR sie einer Sektion zu (Art. 52 Abs. 1 VerfO), deren Präsident sie sodann einem Einzelrichter zuweist oder einen Richter zum *Berichterstatter* bestellt (Art. 49 Abs. 1, 2 VerfO). Ersterer kann die Beschwerde endgültig für unzulässig erklären oder sie andernfalls an einen Dreierausschuss oder eine Kammer weiterleiten (Art. 52A VerfO). Ein bestellter Berichterstatter prüft die Zulässigkeit der Beschwerde und legt sie, wenn er sie für unzulässig hält, dem Dreierausschuss nach Art. 28 EMRK vor. Erklärt dieser die Beschwerde einstimmig für unzulässig, so ist das Verfahren beendet. Hält der Dreierausschuss die Beschwerde hingegen für zulässig, kann er über sie auf der Grundlage der gefestigten Rspr. des Gerichtshofs endgültig in der Sache entscheiden (Art. 28 Abs. 1 lit. b EMRK, Art. 53 VerfO).

277 Entscheidet nicht der Dreierausschuss, so kommt die Beschwerde *vor die Kammer*, die zunächst (erneut) auf der Grundlage des Berichts des Berichterstatters über die Zulässigkeit entscheidet. Erklärt die Kammer die Beschwerde für zulässig, nimmt der Kanzler Kontakt mit den Parteien auf, um eine gütliche Einigung zu erreichen (Art. 62 VerfO). Kommt eine solche nicht zustande, so entscheidet die Kammer in der Sache, und zwar nach ihrer eigenen Entscheidung im schriftlichen Verfahren oder nach mündlicher Verhandlung (Art. 59 VerfO). Wenn eine mündliche Verhandlung stattfindet, ist sie grds. öffentlich (Art. 63 VerfO). Prüfungsmaßstab für die Entscheidung in der Sache sind die materiel-

---

479 EGMR 1.6.2010 – No. 36659/04, EuGRZ 2010, 281, §§ 30–36 – Ionescu.
480 EGMR 30.8.2011 – No. 35365/05 – Ladygin.

len Gewährleistungen der Konvention und, soweit der Staat an sie gebunden ist, der Protokolle Nr. 1, 4, 6 und 7. Die Entscheidung über eine zulässige Beschwerde ergeht durch ein Feststellungsurteil, das nach Maßgabe von Art. 44 Abs. 2 EMRK rechtskräftig wird.

Die Kammer kann eine wichtige Rechtssache oder wenn sie von einem früheren Urteil des Gerichts-   278
hofs abweichen will, gem. Art. 30 EMRK *an die Große Kammer* abgeben. Der Kanzler teilt dies den Parteien zuvor mit, die der Abgabe mit Gründen widersprechen können (Art. 72 Abs. 2 VerfO). Schließlich kann nach Verkündung eines Kammerurteils jede Partei die Verweisung der Rechtssache an die Große Kammer zur endgültigen Entscheidung, praktisch also eine Rechtsbehelfsentscheidung beantragen (Art. 43 EMRK, Art. 73 VerfO); dieser Antrag bedarf der Annahme eines Vorprüfungsaus-schusses. Urteile der Großen Kammer sind in jedem Fall endgültig.

Die *Wirkungen der Urteile*, mit denen der EGMR eine Verletzung der EMRK feststellt, bestimmen   279
sich sowohl nach den völkerrechtlichen Regeln der Konvention als auch nach den nationalen Regeln über ihre innerstaatliche Wirkung. Aufgrund der EMRK kann der Gerichtshof einen Rechtsverstoß des „beklagten" Staates lediglich feststellen, nicht dagegen eine beschwerende Maßnahme selbst auf-heben. Daneben kann er unter bestimmten Voraussetzungen dem Beschwerdeführer gem. Art. 41 EMRK eine „gerechte Entschädigung" zubilligen.[481] Die Entscheidungen des EGMR wirken nur *inter partes*. Für die nicht beteiligten Staaten besitzen sie lediglich eine faktische Orientierungswirkung zum Verständnis und zur Auslegung der Konvention.[482]

Die Urteile des EGMR binden die beteiligten Staaten v.a. *völkerrechtlich*: Aus Art. 46 Abs. 1 EMRK   280
ergibt sich eine entsprechende vertragliche Befolgungspflicht. Danach ist der „verurteilte" Staat völ-kerrechtlich grds. zur Wiedergutmachung (*restitutio in integrum*) verpflichtet[483] und hat als Vertrags-partei der EMRK dafür zu sorgen, dass alle seine Staatsorgane die völkerrechtliche Entscheidung be-achten und ggf. durch geeignete Maßnahmen umsetzen. Art. 46 Abs. 1 EMRK verleiht den Urteilen des EGMR *keine unmittelbare innerstaatliche Wirkung* und verlangt eine solche auch nicht.[484] Ihre konkreten innerstaatlichen Wirkungen bestimmen sich nach den Wirkungen, die die Konvention selbst im Gefüge der staatlichen Rechtsordnung entfaltet. Art. 41 EMRK, der die Zubilligung einer Entschädigung durch den EGMR daran knüpft, dass die innerstaatliche Rechtsordnung nur eine „un-vollkommene Wiedergutmachung" der eingetretenen Konventionsverletzung gestattet, macht deutlich, dass den Staaten insoweit durchaus ein gewisser Spielraum eingeräumt ist. Bereits 2004 ist der EGMR allerdings dazu übergegangen, den Staaten konkrete Hinweise für bestimmte allgemeine Umsetzungs-verpflichtungen aus seinen Urteilen zu geben[485] bzw. sogar im Einzelfall konkrete Abhilfemaßnahmen anzuordnen.[486]

Die *Wirkungen* der Urteile des EGMR *in der deutschen Rechtsordnung* beruhen auf dem Rechtsan-   281
wendungsbefehl, den das Zustimmungsgesetz zur EMRK deren Art. 41 und 46 erteilt hat. Dieser Rechtsanwendungsbefehl ordnet weder für die Feststellung der Konventionsverletzung noch für die Zubilligung einer Entschädigung durch den EGMR eine unmittelbare innerstaatliche Bindung der deutschen Staatsorgane an.[487] Aus einer Verurteilung durch den EGMR folgt somit keine unmittelba-re Verpflichtung einzelner Hoheitsträger zur Aufhebung der als konventionswidrig erkannten Maß-nahmen. Allerdings ergibt sich wegen der Völkerrechtsorientierung des GG[488] aus Art. 20 Abs. 3 GG

---

481 Dazu näher z.B. O. *Dörr*, in: Dörr/Grote/Marauhn, Konkordanzkommentar EMRK/GG, ²2013, Kapitel 33 Rn. 10-119; G. *Dannemann*, Schadensersatz bei Verletzung der Europäischen Menschenrechtskonvention, 1994; U. *Zwach*, Die Leistungsurteile des Europäischen Gerichtshofs für Menschenrechte, 1996.

482 G. *Ress*, EuGRZ 1996, 350. Ebenso BVerfGE 111, 307, 320; BVerwG NVwZ 1997, 1127, 1130.

483 Dazu J. *Polakiewicz*, Verpflichtungen, 1993, 97 ff.; G. *Ress*, EuGRZ 1996, 350–352.

484 R. *Uerpmann*, Menschenrechtskonvention, 1993, 192 f., 198–210; J. *Polakiewicz*, Verpflichtungen, 1993, 224; H.-J. *Cremer*, in: Dörr/Grote/Marauhn, Konkordanzkommentar EMRK/GG, ²2013, Kapitel 32 Rn. 85.

485 Grundlegend EGMR 22.6.2004 – No. 31443/96, EuGRZ 2004, 472 §§ 188–194 – Broniowski; 29.3.2006 – No. 36813/97, §§ 229 ff. – Scordino. Heute als „Pilotverfahren" verankert in Art. 61 VerfO.

486 Grundlegend EGMR 8.4.2004, EuGRZ 2004, 268 §§ 202 f. – Asanidse; 12.5.2005, EuGRZ 2005, 463, § 210 – Öcalan. Dazu M. *Breuer*, EuGRZ 2004, 257.

487 R. *Uerpmann*, Menschenrechtskonvention, 1993, 193–214; zur Unmöglichkeit einer solchen Anordnung J. *Polakie-wicz*, Verpflichtungen, 1993, 225.

488 Zu dieser O. *Dörr*, Rechtsschutzauftrag, 2003, 61–76.

eine verfassungsrechtliche Pflicht aller Staatsorgane, die Gewährleistungen der EMRK und die zu ihrer Auslegung ergangenen Entscheidungen des EGMR angemessen zu berücksichtigen.[489]

282 *Entschädigungsansprüche* des EGMR gem. Art. 41 EMRK sind Leistungsurteile und begründen einen völkerrechtlichen Zahlungsanspruch des einzelnen gegen den betroffenen Staat.[490] Diesen Anspruch kann der Einzelne aber nicht unmittelbar durchsetzen, da die Urteile keine innerstaatlich vollstreckbaren Titel darstellen.[491] Ob der Einzelne seinen aus dem Konventionsverstoß folgenden Sekundäranspruch unmittelbar gem. § 40 Abs. 2 vor den ordentlichen Gerichten einklagen kann, ist unklar.[492]

283 Die Einlegung der Individualbeschwerde hat gegenüber innerstaatlichen Maßnahmen keine aufschiebende Wirkung. Jedoch kann der Beschwerdeführer *vorläufige Maßnahmen* beantragen, welche die Kammer oder ihr Präsident gem. Art. 39 VerfO dem beklagten Staat empfehlen („indicate", „indiquer") kann. Entsprechenden Entscheidungen legt der EGMR mittlerweile im Hinblick auf die Wirksamkeit des Beschwerderechts eine bindende Wirkung bei: Die Konventionsstaaten sind durch Art. 34 EMRK verpflichtet, die vom Gerichtshof verhängten vorläufigen Maßnahmen durchzuführen und sich jeder Handlung oder Unterlassung zu enthalten, welche die Effektivität der Hauptsacheentscheidung infrage stellen könnte.[493]

B. Einfluss der EMRK auf den nationalen Verwaltungsrechtsschutz

284 Der Einfluss, den die EMRK auf den nationalen Verwaltungsrechtsschutz nehmen kann, bestimmt sich zunächst allgemein nach ihrer innerstaatlichen Wirkungsweise. Nur in dem dadurch abgesteckten Rahmen sind die inhaltlichen Vorgaben relevant, welche die Konvention für das nationale Rechtsschutzverfahren enthält.

I. Innerstaatliche Wirkung der EMRK

285 Die EMRK gilt in der deutschen Rechtsordnung formal *im Rang eines einfachen Bundesgesetzes*.[494] Durch das Zustimmungsgesetz[495] gem. Art. 59 Abs. 2 GG erteilte der deutsche Gesetzgeber den Rechtsanwendungsbefehl, welcher der innerstaatlichen Geltung der Konvention zugrunde liegt. Im Verhältnis zum einfachen Gesetzesrecht des Bundes gilt daher für die EMRK innerstaatlich die Regel „lex posterior derogat legi priori".[496] Der Konvention zeitlich nachfolgende Bundesgesetze können daher theoretisch, soweit keine spezialgesetzliche Kollisionsregel eingreift, von den Konventionsvorgaben abweichen.

286 Andererseits sind die materiellen Gewährleistungen der EMRK, soweit sie in der deutschen Rechtsordnung zur Anwendung kommen, *innerstaatlich unmittelbar wirksam*, d.h. vom deutschen Richter ohne weiteren Transformationsakt anzuwenden (zum Begriff der unmitelbaren Wirkung → Rn. 173–177).[497] Die Individualrechte in Art. 2-18 der Konvention sowie in den Protokollen sind inhaltlich unbedingt und hinreichend präzise und damit für eine unmittelbare innerstaatliche Anwendung geeignet. Sie nehmen an der verfassungsrechtlich statuierten Vorrangwirkung des Gesetzes (Art. 20 Abs. 3 GG) teil und sind, wie anderes Gesetzesrecht des Bundes, von deutschen Behörden und Gerichten zu beachten und anzuwenden.[498] Zum Zweck der Anwendung im Einzelfall hat der nationale Rechtsanwender

---

489 BVerfGE 111, 307, 323 ff.; BVerfG NJW 2005, 1105, 1107; NJW 2005, 1765 f.; BVerwG NVwZ 2000, 810, 811 f. Dazu z.B. *J. Meyer-Ladewig/H. Petzold*, NJW 2005, 15; *K. Grupp/U. Stelkens*, DVBl 2005, 133; *St. Kadelbach*, Jura 2005, 480.

490 BVerfGE 111, 307, 322; *O. Dörr*, in: Dörr/Grote/Marauhn, Konkordanzkommentar EMRK/GG, ²2013, Kapitel 33 Rn. 105; *J. Polakiewicz*, Verpflichtungen, 1993, 188 f.

491 *G. Ress*, EuGRZ 1996, 350; *R. Uerpmann*, Menschenrechtskonvention, 1993, 212; *J. Polakiewicz*, Verpflichtungen, 1993, 269 f.

492 Vgl. *O. Dörr*, in: Dörr/Grote/Marauhn, Konkordanzkommentar EMRK/GG, ²2013, Kapitel 33 Rn. 116.

493 EGMR 6.2.2003 – Nos. 46827/99, 46951/99, §§ 92–111 – Mamatkulov und Abdurasulovic; 4.2.2005 – Nos. 46827/99, 46951/99, Reports 2005-I, §§ 99–129 – Mamatkulov und Askarov; 12.4.2005 – No. 36378/02, Reports 2005-III, § 473 – Shamayev; 10.8.2006 – No. 24668/03, § 81 – Olaechea Cahuas.

494 Statt aller BVerfGE 74, 358, 370; 82, 106, 114; 111, 307, 316 f.; 128, 326, 367.

495 BGBl 1952 II 685, ber. 953, wonach die Konvention „mit Gesetzeskraft" veröffentlicht wurde.

496 Dazu z.B. *R. Uerpmann*, Menschenrechtskonvention, 1993, 73–77, 81–83.

497 Für die EMRK statt aller *R. Uerpmann*, Menschenrechtskonvention, 1993, 44–46; *J. Polakiewicz*, Verpflichtungen, 1993, 227; VGH Mannheim NVwZ-RR 2003, 304, 306.

498 BVerfGE 111, 307, 316 ff.

die EMRK zwar selbständig auszulegen, er muss dabei aber die auslegende Spruchpraxis des EGMR berücksichtigen: Die Konvention entfaltet ihre innerstaatliche Bindungswirkung (Art. 20 Abs. 3 GG) in ihrer – „methodisch vertretbaren" – Auslegung durch den Gerichtshof.[499]

In der deutschen Rechtsordnung wirken die Gewährleistungen der Konvention als *subjektiv-öffentli-* **287** *che Rechte* i.S.d. §§ 42 Abs. 2 und 113.[500] Erscheint es möglich, dass der Schutzbereich einer materiellen Bestimmung der EMRK eröffnet und die Vorschrift verletzt ist, so kann der Kläger daraus seine Klagebefugnis herleiten.[501] Verstößt ein Verwaltungsakt gegen die EMRK, so ist er aufzuheben;[502] ergibt sich ein solcher Verstoß aus der Ablehnung einer beantragten Maßnahme, so kann die verletzte Konventionsbestimmung einen gebundenen Anspruch auf das gewünschte Verwaltungshandeln begründen.[503] Verstößt das verwaltungsgerichtliche Verfahren gegen die Konvention (z.B. gegen die Verfahrensgarantien des Art. 6 Abs. 1 EMRK), so können die Gerichtsentscheidungen mit den gegebenen Rechtsmitteln und Rechtsbehelfen angegriffen werden.[504] Die Konventionsverletzung bedeutet einen Gesetzesverstoß, die Verletzung der Verfahrensgarantien ist ein *Verfahrensmangel* i.S.v. §§ 124 Abs. 2 Nr. 5, 132 Abs. 2 Nr. 3. Weiter ist ein Verstoß gegen die EMRK als Verletzung von Bundesrecht justitiabel gem. § 137 Abs. 1 Nr. 1 und beeinflusst die Anwendung der absoluten Revisionsgründe des § 138.

Über ihre unmittelbare Anwendung als bundesgesetzliche Verbürgungen zugunsten des einzelnen hi- **288** naus kommt den Bestimmungen der EMRK auch ein *mittelbarer Einfluss auf die innerstaatliche Rechtsordnung* zu. Da eine Vermutung dafür spricht, dass der deutsche Gesetzgeber von den völkerrechtlichen Verpflichtungen der Bundesrepublik Deutschland (jedenfalls im Bereich des Menschenrechtsschutzes) nicht abweichen will, sind alle Gesetze grds. im Einklang mit diesen Verpflichtungen auszulegen.[505] Dieses Gebot gilt wegen der Völkerrechtsorientierung der deutschen Rechtsordnung für alle ihre Bestandteile, also auch für solche Vorschriften, die der Konvention zeitlich nachfolgen.[506] Der nationale Richter hat somit in relevanten Fällen Auslegungsspielräume, die das deutsche Recht lässt, stets durch eine konventionskonforme Auslegung zu nutzen. Auch die Grundrechte und Grundsätze des GG sind anhand der Gewährleistungen der EMRK auszulegen, soweit dies nicht zu einer Minderung des Individualschutzes führt.[507] Als Auslegungshilfe sind dabei nicht nur die Vorschriften der Konvention selbst, sondern auch die Spruchpraxis des EGMR zu beachten.

II. Inhaltliche Vorgaben

Die EMRK gewährt dem Einzelnen nicht nur subjektive Rechte, die von den nationalen Gerichten in- **289** nerstaatlich gegenüber den anderen Staatsorganen durchzusetzen sind, sie enthält auch bindende Vorgaben für das nationale Rechtsschutzverfahren selbst. Art. 6 und 13 der Konvention repräsentieren den europäischen Mindeststandard in Sachen Rechtsschutz, an dem die nationalen Verfahrensregeln zu messen sind. I.E. mögen die Anforderungen der EMRK für das deutsche Verwaltungsprozessrecht eine nur begrenzte eigenständige Bedeutung haben, da hier bereits Art. 19 Abs. 4 GG einen hohen Standard des Verwaltungsrechtsschutzes gewährleistet.[508] Zum einen aber ist der verfassungsrechtliche Rechtsschutzstandard durch die EMRK nach außen verbindlich festgeschrieben, zum anderen zeigt die große praktische Relevanz der Art. 6 und 13 EMRK in der Straßburger Spruchpraxis, dass selbst die rechtsstaatlichen Verfassungsordnungen Europas stetig Gefahr laufen, in Einzelpunkten die gemeinsamen europäischen Mindestanforderungen zu unterschreiten.

---

499 BVerfGE 111, 307, 317; 128, 326, 368–372.
500 *E. Klein*, in: Mahrenholz, Entwicklung der Menschenrechte innerhalb der Staaten des Europarechts, 1987, 43, 45.
501 S. z.B. OVG Münster NVwZ 1997, 512.
502 Z.B. für eine Abschiebungsandrohung HmbOVG InfAuslR 1985, 202.
503 Z.B. OVG Münster NVwZ 1997, 512, 513 f.; im Grundsatz auch BVerwGE 100, 287, 296 f.
504 *E. Klein*, in: Mahrenholz, Entwicklung der Menschenrechte innerhalb der Staaten des Europarechts, 1987, 43, 48.
505 BVerfGE 74, 358, 370; BVerfG NJW 2004, 3407, 3410; BVerwGE 111, 200, 211; BVerwG NVwZ 2008, 434, 435; BGHSt 46, 178, 187; VGH Mannheim NVwZ-RR 2003, 304, 306.
506 *R. Uerpmann*, Menschenrechtskonvention, 1993, 116 f.; *O. Dörr*, Rechtsschutzauftrag, 2003, 73.
507 BVerfGE 74, 358, 370; 83, 119, 128; 111, 307, 317; 128, 326, 367 f. Als praktisches Bsp. auch BVerfG NJW 2008, 503 (überlange Verfahrensdauer).
508 Zum inhaltlichen Gleichklang von Art. 6, 13 EMRK und Art. 19 Abs. 4 GG *O. Dörr*, Rechtsschutzauftrag, 2003, 56 f.

290   **1. Anwendungsbereich von Art. 6 Abs. 1 EMRK.**   Die Bedeutung von Art. 6 Abs. 1 EMRK für das nationale Verwaltungsgerichtsverfahren hängt zunächst entscheidend von seinem Anwendungsbereich ab. Der Normtext bestimmt diesen – abgesehen von der strafrechtlichen Anklage – mit Streitigkeiten über *„zivilrechtliche Ansprüche und Verpflichtungen"* („civil rights and obligations", „droits et obligations de charactère civil"). Die genaue Reichweite dieser Formel, die autonom und nicht nach dem innerstaatlichen Recht bestimmt wird, ist seit langem umstr. und noch immer von einer abstrakten Klärung weit entfernt. Die Rspr. des EGMR zum „zivilrechtlichen" Charakter eines Anspruchs ist strikt am Einzelfall orientiert und vermeidet eine allgemeine Definition. Immerhin aber ist heute anerkannt, dass die Rechtsschutzgarantie des Art. 6 Abs. 1 EMRK nicht auf zivilrechtliche Rechtsverhältnisse im traditionellen Sinne beschränkt ist,[509] sondern einen erheblichen Teil der Streitigkeiten umfasst, die nach deutschem Recht in die Zuständigkeit der VG fallen.

291   Als allgemeine Leitlinie kommt es darauf an, dass das konkrete nationale Verfahren sich direkt *auf die private Lebensgestaltung des Beschwerdeführers auswirkt*[510] und somit auch der von ihm im Einzelfall geltend gemachte Anspruch diesen Bereich betrifft. Damit sind jedenfalls alle Streitigkeiten über die Reichweite eines privatrechtsrelevanten Grundrechts (Eigentumsgarantie, Vertragsfreiheit, Berufs-, Handels- und Gewerbefreiheit) „zivilrechtlich" i.S.v. Art. 6 Abs. 1 EMRK. Hinzu kommen wegen ihrer Auswirkungen auf den Privatrechtsbereich bestimmte vermögensrechtliche Streitigkeiten zwischen dem Einzelnen und dem Staat[511] sowie weite Bereiche der staatlichen Leistungsverwaltung.

292   Für die folgenden verwaltungsrechtlichen Angelegenheiten hat der EGMR den „zivilrechtlichen" Charakter i.S.v. Art. 6 Abs. 1 EMRK z.B. *anerkannt:*[512]

- Streitigkeiten um die Aufnahme oder Weiterführung beruflicher Tätigkeiten (z.B. über den Entzug behördlicher Erlaubnisse, Berufsausübungsverbote etc.);[513]
- Streitigkeiten um Grunderwerbsgenehmigungen;[514]
- Anfechtung von Enteignungen[515] und anderer unmittelbarer Beeinträchtigungen des Eigentumsrechts, wie z.B. einer Schutzgebietsausweisung,[516] eines Bebauungsplans,[517] einer Abrissverfügung,[518] der Versagung einer Baugenehmigung;[519]
- Anfechtung durch den Nachbarn von Bebauungsplan und Baugenehmigung[520] sowie einer Genehmigung zum Betrieb einer Mülldeponie;[521]
- Streitigkeiten, die städtebauliche Verträge betreffen;[522]
- Streitigkeiten um Enteignungsentschädigung;[523]
- Schadensersatzansprüche gegen die öffentliche Hand;[524]

---

509   Zu den unproblematisch erfassten privatrechtlichen Streitigkeiten A. *Kley-Struller* Art. 6 EMRK, 23–26.
510   Grundlegend EGMR 16.7.1971 – Series A 13 § 94 – Ringeisen: „all proceedings the result of which is decisive for private rights and obligations". Daran anschließend z.B. EGMR 28.9.1995 – Series A 326 § 39 – Procola; 26.8.1997 – Reports 1997-IV, §§ 39 f. – Balmer-Schafroth.
511   Grundlegend EGMR 26.3.1992 – Series A 234-B § 40 – Editions Périscope; daran anschließend z.B. EGMR 28.9.1995 – Series A 326 § 38 – Procola; 24.11.1997 – Reports 1997-VII, § 36 – Szücs. Nicht aber Streitigkeiten über Geldbußen, Steuern etc.
512   Überblick bei *Chr. Grabenwarter/K. Pabel*, in: Dörr/Grote/Marauhn, Konkordanzkommentar EMRK/GG, ²2013, Kap. 14 Rn. 14.
513   Z.B. EGMR 28.6.1978 – Series A 27 §§ 91 ff. – König; 7.7.1989 – A 159 § 43 – Tre Traktörer; 19.4.1993 – A 254-B § 25 – Kraska.
514   Z.B. EGMR 22.10.1984 – Series A 84 § 94 – Sramek; 21.2.1990 – A 171-A § 60 – Håkansson und Sturesson.
515   EGMR 27.10.1987 – Series A 125-B § 29 – Bodén; 23.6.1993 – A 262 § 32 – Ruiz-Mateos; 21.9.1993 – A 268-A – Zumtobel.
516   EGMR 27.11.1991 – Series A 219 § 48 – Oerlemans; 16.12.1992 – A 253-B § 27 ff. – de Geouffre de la Pradelle.
517   EGMR 28.6.1990 – Series A 180-A § 34 – M. Jacobsson; BVerwG NVwZ 2000, 810 (811); NVwZ 2002, 87 f.
518   EGMR 22.11.1995 – No. 19178/91, Series A 335-A § 31 – Bryan.
519   EGMR 25.10.1989 – Series A 163 § 73 – A. Jacobsson; 28.6.1990 – A 180-B § 29 – Skärby; Reports 1998-I, § 42 – A. Jacobsson (No. 2).
520   EGMR 25.11.1994 – Series A 295-B § 28 – Ortenberg; BVerwG NVwZ 2004, 108, 110.
521   EGMR 25.11.1993 – Series A 279-B § 27 – Zander.
522   BVerwG NVwZ 2008, 696, 697.
523   Z.B. EGMR 8.7.1986 – Series A 102 § 192 – Lithgow; 24.11.1994 – A 296-B § 28 – Beaumartin.
524   Z.B. EGMR 26.3.1992 – Series A 234-B § 40 – Editions Périscope; 18.12.1996 – Reports 1996-VI, § 92 – Aksoy; 25.9.1997 – 1997-VI, 1866 § 99 – Aydin; 11.1.2007 – No. 20027/02, EuGRZ 2007, 420, § 55 – Herbst.

- Streitigkeiten um Sozial- und Sozialversicherungsleistungen[525] sowie entsprechende Beitragspflichten;[526]
- Streitigkeiten um Pensions- und andere Leistungsansprüche von Beamten.[527]

Dagegen wird bei Streitigkeiten über Ansprüche, die dem Einzelnen nicht als Privatperson, sondern als   293
Staatsbürger zustehen oder die sich aus einer besonderen Rechtsbeziehung zum Staat ergeben, ein „zivilrechtlicher" Charakter *regelmäßig verneint*.[528] Dies gilt z.B. traditionell für Streitigkeiten über die
Rechte und Pflichten aus einem Beamten- oder Soldatenverhältnis[529] (mit Ausnahme von Leistungsansprüchen), Streitigkeiten über asyl- und ausländerrechtliche Maßnahmen,[530] über Maßnahmen in Einbürgerungs-, Auslieferungs-, Rechtshilfe- und Ausweisungsverfahren,[531] über das aktive und passive
Wahlrecht,[532] über staatliche Steuern und Abgaben,[533] über Bewertungen in schulischen oder Hochschulprüfungen[534] sowie rein prozessrechtliche Streitigkeiten.

2. Gewährleistungen des Art. 6 Abs. 1 EMRK. Ist sein Anwendungsbereich eröffnet, so verbürgt   294
Art. 6 Abs. 1 EMRK bestimmte Garantien für das Verfahren vor Gerichten der Vertragsstaaten. Zunächst gewährt die Norm jedem, der einen „zivilrechtlichen Anspruch" geltend machen will, ein
Recht auf ein Gericht und Zugang zu diesem.[535] Die Vertragsstaaten dürfen diesen Zugang nicht ungerechtfertigt beschränken und müssen (z.B. durch die Gewährung von PKH) dafür Sorge tragen, dass
der einzelne von seinem Recht auf Zugang zum Gericht in wirksamer Weise Gebrauch machen kann.
Ist die Rechtmäßigkeit einer Verwaltungsmaßnahme im Streit, welche einen „zivilrechtlichen Anspruch" berührt, so muss die Maßnahme gerichtlich anfechtbar sein. Die von einer solchen Maßnahme Betroffenen haben aus Art. 6 Abs. 1 EMRK einen Anspruch auf ein kohärentes Rechtsschutzsystem, das ihnen eine klare und effektive Möglichkeit bietet, den belastenden Rechtsakt anzugreifen.[536]
Voraussetzung dafür ist, dass der einzelne rechtzeitig über die hoheitliche Maßnahme informiert wird
und über eine ausreichende Frist zur Einlegung eines Rechtsbehelfs verfügt.
Der Zugang muss zu einer Instanz eröffnet sein, die die vom EGMR aufgestellten *Merkmale eines Ge-*   295
richts aufweist. Es muss sich zusammengefasst um einen unabhängigen, unparteiischen Spruchkörper
handeln, der auf Gesetz beruht und die in seine Zuständigkeit fallenden Angelegenheiten auf der
Grundlage von Rechtsvorschriften und nach einem geregelten Verfahren mit verbindlicher Wirkung
entscheidet.[537] Die im Einzelfall zu prüfende Unabhängigkeit bestimmt sich zum einen nach objektiven Kriterien (wie z.B. der Art und Weise der Richterernennung, der Weisungsfreiheit der Richter,
ihrer Unabsetzbarkeit und hinreichend langen Amtsdauer etc.), zum anderen aber auch nach dem äußeren Erscheinungsbild richterlicher Tätigkeit, das keine legitimen Zweifel an der Unabhängigkeit und
Unparteilichkeit hervorrufen darf.[538]

---

525 Z.B. EGMR 29.5.1986 – Series A 100 §§ 60 ff. – Deumeland; 12.10.1992 – A 245-D § 16 – Salerno; 19.7.1995 –
     A 322 § 36 – Kerojärvi; 16.9.1996 – Reports 1996-IV, § 42 – Süßmann.
526 EGMR 9.12.1994 – Series A 304 §§ 49-60 – Schouten und Meldrum.
527 Z.B. EGMR 26.11.1992 – Series A 249-B § 17 – F. Lombardo; 24.8.1993 – A 265-A – Scuderi; 27.4.1995 – 315-A –
     Paccione; 28.5.1997 – Reports 1997-III, § 45 – Pauger.
528 Nachw. bei *Chr. Grabenwarter/K. Pabel*, in: Dörr/Grote/Marauhn, Konkordanzkommentar EMRK/GG, ²2013, Kap.
     14 Rn. 15.
529 Z.B. EGMR 8.12.1999 – Reports 1999-VIII §§ 64–67 – Pellegrin (GK); 5.12.2000 – No. 41808/98, § 10 – Mosticchio. Anders aber jetzt im Gefolge von EGMR (GK) 19.4.2007 – No. 63235/00, Reports 2007-II, § 62 – Vilho Eskelinen u.a., wonach der Ausschluss des staatlichen Personals vom Anwendungsbereich der Rechtsschutzgarantie einer
     ausdrückl. Anordnung im Gesetz und einer objektiven Rechtfertigung bedarf. Zur Anwendung des "Eskelinen-
     Tests" z.B. EGMR 27.5.2014 – No. 20261/12, Rn. 67–71 – Baka.
530 Z.B. EGMR 5.10.2000 – Reports 2000-X, 301 §§ 37 f. – Maaouia.
531 Vgl. EGMR 16.9.2004 – No. 11103/03 – Ghiban; 10.8.2006 – No. 24668/03, § 59 – Olaechea Cahuas.
532 Z.B. EGMR 21.10.1997 – Reports 1997-VI, 2206 § 50 – Pierre-Bloch.
533 Z.B. EGMR 12.7.2001 – Reports 2001-VII, §§ 25–30 – Ferrazzini (GK); 13.1.2005 – No. 62023/00 – Emesa Sugar
     (2005).
534 EGMR 11.1.2007 – No. 20027/02, EuGRZ 2007, 420, § 54 – Herbst.
535 Grundlegend EGMR 21.2.1975 – Series A 18 §§ 26 ff. – Golder; danach z.B. 19.3.1997 – Reports 1997-II, § 40 –
     Hornsby; 5.7.2001 – A 209 § 59 – Philis.
536 EGMR 16.12.1992 – No. 12964/87, Series A 253-B § 34 – De Geouffre de la Pradelle.
537 Z.B. EGMR 23.10.1985 – Series A 97 § 43 – Benthem; 29.4.1988 – A 132 § 64 – Belilos; 27.8.1991 – A 210 § 39 –
     Demicoli.
538 S. z.B. EGMR 10.10.2000 – No. 42095/98, Reports 2000-X, § 30 – Daktaras; 21.12.2000 – No. 33958/96, 2000-
     XII, § 42 – Wettstein; 1.2.2005 – No. 46845/99, § 48 – Indra.

296 Um einen effektiven Rechtsschutz gewähren zu können, muss ein „Gericht" i.S.v. Art. 6 Abs. 1 EMRK schließlich bestimmten Mindestanforderungen in Bezug auf die Reichweite seiner *Prüfungsbefugnis und die gerichtliche Kontrollintensität* genügen. Es muss zunächst selbst in der Sache entscheiden können, und zwar mit verbindlicher Wirkung auch gegenüber dem Staat; reine Entscheidungsvorschläge oder Empfehlungen genügen hierfür nicht.[539] Das über „zivilrechtliche" Ansprüche entscheidende Gericht muss grds. befugt sein, die Rechtssache in tatsächlicher und rechtlicher Hinsicht umfassend zu erörtern und zu entscheiden („full jurisdiction"),[540] z.B. eine als fehlerhaft erkannte Verwaltungsmaßnahme aufzuheben. Die Bindung des Gerichts an bestimmte Feststellungen oder Entscheidungen von Verwaltungsbehörden ist damit nur vereinbar, wenn die bindende Vorentscheidung in einem Art. 6 EMRK genügenden Verfahren getroffen wurde oder die bindenden Vorgaben als solche im Einzelfall nicht infrage standen.[541] Allerdings sind Beurteilungsspielräume oder auch eine beschränkte Ermessensnachprüfung nicht ausgeschlossen, sofern das Ermessen gesetzlich gebunden und damit eine gerichtliche Kontrolle auch praktisch gewährleistet ist.[542]

297 Der durch Art. 6 Abs. 1 EMRK grds. garantierte Zugang zum Gericht kann *durch staatliche Regeln beschränkt* werden, wenn die Beschränkungen einem legitimen Interesse dienen, verhältnismäßig sind und den Wesensgehalt des Zugangsrechts unberührt lassen.[543] Grds. anerkannt ist z.B. das Erfordernis, vor Klageerhebung ein vorgeschaltetes Verwaltungsverfahren zu durchlaufen (s. §§ 68 ff.),[544] oder der Anwaltszwang für bestimmte Streitsachen.[545] Fristen zur Klageerhebung sind i.d.R. aus Gründen der Rechtssicherheit gerechtfertigt.[546] Legitime Beschränkungen können sich auch aus den Regeln des allgemeinen Völkerrechts ergeben, wie z.B. aus denen über die Staatenimmunität.[547] Ein Recht auf Prozesskostenhilfe lässt aus den Konventionsregeln über den Zugang zu Gericht grds. nicht ableiten.[548]

298 Art. 6 Abs. 1 EMRK begründet *keinen Anspruch auf einen Instanzenzug*, d.h. auf ein Rechtsmittel gegen eine Gerichtsentscheidung. Dementsprechend besteht auch keine Verpflichtung der Vertragstaaten, Berufungs- oder Revisionsverfahren vorzusehen[549] oder bestehende Rechtsmittel beizubehalten. Wenn und soweit aber Rechtsmittel eröffnet sind, muss auch das Rechtsmittelverfahren grds. den Garantien des Art. 6 Abs. 1 EMRK entsprechen.[550] Dabei kann allerdings den Besonderheiten eines Rechtsmittels (z.B. *in puncto* Öffentlichkeit oder Nachprüfungsbefugnis) durchaus Rechnung getragen werden.

299 Über den Zugang zum gerichtlichen Verfahren hinaus gewährleistet Art. 6 Abs. 1 EMRK eine Ausgestaltung des Verfahrens, die den Geboten eines fairen Verfahrens und eines effektiven Rechtsschutzes genügt. Ein faires Verfahren bedingt z.B., dass den Parteien eines Rechtsstreits ausreichende, angemessene und gleiche Gelegenheit zur Stellungnahme in tatsächlicher und rechtlicher Hinsicht gegeben wird.[551] Dieser *Anspruch auf ein kontradiktorisches Verfahren* setzt voraus, dass jede Partei den Vortrag der Gegenseite sowie alle Beweisunterlagen zur Kenntnis nehmen und sich dazu äußern kann.[552] Zum fairen Verfahren gehört weiterhin die „*Waffengleichheit*" der Parteien, d.h. jede Seite muss die Möglichkeit haben, ihre Sache unter Umständen vorzubringen, die nicht deutlich schlechter sind als

---

539 EGMR 23.10.1985 – Series A 97 § 40 – Benthem; 19.4.1994 – A 288 § 45 – Van de Hurk.
540 EGMR 23.6.1981 – Series A 43 § 51 – Le Compte u.a.; 26.4.1995 – A 312 § 28 – Fischer; 23.10.1995 – A 328-C § 44 – Gradinger.
541 S. z.B. EGMR 22.11.1995 – No. 19178/91, Series A 335-A §§ 44 ff. – Bryan.
542 S. EGMR 28.6.1990 – Series A 179 § 70 – Obermeier sowie die Prüfung z.B. in EGMR 21.9.1993 – Series 268-A § 31 – Zumtobel; 25.11.1994 – A 295-B §§ 33 f. – Ortenberg; 22.11.1995 – No. 19178/91, Series A 335-A §§ 44 ff. – Bryan.
543 EGMR 8.7.1986 – Series A 102 § 194 – Lithgow; 16.11.2000 – Reports 2000-XII, § 15 – Sotiris et Nikos Koutras ATTEE.
544 EGMR 23.6.1981 – Series A 43 § 51 – Le Compte u.a.
545 EGMR 24.11.1986 – Series A 109 § 69 – Gillow.
546 Z.B. EGMR 22.10.1996 – Nos. 22083/93; 22095/93, Reports 1996-IV, 1487 § 51 – Stubbings u.a.
547 Vgl. EGMR 21.11.2001 – Reports 2001-XI – McElhinney; 21.11.2001 – 2001-XI – Al-Adsani.
548 EGMR 8.12.2009 – No. 54193/07 – Herma.
549 Grundlegend EGMR 17.1.1970 – No. 2689/65, Series A 11 § 25 – Delcourt.
550 Z.B. EGMR 27.3.1998 – Reports 1998-II, § 38 – K. D. B.; 26.10.2000 – 2000-XI, § 122 – Kudla.
551 Zusammenf. *W. Peukert*, in: Frowein/Peukert, EMRK, ³2009, Art. 6 Rn. 112–124; *Grabenwarter/Pabel*, EMRK, 62016, § 24 Rn. 66–80.
552 Z.B. EGMR 20.2.1996 – Reports 1996-I, 224 § 33 – Vermeulen; 27.3.1998 – 1998-II, 620 § 44 – K. D. B.; 7.6.2001 – 2001-VI, 41 § 74 – Kress.

diejenigen der Gegenseite.[553] Damit unvereinbar sind Sonderstellungen, welche die Exekutive als Verfahrensbeteiligte beansprucht, was z.B. dann problematisch wird, wenn ein staatlicher VöI (o.ä.) das letzte Wort gegenüber dem Gericht hat oder gar an den Beratungen des Gerichts teilnimmt.[554]

Art. 6 Abs. 1 EMRK gewährleistet im Grundsatz die *Öffentlichkeit* der gerichtlichen Verhandlung sowie der Entscheidungsverkündung. Daraus ergibt sich ein Anspruch darauf, die Streitsache zumindest in einer Instanz auch in tatsächlicher Hinsicht mündlich erörtern zu können, also auf jedenfalls *eine Tatsacheninstanz mit mündlicher Verhandlung.*[555] Die Nichtbeachtung des Öffentlichkeitsgebots in den Tatsacheninstanzen kann nicht durch die Öffentlichkeit der auf Rechtsfragen beschränkten Kassationsinstanz geheilt werden.[556] In erstinstanzlichen Verfahren darf daher von einer öffentlichen mündlichen Verhandlung grds. nur mit Zustimmung der Parteien abgesehen werden, während das Öffentlichkeitsgebot von geringerer Bedeutung ist, wenn bereits in einer Vorinstanz eine mündliche Verhandlung mit umfassender Erörterung des Streitgegenstands stattgefunden hat.[557] Geht es um die Zulassung eines Rechtsmittels oder um ein auf Rechtsfragen beschränktes Rechtsmittel, so kann in dieser Instanz selbst eine öffentliche Verhandlung entbehrlich sein.[558]   300

Die Öffentlichkeit der gerichtlichen Verhandlung kann gem. Art. 6 Abs. 1 S. 2 EMRK aus den dort aufgezählten Gründen beschränkt werden. Im Übrigen ist das Recht auf Öffentlichkeit *grds. verzichtbar.*[559] Ein Verzicht des Betroffenen auf seinen Öffentlichkeitsanspruch ist z.B. anzunehmen, wenn das nationale Verfahrensrecht für bestimmte Verfahren eine mündliche Verhandlung nur auf Antrag vorsieht, ein solcher Antrag aber nicht gestellt wird.[560] Praktisch bedeutet dies, dass dem Recht auf eine öffentliche Gerichtsverhandlung genügt ist, wenn die Parteien insoweit ein unbeschränktes Antragsrecht besitzen. Erst recht wird natürlich verzichtet, wenn und soweit die Beteiligten ihr Einverständnis mit einer Entscheidung ohne mündliche Verhandlung erklären (§ 101 Abs. 2).   301

Problematisch vor diesem Hintergrund ist insbes. das Institut des *Gerichtsbescheides (§ 84)*, der als urteilsvertretende Endentscheidung in allen erstinstanzlichen Klageverfahren ergehen kann. Zwar können die Beteiligten gem. § 84 Abs. 2 im Anschluss an den Erlass eines Gerichtsbescheides eine mündliche Verhandlung beantragen, doch wird bereits bezweifelt, ob diese nachträgliche mündliche Verhandlung in puncto Effektivität des rechtlichen Gehörs und Unbefangenheit der Richter den Anforderungen des Art. 6 Abs. 1 EMRK genügt.[561] Auch die Vorschriften über die *Entscheidung in der Berufungsinstanz* sind im Hinblick auf das Öffentlichkeitsgebot auszulegen und anzuwenden: Art. 125 Abs. 2 S. 2 und § 130 a, die eine Entscheidung durch Beschluss erlauben, sind nur dann mit Art. 6 Abs. 1 EMRK vereinbar, wenn ihre Anwendung nicht dazu führt, dass der Anspruch der Beteiligten auf eine mündliche Verhandlung in einer Tatsacheninstanz unterlaufen wird.[562] Schließlich ist die Konventionsnorm – und ihre Auslegung durch den EGMR – auch i.R.d. *§ 47 Abs. 5 S. 1* zu beachten, wenn das OVG über die „Erforderlichkeit" einer mündlichen Verhandlung entscheidet.[563]   302

Ohne Beschränkungsmöglichkeit gewährleistet ist in Art. 6 Abs. 1 S. 2 EMRK die *Öffentlichkeit der Urteilsverkündung.* Die Anforderungen der Konvention werden allerdings durch eine pragmatische   303

---

553 Z.B. EGMR 27.10.1993 – Series A 274 § 33 – Dombo Beheer; 22.9.1994 – A 296-A § 56 – Hentrich; 5.10.2000 – Reports 2000-X, § 39 – APEH Üldözötteinek Szövetsège Ivàny Róth und Szerdahelyi; 7.6.2001 – Reports 2001-VI, § 72 – Kress.

554 Ausf. dazu z.B. EGMR 7.6.2001 – Reports 2001-VI, §§ 63 ff. – Kress. Zum Problem der Generalanwälte beim EuGH z.B. *Th. Schilling*, ZaöRV 60 (2000), 395; *N. Marsch/A.-C. Sanders*, EuR 2008, 345.

555 Z.B. EGMR 26.4.1995 – Series A 312 § 44 – Fischer; 23.4.1997 – Reports 1997-II, § 51 – Stallinger und Kuso; 19.2.1998 – No. 16970/90, Reports 1998-I, § 46 – Allan Jacobsson (No. 2). Ausf. *S. Morscher/P. Christ*, EuGRZ 2010, 272.

556 EGMR 23.6.1981 – Series A 43, § 60 – Le Compte u.a.; 10.2.1983 – Series A 58 § 36 – Albert und Le Compte; 26.9.1995 – Series A 325-A § 34 – Diennet.

557 S. z.B. EGMR 29.10.1991 – Series A 212-A § 36 – Helmers; 22.2.1996 – Reports 1996-II, § 41 – Bulut.

558 Z.B. EGMR 19.2.1996 – Reports 1996-I, § 39 – Botten; 22.2.1996 – Reports 1996-II, § 41 – Bulut; 27.3.1998 – Reports 1998-II, § 39 – K. D. B. Für § 130 a vgl. BVerwG NVwZ 2004, 108, 110.

559 Grundlegend EGMR 23.6.1981 – Series A 43 § 59 – Le Compte u.a.; 10.2.1983 – Series A 58 § 35 – Albert und Le Compte.

560 EGMR 24.6.1993 – Series A 263 § 58 – Schuler-Zgraggen; 21.9.1993 – Series A 268-A § 34 – Zumtobel; 28.5.1997 – Reports 1997-III, § 61 – Pauger.

561 *W. Roth*, NVwZ 1997, 656, 657–659; *Kopp/Schenke* § 84 Rn. 2 a. A.M. *R. Klenke*, DÖV 1998, 155; § 84 Rn. 40.

562 Vgl. BVerwG NVwZ 2004, 108, 109 f. Zur grundsätzlichen Vereinbarkeit von § 130 a mit Art. 6 Abs. 1 EMRK schon BVerwG NVwZ 1992, 890 f.; NVwZ 1999, 763 f.

563 Vgl. BVerwGE 110, 203; BVerwG NVwZ 2002, 87; BVerwG NVwZ 2008, 696.

Spruchpraxis deutlich relativiert. Zum einen genügt eine summarische Zusammenfassung des Urteils bei der öffentlichen Verkündung. Darüber hinaus verlangt der EGMR für die öffentliche Verkündung nicht einmal in jedem Fall eine mündliche Bekanntgabe. Vielmehr soll es bei letztinstanzlichen Rechtsmittelentscheidungen ausreichen, dass sie den Beteiligten zugestellt werden und für die Öffentlichkeit z.B. durch Einsichtnahme bei Gericht zugänglich sind.[564] Diese Zugänglichkeit genügt als Öffentlichkeitssurrogat jedoch nur, wenn sie für jedermann besteht und nicht vom Ermessen des betreffenden Gerichts abhängig ist.[565]

304 Problematisch ist in dieser Hinsicht die Bestimmung des § 116 Abs. 2, wenn sie für alle Instanzen nach Ermessen des Gerichts den Erlass des Urteils durch Zustellung an die Parteien zulässt. Da ein allgemeines Einsichtsrecht Dritter in Bezug auf erlassene Urteile im deutschen Recht nicht besteht (s. § 100), stellt die *Zustellung an Verkündungs Statt* keine öffentliche Kundmachung dar.[566] Jene dürfte mit den Anforderungen von Art. 6 Abs. 1 EMRK daher nur dann zu vereinbaren sein, wenn die Ersetzung der mündlichen Verkündung mit dem – ggf. auch stillschweigenden – Einverständnis der Parteien geschieht.[567] § 116 Abs. 2 ist im Anwendungsbereich von Art. 6 Abs. 1 EMRK konventionskonform entsprechend auszulegen.

305 Weiter gewährt Art. 6 Abs. 1 EMRK – über seinen Wortlaut hinaus – einen Anspruch auf eine *gerichtliche Entscheidung „in angemessener Frist"*. Die Frist wird im Allgemeinen mit der Klageerhebung ausgelöst. Hängt diese allerdings von der Durchführung eines behördlichen Vorverfahrens ab (wie z.B. gem. §§ 68 ff.), so beginnt sie bereits mit dessen Einleitung.[568] Die Frist endet grds. mit der endgültigen letztinstanzlichen Entscheidung im ordentlichen Rechtsweg. Ein verfassungsgerichtliches Verfahren verlängert die Frist dann, wenn es für den Ausgang des Rechtsstreits materiell-rechtlich entscheidend sein kann und damit selbst einen „zivilrechtlichen" Anspruch betrifft;[569] allerdings kann in einem solchen Fall auch das Verfahren vor dem Verfassungsgericht allein auf seine angemessene Dauer überprüft werden.[570] Nicht einbezogen wird demgegenüber die Dauer eines Vorabentscheidungsverfahrens vor dem EuGH.[571]

306 Die *Angemessenheit der Verfahrensdauer* bestimmt der EGMR stets anhand der Umstände des Einzelfalles nach dem Gesamtzusammenhang aller Verfahrensabschnitte. Dabei berücksichtigt er verschiedene Kriterien, wie z.B. die Komplexität des Falles und der Materie, die Betreibung des Verfahrens durch die zuständigen Behörden und Gerichte, das Verhalten des Beschwerdeführers sowie die Bedeutung des Verfahrensausgangs für ihn.[572] Grds. sind die Staaten verpflichtet, ihr Rechtssystem so zu organisieren, dass die Gerichte die Angemessenheit der Verfahrensdauer gewährleisten können. Die pauschale Berufung auf eine Arbeitsüberlastung der Gerichte entlastet den Staat also nicht.[573] Der EGMR hat eine unangemessen lange Verfahrensdauer vor deutschen Gerichten z.B. festgestellt bei einem verwaltungsgerichtlichen Verfahren, das auch nach zehn Jahren noch nicht in erster Instanz erledigt war,[574] einem Sozialgerichtsverfahren, das länger als zehn Jahre und sieben Monate in Anspruch nahm,[575] bei einem konkreten Normenkontrollverfahren vor dem BVerfG, welches allein sieben Jahre

---

564 EGMR 8.12.1983 – Series A 71 §§ 24 ff. – Pretto; 8.12.1983 – Series A 72 §§ 29 ff. – Axen; 22.2.1984 – Series A 74 §§ 32 ff. – Sutter.

565 EGMR 24.11.1997 – No. 20602/92, Reports 1997-VII, § 45 – Szücs.

566 *R. Lippold*, NVwZ 1996, 137, 138.

567 Ebenso z.B. *E. Schmidt-Aßmann*, in: Schoch/Schneider/Bier, Einleitung Rn. 140; *Kopp/Schenke* § 116 Rn. 9; *J. Ruthig*, NVwZ 1997, 1188, 1190. Einschränkend zum Verzicht der Beteiligten *R. Lippold*, NVwZ 1996, 137, 139.

568 Z.B. EGMR 28.6.1978 – Series A 27 § 98 – König; 9.12.1994 – Nos. 19005/91, 19006/91, Series A 304 § 62 – Schouten und Meldrum.

569 Z.B. EGMR 16.9.1996 – Reports 1996-IV, § 39 – Süßmann; 1.7.1997 – Reports 1997-IV, § 51 – Pammel; 25.2.2000 – Reports 2000-II, § 64 – Gast und Popp; 27.7.2000 – No. 33379/96, § 35 – Klein.

570 S. z.B. EGMR 16.9.1996 – Reports 1996-IV, § 47 – Süßmann; 1.7.1997 – Reports 1997-IV, § 54 – Probstmeier; 25.2.2000 – Reports 2000-II, § 69 – Gast und Popp.

571 EGMR 26.2.1998 – No. 20323/92, Reports 1998-I, § 95 – Pafitis u.a.

572 *Chr. Grabenwarter/K. Pabel*, in: Dörr/Grote/Marauhn, Konkordanzkommentar EMRK/GG, ²2013, Kap. 14 Rn. 114 f. Als Bsp. aus der reichhaltigen Spruchpraxis EGMR 25.3.1999 – Reports 1999-II, 279 § 67 – Pélissier und Sassi; 26.10.2000 – 2000-XI, 197 § 124 – Kudla; 8.1.2004, EuGRZ 2004, 150 § 48 – Voggenreiter; 18.1.2005 – No. 39832/98, § 45 – Todorov; 15.2.2007 – No. 19124/02, § 40 – Kirsten.

573 Z.B. EGMR 1.7.1997 – Reports 1997-IV, § 69 – Pammel; 1.7.1997 – Reports 1997-IV, § 64 – Probstmeier.

574 EGMR 28.6.1978 – No. 6232/73, Series A 27 – König.

575 EGMR 29.5.1986 – No. 9384/81, Series A 100 – Deumeland.

und vier Monate in Anspruch nahm,[576] bei Verfassungsbeschwerdeverfahren, die allein fast sieben bis zehn Jahre dauerten.[577]

Aus dem Grundsatz des fairen Verfahrens folgt schließlich, dass jedes Urteil, gegen das nach nationalem Prozessrecht ein Rechtsmittel gegeben ist, nachvollziehbar *begründet* und den Betroffenen *bekanntgegeben* wird.[578] Der Umfang der Begründungspflicht ist im Einzelfall nach der Art der Entscheidung und den konkreten Umständen zu bestimmen. Endgültige Entscheidungen letztinstanzlicher Rechtsmittelgerichte bedürfen z.B. keiner ausführlichen Begründung, sondern können sich diejenige der angefochtenen Entscheidung zueigen machen.[579]   **307**

3. Art. 13 EMRK. Art. 13 EMRK verbürgt für den Fall einer Konventionsverletzung das Recht auf eine „wirksame Beschwerde bei einer nationalen Instanz". Es handelt sich um eine *akzessorische Verfahrensgarantie*, die sich auf die in der Konvention und den Protokollen garantierten Rechte bezieht und für den Fall, dass deren Verletzung in Rede steht, die Bereitstellung einer wirksamen Beschwerdemöglichkeit, nicht aber zwingend gerichtlichen Rechtsschutzes verlangt.   **308**

Die *Wirksamkeit der Beschwerdemöglichkeit* erfordert v.a. die Unabhängigkeit und eine hinreichend umfassende Prüfungs- und Entscheidungsbefugnis der zuständigen Instanz.[580] Auch muss dem Betroffenen im Verfahren rechtliches Gehör gewährt werden und, wenn irreversible Maßnahmen drohen, ein vorläufiger Rechtsschutz zu Gebote stehen.[581] Nicht unbedingt erforderlich ist, dass die Instanz den angegriffenen Akt aufheben kann; auch die Gewährung von Schadensersatz oder einer anderen Form des Sekundärrechtsschutzes kann ausreichen.[582] Die staatlichen Behörden dürfen die Ausübung des Beschwerderechts nicht behindern und müssen einer Beschwerde über gravierende Rechtsverletzungen mit einer gründlichen Untersuchung nachgehen.[583] Schließlich gehört es zur Wirksamkeit des Beschwerderechts, dass der Spruch eines staatlichen Gerichts von den betroffenen Behörden befolgt wird.[584]   **309**

Art. 13 EMRK wird durch Art. 6 Abs. 1 EMRK, der mit der Gewährleistung gerichtlichen Rechtsschutzes eine inhaltlich weiter gehende Garantie enthält, überlagert und tritt in der gerichtlichen Praxis regelmäßig hinter diesen zurück.[585] Die praktische Bedeutung von Art. 13 EMRK beschränkt sich daher v.a. auf zwei Konstellationen: Zum einen greift die Norm ein, wenn der Anwendungsbereich des Art. 6 Abs. 1 EMRK („civil rights and obligations") nicht eröffnet ist. Zum anderen gewährleistet Art. 13 EMRK nach der Rspr. des EGMR einen innerstaatlichen *Rechtsbehelf, um Verstöße gegen Art. 6 EMRK wirksam geltend zu machen.*[586] Dieser Rechtsbehelf kann Primär- oder Sekundärrechtsschutz bieten, er muss aber für den Betroffenen zugänglich sein und ihm eine wirksame Abhilfe versprechen.[587] Durch diese Auslegung von Art. 13 EMRK ergibt sich nunmehr ein *„europäischer Impuls" für nationalen Rechtsschutz gegen den Richter*, v.a. zur Sanktionierung einer unangemessen lan-   **310**

---

576 EGMR 1.7.1997 – No. 20950/92, Reports 1997-IV – Probstmeier.
577 Z.B. EGMR 27.7.2000 – No. 33379/96, §§ 39 ff. – Klein; 26.9.2002, EuGRZ 2003, 26 §§ 17 ff. – Becker; 8.1.2004, EuGRZ 2004, 150 §§ 46 ff. – Voggenreiter.
578 Z.B. EGMR 19.2.1998 – Reports 1998-I, § 42 – Higgins; 21.1.1999 – Reports 1999-I, § 26 – Garcia Ruiz; 28.1.2003 – No. 68874/01, S. 10 f. – Caldas Ramirez de Arellano.
579 EGMR 19.12.1997 – Reports 1997-VIII, § 60 – Helle; 21.1.1999 – Reports 1999-I, § 26 – Garcia Ruiz.
580 S. EGMR 7.7.1989 – Series A 161 § 120 – Soering; 30.10.1991 – Series A 215 § 122 – Vilvarajah u.a.; 27.9.1999 – Reports 1999-VI, §§ 135 ff. – Smith and Grady; 8.7.2003 – Reports 2003-VIII, § 141 – Hatton u.a.
581 EGMR 11.7.2000 – Reports 2000-VIII, § 50 – Jabari; 5.2.2002 – Reports 2002-I, § 79 – Conka; 23.2.2012 – No. 27765/09, §§ 199–200 – Hirsi Jamaa u.a.
582 Vgl. z.B. EGMR Reports 2000-XI, §§ 158 f. – Kudla; 11.9.2002 – Reports 2002-VIII, §§ 15, 17 – Mifsud; 22.12.2004 – No. 40063/98, § 156 – Mitev; 27.1.2005 – No. 55057/00, § 38 – Sidjimov; 15.2.2007 – No. 19124/02, § 53 – Kirsten.
583 Z.B. EGMR 18.12.1996 – Reports 1996-VI, § 98 – Aksoy; 28.11.2007 – Reports 1997-VIII, § 89 – Mentes u.a.; 18.1.2005 – No. 36217/97, §§ 79 f. – Menetese u.a.
584 EGMR 25.3.1999 – No. 31107/96, Reports 1999-II, § 66 – Iatridis.
585 Vgl. z.B. EGMR 26.10.2000 – Reports 2000-XI, § 146 – Kudla; 26.10.2004 – No. 54810/00 – Jalloh; 10.2.2005 – No. 69315/01, § 60 – Sukharubchenko.
586 Grundlegend EGMR 26.10.2000 – Reports 2000-XI, §§ 150 ff. – Kudla; im Anschluss z.B. 9.5.2003 – No. 47863/99, § 114 – Šoc; 10.2.2005 – No. 37420/02, § 21 – Karabeis; 15.2.2007 – No. 19124/02, § 53 – Kirsten. Zu den Konsequenzen z.B. *J. Gundel*, DVBl 2004, 17, 21 ff.
587 Vgl. am Maßstab des Art. 35 EMRK z.B. EGMR 26.7.2001 – Reports 2001-VIII, § 39 – Horvat; 24.2.2005 – No. 63214/00 – Ohlen.

gen Verfahrensdauer:[588] Das nationale Verfahrensrecht muss in entsprechenden Fällen eine Beschleunigungsbeschwerde oder einen effektiven Haftungsanspruch zur Verfügung stellen. In Erfüllung dieser Verpflichtung bietet das deutsche Recht in Fällen unzulässig verzögerter Gerichtsverfahren nunmehr einen Entschädigungsanspruch nach erfolgloser Verzögerungsrüge in § 198 GVG.[589] Der EGMR hält diese Lösung für grds. geeignet, um die Anforderungen aus Art. 13 EMRK zu erfüllen.[590]

---

588 Dazu z.B. *G. Britz*, NVwZ 2004, 173, 174; *dies./D. Pfeifer*, DÖV 2004, 245; *F. Bien/O. Guillaumont*, EuGRZ 2004, 451, 462 ff.; *O. Dörr*, Jura 2004, 334, 338. Zum verfassungsrechtlichen „Impuls" vgl. BVerfGE 107, 395.

589 Eingeführt durch das Gesetz über den Rechtsschutz bei überlangen Gerichtsverfahren und strafrechtlichen Ermittlungsverfahren v. 24.11.2011 (BGBl I 2302); dazu z.B. *W.-R. Schenke*, NVwZ 2012, 257; *A. Guckelberger*, DÖV 2012, 289.

590 Vgl. EGMR 29.5.2012 – No. 53126/07, NVwZ 2013, 47 – Taron; entsprechend für die §§ 97 a–e BVerfGG EGMR 4.9.2014 – No. 68919/10, Rn. 56–58 – Peter. Anders aber für Familiensachen EGMR 15.1.2015 – No. 62198/11, Rn. 137–145 – Kuppinger.

Dörr

Verwaltungsgerichtsordnung (VwGO)

In der Fassung der Bekanntmachung
vom 19. März 1991 (BGBl. I S. 686)
(FNA 340-1)
zuletzt geändert durch Art. 5 Abs. 2 G über die Erweiterung der Medienöffentlichkeit in Gerichtsverfahren
vom 8. Oktober 2017 (BGBl. I S. 3546)

Teil I
Gerichtsverfassung

1. Abschnitt
Gerichte

§ 1 [Unabhängigkeit der Verwaltungsgerichte]

Die Verwaltungsgerichtsbarkeit wird durch unabhängige, von den Verwaltungsbehörden getrennte Gerichte ausgeübt.

Schrifttum
1. Geschichte der Verwaltungsgerichtsbarkeit
a) Monographien und Beiträge in Sammelwerken: *J. Albers*, Hamburger Verwaltungsgerichtsbarkeit, in: Recht und Juristen in Hamburg, Bd. 2, 1999, 99; *I. Bauer*, Von der Administrativjustiz zur Verwaltungsgerichtsbarkeit. Die Entwicklung des Rechtsschutzes auf dem Gebiet des öffentlichen Rechts in Baden im 19. Jahrhundert, 1996; *dies.*, Die Entwicklung der Verwaltungsgerichtsbarkeit in Baden, in: FS 150 Jahre Verwaltungsgerichtsbarkeit, 2014, 33; *M. Dolderer*, Verwaltungsprozeß im Wandel, in: FS Brohm, 2002, 245; *L. Frege*, Der Status des preußischen Oberverwaltungsgerichtes und die Standhaftigkeit seiner Rechtsprechung auf politischem Gebiet, in: Külz/Naumann, Staatsbürger und Staatsgewalt, Bd. I, 1963, 131; *K.-H. Friese* (Hrsg.), Verwaltungsgerichtsbarkeit im Saarland, 2002; *J. Gliss*, Die Entwicklung der deutschen Verwaltungsgerichtsbarkeit bis zur Bundesverwaltungsgerichtsordnung – unter besonderer Berücksichtigung der Grundpositionen von Bähr und Gneist, 1962; *R. Grawert*, Verwaltungsrechtsschutz in der Weimarer Republik, in: FS Menger, 1985, 35; *T. Heil*, Die Verwaltungsgerichtsbarkeit in Thüringen 1945 bis 1952. Ein Kampf um den Rechtsstaat, 1996; *T. Henne*, Verwaltungsrechtsschutz im Justizstaat. Das Beispiel des Herzogtums Braunschweig 1832 bis 1896, 1995; *E. Hobbeling*, Verwaltungsgerichtsbarkeit in Schwerin, in: FS Haack, 1997, 11; *W. Jellinek*, Der Schutz des öffentlichen Rechts durch ordentliche und durch Verwaltungsgerichte, VVDStRL 2 (1925), 8; *C. Kirchberg*, Von der Konsolidierung zur Marginalisierung: Verwaltungsrechtspflege in Deutschland von der Jahrhundertwende bis zum Ende des „Dritten Reichs", in: FS 150 Jahre Verwaltungsgerichtsbarkeit, 2014, 77; *H. Klinger*, Reichswirtschaftsgericht und Kartellgericht, in: Külz/Naumann, a.a.O., Bd. I, 1963, 103; *A. Koehler*, Aufbau und Umfang der Verwaltungsgerichtsbarkeit, in: Külz/Naumann, a.a.O., Bd. II, 1963, 565; *W. Kohl*, Das Reichsverwaltungsgericht, 1991; *M. Kuntzmann-Auert*, Verwaltungsgerichte des Reiches außerhalb des Bereichs der Sozialleistungen und des Reichswirtschaftsgerichts, in: Külz/Naumann, a.a.O., Bd. I, 1963, 117; *G. Lingelbach/E. Otto*, Die Thüringer Verwaltungsgerichtsbarkeit zwischen Neubeginn im Juni 1946 und ihrer Auflösung im Jahr 1952, in: 100 Jahre Thüringisches Oberverwaltungsgericht, 2012, 115; *C. Meissner*, Die Entwicklung der Verwaltungsgerichtsbarkeit in Deutschland seit 1945, in: FS 150 Jahre Verwaltungsgerichtsbarkeit, 2014, 89; *C.-F. Menger*, System des verwaltungsgerichtlichen Rechtsschutzes, 1954; *D. Merten* (Hrsg.), Die Vereinheitlichung der Verwaltungsgerichtsgesetze zu einer Verwaltungsprozeßordnung, 1978; *J. Meyer-Ladewig*, Zur Vereinheitlichung der öffentlich-rechtlichen Prozeßordnungen, in: FS Menger, 1985, 833; *Minister für Justiz-, Bundes- und Europaangelegenheiten* (Hrsg.), 50 Jahre Schleswig-holsteinisches Verwaltungsgericht – 5 Jahre Schleswig-holsteinisches Oberverwaltungsgericht, 1996; *M. Montag*, Die Entwicklung der Verwaltungsgerichtsbarkeit in Baden und Württemberg von 1945 bis 1960, 2001; *F. Müller*, Gerichtsverfassungsrecht, in: Heuer (Hrsg.), Die Rechtsordnung der DDR. Anspruch und Wirklichkeit, 1995, 211; *N. H. P. Nowatius*, Die Einführung der Verwaltungsgerichtsbarkeit in Preußen durch die Kreisordnung von 1872, 2000; *H.-J. von Oertzen*, Der Aufbau der Verwaltungsgerichtsbarkeit in den neuen Bundesländern, in: FS Redeker, 1993, 339; *R. Ogorek*, Richterkönig oder Subsumtionsautomat? Zur Justiztheorie im 19. Jahrhundert, 1986; *M. Pagenkopf*, 150 Jahre Verwaltungsgerichtsbarkeit in Deutschland, 2014; *M. Rapp*, 100 Jahre Badischer Verwaltungsgerichtshof, in: Külz/Naumann, a.a.O., Bd. I, 1963, 1; *K. Redeker*, Die Verwaltungsgerichtsordnung und ihre Novellen, in: FS Kutscheidt, 2003, 41; *S. Reich* (Hrsg.), FS zum 100-jährigen Jubiläum des Sächsischen Oberverwaltungsgerichts, 2002; *P. Rieß*, Zur Reform der öffentlich-rechtlichen Gerichtsbarkeit in der Bundesrepublik Deutschland, 1991; *W. Rüfner*, Verwaltungsrechtsschutz in Preußen von 1749 bis 1842, 1962; *ders.*, Die Entwicklung der Verwaltungsgerichtsbarkeit, in: Jeserich/Pohl/von Unruh (Hrsg.), Deutsche Verwaltungsgeschichte, Bd. 3, 1984, 909; Bd. 4, 1985, 639, 1099; *ders.*, Verwaltungsrechtsschutz in Preußen im 18. und in der ersten Hälfte des 19. Jahrhunderts, in: FS Menger, 1985, 3; *Sächsisches Staatsministerium der Justiz* (Hrsg.), Das Sächsische Oberverwaltungsgericht. Verwaltungsgerichtsbarkeit in Sachsen 1901 bis 1993, 1994; *E. Schmidt-Jortzig*, Die Verwaltungsprozeßordnung – Schicksal und Perspektive, in: FS Offerhaus, 1999, 753; *M. Sellmann*, Entwicklung und Geschichte der Verwaltungsgerichtsbarkeit in Oldenburg, 1957; *ders.*, Der Weg zur neuzeitlichen Verwaltungsgerichtsbarkeit, in: Külz/Naumann, a.a.O., Bd. I, 1963, 25; *M. Stolleis*, Die Verwaltungsgerichtsbarkeit im Nationalsozialismus, in: FS Menger, 1985, 57; *U. Stump*, Preußische Verwaltungsgerichtsbarkeit 1875 bis 1919, 1980; *G. Sydow*, Die Verwaltungsgerichtsbarkeit des ausgehenden 19. Jahrhunderts, 2000; *C. H. Ule*, Verwaltungsgerichtsbarkeit, in: von Brauchitsch/Ule (Hrsg.), Verwaltungsgesetze des Bundes und der Länder, Bd. 1, Halbbd. 2,

[2] 1962, 1; *ders.*, Die geschichtliche Entwicklung des verwaltungsgerichtlichen Rechtsschutzes in der Nachkriegszeit, in: FS Menger, 1985, 81; *G.-C. von Unruh*, Die verfassungsrechtliche Bedeutung der preußischen Verwaltungsrechtspflege, in: FS Menger, 1985, 21.

b) Beiträge in Zeitschriften: *I. Bauer*, Die Entstehung der Verwaltungsgerichtsbarkeit in Baden, BayVBl 2013, Sonderbeilage zu Heft 19, 4; *M. Benndorf/J. Buchheister/M. Sauthoff/B. Schaffarzik/H. Schwan*, Der Aufbau der Verwaltungsgerichtsbarkeit in den neuen Bundesländern, LKV 2010, 449; *W. Bernet*, Entwicklung und Funktion der deutschen bourgeoisen Verwaltungsgerichtsbarkeit, Staat und Recht 1983, 824; *ders.*, Das Problem der Gerichtsbarkeit über Verwaltungssachen in der Entwicklung der DDR, DÖV 1990, 409; *R. Brachmann/H. von Alten*, Zur Einführung der Verwaltungsgerichtsbarkeit in Sachsen-Anhalt, LKV 1992, 182; *G. C. Burmeister*, Oldenburger Verwaltungsgerichtsbarkeit im Spiegel historischen Verfassungsrechts, NdsVBl 1997, 197; *K.-H. Christoph*, Erweiterung der Zuständigkeit der Gerichte der DDR auf dem Gebiet des Verwaltungsrechts, DtZ 1990, 175; *K.D. Classen*, Prüfstein des Rechtsstaats – die Entwicklung der Verwaltungsgerichtsbarkeit im Spannungsfeld zwischen liberaler Rechtsstaatlichkeit und Diktatur, JA 2010, 487; *M. Eckertz-Höfer*, 60 Jahre Bundesverwaltungsgericht – Der Anfang, NVwZ-Beilage 1/2013, 3; *R. Emmert*, Die Entwicklung der Verwaltungsgerichtsbarkeit in Bayern bis 1945, BayVBl 1977, 8; *K. Finkelnburg*, 50 Jahre Verwaltungsgerichtsbarkeit in Berlin, LKV 2001, 337; *E. Franßen*, Verwaltungsgerichtsbarkeit im vereinten Deutschland, SächsVBl 1993, 35; *ders.*, 50 Jahre Verwaltungsgerichtsbarkeit, DVBl 1998, 413; *F.-W. Gülsdorff*, Die Entwicklung des Verwaltungsgerichts Meiningen nach dem 1. Mai 1920, ThürVBl 2000, 25, 53; *E. Hien*, 50 Jahre Bundesverwaltungsgericht, NJ 2003, 287; *H.-U. Hochbaum*, Zum allgemeinen Rechtsmittelverfahren in der Verwaltung, Demokratischer Aufbruch 1956, 673; *P. M. Huber*, 80 Jahre Thüringer Oberverwaltungsgericht, AöR 118 (1993), 45; *P. van Husen*, Die Vorarbeiten für eine bundesrechtliche Verwaltungsgerichtsordnung, DVBl 1950, 546; *G. Janke*, Die Verwaltungsgerichtsbarkeit in der SBZ und in der DDR, NJ 1992, 425; *W. Jellinek*, Die Anfänge der Verwaltungsgerichtsbarkeit in Baden und Württemberg, DÖV 1952, 580; *O. Kimminich*, Die Verwaltungsgerichtsbarkeit in der Weimarer Republik, VBlBW 1988, 371; *C. Kirchberg*, Die Selbstentmachtung der Verwaltungsgerichtsbarkeit im Dritten Reich, VBlBW 1988, 379; *J. Kirchmeier*, War die Verwaltungsgerichtsbarkeit im Saarland vor dessen Eingliederung in die Bundesrepublik Deutschland durch französisches Recht beeinflusst?, NVwZ 2002, 439; *I. Kramer*, 75 Jahre Verwaltungsgericht Bremen, NordÖR 2001, 1; *O. Kringe*, Gerichtlicher Rechtsschutz gegen Verwaltungsentscheidungen in der DDR, NJW 1989, 2450; *K.-J. Kuss*, Gerichtliche Verwaltungskontrolle in der DDR. Entstehungsgeschichte und intrasozialistische Standortbestimmung, ROW 1989, 209; *S. Lammich*, Die gerichtliche Kontrolle der Verwaltung in den sozialistischen Verfassungssystemen, VerwArch 64 (1973), 246; *H. Loening*, Die Verordnung Nr. 165 und der Rechtsstaat, DV 1949, 85; *ders.*, Der Kampf um den Rechtsstaat in Thüringen, AöR 75 (1949), 56; *U. Lohmann*, Verwaltungsrechtsschutz in der DDR, NVwZ 1989, 429; *K. W. Lotz*, 50 Jahre bayerische Verwaltungsgerichte, BayVBl 1997, 1; *C.-F. Menger*, Zur Geschichte der Verwaltungsgerichtsbarkeit in Deutschland, DÖV 1963, 726; *C. Meissner*, Verwaltungsgerichtsbarkeit in Sachsen, LKV 1993, 105; *E. Meyer*, Die Entwicklung der Verwaltungsgerichtsbarkeit in der Ostzone, DVBl 1950, 561; *M. Montag*, Die Geschichte der Verwaltungsgerichtsbarkeit unter besonderer Berücksichtigung der Entwicklung in Baden, VBlBW 1992, 194, 391; *R. Naumann*, Die Verwaltungsgerichtsordnung, DÖV 1960, 201; *J. Nolte*, Die Eigenart des verwaltungsgerichtlichen Rechtsschutzes, 2015; *J. Poppitz*, Die Anfänge der Verwaltungsgerichtsbarkeit, AöR 72 (1943), 158; AöR 73 (1944), 3; *D. Rauskolb*, 50 Jahre Verwaltungsgerichtsbarkeit in Berlin, LKV-Beilage 2001, 4; *K. Redeker*, Die Verwaltungsgerichtsordnung, NJW 1960, 409; *ders.*, Entwicklung der Verwaltungsgerichtsbarkeit auf der Grundlage der Generalklausel und ihre Bedeutung aus heutiger anwaltlicher Sicht, BayVBl 1997, Beilage zu Heft 1, S. IV; *ders.*, 50 Jahre – Rückblicke und Ausblicke aus der Verwaltungsgerichtsbarkeit, NJW 1997, 373; *ders.*, 50 Jahre Bundesverwaltungsgericht, NVwZ 2003, 641; *H. Roggemann*, Gerichtlicher Verwaltungsrechtsschutz in der DDR, JZ 1989, 579; *W. Rüfner*, Verwaltungsrechtsschutz im 19. Jahrhundert vor Einführung der Verwaltungsgerichtsbarkeit, DÖV 1963, 719; *H. Schäfer*, Endlich eine bundeseinheitliche Verwaltungsgerichtsordnung!, JZ 1960, 73; *W. Scheerbarth*, Das Schicksal der Verwaltungsgerichtsbarkeit unter dem Nationalsozialismus, DÖV 1963, 729; *M.-C. Schinkel*, 50 Jahre Verwaltungsgerichtsbarkeit in Niedersachsen, NdsVBl 1997, 193; *H. Schwan*, Der Aufbau der Verwaltungsgerichtsbarkeit, ThürVBl 1993, 97; *H. Sendler*, 125 Jahre Verwaltungsgerichtsbarkeit: Woher – Wohin?, VBlBW 1989, 41; *U. Steiner*, Zum Stand des verwaltungsgerichtlichen Rechtsschutzes in Deutschland, BayVBl 2012, 129; *M. Stolleis*, Hundertundfünfzig Jahre Verwaltungsgerichtsbarkeit, DVBl 2013, 1274; *G. Sydow*, Die Revolution von 1848/49: Ursprung der modernen Verwaltungsgerichtsbarkeit, VerwArch 92 (2001), 389; *ders.*, Unitarisierende Tendenzen in der Landesgesetzgebung im 19. Jahrhundert: Zur parallelen Errichtung unabhängiger Verwaltungsgerichtsbarkeiten, BayVBl 2013, Sonderbeilage zu Heft 19, 13; *E. Trostel*, Die Entwicklung der Verwaltungsgerichtsbarkeit von der Gründung bis zum Ausgang des Kaiserreichs, VBlBW 1988, 363; *C. H. Ule*, Die neue Verwaltungsgerichtsbarkeit und das Verhältnis von Justiz und Verwaltung, DRZ 1949, 10. Beiheft; *ders.*, Gerichtliche Nachprüfung von Verwaltungsentscheidungen in der DDR, DVBl 1989, 581; *ders.*, Jenas Beitrag zur Entwicklung des Rechtsstaatsgedankens, LKV 1991, 189; *ders.*, Rudolf von Gneists Bedeutung für die Einführung der Verwaltungsgerichtsbarkeit in Preußen, VerwArch 87 (1996), 535; *G.-C. von Unruh*, Die Einrichtung der Verwaltungsrechtspflege als rechtsstaatliches Problem, DÖV 1975, 725; *ders.*, Zur verfassungsrechtlichen Bedeutung der Einführung der Verwaltungsgerichtsbarkeit in Preußen, Jura 1982, 113; *J. Weitzel*, 10 Jahre Verwaltungsgerichtsbarkeit in Hessen, DVBl 1975, 869.

2. Sonstiges

a) Monographien und Beiträge in Sammelwerken: *N. Achterberg*, Der Begriff „Rechtsprechung im materiellen Sinne", in: FS Menger, 1985, 125; *F. Baur*, Justizaufsicht und richterliche Unabhängigkeit, 1954; *A. Baer*, Die Unabhängigkeit der Richter in der Bundesrepublik Deutschland und in der DDR, 1999; *R. Bernhard*, Richteramt und Kommunalmandat, 1983; *R. Bernhardt*, Die Unabhängigkeit des Richters – eine Verfassungsvoraussetzung?, in: GS Brugger, 2013, 643; *U. Berlit*, Rechtswegbereinigung als politischer Auftrag. Rückführung öffentlich-rechtlicher Streitigkeiten in die Verwaltungsgerichtsbarkeit, in: FS von Brünneck, 2011, 497; *K. A. Bettermann*, Richteramt und Kommunalmandat, in: FS Ule, 1977, 265; *E. Blankenburg*, Unabhängigkeit der Richter, in: FS Rottleuthner, 2011, 262; *W. Blümel/R. Pitschas (Hrsg.)*, Verwaltungsverfahren und Verwaltungsprozeß im Wandel der Staatsfunktionen, 1992; *F. Busse*, Mehr Selbständigkeit für die Dritte Gewalt?, in: Vhdlgen des 64. DJT (2002), 2003, Bd. 2, S. Q 43; *D. Ehlers*, Verfassungsrechtliche Fragen der Richterwahl. Zu den Möglichkeiten und Grenzen der Bildung von Richterwahlausschüssen, 1998; *H. Eylmann*, Fragwürdige Exekutivzuständigkeiten der Dritten Gewalt, in: FS Busse, 2005, 51; *H. J. Faller*, Die richterliche Unabhängigkeit im Spannungsfeld von Politik, Weltanschauung und öffentlicher Meinung, in: FS Zeidler, Bd. 1, 1987, 81; *C. Fischer*, Disziplinarrecht und Richteramt, 2012; *T. Flint*, Vom Beruf des Richters, in: FS Schlink, 2014, 189; *K. Fuchs*, Verfassungsmäßigkeit und Umsetzbarkeit von Modellen für eine selbstverwaltete Justiz in Deutschland, 2013; *R. Frank* (Hrsg.), Unabhängigkeit und Bindungen des Richters in der Bundesrepublik Deutschland, in Österreich und in der Schweiz, [2]1997; *H. Grimm*, Richterliche Unabhängigkeit und Dienstaufsicht in der Rechtsprechung des Bundesgerichtshofs, 1972; *S. von Heimburg*, Effizientere Rechtsprechung durch Zusammenlegung der öffentlich-rechtlichen Gerichtsbarkeiten, in: FS Scholz, 2007, 483; *C. D. Hermanns*, Einheit der Verwaltungsgerichtsbarkeit, 2002; *R. Herzog*, Gesetz und Richter, in: FS Sendler, 1991, 21; *W. Hoffmann-Riem*, Rationalisierung der Aufbauorganisation und Geschäftsprozesse in der Verwaltungsgerichtsbarkeit – am Beispiel der Freien und Hansestadt Hamburg, in: Pitschas (Hrsg.), Die Reform der Verwaltungsgerichtsbarkeit, 1999, 95; *ders.*, Mehr Selbständigkeit für die Dritte Gewalt?, in: Vhdlgen des 64. DJT (2002), 2003, Bd. 2, S. Q; *M. W. Huff*, Richterliche Unabhängigkeit in Zeiten struktureller Veränderungen der Justiz, in: FS Scholz, 2007, 499; *U. Karpen*, Brauchen wir einen Gerichtsmanager?, in: FS Leisner, 1999, 989; *A. G. Koetz*, Die Rationalisierung der Büroorganisation und Geschäftsprozesse in der Gerichtsbarkeit aus der Perspektive der Organisationsberatung, in: Pitschas (Hrsg.), Die Reform der Verwaltungsgerichtsbarkeit, 1999, 145; *A. G. Koetz/L. Frühauf*, Gerichtsorganisation in den fünf neuen Bundesländern. Untersuchung der Kienbaum Unternehmensberatung GmbH im Auftrag des Bundesministeriums der Justiz, in: Rennig/Strempel (Hrsg.), Justiz im Umbruch. Rechtstatsächliche Studien zum Aufbau der Rechtspflege in den neuen Bundesländern, 1996, 139; *R. Lamprecht*, Vom Mythos der Unabhängigkeit. Über das Dasein und Sosein der deutschen Richter, 1995; *S. Langer*, Unabhängigkeit und Verantwortlichkeit der Richter – Möglichkeiten und Grenzen von Maßnahmen der Dienstaufsicht, 2006; *F. Lansnicker*, Richteramt in Deutschland im Spannungsfeld zwischen Recht und Politik. Darstellung und Analyse von ausgewählten Fallbeispielen, 1996; *V. Lipp*, Das private Wissen des Richters. Zur Unparteilichkeit des Richters im Prozeß, 1995; *Mackenroth*, Mehr Selbständigkeit für die Dritte Gewalt?, in: Vhdlgen des 64. DJT (2002), 2003, Bd. 2, S. Q 33; *E. Markel*, Einige Gedanken zur Stellung des Richters, in: FS Klecatsky, 2010, 419; *L. F. Müller*, Richterliche Unabhängigkeit und Unparteilichkeit nach Art. 6 EMRK, 2015; *G. J. Nettersheim*, Die Trennung der Dritten Gewalt von der Zweiten Gewalt. Zur Einflussnahme europäischer Institutionen auf die deutsche Gerichtsverfassung, in: FS H. Landau, 2016, 101; *E. Noelle-Neumann*, Welche Rolle spielt die öffentliche Meinung für die Entscheidung der Richter?, in: FS Kriele, 1997, 507; *W. Odersky*, Von Eigenheiten der Richtertätigkeit, in: FS Böttcher, 2007, 135; *H.-J. Papier*, Zur Frage der Selbstverwaltung der Dritten Gewalt, in: FS Merten, 2007, 185; *ders.*, Die Stellung der Verwaltungsgerichtsbarkeit im demokratischen Rechtsstaat, 1979; *G. Pfeiffer*, Die innere Unabhängigkeit des Richters, in: FS Zeidler, Bd. 1, 1987, 67; *B. Pieroth*, Die Kompetenz des nordrhein-westfälischen Ministerpräsidenten zur Zusammenlegung von Justiz- und Innenministerium, in: FS K. Ipsen, 2000, 755; *R. Pitschas*, Neues Steuerungsmodell in der Verwaltungsgerichtsbarkeit, in: Dokumentation zum 13. Dt. Verwaltungsrichtertag (2001), 2003, 175; *R. Poseck*, Selbstverwaltung der Justiz – Zukunft oder Irrweg?, in: FS Wagner, 2013, 177; *P. Quart*, Umfang und Grenzen politischer Betätigungsfreiheit des Richters, 1990; *H.-J. Rabe*, Vorlagepflicht und gesetzlicher Richter, in: FS Redeker, 1993, 201; *B. Rüthers*, Richterrecht als Methoden- und Verfassungsproblem, in: FS Molitor, 1988, 293; *H. Salger*, Der unabhängige Richter – Objekt von Kontrolle und Vertrauen, in: Kerscher (Hrsg.), Lamprecht im Spiegel, 1995, 233; *M.-C. Schinkel*, Bindung an das Gesetz und richterliche Unabhängigkeit – ein Spannungsfeld?, in: FS Remmers, 1995, 297; *E. Schmidt-Aßmann*, Funktionen der Verwaltungsgerichtsbarkeit, in: FS Menger, 1985, 107; *H.-P. Schmieszek*, Reform der öffentlich-rechtlichen Gerichtsbarkeit, in: FS Rieß, 2002, 1001; *W. Schubert*, Richterliche Unabhängigkeit heute. Reflexionen und Reaktionen, in: FS Stilz, 2014, 555; *C. Schütz*, Der ökonomisierte Richter, 2005; *Schütz/Schulze-Fielitz* (Hrsg.), Justiz und Justizverwaltung zwischen Ökonomisierungsdruck und Unabhängigkeit, Beiheft 5 Die Verwaltung 2002; *G. F. Schuppert*, Optimierung von Gerichtsorganisation und Arbeitsabläufen. Herausforderung für die richterliche Unabhängigkeit, in: Hoffmann-Riem (Hrsg.), Reform der Justizverwaltung. Ein Beitrag zum modernen Rechtsstaat, 1998, 215; *H. Sendler*, Richterliche Unabhängigkeit im Zwielicht?, in: FS Fürst, 2002, 307; *J.-F. Staats*, Richterbeförderung und richterliche Unabhängigkeit in Deutschland, in: FS Rieß, 2002, 1017; *P. Stelkens*, Strukturveränderungen in der Verwaltungsgerichtsbarkeit? oder: Wie lästig dürfen Verwaltungsgerichte werden?, in: FS Redeker, 1993, 313; *I. Tepperwien*, Richterliche Unabhängigkeit – Anspruch und Grenzen, in: FS Tolksdorf, 2014, 577; *J. Thomas*, Richterrecht, 1986; *A. Tschentscher*, Demokratische Legitimation der dritten Gewalt, 2006; *R. Wassermann* (Hrsg.), Justiz und Medien 1980; *K. Weber-Hassemer*, Professionelles Justizmanagement. Voraussetzung für eine dezentrale Aufgaben- und Ressourcensteuerung, in: Hoffmann-Riem (Hrsg.), Reform der Justizverwaltung. Ein Beitrag zum modernen Rechtsstaat, 1998, 149; *J. Wittmann*, Richterliche Unabhängigkeit – Freiheit und Verantwortung, in: FS Schmitt Glaeser, 2003, 363; *F. Wittreck*, Die Verwaltung der Dritten Gewalt, 2006; *ders.*, Dritte Gewalt im Wandel – Veränderte Anforderungen an Legitimität und Effektivität?, in: VVDStRL 74 (2015), 115.

b) Beiträge in Zeitschriften: *L. Acher*, Richterliche Gegenwartsliteratur: Der Anruf vom Obergericht, BJ 1997, 76; *N. Achterberg*, Die persönliche Unabhängigkeit im Spiegel der Dienstgerichtsbarkeit, NJW 1985, 3041; *P.-A. Albrecht*, Hoffnungen für eine Stärkung der Unabhängigkeit der Dritten Gewalt, KritV 2008, 340; *H. Alm-Merk*, Das Verhältnis zwischen Exekutive und Verwaltungsgerichtsbarkeit sowie zu Inhalt und Grenzen der Mediation im Verwaltungs- und Verwaltungsgerichtsverfahren, NdsVBl 1997, 245; *E. Alt*, Europäische Trends und verfassungsrechtliche Eckpunkte justizieller Selbstverwaltung, KritV 2008, 360; *A. von Arnauld*, Justizministerium und Organisationsgewalt – Die Zusammenlegung von Justiz- und Innenministerium als Problem des Verfassungsrechts –, AöR 124 (1999), 658; *B. Asbrock*, Bernsteinzimmer und richterliche Unabhängigkeit, BJ 2000, 262; *J. von Bargen*, Die Rechtsstellung der Richterinnen und Richter in Deutschland, DRiZ 2010, 100, 133; *T. Bauriedl*, Macht und Potenz von Richtern – zum Verständnis der richterlichen Rolle in unserer Gesellschaft, BJ 1996, 46; *F. Behrens*, Der Faktor Zeit im Prozeß der Rechtsfindung – Reflexionen über die gegenwärtige Beschleunigungsdiskussion, NWVBl 1996, 121; *U. Berlit*, Modernisierung der Justiz, richterliche Unabhängigkeit und RichterInnenbild, KJ 1999, 58; *ders.*, Justizmodernisierung zwischen Demokratie und Ökonomie, BJ 2002, 319; *ders.*, Selbstverwaltung in der Justiz und grundgesetzliche Demokratie, DRiZ 2003, 292; *ders.*, Der Richter als Sicherheitsrisiko? Richterliche Unabhängigkeit und IT-Sicherheit, jM 2016, 334; *ders.*, eJustice, eAkte und Richterschaft, BJ 2015, 15; *M. Bertram*, Modernität und Rechtsprechungsfunktion, Das „neue Steuerungsmodell" – kritisch betrachtet, DRiZ 1998, 506; *M. Bertrams*, Die Erneuerung und Sicherung der Verwaltungsgerichtsbarkeit, DVBl 2006, 997; *ders.*, Eingriff in die Unabhängigkeit der Dritten Gewalt durch Zentralisierung der IT-Organisation unter dem Dach der Exekutive, NWVBl 2010, 209; *V. Bittmann*, Justiz in Zeiten knapper Kassen, ZRP 2008, 11; *C. D. Classen*, Richterliche Selbstverwaltung, BJ 2008, 333; *E.-W. Böckenförde*, Organisationsgewalt und Gesetzesvorbehalt, NJW 1999, 1235; *H.-E. Böttcher*, Die Dritte Gewalt im politischen Diskurs, BJ 2010, Sonderheft, S. 24; *ders.*, Der Richter als zentrales und unabhängiges Organ der Rechtspflege, SchlHA 2003, 83; *J. Brand/S. Fleck/U. Scheer*, Fünf oder zwei Gerichtsbarkeiten? Alter Wein in neuen Schläuchen?, NZS 2004, 173; *P. Brause*, Notwendigkeit der Stärkung der dritten Gewalt, ZRP 2005, 82; *B. Brunn*, Gefahren für die richterliche Unabhängigkeit, BJ 2005, 32; *W. Brohm*, Stellung und Funktion des Verwaltungsrichters, Verw 24 (1991), 137; *W. Damkowski/J. Precht*, Controlling in der Justiz, NVwZ 2005, 292; *dies.*, Modernisierung der Rechtspflege durch Justizcontrolling, VerwArch 96 (2005), 525; *C.*

Dästner, Selbstverwaltung der Gerichte als Voraussetzung ihrer Unabhängigkeit im schlanken Staat, Recht und Politik 2002, 106; *M. Dombert*, Zur richterlichen Erreichbarkeit nach Dienstschluß, NJW 2002, 1627; *M. Dudek*, Richter sein – 2013, BJ 2013, 11; *M. Eifert*, Das neue Steuerungsmodell – Modell für die Modernisierung der Gerichtsverwaltung?, Verw 30 (1997), 75; *W. Erbguth*, Die Ressortierung der Justiz und der Gesetzesvorbehalt – Anm. zu VerfGH NRW 9.2.1999, NWVBl 1999, 176 und zur Entscheidungskritik –, NWVBl 1999, 365; *G. D. Falk*, Dürfen Richter Richter kritisieren?, BJ 2008, 238; *T. Flint*, Für eine Zusammenlegung von Sozialgerichten und Verwaltungsgerichten, DRiZ 2004, 217; *H. Forkel*, Erledigungszahlen unter (Dienst-)Aufsicht, DRiZ 2013, 132; *S. Franke*, Wieviele Gerichtsbarkeiten brauchen wir?, ZRP 1997, 333; *K. F. Gärditz*, Richterwahlausschüsse für Richter im Landesdienst: Funktion, Organisation, Verfahren und Rechtsschutz, ZBR 2011, 109; *W. Geiger*, Justiz und Verwaltung, DÖV 1950, 519; *ders.*, Nochmals: der Kampf um Art. 19 IV GG. Eine Replik auf Pitschas, ZRP 1998, 96, ZRP 1998, 252; *K. Gillner*, Verwaltungsgerichtsbarkeit in Zahlen. Stellungnahme zum Aufsatz Külz in DÖV 1956, 741, DÖV 1957, 563; *R. Gössner*, Schutzheilige der Polizei. Staats- und bibeltreue Richter geißeln Polizeikritik, KJ 2000, 105; *K. Graulich*, Empfiehlt sich die Zusammenlegung der öffentlichen Gerichtsbarkeiten in Deutschland, Frankfurter Streitschrift für Demokratie, Recht und Gesellschaft 2004, 71; *R. Groth/M. Weinberg*, Warum eine einheitliche Verwaltungsgerichtsbarkeit mit einer einzigen Prozeßordnung auskäme, SchlHA 2004, 193; *T. Groß*, Selbstverwaltung der Gerichte als Voraussetzung ihrer Unabhängigkeit, DRiZ 2003, 298; *ders.*, Verfassungsrechtliche Möglichkeiten und Begrenzungen für eine Selbstverwaltung der Justiz, ZRP 1999, 361; *ders.*, Hoffnungen für eine Stärkung der Unabhängigkeit der Dritten Gewalt, KritV 2008, 347; *H. Gröttrup*, Richteramt und Gemeindemandat, DÖV 1969, 489; *S. Haberland*, Problemfelder für die richterliche Unabhängigkeit, DRiZ 2002, 301; *ders.*, Richterliche Unabhängigkeit und dienstliche Beurteilungen, DRiZ 2009, 242; *K. E. Heinz*, Staatliche Justiz und richterliche Unabhängigkeit, DöD 2015, 249; *D. Helmken*, Eildienst in Deutschland, BJ 2003, 174; *K. Hennemann*, Gewaltenteilung – Vom Ärgernis der Unabhängigkeit, BJ 2000, 212; *D. Hermann*, Neuregelung des richterlichen Bereitschaftsdienstes und richterliche Unabhängigkeit, DRiZ 2004, 316; *M. Herberger*, „Wir geben Ihrer Zukunft ein Zuhause: JVA" – Facebook als Gefahrenquelle für Richter, jM 2017, 79; *B. Heussen*, Richterliche Berufsethik aus der Sicht eines Rechtsanwalts, NJW 2015, 1927; *E. Hien*, Verwaltungsrichter: Selbstverständnis – Qualität – Legitimation, DVBl 2004, 909; *P. Hilbert*, An welche Normen ist der Richter gebunden?, JZ 2013, 130; *U. Hochschild*, Neue Steuerungsmodelle in der Justiz – Richterliche Unabhängigkeit als unüberbrückbares Gegenstück zu den Begriffen der neuen Steuerungsmodelle, BJ 2000, 258; *ders.*, Von den Möglichkeiten deutscher Exekutiven zur Beeinflussung der Rechtsprechung, ZRP 2011, 65; *U. Hochschild/T. Schulte-Kellinghaus*, Qualitätsmanagement in der Justiz: Wer steuert die Rechtsprechung?, DRiZ 2003, 413; *W. H. Hoepner*, Was sind Maßnahmen der Dienstaufsicht im Sinne der §§ 26 Abs. 3, 62 Abs. 1 Nr. 4 Buchstabe e des Deutschen Richtergesetzes?, DRiZ 1964, 6; *W. Hoffmann-Riem*, Für ein professionelles Gerichtsmanagement, DRiZ 1997, 290; *ders.*, Optimierung durch Reorganisation der Gerichtsverwaltung. Reform unter Krisenbedingungen, Verw 30 (1997), 482; *ders.*, Rationalisierung der Aufbauorganisation und Geschäftsprozesse in der Verwaltungsgerichtsbarkeit – am Beispiel der Freien und Hansestadt Hamburg, NordÖR 1998, 324; *ders.*, Gewaltenteilung – Mehr Eigenverantwortung für die Justiz?, DRiZ 2000, 18; *ders.*, Mehr Selbständigkeit für die Dritte Gewalt?, DRiZ 2003, 284; *G. Hoog*, Der Vorbehalt des Gesetzes und die Organisationsgewalt der Regierung – Zum Streit um das Justizressort in Nordrhein-Westfalen –, NordÖR 1999, 277; *J. Horst*, Zur Abgrenzung der richterlichen Tätigkeit zwischen Kernbereich und äußerer Ordnung, DÖD 1995, 73; *F. Hufen*, Ist das Nebeneinander von Sozialgerichtsbarkeit und Verwaltungsgerichtsbarkeit funktional und materiell begründbar?, Verw 42 (2009), 405; *P. van Husen*, Die Entfesselung der Dritten Gewalt, AöR 78 (1952/53), 49; *ders.*, Die Überlastung der Verwaltungsgerichtsbarkeit, DVBl 1958, 671; *J. Ipsen*, Gefahren für den Rechtsstaat?, NdsVBl 1999, 225; *U. Joeres*, Die sachliche Unabhängigkeit des Richters in der Rechtsprechung des Bundesgerichtshofes, DRiZ 2005, 321; *B. Kamphausen*, Die Rechtsposition von Richterinnen und Richtern im Hinblick auf die Regelung des § 8 Abs. 3 S. 1 SächsRiG, JR 2008, 336; *G. Kirchhoff*, Erledigung als Dienstpflicht, BJ 2013, 63; *P. Kirchhof*, Richterliche Rechtsfindung, gebunden an „Gesetz und Recht", NJW 1986, 2275; *G. Kisker*, Zur Reaktion von Parlament und Exekutive auf „unerwünschte Urteile", NJW 1981, 889; *O. Kissel*, Der „neue" Duden und die richterliche Unabhängigkeit, NJW 1997, 1097; *R. Köbler*, Professioneller IT-Betrieb für die Dritte Gewalt – kein unzulässiger Eingriff in die Unabhängigkeit; DRiZ 2012, 162; *H. Kohl*, Sabbatjahr für Richter in Nordrhein-Westfalen, BJ 2005, 82; *B. Kramer*, Modernisierung der Justiz: Das neue Steuerungsmodell, NJW 2001, 3449; *ders.*, Die Selbstverwaltung der Dritten Gewalt, NJW 2009, 3079; *J. Kronisch*, Richter auf Zeit am Verwaltungsgericht, DVBl 2016, 490; *K. Krumsiek*, Management im Verwaltungsgericht?, DVBl 1992, 508; *J. Kühling*, Spruchkörper für Sozialrecht bei Verwaltungsgerichten – Zusammenlegung von Fachgerichten, Soziale Sicherheit 2004, 178; *H. Kramer*, Die Freiheit der richterlichen Meinungsäußerung, KJ 2004, 96; *R. Lamprecht*, Rechtsfrieden durch Rotation im Vorsitz, NJW 2016, 298; *D. Leuze*, Bemerkungen zu der Dienstaufsicht über Richter und zur richterlichen Befangenheit, DÖD 2002, 133; *ders.*, Richterliche Unabhängigkeit, DÖD 2005, 78; *H. Lisken*, Richteramt und Kommunalmandat – Einige Gedanken zur Verfassungswirklichkeit –, DRiZ 1975, 33; *N. Lührig*, Wieviel Transparenz verträgt die Justiz – und wie unabhängig muss ein Richter sein?, AnwBl 2006, 291; *P. Macke*, Mehr Selbständigkeit für die Dritte Gewalt?, NJW 2002, Beilage zu Heft 23, 47; *G. Mackenroth/H. Teetzmann*, Mehr Selbstverwaltung der Justiz, ZRP 2002, 337; *U. Mäurer*, „Justiz – Aufbruch oder Abbruch?" Ressourceneinsatz und Arbeitsleistung der Justiz, DRiZ 2000, 65; *T. Mayen*, Gute Rechtsprechung – Ressourcengarantie und Leistungsverpflichtung, DVBl 2006, 1008; *I. Meinecke*, Dienstliche Beurteilung der Richterinnen und Richter; BJ 2016, 69; *J. Menzel*, Die Organisationsgewalt der Verfassungsrichter im Bereich der Regierung. Kritische Überlegungen zu VerfGH NRW 9.2.1999, NWVBl 1999, 176, NWVBl 1999, 201; *H. Mertin*, Selbstverwaltung der Justiz als Verfassungsauftrag?, ZRP 2002, 332; *R. Mishra*, Zulässigkeit und Grenzen amtlicher Urteilsschelte, ZRP 1998, 402; *C. Nordmann*, Prüfkompetenz des Landesrechnungshofs Schleswig Holstein in der Justiz, NordÖR 2002, 187; *A. v. Notz*, Die vernetzte Justiz. Zur Zulässigkeit einer IT-Zentralisierung unter Einbeziehung der Dritten Gewalt, JZ 2017, 607; *G. Oberto*, Richterliche Unabhängigkeit, ZRP 2004, 207; *H.-J. Papier*, Richterliche Unabhängigkeit und Dienstaufsicht, NJW 1990, 8; *ders.*, Die richterliche Unabhängigkeit und ihre Schranken, NJW 2001, 1089; *ders.*, Zur Selbstverwaltung der Dritten Gewalt, NJW 2002, 2585; *ders.*, Staatliche Rechtsgewährung, DRiZ 2006, 261; *ders.*, Zur Frage der Selbstverwaltung der Dritten Gewalt, BDVR-Rundschreiben 2007, 6; *L. M. Peschel-Gutzeit*, Abschied von der ministeriellen Verwaltung der Gerichte und Staatsanwaltschaften, DRiZ 2002, 345; *R. Pitschas*, Der Kampf um Art. 19 IV GG. Funktionsgrenzen des „Neuen Steuerungssystems" in der Verwaltungsgerichtsbarkeit, ZRP 1998, 96; *ders.*, Reform des sozialgerichtlichen Verfahrens. Zur Integration von Sozial- und allgemeiner Verwaltungsgerichtsbarkeit, SGb 1999, 385; *G. Pottschmidt*, Beteiligung von Richterwahlausschüssen bei der Besetzung von Richterämtern, NordÖR 2002, 397; *H. Prantl*, Mißachtung der dritten Gewalt. Überlegungen auch zur Bildung von Superministerien zu Lasten von Justiz und Rechtspolitik, DRiZ 1999, 145; *H. Radke*, Datenhaltung und Datenadministration und richterliche Unabhängigkeit, jM 2016, 8; *U. Ramsauer*, Zur Zusammenlegung von Verwaltungs- und Sozialgerichten, NordÖR 2004, 147; *E. Rasch*, Organisationsrechtliche Probleme der Verwaltungsgerichtsbarkeit, VerwArch 60 (1969), 1; *K. Redeker*, Justizgewährungspflicht versus richterliche Unabhängigkeit?, NJW 2000, 2796; *ders.*, Vereinheitlichung der öffentlich-rechtlichen Gerichtsbarkeiten?, NJW 2004, 496; *ders.*, Die Dienstaufsicht über Richter, SächsVBl 2007, 73; *K. Rennert*, Legitimation und Legitimität des Richters, JZ 2015, 529; *K. F. Röhl*, Vom Gerichtsmanagement zur Selbstverwaltung der Justiz, DRiZ 1998, 241; *ders.*, Selbstverwaltung für die Dritte Gewalt, JZ 2002, 838; *E. Röper*, Die Mitwirkung von aktiven Richtern in Kommunalvertretungskörperschaften, DRiZ 1975, 197; *ders.*, Richteramt und Kommunalmandat – Entscheidung des Bremischen Staatsgerichtshofs, DRiZ 1978, 241; *ders.*, Eigenständiges Justizministerium Verfassungsgebot, RiA 1999, 227; *S. Roller*, Abschied von der Sozialgerichtsbarkeit?, DRiZ 2004, 53; *C. Rost*, Zulässigkeit, Gebotensein und Grenzen kollegialer Urteilskritik, BJ 2008, 242; *J. Rozek*, Verwaltungsrichterliche Dienstaufsicht zwischen Bundes- und Landesrecht, DÖV 2002, 103; *K. Rudolph*, Justiz- und Innenministerium in Nordrhein-Westfalen – Die umstrittene Fusion, NJW 1998, 3094; *H. Sauer/H. Blasius*, Universalität der Finanzkontrolle?, DÖV 1986, 554; *G. Schäfer*, Aus fünf mach zwei? Gedanken zu einer merkwürdigen Debatte zur Zusammenlegung der Gerichtsbarkeiten, BJ 2004, 227; *W. Schaffer*, Die Unabhängigkeit der Rechtspflege und des Richters, BayVBl 1991, 641; *J.-E. Schenkel*, Verbietet Art. 95 Abs. 1 GG die Zusammenlegung von Gerichtsbarkeiten auf Landesebene?, DÖV 2011, 481; *E. Schilken*, Die Sicherung der Unabhängigkeit der Dritten Gewalt, JZ 2006, 860; *T. Schilling*, Die Gesetzesbindung des Richters im Rechtsstaat, ZöR 2016, 595; *E. I. Schmidt*, Politische Betätigung von Richtern, ZRP 2008, 242; *E. Schmidt-Jortzig*, Aufgabe, Stellung und Funktion des Richters im demokratischen Rechtsstaat, NJW 1991, 2377; *B. J. Scholz*, IT-Standardisierung und richterliche Unabhängigkeit, DRiZ 2011, 78; *ders.*, Elektronische Kommunikation in der Justiz, DRiZ 2016, 22; *J. Schott*, Feste Dienstzeiten für Richter?, ZRP 2005, 103; *R. Schröder*, Dienstzeiten und Anwesenheitspflichten für Richterinnen und Richter, NJW 2005, 1160; *T. Schulte-Kellinghaus*, Die begrenzte Macht der Dritten Gewalt – Zur Notwendigkeit der Selbstverwaltung der Gerichte, ZRP 2008, 205; *ders.*, Die Ressourcengarantie für die Dritte Gewalt, ZRP 2006, 169; *G. F. Schuppert*, Staatliche Ressourcenverantwortung für eine funktionsfähige Justiz, DRiZ 2002, 81; *C. Schütz*, Qualität trotz Unabhängigkeit? Die Richterschaft im Fokus exekutiver Qualitätsoffensiven, ThürVBl 2006, 81; *C. Schütz*, Richter unter Druck, BJ 2005, 72; *G. Seidel*, Die Grenzen der richterlichen Unabhängigkeit, Recht und Politik 2002, 98 und AnwBl 2002, 325; *H. Sendler*, Zur Unabhängigkeit des Verwaltungsrichters, NJW 1983, 1449; *ders.*, Unabhängigkeit als Mythos?, NJW 1995, 2464; *ders.*, Blüten richterlicher Unabhängigkeit und Verfassungsgerichtsschelte, NJW 1996, 825; *ders.*, Rechtsstaat und richterliche Unabhängigkeit in Gefahr? Noch einmal zum Doppelministerium in Nordrhein-Westfalen, NJW 1998, 3622; *ders.*, Streitigkeiten über den Streit um den Halbteilungsgrundsatz. Oder: Was von „Pietät und Takt" übrig bleiben kann, NJW 2000, 482; *ders.*, Fragwürdigkeiten der richterlichen Unabhängigkeit, NJW 2001, 1256; *T. Siegel*, Rechtsschutz vor Gericht und im Verwaltungsverfahren – wechselseitige Kompensationsmöglichkeiten?, ZUR 2017, 451; *J.-F. Staats*, Mit dem Richteramt unvereinbare Wirkung an der gesetzgebenden und der vollziehenden Gewalt, DRiZ 2001, 103; *T. Steffen*, Selbstverwaltung der Justiz – Möglichkeiten der politischen Umsetzung, ZRP 2008, 208; *J. vom Stein/M. Weber*, Vereinbarkeit von Richteramt und Mitwirkung in Gesellschaftsorganen kommunaler Unternehmen, DÖV 2003, 278; *M. Steinbeis*, Republik der Richter, DRiZ 2007, 312; *C. Steinbeiß-Winkelmann*, Verwaltungsgerichtsbarkeit zwischen Überlasten, Zuständigkeitsverlusten und Funktionswandel, NVwZ 2016, 713; *H.-J. Strauch*, Die Bindung des Richters an Recht und Gesetz – eine Bindung durch Kohärenz, KritV 2002, 311; *D. Strempel*, Zur Modernisierung der Justizstrukturen. Justizkultur im Umbruch, ThürVBl 1998, 30; *D. Strempel/R. D. Abel*, Organisation der Verwaltungsgerichte und Finanzgerichte, DÖV 1991, 530; *B. Stüer/C. D. Hermanns*, Der verfassungsrechtliche Rahmen einer Vereinheitlichung der öffentlich-rechtlichen Gerichtsbarkeiten, DÖV 2001, 505; *A. Thiele*, Die Unabhängigkeit des Richters – grenzenlose Freiheit? Das Spannungsverhältnis zwischen richterlicher Unabhängigkeit und Dienstaufsicht, Der Staat 52 (2013), 415; *A. Titz*, Der elektronische Richter – online oder unabhängig?, DRiZ 2011, 217; *H. Trieflinger*, Richterliche Unabhängigkeit und Nebentätigkeiten, BJ 2006, 412; *W. Viefhues*, Neue Konzepte zur Gerichts- und Arbeitsorganisation in Verbindung mit dem Einsatz moderner Informationstechnik in der ordentlichen Gerichtsbarkeit, DRiZ 1996, 13; *R. Voss*, Kostencontrolling und richterliche Unabhängigkeit oder Neues Steuerungsmodell contra unabhängige Rechtsprechung?, DRiZ 1998, 379; *R. Wassermann*, Versuchte Beeinflussung – Justizministerin und richterliche Unabhängigkeit, NJW 1997, 1219; *ders.*, Die Leiche des Justizministers: zur Selbstverwaltung der Dritten Gewalt, Recht und Politik 2007, 172; *A. Weber*, Die richterliche Unabhängigkeit in menschenrechtlicher Perspektive, DRiZ 2012, 16; *H. Weber-Grellet*, Weitere Schritte auf dem Weg zur Selbstverwaltung der Justiz, DRiZ 2012, 2; *ders.*, Selbstverwaltung der Justiz, ZRP 2007, 153; *ders.*, Eigenständigkeit und Demokratisierung der Justiz, DRiZ 2003, 303 und ZRP 2003, 145; *F. Weisbrodt*, Kann ein Richter gleichzeitig Stellvertreter des Bürgermeisters nach § 48 GemO von Baden-Württemberg sein?, DRiZ 1995, 260; *J. Wenzel*, Die Bindung des Richters an Gesetz und Recht, NJW 2008, 345; *L. Wildhaber*, Justizmanagement und Unabhängigkeit der Justiz, DRiZ 2009, 316; *M. Winkler*, Reform der Verwaltungsgerichtsbarkeit, DVBl 1998, 26; *F. Wittreck*, Auftakt zu einer neuen Runde: Die Vereinheitlichung der öffentlichen Fachgerichtsbarkeiten, DVBl 2005, 211; *ders.*, Flexibilisierung des Richtereinsatzes?, DRiZ 2007, 356; *ders.*, Durchschnitt als Dienstpflicht? Richterliche Erledigungszahlen als Gegenstand der Dienstaufsicht, NJW 2012, 3287; *ders.*, Erledigungszahlen unter (Dienst-)Aufsicht?, DRiZ 2013, 60; *J. Ziekow/A. Guckelberger*, Die Wahl von Richtern in den Ländern. Verfassungsrechtliche Vorgaben, Auswahlmaßstäbe und Rechtsschutz, NordÖR 2000, 13.

A. Geschichtlicher Zusammenhang

I. Verwaltungsrechtspflege

1   § 1 ist untrennbar verbunden mit dem Begriff der Verwaltungsrechtspflege, die in Deutschland in der ersten Hälfte des 19. Jahrhunderts verbreitet war. Er kann daher nur im Zusammenhang der geschichtlichen Entwicklung der Verwaltungsgerichtsbarkeit verstanden werden.

2   Mit dem Begriff Verwaltungsrechtspflege verbindet sich die Vorstellung eines behördeninternen Verwaltungsrechtsschutzes.[1] Kennzeichen der Verwaltungsrechtspflege war, dass deren Organe organisatorisch und personell der Verwaltung zugeordnet waren und neben ihrer streitentscheidenden Tätigkeit Verwaltungsaufgaben wahrzunehmen hatten. Als ihre spezifische Form herrschte in Deutschland insbes. im 18. und zu Beginn des 19. Jahrhunderts die sog. Kammerjustiz vor.[2] Wenngleich nach dem gemeinen deutschen Recht sich der einzelne gegen die Verletzung eines Rechts, das ihm als Privatem zustand, mithin also auch gegen behördliche Verfügungen, vor den (ordentlichen) Landesgerichten wehren konnte, wurde der Verwaltungsrechtsschutz in bestimmten Bereichen von justizförmig arbeitenden, gleichwohl einen Teil der Verwaltung bildenden Kammerkollegien bzw. Ausschüssen oder Kommissionen der Verwaltungsbehörden durch weisungsabhängige Beamte ausgeübt.[3]

3   Diese Form der *Administrativjustiz* war in der ersten Hälfte des 19. Jahrhunderts in den deutschen Ländern weit verbreitet.[4] Während in Preußen am Ende des 18. Jahrhunderts zunächst eine Abkehr von der Kammerjustiz einsetzte und eine (eingeschränkte) Allzuständigkeit der ordentlichen Gerichte für alle Justizsachen erreicht war,[5] entwickelte sich im Laufe der ersten Hälfte des 19. Jahrhunderts, nicht zuletzt begünstigt durch die französische Gewaltenteilungsidee, der Rechtsschutz in Verwaltungssachen, insbes. durch Ausschluss des Rechtswegs auf dem Gebiet der Abgaben- und Polizeisachen, zurück.[6] Die Forderungen des liberalen Bürgertums waren indessen auf eine unabhängige Verwaltungskontrolle und das Ende der Verwaltungsrechtspflege gerichtet.[7] Sollte vor dem Hintergrund dieses Ziels die mit einer „justizstaatlichen Lösung"[8] verbundene Unterordnung der von Selbstbewusstsein und Ansehen geprägten Exekutive unter die ordentlichen Gerichte[9] vermieden werden, weil man dem ordentlichen Richter – auch im Blick auf seine Ausbildung – nicht den rechten Blick für das Gemeinwohl zutraute,[10] eine Übermacht der ordentlichen Justiz fürchtete,[11] oder sich die Erkenntnis

---

1 *R. Grawert*, FS Menger, 1985, 35, 47.

2 Dazu *W. Rüfner*, DÖV 1963, 719 f.; *R. Ogorek*, Richterkönig, 1986, 29 ff., 33 f.; vgl. auch *M. Sellmann*, Staatsbürger und Staatsgewalt, Bd. 1, 1963, 25, 35 ff.; *K. v. Stengel*, in: ders., Wörterbuch des Deutschen Verwaltungsrechts, 2. Bd., 1890, 710, 711.

3 Vgl. *W. Rüfner*, DÖV 1963, 719 f.; *ders.*, FS Menger, 1985, 3, 7, 9 ff. für Preußen.

4 Vgl. auch *J. Poppitz*, AöR 72 (1943), 158, 159 ff.; *ders.*, AöR 73 (1944), 3 ff.

5 Vgl. *W. Rüfner*, FS Menger, 1985, 3, 14 ff.; *W. Kohl*, Reichsverwaltungsgericht, 1991, 10; *R. Ogorek*, Richterkönig, 1986, 288 f. m.w.N.

6 Vgl. *W. Rüfner*, FS Menger, 1985, 3, 17 ff.; *J. Poppitz*, AöR 72 (1943) 158, 185 f.

7 Vgl. § 182 Paulskirchen-Verfassung von 1849: „Die Verwaltungsrechtspflege hört auf; über alle Rechtsverletzungen entscheiden die Gerichte."; s. dazu näher *W. Kohl*, Reichsverwaltungsgericht, 1991, 14 ff.

8 Dazu umfassend *R. Ogorek*, Richterkönig, 1986, 283 ff.

9 Vgl. *E. Schmidt-Aßmann/W. Schenk*, in: Schoch/Schneider/Bier Einl. Rn. 75; anschaulich *W. Jellinek*, VVDStRL 2 (1925), 8, 20 f.

10 Vgl. *G.-C. v. Unruh*, DÖV 1975, 725, 728; *W. Jellinek*, VVDStRL 2 (1925), 8, 10.

11 Vgl. *W. Rüfner*, DÖV 1963, 719, 720; *G.-C. v. Unruh*, DÖV 1975, 725, 726.

von der Notwendigkeit einer Unterscheidung von privatem und öffentlichem Recht durchsetzte,[12] so musste dies zwangsläufig zur Ausbildung einer eigenständigen Verwaltungsgerichtsbarkeit führen.[13] Bemerkenswerterweise war mit dieser zu Unrecht als Sieg Rudolf von Gneists[14] über Otto Bähr[15] apostrophierten[16] Abkehr von der justizstaatlichen Idee nach wie vor die Vorstellung verbunden, die Verwaltungsgerichtsbarkeit gehöre organisatorisch und funktionell der Verwaltung an.[17] Dem entsprach es, – z.T. bis in die ersten Jahre der Bundesrepublik Deutschland – die Verwaltungsgerichtsbarkeit als „Fortsetzung der aktiven Verwaltung mit anderen Mitteln"[18] zu begreifen und die Verwaltungsgerichte als Verwaltungsbehörden mit Aufgaben der Rspr. zu bezeichnen.[19] In anderem Gewand ist diese Sichtweise mit der These vom funktionalen Zusammenhang zwischen Verwaltungsverfahren und Verwaltungsgerichtsverfahren zurückgekehrt.[20]   4

II. Entwicklung der Verwaltungsgerichtsbarkeit bis zum Erlass der VwGO

1. Bis zum Ende des Kaiserreiches. a) Länder. Das Großherzogtum Baden errichtete im Jahre 1864   5
als erstes deutsches Land einen VGH als unabhängiges, von den Verwaltungsbehörden getrenntes Gericht, der in zweiter und letzter Instanz „in bestimmten Streitigkeiten über öffentliches Recht" nach öffentlicher mündlicher Verhandlung zu entscheiden hatte.[21] Die erste Instanz war mit den bei den Bezirksämtern gebildeten Bezirksräten, denen der Bezirksbeamte vorstand und die neben der Rspr. auch bestimmte Verwaltungstätigkeiten wahrzunehmen hatten, freilich noch der Administrativjustiz verhaftet.

In Preußen[22] markierten die Kreisordnung vom 13.12.1872,[23] die Provinzialordnung vom   6
29.6.1875[24] und das Gesetz vom 3.7.1875[25] den Beginn der modernen Entwicklung der Verwaltungsgerichtsbarkeit. Danach wurde die Gerichtsbarkeit in streitigen Verwaltungssachen nach dem Enumerationsprinzip durch Kreisverwaltungsgerichte, Bezirksverwaltungsgerichte und das OVG ausgeübt. Während als Kreisverwaltungsgericht der auch mit Verwaltungsaufgaben befasste Kreisausschuss mit dem Landrat als Vorsitzendem und als Bezirksverwaltungsgericht ab dem Jahre 1884 der Bezirksausschuss mit dem Regierungspräsidenten als Vorsitzendem fungierte, war das Preußische OVG von Beginn an ein mit unabhängigen Richtern auf Lebenszeit besetztes Gericht.[26] Auch in Württemberg (vgl. das Gesetz über die Verwaltungsrechtspflege vom 16.12.1876 [RegBl. 485]) war die erste Instanz, zu der die Kreisregierungen bestimmt wurden, administrativjustiziell ausgestaltet, während der VGH, der auch weitgehende erstinstanzliche Zuständigkeiten besaß, schon als echtes Gericht bezeichnet werden konnte.[27]

---

12 Vgl. *C.-F. Menger*, DÖV 1963, 726, 727.
13 Vgl. *H. Sendler*, VBlBW 1989, 41, 42; *C.-F. Menger*, DÖV 1963, 726, 727; *K. A. Bettermann*, VVDStRL 17 (1959), 118, 166; umfassend *F. Fleiner*, Institutionen, [8]1928, 236 ff.
14 Vgl. *R. v. Gneist*, Der Rechtsstaat und die Verwaltungsgerichte in Deutschland, 1879, 262 ff.; *ders.* in: Vhdlgen des 12. DJT (1875), 221 ff., 228 f.
15 Vgl. *O. Bähr*, Der Rechtsstaat, 1864, 69 f.
16 Vgl. *G.-C. v. Unruh*, DÖV, 1975, 725, 726 ff.; *H. Sendler*, VBlBW 1989, 41, 42 f.; vgl. auch *W. Jellinek*, VVDStRL 2 (1925), 8, 9; *G. Lassar*, VVDStRL 2 (1925), 81, 95.
17 Vgl. *G. Anschütz*, in: Nipperdey, Die Grundrechte und Grundpflichten der Reichsverfassung, 1. Bd., 1929, 135.
18 *H. Loening*, DV 1949, 85, 89.
19 Dazu die Nachw. bei *C.-F. Menger*, System, 1954, 58 mit Fn. 2–4, 60 f. mit Fn. 16–19.
20 Dazu z.B. *T. Siegel*, ZUR 2017, 451 m.w.N. in Fn. 8 ff.
21 Vgl. § 1 Abs. 3 Gesetz, die Organisation der inneren Verwaltung betreffend vom 5.10.1863, BadRegBl 399.
22 Dazu *K. v. Stengel*, in: ders., Wörterbuch des Deutschen Verwaltungsrechts, Zweiter Band, 1890, 720 ff.; vgl. ferner *M. Ibler*, Rechtspflegender Rechtsschutz, 1999, 202 ff. m.w.N.
23 Kreisordnung für die Provinzen Preußen, Brandenburg, Pommern, Schlesien und Sachsen vom 13.12.1872, PrGS 661.
24 Provinzialordnung für die Provinzen Preußen, Brandenburg, Pommern, Schlesien und Sachsen vom 29.6.1875, PrGS 335.
25 Gesetz, betreffend die Verfassung der Verwaltungsgerichte und das Verwaltungsstreitverfahren vom 3.7.1875, PrGS 375.
26 Vgl. *E. Trostel*, VBlBW 1988, 363, 367.
27 Vgl. *E. Trostel*, VBlBW 1988, 363, 368; zu den Anfängen der Verwaltungsgerichtsbarkeit in Bayern, Sachsen, Hessen und Elsaß-Lothringen vgl. die jeweilige Stichworte bei *K. v. Stengel*, in: ders., Wörterbuch des Deutschen Verwaltungsrechts, Zweiter Band, 1890; für Sachsen ferner die Beiträge in: Das Sächsische Oberverwaltungsgericht, Schriftenreihe des Sächsischen Staatsministeriums der Justiz, Bd. 1, 1994; für Bayern *R. Emmert*, BayVBl 1997, 8; *K. W. Lotz*, BayVBl 1997, 1; für Oldenburg *G. C. Burmeister*, NdsVBl 1997, 197; allgemein für Niedersachsen *M.-C. Schinkel*, NdsVBl 1997, 193.

7   Mit Ausnahme der Großherzogtümer Mecklenburg-Schwerin und Mecklenburg-Strelitz,[28] des Fürstentums Schaumburg-Lippe und des Fürstentums Waldeck sowie der Hansestädte Bremen und Hamburg[29] wurden bis zum Ende des Kaiserreiches[30] in sämtlichen deutschen Ländern Verwaltungsgerichte geschaffen.[31] Deren Zuständigkeit bestimmte sich weitgehend nach dem Enumerationsprinzip.[32]

8   **b) Reich.** Im Reich war die Errichtung eines *Reichsverwaltungsgerichts* zwar diskutiert,[33] jedoch diesem Gedanken nicht näher getreten worden.[34] Stattdessen war für besondere Sachgebiete Verwaltungsrechtsschutz nach dem Prinzip der Administrativjustiz eingerichtet worden. Zu nennen sind hier etwa das verstärkte Reichseisenbahnamt, das Reichsversicherungsamt und das Patentamt.[35] Daneben bestanden einige Sonderverwaltungsgerichte des Reiches, wie das Bundesamt für das Heimatwesen.[36] Nach dem Ende des Kaiserreichs entstanden der Reichsfinanzhof, das Reichswirtschaftsgericht, das Reichsversorgungsgericht und das Kartellgericht.[37]

9   **2. Weimarer Zeit.** Zu Beginn der Weimarer Zeit geriet die Verwaltungsgerichtsbarkeit erneut in die Diskussion.[38] Hugo Preuß sprach sich im Verfassungsausschuss der Nationalversammlung für eine Vereinigung mit der ordentlichen Gerichtsbarkeit aus, konnte sich damit jedoch nicht durchsetzen.[39] Art. 107 WRV bestimmte vielmehr, dass im Reiche und in den Ländern nach Maßgabe der Gesetze Verwaltungsgerichte zum Schutz der einzelnen gegen Anordnungen und Verfügungen der Verwaltungsbehörden bestehen mussten. Die auf der Staatsrechtslehrertagung des Jahres 1925 trotz dieses Wortlauts unter Berufung auf eine erste Formulierung[40] im Verfassungsausschuss der Nationalversammlung, die von „besonderen Verwaltungsgerichten" sprach, geäußerte Auffassung, Art. 107 WRV gestatte auch eine rein oder angenähert justizstaatliche Regelung der Verwaltungsgerichtsbarkeit,[41] erfuhr heftigen Widerspruch.[42] Die von Anschütz repräsentierte herrschende Auffassung sah die Verwaltungsgerichtsbarkeit „nicht als Teilstück, sondern als Gegenstück der ordentlichen Gerichtsbarkeit"[43] an.[44]

10   Der Begriff des Verwaltungsgerichts i.S.v. Art. 107 WRV setzte – ebenso wie der des in Art. 31 Abs. 2 WRV in Bezug genommenen, freilich bis zum Ende der Republik nicht eingerichteten Reichsverwal-

---

28   Zur Entwicklung in Mecklenburg *E. Hobbeling*, FG Haack, 1997, 11 ff.

29   In den Hansestädten Bremen, Hamburg und Lübeck (bis 1916) wurde zunächst die justizstaatliche Lösung verwirklicht, dazu *F. Fleiner*, Institutionen, ⁸1928, 240 m. Fn. 12; ferner *J. Albers*, in: Recht und Juristen in Hamburg, Bd. 2, 1999, 99 ff.

30   Zur weiteren Entwicklung *W. Jellinek*, Verwaltungsrecht, ⁹1931, 92 ff.; vgl. auch *W. Kohl*, Reichsverwaltungsgericht, 1991, 24 ff.

31   Vgl. *E. Trostel*, VBlBW 1988, 363, 364.

32   *W. Kohl*, Reichsverwaltungsgericht, 1991, 30 ff.; *O v. Werder/W. Labs/P. P. Ortmann*, Das Verfahren vor den Verwaltungsgerichten, Kommentar zur Verordnung 165 über die Verwaltungsgerichtsbarkeit in der britischen Zone, 1949, Einl 19; *F. Fleiner*, Institutionen, ⁸1928, 254 ff.

33   Vgl. etwa *R. Thoma*, in: Vhdlgen des 30. DJT (1910), 1. Bd., 1910, 51 ff.; *G. Anschütz*, ebenda, 489 ff.; *M. Schultzenstein*, in: Vhdlgen des 29. DJT (1908), 2. Bd., 1908, 3 ff.

34   Vgl. *E. Trostel*, VBlBW 1988, 363, 364; *C.-F. Menger*, DÖV 1963, 726, 727; *Koehler*, Gesetz über das BVerwG, 1952, 1 ff.

35   Vgl. *E. Trostel*, VBlBW 1988, 363, 364; *E. R. Huber*, Deutsche Verfassungsgeschichte, Bd. III, ³1988, 985 ff.; Band VI, 1981, 568 f.; *W. Kohl*, Reichsverwaltungsgericht, 1991, 41 ff., 45 ff.; *T. Henne*, Verwaltungsrechtsschutz, 1995, 225 ff.

36   Vgl. *Schunck/De Clerck*, ¹1961, § 1 Anm. 1 b; ferner *R. Grawert*, FS Menger, 1985, 35, 53 mit Fn. 58; *W. Kohl*, Reichsverwaltungsgericht, 1991, 45 f., 53 ff.

37   Vgl. *W. Kohl*, Reichsverwaltungsgericht, 1991, 63 ff.

38   Vgl. *E. R. Huber*, Deutsche Verfassungsgeschichte, Bd. VI, 1981, 573; zur Verwaltungsgerichtsbarkeit in der Weimarer Republik *M. Ibler*, Rechtspflegender Rechtsschutz, 1999, 279 ff.

39   Vgl. *O. Kimminich*, VBlBW 1988, 371, 372; *W. Kohl*, Reichsverwaltungsgericht, 1991, 162 ff.

40   Antrag des Abgeordneten Dr. Beyerle, vgl. Protokolle des Verfassungsausschusses der Nationalversammlung, 31. Sitzung vom 27.5.1919, 363 (zit. nach *O. Kimminich*, VBlBW 1988, 371, 372 mit Fn. 4).

41   Vgl. *W. Jellinek*, VVDStRL 2 (1925), 8, 12; zust. *R. Laun*, VVDStRL 2 (1925), 105 f.; vgl. auch *F. Poetzsch-Heffter*, Handkommentar der Reichsverfassung, ³1928, Art. 107 Anm. 4; *F. Fleiner*, Institutionen, ⁸1928, 236 ff.

42   *G. Lassar*, VVDStRL 2 (1925), 81, 83 f.; *W. Apelt*, VVDStRL 2 (1925), 110; *H. Helfritz*, VVDStRL 2 (1925), 111; *R. Thoma*, VVDStRL 2 (1925), 114; *G. Anschütz*, VVDStRL 2 (1925), 117; *ders.*, in: Nipperdey, Die Grundrechte und Grundpflichten der Reichsverfassung, 1. Bd., 1929, 135; *ders.*, Die Verfassung des Deutschen Reiches, ¹⁴1933, 497; *A. Dyroff*, VVDStRL 2 (1925), 118.

43   *G. Anschütz*, in: Nipperdey, Die Grundrechte und Grundpflichten der Reichsverfassung, 1. Bd., 1929, 135.

44   Vgl. *O. Kimminich*, VBlBW 1988, 371, 373.

tungsgerichts –[45] die Unabhängigkeit der Richter voraus, wie sie Art. 102 WRV postulierte.[46] Die überkommene Verwaltungsrechtspflege war damit verfassungsrechtlich endgültig verabschiedet.

3. NS-Zeit. Die NS-Zeit führte zum Abbau des verwaltungsgerichtlichen Rechtsschutzes[47] und zum 11 Niedergang der Verwaltungsgerichtsbarkeit.[48] Ansatzpunkte hierfür waren zunächst, bspw. in Preußen, das Enumerationsprinzip, sodann der Ausschluss aller Maßnahmen der Gestapo von jeglicher verwaltungsgerichtlichen Kontrolle durch das Gesetz über die geheime Staatspolizei vom 10.2.1936.[49] In organisatorischer Hinsicht wurden zwar in Preußen zunächst die bisherigen Bezirks-, Kreis- und Stadtverwaltungsausschüsse ihrer Verwaltungsaufgaben entledigt und ihnen die Bezeichnung Bezirks-, Kreis- und Stadtverwaltungsgericht verliehen.[50] Um mit Selbständigkeit gegenüber der Verwaltung und mit unabhängigen Berufsrichtern ausgestattete Gerichte handelte es sich jedoch nicht.[51] Nach Übergang der Justizhoheit auf das Reich durch das Gesetz über den Neuaufbau des Reiches vom 30.1.1934 (RGBl I 75) wurden die erstinstanzlichen Verwaltungsgerichte durch die Verordnung vom 6.11.1939[52] aufgehoben und ihre Zuständigkeiten auf die Verwaltungsbehörden überführt.[53] Die Zuständigkeit der verbliebenen Verwaltungsgerichte – in Preußen die Bezirksverwaltungsgerichte und das OVG – wurde durch die Ersetzung der Klage durch die verwaltungsinterne Beschwerde erheblich eingeschränkt. Allein die Beschwerdebehörde hatte die Möglichkeit, statt des Beschwerdeweges das verwaltungsgerichtliche Verfahren zuzulassen.[54]

Bei der per „Führererlass" vom 3.4.1941[55] vorgenommenen Errichtung eines *Reichsverwaltungsge-* 12 *richts* handelte es sich nicht um die Verwirklichung der zur Weimarer Zeit und schon zuvor diskutierten Pläne, sondern um die aus Gründen der Einsparung an Personal- und Verwaltungskosten vorgenommene lediglich organisatorische Zusammenfassung des Preußischen OVG, des Reichsdienststrafhofes, des Reichswirtschaftsgerichts, der Obersten Spruchstellen für Umlegungen bzw. Wasser- und Bodenverbände, des Entschädigungsgerichts,[56] des Reichskriegsschädenamtes[57] und des VGH Wien.[58] Auch fehlte den Richtern des Reichsverwaltungsgerichts die persönliche Unabhängigkeit, weil sie nach § 4 des Führererlasses zum Schluss des Rechnungsjahres versetzt werden konnten.[59]

4. Nach dem Zusammenbruch. Nach dem Zusammenbruch im Jahre 1945 wurden die Verwaltungs- 13 gerichte zunächst durch das Militärregierungs-Gesetz Nr. 2 geschlossen.[60] Mit Kontrollratsgesetz Nr. 36 vom 10.10.1946 wurde ihre Wiedererrichtung angeordnet.[61] In der Folge – und zuvor bereits im amerikanischen und britischen Sektor von Berlin[62] – wurden in den *westlichen Besatzungszonen* allgemeine Verwaltungsgerichte eingerichtet.[63] Hervorzuheben sind in diesem Zusammenhang das sog. süddeutsche Gesetz über die Verwaltungsgerichtsbarkeit (VGG), bei dem es sich um nahezu identische Ländergesetze für die Länder der amerikanischen Zone (Bayern, Bremen, Hessen und Württem-

---

45 Dazu *C.-F. Menger*, DÖV 1963, 726, 727 f.; vgl. im Einzelnen *W. Kohl*, Reichsverwaltungsgericht, 1991, 166 ff.; *R. Grawert*, FS Menger, 1985, 35, 54.

46 Vgl. *O. Kimminich*, VBlBW 1988, 371, 373.

47 Vgl. *C.-F. Menger*, DÖV 1963, 726, 728; vgl. i.E. *W. Kohl*, Reichsverwaltungsgericht, 1991, 399 ff.; *M. Ibler*, Rechtspflegender Rechtsschutz, 1999, 308 ff.

48 Vgl. *H. Sendler*, VBlBW 1989, 41, 45.

49 PrGS 21; dazu *M. Hirsch/D. Majer/J. Meinck* (Hrsg.), Recht, Verwaltung und Justiz im Nationalsozialismus, ²1997, 326 ff.

50 Vgl. Gesetz über die Anpassung der Landesverwaltung an die Grundsätze des Nationalsozialistischen Staates vom 15.12.1933 (PrGS 479).

51 Vgl. *W. Scheerbarth*, DÖV 1963, 730, 731.

52 Zweite Verordnung über die Vereinfachung der Verwaltung vom 6.11.1939, RGBl I 2168.

53 Vgl. *C.-F. Menger*, DÖV 1963, 726, 729; *M. Stolleis*, FS Menger, 1985, 57, 64 ff.

54 Vgl. *C.-F. Menger*, DÖV 1963, 726, 729; *E. Schmidt-Aßmann/W. Schenk*, in: Schoch/Schneider/Bier Einl. Rn. 81.

55 Erlass des Führers und Reichskanzlers über die Errichtung des Reichsverwaltungsgerichts vom 3.4.1941, RGBl I 201.

56 Zu diesem näher *W. Kohl*, Reichsverwaltungsgericht, 1991, 421 ff.

57 Dazu näher *W. Kohl*, Reichsverwaltungsgericht, 1991, 452 ff.

58 Vgl. *C.-F. Menger*, DÖV 1963, 726, 729; *W. Rüfner*, in: Deutsche Verwaltungsgeschichte, Bd. 4, 1985, 1100; vgl. auch *C. Kirchberg*, VBlBW 1988, 379.

59 Vgl. *W. Scheerbarth*, DÖV 1963, 729, 732; *M. Stolleis*, FS Menger, 1985, 57, 69 f.

60 *Schunck/De Clerck*, ¹1961, Anm. 1 c; *C. H. Ule*, FS Menger, 1985, 81 ff.; *C.-F. Menger*, System, 1954, 3 ff.

61 ABl der Militärregierung Deutschland – Britisches Kontrollgebiet Nr. 14, 315 = ABlKR, S. 183; näher *G. Janke*, NJ 1992, 425 f.

62 Vgl. *E. Franßen*, DVBl 1998, 413 mit Fn. 2.

63 Hierzu im Einzelnen die Nachw. bei *Schunck/De Clerck*, ¹1961, § 1 Anm. 1 c.

berg-Baden) handelte,[64] sowie für die britische Zone die Militärregierungs-Verordnung Nr. 165 vom 15.9.1948.[65] Nach Bildung des Landes Baden-Württemberg wurde das süddeutsche Verwaltungsgerichtsgesetz mit gewissen Änderungen durch Gesetz vom 12.5.1958 auf das gesamte Land erstreckt.[66]

14   Sämtlichen Gesetzen zur Neu- bzw. Wiedererrichtung der Verwaltungsgerichte war die konsequente Durchführung des Gewaltenteilungsgrundsatzes eigen: Die Verwaltungsgerichte waren auf allen Stufen – entsprechend den Vorgaben des Grundgesetzes aus Art. 92 und 97 – organisatorisch von den Verwaltungsbehörden getrennt und damit Träger echter Gerichtsbarkeit.[67] Als bedeutender Fortschritt muss überdies die Einführung der Generalklausel gelten, wonach die Anfechtungsklage gegen alle Verwaltungsakte, ferner die Vornahmeklage auf Erlass eines abgelehnten Verwaltungsakts, die Feststellungsklage und die Klage in anderen Streitigkeiten des öffentlichen Rechts (sog. Parteistreitigkeiten) möglich war, soweit nicht gesetzlich eine anderweitige Zuständigkeit geregelt war.[68]

15   **5. Sowjetische Besatzungszone.**   In der sowjetischen Besatzungszone wurde zunächst in Thüringen[69] und sodann aufgrund des SMAD-Befehls Nr. 173/47 vom 8.7.1947 in den anderen Ländern mit Ausnahme Sachsen-Anhalts die Verwaltungsgerichtsbarkeit (wieder-)eingeführt,[70] allerdings in ihrer Bedeutung mit Ausnahme Thüringens durch das Enumerationsprinzip stark eingeschränkt.[71] In Thüringen freilich wurde das OVG Jena[72] nach kurzer Zeit durch ein Landesverwaltungsgericht ersetzt, die Generalklausel beseitigt und die Unabhängigkeit der Richter eingeschränkt.[73]

16   **6. DDR.**   Die erste Verfassung der DDR vom 7.10.1949[74] sah in Art. 138 Abs. 1 eine Kontrolle der Verwaltung „durch die Volksvertretungen und die Verwaltungsgerichtsbarkeit" vor.[75] Die zur Ausführung in Art. 138 Abs. 2 der Verfassung der DDR 1949 in Aussicht gestellten Regelungen sind jedoch niemals erlassen worden.[76] Im Zuge der Beseitigung der Länder[77] fiel auch die Verwaltungsgerichtsbarkeit weg.[78] Erst zum 1.7.1989[79] sollte mit dem im Gefolge des KSZE-Prozesses aufgrund zunehmenden Veränderungsdrucks geschaffenen Gesetz über die Zuständigkeit und das Verfahren der Gerichte zur Nachprüfung von Verwaltungsentscheidungen vom 14.12.1988[80] eine nach dem Enumerationsprinzip beschränkte, nicht kontradiktorisch ausgestaltete Kontrolle des Verwaltungshandelns durch die Kreisgerichte ermöglicht werden.[81]

III. Entwicklung zur VwGO

17   In der *Bundesrepublik* wurde alsbald der Ruf nach einer bundeseinheitlichen Regelung laut.[82] Als Kompetenztitel für den Bund war Art. 74 Nr. 1 GG a.F. (Gerichtsverfassung) i.V.m. Art. 72 Abs. 2 GG

---

64   Dazu *P. van Husen*, Gesetz über die Verwaltungsgerichtsbarkeit in Bayern, Württemberg-Baden und Hessen, 1947.

65   VOBl für die Britische Zone, 263; dazu *H. Klinger*, Die Verordnung über die Verwaltungsgerichtsbarkeit in der britischen Zone, ³1954.

66   Gesetz über die Neuordnung der Verwaltungsgerichtsbarkeit vom 12.5.1958, GBlBW 131.

67   Vgl. *Schunck/De Clerck*, ¹1961, § 1 Anm. 1 c.

68   Vgl. *Schunck/De Clerck*, ¹1961, § 1 Anm. 1 c.

69   Vgl. Gesetz vom 26.11.1945 (ThürGS 53); dazu *T. Heil*, Verwaltungsgerichtsbarkeit, 1996.

70   Dazu im Einzelnen *E. Schmidt-Aßmann/W. Schenk*, in: Schoch/Schneider/Bier Einl. Rn. 86 mit Fn. 57; *G. Janke*, NJ 1992, 425, 426.

71   Vgl. *G. Janke*, NJ 1992, 425, 427 ff.; *C. H. Ule*, FS Menger, 1985, 81, 101 f.

72   Zur Geschichte des OVG Jena *T. Heil*, ThürVBl 2000, 25 ff., 53 ff.; *H. Schwan*, ThürVBl 1993, 97; vgl. auch *E. Franßen*, DVBl 1998, 413 mit Fn. 2, 415 f.

73   Gesetz über die Verwaltungsgerichtsbarkeit vom 7.10.1948 (ThürGS 103); dazu *H. Loening*, AöR 75 (1949), 56.

74   Vgl. Gesetz über die Verfassung der Deutschen Demokratischen Republik vom 7.10.1949, GBl DDR 1949, 4, 5.

75   Vgl. *W. Bernet*, DÖV 1990, 409, 410.; allgemein zur Konzeption der „Demokratisierung der Justiz" in der DDR *F. Müller*, in: Heuer, Rechtsordnung DDR, 1995, 211, 214 ff.

76   Vgl. *W. Bernet*, DÖV 1990, 409, 410; *C. H. Ule*, LKV 1991, 189, 194.

77   Vgl. § 4 Buchst. a des Gesetzes über die weitere Demokratisierung des Aufbaus und der Arbeitsweise der Staatlichen Organe in den Ländern der Deutschen Demokratischen Republik vom 23.7.1952 (GBl DDR 613).

78   Vgl. *G. Janke*, NJ 1992, 425, 430; *C. H. Ule*, LKV 1991, 189, 194.

79   Zu früheren Bestrebungen *G. Janke*, NJ 1992, 425, 430 m.w.N. in Fn. 88, 89 und 94; *T. Heil*, ThürVBl 2000, 53, 58 mit Fn. 140.

80   GBl DDR I 327; ferner Gesetz zur Anpassung von Regelungen über Rechtsmittel der Bürger und zur Festlegung der gerichtlichen Zuständigkeit für die Nachprüfung von Verwaltungsentscheidungen vom 14.12.1988, GBl DDR I 329; ferner die gleichnamige Verordnung vom 14.12.1988, GBl DDR I 330.

81   Dazu z.B. *W. Bernet*, DÖV 1990, 409, 415 ff.; zum Aufbau der Verwaltungsgerichtsbarkeit in den neuen Bundesländern *H.-J. v. Oertzen*, FS Redeker, 1993, 339 ff.

82   *Klinger*, Einl. S. 5 m.w.N. in Fn. 11–14.

nach anfänglichen Irritationen anerkannt.[83] Das Thema einer bundeseinheitlichen VwGO wurde Gegenstand des 38. DJT im Jahre 1950,[84] nachdem die Vereinigung der Präsidenten der Verwaltungsgerichte bereits im September 1949 einen Ausschuss zur Bewerkstelligung der Vorarbeiten gebildet hatte.[85] Auf einen ersten Entwurf vom Frühjahr 1950 folgte nach verschiedenen Beratungen und Abstimmungen, insbes. mit der Arbeitsgemeinschaft der Innenministerien, im August 1951 der sog. Präsidentenentwurf einer Bundesverwaltungsgerichtsordnung (DVBl 1951, Beilage zu Heft 18).

Nachdem zunächst – dem Gebot des Art. 96 GG[86] folgend –[87] durch Gesetz vom 23.9.1952 das BVerwG mit Sitz in Berlin errichtet worden war,[88] verabschiedete die Bundesregierung im Dezember 1952 den Regierungsentwurf einer VwGO.[89] Sowohl in der ersten als auch in der zweiten Wahlperiode (BT-Drs. 2/462) verfiel der Entwurf dem Grundsatz der Diskontinuität und konnte erst nach erneuter – unveränderter – Einbringung in den dritten deutschen Bundestag[90] und nach Durchlaufen des Vermittlungsverfahrens am 21.1.1960 ausgefertigt werden (BGBl I 17). Am 1.4.1960 trat die VwGO in Kraft.[91]   **18**

B. Entstehungsgeschichte

§ 1 ist seit Inkrafttreten der VwGO *unverändert* geblieben. Er stimmt mit dem Regierungsentwurf   **19** (BT-Drs. 3/55 Anl. 1) überein. Von den Vorläufernormen (süddeutsches VGG, MRVO Nr. 165) unterscheidet er sich darin, dass jene, ähnlich dem Präsidentenentwurf (→ Rn. 17), den Zusatz enthielten „nur dem Gesetz unterworfen".[92] Eine inhaltliche Verschiedenheit ist hierin im Blick darauf, dass die Bindung des Richters an das Gesetz in Art. 97 Abs. 1 GG ausdrücklich bestimmt ist, nicht gesehen worden.[93] In der Formulierung lehnt sich die Vorschrift an § 1 des vor der VwGO erlassenen SGG vom 3.9.1953 (BGBl I 1239, 1326) an, mit dem Unterschied, dass es dort „besondere" Verwaltungsgerichte heißt,[94] in § 1 jedoch der Zusatz „allgemeine" fehlt.

C. Inhalte

I. Zweck der Vorschrift

Zweck von § 1 ist die einfach-rechtliche Umsetzung der Verfassungsgebote des Art. 19 Abs. 4 GG   **20** i.V.m. Art. 92 und Art. 97 GG. Nach Art. 19 Abs. 4 S. 1 GG muss der Rechtsweg offen stehen, wenn jemand durch die öffentliche Gewalt in seinen Rechten verletzt wird.[95] Art. 92 Hs. 1 GG vertraut die rechtsprechende Gewalt den Richtern an. Art. 97 Abs. 1 GG garantiert, dass die Richter unabhängig und nur dem Gesetz unterworfen sind.[96] Aus der Verbindung mit Art. 20 Abs. 3 GG ergibt sich neben der Bindung an das Gesetz auch eine solche an das Recht (→ Rn. 79 ff.).[97] § 1 ist auch Ausfluss des Gewaltenteilungsprinzips aus Art. 20 Abs. 2 GG.[98] Auch der Grundsatz der Gesetzmäßigkeit der Ver-

---

83 Vgl. *Schunck/De Clerck*, [1]1961, § 1 Anm. 1 d; vgl. ferner *C.-H. Ule*, FS Menger 1985, 81, 88 f.
84 Vgl. Vhdlgen des 38. DJT (1950), D 3 ff.–109.
85 Dazu *P. van Husen*, DVBl 1950, 546 ff.; *Klinger* Einl. S. 5.
86 In der Fassung vom 23.5.1949, an dessen Stelle nunmehr Art. 95 Abs. 1 getreten ist.
87 Vgl. *Koehler*, Einführung S. 2; *Eyermann/Fröhler*, [1]1960, § 1 Rn. 17.
88 Vgl. Gesetz über das BVerwG vom 23.9.1952, BGBl I 625; dazu *C. H. Ule*, Zehn Jahre Verwaltungsgerichtsordnung, 1970, 5, der dies als Fehlentscheidung sah, weil dadurch der Erlass der VwGO um Jahre verzögert worden sei.
89 BT-Drs. 1/4278 Anl. 1; zugleich wurde der Entwurf eines Gesetzes über die Beschränkung der Berufung im verwaltungsgerichtlichen Verfahren vorgelegt, das zusammen mit der VwGO am 21.1.1960 ausgefertigt wurde (BGBl I 44). Es machte die Berufung u.a. auf den Gebieten der Wohnraumbewirtschaftung, der Notaufnahme von Deutschen in das Bundesgebiet und in Teilen des Ausländerrechts von der Zulassung durch das Verwaltungsgericht abhängig (§ 1 Abs. 1). Zuvor vgl. z.B. die nds. Beschränkungsgesetze vom 21.4.1951 (Nds GVBl 121) und 19.6.1956 (Nds GVBl 77).
90 BT-Drs. 3/55; dazu *Klinger* Einl. 6 m.w.N. in Fn. 15.
91 Zur Entstehungsgeschichte i.Ü. *C. H. Ule*, DVBl 1960, 1; *ders.*, Verwaltungsgerichtsbarkeit, 4 ff.; zum späteren Versuch einer einheitlichen VwPO *E. Schmidt-Jortzig*, FS Offerhaus, 1999, 753 ff.
92 Vgl. *Koehler* § 1 Anm. III.
93 So schon *Koehler* § 1 Anm. III; *Klinger* § 1 Anm. A; ferner BT-Drs. 1/55 Anl. 1 S. 26.
94 Vgl. auch die entsprechende Formulierung in § 1 FGO vom 6.10.1965, BGBl I 1477.
95 Zu Art. 19 Abs. 4 GG insbes. *E. Schmidt-Aßmann*, in: Maunz/Dürig Art. 19 Abs. 4 Rn. 1 ff.
96 Dazu *C. Hillgruber*, in: Maunz/Dürig Art. 97 Rn. 1 ff.
97 Zur darin liegenden Tautologie vgl. *C. Hillgruber*, in: Maunz/Dürig Art. 97 Rn. 37.
98 Vgl. *H. Geiger*, in: Eyermann § 1 Rn. 6.

waltung des Art. 20 Abs. 3 GG spielt hier hinein: Die Verwaltungsgerichtsbarkeit übt die Kontrolle der Gesetzmäßigkeit des Verwaltungshandelns aus; weil die Recht- und Gesetzmäßigkeit Maßstab der Rechtmäßigkeit des Verwaltungshandelns ist, bildet sie zugleich den Kontrollmaßstab der Verwaltungsgerichte.

II. Trennung von den Verwaltungsbehörden

21   **1. Zentrale Aussage.** Zentrale Aussage ist die Trennung der Verwaltungsgerichte von den Verwaltungsbehörden. Da sich diese bereits aus dem Gewaltenteilungsgrundsatz und der Garantie der richterlichen Unabhängigkeit ergibt, kommt der Vorschrift nur *deklaratorischer Charakter* zu. Sie macht einfach-rechtlich zu Beginn der VwGO präambelartig deutlich, was sich im Laufe der Geschichte der Verwaltungsgerichtsbarkeit längst entwickelt hatte (→ Rn. 1 ff.), nämlich die Absage an das Modell der Verwaltungsrechtspflege. Die Tätigkeit der Verwaltungsgerichte als unabhängige, nur dem Gesetz unterworfene Rechtsprechungsorgane anstelle von „Verwaltungsgerichtsbarkeit" gleichwohl „besser" mit „Verwaltungsrechtspflege" zu bezeichnen,[99] vernachlässigt die historische Bedeutung des Begriffs der Verwaltungsrechtspflege.

22   **2. Systematischer Zusammenhang.** § 1 leitet in gesetzessystematischer Hinsicht den Teil I der VwGO ein, der sich mit der Gerichtsverfassung befasst. In diesem Rahmen steht er dem 1. Abschnitt über die „Gerichte" vor. Unter dem Begriff *Gerichtsverfassung* wird die Gesamtheit der Regeln, die für die Einrichtung und die Tätigkeit der Gerichte maßgebend sind, verstanden.[100] Hierzu zählen u.a. Vorschriften über Möglichkeiten, Voraussetzungen, Umfang und Grenzen der Inanspruchnahme der Gerichte durch den einzelnen, über das zu beachtende Verfahren, über die Organisation der Gerichtsbarkeit und der Gerichte, über die bei Gericht Beschäftigten und die Voraussetzungen ihres Tätigwerdens, insbes. hinsichtlich der Richter und der sonstigen Bediensteten, einschließlich deren Ausbildung, sowie Vorschriften über diejenigen Personen, die zwar nicht Beschäftigte des Gerichts sind, deren Tätigkeit aber funktional auf die Erfüllung der Aufgaben der Gerichte ausgerichtet ist.

23   Dieser weite, der Kompetenznorm des Art. 74 Abs. 1 Nr. 1 GG zugrunde liegende Begriff der Gerichtsverfassung erstreckt sich über das Gerichtsorganisationsrecht, das Recht der inneren Verfasstheit der Gerichte, das Gerichtsverfahrensrecht, das Richter- und das Beamtenrecht sowie das Recht der Angestellten und Arbeiter bis hin zum Recht der Komplementärfunktionen.[101] Demgemäß ist die VwGO insgesamt darunter zu subsumieren.[102] Der mit „Gerichtsverfassung" überschriebene Teil I der VwGO bildet demzufolge lediglich einen Ausschnitt des weiten Gerichtsverfassungsbegriffs. Er enthält im Wesentlichen lediglich Regelungen über die Einrichtung und den dreistufigen Aufbau der Verwaltungsgerichtsbarkeit, über die Organisation der Gerichte, über die Besetzung der Spruchkörper, über die Berufs- und ehrenamtlichen Richter, über den Vertreter des öffentlichen Interesses, über die Gerichtsverwaltung und über die Zuständigkeit der Gerichte der Verwaltungsgerichtsbarkeit.

III. Trennung auch von anderen Gerichten

24   **1. VwGO.** Eine Trennung auch von anderen Gerichten, wie sie § 1 Präsidentenentwurf (→ Rn. 17) zur Abwehr ursprünglicher Bestrebungen in Richtung auf ein Einheitsgericht[103] vorsah, bestimmt § 1 nicht.[104] Die VwGO geht jedoch in Anknüpfung an die im Zeitpunkt ihres Erlasses in den Ländern und im Bund (vgl. Gesetz über das BVerwG vom 23.9.1952, BGBl I 625) erreichten Strukturen (→ Rn. 13 f., 17 f.) ohne Weiteres von einer Eigenständigkeit der Verwaltungsgerichte aus, wie sich einzelnen Regelungen entnehmen lässt (z.B. §§ 2, 3, 5, 9, 10, 38 Abs. 1, 38 Abs. 2). Die VwGO organisiert die Verwaltungsgerichtsbarkeit mithin einfach-rechtlich als eigenständige Gerichtsbarkeit.

---

99   So *Eyermann/Fröhler*, ¹1960, § 1 Anm. I 1 a; vgl. *Klinger* § 1 Anm. D.
100   Vgl. *Kissel/Mayer* Einl. Rn. 1; zum Begriff i.S.d. Kompetenznorm des Art. 74 Abs. 1 Nr. 1 GG, vgl. *C. Degenhart*, in: Sachs Art. 74 Rn. 22.
101   Vgl. *P. Stelkens/N. Panzer*, in: Schoch/Schneider/Bier § 1 Rn. 5 f.
102   Vgl. zur bei Erlass der VwGO diskutierten Frage, ob der Begriff „Gerichtsverfassung" in Art. 74 Abs. 1 Nr. 1 GG sich nur auf die Materien des bürgerlichen Rechts, des Strafrechts und des Strafvollzuges beschränkt, BT-Drs. 3/55 Anl. 1 S. 24.
103   Vgl. *P. Stelkens/N. Panzer*, in: Schoch/Schneider/Bier § 1 Rn. 3.
104   Vgl. auch *M. Redeker*, in: Redeker/v. Oertzen § 2 Rn. 2

2. Grundgesetz. a) BVerwG als oberster Gerichtshof. Art. 95 Abs. 1 GG (a.F.: Art. 96 Abs. 1) ver- 25 langt für die Verwaltungsgerichtsbarkeit lediglich die Errichtung des BVerwG als obersten Gerichtshof des Bundes. Damit ist ein mehrstufiger, mindestens zweistufiger Aufbau der Verwaltungsgerichtsbarkeit vorausgesetzt. Denn indem das BVerwG als oberster Gerichtshof und damit Gericht für den letzten Rechtszug (vgl. Art. 99 GG) bezeichnet wird, ergibt sich zwingend, dass es zumindest eine unterhalb des BVerwG stehende Instanz der Verwaltungsgerichtsbarkeit geben muss.[105]

Eine Garantie der Existenz der Verwaltungsgerichtsbarkeit als eigenständigem Gerichtszweig in den 26 Ländern enthält das GG nicht.[106] Während die WRV in Art. 107 das Bestehen von „Verwaltungsgerichten" im Reich und in den Ländern verlangte,[107] findet die Verwaltungsgerichtsbarkeit im GG über die Nennung des BVerwG hinaus keine Erwähnung.

b) Keine Eigenständigkeit der VG gefordert. Eine Eigenständigkeit der VG in dem Sinne, dass diese 27 nicht mit anderen Gerichten zu einer (partiellen) Einheitsgerichtsbarkeit organisatorisch zusammengefasst werden könnten, lässt sich dem GG nicht entnehmen.[108] Art. 95 Abs. 1 GG schließt die Errichtung eines einheitlichen obersten Bundesgerichts für die aufgeführten Gerichtszweige aus, trifft jedoch für die Länder keine Bestimmung.[109] Zwar setzt Art. 95 GG die Verwaltungsgerichtsbarkeit ebenso wie die anderen Gerichtszweige voraus.[110] Nicht möglich ist es daher, die Rechtsprechungsaufgaben der Verwaltungsgerichtsbarkeit i.S.d. „justizstaatlichen Lösung" (→ Rn. 3 f.) den ordentlichen Gerichten zu überantworten und damit die Verwaltungsgerichtsbarkeit als solche aufzulösen. Weder der Umstand, dass das GG von der Tatsache der Existenz einer eigenständigen Verwaltungsgerichtsbarkeit ausgegangen ist, noch die Erwähnung der ordentlichen Gerichte in Art. 14 Abs. 3 S. 4, Art. 15 S. 2, Art. 19 Abs. 4 S. 2 und Art. 34 S. 3 GG lassen den Schluss zu, dass die Verwaltungsgerichtsbarkeit nur von eigenständigen VG ausgeübt werden müsse.[111]

Vielmehr ist eine organisatorische Zusammenfassung von Gerichtszweigen auf der Länderebene mög- 28 lich, wenn innerhalb einer solchen Organisation „Verwaltungsgerichtsbarkeit" als eigener Zweig der Rspr. stattfindet. Als ein Beispiel solcher Art mag die durch Art. 6 Abs. 2 S. 2 und 3 des Vertrages über die Schaffung einer Währungs-, Wirtschafts- und Sozialunion zwischen der Bundesrepublik Deutschland und der Deutschen Demokratischen Republik vom 18.5.1990 (BGBl II 537) und sodann durch Art. 8 i.V.m. Anl. I Kapitel III Sachgebiet A Abschnitt III Nr. 1 Buchst. a Abs. 3 und Buchst. t und u Einigungsvertrag vom 31.8.1990 (BGBl II 889) geschaffene Übergangslösung dienen. Auf der Grundlage der genannten Bestimmungen waren bis zur Errichtung einer selbständigen Verwaltungs-, Finanz-, Arbeits- und Sozialgerichtsbarkeit an den Kreis- bzw. Bezirksgerichten Spruchkörper für diese jeweiligen Sachgebiete eingerichtet worden, deren Verhältnis zueinander sowie zu den die ordentliche streitige und freiwillige Gerichtsbarkeit ausübenden Spruchkörpern sich entsprechend den Vorschriften über die Zulässigkeit oder Unzulässigkeit des Rechtswegs und die Verweisung in einen anderen Rechtsweg bestimmte. Ein weiteres – historisches – Beispiel bildet die frühere Verbindung zwischen OVG und OLG in Hamburg nach § 2 (a.F.) AGVwGO Hamb vom 29.3.1960.[112] Ferner ermöglichte § 50 a SGG (vgl. Art. 1 Nr. 8 des Gesetzes v. 9.12.2004, BGBl I 3302) die Ausübung der Sozialgerichtsbarkeit durch besondere Spruchkörper der VG und OVG.

3. Landesverfassungen. Unabhängig von dem bundesverfassungsrechtlichen Befund findet die Ver- 29 waltungsgerichtsbarkeit in einigen Landesverfassungen Erwähnung. Ausdrücklich ist dies der Fall in Baden-Württemberg (vgl. Art. 67 Abs. 2 VerfBW), Bayern (vgl. Art. 83 Abs. 5, 93 BayVerf), Bremen (vgl. Art. 141 S. 1 LVerf Brem), Nordrhein-Westfalen (vgl. Art. 74 NW Verf) und Sachsen-Anhalt (vgl.

---

105 Vgl. *P. Stelkens/N. Panzer*, in: Schoch/Schneider/Bier § 1 Rn. 9.
106 Vgl. *R. Pitschas*, SGb 1999, 385; *S. Franke*, ZRP 1997, 333, 336. A.M. *J. Ruthig*, in: Kopp/Schenke § 1 Rn. 11.
107 Wobei umstr. war, ob auch deren Eigenständigkeit verlangt war; dazu *F. Poetzsch-Heffter*, Handkommentar der Reichsverfassung, ³1928, Art. 107 Anm. 4 und → Rn. 9.
108 Vgl. *J.-E. Schenkel*, DÖV 2011, 481. A.M. *M. Jachmann*, in: Maunz/Dürig Art. 95 Rn. 110; *E. Rasch*, VerwArch 60 (1969), 1, 10; *H. Geiger*, in: Eyermann § 1 Rn. 6; *B. Stüer/C. D. Hermanns*, DÖV 2001, 505, 508.
109 So zutr. *E. Rasch*, VerwArch 60 (1969), 1, 10; vgl. insoweit zu Art 19 Abs. 4 GG auch *K. A. Bettermann*, MDR 1949, 394, 398 f.
110 *E. Rasch*, VerwArch 60 (1969), 1, 10.
111 Dazu bereits die Diskussion in der frühen Bundesrepublik, etwa *F. Baur*, in: Vhdlgen des 42. DJT (1957), Bd. I (Gutachten), 1957, 2. Teil, S. 5 ff. mit umfangreichen Nachw.; zur Diskussion einer Zusammenlegung von Verwaltungs- und Sozialgerichten umfassend und krit. *S. v. Heimburg*, FS Scholz, 2007, 483 ff.; *F. Hufen*, Verw 42 (2009), 405.
112 Vgl. HmbGVBl 291, dazu *Ule*, Verwaltungsgerichtsbarkeit, § 1 Anm. V.

Art. 83 Abs. 3 Verf LSA). Das Vorhandensein mehrerer Gerichtszweige vorausgesetzt wird in Berlin (vgl. Art. 82 Abs. 2 Verf Bln), Brandenburg (vgl. Art. 109 Abs. 2 Verf Bbg), Hamburg (vgl. Art. 62 Abs. 1 S. 1 HambVerf) und Schleswig-Holstein (vgl. Art 43 Abs. 3 Verf SH). Eine echte Garantie der Eigenständigkeit der Verwaltungsgerichtsbarkeit enthält lediglich die Verfassung Nordrhein-Westfalens.[113]

IV. Verwaltungsgerichtsbarkeit

30 **1. Begriff. a) Gerichtsbarkeit.** Der Begriff Verwaltungsgerichtsbarkeit wird in § 1 vorausgesetzt.[114] Er ist ein Teilbegriff des Oberbegriffs Gerichtsbarkeit. Dieser bezeichnet den Gegenstand der Wahrnehmungszuständigkeit von Gerichten im Gegensatz zu denjenigen anderer Staatsorgane.[115] Gerichtsbarkeit ist mithin die Befugnis zur Ausübung der Rspr.[116]

31 **b) Verwaltungsgerichtsbarkeit. aa) Kompetenzielles Verständnis.** Mit dem Begriff Verwaltungsgerichtsbarkeit ist die Kompetenz der Verwaltungsgerichte gemeint.[117] Er umschreibt den Gegenstand der Tätigkeit der Verwaltungsgerichte als Organe der Rspr. auf dem Gebiet des Verwaltungsrechts unter Einschluss der gerichtlichen Selbstverwaltung.[118] Der Begriff umfasst nicht nur die Gerichtsbarkeit über die allgemeine Verwaltung, sondern auch die der Sonderverwaltungen. Er soll in Erfüllung des Verfassungsauftrags aus Art. 19 Abs. 4, Art. 92 und Art. 97 GG sicherstellen, dass für alle Gebiete der Verwaltung die Entscheidung echter Gerichte nachgesucht werden kann (vgl. BT-Drs. 3/55 Anl. 1 S. 26), wobei nach Art. 19 Abs. 4 GG ohne die Einrichtung der Verwaltungsgerichtsbarkeit die subsidiäre Zuständigkeit der ordentlichen Gerichte begründet wäre. Da Verwaltungsrechtsschutz nicht allein von den allgemeinen, sondern kraft ausdrücklicher Zuweisung auch von den besonderen Verwaltungsgerichten (Sozial-, Finanzgerichte) und den ordentlichen Gerichten[119] ausgeübt wird, ist der Begriff der Verwaltungsgerichtsbarkeit nicht deckungsgleich mit dem Begriff der Verwaltungsrechtsprechung.[120]

32 **bb) Verhältnis zum allgemeinen Verwaltungsrechtsweg.** Nicht zu eng erscheint es, wenn der Begriff der Verwaltungsgerichtsbarkeit im kompetenziellen Sinne auf die Gegenstände beschränkt wird, für die die Verwaltungsgerichte aufgrund der Eröffnung des allgemeinen Verwaltungsrechtswegs nach § 40 zuständig sind.[121] Denn Zuständigkeiten aufgrund besonderer Zuweisung sind von diesem Begriffsverständnis nur ausgeschlossen, sofern diese nicht auch dem Begriff der verwaltungsrechtlichen Streitigkeit unterfallen. Das Tätigwerden aufgrund rechtskräftiger und bindender Verweisungen nach § 17a Abs. 2 GVG etwa unterfällt dann nicht dem Begriff der Verwaltungsgerichtsbarkeit, wenn tatsächlich der Verwaltungsrechtsweg nicht gegeben ist oder wenn i.R. eines Verwaltungsrechtsstreits gem. § 17 Abs. 2 S. 1 GVG auch über verwaltungsrechtswegfremde Ansprüche zu befinden ist. Insoweit übt das VG – nach Maßgabe seiner Verfahrensordnung – Rechtsprechungsaufgaben der jeweiligen anderen Gerichtsbarkeit aus.

33 **cc) Organisatorisches Verständnis.** Neben dem kompetenziellen Verständnis kann der Begriff Verwaltungsgerichtsbarkeit auch organisatorisch verstanden werden. In dieser Bedeutung bezeichnet er die zur Ausübung der Verwaltungsgerichtsbarkeit berufene Institution als selbständiges Glied der Organisation staatlicher Gerichtsbarkeit.[122] I.d.S. umfasst der Begriff nicht nur die Ausübung der Rspr. einschließlich der Selbstverwaltung, sondern auch die Justizverwaltung.[123]

---

113 Vgl. Art. 74 Abs. 2 VerfNW; zu unterscheiden ist zwischen einer Garantie der Verwaltungsgerichtsbarkeit und einer Garantie deren Eigenständigkeit; vgl. auch BayVerfGHE 6, 27, 33; VerfGH Bln LVerfGE 1, 195, 197.
114 Vgl. *Ule*, Verwaltungsgerichtsbarkeit, § 1 Anm. I.
115 Vgl. *C.-F. Menger*, System, 1954, 51.
116 Vgl. *O. R. Kissel*, Stichwort „Gerichtsbarkeit", in: Deutsches Rechtslexikon, Bd 2, ²1992.
117 Vgl. *C.-F. Menger*, System, 1954, 51.
118 Vgl. *J. Ruthig*, in: Kopp/Schenke § 1 Rn. 3; vgl. auch den funktionellen Begriff bei Klinger § 1 Anm. B.
119 Z.B. im Enteignungsrecht nach den §§ 217 ff. BauGB, im Kartellverwaltungsrecht nach § 63 ff. GWB, im Vergabewesen nach §§ 116 ff. GWB oder im Energieregulierungsrecht, z.B. § 75 Abs. 4 EnWG.
120 Vgl. *Ule*, Verwaltungsgerichtsbarkeit, § 1 Anm. I.
121 So *H. Gersdorf*, in: Posser/Wolff § 1 Rn. 5; *H. Geiger*, in: Eyermann § 1 Rn. 2.
122 Vgl. *Klinger* § 1 Anm. B.
123 Zum Begriff *Kissel/Mayer* § 12 Rn. 105 f.; *F. Wittreck*, Die Verwaltung der Dritten Gewalt, 2006, 13 ff.

2. Allgemeine Verwaltungsgerichtsbarkeit. Der Begriff Verwaltungsgerichtsbarkeit bezieht sich auf 34 die allgemeine Verwaltungsgerichtsbarkeit. Da sowohl der Rechtsweg zu den Finanzgerichten als auch derjenige zu den Sozialgerichten nach dem Enumerationsprinzip ausgestaltet ist (vgl. § 33 FGO, § 51 SGG), kommt der allgemeinen Verwaltungsgerichtsbarkeit über die Generalklausel des § 40 in diesem Bereich eine Auffangfunktion zu.[124] Der besonderen Verwaltungsgerichtsbarkeit zugerechnet werden neben den Finanzgerichten und den Sozialgerichten das Bundespatentgericht (Art. 96 Abs. 1 GG, § 65 Patentgesetz), die Dienstgerichtsbarkeit (vgl. BGH NJW 1991, 1103) und – soweit sie als staatliche Gerichtsbarkeit ausgestaltet ist[125] – die Berufsgerichtsbarkeit sowie die Wehrdienstgerichtsbarkeit durch die Truppendienstgerichte des Bundes und die Wehrdienstsenate des BVerwG.[126] Dasselbe gilt für die – staatliche – Schiedsgerichtsbarkeit bei Vermögensauseinandersetzungen öffentlich-rechtlicher Verbände (→ § 187 Rn. 19 ff.).

Nicht hierher zählen die „echten" Schiedsgerichte, die nach § 173 VwGO i.V.m. §§ 1025 ff. ZPO auf-35 grund von Parteivereinbarung oder Satzung außerstaatliche Gerichtsbarkeit ausüben.[127] „Unechte" Schiedsgerichte üben dann echte Gerichtsbarkeit als besondere Verwaltungsgerichtsbarkeit aus, wenn sie die Mindestanforderungen an ein Gericht erfüllen, andernfalls sind sie Verwaltungsbehörden.[128] Personalvertretungsangelegenheiten (vgl. §§ 83 Abs. 1, 106 BPersVG; für M-V vgl. §§ 87 ff. PersVG) zählen nicht zur besonderen Verwaltungsgerichtsbarkeit. Vielmehr sind diese den VG als solchen, also in ihrer Eigenschaft als allgemeine VG kraft Sonderzuweisung zugewiesen (→ § 187 Rn. 2). Grundsätzlich dasselbe gilt für Disziplinarsachen (vgl. für den Bund §§ 45 ff. BDG).

Nach § 187 können in den Ländern die Aufgaben der Disziplinargerichtsbarkeit und der Schiedsge-36 richtsbarkeit bei Vermögensauseinandersetzungen öffentlich-rechtlicher Verbände den allgemeinen VG übertragen werden. Berufsgerichte können den VG demgegenüber nur angegliedert, d.h. organisatorisch mit ihnen verbunden werden, ohne dass deren Aufgaben den VG als solchen übertragen würden.[129] In Personalvertretungssachen folgt die Zuständigkeit der VG aus den einschlägigen Bestimmungen des Personalvertretungsrechts des Bundes bzw. des Landes.[130] Mangels staatlichem Charakter gehören kirchliche VG nicht zur (besonderen) Verwaltungsgerichtsbarkeit.[131] Nach § 135 S. 2 BRRG steht es den öffentlich-rechtlichen Religionsgesellschaften und ihren Verbänden frei, die Rechtsverhältnisse ihrer Beamten und Seelsorger entsprechend dem BRRG zu regeln und die Vorschriften über den Rechtsweg zu den VG für anwendbar zu erklären. Das Flurbereinigungsgericht (vgl. §§ 138 ff. FlurbG) ist ein Fachspruchkörper innerhalb der allgemeinen Verwaltungsgerichtsbarkeit, für dessen Verfassung und Verfahren die Vorschriften der VwGO gelten, soweit nicht die §§ 139–148 FlurbG Abweichendes bestimmen (§ 138 Abs. 1 S. 2 FlurbG). Es ist kein nach Art. 101 Abs. 1 S. 1 GG verbotenes Ausnahmegericht.[132]

V. Gerichte

Gerichte sind Staatsorgane zur Ausübung der Rspr.[133] Im Zusammenhang mit den Verfassungsbestim-37 mungen der Art. 20 Abs. 2, 3, Art. 92 und Art. 97 GG setzt der Gerichtsbegriff organisatorisch eine Trennung von Legislative und Exekutive und in personeller Hinsicht die Besetzung mit unabhängigen Richtern voraus (vgl. BVerfGE 4, 331, 345 f.). Vor diesem Hintergrund meint Gericht in § 1 das VG als Rechtsprechungsorgan.[134] In anderen Vorschriften der VwGO stellt sich die Frage, in welchem Sinne sie den Begriff des Gerichts verstehen, jeweils neu. In § 2 etwa, der die Gerichte der Verwaltungsgerichtsbarkeit bestimmt, sowie in sämtlichen Bestimmungen der Abschnitte 1–5 des Teils I ist der Begriff Gericht in einem organisatorischen Sinne gebraucht: Gericht i.d.S. ist die organisatorische Einheit

124 Vgl. *P. Stelkens/N. Panzer*, in: Schoch/Schneider/Bier § 1 Rn. 16.
125 Vgl. etwa §§ 92 ff. BRAO, §§ 95 ff. BNotO; s. ferner für M-V z.B. Berufsgericht und Berufsgerichtshof für Heilberufe, §§ 60 ff. Heilberufsgesetz; für das Dienstgericht für Richter vgl. in M-V § 31 RiG M-V.
126 Vgl. §§ 17 ff. WBO, §§ 68 ff. WDO, dazu *J. Ruthig*, in Kopp/Schenke § 1 Rn. 3.
127 Dazu *P. Stelkens/N. Panzer*, in: Schoch/Schneider/Bier § 1 Rn. 20.
128 Zur Schiedsgerichtsbarkeit *R. Woltereck*, DÖV 1966, 323; ferner *A. Rapsch*, NVwZ 1993, 534.
129 Vgl. *W.-R. Schenke/C. Hug*, in: Kopp/Schenke § 187 Rn. 6.
130 Vgl. §§ 83 Abs. 1, 106 BPersVG; für die Länder, etwa M-V, vgl. §§ 87 ff. PersVG.
131 Vgl. *J. Ruthig*, in: Kopp/Schenke § 1 Rn. 3.
132 Vgl. BVerwG Buchholz 424.01 § 138 FlurbG Nr. 4; Buchholz 424.01 § 139 FlurbG Nr. 17.
133 Zum Rechtsprechungsbegriff *C. Hillgruber*, in: Maunz/Dürig Art. 92 Rn. 18 ff.
134 Vgl. *P. Stelkens/N. Panzer*, in: Schoch/Schneider/Bier § 1 Rn. 26.

VG (OVG, BVerwG), die aus mit Richtern besetzten Spruchkörpern und der Gerichtsverwaltung mit dem Präsidenten als Leiter der (Justiz)Behörde VG besteht. Daneben wird der Begriff Gericht von der VwGO auch i.S.v. Spruchkörpern (Kammer, Einzelrichter),[135] Vorsitzendem oder Berichterstatter (vgl. etwa §§ 67 Abs. 3, 86, 96 Abs. 2, 106) gebraucht.

38   Anders als bei FGO und SGG, die in § 1 jeweils von „besonderen" VG sprechen, um von der allgemeinen Verwaltungsgerichtsbarkeit abzugrenzen,[136] heißt es in § 1 weder „allgemeine" noch „VG", sondern schlicht „Gerichte". Ein sachlicher Unterschied liegt darin nicht. Gerichte i.S.v. § 1 sind die „allgemeinen" VG.[137] In der ursprünglichen Fassung enthielten § 2 und § 41 noch den Begriff der allgemeinen Verwaltungsgerichtsbarkeit. Mit deren Änderung bzw. Streichung ist er nicht mehr in der VwGO enthalten (→ § 2 Rn. 6 f.).[138]

VI. Unabhängigkeit

39   Die Verwendung des Adjektivs „unabhängige" stellt im Blick auf den von § 1 vorausgesetzten Begriff des Gerichts (→ Rn. 37) an sich einen Pleonasmus dar. Denn dem Gerichtsbegriff ist unter der Geltung der Art. 20 Abs. 2, 3, Art. 92 und 97 GG die Unabhängigkeit der Gerichte immanent.[139] Dementsprechend knapp weist die Begründung des Regierungsentwurfs auf das Erfordernis der richterlichen Unabhängigkeit in Art. 97 GG hin, die sowohl in sachlicher wie in persönlicher Hinsicht gegeben sein müsse (BT-Drs. 3/55 Anl. 1 S. 26).

40   Unabhängigkeit muss zum einen organisatorisch, zum anderen im Blick auf die Richter (richterliche Unabhängigkeit) gegeben sein.

41   **1. Organisatorische Unabhängigkeit.** In organisatorischer Hinsicht bedeutet Unabhängigkeit die Trennung von gesetzgebender und vollziehender Gewalt.

42   a) **Verbot der Angliederung an Behörden.** Daraus folgt ein unmittelbares Verbot der Angliederung an Behörden oder Verbindung mit denselben. Ausgeschlossen ist mithin, die VG als behördliche Ausschüsse oder Abteilungen zu organisieren oder sie sonst in irgendeiner Weise zum unselbständigen oder auch selbständigen Teil einer (Verwaltungs-)Behörde zu machen. Personell und sächlich müssen sie im Verhältnis zu den (Verwaltungs-)Behörden verselbständigt sein. Das schließt in Bezug auf die sächliche Ausstattung nicht aus, dass ein VG zusammen mit einer oder mehreren Behörden in demselben Gebäude untergebracht ist und dass bestimmte Einrichtungen, wie etwa Poststelle, Telefonzentrale, Sitzungssäle, Bibliothek, Sozialraum oder Dienstkraftfahrzeug, gemeinsam genutzt werden.[140] Nutzungskonkurrenzen zwischen Gericht und Behörde, etwa in Bezug auf Sitzungssäle oder Dienstkraftfahrzeuge, sind nicht anders zu beurteilen, als wenn solche Konkurrenzen innerhalb des Gerichts, etwa zwischen einzelnen Richtern, oder innerhalb eines Justizzentrums (Justizgebäude, das mehrere Gerichte oder Justizdienststellen beherbergt) auftreten.

43   Vermieden werden muss jedoch jeder Anschein fehlender Unabhängigkeit. Das kann der Fall sein, wenn ein besonderer Spruchkörper für Asylstreitigkeiten in Umsetzung der Vorschrift des § 83 Abs. 2 S. 3 AsylG[141] nicht nur „in räumlicher Nähe" zu einer Aufnahmeeinrichtung, sondern mit dieser zusammen in demselben Gebäudekomplex untergebracht ist, in dem sich nach § 5 Abs. 3 AsylG eine Außenstelle des Bundesamtes für Migration und Flüchtlinge befindet. Bei gemeinsamer Nutzung eines Dienstgebäudes durch Verwaltungsbehörde und VG ist es nicht erforderlich, dass die Verwaltung des Hauses insgesamt dem Präsidenten des VG obliegt.

44   Allerdings muss die *Gerichtsverwaltung*, d.h. die Verwaltungstätigkeit, die für die Existenz und die Funktionsfähigkeit des VG unerlässlich ist,[142] im Übrigen bei den „Justizbehörden" liegen, d.h. dem

135 Vgl. etwa §§ 44, 67 Abs. 2, 67a Abs. 1, 75 S. 3 u. 4, 80 Abs. 5, 7, 80a Abs. 3, 84, 88, 89, 91, 92 Abs. 3, 93–96 Abs. 1, 101, 108 usw.
136 Vgl. *P. Brandis*, in: Tipke/Kruse § 1 FGO Anm. 2.
137 Vgl. *H. Geiger*, in: Eyermann § 1 Rn. 2.
138 Vgl. *P. Stelkens/N. Panzer*, in: Schoch/Schneider/Bier § 1 Rn. 16.
139 Vgl. BVerfGE 4, 331, 345 f.; a.M. *K. A. Bettermann*, DÖV 1959, 761, 762.
140 Vgl. auch *P. Stelkens/N. Panzer*, in: Schoch/Schneider/Bier § 1 Rn. 29.
141 Krit. dazu z.B. *R. Marx*, AsylG, ⁹2017, § 83 Rn. 5.
142 Zum Begriff *Kissel/Mayer* § 1 Rn. 26, § 12 Rn. 84 ff.

Präsidenten zustehen, soweit die für die Verwaltungsgerichtsbarkeit zuständige oberste Landesbehörde diese delegiert hat.

b) Kein Verbot der Zuweisung von Verwaltungsaufgaben. Aus dem Postulat der organisatorischen 45 Unabhängigkeit folgt entgegen der h.M. nicht schon für sich genommen ein mittelbares Verbot der Zuweisung von Verwaltungsaufgaben außerhalb der Gerichtsverwaltung.[143] Dieses Verbot ergibt sich für die Verwaltungsgerichtsbarkeit vielmehr (erst) aus der ausdrücklichen Bestimmung des § 39 (→ § 39 Rn. 1 ff.). In der ordentlichen Gerichtsbarkeit, deren Gerichte nicht weniger unabhängig sein müssen als die VG, findet auf verschiedenen justiznahen Verwaltungsfeldern Verwaltungstätigkeit im allgemeinen Sinne mit unmittelbarer Außenwirkung gegenüber Bürgern außerhalb eines anhängigen gerichtlichen Verfahrens statt, ohne dass dies unter dem Gesichtspunkt der organisatorischen Unabhängigkeit zu Bedenken Anlass gäbe. Bei diesen unter dem Begriff *Justizverwaltung* (im materiellen Sinne) zusammengefassten Aufgaben handelt es sich um solche Aufgaben der öffentlichen Verwaltung, die den Gerichten oder bestimmten Personen als Behörde der allgemeinen öffentlichen Verwaltung zugewiesen sind.[144]

Als Bsp. seien hier etwa die dem Präsidenten des LG bzw. OLG zustehende Notaraufsicht (§ 92 Nr. 1 46 und 2 BNotO) sowie die in Mecklenburg-Vorpommern dem Präsidenten des OLG zugewiesene öffentliche Bestellung und Vereidigung von Dolmetschern[145] und die ihm i.R. des Vorbereitungsdienstes für die Zweite juristische Staatsprüfung zustehenden Befugnisse (vgl. § 25 JAG) genannt.[146]

c) Inkompatibilitätsnorm des § 4 Abs. 1 DRiG. Der organisatorischen Unabhängigkeit dient ferner 47 das in § 4 Abs. 1 DRiG geregelte Verbot für Berufsrichter, Aufgaben der rechtsprechenden Gewalt und der gesetzgebenden oder vollziehenden Gewalt zugleich wahrzunehmen (vgl. dazu BVerwGE 25, 210, 218 ff.; s. ferner BVerfGE 18, 241, 255 f.). Ausnahmen sind nach § 4 Abs. 2 DRiG nur für Aufgaben der Gerichtsverwaltung, andere aufgrund Gesetzes Gerichten oder Richtern zugewiesene Aufgaben, Aufgaben der Forschung und Lehre an einer wissenschaftlichen Hochschule, öffentlichen Unterrichtsanstalt oder amtlichen Unterrichtseinrichtung, für Prüfungsangelegenheiten und den Vorsitz in Einigungsstellen und entsprechenden unabhängigen Stellen i.S.d. § 104 S. 2 BPersVG möglich (vgl. BVerwGE 70, 270, 272; 67, 287, 289).

Auch können Beamte grds. weder Berufsrichter (§ 106 Abs. 2 DRiG) noch ehrenamtlicher Richter 48 (§ 22 Nr. 3) sein. Ausnahmen bilden hinsichtlich der Berufsrichter der Richter auf Zeit (§ 18) und die ordentlichen Professoren des Rechts, die zum Richter im Nebenamt (§ 16) oder zum Richter im zweiten Hauptamt ernannt werden können (s. ferner bei § 16).[147] Bei den ehrenamtlichen Richtern sind die aus dem Kreis der Beamten stammenden ehrenamtlichen Richter bei den Disziplinarspruchkörpern („Beamtenbeisitzer"),[148] die ehrenamtlichen Richter bei den Berufsgerichten (vgl. z.B. § 67 Abs. 3, 6, § 68 Heilberufsgesetz M-V; vgl. auch §§ 74, 75 WDO), bei den Fachkammern für Personalvertretungsangelegenheiten (vgl. § 84 Abs. 2 BPersVG und z.B. § 88 Abs. 2 PersVG M-V) und bei dem Flurbereinigungsgericht zu nennen.[149] Dass Beamte als Berufsrichter zum Richter auf Zeit (§ 18) oder, wenn sie später als Richter auf Lebenszeit verwendet werden sollen (§ 14 DRiG) (→ § 17 Rn. 1 ff.), zum Richter kraft Auftrags ernannt werden können, bildet keine Ausnahme, da für diese für die Dauer des Richterverhältnisses die Rechte und Pflichten aus dem Beamtenverhältnis ruhen (§ 15 Abs. 1 S. 3 DRiG).

Nicht zulässig ist die ehrenamtliche Mitgliedschaft im Verwaltungsrat einer öffentlichen Sparkasse 49 i.R. einer Nebentätigkeit (vgl. BVerwGE 41, 195). Ebenso die ehrenamtliche Ausübung eines Bürgermeisteramtes.[150] Ein Richter kann Wahlhelfer sein (vgl. BVerwG NJW 2002, 2263; a.M. VG Koblenz

---

143 A.M. *J. Ruthig*, in: Kopp/Schenke § 1 Rn. 1.
144 Vgl. *Kissel/Mayer* § 12 Rn. 105 ff.; *Schilken* Rn. 249 ff.
145 Vgl. § 2 Dolmetschergesetz vom 6.1.1993 (GVOBl 2), zul. geänd. durch Gesetz vom 17.12.2009 (GVOBl 729, 735).
146 Vgl. ferner *K. A. Bettermann*, DÖV 1959, 761, 763; BVerwG DÖV 1959, 786; krit. *H. Eylmann*, FS Busse, 2005, 51.
147 Vgl. *E. Schmidt-Jortzig*, FS Menger, 1985, 359 ff.
148 Vgl. z.B. § 46 LDG M-V.
149 Vgl. § 139 Abs. 2 S. 1 FlurbG; dazu BVerwG Buchholz 424.01 § 138 FlurbG Nr. 4; Buchholz 424.01 § 139 FlurbG Nr. 11, 12, 13, 16.
150 *H. Geiger*, in: Eyermann § 1 Rn. 6.

NVwZ-RR 1994, 226), nicht aber in ein Ehrenbeamtenverhältnis berufen werden.[151] Mit § 4 Abs. 1 DRiG unvereinbar sind auch die Mitgliedschaft eines Richters im Amtsausschuss und das Amt des stellvertretenden Amtsvorstehers in Mecklenburg-Vorpommern (vgl. OVG Greifswald DÖV 1999, 1003). Dasselbe gilt für das Amt des stellvertretenden Bürgermeisters nach baden-württembergischem Gemeinderecht.[152] Zur Frage der Richtervorbehalte → § 39 Rn. 6 ff.

50 **d) Ausschluss ehrenamtlicher Richter.** Die organisatorische Unabhängigkeit wird auch dadurch gesichert, dass Mitglieder des Bundestages, des Europäischen Parlaments, der gesetzgebenden Körperschaften eines Landes, der Bundesregierung oder einer Landesregierung nach § 22 Nr. 1 nicht zu ehrenamtlichen Richtern berufen werden können. Zwar können Mitglieder der Vertretung einer sonstigen Körperschaft, insbes. also Inhaber eines Kommunalmandats, ehrenamtliche Richter sein. Gem. § 54 Abs. 3 ist bei diesen allerdings die Besorgnis der Befangenheit nach § 54 Abs. 1 VwGO i.V.m. § 42 ZPO stets begründet, wenn die Interessen der vertretenen Körperschaft durch das Verfahren berührt werden.[153]

51 **e) Berufsrichteramt und Kommunalmandat.** Umstr. ist, ob neben einem Amt als Berufsrichter die gleichzeitige Ausübung eines Kommunalmandats, etwa als Mitglied des Gemeinderates oder Kreistages, zulässig ist. Dagegen wird im Kern vorgebracht, dass die Tätigkeit als Mitglied einer kommunalen Vertretungskörperschaft der Exekutive zuzurechnen sei und sich deshalb das Verbot ohne Weiteres aus § 4 Abs. 1 DRiG ergebe.[154] Dem wird neben der Entstehungsgeschichte des DRiG eine funktionale Betrachtungsweise entgegengehalten: Das Kommunalmandat sei in erster Linie ein politisches Mandat, dessen Ziel vorwiegend Rechtsetzung und politische Gestaltung, nicht aber Verwaltung sei.[155] Das BVerwG hat die Frage bislang offen gelassen (vgl. BVerwGE 25, 210, 217; 41, 195, 198 f.; NVwZ 1990, 162; DRiZ 2001, 23). Der StGH Brem hat sie bejaht.[156] Das OVG Münster hat einen Verstoß gegen § 4 Abs. 1 DRiG bejaht bei einer Mitgliedschaft in einem Kreisausschuss, der Exekutivaufgaben und zugleich die Aufgaben der unteren staatlichen Verwaltungsbehörde wahrzunehmen hat (DRiZ 1990, 181; vgl. auch BVerwG DRiZ 2001, 23; OVG Greifswald DÖV 1999, 1003). Dasselbe ist für die Funktion eines stellvertretenden Kreistagsvorsitzenden entschieden worden (VG Cottbus JMBl BB 2008, 143). Ebenso hat das OVG Münster die Mitwirkung eines Richters im Aufsichtsrat eines kommunalen Unternehmens der vollziehenden Gewalt zugeordnet (OVG Münster 8.12.2006 – 1 A 3842/05).

52 Entgegen der wohl überwiegenden Literaturmeinung und der Justizpraxis[157] ist die Frage zu verneinen.[158] Die Tätigkeit als Mitglied einer kommunalen Vertretungskörperschaft stellt sich materiell als Verwaltung dar (vgl. auch OVG Greifswald DÖV 1999, 1003). Daran vermag auch die unmittelbare demokratische Legitimation der Kommunalparlamente nichts zu ändern. Der Hinweis auf den Charakter des Kommunalmandats als politisches Mandat geht fehl, weil der Charakter des „Politischen" nicht die Zuordnung zur Verwaltung ausschließt. Dem tragen die Befürworter einer Vereinbarkeit von Richteramt und Kommunalmandat nunmehr dadurch Rechnung, dass sie nach dem Charakter der konkret in Rede stehenden Handlungen und Entscheidungen fragen und so nur punktuell zu einem richterdienstrechtlichen Hindernis gelangen.[159] § 4 Abs. 1 DRiG stellt auch keine Ineligibilitäts-, sondern eine Inkompatibilitätsvorschrift dar.[160] Ferner lässt sich für die Vereinbarkeit nicht der Umstand ins Feld führen, dass § 37 Abs. 3 des Regierungsentwurfs eines DRiG (DRiZ 1957, 122) ursprünglich die Wählbarkeit eines Richters in Gemeindevertretungen ausschließen wollte, im Verlaufe der Geset-

151 Vgl. VG Frankfurt/M. NVwZ-RR 1990, 383; s. ferner BVerwG NJW 1993, 1409 und 2455.
152 Vgl. F. Weisbrodt, DRiZ 1995, 260, 262 ff.
153 Dazu BVerwG Buchholz 310 § 54 VwGO Nr. 42; Buchholz 310 § 133 VwGO Nr. 16.
154 Vgl. H. Geiger, in: Eyermann § 1 Rn. 6; ferner die Nachw. bei F. Weisbrodt, DRiZ 1995, 260, 261 mit Fn. 18, 20.
155 Vgl. Schmidt-Räntsch § 4 Rn. 19 f.; vgl. auch H. Lisken, DRiZ 1975, 33 ff.; H. Gröttrup, DÖV 1969, 489 ff.; F. Weisbrodt, DRiZ 1995, 260, 261 m. Fn. 16.
156 DVBl 1978, 444 m.abl.Anm. K. A. Bettermann; s. dazu auch E. Röper, DRiZ 1978, 241.
157 Vgl. J. v. Stein/M. Weber, DÖV 2003, 278, 279; F. Weisbrodt, DRiZ 1995, 260, 261; K. A. Bettermann, FS Ule, 1977, 265; ferner VerfGH RhPf NVwZ-RR 2004, 233 für Mitglieder des VerfGH.
158 So auch E. I. Schmidt, ZRP 2008, 242, 243; H. Geiger, in: Eyermann § 1 Rn. 6; M. Funke-Kaiser, in: Bader § 1 Rn. 4; H. Gersdorf, in: Posser/Wolff § 1 Rn. 9; s.a. R. Bernhard, Richteramt, 1983, 140 ff.
159 So Schmidt-Räntsch § 4 Rn. 20.
160 Vgl. BVerwG NVwZ 1990, 162; K. A. Bettermann, DVBl 1978, 448; ders., FS Ule, 1977, 265 ff., 268; vgl. auch BVerfGE 58, 177, 192; 48, 64, 88 und BVerwG DÖV 2003, 815.

zesberatungen jedoch gestrichen wurde.[161] Aus der bloßen Streichung dieser Bestimmung im Gesetzgebungsverfahren folgt nämlich ebenso wenig die unbeschränkte Vereinbarkeit von Richteramt und Kommunalmandat[162] wie sich aus $\S$ 36 Abs. 2 DRiG etwas für die Auslegung des $\S$ 4 Abs. 1 DRiG ergibt (vgl. BVerwGE 25, 210, 217).

f) Justizverwaltungsmäßige Zuordnung zur Exekutive; Ressortierung. Die organisatorische Unabhängigkeit schließt in justizverwaltungsmäßiger Hinsicht eine Zuordnung zur Exekutive nicht aus. Der Gesetzgeber ist nicht gehalten, die Gerichte von jeder Ressortbindung freizuhalten.[163] Entsprechende Bemühungen in der Frühzeit der Bundesrepublik haben keinen Erfolg gehabt.[164] Gleichwohl war das Thema in der Folgezeit binnen weniger Jahre zweimal (2002 und 2006) Gegenstand der Beratungen des Deutschen Juristentages gewesen.[165] Dem Geschäftsbereich welchen Ministeriums die VG zuzuordnen sind, gibt das GG nicht vor.[166] Es verhält sich insoweit neutral, als in Art. 95 Abs. 2 GG in Bezug auf die Bundesrichter „der für das jeweilige Sachgebiet zuständige Bundesminister" angesprochen wird.[167]

Vor und überwiegend nach Inkrafttreten der VwGO ressortierten die VG entweder beim Ministerpräsidenten oder bei dem Minister bzw. Senator für Inneres,[168] wobei Ressortierung und Dienstaufsicht z.T. auseinander fielen.[169] Eine Unterstellung unter den Justizminister wurde für unvereinbar mit der – auch und gerade gegenüber der Justiz empfundenen – Selbständigkeit der Verwaltungsgerichtsbarkeit angesehen.[170] Indessen wurde auch die Gegenposition vertreten, wonach die Ressortierung bei den für die innere Verwaltung zuständigen Ministerien und die Übertragung der Dienstaufsicht auf deren Chef mit der Ausgestaltung der auf Aufgaben der Rspr. beschränkten Verwaltungsgerichtsbarkeit nicht vereinbar sei.[171] Den Bestrebungen zur vollständigen Selbstverwaltung wurde jedoch vor allem das verfassungsrechtliche Bedenken der Herauslösung der Gerichtsbehörden aus der parlamentarischen Kontrolle entgegengehalten und deshalb für „am zweckmäßigsten" erachtet, das Justizministerium zu einem Ministerium für alle Angelegenheiten der Gerichtsbarkeit (sog. Rechtspflegeministerium) umzubilden und sämtliche Zweige der dritten Gewalt dort verwaltungsmäßig betreuen zu lassen.[172]

g) Ressortierung der Justiz überhaupt. Die Ressortierung der Justiz überhaupt ist für die Länder[173] im Zusammenhang mit einer später zurückgenommenen Zusammenlegung von Innen- und Justizministerium in Nordrhein-Westfalen diskutiert worden.[174] Die z.T. überzogene[175] Kritik wird sowohl verfassungsrechtlich als auch verfassungspolitisch geführt, wobei beide Ebenen nicht immer mit der gebotenen Schärfe auseinander gehalten werden.[176]

53

54

55

---

161 Dazu *Schmidt-Räntsch* $\S$ 4 Rn. 19.
162 Vgl. StGH Brem DVBl 1978, 444, 445; *K. A. Bettermann*, FS Ule, 1977, 265, 266; *E. Röper*, DRiZ 1975, 197.
163 Bereits *Eyermann/Fröhler*, [1]1960, $\S$ 1 Rn. 9.
164 Vgl. m.w.N. umfassend *F. Wittreck*, Die Verwaltung der Dritten Gewalt, 2006, 641 ff., 648 ff.; vgl. ferner *P. van Husens* berühmten Aufsatz „Die Entfesselung der Dritten Gewalt", AöR 78 (1952/1953), 49 ff. und krit. dazu *H. Sendler*, NJW 1998, 3622, 3623.
165 Vgl. umfassend *F. Wittreck*, Die Verwaltung der Dritten Gewalt, 2006, 655 ff. m.w.N.; vgl. ferner etwa *H.-J. Papier*, FS Merten, 2007, 185; *ders.*, NJW 2002, 2585.
166 S. aber $\S$ 175 Nr. 2 i.d.F. vom 21.1.1960 (BGBl I 17), wonach die allgemeine Verwaltungsgerichtsbarkeit im Bund zum Geschäftsbereich des Bundesinnenministers zählte; vgl. auch $\S$ 6 S. 2 des Gesetzes über das BVerwG vom 23.9.1952, BGBl I 625.
167 Vgl. *W. Geiger*, DÖV 1950, 520, 521 f.; *Ule*, Verwaltungsgerichtsbarkeit, $\S$ 15 Anm. 2 a.
168 Vgl. *Ule*, Verwaltungsgerichtsbarkeit, $\S$ 15 Anm. 2 b.
169 Vgl. *C.-F. Menger*, System, 1954, 53.
170 Vgl. *Ule*, Verwaltungsgerichtsbarkeit, $\S$ 15 Anm. 2 b; *P. van Husen*, AöR 78 (1952/1953), 49, 59.
171 Vgl. *C.-F. Menger*, System, 1954, 54.
172 Vgl. *W. Geiger*, DÖV 1950, 520, 521; *C.-F. Menger*, System, 1954, 55 m.w.N. in Fn. 31; s.a. *P. Stelkens*, FS Redeker, 1993, 314, 333.
173 Für den Bund vgl. bei *A. v. Arnauld*, AöR 124 (1999), 658, 662 ff.
174 Bekanntmachung über Änderungen der Geschäftsbereiche der obersten Landesbehörden vom 15.9.1998, GVBl NW 544; zuvor konnte, soweit ersichtlich, ohne Aufsehen in Sachsen-Anhalt das Innenministerium zeitweise vom Justizminister geführt werden, vgl. das Vorwort der Herausgeber in: FS Remmers, 1995.
175 Vgl. die Zusammenstellung bei *H. Sendler*, NJW 1998, 3622, der von „maßlosen Ausfälle(n)" spricht; ähnl. *J. Wieland*, DVBl 1999, 719; s.a. die Position des Deutschen Richterbundes, DRiZ 1999, 457.
176 Vgl. *K. Rudolph*, NJW 1998, 3094; *J. Ipsen*, NdsVBl 1999, 225, 229; *E. Röper*, Recht im Amt, 1999, 227 ff.; vgl. umfassend *F. Wittreck*, Die Verwaltung der Dritten Gewalt, 2006, 101 ff. m.w.N.; *ders.*, DVBl 2005, 211 ff.; *A. Tschentscher*, Legitimation, 2006, 162 ff.

56   *Verfassungspolitisch* mag ein Verzicht auf ein (selbständiges oder ein um ein weiteres Ressort „ange-reichertes") Justizministerium zu Bedenken Anlass geben.[177] Denn soll nicht eine vollständige Selbst-verwaltung (die Staatsanwaltschaften etwa oder die Justizvollzugsanstalten scheiden insoweit ohnehin aus; i.Ü. → Rn. 53 f.)[178] eingeführt werden, verlöre die Justiz ihren (eigenständigen) Kabinettsrang.[179] Das dürfte schwerlich der Stellung und der Bedeutung der dritten Gewalt im Staatsgefüge entspre-chen. Gleichwohl verbliebe die Justiz selbst bei einer Auflösung des Justizministeriums in der parla-mentarischen Verantwortlichkeit des Ministers (oder Ministerpräsidenten), dessen Geschäftsbereich die Justizangelegenheiten zugeschlagen würden.[180]

57   Der Zusammenfassung von Justiz- und anderen Geschäftsbereichen zu einem Ressort lassen sich durchschlagende verfassungspolitische Argumente nicht entgegenhalten.[181] Das mag für eine Zusam-menlegung wie in Nordrhein-Westfalen gerade mit dem Innenministerium im Blick auf das Weisungs-recht des Justizministers gegenüber der Staatsanwaltschaft anders sein.[182] Die Berufung auf eine lange verfassungspolitische Tradition[183] genügt indes nicht.[184]

58   *Verfassungsrechtlich* ist weder ein Verzicht auf ein (selbständiges) Justizministerium noch eine Zusam-menlegung mit anderen Fachressorts einschließlich des Innenministeriums zu beanstanden.[185] Wie et-wa die Zuordnung der VG in Bayern zum Innenministerium oder die Zuordnung des Bundessozialge-richts zum Bundesministerium für Arbeit und Sozialordnung (§ 38 Abs. 3 S. 1 SGG) zeigt, wird da-durch die Unabhängigkeit der dritten Gewalt als die Summe der Unabhängigkeit der Richter nicht be-rührt.[186]

59   Deren Verletzung lässt sich auch nicht auf das Argument stützen, dass dem Kontrollierten keine Kon-trolle über den Kontrolleur[187] zustehen dürfte.[188] Denn es geht nicht um eine „Kontrolle" des Kon-trolleurs, sondern um die Frage, wer die oberste Dienstaufsicht über die (Verwaltungs-)Richter aus-übt. Die Dienstaufsicht ist – unabhängig von der sie wahrnehmenden Behörde – durch die Garantie der richterlichen Unabhängigkeit begrenzt (→ Rn. 63 ff.). Sie stellt daher keine Kontrolle der Rspr. und damit auch keine Beschränkung der Kontrollfunktion dar. Im Übrigen haben die VG auch Ver-waltungsakte eines Justizministers zu überprüfen, etwa auf den Gebieten der Justizprüfungen und ju-ristischen Staatsexamina oder des Dienstrechts, ohne dass damit bereits eine Gefährdung ihrer Unab-hängigkeit verbunden wäre.

60   Jenseits des Ingerenzschutzes durch Art. 97 Abs. 1 GG bestehende strukturelle Unabhängigkeitsgefah-ren[189] lassen sich weder durch eine Ressortierung beim Justizminister vermeiden noch überhaupt auf die Frage der Ressortierung beschränken. Im hier in erster Linie wesentlichen Recht der Personalaus-wahl, insbes. hinsichtlich der Beförderungen, finden sich viele Modelle – von der Ressortkompetenz des zuständigen Ministers, ggf. für Richterdienstposten ab einer bestimmten Besoldungsstufe einge-schränkt durch das Kabinettsprinzip, bis zu recht unterschiedlichen Richterwahlausschussmodellen.[190] Jedes dieser Modelle birgt ihm eigene Unabhängigkeitsrisiken.[191]

---

177   Vgl. auch *H. Prantl*, DRiZ 1999, 145 ff.; *F. Schoch*, VBlBW 2000, 41, 42; *J. Ipsen*, NdsVBl 1999, 225, 229.
178   Zur Forderung nach Selbstverwaltung z.B. *H.-J. Papier*, FS Merten, 2007, 185; *H. Weber-Grellet*, ZRP 2007, 153; *T. Schulte-Kellinghaus*, ZRP 2008, 205; *C. D. Classen*, BJ 2008, 333.
179   Vgl. auch *R. Poseck*, FS Wagner, 2013, 187.
180   So zutr. *A. v. Arnauld*, AöR 124 (1999), 658, 685.
181   Vgl. *H. Sendler*, NJW 1998, 3622; krit. *Schilken* Rn. 257.
182   Vgl. *H. Sendler*, NJW 1998, 3622; *F. Schoch*, BWVBl 2000, 41 f.; *A. v. Arnauld*, AöR 124 (1999), 658, 687.
183   VerfGH NRW NJW 1999, 1243, 1246; vgl. auch *J. Ipsen*, NdsVBl 1999, 225, 229.
184   Vgl. *H. Sendler* NJW 1999, 1232, 1233; vgl. auch *C. Rath*, DRiZ 2000, 46.
185   Vgl. *F. Wittreck*, Die Verwaltung der Dritten Gewalt, 2006, 106 f.; *H. Sendler*, NJW 1999, 1233 ff. A.M. *M. Funke-Kaiser*, in: Bader § 1 Rn. 3; *A. v. Arnauld*, AöR 124 (1999), 658, 688.
186   Vgl. *H. Sendler*, NJW 1998, 3622, 3623; *H. Geiger*, in: Eyermann § 1 Rn. 3.
187   Vgl. *P. van Husen*, AöR 78 (1952/1953), 49, 53.
188   So *A. v. Arnauld*, AöR 124 (1999), 658, 669, 688.
189   Vgl. *R. Pitschas*, ZRP 1998, 96, 101.
190   Dazu *Schmidt-Räntsch* Vorbem. § 8 Rn. 5 ff.; *J. Ziekow/A. Guckelberger*, NordÖR 2000, 13 ff.; umfassend *F. Wittreck*, Die Verwaltung der Dritten Gewalt, 2006, 306 ff., 395 ff, 412 ff.; *A. Tschentscher*, Legitimation, 2006, 340 ff.
191   In der Mitwirkung des Bundesfinanzministers bei der Auswahl der BFH-Richter liegt kein Verstoß gegen Art. 101 Abs. 1 GG, BVerfG DB 1969, 2015.

Bedenken begegnet die Annahme des VerfGH NRW (VerfGH NRW NJW 1999, 1243 ff.), dass es zur 61 Zusammenlegung von Justiz- und Innenministerium aus Gründen der Wesentlichkeitstheorie eines (Parlaments-)Gesetzes bedürfe.[192]

h) Kein Ausschluss jeglicher Kontrolle. Die organisatorische Unabhängigkeit schließt weder aus, dass 62 die VG Gegenstand parlamentarischer Kontrolle werden, noch, dass sie der Prüfung durch den Rechnungshof unter den Aspekten der Zweckmäßigkeit und Wirtschaftlichkeit oder der Kontrolle durch den Datenschutzbeauftragten unterliegen.[193] Die Grenzen derartiger Kontrolle ergeben sich aus der richterlichen Unabhängigkeit (→ Rn. 63 ff.). In ihrer Pauschalität problematisch ist daher die Annahme, der Justizminister habe vor dem Landtag zu verantworten, was die Justiz als dritte Gewalt neben Regierung und Parlament mache.[194]

2. Richterliche Unabhängigkeit. Die richterliche Unabhängigkeit wird von Art. 97 Abs. 1 GG garan- 63 tiert. Sie ist ein hergebrachter Grundsatz des richterlichen Amtsrechts.[195] Sie gilt für sämtliche Personen, die Rspr. ausüben – Berufsrichter wie ehrenamtliche, Bundes- wie Landesrichter (vgl. BVerfGE 26, 186, 201). Einfachrechtlich ist sie in § 25 DRiG normiert.[196] In § 1 wird sie vorausgesetzt[197]. Sie ist kein Grundrecht,[198] jedoch können Eingriffe über Art. 33 Abs. 5 GG mit der Verfassungsbeschwerde gerügt werden.[199] Die Mitwirkung eines nicht unabhängigen Richters an einer gerichtlichen Entscheidung stellt einen Verstoß gegen Art. 101 Abs. 1 S. 2 GG dar (vgl. BVerfGE 23, 321, 325). Die richterliche Unabhängigkeit steht in einem untrennbaren Zusammenhang zur staatlichen Justizgewährungspflicht[200] und ist zugleich wesentliche institutionelle Voraussetzung für die Verwirklichung materieller Gerechtigkeit. Sie ist kein Standesprivileg und erst recht kein Recht auf richterliche Selbstverwirklichung.[201] Sie stellt vielmehr eine Verpflichtung des Richters dar.[202] Unterschieden wird zwischen der sachlichen und der persönlichen Unabhängigkeit. Zudem findet die innere Unabhängigkeit Erwähnung.[203]

a) Innere Unabhängigkeit. Die innere Unabhängigkeit[204] ist zunächst eine Bewusstseinshaltung des 64 einzelnen Richters.[205] Sie setzt Mut und Charakterstärke voraus, jedweden Versuchen der Einflussnahme, insbes. seitens der Exekutive (z.B. telefonische Aufforderung des Staatssekretärs zu alsbaldiger Terminierung[206] oder Umgang mit sog. Nichtanwendungserlassen[207] oder aus dem parlamentarisch-politischen Raum (z.B. Anruf des Wahlkreisabgeordneten im Interesse der klägerischen Partei) ebenso entschlossen entgegenzutreten wie den Gefahren des vorauseilenden Gehorsams zu widerstehen. Innere Unabhängigkeit hat sich auch im Gericht selbst, insbes. im Verhältnis zu den Spruchkörperkollegen, zu bewähren. Sie verlangt Gelassenheit im Umgang mit den Medien und Aufgeschlossenheit, keinesfalls Überempfindlichkeit, gegenüber öffentlicher Kritik und zwar auch dann, wenn diese überzogen formuliert ist.[208] Die innere Unabhängigkeit erfordert vor allem das Sich-Bewusstmachen und die ständige Reflexion der vielfältigen, oft unerkannten Abhängigkeiten und Vorverständnisse, von denen

---

192 Vgl. *E. W. Böckenförde*, NJW 1999, 1235 ff.; *H. Sendler*, NJW 1999, 1232 ff.; *W. Erbguth*, NWVBl 1999, 365 ff.; *B. Pieroth*, FS Ipsen, 2000, 755, 760 ff.
193 Vgl. z.B. die Untersuchung des Nds. LRH zur Organisation und Wirtschaftlichkeit eines VG, NVwZ 1988, 709; *C. Nordmann*, NordÖR 2002, 187.
194 Vgl. dazu den Bericht von *K. Hennemann*, BJ 2000, 212, 214.
195 Vgl. BVerfG 14.7.2016 – 2 BvR 661/16, juris Rn. 14; 4.2.2016 – 2 BvR 2223/15, NVwZ 2016, 764; s.a. *J. Kronisch*, DVBl 2016, 490 m.w.N. in Fn. 12.
196 Dazu *Schmidt-Räntsch* § 25 Rn. 1 ff.
197 Vgl. *P. Stelkens/N. Panzer*, in: Schoch/Schneider/Bier § 1 Rn. 34.
198 BVerfGE 27, 211, 217; 48, 246, 263; NJW 1996, 2149, 2150; BVerwGE 78, 216, 220 f.; BGHZ 112, 189, 193.
199 Vgl. BVerfG 14.7.2016 – 2 BvR 661/16, juris Rn. 14; 4.2.2016 – 2 BvR 2223/15, NVwZ 2016, 764; NJW 2015, 1935, 1940; vgl. auch EuGHMR BJ Justiz 1997, 80.
200 Dazu *W. Hoffmann-Riem*, FS Scholz, 2007, 499, 507 ff.; *H. J. Papier*, NJW 1990, 8 ff., 9; vgl. auch *H. Sendler*, NJW 1995, 2464, 2465; BGHZ 112, 189, 193; zur Verpflichtung der Justizverwaltung zur angemessenen personellen und sachlichen Ausstattung BGH NJW 2005, 905 f.
201 Vgl. *W. Hoffmann-Riem*, FS Scholz, 2007, 499, 504.
202 Vgl. *H. Sendler*, NJW 1996, 825, 826.
203 Zu weiteren Unterbegriffen *Kissel/Mayer* § 1 Rn. 10.
204 Dazu *G. Pfeiffer*, FS Zeidler, Bd. 1, 1987, 67 ff.
205 Vgl. auch *W. Odersky*, FS Böttcher, 2007, 135; *A. Tschentscher*, Legitimation, 2006, 164 ff. m.w.N.
206 Vgl. auch *H. Sendler*, NJW 1995, 2464, 2468 mit Fn. 14; *L. Acher*, BJ 1997, 76.
207 Dazu *R. Wassermann*, NJW 1997, 1219.
208 Vgl. *H. Sendler*, NJW 1995, 2464, 2466.

sich auch Richter nicht freisprechen können.[209] Sie erfordert für den Verwaltungsrichter überdies sowohl ein Bewusstsein dafür, welche Macht ihm gegenüber der Exekutive eingeräumt und in Jahrzehnten der Ausdifferenzierung von Verwaltungsrecht und Verwaltungsrechtsschutz ihm zugewachsen ist,[210] als auch die Erkenntnis der Notwendigkeit eines verantwortungsvollen Umgangs mit dieser Macht. Dabei sind Verwaltungserfahrungen hilfreich.[211] Das berufliche Herkommen aus der Verwaltung gefährdet die innere Unabhängigkeit des Verwaltungsrichters nicht.[212]

65   Außerdienstliche *Meinungsäußerungen* in der Öffentlichkeit oder parteipolitische Betätigung schließen die innere Unabhängigkeit ebenso wenig aus wie die Zugehörigkeit zu Vereinigungen oder einer Kirche. Rechtlich ist die innere Unabhängigkeit naturgemäß nicht einklagbar. Werden Anhaltspunkte für eine innere Unfreiheit des Richters offenbar, besteht für die Beteiligten die Möglichkeit der Ablehnung wegen Besorgnis der Befangenheit.

66   Jenseits des Verhältnisses zu den Prozessbeteiligten unterliegt der Richter dem *Mäßigungsgebot* des § 39 DRiG.[213] Mit diesem – dienstaufsichtlich durchsetzbaren – Gebot soll der Richter nicht zu Subalternität und Kritiklosigkeit angehalten, sondern das Vertrauen in seine (auch innere) Unabhängigkeit geschützt werden. Missverstanden wäre es daher, wenn es im Blick auf kritikwürdige Zustände zur Legitimation eigenen Untätigseins diente. § 39 DRiG will nicht den unpolitischen und unkritischen Richter.[214] Normativen Ausdruck hat die innere Unabhängigkeit auch in § 41 DRiG gefunden; ihr soll das Verbot der Erstattung von Rechtsgutachten und der Erteilung entgeltlicher Rechtsauskünfte dienen.[215]

67   **b) Sachliche Unabhängigkeit. aa) Allgemeines.** Sachliche Unabhängigkeit bedeutet Freiheit von Weisungen bei ausschließlicher Bindung an Gesetz und Recht.[216] Subjekt der sachlichen Unabhängigkeit ist jeder Berufsrichter[217] und jeder ehrenamtliche Richter gleichermaßen.[218] Ihr Gegenstand ist die *richterliche Tätigkeit*, wozu nicht nur die Ausübung rechtsprechender Gewalt zählt, sondern auch solche Aufgaben, die dem Richter zur unabhängigen Wahrnehmung übertragen sind. Das ist bei der Geschäftsverteilung durch das Präsidium nach § 4 S. 1 VwGO i.V.m. § 21 e GVG der Fall,[219] nicht aber für die Tätigkeit als Mitglied einer Richtervertretung. Zwar verlangen sowohl die Tätigkeit im Richterrat als auch diejenige im Präsidialrat naturgemäß Unabhängigkeit (vgl. für die Mitglieder des Präsidialrats in M-V z.B. ausdrücklich § 27 LRiG). Gleichwohl handelt es sich der Sache nach um Verwaltungstätigkeit.[220]

68   *Nicht zur richterlichen Tätigkeit* zählen Aufgaben der *Gerichtsverwaltung*, die nach § 39 dem Gericht als Institution übertragen werden dürfen und zu deren Übernahme der einzelne Richter nach § 42 DRiG verpflichtet ist. Dazu gehören die Referendarausbildung und die Betreuung von Rechtspraktikanten (BGH NJW 1991, 426; BGHZ 85, 145, 165; BGHZ 112, 197, 202), die Tätigkeit als Präsidialrichter, als Pressesprecher, als IT- oder Bibliotheksbeauftragter, als Mitglied von Kommissionen und Arbeitsgruppen im Bereich der Gerichtsverwaltung (z.B. Formularkommission, Veröffentlichungskommission), die Teilnahme an dienstlichen Fortbildungsveranstaltungen, die Vertretung des Präsidenten im Falle der Abwesenheit auch des Vizepräsidenten durch den nächstberufenen Richter, die Heranziehung eines Richters im Einzelfall zu einer Gerichtsverwaltungsaufgabe, wie etwa der Stellungnahme zu einem (justizrelevanten) Gesetzentwurf und die Teilnahme an dienstlichen Besprechungen, soweit sie gerichtsverwaltungsbezogen sind. Auch keine Frage der sachlichen Unabhängigkeit ist

---

209 Vgl. *B. Heussen*, NJW 2015, 1927, 1929f.; s. ferner bei *P. Stelkens/N. Panzer*, in: Schoch/Schneider/Bier § 1 Rn. 41.
210 Vgl. *H. Sendler*, NJW 1983, 1449, 1450.
211 Vgl. *H. Sendler*, NJW 1983, 1449, 1453.
212 Skeptisch für als Richter auf Zeit eingesetzte Beamte *P. Stelkens/N. Panzer*, in: Schoch/Schneider/Bier § 1 Rn. 41.
213 Dazu BVerwGE 78, 216, 219ff.; KG NJW 1995, 883; *Schmidt-Räntsch* § 39 Rn. 6ff.; in Bezug auf die Präsenz in sozialen Medien vgl. *M. Herberger*, jM 2017, 79 und BGH NStZ 2016, 218, 219.
214 Vgl. *Schmidt-Räntsch* § 39 Rn. 17ff.; zur Rechtsprechungskritik durch ehemalige Angehörige der Justiz *H. Sendler*, NJW 2000, 482ff.; s. aber auch den bei *R. Gössner*, KJ 2000, 105 geschilderten Fall.
215 Vgl. dazu BVerwG Buchholz 236.2 § 41 DRiG Nr. 1; *Schmidt-Räntsch* § 41 Rn. 2ff.
216 Vgl. BVerfGE 3, 213, 224; 26, 186, 198; *H. Geiger*, in: Eyermann § 1 Rn. 8.
217 Unabhängig von seinem Status, vgl. *W. Meyer*, in: v. Münch/Kunig II Art. 97 Rn. 11 m.w.N.
218 Vgl. BVerfGE 3, 213, 224; 18, 241, 254; vgl. auch BVerwGE 93, 90, 92; einen Fall des Verstoßes vgl. bei BVerwG NJW 1995, 344.
219 Vgl. BGHZ, 197, 201; s. ferner *H.-J. Papier*, NJW 1990, 8, 9.
220 Vgl. *Kissel/Mayer* § 1 Rn. 84ff. m.w.N.; unklar *ders.* § 1 Rn. 26, wonach „die gerichtliche Selbstverwaltung" den Gerichten als Organen der Rspr. zugewiesen sei.

der nachträgliche Entzug von Dienstaufsichtsbefugnissen eines Präsidenten.[221] Nebentätigkeiten sind nicht Teil der richterlichen Tätigkeit; ihre Untersagung stellt daher für sich genommen keine Verletzung der richterlichen Unabhängigkeit dar (BGH NJW 2012, 939).

bb) Kernbereich und äußerer Ordnungsbereich. Die richterliche Tätigkeit wird in den Kernbereich 69 der rechtsprechenden Tätigkeit und den äußeren Ordnungsbereich untergliedert.[222] Zum *Kernbereich* gehört die eigentliche Rechtsfindung einschließlich der sie vorbereitenden und ihr nachfolgenden Sach- und Verfahrensentscheidungen (vgl. BGHZ 112, 189, 195; 93, 238, 243; KG NJW 1995, 883, 884 m.w.N.). In diesem Bereich ist schon der Versuch einer Beeinträchtigung der Entscheidungsfreiheit des Richters unzulässig (BGH NJW 2008, 1448, 1450). Den *äußeren Ordnungsbereich* sollen diejenigen richterlichen Tätigkeiten bilden, die dem Kernbereich der eigentlichen Rspr. so weit entrückt sind, dass für sie die Garantie des Art. 97 Abs. 1 GG nicht in Anspruch genommen werden kann (vgl. BGHZ 42, 163, 169), bzw., dass sie nur noch als zur äußeren Ordnung zugehörig anzusehen sind (vgl. BGHZ 112, 189, 195; 102, 369, 372; 93, 238, 244). Diese Definition stellt einen Zirkelschluss dar,[223] wird aber in st. Rspr. zur Abgrenzung von erlaubten und unerlaubten dienstaufsichtlichen Maßnahmen (§ 38 VwGO, § 26 DRiG) angewendet.

Der Begriff der *Maßnahme der Dienstaufsicht* wird in der dienstgerichtlichen Rspr. weit ausgelegt.[224] 69a Als eine solche Maßnahme wird dabei (bereits) eine Einflussnahme angesehen, die sich lediglich mittelbar auf die rechtsprechende Tätigkeit des Richters auswirkt oder darauf abzielt. Erforderlich ist jedoch, dass sich das Verhalten einer dienstaufsichtführenden Stelle bei objektiver Betrachtung gegen einen bestimmten Richter oder eine bestimmte Gruppe von Richtern wendet, es also zu einem konkreten Konfliktfall zwischen der Justizverwaltung und dem Richter oder bestimmten Richtern gekommen ist oder ein konkreter Bezug zur Tätigkeit eines Richters besteht. Die Maßnahme muss sich in irgendeiner Weise kritisch mit dem dienstlichen Verhalten eines oder mehrerer Richter befassen oder geeignet sein, sich auf das künftige Verhalten dieser Richter in bestimmter Richtung auszuwirken.[225] Die Mitteilung des Präsidenten an einen Dienstaufsichtsbeschwerdeführer, die Dienstaufsichtsbeschwerde sei begründet, ist daher eine Maßnahme der Dienstaufsicht.[226] Für sich genommen *keine Maßnahme der Dienstaufsicht* soll der Zugriff des Präsidenten auf im Zusammenhang mit einem Befangenheitsgesuch abgegebene dienstliche Erklärungen sein.[227] Auch lediglich vorbereitende Maßnahmen, wie die Anhörung zu einer beabsichtigten Sonderprüfung, stellen grds. keine Maßnahme der Dienstaufsicht dar.[228]

Als *zulässige Maßnahme der Dienstaufsicht* wurde angesehen: Der Vorhalt hoher Rückstände (BGH 70 NJW 1988, 421, 422) oder im Vergleich zu den durchschnittlichen Erledigungszahlen anderer Richter unzureichender Erledigungsleistung,[229] wobei der Richter allerdings nicht zu einer Arbeitsweise gedrängt werden darf, bei der die Erledigung um ihrer selbst willen im Vordergrund stünde (BGH NJW 1988, 419, 420); der Vorhalt der Verwendung des Gutachten- statt des Urteilsstils (BGH NJW-RR 2003, 492); die routinemäßige und in angemessenen Zeitabständen oder aus besonderem Anlass erfolgende Geschäftsprüfung (BGHZ 85, 145, 156; BGHZ 112, 189, 194), und zwar auch ohne vorherige Ankündigung (BGH NJW 1988, 418, 419); die Anordnung einer – auch unangekündigten – Sonderprüfung hinsichtlich der Erledigungszahl und des Verfahrensbestandes eines Dezernats;[230] der Vorwurf, das richterliche Referat oder Dezernat nicht unter Kontrolle zu haben (BGH NJW 1988, 421, 422); der Vorhalt einer gesetzwidrigen Terminierungspraxis (BGHZ 93, 238; OLG Hamm, DRiZ

---

221 Vgl. BVerfGE 38, 139, 152; dasselbe gilt für die Einführung eines „Gerichtsmanagers", vgl. dazu z.B. *K. F. Röhl,* DRiZ 1998, 241; *A. G. Koetz,* Reform, 1999, 145, 154.
222 Vgl. *H.-J. Papier,* NJW 1990, 8, 10 m.w.N. in Fn. 15; krit. zu dieser Unterscheidung mit Recht *R. Pitschas,* ZRP 1998, 96, 101; vgl. auch BGH 13.2.2014 – RiZ(R) 4/13, juris Rn. 16.
223 Vgl. *H. Gersdorf,* in: Posser/Wolff § 1 Rn. 15; *E. Schilken,* JZ 2006, 860, 865; *Kissel/Mayer* § 1 Rn. 60 m.w.N.
224 Vgl. BGH 13.2.2014 – RiZ (R) 5/13, NJW-RR 2014, 702.
225 BGH 4.3. 2015 – RiZ (R) 4/14, NVwZ-RR 2015, 826.
226 BGH 30.10.2017 – RiZ (R) 1/17, juris Rn. 13 ff.
227 BGH 14.2.2013 – RiZ (R) 3/12, NJW-RR 2013, 1215.
228 BGH 7.9.2017 – RiZ (R) 1/15, NJW 2018, 162, 163 f. (Rn. 12 ff.).
229 BGH 7.9.2017 RiZ (R) 2/15, NJW 2018, 158, 159 f. (Rn. 12 ff.); Dienstgericht Karlsruhe 4.12.2012 – RDG 6/12; krit. *F. Wittreck,* DRiZ 2013, 60.
230 BGH 7.9.2017 – RiZ (R) 3/15, juris Rn. 21 ff.; Dienstgerichtshof für Richter bei dem OLG Stuttgart 17.4.2015 – DGH 3/13.

1992, 226) oder der Missachtung eines Beschleunigungsgebots (vgl. BGH NJW-RR 2005, 433; NJW-RR 2001, 498); der Vorhalt verzögerter Erledigung der Amtsgeschäfte (BGH NJW-RR 2007, 281), es sei denn, dem Richter wird indirekt ein Pensum abverlangt, das sich in sachgerechter Weise nicht erledigen lässt (BGH NJW 2006, 692); ob dasselbe für die Überschreitung der Verlängerung der Wochenfrist nach § 36 Abs. 3 S. 5 AsylG zur Entscheidung über einen asylrechtlichen Eilantrag gilt, erscheint fraglich;[231] zulässig ist ferner der Vorhalt verzögerlicher Terminierung älterer Sachen und die Beanstandung zu langer Absetzungsfristen (BGH NJW 2010, 302; BGHZ 102, 369, 373); das Verlangen nach Meldung überjähriger Verfahren (BGH DRiZ 1978, 185; BGHZ 112, 189); die Qualifizierung des Arbeitspensums eines Richters als nicht befriedigend (BGH NJW 1984, 2535); die ablehnende Entscheidung über die Stellung eines Rechtshilfeersuchens an einen ausländischen Staat (BGHZ 94, 150). Grundsätzlich zulässig ist auch die Verpflichtung des Richters, sich auf seine Dienstfähigkeit untersuchen zu lassen.[232] Auch nicht zur Unabhängigkeit eines Richters gehört es, dass er über den Zeitpunkt einer Beurlaubung selbst bestimmen kann (BGHZ 102, 369; 85, 145, 150). Auch kann er nicht Anspruch auf die Zuteilung einer bestimmten Protokollkraft erheben (BGH NJW 1988, 417). Die Überlassung der *Administration des EDV-Netzes* an einen zentralen Datenverarbeitungsdienstleister ist keine unzulässige Maßnahme der Dienstaufsicht, weil systemimmanente Einsichts- und Zugriffsmöglichkeiten der obersten Administratoren nicht zur inhaltlichen Kontrolle richterlicher Dokumente bestimmt sind.[233]

70a   Die *dienstliche Beurteilung* von Richtern und die damit verbundene Bewertung von richterlicher Amtsführung und spezifisch richterlichen Fähigkeiten ist nicht aufgrund der richterlichen Unabhängigkeit ausgeschlossen.[234] Hier darf auch die Erledigungsleistung kritisiert werden.[235] Allerdings soll eine Beurteilung regelmäßig (auch) eine Maßnahme der Dienstaufsicht sein,[236] so dass gegen sie mit der nachvollziehbaren Behauptung, ihr Inhalt beeinträchtige die richterliche Unabhängigkeit, das Richterdienstgericht angerufen werden kann (BGHZ 95, 313, 320; NJW 2002, 359; vgl. auch BGH DRiZ 2003, 367). Das soll auch für die in einer Beurteilung abgegebene Eignungsprognose für ein angestrebtes Amt gelten (BGH NVwZ 2005, 1223), nicht jedoch für die darauf basierende Auswahlentscheidung, weil diese gerade keine Maßnahme der Dienstaufsicht ist.[237] Maßnahmen im Vorfeld einer Beurteilung, wie die (Anordnung der) Sichtung von Akten, einschließlich solcher, die vom Rechtsmittelgericht zurückgekommen sind, stellen grds. keine unzulässige Maßnahme der Dienstaufsicht dar.[238] Durch die Beurteilung selbst wird – unabhängig von deren Einordnung als Maßnahme der Dienstaufsicht – die richterliche Unabhängigkeit dann verletzt, wenn sie auf eine direkte oder indirekte Weisung hinausläuft, wie der Richter künftig verfahren oder entscheiden soll; in dieser Richtung muss die dienstliche Beurteilung eines Richters sich auch jeder psychologischen Einflussnahme enthalten.[239] Das ist etwa angenommen für eine Textpassage, in der formuliert wurde, zum Teil nehme der Richter die höchstrichterliche Rspr. nicht zur Kenntnis; diese könne auch dahin gedeutet werden, dass der Richter dieser Rspr. auch folgen müsse.[240]Als Missbilligung und Herabsetzung der Richterpersönlichkeit wurde eine Formulierung beanstandet, die dem Richter Ignoranz und Gleichgültigkeit im Verhalten gegenüber den Prozessparteien und ihren Bevollmächtigten vorgeworfen hatte.[241] Demgegenüber ist eine Aussage zur Qualität von Urteilsbegründungen unbeanstandet geblieben.[242] Auch darf die Nichteinhaltung von Urteilsabsetzungsfristen in der Beurteilung thematisiert werden.[243]

---

231 Zu dieser Bestimmung *R. Marx*, AsylG, ⁹2017, § 36 Rn. 27 ff. m.w.N.
232 BGHZ 98, 32, 39; zum Rechtsweg s.a. BVerwGE 146, 347; 134, 388; zu inhaltlichen und formellen Anforderungen an eine solche Anordnung VGH Mannheim 22.7.2014 – 4 S 1209/13, juris Rn. 32.
233 BVerfG NJW 2013, 2102; BGH MDR 2011, 1508; Hess. Dienstgerichtshof, BDVR-Rundschreiben 2010, 148.
234 BGH NJW 2010, 302; VGH Mannheim VBlBW 2006, 59; VGH Kassel BDVR-Rundschreiben 2006, 63
235 Vgl. *F. Wittreck*, NJW 2012, 3287, 3291 f.
236 BGH 4.3.2015 – RiZ (R) 4/14, NVwZ-RR 2015, 826; OVG Münster ZBR 2004, 182; a.M. VG Karlsruhe NJW-RR 2001, 353; kritisch wohl auch BVerfG 4.2.2016 – 2 BvR 2223/15, NVwZ 2016, 764.
237 VGH Mannheim 9.2.2016 – 4 S 2578/15, VBlBW 2016, 330; 27.10.2015 – 4 S 1733/15, juris Rn. 8.
238 Vgl. BGH 4.3.2015 – RiZ (R) 4/14, NVwZ-RR 2015, 826.
239 BVerfG 4.2.2016 – 2 BvR 2223/15, NVwZ 2016, 764, 766 Rn. 78 m.w.N.
240 BGH 13.2.2014 – RiZ (R) 4/13, juris Rn. 24.
241 BGH 13.2.2014 – RiZ (R) 4/13, juris Rn. 29
242 Dienstgerichtshof für Richter bei dem OLG Koblenz 10.8.2015 – DGH 1/15, juris Rn. 32 ff.
243 BGH 14.10.2013 – RiZ (R) 2/12, NVwZ-RR 2014, 202, 204 Rn. 27.

Zentrum des *Kernbereichs* richterlicher Tätigkeit ist der Rechtsspruch, die „eigentliche Rechtsent- 71 scheidung" nebst den ihr dienenden vorbereitenden und nachbereitenden Maßnahmen,[244] und zwar auch solchen, die nicht ausdrücklich vorgeschrieben sind (BGH NJW-RR 2005, 433). Erfasst ist auch die Praxis der (Vorab-)Information der ehrenamtlichen Richter (Dienstgericht Düsseldorf DRiZ 2006, 316, 317 f.). Vorherige Weisungen und Einflussnahmen in diesem Bereich sind ebenso unzulässig wie nachträgliche repressive Maßnahmen der Dienstaufsicht. Daher ist es auch unzulässig, dem Richter in einer dienstlichen Beurteilung vorzuhalten, dass er immer wieder von der obergerichtlichen oder höchstrichterlichen Rspr. abweicht und seine Entscheidungen mehrfach in der Rechtsmittelinstanz korrigiert worden sind.[245] Der Richter unterliegt in diesem Bereich keiner Pflicht, den Dienstweg einzuhalten (BGHZ 176, 162), wobei dies grds. nur für verfahrensleitende Verfügungen in einem anhängigen Verfahren, nicht aber für Eingaben generellen Inhalts gilt (vgl. BGH NJW-RR 2011, 700), es sei denn, es besteht ein unmittelbarer Zusammenhang zu einem konkreten Verfahren (BGH DRiZ 1997, 467). Ebenso wenig können sog. Zielvereinbarungen, etwa über die künftige Erledigungsleistung oder den Rückstandsabbau, erzwungen werden. Allerdings stellen Leistungs-, Mitwirkungs- und Mobilitätserwartungen sowie Leistungsmessung und Leistungsvergleich grds. kein Thema der richterlichen Unabhängigkeit dar.[246]

Dem *äußeren Ordnungsbereich* zugehörig sind grds. die organisatorischen Rahmenbedingungen der 72 richterlichen Tätigkeit.[247] In diesem Bereich hat der Richter keinen Anspruch auf eine über das vom Gesetz- und Verordnungsgeber vorgesehene Maß hinausgehende Gestaltung der Arbeitsgrundlagen (BGH DRiZ 2011, 66 – elektronisches Handelsregister). Die Einführung des *elektronischen Rechtsverkehrs* (§ 55 a) und der *elektronischen Akte* (§ 55 b) stellt daher als solche keinen Eingriff in die richterliche Unabhängigkeit dar. Einer Regelung durch die Gerichtsverwaltung zugänglich ist auch – weil nur zum äußeren Ordnungsbereich zählend – die Frage, in welcher Schriftart, sowie unter welchem Dateinamen, in welchem Ordner und mit welchen Formaten und Zeilenabständen vom Richter am PC erstelltes Schreibwerk auf welchem Laufwerk abzuspeichern ist. Denn dabei geht es um die rationale Organisation in der Geschäftsstelle, deren ordnungsgemäßes Funktionieren Voraussetzung für jede richterliche Tätigkeit ist (zur angemessenen sachlichen Ausstattung vgl. BGH NJW 2005, 905; zuvor KG DRiZ 2004, 280. Dasselbe gilt grds. auch für die Einführung und Verpflichtung zur Verwendung einheitlicher Formulare,[248] wenn dem Richter die Möglichkeit verbleibt, im begründeten Einzelfall von ihrer Verwendung abzusehen bzw. sie zu modifizieren. Auch die Einführung von PC und die Verpflichtung zu ihrer Nutzung i.R. richterlicher Kerntätigkeit, z.B. für die Dezernatsverwaltung, betrifft nur die äußere Form der Kernbereichstätigkeit und zählt daher zum äußeren Ordnungsbereich.[249] Demgegenüber ist die Regelung von verbindlichen Schließzeiten des Gerichtsgebäudes nur zulässig, wenn sie durch die Notwendigkeit eines geregelten und finanzierbaren Dienstbetriebes gerechtfertigt ist.[250] Zum äußeren Ordnungsbereich sollen auch die gesetzlichen Regelungen über Urteilsabsetzungsfristen zählen.[251]

Zum äußeren Ordnungsbereich gehört auch die Organisation des Verhältnisses zwischen Richtern 73 und nichtrichterlichen Kräften. Unter dem Stichwort „*Neue Steuerungsmodelle*"[252] ist die überkommene Aufbauorganisation,[253] die durch die Trennung der Bereiche Richter, Geschäftsstellenkräfte und (zentraler) Kanzleidienst (Schreibdienst) gekennzeichnet war, durch das Modell der sog. Service-Einheiten ersetzt worden.[254] Dessen Kern ist die räumliche, organisatorische und personelle Zuordnung von nichtrichterlichen Kräften zu einem bestimmten Spruchkörper. Damit korrespondieren Organisa-

244 Vgl. auch W. *Hoffmann-Riem*, FS Scholz, 2007, 499, 503.
245 BGH 4.3.2015 – RiZ (R) 4/14, NVwZ-RR 2015, 826.
246 Vgl. W. *Hoffmann-Riem*, FS Scholz, 2007, 499, 508 f., 514 f.
247 Dazu W. *Hoffmann-Riem*, FS Scholz, 2007, 499, 509 m.w.N.
248 Vgl. auch *Kissel/Mayer* § 1 Rn. 76.
249 Vgl. U. *Tanneberg*, NordÖR 2001, 1; R. *Pitschas*, ZRP 1998, 96, 98.
250 Vgl. BGH NJW 2003, 282; Hess. Dienstgericht BJ 2001, 322 m.Anm. G. *Kirchhoff*; Hess. Dienstgerichtshof NJW 2001, 2640; VG Frankfurt/M. DRiZ 2000, 182.
251 BGH 14.10.2013 – RiZ (R) 2/12, NVwZ-RR 2014, 202, 204 Rn. 27.
252 Dazu z.B. *Schilken* Rn. 467 m.w.N.; B. *Kramer*, NJW 2001, 3449 m.w.N.
253 Dazu R. *Krumsiek*, DVBl 1992, 508, 510.
254 Zum Begriff A. G. *Koetz*, Reform, 1999, 145, 149; P. *Lindemann*, DRiZ 1999, 118; für einen zentralen Schreibdienst Nds LRH NVwZ 1988, 709, 713; anders U. *Tanneberg*, NordÖR 2001, 1.

tionsaufgaben („Rechtsprechungsorganisation") und Vorgesetztenverantwortung, insbes. für den Kammervorsitzenden. Diese, dem früheren Richterbild fremden Aufgaben[255] gehören zur Gerichtsverwaltung i.S.v. § 4 Abs. 2 Nr. 1 DRiG.[256] Die dienstaufsichtlich angeordnete Verpflichtung des Richters zur Wahrnehmung dieser Aufgaben berührt den Kernbereich richterlicher Tätigkeit nicht.

74 Zum *Kernbereich* zählt grds. die richterliche Entscheidung über die *Reihenfolge* der Bearbeitung der Dienstgeschäfte (BVerwGE 55, 349, 369; BGH NJW 1987, 1197 f.) sowie die Art ihrer Erledigung (BGH NJW 1988, 421). Dazu zählt auch die Terminierungspraxis (vgl. BGHZ 93, 238, 242) und die Art der Verhandlungsführung (BGH NJW 2010, 302; NJW 2006, 1674), letzteres allerdings nicht bei „verbalen Exzessen" (BGH DRiZ 2006, 319). Eine über die dienstaufsichtliche Äußerung, dass es möglich sein müsse, Termine früher durchzuführen, hinausgehende Aufforderung, weitere *Sitzungstage* abzuhalten, ist unzulässig.[257] Ebenso kann der Widerruf von Urlaub unzulässig sein (Dienstgericht SH SchlHA 2006, 91). Der Richter ist nach h.M. auch nicht an allgemein festgesetzte Dienststunden gebunden.[258] Die Einführung von (gleitenden) *Arbeitszeiten* ist daher als rechtswidrig angesehen worden.[259] Gleichwohl ist ein Richter nicht zeitlich unbeschränkt zur Arbeitsleistung verpflichtet (vgl. BVerfG NJW 2012, 2334 zur Wahrung der richterlichen Unabhängigkeit bei Überlastung).

75 Es erscheint allerdings fraglich, ob jedwede Regelung von Dienst- oder Präsenzzeiten für Richter deren Unabhängigkeit unzumutbar einschränkt.[260] Die Ordnungsgemäßheit richterlicher Arbeit setzt je nach Aufgabenbereich mehr oder weniger regelmäßige arbeitstägliche Präsenz im Gericht voraus, z.B. bei Tätigkeit in einem Kollegialspruchkörper, im Blick auf Koordinierungsbedarf zur Geschäftsstelle oder zwecks Erreichbarkeit durch Behördenvertreter und Rechtsanwälte. Angesichts der Gefahr allzu großzügiger „Inanspruchnahme" der richterlichen Unabhängigkeit zu Lasten der Pflicht des Richters, seine ganze Kraft dem Amt zu widmen (vgl. BGHZ 113, 36, 40), muss die Möglichkeit gegeben sein, in angemessenem Umfang Regelungen über Dienst- oder Präsenzzeiten vorzunehmen.[261]

76 Dem *Kernbereich* zugeordnet hat der BGH auch die richterliche Entscheidung darüber, ob das Sitzungsprotokoll vom Urkundsbeamten der Geschäftsstelle aufzunehmen oder sein Inhalt mit einem Tonaufnahmegerät vorläufig aufzuzeichnen ist (BGH NJW 1988, 417 m.w.N. für einen Fall vor Neufassung des § 159 Abs. 1 S. 2 ZPO), nicht aber die Versorgung mit Papierausdrucken des allein elektronisch geführten Handelsregisters (BGH DRiZ 2011, 66). Unzulässig ist die Weisung, bestimmte Räumlichkeiten einer Nebenstelle des Gerichts für richterliche Amtshandlungen zu nutzen.[262] Zum Kernbereich zählt auch die Entscheidung darüber, wem ein direkter telefonischer oder elektronischer Außenkontakt durch Mitteilung der Kontaktdaten ermöglicht wird.[263] Die sachliche Unabhängigkeit gilt auch im *Innenverhältnis eines Spruchkörpers* (BVerfG NJW 1996, 2149, 2150). Sie schützt hier vor solchen internen Eingriffen, für die es an einer Ermächtigung zur Wahrnehmung richterlicher Funktionen nach jedem denkbaren Gesichtspunkt fehlt (BVerfG NJW 1996, 2149, 2150). Das ist etwa der Fall bei einem von der Mitwirkung ausgeschlossenen Kammer- bzw. Senatsvorsitzenden hinsichtlich der Frage, auf wann die Sache terminiert werden soll (BVerfGE 4, 412, 422). Dasselbe gilt für den Vorsitzenden hinsichtlich eines Verfahrens, für das ein Mitglied der Kammer als Einzelrichter zuständig ist. Änderungen oder Streichungen in Einzelrichterentscheidungen sind dem Vorsitzenden nicht erlaubt (BVerfG NJW 1996, 2149, 2151). Nicht verwehrt ist es dem Vorsitzenden in Spruchkörpersachen, anstelle des Berichterstatters den Urteilsentwurf zu fertigen (vgl. BGHZ 42, 163, 168).

77 Maßnahmen der *Dienstaufsicht* sollen im Kernbereich richterlicher Tätigkeit zulässig sein, wenn ein offensichtlicher, jedem Zweifel entrückter Fehlgriff (BGH NJW 2010, 302) oder ein offensichtlicher

255 Vgl. A. G. *Koetz*, Reform, 1999, 145, 154 f.; W. *Hoffmann-Riem*, DRiZ 2000, 18, 23.
256 Vgl. U. *Tanneberg*, NordÖR 2001, 1.
257 BGH NJW 1988, 421, 423; vgl. auch OLG Hamm, DRiZ 1992, 226; vgl. aber BGH DRiZ 2002, 226.
258 Vgl. BVerwGE 125, 365, 369; Buchholz Art 97 GG Nr. 8; NJW 1983, 62; BVerwGE 78, 211, 213; vgl. andererseits die Haltung des JM Baden-Württemberg in BGHZ 85, 145, 166 ff.
259 Vgl. BGHZ 113, 36, 40 für richterliche Unabhängigkeit genießende Mitglieder des BRH; vgl. ferner BGH NJW 2001, 3275, 3276; krit. dazu z.B. W. *Hoffmann-Riem*, FS Scholz, 2007, 499, 503, 514 f.
260 Vgl. auch C. *Hillgruber*, in: Maunz/Dürig Art. 97 Rn. 84 m.w.N.
261 Vgl. auch R. *Schröder*, NJW 2005, 1160, 1163 f.; weitergehend U. *Mäurer*, DRiZ 2000, 65, 69.
262 Vgl. BGH 3.12.2014 – RiZ (R) 2/14, NJW 2015, 1250, s. dazu B. *Klose*, NJ 2015, 172.
263 OVG Bln-Bbg 14.7.2016 – OVG 12 B 24.15, ZD 2016, 546.

Fehler bei der Rechtsanwendung vorliegt.[264] Das wird mit der Gesetzesbindung begründet, die es ausschließe, die Dienstaufsicht nur auf die äußere Form des richterlichen Handelns zu beschränken.[265]

cc) Bindung an Gesetz und Recht. Zweck der sachlichen Unabhängigkeit ist die Sicherung der Bindung des Richters an Gesetz und Recht. Diese Bindung bestimmen Art. 97 Abs. 1 GG, der nur das Gesetz und nicht auch das Recht erwähnt[266], und Art. 20 Abs. 3 GG. Einer ausdrücklichen Normierung der Gesetzesbindung in § 1 bedurfte es daher nicht.[267] Bindet ein Gesetz den Richter an die Entscheidungen eines anderen Gerichts, liegt darin keine Verletzung seiner sachlichen Unabhängigkeit (vgl. BVerfGE 12, 67, 71).

Mit der Bindung an Gesetz und Recht verbunden[268] ist die Pflicht des Richters, die für die Entscheidung eines Falles einschlägigen gesetzlichen Bestimmungen auf ihre *Rechtsgültigkeit* zu überprüfen. Allerdings ist es nicht Aufgabe der VG, gleichsam „ungefragt in Fehlersuche einzutreten",[269] insbes. bei kommunalen Satzungen, ohne dass ein unmittelbarer Anlass – etwa aufgrund des Vorbringens eines Beteiligten – hierzu bestünde oder dass sich ein näheres Hinsehen sonst aufdrängt. Dies gilt erst recht im Verfahren des vorläufigen Rechtsschutzes.[270]

Von der *Prüfungskompetenz* zu unterscheiden ist die *Verwerfungskompetenz* in Bezug auf eine als nicht gültig erkannte Vorschrift.[271] Den VG steht eine solche nur für im Range unter dem förmlichen Gesetz stehende Rechtsnormen zu. Hält das VG ein formelles Bundes- oder Landesgesetz für grundgesetzwidrig oder nimmt es die Unvereinbarkeit eines Landesgesetzes mit einem Bundesgesetz an und hängt von der Entscheidung dieser Frage der Ausgang des Prozesses ab, so ist das Verfahren nach *Art. 100 Abs. 1 GG* durch Beschluss auszusetzen und die Entscheidung des BVerfG einzuholen.[272] Nach Maßgabe des Landesverfassungsrechts bestimmt sich, ob ein Vorlageverfahren bei Verstößen von Landesgesetzen gegen die Landesverfassung durchzuführen ist (zur prinzipalen Normenkontrolle durch das OVG → § 47 Rn. 1 ff.).[273]

Die VG beurteilen auch, ob eine deutsche Norm mit einer unmittelbar wirkenden Norm des *Europäischen Gemeinschaftsrechts* in Einklang steht. Wird diese Frage verneint, gilt wegen des Vorrangs des Gemeinschaftsrechts der Grundsatz der Nichtanwendbarkeit der nationalen Norm. Der Anwendungsvorrang des Gemeinschaftsrechts relativiert daher die innerstaatliche Gesetzesbindung (→ EVR Rn. 201 f.). Hält das Gericht eine Entscheidung über die Auslegung des Vertrages, über die Gültigkeit und die Auslegung der Handlungen der Organe der Gemeinschaft und der Europäischen Zentralbank sowie über die Auslegung von Satzungen der durch den Rat geschaffenen Einrichtungen, soweit diese Satzungen dies vorsehen, für erforderlich, so kann bzw. muss[274] das Gericht die Frage dem Europäischen Gerichtshof gem. Art. 267 AEUV zur *Vorabentscheidung* vorlegen (vgl. BVerfG NJW 2010, 1268; NJW 2001, 1267; → EVR Rn. 216 ff.).

Eine Frage der Bindung des Richters an Gesetz und Recht sind auch die in §§ 11 und 12 geregelten *Vorlagepflichten* an den Großen Senat des BVerwG bzw. OVG (vgl. § 11 und § 12). Deren Ziel ist die

78

79

80

81

82

---

264 BGH NJW 2008, 1448, 1450; BGHZ 176, 162; 100, 271, 276; Dienstgericht Bremen DRiZ 2006, 143; BDVR-Rundschreiben 2006, 22.
265 Dazu näher *C. Hillgruber*, in Maunz/Dürig Art. 97 Rn. 81 ff.
266 Worin keine inhaltliche Beschränkung zu sehen ist; „Gesetz" i.S.v. Art. 97 Abs. 1 GG ist jede Rechtsnorm, mithin auch etwa Gewohnheitsrecht, vgl. dazu BVerfGE 18, 52, 59; zum tautologischen Charakter der Formel *C. Hillgruber*, in: Maunz/Dürig Art. 97 Rn. 37; zu den nicht gesetzesdeterminierten Entscheidungsspielräumen *W. Hoffmann-Riem*, FS Scholz, 2007, 499, 505 ff.
267 Vgl. *P. Stelkens/N. Panzer*, in: Schoch/Schneider/Bier § 1 Rn. 44.
268 Darin liegt keine strukturelle Gegenläufigkeit von Gesetzesbindung und Unabhängigkeit, so noch BVerfGE 49, 304, 318; eindeutig nunmehr 14.7.2016 – 2 BvR 661/16, juris Rn. 17; *C. Hillgruber*, in: Maunz/Dürig Art. 97 Rn. 25; vgl. auch *J. Kronisch*, in: Classen/Litten/Wallerath, Verf MV, ²2015, Art. 76 Rn. 8 m.w.N. zur Gegenansicht.
269 Vgl. *E. Franßen*, SächsVBl 1993, 35, 37.
270 S. z.B. zur Frage des Prüfungsumfangs im Abgabenrechtsstreit BVerwGE 116, 188; OVG Greifswald NordÖR 1998, 256.
271 Zur Prüfungskompetenz der Gerichte *E. Schmidt-Aßmann/W. Schenk*, in: Schoch/Schneider/Bier Einleitung Rn. 181 ff.; *M. Redeker*, in: Redeker/v. Oertzen § 1 Rn. 6 ff.
272 Zur Durchbrechung dieses Systems durch das Institut der verfassungskonformen Auslegung vgl. *H. Sendler*, DVBl 1988, 828, 838.
273 Vgl. z.B. Art. 53 Nr. 5 LVerf MV, s. dazu *C. D. Classen*, in: Classen/Litten/Wallerath, Verf MV, ²2015, Art. 53 Rn. 27 ff.
274 Wenn die Entscheidung nicht mehr mit Rechtsmitteln des innerstaatlichen Rechts angefochten werden kann, Art. 267 Abs. 3 AEUV; vgl. dazu *H.-J. Rabe*, FS Redeker, 1993, 201 ff.

Sicherung einer einheitlichen Rspr. und einer geordneten Fortbildung des Rechts. Demselben Ziel dient auf der Ebene der Rspr. der obersten Gerichtshöfe des Bundes der Gemeinsame Senat der obersten Gerichtshöfe des Bundes.[275]

83 Wird die Verpflichtung zur Vorlage an ein anderes Gericht außer Acht gelassen, kann darin ein *Verstoß gegen die Garantie des gesetzlichen Richters* nach Art. 101 Abs. 1 S. 2 GG liegen.[276] Während bei einer einfachgesetzlich begründeten Vorlagepflicht, wie etwa derjenigen nach §§ 11, 12, nicht jede irrtümliche Rechtsanwendung zur Verletzung von Art. 101 Abs. 1 S. 2 GG führen soll, gilt ein strengerer Maßstab für die verfassungsrechtliche Vorlagepflicht des Art. 100 Abs. 1 GG. Deshalb kann ein Verstoß gegen die Garantie des gesetzlichen Richters gegeben sein, wenn das Gericht seiner Vorlagepflicht an das BVerfG aufgrund der unvertretbaren Annahme, eine verfassungskonforme Auslegung sei möglich, nicht nachgekommen ist (BVerfGE 138, 64, 88 [Rn. 72 ff.]). Bei unterlassener (oder erfolgter) Vorlage an den EUGH liegt eine Verletzung des Art. 101 Abs. 1 S. 2 GG demgegenüber nur vor, wenn die Vorlagepflicht nach Art. 276 Abs. 3 AEUV offensichtlich unhaltbar gehandhabt wird.[277]

84 Die Bindung des (Verwaltungs-)Richters an das Gesetz schließt *Lückenfüllung und richterliche Rechtsfortbildung* nicht aus.[278] Die Aufgabe der Rechtsfortbildung steht in erster Linie dem BVerwG für das Bundesrecht und dem OVG bzw. VGH für das Landesrecht zu. Impulse hierzu können von der Ebene der Verwaltungsgerichte ausgehen. Weil das Finden von Recht ein hermeneutischer Erkenntnisprozess ist, schließt die Gesetzesbindung unterschiedliche Rechtserkenntnisse für gleichgelagerte oder – im Instanzenzug – dieselben Fälle nicht aus. Die Anwendung unterschiedlicher Auslegungsregeln oder die verschiedene Gewichtung derselben bedingt die *Möglichkeit unterschiedlicher Ergebnisse*.[279] Sind Abwägungen vorzunehmen oder ist die Verhältnismäßigkeit einer Verwaltungsmaßnahme zu beurteilen, so können die dabei anzustellenden Bewertungen unterschiedlich ausfallen. Die Formel von der richterlichen Bindung an das Gesetz darf angesichts der Auslegungs- und Letztentscheidungskompetenz des Richters daher nicht den Blick dafür verstellen, dass Recht letztlich nach Maßgabe richterlicher Auslegung und Anwendung gilt.[280] Der Richter ist grundsätzlich auch nicht verpflichtet, der obergerichtlichen oder höchstrichterlichen Rspr. zu folgen. Ausnahmen gelten lediglich für Entscheidungen des BVerfG (Art. 94 Abs. 2 GG, § 31 BVerfGG).[281] Eine Verletzung der richterlichen Gesetzesbindung und damit ein Verstoß gegen Art. 20 GG kann nur bei evidenten Auslegungsverstößen angenommen werden.[282]

85 c) **Persönliche Unabhängigkeit.** Die persönliche Unabhängigkeit des Richters ist notwendige Voraussetzung seiner sachlichen Unabhängigkeit.[283] Sie wird durch seine Unversetzbarkeit und Unabsetzbarkeit gewährleistet (Grundsatz der Inamovibilität), wobei eine Anstellung auf Lebenszeit verfassungsrechtlich nicht gefordert ist.[284] Ihre institutionelle Sicherung fördert die Gewinnung und Erhaltung der inneren Unabhängigkeit (BGHZ 130, 304, 308).

86 Die persönliche Unabhängigkeit wird von Art. 97 Abs. 2 GG partiell und zugleich von dem allgemeinen, durch Rückgriff auf Art. 33 Abs. 5 GG gewonnenen verfassungsrechtlichen Grundsatz der persönlichen Unabhängigkeit der Richter garantiert.[285] Ungeachtet der besonderen Sicherung des Art. 97 Abs. 2 GG (nur) für die hauptamtlich und planmäßig endgültig angestellten Richter gilt danach für

---

275 Vgl. Gesetz zur Wahrung der Einheitlichkeit der Rechtsprechung der obersten Gerichtshöfe des Bundes vom 19.7.1968 (BGBl I 661), zul. geänd. durch Art. 144 VO v. 31.8.2015 (BGBl I 1474).
276 BVerfGE 138, 64, 86 Rn. 66 ff.; 96, 68, 77, 87, 282; 13, 132, 143; VerfGH Bln LVerfGE 3, 99.
277 BVerwG NVwZ 2017, 53, 54 Rn. 8; 21.3.2016 – 2 BvR 987/16, juris Rn. 6.
278 Zum Richterrecht allgemein *M. Kriele*, ZRP 2008, 51; *W. Durner*, JA 2008, 7; ferner auch *H. Sendler*, NJW 1987, 3240 mit zahlreichen w.N.
279 Vgl. *H. Sendler*, DVBl 1988, 828, 838 f.; vgl. auch BVerfG 14.7.2016 – 2 BvR 661/16, juris Rn. 16: „die Rechtspflege ist wegen der Unabhängigkeit der Richter konstitutionell uneinheitlich"; ebenso VGH Mannheim, VBlBW 2016, 330.
280 Vgl. *H. Sendler*, DVBl 1988, 828, 838 f.
281 BGH, NVwZ-RR 2015, 826.
282 Vgl. *H. Sendler*, DVBl 1988, 828, 838; vgl. aus der Praxis BVerwG NJW 1995, 344; weitergehend *C. Hillgruber*, in: Maunz/Dürig Art. 97 Rn. 82.
283 Vgl. BVerfG 14.7.2016 – 2 BvR 661/16, juris Rn. 15; NJW 2015, 1935, 1940 Rn. 120; vgl. auch BVerfGE 38, 139, 153; 87, 68, 85; 14, 156, 162.
284 Vgl. BVerfGE 3, 213, 224; 18, 241, 255; s.a. *J. Kronisch*, DVBl 2016, 490, 491 m.w.N.
285 Vgl. *S. Detterbeck*, in: Sachs Art. 97 Rn. 32; zu weiteren Herleitungen vgl. *J. Kronisch*, DVBl 2016, 490, 491 m. Fn. 16.

alle Richter – Lebenszeit-, Zeit-, Proberichter, Richter kraft Auftrags, ehrenamtliche Richter, Berufsrichter, Richter im Nebenamt – ein Mindestmaß an persönlicher Unabhängigkeit.[286] Der Gesetzgeber ist gehalten, die Voraussetzungen abschließend zu normieren, unter denen er Richtern eine Rechtsposition, etwa einen Anspruch auf Teilzeitbeschäftigung, einräumt.[287] Die persönliche Unabhängigkeit ist nicht dadurch beeinträchtigt, dass sich ein beförderungswilliger Richter einer Erprobung unterziehen muss (BGH NVwZ 2005, 1223). Die persönliche Unabhängigkeit wird auch nicht verletzt, wenn ein Richter i.R. der Geschäftsverteilung umgesetzt wird.[288] Ein Richter hat grds. auch keinen Anspruch darauf, mit bestimmten Rechtssachen betraut oder nicht betraut zu werden.[289] Die persönliche Unabhängigkeit gewährt einem Richter auch keinen Anspruch auf Hinausschieben der Regelaltersgrenze.[290]

Hauptamtlich und planmäßig endgültig angestellte Richter[291] – das sind in der Verwaltungsgerichtsbarkeit nach dem Modell der §§ 15 Abs. 1, 17, 18 VwGO und § 28 DRiG Richter auf Lebenszeit[292] und Richter auf Zeit (→ § 17 Rn. 6 f.; → § 18 Rn. 1 ff.) – dürfen gegen ihren Willen grds. nur kraft richterlicher Entscheidung und nur aus gesetzmäßigen Gründen in gesetzmäßiger Form entlassen oder versetzt werden.[293] Der Schutz durch Art. 97 Abs. 1 und 2 GG erfordert kein generelles Verbot, Richter auf Lebenszeit und auf Zeit an eine andere Stelle abzuordnen oder zu versetzen (BVerwG DVBl 2006, 1191). Zulässig ist es grds. auch, die Gewährung von Teilzeitbeschäftigung auf gesetzlicher Grundlage von der Zustimmung zu einer Verwendung an einem anderen Gericht desselben Gerichtszweigs abhängig zu machen (BGH NJW 2008, 924). Die zur Klärung der Dienstfähigkeit ergangene Aufforderung, den behandelnden Privatarzt von der Schweigepflicht zu entbinden, tangiert die persönliche Unabhängigkeit nicht (VGH Mannheim DÖV 2008, 1058). Ein Richter auf Probe (→ § 17 Rn. 4) kann nach § 22 DRiG zum Ablauf des 6., 12., 18. oder 24. Monats entlassen werden (dazu auch BGH NVwZ-RR 2007, 328; NJW-RR 2003, 570, zur Entlassung zum Ablauf des 4. Jahres vgl. BVerwG DRiZ 2010, 174). Entsprechendes gilt nach § 23 DRiG für den Richter kraft Auftrags (→ § 17 Rn. 5). Auch den ehrenamtlichen Richtern ist ein Mindestmaß an persönlicher Unabhängigkeit garantiert (BVerfG 26.8.2013 – 2 BvR 225/13). Sie können vor Ablauf ihrer Amtszeit von ihrem Amt nur unter den Voraussetzungen des § 24 durch einen Senat des OVG entbunden werden (vgl. § 44 Abs. 2 DRiG; → § 24 Rn. 3 ff.). Verwaltungszuständigkeiten eines Richters, etwa des Präsidenten, fallen nicht in den Schutzbereich der persönlichen Unabhängigkeit (BVerfGE 38, 139, 152).

87

§ 2 [Gerichte und Instanzen der Verwaltungsgerichtsbarkeit]

Gerichte der Verwaltungsgerichtsbarkeit sind in den Ländern die Verwaltungsgerichte und je ein Oberverwaltungsgericht, im Bund das Bundesverwaltungsgericht mit Sitz in Leipzig.

Schrifttum

1. Monographien und Beiträge in Sammelwerken: *M. Baring*, Das Bundesverwaltungsgericht, in: FG aus Anlass des 25jährigen Bestehens des BVerwG, 1978, 639; *W. Blümel*, „Verkehrswegeplanungsbeschleunigung" ohne Ende?, in: FS Bartlsperger, 2006, 263; *P. Gielen*, Politische Standortbestimmung. Der Sitz des Bundesverwaltungsgerichts, in: Bundesministerium für Verkehr, Bau und Wohnungswesen (Hrsg.), Das Bundesverwaltungsgericht in Leipzig, 2002, 84; *ders.*, Das neue Dienstgebäude des Bundesverwaltungsgerichts, in: FG 50 Jahre BVerwG, 2003, 1121; *B. Harich*, Die Sozialgerichte als besondere Verwaltungsgerichte, in: FS 60 Jahre Sozialgerichtsbarkeit Niedersachsen und Bremen, 2014, 103; *E. Hien*, Das Bundesverwaltungsgericht: von Berlin nach Leipzig, in: FS Raue, 2006, 99; *H. Johlen*, Besonderheiten des Rechtsschutzes gegenüber Planfeststellungen, in: FS Redeker, 1993, 487; *F. Kopp*, Welchen Anforderungen soll eine einheitliche Verwaltungsprozeßordnung genügen, um im Rahmen einer funktionsfähigen Rechtspflege effektiven Rechtsschutz zu gewährleisten?, Verhandlungen des 54. DJT, Bd. 1, 1982, B 1; *H. Lehmann-Grube*, Von

---

286 Vgl. BVerfGE 14, 56, 70; 26, 186, 198 f.; zur anderweitigen Zuweisung einer Proberichterin OVG Bautzen BDVR-Rundschreiben 2000, 28; vgl. auch BVerfGE 87, 68, 87 f.
287 BVerwG DVBl 2006, 1191 zum sog. Sabbatjahr in NRW; OVG Münster NVwZ-RR 2006, 562.
288 BVerfG NJW 2008, 909, 910; VGH Mannheim 22.11.2012 – 4 S 2061/12; OVG Koblenz NJW-RR 2008, 579.
289 BVerwG DRiZ 2009, 299; OVG Münster 23.4.2008 – 1 A 1703/07.
290 OVG Münster ZBR 2010, 204; vgl. auch VGH Kassel 19.8.2013 – 1 B 1313/13.
291 Zum Begriff *S. Detterbeck*, in: Sachs Art. 97 Rn. 23 ff.; vgl. auch BVerfGE 4, 331, 345.
292 Vgl. aber § 7 S. 2 zur früheren RpflAnpG für die Übertragung eines weiteren Richteramtes; s. für das BVerfG § 4 Abs. 1 BVerfGG; zum Ganzen s. bei § 15.
293 Vgl. dazu BVerfGE 14, 56, 71; zur Anwendung des § 21 Abs. 1 S. 1 Nr. 2 DRiG auf die Ernennung zum Minister BGHZ 181, 40; zur Versetzung bei Veränderung der Gerichtsorganisation BVerfG LKV 2007, 79; BGH 19.12.2003 – AR (Ri) 1/03.

Berlin nach Leipzig – Eine Vereinigungsgeschichte, in: FG 50 Jahre BVerwG, 2003, 1105; *J. Meyer-Ladewig*, Grundsätze des Entwurfs einer Verwaltungsprozeßordnung, in: Merten (Hrsg.), Die Vereinheitlichung der Verwaltungsgerichtsgesetze zu einer Verwaltungsprozeßordnung, 1978, 51; *ders.*, Die Vereinheitlichung der öffentlich-rechtlichen Prozeßordnungen, in: FS Menger, 1985, 833; *C. H. Ule*, Verwaltung und Verwaltungsgerichtsbarkeit, in: Merten (Hrsg.), Die Vereinheitlichung der Verwaltungsgerichtsgesetze zu einer Verwaltungsprozeßordnung, 1978, 25; *ders.*, Verwaltungsgerichtsbarkeit, in: von Brauchitsch/Ule (Hrsg.), Verwaltungsgesetze des Bundes und der Länder, Bd. 1 Halbbd. 2, ²1962, 1; *ders.*, Rechtstatsachen zur Dauer des Verwaltungs-(Finanz-)Prozesses, 1977.

2. Beiträge in Zeitschriften: *O. Bachof*, Nochmals: Verwaltungsverfahren und Verwaltungsgerichtsbarkeit, DVBl 1958, 6; *J. Berkemann*, Verwaltungsprozeßrecht auf „neuen Wegen"?, DVBl 1998, 446; *M. Eckertz-Höfer*, 60 Jahre Bundesverwaltungsgericht: Der Anfang, in: NVwZ 2013, Beilage 1, 3; *H. Egidi*, Drei Jahre Bundesverwaltungsgericht, DVBl 1956, 559; *W. Ewer*, Aktuelle Neuregelungen im Verwaltungsprozessrecht, NJW 2007, 3171; *E. Franßen*, Das Bundesverwaltungsgericht auf dem Weg nach Leipzig, NJW-Beilage zum 63. DJT vom 26.-29.9.2000; *E. Hien*, Rechtsschutz gegen Planungsentscheidungen im Fernstraßenrecht, DVBl 2007, 393; *P. van Husen*, Die Überlastung der Verwaltungsgerichte, DVBl 1958, 671; *F. Kopp*, Entlastung der Verwaltungsgerichte und Beschleunigung des Verfahrens nach dem Entwurf einer Verwaltungsprozeßordnung (EVwPO), DVBl 1982, 613; *G. Meyer-Hentschel*, Reform der Verwaltungsgerichtsbarkeit als Teilproblem der Verwaltungsreform, VerwArch 48 (1957), 142; *H. Sendler*, Zum Instanzenzug in der Verwaltungsgerichtsbarkeit, DVBl 1982, 157; *S. Paetow*, Rechtsprechung zum Verkehrswegeplanungsbeschleunigungsgesetz, DVBl 1994, 94; *ders.*, Erstinstanzliche Großverfahren vor dem BVerwG; NVwZ 2007, 36; *R. Pitschas*, Der Kampf um Art. 19 IV GG – Funktionsgrenzen des „Neuen Steuerungssystems in der Verwaltungsgerichtsbarkeit", ZRP 1998, 96; *W.-R. Schenke*, „Reform" ohne Ende – Das Sechste Gesetz zur Änderung der Verwaltungsgerichtsordnung und anderer Gesetze (6. VwGOÄndG), NJW 1997, 81; *H. Sendler*, Leipzig und das Bundesverwaltungsgericht, NJ 2002, 567; *C. H. Ule*, Verwaltungsverfahren und Verwaltungsgerichtsbarkeit, DVBl 1957, 597; *ders.*, Nochmals: Verwaltungsverfahren und Verwaltungsgerichtsbarkeit, DVBl 1958, 9; *ders.*, Erstinstanzliche Zuständigkeit des Oberverwaltungsgerichts für Rechtsstreitigkeiten über die Genehmigung von Großanlagen, WiVerw 1983, 23; *ders.*, Die Zweite Tatsacheninstanz in der Verwaltungsgerichtsbarkeit im Licht der Rechtstatsachenforschung, DVBl 1983, 440.

I. Entstehungsgeschichte

1   Im Regierungsentwurf einer VwGO (vgl. BT-Drs. 3/55 Anl. 1; → § 1 Rn. 19) war die Formulierung des § 2 an diejenige im Präsidentenentwurf (→ § 1 Rn. 17) angelehnt. Danach sollte die Vorschrift in Abs. 1 die bundesrechtliche Aufforderung normieren, „in den Ländern VG und das OVG, im Bunde das BVerwG" zu errichten. Davon unterschied sich der Regierungsentwurf allein darin, dass es in jenem hieß „Es sind zu errichten" und in diesem: „Es sind im Rahmen der allgemeinen Verwaltungsgerichtsbarkeit zu errichten." Der Präsidentenentwurf konnte auf die Hervorhebung der allgemeinen Verwaltungsgerichtsbarkeit verzichten, weil er dies bereits in § 1 – anders als der Regierungsentwurf – unternommen hatte (→ § 1 Rn. 19, 24; vgl. ferner *Koehler* § 2 Anm. 1). Die Abs. 2 und 3 im Regierungsentwurf sahen inhaltlich die dann als § 3 Abs. 1 und 2 Gesetz gewordenen[1] Bestimmungen vor. Neben der Verselbständigung der Abs. 2 und 3 hielten es der Rechts- und der Innenausschuss des Bundestages und der Bundesrat für notwendig, wie bereits im Gesetz über das BVerwG (vom 23.9.1952 [BGBl I 625]), den Sitz des BVerwG in Berlin im Gesetz selbst festzulegen. Dem schloss sich die Bundesregierung an.[2] § 2 wurde in folgender Fassung Gesetz: „Es sind im Rahmen der allgemeinen Verwaltungsgerichtsbarkeit zu errichten in den Ländern Verwaltungsgerichte und das Oberverwaltungsgericht, im Bunde das Bundesverwaltungsgericht mit dem Sitz in Berlin."

2   Die Formulierung „sind zu errichten" führte zu der Frage, ob es hinsichtlich des bereits errichteten BVerwG und der bereits existenten VG der Länder eines (neuen) Gesetzes zu deren (erneuter) Errichtung bedurfte. Das wurde allgemein abgelehnt. Vielmehr wurde angenommen, dass die bisherigen Gerichte trotz Aufhebung der sie errichtenden Bestimmungen in § 195 Abs. 2 und trotz des Fehlens einer ausdrücklichen Überleitungsvorschrift nach dem Sinn und Zweck der VwGO, wie er in § 195 Abs. 6 deutlich werde, bestehen blieben.[3]

3   Mit der Wiederbewaffnung und der Einführung der Wehrverfassung im Jahre 1956 und der Schaffung einer Wehrdienst- und Wehrdisziplinargerichtsbarkeit wurde es notwendig, den Sitz der dafür zuständigen Senate des BVerwG zu bestimmen, nachdem in Bezug auf Berlin alliierte Vorbehalte bestanden. § 58 Abs. 2 S. 4 a.F. WDO (WDO vom 15.3.1957, BGBl I 189) ermächtigte daher die Bundesregierung zur Bestimmung des Sitzes der Wehrdienstsenate durch Rechtsverordnung. Die Verordnung über den Sitz der Wehrdienstsenate vom 30.8.1957 (BGBl I 1330) bestimmte als Sitz München.

---

1   VwGO vom 21.1.1960 (BGBl I 17); s. ferner den Bericht des Rechtsausschusses des Bundestags, BT-Drs. 3/1094, 3.

2   Vgl. BT-Drs. 3/1094, 3; zum Streit um den Sitz des BVerwG in Berlin vgl. *Ule*, Verwaltungsgerichtsbarkeit, § 2 Anm. III 3.

3   Vgl. *Eyermann/Fröhler*, ¹1960, § 2 Anm. 2; *H. J. Wolff/O. Bachof*, Verwaltungsrecht II, ⁴1976, § 74 III b.

Seine jetzige Fassung erhielt § 2 durch Art. 1 des Gesetzes zur Verlagerung des Sitzes des BVerwG von 4
Berlin nach Leipzig vom 21.11.1997 (BGBl I 2742). Den Sitz des BVerwG nach Leipzig zu verlegen,
war ein Vorschlag der Unabhängigen Föderalismuskommission.[4] Dessen gesetzliche Umsetzung (vgl.
auch BT-Drs. 13/2714 Anl. 1 und BR-Drs. 529/95 [Beschluss]) verzögerte sich. Während die – ebenfalls von der Föderalismuskommission vorgeschlagene – Verlegung des BAG von Kassel nach Erfurt
bereits Gesetz geworden war,[5] bestand hinsichtlich des BVerwG Streit über den Sitz der Wehrdienstsenate. Die ursprünglich für deren Ansiedlung in München maßgebenden alliierten Vorbehaltsrechte in
Bezug auf Berlin[6] waren mit Ablauf des 2.10.1990 gegenstandslos geworden.[7] Erst am 26.6.1997
fasste der 13. Bundestag den Gesetzesbeschluss (vgl. Stenografische Berichte 13. WP, 16618) nach
Maßgabe einer Beschlussempfehlung des Rechtsausschusses (BT-Drs. 13/7997), wonach die gesetzliche Ermächtigung für den Erlass der Verordnung über den Sitz der Wehrdienstsenate aufgehoben, zur
Aufhebung der Verordnung selbst aber das Bundesministerium der Justiz ermächtigt wurde.

Soweit § 2 über die Neubestimmung des Sitzes des BVerwG hinaus neu formuliert worden ist, heißt es 5
in den Materialien, dass es sich um eine redaktionelle Überarbeitung handele (BT-Drs. 13/2714, 4).
Die Formulierung entspricht insoweit derjenigen von § 2 Abs. 1 des Entwurfs einer VwPO des Koordinierungsausschusses,[8] als sie auf eine ausdrückliche Verpflichtung der Länder zur Errichtung von VG
und OVG verzichtet. Eine entsprechende Formulierung sah bereits § 2 des Entwurfs einer FGO[9] i.d.F.
der Beschlüsse des Rechtsausschusses (BT-Drs. 4/3523, 2) vor.

Gegenüber der ursprünglichen Fassung ist in § 2 nicht mehr von der „allgemeinen", sondern nur noch 6
von der „Verwaltungsgerichtsbarkeit" die Rede. Hinweise in den Materialien finden sich hierzu nicht.
Der Sache nach handelt es sich insoweit (ebenfalls) um eine bloß redaktionelle Änderung. Bereits der
Regierungsentwurf einer VwPO (BT-Drs. 9/1851 Anl. 1 S. 7, BT-Drs. 10/3437 Anl. 1 S. 7) sprach in
§ 1 Abs. 1, der inhaltlich die §§ 1 und 2 der VwGO zusammenzog, von der „Verwaltungsgerichtsbarkeit". § 1 Abs. 2 und 3 des Regierungsentwurfs einer VwPO stellten dem die Begriffe „Finanzgerichtsbarkeit" und „Sozialgerichtsbarkeit" hinzu. Lediglich im „Speyerer Entwurf"[10] und im Entwurf einer
VwPO des Koordinierungsausschusses (→ Rn. 5), die in § 1 die Unabhängigkeit der Gerichte und in
§ 2 die Gerichte regelten, nahmen sowohl § 1 als auch § 2 den Begriff der „allgemeinen Verwaltungsgerichtsbarkeit" auf.

Zwar stellen die Gerichte der Finanzgerichtsbarkeit ebenso wie die Gerichte der Sozialgerichtsbarkeit 7
„besondere VG" dar (vgl. § 1 FGO, § 1 SGG; → § 1 Rn. 34). Das zwingt jedoch nicht dazu, zur Kennzeichnung der „allgemeinen VG" in der VwGO den Zusatz „allgemeine" zu führen.[11] Wird der Begriff der „besonderen Verwaltungsgerichtsbarkeit" in die Begriffe „Finanzgerichtsbarkeit" und „Sozialgerichtsbarkeit" untergliedert, so lässt sich dem Begriff der „allgemeinen Verwaltungsgerichtsbarkeit" ohne Weiteres der Begriff „Verwaltungsgerichtsbarkeit" unterordnen. Dass dieser zugleich den
Oberbegriff für „allgemeine" und „besondere Verwaltungsgerichtsbarkeit" bildet, ändert daran
nichts, weil er insoweit einer höheren Abstraktionsebene (als der in der VwGO verwendeten) zuzuordnen ist.

---

4 Vgl. Antwort der Bundesregierung vom 28.6.1994 auf die Schriftliche Anfrage des Abgeordneten Weißgerber (SPD)
   BT-Drs. 12/8214, 8.
5 Vgl. Gesetz zur Verlegung des Sitzes des BAG von Kassel nach Erfurt vom 11.3.1996 (BGBl I 454).
6 Hierzu die Vier-Mächte-Abkommen des Jahres 1945, dazu *K. Pfeiffer*, DVBl 1973, 57 ff. m.w.N.; ferner Art. 2 des
   Vertrages über die Beziehungen der Bundesrepublik Deutschland und den Drei Mächten in seiner gem. dem Protokoll
   vom 23.10.1954 geänderten Fassung (Deutschlandvertrag), BGBl II 1955, 305; dazu *Stern*, Staatsrecht V, 1410 ff.,
   1421 ff.; *S. Schmahl*, in: Sodan Art. 144 Rn. 4 f.
7 Vgl. Gesetz zum Vertrag über die abschließende Regelung in Bezug auf Deutschland vom 12.9.1990 (Zwei-Plus-Vier-
   Vertrag), BGBl II 1317; dazu *D. Blumenwitz*, NJW 1990, 3041, sowie die „Erklärung zur Aussetzung der Vier-Mäch-
   te-Rechte und Verantwortlichkeiten vom 1.10.1990", Bekanntmachung vom 2.10.1990 (BGBl II 1331).
8 Entwurf einer VwPO, vorgelegt vom Koordinierungsausschuss zur Vereinheitlichung der VwGO, der FGO und des
   SGG, herausgegeben vom BMJ, 1978.
9 Vgl. Regierungsentwurf BT-Drs. 4/1446; gegen den Gesetzesbeschluss des Bundestags rief der Bundesrat wegen der
   Einführung von Oberfinanzgerichten den Vermittlungsausschuss an, BT-Drs. 4/3739; die Dreistufigkeit der Finanzgerichtsbarkeit sah auch der „Speyerer Entwurf" vor; → Rn. 6.
10 Entwurf eines Verwaltungsgerichtsgesetzes zur Vereinheitlichung der VwGO, der FGO und des SGG, Schriftenreihe
   der Hochschule Speyer, Bd. 40, 1969.
11 So aber wohl *P. Stelkens/N. Panzer*, in: Schoch/Schneider/Bier § 2 Rn. 12.

II. Zweck der Vorschrift; dreistufiger Aufbau; Entwicklung

8   Zweck von § 2 ist die bundesrechtliche Festlegung der Gerichte der allgemeinen Verwaltungsgerichtsbarkeit (zum Begriff → Rn. 7). Zugleich mit der Festlegung der Gerichte ist die Bestimmung eines dreistufigen Aufbaus – zwei Stufen in den Ländern und als dritte Stufe das BVerwG – verbunden. Zwar ist damit auch eine prinzipielle Entscheidung für einen dreigliedrigen Instanzenzug getroffen.[12] Das entsprach dem tatsächlichen Zustand nach Errichtung des BVerwG im Jahre 1953 (Gesetz über das BVerwG vom 23.9.1952 [BGBl I 625]), durch das der bereits in den meisten Ländern ausgebildeten Zweistufigkeit → § 1 Rn. 13) die dritte – bundesrechtliche – Stufe hinzugefügt wurde. Indessen sind mit § 2 nicht zugleich auch drei Instanzen zu Verfügung gestellt.[13] Der Instanzenzug wird vielmehr in erster Linie von den Vorschriften des Teils III (→ Vorbem. § 124 Rn. 1 ff. m.w.N. sowie → § 124 Rn. 1 ff.), den Bestimmungen über die erstinstanzliche Zuständigkeit von OVG und BVerwG (→ § 47 Rn. 1 ff., → § 48 Rn. 1 ff., → § 50 Rn. 3 ff.) und in nicht unerheblichem Umfang von fachbezogenem Sonderrecht (→ § 124 Rn. 45 ff.; → § 146 Rn. 31 ff.) bestimmt. Änderungen im Instanzenzug erfordern deshalb keine Änderung von § 2.

III. Begriff der Gerichte der Verwaltungsgerichtsbarkeit

9   Der Begriff „Gerichte der Verwaltungsgerichtsbarkeit" bildet die vom Gesetzgeber gewählte Sammelbezeichnung für sämtliche Verwaltungsgerichte – VG, OVG, BVerwG (vgl. Begründung des Regierungsentwurfs BT-Drs. 3/55 Anl. 1 S. 27).

IV. Existenz von allgemeinen Verwaltungsgerichten

10   Die Formulierung „*sind*" nimmt auf, dass in den Ländern VG und je ein OVG und im Bund das BVerwG existieren. Sie führt darüber hinaus dazu, dass die Existenz der VG und jeweils des OVG in den Ländern eine Angelegenheit des Bundesrechts ist, mit der Folge, dass es den Ländern verwehrt ist, VG und OVG abzuschaffen und deren Aufgaben anderen Gerichten zuzuweisen.

V. Länderkompetenz

11   Nach Art. 30 GG steht die Ausübung der staatlichen Befugnisse und die Erfüllung staatlicher Aufgaben, mithin auch die Rspr., den Ländern zu, soweit das Grundgesetz keine andere Regelung trifft oder zulässt. Dementsprechend wird die rechtsprechende Gewalt nach Art. 92 GG durch die Gerichte der Länder ausgeübt, soweit Art. 92 ff. GG nicht abschließend Bundesgerichte vorsehen. Die Abgrenzung der Zuständigkeiten von Bundesgerichten und Gerichten der Länder überlässt das Grundgesetz dem Bundesgesetzgeber i.R. seiner Gesetzgebungsbefugnis auf dem Gebiet der Gerichtsverfassung und des gerichtlichen Verfahrens nach Art. 74 Abs. 1 Nr. 1 GG (vgl. BVerfGE 8, 174, 176). Dieser Kompetenztitel beinhaltet auch die Befugnis zur abstrakten Regelung der Errichtung und Einrichtung der Gerichte in den Ländern, soweit diesen i.R. ihrer Zuständigkeit zur Gerichtsorganisation (Art. 84 Abs. 1 GG) hinreichend Spielraum zu eigener konkretisierender Regelung verbleibt.[14]

VI. Verwaltungsgerichte

12   Der Begriff „die VG" ist zunächst institutionell i.S.d. unteren Gerichte der allgemeinen Verwaltungsgerichtsbarkeit gemeint. Daneben gibt er die einheitliche Bezeichnung der Gerichte der Verwaltungsgerichtsbarkeit in den Ländern auf der untersten Stufe vor. Vor Erlass der VwGO fanden sich für das untere VG unterschiedliche Bezeichnungen. So wurde es auch „Landesverwaltungsgericht" oder „Bezirksverwaltungsgericht" bezeichnet. Nach lebhaften Erörterungen in den Vorberatungen entschied man sich für die Bezeichnung „Verwaltungsgericht" (vgl. die Begründung des Regierungsentwurfs BT-

---

12   Krit. bereits vor Erlass der VwGO O. *Bachof*, DVBl 1958, 6; H. *Egidi*, DVBl 1956, 559, 561; P. *van Husen*, DVBl 1958, 671, 675; G. *Meyer-Hentschel*, VerwArch 48 (1957), 142, 156; C. H. *Ule*, DVBl 1957, 597, 602; *ders.*, DVBl 1958, 9, 10.

13   Vgl. H. *Geiger*, in: Eyermann § 2 Rn. 1; zur zu verneinenden Frage, ob Verfassungsrecht einen Instanzenzug fordert, BVerfGE 49, 329, 341; 65, 76, 90; 83, 24, 31; vgl. ferner P. *Wysk*, in: Wysk, § 2 Rn. 2.

14   Vgl. *Kissel/Mayer* Einl. Rn. 12 f., 21.

Drs. 3/55 Anl. 1 S. 27). Die Verwendung des Plurals bezieht sich nicht auf jeweils ein Bundesland mit der Folge, dass in jedem Bundesland mehr als ein VG existieren müsste, sondern auf die Länder insgesamt. Die (kleineren) Flächenstaaten und die Stadtstaaten konnten daher auch lediglich ein VG errichten. Allerdings geht § 2 davon aus, dass in den Flächenstaaten mehrere VG unter einem OVG grundsätzlich der Regelfall sind.[15]

VII. Oberverwaltungsgericht

Je ein OVG bedeutet, dass es ausgeschlossen ist, in einem Bundesland mehrere OVG zu errichten.[16] **13** Das entspricht der Aufgabe des OVG, rechtsvereinheitlichend auf dem Gebiet des Landesrechts zu wirken. Mangels Revisibilität des Landesrechts führte die Existenz mehrerer OVG in einem Bundesland zur Gefahr unterschiedlicher Auslegung des Landesrechts, ohne dass hierüber eine endgültige Klärung herbeigeführt werden könnte. Da in der ordentlichen Gerichtsbarkeit, die mehrere OLG innerhalb eines Bundeslandes kennt, weit überwiegend Bundesrecht mit der Folge der Möglichkeit der Anrufung des BGH zur Anwendung gelangt, besteht dort eine vergleichbare Gefahr nicht. Mehrere Länder können nach der Regelung des § 3 Abs. 2 ein gemeinsames OVG errichten (→ § 3 Rn. 56 ff.).
Der Begriff „OVG" ist ebenfalls institutionell zu verstehen. Insoweit meint er das VG zweiter Stufe auf **14** der Landesebene. Zugleich gibt er verbindlich die Bezeichnung für dieses Gericht vor, wie sich aus § 184 ergibt. Diese Bestimmung ermöglicht den Ländern, „die bisherige Bezeichnung Verwaltungsgerichtshof" weiter zu führen, wovon Baden-Württemberg, Bayern und Hessen Gebrauch gemacht haben (→ § 184 Rn. 3 ff.).

VIII. Bundesverwaltungsgericht

Im Bund ist das BVerwG als oberstes Bundesgericht der allgemeinen Verwaltungsgerichtsbarkeit er- **15** richtet. § 2 stellt insoweit zusammen mit der Vorschrift über die instanzielle Zuständigkeit des BVerwG (§ 49) die einfach-rechtliche Umsetzung von Art. 95 Abs. 1 GG dar. Das BVerwG wurde bereits vor Erlass der VwGO errichtet (→ Rn. 1 und → § 1 Rn. 18). Neben seiner Eigenschaft als oberstes Bundesgericht i.S.v. Art. 95 Abs. 1 GG ist das BVerwG auch letztinstanzliches Gericht in Wehrdienst- (vgl. §§ 18 Abs. 4, 21, 22 a, 22 b WBO) bzw. Wehrdisziplinarangelegenheiten (vgl. §§ 115 ff. WDO).

1. Revisionsinstanz; erstinstanzliche Zuständigkeit. Da Art. 95 Abs. 1 GG das BVerwG als obersten **16** Gerichtshof, mithin als Instanz des letzten Rechtszuges (vgl. Art. 99 GG) fordert, ist dessen Zuständigkeit grds. als die eines höchsten Rechtsmittelgerichts auszugestalten. Aus der Bezeichnung „oberste Gerichtshöfe" in Art. 95 Abs. 1 GG folgt aber nicht, dass das BVerwG nur Rechtsmittelgericht sein darf (vgl. BVerfGE 8, 174, 177). Vielmehr können ihm erstinstanzliche Zuständigkeiten (vgl. § 50 und die spezialgesetzlichen Zuweisungen) (→ § 50 Rn. 3 ff., 18 ff.) in Ausnahmefällen zugewiesen werden. Das ist nicht schon der Fall bei Streitigkeiten, an denen eine Bundesbehörde beteiligt ist. Vielmehr ist zu verlangen, dass es sich um Streitigkeiten handelt, die nach Umfang, Bedeutung oder Auswirkung über das Gebiet eines Landes hinausgehen oder aus zwingenden Gründen des öffentlichen Interesses einer alsbaldigen endgültigen Entscheidung bedürfen.[17] Außerdem muss sichergestellt sein, dass das BVerwG weiterhin im Wesentlichen als Rechtsmittelgericht tätig ist (BVerfGE 8, 174, 177). Nicht zwingende Voraussetzung ist, dass die Entscheidung der Angelegenheit hinsichtlich ihrer Rechtskraftwirkungen über das Gebiet eines Landes hinausgeht. Das BVerfG lässt die allgemeine grundsätzliche Bedeutung oder die Notwendigkeit einer raschen endgültigen Entscheidung genügen (BVerfGE 8, 174, 181).
Die erstinstanzliche Zuständigkeit des BVerwG ist in § 50 Abs. 1 geregelt (→ § 50 Rn. 1 ff.). Werden **17** dem BVerwG über die eng begrenzten Ausnahmefälle hinaus Verfahren auf dem Gebiet der allgemei-

---

15 Vgl. *K. F. Gärditz*, in: Gärditz, § 2 Rn. 4, 5: „Vorrangentscheidung zugunsten einer dezentralen (und insoweit bürgernahen) Gerichtsstruktur".
16 Vgl. *J. Ruthig*, in: Kopp/Schenke, § 2 Rn. 3; *Schunck/De Clerck*, ¹1961, § 2 Rn. 1.
17 So die Ausnahme in § 9 Abs. 2 S. 1 des Gesetzes über das BVerwG; vgl auch *Ule*, Verwaltungsgerichtsbarkeit, § 2 Anm. III 2.

nen Verwaltungsgerichtsbarkeit zur erst- und letztinstanzlichen Entscheidung zugewiesen, liegt ein Verstoß gegen Art. 101 Abs. 1 S. 2 GG vor.[18]

18   **2. Kein Entscheidungsmonopol für öffentlich-rechtliche Fragen.** Vor und nach Erlass der VwGO trat in Bezug auf die Zuständigkeit der ordentlichen Gerichte für Baulandsachen und in Kartellverwaltungssachen die Streitfrage auf, ob anstelle des BVerwG dem *BGH* verwaltungsrechtliche Streitigkeiten aus dem Gebiet der allgemeinen Verwaltungsgerichtsbarkeit übertragen werden können.[19] Das BVerfG hat die konkrete Frage nicht ausdrücklich entschieden, jedoch insoweit Klarheit geschaffen, als es ein Entscheidungsmonopol der Verwaltungsgerichte für alle öffentlich-rechtlichen Fragen abgelehnt hat (vgl. BVerfGE 4, 387).

19   **3. Sitz.** Sitz des BVerwG ist *Leipzig* (→ Rn. 4 ff.). Der Umzug vom früheren Sitz Berlin erfolgte im August 2002. Gleichzeitig wurden die Wehrdienstsenate von München nach Leipzig verlegt.[20]

§ 3 [Gerichtsorganisation]

(1) Durch Gesetz werden angeordnet

1.   die Errichtung und Aufhebung eines Verwaltungsgerichts oder eines Oberverwaltungsgerichts,

2.   die Verlegung eines Gerichtssitzes,

3.   Änderungen in der Abgrenzung der Gerichtsbezirke,

4.   die Zuweisung einzelner Sachgebiete an ein Verwaltungsgericht für die Bezirke mehrerer Verwaltungsgerichte,

4a.   die Zuweisung von Verfahren, bei denen sich die örtliche Zuständigkeit nach § 52 Nr. 2 Satz 1, 2 oder 5 bestimmt, an ein anderes Verwaltungsgericht oder an mehrere Verwaltungsgerichte des Landes,

5.   die Errichtung einzelner Kammern des Verwaltungsgerichts oder einzelner Senate des Oberverwaltungsgerichts an anderen Orten,

6.   der Übergang anhängiger Verfahren auf ein anderes Gericht bei Maßnahmen nach den Nummern 1, 3, 4 und 4 a, wenn sich die Zuständigkeit nicht nach den bisher geltenden Vorschriften richten soll.

(2) Mehrere Länder können die Errichtung eines gemeinsamen Gerichts oder gemeinsamer Spruchkörper eines Gerichts oder die Ausdehnung von Gerichtsbezirken über die Landesgrenzen hinaus, auch für einzelne Sachgebiete, vereinbaren.

Schrifttum

1. Monographien und Beiträge in Sammelwerken: *K. A. Bettermann,* Die Unabhängigkeit der Gerichte und der gesetzliche Richter, in: Bettermann/Nipperdey/Scheuner, Die Grundrechte, 3. Bd, 2. Halbbd., 1959, 523; *K. Finkelnburg,* Anmerkungen zu dem gemeinsamen Oberverwaltungsgericht für die Länder Berlin und Brandenburg, in: FS Driehaus, 2005, 452; *H.-J. von Oertzen,* Der Aufbau der Verwaltungsgerichtsbarkeit in den neuen Bundesländern, in: FS Redeker, 1993, 339; *P. Rieß,* Über Zuständigkeitskonzentrationen – eine Skizze, in: FS Böttcher, 2007, 145; *C. H. Ule,* Verwaltungsgerichtsbarkeit, in: von Brauchitsch/Ule (Hrsg.), Verwaltungsgesetze des Bundes und der Länder, Bd. 1, Halbbd. 2, ²1962, 28 (§ 3).

2. Beiträge in Zeitschriften: *W. Belgard,* Verwaltungsgericht ohne Gerichtsbezirk?, DVBl 1972, 565; *K. A. Bettermann,* Nachwort zu Wolfgang Belgard, Verwaltungsgericht ohne Gerichtsbezirk?, DVBl 1972, 566; *U. von Burski,* Örtliche Gerichtszuständigkeit in Hochschul-Zulassungssachen, NJW 1973, 1785; *H. Geiger,* Der Abschied von der Gesetzgebungskunst, NJW 2002, 1248; *G. Holch,* Gerichtsorganisation und Grundgesetz, DRiZ 1970, 183; *W. Jöhnk,* Ein eigenes Oberverwaltungsgericht für das Land Schleswig-Holstein, NVwZ 1991, 966; *J. Kipp,* Die Verlobung – Das Oberverwaltungsgericht Berlin-Brandenburg nach der Fusion der Fachobergerichte, LKV 2005, 281; *G. Meyer-Hentschel,* Die Landesausführungsgesetze zur Verwaltungsgerichtsordnung, DÖV 1959, 921; *J. Meyer-Ladewig,* Vereinfachung und Beschleunigung verwaltungsgerichtlicher Verfahren, DVBl 1979, 539; *F. Müller,* Die neue Gerichtsverfassung im Beitrittsgebiet, LKV 1994, 388; *H. Müller,* Abweichungen von der gewöhnlichen Gerichtsorganisation und ihre Auswirkungen, NJW 1963, 614; *C. Pestalozza,* Zur Verlobung: Gemeinsame Fachobergerichte Berlin-Brandenburg, LKV 2004, 396; *H. Roth,* Das Gerichtsorganisationsrecht in der Rechtsprechung des Bayerischen Verfassungsgerichtshofes, BayVBl 2011, 97; *W. Tietgen,* Bericht über die Jahrestagung 1959 der Vereinigung der Verwaltungsgerichtspräsidenten für das Bundesgebiet, DVBl 1959, 846; *C. H. Ule,* Rezension, DVBl 1963, 566; *R. Urban,* Besondere Spruchkörper für Asylstreitverfahren?, NVwZ 1993, 1169; *D. Wagner,* Nochmals: Amtsgerichtsbezirke und Ämtergrenzen in Brandenburg, NJ 1994, 567.

---

18 Vgl. auch *W. Blümel,* FS Bartlsperger, 2006, 263, 271 ff.; *S. Paetow,* DVBl 1994, 94; *H. Johlen,* FS Redeker, 1993, 487.

19 Vgl. *Ule,* Verwaltungsgerichtsbarkeit, § 2 Anm. III 1.

20 Vgl. VO vom 24.6.2002 (BGBl I 2371); zum Willensbildungsprozess *E. Hien,* FS Raue, 2006, 99, 109.

I. Entstehungsgeschichte

Im Regierungsentwurf (BT-Drs. 3/55 Anl. 1 S. 3) waren – wie im Präsidentenentwurf (→ § 1 Rn. 17) – [1] die Regelungen von Abs. 1 Nr. 1–3 zusammengefasst als § 2 Abs. 2 S. 1. Die Möglichkeit der Errichtung einzelner Kammern des VG oder Senate des OVG auch an anderen Orten sah S. 2 vor, ohne allerdings hierfür – wie § 3 Abs. 1 Nr. 5 – ein formelles Gesetz zu verlangen. § 2 Abs. 3 des Regierungsentwurfes enthielt die später als § 3 Abs. 2 (a.F.) Gesetz gewordene Regelung. Die übrigen Tatbestände der jetzigen Regelung (Abs. 1 Nr. 4 und 6) enthielt der Regierungsentwurf nicht. Die Begründung hob hervor, dass die Bestimmung von Zahl, Sitz und Bezirk der Verwaltungsgerichte der Landesgesetzgebung überlassen werden solle, weil sich die VwGO auf die Regelung des im Interesse der Einheit unbedingt Notwendigen beschränken wolle. Mit der Möglichkeit zur Errichtung einzelner Kammern oder Senate außerhalb des Gerichtssitzes könne eine ortsnahe Rspr. erreicht werden (BT-Drs. 3/55 Anl. 1 S. 27). Im Verlaufe der Gesetzesberatungen sind die Abs. 2 und 3 des § 2 des Regierungsentwurfs unter Aufgreifen von inhaltlichen Anregungen des Bundesrates verselbständigt worden (BT-Drs. 3/1094, 3, Anl. 1 S. 19). Rechts- und Innenausschuss des Bundestages wollten sämtliche in Abs. 1 der neu vorgeschlagenen Regelung enthaltenen Gerichtsorganisationsakte nur durch formelles Gesetz getroffen sehen (BT-Drs. 3/1094, 3). Das entsprach der (seinerzeitigen) Rspr. des BVerfG, auf die ausdrücklich Bezug genommen wurde (BVerfGE 2, 307). Demgegenüber hatten die Vorläufernormen insoweit größtenteils zu Verordnungen ermächtigt.[1]

Abs. 1 wurde mit dem Gesetz zur Bereinigung des Rechtsmittelrechts im Verwaltungsprozess (vom [2] 24.12.2001 [BGBl I 3987]) um Nr. 4 a ergänzt. Diese wiederum ist durch Art. 7 Nr. 1 des Asylverfahrensbeschleunigungsgesetzes[2] redaktionell an die mit demselben Gesetz den Ländern eröffnete Möglichkeit zur Konzentration von Asylstreitverfahren nach Herkunftsstaaten angepasst worden.[3] Abs. 2 ermöglichte ursprünglich Vereinbarungen lediglich zur Errichtung eines gemeinsamen OVG und zur Ausdehnung von Gerichtsbezirken über die Landesgrenzen hinaus. Erst mit dem 2. VwGOÄndG vom 25.7.1978 (BGBl I 1107) wurde Abs. 2 nach dem Vorbild von § 3 Abs. 3 des Koordinierungsausschuss-Entwurfs einer VwPO (→ § 2 Rn. 5) abstrakt („Gericht" statt „Oberverwaltungsgericht") gefasst, sodass nicht nur ein gemeinsames OVG, sondern auch ein gemeinsames VG mehrerer Länder durch Vereinbarung errichtet werden konnte. Zudem wurde die Vereinbarung gemeinsamer Spruchkörper eines VG oder OVG ermöglicht. Hintergrund dieser Änderungen war die Änderung von § 52 durch dasselbe Gesetz, mit der die bis dahin alleinige örtliche Zuständigkeit des VG Ansbach als Gericht erster Instanz für Streitigkeiten über die Anerkennung als Asylberechtigter aufgegeben und die örtliche Zuständigkeit desjenigen VG begründet wurde, in dessen Bezirk sich der Asylbewerber nach behördlichem Willen aufzuhalten hat (vgl. BVerwG NJW 1981, 537). Der damit verbundene Verlust an Spezialisierungsvorteilen – wie etwa Spezialkenntnisse der Richter, Zuziehung von Dolmetschern – sollte durch die Ermächtigung kompensiert werden, auch länderübergreifend durch Vereinbarung gemeinsame Spruchkörper für einzelne Sachgebiete oder (gar) ein gemeinsames VG zu errichten.[4]

---

1 Vgl. *Koehler* § 3 Anm. I 2.
2 Vom 20.10.2015, BGBl I 1722.
3 Vgl. § 83 Abs. 3 AsylG, § 52 Nr. 2 S. 4.
4 Dazu *J. Meyer-Ladewig*, DVBl 1979, 539, 542 f.

II. Zweck der Vorschrift

3 **1. Kompetenzfragen.** Die Regelung der Gerichtsorganisation (vgl. die nichtamtliche Überschrift) gehört zur Kompetenz der Länder.[5] Zur Gerichtsorganisation zählen alle Regelungen und Maßnahmen, die auf der Grundlage der institutionell vom Bundesgesetzgeber vorgesehenen Rechtsprechungsorgane deren Funktionsfähigkeit in den Ländern herstellen und ermöglichen. Dazu gehören vor allem die konkrete territoriale Gliederung, also die konkrete Bestimmung von Sitz und Bezirk der Gerichte, die Errichtung, Verlegung und Auflösung von Gerichten sowie Änderungen ihres Bezirkes. Die Befugnis des Bundes zur Regelung sämtlicher in § 3 Abs. 1 angesprochenen Maßnahmen ist daher bezweifelt worden.[6] Denn § 3 betrifft unzweifelhaft nur die Gerichte der Länder, nicht auch das BVerwG.[7] Demgegenüber wurde nach Erlass der VwGO auch vertreten, dass Regelungen nach Nr. 4 oder Nr. 6 auch durch Bundesgesetz getroffen werden könnten.[8]

4 Richtigerweise ist zu differenzieren: Die in Abs. 1 Nr. 1–5 angesprochenen Maßnahmen selbst zählen nicht zur Gerichtsverfassung.[9] Sie stellen vielmehr konkrete (Gerichts-)Organisationsakte dar. Der Kompetenztitel des Art. 74 Abs. 1 Nr. 1 GG zur Regelung durch den Bund selbst ist daher nicht gegeben (vgl. BVerfGE 24, 155, 167). Eine andere Frage ist jedoch, ob die Form, in der die den Ländern zustehenden Maßnahmen getroffen werden, vom Bundesgesetzgeber vorgegeben werden kann. Diese Frage hat das BVerfG bejaht, wenn insoweit eine einheitliche bundesgesetzliche Regelung erforderlich ist.[10]

5 **2. Bedeutung von Abs. 1.** Abs. 1 kommt für Nr. 1–5 eine zweifache Bedeutung zu: Zum einen enthält er die bundesgesetzliche Klarstellung, dass die genannten Organisationsakte dem bundesverfassungsrechtlichen *Vorbehalt des Landesgesetzes* unterliegen. Zum anderen schließt er aus, dass der Landesgesetzgeber die Exekutive ermächtigt, die genannten Anordnungen durch Rechtsverordnung zu treffen. Unmittelbarer Regelungsgehalt kommt nur dieser zweiten Bedeutungsebene zu (zu Besonderheiten im Asylrecht und in den neuen Bundesländern → Rn. 11, 33). Hinsichtlich der ersteren – der Normierung des Gesetzesvorbehaltes als solchem – hat Abs. 1 Nr. 1–5 lediglich deklaratorische Bedeutung. Das ergibt sich auf der Grundlage des Beschlusses des BVerfG vom 10.6.1953 (BVerfGE 2, 307). In dieser Entscheidung hat das BVerfG die Errichtung und Aufhebung von Gerichten sowie die Änderung der Grenzen ihrer Bezirke als gerichtsorganisatorische Maßnahmen qualifiziert, die nach dem Herkommen und mit Rücksicht auf ihre Bedeutung für die Unabhängigkeit der Rechtspflege im Rechtsstaat aus dem Rahmen der allgemeinen Behördenorganisation derart herausfallen, dass sie nur durch formelles Gesetz angeordnet werden können,[11] wobei es in einer späteren Entscheidung die Übertragung dieser Befugnis des Gesetzgebers auf die Exekutive i.R. der von Art. 80 GG gezogenen Grenzen erlaubt hat (BVerfGE 24, 155, 166).

6 Daraus ergibt sich zugleich, dass auch die Zuweisung einzelner Sachgebiete an ein VG für die Bezirke mehrerer VG (Nr. 4) und die Dekonzentration von örtlich einem VG zugewiesenen Verfahren an eine anderes oder mehrere VG (Nr. 4a) dem Gesetzesvorbehalt unterliegen, weil damit partiell, nämlich für die in Rede stehenden Sachgebiete oder Verfahren, eine Änderung der Einteilung der Gerichtsbezirke bewirkt wird.[12]

7 Ob der bundesverfassungsrechtliche *Gesetzesvorbehalt* sich auch auf Regelungen nach Abs. 1 Nr. 5 bezieht, war bereits im Gesetzgebungsverfahren umstr.[13] Zutreffend ist die Auffassung, dass die *Errichtung auswärtiger Kammern oder Senate* zur Errichtung eines VG oder OVG gehört und deshalb wie diese dem Gesetzesvorbehalt unterliegt (vgl. *Ule*, Verwaltungsgerichtsbarkeit, § 3 Anm. IV). Die Errichtung auswärtiger (detachierter) Spruchkörper bildet zunächst einen Unterfall der Errichtung des

---

5 Vgl. BVerfG NdsRPfl 2000, 31; BVerfGE 24, 155, 167; *Kissel/Mayer* Einl. Rn. 21.
6 Vgl. *Ule*, Verwaltungsgerichtsbarkeit, § 3 Anm. I für Abs. 1 Nr. 1–2.
7 Vgl. *Schunck/De Clerck*, ¹1961, § 3 Anm. 1 a).
8 Vgl. *Koehler* § 3 Anm. II 2.
9 Zum Begriff C. *Degenhart*, in: Sachs Art. 74 Rn. 22, 23.
10 BVerfGE 24, 155, 167; s.a. die Stellungnahme der Bundesregierung zu den Änderungsvorschlägen des Bundesrats, BT-Drs. 3/55 zu Anl. 3 S. 80.
11 BVerfGE 2, 307, 318 ff.; zur Kritik an dieser Entscheidung K. A. *Bettermann*, in: Die Grundrechte III/2, 545 ff.
12 Vgl. *H. Geiger*, in: Eyermann § 3 Rn. 6; vgl. auch schon *Schunck/De Clerck*, ¹1961, § 3 Anm. 1 c. A.M. der Bundesrat im Gesetzgebungsverfahren, vgl. BT-Drs. 3/1456.
13 Vgl. *Koehler* § 3 Anm. II 2; *P. Stelkens/B. Clausing*, in: Schoch/Schneider/Bier § 3 Rn. 3.

Gerichts. Zwar bleiben auswärtige Kammern oder Senate gerichtsorganisatorisch Teil des Stammgerichts.[14] Im Unterschied zur Einrichtung von (weiteren) Kammern am Stammgericht[15] liegt ihre Besonderheit jedoch in dem vom Sitz des (Stamm-)Gerichts verschiedenen Standort. Die Errichtung auswärtiger Spruchkörper führt daher nicht anders als die Errichtung des Gerichts selbst zur Zusammenfassung von sächlichen und personellen Mitteln an einem bestimmten Ort zum Zwecke der Ausübung von Rspr. Dies anzuordnen ist ebenso ein aus dem Rahmen der allgemeinen Organisationsgewalt im Staate als Sondererscheinung herausgelöster Organisationsakt (vgl. BVerfGE 2, 307, 318), wie dies für die Errichtung des Gerichts selbst gilt.

Ob die in Abs. 1 Nr. 6 genannte Regelung zum *Übergang anhängiger Verfahren* von Bundesverfas- 8 sungs wegen zwingend nur durch förmliches Gesetz geregelt werden darf, erscheint fraglich.[16] Verneint man dies, legt Nr. 6 den *Gesetzesvorbehalt* (einfachrechtlich) fest, hat also insoweit nicht nur deklaratorische Bedeutung. Nicht infrage gestellt werden kann die Kompetenz des Bundes zur Regelung dieser Frage. Die abstrakte Regelung der örtlichen Zuständigkeit für anhängige Sachen bei Änderung der Gerichtsbezirke gehört zur Gerichtsverfassung i.S.v. Art. 74 Abs. 1 Nr. 1 GG.[17] Demgemäß hat der Bund mit § 83 VwGO i.V.m. § 17 GVG den Grundsatz der perpetuatio fori normiert. Lässt er hiervon wie in Abs. 1 Nr. 6 Abweichungen in den Ländern zu, so ist ihm vorbehalten, die Form der Abweichung zu bestimmen.

3. Bedeutung von Abs. 2. Mit Abs. 2 konnte der Fortbestand des früheren gemeinsamen OVG für 9 Niedersachsen und Schleswig-Holstein mit Sitz in Lüneburg[18] ermöglicht werden. Als Ausnahme zur Verpflichtung, in den Ländern je ein OVG zu errichten, gehört die Vorschrift gesetzessystematisch zu § 2, wie es im Regierungsentwurf auch vorgesehen war (BT-Drs. 3/55). Neben der den Ländern eingeräumten Möglichkeit, gemeinsame OVG zu vereinbaren, will Abs. 2 insbes. vor dem Hintergrund der Dezentralisierung der Zuständigkeit für Asylstreitverfahren (→ Rn. 2) ermöglichen, Spezialisierungsvorteile zu nutzen. Seit dem 1.7.2005 ist zwischen Berlin und Brandenburg ein gemeinsames OVG eingerichtet (vgl. Art. 1 Abs. 1 Nr. 1 Staatsvertrag vom 26.4.2004, Bln GVBl 2004, 380; Bbg GVBl 2004, 281).[19]

III. Die einzelnen gerichtsorganisatorischen Maßnahmen des Abs. 1

1. Allgemeines. Abs. 1 wendet sich an den Landesgesetzgeber (→ Rn. 5). Der Begriff „Gesetz" meint 10 ein formelles (Landes-)Gesetz (BT-Drs. 3/55 Anl. 1 S. 27). Infolge der Formulierung „durch Gesetz" ist die Anordnung der in Nr. 1–6 bezeichneten Maßnahmen aufgrund Gesetzes durch Rechtsverordnung nicht zulässig.[20] Die Länder haben daher entweder spezielle Ausführungsgesetze zur VwGO erlassen oder aber die notwendigen Bestimmungen für die Verwaltungsgerichtsbarkeit in ihren allgemeinen Justiz-, Gerichtsorganisations- bzw. Gerichtsstrukturgesetzen getroffen.

Ausnahmen gelten im Asylrecht, wo nach § 83 Abs. 2 AsylG besondere Spruchkörper, ggf. als auswär- 11 tige Spruchkörper i.S.v. Nr. 5, von den Landesregierungen durch Rechtsverordnung errichtet werden können. Zudem erlaubt § 83 Abs. 3 AsylG, durch Rechtsverordnung Asylstreitverfahren nach Herkunftsstaaten bei einem VG für die Bezirke mehrerer VG zu konzentrieren (→ Rn. 21, 29). Des Weiteren erlaubte in den neuen Ländern § 11 RPflAnpG i.V.m. Anl. 1 Kap. III Sachgebiet A Abschn. III Nr. 1 Buchst. n des Einigungsvertrages (vom 31.8.1990 [BGBl II 885, 925]), die Konzentration von Zuständigkeiten bei einem Gericht (Nr. 3) und die Errichtung auswärtiger Spruchkörper des VG oder OVG (Nr. 5) durch Rechtsverordnung der Landesregierung anzuordnen, die ihrerseits die Ermächtigung auf die zuständige oberste Landesbehörde übertragen konnte.

---

14 Vgl. BVerwG DVBl 1959, 709, 710; w.N. bei *P. Stelkens/B. Clausing*, in: Schoch/Schneider/Bier § 3 Rn. 10 mit Fn. 27.
15 Zur Frage, ob es sich hierbei um eine Angelegenheit der gerichtlichen Selbstverwaltung oder um eine Gerichtsverwaltungsaufgabe handelt, vgl. *Kissel/Mayer* § 21 e Rn. 13.
16 Zur Kritik an den für die ordentliche Gerichtsbarkeit geltenden Regelungen *G. Holch*, DRiZ 1970, 183, 186.
17 Vgl. *Kissel/Mayer* Einl. Rn. 12.
18 Vgl. das nds. Gesetz über den Staatsvertrag vom 16.3.1956 (Nds GVBl 1956, 15 mit Bek. des Inkrafttretens Nds GVBl 1956, 26) und für SH das Gesetz vom 2.1.1956 (SH GVBl 1956, 1); zur Auflösung des gemeinsamen OVG *W. Jöhnk*, NVwZ 1991, 966.
19 Dazu *J. Kipp*, LKV 2005, 281
20 Vgl. *Ule*, Verwaltungsgerichtsbarkeit, § 3 Anm. IV.

12　**2. Errichtung und Aufhebung von Verwaltungsgerichten und Oberverwaltungsgerichten (Nr. 1).** Nr. 1 betrifft die Errichtung und Aufhebung eines VG oder OVG.[21]

13　**a) Errichtung.** Der Begriff Errichtung ist organisationsrechtlich zu verstehen. Er meint die (landes)rechtliche Anordnung, dass ein bestimmtes VG oder OVG entstehen soll, verbunden mit der Zuweisung eines Gerichtsbezirks und der Bestimmung des Sitzes des Gerichts. Durch Landesgesetz sind daher die *Anordnung der konkreten Existenz* – im Falle, dass ein bestimmtes VG schon vorhanden ist, die entsprechende Bestätigung – der *Sitz* und der *Bezirk* des oder der VG zu bestimmen. Wird oder ist nur ein VG errichtet, so erstreckt sich dessen Bezirk – vorbehaltlich anderweitiger Vereinbarungen nach Abs. 2 – auf das gesamte Territorium des jeweiligen Bundeslandes. Dasselbe gilt für das OVG. In beiden Fällen ist daher die ausdrückliche legislative Bestimmung des Gerichtsbezirks nicht erforderlich.

14　Ebenso wenig bedarf es einer ausdrücklichen Bestimmung der *Zahl* der zu errichtenden bzw. bereits errichteten VG.[22] Diese ergibt sich vielmehr von selbst aus der Zahl der errichteten VG. Der Landesgesetzgeber hat allerdings eine Entscheidung über die Zahl der im Land zu errichtenden VG zu treffen. Diese Entscheidung bedarf jedoch nicht der selbständigen Normierung. Einer Entscheidung über die Zahl und den Bezirk des OVG ist der Landesgesetzgeber aufgrund des § 2 ohnehin enthoben (→ § 2 Rn. 13).

15　Werden mehrere VG errichtet, so ist notwendig deren *Gerichtsbezirk* als derjenige territoriale Raum, auf den sich die sachliche Zuständigkeit des Gerichts bezieht, zu bestimmen. Denn die Regelung über die örtliche Zuständigkeit in § 52 knüpft an den Gerichtsbezirk an und setzt mithin bei Existenz mehrerer VG die landesrechtliche Einteilung von Gerichtsbezirken voraus (vgl. BVerfGE 53, 100, 107; BVerwG Buchholz 310 § 53 VwGO Nr. 17).

16　Mit der Errichtung geht die *Bestimmung des Namens* des Gerichts einher. In den landesrechtlichen Bestimmungen wird der Name von OVG und VG zumeist ausdrücklich festgelegt. Wo dies nicht der Fall ist, werden, der überwiegenden Regelung der anderen Länder entsprechend, die VG mit dem Namen der Gemeinde ihres Sitzes und die OVG mit dem Namen des jeweiligen Bundeslandes bezeichnet.[23]

17　Der mit der Errichtung zu bestimmende *Sitz* von VG bzw. OVG ist die (politische) Gemeinde, in der das Gericht errichtet ist. Ändert sich der Name der Gemeinde, so liegt darin keine Änderung des Gerichtssitzes. Vielmehr wechselt lediglich der Sitzname. Der Sitz *auswärtiger Kammern* ist kein eigenständiger Gerichtssitz. Der Amtssitz des Präsidenten folgt dem Sitz des Gerichts,[24] er kann mithin nicht derjenige der auswärtigen Kammern sein. Dasselbe muss für den Vizepräsidenten als den allgemeinen Vertreter des Präsidenten gelten. Bei der Entscheidung über den Sitz eines Gerichts kommt dem Gesetzgeber ein weiter (politischer) Ermessensspielraum zu. Neben Kriterien, wie etwa Erreichbarkeit des Gerichts unter den Gesichtspunkten von Bürgerfreundlichkeit und Bürgernähe, der Entfernung für die der Jurisdiktion des Gerichts unterworfenen (Landes-)Behörden oder Effizienzgesichtspunkten, die eine Zusammenfassung von Gerichten verschiedener Gerichtsbarkeiten an einem Standort nahelegen, können auch strukturpolitische, regionalpolitische oder sonstige politische Aspekte eine Rolle spielen (vgl. VGH München NZS 1995, 332, 333f.; BayVerfGH BayVBl 1995, 270, 271). Dabei ist nicht die einzelne Maßnahme isoliert, sondern die Gesamtkonzeption des Gesetzgebers in den Blick zu nehmen. Verfassungsrechtliche Grenzen bilden insbes. das allgemeine Willkürverbot und der Justizgewährleistungsanspruch (vgl. BayVerfGH BayVBl 1995, 270, 271).

18　**b) Aufhebung.** Die Aufhebung eines VG oder OVG bildet den actus contrarius zur Errichtung. Eine Aufhebung des OVG ist nur zulässig, wenn zugleich nach Abs. 2 ein gemeinsames OVG mit einem oder mehreren anderen Bundesländern errichtet wird.[25] Die Aufhebung eines VG ist, sofern in dem betreffenden Bundesland nicht nur ein VG existiert, – ebenso wie dessen Errichtung – in das justizpolitische Ermessen des Landesgesetzgebers gestellt. Allerdings soll es in den Flächenstaaten nicht nur sachgerecht, sondern rechtlich geboten sein, nicht lediglich ein Verwaltungsgericht vorzuhalten (→ § 2

21　Zur Bedeutung der Richterwahl für die Errichtung eines (Landesverfassungs-)Gerichts LVerfG MV LVerfGE 4, 249, 261ff.
22　Vgl. *P. Stelkens/B. Clausing*, in: Schoch/Schneider/Bier § 3 Rn. 5.
23　Vgl. auch *C. Danker*, in: HK-VerwR VwGO § 2 Rn. 4.
24　Vgl. *P. Stelkens/B. Clausing*, in: Schoch/Schneider/Bier § 3 Rn. 6; *H. Geiger*, in: Eyermann § 3 Rn. 4.
25　Vgl. *H. Geiger*, in: Eyermann § 3 Rn. 3.

Rn. 12 m.w.N.),[26] was aber nur für große Flächenstaaten gelten kann. Die Aufhebung eines VG ist notwendig mit der Veränderung der Grenzen des Bezirks eines oder mehrerer VG (Nr. 3) verbunden (zur Aufhebung des VG Dessau vgl. §§ 5, 6 Gesetz zur Neuordnung der Gerichtsstrukturen vom 14.2.2008, GVBl LSA S. 50).

3. Verlegung des Sitzes (Nr. 2). Die Verlegung des Sitzes bedarf eines formellen Landesgesetzes. Der 19 Umzug des Gerichtes in ein anderes Gebäude in der Sitzgemeinde stellt keine Sitzverlegung dar.[27] Ebenso wie bei der ursprünglichen Sitzbestimmung kommt dem Gesetzgeber bei der Verlegung des Sitzes ein weites politisches Ermessen zu, in das auch die sozialen Folgen für die am Gericht Beschäftigten einzubeziehen sind (vgl. hinsichtlich der Richter auch die Bestimmung des Art. 97 Abs. 2 S. 3 GG).

4. Änderungen in der Abgrenzung der Gerichtsbezirke (Nr. 3). Änderungen in der Abgrenzung der 20 Gerichtsbezirke sind territoriale Änderungen, mithin raumbezogene Vergrößerungen oder Verkleinerungen von Gerichtsbezirken. Die Anwendbarkeit der Vorschrift setzt das Bestehen mindestens zweier VG voraus, weil es andernfalls nicht zu Fragen der „Abgrenzung" von Gerichtsbezirken kommen kann. Demzufolge fallen etwa Erweiterungen des Bezirkes des OVG infolge Gebietszuwachses des Bundeslandes ebenso wenig unter Nr. 3 wie Verkleinerungen des Bezirks infolge Gebietsverlustes.[28] Ebenfalls kein Fall der Abgrenzung von Gerichtsbezirken liegt vor, wenn sich der Bezirk lediglich eines VG infolge Gebietszuwachses oder -verlustes ändert.

Nr. 3 erfasst Änderungen, mit denen die territorialen Räume, auf die die sachlichen Zuständigkeiten 21 mindestens zweier VG bezogen sind, neu definiert werden.[29] Das ist zum einen der Fall, wenn eine umfassende, auf sämtliche sachliche Zuständigkeiten bezogene Neuabgrenzung von Gerichtsbezirken vorgenommen wird. Zum anderen liegt eine (partielle) Änderung in der Abgrenzung der Gerichtsbezirke auch vor, wenn ein bestimmtes Sachgebiet nach Nr. 4 einem anderen VG zugewiesen wird. Dasselbe gilt, wenn für ein bestimmtes Sachgebiet von der allgemeinen Bezirkseinteilung abweichende Gerichtsbezirke gelten sollen, ohne dass eines der betroffenen Gerichte seine Zuständigkeit für das betroffene Sachgebiet gänzlich verlieren soll (vgl. § 6 HessAGVwGO). Ebenfalls zu einer partiellen Änderung in der Abgrenzung der Gerichtsbezirke kommt es, wenn Asylstreitverfahren nach bestimmten Herkunftsstaaten bei einem VG für die Bezirke zweier oder mehrerer VG konzentriert werden (§ 83 Abs. 3 AsylG; § 52 Nr. 2 S. 4; → Rn. 29). Hierfür ist jedoch die Verordnungsermächtigung des § 83 Abs. 3 AsylG lex specialis.

Fraglich ist, ob eine *Änderung der Grenzen* des in Bezug genommenen Verwaltungsbezirks, etwa i.R. 22 einer Kreisgebietsreform, eo ipso zu einer Anpassung der betroffenen Gerichtsbezirke führt oder ob insoweit eine ausdrückliche legislative Änderung der Gerichtsbezirke erforderlich ist. In den Beratungen des Rechtsausschusses des Bundesrates über den Regierungsentwurf wurde – mit Ausnahme der Stimme eines Landes – die Auffassung vertreten, dass bei einer Änderung des Gemeindebezirks sich ohne Weiteres die Grenze des betroffenen Gerichtsbezirks entsprechend ändere.[30] Dem wird heute einerseits mit der Einschränkung gefolgt, dass dies nicht gelte, wenn die Grenzen des maßgeblichen Verwaltungsbezirks nicht durch Gesetz, sondern durch Rechtsverordnung geändert würden.[31] Andererseits wird auch der gegenteilige Standpunkt vertreten, nämlich dass einer Änderung von Kreisgrenzen nicht die Änderung der Gerichtsbezirke folge.[32] Die Staatspraxis der Länder scheint sich unsicher zu sein. So regelte der im Zusammenhang mit der Kreisgebietsreform in Hessen geschaffene § 4a des Hess AGSGG i.d.F. des Art. 1 des Dritten Gesetzes zur Änderung des Hess AGSGG vom 6.6.1972 (Hess GVBl I 151) ausdrücklich, dass sich die Gerichtsbezirke durch Gebietsveränderungen bei den Landkreisen nicht ändern (vgl. dazu BVerfGE 53, 100 ff.). Demgegenüber bestimmt z.B. § 2 Abs. 1 NdsJustizG, dass sich die Gerichtsbezirke nach den Gebieten von Kommunen „in ihrem jeweiligen

---

26 Vgl. *K. F. Gärditz*, in: Gärditz § 2 Rn. 5.
27 Vgl. *P. Stelkens/B. Clausing*, in: Schoch/Schneider/Bier § 3 Rn. 6.
28 Vgl. etwa den Staatsvertrag zwischen den Ländern Mecklenburg-Vorpommern und Niedersachsen über die Umgliederung der Gemeinden im ehemaligen Amt Neuhaus und anderer Gebiete nach Niedersachsen vom 2./9.3.1993, GVOBl M-V S. 571, BGBl I 513, 514.
29 Zu den Voraussetzungen dafür und der Prüfung am Maßstab der Verhältnismäßigkeit vgl. BVerfG NdsRPfl 2000, 31.
30 Vgl. *Koehler* § 3 Anm. II 6.
31 Vgl. *H. Geiger*, in: Eyermann § 3 Rn. 5; *P. Stelkens/B. Clausing*, in: Schoch/Schneider/Bier § 3 Rn. 7; *H. Gersdorf*, in: Posser/Wolff § 3 Rn. 5. A.M. *K. F. Gärditz*, in: Gärditz § 3 Rn. 10.
32 Vgl. *F. Müller*, LKV 1994, 388, 391.

Gebietsumfang" richten und geht mithin davon aus, dass bei einer Änderung der Kommunalgebiets-grenzen keine ausdrückliche Bestimmung zur Änderung der Grenzen der Gerichtsbezirke erforderlich sei.[33]

23   Die Beantwortung der Frage hat davon auszugehen, dass sich das Problem nur dann stellt, wenn die „Abgrenzung" der Gerichtsbezirke betroffen ist, mithin wenn die Änderung der Grenzen eines oder mehrerer Verwaltungsbezirke sich nicht lediglich innerhalb des Gerichtsbezirks, sondern auf mindes-tens zwei Gerichtsbezirke auswirkt. Ist bspw. der Bezirk des VG X das Gebiet der Landkreise Y und Z und ergeben sich Grenzverschiebungen lediglich zwischen diesen beiden Landkreisen, so liegt kein Fall von Nr. 3 vor.

24   Soweit sich eine Änderung der Grenzen von Verwaltungsbezirken auf die Abgrenzung der Gerichtsbe-zirke auswirkt, ist die Annahme, die Änderung der Verwaltungsbezirke bewirke unmittelbar zugleich eine Änderung der auf sie bezogenen Gerichtsbezirke, stets dann gerechtfertigt, wenn die Inbezugnah-me der Verwaltungsbezirke in den Ausführungsgesetzen zur VwGO ausdrücklich dynamisch ausge-staltet ist. Das ist ohne Weiteres der Fall, wenn, wie in Niedersachsen, auf den jeweiligen Gebietsum-fang des in Bezug genommenen Bezirks abgestellt wird. Umgekehrt ist eine automatische Änderung der Gerichtsbezirke ausgeschlossen, wenn eine Norm dies ausdrücklich verhindert. Fehlt es sowohl an einer ausdrücklichen dynamischen Ausgestaltung als auch an einer gegenteiligen Bestimmung und lässt sich dem Gesetz auch sonst, etwa anhand der Materialien, nichts Näheres entnehmen, kann eine Eo-ipso-Änderung der Gerichtsbezirke (nur) angenommen werden, wenn sonstige Erwägungen dafür sprechen. Als eine solche Erwägung wird das Prinzip der „Einräumigkeit" von Verwaltungs- und Ver-waltungsgerichtsbezirk angesehen, das zu einer „dynamischen Verweisung" führe.[34] In der Tat er-scheint es jedenfalls für die Verwaltungsgerichtsbarkeit im Blick auf die Landesverwaltung (einschließ-lich der Kommunalverwaltung) zweckmäßig, wenn die Bezirke der VG einem oder mehreren Verwal-tungsbezirken (z.B. Regierungsbezirken oder Landkreisen) entsprechen.

25   Allerdings sagt die Zugrundelegung des Einräumigkeitsprinzips bei der erstmaligen Bestimmung der Gerichtsbezirke nichts darüber aus, ob die Gerichtsbezirke nach Maßgabe der in Bezug genommenen Verwaltungsbezirke starr oder nach deren jeweiligen Gebietsumfang festgelegt sind. Gleichwohl ist im Ergebnis die Annahme zutreffend, dass eine Änderung der Grenzen der in Bezug genommenen Ver-waltungsbezirke mittelbar zu einer Änderung der Grenzen des betroffenen Gerichtsbezirks führt, so-fern das Gesetz nicht ausdrücklich oder sonst erkennbar etwas anderes bestimmt. Denn ohne eine sol-che anderweitige Bestimmung lässt sich die Inbezugnahme eines nur abstrakt – mit seinem Namen – bezeichneten Verwaltungsbezirks nur so lesen, dass es auf dessen tatsächliche Ausdehnung im Zeit-punkt der Rechtsanwendung ankommt. Andernfalls wäre der Rechtsuchende, der sich Klarheit über den Umfang eines Gerichtsbezirkes verschaffen will, gehalten, sich der oftmals nicht leichten Mühe zu unterziehen, zunächst zu klären, ob die in Bezug genommenen Verwaltungsbezirke zwischenzeitlich geändert wurden, um ggf. sodann die Grenzen des in Bezug genommenen Verwaltungsbezirks bei In-krafttreten des den Gerichtsbezirk (ursprünglich) festlegenden Gesetzes zu ermitteln (vgl. dazu BVerfGE 53, 100, 109). Demgemäß bedarf es keiner Änderung der Bestimmung über die jeweiligen Bezirke zweier betroffener VG, wenn sich das Gebiet der die jeweiligen Bezirke bildenden Landkreise oder kreisfreien Städte infolge einer partiellen Landkreisneugliederung, einer Rückneugliederung (zum Begriff vgl. BVerfGE 82, 310, 313; 86, 90) oder einer Eingemeindung bisher kreisangehöriger Ge-meinden in die nächste kreisfreie Stadt verändert.

26   Nichts anderes gilt, wenn die Grenzen des in Bezug genommenen Verwaltungsbezirks nicht durch for-melles Gesetz, sondern durch Gebietsänderungsvertrag geändert werden.[35] Denn ist die Inbezugnahme des Verwaltungsbezirks so zu verstehen, dass sie den Bezirk in seinem jeweiligen Gebietszuschnitt meint, so ist die entscheidende Weichenstellung gefallen. Die Frage, welchen tatsächlichen Gebietsum-fang der in Bezug genommene Verwaltungsbezirk im Normanwendungszeitpunkt hat, ist dann (nur

---

33   § 2 Abs. 1 des sachsen-anhaltinischen AG VwGO vom 28.1.1992 (GVBl LSA S. 36, zul. geänd. durch Gesetz vom 17.2.2017, GVBl LSA S. 14) stellt auf näher bezeichnete Landgerichtsbezirke in ihrem „jeweiligen Gebietsumfang" ab.

34   Vgl. *P. Stelkens/B. Clausing*, in: Schoch/Schneider/Bier § 3 Rn. 7.

35   So aber *H. Geiger*, in: Eyermann § 3 Rn. 5; *P. Stelkens/B. Clausing*, in: Schoch/Schneider/Bier § 3 Rn. 7 m.w.N. in Fn. 16; *H. Gersdorf*, in: Posser/Wolff § 3 Rn. 5; *M. Funke-Kaiser*, in: Bader § 3 Rn. 4.

noch) Teil des Subsumtionsvorgangs.[36] Will man im Blick auf Abs. 1 Nr. 3 dieses Ergebnis vermeiden, weil damit der für die Änderung der Abgrenzung von Gerichtsbezirken geltende Gesetzesvorbehalt unterlaufen werde,[37] muss jede mittelbare Änderung der Gerichtsbezirke durch (gesetzliche oder untergesetzliche) Veränderung der Bezugsbezirke für ausgeschlossen erachtet und stattdessen stets ein der Änderung der Grenzen des Verwaltungsbezirks folgendes Gesetz zur Änderung des betroffenen Gerichtsbezirks verlangt werden.

Kein Fall der mittelbaren Änderung eines Gerichtsbezirks liegt vor, wenn, wie insbes. bei einer Kreisgebietsreform, neue, bisher nicht existente Verwaltungsbezirke unter Auflösung bisher in Bezug genommener Bezirke entstehen. Erforderlich ist in einem solchen Fall regelmäßig die Anpassung der Regelungen über die davon betroffenen Gerichtsbezirke. Versäumt der Gesetzgeber diese Anpassung, ist nach wie vor auf die Grenzen der alten Verwaltungsbezirke abzustellen. **27**

5. Zuständigkeitskonzentrationen (Nr. 4). Nr. 4 ermöglicht dem Landesgesetzgeber die Zuweisung **28** einzelner Sachgebiete an ein VG für die Bezirke mehrerer VG. Sie erlaubt damit Ausnahmen von der grds. umfassenden sachlichen Zuständigkeit jedes VG in seinem Bezirk. Soweit die Konzentration reicht, erweitert sie zugleich den Gerichtsbezirk des Gerichts, bei dem die in Rede stehenden Sachgebiete konzentriert werden. Zweck der Konzentrationsmöglichkeit ist es, Spezialisierungs- und sonstige Vorteile in personeller und sachlicher Hinsicht zu erzielen.

Als „Sachgebiet" kommen zunächst die in der Anl. 15 der VwG-Statistik (→ § 4 Rn. 49) aufgeführten **29** nach Rechtsbereichen unterschiedenen Sachgebiete in Betracht, mithin auch das Sachgebiet Asylrecht.[38] Möglich ist auch eine Konzentration, die auf Verfahren nach einem bestimmten Gesetz abstellt.[39] Eine Konzentration nach Herkunftsländern bei Asylsachen ist keine solche nach Sachgebieten.[40] Allerdings ermöglicht § 83 Abs. 3 AsylG i.V.m. § 52 Nr. 2 S. 4 den Ländern, eine solche Konzentration durch Rechtsverordnung herbeizuführen.[41] Nur einzelne „Sachgebiete" können konzentriert werden. Das Prinzip der umfassenden sachlichen Zuständigkeit jedes Gerichts in seinem Bezirk darf nicht durch die Konzentration einer Vielzahl von Sachgebieten bei einem Gericht oder durch die Summe verschiedener Einzelkonzentrationen auf verschiedene Gerichte grundlegend verändert werden. Neben dem Wortlaut folgt dies auch aus dem Zweck der Ermächtigung, zur Erzielung von Spezialisierungsvorteilen sachliche Schwerpunkte setzen zu können. In Betracht kommen neben Asylsachen Sachgebiete, die nach (anderen) spezifischen Verfahrensregeln zu behandeln sind (wie etwa Personalvertretungs- oder Disziplinarsachen), oder auch kleinere Sachgebiete, in denen im Allgemeinen nur ein geringer Geschäftsanfall zu verzeichnen ist, sodass sich das Vorhalten eines mehrfachen sächlichen Aufwandes und die Einarbeitung von Richtern mehrerer Gerichte als nicht effizient erweist. Als zulässig muss auch die Absicht angesehen werden, den Sachverstand für eine bestimmte Materie bei einem Gericht zu bündeln.[42] Ebenso müssen personalwirtschaftliche Gründe, etwa eine prognostisch dauerhaft erheblich unterschiedliche Auslastung der Gerichte, die Konzentration einzelner Sachgebiete rechtfertigen können.

Die Zuweisung zu konzentrierender Sachgebiete erfolgt an „ein Verwaltungsgericht für die Bezirke **30** mehrerer Verwaltungsgerichte". Möglich ist daher zunächst eine landesweite Konzentration bei einem VG des Landes.[43] Da es in Nr. 4 heißt „für die Bezirke mehrerer" und nicht „aller" ist auch eine „geteilte" Konzentration, z.B. auf zwei VG des Landes möglich.

Auch ist es möglich, ein bestimmtes Sachgebiet in der Weise zu konzentrieren, dass nicht sämtliche, **31** sondern z.B. nur zwei Gerichtsbezirke zusammengefasst werden, im Übrigen aber das Sachgebiet in der Zuständigkeit der anderen VG zu belassen. Weder vom Wortlaut noch vom Zweck der Nr. 4 ge-

---

36 Vgl. auch *D. Wagner*, NJ 1994, 567.
37 S. *H. Geiger*, in: Eyermann § 3 Rn. 5.
38 A.M. offenbar *R. Marx*, AsylG, ⁹2017, § 83 Rn. 7.
39 Z.B. für Verfahren nach dem LandesPersVG und dem BPersVG und für Verfahren, die nach dem Landesdisziplinarrecht vor die Disziplinarkammern kommen.
40 A.M. *K. F. Gärditz*, in: Gärditz § 3 Rn. 10; vgl. aber die auf der Grundlage von § 11 RPflAnpG i.V.m. dem EV erlassene ThürVGZVO vom 30.11.1998 (GVBl 434).
41 Vgl. z.B. für Mecklenburg-Vorpommern Landesverordnung zur Konzentration von Asylverfahren bei den Verwaltungsgerichten vom 17.12.2015 (GVOBl 642), dazu OVG Greifswald NordÖR 2017, 335.
42 Vgl. *Schunck/De Clerck*, ¹1961, § 3 Anm. 1 c. A.M. *H. Geiger*, in: Eyermann § 3 Rn. 6.
43 Vgl. z.B. VG Bremen NVwZ-RR 1992, 671 zur früheren Konzentration von Asylsachen in Bayern bei dem VG Ansbach.

deck ist die Regelung der Zuständigkeit für das Asylrecht in § 6 HessAGVwGO. Denn nach dieser Bestimmung findet keine Konzentration der Asylzuständigkeit bei einem oder mehreren VG statt; vielmehr gelten auf dem Gebiet des Asylrechts von der allgemeinen Bezirkseinteilung abweichende Gerichtsbezirke, ohne dass eines der von § 6 HessAGVwGO erfassten VG seine Zuständigkeit für das Asylrecht insgesamt verlöre.

32 Innerhalb des Gerichts, bei dem einzelne Sachgebiete konzentriert sind, bestimmt sich die Zuständigkeit der Spruchkörper und deren richterliche Besetzung nach dem gerichtlichen Geschäftsverteilungsplan.[44] Die konzentrierten Sachgebiete sind mithin weder von vornherein bei einem bestimmten Spruchkörper konzentriert noch ist ausgeschlossen, dass die für sie zuständigen Spruchkörper keine weiteren Zuständigkeiten besitzen. Vielmehr entscheidet hierüber das Präsidium gem. § 21 e GVG. Nr. 4 führt mithin nicht zwingend zur Bildung von mit ausschließlicher Zuständigkeit versehenen Spruchkörpern.

33 Für Streitigkeiten nach dem AsylG erlaubt die Regelung des § 83 Abs. 2 S. 1 AsylG, besondere Spruchkörper zu bilden, die auch einen auswärtigen Sitz haben können (vgl. Nr. 5 und § 83 Abs. 2 S. 3 AsylG). Möglich ist es daher, Verfahren nach dem AsylG bei einem (oder mehreren) VG zu konzentrieren und gleichzeitig bei diesem Gericht auf der Grundlage von § 83 Abs. 1 AsylG durch Beschluss des Präsidiums oder § 83 Abs. 2 S. 1 und 2 AsylG durch Rechtsverordnung der Landesregierung bzw. der dazu ermächtigten Stelle besondere Spruchkörper zu bilden. Diese besitzen über die „konzentrierte" Zuständigkeit hinaus keine weiteren Zuständigkeiten. Eine Zuweisung anderer Sachen durch das Präsidium ist ausgeschlossen.

34 Die Ermächtigung der Nr. 4 gilt auch in den Fällen, in denen den Gerichten der allgemeinen Verwaltungsgerichtsbarkeit auf der Grundlage von § 187 Abs. 1 Aufgaben der besonderen Verwaltungsgerichtsbarkeit zufallen.

35 Die Konzentrationsermächtigung setzt – wie auch die Befugnis nach Abs. 2 – die Regelung des § 52 Nr. 2 S. 3 insoweit der Disposition des Landesgesetzgebers aus, als die dort normierte Dezentralisation der Zuständigkeit in Asylsachen an den Bezirk des VG anknüpft. Indem Nr. 4 (und auch Nr. 3) neben der allgemeinen Einteilung der Bezirke der VG eine davon sachgebietsbezogen abweichende, besondere Bezirkseinteilung ermöglicht, hat es der Landesgesetzgeber in der Hand, den Grad der Dezentralisation in Asylsachen zu bestimmen. Das stellt keine Konkurrenz zur Regelung des § 52 Nr. 2 S. 3 dar. Denn diese Bestimmung wählt die Anknüpfung an den Gerichtsbezirk lediglich als Instrument der Dezentralisation (als Ausnahme von § 52 Nr. 2 S. 1 und 2), ohne zugleich den Gerichtsbezirk selbst zu definieren.[45] Dies bleibt vielmehr eine dem Land zustehende Aufgabe der Gerichtsorganisation, die infolge von Nr. 4 zur Bildung eines auf das Asylrecht bezogenen zentralen „Asylgerichts" auf Landesebene führen kann (vgl. dazu VGH München BayVBl 1990, 213; VG Bremen NVwZ-RR 1992, 671).

36 **6. Dekonzentrationen (Nr. 4 a).** Nr. 4 a eröffnet dem Landesgesetzgeber die Möglichkeit, Verfahren, gegen Bundesbehörden, bei denen sich die örtliche Zuständigkeit des VG nach dem Behördensitz bestimmt (§ 52 Nr. 2 S. 1, 2 und 5), anderen VG oder mehreren VG des Landes zuzuweisen. Damit soll ermöglicht werden, überdurchschnittlich hohe Belastungen bei einzelnen VG auszugleichen.[46]

37 **7. Auswärtige Spruchkörper (Nr. 5).** Nr. 5 ermöglicht die Errichtung sog. auswärtiger Kammern des VG oder Senate des OVG (→ Rn. 17). Dem Gesetzgeber steht insoweit ein weites Ermessen zu, das nicht lediglich auf gerichtsorganisatorische Gründe, wie etwa Kostenersparnis, Erleichterung des Geschäftsverkehrs oder ortsnahe Rspr.[47] beschränkt ist. Vielmehr können insbes. auch strukturpolitische[48] oder „lokalpolitische"[49] Überlegungen eine Rolle spielen. Die Vorschrift ermächtigt nur zur Errichtung „einzelner" Kammern oder Senate an anderen Orten. Daraus ergibt sich, dass die Mehrzahl

---

44 Vgl. *P. Stelkens/B. Clausing*, in: Schoch/Schneider/Bier § 3 Rn. 14.
45 Vgl. *H. Geiger*, in: Eyermann § 3 Rn. 6.
46 Vgl. dazu die Begründung des Regierungsentwurfs, BT-Drs. 14/6393 sowie die Stellungnahme des Bundesrats, BT-Drs. 14/6854, 2.
47 Vgl. *Schunck/De Clerck*, ¹1961, § 3 Anm. 1 d.
48 Vgl. BayVerfGH BayVBl 1995, 270, 271; VGH München NZS 1995, 332, 333; *M. Funke-Kaiser*, in: Bader § 3 Rn. 7. A.M. *H. Geiger*, in: Eyermann § 3 Rn. 7; *H. Gersdorf*, in: Posser/Wolff § 3 Rn. 9; *K. F. Gärditz*, in: Gärditz § 3 Rn. 14.
49 Vgl. *G. Meyer-Hentschel*, DÖV 1959, 921, 922.

der Spruchkörper bei dem Stammgericht verbleiben muss.[50] Der Wortlaut deutet überdies darauf hin, dass die Bestimmung der Zahl der „einzelnen" Spruchkörper ebenfalls dem Gesetzgeber obliegt.[51] Nur so kann er selbst sicherstellen, dass die Grenze der „einzelnen" Spruchkörper eingehalten wird. In der Praxis ist allerdings von einer Bestimmung abgesehen worden (vgl. z.B. § 1 Abs. 2 NdsAGVwGO i.d.F. vom 1.7.1993 [NdsGVBl 175]). Jedenfalls aber steht dem Gesetzgeber das Recht zur Bestimmung der Zahl der auswärtigen Spruchkörper zu (vgl. VGH München NZS 1995, 332, 335).

Andere Orte sind andere politische Gemeinden als diejenige des Sitzes des (Stamm-)Gerichts, wobei   38
der andere Ort zum Gerichtsbezirk des jeweiligen Gerichts gehören muss.[52]

Keine „auswärtigen" Spruchkörper sind solche, die in der Sitzgemeinde lediglich außerhalb des Ge-   39
richtsgebäudes in Nebenstellen (Außenstellen) untergebracht sind.[53]

Fraglich ist, ob die Errichtung auswärtiger Spruchkörper notwendig mit der *Zuweisung eines räumli-*   40
chen Bezirks verbunden ist und – bejahendenfalls – ob eine solche Zuweisung vom *Landesgesetzgeber* vorgenommen werden muss oder – wenigstens – von ihm vorgenommen werden kann. Sieht man – mit der Begründung des Regierungsentwurfs zu § 2[54] – den Zweck auswärtiger Spruchkörper in der Ermöglichung ortsnaher Rspr.,[55] insbes. bei großen Gerichtsbezirken, so erscheint die Zuweisung eines räumlichen (Teil-)Bezirks als Ausschnitt aus dem (Gesamt-)Bezirk des (Stamm-)Gerichts zwingend;[56] für diesen Teilbezirk sind die auswärtigen Spruchkörper dann grds. für Rechtsstreitigkeiten aller Sachgebiete zuständig. Nicht zwingend ist indes, dass eine solche Zuweisung durch den Gesetzgeber zu erfolgen hat.[57]

Dafür gibt bereits der Wortlaut nichts her.[58] Zwar zählt zur Errichtung eines Gerichts (im institutio-   41
nellen Sinne) die Bestimmung seines Bezirks (→ Rn. 13). Auswärtige Kammern sind jedoch organisatorisch Teil des Gerichts und stellen ihrerseits nicht selbst ein Gericht im institutionellen Sinne dar (→ Rn. 7). Die Verteilung der Geschäfte auf die Spruchkörper eines Gerichts obliegt nach § 21 e Abs. 1 S. 1 GVG grds. dem Präsidium, das diese sowohl nach sachlichen als auch nach räumlichen Kriterien verteilen kann. Zwar führt die Zuweisung von Rechtsstreitigkeiten an einen auswärtigen Spruchkörper nach Maßgabe räumlicher Kriterien, etwa bestimmter Verwaltungsbezirke, zu einer Beschränkung der örtlichen Zuständigkeit der Spruchkörper des Stammgerichts und damit insoweit zu einer Änderung des Gerichtsbezirks, als die Zuständigkeit des Stammgerichts sich in räumlicher Hinsicht nicht mehr auf den gesamten Bezirk erstreckt. Indessen ist damit keine der Gesetzesform bedürfende Änderung in der Abgrenzung von (mindestens zwei) Gerichtsbezirken i.S.d. Nr. 3 (→ Rn. 20) verbunden, weil der Teilbezirk des auswärtigen Spruchkörpers nicht weiter reicht als der Gesamtbezirk des Gerichts. Auch aus diesem Gesichtspunkt ergibt sich mithin nichts für die Annahme, die Zuweisung eines örtlichen Bezirks sei notwendig durch den Gesetzgeber vorzunehmen.

Das schließt indes nicht zugleich eine entsprechende *Befugnis des Gesetzgebers* aus.[59] Diese ergibt sich   42
aus der Kompetenz der Länder zur Regelung der Gerichtsorganisation (vgl. *Ule*, Verwaltungsgerichtsbarkeit, § 3 Anm. IV). Dazu zählt neben der Errichtung von auswärtigen Spruchkörpern auch die Bestimmung des ihnen zukommenden Bezirks. Andernfalls hinge die Verwirklichung der vom Gesetzgeber mit der Errichtung von auswärtigen Spruchkörpern verfolgten Intentionen zu einem guten Teil vom Willen des Präsidiums ab. § 21 e Abs. 1 S. 1 GVG, wonach innerhalb eines Gerichts die Verteilung der Geschäfte durch das Präsidium erfolgt, steht dem nicht entgegen.[60] Die Befugnisse des Präsidiums sind nicht absolut; sie setzen vielmehr voraus, dass eine Notwendigkeit zur Konkretisierung des gesetzlichen Richters i.S.v. Art. 101 Abs. 1 S. 2 und Art. 97 Abs. 1 GG gegeben ist (→ § 4 Rn. 47). Das

---

50 Vgl. *H. Geiger*, in: Eyermann § 3 Rn. 7.
51 A.M., jedoch krit. zum Wortlaut *J. Ruthig*, in: Kopp/Schenke § 3 Rn. 2.
52 Vgl. *P. Stelkens/B. Clausing*, in: Schoch/Schneider/Bier § 3 Rn. 12.
53 Vgl. *H. Geiger*, in: Eyermann § 3 Rn. 7.
54 BT-Drs. 3/55 Anl. 1 S. 27; vgl. *Koehler* § 3 Anm. II 3.
55 So z.B. *P. Stelkens/B. Clausing*, in: Schoch/Schneider/Bier § 3 Rn. 10.
56 So *Ule*, Verwaltungsgerichtsbarkeit, § 3 Anm. IV; *Schunck/De Clerck*,[1]1961, § 3 Anm. 1 d. A.M. *Klinger* § 3 Anm. A 3.
57 *Ule*, Verwaltungsgerichtsbarkeit, § 3 Anm. IV; *W. Tietgen*, DVBl 1959, 846, 847; *G. Meyer-Hentschel*, DÖV 1959, 921, 922; *M. Redeker*, in: Redeker/v. Oertzen § 3 Rn. 2. A.M., aber widersprüchlich *Schunck/De Clerck*,[1]1961, § 3 Anm. 1 d.
58 Vgl. *Klinger* § 3 Anm. A 3.
59 *Klinger* § 3 Anm. A 3; *Ule*, Verwaltungsgerichtsbarkeit, § 3 Anm. IV; § 3 Rn. 2; *W. Tietgen*, DVBl 1959, 846, 847.
60 *W. Tietgen*, DVBl 1959, 846, 847. A.M. VGH München NZS 1995, 332, 335 f.; *M. Funke-Kaiser*, in: Bader § 3 Rn. 7.

ist nur soweit der Fall, wie nicht bereits der Landesgesetzgeber aufgrund einer ihm originär zustehenden Kompetenz oder der Verordnungsgeber aufgrund einer ihm erteilten Ermächtigung eine entsprechende Konkretisierung vorgenommen hat.[61] Aus Nr. 5 selbst ergibt sich kein Verbot an den Gesetzgeber, auswärtigen Spruchkörpern eigene Bezirke zuzuweisen. Die allgemeine Gerichtsorganisationskompetenz des Landes(gesetzgebers) erfährt mithin insoweit keine Einschränkung. Nicht richtig ist es daher, darauf abzustellen, dass Nr. 5 nicht ausdrücklich – wie in § 78 Abs. 1 S. 1, § 116 Abs. 2 GVG – die Zuweisung eines eigenen Bezirks der auswärtigen Spruchkörper erwähnt (so aber VGH München NZS 1995, 332, 336).

43 Hinsichtlich *auswärtiger Senate* des OVG (vgl. Art. 1 Abs. 1 S. 3 BayAGVwGO; s. dazu BayVerfGH BayVBl 1995, 270) wird die Zuweisung eines örtlichen Bezirks (unter dem Aspekt der Zuweisung durch den Gesetzgeber) im Blick darauf kritisch gesehen, dass damit das Verbot, in einem Land mehr als ein OVG zu errichten, faktisch unterlaufen[62] und dem hinter diesem Verbot stehenden Prinzip, die Einheit der Rspr. auf Landesebene zu sichern, entgegengewirkt werde (VGH München NZS 1995, 332, 335). Diese Kritik ist trotz der Regelung des § 12 tatsächlich nicht von der Hand zu weisen, denn mit der Schaffung „allzuständiger" auswärtiger Spruchkörper eines OVG mit eigenem Jurisdiktionsbezirk ist durchaus die Gefahr einer Zersplitterung der obergerichtlichen Rspr. innerhalb des Landes verbunden, weil auswärtige Einrichtungen derselben Organisation dazu neigen, alsbald in gewisser Weise ein „Eigenleben" zu entwickeln. Allerdings sollte dieser Gesichtspunkt nicht überbewertet werden. Denn die Gefahr uneinheitlicher Rspr. desselben Obergerichts ist auch ohne auswärtige Senate nicht ausgeschlossen, nämlich auf dem Gebiet des Prozessrechts sowie dann, wenn nicht nur ein Senat für ein und dasselbe Rechtsgebiet zuständig ist.

44 Dem Gesetzgeber durch Nr. 5 nicht erlaubt ist die *Zuweisung bestimmter Sachgebiete* an die auswärtigen Spruchkörper. Denn damit würde er besondere Spruchkörper mit exklusiver Zuständigkeit schaffen, deren Errichtung einer eigenen Ermächtigungsgrundlage, wie sie bspw. § 83 Abs. 2 AsylG darstellt, bedarf.

45 Zur notwendigen Regelung durch den Gesetzgeber gehört auch die Angabe des *„anderen Ortes".*[63] Eine zeitliche Begrenzung der Einrichtung von auswärtigen Spruchkörpern ist nicht ausgeschlossen, obschon sie grds. eine auf Dauer bestimmte Einrichtung sein muss.[64]

46 Schwer abzugrenzen sind auswärtige Spruchkörper von einer *Zweigstelle*, deren Errichtung die VwGO nicht vorsieht. Zweigstellen sind als ständige Einrichtung vorgesehene einzelne Kammern oder Senate an einem anderen Ort mit einer gewissen organisatorischen Verfestigung. Ein eigener Bezirk ist nicht erforderlich.[65] Wann (noch) von einzelnen auswärtigen Kammern und wann (schon) von einer Zweigstelle gesprochen werden kann, dürfte angesichts dieser Definitionslage kaum noch nachvollziehbar begründet werden können.[66] Unabhängig von Nr. 5 besteht nach § 102 Abs. 3 die Möglichkeit, *Sitzungen außerhalb des Gerichtssitzes* anzuberaumen. Von der Errichtung auswärtiger Spruchkörper ist das Abhalten sog. *Gerichtstage* zu unterscheiden. Gerichtstag nennt man die in geordneten Zeitabständen, z.B. monatlich, wiederkehrende Anwesenheit des Richters oder sonstiger Justizpersonen an einem Ort des Gerichtsbezirks außerhalb des Gerichtssitzes zur Erledigung von Amtshandlungen und zur Entgegennahme von Anträgen und Erklärungen.[67] Die VwGO sieht eine solche Möglichkeit nicht vor.[68] Sie lässt sich auch nicht – wie für das SGG im Blick auf die Möglichkeit zur Errichtung von Zweigstellen vertreten wird[69] – als minus aus der Befugnis nach Nr. 5 ableiten.

47 Weil auswärtige Spruchkörper organisatorisch Teil des Stammgerichts sind, reicht zur *Rechtzeitigkeit der Erhebung einer Klage*, für die ein auswärtiger Spruchkörper zuständig ist, ihr fristgerechter Ein-

---

61 A.M. wohl OVG Greifswald NordÖR 2015, 559: Keine Befugnis des Landesverordnungsgebers, die ausschließliche sachliche und örtliche Zuständigkeit amtsgerichtlicher Zweigstellen zu bestimmen.

62 *H. Geiger*, in: Eyermann § 3 Rn. 7.

63 *H. Geiger*, in: Eyermann § 3 Rn. 7.

64 *Eyermann/Fröhler*, ¹1960, § 3 Rn. 2.

65 Vgl. *W. Keller*, in: Meyer-Ladewig/Keller/Leitherer/Schmidt § 7 Rn. 4; *H. Müller*, NJW 1963, 614, 615. A.M. *Kissel/Mayer* § 22 Rn. 2.

66 S.a. *H. Geiger*, in: Eyermann § 3 Rn. 7, der den Begriff Zweigstelle synonym für auswärtige Spruchkörper verwendet.

67 *H. Müller*, NJW 1963, 614.

68 *P. Stelkens/B. Clausing*, in: Schoch/Schneider/Bier § 3 Rn. 13.

69 *W. Keller*, in: Meyer-Ladewig/Keller/Leitherer/Schmidt § 7 Rn. 5; krit. *H. Müller*, NJW 1963, 614 f.

gang bei dem Stammgericht.[70] Das gilt auch, wenn das Errichtungsgesetz selbst den räumlichen Bezirk bestimmt und insoweit die Zuständigkeit des auswärtigen Spruchkörpers der Geschäftsverteilung durch das Präsidium entzogen ist.

Daraus kann jedoch nicht geschlossen werden, dass die unterschiedlichen Anschriften von Stammge- 48 richt und auswärtigen Spruchkörpern in der *Rechtsbehelfsbelehrung* anzugeben sind.[71] Sitz des Gerichts ist trotz des Bestehens auswärtiger Spruchkörper stets der des Stammgerichts, sodass dem notwendigen Inhalt einer Rechtsbehelfsbelehrung jedenfalls entsprochen wird, wenn allein das (Stamm-)Gericht nebst dessen Sitz in den Fällen genannt wird, in denen nicht die Zuständigkeit eines auswärtigen Spruchkörpers gegeben ist. Ein Hinweis auf den (ortsnäheren) auswärtigen Spruchkörper ist bei dieser Betrachtungsweise ein nicht notwendiger Zusatz (vgl. BVerwG 17.9.2004 – 10 B 20.04; VGH München BayVBl 1996, 734 f.; vgl. auch BVerwG NVwZ 1993, 359), dessen Unterbleiben nicht Anlass zu Irrtümern sein kann. Fraglich kann daher nur sein, ob eine Rechtsbehelfsbelehrung, die hinsichtlich der Anbringung des Rechtsbehelfs (allein) auf den auswärtigen Spruchkörper und dessen Sitz abstellt, unvollständig oder unrichtig i.S.v. § 58 Abs. 2 ist. Das ist zu verneinen, wenn die (verfahrensrechtliche) Zuständigkeit[72] von auswärtigen Spruchkörpern gegeben ist. § 58 Abs. 1 ist auf diesen Fall entsprechend mit der Folge anzuwenden, dass das „Gericht", bei dem der Rechtsbehelf anzubringen ist, (auch) auswärtige Spruchkörper sind (verstanden im institutionellen Sinne als unselbständiger Teil des Gerichts), sodass zulässigerweise (allein) deren Sitz angegeben werden kann.[73] Die Angabe auch des Stammgerichts stellt dann einen nicht erforderlichen zusätzlichen Hinweis auf eine (weitere) Stelle dar, bei der der Eingang des Rechtsbehelfs (ebenfalls) fristgerecht erfolgen kann. Gleichwohl wird es genauso als ausreichend anzusehen sein, wenn trotz Zuständigkeit des auswärtigen Spruchkörpers allein auf das Stammgericht abgestellt wird (so die Praxis bzgl. der früheren auswärtigen Kammer Boizenburg des VG Schwerin).

Ist eine in die Zuständigkeit eines auswärtigen Spruchkörpers fallende Klage oder sonst ein Antrag bei 49 dem Stammgericht für eine der dortigen Kammern (Senate) registriert worden und wird später die Zuständigkeit des auswärtigen Spruchkörpers erkannt, so liegt *kein Fall der förmlichen Verweisung*, sondern eine Abgabe innerhalb des Gerichts vor, über die sich die jeweiligen Vorsitzenden verständigen. Ob bei dem auswärtigen Spruchkörper eingehende und in dessen Zuständigkeit fallende Verfahren zentral beim Stammgericht oder unmittelbar vor Ort registriert werden, ist eine Frage der Gerichtsverwaltung.

Die *Zuweisung der Geschäfte* obliegt dem Präsidium, soweit nicht der Gesetzgeber oder – im Fall des 50 § 83 Abs. 2 AsylG – der Verordnungsgeber zulässigerweise (→ Rn. 33, 41 f.) Regelungen getroffen hat. Ebenso werden die Richter der auswärtigen Spruchkörper diesen durch das Präsidium zugeteilt.[74] Eine Versetzung, die nach Art. 97 Abs. 2 GG unzulässig wäre, soll hierin nach allgemeiner Meinung nicht liegen.[75] Trotz der Zuteilung an den auswärtigen Spruchkörper behält der Richter sein konkretes Richteramt i.S.v. § 27 DRiG. Der Zustimmung des betroffenen Richters bedarf die Zuteilung an den auswärtigen Spruchkörper grundsätzlich nicht.[76]

Ist *ein auswärtiger Spruchkörper als besonderer Spruchkörper*, etwa nach § 83 Abs. 2 S. 1 AsylG er- 51 richtet worden, so können diesem weitere als die von der besonderen Zuständigkeit erfassten Verfahren nicht zugewiesen werden. Sollen gleichwohl die Richter des besonderen Spruchkörpers auch in anderen Sachen entscheiden, so ist die Errichtung eines weiteren (allgemeinen) auswärtigen Spruchkör-

---

70 BVerwG DVBl 1959, 709, 710; VGH Kassel ESVGH 34, 214; s.a. VGH München BayVBl 1996, 734, der allerdings nicht hinreichend zwischen der Stelle, bei der der Rechtsbehelf anzubringen ist, und sonstigen Stellen, bei denen der Eingang des Rechtsbehelfs fristgerecht erfolgen kann, unterscheidet; dazu s. instruktiv OVG Münster OVGE 29, 183, 184.

71 Vgl. BVerwG 17.9. 2004 – 10 B 20.04; VGH München NVwZ-RR 2005, 4; so nunmehr auch *H. Geiger*, in: Eyermann § 3 Rn. 8. A.M. wohl *Schunck/De Clerck*, ¹1961, § 3 Anm. 1 d.

72 Dazu *C. Meissner/W. Schenk*, in: Schoch/Schneider/Bier § 58 Rn. 36.

73 Das entsprach der – soweit ersichtlich – nicht beanstandeten Praxis bei den früheren auswärtigen Kammern des VG Oldenburg in Osnabrück.

74 Vgl. *P. Stelkens/B. Clausing*, in: Schoch/Schneider/Bier § 3 Rn. 10; *H. Geiger*, in: Eyermann § 3 Rn. 7; *M. Redeker*, in: Redeker/v. Oertzen § 3 Rn. 2.

75 Vgl. VGH München NZS 1995, 332, 333 m.w.N.; vgl. auch VG Frankfurt/a.M. LKRZ 2014, 378; VG München DRiZ 2000, 101; unklar *Schunck/De Clerck*, ¹1961, § 3 Anm. 1 d. A.M. *K. F. Gärditz*, in: Gärditz § 3 Rn. 16.

76 Vgl. VGH München NZS 1995, 332, 333. A.M. *K. F. Gärditz*, in: Gärditz § 3 Rn. 17; *C. H. Ule*, DVBl 1963, 566; *H. Müller*, NJW 1963, 614, 616.

pers erforderlich, der mit den Richtern des besonderen Spruchkörpers besetzt werden kann. Denkbar ist auch – bei nicht allzu großer Entfernung zwischen auswärtigem (besonderem) Spruchkörper und dem Stammgericht –, dass der weitere (personenidentische) Spruchkörper bei dem Stammgericht eingerichtet wird. Ob die Richter dieses Spruchkörpers die Verfahrensakten am Sitz des Stammgerichts oder am Sitz des auswärtigen Spruchkörpers bearbeiten, was sich danach richten dürfte, wo örtlich gesehen der Schwerpunkt ihrer gesamten richterlichen Tätigkeit liegt, sowie die Frage, wo die Akten geschäftsstellenmäßig verwaltet werden, spielt keine Rolle. Soweit Sitzungen dieses zweiten Spruchkörpers am Sitz des auswärtigen Spruchkörpers stattfinden, erfolgt dies auf der Grundlage und (nur) unter den Voraussetzungen von § 102 Abs. 3.

52 **8. Übergang anhängiger Verfahren (Nr. 6).** Nr. 6 ermöglicht eine Ausnahme von dem aus §§ 83, 173 VwGO i.V.m. § 17 Abs. 1 S. 1 GVG folgenden Grundsatz der perpetuatio fori, wonach nach Rechtshängigkeit eintretende Umstände die Zuständigkeit des Gerichts nicht berühren. Die Anordnung des Übergangs anhängiger Verfahren auf ein „anderes Gericht" ist nur möglich bei den gerichtsorganisatorischen Maßnahmen nach den Nr. 1, 3, 4 und 4 a. Als ein spezialgesetzlich geregelter Fall der Nr. 3 ist die in einer Rechtsverordnung eines Landes aufgrund § 83 Abs. 3 AsylG erfolgte Zuweisung von Asylstreitverfahren nach Herkunftsstaaten an ein VG für die Bezirke mehrerer VG (→ Rn. 21, 29) mit der Folge anzusehen, dass auch insoweit der Übergang anhängiger Verfahren bestimmt werden kann.

53 Aus der Formulierung „bei" ergibt sich zunächst, dass Regelungen nach Nr. 6 (zeitlich) zusammen mit solchen nach Nr. 1, 3, 4 oder 4 a getroffen werden können. Die Vorschrift soll auch zulassen, Mängel, die sich aufgrund der Anwendung des Grundsatzes der perpetuatio fori ergeben haben, alsbald nach Inkrafttreten des Gesetzes nach Nr. 1, 3, 4 oder 4 a zu korrigieren.[77] Anhängigkeit ist mit Eingang der Sache bei Gericht gegeben und fällt – anders als im Zivilprozess – mit der Rechtshängigkeit zusammen (→ § 90 Rn. 1 ff.). Als „anhängige Verfahren" kommen nur solche in Betracht, die von den Maßnahmen nach Nr. 1, 3, 4 oder 4 a betroffen sind. Das folgt aus dem Zweck der Nr. 6, der dahin geht, den Gesetzgeber in die Lage zu versetzen, gerade diesen Maßnahmen entgegen § 173 VwGO, § 17 Abs. 1 S. 1 GVG zuständigkeitsändernde Bedeutung in Bezug auf „Altverfahren" beizumessen. Deshalb kann eine hiervon – den Grundsatz der perpetuatio fori hinweggedacht – nicht betroffene Zuständigkeit nicht gewissermaßen „bei Gelegenheit" von Maßnahmen nach Nr. 1, 3, 4 oder 4 a verändert werden. Nr. 6 ermöglicht keine beliebige Auswechselung des gesetzlichen Richters.

54 Eine andere Frage ist freilich, ob Verfahren, deren Zuständigkeit nach dem Vorgesagten grds. wechseln kann, auch auf ein Gericht übergehen können, das (im Übrigen) nicht in die Maßnahme nach Nr. 1, 3, 4 oder 4 a einbezogen ist. Diese Frage ist ebenfalls zu verneinen. Ein „anderes Gericht" kann vor dem Hintergrund des eben beschriebenen Zwecks nur ein solches sein, das nach Nr. 1 (neu) errichtet wird, dessen Bezirk nach Nr. 3 verändert wird oder bei dem Zuständigkeiten nach Nr. 4 oder 4 a konzentriert werden sollen.[78]

55 Bei Errichtung auswärtiger Spruchkörper (Nr. 5) findet Nr. 6 keine Anwendung. Das ist auch nicht erforderlich. Zwar gilt auch im Falle der Errichtung auswärtiger Spruchkörper der Grundsatz der perpetuatio fori. Jedoch steht es dem Präsidium i.R. der Geschäftsverteilung frei, auch vor Errichtung des auswärtigen Spruchkörpers anhängig gewordene Verfahren, die nunmehr, gingen sie neu ein, in die Zuständigkeit des auswärtigen Spruchkörpers fielen, diesem zuzuweisen (zu den Grenzen einer Umverteilung bereits anhängiger Verfahren → § 4 Rn. 61 ff.).

IV. Vereinbarungen der Länder zur Gerichtsorganisation

56 Abs. 2 stellt in gesetzessystematischer Hinsicht eine Ausnahme zu § 2 dar (→ Rn. 9).

57 **1. Kompetenz.** Die Kompetenz des Bundes leitet sich aus Art. 74 Abs. 1 Nr. 1 i.V.m. Art. 72 GG ab (→ § 2 Rn. 15). Ob sich diese auch auf die Errichtung gemeinsamer Gerichte einzelner Länder durch den Bundesgesetzgeber erstreckt,[79] erscheint zweifelhaft. Denn „speziell die Errichtung der Gerichte in den Ländern" ist eine Aufgabe des Landesgesetzgebers (BVerfGE 24, 155, 167). Der Bundesgesetzge-

---

77 Vgl. *Koehler* § 3 Anm. II 5.
78 So jetzt auch *P. Stelkens/B. Clausing*, in: Schoch/Schneider/Bier § 3 Rn. 15.
79 So *P. Stelkens/B. Clausing*, in: Schoch/Schneider/Bier § 3 Rn. 17 mit nicht zutreffendem Hinweis auf BVerfGE 24, 155, 169 f. in Fn. 44.

ber hat insoweit aufgrund der konkurrierenden Gesetzgebungsbefugnis für das Gebiet der Gerichtsverfassung (Art. 74 Abs. 1 Nr. 1 GG) lediglich die Befugnis zur abstrakten Bestimmung darüber, welche Gerichte in den Ländern existieren sollen. In diesem Rahmen kann er auch die Bildung von gemeinsamen Gerichten anordnen. Der organisationsrechtliche Errichtungsakt indes ist der Bestimmung der Länder vorbehalten.

2. Allgemeines. Die Bestimmung enthält im Kern drei Tatbestände: Sie ermöglicht durch Vereinbarung der Länder die Schaffung von gemeinsamen Gerichten, gemeinsamen Spruchkörpern eines Gerichts und die Ausdehnung von Gerichtsbezirken über die Landesgrenzen hinaus, wobei die Ausdehnung von Gerichtsbezirken sachgebietsbezogen erfolgen kann, also auf ein oder mehrere Sachgebiete beschränkt werden kann. Wird von der Ermächtigung Gebrauch gemacht, üben die beteiligten Gerichte Rechtsprechungsgewalt nicht nur für alle beteiligten Länder, sondern auch als Teil von deren Landesgerichtsbarkeit aus (vgl. VerfGH Bln NVwZ 2007, 813, 815). 58

3. Gemeinsames Gericht. Die Formulierung „mehrere Länder" bedeutet „mehr als ein Land". Fraglich ist, ob damit auch „weniger als alle Länder" mit der Folge gemeint ist, dass die Errichtung eines gemeinsamen Gerichts aller Länder ausgeschlossen wäre (so OVG Münster NJW 1974, 76, 77). Im Zusammenhang mit der Regelung der örtlichen Zuständigkeit im Staatsvertrag über die Vergabe von Studienplätzen (a.F.)[80] hat das BVerfG der Ermächtigung des § 3 Abs. 1 Nr. 4 „auch i.V.m. § 3 Abs. 2 zweite Alternative" einen „bundesweiten Charakter" abgesprochen (BVerfGE 37, 191, 199). Ob mit dieser allgemeinen Formel auch ein Verbot der Errichtung eines gemeinsamen Gerichts aller Länder verbunden ist, erscheint indes fraglich. Ausgehend von dem ursprünglichen Zweck von § 3 Abs. 2 a.F. (→ Rn. 9) dürfte an ein gemeinsames Gericht, das von einer größeren Anzahl von Ländern oder allen Ländern getragen wird, nicht gedacht worden sein. Das schließt jedoch die Zulässigkeit eines solchen gemeinsamen Gerichts nicht von vornherein aus.[81] 59

Kein Argument gegen eine solche Möglichkeit ist der Gedanke, dass ein gemeinsames All-Länder-Gericht einem Bundesgericht gleichkäme.[82] Denn das spezifische Merkmal eines Bundesgerichts ist nicht dessen Zuständigkeit für das (gesamte) Bundesgebiet, wie etwa die Truppendienstgerichte zeigen, sondern dessen beim Bund liegende Rechtsträgerschaft. Ebenso schließt der Wortlaut „mehrere" die Errichtung eines gemeinsamen Gerichts aller Länder nicht aus. „Mehrere Länder" sind auch alle Länder. Vor allem spricht für diese Auslegung der Grundsatz des gesetzlich bestimmten Richters: Träfe zu, dass mit „mehreren Ländern" nur „einzelne" und keinesfalls alle gemeint sind, so stellte sich die Frage, wieviele Länder sich höchstens zur Errichtung eines gemeinsamen Gerichts zusammenschließen könnten.[83] Diese Frage darf vor dem Hintergrund des gesetzlichen Richters nicht offenbleiben. Da sie vom Gesetzgeber nicht eindeutig in der Weise geregelt wurde, dass nur eine bestimmte Zahl von Ländern ein gemeinsames Gericht vereinbaren kann, ist diejenige Auslegung vorzuziehen, die ein solches Mehrländergericht keinen Zweifeln in Bezug auf den gesetzlichen Richter aussetzt. Das ist bei der Auslegung, die auch ein All-Länder-Gericht für zulässig erachtet, der Fall.[84] 60

Unabhängig von Nr. 6 kann auf der Grundlage von § 138 Abs. 2 S. 1 FlurbG durch Staatsvertrag ein gemeinsames Flurbereinigungsgericht errichtet werden. 61

4. Gemeinsame Spruchkörper. Als gemeinsame Spruchkörper können Spruchkörper errichtet werden, die für das gesamte Gebiet der an der Vereinbarung beteiligten Länder zuständig werden. Möglich sind auch gemeinsame Spruchkörper von Gerichten verschiedener Länder, die (lediglich) für die Bezirke der „beteiligten" Gerichte zuständig sein sollen. Eine solche Lösung könnte sich insbes. bei benachbarten Gerichtsbezirken zweier oder mehrerer Länder für Verfahren anbieten, die in die Zuständigkeit bundesrechtlich oder landesrechtlich angeordneter oder erlaubter besonderer Spruchkörper fallen. Nicht zulässig wäre hingegen die Schaffung gemeinsamer (allgemeiner) Spruchkörper, die kraft der 62

---

80 Vom 20.10.1972, BayGVBl 98.
81 A.M. M. *Funke-Kaiser*, in: Bader § 3 Rn. 9.
82 So *P. Stelkens/B. Clausing*, in: Schoch/Schneider/Bier § 3 Rn. 17; *C. Danker*, in: HK-VerwR VwGO § 3 Rn. 3.
83 Vgl. insoweit etwa die ursprünglichen Bestrebungen, die Länder Hamburg und Bremen in den (zweiten) Staatsvertrag zwischen den Ländern Nds und SH über die Bildung eines gemeinschaftlichen OVG und eines gemeinschaftlichen Dienststrafhofes einzubeziehen; Begründung des Regierungsentwurfs eines Gesetzes über den Staatsvertrag, Nds LT-Drs. 3/118 (Anl.), Drs. 3. WP S. 451, 456.
84 Das setzt offenbar auch *U. v. Burski*, NJW 1973, 1785, voraus.

Vereinbarung bzw. des Vertragsgesetzes für Verfahren eines bestimmten Sachgebietes zuständig sein sollen. Denn damit würden der Sache nach von den beteiligten Landesgesetzgebern besondere Spruchkörper für das betreffende Sachgebiet geschaffen, ohne dass Bundesrecht hierzu ermächtigte. Abs. 2 selbst enthält eine solche Ermächtigung nicht. Soweit es heißt „auch für einzelne Sachgebiete", bezieht sich dies nur auf die Ausdehnung von Gerichtsbezirken über die Landesgrenzen hinweg, nicht aber auf die Schaffung gemeinsamer Spruchkörper.

63 Allgemein zuständige gemeinsame Spruchkörper können aber in der Weise geschaffen werden, dass diesen in der Vereinbarung (lediglich) ein bestimmter Bezirk, der Teile der beteiligten Länder umfasst, zugewiesen wird. Aufgabe des Präsidiums desjenigen Gerichts, bei dem die gemeinsamen Spruchkörper gebildet werden, ist es dann, die Geschäfte dieser Spruchkörper zu bestimmen. Wird nur ein gemeinsamer Spruchkörper errichtet, so sind allerdings die aus dem anderen Land bzw. den anderen Ländern stammenden Verfahren sämtlich auf diesen Spruchkörper zu verteilen. Gemeinsame Spruchkörper können gerichtsorganisatorisch nur bei einem bestimmten Gericht, nicht also verselbständigt errichtet werden.[85] Möglich, aber nicht zwingend, ist ihre Errichtung als auswärtiger Spruchkörper, etwa als gemeinsamer besonderer (auswärtiger) Spruchkörper nach § 83 Abs. 2 AsylG.

64 **5. Ausdehnung von Gerichtsbezirken.** Mit einer Ausdehnung von Gerichtsbezirken über die Landesgrenzen hinaus gibt das Land, auf dessen Gebiet bzw. Gebietsteil sich die Zuständigkeit des Gerichts des anderen Bundeslandes erstrecken soll, einen Teil seiner Jurisdiktionshoheit auf. Nach dem BVerfG kann die Ausdehnung eines Gerichtsbezirks nur auf Teile eines Landes erstreckt werden (BVerfGE 37, 191, 199). Die maßgebliche Entscheidung des BVerfG erging indes am 7.5.1964, mithin vor Inkrafttreten des 2. VwGOÄndG vom 25.7.1978 (BGBl I 1107), mithin unter der Geltung des § 3 Abs. 2 a.F. Diese Fassung schloss die Errichtung eines gemeinsamen VG, wie sie durch den Staatsvertrag über die Vergabe von Studienplätzen (a.F.) für das VG Gelsenkirchen begründet werden sollte, aus.[86] Gleichwohl dürfte das Ergebnis auch heute zutreffend sein. Denn eine Bezirksausdehnung auf das Gebiet eines gesamten Landes führt – lässt man einmal die Möglichkeit der Ausdehnung für einzelne Sachgebiete außen vor – in der Sache zu einem gemeinsamen Gericht.[87] Da diese Möglichkeit aber bereits in der 1. Alt. des Abs. 2 (nunmehr) geregelt ist, ist sie nicht mehr, auch nicht mittelbar, in der 3. Alt. enthalten. In der Vereinbarung ist das die „fremden" Gebietsteile „aufnehmende" Gericht zu bestimmen, dessen Bezirk sich entsprechend erweitert.

65 Die Ausdehnung kann – anders als die Errichtung eines gemeinsamen Gerichts oder gemeinsamen Spruchkörpers – auch für einzelne Sachgebiete vereinbart werden. Eine verkappte Errichtung besonderer Spruchkörper liegt darin nicht, weil die Bestimmung des für das Sachgebiet zuständigen Spruchkörpers dem Präsidium des „aufnehmenden" Gerichts obliegt. Nicht zulässig ist die Ausdehnung eines Bezirks nur einer oder einzelner Kammern des VG (oder Senate des OVG).[88] Eine solche Möglichkeit kann allenfalls hinsichtlich besonderer Spruchkörper (wie z.B. Asyl- oder Personalvertretungssachen) bejaht werden. In den anderen Fällen setzte die Ausdehnung des Bezirks nur einzelner Spruchkörper voraus, dass deren durch das Präsidium bestimmte Zuständigkeit nicht veränderlich wäre. Das aber widerspricht § 21 e GVG.

66 **6. Form.** Eine Vereinbarung nach Abs. 2 ist zwischen den beteiligten Ländern in der Form eines Staatsvertrages zu schließen. Das folgt aus dem in § 3 normierten Gesetzesvorbehalt für die in Abs. 1 bezeichneten gerichtsorganisatorischen Maßnahmen. Abs. 2 gewährt, wenn auch der Gesetzesvorbehalt nicht ausdrücklich erwähnt wird, insoweit keinen Dispens. Die von Abs. 2 einer Vereinbarung unter Ländern für zugänglich erklärten Gerichtsorganisationsakte stellen inhaltlich Anwendungsfälle des Abs. 1 mit der Folge dar, dass die Transformation einer nach Abs. 2 getroffenen Vereinbarung zu ihrer landesrechtlichen Wirksamkeit eines Gesetzes bedarf. Ein bloßes Verwaltungsabkommen reicht mithin nicht aus.

67 Der Staatsvertrag wird regelmäßig von den beteiligten Landesjustizverwaltungen ausgehandelt; nach Landesverfassungsrecht bestimmt sich, wer das jeweilige Land nach außen vertritt und den Vertrag unterzeichnet. Soweit das Inkrafttreten des Vertrages von der Ratifikation, also der besonderen Aner-

---

85 Vgl. *P. Stelkens/B. Clausing*, in: Schoch/Schneider/Bier § 3 Rn. 18.
86 Vgl. nur *Ule*, Verwaltungsgerichtsbarkeit, § 3 Anm. VI.
87 Vgl. *Ule*, Verwaltungsgerichtsbarkeit, § 3 Anm. VI.
88 So aber *Schunck/De Clerck*, ¹1961, § 3 Anm. 2.

kennung seiner Verbindlichkeit, nachdem er die verfassungsmäßige Zustimmung in Form eines Gesetzes gefunden hat, abhängig gemacht wird, ist hierfür ebenfalls dasjenige Staatsorgan zuständig, das das Land nach außen vertritt.[89]

§ 4 [Präsidium und Geschäftsverteilung]

[1]Für die Gerichte der Verwaltungsgerichtsbarkeit gelten die Vorschriften des Zweiten Titels des Gerichtsverfassungsgesetzes entsprechend. [2]Die Mitglieder und drei Vertreter des für Entscheidungen nach § 99 Abs. 2 zuständigen Spruchkörpers bestimmt das Präsidium jeweils für die Dauer von vier Jahren. [3]Die Mitglieder und ihre Vertreter müssen Richter auf Lebenszeit sein.

§ 21 a GVG [Präsidium]

(1) Bei jedem Gericht wird ein Präsidium gebildet.
(2) Das Präsidium besteht aus dem Präsidenten oder aufsichtführenden Richter als Vorsitzenden und
1. bei Gerichten mit mindestens achtzig Richterplanstellen aus zehn gewählten Richtern,
2. bei Gerichten mit mindestens vierzig Richterplanstellen aus acht gewählten Richtern,
3. bei Gerichten mit mindestens zwanzig Richterplanstellen aus sechs gewählten Richtern,
4. bei Gerichten mit mindestens acht Richterplanstellen aus vier gewählten Richtern,
5. bei den anderen Gerichten aus den nach § 21 b Abs. 1 wählbaren Richtern.

§ 21 b GVG [Wahl zum Präsidium]

(1) Wahlberechtigt sind die Richter auf Lebenszeit und die Richter auf Zeit, denen bei dem Gericht ein Richteramt übertragen ist, sowie die bei dem Gericht tätigen Richter auf Probe, die Richter kraft Auftrags und die für eine Dauer von mindestens drei Monaten abgeordneten Richter, die Aufgaben der Rechtsprechung wahrnehmen. Wählbar sind die Richter auf Lebenszeit und die Richter auf Zeit, denen bei dem Gericht ein Richteramt übertragen ist. Nicht wahlberechtigt und nicht wählbar sind Richter, die für mehr als drei Monate an ein anderes Gericht abgeordnet, für mehr als drei Monate beurlaubt oder an eine Verwaltungsbehörde abgeordnet sind.
(2) Jeder Wahlberechtigte wählt höchstens die vorgeschriebene Zahl von Richtern.
(3) Die Wahl ist unmittelbar und geheim. Gewählt ist, wer die meisten Stimmen auf sich vereint. Durch Landesgesetz können andere Wahlverfahren für die Wahl zum Präsidium bestimmt werden; in diesem Fall erlässt die Landesregierung durch Rechtsverordnung die erforderlichen Wahlordnungsvorschriften; sie kann die Ermächtigung hierzu auf die Landesjustizverwaltung übertragen. Bei Stimmengleichheit entscheidet das Los.
(4) Die Mitglieder werden für vier Jahre gewählt. Alle zwei Jahre scheidet die Hälfte aus. Die zum ersten Mal ausscheidenden Mitglieder werden durch das Los bestimmt.
(5) Das Wahlverfahren wird durch eine Rechtsverordnung geregelt, die von der Bundesregierung mit Zustimmung des Bundesrates erlassen wird.
(6) Ist bei der Wahl ein Gesetz verletzt worden, so kann die Wahl von den in Absatz 1 Satz 1 bezeichneten Richtern angefochten werden. Über die Wahlanfechtung entscheidet ein Senat des zuständigen Oberlandesgerichts, bei dem Bundesgerichtshof ein Senat dieses Gerichts. Wird die Anfechtung für begründet erklärt, so kann ein Rechtsmittel gegen eine gerichtliche Entscheidung nicht darauf gestützt werden, das Präsidium sei deswegen nicht ordnungsgemäß zusammengesetzt gewesen. Im übrigen sind auf das Verfahren die Vorschriften des Gesetzes über das Verfahren in Familiensachen und in den Angelegenheiten der freiwilligen Gerichtsbarkeit entsprechend anzuwenden.

§ 21 c GVG [Vertretung der Mitglieder des Präsidiums]

(1) Bei einer Verhinderung des Präsidenten oder aufsichtführenden Richters tritt sein Vertreter (§ 21 b) an seine Stelle. Ist der Präsident oder aufsichtführende Richter anwesend, so kann sein Vertreter, wenn

---

89 Unklar zum Begriff der Ratifikation M. *Funke-Kaiser*, in: Bader § 3 Rn. 1; zum OVG Bln-Bbg vgl. VerfGH Bln NVwZ 2007, 813; allgemein zu den gemeinsamen Fachobergerichten Berlin-Brandenburg vgl. BVerfG LKV 2007, 79, 80.

er nicht selbst gewählt ist, an den Sitzungen des Präsidiums mit beratender Stimme teilnehmen. Die gewählten Mitglieder des Präsidiums werden nicht vertreten.

(2) Scheidet ein gewähltes Mitglied des Präsidiums aus dem Gericht aus, wird es für mehr als drei Monate an ein anderes Gericht abgeordnet oder für mehr als drei Monate beurlaubt, wird es an eine Verwaltungsbehörde abgeordnet oder wird es kraft Gesetzes Mitglied des Präsidiums, so tritt an seine Stelle der durch die letzte Wahl Nächstberufene.

§ 21 d GVG [Größe des Präsidiums]

(1) Für die Größe des Präsidiums ist die Zahl der Richterplanstellen am Ablauf des Tages maßgebend, der dem Tage, an dem das Geschäftsjahr beginnt, um sechs Monate vorhergeht.

(2) Ist die Zahl der Richterplanstellen bei einem Gericht mit einem Präsidium nach § 21 a Abs. 2 Nr. 1 bis 3 unter die jeweils genannte Mindestzahl gefallen, so ist bei der nächsten Wahl, die nach § 21 b Abs. 4 stattfindet, die folgende Zahl von Richtern zu wählen:

1. bei einem Gericht mit einem Präsidium nach § 21 a Abs. 2 Nr. 1 vier Richter,
2. bei einem Gericht mit einem Präsidium nach § 21 a Abs. 2 Nr. 2 drei Richter,
3. bei einem Gericht mit einem Präsidium nach § 21 a Abs. 2 Nr. 3 zwei Richter.

Neben den nach § 21 b Abs. 4 ausscheidenden Mitgliedern scheidet jeweils ein weiteres Mitglied, das durch das Los bestimmt wird, aus.

(3) Ist die Zahl der Richterplanstellen bei einem Gericht mit einem Präsidium nach § 21 a Abs. 2 Nr. 2 bis 4 über die für die bisherige Größe des Präsidiums maßgebende Höchstzahl gestiegen, so ist bei der nächsten Wahl, die nach § 21 b Abs. 4 stattfindet, die folgende Zahl von Richtern zu wählen:

1. bei einem Gericht mit einem Präsidium nach § 21 a Abs. 2 Nr. 2 sechs Richter,
2. bei einem Gericht mit einem Präsidium nach § 21 a Abs. 2 Nr. 3 fünf Richter,
3. bei einem Gericht mit einem Präsidium nach § 21 a Abs. 2 Nr. 4 vier Richter.

Hiervon scheidet jeweils ein Mitglied, das durch das Los bestimmt wird, nach zwei Jahren aus.

§ 21 e GVG [Aufgaben und Befugnisse des Präsidiums; Geschäftsverteilung]

(1) Das Präsidium bestimmt die Besetzung der Spruchkörper, bestellt die Ermittlungsrichter, regelt die Vertretung und verteilt die Geschäfte. Es trifft diese Anordnungen vor dem Beginn des Geschäftsjahres für dessen Dauer. Der Präsident bestimmt, welche richterlichen Aufgaben er wahrnimmt. Jeder Richter kann mehreren Spruchkörpern angehören.

(2) Vor der Geschäftsverteilung ist den Richtern, die nicht Mitglied des Präsidiums sind, Gelegenheit zur Äußerung zu geben.

(3) Die Anordnungen nach Absatz 1 dürfen im Laufe des Geschäftsjahres nur geändert werden, wenn dies wegen Überlastung oder ungenügender Auslastung eines Richters oder Spruchkörpers oder infolge Wechsels oder dauernder Verhinderung einzelner Richter nötig wird. Vor der Änderung ist den Vorsitzenden Richtern, deren Spruchkörper von der Änderung der Geschäftsverteilung berührt wird, Gelegenheit zu einer Äußerung zu geben.

(4) Das Präsidium kann anordnen, dass ein Richter oder Spruchkörper, der in einer Sache tätig geworden ist, für diese nach einer Änderung der Geschäftsverteilung zuständig bleibt.

(5) Soll ein Richter einem anderen Spruchkörper zugeteilt oder soll sein Zuständigkeitsbereich geändert werden, so ist ihm, außer in Eilfällen, vorher Gelegenheit zu einer Äußerung zu geben.

(6) Soll ein Richter für Aufgaben der Justizverwaltung ganz oder teilweise freigestellt werden, so ist das Präsidium vorher zu hören.

(7) Das Präsidium entscheidet mit Stimmenmehrheit. § 21 i Abs. 2 gilt entsprechend.

(8) Das Präsidium kann beschließen, dass Richter des Gerichts bei den Beratungen und Abstimmungen des Präsidiums für die gesamte Dauer oder zeitweise zugegen sein können. § 171 b gilt entsprechend.

(9) Der Geschäftsverteilungsplan des Gerichts ist in der von dem Präsidenten oder aufsichtführenden Richter bestimmten Geschäftsstelle des Gerichts zur Einsichtnahme aufzulegen; einer Veröffentlichung bedarf es nicht.

§ 21 f GVG [Vorsitz in den Spruchkörpern]

(1) Den Vorsitz in den Spruchkörpern bei den Landgerichten, bei den Oberlandesgerichten sowie bei dem Bundesgerichtshof führen der Präsident und die Vorsitzenden Richter.

(2) Bei Verhinderung des Vorsitzenden führt den Vorsitz das vom Präsidium bestimmte Mitglied des Spruchkörpers. Ist auch dieser Vertreter verhindert, führt das dienstälteste, bei gleichem Dienstalter das lebensälteste Mitglied des Spruchkörpers den Vorsitz.

§ 21 g GVG [Geschäftsverteilung innerhalb der Spruchkörper]

(1) Innerhalb des mit mehreren Richtern besetzten Spruchkörpers werden die Geschäfte durch Beschluss aller dem Spruchkörper angehörenden Berufsrichter auf die Mitglieder verteilt. Bei Stimmengleichheit entscheidet das Präsidium.

(2) Der Beschluss bestimmt vor Beginn des Geschäftsjahres für dessen Dauer, nach welchen Grundsätzen die Mitglieder an den Verfahren mitwirken; er kann nur geändert werden, wenn es wegen Überlastung, ungenügender Auslastung, Wechsels oder dauernder Verhinderung einzelner Mitglieder des Spruchkörpers nötig wird.

(3) Absatz 2 gilt entsprechend, soweit nach den Vorschriften der Prozessordnungen die Verfahren durch den Spruchkörper einem seiner Mitglieder zur Entscheidung als Einzelrichter übertragen werden können.

(4) Ist ein Berufsrichter an der Beschlussfassung verhindert, tritt der durch den Geschäftsverteilungsplan bestimmte Vertreter an seine Stelle.

(5) § 21 i Abs. 2 findet mit der Maßgabe entsprechende Anwendung, dass die Bestimmung durch den Vorsitzenden getroffen wird.

(6) Vor der Beschlussfassung ist den Berufsrichtern, die von dem Beschluss betroffen werden, Gelegenheit zur Äußerung zu geben.

(7) § 21 e Abs. 9 findet entsprechende Anwendung.

§ 21 h GVG [Vertretung des Präsidenten und des aufsichtführenden Richters]

Der Präsident oder aufsichtführende Richter wird in seinen durch dieses Gesetz bestimmten Geschäften, die nicht durch das Präsidium zu verteilen sind, durch seinen ständigen Vertreter, bei mehreren ständigen Vertretern durch den dienstältesten, bei gleichem Dienstalter durch den lebensältesten von ihnen vertreten. Ist ein ständiger Vertreter nicht bestellt oder ist er verhindert, wird der Präsident oder aufsichtführende Richter durch den dienstältesten, bei gleichem Dienstalter durch den lebensältesten Richter vertreten.

§ 21 i GVG [Beschlussfähigkeit des Präsidiums]

(1) Das Präsidium ist beschlussfähig, wenn mindestens die Hälfte seiner gewählten Mitglieder anwesend ist.

(2) Sofern eine Entscheidung des Präsidiums nicht rechtzeitig ergehen kann, werden die in § 21 e bezeichneten Anordnungen von dem Präsidenten oder aufsichtführenden Richter getroffen. Die Gründe für die getroffene Anordnung sind schriftlich niederzulegen. Die Anordnung ist dem Präsidium unverzüglich zur Genehmigung vorzulegen. Sie bleibt in Kraft, solange das Präsidium nicht anderweitig beschließt.

§ 21 j GVG [Anordnungen durch den Präsidenten; Frist zur Bildung des Präsidiums]

(1) Wird ein Gericht errichtet und ist das Präsidium nach § 21 a Abs. 2 Nr. 1 bis 4 zu bilden, so werden die in § 21 e bezeichneten Anordnungen bis zur Bildung des Präsidiums von dem Präsidenten oder aufsichtführenden Richter getroffen. § 21 i Abs. 2 Satz 2 bis 4 gilt entsprechend.

(2) Ein Präsidium nach § 21 a Abs. 2 Nr. 1 bis 4 ist innerhalb von drei Monaten nach der Errichtung des Gerichts zu bilden. Die in § 21 b Abs. 4 Satz 1 bestimmte Frist beginnt mit dem auf die Bildung des Präsidiums folgenden Geschäftsjahr, wenn das Präsidium nicht zu Beginn eines Geschäftsjahres gebildet wird.

(3) An die Stelle des in § 21 d Abs. 1 bezeichneten Zeitpunkts tritt der Tag der Errichtung des Gerichts.

(4) Die Aufgaben nach § 1 Abs. 2 Satz 2 und 3 und Abs. 3 der Wahlordnung für die Präsidien der Gerichte vom 19. September 1972 (BGBl. I S. 1821) nimmt bei der erstmaligen Bestellung des Wahlvorstandes der Präsident oder aufsichtführende Richter wahr. Als Ablauf des Geschäftsjahres in § 1 Abs. 2 Satz 2 und § 3 Satz 1 der Wahlordnung für die Präsidien der Gerichte gilt der Ablauf der in Absatz 2 Satz 1 genannten Frist.

Schrifttum

1. Monographien und Beiträge in Sammelwerken: *K. A. Bettermann*, Die Unabhängigkeit der Gerichte und der gesetzliche Richter, in: Bettermann/Nipperdey/Scheuner, Die Grundrechte, 3. Bd., 2. Halbbd., 1959, 523; *K. Bruchhausen*, Der manipulierte Bundesrichter, in: FS Vieregge, 1995, 91; *R. Deckers*, Änderung des Geschäftsverteilungsplans wegen Überlastung?, in: FS Breidling, 2017, 55; *R. Drees*, Prognoseentscheidungen des Präsidiums bei Änderung der Geschäftsverteilung, in: FS Breidling, 2017, 65; *A. Eser*, Der „gesetzliche Richter" und seine Bestimmung für den Einzelfall, in: FS Salger, 1995, 247; *O. Katholnigg*, Strafgerichtsverfassungsrecht, 1995; *O. R. Kissel*, Die Verhinderung des Richters und seine Vertretung, in: FS Rebmann, 1989, S. 63; *B. Kolb*, Rechtsnatur und Anfechtbarkeit der gerichtlichen Geschäftsverteilungspläne, 1986; *U. Kornblum*, Bemerkungen zur Anfechtbarkeit gerichtlicher Geschäftsverteilungspläne, in: FS Schiedermair, 1976, 331; *M. C. G. Marquardt*, Die Rechtsnatur präsidialer Geschäftsverteilungspläne gem. § 21e GVG und der Rechtsschutz des Richters, 1998; *U. Reichl*, Probleme des gesetzlichen Richters in der Verwaltungsgerichtsbarkeit, 1994; *D. Remus*, Präsidialverfassung und gesetzlicher Richter, 2008; *Th. Roth*, Das Grundrecht auf den gesetzlichen Richter, 2000; *H. Schorn/H. Stanicki*, Die Präsidialverfassung der Gerichte aller Rechtswege, ²1975; *W. Schubert*, Die deutsche Gerichtsverfassung 1869 bis 1877 – Entstehung und Quellen –, 1981; *Ch. Sowada*, Der gesetzliche Richter im Strafverfahren, 2002; *V. von Stocki*, Die Rechtsnatur gerichtlicher Geschäftsverteilungspläne, 1969; *C. H. Ule*, Demokratisierung der Verwaltungsgerichtsbarkeit?, in: Demokratie und Verwaltung, ²1997, 663; *A. Vosskuhle*, Rechtsschutz gegen den Richter, 1993; *F. Wittreck*, Die Verwaltung der Dritten Gewalt, 2006; *M. Wolf*, Gerichtsverfassungsrecht aller Verfahrenszweige, ⁶1987; *W. Wolf*, Wer zusammenlegt, errichtet neu. Zur Frage der Bildung eines Präsidiums nach den Vorgaben des Gerichtsverfassungsgesetzes im Falle der Zusammenlegung von Gerichten und zur Auslegung des § 21j GVG, in: FS Wagner, 2013, 263.

2. Beiträge in Zeitschriften: *B. Albert*, Zur hinreichenden Bestimmtheit des gesetzlichen Richters, DStR 2001, 67; *H. Arndt*, Geschäftsverteilungspläne, DRiZ 1968, 379; *N. Behrend*, Die Arbeit der Gerichtspräsidien als praktische Selbstverwaltung der Justiz durch Richterinnen und Richter, NRV-Info 2006, 26; *B. Bergerfurth*, Zur gesetzlichen Geschäftsverteilung, DRiZ 1978, 230; *K. A. Bettermann*, Der gesetzliche Richter in der Rechtsprechung des Bundesverfassungsgerichts, AöR 94 (1969), 263; *P. Bockelmann*, Geschäftsverteilung und gesetzlicher Richter, JZ 1952, 641; *H.-J. Böttcher*, Reform im Recht der Präsidien der Gerichte, BJ 2005, 22; *B. Brunn*, Wehrdienstsenate unabhängig?, BJ 2005, 189; *G. Buck*, Das Wahlrecht zum Präsidium für Richterinnen und Richter in beschäftigungsloser Elternzeit, DRiZ 2013, 258; *H. De Clerck*, Zur Überbesetzung der gerichtlichen Spruchkörper, NJW 1968, 1766; *R. Coeppicus*, Übliche Umgebung, Geographie und Geschäftsverteilungsplan, ZRP 1996, 330; *H. G. Ehrig*, Justiziabilität von Maßnahmen der gerichtlichen Selbstverwaltung, NJW 1963, 1185; *H.-U. Erichsen*, Der Geschäftsverteilungsplan – Rechtsnatur und Rechtsschutz – Normenkontrolle und Feststellungsklage, VerwArch 68 (1977), 179; *O. Feiber*, Justizverweigerung durch ein Gerichtspräsidium, NJW 1975, 2005; *G. Felix*, Der gesetzliche Urteils-Richter des Bundesfinanzhofs, NJW 1992, 217; *ders.*, Die Straf-Senate des BGH und der gesetzliche Richter, NJW 1992, 1607; *ders.*, Bestimmung der Berichterstatter in den Senaten des Bundesfinanzhofs, BB 1995, 1665; *W. Fichte*, Die Bestellung zum Berichterstatter – Bestimmung des gesetzlichen Richters?, SGb 1996, 93; *G. Fikenscher/A. Dingelstadt*, Richterlicher Bereitschaftsdienst „rund um die Uhr"?, NJW 2009, 3473; *E. Foth*, Grundsätze der Mitwirkung innerhalb des Spruchkörpers, § 21g Abs. 2 GVG – Erwiderung auf Sangmeister, JZ 1993, 736, JZ 1993, 942; *L. Frauendorf*, Zur richterlichen Selbstverwaltung im demokratischen Rechtsstaat, DÖV 1980, 553; *W. Funk*, Fragen zur neuen Präsidialverfassung, DRiZ 1973, 260; *C. Gloria*, Die Verwirklichung des Rechtes auf den gesetzlichen Richter im Prozeß, NJW 1989, 445; *M. Gubitz/D. Bock*, Die Besetzungsrüge nach Geschäftsplanänderung, NStZ 2010, 190; *H. Häuser*, Demokratie statt Hierarchie in der Justiz, BJ 1996, 319; *ders.*, Gesetzesentwurf zur Reform der Präsidialverfassung, BJ 1998, 197; *M. Hederich*, Zur Beteiligung von Vorsitzenden an der Dezernatsarbeit, DÖD 1998, 49; *A. Heusch*, Anfechtbare Präsidiumsbeschlüsse? Überlegungen zum Wahlrecht beurlaubter Richter bei den Wahlen zum Präsidium, ZRP 1998, 255; *U. Hillmann*, Richteröffentlichkeit von Präsidiumssitzungen, SchlAnz 2006, 69; *G. Holch*, Wer bestimmt den Einzelrichter des § 348 ZPO?, DRiZ 1975, 275; *F.-E. Humborg*, Zweifelsfragen beim Nachrücken ins Präsidium, NWVBl 1999, 298; *W. Jöhnk*, Ein eigenes Oberverwaltungsgericht für das Land Schleswig-Holstein, NVwZ 1991, 966; *O. Katholnigg*, Zur Geschäftsverteilung bei obersten Gerichtshöfen des Bundes und innerhalb ihrer Senate, NJW 1992, 2256; *C. Kern*, Der gesetzliche Richter – Verfassungsprinzip oder Ermessensfrage?, ZZP 2017, 137; *O. R. Kissel*, Die Novelle 1999 zur Präsidialverfassung, NJW 2000, 460; *ders.*, Neues zur Gerichtsverfassung, NJW 1991, 945; *ders.*, Gerichtsverfassung unter dem Gesetz zur Entlastung der Rechtspflege, NJW 1993, 489; *ders.*, Gerichtsinterne Demokratie, DRiZ 1995, 125; *W. Knoche*, Zur Geheimhaltung, Richteröffentlichkeit und Geschäftsordnung beim Präsidium, DRiZ 1975, 404; *T. Kolmetz*, Der sozialgerichtliche Präsidialbeschluss, NZS 2011, 124; *F. Kopp*, Zur Entscheidung des Vorsitzenden oder des Berichterstatters nach § 87a VwGO i.d.F. des 4. VwGO-Änderungsgesetzes, NJW 1991, 1264; *U. Kornblum*, Anmerkung, NJW 1976, 325; *ders.*, Zur Anfechtbarkeit gerichtlicher Geschäftsverteilungspläne, NJW 1977, 666; *J. Kronisch*, Präsidialverfassung und Verwaltungsgericht, NordÖR 2001, 11; *ders.*, Praktische Fragen beim Einsatz von Richtern auf Zeit am Verwaltungsgericht, NJW 2016, 1623; *R. Lautmann*, Hierarchie im Richterkollegium. Zur Vereinheitlichung der Richtertitel, ZRP 1972, 129; *W. Leisner*, „Gesetzlicher Richter" – vom Vorsitzenden bestimmt? Problematisches Richterrecht aus den Vereinigten Großen BGH-Senaten, NJW 1995, 285; *C. Löbbert*, Öffentlichkeit von Präsidiumssitzungen – auch eine Frage von Kultur und Demokratie in der Justiz, SchlAnz 2006, 69; *P. Müller*, Die Besetzung der Kollegialgerichte, ZRP 1971, 150; *ders.*, Der allein entscheidende Einzelrichter, NJW 1975, 859; *ders.*, Gesetzlicher Richter und Geschäftsverteilungsplan, JZ 1976, 587; *ders.*, Kann der von einer Geschäftsverteilungsmaßnahme betroffene Richter diese Maßnahme gerichtlich anfechten?, MDR 1977, 975; *W. Müller*, Bemerkungen zu Schorn, Die Präsidialverfassung der Gerichte aller Rechtswege, DRiZ 1962, 83; *D. Neumeyer/K.-H. Hohm*, Richteröffentlichkeit von Präsidiumssitzungen, NJW 1995, 3101; *ohne Verfasser*, Die Präsidialverfassung soll reformiert werden. Hessen und Schleswig-Holstein legen gemeinsamen Gesetzesantrag vor, DRiZ 1998, 183; *ohne Verfasser*, „Ein schlechter Diener der Rechtssicherheit" – Gesetzesentwurf zur Stärkung der Unabhängigkeit der Richter und Gerichte weist gravierende handwerkliche Mängel auf – Korrekturversuch des Bundesrates, DRiZ 2000, 1; *A. Pentz*, Nochmals: Gerichtliche Nachprüfung von Geschäftsverteilungsplänen, DRiZ 1977, 179; *K. F. Piorreck*, Richteröffentlichkeit des Präsidiums für Dienstaufsicht tabu, DRiZ 1993, 213; *ders.*, Bundesgerichtshof stoppt Dienstaufsicht und mahnt Präsidien, DRiZ 1995, 393; *E. Rasch*, Organisationsrechtliche Probleme der Verwaltungsgerichtsbarkeit, VerwArch 60 (1969), 1; *T. Rasehorn*, Der Geschäftsverteilungsplan als Organisationsinstrument, ZRP 1972, 181; *L. Renck*, Geschäftsverteilungsplan und Normenkontrolle, NJW 1984, 2928; *E.-G. Richter*, Die Stellenbesetzung nach § 7 Abs. 2 VwGO und der Grundsatz des gesetzlichen Richters, JZ 1961, 658, 687; *ders.*, Zwei „gleichberechtigte" Vorsitzende in einer Kammer des Verwaltungsgerichts?, DVBl 1967, 935; *P. Rieß*, Ausschluß der Besetzungsrüge (§ 338 Nr. 1 StPO) bei irriger, aber vertretbarer Rechtsanwendung, GA 1976, 133; *ders.*, Das Gesetz zur Anpassung der Rechtspflege im Beitrittsgebiet (Rechtspflege-Anpassungsgesetz), DtZ 1992, 226; *ders.*, Präsidium und Geschäftsverteilung bei der Errichtung neuer Gerichte, DRiZ 1993, 76; *ders.*, Zur bisherigen Entwicklung und zur Änderung des Rechtspflege-Anpassungsgesetzes, NJ 1996, 44; *S. Roller*, Delegation von Gerichtsverwaltungsaufgaben und richterliche Beteiligung, DVBl 2012, 242 und 277; *T. Roth*, Gesetzlicher Richter und variable Spruchkörperbesetzungen, NJW 2000, 3692; *S. H. Rottstedt*, Die Überprüfung von Präsidialbeschlüssen, NJW 1976, 1306; *M. Ruppelt*, Verhinderung des Vorsitzenden Richters, SGb 2007, 762; *B. Sangmeister*, Die spruchkörperinterne Geschäftsverteilung. Ihre gesetzgeberische Vor- und Frühgeschichte, BB 1993, 761; *ders.*, Grundsätzliches vom Bundesgerichtshof, NJW 1995, 289; *ders.*, Fließt aus dem Richtertum das Führertum? Zur Stellung des Spruchkörpervorsitzenden, ZRP 1995, 297; *ders.*, Grundrechtsschutz durch Grundrechtsentziehung. Besprechung der Plenarentscheidung des BVerfG vom 8.4.1997, NJW 1998, 721; *L. Schäfer*, Die Justizgewährungspflicht – Zur Anfechtung von justizverweigernden Beschlüssen der Gerichtspräsidien, BayVBl 1974, 325; *E. Schickedanz*, Wahlpflicht für die Präsidiumswahl?, DRiZ 1996, 328; *R. Schiedermair*, Der gesetzliche Richter im Verwaltungsprozeß, DÖV 1960, 6; *E. Schneider*, Nachgedanken zur Bestimmung des Berichterstatters, BB 1995, 1430; *F. Schröder*, Zur Verfassungsmäßigkeit des „Rotationsprinzips" in Geschäftsverteilungsplänen, DRiZ 2006, 291; *B. Schünemann*, Die Vorsitzendenkrise im 2. und 4. Strafsenat des BGH im Lichte der Verfassungsgarantie des gesetzlichen Richters, ZIS 2012, 1; *P. Schuster*, Die Geschäftsverteilung in der Zivilkammer nach Einführung des allein entscheidenden Einzelrichters, NJW 1975, 1495; *H. Seide*, Der gesetzliche Richter bei Reduzierung der Richterbank. Zu dem neuen § 21 g Abs. 2 GVG aus der Sicht des Art. 101 Abs. 1 S. 2 GG, NJW 1973, 265; *C. Sowada*, Der Doppelvorsitz beim BGH und das Prinzip des gesetzlichen Richters, NStZ 2012, 353; *ders.*, Änderung des Geschäftsverteilungsplans (§ 21 e Abs. 3 S. 1 GVG) und Beschleunigungsgebot, HRRS 2015, 16; *H. Stanicki*, Nochmals: Die neuen Präsidien und ihre Wahl, DRiZ 1972, 414; *ders.*, Der Kampf um Transparenz und Demokratie in der Justiz – eine Aufgabe für Richtergenerationen, BJ 1995, 109; *P. Stelkens*, Das Gesetz zur Neuregelung des verwaltungsgerichtlichen Verfahrens (4. VwGOÄndG) – das Ende einer Reform?, NVwZ 1991, 209; *W. Thürk*, Rechtsschutzgarantie und Präsidialverfassung (nochmals zur Anfechtung von Präsidialbeschlüssen), DRiZ 1963, 45; *B. Werner*, Ordnungsgemäße Besetzung eines Spruchkörpers bei Vakanz der Vorsitzendenstelle, NJW 2007, 2671; *M. Westphal*, Freie Wahl des Berichterstatters durch den Vorsitzenden bei überbesetztem Spruchkörper? Kammerbesetzung mit fünf Beisitzern? – Betrachtungen zu § 8 Abs. 2 VwGO und den Beschlüssen des Bundesverfassungsgerichts vom 24.3.1964 (DVBl 1964, 395) und 2.6.1964 (DVBl 1964, 629) vor Beginn des neuen Geschäftsjahres –, DVBl 1964, 979; *A. Wichmann/M. Schubert*, Effektivere Geschäftsverteilung an den Verwaltungsgerichten mit Hilfe von Gewichtungsfaktoren, NVwZ 1996, 971; *M. Wiebel*, Die Bestimmung des Berichterstatters. Eine verfassungsrechtliche Überlegung zur Praxis in den Zivilsenaten des Bundesgerichtshofes, BB 1995, 1197; *ders.*, Effizienz und Gerichtsverfassung. Der Versuch eines Ansatzes zur Pflege der Rechtspflege, ZRP 1998, 221; *H.-B. Wömpner*, Das befangene Präsidiumsmitglied, DRiZ 1982, 404; *M. Wolf*, Gerichtliche Nachprüfung von Geschäftsverteilungsplänen, DRiZ 1976, 364; *C. Wündrich*, Zwischenruf – Der „wandernde" Fall, SGb 2012, 390; *M. Zärban*, Senatsinterne Geschäftsverteilung – Ermessen, Vertrauen und gesetzlicher Richter, MDR 1995, 1202.

A. Entstehungsgeschichte

1   § 4 ist mit seinem heutigen S. 1 durch Art. 5 des Gesetzes zur Änderung der Bezeichnungen der Richter und ehrenamtlichen Richter und der Präsidialverfassung der Gerichte vom 26.5.1972 (BGBl I 841; BVerfGE 38, 1) eingefügt worden. Der ursprüngliche § 4 wurde unter Änderungen zu § 5 (s. bei § 5), die ursprünglichen §§ 6–9 sind weggefallen (s. bei § 6). S. 2 und 3 sind durch das Gesetz zur Bereinigung des Rechtsmittelrechts im Verwaltungsprozess vom 20.12.2001 (BGBl I 3987) angefügt worden.

2   Der Entwurf einer VwPO des Koordinierungsausschusses (→ § 2 Rn. 5) sah die Regelung des § 4 in § 11 Abs. 1 vor und bezog hinsichtlich der ehrenamtlichen Richter die Regelung des § 30 in Abs. 2 und 3 ein. Der Regierungsentwurf einer VwPO (BT-Drs. 9/1851 Anl. 1) verzichtete auf eine besondere Verweisung auf den Zweiten Titel des GVG.

3   In seiner ursprünglichen Fassung (BGBl 1960 I 17) enthielt § 4 die heute dem § 5 entsprechenden Regelungen. Regelungen über das Präsidium und die Geschäftsverteilung enthielten die §§ 6–8 a.F. Nach § 6 Abs. 1 a.F. bestand das Präsidium kraft Gesetzes aus dem Präsidenten, den Direktoren (= Kammervorsitzenden) und den beiden dienstältesten, bei gleichem Dienstalter lebensältesten Richtern. Eine Wahl fand mithin nicht statt.[1] § 7 Abs. 1 S. 3 a.F. wies die Befugnis zur Verteilung des Vorsitzes in den Kammern dem Präsidenten und den Direktoren, dem (informell) „Direktorium", zu.[2] Aufgabe des Präsidiums war nach § 7 Abs. 2 a.F. (lediglich) die Verteilung der Geschäfte auf die Kammern und die Bestimmung der beisitzenden Richter sowie für den Fall der Verhinderung die Bestimmung der regelmäßigen Stellvertreter. § 8 enthielt Regelungen für die Verteilung der Geschäfte innerhalb der Kammer, die dem Vorsitzenden oblag.

---

1   Bei Gerichten mit mehr als zehn Direktoren wurde nach § 6 Abs. 2 VwGO a.F. i.V.m. § 64 Abs. 3 GVG a.F. eine Minderheit der Mitglieder gewählt, vgl. dazu *Kissel/Mayer* § 21 a Rn. 6.
2   Vgl. *Kissel/Mayer* § 21 a Rn. 6.

B. Zweck der Vorschrift

S. 1 enthält eine dynamische Verweisung.[3] Auch ohne sie fänden die §§ 21 a–j GVG aufgrund des Ge- 4
neralverweises in § 173 entsprechende Anwendung (→ § 173 Rn. 8), wovon auch der Regierungsentwurf einer VwPO (BT-Drs. 9/1851 Anl. 1) ausgegangen war. Über die aktuelle Sinnhaftigkeit von S. 1
mag man daher unterschiedlicher Auffassung sein.[4] Dass die Vorschrift ausdrücklich in den ersten Abschnitt des Teils I „Gerichtsverfassung" aufgenommen wurde, belegt immerhin, welche Bedeutung der
Reform des Jahres 1972 zukam.

Die im Zweiten Titel des GVG geregelte Präsidialverfassung[5] bildet ein Kernstück des Gerichtsverfas- 5
sungsrechts im Rechtsstaat (BVerfG NVwZ-RR 2003, 469). Sie zieht der Garantie des gesetzlichen
Richters in Art. 101 Abs. 1 GG und dem Verfassungspostulat der Unabhängigkeit der Richter in
Art. 97 Abs. 1 GG einfachrechtliche Stützen ein, in dem sie die Besetzung der Spruchkörper und die
Geschäftsverteilung innerhalb der Gerichte dem von den Richtern des jeweiligen Gerichts zu wählen-
den Präsidium zuweist, das seinerseits diese Aufgaben in richterlicher Unabhängigkeit wahrnimmt.

Das Prinzip des gesetzlichen Richters bedarf der Konkretisierung auf der Ebene des einzelnen Ge- 6
richts. Zwar bestimmt regelmäßig die Justizverwaltung (ggf. zusammen mit einem Richterwahlausschuss), wer bei den einzelnen Gerichten nach Maßgabe des Richterrechts als Richter eingesetzt wird.
Auch ist die sachliche und örtliche Zuständigkeit der Gerichte allgemein in den Prozessgesetzen normiert und wird die Errichtung der Gerichte durch (oder aufgrund) Gesetz angeordnet. Zur Umsetzung
der Verfassungsgarantie des gesetzlichen Richters bedarf es indes der konkreten Bestimmung, welcher
Spruchkörper (Richter) für welche bei Gericht anhängigen und eingehenden Verfahren zuständig ist
und mit welchen Richtern die Spruchkörper besetzt sind.[6]

Als die Regelungen der §§ 21 a–j GVG ergänzende Bestimmung ist § 30 zu sehen, der die Bestimmung 7
darüber, in welcher Reihenfolge die ehrenamtlichen Richter zu den Sitzungen heranzuziehen sind, dem
Präsidium zuweist (→ § 30 Rn. 1 ff.).

S. 2 trifft abweichend von den allgemeinen Regeln des Zweiten Titels des GVG Sonderregelungen für 8
die Bestimmung der Mitglieder von Spruchkörpern nach § 99 Abs. 2.

C. Satz 1

I. Entsprechende Anwendbarkeit des Zweiten Titels des GVG

Der Begriff „Gerichte der Verwaltungsgerichtsbarkeit" (vgl. § 2) umfasst die VG, die OVG/VGH und 9
das BVerwG. Der Verweis bezieht sich auf die Vorschriften des Zweiten Titels des GVG in ihrer jeweiligen Fassung und stellt eine umfassende Verweisung sowohl auf die Voraussetzungen als auch auf die
Rechtsfolgen der §§ 21 a–j GVG dar. Die lediglich entsprechende Anwendbarkeit der in Bezug genommenen Vorschriften schließt es aus, die §§ 21 a–j GVG als in die VwGO inkorporiert anzusehen. Das
verlangt an sich, Unterschieden zwischen den Sachverhalten Rechnung zu tragen. Die Anordnung der
entsprechenden Anwendbarkeit der §§ 21 a–j GVG schließt es nach dem BVerwG indes aus, abweichenden Verhältnissen der Verwaltungsgerichtsbarkeit angepasste Lösungen zu entwickeln (BVerwGE
44, 172, 176). Entsprechende Geltung i.S.v. S. 1 bedeutet daher lediglich, dass an die Stelle der in den
in Bezug genommenen Vorschriften genannten Gerichte der ordentlichen Gerichtsbarkeit diejenigen
der Verwaltungsgerichtsbarkeit treten (BVerwGE 44, 172, 174). Dasselbe gilt hinsichtlich der richterlichen Amtsbezeichnungen.[7]

II. Zweiter Titel des GVG

Den Zweiten Titel des GVG bilden die Vorschriften der §§ 21 a–j GVG, die überschrieben sind: „All- 10
gemeine Vorschriften über das Präsidium und die Geschäftsverteilung". Seit der Neufassung des GVG

---

3 Vgl. *B. Clausing*, in: Schoch/Schneider/Bier § 4 Rn. 5, 12.
4 Nach *K. F. Gärditz*, in: Gärditz § 4 Rn 3 fungieren die §§ 21 a–j GVG als Rechtswege übergreifender allgemeiner Teil
   des Gerichtsverfassungsrechts.
5 Zur Geschichte *H. Schorn/H. Stanicki*, Präsidialverfassung, 1975, 7 ff.; zur Entstehungsgeschichte des GVG *W. Schubert*, Gerichtsverfassung, 1981, 22 ff.
6 Vgl. *Kissel/Mayer* § 21 a Rn. 2.
7 *B. Clausing*, in: Schoch/Schneider/Bier § 4 Rn. 11.

vom 9.5.1975 (BGBl I 1077) sind – von den für die neuen Bundesländer früher geltenden Sonderrege-lungen des Einigungsvertrages bzw. des RpflAnpG abgesehen – zwei klarstellende Änderungen in Be-zug auf § 21c Abs. 2 GVG[8] und § 21g Abs. 3 GVG[9] sowie mit dem Gesetz zur Stärkung der Unab-hängigkeit der Richter und Gerichte vom 22.12.1999[10] eine grundlegende Weiterentwicklung der Prä-sidialverfassung unternommen worden. § 21j GVG entspricht dem früheren § 30 RpflAnpG und ist durch Art. 17 Nr. 2 des Gesetzes vom 19.4.2006 (BGBl I 866) eingefügt worden. § 21b Abs. 6 S. 4 GVG ist durch Art. 22 Nr. 5 des Gesetzes vom 17.12.2008 redaktionell an das FamFG angepasst wor-den (BGBl I 2586).

III. Präsidium (§§ 21a–e, 21i, § 21j GVG)

11   **1. Funktion und Aufgaben (§ 21e GVG).**   Das Präsidium ist ein eigenständiges gewähltes (oder nach dem Plenarprinzip gem. § 21a Abs. 2 S. 1 Nr. 5 GVG zusammengesetztes) *kollegial verfasstes, wei-sungsfreies Rechtspflegeorgan* eigener Art mit gesetzlich begründeter und gesetzlich begrenzter Zu-ständigkeit, dessen Aufgabe in der gerichtsbezogenen Konkretisierung des gesetzlichen Richters be-steht.[11] Hierzu übt es gegenüber den von seinen Entscheidungen betroffenen Richtern insoweit Dienst-herrenfunktionen aus, als es deren Dienstpflichten – insbes. durch die Zuweisung zu einem mit be-stimmten Zuständigkeiten ausgestatteten Spruchkörper – konkretisiert (zur Zuständigkeit für die Bil-dung der Spruchkörper → § 5 Rn. 13).[12] Das Präsidium dient unmittelbar der Rspr., ohne selbst Rechtsprechungsorgan zu sein (BGHZ 112, 197, 210). Seine Notwendigkeit ergibt sich aus den Ver-fassungsgarantien des gesetzlichen Richters aus Art. 101 Abs. 1 GG und der richterlichen Unabhängig-keit aus Art. 97 GG, die auf der Ebene jedes einzelnen Gerichts eine von Einflussnahmen Dritter freie, an abstrakten Kriterien orientierte Bestimmung des bzw. der für die bei Gericht anhängigen und einge-henden Verfahren zuständigen Richter(s) verlangen. Dazu gehört neben der Regelung der Besetzung der Spruchkörper die Verteilung der Rechtsprechungsaufgaben auf dieselben. Diese Aufgabe kann im Blick auf die in Art. 97 Abs. 1 GG garantierte Unabhängigkeit der Richter nicht von der Justizverwal-tung wahrgenommen werden (vgl. auch BVerfG NVwZ-RR 2003, 469). Sie gehört daher als wei-sungsfreie Aufgabe in die Hände der Richterschaft des jeweiligen Gerichts, hat mithin in echter Selbst-verwaltung ohne jedweden Einfluss Dritter, insbes. der Justizverwaltung, zu erfolgen. Gleichwohl stellt sie sich als *Administrativaufgabe* dar. Als von allen wahlberechtigten Mitgliedern des jeweiligen Ge-richts gewähltes und zur Wahrnehmung dieser Aufgabe gesetzlich berufenes Gremium kann das Präsi-dium mit Recht das „zentrale Organ richterlicher Selbstverwaltung" genannt werden.[13] Mit Blick auf die sich aus § 21e GVG ergebenden Kompetenzen ist das Präsidium nach § 61 Nr. 2 *beteiligungsfähig* und kann sowohl Klage- oder Antragsgegner (→ Rn. 123; → § 61 Rn. 30) als auch Kläger oder An-tragsteller sein und ist zudem befugt, einen Normenkontrollantrag zu stellen (→ § 47 Rn. 268).[14]

12   **2. Größe und Mitglieder des Präsidiums (§§ 21a, 21d GVG). a) Allgemeines.**   Die personelle Stärke des auf der Grundlage von § 21a Abs. 1 GVG zwingend zu bildenden (zur Bildung des Präsidiums bei [Neu-]Errichtung eines Gerichts → Rn. 17) Präsidiums regeln §§ 21a Abs. 2, 21d GVG. Danach ist die Zahl der Mitglieder des Präsidiums abhängig von der Zahl der Richterplanstellen des Gerichts an dem Tag, der dem Tag des Beginns des Geschäftsjahres um sechs Monate vorhergeht (§ 21d Abs. 1 GVG). *Richterplanstellen* sind die im jeweiligen Haushaltsplan nach der Besoldungsgruppe R und dif-ferenziert nach Richteramtsbezeichnungen einzeln ausgebrachten besetzbaren Planstellen. Nicht maß-geblich ist, ob es sich um Planstellen zur Besetzung mit Richtern auf Lebenszeit handelt;[15] auch Plan-stellen für Richter auf Zeit (→ § 18 Rn. 1ff.) zählen mit. Die dem einzelnen Gericht zugewiesenen Planstellen bestimmt für das BVerwG der Bundeshaushaltsplan. Soweit in den Länderhaushalten die

---

8   Art. 2 Nr. 1 Rechtspflege-Vereinfachungsgesetz vom 17.12.1990 (BGBl I 2847, 2853).
9   Art. 3 Nr. 1 Gesetz zur Entlastung der Rechtspflege vom 11.1.1993 (BGBl I 50, 51).
10 BGBl I 2598; vgl. dazu *O. R. Kissel*, NJW 2000, 460.
11 Vgl. *Kissel/Mayer* § 21e Rn. 2.
12 Vgl. OVG Münster DÖD 1981, 46, 47; VG München DÖD 1987, 83.
13 Vgl. BT-Drs. 6/557, 15; zur Kritik an diesem Begriff *Kissel/Mayer* § 21e Rn. 2; zur geschichtlichen Entwicklung *C. Sowada*, Der gesetzliche Richter, 2002, 241 ff.; zur Zuordnung zur Gerichtsverwaltung *F. Wittreck*, Die Verwaltung der Dritten Gewalt, 2005, 355 f.
14 Vgl. OVG Greifswald NordÖR 2015, 559 m.w.N.
15 So indes OVG Bln-Bbg DRiZ 2016, 312.

den Gerichten (der Verwaltungsgerichtsbarkeit) insgesamt zustehenden Planstellen nur zahlenmäßig aufgeführt und nicht den einzelnen Gerichten zugeordnet sind, erfolgt die konkrete Zuweisung entweder durch die Landesjustizverwaltung bzw. die für die Verwaltungsgerichtsbarkeit zuständige oberste Landesbehörde oder die Präsidenten der OVG bzw. VGH. Maßgeblich ist die Zahl der zugewiesenen, nicht die der tatsächlich besetzten Planstellen (OLG Koblenz DRiZ 1996, 329). Ebenso wenig kommt es darauf an, ob die Planstelleninhaber mit richterlichen oder mit anderen Aufgaben betraut sind. Richterplanstellen, die im für den Stichtag maßgebenden Haushaltsplan nicht (mehr) ausgewiesen, tatsächlich aber mit planmäßigen Richtern (noch) besetzt sind, sind einzubeziehen.[16] Ausgeschlossen ist es mithin, dass die Zahl der für die Größe des Präsidiums relevanten Richterplanstellen unter die Zahl der am Gericht auf Lebenszeit oder auf Zeit ernannten Richter absinkt. Als Geschäftsjahr gilt das *Kalenderjahr*[17] sodass der maßgebliche Stichtag regelmäßig der 30. Juni eines jeden Jahres ist. Unerheblich ist, ob einem Gericht zustehende Planstellen „unterbesetzt" sind, etwa in der Weise, dass auf einer Stelle der Besoldungsgruppe R 2 „Vorsitzender Richter am Verwaltungsgericht" ein Richter am VG geführt wird; maßgeblich ist allein die Zuordnung überhaupt einer besetzbaren Richterplanstelle zu dem in Rede stehenden Gericht. Die Planstelle muss auch *konkret besetzbar* sein. Eine sog. „Leerstelle", etwa eines für längere Zeit in die Verwaltung eines anderen Dienstherrn, an das BVerfG oder an einen obersten Gerichtshof des Bundes abgeordneten Richters, kann nur einmal gezählt werden, auch wenn aus der Stelle des abgeordneten Richters ein weiterer Richter des Gerichts besoldet wird.

b) Zahl der Präsidiumsmitglieder. Soweit danach am maßgeblichen Stichtag bei dem Gericht weniger 13 als acht Richterplanstellen bestehen, setzt sich das Präsidium aus dem Präsidenten oder aufsichtführenden Richter und aus allen nach § 21 b Abs. 1 GVG wählbaren Richtern zusammen (Plenarprinzip, vgl. § 21 a Abs. 2 Nr. 5 GVG); bei mindestens acht Richterplanstellen besteht es aus insgesamt fünf (§ 21 a Abs. 2 Nr. 4 GVG), ab zwanzig Richterplanstellen aus insgesamt sieben Mitgliedern (§ 21 a Abs. 2 Nr. 3 GVG), bei mindestens vierzig Richterplanstellen aus insgesamt neun Mitgliedern (§ 21 a Abs. 2 Nr. 2 GVG) und bei mindestens achtzig Richterplanstellen aus insgesamt elf Mitgliedern (§ 21 a Abs. 2 Nr. 1 GVG).[18] Folge von § 21 a Abs. 2 Nr. 4 und 5 GVG ist es, dass an Gerichten mit sieben Richterplanstellen das Präsidium aus sämtlichen sieben Richtern besteht, während es bei acht Richterplanstellen lediglich fünf Mitglieder hat. Die Begrenzung der Größe des Präsidiums auf maximal elf Mitglieder führt bei großen Gerichten zu einem geringeren Repräsentationsgrad der Richterschaft, was allerdings im Interesse eines arbeitsfähigen Präsidiums und einer effektiven Präsidiumsarbeit in Kauf zu nehmen ist.[19]

c) Mitgliederstruktur; keine Vorsitzendenmajorität. Der Präsident des Gerichts ist kraft Gesetzes Mit- 14 glied des Präsidiums (geborenes Mitglied) und zugleich dessen Vorsitzender (§ 21 a Abs. 1 GVG). Bei nach dem Plenarprinzip (§ 21 a Abs. 2 Nr. 5 GVG) zusammengesetzten Präsidien sind darüber hinaus sämtliche wählbaren Richter Mitglieder kraft Gesetzes. In den übrigen Fällen erwerben die (sonstigen) Mitglieder die Mitgliedschaft aufgrund einer Wahl (→ Rn. 18 ff.).

Nach dem früheren Recht hatte die Hälfte der gewählten Mitglieder gem. § 21 a Abs. 2 Hs. 1 GVG 15 a.F. Vorsitzender Richter zu sein. Daher fand eine sog. Blockwahl statt (BVerwGE 48, 251), in der jeder wahlberechtigte Richter die gem. § 21 a Abs. 2 Hs. 1 Nr. 1 bzw. 2 GVG a.F. erforderliche Zahl von Vorsitzenden und beisitzenden Richtern zu wählen hatte (§ 21 b Abs. 2 S. 1 GVG a.F.). Waren nicht mehr als die zu wählenden Vorsitzenden Richter (zwei bei den mittleren, vier bei den größeren Gerichten) vorhanden, so galten diese als gewählt (§ 21 a Abs. 2 S. 2 Nr. 2 GVG a.F.), mit der Folge, dass es insoweit einer Wahl nicht bedurfte.

In den *neuen Bundesländern* fanden gem. § 10 Abs. 3 RpflAnpG die früheren Vorschriften über die 16 paritätische Wahl und Besetzung des Präsidiums mit Vorsitzenden Richtern einschließlich der darauf bezogenen Regelungen in der Wahlordnung für die Präsidien der Gerichte vom 19.9.1972 (BGBl I

---

16 Vgl. OVG Bln-Bbg DRiZ 2016, 312.
17 Vgl. *H. Gersdorf*, in: Posser/Wolff § 4 Rn. 4; *M. Funke-Kaiser*, in: Bader § 4 Rn. 4; *H. Geiger*, in: Eyermann § 4 Rn. 3. A.M. *H. Stanicki*, DRiZ 1972, 414, 416.
18 Vor Inkrafttreten der Reform des Jahres 1999 unterschied das GVG lediglich zwischen kleinen (Präsidium nach dem Plenarprinzip), mittleren (Präsidiumsstärke insgesamt 5 Mitglieder) und großen Gerichten mit mindestens 20 Richterplanstellen (Präsidiumsstärke insgesamt 9 Mitglieder).
19 Vgl. *Kissel/Mayer* § 21 a Rn. 12.

1821) zunächst keine Anwendung. Erstmals für das am 1.1.2000 begonnene Geschäftsjahr waren die Präsidien nach Maßgabe des § 21 a Abs. 2 GVG a.F. zu wählen. In der Folge der Änderung der Präsidialverfassung durch das Gesetz zur Stärkung der Unabhängigkeit der Richter und der Gerichte vom 22.12.1999 (BGBl I 2598) amtierten die Ende 1999 in den neuen Bundesländern (neu) gewählten Präsidien aufgrund der Übergangsbestimmung des Art. 5 a des Gesetzes zwei Jahre.

17   Im Falle der *(Neu-)Errichtung eines Gerichts* (→ § 3 Rn. 13 ff.) liegt auf der Hand, dass dieses in den Fällen, in denen das Präsidium nicht nach dem Plenarprinzip des § 21 a Abs. 2 Nr. 5 GVG, sondern durch Wahl gebildet wird, nicht sogleich mit Beginn seiner Geschäftstätigkeit über ein Präsidium verfügen kann (anders im Fall der Zuständigkeitserweiterung, VG Gießen LKRZ 2012, 114). § 21 j Abs. 2 S. 1 GVG bestimmt für diesen Fall, dass das Präsidium innerhalb von 3 Monaten nach der Errichtung des Gerichts zu bilden ist. Bis zur Bildung trifft nach § 21 j Abs. 1 S. 1 GVG der Präsident oder aufsichtführende Richter die nach § 21 e GVG dem Präsidium obliegenden Anordnungen, mit anderen Worten, bestimmt dieser die Geschäftsverteilung im Weiteren, auch die Zuweisung der Richter zu den Spruchkörpern und die Regelung der Vertretung umfassenden Sinne. Mit dieser – zunächst in § 30 RpflAnpG und damit an für die alten Bundesländer ungewöhnlicher Stelle erfolgten – gesetzlichen Klarstellung erübrigt sich der bis dahin notwendige, lediglich entsprechende[20] Rückgriff auf § 21 i Abs. 2 S. 1 GVG.[21]

18   **3. Bildung des Präsidiums (§§ 21 b, 21 c GVG). a) Wahl; Wahlberechtigung; Wahlpflicht.** Das Präsidium wird, soweit seine Mitglieder zu wählen sind, durch Wahl gebildet, wobei alle zwei Jahre *Teilwahlen* stattfinden (§ 21 b Abs. 4 GVG), sodass für jeweils die Hälfte der Mitglieder unterschiedliche, zeitlich versetzte Wahlperioden gelten. Bestimmungen über die Wahl trifft § 21 b GVG i.V.m. der *Wahlordnung* für die Präsidien der Gerichte vom 19.9.1972 (BGBl I 1821, zul. geänd. durch Art. 209 Abs. 2 des Gesetzes vom 19.4.2006 [BGBl I 866]). Der in § 21 b Abs. 1 S. 1 und 3 GVG geregelten *Wahlberechtigung* entspricht eine *Wahlpflicht* der Richter. Die Teilnahme an der Wahl zählt zu den richterlichen Amtsgeschäften,[22] die unentschuldigte Wahlweigerung ist ein Dienstvergehen und rechtfertigt Maßnahmen der Dienstaufsicht.[23] Die Wirksamkeit der Wahl wird indes durch die Verletzung der Wahlpflicht nicht berührt.[24] Die Wahl begründet unmittelbar die *Mitgliedschaft* im Präsidium, einer Annahme der Wahl bedarf es nicht. Die Wahl kann nicht abgelehnt, die Zugehörigkeit zum Präsidium nicht aufgegeben werden.[25]

19   **b) Wählbarkeit.** Die **Wählbarkeit** regelt § 21 b Abs. 1 S. 2 und 3 GVG. Diese Bestimmungen beziehen sich nur auf die zu wählenden Richter, nicht mithin auf den Präsidenten als geborenes Mitglied des Präsidiums. Als geborenes Mitglied kann er nicht (zusätzlich noch) gewählt werden.[26]

20   Umstr. ist, ob der *Vizepräsident* gewählt werden kann. Die h.M. bejaht dies.[27] Demgegenüber meint die Gegenansicht,[28] der Vizepräsident sei aufgrund der Vertretungsregelung des § 21 c Abs. 1 S. 1 GVG ebenfalls wie der Präsident ein geborenes Mitglied des Präsidiums, freilich nur bezogen auf den Vertretungsfall. Aus praktischen Gründen spreche gegen seine Wählbarkeit, dass sich im Falle der Verhinderung des Präsidenten infolge der Vertretung durch den gewählten Vizepräsidenten die Zahl der Präsidiumsmitglieder verringere. Auch erfahre die Verwaltung des Gerichts durch eine Wahl des Vizepräsidenten ein unangemessenes Gewicht im Präsidium, sodass jedenfalls von seiner Wahl abgeraten wird.[29]

21   Die h.M. verdient den Vorzug.[30] Für sie spricht bereits die in § 21 c Abs. 1 S. 2 GVG enthaltene Formulierung „wenn er nicht selbst gewählt ist".[31] Darüber hinaus widerspricht die Ineligibilität des Vi-

---

20 S. die Begründung des Regierungsentwurfs zu § 30 RpflAnpG BT-Drs. 12/2168, 37; *P. Rieß*, DtZ 1992, 226, 229; *ders.*, DRiZ 1993, 76.
21 Vgl. insoweit bzgl. der Errichtung des OVG Schleswig *W. Jöhnk*, NVwZ 1991, 966, 967.
22 Vgl. BVerwGE 48, 251, 254 f. A.M. *E. Schickedanz*, DRiZ 1996, 328.
23 Vgl. *Kissel/Mayer* § 21 b Rn. 16.
24 Vgl. *Kissel/Mayer* § 21 b Rn. 16.
25 Vgl. *Kissel/Mayer* § 21 a Rn. 8, § 21 b Rn. 16, § 21 e Rn. 18.
26 Vgl. *H. Geiger*, in: Eyermann § 4 Rn. 6.
27 Vgl. *H. Geiger*, in: Eyermann § 4 Rn. 6.
28 *Kissel*, ³2001, § 21 b Rn. 11.
29 Vgl. *B. Clausing*, in: Schoch/Schneider/Bier § 4 Rn 19.
30 Vgl. auch *H. Gersdorf*, in: Posser/Wolff § 4 Rn. 6.
31 Vgl. *M. Funke-Kaiser*, in: Bader § 4 Rn. 7.

zepräsidenten der Bestimmung des § 21 b Abs. 1 S. 2 GVG. Diese erklärt u.a. Richter auf Lebenszeit für wählbar. Zu diesen (§§ 8, 10 DRiG) zählt auch der Vizepräsident (§ 19 a Abs. 1 DRiG), sodass (auch) er wählbar sein muss, sofern nicht ein Fall von § 21 b Abs. 1 S. 3 GVG gegeben ist. In § 21 b Abs. 1 S. 3 GVG regelt das Gesetz überdies ausdrücklich, unter welchen Voraussetzungen ein (an sich wählbarer) Richter nicht gewählt werden kann. Diese Regelungstechnik spricht dagegen, (weitere) ungeschriebene Nichtwählbarkeitstatbestände zuzulassen. Die Gegenargumente überzeugen nicht: Der nicht gewählte Vizepräsident ist weder in seiner Person als Richter noch in seiner Funktion als Vizepräsident geborenes Mitglied des Präsidiums. Vielmehr wird er kraft Gesetzes Mitglied erst und nur so lange und soweit der Präsident als Vorsitzender des Präsidiums verhindert ist. Die Mitgliedschaft des nicht gewählten Vizepräsidenten tritt zwar im Verhinderungsfall kraft Gesetzes ein. Sie wird aber durch das Gesetz nicht unmittelbar begründet, sondern durch die Verhinderung des Präsidenten vermittelt. Eine Verringerung der Zahl der beschließenden Mitglieder des Präsidiums infolge Verhinderung eines Mitgliedes nimmt das Gesetz grds. hin (§ 21 c Abs. 1 S. 3 GVG). Eine solche Verringerung im Falle der Vertretung des Präsidenten durch den gewählten Vizepräsidenten zu verhindern, rechtfertigt daher nicht den Ausschluss des Vizepräsidenten vom passiven Wahlrecht. I.E. dasselbe gilt für die Befürchtung, dass die Gerichtsverwaltung im Falle der Wahl des Vizepräsidenten ein Übergewicht erhalte. Zum einen ist der Präsident zwar wegen seiner dienstlichen Stellung als Präsident des Gerichts geborenes Mitglied des Präsidiums, jedoch stellt sich seine Mitwirkung im Präsidium nicht als Handeln eines Vertreters der Justizverwaltung, sondern, ebenso wie bei den übrigen Präsidiumsmitgliedern, als Handeln in richterlicher Unabhängigkeit dar. Zum anderen müssten mit dem Argument des Übergewichts der Verwaltung folgerichtig Präsidialrichter ebenfalls für nicht wählbar erachtet werden.[32]

c) Einzelfälle. Sowohl wahlberechtigt als auch wählbar zum Präsidium sind die im *Nebenamt* oder 22 im *zweiten Hauptamt* (→ § 16 Rn. 4 ff.) als Richter tätigen Professoren.[33] Nicht wählbar sind Richter kraft Auftrags und Richter auf Probe (LSG Erfurt 6.4.2006 – L 1 SF 51/06). Demgegenüber ist der *Richter auf Zeit* ungeachtet der Dauer seiner Amtszeit wahlberechtigt und wählbar.[34]

Richter, denen ein *weiteres Richteramt* bei einem anderen Gericht übertragen ist (§ 27 Abs. 2 DRiG), 23 haben ein Wahlrecht sowohl zu dem Präsidium des einen wie zu dem des anderen Gerichts.[35]

Der in § 21 b Abs. 1 S. 3 GVG u.a. normierte, das aktive und passive Wahlrecht ausschließende Tatbe- 24 stand der *Beurlaubung* für mehr als drei Monate ist – wie auch sonst die Frage des passiven und aktiven Wahlrechts – auf den Wahltag zu beziehen. Ist die Beurlaubung an diesem Tag für exakt drei Monate oder weniger ausgesprochen, wird diese jedoch später verlängert, ändert dies an dem passiven und aktiven Wahlrecht nichts (→ Rn. 31).

Verwaltungsrichter, die zugleich Mitglied der *Baulandkammer* des LG bzw. der Baulandsenate des 25 OLG sind, haben bei Vorliegen der in § 21 b Abs. 1 GVG jeweils bestimmten Voraussetzungen das aktive und passive Wahlrecht zum Präsidium des VG bzw. des OVG. Nach der Rspr. des BGH steht ihnen allerdings weder ein aktives noch ein passives Wahlrecht zum Präsidium des LG bzw. des OLG zu.[36] Das ist zutreffend, weil den verwaltungsrichterlichen Mitgliedern der Baulandkammer bzw. des Baulandsenates bei dem LG bzw. bei dem OLG kein (weiteres) Richteramt (§ 27 Abs. 2 DRiG) im richterdienstrechtlichen Sinne übertragen ist. Dasselbe gilt für diejenigen Mitglieder von *Richterdienstgerichten*, die nicht dem Gericht angehören, bei dem das Richterdienstgericht errichtet ist (vgl. etwa §§ 31, 35 ff. LRiG M-V).

d) Wahlverfahren. Das Wahlverfahren regelt § 21 b Abs. 2–5 GVG i.V.m. der Wahlordnung für die 26 Präsidien der Gerichte vom 19.9.1972 (BGBl I 1821, zul. geänd. durch Art. 209 Abs. 2 des Gesetzes vom 19.4.2006, BGBl I 866). § 21 b Abs. 3 S. 2 GVG sieht ein reines *Mehrheitswahlsystem* vor. § 21 b Abs. 3 S. 3 GVG ermöglicht den Ländern, andere Wahlverfahren, insbes. also ein *Verhältniswahlsystem*, für die Wahl zum Präsidium durch Landesgesetz zu bestimmen, wobei in diesem Fall die Landes-

---

32 So in der Tat als Wahlempfehlung etwa *B. Clausing*, in: Schoch/Schneider/Bier § 4 Rn 19; *Kissel/Mayer* § 21 b Rn. 11.
33 Vgl. *Kissel/Mayer* § 21 b Rn. 1; *M. Funke-Kaiser*, in: Bader § 4 Rn. 6. A.M. *H. Geiger*, in: Eyermann § 4 Rn. 6, § 16 Rn. 7, 5, der (nur) die Wählbarkeit von Nebenamtsrichtern verneint.
34 Vgl. *J. Kronisch*, NJW 2016, 1623, 1625.
35 Vgl. auch *Kissel/Mayer* § 21 b Rn. 6.
36 BGH DRiZ 1977, 280; krit. dazu *Kissel/Mayer* § 21 b Rn. 6 m.w.N.

regierung oder die von ihr ermächtigte Landesjustizverwaltung[37] durch Rechtsverordnung die erforderlichen Wahlordnungsvorschriften erlässt. Nähere Einzelheiten zu den „anderen Wahlverfahren",
etwa zur Listenbildung und -verbindung, zum Verfahren der Verteilung der Präsidiumssitze (z.B.
d'Hondtsches Höchstzahlverfahren, Proportionalverfahren nach Hare/Niemeyer) regelt das GVG
nicht, sodass die Länder insoweit frei sind. Für die Gerichte des Bundes gilt die Öffnungsklausel nicht.
Bei ihnen bleibt es bei dem Mehrheitswahlrecht.

27   **e) Anfechtung der Wahl.**   Die Anfechtung der Wahl ist nach § 21 b Abs. 6 GVG mit der Behauptung
einer objektiven Gesetzesverletzung möglich (BVerwGE 48, 251, 253 f.). Eine *Anfechtungsfrist* nennt
das Gesetz nicht.[38] Zuständig ist in Bezug auf das Präsidium eines VG oder des OVG ein Senat des
OVG, in Bezug auf das Präsidium des BVerwG ein Senat des BVerwG. Für das Verfahren der Wahlanfechtung gelten gem. § 21 b Abs. 6 S. 4 GVG ergänzend die Vorschriften des FamFG entsprechend. Ein
Vertretungszwang vor dem OVG besteht danach nicht (OVG Bln-Bbg DRiZ 2016, 312). *Beteiligt* sind
der Anfechtende und das Präsidium, nicht der Wahlvorstand (BVerwGE 44, 172). Ein Fall der Wahlanfechtung liegt auch vor, wenn es um Beschlüsse des Präsidiums zur Bestimmung des Nächstberufenen nach Ausscheiden eines Präsidiumsmitgliedes (§ 21 c Abs. 2 GVG) geht (BGHZ 112, 330, 332).
Dasselbe gilt bei irrtümlich unterbliebener Teilwahl (OLG Frankfurt/a.M. DRiZ 2008, 184).

28   *Anfechtungsberechtigt* sind nach § 21 b Abs. 6 S. 1 GVG alle in § 21 b Abs. 1 S. 1 GVG bezeichneten
wahlberechtigten Richter, mithin an sich auch die nach § 21 b Abs. 1 S. 3 GVG vom aktiven und passiven Wahlrecht ausgeschlossenen, an eine Verwaltungsbehörde oder für mehr als drei Monate an ein
anderes Gericht abgeordneten oder beurlaubten Richter.[39] Das leuchtet zwar nicht ein, dürfte aber angesichts des klaren Wortlauts („von den in Absatz 1 Satz 1 bezeichneten Richtern", statt „von den
wahlberechtigten Richtern") nicht (mehr) mittels Auslegung korrigiert werden können. Für das Bestehen des Anfechtungsrechts kommt es auf das Vorliegen der Voraussetzungen des § 21 b Abs. 1 S. 1
GVG am *Wahltag* an,[40] sodass auch ein später versetzter Richter anfechtungsbefugt bleibt (OVG
Münster NJW 1988, 723). Die Gegenansicht[41] überzeugt angesichts des Charakters der Wahlanfechtung als objektivem Beanstandungsverfahren nicht.[42] Nicht anfechtungsberechtigt ist indes, wer erst
nach dem Wahltag die Voraussetzungen des § 21 b Abs. 1 S. 1 GVG erwirbt.[43]

29   Die *Wahlanfechtung* hat in der Sache *Erfolg* wenn bei der Wahl ein (Wahl-)Gesetz (im materiellen Sinne, mithin auch die Wahlordnung) verletzt worden ist und die Verletzung das Wahlergebnis beeinflusst
haben kann. In diesem Fall wird die Wahl mit der Folge der Notwendigkeit ihrer Wiederholung für
ungültig erklärt (und nicht wie es § 21 b Abs. 6 S. 3 GVG nahe legt, „die Anfechtung für begründet"
erklärt). Folge einer rechtskräftigen Ungültigerklärung ist die *Auflösung* des (bisherigen) Präsidiums
mit Wirkung ex tunc (LSG Erfurt 6.4.2006 – L 1 SF 51/06; OLG Hamm 6.12.2012 – I-15 Sbd 1/12),
nicht lediglich das Ausscheiden fehlerhaft gewählter Richter.[44] Bis zur Bildung eines neuen Präsidiums
gilt die Notkompetenz des Präsidenten nach § 21 i Abs. 2 GVG.[45]

30   Nach § 21 b Abs. 6 S. 3 GVG führt die Ungültigerklärung der Wahl zum Präsidium *nicht zur Aufhebung einer gerichtlichen Entscheidung* aus dem Gesichtspunkt des Verstoßes gegen die Garantie des
gesetzlichen Richters. Weitergehend als die Bestimmung des § 21 b Abs. 6 S. 3 GVG reicht, wird aus
ihr abgeleitet, dass Wahlverstöße allgemein nicht zur Ungültigkeit von Anordnungen des Präsidiums
führen, sodass sich von einer Präsidiumsentscheidung betroffene Richter nicht auf die Ungültigkeit der
Wahl zum Präsidium berufen können.[46]

---

37   Der Begriff „Landesjustizverwaltung" dürfte hier in einem funktionalen und daher weiten Sinne zu verstehen sein, so-
     dass im Fall der anderweitigen Ressortierung der Verwaltungsgerichtsbarkeit die „anderweitige" oberste Landesbe-
     hörde ermächtigt werden kann.
38   Vgl. *Kissel/Mayer* § 21 b Rn. 19.
39   Vgl. *H. Geiger*, in: Eyermann § 4 Rn. 8.
40   Vgl. *M. Funke-Kaiser*, in: Bader § 4 Rn. 11.
41   *H. Geiger*, in: Eyermann § 4 Rn. 8.
42   Vgl. *B. Clausing*, in: Schoch/Schneider/Bier § 4 Rn. 25, der allerdings auf den Zeitpunkt der Ausübung des Anfech-
     tungsrechts abstellt.
43   So zutr. *H. Geiger*, in: Eyermann § 4 Rn 8.
44   So indes z.B. *B. Clausing*, in: Schoch/Schneider/Bier § 4 Rn. 28; wie hier *H. Geiger*, in: Eyermann § 4 Rn 8.
45   Vgl. aber auch *Kissel/Mayer* § 21 b Rn. 22.
46   Vgl. *C. Lückemann*, in: Zöller § 21 b GVG Rn. 23; *H. Geiger*, in: Eyermann § 4 Rn. 8.

f) Ausscheiden und Nachrücken eines Mitgliedes. Scheidet ein Mitglied des Präsidiums aus dem Ge- 31 richt, etwa infolge Eintritts in den Ruhestand oder Versetzung aus, tritt nach § 21 c Abs. 2 GVG an seine Stelle der oder die durch die letzte Wahl Nächstberufene, wobei die letzte Wahl stets die letzte Teilwahl ist (OLG Frankfurt/a.M. DRiZ 2008, 184). Die letzte Teilwahl ist mithin auch dann maßgeblich, wenn das ausgeschiedene Mitglied in der der letzten Teilwahl vorangegangenen Teilwahl gewählt worden ist.[47] Dasselbe gilt im Fall der Abordnung an eine Verwaltungsbehörde, der Abordnung für mehr als drei Monate an ein anderes Gericht oder der Beurlaubung für mehr als drei Monate. Das Mitglied scheidet bereits zu dem Zeitpunkt aus, in dem die Abordnungszeit bzw. der mehr als dreimonatige Urlaub beginnt. Wird die Beurlaubung für weniger als drei Monate ausgesprochen, später aber verlängert und dadurch der Dreimonatszeitraum überschritten, liegt kein Fall des Ausscheidens aus dem Präsidium vor. Umfasst die Verlängerung des Urlaubs mehr als drei Monate, scheidet das betroffene Mitglied mit dem Wirksamwerden der Verlängerung aus. Die Feststellung des nachrückenden Mitglieds trifft das Präsidium. Bei Stimmengleichheit ist der Nächstberufene durch den Wahlvorstand der jeweiligen Wahl, nicht durch das Präsidium, per Losentscheid zu ermitteln (OLG Frankfurt/a.M. DRiZ 2008, 184).

Der Eintritt der oder des Nächstberufenen erfolgt ferner, wenn ein Mitglied kraft Gesetzes Mitglied 32 des Präsidiums wird, was nur bei Ernennung zum Präsidenten des Gerichts der Fall ist. Wird der Präsident im gerichtlichen Disziplinarverfahren in ein anderes Richteramt bei demselben Gericht mit geringerem Endgrundgehalt versetzt, verliert er seine Eigenschaft als geborenes Mitglied.

Scheiden gleichzeitig zwei in *verschiedenen Teilwahlen* gewählte Präsidiumsmitglieder aus, deren rest- 33 liche Amtszeit unterschiedlich lang ist, stellt sich die Frage, welcher der beiden Nachrücker in die Position desjenigen ausscheidenden Mitgliedes, das in der letzten Teilwahl gewählt wurde und mithin die längere Restamtszeit freimacht, einrückt, und welcher die Position des in der vorletzten Teilwahl gewählten Mitgliedes (und daher eine nur bis zur nächsten Teilwahl „freigewordene" Position) übernimmt. Der BGH lässt in einem solchen Fall das Los entscheiden (BGHZ 112, 330). Das mag zweckmäßig sein, wenn beide Nachrücker über dieselbe Stimmenzahl verfügen. Im Übrigen aber erscheint es weniger zufällig und aus dem Gesichtspunkt der „besseren" Legitimation begründbar, den Nachrücker mit den meisten Stimmen in die Position des ausscheidenden Mitgliedes mit der längeren Restamtszeit einrücken zu lassen.[48]

Wird von der Möglichkeit der Einführung des *Verhältniswahlrechts* (§ 21 b Abs. 3 S. 3 GVG) Ge- 34 brauch gemacht, ist das nachrückende Mitglied nach der Liste zu bestimmen, für die das ausscheidende Mitglied in das Präsidium gewählt wurde. Ist die Liste erschöpft, rückt nach, wer auf der Liste, der nach dem Ergebnis der letzten Teilwahl der nächste Sitz zustehen würde, einen freien Sitz erhalten würde.

Scheidet ein gewähltes Präsidiumsmitglied *nach* einer (stattgefundenen) *Teilwahl*, aber noch vor Ab- 35 lauf der (bisherigen) Wahlperiode aus, bestimmt sich das nachrückende Mitglied nach der Teilwahl, durch die letztmalig gegenwärtig amtierende Präsidiumsmitglieder gewählt wurden.[49]

4. Verfahren des Präsidiums, Entscheidungen. a) Allgemeines. Das Verfahren des Präsidiums ist in 36 den §§ 21 a–21 j GVG nicht zusammenhängend geregelt. Verfahrensregelungen enthalten § 21 c Abs. 1 S. 2, § 21 e Abs. 1 S. 2, Abs. 3 S. 2, Abs. 5, Abs. 7–9 sowie § 21 j Abs. 1 GVG. Im Übrigen bestimmt das Präsidium sein Verfahren nach pflichtgemäßem Ermessen (BVerfG NJW 2008, 909, 910; BVerwG NJW 1984, 575). Das Präsidium kann sich daher auch eine Geschäftsordnung geben (VGH Mannheim DÖV 1980, 573), was allerdings nur begrenzt empfohlen wird.[50] Ergänzend wird das Verfahren des Präsidiums durch den Gerichtsgebrauch bestimmt (BVerwG Buchholz 448.0 § 34 WPflG Nr. 54), dem der Sache nach Geschäftsordnungscharakter zukommt. Regelmäßig entscheidet das Präsidium i.R.v. *Sitzungen* (§ 21 c Abs. 1 S. 2 GVG), zu denen der Vorsitzende die (übrigen) Mitglieder lädt.[51] Die Teilnahme an den Sitzungen des Präsidiums ist für deren Mitglieder (richterliche) Dienstpflicht, die allen anderen Dienstpflichten jedenfalls im Falle, dass die Beschlussfähigkeit des Präsidiums ge-

---

47 BGHZ 112, 330, 335 f.; vgl. dazu *F.-E. Humborg,* NWVBl 1999, 298 ff.
48 Vgl. *F.-E. Humborg,* NWVBl 1999, 298, 300.
49 Dazu im Einzelnen *F.-E. Humborg,* NWVBl 1999, 298 ff.
50 Vgl. *Kissel/Mayer* § 21 e Rn. 29.
51 Zu Fragen der Tagesordnung *Kissel/Mayer* § 21 e Rn. 35.

fährdet ist, vorgeht.[52] In geeigneten Fällen kann eine Präsidiumsentscheidung auch im *Umlaufverfahren* herbeigeführt werden.[53] Finden Sitzungen statt, wird regelmäßig Protokoll geführt, wobei ausreichend ein Ergebnisprotokoll ist.[54]

37   **b) Keine (Richter-)Öffentlichkeit.** Die Sitzungen sind in Bezug auf Beratung und Abstimmung grds. nicht öffentlich,[55] was indes die Mitwirkung eines nicht dem Präsidium angehörenden *Protokollführers* nicht ausschließt.[56] § 21 e Abs. 8 S. 1 GVG ermöglicht dem Präsidium zu beschließen, dass Richter des Gerichts bei den Beratungen und Abstimmungen des Präsidiums für die gesamte Dauer oder zeitweise zugegen sein können (BGH NVwZ 1995, 1141). Davon erfasst ist auch die Teilnahme eines mit Verwaltungsaufgaben betrauten Richters (sog. Präsidialrichter), dem allerdings nur eine beratende Funktion zukommen kann.[57] Eine solche Entscheidung kann auch generell für alle künftigen Präsidiumssitzungen getroffen werden (OVG Weimar ThürVBl 2005, 110, 112). Zum Schutz der Persönlichkeitsrechte betroffener Richter können gem. § 21 e Abs. 8 S. 2 GVG i.V.m. § 171 b GVG hiervon wiederum Ausnahmen gemacht werden.

38   **c) Leitung.** Die Leitung der Präsidiumssitzung obliegt dem Vorsitzenden.[58] Die Mitglieder des Präsidiums sind weder in bestimmten Fällen von der Mitwirkung ausgeschlossen noch können sie abgelehnt werden.[59] Die Behauptung, durch Beschlüsse des Präsidiums in Mitgliedschaftsrechten verletzt zu sein, soll den vorläufigen Rechtsschutz nach § 123 eröffnen (OVG Weimar ThürVBl 2005, 110).

39   **d) Anhörung.** Gelegenheit zur Äußerung ist vor der *Jahresgeschäftsverteilung* gem. § 21 e Abs. 2 GVG sämtlichen Richtern, die nicht Mitglied des Präsidiums sind, zu geben. Zweckmäßigerweise kann diese i.R. einer Richterversammlung oder durch Verteilung eines Geschäftsverteilungsplanentwurfs gewährt werden. Nach § 21 e Abs. 3 S. 2 GVG sind demgegenüber bei einer *Änderung* der Geschäftsverteilung im Laufe des Geschäftsjahres (nur) diejenigen Vorsitzenden Richter anzuhören, deren Spruchkörper von der beabsichtigten Änderung betroffen sind. *Stets anzuhören* ist ein Richter, der einem anderen Spruchkörper zugeteilt werden oder dessen Zuständigkeitsbereich geändert werden soll (§ 21 e Abs. 5 GVG). Das Fehlen des Anhörungsrechts betroffener beisitzender Richter im Fall von im laufenden Geschäftsjahr ohne Richterwechsel notwendig werdenden Veränderungen der Spruchkörperzuständigkeiten in § 21 e Abs. 3 S. 2 GVG ist im Blick auf die für die Jahresgeschäftsverteilung getroffene Regelung in § 21 e Abs. 2 GVG nicht konsequent. Das Präsidium seinerseits ist nach § 21 e Abs. 6 GVG anzuhören, wenn ein Richter für Aufgaben der Justizverwaltung ganz oder teilweise freigestellt werden soll.[60] Eine *Verletzung* von Anhörungspflichten bleibt folgenlos.[61] Kein Anhörungserfordernis besteht, wenn das Präsidium einen negativen Kompetenzkonflikt (→ Rn. 51) zu entscheiden hat (OVG Münster 23.4.2008 – 1 A 1703/07).

40   **e) Entscheidung des Präsidiums.** Das Präsidium entscheidet durch *Beschluss*. Es ist nach § 21 i Abs. 1 GVG beschlussfähig, wenn mindestens die Hälfte seiner gewählten Mitglieder – mithin ohne den Präsidenten – anwesend ist. Entsprechendes gilt für das Plenarpräsidium nach § 21 a Abs. 2 Nr. 5 GVG. Die Beschlussfassung erfolgt mit *Stimmenmehrheit* der anwesenden Mitglieder. Bei Stimmengleichheit gibt nicht die Stimme des Vorsitzenden den Ausschlag.[62] Kommt es im Falle von Stimmengleichheit

---

52   Vgl. *Kissel/Mayer* § 21 e Rn. 18.
53   BVerwGE 88, 159, 160; BGH NJW 1999, 154, 155; *H. Gersdorf*, in: Posser/Wolff § 4 Rn. 11; *H. Geiger*, in: Eyermann § 4 Rn. 11. A.M. *M. Funke-Kaiser*, in: Bader § 4 Rn. 12 m.w.N.; *C. Danker*, in: HK-VerwR VwGO § 4 Rn. 3 außer in Eilfällen.
54   BVerwG NJW 1984, 575; *H. Geiger*, in: Eyermann § 4 Rn. 11; *Kissel/Mayer* § 21 e Rn. 74.
55   Vgl. BVerfG NJW 2008, 909, 910; *Kissel/Mayer* § 21 e Rn. 62; zur Frage der Richteröffentlichkeit dagegen *H. Geiger*, in: Eyermann § 4 Rn. 12; *B. Clausing*, in: Schoch/Schneider/Bier § 4 Rn. 50; *C. Lückemann*, in: Zöller § 21 e GVG Rn. 28 m.w.N.; *D. Neumeyer/K.-H. Hohm*, NJW 1995, 3101; dafür insbes. *M. Funke-Kaiser*, in: Bader § 4 Rn. 13; *K. F. Piorreck*, DRiZ 1993, 213, ders., DRiZ 1995, 393.
56   *H. Geiger*, in: Eyermann § 4 Rn. 12.
57   Vgl. VG Frankfurt/a.M. LKRZ 2014, 378.
58   *Kissel/Mayer* § 21 e Rn. 40, 70.
59   *H. Geiger*, in: Eyermann § 4 Rn. 15; *Kissel/Mayer* § 21 e Rn. 68; *W. Thürk*, DRiZ 1963, 45. A.M. *C. Lückemann*, in: Zöller § 21 e GVG Rn. 27; *H.-B. Wömpner*, DRiZ 1982, 404; bejahend für Ausnahmefälle auch *B. Clausing*, in: Schoch/Schneider/Bier § 4 Rn 53; ähnl. *M. Funke-Kaiser*, in: Bader § 4 Rn 16.
60   Näher zur Anhörung *H. Geiger*, in: Eyermann § 4 Rn. 13, 14.
61   *Kissel/Mayer* § 21 e Rn. 56.
62   Anders noch § 21 e Abs. 7 GVG a.F.; a.M. *C. Lückemann*, in: Zöller § 21 e Rn. 31.

mithin nicht zu einer Entscheidung, greift die Notkompetenz des Präsidenten nach § 21 i Abs. 2 GVG.[63]

Ob *Stimmenthaltung* zulässig ist, ist umstr.[64] Gegen ihre Statthaftigkeit wird geltend gemacht, mit der   41 Mitgliedschaft im Präsidium sei die Pflicht zur Ausübung des Amtes verbunden. Daraus folge die Verpflichtung zur Teilnahme an der Abstimmung mit „Ja" oder „Nein". Andernfalls bestünde die Gefahr, dass eine Entscheidung überhaupt nicht zustande komme. Aus der Amtsausübungspflicht folgt jedoch kein *Stimmenthaltungsverbot*. Nach h.M. findet das Abstimmungsverweigerungsverbot des § 195 GVG, wie die §§ 192 ff. GVG überhaupt, auf die Abstimmung im Präsidium keine Anwendung.[65] Bei der Ermittlung der Mehrheit werden die Stimmenthaltungen vielmehr nicht mitgezählt. Auch nach Wegfall des Stichentscheidungsrechts des Vorsitzenden (§ 21 e Abs. 7 Hs. 2 GVG a.F.) führt die Möglichkeit der Stimmenthaltung nicht zur Gefahr, dass eine Entscheidung nicht zustande kommt. Vielmehr kommen die erforderlichen Geschäftsverteilungsregelungen dann im Wege der Anordnung des Präsidenten nach § 21 i Abs. 2 GVG zustande.

f) Protokollierung; Bekanntmachung. Erfolgt die Beschlussfassung in einer Sitzung, ist Schriftform,   42 d.h., Unterzeichnung durch alle Mitglieder, nicht vorgeschrieben (BVerwG NJW 1984, 575; BFH BFH/NV 2016, 581; anders für die spruchkörperinterne Geschäftsverteilung → Rn. 89). Der Beschluss ist aber zu protokollieren.[66] Wird ein Beschluss zur Änderung der Geschäftsverteilung zunächst nicht im gedruckten Geschäftsverteilungsplan nachvollzogen, liegt darin grds. kein Verstoß gegen Art. 101 Abs. 1 S. 2 GG (BFH 13.11.2008 – VII B 192/07).

Die Art und Weise der *Bekanntmachung* von Beschlüssen des Präsidiums ist nicht vorgeschrieben.   43 § 21 e Abs. 9 GVG bestimmt (lediglich) für den Geschäftsverteilungsplan, dass dieser – im Verhältnis zur Allgemeinheit – nicht der Veröffentlichung bedarf, sondern bei der von dem Präsidenten des Gerichts bestimmten Geschäftsstelle mit der Möglichkeit der Einsichtnahme für jedermann „aufzulegen" ist. Eine Wirksamkeitsvoraussetzung wird damit indes nicht normiert.[67] Eine Pflicht zur Übersendung von Kopien soll grundsätzlich nicht bestehen (OLG Jena 16.7.2013 – 2 VA 1/13). Gegenüber den betroffenen Richtern sind Präsidiumsbeschlüsse in geeigneter Form bekannt zu geben. Eine Begründung ist nicht erforderlich (BVerfG NJW 2008, 909, 910; a.M. offenbar BGH NStZ 2007, 536).

g) Wirksamkeit; Vollziehbarkeit. Spätestens mit der Bekanntgabe gegenüber den Richtern[68] oder (bei   44 dem Geschäftsverteilungsplan) der „Auflegung" wird der Präsidiumsbeschluss wirksam. Allerdings erlangt er seinen Geltungsanspruch bereits in dem Zeitpunkt, ab dem er sich Gültigkeit beimisst, wenn er ordnungsgemäß zustande gekommen ist. Ihm ist die sofortige Vollziehbarkeit immanent.[69] Daher ist der einzelne Richter an den Geschäftsverteilungsplan so lange gebunden, bis er (ihm gegenüber) in bestimmter Hinsicht für unwirksam erklärt wird (zur Anfechtbarkeit → Rn. 102 ff).[70] Eine Ausnahme wird allenfalls bei nichtigen Präsidiumsbeschlüssen akzeptiert.[71] Der von einer Präsidiumsentscheidung (negativ) betroffene Richter ist auch nicht befugt, die ihm zugewiesene Tätigkeit mit dem Argument zu verweigern, er sei infolge Fehlerhaftigkeit des Beschlusses nicht gesetzlicher Richter.[72] Insoweit fehlt es ihm bereits an einem subjektiven Recht.[73]

---

63 Krit. O. R. *Kissel,* NJW 2000, 460, 461.
64 S. die Nachw. bei *Kissel/Mayer* § 21 e Rn. 72; verneinend auch C. *Lückemann,* in: Zöller § 21 e GVG Rn. 31.
65 Vgl. *M. Funke-Kaiser,* in: Bader § 4 Rn. 17.
66 Vgl. *Kissel/Mayer* § 21 e Rn. 74.
67 Vgl. OVG Bln-Bbg 25.7.2014 – OVG 4 N 4.13, juris Rn. 4.
68 So OVG Bln-Bbg 25.7.2014 – OVG 4 N 4.13, juris Rn. 4.
69 Vgl. *Kissel/Mayer* § 21 e Rn. 100.
70 Vgl. BGH DRiZ 1978, 249; C. *Lückemann,* in: Zöller § 21 e GVG Rn. 55 f.
71 Vgl. *Kissel/Mayer* § 21 e Rn. 100.
72 Vgl. C. *Lückemann,* in: Zöller § 21 e GVG Rn. 55.
73 Vgl. OVG Koblenz NJW-RR 2008, 579; A. *Pentz,* DRiZ 1977, 179, 180; ferner BGH DRiZ 1983, 146, 147; BGH DRiZ 1978, 249; BVerwG DRiZ 1976, 181, 183.

IV. Geschäftsverteilung (§ 21 e GVG)

45   Zentrale Aufgabe des Präsidiums ist die Geschäftsverteilung. Deren Vornahme ist keine rechtsprechende, aber eine richterliche Tätigkeit, für die die Unabhängigkeitsgarantie des Art. 97 Abs. 1 GG gilt.[74] Sie erfolgt durch Erlass des *Geschäftsverteilungsplans*. Die Inhalte des Geschäftsverteilungsplans regelt § 21 e Abs. 1 S. 1 GVG: Danach bestimmt das Präsidium die Besetzung der Spruchkörper mit Berufsrichtern (zur Heranziehung der ehrenamtlichen Richter → § 30 Rn. 4 ff.), regelt die Vertretung und verteilt die Geschäfte. Während das Gesetz zwischen der Besetzung der Spruchkörper, der Regelung der Vertretung und der Verteilung der Geschäfte unter dem Oberbegriff „Anordnungen" differenziert, wird der *Begriff* „Geschäftsverteilung" in der Praxis in einem weiten Sinne verstanden. Er umfasst in diesem weiten Sinne nicht nur die „Verteilung der Geschäfte" i.e.S., also die Regelung der Zuständigkeit der einzelnen Spruchkörper für die anhängigen und eingehenden Verfahren, sondern zugleich die Besetzung der Spruchkörper und die Regelung der Vertretung für den Fall der Verhinderung eines oder mehrerer ihrer Mitglieder.[75]

46   **1. Zweck der Geschäftsverteilung; Abstraktionsprinzip.** Aus der Garantie des gesetzlichen Richters nach Art. 101 Abs. 1 S. 2 GG folgt, dass im Einzelnen bestimmt werden muss, wer i.S. dieser Vorschrift „gesetzlicher" Richter ist. „Gesetzlich" ist der Richter, der nicht in Ansehung eines bestimmten Einzelfalls, sondern nach abstrakten Kriterien generell, d.h. für alle Verfahren, die die formulierten Kriterien erfüllen, als zuständiger Richter bestimmt ist, sodass die Rechtssachen an ihn i.d.S. „blindlings" gelangen (BVerfGE 95, 322, 329). Das darin liegende *Prinzip der abstrakt-generellen Vorausbestimmung* des zur Entscheidung berufenen Richters setzt einen Bestand von Rechtssätzen voraus, die für jeden Streitfall den Richter bezeichnen, der für die Entscheidung zuständig ist. Art. 101 Abs. 1 S. 2 GG verpflichtet demnach dazu, Regelungen zu treffen, aus denen sich der gesetzliche Richter ergibt (BVerfGE 95, 322, 327 f.).

47   Diese Regelungen sämtlichst in einem formellen Gesetz zu treffen, ist nicht möglich (BVerfGE 95, 322, 328). Der Gesetzgeber muss lediglich die fundamentalen Zuständigkeitsregelungen selbst aufstellen, indem er durch die Prozessgesetze bestimmt, welche Gerichte mit welchen Spruchkörpern für welche Verfahren sachlich, örtlich und instanziell zuständig sind, und indem er oder die dazu von ihm ermächtigte Exekutive durch organisationsrechtliche Normen die einzelnen Gerichte errichtet und ihren Gerichtsbezirk festlegt (BVerfGE 95, 322, 328). Ergänzend zu diesen und sonstigen den gesetzlichen Richter formellgesetzlich determinierenden Regelungen treten die Geschäftsverteilungspläne der Gerichte (BVerfGE 95, 322, 328). Ihre Aufgabe ist es, auf der Ebene des jeweiligen Gerichts im Einzelnen zu bestimmen, welcher Spruchkörper für welche Rechtssache zuständig ist und den Spruchkörpern die erforderlichen Richter zuzuweisen. Der gerichtliche Geschäftsverteilungsplan ist mithin funktional ein notwendiges Instrument zur *Konkretisierung des gesetzlichen Richters* (BVerfG NJW 2005, 2689). Die Befugnisse des Präsidiums reichen daher nur soweit, wie nicht bereits der (Landes-)Gesetzgeber aufgrund einer ihm originär zustehenden (Gerichtsorganisations-)Kompetenz oder der Verordnungsgeber aufgrund einer ihm erteilten Ermächtigung zulässigerweise eine entsprechende Konkretisierung vorgenommen hat (→ § 3 Rn. 42).[76]

48   Als Teil des „Bestandes von Rechtssätzen" (BVerfGE 95, 322, 327 f.), die für jeden Streitfall den zuständigen Richter bezeichnen, unterliegt der Geschäftsverteilungsplan dem *Abstraktionsprinzip*. Er muss daher die Zuständigkeit der Spruchkörper im Voraus nach abstrakt-generellen Merkmalen bestimmen und im Vorhinein die Besetzung der Spruchkörper sowie die Vertretung regeln. Er bildet – vor dem Plan zur spruchkörperinternen Verteilung der Geschäfte (→ Rn. 79 ff.) – die vorletzte Regelungsstufe im System der abstrakt-generellen Vorausbestimmung des zur Entscheidung zuständigen Richters.

---

74   Vgl. BVerwG NJW 1987, 1215; BGHZ 112, 197, 201; zur früher teilweise vertretenen Qualifizierung der Geschäftsverteilung als Akt der Rspr. vgl. die Nachw. bei *M. C. G. Marquardt*, Rechtsnatur, 1998, 17 f.

75   Zur begrifflichen Unterscheidung von Geschäftsverteilung im Weiteren und i.e.S. *H. Schorn/H. Stanicki*, Präsidialverfassung, 1975, 69 f.

76   Zweifelhaft ist daher die Auffassung des OVG Greifswald NordÖR 2015, 559 zur prinzipiellen Unzulässigkeit einer abschließenden Regelung der sachlichen und örtlichen Zuständigkeit von amtsgerichtlichen Zweigstellen durch Landesrechtsverordnung; vgl. auch VGH München NZS 1995, 332, 335, der ebenfalls einen Verstoß gegen die (umfassend verstandene) Geschäftsverteilungskompetenz des Präsidiums annimmt, weil es an einer bundesrechtlich die Vorschrift des § 21 e Abs. 1 S. 1 GVG modifizierenden Ermächtigung fehle.

Nach welchen abstrakten Merkmalen die Verteilung der Streitsachen und die Zuweisung der Richter 49
zu den Spruchkörpern erfolgt, liegt im *pflichtgemäßen Ermessen* des Präsidiums, soweit nicht Gesetze
dieses Ermessen binden (BVerwGE 50, 11, 20; NJW 1987, 1215). Das Bestenausleseprinzip des
Art. 33 Abs. 2 GG stellt keine solche Bindung dar (BVerfG NJW 2008, 909; VGH Mannheim NJW
2006, 2424). Innerhalb der gesetzlichen Grenzen ist das Ermessen des Präsidiums grundsätzlich weit
(VGH München BayVBl 2016, 813). Seine Ausübung unterliegt allein dem Willkürverbot. Statthaft ist
eine Verteilung nach *Sachgebieten* wobei es zweckmäßig ist, diese entweder nach Rechtsmaterien (z.B.
„Schienenwegerecht"), nach Gesetzen (z.B. „Verfahren nach dem BImSchG") oder nach den *Nummern der VwG-Statistik*[77] – also letztlich ebenfalls nach Sachgebieten – zu bezeichnen. Manipulationen auf Klägerseite kann eine Verteilung nach den *Anfangsbuchstaben* des Klägers eröffnen (LG
Frankfurt/a.M. NJW 1988, 70). Jedenfalls verlangt eine Verteilung nach Klägernamen eine Regelung
für die Fälle der subjektiven Klagehäufung, der Namen mit Adelstiteln oder der Namen von Personengesellschaften und juristischen Personen. Statthaft ist auch eine Verteilung nach dem Namen des Beklagten. Allerdings bietet sich eine solche Verteilung wegen der häufig gleichen Beklagten im Verwaltungsprozess nicht an.[78] Ohne Weiteres zulässig ist eine Verteilung der Streitsachen nach *räumlichen
Bezirken* etwa nach dem Gebiet von Landkreisen und kreisfreien Städten. Möglich ist auch eine *Verbindung* von verschiedenen Zuteilungskriterien, z.B. in der Weise, dass für Verfahren des Abgabenrechts sich die Zuständigkeit nach dem Sitz des Abgabenberechtigten bestimmt. Eine Verteilung nach
der *zeitlichen Reihenfolge* der Eingänge oder nach Aktenzeichenendziffern genügt zwar dem Abstraktionsprinzip (OVG Lüneburg AuAS 2000, 223). Sie verstößt indes gegen den Grundsatz des gesetzlichen Richters, wenn für gleichzeitig eingehende Sachen keine (zusätzlichen) kontrollierbaren Zuteilungskriterien vorgesehen sind, die einen bestimmenden Einfluss der Geschäftsstelle bzw. der zentralen
Eingangsregistratur auf die Verteilung bzw. Registrierung gleichzeitig eingehender Sachen ausschließen.[79]

Das Abstraktionsprinzip wird hingegen *verletzt*, wenn die Spruchkörperzuständigkeit von dem Vorlie- 49a
gen oder Nichtvorliegen einer in der Hand eines Spruchkörpers liegenden Entscheidung abhängig gemacht wird.[80] Ebenso ist es, wenn das Präsidium bei Neubildung eines Spruchkörpers oder einer sonstigen Aufgabenumverteilung einzelne, von den Richtern der abgebenden Spruchkörper ausgesuchte
Sachen anderweitig zuweist (BGH ZIP 2009, 91; BFH BFH/NV 2006, 1873). Das gilt auch dann,
wenn die abzugebenden Verfahren nach allgemeinen Kriterien (z.B. eine bestimmte Zahl von Verfahren bestimmter Jahrgänge) ausgesucht werden (BVerwG NJW 1984, 2961). Unzulässig ist es auch,
einer Überlastung eines Spruchkörpers „scheibchenweise" durch jeweilige Einzelumverteilung von anhängigen Sachen zu begegnen (BGH StV 2016, 623). Das Gleiche gilt, wenn ein Richter einem
Spruchkörper speziell im Blick auf ein bestimmtes Verfahren zugeteilt wird, um in diesem Spruchkörper den Eintritt des Vertretungsfalls – und damit das „Einrücken" des geschäftsverteilungsplanmäßigen Vertretungsrichters – zu vermeiden.[81]

Eine *Ausnahme* vom Abstraktionsprinzip normiert § 21e Abs. 4 GVG. Nach dieser Bestimmung kann 50
das Präsidium im Blick auf bereits anhängige Verfahren anordnen, dass ein Richter oder Spruchkörper, der in einer Sache tätig geworden ist, für diese nach einer Änderung der Geschäftsverteilung zuständig bleibt. Von dieser Befugnis kann das Präsidium sowohl Gebrauch machen im Falle einer Änderung des Geschäftsverteilungsplans während des laufenden Geschäftsjahres als auch bei einer Neuverteilung i.R. der Jahresgeschäftsverteilung.[82] Zwar liegt in diesem Fall wegen des Jährlichkeitsprinzips eine „Änderung" des (alten) Geschäftsverteilungsplans nicht vor (→ Rn. 54), § 21e Abs. 4 GVG

---

77 Anordnung über die Erhebung von statistischen Daten in der Verwaltungsgerichtsbarkeit (VwG-Statistik, Amtlicher
   Sonderdruck der für die Verwaltungsgerichtsbarkeit zuständigen Landesverwaltungen der Bundesländer).
78 Vgl. *H. Geiger*, in: Eyermann § 4 Rn. 18.
79 BVerwG Buchholz 310 § 133 VwGO Nr. 14; NJW 1983, 2154; vgl. aber auch OVG Bln NJW 1999, 594, 595; a.A.
   BAG NJW 1961, 1740.
80 Vgl. BVerfG 23.12.2016 – 2 BvR 2023/16, juris Rn. 31 für die Abhängigkeit der Zuständigkeit einer Großen Straf-
   kammer von einer Entscheidung über die Eröffnung des Hauptverfahrens.
81 Vgl. BVerwG NJW 1987, 2031; zur Vertretungsregelung auch BGH NStZ 2015, 716 m.Anm. *Ventzke* NStZ 2015,
   717 („ad-hoc-Bestellung" eines Vertreters); VGH München NJW 1994, 3208; ferner BVerfG NJW 2005, 2689, 2690
   zum Zuständigkeitswechsel eines einzigen Verfahrens.
82 Vgl. *C. Lückemann*, in: Zöller § 21e GVG Rn. 46.

knüpft jedoch nicht an die Änderung des Geschäftsverteilungsplans, sondern an diejenige der Geschäftsverteilung und damit an die (bisherige) Zuständigkeitsordnung an.

51 **2. Bestimmtheitsprinzip; Zweifel über Auslegung und Anwendung des Geschäftsverteilungsplans.** Die Verteilung der Streitsachen auf die Spruchkörper muss möglichst eindeutig, mithin hinreichend bestimmt (BVerfGE 95, 322, 329; BVerwG NJW 1983, 2154) geregelt sein. Das schließt nicht aus, dass bei der Anwendung des Geschäftsverteilungsplans im Einzelfall die Zuordnung einer Sache zu dem einen oder dem anderen Spruchkörper zweifelhaft werden kann. Einen solchen, auf objektiven Anhaltspunkten[83] beruhenden *Zweifel* entscheidet, wenn nicht die betroffen Spruchkörpervorsitzenden (bei Einzelrichterzuständigkeit: die betroffenen Einzelrichter) Einvernehmen erzielen, das Präsidium (BGH NJW 1975, 1424, 1425). Eine Vorlage an das Rechtsmittelgericht ist unzulässig (OLG Frankfurt/a.M. NStZ-RR 2015, 314), ebenso ein „gerichtsinterner" Beschluss (BFH IStR 2014, 893). Da es sich bei der Entscheidung des Präsidiums zur Lösung von sich aus der Anwendung des Geschäftsverteilungsplans ergebender negativer Kompetenzkonflikte (→ Rn. 39) letztlich um eine *Einzelfallentscheidung* über den zuständigen Richter handelt, verstößt eine Geschäftsverteilungsregelung gegen Art. 101 Abs. 1 S. 2 GG, wenn sie eine derartige Einzelfallentscheidung unnötigerweise erforderlich macht (BVerfGE 95, 322, 330). Ein Verstoß gegen Art. 101 Abs. 1 S. 2 GG liegt allerdings nicht schon dann vor, wenn auslegungsbedürftige oder sonst unbestimmte Begriffe verwendet werden (BVerfGE 95, 322, 330, 331 f.). Das Entstehen von Auslegungszweifeln ist kein Indiz für mangelnde Bestimmtheit, sondern grds. unschädlich (BVerfGE 95, 322, 330). Die Verwendung *unbestimmter Begriffe* ist daher zulässig, wenn die einzelne Regelung so beschaffen ist, dass sachfremden Einflüssen generell vorgebeugt wird (BVerfGE 95, 322, 332). Als zulässige unbestimmte Begriffe werden etwa angesehen: „Verhinderung", „Schwerpunkt" oder „Sachzusammenhang" (BVerfGE 95, 322, 332). *Unbestimmtheit* ist demgegenüber angenommen worden für das Kriterium der „sachlichen Befassung" (BGH ZIP 2009, 91). Die im Blick auf das Gebot des gesetzlichen Richters fehlerhafte, weil willkürliche oder auf sachfremden Erwägungen beruhende Auslegung zulässiger unbestimmter Begriffe stellt mithin kein Problem der Verfassungsmäßigkeit des Geschäftsverteilungsplans, sondern ein solches der Anwendung seiner Regelungen dar (BVerfGE 95, 322, 333; → Rn. 105 f.).

52 **3. Vollständigkeitsprinzip.** Sämtliche *Streitsachen* sind auf die Spruchkörper zu verteilen. Weder dürfen einzelne noch eine Gruppe von Streitsachen unverteilt bleiben. Das gilt auch dann, wenn das zu einer Überlastung der Spruchkörper führt[84] oder absehbar ist, dass Streitsachen im laufenden Geschäftsjahr nicht entschieden werden können.[85] Fehlende, aber notwendige Regelungen für den Fall der spruchkörperübergreifenden Verbindung von Verfahren (→ § 93 Rn. 1 ff.) sollen zur Unvollständigkeit und damit Fehlerhaftigkeit des Geschäftsverteilungsplans führen.[86] Jeder dem Gericht zugewiesene *Richter* ist einem Spruchkörper zuzuteilen.[87] Dabei kommt dem Präsidium ein weites Organisationsermessen zu, das grundsätzlich lediglich einer Willkürkontrolle unterliegt (zum Rechtsschutz → Rn. 101 ff.; 110 ff.).[88] Die Zuweisung eines Richters an einen auswärtigen Spruchkörper stellt keine Versetzung dar (→ § 3 Rn. 50). Nach § 21 e Abs. 1 S. 4 GVG können Richter zu ordentlichen Mitgliedern in mehreren Spruchkörpern bestimmt werden (BVerfGE 17, 294, 300). Unzulässig ist es demgegenüber, einem Spruchkörper dauerhaft oder auch nur über einen längeren Zeitraum einen namentlich nicht benannten Richter („N.N.") zuzuweisen (BFH BFH/NV 2014, 1060).

53 Die Verpflichtung zur Justizgewähr verpflichtet das Präsidium auch zur Organisation eines richterlichen *Bereitschaftsdienstes* für dienstfreie Tage (BVerfG InfAuslR 2002, 406). Die Einrichtung eines gesetzlichen Bereitschaftsdienstes verlangt, dass das Präsidium vor Beginn des Geschäftsjahres für des-

---

83 Vgl. BVerwG NVwZ 2015, 1695 m.Anm. *A. Heusch*, NVwZ 2015, 1697.
84 Vgl. *H. Geiger*, in: Eyermann § 4 Rn. 18.
85 Vgl. *C. Lückemann*, in: Zöller § 21 e GVG Rn. 12, 59, auch zu Möglichkeiten der Dienstaufsicht.
86 Vgl. BAG NZA 2016, 1352.
87 Vgl. BVerfG NJW 2008, 909, 910; unzulässig ist es daher, einen dem Gericht zugewiesenen Richter auf Probe zur Einarbeitung zunächst als wiss. Mitarbeiter zu beschäftigen; hinsichtlich der ehrenamtlichen Richter vgl. BAGE 81, 265; ebenso ist es unzulässig, einen Richter nur für einen Teilzeitraum des Geschäftsjahres zuzuweisen, vgl. *Kissel/Mayer* § 21 e Rn. 107.
88 Vgl. BVerfG NVwZ 2017, 51, ber. 8.12.2016 – 2 BvR 877/16; VG Frankfurt/a.M. LKRZ 2014, 378.

sen Dauer einen vollständigen Bereitschaftsplan aufstellt,[89] sofern die zur Entscheidung zuständigen Richter sich nicht nach den allgemeinen Regeln des Geschäftsverteilungsplans bestimmen sollen.[90]

4. Jährlichkeitsprinzip. a) Allgemeines. Nach § 21 e Abs. 1 S. 2 GVG trifft das Präsidium die Anordnungen vor dem Beginn des Geschäftsjahres für dessen Dauer. Geschäftsjahr ist das Kalenderjahr (→ Rn. 12). Das mit § 21 e Abs. 1 S. 2 GVG normierte Jährlichkeitsprinzip bedeutet daher zunächst, dass der auf ein Geschäftsjahr bezogene Geschäftsverteilungsplan nach dessen Ablauf ohne Weiteres außer Kraft tritt (BVerwG Buchholz 300, § 21 e GVG Nr. 12; BVerwG, NJW 1991, 1370). Es verlangt deshalb, dass sowohl die mit Beginn eines jeden Geschäftsjahres (noch) anhängigen[91] als auch künftig eingehende Verfahren alljährlich auf die Spruchkörper verteilt werden (BVerwG DÖV 1979, 299). Der Geschäftsverteilungsplan für das (nächste) Geschäftsjahr stellt deshalb nicht nur für die zukünftig anhängig werdenden Verfahren, sondern auch für die am ersten Tag des neuen Geschäftsjahres anhängigen Sachen aus den Vorjahren eine *konstitutive Regelung* dar. Das gilt auch dann, wenn in letzterer Hinsicht Regelungen aus der alten Geschäftsverteilung in die neue übernommen werden. Es bedarf daher keiner Übergangsregelungen (BVerwG BauR 2014, 57). Rechtsfehler des vorangegangenen Geschäftsverteilungsplans, einschließlich eventuell erforderlich gewordener Änderungen während des laufenden (seinerzeitigen) Geschäftsjahres (§ 21 e Abs. 3 S. 1 GVG), werden mit Wirksamwerden des neuen Geschäftsverteilungsplans obsolet.[92]

b) Zuständigkeitsveränderungen i.R. der Jahresgeschäftsverteilung. Während Änderungen der Jahresgeschäftsverteilung während des laufenden Geschäftsjahres nur unter den Voraussetzungen des § 21 e Abs. 3 S. 1 GVG zulässig sind (→ Rn. 61 ff.), folgt aus dem Jährlichkeitsprinzip, dass diese Voraussetzungen keine Geltung beanspruchen, wenn im neuen Geschäftsverteilungsplan Regelungen getroffen werden, die einer Änderung der bisherigen Geschäftsverteilung entsprechen (BVerwG Buchholz 300 § 21 e GVG Nr. 12; BVerfG NJW 2003, 345). Deshalb kann eine im bisherigen (ablaufenden) Geschäftsjahr eingetretene zusätzliche Belastung eines Spruchkörpers bei Erstellung des neuen Geschäftsverteilungsplans auch dann berücksichtigt werden, wenn diese den Grad einer Überlastung (§ 21 e Abs. 3 S. 1 GVG) noch nicht erreicht hat (BVerwG Buchholz 300 § 21 e GVG Nr. 12).

Das Jährlichkeitsprinzip schließt die Annahme aus, die bei einem Gericht bereits anhängigen Sachen dürften für das jeweils nächste Geschäftsjahr nicht anderweitig (einem anderen Spruchkörper) zugeteilt werden.[93] Auch besteht grds. kein Anspruch der betroffenen Richter auf Schutz vor einer Änderung ihres Aufgabenbereichs (BVerfG NJW 2008, 909; BVerwG DRiZ 2009, 299; OVG Koblenz NJW-RR 2008, 579). Art. 101 Abs. 1 S. 2 GG steht einer Neuregelung nicht entgegen, wenn diese generell gilt, also außer anhängigen Verfahren auch eine Vielzahl künftiger gleichartiger Fälle erfasst und nicht aus sachwidrigen Gründen geschieht (BVerfG NJW 2003, 345). Ausnahmsweise ist die Umverteilung ausschließlich bereits anhängiger Verfahren zulässig unter der Voraussetzung, dass die Gründe dafür dokumentiert werden (BVerfG NJW 2009, 1734; NJW 2005, 2689, 2690). Keinesfalls dürfen allerdings einzelne ausgesuchte Sachen einem anderen Spruchkörper zugewiesen werden (BFH BFH/NV 2012, 431). Nach der *Rspr. des BVerwG* findet das Prinzip der Jährlichkeit seine Erklärung darin, dass z.B. Zahl und Belastung der Spruchkörper, Zahl, Belastung und Verfügbarkeit der Richter oder der Umfang der gesamten Geschäftslast des Gerichts nicht gleich blieben, sondern ständig Veränderungen unterlägen, die – von den Ausnahmen des § 21 e Abs. 3, 4 GVG abgesehen – nicht von Fall zu Fall zu einzelnen, isolierten Änderungen des Geschäftsverteilungsplans berechtigten, sondern ggf. im Interesse einer beständig zu bewirkenden größtmöglichen Wirksamkeit der Rechtspflege i.R. der regelmäßigen periodischen Verteilung der gesamten Geschäftslast des Gerichts sachgerecht zu berücksichtigen seien (BVerwG DÖV 1979, 299). So müsse, wenn es sich etwa als notwendig erweise, zur

---

89 Vgl. *H. Schorn/H. Stanicki*, Präsidialverfassung, 1975, 144.
90 Daher erübrigt sich ein solcher auf das gesamte Geschäftsjahr bezogener Plan (nur), wenn der „Bereitschaftsrichter" allein die Aufgabe hat, die nach den allgemeinen Regeln zuständigen Richter zu „alarmieren"; vgl. auch OLG Jena 14.10.1998 – 6 W 243/98; zum Bereitschaftsdienst bei teilzeitbeschäftigten Richtern VG Hannover 28.2.2007 – 13 A 3683/05.
91 Unpräzise insoweit BVerwG DÖV 1979, 299, wo auf den Zeitpunkt des Erlasses des Geschäftsverteilungsplans abgestellt wird.
92 Vgl. BVerwG Buchholz 300 § 21 e GVG Nr. 10; Buchholz 300 § 21 e GVG Nr. 12; Buchholz 300 § 21 e GVG Nr. 15 m.Anm. *B. Sangmeister*, DÖD 1986, 219.
93 Vgl. BVerwG 21.12.2011 – 4 BN 13/11; NJW 1991, 1370, 1371; vgl. auch BVerfGE 95, 322, 332.

Entlastung einer bestehenden Kammer Sachen auf eine neu eingerichtete Kammer zu übertragen, zwangsläufig von dem Bestand der Sachen ausgegangen werden, der bei dieser Kammer anhängig geworden sei (BVerwG Buchholz 300 § 21 e GVG Nr. 10). Das Abstraktionsprinzip stehe in einer „Wechselwirkung" zum Jährlichkeitsprinzip (BVerwG Buchholz 300 § 21 e GVG Nr. 12).

57　Das Jährlichkeitsprinzip entspricht in dieser Auslegung ganz offensichtlich den *Bedürfnissen der Praxis*. Es ermöglicht am Ende eines jeden Jahres, Geschäftsverteilungsveränderungen nicht nur mit Wirkung für neu eingehende, sondern auch für bereits anhängige Verfahren und zwar sowohl in Bezug auf die Besetzung der Spruchkörper als auch in Bezug auf deren Zuständigkeiten vorzunehmen (OLG Braunschweig NJW 2013, 2442). Es eröffnet dem Präsidium damit für bereits anhängige Verfahren das Auswechseln des bisher für eine Streitsache „gesetzlich" bestimmten Richters. Eine solche Möglichkeit kann im Blick auf Art. 101 Abs. 1 S. 2 GG *nicht voraussetzungs- und grenzenlos* sein.[94] Zwar wird nach der Rspr. des BVerwG dem Grundsatz des gesetzlichen Richters genügt, wenn im Zeitpunkt der gerichtlichen Entscheidung eine Geschäftsverteilungsregelung besteht, durch die die zur Entscheidung berufenen Richter im Voraus hinreichend eindeutig bestimmt sind (BVerwG Buchholz 300 § 21 e GVG Nr. 10). Das Zustandekommen einer solchen Regelung ist aber gerade dann ein eigenständiger Anwendungsfall von Art. 101 Abs. 1 S. 2 GG, wenn eine bisher gegebene Zuständigkeit nachträglich geändert wird. Daran ändert das Postulat der abstrakt-generellen Regelung (BVerfG NJW 2003, 345) nichts.

58　Eine *erste Orientierung* bietet insoweit § 21 e Abs. 3 GVG (→ Rn. 61 ff.). Liegen die dort normierten Voraussetzungen vor und ist deshalb eine Änderung (sogar) im laufenden Geschäftsjahr gerechtfertigt, ist eine Neuverteilung anhängiger Sachen i.R. der Jahresgeschäftsverteilung ohne Weiteres zulässig. Voraussetzungen und Grenzen einer Neuverteilung jenseits der in § 21 e Abs. 3 S. 1 GVG geregelten Tatbestände bleiben allerdings unklar. Als *Voraussetzung* wird man „jene mannigfachen Umstände, die bei der Geschäftsverteilung zur Gewährleistung einer geordneten Rechtspflege zu berücksichtigen sind", akzeptieren können (BVerwG Buchholz 300 § 21 e GVG Nr. 13). Hierzu zählen etwa Unausgewogenheiten in der *Belastung der Spruchkörper*, unabhängig davon, worin sie ihre Ursache haben. Dabei ist – anders als bei Änderungen im laufenden Geschäftsjahr nach § 21 e Abs. 3 GVG – nicht erforderlich, dass bereits eine Überlastung eingetreten ist. Vielmehr reicht eine zusätzlich eingetretene, den Grad einer Überlastung noch nicht erreichende Belastung eines Spruchkörpers im ablaufenden Geschäftsjahr aus, wenn die Neuverteilung der bereits anhängigen Sachen zur gleichmäßigen Auslastung der Spruchkörper vorgenommen wird (BVerwG Buchholz 300 § 21 e GVG Nr. 12). Grundsätzlich nicht zu beanstanden ist es, wenn als Hilfe zur Feststellung der Belastungssituation auf die Statistik des *Personalbedarfsberechnungssystems* PEBB§Y zurückgegriffen wird.[95]

58a　Die *Zuweisung eines Proberichters* zu einem bestimmten Spruchkörper darf i.R. der Jahresgeschäftsverteilung aus Gründen seiner Aus- und Fortbildung geändert werden (BVerwG Buchholz 300 § 21 e GVG Nr. 13). Allgemein werden keine Bedenken gegen die *anderweitige Zuweisung eines Richters* zu erheben sein, wenn die Neuzuweisung z.B. dazu dient, die Erfahrungen des Richters zu verbreitern.[96] Auch dürfte ein Spruchkörperwechsel eines Richters statthaft sein, wenn anders eine gedeihliche Spruchkörperarbeit nicht gewährleistet werden kann (OVG Koblenz NJW-RR 2008, 579). Dabei kommt es regelmäßig nur auf die objektive Beteiligung an einem spruchkörperinternen Spannungsverhältnis an; grundsätzlich nicht erforderlich ist es, die jeweiligen „Schuldbeiträge" der beteiligten Senatsmitglieder zu ermitteln.[97] Als *Grenze* für das Auswechseln des bislang zuständigen Richters wird (lediglich) auf den Gesichtspunkt der „sachfremden und willkürlichen Erwägung" abgestellt (BVerfG NJW 2003, 345; BVerwG Buchholz 300 § 21 e GVG Nr. 12). Unzulässig sind Zuständigkeitswechsel auch, wenn sie gegen das *Verbot disziplinierender Geschäftsverteilung* verstoßen.[98]

59　**5. Richterliche Aufgaben des Präsidenten.** Über die von dem Präsidenten wahrzunehmenden richterlichen Aufgaben beschließt nicht das Präsidium. Vielmehr bestimmt diese gem. § 21 e Abs. 1 S. 3 GVG

94　Unverbindlich demgegenüber *Kissel/Mayer* § 21 e Rn. 96 a.E., der aus dem Grundsatz der Stetigkeit „Zurückhaltung" ableitet, was aber ausdrückl. „kein zwingender Grundsatz der Geschäftsverteilung" sei; vgl. auch *M. Funke-Kaiser*, in: Bader § 4 Rn. 23; krit. auch *C. Sowada*, Der gesetzlicher Richter, 2002, 257 ff.
95　Vgl. VG Frankfurt/a.M. LKRZ 2014, 378.
96　Vgl. *C. Lückemann*, in: Zöller § 21 e GVG Rn. 6 a.E.
97　Vgl. BVerfG NVwZ 2017, 51, ber. 8.12.2016 – 2 BvR 877/16; VGH München BayVBl 2016, 813.
98　Vgl. *C. Sowada*, Der gesetzliche Richter, 2002, 295 ff.

der Präsident selbst. Diese Befugnis erschöpft sich allerdings in der Bestimmung des Spruchkörpers, dessen Vorsitz der Präsident führt.[99] Die Bestimmung der von dem Präsidenten bzw. dessen Spruchkörper zu bearbeitenden Streitsachen wird davon nicht erfasst.[100] Zweck der Bestimmungsbefugnis des Präsidenten ist es, diesem die Entscheidung zu überlassen, welche Arbeitsbelastung durch richterliche Aufgaben sich mit den Justizverwaltungsangelegenheiten und den Pflichten als Vorsitzender des Präsidiums angemessen vereinbaren lässt.[101] Ob dieser Zweck die mit dem *Präsidentenprivileg* verbundene Abkehr vom Kollegialprinzip (und damit auch den Verlust an Binnenlegitimation) rechtfertigt, erscheint zweifelhaft, weil die Belastung der Spruchkörper in erster Linie von der Zahl der anhängigen Verfahren und der vom Präsidium zu bestimmenden Zahl der Beisitzer abhängt. Dasselbe gilt im Übrigen für die spruchkörperinterne Geschäftsverteilung nach § 21 g GVG (→ Rn. 79 ff.).

Die Erklärung des Präsidenten, in welchem Spruchkörper er den Vorsitz übernehmen wolle, ist nicht   60
notwendig als solche in den Geschäftsverteilungsplan aufzunehmen.[102] Sie kann mit konstitutiver Wirkung auch lediglich zu Protokoll erklärt werden und inhaltlich vom Präsidium in den Geschäftsverteilungsplan übernommen werden, ohne dass nach außen erkennbar wird, dass der Bestimmung des Vorsitzenden des Präsidentenspruchkörpers keine Kollegialentscheidung zugrunde liegt.[103]

6. Änderungen während des Geschäftsjahres.   Die Anordnungen nach § 21 e Abs. 1 GVG dürfen wäh-   61
rend des Geschäftsjahres nach § 21 e Abs. 3 S. 1 GVG nur geändert werden, wenn dies wegen Überlastung oder ungenügender Auslastung eines Richters oder Spruchkörpers oder infolge Wechsels oder dauernder Verhinderung einzelner Richter nötig wird. Indem das Gesetz von „den Anordnungen nach Absatz 1" spricht, stellt es klar, dass sich die zu treffenden Änderungen sowohl auf die „Verteilung der Geschäfte" (i.e.S.) als auch auf die Besetzung der Spruchkörper oder die Regelung der Vertretung beziehen können. Die Vorschrift ist eng auszulegen. Der Änderungsgrund muss stets im Beschluss des Präsidiums oder einem Protokoll der entsprechenden Präsidiumssitzung festgehalten werden, damit überprüfbar ist (→ Rn. 67), ob die Voraussetzungen für die nur ausnahmsweise zulässige Änderung der Geschäftsverteilung vorlagen (BGH NStZ 2016, 562). Fehlt es daran, ist eine Besetzungsrüge allein deshalb erfolgreich (BGH NStZ-RR 2015, 288).

a) Änderung.   Eine Änderung liegt vor, wenn einem Spruchkörper die *Zuständigkeit* für Verfahren zu-   62
gewiesen wird, für die er bisher nicht zuständig war, wenn ihm die Zuständigkeit für bestimmte Verfahren genommen wird, wenn ihm *Richter zugewiesen* werden, die bisher nicht Mitglied des Spruchkörpers waren, wenn Richter den Spruchkörper verlassen und wenn andere Richter als bisher zur Vertretung berufen sein sollen. *Keine Änderungen* sind *Klarstellungen*, die das Präsidium zur Beseitigung von Auslegungszweifeln (→ Rn. 51) in den Text des Geschäftsverteilungsplans aufnimmt.

b) Änderungsvoraussetzungen.   Die Beurteilung, ob eine *Überlastung* oder mangelnde Auslastung   63
vorliegt, obliegt der pflichtgemäßen Beurteilung des Präsidiums.[104] Sie muss sachlich vertretbar sein (BGH NJW 1999, 154, 155). Das ist der Fall, wenn nur auf diese Weise dem Verfassungsgebot der Gewährleistung von Rechtsschutz innerhalb angemessener Zeit nachzukommen ist (→ Rn. 67).[105] Eine nachträgliche Änderung der Geschäftsverteilung kann daher geradezu *verfassungsrechtlich geboten* sein, wenn nur auf diese Weise dem Beschleunigungsgebot entsprochen werden kann.[106] *Unzulässig* ist eine Änderung, mit der einem Richter ermöglicht werden soll, Erholungsurlaub während der Schulferien zu nehmen.[107] Auch rechtfertigt das Bestreben, die Aus- und Fortbildung jüngerer Richter durch einen Spruchkörperwechsel zu fördern, für sich genommen eine Änderung während des Geschäftsjahres nicht (BVerwG Buchholz 300 § 21 e GVG Nr. 13).

---

99 Vgl. *Kissel/Mayer* § 21 e Rn. 126; *H. Geiger* in: Eyermann § 4 Rn. 21; s. näher *H. Schorn/H. Stanicki*, Präsidialverfassung, 1975, 82; ferner § 7 Abs. 1 S. 2 a.F.; weitergehend OVG Frankfurt/O. BDVR-Rundschreiben 2000, 156; VG Potsdam DVBl 2001, 320.

100 A.M. OVG Frankfurt/O. BDVR-Rundschreiben 2000, 156 und VG Potsdam DVBl 2001, 320.

101 Vgl. *Kissel/Mayer* § 21 e Rn. 126.

102 Vgl. *Kissel/Mayer* § 21 e Rn. 126; a.M. offenbar *H. Geiger*, in: Eyermann § 4 Rn. 21.

103 Vgl. auch *M. Funke-Kaiser*, in: Bader § 4 Rn. 29.

104 Vgl. BVerwG NJW 2000, 1580, 1581; NJW 1982, 2274; NJW 1982, 2394; BGH NJW 1977, 965.

105 Vgl. BVerfG NJW 2009, 1734; NJW 2005, 2689, 2690; BGH StV 2016, 626; NStZ 2011, 157 zum Wechsel bereits anhängiger Sachen.

106 Vgl. BVerfG 23.12.2016 – 2 BvR 2023/16, juris Rn. 24; BGH STV 2016, 626; NJW 2015, 2597.

107 Vgl. BGH bei *G. Holtz*, MDR 1979, 108.

64 Ein *Wechsel* eines Richters liegt vor bei seinem Eintritt in den Ruhestand, Tod sowie bei sonstigem Ausscheiden, etwa im Wege der Versetzung, Beförderung (auch zum Vorsitzenden Richter an demselben Gericht),[108] Abordnung, bei Eintritt in Elternzeit (OLG Rostock OLG-Report 2008, 254; → Rn. 65) oder bei Beginn der Freistellungsphase i.R. von Altersteilzeit (BFH BFH/NV 2007, 1686). Ferner liegt ein Wechsel beim Eintritt eines Richters in das Gericht vor. Dem gleichzustellen ist die Einrichtung eines weiteren Spruchkörpers, auch wenn diese nicht durch das Hinzukommen weiterer Richter oder Überlastung veranlasst ist (BGH NJW 1976, 60).

65 *Dauernde Verhinderung* ist abzugrenzen gegenüber der nur vorübergehenden Verhinderung (→ Rn. 72). Sie muss tatsächlich vorliegen, kann also nicht lediglich vermutet oder konstruiert werden.[109] Die Verhinderung wegen Urlaub, Dienstbefreiung, Krankheit, Kur, anderen dienstlichen Verpflichtungen oder Freistellung (z.B. für die Tätigkeit in einer Richtervertretung),[110] stellt sich regelmäßig als nur vorübergehend dar.[111] Ein längerer Urlaub oder eine lang andauernde Erkrankung kann demgegenüber zu dauernder Verhinderung führen.[112] Ebenso ist es beim Antritt von mehrmonatiger Elternzeit.[113] Dasselbe gilt für die vorläufige Untersagung der Führung der Amtsgeschäfte gem. § 35 DRiG.

66 Auch *aus anderen Gründen* als den in § 21 e Abs. 3 S. 1 GVG genannten soll – entgegen dem klaren Wortlaut – eine Änderung zulässig sein, weil die Vorschrift nicht abschließend sei.[114] Ferner sollen *Ergänzungen* oder die *Korrektur* von Fehlern nachträglich möglich sein.[115]

67 c) Kontrolle. Die vom Präsidium als Reaktion auf das Vorliegen der Änderungsvoraussetzungen getroffenen Maßnahmen unterliegen der Überprüfung lediglich auf *Willkür* (BVerwG Buchholz 300 § 21 e GVG Nr. 13; BGHSt 22, 239). Das gilt indessen nicht für die Frage, ob die i.R. der Änderung getroffene Zuständigkeitsregel überhaupt als generell-abstrakte Regelung i.S. der Garantie des gesetzlichen Richters (→ Rn. 48) anzusehen ist.[116] Denn auch die nachträgliche Änderung von Zuständigkeiten unterliegt dem *Abstraktionsprinzip* (→ Rn. 46 ff.).[117] Sachwidrig und damit willkürlich ist die Annahme der dauernden Verhinderung eines Richters, wenn diese als Reaktion auf ein von ihm gefälltes Urteil oder dessen Begründung erfolgt.[118] Die Überlastung eines Spruchkörpers kann durch *Umverteilung sowohl von bereits anhängigen*[119] als auch zukünftig eingehenden Sachen oder durch Zuweisung weiterer Richter ausgeglichen werden.[120] Werden (auch) bereits anhängige Verfahren neu verteilt oder soll die Besetzung des zuständigen Spruchkörpers geändert werden, darf dies *nicht für eine konkret bestimmte Streitsache* erfolgen.[121] Auch eine „scheibchenweise" Entlastung eines absehbar längere Zeit überlasteten Spruchkörpers ist unzulässig (→ Rn. 49 a). Vielmehr hat das Präsidium ein *tragfähiges Konzept* zum Belastungsausgleich zu entwickeln.[122] Liegt ein die Voraussetzungen von § 21 e Abs. 3 S. 1 GVG erfüllender Grund vor, ist das Ermessen des Präsidiums nicht beschränkt.[123] Daher können z.B. *Aus- und Fortbildungsgesichtspunkte* ermessensfehlerfrei berücksichtigt werden (BVerwG Buchholz 300 § 21 e GVG Nr. 13; BGH NJW 1978, 1444), sodass Änderungen der Besetzung auch in Spruchkörpern vorgenommen werden können, die bspw. von einem Richterwechsel nicht unmittelbar betroffen sind.[124] Eine während des laufenden Geschäftsjahres beschlossene Ände-

---

108 Vgl. *C. Lückemann*, in: Zöller § 21 e GVG Rn. 42; vgl. auch HmbOVG NJW 1987, 1215, 1216; eine Ausnahme galt in den neuen Ländern bei Beförderung eines sog. Funktionsvorsitzenden zum regulären Vorsitzenden Richter.

109 Vgl. dazu die Darstellung des Falles „Orlet" bei *C. Sowada*, Der gesetzliche Richter, 2002, 299 ff.; *M. C. G. Marquardt*, Rechtsnatur, 1998, 6 f.; *H. Sendler*, ZRP 1994, 377, 379.

110 Vgl. BGH NJW 1986, 1884.

111 Vgl. *C. Lückemann*, in: Zöller § 21 e GVG Rn. 39.

112 Vgl. *H. Geiger*, in: Eyermann § 4 Rn. 29; *H. Schorn/H. Stanicki*, Präsidialverfassung, 1975, 98.

113 Vgl. BGH NJW 2015, 1685 m.Anm. *B. Klose* NJ 2015, 302; vgl. ferner *G. Buck*, DRiZ 2013, 258.

114 Vgl. *C. Lückemann*, in: Zöller § 21 e GVG Rn. 43; vgl. auch HmbOVG NJW 1987, 1215, 1216.

115 Vgl. VGH Kassel DVBl 1990, 721; *Kissel/Mayer* § 21 e GVG Rn. 109; vgl. auch *B. Kolb*, Rechtsnatur, 1986, 212.

116 Vgl. BVerfG 23.12.2016 – 2 BvR 2023/16, juris Rn. 29; BGH StV 2016, 626; NStZ 2016, 562.

117 Vgl. BGH NStZ 2015, 658.

118 Vgl. dazu *M. C. G. Marquardt*, Rechtsnatur, 1998, 6 f.

119 Vgl. BFH NJW 1996, 3367; BGH StV 2016, 626; NStZ 2011, 157; NJW 2000, 1580, 1582; NJW 1999, 154, 155; NJW 1982, 1470. A.M. *O. Feiber*, MDR 1984, 676.

120 Vgl. *C. Lückemann*, in: Zöller § 21 e GVG Rn. 44.

121 Vgl. BVerwG Buchholz 300 § 21 e GVG Nr. 17; BGH StV 2016, 626; NJW 2015, 2597; 1999, 154, 155; LG Wiesbaden MDR 1984, 676.

122 Vgl. BGH NJW 2015, 2597 m.w.N.

123 Vgl. OLG Frankfurt a./M. OLG-Report 2005, 797; *R. Hüßtege*, in: Thomas/Putzo § 21 e GVG Rn. 31.

124 Vgl. *Kissel/Mayer* § 21 e Rn. 111.

rung der Geschäftsverteilung (i.w.S.) gilt regelmäßig bis zu dessen Ende, es sei denn, sie ist ausdrücklich nur befristet vorgenommen worden.[125]

V. Vorsitz in den Spruchkörpern (§ 21f GVG)

1. Reguläre(r) Vorsitzende(r). § 21 f Abs. 1 GVG, wonach den Vorsitz in den Spruchkörpern bei den 68
VG, OVG und dem BVerwG die Vorsitzenden Richter führen, verpflichtet das Präsidium, den Vorsitz in den einzelnen Spruchkörpern auf die Vorsitzenden Richter zu verteilen.[126] Ausgenommen von der Verteilung des Vorsitzes durch das Präsidium ist der Präsidentenspruchkörper, weil nach § 21 e Abs. 1 S. 3 GVG der Präsident bestimmt, welche „richterlichen Aufgaben" er wahrnimmt (→ Rn. 59 f.). Sind mehr Spruchkörper eingerichtet, als Vorsitzende Richter (einschließlich Präsident und Vizepräsident) vorhanden, kann einem Vorsitzenden der gleichzeitige Vorsitz in zwei oder mehreren Spruchkörpern zugewiesen werden.[127] Doppel- oder Mehrfachvorsitzendenfunktionen sind auch dann nicht unstatthaft, wenn dadurch (ggf. zusammen mit der Wahrnehmung von Gerichtsverwaltungsaufgaben) ein Pensum auferlegt wird, dass sich in sachgerechter Weise nicht erledigen lässt (so BGH NStZ 2012, 406), weil die Überbeanspruchung nicht den materiellen Gewährleistungsgehalt des Art. 101 Abs. 1 S. 2 GG betrifft.[128] Ob es weiterhin als unzulässig anzusehen ist, wenn ein Belastungszustand hervorgerufen wird, der dazu führt, dass sich der Vorsitzende in (nur) einem der Spruchkörper zu mehr als einem Viertel vertreten lassen muss (BGH NJW 1973, 205; BSG DRiZ 1975, 377), ist daher zweifelhaft. In diesem Fall wird angenommen, dass er der ihm zugeschriebenen Funktion, „richtungweisenden Einfluss auf Geschäftsgang und Rechtsprechung"[129] auszuüben, nicht mehr nachkommen kann.[130] Kein Verstoß gegen das Erfordernis einer solchen 75%-Quote liegt vor, wenn der Vorsitzende seinem Spruchkörper nur mit einem Viertel seiner Arbeitskraft zugewiesen wird und der Geschäftsumfang des Spruchkörpers dem entspricht.[131] Nicht erforderlich ist, dass der Vorsitzende Lebenszeitrichter bei dem Gericht ist.[132]

Die Zuweisung des Vorsitzes in einem Spruchkörper auf zwei Vorsitzende Richter ist unzulässig.[133] 69
Sowohl gerichtsverfassungsrechtlich aus § 21 f GVG als auch dienstrechtlich aus dem Gesichtspunkt des Anspruchs auf dem statusrechtlichen Amt entsprechende Beschäftigung ergibt sich eine *Verpflichtung* des Präsidiums, jedem Vorsitzenden Richter (einschließlich Vizepräsident) den Vorsitz in einem Spruchkörper zu übertragen. Das schließt nicht aus, dass ein Vorsitzender Richter zugleich Beisitzer in einem anderen Spruchkörper ist (BGH NJW 1984, 129), was jedenfalls aufgrund der Vertretungsregelung etwa dann der Fall sein kann, wenn – wie vielfach üblich – die Richter eines Spruchkörpers von den Richtern eines anderen Spruchkörpers beginnend mit dem Dienstjüngsten vertreten werden und in der „Vertretungskammer"[134] sämtliche Beisitzer verhindert sind, sodass deren Vorsitzender der nächstberufene Vertreter ist.

2. Stellvertretende(r) Vorsitzende(r). Für den Fall der Verhinderung des Vorsitzenden hat das Präsidi- 70
um nach § 21 f Abs. 2 S. 1 GVG ein Mitglied des Spruchkörpers zum Vertreter zu bestimmen. § 28 Abs. 2 S. 2 DRiG schränkt das Ermessen des Präsidiums dahin ein, dass den Vorsitz nur ein *Richter auf Lebenszeit* führen darf. Ein Richter auf Zeit darf daher nicht zum stellvertretenden Kammervorsit-

---

125 Vgl. *C. Lückemann*, in: Zöller § 21 e GVG Rn. 45.
126 Vgl. auch BVerwGE 34, 180; in den neuen Bundesländern konnten nach § 10 Abs. 4 S. 1 RpflAnpG bis zum Ablauf des 31.12.2004 auch andere Richter auf Lebenszeit zu Spruchkörpervorsitzenden bestimmt werden (sog. Funktionsvorsitzende); dazu auch OVG Bautzen 2.9.2009 – 4 B 390/07.
127 Vgl. BGH NJW 1967, 1566; zum Vorsitz im Flurbereinigungssenat BVerwGE 106, 345; vgl. auch BFHE 190, 47.
128 BVerfG NJW 2012, 2334; dazu auch *K. F. Gärditz*, DVBl 2012, 966.
129 Vgl. z.B. BGH 8.1.2009 – 5 StR 537/08; krit. *B. Sangmeister*, NJW 1998, 721, 728; *ders.*, ZRP 1995, 297; vgl. auch *M. Hederich*, DÖD 1998, 49.
130 Vgl. BGH NJW-RR 2017, 635, 637; NJW 1995, 335, 336; BGHZ 37, 210, 212; krit. dazu bereits *M. Westphal*, DVBl 1964, 979, 981; umfassend *C. Sowada*, Der gesetzliche Richter, 2002, 407 ff.
131 Vgl. BGH 23.8.2016 – X ARZ 292/16, juris Rn. 7.
132 Vgl. BGH NJW 2009, 381; a.M. *Kissel/Mayer* § 21 f Rn. 2 m.w.N.
133 Vgl. BGH NJW 1955, 103; bereits *E.-G. Richter*, DVBl 1967, 935.
134 Der vielfach verwendete Begriff „Vertretungskammer" (oder Senat) ist unpräzise, weil nicht der eine Spruchkörper den anderen Spruchkörper in dem Sinne vertritt, dass anstelle etwa der 1. Kammer bei deren Verhinderung die 8. Kammer entscheidet; vielmehr werden (nur) verhinderte Richter vertreten; der vertretende Richter ist bei Wahrnehmung seines Vertreteramtes Mitglied des Spruchkörpers, in dem der Vertretungsfall angefallen ist.

zenden bestimmt werden.[135] Im Übrigen ist das Präsidium in seiner Entscheidung frei, insbes. ist es nicht gehalten, bei der Bestimmung des stellvertretenden Spruchkörpervorsitzenden nach dem Anciennitätsprinzip zu verfahren und deshalb das jeweils dienstälteste Mitglied des Spruchkörpers zum Vertreter des Vorsitzenden zu bestimmen.[136] Allerdings liegt der Bestimmung des § 21 f Abs. 2 S. 1 GVG das Modell des ständigen bzw. allgemeinen Vertreters des Vorsitzenden zugrunde.[137] Damit verträgt sich nicht eine Vorsitzendenvertretungsregelung, die den jeweiligen Berichterstatter zum (jeweiligen) Vertreter des Vorsitzenden bestimmt;[138] eine solche Regelung ließe im Übrigen offen, wer den Vorsitzenden in Verfahren seines eigenen Dezernats zu vertreten hat.

71 **a) Vorsitzendenvertretung nur durch ständiges Spruchkörpermitglied?** Als regelmäßiger Vertreter soll nach verbreiteter, auf der Grundlage von § 66 GVG a.F. entwickelter, auf Rspr. des Reichsgerichts rekurrierender Ansicht nur ein „ständiges Mitglied" des Spruchkörpers bestimmt werden können (BGH NJW 1959, 1141; NJW 1965, 58; NJW 1966, 941; RGSt 25, 389, 391). Nur ein ständiges Mitglied sei imstande, als Stellvertreter des Vorsitzenden die Stetigkeit der Rspr. des Spruchkörpers zu sichern.[139] Damit ein Richter ständiges Mitglied eines Spruchkörpers sei, genüge es nicht, dass er nur dem Namen nach zum Mitglied des Spruchkörpers bestellt werde, aber zum ständigen Dienst in dem Spruchkörper nicht vorgesehen sei (BGH NJW 1965, 58). Die Bestellung eines Richters, der der Kammer ohne eigenes Dezernat zugewiesen ist (→ Rn. 85), zum Vertreter des Vorsitzenden wäre danach ausgeschlossen. Der Wortlaut von § 21 f Abs. 2 S. 1 GVG schränkt indessen den Begriff „Mitglied" nicht ein (→ Rn. 77, 85; ferner RGSt 1, 238, 239). Auch ist nicht zwingend, dass nur ein zum „ständigen Dienst im Spruchkörper" vorgesehener Richter die Stetigkeit der Rspr. zu sichern imstande sei. Ferner ist die „Sicherung der Stetigkeit der Spruchkörperrechtsprechung" als Funktion des (stellvertretenden) Vorsitzenden insoweit in Zweifel zu ziehen, als alle Spruchkörpermitglieder an den Kollegialentscheidungen gleichberechtigt mitwirken.[140]

72 **b) Verhinderung.** Verhinderung i.S.v. § 21 f GVG ist die ihrer Art nach (nur) vorübergehende rechtliche oder tatsächliche Unmöglichkeit, den Vorsitz selbst zu führen (BVerwG NJW 2001, 3493; → Rn. 65). Das ist anerkannt der Fall, wenn der geschäftsplanmäßige Vorsitzende durch *Krankheit oder Urlaub*, aber auch durch eine *anderweitige dienstliche Tätigkeit* oder aus ähnlichen Gründen, wozu auch *Unerreichbarkeit* gehört, zeitweilig an der Wahrnehmung der Geschäfte als Vorsitzender gehindert ist.[141] Als einen die entsprechende Anwendung von § 21 f Abs. 2 S. 1 GVG rechtfertigenden Fall der Verhinderung des Vorsitzenden wird nach der übereinstimmenden höchstrichterlichen Rspr. auch das – durch Eintritt oder Versetzung in den Ruhestand, durch Abordnung oder durch Tod bedingte – endgültige Ausscheiden eines Vorsitzenden aus dem Spruchkörper angesehen.[142] Da es sich bei dieser Vakanz aber tatsächlich um eine dauernde Verhinderung des Vorsitzenden handelt, kann dieser normwidrige Zustand bis zur Wiederbesetzung der Stelle nur für eine kurze Übergangszeit hingenommen werden.[143] Eine *vorübergehende Verhinderung* kann sich auch aus einer gleichzeitigen Befassung mit mehreren Angelegenheiten ergeben; die Abwesenheit aufgrund einer *Dienstreise* stellt daher einen Fall der Verhinderung dar.[144] Ebenso ist es, wenn der Vorsitzende keine Zeit zur Vorbereitung der mündlichen Verhandlung hatte und daher auf diese nicht ausreichend vorbereitet ist (BGH NJW 1966, 941). Der Unerreichbarkeit gleichgestellt wird, wenn sich die Verhinderung aufgrund einer in dienstrechtlich zulässiger Weise eingegangenen Verpflichtung zur Abhaltung einer wissenschaftlichen Lehrveranstaltung ergibt.[145] Der Präsident kann im Blick auf wahrzunehmende *Verwal-*

---

135 Vgl. *J. Kronisch*, NJW 2016, 1623, 1624.
136 Vgl. auch *R. Hüßtege*, in: Thomas/Putzo § 21 f GVG Rn. 7.
137 Vgl. *Kissel/Mayer* § 21 f Rn. 8.
138 A.M. offenbar *Kopp/Schenke*, ¹²2000, § 4 Rn. 19.
139 BGH NJW 1965, 58; *Kissel/Mayer* § 21 f Rn. 8; *B. Clausing*, in: Schoch/Schneider/Bier § 4 Rn. 110.
140 Dazu z.B. *B. Sangmeister*, ZRP 1995, 297.
141 Vgl. BGH NJW-RR 2017, 635, 636; OVG Koblenz NVwZ-RR 2017, 152 Rn. 36, 42.
142 Vgl. BGH NJW 2015, 1685 m.Anm. *B. Klose* NJ 2015, 302; NStZ-RR 2013, 259; BSG NJW 2007, 2717 f.; BFHE 190, 47, 52 f.
143 Vgl. BVerwG NJW 2001, 3493; BGH NJW 2015, 1685; vgl. auch BVerfGE 18, 423, 426 und BSG NJW 2007, 2717, 2718.
144 Vgl. OVG Koblenz NVwZ-RR 2017, 152 Rn. 35, 38.
145 Vgl. OVG Koblenz NVwZ-RR 2017, 152 Rn. 44 m.w.N.

tungsaufgaben verhindert sein.[146] Der Antritt von *Elternzeit*, die für einen Zeitraum von zwei Jahren bewilligt wurde, stellt keinen Fall der lediglich vorübergehenden Verhinderung dar (a.M. OLG Rostock OLG-Report 2008, 254), wohl aber Elternzeit von nur drei Monaten (VGH Mannheim 22.11.2012 – 4 S 2061/12). Liegt eine *dauernde Verhinderung* vor, ist der Vorsitz neu zu bestimmen.[147] Bis zur Änderung des Geschäftsverteilungsplans liegt ein Vertretungsfall vor (BVerwG NJW 2001, 3493). Zweifelhaft erscheint, ob der Vorsitzende zur Vermeidung seiner Überlastung generell anordnen kann, dass der Spruchkörper an bestimmten Sitzungstagen oder in Sachen mit bestimmter Aktenzeichenendziffer ohne ihn entscheidet.[148]

In offenkundigen (und vom Geschäftsverteilungsplan erfassten) Fällen ist es nicht erforderlich, dass 73 die Verhinderung ausdrücklich festgestellt wird.[149] Ansonsten trifft die *Feststellung* seiner Verhinderung der Vorsitzende selbst, ggf. auch der Vertreter (BGH NJW-RR 1993, 1406); das gilt jedenfalls, soweit die Vertretung innerhalb des Spruchkörpers sichergestellt wird (BGH DRiZ 1983, 234). Im Übrigen obliegt die Feststellung der Verhinderung dem Präsidenten, nicht dem Präsidium.[150] Dasselbe gilt für den actus contrarius, wenn der Wegfall der Verhinderung nicht offensichtlich ist (BGH NJW 1988, 1922). Eine notwendig werdende Feststellung der Verhinderung (und ggf. ihr Wegfall) ist nicht in den (einzelnen) Verfahrensakten, sondern in den Generalakten des Gerichts zu dokumentieren (BGH NJW 1967, 637; BGHSt 18, 162; zu Ausnahmen von der Dokumentationspflicht OVG Koblenz NVwZ-RR 2017, 152 Rn. 47 ff. m.w.N.).

Ist eine dem Gericht zugewiesene *Planstelle* eines Vorsitzenden Richters *nicht* (mit einem Vorsitzenden 74 Richter) *besetzt* und deswegen der Vorsitz eines Spruchkörpers nicht gesetzmäßig zu bestimmen, so kann der Vorsitz im Geschäftsverteilungsplan vorübergehend unbenannt bleiben, sofern die Planstelle lediglich für kurze Zeit unbesetzt bleibt (BGH NJW 2015, 1685; BVerwG NJW 1986, 1366; ferner OVG Saarlouis ZBR 1992, 381). Als jedenfalls unbedenklich sind insoweit drei Monate angesehen worden (BVerfG NJW 1983, 1541). Wird hingegen eine besetzbare Planstelle eines Vorsitzenden Richters von der Justizverwaltung, etwa aufgrund einer Wiederbesetzungssperre oder weil die Stellenausschreibung erst nach Eintritt des bisherigen Stelleninhabers in den Ruhestand erfolgt, über Monate hinweg nicht besetzt, kann hierin eine Verletzung der Garantie des gesetzlichen Richters liegen.[151] Denn Teil des Systems der normativen Vorausbestimmung des entscheidungszuständigen Richters ist auch die Bestimmung des § 21 f GVG und damit das Postulat, dass den Vorsitz in den Spruchkörpern die Vorsitzenden Richter führen. Hat die Justizverwaltung die gebotene zeitnahe Neubesetzung der vakanten Vorsitzendenplanstelle verzögert oder ist eine länger andauernde Vakanz Folge eines gerichtlich ausgesprochenen (vorläufigen) Ernennungsverbots i.R. einer Konkurrentenstreitigkeit, ist ein Verstoß gegen die Garantie des gesetzlichen Richters nicht zwangsläufig. Vielmehr hat das Präsidium in einem solchen Fall durch Zuweisung des Vorsitzes an einen anderen Vorsitzenden Richter für eine gesetzmäßige Besetzung der Richterbank zu sorgen.[152] Das Gleiche gilt, wenn eine freigewordene Vorsitzendenstelle nicht wiederbesetzt werden kann, weil das Gericht demnächst aufgelöst wird (BVerwG NJW 2001, 3493, 3494).

c) Weitere Vertretung. Ist auch der regelmäßige, vom Präsidium nach § 21 f Abs. 2 S. 1 GVG be- 75 stimmte Vertreter verhindert, greift die weitere Vertretungsregelung des § 21 f Abs. 2 S. 2 GVG ein.

---

146 Vgl. BGH MDR 2017, 51; *H. Geiger*, in: Eyermann § 4 Rn. 22.
147 Vgl. BGH NJW 2006, 154, 155 zur Abgrenzung von vorübergehender und dauernder Verhinderung in den Fällen längerer Erkrankung; BVerwG NJW 2001, 3493.
148 So im Fall OLG Rostock OLG-Report 2006, 633; BGH NJW 1995, 335; vgl. auch RGSt 25, 389, 390; krit. *G. Felix*, EWiR § 21 f GVG 1/95, 589.
149 Vgl. BVerwG Buchholz 448.0 § 34 WPflG Nr. 54; NJW 1979, 1374; OVG Koblenz NVwZ-RR 2017, 152 Rn. 42; BGH NJW-RR 2017, 635, 637; NJW 1995, 335, 336.
150 Vgl. BVerwG Buchholz 310, § 133 VwGO Nr. 28; BGH NJW 1995, 335, 336; NJW-RR 1993, 1406; StRVert 1989, 338; NJW 1988, 1922; VGH Kassel ESVGH 32, 303, 306; DVBl 1990, 721; vgl. auch *Kissel/Mayer* § 21 e Rn. 148. A.M. *H. Schorn/H. Stanicki*, Präsidialverfassung, 1975, 102 f.
151 Vgl. BSG NJW 2007, 2717, 2718: im Regelfall nicht länger als sechs Monate; BFH BFH/NV 2007, 1686; BFH/NV 2007, 77; ferner BVerwG NJW 2001, 3493, 3494 f.; BGHZ 95, 246; 96, 258; BayVerfGH NJW 1986, 1326; VGH Kassel ESVGH 48, 214; vgl. auch *B. Werner*, NJW 2007, 2671; umfassend *C. Sowada*, Der gesetzliche Richter, 2002, 284 ff.
152 Vgl. BGH NJW 2015, 1685; BVerwG NJW 2001, 3493, 3494 f.; zu einer Ausnahme davon BGH NStZ-RR 2013, 259, anders BGH 10.11.2015 – 5 StR 420/15, juris Rn. 5 ff.

Entgegen einer verbreiteten Ansicht[153] ist das Präsidium nicht befugt, einen oder mehrere Vertreter des Vertreters abweichend von § 21 f Abs. 2 S. 2 GVG zu bestimmen.[154] Insbes. lässt sich dies nicht damit rechtfertigen, dass § 21 f Abs. 2 S. 2 GVG nur eine „Hilfsregelung" sei.[155] Vielmehr stellt § 21 f Abs. 2 S. 2 GVG eine parlamentsgesetzliche Bestimmung der Vertretungsreihenfolge in der Funktion des Vorsitzendenamtes dar, die nicht zur Disposition des Präsidiums stehen kann.

76   Vertreter des vom Präsidium bestimmten regelmäßigen Vertreters des Vorsitzenden ist nach § 21 f Abs. 2 S. 2 GVG das dienstälteste, bei gleichem Dienstalter das lebensälteste Mitglied des Spruchkörpers. Wird das Gericht in einer Besetzung mit mehreren Richtern, also als Kollegium tätig, darf aufgrund § 28 Abs. 2 S. 2 DRiG nur ein Lebenszeitrichter den Vorsitz führen (→ Rn. 78).[156] Nicht maßgeblich ist, ob es sich bei dem Mitglied um einen planmäßig bei dem Gericht angestellten oder lediglich einen abgeordneten Richter handelt.[157] *Dienstalter* ist das allgemeine Dienstalter nach § 20 DRiG, wobei derjenige Richter, dem ein Richteramt mit höherem Endgrundgehalt übertragen ist, nach h.M. unabhängig von dem tatsächlichen Dienstalter der Dienstältere ist (→ Rn. 136).

77   Nach h.M. soll ein ordentliches (ständiges) Spruchkörpermitglied, das Lebenszeitrichter ist, auch den Vorsitz führen, wenn die übrigen vertretenden Richter dienstälter sind.[158] Dieses Ergebnis setzt die Annahme voraus, dass der Begriff „Mitglied" in § 21 f Abs. 2 GVG nur ein „ordentliches" bzw. *„ständiges" Mitglied* des Spruchkörpers meint.[159] Konsequent ist dann die Überlegung, dass im Falle der Verhinderung aller „ordentlichen" Mitglieder des Spruchkörpers eine Vertretung des Vorsitzenden über § 21 f Abs. 2 S. 2 GVG ausgeschlossen ist und daher eine Entscheidung des Präsidiums (oder eine Eilentscheidung des Präsidenten) erforderlich wird.[160] Indessen lässt sich diese Konsequenz vermeiden, wenn der Begriff Mitglied i.S.v. § 21 f Abs. 2 GVG nicht auf das „ständige" bzw. „ordentliche" Mitglied beschränkt wird, sondern als Mitglied des Spruchkörpers auch der im Vertretungsfall eintretende „Vertretungsrichter" angesehen wird (→ Rn. 71). Der Wortlaut von § 21 Abs. 2 GVG lässt eine solche Auslegung ohne Weiteres zu.[161] Der Vertretungsrichter ist unter dem Blickwinkel des Art. 101 Abs. 1 S. 2 GG selbstverständlich Mitglied des Spruchkörpers, in dem der Vertretungsfall eingetreten ist, wenn und solange er andauert (BVerwG Buchholz 448.0 § 25 WPflG Nr. 105; RGSt 1, 238, 239). Nur mit dieser Sichtweise lässt sich widerspruchsfrei die Position einnehmen, dass sich aus § 21 f Abs. 2 S. 2 GVG (unmittelbar) auch im Falle der Verhinderung sämtlicher regulärer Spruchkörpermitglieder ergebe, wer den Vorsitz führt.[162]

78   d) **Führung des Vorsitzes.** Den Vorsitz *„führen"* i.S.v. § 21 f GVG meint nicht nur das Führen des Vorsitzes in der mündlichen Verhandlung. Vielmehr übt der Vertretungsvorsitzende auch bei Entscheidungen, die ohne mündliche Verhandlung ergehen, die Vorsitzendenfunktion aus. Auch obliegen ihm alle sonstigen Dienstgeschäfte, die vom Vorsitzenden wahrzunehmen sind (RGSt 1, 238, 240 f.), wie etwa die Anberaumung von Spruchkörperterminen oder die Verfügung der Zustellung von eingehenden Klagen und Anträgen. Im Falle des § 169 hat er daher auch die Aufgaben des Vorsitzenden als Vollstreckungsbehörde wahrzunehmen. Zu unterscheiden ist zwischen Vorsitzendenfunktionen, die nicht ein Tätigwerden mehrerer Richter voraussetzen und solchen, die im Zusammenhang mit Kollegialentscheidungen wahrzunehmen sind; letztere kann nach § 28 Abs. 2 S. 2 DRiG nur ein Richter auf Lebenszeit wahrnehmen.[163]

---

153   Vgl. M. *Funke-Kaiser*, in: Bader § 4 Rn. 30; H. *Geiger*, in: Eyermann § 4 Rn. 22; C. *Lückemann*, in: Zöller § 21 f GVG Rn. 6; *Kissel/Mayer* § 21 f Rn. 9.
154   Vgl. H. *Schorn/H. Stanicki*, Präsidialverfassung, 1975, 90.
155   So C. *Lückemann*, in: Zöller § 21 f GVG Rn. 6.
156   Zum Begriff des Vorsitzführens in § 28 Abs. 2 S. 2 DRiG s. *J. Kronisch*, NJW 2016, 1623, 1624 f.
157   Vgl. *Kissel/Mayer* § 21 f Rn. 12.
158   Vgl. BGHSt 20, 61, 62; RGSt 1, 238, 239; 25, 389, 391; wenig her für die hier anstehende Frage gibt RGSt 18, 307; *Kissel/Mayer* § 21 f Rn. 12, 13; H. *Schorn/H. Stanicki*, Präsidialverfassung, 1975, 107 m.w.N.
159   So *Kissel/Mayer* § 21 Rn. 13.
160   So *Kissel/Mayer* § 21 f Rn. 13; inkonsequent C. *Lückemann*, in: Zöller § 21 f GVG Rn. 7; vgl. auch RGSt 25, 389, 391.
161   H. *Gersdorf*, in: Posser/Wolff § 4 Rn. 28.
162   So die Auffassung von C. *Lückemann*, in: Zöller § 21 f GVG Rn. 7.
163   Dazu *J. Kronisch*, NJW 2016, 1623, 1624 f.

VI. Spruchkörperinterne Geschäftsverteilung (§ 21 g GVG)

1. Allgemeines. Nach früherem Recht verteilte innerhalb eines mit mehreren Richtern besetzten 79
Spruchkörpers der Vorsitzende die Geschäfte auf die Mitglieder durch Anordnung (§ 21 g Abs. 1 S. 1
GVG a.F.) und bestimmte vor Beginn des Geschäftsjahrs für dessen Dauer[164] die Grundsätze, nach denen die Mitglieder an den Verfahren mitwirkten (§ 21 g Abs. 2 Hs. 1 GVG a.F.). Die Kompetenz zur
spruchkörperinternen Geschäftsverteilung ist seit dem 30.12.1999[165] sämtlichen Mitgliedern des
Spruchkörpers zur kollegialen Entscheidung in Beschlussform zugewiesen.[166]

2. Kollegialprinzip. Das Kollegialprinzip des § 21 g Abs. 1 S. 1 GVG gilt für die „mit mehreren Rich- 80
tern" besetzten Spruchkörper. Richter i.S. dieser Bestimmung sind lediglich die Berufsrichter (zur Mitwirkung der ehrenamtlichen Richter → § 30 Rn. 4 ff.). Keine Anwendung findet es daher auf Fachspruchkörper, die mit einem berufsrichterlichen Vorsitzenden und ehrenamtlichen Beisitzern besetzt
sind.

Vom Kollegialprinzip erfasst sind *zwei Entscheidungen*: Zum einen diejenige über die „Verteilung der 81
Geschäfte" (§ 21 g Abs. 1 S. 1 GVG), zum anderen diejenige über die Bestimmung der Grundsätze,
nach denen die Mitglieder „an den Verfahren mitwirken" (§ 21 g Abs. 2 Hs. 1 GVG). Beide Entscheidungen beziehen sich auf anhängige und anhängig werdende Streitsachen, die Entscheidung nach
§ 21 g Abs. 1 S. 1 GVG zudem auch auf die in die Zuständigkeit des Spruchkörpers fallenden allgemeinen Registersachen (AR-Sachen).

Mit der „*Verteilung der Geschäfte*" ist die Regelung der internen Arbeitsverteilung unter den Richtern 82
des Spruchkörpers gemeint. Sie benennt insbes. die Kriterien, nach denen sich bestimmt, welcher
Richter für eine Sache als Berichterstatter (vgl. § 82 Abs. 2 S. 1, der erst mit dem JKomG vom
22.3.2005 [BGBl I 837] an die Reform der Präsidialverfassung angepasst wurde), d.h., als sachbearbeitender, die Sache nach Maßgabe der prozessualen Vorschriften in rechtlicher und tatsächlicher Hinsicht vorbereitender Richter zuständig ist.

Die *Bestimmung der Grundsätze*, nach denen die Richter mitwirken, bezieht sich demgegenüber auf 83
die Entscheidung der Verfahren. Die Bestimmung des § 21 g Abs. 2 GVG erhält unter dem Blickwinkel
des gesetzlichen Richters ihre unmittelbare Bedeutung in den Fällen der *überbesetzten Spruchkörper*,
also dann, wenn ein Spruchkörper mit mehr Berufsrichtern als zur Sachentscheidung gesetzlich benötigt, besetzt ist. Dasselbe gilt für die Senate des BVerwG bei Beschlüssen außerhalb der mündlichen
Verhandlung, wo aufgrund von § 10 Abs. 3 eine „Reduzierung der Richterbank" auf drei Richter erforderlich wird.[167] Daneben findet die Regelung durch die Inbezugnahme in § 21 g Abs. 3 GVG entsprechende Anwendung, soweit nach den Prozessordnungen die Verfahren durch den Spruchkörper
einem seiner Mitglieder zur Entscheidung als *Einzelrichter* übertragen werden können.

Sowohl über die Verteilung der Geschäfte als auch über die Grundsätze, nach denen die Mitglieder an 84
den Verfahren mitwirken, haben „*alle dem Spruchkörper angehörenden Berufsrichter*" zu beschlie
ßen. Maßgeblich ist der Zeitpunkt der Beschlussfassung. Ein erst künftig der Kammer als Mitglied angehörender Richter darf daher die kammerinterne Geschäftsverteilung nicht mitbestimmen (zur Anhörung → Rn. 88).[168] Ist dem Spruchkörper ein namentlich nicht benannter Richter („N.N.") zugewiesen (→ Rn. 52), hat der geschäftsverteilungsplanmäßige Vertreter mitzuwirken. Ehrenamtliche Richter
entscheiden nicht mit. Im überbesetzten Spruchkörper entscheidet dieser in seiner vollen berufsrichterlichen Stärke. §§ 5 Abs. 3, 9 Abs. 3, 10 Abs. 3 finden keine Anwendung. Dem Spruchkörper „angehörende" Mitglieder sind lediglich, aber auch stets diejenigen, die dem Spruchkörper nach dem Geschäftsverteilungsplan des Gerichts als regelmäßige (ständige) Mitglieder zugewiesen sind. Auf ihren
dienstrechtlichen Status kommt es ebenso wenig an, wie auf Vollzeit- oder Teilzeitbeschäftigung.[169]

---

164 Zur Geltung des Jährlichkeitsprinzips für die spruchkörperinterne Geschäftsverteilung BGH NJW 1999, 796, 797;
     ferner HmbOVG NVwZ 1999, 210; OVG Münster NWVBl 1999, 268.
165 Vgl. Art. 6 Gesetz zur Stärkung der Unabhängigkeit der Richter und Gerichte vom 22.12.1999 (BGBl I 2598).
166 Bereits vor der Reform des Jahres 1999 wurde die spruchkörperinterne Geschäftsverteilung vielfach konsensual getroffen; vgl. auch *O. R. Kissel*, DRiZ 1995, 125, 128 f.; ferner *dens.*, NJW 2000, 460; *J. Kronisch*, NordÖR 2001,
     11; zur früheren Praxis anschaulich *E. Schneider*, BB 1995, 1197 f.; zur Entwicklung der Reform *C. Sowada*, Der
     gesetzliche Richter, 2002, 421 ff.
167 Umfassend *C. Sowada*, Der gesetzliche Richter, 2002, 260 ff., 271 ff.
168 So zu Recht *H. Geiger*, in: Eyermann § 4 Rn. 25.
169 Vgl. *H. Geiger*, in Eyermann § 4 Rn. 25.

Nicht dem Spruchkörper angehörig i.S.d. Bestimmung sind die Vertreter. Ist indes ein regelmäßiges Mitglied an der Beschlussfassung gehindert, so tritt der Vertretungsrichter aus dem „Vertretungsspruchkörper" (zum Begriff des Vertretungsspruchkörpers → Rn. 69) ein, was auch für den Fall gilt, dass dem Spruchkörper mehr als drei Berufsrichter angehören.

85   Als ein dem Spruchkörper i.S.v. § 21 g Abs. 1 S. 1 GVG angehörendes und demnach zur Mitwirkung an der internen Geschäftsverteilung berechtigtes Mitglied ist auch ein Mitglied anzusehen, das dem Spruchkörper durch den gerichtlichen Geschäftsverteilungsplan *ohne eigenes Dezernat* zugeteilt ist. Das gilt ohne Weiteres für die Entscheidung über die Grundsätze, nach denen die Mitglieder an den Verfahren, d.h., an deren Entscheidung mitwirken. Denn das richterliche Mitglied ohne eigenes Dezernat wird lediglich nicht als Berichterstatter tätig, hat aber selbstverständlich (nach Maßgabe der zu beschließenden Grundsätze) an der Entscheidung anhängiger Verfahren mitzuwirken. I.E. nichts anderes wird für die „Verteilung der Geschäfte" zu gelten haben. Zwar nimmt das Mitglied ohne eigenes Dezernat keine Berichterstattertätigkeit (auch nicht als Vertreter) wahr, sodass ein eigenes Interesse an der Mitwirkung bei der Verteilung der Geschäfte an sich nicht besteht. Auch ist die durch das Präsidium beschlossene Zuweisung eines Richters zu einem Spruchkörper „ohne eigenes Dezernat" eine das Spruchkörperkollegium bindende Vorgabe (BVerwG BayVBl 1989, 59, 60), deren Missachtung zur Rechtswidrigkeit des Kollegialbeschlusses führt, sodass keine Verteilungsentscheidung „zu Lasten" des Richters ohne Dezernat getroffen werden kann. Gegen die Annahme, für die Entscheidung nach Abs. 1 gehöre ein „Mitglied ohne Dezernat" dem Spruchkörper nicht an, spricht indes, dass die Berichterstatterbestimmung ein Anwendungsfall des Art. 101 Abs. 1 S. 2 GG ist (→ Rn. 91). Wie der bestimmte Artikel zu Beginn des Abs. 2 kenntlich macht, setzt § 21 g GVG überdies einen einheitlichen Beschluss voraus, der sowohl die Verteilungsentscheidung nach Abs. 1 als auch – soweit geboten – die Bestimmung der Mitwirkungsgrundsätze umfasst. Ein solcher (einheitlicher) Beschluss (mit zwei Regelungsgegenständen) kann nur von allen nominellen Spruchkörpermitgliedern gefasst werden.

86   **3. Verfahren.**   Das Verfahren zur Beschlussfassung nach § 21 g Abs. 1 und 2 GVG ist nur marginal geregelt. So entscheidet nach § 21 g Abs. 1 S. 2 GVG bei Stimmengleichheit das Präsidium. Dem Vorsitzenden kommt mithin – kongruent zur Regelung über die Beschlussfassung des Präsidiums in § 21 e Abs. 7 S. 1 GVG in Bezug auf den Präsidenten (→ Rn. 40) – nicht die ausschlaggebende Stimme zu. Das Stichentscheidungsrecht des Präsidiums gilt sowohl für die Verteilungsentscheidung nach Abs. 1 als auch für die Entscheidung nach Abs. 2. Sofern eine Entscheidung des Präsidiums nicht rechtzeitig ergehen kann, steht dem Vorsitzenden nach § 21 g Abs. 5 GVG i.V.m. § 21 i Abs. 2 GVG das Eilentscheidungsrecht zu. Ob die Begründung einer (subsidiären) Entscheidungszuständigkeit des Präsidiums zweckmäßig ist, erscheint fraglich. Denn damit werden Konflikte innerhalb des Spruchkörpers nicht intern gelöst, sondern nach außen verlagert, die Konfliktlösung findet auf einer den konkreten Verhältnissen ferneren Ebene statt, ohne dass dies eine erhöhte Zweckmäßigkeits- oder Sachgerechtigkeitsgewähr bietet. Der Gesetzgeber hätte – wie bei § 21 e Abs. 7 S. 1 GVG – das Experiment des Zwangs zur Entscheidung wagen sollen.

87   Aus der Regelung des Falles der Stimmengleichheit folgt, dass es einer einstimmigen Beschlussfassung nicht bedarf;[170] es gilt das *Mehrheitsprinzip*. Ist ein Berufsrichter an der Beschlussfassung gehindert, tritt nach § 21 g Abs. 4 GVG der durch den Geschäftsverteilungsplan bestimmte *Vertreter* an seine Stelle (→ Rn. 84).

88   Nach § 21 g Abs. 6 GVG ist vor der Beschlussfassung den Berufsrichtern, die von dem Beschluss betroffen werden, *Gelegenheit zur Äußerung* zu geben. Im Regelfall der Beschlussfassung durch die ständigen Mitglieder des Spruchkörpers wird die Bestimmung nicht relevant. Ihre Bedeutung erlangt sie jedoch im Fall der nach § 21 g Abs. 1 S. 2 GVG notwendig werdenden Präsidiumsentscheidung. Auch ist denkbar, dass bei Eintritt eines Vertreters nach § 21 g Abs. 4 GVG eine Anhörung des vertretenen Mitglieds, das von der Beschlussfassung betroffen wird, vorzunehmen ist. Gleiches gilt für ein künftiges Kammermitglied. Das setzt allerdings die tatsächliche und rechtliche Möglichkeit der Anhörung voraus.[171]

89   Der Beschluss ist *schriftlich* abzufassen und von sämtlichen beschließenden Richtern (bzw. Präsidiumsmitgliedern im Falle des § 21 g Abs. 1 S. 2 GVG) zu unterschreiben. Lesbarkeit der Unterschriften

---

170   So i.E. zur Recht *H. Geiger*, in: Eyermann § 4 Rn. 25; *O. R. Kissel*, NJW 2000, 460, 462.
171   Vgl. *H. Geiger*, in: Eyermann § 4 Rn. 25.

ist nicht erforderlich (BFH BFH/NV 2017, 1054). Die Annahme eines konkludent gefassten Beschlusses kommt nicht in Betracht (OLG Nürnberg StraFo 2014, 17). Nur zu beschließen, die Geschäftsverteilung des Vorjahres gelte auch für das neue Geschäftsjahr, soll indessen zulässig sein (BGH NStZ 2017, 429). Maßgeblicher Zeitpunkt für das Zustandekommen (und damit das Datum) des Beschlusses ist derjenige der Unterschrift des zuletzt Zeichnenden (BFH BFH/NV 2016, 776). Weder ist der Beschluss zu begründen noch mit einer Rechtsbehelfsbelehrung zu versehen. Wie bei der vom Präsidium vorzunehmenden gerichtlichen Geschäftsverteilung handelt es sich bei der spruchkörperinternen Geschäftsverteilung nicht um einen Akt der Rspr., sondern um einen solchen der gerichtlichen Selbstverwaltung. Über den Verweis in § 21 g Abs. 7 GVG auf § 21 e Abs. 9 GVG gilt auch für den Plan zur spruchkörperinternen Geschäftsverteilung, dass dieser bei der von dem Präsidenten bestimmten Geschäftsstelle des Gerichts *„aufzulegen"* ist (→ Rn. 43).

Meinungsverschiedenheiten oder Auslegungsschwierigkeiten entscheidet das Spruchkörperkollegium, 90 weil die Auslegungskompetenz der Aufstellungskompetenz folgt.[172] Kommt eine Entscheidung infolge Stimmengleichheit nicht zustande, entscheidet in entsprechender Anwendung von Abs. 1 S. 2 das Präsidium.

4. Berichterstatterbestimmung, Mitwirkungsgrundsätze und gesetzlicher Richter. a) Allgemeines. 91 Ob die Verfassungsgarantie des gesetzlichen Richters Anforderungen und ggf. welche an die Bestimmung des Berichterstatters und/oder an die Grundsätze der Mitwirkung stellt, war lange umstr.[173] Weil der Berichterstatter bis zum Inkrafttreten des 4. VwGOÄndG vom 17.12.1990 (BGBl I 2809) am 1.1.1991 keinerlei außenwirkende Entscheidungsbefugnisse hatte, war es durchaus Praxis, dass der Vorsitzende den Berichterstatter ad hoc bestimmte,[174] ohne dass ein (schriftlicher) spruchkörperinterner Geschäftsverteilungsplan existierte. Demzufolge musste sich erst die Erkenntnis durchsetzen, dass der Berichterstatter in den Fällen des § 87 a Abs. 1 i.V.m. Abs. 3 sowie des § 87 a Abs. 2 der allein entscheidungszuständige Richter geworden ist, mit der Folge, dass Art. 101 Abs. 1 S. 2 GG dessen abstrakte Vorausbestimmung verlangt.[175] Einfach-rechtlich ließ sich dieses Postulat aus einer entsprechenden Anwendbarkeit von § 21 g Abs. 3 GVG a.F.[176] begründen.[177]

Die abstrakte Vorausbestimmung des Berichterstatters durch den Vorsitzenden[178] war darüber hinaus 92 im Asylprozess seit dem Inkrafttreten des AsylVfG vom 16.7.1982 (BGBl I 946) am 1.8.1982 geboten, sofern von der in § 31 Abs. 1 AsylVfG 1982 (nur) für das Hauptsacheverfahren vorgesehenen Möglichkeit der Übertragung des Rechtsstreits auf den Einzelrichter in der Weise Gebrauch gemacht werden sollte, dass zum Einzelrichter (regelmäßig) der Berichterstatter bestimmt werden sollte.[179] Mit der Einführung des „fakultativen Soll-in-der-Regel-Einzelrichters" im allgemeinen Verwaltungsprozess durch Art. 9 des Gesetzes zur Entlastung der Rechtspflege vom 11.1.1993 (BGBl I 50) zum 1.3.1993 und der Schaffung des originären Einzelrichters im asylrechtlichen Eilverfahren durch § 76 des AsylVfG 1993[180] waren daher keine neuen Anforderungen an die spruchkörperinterne Geschäftsverteilung verbunden.

b) Vorausbestimmung der konkreten Richterbank im überbesetzten Spruchkörper. Welche Anforde- 93 rungen an die Grundsätze, nach denen die Spruchkörpermitglieder an den Verfahren mitwirken, zu

---

172 Vgl. *C. Lückemann*, in: Zöller § 21 g GVG Rn. 17.
173 Zutr. bereits *K. A. Bettermann*, in: Die Grundrechte III/2, 1959, 523, 555 f; *M. Westphal*, DVBl 1964, 979; umfassend *C. Sowada*, Der gesetzliche Richter, 2002, 371 ff.
174 Vgl. auch *F. Kopp*, NJW 1991, 1264; *W. Fichte*, SGb 1996, 93, 94.
175 Vgl. *P. Stelkens*, NVWZ 1991, 209, 215; *F. Kopp*, NJW 1991, 521 ff. übersah zunächst das Problem, um es dann nachzuschieben, NJW 1991, 1264; allg. *A. Eser*, FS Salger, 1995, 247, 254 mit Fn. 46. A.M. nach wie vor *Schilken* Rn. 377.
176 I.d.F. vor der Änderung durch das Gesetz zur Stärkung der Unabhängigkeit der Richter und Gerichte vom 22.12.1999, BGBl I 2598.
177 Vgl. BSG NJW 1996, 2181; *F. Kopp*, NJW 1991, 1264. A.M. *P. Stelkens*, NVwZ 1991, 209, 215; vgl. auch *M. C. G. Marquardt*, Rechtsnatur, 1998, 27, 68 f.
178 Zu § 348 ZPO vertrat insbes. *P. Müller*, NJW 1975, 859, 860 f. die Auffassung, dass die Vorausbestimmung des Einzelrichters nicht dem Vorsitzenden, sondern der Kammer obliege.
179 Vgl. BVerfGE 95, 322, 330 f.; zur Notwendigkeit der abstrakten Vorausbestimmung des Berichterstatters auch BVerfG (Vorprüfungsausschuss) NJW 1984, 559; ferner bereits *B. Hillmann*, in: Baumüller/Brunn/Fritz/Hillmann, AsylVfG, 1983, § 31 Anm. 9.
180 Gesetz zur Änderung asylverfahrens-, ausländer- und staatsangehörigkeitsrechtlicher Vorschriften vom 30.6.1993 (BGBl I 1062); Bekanntmachung der Neufassung des AsylVfG vom 27.7.1993 (BGBl I 1361).

stellen sind, war lange ungeklärt. Der Zweite Senat des BVerfG sah im Jahre 1965 in einer zur Gewährleistung einer geordneten Rspr. unvermeidbaren Überbesetzung eines Spruchkörpers keinen Verstoß gegen Art. 101 Abs. 1 S. 2 GG.[181] Noch im Jahre 1985 bestätigte er diese Auffassung und erklärte, dass anhand von Art. 101 Abs. 1 S. 2 GG bei der Frage, welche Richter innerhalb eines überbesetzten Spruchkörpers an den einzelnen Verfahren mitwirkten, nur geprüft werde, ob der Vorsitzende das ihm eingeräumte Ermessen willkürfrei ausgeübt habe (BVerfGE 69, 112, 120 f.).

94   Gleichwohl entzündete sich, vornehmlich an der Praxis von BGH und BFH, eine lebhafte Diskussion in Lit.[182] und Rspr. (BGH NJW 1993, 1596; NJW 1994, 1735; BFH NJW 1992, 1061; NJW 1992, 1062), die in der Folge zur Anrufung des *Plenums des BVerfG* durch dessen Ersten Senat führte.[183] Die Plenarentscheidung (BVerfGE 95, 322) stellte sodann klar, dass im überbesetzten Spruchkörper erst durch einen Mitwirkungsplan, der im Voraus abstrakt-generell festlege, wer die im Einzelfall zur Mitwirkung berufenen Richter seien, der gesetzliche Richter bestimmt werde (BVerfGE 95, 322, 328 f., 334). Während der Vorlagebeschluss des Ersten Senats den (nach § 21 g Abs. 2 GVG a.F. zuständigen) Vorsitzenden eines überbesetzten Spruchkörpers kompromisslos auf die abstrakt-generelle Vorausbestimmung der jeweils zur Entscheidung berufenen Richterbank verpflichten wollte (BVerfG NJW 1995, 2703, 2705), blieb das Plenum zurückhaltender, indem es aus Art. 101 Abs. 1 S. 2 GG folgerte, dass „überall dort, wo dies nach dem gewählten Regelungskonzept ohne Beeinträchtigung der Effektivität der Rechtsprechungstätigkeit möglich ist, diese Bestimmung anhand von Kriterien zu erfolgen hat, die subjektive Wertungen weitgehend ausschließen."[184]

95   **c) Vorausbestimmung von Berichterstatter und Einzelrichter.**   Hat sich mithin die abstrakt-generelle Vorausbestimmung bis auf die letzte Regelungsstufe zu erstrecken, bei der es um die Person des konkreten Richters geht (BVerfGE 95, 322, 329), so gilt dies nicht nur für den Mitwirkungsplan im überbesetzten Spruchkörper, sondern gleichermaßen für die Berichterstatterbestimmung und den Einzelrichterplan. Hinsichtlich der *Berichterstatterbestimmung* folgt dies für erstinstanzliche und für Berufungsverfahren bereits aus den dem Berichterstatter nach § 87 a Abs. 1, 3 sowie § 87 a Abs. 2, § 125 Abs. 1 zustehenden außenwirkenden (Einzelrichter-)Zuständigkeiten.[185] Beim BVerwG unterliegt die Berichterstatterbestimmung dem Erfordernis der abstrakt-generellen Vorausbestimmung, wenn im überbesetzten Spruchkörper und für den Fall der Reduzierung der Richterbank (§ 10 Abs. 3) die Besetzung im konkreten Fall von der Berichterstatterzuständigkeit abhängig gemacht wird.[186] Dasselbe gilt in den Fällen der Alleinentscheidungsbefugnisse (→ § 10 Rn. 11).

96   Hinsichtlich der *Einzelrichterzuständigkeit* war unter der Geltung von § 21 g Abs. 3 GVG a.F. zwar umstr., ob diese Bestimmung auf den Verwaltungsprozess anzuwenden war,[187] indes führte Art. 101 Abs. 1 S. 2 GG unmittelbar zum Erfordernis eines Einzelrichterplans (→ Rn. 91). § 21 g Abs. 3 GVG ist nunmehr durch den Hinweis auf die „Vorschriften der Prozessordnung" so gefasst, dass seine durch § 4 S. 1 vermittelte Anwendbarkeit auch im Verwaltungsprozess außer Zweifel steht.

97   Die entsprechend angeordnete Geltung von § 21 g Abs. 2 GVG gilt nach dem Wortlaut von § 21 g Abs. 3 GVG nur, soweit die Verfahren durch den Spruchkörper einem seiner Mitglieder zur Entscheidung als Einzelrichter *übertragen* werden können. Das ist (nur) in den Fällen des § 6 und des § 76 Abs. 1 AsylG der Fall (→ § 6 Rn. 9 ff.). Nicht direkt erfasst sind die originären Einzelrichterzuständigkeiten, etwa nach § 76 Abs. 4 AsylG, die originäre Berichterstatter-(Einzelrichter-)zuständigkeit nach § 87 a Abs. 3, 1 und der konsentierte Einzelrichter nach § 87 a Abs. 2, weil es in diesen Fällen einer Übertragung des Rechtsstreits durch den Spruchkörper zur Begründung der Einzelrichterzuständigkeit nicht bedarf. Das Ergebnis kann hier indes im Hinblick auf BVerfGE 95, 322 kein anderes sein: Ent-

---

181   Vgl. BVerfGE 18, 344, 349 f. unter Berufung auf BVerfGE 17, 294, 301 und 18, 65, 70; ferner BVerfGE 22, 282, 286.
182   Vgl. die Nachw. bei *A. Eser,* FS Salger, 1995, 247, 248 mit Fn. 4–7 und *B. Sangmeister,* NJW 1998, 721, 722 ff.
183   Vgl. BVerfG NJW 1995, 2703 m.Anm. *M. Zärban,* MDR 1995, 1202.
184   BVerfGE 95, 322, 330; ferner BVerfGE 97, 1, 10 f.; vgl. dazu *B. Sangmeister,* NJW 1998, 721, 725 ff.
185   Vgl. *M. Funke-Kaiser,* in: Bader § 4 Rn. 39; i.E. ebenso *H. Geiger,* in: Eyermann § 4 Rn. 25; vgl. auch *O. Katholnigg,* JR 1997, 284. A.M. *Kissel/Mayer* § 21 g Rn. 41; s.a. BFH BFH/NV 2010, 669.
186   Vgl. BVerfGE 95, 322, 331; zur Reduzierung der Richterbank s.a. BGH NJW 1997, 2531.
187   Vgl. *F. Kopp,* NJW 1991, 1264; *P. Stelkens,* NVwZ 1991, 209, 215.

weder ist § 21 g Abs. 3 GVG entsprechend heranzuziehen oder das Erfordernis der Vorausbestimmung (→ Rn. 46)[188] folgt unmittelbar aus Art. 101 Abs. 1 S. 2 GG.

d) Anforderungen an die Vorausbestimmung. Die abstrakt-generelle Vorausbestimmung von Bericht-   98
erstatter/Einzelrichter bzw. – im überbesetzten Spruchkörper – der konkret entscheidenden Richter-bank muss in einer Weise hinreichend bestimmt sein, dass sich aus ihr möglichst eindeutig ergibt, wer entscheidungszuständiger Richter ist (BVerfGE 95, 322, 329; BAG NJW 1997, 2133). Erforderlich ist, dass kein vermeidbarer Spielraum bei der Ermittlung des zuständigen Richters verbleibt (BVerfGE 95, 322, 329). Lässt eine Regelung, etwa in Bezug auf die Vertretung von Berichterstatter oder Einzelrichter, einen vermeidbaren Spielraum, fehlt es an der abstrakt-generellen Vorausbestimmung des zuständigen Richters mit der Folge des Verstoßes gegen Art. 101 Abs. 1 S. 2 GG, ohne dass es darauf ankäme, ob die zur Lückenfüllung vorgenommene, gewissermaßen „handgesteuerte" konkrete Zuständigkeitsbestimmung im Einzelfall von sachgerechten Erwägungen getragen oder willkürlich war.

Wie auch beim gerichtlichen Geschäftsverteilungsplan liegt ein vermeidbarer Spielraum für sich ge-   99
nommen nicht schon in der Verwendung *unbestimmter Rechtsbegriffe* (BVerfGE 95, 322, 330), weil solche durch Auslegung nach Maßgabe der herkömmlichen Auslegungsmethoden bewältigt werden können (BVerfGE 95, 322, 332 f.). Fehler bei der Auslegung stellen solche auf der Anwendungsebene dar, sodass sie weder zur Verfassungswidrigkeit der Regelung führen noch eo ipso einen Verstoß gegen die Garantie des gesetzlichen Richters begründen. Letzteres wäre nur der Fall, wenn der Anwendungsfehler aufgrund unvertretbarer, mithin sachfremder und damit willkürlicher Erwägungen entstanden ist (BVerfGE 95, 322, 333). Zulässig ist daher eine Berichterstatterbestimmung nach Sachgebieten, auch wenn mitunter fraglich ist, ob eine Sache dem einen oder dem anderen Sachgebiet zugehört und die Zuordnung in Ansehung des einzelnen Falles nach Maßgabe des „Schwerpunktes" getroffen wird. Dasselbe gilt für die Begründung von Zuständigkeiten aufgrund „Sachzusammenhangs" oder für die Annahme des Verhinderungsfalls. Nicht geboten sind gesonderte Regelungen zur Verhinderung bei teilzeitbeschäftigten Richtern, insbes. können nicht „übliche Anwesenheitszeiten" geregelt werden.[189]

Soll die *Einzelrichterzuständigkeit*, etwa nach §§ 6, 87 a Abs. 2 VwGO, §§ 76 Abs. 1, 4 AsylG, § 66   100
Abs. 6 S. 1 GKG, § 4 Abs. 7 S. 1 JVEG, §§ 33 Abs. 8 S. 1, 56 Abs. 2 RVG, an die Berichterstatterzuständigkeit anknüpfen, ist es erforderlich, dies im spruchkörperinternen Geschäftsverteilungsplan ausdrücklich vorzusehen.[190] Insoweit reicht nicht aus, wenn etwa die Einzelrichterübertragung nach der Übung der Kammer regelmäßig oder ausnahmslos auf den jeweiligen Berichterstatter erfolgt (so aber OVG Schleswig SchlHA 1992, 44). Knüpft der *Mitwirkungsplan* für einen überbesetzten Spruchköper an die – abstrakt-generell und hinreichend bestimmt festgelegte – *Berichterstatterzuständigkeit* an, ist dies nicht zu beanstanden. Keine ausreichende Mitwirkungsregelung liegt indes vor, wenn im Mitwirkungsplan nur geregelt wird, welche Richter an welchen Sitzungstagen mitzuwirken haben, und erst die Terminierung der einzelnen Sache zu deren Zuordnung zur konkreten Sitzgruppe führt.[191]

VII. Rechtsschutz gegen Maßnahmen der Geschäftsverteilung

1. Gerichtliche und spruchkörperinterne Geschäftsverteilung. Sowohl in Bezug auf den gerichtlichen   101
Geschäftsverteilungsplan als auch hinsichtlich der spruchkörperinternen Geschäftsverteilung stellt sich die Frage des Rechtsschutzes. Zwar wurde die spruchkörperinterne Geschäftsverteilung in der Vergangenheit als sich von der Dienstaufsicht ableitender Ausfluss der Organisationsgewalt verstanden,[192] Rechtsschutzmöglichkeiten jedenfalls der betroffenen Richter erschienen ausgeschlossen (OVG Lüneburg NJW 1984, 627). Seit der Plenarentscheidung des BVerfG vom 8.4.1997 (BVerfGE 95, 322; → Rn. 94) lässt sich eine prinzipiell verschiedene Behandlung der Rechtsschutzfrage für den gerichtli-

---

188 Dass in Fällen des originären Einzelrichters der Berichterstatter „automatisch" Einzelrichter ist und es deswegen einer diesbezüglichen Geschäftsverteilungsregelung nicht bedarf, so *H. Geiger*, in: Eyermann § 4 Rn. 25, setzt eine den Anforderungen des Art. 101 Abs. 1 S. 2 GG genügende Berichterstatterregelung voraus; vgl. auch OLG Nürnberg StraFo 2014, 17 für § 78 b Abs. 1 Nr. 2 GVG.
189 So aber *H. Geiger*, in: Eyermann § 4 Rn. 25.
190 Vgl. VGH Kassel DRiZ 2000, 185; NVwZ-RR 1993, 332, 333; HmbOVG NJW 1994, 274; *J. Berkemann*, JR 1997, 281, 283; *C. Danker*, in: HK-VerwR VwGO § 4 Rn. 11. A.M. für den originären Einzelrichter *H. Geiger*, in: Eyermann § 4 Rn. 25.
191 Vgl. BVerfGE 97, 1, 10 f.; 95, 322, 331; BGH JR 2000, 166 m.Anm. *O. Katholnigg*.
192 So noch *Kissel*, ²1994, § 21 g Rn. 16.

chen Geschäftsverteilungsplan auf der einen und den spruchkörperinternen Geschäftsverteilungsplan auf der anderen Seite nicht mehr rechtfertigen.[193] Der spruchkörperinterne Geschäftsverteilungsplan bildet als Teil des Systems der normativen Vorausbestimmung des entscheidungszuständigen Richters die letzte Stufe der verfassungsrechtlich von Art. 101 Abs. 1 S. 2 GG geforderten abstrakt-generellen Zuständigkeitsordnung.[194] Gerichtlicher und spruchkörperinterner Geschäftsverteilungsplan unterscheiden sich allein in der Frage, welches Organ der gerichtlichen Selbstverwaltung zu ihrem Erlass jeweils zuständig ist.[195]

102   **2. Mittelbare und unmittelbare Überprüfung; fehlerhafte Anwendung.** Maßnahmen der Geschäftsverteilung können zunächst in zweierlei Hinsicht Gegenstand einer gerichtlichen Überprüfung werden. Zum einen haben i.R. eines Prozesses die Beteiligten das Recht, mit der Behauptung der Fehlerhaftigkeit der Geschäftsverteilungsregelung zu rügen, dass das zur Entscheidung über ihren Rechtsstreit berufene Gericht nicht ordnungsgemäß besetzt sei. Neben dieser mittelbaren Überprüfung von Geschäftsverteilungsmaßnahmen i.R. etwa einer *Besetzungsrüge* (z.B. BGH NJW 2015, 1685 m.Anm. *B. Klose* NJ 2015, 302; OVG Bln NJW 1999, 594) kommt die *unmittelbare Anfechtung* der Maßnahme in Betracht (→ Rn. 109 ff.). Als Anfechtende i.R. einer unmittelbaren Überprüfung lassen sich zum einen der einzelne (potenzielle) Prozessbeteiligte, zum anderen die betroffenen Richter denken.

103   Von diesen beiden Kategorien – mittelbare und unmittelbare Überprüfung – ist die Konstellation zu unterscheiden, dass der gerichtliche oder spruchkörperinterne Geschäftsverteilungsplan oder sonst eine abstrakt-generelle Maßnahme der Geschäftsverteilung für sich genommen zwar fehlerfrei, jedoch fehlerhaft angewendet worden ist.

104   **a) Fehlerhafte Besetzung der Richterbank.** Die Frage der ordnungsgemäßen Besetzung und damit auch die nach der Gesetzmäßigkeit von Aufstellung und Abänderung des gerichtlichen bzw. spruchkörperinternen Geschäftsverteilungsplans unterliegt (ebenso wie diejenige der richtigen Anwendung) grds. der Prüfung durch das erkennende Gericht (BVerfGE 95, 322, 330; 40, 356, 361) sowie das Rechtsmittelgericht (zur Besetzungsrüge im Rechtsmittelzug → Rn. 106 ff.). Hilft das Präsidium einer vom erkennenden Gericht angenommenen Fehlerhaftigkeit nicht ab, kann im Einzelfall das verfassungsrechtliche Gebot der Rechtsschutzgewährung verlangen, in der als fehlerhaft erkannten Besetzung zu entscheiden.[196]

105   **aa) Fehler bei der Wahl des Präsidiums, Verfahrensfehler des Präsidiums, Anwendungsfehler.** Fehler bei der *Wahl des Präsidiums* führen nicht (§ 21 b Abs. 6 S. 3 GVG)[197] und Verfahrensfehler bei der Beschlussfassung nur dann zur gesetzwidrigen Besetzung der Richterbank, wenn der Fehler für den Inhalt der Entscheidung ursächlich war.[198] Wenn demgegenüber darauf abgestellt wird, dass der Fehler unmittelbar zur Unwirksamkeit des Präsidiumsbeschlusses geführt haben muss,[199] liegt ein Zirkelargument vor. Fehler bei der *Anwendung* einer Geschäftsverteilungsentscheidung, insbes. bei unrichtiger Anwendung des Geschäftsverteilungsplans, führen nach h.M. (BAG NJW 2007, 3147; BFH 13.11.2008 – VII B 192/07; BFH BFH/NV 2008, 1501) nicht stets, sondern nur dann zum Erfolg einer Besetzungsrüge, wenn der Fehler sachlich nicht mehr nachvollziehbar und daher als willkürlich anzusehen ist (VGH München BayVBl 2011, 569 m.w.N.; BVerfG NVwZ 2016, 764; → Rn. 107).

106   **bb) Materielle Geschäftsverteilungsplanfehler; Qualifizierung erforderlich?** Materielle *Fehler einer Geschäftsverteilungsregelung* schlagen demgegenüber unmittelbar auf die Besetzung der Richterbank durch, ohne dass es auf den Gesichtspunkt der Willkürlichkeit ankommt.[200] Denn inhaltliche Mängel des Geschäftsverteilungsplans selbst betreffen die Vorfrage, ob eine in ihm getroffene Zuständigkeits-

---

193   Unrichtig daher *M. C. G. Marquardt*, Rechtsnatur, 1998, 27.
194   Vgl. BVerfGE 95, 322, 329; so bereits *B. Kolb*, Rechtsnatur, 1986, 126, 133; *H. Schorn/H. Stanicki,* Präsidialverfassung, 1975, 205.
195   Wie hier auch *B. Kolb*, Rechtsnatur, 1986, 140; *H. Gersdorf,* in: Posser/Wolff § 4 Rn. 36.
196   BGH StV 2012, 273 m. krit. Anm. *K. Bernsmann,* StV 2012, 274.
197   Vgl. auch BVerfGE 31, 47, 52 ff.; *B. Kolb*, Rechtsnatur, 1986, 252.
198   Vgl. BVerfGE 31, 47, 54; *Schilken* Rn. 381; *M. Wolf,* Gerichtsverfassungsrecht, 1987, 144.
199   Vgl. *Kissel/Mayer* § 21 e Rn. 120.
200   Vgl. *M. Funke-Kaiser,* in: Bader § 4 Rn. 40; *C. Lückemann,* in: Zöller § 21 e Rn. 52; *B. Sangmeister,* JZ 1993, 736, 739, *Schilken* Rn. 381; *M. Wolf,* Gerichtsverfassungsrecht, 1987, 144; *P. Rieß,* GA 1976, 133; *ders.,* JR 1977, 300; vgl. auch BGH NJW 1986, 1884; NJW 1988, 1921; BVerwG NJW 1987, 2031; NJW 1984, 2961; Buchholz 448 § 34 WPflG Nr. 54; vgl. auch *C. Sowada,* Der gesetzliche Richter, 2002, 202 ff., 211, 216 ff.

regel überhaupt als abstrakt-generelle Regelung i.S. der Garantie des gesetzlichen Richters anzusehen ist.[201] Obsolet geworden ist daher die Rspr. des 3. und des 9. Senats des BVerwG, wonach die Rüge der fehlerhaften Besetzung (§ 138 Nr. 1) – ebenso wie in den Fällen der (lediglich) fehlerhaften Anwendung einer fehlerfreien Geschäftsverteilungsregelung – nur Erfolg haben könne, wenn der geltend gemachte Rechtsmangel auf Willkür beruht.[202]

Demgegenüber soll ein Verstoß gegen das Prinzip des gesetzlichen Richters bei der *Anwendung* einfach-rechtlicher Verfahrensvorschriften nicht schon bei einem bloßen error in procedendo (BVerfGE 3, 359, 364 f.), sondern erst bei willkürlich unrichtiger Handhabung, bei einer „offensichtlich unhaltbaren", „schlechthin unvertretbaren" oder „nicht mehr verständlichen" Auslegung der maßgeblichen Bestimmung vorliegen (BVerfG NJW 2006, 3129, 3130 f.; BVerfGE 138, 64, Rn. 71; 96, 68, 77; 87, 282, 284; 82, 286, 299; 29, 45, 49). Ob die fehlerhafte Inanspruchnahme der Zuständigkeit eines Gerichts (in einer bestimmten Besetzung) Ergebnis einer unrichtigen Auslegung oder Anwendung oder ob sie Folge einer gesetzwidrigen Geschäftsverteilungsregelung (oder Nichtregelung) ist, bildet allerdings im Blick auf die (fehlerhafte) Zuständigkeit keinen (qualitativen) Unterschied, der es rechtfertigte, eine Besetzungsrüge im letzteren Falle stets, im ersteren Falle nur bei Willkür oder sonst einer Qualifikation für begründet zu erachten. Die Verknüpfung des Postulats des gesetzlichen Richters mit dem Willkürmoment bzw. dem Moment einer „besonderen Qualifikation" ist daher auch auf der Anwendungsebene abzulehnen. **107**

b) Folgen für die Geschäftsverteilungsregelung. Liegt ein rechtserheblicher Fehler vor, führt dieser nicht zur Unwirksamkeit der Geschäftsverteilungsregelung insgesamt, sondern nur insoweit, als der bzw. die Richter betroffen sind, die infolge des Fehlers nicht mehr als die zur Entscheidung des in Rede stehenden Falles berufenen gesetzlichen Richter angesehen werden können.[203] **108**

3. Unmittelbare Anfechtung von Geschäftsverteilungsregelungen. Neben der mittelbaren Überprüfung von Geschäftsverteilungsregelungen i.R. etwa einer Besetzungsrüge kommt auch deren unmittelbare Anfechtung in Betracht. Eine unmittelbare Anfechtung durch die *Beteiligten* eines Prozesses soll allerdings ausgeschlossen sein (BayVerfGH NJW 1986, 1673). **109**

a) Betroffene Richter. Zur unmittelbaren Rüge befugt sind die betroffenen Richter.[204] Das gilt hinsichtlich des gerichtlichen Geschäftsverteilungsplans auch für die ehrenamtlichen Richter (VGH Kassel ESVGH 32, 303). Da die Anordnung des Präsidiums bzw. des Spruchkörperkollegiums nach § 21 g GVG *keine Maßnahme der Dienstaufsicht* (BGH NJW 1991, 425), sondern die Ausübung richterlicher Selbstverwaltung ist, scheidet ein Antrag eines (Berufs-)Richters nach § 26 Abs. 3 DRiG grds. aus.[205] Auch eine Zuständigkeit der Dienstgerichte ist nicht gegeben.[206] Die enumerative Aufzählung der Dienstgerichtsstreitigkeiten erfasst Streitigkeiten um die Geschäftsverteilung nicht.[207] Ein betroffener Richter kann sich vielmehr, wie heute weitgehend akzeptiert,[208] aber mitnichten geklärt ist,[209] gegen ihn belastende Anordnungen des Präsidiums im *Verwaltungsrechtsweg* wehren.[210] Ausgangspunkt dafür ist die Überlegung, dass die Geschäftsverteilung auf die Rechtsstellung des einzelnen Richters insofern einwirke, als sie dessen öffentlich-rechtliche Berechtigungen und Verpflichtungen im Hinblick **110**

---

201 Vgl. BVerfG 23.12.2016 – 2 BvR 2023/16, juris Rn. 29; NJW 2012, 2334; NJW 2005, 2689, 2690; vgl auch BGH NJW 2015, 1685 m.Anm. *B. Klose*, NJ 2015, 302.

202 Vgl. BVerwG (3. Senat) NJW 1991, 1370, 1371; (9. Senat) NJW 1988, 1339; vgl. auch BayVerfGH BayVBl 2008, 221 f.; *Kissel/Mayer* § 21 e Rn. 120.

203 Dazu *Kissel/Mayer* § 21 e Rn. 120 m.w.N.

204 Vgl. *Kissel/Mayer* § 21 e Rn. 121.

205 Vgl. *C. Lückemann*, in: Zöller § 21 e Rn. 54; ausnahmsweise allerdings bei offensichtlich rechtswidrigem Eingriff in richterliche Unabhängigkeit BGH NJW 1985, 1084; NJW 1991, 425; dagegen zu Recht *M. C. G. Marquardt*, Rechtsnatur, 1998, 99 f.

206 Vgl. VG Frankfurt/a.M. LKRZ 2014, 378.

207 Ausf. *M. C. G. Marquardt*, Rechtsnatur, 1998, 95 ff.; s.a. *B. Kolb*, Rechtsnatur, 1986, 193 ff.

208 Vgl. BVerfG NJW 2008, 909; DRiZ 1991, 100; vgl. *K. F. Gärditz*, in: Gärditz § 4 Rn 13; zur Entwicklung *Kissel/Mayer* § 21 e Rn. 1 m.w.N.

209 Vgl. BVerfG 10.4.1990 – 2 BvR 249/90; *H.-U. Erichsen*, VerwArch 68 (1977), 179; *C. Gloria*, NJW 1989, 445; s. ferner *B. Kolb*, Rechtsnatur, 1986, 206 ff., 211; *M. C. G. Marquardt*, Rechtsnatur, 1998, 10 ff., 75 ff.; vgl. auch VG Schleswig NVwZ-RR 1992, 111.

210 Vgl. OVG Münster 23.4.2008 – 1 A 1703/07; VG Hannover 28.2.2007 – 13 A 3683/05; BVerwG DÖD 1986, 218; BGH NJW 1991, 425; w.N. bei *Kissel/Mayer* § 21 e Rn. 121, 122. A.M. *Schilken* Rn. 383.

auf die von ihm wahrzunehmenden richterlichen Geschäfte regele.[211] Die Zuteilung oder Nichtzuteilung von Geschäften könne einen Richter in seinem Amtsrecht, in seiner persönlichen Rechtsstellung gegenüber dem Staat und damit in seinen Rechten verletzen. Mangels Verwaltungsaktqualität des Geschäftsverteilungsplans sei jedoch nicht die Anfechtungs-, sondern – nach erfolglosem Vorverfahren (VGH Kassel NJW-RR 2010, 1652) – die *Feststellungsklage* gegeben (VGH München BayVBl 2016, 813; → Rn. 118 f.). Eine gegen den Geschäftsverteilungsplan gerichtete Klage eines Richters ziele auf die Klärung, ob sich aus ihm die rechtliche Verpflichtung des Richters ergebe, der darin getroffenen Regelung nachzukommen.[212] Ob diese Sicht zutreffend ist, erscheint zweifelhaft.[213] Eine Klärung setzt die Bestimmung der Rechtsnatur von Geschäftsverteilungsregelungen im Verhältnis zu den betroffenen Richtern voraus.

111 **b) Rechtsnatur von Geschäftsverteilungsregelungen im Verhältnis zu den betroffenen Richtern.** Die wohl h.M. nimmt ohne jede Differenzierung an, „der" Geschäftsverteilungsplan sei ein multifunktionaler gerichtlicher Selbstverwaltungsakt „sui generis" zur Bestimmung des gesetzlichen Richters.[214] Eine solche Qualifizierung ist indes wenig hilfreich,[215] weil sie keinen – an dieser Stelle an sich erforderlichen – dogmatisch befriedigenden Beitrag zur Lösung der mit der rechtlichen Beurteilung von Fragen der Geschäftsverteilung verbundenen Schwierigkeiten leistet. Verfehlt ist es insbes., nach einer (einheitlichen) Rechtsnatur „des" Geschäftsverteilungsplans zu suchen.[216] Im hier interessierenden Zusammenhang des Rechtsschutzes für die betroffenen Richter kommt es sowohl auf die Verteilung der Streitsachen auf die einzelnen Spruchkörper als auch auf die Zuweisung der Richter zu den Spruchkörpern an.[217] Dass sowohl eine die Verteilung von Streitsachen als auch die Zuweisung von Richtern zu den Spruchkörpern einbeziehende Betrachtung geboten ist, zeigt bereits die Überlegung, dass die Zuweisung eines Richters zu einem bestimmten Spruchkörper – etwa im Falle eines Neuzugangs bei Gericht – nicht notwendig mit einer Änderung der (bisherigen) Verteilung der Streitsachen auf die Spruchkörper und eine Änderung der Zuständigkeiten nicht notwendig mit einer Änderung der Spruchkörperbesetzung verbunden sein muss.

112 Im Verhältnis zu dem jeweiligen Richter stellen sich sowohl die Zuweisung zu einem bestimmten Spruchkörper als auch die Zuweisung oder der Entzug von Verfahren als konkret-individuelle Maßnahme dar. Beide beinhalten – nicht anders als die beamtenrechtliche Dienstpostenübertragung – die individuelle Zuweisung eines konkreten Aufgabenbereichs,[218] die ihrerseits durch die spruchkörperinterne Geschäftsverteilung weiter konkretisiert wird (→ Rn. 79 ff.). Ohne Bedeutung für diese Qualifizierung ist, dass die Maßnahmen als Akt der richterlichen Selbstverwaltung ergehen.[219] Wie die Charakterisierung als Organisationsakt im Blick auf die Handlungsformen des Staats- und Verwaltungsrechts ohne klassifikatorischen Wert ist,[220] spielt für die Bestimmung der Rechtsnatur einer Maßnahme keine Rolle, ob sie als Staatsverwaltungs- oder als Selbstverwaltungsmaßnahme ergeht.

113 **aa) Verwaltungsaktcharakter der gerichtlichen Geschäftsverteilung.** Im Beamtenrecht werden Maßnahmen, die auf das Amt im konkret-funktionellen Sinne bezogen sind (Dienstpostenübertragung, Umsetzung [BVerwG DVBl 1980, 882], Änderung des Geschäftsplans durch Organisationsverfügung [BVerwG ZBR 1981, 339; VGH München ZBR 1982, 33]), nicht als Verwaltungsakt angesehen, weil sie ihrem objektiven Sinngehalt nach zu den Anordnungen zählen, die die dienstliche Verrichtung ei-

---

211 Vgl. *Kissel/Mayer* § 21 e Rn. 121.
212 Vgl. BVerwGE 50, 11, 19; zur Unzulässigkeit der Feststellungsklage nach Ablauf des Geschäftsjahrs VG Weimar ThürVBl 2016, 23.
213 Vgl. etwa *H.-U. Erichsen*, VerwArch 68 (1977), 179, 185 f.; *C. Gloria*, NJW 1998, 445; *U. Kornblum*, NJW 1977, 666; vgl. auch VG Schleswig NVwZ-RR 1992, 111.
214 Vgl. *Kissel/Mayer* § 21 e Rn. 105; *C. Lückemann*, in: Zöller § 21 e GVG Rn. 34; *H. Geiger*, in: Eyermann § 4 Rn. 31; vgl. auch *B. Clausing*, in: Schoch/Schneider/Bier § 4 Rn. 82; *H. Gersdorf*, in: Posser/Wolff § 4 Rn. 41. A.M. *J. Ruthig*, in: Kopp/Schenke § 4 Rn. 9: Rechtsnorm.
215 Resignierend *Kissel/Mayer* § 21 e Rn. 105.
216 So aber wohl der Ansatz von *Kissel/Mayer* § 21 e Rn. 105.
217 So zu Recht *B. Kolb*, Rechtsnatur, 1986, 78 f.; vgl. auch *K. A. Bettermann*, in: Die Grundrechte III/2, 1959, 523, 551 f.; wohl auch VGH München NJW 1994, 2308. A.M. *H. Schorn/H. Stanicki*, Präsidialverfassung, 1975, 81; *M. C. G. Marquardt*, Rechtsnatur, 1998, 13.
218 Vgl. BVerfG NJW 2008, 909; *E. Rasch*, VerwArch 60 (1969), 1, 21 f.
219 A.M. *Kissel/Mayer* § 21 e Rn. 105.
220 Vgl. *H.-U. Erichsen*, VerwArch 68 (1977), 179, 181 f.

nes Beamten betreffen und sich in ihren Auswirkungen auf die organisatorische Einheit beschränken, der der Beamte angehört. Ob man demgegenüber annehmen kann, dass die im Geschäftsverteilungsplan vorgenommene Geschäftsverteilung auf die persönliche Rechtsstellung des einzelnen Richters einwirken kann (BVerfG NJW 2008, 909; BVerwGE 50, 11, 13; BVerwG Buchholz 300, § 21 e GVG Nr. 16), erscheint daher zunächst zweifelhaft,[221] ist aber in Bezug auf die Garantie der sachlichen *Unabhängigkeit* des Art. 97 Abs. 1 GG dann nicht ausgeschlossen, wenn sachfremde, insbes. (einzel-)fallbezogene Erwägungen oder Willkür die Geschäftsverteilungsentscheidung bestimmt haben.[222] Ist eine Verletzung des betroffenen Richters in seiner (auch) durch Art. 97 Abs. 1 GG gekennzeichneten Rechtsstellung deshalb prinzipiell möglich, verlässt die Geschäftsverteilungsentscheidung (insoweit) die Sphäre der innergerichtlichen Organisation.[223] Folge dessen ist, dass der nicht völlig aus der Luft gegriffenen Behauptung eines Richters, durch die Geschäftsverteilung in seiner ihm garantierten (sachlichen) Unabhängigkeit verletzt zu sein, nicht die Rspr. zur beamtenrechtlichen Dienstpostenübertragung bzw. Umsetzung entgegengehalten werden kann.

Die Zuweisung eines Richters zu einem bestimmten Spruchkörper und die Zuteilung oder der Entzug von Streitsachen stellen sich – bezogen auf den jeweiligen Richter – auch als *Regelung eines Einzelfalls*, nämlich als verbindliche Entscheidung über den von dem Richter wahrzunehmenden (Rechtsprechungs-)Aufgabenkreis, dar.[224] Da sie ohne Weiteres auch dem öffentlichen Recht zuzuordnen sind,[225] erfüllen sie mithin sämtliche Merkmale eines Verwaltungsakts i.S.v. § 35 S. 1 VwVfG (VG Schleswig NVwZ-RR 1992, 111, 112). 114

Dem kann nicht entgegnet werden, der Geschäftverteilungsplan werde nicht von einer *Behörde* erlassen.[226] Nach § 1 Abs. 4 VwVfG ist „Behörde" jede Stelle, die Aufgaben der öffentlichen Verwaltung wahrnimmt. Die Zuweisung von Richtern zu einzelnen Spruchkörpern oder die Zuteilung von Verfahren und damit die Bestimmung des konkret-funktionellen Aufgabenbereichs stellt sich entgegen dem BVerwG (BVerwGE 50, 11, 16) funktionell als Akt der (Justiz)Verwaltung dar, auch wenn sie Teil eines richterlichen und deswegen in Unabhängigkeit auszuübenden Geschäfts ist (sog. justizförmige Verwaltungssache; → Rn. 133). Beim Erlass des Geschäftsverteilungsplans wird das Präsidium eines Gerichts mithin als Organ der gerichtlichen Selbstverwaltung und (zugleich) als Behörde tätig.[227] 115

bb) Verwaltungsaktcharakter von spruchkörperinternen Geschäftsverteilungsregelungen. Ebenso wie die gerichtliche (→ Rn. 111 ff.) stellt sich die interne Geschäftsverteilung durch das Spruchkörperkollegium gegenüber dem betroffenen Richter als Verwaltungsakt dar.[228] Auch durch den Mitwirkungsplan (im überbesetzten Spruchkörper) und die Zuteilung oder Nichtzuteilung von Verfahren zur Bearbeitung als Berichterstatter oder Einzelrichter kann die richterliche Unabhängigkeit verletzt sein. Eine Qualifizierung der spruchkörperinternen Geschäftsverteilung als bloßer Ausfluss der Organisationsgewalt, der sich von der Dienstaufsicht ableite, ist überholt (→ Rn. 101). 116

Das Kollegialprinzip (→ Rn. 80 ff.) und damit der Umstand, dass ein sich in seinen Rechten verletzt fühlender Richter Mitglied des die spruchkörperinterne Geschäftsverteilung beschließenden Kollegiums ist, schließt den Verwaltungsaktcharakter nicht aus.[229] Neben der damit gegebenen Möglichkeit der Anfechtungsklage, führt das Kollegialprinzip auch dazu, dass ein Mitglied des Spruchkörperkollegiums eine Verletzung mitgliedschaftlicher Rechte i.R. eines (Intra-)Organstreits geltend machen kann. 117

---

221 Krit. *H.-U. Erichsen*, VerwArch 68 (1977), 179, 185 f.

222 Zum subjektiv-rechtlichen Charakter (auch) der Garantie der sachlichen Unabhängigkeit *S. Detterbeck*, in: Sachs Art. 97 Rn. 7; aber auch BVerwGE 78, 216, 219.

223 A.M. *M. C. G. Marquardt*, Rechtsnatur 1998, 47 ff., 55 ff.

224 Vgl *U. Kornblum*, NJW, 1977, 666; *ders.*, FS Schiedermair, 1976, 331; *P. Müller*, MDR 1977, 975; *C. Gloria*, NJW 1989, 445; i.E. ebenso *B. Kolb*, Rechtsnatur, 1986, 78 ff., 91, 94. A.M. *H. Geiger*, in: Eyermann § 4 Rn. 31.

225 Vgl. *H.-U. Erichsen*, VerwArch 68 (1977), 179, 183.

226 So etwa VGH Kassel DRiZ 1984, 62, 63; *B. Clausing*, in: Schoch/Schneider/Bier § 4 Rn 83; *H. Gersdorf*, in: Posser/Wolff § 4 Rn. 41, der die Außenwirkung verneint; *M. C. G. Marquardt*, Rechtsnatur, 1998, 42 ff.

227 Vgl. *K. F. Gärditz*, in: Gärditz § 4 Rn 5; *U. Kornblum*, NJW 1977, 666 f.; VG Schleswig NVwZ-RR 1992, 111, 112.

228 A.M. *H. Gersdorf*, in: Posser/Wolff § 4 Rn. 41.

229 Ebenso wenig, wie dies hinsichtlich des gerichtlichen Geschäftsverteilungsplans für einen Richter der Fall ist, der Mitglied des Präsidiums ist, vgl. dazu *B. Kolb*, Rechtsnatur, 1986, 177 f.

118 **cc) Anfechtungsklage.** Aus der Qualifizierung der Zuweisung eines Richters zu einem bestimmten Spruchkörper und der Zuteilung oder dem Entzug von Verfahren als Verwaltungsakt folgt, dass sich der Betroffene dagegen im Wege der Anfechtungsklage vor dem VG wehren kann.[230]

119 Gegen ihre Statthaftigkeit wendet das BVerwG – neben der (pauschalen) Verneinung des Verwaltungsaktcharakters „des" Geschäftsverteilungsplans – ein, dass dieser die Aufhebbarkeit des Geschäftsverteilungsplans einschließe, was zu nicht billigenswerten Folgen, nämlich mangels eines wirksamen Geschäftsverteilungsplans zum gänzlichen Fehlen einer Bestimmung des gesetzlichen Richters führen würde (BVerwGE 50, 11, 18). Ungeachtet dessen, dass die hier vertretene Qualifizierung von Geschäftsverteilungsbestimmungen als Verwaltungsakt (im Verhältnis zu den betroffenen Richtern) notwendig die Statthaftigkeit einer Anfechtungsklage nach sich zieht, kann nicht der Geschäftsverteilungsplan als Ganzes, sondern nur die – jeweils angegriffene – konkret individuelle Regelung der Aufhebung unterliegen.[231] Überdies führt die allgemeine Feststellungsklage mit dem vom BVerwG intendierten Feststellungsantrag[232] im Falle ihrer Begründetheit zur Verneinung der sich für den betroffenen Richter ergebenden Verpflichtung, der Geschäftsverteilungsregelung Folge leisten zu müssen. Der Sache nach stellt dies die partielle Aufhebung der Regelungen des Geschäftsverteilungsplans dar,[233] sofern nicht schon wegen Nichtigkeit der Regelung eine Verpflichtung von vornherein nicht bestehen kann. Denn ergibt sich die Verpflichtung des Richters zur Wahrnehmung richterlicher Aufgaben aus dem (nicht nichtigen) Geschäftsverteilungsplan, so setzt der Wegfall dieser Verpflichtung die Kassation der entsprechenden Geschäftsverteilungsregelung voraus.[234] Damit aber kann der Betroffene nach hier vertretener Auffassung seine Rechte durch Gestaltungsklage verfolgen, sodass eine allgemeine Feststellungsklage gem. § 43 Abs. 2 aus Gründen der Subsidiarität nicht statthaft wäre.[235]

120 **dd) Widerspruch und aufschiebende Wirkung.** Der statthafte Rechtsbehelf eines von einer Geschäftsverteilungsregelung betroffenen Richters ist mithin grds. der Widerspruch.[236] Dass § 71 DRiG mit seinem Verweis auf u.a. § 54 Abs. 2 BeamtStG nicht eingreife,[237] lässt sich nicht begründen.[238] Fraglich ist, ob dem Widerspruch nach der allgemeinen Regel des § 80 Abs. 1 S. 1 aufschiebende Wirkung mit der Folge zukommt, dass der widersprechende Richter der Geschäftsverteilungsregelung einstweilen nicht nachzukommen braucht. Zwar mag ein solches Ergebnis nicht wünschenswert sein.[239] Gleichwohl sehen die Vertreter der Feststellungsklage überwiegend ein Bedürfnis nach vorläufigem Rechtsschutz und wollen diesen über die einstweilige Anordnung nach § 123 erreichen.[240] Allerdings soll in deren Rahmen durch das Gericht nur eine Feststellung möglich sein, die der Umsetzung durch das Präsidium bedarf.[241] Für den Fall, dass nicht eine Feststellungsklage, sondern eine Anfechtungsklage erhoben wird, soll dieser nach der einen Auffassung aufschiebende Wirkung zukommen,[242] nach der anderen demgegenüber nicht.[243]

121 Ausgehend von der hier vertretenen Auffassung – Verwaltungsaktcharakter der Zuweisung von Rechtsprechungsaufgaben an Richter – fehlt es an einer gesetzlichen Sofortvollzugsanordnung. Auch wird der Geschäftsverteilungsplan regelmäßig nicht für sofort vollziehbar erklärt. Da einerseits sich der Gesetzgeber zur Frage der Rechtsnatur und der Anfechtbarkeit von Geschäftsverteilungsregelun-

---

230 Vgl. VG Schleswig NVwZ-RR 1992, 111, 112; a.M. *H. Gersdorf*, in: Posser/Wolff § 4 Rn. 41, der die Außenwirkung verneint.

231 Vgl. *U. Kornblum*, NJW 1977, 666, 667.

232 Festzustellen, dass sich aus dem Geschäftsverteilungsplan nicht die Verpflichtung des Klägers ergibt, der Geschäftsverteilungsbestimmung Folge zu leisten.

233 So zu Recht *U. Kornblum*, NJW 1977, 666, 667; vgl. auch *B. Kolb*, Rechtsnatur, 1986, 211.

234 Vgl. *U. Kornblum*, NJW 1977, 666, 667. A.M. *M. C. G. Marquardt*, Rechtsnatur, 1998, 114 f.

235 Vgl. auch *B. Kolb*, Rechtsnatur, 1986, 211 ff.; a.M. *M. Funke-Kaiser*, in: Bader § 4 Rn. 42.

236 Vgl. *H. Schorn/H. Stanicki*, Präsidialverfassung, 1975, 204; s. etwa für M-V § 71 DRiG, § 3 LRiG i.V.m. § 102 LBG i.V.m. § 54 Abs. 2 BeamtStG i.V.m. § 68 VwGO.

237 So *M. Funke-Kaiser*, in: Bader § 4 Rn. 42 zu § 126 BRRG.

238 Vgl. OVG Münster 23.4.2008 – 1 A 1703/07; VG Gießen LKRZ 2012, 114; *A. Pentz*, DRiZ 1977, 179; *B. Sangmeister*, DÖD 1987, 85.

239 Vgl. BVerwGE 50, 11; s.a. *Kissel/Mayer* § 21 e Rn. 100.

240 Vgl. VG Frankfurt/a.M. LKRZ 2014, 378; VGH Mannheim NJW-RR 2011, 861; OVG Weimar ThürVBl 2005, 110; *C. Lückemann*, in: Zöller § 21 e GVG Rn. 56. A.M. *Kissel/Mayer* § 21 e Rn. 101.

241 Vgl. VGH München NJW 1994, 2308, 2309; VGH Kassel DRiZ 1984, 62; HmbOVG NJW 1987, 1215; vgl. auch VG Trier, DRiZ 1993, 401.

242 So früher *J. Albers*, in: Baumbach/Lauterbach/Albers/Hartmann, ZPO, [58]2000, § 21 e GVG Rn. 26.

243 So früher *P. Gummer*, in: Zöller, ZPO, [21]1999, § 21 e GVG Rn. 56.

gen nicht äußert[244] und andererseits einleuchtend ist, dass eine Suspension der Zuweisung von Rechtsprechungsaufgaben an einen Richter allein aufgrund der Tatsache, dass der Richter einen Rechtsbehelf eingelegt hat, zu einem mit Blick auf das Postulat des gesetzlichen Richters und den Justizgewährleistungsanspruch unerträglichen Schwebezustand führen würde, lässt sich die Annahme rechtfertigen, dass in Bezug auf die aufschiebende Wirkung von Rechtsbehelfen gegen Anordnungen des Präsidiums eine Regelungslücke gegeben ist. Diese Lücke lässt sich mit einer entsprechenden Anwendung der in § 71 DRiG (auch) in Bezug genommenen Vorschrift des § 54 Abs. 4 BeamtStG schließen.

Nach § 54 Abs. 4 BeamtStG haben Widerspruch und Anfechtungsklage gegen die Abordnung oder die Versetzung *keine aufschiebende Wirkung*. Zwar handelt es sich bei der Zuteilung eines Richters zu einem bestimmten, auch auswärtigen (→ § 3 Rn. 50) Spruchkörper und der Zuweisung oder dem Entzug von Verfahren nicht um eine Abordnung oder Versetzung. Vielmehr entsprechen die Maßnahmen im Beamtenrecht der Übertragung eines Dienstpostens. Weil sie jedoch den Richter in seiner durch Art. 97 Abs. 1 GG garantierten Rechtsstellung treffen können, kommt ihnen „Außenwirkung" mit der Folge ihrer Verwaltungsakteigenschaft zu,[245] wenn und soweit der Richter durch sie tatsächlich hinsichtlich seines Unabhängigkeitsrechts berührt wird (→ Rn. 113). Zweck des Ausschlusses der aufschiebenden Wirkung ist es, sicherzustellen, dass die bezeichneten, den Beamten in seiner persönlichen Rechtsstellung gegenüber dem Staat treffenden und deshalb als Verwaltungsakt zu qualifizierenden und daher an sich vom Suspensiveffekt eines Rechtsbehelfs erfassten Organisationsakte unabhängig von der Einlegung eines Rechtsbehelfs alsbald vollzogen werden können. Nichts anderes trifft auf die vom Präsidium eines Gerichts aus Gründen des Art. 101 Abs. 1 GG als Akt der gerichtlichen Selbstverwaltung zu treffenden Organisationsakte in Bezug auf die davon betroffenen Richter zu. Hinzu kommt, dass der Justizgewährleistungsanspruch des Einzelnen und dessen verfassungsrechtlicher Anspruch auf den gesetzlichen Richter zwingend nicht nur verlangen, dass lückenlos ein alle an dem jeweiligen Gericht anfallenden Rechtsprechungsaufgaben verteilender Geschäftsverteilungsplan existiert, sondern ebenso, dass dessen Vollzug bis zu einer endgültigen oder vorläufigen gerichtlichen Entscheidung unabhängig davon gewährleistet ist, ob über einzelne Geschäftsverteilungsregelungen Streit entstanden ist.

ee) Widerspruchsbehörde; Klagegegner. Über den Widerspruch des widersprechenden Richters befindet nach § 73 Abs. 1 Nr. 3 die „Selbstverwaltungsbehörde", mithin das *Präsidium*, das auch Klagegegner einer Anfechtungsklage ist.[246] Zwar stellt sich ein Streit um die Zuweisung von richterlichen Geschäften als ein Verfahren aus dem Richterverhältnis dar (OVG Münster DÖD 1981, 46 f.; VG Hannover NJW 1990, 3227, 3228), sodass richtiger Beklagter an sich der Dienstherr (Land, Bund) wäre.[247] Indessen könnte der Dienstherr – im Falle einer erhobenen Verpflichtungsklage – nicht verpflichtet werden, die Geschäftsverteilung in bestimmter Weise vorzunehmen oder nicht vorzunehmen, weil diese ein in richterlicher Unabhängigkeit vorzunehmendes Geschäft der gerichtlichen Selbstverwaltung ist. Diese Überlegung lässt sich auch mit § 78 Abs. 1 Nr. 1 in Einklang bringen, wonach die Klage u.a. gegen die Körperschaft zu richten ist, deren Behörde den angefochtenen Verwaltungsakt erlassen oder den beantragten Verwaltungsakt unterlassen hat. Mit „Körperschaft" i.S. dieser Bestimmung sind nicht nur juristische Personen gemeint. Vielmehr erfasst der Begriff auch Einrichtungen, die nicht juristische Personen sind, aber hinsichtlich der Beteiligungsfähigkeit juristischen Personen gleichgestellt sind bzw. denen ein Recht i.S.d. § 61 Nr. 2 zustehen kann.[248] Das ist hinsichtlich des Präsidiums der Fall, weil es Zuordnungssubjekt der in Rede stehenden Rechte und Pflichten ist.[249]

122

123

---

244 Vgl. C. *Lückemann*, in: Zöller § 21 e GVG Rn. 48.
245 A.M. H. *Gersdorf*, in: Posser/Wolff § 4 Rn. 41.
246 Vgl. H. *Schorn/H. Stanicki*, Präsidialverfassung, 1975, 204; B. *Kolb*, Rechtsnatur, 1986, 221 m.w.N. in Fn. 559. A.M. M. *Funke-Kaiser*, in: Bader § 4 Rn. 42.
247 So OVG Münster 23.4.2008 – 1 A 1703/07; HmbOVG NJW 1987, 1215; OVG Münster DÖD 1981, 46 f.; VG Trier DRiZ 1993, 401; VG München DÖD 1987, 83; vgl. auch M. *Funke-Kaiser*, in: Bader § 4 Rn. 42.
248 Vgl. OVG Weimar ThürVBl 2005, 110, 111 f.; VGH Kassel DRiZ 1984, 62; ESVGH 32, 303; W.-R. *Schenke*, in: Kopp/Schenke § 78 Rn. 4. A.M. VGH Mannheim NJW-RR 2011, 861; VG München DÖD 1987, 83.
249 Vgl. BVerwGE 44, 172; OVG Koblenz NJW-RR 2008, 579; VG Frankfurt/a.M. LKRZ 2014, 378; VG Ansbach 2.4.2009 – AN 1 S 09.00495; VG Hannover NJW 1990, 3227, 3228; vgl. auch C. *Lückemann*, in: Zöller § 21 e GVG Rn. 56 a; LG Leipzig BDVR-Rundschreiben 1999, 120. A.M. VGH München BayVBl 2016, 813 m.w.N.

124   **ff) Umfang und Wirkungen einer gerichtlichen Aufhebung.** Erweist sich die angegriffene Geschäftsverteilungsregelung als rechtswidrig, hebt das VG den Geschäftsverteilungsplan insoweit auf, als der Richter dadurch in seinen Rechten verletzt ist, § 113 Abs. 1 S. 1. Unzuträglichkeiten sind damit nicht verbunden. Die Aufhebung wirkt zwar ex tunc auf den Zeitpunkt des Erlasses der aufgehobenen Regelung zurück (→ § 113 Rn. 145; BayVerfGH BayVBl 1983, 270). Aus § 22d GVG, der über den Generalverweis des § 173 Anwendung findet, folgt indes, dass die *Wirksamkeit* der richterlichen Entscheidungen unberührt bleibt. Dass die Entscheidungen eines vom Präsidium rechtswidrigerweise mit bestimmten Aufgaben betrauten Richters bzw. die Entscheidungen seines Spruchkörpers im Rechtsmittelzug wegen Verstoßes gegen den Grundsatz des gesetzlichen Richters der *Aufhebung* unterliegen,[250] ist notwendige Konsequenz jeder rechtskräftigen richterlichen Aussage zur Rechtswidrigkeit der Geschäftsverteilung.

125   **c) Rechtsnatur von Geschäftsverteilungsregelungen im Verhältnis zur Allgemeinheit.** Umstr. ist, ob eine Geschäftsverteilungsregelung *Gegenstand eines Normenkontrollantrags* nach dem jeweiligen Verfassungsprozessrecht bzw. § 47 i.V.m. dem jeweiligen Ausführungsrecht zur VwGO sein kann.[251] Die Antwort setzt Klarheit über die Rechtsnatur von Geschäftsverteilungsregelungen im Blick auf ihre Wirkung gegenüber der Allgemeinheit voraus. Insoweit geht es nicht um die oben (→ Rn. 111 ff.) erörterte Rechtsnatur von Geschäftsverteilungsentscheidungen insoweit, als diese mit verbindlicher Wirkung gegenüber den Richtern ergehen. Vielmehr geht es im hier interessierenden Zusammenhang um den Charakter des Geschäftsverteilungsplans insoweit, als dieser gegenüber der Allgemeinheit nach abstrakten, d.h., vom jeweiligen Einzelfall unabhängigen Kriterien den gesetzlichen Richter festlegt.

126   Jenseits der nichtssagenden Qualifizierung als „Organisationsakt sui generis" (→ Rn. 112) ist hinsichtlich der Rechtsnatur des Geschäftsverteilungsplans anerkannt, dass er weder Akt der Rspr. noch *Justizverwaltungsakt* i.S.v. § 23 EGGVG ist,[252] wobei hinsichtlich des letzteren allerdings die im Einzelnen gegebenen Begründungen nicht zu überzeugen vermögen, so regelmäßig dann, wenn die notwendige Differenzierung nach den Wirkungen gegenüber den betroffenen Richtern und denen gegenüber der Allgemeinheit unterlassen wird.[253] Trotz der vermeintlichen Praktikabilität der These vom Organisationsakt ist die Fraktion derer stark, die den Geschäftsverteilungsplan in seiner Funktion, den gesetzlichen Richter zu bestimmen, als *Rechtsnorm* ansehen.[254] Zur Begründung wird angeführt, dass die Zuständigkeit der Spruchgruppen und Richter abstrakt-generell bestimmt werde. Weder sei der Geschäftsverteilungsplan im Hinblick auf die Zahl der von ihm erfassten Rechtsstreitigkeiten und damit der von der staatlichen Gerichtsbarkeit betroffenen Personen bestimmt oder geschlossen noch sei er im Hinblick darauf, welche Richter über die Rechtsstreitigkeiten zu entscheiden hätten, abschließend individualisiert.[255]

127   In der Rspr. ist diese Position teilweise auf Widerhall gestoßen.[256] Der BayVerfGH zeigte zunächst Sympathie (BayVerfGH NJW 1978, 1515, 1516) und bejahte den Normcharakter jedenfalls für eine Geschäftsverteilungsänderung, die eine Verlagerung von Geschäften von einer amtsgerichtlichen Zweigstelle zum Hauptgericht vornahm, weil insoweit wegen der geänderten örtlichen Zuständigkeit Außenwirkung anzunehmen sei. In der Folge entschied das Gericht jedoch – den Sonderfall der Veränderung der örtlichen Zuständigkeit ausnehmend –, dass dem Geschäftsverteilungsplan kein Rechtssatzcharakter zukomme (BayVerfGH NJW 1986, 1673).

---

250 Vgl. *J. Ruthig*, in: Kopp/Schenke § 4 Rn. 16. A.M. offenbar *C. Lückemann*, in: Zöller § 21 e GVG Rn. 55.
251 Hierzu Nachw. bei BayVerfGH NJW 1986, 1673 f.; dazu ferner § 47 Rn. 112; w.N. bei *B. Kolb*, Rechtsnatur, 1986, 230; verneinend *Schilken* Rn. 384.
252 Vgl. BayVerfGH NJW 1978, 1515; OLG Karlsruhe 14.4.2016 – 2 VAs 3/16, juris Rn. 3; *M. C. G. Marquardt*, Rechtsnatur, 1998, 18, 36.
253 S. etwa *Kissel/Mayer* § 21 e Rn. 105 m.w.N.
254 S. die Nachw. bei BayVerfGH NJW 1986, 1673, 1674 und *M. C. G. Marquardt*, Rechtsnatur, 1998, 23 mit Fn. 65; ferner *J. Ruthig*, in: Kopp/Schenke § 4 Rn. 9; *K. F. Gärditz*, in: Gärditz § 4 Rn 5; *H. Gersdorf*, in: Posser/Wolff § 4 Rn. 42; *M. Funke-Kaiser*, in: Bader § 4 Rn. 21, 45. A.M. *H. Geiger*, in: Eyermann § 4 Rn. 31; *B. Clausing*, in: Schoch/Schneider/Bier § 4 Rn 84.
255 Vgl. *H.-U. Erichsen*, VerwArch 68 (1977), 179, 181; *C. Gloria*, NJW 1989, 445; w.N. s. bei BayVerfGH NJW 1986, 1673, 1674.
256 Vgl. etwa VGH Kassel DRiZ 1969, 122; VG Freiburg DRiZ 1973, 319, 320; VGH Mannheim DRiZ 1973, 320.

Maßgeblich für die Bestimmung der Rechtsnatur ist die *Abgrenzung* zwischen *Rechtsnorm* und *Allgemeinverfügung*.[257] Im Unterschied zum „einfachen" Verwaltungsakt, der einen konkreten Sachverhalt in der Weise „individuell" regelt, dass sich die Regelung an eine(n) individuell bestimmte(n) oder bestimmbare(n) Person(enkreis) richtet, ist die Allgemeinverfügung dadurch gekennzeichnet, dass sich der Adressatenkreis nach allgemeinen Merkmalen bestimmt oder bestimmbar sein muss (§ 35 S. 2 Alt. 1 VwVfG). Im Unterschied dazu regelt eine Rechtsnorm (ein Rechtssatz) im Zeitpunkt ihres Erlasses unbestimmt viele Fälle bei offenem, d.h., unbestimmten (und nicht bestimmbaren) Adressatenkreis. Sie stellt deshalb eine sog. „abstrakt-generelle" Regelung dar.

Daraus ergibt sich: Der Kreis der vom Geschäftsverteilungsplan erfassten Adressaten ist ungewiss, weil man im Zeitpunkt seines Erlasses nicht weiß, wer Kläger, wer Beklagter und wer sonstiger Beteiligter eines anhängig werdenden Prozesses wird. Als Betroffene kommen im hier interessierenden Zusammenhang allerdings (nur) die Beteiligten eines bei dem betreffenden Gericht anhängig werdenden Verwaltungsprozesses in Betracht. Die (potenzielle) Eigenschaft als Verfahrensbeteiligter ist daher ein allgemeines Merkmal, das von vornherein bestimmte Personen(-kreise) aus- oder einschließt. Hinsichtlich der geregelten Sachverhalte bezieht sich der Geschäftsverteilungsplan auf diejenigen Verfahren, die bei dem Gericht anhängig gemacht werden, mithin auf eine unbestimmte Zahl von Sachen. Diese werden zwar im Geschäftsverteilungsplan zum Zwecke der Verteilung inhaltlich konkretisiert, etwa in der Weise, dass die Verfahren nach bestimmten Sachgebieten, nach Aktenzeichen(-end)nummern oder nach anderen Kriterien (Verwaltungsbezirke etc.) differenziert werden. Deswegen kann indes nicht gesagt werden, durch die Beziehung des eingehenden Verfahrens zu einem bestimmten Sachgebiet oder zu einem bestimmten Aktenzeichen werde die Unbestimmtheit konkretisiert. Denn diese Beziehung ist nicht – wie bei der Allgemeinverfügung – vorgegeben, sondern wird erst durch den Inhalt der Geschäftsverteilungsregelung selbst – Verteilung nach Sachgebieten oder Aktenzeichenendnummern etc. – begründet. Die inhaltliche Konkretisierung liefert das Differenzierungskriterium, mithilfe dessen die einzelnen unbestimmt vielen Verfahren auf die Spruchkörper verteilt werden. Sie ändert nichts daran, dass Zahl und Art der zu verteilenden Verfahren (vor der Verteilung) unbestimmt bleiben. Hinsichtlich der in dem Geschäftsjahr, auf das sich der Geschäftsverteilungsplan bezieht, eingehenden Verfahren ist der Geschäftsverteilungsplan daher Rechtsnorm (zur Möglichkeit eines Normenkontrollantrages → § 47 Rn. 112). Er verteilt bei nach einem allgemeinen Merkmal bestimmbarem Adressatenkreis die eingehenden Sachen und damit eine unbestimmte Zahl von Verfahren auf die Spruchkörper. Adressat, d.h., von den Wirkungen des Geschäftsverteilungsplans betroffen, ist dabei jeder, der im Geschäftsjahr (potenziell) Beteiligter eines Verwaltungsprozesses wird.

Zweifel an der Charakterisierung als Rechtsnorm stellen sich allerdings ein, wenn die im Zeitpunkt seines Erlasses bereits anhängigen und wegen des Jährlichkeitsprinzips (§ 21 e Abs. 1 S. 2 GVG) von ihm ebenfalls erfassten Verfahren („*Altverfahren*") in den Blick genommen werden. Hinsichtlich dieser Verfahren steht ihre Zahl ebenso fest wie der Kreis der Adressaten (wenn man einmal von den Fällen des nachträglichen Parteiwechsels oder der späteren Beiladung absieht).[258] Einer Regelung kommt Rechtssatzqualität nur zu, wenn sie Rechtsfolgen für eine bei ihrem Erlass unbestimmte Zahl von Personen und Sachverhalten vorhält.[259] Deswegen den Geschäftverteilungsplan (insoweit) als individuell-konkrete Regelung (also als Verwaltungsakt) aufzufassen (OVG Lüneburg NJW 1984, 627), geht indes fehl. Die Zuständigkeit eines bestimmten Spruchkörpers für in vorangegangenen Geschäftsjahren anhängig gewordene Verfahren muss sich, nicht anders als diejenige für erst im Laufe des Geschäftsjahres anhängig werdende Verfahren, nach allgemeinen, abstrakten Kriterien bestimmen (→ Rn. 46 ff.). Die Verteilung der Altverfahren auf die Spruchkörper durch das Präsidium erfolgt daher zwar in Kenntnis ihrer Zahl und ihrer Beteiligten, sie geschieht aber gleichwohl nicht einzelfallbezogen, sondern nach Maßgabe abstrakter Kriterien. Insoweit verhält es sich nicht anders als bei einem Änderungsgesetz, das einen bestimmten Kreis von Fällen bei ebenfalls bestimmtem oder bestimmbarem Adressatenkreis betrifft, wie es etwa der Fall wäre, bei einer unmittelbar rechtsgestaltend wirkenden Änderung eines Versorgungsgesetzes, die sich allein auf die bisherigen Versorgungsfälle bezöge.

128

129

130

---

257 Vgl. *L. Renck*, NJW 1984, 2928; zu knapp *M. C. G. Marquardt*, Rechtsnatur, 1998, 36 f.
258 Zur verfassungsrechtlichen Zulässigkeit BVerfG NJW 2009, 1734; NJW 2005, 2689; NJW 2003, 345; vgl. auch OVG Lüneburg NJW 1984, 627; dazu *L. Renck*, NJW 1984, 2928; *H. Gersdorf*, in: Posser/Wolff § 4 Rn. 44.
259 Vgl. *H.-U. Erichsen*, VerwArch 68 (1977), 179, 182.

VIII. Vertretung des Präsidenten (§ 21 h GVG)

131 § 21 h S. 1 GVG bestimmt, dass der Präsident in seinen durch das GVG bestimmten Geschäften, die nicht durch das Präsidium zu verteilen sind, durch seinen ständigen Vertreter, bei mehreren ständigen Vertretern durch den dienstältesten, bei gleichem Dienstalter durch den lebensältesten von ihnen vertreten wird. Ist ein ständiger Vertreter nicht bestellt oder ist er verhindert, wird der Präsident nach § 21 h S. 2 GVG durch den dienstältesten Richter, bei gleichem Dienstalter durch den lebensältesten vertreten.

132 **1. Regelungsgegenstand.** Regelungsgegenstand von § 21 h GVG ist der Fall der Verhinderung des Präsidenten in Bezug auf solche Aufgaben, die im Zweiten Titel des GVG normiert sind (BGH NJW 1974, 509). § 21 h GVG regelt nicht die Vertretung des Präsidenten im Spruchkörpervorsitz.[260] Diese bestimmt vielmehr gem. § 4 VwGO i.V.m. § 21 e Abs. 1 S. 1 GVG das Präsidium und ergibt sich im Übrigen aus § 21 f Abs. 2 GVG. Auch nicht verhält sich § 21 h GVG zur Vertretung des Präsidenten in (reinen) Justizverwaltungsangelegenheiten einschließlich der Dienstaufsicht.[261] Das kann allerdings nicht damit begründet werden, dass Justizverwaltungsangelegenheiten nicht durch das GVG übertragen seien.[262] Auch § 5 a.F. umfasste sämtliche Justizverwaltungsangelegenheiten.[263] Seit der Reform der Präsidialverfassung zum 1.10.1972 (→ Rn. 1) bestimmt sich die Vertretung in Justizverwaltungsangelegenheiten allerdings nach dem jeweiligen Bundes- bzw. Landes-(gerichts-)organisationsrecht.[264]

133 **a) Eingrenzung auf die präsidialverfassungsmäßigen Aufgaben des Präsidenten.** Die Vertretungsregelung des § 21 h GVG bezieht sich allein auf diejenigen im GVG geregelten Aufgaben des Präsidenten, die ihm i.R. und nach Maßgabe der Präsidialverfassung zustehen. Es handelt sich um Aufgaben, die sich von den dem Präsidenten obliegenden (anderen) Verwaltungsaufgaben dadurch unterscheiden, dass sie zum Kreis der gerichtlichen Selbstverwaltungsaufgaben gehören und die deshalb als richterliches Amtsgeschäft in richterlicher Unabhängigkeit wahrgenommen werden. Sie sind dem Präsidenten mithin nicht als (weisungsgebundenem) Organ der (hierarchisch organisierten) Justizverwaltung im formellen Sinne,[265] sondern als Organ der gerichtlichen Selbstverwaltung zugewiesen. Vor diesem Hintergrund missverständlich ist die vielfach anzutreffende begriffliche Unterscheidung zwischen „justizförmigen" und „reinen" Verwaltungsaufgaben.[266] Zuzugeben ist dieser Begrifflichkeit allerdings, dass es sich funktionell nicht um Aufgaben handelt, die der Rspr. zuzuordnen sind. Vielmehr handelt es sich auch bei den justiz-„förmigen" Verwaltungsaufgaben um Aufgaben der Gerichtsverwaltung (§ 4 Abs. 2 Nr. 1 DRiG), deren Wahrnehmung zur Gewährleistung des gesetzlichen Richters und der richterlichen Unabhängigkeit als gerichtliche Selbstverwaltungsaufgaben ausgestaltet und daher besonderen Organen zugewiesen sind.

134 *Zu den von § 21 h GVG erfassten Aufgaben* zählt zwar nach § 21 a Abs. 2 GVG das Amt des Vorsitzenden des Präsidiums.[267] Die Vertretung in diesem Amt bestimmt sich indes auf der ersten Vertretungsstufe nicht nach der (allgemeinen) Regel des § 21 h GVG, sondern nach § 21 c Abs. 1 S. 1 GVG. Erst wenn auch der ständige Vertreter verhindert ist, greift die Bestimmung des § 21 h GVG (→ Rn. 72). Zu den von § 21 h GVG erfassten Aufgaben gehören die Eilentscheidungskompetenzen nach § 21 i Abs. 2, § 21 j Abs. 1 und 4 GVG und die Verpflichtung zur „Auflegung" von gerichtlichem Geschäftsverteilungsplan und spruchkörperinternen Geschäftsverteilungsplänen gem. § 21 e Abs. 9 GVG bzw. § 21 g Abs. 7 i.V.m. § 21 e Abs. 9 GVG. Nicht erfasst ist der Vorsitz im Großen Senat von BVerwG (§ 11 Abs. 6 S. 3) bzw. OVG (§ 12 Abs. 1 S. 1 i.V.m. § 11 Abs. 6 S. 3), weil es sich hierbei um eine der Rspr. zugehörige Aufgabe handelt und im Übrigen die Vertretung in der VwGO geregelt ist.

135 **b) Keine Anwendung auf Vorsitz im Wahlausschuss zur Wahl der ehrenamtlichen Richter.** Umstr. ist, ob § 21 h GVG auf den Vorsitz im Wahlausschuss zur Wahl der ehrenamtlichen Richter anzuwenden ist. Eine unmittelbare Anwendung über S. 1 kommt dabei schon deshalb nicht in Betracht, weil es sich

---

260 Vgl. *Kissel/Mayer* § 21 h Rn. 2.
261 Vgl. *Kissel/Mayer* § 21 h Rn. 3. A.M. *H. Schorn/H. Stanicki*, Präsidialverfassung, 1975, 111 f.
262 So *C. Lückemann*, in: Zöller § 21 h GVG Rn. 3; vgl. aber BGH NJW 1974, 509.
263 Dazu etwa *Klinger* § 5 Anm. B; *Koehler* § 5 Anm. III; *Schunck/De Clerck*, ¹1961, § 5 Anm. 1 a.
264 Vgl. *B. Clausing*, in: Schoch/Schneider/Bier § 4 Rn. 131; ferner *J. Rozek*, DÖV 2002, 103, 109 mit Fn. 66.
265 Dazu *Kissel/Mayer* § 12 Rn. 86.
266 Dazu *Kissel/Mayer* § 21 h Rn. 1 ff.
267 Vgl. *B. Clausing*, in: Schoch/Schneider/Bier § 4 Rn. 131.

nicht um ein durch das GVG bestimmtes Geschäft handelt. Wird die Tätigkeit des Wahlausschusses der gerichtlichen Selbstverwaltung mit der Folge zugeordnet, dass das Vorsitzendenamt als richterliche Aufgabe wahrgenommen wird,[268] liegt es nahe, den Vertretungsfall entsprechend § 21 h GVG zu lösen. Anders als beim Schöffenwahlausschuss nach § 40 GVG, dessen Vorsitz dem „Richter beim Amtsgericht" zugewiesen ist, besteht – unter der Prämisse der Zuordnung des Vorsitzendenamtes im Wahlausschuss zur gerichtlichen Selbstverwaltung – kein Raum für eine (konstitutive) Regelung im Geschäftsverteilungsplan gem. § 21 e Abs. 1 S. 1 GVG (so indes für den Schöffenwahlausschuss mit Recht BGHSt 29, 284, 287). Konsequenz einer Zuordnung des Vorsitzes im Wahlausschuss zur gerichtlichen Selbstverwaltung ist, dass die Übernahme des Vorsitzes durch den Vertreter zwingend die Verhinderung des Präsidenten voraussetzt. Die Beauftragung eines vom Präsidenten bestimmten (in § 21 h GVG nicht genannten) Richters, etwa eines Präsidialrichters oder die ständige Beauftragung des Vizepräsidenten mit der Wahrnehmung des Vorsitzes wäre ausgeschlossen (BVerwG DVBl 1987, 1112). Stellt sich die Tätigkeit des Wahlausschusses demgegenüber als Justizverwaltung im formellen Sinne dar (→ § 26 Rn. 3), ist schon der durch die Zugehörigkeit der in Rede stehenden Aufgabe zur gerichtlichen Selbstverwaltung gekennzeichnete Anwendungsbereich von § 21 h GVG nicht eröffnet, sodass auch dessen entsprechende Heranziehung nicht in Betracht kommt. Eine solche über § 4 gleichwohl zu begründen (→ § 26 Rn. 5), erscheint einerseits nicht erforderlich, weil der Präsident in seinen zur Justizverwaltung im formellen Sinne gehörenden Aufgaben nach Maßgabe des jeweiligen Organisationsrechts ohnehin von dem Vizepräsidenten als seinem ständigen Vertreter vertreten wird (BVerwG Buchholz 310 § 26 VwGO Nr. 2). Sie muss andererseits auch daran scheitern, dass der Verweis in S. 1 auf die präsidialverfassungsmäßigen Aufgaben beschränkt ist, sodass er für den Bereich der Justizverwaltung im formellen Sinne nicht gilt.

2. Ständiger Vertreter; Vertretung nach Dienstalter. Ständiger Vertreter des Präsidenten ist regelmäßig 136 der Vizepräsident.[269] Das Dienstalter eines Richters bestimmt sich nach dem allgemeinen Dienstalter des § 20 DRiG.[270] Nach dessen S. 1 richtet sich das allgemeine Dienstalter nach dem Tag, an welchem dem Richter sein Richteramt übertragen worden ist. Maßgeblich ist das Amt im abstrakt-funktionellen Sinne, das der Richter aktuell innehat.[271] Da Richtern auf Probe und Richtern kraft Auftrags ein solches Amt nicht übertragen ist, haben diese kein allgemeines Dienstalter (im Unterschied etwa zum Besoldungsdienstalter).[272] Darauf, ob das konkrete Amt des Richters im Wege der Abordnung ausgeübt wird, mithin auf eine planmäßige Anstellung bei dem in Rede stehenden Gericht, kommt es nicht an.[273] Hat der Richter vor dem aktuell innegehabten Amt, etwa dem eines Vorsitzenden Richters am Verwaltungsgericht, ein anderes Richteramt, etwa das eines Richters am Oberverwaltungsgericht oder (davor) eines Richters am Verwaltungsgericht, ausgeübt, bestimmt sich das allgemeine Dienstalter gem. § 20 S. 2 DRiG nach dem Tag der Übertragung des anderen bzw. jeweils früheren Richteramts. Dasselbe gilt für ein sonstiges Amt mit mindestens dem gleichen Anfangsgrundgehalt. Obschon danach das allgemeine Dienstalter nicht von der erreichten Besoldungsgruppe abhängig ist, entspricht es h.M., stets denjenigen als dienstälter anzusehen, dem ein Richteramt mit höherem Endgrundgehalt übertragen ist.[274] Vorsitzende Richter haben danach stets den Vorrang.[275] Diese schwerlich mit der Anknüpfung an § 20 DRiG in Einklang zu bringende Auffassung[276] tradiert die unter der Geltung von § 5 a.F. maßgebliche Gesetzeslage, wonach der Präsident bei Verhinderung (auch) des Vizepräsidenten von dem dienst-, hilfsweise lebensältesten Direktor (= Vorsitzender Richter) vertreten wurde.[277]

---

268 So OVG Lüneburg 24.10.1988 – 8 A 9/87; ferner BGHSt 29, 284, 287 für den Schöffenwahlausschuss; *J. Ruthig*, in: Kopp/Schenke § 26 Rn. 2; *O. Katholnigg*, NStZ 1981, 31, 32.

269 Vgl. *Kissel/Mayer* § 21 h Rn. 5; vgl. auch § 5 VwGO a.F.

270 Vgl. *C. Lückemann*, in: Zöller § 21 h GVG Rn. 4; allgemein krit. zur Anknüpfung an das Dienstalter *Schmidt-Räntsch* § 20 Rn. 2 f.

271 Vgl. *P. Silberkuhl*, in: GKÖD Bd. 1 Teil 4 § 20 Rn. 5.

272 Vgl. *Schmidt-Räntsch* § 20 Rn. 6.

273 A.M. *Kissel/Mayer* § 21 h Rn. 7.

274 Vgl. nur *R. Hüßtege*, in: Thomas/Putzo § 21 h Rn. 2 m.w.N.; ebenso *H. Schorn/H. Stanicki*, Präsidialverfassung, 1975, 115.

275 Vgl. *C. Lückemann*, in: Zöller § 21 h GVG Rn. 4.

276 Vgl. aber *Kissel/Mayer* § 21 h Rn. 6: notwendiger und sinnvoller Grundsatz „hierarchischer" Ordnung mit gewohnheitsrechtlichem Charakter.

277 Dazu etwa *Koehler* § 5 Anm. IV; *Klinger* § 5 Anm. B; *Eyermann/Fröhler*, ¹1960, § 5 Anm. 1.

D. Satz 2 und 3

137　S. 2 und 3 beziehen sich nur auf OVG und BVerwG. S. 2 stellt eine spezialgesetzliche Abweichung vom Jährlichkeitsprinzip nach S. 1 i.V.m. § 21 e Abs. 1 GVG dar. S. 3 schließt es aus, Richter, die nicht auf Lebenszeit ernannt sind, zu Mitgliedern eines für Entscheidungen nach § 99 Abs. 2 zuständigen Spruchkörpers zu bestimmen.

§ 5 [Besetzung und Gliederung der Verwaltungsgerichte]

(1) Das Verwaltungsgericht besteht aus dem Präsidenten und aus den Vorsitzenden Richtern und weiteren Richtern in erforderlicher Anzahl.

(2) Bei dem Verwaltungsgericht werden Kammern gebildet.

(3) ¹Die Kammer des Verwaltungsgerichts entscheidet in der Besetzung von drei Richtern und zwei ehrenamtlichen Richtern, soweit nicht ein Einzelrichter entscheidet. ²Bei Beschlüssen außerhalb der mündlichen Verhandlung und bei Gerichtsbescheiden (§ 84) wirken die ehrenamtlichen Richter nicht mit.

Schrifttum

1. Monographien und Beiträge in Sammelwerken: *J. Freitag*, Staatliche Handlungspflichten im Justizbereich: Eine Arbeit über die Überlastung der bundesdeutschen Justiz in den 90iger Jahren, 2000; *H. Jung*, Das Kollegialprinzip – ein antizyklisches Thema?, in: FS Heinz, 2012, 883; *M. M. S. Baderschneider*, Der Bürger als Richter: eine empirische Untersuchung des ehrenamtlichen Richters an den allgemeinen Verwaltungsgerichten, 2010; *H. Schnellenbach*, Das Spruchkörperprinzip in der Verwaltungsgerichtsbarkeit, in: FS Menger, 1985, 341; *P. Stelkens*, Strukturveränderung in der Verwaltungsgerichtsbarkeit? oder Wie lästig dürfen Verwaltungsgerichte sein?, in: FS Redeker, 1993, 313.

2. Beiträge in Zeitschriften: *M. Böhm*, Die gerichtliche Kontrolle von Verwaltungsentscheidungen in Deutschland: Reformbedarf und Perspektiven, DÖV 2000, 990; *H. Geiger*, Der Einzelrichter im Verwaltungsprozess, BayVBl 2007, 225; *A. Hamann*, Das Kollegialprinzip und der „Einzelrichter" nach der 4. Novelle zur VwGO, VerwArch 83 (1992), 201; *G. Hofe*, Personalentwicklung in der Justiz, DÖV 1994, 377; *R. Klenke*, Zur Wahl der ehrenamtlichen Richterinnen und Richter in der Verwaltungsgerichtsbarkeit, NVwZ 1998, 473; *K. F. Köhler*, Ehrenamtliche Richter in den öffentlich-rechtlichen Gerichtsbarkeiten – Bewahrung durch Modernisierung, Richter ohne Robe 2010, 132; *F.-O. Kopp*, Zur Entscheidung des Vorsitzenden oder des Berichterstatters nach § 87 a VwGO i. d. F. des 4. VwGO-Änderungsgesetzes, NJW 1991, 1264; *S. Leutheusser-Schnarrenberger*, Wege zur Justizentlastung, NJW 1995, 2441; *E. Rasch*, Organisationsrechtliche Probleme in der Verwaltungsgerichtsbarkeit, VerwArch 60 (1969), 1; *P. Rieß*, Das Gesetz zur Anpassung der Rechtspflege im Beitrittsgebiet (Rechtspflege-Anpassungsgesetz), DtZ 1992, 226; *ders.*, Zur bisherigen Entwicklung und zur Änderung des Rechtspflege-Anpassungsgesetzes, NJ 1996, 15; *K. Redeker*, Justizgewährungspflicht des Staates versus richterliche Unabhängigkeit?, NJW 2000, 2796; *H. Schnellenbach*, Personalpolitik in der Justiz, NJW 1989, 2227; *ders.*, Die Änderung der Verwaltungsgerichtsordnung durch das Gesetz zur Entlastung der Rechtspflege, DVBl 1993, 230; *H.-E. Schulze*, Blinde Richter – aktueller Stand von Diskussion und Rechtsprechung, MDR 1995, 670; *P. Stelkens*, Die verwaltungsgerichtliche Rechtsprechung wird Richtern auf Probe anvertraut, NWVBl 1994, 258; *ders.*, Verwaltungsgerichtsbarkeit in der Krise, DVBl 1995, 1105.

I. Entstehungsgeschichte

1　Die Regelungen des § 5 sind seit Inkrafttreten der VwGO (→ § 1 Rn. 18) inhaltlich im Wesentlichen unverändert geblieben. Ursprünglich hatten sie ihren Standort in § 4, im Regierungsentwurf (BT-Drs. 3/55 Anl. 1 S. 3) und im Präsidentenentwurf (→ § 1 Rn. 17) in § 3. Mit Einfügung des heutigen § 4 durch Art. V des Gesetzes zur Änderung der Bezeichnungen der Richter und ehrenamtlichen Richter und der Präsidialverfassung der Gerichte vom 26.5.1972 (BGBl I 841) wurden sie zu § 5. Gleichzeitig wurden in Abs. 1 die (verkürzte) Richteramtsbezeichnung „Direktor" durch „Vorsitzender Richter" und in Abs. 3 der bisherige Begriff „ehrenamtliche Verwaltungsrichter" durch den Begriff „ehrenamtliche Richter" ersetzt. Mit dem 4. VwGOÄndG vom 17.12.1990 (BGBl I 2809) erhielt Abs. 3 S. 2 seine jetzige, auf den Gerichtsbescheid (anstelle des Vorbescheids) abstellende Fassung. § 5 Abs. 3 S. 1 wurde sodann mit Art. 9 des Gesetzes zur Entlastung der Rechtspflege vom 11.1.1993 (BGBl I 50) als Folgeänderung zur Einfügung des § 6¹ um den Halbsatz „soweit nicht ein Einzelrichter entscheidet" ergänzt.

1　§ 6 in seiner ursprünglichen Fassung war mit dem Gesetz zur Änderung der Bezeichnungen der Richter und ehrenamtlichen Richter und der Präsidialverfassung vom 26.5.1972 (BGBl I 841) aufgehoben worden, s. dazu bei § 6.

Die Konzeption der Bestimmung entspricht derjenigen des Regierungsentwurfs zu § 3 (BT-Drs. 3/55 2
Anl. 1 S. 3). Der diesem vorausgegangene Präsidentenentwurf (→ Rn. 1) hatte die in Abs. 2 und 3 getroffenen Regelungen zu einem Absatz zusammengefasst. Er benannte in Abs. 1 ebenfalls das *richterliche Personal* des VG, bezog allerdings – wie zuvor die MRVO Nr. 165 (vgl. § 3 Abs. 1 MRVO Nr. 165
→ § 1 Rn. 13) und später der Regierungsentwurf einer VwPO[2] – die „Laienrichter" mit ein. Daran
anknüpfend wollten im Gesetzgebungsverfahren sowohl der Bundesrat als auch der Bundestagsausschuss für Inneres die „ehrenamtlichen Verwaltungsrichter" in Abs. 1 aufgenommen wissen. Der
Rechtsausschuss folgte dem nicht, sodass es bei deren Nichterwähnung blieb (BT-Drs. 3/1094, 3).

Dass eine *Einbeziehung der ehrenamtlichen Richter* in Abs. 1 dessen Charakter als organisationsrecht- 3
licher Regelung des Organs „Gericht" widerspreche, das lediglich mit Berufsrichtern ausgestattet werden könne,[3] überzeugt nicht. Die Organeigenschaft schließt das ehrenamtliche Element nicht aus. Der
ehrenamtliche Richter und die ehrenamtliche Richterin üben wie die Berufsrichter (staatliche) Rspr.
aus (→ § 19 Rn. 11). Auch befinden sie sich in einem Rechtsverhältnis zum Staat (→ § 19 Rn. 13).
Auf ein Dienstverhältnis im (berufs-) richterrechtlichen Sinne kommt es nicht an.[4]

II. Zweck der Vorschrift

§ 5 bezieht sich auf das VG i.S.v. § 2. Für das OVG enthält § 9, für das BVerwG § 10 eigenständige 4
Bestimmungen. Abs. 1 geht von der (hierarchischen) Struktur der Richterämter nach dem DRiG aus
und legt bundeseinheitlich fest, welche Berufsrichter am VG tätig werden. Die in Abs. 1 vorgenommene Unterscheidung zwischen Vorsitzenden Richtern und weiteren Richtern setzt voraus, dass die
Rechtsprechungsaufgaben des VG durch (berufsrichterliche)[5] *Kollegialspruchkörper* wahrgenommen
werden. Abs. 2 ordnet ausdrücklich die Bildung von Spruchkörpern an und bestimmt zugleich deren
Bezeichnung als „Kammer". Abs. 3 regelt, wie viele Richter als Kammer entscheiden, legt das zahlen-
mäßige Verhältnis von Berufs- und ehrenamtlichen Richtern – deren Mitwirkung infolge ihrer
Nichterwähnung in Abs. 1 von Abs. 3 vorausgesetzt wird (→ Rn. 2, 3) – in der Kammer fest und bestimmt, dass die ehrenamtlichen Richter (nur) bei Beschlüssen außerhalb der mündlichen Verhandlung
und bei Gerichtsbescheiden nicht mitwirken. Aus Abs. 3 ergibt sich i.V.m. Abs. 1 zugleich, dass eine
Kammer mit (mindestens) drei Berufsrichtern, darunter einem Vorsitzenden Richter, zu besetzen ist
(vgl. auch OVG Bautzen 2.9.2009 – 4 B 390/07). Abs. 3 stellt daher zusammen mit Abs. 1 eine *Normativbestimmung für das Präsidium* dar.

Die historische Leistung von Abs. 3 liegt in der Vereinheitlichung des bis zum Inkrafttreten der VwGO 5
uneinheitlichen Bildes bei der Besetzung der Kammern. Während in Süddeutschland drei Berufs- und
zwei ehrenamtliche Richter entschieden,[6] bestand in Norddeutschland eine Kammer aus zwei Berufsrichtern und drei ehrenamtlichen Richtern (vgl. § 3 Abs. 2 MRVO Nr. 165) und in Rheinland-Pfalz
aus zwei Berufsrichtern und (nur) einem ehrenamtlichen Richter.[7]

III. Berufsrichterliches Personal des Verwaltungsgerichts (Abs. 1)

Nach Abs. 1 besteht das VG aus dem Präsidenten und den Vorsitzenden Richtern und weiteren Rich- 6
tern in erforderlicher Anzahl. Der Begriff „Verwaltungsgericht" ist im organisatorischen (institutionellen) Sinne gemeint (→ § 1 Rn. 37). Die Bestimmung bezieht sich nur auf das berufsrichterliche Personal. (→ Rn. 2, 3). Die Verwaltung des Gerichts wird durch den *Präsidenten* repräsentiert, dem eine
Doppelstellung als Richter und zugleich als Organ der Justizverwaltung (im formellen Sinne) (→ § 4
Rn. 133) zukommt. Inhalt und Umfang der Gerichtsverwaltungsaufgaben des Präsidenten regeln § 38
Abs. 1 und das Landesrecht. Ferner bestimmt § 13, dass bei jedem Gericht eine Geschäftsstelle einge-

---

2 Vgl. § 3 Abs. 1 des Regierungsentwurfs einer VwPO, BT-Drs. 9/1851 Anl. 1 S. 7; ähnl. § 4 Abs. 1 des Entwurfs einer
VwPO des Koordinierungsausschusses, → § 2 Rn. 5; anders noch § 4 Abs. 1 des Speyerer Entwurfs, → § 2 Rn. 6.
3 Vgl. *P. Stelkens/N. Panzer*, in: Schoch/Schneider/Bier § 5 Rn. 2; vgl. auch BT-Drs. 3/55 Anl. 1 S. 68 und Stenogr. Berichte 3. WP S. 4570 f.
4 Unklar *P. Stelkens/N. Panzer*, in: Schoch/Schneider/Bier § 5 Rn. 4.
5 Anders in § 9 Abs. 1 SGG.
6 Vgl. *P. van Husen*, Gesetz über die Verwaltungsgerichtsbarkeit in Bayern, Württemberg-Baden und Hessen, 1947
(§ 15).
7 Vgl. *P. Stelkens/N. Panzer*, in: Schoch/Schneider/Bier § 5 Rn. 2.

richtet und mit der erforderlichen Zahl von Urkundsbeamten besetzt wird. Ständiger Vertreter des Präsidenten als Gerichtsverwaltungsbehörde ist der Vizepräsident, der allerdings weder in § 5 noch sonst in der VwGO Erwähnung findet.[8] Aus dem Wort „besteht" folgt die grundsätzliche Verpflichtung der Länder, die entsprechenden Planstellen zu schaffen und zu besetzen.[9] Neben den Planstellen für die Richter sind auch die für die Gerichtsverwaltung benötigten Stellen bereitzustellen.

7   Der Begriff „*Vorsitzende Richter*" meint zum Vorsitzenden Richter am VG ernannte Lebenszeitrichter. Erfasst ist auch der Vizepräsident (als der zum ständigen Vertreter des Präsidenten bestellte Vorsitzende Richter). Den Vorsitzenden Richtern obliegt, wie auch dem Präsidenten und Vizepräsidenten, der Vorsitz in der Kammer. Das Präsidium hat ihnen daher gem. § 4 S. 1 VwGO i.V.m. § 21 f Abs. 1 GVG den Vorsitz in (mindestens) einem Spruchkörper zu übertragen (→ § 4 Rn. 69). Zum Recht des Präsidenten, sich einer Kammer anzuschließen → § 4 Rn. 59.

8   „*Weitere Richter*" sind die beisitzenden Richter. Diese können Richter auf Lebenszeit (§ 15), Richter auf Zeit (§§ 17, 18), Richter auf Probe (§ 17), Richter kraft Auftrags (§ 17), Richter im Nebenamt (§ 16) oder Richter im zweiten Hauptamt sein.

9   Wird die Formulierung „besteht aus" korporativ verstanden, sind Präsident (Vizepräsident), Vorsitzender Richter und die weiteren Richter „*Mitglieder*" des VG.[10] Aus einem solchen personenbezogenen Verständnis folgt, dass nicht nur die in eine Planstelle bei dem VG eingewiesenen Lebenszeitrichter oder Zeitrichter (→ § 18 Rn. 1 ff.) und die zur Dienstleistung dem VG zugewiesenen Richter auf Probe und kraft Auftrags erfasst sein können. Maßgeblich ist vielmehr auf das *tatsächliche Tätigsein* als Vorsitzender oder beisitzender Richter an dem VG abzustellen. Erfasst sind daher auch Richter, die an das betreffende VG abgeordnet (und mit der Wahrnehmung von Rechtsprechungsaufgaben befasst) sind und ihre Planstelle bei einem anderen Gericht haben (→ Rn. 18), wie umgekehrt nicht erfasst ist, wer zwar Planstelleninhaber bei dem VG, jedoch an eine andere Dienststelle abgeordnet oder für längere Zeit beurlaubt ist.

10 Die sich aus Abs. 1 ergebende *Organisationsverpflichtung* des Landes ist nicht nur abstrakt hinsichtlich des „Überhaupt", sondern auch insoweit bundesrechtlich vorgegeben, als *Richterplanstellen in erforderlicher Anzahl* geschaffen werden müssen (BbgVerfG NJ 2003, 418). Die Wendung bezieht sich sowohl auf Planstellen für Vorsitzende Richter einschließlich des Vizepräsidenten als auch für Richter am VG und ggf. auch auf dem jeweiligen Gericht zugeordnete Proberichterstellen. Zusammen mit der Aussage, dass das VG neben den Vorsitzenden Richtern und den weiteren Richtern „aus dem Präsidenten" besteht, folgt daher aus Abs. 1 die Verpflichtung der Länder, die entsprechenden Planstellen zu schaffen und zu besetzen.[11]

11 Welche „Anzahl" erforderlich ist, obliegt der Entscheidung durch den Haushaltsgesetzgeber, wobei der damit verbundene Einschätzungsspielraum seine Orientierung im Justizgewährleistungsanspruch des einzelnen und der diesem korrespondierenden Verpflichtung des Staates zur Justizgewähr findet. Aufgabe des Staates ist es in diesem Zusammenhang, i.R. des Zumutbaren alle Maßnahmen zu treffen, die geeignet und nötig sind, einer Überlastung der Gerichte vorzubeugen und ihr dort, wo sie eintritt, rechtzeitig abzuhelfen. Er hat die dafür erforderlichen – personellen wie sächlichen – Mittel aufzubringen und bereitzustellen und einzusetzen.[12] Konkretes lässt sich hieraus allerdings nicht ableiten. Neben der Planstelle für den Präsidenten (und den weiteren Planstellen für die dem Präsidenten obliegende Gerichtsverwaltung) folgt aus der Verwendung des Plural „Vorsitzenden Richtern" in Abs. 1 jedenfalls, dass unter Einbeziehung des Vizepräsidenten mindestens eine Planstelle für einen Vorsitzenden Richter vorhanden sein muss.[13]

---

8 Vgl. aber die auf die Gerichtsverwaltung bezogene Vertretungsregelung des § 5 i.d.F. vom 21.1.1960 (BGBl I 17); s. ferner Anl. III (BBesO R) zum BBesG.

9 Vgl. *J. Ruthig*, in: Kopp/Schenke § 5 Rn. 1.

10 Vgl. *Schunck/De Clerck*, [1]1961, § 4 Anm. 1; *M. Redeker*, in: Redeker/v. Oertzen § 5 Rn. 1.

11 Vgl. *J. Ruthig*, in: Kopp/Schenke § 5 Rn. 1; zur Besetzungspflicht vgl. auch BGH, NJW 2015, 1685; BVerwG NJW 2001, 3493, 3494 sowie → § 4 Rn. 74 und VGH Kassel ESVGH 33, 110; 48, 241.

12 Vgl. BVerfG NJW 1995, 1478, 1479; BVerfGE 36, 264, 275; *A. Voßkuhle*, NJW 1995, 1377, 1384 m.w.N. in Fn. 83.

13 *Ule* meint zu § 4 a.F., dass ein VG neben dem Präsidenten (nur) mindestens einen Direktor haben und daher (nur) aus zwei Kammern bestehen müsse, vgl. in: Verwaltungsgerichtsbarkeit, § 4 Anm. I; vgl. auch § 5 Abs. 1 S. 2 FGO.

IV. Spruchkörperprinzip (Abs. 2)

Nach Abs. 2 werden bei dem VG Kammern gebildet. Das darin zum Ausdruck kommende Spruchkör- 12
perprinzip wird bereits in Abs. 1 vorausgesetzt (→ Rn. 4). Abs. 2 legt daher in erster Linie die Bezeichnung der Spruchkörper als Kammern fest (→ Rn. 4). Die Bestimmung sagt demgegenüber nichts über
das (berufsrichterliche) Kollegialprinzip.

1. Zuständigkeit zur Bildung der Spruchkörper. Die passivische Formulierung „werden gebildet" 13
lässt offen, wer für die Bildung der Kammern zuständig ist. Das Landesrecht hat überwiegend eine
Zuständigkeit der Justizverwaltung normiert.[14] Fehlt es an einer solchen Zuständigkeitsbestimmung,
obliegt die Bildung der Kammern nach überwiegender Meinung dem Präsidium in entsprechender Anwendung von § 21 e GVG.[15] Das ist indes wenig konsequent. Denn die Antwort auf die Frage nach
der Zuständigkeit zur Bildung der Kammern hat vom Charakter der Aufgabe auszugehen. Handelt es
sich um eine sog. reine Justizverwaltungsaufgabe (→ § 4 Rn. 133), scheidet eine Präsidiumszuständig-
keit auch dann aus, wenn eine ausdrückliche landesrechtliche Regelung fehlt. Umgekehrt kommt unter der Prämisse „reine Justizverwaltungssache" einer (ausdrücklichen) Bestimmung der Zuständigkeit
eines Organs der reinen Justizverwaltung insoweit kein konstitutiver Charakter zu, als es um die Zuordnung zur reinen Justizverwaltung als solcher geht; konstitutiv wirkt lediglich die Bestimmung des
zuständigen Organs (Ministerium, Präsident des OVG oder Präsident des VG). Stellt sich die Bildung
der Spruchkörper indessen als Aufgabe der Geschäftsverteilung dar,[16] fehlt es von vornherein an der
Befugnis des Landesgesetzgebers, eine konstitutive Zuständigkeitsbestimmung zu treffen. Zuständig
ist dann stets das Präsidium nach § 4 S. 1 VwGO i.V.m. § 21 e GVG.

2. Form der Spruchkörperbildung. Abs. 2 lässt auch offen, in welcher Form die Bildung der Kam- 14
mern zu erfolgen hat. Das hängt ebenfalls davon ab, welchen Rechtscharakter die Aufgabe hat. Bei
Annahme einer Geschäftsverteilungsaufgabe erfolgt die Bildung der Spruchkörper durch den Geschäftsverteilungsplan des Präsidiums. Ausgehend von der Annahme einer reinen Justizverwaltungsan-
gelegenheit ist jedenfalls eine Bestimmung durch Gesetz oder im Wege der Delegation durch Rechtsverordnung nicht vorgeschrieben. Denn die Bildung der Spruchkörper ist im Katalog des § 3 Abs. 1
nicht aufgezählt. Sie zählt auch nicht zur Errichtung des Gerichts (§ 3 Abs. 1 Nr. 1). Andernfalls wäre
die Regelung des § 3 Abs. 1 Nr. 5 über das Gesetzeserfordernis für die Errichtung auswärtiger Spruchkörper überflüssig (→ § 3 Rn. 7 f., 37 ff.).

3. Zahl der Spruchkörper. Wieviele Spruchkörper zu bilden sind, wird hinsichtlich der untersten 15
Grenze durch die Zahl der (besetzten) Planstellen für Vorsitzende Richter einschließlich des Präsiden-
ten und des Vizepräsidenten bestimmt. Das ergibt sich daraus, dass einem Vorsitzenden Richter der
Vorsitz in (mindestens) einer Kammer zu übertragen ist (→ § 4 Rn. 69). Indessen bildet die Zahl der
Vorsitzenden Richter nicht auch die obere Grenze für die Anzahl zu bildender Kammern. Voraussetzung für die ordnungsgemäße Besetzung „überzähliger" Kammern ist aber, dass der Vorsitz einem
Vorsitzenden Richter, der bereits den Vorsitz in einer anderen Kammer führt, übertragen wird. Derartige Doppelvorsitzfunktionen sind etwa bei Fachkammern, z.B. nach dem Personalvertretungsrecht
(vgl. § 187 Abs. 2), oder bei Kammern zweckmäßig, die – etwa aufgrund der Zuständigkeit für nur
wenige, spezielle Sachgebiete – eher wenig Verfahren zu bearbeiten haben.[17]

---

14 So z.B. § 1 Abs. 3 AGVwGO BW, § 3 HessAGVwGO, § 9 SächsJG, § 1 Abs. 4 ThürAGVwGO (Justizministerium); § 1
Abs. 3 S. 2 AGVwGO Bln, § 6 S. 1 BbgVwGG, Art. 2 Abs. 1 AGVwGO Brem, § 5 AGGerStrG M-V, § 6 Abs. 1JustG
NRW, § 4 SaarlAGVwGO, § 6 AGVwGO LSA (Gerichtspräsident).

15 Vgl. *H. Gersdorf*, in: Posser/Wolff § 5 Rn. 5; *Kugele* § 5 Rn. 6; *J. Ruthig*, in: Kopp/Schenke § 5 Rn. 4; *M. Redeker*, in:
Redeker/v. Oertzen § 5 Rn. 2; *M. Funke-Kaiser*, in: Bader § 5 Rn. 5; unentschlossen *C. Danker*, in: HK-VerwR VwGO
§ 5 Rn. 3. A.M. *H. Schnellenbach*, FS Menger, 1985, 341; vgl. nunmehr auch *B. Clausing*, in: Schoch/Schneider/Bier,
§ 4 Rn. 40; *K. F. Gärditz* § 5 Rn. 13.

16 So die nach Inkrafttreten der VwGO in der Kommentarliteratur verbreitete Meinung, vgl. *Ule*, Verwaltungsgerichtsbarkeit, § 4 Anm I; *Koehler* § 4 Anm II 3; *Eyermann/Fröhler*, ¹1960, § 4 Rn. 4. A.M. *Schunck/De Clerck*, ¹1961, § 4
Anm. 2; *Klinger* § 4 Anm. B; vgl. auch § 130 Abs. 1 S. 2 GVG für die Bestimmung der Zahl der Senate des BGH.

17 Vgl. auch *H. Geiger*, in: Eyermann § 5 Rn. 3.

V. Besetzung der Kammer (Abs. 3)

16 **1. Kollegialprinzip.** Der erste Hs. des S. 1 normiert als Grundsatz das berufsrichterliche Kollegialprinzip („drei Richter") unter Einschluss des ehrenamtlichen Elementes („zwei ehrenamtliche Richter") (→ Rn. 4). Als Ausnahme hierzu sind der zweite Hs. des S. 1 und S. 2 zu verstehen. Das ergibt sich für S. 1 zweiter Hs. ohne Weiteres aus der einleitenden Formulierung „soweit nicht". Die in S. 2 von der Mitwirkung der ehrenamtlichen Richter ausgeschlossenen Beschlüsse außerhalb der mündlichen Verhandlung und Gerichtsbescheide bilden einen Unterfall der in S. 1 angesprochenen Entscheidungen, sodass sich hieraus in Bezug auf S. 1 das Regel-Ausnahme-Verhältnis ergibt. *Besonderheiten* gelten nach dem jeweiligen Landesrecht für Fachkammern nach § 187 Abs. 2 und der Schiedsgerichtsbarkeit bei der Vermögensauseinandersetzung öffentlich-rechtlicher Verbände sowie bei den den VG nach § 187 Abs. 1 angegliederten Gerichten.

17 Der Begriff „Richter" i.S.d. Abs. 3 S. 1 bezieht sich nur auf die *berufsrichterlichen Mitglieder* der Kammer. Die in S. 1 genannten „drei Richter" sind die nach dem gerichtlichen Geschäftsverteilungsplan zur Entscheidung berufenen Richter, bei überbesetzten Kammern i.V.m. dem kammerinternen Geschäftsverteilungsplan. In dem nur von „Richtern", nicht wie in Abs. 1, vom „Vorsitzenden Richter" und den weiteren Richtern die Rede ist, wird deutlich, dass die von Abs. 3 erfassten Entscheidungen nicht notwendig unter Beteiligung eines planmäßigen Vorsitzenden Richters am VG ergehen müssen.

18 Grds. geht das Gesetz davon aus, dass nur planmäßig bei dem VG angestellte Berufsrichter an den Entscheidungen mitwirken. Werden Richter auf Probe, Richter kraft Auftrags (→ Rn. 8) oder abgeordnete Richter (→ Rn. 9) tätig, bestimmt § 29 S. 1 DRiG, dass bei einer gerichtlichen Entscheidung nicht mehr als ein solcher Richter mitwirken darf.[18]

19 **2. Ausnahmen vom Kollegialprinzip.** Abs. 3 S. 1 und 2 beziehen sich, wie sich aus dem Verb „entscheiden" in S. 1 ergibt, auf die von der Kammer zu treffenden Entscheidungen. Abs. 3 bildet – ungeachtet der in S. 1 zweiter Hs. bereits enthaltenen Einschränkung – *keine abschließende Regelung* in Bezug auf sämtliche vom VG zu treffenden Entscheidungen. Vielmehr sind in § 87a Ausnahmen vom Kollegialprinzip normiert, so in § 87a Abs. 1 i.V.m. Abs. 3 für Entscheidungen, die im vorbereitenden Verfahren ergehen. Für diese, im Einzelnen katalogartig aufgeführten Entscheidungen ist der Vorsitzende bzw. der Berichterstatter allein zuständig. Daneben lässt § 87a Abs. 2 i.V.m. Abs. 3 unter der Voraussetzung des Einverständnisses der Beteiligten die Entscheidung durch den Vorsitzenden bzw. den Berichterstatter zu (sog. konsentierter Einzelrichter) (→ § 87a Rn. 1 ff.).

20 Eine weitere Ausnahme bildet etwa die *Vorsitzendenalleinentscheidungskompetenz* in dringenden Fällen des vorläufigen Rechtsschutzes nach § 80 Abs. 8 (→ § 80 Rn. 119) und § 123 Abs. 2 S. 3, in den Fällen der Vollstreckung zugunsten der öffentlichen Hand nach § 169 Abs. 1 S. 2 (→ § 169 Rn. 9 ff.) sowie in den Fällen der Vermögensbeschlagnahme verbotener Vereine nach § 10 Abs. 2 S. 5 und 6 VereinsG. Nicht hierher zählt indes § 119 Abs. 2 S. 4, weil es sich dabei nicht um eine Frage der Besetzung, sondern um eine solche der Mehrheitsbildung handelt.

21 **3. Einschränkung des Kollegialprinzips.** Abs. 3 S. 1 erster Hs. gilt nur „soweit nicht ein Einzelrichter entscheidet". Dieser erst 1993 eingefügten (→ Rn. 1) ausdrücklichen Einschränkung des Kollegialprinzips kommt angesichts der vielfältigen, bereits zuvor normierten Ausnahmen (→ Rn. 19) nicht mehr als eine Klarstellungsfunktion zu. Einzelrichter i.S.d. Bestimmung ist zunächst der Einzelrichter nach § 6 VwGO, § 76 Abs. 1 AsylG, dem der Rechtsstreit zur Entscheidung durch Beschluss der Kammer übertragen wurde, und der originäre, kraft Gesetzes zuständige Einzelrichter, etwa nach § 76 Abs. 4 AsylG, § 66 Abs. 6 S. 1 GKG, § 4 Abs. 7 S. 1 JVEG, §§ 33 Abs. 8 S. 1, 56 Abs. 2 RVG. Nicht vom Begriff des Einzelrichters i.S.v. Abs. 3 S. 1 erster Hs. erfasst wird allerdings der nach § 87a Abs. 1 i.V.m. Abs. 3 im vorbereitenden Verfahren allein entscheidende Berichterstatter. Denn dieser trifft seine Entscheidung nicht „als Einzelrichter", sondern als (der kraft Gesetzes allein zur Entscheidung berufene) „Berichterstatter",[19] was regelmäßig auch im Entscheidungsrubrum kenntlich gemacht wird. Dasselbe dürfte auch für den „konsentierten Einzelrichter" nach § 87a Abs. 2 i.V.m.

---

18 Zum Problem längerdauernder Abordnungen von Richtern anderer Gerichte VGH Kassel ESVGH 33, 110, 111 ff.; zum Richter auf Zeit *J. Kronisch*, NJW 2016, 1623 f.
19 A.M. *H. Geiger*, in: Eyermann § 5 Rn. 4; *ders.*, BayVBl 2007, 225, 227.

Abs. 3 gelten, der auch außerhalb der in § 87a Abs. 1 aufgezählten Fälle des vorbereitenden Verfahrens, entscheidet, wenn die Beteiligten hierzu ihr Einverständnis erklären.

4. Mitwirkung der ehrenamtlichen Richter. Der Anwendungsbereich von Abs. 3 S. 2, wonach bei Beschlüssen außerhalb der mündlichen Verhandlung und bei Gerichtsbescheiden die ehrenamtlichen Richter nicht mitwirken, setzt – was sich seit der Einfügung des Soweit-Satzes in S. 1 ohne Weiteres ergibt – voraus, dass nicht ein Fall der Einzelrichterentscheidung oder sonstigen Alleinentscheidung durch ein Mitglied der Kammer (Vorsitzender, Berichterstatter) gegeben ist. Die Mitwirkung ehrenamtlicher Richter ist daher an die berufsrichterliche Kollegialzuständigkeit gebunden. **22**

In diesem Fall wirken die ehrenamtlichen Richter nur bei Beschlüssen außerhalb der mündlichen Verhandlung[20] (vgl. § 101 Abs. 3) und bei Gerichtsbescheiden nach § 84 nicht mit. Daraus folgt, dass sie bei einer Urteilsentscheidung ohne mündliche Verhandlung nach § 101 Abs. 2 ebenso mitwirken wie bei Beschlüssen, die in oder aufgrund einer mündlichen Verhandlung ergehen. Findet im vorläufigen Rechtsschutzverfahren mündliche Verhandlung statt, ergeht aber keine Entscheidung in oder aufgrund der Verhandlung, sondern unabhängig davon zu einem späteren Zeitpunkt ohne mündliche Verhandlung, ergeht diese „außerhalb" der mündlichen Verhandlung mit der Folge, dass die ehrenamtlichen Richter nicht mitwirken. Die Gegenansicht, die argumentiert, mit der Durchführung[21] einer mündlichen Verhandlung sei eine Konkretisierung der Richterbank eingetreten, müsste konsequenterweise die Mitwirkung gerade derjenigen ehrenamtlichen und Berufsrichter verlangen, die an der mündlichen Verhandlung teilgenommen haben. **23**

5. Aussetzungs- und Vorlagebeschlüsse, Anordnung von Ersatzzwangshaft oder Durchsuchungen. Aussetzungs- und Vorlagebeschlüsse nach Art. 100 Abs. 1 GG oder Art. 267 AEUV kann das Gericht nur in der gleichen Besetzung fassen, in der auch die Sache selbst zu entscheiden wäre.[22] Das gilt auch für die Aufrechterhaltung eines Vorlagebeschlusses nach einem Hinweisschreiben des Berichterstatters des BVerfG (vgl. BVerfG NJW 2000, 3124 [3125]). Soweit nicht Ausnahmevorschriften gelten (→ Rn. 20), sind von der Kammer in der berufsrichterlichen Besetzung zu fassen auch Beschlüsse, mit denen *Ersatzzwangshaft* oder *Wohnungsdurchsuchungen* angeordnet oder gestattet werden.[23] **24**

§ 6 [Übertragung auf Einzelrichter, Rückübertragung auf die Kammer]

(1) ¹Die Kammer soll in der Regel den Rechtsstreit einem ihrer Mitglieder als Einzelrichter zur Entscheidung übertragen, wenn

1. die Sache keine besonderen Schwierigkeiten tatsächlicher oder rechtlicher Art aufweist und
2. die Rechtssache keine grundsätzliche Bedeutung hat.

²Ein Richter auf Probe darf im ersten Jahr nach seiner Ernennung nicht Einzelrichter sein.

(2) Der Rechtsstreit darf dem Einzelrichter nicht übertragen werden, wenn bereits vor der Kammer mündlich verhandelt worden ist, es sei denn, daß inzwischen ein Vorbehalts-, Teil- oder Zwischenurteil ergangen ist.

(3) ¹Der Einzelrichter kann nach Anhörung der Beteiligten den Rechtsstreit auf die Kammer zurückübertragen, wenn sich aus einer wesentlichen Änderung der Prozeßlage ergibt, daß die Rechtssache grundsätzliche Bedeutung hat oder die Sache besondere Schwierigkeiten tatsächlicher oder rechtlicher Art aufweist. ²Eine erneute Übertragung auf den Einzelrichter ist ausgeschlossen.

(4) ¹Beschlüsse nach den Absätzen 1 und 3 sind unanfechtbar. ²Auf eine unterlassene Übertragung kann ein Rechtsbehelf nicht gestützt werden.

---

20 Vgl. auch OVG Brem NordÖR 2000, 291 für PKH-Beschluss in mündlicher Verhandlung.
21 Nicht lediglich der Anberaumung eines Termins, vgl. *H. Geiger*, in: Eyermann § 5 Rn. 5 und *M. Funke-Kaiser*, in: Bader § 5 Rn. 8.
22 Vgl. BVerfG 26.7.2010 – 2 BvL 21/08; NVwZ 2005, 801; BVerwG NVwZ 2008, 802; ferner BVerfGE 1, 80, 81; 16, 305; 29, 178, 179; BVerwGE 63, 289, 292 f.; 72, 122, 124; BVerwG DVBl 1985, 445, 447.
23 Vgl. VG Bayreuth 3.11.2014 – B 1 X 14.592; VG Düsseldorf NVwZ-RR 2013, 211; VGH Mannheim NJW 1984, 2482, 2483; VGH München NJW 1984, 2482. A.M. VGH München NJW 1983, 1077.

Schrifttum

1. Monographien und Beiträge in Sammelwerken: *F. Behrens*, Modernisierung der Justiz in Zeiten knapper Kassen, in: FS Posser, 1997, 419; *M. Dolderer*, Verwaltungsprozess im Wandel, in: FS Brohm, 2002, 245; *R. Ketelaer*, Der alleinentscheidende Einzelrichter des § 348 ZPO, 1985; *H. Rottleuthner/E. Böhm/D. Gasterstädt*, Rechtstatsächliche Untersuchung zum Einsatz des Einzelrichters, 1992; *E. Schilken*, Gerichtsverfassungsrecht, ⁴2007; *H.-P. Schmieszek*, Die Finanzgerichtsordnung – Reformen und Reformvorschläge, in: FS Offerhaus, 1999, 773; *H. Schnellenbach*, Das Spruchkörperprinzip in der Verwaltungsgerichtsbarkeit, in: FS Menger, 1985, 341; *P. Stelkens*, Strukturveränderungen in der Verwaltungsgerichtsbarkeit? oder: Wie lästig dürfen Verwaltungsgerichte sein?, in: FS Redeker, 1993, 201; *Ch. Tappeiner*, Die außerordentliche Beschwerde im Zivilprozess, 1998.

2. Beiträge in Zeitschriften: *B. Albert*, Zuständigkeit des gesetzlichen Einzelrichters gemäß § 79 a Abs. 1, 4 FGO zur Trennung von Verfahren nach teilweiser Verfahrensbeendigung, DStZ 2000, 747; *J. Bader*, Das 6. Gesetz zur Änderung der Verwaltungsgerichtsordnung, DÖV 1997, 442; *J. Berkemann*, Verwaltungsprozessrecht auf „neuen Wegen"!?, DVBl 1998, 446; *H. De Clerck*, Zur Überbesetzung der gerichtlichen Spruchkörper, NJW 1968, 1766; *E. Deutsch*, Rechtsstaat und Prozeß vor zwei Einzelrichtern, NJW 2004, 1150; *E.-H. Duhme*, Die Übertragung des Rechtsstreits auf den Einzelrichter. Voraussetzungen und Überprüfbarkeit, VR 2003, 37; *P. Fölsch*, Die Besetzung des Gerichts bei Ablehnung des Einzelrichters wegen Befangenheit, SchlHA 2004, 137; *J. Friedl*, Der Einzelrichter im Asylverfahren, BayVBl 1984, 555; *M. Geffert*, Der Einzelrichter im selbständigen Beweisverfahren, NJW 1995, 506; *H. Geiger*, Die mündliche Verhandlung im Verwaltungsprozess – rechtliche und praktische Hinweise, BayVBl 2006, 421; *ders.*, Der Einzelrichter im Verwaltungsprozess, BayVBl 2007, 225; *H. Goerlich*, Konsentierte Einzelrichter an Verwaltungsgerichten auch im Eilverfahren?, NVwZ 1991, 541; *F.-P. Groß*, Der BGH und die „richterliche Willkür", Rpfleger 2013, 181; *T. Guber*, Zum rechtlichen Gehör in Asylverfahren, BayVBl 1985, 43; *H. Günther*, Rechtsbehelfe gegen Einzelrichterübertragung, NVwZ 1998, 37; *K. Haas*, Verkleinerung der Spruchkörper bei den Verwaltungsgerichten, VBlBW 1991, 232; *G. Haß*, BGH und Einzelrichter in Zivilsachen – Irrweg oder gebotener Notbehelf?, NJW 1998, 1204; *A. Hamann*, Das Kollegialprinzip und der „Einzelrichter" nach der 4. Novelle zur VwGO, VerwArch 83 (1992), 201; *B. Hirtz*, Zur Entscheidung über ein Ablehnungsgesuch gegen den Einzelrichter, EWiR 2006, 735; *F. Hufen*, Verwaltungsprozessrecht besteht, Verfassungsrecht vergeht?, Verw 32 (1999), 519; *W. Jöhnk*, 50 Jahre Schleswig-Holsteinisches Verwaltungsgericht – 5 Jahre Schleswig-Holsteinisches Oberverwaltungsgericht, SchlHA 1996, 169; *M. Kävenheim*, Das FGO-Änderungsgesetz, NJW 1993, 1372; *R. Kann*, Der Einzelrichter, ZZP 49 (1925) 111; *O. R. Kissel*, Gerichtsverfassung unter dem Gesetz zur Entlastung der Rechtspflege, NJW 1993, 489; *F. O. Kopp*, Änderungen der Verwaltungsgerichtsordnung zum 1.1.1991, NJW 1991, 521; *ders.*, Zur Entscheidung des Vorsitzenden oder des Berichterstatters nach § 87 a VwGO i. d. F. des 4. VwGO-Änderungsgesetzes, NJW 1991, 1264; *D. Kraheberger*, Die außerordentliche Beschwerde im Verwaltungsprozess, DÖV 2002, 19; *W. Kramer*, Die Einzelrichternovelle und Art. 101 I 2 GG, JZ 1977, 11; *S. Kranz*, Die Einzelrichter- und Kollegialzuständigkeit der Zivilkammer nach § 348 Abs. 1 Satz 2 Nr. 1 ZPO, DRiZ 2003, 370; *J. Kronisch*, Präsidialverfassung und Verwaltungsgericht, NordÖR 2001, 11; *ders.*, Praktische Fragen beim Einsatz von Richtern auf Zeit am Verwaltungsgericht, NJW 2016, 1623; *W. Kuhla/J. Hüttenbrink*, Endstation Einzelrichter, DVBl 1996, 717; *M. Loose*, Der Einzelrichter im finanzgerichtlichen Verfahren, StuW 2006, 376; *ders.*, Der Einzelrichter im finanzgerichtlichen Verfahren, AO-StB 2009, 52; *K. Lotz/L. Dillmann*, Vereinfachung des verwaltungsgerichtlichen Verfahrens und Entlastung der Verwaltungsgerichte, BayVBl 1992, 737; *P.-B. Lüdtke*, Revisionszulassung durch Einzelrichter oder Senat, SGb 2008, 682; *J. Martens*, Entwicklungstendenzen im Verwaltungsprozeßrecht, ZRP 1977, 209; *K. Meier*, Das 6. VwGO-Änderungsgesetz und seine Folgen aus erstinstanzlicher Sicht, NVwZ 1998, 688; *J. Meyer-Ladewig*, Entwicklungstendenzen im Verwaltungsprozeßrecht, DÖV 1978, 305; *M. Nieland*, Die Entscheidung durch den konsentierten Einzelrichter, AO-StB 2012, 119; *K.-M. Ortloff*, VG Berlin: 115 Richter – 115 Einzelrichter?, LKV-Beilage 2001, 51; *M. Pagenkopf*, Die VwGO-Novelle – Augenmaß und Schlichtheit, DVBl 1991, 285; *J. Petershagen*, Die Besetzung von Kollegialgerichten nach den Zuständigkeitsregelungen des Kostenrechtsmodernisierungsgesetzes, JurBüro 2009, 64; *M. Probst*, Verletzung des Rechts auf den gesetzlichen Richter durch willkürliche Übertragung auf den Einzelrichter, JR 2008, 115; *T. Raseborn*, Der Einzelrichter in Zivilsachen – Verfassungs- und praxisgemäß!, NJW 1977, 789; *G. Rößler*, Konsentierter Einzelrichter, DStZ 2004, 167; *T. Roth*, Gesetzlicher Richter und variable Spruchkörperbesetzung, NJW 2000, 3692; *R. Rudisile*, Das Berufungs(zulassungs)recht der VwGO im Spiegel der Rechtsprechung, Verw 39 (2006), 421; *W. Rzepka*, Gegen den verstärkten Einsatz von Einzelrichtern im Verwaltungsprozeß, BayVBl 1991, 460; *W. Schenk*, Neue Rechtsprechung zum Verwaltungsprozessrecht, NVwZ 2016, 1600; *R. Schmitt*, Prozeßwissenschaft und Prozeßgesetzgebung, ZZP 49 (1925), 1; *H.-P. Schmieszek*, Die Novelle zur Verwaltungsgerichtsordnung – ein Versuch, mit den Mitteln des Verfahrensrechts die Ressource Mensch besser zu nutzen, NVwZ 1991, 522; *H. Schnellenbach*, Der Gerichtsbescheid nach dem Entlastungsgesetz, DÖV 1981, 317; *ders.*, Die Änderung der Verwaltungsgerichtsordnung durch das Gesetz zur Entlastung der Rechtspflege, DVBl 1993, 230; *M.-J. Seibert*, Die Zulassung der Berufung, DVBl 1997, 932; *ders.*, Berufungszulassung durch den Einzelrichter?, NVwZ 2004, 821; *N. Stackmann*, Einzelrichterzuständigkeit an Kollegialgerichten im Zivilprozess, JuS 2008, 129; *P. Stelkens*, Das Gesetz zur Neuregelung des verwaltungsgerichtlichen Verfahrens (4. VwGOÄndG) – das Ende einer Reform?, NVwZ 1991, 209; *ders.*, Aktuelle Probleme und Reformen in der Verwaltungsgerichtsbarkeit, NVwZ 2000, 155; *E. Streyl/C. Wietz*, Der Proberichter im ersten Jahr als (originärer) Einzelrichter, NJW 2017, 353; *B. Stüer/C.-D. Hermanns*, Verwaltungs-, Sozial- und Finanzgerichtsbarkeit unter einem Dach, ZRP 2002, 164; *N. Vossler*, Entscheidungszuständigkeit bei Ablehnungsersuchen gegen den Einzelrichter, MDR 2006, 304.

I. Entstehungsgeschichte

§ 6 enthielt *ursprünglich* in drei Absätzen Regelungen über das Präsidium (VwGO vom 21.1.1960, [1]
BGBl I 17; → § 4 Rn. 3). Mit der Überführung der präsidialverfassungsrechtlichen Bestimmungen in
das GVG durch Art. 5 des Gesetzes zur Änderung der Bezeichnungen der Richter und ehrenamtlichen
Richter und der Präsidialverfassung der Gerichte vom 26.5.1972 (BGBl I 841; → § 4 Rn. 1) fiel die
Bestimmung weg. In seiner *heutigen Fassung* wurde § 6 durch Art. 9 des Gesetzes zur Entlastung der
Rechtspflege vom 11.1.1993 (BGBl I 50) eingefügt. Seither ist die Vorschrift unverändert.

Vorbild für § 6 war § 348 ZPO in der durch das Gesetz zur Entlastung der Landgerichte und zur Ver- [2]
einfachung des gerichtlichen Protokolls vom 20.12.1974 (BGBl I 3651) geschaffenen Fassung.[1] Diese,
nach seinerzeit h.M. auf den Verwaltungsprozess nicht anwendbare[2] Bestimmung sah in Abs. 1 vor,
dass die Zivilkammer den Rechtsstreit einem ihrer Mitglieder als Einzelrichter zur Entscheidung übertragen konnte, wenn nicht die Sache besondere Schwierigkeiten tatsächlicher oder rechtlicher Art oder
grundsätzliche Bedeutung aufwies. Damit war im Zivilprozess erstmals die Möglichkeit des vom Einverständnis der Parteien unabhängigen streitentscheidenden Einzelrichters geschaffen worden.[3] Bis dahin sah § 348 ZPO seit der sog. Emmingerschen Justizreform des Jahres 1924[4] lediglich den vorbereitenden Einzelrichter vor,[5] dessen Bestellung nach § 350 S. 1 ZPO a.F. in das Ermessen des Vorsitzenden gestellt und dessen Aufgabe die Förderung der Sache „soweit" war, dass „sie tunlichst durch eine
Verhandlung vor dem Prozessgericht erledigt" werden konnte. Streitentscheidende Befugnisse regelte
§ 349 Abs. 1 ZPO a.F. u.a. für die Fälle der Klagerücknahme; allerdings konnte der Einzelrichter im
Falle der einseitigen oder beiderseitigen Säumnis eine Entscheidung nach Lage der Akte treffen; ferner
sah bereits § 349 Abs. 3 ZPO i.d.F. der Änderung des Jahres 1924 den sog. konsentierten Einzelrichter
vor, der – beschränkt auf vermögensrechtliche Streitigkeiten – im Einverständnis beider Parteien „anstelle des Prozessgerichts" entscheiden konnte.[6]

In der *Verwaltungsgerichtsbarkeit* hatte das in § 5 Abs. 3 S. 1 Hs. 1 normierte Kollegialprinzip (→ § 5 [3]
Rn. 16; → Rn. 5) bereits vor der Einschränkung durch § 6 Ausnahmen erfahren (→ § 5 Rn. 19).
Gleichzeitig mit den mit der vierten VwGO-Novelle (4. VwGOÄndG vom 17.12.1990 [BGBl I 2809])
durch § 87 a Abs. 1 und 3 eingeführten außenwirkenden *Alleinentscheidungskompetenzen des Vorsit-
zenden oder des Berichterstatters* im vorbereitenden Verfahren (→ § 87 a Rn. 1 ff.) war mit § 87 a
Abs. 2 die Möglichkeit der Entscheidung des Rechtsstreits durch den konsentierten Einzelrichter ge-

---

1 Zur geschichtlichen Entwicklung des Einzelrichters ausf. *R. Ketelaer*, Einzelrichter, 1985, 5 ff.
2 Vgl. *B. Clausing*, in: Schoch/Schneider/Bier § 6 Rn. 1 m.N. in Fn. 3; zur seinerzeitigen Diskussion ferner *R. Ketelaer*,
  Einzelrichter, 1985, 88 f.
3 Dazu *H. Putzo*, NJW 1975, 185, 186 f.
4 Vgl. Art. II der Verordnung über das Verfahren in bürgerlichen Rechtsstreitigkeiten vom 13.2.1924 (RGBl I 135), die
  aufgrund des im Hinblick auf den Währungsverfall und die dadurch bedingte „Not von Volk und Reich" beschlossenen
  Ermächtigungsgesetzes vom 8.12.1923 (RGBl I 1179) erlassen worden war; zur vorangegangenen Verordnung zur Beschleunigung des Verfahrens in bürgerlichen Rechtsstreitigkeiten vom 22.12.1923 (RGBl I 1239) *E. Volkmar*, JW 1924,
  17; zur Emmingerschen Justizreform *E. Kern*, Geschichte des Gerichtsverfassungsrechts, 1954, 160 ff.
5 Bereits das „Gesetz, betreffend die Gewerbegerichte" vom 29.7.1890 (RGBl I 141) sah in § 54 Alleinentscheidungszu-
  ständigkeiten des Vorsitzenden des Gewerbegerichts vor.
6 Vgl. die Bekanntmachung des Textes vom 13.5.1924 (RGBl I 437; dazu *W. Grunsky* in: Stein/Jonas IV 2 Vorbem. § 348 Rn. 3; aus der seinerzeitigen Lit. etwa *E. Volkmar*, JW 1924, 345 ff. sowie die Beiträge von *Sachse* (I),
  Leonhard (II) und *Weiß* (III), Das Verfahren vor dem Einzelrichter nach der Verordnung vom 13. Februar 1924, JW
  1924, 914 (I), 917 (II) und 920 (III); ferner *M. Jonas*, in: Stein, ZPO, 1. Bd., [13]1926, Vorbem. § 348 Anm. I ff.

schaffen worden.[7] Für den *Asylprozess* bestand bereits mit § 31 AsylVfG 1982[8] (nur) für das Hauptsacheverfahren die Möglichkeit der Übertragung des Rechtsstreits auf den Einzelrichter als „Kann-Bestimmung" nach dem Vorbild des § 348 ZPO i.d.F. des Gesetzes vom 20.12.1974 (BGBl I 3651).

4   Der Regierungsentwurf einer *VwPO* (→ § 2 Rn. 6) sah in § 4 eine dem § 348 ZPO a.F. entsprechende Kann-Übertragung vor. Auch der diesem vorangegangene VwPO-Entwurf des Koordinierungsausschusses (→ § 2 Rn. 5) plante in § 5 eine „Entscheidung durch einen Richter", auf den die Kammer den Rechtsstreit unter denselben Voraussetzungen wie bei § 348 ZPO a.F. übertragen konnte; der Übertragungsbeschluss sollte allerdings nur einstimmig gefasst werden können. Der Speyerer Entwurf eines Verwaltungsgerichtsgesetzes (→ § 2 Rn. 6) aus dem Jahre 1968 sah demgegenüber noch keine Einzelrichterzuständigkeit vor.

5   Nach der Wiederherstellung der deutschen Einheit sah vor dem Hintergrund der zum *Aufbau der Justiz in den neuen Ländern* erforderlichen personellen Mittel ein Gesetzesantrag mehrerer Länder die Ergänzung des § 5 um einen Abs. 4 vor, nach dem grds. ein Mitglied der Kammer als Einzelrichter entscheiden sollte; den Ländern sollte die Möglichkeit eingeräumt werden, die Mitwirkung von zwei ehrenamtlichen Richtern vorzusehen. Der daraufhin vom Bundesrat auf Vorschlag der beteiligten Ausschüsse (BR-Drs. 314/1/91) beschlossene Entwurf (BR-Drs. 314/91 [Beschluss], BT-Drs. 12/1217) übernahm nicht das Modell des originären Einzelrichters, sondern entschied sich für den sog. *obligatorischen Einzelrichter*, auf den der Rechtsstreit bei Vorliegen der Übertragungsvoraussetzungen zwingend zu übertragen war. Die Bundesregierung machte geltend, dass auch eine flexiblere (Kann-)Regelung erwogen werden sollte.[9] Der Rechtsausschuss des Bundestags empfahl sodann die Gesetz gewordene Fassung unter Hinweis auf die zu § 348 ZPO gegebene Begründung, wonach mit der vorgeschlagenen Formulierung *„soll in der Regel ... übertragen"* ein verstärkter und gleichmäßiger Einsatz des Einzelrichters in dem gebotenen Umfang erreicht werde; die Kammer behalte so die Möglichkeit, einer unterschiedlichen Rechtsanwendung entgegenzuwirken und die Berufsanfänger besser zu integrieren.[10] Die Einzelrichterregelung des § 6 trat am 1.3.1993 in Kraft.[11]

6   Für den *Asylprozess* wurde in der Folge mit der Änderung von § 76 AsylVfG (jetzt: AsylG), der bis dahin seit dem AsylVfG 1992 (zur Vorgängerregelung → Rn. 3)[12] entsprechend § 348 ZPO a.F. eine Kann-Übertragung vorsah, durch Art. 1 des Gesetzes zur Änderung asylverfahrens-, ausländer- und staatsangehörigkeitsrechtlicher Vorschriften vom 30.6.1993 (BGBl I 1062) für das Hauptsacheverfahren ebenfalls der Soll-in-der-Regel-Einzelrichter übernommen.[13] Für vorläufige Rechtsschutzverfahren nach dem AsylVfG wurde gleichzeitig der originäre Einzelrichter eingeführt. Im Unterschied zur VwGO darf ein Proberichter im Asylprozess bereits nach sechs Monaten und nicht erst nach einem Jahr Einzelrichter sein (§ 76 Abs. 5 AsylG).[14]

7   *Originäre Einzelrichterzuständigkeiten* regeln § 66 Abs. 6 S. 1 GKG, § 4 Abs. 7 S. 1 JVEG, §§ 33 Abs. 8 S. 1, 56 Abs. 2 RVG[15] und für das öffentliche Vereinsrecht § 10 Abs. 2 S. 6 VereinsG. Den originären Einzelrichter auch für das asylrechtliche Hauptsacheverfahren sah das für nichtig erklärte ZuwanderungsG[16] vor.

7 Dazu *F. O. Kopp*, NJW 1991, 521 ff.; *ders.*, NJW 1991, 1264; *P. Stelkens*, NVwZ 1991, 209; *H.-P. Schmieszek*, NVwZ 1991, 522; *K. Haas*, VBlBW 1991, 232; *W. Rzepka*, BayVBl 1991, 460; *M. Pagenkopf*, DVBl 1991, 285; *H. Goerlich*, NVwZ 1991, 541.

8 BGBl I 946.

9 BT-Drs. 12/1217 Anl. 3 S. 72; krit. u.a. *K. W. Lotz/L. Dillmann*, BayVBl 1992, 737.

10 Unter Verzicht auf die Zulassungsberufung und unter Hinweis auf die entsprechende neue Regelungsempfehlung zu § 348 ZPO, vgl. BT-Drs. 12/3832, 46, 39; ferner BT-Sten. Bericht 12/125 S. 10781, 10794.

11 Vgl. Art. 15 Abs. 1 Gesetz zur Entlastung der Rechtspflege vom 11.1.1993 (BGBl I 50).

12 Gesetz zur Neuregelung des AsylVfG vom 26.6.1992 (BGBl I 1126).

13 Zur Entwicklung des Einzelrichters im Asylprozess im Einzelnen *M. Funke-Kaiser*, in: GK AsylG § 76 Rn. 1 ff.; *R. Marx*, AsylG, ⁹2017, § 76 Rn. 1.

14 Diese, durch das AsylVfG 1993 (BGBl I 1062) eingeführte Beschränkung wies das AsylVfG 1992 (BGBl I 1126) nicht auf; nach dem AsylVfG 1982 (BGBl I 946) galt nach § 31 Abs. 1 S. 2 die Jahresregelung.

15 Dazu BVerwG NVwZ-RR 2006, 359; NVwZ 2006, 479 sowie einerseits OVG Lüneburg 14.10.2011 − 13 OA 196/11; OVG Bautzen DÖV 2007, 562 und andererseits OVG Magdeburg NJW 2009, 3115; OVG Lüneburg NVwZ-RR 2009, 744.

16 Zuwanderungsgesetz vom 20.6.2002 (BGBl I 1946), dazu BVerfG NJW 2003, 339.

Für den *Finanzgerichtsprozess* schuf bereits vor dem Gesetz zur Entlastung der Rechtspflege Art. 1 [8] FGO-Änderungsgesetz vom 21.12.1992 (BGBl I 2109) mit dem neuen § 6 FGO als „Kann-Bestimmung" die Möglichkeit der Übertragung auf den Einzelrichter.[17]

II. Zweck der Vorschrift

Mit § 6 sollte nach der Begründung des Bundesratsentwurfs (BT-Drs. 12/1217; BR-Drs. 314/91) ein [9] Instrument zur Entlastung der Gerichte und *Beschleunigung der Verfahren* vor den VG geschaffen werden. Die Vorschrift findet keine Anwendung auf das OVG oder BVerwG (→ § 9 Rn. 13; → § 10 Rn. 11).[18] Die in der Entwurfsfassung als „Muss-Übertragung" formulierte Vorschrift sollte zusammen mit der Änderung des § 5 (→ § 5 Rn. 1) die Grundlagen schaffen für eine durchgreifende Erweiterung des Einzelrichtereinsatzes in der Verwaltungsgerichtsbarkeit, dessen Wert bereits in § 87 a und in § 31 AsylVfG (a.F.) „Anerkennung" gefunden habe (BT-Drs. 12/1217 Anl. 1 S. 54). Als *unmittelbarer* Zweck der Entlastung wurde auf die Notwendigkeit weiterer personeller Unterstützung der Rechtspflege in den neuen Bundesländern durch die alten verwiesen.[19] In der *Literatur* wird demgegenüber der eigentliche Grund in dem Bestreben nach einer Angleichung an die Zivilgerichtsbarkeit und der *Abkehr vom Kammerprinzip* gesehen.[20] Vor wie nach In-Kraft-Treten des § 6 sind daher erhebliche rechtspolitische Bedenken gegen die Einführung des Einzelrichters an den VG geltend gemacht worden.[21] Demgegenüber lässt sich nicht bestreiten, dass in der verwaltungsgerichtlichen Praxis die Möglichkeiten der *Einzelrichterübertragung angenommen* wurden[22] und *zu einer Entlastung beitragen*.[23]

Zweifel an der *Verfassungsmäßigkeit*[24] von § 6 sind unbegründet.[25] Bereits zu der Einzelrichterregelung [10] des § 31 AsylVfG 1982 (BGBl I 946; → Rn. 3) hat das BVerfG eine (Urteils-)Verfassungsbeschwerde, mit der ein Verstoß der Bestimmung gegen die Gewährleistung des gesetzlichen Richters in Art. 101 Abs. 1 S. 2 GG gerügt worden war, nicht zur Entscheidung angenommen.[26] Diese Entscheidung war nicht unter den Vorbehalt gestellt, dass ein Proberichter erst im zweiten Jahr[27] nach seiner Ernennung Einzelrichter sein dürfe. Vielmehr hat das BVerfG lediglich „überdies" auf die vom Gesetzgeber des AsylVfG 1982 getroffenen Vorkehrungen „zur Gewährleistung der Richtigkeit der dem Einzelrichter obliegenden Entscheidungen" hingewiesen und in diesem Zusammenhang die Jahresregelung angesprochen. Mit dieser solle sichergestellt werden, dass nur ein Richter mit hinreichender richterlicher Erfahrung die besonders verantwortungsvolle Tätigkeit des Einzelrichters ausübe.[28] Ebenso wenig stellt die Entscheidung maßgeblich darauf ab, dass nach dem AsylVfG 1982 gegen die Entscheidungen des Einzelrichters stets Rechtsmittel (Berufung nach Zulassung durch das VG oder OVG auf Beschwerde, § 32 AsylVfG 1982) gegeben waren.[29] Die Möglichkeit, gegen Entscheidungen des Ein-

---

17 Dazu umfangreiche Literaturnachw. bei *P. Brandis*, in: Tipke/Kruse § 6 FGO; zum konsentierten Einzelrichter beim FG BFH NVwZ-RR 2004, 79; beim LSG BSG SGb 2008, 679.

18 Vgl. auch *M. Funke-Kaiser*, in: Bader § 6 Rn. 4; anders im Zivilprozess, wo der Rechtsstreit auch im Berufungsrechtszug auf den Einzelrichter übertragen werden kann, vgl. § 526 ZPO.

19 Vgl. BT-Drs. 12/1217 Anl. 1 S. 17 f.; *H. Schnellenbach*, DVBl 1993, 230.

20 Vgl. *B. Clausing*, in: Schoch/Schneider/Bier § 6 Rn. 11; dafür plädierend i.R. einer die drei öffentlich-rechtlichen Gerichtsbarkeiten zusammenfassenden Verfahrensordnung *B. Stüer/C. D. Hermanns*, ZRP 2002, 164, 165 f.

21 Näher *H. Geiger*, in: Eyermann § 6 Rn. 2; *J. Ruthig*, in: Kopp/Schenke § 6 Rn. 1; *P. Stelkens*, NVwZ 2000, 155, 158 f.

22 So ist in den im Jahr 2015 erledigten Hauptsacheverfahren die abschließende Entscheidung in 18,5% der Fälle von der Kammer und zu 81,5% vom Einzelrichter bzw. dem Berichterstatter oder Vorsitzenden gefällt worden, vgl. Statistisches Bundesamt, Fachserie 10, Reihe 2.4, 2015, S. 28, www.destatis.de.

23 Vgl. *J. Bergmann*, in: Bergmann/Dienelt § 76 AsylG Rn. 4; ferner das Bsp. des VG Berlin bei *K.-M. Ortloff*, LKV 2001, Beilage zu Heft 3, 51 ff.; für die Finanzgerichtsbarkeit *H.-P. Schmieszek*, FS Offerhaus, 1999, 773, 781.

24 Vgl. *J. Ruthig*, in: Kopp/Schenke § 6 Rn. 1 m.w.N. krit. Stimmen zu § 348 ZPO a.F. in Fn. 1; *B. Clausing*, in: Schoch/Schneider/Bier § 6 Rn. 14 im Blick auf Art. 101 Abs. 1 S. 2 GG.

25 Vgl. OVG Münster AuAS 2013, 11, zugleich für Art. 47 Abs. 2 GRCh; *M. Dolderer*, FS Brohm, 2002, 245, 252; *M. Funke-Kaiser*, in: Bader § 6 Rn. 3; *H. Geiger*, in: Eyermann § 6 Rn. 3.

26 Beschl. des Vorprüfungsausschusses des 2. Senats vom 22.9.1983, NJW 1984, 559; vgl. auch BVerwG Buchholz 402.25 § 31 AsylVfG Nr. 1.

27 Nach § 31 Abs. 1 S. 2 AsylVfG 1982 durfte ein Richter auf Probe im ersten Jahr nach seiner Ernennung nicht Einzelrichter sein.

28 BVerfG NJW 1984, 559; ferner BVerfGE 95, 322, 330 f. (Plenum); BFH NVwZ 1998, 661 f. zu § 6 FGO; zur Kritik *E. Schumann*, in: Stein/Jonas, ZPO, Bd. 2 Teilbd. 2, ²⁰1989, § 348 ZPO Rn. 29 mit Fn. 41.

29 So aber *J. Ruthig*, in: Kopp/Schenke § 6 Rn. 1 mit Fn. 3.

zelrichters ein Rechtsmittel einzulegen, hat sich auch nach Einführung des Erfordernisses der Zulassung der Berufung durch das 6. VwGOÄndG vom 1.11.1996 (BGBl I 1626) nicht geändert, wenn auch der Zugang zur Berufungsinstanz erschwert worden ist.

III. Übertragungskompetenz

11   **1. Spruchkörperzuständigkeit.** § 5 Abs. 1 und 3 bestimmen, dass bei dem VG anhängig werdende Streitsachen grds. von Kollegialspruchkörpern entschieden werden (→ § 5 Rn. 4, 12, 16). Deren Zuständigkeit bestimmt sich nach dem gerichtlichen Geschäftsverteilungsplan (→ § 4 Rn. 45 ff.). Mit Anhängigwerden einer Streitsache ist daher zugleich die prinzipielle (Entscheidungs-)Zuständigkeit der im Geschäftsverteilungsplan bestimmten Kammer als Kollegialspruchkörper begründet. Daraus folgt, dass die gesetzliche Einräumung einer Kompetenz zur Übertragung der Entscheidungszuständigkeit auf den Einzelrichter allein der Kammer zustehen kann. Dementsprechend bestimmt Abs. 1 S. 1 die Zuständigkeit der Kammer für die Übertragungsentscheidung. Für die *Besetzung* gilt § 5 Abs. 3 S. 2 (→ Rn. 79), ehrenamtliche Richter wirken mithin (regelmäßig) nicht mit (→ § 5 Rn. 22 f.). Der Übertragungsbeschluss kann ohne das für die Entscheidung als Einzelrichter berufene Kammermitglied ergehen, wenn für den Zeitpunkt der Beschlussfassung die Voraussetzungen für den Fall einer Vertretung gegeben sind (OVG Koblenz AuAS 2011, 94).

12   *Trifft* entgegen Abs. 1 *der Vorsitzende oder der Berichterstatter die Übertragungsentscheidung*, wird unterschiedlich diskutiert, welche rechtlichen Konsequenzen daraus zu ziehen sind. Nach einer Auffassung soll eine derartige Entscheidung zwar greifbar gesetzwidrig, nicht aber nichtig sein; sie soll auf Gegenvorstellung oder von Amts wegen aufgehoben werden können.[30] Nach a.A. kann in einem solchen Fall die Übertragungsentscheidung trotz der in Abs. 4 S. 1 normierten Unanfechtbarkeit mit der außerordentlichen Beschwerde angefochten werden.[31] Eine weitere Ansicht hält eine Aufhebung von Amts wegen für denkbar.[32] Weiterhin wird – ungeachtet der Bestimmungen des § 124 Abs. 2 Nr. 2 und 5 sowie des § 173 VwGO i.V.m. § 557 Abs. 2 ZPO (§ 548 ZPO a.F.) – die Möglichkeit einer mittelbaren Überprüfung zusammen mit der abschließenden Sachentscheidung gesehen, weil in der Übertragung durch den Vorsitzenden oder der Selbstbestellung des Einzelrichters stets eine Verletzung von Art. 101 Abs. 1 S. 2 GG liege.[33]

13   Abzulehnen ist die Vorstellung, dass die *Vorsitzenden- oder Selbstbestellung* die Kammerzuständigkeit nicht berühre. Zwar fehlt es sowohl dem Vorsitzenden als auch dem Berichterstatter von vornherein an einer Übertragungskompetenz (→ Rn. 11 ff.). Wird eine solche gleichwohl in Anspruch genommen, geht die Übertragung nicht ins Leere. Vielmehr kommt auch einer von einem funktionell unzuständigen Rechtsprechungsorgan getroffenen (Zwischen-)Entscheidung grds. rechtliche Wirkung zu.[34] Dasselbe gilt für Entscheidungen, die nicht in der gesetzlich vorgesehenen Besetzung ergehen.[35] Dass die Vorsitzenden- oder Selbstbestellung zur *Aufhebbarkeit der abschließenden Sachentscheidung* im Rechtsmittelzug führt, ist in der Rspr. bejaht worden.[36] Obwohl die dem Endurteil vorausgegangenen unanfechtbaren Entscheidungen (Abs. 4 S. 1) nach § 124 Abs. 2 Nr. 5 VwGO und § 173 VwGO i.V.m. § 557 Abs. 2 ZPO nicht der Beurteilung des Rechtsmittelgerichts unterliegen, ist ein Verstoß gegen § 6 im Rechtsmittelverfahren beachtlich, wenn er zugleich eine Verletzung der prozessualen Gewährleistungen der Verfassung darstellt (→ Rn. 87). Um einen derartigen *verfassungsrechtlich relevanten Verfahrensmangel* handelt es sich regelmäßig, wenn ein Verstoß gegen das Recht auf den gesetzlichen Richter aus Art. 101 Abs. 1 S. 2 GG vorliegt.[37] Das ist bei der Vorsitzenden- oder Selbstbestellung der

---

30 *B. Clausing*, in: Schoch/Schneider/Bier § 6 Rn. 41.
31 *H. Günther*, NVwZ 1998, 37, 38.
32 *M. Funke-Kaiser*, in: Bader § 6 Rn. 23.
33 *M. Funke-Kaiser*, in: Bader § 6 Rn. 25 f.; *J. Ruthig*, in: Kopp/Schenke § 6 Rn. 28; *J. Bader*, DÖV 1997, 442, 448 f.; zurückhaltender *H. Günther*, NVwZ 1998, 37, 38.
34 *Schilken* Rn. 344.
35 Vgl. OVG Frankfurt/O. NVwZ-RR 2001, 202.
36 Vgl. BGH NJW 2001, 1357.
37 BVerwGE 110, 40, 44; BVerwG NVwZ-RR 2000, 257 f.; NVwZ-RR 2002, 150 f.; OVG Frankfurt/O. NVwZ-RR 2001, 202 f.; HmbOVG NVwZ-RR 1996, 716; vgl. auch BFHE 187, 206; OVG Bln 13.4.2000 – 1 N 25.97; OVG Saarlouis NVwZ 1989, 645; 14.1.2000 – 2 Q 38/99; OVG Weimar ThürVBl 1995, 157; VGH Kassel NVwZ-RR 2000, 547; AuAS 2000, 46 f.; VGH Mannheim VBlBW 2000, 489; das übersieht OVG Greifswald NVwZ-Beilage 1998, 109.

Fall. Sie ist stets willkürlich, weil sie angesichts der nach Abs. 1 S. 1 der Kammer zukommenden Übertragungskompetenz offensichtlich unhaltbar und damit schlechthin unvertretbar ist (zum Gesichtspunkt der Willkür bei der Rüge der fehlerhaften Besetzung der Richterbank → § 4 Rn. 104 ff.).[38]

Soweit nicht die Aufhebbarkeit der abschließenden Sachentscheidung, sondern diejenige der Übertragungsentscheidung trotz der in Abs. 4 S. 1 angeordneten Unanfechtbarkeit in Rede steht, kommt eine *außerordentliche Beschwerde* wegen „greifbarer Gesetzwidrigkeit" (→ Vorbem. § 124 Rn. 6)[39] nicht in Betracht,[40] weil damit der Wille des Gesetzgebers unterlaufen würde.[41] Zuzulassen ist demgegenüber die Möglichkeit, den infolge der Vorsitzenden- oder der Selbstbestellung fehlerhaften Übertragungsbeschluss von Amts wegen oder auf eine Gegenvorstellung (allg. → Vorbem. § 124 Rn. 9 m.w.N.)[42] hin aufzuheben.[43] 14

Aus der Definition des Begriffs *Gegenvorstellung* als die Anregung an das Gericht, im Wege der Selbstkontrolle die eigene Entscheidung noch einmal zu überdenken,[44] folgt, dass zur Aufhebung der Vorsitzenden- oder Selbstbestellung nicht das Kollegium, sondern allein der Vorsitzende bzw. der Berichterstatter, der den Übertragungsbeschluss gefasst hat, befugt ist. Andernfalls würde die Kammer in die durch die Übertragung, wenn auch fehlerhaft, begründete Zuständigkeit des Einzelrichters eingreifen.[45] Die Gegenvorstellung ist daher bei diesem, nicht bei der Kammer als Kollegium oder dem Rechtsmittelgericht anzubringen.[46] Im Falle dessen Verhinderung tritt der nach dem kammerinternen Geschäftsverteilungsplan berufene Vertreter an seine Stelle. 15

2. Übertragungsgegenstand. Gegenstand der Übertragung ist der Rechtsstreit. Dazu zählen zunächst die *Klageverfahren* und die selbständigen Antragsverfahren, wie etwa die Verfahren über Anträge auf Gewährung *vorläufigen Rechtsschutzes* oder die Verfahren über isolierte Anträge auf Bewilligung von PKH.[47] Abzulehnen ist die Auffassung, im Antragsverfahren sei eine Übertragung auf den Einzelrichter vor Anhängigkeit der Hauptsache unzulässig.[48] Diese geht von der unzutreffenden Annahme aus, bei Klageerhebung nach Übertragung des Antragsverfahrens würde das Antragsverfahren an die Kammer zurückfallen, da diese das Gericht der Hauptsache sei.[49] Indessen bezieht sich der in § 80 Abs. 5 S. 1 und § 123 Abs. 2 S. 1 verwandte Begriff des Gerichts der Hauptsache auf die örtliche und sachliche Zuständigkeit, nicht jedoch auf die Besetzung des Spruchkörpers.[50] § 6 stellt aber eine Besetzungsregelung dar, wenngleich die Abgrenzung der Zuständigkeiten von Kollegium und Einzelrichter zugleich zur funktionellen Zuständigkeitsordnung gehört. *Nicht zu folgen* ist daher auch der Ansicht, im Falle der einer Übertragung eines Klageverfahrens nachfolgenden vorläufigen Rechtsschutzsache gelange diese unmittelbar an den Einzelrichter, da er das Gericht der Hauptsache sei.[51] 16

Auch ein *selbständiges Beweisverfahren* kann nach § 98 VwGO i.V.m. §§ 485 ff. ZPO auf den Einzelrichter übertragen werden.[52] Ebenso stellt das *Vollstreckungsverfahren* grds. einen übertragungsfähigen Rechtsstreit dar,[53] der freilich von dem Rechtsstreit des Erkenntnisverfahrens mit der Folge ver- 17

---

38 Vgl. auch BGH NJW-RR 2016, 388 für den Fall einer Einzelrichterentscheidung ohne vorherige Übertragung nach § 68 Abs. 4 FamFG.
39 Vgl. auch BVerwG NVwZ 2005, 232.
40 So auch *J. Ruthig*, in: Kopp/Schenke § 6 Rn. 26.
41 Vgl. OVG Greifswald 9.10.2009 – 2 O 113/09; vgl. auch OVG Schleswig NordÖR 2002, 114.
42 Vgl. BVerfGE 107, 395 (Plenum).
43 Zurückhaltend indes OVG Schleswig NordÖR 2002, 114.
44 BVerwG 11.9.2001 – 1 DB 24.01; vgl. auch BVerwG DVBl 2001, 310.
45 Vgl. *M. Funke-Kaiser*, in: GK-AsylG § 76 Rn. 27, anders indes wohl in Rn. 31; vgl. auch VGH Kassel NVwZ-RR 1993, 332, 333.
46 Vgl. BVerwG 11.9.2001 – 1 DB 24.01; vgl. auch OVG Weimar ThürVBl 1999, 209; VG Hannover 14.12.2007 – 13 A 1597/07.
47 *H. Geiger*, in: Eyermann § 6 Rn. 6; *J. Ruthig*, in: Kopp/Schenke § 6 Rn. 2.
48 So *M. Redeker*, in: Redeker/v. Oertzen § 6 Rn. 11.
49 So *M. Redeker*, in: Redeker/v. Oertzen § 6 Rn. 11, der Hinweis auf BVerwGE 39, 229 trägt nicht, da dort die instanzielle Zuständigkeit zwischen VG und Rechtsmittelgericht in Rede stand.
50 *H. Geiger*, in: Eyermann § 6 Rn. 6.
51 So aber *M. Funke-Kaiser*, in: Bader § 6 Rn. 14; *B. Clausing*, in: Schoch/Schneider/Bier § 6 Rn. 17; wie hier auch *H. Gersdorf*, in: Posser/Wolff § 6 Rn. 9.
52 *H. Geiger*, in: Eyermann § 6 Rn. 6; *B. Clausing*, in: Schoch/Schneider/Bier § 6 Rn. 19; *M. Geffert*, NJW 1995, 506.
53 Vgl. *B. Clausing*, in: Schoch/Schneider/Bier § 6 Rn. 19; *M. Funke-Kaiser*, in: Bader § 6 Rn. 4.

schieden ist,[54] dass sich eine dort vorgenommene Übertragung nicht auf das Vollstreckungsverfahren erstreckt.[55]

18   Im Verfahren der *Vollstreckung zugunsten der öffentlichen Hand* nach § 169 bleibt kein Raum für eine Übertragung auf den Einzelrichter.[56] Denn dort ist die Funktion des Vollstreckungsgerichts (allein) dem Vorsitzenden zugewiesen. Ein kammerinterner Geschäftsverteilungsplan, der eine Übertragung solcher Verfahren vorsähe, wäre rechtswidrig, da § 169 Abs. 1 S. 1 nicht zur Disposition des Spruchkörperkollegiums i.R. der Entscheidung nach § 21 g GVG steht. Eine andere Frage ist, ob „Vorsitzender des Gerichts des ersten Rechtszuges" i.S.v. § 169 Abs. 1 S. 2 nur der Kammervorsitzende ist oder ob dies auch der Einzelrichter sein kann, auf den der Rechtsstreit, der zu dem zu vollstreckenden Titel geführt hat, übertragen worden war. Letzteres ist zu bejahen.[57] Das folgt daraus, dass der Einzelrichter die Befugnisse der Kammer und des Vorsitzenden wahrnimmt (→ Rn. 66).[58]

19   Übertragungsgegenstand kann *nur der gesamte Rechtsstreit* i.S.v. Abs. 1 sein. Teilübertragungen sind unzulässig.[59] Ein unter den Voraussetzungen des § 93 durch Beschluss abgetrennter Teil eines Rechtsstreits bildet demgegenüber ein selbständiges Verfahren und kann daher als solches auf den Einzelrichter übertragen werden (zu Besonderheiten bei Abtrennung in der mündlichen Verhandlung → Rn. 39).

20   **3. Allgemeine Ausübungsvoraussetzungen.** 21 g Abs. 3 GVG, auf den § 4 verweist (→ § 4 Rn. 9), verpflichtet über die entsprechende Anwendbarkeit von § 21 g Abs. 2 GVG zur Aufstellung eines spruchkörperinternen Einzelrichterplans, soweit die Verfahren durch den Spruchkörper einem seiner Mitglieder zur Entscheidung als Einzelrichter übertragen werden können (→ § 4 Rn. 96 f.; zum Verfahren der kammerinternen Geschäftsverteilung → § 4 Rn. 86 ff.).[60] Voraussetzung für die Ausübung der Übertragungskompetenz nach § 6 ist daher das Vorhandensein einer *kammerinternen Geschäftsverteilungsregelung*, aus der sich nach abstrakten Merkmalen (auch) ergibt, welches Mitglied des Spruchkörpers im Falle einer Übertragungsentscheidung Einzelrichter ist. In der Praxis üblich, aber nicht zwingend, ist es, die Berichterstatterzuständigkeit (zur Notwendigkeit der abstrakten Vorausbestimmung des Berichterstatters → § 4 Rn. 91 f., 95) mit der Einzelrichterzuständigkeit im kammerinternen Geschäftsverteilungsplan in der Weise zu verknüpfen, dass zum Einzelrichter regelmäßig der Berichterstatter bestimmt wird (zu den sich aus Art. 101 Abs. 1 S. 2 GG ergebenden Anforderungen an die Vorausbestimmung → § 4 Rn. 98 f.).[61] Fehlt es an einer Regelung über die Einzelrichterzuständigkeit (→ § 4 Rn. 100 m.w.N.), kann eine Übertragungsentscheidung nach § 6 nicht getroffen werden. Eine gleichwohl erfolgte Übertragung verletzt Art. 101 Abs. 1 S. 2 GG (BFH BFH/NV 2012, 429) und wird als unwirksam angesehen (BFH BFH/NV 2013, 750). Die Kammer ist auch nicht befugt, in dem Übertragungsbeschluss die Person des Einzelrichters abweichend von der kammerinternen Geschäftsverteilungsregelung zu bestimmen.[62]

21   Nach § 21 g Abs. 2 GVG unterliegt der *Einzelrichterplan* – wie auch die gerichtliche Geschäftsverteilung – dem *Jährlichkeitsprinzip* (→ § 4 Rn. 54 ff.).[63] Seine Änderung während des laufenden Geschäftsjahres setzt das Vorliegen der Voraussetzungen nach § 21 g Abs. 2 Hs. 2 GVG voraus (→ § 4 Rn. 61 ff.).[64] Ist das der Fall, kann die Zuständigkeit auch in Bezug auf die Verfahren geändert werden, die bereits auf den Einzelrichter übertragen worden sind.[65] Für das neue Geschäftsjahr steht es der Kammer grds. frei, den Einzelrichterplan mit Wirkung für die bereits anhängigen Verfahren mit

---

54   OVG Münster NVwZ-RR 1994, 619, 620; a.M. VG Darmstadt NVwZ-RR 2000, 734.
55   Vgl. *B. Clausing*, in: Schoch/Schneider/Bier § 6 Rn. 56; *M. Redeker*, in: Redeker/v. Oertzen § 6 Rn. 9. A.M. *M. Funke-Kaiser*, in: Bader § 6 Rn. 4.
56   Vgl. OVG Bln-Bbg 18.11.2016 – OVG 3 K 65.15, juris Rn. 2; OVG Weimar ThürVBl 1995, 132; ebenso *H. Geiger*, in: Eyermann § 6 Rn. 7.
57   Vgl. OVG Weimar DVBl 2010, 1110 und – insoweit richtig – VG Darmstadt NVwZ-RR 2000, 734; § 169 Rn. 23; *H. Geiger*, in: Eyermann § 6 Rn. 7. A.M. *B. Clausing*, in: Schoch/Schneider/Bier § 6 Rn. 56.
58   Vgl. auch *M. Redeker*, in: Redeker/v. Oertzen § 6 Rn. 9.
59   Vgl. *H. Geiger*, in: Eyermann § 6 Rn. 6.
60   Vgl. auch *J. Kronisch*, NordÖR 2001, 11, 13 f.
61   Vgl. auch *H. Geiger*, in: Eyermann § 6 Rn. 5.
62   Vgl. HmbOVG NJW 1994, 274; VGH Kassel NVwZ-RR 2000, 547.
63   Vgl. auch OVG Münster AuAS 2002, 162.
64   Vgl. VGH Kassel NVwZ-RR 2000, 547.
65   Vgl. OVG Greifswald 5.8.1998 – 3 L 543/98; ferner VGH München BayVBl 1996, 506; vgl. auch BVerwG Buchholz 402.25 § 31 AsylVfG Nr. 1.

der Folge zu ändern (→ § 4 Rn. 55 ff.), dass es in den Fällen, in denen eine Übertragung bereits erfolgt ist, zu einer Auswechslung in der Person des Einzelrichters kommt (→ Rn. 68).

IV. Übertragungsvoraussetzungen

Abs. 1 S. 1 Nr. 1 und 2 normiert die gegenstandsbezogenen Voraussetzungen, bei deren Vorliegen der 22 Rechtsstreit i.d.R. auf den Einzelrichter übertragen werden soll.[66] Beide Voraussetzungen sind *negativ formuliert*. Daraus sowie aus ihrer Verknüpfung mit dem Wort „und" ergibt sich, dass eine Übertragung ausscheidet, wenn nur eine der Voraussetzungen nicht gegeben ist. Daneben enthält Abs. 1 S. 2 eine adressatenbezogene Voraussetzung (→ Rn. 54 ff.), Abs. 2 normiert einen Übertragungsausschlussgrund (→ Rn. 34 ff.). Abs. 1 S. 1 Nr. 1 stellt auf „die Sache" und damit den Einzelfall ohne weitere Einschränkung ab. Nr. 2 bezieht sich demgegenüber auf „die Rechtssache", ohne dass damit ein rechtserheblicher Unterschied begründet wäre.

1. Keine besonderen Schwierigkeiten tatsächlicher oder rechtlicher Art. Umstr. ist, wann besondere 23 Schwierigkeiten tatsächlicher oder rechtlicher Art vorliegen. Eine Auffassung sieht solche erst dann, wenn es sich um ein Verfahren handelt, dessen Schwierigkeitsgrad über dem liegt, den die sonst bei der Kammer anhängigen Sachen aufweisen,[67] wobei innerhalb dieser Meinungsgruppe zwischen schlichter und deutlicher Überdurchschnittlichkeit[68] differenziert wird.[69] Nach a.A. sind besondere Schwierigkeiten bereits dann zu bejahen, wenn es sich um (nur) leicht überdurchschnittliche und durchschnittliche Fälle handelt, so dass lediglich sachlich und rechtlich einfache, vom Durchschnitt im Schwierigkeitsgrad nach unten abweichende Verfahren übertragen werden können.[70] Diese Abgrenzungsversuche anhand der Merkmale durchschnittlich und überdurchschnittlich werden kritisiert;[71] stattdessen wird gefordert, den Maßstab für die Handhabung des Begriffs der besonderen Schwierigkeiten in der Antwort auf die Frage nach den Vorteilen der Kollegialentscheidung zu suchen.[72]

Keine Hilfe bietet ein Rückgriff auf die ähnlich lautende Voraussetzung des § 124 Abs. 2 Nr. 2 für die 24 Zulassung der Berufung („besondere tatsächliche oder rechtliche Schwierigkeiten"), weil Abs. 1 S. 1 Nr. 1 und § 124 Abs. 2 Nr. 2 in unterschiedlichen Funktionszusammenhängen stehen (→ § 124 Rn. 124).[73] Dasselbe gilt für die mit Abs. 1 S. 1 Nr. 1 identische Formulierung in § 84 Abs. 1 S. 1, weil dort dieselbe Diskussion geführt wird (→ § 84 Rn. 17 ff.). Nach den Vorteilen der Kollegialentscheidung zu suchen, entfernt sich von der gesetzlichen Regelung; überdies dürfte der richtige Ort für derartige Überlegungen nicht die normativ vorgegebene Voraussetzungs-, sondern die Rechtsfolgenseite im Zusammenhang mit dem Begriff „Soll-in-der-Regel" sein.[74] Der in die Diskussion um die Auslegung von § 124 Abs. 2 Nr. 2 eingebrachte Vorschlag, besondere tatsächliche oder rechtliche Schwierigkeiten mithilfe des Gesichtspunkts der Ergebnisoffenheit zu bestimmen,[75] übersieht, dass die Offenheit des Ergebnisses nur Folge, nicht Voraussetzung der besonderen Schwierigkeiten sein kann.[76] Die Praxis bietet zahlreiche Fälle, in denen zwar nicht auf Anhieb das Ergebnis erkennbar, jedoch sogleich deutlich ist, dass die Rechtsfindung ohne größere Schwierigkeiten möglich ist. Umgekehrt mag die unmittelbare Erkennbarkeit des Ergebnisses indiziell für das Nichtvorliegen von besonderen Schwierigkeiten sein; allerdings bleibt zu bedenken, dass die Erkennbarkeit des Ergebnisses von subjektiven Bedingungen abhängig und daher kaum objektivierbar ist.

---

66 A.M. BFHE 238, 546 m.w.N., der in den Übertragungsvoraussetzungen des § 6 Abs. 1 FGO lediglich eine Ermessensleitlinie sieht; ferner BFH BFH/NV 2007, 519.

67 So z.B. *H. Geiger*, in: Eyermann § 6 Rn. 16; *M. Redeker*, in: Redeker/v. Oertzen § 6 Rn. 5; *J. Meyer-Ladewig*, NJW 1978, 857, 858; *ders.*, DVBl 1979, 539, 540.

68 Für Letzteres *P. Wysk*, in: Wysk § 6 Rn. 7.

69 Vgl. auch die Übersicht bei *H. Schnellenbach*, DVBl 1993, 230, 231 f.

70 So *M. Funke-Kaiser*, in: Bader § 6 Rn. 6. A.M. *B. Clausing*, in: Schoch/Schneider/Bier § 6 Rn. 22.

71 Vgl. *H. Schnellenbach*, DVBl 1993, 230, 231 f.; vgl. auch *dens.*, DÖV 1981, 317, 320; *K. Schenk*, in: Hailbronner, Ausländerrecht AsylVfG, § 76 Rn. 12 ff.

72 Vgl. *K. F. Gärditz*, in: Gärditz § 6 Rn. 8: „Erkenntnis- und Kontrollfunktion des Kollegialprinzips"; *P. Wysk*, in: Wysk § 6 Rn. 7; krit. dazu für den Asylprozess *K. Schenk*, in: Hailbronner, Ausländerrecht, AsylVfG § 76 Rn. 15.

73 A.M. *J. Bader*, DÖV 1997, 442, 448.

74 So auch *B. Clausing*, in: Schoch/Schneider/Bier § 6 Rn. 25.

75 Vgl. *M.-J. Seibert*, DVBl 1997, 932, 934 ff.; *ders.*, NVwZ 1999, 113, 116.

76 Vgl. OVG Münster NVwZ 2000, 86, 87.

25 Der *Abgrenzung anhand der Begriffe „durchschnittlich" oder „überdurchschnittlich"* ist vorgeworfen worden, dass sie an letztlich unbestimmte Voraussetzungen anknüpfe (→ § 124 Rn. 107 zu § 124 Abs. 2 Nr. 2).[77] Auch ist der Bezugspunkt der „sonst in der Kammer anhängigen Verfahren" ungeeignet, da deren Schwierigkeitsgrad vom Eingang der Sache bis zu ihrer Entscheidung nicht derselbe sein muss; so hängt er etwa davon ab, ob die Kammer zu einer bestimmten Fallkonstellation bereits eine Entscheidung getroffen hat. Bei der Beurteilung, ob besondere Schwierigkeiten vorliegen, ist daher nicht auf einen imaginären „durchschnittlichen" Schwierigkeitsgrad, sondern *ausschließlich auf den konkreten Fall* abzustellen.

26 *„Besondere"* Schwierigkeiten sind demnach dann anzunehmen, wenn sie der Art sind, dass sie aus fallbezogenen tatsächlichen oder rechtlichen Gründen die Befassung des Kollegiums erfordern. Bei der Prüfung, ob derartige Schwierigkeiten vorliegen, kommt der Kammer ein Beurteilungsspielraum zu.[78]

27 Die besonderen Schwierigkeiten tatsächlicher oder rechtlicher Art können gleichermaßen beim Erfassen des Sachverhalts, bei der Erhebung der Beweise, bei ihrer Würdigung und bei der Rechtsanwendung auftreten (→ § 84 Rn. 21 m.w.N.).

28 *Tatsächlicher Art* sind die besonderen Schwierigkeiten insbes., wenn sie sachverhaltsbezogen sind. Dabei führt nicht jede Ermittlungsnotwendigkeit zwingend zur Annahme besonderer Schwierigkeiten. Vielmehr ist es zunächst Aufgabe des Berichterstatters, den Rechtsstreit nach Maßgabe der §§ 86, 87, 87 b bis zur Terminsreife vorzubereiten. Dem entspricht, dass nach Abs. 1 die Übertragung auf den Einzelrichter „zur Entscheidung" erfolgt. Umgekehrt folgt daraus allerdings nicht, dass die Notwendigkeit einer Beweisaufnahme regelmäßig zur Bejahung besonderer Schwierigkeiten zwingt (→ § 84 Rn. 21). Vielmehr schließt weder die Erforderlichkeit einer Beweisaufnahme noch die Notwendigkeit, Zeugenaussagen zu beurteilen, von vornherein das Vorliegen der Übertragungsvoraussetzung des Abs. 1 S. 1 Nr. 1 aus. Andererseits kann die tatsächliche Komplexität[79] eines Falles, der Umfang einer durchzuführenden Beweisaufnahme oder die Vermutung, dass die Feststellung der entscheidungserheblichen Tatsachen in der mündlichen Verhandlung erhebliche Schwierigkeiten bereiten wird, Anlass für die Bejahung besonderer Schwierigkeiten tatsächlicher Art sein.

29 *Rechtlicher Art* sind besondere Schwierigkeiten vor allem, wenn sie sich auf die Ermittlung und Anwendung der für die Bearbeitung des Falles maßgeblichen Rechtsnormen beziehen. Muss nur über einige oder wenige sich aus dem Prozessstoff ergebende rechtliche Fragen entschieden werden,[80] spricht wenig für das Vorliegen besonderer Schwierigkeiten. Kommt der Entscheidung eines Falles eine Präjudiz- oder *Richtlinienfunktion* für die Verwaltung zu oder wird inzident über die Nichtigkeit untergesetzlicher Rechtsnormen entschieden, ist damit nicht zugleich die Notwendigkeit der Annahme besonderer Schwierigkeiten verbunden.[81] Vielmehr stellt die Wirkung der zu treffenden Entscheidung einen Gesichtspunkt dar, der zur Annahme einer grundsätzlichen Bedeutung führen kann.

30 **2. Keine grundsätzliche Bedeutung.** Der Begriff der grundsätzlichen Bedeutung in Abs. 1 S. 1 Nr. 2 ist funktionsbezogen auszulegen.[82] Im Unterschied zu dem gleich lautenden Begriff im Revisionszulassungsrecht (§ 132 Abs. 2 Nr. 1; → § 132 Rn. 51 ff.) oder in den Bestimmungen über die Vorlage an den Großen Senat von OVG und BVerwG (§§ 11, 12; → § 11 Rn. 50 ff.) bezieht sich der Begriff grundsätzliche Bedeutung in Abs. 1 S. 1 Nr. 2 nicht nur auf Rechtsfragen. Vielmehr schließt die Bestimmung, ebenso wie § 124 Abs. 2 Nr. 3 im Berufungszulassungsrecht, auch Tatsachenfragen ein.

31 Daraus folgt, dass grundsätzliche Bedeutung i.S.v. § 6 Abs. 1 S. 1 Nr. 2 *zunächst stets zu bejahen* ist, wenn die entsprechende Voraussetzung der Berufungs- oder Revisionszulassung erfüllt ist.[83] Stellt sich *Divergenz als Unterfall* der grundsätzlichen Bedeutung dar (→ § 11 Rn. 48; → § 124 Rn. 156 f.), ist

---

77 Vgl. M.-J. *Seibert*, DVBl 1997, 932, 936 und NVwZ 1999, 113, 116.

78 Vgl. BVerwG Buchholz 310 § 6 VwGO Nr. 1; OVG Greifswald NVwZ-Beil. 1998, 109; HmbOVG NVwZ-RR 1996, 716. A.M. F. *Hufen*, Verw 32 (1999), 519, 528.

79 Für die Berufungszulassung J. *Berkemann*, DVBl 1998, 446, 455 f.

80 Zum Erfordernis der Entscheidungserheblichkeit der die besonderen Schwierigkeiten rechtlicher Art begründenden Fragen vgl. zu § 124 Abs. 2 Nr. 2 OVG Münster NVwZ 2000, 86, 87.

81 A.M. H. *Geiger*, in: Eyermann § 6 Rn. 17 f.

82 Vgl. J. *Ruthig*, in: Kopp/Schenke § 6 Rn. 9.

83 Vgl. M. *Funke-Kaiser*, in: Bader § 6 Rn. 7.

grundsätzliche Bedeutung auch zu bejahen, wenn bei der Entscheidung des Rechtsstreits eine Abweichung von der Rspr. eines der in § 124 Abs. 2 Nr. 4 genannten Gerichte in Erwägung gezogen wird.[84] Grundsätzliche Bedeutung hat die Rechtssache weiter dann, wenn es auf eine in der Rspr. noch nicht 32 geklärte Rechts- oder Tatsachenfrage ankommt, die von einem derartigen Gewicht ist, dass sie die *Befassung des Kollegiums erfordert*. Das ist regelmäßig der Fall, wenn die Entscheidung über den Einzelfall hinaus Bedeutung hat,[85] etwa weil der Rechtsstreit in tatsächlicher, insbes. wirtschaftlicher, politischer, gesellschaftlicher oder religiöser Hinsicht Auswirkungen auf eine größere Zahl von Verfahren oder die behördliche Verwaltungspraxis hat.[86]

Grundsätzliche Bedeutung liegt demgegenüber nicht vor, wenn das *übergeordnete OVG* die Rechts- 33 oder Tatsachenfrage bereits, wenn auch abweichend von anderen OVG, entschieden hat.[87] Umgekehrt liegt nicht stets dann grundsätzliche Bedeutung vor, wenn es an einer Entscheidung des übergeordneten OVG fehlt. Eine *Abweichung von der Rspr.* eines anderen VG kann ebenfalls grundsätzliche Bedeutung begründen, namentlich wenn es sich um die Auslegung und Anwendung von Landesrecht handelt und eine Divergenz zwischen VG des jeweiligen Landes in Rede steht.[88] Kommt im zu entscheidenden Fall eine Abweichung von der (bisherigen) *Kammerrechtsprechung* in Betracht, dürfte ebenfalls grundsätzliche Bedeutung anzunehmen sein (→ Rn. 47 ff.). Kommt eine *Vorlage* an das BVerfG oder den EuGH in Betracht, ist stets grundsätzliche Bedeutung zu bejahen.[89] Keine grundsätzliche Bedeutung wird dadurch begründet, dass eine Entscheidung über ein *PKH-Gesuch* zugleich die Entscheidung in der Hauptsache beeinflussen kann.[90] Zur Frage, ob der Einzelrichter wegen grundsätzlicher Bedeutung die Berufung (§ 124 Abs. 2 Nr. 3) oder die Sprungrevision (§§ 134, 132 Abs. 2 Nr. 1) zulassen kann → Rn. 89.

V. Übertragungsausschlüsse (Abs. 2)

Abs. 2 verbietet eine Übertragung auf den Einzelrichter, wenn bereits vor der Kammer mündlich ver- 34 handelt worden ist, es sei denn, dass inzwischen ein Vorbehalts-, Teil- oder Zwischenurteil ergangen ist. Weitere Übertragungsausschlüsse normiert § 6 nicht. Die Übertragung ist daher nicht ausgeschlossen, wenn das Kollegium einen Beweisbeschluss nach § 98 VwGO i.V.m. § 358 ZPO gefasst hat.[91] Ein Übertragungsausschlussgrund besteht auch nicht, wenn nach Erlass eines Gerichtsbescheids durch die Kammer mündliche Verhandlung beantragt wird.[92]

1. Zweck. Die Regelung soll dem Beschleunigungszweck von § 6 dienen, indem sie verhindern soll, 35 dass es trotz Befassung des Kollegiums zu einer Verzögerung dadurch kommt, dass der Rechtsstreit anschließend auf den Einzelrichter übertragen wird.[93] Dem entspricht, dass Hs. 2 eine Ausnahme für den Fall macht, dass ein Vorbehalts-, Teil- oder Zwischenurteil ergangen ist, weil das Verfahren dann insoweit zu einem gewissen (Teil-)Abschluss gebracht worden ist.[94]

2. Begriff der mündlichen Verhandlung. Die Formulierung „mündlich verhandelt" bezieht sich auf 36 die mündliche Verhandlung nach § 101 Abs. 1. Der Übertragungsausschluss gilt daher nicht nur in Klageverfahren, sondern auch, wenn die Kammer in Antragsverfahren, etwa auf Gewährung vorläufigen Rechtsschutzes, von der Möglichkeit, mündlich zu verhandeln (§ 101 Abs. 3), Gebrauch macht.[95] Ein vor der Kammer stattfindender *Erörterungstermin* ist keine mündliche Verhandlung. Auch alle anderen (bereits) von der Kammer vorgenommenen Prozesshandlungen, wie etwa die Entscheidung über

84 So zu Recht *B. Clausing*, in: Schoch/Schneider/Bier § 6 Rn. 27; *M. Funke-Kaiser*, in: Bader § 6 Rn. 7.
85 Vgl. *H. Geiger*, in: Eyermann § 6 Rn. 17; zu einem Fall grds. Bedeutung im Asylrecht z.B. OVG Frankfurt/O 30.3.1994 – 4 B 7/94.A.
86 Vgl. *B. Clausing*, in: Schoch/Schneider/Bier § 6 Rn. 27.
87 *M. Funke-Kaiser*, in: Bader § 6 Rn. 7.
88 Ähnl. *M. Funke-Kaiser*, in: Bader § 6 Rn. 7.
89 Vgl. BVerfGK 18, 220 für den originären Einzelrichter nach § 348 Abs. 1 ZPO sowie NJW 1999, 274 für den konsentierten Einzelrichter nach der FGO; vgl. auch BGH NJW 1998, 3211.
90 Vgl. OLG Celle NJW 2002, 2329.
91 So aber OLG Köln NJW-RR 1995, 512; zutr. *M. Funke-Kaiser*, in: Bader § 6 Rn. 18.
92 Vgl. *H. Geiger*, in: Eyermann § 6 Rn. 11.
93 Vgl. *P. Wysk*, in: Wysk § 6 Rn. 16; vgl. auch *B. Clausing*, in: Schoch/Schneider/Bier § 6 Rn. 36: Vermeidung einer faktischen Einengung des Einzelrichters.
94 Vgl. *H. Geiger*, in: Eyermann § 6 Rn. 11.
95 Vgl. *M. Funke-Kaiser*, in: Bader § 6 Rn. 18.

Anträge auf Bewilligung von Prozesskostenhilfe, auf Gewährung vorläufigen Rechtsschutzes, Beiladungsbeschlüsse oder Beweisaufnahmen, stehen einer Übertragung nicht entgegen.[96] Das gilt auch für eine Vorabentscheidung über den Rechtsweg nach § 173 VwGO i.V.m. § 17a Abs. 3 GVG und über die sachliche und örtliche Zuständigkeit nach § 83 VwGO i.V.m. § 17a Abs. 3 GVG. Wird das Verfahren nach mündlicher Verhandlung vor der Kammer nach § 94 ausgesetzt und fällt der Aussetzungsgrund weg, ändert dies nichts am Vorliegen des Übertragungsausschlussgrundes (BFH BFH/NV 2012, 1162).

37 **3. Vor der Kammer.** Der Übertragungsausschluss greift nur, wenn „vor der Kammer" mündlich verhandelt worden ist. Das ist auch dann der Fall, wenn eine mündliche Verhandlung zwar nicht vor der nunmehr zuständigen Kammer, jedoch bereits vor einer anderen Kammer, in deren Zuständigkeit sich das Verfahren zuvor befand, stattgefunden hat.[97] Der Übertragungsausschlussgrund der stattgefundenen Kammerverhandlung ist Teil der in § 6 getroffenen Besetzungsregelung. Dabei handelt es sich um eine Ausnahme zu dem in § 5 vorausgesetzten und normierten Kollegialprinzip (→ Rn. 3). Hier wie dort ist der Begriff „Kammer" daher nicht konkret-individuell, sondern (abstrakt-)institutionell zu verstehen. Von der Frage nach der Besetzung des Spruchkörpers zu unterscheiden ist dessen Zuständigkeit, sei es die örtliche oder die sachlich-geschäftsverteilungsplanmäßige. Ist hinsichtlich der Besetzungsfrage durch eine mündliche Verhandlung vor der im Zeitpunkt der Verhandlung sachlich und örtlich zuständigen Kammer (anders, wenn die Zuständigkeit nur irrtümlich angenommen wurde) die Sperrwirkung des Abs. 2 eingetreten, kann ein nachfolgender Zuständigkeitswechsel diese nicht nachträglich beseitigen. Andernfalls müsste konsequenterweise angenommen werden, dass eine erfolgte Einzelrichterübertragung mit einem Wechsel in der Zuständigkeit des Spruchkörpers hinfällig wird (→ Rn. 68).[98]

38 **4. Zeitpunkt.** Der Übertragungsausschlussgrund des Abs. 2 greift nur, wenn vor der Kammer mündlich verhandelt „worden ist". Das schließt es aus, bereits den Aufruf der Sache oder die Eröffnung der Verhandlung[99] als maßgeblich anzusehen. Erst recht nicht löst die bloße Anberaumung eines Kammertermins das Übertragungshindernis aus.[100] Auch mit dem Beginn der mündlichen Verhandlung ist noch nicht verhandelt worden.[101] Die Übertragung ist deshalb noch nicht ausgeschlossen, wenn der Vorsitzende oder der Berichterstatter begonnen haben, den wesentlichen Inhalt der Akte vorzutragen (§ 103 Abs. 2).[102] Richtigerweise ist erst mit *Stellung der Anträge* i.S.v. Abs. 2 „mündlich verhandelt worden".[103] Das folgt aus der Ausnahme des Hs. 2: Wenn danach der Erlass eines Vorbehalts-, Teil- oder Zwischenurteils die Übertragung nicht hindert, setzt das voraus, dass der Übertragungsausschluss nicht schon zu einem Zeitpunkt eingetreten sein kann, in dem der Antrag, der zu dem Vorbehalts-, Teil- oder Zwischenurteil geführt hat, noch nicht gestellt war.

39 Die Frage, wann vor der Kammer mündlich verhandelt worden ist, ist durchaus von *praktischer Relevanz*.[104] Ist der Rechtsstreit in der mündlichen Verhandlung durch Beschluss getrennt (§ 93) und hinsichtlich des abgetrennten Teils vertagt worden, scheidet nach der hier vertretenen Auffassung eine Übertragung auf den Einzelrichter in dem abgetrennten Verfahren nur aus, wenn auch insoweit ein Klageantrag gestellt wurde. Wird die Sache in der mündlichen Verhandlung insgesamt vertagt, ist eine

---

96   M. *Redeker*, in: Redeker/v. Oertzen § 6 Rn. 3.
97   So auch B. *Clausing*, in: Schoch/Schneider/Bier § 6 Rn. 38. A.M. K. *Schenk*, in: Hailbronner, Ausländerrecht, AsylVfG § 76 Rn. 41.
98   Wie hier auch B. *Clausing*, in: Schoch/Schneider/Bier § 6 Rn. 38 und 59 für den Fall des gerichtsinternen Zuständigkeitswechsels.
99   So J. *Bergmann*, in: Bergmann/Dienelt § 76 AsylG Rn. 18; vgl. auch die Begründung zum Regierungsentwurf einer VwPO, wo die dem § 6 gleich lautende Norm dahin verstanden wurde, dass die Entscheidung über die Übertragung vor der mündlichen Verhandlung getroffen werden muss (BT-Drs. 10/3437, 70); vgl. auch R. *Marx*, AsylG, ⁹2017, § 76 Rn. 10.
100 Allerdings muss dann im Falle der Übertragung der Kammertermin aufgehoben und die Sache vom Einzelrichter (erneut) geladen werden.
101 A.M. H. *Gersdorf*, in: Posser/Wolff § 6 Rn. 42.
102 So indes B. *Clausing*, in: Schoch/Schneider/Bier § 6 Rn. 37; J. *Ruthig*, in: Kopp/Schenke § 6 Rn. 15; *Kugele* § 6 Rn. 18; jetzt auch M. *Funke-Kaiser*, in: Bader § 6 Rn. 18; sowie C. *Danker*, in: HK-VerwR VwGO § 6 Rn. 11.
103 So zu Recht P. *Wysk*, in: Wysk § 6 Rn. 16; K. *Schenk*, in: Hailbronner, Ausländerrecht, AsylVfG § 76 Rn. 21.
104 Anders noch R. *Marx*, AsylVfG, ⁷2009, § 76 Rn. 18.

spätere Übertragung auf den Einzelrichter nicht ausgeschlossen, solange Anträge noch nicht gestellt waren.

Sofern ein Vorbehalts- (§ 173 VwGO i.V.m. § 902 ZPO), Teil- (→ § 110 Rn. 1 ff.) oder Zwischenurteil 40 (→ § 109 Rn. 1 ff.; → § 111 Rn. 1 ff.) ergangen ist, ist nach Abs. 2 Hs. 2 trotz durchgeführter mündlicher Verhandlung eine Übertragung auf den Einzelrichter für den Teil des Rechtsstreits, über den noch nicht entschieden wurde, nicht ausgeschlossen.

VI. Rechtsfolge: „Soll in der Regel"

1. Allgemeines. Bei Vorliegen der Übertragungsvoraussetzungen „soll in der Regel" der Rechtsstreit 41 übertragen werden. Damit räumt das Gesetz ein *Ermessen* ein.[105] Deshalb ist die mitunter anzutreffende Formulierung, § 6 normiere den „obligatorischen Einzelrichter",[106] unzutreffend. Vielmehr ist die Übertragung trotz der ungewöhnlichen Formulierung fakultativ.[107]

Die Formulierung „Soll in der Regel" enthält eine Kombination von „Soll" und „Regel"-Verpflich- 42 tung. Verwendet ein Gesetz die Wendung „Soll", wird für den Regelfall eine Bindung vorgesehen.[108] Lediglich Ausdruck einer anderen Gesetzgebungstechnik mit gleichem Resultat sind Formulierungen, die auf „in der Regel" zu treffende Entscheidungen abstellen[109] oder für besondere Fälle eine Ausnahme von der Verwirklichung der Rechtsfolge erlauben. Die mit derartigen Formulierungen normierte Bindung eröffnet bei Vorliegen eines wichtigen Grundes oder eines atypischen Falles das Ermessen, von der für den Normalfall vorgesehenen Rechtsfolge abzuweichen.[110] Dabei ist der Bindungsumfang, mithin die Beantwortung der Frage, wann die Schwelle vom Normalfall zum Atypischen erreicht ist, letztlich von der Auslegung der jeweiligen Einzelbestimmung abhängig.[111]

2. Grad der Ermessenseinschränkung. Vor dem zuvor beschriebenen Hintergrund stellt sich die „Soll 43 in der Regel"-Formulierung als Tautologie dar. Das hat zu der Frage geführt, ob der Gesetzgeber mit ihr näher an eine „Muss"-Vorschrift oder stärker an eine (bloße) „Kann"-Vorschrift heranrücken wollte.[112] Die Materialien sind diesbezüglich unergiebig. Das BVerwG klärt die Frage nicht, sondern belässt es bei der Aussage, das Ermessen der Kammer sei von Gesetzes wegen i.S.d. Übertragung intendiert.[113] In der Lit. wird überwiegend vertreten, dass die doppelte Formulierung die Verpflichtung zur Übertragung weiter einschränke, also eine schwächere Bindung als eine bloße „Soll"-Vorschrift normiere.[114] Nach a.A. soll die Bestimmung „in der Regel" wie eine „Muss"-Vorschrift binden.[115] Eine dritte Ansicht strukturiert nach der Art der atypischen Umstände: Das Wort „soll" soll sich auf verfahrensbezogene atypische Umstände, die Worte „in der Regel" auf die Aspekte beziehen, die mit der Besetzung und der Geschäftslage der Kammer zusammenhängen.[116]

Der h.M. ist zuzustimmen. Die nach der Art der atypischen Umstände strukturierende Ansicht räumt 44 selbst ein, dass sie nicht zwingend sei.[117] Sie übersieht, dass auch bei einer einfachen „Soll"-Regelung ohne die tautologische Formulierung die Atypik nicht auf eine bestimmte Art von Umständen beschränkt wäre. In der Formulierung eine Annäherung an eine „Muss"-Vorschrift zu sehen, setzt voraus, dass die Kombination „Soll" mit „in der Regel" eine Verstärkung oder Verdoppelung der Ermessenseinschränkung bedeutet. Das erscheint indessen nicht plausibel. Näher liegt die Annahme, dass

---

105 Vgl. *M. Funke-Kaiser*, in: Bader § 6 Rn. 8; *H. Geiger*, in: Eyermann § 6 Rn. 18; *J. Ruthig*, in: Kopp/Schenke § 6 Rn. 10.
106 So z.B. *K. Schenk*, in: Hailbronner, Ausländerrecht, AsylVfG § 76 Rn. 4, 23; OVG Frankfurt/O. NVwZ-RR 2001, 202; OVG Greifswald NVwZ-Beil. 1998, 109.
107 Vgl. auch *M. Funke-Kaiser*, in: Bader § 6 Rn. 2; *M. Redeker*, in: Redeker/v. Oertzen § 6 Rn. 1.
108 *M. Sachs*, in: Stelkens/Bonk/Sachs § 40 Rn. 26.
109 Vgl. *M. Sachs*, in: Stelkens/Bonk/Sachs § 40 Rn. 26 a.
110 Vgl. *M. Sachs*, in: Stelkens/Bonk/Sachs § 40 Rn. 26; ferner *W. Hoppe*, FS Maurer, 2001, 625, 628 ff.
111 Vgl. *M. Sachs*, in: Stelkens/Bonk/Sachs § 40 Rn. 27.
112 Vgl. *H. Schnellenbach*, DVBl 1993, 230, 233, der beides verneint.
113 BVerwG NVwZ-RR 2000, 257; NVwZ-RR 2002, 150, 151.
114 Vgl. *M. Funke-Kaiser*, in: Bader § 6 Rn. 8; *H. Gersdorf*, in: Posser/Wolff § 6 Rn. 33.
115 So *J. Ruthig*, in: Kopp/Schenke § 6 Rn. 10; vgl. auch *P. Hartmann*, in: Baumbach/Lauterbach/Albers/Hartmann, ⁵⁹2001, § 348 Rn. 5 zu § 348 ZPO i.d.F. vor der Änderung durch das ZPO-Reformgesetz vom 27.7.2001 (BGBl I 1887).
116 So *H. Schnellenbach*, DVBl 1993, 230, 233; vgl. auch *K. Schenk*, in: Hailbronner, Ausländerrecht, AsylVfG § 76 Rn. 23.
117 *H. Schnellenbach*, DVBl 1993, 230, 233.

mit den Worten „in der Regel", die herkömmlich eine Bindung reduzieren sollen (→ Rn. 42), eine Abschwächung der zuvor ausgesprochenen „Soll"-Verpflichtung verbunden ist.

45   **3. Atypische Umstände.**   Wann atypische Umstände vorliegen, bei denen von der „Soll-in-der-Regel"-Übertragung abzusehen ist, lässt sich nicht allgemein gültig festlegen. Solche können z.B. darin liegen, dass die Kammer ein Rechtsgebiet (oder im Asylrecht Streitverfahren von Asylbewerbern eines bestimmten Herkunftslandes) erstmalig bearbeitet und zunächst Spruchkörpererfahrungen gesammelt werden sollen. Eine Übertragung darf auch unterbleiben, wenn mit ihr kein auf die Sache selbst bezogener Beschleunigungszweck verbunden ist, etwa weil sie kurzfristig wegen Klagerücknahme einer bereits zum Kammertermin geladenen Sache in die dadurch entstandene Terminslücke nachterminiert werden soll. Andererseits ist der Beschleunigungszweck von § 6 nicht allein auf das einzelne Verfahren zu beziehen. Vielmehr wird die Erledigung aller in der Kammer anhängigen Verfahren auch dadurch beschleunigt, dass richterliche Arbeitskapazität nicht durch rechtlich und tatsächlich einfache Verfahren ohne grundsätzliche Bedeutung unnötig gebunden wird.[118] Das gilt insbes. für den bei einer Einzelrichterübertragung entfallenden (formellen) Vorberatungs- und Beratungsaufwand sowie den mit der Abfassung und Abstimmung der Begründung eines Urteils oder eines Beschlusses verbundenen Aufwand der übrigen Kammermitglieder.

46   *Mangelnde Erfahrung* des Richters, sei es mit dem Sachgebiet, sei es mit der Durchführung von mündlichen Verhandlungen, soll ein Grund sein, von einer Übertragung trotz Vorliegens der Voraussetzungen abzusehen.[119] Andererseits setzt Abs. 1 S. 2 voraus, dass ein Richter nach Ablauf eines Jahres seit seiner Ernennung über die für einen Einsatz als Einzelrichter allgemein erforderliche Erfahrung verfügt, ohne dass es auf spezielle Erfahrungen, etwa darauf ankäme, welche Sachgebiete bisher von ihm bearbeitet wurden.[120] Die Möglichkeit des Abweichens von der „Soll-in-der-Regel"-Übertragung erlaubt es daher grds. nicht, innerhalb eines Spruchkörpers ein Mitglied, das länger als ein Jahr Richter ist, aus in seiner Person liegenden Gründen von der Einzelrichtertätigkeit auszuschließen.[121] Schon gar kein Grund darf sein, dass der Richter mit einem bestimmten Beteiligtenvertreter „nicht kann".[122] Die „Soll-in-der-Regel"-Formel ist keine Schutznorm für den Richter, diesen vor unangenehmen prozessualen Situationen zu bewahren.

47   Umstr. ist, ob von einer Übertragung abgesehen werden darf[123] oder gar muss,[124] wenn Grund zu der Annahme besteht, dass der Richter *beabsichtigt, von der Kammerrechtsprechung abzuweichen*, oder wenn er in der Vergangenheit bereits von der „Kammerlinie" abgewichen ist.[125] Das AsylG sieht für den originären Einzelrichter eine Übertragungspflicht auf die Kammer vor, wenn dieser von der Rspr. der Kammer abweichen will (§ 76 Abs. 4 S. 2 AsylG). Diese Regelung wird vor dem Hintergrund der der Kammer zukommenden Steuerungs- und Vereinheitlichungsfunktion für § 6 nutzbar gemacht und eine gleichwohl ergehende Übertragung als willkürlich angesehen.[126] Zuzugeben ist, dass der Gesetzgeber mit der asylprozessualen Verpflichtung des originären Einzelrichters zur Übertragung auf die Kammer bei beabsichtigter Divergenz den *Primat der Kollegialentscheidung* im Interesse der Einheitlichkeit der (Spruchkörper-)Rechtsprechung anerkannt hat. Vor dem Hintergrund dieses Ziels liegt es im *Modell der originären Einzelrichterzuständigkeit*, für den Fall der beabsichtigten Abweichung den Einzelrichter zur Übertragung an das Kollegium zu verpflichten. *Im Modell des fakultativen Einzelrichters* entspräche dem das Institut der (zwingenden) Rückübertragung. Abs. 3 bestimmt indes weder

---

118   I.d.S. auch *B. Clausing*, in: Schoch/Schneider/Bier § 6 Rn. 31; vgl. auch OLG Celle NJW 2002, 2329, 2330; „effektive Nutzung der personellen Ressourcen der Justiz".

119   Vgl. BFHE 190, 47, 58; *M. Funke-Kaiser*, in: Bader § 6 Rn. 8; *H. Gersdorf*, in: Posser/Wolff § 6 Rn. 36; *B. Clausing*, in: Schoch/Schneider/Bier § 6 Rn. 32; *J. Ruthig*, in: Kopp/Schenke § 6 Rn. 11; *P. Wysk*, in: Wysk § 6 Rn. 21; wohl auch *K. Schenk*, in: Hailbronner, Ausländerrecht, AsylVfG § 76 Rn. 23.

120   Krit. auch *H. Schnellenbach*, DVBl 1993, 230, 233.

121   Vgl. auch *F. K. Gärditz*, in: Gärditz § 6 Rn. 15; problematisch erscheint es daher, wenn verlangt wird, es müsse auf die speziellen Fähigkeiten und Kenntnisse der Kammermitglieder Rücksicht genommen werden, so aber *H. Geiger*, in: Eyermann § 6 Rn. 18.

122   So aber *K. Schenk*, in: Hailbronner, Ausländerrecht, AsylVfG § 76 Rn. 23 f.; *M. Funke-Kaiser*, in: Bader § 6 Rn. 8.

123   Vgl. *H. Geiger*, in: Eyermann § 6 Rn. 18.

124   Vgl. *M. Funke-Kaiser*, in: Bader § 6 Rn. 8.

125   So VGH Mannheim DÖV 2004, 172; vgl. auch BFHE 190, 47, 58; *F. K. Gärditz*, in: Gärditz § 6 Rn. 13; *H. Gersdorf*, in: Posser/Wolff § 6 Rn. 36; dagegen nunmehr *B. Clausing*, in: Schoch/Schneider/Bier § 6 Rn. 33.

126   Vgl. *M. Funke-Kaiser*, in: Bader § 6 Rn. 8.

eine zwingende Rückübertragungsverpflichtung noch erlaubt er die fakultative Rückübertragung für den Fall der beabsichtigten Divergenz.

Daraus folgt nicht, gewissermaßen im Umkehrschluss, dass es schon zu einer Übertragung solcher Fälle nicht kommen dürfe. Das ist nur zutreffend, wenn die beabsichtigte Divergenz dem Fall eine grundsätzliche Bedeutung mit der Folge verleiht, dass es schon an den Übertragungsvoraussetzungen fehlt (→ Rn. 30).[127] Liegen indessen (trotz der beabsichtigten Divergenz) die Übertragungsvoraussetzungen vor, stellt eine Anwendung der „Soll-in-der-Regel"-Klausel, die eine Übertragung zur Vermeidung einer (vermuteten oder angekündigten) Divergenz ablehnt oder unterlässt, einen *unzulässigen Eingriff* sowohl in die richterliche Unabhängigkeit (→ § 1 Rn. 63 ff.) als auch – da § 6 Bestandteil des Systems der normativen Vorausbestimmung des entscheidungszuständigen Richters ist – in die Besetzung der Richterbank und damit die Garantie des gesetzlichen Richters dar (→ § 4 Rn. 95 ff.).[128]   48

Der Einzelrichter nach § 6 ist *kein „Richter von der Kammer Gnaden".* Nach erfolgter Übertragung   49 entscheidet er den Rechtsstreit in voller richterlicher Unabhängigkeit ohne Bindung an die Rspr. der Kammer.[129] Eine *Präjudizienbindung* ließe sich nur mittels gesetzlich normierter Vorlage- oder Rückübertragungsverpflichtung und damit nachträglich, nach Begründung der Einzelrichterzuständigkeit, erreichen. Das in § 5 vorausgesetzte und zugleich normierte Kollegialprinzip (→ § 5 Rn. 4, 16) reicht dafür nicht.[130] Es stellt ein Organisationsprinzip, eine Besetzungsregelung dar; aus ihm folgen ebenso wenig inhaltliche, auf die Entscheidungsfindung bezogene Bindungen, wie aus dem vom Rechtsstaatsprinzip und dem Gebot der Rechtssicherheit abgeleiteten Gedanken der Einheitlichkeit der (Kammer-)Rechtsprechung (→ § 11 Rn. 9). Fehlt es daher an gesetzlich normierten Bindungen, können solche auch nicht von der Kammer mit dem Unterlassen der Übertragung bei beabsichtigter oder vermuteter Abweichung von der Kammerlinie antizipiert werden.

VII. Übertragungsadressat

1. Mitglied der Kammer. Der Rechtsstreit kann nach Abs. 1 nur einem Mitglied der Kammer über-   50 tragen werden.[131] Mitglied der Kammer ist jeder Berufsrichter und jede Berufsrichterin, der oder die nach dem gerichtlichen Geschäftsverteilungsplan der in Rede stehenden Kammer zugewiesen ist. Die Frage, ob auch der *Vorsitzende* Einzelrichter sein kann oder sein soll, ist durch § 4 VwGO i.V.m. § 21 g Abs. 1 S. 1 GVG, wonach die Geschäfte innerhalb des Spruchkörpers auf „die Mitglieder" verteilt werden, und durch die Verpflichtung zur Aufstellung eines Einzelrichterplans (→ Rn. 20) beantwortet.[132] Mitglied der Kammer ist auch ein Richter, der der Kammer *ohne eigenes Dezernat* zugeteilt wird (→ § 4 Rn. 85). Da das dezernatslose Mitglied jedoch naturgemäß keine Berichterstatterfunktion in dem in Rede stehenden Spruchkörper ausübt, kommt eine Übertragung an ein solches Mitglied jedenfalls dann nicht in Betracht, wenn nach dem spruchkörperinternen Geschäftsverteilungsplan die Einzelrichterzuständigkeit an die Berichterstatterfunktion gebunden ist.[133] Das schließt nicht aus, dass ein solches dezernatsloses Mitglied zur Entscheidung als Einzelrichter berufen ist, wenn es zum Vertretungsfall kommt. *Kein Mitglied* i.S.v. Abs. 1 sind die nach dem gerichtlichen Geschäftsverteilungsplan zur Vertretung der regulären Kammermitglieder berufenen Richter.

Ohne Bedeutung ist, ob der Richter oder die Richterin der Kammer nur zu einem Teil seiner Arbeits-   51 kraft zugeteilt oder teilzeitbeschäftigt ist. Der *dienstrechtliche Status* des Mitglieds ist, sofern nicht ein Fall von Abs. 1 S. 2 vorliegt, unerheblich. Einzelrichter kann daher grds. auch ein Richter auf Probe, Richter kraft Auftrags,[134] ein Richter im Nebenamt oder ein Richter auf Zeit[135] sein. Auch kommt es

---

127 Ferner VGH Mannheim DÖV 2004, 172; s.a. *B. Clausing,* in: Schoch/Schneider/Bier § 6 Rn. 33.
128 So wohl auch *S. Hocks,* in: Hofmann, Ausländerrecht, ²2016, AsylVfG/AsylG § 76 Rn. 13.
129 Vgl. auch (für § 87a Abs. 2) *H.-P. Schmieszek,* NVwZ 1991, 522, 525; BVerwG NVwZ 2005, 98. A.M. offenbar VGH Mannheim DÖV 2004, 172.
130 So aber *M. Funke-Kaiser,* in: Bader § 6 Rn. 8.
131 Vgl. *M. Redeker,* in: Redeker/v. Oertzen § 6 Rn. 2.
132 Mit dem Gesetz vom 22.12.1999 (BGBl I 2598) konnte daher die 1993 durch das Rechtspflegentlastungsgesetz eingeführte Bestimmung des § 21 g Abs. 3 S. 2 GVG, nach der auch der Vorsitzende „in angemessenem Umfang als Einzelrichter" tätig zu werden hatte, aufgehoben werden.
133 So auch *P. Wysk,* in: Wysk § 6 Rn. 22.
134 Vgl. *H. Geiger,* in: Eyermann § 6 Rn. 13; *B. Clausing,* in: Schoch/Schneider/Bier § 6 Rn. 51.
135 Vgl. *J. Kronisch,* NJW 2016, 1623, 1624; *B. Clausing,* in: Schoch/Schneider/Bier § 6 Rn. 51; *P. Wysk,* in: Wysk § 6 Rn. 15.

nicht darauf an, ob das Mitglied dem Gericht, zu dem die Kammer gehört, planmäßig angehört oder im Wege der Abordnung.

52   Die Übertragung erfolgt auf das nach dem *kammerinternen Geschäftsverteilungsplan* zuständige Mitglied (→ Rn. 20). Ein Auswahlermessen besteht daher nicht. Das Mitglied wird nicht als Person, sondern *funktional* zum Einzelrichter bestimmt, bei Anknüpfung an die Berichterstatterzuständigkeit in der Weise, dass die Übertragung „auf den Berichterstatter als Einzelrichter" erfolgt. Eine derartige Übertragung bedeutet, dass das nach dem Geschäftsverteilungsplan der Kammer jeweils (als Berichterstatter) zuständige Kammermitglied als Einzelrichter berufen ist.[136] Die *Nennung des Namens* des Mitglieds ist nicht geboten[137] (BFH/NV 2013, 1418) und, wenn sie erfolgt, unschädlich;[138] dabei handelt es sich nur um einen nachrichtlichen Hinweis auf den zum Zeitpunkt der Übertragung nach der kammerinternen Geschäftsverteilung zuständigen Richter (VGH Mannheim VBlBW 2000, 489).

53   Ist die Einzelrichterübertragung nicht an die Person des zum Übertragungszeitpunkt zuständigen Richters gebunden,[139] führt dessen *Ausscheiden aus der Kammer* nicht zum Fortfall der Übertragung. Vielmehr tritt an seine Stelle das nunmehr nach dem kammerinternen Geschäftsverteilungsplan zuständige Mitglied.[140] Einer Änderung des Übertragungsbeschlusses bedarf es nicht (VGH Mannheim VBlBW 2000, 489, 490). Das gilt auch, wenn dasjenige Mitglied, auf das nunmehr die Sache entfällt, nach Abs. 1 S. 2 nicht Einzelrichter sein darf.[141] Insbes. geht die Übertragung in einem solchen Fall weder ins Leere (so aber VGH Mannheim ESVGH 61,161) noch wird sie gegenstandslos.[142] Vielmehr liegt bis zum Ablauf der Jahresfrist ein Fall der Verhinderung mit der Folge vor, dass das nach dem kammerinternen Geschäftsverteilungsplan zur Vertretung berufene Mitglied zuständig ist.[143] Bei Neueintritt eines Proberichters im ersten Jahr sollte allerdings dessen Dezernat in der kammerinternen Geschäftsverteilung so gefasst werden, dass bereits auf den Einzelrichter übertragene Verfahren sowie etwaige originäre Einzelrichtersachen von seiner Zuständigkeit ausgenommen sind (→ Rn. 60).

54   **2. Ausschlussgründe (Abs. 1 S. 2).** Mit Abs. 1 S. 2 soll sichergestellt werden, dass als Einzelrichter nur ein Richter tätig wird, der über berufsrichterliche Erfahrung verfügt.[144] *Richter auf Probe* ist ein Richter, der nach §§ 12 Abs. 1, 17 Abs. 1 DRiG unter Berufung in das Richterverhältnis auf Probe zum Richter ernannt worden ist. Der Begriff „Ernennung" in Abs. 1 S. 2 bezieht sich auf die Ernennung zum Richter. Kein Richter auf Probe ist daher der Richter kraft Auftrags (→ Rn. 51). Eine Gleichsetzung mit dem Richter auf Probe ist auch nicht erforderlich,[145] weil der Richter kraft Auftrags als Beamter auf Lebenszeit kein Berufsanfänger ist.

55   *Bei dem VG* darf der Richter auf Probe im ersten Jahr nach seiner Ernennung nicht Einzelrichter sein.[146] Die Bestimmung trifft keine Aussage über eine Einzelrichterfunktion bei einem anderen Gericht.

56   Abs. 1 S. 2 schließt auch nicht aus, dass der Proberichter während des ersten Jahres seit seiner Ernennung *konsentierter Einzelrichter* nach § 87 a Abs. 2 i.V.m. Abs. 3 oder originärer Einzelrichter nach anderen Vorschriften ist. Ebenso wenig ist mit Abs. 1 S. 2 eine Beschränkung der Alleinentscheidungsbefugnisse nach § 87 a Abs. 1 i.V.m. Abs. 3 verbunden.

57   *Das erste Jahr* nach der Ernennung beginnt mit dem Tag des Wirksamwerdens der Ernennung. Das ist regelmäßig (erst) der Tag der Aushändigung der Ernennungsurkunde, soweit nicht in ihr ein späterer

---

136   Vgl. OVG Bln-Bbg 13.2.2015 – OVG 9 S 25.14, juris Rn. 6; VGH Kassel NVwZ-RR 2000, 547; OVG Münster 19.11.1998 – 23 A 2616/98.A, juris Rn. 6.
137   Vgl. OVG Magdeburg 18.2.2016 – 1 L 52/14, juris Rn. 29; BFH/NV 2013, 1418.
138   Vgl. VGH Kassel NVwZ-RR 2000, 547; BFH NVwZ 1998, 661, 662; BFHE 187, 206.
139   VGH Kassel NVwZ-RR 1993, 332, 333; BFHE 187, 206.
140   OVG Greifswald 5.8.1998 – 3 L 54/98, AU S. 2; VGH Kassel NVwZ-RR 2000, 547.
141   Anders VG Köln 31.8.2017 – 19 K 1644/15, juris Rn. 14: „eo ipso" Rückfall an die Kammer; LG Saarbrücken BauR 2012, 141 für den Einzelrichter nach § 348 a ZPO: Einzelrichtersache wird „ipso iure" zu Kammersache.
142   So *H. Geiger*, in: Eyermann § 6 Rn. 14 und – nunmehr – *M. Funke-Kaiser*, in: Bader § 6 Rn. 13; a.A. *ders.*, in: GK-AsylG § 76 Rn. 11.
143   Vgl. *H. Gersdorf*, in: Posser/Wolff § 6 Rn. 14; *B. Clausing*, in: Schoch/Schneider/Bier § 6 Rn. 60.
144   Vgl. auch BVerfG NJW 1984, 559.
145   Vgl. *B. Clausing*, in: Schoch/Schneider/Bier § 6 Rn. 51.
146   Anders im Zivilprozess, wo nach § 348 Abs. 1 S. 2 Nr. 1 ZPO ein Proberichter als originärer Einzelrichter dann nicht tätig werden kann, wenn er nicht insgesamt bereits über einen Zeitraum von einem Jahr geschäftsverteilungsmäßig Rechtsprechungsaufgaben in bürgerlichen Rechtsstreitigkeiten wahrzunehmen hatte; keine Beschränkung gilt demgegenüber für den obligatorischen Einzelrichter nach § 348 a ZPO.

Zeitpunkt benannt ist. Es endet gem. § 188 Abs. 2 Alt. 2 BGB ausgehend vom zwölften auf die Ernennung folgenden Monat mit Ablauf des Tages, der dem Ernennungstag vorhergeht.

Die Bestimmung ist *streng formal* zu verstehen. Es kommt daher allein auf den rechnerischen Ablauf 58
der Jahresfrist an. Keine Rolle spielt, bei welchem VG der Richter eingesetzt war. Ohne Bedeutung ist
ferner, ob der Richter oder die Richterin in dem ersten Jahr nach der Ernennung vollzeit- oder teilzeitbeschäftigt war. Auch kommt es nicht darauf an, ob der Proberichter tatsächlich richterlich tätig war.
Einzelrichter nach § 6 darf nach Ablauf der Jahresfrist mithin auch sein, wer den ganzen oder den
überwiegenden Zeitraum des ersten Jahres nach der Ernennung *dienstunfähig erkrankt oder beurlaubt*
war. Dasselbe gilt, wenn der Proberichter im ersten Jahr nach seiner Ernennung nicht mit richterlichen
Aufgaben befasst, sondern etwa als wissenschaftlicher Mitarbeiter oder bei einer *Verwaltungsbehörde*
verwendet worden ist. Trotz des oben beschriebenen Zwecks von Abs. 1 S. 2 kommt es auch nicht darauf an, in welchem *Gerichtszweig* der Proberichter das erste Jahr nach der Ernennung absolviert hat.
Wird etwa ein zunächst in der ordentlichen Gerichtsbarkeit eingesetzter Richter nach Ablauf eines
Jahres bei einem VG tätig, kann er dort vom ersten Tag an Einzelrichter sein.

Maßgeblich für die Beurteilung der Frage, ob der Proberichter Einzelrichter sein darf, ist nicht (erst) 59
der Zeitpunkt der Entscheidung.[147] Vielmehr darf ein Übertragungsbeschluss solange nicht gefasst
werden, wie der Proberichter sich noch im ersten Jahr nach seiner Ernennung befindet.[148] Das gilt
auch, wenn der Beschluss erst nach Ablauf der Jahresfrist den Beteiligten bekannt gegeben wird
(→ Rn. 83).[149]

Abs. 1 S. 2 ist *keine Normativbestimmung* für den kammerinternen Geschäftsverteilungsplan. Ist die 60
Kammer mit einem Proberichter im ersten Jahr nach seiner Ernennung besetzt, reicht es aus, wenn der
kammerinterne Geschäftsverteilungsplan die Einzelrichter-Funktion von der Berichterstatter-Funktion
ableitet und im Fall des Proberichters lediglich von einer Übertragungsentscheidung abgesehen wird.
Etwas anderes gilt hinsichtlich der originären Einzelrichterzuständigkeit nach § 76 Abs. 4 S. 1 AsylG.
Diesbezüglich hat der kammerinterne Geschäftsverteilungsplan eine Einzelrichterregelung für den Fall
vorzusehen, dass eine Sache, die an sich in das Dezernat des unter § 76 Abs. 5 AsylG fallenden Proberichters fällt, Einzelrichtersache ist. Ist eine Sache bereits auf den Einzelrichter übertragen und tritt an
dessen Stelle aufgrund einer *Änderung des gerichtlichen Geschäftsverteilungsplanes* ein Proberichter
im ersten Jahr, liegt – sofern dem die kammerinterne Geschäftsverteilung nicht Rechnung trägt
(→ Rn. 53) – ein Fall der rechtlichen Verhinderung vor mit der Folge, dass das nach dem spruchkörperinternen Geschäftsverteilungsplan zur Vertretung berufene Kammermitglied der zuständige Einzelrichter ist.[150]

VIII. Übertragungsfolgen

1. Einzelrichter als alleinentscheidungszuständiger Richter. Ist der Rechtsstreit auf den Einzelrichter 61
übertragen, obliegen diesem alle Rechte und Pflichten, die ansonsten der Kammer als Kollegium oder
dem Vorsitzenden zustehen. Er repräsentiert das gerichtsverfassungsmäßige Rechtspflegeorgan „Kammer"(→ Rn. 88).[151] Seine Entscheidungen sind Entscheidungen des Spruchkörpers, dem er angehört;[152] sie ergehen in der Besetzung durch ihn „als Einzelrichter", was regelmäßig im Urteils- oder
Beschlusskopf zum Ausdruck kommt.

Gesetzlicher Richter ist mit Wirksamwerden der Übertragungsentscheidung (→ Rn. 83 ff.) allein der 62
Einzelrichter. Als solcher genießt er uneingeschränkt den Schutz der richterlichen Unabhängigkeit
nach Art. 97 Abs. 1 GG (→ Rn. 49). Die Gewährleistung der sachlichen Unabhängigkeit wirkt auch
im Innenverhältnis des Spruchkörpers (→ § 1 Rn. 76 m.w.N.). Einflussnahmen der anderen Kammermitglieder, insbes. des Vorsitzenden, auf das richterliche Handeln stellen daher einen Eingriff in die

---

147 So aber *H. Geiger*, in: Eyermann § 6 Rn. 13: Übertragung und Ladung zur mündlichen Verhandlung vor Ablauf der
    Jahresfrist zulässig.
148 In diesem Fall die Unwirksamkeit verneinend *B. Clausing*, in: Schoch/Schneider/Bier § 6 Rn. 49.
149 A.M. *M. Funke-Kaiser*, in: Bader § 6 Rn. 12.
150 VGH Kassel NVwZ-RR 1993, 332, 333; *M. Funke-Kaiser*, in: GK-AsylG § 76 Rn. 11; *H. Gersdorf*, in: Posser/Wolff
    § 6 Rn. 14. A.M. *H. Geiger*, in: Eyermann § 6 Rn. 14; *M. Funke-Kaiser*, in: Bader § 6 Rn. 13.
151 Vgl. *M. Stein*, in: Jonas, ZPO, 1. Bd., [13]1926, Vorbem. § 348 Anm. II.
152 Der Einzelrichter stellt demgegenüber keinen eigenständigen, von der Kammer losgelösten Spruchkörper dar, miss-
    verständlich daher *Schilken* Rn. 349.

richterliche Unabhängigkeit des Einzelrichters dar. Unzulässig ist es daher, wenn der Vorsitzende Einzelrichterentscheidungen inhaltlich durch Streichungen ohne Einwilligung des Einzelrichters verändert, auch wenn es ihm dabei allein um die Wahrung einer einheitlichen Kammerdiktion geht.[153] Als gesetzlich nicht zur Entscheidung berufener Richter steht er außerhalb des auf den Einzelrichter übertragenen Streitverfahrens und kann sich daher nicht seinerseits auf die richterliche Unabhängigkeit berufen.[154] Ihm steht es auch nicht (mehr) zu, die Arbeit des Einzelrichters durch prozessleitende oder sonstige Verfügungen zu beeinflussen (→ Rn. 64);[155] davon zu unterscheiden ist es, wenn der Vorsitzende als Verhinderungsvertreter des Einzelrichters zuständig ist.

63   Wird der Einzelrichter wegen *Besorgnis der Befangenheit* abgelehnt, entscheidet nach ganz herrschender Ansicht über das Ablehnungsgesuch gem. § 54 Abs. 1 VwGO i.V.m. § 45 ZPO die Kammer als Kollegium ohne den abgelehnten Einzelrichter,[156] an dessen Stelle sein geschäftsverteilungsplanmäßiger Vertreter tritt (→ § 54 Rn. 113 m.w.N.). Etwas anderes gilt nur, wenn der gerichtliche Geschäftsverteilungsplan die Zuständigkeit einer anderen Kammer vorsieht.[157] Über missbräuchliche und deshalb unzulässige Ablehnungsgesuche darf der abgelehnte Einzelrichter indes selbst entscheiden.[158] Im Falle der Ablehnung in der mündlichen Verhandlung kann er von § 47 Abs. 2 ZPO Gebrauch machen.[159] Ist der Einzelrichter nach der mündlichen Verhandlung erfolgreich abgelehnt worden, darf das Berufungsgericht von der Durchführung einer mündlichen Verhandlung nicht gemäß § 130 a absehen.[160]

64   Fällt im *Asylprozess* die Streitsache originär bei dem Einzelrichter an, folgt aus dessen Zuständigkeit für die ansonsten dem Vorsitzenden obliegenden Aufgaben, dass ihm auch die Zuständigkeit für die Verfügung über die Eingangsbestätigung an den Kläger und die Zustellung der Klage an den Beklagten nach § 85 S. 1 (sog. Eingangsverfügung → § 85 Rn. 2) zukommt.

65   **2. Vertretung.** Ist der Einzelrichter verhindert (→ § 4 Rn. 72), kraft Gesetzes ausgeschlossen oder wegen Besorgnis der Befangenheit erfolgreich abgelehnt (BFHE 187, 206), wird er von dem durch den kammerinternen Geschäftsverteilungsplan zu seiner Vertretung berufenen Mitglied der Kammer vertreten. Dieses tritt vollumfänglich an die Stelle des verhinderten Richters. Da der Vertreter bei Eintritt des Verhinderungsfalls für dessen Dauer der gesetzliche Richter ist, erübrigt sich eine Kennzeichnung seiner richterlichen Handlungen mit dem Zusatz „In Vertretung". Grundsätzlich unschädlich ist, wenn die Verhinderung bereits im Zeitpunkt der Übertragungsentscheidung bestand oder absehbar gewesen ist.[161]

66   **3. Reichweite der Übertragungsentscheidung.** Mit dem Übertragungsbeschluss wird der Einzelrichter für die Entscheidung des ihm übertragenen Verfahrens zuständig. Der Übertragung des Hauptsacheverfahrens folgt nicht automatisch ein dazugehöriges vorläufiges Rechtsschutzverfahren (→ Rn. 16). Mit dem Übergang der Zuständigkeit für das Verfahren auf den Einzelrichter geht zugleich die Befugnis zur Entscheidung sämtlicher Neben- und Folgeverfahren, die sich auf das übertragene Verfahren beziehen, über.[162] Dazu zählen auch Vorabentscheidungen über den Rechtsweg nach § 173 VwGO i.V.m. § 17 a Abs. 3 GVG und die sachliche und örtliche Zuständigkeit nach § 83 S. 1 VwGO i.V.m.

153 Vgl. BVerfG NJW 1996, 2149; wobei auch bei Kollegialsachen eine unabgestimmte Änderung des vom Berichterstatter vorgelegten Entscheidungsentwurfs unzulässig sein dürfte.
154 Vgl. BVerfG NJW 1996, 2149, 2150.
155 Vgl. *K.-M. Ortloff/K.-U. Riese*, in: Schoch/Schneider/Bier § 87 a Rn. 7 mit Fn. 11.
156 Vgl. BVerwG NVwZ 2013, 225; OVG Münster DVBl 1999, 1671; VGH Kassel NVwZ 1997, 311; BFHE 187, 206; VG Ansbach 13.3.2006 – AN 4 K 06.00597; VG Oldenburg 11.11.2005 – 3 A 2978; BGH NJW 2006, 2492; *M. Funke-Kaiser*, in: Bader § 6 Rn. 15; *H. Geiger*, in: Eyermann § 6 Rn. 7; vgl. auch *B. Hirte*, EWiR 2006, 735.
157 Vgl. VGH Kassel NVwZ 1997, 311, 312; nicht maßgeblich ist insoweit der kammerinterne Geschäftsverteilungsplan (unklar *K. Schenk*, in: Hailbronner, Ausländerrecht, AsylVfG § 76 Rn. 37), da dieser keine den § 54 Abs. 1 i.V.m. § 45 ZPO widersprechende Regelungen enthalten darf; eine andere Frage ist, ob der herrschenden Auslegung von § 45 Abs. 1 ZPO, die zu der Kollegiumszuständigkeit führt, zwingend zu folgen ist, vgl. auch VGH Kassel NVwZ 1997, 311, 312; verneinend *P. Fölsch*, SchlHA 2004, 137; *N. Vossler*, MDR 2006, 304.
158 Vgl. *B. Clausing*, in: Schoch/Schneider/Bier § 6 Rn. 67.
159 Vgl. OVG Magdeburg ZBR 2010, 286.
160 BVerwG NVwZ 2015, 1299.
161 Vgl. VGH München 16.4.2014 – 21 ZB 14.30078, juris Rn. 3.
162 Vgl. *M. Funke-Kaiser*, in: Bader § 6 Rn. 14.

§ 17a GVG (→ Rn. 36)[163] und sonstige Zwischenverfahren, etwa nach § 67 Abs. 3 S. 1 (→ § 67 Rn. 37 ff.).

Der Einzelrichter ist auch zur *Trennung* mehrerer in dem auf ihn übertragenen Verfahren erhobener 67 Ansprüche nach § 93 S. 2 befugt; nach der Abtrennung behält er die Einzelrichterzuständigkeit auch für den abgetrennten Teil.[164] Die Verbindung von Verfahren nach § 93 S. 1 durch den Einzelrichter setzt dessen Einzelrichterzuständigkeit für die zu verbindenden Verfahren voraus (→ § 93 Rn. 1 ff.).[165] Werden nach der Übertragung des Rechtsstreits im Wege der *Klageerweiterung* weitere Ansprüche anhängig gemacht, fallen diese unmittelbar bei dem Einzelrichter an; auch in den sonstigen Fällen der Klageänderung (§ 91) kann eine Zuständigkeit des Kollegiums nur im Wege der Rückübertragung nach Abs. 3 begründet werden. Der Einzelrichter ist auch für Berichtigungsbeschlüsse nach §§ 118, 119 sowie für die Entscheidung über Anträge auf Urteilsergänzung nach § 120 zuständig (BFH 9.12.2004 – IV B 40/03). Dasselbe gilt für Anträge auf *Fortsetzung* des ihm übertragenen Verfahrens, etwa aufgrund eines Streites darüber, ob das Verfahren durch Vergleich, Klagerücknahme oder Klagerücknahmefiktion beendet ist. Hinsichtlich der *Vollstreckung* von Einzelrichtersachen nach den §§ 167 ff. → Rn. 17 f. *Keine Einzelrichtersache* ist demgegenüber eine Klage auf Wiederaufnahme nach § 153 VwGO i.V.m. §§ 578 ff. ZPO eines von dem Einzelrichter entschiedenen Verfahrens (BFHE 188, 1). Dasselbe dürfte für einen Antrag nach § 80 Abs. 7 gelten.[166]

Wird die an den Einzelrichter übertragene Sache infolge einer Änderung des gerichtlichen Geschäfts- 68 verteilungsplans bei einer *anderen Kammer anhängig*, berührt das die Einzelrichterzuständigkeit nicht;[167] Einzelrichter ist dann der nach dem kammerinternen Geschäftsverteilungsplan der aufnehmenden Kammer zuständige Richter. Die Gegenauffassung[168] überzeugt nicht. Sie argumentiert im Kern, mit dem Kammerwechsel stelle sich die Übertragungsfrage neu. Damit indes stellt sie die Gültigkeit der Übertragungsentscheidung unter einen Vorbehalt, den das Gesetz nicht vorsieht; die wesentliche Änderung der Prozesslage, wozu auch ein Zuständigkeitswechsel zählen kann, regelt Abs. 4 mit der Möglichkeit der Rückübertragung, sofern die dortigen Voraussetzungen erfüllt sind.

Anderes gilt auch dann nicht, wenn die Kammer, die den Übertragungsbeschluss gefasst hat, *irrtüm-* 69 *lich* ihre Zuständigkeit angenommen hatte oder sich erst nachträglich die Zuständigkeit einer anderen Kammer herausgestellt hat. Gelangt eine Sache aufgrund eines *Verweisungsbeschlusses* an das VG und war sie vor der Verweisung auf den Einzelrichter übertragen, ist zu differenzieren: Erfolgt die Verweisung aufgrund *sachlicher* (etwa in den Fällen der Zuständigkeitskonzentration → § 3 Rn. 28 ff.) oder *örtlicher* Unzuständigkeit des verweisenden Gerichts, verbleibt es bei der Einzelrichterzuständigkeit;[169] Einzelrichter ist derjenige Richter der geschäftsverteilungsplanmäßig zuständigen Kammer des Gerichts, an das die Sache verwiesen wurde, der nach dem kammerinternen Geschäftsverteilungsplan als Einzelrichter berufen ist. Dasselbe gilt, wenn ein Fall der *Bestimmung des zuständigen Gerichts* nach § 53 gegeben ist (→ § 53 Rn. 25). Wird die Sache indes *aus einem anderen Rechtsweg* an das VG verwiesen, scheidet eine Bindung an eine dort begründete Einzelrichterzuständigkeit aus. Das folgt ohne Weiteres daraus, dass sich die Frage der Besetzung der Kammer des VG nicht nach Maßgabe des Prozessrechts des anderen Rechtswegs, sondern nach §§ 5 Abs. 3, 6 beurteilt.[170]

Keine Zuständigkeit des Einzelrichters, sondern die des Kollegiums ist gegeben, wenn eine vor Erlass 70 des Übertragungsbeschlusses ergangene Entscheidung von Amts wegen oder auf Antrag nach §§ 118 ff. i.V.m. § 122 Abs. 1 berichtigt werden soll. Dasselbe gilt, wenn es um die Berichtigung des Übertragungsbeschlusses selbst geht. Ist nach Ablehnung eines PKH-Antrags die Übertragung auf den

---

163 Vgl. auch OLG München MDR 2016, 179.
164 Vgl. *B. Clausing*, in: Schoch/Schneider/Bier § 6 Rn. 53.
165 Ferner *B. Clausing*, in: Schoch/Schneider/Bier § 6 Rn. 54.
166 A.M. *M. Funke-Kaiser*, in: Bader § 6 Rn. 14; offen gelassen von BFH BFH/NV 2005, 1328.
167 Vgl. VGH München BayVBl 1996, 503; BFH BFH/NV 2006, 1854; BFHE 186, 5; OLG Dresden NJ 2017, 519; *B. Clausing*, in: Schoch/Schneider/Bier § 6 Rn. 60; *J. Ruthig*, in: Kopp/Schenke § 6 Rn. 4; *H. Gersdorf*, in: Posser/Wolff § 6 Rn. 39.
168 *H. Geiger*, in: Eyermann § 6 Rn. 7; *M. Funke-Kaiser*, in: Bader § 6 Rn. 19.
169 So zu Recht HmbOVG 22.9.2009 – 1 Bf 162/09.Z; *J. Bergmann*, in: Bergmann/Dienelt § 76 AsylG Rn. 19; ferner OLG Koblenz MDR 1986, 153. A.M. OVG Lüneburg ZAR 1990, 97 zu § 31 AsylVfG a.F.; VG Karlsruhe 21.4.2016 – 2 K 2240/15, juris Rn. 15; *H. Gersdorf*, in: Posser/Wolff § 6 Rn. 39; *H. Geiger*, in: Eyermann § 6 Rn. 7; *M. Funke-Kaiser*, in: Bader § 6 Rn. 19; *J. Ruthig*, in: Kopp/Schenke § 6 Rn. 4; *K. Schenk*, in: Hailbronner, Ausländerrecht, AsylVfG § 76 Rn. 40 f.; *R. Marx*, AsylG, ⁹2017, § 76 Rn. 15.
170 Zutr. *B. Clausing*, in: Schoch/Schneider/Bier § 6 Rn. 61.

Einzelrichter erfolgt, soll dieser für die Entscheidung darüber zuständig sein, ob der Beschwerde gegen die Ablehnung abzuhelfen ist.[171]

71   Wird ein von dem Einzelrichter entschiedenes Verfahren durch das *Rechtsmittelgericht* an das VG *zurückverwiesen*, bleibt es bei der Einzelrichterzuständigkeit.[172] Nach der Rspr. des BFH soll das Rechtsmittelgericht aber berechtigt sein, einen vor dem Einzelrichter anhängig gewesenen Rechtsstreit unter Aufhebung des Übertragungsbeschlusses (BFH GmbHR 2011, 322) an das Kollegium zurückzuverweisen (BFH/NV 2016, 1574; BFHE 180, 509).

IX. Verhältnis zu anderen Alleinentscheidungsbefugnissen

72   Zu originären Einzelrichterzuständigkeiten → Rn. 7. Gegenüber § 6 ist die Einzelrichterregelung des § 76 *AsylG* lex specialis. Ist der Rechtsstreit nach § 6 auf den Einzelrichter übertragen worden, bleibt kein Raum mehr für die Anwendung von § 87 a.[173] Die Zuständigkeit für die Entscheidung über die in § 87 a Abs. 1 bestimmten Fälle des vorbereitenden Verfahrens folgt nach der Übertragung aus § 6; die Entscheidung ergeht daher „als Einzelrichter", nicht „als Berichterstatter".[174] Die konsentierte Kompetenz des Einzelrichters nach § 87 a Abs. 2 i.V.m. Abs. 3 ist überflüssig geworden.[175]

73   Zur *Vorsitzendenzuständigkeit* nach § 169 Abs. 1 → Rn. 18; → § 169 Rn. 23. Die Vorsitzendenalleinentscheidungskompetenz in dringenden Fällen des vorläufigen Rechtsschutzes nach § 80 Abs. 8 und § 123 Abs. 2 S. 3 wird mit der Übertragung obsolet. Nicht hierher zählt die Vorsitzendenzuständigkeit in den Fällen der Vermögensbeschlagnahme verbotener Vereine nach § 10 Abs. 2 S. 5 und 6 VereinsG.

74   Haben sich die Beteiligten nach *§ 87 a Abs. 2* mit einer Entscheidung durch den Berichterstatter anstelle der Kammer einverstanden erklärt, schließt das die nachfolgende Übertragung des Rechtsstreits auf den Einzelrichter nicht aus (→ § 87 a Rn. 10). Die erfolgte Übertragung macht zwar eine Einzelrichterentscheidung aufgrund Beteiligtenkonsenses überflüssig (OVG Magdeburg 8.3.2006 – 1 L 44/05), der Konsens schließt aber die Übertragung nach § 6 nicht aus, weil mit ihm nach h.M. nicht zugleich der Übergang der Entscheidungszuständigkeit einhergeht (→ § 87 a Rn. 10).[176]

X. Übertragungsverfahren

75   **1. Anhörung.**   Vor Erlass des Übertragungsbeschlusses muss den Beteiligten rechtliches Gehör gewährt werden.[177] Dabei ist eine angemessene Stellungnahmefrist zugrunde zu legen (OVG Lüneburg IÖD 2013, 118). Das folgt aus der Relevanz der Übertragungsentscheidung für den gesetzlichen Richter.[178] Die Anhörungspflicht folgt unmittelbar aus Art. 103 Abs. 1 GG.[179] Die Gegenauffassung, die ein Anhörungserfordernis im Wege des Umkehrschlusses aus Abs. 3 S. 1, wo nur für den Fall der Rückübertragung eine Anhörung vorgeschrieben ist, verneint,[180] greift daher zu kurz. Gegen die verbreitete Praxis, bereits mit der Eingangsverfügung formularmäßig anzufragen, ist grds. nichts einzuwenden.[181] Tritt danach indes eine wesentliche Änderung der für die Beurteilung der Übertragungsvoraussetzungen beachtlichen tatsächlichen oder rechtlichen Umstände ein, ist erneut rechtliches Gehör zu gewähren. Spricht sich ein Beteiligter gegen eine Übertragung aus, hindert das die Kammer nicht, weil es des Einverständnisses der Beteiligten nicht bedarf. Eine vorherige Anhörung ist nicht er-

---

171 OLG Dresden MDR 2008, 645.
172 Vgl. BFH/NV 2017, 50; 2006, 1854; BFHE 187, 206, 209; VG Münster 24.4.2015 – 9 L 651/14, juris Rn. 14; *H. Geiger*, in: Eyermann § 6 Rn. 7; ferner OLG Köln NJW 1976, 1101, 1102. A.M. *M. Funke-Kaiser*, in: Bader § 6 Rn. 19; *J. Ruthig*, in: Kopp/Schenke § 6 Rn. 4.
173 Vgl. *K.-M. Ortloff/K.-U. Riese*, in: Schoch/Schneider/Bier § 87 a Rn. 4.
174 Vgl. auch *H. Gersdorf*, in: Posser/Wolff § 6 Rn. 6.
175 Vgl. auch BVerwG NVwZ 2005, 964, 965.
176 *K.-M. Ortloff/K.-U. Riese*, in: Schoch/Schneider/Bier § 87 a Rn. 45, die allerdings in Rn. 4 bei Vorliegen der Übertragungsvoraussetzungen § 87 a für unanwendbar halten.
177 Vgl. BVerwGE 110, 40, 45; OVG Münster NVwZ-RR 1990, 163; OVG Saarlouis NVwZ 1998, 645 m.w.N.; OVG Schleswig NordÖR 2002, 114; *H. Geiger*, in: Eyermann § 6 Rn. 12.
178 Vgl. auch BVerfG NJW 1993, 2229.
179 Vgl. OVG Schleswig NordÖR 2002, 114.
180 So z.B. *M. Kävenheim*, NJW 1993, 1372, 1373 m.w.N. zu § 6 FGO; *H. Schnellenbach*, DVBl 1993, 230, 233.
181 Vgl. OVG Münster 26.7.2012 – 1 A 1775/10; *M. Funke-Kaiser*, in: Bader § 6 Rn. 10, jetzt auch *B. Clausing*, in: Schoch/Schneider/Bier § 6 Rn. 43.

forderlich, wenn sich die Beteiligten bereits zur Übertragung geäußert haben;[182] auch hier setzt das jedoch voraus, dass sich nicht zwischenzeitlich die übertragungsrelevanten Umstände erheblich geändert haben.

Eine besondere Form ist für die Anhörung nicht vorgeschrieben. Sie kann daher auch in der mündlichen Verhandlung, im Ortstermin oder im Erörterungstermin mündlich erfolgen; der Vorgang sollte in diesem Fall protokolliert werden. 76

Ist vor der Übertragung die *Anhörung unterblieben*, kann diese bis zur Entscheidung in der Sache 77 nachgeholt werden (BVerwGE 110, 40, 45; OVG Greifswald NordÖR 2002, 65, 66). Haben die Beteiligten in der mündlichen Verhandlung vor dem Einzelrichter oder – bei Entscheidung der Sache ohne mündliche Verhandlung – schriftsätzlich den Gehörverstoß nicht gerügt, können sie sich darauf nicht mehr berufen.[183] Die Verletzung der Anhörungspflicht hat auch nicht zur Folge, dass gegen die Entscheidung des Einzelrichters die Berufung oder die Revision wegen Versagung des rechtlichen Gehörs zuzulassen wäre (→ Rn. 86, 92).[184] Allerdings ist eine *Korrektur* des Gehörverstoßes *durch Rückübertragung* auf die Kammer nach Abs. 3 S. 1 geboten, wenn sich aufgrund nachträglichen Vortrags ergibt, dass die Übertragungsvoraussetzungen nicht vorgelegen haben (BVerwGE 110, 40, 45 f.). Der in Abs. 3 S. 1 normierten Rückübertragungsvoraussetzung der wesentlichen Änderung der Prozesslage ist es gleichzustellen, wenn der Einzelrichter aufgrund einer nachgeholten Anhörung zum Ergebnis gelangt, dass die Rechtssache entgegen der ursprünglichen Annahme doch grundsätzliche Bedeutung hat oder besondere Schwierigkeiten aufweist. Dasselbe muss gelten, wenn sich infolge der nachgeholten Anhörung Ermessensgesichtspunkte ergeben, die bei vorheriger Kenntnis nicht zur Übertragung geführt hätten. Soll es nach durchgeführter nachträglicher Anhörung bei der Einzelrichterzuständigkeit bleiben, müssen die Entscheidungsgründe des Urteils erkennen lassen, dass die gegen die Übertragung vorgebrachten Bedenken gewürdigt wurden (BVerwGE 110, 40, 46).

2. Übertragungszeitpunkt. Die Formulierung in Abs. 1, wonach der Rechtsstreit *„zur Entscheidung"* 78 als Einzelrichter übertragen wird, bedeutet nicht, dass die Übertragung erst erfolgen darf, wenn der Rechtsstreit entscheidungsreif ist (→ Rn. 28). Wann die Übertragung auf den Einzelrichter erfolgt, obliegt vielmehr dem **Ermessen** der Kammer. Regelmäßig kann das Vorliegen der Übertragungsvoraussetzungen zuverlässig erst festgestellt werden, wenn die Klage begründet und der Verwaltungsvorgang vorgelegt worden ist und wenn der Beklagte und ggf. die übrigen Beteiligten zur Klage Stellung genommen haben.[185] Eine *Übertragung auf Vorrat* ohne Klarheit über das Vorliegen der Übertragungsvoraussetzungen ist unzulässig, weil eine spätere Rückübertragung auf die Kammer nach Abs. 3 voraussetzt, dass sich die grundsätzliche Bedeutung oder die besonderen tatsächlichen oder rechtlichen Schwierigkeiten aufgrund einer wesentlichen Änderung der Prozesslage ergeben haben.[186] In der *Praxis* erfolgt die Übertragung häufig im Zuge der Terminierung oder der Entscheidungsvorbereitung.[187] Unzulässig ist es hingegen, gleichzeitig die Übertragungs- und die Entscheidung in der Sache zu treffen (OVG Münster 2.11.2017 – 4 B 891/17, juris Rn. 20 ff.; → Rn. 85).

3. Form der Übertragung. Die Übertragung erfolgt durch Beschluss der Kammer in der berufsrichter- 79 lichen Besetzung (§ 5 Abs. 3 S. 2), sofern er außerhalb der mündlichen Verhandlung gefasst wird. Der Richter, auf den der Rechtsstreit übertragen wird, wirkt mit, sofern er nicht verhindert ist und deshalb von seinem geschäftsverteilungsplanmäßigen Vertreter vertreten wird (zur Problematik der Vorsitzenden- oder Selbstbestellung → Rn. 12 ff.). Für die Beschlussfassung gelten die allgemeinen Regeln des § 173 VwGO i.V.m. § 196 Abs. 1 GVG; Einstimmigkeit ist nicht erforderlich,[188] ebenso wenig eine

182 Vgl. *H. Geiger*, in: Eyermann § 6 Rn. 12; *B. Clausing*, in: Schoch/Schneider/Bier § 6 Rn. 42.
183 Vgl. BVerwG 7.10.2004 – 3 B 62.04; BVerwGE 110, 40, 45; OVG Weimar ThürVBl 1995, 157, 158; VGH München NVwZ-RR 1991, 221; BFHE 190, 47, 56; BFH NJW 1995, 2576; NVwZ 1998, 661, 662.
184 Vgl. OVG Bln-Bbg 30.4.2013 – OVG 3 N 80.12; SchlHOVG NordÖR 2002, 114. A.M. *F. Hufen*, Verw 32 (1999), 519, 528.
185 Vgl. *M. Funke-Kaiser*, in: Bader § 6 Rn. 18; *H. Geiger*, in: Eyermann § 6 Rn. 11; *H. Schnellenbach*, DVBl 1993, 230, 234.
186 S.a. *B. Clausing*, in: Schoch/Schneider/Bier § 6 Rn. 35; *H. Schnellenbach*, DVBl 1993, 230, 234.
187 Vgl. *K.-M. Ortloff*, LKV-Beilage 2001, 51, 52; vgl. aber BVerwG NVwZ 2005, 98; OVG Brem NordÖR 2009, 117.
188 Vgl. auch *J. Bergmann*, in: Bergmann/Dienelt § 76 AsylG Rn. 17.

förmliche Beratung, sodass die Beschlussfassung im *Umlaufverfahren* erfolgen kann.[189] Eine Übertragung unter Vorbehalt, unter einer Bedingung oder unter einer Befristung ist unzulässig.[190]

80   *Fehlt es* an einem (wirksamen) Übertragungsbeschluss, stellt sich eine gleichwohl ergehende Einzelrichterentscheidung als objektiv willkürlicher Verstoß gegen die Garantie des gesetzlichen Richters aus Art. 101 Abs. 1 S. 2 GG dar.[191] Das gilt auch dann, wenn der entscheidende Richter irrig vom Vorliegen des Übertragungsbeschlusses ausging.[192] Eine Heilung durch nachträgliche Übertragung[193] ist ebenso ausgeschlossen wie eine solche durch rügelose Einlassung.[194]

81   Der Beschluss bedarf *keiner Begründung*, da er nach Abs. 4 S. 1 unanfechtbar ist (§ 122 Abs. 2 S. 1). Eine Begründungspflicht besteht auch dann nicht, wenn ein Beteiligter der Übertragung widersprochen hat.[195] Soll der Übertragungsbeschluss gleichwohl begründet werden, darf der Einzelrichter durch die Begründung nicht auf eine bestimmte Rechtsmeinung oder Verfahrensweise festgelegt werden.[196]

82   Der Übertragungsbeschluss ist den Beteiligten *bekannt zu geben*. Eine Zustellung ist nicht erforderlich.[197] Eine mittelbare Bekanntgabe durch den in der Ladung enthaltenen Hinweis, dass zur mündlichen Verhandlung vor dem Einzelrichter geladen werde, soll ausreichen.[198] Ausreichend soll auch sonst eine bloße Mitteilung über die erfolgte Übertragung sein.[199] Daher soll es auch nicht geboten sein, die Namen der die Übertragung beschließenden Richter mitzuteilen.[200] Die unterlassene oder verspätete Bekanntgabe ist unschädlich, wenn die Beteiligten vor dem Einzelrichter verhandelt haben,[201] weil hierin die konkludente Mitteilung des Übertragungsbeschlusses zu sehen sei.[202] Auch soll eine Nachholung der Bekanntgabe möglich sein.[203] Die Gewährleistung des gesetzlichen Richters wird durch einen (nur) die Bekanntgabe und deren Zeitpunkt betreffenden Mangel mangels objektiver Willkür und mangels jeglicher Manipulationsabsicht auf keinen Fall infrage gestellt (BVerwG NVwZ-RR 2002, 150, 151; VGH Mannheim ESVGH 44, 81, 82).

83   **4. Wirksamwerden.**   Nach einer Ansicht wird der Übertragungsbeschluss mit dem Eingang auf der Geschäftsstelle,[204] nach a.A. mit der Aufgabe zur Post[205] und nach dritter Ansicht erst mit der Bekanntgabe an die Beteiligten[206] wirksam. Für den Fall der Ablehnung einer Beschwerde gegen die Nichtzulassung der Revision hat das BVerwG entschieden, dass der ablehnende Beschluss mit seiner Herausgabe aus dem Gerichtsgebäude zur Post wirksam werde (BVerwGE 94, 64, 67). Die erstgenannte Auffassung verdient den Vorzug (a.A. → § 122 Rn. 13). Maßgeblich für die Frage der Wirksamkeit (und damit der Unabänderlichkeit) des Beschlusses ist der Zeitpunkt, in dem die gefällte Entscheidung innerhalb des Gerichts in den Bereich gelangt ist, über den die Beteiligten jederzeit Kenntnis

---

189   A.M. *H. Schnellenbach*, FS Menger, 1985, 341, 346 mit Fn. 50 a, ferner ebenda S. 349.
190   Vgl. *H. Gersdorf*, in: Posser/Wolff § 6 Rn. 19.
191   Vgl. BVerwG NVwZ-RR 2002, 150, 151; BGH NJW-RR 2016, 388 für den Fall einer Einzelrichterentscheidung ohne vorherige Übertragung nach § 68 Abs. 4 FamFG.
192   Vgl. OVG Frankfurt/O. NVwZ-RR 2001, 202.
193   Vgl. OVG Frankfurt/O. NVwZ-RR 2001, 202; *M. Funke-Kaiser*, in: Bader § 6 Rn. 11.
194   Vgl. OVG Frankfurt/O. NVwZ-RR 2001, 202, 203.
195   BVerwG 27.10.2004 – 7 B 110.04; NVwZ-RR 2002, 150, 151; BFH/NV 2017, 50; BFHE 194, 38, 39. A.M. *H. Geiger*, in: Eyermann § 6 Rn. 10.
196   Vgl. *B. Clausing*, in: Schoch/Schneider/Bier § 6 Rn. 45; *H. Schnellenbach*, DVBl 1993, 230, 234.
197   Vgl. BVerwG NVwZ-RR 2002, 150, 151; OVG Magdeburg 3.2.2010 – 1 L 95/09; VGH Kassel NVwZ-RR 2000, 547; VGH Mannheim ESVGH 44, 81, 82; für Zustellung plädiert *W. Schenk*, NVwZ 2016, 1600, 1602.
198   So BFH/NV 2011, 610; vgl. auch OVG Magdeburg 18.2.2016 – 1 L 52/14, juris Rn. 30.
199   OVG Bautzen 2.2.2015 – 5 D 50/14, juris Rn. 3 f.
200   OVG Bln-Bbg 17.11.2016 – OVG 2 B 13.16, juris Rn. 19.
201   *M. Funke-Kaiser*, in: Bader § 6 Rn. 12; wohl auch OVG Magdeburg 18.2.2016 – 1 L 52/14, juris Rn. 30.
202   So OVG Lüneburg NVwZ 1998, 85, 86.
203   *H. Gersdorf*, in: Posser/Wolff § 6 Rn. 18.
204   Vgl. OVG Saarlouis NVwZ 1998, 645.
205   Vgl. VGH Mannheim ESVGH 44, 81; *H. Geiger*, in: Eyermann § 6 Rn. 10.
206   Vgl. BVerwG NVwZ-RR 2002, 150, 151; BFH BFH/NV 2011, 883; VGH Mannheim InfAuslR 2016, 281; OVG Münster AuAS 2004, 202; *M. Funke-Kaiser*, in: Bader § 6 Rn. 12; *H. Gersdorf*, in: Posser/Wolff § 6 Rn. 18; *J. Ruthig*, in: Kopp/Schenke § 6 Rn. 14.

von deren Inhalt erhalten können. Das ist grds. der – zu dokumentierende[207] – Zeitpunkt der *Übergabe an die Geschäftsstelle.*[208]

Erst mit Wirksamwerden der Übertragung wird die Zuständigkeit des Einzelrichters begründet.[209] 84 Übertragungsbeschluss und Einzelrichterentscheidung dürfen daher *nicht gleichzeitig* erlassen werden.[210] Das schließt jedoch nicht aus, dass beide zusammen den Beteiligten bekannt gemacht werden.[211] Etwas anderes[212] ließe sich nur begründen, wenn entgegen der oben vertretenen Ansicht (→ Rn. 83) die Wirksamkeit der Übertragung frühestens in der Aufgabe des Beschlusses zur Post gesehen würde. Eine „schwebende" Wirksamkeit der Übertragung für den Fall, dass die übertragene Sache auf einen Proberichter im ersten Jahr (→ Rn. 54 ff.) entfällt,[213] kennt das Gesetz nicht (→ Rn. 53).

Erfolgt die Übertragung einen Tag nach dem Diktat der Sachentscheidung durch den Berichterstatter, 85 liegt *kein Fall des gleichzeitigen Erlasses* (→ Rn. 78) von Übertragungsbeschluss und Sachentscheidung vor, sofern nicht zwischenzeitlich die von dem Richter unterschriebene Sachentscheidung der Geschäftsstelle übergeben wurde.[214] Zulässig ist es daher, wenn der Berichterstatter die Sachentscheidung diktiert, danach den Übertragungsbeschluss im Umlaufverfahren herbeiführt und sodann der von den Richtern der Kammer unterschriebene Übertragungsbeschluss mit dem Diktat zur Geschäftsstelle gelangt.

5. Rechtsmittel (Abs. 4). Der Übertragungsbeschluss ist nach Abs. 4 S. 1 *unanfechtbar.* Eine Ausnah- 86 me ist auch nicht bei Willkür oder sonst „greifbarer Gesetzwidrigkeit", etwa im Fall der Vorsitzenden- oder Selbstbestellung des Berichterstatters zum Einzelrichter zu machen (→ Rn. 14). Indessen schließt die Unanfechtbarkeit nicht aus, dass in einem solchen Fall der Übertragungsbeschluss auf Gegenvorstellung oder von Amts wegen aufgehoben wird (→ Rn. 92, 14 f.).[215]

Von der Unanfechtbarkeit des Übertragungsbeschlusses zu unterscheiden ist die Frage danach, ob die 87 Übertragungsentscheidung i.R. eines *gegen die Sachentscheidung eingelegten Rechtsmittels* überprüft werden kann. Für den Fall der unterlassenen Übertragung bestimmt Abs. 4 S. 2, dass ein Rechtsmittel darauf nicht gestützt werden kann (zur Frage, ob ein Unterlassen auch eine Vorentscheidung i.S.v. § 173 VwGO i.V.m. § 512 ZPO sein kann → § 124 Rn. 202). Soweit die Rechtmäßigkeit der erfolgten Übertragung in Rede steht, gilt, dass die dem Endurteil vorausgegangenen unanfechtbaren Entscheidungen grds. nicht der Beurteilung des Rechtsmittelgerichts unterliegen (§ 124 Abs. 2 Nr. 5 VwGO; § 173 VwGO i.V.m. § 557 Abs. 2 ZPO; → Rn. 13). Zwar erfährt diese Beschränkung der Überprüfungskompetenz des Rechtsmittelgerichts ihrerseits eine Einschränkung u.a. für den Fall, dass die Folgen der fehlerhaften Vorentscheidung weiterwirkend der angefochtenen Sachentscheidung anhaften.[216] Das ist bei der fehlerhaften Übertragung auf den Einzelrichter in Bezug auf die von dem Einzelrichter getroffene Sachentscheidung der Fall. Indessen ergibt sich aus Abs. 4, dass (einfache) Verstöße gegen § 6 nach dem Willen des Gesetzgebers nicht zum Erfolg eines Rechtsmittels führen sollen; ein Verstoß gegen § 6 ist daher im Rechtsmittelverfahren nur beachtlich, wenn er zugleich eine *Verletzung der prozessualen Gewährleistungen der Verfassung,* insbes. des Grundsatzes des rechtlichen Gehörs (Art. 103 Abs. 1 GG) und des Rechts auf den gesetzlichen Richter (Art. 101 Abs. 2 S. 2 GG) beinhal-

---

207 Zu sich aus einer fehlenden Dokumentation ergebenden Fragen VGH Mannheim 2.12.2016 – A 11 S 2011/16, juris Rn. 14.
208 Vgl. *M. Dolderer,* VBlBW 2000, 417, 419 m.w.N. A.M. *H. Geiger,* BayVBl 2001, 44, 46.
209 Für Unterscheidung zwischen Zuständigkeit des Einzelrichters infolge eingetretener (interner) Bindung und Wirksamkeit des Beschlusses gegenüber den Beteiligten z.B. *B. Clausing,* in: Schoch/Schneider/Bier § 6 Rn. 46; *K. Schenk,* in: Hailbronner, Ausländerrecht, AsylVfG § 76 Rn. 29; *J. Bergmann,* in: Bergmann/Dienelt § 76 AsylG Rn. 17; *R. Marx,* AsylG, ⁹2017, § 76 Rn. 11; ebenso OVG Lüneburg NVwZ 1998, 85, 86; vgl. auch OVG Bautzen 2.2.2015 – 5 D 50/14, juris Rn. 4.
210 Vgl. OVG Saarlouis NVwZ 1998, 645; vgl. auch VGH Mannheim ESVGH 44, 81.
211 So zu Recht *H. Geiger,* in: Eyermann § 6 Rn. 10; vgl. auch OVG Brem NordÖR 2009, 117. A.M. VGH Mannheim InfAuslR 2016, 281; OVG Münster 2.11.2017 – 4 B 891/7 – juris Rn. 20 ff.).
212 Vgl. *M. Funke-Kaiser,* in: Bader § 6 Rn. 12.
213 So VG Münster 14.10.2015 – 9 K 399/15, juris Rn. 11.
214 Anders, aber offenbar spekulativ, OVG Schleswig NVwZ-RR 1995, 252.
215 Ferner VG Hannover 14.12.2007 – 13 A 1597/07; *H. Gersdorf,* in: Posser/Wolff § 6 Rn. 46; zur Rückübertragungspflicht bei unterlassener Anhörung.
216 Bereits BVerwG Buchholz 310 § 173 VwGO Anh. § 548 ZPO Nr. 2; ferner BVerwG NJW 1998, 2301; NVwZ-RR 1999, 587, 588.

tet.[217] Das gilt sowohl für den Fall der fehlerhaft unterlassenen wie auch für den Fall der fehlerhaft vorgenommenen Übertragung.

XI. Verfahrensfragen bei Einzelrichterzuständigkeit

88   Der Einzelrichter übernimmt das ihm übertragene Verfahren „wie es steht und liegt" (→ Rn. 66).[218] Bereits ergangene Verfügungen, Zwischenentscheidungen und Beweisbeschlüsse bleiben bestehen, sofern sie der Einzelrichter nicht aufhebt.[219] Entsprechendes gilt für die Prozesserklärungen und Prozesshandlungen der Beteiligten.[220] Eine Ausnahme soll für den vor der Übertragung erklärten *Verzicht auf mündliche Verhandlung* gelten.[221] Nach der Rspr. des BFH wird ein solcher Verzicht[222] auf mündliche Verhandlung gegenstandslos, es sei denn, er erstreckt sich eindeutig auch auf eine Entscheidung durch den Einzelrichter (BFHE 181, 115).

89   Der Einzelrichter ist nicht gehindert, durch *Gerichtsbescheid* zu entscheiden.[223] Da die Übertragung voraussetzt, dass der Rechtssache keine grundsätzliche Bedeutung zukommt, scheidet eine *Zulassung der Berufung* nach § 124 a Abs. 1 S. 1 i.V.m. § 124 Abs. 2 Nr. 3 oder – in den Fällen des Berufungsausschlusses (§ 135) – der Revision nach § 132 Abs. 1, 2 Nr. 1 regelmäßig aus.[224] Etwas anderes muss indes gelten, wenn sich (erst) nach der Übertragung herausstellt, dass grundsätzliche Bedeutung gegeben ist.[225] Ebenso gilt, dass der Einzelrichter nicht an die dem Übertragungsbeschluss zugrunde liegende Rechtsmeinung der Kammer gebunden ist.[226] Nicht von vornherein ausgeschlossen ist auch die Zulassung der Sprungrevision nach § 134 Abs. 1 S. 1 (→ § 134 Rn. 11).[227]

90   Verlangt das materielle Recht für die Durchführung der mündlichen Verhandlung die Einhaltung einer bestimmten Prüfungsreihenfolge und vor Eintritt in den folgenden Prüfungsschritt eine Würdigung der Glaubhaftigkeit bisher vorgebrachter Erklärungen i.R. einer *Zwischenberatung*,[228] bedarf es einer solchen nicht, wenn der Rechtsstreit auf den Einzelrichter übertragen ist. Denn in diesem Fall fehlt es an der Notwendigkeit der Verständigung der Richter untereinander darüber, wie das Verfahren weiter zu gestalten ist (BVerwG Buchholz 448.6 § 5 KDVG Nr. 10).

XII. Rückübertragung auf die Kammer

91   Nach Abs. 3 S. 1 ist die Rückübertragung von einer wesentlichen Änderung der Prozesslage abhängig. Darunter ist die *objektive Änderung der Sach- und Rechtslage* zu verstehen.[229] Diese muss zu der Annahme des Einzelrichters führen, dass die Sache nunmehr besondere Schwierigkeiten tatsächlicher

---

217 Vgl. BVerwGE 110, 40, 44; vgl. ferner BVerwG NVwZ-RR 2000, 257, 258; NVwZ-RR 2002, 150, 151; BFHE 190, 47, 50; VGH Mannheim NVwZ-RR 2014, 545; OVG Münster 2.11.2017 – 4 B 891/17, juris Rn. 20 ff.; NVwZ-RR 2012, 444; zum Fall eines Verstoßes gegen Art. 103 Abs. 1 GG durch fehlerhafte Anhörung ferner OVG Lüneburg IÖD 2013, 118; vgl. auch *M. Probst*, JR 2008, 115.

218 Vgl. auch *P. Brandis*, in: Tipke/Kruse § 6 FGO Rn. 19.

219 Vgl. *M. Funke-Kaiser*, in: Bader § 6 Rn. 15.

220 Vgl. *H. Geiger*, in: Eyermann § 6 Rn. 9.

221 *M. Funke-Kaiser*, in: Bader § 6 Rn. 17. A.M. *H. Geiger*, in: Eyermann § 6 Rn. 9; *B. Clausing*, in: Schoch/Schneider/Bier § 6 Rn. 65.

222 Vgl. BFHE 178, 301 für den Fall der Verzichtserklärung vor Einführung des Einzelrichters im Finanzprozess.

223 Vgl. BFHE 172, 319; 174, 107, 110; VG Stuttgart 13.11.2012 – 11 K 2433/12; vgl. § 84 Rn. 10; *B. Clausing*, in: Schoch/Schneider/Bier § 6 Rn. 65, § 84 Rn. 10; *M. Redeker*, in: Redeker/v. Oertzen § 6 Rn. 9 und – krit. – *P. Kothe*, in: ebenda § 84 Rn. 6; *H. Geiger*, in: Eyermann § 6 Rn. 8; *M. Kävenheim*, NJW 1993, 1372, 1373 und *P. Brandis*, in: Tipke/Kruse § 6 FGO Rn. 18 zu § 6 FGO; vgl. ferner *M. Funke-Kaiser*, in: Bader § 6 Rn. 5; krit. *J. Ruthig*, in: Kopp/Schenke § 6 Rn. 30. A.M. *H. Gersdorf*, in: Posser/Wolff § 6 Rn. 6; wohl auch *H. Schnellenbach*, DVBl 1993, 230, 234.

224 S.a. OVG Magdeburg JMBl LSA 2009, 19; VGH München BayVBl 2005, 276; VGH Mannheim DÖV 2004, 172; dazu *P.-B. Lüdtke*, SGb 2008, 682; *R. Rudisile*, Verw 39 (2006), 421; *M.-J. Seibert*, NVwZ 2004, 821; anders für den konsentierten Einzelrichter, BVerwG DVBl 2009, 125, insoweit allerdings nicht abgedruckt; VGH Mannheim VBlBW 2004, 110; ferner BGH NJW 2004, 448; NJW 2003, 1254.

225 Vgl. BVerwG NVwZ 2005, 821; NVwZ 2005, 460; NVwZ 2005, 98; VGH Mannheim VBlBW 2010, 41; OVG Schleswig FEVS 56, 237.

226 Vgl. VGH Mannheim 25.11.2016 – 2 S 146/16, juris Rn. 21.

227 Vgl. BVerwG 4.9.2008 – 5 C 30.07, juris Rn. 10.

228 So im (früheren) Recht der Kriegsdienstverweigerung, vgl. etwa BVerwG Buchholz 448.6 § 5 KDVG Nr. 5.

229 Vgl. BVerwGE 110, 40, 45; zu kurz greift daher FG Neustadt a.d.W. DStZ 1999, 385, das meint, eine Änderung der Prozesslage könne nicht eingetreten sein, wenn die Beteiligten nach der Übertragung keine Schriftsätze mehr einreichen.

oder rechtlicher Art aufweist oder die Rechtssache grundsätzliche Bedeutung hat. Zu einer solchen Änderung kann auch neue ober- oder höchstrichterliche Rspr. führen.[230] Maßgeblich ist die (nunmehrige) Auffassung des Einzelrichters, auf die Einschätzung der Kammer kommt es nicht an.[231] (Behauptetes) subjektives Unvermögen des Einzelrichters stellt keinen Rückübertragungsgrund dar.[232]

Liegen die Rückübertragungsvoraussetzungen vor, obliegt es dem pflichtgemäßen *Ermessen* des Einzelrichters, ob er die Sache auf die Kammer zurücküberträgt. Eine Ermessensbindung i.S. einer *Rückübertragungspflicht* ist gegeben, wenn aufgrund der Änderung der Prozesslage eine Vorlage an das BVerfG oder den EuGH in Betracht kommt (→ Rn. 33).[233] Ebenso bei einer Vorlage an das Landesverfassungsgericht (SchlHLVerfG 21.5.2012 – LVerfG 1/11). Will der Einzelrichter von der Rspr. der in § 124 Abs. 2 Nr. 4 genannten Gerichte oder der Kammer *abweichen*, liegt darin keine wesentliche Änderung der Prozesslage (zur [fehlenden] Präjudizienbindung → Rn. 49), so dass sich die Frage einer Ermessensreduzierung nicht stellen kann.[234] Entsteht der Abweichungswille infolge einer wesentlichen Änderung der Prozesslage, kann dies die nachträgliche Annahme einer grundsätzlichen Bedeutung begründen (→ Rn. 33),[235] jedoch nicht das Rückübertragungsermessen einschränken. Andernfalls hätte – wie für den originären Einzelrichter im Asylprozess (→ Rn. 47) – für den Fall der Abweichungsabsicht eine Rückübertragungspflicht – ggf. unabhängig vom Vorliegen einer Änderung der Prozesslage – normiert werden müssen. *Zwingend zurückzuübertragen* ist, wenn die Übertragung ohne vorherige Anhörung erfolgte und sich bei deren Nachholung herausstellt, dass die Übertragungsvoraussetzungen nicht vorgelegen haben (BVerwGE 110, 40, 45 f.) oder die Ermessensausübung anders erfolgt wäre (→ Rn. 77).[236]   92

Liegen die Rückübertragungsvoraussetzungen vor, kommt es nicht darauf an, ob die Änderung der Prozesslage bereits bei der Übertragung vorhersehbar war.[237] Ist die Übertragung auf den Einzelrichter rechtswidrigerweise *auf Vorrat* erfolgt (→ Rn. 78), hindert der Umstand, dass damit das mögliche Eintreten der Rückübertragungsvoraussetzungen bewusst in Kauf genommen worden ist, die Rückübertragung auf die Kammer bei Vorliegen der entsprechenden Voraussetzungen nicht.[238] Andernfalls würde eine rechtswidrige Übertragungspraxis sanktioniert werden. Im Gegenteil spricht die Bedeutung der Übertragungsentscheidung für die Zusammensetzung der Richterbank (BVerwGE 110, 40, 45) dafür, in einem solchen Fall eine Ermessensbindung i.S. einer Rückübertragungspflicht anzunehmen.   93

Die Rückübertragung erfolgt durch *Beschluss* des Einzelrichters. Die Kammer ist nicht zum Erlass einer Rückübertragungsentscheidung befugt.[239] Sie kann jedoch eine von ihr ausgesprochene Rückübertragung auf Gegenvorstellung oder von Amts wegen aufheben (→ Rn. 15). Nicht allerdings kann der Spruchkörper den Rückübertragungsbeschluss des Einzelrichters aufheben.[240] Eine Begründung des Rückübertragungsbeschlusses ist nicht erforderlich (§ 122 Abs. 2 S. 1). Das *Absehen* von einer Rückübertragung bedarf keiner förmlichen Entscheidung.[241] Das gilt auch dann, wenn ein Beteiligter die Rückübertragung beantragt hat.[242] In einem solchen Fall ist darauf in den Entscheidungsgründen der Sachentscheidung einzugehen. Der Rückübertragung hat eine *Anhörung* der Beteiligten vorauszugehen. Eine förmliche Anhörung der Kammermitglieder ist nicht vorgesehen, eine informelle Erörterung indes nicht unüblich. Entscheidet die Kammer, ohne dass ein Rückübertragungsbeschluss ergangen ist, liegt darin ein Verstoß gegen das Recht auf den gesetzlichen Richter (BFH BFH/NV 2007, 466).   94

---

230 Vgl. FG Dessau EFG 2013, 1899.
231 Vgl. BVerwG NVwZ 2005, 98 f.; NVwZ 2005, 460.
232 Vgl. OVG Münster 21.11.2016 – 2 A 2864/15, juris Rn. 73; vgl. auch *J. Ruthig*, in: Kopp/Schenke § 6 Rn. 22.
233 Vgl. *H. Geiger*, in: Eyermann § 6 Rn. 19.
234 So aber *M. Funke-Kaiser*, in: Bader § 6 Rn. 20.
235 Vgl. *H. Geiger*, in: Eyermann § 6 Rn. 19.
236 *M. Funke-Kaiser*, in: Bader § 6 Rn. 20. A.M. offenbar *K. F. Gärditz*, in: Gärditz § 6 Rn. 17, der den Einzelrichter an die Übertragung nicht gebunden sieht.
237 So aber *J. Ruthig*, in: Kopp/Schenke § 6 Rn. 22.
238 So jetzt zu Recht *M. Funke-Kaiser*, in: Bader § 6 Rn. 20; *H. Gersdorf*, in: Posser/Wolff § 6 Rn. 45.
239 Vgl. BVerwG 18.6.2012 – 8 B 30.12; VGH Kassel NVwZ-RR 1993, 332, 333; anders für das Berufungsverfahren vor dem LSG im Hinblick auf § 153 Abs. 5 SGG LSG Bln-Bbg 15.4.2010 – L 13 SB 152/07.
240 So aber FG Neustadt a.d.W. DStZ 1999, 385; vgl. auch OVG Koblenz NVwZ-Beil. 1999, 26.
241 Vgl. *H. Geiger*, in: Eyermann § 6 Rn. 19.
242 Vgl. auch OLG Karlsruhe NJW 1969, 1442, 1443.

95 *Rückübertragungsausschlussgründe*, wie sie Abs. 2 für die Übertragung bestimmt, sind nicht normiert. Allerdings fehlt es mit dem Erlass der Sachentscheidung an einem Rückübertragungsgegenstand. Ist die Sachentscheidung (oder deren Tenor) unterschrieben zur Geschäftsstelle gelangt, kann eine nunmehr eintretende wesentliche Änderung der Prozesslage nicht mehr die Möglichkeit der Rückübertragung eröffnen.[243]

96 Die Rückübertragungsentscheidung ist *unanfechtbar* (Abs. 4 S. 1). Im Einzelnen gilt dasselbe wie für die Unanfechtbarkeit der Übertragung (→ Rn. 86 ff.).[244] Zwar verwendet Abs. 4 S. 2 lediglich den Begriff „Übertragung". Indessen spricht schon der systematische Zusammenhang zu S. 1, in dem die „Beschlüsse nach den Absätzen 1 und 3" angesprochen sind, dafür, unter den Begriff „Übertragung" in S. 2 auch die Rückübertragung zu fassen. Diese Auslegung wird bestätigt durch die Gesetzesmaterialien zu § 124 Abs. 2 Nr. 5; in der Begründung zu dem insoweit unverändert übernommenen Entwurf des Bundesrates (BT-Drs. 13/1433 Anl. 1 S. 14) heißt es (zu der im Entwurf vorgesehenen Nr. 4), dass durch die Formulierung (des heutigen § 124 Abs. 2 Nr. 5) sichergestellt werden solle, dass die Übertragung des Rechtsstreits auf den Einzelrichter oder die unterbliebene „(Rück-)Übertragung vom Einzelrichter auf die Kammer" die Zulassung der Berufung nicht rechtfertigen könne (→ § 124 Rn. 198, 201, 202).

97 *Unterbleibt eine Rückübertragung*, kann eine prozessual beachtliche Verletzung des dem Einzelrichter eingeräumten Rückübertragungsermessens nicht zu einer Verletzung des Rechts auf rechtliches Gehör, sondern allenfalls zu einer Verletzung des Rechts auf den gesetzlichen Richter führen.[245] Der Beurteilung des Rechtsmittelgerichts unterliegt grds. auch nicht die Frage, ob die Rückübertragung des Rechtsstreits vom Einzelrichter auf die Kammer fehlerhaft erfolgt ist (→ Rn. 87 für die Übertragung).[246] Etwas anderes gilt nur, wenn die prozessualen Gewährleistungen der Verfassung in Rede stehen (für die Übertragung BVerwGE 110, 40, 43 f.).

98 Die Kammer übernimmt den Rechtsstreit in seinem im Rückübertragungszeitpunkt befindlichen Stadium. Zur Aufhebung der Rückübertragungsentscheidung ist sie nicht berechtigt (→ Rn. 94). Verfügungen, Beschlüsse, Beweisanordnungen und Zwischenentscheidungen des Einzelrichters bleiben wirksam. Nach erfolgter Rückübertragung ist eine erneute Übertragung auf den Einzelrichter ausgeschlossen (Abs. 3 S. 2). Eine gleichwohl ausgesprochene Übertragung wäre willkürlich.

§§ 7 und 8   (weggefallen)

§ 9   [Besetzung und Gliederung der Oberverwaltungsgerichte]

(1) Das Oberverwaltungsgericht besteht aus dem Präsidenten und aus den Vorsitzenden Richtern und weiteren Richtern in erforderlicher Anzahl.

(2) Bei dem Oberverwaltungsgericht werden Senate gebildet.

(3) ¹Die Senate des Oberverwaltungsgerichts entscheiden in der Besetzung von drei Richtern; die Landesgesetzgebung kann vorsehen, daß die Senate in der Besetzung von fünf Richtern entscheiden, von denen zwei auch ehrenamtliche Richter sein können. ²Für die Fälle des § 48 Abs. 1 kann auch vorgesehen werden, daß die Senate in der Besetzung von fünf Richtern und zwei ehrenamtlichen Richtern entscheiden. ³Satz 1 Halbsatz 2 und Satz 2 gelten nicht für die Fälle des § 99 Abs. 2.

Schrifttum

1. Monographien und Beiträge in Sammelwerken: *E. Schmidt-Jortzig*, „Ordentliche Professoren des Rechts" als Richter an den Verwaltungsgerichten, in: FS Menger, 1985, 359; *H. Schnellenbach*, Das Spruchkörperprinzip in der Verwaltungsgerichtsbarkeit, in: FS Menger, 1985, 341.

2. Beiträge in Zeitschriften: *H. Böhmann*, Übertragung des Amtes des Präsidenten des Finanzgerichts im weiteren Hauptamt, DStR 2014, 2547; *H. Kohl*, Ankündigung eines (Vor-)Urteils – Replik zu Trossen, DStR 2014, 1810, DStR 2014, 2548; *J. Meyer-Ladewig*, Das Gesetz zur Beschleunigung verwaltungsgerichtlicher und finanzgerichtlicher Verfahren, NJW 1985, 1985; *S. Roller*,

---

243   Vgl. auch M. *Funke-Kaiser*, in: Bader § 6 Rn. 21.
244   Vgl. ferner BFH BFH/NV 2013, 1260; 2009, 195.
245   Vgl. BVerwG ZOV 2011, 220; 26.3.1999 – 7 B 38.99. A.M. *F. Hufen*, Verw 32 (1999), 519, 528.
246   Vgl. OVG Greifswald NordÖR 2002, 65.

Das Präsidentenamt an mehreren Gerichten, NVwZ 2015, 401; *E. Röper*, Ehrenamtliche Richter bei Normenkontrollverfahren gem. § 47 VwGO, DRiZ 1978, 16.

(S. im Übrigen die Schrifttumsnachweise bei § 5)

I. Entstehungsgeschichte

§ 9 hatte ursprünglich und vom 1.1.1991 bis zum 28.2.1993 vier Absätze. Abs. 1 und 2 sowie Abs. 3 1
S. 1 sind seit Inkrafttreten der VwGO inhaltlich unverändert. Der ursprüngliche Abs. 4, der auf die präsidialverfassungsmäßigen Bestimmungen der §§ 5–8 (a.F.) verwies, ist mit der Änderung der Präsidialverfassung (→ § 4 Rn. 1 ff.) durch das Gesetz zur Änderung der Bezeichnungen der Richter und ehrenamtlichen Richter und der Präsidialverfassung der Gerichte vom 26.5.1972 (BGBl I 841) weggefallen. Mit der in demselben Gesetz in Artikel V geregelten Änderung der VwGO wurden in Abs. 1 die (seinerzeitige) Amtsbezeichnung „Senatspräsident" in die (verkürzte) Amtsbezeichnung „Vorsitzender Richter" und in Abs. 3, der ursprünglich nur einen Satz aufwies, im zweiten Hs. die Bezeichnung „ehrenamtliche Verwaltungsrichter" in „ehrenamtliche Richter" geändert. Die letzte Änderung hat Abs. 3 mit der Anfügung des S. 3 durch das Gesetz zur Bereinigung des Rechtsmittelrechts im Verwaltungsprozess vom 20.12.2001 (BGBl I 3987) erfahren.

Den vom 1.1.1991 bis zum 28.2.1993 geltenden Abs. 4 schuf das 4. VwGOÄndG vom 17.12.1990 2
(BGBl I 2809). Die Vorschrift bestimmte, dass die Senate in den Fällen des § 48 Abs. 1, mithin in den Fällen der erstinstanzlichen Zuständigkeit des OVG, für Streitigkeiten, die die dort katalogartig aufgeführten Großanlagen betreffen, in der Besetzung von fünf Richtern entscheiden (S. 1), wobei den Ländern die Möglichkeit eingeräumt war, durch Gesetz vorzusehen, dass zu den fünf Berufsrichtern zwei ehrenamtliche Richter hinzutreten (S. 2). Diese Regelung entsprach der bereits seit dem 17.7.1985 geltenden, in Art. 2 § 9 Abs. 3 des Gesetzes zur Entlastung der Gerichte in der Verwaltungs- und Finanzgerichtsbarkeit[1] geregelten Rechtslage, wie sie durch das Gesetz zur Beschleunigung verwaltungsgerichtlicher und finanzgerichtlicher Verfahren vom 4.7.1985[2] geschaffen wurde.

Die Senatsbesetzung mit fünf Berufsrichtern war als Ausgleich für die (ebenfalls) mit dem Gesetz zur 3
Beschleunigung verwaltungsgerichtlicher und finanzgerichtlicher Verfahren geschaffene Ausweitung der erstinstanzlichen Zuständigkeit der OVG (→ § 48 Rn. 2 ff.) auf Streitigkeiten über Großanlagen gedacht.[3] Mit Art. 9 Nr. 3 des Gesetzes zur Entlastung der Rechtspflege vom 11.1.1993 (BGBl I 50) wurde hiervon wieder Abstand genommen und auf eine spezielle Regelung der Besetzung in den Fällen des § 48 Abs. 1 verzichtet, indem Abs. 4 aufgehoben und dem Abs. 3 der geltende, die Möglichkeiten der Länder nach S. 1 erweiternde S. 2 angegliedert wurde.

§ 9 entspricht in seiner Konzeption, abgesehen vom Wegfall des Verweises auf die präsidialverfas- 4
sungsmäßigen Bestimmungen der §§ 5–8 a.F. (→ Rn. 1), dem Regierungsentwurf (BT-Drs. 3/55 Anl. 1) der VwGO. Der diesem vorausgegangene Präsidentenentwurf (→ § 1 Rn. 17) hatte die in Abs. 2 und 3 getroffenen Regelungen zu einem Absatz zusammengefasst. Von kleinen Formulierungsunterschieden abgesehen sind die Abs. 1 und 2 aus dem Regierungsentwurf (BT-Drs. 3/55 Anl. 1) übernommen. Abs. 3 des Regierungsentwurfs sah indessen in Anlehnung an die süddeutschen Verwaltungsgerichtsgesetze (→ § 1 Rn. 13) eine ausschließlich berufsrichterliche Besetzung der Senate des OVG mit grds. fünf, bei Beschlüssen außerhalb der mündlichen Verhandlung drei Berufsrichtern vor. Eine Mitwirkung der ehrenamtlichen Richter hielt der Entwurf nicht für geboten, weil die Entscheidungen des OVG vorwiegend reine Rechtsfragen zum Gegenstand hätten (vgl. BT-Drs. 3/55 Anl. 1 S. 27).

Die Regelbesetzung mit fünf (Berufs-)Richtern erachtete der Regierungsentwurf gegenüber der bisheri- 5
gen Besetzung in Norddeutschland (vgl. § 4 Abs. 2 und 3 MRVO) mit drei Richtern für vorzugswürdig, um das Gewicht der OVG gegenüber „der Fünf-Mann-Besetzung" der VG zu wahren und weil dies mit Rücksicht auf die Schwierigkeit der Rechtsfindung „auf den Gebieten des weitgehend nicht kodifizierten Verwaltungsrechts" erforderlich sei (BT-Drs. 3/55 Anl. 1 S. 27 f.). Der Präsidentenentwurf (→ Rn. 4) sah ebenfalls eine reine berufsrichterliche Besetzung der Senate, jedoch ohne Ausnahme, mithin auch bei Beschlüssen ohne mündliche Verhandlung, mit fünf Richtern vor. Im Gesetzge-

---

1 Vom 31.3.1978, BGBl I 446, letztmals durch Gesetz *vom* 4.7.1985 (BGBl I 1274) verlängert.
2 BGBl I 1274; vgl. dazu *J. Meyer-Ladewig*, NJW 1985, 1985 ff.
3 Vgl. näher *J. Meyer-Ladewig*, NJW 1985, 1985, 1988 f.; krit. *H. Schnellenbach*, FS Menger, 1985, 341, 342 mit Fn. 6 a; *P. Stelkens/N. Panzer*, in: Schoch/Schneider/Bier § 9 Rn. 1, 9, 17.

bungsverfahren schlug der Bundesrat eine Besetzung mit drei Berufsrichtern vor (BT-Drs. 3/55, 53). Dem schloss sich die Bundesregierung an[4]. Weitere Vorschläge wurden vom Bundestagsausschuss für Inneres und aus der Mitte des Rechtsausschusses unterbreitet (BT-Drs. 3/1094, 3). Der Rechtsausschuss empfahl die Übernahme der im Regierungsentwurf enthaltenen Besetzungsregelung, ergänzt um eine zwingende Besetzung mit fünf (Berufs-)Richtern bei Entscheidungen im Normenkontrollverfahren (BT-Drs. 3/1094, 21). Die Frage der Senatsbesetzung war in der Folge einer der Gründe, die den Bundesrat zur Anrufung des Vermittlungsausschusses veranlassten (BT-Drs. 3/1456 Anl. S. 2). Der Vermittlungsausschuss hielt eine Einheitlichkeit oder Gleichförmigkeit des Bundesrechts für die Besetzung der OVG nicht für geboten und empfahl daher die dann Gesetz gewordene, in Abs. 3 S. 1 enthaltene Bestimmung (vgl. Bundestag Sten. Berichte 3. WP S. 5186).

6   Im Speyerer Entwurf eines Verwaltungsgerichtsgesetzes (→ § 2 Rn. 6) war in § 11 Abs. 3 S. 1 die in § 9 Abs. 3 S. 1 getroffene Besetzungsregelung vorgesehen. Der vom Koordinierungsausschuss vorgelegte Entwurf einer VwPO (→ § 2 Rn. 5) sah in § 8 Abs. 3 zwingend eine Besetzung mit drei Berufs- und zwei ehrenamtlichen Richtern vor, wobei die ehrenamtlichen Richter bei Beschlüssen außerhalb der mündlichen Verhandlung nicht mitwirken sollten. Dieselbe Besetzung schlug der Regierungsentwurf einer VwPO (BT-Drs. 9/1851) in § 6 Abs. 3 vor. In der Begründung wurde hierzu auf die seinerzeitige Mehrheit der Länder verwiesen, in denen zu den drei Berufsrichtern zwei ehrenamtliche Richter hinzuträten (BT-Drs. 9/1851 Anl. 1 S. 71).

II. Zweck der Vorschrift

7   § 9 bezieht sich auf das OVG i.S.v. § 2. Für das VG enthält § 5, für das BVerwG § 10 eigenständige Bestimmungen. Wie bei § 5 Abs. 1 für das VG (→ § 5 Rn. 4) legt § 9 Abs. 1 bundeseinheitlich fest, welche Berufsrichter allgemein am OVG tätig werden.

8   Abs. 3 regelt in S. 1 Hs. 1 die bundesrechtlich zwingende (Mindest-)Besetzung eines Senats; Hs. 2 enthält eine allgemeine *Öffnungsklausel* für die Länder zu – erstens – einer erweiterten Besetzung und – zweitens – der Einbeziehung des ehrenamtlichen Elements. Abs. 3 S. 2 stellt eine auf die Fälle des § 48 Abs. 1 bezogene, die allgemeine Klausel des S. 1 Hs. 2 jedoch nicht verdrängende, sondern diese ergänzende Öffnungsklausel für die Länder dar. Soweit die Länder von den Möglichkeiten des Abs. 3 S. 1 Hs. 2 oder S. 2 keinen Gebrauch gemacht haben, ergibt sich – zusammen mit Abs. 1 – aus Abs. 3 (S. 1 Hs. 1) unmittelbar, dass ein Senat mit (mindestens) drei Berufsrichtern, darunter einem Vorsitzenden Richter, zu besetzen ist.

9   Abs. 3 stellt sich in diesem Fall – wie § 5 Abs. 3 – als *Normativbestimmung für das Präsidium* dar. Regelt ein Bundesland die Senatsbesetzung auf der Grundlage der Ermächtigungen in Abs. 3 S. 1 Hs. 2 und (bzw. oder) S. 2, folgt die Verpflichtung des Präsidiums zur entsprechenden Besetzung der Senate aus der landesrechtlichen Regelung. Abs. 3 kommt daher eine zweifache Bedeutung zu: Die Bestimmung sichert zum einen bundesrechtlich einen *Besetzungsmindeststandard* und hat insoweit Normativcharakter gegenüber dem ermächtigten Landesgesetzgeber. Daneben kommt ihr unmittelbare Bedeutung zu, soweit die Länder von der Ermächtigung des S. 1 Hs. 2 und S. 2 keinen Gebrauch machen. Normiert der Landesgesetzgeber eine Besetzung mit drei Berufsrichtern, macht er nicht von den ihm erteilten Ermächtigungen Gebrauch, sondern wiederholt lediglich die Besetzungsregel des S. 1.

III. Berufsrichterliches Personal des OVG

10   Nur das berufsrichterliche Personal des OVG wird von Abs. 1 geregelt (→ § 5 Rn. 6 ff.). Obwohl bundesrechtlich eine Besetzung mit ehrenamtlichen Richtern nicht vorgesehen ist, hätte eine vollständige Regelung über das OVG als Rechtsprechungsorgan die ehrenamtlichen Richter für den Fall mit aufführen müssen, dass in den Ländern von den Ermächtigungen des Abs. 3 S. 1 Hs. 2 und Hs. 3 Gebrauch gemacht wird (→ § 5 Rn. 2, 3).[5]

---

4 Vgl. BT-Drs. 3/55; *Koehler* § 9 Anm 1.
5 Vgl. auch § 6 Abs. 1 des Regierungsentwurfs einer VwPO, BT-Drs. 9/1851 Anl. 1 S. 8; ähnl. § 8 Abs. 1 des VwPO-Entwurfs des Koordinierungsausschusses, wie Abs. 1 demgegenüber § 11 Abs. 1 des Speyerer Entwurfs.

Anders als bei den VG können bei den OVG weder Richter auf Probe noch Richter kraft Auftrags 11 oder Richter auf Zeit (→ § 18 Rn. 1 ff.) verwendet werden (vgl. § 17). Im Übrigen gilt dasselbe wie in § 5 Abs. 1 (→ § 5 Rn. 10).

IV. Spruchkörperprinzip

Das Spruchkörperprinzip wird von Abs. 1 vorausgesetzt. Abs. 2 legt – wie § 5 Abs. 2 (→ § 5 Rn. 12) – 12 daher in erster Linie die Bezeichnung der Spruchkörper als Senate fest. Jedes OVG muss mindestens zwei Senate bilden.[6]

V. Besetzung der Senate

1. Kollegialprinzip. Der erste Hs. des S. 1 in Abs. 3 normiert das berufsrichterliche Kollegialprinzip 13 für die von dem Senat zu treffenden Entscheidungen. Eine Ausnahme hiervon sieht Abs. 3 nicht vor. Gleichwohl gilt das *Kollegialprinzip nicht ausnahmslos*. Zwar ist die Vorschrift des § 6 allein auf das VG und nicht auf das OVG bezogen.[7] Auch findet sich sonst in der VwGO keine Vorschrift, die die Übertragung eines vor dem OVG geführten Rechtsstreits auf den Einzelrichter ermöglicht. Jedoch sieht § 87a in den dort aufgeführten Fällen außenwirkende Entscheidungen des Senatsvorsitzenden (§ 87a Abs. 1) oder des Berichterstatters (§ 87a Abs. 3) sowie die Möglichkeit der sonstigen Entscheidung durch den sog. konsentierten Einzelrichter (§ 87a Abs. 2) vor. Die Bestimmung findet Anwendung sowohl im Berufungs- und Beschwerdeverfahren (einschließlich des Zulassungsverfahrens) als auch in den Fällen der erstinstanzlichen Zuständigkeit des OVG und im Normenkontrollverfahren.[8] Daneben gelten originäre Einzelrichterzuständigkeiten.[9]

2. Richter. Wie bei § 5 Abs. 3 S. 1 bezieht sich der Begriff „Richter" in S. 1 Hs. 1 nur auf Berufsrich- 14 ter (→ § 5 Rn. 17). Die Besetzung der Senate mit drei Berufsrichtern ist keine ausschließliche. Vielmehr kann nach S. 1 Hs. 2 die Landesgesetzgebung vorsehen, dass die Senate in der Besetzung von fünf Richtern entscheiden, von denen zwei auch ehrenamtliche Richter sein können. S. 2 ermöglicht für die Fälle des § 48 Abs. 1 darüber hinaus eine Besetzung mit fünf Berufsrichtern und zwei ehrenamtlichen Richtern. Besonderheiten gelten für die Fachsenate, etwa die Senate für Personalvertretungssachen, die Disziplinarsenate und das Flurbereinigungsgericht (vgl. § 139 Abs. 1 FlurbG) sowie die dem OVG angegliederten Berufsgerichte (→ § 187 Rn. 29, 30).[10]

3. Öffnungsklausel zugunsten der Länder. Der den Ländern mit Abs. 3 S. 1 Hs. 2 und S. 2 eröffnete 15 Spielraum zur Regelung der Senatsbesetzung wird nur durch S. 3 für die Fälle des § 99 Abs. 2 gegenständlich beschränkt. Den Ländern steht es daher frei, eine von Abs. 3 S. 1 Hs. 1 abweichende Besetzung nur für bestimmte Entscheidungen vorzunehmen. Sie können daher unterschiedliche Besetzungsregelungen für Entscheidungen, die aufgrund oder in mündlicher Verhandlung einerseits und ohne mündliche Verhandlung andererseits ergehen, treffen oder die abweichende Besetzung nur für bestimmte Verfahrens- oder Entscheidungsarten vorsehen.[11] Sieht das Landesrecht allgemein oder speziell eine *Besetzung mit ehrenamtlichen Richtern* mit der Maßgabe vor, dass diese bei Beschlüssen außerhalb der mündlichen Verhandlung nicht mitwirken, bezieht sich eine solche Bestimmung nicht auf die Besetzung für die fakultative Beschlussfassung ohne mündliche Verhandlung in *Normenkontrollsachen* nach § 47 Abs. 5 S. 1. Denn an einer Entscheidung einer Normenkontrollsache wirken stets, also auch bei Entscheidung ohne mündliche Verhandlung durch Beschluss, die ehrenamtlichen Richter mit, wenn eine Urteilsentscheidung nach den Bestimmungen des Landesrechts deren Mitwirkung erfordert (vgl. BVerwGE 72, 122, 124 ff.; → § 47 Rn. 349). Dasselbe wird für den Beschluss nach § 47 Abs. 6 angenommen (→ § 47 Rn. 390 m.w.N.).

---

6 Vgl. *Ule*, Verwaltungsgerichtsbarkeit, § 9 Anm I.
7 Vgl. dazu bei § 6; *H. Gersdorf*, in: Posser/Wolff § 9 Rn. 12.
8 Vgl. *H. Geiger*, in: Eyermann § 87a Rn. 2.
9 Vgl. etwa § 66 Abs. 6 S. 1 GKG, § 4 Abs. 7 S. 1 JVEG, §§ 33 Abs. 8 S. 1, 56 Abs. 2 RVG; dazu VG Würzburg 17.1.2012 – W 6 M 12.36; OVG Münster DÖV 2011, 416 (LS); VGH Kassel DÖV 2010, 239 (LS); OVG Lüneburg NVwZ-RR 2007, 816; OVG Bautzen NVwZ 2007, 116; DÖV 2007, 562; SächsVBl 2006, 216; VGH Kassel NVwZ-RR 2005, 583.
10 Vgl. z.B. § 65 HeilberufsG M-V.
11 Vgl. *H. Geiger*, in: Eyermann § 9 Rn. 5.

16 Nach h.M. sollen die *Zahlen fünf und zwei* nicht disponibel mit der Folge sein,[12] dass in den Fällen des S. 1 Hs. 1 jeweils nur eine abweichende Besetzung von fünf Berufsrichtern oder drei Berufsrichtern und zwei ehrenamtlichen Richtern bestimmt werden kann. Unzulässig ist es danach, eine Besetzung mit vier Berufsrichtern und nur einem ehrenamtlichen Richter vorzusehen.

17 Für die Besetzung bei *Aussetzungs- und Vorlagebeschlüssen* gelten dieselben Regeln wie bei § 5 Abs. 3 (→ § 5 Rn. 24).

§ 10 [Besetzung und Gliederung des Bundesverwaltungsgerichts]

(1) Das Bundesverwaltungsgericht besteht aus dem Präsidenten und aus den Vorsitzenden Richtern und weiteren Richtern in erforderlicher Anzahl.

(2) Bei dem Bundesverwaltungsgericht werden Senate gebildet.

(3) Die Senate des Bundesverwaltungsgerichts entscheiden in der Besetzung von fünf Richtern, bei Beschlüssen außerhalb der mündlichen Verhandlung in der Besetzung von drei Richtern.

Schrifttum

S. die Schrifttumsnachweise bei §§ 2, 5 und 9 sowie ergänzend *H. G. Bachmann*, Unzulässige Einflussnahme des BMVg auf die Besetzung der Wehrdienstsenate?, NZWehrR 2010, 89; *B. Brunn*, Wehrdienstsenate unabhängig?, BJ 2005, 189; *H. Reiter*, Der Vizepräsident des Bundessozialgerichts, in: FS Krasney, 1997, 385; *K. Rennert*, Wo steht die Verwaltungsgerichtsbarkeit?, SächsVBl 2015, 25; *P. Schwarz*, Das Bundesverwaltungsgericht, 2000; *U. Wenner*, Sonderurlaub für Bundesrichter: Vorsitzender Richter am BSG wechselt als politischer Beamter ins Ministerium – Zulässigkeit einer Beurlaubung?, BJ 2011, 8.

I. Entstehungsgeschichte

1 § 10 hatte ursprünglich vier Absätze. Abs. 1–3 sind seither inhaltlich unverändert geblieben. Lediglich die frühere Amtsbezeichnung „Senatspräsident" in Abs. 1 wurde durch das Gesetz zur Änderung der Bezeichnungen der Richter und ehrenamtlichen Richter und der Präsidialverfassung der Gerichte vom 26.5.1972 (BGBl I 841) in die (verkürzte) Bezeichnung „Vorsitzender Richter" geändert; des Weiteren wurde mit demselben Gesetz die ebenfalls in Abs. 1 enthaltene ursprüngliche Formulierung „weiteren Bundesrichtern" durch die Worte „weiteren Richtern" ersetzt. Der in der Ursprungsfassung enthaltene Abs. 4 verwies auf die präsidialverfassungsmäßigen Bestimmungen der §§ 5–8 a.F.; er wurde durch das Gesetz zur Neuordnung des Bundesdisziplinarrechts vom 20.7.1967 (BGBl I 725) redaktionell geändert. Mit der Änderung der Präsidialverfassung durch das Gesetz vom 26.5.1972, mit dessen Art. V der heutige § 4 eingefügt wurde (→ § 4 Rn. 1 ff.), ist Abs. 4 entfallen.

2 Im Gesetz über das BVerwG vom 23.9.1952 (BGBl I 625) normierte § 2 die in den Abs. 1–3 enthaltenen Bestimmungen, wobei die Regelungen der Abs. 2–3 zu einem Absatz verbunden und sprachlich geringfügig anders gefasst waren. Im Unterschied zu Abs. 3 der jetzigen Regelung bezog sich § 2 Abs. 2 des Gesetzes über das BVerwG nicht allein auf die zu treffenden Entscheidungen, sondern bezog die Verhandlungen ein.

3 § 10 in der Ursprungsfassung entsprach dem Regierungsentwurf (BT-Drs. 3/55 Anl. 1), der in Abs. 1 sprachlich abweichend formulierte: „Das Bundesverwaltungsgericht besteht aus dem Präsidenten und der erforderlichen Zahl von Senatspräsidenten und weiteren Bundesrichtern" (vgl. auch den Bericht des Rechtsausschusses BT-Drs. 3/1094, 21). Diese Formulierung entsprach dem Präsidentenentwurf (→ § 1 Rn. 17) in dessen § 10 Abs. 1, wobei es allerdings bereits hier statt „Bundesrichtern" lediglich „Richtern" hieß. § 10 des Präsidentenentwurfs sah in Abs. 2 vor, dass das BVerwG in Senaten verhandelt und entscheidet, die mit fünf Richtern einschließlich des Vorsitzenden besetzt sind; eine Ausnahme für Beschlüsse außerhalb der mündlichen Verhandlung, wie sie in § 2 Abs. 2 Gesetz über das BVerwG getroffen war, enthielt er nicht.

4 An den in Abs. 1–3 normierten Inhalten war auch im Zusammenhang mit den Arbeiten an einer VwPO festgehalten worden. Sowohl der Regierungsentwurf einer VwPO (BT-Drs. 9/1851 Anl. 1) als auch dessen Vorläufer, der Entwurf des Koordinierungsausschusses (→ § 2 Rn. 5) und der Speyerer

---

12 Vgl. *J. Ruthig*, in: Kopp/Schenke § 9 Rn. 4.

Entwurf (→ § 2 Rn. 6) sahen – für BVerwG, BFH und BSG zusammengefasst – Regelungen vor, die für das BVerwG denen der Abs. 1–3 entsprechen.

II. Zweck der Vorschrift

Wie § 5 für das VG und § 9 für das OVG legt § 10 fest, welche Richter am BVerwG tätig werden. Aus Abs. 3 ergibt sich im Vergleich zu § 5 Abs. 3 und § 9 Abs. 3, dass ehrenamtliche Richter bei den Entscheidungen nicht mitwirken. Ausnahmen gelten insoweit nach § 55 Abs. 2 BDO i.V.m. der Übergangsbestimmung des § 85 BDG für die Disziplinarsenate und nach § 80 Abs. 3 WDO für die Wehrdienstsenate.

III. Berufsrichter

Nach § 10 Abs. 1 besteht das BVerwG aus dem Präsidenten und aus den Vorsitzenden Richtern und weiteren Richtern in erforderlicher Anzahl. Die Richter des BVerwG sind, wie es in der Ursprungsfassung mit den Worten „weiteren Bundesrichtern" deutlich wurde, Bundesrichter. Als Richter eines obersten Gerichtshofs werden sie aufgrund von Art. 95 Abs. 2 GG nach Maßgabe des Richterwahlgesetzes von dem zuständigen Bundesminister (Bundesminister der Justiz) gemeinsam mit dem Richterwahlausschuss berufen und vom Bundespräsidenten ernannt (vgl. Art. 60 GG).

Sie müssen nach § 15 Abs. 3 das 35. Lebensjahr vollendet haben. Ohne (erneute) Mitwirkung des Richterwahlausschusses erfolgt die Ernennung zum Präsidenten, Vizepräsidenten und Vorsitzenden Richter am BVerwG durch den Bundesjustizminister.[1] Die in den Wehrdienstsenaten tätigen Richter werden nach § 80 Abs. 2 S. 1 WDO hierfür bestimmt, wobei die Bestimmung nach § 80 Abs. 2 S. 2 WDO bei der Übertragung des Richteramtes bei dem BVerwG getroffen wird;[2] sie kann auf Vorschlag oder mit Zustimmung des Präsidiums auch später ergehen oder aufgehoben werden (§ 80 Abs. 2 S. 3 WDO).

Da sich die Regelungen der §§ 16, 17 lediglich auf das OVG und das VG bzw. nur das VG beziehen, gilt, dass die Richter des BVerwG gem. § 15 bei diesem Gericht auf Lebenszeit ernannt sein müssen. Die (richterliche) Verwendung von Richtern auf Probe oder abgeordneten Richtern und Richtern auf Zeit ist daher unzulässig.[3] Davon unberührt bleibt allerdings die Verwendung von Richtern im Abordnungsverhältnis als wissenschaftliche Mitarbeiter.[4]

IV. Spruchkörperprinzip

Nach Abs. 2 werden bei dem BVerwG Senate gebildet. Wie bei § 5 Abs. 2 und § 9 Abs. 2 wird das darin zum Ausdruck kommende Spruchkörperprinzip bereits in Abs. 1 vorausgesetzt. Die in Abs. 2 festgelegte Bezeichnung „Senate" für die Spruchkörper des BVerwG entspricht derjenigen der anderen obersten Gerichtshöfe des Bundes. Die *Bestimmung der Zahl der Senate* hat i.R. der im Haushaltsplan vorgesehenen Planstellen, insbes. für Vorsitzende Richter (→ § 5 Rn. 15), zu erfolgen. Sie ist Aufgabe der Justizverwaltung (→ § 5 Rn. 13). Dem entspricht § 130 Abs. 1 S. 2 GVG, wonach die Zahl der Straf- und Zivilsenate des BGH der Bundesminister der Justiz bestimmt. Nach Inkrafttreten der VwGO wurde in der Kommentarliteratur vertreten, dass die Vorschrift des § 130 Abs. 1 S. 2 GVG über § 173 entsprechend anzuwenden sei mit der Folge, dass die Zahl der Senate von dem (seinerzeit für die Verwaltungsgerichtsbarkeit zuständigen) Bundesminister des Innern zu bestimmen sei.[5] Die Gegenauffassung, die allgemein auf die Kammerbildung beim VG und die Senatsbildung beim OVG verwies, ging von einer Zuständigkeit des Präsidiums aus.[6] Soweit hierzu in der gegenwärtigen Lit. Stellung genommen wird, wird die Zuständigkeit der Gerichtsverwaltung angenommen, mithin diejenige des Präsidiums verneint (→ § 5 Rn. 13).[7]

1 Vgl. *P. Stelkens/N. Panzer*, in: Schoch/Schneider/Bier § 10 Rn. 4.
2 Dazu *H. G Bachmann*, NZWehrR 2010, 89.
3 Vgl. *P. Wysk*, in: Wysk § 10 Rn. 2.
4 Vgl. auch *Kissel/Mayer* § 124 Rn. 3 m.w.N.
5 Vgl. *Klinger* § 10 Anm. C; vgl. auch *Schunck/De Clerck*, ¹1961, § 10 Anm. 2; offen gelassen von *Koehler* § 10 Anm. III.
6 Vgl. *Ule*, Verwaltungsgerichtsbarkeit, § 10 und § 4 Anm I; *Eyermann/ Fröhler*, ¹1960, § 10 und § 4 Rn. 4.
7 Vgl. *H. Schnellenbach*, FS Menger, 1985, 341.

10   Die Bildung (allgemeiner) auswärtiger Senate ist – anders als nach § 130 Abs. 2 GVG für den BGH – nicht möglich, da sich § 3 Abs. 1 Nr. 5 (→ § 3 Rn. 37 ff.) nur auf das VG und das OVG bezieht.[8] Das entspricht der Rechtslage bereits unter der Geltung des Gesetzes über das BVerwG (→ Rn. 2), bei dessen Beratung im Bundestag die Bildung detachierter Spruchkörper ausdrücklich abgelehnt wurde.[9]

V. Besetzung der Senate

11   Die Senate des BVerwG entscheiden nach Abs. 3 Hs. 1 in der Besetzung von fünf Richtern, wobei sie nach Hs. 2 bei Beschlüssen außerhalb der mündlichen Verhandlung in der Besetzung von drei Richtern entscheiden.[10] Über eine Vorlage nach § 124 b a.F. war abweichend von Abs. 3 Hs. 2 in der Besetzung von fünf Richtern zu entscheiden (vgl. BVerwG NVwZ-RR 2002, 894). Welche Richter in den Fällen des Hs. 2 entscheiden, ergibt sich aus dem senatsinternen Geschäftsverteilungsplan (dazu und zum Problem des überbesetzten Spruchkörpers → § 4 Rn. 93 ff.). Stets wirkt der Vorsitzende bzw. bei seiner Verhinderung der geschäftsverteilungsplanmäßige Vertreter mit. Entscheidungen durch ein Senatsmitglied als *Berichterstatter* sind im Revisionsverfahren nach § 141 S. 2 nicht möglich, wohl aber als *originärer Einzelrichter*, etwa nach § 66 Abs. 6 S. 1 GKG, § 4 Abs. 7 S. 1 JVEG, §§ 33 Abs. 8 S. 1, 56 Abs. 2 RVG (vgl. BVerwG NVwZ-RR 2006, 359; NVwZ 2006, 479; in diesen Fällen entscheidet über ein Befangenheitsgesuch allerdings der Senat in der Besetzung mit drei Richtern, vgl. BVerwG NVwZ 2013, 225). In den Fällen der erstinstanzlichen Zuständigkeit (→ § 2 Rn. 16 f.) ist die Möglichkeit der Übertragung des Rechtsstreits auf den Einzelrichter nach § 6 nicht gegeben, da sich diese Bestimmung nur auf das VG bezieht (→ § 6 Rn. 9). Nicht ausgeschlossen ist in diesen Fällen allerdings eine Entscheidung durch den sog. konsentierten Einzelrichter nach § 87 a Abs. 2. In den Fällen der erstinstanzlichen Zuständigkeit findet überdies § 87 a Abs. 1 i.V.m. Abs. 3 Anwendung mit der Folge, dass die dort katalogartig aufgeführten Entscheidungen im vorbereitenden Verfahren der Vorsitzende bzw. der Berichterstatter trifft.[11]

§ 11 [Großer Senat beim Bundesverwaltungsgericht]

(1) Bei dem Bundesverwaltungsgericht wird ein Großer Senat gebildet.

(2) Der Große Senat entscheidet, wenn ein Senat in einer Rechtsfrage von der Entscheidung eines anderen Senats oder des Großen Senats abweichen will.

(3) [1]Eine Vorlage an den Großen Senat ist nur zulässig, wenn der Senat, von dessen Entscheidung abgewichen werden soll, auf Anfrage des erkennenden Senats erklärt hat, daß er an seiner Rechtsauffassung festhält. [2]Kann der Senat, von dessen Entscheidung abgewichen werden soll, wegen einer Änderung des Geschäftsverteilungsplanes mit der Rechtsfrage nicht mehr befaßt werden, tritt der Senat an seine Stelle, der nach dem Geschäftsverteilungsplan für den Fall, in dem abweichend entschieden wurde, nunmehr zuständig wäre. [3]Über die Anfrage und die Antwort entscheidet der jeweilige Senat durch Beschluß in der für Urteile erforderlichen Besetzung.

(4) Der erkennende Senat kann eine Frage von grundsätzlicher Bedeutung dem Großen Senat zur Entscheidung vorlegen, wenn das nach seiner Auffassung zur Fortbildung des Rechts oder zur Sicherung einer einheitlichen Rechtsprechung erforderlich ist.

(5) [1]Der Große Senat besteht aus dem Präsidenten und je einem Richter der Revisionssenate, in denen der Präsident nicht den Vorsitz führt. [2]Legt ein anderer als ein Revisionssenat vor oder soll von dessen Entscheidung abgewichen werden, ist auch ein Mitglied dieses Senats im Großen Senat vertreten. [3]Bei einer Verhinderung des Präsidenten tritt ein Richter des Senats, dem er angehört, an seine Stelle.

---

8   Vgl. *M. Redeker*, in: Redeker/v. Oertzen § 10 Rn. 1.
9   Vgl. *Koehler* § 10 Anm. III.
10   Abs. 3 Hs. 2 gilt auch in den Fällen der weiteren sofortigen Beschwerde nach § 83 Abs. 2 BPersVG i.V.m. §§ 48 Abs. 1, 80 Abs. 3 ArbGG, vgl. BVerwGE 115, 223, sowie für die Fälle der Anhörungsrüge nach § 152 a, vgl. BVerwG 6.11.2007 – 8 C 17.07.
11   Vgl. auch *H. Gersdorf*, in: Posser/Wolff § 10 Rn. 6.

(6) ¹Die Mitglieder und die Vertreter werden durch das Präsidium für ein Geschäftsjahr bestellt. ²Das gilt auch für das Mitglied eines anderen Senats nach Absatz 5 Satz 2 und für seinen Vertreter. ³Den Vorsitz im Großen Senat führt der Präsident, bei Verhinderung das dienstälteste Mitglied. ⁴Bei Stimmengleichheit gibt die Stimme des Vorsitzenden den Ausschlag.

(7) ¹Der Große Senat entscheidet nur über die Rechtsfrage. ²Er kann ohne mündliche Verhandlung entscheiden. ³Seine Entscheidung ist in der vorliegenden Sache für den erkennenden Senat bindend.

§ 2 GOBVerwG Großer Senat

(1) In den Fällen des § 11 Abs. 2 und 4 VwGO stellt der Senat, der die Entscheidung des Großen Senats herbeiführen will, die zu entscheidende Rechtsfrage in einem Beschluss fest und legt diesen Beschluss mit näherer Begründung und den Streitakten dem Vorsitzenden des Großen Senats vor. In den Fällen des § 11 Abs. 2 VwGO sind die gem. Abs. 3 Satz 3 ergangenen Beschlüsse den Streitakten beizufügen.

(2) Berichterstatter und Mitberichterstatter werden durch den Präsidenten bestimmt.

Schrifttum

1. Monographien und Beiträge in Sammelwerken: *I. Amberg*, Divergierende höchstrichterliche Rechtsprechung, 1998; *R. Bakker*, Grenzen der Richtermacht. Die Kollegialkontrolle im Großen Senat des BAG, 1994; *H. Beisse*, Von der Aufgabe des Großen Senats, in: FS von Wallis, 1985, 45; *K. A. Bettermann*, Die konkrete Normenkontrolle und sonstige Gerichtsvorlagen, in: FG BVerfG, Band I, 1976, 323; *M. Bock*, Der Rechtsnormcharakter der Entscheidungen des Großen Senats des Bundesarbeitsgerichts, 1997; *E.-W. Hanack*, Der Ausgleich divergierender Entscheidungen in der oberen Gerichtsbarkeit, 1962; *R. Hauser*, Die Wahrung der Einheit der Rechtsprechung in rechtsvergleichender Sicht, in: FS K.-H. Schwab, 1990, 197; *C. W. Hergenröder*, Zivilprozessuale Grundlagen richterlicher Rechtsfortbildung, 1995; *A. Jakobs*, Die Revisionszulassung wegen Divergenz im arbeitsgerichtlichen Verfahren, 1999; *R. Kapp*, Nichtanrufung des Großen Senats des BFH als verfassungswidrige objektive Willkür, in: FG Felix, 1989, 153; *F. Lauterjung*, Die Einheit der Rechtsprechung innerhalb der höchsten Gerichte unter besonderer Berücksichtigung des Reichsgerichts, 1932; *H. Lilie*, Obiter Dictum und Divergenzausgleich in Strafsachen, 1993; *Ch. Meyer*, Die Sicherung der Einheitlichkeit höchstrichterlicher Rechtsprechung durch Divergenz- und Grundsatzvorlage, 1994; *K. Miebach*, Der Gemeinsame Senat der obersten Gerichtshöfe des Bundes, 1971; *G. Müller*, Die grundsätzliche Bedeutung der Rechtssache, in: FS Herschel, 1955, 159; *H. Müller*, Die Ausgestaltung des Großen Senats in der Verwaltungsgerichtsbarkeit – Ein Vorbild?, in: Staatsbürger und Staatsgewalt, Band II, 1963, 527; *K. Müller-Helle*, Die Besetzung der Großen Senate, 1975; *N. Nottebohm*, Rechtskrafterstreckung präjudizieller Entscheidungen im arbeitsgerichtlichen Verfahren, 2001; *W. Odersky*, Voranfrage zwischen obersten Bundesgerichten?, in: FS Klein, 1994, 1013; *K. Offerhaus*, Die Großen Senate der obersten Gerichtshöfe des Bundes, in: FS 75 Jahre Reichsfinanzhof-Bundesfinanzhof, 1993, 623; *H. Prütting*, Prozessuale Aspekte richterlicher Rechtsfortbildung, in: FS der rechtswissenschaftlichen Fakultät zur 600-Jahr-Feier der Universität zu Köln, 1988, 305; *M. Schulte*, Rechtsprechungseinheit als Verfassungsauftrag, 1986; *K. Tolksdorf*, Die Zulässigkeit von Vorlegungen an den Großen Senat und deren Rücknahme, in: FS Krüger, 2017, 489; *W. Weis*, Der Ausgleich divergierender Entscheidungen in der Rechtsprechung des Bundesarbeitsgerichts, 1988; *H. Weller*, Die Bedeutung der Präjudizien im Verständnis der deutschen Rechtswissenschaft. Ein rechtshistorischer Beitrag zur Entstehung und Funktion der Präjudizientheorie, 1979; *F. Weyreuther*, Revisionszulassung und Nichtzulassungsbeschwerde in der Rechtsprechung der obersten Bundesgerichte, 1971.

2. Beiträge in Zeitschriften: *F. Baur*, Der Gedanke der „Einheitlichkeit der Rechtsprechung" im geltenden Prozeßrecht, JZ 1953, 326; *K. A. Bettermann*, Anmerkung, DVBl 1982, 954; *J. Boetius*, Die Entscheidungsdivergenz als Voraussetzung für die Anrufung des Großen Senats und des Gemeinsamen Senats, DStR 1971, 656; *T. Fischer*, Hemmschwellen auf dem Weg zu Entscheidungen des Großen Senats für Strafsachen, StraFo 2014, 309; *R. Kapp*, Die Grundsatzanrufung des Großen Senats des Bundesfinanzhofs, DStR 1983, 672; *ders.*, Zur Anrufung des Großen Senats des Bundesfinanzhofs, DStR 1987, 380; *O. R. Kissel*, Neues zur Gerichtsverfassung, NJW 1991, 945; *F. Klein*, Funktionen des Großen Senats des Bundesfinanzhofs, JbFSt 1991/92, 11; *W. Leisner*, Urteilsverfassungsbeschwerde wegen Nichtvorlage bei Abweichung, NJW 1989, 2446; *H. List*, Neue Verfahrensordnung für den Großen Senat des BFH im Vergleich zu den früheren Verfahrensordnungen nach RAO und FGO, DStR 1992, 382; *W. B. Maetzel*, Prozessuale Fragen zum Verfahren vor dem „Großen Senat", MDR 1966, 453; *ders.*, Bemerkungen zum Gemeinsamen Senat der obersten Gerichtshöfe, MDR 1968, 797; *G. Marquordt*, Von der Einheit der Rechtsprechung, JR 1955, 161; *A. May*, Verfahrensfragen bei der Divergenzanrufung des Großen Senats, DRiZ 1983, 305; *H. Müller*, Anhörung der Verfahrensbeteiligten bei Vorlage einer Rechtsfrage, NJW 1957, 1016; *K. Müller-Helle*, Anmerkung, NJW 1973, 1063; *K. Peters*, Tat-, Rechts- und Ermessensfragen in der Revisionsinstanz, ZStW 57 (1938), 53; *R. Pohle*, Das neue einheitliche Zivilprozeßrecht, MDR 1950, 642; *H. Reichel*, Horror pleni, Das Recht 1910, Sp. 345; *M. Rodi*, Vorlageentscheidungen, gesetzlicher Richter und Willkür, DÖV 1989, 750; *T. Rönnau*, Akuelles zum Wirtschaftsstrafrecht in der Revision – oder: Zum sachgerechten Umgang der Straf- und Zivilsenate mit Divergenzen auf dem Feld des Wirtschaftsstrafrechts, StraFo 2014, 265; *B. Rüthers/R. Bakker*, Die Flucht vor dem gesetzlichen Richter – Zur Vorlagepflicht an den Großen Senat im Arbeitskampfrecht, ZfA 1992, 199; *D. Schefold*, Rechtsprechung oder Interpretationsrichtlinie?, NJW 1973, 122; *H. Schirmer*, Rechtsfragen des Anfrageverfahrens vor Anrufung des Großen Senats, SGb 1980, 413; *U. Schroth*, Der Ausgleich divergierender obergerichtlicher Entscheidungen, JR 1990, 93; *M. Schultzenstein*, Ueber die Einheit der Rechtsprechung. Zu § 137 des Gerichtsverfassungsgesetzes, ZZP 18 (1893), 88; *F. Stier-Somlo*, Der Zwiespalt in der Rechtsprechung höchster Gerichte, DJZ 1928, Sp. 696; *W. Stree*, Verfassungsbeschwerde bei Verstoß gegen Vorlegungspflicht?, NJW 1959, 2051.

I. Entstehungsgeschichte

1 § 11 erhielt seine heutige Fassung durch Art. 5 des Rechtspflege-Vereinfachungsgesetzes vom 17.12.1990 (BGBl I 2847). In der Ursprungsfassung (BGBl I 17) wies § 11 fünf Absätze auf. Diese regelten die Notwendigkeit der Einrichtung des Großen Senats (Abs. 1), seine Bildung und Zusammensetzung (Abs. 2), die Divergenzvorlage (Abs. 3), die Grundsatzvorlage (Abs. 4) sowie hinsichtlich des Verfahrens den Grundsatz der mündlichen Verhandlung und die Bindungswirkung (Abs. 5).

2 Abs. 1 der Ursprungsfassung entsprach wörtlich der heutigen Fassung. Abs. 2 regelte die Besetzung (Präsident und sechs Richter), die Bestellung durch das Präsidium (für zwei Geschäftsjahre), den Vorsitz (Präsident, im Verhinderungsfall sein Stellvertreter), das Recht der an einer Divergenzvorlage beteiligten Senate und des eine Grundsatzfrage vorlegenden Senats, jeweils einen abstimmungsberechtigten Richter in den Großen Senat zu entsenden, sowie schließlich den Fall der Stimmengleichheit. Abs. 3 entsprach inhaltlich dem heutigen Abs. 2. Verfahrensfragen der Anrufung wegen beabsichtigter Divergenz, wie sie heute Abs. 3 regelt, enthielt die Ursprungsfassung nicht. Die Grundsatzvorlage regelte Abs. 4, wobei es im Unterschied zum heutigen Wortlaut hieß, dass der erkennende Senat die Entscheidung des Großen Senats „herbeiführen" kann. Abs. 5 entsprach dem heutigen Abs. 7, sah allerdings ausdrücklich vor, dass der Große Senat aufgrund mündlicher Verhandlung entscheidet. Die heute nach Abs. 7 S. 2 explizit gegebene Möglichkeit der Entscheidung ohne mündliche Verhandlung war ursprünglich nicht normiert (→ Rn. 4), wurde indessen aus § 101 Abs. 2 VwGO abgeleitet.[1]

3 Unmittelbarer Vorläufer[2] der Ursprungsfassung war § 47 des Gesetzes über das BVerwG vom 23.9.1952.[3] Wesentlicher Unterschied war, dass nach der Vorläuferbestimmung der Große Senat ohne mündliche Verhandlung entschied (§ 47 Abs. 1 BVerwGG),[4] wobei zu der inhaltsgleichen Bestimmung des § 138 Abs. 1 GVG i.d.F. der Bekanntmachung vom 9.5.1975 (BGBl I 1077) vertreten wurde, dass die Durchführung einer mündlichen Verhandlung nicht verboten sei.[5] Ferner war der Oberbundesanwalt zwingend anzuhören (§ 47 Abs. 4 S. 1 BVerwGG). Ihm konnte Gelegenheit gegeben werden, seine Auffassung in der Sitzung darzulegen (§ 47 Abs. 4 S. 2 BVerwGG). Wie zu der auf den Generalbundesanwalt bezogenen entsprechenden Vorschrift des § 138 Abs. 2 S. 2 GVG i.d.F. der Bekanntma-

---

1 Vgl. *Koehler* § 11 Anm. X; ferner BSG NJW 1960, 2165; *H. Müller*, Staatsbürger und Staatsgewalt, 1963, 527, 560; *Eyermann/Fröhler*, ¹1960, § 11 Rn. 14. A.M. Redeker/v. Oertzen, ⁶1978, § 11 Rn. 6.
2 Zur geschichtlichen Entwicklung der Großen Senate C. W. Hergenröder, Zivilprozessuale Grundlagen, 1995, 92 ff.; *R. Pietzner*, in: Schoch/Schneider/Bier § 11 Rn. 1–4 m.w.N.; zur Entwicklung des Gedankens der Rechtsprechungseinheit allg. *M. Schulte*, Rechtsprechungseinheit, 1986, 18 ff.; *M. Bock*, Rechtsnormcharakter, 1997, 11 f.; *E.-W. Hanack*, Ausgleich, 1962, 7 ff.; zur Geschichte der Präjudizientheorie *H. Weller*, Präjudizien, 1979; zu den Präjudizialgesetzen des 18. und 19. Jahrhunderts *F. Lauterjung*, Einheit der Rechtsprechung, 1932, 10 ff.
3 BGBl I 625; zu dessen Entstehungsgeschichte *C. Meyer*, Sicherung, 1994, 95.
4 Vgl. *Ule*, Gesetz über das Bundesverwaltungsgericht, 1952, § 47 Anm. IV; *Schunk/De Clerck*, Gesetz über das BVerwG, 1953, Anm. 3.
5 Vgl. etwa *Kissel*, GVG, ¹1981, § 138 Rn. 2 unter Hinweis auf BAG ZZP 1971, 348, BAGE 23, 229, 298 und BGH AP Nr. 2 zu § 45 ArbGG 1953.

chung vom 9.5.1975 ergab sich daraus die Frage, ob in diesem Fall eine mündliche Verhandlung gegeben war.[6]

Der Regierungsentwurf (BT-Drs. 3/55 Anl. 1) knüpfte inhaltlich an § 47 BVerwGG an und war den 4 §§ 136, 137 und 138 GVG i.d.F. des Rechtseinheitsgesetzes vom 12.9.1950 (BGBl I 455) nachgebildet (BT-Drs. 3/55 Anl. 1 S. 28). Während der Entwurf – wie § 47 BVerwGG – die Entscheidung ohne mündliche Verhandlung vorsah, hielt der Rechtsausschuss des Bundestags „mit überwältigender Mehrheit" eine mündliche Verhandlung des Großen Senats „für unumgänglich notwendig" (BT-Drs. 3/1094, 3). Abweichend vom Regierungsentwurf hatte der Gesetzgeber auch nicht das dem § 47 Abs. 4 BVerwGG entlehnte zwingende Anhörungsrecht des Oberbundesanwalts übernommen; vielmehr sollte sich dies aus § 35 ergeben.[7]

Der Präsidentenentwurf (→ § 1 Rn. 17) sah keinen Großen Senat, sondern in § 13 für die Fälle der 5 Divergenz- und der Grundsatzvorlage nach dem Plenarprinzip die Entscheidung der Vereinigten Senate vor. Für Entscheidungen der Vereinigten Senate war die Teilnahme von mehr als zwei Dritteln aller Richter des Gerichts erforderlich (§ 13 Abs. 4 S. 1 Präsidentenentwurf). Mündliche Verhandlung war fakultativ (§ 13 Abs. 1 S. 3, Abs. 2 S. 2 Präsidentenentwurf). Im Falle der beabsichtigten Abweichung von einer Entscheidung eines anderen Senats oder der Vereinigten Senate sollte die Anrufung nicht stets, sondern nur erforderlich sein, wenn von einer in der (nach § 12 Präsidentenentwurf vorgesehenen) amtlichen Sammlung veröffentlichten Entscheidung abgewichen werden sollte (§ 13 Abs. 1 S. 1 Präsidentenentwurf).

Der Regierungsentwurf einer VwPO (BT-Drs. 9/1851 Anl. 1) sah den Großen Senat in § 8 vor. Inhalt- 6 lich entsprachen die Regelungen, soweit sie sich auf den Großen Senat des BVerwG bezogen, weitgehend der Ursprungsfassung des § 11. Abweichend von § 11 Abs. 2 S. 4 in der Ursprungsfassung sollte jedoch die Entsendung je eines Richters der beteiligten Senate zwingend sein. Die Möglichkeit der Entscheidung ohne mündliche Verhandlung war unter der Voraussetzung des Einverständnisses der Beteiligten ausdrücklich vorgesehen (§ 8 Abs. 7 S. 2 VwPO).

Während der Regierungsentwurf einer VwPO sowohl die Divergenz- als auch die Grundsatzvorlage 7 aus § 11 der Ursprungsfassung übernahm, sah § 10 des Entwurfs des Koordinierungsausschusses (→ § 2 Rn. 5) allein die Divergenzvorlage vor. Damit sollte in Übereinstimmung mit der Kommission für Gerichtsverfassungsrecht und Rechtspflegerrecht vermieden werden, dass noch zu wenig konkretisierte Rechtsfragen vorgelegt werden und dass die Rspr. durch eine allzu frühe Entscheidung des Großen Senats in unerwünschter Weise festgelegt wird (Entwurf des Koordinierungsausschusses, S. 131). Der im Jahre 1969 vorgelegte Speyerer Entwurf (→ § 2 Rn. 6) demgegenüber sah in seinem § 13 Divergenz- und Grundsatzvorlage vor; die vorgeschlagene Besetzung des Großen Senats entsprach noch – anders als später bei dem Entwurf des Koordinierungsausschusses und bei dem Regierungsentwurf – derjenigen des § 11 in der Ursprungsfassung (Präsident und sechs Richter, fakultativ je ein Richter der beteiligten Senate).

Das Rechtspflege-Vereinfachungsgesetz vom 17.12.1990 (BGBl I 2847 → Rn. 1) führte zu einer Neu- 8 ordnung des Rechts der Großen Senate bei allen obersten Gerichtshöfen des Bundes. Ausgangspunkt der Reform waren die in den einzelnen Verfahrensordnungen bestehenden Unterschiede, etwa in der Besetzung[8] oder der Erforderlichkeit einer mündlichen Verhandlung.[9] Hinzu kam eine unterschiedliche Praxis in verfahrensmäßiger Hinsicht, die sich, z.T. nach Maßgabe der jeweiligen Geschäftsordnungen (→ Rn. 27), entwickelt hatte. Nicht ohne verfassungsrechtliche Problematik unter dem Gesichtspunkt des gesetzlichen Richters (Art. 101 Abs. 1 S. 2 GG) war zudem das Recht der beteiligten Senate zur Entsendung je eines (weiteren) Mitglieds in den Großen Senat (§ 11 Abs. 2 S. 4 der Ursprungsfassung, vgl. auch § 11 Abs. 2 S. 2 FGO vom 6.10.1965 [BGBl I 1477]), weil damit die Besetzung von der ad hoc zu treffenden Entscheidung des Senats bzw. – in den Verfahrensordnungen, in denen der Vorsitzende den zu entsendenden Richter bestimmte (§ 132 Abs. 5 S. 2 GVG i.d.F. der Bek. vom 9.5.1975 [BGBl I 1077]; § 41 Abs. 5 S. 2 SGG i.d.F. der Bek. vom 23.9.1975 [BGBl I 2535]; § 45

---

6 Vgl. *Kissel*, GVG, ¹1981, § 138 Rn. 5 m.w.N.; *H. Müller*, Staatsbürger und Staatsgewalt, 1963, 527, 559 f. m.w.N. in Fn. 212, 213; vgl. auch *Koehler*, Gesetz über das BVerwG, 1952, § 47 Anm. 3.

7 Vgl. *Eyermann/Fröhler*, ¹1960, § 11 Rn. 12.

8 Vgl. *H. List*, DStR 1992, 382, 383; *F. Klein*, JbFSt 1991/92, 11, 15.

9 Vgl. *W. B. Maetzel*, MDR 1966, 453, 454; *C. W. Hergenröder*, Zivilprozessuale Grundlagen, 1995, 102 f.

Abs. 3 S. 3 ArbGG i.d.F. der Bek. vom 2.7.1979 [BGBl I 853, 1036]),[10] – von der Entscheidung des Vorsitzenden eines beteiligten Senats abhängig war.[11]

II. Zweck der Vorschrift

9   Die Einrichtung des Großen Senats dient in erster Linie (vgl. Abs. 3 und Abs. 4 Alt. 2) der institutionellen Absicherung[12] einer *einheitlichen Rechtsprechung* des BVerwG[13] und damit einem Verfassungspostulat.[14] Die mit der Normierung von Vorlagepflichten für den Fall der Abweichungsabsicht verbundene relative Präjudizienbindung stellt daher keinen Verstoß gegen die Garantie der richterlichen Unabhängigkeit dar.[15] Die Einheitlichkeit der Rspr.[16] wird vielmehr als ein Gebot sowohl der Rechtssicherheit und damit des Rechtsstaatsprinzips,[17] als auch der Rechtsanwendungsgleichheit[18] und damit des allgemeinen Gleichheitssatzes verstanden. Mit der Aufgabe der Sicherung einer einheitlichen Rspr. verbunden ist diejenige der höchstrichterlichen *Fortbildung des Rechts* (vgl. § 11 Abs. 4 Alt. 1), wenn auch diese nicht ausschließlich den Großen Senaten vorbehalten ist.[19] Sie folgt nach der Rspr. des BVerfG aus der Pflicht zur Justizgewähr und damit ebenfalls dem Rechtsstaatsprinzip.[20]

10 Vor dem Hintergrund des Ziels der Einheit der Rspr. des BVerwG ordnet § 11 die institutionell-abstrakte Existenz[21] des Großen Senats als Rechtsprechungsorgan innerhalb des Rechtszuges vor dem BVerwG an. Das Präsidium des BVerwG ist verpflichtet, den Großen Senat personell auszustatten. Nach § 13 ist zur geschäftlichen Bearbeitung der Vorlagesachen durch den Präsidenten eine Geschäftsstelle einzurichten, die mit einer anderen Geschäftsstelle des Gerichts verbunden werden kann.[22]

11 *Aufgabe des Großen Senats* ist es, in einem – vom Parteiwillen unabhängigen[23] – Zwischenverfahren[24] auf Vorlage des mit einer Rechtssache befassten Senats eine oder mehrere Rechtsfragen des Bundesrechts[25] verbindlich zu beantworten, ohne, was aus Abs. 7 S. 1 folgt, die Rechtssache selbst zu entscheiden. Die Entscheidung des Rechtsfalls bleibt vielmehr, wie sich aus Abs. 7 S. 3 ergibt, dem vorlegenden Senat nach Maßgabe der Bindungswirkung der Entscheidung[26] des Großen Senats vorbehalten.[27] Die Entscheidungen des Großen Senats sind daher weder rechtsmittel- noch verfassungsbeschwerdefähig.[28]

12 Die sich aus § 11 ergebenden Vorlagepflichten sind *Bestandteil der Bindung des Richters an Gesetz und Recht* (→ § 1 Rn. 82 f.). Der Große Senat ist daher Teil des Systems der abstrakt-generellen Vorausbestimmung des zur Entscheidung berufenen Richters (dazu BVerfGE 95, 322, 328). Wird die Ver-

---

10 Dazu im Einzelnen BT-Drs. 11/3621, 29 ff.
11 Wobei diesen Bedenken durch Vorabregelung im senatsinternen Geschäftsverteilungsplan insoweit begegnet werden konnte als – für den Fall der Entsendung – jedenfalls geregelt wurde, welches Senatsmitglied entsandt wird, vgl. etwa BSGE 60, 100, 102.
12 Vgl. *C. W. Hergenröder*, Zivilprozessuale Grundlagen, 1995, 117.
13 Zum Großen Senat beim Reichsverwaltungsgericht (→ § 1 Rn. 12) vgl. *C. Meyer*, Sicherung, 1994, 91.
14 Vgl. *M. Schulte*, Rechtsprechungseinheit, 1986, 15, 51 ff.; *I. Amberg*, Rechtsprechung, 1998, 248.
15 Vgl. *R. Bakker*, Grenzen, 1994, 166; zur prinzipiellen Kritik des institutionalisierten Divergenzausgleichs, der den Rechtsfortschritt beeinträchtige und eine konservative Rspr. absichere, bereits – vor dem Hintergrund des „horror pleni" am Reichsgericht – *H. Reichel*, Das Recht 1910, Sp. 345 f.; skeptisch dazu schon *F. Lauterjung*, Einheit der Rechtsprechung, 1932, 75, 81; die Kritik abl. vgl. etwa *E.-W. Hanack*, Ausgleich, 1962, 360 ff.; *T. Dieterich*, FS Herschel, 1982, 37, 48; *C. Meyer*, Sicherung, 1994, 84.
16 Vgl. *F. Baur*, JZ 1953, 326.
17 Vgl. *Kissel/Mayer* § 132 Rn. 1.
18 Vgl. *R. Pietzner*, in: Schoch/Schneider/Bier § 11 Rn. 9.
19 Dazu *H. Prütting*, FS Universität zu Köln, 1988, 305, 314 f. m.w.N.; *C. W. Hergenröder*, Zivilprozessuale Grundlagen, 1995, 149 f.; zur Problematik der richterlichen Rechtsfortbildung allgemein *H. Prütting*, a.a.O. S. 305 Fn. 1 sowie *Kissel/Mayer* § 132 Rn. 37 m.w.N.
20 Vgl. BVerfGE 81, 242, 256; 84, 212, 226; *C. W. Hergenröder*, Zivilprozessuale Grundlagen, 1995, 168 ff., 174 ff.
21 Vgl. *Kissel/Mayer* § 132 Rn. 2.
22 Vgl. *H. Müller*, Staatsbürger und Staatsgewalt, 1963, 527, 550.
23 Vgl. *C. W. Hergenröder*, Zivilprozessuale Grundlagen, 1995, 103.
24 Vgl. *W. B. Maetzel*, MDR 1966, 453.
25 Vgl. *H. Müller*, Staatsbürger und Staatsgewalt, 1963, 527, 550.
26 Zum Begriff „Entscheidung" in diesem Zusammenhang *W. B. Maetzel*, MDR 1966, 453.
27 BAGE 56, 95, 99; BAGE 44, 211, 219; vgl. auch *R. Pietzner*, in: Schoch/Schneider/Bier § 11 Rn. 10.
28 Vgl. *R. Pietzner*, in: Schoch/Schneider/Bier § 11 Rn. 79; BVerfGE 31, 55, 56.

pflichtung zur Vorlage außer Acht gelassen, kann darin ein Verstoß gegen die *Garantie des gesetzlichen Richters* nach Art. 101 Abs. 1 S. 2 GG liegen (→ § 1 Rn. 83).[29]

Auf der *Ebene des Landesrechts* entspricht dem Großen Senat des BVerwG der nach § 12 bei jedem 13 OVG zu bildende Große Senat. Dessen Aufgaben sind demzufolge die Wahrung der Rechtseinheitlichkeit und die Fortbildung des Rechts auf dem Gebiet des Landesrechts.

Der Sicherung der Einheitlichkeit der Rspr. und der Rechtsfortbildung im Bereich des Bundesrechts 14 dient zudem der nach § 1 des Gesetzes zur Wahrung der Einheitlichkeit der Rechtsprechung der obersten Gerichtshöfe des Bundes vom 19.6.1968 (Rechtsprechungseinheitsgesetz)[30] gebildete *Gemeinsame Senat der obersten Gerichtshöfe des Bundes.*[31] Dieser entscheidet, wenn ein oberster Gerichtshof des Bundes (Art. 95 Abs. 1 GG) in einer Rechtsfrage von der Entscheidung eines anderen obersten Gerichtshofs oder des Gemeinsamen Senats (der obersten Gerichtshöfe) abweichen will (§ 2 Abs. 1 RsprEinhG).[32]

III. Zusammensetzung und Bildung des Großen Senats

1. Zusammensetzung. Nach § 11 Abs. 5 S. 1 besteht der Große Senat aus dem Präsidenten als gebo- 15 renem Mitglied und je einem vom Präsidium zu bestimmenden Richter der Revisionssenate, in denen der Präsident nicht den Vorsitz führt. Damit wird im Unterschied zum früheren Recht und unabhängig davon, ob der Präsident den Vorsitz in einem Revisions- oder in einem anderen Senat übernommen hat, sichergestellt, dass jeder (Revisions-)Senat im Großen Senat vertreten ist.[33] Das entspricht dem *Prinzip der Gesamtrepräsentation.*[34] Schon aufgrund der richterlichen Unabhängigkeit unterliegen die Mitglieder des Großen Senats indes keinem imperativen Mandat. Dass die einzelnen Senate „ihre Ansicht" (die nur dann als „ihre" bezeichnet werden kann, wenn sie nach dem Kollegialprinzip mehrheitlich gefunden wurde) zu der zu entscheidenden Rechtsfrage einbringen können,[35] findet daher keine normativ-institutionelle Absicherung.

Revisionssenate sind diejenigen Senate des BVerwG, die zumindest auch Revisionssachen nach den 16 §§ 132 ff. bearbeiten. Darauf, ob diesen Senaten daneben oder gar überwiegend Rechtsprechungssachen zugewiesen sind, für die das BVerwG in erster und letzter Instanz zuständig ist, kommt es nicht an. Kein Revisionssenat ist ein Senat, dem ausschließlich erstinstanzliche Verfahren zugewiesen sind.[36] Ein solcher Senat ist ein „anderer Senat" i.S.v. Abs. 5 S. 2.

Führt der Präsident den Vorsitz in mehr als einem Revisionssenat, schließt der Wortlaut von Abs. 5 17 S. 1 aus, dass ein Richter dieser (weiteren) Senate Mitglied des Großen Senats wird.[37] Das widerspricht indes dem Prinzip der Gesamtrepräsentation insoweit, als in einem solchen Fall nicht alle Revisionssenate im Großen Senat stimmberechtigt wären.

„*Richter der Revisionssenate*", in denen der Präsident nicht den Vorsitz führt, sowie Mitglied „*anderer Senate*" ist, wer nach dem Geschäftsverteilungsplan des BVerwG zum Mitglied eines Revisionssenats oder eines anderen Senats bestellt ist. Mehrfachzugehörigkeiten sind unschädlich; es muss jedoch deutlich werden, für welchen Senat ein mehr als einem Senat angehörender Richter zum Mitglied des Großen Senats bestellt wird. Wechselt ein Richter oder eine Richterin des Großen Senats den (Stamm-)Senat, endet die Mitgliedschaft im Großen Senat mit der Folge, dass bis zur Bestellung eines neuen Mitglieds der Vertretungsfall vorliegt.[38]

Die mit Abs. 5 S. 1 in Abhängigkeit von der Zahl der Revisionssenate feststehende Zahl der (ständi- 19 gen)[39] Mitglieder des Großen Senats erhöht sich nach Abs. 5 S. 2, wenn ein anderer als ein Revisionssenat nach Abs. 3 oder 4 vorlegt oder wenn von einer Entscheidung eines (oder mehrerer) dieser Sena-

---

29 Ferner BVerwG NVwZ 2006, 1404, 1406; BVerwG NVwZ 1998, 952, 953.
30 BGBl I 661, zul. geänd. durch Art. 144 VO vom 31.8.2015 (BGBl I 1474).
31 Zu dessen Entstehungsgeschichte *M. Schulte*, Rechtsprechungseinheit, 1986, 32 ff.; *K. Miebach*, Der Gemeinsame Senat, 1971, 22 ff.
32 Dazu näher *R. Pietzner*, in: Schoch/Schneider/Bier Anhang zu § 11 Rn. 1 ff.
33 Vgl. Begründung des Entwurfs des Rechtspflege-Vereinfachungsgesetzes, BT-Drs. 11/3621, 31.
34 Vgl. *C. W. Hergenröder*, Zivilprozessuale Grundlagen, 1995, 105 m.w.N.
35 Vgl. *R. Pietzner*, in: Schoch/Schneider/Bier § 11 Rn. 6.
36 *M. Funke-Kaiser*, in: Bader § 11 Rn. 8.
37 So jetzt auch *M. Funke-Kaiser*, in: Bader § 11 Rn. 8 mit Fn. 22.
38 Vgl. *Kissel/Mayer* § 132 Rn. 8.
39 Vgl. *H. Geiger*, in: Eyermann § 11 Rn. 6.

te abgewichen werden soll und deshalb ein Revisions- oder anderer Senat den Großen Senat nach Abs. 3 anruft. Anders als nach § 41 Abs. 5 SGG[40] bleiben die ehrenamtlichen Richter der Wehrdienstsenate (→ § 10 Rn. 5) unberücksichtigt.

20 In zeitlicher Hinsicht ist für die Zahl der Mitglieder des Großen Senats der *Zeitpunkt seiner Entscheidung maßgeblich.*[41] Erhöht sich im Laufe des Geschäftsjahres die Zahl der Senate, ist ein neues Mitglied zu bestellen; fällt ein Senat weg, scheidet das diesem angehörende Mitglied aus.[42]

21 **2. Bildung.** Die Mitglieder des Großen Senats – mit Ausnahme des Präsidenten als geborenem Mitglied – und ihre Vertreter werden nach Abs. 6 S. 1 und 2 durch das *Präsidium für ein Geschäftsjahr* bestellt. Der Bestimmung des Abs. 6 kommt dabei kein eigenständiger Regelungsgehalt zu. Dass die Mitglieder mit Ausnahme des Präsidenten durch das Präsidium bestellt werden, ist ein Gebot der Garantie des gesetzlichen Richters nach Art. 101 Abs. 1 S. 2 GG (→ § 4 Rn. 11). Die Bestellung auf ein Jahr (früher zwei) entspricht dem Jährlichkeitsprinzip des § 21 e Abs. 1 S. 2 GVG (→ § 4 Rn. 54 ff.). Inhaltliche Vorgaben, etwa über eine Mindestzahl von Vorsitzenden Richtern unter den Mitgliedern des Großen Senats, bestehen nicht.

22 **3. Vertretung der Mitglieder.** Jedes der Mitglieder des Großen Senats wird im Verhinderungsfall vertreten. Vertreter für den Präsidenten[43] ist nach Abs. 5 S. 3 ein vom Präsidium für das Geschäftsjahr zu bestimmendes Mitglied des Senats, dem er angehört. Die Vertreter der übrigen Mitglieder einschließlich der Mitglieder der anderen Senate nach Abs. 5 S. 2 werden ebenfalls vom Präsidium für das Geschäftsjahr bestimmt (Abs. 6 S. 1 und 2). Der Vertreter muss demselben Senat wie das vertretene Mitglied angehören.

23 **4. Vorsitz.** Den Vorsitz im Großen Senat führt nach Abs. 6 S. 3 der Präsident, bei Verhinderung das dienstälteste Mitglied. Die Vertretungsregelung bezieht sich nur auf die Wahrnehmung des Amtes des Vorsitzenden. Zu einer Reduzierung der Zahl der Mitglieder des Großen Senats kommt es nicht, da der Präsident als Mitglied gem. Abs. 5 S. 3 von einem Richter seines Senats vertreten wird.

24 Nach § 11 in der Ursprungsfassung oblag die Vertretung des Präsidenten bei dessen Verhinderung dem ständigen Vertreter, mithin regelmäßig dem Vizepräsidenten. Die Änderung dieser Rechtslage durch das Rechtspflege-Vereinfachungsgesetz (→ Rn. 8) wurde im Regierungsentwurf damit erläutert, dass der ständige Vertreter des Präsidenten möglicherweise nicht Mitglied des Großen Senats sei.[44] In der Tat wäre ein Festhalten an der früheren Vertretungsregelung mit dem durch das Rechtspflege-Vereinfachungsgesetz eingeführten Prinzip der Gesamtrepräsentation aller (Revisions-)Senate nicht zu vereinbaren gewesen. Da nach diesem Prinzip der Präsident als Mitglied des Großen Senats von einem Mitglied seines (Stamm-)Senats vertreten wird, würde die vertretungsweise Übernahme des Vorsitzes durch den ständigen Vertreter (Vizepräsidenten), falls dieser nicht selbst Mitglied wäre, zu einer Erhöhung der Zahl der Mitglieder des Großen Senats führen.

25 Zur Vertretung des Präsidenten im Vorsitz ist das dienstälteste Mitglied berufen. Da das Gesetz selbst die Vertretung regelt, besteht kein Raum für eine (konstitutive) Regelung im Geschäftsverteilungsplan. Das Dienstalter eines Richters bestimmt sich nach dem *allgemeinen Dienstalter* des § 20 DRiG (→ § 4 Rn. 136). Das allgemeine Dienstalter ist nicht von der erreichten Besoldungsgruppe abhängig. Konsequenz daraus ist, dass der Vorsitz im Vertretungsfall unabhängig davon, ob der Vizepräsident des BVerwG oder Vorsitzende Richter am BVerwG Mitglied des Großen Senats sind, einem (beisitzenden) Richter am BVerwG zufallen kann, wenn dieser nach § 20 dienstälter als jene ist (→ § 4 Rn. 136).[45] Wird der Begriff „dienstältestes Mitglied" in Anknüpfung an § 20 DRiG verstanden, ist es indes nicht konsequent, abweichend davon auf die Ernennung zum Richter am BVerwG abzustellen.[46] Dass dies im dringenden Interesse einer funktionsgerechten Ausübung dieser Aufgabe erforderlich sei, leuchtet

---

40 Dazu auch *C. W. Hergenröder*, Zivilprozessuale Grundlagen, 1995, 105 f.; ferner BSG 12.12.2008 – GS 1/08.
41 Vgl. *Kissel/Mayer* § 132 Rn. 8.
42 Vgl. *Kissel/Mayer* § 132 Rn. 8.
43 Anders § 132 Abs. 5 GVG: Eine Vertretung des Präsidenten als Mitglied des Großen und der Vereinigten Großen Senate findet dort nicht statt.
44 BT-Drs. 11/3621, 58; vgl. für die entsprechende Regelung in § 132 Abs. 6 S. 3 GVG BT-Drs. 11/3621, 55.
45 Vgl. *Kissel/Mayer* § 132 Rn. 12; *H. List*, DStR 1992, 382, 385. A.M. *K. Offerhaus*, FS 75 Jahre Reichsfinanzhof-Bundesfinanzhof, 1993, 623, 631 f.
46 So aber *Kissel/Mayer* § 132 Rn. 12.

schon deshalb nicht ein, weil es außerhalb des Vertretungsfalls bei der Wahrnehmung des Vorsitzes durch den Präsidenten auf die Frage des Zeitpunkts seiner Ernennung zum Bundesrichter nicht ankommt.

IV. Obligatorische Vorlage

1. Allgemeines. § 11 Abs. 2 normiert die Zuständigkeit des Großen Senats für den Fall, dass ein Senat in einer Rechtsfrage von der Entscheidung eines anderen Senats oder des Großen Senats abweichen will. Daraus folgt eine *Vorlagepflicht* des erkennenden Senats, d.h. desjenigen Senats, der mit der Rechtssache befasst ist. Die Vorlagepflicht besteht auch im vorläufigen Rechtsschutzverfahren oder im PKH-Verfahren, wenn es um dort endgültig zu entscheidende Rechtsfragen geht (→ Rn. 39).[47]

Trotz der Formulierung „entscheidet" beinhaltet die Zuständigkeit des Großen Senats keine Entscheidungskompetenz in der Rechtssache selbst (→ Rn. 11). Abs. 3 regelt das *Verfahren der Vorlage*. Die erst mit dem Rechtspflege-Vereinfachungsgesetz (→ Rn. 8) eingefügten Bestimmungen des Abs. 3 haben die Anfragepraxis der obersten Gerichtshöfe, wie sie sich, in Übernahme der Praxis beim Reichsgericht[48] und festgelegt in den Geschäftsordnungen (vgl. etwa § 2 Abs. 2 GO BVerwG vom 26.11.1971 [BAnz. 1972 S. 8]; → Rn. 46), entwickelt hatte,[49] gesetzlich normiert.[50]

2. Rechtsfrage. Die Zuständigkeit des Großen Senats setzt nach Abs. 2 einen Abweichungswillen in Bezug auf die Beantwortung einer Rechtsfrage voraus. Die Rechtsfrage muss eine solche des Bundesrechts sein. Sie ist abzugrenzen gegen die „Tatfrage", die auf das tatsächlich Geschehene bezogen wird,[51] während sich Rechtsfragen im Zusammenhang mit der rechtlichen Beurteilung eines zuvor festgestellten Sachverhalts stellen (können); dazu zählen etwa die Auslegung von Vorschriften, insbes. der in ihnen verwendeten Begriffe, oder Inhalt und Tragweite allgemeiner Erfahrungssätze (vgl. BGHSt 39, 291). Ein anderer Ansatz stellt auf das Kriterium des Rechtssatzes ab: Werde in der Entscheidung ein allgemeingültiger Satz gebildet, liege eine Rechtsfrage vor, Tatfrage bleibe das nicht auf andere Fälle Übertragbare.[52]

Stellt sich die Rechtsfrage als Frage nach der *Verfassungsmäßigkeit eines Gesetzes* i.S.d. Art. 100 Abs. 1 GG oder als Frage des europäischen Unionsrechts dar, ist nicht die Vorlage an den Großen Senat, sondern allein die (unmittelbare) Vorlage an das BVerfG bzw. den EuGH gegeben (→ Rn. 39).[53]

Keine Frage des Abweichungswillens, sondern eine solche des rechtlichen Dürfens stellt sich, wenn eine Rechtssache nach Zurückverweisung gem. § 143 Abs. 3 Nr. 2 erneut an das BVerwG gelangt. Im Umfang der (Selbst-)*Bindung nach § 144 Abs. 6* ist der mit der Sache erneut befasste Senat gehindert, von der in der Zurückverweisungsentscheidung enthaltenen Rechtsauffassung abzurücken. Hat zwischenzeitlich ein anderer Senat abweichend entschieden, entsteht dadurch eine Divergenzlage, die allerdings deshalb nicht zur Vorlage führen soll, weil die Bindungswirkung des § 144 Abs. 6 auch den Großen Senat träfe.[54] Demgegenüber nimmt der BFH an, dass die nach § 126 Abs. 5 FGO prinzipiell bestehende Bindung an die im ersten Rechtsgang vertretene Rechtsauffassung entfällt, wenn diese im zweiten Rechtsgang vom Großen Senat nicht geteilt wird (BFHE 216, 168).

3. Abweichung von einer Entscheidung. a) Begriff der Abweichung, Erheblichkeit. Die Vorlagepflicht entsteht, wenn hinsichtlich der Rechtsfrage eine Abweichung von der Entscheidung eines anderen Senats oder des Großen Senats droht. Eine Abweichung liegt nach h.M. vor, wenn ein Senat die-

26

27

28

29

30

31

---

47 Vgl. auch M. *Funke-Kaiser*, in: Bader § 11 Rn. 5.
48 Vgl. BVerwG Buchholz 310 § 11 VwGO Nr. 4; dazu R. *Bakker*, Grenzen, 1994, 18 ff.
49 Zur Geschichte und ursprünglichen Kritik des Anfrageverfahrens I. *Amberg*, Rechtsprechung, 1998, 282 mit Fn. 197; ferner C. *Meyer*, Sicherung, 1994, 23 ff., 69 ff.; F. *Lauterjung*, Einheit der Rechtsprechung, 1932, 58 ff.
50 Vgl. BT-Drs. 11/3621, 29; O. R. *Kissel*, NJW 1991, 945, 951.
51 Zur Abgrenzung von Tatfragen und Rechtsfragen K. *Larenz*, Methodenlehre der Rechtswissenschaft, ²1992, 195 ff.; U. *Schroth*, JR 1990, 93, 95 f.; M. *Schulte*, Rechtsprechungseinheit, 1986, 93 ff., vgl. auch BGHSt 31, 86; 31, 314.
52 Vgl. E.-W. *Hanack*, Ausgleich, 1962, 137 ff., 141.
53 Vgl. R. *Pietzner*, in: Schoch/Schneider/Bier § 11 Rn. 45, 46; für bloßen Vorrang der Vorlage an den EuGH BFH 21.9.2016 – XI R 44/14, juris Rn. 66.
54 Vgl. H. *Müller*, Staatsbürger und Staatsgewalt, 1963, 527, 543; bereits F. *Lauterjung*, Einheit der Rechtsprechung, 1932, 56 f.; krit. E.-W. *Hanack*, Ausgleich, 1962, 343 ff., 346; zum Umfang der Selbstbindung vgl. BGHZ 60, 392; BGHSt 33, 356, 360.

selbe Rechtsfrage[55] anders als ein anderer Senat oder der Große Senat beantworten will und es für die Entscheidung des (anstehenden) Rechtsstreits auf die Beantwortung dieser Frage ankommt (zur Entscheidungserheblichkeit → § 132 Rn. 45).[56] Dabei ist von der Rechtsansicht und der Würdigung des dem Ausgangsverfahren zugrunde liegenden Sachverhalts durch den vorlegenden Senat auszugehen.[57] Der Große Senat hat nicht zu prüfen, ob der vorlegende Senat mit einer anderen Begründung zum selben Ergebnis kommt (vgl. BFHE 196, 39, 42; 184, 1, 4). Ebenso muss nach h.M. die Rechtsfrage für die frühere Entscheidung erheblich gewesen sein.[58] Obiter dicta sind daher unerheblich.[59] Gleiches gilt, wenn die Frage offengelassen wurde.[60] Die Prüfungskompetenz für die Frage der Erheblichkeit kommt dabei dem Großen Senat zu (→ Rn. 45, 59).

32 **b) Kritik des Erheblichkeitspostulats.** Das Erheblichkeitspostulat und die darauf bezogene Prüfungskompetenz sowohl des erkennenden als auch des Großen Senats ergeben sich weder aus dem Wortlaut von § 11 noch aus der Aufgabe des Großen Senats, im Interesse einer einheitlichen Rspr. abstrakte Rechtsfragen zu beantworten.[61] Vielmehr ist die Einheit der Rspr. durch das Aufstellen eines entscheidungsunerheblichen Rechtssatzes nicht weniger gefährdet als bei gegebener Ergebnisrelevanz.[62] Die herrschende Praxis unterläuft daher die Vorlagepflicht,[63] indem sie ungeschriebene Voraussetzungen, die der Zeit des horror pleni[64] beim Reichsgericht entstammen, tradiert.[65] Zwar mag die Gefährdung der Rechtsprechungseinheit bei *obiter dicta* schwächer sein und mögen überdies angesichts deren Vielzahl praktische Gesichtspunkte für ihre Divergenzunfähigkeit sprechen.[66] Eine Divergenz in der Beantwortung einer Rechtsfrage entfällt aber nicht, wenn die in Rede stehende Begründung selbständig neben einer anderen oder nur hilfsweise gegeben worden ist.[67] Deshalb kann es weder auf die Erheblichkeit der Rechtsauffassung, von der abgewichen werden soll, für die frühere Entscheidung, noch auf deren Erheblichkeit für die jetzt zu treffende Entscheidung ankommen.[68]

33 Soweit das hinsichtlich der ersten Entscheidung aus dem in den Abs. 2 und 3 verwendeten Begriff „Entscheidung" gefolgert wird,[69] überzeugt das nicht. Denn bei selbständig tragenden alternativen Erwägungen läge dann hinsichtlich keiner der Begründungen eine „Entscheidung" vor.[70] Das Gegenteil ist der Fall: Mit der Wahl von alternativen Begründungen hat sich der Senat sowohl für die eine als auch für die andere Argumentation „entschieden" (vgl. auch BAG AP Nr. 2 zu § 72a ArbGG 1979 Divergenz). Dasselbe gilt hinsichtlich der anstehenden Entscheidung. Beabsichtigt der erkennende Senat eine selbständig tragende alternative oder hilfsweise Begründung und bedeutete jedenfalls eine der

---

55 Vgl. auch BAGE 149, 343, 354: „Abweichung zu der identischen Rechtsfrage".

56 Vgl. BVerwGE 87, 62, 66 f.; 47, 330, 363; 16, 273, 277; BVerwGE 1, 1, 2; *H. Geiger*, in: Eyermann § 11 Rn. 2; BGH NJW 2000, 1185; BGHZ 126, 63, 71; vgl. auch BAG NJW 2008, 102, 105; BAGE 111, 8, 22.

57 Zum Vertretbarkeitsvorbehalt BGH NJW 2015, 3800.

58 Vgl. BVerwG NVwZ 1998, 952, 953; BGH AnwBl 2018, 106; BSGE 110, 222; 105, 243; BAGE 97, 150; *H. Geiger*, in: Eyermann § 11 Rn. 3.

59 BVerwGE 16, 273, 276; Buchholz 310 § 11 VwGO Nr. 6; BFH DB 2009, 149. A.M. *E.-W. Hanack*, Ausgleich, 1962, 257, 264 f.; krit. auch *I. Amberg*, Rechtsprechung, 1998, 271 ff. Dazu instruktiv auch *F. Lauterjung*, Einheit der Rechtsprechung, 1932, 61 f.; *H. Lilie*, Divergenzausgleich, 1993, 63 ff.

60 Vgl. BVerwG 15.7.2016 – 9 A 16/15, juris Rn. 49.

61 Dazu *R. Bakker*, Grenzen, 1994, 187 ff.

62 Im Ansatz skeptisch auch *I. Amberg*, Rechtsprechung, 1998, 269 f., 271 f.; BVerfGE 132, 1, 4 Rn. 13 zu § 16 BVerfGG; anders BVerfGE 96, 375, 404; 4, 27, 28; ferner bereits *F. Lauterjung*, Einheit der Rechtsprechung, 1932, 60 f.

63 Zum BVerfGG *G. Ulsamer*, in: Maunz/Schmidt-Bleibtreu/Klein/Bethge (16. Lfg. März 1998) § 16 Rn. 5 f.; a.M. jetzt *D. Hömig*, in: Maunz/Schmidt-Bleibtreu/Klein/Bethge § 16 Rn. 7. Wie hier z. B. *Lechner/Zuck*, BVerfGG, ⁹2015, § 16 Rn. 4; vgl. auch *H. Lilie*, Divergenzausgleich, 1993, 239.

64 Vgl. *H. Reichel*, Das Recht 1910, Sp. 345.

65 Dazu *R. Bakker*, Grenzen, 1994, 35 ff.; zur seinerzeitigen Kritik an den Umgehungsformeln des Reichsgerichts („Plenumsmathematik") *H. Lilie*, Divergenzausgleich, 1993, 172 ff.

66 Dazu *F. Lauterjung*, Einheit der Rechtsprechung, 1932, 61 f.; *E.-W. Hanack*, Ausgleich, 1962, 267 f. A.M. *R. Bakker*, Grenzen, 1994, 200.

67 So *H. Müller*, Staatsbürger und Staatsgewalt, 1963, 527, 537; vgl. *R. Bakker*, Grenzen, 1994, 200 f., 202; wie hier jetzt auch *M. Funke-Kaiser*, in: Bader § 11 Rn. 4; krit. auch *P. Brandis*, in: Tipke/Kruse § 11 FGO Rn. 8. A.M. BSGE 102, 166.

68 So zu Recht *E.-W. Hanack*, Ausgleich, 1962, 257 f., 262 f.; vgl. auch BGHSt 3, 259.

69 Vgl. *R. Pietzner*, in: Schoch/Schneider/Bier § 11 Rn. 31; BVerwGE 16, 273, 276.

70 Vgl. *R. Bakker*, Grenzen, 1994, 193; vgl. auch BVerfGE 132, 1, 4 Rn. 13 zu § 16 BVerfGG.

Begründungen eine Abweichung von der Auffassung eines anderen oder des Großen Senats, liegt ein Vorlagefall vor, weil nur so die drohende Divergenz vermieden werden kann.

Die Parallele zum *Erheblichkeitserfordernis im Revisionszulassungsrecht* greift nicht: Zweck der Revision ist die Korrektur fehlerhafter Entscheidungen, mithin die Herstellung von Einzelfallgerechtigkeit. Mit dieser Aufgabe ist zwar die der Revision ebenfalls eigene Aufgabe, die Einheitlichkeit der Rspr. zu gewährleisten, „in eigenartiger Weise verknüpft",[71] was seinen Ausdruck insbes. in den Zulassungsgründen der grundsätzlichen Bedeutung und der Divergenz findet.[72] Da es indes ebenso darum geht, unrichtige Entscheidungen im Parteiinteresse zu korrigieren, rechtfertigt sich nicht nur, sondern erscheint zwingend, solche Entscheidungen prinzipiell von der Revision auszuschließen, die ungeachtet der in Rede stehenden Rechtsauffassung i.E. nicht fehlerhaft sind. Ziel der Regelung des § 11 ist demgegenüber nicht, allenfalls am Rande,[73] die Herstellung größtmöglicher Einzelfallgerechtigkeit, sondern allein die Sicherung der Einheitlichkeit der Rspr. Dieser Zweck verlangt eine Betrachtung, die den konkreten Fall und dessen Lösung für die Frage der Vorlagepflicht außen vor lässt und daher den Divergenztatbestand allein abstrakt sieht. Daher kann es auch nicht darauf ankommen, ob die divergierenden Ansichten zu der (abstrakten) Rechtsfrage im konkreten Fall (zufällig) zu demselben Ergebnis führen.[74]   34

Der Kritik am Erheblichkeitserfordernis kann für die zu treffende Entscheidung auch nicht unter Hinweis auf § 11 Abs. 7 S. 3 entgegengehalten werden, dass sich die *Bindungswirkung der Entscheidungen des Großen Senats* nur entfalten könne, wenn sie für die rechtliche Beurteilung der anstehenden Sache auch erheblich sei.[75] Wesen dieser Bindungswirkung ist nicht, dass die Rechtsauffassung des Großen Senats tragend für die Lösung des konkreten Falles wird. Dem steht schon der Dispositionsgrundsatz entgegen, aufgrund dessen nicht ausgeschlossen ist, dass das Verfahren nach einem Spruch des Großen Senats unstreitig, etwa durch Rechtsmittelrücknahme, beendet wird. Die Bedeutung der Bindungswirkung erschöpft sich vielmehr in dem an den erkennenden Senat gerichteten Verbot, der von ihm zu fällenden Entscheidung eine andere als die vom Großen Senat eingenommene Auffassung zu der vorgelegten Rechtsfrage zugrunde zu legen.   35

c) **Weitere Einzelheiten.** Entgegen der Rspr. des BVerwG[76] muss sich die Rechtsfrage nicht in Anwendung ein und derselben Rechtsnorm stellen.[77] Maßgeblich ist die Identität der Rechtsfrage.[78] Die Abweichung muss beabsichtigt sein, lediglich Zweifel an der bisherigen Beantwortung der Rechtsfrage reichen nicht aus.[79] Es muss die Entschlossenheit zur Preisgabe der Rspr. des anderen Senats deutlich werden (BSGE 58, 183, 187). Daran fehlt es, wenn der erkennende Senat seine abweichende Auffassung lediglich unterstellt (BVerwG Buchholz 310 § 11 VwGO Nr. 7). Eine Abweichung gegenüber einer früheren Entscheidung eines anderen Senats wird nicht dadurch ausgeschlossen, dass ein dritter Senat unter Verstoß gegen seine Vorlagepflicht die Rechtsfrage anders als die frühere Entscheidung beantwortet hat. Die unter Verstoß gegen die Vorlagepflicht ergangene Entscheidung ist ihrerseits divergenzfähig.[80] Aus einer unterbliebenen Vorlage kann daher nicht auf eine mangelnde Entscheidungserheblichkeit der Rechtsfrage geschlossen werden (→ Rn. 31).[81]   36

d) **Abweichung im Verhältnis zu einem anderen Senat oder dem Großen Senat.** Die Abweichung muss im Verhältnis zu einem anderen Senat oder dem Großen Senat bestehen. Die beabsichtigte Ab-   37

---

71 Vgl. *F. Lauterjung*, Einheit der Rechtsprechung, 1932, 36.
72 Zu den Theorien der Revisionszwecke *H. Lilie*, Divergenzausgleich, 1993, 198 ff.; *A. Jakobs*, Revisionszulassung, 1999, 159 ff.; *F. Weyreuther*, Revisionszulassung, 1971, 1 ff.; *K. A. Bettermann*, NJW 1954, 1305, 1309.
73 Vgl. *H. Lilie*, Divergenzausgleich, 1993, 202.
74 So aber BVerwGE 16, 273, 277; BFHE 152, 146, 149; *A. May*, DRiZ 1983, 305, 307.
75 Vgl. BVerwG Buchholz 310 § 11 VwGO Nr. 1; s. w.N. bei *R. Pietzner*, in: Schoch/Schneider/Bier § 11 Rn. 32 mit Fn. 60.
76 NVwZ 2006, 1404, 1406. ebenso *R. Pietzner*, in: Schoch/Schneider/Bier § 11 Rn. 16, 18; *M. Funke-Kaiser*, in: Bader § 11 Rn. 4; BVerwGE 36, 340, 346.
77 So auch *H. Geiger*, in: Eyermann § 11 Rn. 3; *J. Ruthig*, in: Kopp/Schenke § 11 Rn. 4; *H. Gersdorf*, in: Posser/Wolff § 11 Rn. 3; *Kissel/Mayer* § 121 Rn. 21; zur Entwicklung der Fragestellung *C. Meyer*, Sicherung, 1994, 37 ff.; ferner *E.-W. Hanack*, Ausgleich, 1962, 154 ff.
78 Vgl. BAGE 149, 343, 354; *Roos*, in: Roos/Wahrendorf, SGG, § 41 Rn. 12.
79 Vgl. *R. Pietzner*, in: Schoch/Schneider/Bier § 11 Rn. 15 unter Hinweis auf BSG 30, 167, 170; 41, 41, 43; 58, 183, 187.
80 Vgl. BSG SGb 2016, 232; *Kissel/Mayer* § 132 Rn. 16.
81 So aber offenbar BSGE 105, 243.

weichung von der Rspr. (nur) des eigenen Senats löst die Vorlagepflicht nicht aus.[82] Hat der abweichungswillige Senat die Zuständigkeit für das Sachgebiet, aus dem die frühere Entscheidung stammt, vollständig übernommen, fehlt es, wie sich nunmehr aus Abs. 3 S. 2 ergibt, ebenfalls an einer Divergenzlage,[83] sofern der früher zuständige Senat mit der in Rede stehenden Rechtsfrage nicht mehr befasst werden kann.[84] Maßgeblich für den Begriff „anderer Senat" ist daher die *sachliche Zuständigkeit*.[85] Unerheblich ist, ob der Senat, von dessen Entscheidung abgewichen werden soll, noch besteht,[86] sofern dessen Zuständigkeit auf einen anderen Senat übergegangen ist. Nur wenn das nicht der Fall ist, etwa weil das BVerwG nicht mehr zuständig ist[87] oder das Rechtsgebiet in Fortfall geraten ist, entfällt die Vorlage. Unerheblich für den Begriff des „anderen Senats" ist auch, ob die frühere Entscheidung i.R. einer erstinstanzlichen Zuständigkeit des BVerwG getroffen wurde (→ Rn. 16, 26).[88]

38   Keine Abweichung im Verhältnis zu dem anderen Senat liegt vor, wenn dieser seine Auffassung zwischenzeitlich aufgegeben hat (vgl. BFHE 254, 164, 181 Rn. 74 f.; BGHSt 20, 77, 79; vgl. ferner BVerwG NVwZ-RR 1993, 499) oder wenn die Rechtsfrage vom Großen Senat oder vom Gemeinsamen Senat der obersten Gerichtshöfe des Bundes zwischenzeitlich (abweichend) entschieden worden ist. In den beiden zuletzt genannten Fällen beurteilt sich die Frage der Divergenz nur noch im Verhältnis zum Großen Senat bzw. dem Gemeinsamen Senat.[89] Die Rechtsauffassung des anderen Senats ist auch erledigt, wenn das BVerfG entschieden hat (BGH NJW 1998, 908, 909) oder eine Entscheidung des EuGH zur Auslegung des Gemeinschaftsrechts vorliegt, der sich der erkennende Senat anschließen will (BFHE 254, 481, 487 Rn. 22; BSGE 37, 88, 92). Dasselbe gilt, wenn die frühere Rechtsauffassung überholt (BVerwGE 117, 332, 345; 116, 169, 173) oder durch eine Gesetzesänderung obsolet geworden ist.[90]

39   e) Entscheidung. Voraussetzung der Vorlagepflicht ist, dass eine Entscheidung des anderen Senats oder des Großen Senats vorliegt; welcher Art diese ist, Urteil oder Beschluss, ist unmaßgeblich. Sie muss jedoch grds. *verfahrensabschließenden Charakter* haben.[91] Ein Beschluss, mit dem eine Nichtzulassungsbeschwerde zurückgewiesen wird, stellt eine solche Entscheidung dar, wenn mit ihm eine abschließende Beantwortung der Rechtsfrage verbunden ist.[92] Verfahrensabschließenden Charakter haben zwar regelmäßig auch Entscheidungen in Verfahren wegen Aussetzung der Vollziehung; gleichwohl liegt ein Vorlagefall dann nicht vor, wenn in einem solchen Verfahren Rechtsfragen nicht abschließend bewertet werden (BFHE 220, 319; aber auch BFHE 206, 179). *Vorlagebeschlüsse* an den Großen Senat stellen mangels verfahrensabschließenden Charakters keine Entscheidung dar, auch wenn sie – bei der Divergenzvorlage – einen Abweichungswillen zum Ausdruck bringen.[93] Dasselbe gilt für Vorlagen an das BVerfG nach Art. 100 GG (vgl. BFHE 211, 350 → Rn. 29). Keine Entscheidung sind auch *Anfragebeschlüsse* nach § 11 Abs. 3 S. 3 (BGH NStZ-RR 2017, 112; NJW 2017, 1559 Rn. 39 m.w.N.). Allerdings soll der zustimmende Antwortbeschluss des angefragten Senats divergenz-

82   Vgl. *H. Geiger*, in: Eyermann § 11 Rn. 2; anders jedoch, wenn sich ein anderer Senat der Rspr. des eigenen Senats angeschlossen hat, vgl. BGH NJW 1972, 1893, 1895; zu einem Fall unterschiedlicher geschäftsplanmäßiger Zuständigkeit zweier Senate bei korrespondierenden Klagansprüchen vgl. BSGE 99, 111.

83   Bereits BVerwGE 74, 251, 254; Buchholz 310 § 11 VwGO Nr. 3; BSGE 58, 183, 188 f.; BAG NJW 2006, 2653, 2654; *Kissel/Mayer* § 132 Rn. 17; s.a. *E.-W. Hanack*, Ausgleich, 1962, 293 ff., 298 ff.

84   Vgl. BFHE 247, 291, 299 Rn. 54.

85   Vgl. *H. Geiger*, in: Eyermann § 11 Rn. 2.

86   So zutr. *R. Pietzner*, in: Schoch/Schneider/Bier § 11 Rn. 28; vgl. auch *Kissel/Mayer* § 132 Rn. 23. A.M. *H. Geiger*, in: Eyermann § 11 Rn. 2; *M. Redeker*, in: Redeker/v. Oertzen § 11 Rn. 3; *J. Ruthig*, in: Kopp/Schenke § 11 Rn. 5.

87   Vgl. *M. Funke-Kaiser*, in: Bader § 11 Rn. 6.

88   *C. Meyer*, Sicherung, 1994, 45; *R. Pietzner*, in: Schoch/Schneider/Bier § 11 Rn. 20 m.w.N. in Fn. 37.

89   Vgl. BFHE 240, 282, 284 Rn. 17; BSGE 34, 269; *C. Meyer*, Sicherung, 1994, 48; *K. Müller-Helle*, NJW 1973, 1063; *R. Pietzner*, in: Schoch/Schneider/Bier § 11 Rn. 47.

90   Vgl. BVerfG NStZ 1993, 90, 91; BGHSt 21, 125, 130; BVerwGE 27, 5, 10; BGHZ 15, 207, 208; BGH VersR 1967, 1165; BSGE 54, 223, 224 f.; BAGE 148, 337, 339.

91   Vgl. *E.-W. Hanack*, Ausgleich, 1962, 209 f.

92   BFHE 244, 536, 540 Rn. 27.

93   Vgl. BGH NStZ 2010, 227; *C. Meyer*, Sicherung, 1994, 48 f. A.M. *R. Pietzner*, in: Schoch/Schneider/Bier § 11 Rn. 21, 40; vgl. ferner *I. Amberg*, Rechtsprechung, 1998, 271; *H. Müller*, Staatsbürger und Staatsgewalt, 1963, 527, 554 f.

fähig sein.[94] *Hinweisschreiben* des Berichterstatters[95] oder *Vorsitzendenverfügungen*[96] stellen keine Entscheidung dar. Dass *Einzelrichterentscheidungen* nach § 87 a (im Fall erstinstanzlicher Zuständigkeit des BVerwG, vgl. auch § 141 S. 2) ebenfalls nicht den Begriff der „Entscheidung eines anderen Senats" erfüllen sollen,[97] ließe sich nur begründen, wenn mit „Entscheidung" stets eine Kollegialentscheidung gemeint ist. Divergenz soll auch vorliegen, wenn in einer Entscheidung die (abweichende) Beantwortung der Rechtsfrage lediglich vorausgesetzt wird.[98] Auf das Alter der Entscheidung kommt es nicht an.[99] Jedoch gilt wegen des Grundsatzes, dass jeder Senat von seinen eigenen Entscheidungen abweichen kann, nur die zeitlich jüngste Entscheidung.[100]

4. Anfrageverfahren. a) Keine unmittelbare Vorlage. Abs. 3 regelt das Anfrageverfahren, von dessen 40 Ausgang die Verpflichtung zur Vorlage abhängig ist. Soll von einer Entscheidung (nur) des Großen Senats abgewichen werden, findet das Anfrageverfahren nicht statt.[101] S. 1 bestimmt, dass die Vorlage nur zulässig ist, wenn der Senat, von dessen Entscheidung abgewichen werden soll, auf Anfrage des erkennenden Senats erklärt hat, dass er an seiner Rechtsauffassung festhält. Eine unmittelbare Vorlage an den Großen Senat ist damit grds. ausgeschlossen. Eine Ausnahme kann dann in Betracht kommen, wenn der erkennende Senat einen ersten, nach Durchlaufen des Anfrageverfahrens gefassten Vorlagebeschluss zurücknimmt und dieselbe Rechtsfrage in einem erneuten Vorlagebeschluss präzisiert.[102] Erfolgt eine Vorlage ohne die erforderliche vorherige Anfrage bei dem anderen Senat, ist sie als unzulässig zu behandeln (BT-Drs. 11/3621, 54). Eine nicht erkannte Divergenz zu einem weiteren Senat bleibt indes folgenlos.[103] Bezieht sich die beabsichtigte Abweichung auf mehrere (sich ergänzende) Rechtsfragen, ist deren Zulässigkeit jeweils gesondert zu prüfen (BSGE 58, 183, 191).

b) Anfragebeschluss. Die Anfrage ergeht nach Abs. 3 S. 3 in der für Urteile erforderlichen Besetzung 41 durch Beschluss. Eine Verbindung mit dem Vorlagebeschluss wird als statthaft angesehen.[104] Das gilt auch, wenn die Entscheidung des Rechtsstreits durch den erkennenden Senat in der für Beschlüsse außerhalb der mündlichen Verhandlung vorgesehenen Besetzung zu ergehen hat.[105] Der Grundsatz des rechtlichen Gehörs (Art. 103 Abs. 1 GG) verlangt, dass den Beteiligten vor der Beschlussfassung *Gelegenheit zur Stellungnahme* gegeben wird.[106] Nicht ausreichend ist insoweit, wenn die Stellungnahmegelegenheit allein auf die Rechtsfrage, nicht aber auch auf die Möglichkeit einer Abweichung bezogen wird.[107] Dem angefragten Senat sind etwaige Stellungnahmen mit der Anfrage zu übermitteln.[108] Der Anfragebeschluss ist den Beteiligten *bekanntzugeben*.[109] Rechtsmittel bestehen nicht (vgl. § 146 Abs. 1). Der anfragende Senat kann – durch Beschluss – seine Anfrage zurücknehmen.[110] Mangels Bindungswirkung des Anfragebeschlusses (→ Rn. 39) ist eine andere Sitzgruppe des anfragenden Senats im Fall der *Binnendivergenz zwischen verschiedenen Sitzgruppen* desselben Senats grds. nicht ge-

---

94 Vgl. BGH NStZ-RR 2017, 112; NJW 2017, 1559 Rn. 39; *C. Meyer*, Sicherung, 1994, 49 f.; *R. Pietzner*, in: Schoch/Schneider/Bier § 11 Rn. 23 m.w.N.
95 Vgl. *E.-W. Hanack*, Ausgleich, 1962, 206 f., der allerdings derartigen Hinweisen Entscheidungscharakter zubilligt, wenn sie das Ergebnis einer Senatsberatung „in streitentscheidender Form" mitteilen.
96 Vgl. *R. Pietzner*, in: Schoch/Schneider/Bier § 11 Rn. 19 mit Fn. 35.
97 So *R. Pietzner*, in: Schoch/Schneider/Bier § 11 Rn. 19 mit Fn. 35; *E.-W. Hanack*, Ausgleich, 1962, 206 f.; *C. Meyer*, Sicherung, 1994, 45.
98 Vgl. BVerwG Buchholz 310 § 11 VwGO Nr. 6; BGHSt 41, 187, 191; 11, 31, 34; BFHE 144, 124, 127; 132, 244, 250; vgl. auch BFHE 244, 536, 540 Rn. 28; *E.-W. Hanack*, Ausgleich, 1962, 268 ff.
99 Zum Vorschlag einer begrenzten Geltungsdauer der Entscheidungen vgl. *F. Lauterjung*, Einheit der Rechtsprechung, 1932, 91.
100 Vgl. *C. Meyer*, Sicherung, 1994, 52.
101 BFHE 240, 282, 284 Rn. 17; wohl auch *C. Meyer*, Sicherung, 1994, 80; *R. Pietzner*, in: Schoch/Schneider/Bier § 11 Rn. 35.
102 Offengelassen von BGH 8.5.2017 – GSSt 1/17 – juris Rn. 12; ferner NJW 2017, 94, 95 Rn. 24.
103 Vgl. *P. Brandis*, in: Tipke/Kruse § 11 FGO Rn. 9.
104 Vgl. *C. Meyer*, Sicherung, 1994, 77 unter Hinweis auf BAGE 31, 298, 308 f.
105 Vgl. *R. Pietzner*, in: Schoch/Schneider/Bier § 11 Rn. 37; vgl. auch *H. Müller*, Staatsbürger und Staatsgewalt, 1963, 527, 551.
106 Vgl. *C. Meyer*, Sicherung, 1994, 77; *H. List*, DStR 1992, 382, 385; *R. Pietzner*, in: Schoch/Schneider/Bier § 11 Rn. 36; *P. Brandis*, in: Tipke/Kruse § 11 FGO Rn. 15. A.M. z.B. *B. Schmitt*, in: Meyer-Goßner/Schmitt, StPO, [60]2017, § 132 GVG Rn. 11.
107 So aber *Kissel/Mayer* § 132 Rn. 26.
108 Vgl. *C. Meyer*, Sicherung, 1994, 77.
109 Vgl. *Kissel/Mayer* § 132 Rn. 27.
110 Vgl. *Kissel/Mayer* § 132 Rn. 27.

hindert, während der Dauer des Anfrageverfahrens auf der Grundlage der bisherigen Rspr. zu entscheiden (BGH NJW 2017, 1559 Rn. 39). Das soll für den anfragenden Senat allerdings nicht gelten, wenn dieser eigene entgegenstehende Rspr. mit dem Anfragebeschluss aufgegeben hat. Mit einer gleichwohl ergangenen gegenteiligen Entscheidung soll die Anfrage hinfällig werden (BGH NStZ-RR 2017, 112).

42   **c) Adressat der Anfrage.**   Betrifft die beabsichtigte Abweichung mehr als einen Senat, ist auch bei diesem anzufragen.[111] Den Fall, dass ein Senat, von dessen Entscheidung abgewichen werden soll, wegen einer Änderung des Geschäftsverteilungsplanes mit der Rechtsfrage nicht mehr befasst werden kann, regelt Abs. 3 S. 2: An die Stelle dieses Senats tritt der Senat, der nach dem Geschäftsverteilungsplan für den Fall, in dem abweichend entschieden wurde, nunmehr zuständig wäre (BVerwG NVwZ-RR 1993, 499). Das gilt nicht, wenn die Rechtsfrage ausschließlich das Prozessrecht betrifft.[112] Denn in diesem Fall hat die Änderung des Geschäftsverteilungsplans nicht zur Folge, dass der Senat mit der Rechtsfrage nicht mehr befasst werden kann (→ Rn. 37). Von Abs. 3 S. 2 erfasst ist auch der Fall des Wegfalls des Senats, von dessen Entscheidung abgewichen werden soll (→ Rn. 37).

43   **d) Antwortbeschluss.**   Dem angefragten Senat gibt die Anfrage die Befugnis, außerhalb eines bei ihm anhängigen Verfahrens mit prozessualen Konsequenzen für die Zukunft (→ Rn. 39) über eine abstrakte Rechtsfrage zu befinden.[113] Seine Antwort ergeht ebenfalls durch Beschluss in der für Urteile geltenden Besetzung. Im überbesetzten Senat ist durch den Beschluss zur internen Geschäftsverteilung nach § 21 g GVG festzulegen, welche Richter für die Beantwortung von Anfragen zuständig sind.[114] Ein Antwortbeschluss soll auch noch nach Eintritt der Unzulässigkeit der Anfrage ergehen können (BGH NStZ-RR 2017, 112). Mit dem Eingang der letzten Antwort bei dem anfragenden Senat ist das Anfrageverfahren abgeschlossen (BSGE 58, 183, 192; 48, 146; 34, 1, 3).

44   **5. Verfahren nach Abschluss des Anfrageverfahrens.**   Erklärt ein angefragter Senat, dass er an seiner früheren Rechtsauffassung festhalte, verbleibt es bei der Divergenzlage mit der Folge, dass der anfragende Senat die Rechtsfrage dem Großen Senat vorzulegen hat, falls er weiterhin abweichungswillig ist.[115]

45   **a) Wegfall der Divergenzlage.**   Gibt der angefragte Senat seine Rechtsauffassung auf, fehlt es an einer vorlagefähigen Divergenz auch dann, wenn er sich nicht der Rechtsauffassung des anfragenden Senats anschließt.[116] Dasselbe soll gelten, wenn der angefragte Senat erklärt, dass seine frühere Entscheidung die vom anfragenden Senat angenommene Rechtsauffassung nicht enthalte.[117] Dem angefragten Senat kommt danach die Auslegungskompetenz zu, während die Prüfungskompetenz für die Frage der Erheblichkeit (→ Rn. 31) der Rechtsauffassung für die seinerzeitige Entscheidung zunächst dem jetzt erkennenden Senat zusteht.

46   Der erkennende Senat weist nach der bisherigen Praxis (vgl. § 2 Abs. 2 S. 2 GO BVerwG vom 18.12.2000 [BAnz. 2001 S. 2273]) des BVerwG in den Gründen seiner Entscheidung auf eine Zustimmung des angefragten Senats zu der Abweichung hin. Unerheblich ist, ob der angefragte Senat den Gründen des Anfragebeschlusses im Einzelnen zustimmt.[118] Erklärt der angefragte Senat nachträglich die Aufgabe seiner bisherigen Rechtsauffassung, entfällt die Divergenzlage von diesem Zeitpunkt an (vgl. auch BFHE 202, 431).

47   **b) Vorlagebeschluss.**   Hält der angefragte Senat an seiner Auffassung fest und beabsichtigt der erkennende Senat weiterhin, von der Rspr. des angefragten Senats abzuweichen, hat er die in Rede stehende Rechtsfrage dem Großen Senat vorzulegen. Die Vorlage ergeht, ggf. nach erneuter Anhörung der Beteiligten, durch zu begründenden Beschluss, dem eine mündliche Verhandlung vorausgehen kann, in

---

111   Vgl. BT-Drs. 11/3621, 54; *Kissel/Mayer* § 132 Rn. 26, 27; *C. Meyer*, Sicherung, 1994, 77; *R. Pietzner*, in: Schoch/Schneider/Bier § 11 Rn. 34; anders § 4 Abs. 1 S. 3 RsprEinhG.

112   Zu einem solchen Fall BSG NZS 2015, 594 (Irrtumsanfechtung eines prozessualen Anerkenntnisses).

113   Vgl. *H. Schirmer*, SGb 1980, 413, 414; *C. W. Hergenröder*, Zivilprozessuale Grundlagen, 1995, 98.

114   Vgl. *C. Meyer*, Sicherung, 1994, 76, 81.

115   Vgl. *C. Meyer*, Sicherung, 1994, 77.

116   Vgl. *I. Amberg*, Rechtsprechung, 1998, 284; *C. Meyer*, Sicherung, 1994, 77 f.; BVerwG DVBl 1984, 571, 572.

117   Vgl. BVerwG NVwZ 1994, 266 f.; *C. Meyer*, Sicherung, 1994, 79; vgl. auch *K. Offerhaus*, FS 75 Jahre Reichsfinanzhof-Bundesfinanzhof, 1993, 623, 635.

118   Vgl. BGH ZIP 1996, 1426; NJW 1994, 856; krit. *R. Bakker*, Grenzen, 1994, 41 f.

der für Urteile erforderlichen Besetzung (vgl. auch BT-Drs. 11/3621, 54). Mit der Vorlage kann zugleich die förmliche Aussetzung des Streitverfahrens in entsprechender Anwendung von § 94 S. 1 ausgesprochen werden.[119] Der Vorlagebeschluss ist den Beteiligten bekanntzugeben.[120]

V. Fakultative Vorlage

1. Allgemeines. Unabhängig vom Vorliegen einer Divergenz eröffnet § 11 Abs. 4 die Vorlage an den 48
Großen Senat bei Fragen von grundsätzlicher Bedeutung.[121] Liegen zugleich die Voraussetzungen der gegenüber der *Grundsatzvorlage* speziellen[122] Divergenzvorlage vor, ist diese vorgreiflich[123] und daher zwingend (Ausnahme: die Divergenz besteht zum Großen Senat → Rn. 40) das Anfrageverfahren durchzuführen.[124] Das schließt indes für den vorlegenden Senat nicht aus, die Vorlage sowohl auf Divergenz als auch auf grundsätzliche Bedeutung zu stützen.[125] Hängt die Besetzung des Großen Senats davon ab, ob eine Divergenz- oder eine Grundsatzvorlage gegeben ist, gilt allein die Divergenzvorlage.[126] Wird allein wegen Grundsätzlichkeit vorgelegt, liegt aber (auch) Divergenz vor, setzt die Zulässigkeit der (umgedeuteten)[127] Vorlage voraus, dass das Anfrageverfahren in rechtlich zulässiger Weise durchgeführt worden ist.[128] Ist die Vorlage demgegenüber in erster Linie auf Divergenz und nur hilfsweise auf Grundsätzlichkeit gestützt, entscheidet der Große Senat auch dann in der für die Divergenzvorlage maßgeblichen Besetzung, wenn diese wegen fehlender Erheblichkeit der Vorlagefrage für die frühere Entscheidung unzulässig ist (BSGE 51, 23, 24).

Liegt – vom Ausgangspunkt der h.M. – eine Divergenzlage deshalb nicht vor, weil die Rechtsauffas- 49
sung, von der der erkennende Senat abweichen will, für die frühere Entscheidung nicht entscheidungstragend ist, soll die *Auffangfunktion von § 11 Abs. 4* gleichwohl die Annahme einer grundsätzlichen Bedeutung ermöglichen.[129] Daran ist der Ausgangspunkt richtig, dass die nur auf grundsätzliche Bedeutung gestützte Vorlage zur Voraussetzung hat, dass nicht (auch) eine Divergenzlage gegeben ist.[130] Wird nach der hier vertretenen Ansicht das Vorliegen einer Divergenz trotz fehlender Entscheidungserheblichkeit der Rechtsauffassung des anderen Senats für dessen Entscheidung bejaht (→ Rn. 32 ff.), scheidet indessen eine allein auf die grundsätzliche Bedeutung gestützte Vorlage mit den sich daraus ergebenden Besetzungskonsequenzen (→ Rn. 48) aus.

2. Frage von grundsätzlicher Bedeutung. Nach Abs. 4 kann der Senat eine Frage von grundsätzlicher 50
Bedeutung dem Großen Senat vorlegen, wenn das nach seiner Auffassung zur Fortbildung des Rechts oder zur Sicherung einer einheitlichen Rspr. erforderlich ist. Die Frage muss eine *Rechtsfrage des revisiblen Rechts* sein.[131]

Grundsätzliche Bedeutung liegt in Anlehnung an die Rspr. zum Revisionszulassungsgrund des 51
§ 132 Abs. 2 Nr. 1 vor, wenn zu erwarten ist, dass die Entscheidung der Rechtsfrage dazu dienen kann, die Rechtseinheit in ihrem Bestand zu erhalten oder die Weiterentwicklung des Rechts zu fördern (→ § 132 Rn. 15 ff.). Von dieser Definition des Begriffs der grundsätzlichen Bedeutung ausgehend ist Abs. 4 insofern zirkulär formuliert, als der Konditionalsatz ebenfalls die Begriffe Rechtseinheit und Fortentwicklung des Rechts aufgreift.[132] Die Annahme grundsätzlicher Bedeutung setzt voraus, dass die Rechtsfrage von allgemeiner, über den Einzelfall hinausgehender Bedeutung ist.[133] Daran

119 Vgl. *R. Pietzner*, in: Schoch/Schneider/Bier § 11 Rn. 57; vgl. auch BFHE 253, 148, 150 Rn. 12: Ruhensanordnung.
120 Vgl. *H. Müller*, Staatsbürger und Staatsgewalt, 1963, 527, 551 f.
121 Zur Geschichte der Grundsatzvorlage *C. Meyer*, Sicherung, 1994, 85 ff.
122 Vgl. *C. W. Hergenröder*, Zivilprozessuale Grundlagen, 1995, 101; *I. Amberg*, Rechtsprechung, 1998, 266; BGHSt 33, 359 f.
123 Vgl. *Kissel/Mayer* § 132 Rn. 30. A.M. BSGE 75, 159, 161; BGHSt 46, 321, 325.
124 BGHZ 128, 85, 87; BGHSt 33, 356, 359 f. A.M. BGH NJW 2017, 94, 95 Rn. 24 m.w.N.; BSGE 75, 159, 161.
125 Vgl. *R. Pietzner*, in: Schoch/Schneider/Bier § 11 Rn. 49.
126 Vgl. *Kissel/Mayer* § 132 Rn. 30; *R. Pietzner*, in: Schoch/Schneider/Bier § 11 Rn. 50.
127 Vgl. BSGE 53, 22, 23.
128 Vgl. BSGE 58, 183, 193, aufgegeben allerdings in BSGE 75, 159, 161; ferner BGHZ 128, 85, 87; BGHSt 33, 356, 359 f.; zur vorsorglichen Divergenzanfrage BFHE 251, 349 sowie *P. Brandis*, in: Tipke/Kruse § 11 FGO Rn. 3.
129 Vgl. *R. Pietzner*, in: Schoch/Schneider/Bier § 11 Rn. 52.
130 Vgl. *R. Bakker*, Grenzen, 1994, 133 f.
131 Vgl. *R. Pietzner*, in: Schoch/Schneider/Bier § 11 Rn. 53.
132 Vgl. auch *C. Meyer*, Sicherung, 1994, 104, 108.
133 Vgl. *R. Pietzner*, in: Schoch/Schneider/Bier § 11 Rn. 53.

kann es fehlen bei Rechtsfragen auslaufenden oder ausgelaufenen Rechts oder des Übergangsrechts.[134] Ebenso sollen Fragen (zur Abgrenzung) der Zuständigkeit verschiedener Spruchkörper desselben Gerichts keine grundsätzliche Bedeutung haben.[135] Demgegenüber ist grundsätzliche Bedeutung bejaht worden für die Frage nach der Auslegung der Vorschriften über das Anfrageverfahren und der Verpflichtung zur Divergenzvorlage.[136] Erforderlich soll in jedem Fall sein, dass der Rechtsfrage eine herausgehobene Bedeutung im Sinne einer „Grundsätzlichkeit in einem höherem Maße" zukommt (BSG 26.9.2017 – B 1 KR 3/17 R, juris Rn. 9 f.). Ob die Voraussetzungen der grundsätzlichen Bedeutung gegeben sind, steht jedenfalls seit der Neuregelung durch das Rechtspflege-Vereinfachungsgesetz in der Überprüfungskompetenz des Großen Senats.[137]

52   Die Rechtsfrage muss nach h.M. (zur Kritik daran für die Divergenzvorlage → Rn. 32 ff.) für die von dem erkennenden Senat zu treffende Entscheidung erheblich sein.[138] Die Kompetenz zur Prüfung der *Entscheidungserheblichkeit* der Rechtsfrage kommt dem Großen Senat zu[139], der jedoch von der Rechtsauffassung und Tatsachenwürdigung des vorlegenden Senats auszugehen hat,[140] wenn diese „nicht unvertretbar ist" (BGHSt 42, 139, 144).

53   Die Entscheidung des Großen Senats muss nach Auffassung des erkennenden Senats zur Wahrung der in Abs. 4 genannten Zwecke erforderlich sein. Das setzt voraus, dass die Fortbildung des Rechts oder die Sicherung einer einheitlichen Rspr. nicht schon durch die Entscheidung des erkennenden Senats erreicht wird und die Entscheidung gerade des Großen Senats geboten ist. Maßgeblich ist insoweit allein die Auffassung des vorlegenden Senats. Der Große Senat ist an sie gebunden; eine diesbezügliche Prüfungskompetenz steht ihm nicht zu.[141]

54   Ob der erkennende Senat die Rechtsfrage bei Annahme der Vorlagevoraussetzungen dem Großen Senat zur Entscheidung vorlegt, steht in seinem *Ermessen.* Von der Ausübung dieses Ermessens hängt mithin ab, welche Richter über eine (Vor-)Frage des anstehenden Rechtsstreits mit bindender Wirkung entscheiden. Ungeachtet dessen, dass ein mit der Besetzungsrüge (§ 138 Nr. 1) angreifbarer Verstoß gegen die Garantie des gesetzlichen Richters aus Art. 101 Abs. 1 S. 2 GG im Fall einer unterlassenen Vorlage regelmäßig mangels Willkür ausscheiden dürfte (→ § 1 Rn. 82 f.; → § 4 Rn. 106),[142] stellt sich neben der (allgemeinen) Frage der Verfassungsmäßigkeit der Bestimmungen über die Grundsatzvorlage[143] diejenige nach ihrer verfassungsmäßigen Anwendung.[144] Da die Zuständigkeit des Großen Senats Bestandteil des Systems der normativen Vorausbestimmung des zur Entscheidung berufenen Richters ist (→ Rn. 12), muss sich – bei Vorliegen der Vorlagevoraussetzungen – jede unterlassene Vorlage an den Grundsätzen messen lassen, die das Plenum des BVerfG im Zusammenhang mit seiner Entscheidung zum Mitwirkungsplan im überbesetzten (Revisions-)Spruchkörper (vgl. BVerfGE 95, 322 → § 4 Rn. 95) aufgestellt hat.

55   **3. Verfahren.** Die Vorlegung der grundsätzlichen Frage erfolgt durch zu begründenden Beschluss, dem die Anhörung der Beteiligten vorauszugehen hat. Ein Anfrageverfahren, wie bei der Divergenzvorlage, findet nicht statt. Im Übrigen gelten dieselben verfahrensmäßigen Anforderungen.

VI. Verfahren und Entscheidung des Großen Senats

56   **1. Allgemeines.** Mit dem Eingang des Vorlagebeschlusses bei dem Großen Senat wird eine Lage geschaffen, die mit der „Rechtshängigkeit bei einer höheren Instanz vergleichbar ist" (BGHZ 13, 265, 270; ferner BSGE 54, 223, 225). Das Streitverfahren ist faktisch oder ausdrücklich ausgesetzt

---

134 Vgl. BSGE 110, 222; *R. Pietzner,* in: Schoch/Schneider/Bier § 11 Rn. 53.
135 BSGE 105, 243.
136 BFHE 247, 291, 294 Rn. 26.
137 Vgl. *C. Meyer,* Sicherung, 1994, 106 ff.; *R. Pietzner,* in: Schoch/Schneider/Bier § 11 Rn. 70.
138 Vgl. BSGE 109, 81; 102, 166; 80, 24, 27; BGHSt 46, 321, 325; 33, 356, 359; BFHE 202, 464, 467; 101, 18, 21; 11, 242, 245.
139 BSGE 102, 166; BVerwG Buchholz 310 VwGO Nr. 1; w.N. bei *R. Pietzner,* in: Schoch/Schneider/Bier § 11 Rn. 68 mit Fn. 152.
140 Vgl. BSGE 80, 24, 27; BGHSt 39, 221, 226 f.; BFHE 240, 162; 202, 477, 480 f.; 197, 240, 242; BAGE 6, 149, 151.
141 Vgl. BVerwGE 3, 341; BFHE 240, 162, 166 Rn. 26; BSGE 62, 255; 80, 24, 31; *K. A. Bettermann,* DVBl 1982, 954, 955; vgl. ferner *C. Meyer,* Sicherung, 1994, 109.
142 *R. Pietzner,* in: Schoch/Schneider/Bier § 11 Rn. 56.
143 Dazu *C. Meyer,* Sicherung, 1994, 110 ff.
144 Vgl. krit. insbes. *R. Bakker,* Grenzen, 1994, 39 f., 224 ff.

(→ Rn. 47). Die Vorlage der Rechtsfrage schließt nicht aus, dass andere Senate dieselbe Rechtsfrage vor Abschluss des Verfahrens vor dem Großen Senat vorlegen.[145]

Erledigt sich das Streitverfahren, etwa wegen Klagerücknahme, Verzicht, Anerkenntnis oder Vergleich, 57 tritt zugleich Erledigung des Vorlageverfahrens ein. Die Akten sollen dann formlos an den erkennenden Senat zurückgegeben werden.[146] Die Parallele zur Rechtshängigkeit legt indessen nahe, das Vorlageverfahren durch einen (deklaratorischen) Einstellungsbeschluss förmlich abzuschließen.[147]

Von der Erledigung des Streitverfahrens zu unterscheiden ist die *Erledigung (lediglich) des Vorlageverfahrens*. 58 Diese kann eintreten infolge Rücknahme des Vorlagebeschlusses durch Rücknahmebeschluss des vorlegenden Senats, für den dieselben verfahrensmäßigen Anforderungen wie für den Vorlagebeschluss (→ Rn. 47) gelten. Der erkennende Senat ist nach h.M.[148] jederzeit befugt, seinen Vorlagebeschluss zurückzunehmen, solange der Große Senat noch nicht entschieden hat.[149] Voraussetzung dafür ist, dass (mindestens) eine Vorlagevoraussetzung nachträglich entfallen ist. Unterlässt der erkennende Senat in einem solchen Fall die Rücknahme, muss der Große Senat die Unzulässigkeit der Vorlage feststellen.[150] Ist die Zuständigkeit für die Streitsache und zugleich die – bisher mehreren Senaten zugewiesene – Zuständigkeit für das in Rede stehende Rechtsgebiet während des Vorlageverfahrens auf einen anderen Senat übergegangen und dadurch die Divergenzlage entfallen (→ Rn. 37), stellt der Große Senat das Vorlageverfahren in entsprechender Anwendung des § 92 Abs. 3 ein (BVerwG Buchholz 310 § 11 VwGO Nr. 3). Tritt sonst Erledigung des Vorlageverfahrens ein, gilt dasselbe.[151]

2. Prüfungskompetenz des Großen Senats. Bei der *Divergenzvorlage* prüft der Große Senat die ord- 59 nungsgemäße Durchführung des Anfrageverfahrens (BSGE 58, 183, 192) und das Vorliegen einer Divergenzlage. Dazu gehört die Prüfung, ob die vorgelegte und gegebenenfalls auszulegende (z.B. BGH NJW 2017, 94 [Rn. 14 ff.]; BSGE 109, 81) Rechtsfrage für die Entscheidung des erkennenden Senats erheblich ist (BGHZ 126, 63, 71), wobei von der Rechtsauffassung und Tatsachenwürdigung des erkennenden Senats auszugehen ist (→ Rn. 31).[152]

Bei der *Grundsatzvorlage* hat der Große Senat neben der Entscheidungserheblichkeit der vorgelegten 60 Rechtsfrage (vgl. BVerwG Buchholz 310 § 11 VwGO Nr. 1) deren grundsätzliche Bedeutung zu prüfen.[153] Ob in einer solchen Frage für die Fortbildung des Rechts oder die Sicherung einer einheitlichen Rspr. die Entscheidung gerade des Großen Senats erforderlich ist, hängt demgegenüber von der Auffassung des vorlegenden Senats ab und ist durch den Großen Senat nicht überprüfbar (BSGE 102, 166; BVerwG Buchholz 310 § 11 VwGO Nr. 1; BFHE 240, 162; 192, 339, 343).

3. Entscheidung des Großen Senats. Fehlt es an den Vorlagevoraussetzungen oder der Erheblichkeit 61 der vorgelegten Rechtsfrage für die vom erkennenden Senat zu treffende Entscheidung, stellt der Große Senat die *Unzulässigkeit* der Vorlage fest (BVerwG Buchholz 310 § 11 VwGO Nr. 1; Buchholz § 11 VwGO Nr. 2; vgl. auch BGH NJW 2015, 3800: Zurückgabe an den vorlegenden Senat). Legt ein Senat wegen grundsätzlicher Bedeutung vor, liegen jedoch die Voraussetzungen der Divergenzvorlage vor (→ Rn. 48 f.), führt die Bezeichnung der Vorlage als solche nach § 11 Abs. 4 durch den vorlegenden Senat nicht zur Unzulässigkeit einer nach Abs. 3 zulässigen Vorlage. Vielmehr ist ein solcher Vorlagebeschluss *umzudeuten* und als Divergenzanrufung zu behandeln (BSGE 58, 183, 192). Über die Zulässigkeit der Vorlage soll vorab durch Zwischenbeschluss entschieden werden können.[154] Ein solcher (die Zulässigkeit bejahender) Beschluss wird indes hinfällig, wenn nachträglich eine Vorlagevor-

---

145 Vgl. BVerwG Buchholz 310 § 11 VwGO Nr. 6; *H. Müller*, Staatsbürger und Staatsgewalt, 1963, 527, 554.

146 Vgl. *R. Pietzner*, in: Schoch/Schneider/Bier § 11 Rn. 59; *W. B. Maetzel*, MDR 1968, 797, 800 für den Gemeinsamen Senat der obersten Gerichtshöfe des Bundes.

147 Vgl. *J. Ruthig*, in: Kopp/Schenke § 11 Rn. 7.

148 A.M. *W. B. Maetzel*, MDR 1968, 797, 800 für den Gemeinsamen Senat der obersten Gerichtshöfe des Bundes.

149 Vgl. die Bsp. bei *R. Pietzner*, in: Schoch/Schneider/Bier § 11 Rn. 61 mit Fn. 130; sowie BFHE 202, 431.

150 BSG 54, 223, 226 wählt im Fall des nachträglichen Wegfalls der Erheblichkeit infolge Gesetzesänderung die Feststellung der Erledigung.

151 Vgl. *R. Pietzner*, in: Schoch/Schneider/Bier § 11 Rn. 74.

152 Vgl. *R. Pietzner*, in: Schoch/Schneider/Bier § 11 Rn. 67 m.w.N.; BFHE 255, 482, 489 Rn. 45; 240, 162, 166 Rn. 28; 192, 339, 343 f.

153 So zu Recht *R. Pietzner*, in: Schoch/Schneider/Bier § 11 Rn. 70; ebenso BSGE 102, 166 unter Hinweis auf BSGE 62, 255. A.M. *H. Gersdorf*, in: Posser/Wolff § 11 Rn. 5.

154 Vgl. BAGE 44, 211, 215; *R. Pietzner*, in: Schoch/Schneider/Bier § 11 Rn. 71.

aussetzung entfällt. Ist die Vorlage nur teilweise zulässig, kann der Große Senat sie entsprechend beschränken (BSGE 80, 24, 28).

62   Ist die Vorlage zulässig, entscheidet der Große Senat über die Rechtsfrage. Dabei hat er seinerseits dem Gemeinsamen Senat der obersten Gerichtshöfe des Bundes vorzulegen, wenn er von der Entscheidung eines anderen obersten Gerichtshofs oder des Gemeinsamen Senats abweichen will.

63   Die Entscheidung des Großen Senats ist für den erkennenden Senat *bindend* (→ Rn. 35). Das gilt auch, wenn nach Abschluss des Vorlageverfahrens ein anderer Senat für die Streitsachen zuständig wird (BFHE 107, 509, 511). Die Bindung bezieht sich nur auf die Entscheidung der vorgelegten Streitsache. Zum Verhältnis zur Bindung nach § 144 Abs. 6 → Rn. 30.

64   Will der erkennende Senat in einem anderen Verfahren oder ein anderer Senat die vom Großen Senat beantwortete Rechtsfrage anders entscheiden, setzt dies eine *(erneute) Vorlage* an den Großen Senat voraus. An die Zulässigkeit einer solchen (erneuten) Vorlage sind keine gesteigerten Anforderungen zu stellen.[155]

65   Die Entscheidung des Großen Senats kann nach Abs. 7 S. 2 ohne mündliche Verhandlung ergehen. Entscheidet der Große Senat ohne mündliche Verhandlung, bedarf es hierfür nicht der Zustimmung durch die Beteiligten (BSGE 80, 24, 26 f.). Ihnen ist jedoch vor der Entscheidung *rechtliches Gehör* zu gewähren.[156] *Rechtsmittel* gegen die Entscheidung des Großen Senats bestehen nicht. Sie kann auch nicht unmittelbar mit der Verfassungsbeschwerde angegriffen werden (BVerfGE 31, 55).

§ 12   [Großer Senat beim Oberverwaltungsgericht]

(1) ¹Die Vorschriften des § 11 gelten für das Oberverwaltungsgericht entsprechend, soweit es über eine Frage des Landesrechts endgültig entscheidet. ²An die Stelle der Revisionssenate treten die nach diesem Gesetz gebildeten Berufungssenate.

(2) Besteht ein Oberverwaltungsgericht nur aus zwei Berufungssenaten, so treten an die Stelle des Großen Senats die Vereinigten Senate.

(3) Durch Landesgesetz kann eine abweichende Zusammensetzung des Großen Senats bestimmt werden.

Schrifttum

S. die Schrifttumsnachweise bei § 11 sowie X. *Schoen*, Die Neuordnung der Verwaltungsgerichtsbarkeit in Baden-Württemberg, DÖV 1958, 561.

I.   Entstehungsgeschichte

1   Abs. 1 S. 1 ist seit Inkrafttreten der VwGO (BGBl I 1960, 17) unverändert, im Übrigen hat § 12 Änderungen (erst) durch das Rechtspflege-Vereinfachungsgesetz vom 17.12.1990 (BGBl I 2847) erfahren. Mit ihm sind Abs. 1 S. 2 und Abs. 3 angefügt worden; ferner ist in Abs. 2 als Folge der Anfügung von Abs. 1 S. 2, der von „Berufungssenaten" spricht, die frühere Formulierung „Senate" angeglichen worden.

2   Der Regierungsentwurf einer VwGO (BT-Drs. 3/55 Anl. 1) sah lediglich eine dem Abs. 1 S. 1 entsprechende Regelung vor. Die entsprechende Anwendung von § 11 war danach vorgesehen, „soweit keine Revision an das BVerwG gegeben ist." In der Begründung war dazu ausgeführt, die „Möglichkeit bindender Plenarentscheidungen" sei nur erforderlich, soweit das BVerwG nicht für eine einheitliche Rspr. zu sorgen vermöge, wobei ausschlaggebend sei, ob die Revision allgemein, nicht ob sie im Einzelfall zugelassen sei (BT-Drs. 3/55 Anl. 1 S. 28). Das veranlasste den Bundesrat vorzuschlagen zu formulieren, „soweit eine Revision... allgemein nicht gegeben ist" (BT-Drs. 3/55 Anl. 2 S. 69). Die dann

---

155   So zu Recht C. *Meyer*, Sicherung, 1994, 47; *R. Pietzner*, in: Schoch/Schneider/Bier § 11 Rn. 78. A.M. BFHE 101, 13, 15; *Kissel/Mayer* § 132 Rn. 15 m.w.N.; *M. Bock*, Rechtsnormcharakter, 1997, 205; offengelassen in BFHE 247, 291, 294 Rn. 25; BFHE 240, 282, 285 Rn. 21.
156   Vgl. *W. B. Maetzel*, MDR 1996, 453, 455; vgl. auch BFHE 251, 404, 412 Rn. 29; 250, 338, 342 Rn. 28.

Gesetz gewordene (heutige) Fassung geht auf einen Beschluss des Bundestagsrechtsausschusses zurück.[1]

Der Präsidentenentwurf (→ § 1 Rn. 17) sah in § 13 Abs. 5 (wie für das BVerwG) keinen Großen Senat, sondern nach dem Plenarprinzip die Entscheidung der Vereinigten Senate für die Fälle der Divergenz und der grundsätzlichen Bedeutung vor (→ § 11 Rn. 5). 3

Die Süddeutschen Verwaltungsgerichtsgesetze (→ § 1 Rn. 13) und das VGG Rheinland-Pfalz kannten die Plenarentscheidung, wobei im Geltungsbereich der Süddeutschen VGG nicht jede, sondern nur eine Abweichung von einer veröffentlichten Entscheidung eine Divergenzvorlage rechtfertigte (vgl. § 8 SüddVGG). In der MRVO Nr. 165 (→ § 1 Rn. 13) fehlte eine entsprechende Bestimmung.[2] 4

Der Regierungsentwurf einer VwPO (BT-Drs. 9/1851 Anl. 1) sah in § 9 ebenfalls eine entsprechende Geltung des den Großen Senat beim BVerwG regelnden § 8 vor (→ § 11 Rn. 6), wobei bereits hier die Zuständigkeit des Großen Senats auf die Fälle der endgültigen Entscheidung von Landesrecht (und nicht mehr der nicht gegebenen Revisionsmöglichkeit) beschränkt werden sollte. Auch der Speyerer Entwurf (→ § 2 Rn. 6) aus dem Jahre 1969 beabsichtigte die sinngemäße Anwendung der für den Großen Senat beim BVerwG vorgesehenen Regelungen (→ § 11 Rn. 7). 5

Der VwPO-Entwurf des Koordinierungsausschusses (→ § 2 Rn. 5) verzichtete auf einen Großen Senat bei dem OVG (und den anderen Obergerichten). Pauschal für alle öffentlich-rechtlichen Gerichtsbarkeiten wurde kein praktisches Bedürfnis dafür gesehen, weil mit der Revision eine einheitliche Rspr. herbeigeführt werden könne und die verbleibenden Fälle, in denen nur über Landesrecht entschieden werde, die Institution des Großen Senats nicht rechtfertigten. Diese Sichtweise hatte sich der Regierungsentwurf einer VwPO nicht zu eigen gemacht (BT-Drs. 9/1851 Anl. 1 S. 73). 6

Mit dem Rechtspflege-Vereinfachungsgesetz vom 17.12.1990 (BGBl I 2847) erhielt § 12 seine heutige Fassung. Die Anfügung von Abs. 1 S. 2 und die Änderung in Abs. 2 soll (lediglich) klarstellen, dass dem Großen Senat in seiner Regelbesetzung nur Mitglieder der nach der VwGO gebildeten Berufungssenate angehören, nicht jedoch Mitglieder der ausschließlich erstinstanzlich tätigen Senate (Flurbereinigungssenate, Normenkontrollsenate, ausschließlich erstinstanzlich für Großverfahren zuständige Senate) oder der mit Personalvertretungssachen befassten Senate sowie der Disziplinarsenate (BT-Drs. 11/3621 Anl. 1 S. 58). Abs. 3 wurde auf Vorschlag des Bundesrats übernommen (BT-Drs. 11/3621 Anl. 2 S. 73). 7

II. Zweck der Vorschrift

Der Große Senat bzw. die Vereinigten Senate dienen der Sicherung einer einheitlichen Verwaltungsrechtsprechung in Fragen des Landesrechts.[3] Ihre praktische Bedeutung ist gering.[4] Ein dem Gemeinsamen Senat der obersten Gerichtshöfe des Bundes (→ § 11 Rn. 14) entsprechendes Rechtsprechungsorgan auf der Landesebene gibt es nicht. 8

Abs. 1 S. 1 regelt die Voraussetzungen, unter denen die Vorschriften des § 11 entsprechend anwendbar sind.[5] Abs. 1 S. 2 bestimmt, welche Senate des OVG bei der entsprechenden Anwendung an die Stelle der in § 11 genannten Revisionssenate treten. Abs. 2 sieht anstelle des Großen Senats die Vereinigten Senate vor, wenn ein OVG nur zwei Berufungssenate hat. Abs. 3 ermöglicht dem Landesgesetzgeber eine von Abs. 1 abweichende Zusammensetzung des Großen Senats. Systematisch gehört Abs. 3 daher zu Abs. 1. 9

III. Entsprechende Anwendung der Vorschriften des § 11

Die entsprechende Anwendung der „Vorschriften des § 11" wird von Abs. 1 S. 1 nur eingeschränkt angeordnet, nämlich nur soweit das OVG „über eine Frage des Landesrechts endgültig entscheidet". Bereits kurz nach Inkrafttreten der VwGO wurde darauf hingewiesen, dass nicht alle Vorschriften des § 11 nur für den Fall entsprechend gelten, dass das OVG über eine Frage des Landesrechts endgültig 10

---

1 Vgl. BT-Drs. 3/1094, 22; *Ule*, Verwaltungsgerichtsbarkeit, § 12 Anm. II 1.
2 Vgl. *Koehler* § 12 Anm. 2.
3 Vgl. *Schunck/De Clerck*, [1]1961, § 12 Anm 1.
4 Vgl. *P. Stelkens/N. Panzer*, in: Schoch/Schneider/Bier § 12 Rn. 3.
5 Vgl. *Ule*, Verwaltungsgerichtsbarkeit, § 12 Anm I.

entscheide.[6] Vielmehr gelten die Vorschriften des § 11 Abs. 1 über die Bildung, des § 11 Abs. 5 S. 1 über die regelmäßige Zusammensetzung und des § 11 Abs. 6 S. 2 über die Bestellung der Mitglieder durch das Präsidium stets. Eine Ausnahme von der Verpflichtung zur Bildung eines Großen Senats und der Pflicht zur Bestellung seiner Mitglieder besteht nur im Fall von Abs. 2 (→ Rn. 25).

IV. Zuständigkeit des Großen Senats

11   **1. Endgültige Entscheidung über Landesrecht.** Eine Zuständigkeit des Großen Senats des OVG (bzw. der Vereinigten Senate) kommt nur in Betracht, soweit das OVG über eine Frage des Landesrechts endgültig entscheidet. Eine Anrufung des Großen Senats setzt daher zunächst voraus, dass die entsprechend geltenden Voraussetzungen des § 11 Abs. 2 und 4 in Bezug auf eine Rechtsfrage des Landesrechts erfüllt sind. Grundsätzliche Bedeutung und Divergenz zwischen den Senaten bei der Beantwortung einer Rechtsfrage des *Bundesrechts* (→ § 137 Rn. 36 ff.) können keine Zuständigkeit des Großen Senats begründen. Ist umstr., ob eine Rechtsfrage dem Landesrecht zugehört, liegt – bei Vorliegen der weiteren Voraussetzungen – solange ein Vorlagefall vor, bis das BVerwG die Rechtsfrage dem in Betracht kommenden (nicht einem anderen) OVG gegenüber dem Bundesrecht zuordnet. Das ist jedenfalls der Fall, wenn es die Rechtsfrage in einer Entscheidung als tragenden Grund seiner Entscheidung und nicht nur beiläufig behandelt hat.[7]

12   Weiterhin ist erforderlich, dass das OVG über die Rechtsfrage des Landesrechts *„endgültig"* zu befinden hat. Trotz Zugehörigkeit einer Rechtsfrage zum Landesrecht ist die Zuständigkeit des Großen Senats daher nicht gegeben, wenn die Revision zum BVerwG ausnahmsweise auf die Verletzung von Landesrecht gestützt werden kann. Das ist in den Fällen des Art. 99 GG, § 191 Abs. 2 VwGO i.V.m. § 127 Nr. 2 BRRG, § 54 BeamtStG und des § 137 Abs. 1 Nr. 2 VwGO der Fall. Die Anrufung des Großen Senats ist daher von vornherein grds. unstatthaft, wenn es sich nicht um eine Frage des nichtrevisiblen Landesrechts handelt.[8] Geht es indessen um eine Frage des nichtrevisiblen Landesrechts und ist deswegen eine Anrufung des Großen Senats unter den Voraussetzungen der entsprechend geltenden Vorschriften des § 11 Abs. 2 und 4 statthaft, so ist der (erkennende) Senat an einer Vorlage zum Großen Senat nicht deshalb gehindert, weil gegen sein Urteil Revision wegen Verfahrensmangels eingelegt werden könnte.[9]

13   *Ausnahmsweise* wird eine Anrufung des Großen Senats in Bezug auf eine Rechtsfrage des Bundesrechts für möglich erachtet, wenn das OVG allgemein zur endgültigen Entscheidung der Frage berufen und eine Befassung des BVerwG generell ausgeschlossen ist.[10] Dasselbe wird in den Fällen angenommen, in denen das Landesrecht nach § 145 a.F (§ 145 in der Ursprungsfassung vom 21.1.1960, BGBl I 17) die Revision an das OVG einräumt.[11]

14   **2. Divergenzvorlage, Grundsatzvorlage. a) Allgemeines.** Aus der entsprechenden Geltung der Vorschriften des § 11 folgt, dass der Große Senat sowohl im Fall der Divergenz als auch bei grundsätzlicher Bedeutung der Rechtssache angerufen werden kann (→ § 11 Rn. 26 ff.). Die Vorlagepflicht bei Divergenz setzt nach h.M. – wie bei § 11 (→ Rn. 31 ff.) – Entscheidungserheblichkeit aus Sicht des erkennenden Senats voraus (BVerwG NVwZ 2006, 458, 460). Die entsprechende Anwendung von § 11 Abs. 3 S. 3 nach seinem Wortlaut kann beim Anfrageverfahren zu Zweifeln darüber führen, in welcher Besetzung Anfrage- und Antwortbeschluss zu fassen sind. Nach einer Entscheidung des VGH Kassel ist für den anfragenden Senat jedenfalls keine größere Besetzung geboten, als sie für die Endentscheidung vorgeschrieben ist (VGH Kassel HessVGRspr 1994, 82).

15   **b) Rechtskrafterfordernis für die frühere Entscheidung?** Umstr. ist, ob bei der Divergenzvorlage die Entscheidung, von der abgewichen werden soll, bereits rechtskräftig sein muss. Die früher h.M. bejaht dies.[12] Demgegenüber muss nach der im Vordringen befindlichen Gegenansicht die Vorlage an den

---

6   Vgl. *Ule*, Verwaltungsgerichtsbarkeit, § 12 Anm I.
7   Vgl. *Eyermann/Fröhler*, ¹1960, § 12 Rn. 3.
8   Vgl. *Ule*, Verwaltungsgerichtsbarkeit, § 12 Anm. II 1.
9   Vgl. *Schunck/De Clerck*, ¹1961, § 12 Anm. 3.
10 Vgl. *Ule*, Verwaltungsgerichtsbarkeit, § 12 Anm. II 1.
11 Vgl. *P. Stelkens/N. Panzer*, in: Schoch/Schneider/Bier § 12 Rn. 12.
12 Vgl. *M. Redeker*, in: Redeker/v. Oertzen § 12 Rn. 1; *H. Geiger*, in: Eyermann § 12 Rn. 2; *P. Wysk*, in: Wysk § 12 Rn. 3.

Großen Senat des OVG auch dann erfolgen, wenn die die Divergenz begründende Entscheidung noch nicht rechtskräftig ist.[13]

Die Gegenmeinung verdient den Vorzug. Zweck der Institution des Großen Senats beim OVG ist es, 16 divergierende Entscheidungen der Senate zu Fragen der Auslegung und Anwendung des nichtrevisiblen Landesrechts zu verhindern, weil eine solche Situation Rechtsunsicherheit erzeugen würde, ohne dass eine institutionelle Möglichkeit zur Schaffung von Rechtsklarheit bestünde. Diese Zielrichtung würde unterlaufen, könnte ein Senat des OVG von der Rspr. eines anderen Senats ohne Vorlage mit dem Argument abweichen, die Entscheidung des anderen Senats sei – wegen eines Revisionszulassungs- oder eines Revisionsverfahrens vor dem BVerwG – noch nicht rechtskräftig. Denn nach § 173 VwGO i.V.m. § 560 ZPO ist die Entscheidung des OVG über das Bestehen und den Inhalt nichtrevisiblen Landesrechts für das BVerwG bindend. Zwar entscheidet das BVerwG in eigener Kompetenz, ob und inwieweit die Voraussetzungen des § 173 VwGO i.V.m. § 560 ZPO vorliegen oder ob durch die Auslegung und Anwendung des Landesrechts durch das OVG revisibles Bundesrecht verletzt ist (z.B. BVerwG DÖV 2003, 769), so dass in der Tat die Gefahr einer Divergenz zwischen der Entscheidung des Großen Senats und der des BVerwG nicht ausgeschlossen ist. Jedoch stellt dieser Hinweis kein überzeugendes Gegenargument dar: Zum einen spekuliert er mit einer bloßen Möglichkeit, was im Übrigen auch im Blick auf die Verfassungsbeschwerde zum BVerfG oder zum Landesverfassungsgericht gelten müsste, obwohl ihre Einlegung den Eintritt der Rechtskraft der angegriffenen Entscheidung nicht verhindern kann.[14] Vor allem aber kann selbst dann, wenn das BVerwG anders als der Große Senat des OVG entscheidet, von einer Divergenz i.S.d. den §§ 11, 12 zugrunde liegenden Begriffsverständnisses nicht die Rede sein. Die Rechtsauffassung des Großen Senats ist vielmehr erledigt, wenn das BVerwG die Rechtsfrage anders beantwortet → § 11 Rn. 38.[15] Die Gefahr einer Rechtsunsicherheit, wie sie dem Divergenzverständnis im hier in Rede stehenden Zusammenhang immanent ist, besteht gerade nicht, weil die Rechtsauffassung des BVerwG gilt. Die Vorlagepflicht nach § 12 Abs. 1 S. 1 i.V.m. § 11 Abs. 2 schützt die Einheitlichkeit und damit die Verbindlichkeit der Auslegung des nichtrevisiblen Landesrechts und nicht den Großen Senat des OVG davor, dass seine Rechtsauffassung vom BVerwG korrigiert wird. Letzteres stünde aber im Vordergrund, würde man gewissermaßen „sehenden Auges" unterschiedliche Senatsauffassungen in Bezug auf das Landesrecht hinnehmen, nur weil die abstrakte Möglichkeit besteht, dass das BVerwG auch zu Auslegung und Anwendung des Landesrechts Stellung nimmt.

3. Rechtsfolgen bei Verletzung der Vorlagepflicht. Der (willkürliche) Verstoß gegen die Vorlagepflicht 17 nach Abs. 1 i.V.m. § 11 Abs. 1 S. 1 stellt einen Verstoß gegen die Garantie des gesetzlichen Richters (→ § 1 Rn. 83) und einen Verfahrensmangel dar, der nach § 132 Abs. 2 Nr. 3 (→ § 132 Rn. 46 ff.) die Zulassung der Revision begründet.[16] Die Gegenauffassung sieht lediglich die Möglichkeit verfassungsrechtlicher Rechtsbehelfe.[17] Die dafür gegebene Begründung, dass vom Revisionsgericht nicht zu prüfen sei, ob wegen einer Abweichung von einer Entscheidung über Fragen des Landesrechts der Große Senat des OVG anzurufen gewesen wäre,[18] trägt indes nicht. Denn dabei handelt es sich um eine Frage der Verletzung von Art. 101 Abs. 1 S. 2 GG und damit um eine solche des Bundesrechts.[19]

V. Besetzung des Großen Senats

1. Allgemeines. Die Besetzung des Großen Senats ergibt sich aus der in Abs. 1 S. 1 angeordneten ent- 18 sprechenden Anwendung von § 11 Abs. 5 und 6, wobei an die Stelle der Revisionssenate nach Abs. 1 S. 2 die „nach diesem Gesetz gebildeten" Berufungssenate treten. Regelmäßig setzt sich der Große Senat aus dem Präsidenten und je einem Richter der nach der VwGO gebildeten Berufungssenate, in denen der Präsident nicht den Vorsitz führt, zusammen. Legt ein anderer als ein nach der VwGO gebil-

---

13 Vgl. *J. Ruthig*, in: Kopp/Schenke § 12 Rn. 1; *H. Gersdorf*, in: Posser/Wolff § 12 Rn. 6; *K. F. Gärditz*, in: Gärditz § 12 Rn. 3.

14 Vgl. *S. Detterbeck*, in: Sachs Art. 93 Rn. 78.

15 So jetzt auch *M. Funke-Kaiser*, in: Bader § 12 Rn. 3; *P. Stelkens/N. Panzer*, in: Schoch/Schneider/Bier § 12 Rn. 15.

16 Vgl. BVerwG NVwZ 2006, 1404, 1406; zuvor offen gelassen von BVerwG NVwZ 1998, 952, 953.

17 Vgl. *H. Geiger*, in: Eyermann § 12 Rn. 4 unter Hinweis auf BVerwG NVwZ 1998, 952, 953.

18 Vgl. *H. Geiger*, in: Eyermann § 12 Rn. 4.

19 S.a. *J. Ruthig*, in: Kopp/Schenke § 12 Rn. 2; *K. F. Gärditz*, in: Gärditz § 12 Rn. 4.

deter Berufungssenat vor oder soll von dessen Entscheidung abgewichen werden, ist in entsprechender Anwendung von § 11 Abs. 5 S. 2 auch ein Mitglied dieses Senats im Großen Senat vertreten. Das gilt allerdings nicht für Berufsgerichtshöfe, die dem OVG nach § 187 Abs. 1 lediglich angegliedert sind (→ Rn. 20 sowie → § 1 Rn. 36). Diese stellen ein eigenständiges Gericht im institutionellen Sinne dar (→ § 187 Rn. 28) und sind kein (Fach-)Senat des OVG.

19 **2. Berufungssenate nach der VwGO.** „Nach diesem Gesetz gebildet" sind Berufungssenate, die nach der VwGO gebildet sind.[20] Dazu zählen ohne Weiteres Fachsenate nach § 188 S. 1, aber auch solche nach § 83 Abs. 1 AsylG. Auch die letzteren bleiben nach der VwGO, nämlich § 9 Abs. 2, gebildete Senate. § 83 Abs. 1 AsylG ordnet nicht deren Bildung (als Spezialsenate), sondern als Sollvorschrift für das Präsidium lediglich an, dass Streitigkeiten nach dem AsylG in besonderen Spruchkörpern zusammengefasst werden sollen.[21] Anders ist es bei den Fachsenaten nach den Personalvertretungsgesetzen des Bundes und der Länder.[22] Deren Bildung als Fachsenat wird durch das jeweilige Personalvertretungsgesetz angeordnet mit der Folge, dass das Präsidium lediglich über dessen personelle Besetzung, nicht jedoch über seine Einrichtung überhaupt und deren Zuständigkeit bestimmen kann.[23]

20 Dasselbe gilt für die Disziplinarsenate.[24] Auch das Flurbereinigungsgericht ist ein Fachspruchkörper innerhalb der allgemeinen Verwaltungsgerichtsbarkeit, für dessen Verfassung und Verfahren zwar die Vorschriften der VwGO gelten, soweit nicht die §§ 139–148 FlurbG Abweichendes bestimmen (§ 138 Abs. 1 S. 2 FlurbG) (→ § 1 Rn. 36), seine Bildung wird jedoch nicht von der VwGO, sondern von dem FlurbG angeordnet.[25] Es stellt im Übrigen auch keinen Berufungs- sondern einen erstinstanzlichen Spruchkörper dar.[26] Dasselbe gilt für den Fachsenat nach § 189. Berufsgerichte der zweiten Instanz[27] sind dem OVG nach § 187 nur angegliedert, d.h., organisatorisch mit ihnen verbunden, ohne dass deren Aufgaben dem OVG als solchem übertragen wären (→ § 1 Rn. 36 sowie → § 187 Rn. 28). Sie sind daher von vornherein nicht von den §§ 11, 12 erfasst.

21 *Berufungssenate* sind unabhängig von weiteren, etwa erstinstanzlichen oder Normenkontrollzuständigkeiten, sämtliche Senate, die (auch) für Berufungssachen zuständig sind. Auf das Verhältnis der Berufungs- zu anderen Zuständigkeiten kommt es nicht an. *Keine Berufungssenate* sind demgegenüber reine Normenkontrollsenate oder Senate, die ausschließlich erstinstanzlich nach § 48 tätig sind (BT-Drs. 11/3621 Anl. 1 S. 58). Dasselbe gilt für den Senat nach § 189. Unerheblich sind Personenidentitäten zwischen Berufungs- und erstinstanzlich tätigen Senaten.

22 **3. Abweichende Besetzung durch Landesrecht.** Abs. 3 ermöglicht den Ländern, durch Gesetz eine von den Bestimmungen des Abs. 1 i.V.m. § 11 abweichende Besetzung des Großen Senats vorzusehen. Zweck der Ermächtigung ist es, in Ländern mit großen OVG und einer entsprechenden Zahl an Berufungssenaten durch eine abweichende Besetzungsregelung zu vermeiden, dass der Große Senat wegen einer zu großen Zahl seiner Mitglieder handlungsunfähig wird. Gleichwohl lässt die Ermächtigung auch in Ländern mit einem kleinen OVG eine abweichende Besetzung zu, sofern nicht nach Abs. 2 an die Stelle des Großen Senats die Vereinigten Senate treten. Abs. 2 bezieht sich allein auf den Großen Senat. (Abweichende) Besetzungsregeln für die Vereinigten Senate ermöglicht die Bestimmung nicht.[28]

23 Die Ermächtigung zur abweichenden Besetzung bezieht sich nicht nur auf die Zahl der Mitglieder des Großen Senats.[29] Eine derartige Einschränkung lässt sich dem Gesetzeswortlaut nicht entnehmen. Bundesrechtlich zulässig ist es daher, wenn der Landesgesetzgeber eine von Abs. 1 i.V.m. § 11 Abs. 6 S. 3 abweichende Bestimmung über den Vorsitz oder die Vertretung im Vorsitz trifft (so z.B. Art. 7 S. 2 AGVwGO Bay für die Vertretung des Präsidenten). Ebenso kann er vorsehen, dass (ständige) Mitglieder des Großen Senats auch Mitglieder von Senaten sein können, die nicht Berufungssenate oder nach

---

20 Vgl. *M. Redeker*, in: Redeker/v. Oertzen § 12 Rn. 3.
21 Dazu z.B. *R. Marx*, AsylVfG, ⁹2017, § 83 Rn. 4 ff.
22 Vgl. *P. Stelkens/N. Panzer*, in: Schoch/Schneider/Bier § 12 Rn. 17.
23 So auch *H. Gersdorf*, in: Posser/Wolff § 12 Rn. 8.
24 Krit. offenbar *M. Funke-Kaiser*, in: Bader § 12 Rn. 6.
25 Vgl. *P. Stelkens/N. Panzer*, in: Schoch/Schneider/Bier § 12 Rn. 17.
26 Vgl. *M. Funke-Kaiser*, in: Bader § 12 Rn. 6 mit Fn. 8.
27 Vgl. z.B. für M-V der Berufsgerichtshof für die Heilberufe (§ 65 Abs. 2 HeilberG MV).
28 So auch *H. Gersdorf*, in: Posser/Wolff § 12 Rn. 10; *M. Funke-Kaiser*, in: Bader § 12 Rn. 8. A.M. *P. Stelkens/N. Panzer*, in: Schoch/Schneider/Bier § 12 Rn. 21.
29 So aber *H. Geiger*, in: Eyermann § 12 Rn. 9.

der VwGO gebildete Berufungssenate sind.[30] Die Ermächtigung zur abweichenden Zusammensetzung schließt auch ein, die Mitwirkung ehrenamtlicher Richter vorzusehen.[31] Der Landesgesetzgeber kann auch von Abs. 1 i.V.m. § 11 Abs. 5 S. 2 abweichen und auf ein Hinzutreten von weiteren Mitgliedern in den Großen Senat ganz oder teilweise verzichten. Da Abs. 3 lediglich eine abweichende Zusammensetzung, nicht die Abschaffung des Großen Senats ermöglicht, ist er indes nicht ermächtigt, statt eines Großen Senats Vereinigte Senate vorzusehen.

VI. Vereinigte Senate

Nach Abs. 2 treten an die Stelle des Großen Senats die Vereinigten Senate, wenn ein OVG nur aus zwei Berufungssenaten besteht (zum Begriff der „Berufungssenate" → Rn. 21). Die „Vereinigten Senate" sind nicht die Vereinigung sämtlicher Senate des nur aus zwei Berufungssenaten bestehenden OVG, sondern lediglich die Vereinigung der beiden Berufungssenate.[32] Besteht neben den beiden Berufungssenaten ein ausschließlich erstinstanzlich zuständiger Senat oder ein „reiner" Normenkontrollsenat, wirken dessen Mitglieder, sofern sie nicht zugleich auch Mitglieder eines der beiden Berufungssenate sind, nur nach Maßgabe von Abs. 1 i.V.m. § 11 Abs. 5 S. 2 in den Vereinigten Senaten mit. Besteht nur ein Berufungssenat – neben einem weiteren, etwa ausschließlich erstinstanzlich zuständigen (zur Mindestzahl von zwei Senaten → § 9 Rn. 12) Senat –, ist Abs. 2 seinem Wortlaut nach nicht erfüllt. Dass in diesem Fall kein Regelungsbedürfnis bestehe,[33] lässt sich jedenfalls dann nicht annehmen, wenn der andere Senat nicht mit dem Berufungssenat personenidentisch ist. Da bei einer solchen Konstellation divergierende Rechtsauffassungen zu derselben Rechtsfrage nicht ausgeschlossen sind, kommt eine analoge Anwendung von Abs. 2 in Betracht. 24

Die Vereinigten Senate treten an die Stelle des Großen Senats. Von der in Abs. 1 angeordneten entsprechenden Geltung der Bestimmungen des § 11 sind daher (nur) diejenigen Regelungen ausgenommen, die sich auf die Bildung und Zusammensetzung des Großen Senats und die Vertretung seiner Mitglieder beziehen. Einer ausdrücklichen Bestellung der Mitglieder der Vereinigten Senate durch das Präsidium (Abs. 1 i.V.m. § 11 Abs. 6 S. 1) bedarf es nicht. Lediglich soweit ein weiterer Senat besteht, der nicht Berufungssenat ist (→ Rn. 21), ist nach Abs. 1 i.V.m. § 11 Abs. 6 S. 2 für den Fall des § 11 Abs. 5 S. 2 ein Mitglied dieses Senats als hinzutretendes Mitglied der Vereinigten Senate zu bestimmen. 25

Mitglieder der Vereinigten Senate sind sämtliche Berufsrichter der beiden Berufungssenate, und zwar auch dann, wenn ein Senat überbesetzt ist.[34] Entscheiden die Berufungssenate nach dem Landesrecht unter Mitwirkung von *ehrenamtlichen Richtern*, führt dies dazu, dass diese auch in den Vereinigten Senaten mitwirken.[35] Abs. 2 trifft gerade keine auf die Berufsrichter begrenzte Besetzungsregelung. Auch aus Abs. 1 i.V.m. § 11 Abs. 5 lässt sich für die Frage der Mitwirkung von ehrenamtlichen Richtern nichts entnehmen. Daher muss, bilden die beiden Berufungssenate die Vereinigten Senate, von der Mitwirkung der – als nächste heranzuziehenden – ehrenamtlichen Richter beider Senate ausgegangen werden. Zu einer davon abweichenden Bestimmung ist der Landesgesetzgeber nicht ermächtigt (→ Rn. 22).[36] 26

§ 13 [Geschäftsstelle]

[1]Bei jedem Gericht wird eine Geschäftsstelle eingerichtet. [2]Sie wird mit der erforderlichen Anzahl von Urkundsbeamten besetzt.

---

30 Vgl. *P. Stelkens/N. Panzer*, in: Schoch/Schneider/Bier § 12 Rn. 18; *H. Gersdorf*, in: Posser/Wolff § 12 Rn. 9.
31 Vgl. *P. Stelkens/N. Panzer*, in: Schoch/Schneider/Bier § 12 Rn. 19.
32 Wie hier jetzt auch *M. Funke-Kaiser*, in: Bader § 12 Rn. 7.
33 So offenbar *P. Stelkens/N. Panzer*, in: Schoch/Schneider/Bier § 12 Rn. 20.
34 Vgl. *M. Funke-Kaiser*, in: Bader § 12 Rn. 7; *P. Stelkens/N. Panzer*, in: Schoch/Schneider/Bier § 12 Rn. 20.
35 Vgl. *M. Redeker*, in: Redeker/v. Oertzen § 12 Rn. 3; *H. Gersdorf*, in: Posser/Wolff § 12 Rn. 10. A.M. *P. Stelkens/N. Panzer*, in: Schoch/Schneider/Bier § 12 Rn. 21; *H. Geiger*, in: Eyermann § 12 Rn. 8; *M. Funke-Kaiser*, in: Bader § 12 Rn. 6 m. Fn. 4; *P. Wysk*, in: Wysk § 12 Rn. 2.
36 A.M. *P. Stelkens/N. Panzer*, in: Schoch/Schneider/Bier § 12 Rn. 21.

Schrifttum

1. Monographien und Beiträge in Sammelwerken: *H. Triller*, Die innere Organisation des Bundesfinanzhofs, in: FS von Wallis, 1985, 107.

2. Beiträge in Zeitschriften: *M. Bertrams*, Die Erneuerung und Sicherung der Verwaltungsgerichtsbarkeit, DVBl 2006, 997; *S. Buhrow*, Neuregelung des Rechts der Urkundsbeamten der Geschäftsstelle, NJW 1981, 907; *J. Dieckmann*, Neue Steuerungsmodelle in der Justizverwaltung, Rpfleger 2000, 379; *M. Friedrichs*, Die Position des Richters und des Staatanwalts in der Serviceeinheit, DRiZ 2003, 376; *S. Kramer*, Modernisierung der Justiz: Das Neue Steuerungsmodell, NJW 2001, 3449; *P. Lindemann*, Die Richterassistenz der Serviceeinheiten, DRiZ 1999, 118; *H. Stötzel*, Die feindliche Übernahme des Neuen Steuerungsmodells durch den Deutschen Richterbund, BJ 2002, 356; *C. Ulrich/P. Schmieder*, Elektronische Aktenführung und elektronischer Rechtsverkehr jenseits der ZPO, jM 2017, 398; *R. Wiedemann*, Justizreform durch Etikettenwechsel? Zur weiteren Aufgabenverlagerung vom gehobenen auf den mittleren Justizdienst, NJW 2002, 3448.

I. Entstehungsgeschichte

1 § 13 ist seit Inkrafttreten der VwGO *unverändert*.[1] Er entspricht dem Regierungsentwurf (BT-Drs. 3/55 Anl. 1). Der Präsidentenentwurf (→ § 1 Rn. 17) verortete die Regelung in § 11. Von den *Vorläufernormen* enthielt § 11 MRVO Nr. 165 (→ § 1 Rn. 13) eine ähnliche Regelung, die in S. 3 die oberste Dienstaufsichtsbehörde ermächtigte, das Nähere zu bestimmen. Eine entsprechende Regelung traf § 6 des Gesetzes über das BVerwG vom 23.9.1952 (BGBl I 625). Im süddeutschen VGG (→ § 1 Rn. 13) ordnete § 19 das Bestehen der Geschäftsstelle an und überließ das Nähere der Regelung durch Verordnung. Der Regierungsentwurf einer *VwPO* (BT-Drs. 9/1851 Anl. 1 S. 73) und der VwPO-Entwurf des Koordinierungsausschusses (→ § 2 Rn. 5) verzichteten auf eine Norm über die Geschäftsstelle, weil sie von der entsprechenden Geltung des § 153 GVG ausgingen.[2] Der Speyerer Entwurf (→ § 2 Rn. 6) wollte es in § 15 bei der jetzigen Regelung belassen.

II. Zweck der Vorschrift

2 § 13 ordnet die Einrichtung einer Geschäftsstelle sowie deren Besetzung mit der erforderlichen Anzahl von Urkundsbeamten an. Die Bestimmung ist Bestandteil der Gerichtsverfassung, zu deren Regelung der Bund nach Art. 74 Abs. 1 Nr. 1 i.V.m. Art. 72 GG befugt ist (→ § 2 Rn. 11, → § 3 Rn. 3). Die näheren Bestimmungen über die Einrichtung der Geschäftsstellen und deren Besetzung mit Urkundsbeamten treffen die Länder für ihre Gerichte[3] und der Bund für das BVerwG in Ausübung ihrer jeweiligen Gerichtsorganisationskompetenz. Dabei ist zu beachten, dass die ausreichende personelle Ausstattung der Hilfsorgane, die den Richtern zuarbeiten oder sie entlasten, als konkrete Auswirkung des Justizgewährungsanspruchs anzusehen ist.

III. Begriff der Geschäftsstelle

3 Die Geschäftsstelle zählt zur Rechtsprechungsfunktion des Gerichts. Sie ist der *Sammelbegriff* für diejenigen organisatorischen Einheiten, die die im Zusammenhang mit der Rechtsprechungstätigkeit nicht dem Richter zugewiesenen Aufgaben wahrnehmen. Dazu werden allgemein insbes. die Akten- und Registerführung, die Bewirkung von Ladungen, die Veranlassung von Zustellungen, die Protokollführung, die Erzeugung und Erteilung von Abschriften oder Ausfertigungen, die Vornahme von Beglaubigungs- und sonstigen Vermerken, die Festsetzung von Gerichtskosten sowie der Zeugenentschädigung, der Dolmetscher- und der Sachverständigenvergütung,[4] ferner die Kostenfestsetzung nach § 164, die Festsetzung der Rechtsanwaltsvergütung in den Fällen der Bewilligung von Prozesskostenhilfe und die Aufnahme von zur Niederschrift des Urkundsbeamten erklärten Klagen und Anträgen gezählt.[5] Daneben obliegen den Mitarbeitern und Mitarbeiterinnen der Geschäftsstelle Aufgaben, die

---

1 Vgl. auch *Koehler* § 13 Anm. I.
2 Das Gesetz zur Neuregelung des Rechts der Urkundsbeamten der Geschäftsstelle vom 19.12.1979 (BGBl I 2306), nach dessen Art. 3 Abs. 2 die Vorschrift des § 153 GVG nicht im Bereich der VG, der FG und der SG anzuwenden war, ist nach Art. 26 des Gesetzes v. 19.4.2006 (BGBl I 866) außer Kraft getreten.
3 Vgl. etwa die gesetzlichen Regelungen in Art. 10 AGVwGO Bay; Art. 2 a AGVwGO Brem; § 27 JustG NRW; § 5 Saarl-AGVwGO; § 3 ThürAGVwGO.
4 Zur Befugnis der Kostenbeamten zur Gewährung von Wiedereinsetzung nach § 2 Abs. 2 JVEG vgl. SG Detmold 5.3.2014 – S 2 SF 52/14 E, juris Rn. 3 f.
5 Vgl. *näher K. F. Gärditz*, in: *Gärditz*, § 13 Rn. 3; *M. Funke-Kaiser*, in: Bader § 13 Rn. 5 f.; vgl. auch *Schunck/ De Clerck*, ¹1961, § 13 Anm. 2.

abschließend kaum beschreibbar sind.[6] Mit der Einführung sog. *Serviceeinheiten* (→ § 1 Rn. 73) und der Aufgabe einer durch die Trennung von Geschäftsstellen- und Kanzleiarbeit (Schreibdienst) geprägten Aufbauorganisation sind Mischarbeitsplätze entstanden, an denen sowohl die herkömmlichen Geschäftsstellenaufgaben als auch die (früheren) Kanzleitätigkeiten wahrgenommen werden. Der Einsatz eines Beamten des mittleren Justizdienstes in einer Serviceeinheit verletzt diesen nicht in seinem Anspruch auf amtsangemessene Beschäftigung (OVG Lüneburg NdsVBl 2011, 22; VG Hannover 20.11.2008 – 2 A 4318/07).

Zu unterscheiden ist die Geschäftsstelle von der (allgemeinen) Gerichtsverwaltung (→ § 1 Rn. 44), 4 wenngleich es vorkommt, dass einzelnen Geschäftsstellenmitarbeitern zugleich Aufgaben der allgemeinen Gerichtsverwaltung (wie z.B. IT-, Statistik-, Haushalts- oder Beschaffungsaufgaben) zugewiesen werden. I.d.S. janusköpfig ist regelmäßig der Geschäftsleiter, der – bei den Verwaltungsgerichten meist als Beamter des gehobenen Dienstes – an der Spitze der Geschäftsstelle steht und zugleich regelmäßig für eine Vielzahl von Verwaltungsangelegenheiten leitend zuständig ist. Trotz ihrer funktionalen Rechtsprechungsbezogenheit stellt die Tätigkeit der Geschäftsstelle nicht einen Teilaspekt der Staatsfunktion Rspr., sondern Verwaltung dar.[7]

IV. Einrichtung bei jedem Gericht

Der Begriff „Gericht" in S. 1 ist in einem organisatorischen Sinne gebraucht (→ § 1 Rn. 37; vgl. auch 5 HmbOVG MDR 1970, 266). Bei jedem Gericht der Verwaltungsgerichtsbarkeit, mithin bei jedem VG, OVG und bei dem BVerwG wird daher eine Geschäftsstelle eingerichtet. Auswärtige Spruchkörper sind organisatorisch Teil des Gerichts, dem sie angehören (→ § 3 Rn. 41). Bei ihnen wird daher nicht eine von der Geschäftsstelle des Stammgerichts verschiedene Geschäftsstelle eingerichtet; vielmehr ist die Geschäftsstelle des auswärtigen Spruchkörpers Teil der Geschäftsstelle des Stammgerichts. S. 1 ordnet bundesrechtlich lediglich die Notwendigkeit der Existenz einer Geschäftsstelle an. Ihre Einrichtung obliegt als Gerichtsorganisationsmaßnahme den Ländern bzw. beim BVerwG dem Bund.

V. Besetzung mit Urkundsbeamten

S. 2 regelt bundesrechtlich, dass die Geschäftsstelle mit der erforderlichen Anzahl von Urkundsbeam- 6 ten besetzt sein muss.[8] Die Bestimmung der Zahl der Urkundsbeamten und die Vornahme der Besetzung obliegt der jeweiligen Justizverwaltung (zum Einsatz eines Rechtsreferendars OLG Dresden 4.7.2003 – 1 Ss 616/02). Der Begriff Urkundsbeamter ist *kein Begriff des Beamtenrechts*, sondern prozessrechtlicher Natur. Er stellt weder eine beamtenrechtliche Dienstbezeichnung dar noch lässt er sich einer bestimmten Laufbahn des Beamtenrechts zuordnen.

Der Urkundsbeamte muss nicht Beamter i.S.d. Beamtenrechts sein.[9] Auch im Angestelltenverhältnis 7 Beschäftigte können Urkundsbeamter der Geschäftsstelle sein.[10] Auch muss der Urkundsbeamte nicht deutscher Staatsangehöriger sein.[11]

§ 14 [Rechts- und Amtshilfe]

Alle Gerichte und Verwaltungsbehörden leisten den Gerichten der Verwaltungsgerichtsbarkeit Rechts- und Amtshilfe.

---

6 Vgl. *M. Funke-Kaiser*, in: Bader § 13 Rn. 6.
7 Vgl. *H. Gersdorf*, in: Posser/Wolff § 13 Rn. 4.
8 Vgl. *Schunck/De Clerck*, [1]1961, § 13 Anm. 1; zu den Anforderungen an die Betrauung vgl. für § 153 Abs. 2–5 GVG BGH, NStZ 2015, 473.
9 Vgl. *M. Funke-Kaiser*, in: Bader § 13 Rn. 7.
10 Zur Mitbestimmungspflicht bei einem Projekt zur richtigen Eingruppierung von Angestellten in den Serviceeinheiten BVerwG Buchholz 251.5 § 68 MVPersVG Nr. 1; zur Eingruppierung einer Geschäftsstellenverwalterin und Urkundsbeamtin beim BVerwG SächsLAG 2.11.2016 – 3 Sa 213/16.
11 Vgl. *P. Hartmann*, in: Baumbach/Lauterbach/Albers/Hartmann § 153 GVG Rn. 4.

Schrifttum

1. Monographien und Beiträge in Sammelwerken: *J. Hellermann*, Amtshilfe und Organleihe im Bundesstaat – Wer trägt die Lasten?, in: FG Schlink, 2014, 323; *B. Schlink*, Die Amtshilfe, 1982; *F. Wettner*, Die Amtshilfe im Europäischen Verwaltungsrecht, 2005.

2. Beiträge in Zeitschriften: *W. Berg*, Zulässigkeit eines Rechtshilfeersuchens, MDR 1962, 787; *T. von Danwitz*, Verfassungsfragen des deutsch-amerikanischen Rechtshilfeverkehrs, DÖV 2004, 501; *A. Ganter*, Der ersuchte Richter in der Verwaltungsgerichtsbarkeit, NVwZ 1985, 173; *A. Jellinek*, Die Europäischen Übereinkommen über Amts- und Rechtshilfe, NVwZ 1982, 535; *R. Leinius*, Rechts- und Amtshilfebegriffe und allgemeine Grundsätze, RiA 1973, 182; *ders.*, Zum Verhältnis von Sitzungspolizei, Hausrecht, Polizeigewalt, Amts- und Vollzugshilfe, NJW 1973, 448; *K. Meyer-Teschendorf*, Die Amtshilfe, JuS 1981, 187; *ders.*, Das Rechts- und Amtshilfegebot des Art. 35 Abs. 1 GG: Antwort auf ein Föderalismusproblem, DÖV 1988, 901; *J. Ziekow*, Die Pflicht der Behörden zur Gewährung von Informationen an die Verwaltungsgerichte, BayVBl 1992, 132.

I. Entstehungsgeschichte

1   § 14 ist seit Inkrafttreten der VwGO *unverändert*.[1] Er entspricht dem Regierungsentwurf (BT-Drs. 3/55 Anl. 1), dessen Begründung darauf verwies, dass „die allgemein übliche Vorschrift über Rechts- und Amtshilfe" auch das süddeutsche VGG (→ § 1 Rn. 13) in § 20 und die MRVO Nr. 165 (→ § 1 Rn. 13) in § 12 enthielten. Das Gesetz über das BVerwG vom 23.9.1952 (BGBl I 625) enthielt in § 7 eine entsprechende Bestimmung. Der Präsidentenentwurf (→ § 1 Rn. 17) sah keine eigene Regelung über die Rechts- und Amtshilfe vor. Ebenso wenig hielt der Regierungsentwurf einer *VwPO* im Hinblick auf Art. 35 GG eine solche Vorschrift für erforderlich (BT-Drs. 9/1851 Anl. 1 S. 73). Dasselbe gilt für den VwPO-Entwurf des Koordinierungsausschusses (→ § 2 Rn. 5). Demgegenüber sah noch der Speyerer Entwurf in § 16 eine zwei Absätze umfassende Regelung über die Rechts- und Amtshilfe vor (→ § 2 Rn. 6).

II. Zweck der Vorschrift

2   § 14 hat keine eigenständige Bedeutung.[2] Art. 35 Abs. 1 GG enthält die Verpflichtung aller Behörden des Bundes und der Länder, sich gegenseitig Rechts- und Amtshilfe zu leisten. Behörden im Sinne dieser Bestimmung sind auch die Gerichte.[3] Zu den Behörden der Länder zählen auch die Kommunalbehörden und die Behörden anderer öffentlich-rechtlicher Körperschaften.[4] Spezielle Regelungen enthalten § 96 Abs. 2 für das an ein anderes Gericht gerichtete Ersuchen um die Durchführung einer Beweisaufnahme und § 99 für die Vorlage und Auskunftspflicht von Behörden.

III. Normberechtigter

3   Rechts- und Amtshilfe ist „den Gerichten der Verwaltungsgerichtsbarkeit" zu leisten. Wie in § 1 bezieht sich der Begriff Verwaltungsgerichtsbarkeit auf die allgemeine Verwaltungsgerichtsbarkeit (→ § 1 Rn. 34).[5] Aus § 14 berechtigt werden daher VG, OVG und das BVerwG (→ § 2 Rn. 13).[6] Nicht berechtigt sind kirchliche VG (OVG Münster DVBl 2002, 1056; VG Düsseldorf 26.4.2012 – 1 K 1665/11). Der Begriff Gericht i.S.v. § 14 ist nicht nur im organisatorischen Sinne gebraucht (→ § 1 Rn. 37). Um Amts- oder Rechtshilfe nachzusuchen berechtigt ist vielmehr jede Stelle innerhalb des VG (OVG, BVerwG), der die VwGO eigenständige Kompetenzen eingeräumt hat. Das kann mithin das Prozessgericht, und zwar der Spruchkörper, der Vorsitzende oder der Berichterstatter, ferner der Urkundsbeamte des Gerichts (§ 164), das Präsidium (§ 4 VwGO i.V.m. §§ 21a ff. GVG) oder der Präsident als Leiter der Gerichtsverwaltung sein.

IV. Normverpflichteter

4   Zur Rechts- und Amtshilfe verpflichtet sind „alle Gerichte und Verwaltungsbehörden". Gemeint sind lediglich deutsche Gerichte und Verwaltungsbehörden. Die Rechts- und Amtshilfe durch *ausländische*

---

1 Vgl. auch *Koehler* § 14 Anm. I.
2 So bereits *Ule*, Verwaltungsgerichtsbarkeit, § 14 Anm. I; vgl. ferner *Klinger* § 14 Anm. A.
3 Vgl. *W. Erbguth/M. Schubert*, in: Sachs Art. 35 Rn. 6.
4 Vgl. *W. Erbguth/M. Schubert*, in: Sachs Art. 35 Rn. 6.
5 Vgl. auch § 16 Abs. 1 des Speyerer Entwurfs (→ Rn. 1), der die Hinzufügung des Adjektives „allgemeine" vorsah.
6 Zur Frage, ob die Amtshilfeberechtigung ein subjektives Recht darstellt, *W. Erbguth/M. Schubert*, in: Sachs Art. 35 Rn. 14.

Gerichte und Behörden richtet sich in erster Linie nach bestehenden völkerrechtlichen Vereinbarungen;[7] fehlen solche, besteht keine Verpflichtung zur Gewährung von Rechts- oder Amtshilfe; sie kann jedoch nach den Grundsätzen der völkerrechtlichen Höflichkeit gewährt werden (BVerwG NJW 1984, 574). Die Befugnis einer deutschen diplomatischen oder konsularischen Vertretung zur Vernehmung von Zeugen ist regelmäßig nur gegeben, wenn die Vernehmung ohne Zwang möglich ist und die zu vernehmende Person die deutsche Staatsangehörigkeit besitzt (vgl. BVerwG NJW 1984, 574).

Verwaltungsbehörden sind alle Stellen, die Aufgaben der öffentlichen Verwaltung wahrnehmen. Ne- 5 ben den Organen der juristischen Personen des öffentlichen Rechts zählen dazu auch die mit der Ausübung hoheitlicher Befugnisse Beliehenen. Mit *Gerichten* ist die organisatorische Einheit gemeint, die aus mit Richtern besetzten Spruchkörpern und der Gerichtsverwaltung mit dem Präsidenten als deren Leiter besteht. Nicht nur die Gerichte der Verwaltungsgerichtsbarkeit haben sich gegenseitig Rechts- und Amtshilfe zu leisten, vielmehr sind *alle* Gerichte, mithin auch die Gerichte anderer Gerichtszweige, den Gerichten der Verwaltungsgerichtsbarkeit zur Rechts- und Amtshilfe verpflichtet.

V. Unterscheidung von Rechtshilfe und Amtshilfe

Rechtshilfe i.S.v. § 14 ist die Vornahme einer richterlichen Amtshandlung auf Ersuchen des Prozessge- 6 richts[8] durch ein anderes Gericht. Gegenstand der Rechtshilfe kann nur eine Amtshandlung sein, die das ersuchende Gericht selbst vorzunehmen befugt ist.[9] *Amtshilfe* (vgl. die Legaldefinition in § 4 Abs. 1 VwVfG) ist die Vornahme einer sonstigen Handlung zur Unterstützung der Dienstgeschäfte auf Ersuchen des Prozessgerichts durch ein anderes Gericht oder eine Verwaltungsbehörde;[10] wie etwa die Erteilung von Auskünften, die Bereitstellung eines Sitzungsraums für die Durchführung eines auswärtigen Termins[11] oder die Überlassung von Akten (vgl. § 99, zur Aktenübersendung durch ein Gericht als Amtshilfe vgl. OLG Düsseldorf JurBüro 2012, 597). Verwaltungsbehörden haben daher bei der Ermittlung des Sachverhalts (§ 86) und der Erhebung der Beweise auf richterliches Ersuchen mitzuwirken; von ihnen kann indessen mangels einer dem § 96 Abs. 2 entsprechenden gesetzlichen Regelung nicht verlangt werden, für das Gericht Beweiserhebungen, wie etwa Zeugenvernehmungen, selbst durchzuführen.[12]

VI. Verfahren

1. Rechtshilfe. Nähere Vorschriften über das bei der Durchführung der Rechtshilfe zu beachtende 7 Verfahren lässt die VwGO vermissen.[13] Auch das GVG, dessen §§ 156 ff. über § 173 entsprechend heranzuziehen sind,[14] enthält keine speziellen Verfahrensregelungen.

Erforderlich ist ein Ersuchen des Prozessgerichts, das aus Gründen der Rechtssicherheit schriftlich ab- 8 gefasst sein sollte[15] und klar erkennen lassen muss, welche Handlung begehrt wird (vgl. BFHE 142, 17). Grds. gilt, dass in erster Linie ein Gericht der allgemeinen Verwaltungsgerichtsbarkeit um Rechtshilfe ersucht wird, wobei regelmäßig ein VG, nicht aber ein OVG oder das BVerwG in Betracht zu ziehen ist. Subsidiär ist das Amtsgericht (als das in der ordentlichen Gerichtsbarkeit nach § 157 Abs. 1 GVG allgemeine Rechtshilfegericht) um die Rechtshilfe zu ersuchen.[16]

Das Ersuchen darf nicht abgelehnt werden (§ 158 Abs. 1 GVG), es sei denn, die von einem nicht im 9 Rechtszug übergeordneten Gericht erbetene Handlung ist nach dem Recht des ersuchten Gerichts verboten (§ 158 Abs. 2 S. 1 GVG).[17] Ist das ersuchte Gericht örtlich unzuständig, gibt es das Ersuchen an das zuständige Gericht ab (§ 158 Abs. 2 S. 2 GVG). Wird die erbetene Rechtshilfe verweigert, ist die

---

7 Vgl. näher *H. Gersdorf*, in: Posser/Wolff § 14 Rn. 17.
8 Jenseits von § 14 kann – bei entsprechender gesetzlicher Regelung – ein Rechtshilfeersuchen auch von einer Behörde ausgehen, vgl. *P. Stelkens/N. Panzer*, in: Schoch/Schneider/Bier § 14 Rn. 3; *M. Funke-Kaiser*, in: Bader § 14 Rn. 3.
9 Vgl. *Klinger* § 14 Anm. A; vgl. auch VGH Kassel JurBüro 1989, Sp. 1144, 1145.
10 Vgl. *Schunck/De Clerck*, ¹1961, § 14 Anm. 3.
11 Vgl. *M. Funke-Kaiser*, in: Bader § 14 Rn. 3 mit Fn. 5.
12 Vgl. auch *J. Ruthig*, in: Kopp/Schenke § 14 Rn. 2; anders indes § 64 Südd. VGG und § 82 MRVO Nr. 165.
13 So bereits *Klinger* § 14 Anm. B.
14 Vgl. *P. Stelkens/N. Panzer*, in: Schoch/Schneider/Bier § 14 Rn. 5.
15 Vgl. *M. Funke-Kaiser*, in: Bader § 14 Rn. 5; *H. Gersdorf*, in: Posser/Wolff § 14 Rn. 12.
16 Vgl. *M. Funke-Kaiser*, in: Bader § 14 Rn. 8.
17 Dazu im Einzelnen *Kissel/Mayer* § 158 Rn. 1 ff.

Beschwerde an das dem ersuchten Gericht übergeordnete Obergericht gegeben (§ 159 Abs. 1 S. 1 GVG). Verweigert ein Gericht der allgemeinen Verwaltungsgerichtsbarkeit die Rechtshilfe, schließt § 152 Abs. 1 eine entsprechende Anwendung von § 159 Abs. 1 S. 2 GVG mit der Folge der Unanfechtbarkeit der Entscheidung des OVG aus.[18]

10 **2. Amtshilfe.** Auch die Amtshilfe setzt ein Ersuchen voraus, das in geeigneten Fällen auch mündlich oder telefonisch ergehen kann.[19] Die ersuchte Behörde oder die ersuchte Gerichtsverwaltung darf die erbetene Amtshilfe nach Maßgabe von § 5 VwVfG oder den für den spezifischen Bereich geltenden Regelungen ablehnen.[20] Wird das Ersuchen abgelehnt, ist für die ersuchende Stelle dagegen kein Rechtsmittel, sondern die Dienstaufsichtsbeschwerde gegeben.[21] Kosten für die dem ersuchenden Gericht zu leistende Amtshilfe einer Behörde können nicht erhoben werden.[22] Die Amtshilfeleistung kann daher nicht von der Abgabe einer (vorherigen) Kostenübernahmeerklärung abhängig gemacht werden.

---

18 So jetzt auch *M. Funke-Kaiser*, in: Bader § 14 Rn. 12; *P. Stelkens/N. Panzer*, in: Schoch/Schneider/Bier § 14 Rn. 8; vgl. ferner BFHE 142, 17.
19 Vgl. *M. Funke-Kaiser*, in: Bader § 14 Rn. 13 mit Fn. 17; a.M. *H. Gersdorf*, in: Posser/Wolff § 14 Rn. 7.
20 Vgl. *M. Funke-Kaiser*, in: Bader § 14 Rn. 13; *P. Stelkens/N. Panzer*, in: Schoch/Schneider/Bier § 14 Rn. 11.
21 Vgl. *J. Ruthig*, in: Kopp/Schenke § 14 Rn. 3; *H. Geiger*, in: Eyermann 11 § 14 Rn. 11; *M. Redeker*, in: Redeker/v. Oertzen § 14 Rn. 5.
22 Vgl. FG Hmbg 26.5.2014 – 3 K 198/13, juris Rn. 12 ff. m.w.N.; *H. Geiger*, in: Eyermann § 14 Rn. 14; diff. *H. Gersdorf*, in: Posser/Wolff § 14 Rn. 10; *M. Funke-Kaiser*, in: Bader § 14 Rn. 14; für Anwendung des JVEG *J. Ruthig*, in: Kopp/Schenke § 14 Rn. 4.

2. Abschnitt
Richter

§ 15 [Hauptamtliche Richter]

(1) Die Richter werden auf Lebenszeit ernannt, soweit nicht in §§ 16 und 17 Abweichendes bestimmt ist.

(2) (weggefallen)

(3) Die Richter des Bundesverwaltungsgerichts müssen das fünfunddreißigste Lebensjahr vollendet haben.

Schrifttum

1. Monographien und Beiträge in Sammelwerken: *B. J. Scholz*, Das Richteramtsrecht, in: Beck'sches Richterhandbuch, ³2012, 1001.

2. Beiträge in Zeitschriften: *W. Brohm*, Stellung und Funktion des Verwaltungsrichters, Verw 24 (1991), 137; *J. Kronisch*, Richter auf Zeit am Verwaltungsgericht, DVBl 2016, 490; *ders.*, Beamte als Verwaltungsrichter auf Zeit, NJ 2017, 231; *P. Stelkens*, Die verwaltungsgerichtliche Rechtsprechung wird Richtern auf Probe anvertraut, NWVBl 1994, 258.

I. Entstehungsgeschichte

Abs. 1 und 3 sind seit Inkrafttreten der VwGO unverändert. Der frühere Abs. 2 ordnete an, dass die Richter auf Lebenszeit die Fähigkeit zum Richteramt nach dem GVG besitzen müssen; mit Inkrafttreten des DRiG am 1.7.1962 wurde Abs. 2 aufgehoben (§ 89 Nr. 1 DRiG vom 8.9.1961 [BGBl I 1665]). Der *Regierungsentwurf* (BT-Drs. 3/55 Anl. 1) lehnte sich an den Präsidentenentwurf (→ § 1 Rn. 17) an. Er ließ als Ernennungsvoraussetzung neben der Fähigkeit zum Richteramt auch die Fähigkeit zum höheren Verwaltungsdienst genügen (§ 15 Abs. 2 Regierungsentwurf). In Abs. 3 postulierte er das Erfordernis einer sich an den Erwerb der Fähigkeit zum Richteramt oder zum höheren Verwaltungsdienst anschließenden dreijährigen hauptberuflichen Tätigkeit in der Verwaltung, als hauptamtliches Mitglied eines Gerichts, als Rechtsanwalt oder Verwaltungsrechtsrat oder als beamteter Hochschullehrer des Rechts. Abs. 5 des Regierungsentwurfs verlangte, dass mindestens die Hälfte der Richter jedes Gerichts nach Erwerb der Fähigkeit zum Richteramt oder zum höheren Verwaltungsdienst mindestens drei Jahre hauptberuflich in der Verwaltung tätig gewesen sein muss. Abs. 4 S. 1 entsprach dem heutigen Abs. 3 mit der Maßgabe, dass das Erfordernis des Mindestalters von 35 Jahren auch für die Richter des OVG gelten sollte.

Der Rechtsausschuss des Bundestages konnte sich trotz gegenteiliger Auffassung des Innenausschusses nicht dazu entschließen, das Erfordernis der dreijährigen Berufserfahrung aufzunehmen (BT-Drs. 3/1094, 4). Ebenso lehnte es die Mehrheit des Rechtsausschusses auf Anregung des Bundesrats[1] ab, auch für die Richter des OVG ein Mindestalter festzusetzen (BT-Drs. 3/1094, 4). Ebenfalls auf Vorschlag des Bundesrats entfiel die Forderung, dass mindestens die Hälfte der Senatspräsidenten und der weiteren Richter des BVerwG und des OVG drei Jahre Richter eines Gerichts der Verwaltungsgerichtsbarkeit gewesen sein müssen.[2] Die Gleichsetzung von Fähigkeit zum Richteramt und Fähigkeit zum höheren Verwaltungsdienst wurde in der Übergangsbestimmung des § 174 Abs. 1 geregelt; mit der Änderung dieser Bestimmung durch § 89 Nr. 6 DRiG (→ Rn. 1) wurde sie für die Richter abgeschafft und nur noch für den Vertreter des öffentlichen Interesses bei dem OVG und bei dem VG vorgesehen.

II. Zweck der Vorschrift

Abs. 1 kommt keine eigenständige Bedeutung zu. Sein Regelungsgehalt geht nicht über das bereits in §§ 8 ff. DRiG i.V.m. § 28 DRiG Geregelte hinaus. Insbes. bestimmt § 28 Abs. 1 DRiG, dass bei einem Gericht nur *Richter auf Lebenszeit* tätig werden dürfen, soweit nicht ein Bundesgesetz etwas anderes bestimmt. § 8 DRiG regelt, dass Richter nur als Richter auf Lebenszeit, auf Zeit, auf Probe oder kraft Auftrags berufen werden dürfen. Zweck der Berufung in das Richteramt auf Probe oder kraft Auf-

---

1 Vgl. *Koehler* § 15 Anm. I 1 c.
2 Vgl. *Koehler* § 15 Anm. I 1 c; anders noch § 3 des Gesetzes über das BVerwG.

trags ist nach §§ 12, 14 DRiG die spätere Verwendung als Richter auf Lebenszeit. Eine Ernennung zum *Richter auf Zeit* ist nach § 11 DRiG nur unter den durch Bundesgesetz bestimmten Voraussetzungen und nur für die bundesgesetzlich bestimmten Aufgaben zulässig. Mit Art. 7 Nr. 2 Asylverfahrensbeschleunigungsgesetz vom 20.10.2015 (BGBl I 1722) wurde die Möglichkeit zur Verwendung von hauptamtlichen Richtern auf Zeit (nur) für das VG geschaffen (→ § 18 Rn. 1 ff). Der Grundsatz, dass die Richter hauptamtlich auf Lebenszeit zu ernennen sind, dient der Sicherung der Unabhängigkeit der Gerichte (→ § 1 Rn. 63 ff.; vgl. auch VGH Kassel ESVGH 33, 110). Das Lebenszeitprinzip ist zugleich ein *hergebrachter Grundsatz des Richteramtsrechts* i.S.v. Art. 33 Abs. 5 GG.[3] Abs. 3 ordnet für die Richter des BVerwG ein Mindestalter an.

III. Grundsatz der Lebenszeiternennung (Abs. 1)

5   Der Grundsatz der Lebenszeiternennung (BVerfGE 4, 331, 345 f.; 14, 56, 70; 14, 156, 162; → Rn. 4) ist mit der Formulierung „Die Richter werden auf Lebenszeit ernannt" nur unzureichend beschrieben. Gemeint ist, dass bei den Gerichten der allgemeinen Verwaltungsgerichtsbarkeit prinzipiell Richter einzusetzen sind, die in das Richterverhältnis auf Lebenszeit unter Übertragung eines Amtes im abstrakt-funktionellen Sinne bei einem bestimmten Gericht berufen worden sind und die bei dem Gericht, an dem ihnen das Amt verliehen worden ist, in eine Planstelle eingewiesen worden sind. Der „Soweit-Satz" verweist hinsichtlich der Ausnahmen auf die Bestimmungen der §§ 16 und 17, ist aber trotz seines lediglich deklaratorischen Charakters insofern unvollständig, als neben der Verwendung von Richtern im Nebenamt nach § 16 und Richtern auf Probe und kraft Auftrags nach § 17 Nr. 1 und 2 sowie Richtern auf Zeit nach §§ 17 Nr. 3, 18 bei den VG auch Lebenszeit- wie auch Zeitrichter eingesetzt werden können, denen eine Planstelle bei einem anderen Gericht zugewiesen worden ist, die mithin (zeitlich befristet) nach § 37 DRiG an das betreffende Gericht abgeordnet worden sind (zum Einsatz von abgeordneten Richtern am Obergericht BGH NJW 1985, 2336).

IV. Mindestalter für Richter des BVerwG (Abs. 3)

6   Bereits § 3 Abs. 2 S. 1 des Gesetzes über das BVerwG vom 23.9.1952 (BGBl I 625) sah für die Richter des BVerwG vor, dass diese das fünfunddreißigste Lebensjahr vollendet haben müssen. Maßgeblicher Zeitpunkt ist weder der Tag der Wahl zum Bundesrichter nach dem Richterwahlgesetz noch stets der Tag der Aushändigung der Ernennungsurkunde, sondern allein der Tag, zu dem die Ernennung ihre innere Wirksamkeit entfalten soll.[4] Der Zeitpunkt der Vollendung des fünfunddreißigsten Lebensjahres bestimmt sich nach §§ 187 Abs. 2 S. 2, 188 Abs. 2 BGB.

§ 16 [Richter im Nebenamt]

Bei dem Oberverwaltungsgericht und bei dem Verwaltungsgericht können auf Lebenszeit ernannte Richter anderer Gerichte und ordentliche Professoren des Rechts für eine bestimmte Zeit von mindestens zwei Jahren, längstens jedoch für die Dauer ihres Hauptamts, zu Richtern im Nebenamt ernannt werden.

Schrifttum

1. Monographien und Beiträge in Sammelwerken: *E. Schmidt-Jortzig*, „Ordentliche Professoren des Rechts" als Richter an den Verwaltungsgerichten, in: FS Menger, 1985, 359.

2. Beiträge in Zeitschriften: *J. Kronisch*, Richter auf Zeit am Verwaltungsgericht, DVBl 2016, 490; *ders.*, Praktische Fragen beim Einsatz von Richtern auf Zeit am Verwaltungsgericht, NJW 2016, 1623; *E.-G. Richter*, Nebenamtliche Verwaltungsrichter, DVBl 1961, 405; *S. Roller/A. Stadler*, Flexibilisierung des Richtereinsatzes durch Übertragung eines weiteren Richteramtes in einer anderen Gerichtsbarkeit, DRiZ 2009, 223; *C. Seggermann*, Zur Frage des richterlichen Nebenamtes während der Elternzeit, NdsVBl 2008, 60.

---

3 Vgl. *J. Kronisch*, DVBl 2016, 490, 491 m.w.N.; ferner *P. Silberkuhl*, in: GKÖD Bd. 1 Teil 4 § 11 Rn. 3; offengelassen von BVerfG 22.3.2018 – 2 BvR 780/16.
4 So zu Recht *M. Funke-Kaiser*, in: Bader § 15 Rn. 3; *P. Wysk*, in: Wysk § 15 Rn. 4.

I. Entstehungsgeschichte

§ 16 ist seit Inkrafttreten der VwGO *unverändert*.[1] Ergänzend verbot § 18 S. 1 der Ursprungsfassung   1
(VwGO vom 21.1.1960 [BGBl I 17]) das Führen des Vorsitzes durch einen Richter im Nebenamt und
bestimmte § 18 S. 2, dass in einem Spruchkörper nicht mehr als ein Richter im Nebenamt oder „Hilfsrichter" (→ § 17 Rn. 1 f.) mitwirken darf.[2] § 18 der Ursprungsfassung wurde mit dem Gesetz zur Entlastung der Rechtspflege vom 11.1.1993 (BGBl I 50) im Blick auf die Regelungen in §§ 28 Abs. 2 S. 2,
29 DRiG aufgehoben.

§ 16 entspricht wörtlich der in § 17 des *Regierungsentwurfs* (BT-Drs. 3/55 Anl. 1) vorgesehenen Be-   2
stimmung, die inhaltlich wiederum dem Präsidentenentwurf (→ § 1 Rn. 17) entnommen war, der allerdings die Verwendung von Richtern im Nebenamt nicht auf OVG und VG beschränken wollte. Das
süddeutsche VGG (→ § 1 Rn. 13) bestimmte für den VGH in § 4 Abs. 3 und für das VG in § 11
Abs. 3, welche Richter hauptamtlich auf Lebenszeit zu ernennen waren, und ordnete in § 4 Abs. 4 sowie § 11 Abs. 4 an, dass die übrigen Richter für die Dauer ihres (anderweitigen) Hauptamtes ernannt
werden.[3] Auch die MRVO Nr. 165 (→ § 1 Rn. 13) und das VGG Rheinland-Pfalz[4] ermöglichten den
Einsatz von Richtern im Nebenamt. Das Gesetz über das BVerwG vom 23.9.1952 (BGBl I 625) hatte
von der Bestellung von nebenamtlichen Richtern abgesehen.[5]

Der Regierungsentwurf einer *VwPO* (BT-Drs. 9/1851 Anl. 1) sah die Beibehaltung einer dem § 16 in-   3
haltlich weitgehend entsprechenden Regelung unter eindeutiger statusmäßiger Zuordnung des Nebenamtsrichters zum Richter auf Zeit vor, wobei das Nebenrichteramt jedoch nicht mehr an die Dauer
des Hauptamtes gebunden sein sollte. § 12 des VwPO-Entwurfs des Koordinierungsausschusses
(→ § 2 Rn. 5) unterschied sich darin, dass er lediglich ordentliche Professoren der Rechte, nicht auch
Lebenszeitrichter anderer Gerichte, als Nebenamtsrichter auf Zeit vorsah. Auch der Speyerer Entwurf
(→ § 2 Rn. 6) beschränkte sich in § 18 auf die Regelung der Möglichkeit, ordentliche Professoren des
Rechts zu Richtern im Nebenamt zu ernennen.

II. Zweck der Vorschrift

Ursprünglicher Zweck des Einsatzes von Nebenamtsrichtern waren Sparsamkeitsgründe.[6] Daneben   4
war der Rückgriff auf nebenamtliche Richter vor Inkrafttreten der VwGO für geboten erachtet worden, um die VG mit dem erforderlichen richterlichen Personal besetzen zu können.[7] Auch der Regierungsentwurf wies darauf hin, dass „besonders zur Zeit der Bedarf an Verwaltungsrichtern mangels
geeigneter Persönlichkeiten nicht gedeckt werden" (BT-Drs. 3/55 Anl. 1 S. 28) könne.[8] Gleichzeitig
sollten mit der Möglichkeit, Richter im Nebenamt zu ernennen, besondere Spezialisten für die Verwaltungsgerichtsbarkeit dienstbar gemacht werden.[9] Mit Inkrafttreten des DRiG im Jahre 1962 (→ § 15
Rn. 1) wurde zunächst die Weitergeltung von § 16 bestritten.[10]

Nach wie vor umstritten ist die Frage, ob das Richterverhältnis im Nebenamt als eigenständiger Status   5
zu verstehen ist. Während die eine Ansicht den Nebenamtsrichter im Status des Richters auf Zeit[11]
sieht,[12] nimmt die andere an, § 16 begründe einen eigenen, von den §§ 8 und 10 ff. DRiG verschiede-

---

1 Zur Geschichte des Richters im Nebenamt E. *Schmidt-Jortzig*, FS Menger, 1985, 359, 361 ff.
2 Zur Streitfrage heute M. *Funke-Kaiser*, in: Bader § 16 Rn. 4; F. *Wittreck*, in: Gärditz § 16 Rn. 4.
3 Vgl. z.B. §§ 4 Abs. 4, 11 Abs. 4 S. 1 des bayerischen Gesetzes Nr. 39 über die Verwaltungsgerichtsbarkeit vom
   25.9.1946 (GVBl Bay 281).
4 Landesgesetz über die Verwaltungsgerichtsbarkeit vom 14.4.1950 (GVBl I RP 103).
5 Vgl. *Koehler* § 16 Anm. I.
6 Vgl. E. *Schmidt-Jortzig*, FS Menger, 1985, 359, 362 m.w.N. in Fn. 16.
7 Vgl. E.-G. *Richter*, DVBl 1961, 405.
8 Zur Kritik daran E.-G. *Richter*, DVBl 1961, 405, 406.
9 Vgl. BT-Drs. 3/55 Anl. 1 S. 28; vgl. auch *Schunck/De Clerck*, ¹1961, § 16 Anm. 1.
10 Vgl. *Schmidt-Räntsch*, ⁵1995, § 8 Rn. 8, nach dessen Auffassung eine Ernennung im zweiten Hauptamt zu erfolgen
   habe, aufgegeben nunmehr bei *Schmidt-Räntsch*, ⁶2009, § 8 Rn. 8 a; vgl. auch VGH Mannheim DÖV 1963, 888.
11 Zu dessen verfassungsrechtlicher Zulässigkeit BVerfGE 3, 213, 214, 224; 14, 56, 70 f.; 18, 241, 255; vgl. auch J. *Kronisch*, DVBl 2016, 490 f.; ders., NJ 2017, 231.
12 Vgl. die Nachw. bei J. *Kronisch*, NJW 2016, 1623 m. Fn. 7; ferner N. *Panzer*, in: Schoch/Schneider/Bier § 16 Rn. 5
   sowie C. *Danker*, in: HK-VerwR VwGO § 16 Rn. 2.

nen Status.[13] Konsequenz der Auffassung von der Obsoleszens des § 16 (→ Rn. 4) ist es, dass anstelle einer Ernennung zum Richter im Nebenamt eine Übertragung eines weiteren Hauptamts nach § 27 Abs. 2 DRiG zu erfolgen hat.[14]

III. Richter im Nebenamt bei Oberverwaltungsgericht und Verwaltungsgericht

6   Nur bei dem OVG (zur Besetzung VGH Mannheim ESVGH 11, 132) und bei dem VG, nicht bei dem BVerwG, können Richter im Nebenamt ernannt werden. In Zweifel gezogen wird, ob die Auswahlentscheidung uneingeschränkt dem Grundsatz der Bestenauslese unterliegt (HmbOVG NVwZ-RR 2011, 649 für den Fall der Bestellung des Vorsitzenden des Heilberufsgerichts). Die Ernennung hat zwingend für eine bestimmte Zeit, die zwei Jahre nicht unterschreiten darf, zu erfolgen. Damit soll die persönliche Unabhängigkeit des Nebenamtsrichters gewahrt werden (BT-Drs. 3/55 Anl. 1 S. 28). Der Ernennungsbehörde ist es daher verwehrt, die Ernennung zu widerrufen.[15] Ebenso wenig darf sie den Richter für eine kürzere Zeit oder unter Widerrufsvorbehalt ernennen.[16] Wegen der Bindung des Nebenamtes an die Dauer des Hauptamtes[17] endet das Richteramt allerdings vor Ablauf der in der Urkunde bestimmten Ernennungszeit, wenn das Hauptamt endet.[18] Entsprechendes soll für die Fälle der vorläufigen Amtsenthebung und der Beurlaubung ohne Dienstbezüge gelten.[19]

IV. Personenkreis

7   **1. Richter anderer Gerichte.**   Zu Richtern im Nebenamt können auf Lebenszeit ernannte Richter anderer Gerichte ernannt werden. Auf Lebenszeit ernannt ist ein Richter, der gem. § 10 DRiG in das Richterverhältnis auf Lebenszeit unter Übertragung eines Amtes im abstrakt-funktionellen Sinne bei einem bestimmten Gericht berufen worden ist (→ § 15 Rn. 5). Lebenszeitrichter eines anderen Gerichts ist demzufolge, wem bei einem anderen Gericht als dem für das Nebenamt in Rede stehenden ein solches Amt übertragen worden ist. Weder ist erforderlich, dass der Nebenamtsrichter einer anderen Gerichtsbarkeit angehört, noch, dass er aus einer bestimmten Gerichtsbarkeit stammt.

8   **2. Ordentliche Professoren des Rechts.**   Neben Lebenszeitrichtern anderer Gerichte können auch ordentliche Professoren des Rechts Nebenamtsrichter sein. Eine Ernennung des Professors als Beamter auf Lebenszeit ist nicht vorgeschrieben. Auf der Grundlage des früheren Hochschuldienstrechts wurde von der h.M. als ordentlicher Professor des Rechts nur angesehen, wem ein Amt der Besoldungsgruppe C 4 (BVerfGE 64, 323, 351 ff.) an einer wissenschaftlichen Hochschule übertragen worden ist, an der ein Studium der Rechtswissenschaften durchgeführt werden kann.[20] Dazu können auch Technische Hochschulen zählen.[21] Juniorprofessoren und Juniorprofessorinnen dürften nicht dem Begriff des „ordentlichen Professors" entsprechen.[22] Außerplanmäßige Professoren, Professoren an Fachhochschulen, Honorarprofessoren und Privatdozenten unterfallen ebenfalls nicht dem Begriff.

---

13   Vgl. *C. Kimmel*, in: Posser/Wolff § 16 Rn. 2; *F. Wittreck*, in: Gärditz § 16 Rn. 1, 3; *H. Geiger*, in: Eyermann § 16 Rn. 1, 4; *E. Schmidt-Jortzig*, FS Menger, 1985, 359, 363 f.; VGH Mannheim DÖV 1963, 888, wonach sich § 8 DRiG lediglich mit dem Richter auf Zeit im Hauptamt befasse.
14   Zur Ernennungspraxis *N. Panzer*, in: Schoch/Schneider/Bier § 16 Rn. 12.
15   Vgl. *Eyermann/Fröhler*, ¹1960, § 16 Rn. 5.
16   Vgl. *Ule*, Verwaltungsgerichtsbarkeit, 1960, § 16.
17   Der Hinweis, dass die Ernennung „längstens für die Dauer des Hauptamtes" erfolgt, ist in die Ernennungsurkunde aufzunehmen, vgl. *Eyermann/Fröhler*, ¹1960, § 15 Rn. 4.
18   Krit. dazu *Schmidt-Räntsch*, ⁶2009, § 8 Rn. 8 b; *J. Thomas*, Richterrecht, 1986, S. 30; ferner auch die Begründung des Regierungsentwurfs einer VwPO, BT-Drs. 9/1851 Anl. 1 S. 73; insgesamt dazu näher, bezogen auf den Richter auf Zeit, *J. Kronisch*, DVBl 2016, 490, 492 f. sowie zu Besonderheiten im Disziplinarrecht *ders.*, NJW 2016, 1623, 1625.
19   Vgl. *M. Funke-Kaiser*, in: Bader § 16 Rn. 2; *Kugele* § 16 Rn. 2.
20   Vgl. *M. Funke-Kaiser*, in: Bader § 16 Rn. 1; *E. Schmidt-Jortzig*, FS Menger, 1985, 359, 365.
21   Bereits *Klinger* § 16 Anm. A; *Eyermann/Fröhler*, ¹1960, § 16 Rn. 2; *Ule*, Verwaltungsgerichtsbarkeit, 1960, § 16. A. M. *N. Panzer*, in: Schoch/Schneider/Bier § 16 Rn. 8.
22   So auch *C. Kimmel*, in: Posser/Wolff § 16 Rn. 5; *F. Wittreck*, in: Gärditz § 16 Rn. 6.

§ 17 [Richter auf Probe, Richter kraft Auftrags, Richter auf Zeit]

Bei den Verwaltungsgerichten können auch folgende Richter verwendet werden:

1. Richter auf Probe,
2. Richter kraft Auftrags und
3. Richter auf Zeit.

Schrifttum

1. Monographien und Beiträge in Sammelwerken: *B. J. Scholz,* Das Richteramtsrecht, in: Beck´sches Richterhandbuch, ³2012, 1001.

2. Beiträge in Zeitschriften: *J. Kronisch,* Richter auf Zeit am Verwaltungsgericht, DVBl 2016, 490; *ders.,* Praktische Fragen beim Einsatz von Richtern auf Zeit am Verwaltungsgericht, NJW 2016, 1623; *ders.,* Beamte als Verwaltungsrichter auf Zeit, NJ 2017, 231; *R. Lippold,* Der Richter auf Probe im Lichte der Europäischen Menschenrechtskonvention, NJW 1991, 2383; *C. Maierhöfer,* Der „Richter auf Zeit" nach § 18 VwGO idF des Asylverfahrensbeschleunigungsgesetzes – Verfassungsrechtlich bedenklich?, NVwZ 2015, 1655; *P. Stelkens,* Die verwaltungsgerichtliche Rechtsprechung wird Richtern auf Probe anvertraut, NWVBl 1994, 258.

I. Entstehungsgeschichte

§ 17 in seiner ursprünglichen Fassung[1] regelte den Einsatz von sog. Hilfsrichtern am VG und am OVG, wobei als Hilfsrichter am OVG nach § 17 Abs. 3 a.F. nur ein „planmäßig angestellter Richter eines VG oder eines anderen Gerichts" bestellt werden konnte. Nach § 17 Abs. 2 a.F. musste ein Hilfsrichter, der kein planmäßig angestellter Richter war, für eine bestimmte Zeit von mindestens einem Jahr bestellt werden; er konnte nicht vorher abberufen werden, seine „Entschädigung" war für die ganze Dauer im Voraus festzusetzen (§ 17 Abs. 2 S. 2 a.F.). Nach dem Regierungsentwurf war zwar die Verwendung von Hilfsrichtern wegen der diesen praktisch fehlenden Unabhängigkeit unerwünscht, trotzdem jedoch wegen des „von Zeit zu Zeit" entstehenden, seiner Natur nach nur vorübergehenden Arbeitsanfalls nicht zu umgehen. Zur Begründung hieß es, dass es angesichts der Finanzschwierigkeiten von Bund und Ländern nicht angehe, wegen eines vorübergehenden außergewöhnlichen Arbeitsanfalls für die zusätzlich benötigten Kräfte die entsprechenden Planstellen zu schaffen und damit die Etats auf lange Sicht zu belasten (BT-Drs. 3/55 Anl. 1 S. 28). **1**

Die Ursprungsfassung war durch § 89 Nr. 2 DRiG vom 8.9.1961 (BGBl I 1665), mit dem das Institut des Hilfsrichters abgeschafft wurde,[2] neu formuliert worden. Diese Fassung beschränkte sich darauf, als Ausnahmen vom Grundsatz der Lebenszeiternennung (→ § 15 Rn. 4) für die VG die Verwendung von Richtern auf Probe und Richtern kraft Auftrags zuzulassen. Eine damit inhaltsgleiche Regelung – bezogen auf alle öffentlich-rechtlichen Gerichtsbarkeiten – sahen der Regierungsentwurf einer VwPO (BT-Drs. 9/1851 Anl. 1), der Speyerer Entwurf (→ § 2 Rn. 6) und der Entwurf des Koordinierungsausschusses (→ § 2 Rn. 5) vor. Mit Art. 7 Nr. 2 Asylverfahrensbeschleunigungsgesetz vom 20.10.2015 (BGBl I 1722) erhielt § 17 seine heutige Fassung.[3] Inhaltlicher Kern der Neufassung ist Nr. 3, mit der, von § 4 Abs. 1 BVerfGG abgesehen, nach Inkrafttreten des DRiG erstmals[4] in einer Prozessordnung die Verwendung von Richtern auf Zeit ermöglicht wird. Nr. 3 ist daher im Zusammenhang mit dem ebenfalls neu gefassten § 18 (→ § 18 Rn. 1 ff.) zu sehen. **2**

II. Zweck der Vorschrift

§ 17 stellt die bundesrechtlich andere Bestimmung zu § 28 Abs. 1 DRiG dar, wonach bei einem Gericht nur Richter auf Lebenszeit tätig werden dürfen, soweit nicht ein Bundesgesetz etwas anderes bestimmt. Richter auf Probe (Nr. 1), Richter kraft Auftrags (Nr. 2) sowie Richter auf Zeit (Nr. 3) dürfen **3**

---

1 VwGO vom 21.1.1960 (BGBl I 17); zu den Vorläufernormen vgl. *Koehler* § 17 Anm. I.
2 Dazu die Begründung des Regierungsentwurfs des DRiG BT-Drs. 3/516, 28 f., 63.
3 Dazu auch die Begründung des Gesetzentwurfs der Fraktionen der CDU/CSU und SPD BT-Drs. 18/6185, 56 f.
4 Zuvor amtierten am 1.1.1955 in allen Gerichtsbarkeiten 224 und am 1.1.1957 noch 105 Richter auf Zeit, davon 7 in der Verwaltungsgerichtsbarkeit, vgl. *G. Schmidt-Räntsch,* DRiZ 1957, 104; in der Arbeitsgerichtsbarkeit wurden nach § 18 Abs. 4 S. 1 ArbGG vom 3.9.1953 (BGBl I 1267), aufgehoben durch § 88 Nr. 1 DRiG vom 8.9.1961 (BGBl I 1665), die Vorsitzenden der Kammern beim ArbG „mindestens für ein Jahr ernannt"; nach Ablauf von drei Jahren waren sie, wenn sie weiter verwendet werden sollten, zu Lebenszeitrichtern zu ernennen. Der insoweit nicht Gesetz gewordene Entwurf des DRiG sah – trotz der Einführung des Richters auf Probe – in § 84 Nr. 2 die Beibehaltung der Möglichkeit zur Ernennung auf Zeit vor, vgl. BT-Drs. 3/516, 13, 62 und die Übergangsbestimmung des § 111 Abs. 1 S. 2 DRiG.

(nur) bei den VG, nicht bei den OVG und bei dem BVerwG verwendet werden. Die Aufzählung ist nicht alternativ zu verstehen, wie nunmehr die Konjunktion „und" zwischen Nr. 2 und 3 verdeutlicht. An einem VG dürfen daher zeitgleich sowohl Richter auf Probe als auch Richter kraft Auftrags und Richter auf Zeit eingesetzt werden (zur Besetzung in den Kammern → Rn. 4, 5, 7). Hinsichtlich des Richters auf Zeit ist § 17 zusammen mit § 18 zu lesen, der die bundesrechtliche Vorgabe des § 11 DRiG umsetzt, wonach eine Ernennung zum Richter auf Zeit nur unter den durch Bundesgesetz bestimmten Voraussetzungen und nur für die bundesgesetzlich bestimmten Aufgaben zulässig ist (→ § 18 Rn. 1 ff.).

III. Richter auf Probe

4   Den Status (zur Ernennung vgl. § 17 DRiG) des Richters auf Probe (Amtsbezeichnung: „Richter", vgl. § 19a Abs. 3 DRiG) regelt das DRiG. Nach § 10 Abs. 1 DRiG setzt die Ernennung zum Richter auf Lebenszeit regelmäßig eine mindestens dreijährige Tätigkeit im richterlichen Dienst nach Erwerb der Befähigung zum Richteramt voraus. § 12 Abs. 1 DRiG bestimmt, dass, wer später als Richter auf Lebenszeit oder als Staatsanwalt verwendet werden soll, zum Richter auf Probe ernannt werden kann.[5] § 22 DRiG bestimmt, unter welchen Voraussetzungen ein Richter auf Probe entlassen werden kann (→ § 1 Rn. 85 f., 87).[6] Nach § 29 S. 1 DRiG darf bei einer gerichtlichen Entscheidung nicht mehr als ein Richter auf Probe oder Richter kraft Auftrags oder abgeordneter Richter mitwirken.[7] Im Geschäftsverteilungsplan sind die bei dem Gericht eingesetzten Richter auf Probe nach § 29 S. 2 DRiG als solche kenntlich zu machen. Dazu dürfte ausreichend sein, wenn diese mit ihrer Amtsbezeichnung („Richter", vgl. § 19a Abs. 3 DRiG) aufgeführt werden. Im ersten Jahr nach seiner Ernennung zum Richter darf ein Richter auf Probe nach § 6 Abs. 1 S. 2 nicht Einzelrichter sein (→ § 6 Rn. 55); im Asylprozess nicht in den ersten sechs Monaten (→ § 6 Rn. 6). Wird ein Gericht in einer Besetzung mit mehreren Richtern tätig, darf aufgrund von § 28 Abs. 2 S. 2 DRiG ein Richter auf Probe nicht den Vorsitz führen.

IV. Richter kraft Auftrags

5   Zum Richter kraft Auftrags (zur Ernennung vgl. § 17 DRiG) kann nach § 14 DRiG ernannt werden, wer später (im Einzelnen § 16 DRiG) als Richter auf Lebenszeit verwendet werden soll. *Unzulässig* ist es daher, eine Ernennung zum Richter kraft Auftrags auszusprechen, wenn von vornherein eine spätere Übernahme als Richter auf Lebenszeit nicht beabsichtigt ist. Nach § 14 DRiG kann zum Richter kraft Auftrags (nur) ein Beamter auf Lebenszeit oder auf Zeit ernannt werden. Der Richter kraft Auftrags behält sein bisheriges Amt (§ 15 Abs. 1 S. 1 DRiG). Seine Besoldung und Versorgung bestimmen sich nach diesem Amt (§ 15 Abs. 1 S. 2 DRiG). Die übrigen Rechte und Pflichten aus dem Beamtenverhältnis mit Ausnahme der Pflicht zur Amtsverschwiegenheit und des Verbots der Annahme von Geschenken ruhen für die Dauer des Richterverhältnisses (§ 15 Abs. 1 S. 3 DRiG). Obwohl der Richter kraft Auftrags sein bisheriges Amt behält, führt er im Dienst die Amtsbezeichnung „Richter am Verwaltungsgericht" (§ 19a Abs. 2 DRiG). Wie beim Richter auf Probe gilt nach § 29 S. 2 DRiG, dass im Geschäftsverteilungsplan die eingesetzten Richter kraft Auftrags kenntlich gemacht werden müssen. Anders als beim Proberichter (→ Rn. 4) wird diesem Erfordernis nur mit einem ausdrücklichen Hinweis auf den Status entsprochen. Nach § 29 S. 1 DRiG darf bei einer gerichtlichen Entscheidung nur ein Richter kraft Auftrags oder Richter auf Probe oder abgeordneter Richter mitwirken.

V. Richter auf Zeit

6   Der Status des Richters auf Zeit ist seit jeher in § 8 DRiG vorgesehen.[8] Seine prinzipielle *verfassungsrechtliche Zulässigkeit* kann trotz des Umstandes, dass hauptamtliche Richterverhältnisse auf Zeit, vom BVerfG abgesehen (§ 4 Abs. 1 BVerfGG), bisher in den Prozessordnungen nicht vorgesehen wa-

---

5 Zur verfassungsrechtlichen Dimension BVerfGE 4, 331, 345; 14, 56, 70; 14, 156, 162.

6 Aus der Praxis z.B. BGH 15.12.2011 – RiZ (R) 8/10.

7 Zu nach der Wiedervereinigung eingeführten, zwischenzeitlich ausgelaufenen Ausnahmen, *P. Stelkens*, NWVBl 1994, 258, 262 ff.; *N. Panzer*, in: Schoch/Schneider/Bier § 17 Rn. 1 m. Fn. 29.

8 *J. Kronisch*, NJW 2016, 1623.

ren (→ Rn. 2 m. Fn. 4), nicht in Zweifel gezogen werden.[9] Insbes. unterfällt der Richter auf Zeit vollumfänglich der Garantie der persönlichen Unabhängigkeit in Art. 97 Abs. 2 S. 1 GG, weil ihm ein konkretes Richteramt bei einem bestimmten Gericht übertragen und er für die Dauer seiner Amtszeit planmäßig und endgültig angestellt ist.[10] Auch schließt Art. 6 Abs. 1 EMRK die Verwendung von Richtern auf Zeit nicht aus. Zur Unabhängigkeit eines Gerichts i.S.d. Bestimmung gehört lediglich, dass die Richter eine ausreichende Amtsdauer haben.[11]

Der *Einsatz von Richtern auf Zeit* unterliegt nicht der Beschränkung des § 29 S. 1 DRiG.[12] Ein Zeitrichter kann daher neben einem Richter auf Probe oder einem Richter kraft Auftrags oder einem an das Gericht abgeordneten Richter oder auch neben einem anderen Richter auf Zeit an gerichtlichen Entscheidungen mitwirken. Daraus folgt zugleich, dass er nicht nach § 29 S. 2 DRiG im Geschäftsverteilungsplan als solcher kenntlich zu machen ist.[13] Er kann ohne Weiteres von Anfang an fakultativer *Einzelrichter* nach § 6 Abs. 1 S. 1 sowie nach § 76 Abs. 1 AsylG, originärer Einzelrichter nach § 76 Abs. 4 S. 1 AsylG, § 66 Abs. 6 S. 1 GKG, § 33 Abs. 8 S. 1 RVG, § 4 Abs. 7 S. 1 JVEG oder konsentierter Einzelrichter nach § 87 a Abs. 2 und 3 sein.[14] Da bei *Kollegialentscheidungen* nach § 28 Abs. 2 S. 2 DRiG den *Vorsitz* ein Richter auf Lebenszeit führen muss, darf dem Richter auf Zeit im Geschäftsverteilungsplan nicht der stellvertretende Kammervorsitz zugewiesen werden. Da sich § 28 Abs. 2 S. 2 DRiG nur auf berufsrichterliche Kollegialspruchkörper bezieht,[15] kann der Richter auf Zeit allerdings in Spruchkörpern, die in der Besetzung mit nur einem Berufsrichter und zwei ehrenamtlichen Richtern tätig werden, grundsätzlich als Vorsitzender eingesetzt werden.[16] Dem steht auch nicht § 4 S. 1 i.V.m. § 21 f Abs. 1 GVG entgegen, wonach den Vorsitz in den Spruchkörpern der Präsident und die Vorsitzenden Richter führen. Denn auch diese Bestimmung ist nur auf mit mehreren Berufsrichtern besetzte Kollegialgerichte anwendbar.[17] Der Zeitrichter darf auch sämtliche Aufgaben des Vorsitzenden wahrnehmen, die nicht ein Tätigwerden mehrerer Richter voraussetzen.[18] Aufgrund des Kollegialspruchkörperprinzips (→ § 5 Rn. 4) i.V.m. § 28 Abs. 2 S. 2 DRiG ist allerdings ausgeschlossen, den Präsidenten, den Vizepräsidenten oder Vorsitzende Richter als Richter auf Zeit zu verwenden. Zum *Präsidium* ist der Richter auf Zeit nach § 21 b Abs. 1 GVG, der Lebenszeitrichter und Zeitrichter gleichbehandelt, wahlberechtigt und wählbar ohne Rücksicht darauf, wann seine Amtszeit endet.[19] Seine Amtsbezeichnung entspricht derjenigen der Lebenszeitrichter (§ 19 a Abs. 1 DRiG).

§ 18 [Ernennung zum Richter auf Zeit]

[1]Zur Deckung eines nur vorübergehenden Personalbedarfs kann ein Beamter auf Lebenszeit mit der Befähigung zum Richteramt für die Dauer von mindestens zwei Jahren, längstens jedoch für die Dauer seines Hauptamts, zum Richter auf Zeit ernannt werden. [2]§ 15 Absatz 1 Satz 1 und 3 sowie Absatz 2 des Deutschen Richtergesetzes ist entsprechend anzuwenden.

---

9 So allerdings pauschal z.B. *K. Rennert*, DVBl 2016, 457, 458; BR-Ausschuss für Innere Angelegenheiten, BR-Drs. 446/1/15, 9 f.; allerdings sah Art. 104 Abs. 1 WRV explizit vor, dass die Richter der ordentlichen Gerichtsbarkeit auf Lebenszeit zu ernennen sind; wie hier nunmehr BVerfG 22.3.2018 – 2 BvR 780/16.

10 Vgl. näher *J. Kronisch*, NJ 2017, 231 ff. m.w.N.; *ders.*, DVBl 2016, 490 f. m.w.N.; *C. Maierhöfer*, NVwZ 2015, 1655 f.; *N. Panzer*, in: Schoch/Schneider/Bier § 17 Rn. 12; *C. D. Classen*, in: v. Mangoldt/Klein/Starck Art. 97 Abs. 2 Rn. 36 m. Fn.; ebenso die Begründung des Regierungsentwurfs einer VwPO (BT-Drs. 9/1851 Anl. 1 S. 74); a.M. offenbar *P. Wysk*, in: Wysk § 17 Rn. 4; uneindeutig *J. Ruthig*, in: Kopp/Schenke § 18 Rn. 2.

11 Dazu *Schmidt-Räntsch* Einl. Rn. 36 a; *N. Panzer*, in: Schoch/Schneider/Bier § 18 Rn. 8; ferner *L. F. Müller*, Richterliche Unabhängigkeit und Unparteilichkeit nach Art. 6 EMRK, 2015, 61 ff.; *A. Weber*, FS Ahrens, 2016, 571 ff.

12 Vgl. *N. Panzer*, in: Schoch/Schneider/Bier § 17 Rn. 12.

13 Vgl. *J. Kronisch*, NJW 2016, 1623, 1624.

14 Vgl. *J. Kronisch*, NJW 2016, 1623, 1624.

15 Vgl. *Schmidt-Räntsch* § 28 Rn. 9; ferner für die Begründung des Regierungsentwurfs einer VwPO, BT-Drs. 9/1851 Anl. 1 S. 74.

16 Vgl. *J. Kronisch*, NJW 2016, 1623, 1624 mit Beispielen gesetzlicher Ausnahmen in Fn. 31; die richterrechtliche Ausnahme für den Vorsitz in Personalvertretungskammern (BVerwGE 34, 180, 182 ff., vgl. auch BVerwGE 115, 223, 224 f.) ist überholt, wird allerdings in der personalvertretungsrechtlichen Kommentarliteratur weiter vertreten, vgl. z.B. *S. Sommer*, in: Ilbertz/Widmaier/Sommer, BPersVG, [13]2014, § 84 Rn. 4; wie hier *F. Wittreck*, in Gärditz § 18 Rn. 3.

17 Vgl. *Kissel/Mayer* § 21 f Rn. 1, 3.

18 Näher *J. Kronisch*, NJW 2016, 1623, 1624 f.

19 Vgl. *J. Kronisch*, NJW 2016, 1623, 1625.

Schrifttum

S. die Schrifttumsnachweise bei § 17.

I. Entstehungsgeschichte

1   § 18 der Ursprungsfassung[1] normierte in S. 1 ein Verbot des Vorsitzführens für Richter im Nebenamt (→ § 16 Rn. 1 ff.) und die seinerzeitigen Hilfsrichter (→ § 17 Rn. 1). S. 2 bestimmte, dass in einer Kammer (Senat) nicht mehr als ein Richter im Nebenamt oder Hilfsrichter mitwirken darf. § 89 Nr. 3 DRiG vom 8.9.1961 (BGBl I 1665) fasste § 18 neu: Das Verbot des Vorsitzführens wurde für Richter im Nebenamt, Richter auf Probe, Richter kraft Auftrags und abgeordnete Richter aufgestellt (S. 1) und angeordnet, dass von diesen nicht mehr als einer in einer Kammer (Senat) mitwirken darf (S. 2). Der Regierungsentwurf einer VwPO[2] verzichtete unter Hinweis auf die Bestimmungen des DRiG auf eine eigenständige Regelung. Mit Art. 9 Nr. 4 Gesetz zur Entlastung der Rechtspflege vom 11.1.1993 (BGBl I 50) wurde § 18 gestrichen. Wie bereits im VwPO-Entwurf wurde zur Begründung auf die Regelungen der §§ 28 Abs. 2, 29 S. 1 DRiG verwiesen, die gerade auch im Blick auf die Einführung des fakultativen Einzelrichters (→ § 6 Rn. 5 ff.) als hinreichend angesehen wurden.[3] In der Folgezeit blieb § 18 mehr als 20 Jahre unbesetzt.

2   Mit Art. 7 Nr. 2 Asylverfahrensbeschleunigungsgesetz vom 20.10.2015 (BGBl I 1722), der nach seinem Art. 15 Abs. 1 am 24.10.2015 in Kraft getreten ist, erhielt § 18 seine aktuelle Fassung mit der Möglichkeit, Beamte auf Lebenszeit zu Richtern auf Zeit zu ernennen. Parallel wurde § 17 neu gefasst und mit dessen Nr. 3 die grundsätzliche Möglichkeit zum Einsatz von Richtern auf Zeit (nur) bei den Verwaltungsgerichten eröffnet (→ § 17 Rn. 1). In der Frühzeit der Bundesrepublik sah vor Inkrafttreten des DRiG § 19 Abs. 2 S. 1 ArbGG vom 3.9.1953 (BGBl I 1267) die Möglichkeit vor, auf Lebenszeit ernannte Beamte des Bundes oder des Landes zu Vorsitzenden auf Zeit bei den Kammern des ArbG zu ernennen (→ § 17 Rn. 2 m. Fn. 4). Von den Vorläuferregelungen der VwGO (→ § 1 Rn. 13 f.) ermöglichten in Bayern die §§ 4 Abs. 4, 11 Abs. 4 S. 2 des Gesetzes Nr. 39 über die Verwaltungsgerichtsbarkeit vom 25.9.1946 (GVBl Bay 281) aufgrund einer nach Inkrafttreten des GG erfolgten Änderung (GVBl Bay 1949, 258) die Bestellung von Ruhestandsbeamten als Richter beim VGH und beim VG für eine bestimmte Zeit, die zwei Jahre nicht unterschreiten durfte. Zur verfassungsrechtlichen Zulässigkeit des Richters auf Zeit → Rn. 10 ff.; → § 17 Rn. 6.

II. Zweck der Vorschrift

3   Ausgangspunkt war nach der Begründung des Gesetzesentwurfs[4] die Flüchtlingssituation, hinsichtlich derer absehbar sei, dass auf die Verwaltungsgerichtsbarkeit kurzfristig ein erhöhtes Aufkommen von Verfahren zukomme. Zur Abdeckung der Sonderbelastungen, die sich mit dem vorhandenen Personal nicht zeitnah bearbeiten ließen, andererseits voraussichtlich auch nicht so lange bestehen würden, dass zusätzlich Dauerkräfte angestellt werden könnten, böte es sich an, Beamte auf Lebenszeit mit der Befähigung zum Richteramt zu Richtern auf Zeit zu ernennen. Ähnliche Überlegungen waren bereits im Rahmen der Asyldiskussion des Jahres 1993 angestellt worden.[5] Wenngleich das erklärte gesetzgeberische Ziel für die Eröffnung der Möglichkeit zum Einsatz von Richtern auf Zeit in der Bewältigung der auf die Verwaltungsgerichte zukommenden Verwaltungsstreitverfahren aus dem Sachgebiet Asylrecht lag, ist § 18 nicht auf die Fälle flüchtlingsbedingt erhöhten Personalbedarfs beschränkt. Die Vorschrift weist vielmehr über den unmittelbaren Anlass ihrer Aufnahme in die VwGO hinaus.[6] Sie stellt auch keine Vorgaben in Bezug auf den konkreten Einsatz der Richter auf Zeit; dieser obliegt vielmehr dem Präsidium des VG im Rahmen der Geschäftsverteilung nach § 4 i.V.m. § 21 e GVG (→ § 4 Rn. 45 ff.).[7]

---

1 Vgl. VwGO vom 21.1.1960 (BGBl I 17).
2 BT-Drs. 9/1851 Anl. 1 S. 74.
3 Vgl. Begründung des Bundesratsentwurfs BT-Drs. 12/1217, 55; BR-Drs. 314/91 (Beschl.).
4 Gesetzentwurf der Fraktionen der CDU/CSU und SPD BT-Drs. 18/6185, 56; die dem Fraktionenentwurf vorangegangenen Referentenentwürfe der Bundesregierung zum Stand vom 19.9. und 21.9.2015 enthielten jeweils keine Änderungen der bisherigen §§ 17 und 18.
5 Vgl. *P. Stelkens*, NWVBl 1994, 258, 259 m. Fn. 23.
6 Vgl. *J. Kronisch*, DVBl 2016, 490, 491.
7 Vgl. auch *P. Wysk*, in: Wysk § 18 Rn. 3.

S. 1 bildet die bundesrechtliche Umsetzung der Vorgabe des § 11 DRiG, wonach eine Ernennung zum 4
Richter auf Zeit nur unter den durch Bundesgesetz bestimmten Voraussetzungen und nur für die bundesgesetzlich bestimmten Aufgaben zulässig ist. Die Vorschrift trägt zugleich dem Ausnahmecharakter
des Richters auf Zeit[8] Rechnung (→ § 15 Rn. 4). Zugleich wird der Einsatz von Zeitrichtern in S. 1
personell auf Beamte auf Lebenszeit mit der Befähigung zum Richteramt und in § 17 Nr. 3 funktional
auf das Verwaltungsgericht beschränkt (→ § 17 Rn. 3). Aus dem Kollegialspruchkörperprinzip (→ § 5
Rn. 4) i.V.m. § 28 Abs. 2 S. 2 DRiG folgt die weitere Beschränkung, dass der Präsident, der Vizepräsident und die Vorsitzenden Richter nicht zum Richter auf Zeit ernannt werden können (→ § 17 Rn. 7).
Inhaltlich bindet S. 1 die Ernennung von Richtern auf Zeit an das Erfordernis der Deckung eines nur
vorübergehenden Personalbedarfs. Mit seiner Ausgestaltung als Option ist § 18 S. 1 seinem Charakter
nach eine Ermächtigung an die Länder, von der diese im Rahmen der ihnen zustehenden Gerichtsorganisationshoheit Gebrauch machen können.

S. 2 ordnet die entsprechende Anwendung der für Richter kraft Auftrags geltenden Vorschriften des 5
§ 15 Abs. 1 S. 1 und 3 sowie Abs. 2 DRiG an. Inhaltlich werden damit *Folgeregelungen für das Beamtenverhältnis* getroffen. Entsprechend § 15 Abs. 1 S. 1 DRiG behält der Richter auf Zeit mithin sein
bisheriges Amt, für das allerdings nach § 15 Abs. 1 S. 3 DRiG während der Dauer des Richterverhältnisses die Rechte und Pflichten aus dem Beamtenverhältnis mit Ausnahme der Pflicht zur Amtsverschwiegenheit und des Verbots der Annahme von Geschenken ruhen. Die Vorschrift des § 15 Abs. 1
S. 2 DRiG ist in § 18 S. 2 von der entsprechenden Anwendung ausgenommen, weil Art. 74 Abs. 1
Nr. 27 GG von der Gesetzgebungskompetenz des Bundes für die Statusrechte der Beamten und Richter explizit die Besoldung und Versorgung ausnimmt.[9]

III. Ernennungsvoraussetzungen

1. Personelle Voraussetzungen. Bereits aus §§ 2 und 5 DRiG folgt, dass eine Ernennung zum Richter 6
auf Zeit die Befähigung zum Richteramt voraussetzt. Der in § 18 formulierten diesbezüglichen Anforderung kommt daher keine eigenständige Bedeutung zu. Nur Beamte auf Lebenszeit, nicht auch Beamte auf Zeit, können zu Zeitrichtern ernannt werden. Keine Rolle spielt, ob es sich um Bundes-,
Landes oder Kommunalbeamte handelt. Erfasst sind auch Beamte der bundesunmittelbaren oder der
Aufsicht des Landes unterliegenden Körperschaften, Anstalten und Stiftungen des öffentlichen Rechts,
nicht aber Kirchenbeamte. Zur Konstellation der Nichtigkeit oder der Rücknahme der beamtenrechtlichen Ernennung mit Wirkung für die Vergangenheit → Rn. 17.

2. Sachliche Voraussetzungen. Objektive Voraussetzung für die Ernennung von Richtern auf Zeit ist 7
das Vorliegen eines nur vorübergehenden Personalbedarfs. Ein solcher ist abzugrenzen gegenüber dem
regelmäßigen Personalbedarf, der sich aufgrund längerfristiger Beobachtung der Verfahrenseingänge
ergibt. Erforderlich ist eine Sonderbelastung, die prognostisch nicht von Dauer, sondern temporär
bleiben wird.[10] Sowohl die Sonderbelastung als auch der sich aus ihr ergebende nur vorübergehende
Personalbedarf müssen objektiv gegeben sein.[11] Aufgrund ihrer Gerichtsorganisationshoheit kommt
den Ländern allerdings ein Einschätzungsspielraum hinsichtlich der Prognose der die Sonderbelastung
bildenden (erwarteten oder bereits eingegangenen) Verfahren und auch hinsichtlich deren personalbedarfsbezogener Bewertung zu.[12] Maßstäbe sind letztlich der Justizgewährleistungsanspruch und das
Erfordernis eines (verwaltungsgerichtlichen) Rechtsschutzes innerhalb angemessener Frist (→ EVR
Rn. 312 f.).[13] Zu beziehen ist die Prognose auf das konkrete Gericht, für das erwogen wird, Richter
auf Zeit einzusetzen.[14] Die tatsächlichen Grundlagen für die Annahme einer Sonderbelastung und für
die Prognose ihrer zeitlichen Dauer müssen hinreichend dokumentiert sein, um überprüfen zu können,
ob die Voraussetzung des nur vorübergehenden Personalbedarfs und die Grenzen des Gerichtsorganisationsspielraums eingehalten sind.

---

8 Vgl. *P. Silberkuhl*, in: GKÖD Bd. 1 Teil 4 § 11 DRiG Rn. 2 f.
9 Vgl. BT-Drs. 18/6185, 57.
10 Vgl. *J. Kronisch*, DVBl 2016, 490, 491 f.; *N. Panzer*, in: Schoch/Schneider/Bier § 18 Rn. 9.
11 Vgl. auch *P. Wysk*, in: Wysk § 18 Rn. 2.
12 Vgl. *J. Kronisch*, DVBl 2016, 490, 491 f.; *P. Wysk*, in: Wysk § 18 Rn. 2.
13 Vgl. *P. Wysk*, in: Wysk § 18 Rn. 2.
14 Vgl. *P. Wysk*, in: Wysk § 18 Rn. 3.

8   In zeitlicher Hinsicht ist für die Prognose im Blick auf die festzulegende Amtsdauer (→ Rn. 10 ff.) die voraussichtliche Dauer der Sonderbelastung zu ermitteln. Ausgeschlossen ist es, frei werdende Planstellen für Lebenszeitrichter mit Richtern auf Zeit zu besetzen, wenn der regelmäßige Personalbedarf unverändert ist.[15] Ebenso ist der Einsatz von Zeitrichtern ausgeschlossen, wenn sich eine bereits eingetretene oder erwartete Verfahrenszunahme als prognostisch nicht temporär, sondern von Dauer erweist, etwa weil den VG dauerhaft weitere Zuständigkeiten übertragen wurden.[16] Als nicht mehr nur vorübergehend dürfte eine personalbedarfsrelevante Anhebung des Eingangsniveaus für mehr als ein Jahrzehnt anzusehen sein.[17]

9   Subjektive Voraussetzung ist die Absicht, Richter auf Zeit gerade zur Deckung des sich aus der Sonderbelastung ergebenden zusätzlichen Personalbedarfs einzusetzen. Nicht zulässig ist es daher, fiskalische Interessen zu verfolgen, die über die der Vorschrift des § 18 zugrundeliegende Zweckrichtung – Vermeidung der Einstellung von (künftigen) Lebenszeitrichtern jenseits des langfristigen Bedarfs – hinausgehen (→ Rn. 3). § 18 ist mithin kein Instrument zur Umsetzung selbst gesetzter oder vorgegebener kurzfristiger haushaltsbezogener Einsparziele.

10   **3. Dauer des Zeitrichterverhältnisses. a) Mindestamtszeit.** Die Ernennung hat mindestens für zwei Jahre zu erfolgen. Die Mindestamtszeit von zwei Jahren entspricht der Regelung in § 16 für den Nebenamtsrichter. Verfassungsrechtliche Bedenken[18] (→ § 17 Rn. 6) gegen diese Untergrenze sind unbegründet.[19] Zwar hat der Fortbestand eines hauptberuflichen Richteramtes für die wirtschaftliche Absicherung des Richters eine ungleich größere Bedeutung als ein Ehren- oder Nebenamt.[20] Indessen ist eine kurze Amtszeit im Blick auf die persönliche Unabhängigkeit (→ § 1 Rn. 85 ff.) unbedenklich, wenn der Richter anderweitig finanziell abgesichert ist.[21] Das ist für den Richter auf Zeit des § 18 im Blick auf sein für die Dauer des Richteramtes ruhend gestelltes Beamtenverhältnis auf Lebenszeit der Fall. Eine Ernennung für lediglich die Mindestamtszeit von zwei Jahren berührt dessen wirtschaftliche Absicherung nicht anders als bei einer längeren Amtszeit.[22] Soweit die Frage der Mindestamtszeit mit derjenigen nach der inneren Unabhängigkeit (→ § 1 Rn. 64 ff.) des Richters auf Zeit verknüpft wird,[23] ist zum einen auf die Vorschriften über Befangenheit und Ausschließung von Richtern[24] hinzuweisen. Zum anderen kennt die Praxis (auch) der Verwaltungsgerichtsbarkeit durchaus den Wechsel zwischen Richter- und Beamtenstatus und umgekehrt, ohne dass die grundsätzliche Frage nach der (inneren) Unabhängigkeit des Betroffenen aufgeworfen und damit die verfassungsrechtliche Berechtigung einer solchen Praxis ernsthaft in Zweifel gezogen worden wäre. Ferner ließen sich ähnliche Fragen nach der inneren Unabhängigkeit auch im Blick auf Abordnungen von Richtern in die Verwaltung, insbesondere in nicht lediglich (Justiz-)Ministerialverwaltungen, wie sie zum Teil bezogen auf dieselben Personen auch wiederholt und für mehrere Jahre stattfinden, stellen. Schließlich bestehen auch bezogen auf Art. 6 Abs. 1 EMRK keine durchgreifenden Bedenken gegen die zweijährige Mindestamtszeit.[25]

11   **b) Höchstdauer der Amtszeit.** Die maximale Amtszeit wird in S. 1 genauso wie in § 16 für den Nebenamtsrichter, mit der Anknüpfung „längstens jedoch für die Dauer des Hauptamts"[26] gesetzlich be-

---

15 Vgl. näher *J. Kronisch*, DVBl 2016, 490, 491 f.
16 Vgl. *J. Kronisch*, DVBl 2016, 490, 492; *ders.*, NJ 2017, 231, 232.
17 Vgl. *J. Kronisch*, DVBl 2016, 490, 492; auch *P. Wysk*, in: Wysk § 18 Rn. 2: 5–10 Jahre; *N. Panzer*, in: Schoch/Schneider/Bier § 18 Rn. 9: 5 Jahre noch temporär.
18 Vgl. *C. Maierhöfer*, NVwZ 2015, 1655, 1657.
19 Vgl. BVerfG 22.3.2018 – 2 BvR 780/16; *N. Panzer*, in: Schoch/Schneider/Bier § 18 Rn. 8; wohl auch *P. Wysk*, in: Wysk § 18 Rn. 4; vgl. auch die Begründung des Fraktionenentwurfs BT-Drs. 18/6185, 56.
20 Vgl. zu vom BVerfG für nicht zu kurz erachteten Amtszeiten für ehrenamtliche Richter und Richter in Berufsgerichten BVerfGE 14, 56, 71 (6 Jahre), BVerfGE 18, 241, 255; 26, 186, 199; 27, 312, 322 (4 Jahre) und BVerfGE 42, 206, 210 (3 Jahre).
21 Vgl. *J. Thomas*, Richterrecht, 1986, S. 29.
22 Vgl. *J. Kronisch*, DVBl 2016, 490, 493.
23 Vgl. *C. Maierhöfer*, NVwZ 2015, 1655, 1657; *J. Ruthig*, in: Kopp/Schenke § 18 Rn. 2, 4; s.a. *N. Panzer*, in: Schoch/Schneider/Bier § 18 Rn. 7; s.a. die Nachw. bei *J. Kronisch*, NJ 2017, 231, 233 m. Fn. 41, 43.
24 Vgl. *J. Kronisch*, DVBl 2016, 490, 493 m. Hinweis auf BVerfGE 26, 186, 198 in Fn. 53.
25 Vgl. *N. Panzer*, in: Schoch/Schneider/Bier § 18 Rn. 8 m.w.N.; *J. Kronisch*, NJ 2017, 231, 234 m. Fn. 49.
26 Zur missglückten Terminologie *C. Maierhöfer*, NVwZ 2015, 1655, 1657; *J. Kronisch*, DVBl 2016, 490, 492 m. Fn. 35.

stimmt. Weitergehende Anforderungen an die gesetzliche Regelung sind nicht erforderlich.[27] Allerdings muss nach § 17 Abs. 3 S. 2 DRiG die Dauer der Amtszeit in der Ernennungsurkunde (→ Rn. 15) festgelegt sein.[28] Im Einzelfall kann dadurch die tatsächliche Amtszeit die Mindestamtszeit von zwei Jahren unterschreiten. Ausgeschlossen ist indes, einen Richter auf Zeit zu ernennen, dessen Beamtenverhältnis wegen Erreichens der Altersgrenze vor Ablauf der Mindestamtszeit des § 18 endet.[29]

Die Anknüpfung an die Dauer des Hauptamts („längstens") ist im Blick auf Art. 97 Abs. 2 S. 1 GG 12 ohne Weiteres unbedenklich,[30] soweit die Beendigung des Beamtenverhältnisses nicht durch Verwaltungsentscheidung herbeigeführt werden kann, sondern eine richterliche Entscheidung verlangt.[31] Das ist beim Verlust der Beamtenrechte im Falle strafgerichtlicher Verurteilung (§§ 21 Nr. 2, 24 BeamtStG)[32] oder der Entfernung aus dem Dienstverhältnis auf Disziplinarklage (§§ 21 Nr. 3, 47 Abs. 3 BeamtStG) der Fall. Hier regeln überdies die Landesrichtergesetze in unterschiedlicher Weise, nach welchen disziplinarrechtlichen Vorschriften – denjenigen für Richter oder denjenigen für Beamte – sich das Disziplinarverfahren richtet, wenn ein Richter zugleich Beamter ist.[33] Steht die Beendigung des Beamtenverhältnisses durch bloßen Bescheid in Rede, kommen jedenfalls Modelle einer verfassungskonformen Auslegung in Betracht.[34]

c) Verlängerung der Amtszeit und Wiederernennung. § 18 trifft keine Aussage dazu, ob die zunächst 13 festgesetzte Amtszeit des Zeitrichters verlängert werden kann.[35] Auch nicht ausdrücklich normiert ist, ob nach Ablauf der Amtszeit eine Wiederernennung erfolgen darf.[36] Die Verlängerung der festgesetzten Amtszeit widerspricht dem Charakter des Zeitrichteramts als planmäßig endgültiger Anstellung i.S.v. Art 97 Abs. 2 S. 1 GG. Ließe man sie zu, fehlte es dem Zeitrichter gerade an der von Art. 97 Abs. 2 S. 1 GG geforderten persönlichen Unabhängigkeit, weil die Amtszeit aufgrund der Möglichkeit ihrer Verlängerung gerade nicht von vornherein feststünde. Die Verlängerung ist von daher bereits rechtlich ausgeschlossen. Zudem ist in tatsächlicher Hinsicht eine Verlängerung ebenso wie eine Wiederernennung regelmäßig nicht erforderlich, wenn die Dauer der Sonderbelastung realistisch prognostiziert worden war.

Erweist sich die Prognose als zeitlich zu kurz ausgefallen, sodass die Sonderbelastung fortbesteht, ist 14 die erneute Berufung von Richtern auf Zeit nicht von vorherein ausgeschlossen. Das kann im Einzelfall auch zur Wiederernennung eines bisherigen Richters auf Zeit führen.[37] Erforderlich ist in diesem Fall eine erneute Prüfung, ob ein nur vorübergehender Personalbedarf (weiterhin) gegeben ist, wobei die seit dem Beginn des erstmaligen Einsatzes von Richtern auf Zeit verstrichene Zeit bei der Abgrenzung zum regelmäßigen Personalbedarf einzubeziehen ist.[38] Nach dem jeweiligen Landesrichtergesetz i.V.m. dem Landesbeamtenrecht[39] bestimmt sich, ob in Anwendung des Bestenausleseprinzips des Art. 33 Abs. 2 GG eine (erneute) Ausschreibung der Zeitrichterstellen vorzunehmen ist. Geht in diesem Fall der Bewerberkreis über die bisherigen Zeitrichter hinaus, ist ggf. zu klären, ob bei den „amtierenden" Richtern auf Zeit ein Bewährungsvorsprung gegeben und anzuerkennen ist. Zu den Anforderungen an die Ernennungsurkunde bei Wiederernennung → Rn. 15.

4. Ernennungsurkunde. Gem. § 17 Abs. 3 S. 1 DRiG müssen in der Ernennungsurkunde die Worte 15 „unter Berufung in das Richterverhältnis auf Zeit" enthalten sein. Zudem ist nach § 17 Abs. 3 S. 2 DRiG zwingend die Zeitdauer der Berufung in der Urkunde anzugeben. Fehlt es an diesen Vorausset-

---

27 Vgl. *J. Kronisch*, DVBl 2016, 490, 493.
28 Vgl. *N. Panzer*, in: Schoch/Schneider/Bier § 18 Rn. 7; *P. Wysk*, in: Wysk § 18 Rn. 4.
29 Vgl. *J. Kronisch*, DVBl 2016, 490, 493 m. Fn. 57; so auch *P. Wysk*, in: Wysk § 18 Rn. 4.
30 A.M. *C. Maierhöfer*, NVwZ 2015, 1655, 1657.
31 Vgl. *J. Kronisch*, DVBl 2016, 490, 492; undiff. *N. Panzer*, in: Schoch/Schneider/Bier § 18 Rn. 8.
32 Vgl. auch BVerfGE 14, 56, 71.
33 Vgl. *J. Kronisch*, NJW 2016, 1623, 1625 m.w.N.
34 Dazu *J. Kronisch*, DVBl 2016, 490, 492 ff.; *ders.*, NJW 2016, 1623; ferner *P. Wysk*, in: Wysk § 18 Rn. 4, der die Formulierung „längstens jedoch für Dauer seines Hauptamts" allein auf die Ernennung bezieht; ebenso *N. Panzer*, in: Schoch/Schneider/Bier § 18 Rn. 9; dagegen BVerfG 22.3.2018 – 2 BvR 780/16.
35 Davon geht offenbar aus *J. Ruthig*, in: Kopp/Schenke § 18 Rn. 4.
36 Vgl. *C. Maierhöfer* NVwZ 2015, 1655, 1657; *C. D. Classen*, in: von Mangold/Klein Starck Art. 97 Abs. 2 Rn. 36 m. Fn. 6 verlangt, dass das „Instrument regelmäßig nicht wiederholt genutzt" wird.
37 So auch *P. Wysk*, in: Wysk § 18 Rn. 4; a.A. BVerfG 22.3.2018 – 2 BvR 780/16.
38 *J. Kronisch*, NJ 2017, 231, 233.
39 Vgl. z.B. für Mecklenburg-Vorpommern § 3 RiG M-V i.V.m. § 9 Abs. 1 LBG MV.

zungen, handelt es sich grundsätzlich um eine Nichternennung.[40] Die Verleihung des abstrakten Richteramts durch Ernennung zum Richter am Verwaltungsgericht setzt haushaltsrechtlich – wie auch sonst – das Vorhandensein einer besetzbaren Richterplanstelle voraus. Gem. § 27 Abs. 1 DRiG ist, wie beim Lebenszeitrichter, auch dem Richter auf Zeit zudem ein konkretes Richteramt bei einem bestimmten Verwaltungsgericht zu übertragen. Kommt eine Wiederernennung in Betracht (→ Rn. 13 f.), gilt nichts anderes. Auch in diesem Fall bedarf es der erneuten Berufung in das Richterverhältnis auf Zeit, weil das bisherige Richterverhältnis mit dem Ablauf der für dieses festgesetzten Zeit (endgültig) beendet ist. Weiterhin ist auch die (erneute) Übertragung eines konkreten Richteramts bei einem bestimmten, nicht notwendig demselben Verwaltungsgericht erforderlich.[41]

IV. Rechtsstellung

16   Der Richter auf Zeit behält aufgrund der in S. 2 angeordneten entsprechenden Anwendung der für den Richter kraft Auftrags geltenden Bestimmungen des § 15 Abs. 1 S. 1 und 3 sowie des Abs. 2 DRiG sein bisheriges Amt als Beamter, das indessen zur Wahrung der dem Gewaltenteilungsgrundsatz (vgl. Art. 20 Abs. 2 S. 2, 92 GG) entspringenden Inkompatibilitätsregelung in § 4 Abs. 1 DRiG ruhend gestellt ist (→ Rn. 5). Seine Besoldung richtet sich nach Landesrecht.[42] Anders als beim Auftragsrichter, dessen Besoldung und Versorgung sich gem. § 15 Abs. 1 S. 2 nach dem Amt als Beamter richten, hat für den Richter auf Zeit eine Besoldung aus der Besoldungsgruppe R 1 zu erfolgen, wenn keine andere Regelung getroffen wird. Zur Dienstbezeichnung und zu weiteren Fragen des Einsatzes von Richtern auf Zeit → § 17 Rn. 7. Entfällt die Voraussetzung des nur vorübergehenden Personalbedarfs (→ Rn. 7) vor Ablauf der festgesetzten Amtszeit, ist keine vorzeitige Beendigung des Zeitrichterverhältnisses möglich.[43]

17   Die vorzeitige Entlassung aus dem Richterverhältnis bestimmt sich allein nach § 21 DRiG.[44] Ebenso bestimmen sich die Nichtigkeit der Ernennung zum Richter auf Zeit und die Rücknahme der Ernennung nach dem DRiG (§§ 18, 19). Wie jeder andere Berufsrichter auch unterliegt auch der Richter auf Zeit der Richteranklage nach Art. 98 Abs. 5 GG i.V.m. dem jeweiligen Landesverfassungsrecht.[45] Zur Konstellation der (vorzeitigen) Beendigung des Beamtenverhältnisses → Rn. 12. Erweist sich die Ernennung zum Beamten auf Lebenszeit als nichtig (§ 11 BeamtStG) oder wird die Ernennung mit Wirkung für die Vergangenheit zurückgenommen (§ 12 BeamtStG), fehlt es zwar (rückwirkend) an einer persönlichen Voraussetzung (→ Rn. 6) für die Ernennung zum Richter auf Zeit. Gleichwohl kann die damit verbundene (ebenfalls auf den Ernennungszeitpunkt zurückwirkende) Beendigung auch des Richterverhältnisses auf Zeit gem. § 18 Abs. 3 DRiG bzw. § 19 Abs. 3 2. Alt. i.V.m. § 18 Abs. 3 DRiG analog dem Betreffenden gegenüber nur nach rechtskräftiger gerichtlicher Feststellung geltend gemacht werden. Nichtrichterliche Amtshandlungen, die bis dahin vorgenommen wurden, bleiben gültig.[46] Allerdings war ein Gericht, an dessen Entscheidungen ein Nicht-Richter mitgewirkt hat, nicht ordnungsgemäß besetzt i.S.v. Art. 101 Abs. 1 S. 2 GG. Das stellt einen absoluten Revisionsgrund (§ 138 Abs. 1 Nr. 1) dar. In Bezug auf bereits rechtskräftige Entscheidungen kann gem. § 153 VwGO i.V.m. § 579 Abs. 1 Nr. 1 ZPO grundsätzlich (vgl. aber § 153 Abs. 2 ZPO) die Mitwirkung eines Nicht-Richters im Wege der Nichtigkeitsklage geltend gemacht werden.[47]

40   Vgl. *Schmidt-Räntsch* § 17 Rn. 16.
41   *J. Kronisch*, NJ 2017, 231, 233.
42   Vgl. auch BT-Drs. 18/6185, 57.
43   Vgl. *N. Panzer*, in: Schoch/Schneider/Bier § 18 Rn. 10; *P. Wysk*, in: Wysk § 18 Rn. 4.
44   *N. Panzer*, in: Schoch/Schneider/Bier § 18 Rn. 10.
45   Dazu z.B. *J. Kronisch*, in: Classen/Litten/Wallerath, Verfassung des Landes Mecklenburg-Vorpommern, ²2015, Art. 77 Rn. 1 ff.
46   Vgl. z.B. für Mecklenburg-Vorpommern § 3 RiG M-V i.V.m. §§ 10 Abs. 3 S. 1, 11, Abs. 2 LBG MV.
47   Vgl. *B. J. Scholz*, in: Beck'sches Richterhandbuch, ³2012, S. 1001 ff., Rn. 24 f.

3. Abschnitt
Ehrenamtliche Richter

§ 19 [Aufgaben]

Der ehrenamtliche Richter wirkt bei der mündlichen Verhandlung und der Urteilsfindung mit gleichen Rechten wie der Richter mit.

§ 44 DRiG Bestellung und Abberufung des ehrenamtlichen Richters

(1) Ehrenamtliche Richter dürfen bei einem Gericht nur auf Grund eines Gesetzes und unter den gesetzlich bestimmten Voraussetzungen tätig werden.
(1 a) In den Verfahren zur Wahl, Ernennung oder Berufung ehrenamtlicher Richter sollen Frauen und Männer angemessen berücksichtigt werden.
(2) Ein ehrenamtlicher Richter kann vor Ablauf seiner Amtszeit nur unter den gesetzlich bestimmten Voraussetzungen und gegen seinen Willen nur durch Entscheidung eines Gerichts abberufen werden.

§ 45 DRiG Unabhängigkeit und besondere Pflichten des ehrenamtlichen Richters

(1) Der ehrenamtliche Richter ist in gleichem Maße wie ein Berufsrichter unabhängig. Er hat das Beratungsgeheimnis zu wahren (§ 43).
(1 a) Niemand darf in der Übernahme oder Ausübung des Amtes als ehrenamtlicher Richter beschränkt oder wegen der Übernahme oder Ausübung des Amtes benachteiligt werden. Ehrenamtliche Richter sind für die Zeit ihrer Amtstätigkeit von ihrem Arbeitgeber von der Arbeitsleistung freizustellen. Die Kündigung eines Arbeitsverhältnisses wegen der Übernahme oder der Ausübung des Amtes ist unzulässig. Weitergehende landesrechtliche Regelungen bleiben unberührt.
(2) Der ehrenamtliche Richter ist vor seiner ersten Dienstleistung in öffentlicher Sitzung des Gerichts durch den Vorsitzenden zu vereidigen. Die Vereidigung gilt für die Dauer des Amtes, bei erneuter Bestellung auch für die sich unmittelbar anschließende Amtszeit. Der Schwörende soll bei der Eidesleistung die rechte Hand erheben.
(3) Der ehrenamtliche Richter leistet den Eid, indem er die Worte spricht:
„Ich schwöre, die Pflichten eines ehrenamtlichen Richters getreu dem Grundgesetz für die Bundesrepublik Deutschland und getreu dem Gesetz zu erfüllen, nach bestem Wissen und Gewissen ohne Ansehen der Person zu urteilen und nur der Wahrheit und Gerechtigkeit zu dienen, so wahr mir Gott helfe.“
Der Eid kann ohne die Worte „so wahr mir Gott helfe“ geleistet werden.
Hierüber ist der Schwörende vor der Eidesleistung durch den Vorsitzenden zu belehren.
(4) Gibt ein ehrenamtlicher Richter an, dass er aus Glaubens- oder Gewissensgründen keinen Eid leisten wolle, so spricht er die Worte:
„Ich gelobe, die Pflichten eines ehrenamtlichen Richters getreu dem Grundgesetz für die Bundesrepublik Deutschland und getreu dem Gesetz zu erfüllen, nach bestem Wissen und Gewissen ohne Ansehen der Person zu urteilen und nur der Wahrheit und Gerechtigkeit zu dienen.“
Das Gelöbnis steht dem Eid gleich.
(5) Gibt ein ehrenamtlicher Richter an, dass er als Mitglied einer Religions- oder Bekenntnisgemeinschaft eine Beteuerungsformel dieser Gemeinschaft verwenden wolle, so kann er diese dem Eid oder dem Gelöbnis anfügen.
(6) Die ehrenamtlichen Richter in der Finanzgerichtsbarkeit leisten den Eid dahin, die Pflichten eines ehrenamtlichen Richters getreu dem Grundgesetz für die Bundesrepublik Deutschland und getreu dem Gesetz zu erfüllen, das Steuergeheimnis zu wahren, nach bestem Wissen und Gewissen ohne Ansehen der Person zu urteilen und nur der Wahrheit und Gerechtigkeit zu dienen.
Dies gilt für das Gelöbnis entsprechend.
(7) Für ehrenamtliche Richter bei den Gerichten der Länder können der Eid und das Gelöbnis eine zusätzliche Verpflichtung auf die Landesverfassung enthalten.
(8) Über die Verpflichtung des ehrenamtlichen Richters auf sein Amt wird ein Protokoll aufgenommen.

(9) Im übrigen bestimmen sich die Rechte und Pflichten der ehrenamtlichen Richter nach den für die einzelnen Gerichtszweige geltenden Vorschriften.

§ 45 a DRiG Bezeichnungen der ehrenamtlichen Richter

Die ehrenamtlichen Richter in der Strafgerichtsbarkeit führen die Bezeichnung „Schöffe", die ehrenamtlichen Richter bei den Kammern für Handelssachen die Bezeichnung „Handelsrichter" und die anderen ehrenamtlichen Richter die Bezeichnung „ehrenamtlicher Richter".

Schrifttum

1. Monographien und Beiträge in Sammelwerken: *F. Baur*, Laienrichter – heute?, in: Tübinger FS für Eduard Kern, 1968, 49; *M. Cappelletti*, Laienrichter – heute?, in: FS für Fritz Baur, 1981, 313; *R. Großmann*, Mitwirkung ehrenamtlicher Richterinnen und Richter in der Sozialgerichtsbarkeit, in: 60 Jahre Sozialgerichtsbarkeit Niedersachsen und Bremen, 2014, 95; *C. Hohmann-Dennhardt*, Der verfassungsrechtliche Rahmen der Beteiligung ehrenamtlicher Richterinnen und Richter an der Rechtsprechung, in: Richter ohne Robe, 2002, 42; *G. Ide*, Die Stellung der ehrenamtlichen Richter, in: Die Arbeitsgerichtsbarkeit. FS zum 100jährigen Bestehen des Deutschen Arbeitsgerichtsverbandes, 1994, 253; *E. Klausa*, Ehrenamtliche Richter, 1972; *J. Kohl*, Berufung, Rechte und Pflichten ehrenamtlicher Richter, in: Im Namen des Volkes, Ev. Akademie Bad Boll Materialien 2/98, 19; *H. Lemke-Küch*, Der Laienrichter – überlebtes Symbol oder Garant der Wahrheitsfindung?, 2014; *K. Liekefett*, Die ehrenamtlichen Richter an den deutschen Gerichten, 1965; *L. Ostheimer/D. Wiegand/R. Hohmann*, Der ehrenamtliche Richter beim Arbeits- und Sozialgericht, [8]1991; *H. Peters*, Zur geschichtlichen Entwicklung des Richterlaientums, in: Zehn Jahre Verwaltungsgerichtsordnung, 1970, 270; *Ch. Rennig*, Die Entscheidungsfindung durch Schöffen und Berufsrichter in rechtlicher und psychologischer Sicht, 1993; *G. Schiffmann*, Die Bedeutung der ehrenamtlichen Richter bei Gerichten der allgemeinen Verwaltungsgerichtsbarkeit, 1974; *H. Schnellenbach*, Das Spruchkörperprinzip in der Verwaltungsgerichtsbarkeit, in: FS Menger, 1985, 341; *M. Wolmerath*, Typologie der ehrenamtlichen Richterinnen und Richter, die mit besonderer Sachkunde an der Rechtsprechung teilnehmen, in: Richter ohne Robe, 2002, 68.

2. Beiträge in Zeitschriften: *B. Atzler*, Das Recht des ehrenamtlichen Richters, die Verfahrensakten einzusehen, DRiZ 1991, 207; *Baring*, Die politische Selbstverwaltung und die Verwaltungsgerichtsbarkeit, DVBl 1955, 685, 721; *M. Borchmann*, Nochmals: Das Laienrichtertum – Demokratiegebot oder Anachronismus, VR 1981, 382; *P. Czapski*, Das Informationsbedürfnis ehrenamtlicher Richter in Disziplinarverfahren, ZBR 1989, 200; *L. Gehrmann*, Der demokratische Auftrag des ehrenamtlichen Richters und sein Informationsbedürfnis, DRiZ 1988, 126; *R. Hauber/R. Altrath*, Das Laienrichtertum – Demokratiegebot oder Anachronismus, VR 1981, 226; *F. Haueisen*, Die ehrenamtlichen Richter in der Verwaltungsgerichtsbarkeit, DÖV 1962, 161; *M. Husmann*, Die ungenügende Mitwirkung ehrenamtlicher Richter an Entscheidungen im sozialgerichtlichen Verfahren, ZSR 1983, 735; *R. Kühne*, Die Zusammenarbeit zwischen Berufsrichtern und ehrenamtlichen Richtern, DRiZ 1975, 390; *R. Künzl*, Die Beteiligung ehrenamtlicher Richter am arbeitsgerichtlichen Verfahren, ZZP 104 (1991), 150; *D. Presting*, Laienrichter in der Verwaltungsgerichtsbarkeit?, DÖV 1975, 155; *H. Reim*, Fachkenntnisse der ehrenamtlichen Richter – Überforderung bei der Entscheidungsfindung, DRiZ 1992, 139; *J. Rüggeberg*, Zur Funktion der ehrenamtlichen Richter in den öffentlich-rechtlichen Gerichtsbarkeiten, VerwArch 61 (1970), 189; *J. Schmidt-Räntsch*, Das neue Benachteiligungsverbot für ehrenamtliche Richter, NVwZ 2005, 166; *T. Sommer*, Ehrenamtliche Richter und Unabhängigkeit der Gerichte, DRiZ 1992, 135.

I. Entstehungsgeschichte

1   Die Entstehungsgeschichte des § 19 reicht weit zurück in die Diskussion um die Einführung einer Verwaltungsgerichtsbarkeit in der Epoche des Konstitutionalismus. In zahlreichen deutschen Ländern wurde die Beteiligung von Laienrichtern an der Verwaltungsgerichtsbarkeit bis spätestens zum Ende der Weimarer Republik verwirklicht.[1] Nach Entstehen der Bundesrepublik Deutschland wurde an diese Tradition ganz überwiegend angeknüpft.[2] Obgleich sich zwischenzeitlich Stimmen erhoben hatten, die das Laienrichtertum in der Verwaltungsgerichtsbarkeit als überlebte Institution kennzeichneten,[3] stand im Regierungsentwurf einer VwGO die Tradierung des laienrichterlichen Elements als „in der Praxis bewährt" außer Frage (BT-Drs. 3/55, 27). Geändert worden ist der § 19 lediglich durch Art. V des Gesetzes zur Änderung der Bezeichnungen der Richter und ehrenamtlichen Richter und der Präsidialverfassung der Gerichte vom 26.5.1972 (BGBl I 841), welcher den Begriff des ehrenamtlichen Verwaltungsrichters durch den des ehrenamtlichen Richters ersetzte.

II. Zweck der Vorschrift

2   Der Zweck der Vorschrift besteht ausweislich der Gesetzesberatungen in der Betonung der Rechtsgleichheit der ehrenamtlichen Richter mit den Berufsrichtern (Begründung des Regierungsentwurfs einer VwGO, BT-Drs. 3/55, 29). Damit ist gegenüber Versuchen zur Zurückdrängung einer laienrich-

---

1   Dazu *H. Peters*, Zehn Jahre Verwaltungsgerichtsordnung, 1970, 270; *G. Schiffmann*, Bedeutung, 1974, 10 ff.
2   *H. Peters*, Zehn Jahre Verwaltungsgerichtsordnung, 1970, 270, 273 f.; *G. Schiffmann*, Bedeutung, 1974, 73 f.
3   *Baring*, DVBl 1955, 685, 688 ff.

terlichen Beteiligung unmissverständlich klargestellt, dass die ehrenamtlichen Richter i.R. ihrer Mitwirkungsbefugnisse (→ Rn. 14 ff.) keine Richter zweiter Klasse sind. Die Kritik an der Hinzuziehung von juristischen Laien zur Verwaltungsrechtsprechung ist so alt wie das Amt des Laienrichters selbst. Sie formuliert sich vornehmlich in zwei Argumentationssträngen: Zentrale Bedeutung kommt dabei dem der Einbeziehung von ehrenamtlichen Richtern gemachten Vorwurf des Anachronismus zu. Die Motive, die in der konstitutionellen Umbruchssituation des 19. Jahrhunderts zum Rückgriff auf Laien in der Rspr. geführt haben, seien unter den Bedingungen des modernen Rechtsstaates nicht mehr tragfähig. Institutionalisierung gesellschaftlicher Gegenmacht in der Judikative, Stärkung des Vertrauens der Bevölkerung in die Richtigkeit des Richterspruchs und staatsbürgerliche Erziehung durch Partizipation seien keine aus der sozialen Wirklichkeit eines aufgeklärten, gewaltenteiligen Rechtsstaats fließenden Forderungen.[4] Hieraus wird gefolgert, dass die Institution des ehrenamtlichen Richters vor der Notwendigkeit einer Legitimation ihrer Existenz stehe.[5] In Anbetracht der zahlreichen deutlichen Nachteile der Laienrichterbeteiligung könne diese Legitimation nicht gelingen. Von einer demokratisch intendierten Repräsentation des Volkes durch die Laienrichter könne nicht gesprochen werden, weil die ehrenamtlichen Richter zum einen nicht vom Volk gewählt und zum anderen von diesem nicht als seine Repräsentanten anerkannt würden.[6]

Jedenfalls bei den Gerichten der allgemeinen Verwaltungsgerichtsbarkeit verfügten sie über keine besondere Sachkunde und außerjuristische Lebensnähe hinsichtlich der zur Entscheidung stehenden Sachverhalte.[7] Vielmehr seien die Laienrichter mit der Aufnahme und Verarbeitung komplexer Sachverhaltsinformationen regelmäßig überfordert.[8] In gesteigertem Maße gelte dies für die Ebene der Rechtsanwendung. Auch eine Rechtsbelehrung durch den Berufsrichter setze den ehrenamtlichen Richter allenfalls in den Stand, die Rechtsüberzeugung des Berufsrichters übernehmen zu können, ermögliche ihm aber nicht die Bildung einer eigenen Meinung.[9] Die Folge sei eine primär emotional unterlegte Entscheidung des Laienrichters, die zur Rechtsgewissheit nichts beizutragen vermöge.[10] Gleichwohl werde die berufsrichterliche Arbeit durch die Koordinationsnotwendigkeiten belastet. Die Hinzuziehung ehrenamtlicher Richter wirke also als verfahrenverlängerndes Hemmnis, das überdies beträchtliche Kosten verursache.[11]

Eine nicht unbedeutende Rolle in der Argumentation der Kritiker einer Laienrichterbeteiligung spielt der Hinweis auf empirisch abgesicherte Erfahrungen und Untersuchungen.[12] Die Analyse dieser Untersuchungen ergibt jedoch ein zumindest heterogenes, überwiegend sogar anderes Bild. Das vorhandene – allerdings überwiegend veraltete – Material lässt deutlich die Tendenz erkennen, dass die Mehrheit der Verwaltungsrichter die Mitwirkung ehrenamtlicher Richter für begrüßenswert hält.[13] Auffallend dabei ist, dass mit steigendem Lebensalter und zunehmender Dauer der Tätigkeit als Verwaltungsrichter der Anteil der Befürworter der Laienrichterbeteiligung deutlich ansteigt.[14] Offenbar ermöglicht eine gestiegene persönliche und professionelle Souveränität eine tiefere Einsicht in die Vorteile des Diskurses mit dem juristischen Laien. Entsprechend ist ein Beitrag der ehrenamtlichen Richter zur Entscheidungsfindung durchaus messbar.[15] Als Ergebnis des rechtstatsächlichen Befundes ist übereinstimmend festgehalten worden, dass die wesentliche Wirkung der Beteiligung ehrenamtlicher Richter in der Plausibilitätskontrolle berufsrichterlicher Entscheidung besteht.[16]

---

4 *Axel Görlitz*, Verwaltungsgerichtsbarkeit in Deutschland, 1970, 306; *R. Haubert/R. Altrath*, VR 1981, 226, 227 f.
5 *R. Hauber/R. Altrath*, VR 1981, 226, 228.
6 *F. Baur*, FS Kern, 1968, 49, 50 ff.; *R. Hauber/R. Altrath*, VR 1981, 226, 227.
7 *F. Baur*, FS Kern, 1968, 49, 55 ff.; *D. Presting*, DÖV 1975, 155, 157.
8 *F. Baur*, FS Kern, 1968, 49, 62 f.
9 *F. Baur*, FS Kern, 1968, 49, 60 ff.; *R. Hauber/R. Altrath*, VR 1981, 226, 229; *D. Presting*, DÖV 1975, 155, 157.
10 *E. Eyermann*, FG Maunz, 1971, 55; *R. Hauber/R. Altrath*, VR 1981, 226, 229.
11 *F. Baur*, FS Kern, 1968, 49, 63 f.; *D. Presting*, DÖV 1975, 155, 156; *J. Schmidt*, VBlBW 2000, 53, 55.
12 Vgl. nur *D. Presting*, DÖV 1975, 155, 157.
13 *E. Klausa*, Ehrenamtliche Richter, 1972, 96; *G. Schiffmann*, Bedeutung, 1974, 108.
14 *G. Schiffmann*, Bedeutung, 1974, 108.
15 *E. Klausa*, Ehrenamtliche Richter, 1972, 108; *G. Schiffmann*, Bedeutung, 1974, 222.
16 *E. Klausa*, Ehrenamtliche Richter, 1972, 110; *G. Schiffmann*, Bedeutung, 1974, 223.

5   Dieses Resultat wird als Bestätigung der Auffassung gewertet, dass in eben jener Plausibilitätskontrolle das legitimatorische Moment für die Institution des ehrenamtlichen Richters liegen soll.[17] Hiergegen ist nicht ohne Berechtigung eingewandt worden, dass ein solches Verständnis des Amtes des ehrenamtlichen Richters diesen auf eine reine Hilfs- und Korrekturfunktion reduziert.[18] Eine derartige Reduktion ist mit dem Gleichwertigkeitsgebot des § 19 nicht vereinbar. Allerdings bedeutet „Gleichwertigkeit" nicht auch notwendig „Gleichgewichtigkeit" bzgl. des Einflusses auf die Entscheidungsfindung. Auszugehen ist von der dem § 19 zugrunde liegenden Wertung, dass auch die ehrenamtlichen Richter einen originären Beitrag zur Rechtsfindung zu leisten haben. Anders als bei der Mitwirkung ehrenamtlicher Richter in anderen Gerichtsbarkeiten kann dieser Beitrag in der allgemeinen Verwaltungsgerichtsbarkeit nicht in der Einbringung eines spezifischen Sachverstandes oder der Betroffenenmitwirkung bestehen.[19] Erschließen lässt sich die Funktion der Beteiligung der ehrenamtlichen Richter nur aus einer systematischen Analyse ihrer gesetzlich vorgesehenen Mitwirkungsmöglichkeiten.

6   Die Grundvorschrift des § 19 weist dem ehrenamtlichen Richter die Mitwirkung nur bei der mündlichen Verhandlung und der Urteilsfindung zu. Bei Beschlüssen außerhalb der mündlichen Verhandlung und bei Gerichtsbescheiden nach § 84 hingegen wirken die ehrenamtlichen Richter gem. § 5 Abs. 3 S. 2 nicht mit. Daraus ergibt sich zum einen nichts anderes als aus § 19: Die Beteiligung der ehrenamtlichen Richter beschränkt sich auf die mündliche Verhandlung. Umgekehrt geht die VwGO davon aus, dass bei Durchführung einer mündlichen Verhandlung die Mitwirkung der ehrenamtlichen Richter notwendig ist. Allerdings werden diese Grundsätze in zweifacher Richtung durchbrochen. Einerseits ist die Durchführung einer mündlichen Verhandlung auch ohne Beteiligung der ehrenamtlichen Richter möglich. Dies ist der Fall bei der Übertragung des Rechtsstreits auf den Einzelrichter nach § 6 und der konsentierten Einzelrichterentscheidung nach § 87a Abs. 2. Andererseits wirken die ehrenamtlichen Richter auch dann bei der Urteilsfindung mit, wenn die Entscheidung nach § 101 Abs. 2 ohne mündliche Verhandlung ergeht. In diesem Fall muss jedoch für die ehrenamtlichen Richter die mündliche Verhandlung insoweit ersetzt werden, als der Berichterstatter oder der Vorsitzende einen Sachbericht i.S.d. § 103 Abs. 2 vorträgt.[20] Diese gleichsam simulierte mündliche Verhandlung macht deutlich, dass der besondere Beitrag des Laienrichters nicht in der Präsentation eines wohlerwogenen schriftlichen Votums, sondern der mündlichen Spontanäußerung besteht.

7   Die nach §§ 6, 87a Abs. 2 zulässigen Ausnahmen von dem durch §§ 5 Abs. 3 S. 1, 19 festgeschriebenen Grundsatz der Mitwirkung der ehrenamtlichen Richter bei der mündlichen Verhandlung erlauben Gericht und/oder Beteiligten, auf die spezifische Wirkung des Beitrags der ehrenamtlichen Richter zu verzichten. Aus Sicht der Beteiligten ist dieser Verzicht nach § 87a Abs. 2 an keine weiteren Voraussetzungen geknüpft. Anders ist die Situation, wenn das Gericht die Mitwirkung der ehrenamtlichen Richter ausschließen will. Dies ist nach §§ 6 Abs. 1, 84 Abs. 1 nur dann möglich, wenn die Sache keine besonderen Schwierigkeiten tatsächlicher oder rechtlicher Art aufweist. Positiv formuliert ist die Mitwirkung des ehrenamtlichen Richters dann unabdingbar, wenn die Sache einen besonderen Schwierigkeitsgrad erreicht. Daraus kann nur gefolgert werden, dass das Gesetz nicht von einem Beitrag des ehrenamtlichen Richters zur Entscheidungsfindung ausgeht, der bzgl. des Gehalts an richterlicher Erfahrung in der Sachverhaltsdurchdringung und der spezifischen juristischen Fähigkeiten dem der Berufsrichter gleichgewichtig ist. Das besondere Können des Berufsrichters ist also nicht der Maßstab dessen, was von dem ehrenamtlichen Richter erwartet wird. Der Laienrichter soll auch als Richter Laie bleiben und nicht zum juristisch Halbgebildeten mutieren. Sein Auftrag besteht darin, unbelastet von der Technizität des Rechts einen nach seiner Sicht sachgerechten Entscheidungsvorschlag zu formulieren. Legitimatorisches Motiv für die Beteiligung von ehrenamtlichen Richtern ist deshalb die Fruchtbarmachung der nichtjuristischen Wertung, des berühmt-berüchtigten „gesunden Menschenver-

---

17   Vgl. OVG Münster OVGE 41, 250, 255; *H. Reim*, DRiZ 1992, 139, 141; *J. Rüggeberg*, VerwArch 61 (1970), 189, 212; *H. Schnellenbach*, FS Menger, 1985, 341, 354 f.; *S. Sommer*, DRiZ 1992, 135, 136; *P. Stelkens*, FS Redeker, 1993, 313, 317; *C. H. Ule*, in: Demokratie und Verwaltung, 1972, 663, 681. Abl. *J. Kohl*, Im Namen des Volkes, 1998, 19, 21.

18   *R. Kühne*, DRiZ 1975, 390, 393.

19   *J. Rüggeberg*, VerwArch 61 (1970), 189, 205 ff., 210 f.; *Schilken* Rn. 516; *H. Sendler*, NJW 1986, 2907, 2911. Anderes gilt bspw. in der Sozialgerichtsbarkeit, vgl. BVerfGE 27, 312, 323; *F. Haueisen*, DÖV 1962, 161, 162 f.; *R. Kühne*, DRiZ 1975, 390, 393. Ebenso in der Arbeitsgerichtsbarkeit, *G. Ide*, Die Arbeitsgerichtsbarkeit, 1994, 253, 254; *R. Künzl*, ZZP 104 (1991), 150, 156. Für die Flurbereinigungsgerichte BVerwG NVwZ-RR 1991, 389.

20   *K.-M. Ortloff/K.-U. Riese*, in: Schoch/Schneider/Bier § 101 Rn. 17.

standes", für die Rechtsanwendung und Rechtsentwicklung.[21] Der Beitrag des ehrenamtlichen Richters besteht in einer erhöhten Richtigkeitsgewähr für die Entscheidungsfindung. Dies erklärt auch, weshalb der Verzicht auf die Mitwirkung ehrenamtlicher Richter nach § 87a Abs. 2 für die Beteiligten an keine weiteren Voraussetzungen geknüpft ist. Die Beteiligten können sich der spezifischen Schutzwirkung einer gesteigerten Richtigkeitsgewähr freiwillig begeben. Allerdings besteht die Richtigkeitsgewähr gleichzeitig im objektiven Verfahrensinteresse, weshalb es der Kontrolle durch das Gericht im Wege der Ermessensentscheidung unterliegt (→ § 87a Rn. 32), ob auf die Gewährfunktion tatsächlich verzichtet werden kann.

Beim Versuch, das genannte Motiv in staatsrechtlichen Kategorien einzufangen, wird immer wieder auf demokratische Gesichtspunkte rekurriert.[22] Indes ist das Demokratieprinzip, wie es in Art. 20 Abs. 1 und 2 GG formuliert worden ist, insoweit wenig ergiebig. Eine gesonderte Demokratisierung der verschiedenen Organe, die Staatsgewalt ausüben, ist dem GG fremd. Die unmittelbare Ausübung der Staatsgewalt durch das Volk erfolgt nach Art. 20 Abs. 2 S. 2 GG in Wahlen und Abstimmungen. Wird die dem Volk gem. Art. 20 Abs. 2 S. 1 GG zustehende Staatsgewalt durch besondere Organe der Gesetzgebung, der vollziehenden Gewalt und der Rspr. i.S.v. Art. 20 Abs. 2 S. 2 GG ausgeübt, so bedürfen diese Organe der Rückführbarkeit auf einen unmittelbaren Akt des Volkswillens (vgl. BVerfGE 83, 60, 71 f.; 89, 155, 182). Für den Bereich der Rspr. tragen die verschiedenen Systeme der Berufung in das Richterverhältnis[23] dem Gebot der Legitimationskette Rechnung. Einer darüber hinausgehenden inhaltlichen demokratischen Legitimation bedarf die rechtsprechende Tätigkeit der Gerichte nicht.[24] 8

Einigkeit muss jedenfalls darüber bestehen, dass die Beteiligung ehrenamtlicher Richter an der Rspr. kein verfassungsrechtliches Postulat ist. Die Zuziehung von Laienrichtern steht vielmehr im Ermessen des Gesetzgebers.[25] Hält man gleichwohl die Suche nach einem grundgesetzlichen Anknüpfungspunkt für sinnvoll, so muss der Blick auf Art. 20 Abs. 3 GG fallen, der die Rspr. an „Gesetz und Recht" bindet. Unabhängig von der Frage nach dem positivrechtlichen Gehalt der neben der Gesetzesbindung bestehenden Rechtsbindung des Richters[26] hält der Hinweis auf das „Recht" die für den Rechtsstaat zentrale Idee der Gerechtigkeit im Bewusstsein.[27] Recht und Gesamtheit der geschriebenen Gesetze sind nicht notwendig deckungsgleich. Der Rspr. kommt insofern die Aufgabe zu, verfassungsimmanente Wertvorstellungen in einem wertenden Erkenntnisakt, der auch voluntative Elemente aufweist, als Entscheidung zu realisieren. Maßstäbe sind dabei die praktische Vernunft und die fundierten allgemeinen Gerechtigkeitsvorstellungen der Gemeinschaft (BVerfGE 34, 269, 286 f.). Das GG selbst lässt also an exponierter Stelle ein Einfallstor offen für die Einbeziehung außerjuristischer Wertungen in die Tätigkeit der Gerichte. Die Offenheit dieses Tores zu gewährleisten, dient die Beteiligung ehrenamtlicher Richter an der Rspr. 9

III. Rechtliche Stellung der ehrenamtlichen Richter

Die rechtliche Stellung der ehrenamtlichen Richter ist in den §§ 19 ff. nicht vollständig geregelt. Normiert werden nur die Voraussetzungen für die Berufung in das Amt und dessen Innehabung, insbes. die persönlichen Voraussetzungen (§ 20), die Gründe für einen Ausschluss vom Amt (§ 21) oder von der Berufung (§ 22), die Berechtigung zur Ablehnung der Berufung (§ 23) sowie die Entlassungsgründe (§ 24), die Amtsdauer (§ 25), das Wahlverfahren (§§ 26–29), das Recht auf Entschädigung (§ 32) sowie die Folgen einer Pflichtentziehung (§ 33). Weitere Bestimmungen, die für die ehrenamtlichen Richter bei allen Gerichten der verschiedenen Gerichtszweige gleichermaßen zu beachten sind, enthält das DRiG. Seine Vorschriften gelten allerdings grds. nur für die Berufsrichter, soweit das Gesetz nicht anderes bestimmt (§ 2 DRiG). Wesentliche Sicherungen der persönlichen Stellung des ehrenamtlichen Richters gewährleistet § 45 Abs. 1a DRiG. Danach darf der ehrenamtliche Richter weder in der Über- 10

---

21 *Schilken* Rn. 517, 519.
22 Vgl. nur *L. Gehrmann*, DRiZ 1988, 126, 129 f.; *C. Hohmann-Dennhardt*, Richter ohne Robe, 2002, 42, 46; *P. Stelkens/N. Panzer*, in: Schoch/Schneider/Bier § 19 Rn. 6. Wie hier *A. Voßkuhle/G. Sydow*, JZ 2002, 673, 681.
23 Übersicht bei *Schmidt-Räntsch* Vorbem. § 8 Rn. 4 ff.
24 *M. Sachs*, in: Sachs Art. 20 Rn. 45.
25 BVerfGE 27, 312, 319 f.; 42, 206, 208 f.; BVerwG Buchholz 424.01 § 139 FlurbG Nr. 11; NVwZ-RR 1991, 389.
26 Zweifelnd etwa *F. E. Schnapp*, in: v. Münch/Kunig I Art. 20 Rn. 61: Tendenz zur Tautologie.
27 Vgl. *M. Sachs*, in: Sachs Art. 20 Rn. 103.

nahme oder Ausübung des Amtes beschränkt oder deswegen benachteiligt werden, hat er Anspruch auf Freistellung von der Arbeitsleistung für die Zeit seiner Amtstätigkeit und ist eine Kündigung eines Arbeitsverhältnisses wegen der Übernahme oder der Ausübung des Amtes unzulässig. Ein Anspruch auf Freistellung von der Arbeitsleistung gilt jedoch nur für die Kernzeiten, nicht für die Gleitzeiten des Arbeitnehmers. Zeiten der Tätigkeit als ehrenamtlicher Richter, die während der Gleitzeit angefallen sind, müssen allerdings dem Arbeitszeitkonto des Beamten gutgeschrieben werden, wenn sie mehr als drei Stunden pro Kalenderwoche betragen.[28]

10a Das Verbot der Benachteiligung nach § 45 Abs. 1 a S. 1 DRiG gilt nicht absolut, sondern erlaubt eine Schlechterstellung wegen eines Sachgrundes. Dementsprechend müssen Zeiten der Tätigkeit als ehrenamtlicher Richter, die während der Gleitzeit angefallen sind, dem Arbeitszeitkonto des Beamten nur insoweit gutgeschrieben werden, als sie mehr als drei Stunden pro Kalenderwoche betragen. Es ist rechtlich nicht ausgeschlossen, dass die Wahrnehmung eines öffentlichen Ehrenamtes die dem Amtsträger zur Verfügung stehende Freizeit reduziert. Da jedes Ehrenamt zwangsläufig zeitlichen Aufwand erfordert, ist es grundsätzlich gerechtfertigt, ehrenamtliche Richter gegenüber anderen Beamten in Bezug auf die Verfügbarkeit von Freizeit schlechter zu stellen.[29]

11 Auch der ehrenamtliche Richter ist Richter i.S.d. Art. 92 GG.[30] Ihm kommt die durch Art. 97 Abs. 1 GG verbürgte richterliche Unabhängigkeit zu.[31] Die *sachliche Unabhängigkeit* des ehrenamtlichen Richters, die § 45 Abs. 1 S. 2 DRiG noch einmal besonders betont, beinhaltet die Weisungsfreiheit des Richters in seiner richterlichen Tätigkeit (BVerfGE 3, 213, 224; 14, 56, 59; 27, 312, 322; 87, 68, 85). Der Begriff der Weisung ist dabei nicht im engen dienstrechtlichen, sondern i.S. jedes Verhaltens zu verstehen, das den Richter zu einer bestimmten Entscheidung veranlassen soll.[32] Einerseits steht der Laienrichter auch in der Zeit der Ausübung des Ehrenamtes in seinem sozialen Kontext, vorhandene Abhängigkeiten erlöschen nicht. Andererseits schützt die richterliche Unabhängigkeit den Richter auch vor Einflussnahmen aus der gesellschaftlichen Sphäre.[33] Hinsichtlich der Einwirkungen, denen ein ehrenamtlicher Richter ausgesetzt ist, ist deshalb zu differenzieren: Sind die Einwirkungen adäquater Ausdruck sozialen Kontaktes, so steht ihnen die richterliche Unabhängigkeit nicht entgegen. Anders wird man sozial inadäquate Beeinflussungen zu werten haben, die dem ehrenamtlichen Richter gerade wegen seiner Beteiligung an der Entscheidungsfindung in einer Rechtssache gelten.

12 Die *persönliche Unabhängigkeit* ist im GG explizit nur für die hauptamtlich und planmäßig endgültig angestellten Richter gewährleistet (Art. 97 Abs. 2 GG). Gleichwohl muss von Verfassungs wegen auch den ehrenamtlichen Richtern als Minimum persönlicher Unabhängigkeit garantiert sein, dass sie vor Ablauf ihrer Amtszeit nur unter gesetzlich bestimmten Voraussetzungen und gegen ihren Willen nur kraft richterlicher Entscheidung abberufen werden können; die Begrenzung ihrer Amtszeit berührt ihre Unabhängigkeit nicht (BVerfGE 14, 56, 70; 18, 241, 255; 27, 312, 322; 42, 206, 209 f.; 87, 68, 85). § 44 Abs. 2 DRiG setzt diese verfassungsrechtlichen Vorgaben auf einfachgesetzlicher Ebene um.[34] Das in § 24 vorgesehene Entlassungsverfahren genügt diesen Anforderungen (→ § 24 Rn. 2). Schließlich muss der ehrenamtliche Richter nichtbeteiligter Dritter sein; das Erfordernis richterlicher Neutralität gilt auch für ihn. Dahinter steht der Gedanke der Pflichtenkollision (BVerfGE 18, 241, 255): Der ehrenamtliche Richter soll bei der Ausübung seines Amtes nicht mit der Erfüllung ihm anderweitig obliegender Aufgaben in Konflikt kommen. Für den Bereich der allgemeinen Verwaltungsgerichtsbarkeit wird solchen Kollisionen durch die Regelung des § 22 vorgebeugt (→ § 22 Rn. 2 f.). Der Gefahr einer im Einzelfall gleichwohl möglichen Befangenheit trägt § 54 Rechnung.[35] Zur Ausschließung und Ablehnung ehrenamtlicher Richter → § 54 Rn. 10.

13 Bevor der ehrenamtliche Richter seine Tätigkeit aufnimmt, ist er gem. § 45 Abs. 2 S. 1 DRiG in öffentlicher Sitzung des Gerichts durch den Vorsitzenden zu vereidigen. Das Unterlassen der Vereidigung eines mitwirkenden ehrenamtlichen Richters führt zu einer nicht ordnungsgemäßen Besetzung des Ge-

---

28 Vgl. BVerwG NVwZ-RR 2012, 35.
29 Vgl. BVerwG NVwZ-RR 2012, 35, 37.
30 BVerfGE 42, 206, 208; *Schmidt-Räntsch* § 1 Rn. 6.
31 BVerfGE 42, 206, 209; *Ch. Hillgruber*, in: Maunz/Dürig Art. 97 Rn. 19.
32 *Schmidt-Räntsch* § 25 Rn. 6.
33 *Ch. Hillgruber*, in: Maunz/Dürig Art. 97 Rn. 22 ff.; *B. Pieroth*, in: Jarass/Pieroth, GG, ¹²2012, Art. 97 Rn. 9.
34 Vgl. *Schmidt-Räntsch* § 44 Rn. 2, 11.
35 BVerfGE 27, 312, 324 f. hält ein solches Regelungssystem für dem Gebot richterlicher Neutralität genügend.

richts (BVerwG NVwZ 2005, 231; → § 31 Rn. 4). Die Vereidigung gilt für die Dauer des Amtes, bei erneuter Bestellung auch für die sich unmittelbar anschließende Amtszeit (§ 45 Abs. 2 S. 2 DRiG). Der ehrenamtliche Richter übt zwar ein Ehrenamt aus, ist jedoch kein Ehrenbeamter i.S.d. § 5 BeamtStG.[36] Sofern er nicht in ein besonderes Ehrenrichterverhältnis berufen wird, besteht die Bindung des ehrenamtlichen Richters zur Verwaltungsgerichtsbarkeit allein darin, dass er entsprechend der nach § 30 aufgestellten Liste zur Teilnahme an den Sitzungen herangezogen wird (→ § 30 Rn. 6 ff.). Die Berufung in ein Ehrenrichterverhältnis erfolgt durch Aushändigung einer diese Berufung aussprechenden Urkunde.[37] Kraft Landesrechts in einem Ehrenrichterverhältnis stehen die ehrenamtlichen Richter in Rheinland-Pfalz (§ 13 Abs. 5 LRiG RP), im Saarland (§ 7 RiG SL), in Sachsen-Anhalt (§ 14 RiG LSA) und Schleswig-Holstein (§ 8 Abs. 1 LRiG SH), wegen § 8 Abs. 3 LRiG SH allerdings nicht die ehrenamtlichen Richter in der Verwaltungsgerichtsbarkeit, weil sie nach § 29 gewählt werden. Niedersachsen kennt die Möglichkeit der Berufung in ein Ehrenrichterverhältnis (§ 14 RiG Nds). Das Einverständnis des Gewählten mit der Berufung zum ehrenamtlichen Richter ist nicht erforderlich. Die Ausübung des Amtes ist eine staatsbürgerliche Pflicht.[38] Die Katalogisierung der Ablehnungsgründe in § 23 zeigt, dass der Betreffende zur Tätigkeit als ehrenamtlicher Richter verpflichtet ist. In Anbetracht der Ablehnungsberechtigung nach § 23 Abs. 1 und den Härtefallklauseln in § 23 Abs. 2 und § 24 Abs. 2 bestehen hiergegen keine verfassungsrechtlichen Bedenken (→ § 23 Rn. 2).

IV. Mitwirkung mit gleichen Rechten und Pflichten

Die Mitwirkung mit gleichen Rechten und Pflichten wie der Berufsrichter, die § 19 vorgibt, gilt zunächst nur für das VG, für das § 5 Abs. 3 S. 1 die Besetzung der Kammern mit drei Richtern und zwei ehrenamtlichen Richtern vorschreibt. Soweit die Landesgesetzgebung entsprechend § 9 Abs. 3 vorsieht, dass auch die Senate des OVG in der Besetzung mit zwei ehrenamtlichen Richtern entscheiden, gilt § 19 gem. § 34 ebenfalls für diese Laienrichter (→ § 34 Rn. 2). Die Senate des BVerwG entscheiden in der Besetzung ohne ehrenamtliche Richter (§ 10 Abs. 3). Beschränkt ist die Mitwirkung ausweislich des § 19 auf die mündliche Verhandlung und die Urteilsfindung. Für den Begriff der mündlichen Verhandlung maßgeblich sind insoweit die §§ 103 und 104. Wird eine mündliche Verhandlung durchgeführt, so wirken die ehrenamtlichen Richter auch dann mit, wenn die Entscheidung im Beschlussverfahren ergeht. Dies gilt z.B. auch für Entscheidungen im Prozesskostenhilfeverfahren (OVG Brem NordÖR 2000, 291). In entsprechender Anwendung des § 19 erstreckt sich die Beteiligung der ehrenamtlichen Richter in diesem Fall auf die Beschlussfindung. Ausgenommen von der Mitwirkung ehrenamtlicher Richter sind nach § 5 Abs. 3 S. 1 mündliche Verhandlungen, die vor dem Einzelrichter stattfinden. [14]

An der Urteilsfindung sind die ehrenamtlichen Richter selbst bei der Entscheidung ohne mündliche Verhandlung nach § 101 Abs. 2 beteiligt. Unter der Urteilsfindung zu verstehen ist die Beratung und Abstimmung, wie sie in den §§ 192 ff. GVG beschrieben wird. Ergeht die Entscheidung aufgrund mündlicher Verhandlung, so bezeichnet die Urteilsfällung i.S.v. § 112, also die Beschlussfassung über den Tenor einschließlich der notwendigen Nebenentscheidungen (vgl. BVerwGE 75, 337, 340; 91, 242, 244), die zeitliche Grenze der Mitwirkung nach § 19. Da die Verlautbarung des gefällten Urteils nicht mehr zur Findung der Entscheidung gehört, § 112 es vielmehr nicht ausschließt, dass die Verkündung in derselben Sitzung wie die mündliche Verhandlung durch andere Richter erfolgt als die, die an der mündlichen Verhandlung teilgenommen haben (BVerwGE 50, 79), erstreckt sich die obligatorische Mitwirkung der ehrenamtlichen Richter nicht auf die Verkündung des Urteils. Dies gilt selbst dann, wenn die Verkündung in dem Termin stattfindet, in dem die mündliche Verhandlung geschlossen worden ist.[39] Erst recht wirken die ehrenamtlichen Richter nicht mit bei der schriftlichen Abfassung des Urteils nach § 117 Abs. 1 S. 2, Abs. 2 und gem. § 117 Abs. 1 S. 4 bei der Unterzeichnung des Urteils. An Verfahrensabschnitten, die wie die vorbereitenden Maßnahmen nach § 87 *vor* der mündlichen Verhandlung und vor der Urteilsfindung i.S.d. § 19 liegen, sind die ehrenamtlichen Richter ebenso wenig beteiligt wie bei Beschlüssen außerhalb der mündlichen Verhandlung oder bei Gerichtsbe- [15]

36 *Kissel/Mayer* § 31 Rn. 5; *Schmidt-Räntsch* § 44 Rn. 7.
37 *Schmidt-Räntsch* § 44 Rn. 9.
38 Vgl. für den Schöffen *Kissel/Mayer* § 35 Rn. 2.
39 A.M. *P. Stelkens/N. Panzer*, in: Schoch/Schneider/Bier § 19 Rn. 14.

scheiden (§ 5 Abs. 3 S. 2).[40] Ist allerdings der ohne mündliche Verhandlung ergehende Beschluss von einer solchen, sich insbes. aus höherrangigem Recht ergebenden Bedeutung, dass die Gleichstellung mit einem Urteil geboten ist, so ist der Beschluss in voller Besetzung unter Mitwirkung der ehrenamtlichen Richter zu fassen. Wichtigstes Bsp. ist ein Vorlagebeschluss des VG nach Art. 100 GG (vgl. BVerfGE 16, 305; 29, 178, 179; 63, 289, 292); gleichzustellen haben wird man den Beschluss über die Aussetzung des Verfahrens und die Vorlage an den EuGH nach Art. 267 AEUV (→ EVR Rn. 104 ff.).

16   Auch wenn die ehrenamtlichen Richter i.R. des § 19 mitwirken, geschieht dies nur an einzelnen Sitzungen entsprechend der nach § 30 aufgestellten Liste. Sie sind deshalb keine Mitglieder des VG i.S.v. § 5 Abs. 1. Ist aber durch §§ 5 Abs. 3, 19 eine Mitwirkung der ehrenamtlichen Richter vorgeschrieben, so ist eine unterlassene Hinzuziehung absoluter Revisionsgrund nach § 138 Nr. 1. Der ehrenamtliche Richter ist gesetzlicher Richter i.S.d. Art. 101 Abs. 1 S. 2 GG.[41] Hinsichtlich der revisionsrechtlichen Folgen von Fehlern, die nicht in der unterbliebenen Mitwirkung von ehrenamtlichen Richtern als solcher bestehen, ist nach der Art und dem Gewicht des konkreten Fehlers zu differenzieren (→ § 29 Rn. 10 ff.). In Betracht kommen v.a. das Fehlen der persönlichen Voraussetzungen des § 20 (→ § 20 Rn. 16 f.), das Vorliegen von Ausschlussgründen nach § 21 (→ § 21 Rn. 9), von Hinderungsgründen nach § 22 (→ § 22 Rn. 20) oder einer Ablehnungsberechtigung gem. § 23 (→ § 23 Rn. 16), Mängel des Wahlverfahrens (→ § 29 Rn. 10 ff.) und bei der Heranziehung gem. Listenreihenfolge nach § 30 (→ § 30 Rn. 21). In allen Fällen ist die Besetzungsrüge jedenfalls zu substantiieren, woraus sich der Besetzungsfehler ergeben soll und wie die richtige Besetzung hätte sein müssen; die bloße Äußerung des Verdachts, dass das Gericht nicht richtig besetzt war, genügt nicht.[42]

17   **1. Pflichten.** Für die Feststellung, welche Pflichten der ehrenamtliche Richter hat, ist zu beachten, dass § 19 nur die Gleichheit der *Rechte* von Laienrichter und Richter erwähnt. Davon, dass Richter und ehrenamtliche Richter auch die *gleichen Pflichten* haben, ist in § 19 nicht die Rede. Richtig ist, dass den Rechten der ehrenamtlichen Richter Pflichten gegenüberstehen.[43] Verfehlt ist jedoch die Auffassung, der ehrenamtliche Richter habe die *gleichen* Pflichten wie der Berufsrichter, jedem Recht des Laienrichters korrespondiere eine entsprechende Pflicht.[44] Sie ist schon deshalb bedenklich, weil sie einen Argumentationsansatz für eine restriktive Auslegung der Rechte des ehrenamtlichen Richters im Hinblick darauf bietet, dass der Laienrichter zur Wahrnehmung der – angeblich – korrespondierenden Pflicht nicht in der Lage sei.[45] Neben dem Wortlaut des § 19 ist dieser Ansicht v.a. entgegenzuhalten, dass die Voraussetzungen, die § 20 für die Berufung eines ehrenamtlichen Richters aufstellt, sich von denen für die Berufung in das Richterverhältnis nach den §§ 9 i.V.m. 5–7 DRiG so deutlich unterscheiden, dass eine Pflichtengleichheit auch in der Beschränkung auf mündliche Verhandlung und Urteilsfindung schlechterdings nicht möglich ist. Wo die Rechtsordnung eine Pflichtengleichheit von Berufs- und ehrenamtlichen Richtern will, ist dies wie in § 112 GVG für die ehrenamtlichen Richter bei den Kammern für Handelssachen explizit angeordnet. In diesen Fällen verfügen die ehrenamtlichen Richter regelmäßig über eine besondere Sachkunde (vgl. § 109 Abs. 1 Nr. 3 GVG), die die Pflichtengleichheit rechtfertigt. Solche speziellen Kenntnisse werden von den ehrenamtlichen Richtern in der allgemeinen Verwaltungsgerichtsbarkeit aber gerade nicht verlangt. Ihre Pflichten bestimmen sich deshalb allein nach den ausdrücklichen Vorschriften des § 45 DRiG sowie der §§ 19 ff. (§ 45 Abs. 9 DRiG).

18   Die wesentlichen Pflichten des ehrenamtlichen Richters umschreibt die in § 45 Abs. 3 DRiG festgelegte Eidesformel.[46] Danach hat der ehrenamtliche Richter das GG und das einfache Gesetzesrecht zu wahren, nach bestem Wissen und Gewissen ohne Ansehen der Person zu urteilen und nur der Wahrheit und Gerechtigkeit zu dienen. Neben der Verpflichtung auf die Gesetze ist dementsprechend wesentliche Pflicht die bereits zum Wesen richterlicher Tätigkeit gehörende Neutralitätspflicht.[47] Gibt der ehrenamtliche Richter Anlass zur Sorge, dass er den Rechtsstreit nicht unparteilich beurteilen wird, so

---

40 Falsch zur Mitwirkung der ehrenamtlichen Richter beim Erlass eines Gerichtsbescheides nach § 84 *Kopp/Schenke* § 19 Rn. 2.
41 BVerfGE 31, 181, 183; BVerfG NJW 1982, 2368, 2369; DtZ 1992, 281; NVwZ 1996, 160.
42 BVerwG VerwRspr 27, 763, 766; Buchholz 310 § 133 VwGO Nr. 33; NJW 1986, 3154; BFHE 132, 377, 378.
43 *G. Schiffmann*, Bedeutung, 1974, 81.
44 So aber *H. Geiger*, in: Eyermann § 19 Rn. 1; *P. Stelkens/N. Panzer*, in: Schoch/Schneider/Bier § 19 Rn. 17.
45 So in der Tat die Vorgehensweise von *P. Stelkens/N. Panzer*, in: Schoch/Schneider/Bier § 19 Rn. 17.
46 Vgl. *Schmidt-Räntsch* § 45 Rn. 16.
47 Vgl. BGH NStZ 1991, 144; *Schilken* Rn. 533.

ist er nach § 54 ausgeschlossen bzw. kann abgelehnt werden (→ § 54 Rn. 10; BVerwG Buchholz 310 § 54 VwGO Nr. 35). Verpflichtet zu einem Verhalten, das dem Rechtsschutzsuchenden das Vertrauen auf eine einwandfreie Amtsführung belässt, ist der ehrenamtliche Richter *während* seiner durch § 19 abgesteckten Mitwirkung (OVG Lüneburg OVGE 38, 358, 359). Außerhalb seiner richterlichen Tätigkeit obliegen ihm grundsätzlich keine Amtspflichten, auch nicht die, das Ansehen des Ehrenamtes in der Öffentlichkeit nicht zu schädigen.[48] Von diesem Grundsatz ausgenommen ist die Pflicht der ehrenamtlichen Richter zur Verfassungstreue, die sich auch auf außergerichtliches Verhalten erstreckt.[49] Eine weitere Ausnahme besteht dann, wenn der ehrenamtliche Richter nach Landesrecht in einem Ehrenrichterverhältnis steht oder das betreffende Landesrichtergesetz auf die für Ehrenbeamte geltenden Vorschriften verweist (zum Ehrenrichterverhältnis → Rn. 13).[50]

Weitere Pflichten des ehrenamtlichen Richters sind gem. § 45 Abs. 1 S. 2 DRiG die Wahrung des Beratungsgeheimnisses, die Pflicht zur Teilnahme an der Beratung und zur Stimmabgabe[51] sowie die Pflicht, sich rechtzeitig zu den Sitzungen einzufinden (§ 33 Abs. 1 S. 1), zu denen er in der Reihenfolge nach § 30 herangezogen wird. Hingegen ist dem Gesetz keine Pflicht des ehrenamtlichen Richters zu entnehmen, bei einer Aufgabe seines Wohnsitzes im Gerichtsbezirk einen Antrag auf Entbindung von seinem Amt nach § 24 Abs. 3 i.V.m. Abs. 1 Nr. 5 zu stellen.[52] Wäre ein zwingender Zusammenhang von Wohnsitzaufgabe und Amtsentbindung gewollt, so wäre der Entbindungsgrund des § 24 Abs. 1 Nr. 5 den Fällen eines Antrags des Präsidenten des VG gem. § 24 Abs. 3 S. 1 zugeordnet worden. Das Antragsrecht des ehrenamtlichen Richters nach § 24 Abs. 3 S. 1 für die von § 24 Abs. 1 Nr. 3 und 5 erfassten Konstellationen besteht vielmehr im Interesse des Betroffenen, sodass seine Entscheidung für oder gegen Stellung des Antrags auf Amtsentbindung ihm freisteht (→ § 24 Rn. 15).

2. Rechte. Für die Rechte des ehrenamtlichen Richters enthält § 19 die Aussage, dass sie hinsichtlich der Mitwirkung des Laienrichters bei der mündlichen Verhandlung und der Urteilsfindung denen des Richters gleich sind. Der Anspruch auf Gleichheit der Rechte impliziert zunächst das Recht, in dieser Gleichheit wahrgenommen und akzeptiert zu werden. § 19 verpflichtet die Richter, insbes. den Vorsitzenden, zwar nicht zur „Nachschulung" der ehrenamtlichen Richter. Jedoch ist der ehrenamtliche Richter darauf angewiesen, dass ihn die Berufsrichter als „Gleichen" annehmen. Betrachten sie ihn nur als lästiges Übel, dem seine – aus juristischer Perspektive – unzulänglichen Möglichkeiten überdeutlich vor Augen zu führen sind, damit er die richterliche Sichtweise ohne unbequeme Nachfragen übernimmt, so ist eine gleichwertige Mitwirkung unmöglich. Insoweit auf die Durchsetzungskraft eines couragierten ehrenamtlichen Richters zu setzen hieße, die strukturelle Überlegenheit der richterlichen Kammermitglieder zu verkennen. Es ist deshalb nicht lediglich ein Appell an die Kollegialität der Richter, sondern ein Recht des ehrenamtlichen Richters, in einer Atmosphäre gegenseitiger Achtung die eigene Anschauung als partizipatorischen Beitrag formulieren zu können.[53] Kooperation, Information und Ermutigung sind die Pflichten der Berufsrichter, insbes. des Vorsitzenden, gegenüber dem Laienrichter.[54]

Inwieweit über jenen allgemeinen Anspruch auf Akzeptierung als Gleichberechtigter hinaus der ehrenamtliche Richter ein Recht auf Gewährung von bestimmten Informationen hat, ist unter Beachtung des Zwecks der Beteiligung von Laienrichtern in der Verwaltungsgerichtsbarkeit, in mündlicher Spontanäußerung nichtjuristische Wertungen in das Verfahren einzubringen (→ Rn. 6 f.), zu klären. Verlangen kann der ehrenamtliche Richter jedenfalls, mit den Rahmenbedingungen seiner Tätigkeit vertraut gemacht zu werden. Zu erläutern sind ihm insbes. seine Aufgaben, Rechte und Pflichten sowie die Grundzüge der verwaltungsgerichtlichen Organisation und Verfahrensstruktur. Sofern die Informatio-

---

48 *Schmidt-Räntsch* § 44 Rn. 7. A.M. OVG Lüneburg OVGE 18, 355; *Kopp/Schenke* § 19 Rn. 3; *M. Redeker*, in: Redeker/v. Oertzen § 19 Rn. 3.

49 Vgl. BVerfG NJW 2008, 2568, 2570 f.

50 Vgl. *Schmidt-Räntsch* § 44 Rn. 8. Die Erstreckung der für Ehrenbeamte geltenden Vorschriften ordnet § 6 LRiG NRW an.

51 *Kissel/Mayer* § 194 Rn. 2; Stimmenthaltung ist unzulässig, a.a.O., Rn. 4.

52 A.M. *M. Redeker*, in: Redeker/v. Oertzen § 19 Rn. 3.

53 *R. Kühne*, DRiZ 1975, 390, 397. Dagegen wird überwiegend davon ausgegangen, dass ein dialogischer und partizipatorischer Verhandlungsstil im wohlverstandenen Eigeninteresse der richterlichen Kammermitglieder liege, vgl. *L. Gehrmann*, DRiZ 1988, 126, 130 f.; *H. Reim*, DRiZ 1992, 139, 141 f.; *T. Sommer*, DRiZ 1992, 135, 138.

54 Vgl. *H. Reim*, DRiZ 1992, 139, 142.

19

20

21

nen diesen Anforderungen genügen, können sie in jeder geeigneten Form gewährt werden, sei es durch eine Broschüre, in einer Informationsveranstaltung oder durch den Vorsitzenden.

22   Da der ehrenamtliche Richter gem. § 19 nur bei der mündlichen Verhandlung und der Urteilsfindung mitwirkt, ist der ehrenamtliche Richter darauf verwiesen, sich seine Überzeugung aus der mündlichen Verhandlung zu bilden (BVerwG Buchholz 310 § 30 VwGO Nr. 4). Er muss deshalb der mündlichen Verhandlung in einer Weise folgen können, die eine sachgerechte Überzeugungsbildung ermöglicht. Ihm steht das Recht zu, dass ihm die zum Verständnis des in der mündlichen Verhandlung zu Erörternden erforderlichen Informationen zur Verfügung gestellt werden.[55] Es reicht aus, dass dies durch den Sachvortrag des Vorsitzenden oder des Berichterstatters nach § 103 Abs. 2 erfolgt (OVG Münster OVGE 41, 250, 255). Unterbleibt der Sachvortrag, etwa weil das Gericht nach § 101 Abs. 2 ohne mündliche Verhandlung entscheidet, so hat der ehrenamtliche Richter ein Recht darauf, dass der Berichterstatter oder der Vorsitzende einen den Anforderungen des § 103 Abs. 2 entsprechenden Sachbericht vorträgt (→ Rn. 6; BVerwG NJW 1984, 251; OVG Münster OVGE 41, 250, 256). Darüber hinaus müssen die richterlichen Kammermitglieder verbleibende Fragen der Laienrichter umfassend beantworten und von sich aus versuchen, Verständigungsprobleme auf Seiten der ehrenamtlichen Richter zu erkennen und beseitigen (vgl. OVG Münster OVGE 41, 250, 256). Dass die Letztgenannten dabei auch Einsichtnahme in die Gerichtsakten und die beigezogenen Verwaltungsvorgänge verlangen können, ist unstr.[56]

23   Problematischer ist die Frage, ob die ehrenamtlichen Richter ein Recht auf Gewährung von verfahrensbezogenen Informationen schon vor der mündlichen Verhandlung haben. Es ist grds. zulässig und kann sich im Einzelfall als zweckmäßig erweisen, den ehrenamtlichen Richter schon vorab mit dem Verfahrensstoff vertraut zu machen.[57] Dies kann bspw. durch die Gestattung von Akteneinsicht, die Übersendung von Aktenauszügen, die Hinzuziehung zu Vorberatungen oder in anderer Weise erfolgen. Eine Ausnahme ist allerdings für die Einsichtnahme in ein schriftliches Votum des Berichterstatters zu machen. Sie ist unzulässig,[58] weil das Votum dem ehrenamtlichen Richter das Bild einer bereits feststehenden Entscheidung vermitteln kann, ihm zumindest die Möglichkeit einer unbefangenen Reaktion auf die mündliche Verhandlung nimmt.

24   In der Sozialgerichtsbarkeit ist ein *Recht* der ehrenamtlichen Richter *auf Vorabinformation* weitgehend anerkannt.[59] Die überwiegende Auffassung im Schrifttum befürwortet eine Übertragung dieser Grundsätze auf die allgemeine Verwaltungsgerichtsbarkeit.[60] Zur Begründung wird darauf hingewiesen, dass sich ein Recht auf Vorabinformation schon aus der gesetzlich angeordneten Rechtsgleichheit mit den Berufsrichtern ergebe.[61] Überdies enthalte die Eidesformel des § 45 Abs. 3 DRiG die Verpflichtung des ehrenamtlichen Richters, nach „bestem Wissen" zu urteilen, und setze damit die Möglichkeit zur Optimierung des Wissensstandes voraus.[62] Eine Überzeugung aus dem *Gesamtergebnis* des Verfahrens i.S.v. § 108 Abs. 1 S. 1 könne der Laienrichter nur gewinnen, wenn ihm das gesamte Material des Verfahrens auch zugänglich sei.[63] Hiergegen ist zunächst darauf hinzuweisen, dass der Rekurs auf den Wortlaut der Eidesformel wenig ergiebig ist, nimmt sie doch lediglich auf das vom ehrenamtlichen Richter nach den einschlägigen Verfahrensvorschriften erlangbare Wissen Bezug. Die Ableitung aus der von § 19 statuierten Gleichheit der Rechte mit denen der Berufsrichter übersieht, dass diese Gleichheit nur i.R. der von § 19 abgesteckten Mitwirkung besteht. Die Mitwirkung erfolgt aber nur *bei* der mündlichen Verhandlung und der Urteilsfindung, sodass § 19 eine Rechtsgleichheit *vor* diesem Zeitpunkt gerade nicht anordnet (→ Rn. 15). Ebenso wenig verfängt die Bezugnahme auf § 108 Abs. 1 S. 1. Liegt der Sinn der Beteiligung ehrenamtlicher Richter im Einfließenlassen nichtjuris-

---

55 Vgl. *H. Schnellenbach*, FS Menger, 1985, 341, 355.

56 OVG Münster OVGE 41, 250, 256; *H. Reim*, DRiZ 1992, 139, 141; *Schilken* Rn. 534.

57 OVG Münster OVGE 41, 250, 256; *B. Atzler*, DRiZ 1991, 207, 208; *L. Gehrmann*, DRiZ 1988, 126, 130 f.; *R. Kühne*, DRiZ 1975, 390, 397; *H. Reim*, DRiZ 1992, 139, 141. Zur Bedeutung der Gewährung von Akteneinsicht für die Argumentationsfähigkeit des ehrenamtlichen Richters *S. Machura*, in: Richter ohne Robe, 2002, 57, 59.

58 *H. Reim*, DRiZ 1992, 139, 141. A.M. *L. Gehrmann*, DRiZ 1988, 126, 130 f.; *R. Kühne*, DRiZ 1975, 390, 393.

59 Vgl. nur *M. Behn*, in: Peters/Sautter/Wolff § 19 Anm. 10; *W. Keller*, in: Meyer-Ladewig/Keller/Leitherer § 19 Rn. 3.

60 *B. Atzler*, DRiZ 1991, 207, 208; *P. Czapski*, ZBR 1989, 200, 201 f.; *L. Gehrmann*, DRiZ 1988, 126, 130 f.; *R. Kühne*, DRiZ 1975, 390, 393 f.; *H. Reim*, DRiZ 1992, 139, 141; *F. Wittreck*, in: Gärditz § 19 Rn. 10.

61 *B. Atzler*, DRiZ 1991, 207, 208; *P. Czapski*, ZBR 1989, 200, 201.

62 *B. Atzler*, DRiZ 1991, 207, 208; *P. Czapski*, ZBR 1989, 200, 202; *L. Gehrmann*, DRiZ 1988, 126, 130.

63 *L. Gehrmann*, DRiZ 1988, 126, 131.

tischer Wertungen in die Rechtsfindung durch mündliche Spontanäußerung (→ Rn. 6 f.), so ist die gewonnene Überzeugung i.S.d. § 108 Abs. 1 S. 1 eben jene spontan geäußerte Wertung. Den Beitrag des juristisch ausgebildeten Richters zur Entscheidungsfindung, die Präsentation eines wohlerwogenen schriftlichen Votums nach vollständiger Sachverhaltsdurchdringung, hat der ehrenamtliche Richter gerade nicht zu erbringen (→ Rn. 6). Das von § 108 Abs. 1 S. 1 gemeinte Gesamtergebnis des Verfahrens beschränkt sich für ihn nach dem Zweck des § 19 auf die mündliche Verhandlung (BVerwG Buchholz 310 § 30 VwGO Nr. 4). Ein Recht auf Vorabinformation, sei es in Form der Akteneinsicht, sei es in Form der Teilnahme an einer Vorberatung, besteht mithin nicht.[64]

In der mündlichen Verhandlung hat der ehrenamtliche Richter nach § 104 Abs. 2 S. 1 das Recht, vom Vorsitzenden die Gestattung von Fragen an die Beteiligten zu verlangen. Das Recht ist nicht auf die Stellung sachdienlicher Fragen eingeschränkt;[65] über die Sachdienlichkeit ist gem. § 104 Abs. 2 S. 2 erst auf Beanstandung und nur durch das Gericht zu entscheiden. Ebenso ist der ehrenamtliche Richter nach § 98 VwGO i.V.m. §§ 396 Abs. 3, 402 ZPO zur Befragung von Zeugen und Sachverständigen berechtigt. An der Beratung nimmt er gleichberechtigt mit den Richtern teil. Er muss also die Möglichkeit haben, in gleichem Umfang wie die Berufsrichter seinen Standpunkt und seine Argumente vorzutragen und auf die der anderen einzugehen.[66] Weiterhin nimmt er mit gleichem Stimmrecht und -gewicht an der Abstimmung teil. Die ehrenamtlichen Richter stimmen nach aufsteigendem Lebensalter zuerst, es sei denn, es ist ein Berichterstatter ernannt (§ 197 GVG). 25

Nicht berechtigt ist der ehrenamtliche Richter zur Erstellung des Urteilsentwurfs, zur Übernahme des Vorsitzes (§ 28 Abs. 2 DRiG) sowie zur Ausübung der Funktionen des Einzelrichters (§ 6 Abs. 1 S. 1), des Berichterstatters im vorbereitenden Verfahren (§ 87 Abs. 1) sowie des beauftragten Richters (§ 96 Abs. 2). 26

§ 20 [Voraussetzungen der Berufung]

[1]Der ehrenamtliche Richter muß Deutscher sein. [2]Er soll das 25. Lebensjahr vollendet und seinen Wohnsitz innerhalb des Gerichtsbezirks haben.

I. Entstehung

Die Entstehung der Vorschrift ist angelehnt an die in den §§ 31, 33 GVG normierten Voraussetzungen für die Berufung zum Schöffenamt, ohne sie vollständig zu übernehmen. Eine Änderung der Bestimmung brachte zunächst die Neuordnung der Richterbezeichnungen durch Art. V des Gesetzes zur Änderung der Bezeichnungen der Richter und ehrenamtlichen Richter und der Präsidialverfassung der Gerichte vom 26.5.1972 (BGBl I 841). Durch Art. 6 Nr. 1 des Gesetzes zur Vereinfachung und Vereinheitlichung der Verfahrensvorschriften zur Wahl und Berufung ehrenamtlicher Richter vom 21.12.2004 (BGBl I 3599) wurden in § 20 S. 2 das Mindestalterserfordernis von 30 auf 25 Jahre gesenkt und das Erfordernis, dass der Wohnsitz innerhalb des Gerichtsbezirks das letzte Jahr vor der Wahl zum ehrenamtlichen Richter bestanden haben musste, aufgehoben. 1

II. Normzweck

Der Normzweck des § 20 besteht in der Statuierung von Voraussetzungen, die an die Person des ehrenamtlichen Richters gestellt werden. Aufgenommen sind nur Anforderungen, die entweder – wie das Erfordernis der Vollendung des 25. Lebensjahres – an persönliche Eigenschaften des Betreffenden oder – wie die Notwendigkeiten, Deutscher zu sein und seinen Wohnsitz innerhalb des Gerichtsbezirks zu haben – an einen Status bzw. eine von der Rechtsordnung aufgrund einer persönlichen Entscheidung zuerkannte rechtliche Eigenschaft[1] anknüpfen. Alle in § 20 aufgenommenen Merkmale haben gemein, dass durch sie Rechte und Pflichten der Person nicht begründet werden. Dies geschieht erst dann, wenn andere Normen die genannten Eigenschaften ihrerseits als tatbestandliche Voraussetzung für die 2

---

64 OVG Münster OVGE 41, 250, 256 f.; *Schmidt-Räntsch* § 45 Rn. 13 a.
65 So aber wohl M. *Redeker*, in: Redeker/v. Oertzen § 19 Rn. 2.
66 Vgl. *Kissel/Mayer* § 193 Rn. 2.
 1 Zur Qualifikation des Wohnsitzes J. *Ziekow*, Über Freizügigkeit und Aufenthalt, 1997, 460.

Anordnung von Rechtsfolgen aufnehmen. Systematisierend lassen sich mithin die von § 20 formulierten Anforderungen als – persönliche oder rechtlich prädisponierte – Eigenschaften des ehrenamtlichen Richters bezeichnen.

3   Der Unterschied zu den Ausschließungsgründen des § 21 besteht deshalb nicht darin, dass § 20 „allgemeine Voraussetzungen" und § 21 „Ausschließungsgründe in der konkreten Person" zum Inhalt hat.[2] Jeder konkrete ehrenamtliche Richter muss den Anforderungen sowohl des § 20 als auch des § 21 genügen. Ebenso wenig ist das Verhältnis zwischen § 20 und § 21 eines von allgemeinen, positiven Voraussetzungen zu atypischen Fallgestaltungen als negativen Voraussetzungen (so aber OVG Münster OVGE 43, 113, 115 f.). Die Formulierung als positive oder negative Voraussetzung ist weitgehend beliebig (dies erkennt auch OVG Münster OVGE 43, 113, 115), die Kategorisierung als typische oder atypische Fallgestaltung eine i.E. offene Wertung. Die Voraussetzungen des § 20 unterscheiden sich von denen des § 21 vielmehr strukturell: Während § 20 an Eigenschaften des ehrenamtlichen Richters anknüpft, hängt das Eingreifen eines Ausschlussgrundes nach § 21 von einem Verhalten des Betreffenden ab, das zu einer Reaktion eines von der Rechtsordnung dazu berufenen Organs führt (→ § 21 Rn. 8 insbes. zur Auslegung des § 21 Nr. 3). Die Anforderungen des § 20 sind eigenschafts-, die Gründe des § 21 verhaltensbedingt.

4   Die drei durch § 20 vom ehrenamtlichen Richter verlangten Eigenschaften sind aus unterschiedlichen Motiven statuiert worden (→ Rn. 7 ff.). Allgemeine Voraussetzungen für die Berufung ehrenamtlicher Richter nach den §§ 44 ff. DRiG bestehen nicht. Einen spezifischen Sachverstand oder die Zuordnung zu einer besonderen sozialen Gruppe, wie von den Laienrichtern in anderen Gerichtsbarkeiten gefordert (vgl. nur § 16 Abs. 3–5 SGG, § 109 Abs. 1 GVG, § 139 Abs. 2 und 3 FlurbG), müssen die ehrenamtlichen Richter in der allgemeinen Verwaltungsgerichtsbarkeit nicht aufweisen. Das Problem, ob über § 20 hinaus weitere eigenschaftsbedingte Anforderungen gestellt werden dürfen, ist nicht geklärt. So erscheint es denkbar, über § 173 bspw. auf § 33 Nr. 2 und Nr. 4 GVG zurückzugreifen. Allerdings ist über § 173 ein Rekurs auf das GVG nur dann zulässig, wenn keine abschließende Regelung der VwGO vorliegt (→ § 173 Rn. 6 ff.). In Anbetracht dessen, dass § 20 gerade in bewusster Auseinandersetzung mit dem Vorbild des § 33 GVG formuliert wurde, ist davon auszugehen, dass das Zurückbleiben des § 20 hinter dem Katalog des § 33 GVG vom Gesetzgeber so gewollt ist.

5   Eindeutig ist dies für die Altersgrenze des § 33 Nr. 2 GVG. Das Erreichen der Regelaltersgrenze nach dem SGB VI ist lediglich ein Grund zur Ablehnung der Berufung zum ehrenamtlichen Richter (§ 23 Abs. 1 Nr. 6) bzw. zur Entbindung vom Amt auf Antrag des Betroffenen (§ 24 Abs. 1 Nr. 3, Abs. 3 S. 1). Eine gesetzliche Altersgrenze für ehrenamtliche Richter in der Verwaltungsgerichtsbarkeit existiert nicht (BVerwG Buchholz 310 § 20 VwGO Nr. 1). Für die Frage mangelnder Eignung aus gesundheitlichen Gründen gilt dies nicht ohne Weiteres. Hier sieht § 24 Abs. 1 Nr. 4 die obligatorische Entbindung des ehrenamtlichen Richters von seinem Amt auf Antrag des Präsidenten des Verwaltungsgerichts (§ 24 Abs. 3 S. 1) vor, wenn der Betreffende die zur Ausübung seines Amtes erforderlichen geistigen oder körperlichen Fähigkeiten nicht mehr besitzt. Aus dem Wortlaut („nicht *mehr* besitzt") kann nicht geschlossen werden, dass das Fehlen der Fähigkeiten zu dem nach § 20 maßgeblichen Zeitpunkt (→ Rn. 13 ff.) unbeachtlich sein soll. Denn es wäre widersinnig, eine Person zum ehrenamtlichen Richter zu wählen, die anschließend gleich wieder von diesem Amt zu entbinden ist. Deshalb ist davon auszugehen, dass § 33 Nr. 4 GVG über § 173 auf die ehrenamtlichen Richter in der allgemeinen Verwaltungsgerichtsbarkeit entsprechend anzuwenden ist. Fehlten die geistigen oder körperlichen Fähigkeiten bereits zu dem Zeitpunkt, auf den § 20 abstellt, so ist § 24 Abs. 1 Nr. 4 entsprechend anzuwenden. Blindheit, Taubheit und Stummheit sind keine Gebrechen, die die Fähigkeit zum Amt des ehrenamtlichen Richters infrage stellen könnten.[3]

III. Voraussetzungen im Einzelnen

6   Die Voraussetzungen im Einzelnen sind durch § 20 unterschieden in solche, die zwingend vorliegen müssen, und solche, die lediglich erfüllt sein sollen. Obligatorisch ist ausweislich des § 20 S. 1 die Eigenschaft als Deutscher, Soll-Anforderungen sind gem. § 20 S. 2 die Vollendung des 25. Lebensjahres

---

2   So aber *P. Stelkens/N. Panzer*, in: Schoch/Schneider/Bier § 20 Rn. 3.
3   Vgl. *Kissel/Mayer* § 31 Rn. 12.

und die Innehabung des Wohnsitzes im Gerichtsbezirk sowie nach § 173 VwGO i.V.m. § 33 Nr. 4 GVG das Fehlen von gesundheitlichen Gründen, die die Eignung zu dem Amt ausschließen. Zu beachten ist die Differenzierung von denjenigen Institutionen, die an der Wahl der ehrenamtlichen Richter beteiligt sind, also Kreisen und kreisfreien Städten (§ 28) sowie Wahlausschuss (§ 29). Für den Regelfall haben sie auch die Soll-Voraussetzungen als verbindlich zugrunde zu legen; ein Ermessen zur Abweichung von den Anforderungen ist ihnen dann nicht eingeräumt. Zulässig ist ein Außerachtlassen der Soll-Voraussetzungen nur, wenn ein atypischer Fall vorliegt (OVG Münster OVGE 41, 173, 174). Die Notwendigkeit der Atypik ist eine Tatbestandsvoraussetzung, die voller gerichtlicher Kontrolle unterliegt und ein Abweichungsermessen erst eröffnet. Bevor daher von der Einhaltung der Voraussetzungen des § 20 S. 2 bzw. des § 33 Nr. 4 GVG abgesehen werden kann, ist zunächst positiv das Gegebensein eines atypischen Falles festzustellen. Der bloße Irrtum über die Erfüllung der Soll-Anforderungen genügt insoweit nicht (OVG Münster OVGE 35, 301, 302). Wann die Annahme eines atypischen Falles gerechtfertigt ist, ist nach dem Zweck der jeweiligen Bestimmung zu beurteilen; entscheidend ist, dass deren Sinngehalt bei Anwendung auf den konkreten Fall verfehlt würde.[4] Das bei Vorliegen der Atypik eröffnete Abweichungsermessen ist hingegen nur in den Grenzen des § 114 kontrollierbar. Zu den Rechtsfolgen einer unzulässigen Abweichung von einer Soll-Anforderung → Rn. 17.

1. Eigenschaft als Deutscher. Zwingende Voraussetzung ist die Eigenschaft als Deutscher (§ 20 S. 1)   7 (zu den Folgen eines Verstoßes → Rn. 16). Wer Deutscher i.d.S. ist, bestimmt sich nach Art. 116 Abs. 1 GG. Der Besitz einer weiteren Staatsangehörigkeit steht einer Berufung zum ehrenamtlichen Richter nicht entgegen.[5] Keine Voraussetzung ist die Kenntnis der deutschen Sprache.[6] Deren Unkenntnis darf deshalb auch nicht bei der Aufstellung der Vorschlagslisten nach § 28 und der Wahl durch den Ausschuss nach § 29 zulasten des Betroffenen berücksichtigt werden.[7] Beherrscht der ehrenamtliche Richter die deutsche Sprache nicht in einer Weise, die eine Erfüllung der ihm nach § 19 obliegenden Aufgaben ermöglicht (→ § 19 Rn. 17 ff.), so ist nach § 185 GVG ein Dolmetscher zuzuziehen (→ § 55 Rn. 59). Mangelnde sprachliche Fähigkeiten sind weder besonderer Härtefall i.S.v. §§ 23 Abs. 2, 24 Abs. 2 noch Entlassungsgrund nach § 24 Abs. 1 Nr. 4.

2. Mindestaltererfordernis. Das Mindestaltererfordernis des § 20 S. 2 Hs. 1 verlangt, dass der ehren-   8 amtliche Richter das 25. Lebensjahr vollendet haben muss (zum maßgeblichen Zeitpunkt → Rn. 14 f.). Die Grenze, die mit Wirkung ab 1.1.2005 an die für ehrenamtliche Richter in anderen Gerichtsbarkeiten geltende angeglichen worden ist (zur Änderung des § 20 S. 2 → Rn. 1),[8] gilt über § 34 auch für die ehrenamtlichen Richter beim OVG. Ihr Zweck besteht darin, das legitimatorische Motiv für die Beteiligung ehrenamtlicher Richter, die Fruchtbarmachung der nichtjuristischen Wertung für die Rechtsanwendung (→ § 19 Rn. 7), durch an die Person des Laienrichters gestellte Anforderungen abzusichern. Es muss von dem ehrenamtlichen Richter erwartet werden, dass die von ihm getroffene Wertung auf einem Mindestmaß an Lebenserfahrung beruht (vgl. OVG Münster OVGE 35, 301, 302). Das Gesetz typisiert insoweit zulässigerweise, ohne dass es auf die tatsächliche Lebenserfahrung des Betreffenden ankommt. Unter Beachtung dessen ist die Möglichkeit einer Abweichung von der Soll-Anforderung des Mindestalters kaum denkbar (gegen jede Abweichungsmöglichkeit wohl OVG Münster OVGE 35, 301, 302 f.). Die Vollendung des 25. Lebensjahres erst kurz nach dem nach § 20 maßgeblichen Zeitpunkt (→ Rn. 14 f.) rechtfertigt allein nicht die Annahme eines atypischen Falles, da sonst der in der lebensalterbezogenen Typisierung bestehende Sinngehalt des § 20 S. 2 Hs. 1 unterlaufen würde (zu den Voraussetzungen eines atypischen Falles → Rn. 6). Hinzutreten müssen vielmehr noch besondere Umstände, etwa dergestalt, dass ohne die Abweichung nicht genügend geeignete Kandidaten für das Amt des ehrenamtlichen Richters zur Verfügung stehen würden. Eine Höchstaltersgrenze wie nach § 33 Nr. 2 GVG besteht für ehrenamtliche Richter in der Verwaltungsgerichtsbarkeit nicht (→ Rn. 4 f.). Die Vollendung des fünfundsechzigsten Lebensjahres berechtigt allerdings gem.

---

4 Vgl. BVerwGE 12, 284, 285; 20, 117, 118; 56, 220, 223; 78, 101, 105; 84, 278, 284 f.; Kommentierung zu § 114.
5 Vgl. für Schöffen *Kissel/Mayer* § 31 Rn. 10; für die ehrenamtlichen Richter in der Sozialgerichtsbarkeit W. *Keller*, in: Meyer-Ladewig/Keller/Leitherer § 16 Rn. 3.
6 Vgl. RGSt 30, 399, 400; *Kissel/Mayer* § 31 Rn. 11. A.M. LG Bielefeld NJW 2007, 3014.
7 A.M. F. *Wittreck*, in: Gärditz § 20 Rn. 4.
8 Vgl. die Begründung zum Bundesratsentwurf eines Gesetzes zur Vereinfachung und Vereinheitlichung der Verfahrensvorschriften zur Wahl und Berufung ehrenamtlicher Richter, BT-Drs. 15/411, 10.

§ 23 Abs. 1 Nr. 6 zur Ablehnung der Berufung zum ehrenamtlichen Richter bzw. zur Entbindung vom Amt auf Antrag des Betroffenen nach § 24 Abs. 1 Nr. 3, Abs. 3 S. 1 i.V.m. § 23 Abs. 1 Nr. 6.

9   **3. Wohnsitz innerhalb des Gerichtsbezirks.** Die Voraussetzung der Innehabung des Wohnsitzes innerhalb des Gerichtsbezirkes ist ebenfalls eine Soll-Anforderung. Da die Beteiligung ehrenamtlicher Richter an der Rspr. nicht unter demokratischen Gesichtspunkten erfolgt (→ § 19 Rn. 8), ist das Wohnsitzerfordernis nicht Ausdruck der demokratischen Mitwirkung der Bevölkerung.[9] Ebenso wenig soll es sicherstellen, dass der ehrenamtliche Richter mit den örtlichen Gegebenheiten des Gerichtsbezirks vertraut ist.[10] Denn die Notwendigkeit eines solchen Vertrautseins mit den lokalen Besonderheiten wäre eine Anforderung, die im objektiven Verfahrensinteresse einer möglichst sachgerechten Mitwirkung des ehrenamtlichen Richters statuiert wäre. Ihr könnte ein Laienrichter, der nach seiner Wahl in das Amt seinen Wohnsitz aus dem Gerichtsbezirk verlegt, während der vollen Dauer der Wahlperiode i.S.d. § 25 kaum noch genügen. Es wäre deshalb im objektiven Verfahrensinteresse geboten gewesen, die Möglichkeit der Entbindung jenes Laienrichters von seinem Amt ex officio zu eröffnen. § 24 Abs. 3 erlaubt jedoch für diesen Fall gerade keine Amtsentbindung auf Antrag des Präsidenten des VG, sondern nur auf Antrag des ehrenamtlichen Richters. Dies zeigt, dass die Möglichkeit der Entlassung bei Aufgabe des Wohnsitzes im Gerichtsbezirk ausschließlich im Interesse des Betroffenen besteht. Das Wohnsitzerfordernis ist demnach dem Ziel verpflichtet, dass der ehrenamtliche Richter das VG aus einer zumutbaren Entfernung erreichen kann und dadurch seine Heranziehung zur Mitwirkung i.S.d. § 19 ohne Erschwerungen möglich ist (i.d.S. § 18 Abs. 3 S. 2 SGG; OVG Münster OVGE 41, 173, 174).

10   Die Abgrenzung des Gerichtsbezirks des jeweiligen VG erfolgt nach § 3 Abs. 1 durch Gesetz. Der Begriff des *Wohnsitzes* bestimmt sich nach § 7 BGB.[11] Entscheidend ist mithin, dass der (künftige) ehrenamtliche Richter sich an einem Ort innerhalb des Gerichtsbezirks ständig niedergelassen hat. Ausweislich des § 7 Abs. 2 BGB ist die Voraussetzung auch erfüllt, wenn sich nur einer von mehreren Wohnsitzen im Gerichtsbezirk befindet. Eine Identifizierung des Wohnsitzes mit der Hauptwohnung i.S.d. Melderechts ist nicht möglich. Überdies weicht § 20 S. 2 explizit von den Voraussetzungen für die Berufung von ehrenamtlichen Richtern in anderen Gerichtsbarkeiten ab, welche wie §§ 16 Abs. 6 SGG oder 33 Nr. 3 GVG auf das *Wohnen* des Laienrichters in dem beschriebenen Gebiet abstellen. Demgegenüber verwendet § 20 S. 2 gerade den Rechtsbegriff des *Wohnsitzes*.

11   Ebenso wenig ergibt sich eine Beschränkung auf die Hauptwohnung aus § 21 Nr. 4 i.V.m. dem Wahlrecht des jeweiligen Bundeslandes. Die Ausschlussgründe des § 21 knüpfen an ein Verhalten des Betreffenden an, das zur Reaktion eines von der Rechtsordnung dazu berufenen Organs führt (→ § 21 Rn. 8). § 21 Nr. 3 erfasst deshalb nicht den Fall, dass der Kandidat für das Amt des ehrenamtlichen Richters seinen Hauptwohnsitz außerhalb des Bundeslandes hat (→ § 21 Rn. 8). Der in § 20 S. 2 Hs. 2 verwendete Begriff des Wohnsitzes deckt mithin zwar alle von § 7 BGB gemeinten Konstellationen ab, ist jedoch die einzige vom Gesetz zugelassene Bindung des ehrenamtlichen Richters in der allgemeinen Verwaltungsgerichtsbarkeit an den Gerichtsbezirk. Die für ehrenamtliche Richter in anderen Gerichtsbarkeiten zugelassenen anderen örtlichen Beziehungen zum Gerichtsbezirk wie die gewerbliche oder berufliche Niederlassung (§ 17 S. 2 FGO), der Betriebssitz oder die Beschäftigungsstelle (§ 16 Abs. 6 SGG) oder die Innehabung einer Handelsniederlassung (§ 109 Abs. 2 S. 1 Nr. 2 GVG) können nach § 20 S. 2 keine Berücksichtigung finden.

12   Die bis dahin in § 20 S. 2 enthaltene weitere Voraussetzung, dass der ehrenamtliche Richter während des letzten Jahres vor seiner Wahl seinen Wohnsitz innerhalb des Gerichtsbezirks gehabt haben musste, ist durch das Gesetz vom 21.12.2004 aufgehoben worden (→ Rn. 1). Im Hinblick auf die erhöhte Mobilität der Bevölkerung sollte die Streichung dieses Erfordernisses die Gewinnung geeigneter Kandidaten für das Amt des ehrenamtlichen Richters erleichtern.[12] Sofern ein atypischer Fall vorliegt, kann von der Soll-Anforderung des § 20 S. 2 Hs. 2 abgewichen werden. Der Sinngehalt des Wohnsitzerfordernisses würde in all den Konstellationen verfehlt (zu den Voraussetzungen der Atypik

9   A.M. *P. Stelkens/N. Panzer*, in: Schoch/Schneider/Bier § 20 Rn. 3.
10   A.M. OVG Münster OVGE 41, 173; *P. Stelkens/N. Panzer*, in: Schoch/Schneider/Bier § 20 Rn. 3.
11   *J. Albers*, MDR 1984, 888, 889.
12   Begründung des Bundesratsentwurfs eines Gesetzes zur Vereinfachung und Vereinheitlichung der Verfahrensvorschriften zur Wahl und Berufung ehrenamtlicher Richter, BT-Drs. 15/411, 8 und 10.

→ Rn. 6), in denen eine Ortsbindung des Betreffenden an den Gerichtsbezirk in anderer als der von §20 S. 2 Hs. 2 typisierten Weise festgestellt werden kann. Eine unmittelbare Nähe eines außerhalb des Gerichtsbezirks befindlichen Wohnsitzes zum Sitz des Gerichts genügt allein für die Annahme der Atypik ebenso wenig wie eine berufliche Tätigkeit des ehrenamtlichen Richters innerhalb des Gerichtsbezirks (weiter gehend wohl OVG Münster OVGE 41, 173, 174). Mindestvoraussetzung ist, dass während der Amtszeit des ehrenamtlichen Richters überhaupt ein Wohnsitz im Gerichtsbezirk bestanden hat. Sind diese Voraussetzungen erfüllt, so steht es der Feststellung eines atypischen Falles nicht entgegen, dass der Betreffende seinen Wohnsitz aus dem Bundesland, in dem der Gerichtsbezirk liegt, in ein anderes Bundesland verlegt hat.

IV. Für die Erfüllung der Voraussetzungen maßgeblicher Zeitpunkt

Hinsichtlich des für die Erfüllung der Voraussetzungen maßgeblichen Zeitpunkts traf §20 für das 13 Wohnsitzerfordernis eine eindeutige Aussage: Ausschlaggebend war der Tag der Wahl des ehrenamtlichen Richters; die Jahresfrist war von diesem Tag rückzurechnen. Inwieweit sich durch die Änderung des §20 S. 2 hieran etwas geändert hat, ist unklar. Einerseits stellt die Begründung des Bundesratsentwurfs eines Gesetzes zur Vereinfachung und Vereinheitlichung der Verfahrensvorschriften zur Wahl und Berufung ehrenamtlicher Richter darauf ab, dass „auf das Erfordernis, wonach ein Bewerber vor seiner Aufnahme in die *Vorschlagsliste* bereits ein Jahr in der Gemeinde gewohnt haben soll", verzichtet wird (BT-Drs. 15/411, 8 [Hervorhebung nicht im Original]). Offenbar handelt es sich hierbei jedoch um ein redaktionelles Versehen, das der beabsichtigten Angleichung an §33 Nr. 3 GVG geschuldet ist. Denn nach dieser Bestimmung kommt es ausdrücklich auf den Zeitpunkt der Aufstellung der Vorschlagsliste an. Die Regelung des §20 S. 2 a.F. war jedoch eindeutig eine andere, stellte sie doch explizit auf den Zeitpunkt der Wahl des ehrenamtlichen Richters ab. Wenngleich die Bezugnahme auf den Zeitpunkt der Wahl aus §20 S. 2 gestrichen wurde, wird man diesen Zeitpunkt allerdings weiter für maßgeblich halten müssen.[13] Denn andererseits hebt die genannte Entwurfsbegründung hervor, dass es für die ehrenamtlichen Richter „zukünftig ausreichen (soll), während ihrer *Amtszeit* im Bezirk des Verwaltungsgerichts zu wohnen" (BT-Drs. 15/411, 10 [Hervorhebung nicht im Original]). Die Amtszeit des ehrenamtlichen Richters aber beginnt mit der Berufung in das Amt, die durch die den Anforderungen des §29 Abs. 1 genügende Wahl erfolgt (→ §29 Rn. 5).

Für die beiden anderen in §20 genannten Anforderungen, die Deutscheneigenschaft und die Voll- 14 endung des 25. Lebensjahres, enthält die Bestimmung keine explizite Regelung. Dass bei der Aufstellung der Vorschlagsliste auch insoweit eine Beschäftigung mit der Frage geboten ist, ob die genannten Voraussetzungen vorliegen bzw. vorliegen werden, entbindet nicht von der Untersuchung, welcher Zeitpunkt für das Vorliegen abschließend maßgeblich ist. Die Prozessordnungen anderer Gerichtsbarkeiten enthalten sich überwiegend ebenfalls einer Aussage darüber, wann den entsprechenden Anforderungen an den ehrenamtlichen Richter genügt sein muss (vgl. §§ 17 FGO, 16 Abs. 1 SGG). Andere Verfahrensgesetze stellen auf den Zeitpunkt der Ernennung (§109 Abs. 1 GVG) oder der Berufung (§21 Abs. 1 ArbGG) ab. Von besonderer Bedeutung ist §33 Nr. 1 GVG, der hinsichtlich des Lebensalterserfordernisses für Schöffen den Beginn der Amtsperiode für entscheidend erklärt. In Anlehnung an diese Vorschrift wird zuweilen vertreten, maßgeblicher Zeitpunkt sei auch nach §20 der Beginn der Amtsperiode (OVG Münster OVGE 35, 301, 302). Ganz überwiegend wird allerdings davon ausgegangen, dass wie für das Wohnsitzerfordernis ausschlaggebend der Zeitpunkt der Wahl ist.[14]

Eine Lösung ist über §24 Abs. 1 Nr. 1 zu suchen, wonach ein ehrenamtlicher Richter u.a. dann von 15 seinem Amt zu entbinden ist, wenn er nach §20 nicht *berufen* werden konnte. Maßgebend für die Folgen eines anfänglichen Fehlens der Voraussetzungen des §20 ist demnach der Zeitpunkt der Berufung (HmbOVG NVwZ-RR 2009, 276). Da in der allgemeinen Verwaltungsgerichtsbarkeit nicht allgemein ein besonderes Ehrenrichterverhältnis besteht, in das der ehrenamtliche Richter – etwa durch Aushändigung einer Ernennungsurkunde – berufen werden könnte (→ §19 Rn. 13), erfolgt die Berufung des Laienrichters durch den Wahlakt selbst.[15] Maßgeblicher Zeitpunkt, zu dem die Voraussetzungen erfüllt sein müssen, ist mithin für alle in §20 formulierten Anforderungen einheitlich die

---

13 So jetzt auch HmbOVG NVwZ-RR 2009, 276.
14 *J. Albers*, MDR 1984, 888; *H. Geiger*, in: Eyermann §20 Rn. 5.
15 *J. Albers*, MDR 1984, 888.

Wahl. Für das Lebensalterserfordernis reicht es nach § 187 Abs. 2 BGB aus, wenn der 25. Geburtstag auf den Tag der Wahl zum ehrenamtlichen Richter fällt.

V. Rechtsfolgen des Fehlens der Voraussetzungen

16 Die Rechtsfolgen des Fehlens von Voraussetzungen, die § 20 an den ehrenamtlichen Richter stellt, sind differenzierend zu betrachten. Klarheit muss zunächst darüber herrschen, dass entscheidend für die Frage, ob eine Voraussetzung fehlt oder vorliegt, *ausschließlich* der Zeitpunkt der Wahl des Laienrichters und nicht alternativ die Zeit der Aufstellung der Vorschlagslisten ist.[16] Wird der Anforderung zum Zeitpunkt der Wahl nicht genügt, so ist eine spätere Heilung ausgeschlossen.[17] Umgekehrt ändert es an der Erfüllung der Voraussetzungen des § 20 nichts, wenn die Voraussetzung nach der Wahl wieder entfällt. Gleichwohl erfolgt auch in diesem Fall eine Abberufung des ehrenamtlichen Richters nach § 24 Abs. 1 Nr. 1 Alt. 2 (→ § 24 Rn. 4). Als gesichert darf weiterhin gelten, dass ein Verstoß gegen die Muss-Anforderung des § 20 S. 1 nicht folgenlos bleibt. Nach der Konzeption des § 24 Abs. 1 Nr. 1 bestehen die bei der Wahl eines Nichtdeutschen zum ehrenamtlichen Verwaltungsrichter eintretenden Folgen allerdings nicht in der Nichtigkeit der Berufung mit der Konsequenz einer nicht vorschriftsgemäßen Besetzung des Gerichts.[18] Der von der Gegenauffassung begründend gegebene Hinweis auf § 18 Abs. 2 Nr. 1 DRiG[19] verfängt nicht. Ausweislich des § 2 DRiG gilt § 18 DRiG nur für Berufsrichter. Die Voraussetzungen für die Berufung und die Abberufung eines ehrenamtlichen Richters sind nach § 44 DRiG für die jeweilige Fachgerichtsbarkeit gesetzlich festzulegen. Diese Entscheidung des Gesetzgebers würde in ihr Gegenteil verkehrt, wollte man gleichwohl § 18 DRiG entsprechend auf ehrenamtliche Richter anwenden. Vielmehr ist bei der Nichtbeachtung des § 20 S. 1 ein Verfahren zur Entbindung des ehrenamtlichen Richters von seinem Amt nach § 24 Abs. 1 Nr. 1 Alt. 1 durchzuführen, welches gem. § 24 Abs. 3 S. 1 durch einen Antrag des Präsidenten des VG eingeleitet wird und mit einer Entscheidung des OVG endet. Diese Entscheidung spricht auch für den Fall des § 24 Abs. 1 Nr. 1 Alt. 1 i.V.m. § 20 S. 1 mit rechtsgestaltender Wirkung die Entbindung des Laienrichters von seinem Amt aus. Sie wirkt demgemäß konstitutiv, sodass die Kammer bis zur Bekanntgabe der Entscheidung des OVG nicht unrichtig besetzt ist.[20]

17 Eine Außerachtlassung der Soll-Anforderungen des § 20 S. 2 soll nach einer in der Lit. vertretenen Ansicht keinerlei prozessuale und weitere rechtliche Konsequenzen zeitigen, insbes. keine Amtsentbindung nach § 24 Abs. 1 Nr. 1 Alt. 1 ermöglichen.[21] Eine Begründung für diese Behauptung ist nicht erkennbar und wohl auch nicht erbringbar. Normstrukturell verkennt die genannte Auffassung vollständig, dass das „Soll" ein „Muss" bedeutet, wenn nicht ein atypischer Fall vorliegt. Ist deshalb für den Zeitpunkt der Wahl keine Atypik feststellbar, die eine Abweichung von den Soll-Anforderungen zulässt, so ist der ehrenamtliche Richter auf Antrag des Präsidenten des VG nach § 24 Abs. 1 Nr. 1 Alt. 1, Abs. 3 S. 1 von seinem Amt zu entbinden (OVG Münster OVGE 35, 301, 302; 41, 173). Die Feststellung, dass ein atypischer Fall gegeben ist, ist vom OVG im Verfahren nach § 24 Abs. 3 in vollem Umfang überprüfbar (→ Rn. 6). Maßgeblicher Zeitpunkt für das Vorliegen der Atypik ist die Wahl des ehrenamtlichen Richters (→ Rn. 13 ff.). Treten die Annahme eines atypischen Falles rechtfertigende Umstände nach der Wahl, aber vor der Entscheidung nach § 24 Abs. 3 ein, so darf das OVG sie nicht berücksichtigen. Wegen der konstitutiven Wirkung des Entbindungsbeschlusses nach § 24 Abs. 3 i.V.m. Abs. 1 Nr. 1 ist das Gericht bis zu dieser Entscheidung auch bei Mitwirkung des unter Nichtbeachtung der Soll-Anforderungen des § 20 S. 2 gewählten ehrenamtlichen Richters ordnungsgemäß besetzt (→ Rn. 16).[22]

---

16 *J. Albers*, MDR 1984, 888. A.M. *P. Stelkens/N. Panzer*, in: Schoch/Schneider/Bier § 20 Rn. 8.
17 *J. Albers*, MDR 1984, 888. A.M. für die Sozialgerichtsbarkeit *W. Keller*, in: Meyer-Ladewig/Keller/Leitherer § 22 Rn. 5.
18 A.M. *M. Redeker*, in: Redeker/v. Oertzen § 20 Rn. 2.
19 So *M. Redeker*, in: Redeker/v. Oertzen § 20 Rn. 2.
20 *J. Albers*, MDR 1984, 888, 890.
21 So *J. Albers*, MDR 1984, 888; *Kopp/Schenke* § 20 Rn. 3.
22 OVG Münster OVGE 35, 301, 302 f.; für § 33 GVG *Kissel/Mayer* § 33 Rn. 10.

§ 21 [Ausschluss vom Ehrenamt]

(1) Vom Amt des ehrenamtlichen Richters sind ausgeschlossen

1. Personen, die infolge Richterspruchs die Fähigkeit zur Bekleidung öffentlicher Ämter nicht besitzen oder wegen einer vorsätzlichen Tat zu einer Freiheitsstrafe von mehr als sechs Monaten verurteilt worden sind,
2. Personen, gegen die Anklage wegen einer Tat erhoben ist, die den Verlust der Fähigkeit zur Bekleidung öffentlicher Ämter zur Folge haben kann,
3. Personen, die nicht das Wahlrecht zu den gesetzgebenden Körperschaften des Landes besitzen.

(2) Personen, die in Vermögensverfall geraten sind, sollen nicht zu ehrenamtlichen Richtern berufen werden.

§ 44a DRiG Hindernisse für Berufungen als ehrenamtliche Richter

(1) Zu dem Amt eines ehrenamtlichen Richters soll nicht berufen werden, wer
1. gegen die Grundsätze der Menschlichkeit oder der Rechtsstaatlichkeit verstoßen hat oder
2. wegen einer Tätigkeit als hauptamtlicher oder inoffizieller Mitarbeiter des Staatssicherheitsdienstes der ehemaligen Deutschen Demokratischen Republik im Sinne des § 6 Abs. 4 des Stasi-Unterlagen-Gesetzes vom 20. Dezember 1991 (BGBl. I S. 2272) oder als diesen Mitarbeitern nach § 6 Abs. 5 des Stasi-Unterlagen-Gesetzes gleichgestellte Person für das Amt eines ehrenamtlichen Richters nicht geeignet ist.
(2) Die für die Berufung zuständige Stelle kann zu diesem Zweck von dem Vorgeschlagenen eine schriftliche Erklärung verlangen, dass bei ihm die Voraussetzungen des Absatzes 1 nicht vorliegen.

Schrifttum

M. *App*, Abberufung ehrenamtlicher Finanzrichter wegen Eröffnung eines Konkursverfahrens über ihr Vermögen?, DStZ 1987, 464; *ders.*, Auswirkungen der Konkurseröffnung auf die Fähigkeit zum Amt des ehrenamtlichen Sozialrichters, SGb 1990, 486; *ders.*, Warum Ausschluß von Gemeinschuldnern vom Amt des ehrenamtlichen Verwaltungsrichters?, VR 1991, 154; *T. Cremer*, Gesetzliche Regelung zur Überprüfung ehrenamtlicher Richter, DRiZ 1992, 342; *H. Frehse*, Die Mitgliedschaft eines ehrenamtlichen Richters in einer verfassungsfeindlichen Partei, NZA 1993, 915; *H. Möller*, Amtsaufhebung von Laienrichtern als Folge von Maßnahmen der Staatsanwaltschaft, MDR 1965, 534.

I. Entstehung und Entwicklung der Norm

Die ursprüngliche Fassung des Regierungsentwurfs einer VwGO (BT-Drs. 3/55) wurde unverändert [1] übernommen. Durch Art. V Nr. 10 des Gesetzes zur Änderung der Bezeichnungen der Richter und ehrenamtlichen Richter und der Präsidialverfassung der Gerichte vom 26.5.1972 (BGBl I 841) wurde zur Vereinheitlichung der Richterbezeichnungen in allen Gerichtszweigen die Bezeichnung des ehrenamtlichen Verwaltungsrichters durch die des ehrenamtlichen Richters ersetzt. Eine Anpassung an die Reform des Strafrechts erfolgte durch Art. 46 des ersten Strafrechtsreformgesetzes vom 25.6.1969 (BGBl I 645). Die Nr. 3 wurde durch Art. 27 des Einführungsgesetzes zur Insolvenzordnung vom 5.10.1994 (BGBl I 2911) mit Wirkung vom 1.1.1999 gestrichen und Abs. 2 neu eingefügt.

II. Normzweck

Der Normzweck des § 21 besteht darin, Personen vom Amt des ehrenamtlichen Richters fernzuhalten, [2] die sich durch ihr Verhalten (→ § 20 Rn. 3) als ungeeignet erwiesen haben, das Amt auszuüben. Nach überwiegender Ansicht stellt § 21 eine abschließende Regelung der Gründe für den Ausschluss vom Amt des ehrenamtlichen Richters dar.[1] Demgegenüber ist nach einer Auffassung in der arbeitsgerichtlichen Lit. in der fehlenden Verfassungstreue ein weiterer Ausschlussgrund zu sehen: Trete die vorgeschlagene Person nicht für die freiheitliche demokratische Grundordnung ein, fehle es ihr an der Eignung zur Ausübung des Ehrenamts. Nicht ausreichend ist jedoch auch nach dieser Auffassung die Zugehörigkeit zu einer Partei mit verfassungswidriger Zielsetzung.[2] Dogmatisch wird dieser Ansatz mit der Verweisung der Landesrichtergesetze auf die Vorschriften über die Ehrenbeamten in den Landes-

---

1 *H. Geiger*, in: Eyermann § 21 Rn. 1; für die entsprechende Regelung des § 21 ArbGG: LAG Hamm NJW 1993, 281 u. NZA 1993, 476.
2 *H. Frehse*, NZA 1993, 915, 916.

beamtengesetzen begründet.[3] Dies vermag nicht zu überzeugen. Der ehrenamtliche Richter ist kein Ehrenbeamter i.S.d. § 5 BeamtStG (→ § 19 Rn. 13). Fehlt es an einer landesrechtlichen Verweisungsnorm, so finden die Vorschriften über die Ehrenbeamten dementsprechend keine Anwendung.[4] Die Konsequenz wären unterschiedliche Ausschlusskriterien in den einzelnen Bundesländern. Zudem erscheint es aus kompetenzrechtlichen Gründen bedenklich, wenn ein Landesgesetzgeber die Ausschließungsgründe der aufgrund der konkurrierenden Gesetzgebungskompetenz (Art. 74 Abs. 1 Nr. 1 GG) erlassenen VwGO durch Landesgesetz ergänzt. In Anbetracht der jeweils besonders normierten Vorbehalte landesgesetzlicher Regelungen ist grds. von einem abschließenden Charakter der VwGO auszugehen.[5] Zudem ergibt sich aus den §§ 20, 21, 24 ein geschlossenes System von Ausschließungs- und Entbindungsgründen. Das geltende Recht bietet keine Handhabe, an eine verfassungsfeindliche Betätigung in der Vergangenheit eine Zugangsverweigerung zu knüpfen. Hiervon ist die Frage zu trennen, inwieweit das Eintreten für verfassungswidrige Zielsetzungen *während* der Amtszeit eine Amtspflichtverletzung i.S.d. § 24 Abs. 1 Nr. 2 darstellt (→ § 24 Rn. 6 f.).

III.   Die einzelnen Ausschlussgründe

3   **1. Verlust der Fähigkeit zur Bekleidung öffentlicher Ämter.** Der Verlust der Fähigkeit zur Bekleidung öffentlicher Ämter infolge Richterspruchs tritt als Nebenfolge einer strafrechtlichen Verurteilung wegen eines Verbrechens zu einer Freiheitsstrafe von mindestens einem Jahr kraft Gesetzes für die Dauer von 5 Jahren ein (§ 45 Abs. 1 StGB). In diesen Fällen ist die Fähigkeit für die Dauer von 5 Jahren verloren, ohne dass es einer ausdrücklichen Erwähnung im Tenor bedarf.[6] Ausreichend ist eine Verurteilung wegen Versuchs, Teilnahme oder strafbarer Vorbereitung (§ 30 StGB), da auch diese Begehungsformen Verbrechen darstellen.[7] Bei einer Gesamtstrafe ist entscheidend, ob eine Einzelstrafe die Höhe von einem Jahr erreicht.[8] Daneben kann das Strafgericht in den gesetzlich ausdrücklich vorgesehenen Fällen (§§ 92 a, 101, 102 Abs. 2, 109 i, 129 a Abs. 8, 264 Abs. 6, 358 StGB) neben einer Verurteilung die Fähigkeit zur Bekleidung öffentlicher Ämter für die Dauer von 2-5 Jahren aberkennen (§ 45 Abs. 2 StGB). Wirksam wird der Verlust mit Eintritt der Rechtskraft des Urteils (§ 45 a Abs. 1 StGB), wobei die Dauer von dem Tag an gerechnet wird, an dem die Hauptfreiheitsstrafe, neben der der Verlust ausgesprochen wurde, verbüßt, verjährt oder erlassen ist oder sich eine zusätzlich angeordnete Maßregel der Sicherung und Besserung erledigt hat (§ 45 a Abs. 2 StGB). Die Fähigkeit zur Bekleidung öffentlicher Ämter kann dem Verurteilten vorzeitig unter den Voraussetzungen des § 45 b StGB wiederverliehen werden. Sie kann nach § 39 Abs. 2 BVerfGG auch vom BVerfG als Nebenfolge zur Verwirkung von Grundrechten für die Dauer der Verwirkung aberkannt werden.

4   **2. Verurteilung zu einer Freiheitsstrafe.** Im Falle einer Verurteilung wegen vorsätzlicher Tat zu einer Freiheitsstrafe von mehr als 6 Monaten ist die Berufung zum ehrenamtlichen Richter nach § 21 Nr. 1 ebenfalls ausgeschlossen. Als Freiheitsstrafe ist auch eine Jugendstrafe nach § 17 JGG anzusehen.[9] Die Verurteilung muss rechtskräftig sein.[10] Hiergegen kann weder der Wortlaut der Norm, der nur von einer Verurteilung spricht, noch das Fehlen einer dem § 45 a Abs. 1 StGB entsprechenden Regelung eingewandt werden. Aus der in § 24 Abs. 5 normierten Rehabilitierungsmöglichkeit im Falle des § 21 Nr. 2 ist das Erfordernis der rechtskräftigen Verurteilung zu entnehmen. Wäre der Gesetzgeber davon ausgegangen, dass bereits die Verurteilung als Ausschlussgrund genügte, hätte die Normierung einer entsprechenden Rehabilitierungsmöglichkeit bei erfolgreichem Rechtsmittel nahegelegen.

5   Umstr. ist, ob der Verurteilte auch bei einer Strafaussetzung zur Bewährung vom Amt des ehrenamtlichen Richters ausgeschlossen ist.[11] Hierfür spricht der Wortlaut des § 21 Nr. 1 Hs. 2, der lediglich auf die Verurteilung abstellt. Eine teleologische Auslegung führt zu einem anderen Ergebnis: Der Sinn und

---

3 Vgl. *H. Frehse*, NZA 1993, 915, 916 ff.
4 Vgl. *Schmidt-Räntsch* § 44 Rn. 7.
5 Vgl. *C. Degenhart*, in: Sachs Art. 72 Rn. 28.
6 *L. Hirsch*, in: LK § 45 Rn. 10.
7 *L. Hirsch*, in: LK § 45 Rn. 11.
8 *L. Hirsch*, in: LK § 45 Rn. 12.
9 OVG Bln-Bbg 13.8.2012 – 4 E 11.12, juris Rn. 2
10 *Kissel/Mayer* § 32 Rn. 4; *M. Schmid*, in: Hübschmann/Hepp/Spitaler § 18 FGO Rn. 5.
11 Bejahend ohne Begründung *Kissel/Mayer* § 32 Rn. 4; *M. Schmid*, in: Hübschmann/Hepp/Spitaler § 18 FGO Rn. 6; *F. Wittreck*, in: Gärditz § 21 Rn. 3.

Zweck des § 21 Nr. 1 Hs. 2 besteht darin, solche Personen vom Richteramt fernzuhalten, die sich durch vorsätzliche Gesetzesverstöße als ungeeignet erwiesen haben, Recht zu sprechen. Sanktionscharakter kommt ihm nicht zu. Die Ableitung der mangelnden charakterlichen Eignung aus der bewussten Auflehnung gegen die Rechtsordnung wird durch die positive Sozialprognose des Strafrichters im Falle einer Strafaussetzung zur Bewährung infrage gestellt. Dem Verurteilten wird prognostiziert, dass er in Zukunft ein Leben ohne Straftaten führen wird. Dem Schluss von dem Verhalten in der Vergangenheit auf die zukünftige Eignung zur Ausübung des Ehrenamts wird dadurch die Grundlage entzogen. Ein Blick auf § 45 StGB bestätigt das gefundene Ergebnis. Nach § 45 b StGB kann die Fähigkeit zur Bekleidung öffentlicher Ämter vorzeitig wiederverliehen werden. Weist der Verurteilte eine positive Sozialprognose auf, so soll ihm mit der vorzeitigen Wiederverleihung die Resozialisierung erleichtert werden. Der Gesetzgeber misst dem Resozialisierungsinteresse des Verurteilten auch im Zusammenhang mit der Ausübung eines öffentlichen Amts Bedeutung zu. Wie aus den tatbestandlichen Voraussetzungen ersichtlich, schließt er von einer positiven Sozialprognose auf die Eignung zur Ausübung eines öffentlichen Amts. Aus welchem Grund dann bei der Verhängung einer Bewährungsstrafe, die gerade eine positive Sozialprognose voraussetzt, das Resozialisierungsinteresse des Verurteilten zurückstehen soll, ist nicht ersichtlich.

Ausreichend ist die Verurteilung zu einer Gesamtstrafe für vorsätzliche Taten, auch wenn keine der 6 Einzelstrafen 6 Monate erreicht.[12] Denn Sinn und Zweck der Regelung ist es, solche Personen vom ehrenamtlichen Richteramt fernzuhalten, die sich durch vorsätzliche Gesetzesverstöße mit einiger Intensität als ungeeignet erwiesen haben.[13] Die Intensität kann sich hierbei auch aus mehreren Einzelverstößen ergeben. Fahrlässige Taten bleiben immer unberücksichtigt, sodass bei einer Gesamtstrafenbildung aus vorsätzlichen und fahrlässigen Delikten Unsicherheiten auftreten können, ob die vorsätzlichen Taten einen Anteil von 6 Monaten an der Gesamtstrafe ausmachen.[14] Bei Fehlen anderer Anhaltspunkte ist im Interesse der Rechtsklarheit eine mathematische Verhältnisrechnung vorzunehmen.[15] Mit Tilgung der Strafe im Strafregister entfällt dieser Ausschlussgrund, denn nach Tilgung darf die Strafe gem. § 51 BZRG nicht mehr zum Nachteil des Betroffenen verwertet werden.[16]

3. Erhebung der Anklage. Mit Erhebung der Anklage (§ 151 StPO) wegen einer Tat, die den Verlust 7 der Fähigkeit zur Bekleidung öffentlicher Ämter zur Folge haben *kann*,[17] liegt ein Ausschlussgrund nach § 21 Nr. 2 in der Person des Angeklagten vor. Entscheidend ist die abstrakte Möglichkeit der Aberkennung und nicht, ob mit ihr im konkreten Fall zu rechnen ist.[18] Bei einer Anklageerhebung wegen eines Verbrechens ist dieses stets der Fall. Im Übrigen kommt es darauf an, ob die Verwirklichung des angeklagten Straftatbestandes zu einer Aberkennung der Fähigkeit zur Bekleidung öffentlicher Ämter führen kann (→ Rn. 3). Staatsanwaltliche Ermittlungen gem. § 160 Abs. 1 StPO oder eine gerichtliche Voruntersuchung (§§ 162, 168 c, 168 d, 169 StPO) reichen nicht aus.[19] Nicht notwendig ist die Eröffnung des Hauptverfahrens (§§ 199, 203 StPO). Der Ausschlussgrund besteht bis zum rechtskräftigen Abschluss des Strafverfahrens fort.[20] Erfolgt die Anklageerhebung nach der Wahl zum ehrenamtlichen Richter, ist dieser vom Amt zu entbinden (§ 24 Abs. 1 Nr. 1). Ein späterer Freispruch hat keine Rückwirkung auf den erfolgten Ausschluss (BGHSt 35, 28). Ist das Amtsenthebungsverfahren nach rechtskräftigem Freispruch noch nicht abgeschlossen, muss der Wegfall des Ausschlussgrundes jedoch berücksichtigt werden. Wird der Angeklagte rechtskräftig außer Verfolgung gesetzt oder freigesprochen, ist seine Entbindung vom Amt auf Antrag aufzuheben (§ 24 Abs. 5) (→ § 24 Rn. 18). Wenn ein Vorgeschlagener im Wahlverfahren aufgrund der Anklageerhebung nicht berücksichtigt wird, ist aus rechtsstaatlichen Überlegungen in den von § 24 Abs. 5 gemeinten Konstellationen ein Anspruch auf Berücksichtigung im nächsten Wahlverfahren in Erwägung zu ziehen.

---

12 *Kissel/Mayer* § 32 Rn. 5; *M. Schmid*, in: Hübschmann/Hepp/Spitaler § 18 FGO Rn. 5.
13 Vgl. *Kissel/Mayer* § 32 Rn. 5.
14 *Kissel/Mayer* § 32 Rn. 5.
15 *M. Schmid*, in: Hübschmann/Hepp/Spitaler § 18 FGO Rn. 5.
16 Vgl. OVG Münster DÖV 1963, 482; *Kissel/Mayer* § 32 Rn. 6.
17 Verfassungsrechtliche Bedenken gegen diese Regelung erhebt *H. Möller*, MDR 1965, 534; *ders.*, DStZ 1966, 70; hiergegen: *M. Schmid*, in: Hübschmann/Hepp/Spitaler § 18 FGO Rn. 12.
18 Vgl. BGHSt 35, 28, 31; *M. Schmid*, in: Hübschmann/Hepp/Spitaler § 18 FGO Rn. 10.
19 *Rohwer-Kahlmann* § 17 Rn. 4.
20 *M. Schmid*, in: Hübschmann/Hepp/Spitaler § 18 FGO Rn. 10.

8   **4. Fehlendes Wahlrecht.** Der Ausschlussgrund des fehlenden Wahlrechts nach § 21 Nr. 3 umfasst nur den Ausschluss oder die Aberkennung des aktiven Wahlrechts zu den gesetzgebenden Körperschaften des Landes. Nicht ausreichend ist dementsprechend, wenn die Person das aktive Wahlrecht zu den gesetzgebenden Körperschaften des Landes nur deswegen nicht besitzt, weil sie ihren Hauptwohnsitz außerhalb des Landes hat.[21] Dieses Ergebnis ist aus einer teleologischen und systematischen Auslegung der Norm zu gewinnen. Die in § 21 geregelten Fallgruppen knüpfen an die Ungeeignetheit einer Person an, das Amt eines ehrenamtlichen Richters auszuüben. Dabei stellt das Verhalten der Person den Anknüpfungspunkt für das Ungeeignetheitsurteil dar (→ § 20 Rn. 3). Das Verhalten führt zu einer Reaktion eines von der Rechtsordnung berufenen Organs: eine strafrechtliche Verurteilung, die Aberkennung der Fähigkeit zur Bekleidung öffentlicher Ämter durch Richterspruch oder die Anklageerhebung. Übertragen auf die Nr. 3 bedeutet dieses, dass nur der Ausschluss oder die Aberkennung des Wahlrechts durch Richterspruch gemeint sein kann, aus dem sich dann zumindest mittelbar die Ungeeignetheit zur Ausübung des Amts des ehrenamtlichen Richters ergibt. Nicht ausreichend ist ein fehlendes aktives Wahlrecht zur Kommunalvertretung. Ebenso wie die Fähigkeit zur Bekleidung öffentlicher Ämter kann das Wahlrecht vom BVerfG als Nebenfolge zur Verwirkung von Grundrechten für die Dauer der Verwirkung aberkannt werden (§ 39 Abs. 2 BVerfGG).

9   **5. Rechtsfolgen.** Bei der Frage, ob ein Ausschlussgrund vorliegt, ist auf den Zeitpunkt der Wahl abzustellen (→ § 20 Rn. 16). Tritt ein Ausschlussgrund in der Person des Gewählten nachträglich ein oder wird er erst nachträglich bekannt, so ist der ehrenamtliche Richter nach § 24 Abs. 1 Nr. 1 vom Amt zu entbinden. Die Rechtsfolgen entsprechen denen des § 20 (→ § 20 Rn. 16 f.). Die Amtsunfähigkeit des ehrenamtlichen Richters tritt bei Vorliegen der Ausschließungsgründe nicht kraft Gesetzes, sondern erst mit der Entbindung vom Amt nach § 24 Abs. 1 Nr. 1 ein (→ § 24 Rn. 17).[22] Bis zur Entbindung ist das Gericht vorschriftsmäßig besetzt, sodass die Besetzungsrüge nicht durchgreift.

IV. Regelausschlussgrund des § 21 Abs. 2

10   Der Regelausschlussgrund des § 21 Abs. 2 sieht nunmehr als bloße Sollvorschrift die Nichtberufung von in Vermögensverfall geratenen Personen zu ehrenamtlichen Richtern vor. Hierdurch wird eine Berufung trotz Vermögensverfalls in atypischen Situationen möglich, wenn z.B. die wirtschaftliche Notlage von dem Betreffenden nicht verschuldet wurde oder sich ihr Ende mit hinreichender Sicherheit abzeichnet.[23] Mangels gesetzlicher Anhaltspunkte dafür, wann vom Eintritt eines Vermögensverfalls i.S.v. § 21 Abs. 2 auszugehen ist, wird man auf den Zeitpunkt der Eröffnung des Insolvenzverfahrens abstellen müssen.[24] Nicht ausreichend ist die bloße Zahlungsunfähigkeit i.S.v. § 17 InsO[25] oder gar die drohende Zahlungsunfähigkeit gem. § 18 InsO. Wie die zwingenden Ausschlussgründe des § 21 Abs. 1 ist auch der Regelausschlussgrund des § 21 Abs. 2 an eine formalisierte Reaktion eines staatlichen Organs geknüpft. Nur die Eröffnung des Insolvenzverfahrens durch das Insolvenzgericht stellt einen hinreichend sicheren Anknüpfungspunkt zur Verfügung.[26]

§ 22 [Hinderungsgründe für Laienbeisitzer]

Zu ehrenamtlichen Richtern können nicht berufen werden

1. Mitglieder des Bundestages, des Europäischen Parlaments, der gesetzgebenden Körperschaften eines Landes, der Bundesregierung oder einer Landesregierung,
2. Richter,
3. Beamte und Angestellte im öffentlichen Dienst, soweit sie nicht ehrenamtlich tätig sind,

---

21   *H. Schnellenbach*, NVwZ 1988, 703, 704. A.M. OVG Magdeburg DVBl 2008, 1524; HmbOVG DÖV 2002, 578; OVG Lüneburg SchlHA 1964, 78, 79; OVG Münster OVGE 43, 113, 114 ff.
22   A.M. *M. Redeker*, in: Redeker/v. Oertzen § 21 Rn. 5.
23   *Kopp/Schenke* § 21 Rn. 3; *H. Geiger*, in: Eyermann § 21 Rn. 5.
24   *M. Redeker*, in: Redeker/v. Oertzen § 21 Rn. 4.
25   So aber *H. Geiger*, in: Eyermann § 21 Rn. 5.
26   A.M. etwa *F. Wittreck*, in: Gärditz § 21 Rn. 7: objektiv gegebene Zwangslage reicht aus.

4. Berufssoldaten und Soldaten auf Zeit,
5. Rechtsanwälte, Notare und Personen, die fremde Rechtsangelegenheiten geschäftsmäßig besorgen.

Schrifttum

J. Albers, Die Abberufung eines ehrenamtlichen Richters nach §24 VwGO, MDR 1984, 888; *H. Schnellenbach*, Die Aufstellung der Vorschlagslisten für die Wahl der ehrenamtlichen Verwaltungsrichter, NVwZ 1988, 703.

I. Entstehungsgeschichte

§23 des Regierungsentwurfs einer VwGO (BT-Drs. 3/55) enthielt in der Aufzählung des heutigen §22   1
Nr. 1 zusätzlich den Bundesrat und in der des heutigen §22 Nr. 5 zusätzlich die Verwaltungsrechtsräte. Die sich auf ehrenamtliche Tätigkeiten beziehende Ausnahme in §22 Nr. 3 kannte §23 Nr. 2 des Entwurfs noch nicht. Die schließlich verabschiedete Fassung der Nr. 1, 3 und 5 des §22 geht auf den Vorschlag des Rechtsausschusses zurück.[1] Dort wurde auch der spätere §22 Nr. 4 eingefügt. Geändert wurde die Bestimmung durch die Einfügung der Nr. 4a durch §58 des Gesetzes über das Zivilschutzkorps vom 12.8.1965 (BGBl I 782), durch die 1972 erfolgte Anpassung der Richterbezeichnungen,[2] die Ergänzung des §22 Nr. 1 durch die Worte „des Europäischen Parlaments" durch Art. 5 Nr. 3 des Rechtspflege-Vereinfachungsgesetzes vom 17.12.1990 (BGBl I 2847) und die Streichung von §22 Nr. 4a durch Art. 6 Abs. 3 des Gesetzes zur Neuordnung des Zivilschutzes vom 25.3.1997 (BGBl I 726).

II. Ziel der Normierung

Das Ziel der Normierung von Gründen, die die Berufung zum ehrenamtlichen Richter ausschließen,   2
besteht ausweislich der Begründung des Regierungsentwurfs in der Vermeidung von Interessen- und Pflichtenkollisionen sowie darin, „dem richtig verstandenen Sinn einer Laienbeteiligung" Rechnung zu tragen (BT-Drs. 3/55, 29). Sieht man diesen Sinn in der Fruchtbarmachung nichtjuristischer Wertungen für die Rechtsanwendung (→ §19 Rn. 7), so kann §22 zumindest partiell als Regelung zur Abwehr von Professionalität im Laienrichtertum verstanden werden. Deutlich wird dies etwa an §22 Nr. 2: Die generelle Gefahr einer Interessen- und Pflichtenkollision durch die gleichzeitige Tätigkeit eines Richters als ehrenamtlicher Richter besteht jedenfalls dann kaum, wenn das Ehrenamt an einem Gericht einer anderen Gerichtsbarkeit ausgeübt wird. Konkreten Interessenkollisionen kann über §54 begegnet werden. Dementsprechend sind ehrenamtliche Richter, die nicht über die Professionalität des Berufsrichters verfügen, durch §22 Nr. 2 nicht an der Übernahme mehrerer Ämter als ehrenamtlicher Richter gehindert.[3] Allerdings sind nicht alle Personen mit juristischer Vorbildung, sei es mit einer solchen i.S.d. §5 DRiG, sei es mit einer anderen, bereits wegen dieser Qualifikation nach §22 an einer Berufung zum ehrenamtlichen Richter gehindert (HmbOVG NVwZ-RR 2009, 362). Die übrigen Nichtberufungsgründe des §22 dürfen aber wohl durchweg als Vorsorge zur Vermeidung von Interessen- und Pflichtenkollisionen aufgefasst werden (OVG Münster DÖV 1961, 910). Die Vorschrift geht dabei von dem Gedanken aus, dass bei den aufgezählten Berufsgruppen generell die Gefahr einer Kollision von Interessen und Pflichten mit den Aufgaben eines ehrenamtlichen Richters gegeben ist.[4] Diese Vermutung ist unwiderleglich. Es kommt also nicht darauf an, ob im konkreten Fall tatsächlich eine Kollision eintritt. Interessenkollisionen von nicht unter §22 fallenden ehrenamtlichen Richtern sind im Einzelfall durch das Instrumentarium des §54 abzuwehren.

Mit Ausnahme der Nr. 2 sind die Nichtberufungsgründe des §22 verfassungsrechtlich den Grundsät-   3
zen der Gewaltentrennung und der Unabhängigkeit der Gerichte verpflichtet.[5] Allerdings knüpft die Regelung des §22 an diese Grundsätze nur an, ohne durch sie verfassungskräftig geboten zu sein.[6]

---

1 Schriftlicher Bericht des Rechtsausschusses über den Regierungsentwurf einer VwGO, BT-Drs. 3/1094, 25.
2 Art. V des Gesetzes zur Änderung der Bezeichnungen der Richter und ehrenamtlichen Richter und der Präsidialverfassung der Gerichte vom 26.5.1972, BGBl I 841.
3 OVG Münster OVGE 33, 185; *Kissel/Mayer* §34 Rn. 7.
4 Vgl. BVerwG Buchholz 424.01 §139 FlurbG Nr. 11 und Nr. 12; OVG Bautzen NVwZ-RR 1998, 324; OVG Münster OVGE 34, 248, 249; NWVBl 2001, 481, 482; OVG Saarlouis DÖV 2001, 919, 920.
5 Vgl. BVerwG Buchholz 424.01 §139 FlurbG Nr. 11 und Nr. 12; OVG Münster DÖV 1961, 910; OVGE 34, 248, 249; BezG Dresden LKV 1992, 303, 304.
6 BVerwGE 44, 215, 220; BVerwG Buchholz 424.01 §139 FlurbG Nr. 11; BezG Dresden LKV 1992, 303, 304.

Durch das GG ausgeschlossen sind nur Verschränkungen innerhalb der Funktionenordnung, welche den Kernbereich der jeweiligen Gewalten berühren (BVerwGE 44, 215, 220). Dies ist etwa dann der Fall, wenn ein weisungsgebundener Beamter in gegen seine eigene Verwaltung gerichteten Prozessen Recht sprechen soll.[7] Aus der allgemeinen Zwecksetzung des § 22 heraus ist daher keine Veranlassung für eine weite Auslegung der einzelnen Nichtberufungsgründe gegeben. Eine Ausnahme kann sich nur aus einer überschießenden Zielbestimmung einer einzelnen Fallgruppe des § 22 ergeben (→ Rn. 9 ff.).

III. Nichtberufungsgründe

4   Der Katalog der Nichtberufungsgründe in § 22 ist abschließend (OVG Münster OVGE 33, 185, 186). Weder kann über § 173 auf die Fälle des § 34 GVG zurückgegriffen werden noch sind Analogien zu den Gründen möglich, aus denen ehrenamtliche Richter in anderen Gerichtsbarkeiten von der Berufung ausgeschlossen sind. Anders als § 34 GVG ist § 22 nicht als Sollvorschrift gefasst. Unterfällt eine Person einer der aufgezählten Berufsbezeichnungen, so ist ihre Berufung zum ehrenamtlichen Richter nicht möglich (zu den Rechtsfolgen eines Verstoßes → Rn. 20).

5   **1. Parlaments- und Regierungsmitglieder.** Parlaments- und Regierungsmitglieder können nach § 22 Nr. 1 nicht zu ehrenamtlichen Richtern berufen werden. *Mitglied des Bundestages* ist nach § 45 Abs. 1 BWG, wer nach den Vorschriften der §§ 5, 6 BWG gewählt worden ist und nicht den Erwerb der Mitgliedschaft abgelehnt hat. Der Erwerb der Mitgliedschaft erfolgt mit dem Zusammentritt des neuen Bundestages zu seiner ersten Sitzung. Der Begriff des Mitglieds des Bundestages ist insoweit deckungsgleich mit dem des Abgeordneten nach Art. 38 Abs. 1 S. 1 GG.[8] Andere Personen, die im parlamentarischen Bereich tätig sind, etwa Beschäftigte der Bundestagsverwaltung, Mitarbeiter von Fraktionen oder Abgeordneten oder Mitglieder von Enquete-Kommissionen, soweit sie nicht Abgeordnete sind, sind keine Mitglieder des Bundestages i.S.v. § 22 Nr. 1. Ob sie im Einzelfall berufungsunfähig nach § 22 Nr. 3 sind, ist sorgfältig zu prüfen (→ Rn. 16). Entsprechendes wie für die Bundestagsabgeordneten gilt für die *Mitglieder des Europäischen Parlaments*, wobei wegen § 20 S. 1 nur Deutsche in Betracht kommen.

6   Wann ein Bewerber *Mitglied der gesetzgebenden Körperschaft eines Landes* wird, richtet sich nach dem betreffenden Landeswahlrecht. Gesetzgebende Körperschaften der Länder sind in jedem Fall die entsprechend Art. 28 Abs. 1 S. 2 GG aus allgemeinen, unmittelbaren, freien, gleichen und geheimen Wahlen hervorgegangenen Volksvertretungen, unabhängig von ihrer Bezeichnung als Landtag, Abgeordnetenhaus oder Bürgerschaft. Mitglieder des Vertretungsorgans anderer Körperschaften, z.B. von Gemeinderäten, von Vertreterversammlungen der Sozialversicherungsträger, der Vollversammlung einer Industrie- und Handelskammer etc., fallen nicht unter § 22 Nr. 1 (für das Mitglied eines Gemeinderats OVG Münster OVGE 41, 16, 17).

7   Als *Mitglieder der Bundesregierung* benennt Art. 62 GG den Bundeskanzler und die Bundesminister. Andere Personen wie parlamentarische oder beamtete Staatssekretäre oder Staatsminister sind danach selbst dann keine Mitglieder der Bundesregierung, wenn sie an Kabinettssitzungen teilnehmen.[9] Wegen der eindeutigen Fassung der einschlägigen Vorschriften der § 22 Nr. 1, Art. 62 GG und auch § 1 ParlStG ist eine entsprechende Anwendung von § 22 Nr. 1 auf diese Personengruppe nicht möglich. Parlamentarische Staatssekretäre müssen jedoch nach § 1 Abs. 1 Hs. 2 ParlStG Mitglieder des Bundestages sein und können als solche nicht zum ehrenamtlichen Richter berufen werden. Wer *Mitglied einer Landesregierung* ist, ergibt sich aus dem jeweiligen Landesrecht, i.d.R. der Landesverfassung. Anders als in § 34 Abs. 1 Nr. 1 GVG ist der *Bundespräsident* in § 22 Nr. 1 nicht erwähnt. Er könnte deshalb zum ehrenamtlichen Richter berufen werden.

8   **2. Richter.** Richter i.S.v. § 22 Nr. 2 sind nur die von § 1 DRiG gemeinten Berufsrichter, also Richter auf Lebenszeit, auf Zeit, auf Probe und kraft Auftrags (§ 8 DRiG), aller Gerichtsbarkeiten (BSG NJW 1962, 1462). Für bereits an einem anderen Gericht tätige ehrenamtliche Richter gilt der Nichtberufungsgrund nicht.[10] Sie können gleichzeitig sowohl an VG und OVG (OVG Münster OVGE 33, 185,

---

7   BVerwG Buchholz 424.01 § 139 FlurbG Nr. 11 und Nr. 12; BezG Dresden LKV 1992, 303, 304.
8   Vgl. *S. Magiera*, in: Sachs Art. 38 Rn. 54.
9   Vgl. *M. Oldiges*, in: Sachs Art. 62 Rn. 29.
10   OVG Münster OVGE 33, 185, 186 f.; für § 34 Abs. 1 Nr. 4 GVG auch *Kissel/Mayer* § 34 Rn. 7.

186 f.) als auch an das VG und ein Gericht einer anderen Gerichtsbarkeit berufen werden.[11] Allerdings dürfen Schöffen und andere ehrenamtliche Richter gem. § 23 Abs. 1 Nr. 2 eine weitere Berufung zum Amt eines ehrenamtlichen Richters ablehnen. Sieht man den Zweck des Nichtberufungsgrundes in der Abwehr einer Professionalisierung des Laienrichtertums (→ Rn. 2), so ist er auch auf Richter im Ruhestand anwendbar.[12] Eine Erstreckung auf Rechtspfleger scheidet hingegen aus.

3. Beamte und Angestellte im öffentlichen Dienst. Beamte und Angestellte im öffentlichen Dienst, so- 9 weit sie nicht ehrenamtlich tätig sind, können nach § 22 Nr. 3 nicht zu ehrenamtlichen Richtern berufen werden. Über den § 22 zugrunde liegenden Zweck, generell Interessen- und Pflichtenkollisionen zu verhindern (→ Rn. 2), hinaus soll der Nichtberufungsgrund der Nr. 3 dem Verdacht entgegenwirken, dass das Gericht die Verwaltung zum Nachteil des Staatsbürgers schütze.[13] Die Vorschrift übersteigt damit bei weitem dasjenige, was verfassungsrechtlich unter dem Gesichtspunkt der Gewaltentrennung gefordert ist (BVerwG Buchholz 424.01 § 139 FlurbG Nr. 11). Das GG schließt Beamte und andere Beschäftigte im öffentlichen Dienst nicht schlechthin von jeglicher richterlicher Tätigkeit aus (BVerwG Buchholz 424.01 § 139 FlurbG Nr. 12). Eine Grenze ist erst dort zu ziehen, wo die Gefahr eines generellen Pflichtenwiderstreits zwischen exekutiver und richterlicher Tätigkeit besteht (BVerwG Buchholz 424.01 § 139 FlurbG Nr. 11). Diese Gefahr ist jedenfalls dann gegeben, wenn ein Beamter in Fällen gleicher Art, in denen er weisungsgebunden i.R. der Verwaltung beschäftigt ist, als Richter eingesetzt wird, um in gegen seine eigene Verwaltung gerichteten Prozessen Recht zu sprechen.[14] § 22 Nr. 3 begreift weiter gehend die gesamte Verwaltung als Einheit, der die Verwaltungsgerichtsbarkeit als Kontrollinstanz gegenübersteht. Soweit sich der Bürger durch eine Handlung der Verwaltung betroffen sieht, soll er auf die Kontrolle dieses Akts durch ein unabhängiges Organ vertrauen dürfen, in dem Erwägungen zum Schutz der Administrative keinen Raum haben.

Hieraus ergibt sich nicht, dass das Merkmal der Beschäftigung im öffentlichen Dienst i.S.v. § 22 Nr. 3 10 weit auszulegen wäre.[15] Es kommt vielmehr zum einen darauf an, ob der Betreffende eine enge rechtliche Verbindung, ein besonderes Näheverhältnis zu einem öffentlichen Dienstherrn aufweist (vgl. BVerwG Buchholz 310 § 22 VwGO Nr. 2; BezG Dresden LKV 1992, 303, 304), sodass sein Handeln aus der Sicht des Bürgers typischerweise als Äußerung der als Einheit verstandenen Verwaltung aufgefasst werden muss (OVG Bln 2.11.2005 – 4 E 23.05; OVG Münster NVwZ-RR 2009, 530). Diese Voraussetzung ist insbes. bei im öffentlichen Dienst beschäftigten Arbeitern nicht erfüllt, sodass sie von § 22 Nr. 3 nicht erfasst werden[16] (zur Abgrenzung von Arbeitern und Angestellten im öffentlichen Dienst → Rn. 13). Gleiches gilt für Ehrenbeamte, die § 22 Nr. 3 Hs. 2 ausdrücklich von dem Nichtberufungsgrund ausnimmt. Zum anderen muss ein das Vertrauen des Bürgers in die Neutralität der Verwaltungsgerichtsbarkeit schmälernder Kontrollkonflikt überhaupt möglich sein. Es ist mithin erforderlich, dass das Handeln derjenigen Institution, bei der der Betreffende beschäftigt ist, durch die Verwaltungsgerichte kontrollierbar ist.[17] Ist gegen Akte dieser Einrichtung der Verwaltungsrechtsweg nicht eröffnet, so greift § 22 Nr. 3 nicht ein.

Der *Begriff des Beamten* i.S.v. § 22 Nr. 3 ist statusrechtlich zu verstehen. Beamter ist danach, wer 11 durch Aushändigung einer Ernennungsurkunde in ein Beamtenverhältnis berufen worden ist (vgl. § 8 BeamtStG), ohne dass die Ernennung nichtig wäre (vgl. § 11 BeamtStG). Sofern das Beamtenverhältnis nicht ein solches zur Wahrnehmung eines Ehrenamtes ist, kommt es auf die Art des Beamtenverhältnisses nicht an. Von § 22 Nr. 3 erfasst sind Beamte auf Lebenszeit, auf Zeit, auf Probe, auf Widerruf zur Ableistung eines Vorbereitungsdienstes oder im Nebenamt (OVG Lüneburg DÖV 1961, 911)[18] und zur Wiederverwendung (OVG Lüneburg DÖV 1961, 911), und zwar sowohl in Vollzeit- als auch

11 Vgl. *Kissel/Mayer* § 34 Rn. 7.
12 A.M. BSGE 11, 181; *H. Geiger*, in: Eyermann § 22 Rn. 3; *M. Redeker*, in: Redeker/v. Oertzen § 22 Rn. 2.
13 OVG Bautzen NVwZ-RR 1998, 324; HmbOVG HmbJVBl 1987, 40; OVG Lüneburg DÖV 1961, 910, 911; OVG Münster DÖV 1961, 910; OVGE 37, 91; NVwZ 1986, 1029; NVwZ-RR 1994, 704; NWVBl 2001, 481, 482; NVwZ-RR 2014, 445; 2015, 560; OVG Saarlouis DÖV 2001, 919, 920; VGH Kassel NVwZ-RR 1998, 324, 325.
14 BVerwG Buchholz 424.01 § 139 FlurbG Nr. 11 und Nr. 12; BezG Dresden LKV 1992, 303, 304.
15 So aber OVG Bautzen NVwZ-RR 1998, 324; OVG Brem DÖV 1973, 681; HmbOVG HmbJVBl 1987, 40; OVG Münster DÖV 1961, 910; OVGE 37, 91; NVwZ 1986, 1030; OVGE 41, 16; NWVBl 2001, 481, 482; NVwZ-RR 2014, 445; VGH Kassel NVwZ-RR 1998, 324; *J. Albers*, MDR 1984, 888.
16 BVerwG Buchholz 310 § 22 VwGO Nr. 2; OVG Bln 2.11.2005 – 4 E 23.05; OVG Münster NVwZ-RR 2009, 530.
17 OVG Bln 8.7.1999 – 4 E 10.99; OVG Saarlouis DÖV 2001, 919, 920.
18 Vgl. § 3 Abs. 1 S. 1 BRRG.

in Teilzeitbeschäftigung. Erforderlich ist weiterhin, dass die Stelle, in deren Dienst der Betreffende steht, Dienstherrnfähigkeit gem. § 121 BRRG besitzt (OVG Lüneburg DÖV 1961, 910, 911). In Betracht kommen insoweit Bund, Länder, Kommunen und andere juristische Personen des öffentlichen Rechts – mit Ausnahme europäischer Institutionen (OVG Jena 27.6.2007 – 2 SO 412/07) –, bspw. Industrie- und Handelskammern (OVG Lüneburg DÖV 1961, 910). Nicht hierzu zählen Spitzenverbände, die zwar nicht selbst juristische Personen des öffentlichen Rechts sind, jedoch ausschließlich aus solchen bestehen. Mangels Dienstherrnfähigkeit des Verbandes können seine Beschäftigten keine Beamte, wohl aber Angestellte im öffentlichen Dienst sein (zutr. OVG Münster OVGE 37, 91, 92). Beamte sind auch die nicht unter § 22 Nr. 1 fallenden beamteten Staatssekretäre (→ Rn. 7) und die nicht § 22 Nr. 2 zuzurechnenden Rechtspfleger (→ Rn. 8).

12   Selbst der Beamte im statusrechtlichen Sinne muss „im öffentlichen Dienst" stehen. Dieses Merkmal weist auf das Erfordernis hin, dass der Beamte aus der Sicht des Bürgers die als Einheit verstandene Verwaltung repräsentiert, sodass es zu einem Kontrollkonflikt kommen kann (→ Rn. 9 f.). Beamte, die nicht mehr für die Verwaltung handeln, weil sie in den Ruhestand getreten sind, erfüllen diese Voraussetzung nicht und können ehrenamtliche Richter werden.[19] Entsprechend zu behandeln sind Beamte in der Dienstfreistellungsphase der im sog. Blockmodell gewährten Altersteilzeit (VGH Kassel DÖV 2005, 878). Gleiches gilt für auf Dauer beurlaubte Beamte (OVG Saarlouis DÖV 2001, 919). Ist der Beamte bei einer Stelle beschäftigt, die wie die in Aktiengesellschaften umgewandelten Unternehmen der Deutschen Bundespost oder die Deutsche Bahn AG dem Bürger ausschließlich auf der Ebene des Privatrechts gegenübertreten, so kann es zu keinem Kontrollkonflikt kommen. § 22 Nr. 3 ist auf diese Beamte nicht anwendbar (OVG Saarlouis DÖV 2001, 919, 920). Nach der ausdrücklichen Ausnahme des § 22 Nr. 3 Hs. 2 können ehrenamtlich tätige Beamte zum ehrenamtlichen Richter berufen werden. Dies gilt v.a. für die Mitglieder der Vertretungen von Selbstverwaltungskörperschaften, nicht nur, aber insbes. im kommunalen Bereich.[20] Eine Ausnahme von der Ausnahme gilt nach § 186 für die Stadtstaaten Berlin, Bremen und Hamburg. Dort können auch in der öffentlichen Verwaltung ehrenamtlich tätige Personen nicht zu ehrenamtlichen Richtern berufen werden (zu den Gründen vgl. die Kommentierung zu § 186). Im Übrigen ist konkreten Interessen- und Pflichtenkollisionen bei der Ausübung des Amtes als ehrenamtlicher Richter mit den Instrumentarien des § 54 Abs. 2 und 3 zu begegnen (→ § 54 Rn. 35 ff., 49 ff.).

13   Der *Angestellte im öffentlichen Dienst* i.S.v. § 22 Nr. 3 ist abzugrenzen vom Arbeiter, der zum ehrenamtlichen Richter berufen werden kann.[21] Nach dem Zweck der Unterscheidung, den Angestellten aus der Sicht des Bürgers als Repräsentanten der Verwaltung zu typisieren (→ Rn. 9 f.), muss es entscheidend sein, wen die Beschäftigungsstelle als für sich äußerungsberechtigt versteht. Dafür kommt es primär auf Art der Tätigkeit und Aufgabenbereich des betreffenden Beschäftigten an (OVG Bln 2.11.2005 – 4 E 23.05). Maßgebend ist, ob der Bürger das Handeln der betreffenden Person typischerweise als Ausdruck des Handelns der Verwaltung verstehen muss (OVG Münster NVwZ-RR 2009, 530).

14   Der Begriff des öffentlichen Dienstes ist unter Rückgriff auf die Zwecksetzung des § 22 Nr. 3 auszufüllen. Entscheidend ist danach, dass der Angestellte eine Stelle repräsentiert, hinsichtlich deren Handelns ein Kontrollkonflikt überhaupt möglich ist (→ Rn. 9 f.). Erfüllt ist diese Voraussetzung jedenfalls für die Angestellten von Bund, Ländern, Kommunen und anderen juristischen Personen des öffentlichen Rechts.[22] Beispiele sind Industrie- und Handelskammern (OVG Lüneburg DÖV 1961, 910), öffentlich-rechtlich organisierte Banken und Sparkassen (OVG Bautzen NVwZ-RR 1998, 324; HmbOVG HmbJVBl 1987, 40), öffentlich-rechtliche Rundfunkanstalten (OVG Münster 3.6.1981 – 16 E 160/81), Sozialversicherungsträger,[23] Handwerkskammern, Universitäten (VGH Kassel NVwZ-

---

19   Schriftlicher Bericht des Rechtsausschusses zum Regierungsentwurf einer VwGO, BT-Drs. 3/1094, 4; OVG Saarlouis DÖV 2001, 919; vgl. auch BVerwG DVBl 1957, 323.

20   Begründung des Regierungsentwurfs einer VwGO BT-Drs. 3/55, 29; BVerwGE 44, 215, 220; BVerwG Buchholz 310 § 133 VwGO Nr. 16; *Ralf Bernhard*, Richteramt und Kommunalmandat, 1983, 217.

21   BVerwG Buchholz 310 § 22 VwGO Nr. 2; BezG Dresden LKV 1992, 303, 304; *H. Schnellenbach*, NVwZ 1988, 703, 704 f.

22   OVG Bautzen NVwZ-RR 1998, 324; HmbOVG HmbJVBl 1987, 40; OVG Lüneburg DÖV 1961, 910, 911; OVG Münster DÖV 1961, 910; OVGE 37, 91, 92; NVwZ 1986, 1029; NVwZ 1986, 1030; VGH Kassel NVwZ-RR 1998, 324; *H. Schnellenbach*, NVwZ 1988, 703, 704.

23   OVG Bautzen NVwZ-RR 1998, 324; OVG Münster 10.4.1981 – 16 E 79/81.

RR 1998, 324) etc. Die Wahrnehmung öffentlicher Aufgaben durch die Beschäftigungsstelle ist keine zusätzliche Voraussetzung.[24] Ebenso wenig vermag die Wahrnehmung öffentlicher Aufgaben eine privatrechtliche Organisationsform zum öffentlichen Dienst i.S.v. § 22 Nr. 3 zu qualifizieren.[25] Nach ihrer Zwecksetzung, die die öffentliche Verwaltung als Einheit begreift (→ Rn. 9), geht die Vorschrift nicht von einem funktionalen, sondern von einem organisationsrechtlichen Begriff des öffentlichen Dienstes aus (so wohl auch OVG Münster OVGE 34, 248, 249). Bei Beamten im Dienst von europäischen Institutionen kann ein Kontrollkonflikt nicht auftreten, sodass sie nicht im öffentlichen Dienst i.S.v. § 22 Nr. 3 beschäftigt sind (OVG Jena 27.6.2007 – 2 SO 412/07).

Nicht zum Bereich des öffentlichen Dienstes zählen daher privatrechtliche Vereinigungen, deren Mitglieder ausschließlich Körperschaften des öffentlichen Rechts sind, selbst wenn der Verband öffentliche Aufgaben seiner Mitglieder wahrnimmt.[26] Soweit die Gegenauffassung darauf abstellt, aus der Sicht des Bürgers würde der Angestellte einer solchen Vereinigung in gleicher Weise dem öffentlichen Dienst zugerechnet wie der Angestellte einer Mitgliedskörperschaft (so OVG Münster OVGE 37, 91, 93 f.), überzeugt dies nicht. Da das Handeln der Vereinigung nicht der Kontrolle durch die Verwaltungsgerichtsbarkeit unterliegt, ist ein Kontrollkonflikt ausgeschlossen. Soll der Nichtberufungsgrund des § 22 Nr. 3 anhand sicherer Kriterien anwendbar bleiben, müssen fernere Interessenkonflikte, die außerhalb des Bereichs der Beschäftigungsstelle des Angestellten entstehen können, außer Betracht bleiben. Aus demselben Grund ist die Beschäftigung bei einem privatrechtlich organisierten Unternehmen, an dem juristische Personen des öffentlichen Rechts mehrheitlich beteiligt sind und die das Unternehmen kontrollieren, keine Tätigkeit im öffentlichen Dienst,[27] und zwar selbst dann nicht, wenn der Angestellte Leitungsfunktionen wahrnimmt,[28] d.h. das Unternehmen nach außen repräsentieren kann.[29] In keinem Fall ausreichend ist die bloße Finanzierung einer privatrechtlich verfassten Organisation durch die öffentliche Hand (VGH München 23.3.2015 – 5 S 15.497, juris Rn. 6). 15

Im öffentlichen Dienst i.S.v. § 22 Nr. 3 stehen des Weiteren Angestellte von Fraktionen in den Parlamenten und den Kommunalvertretungen.[30] Fraktionen sind Zusammenschlüsse von Mitgliedern der Volksvertretungen in Ausübung von deren organschaftlichen Mitgliedschaftsrechten und daher Organisationsformen des öffentlichen Rechts (OVG Brem DÖV 1973, 681). Der einzelne Mandatsträger wird jedoch auch in dieser Funktion nicht zur Person des öffentlichen Rechts, sodass die Anstellung bei einem Abgeordneten keine Tätigkeit im öffentlichen Dienst ist (OVG Münster NVwZ-RR 1994, 704). Mitglieder von Enquete-Kommissionen stehen in keinerlei diesbezüglichem Beschäftigungsverhältnis (→ Rn. 5). Ebenfalls kein öffentlicher Dienst ist die Tätigkeit für die Kirchen und andere öffentlich-rechtliche Religionsgemeinschaften.[31] Auf die Frage, ob in Ausübung dieser Tätigkeit im Einzelfall öffentliche Aufgaben erfüllt werden, kommt es nicht an (OVG Münster OVGE 34, 248, 249 f.; DÖV 1993, 830, 831). Denn aus der Sicht des Bürgers kann sich ein Kontrollkonflikt nicht ergeben, da die Religionsgemeinschaften nicht zu der als Einheit verstandenen staatlichen Verwaltung zählen. 16

4. Berufssoldaten und Soldaten auf Zeit. Nach § 22 Nr. 4 können Berufssoldaten und Soldaten auf Zeit nicht zu ehrenamtlichen Richtern berufen werden. Erforderlich ist gem. § 41 SG die Berufung in ein entsprechendes Dienstverhältnis durch Aushändigung einer Ernennungsurkunde. Die Berufung eines in den Ruhestand getretenen Berufssoldaten zum ehrenamtlichen Richter ist zulässig. 17

---

24 A.M. *J. Albers*, MDR 1984, 888.
25 A.M. OVG Münster OVGE 37, 91, 93; VGH München 31.3.2010 – 5 S 10.330, juris Rn. 3; 23.3.2015 – 5 S. 15.497, juris Rn. 4.
26 A.M. HmbOVG DÖV 1981, 883; OVG Münster OVGE 37, 91, 92 ff.; NVwZ 1986, 1030; NVwZ-RR 2015; *J. Albers*, MDR 1984, 888.
27 OVG Bautzen NVwZ-RR 1998, 324; OVG Bln 8.7.1999 – 4 E 10.99; OVG Münster NVwZ 1986, 1030, 1031; OVG Saarlouis DÖV 2001, 919, 920. A.M. OVG Münster NVwZ-RR 2015, 560; *P. Stelkens/N. Panzer*, in: Schoch/Schneider/Bier § 22 Rn. 8; *H. Geiger*, in: Eyermann § 22 Rn. 6; *Kopp/Schenke* § 22 Rn. 2.
28 A.M. OVG Münster NWVBl 2001, 481, 482; 25.10.2001 – 16 F 77/01; NVwZ-RR 2015, 560; *H. Schnellenbach*, NVwZ 1988, 703, 704.
29 So OVG Münster NVwZ-RR 2015, 560.
30 OVG Münster NVwZ-RR 2014, 445, 446. Für den Angestellten einer Fraktion in einem Landesparlament OVG Brem DÖV 1973, 681. Für Angestellte einer Fraktion in einer Kommunalvertretung OVG Münster OVGE 41, 16; *K.-H. Rothe*, DVBl 1993, 1042, 1047. A.M. *H. Geiger*, in: Eyermann § 22 Rn. 6.
31 BVerwG DÖV 1973, 282; HmbOVG DÖV 1970, 102; OVG Münster OVGE 34, 248, 249 f.

18 **5. Angehörige rechtsberatender Berufe.** Zu den in § 22 Nr. 5 genannten Angehörigen rechtsberatender Berufe zählen Rechtsanwälte, Notare und Personen, die fremde Rechtsangelegenheiten geschäftsmäßig besorgen. Der Nichtberufungsgrund soll eine Verquickung von rechtsberatender und streitentscheidender Tätigkeit verhindern. Eine juristische Vorbildung allein genügt deshalb nicht, um eine Berufung nach § 22 Nr. 5 auszuschließen (→ Rn. 2). *Rechtsanwalt* ist, wem gem. § 12 BRAO die Zulassungsurkunde ausgehändigt ist, unabhängig davon, ob der Beruf in eigener Praxis oder im Angestelltenverhältnis ausgeübt wird. Die Bestellung zum *Notar* erfolgt laut § 12 BNotO durch Aushändigung einer Bestellungsurkunde. *Personen, die fremde Rechtsangelegenheiten geschäftsmäßig besorgen*, sind zunächst alle, die nach §§ 10 ff. RDG als Rechtsdienstleister in den Bereichen Inkassodienstleistungen, Rentenberatung oder Rechtsdienstleistungen in einem ausländischen Recht registriert sind. Weiterhin fallen hierunter die Prozessagenten, Patentanwälte, Steuerberater und Helfer in Steuersachen (OVG Lüneburg DÖV 1961, 911; OVG Münster DÖV 1961, 911), Wirtschaftsprüfer und Buchprüfer. Kennzeichnend und notwendig ist insoweit die weisungsunabhängige und selbständige Ausübung der Tätigkeit in eigener Entschließung und Verantwortung.[32] In Fällen, in denen die Rechtsmacht zur Vertretung und Wahrnehmung der Rechtsangelegenheiten eines Dritten kraft Gesetzes besteht, liegt keine geschäftsmäßige Besorgung fremder Rechtsangelegenheiten vor. Der Zwangsverwalter, der Insolvenzverwalter, der Nachlasspfleger und der durch das Vormundschaftsgericht bestellte Betreuer von Volljährigen nach den §§ 1896 ff. BGB sind demnach nicht von der Tätigkeit des ehrenamtlichen Richters ausgeschlossen.[33] Die Erbringung von Rechtsdienstleistungen durch einen Beschäftigten einer öffentlichen oder öffentlich anerkannten Stelle i.S.v. § 8 RDG oder einer Berufs- und Interessenvereinigung oder einer Genossenschaft i.S.v. § 7 RDG stehen einer Berufung zum ehrenamtlichen Richter nicht entgegen.[34] Anders kann es sich bei den in § 5 RDG genannten Rechtsdienstleistungen im Zusammenhang mit einer anderen Tätigkeit verhalten. Sofern es sich um eine selbständig und weisungsunabhängig auszuübende Haupttätigkeit handelt und sich diese Unabhängigkeit auch auf die Erbringung der Rechtsdienstleistung als Nebenleistung erstreckt, sind die Voraussetzungen des § 22 Nr. 5 erfüllt.

IV. Zeitpunkt des Vorliegens eines Nichtberufungsgrundes

19 Hinsichtlich des Zeitpunkts des Vorliegens eines Nichtberufungsgrundes nach § 22 gilt nichts anderes als für die Erfüllung der Voraussetzungen des § 20. Ausschlaggebend ist der Zeitpunkt der Wahl (→ § 20 Rn. 13 ff.).[35]

V. Rechtsfolgen bei Nichtbeachtung

20 Die Rechtsfolgen bei Nichtbeachtung des Bestehens eines Nichtberufungsgrundes sind ebenfalls nach den für § 20 aufgezeigten Grundsätzen zu beurteilen. Auf Antrag des Präsidenten des VG ist der ehrenamtliche Richter nach § 24 Abs. 1 Nr. 1 durch Beschluss mit konstitutiver Wirkung von seinem Amt zu entbinden (→ § 20 Rn. 16).[36] Fällt der zum Zeitpunkt der Wahl des ehrenamtlichen Richters gegebene Nichtberufungsgrund später weg, so ist gleichwohl eine Heilung ausgeschlossen (→ § 20 Rn. 16; OVG Münster NVwZ-RR 1999, 279). Im umgekehrten Fall des nach der Wahl eingetretenen Nichtberufungsgrundes hat eine Amtsentbindung gem. § 24 Abs. 1 Nr. 1 Alt. 2 zu erfolgen (→ § 20 Rn. 16).

---

32 BVerwG DVBl 1970, 283, 284; *J. Albers*, MDR 1984, 888, 889; *H. Schnellenbach*, NVwZ 1988, 703, 705.
33 Vgl. HmbOVG NVwZ-RR 2009, 362, 363.
34 Vgl. für die Rechtslage unter dem RBerG BVerwG DVBl 1970, 283, 284; *J. Albers*, MDR 1984, 888, 889. A.M. *Kopp/Schenke* § 22 Rn. 2.
35 *J. Albers*, MDR 1984, 888. A.M. OVG Münster OVGE 43, 112, 113; *Kopp/Schenke* § 22 Rn. 1: Maßgebend der Zeitpunkt des Amtsantritts.
36 A.M. *M. Redeker*, in: Redeker/v. Oertzen § 22 Rn. 3.

§ 23 [Ablehnungsrecht]

(1) Die Berufung zum Amt des ehrenamtlichen Richters dürfen ablehnen

1. Geistliche und Religionsdiener,
2. Schöffen und andere ehrenamtliche Richter,
3. Personen, die zwei Amtsperioden lang als ehrenamtliche Richter bei Gerichten der allgemeinen Verwaltungsgerichtsbarkeit tätig gewesen sind,
4. Ärzte, Krankenpfleger, Hebammen,
5. Apothekenleiter, die keinen weiteren Apotheker beschäftigen,
6. Personen, die die Regelaltersgrenze nach dem Sechsten Buch Sozialgesetzbuch erreicht haben.

(2) In besonderen Härtefällen kann außerdem auf Antrag von der Übernahme des Amtes befreit werden.

Schrifttum

J. Albers, Die Abberufung eines ehrenamtlichen Richters nach § 24 VwGO, MDR 1984, 888; *M. Weigert*, Verweigerung des ehrenamtlichen Richterdienstes aus Religions- oder Gewissensgründen, BayVBl 1988, 747.

I. Entwicklung der Vorschrift.

Die Entwicklung der Vorschrift begann mit § 24 des Regierungsentwurfs einer VwGO (BT-Drs. 3/55), **1** der weitgehend den schließlich verabschiedeten Nr. 1, 2, 4–6 des § 23 Abs. 1 entsprach. In Angleichung an die Vorschriften des ArbGG (vgl. § 24 Abs. 1 Nr. 4 ArbGG) wurde durch den Rechtsausschuss der Ablehnungsgrund des § 23 Abs. 1 Nr. 3 eingefügt.[1] Geändert wurde der § 23 durch Art. V des Gesetzes zur Änderung der Bezeichnungen der Richter und ehrenamtlichen Richter und der Präsidialverfassung der Gerichte vom 26.5.1972 (BGBl I 841), der die Richterbezeichnungen neu ordnete, durch Art. 1 Nr. 1 6. VwGOÄndG (Sechstes Gesetz zur Änderung der VwGO vom 1.11.1996, BGBl I 1626), der § 23 Abs. 1 Nr. 5 an § 35 Nr. 4 GVG anpasste, durch Art. 6 Nr. 2 des Gesetzes zur Vereinfachung und Vereinheitlichung der Verfahrensvorschriften zur Wahl und Berufung ehrenamtlicher Richter vom 21.12.2004 (BGBl I 3599), der im Ablehnungsgrund des § 23 Abs. 1 Nr. 3 die Frist von acht Jahren durch die Bezugnahme auf zwei Amtsperioden ersetzte, und Art. 5 Nr. 1 des Gesetzes zur Modernisierung von Verfahren im anwaltlichen und notariellen Berufsrecht vom 30.7.2009 (BGBl I 2449), der in Nr. 6 die Bezugnahme auf die Vollendung des 65. Lebensjahres durch die jetzige Fassung austauschte.

II. Notwendiges Korrelat der Pflicht zur Übernahme des Ehrenamtes

§ 23 ist notwendiges Korrelat der Pflicht zur Übernahme des Ehrenamtes. Wer zum ehrenamtlichen **2** Richter gewählt worden ist, hat dieses Amt auszuüben, ohne dass von seiner Seite eine Erklärung der Annahme oder des Einverständnisses mit der Wahl erforderlich wäre (→ § 19 Rn. 13). Wegen des damit verbundenen Grundrechtseingriffs ist die statuierte staatsbürgerliche Pflicht nur verfassungsgemäß, wenn dem Grundsatz der Verhältnismäßigkeit genügt ist. § 23 Abs. 1 typisiert Gründe, bei deren berechtigter Geltendmachung von einer unverhältnismäßigen Belastung auszugehen ist. Insoweit besteht keine Wertungsoffenheit. Verbleibende disproportionale Beeinträchtigungen soll die Härteklausel des § 23 Abs. 2 abfangen, die offen für alle nichtspezifizierten Konstellationen ist. Aus diesem Grunde ist ein Bedürfnis zur Annahme ungeschriebener Ablehnungsgründe nicht erkennbar. Der Katalog der zur Ablehnung der Berufung berechtigenden Gründe in § 23 ist abschließend.[2] Die Berufung auf einen Ablehnungsgrund ist ein Recht des Betreffenden, keine Pflicht. Macht er einen vorliegenden Grund nicht geltend, so kann er zum ehrenamtlichen Richter berufen werden. Es bleibt ihm dann unbenommen, sich später auf den Ablehnungsgrund zu berufen, mit der Folge, dass er nach § 24 Abs. 1 Nr. 3 von seinem Amt zu entbinden ist (→ § 24 Rn. 11). Anders als die sich aus den §§ 20–22 ergebenden Anforderungen ist das Bestehen einer Ablehnungsberechtigung nach § 23 nicht von Amts wegen zu berücksichtigen.

---

1 Schriftlicher Bericht des Rechtsausschusses zum Regierungsentwurf einer VwGO, BT-Drs. 3/1094, 4.
2 Vgl. für § 35 GVG *Kissel/Mayer* § 35 Rn. 1.

III.   Katalogisierte Ablehnungsgründe des § 23 Abs. 1

3   Die katalogisierten Ablehnungsgründe des § 23 Abs. 1 erfassen bestimmte Berufsgruppen (Nr. 1, 4 und 5) und durch die Tätigkeit als ehrenamtlicher Richter (Nr. 2 und 3) oder durch ihr Lebensalter (Nr. 6) hinsichtlich der Übernahme eines Ehrenamtes übermäßig belastete Personen. Sind die Voraussetzungen eines Ablehnungsgrundes gegeben, so kann der Betreffende sich auf ihn berufen, ohne dass es auf seine konkrete Belastung ankäme. Ist umgekehrt die Beeinträchtigung seiner individuellen Verhältnisse besonders intensiv, liegt aber kein typisierter Ablehnungsgrund nach § 23 Abs. 1 vor, so kommt nur eine Befreiung nach § 23 Abs. 2 in Betracht.

4   **1. Geistliche und Religionsdiener.** Ausweislich des § 23 Abs. 1 Nr. 1 dürfen Geistliche und Religionsdiener die Berufung zum Amt des ehrenamtlichen Richters ablehnen. Der Zweck der Gewährung des Ablehnungsgrundes ist aus den Gesetzesmaterialien nicht erkennbar. Die Regelungen in anderen Verfahrensgesetzen sind uneinheitlich. § 20 Abs. 1 Nr. 1 FGO entspricht dem § 23 Abs. 1 Nr. 1, nach § 34 Abs. 1 Nr. 6 GVG sollen Religionsdiener nicht zum Schöffen berufen werden. § 24 ArbGG und § 18 SGG kennen entsprechende Ausnahmen nicht. Art. 4 GG oder Art. 140 GG, Art. 137 WRV fordern die Zurverfügungstellung des Ablehnungsgrundes nicht. Denkbar ist zum einen, dass die Bestimmung in Art. 6 S. 1 des Reichskonkordats von 1933 fußt, wonach Kleriker frei von der Verpflichtung zur Übernahme solcher Obliegenheiten sind, die nach den Vorschriften des kanonischen Rechts mit dem geistlichen Stand nicht vereinbar sind. Die Ausdehnung auf alle Geistlichen und Religionsdiener könnte dann als paritätssichernder Akt staatlicher Neutralität gegenüber den Religionsgesellschaften gewertet werden (zu diesem Ansatz BVerwGE 34, 291, 295 ff.; VGH Kassel NVwZ 1988, 161). Zum anderen könnte § 23 Abs. 1 Nr. 1 dem Ziel verpflichtet sein, das durch Art. 140 GG, Art. 137 Abs. 3 WRV gewährleistete Selbstbestimmungsrecht der Religionsgemeinschaften abzuschirmen. Das Selbstbestimmungsrecht umfasst alle Angelegenheiten, die für das Wirken der Religionsgemeinschaften erforderlich sind, insbes. ihre innere Organisation und die Bestimmung von Lehre und Kultus.[3] In diesem Verständnis würde § 23 Abs. 1 Nr. 1 dazu dienen, die von der Religionsgemeinschaft in Ausübung des Selbstbestimmungsrechts zur Wahrnehmung von wesentlichen inneren Aufgaben bestimmten Personen ihren geistlichen Aufgaben nicht über ein verträgliches Maß hinaus zu entziehen. Ob sich mit der Wahrnehmung geistlicher Aufgaben bzw. mit dem geistlichen Stand die Ausübung des Amtes eines ehrenamtlichen Richters vereinbaren lässt, steht allein zur Beurteilung des betroffenen Religionsdieners. Sieht er seine geistlichen Funktionen nicht beeinträchtigt, so kann er davon Abstand nehmen, sich auf den Ablehnungsgrund des § 23 Abs. 1 Nr. 1 zu berufen.

5   Die vorgestellten Ableitungszusammenhänge bedingen, dass ablehnungsberechtigt nach § 23 Abs. 1 Nr. 1 nicht nur die Geistlichen und Religionsdiener der christlichen Kirchen, sondern jeder Religionsgesellschaft i.S.v. Art. 140 GG, Art. 137 WRV sind.[4] Auf den Status einer Körperschaft des öffentlichen Rechts nach Art. 140 GG, Art. 137 Abs. 5 WRV kommt es nicht an,[5] sodass auch privatrechtlich organisierte Religionsgemeinschaften wie die Zeugen Jehovas[6] oder eine „Freie Christengemeinde" (vgl. OLG Köln MDR 1970, 864) erfasst sind. Zwar ist die Regelung des § 23 Abs. 1 Nr. 1 verfassungsrechtlich nicht geboten, jedoch ist die vorhandene einfachgesetzliche Regelung unter Beachtung der Vorschriften des GG auszulegen. Es widerspricht dem ausdrücklichen Gleichstellungsgebot der Art. 140 GG, Art. 137 Abs. 7 WRV, Weltanschauungsgemeinschaften vom Anwendungsbereich des § 23 Abs. 1 Nr. 1 auszunehmen.[7]

6   Welcher Personenkreis „Geistlicher" bzw. „Religionsdiener" ist, bestimmt sich nach den theologischen und organisatorischen Glaubensüberzeugungen und Lehren der betreffenden Gemeinschaft. Die Innehabung eines Amtes im institutionellen Sinne der christlichen Kirchen ist nicht erforderlich, ebenso wenig eine besondere Form der Vorbereitung und Ausbildung oder der Amtseinsetzung. Es reicht aus, dass es innerhalb der Religionsgemeinschaft abgegrenzte Aufgabenbereiche gibt, die bestimmten

---

3   *D. Ehlers*, in: Sachs Art. 140, Art. 137 WRV Rn. 6 ff.

4   VGH Kassel NVwZ 1988, 161; für § 34 Abs. 1 Nr. 6 GVG *Kissel/Mayer* § 34 Rn. 15; für § 11 Abs. 1 Nr. 3 WpflG BVerwGE 34, 291, 300.

5   VGH Kassel NVwZ 1988, 161; für § 34 Abs. 1 Nr. 6 GVG *Kissel/Mayer* § 34 Rn. 15.

6   VGH Kassel NVwZ 1988, 161, 162; für § 11 Abs. 1 Nr. 3 WpflG BVerwGE 34, 291, 300.

7   A.M. *P. Stelkens/N. Panzer*, in: Schoch/Schneider/Bier § 23 Rn. 3; für § 11 Abs. 1 Nr. 1–3 WpflG auch BVerwGE 61, 152, 155 f.

Mitgliedern zugewiesen werden und über die allen Angehörigen des Bekenntnisses obliegenden Pflichten nicht unwesentlich hinausgehen (VGH Kassel NVwZ 1988, 161; für § 11 Abs. 1 Nr. 3 WpflG BVerwGE 34, 291, 297f.). Unter Berücksichtigung der Zwecksetzung des Ablehnungsgrundes (→ Rn. 4) kommen nur solche Personen in Betracht, denen der entsprechende Aufgabenbereich auf Dauer und im Sinne einer Hauptamtlichkeit, d.h. den vollen Einsatz der Arbeitskraft erfordernd, übertragen worden ist.[8] Inhaltlich muss der Aufgabenbereich der Führung und Betreuung der Angehörigen der Religionsgemeinschaft durch religiöse Unterweisung, durch Vornahme religiöser Handlungen oder in ähnlicher Weise dienen.[9] Dazu gehört auch die Leitung und Überwachung der Seelsorge innerhalb eines größeren oder des gesamten räumlichen Bereichs der Religionsgemeinschaft (für § 11 Abs. 1 Nr. 3 WpflG BVerwGE 34, 291, 298). So unterfällt ein Sonderpionier und Versammlungsdiener der Zeugen Jehovas, der diese Aufgaben ohne weitere weltliche berufliche Belastung wahrnimmt, dem § 23 Abs. 1 Nr. 1 (für § 11 Abs. 1 Nr. 3 WpflG BVerwGE 34, 291, 300f.), nicht aber ein auch missionarisch tätiges einfaches Mitglied dieser Religionsgemeinschaft (VGH Kassel NVwZ 1988, 161, 162). Mitglieder oder Bedienstete der Religionsgemeinschaft, die nicht in dem beschriebenen, sondern einem weltlichen Aufgabenbereich tätig werden und dabei lediglich einer Aufsicht einer kirchlichen Oberbehörde unterstehen, sind keine Geistlichen oder Religionsdiener i.S.v. § 23 Abs. 1 Nr. 1.[10] Dies gilt bspw. für eine Gemeindereferentin der katholischen Kirche (OVG Münster NVwZ-RR 2002, 325).

2. Schöffen und andere ehrenamtlichen Richter. Schöffen und anderen ehrenamtlichen Richtern steht 7 der Ablehnungsgrund des § 23 Abs. 1 Nr. 2 zur Seite, um sie vor einer Überlastung durch die gleichzeitige Wahrnehmung zweier Ehrenämter zu schützen (OVG Münster OVGE 33, 185, 187; 36, 210, 213). Anders als § 18 Abs. 1 Nr. 3 SGG gilt § 23 Abs. 1 Nr. 3 nur für die parallele Ausübung zweier Ämter als ehrenamtlicher Richter, nicht für andere ehrenamtliche Tätigkeiten (zur Berufung auf 23 Abs. 2 in diesem Fall → Rn. 13). Erfasst sind ehrenamtliche Richter in allen Gerichtsbarkeiten.[11] Ein ehrenamtlicher Richter am VG kann deshalb den Ablehnungsgrund des § 23 Abs. 1 Nr. 2 geltend machen, wenn er zusätzlich zum Laienrichter am OVG berufen werden soll (OVG Münster OVGE 33, 185, 187; 36, 210). Das Ablehnungsrecht besteht, sobald sich eine Gleichzeitigkeit der Amtsausübung ergibt.[12] Eine Vorrangigkeit des früher angetretenen Amtes besteht nicht. Der erst nach dem Beginn der einen ehrenamtlichen Tätigkeit in ein zweites Ehrenamt Gewählte kann daher ab diesem Zeitpunkt den Ablehnungsgrund wahlweise hinsichtlich des ersten oder des zweiten Amtes in Anspruch nehmen (OVG Münster OVGE 36, 210, 212). Sofern der Betreffende sich auf § 23 Abs. 1 Nr. 2 beruft, muss er nach § 24 Abs. 1 Nr. 3 entbunden werden, auch wenn er erklärt, er fühle sich durch die Wahrnehmung beider Ehrenämter nicht überlastet (OVG Münster OVGE 36, 210, 212f.).

3. Tätigkeit als ehrenamtlicher Richter über zwei Amtsperioden. Eine Tätigkeit als ehrenamtlicher 8 Richter über zwei Amtsperioden bei Gerichten der allgemeinen Verwaltungsgerichtsbarkeit berechtigt zur Berufung auf den Ablehnungsgrund des § 23 Abs. 1 Nr. 3. Die Ausübung des Ehrenamtes bei Gerichten anderer Gerichtszweige genügt insoweit nicht (zur Anwendbarkeit des § 23 Abs. 2 in diesen Fällen → Rn. 13). Im Gegensatz zu § 18 Abs. 1 Nr. 2 SGG ist es nicht erforderlich, dass die frühere Tätigkeit der Berufung unmittelbar vorausgeht. Ebenso wenig notwendig ist die ununterbrochene Wahrnehmung des früheren Ehrenamtes über zwei Amtsperioden.[13] Zu wie viel Sitzungstagen der Betreffende in den zwei Amtsperioden herangezogen wurde, ist unerheblich.[14] Allerdings ist aus dem Wortlaut des § 23 Abs. 1 Nr. 3 („*tätig* gewesen") zu folgern, dass überhaupt eine Heranziehung zu Sitzungen erfolgt sein muss.

4. Ärzte, Krankenpfleger und Hebammen. Die Ablehnungsberechtigung von Ärzten, Krankenpflegern 9 und Hebammen nach § 23 Abs. 1 Nr. 4 ist im Interesse der Aufrechterhaltung des medizinischen Ver-

---

8 VGH Kassel NVwZ 1988, 161, 162; *M. Weigert*, BayVBl 1988, 747; für § 11 Abs. 1 Nr. 3 WpflG BVerwGE 34, 291, 298 f.
9 VGH Kassel NVwZ 1988, 161, 162; *M. Weigert*, BayVBl 1988, 747; für § 11 Abs. 1 Nr. 3 WpflG BVerwGE 34, 291, 298; für § 34 Abs. 1 Nr. 6 GVG *Kissel/Mayer* § 34 Rn. 15.
10 *H. Geiger*, in: Eyermann § 23 Rn. 2.
11 Vgl. *Kissel/Mayer* § 35 Rn. 5.
12 Vgl. *Kissel/Mayer* § 35 Rn. 5.
13 Zu § 18 Abs. 1 Nr. 2 SGG *W. Keller*, in: Meyer-Ladewig/Keller/Leitherer § 18 Rn. 3 a.
14 Vgl. für § 34 Abs. 1 Nr. 7 GVG *Kissel/Mayer* § 34 Rn. 17.

sorgungsstandards eingeräumt. Das gewählte Genus ist nicht exklusiv, sodass auch Krankenschwestern unter die Vorschrift fallen. Ein weiter gehender Rückgriff auf den Katalog des § 35 Nr. 3 GVG ist unzulässig, sodass Zahnärzte von § 23 Abs. 1 Nr. 4 nicht erfasst werden.[15] Gleiches gilt für Tierärzte.[16] Ärzte i.S.d. Bestimmung sind nur Personen, die nach den einschlägigen gesetzlichen Regelungen approbiert sind; Krankenpfleger und Hebammen müssen nach den entsprechenden staatlichen Berufsregelungen anerkannt sein.[17] Heilpraktikern steht der Ablehnungsgrund nicht zur Seite.[18]

10   **5. Apothekenleiter, die keinen weiteren Apotheker beschäftigen.** Apothekenleiter, die keinen weiteren Apotheker beschäftigen, können nach § 23 Abs. 1 Nr. 5 die Berufung zum ehrenamtlichen Richter ablehnen. Anderes Personal als ein Apotheker kann beschäftigt werden, ohne dass § 23 Abs. 1 Nr. 5 dadurch unanwendbar würde.

11   **6. Erreichen der Regelaltersgrenze.** Die Erreichung der Regelaltersgrenze nach dem Sechsten Buch Sozialgesetzbuch – derzeit 67 Jahre – (§ 23 Abs. 1 Nr. 6) muss zum Zeitpunkt der Berufung bereits erfolgt sein. Anders als nach § 35 Nr. 6 GVG ist das Erreichen dieser Grenze bis zum Ende der Amtsperiode unerheblich. Gleichwohl ist im Falle des Erreichens der Regelaltersgrenze innerhalb der Amtsperiode auf Antrag gem. § 24 Abs. 1 Nr. 3, Abs. 3 S. 1 die Entbindung vom Amt auszusprechen (→ § 24 Rn. 11).

IV. Möglichkeit der Befreiung in besonderen Härtefällen

12   § 23 Abs. 2 eröffnet die Möglichkeit der Befreiung in besonderen Härtefällen. Erforderlich ist ein Antrag des Betroffenen, über den das OVG durch unanfechtbaren Beschluss entscheidet (§§ 23 Abs. 2, 24 Abs. 4 i.V.m. Abs. 3). Die Voraussetzungen für eine Befreiung nach § 23 Abs. 2 sind dieselben wie für eine Entbindung nach § 24 Abs. 2. Der Unterschied zwischen beiden Vorschriften besteht in dem Zeitpunkt, zu dem das Vorliegen eines besonderen Härtefalles geltend gemacht wird.[19] § 23 Abs. 2 erfasst die Befreiung von der *Übernahme* des Amtes. Dabei ist zu beachten, dass bundesrechtlich weder die Berufung in ein besonderes Ehrenrichterverhältnis vorgesehen noch eine Annahmeerklärung des ehrenamtlichen Richters erforderlich ist (→ Rn. 2; → § 19 Rn. 13). Der Zeitpunkt der Übernahme des Amtes kann deshalb nur in Abgrenzung von dem Zeitraum ermittelt werden, auf den § 24 Abs. 2 anwendbar ist. Die letztgenannte Bestimmung gilt für die Entbindung von der *weiteren* Ausübung des Amtes. Daraus ist zu entnehmen, dass das Amt bereits ausgeübt worden sein muss. Da die Amtsausübung gem. § 30 durch die Heranziehung zu den Sitzungen erfolgt, ist eine Befreiung nach § 23 Abs. 2 nur möglich, solange der Antragsteller noch zu keiner Sitzung herangezogen worden ist, d.h. an keiner Sitzung teilgenommen hat.[20] Danach kommt nur eine Entbindung nach § 24 Abs. 2 in Betracht.

13   § 23 Abs. 2 soll alle die unverhältnismäßigen Belastungen abfangen, die nicht unter die typisierten Ablehnungsgründe des § 23 Abs. 1 fallen. Problematisch ist dabei v.a. die Konstellation, dass als besonderer Härtefall ein Sachverhalt vorgetragen wird, der thematisch einem der in § 23 Abs. 1 ausdrücklich aufgeführten Ablehnungsgründe zuzuordnen ist, ohne jedoch unter diesen subsumiert werden zu können. Beispiele sind die Geltendmachung einer besonderen Belastung aus anderer ehrenamtlicher Tätigkeit als der in § 23 Abs. 1 Nr. 2 genannten, die frühere Tätigkeit als ehrenamtlicher Richter bei anderen Gerichten als denen der allgemeinen Verwaltungsgerichtsbarkeit (§ 23 Abs. 1 Nr. 3) oder die nicht unter § 23 Abs. 1 Nr. 4 fassbare Tätigkeit als Zahn- oder Tierarzt. Überwiegend wird in dieser Situation die Anwendung des § 23 Abs. 2 unter Beachtung der Besonderheiten des Einzelfalls für zulässig erachtet.[21] Dem ist entgegenzuhalten, dass der Gesetzgeber mit der Aufnahme eines Ablehnungsgrundes in den Katalog des § 23 Abs. 1 eine Entscheidung dahingehend getroffen hat, dass aus dem thematisch berührten Regelungsbereich allein die enumerierten Gründe greifen sollen. Diese Wer-

---

15   A.M. *H. Geiger*, in: Eyermann § 23 Rn. 5; *M. Redeker*, in: Redeker/v. Oertzen § 23 Rn. 1; *P. Stelkens/N. Panzer*, in: Schoch/Schneider/Bier § 23 Rn. 6.
16   A.M. *M. Redeker*, in: Redeker/v. Oertzen § 23 Rn. 1.
17   Vgl. *Kissel/Mayer* § 35 Rn. 6.
18   Vgl. *Kissel/Mayer* § 35 Rn. 6.
19   Vgl. OVG Saarlouis NVwZ-RR 2011, 348.
20   Vgl. BVerwG NJW 1963, 1219.
21   *Kopp/Schenke* § 23 Rn. 1.

tung würde unterlaufen, wollte man die in § 23 Abs. 1 bewusst nicht berücksichtigten Fälle über § 23 Abs. 2 doch wieder zulassen.

Unter dem Blickwinkel des Zwecks des § 23 Abs. 2, vor dem Grundsatz der Verhältnismäßigkeit nicht 14 zu rechtfertigende Belastungen durch die Ausübung des Amtes eines ehrenamtlichen Richters zu verhindern, können nur für den Betroffenen unzumutbare Belastungen einen besonderen Härtefall begründen.[22] Insoweit ist ein strenger Maßstab anzulegen: Dass die Wahrnehmung des Amtes für den ehrenamtlichen Richter eine Härte darstellt, genügt nicht. Vielmehr muss es sich um eine *besondere*, also außergewöhnliche Härte handeln.[23] Die Tatsache, dass ein unwilliger Richter kein guter Richter ist, muss hinter der, vorbehaltlich der Möglichkeit einer Befreiung nach § 23, statuierten Pflicht zur Wahrnehmung des Ehrenamtes zurücktreten.[24] Gleichwohl verbleibenden Friktionen kann nach § 30 Abs. 2 Rechnung getragen werden (OVG Münster DÖV 1993, 830, 831; → § 24 Rn. 14; → § 30 Rn. 14 ff.). Es ist allerdings kein Grund dafür ersichtlich, die Geltendmachung einer unzumutbaren Belastung nur aufgrund *äußerer* Umstände zuzulassen.[25] Die These, Konflikte im Gewissensbereich seien nicht über das Rechtsinstitut der Entbindung vom Amt, sondern über die Vorschriften über die Befangenheit auszugleichen (so VGH München BayVBl 1983, 630), verkennt, dass das Instrumentarium des § 54 dem Gebot der Neutralität des Richters im Interesse des Rechtsuchenden und der objektiv-rechtlichen Dimension einer rechtsstaatlichen Verfahrensgestaltung dient (→ § 54 Rn. 6 ff.). Der Zweck des § 23 besteht hingegen gerade darin, disproportionale Beeinträchtigungen für den ehrenamtlichen Richter selbst abwehren zu können (→ Rn. 2). Kann der Betroffene glaubhaft machen, dass die Tätigkeit als ehrenamtlicher Richter für ihn aus Gewissensgründen unzumutbar ist, so ist eine Befreiung nach § 23 Abs. 2 möglich.[26] Die bloße Behauptung eines Gewissenkonflikts genügt jedoch nicht; auch insoweit sind strenge Maßstäbe anzulegen. So eröffnet die bloße Behauptung des ehrenamtlichen Richters, nicht auf dem Boden des Grundgesetzes zu stehen, nicht die Möglichkeit einer Befreiung nach § 23 Abs. 2.[27]

Beispiele für besondere Härtefälle sind v.a. Krankheit oder Gebrechlichkeit,[28] außerordentliche fami- 15 liäre Belastungen (vgl. § 24 Abs. 1 Nr. 5 ArbGG, § 35 Nr. 5 GVG),[29] zu denen auch die Betreuung und Pflege naher Angehöriger (OVG Saarlouis NVwZ-RR 2011, 348, 349) sowie die notwendige Betreuung von Kindern jedenfalls im Kleinkind- und Vorschulalter gehört (a.M. wohl VGH München BayVBl 1983, 630), sowie eine außergewöhnliche berufliche Belastung.[30] Eine berufsbezogene Unzumutbarkeit kann aber nur in Extremsituationen angenommen werden, die die Grenze des § 35 Nr. 7 GVG erreichen, in denen also die wirtschaftliche Existenz des Betroffenen oder eines Dritten ernstlich gefährdet ist.[31] Eine lediglich starke berufliche Belastung reicht wegen der geringen Zahl der wahrzunehmenden Sitzungstage nicht aus.[32] *Kein* besonderer Härtefall ist etwa die mangelhafte Beherrschung der deutschen Sprache (→ § 20 Rn. 7).

---

22 VGH München BayVBl 1983, 630. Zur Unzumutbarkeit als Grenze für die Verhältnismäßigkeit vgl. BVerfGE 13, 97, 113; 30, 292, 316; 68, 193, 219 f.; 78, 77, 85 ff.; 81, 70, 92; 83, 1, 19. A.M. *J. Albers*, MDR 1984, 888, 889; *P. Stelkens/N. Panzer*, in: Schoch/Schneider/Bier § 23 Rn. 9, die die Anforderung der Unzumutbarkeit für überspannt halten.

23 OVG Münster DÖV 1993, 830, 831; VGH München BayVBl 1983, 630; FG Brem EFG 1988, 643.

24 A.M. *J. Albers*, MDR 1984, 888, 889.

25 VGH Kassel NVwZ 1988, 161, 162. A.M. OVG Lüneburg NVwZ-RR 2004, 84; VGH München BayVBl 1983, 630; *Kopp/Schenke* § 24 Rn. 2; *M. Redeker*, in: Redeker/v. Oertzen § 23 Rn. 1.

26 OVG Greifswald NVwZ-RR 1998, 784; VGH Kassel NVwZ 1988, 161, 162, für ein Mitglied der Zeugen Jehovas. A.M. VGH München BayVBl 1983, 630; *Kopp/Schenke* § 24 Rn. 2; *M. Redeker*, in: Redeker/v. Oertzen § 23 Rn. 1; *M. Weigert*, BayVBl 1988, 747, 749.

27 HmbOVG 19.2.1997 – Verw 4/97; vgl. auch OVG Greifswald NVwZ-RR 1998, 784.

28 VGH Kassel NVwZ 1988, 161, 162; VGH München BayVBl 1983, 630; FG Brem EFG 1988, 643; *J. Albers*, MDR 1984, 888, 889.

29 OVG Lüneburg NVwZ-RR 2004, 84; OVG Greifswald NVwZ-RR 2003, 70, 71; VGH Kassel NVwZ 1988, 161, 162; VGH München BayVBl 1983, 630; FG Brem EFG 1988, 643; *J. Albers*, MDR 1984, 888, 889.

30 OVG Bautzen SächsVBl 2000, 221; OVG Lüneburg NVwZ-RR 2004, 84; VGH Kassel NVwZ 1988, 161, 162; VGH München BayVBl 1983, 630; FG Brem EFG 1988, 643; *J. Albers*, MDR 1984, 888, 889.

31 Vgl. *Kissel/Mayer* § 35 Rn. 10.

32 OVG Bautzen NJW 2009, 2473, 2474; OVG Münster OVGE 20, 31, 33; DÖV 1993, 830, 831; VGH München BayVBl 1983, 630; FG Brem EFG 1988, 643.

V. Verfahren der Ablehnung bzw. Befreiung

16 Hinsichtlich des Verfahrens der Ablehnung bzw. Befreiung sieht § 23 Abs. 1 i.V.m. § 24 Abs. 1 Nr. 3 einen Anspruch auf Entbindung vom Amt bei berechtigter Geltendmachung eines Ablehnungsgrundes vor. Dies gilt auch, wenn der Ablehnungsgrund erst nach der Berufung in das Amt entsteht[33] und/oder geltend gemacht wird. In beiden Fällen führt allerdings nicht bereits die Geltendmachung des Ablehnungsgrundes dazu, dass der Betreffende seines Amtes ledig ist. Laut § 24 Abs. 1 Nr. 3, Abs. 3 S. 1 ist vielmehr ein Antrag des ehrenamtlichen Richters erforderlich, den das OVG hinsichtlich des Vorliegens eines der Katalogfälle überprüft, bevor es mit konstitutiver Wirkung die Entbindung vom Amt des ehrenamtlichen Richters ausspricht. Die Entscheidung ergeht mithin mit Wirkung ex nunc (BVerwG NJW 1963, 1219). Bis zu diesem Zeitpunkt ist der Antragsteller zur Ausübung des Amtes verpflichtet (BVerwG NJW 1963, 1219). Eine Anordnung, den ehrenamtlichen Richter bis zum Erlass der Entscheidung einstweilen nicht zur Sitzungsteilnahme heranzuziehen, ist nicht statthaft (BVerwG NJW 1963, 1219). Bis zum Erlass des Beschlusses des OVG ist das Gericht nicht vorschriftswidrig besetzt. Diese Grundsätze gelten auch für die Behandlung eines Antrags auf Befreiung nach § 23 Abs. 2 i.V.m. § 24 Abs. 3 und 4. Anders als nach § 23 Abs. 1 *kann* der Betreffende beim Vorliegen eines besonderen Härtefalls von der Übernahme des Amtes befreit werden, muss es aber nicht. Die Befreiung liegt mithin im Ermessen des entscheidenden Senats des OVG. In die Ermessensentscheidung einzustellen sind die Umstände, die den besonderen Härtefall begründen, einerseits und das Interesse der Rechtspflege an der pflichtgemäßen Wahrnehmung des Ehrenamtes andererseits. Sofern nicht durch die Befreiung Schwierigkeiten für die Besetzung der Spruchkörper mit ehrenamtlichen Richtern entstehen können, muss die Abwägung zugunsten des Anspruchs auf Befreiung ausgehen. Denn die Feststellung eines besonderen Härtefalles beinhaltet, dass die betroffene Person durch die Ausübung des Ehrenamtes in unverhältnismäßiger Weise in ihren Grundrechten beeinträchtigt wird. Dem kann im Regelfall nur durch Gewährung der Befreiung Rechnung getragen werden.

§ 24 [Entbindung vom Ehrenamt]

(1) Ein ehrenamtlicher Richter ist von seinem Amt zu entbinden, wenn er

1. nach §§ 20 bis 22 nicht berufen werden konnte oder nicht mehr berufen werden kann oder
2. seine Amtspflichten gröblich verletzt hat oder
3. einen Ablehnungsgrund nach § 23 Abs. 1 geltend macht oder
4. die zur Ausübung seines Amtes erforderlichen geistigen oder körperlichen Fähigkeiten nicht mehr besitzt oder
5. seinen Wohnsitz im Gerichtsbezirk aufgibt.

(2) In besonderen Härtefällen kann außerdem auf Antrag von der weiteren Ausübung des Amtes entbunden werden.

(3) ¹Die Entscheidung trifft ein Senat des Oberverwaltungsgerichts in den Fällen des Absatzes 1 Nr. 1, 2 und 4 auf Antrag des Präsidenten des Verwaltungsgerichts, in den Fällen des Absatzes 1 Nr. 3 und 5 und des Absatzes 2 auf Antrag des ehrenamtlichen Richters. ²Die Entscheidung ergeht durch Beschluß nach Anhörung des ehrenamtlichen Richters. ³Sie ist unanfechtbar.

(4) Absatz 3 gilt entsprechend in den Fällen des § 23 Abs. 2.

(5) Auf Antrag des ehrenamtlichen Richters ist die Entscheidung nach Absatz 3 von dem Senat des Oberverwaltungsgerichts aufzuheben, wenn Anklage nach § 21 Nr. 2 erhoben war und der Angeschuldigte rechtskräftig außer Verfolgung gesetzt oder freigesprochen worden ist.

§ 44 b DRiG Abberufung von ehrenamtlichen Richtern

(1) Ein ehrenamtlicher Richter ist von seinem Amt abzuberufen, wenn nachträglich in § 44 a Abs. 1 bezeichnete Umstände bekannt werden.

---

33 A.M. *J. Albers*, MDR 1984, 888, 889.

(2) Das Verfahren richtet sich nach den Vorschriften, die im Übrigen für die Abberufung eines ehrenamtlichen Richters der jeweiligen Art gelten, soweit in den Absätzen 3 und 4 nichts anderes bestimmt ist.

(3) Wenn ein Antrag auf Abberufung gestellt oder ein Abberufungsverfahren von Amts wegen eingeleitet worden ist und der dringende Verdacht besteht, dass die Voraussetzungen des § 44a Abs. 1 vorliegen, kann das für die Abberufung zuständige Gericht anordnen, dass der ehrenamtliche Richter bis zur Entscheidung über die Abberufung das Amt nicht ausüben darf. Die Anordnung ist unanfechtbar.

(4) Die Entscheidung über die Abberufung ist unanfechtbar. Der abberufene ehrenamtliche Richter kann binnen eines Jahres nach Wirksamwerden der Entscheidung die Feststellung beantragen, dass die Voraussetzungen des § 44a Abs. 1 nicht vorgelegen haben. Über den Antrag entscheidet das nächsthöhere Gericht durch unanfechtbaren Beschluss. Ist das nächsthöhere Gericht ein oberstes Bundesgericht oder ist die Entscheidung von einem obersten Bundesgericht getroffen worden, entscheidet ein anderer Spruchkörper des Gerichts, das die Entscheidung getroffen hat. Ergibt sich nach den Sätzen 3 und 4 kein zuständiges Gericht, so entscheidet das Oberlandesgericht, in dessen Bezirk die Entscheidung getroffen worden ist.

Schrifttum

J. Albers, Die Abberufung eines ehrenamtlichen Richters nach § 24 VwGO, MDR 1984, 888; *H. Frehse*, Die Mitgliedschaft eines ehrenamtlichen Richters in einer verfassungsfeindlichen Partei, NZA 1993, 915; *H. Keil*, Die Beurlaubung oder zeitweise Amtsentbindung ehrenamtlicher Richterinnen und Richter der Arbeitsgerichtsbarkeit, NZA 1993, 913; *E. Scherer*, Heranziehung ehrenamtlicher Richter vor Abschluß eines Amtsenthebungsverfahrens, SGb 1977, 290; *S. Schuster*, Pflichtverletzung ehrenamtlicher Richter, DRiZ 1979, 144.

I. Entstehung

§ 24 Abs. 1 und 2 des Präsidentenentwurfs einer Bundesverwaltungsgerichtsordnung[1] entsprachen mit wenigen Ausnahmen bereits wörtlich dem heutigen § 24 Abs. 1 und 3. Auf Vorschlag des Rechtsausschusses (schriftlicher Bericht des Rechtsausschusses, BT-Drs. 3/1094) wurde § 24 Abs. 5 angefügt. Die Einfügung der Abs. 2 und 4 des § 24 erfolgte durch den Vermittlungsausschuss (mündlicher Bericht des Vermittlungsausschusses, BT-Drs. 3/1487). Geändert wurde die Vorschrift nur hinsichtlich der Anpassung der Richterbezeichnungen.[2]

1

II. Ausformung des Verfassungsgebots der persönlichen Unabhängigkeit

§ 24 stellt eine Ausformung des Verfassungsgebots der persönlichen Unabhängigkeit des ehrenamtlichen Richters dar. Jenes Gebot fordert, dass die ehrenamtlichen Richter vor Ablauf ihrer Amtszeit nur unter gesetzlich bestimmten Voraussetzungen und gegen ihren Willen nur kraft richterlicher Entscheidung abberufen werden können (BVerfGE 14, 56, 70; 18, 241, 255; 27, 312, 322; 42, 206, 209 f.; 87, 68, 85). § 44 Abs. 2 DRiG setzt diese verfassungsrechtlichen Vorgaben auf einfachgesetzlicher Ebene um.[3] Die verfassungsrechtlich jederzeit und ohne richterliche Entscheidung zulässige Abberufung mit Zustimmung des ehrenamtlichen Richters[4] kennt § 24 nicht. Unabhängig vom Vorliegen einer Zustimmung des Betroffenen verlangt die Vorschrift in Abs. 3 in jedem Fall die Herbeiführung einer richterlichen Entscheidung. Der Grund hierfür besteht darin zu verhindern, dass sich ein ehrenamtlicher Richter seiner staatsbürgerlichen Pflicht zur Ausübung des Ehrenamtes beliebig entledigen kann. Das Vorliegen eines Entbindungsgrundes soll durch ein Gericht überprüft werden. Im Verhältnis zwischen den §§ 20–23 und § 24 lassen sich die erstgenannten Vorschriften als materielles Berufungsrecht bezeichnen, für das § 24 die verfahrensrechtlichen Folgerungen zieht. Allerdings ist § 24 nicht auf eine verfahrenstechnische Umsetzung der §§ 20–23 beschränkt, sondern enthält darüber hinaus im Abs. 1 Nr. 2, 4 und 5 selbst materielle Entbindungsgründe.

2

---

1 Entwurf einer Bundesverwaltungsgerichtsordnung, aufgestellt von der Vereinigung der Präsidenten der Verwaltungsgerichte, DVBl 1951, nach 568.
2 Art. V des Gesetzes zur Änderung der Bezeichnungen der Richter und ehrenamtlichen Richter und der Präsidialverfassung der Gerichte vom 26.5.1972, BGBl I 841.
3 Vgl. *Schmidt-Räntsch* § 44 Rn. 2, 11.
4 *Schmidt-Räntsch* § 44 Rn. 13.

III. Entbindungsgründe des § 24 Abs. 1

3   Der Katalog der Entbindungsgründe des § 24 Abs. 1 ist enumerativ. Wird ein Antrag nach § 24 Abs. 3 gestellt und liegen die Voraussetzungen eines Entbindungsgrundes vor, so muss das OVG die Entbindung vom Amt aussprechen. In den Fällen des § 24 Abs. 1 Nr. 3 und 5, in denen der ehrenamtliche Richter antragsberechtigt ist, hat er mithin einen Anspruch darauf, von seinem Amt entbunden zu werden.

4   **1. Unzulässigkeit der Berufung.** Die Amtsentbindung wegen Unzulässigkeit der Berufung zum ehrenamtlichen Richter erstreckt sich gem. § 24 Abs. 1 Nr. 1 darauf, dass der Betreffende nach den §§ 20–22 nicht berufen werden konnte oder nicht mehr berufen werden kann. Die Regelung erfasst also sowohl das Vorliegen von Unzulässigkeitsgründen zum Zeitpunkt der Berufung (→ § 20 Rn. 13 ff.; → § 21 Rn. 9; → § 22 Rn. 19) als auch das Eintreten solcher Gründe nach erfolgter Berufung. Konnte eine Person zu dem nach den §§ 20–22 maßgeblichen Zeitpunkt nicht zum ehrenamtlichen Richter berufen werden, so muss sie gem. § 24 Abs. 1 Nr. 1 von ihrem Amt entbunden werden, selbst wenn der Nichtberufungsgrund später wieder entfallen ist. Eine Heilung ist also nicht möglich (→ § 20 Rn. 16; → § 22 Rn. 20). Für den Sonderfall, dass die i.S.d. § 21 Nr. 2 eingeleitete Strafverfolgung (→ § 21 Rn. 7) dadurch beendet wird, dass der Angeschuldigte rechtskräftig außer Verfolgung gesetzt oder freigesprochen wird, sieht § 24 Abs. 5 ein besonderes Rehabilitierungsverfahren vor (→ Rn. 18). Die Außerachtlassung der Soll-Anforderungen des § 20 S. 2 zwingt ebenfalls zur Amtsentbindung, wenn kein atypischer Fall gegeben ist (→ § 20 Rn. 17). Nach seinem eindeutigen Wortlaut bezieht sich § 24 Abs. 1 Nr. 1 nur auf die Fälle, dass die §§ 20–22 einer Berufung entgegenstehen. Die Vorschrift kommt deshalb nicht zur Anwendung, wenn die Berufung, d.h. die Wahl, einen Verfahrensfehler aufweist.[5] Die Fehlerhaftigkeit des Berufungsakts ist vielmehr gesondert geltend zu machen (→ § 29 Rn. 7 f.).

5   **2. Gröbliche Amtspflichtverletzung.** Eine gröbliche Amtspflichtverletzung i.S.v. § 24 Abs. 1 Nr. 2 setzt voraus, dass der Betreffende den ihm als ehrenamtlichem Richter obliegenden Pflichten in schwerwiegender Weise zuwiderhandelt (BVerfG NVwZ-RR 2014, 1, 2). Der Kreis der in Betracht kommenden *Pflichten* bestimmt sich ausschließlich nach § 45 DRiG sowie den §§ 19 ff. Zu nennen sind die Pflichten zur Übernahme des Amtes und zur Eides- bzw. Gelöbnisleistung, zur Wahrung des GG und des einfachen Gesetzesrechts, zur richterlichen Neutralität, zur Wahrung des Beratungsgeheimnisses, zur Teilnahme an der Beratung, zur Stimmabgabe sowie zum pünktlichen Erscheinen zu den Sitzungen (→ § 19 Rn. 17 ff.). Auch die mehrmalige wahrheitswidrige Abgabe von Erklärungen, die für die Berechnung der Entschädigung nach § 32 wesentlich sind, kann eine gröbliche Amtspflichtverletzung darstellen (OVG Bln NVwZ-RR 2008, 846).

6   Bereits dem Wortlaut nach bezieht sich § 24 Abs. 1 Nr. 2 nur auf Pflichten, die gerade aus dem Amt als ehrenamtlicher Richter erwachsen (OVG Bln NVwZ-RR 2008, 846). Die Bestimmung unterscheidet sich damit deutlich von dem nur für Berufsrichter geltenden § 39 DRiG, der dem Richter innerhalb *und* außerhalb seines Amtes ein Verhalten gebietet, das das Vertrauen in seine Unabhängigkeit nicht gefährdet. Demgegenüber ist ein ehrenamtlicher Richter zu einem entsprechenden Verhalten nur *innerhalb* seines Amtes verpflichtet. Außerhalb seiner richterlichen Tätigkeit obliegen ihm grundsätzlich keine Amtspflichten, auch nicht die, das Ansehen des Ehrenamtes in der Öffentlichkeit nicht zu schädigen (→ § 19 Rn. 18).[6] Weder öffentlich ausgesprochene Beleidigungen (a.M. OVG Lüneburg OVGE 18, 355, 356) noch entwürdigendes Verhalten in der Öffentlichkeit, schwere Trunksucht[7] oder strafbares Verhalten, das nicht die in § 21 Nr. 1 und 2 genannten qualifizierenden Merkmale erfüllt (OVG Lüneburg OVGE 38, 358, 359 ff.), stellen Amtspflichtverletzungen dar. Eine Ausnahme besteht dann, wenn der ehrenamtliche Richter nach Landesrecht in einem Ehrenrichterverhältnis steht oder das betreffende Landesrichtergesetz auf die für Ehrenbeamte geltenden Vorschriften verweist (→ § 19 Rn. 13).

---

5 HmbOVG NJW 1985, 2354, 2355. Für § 22 Abs. 1 SGG LSG Darmstadt NJW 1985, 2356; SG Frankfurt NJW 1985, 2359, 2360. A.M. BSGE 59, 4, 6 ff.; *W. Keller*, in: Meyer-Ladewig/Keller/Leitherer § 22 Rn. 2.

6 OVG Lüneburg OVGE 38, 358, 359; *Schmidt-Räntsch* § 44 Rn. 7. A.M. OVG Lüneburg OVGE 18, 355; *J. Albers*, MDR 1984, 888, 889; *Kopp/Schenke* § 19 Rn. 3; *M. Redeker*, in: Redeker/v. Oertzen § 19 Rn. 3.

7 A.M. *W. Keller*, in: Meyer-Ladewig/Keller/Leitherer § 22 Rn. 7.

Mangelnde Verfassungstreue kann ebenfalls nicht zum ungeschriebenen Ausschlussgrund nach § 21 [7] erhoben werden (→ § 21 Rn. 2). Gleichwohl ist der ehrenamtliche Richter nicht von der Pflicht zur Verfassungstreue entbunden.[8] Zur Begründung dieser Pflicht bedarf es keines Rückgriffs auf die die Geltung beamtenrechtlicher Grundsätze anordnenden Vorschriften des Landesrichterrechts (so aber LAG Hamm NJW 1993, 281, 282; NZA 1994, 45). Gem. § 45 Abs. 2 DRiG erstreckt sich der Eid des ehrenamtlichen Richters auch darauf, die Pflichten eines ehrenamtlichen Richters getreu dem GG für die Bundesrepublik Deutschland zu erfüllen. Wer die grundgesetzliche Ordnung bewusst negiert, ist dazu nicht in der Lage. Keinesfalls dürfen aber an die Verfassungstreue eines ehrenamtlichen Richters strengere Anforderungen gestellt werden als sie § 9 Nr. 2 DRiG für den Berufsrichter formuliert (a.M. wohl BVerfG DVBl 2008, 906, 910). Die bloße Mitgliedschaft in einer vom BVerfG nicht verbotenen politischen Partei reicht zur Feststellung einer gröblichen Amtspflichtverletzung nicht aus.[9] Notwendig ist ein hierüber hinausgehendes aktives Tun, das die feindliche Einstellung des ehrenamtlichen Richters zur freiheitlichen demokratischen Grundordnung offenbart.[10]

Verletzt ist die Amtspflicht, wenn der ehrenamtliche Richter nicht das tut, was die Pflicht ihm gebietet. [8] Allerdings reicht die bloße Pflichtwidrigkeit für eine Amtsentbindung nach § 24 Abs. 1 Nr. 2 nicht aus. Erforderlich ist vielmehr ein gesteigerter Pflichtwidrigkeitsvorwurf, eine *gröbliche* Amtspflichtverletzung. Da § 24 Abs. 1 Nr. 2 Verhaltens- und nicht Erfolgsunrecht sanktioniert, kommt es auf die Intensität des Verletzungserfolgs nicht an.[11] Konnte der ehrenamtliche Richter bspw. den Inhalt der Pflicht, der er zuwider gehandelt hat, nicht erkennen, so liegt selbst dann keine gröbliche Pflichtverletzung vor, wenn der eingetretene Schaden besonders groß ist. Gröblich verletzt ist eine Amtspflicht vielmehr, wenn der Laienrichter die von ihm bei der Wahrnehmung dieser Pflicht zu erwartende Sorgfalt in ungewöhnlich hohem Maße außer Acht lässt oder vorsätzlich gegen die Pflicht verstößt.[12] Mehrere leichte Pflichtverletzungen ergeben durch ihre bloße Summierung noch keinen groben Pflichtenverstoß.[13] Dies ist nur dann der Fall, wenn der ehrenamtliche Richter auf die Pflichtwidrigkeit seines Handelns hingewiesen wurde, dieses jedoch fortsetzt.[14] Liegt eine gröbliche Amtspflichtverletzung vor, so ist die Amtsentbindung nach § 24 Abs. 1 Nr. 2 nicht das letzte, sondern das einzige Mittel zur Ahndung.

Eine Ausnahme gilt nur für die in einer Verweigerung der Amtsausübung bestehenden Pflichtverletzung. Denn hierfür sieht § 33 Abs. 1 die Festsetzung eines Ordnungsgeldes gegen den ehrenamtlichen [9] Richter vor. Es ist deshalb zunächst zu versuchen, die Wahrnehmung der staatsbürgerlichen Pflicht durch die Verhängung eines Ordnungsgeldes zu erzwingen.[15] Ggf. hat dies mehrfach zu erfolgen. Ist allerdings der Zweck eines Vorgehens nach § 33 nicht erreichbar, weil auch die Zahlung des Ordnungsgeldes den ehrenamtlichen Richter nicht zur Ausübung seines Amtes bewegen kann, so ist der Betreffende nach § 24 Abs. 1 Nr. 2 von seinem Amt zu entbinden.[16] Voraussetzung ist ein Verhalten des Laienrichters, das mit hinreichender Deutlichkeit zu verstehen gibt, dass er auf keinen Fall zur Erfüllung seiner richterlichen Pflichten bereit ist. Im Regelfall wird hiervon erst bei beharrlicher Weigerung nach bereits erfolgter Ordnungsgeldfestsetzung auszugehen sein (OVG Bln NJW 1979, 1175, 1176; DRiZ 1979, 190). Die bloße Erklärung, zur Ausübung des Richteramtes nicht bereit zu sein, reicht nicht aus, es sei denn, aus ihren Umständen kann auf einen unabänderlichen Entschluss des Betreffenden geschlossen werden.

---

8 BVerfG DVBl 2008, 906, 907 ff.; NVwZ-RR 2014, 1, 2; LAG Hamm NJW 1993, 281, 282; NZA 1994, 45.
9 LAG Hamm NJW 1993, 281, 282; NZA 1994, 45; *H. Frehse*, NZA 1993, 915, 919.
10 Vgl. BVerfG NVwZ-RR 2014, 1, 2: „...indem er aus einer der Verfassung widersprechenden Überzeugung Folgerungen für seine Einstellung gegenüber der verfassungsmäßigen Ordnung, für die Art der Erfüllung seiner Dienstpflichten oder für politische Aktivitäten im Sinne seiner politischen Überzeugung zieht". I.E. zutr. LAG Hamm NZA 1994, 45 für die Verantwortung für demokratiefeindliche und rassistische Texte. Der Beschl. LAG Hamm NJW 1993, 281 steht hierzu nicht im Widerspruch, weil er allein die § 24 Abs. 1 Nr. 1 vergleichbare Abberufung nach § 21 Abs. 5 ArbGG betraf. LAG Hamm NZA 1994, 45 war dagegen auf den § 24 Abs. 1 Nr. 2 parallelen § 27 ArbGG gestützt.
11 A.M. wohl *P. Stelkens/N. Panzer*, in: Schoch/Schneider/Bier § 24 Rn. 7.
12 Zum Erfordernis eines Schuldvorwurfs *Kissel/Mayer* § 113 Rn. 5.
13 A.M. *P. Stelkens/N. Panzer*, in: Schoch/Schneider/Bier § 24 Rn. 7.
14 *J. Albers*, MDR 1984, 888, 889; *Kissel/Mayer* § 113 Rn. 5.
15 OVG Bln DRiZ 1979, 190; HmbOVG NVwZ-RR 2015, 639; OVG Münster NVwZ 1987, 233. A.M. *S. Schuster*, DRiZ 1979, 144.
16 OVG Bln NJW 1979, 1175, 1176; *J. Albers*, MDR 1984, 888, 889; *M. Wolf*, NJW 1979, 1176.

10   Keine gröbliche Amtspflichtverletzung i.S.v. § 24 Abs. 1 Nr. 2 ist die Einforderung von Rechten durch den ehrenamtlichen Richter. Verweigert bspw. dieser die Mitwirkung bei der Urteilsfindung, weil ihm die zum Verständnis erforderlichen Informationen nicht zur Verfügung gestellt wurden (→ § 19 Rn. 21 ff.), so verletzt er seine Amtspflichten nicht. Dies gilt jedoch nur für die berechtigte Geltendmachung von Rechten. Steht dem ehrenamtlichen Richter das in Anspruch genommene Recht in Wirklichkeit nicht zu, so ist die auf die Vorenthaltung des vermeintlichen Rechts gestützte Weigerung zur Amtsausübung amtspflichtwidrig. Gröblich ist diese Amtspflichtverletzung allerdings nur, wenn dem Betreffenden das Nichtbestehen des Rechts bewusst war. Davon ist nicht auszugehen bei dem auf Befreiung bzw. Entbindung vom Amt wegen Vorliegens eines besonderen Härtefalles, etwa aus Gewissensgründen, gerichteten Begehren (→ § 23 Rn. 14).[17]

11   **3. Geltendmachung eines Ablehnungsgrundes nach § 23 Abs. 1.**   Die Geltendmachung eines Ablehnungsgrundes nach § 23 Abs. 1 führt laut § 24 Abs. 3 S. 1 nur auf Antrag des ehrenamtlichen Richters zur Amtsentbindung. § 24 Abs. 1 Nr. 3 gilt sowohl für das Vorliegen eines Ablehnungsgrundes schon zum Zeitpunkt der Berufung zum ehrenamtlichen Richter, selbst wenn der Grund erst später geltend gemacht wird,[18] als auch für das nachträgliche Eintreten eines Ablehnungsgrundes (→ § 23 Rn. 16).[19] Hiergegen kann nicht eingewandt werden, dass das automatische Ausscheiden beim Eintreten eines der Fälle des § 23 Abs. 1 zu Schwierigkeiten für das Gericht führen könne[20]. Ein solcher Automatismus besteht nicht. Vielmehr ist für das Ausscheiden aus dem Amt gem. § 24 Abs. 3 eine Entscheidung des OVG erforderlich.

12   **4. Fehlen geistiger oder körperlicher Fähigkeiten.**   Das Fehlen geistiger oder körperlicher Fähigkeiten, die zur Ausübung des Amtes als ehrenamtlicher Richter erforderlich sind, i.S.v. § 24 Abs. 1 Nr. 4 ist bereits zu dem nach § 20 maßgeblichen Zeitpunkt zu berücksichtigen (→ § 20 Rn. 5). Maßgebend ist das Vorhandensein der intellektuellen, seelischen und physischen Möglichkeiten, um den aus § 19 folgenden Mitwirkungsobliegenheiten genügen zu können (OVG Greifswald NVwZ-RR 1998, 784). Körperliche Fähigkeit i.S.d. Nr. 4 des § 24 Abs. 1 ist die Fähigkeit, anwesend zu sein und zu bleiben sowie der Verhandlung zu folgen. Dazu gehört auch eine die Teilnahme an den Sitzungen unmöglich machende Erkrankung, allerdings nur, wenn sie auf unabsehbare Zeit fortdauert (OVG Bautzen 1.4.2016 – 3 F 3/16, juris Rn. 3; OVG Magdeburg 26.6.2014 – 1 P 62/14, juris Rn. 3). Ist hingegen eine Genesung – und sei es auch nach einiger Zeit – absehbar, sodass der ehrenamtliche Richter innerhalb seiner Amtsperiode noch über einen nennenswerten Zeitraum sein Amt ausüben kann, so liegen die Voraussetzungen des § 24 Abs. 1 Nr. 4 nicht vor (OVG Bautzen 1.4.2016 – 3 F 3/16, juris Rn. 3). Unter den erforderlichen geistigen Fähigkeiten zu verstehen ist die intellektuelle Möglichkeit, den Verfahrensstoff aufzunehmen, zu verarbeiten und dem Verfahren aufmerksam zu folgen.[21] Dazu gehört auch ein seelischer Zustand, der dem Betreffenden die innere Bewältigung konfliktträchtiger Situationen erlaubt. Wie § 23 Abs. 1 Nr. 6 zeigt, ist ein hohes Lebensalter allein kein Entbindungsgrund nach § 24 Abs. 1 Nr. 4, ebenso wenig Blindheit, Taubheit oder Stummheit oder in anderer Weise mangelnde sprachliche Fähigkeiten (→ § 20 Rn. 5, 7).

13   **5. Aufgabe des Wohnsitzes im Gerichtsbezirk.**   Unter der Aufgabe des Wohnsitzes im Gerichtsbezirk i.S.v. § 24 Abs. 1 Nr. 5 kann nur der nach dem nach § 20 maßgeblichen Zeitpunkt (→ § 20 Rn. 13) erfolgte Wohnsitzwechsel verstanden werden. Hatte der ehrenamtliche Richter schon bei seiner Wahl keinen Wohnsitz innerhalb des Gerichtsbezirks, so ist er nach § 24 Abs. 1 Nr. 1 i.V.m. § 20 S. 2 von seinem Amt zu entbinden, wenn nicht ein atypischer Fall vorliegt (→ § 20 Rn. 17).[22] Wie das Wohnsitzerfordernis des § 20 S. 2 ist die Vorschrift dem Ziel verpflichtet, dass der ehrenamtliche Richter das VG aus einer zumutbaren Entfernung erreichen kann (→ § 20 Rn. 9). Dementsprechend kann gem.

---

17   Zum Fehlen einer Amtspflichtverletzung bei der Berufung auf einen besonderen Härtefall OVG Münster NVwZ 1987, 233. Zur Verweigerung der Amtsausübung aus religiösen Gründen VGH Kassel NVwZ 1988, 161, 162. A.M. *M. Weigert*, BayVBl 1988, 747, 749.

18   *J. Albers*, MDR 1984, 888, 889. A.M. *M. Redeker*, in: Redeker/v. Oertzen § 23 Rn. 2: Geltendmachung nur noch nach § 24 Abs. 2.

19   OVG Münster OVGE 36, 210, 212. A.M. *J. Albers*, MDR 1984, 888, 889: Geltendmachung nur nach § 24 Abs. 2.

20   So aber *J. Albers*, MDR 1984, 888, 889.

21   Vgl. *Kissel/Mayer* § 33 Rn. 5.

22   A.M. *J. Albers*, MDR 1984, 888, 889.

§ 24 Abs. 3 S. 1 nur der ehrenamtliche Richter selbst den Antrag stellen, wegen der Verlegung seines Wohnsitzes aus dem Gerichtsbezirk von seinem Amt entbunden zu werden. Will der Betreffende keinen Amtsentbindungsantrag stellen, so ist diese Entscheidung vom VG zu akzeptieren. Die Suche nach Möglichkeiten zur Umgehung der gesetzgeberischen Wertung ist nicht hinnehmbar.[23] Eine Amtsentbindung auf Antrag des Präsidenten des VG nach § 24 Abs. 1 Nr. 1 i.V.m. § 21 Nr. 3 bei Verlegung des Wohnsitzes außerhalb des Bundeslandes, in dem das VG seinen Sitz hat, scheidet aus.[24] § 21 Nr. 3 erfasst diesen Fall ohnehin nicht (→ § 21 Rn. 8). Kommt es nach der Wohnsitzverlegung für den ehrenamtlichen Richter zu Problemen hinsichtlich der Wahrnehmung seiner Pflichten, ohne dass er den Antrag nach § 24 Abs. 1 Nr. 5, Abs. 3 S. 1 stellen will, so ist er – notfalls durch die Festsetzung eines Ordnungsgeldes – zu einem pflichtgemäßen Verhalten zu veranlassen. Die Wohnsitzaufgabe muss tatsächlich erfolgt sein; die bloße Absicht hierzu reicht nicht aus (OVG Greifswald NVwZ-RR 1998, 784).

IV. Besondere Härtefälle

In besonderen Härtefällen kann der ehrenamtliche Richter gem. § 24 Abs. 2 von der weiteren Ausübung des Amtes entbunden werden. Voraussetzung ist ein von dem Betreffenden gestellter Antrag. Die Vorschrift ist anwendbar ab der ersten Teilnahme an einer Sitzung (→ § 23 Rn. 12) und entspricht hinsichtlich Voraussetzungen und Verfahren dem § 23 Abs. 2 (→ § 23 Rn. 14 ff.). § 24 Abs. 2 ermöglicht nur eine Entbindung von der weiteren Ausübung des Amtes durch Entscheidung des OVG. Die Wirkung der Entscheidung erstreckt sich mithin auf die gesamte verbliebene Amtszeit des ehrenamtlichen Richters. Eine *Entbindung von der Teilnahme an einzelnen Sitzungstagen* ist nach § 24 Abs. 2 nicht möglich. Ebenso wenig kann § 54 GVG, der die Entbindung eines Schöffen auf dessen Antrag wegen eingetretener Hinderungsgründe von der Dienstleistung an bestimmten Sitzungstagen durch Entscheidung des Richters beim Amtsgericht vorsieht, über § 173 im Verwaltungsprozess entsprechend angewandt werden.[25] Eine entsprechende Anwendung von Vorschriften des GVG nach § 173 setzt zum einen eine Regelungslücke voraus (→ § 173 Rn. 6 ff.). Für den Fall der Verhinderung eines ehrenamtlichen Richters enthält § 30 Abs. 2 jedoch eine ausreichende Regelung (→ § 30 Rn. 14 ff.). Zum anderen verlangt § 173, dass zwischen beiden Verfahrensarten keine grundsätzlichen Unterschiede bestehen. § 54 GVG steht im Zusammenhang mit § 45 GVG, nach dessen Abs. 1 die Sitzungstage des Schöffengerichts für das ganze Jahr im Voraus festgestellt werden. Die Reihenfolge der Schöffen hinsichtlich der Sitzungsteilnahme wird durch Auslosung bestimmt (§ 45 Abs. 2 GVG). Diese Starrheit der Festlegung der Reihenfolge der Heranziehung ist der Grund für das formalisierte Entbindungsverfahren des § 54 GVG. Eine strikte Regelung wie § 45 GVG kennt die VwGO nicht, überlässt vielmehr in § 30 Abs. 1 die Festlegung der Reihenfolge, in der die ehrenamtlichen Richter zu den Sitzungen heranzuziehen sind, dem Präsidium des VG, ohne dass die Sitzungstage im Voraus bestimmt werden müssten. Dementsprechend ist eine Übertragung der Grundsätze des § 54 GVG in das Verwaltungsprozessrecht nicht möglich.[26]

V. Verfahren der Amtsentbindung

Das Verfahren der Amtsentbindung regeln die Abs. 3 und 4 des § 24. Es wird eingeleitet durch einen *Antrag*, der in den Fällen des § 24 Abs. 1 Nr. 1, 2 und 4 vom Präsidenten des VG und in den Fällen des § 24 Abs. 1 Nr. 3 und 5, Abs. 2 und Abs. 4 vom ehrenamtlichen Richter gestellt wird (§ 24 Abs. 3 S. 1, Abs. 4). Soll ein ehrenamtlicher Richter des OVG von seinem Amt entbunden werden, so tritt gem. § 34 i.V.m. § 24 Abs. 3 S. 1 an die Stelle des Präsidenten des VG der des OVG. Letzterer darf dann nicht dem über die Entbindung entscheidenden Senat angehören. Eine Pflicht des ehrenamtlichen Richters, den Antrag nach § 24 Abs. 3 S. 1 zu stellen, besteht nicht. Anderes muss für die vom Präsidenten des VG geltend zu machenden Amtsentbindungsgründe gelten. Sie betreffen das öffentliche Interesse an einem ordnungsgemäßen Verfahrensablauf, sodass ein Ermessen bzgl. ihrer Geltendmachung nicht besteht. An die Fassung des Antrags sind jedenfalls dann keine strengeren Anforderungen

14

15

---

23 Abzulehnen deshalb OVG Lüneburg SchlHA 1964, 78, 79; OVG Münster OVGE 43, 113, 117.
24 A.M. OVG Lüneburg SchlHA 1964, 78, 79; OVG Münster OVGE, 43, 113, 114 ff.
25 Vgl. BVerwG DÖV 1974, 21, 22; BVerwGE 44, 215, 216; BVerwG DVBl 1981, 493; BayVBl 1984, 156. A.M. wohl OVG Münster DÖV 1993, 830, 831.
26 BVerwG DÖV 1974, 21, 22; BVerwGE 44, 215, 216; BVerwG DVBl 1981, 493; BayVBl 1984, 156; DÖV 1984, 723.

als die nach § 82 Abs. 1 für die Klage geltenden zu stellen, wenn der ehrenamtliche Richter Antragsteller ist. Erforderlichenfalls ist sein wirkliches Begehren durch Auslegung des Antrags zu ermitteln. Macht der Laienrichter bspw. irrtümlich einen Nichtberufungsgrund nach § 22 geltend, obwohl in Wirklichkeit ein Ablehnungsgrund nach § 23 Abs. 1 vorliegt, so ist das Begehren als Antrag nach § 24 Abs. 1 Nr. 3, Abs. 3 S. 1 zu werten. Etwas anderes gilt nur dann, wenn dem Vorbringen des ehrenamtlichen Richters eindeutig zu entnehmen ist, dass allein der ausdrücklich genannte Amtsentbindungsgrund geprüft werden soll (so die Konstellation in OVG Münster OVGE 33, 185, 187 f.). Das Vorliegen der Voraussetzungen für die Amtsentbindung muss glaubhaft gemacht werden.

16   Das Verfahren vor dem OVG richtet sich nach den allgemeinen Verfahrensvorschriften. Der zuständige Senat muss nach § 4 VwGO i.V.m. § 21 e Abs. 1 GVG durch den Geschäftsverteilungsplan bestimmt sein. Die *Anhörung des ehrenamtlichen Richters* ist in § 24 Abs. 3 S. 2 vorgeschrieben. Sie ist entbehrlich, wenn die Entscheidung dem von dem ehrenamtlichen Richter gestellten Antrag entspricht.[27] Ob die Anhörung mündlich oder schriftlich durchgeführt wird, ist dem erkennenden Senat freigestellt.[28] Da die Entscheidung gem. § 24 Abs. 3 S. 2 durch Beschluss ergeht, ist eine mündliche Verhandlung nicht notwendig. Nach § 101 Abs. 3 kann jedoch eine mündliche Verhandlung anberaumt werden. Der Beschluss ist laut § 24 Abs. 3 S. 3 unanfechtbar. Da ihm gestaltende Wirkung zukommt, kann er nicht mit einer Gegenvorstellung angegriffen werden.[29] Ebenso wenig ist der entscheidende Senat zur Aufhebung des Beschlusses in der Lage, es sei denn, es liegen die Voraussetzungen des § 24 Abs. 5 vor (→ Rn. 18). Ausweislich des § 122 Abs. 2 S. 1 bedarf der Beschluss keiner Begründung,[30] wenngleich eine solche opportun ist. Soweit nicht gem. § 173 VwGO i.V.m. § 329 Abs. 1 S. 1 ZPO nach Durchführung einer mündlichen Verhandlung eine Verkündung des Beschlusses geboten ist, genügt nach § 173 VwGO i.V.m. § 329 Abs. 2 S. 1 ZPO seine formlose Mitteilung an den Präsidenten des VG und den ehrenamtlichen Richter. Die Zuständigkeit des OVG nach § 24 Abs. 3 S. 1 erstreckt sich nicht auf eine Anfechtung der Wahl zum ehrenamtlichen Richter (zur Wahlanfechtung → § 29 Rn. 7 ff.).[31] Hingegen ist § 24 Abs. 3 auf die Entbindung eines gem. dem BDG berufenen Beamtenbeisitzers anwendbar.[32]

17   Die *Wirkung der Entscheidung* ist eine *konstitutive*.[33] Das Vorliegen oder die Geltendmachung eines Amtsentbindungsgrundes allein führt mithin nicht zur Entbindung von dem Amt. Bis zur Bekanntgabe der dem Antrag nach § 24 Abs. 3 S. 1 stattgebenden Entscheidung ist der Betreffende zur Mitwirkung nach § 19 berechtigter und verpflichteter ehrenamtlicher Richter,[34] ist das Gericht trotz seiner Teilnahme ordnungsgemäß besetzt.[35] Die Entscheidung ergeht in allen Fällen mit Wirkung ex nunc.[36] Die Sondervorschrift des § 24 Abs. 5 vermag hieran nichts zu ändern (zur Wirkung der Entscheidung nach § 24 Abs. 5 → Rn. 18).[37] Eine Anordnung des Präsidenten des VG, den ehrenamtlichen Richter nach Stellung des Entbindungsantrags bis zur Entscheidung des OVG einstweilen nicht mehr heranzuziehen, ist nicht statthaft (BVerwG NJW 1963, 1219). Eine § 21 Abs. 5 S. 5 ArbGG entsprechende Regelung kennt die VwGO nicht (OVG Bln-Bbg 13.8.2012 – 4 E 11.12, juris Rn. 3). Ebenso wenig ist in entsprechender Anwendung des § 35 DRiG die Entscheidung zulässig, dem ehrenamtlichen Richter die Führung seiner Amtsgeschäfte vorläufig zu untersagen.[38] § 35 DRiG ist auf die speziellen Fälle der Geltendmachung der Nichtigkeit der Ernennung zum Richter auf Lebenszeit oder auf Zeit (§ 18

27 J. *Albers*, MDR 1984, 888, 890.
28 J. *Albers*, MDR 1984, 888, 890.
29 J. *Albers*, MDR 1984, 888, 890.
30 A.M. J. *Albers*, MDR 1984, 888, 890.
31 HmbOVG 19.2.1997 – Verw 4/97.
32 OVG Bln 10.4.2003 – 4 E 9.03; HmbOVG NVwZ-RR 2006, 489; VGH Mannheim DÖV 2003, 341; VGH München 4.9.1998 – 5 S 98.2077; 22.1.2003 – 5 S 03.156.
33 J. *Albers*, MDR 1984, 888, 890. Für § 22 SGG jetzt auch BSG DÖV 1993, 537; E. *Scherer*, SGb 1977, 290, 291. A.M. noch BSGE 23, 26, 29 f.
34 BVerwG NJW 1963, 1219; HmbOVG NJW 1985, 2354, 2355; VGH München ZBR 1990, 161; J. *Albers*, MDR 1984, 888, 890.
35 HmbOVG NJW 1985, 2354, 2355. J. *Albers*, MDR 1984, 888, 890. A.M. M. *Redeker*, in: Redeker/v. Oertzen § 24 Rn. 3 für die Fälle des § 24 Abs. 1 Nr. 1.
36 OVG Münster OVGE 43, 112, 113; J. *Albers*, MDR 1984, 888, 890.
37 Vgl. aber M. *Redeker*, in: Redeker/v. Oertzen § 24 Rn. 3.
38 OVG Bln-Bbg 13.8.2012 – 4 E 11.12, juris Rn. 3. A.M. J. *Albers*, MDR 1984, 888, 890; *Kopp/Schenke* § 24 Rn. 5; M. *Redeker*, in: Redeker/v. Oertzen § 24 Rn. 4 für die Fälle der nach ihrer Auffassung bloß deklaratorischen Wirkung des Beschlusses nach § 24 Abs. 3.

Abs. 3 DRiG), die Rücknahme der Ernennung (§ 19 Abs. 3 DRiG) bzw. der Entlassung dieser Richter (§ 21 Abs. 3 DRiG), der Versetzung in ein anderes Amt und der Amtsenthebung (§ 30 DRiG) sowie der Versetzung in den Ruhestand (§ 34 DRiG) zugeschnitten. Da diese Verfahren längere Zeit in Anspruch nehmen, insbes. nach § 80 Abs. 2 DRiG die Revision zuzulassen ist, ist eine Möglichkeit zur Schaffung vorläufiger Regelungen notwendig.[39] Hiermit ist das nur eininstanzliche Verfahren nach § 24 Abs. 3 nicht vergleichbar (OVG Bln-Bbg 13.8.2012 – 4 E 11.12, juris Rn. 3).

Eine *Aufhebung der Entscheidung* nach § 24 Abs. 3 ist gem. § 24 Abs. 5 nur möglich, wenn die Amts- 18 entbindung nach § 24 Abs. 1 Nr. 1 i.V.m. § 21 Nr. 2 ausgesprochen wurde, der Angeschuldigte zwischenzeitlich rechtskräftig außer Verfolgung gesetzt oder freigesprochen worden ist und einen Antrag auf Aufhebung des Entbindungsbeschlusses stellt. Die Aufhebung kassiert die Entscheidung nach § 24 Abs. 3 mit Wirkung ex nunc. Keineswegs kann daraus geschlossen werden, dass die Entbindung vom Amt den ehrenamtlichen Richter nur von der Pflicht zur Wahrnehmung seines Ehrenamtes freistellt,[40] das durch die Wahl zum ehrenamtlichen Richter begründete Rechtsverhältnis also lediglich suspendiert ist. Die Entbindung vom Amt des ehrenamtlichen Richters beendet vielmehr das Rechtsverhältnis mit gestaltender Wirkung. Der Aufhebungsbeschluss nach § 24 Abs. 5 hat kraft Gesetzes ebenfalls Gestaltungskraft, indem das Ehrenamtsverhältnis neu geschaffen wird. Wie die Entscheidung nach § 24 Abs. 3 ist der nach § 24 Abs. 5 erlassene Beschluss gem. § 152 Abs. 1 unanfechtbar. Der Freispruch i.S.v. § 24 Abs. 5 ergeht durch Urteil nach § 260 Abs. 1 StPO. Rechtskräftig außer Verfolgung gesetzt werden kann der Angeschuldigte nach §§ 204, 206a, 206b und 260 Abs. 3 StPO. Wegen der Vorläufigkeit der Einstellung zählt hierzu nicht der Beschluss nach § 205 StPO.

§ 25 [Wahlperiode]

Die ehrenamtlichen Richter werden auf fünf Jahre gewählt.

Durch Art. V Nr. 14 des Gesetzes zur Änderung der Bezeichnungen der Richter und ehrenamtlichen 1 Richter und der Präsidialverfassung der Gerichte vom 26.5.1972 (BGBl I 841) wurde zur Vereinheitlichung der Richterbezeichnungen in allen Gerichtszweigen die Bezeichnung des ehrenamtlichen Verwaltungsrichters durch die des ehrenamtlichen Richters ersetzt. Die Verlängerung der Amtszeit der ehrenamtlichen Richter von vier auf fünf Jahre durch Art. 6 Nr. 3 des Gesetzes zur Vereinfachung und Vereinheitlichung der Verfahrensvorschriften zur Wahl und Berufung ehrenamtlicher Richter vom 21.12.2004 (BGBl I 3599) diente der Verringerung des mit der Wahl und Berufung der ehrenamtlichen Richter verbundenen Verwaltungsaufwandes.[1] Die Amtszeit beginnt mit der Wahl durch den Wahlausschuss (§ 29 Abs. 1). Die Amtsperiode verlängert sich bis zum Zeitpunkt von Neuwahlen, wenn solche nach Ablauf der fünf Jahre nicht stattgefunden haben (§ 29 Abs. 2). Entsprechendes gilt bei einer ungültigen Wahl (→ § 29 Rn. 14). Diese Regelung ist verfassungsrechtlich unbedenklich. Allerdings kommt bei ganz erheblichen Überschreitungen der Amtszeit ein Verstoß gegen Art. 101 Abs. 1 S. 2 GG in Betracht.[2] Eine erneute Berufung ist möglich. Die Dauer von fünf Jahren beeinträchtigt nicht die Unabhängigkeit der Richter (→ § 19 Rn. 12). Ergänzungswahlen für vorzeitig ausgeschiedene Richter sind zwar gesetzlich nicht vorgesehen, aber zulässig (→ § 29 Rn. 14). Die Amtszeit eines durch eine Ergänzungswahl berufenen Richters beträgt ebenfalls fünf Jahre (→ § 29 Rn. 14). Überschneiden sich der Beginn der Amtsperiode und das Geschäftsjahr, hat das Präsidium entsprechende Heranziehungsregelungen zu treffen (→ § 30 Rn. 7f.).

§ 26 [Wahlausschuss]

(1) Bei jedem Verwaltungsgericht wird ein Ausschuß zur Wahl der ehrenamtlichen Richter bestellt.

---

39 *Schmidt-Räntsch* § 35 Rn. 2.
40 So aber *M. Redeker*, in: Redeker/v. Oertzen § 24 Rn. 3.
1 Begründung des Bundesratsentwurfs eines Gesetzes zur Vereinfachung und Vereinheitlichung der Verfahrensvorschriften zur Wahl und Berufung ehrenamtlicher Richter, BT-Drs. 15/411, 8.
2 BVerfG in SozR § 13 Nr. 3.

(2) [1]Der Ausschuß besteht aus dem Präsidenten des Verwaltungsgerichts als Vorsitzendem, einem von der Landesregierung bestimmten Verwaltungsbeamten und sieben Vertrauensleuten als Beisitzern. [2]Die Vertrauensleute, ferner sieben Vertreter werden aus den Einwohnern des Verwaltungsgerichtsbezirks vom Landtag oder von einem durch ihn bestimmten Landtagsausschuß oder nach Maßgabe eines Landesgesetzes gewählt. [3]Sie müssen die Voraussetzungen zur Berufung als ehrenamtliche Richter erfüllen. [4]Die Landesregierungen werden ermächtigt, durch Rechtsverordnung die Zuständigkeit für die Bestimmung des Verwaltungsbeamten abweichend von Satz 1 zu regeln. [5]Sie können diese Ermächtigung auf oberste Landesbehörden übertragen. [6]In den Fällen des § 3 Abs. 2 richtet sich die Zuständigkeit für die Bestellung des Verwaltungsbeamten sowie des Landes für die Wahl der Vertrauensleute nach dem Sitz des Gerichts. [7]Die Landesgesetzgebung kann in diesen Fällen vorsehen, dass jede beteiligte Landesregierung einen Verwaltungsbeamten in den Ausschuss entsendet und dass jedes beteiligte Land mindestens zwei Vertrauensleute bestellt.

(3) Der Ausschuß ist beschlußfähig, wenn wenigstens der Vorsitzende, ein Verwaltungsbeamter und drei Vertrauensleute anwesend sind.

I. Entstehung der Norm

1   Die Entstehung der Norm war maßgeblich geprägt durch § 26 des sog. Präsidentenentwurfs,[1] dem § 27 des Regierungsentwurfs einer VwGO (BT-Drs. 3/55) nahezu wörtlich entsprach. Die Ermächtigung der Landesregierungen zur abweichenden Zuständigkeitsregelung und zur Übertragung dieser Ermächtigung auf oberste Landesbehörden nach § 26 Abs. 2 S. 4 und 5 wurde durch Art. 12 Nr. 1 des Zuständigkeitslockerungsgesetzes vom 10.3.1975 (BGBl I 685) angefügt. Die Anpassung der Richterbezeichnungen erfolgte durch Art. V des Gesetzes zur Änderung der Bezeichnungen der Richter und ehrenamtlichen Richter und der Präsidialverfassung der Gerichte vom 26.5.1972 (BGBl I 841). Die S. 6 und 7 des Abs. 2 wurden durch Art. 6 Nr. 0 des Ersten Gesetzes zur Modernisierung der Justiz vom 24.8.2004 (BGBl I 2198) angefügt. Gleichzeitig wurde § 26 Abs. 3 an die Möglichkeit der Mitgliedschaft mehrerer Verwaltungsbeamter im Ausschuss angepasst.

II. Funktion des Ausschusses

2   Die Funktion des nach § 26 Abs. 2 zu bildenden Ausschusses besteht gem. § 26 Abs. 1 in der Wahl der ehrenamtlichen Richter. Zunächst bestimmt der Ausschuss nach § 28 S. 2 für jeden Kreis und jede kreisfreie Stadt die Zahl der in die laut § 28 S. 1 von den Kreisen und kreisfreien Städten aufzustellenden Vorschlagslisten aufzunehmenden Personen. Aus den Vorschlagslisten wählt der Ausschuss dann mit einer Mehrheit von mindestens zwei Dritteln der Stimmen die erforderliche Zahl von ehrenamtlichen Richtern (§ 29 Abs. 1). Da die Berufung der ehrenamtlichen Richter durch den Wahlakt erfolgt (→ § 20 Rn. 15), ist der Ausschuss nicht nur Wahl-, sondern gleichzeitig Berufungsorgan. Andere Aufgaben als die Bestimmung der Zahl der in die Vorschlagslisten aufzunehmenden Personen und die Auswahl der ehrenamtlichen Richter aus jenen Listen hat der Ausschuss nicht.

3   Noch nicht abschließend geklärt ist die funktionale Zuordnung der Tätigkeit des Wahlausschusses. Der BGH hat die Aufgaben des Richters am Amtsgericht als Vorsitzendem des Schöffenwahlausschusses nach den §§ 38 ff. GVG nicht als Tätigkeit der Justizverwaltung, sondern als Geschäft der gerichtlichen Selbstverwaltung bezeichnet (BGHSt 29, 284, 287). Die Schöffenwahl sei zwar kein Akt der Rspr., diene aber der Rspr., indem sie die Voraussetzungen dafür schaffe (OLG Stuttgart NJW 1985, 2343, 2344). I.d.S. sei die Wahl funktional der Rspr. zuzurechnen.[2] Zugeschnitten ist die Unterscheidung auf die Frage, ob ein Justizverwaltungsakt nach § 23 EGGVG oder eine Maßnahme der Rspr. im funktionellen Sinne vorliegt. Da § 23 EGGVG nur für Justizverwaltungsakte innerhalb der ordentlichen Gerichtsbarkeit gilt,[3] sind die hierzu gewonnenen Ergebnisse auf die Verwaltungsgerichtsbarkeit nicht übertragbar. Die Tätigkeit des Wahlausschusses ist keine verbindliche Feststellung bestrittenen, bezweifelten oder gefährdeten Rechts und damit keine Ausübung rechtsprechender Gewalt i.S.v. § 4

---

1   Entwurf einer Bundesverwaltungsgerichtsordnung, aufgestellt von der Vereinigung der Präsidenten der Verwaltungsgerichte des Bundesgebiets, DVBl 1951, nach 568.
2   *Kissel/Mayer* § 23 EGGVG Rn. 150.
3   *Kissel/Mayer* § 23 EGGVG Rn. 13.

Abs. 1 DRiG.[4] Wegen der Teilnahme des Präsidenten des VG als richterlichem Mitglied kann der Ausschuss deshalb nur Aufgaben der Gerichtsverwaltung (§ 4 Abs. 2 Nr. 1 DRiG) oder aufgrund eines Gesetzes zugewiesene andere Aufgaben (§ 4 Abs. 2 Nr. 2 DRiG) wahrnehmen. Die Gerichtsverwaltung umfasst zwar auch die Bereitstellung der sachlichen und persönlichen Mittel für die Tätigkeit der Gerichte, jedoch nur, wenn diese Verwaltung von den Gerichten selbst ausgeübt wird.[5] Die Mitwirkung des von der Exekutive bestimmten Verwaltungsbeamten und der Vertrauensleute schließt es aus, den Wahlausschuss nach § 26 als Teil des VG aufzufassen. Nach neuerem Verständnis ist v.a. die Berufung des Personals der Gerichte vielmehr dem Bereich der Justizverwaltung im formellen Sinne zuzuordnen.[6] In Anbetracht dessen, dass die ehrenamtlichen Richter in anderen Gerichtsbarkeiten durch die Exekutive berufen werden, ist es gerechtfertigt, die Berufung des ehrenamtlichen Personals durch Wahl dem gleichzustellen und ebenfalls als *Akt der Justizverwaltung* zu verstehen.[7]

Nach § 26 Abs. 1 ist *bei* jedem VG ein Ausschuss zur Wahl der ehrenamtlichen Richter zu bestellen. 4 *„Bei"* heißt zunächst *„für"*: Die Zuständigkeit eines Ausschusses für die Wahl der ehrenamtlichen Richter an mehreren VG ist nicht möglich. Gleichzeitig bezieht sich die Präposition „bei" im räumlichen Sinne auf den Gerichtsbezirk. Wird gem. § 3 Abs. 2 die Errichtung eines gemeinsamen Gerichts mehrerer Länder oder die Ausdehnung von Gerichtsbezirken über die Landesgrenzen hinaus vereinbart, so muss die Zusammensetzung des Ausschusses nach § 26 Abs. 2 ebenfalls länderübergreifend geregelt sein. Das Gebot eines besonderen Ausschusses gilt gem. § 34 auch für die Wahl der ehrenamtlichen Richter am OVG. Die Einsetzung eines gemeinsamen Wahlausschusses für VG und OVG ist selbst dann unzulässig, wenn sich die Gerichtsbezirke beider Gerichte decken. Damit ist nicht ausgeschlossen, dass wie nach Art. 4 Abs. 4 AGVwGO Brem und § 4 Abs. 1 AGVwGO SH die Vertrauensleute im Wahlausschuss beim VG zugleich Vertrauensleute im Wahlausschuss beim OVG sind.[8] Denn wegen der in § 26 Abs. 2 S. 1 genannten weiteren Mitglieder des Ausschusses führt die personelle Identität der Vertrauensleute in beiden Ausschüssen nicht zur Identität der Ausschüsse insgesamt.

III. Zusammensetzung des Ausschusses

Die Zusammensetzung des Ausschusses ist in § 26 Abs. 2 geregelt. Mitglieder sind danach der Präsi- 5 dent des VG, ein von der Landesregierung bestimmter Verwaltungsbeamter und sieben gewählte Vertrauensleute. Der *Präsident des VG* ist kraft Amtes Vorsitzender des Wahlausschusses. Da die Tätigkeit des Ausschusses nicht der gerichtlichen Selbstverwaltung, sondern der Justizverwaltung zuzuordnen ist (→ Rn. 3), ist die Vertretung des Präsidenten im Ausschuss nicht nach § 4 VwGO i.V.m. § 21 e Abs. 1 GVG im Geschäftsverteilungsplan zu regeln.[9] Ebenso wenig ist der Vorsitz im Wahlausschuss eine justizförmige Verwaltungsaufgabe (dazu BGHSt 25, 257, 258) nach dem GVG i.S.d. § 21 h GVG. Allerdings ist § 21 h GVG ausweislich des § 4 nur entsprechend anzuwenden. Aus § 21 h GVG lässt sich deshalb jedenfalls der Grundsatz entnehmen, dass der Präsident des VG in seinen von ihm als Gerichtspräsidenten wahrzunehmenden Funktionen durch den Vizepräsidenten ständig vertreten wird.[10] Voraussetzung für die Vertretung im Ausschussvorsitz ist das Vorliegen eines Vertretungsfalles. Die Wahrnehmung eines anderen Termins durch den Präsidenten genügt insoweit. Ist der Vertretungsfall nicht offenkundig und unzweifelhaft gegeben, so muss er besonders festgestellt werden (BVerwG Buchholz 310 § 26 VwGO Nr. 2). Die Feststellung wird durch den Wahlausschuss getroffen.

Ein *Verwaltungsbeamter* als Mitglied des Ausschusses wird nach § 26 Abs. 2 S. 1 von der Landesregie- 6 rung bestimmt. Erforderlich ist ein Beschluss der Landesregierung als Kollegium, die Bestimmung durch einen einzelnen Minister genügt nicht. Allerdings ermächtigt § 26 Abs. 2 S. 4 die Landesregierungen, die Zuständigkeit für die Bestimmung durch Rechtsverordnung anders zu regeln. Darüber hinaus können die Landesregierungen die Ermächtigung auf oberste Landesbehörden übertragen (§ 26 Abs. 2 S. 5). Der Verwaltungsbeamte muss im Dienste des betreffenden Landes stehen. Beamte anderer juristischer Personen des öffentlichen Rechts kommen mangels Verpflichtung zur Übernahme der Mit-

---

4 Zu diesem Begriff der rechtsprechenden Gewalt *Schmidt-Räntsch* § 4 Rn. 5.
5 *Schmidt-Räntsch* § 4 Rn. 30.
6 *Kissel/Mayer* § 12 Rn. 86; *P. Stelkens/Panzer*, in: Schoch/Schneider/Bier § 1 Rn. 30.
7 I.E. ebenso *H. Geiger*, in: Eyermann § 26 Rn. 2.
8 *H. Geiger*, in: Eyermann § 26 Rn. 1.
9 A.M. BGHSt 29, 284, 287; zust. *O. Katholnigg*, NStZ 1981, 31, 32.
10 BVerwG Buchholz 310 § 26 VwGO Nr. 2; OVG Lüneburg 24.10.1988 – 8 A 9/87.

gliedschaft gegenüber dem Land nicht in Betracht. Bei der Auswahl des Verwaltungsbeamten steht der bestimmenden Stelle ein unbeschränktes, auch durch Qualifikation und Tätigkeitsbereich nicht eingegrenztes Ermessen zu. Der Beamte kann als Person oder als Inhaber eines näher bezeichneten Amtes bestimmt werden.[11] Weiterhin legt die Landesregierung oder die von ihr ermächtigte Stelle die Dauer der Ausschussmitgliedschaft des Beamten fest. Ein Rückruf aus dem Ausschuss ist jederzeit möglich. Ein Vertreter kann allgemein oder ad hoc für die Wahrnehmung einzelner Ausschusssitzungen bestellt werden. Auch die Bestimmung des Vertreters muss durch die Stelle nach § 26 Abs. 2 S. 1, 4, 5 erfolgen. Eine Ermächtigung des Verwaltungsbeamten, seinen Vertreter selbst zu bestellen, ist ausgeschlossen.[12] Weder der Verwaltungsbeamte noch sein Vertreter sind von der Mitgliedschaft im Wahlausschuss ausgeschlossen, weil sie mit der Vertretung der Verwaltung in Verfahren vor dem betreffenden VG betraut sind (BFH BStBl 1987 II, 438, 439). Die Sonderregelungen des § 26 Abs. 2 S. 6 und 7 betreffend die Bestellung des (bzw. der) Verwaltungsbeamten sowie der Vertrauensleute in Fällen der Bildung eines gemeinsamen Gerichts nach § 3 Abs. 2 wurde auf Wunsch des Bundesrates eingefügt. Sie betrifft v.a. die Errichtung eines gemeinsamen OVG der Länder Berlin und Brandenburg.[13]

7 Weiterhin gehören dem Ausschuss sieben *Vertrauensleute als Beisitzer* an (§ 26 Abs. 2 S. 1). Sie sowie sieben Vertreter müssen Einwohner des Verwaltungsgerichtsbezirks sein und werden vom Landtag oder von einem durch ihn bestimmten Landtagsausschuss oder nach Maßgabe eines Landesgesetzes gewählt (§ 26 Abs. 2 S. 2). Soweit also landesgesetzlich keine abweichende Regelung getroffen worden ist, können die Vertrauensleute und ihre Vertreter nur durch den Landtag oder einen Landtagsausschuss gewählt werden. Ausdrücklich vorgesehen ist die Wahl der Vertrauensleute durch die Bürgerschaft in Art. 4 Abs. 1 S. 1 AGVwGO Brem. Entsprechendes statuiert § 4 Abs. 1 AGVwGO Hamb, wobei zur Wahl die Mehrheit der abgegebenen Stimmen ausreicht. Auch nach § 6 Abs. 1 S. 1 Saarl-AGVwGO werden die Vertrauensleute vom Landtag gewählt. Eingehend geregelt ist das Verfahren der Wahl durch den Landtag in § 5 Abs. 2 HessAGVwGO. Danach erfolgt die Wahl nach den Regeln der Verhältniswahl, wobei jede Fraktion eine Vorschlagsliste vorlegen kann und die Sitze der Vertrauensleute auf die Wahlvorschläge nach dem Höchstzahlverfahren verteilt werden. Die auf der Liste folgenden Namen gelten in gleicher Anzahl als Stellvertreter. Eine abweichende Regelung enthält Art. 11 Abs. 1 AGVwGO Bay, wonach die Vertrauensleute vom Bezirkstag, mit seiner Ermächtigung vom Bezirksausschuss gewählt werden. Weiter mediatisiert ist die Wahl in Niedersachsen und Sachsen-Anhalt. Nach § 78 Abs. 1 NJG wird die Wahl der Vertrauensleute durch eine Versammlung von Wahlbevollmächtigten vorgenommen, die wiederum von den Vertretungskörperschaften der Landkreise und kreisfreien Städte der Verwaltungsbezirke gewählt werden. Bei Anwesenheit von mehr als der Hälfte ihrer Mitglieder ist die Versammlung beschlussfähig. Über die Wahl der Vertrauensleute entscheidet die einfache Mehrheit (§ 78 Abs. 3 NJG). Die Vertrauensleute für den Ausschuss beim OVG werden hingegen vom Landtag oder einem Landtagsausschuss gewählt (§ 78 Abs. 5 NJG). Die Regelung in Sachsen-Anhalt (§ 7 AGVwGO LSA) entspricht der niedersächsischen Regelung.

8 Während der Schöffenwahlausschuss nach § 40 Abs. 1 GVG jedes fünfte Jahr nur für die Durchführung der Schöffenwahl bestellt wird,[14] ist der Ausschuss zur Wahl der ehrenamtlichen Richter in der Verwaltungsgerichtsbarkeit ein *permanentes Organ*. Dementsprechend amtieren die Vertrauensleute nicht nur einmalig zum Vollzug einer Schöffenwahl, sondern für eine bestimmte *Amtsperiode*. Ihre Dauer ist fast durchweg landesrechtlich geregelt. Ganz überwiegend ist die Amtszeit der Vertrauensleute auf vier Jahre festgesetzt, entweder unmittelbar (Art. 11 Abs. 3 S. 1 AGVwGO Bay, § 3 Abs. 1 AGVwGO RP, § 7 Abs. 5 S. 1 AGVwGO LSA, § 4 Abs. 1 S. 1 AGVwGO SH) oder in entsprechender Anwendung des § 25 (§ 3 AGVwGO BW, § 7 BbgVwGG). Lediglich in Hamburg, Niedersachsen und Sachsen beträgt die Amtsperiode fünf Jahre (§ 4 Abs. 2 S. 1 AGVwGO Hamb, § 78 Abs. 4 S. 1 NJG, § 22 Abs. 1 S. 1 SächsJG). Nach Art. 4 Abs. 1 S. 1 AGVwGO Brem, § 5 Abs. 1 S. 1 HessAGVwGO und § 6 Abs. 1 SaarlAGVwGO werden die Vertrauensleute vom jeweiligen Landesparlament für die Dauer von dessen Wahlperiode gewählt. Wo keine ausdrückliche Regelung der Amtsdauer der Vertrauensleute besteht, erscheint ein Rückgriff auf die in § 25 vorgenommene Periodisierung sachge-

---

11 Vgl. *Kissel/Mayer* § 40 Rn. 4.
12 Für § 40 Abs. 2 GVG *Kissel/Mayer* § 40 Rn. 6; a.M. BGHSt 12, 197, 202.
13 Stellungnahme des Bundesrates zum Regierungsentwurf eines Justizmodernisierungsgesetzes, BT-Drs. 15/1508, 45.
14 *Kissel/Mayer* § 40 Rn. 1.

recht.[15] Dass der Wahlausschuss ein ständiges Organ ist, wird besonders deutlich, wenn das Verbleiben der Vertrauensleute im Amt auch nach Ablauf ihrer Amtsperiode bis zur Wahl ihrer Nachfolger angeordnet wird (Art. 4 Abs. 3 AGVwGO Brem, § 5 Abs. 1 S. 3 HessAGVwGO, § 3 Abs. 2 AGVwGO RP, § 6 Abs. 2 SaarlAGVwGO).

Gem. § 26 Abs. 2 S. 3 müssen die Vertrauensleute und ihre Vertreter die *Voraussetzungen zur Berufung* 9 *als ehrenamtliche Richter* erfüllen. Gemeint sind insoweit die §§ 20–22. Wenn landesrechtlich nur auf einzelne dieser Voraussetzungen verwiesen wird (so § 3 AGVwGO BW, der nur auf § 20 S. 2 verweist), so wird der Hinweis rein deklaratorisch, ohne dass die Vertrauensleute hierdurch von der Einhaltung der übrigen Voraussetzungen der §§ 20–22 entbunden wären. Konstitutive Wirkung kommt dagegen der Anordnung der entsprechenden Geltung des § 23 für die Vertrauensleute durch Art. 11 Abs. 3 S. 2 AGVwGO Bay und § 4 Abs. 2 S. 2 AGVwGO Hamb bzw. der weitestgehend inhaltsgleichen Wiederholung der Ablehnungs- und Befreiungsgründe des § 23 und des § 24 Abs. 2 durch § 4 Abs. 3 AGVwGO SH zu. Da § 23 keine Voraussetzungen für die Berufung zum ehrenamtlichen Richter statuiert, sondern diesem Gründe für die Ablehnung der Berufung aufzeigt, deren Geltendmachung im Belieben des Betroffenen steht, unterfällt § 23 nicht dem § 26 Abs. 2 S. 3.[16] Problematisch ist die Konstellation, dass Vertrauensleute in den Wahlausschuss gewählt werden, obwohl sie nicht wie von § 26 Abs. 2 S. 3 gefordert die Voraussetzungen der §§ 20–22 erfüllen. Für diesen Fall sehen § 3 AGVwGO BW, Art. 11 Abs. 3 S. 2 Hs. 1 AGVwGO Bay, § 7 BgbVwGG, § 4 Abs. 2 S. 2 AGVwGO Hamb und § 22 Abs. 2 SächsJG die entsprechende Anwendung des § 24 vor. Eine Entbindung der Vertrauensleute von ihrem Amt ist dann aus jedem der in § 24 Abs. 1 und Abs. 2 genannten Gründe zulässig. Die Entscheidung trifft gem. § 24 Abs. 3 ein Senat des OVG mit konstitutiver Wirkung. Eine Sonderregelung gilt nach Art. 11 Abs. 3 S. 2 Hs. 2 AGVwGO Bay in Bayern. Dort entscheidet über die Amtsentbindung der Bezirkstag bzw. mit seiner Ermächtigung der Bezirksausschuss. Wo die Geltung des § 24 nicht angeordnet wird, hat der Wahlausschuss selbst die Einhaltung der Voraussetzungen der §§ 20–22 zu prüfen. Wird dabei die Wahl einer Vertrauensperson entgegen § 26 Abs. 2 S. 3 festgestellt oder entfällt eine der Voraussetzungen der §§ 20–22 später, so ist der Betreffende als im rechtlichen Sinne an der Mitwirkung im Ausschuss verhindert anzusehen und durch seinen Vertreter zu ersetzen. Die Teilnahme einer Vertrauensperson, die den Anforderungen der §§ 20–22 nicht genügt, an der Wahl der ehrenamtlichen Richter nimmt diesem Akt nicht den Charakter einer Wahl im Rechtssinne. Wirkt eine solche Vertrauensperson an der Wahl mit, so führt die Beteiligung eines solchermaßen gewählten ehrenamtlichen Richters nicht zu einer vorschriftswidrigen Besetzung des Spruchkörpers (→ § 29 Rn. 10). Wie die ehrenamtlichen Richter haben die Vertrauensleute Anspruch auf Entschädigung nach dem Justizvergütungs- und -Entschädigungsgesetz (§ 32).

Die *Beschlussfähigkeit* des Ausschusses setzt die Teilnahme des Vorsitzenden, des Verwaltungsbeam- 10 ten und dreier Vertrauensleute voraus (§ 26 Abs. 3). Die Wahl von ehrenamtlichen Richtern trotz Beschlussunfähigkeit des Ausschusses führt dazu, dass die betreffenden ehrenamtlichen Richter nicht ordnungsgemäß gewählt sind.[17]

§ 27 [Zahl der ehrenamtlichen Richter]

Die für jedes Verwaltungsgericht erforderliche Zahl von ehrenamtlichen Richtern wird durch den Präsidenten so bestimmt, daß voraussichtlich jeder zu höchstens zwölf ordentlichen Sitzungstagen im Jahr herangezogen wird.

Die im Gesetzgebungsverfahren unumstrittene und lediglich zum Zweck der Anpassung der Richter- 1 bezeichnungen[1] geänderte Vorschrift überweist die Festsetzung der für jedes VG erforderlichen Zahl von ehrenamtlichen Richtern dem Präsidenten des VG. Dessen Entscheidung wird dadurch bestimmt,

---

15 A.M. *P. Stelkens/N. Panzer*, in: Schoch/Schneider/Bier § 26 Rn. 6: Amtsdauer begrenzt durch Wahlperiode des die Vertrauensleute wählenden Organs.

16 A.M. *Koehler* § 26 Anm. II; für die Anwendbarkeit des § 35 GVG auf die Vertrauenspersonen im Schöffenwahlausschuss nach § 40 GVG auch *Kissel/Mayer* § 40 Rn. 12.

17 Zu den Rechtsfolgen und den Folgen einer fehlerhaften Besetzung des Ausschusses § 29 Rn. 13.

1 Art. V des Gesetzes zur Änderung der Bezeichnungen der Richter und ehrenamtlichen Richter und der Präsidialverfassung der Gerichte vom 26.5.1972, BGBl I 841.

dass nach § 27 die Zahl so festzulegen ist, dass jeder ehrenamtliche Richter voraussichtlich zu höchstens zwölf ordentlichen Sitzungstagen im Jahr herangezogen wird. Zur Ermittlung der i.S.d. § 27 erforderlichen Zahl von ehrenamtlichen Richtern hat der Gerichtspräsident auf der Tatbestandsseite zunächst eine *Prognose* zu treffen, die das Mittel der Sitzungstage der letzten Jahre sowie voraussichtliche Änderungen des Geschäftsanfalls aufgrund absehbarer personeller und rechtlicher Entwicklungen einbezieht.[2] Dieser Prognose korrespondiert auf der Rechtsfolgenseite keine Einschätzungsprärogative,[3] sondern ein *Ermessen* des Präsidenten bei der Bestimmung der Zahl (für die Parallelvorschrift des § 43 GVG BGH NJW 1974, 155; 1978, 1444, 1445). Leitend für die Ermessensausübung sind die dem *Zweck* des § 27 zugrunde liegenden Gedanken: Zum einen soll die Ausrichtung der Zahl der ehrenamtlichen Richter an der Heranziehung des einzelnen Laienrichters zu voraussichtlich höchstens zwölf Sitzungstagen eine Überbeanspruchung durch die ehrenamtliche Tätigkeit verhindern.[4] Zum anderen sollen die ehrenamtlichen Richter so häufig zu Sitzungen herangezogen werden, dass sie die zur Ausübung ihres Amtes nötige Vertrautheit mit dieser Tätigkeit erwerben.[5] Dadurch wird verhindert, dass der Gerichtspräsident allzu großzügig über den prognostisch ermittelten Bedarf hinausgeht. Andererseits hat er in seine Ermessensentscheidung die Möglichkeit einzustellen, dass ehrenamtliche Richter im Laufe der Amtsperiode durch Amtsentbindung oder aus anderen Gründen wegfallen.[6]

2   Die Bestimmung der Zahl nach § 27 durch den Präsidenten des VG ist ein *Akt der Justizverwaltung*.[7] Wie bei seinem Vorsitz im Ausschuss nach § 26 wird der Präsident im Falle seiner Verhinderung durch den Vizepräsidenten des VG vertreten (→ § 26 Rn. 5). Die Zahlfestsetzung muss zu einem so frühen Zeitpunkt erfolgen, dass die Aufstellung der Vorschlagslisten nach § 28 rechtzeitig vor der Wahl der ehrenamtlichen Richter erfolgen kann. Denn die Erstellung der Listen ist insofern von der vorausgehenden Zahlbestimmung abhängig, als gem. § 28 S. 3 bei der Ermittlung der Zahl der in die Vorschlagsliste aufzunehmenden Personen die doppelte Anzahl der nach § 27 erforderlichen ehrenamtlichen Richter zugrunde zu legen ist. Während für die Schöffenwahl laut §§ 42 Abs. 1 Nr. 2, 43 Abs. 1 GVG die Wahl der erforderlichen Zahl von Hilfsschöffen zwingend vorgeschrieben ist und der Präsident des Land- bzw. Amtsgerichts diese Zahl gesondert zu bestimmen hat, sieht § 30 Abs. 2 lediglich vor, dass eine *Hilfsliste* aus ehrenamtlichen Richtern, die am Gerichtssitz oder in seiner Nähe wohnen, aufgestellt werden *kann*. Die Aufstellung der Hilfsliste liegt also im Ermessen des Präsidiums des VG und bezieht sich personell auf die Gesamtheit aller gewählten ehrenamtlichen Richter (→ § 30 Rn. 13). Im Rahmen der Festsetzung nach § 27 kann der Präsident deshalb die Zahl von ehrenamtlichen Richtern, die er für eine Hilfsliste für erforderlich hält, nicht gesondert ausweisen. In seine anzustellende Prognose muss er vielmehr die Überlegung einfließen lassen, ob – insbes. nach den Erfahrungen der vergangenen Geschäftsjahre – innerhalb der fünfjährigen Amtsperiode der ehrenamtlichen Richter mit der Aufstellung einer Hilfsliste zu rechnen sein wird. Ist dies der Fall, so hat er die nach § 27 zu bestimmende Zahl entsprechend zu erhöhen. Dabei muss abgeschätzt werden, wie oft Fälle unvorhergesehener Verhinderung i.S.v. § 30 Abs. 2 erfahrungsgemäß eintreten werden. Auch die Ermittlung der im Hinblick auf eine Hilfsliste zusätzlich erforderlichen Zahl ehrenamtlicher Richter hat sich an der voraussichtlichen Heranziehung zu höchstens zwölf Sitzungstagen zu orientieren.[8] Weiterhin ist zu beachten, dass ein ehrenamtlicher Richter sowohl für die Haupt- als auch für die Hilfsliste vorgesehen werden kann (BVerwG VerwRspr 20, 122, 123; → § 30 Rn. 13).

3   Da die Heranziehung jedes ehrenamtlichen Richters zu höchstens zwölf Sitzungstagen im Jahr nach der Prognose des Präsidenten des VG nur *voraussichtlich* sein muss, ist diese Prognose nicht bindend in dem Sinne, dass ein ehrenamtlicher Richter nur zu zwölf Sitzungstagen herangezogen werden darf.[9] Zulässig ist eine niedrigere Zahl von Sitzungsteilnahmen ebenso wie eine höhere, ohne dass das Ge-

---

2   Vgl. *Kissel/Mayer* § 43 Rn. 4.

3   In diese Richtung tendierend aber *P. Stelkens/N. Panzer*, in: Schoch/Schneider/Bier § 27 Rn. 2. Das Vorliegen prognostischer Entscheidungselemente, insbes. bei auf Erfahrungswissen basierenden Prognosen, ist nicht indiziell für das Vorliegen von Beurteilungsspielräumen, vgl. *F. Ossenbühl*, FS Menger, 1985, 731.

4   *H. Schnellenbach*, NVwZ 1988, 703; für § 43 GVG auch *Kissel/Mayer* § 43 Rn. 3.

5   *H. Schnellenbach*, NVwZ 1988, 703; für § 43 GVG auch BGH NJW 1974, 155.

6   *H. Schnellenbach*, NVwZ 1988, 703.

7   Für § 43 GVG BGH NJW 1974, 509; *Kissel/Mayer* § 43 Rn. 1.

8   Vgl. *Kissel/Mayer* § 43 Rn. 5.

9   Vgl. BGH NJW 1974, 555; *Kissel/Mayer* § 43 Rn. 3.

richt deshalb ordnungswidrig besetzt wäre.[10] Verweigert ein ehrenamtlicher Richter nach der Heranziehung zu zwölf Sitzungen eine weitere Mitwirkung, so ist gegen ihn gem. § 33 Abs. 1 ein Ordnungsgeld zu verhängen. Grenzen für eine Abweichung von der Prognoserichtschnur des § 27 Hs. 2 können sich allerdings unter zwei Gesichtspunkten ergeben: Zum einen kann das vom Präsidenten des VG seiner Prognose zugrunde gelegte Material falsch sein. In diesem Fall liegt ein *Ermessensfehler* in Gestalt des Ermessensfehlgebrauchs vor. Zum anderen kann der Präsident trotz richtiger Prognose sein Ermessen bezüglich der zu bestimmenden Zahl falsch ausüben. Solange aber seine Entscheidung den Rahmen des Sachgerechten nicht verlässt, kann sie nicht beanstandet werden.[11]

§ 28 [Vorschlagsliste]

[1]Die Kreise und kreisfreien Städte stellen in jedem fünften Jahr eine Vorschlagsliste für ehrenamtliche Richter auf. [2]Der Ausschuß bestimmt für jeden Kreis und für jede kreisfreie Stadt die Zahl der Personen, die in die Vorschlagsliste aufzunehmen sind. [3]Hierbei ist die doppelte Anzahl der nach § 27 erforderlichen ehrenamtlichen Richter zugrunde zu legen. [4]Für die Aufnahme in die Liste ist die Zustimmung von zwei Dritteln der anwesenden Mitglieder der Vertretungskörperschaft des Kreises oder der kreisfreien Stadt, mindestens jedoch die Hälfte der gesetzlichen Mitgliederzahl erforderlich. [5]Die jeweiligen Regelungen zur Beschlussfassung der Vertretungskörperschaft bleiben unberührt. [6]Die Vorschlagslisten sollen außer dem Namen auch den Geburtsort, den Geburtstag und Beruf des Vorgeschlagenen enthalten; sie sind dem Präsidenten des zuständigen Verwaltungsgerichts zu übermitteln.

Schrifttum

R. Großmann, Zum Umfang der Vorschlagslisten für ehrenamtliche Richter der Sozialgerichtsbarkeit, SGb 1985, 265; *R. Klenke*, Zur Wahl der ehrenamtlichen Richterinnen und Richter in der Verwaltungsgerichtsbarkeit, NVwZ 1998, 473; *H. Schnellenbach*, Die Aufstellung der Vorschlagslisten für die Wahl der ehrenamtlichen Verwaltungsrichter, NVwZ 1988, 703.

I. Normgeschichte

Die Normgeschichte geht zurück auf § 29 des Regierungsentwurfs einer VwGO (BT-Drs. 3/55). Eine   1
Abweichung enthielt der Regierungsentwurf lediglich insofern, als nach S. 3 der vorgeschlagenen Vorschrift die dreifache Anzahl der erforderlichen Laienrichter bei der Erstellung der Vorschlagslisten zugrunde gelegt werden sollte. Die Reduzierung auf die doppelte Anzahl erfolgte auf Intervention des Bundesrates, da es erfahrungsgemäß schwierig sei, eine größere Anzahl von geeigneten Personen namhaft zu machen.[1] Geändert wurde die Bestimmung zunächst hinsichtlich der Richterbezeichnungen.[2] Art. 6 Nr. 4 des Gesetzes zur Vereinfachung und Vereinheitlichung der Verfahrensvorschriften zur Wahl und Berufung ehrenamtlicher Richter vom 21.12.2004 (BGBl I 3599) passte die Fristbestimmung in S. 1 an die Verlängerung der Amtsperiode der ehrenamtlichen Richter in § 25 an, milderte das Quorum des § 28 S. 4, das bis dahin die Zustimmung von mindestens zwei Dritteln der gesetzlichen Mitgliederzahl der Vertretungskörperschaft erforderlich machte, auf die heutige Regelung ab, und fügte den § 28 S. 5 ein.

II. Aufstellung der Vorschlagslisten

§ 28 regelt die Aufstellung der Vorschlagslisten für die Wahl der ehrenamtlichen Richter. Beteiligt sind   2
mehrere Stellen: Zunächst bestimmt der Ausschuss i.S.d. § 26 für jeden Kreis und für jede kreisfreie Stadt die Zahl der in die Vorschlagsliste aufzunehmenden Personen (§ 28 S. 2). Anschließend stellen die Kreise und kreisfreien Städte die Vorschlagslisten auf (§ 28 S. 1) und übermitteln sie dem Präsidenten des jeweils zuständigen VG (§ 28 S. 6 Hs. 2) in seiner Funktion als Vorsitzender des Wahlausschusses (§ 26 Abs. 2 S. 1). Der Ausschuss wählt dann gem. § 29 Abs. 1 aus den Vorschlagslisten die erforderliche Zahl von ehrenamtlichen Richtern.

---

10 Vgl. BGH NJW 1974, 155; 1978, 1444, 1445; *Kissel/Mayer* § 43 Rn. 3.
11 Vgl. BGH NJW 1974, 155; *Kissel/Mayer* § 43 Rn. 6.
 1 Änderungsvorschläge des Bundesrates zum Entwurf einer VwGO, BT-Drs. 3/55 Anl. 2 S. 70.
 2 Art. V des Gesetzes zur Änderung der Bezeichnungen der Richter und ehrenamtlichen Richter und der Präsidialverfassung der Gerichte vom 26.5.1972, BGBl I 841.

3   **1. Bestimmung der Zahl.** Die Bestimmung der Zahl der Personen, die in die Vorschlagsliste aufzunehmen sind, knüpft an die Festsetzung der für jedes VG erforderlichen Zahl von ehrenamtlichen Richtern durch den Präsidenten des VG nach § 27 an. Allerdings wird die Aufteilung der nach § 27 bestimmten Gesamtzahl auf die im Gerichtsbezirk gelegenen Kreise und kreisfreien Städte nicht ebenfalls durch den Gerichtspräsidenten, sondern durch den Wahlausschuss vorgenommen. Damit unterscheidet sich die Verteilungsregelung in der Verwaltungsgerichtsbarkeit von der Aufstellung der Vorschlagslisten für die Schöffenwahl in der ordentlichen Gerichtsbarkeit. Dort bestimmt der Gerichtspräsident die erforderliche Zahl von Schöffen (§ 43 Abs. 1 GVG) und nimmt die Verteilung auf die Gemeinden des Gerichtsbezirks vor (§ 36 Abs. 4 S. 2 GVG). Ein Grund für die das Aufstellen der Vorschlagslisten in der Verwaltungsgerichtsbarkeit komplizierende Verteilungsregelung besteht nicht. Es sind keine Anhaltspunkte dafür ersichtlich, dass der Wahlausschuss zur Durchführung der Verteilung auf die Kreise und kreisfreien Städte in höherem Maße berufen wäre als der Präsident des VG. Insbes. steht die Aufteilung inhaltlich nicht in der Willkür des Ausschusses. Da nach § 28 S. 2 für *jeden* Kreis und für *jede* kreisfreie Stadt die Zahl der in die Vorschlagsliste aufzunehmenden Personen festzulegen ist, können einzelne Kreise bzw. kreisfreie Städte nicht – etwa wegen der Entfernung vom Sitz des Gerichts – von der Aufteilung ausgenommen werden.

4   Einzig erkennbares sachgerechtes Kriterium ist wie nach § 36 Abs. 4 S. 2 GVG die Anlehnung an die Einwohnerzahl der Gebietskörperschaften.[3] Diese Einwohnerzahl ist mithin ins Verhältnis zu setzen zur Gesamteinwohnerzahl des Gerichtsbezirks und der so ermittelte Quotient zu multiplizieren mit dem Doppelten (§ 28 S. 3) der nach § 27 festgestellten Zahl. Allerdings ist keine mathematisch exakte Proportionalität erforderlich, ein Näherungswert reicht aus.[4] Bei der Festsetzung der Zahl der in die Vorschlagsliste aufzunehmenden Personen für die Kreise und kreisfreien Städte ist gem. § 28 S. 3 vom Doppelten der nach § 27 erforderlichen ehrenamtlichen Richter auszugehen, um dem Wahlausschuss die in § 29 Abs. 1 vorgeschriebene Wahl aus den Vorschlagslisten – nicht: der Vorschlagslisten – zu ermöglichen (BVerfGE 27, 312, 320; BSGE 23, 105, 117; BSG SozR 1500 § 14 SGG Nr. 2). Während bspw. § 20 ArbGG für die Aufstellung der Vorschlagslisten für die Berufung der ehrenamtlichen Richter in der Arbeitsgerichtsbarkeit keine Mindestzahl vorgeschlagener Personen kennt,[5] ist die Zugrundelegung der doppelten Anzahl der erforderlichen Zahl ehrenamtlicher Richter nach § 28 S. 3 zwingend. Die im Bundesratsentwurf eines Gesetzes zur Vereinfachung und Vereinheitlichung der Verfahrensvorschriften zur Wahl und Berufung ehrenamtlicher Richter vorgeschlagene Reduzierung auf mindestens die eineinhalbfache Anzahl (BT-Drs. 15/411, 6) ist vom Rechtsausschuss des Bundestages abgelehnt worden, um den Auswahlgremien zur Sicherung der demokratischen Grundlage des Laienrichteramtes die Möglichkeit einer echten individuellen Auswahl unter den Kandidaten zu erhalten (BT-Drs. 15/4016, 10). Eine Vorschlagsliste, die unter Außerachtlassung dieses Gebotes erstellt worden ist, ist nicht ordnungsgemäß. Allerdings führt ein Verstoß gegen § 28 S. 3 nur dann zu einer fehlerhaften Besetzung des Gerichts, wenn er auf sachfremden Erwägungen beruht oder eine wirkliche Auswahl des Wahlausschusses aus der Liste nicht mehr zulässt.[6]

5   Ist die Zahl der Personen, die in die Vorschlagslisten aufzunehmen sind, bestimmt, so nehmen die Kreise und kreisfreien Städte die *Aufstellung der Vorschlagslisten* vor (§ 28 S. 1). In den Stadtstaaten Berlin und Hamburg treten gem. § 185 Abs. 1 an die Stelle der Kreise die Bezirke. Ausweislich des § 28 S. 1 hat die Listenaufstellung in jedem fünften Jahr zu erfolgen. Bezugspunkt dieser Fristbestimmung ist die fünfjährige Amtsperiode der ehrenamtlichen Richter nach § 25. Die Listen sind in dem Jahr vor Ablauf der Amtsperiode zu erstellen. Eine genauere Bestimmung des *Zeitpunkts*, zu dem mit dem Verfahren zur Erarbeitung der Vorschlagslisten zu beginnen ist, enthält § 28 S. 1 nicht. Wegen der verfahrensrechtlichen Kautelen, insbes. dem in § 28 S. 4 verankerten Quorum, ist es jedoch zumindest ratsam, das Verfahren zu Beginn der Jahresfrist einzuleiten. Denn die Wahl der ehrenamtlichen Richter ist nach § 29 Abs. 1 aus *den* Vorschlagslisten, also aus den Listen aller zum Gerichtsbezirk gehörenden Kreise und kreisfreien Städte vorzunehmen (BVerfG NVwZ 1996, 160).

---

3   *H. Schnellenbach*, NVwZ 1988, 703.
4   Vgl. *Kissel/Mayer* § 36 Rn. 12.
5   Dazu *U. Berger-Delhey*, DRiZ 1988, 121, 122 ff.
6   Vgl. BVerfG NVwZ 1996, 160; BGH JR 1986, 473, 474 für den Fall der fehlenden Vorschlagsliste einer Gebietskörperschaft.

Liegt eine Vorschlagsliste nicht zum Zeitpunkt des Ablaufs der Amtsperiode vor, so kann die Wahl 6 nach § 29 Abs. 1 nicht durchgeführt werden.[7] Die Vorlage der Liste kann weder erzwungen noch durch eine andere Stelle als die in § 28 genannte vorgenommen werden.[8] Es verbleibt dem Vorsitzenden des Wahlausschusses nur die Möglichkeit, notfalls unter Einschaltung der Aufsichtsbehörde, auf die Einreichung der fehlenden Liste hinzuwirken (BGH JR 1986, 473, 474). Eine nach § 29 Abs. 1 trotz Fehlens von Vorschlagslisten durchgeführte Wahl ist fehlerhaft (vgl. BGH JR 1986, 473, 474). Ggf. ist über den Zeitpunkt des Ablaufs der Amtsperiode nach § 25 hinaus zuzuwarten. Probleme für die Besetzung der Spruchkörper können hieraus in der Verwaltungsgerichtsbarkeit nicht resultieren, bleiben doch laut § 29 Abs. 2 die bisherigen ehrenamtlichen Richter bis zur Neuwahl im Amt. Anders als für die Wahl der Schöffen in der ordentlichen Gerichtsbarkeit reicht die Befürchtung, die Vorschlagsliste werde bis zum vorgesehenen Neuwahltermin nicht mehr eingereicht werden können,[9] nicht aus, um eine fehlerhafte Besetzung des Gerichts zu verhindern. Jedenfalls dann, wenn auf die fehlende Liste ein bedeutender Anteil der vorzuschlagenden Personen entfällt und der Wahlausschuss nicht alle Maßnahmen ergriffen hat, um die Wahl auch aus der betreffenden Liste durchführen zu können, ist die Möglichkeit eines manipulativen Einflusses auf die Spruchkörperbesetzung mit der Folge eines Verstoßes gegen Art. 101 Abs. 1 S. 2 GG gegeben (a.M. BVerfG NVwZ 1996, 160).

2. Entscheidung über die Aufnahme in die Vorschlagsliste. Die Entscheidung über die Aufnahme in 7 die Vorschlagsliste wird gem. § 28 S. 4 von der Vertretungskörperschaft des Kreises oder der kreisfreien Stadt getroffen, und zwar mit der Zustimmung von mindestens zwei Dritteln der anwesenden Mitglieder, mindestens jedoch der Hälfte der gesetzlichen Mitgliederzahl der Vertretungskörperschaft. Damit soll eine zu enge personelle Verzahnung zwischen den Organen der rechtsprechenden und der vollziehenden Gewalt verhindert werden (BVerwG Buchholz 310 § 138 Ziff. 1 VwGO Nr. 16). Weiterhin soll sichergestellt werden, dass die Vertretungskörperschaft durch eine möglichst individuelle Vorauswahl die Gewähr für die Heranziehung erfahrener und urteilsfähiger Personen als ehrenamtliche Richter bietet (BGHSt 38, 47, 49). Über das Quorum hinaus enthält § 28 keine Anforderungen an die Beschlussfassung der Vertretungskörperschaft, sodass – wie § 28 S. 5 jetzt ausdrücklich klarstellt – insoweit auf die Vorschriften des Kommunalrechts zurückzugreifen ist.[10] Eine Aufhebung der bereits beschlossenen Vorschlagsliste ist möglich, allerdings nur mit der nach § 28 S. 4 erforderlichen Mehrheit (VG Kassel HGZ 1999, 235, 236). Die personelle Zusammensetzung der Vorschlagsliste liegt im pflichtgemäßen Ermessen der Vertretungskörperschaft.[11] § 28 gibt diesbezüglich keine Kriterien vor. § 36 Abs. 2 S. 1 GVG, nach dem die Vorschlagsliste für die Schöffenwahl alle Gruppen der Bevölkerung nach Geschlecht, Alter, Beruf und sozialer Stellung angemessen berücksichtigen soll, ist nicht anwendbar. Gleichwohl ist es jedenfalls unzulässig, wenn ein wesentlicher Teil der Bevölkerung des Kreises oder der kreisfreien Stadt bei der Aufstellung der Vorschlagsliste und damit bei der Wahl von vornherein völlig unberücksichtigt bleibt (BFHE 168, 508, 511; FG Bln EFG 1991, 555, 556). Unzulässig ist deshalb die exklusive oder auch nur bevorzugte Berücksichtigung von Personen, die in einem bestimmten Gebiet des Kreises bzw. der kreisfreien Stadt wohnen (BVerwG Buchholz 310 § 28 VwGO Nr. 2), die einer bestimmten Partei oder Institution angehören[12] oder die nach anderen Merkmalen, etwa dem Geschlecht oder dem Anfangsbuchstaben des Familiennamens, zusammengefasst werden.[13] Für die Berücksichtigung nach dem Merkmal des Geschlechts schreibt § 44 Abs. 1a DRiG vor, dass Frauen und Männer angemessen berücksichtigt werden sollen. Verstöße hiergegen begründen keinen schwerwiegenden Fehler der Wahl.[14] Etwas anderes wird allerdings zu gelten haben, wenn eines der beiden Geschlechter bewusst nicht berücksichtigt worden ist.

---

7 Vgl. BGHSt 26, 393, 394. A.M. *H. Schnellenbach*, NVwZ 1988, 703, 704, mit der falschen weiteren Folgerung, dass sich die Zahl der zu wählenden Verwaltungsrichter entsprechend vermindert: Nach § 29 Abs. 1 ist *immer* die *erforderliche* Zahl von ehrenamtlichen Richtern zu wählen.

8 Vgl. *Kissel/Mayer* § 36 Rn. 16.

9 Vgl. BGH JR 1986, 473, 474 m. insoweit abl. Anm. *M. Seebode*, JR 1986, 474, 476.

10 *H. Schnellenbach*, NVwZ 1988, 703, 704.

11 Vgl. BGH DtZ 1995, 48 für die Berufung von ehrenamtlichen Landwirtschaftsrichtern.

12 Vgl. *H. Schnellenbach*, NVwZ 1988, 703, 704.

13 Vgl. BGHSt 30, 255, 256; *Kissel/Mayer* § 36 Rn. 9.

14 Begründung des Bundesratsentwurfs eines Gesetzes zur Vereinfachung und Vereinheitlichung der Verfahrensvorschriften zur Wahl und Berufung ehrenamtlicher Richter, BT-Drs. 15/411, 9.

8   Auszurichten ist die Aufstellung der Vorschlagsliste an der Aufgabe der Vertretungskörperschaft, durch eine *individuelle* Vorauswahl erfahrene und urteilsfähige Personen für das Amt des ehrenamtlichen Richters zu ermitteln.[15] Fachliche Kompetenzen des Vorzuschlagenden sind unbeachtlich.[16] Die Auswahl ist in jedem Fall auch ihrem materiellen Substrat nach von der Vertretungskörperschaft zu treffen. Diesen Anforderungen genügt die Zugrundelegung des Zufallsprinzips, etwa durch Herausgreifen von Namen aus einer Einwohner- oder Wahlkartei (BGHSt 12, 197, 201), ebenso wenig wie die Übernahme einer von der Verwaltung erstellten Liste oder das Handeln nach Anweisung der Verwaltung (BGHSt 38, 47, 49). Andererseits ist die Vertretungskörperschaft nicht gehindert, von anderer Seite, von Organisationen und Privatpersonen, unterbreitete Vorschläge entgegenzunehmen und auszuwerten, solange die endgültige Auswahl tatsächlich durch die Vertretungskörperschaft erfolgt. In Betracht kommen bspw. Anregungen von Einzelpersonen, auch als Selbstbewerbung (BGHSt 38, 47, 50), Listen politischer Parteien oder von Fraktionen in der Vertretungskörperschaft, von Arbeitnehmer- und Arbeitgeberverbänden und kirchlichen oder sozialen Organisationen (BGHSt 38, 47, 50). Ein Anspruch der Organisationen, Vorschläge unterbreiten zu dürfen und damit Berücksichtigung zu finden, besteht nicht. Ebenso darf die Vertretungskörperschaft eine Erklärung des Präsidenten des VG, er fände die weitere Berücksichtigung der derzeit im Amt befindlichen ehrenamtlichen Richter begrüßenswert, in ihre Überlegungen einbeziehen (BVerwG Buchholz 310 § 28 VwGO Nr. 2). Immer aber muss es sich um eine individuelle Personenauswahl handeln; das Abstimmen über konkurrierende Listen im Ganzen entspricht nicht den Anforderungen des § 28 S. 4 (VG Wiesbaden HGZ 2001, 208, 209 f.).

9   Kann eine Person nach den §§ 20–22 nicht zum ehrenamtlichen Richter berufen werden, so darf sie nicht in die Vorschlagsliste aufgenommen werden.[17] Die Vertretungskörperschaft hat mithin alles ihr Mögliche, insbes. durch Befragung der Betreffenden, zu unternehmen, um die Aufnahme eines nicht berufungsfähigen Kandidaten in die Liste zu verhindern. Da maßgebend für das Vorliegen der Voraussetzungen der §§ 20-22 der Zeitpunkt der Wahl ist (→ § 20 Rn. 15; → § 21 Rn. 9; → § 22 Rn. 19), hat die Vertretungskörperschaft diesbezüglich eine Prognose anzustellen. Wurde die Prognose fehlerhaft gestellt, weil der in die Liste Aufgenommene schon zu diesem Zeitpunkt nicht die Berufungsvoraussetzungen erfüllte, so ist die Vorschlagsliste fehlerhaft.[18] Erweist sich dagegen die Prognose nur i.E. als falsch, weil der Betreffende zwar noch bei der Aufstellung der Vorschlagsliste, jedoch nicht mehr zum Zeitpunkt der Wahl berufungsfähig war, ohne dass dies mit den Mitteln der Prognose feststellbar war, so ist die Liste nicht mit einem Fehler behaftet. Die Nachfrage bei potenziellen ehrenamtlichen Richtern, ob sie im Falle ihrer Wahl von einem gegebenen Ablehnungsrecht nach § 23 Gebrauch machen werden, ist sicher opportun, rechtlich aber nicht geboten.[19] Die Aufnahme einer Person in die Liste trotz Vorliegens eines Ablehnungsgrundes macht die Vorschlagsliste nicht fehlerhaft.[20] Ebenso ermessensfehlerfrei ist es allerdings umgekehrt, wenn Personen wegen des Bestehens eines Ablehnungsrechts nicht auf der Vorschlagsliste berücksichtigt werden.[21] Auch insoweit ist keine individuelle Befragung erforderlich.[22]

10   **3. Angaben zur Person des Vorgeschlagenen.** Als Angaben zur Person des Vorgeschlagenen sieht § 28 S. 6 Hs. 1 den Namen, den Geburtsort, den Geburtstag und den Beruf des Kandidaten vor. Nach dem eindeutigen Wortlaut der Norm handelt es sich um eine Soll-, keine Muss-Vorschrift.[23] Maßgebend ist der Zweck der Bestimmung, dem Wahlausschuss die zur Person des in die Liste Aufgenommenen notwendigen Informationen zu verschaffen. Diesbezüglich ist bspw. die Angabe des Geburtsortes bei Schwierigkeiten hinsichtlich der Ermittlung durchaus entbehrlich. Dass solche Schwierigkeiten nur in

---

15   Vgl. BGHSt 12, 197, 200; 38, 47, 49; *H. Schnellenbach*, NVwZ 1988, 703, 704.
16   *H. Schnellenbach*, NVwZ 1988, 703, 704. A.M. *Kopp/Schenke* § 28 Rn. 1.
17   Vgl. *Kissel/Mayer* § 36 Rn. 5.
18   Vgl. BVerwG Buchholz 310 § 28 VwGO Nr. 2 und *Kissel/Mayer* § 36 Rn. 5, die allerdings für die Frage der Fehlerhaftigkeit der Liste nur auf das Ergebnis der Aufnahme eines nicht berufungsfähigen Kandidaten, nicht auf die Richtigkeit der Prognose abstellen.
19   A.M. wohl *H. Schnellenbach*, NVwZ 1988, 703, 704.
20   Vgl. *Kissel/Mayer* § 36 Rn. 5.
21   Vgl. BVerwG Buchholz 310 § 29 VwGO Nr. 2 für die Obliegenheiten des Wahlausschusses.
22   Vgl. BVerwG Buchholz 310 § 29 VwGO Nr. 2 für die Obliegenheiten des Wahlausschusses.
23   A.M. *H. Schnellenbach*, NVwZ 1988, 703, 705.

Ausnahmefällen bestehen können, ist kein Argument für die Interpretation als Muss-Vorschrift,[24] sondern allgemeines Kennzeichen der notwendigen Atypik (→ § 20 Rn. 6). Weitere Angaben wie Hinweise zum Vorliegen eines Ablehnungsgrundes nach § 23 erleichtern die Arbeit des Wahlausschusses, ohne rechtlich gefordert zu sein. Da es den Angehörigen des Wahlausschusses nicht verwehrt ist, Erörterungen zur Person der Bewerber und zu deren persönlichen Eigenschaften zu führen, sind entsprechende *sachdienliche* Informationen an die Ausschussmitglieder nicht grds. unzulässig (BVerwG Buchholz 310 § 26 VwGO Nr. 2; NVwZ 1988, 724, 725). Sofern Zusätze auf der Vorschlagsliste nicht darauf abzielen, einzelne Personen als Kandidaten zu diskreditieren oder die Entscheidung des Wahlausschusses in anderer Weise zu manipulieren, führen sie nicht zur Fehlerhaftigkeit der Liste (vgl. BVerwG NVwZ 1988, 724, 725 für den Erhalt des Charakters als Wahl). Wegen Art. 33 Abs. 3 GG ausgeschlossen sind Hinweise auf die Zugehörigkeit zu einem religiösen Bekenntnis oder einer Weltanschauung.[25] Nach Fertigstellung sind die Vorschlagslisten dem Präsidenten des zuständigen VG zuzusenden (§ 28 S. 6 Hs. 2).

III. Rechtsfolgen einer fehlerhaften Listenaufstellung

Für die Frage der Rechtsfolgen einer fehlerhaften Listenaufstellung ist zu differenzieren zwischen den 11
Konsequenzen für die ordnungsgemäße Besetzung des Gerichts (→ § 29 Rn. 10 ff.) und den Möglichkeiten einer unmittelbaren Beanstandung der Listen (zu dieser Doppelspurigkeit vgl. BVerwGE 76, 286, 295). Eine dem Einspruch gegen die Vorschlagsliste für die Schöffenwahl nach § 37 GVG vergleichbare Möglichkeit kennt das Verwaltungsprozessrecht nicht. Für die Angreifbarkeit der Vorschlagsliste spielt die Rechtsnatur des Aufstellungsakts keine Rolle. Nach verbreiteter Auffassung soll die Aufstellung der Vorschlagsliste einen Verwaltungsakt darstellen, da damit zugleich über staatsbürgerliche Rechte der infrage kommenden Kandidaten entschieden werde, und zwar sowohl von denen, die in die Liste aufgenommen wurden, aber nicht aufgenommen werden wollen, als auch von denen, die nicht aufgenommen wurden, aber aufgenommen werden möchten.[26] Folge dessen sei die Anfechtbarkeit der Listenaufstellung durch jene Personen.[27] Hiergegen ist zu Recht eingewandt worden, dass die Entscheidung über die Aufnahme einer Person in die Vorschlagsliste nicht auf die Erzielung einer unmittelbaren Rechtswirkung nach außen gerichtet ist. Rechte des nicht berücksichtigten Interessenten bzw. des Kandidaten wider Willen sollen durch die Listenaufstellung nicht gestaltet werden. Die Placierung auf der Liste eröffnet lediglich die Chance, durch den Wahlausschuss gewählt zu werden.[28] Darüber hinaus ist für die Konstellation des gegen seinen Willen Vorgeschlagenen das Amtsentbindungsverfahren nach § 24 Abs. 3 die einzige Möglichkeit, die Pflicht zur Ausübung des Ehrenamtes zu verhindern.[29] Der Antrag eines Interessenten, der bei der Aufstellung der Liste nicht berücksichtigt worden ist, auf Erlass einer einstweiligen Anordnung nach § 123 setzt in jedem Fall die Geltendmachung der Verletzung in seinen staatsbürgerlichen Rechten nach Art. 33 Abs. 1 und 3 GG durch die Nichtaufnahme voraus.[30] Denkbar ist dies nur bei einem gegen einen Gleichheitssatz verstoßenden Ausschluss von der Berücksichtigung. Doch selbst wenn dem Betreffenden die Geltendmachung eines solchen Verstoßes gelingt, hat er weder einen durchsetzbaren Anspruch auf Aufnahme in die Liste noch gar auf Wahl zum ehrenamtlichen Richter.[31] Insoweit ist nicht erkennbar, welche nennenswerten rechtlichen oder tatsächlichen Vorteile der Antrag für den wider Willen Ausgeschlossenen bringen soll, sodass seinem Antrag das Rechtsschutzbedürfnis fehlen dürfte.[32]

Umso wichtiger ist die Nutzung des *aufsichtsrechtlichen Instrumentariums*. Sofern die Kommunalauf- 12
sichtsbehörde nicht aus eigener Initiative tätig wird, hat der Präsident des VG, dem die Listen gem.

---

24 So aber *H. Schnellenbach*, NVwZ 1988, 703, 705.
25 *H. Schnellenbach*, NVwZ 1988, 724, 725.
26 *Kopp/Schenke* § 28 Rn. 3; *M. Redeker*, in: Redeker/v. Oertzen § 28 Rn. 2.
27 *Kopp/Schenke* § 28 Rn. 3; *M. Redeker*, in: Redeker/v. Oertzen § 28 Rn. 2.
28 VG Darmstadt HessVGRspr 1985, 45, 47; VG Stuttgart DÖV 2001, 432, 433; VG Wiesbaden HGZ 2001, 208, 209; *H. Schnellenbach*, NVwZ 1988, 703.
29 *H. Schnellenbach*, NVwZ 1988, 703, 705 f.
30 VG Wiesbaden HGZ 2001, 208, 209; *H. Schnellenbach*, NVwZ 1988, 703, 706.
31 Vgl. VG Stuttgart DÖV 2001, 432, 433; *H. Schnellenbach*, NVwZ 1988, 703, 706.
32 Zu dieser Fallgruppe fehlenden Rechtsschutzbedürfnisses vgl. BVerwGE 44, 120, 121; 61, 246, 247. I.E. zur Anfechtbarkeit der Schöffenwahlliste durch den nicht Gewählten wie hier *Kissel/Mayer* § 36 Rn. 13. A.M. VG Wiesbaden HGZ 2001, 208, 209.

§ 28 S. 6 Hs. 2 zuzusenden sind, sie auf das Vorliegen von Rechtsfehlern zu überprüfen. Stellt der Präsident solche Fehler fest, so kann er die Listen selbst weder beanstanden noch aufheben. Er ist vielmehr verpflichtet, die Kommunalaufsicht einzuschalten und sie um Beanstandung der Vorschlagsliste zu ersuchen.[33] Die Aufsichtsbehörde kann i.R. des jeweiligen Kommunalrechts die rechtsfehlerhafte Vorschlagsliste beanstanden und erforderlichenfalls aufheben. Beanstandung und Aufhebung können auf einzelne Teile der Liste beschränkt werden. Eine Ersatzvornahme kommt nicht in Betracht. Bis zur Vorlage einer fehlerfreien Vorschlagsliste bleiben die bisherigen ehrenamtlichen Richter, die aus der früheren Liste des Kreises oder der kreisfreien Stadt gewählt worden waren, im Amt.[34]

§ 29 [Wahlverfahren]

(1) Der Ausschuß wählt aus den Vorschlagslisten mit einer Mehrheit von mindestens zwei Dritteln der Stimmen die erforderliche Zahl von ehrenamtlichen Richtern.

(2) Bis zur Neuwahl bleiben die bisherigen ehrenamtlichen Richter im Amt.

Schrifttum

A. Knauth, Die unwirksame Schöffenwahl, DRiZ 1984, 474; *K. Meyer*, Das „Schöffenwahl-Urteil" des BGH, NJW 1984, 2805; *T. Vogt/F. Kurth*, Der Streit um die Frankfurter Schöffenwahl, NJW 1985, 103; *H. Weis*, Das „Schöffenwahl-Urteil" des BGH, NJW 1984, 2804.

I. Wahl der ehrenamtlichen Richter

1   Der die Wahl der ehrenamtlichen Richter regelnde § 29 entspricht in seiner heutigen Fassung, abgesehen von der Neuordnung der Richterbezeichnungen,[1] den Abs. 1 und 3 des Regierungsentwurfs einer VwGO (BT-Drs. 3/55). Die Wahl ist so vorzunehmen, dass erfahrene und urteilsfähige Personen für das Amt des ehrenamtlichen Richters zur Verfügung stehen (→ § 28 Rn. 8). Personen, die nach den §§ 20–22 nicht zum ehrenamtlichen Richter berufen werden können, dürfen nicht gewählt werden (→ § 28 Rn. 9).[2] Der Wahlausschuss muss sich vor der Wahl nicht in jedem Einzelfall davon überzeugen, ob ein Kandidat von einem Ablehnungsrecht nach § 23 Gebrauch machen wird (BVerwG Buchholz 310 § 29 VwGO Nr. 2). Die Wahl trotz Vorliegens eines Ablehnungsgrundes ist ebenso ermessensfehlerfrei wie die Nichtberücksichtigung wegen dieses Grundes (→ § 28 Rn. 9; BVerwG Buchholz 310 § 29 VwGO Nr. 2).

2   **1. Pflichtgemäßes Ermessen.**   Nach pflichtgemäßem Ermessen hat der Ausschuss aus den Vorschlagslisten die erforderliche Zahl von ehrenamtlichen Richtern auszuwählen. Die Wahl von Personen, die nicht in die Vorschlagslisten aufgenommen worden sind, ist unzulässig. Andererseits ist der Ausschuss an die Reihenfolge, in der die Vorgeschlagenen in den Listen aufgeführt werden, nicht gebunden. Das von § 29 Abs. 1 aufgestellte *Erfordernis der Wahl* verlangt eine ausdrückliche und unmittelbar personenbezogene Willenskundgabe (BFH BStBl 1987 II, 438, 439; BGHSt 33, 261, 263). Die Mitglieder des Wahlausschusses haben durch eine bewusste Entscheidung Personen aus den Listen zu individualisieren und den Willen zu bekunden, dass diese Personen zu ehrenamtlichen Richtern berufen werden sollen. Diesen Anforderungen genügt es nicht, wenn die Mitglieder des Ausschusses die Auswahl aus der Vorschlagsliste nicht selbst vornehmen, sondern sich darauf beschränken, die von anderen Stellen oder Gremien getroffene Auswahl zu übernehmen und nur formal durch – akklamativen – Mehrheitsbeschluss zu übernehmen (BGH NJW 1988, 3164). Damit ist nicht ausgeschlossen, dass die Mitglieder des Wahlausschusses Erkundigungen über die in die Vorschlagsliste aufgenommenen Personen einziehen, auch bei politischen Parteien oder Fraktionen (BGH NJW 1988, 3164, 3165).

3   In Anbetracht des Umfangs der Vorschlagslisten und der Vielzahl der zu wählenden ehrenamtlichen Richter ist es dem Wahlausschuss meist unmöglich, die Wahl aufgrund eigener Kenntnis der Merkma-

---

33   A.M. *H. Schnellenbach*, NVwZ 1988, 703, 705; *P. Stelkens/N. Panzer*, in: Schoch/Schneider/Bier § 28 Rn. 11: Benachrichtigung der Aufsichtsbehörde steht im Ermessen des Gerichtspräsidenten.

34   *H. Schnellenbach*, NVwZ 1988, 703, 705.

1   Durch Art. V des Gesetzes zur Änderung der Bezeichnungen der Richter und ehrenamtlichen Richter und der Präsidialverfassung der Gerichte vom 26.5.1972, BGBl I 841.

2   Für § 42 GVG *Kissel/Mayer* § 42 Rn. 3.

le aller wählbaren Personen zu leisten. Es reicht deshalb aus, wenn der Wahlausschuss die Ermittlung der zukünftigen ehrenamtlichen Richter nicht dem Zufall überlässt, sondern sich mit der Zusammensetzung der Vorschlagsliste zumindest beschäftigt, und sei es i.S. einer Negativauswahl.[3] Zulässig sind abstrakt-generelle Auswahlkriterien, sofern sie sachgerecht sind. Dazu gehört etwa die Berücksichtigung von Kandidaten, die bereits ehrenamtliche Richter waren sowie die möglichst gleichmäßige Berücksichtigung von Frauen und Männern (vgl. VG Karlsruhe NVwZ-RR 2011, 990). Die Voraussetzungen einer Wahl i.S.d. § 29 Abs. 1 sind auch erfüllt, wenn der Ausschuss zunächst beschließt, welche Personen nicht ausgewählt werden sollen, um anschließend jeden zweiten, solchermaßen noch nicht gekennzeichneten, Vorgeschlagenen zum ehrenamtlichen Richter zu wählen (BVerwG Buchholz 310 § 29 VwGO Nr. 2). Keine Wahl ist hingegen die bloße *Auslosung* der benötigten Zahl von ehrenamtlichen Richtern.[4] Am Charakter als Auslosung ändert es nichts, wenn jedes Mitglied des Wahlausschusses in der Lage ist, das gezogene Los einem Namen auf der Vorschlagsliste zuzuordnen sowie ggf. Einwendungen gegen diese Person zu erheben, und wenn abschließend das Ergebnis des Losverfahrens durch Abstimmung bestätigt wird (a.M. LG Frankfurt NJW 1985, 155, 156; wohl auch BGHSt 33, 261, 264).

2. Erforderliche Zahl. Zu wählen ist gem. § 29 Abs. 1 die erforderliche Zahl von ehrenamtlichen 4 Richtern. Welches diese Zahl ist, entzieht sich der Bestimmung durch den Ausschuss. Er ist vielmehr an die nach § 27 durch den Präsidenten des VG bestimmte Zahl gebunden. Anders als § 42 Abs. 1 GVG unterscheidet § 29 Abs. 1 nicht zwischen hauptsächlich zu wählenden und für eine Hilfsliste zu wählenden ehrenamtlichen Richtern. Die Entscheidung darüber, ob aus der Gesamtzahl der ehrenamtlichen Richter auch eine Hilfsliste aufzustellen ist, obliegt nach § 30 Abs. 2 dem Präsidium des VG (→ § 30 Rn. 13).

3. Wahlverfahren. Das Wahlverfahren ist in § 29 Abs. 1 nur insofern geregelt, als zur Wahl jedes eh- 5 renamtlichen Richters eine Mehrheit von mindestens zwei Dritteln der Stimmen notwendig ist. Wie sich aus § 26 Abs. 3 ergibt, ist gemeint die Mehrheit der abgegebenen Stimmen,[5] nicht der Mitgliederzahl des Ausschusses nach § 26 Abs. 2 S. 1. Im Übrigen ist der Ausschuss in der Bestimmung des Wahlverfahrens frei (LG Frankfurt NJW 1985, 155, 156). Eine Protokollierung der Ausschusssitzung ist nicht vorgeschrieben (vgl. BGH NJW 1976, 432, 433). Eine gleichwohl angefertigte Sitzungsniederschrift muss nicht von allen Mitgliedern des Wahlausschusses unterschrieben werden; die Unterschrift des Präsidenten des VG als Vorsitzendem (§ 26 Abs. 2 S. 1) genügt (BFH BStBl 1987 II, 438, 439). § 4 VwGO i.V.m. § 21 b Abs. 3 GVG ist nicht entsprechend anwendbar. Die Wahl der ehrenamtlichen Richter muss weder unmittelbar noch geheim sein noch mit Stimmzetteln vorgenommen werden (BFH BStBl 1987 II, 438, 439; NVwZ-RR 1990, 334). Allerdings darf die Freiheit des Ausschusses in der Verfahrensgestaltung nicht dazu führen, dass eine „Wahl" i.S.d. § 29 Abs. 1 nicht mehr gegeben ist. Der Wahlakt als *bewusste* Entscheidung für eine Person (→ Rn. 2) kann nicht dadurch ersetzt werden, dass eine Entscheidung gegen die Person nicht verlautbart wird. Die vom Ausschuss beschlossene Verfahrensweise, Zustimmung zu einem Vorschlag werde durch das Unterlassen von Einwänden erteilt, ist unzulässig (a.M. BGH NJW 1986, 2585). Eine den Anforderungen des § 29 Abs. 1 genügende Wahl enthält die Berufung des Gewählten in das Amt des ehrenamtlichen Richters (→ § 20 Rn. 15).

II. Rechtscharakter des Wahlakts

Der Rechtscharakter des Wahlakts ist nach wie vor ungeklärt. Für die Schöffenwahl nach § 42 GVG 6 ist die Eigenschaft als Justizverwaltungsakt i.S.v. § 23 EGGVG mit der Begründung bestritten worden, durch die Wahl werde „kein Einzelfall geregelt" (OLG Stuttgart NJW 1985, 2343, 2344). An welchem Merkmal es dabei genau fehlen soll, dem der *Regelung* als solcher oder dem der Regelung eines *Einzelfalls*, wird nicht deutlich. Der BGH hatte keine Bedenken, die Wahl der ehrenamtlichen Richter jedenfalls in der Verwaltungsgerichtsbarkeit als mit der Anfechtungsklage nach § 42 angreifbare Ver-

---

3 BVerwG Buchholz 310 § 29 VwGO Nr. 2; vorsichtiger HmbOVG NJW 1985, 2354, 2355: Wahl jedenfalls nicht nichtig.
4 BGHSt 33, 41, 42; 33, 261, 263 f.; *Kissel/Mayer* § 42 Rn. 18.
5 Vgl. *Kissel/Mayer* § 42 Rn. 13.

waltungsmaßnahme, mithin als Verwaltungsakt, zu bezeichnen (BGH NJW 1976, 432, 433). Für die Sozialgerichtsbarkeit ist die gem. § 13 Abs. 1 SGG von der Exekutive auszusprechende Berufung der ehrenamtlichen Richter ein Verwaltungsakt.[6] Ein Grund, die Berufung durch den Wahlausschuss in der Verwaltungsgerichtsbarkeit anders zu behandeln, besteht nicht. Die Wahl des ehrenamtlichen Richters ist kein auf kollektiver Willensbildung beruhender Realakt,[7] sondern ein die Rechtsstellung jedes einzelnen Gewählten unmittelbar gestaltender Rechtsakt, d.h. ein Verwaltungsakt.[8] Das BVerwG hat bislang zwar eine begriffliche Festlegung vermieden, hält aber ganz i.S.d. zum Verwaltungsakt gebräuchlichen Terminologie die „Anfechtung" der Wahl (BVerwG Buchholz 310 § 28 VwGO Nr. 2), ihre „Aufhebung" (BVerwG Buchholz 310 § 26 VwGO Nr. 2) und „Nichtigkeit" (BVerwG NJW 1988, 219; Buchholz 310 § 26 VwGO Nr. 2) für möglich. Die Wahl durch den Wahlausschuss nach § 29 begründet unmittelbar die Rechtsstellung als ehrenamtlicher Richter, eine besondere Annahmeerklärung, die Eidesleistung oder das entsprechende Gelöbnis sind nicht mehr Bestandteil der Berufung des ehrenamtlichen Richters in sein Amt (vgl. OVG Bautzen NJW 2009, 2474).

III. Anfechtung der Wahl

7   Eine Anfechtung der Wahl ist in Anbetracht ihres Charakters als Verwaltungsakt nach § 42 Abs. 1 statthaft.[9] In Betracht kommt insoweit eine Anfechtung durch einen gegen seinen Willen gewählten ehrenamtlichen Richter sowie durch einen bei der Wahl nicht berücksichtigten Kandidaten. Parteien eines Rechtsstreits können die fehlerhafte Wahl eines ehrenamtlichen Richters als Mitglied des erkennenden Spruchkörpers nur mit der Besetzungsrüge geltend machen (→ Rn. 10 ff.). Soweit es die Geltendmachung von Amtsentbindungsgründen i.S.v. § 24 Abs. 1 und 4 anbelangt, ist das Verfahren nach § 24 Abs. 3 exklusiv, und zwar auch, wenn es nur auf Antrag des Präsidenten des VG eingeleitet werden kann. Nach der in § 24 Abs. 3 S. 1 i.V.m. § 24 Abs. 1 Nr. 1 ausdrücklich getroffenen Entscheidung des Gesetzgebers ist bspw. in den von §§ 20–22 erfassten Fällen eine Amtsentbindung auf Antrag des ehrenamtlichen Richters nicht möglich. Diese Entscheidung würde unterlaufen, wollte man in diesen Fällen dem Gewählten die Anfechtung der Wahl ermöglichen.

8   Eine hierüber hinausgehende Exklusivität des Verfahrens nach § 24 Abs. 3 ist allerdings nicht anzuerkennen (i.E. auch HmbOVG 19.2.1997 – Verw 4/97). Für das Amtsenthebungsverfahren nach § 22 SGG hat das BSG hingegen angenommen, dass jenes Verfahren auch für die Kontrolle von Verfahrensfehlern bei der Berufung der ehrenamtlichen Richter der Anfechtungsklage vorgehe. Zur Begründung verweist das Gericht auf den Sachzusammenhang zwischen verfahrensrechtlichen und persönlichen Voraussetzungen der Berufung, die zeitlich unbegrenzte Möglichkeit und schnellere Durchführung des Amtsenthebungsverfahrens sowie das regelmäßig fehlende Vorhandensein eines an der Klageerhebung interessierten Berechtigten (BSG SozR 1500 § 22 SGG Nr. 1). Wenngleich die an Effizienzgesichtspunkten ausgerichtete Argumentation das Bemühen um Praktikabilität erkennen lässt, ist sie dogmatisch wenig überzeugend. Sofern ein Sachzusammenhang zwischen verfahrens- und personenbezogenen Berufungsvoraussetzungen überhaupt angenommen werden kann, erzwingt er jedenfalls nicht die entsprechende Anwendung des § 24 Abs. 3 auf die Geltendmachung von Verfahrensverstößen. Ausweislich des § 24 Abs. 1, 2 und 3 bezieht sich § 24 Abs. 3 vielmehr explizit nur auf Gründe, die an die Person des ehrenamtlichen Richters anknüpfen. Fehlende Befristung und schnellere Durchführbarkeit des Amtsentbindungsverfahrens sind unter dem Gesichtspunkt der baldmöglichsten Erlangung von Sicherheit über den Bestand der Berufung konfligierende Parameter. Gerade die Befristung der Anfechtungsklage nach § 74 Abs. 1 schafft schnell Rechtssicherheit über die Besetzung der Spruchkörper. Das voraussichtliche Fehlen eines Anfechtungsklägers erlaubt nicht die Schaffung in den Prozessordnungen nicht vorgesehener Verfahrensarten.

9   Als Ergebnis bleibt festzuhalten, dass die Anfechtung der Wahl sich im Wesentlichen nur auf Verfahrensverstöße bezieht. Für den Regelfall wird die Zulässigkeit einer Anfechtungsklage jedoch an der

---

6   Vgl. SG Frankfurt NJW 1985, 2359, 2360; *W. Keller*, in: Meyer-Ladewig/Keller/Leitherer § 13 Rn. 1 a.
7   So aber *H. Schnellenbach*, NVwZ 1988, 703.
8   HmbOVG NJW 1985, 2354, 2355; VG Karlsruhe NVwZ-RR 2011, 990; VG Stuttgart VBlBW 2002, 261, 262. A.M. OVG Lüneburg 24.10.1988 – 8 A 9/87.
9   BGH NJW 1976, 432, 433; HmbOVG NJW 1985, 2354, 2355; VG Stade 27.11.1986 – 1 A 152/85; VG Stuttgart VBlBW 2002, 261, 262; FG Bln EFG 1991, 555, 557; SG Frankfurt NJW 1985, 2359, 2360.

fehlenden Klagebefugnis i.S.v. § 42 Abs. 2 scheitern.[10] Der gegen seinen Willen gewählte ehrenamtliche Richter wird schwerlich geltend machen können, durch eine verfahrensfehlerhafte Wahl in einem subjektiven öffentlichen Recht verletzt zu sein. Ein Recht, nicht zum ehrenamtlichen Richter gewählt zu werden, kennt die Rechtsordnung nicht. Denkbar ist allenfalls eine gegen Grundrechte des Gewählten, insbes. das Grundrecht aus Art. 3 Abs. 1 GG, verstoßende Ausübung des Auswahlermessens des Wahlausschusses. Entsprechendes gilt für die Anfechtung durch einen nichtberücksichtigten Kandidaten.[11] Wegen § 44 a kommt eine isolierte Anfechtung von Verstößen regelmäßig nicht in Betracht (VG Stuttgart VBlBW 2002, 261, 262). In jedem Fall ist ein durch einen nicht nichtigen, sondern nur anfechtbaren Wahlakt berufener ehrenamtlicher Richter gewählt i.S.d. § 29 Abs. 1. Auch ohne entsprechende Anwendung der für Berufsrichter geltenden Regelungen und des § 24 gilt der Grundsatz, dass der ehrenamtliche Richter sein Amt solange ausübt, bis er hiervon in einem rechtsförmigen Verfahren entbunden wurde.[12] Bis zu diesem Zeitpunkt ist das Gericht ordnungsgemäß besetzt (BGH NJW 1976, 432, 433; BVerwG Buchholz 310 § 26 VwGO Nr. 2).

IV. Besetzungsrüge

Eine Besetzungsrüge gem. § 138 Nr. 1 kann wegen der fehlerhaften Wahl eines ehrenamtlichen Richters nur Erfolg haben, wenn sich der Gesetzesverstoß gleichzeitig als Verletzung des Art. 101 Abs. 1 S. 2 GG darstellt (vgl. die Komm. zu § 138).[13] Die Garantie des gesetzlichen Richters soll der Gefahr vorbeugen, dass die Justiz durch eine Manipulierung der rechtsprechenden Organe sachfremden Einflüssen ausgesetzt wird, insbes. dass im Einzelfall durch die Auswahl der zur Entscheidung berufenen Richter ad hoc das Ergebnis beeinflusst wird, gleichgültig von welcher Seite die Manipulierung ausgeht.[14] Eine solche *Manipulation* ist allerdings *durch Fehler im Wahlverfahren* kaum denkbar. Alle Akte im Wahlverfahren sind für die Bestimmung des gesetzlichen Richters lediglich vorbereitende Entscheidungen, die auf die Befassung eines bestimmten ehrenamtlichen Richters mit einer bestimmten Sache keinen Einfluss nehmen können.[15] Die Zuteilung der ehrenamtlichen Richter zu den einzelnen Spruchkörpern erfolgt nicht durch die die Wahl vorbereitenden und durchführenden Organe, sondern gem. § 30 Abs. 1 durch das Präsidium. Deshalb ist Art. 101 Abs. 1 S. 2 GG nicht verletzt, wenn eine im Wahlausschuss mitwirkende Vertrauensperson erst nachträglich gewählt worden ist (BVerfG NJW 1982, 2368, 2369), wenn bei einzelnen Bewerbern auf den Vorschlagslisten hinter den Namen unzulässige Zusätze angebracht wurden (BVerwG NJW 1988, 219; Buchholz 310 § 26 VwGO Nr. 2), wenn für einen Kreis oder eine kreisfreie Stadt keine Vorschlagsliste vorhanden war (BVerfG NVwZ 1996, 160; vgl. BGH JR 1986, 473, 474) oder die Liste von einer dazu nicht berufenen Stelle aufgestellt und von den nach § 28 zuständigen Organen lediglich übernommen wurde (BGHSt 38, 47, 51).

Eine Verletzung des Art. 101 Abs. 1 S. 2 GG durch die Umstände der Wahl der ehrenamtlichen Richter setzt mithin einen *Verstoß gegen das Willkürverbot* voraus. Willkürlich ist ein Verfahrensfehler, wenn sich die Wahl so weit von den bestehenden Regeln über die Richterwahl entfernt, dass die auf diese Weise bestimmten ehrenamtlichen Richter als nicht mehr dem verfassungsrechtlichen Gebot des *gesetzlichen* Richters entsprechend anzusehen wären.[16] Das kommt nur in Betracht, wenn die Wahl nicht nur als fehlerhaft, sondern als nicht mehr verständlich, unhaltbar, auf sachfremden Erwägungen beruhend einzustufen ist.[17] In Anlehnung an die Terminologie des § 44 Abs. 1 VwVfG muss der *Fehler*

10 So kann sich nach VG Karlsruhe NVwZ-RR 2011, 990 ein nichtberücksichtigter Kandidat mangels Verletzung eigener Rechte nicht auf einen etwaigen Verstoß gegen die Vorschrift des § 28 S. 3 über die für die Vorschlagslisten zu Grunde zu legende Anzahl der Vorgeschlagenen berufen.
11 Insoweit weiter gehend für ein allg. Recht des übergangenen Bewerbers auf ermessensfehlerfreie Entscheidung VG Stuttgart VBlBW 2002, 261, 262.
12 BGH NJW 1976, 432, 433; DtZ 1995, 48. Für entsprechende Anwendung des § 24 hinsichtlich der konstitutiven Wirkung BVerwG Buchholz 310 § 28 VwGO Nr. 2; NJW 1988, 219; Buchholz 310 § 26 VwGO Nr. 2. Für Anwendung von § 43 Abs. 2 VwVfG HmbOVG NJW 1985, 2354, 2355.
13 Sowie BVerwG Buchholz 310 § 133 VwGO Nr. 11; NVwZ 1988, 724, 725; BFH NVwZ-RR 1990, 334; BFHE 168, 508, 510; BGHSt 26, 206, 210 f.
14 BVerfGE 17, 294, 299; 24, 33, 54; 82, 286, 296; BVerfG NJW 1982, 2368; BVerwG NJW 1988, 219; Buchholz 310 § 26 VwGO Nr. 2; NVwZ 1988, 724, 725; BFHE 168, 508, 510; BGHSt 26, 206, 211; BGH JR 1986, 473, 474.
15 BVerfG NJW 1982, 2368, 2369; BVerwG NJW 1988, 219; Buchholz 310 § 26 VwGO Nr. 2; BFH NVwZ-RR 1990, 334; dazu auch *E. Träger*, FS Zeidler, 1987, Bd. I, 123, 133 ff.
16 Vgl. BVerfGE 82, 159, 194; 87, 282, 284 f.; BVerfG NVwZ 1996, 160; BFHE 168, 508, 511.
17 BFHE 168, 508, 511; BGH JR 1986, 473, 474; BGHSt 38, 47, 51; BGH DtZ 1995, 48, 49.

besonders schwerwiegend und bei verständiger Würdigung aller in Betracht kommenden Umstände offenkundig sein.[18] Wiegt der Verfahrensfehler so schwer, dass von einer Wahl im Rechtssinne nicht mehr gesprochen werden kann, so ist die Wahl ungültig und der durch sie ermittelte ehrenamtliche Richter nicht gesetzlicher Richter geworden.[19]

12   *Keine* zur Ungültigkeit der Wahl führende besonders schwerwiegende Verfahrensfehler sind die Kennzeichnung von Namen auf der Vorschlagsliste mit nicht sachgerechten Zusätzen (BVerwG NJW 1988, 219; Buchholz 310 § 26 VwGO Nr. 2; NVwZ 1988, 724, 725), das Fehlen der Vorschlagsliste einer kommunalen Körperschaft (BVerfG NVwZ 1996, 160; BGH JR 1986, 473, 474), die Übernahme einer von einer anderen Stelle nach dem Zufallsprinzip erstellten Vorschlagsliste durch die Vertretungskörperschaft (BGHSt 38, 47, 51; a.M. BGH NJW 1988, 3164, 3165), die erst kurz vor der Wahl erfolgende und eine Unterrichtung über die zur Wahl stehenden Personen ausschließende Aushändigung der Vorschlagsliste an die Mitglieder des Wahlausschusses (BGHSt 33, 261, 269), die Teilnahme eines auf das Wahlergebnis keinen Einfluss nehmenden Nichtmitglieds an den Sitzungen des Wahlausschusses (BGH NJW 1976, 432) und die Aufnahme von nach den §§ 20–22 vom Amt des ehrenamtlichen Richters ausgeschlossenen Personen in die Vorschlagsliste (BVerwG Buchholz 310 § 28 VwGO Nr. 2).

13   *Zur Ungültigkeit der Wahl führende Fehler* sind die Auslosung der ehrenamtlichen Richter (BGHSt 33, 41, 43; 33, 261, 263. A.M. LG Frankfurt NJW 1985, 155), die Wahl von Personen, die nicht auf der Vorschlagsliste stehen,[20] sowie eine Wahl ohne die nach § 29 Abs. 1 erforderliche Zweidrittelmehrheit[21] oder ohne Beschlussfähigkeit des Ausschusses i.S.v. § 26 Abs. 3 (→ § 26 Rn. 10).[22] Problematisch sind die Folgen einer fehlerhaften Besetzung des Wahlausschusses. Sind die Vertrauensleute nach § 26 Abs. 2 S. 2 nicht oder von einem unzuständigen Gremium gewählt worden, so besteht kein Wahlausschuss i.S.v. § 26 Abs. 2 S. 1, der eine wirksame Wahl vornehmen könnte.[23] Anderen Besetzungsmängeln wird man hingegen keinen Einfluss auf die Wirksamkeit der Wahl zuerkennen können.[24] Nicht gewählt ist nur der ehrenamtliche Richter, auf den sich der schwerwiegende Fehler bezieht. Die Wahl aller anderen ehrenamtlichen Richter ist wirksam. Die Nichtigkeit der Wahl hat zur Folge, dass das Gericht bei allen Entscheidungen, die unter Mitwirkung des betreffenden ehrenamtlichen Richters getroffen werden, nicht ordnungsgemäß besetzt ist (BGHSt 33, 41, 43). Der Besetzungsmangel ist mit den verfahrensrechtlich zulässigen Rechtsmitteln geltend zu machen. Er führt nicht dazu, dass die von ihm erfassten Entscheidungen unbeachtliche Nicht-Entscheidungen sind.[25]

V. Verbleiben der bisherigen ehrenamtlichen Richter im Amt bis zur Neuwahl

14   Das Verbleiben der bisherigen ehrenamtlichen Richter im Amt bis zur Neuwahl ordnet § 29 Abs. 2 an. Die Vorschrift verhindert, dass aus einer erst nach der Amtsperiode nach § 25 durchgeführten oder aus einer ungültigen Wahl Probleme für die Besetzung der Spruchkörper resultieren. Eine *Nachholwahl* in dem bei der Schöffenwahl gebräuchlichen Sinne, dass bis zum Ende einer durch eine nichtige Wahl eröffneten Wahlperiode in einer Wahlwiederholung ehrenamtliche Richter gewählt werden (BGHSt 33, 261, 266 ff.; LG Frankfurt NJW 1985, 157), ist in der Verwaltungsgerichtsbarkeit weder nötig noch möglich. Bis zu einer wirksamen Wahl bleiben gem. § 29 Abs. 2 die bisherigen ehrenamtlichen Richter im Amt. Ab diesem Zeitpunkt läuft die Amtsperiode der neu gewählten Laienrichter nach § 25. Hiervon zu unterscheiden ist die Durchführung einer *Ergänzungswahl*. § 52 Abs. 6 S. 1 GVG sieht eine Ergänzungswahl durch den Ausschuss, der die Schöffenwahl vorgenommen hatte, aus den vorhandenen Vorschlagslisten vor, wenn sich die ursprüngliche Zahl der Hilfsschöffen in der

---

18   BGHSt 29, 284, 287; 33, 261, 268; BGH DtZ 1995, 48; HmbOVG NJW 1985, 2354, 2355. Zum Erfordernis eines besonders schwerwiegenden Fehlers auch BVerwG Buchholz 310 § 28 VwGO Nr. 2; NJW 1988, 219; Buchholz 310 § 26 VwGO Nr. 2; BGH NJW 1986, 2585.

19   BVerwG NVwZ 1988, 724, 725; BFHE 168, 508, 511; BGH NJW 1976, 432, 433; BGHSt 26, 206, 210; 33, 41, 43.

20   *Kissel/Mayer* § 42 Rn. 2.

21   Vgl. *Kissel/Mayer* § 42 Rn. 13.

22   *Kissel/Mayer* § 40 Rn. 23; *P. Stelkens/N. Panzer*, in: Schoch/Schneider/Bier § 29 Rn. 10.

23   Vgl. für den Fall nicht gewählter Vertrauenspersonen BVerfGE 31, 181, 184. Für den Fall der Wahl durch ein unzuständiges Gremium BGHSt 20, 37, 40; BayObLG BayVBl 1988, 27, 28.

24   Vgl. *Kissel/Mayer* § 40 Rn. 18 ff.

25   BVerfG NJW 1985, 125; *K. Meyer*, NJW 1984, 2805; *T. Vogt/F. Kurth*, NJW 1985, 103, 104. A.M. *H. Weis*, NJW 1984, 2804, 2805.

Hilfsschöffenliste auf die Hälfte verringert hat. Mangels Wahl einer besonderen Hilfsliste ist die Vorschrift auf die Wahl der ehrenamtlichen Richter in der Verwaltungsgerichtsbarkeit nicht entsprechend anwendbar. Ihr kann jedoch der Rechtsgedanke entnommen werden, dass die Zahl der gewählten ehrenamtlichen Richter zu ergänzen ist, wenn sie infolge des Ausscheidens von Gewählten eine ordnungsgemäße Sitzungstätigkeit nicht mehr gewährleisten kann. Wann dies der Fall ist, bestimmt in entsprechender Anwendung des § 27 der Präsident des VG. Da es sich um eine Notmaßnahme handelt, unterliegt die Ergänzungswahl nicht dem Gebot der Aufstellung einer neuen Vorschlagsliste nach § 28. Insoweit kann vielmehr auf die Vorschlagsliste der letzten Wahl zurückgegriffen werden. Gem. § 25 ist allerdings die Wahl nur für den Rest der Amtsperiode, gerechnet ab dem Zeitpunkt der ursprünglichen Wahl, nicht möglich.

§ 30 [Heranziehung zu Sitzungen, Vertreter]

(1) Das Präsidium des Verwaltungsgerichts bestimmt vor Beginn des Geschäftsjahres die Reihenfolge, in der die ehrenamtlichen Richter zu den Sitzungen heranzuziehen sind.

(2) Für die Heranziehung von Vertretern bei unvorhergesehener Verhinderung kann eine Hilfsliste aus ehrenamtlichen Richtern aufgestellt werden, die am Gerichtssitz oder in seiner Nähe wohnen.

I. Bedeutung der Vorschrift

Die Bedeutung der Vorschrift, die mit einer lediglich redaktionellen Änderung aus dem Regierungsentwurf übernommen wurde,[1] besteht darin, durch eine generelle und die Möglichkeit von Manipulationen so weit wie möglich ausschließende Festlegung der Gewährleistung des gesetzlichen Richters i.S.v. Art. 101 Abs. 1 S. 2 GG zu dienen (BVerwG NJW 1963, 1219; BVerwGE 44, 215, 219; 88, 160, 163). § 30 ergänzt insoweit die Geschäftsverteilung nach § 4 VwGO i.V.m. § 21 e GVG. Durch Art. 6 Nr. 5 des Gesetzes zur Vereinfachung und Vereinheitlichung der Verfahrensvorschriften zur Wahl und Berufung ehrenamtlicher Richter vom 21.12.2004 (BGBl I 3599) wurde der frühere § 30 Abs. 1 S. 2, der für jede Kammer die Aufstellung einer mindestens 12 Namen enthaltenden Liste vorschrieb, gestrichen.

II. Hauptliste

§ 30 unterscheidet die Aufstellung der Hauptliste (Abs. 1) und die einer Hilfsliste (Abs. 2). Während die in § 30 Abs. 1 vorgesehenen Bestimmungen getroffen werden müssen, steht die Aufstellung der Hilfsliste im Ermessen des Präsidiums (→ Rn. 13). Die Hauptliste ist laut § 30 Abs. 1 vor Beginn des Geschäftsjahres vom Präsidium des VG aufzustellen und hat die Reihenfolge festzulegen, in der die ehrenamtlichen Richter zu den Sitzungen heranzuziehen sind. Die hiernach getroffenen Regelungen bilden keinen neben dem Geschäftsverteilungsplan stehenden „Heranziehungsplan",[2] sondern sind Teil der Geschäftsverteilung (BVerwG NJW 1963, 1219). Als solcher unterliegen sie unmittelbar den für die Geschäftsverteilung geltenden Vorschriften des § 4 VwGO i.V.m. §§ 21 e ff. GVG. Auch die Hauptliste ist deshalb nach § 30 Abs. 1 entsprechend § 21 e Abs. 1 S. 2 GVG eine Jahresgeschäftsverteilung. Da § 30 Abs. 1 anders als etwa § 6 Nr. 1 S. 1 SGG keine von § 21 e Abs. 1 GVG abweichende Regelung enthält, gilt die Geschäftsverteilung nach Hauptliste für die volle Dauer des Geschäftsjahres. Eine Änderung im Laufe des Geschäftsjahres ist nur unter den Voraussetzungen des § 21 e Abs. 3 GVG zulässig. Die Geltung der nach § 30 Abs. 1 bestimmten Reihenfolge nur für einen Teil des Geschäftsjahres ist nicht möglich. Geschäftsjahr i.S.d. § 30 Abs. 1 ist das Kalenderjahr.[3] Mit seinem Ablauf tritt auch die Geschäftsverteilungsregelung nach § 30 automatisch außer Kraft (BVerwG NJW 1991, 1370).

1 Vgl. § 31 des Regierungsentwurfs einer VwGO, BT-Drs. 3/55. Eine Änderung erfolgte zunächst durch Art. V des Gesetzes zur Änderung der Bezeichnungen der Richter und ehrenamtlichen Richter und der Präsidialverfassung der Gerichte vom 26.5.1972, BGBl I 841.
2 So aber P. Stelkens/N. Panzer, in: Schoch/Schneider/Bier § 30 Rn. 2.
3 Vgl. Kissel/Mayer § 21 d Rn. 9.

3 **1. Aufstellungsverfahren.** Das Aufstellungsverfahren folgt den Grundsätzen der §§ 21 e ff. GVG (s. im Einzelnen die Komm. zu § 4). Die Verfahrensgestaltung im Einzelnen steht in der Autonomie des Gerichtspräsidiums (BVerwGE 88, 160, 161). So bedeutet „anwesend" i.S.v. § 21 i Abs. 1 GVG nicht notwendig die körperliche Präsenz der Präsidiumsmitglieder in einer Sitzung. Durch die Regelung festgelegt werden soll vielmehr nur das für die Beschlussfähigkeit des Präsidiums erforderliche Quorum. Es steht deshalb dem Präsidium frei, den Beschluss nach § 30 Abs. 1 im schriftlichen Umlaufverfahren zu fassen (BVerwGE 88, 160 ff.). Ein in einer Sitzung gefasster Beschluss ist zu protokollieren (BVerwG NJW 1984, 2961). Einer Veröffentlichung bedarf es nicht, wohl aber der Auslegung in der vom Präsidenten bestimmten Geschäftsstelle des Gerichts (§ 21 e Abs. 9 GVG).

4 **2. Anforderungen an die Verteilung.** Anforderungen an die Verteilung ergeben sich zunächst aus dem Grundsatz, dass alle gewählten ehrenamtlichen Richter auf die Spruchkörper verteilt werden müssen, d.h. aus dem Vollständigkeitsprinzip in personeller Hinsicht.[4] Macht der ehrenamtliche Richter Ablehnungs- oder Befreiungsgründe nach § 23 geltend, so unterfällt er bis zur Entscheidung über seinen Antrag nach § 24 Abs. 3 dem Vollständigkeitsprinzip, ist er doch bis zu diesem Zeitpunkt ehrenamtlicher Richter (BVerwG NJW 1963, 1219; → § 23 Rn. 16). Weiterhin ist bei der Verteilung darauf zu achten, dass sie die Beschlussfähigkeit der Spruchkörper in der vom Gesetz vorgeschriebenen Besetzung sicherstellt.[5] Die frühere Regelung des § 30 Abs. 1 S. 2, wonach für jede Kammer eine Liste der ehrenamtlichen Richter aufzustellen war, die mindestens zwölf Namen enthalten musste, ist Ende 2004 aufgehoben worden (→ Rn. 1), da der verstärkte Einsatz von Einzelrichtern zu einem Rückgang der Heranziehung der ehrenamtlichen Richter führte, der den Erwerb eines entsprechenden Erfahrungswissens mehr und mehr erschwerte.[6]

5 Außer der durch das Erfordernis der namentlichen Benennung verlangten Rechenschaft darüber, welcher ehrenamtliche Richter welchem Spruchkörper zugewiesen werden soll, formuliert § 30 keine *inhaltlichen Kriterien für die Verteilungsentscheidung* des Präsidiums. Es bleibt seinem Ermessen überlassen, wie es die Verteilung vornehmen möchte. Der einzelne ehrenamtliche Richter hat keinen Anspruch darauf, einem bestimmten Spruchkörper anzugehören oder nicht anzugehören. Es bleibt ihm allerdings unbenommen, diesbezügliche Wünsche zu äußern, ohne dass das Präsidium verpflichtet wäre, ihnen zu genügen. So können besondere Fachkenntnisse des ehrenamtlichen Richters bei der Zuweisung berücksichtigt werden (BVerwGE 13, 147, 148 f.). Lässt dagegen das Präsidium solche Kenntnisse außer Acht, so ist die Zuteilungsentscheidung weder durch den ehrenamtlichen Richter angreifbar noch führt sie zu einer vorschriftswidrigen Besetzung des Gerichts (BVerwG VerwRspr 27, 1009). Anders als nach § 45 Abs. 2 GVG ist die Festlegung der Heranziehungsreihenfolge durch das Los nicht geboten, wohl aber zulässig (BVerwGE 13, 147, 148).

6 **3. Ausgestaltung der Heranziehungsregelung.** Die Ausgestaltung der Heranziehungsregelung steht unter dem Gebot einer generellen und so genauen Festlegung, dass die Möglichkeit von Manipulationen so weit wie möglich ausgeschlossen wird (BVerwGE 44, 215, 219; 88, 160, 163). Die für die mit Berufsrichtern überbesetzten Spruchkörper eines Gerichts aufgestellten Grundsätze sind für die Heranziehung ehrenamtlicher Richter in der Verwaltungsgerichtsbarkeit nur mit Einschränkungen anwendbar. Die Gefahr einer Manipulation bei der Einteilung der ehrenamtlichen Richter ist gering, da diese wesentlich häufiger wegen kurzfristiger Verhinderung ausfallen und deshalb die Richterbank mit Blick auf die ehrenamtlichen Richter kaum „planbar" ist. Darüber hinaus erschwert die relativ große Zahl der für eine Kammer zur Verfügung stehenden ehrenamtlichen Richter die personelle Manipulierbarkeit von vornherein zusätzlich (BVerwG BayVBl 1999, 601, 602; NVwZ-RR 2000, 646). Wesentlicher Inhalt der Festlegung ist nach § 30 Abs. 1 die Reihenfolge, in der die ehrenamtlichen Richter zu den Sitzungen heranzuziehen sind. Aus dem Geschäftsverteilungsplan muss sich eindeutig ergeben, welcher ehrenamtliche Richter an welcher Sitzung mitwirkt (BVerwG Buchholz 310 § 30 VwGO Nr. 8). Denkbar ist bspw. eine Heranziehung nach den laufenden Nummern der Liste (vgl. BVerwG NVwZ 1986, 1010) oder nach der alphabetischen Reihung der Nachnamen der ehrenamtlichen Richter (so jetzt auch BVerwG BayVBl 1999, 601). Andere eindeutige Heranziehungskriterien sind eben-

---

4 Vgl. *Kissel/Mayer* § 21 e Rn. 93; *W. Keller*, in: Meyer-Ladewig § 6 Rn. 6.
5 Vgl. *Kissel/Mayer* § 21 e Rn. 112.
6 Begründung des Bundesratsentwurfs eines Gesetzes zur Vereinfachung und Vereinheitlichung der Verfahrensvorschriften zur Wahl und Berufung ehrenamtlicher Richter, BT-Drs. 15/411, 10.

falls zulässig. So kann die Heranziehung desjenigen ehrenamtlichen Richters bestimmt werden, der jeweils am längsten an einer Sitzung des Gerichts nicht teilgenommen hat (BVerwG VerwRspr 27, 509, 511; NVwZ-RR 2000, 646). Erforderlichenfalls ist der Verteilungsplan unter Beachtung der an dem betreffenden Gericht gewachsenen Übung auszulegen.[7] Eine Orientierung an der Praktikabilität ist dabei eine legitime Auslegungshilfe (BVerwG Buchholz 310 § 30 VwGO Nr. 6; BVerwGE 44, 215, 218). Unter Einsatz dieser Auslegungsmittel ist ebenso festzustellen, was laut Geschäftsverteilungsplan unter 7 der Reihenfolge der Heranziehung zu den Sitzungen zu verstehen ist. Zulässig ist das Abstellen sowohl auf die zeitliche Reihenfolge der Sitzungstage als auch auf die Reihenfolge der Ladungen (BVerwGE 88, 160, 163; BFHE 132, 377, 378; BFH NVwZ-RR 1990, 334, 335; BAG NJW 2010, 2298, 2299). Möglich sind darüber hinaus Mischformen, etwa für den Fall der „eingeschobenen" Sitzung, d.h. die Konstellation, dass bereits Termin für eine zeitlich später gelegene Sitzung bestimmt ist und nunmehr ein weiterer, zeitlich davor liegender Termin bestimmt wird. Dann müssen selbst bei Maßgeblichkeit der zeitlichen Reihenfolge der Sitzungen die bereits geladenen ehrenamtlichen Richter nicht für die frühere Sitzung umgeladen werden, sofern der Geschäftsverteilungsplan Entsprechendes bestimmt (BVerwGE 88, 160, 164). Bei Maßgeblichkeit der Ladungsreihenfolge gilt dies ohnehin (BVerwG VerwRspr 27, 509, 510; NVwZ 1986, 1010). Soll ausschlaggebend die Reihenfolge der Ladungen sein, so kommt es gem. § 173 VwGO i.V.m. § 216 ZPO auf den Zeitpunkt der Ladungsverfügung des Vorsitzenden an.

Eine Sitzung i.S.d. § 30 Abs. 1 ist auch die mehrere Sachen umfassende Sitzung und die sich über meh- 8 rere Tage erstreckende oder die unterbrochene und später fortgesetzte mündliche Verhandlung.[8] Anderes gilt für die Vertagung; hier sind für den weiteren Termin die ehrenamtlichen Richter gem. der festgelegten Reihenfolge heranzuziehen.[9] Obwohl die Geschäftsverteilungsregelung nach § 30 mit Ablauf des Kalenderjahres automatisch außer Kraft tritt (→ Rn. 2), ist nicht zu Beginn des neuen Kalenderjahres wieder bei dem ersten der in der Aufstellung des Geschäftsverteilungsplanes aufgeführten Richter zu beginnen. Vielmehr lässt sich dem § 27 der Grundsatz entnehmen, dass die ehrenamtlichen Richter während ihrer fünfjährigen Amtsperiode (§ 25) möglichst gleich häufig zu den Sitzungen herangezogen werden sollen (→ § 27 Rn. 1). Demgemäß unterbricht das Ende des Kalenderjahres die begonnene Listenreihenfolge nicht (BVerwG DÖV 1974, 21; Buchholz 310 § 30 VwGO Nr. 6 und Nr. 15).

4. Vertretungsregelung. Ferner ist eine Vertretungsregelung in den Verteilungsplan aufzunehmen für 9 den Fall, dass der nach der Reihenfolge heranzuziehende ehrenamtliche Richter verhindert ist. Dies gilt insbes. dann, wenn das Präsidium von der Ermächtigung des § 30 Abs. 2 Gebrauch gemacht und eine Hilfsliste beschlossen hat (BVerwGE 13, 147, 149). Da eine Heranziehung von Vertretern aus der Hilfsliste gem. § 30 Abs. 2 nur bei Fällen unvorhergesehener Verhinderung zulässig ist, kann auf die Hilfsliste in allen anderen Verhinderungsfällen nicht zurückgegriffen werden (BVerwG Buchholz 310 § 54 VwGO Nr. 35). Die Vertretung hat dann aus der Hauptliste nach Maßgabe der Bestimmungen des Geschäftsverteilungsplans zu erfolgen. Als Vertreter wird grds. der nächste ehrenamtliche Richter gem. Listenreihenfolge zuzuziehen sein.[10] Bereits zu einer späteren Sitzung geladene ehrenamtliche Richter bleiben dabei außer Betracht (BVerwG Buchholz 310 § 30 VwGO Nr. 6; NVwZ 1986, 1010). Im Verteilungsplan kann vorgesehen werden, dass die Heranziehung des verhinderten ehrenamtlichen Richters nicht nachzuholen ist (BVerwG Buchholz 310 § 30 VwGO Nr. 8).

Inhaltlich gelten für die Feststellung des Vertretungsfalls mit Ausnahme des Erfordernisses der Unvor- 10 hersehbarkeit dieselben Kriterien wie nach § 30 Abs. 2 (→ Rn. 15 ff.). Wegen des von dem ehrenamtlichen Richter nach § 45 DRiG geleisteten Eides, seine Amtspflichten gewissenhaft zu erfüllen (→ § 19 Rn. 13, 18), darf sich das Gericht ohne weitere Ermittlung darauf verlassen, dass sich der ehrenamtliche Richter seiner Pflicht nicht ohne triftigen Grund entzieht, sondern nach pflichtgemäßer Abwägung zu dem Ergebnis gelangt ist, verhindert zu sein. Das Gericht braucht in tatsächlicher Hinsicht nicht

---

7 BVerwG DÖV 1974, 21; Buchholz 310 § 30 VwGO Nr. 6; BVerwGE 44, 215, 218; BVerwG Buchholz 310 § 30 VwGO Nr. 15; Buchholz 310 § 54 VwGO Nr. 35; BFHE 132, 377, 378; BFH NVwZ-RR 1990, 334, 335.
8 *W. Keller*, in: Meyer-Ladewig § 6 Rn. 7b; offen gelassen von BVerwG NJW 1986, 3154.
9 *W. Keller*, in: Meyer-Ladewig/Keller/Leitherer § 6 Rn. 7b.
10 Vgl. BVerwGE 13, 147, 149; BVerwG VerwRspr 20, 122, 123; Buchholz 310 § 30 VwGO Nr. 5.

nachzuprüfen, ob der mitgeteilte Hinderungsgrund wirklich vorliegt.[11] Anders als nach § 54 GVG ist eine förmliche Feststellung des Verhinderungsgrundes durch den Vorsitzenden nicht geboten.[12] Wie das Gericht vom Vorliegen der Verhinderung Kenntnis erlangt, ist unerheblich. Eine eigenhändige Mitteilung des verhinderten ehrenamtlichen Richters ist dafür nicht erforderlich (BVerwG Buchholz 310 § 30 VwGO Nr. 4). Bestehen allerdings Anhaltspunkte für eine pflichtwidrige Entscheidung des ehrenamtlichen Richters, so *kann* das Gericht nicht nur den angegebenen Hinderungsgrund nachprüfen (so BVerwG DÖV 1984, 723), sondern *muss* dies tun. Einer Fixierung von Verhinderung und Verhinderungsgrund in einem schriftlichen Aktenvermerk bedarf es nicht.[13]

11 **5. Ladung.** Die Ladung des gem. den Festsetzungen des Geschäftsverteilungsplans heranzuziehenden ehrenamtlichen Richters erfolgt nach Bestimmung durch den Vorsitzenden über die Geschäftsstelle. Eine Ladungsfrist besteht nicht und ist auch kein notwendiger Bestandteil des Geschäftsverteilungsplans (BVerwG Buchholz 310 § 30 VwGO Nr. 8). Liegt kein Verhinderungsgrund vor, so muss der nach der Reihenfolge ermittelte ehrenamtliche Richter geladen werden. Eine weiter gehende Entbindung des ehrenamtlichen Richters von der Teilnahme an einzelnen Sitzungstagen ist nicht möglich (→ § 24 Rn. 14). Der Vorsitzende kann die *Geschäftsstelle* generell ermächtigen, den Vertreter zu laden, wenn der eigentlich berufene ehrenamtliche Richter sich für verhindert erklärt hat.[14] Allerdings wird hierfür zu fordern sein, dass der Vorsitzende die Fälle, in denen die Geschäftsstelle aufgrund der Ermächtigung handeln darf, typisiert (BVerwG Buchholz 310 § 30 VwGO Nr. 12). Ausgeschlossen ist es, dass die Entscheidung über die Notwendigkeit der Vertretung eines ehrenamtlichen Richters von der Geschäftsstelle getroffen wird.[15] Dem Gericht bleibt deshalb die Nachprüfung des tatsächlichen Vorliegens des geltend gemachten Verhinderungsgrundes vorbehalten.

12 Unter diesem Gesichtspunkt müssen auch Bedenken gegen die Auffassung obwalten, die Geschäftsstelle könne selbst ohne konkreten Auftrag oder generelle Ermächtigung durch den Vorsitzenden den Vertreter eines verhinderten ehrenamtlichen Richters laden.[16] Zwar ist es richtig, dass die Geschäftsstelle damit abschließend weder über die Notwendigkeit der Vertretung noch über die Besetzung der Richterbank entscheidet (BVerwG DÖV 1984, 723; Buchholz 310 § 54 VwGO Nr. 35), sondern das Gericht zumindest konkludent durch die tatsächliche Heranziehung des Geladenen die Entscheidung trifft.[17] Doch gerade der Charakter der von der Geschäftsstelle ermächtigungslos vorgenommenen Ladung als vorsorgliche Maßnahme, die eine Vertagung der Verhandlung oder eine Verzögerung ihres Beginns verhindern soll (BVerwG DÖV 1984, 723), kann für das Gericht eine faktisch prädisponierende Wirkung entfalten. Um eine solche auszuschließen, ist selbst in Situationen deutlicher Zeitnot *vor* der Ladung durch die Geschäftsstelle die Billigung durch den Vorsitzenden einzuholen, wenn keine generelle Ermächtigung vorliegt. Nur der Vorsitzende kann nach § 55 VwGO i.V.m. § 192 Abs. 2 und 3 GVG, der für die ehrenamtlichen Richter in allen Gerichtsbarkeiten gilt,[18] die *Zuziehung von Ergänzungsrichtern* anordnen. Da es nach § 192 Abs. 2 GVG die Funktion eines Ergänzungsrichters ist, im Falle der Verhinderung eines Richters für ihn einzutreten, ist der ehrenamtliche Ergänzungsrichter nicht entsprechend § 48 Abs. 1 GVG der Hilfsliste zu entnehmen. Denn anders als nach § 47 GVG wird die allgemeine Vertretung im Falle der Verhinderung eines ehrenamtlichen Richters in der Verwaltungsgerichtsbarkeit nicht durch Heranziehung aus der Hilfs-, sondern aus der Hauptliste geregelt (→ Rn. 9). Demgemäß sind die ehrenamtlichen Ergänzungsrichter nach der Hauptliste heranzuziehen.

---

11 BVerwGE 13, 147, 148; BVerwG VerwRspr 20, 122, 124; Buchholz 310 § 30 VwGO Nr. 5; DÖV 1974, 21; Buchholz 310 § 30 VwGO Nr. 6; BVerwGE 44, 215, 216; BVerwG VerwRspr 27, 763, 764; Buchholz 310 § 30 VwGO Nr. 12; VerwRspr 28, 753; 31, 752, 753; DVBl 1981, 493; BayVBl 1984, 156; DÖV 1984, 723; NVwZ 1986, 1010, 1011; Buchholz 310 § 54 VwGO Nr. 35; Buchholz 310 § 30 VwGO Nr. 26; BFH NVwZ-RR 1990, 334, 335; OVG Münster NVwZ-RR 2009, 364, 368.
12 BVerwG DÖV 1974, 21; Buchholz 310 § 30 VwGO Nr. 6; BVerwGE 44, 215, 216; BVerwG VerwRspr 28, 753; DVBl 1981, 493; BayVBl 1984, 156; DÖV 1984, 723.
13 BVerwG DVBl 1981, 493, 494; DÖV 1984, 723, 724; NJW 1986, 3154. A.M. *Kopp/Schenke* § 30 Rn. 8.
14 BVerwG DÖV 1974, 21; Buchholz 310 § 30 VwGO Nr. 6; BVerwGE 44, 215, 216; BVerwG Buchholz 310 § 30 VwGO Nr. 12; DVBl 1981, 493.
15 BVerwG DÖV 1974, 21; BVerwGE 44, 215, 216; BVerwG Buchholz 310 § 30 VwGO Nr. 12; DÖV 1984, 723.
16 So aber BVerwG DÖV 1984, 723; Buchholz 310 § 54 VwGO Nr. 35; *Kopp/Schenke* § 30 Rn. 4.
17 So *Kopp/Schenke* § 30 Rn. 4.
18 *Kissel/Mayer* § 192 Rn. 21.

III. Hilfsliste

Die Aufstellung einer Hilfsliste i.S.v. § 30 Abs. 2 aus ehrenamtlichen Richtern, die am Gerichtssitz 13 oder in seiner Nähe wohnen, dient dem Zweck, Verzögerungen des Sitzungsablaufs in Fällen unvorhergesehener Verhinderung zu vermeiden und binnen kürzester Zeit die notwendige volle Besetzung der Richterbank herbeizuführen.[19] Anders als die Aufstellung der Hauptliste nach § 30 Abs. 1 ist die der Hilfsliste nicht obligatorisch, sondern steht im Ermessen des Präsidiums (BVerwGE 13, 147, 149). Wie die Hauptliste wird die Hilfsliste aus den nach § 29 gewählten ehrenamtlichen Richtern gebildet. Aufgenommen werden dürfen nur solche Personen, die am Gerichtssitz oder in seiner Nähe wohnen. Eine solche Nähe zum Gerichtssitz ist nur dann gegeben, wenn der Betreffende das Gericht von seinem Wohnort aus – etwa aufgrund einer telefonischen Benachrichtigung – so schnell erreichen kann, dass eine Vertagung der Verhandlung oder eine erhebliche Verzögerung ihres Beginns nicht eintritt (BVerwG Buchholz 310 § 30 VwGO Nr. 8). Weitere Vorgaben für die Erstellung der Hilfsliste enthält § 30 Abs. 2 nicht. Auf die Hilfsliste können auch ehrenamtliche Richter aufgenommen werden, die gleichzeitig auf der Hauptliste stehen (BVerwG VerwRspr 20, 122, 123). Ebenso zulässig ist es aber, dass sich die Hilfsliste nur aus solchen ehrenamtlichen Richtern zusammensetzt, die nicht auf der Hauptliste erscheinen (BVerwG 6.3.1986 – 1 CB 28/85). Zu beachten ist in jedem Fall die Maßgabe des § 27, dass ein ehrenamtlicher Richter – unabhängig von seiner Zuordnung zu Haupt- und/oder Hilfsliste – zu nicht mehr als zwölf Sitzungstagen im Jahr herangezogen werden soll (→ § 27 Rn. 2).

1. Unvorhergesehene Verhinderung. Das Eintreten einer unvorhergesehenen Verhinderung des nach 14 der Reihenfolge der Hauptliste zu berücksichtigenden ehrenamtlichen Richters ist Voraussetzung für die Heranziehung eines Vertreters von der Hilfsliste. Zu beachten ist, dass damit zwei Kriterien formuliert werden, zum einen das Bestehen einer Verhinderung und zum anderen deren Unvorhersehbarkeit. Ist die Verhinderung nicht eine unvorhergesehene, dann bestimmt sich die Vertretung nicht nach § 30 Abs. 2, sondern nach der Vertretungsreihenfolge der Hauptliste (→ Rn. 9).

Eine die Notwendigkeit der Vertretung nach sich ziehende *Verhinderung* des ehrenamtlichen Richters 15 liegt vor, wenn dieser aus triftigen Gründen an der Ausübung seines Richteramtes im einzelnen Fall gehindert ist (BVerwGE 44, 215, 217). Eine solche Hinderung ist jedenfalls dann gegeben, wenn der ehrenamtliche Richter aus tatsächlichen Gründen an der Sitzung objektiv nicht teilnehmen kann, an der Dienstleistung durch einen *unabwendbaren Umstand* gehindert ist (vgl. § 54 Abs. 1 S. 2 Alt. 1 GVG). Wichtigstes Bsp. sind gesundheitliche Umstände, insbes. eine das Aufsuchen des Gerichts ausschließende Erkrankung,[20] nicht aber eine chronische Schwerhörigkeit (a.M. BGHSt 22, 289, 290 f.). Stellen Gehörschäden die Fähigkeit zur Ausübung des Ehrenamtes nicht infrage (→ § 20 Rn. 5; → § 24 Rn. 12), so können sie auch nicht zur Verhinderung des ehrenamtlichen Richters für jeden Sitzungstag führen. Einen weiteren unabwendbaren Umstand stellt der Zusammenbruch der Verkehrsverhältnisse am konkreten Sitzungstag, nicht jedoch eine allgemein ungünstige Verkehrssituation am Gerichtssitz dar.[21]

Die andere Fallgruppe der Verhinderung eines ehrenamtlichen Richters umfasst die *Unzumutbarkeit* 16 *der Dienstleistung* (vgl. § 54 Abs. 1 S. 2 Alt. 2 GVG). Hier ist dem Betroffenen die Erreichung des Gerichts zwar tatsächlich möglich, jedoch nur unter Vernachlässigung anderer Belange. Der ehrenamtliche Richter hat insoweit seine Dienstpflichten aus seinem Ehrenamt, zu deren gewissenhafter Erfüllung er sich nach § 45 DRiG eidlich gebunden hält, abzuwägen gegen die der Sitzungsteilnahme widerstreitenden Belange. Die *Abwägung* steht nicht im Belieben des Laienrichters, sondern ist pflichtgebunden in der Weise, dass sie in ihrer Sachgerechtigkeit nachvollziehbar sein muss.[22] Selbst wenn das Gericht ausnahmsweise (→ Rn. 10) in eine Überprüfung des geltend gemachten Verhinderungsgrundes

---

19 BVerwG Buchholz § 30 VwGO Nr. 8; VerwRspr 27, 763, 764 f.; Buchholz 310 § 30 VwGO Nr. 12; VerwRspr 31, 752, 753.

20 BVerwG VerwRspr 20, 122, 124; 27, 763, 765; 31, 752, 753; BayVBl 1984, 156; DÖV 1984, 723; BFH NVwZ-RR 1990, 334, 335; BGH MDR 1977, 330, 331.

21 Vgl. *Kissel/Mayer* § 54 Rn. 3; s.a. BVerwG Buchholz 310 § 133 VwGO Nr. 28: Verhinderung durch Unfall auf der Fahrt zur Sitzung.

22 Vgl. BVerwGE 44, 215, 217 f.; BVerwG VerwRspr 31, 752, 753; BayVBl 1984, 156; DÖV 1984, 723; BVerwGE 88, 160, 165.

eintreten will, kann es daher die von dem ehrenamtlichen Richter getroffene „Wahl" nur auf ihre Pflichtgemäßheit kontrollieren (BVerwGE 44, 215, 217 f.).

17   So kann es nicht beanstandet werden, wenn der ehrenamtliche Richter der Sitzung eines Kommunalorgans, dem er angehört, den Vorrang vor seiner richterlichen Tätigkeit einräumt (BVerwG Buchholz 310 § 30 VwGO Nr. 5; BVerwGE 44, 215, 217 f.). Weitere Beispiele einer Verhinderung aufgrund konfligierender Belange sind eine beruflich oder durch Urlaub bedingte Ortsabwesenheit am Sitzungstag,[23] der Wunsch, sich während der Dauer eines Urlaubs auch ohne Ortsabwesenheit von der Arbeitsbelastung durch die Tätigkeit als ehrenamtlicher Richter ununterbrochen freizuhalten (BVerwG VerwRspr 28, 753, 754), die Beerdigung eines Arbeitskollegen (BVerwG BayVBl 1984, 156), die am Sitzungstag notwendige Versorgung eines Kleinkindes[24] und berufliche Verpflichtungen (BVerwG VerwRspr 20, 122, 124; 31, 752; NVwZ 1986, 1010, 1011). Letztere können allerdings nur dann als zureichender Verhinderungsgrund gelten, wenn sie zwingend sind (BVerwG VerwRspr 31, 752). Für diese Beurteilung ist ein strenger Maßstab anzulegen. Grds. hat die Tätigkeit als ehrenamtlicher Richter Vorrang vor der Berufstätigkeit. Wenn die Heranziehung zur Sitzung nicht kurzfristig erfolgt, muss der ehrenamtliche Richter seine Berufstätigkeit auf sein Ehrenamt abstimmen (BVerwG VerwRspr 20, 122, 124). Er hat seine beruflichen Verpflichtungen zu verschieben oder sich in ihrer Wahrnehmung vertreten zu lassen (BVerwG NVwZ 1986, 1010, 1011). Eine Verhinderung des ehrenamtlichen Richters kann lediglich dann angenommen werden, wenn dieser zur Zeit der Sitzung Berufsgeschäfte erledigen muss, die er nicht oder nicht ohne erheblichen Schaden aufschieben und bei denen er sich nicht durch einen anderen vertreten lassen kann. Gleichzustellen ist die Konstellation, dass eine berufliche Vertretung nur unter außergewöhnlich hohen Kosten möglich wäre (HmbOVG NVwZ-RR 2006, 446, 447). Kein Verhinderungsgrund ist danach die Drohung des Arbeitgebers, den ehrenamtlichen Richter bei Teilnahme an den Sitzungen zu entlassen.[25] Allerdings kann eine solche Drohung, wenn sie eine Gefährdung der wirtschaftlichen Existenz des ehrenamtlichen Richters ernstlich befürchten lässt, einen besonderen Härtefall i.S.v. § 23 Abs. 2 bzw. § 24 Abs. 2 darstellen (→ § 23 Rn. 15). Da maßgebend insoweit der auf den ehrenamtlichen Richter ausgeübte *faktische* Druck ist, kommt es nicht darauf an, dass nach § 45 Abs. 1 a S. 3 DRiG die Kündigung eines Arbeitsverhältnisses wegen der Übernahme oder der Ausübung des Amtes *rechtlich* unzulässig ist. Ebenso wenig verhindert ist ein ehrenamtlicher Richter aufgrund seines Wunsches, nicht kurzfristig zu Sitzungen herangezogen zu werden (BVerwGE 44, 215, 219). Ein Hinderungsgrund ist dagegen die Befangenheit des ehrenamtlichen Richters (BVerwG Buchholz § 54 VwGO Nr. 35).

18   Wann eine Verhinderung *unvorhergesehen* i.S.d. § 30 Abs. 2 ist, bestimmt in erster Linie das Präsidium des Gerichts im Geschäftsverteilungsplan.[26] Beispiele sind die Einordnung einer Verhinderung als unvorhergesehene, wenn sich die Verhinderung innerhalb der letzten fünf Arbeitstage (BVerwG Buchholz 310 § 30 VwGO Nr. 12) bzw. einer Woche (BVerwGE 13, 147, 149) vor der Sitzung herausstellt oder wenn sie dem Gericht erst nach Absendung der Ladung bekannt wird (BVerwGE 88, 160, 164 f.). Ggf. ist ergänzend die Übung des betreffenden VG heranzuziehen[27] (→ Rn. 6). Ergeben sich daraus keine hinreichenden Anhaltspunkte für die Konkretisierung des Merkmals der Unvorhersehbarkeit, so ist nach der Rspr. des BVerwG unter einer unvorhergesehenen nicht nur die Verhinderung zu verstehen, die plötzlich eintritt, ohne dass zeitlich die Möglichkeit zur Ladung des in der Hauptliste nächstfolgenden Richters besteht (BVerwG Buchholz 310 § 30 VwGO Nr. 26), sondern auch diejenige Verhinderung, die für das Gericht zur Zeit der normalen Ladung nicht vorauszusehen war (BVerwGE 44, 215, 219; BVerwG VerwRspr 28, 753, 754). Ausschlaggebend soll mithin die Voraussehbarkeit zum Zeitpunkt der Ladung sein. Offenbar als fixe zeitliche Grenze hat das BVerwG es in anderen Entscheidungen für die Annahme eines Falles unvorhergesehener Verhinderung genügen lassen, dass sich innerhalb der letzten Woche vor der Sitzung die Verhinderung des hierzu geladenen ehrenamtlichen

---

23   BVerwG Buchholz 310 § 30 VwGO Nr. 4; VerwRspr 27, 763, 764; BayVBl 1984, 156; NJW 1986, 3154; BGH MDR 1977, 330, 331.

24   Vgl. BGH NStZ 1982, 476. Zur Möglichkeit der Befreiung vom Amt des ehrenamtlichen Richters bei der dauerhaft notwendigen Versorgung eines Kleinkindes → § 23 Rn. 15.

25   BGHSt 27, 344, 345 f. m. krit. Anm. *J. Dierks*, NJW 1978, 1391 und *G. Pohl*, NJW 1978, 1868. A.M. wohl *Kopp/Schenke* § 30 Rn. 6.

26   BVerwGE 13, 147, 149; BVerwG Buchholz 310 § 54 VwGO Nr. 35; BVerwGE 88, 160, 164.

27   BVerwGE 44, 215, 218 f.; BVerwG Buchholz 310 § 54 VwGO Nr. 35.

Richters herausstellt (BVerwG Buchholz 310 § 30 VwGO Nr. 8). Allerdings vermögen die vom BVerwG gewonnenen Ergebnisse wenig zu überzeugen. Grds. hat die Vertretung bei Verhinderung eines ehrenamtlichen Richters nicht aus der Hilfs-, sondern aus der Hauptliste zu erfolgen (→ Rn. 9). Der Rückgriff auf die Hilfsliste dient allein dem Zweck, in nicht anders steuerbaren Fällen Verzögerungen des Sitzungsablaufs zu vermeiden und binnen kürzester Zeit die notwendige volle Besetzung der Richterbank herbeizuführen (→ Rn. 13). Eine Heranziehung eines ehrenamtlichen Richters von der Hilfsliste ist demnach nur dann zulässig, wenn dadurch die Vertagung der Verhandlung oder eine erhebliche Verzögerung ihres Beginns verhindert werden kann (BVerwG Buchholz 310 § 30 VwGO Nr. 8). Kann dasselbe Ergebnis durch die Ladung des Vertreters von der Hauptliste erreicht werden, so ist die Verhinderung keine unvorhergesehene i.S.v. § 30 Abs. 2.

2. Nichterreichbarkeit. Wie nach § 54 Abs. 2 S. 1 GVG steht die Nichterreichbarkeit des ehrenamtli- 19 chen Richters seiner Verhinderung gleich (BVerwG VerwRspr 31, 752, 753 f.; DÖV 1984, 723, 724). Der Unterschied zur Verhinderung besteht primär darin, dass die letztere einen triftigen Hinderungsgrund voraussetzt, der den ehrenamtlichen Richter gleichzeitig nach § 33 Abs. 1 S. 1 entschuldigt, während die Nichterreichbarkeit durchaus die Verhängung eines Ordnungsgeldes nach sich ziehen kann. Nicht erreichbar ist der ehrenamtliche Richter zunächst dann, wenn er nicht benachrichtigt oder geladen werden kann, also bspw. schriftliche Ladungen als unzustellbar zurückkommen und telefonische Bemühungen um die Herstellung eines Kontaktes ergebnislos bleiben.[28] Darüber hinaus ist entsprechend § 54 Abs. 2 S. 2 1. Voraussetzung GVG Nichterreichbarkeit gegeben, wenn der ehrenamtliche Richter trotz Ladung zur Sitzung nicht erscheint (BVerwG VerwRspr 27, 763, 765; Buchholz 310 § 30 VwGO Nr. 12). Auf die Gründe des Nichterscheinens kommt es nicht an, sodass auch das schlichte Vergessen des Termins dazu führt, dass der Betreffende nicht erreichbar ist (BVerwG VerwRspr 27, 763, 765; Buchholz 310 § 30 VwGO Nr. 12). Die weitere in § 54 Abs. 2 S. 2 GVG formulierte Voraussetzung, dass das Erscheinen des Ausgebliebenen ohne erhebliche Verzögerung des Beginns der Sitzung voraussichtlich nicht herbeigeführt werden kann, mit der Folge einer Pflicht des Gerichts, einen Versuch der Kontaktaufnahme mit dem nicht erschienenen ehrenamtlichen Richter zu unternehmen,[29] muss hingegen nicht erfüllt sein. Das Gericht muss nicht zugunsten derartiger, i.E. oft zweifelhafter Bemühungen zunächst auf die sicheren Erfolg versprechende Heranziehung eines Vertreters verzichten.[30]

3. Heranziehung von der Hilfsliste. Die Heranziehung von der Hilfsliste hat nach der Reihenfolge der 20 Liste gem. den Bestimmungen des Präsidiums zu erfolgen.[31] Dabei bleiben wiederum alle diejenigen ehrenamtlichen Richter von der Hilfsliste außer Betracht, die selbst verhindert oder nicht erreichbar sind. Eine unvorhergesehene Verhinderung ist insoweit nicht erforderlich. Berufener Vertreter nach der Hilfsliste ist derjenige ehrenamtliche Richter, der als erster in der Weise für die Sitzungsteilnahme zur Verfügung steht, dass die Verhandlung ohne wesentliche Verzögerung begonnen werden kann (BVerwG DÖV 1984, 723, 724). Zur Feststellung der Verfügbarkeit genügt es jedenfalls in eiligen Fällen, dass das Gericht einen einmaligen Versuch unternimmt, den in die Hilfsliste aufgenommenen ehrenamtlichen Richter fernmündlich zu erreichen. Bleibt der Versuch erfolglos, so kann das Gericht in der Reihenfolge der Hilfsliste fortfahren.[32] Ohne Grundlage in § 30 und damit mit dem Grundsatz des gesetzlichen Richters nach Art. 101 Abs. 1 S. 2 GG unvereinbar ist es, nach Erschöpfung der Hilfsliste auf den nächsten am Gerichtssitz wohnenden ehrenamtlichen Richter aus der Hauptliste zurückzugreifen.[33] Eine eventuelle Parallele zur einschlägigen sozialgerichtlichen Rspr. verfängt nicht. Die betreffende Entscheidung des BSG (BSG NJW 1968, 1446) stützt sich ausdrücklich auf die im SGG (§ 6 Nr. 1 S. 2 SGG) enthaltene Besonderheit, dass von der durch das Präsidium festgestellten Reihenfolge der Heranziehung der ehrenamtlichen Richter aus besonderen Gründen abgewichen werden darf. Eine entsprechende Regelung enthält § 30 gerade nicht.

---

28 Vgl. *Kissel/Mayer* § 54 Rn. 19.
29 Vgl. *Kissel/Mayer* § 54 Rn. 20.
30 BVerwG VerwRspr 27, 763, 765; 31, 752, 754; 1.4.1981 – 6 CB 114/80.
31 BVerwGE 44, 215, 219; BVerwG Buchholz 310 § 133 VwGO Nr. 28; Buchholz 310 § 30 VwGO Nr. 26.
32 BVerwGE 44, 215, 219; BVerwG VerwRspr 31, 752, 754; Buchholz 310 § 30 VwGO Nr. 26.
33 So aber P. *Stelkens/N. Panzer*, in: Schoch/Schneider/Bier § 30 Rn. 16.

IV. Abweichung von der Reihenfolge der Heranziehung

21   Eine Abweichung von der Reihenfolge der Heranziehung, wie sie sich aus § 30 Abs. 1 und 2 ergibt, hat die vorschriftswidrige Besetzung des Spruchkörpers zur Folge (BVerwG NJW 1963, 1219; BVerwGE 44, 215, 220). Weder Präsidium noch Präsident sind befugt, im Einzelfall eine Durchbrechung der Reihenfolge anzuordnen (BVerwG NJW 1963, 1219). Eine Analogie zu § 6 Nr. 1 S. 2 SGG ist nicht möglich. Erfolg kann die Rüge der falschen Heranziehung nur haben, wenn das Recht auf den gesetzlichen Richter i.S.v. Art. 101 Abs. 1 S. 2 GG verletzt ist (BSG NZA 1990, 663, 664). Dies setzt voraus, dass die fehlerhafte Heranziehung des ehrenamtlichen Richters auf willkürlichen Erwägungen beruht. Ein bloßer Irrtum über die Heranziehungsreihenfolge genügt insoweit nicht (BVerwG Buchholz 310 § 133 VwGO Nr. 62; BSG NZA 1990, 663, 664). Die Besetzungsrüge darf nicht lediglich auf Verdacht die fehlerhafte Besetzung des Gerichts, etwa das Nichtbestehen eines Verhinderungsgrunds oder die Erreichbarkeit von auf der Hilfsliste voranstehenden ehrenamtlichen Richtern, behaupten, sondern hat sich um Aufklärung der fraglichen Umstände durch Einsicht in die Listen der ehrenamtlichen Richter und durch Bitte um Auskunft beim Gericht zu bemühen und den Besetzungsfehler entsprechend darzulegen.[34]

§ 31 [Vereidigung] (weggefallen)

Vgl. den vor der Kommentierung zu § 19 abgedruckten Text des § 45 DRiG.

1   Der in der ursprünglichen Fassung der VwGO die Vereidigung der ehrenamtlichen Richter regelnde § 31 wurde aufgehoben durch Art. 8 des Gesetzes zur Ergänzung des Ersten Gesetzes zur Reform des Strafverfahrensrechts vom 20.12.1974 (BGBl I 3686). Art. 4 Nr. 1 desselben Gesetzes begründete in Gestalt der Neufassung des § 45 DRiG eine für die ehrenamtlichen Richter in allen Gerichtsbarkeiten einheitlich geltende Regelung, die lediglich hinsichtlich der Ergänzung des § 45 Abs. 2 S. 2 Hs. 2 DRiG durch Art. 4 des Arbeitsgerichtsgesetz-Änderungsgesetzes vom 26.6.1990 (BGBl I 1206) und der Einfügung des Abs. 1 a durch Art. 2 Nr. 2 des Gesetzes zur Vereinfachung und Vereinheitlichung der Verfahrensvorschriften zur Wahl und Berufung ehrenamtlicher Richter vom 21.12.2004 (BGBl I 3599) geändert wurde. Der *Zweck* der in § 45 Abs. 2–8 DRiG vorgesehenen Eides- bzw. Gelöbnisleistung besteht darin, den ehrenamtlichen Richter in einer die Bedeutung der Verpflichtung herausstellenden feierlichen Form in die Pflicht zu nehmen. Ihm soll die besondere Verantwortung, die mit der Ausübung des Amtes verbunden ist, nachdrücklich bewusst gemacht werden (BVerwGE 73, 78, 80).

2   Die *Vereidigung* hat gem. § 45 Abs. 2 S. 1 DRiG vor der ersten Dienstleistung des ehrenamtlichen Richters in öffentlicher Sitzung des Gerichts durch den Vorsitzenden zu erfolgen. Sie ist weder Voraussetzung noch Bestandteil der Berufung zum ehrenamtlichen Richter, welche allein durch den Wahlakt selbst erfolgt (→ § 20 Rn. 15; vgl. BVerwGE 15, 96, 97). Insoweit ist es zumindest ungenau, wenn das BVerwG davon spricht, die Vereidigung sei „konstitutives Element bei der Bestellung der ehrenamtlichen Richter" (BVerwGE 73, 78, 79). Die Ableistung des Eides ist ausschließlich Voraussetzung dafür, dass der durch Wahl berufene ehrenamtliche Richter sein Amt i.S.d. § 19 ausüben darf.[1] Eine unentschuldigte Eidesverweigerung stellt eine Pflichtverletzung entsprechend § 33 Abs. 1 S. 1 dar und kann durch die Verhängung eines Ordnungsgeldes geahndet werden.[2] Da der ehrenamtliche Richter *vor* seiner ersten Dienstleistung, also vor seiner ersten Teilnahme an einer mündlichen Verhandlung oder einer Urteilsfindung zu vereidigen ist, ist die Vereidigung nicht Teil jener ersten Sitzungsteilnahme. Selbst wenn sie in unmittelbarem zeitlichen und örtlichen Zusammenhang mit der ersten Dienstleistung durchgeführt wird, handelt es sich um rechtlich selbständige Akte.[3] Keinesfalls müssen die Beteiligten der ersten der Vereidigung unmittelbar nachfolgenden mündlichen Verhandlung bei der Vereidigung anwesend sein (BVerwGE 73, 78, 79). Notwendig ist die Anwesenheit des Vorsitzenden und der übrigen berufsrichterlichen Mitglieder, nicht aber weiterer ehrenamtlicher Richter, in einer Sitzung der

---

34 BVerwG VerwRspr 27, 763, 766; Buchholz 310 § 133 VwGO Nr. 33; NJW 1986, 3154; BFHE 132, 377, 378; BFH NVwZ-RR 1990, 334, 335; BSG NZA 1990, 663, 664.
1   *Kissel/Mayer* § 31 Rn. 6.
2   Vgl. für § 56 GVG *Kissel/Mayer* § 31 Rn. 6.
3   Vgl. BVerwGE 73, 78, 79; *Kissel/Mayer* § 31 Rn. 6.

Kammer, der der ehrenamtliche Richter zugewiesen ist.[4] Als Teil der unabhängigen richterlichen Tätigkeit ist die Vereidigung des ehrenamtlichen Richters durch den Vorsitzenden Weisungen nicht zugänglich (Dienstgericht Frankfurt DRiZ 1980, 469). Das Gebot der Öffentlichkeit der Vereidigung verlangt, dass auf die Durchführung in öffentlicher Sitzung zumindest durch Aushang oder Ausruf hingewiesen wird. Ihm ist nicht genügt, wenn der ehrenamtliche Richter ohne Anwesenheit Dritter und ohne jeden Hinweis auf die Öffentlichkeit der Sitzung im Beratungszimmer, das im Regelfall Dritten nicht zugänglich ist, vereidigt wird (BVerwGE 73, 78, 79).

Bei der Eidesleistung soll laut § 45 Abs. 2 S. 3 DRiG der Schwörende die rechte Hand erheben. Im Gegensatz zur Protokollierung der Verpflichtung des ehrenamtlichen Richters auf sein Amt nach § 45 Abs. 8 DRiG ist das Erheben der rechten Hand mithin nicht zwingend vorgeschrieben, sondern in Ausnahmefällen verzichtbar. Zu protokollieren ist nur der Umstand, dass der ehrenamtliche Richter sich eidlich verpflichtet hat. Weder muss der Inhalt des Eides in das Protokoll aufgenommen werden, noch muss dieses von dem ehrenamtlichen Richter unterschrieben werden.[5] Der Wortlaut der in § 45 Abs. 3 DRiG vorgeschriebenen Eidesformel umschreibt die wesentlichen Pflichten des ehrenamtlichen Richters (dazu und zu den weiteren Pflichten → § 19 Rn. 18 f.). Die Ableistung des Eides ist Indiz dafür, dass der ehrenamtliche Richter bereit ist, seine Amtspflichten gewissenhaft zu erfüllen. Soweit keine Anhaltspunkte für eine Pflichtwidrigkeit vorliegen, darf davon ausgegangen werden, dass sich der ehrenamtliche Richter seiner Pflicht nicht ohne triftigen Grund entzieht (→ § 30 Rn. 10). Anstelle des Eides und mit gleicher Wirkung kann der ehrenamtliche Richter gem. § 45 Abs. 4 DRiG ein Gelöbnis ablegen. Die *Vereidigung* gilt nach § 45 Abs. 2 S. 2 Hs. 1 DRiG *für die Dauer des Amtes*, welche sich nach § 25 bemisst und ausweislich des § 29 Abs. 2 erst mit der Neuwahl von ehrenamtlichen Richtern endet. Wird der ehrenamtliche Richter erneut bestellt, so gilt die Vereidigung auch für die sich unmittelbar anschließende Amtszeit (§ 45 Abs. 2 S. 2 Hs. 2); eine erneute Vereidigung ist insoweit nicht erforderlich (anders zu § 31 a.F. BVerwGE 15, 96, 97; BVerwG BayVBl 1963, 153, 154). Ob es sich bei der erneuten Bestellung um die erste oder eine weitere Wiederbestellung handelt, ist für das Entfallen der Vereidigung unerheblich, solange das Erfordernis des unmittelbaren Anschlusses der Amtszeiten gewahrt bleibt.[6]

Hinsichtlich der *Rechtsfolgen von Verstößen* gegen § 45 DRiG ist danach zu differenzieren, ob es sich um eine Außerachtlassung des Vereidigungsgebotes als solches oder um Formwidrigkeiten handelt. Ist ein ehrenamtlicher Richter nicht vereidigt worden, so ist das Gericht nicht ordnungsgemäß besetzt.[7] Formfehler wie das Nichterheben der rechten Hand oder das Unterlassen der Protokollierung führen hingegen nicht zur Unwirksamkeit der Vereidigung (BVerwGE 73, 78, 79). Ob gleiches für die entgegen § 45 Abs. 2 S. 1 DRiG nichtöffentliche Vereidigung gilt, ist zweifelhaft. Das BVerwG hat auch insoweit einen unbeachtlichen Formverstoß angenommen, da das Sprechen der Eidesformel genüge, um dem ehrenamtlichen Richter die Tragweite der übernommenen Pflicht vor Augen zu führen (BVerwGE 73, 78, 80). Unterstützend hat das Gericht auf den grds. nichtöffentlichen Charakter des den Gegenstand der Entscheidung bildenden disziplinargerichtlichen Verfahrens hingewiesen (BVerwGE 73, 78, 80). Diese Argumentation übersieht, dass es auf die Öffentlichkeit oder Nichtöffentlichkeit des jeweiligen Verfahrens nicht ankommt. Die Funktion des Gebotes der Ablegung des Eides in öffentlicher Sitzung ist von der des Grundsatzes der Öffentlichkeit des gerichtlichen Verfahrens durchaus verschieden. Entgegen dem Ansatz des BVerwG liegt der Sinn der öffentlichen Vereidigung nicht in einer Steigerung der Feierlichkeit der Eidesleistung für den ehrenamtlichen Richter, sondern in der Versinnbildlichung der besonderen Aufgabe des Richters als Träger der rechtsprechenden Gewalt.[8] Die spezifische Weisungsunabhängigkeit des Richters konkretisiert sich in einer Form der Verpflichtung, die legitimierend für seine Amtsführung, Vertrauen bildend wirken soll. Zwar ist der öffentliche Richtereid deshalb nicht verfassungsrechtlich geboten, jedoch ist er deutlich mehr als eine bloße Formvorschrift, de-

---

4 *H. Geiger,* in: Eyermann § 31 Rn. 1; *Schmidt-Räntsch* § 45 Rn. 14; *P. Stelkens/N. Panzer,* in: Schoch/Schneider/Bier § 31 Rn. 2.

5 *Schmidt-Räntsch* § 45 Rn. 21.

6 *P. Stelkens/N. Panzer,* in: Schoch/Schneider/Bier § 31 Rn. 3. A.M. *Schmidt-Räntsch* § 45 Rn. 15.

7 BVerwGE 15, 96, 97; BVerwG BayVBl 1963, 153, 154; BVerwGE 73, 78, 79; BGHSt 3, 175; 4, 158.

8 Vgl. *Schmidt-Räntsch* § 38 Rn. 6.

ren Verletzung keinen Einfluss auf die ordnungsgemäße Besetzung des Gerichts hätte. Eine nichtöffentliche Vereidigung ist deshalb keine wirksame.[9]

§ 32 [Entschädigung]

Der ehrenamtliche Richter und der Vertrauensmann (§ 26) erhalten eine Entschädigung nach dem Justizvergütungs- und -Entschädigungsgesetz.

Gesetz über die Vergütung von Sachverständigen, Dolmetscherinnen, Dolmetschern, Übersetzerinnen und Übersetzern sowie die Entschädigung von ehrenamtlichen Richterinnen, ehrenamtlichen Richtern, Zeuginnen, Zeugen und Dritten (Justizvergütungs- und -entschädigungsgesetz – JVEG)

Abschnitt 1
Allgemeine Vorschriften

§ 1 Geltungsbereich und Anspruchsberechtigte

(1) Dieses Gesetz regelt
1. (hier nicht abgedruckt);
2. die Entschädigung der ehrenamtlichen Richterinnen und Richter bei den ordentlichen Gerichten und den Gerichten für Arbeitssachen sowie bei den Gerichten der Verwaltungs-, der Finanz- und der Sozialgerichtsbarkeit mit Ausnahme der ehrenamtlichen Richterinnen und Richter in Handelssachen, in berufsgerichtlichen Verfahren oder bei Dienstgerichten sowie
3. (hier nicht abgedruckt).
Eine Vergütung oder Entschädigung wird nur nach diesem Gesetz gewährt. (weiterer Text hier nicht abgedruckt)
(2) (hier nicht abgedruckt)
(3) (hier nicht abgedruckt)
(4) Die Vertrauenspersonen in den Ausschüssen zur Wahl der Schöffen und die Vertrauensleute in den Ausschüssen zur Wahl der ehrenamtlichen Richter bei den Gerichten der Verwaltungs- und der Finanzgerichtsbarkeit werden wie ehrenamtliche Richter entschädigt.
(5) (hier nicht abgedruckt)

§ 2 Geltendmachung und Erlöschen des Anspruchs, Verjährung

(1) Der Anspruch auf Vergütung oder Entschädigung erlischt, wenn er nicht binnen drei Monaten bei der Stelle, die den Berechtigten herangezogen oder beauftragt hat, geltend gemacht wird; hierüber und über den Beginn der Frist ist der Berechtigte zu belehren. Die Frist beginnt
1.–4. (hier nicht abgedruckt)
5. im Fall der Dienstleistung als ehrenamtlicher Richter oder Mitglied eines Ausschusses im Sinne des § 1 Abs. 4 mit Beendigung der Amtsperiode, jedoch nicht vor dem Ende der Amtstätigkeit.
Wird der Berechtigte in den Fällen des Satzes 2 Nummer 1 und 2 in demselben Verfahren, im gerichtlichen Verfahren in demselben Rechtszug, mehrfach herangezogen, ist für den Beginn aller Fristen die letzte Heranziehung maßgebend. Die Frist kann auf begründeten Antrag von der in Satz 1 genannten Stelle verlängert werden; lehnt sie eine Verlängerung ab, hat sie den Antrag unverzüglich dem nach § 4 Abs. 1 für die Festsetzung der Vergütung oder Entschädigung zuständigen Gericht vorzulegen, das durch unanfechtbaren Beschluss entscheidet. Weist das Gericht den Antrag zurück, erlischt der Anspruch, wenn die Frist nach Satz 1 abgelaufen und der Anspruch nicht binnen zwei Wochen ab Bekanntgabe der Entscheidung bei der in Satz 1 genannten Stelle geltend gemacht worden ist.
(2) War der Berechtigte ohne sein Verschulden an der Einhaltung einer Frist nach Absatz 1 gehindert, gewährt ihm das Gericht auf Antrag Wiedereinsetzung in den vorigen Stand, wenn er innerhalb von zwei Wochen nach Beseitigung des Hindernisses den Anspruch beziffert und die Tatsachen glaubhaft macht, welche die Wiedereinsetzung begründen. Ein Fehlen des Verschuldens wird vermutet, wenn eine Belehrung nach Absatz 1 Satz 1 unterblieben oder fehlerhaft ist. Nach Ablauf eines Jahres, von dem Ende der versäumten Frist an gerechnet, kann die Wiedereinsetzung nicht mehr beantragt wer-

---

9 I.E. ebenso *Kissel/Mayer* § 31 Rn. 6.

den. Gegen die Ablehnung der Wiedereinsetzung findet die Beschwerde statt. Sie ist nur zulässig, wenn sie innerhalb von zwei Wochen eingelegt wird. Die Frist beginnt mit der Zustellung der Entscheidung. § 4 Abs. 4 Satz 1 bis 3 und Abs. 6 bis 8 ist entsprechend anzuwenden.

(3) Der Anspruch auf Vergütung oder Entschädigung verjährt in drei Jahren nach Ablauf des Kalenderjahrs, in dem der nach Absatz 1 Satz 2 Nr. 1 bis 4 maßgebliche Zeitpunkt eingetreten ist. Auf die Verjährung sind die Vorschriften des Bürgerlichen Gesetzbuchs anzuwenden. Durch den Antrag auf gerichtliche Festsetzung (§ 4) wird die Verjährung wie durch Klageerhebung gehemmt. Die Verjährung wird nicht von Amts wegen berücksichtigt.

(4) Der Anspruch auf Erstattung zu viel gezahlter Vergütung oder Entschädigung verjährt in drei Jahren nach Ablauf des Kalenderjahrs, in dem die Zahlung erfolgt ist. § 5 Abs. 3 des Gerichtskostengesetzes gilt entsprechend.

§ 3 Vorschuss

Auf Antrag ist ein angemessener Vorschuss zu bewilligen, wenn dem Berechtigten erhebliche Fahrtkosten oder sonstige Aufwendungen entstanden sind oder voraussichtlich entstehen werden oder wenn die zu erwartende Vergütung für bereits erbrachte Teilleistungen einen Betrag von 2000 Euro übersteigt.

§ 4 Gerichtliche Festsetzung und Beschwerde

1. *(1) Die Festsetzung der Vergütung, der Entschädigung oder des Vorschusses erfolgt durch gerichtlichen Beschluss, wenn der Berechtigte oder die Staatskasse die gerichtliche Festsetzung beantragt oder das Gericht sie für angemessen hält. Zuständig ist das Gericht, von dem der Berechtigte herangezogen worden ist, bei dem er als ehrenamtlicher Richter mitgewirkt hat oder bei dem der Ausschuss im Sinne des § 1 Abs. 4 gebildet ist;*
2.–4. *(hier nicht abgedruckt).*

(2) (hier nicht abgedruckt).

(3) Gegen den Beschluss nach Absatz 1 können der Berechtigte und die Staatskasse Beschwerde einlegen, wenn der Wert des Beschwerdegegenstands 200 Euro übersteigt oder wenn sie das Gericht, das die angefochtene Entscheidung erlassen hat, wegen der grundsätzlichen Bedeutung der zur Entscheidung stehenden Frage in dem Beschluss zulässt.

(4) Soweit das Gericht die Beschwerde für zulässig und begründet hält, hat es ihr abzuhelfen; im Übrigen ist die Beschwerde unverzüglich dem Beschwerdegericht vorzulegen. Beschwerdegericht ist das nächsthöhere Gericht. Eine Beschwerde an einen obersten Gerichtshof des Bundes findet nicht statt. Das Beschwerdegericht ist an die Zulassung der Beschwerde gebunden; die Nichtzulassung ist unanfechtbar.

(5) (hier nicht abgedruckt).

(6) Anträge und Erklärungen können ohne Mitwirkung eines Bevollmächtigten schriftlich eingereicht oder zu Protokoll der Geschäftsstelle abgegeben werden; § 129 a der Zivilprozessordnung gilt entsprechend. Für die Bevollmächtigung gelten die Regelungen der für das zugrunde liegende Verfahren geltenden Verfahrensordnung entsprechend. Die Beschwerde ist bei dem Gericht einzulegen, dessen Entscheidung angefochten wird.

(7) Das Gericht entscheidet über den Antrag durch eines seiner Mitglieder als Einzelrichter; dies gilt auch für die Beschwerde, wenn die angefochtene Entscheidung von einem Einzelrichter oder einem Rechtspfleger erlassen wurde. Der Einzelrichter überträgt das Verfahren der Kammer oder dem Senat, wenn die Sache besondere Schwierigkeiten tatsächlicher oder rechtlicher Art aufweist oder die Rechtssache grundsätzliche Bedeutung hat. Das Gericht entscheidet jedoch immer ohne Mitwirkung ehrenamtlicher Richter. Auf eine erfolgte oder unterlassene Übertragung kann ein Rechtsmittel nicht gestützt werden.

(8) Die Verfahren sind gebührenfrei. Kosten werden nicht erstattet.

(9) Die Beschlüsse nach den Absätzen 1, 2, 4 und 5 wirken nicht zu Lasten des Kostenschuldners.

§ 4 a Abhilfe bei Verletzung des Anspruchs auf rechtliches Gehör (hier nicht abgedruckt)

§ 4 b Elektronische Akte, elektronisches Dokument (hier nicht abgedruckt)

Abschnitt 2
Gemeinsame Vorschriften

§ 5 Fahrtkostenersatz

(1) Bei Benutzung von öffentlichen, regelmäßig verkehrenden Beförderungsmitteln werden die tatsächlich entstandenen Auslagen bis zur Höhe der entsprechenden Kosten für die Benutzung der ersten Wagenklasse der Bahn einschließlich der Auslagen für Platzreservierung und Beförderung des notwendigen Gepäcks ersetzt.

(2) Bei Benutzung eines eigenen oder unentgeltlich zur Nutzung überlassenen Kraftfahrzeugs werden

1. (hier nicht abgedruckt);

2. den in § 1 Abs. 1 Satz 1 Nr. 1 und 2 genannten Anspruchsberechtigten zur Abgeltung der Anschaffungs-, Unterhaltungs- und Betriebskosten sowie zur Abgeltung der Abnutzung des Kraftfahrzeugs 0,30 Euro

für jeden gefahrenen Kilometer ersetzt zuzüglich der durch die Benutzung des Kraftfahrzeugs aus Anlass der Reise regelmäßig anfallenden baren Auslagen, insbesondere der Parkentgelte. Bei der Benutzung durch mehrere Personen kann die Pauschale nur einmal geltend gemacht werden. Bei der Benutzung eines Kraftfahrzeugs, das nicht zu den Fahrzeugen nach Absatz 1 oder Satz 1 zählt, werden die tatsächlich entstandenen Auslagen bis zur Höhe der in Satz 1 genannten Fahrtkosten ersetzt; zusätzlich werden die durch die Benutzung des Kraftfahrzeugs aus Anlass der Reise angefallenen regelmäßigen baren Auslagen, insbesondere die Parkentgelte, ersetzt, soweit sie der Berechtigte zu tragen hat.

(3) Höhere als die in Absatz 1 oder Absatz 2 bezeichneten Fahrtkosten werden ersetzt, soweit dadurch Mehrbeträge an Vergütung oder Entschädigung erspart werden oder höhere Fahrtkosten wegen besonderer Umstände notwendig sind.

(4) Für Reisen während der Terminsdauer werden die Fahrtkosten nur insoweit ersetzt, als dadurch Mehrbeträge an Vergütung oder Entschädigung erspart werden, die beim Verbleiben an der Terminsstelle gewährt werden müssten.

(5) Wird die Reise zum Ort des Termins von einem anderen als dem in der Ladung oder Terminsmitteilung bezeichneten oder der zuständigen Stelle unverzüglich angezeigten Ort angetreten oder wird zu einem anderen als zu diesem Ort zurückgefahren, werden Mehrkosten nach billigem Ermessen nur dann ersetzt, wenn der Berechtigte zu diesen Fahrten durch besondere Umstände genötigt war.

§ 6 Entschädigung für Aufwand

(1) Wer innerhalb der Gemeinde, in der der Termin stattfindet, weder wohnt noch berufstätig ist, erhält für die Zeit, während der er aus Anlass der Wahrnehmung des Termins von seiner Wohnung und seinem Tätigkeitsmittelpunkt abwesend sein muss, ein Tagegeld, dessen Höhe sich nach der Verpflegungspauschale zur Abgeltung tatsächlich entstandener, beruflich veranlasster Mehraufwendungen im Inland nach dem Einkommensteuergesetz bemisst.

(2) Ist eine auswärtige Übernachtung notwendig, wird ein Übernachtungsgeld nach den Bestimmungen des Bundesreisekostengesetzes gewährt.

§ 7 Ersatz für sonstige Aufwendungen

(1) Auch die in den §§ 5, 6 und 12 nicht besonders genannten baren Auslagen werden ersetzt, soweit sie notwendig sind. Dies gilt insbesondere für die Kosten notwendiger Vertretungen und notwendiger Begleitpersonen.

(2) Für die Anfertigung von Kopien und Ausdrucken werden ersetzt

1. bis zu einer Größe von DIN A3 0,50 Euro je Seite für die ersten 50 Seiten und 0,15 Euro für jede weitere Seite,

2. in einer Größe von mehr als DIN A3 3 Euro je Seite und

3. für Farbkopien und -ausdrucke jeweils das Doppelte der Beträge nach Nummer 1 oder Nummer 2.

Die Höhe der Pauschale ist in derselben Angelegenheit einheitlich zu berechnen. Die Pauschale wird nur für Kopien und Ausdrucke aus Behörden- und Gerichtsakten gewährt, soweit deren Herstellung zur sachgemäßen Vorbereitung oder Bearbeitung der Angelegenheit geboten war, sowie für Kopien und zusätzliche Ausdrucke, die nach Aufforderung durch die heranziehende Stelle angefertigt worden sind. Werden Kopien oder Ausdrucke in einer Größe von mehr als DIN A3 gegen Entgelt von einem Dritten angefertigt, kann der Berechtigte anstelle der Pauschale die baren Auslagen ersetzt verlangen.

(3) Für die Überlassung von elektronisch gespeicherten Dateien anstelle der in Absatz 2 genannten Kopien und Ausdrucke werden 1,50 Euro je Datei ersetzt. Für die in einem Arbeitsgang überlassenen oder in einem Arbeitsgang auf denselben Datenträger übertragenen Dokumente werden höchstens 5 Euro ersetzt.

Abschnitt 3
Vergütung von Sachverständigen, Dolmetschern und Übersetzern

(hier nicht abgedruckt)

Abschnitt 4
Entschädigung von ehrenamtlichen Richtern

§ 15 Grundsatz der Entschädigung

(1) Ehrenamtliche Richter erhalten als Entschädigung
1. Fahrtkostenersatz (§ 5),
2. Entschädigung für Aufwand (§ 6),
3. Ersatz für sonstige Aufwendungen (§ 7),
4. Entschädigung für Zeitversäumnis (§ 16),
5. Entschädigung für Nachteile bei der Haushaltsführung (§ 17) sowie
6. Entschädigung für Verdienstausfall (§ 18).
(2) Soweit die Entschädigung nach Stunden bemessen ist, wird sie für die gesamte Dauer der Heranziehung einschließlich notwendiger Reise- und Wartezeiten, jedoch für nicht mehr als zehn Stunden je Tag, gewährt. Die letzte bereits begonnene Stunde wird voll gerechnet.
(3) Die Entschädigung wird auch gewährt,
1. wenn ehrenamtliche Richter von der zuständigen staatlichen Stelle zu Einführungs- und Fortbildungstagungen herangezogen werden,
2. (hier nicht abgedruckt).

§ 16 Entschädigung für Zeitversäumnis

Die Entschädigung für Zeitversäumnis beträgt 6 Euro je Stunde.

§ 17 Entschädigung für Nachteile bei der Haushaltsführung

Ehrenamtliche Richter, die einen eigenen Haushalt für mehrere Personen führen, erhalten neben der Entschädigung nach § 16 eine zusätzliche Entschädigung für Nachteile bei der Haushaltsführung von 14 Euro je Stunde, wenn sie nicht erwerbstätig sind oder wenn sie teilzeitbeschäftigt sind und außerhalb ihrer vereinbarten regelmäßigen täglichen Arbeitszeit herangezogen werden. Ehrenamtliche Richter, die ein Erwerbsersatzeinkommen beziehen, stehen erwerbstätigen ehrenamtlichen Richtern gleich. Die Entschädigung von Teilzeitbeschäftigten wird für höchstens zehn Stunden je Tag gewährt abzüglich der Zahl an Stunden, die der vereinbarten regelmäßigen täglichen Arbeitszeit entspricht. Die Entschädigung wird nicht gewährt, soweit Kosten einer notwendigen Vertretung erstattet werden.

§ 18 Entschädigung für Verdienstausfall

Für den Verdienstausfall wird neben der Entschädigung nach § 16 eine zusätzliche Entschädigung gewährt, die sich nach dem regelmäßigen Bruttoverdienst einschließlich der vom Arbeitgeber zu tragenden Sozialversicherungsbeiträge richtet, jedoch höchstens 24 Euro je Stunde beträgt. Die Entschädigung beträgt bis zu 46 Euro je Stunde für ehrenamtliche Richter, die in demselben Verfahren an mehr als 20 Tagen herangezogen oder innerhalb eines Zeitraums von 30 Tagen an mindestens sechs Tagen ihrer regelmäßigen Erwerbstätigkeit entzogen werden. Sie beträgt bis zu 61 Euro je Stunde für ehrenamtliche Richter, die in demselben Verfahren an mehr als 50 Tagen herangezogen werden.

Abschnitt 5
Entschädigung von Zeugen und Dritten

(hier nicht abgedruckt)

Abschnitt 6
Schlussvorschriften

(hier nicht abgedruckt)

I. Normentwicklung

1   Durch Art. V Nr. 21 des Gesetzes zur Änderung der Bezeichnungen der Richter und ehrenamtlichen Richter und der Präsidialverfassung der Gerichte vom 26.5.1972 (BGBl I 841) wurde zur Vereinheitlichung der Richterbezeichnungen in allen Gerichtszweigen die Bezeichnung des ehrenamtlichen Verwaltungsrichters durch die des ehrenamtlichen Richters ersetzt. Mit der Aufhebung des Gesetzes über die Entschädigung der ehrenamtlichen Richter durch Art. 6 Nr. 3 des Kostenrechtsmodernisierungsgesetzes vom 5.5.2004 mit Wirkung vom 1.7.2004 erfolgt die Verweisung nunmehr auf das Gesetz über die Vergütung von Sachverständigen, Dolmetscherinnen, Dolmetschern, Übersetzerinnen und Übersetzern sowie die Entschädigung von ehrenamtlichen Richterinnen, ehrenamtlichen Richtern, Zeuginnen, Zeugen und Dritten (Justizvergütungs- und -Entschädigungsgesetz) vom 5.5.2004.[1] Hiernach erhalten die ehrenamtlichen Richter eine Entschädigung für die Fahrtkosten, Aufwand und sonstige Aufwendungen, Zeitversäumnis, Nachteile bei der Haushaltsführung sowie für Verdienstausfall (§ 15 Abs. 1 JVEG). Eine Entschädigungspflicht besteht zudem, wenn der ehrenamtliche Richter von der zuständigen staatlichen Stelle zu Einführungs- und Fortbildungstagungen herangezogen wird (§ 15 Abs. 3 Nr. 1 JVEG). Der Anspruch auf Entschädigung wird durch eine fehlerhafte Berufung zum ehrenamtlichen Richter nicht berührt.[2] Die Entschädigungsregeln gelten in entsprechender Weise für die Vertrauensleute (§ 26) (vgl. § 1 Abs. 4 JVEG).

II. Zeitversäumnis

2   Mit der Entschädigung für Zeitversäumnis nach § 16 JVEG soll dem ehrenamtlichen Richter ein Ausgleich für die Belastung, die mit der Ausübung der staatsbürgerlichen Pflicht verbunden ist, gewährt werden.[3] Eine Entschädigungspflicht kommt dabei allerdings nur für die notwendig aufgewendete Zeit in Betracht.[4] Vom Begriff der Zeitversäumnis werden die Zeit der Dienstleistung, die notwendigen Fahrt- und Wartezeiten sowie bei längeren Dienstleistungen auch die Erholungs- und Essenszeiten umfasst (§ 15 Abs. 2 JVEG). Zur entschädigungspflichtigen Zeitversäumnis gehört die Teilnahme am Termin, nicht aber das Aktenstudium, es sei denn, die Akteneinsicht ist vom Vorsitzenden nach pflichtgemäßem Ermessen angeordnet worden.[5] Die Höhe der Entschädigung beträgt 6 € je Stunde (§ 16 JVEG). Dabei wird die letzte bereits begonnene Stunde voll gerechnet (§ 15 Abs. 2 S. 2 JVEG), die Entschädigung allerdings nur für maximal 10 Stunden je Tag gewährt (§ 15 Abs. 2 S. 1 JVEG).

III. Verdienstausfall

3   § 18 JVEG steht im Zusammenhang mit § 45 Abs. 1 a S. 2 DRiG, wonach ehrenamtliche Richter für die Zeit ihrer Amtstätigkeit von ihrem Arbeitgeber von der Arbeitsleistung freizustellen sind. Der entschädigungspflichtige Verdienstausfall nach § 18 JVEG umfasst die entschädigungspflichtige Zeit (→ Rn. 2). Bei der Berechnung des Verdienstausfalles ist der regelmäßige Bruttoverdienst einschließlich der vom Arbeitgeber zu tragenden Sozialversicherungsbeiträge zugrunde zu legen (§ 18 S. 1 JVEG). Die Entschädigung für Verdienstausfall beträgt höchstens 24 € je Stunde, bei längerfristigen Heranziehungen des ehrenamtlichen Richters jedoch bis zu 46 bzw. 61 € je Stunde (§ 18 JVEG). Für

---

1   BGBl I 776; Änderung des § 32 durch Art. 4 Abs. 26 Nr. 1 des Kostenrechtsmodernisierungsgesetzes vom 5.5.2004, BGBl I 718, 835.
2   Vgl. *Hartmann* § 15 JVEG Rn. 4.
3   *G. Baller*, SGb 1973, 8, 9.
4   *H. Prütting*, in: Germelmann/Matthes/Prütting § 6 Rn. 17.
5   LAG Hamm NZA 1993, 864; LAG Brem MDR 1988, 995. A.M. *G. Baller*, SGb 1973, 8, 9; *H. Prütting*, in: Germelmann/Matthes/Prütting § 6 Rn. 17.

den Nachweis des Bruttoverdienstes genügt die Glaubhaftmachung.[6] Ein Arbeitnehmer kann den Verdienstausfall durch eine Lohnbescheinigung des Arbeitgebers nachweisen. Bei Selbständigen ist der Einkommensverlust nach pflichtgemäßem Ermessen zu schätzen, wenn er nicht im Einzelnen nachgewiesen werden kann (OLG Stuttgart Rpfleger 1972, 35). Auf ein Nachholen der versäumten Arbeit kann er nicht verwiesen werden. Der Verdienstausfall wird neben der Entschädigung für Zeitversäumnis gewährt (§ 18 S. 1 JVEG). Deckt die gesetzliche Entschädigung den Lohnausfall der Arbeitnehmer nicht vollständig ab, ist der Arbeitgeber nach § 616 BGB zur Zahlung des Restbetrages verpflichtet, es sei denn dieser Anspruch ist tarifvertraglich ausgeschlossen.[7] Der Anspruch auf Lohnfortzahlung aus § 616 BGB soll auch dann bestehen, wenn der ehrenamtliche Richter am Tag vor der Sitzung die Prozessakten einsieht.[8]

IV. Fahrtkostenersatz

Der Fahrtkostenersatz umfasst bei Benutzung von öffentlichen, regelmäßig verkehrenden Beförderungsmitteln die tatsächlich entstandenen Auslagen bis zur Höhe der entsprechenden Kosten für die Benutzung der 1. Klasse der Bahn einschließlich der Auslagen für Platzreservierung und Beförderung des notwendigen Gepäcks (§ 5 Abs. 1 JVEG). Benutzt der ehrenamtliche Richter jedoch die 2. Klasse, so werden ihm auch nur diese Kosten ersetzt.[9] Benutzt der ehrenamtliche Richter ein eigenes oder ihm unentgeltlich zur Nutzung überlassenes Kraftfahrzeug, so erhält er für jeden gefahrenen Kilometer 0,30 € ersetzt. Zusätzlich sind ihm die durch die Benutzung des Kraftfahrzeugs aus Anlass der Reise regelmäßig anfallenden baren Auslagen, insbes. die Parkentgelte, zu erstatten (§ 5 Abs. 2 S. 1 JVEG). Bei einer unentgeltlichen Mitnahme können Fahrtkosten nicht geltend gemacht werden (vgl. § 5 Abs. 2 S. 3 JVEG).[10]   4

V. Tage- und Übernachtungsgeld

Eine Aufwandsentschädigung in Form von Tage- und Übernachtungsgeld wird nach § 6 JVEG gewährt, wenn der ehrenamtliche Richter innerhalb der Gemeinde, in der der Termin stattfindet, weder wohnt noch berufstätig ist bzw. eine auswärtige Übernachtung notwendig ist. Die Höhe der Entschädigung bemisst sich nach § 4 Abs. 5 S. 1 Nr. 5 S. 2 EStG bzw. den Bestimmungen des Bundesreisekostengesetzes.   5

VI. Sonstige Auslagen

Sonstige notwendige bare Auslagen, insbes. die Kosten einer notwendigen Vertretung und die Kosten für eine notwendige Begleitperson, werden nach § 7 Abs. 1 JVEG ersetzt. Zu den notwendigen Auslagen gehören Fernsprech- und Portokosten, die durch die Anzeige der Verhinderung entstanden sind, oder auch unabwendbare Kosten des Rücktritts von einer Erholungsreise sowie die Kosten für Kopien aus Behörden- und Gerichtsakten und Ausdrucke in der in § 7 Abs. 2 JVEG genannten Höhe, wenn die Ausfertigung zur sachgemäßen Vorbereitung des ehrenamtlichen Richters notwendig war (zur Vorabinformation des ehrenamtlichen Richters → § 19 Rn. 23 f.). Zu den notwendigen sonstigen Auslagen gehören nicht solche Aufwendungen, die für unentgeltliche Dienstleistungen aufgebracht werden (KG Rpfleger 1992, 106).   6

VII. Entschädigung für Nachteile bei der Haushaltsführung

Schließlich erhält der ehrenamtliche Richter eine Entschädigung für Nachteile bei der Haushaltsführung nach Maßgabe des § 17 JVEG. Diese Entschädigung tritt bei Personen, die nicht erwerbstätig oder teilzeitbeschäftigt sind und außerhalb ihrer vereinbarten regelmäßigen täglichen Arbeitszeit herangezogen werden, an die Stelle der Verdienstausfallentschädigung (zu ihr → Rn. 3). Voraussetzung   7

---

6 OLG Stuttgart Rpfleger 1972, 35, 36; *G. Baller*, SGb 1973, 8, 12; *Hartmann* § 18 JVEG Rn. 6.
7 LAG Brem BB 1990, 2050; *H. Prütting*, in: Germelmann/Matthes/Prütting § 26 Rn. 17.
8 LAG Brem BB 1990, 2073; *H. Prütting*, in: Germelmann/Matthes/Prütting § 26 Rn. 17.
9 *Hartmann* § 5 JVEG Rn. 7; *M. Behn*, in: Peters/Sautter/Wolf § 19 Rn. 36.
10 *M. Behn*, in: Peters/Sautter/Wolf § 19 Rn. 36.

ist, dass der ehrenamtliche Richter einen eigenen Haushalt für mehrere Personen, d.h. außer ihm selbst mindestens eine weitere Person, führt und dass nicht die Kosten für eine notwendige Vertretung erstattet werden. Die Entschädigung beträgt 12 € je Stunde und wird für maximal 10 Stunden je Tag gewährt.

VIII. Entschädigung auf Antrag

8 Die Entschädigung wird nur auf Antrag gewährt (§ 2 Abs. 1 S. 1 JVEG). Wird ein Antrag nicht innerhalb von drei Monaten nach Beendigung der Amtsperiode des ehrenamtlichen Richters gestellt, so erlischt der Entschädigungsanspruch (§ 2 Abs. 1 S. 1 und 2 Nr. 5 JVEG). Bei unverschuldeter Fristversäumnis ist dem Berechtigten Wiedereinsetzung in den vorigen Stand zu gewähren (§ 2 Abs. 2 JVEG). Eine Verjährung des Anspruchs tritt nach 3 Jahren ein (§ 2 Abs. 3 JVEG). Nach § 3 JVEG ist dem ehrenamtlichen Richter auf Antrag ein angemessener Vorschuss zu gewähren, wenn ihm erhebliche Fahrtkosten oder sonstige Aufwendungen entstanden sind oder voraussichtlich entstehen werden. Die Entschädigung wird auf Antrag durch gerichtlichen Beschluss festgesetzt (§ 4 Abs. 1 JVEG). Ansonsten erfolgt die Festsetzung durch den Urkundsbeamten der Geschäftsstelle. Auch nach der Festsetzung durch den Urkundsbeamten ist ein Antrag auf gerichtliche Festsetzung zulässig, wobei das Verbot der reformatio in peius nicht gilt. Zuständig für die Festsetzung ist das Gericht, bei dem der ehrenamtliche Richter mitgewirkt hat. Übersteigt der Beschwerdegegenstand 200 €, ist gegen die gerichtliche Festsetzung eine nicht fristgebundene Beschwerde zulässig. Die Zuständigkeit für die Entscheidung über die Beschwerde ist den allgemeinen Regeln zu entnehmen. Eine Beschwerde gegen eine Entscheidung eines OVG ist nicht zulässig (§ 4 Abs. 4 S. 3 JVEG).

IX. Gesetzlicher Unfallschutz

9 Ein gesetzlicher Unfallschutz ergibt sich aus § 2 Abs. 1 Nr. 10, § 8 Abs. 1 und 2 SGB VII für Unfälle, die der ehrenamtliche Richter in Ausübung des Amts oder auf dem Weg zum Gericht oder dem Heimweg erleidet. Sozialversicherungsrechtliche Nachteile entstehen dem ehrenamtlichen Richter durch seine Tätigkeit nicht.

§ 33 [Ordnungsgeld]

(1) [1]Gegen einen ehrenamtlichen Richter, der sich ohne genügende Entschuldigung zu einer Sitzung nicht rechtzeitig einfindet oder der sich seinen Pflichten auf andere Weise entzieht, kann ein Ordnungsgeld festgesetzt werden. [2]Zugleich können ihm die durch sein Verhalten verursachten Kosten auferlegt werden.

(2) [1]Die Entscheidung trifft der Vorsitzende. [2]Bei nachträglicher Entschuldigung kann er sie ganz oder zum Teil aufheben.

Schrifttum

K.-S. von Danwitz, Zur Stellung des ehrenamtlichen Richters in der Strafrechtspflege, ZRP 1995, 442; *S. Schuster*, Pflichtverletzung ehrenamtlicher Richter, DRiZ 1979, 144.

I. Gesetzgebungsverfahren

1 Der im Gesetzgebungsverfahren nur stilistisch geänderte[1] § 33, der durch Art. V des Gesetzes zur Änderung der Bezeichnungen der Richter und ehrenamtlichen Richter und der Präsidialverfassung der Gerichte vom 26.5.1972 (BGBl I 841) an die Vereinheitlichung der Richterbezeichnungen angepasst wurde, sah ursprünglich für den Fall der Pflichtentziehung eine Verurteilung des ehrenamtlichen Richters zu einer Ordnungsstrafe vor. Die heutige Fassung beruht auf Art. 114 des Einführungsgesetzes zum Strafgesetzbuch vom 2.3.1974 (BGBl I 469), welcher den Ordnungsverstoß entpönalisierte und als Reaktion das Ordnungsmittel des Ordnungsgeldes einführte.

---

1 Vgl. die Beschlüsse des Rechtsausschusses zum Regierungsentwurf einer VwGO, BT-Drs. 3/1094, 28.

II. Normzweck

Zum Normzweck geht die überwiegende Auffassung davon aus, dass die Festsetzung des Ordnungs- 2 geldes gegen den ehrenamtlichen Richter ausschließlich disziplinarrechtlicher Natur sei.[2] Es solle dem ehrenamtlichen Richter die verpflichtende Natur der Berufung zu dem Amt in das Bewusstsein gerufen, also erzieherisch auf ihn eingewirkt werden, um ihn für die Zukunft zu einer gewissenhaften Erfüllung seiner Amtspflichten anzuhalten (OVG Bln NJW 1979, 1175, 1176; DRiZ 1979, 190; OVG Münster NVwZ 1987, 233). Zu § 56 GVG, dessen Sanktionierung der Pflichtenentziehung durch den Schöffen ähnlich wie beim Ausbleiben von Zeugen nach § 173 VwGO i.V.m. § 380 ZPO als Erzwingungsmittel zu verstehen ist,[3] lasse sich für die Interpretation des § 33 keine Parallele ziehen. Anders als die VwGO in § 24 Abs. 1 Nr. 2 kenne das GVG nicht die Möglichkeit der Abberufung eines ehrenamtlichen Richters bzw. Schöffen wegen Pflichtverletzung, sodass der Schöffe nur durch die Festsetzung eines Ordnungsgeldes zur Teilnahme gezwungen werden könne.[4] Bei dieser Argumentation wird übersehen, dass § 33 und § 24 Abs. 1 Nr. 2 für die Konstellation, dass die gröbliche Amtspflichtverletzung in einer Pflichtenentziehung besteht, in einem gestuften Verhältnis stehen. Es wäre der Bedeutung der staatsbürgerlichen Pflicht zur Übernahme des Ehrenamtes unangemessen, wenn allein die schroffe Weigerung, die Aufgabe eines ehrenamtlichen Richters wahrzunehmen, zur Amtsentbindung führen würde (OVG Bln DRiZ 1979, 190). Durch eine den Anforderungen des § 29 Abs. 1 genügende Wahl ist der Gewählte in das Amt des ehrenamtlichen Richters berufen (→ § 29 Rn. 5). Die Entscheidung darüber, ob er gesetzlicher Richter sein will, kann nicht dem Amtsunwilligen selbst überlassen bleiben.[5] Der Zweck der Sanktionsmöglichkeit nach § 33 Abs. 1 besteht gerade darin, die Pflicht zur Ausübung des Amtes durchsetzbar zu machen. Aus diesem Grund muss vor der Einleitung eines Amtsentbindungsverfahrens versucht werden, die Wahrnehmung der Pflicht durch die Verhängung eines Ordnungsgeldes zu erzwingen.[6] Das Instrumentarium des § 33 Abs. 1 ist deshalb zumindest auch *Erzwingungsmittel*. Ggf. hat die Ordnungsgeldfestsetzung mehrfach zu erfolgen.[7] Ist allerdings der Zweck eines Vorgehens nach § 33 Abs. 1 nicht erreichbar, weil auch die Zahlung des Ordnungsgeldes den ehrenamtlichen Richter nicht zur Ausübung seines Amtes bewegen kann, so ist der Betreffende nach § 24 Abs. 1 Nr. 2 von seinem Amt zu entbinden.[8] Vorauszusetzen ist ein Verhalten des Laienrichters, das mit hinreichender Deutlichkeit zu verstehen gibt, dass er auf keinen Fall zur Erfüllung seiner richterlichen Pflichten bereit ist. Im Regelfall wird hiervon erst bei beharrlicher Weigerung nach bereits erfolgter Ordnungsgeldfestsetzung auszugehen sein (OVG Bln DRiZ 1979, 190). Nicht erreichbar ist der mit der Ordnungsgeldfestsetzung verfolgte Zweck auch dann, wenn der ehrenamtliche Richter bereits aus dem Amt ausgeschieden ist (OVG Greifswald NVwZ-RR 2003, 70, 71).

III. Voraussetzung für die Festsetzung eines Ordnungsgeldes

Als Voraussetzung für die Festsetzung eines Ordnungsgeldes formuliert § 33 Abs. 1, dass sich der be- 3 treffende ehrenamtliche Richter ohne genügende Entschuldigung zu einer Sitzung nicht rechtzeitig eingefunden oder sich seinen Pflichten auf andere Weise entzogen haben muss. Systematisch stellt die Pflichtenentziehung den Oberbegriff und das nicht rechtzeitige Einfinden zu einer Sitzung einen besonders herausgestellten Unterfall dar. Nach der Satzstellung bezieht sich das weitere Merkmal „ohne genügende Entschuldigung" nur auf den zuletzt genannten Unterfall, nicht die Pflichtenentziehung auf andere Weise. Gleichwohl darf auch in diesem Fall nur bei schuldhaftem Handeln des ehrenamtlichen Richters ein Ordnungsgeld festgesetzt werden.[9] Seinen Pflichten „entzieht" sich nur derjenige, der weiß oder wissen muss, dass sein Verhalten zu einer Nichterfüllung seiner Obliegenheiten führen wird. Wer eine Pflicht nicht kennt oder kennen kann, kann sich ihr auch nicht „entziehen". Gleiches gilt für denjenigen, der seine Pflicht kennt, sie aber berechtigterweise nicht erfüllt. Nichts anderes

2 OVG Bln NJW 1979, 1175; *S. Schuster*, DRiZ 1979, 144, 145; *M. Wolf*, NJW 1979, 1176.
3 *Kissel/Mayer* § 56 Rn. 1.
4 Vgl. *Kissel/Mayer* § 56 Rn. 1.
5 Vgl. *Kissel/Mayer* § 56 Rn. 1.
6 OVG Bln DRiZ 1979, 190; HmbOVG NVwZ-RR 2015, 639; OVG Münster NVwZ 1987, 233. A.M. *S. Schuster*, DRiZ 1979, 144.
7 OVG Bln DRiZ 1979, 190. A.M. *M. Wolf*, NJW 1979, 1176.
8 OVG Bln NJW 1979, 1175, 1176; VGH Kassel NVwZ 1988, 161, 162; *J. Albers*, MDR 1984, 888, 889.
9 OVG Bln NJW 1979, 1175, 1176; DRiZ 1979, 190; VGH Kassel NVwZ 1988, 161, 162.

bringt die sich auch auf die Pflichtenentziehung auf andere Weise i.S.v. § 33 Abs. 1 S. 1 Alt. 2 beziehende Möglichkeit der nachträglichen Entschuldigung nach § 33 Abs. 2 S. 2 zum Ausdruck.

4 **1. Nicht rechtzeitiges Einfinden zu einer Sitzung.** Das nicht rechtzeitige Einfinden zu einer Sitzung umfasst neben dem verspäteten Erscheinen das Nichterscheinen. Eine Verspätung des ehrenamtlichen Richters liegt vor, wenn er sich nicht zu dem in der Ladung bestimmten Zeitpunkt an dem dort bezeichneten Ort eingefunden hat. Ohne eine ordnungsgemäße Ladung ist ein nicht rechtzeitiges Einfinden zu einer Sitzung bereits begrifflich nicht möglich. Will der Vorsitzende die Sitzung vor dem in der Ladung genannten Zeitpunkt eröffnen, so ist der ehrenamtliche Richter bei ladungsgerechtem Erscheinen nicht verspätet. Anderes muss allerdings gelten, wenn der ehrenamtliche Richter zwar nach der durch die Ladung mitgeteilten Uhrzeit, jedoch vor Eröffnung der Sitzung erscheint. Ist die Sitzung nicht deshalb noch nicht eröffnet worden, weil der betreffende Laienrichter noch nicht anwesend war,[10] kann eine Verspätung nicht angenommen werden. Denn in diesem Sonderfall ist der ehrenamtliche Richter jedenfalls *zu* der Sitzung erschienen. Ohne Bedeutung für das Vorliegen einer Verspätung und allenfalls für die Auferlegung der Kosten nach § 33 Abs. 1 S. 2 von Relevanz ist die Frage, ob anstelle des säumigen bereits ein anderer ehrenamtlicher Richter als Vertreter herangezogen (→ § 30 Rn. 14 ff.) oder ob die Sitzung aufgehoben worden ist.

5 **2. Pflichtenentziehung auf andere Weise.** Eine Pflichtenentziehung auf andere Weise als durch nicht rechtzeitiges Erscheinen zu einer Sitzung setzt tatbestandlich zunächst eine *Pflicht* voraus, die dem Betreffenden gerade in seiner Funktion als ehrenamtlicher Richter obliegt. Der Kreis der in Betracht kommenden Pflichten bestimmt sich ausschließlich nach § 45 DRiG sowie den §§ 19 ff. und ist identisch mit dem von § 24 Abs. 1 Nr. 2 vorausgesetzten (→ § 24 Rn. 5 ff.). Von § 33 erfasst sind etwa die Pflichten zur Übernahme des Amtes und zur Eides- bzw. Gelöbnisleistung,[11] zur Wahrung des GG und des einfachen Gesetzesrechts, zur richterlichen Neutralität, zur Teilnahme an der Sitzung und Abstimmung,[12] zur Stellung von Fragen nur nach Gestattung des Vorsitzenden (§ 104 Abs. 2 S. 1)[13] sowie zur Wahrung des Beratungsgeheimnisses.[14] Weiterhin ist der ehrenamtliche Richter dazu verpflichtet, seine Verhinderung, an einer Sitzung teilzunehmen, dem Gericht nach Erhalt der Ladung so bald wie möglich mitzuteilen (VGH Kassel VerwRspr 27, 123).

6 Entzogen hat sich der Laienrichter der Pflicht, wenn er deren *Verletzung* verschuldet hat. Handelt der ehrenamtliche Richter nicht so, wie es ihm die Amtspflicht gebietet, so hat er seine Pflicht verletzt. Anders als i.R. des § 24 Abs. 1 Nr. 2 (→ § 24 Rn. 8 ff.) kommt es für die Erfüllung des Tatbestandes des § 33 Abs. 1 S. 1 auf das Gewicht der Pflichtverletzung nicht an.[15] Die Intensität des Verstoßes ist allerdings von Bedeutung für die Ausübung des Ermessens des Vorsitzenden, ob und in welcher Höhe er ein Ordnungsgeld gegen den pflichtvergessenen ehrenamtlichen Richter verhängen will (→ Rn. 8 f.).

7 **3. Verschulden.** Das Erfordernis eines Verschuldens des ehrenamtlichen Richters besteht für beide von § 33 Abs. 1 S. 1 genannten Alternativen (→ Rn. 3). Ein schuldhaftes Handeln liegt vor, wenn der Betreffende entweder die Pflicht kennt und ihr bewusst zuwiderhandelt oder sie nicht kennt, aber kennen muss, und gegen ihr Gebot verstößt. Es entschuldigt den ehrenamtlichen Richter nicht, wenn er nach der mündlichen Verhandlung ein ärztliches Attest vorlegt, das ihm eine Arbeitsunfähigkeit bescheinigt. Vielmehr muss er seine krankheitsbedingte Verhinderung unverzüglich, d.h. in aller Regel vor der Sitzung mitteilen (VGH Kassel NVwZ-RR 2015, 841, 842). Nie eine schuldhafte Pflichtverletzung kann die Inanspruchnahme von Mitwirkungsrechten des ehrenamtlichen Richters sein. Verlangt dieser, dass ihm die zum Verständnis des in der mündlichen Verhandlung zu Erörternden erforderlichen Informationen zur Verfügung gestellt werden (zu diesem Recht → § 19 Rn. 22), so darf der Vorsitzende ein solches – auch vehement vorgetragenes – Verlangen nicht durch Festsetzung eines Ordnungsgeldes sanktionieren. Hingegen gibt es kein Recht des ehrenamtlichen Richters, auf ein – nach

---

10 Zum Unterbleiben der Sitzungseröffnung in diesem Fall *K.-M. Ortloff/K.-U. Riese*, in: Schoch/Schneider/Bier § 103 Rn. 28.
11 *Kissel/Mayer* § 56 Rn. 3 ff.; *W. Keller*, in: Meyer-Ladewig/Keller/Leitherer § 21 Rn. 2 a. A.M. OVG Bln NJW 1979, 1175, 1176.
12 *Kissel/Mayer* § 56 Rn. 6.
13 *W. Keller*, in: Meyer-Ladewig/Keller/Leitherer § 21 Rn. 2 a.
14 A.M. für § 56 GVG KG JR 1987, 302; *Kissel/Mayer* § 56 Rn. 8.
15 *P. Stelkens/N. Panzer*, in: Schoch/Schneider/Bier § 33 Rn. 4.

seiner Ansicht – unbefriedigtes Informationsverlangen mit einer Verweigerung der weiteren Teilnahme an der mündlichen Verhandlung und der Urteilsfindung zu reagieren. Eine solche Weigerung stellt eine schuldhafte Amtspflichtverletzung dar.[16]

IV. Festsetzung des Ordnungsgeldes

Die Festsetzung des Ordnungsgeldes erfolgt laut § 33 Abs. 2 S. 1 durch Entscheidung des Vorsitzenden. Er hat nach § 33 Abs. 1 S. 1 eine *Ermessensentscheidung* hinsichtlich der Frage, ob überhaupt ein Ordnungsgeld verhängt werden soll, und – bejahendenfalls – bzgl. dessen Höhe zu treffen. In die Ausübung des Ermessens, ob einzuschreiten ist, sind v.a. einzubeziehen der Grad des Verschuldens, die Bedeutung und Häufigkeit des Verstoßes sowie eine Wiederholungsgefahr. Generalpräventive Erwägungen sind unzulässig. Lässt der Laienrichter die von ihm bei der Wahrnehmung seiner Pflicht zu erwartende Sorgfalt in ungewöhnlich hohem Maße außer Acht oder verstößt er vorsätzlich gegen die Pflicht, so kommt nicht die Festsetzung eines Ordnungsgeldes nach § 33 Abs. 1 S. 1, sondern nur eine Amtsentbindung wegen gröblicher Amtspflichtverletzung nach § 24 Abs. 1 Nr. 2 in Betracht. Eine Ausnahme gilt nur für die in einer Verweigerung der Amtsausübung bestehende Pflichtverletzung (→ Rn. 2; → § 24 Rn. 8 ff.). 8

Für die *Höhe des Ordnungsgeldes* stellt Art. 6 Abs. 1 S. 1 EGStGB einen Rahmen von 5 bis 1.000 € zur Verfügung. Ermessensleitend sind neben dem Grad des Verschuldens, der Intensität des Verstoßes und der Wiederholungsgefahr die finanziellen Verhältnisse des ehrenamtlichen Richters. Dabei ist zu berücksichtigen, dass nach Art. 7 EGStGB Erleichterungen für die Zahlung des Ordnungsgeldes gewährt werden können. Die Festsetzung von Ordnungshaft anstelle des nicht beitreibbaren Ordnungsgeldes gem. Art. 8 Abs. 1 EGStGB ist nicht zulässig, weil § 33 die Ordnungshaft als Ordnungsmittel nicht vorsieht.[17] Wird ein Ordnungsgeld für mehrere Pflichtverstöße festgesetzt, so kann dies für die Höhe berücksichtigt werden. Gleiches gilt für den Fall, dass bzgl. einer fortgesetzten Pflichtwidrigkeit zum wiederholten Mal ein Ordnungsgeld festgesetzt wird. 9

V. Durch das Verhalten des ehrenamtlichen Richters verursachte Kosten

Die durch das Verhalten des ehrenamtlichen Richters verursachten Kosten können ihm gem. § 33 Abs. 1 S. 2 zugleich mit der Ordnungsgeldfestsetzung auferlegt werden. Eine isolierte Kostenauferlegung ohne Festsetzung eines Ordnungsgeldes ist nicht möglich. Auch die Entscheidung nach § 33 Abs. 1 S. 2 steht im Ermessen des Vorsitzenden. Inhaltlich ist er allerdings dahingehend gebunden, dass er die durch die Pflichtverletzung verursachten Kosten dem ehrenamtlichen Richter nur im Ganzen oder überhaupt nicht auferlegen kann. Die Auswahl einzelner Kostenpositionen ist nicht vorgesehen. Verursacht durch das Verhalten des ehrenamtlichen Richters sind nur solche Kosten, für die der Pflichtenverstoß condicio sine qua non ist. Welche Kosten dies sind, ist nur im Einzelfall zu entscheiden. Wird aufgrund des Ausbleibens des ehrenamtlichen Richters der Termin aufgehoben, so kommen bspw. die Kosten der Anreise der Verfahrensbeteiligten, Zeugen und Sachverständigen sowie des anderen ehrenamtlichen Richters und die Kosten der erneuten Ladung in Betracht. Wird für den ausgebliebenen ehrenamtlichen Richter ein Vertreter geladen (→ § 30 Rn. 9 ff., 14 ff.), so treffen die damit verbundenen Kosten (Porto, Telefongebühren, Fahrtkosten etc.) den nicht erschienenen Laienrichter. Der Begriff der Kosten i.S.v. § 33 Abs. 1 S. 2 bemisst sich nach § 162. Die Kostentragungspflicht des ehrenamtlichen Richters besteht nicht gegenüber den Beteiligten des Verfahrens, sondern nur im Verhältnis gegenüber dem Gericht.[18] 10

VI. Entscheidung des Vorsitzenden

Durch Entscheidung des Vorsitzenden des Spruchkörpers, dem der ehrenamtliche Richter angehört, hat laut § 33 Abs. 2 S. 1 die Ordnungsgeldfestsetzung bzw. Kostenauferlegung zu erfolgen. Die Entscheidung ergeht durch Beschluss, der gem. § 122 Abs. 2 S. 1 zu begründen ist. Soweit möglich muss 11

---

16 *P. Stelkens/N. Panzer*, in: Schoch/Schneider/Bier § 33 Rn. 5. A.M. für § 56 GVG LG Münster NJW 1993, 1088; *Kissel/Mayer* § 56 Rn. 6.
17 Ebenso für § 56 GVG *Kissel* § 56 Rn. 9.
18 *Kopp/Schenke* § 155 Rn. 26.

vor Erlass des Beschlusses *rechtliches Gehör* gewährt werden (OVG Greifswald NVwZ-RR 2003, 70; VGH Kassel NVwZ-RR 2015, 841, 842). Ist dies nach den Umständen nicht realisierbar, weil etwa der Aufenthaltsort des Betreffenden nicht bekannt ist, so lässt § 33 Abs. 2 S. 2 eine vollständige oder teilweise Aufhebung des Beschlusses durch den Vorsitzenden bei *nachträglicher Entschuldigung* des ehrenamtlichen Richters zu. Die Aufhebung steht im Ermessen des Vorsitzenden. Im Regelfall allerdings wird das nachträgliche Vorbringen triftiger Entschuldigungsgründe zur Aufhebung der Ordnungsgeldfestsetzung bzw. Kostenauferlegung führen müssen. Eine Ausnahme gilt dann, wenn es der ehrenamtliche Richter schuldhaft versäumt hat, seine Verhinderung an der Sitzung dem Gericht rechtzeitig mitzuteilen (VGH Kassel VerwRspr 27, 123, 124). Je nach Tragweite der Entschuldigung kann die Entscheidung des Vorsitzenden auch nur teilweise aufgehoben werden. Wegen des von § 33 Abs. 1 S. 2 hergestellten Junktims („zugleich") ist eine vollständige Aufhebung der Ordnungsgeldfestsetzung bei Aufrechterhaltung der Kostentragungspflicht ausgeschlossen.[19] Gegen die Entscheidung des Vorsitzenden nach § 33 Abs. 2 ist gem. § 146 Abs. 1 die *Beschwerde* gegeben, die nicht dem Vertretungszwang nach § 67 unterliegt (OVG Greifswald NVwZ-RR 2003, 70). Enthält das Beschwerdevorbringen erstmals eine nachträgliche Entschuldigung i.S.v. § 33 Abs. 2, so ist der Beschwerde gem. § 148 Abs. 1 abzuhelfen. Ausweislich des § 149 Abs. 1 S. 1 hat die Beschwerde aufschiebende Wirkung. Der Beschluss des Vorsitzenden über die Ordnungsgeldfestsetzung bzw. Kostenauferlegung ist Vollstreckungstitel nach § 168 Abs. 1 Nr. 1, der nach § 169 Abs. 1 vollstreckt wird.

§ 34 [Ehrenamtliche Richter beim Oberverwaltungsgericht]

§§ 19 bis 33 gelten für die ehrenamtlichen Richter bei dem Oberverwaltungsgericht entsprechend, wenn die Landesgesetzgebung bestimmt hat, daß bei diesem Gericht ehrenamtliche Richter mitwirken.

Schrifttum
E. Röper, Ehrenamtliche Richter bei Normenkontrollverfahren gem. § 47 VwGO, DRiZ 1978, 16.

1   Schon vor dem Erlass der VwGO ist die Besetzung der Senate am OVG mit ehrenamtlichen Richtern als uneffektiv und als zusätzliche Belastung der Berufsrichter kritisiert worden.[1] Auch bei den Gesetzesberatungen über eine VwGO war die Besetzung der Senate der OVG mit ehrenamtlichen Richtern umstritten. In den Regierungsentwürfen einer VwGO waren keine ehrenamtlichen Richter bei dem OVG vorgesehen, da dessen Entscheidungen vorwiegend Rechtsfragen zum Gegenstand hätten (Begründung eines Regierungsentwurfs einer VwGO, BT-Drs. 3/55, 27). Die heutige Fassung des § 9 Abs. 3 und die Einfügung des § 33 a (= § 34) ist das Kompromissergebnis der Beratungen des Vermittlungsausschusses.[2] Durch Art. V Nr. 23 des Gesetzes zur Änderung der Bezeichnungen der Richter und ehrenamtlichen Richter und der Präsidialverfassung der Gerichte vom 26.5.1972 (BGBl I 841) wurde zur Vereinheitlichung der Richterbezeichnungen in allen Gerichtszweigen die Bezeichnung des ehrenamtlichen Verwaltungsrichters durch die des ehrenamtlichen Richters ersetzt.

2   Die Vorschrift ordnet die entsprechende Anwendung der §§ 19–33 auf ehrenamtliche Richter bei dem OVG an, sofern der Landesgesetzgeber von seiner Ermächtigung nach § 9 Abs. 3, die Senate der OVG mit ehrenamtlichen Richtern zu besetzen, Gebrauch gemacht hat. Dem Landesgesetzgeber steht es offen, die Besetzung mit ehrenamtlichen Richtern von der Art der Entscheidung abhängig zu machen und bspw. bei Beschlüssen außerhalb der mündlichen Verhandlung oder bei Gerichtsbescheiden auf die Heranziehung von ehrenamtlichen Richtern zu verzichten. Die Modifikationen, die sich aus der *entsprechenden* Anwendung ergeben, sind: Die Festsetzung eines Ordnungsgeldes nach § 33 kann nicht mit der Beschwerde angegriffen werden (§ 152 Abs. 1). Verfassungsrechtlich problematisch vor dem Hintergrund der umfassenden Rechtsschutzgarantie des Art. 19 Abs. 4 GG ist diese Folge nicht, da das Ordnungsgeld von einem Richter festgesetzt wird. Beim Amtsentbindungsverfahren nach § 24 Abs. 3 ist das OVG, nicht das BVerwG, die entscheidende Stelle. Der Wahlausschuss nach § 26 muss beim OVG gebildet werden. Die personelle Identität mit den Mitgliedern des Wahlausschusses eines

---

19   A.M. für § 56 GVG *Kissel/Mayer* § 56 Rn. 17.
1   *Meyer-Hentschel*, VerwArch 48 (1957), 142, 151; zur allg. Kritik an der Heranziehung ehrenamtlicher Richter § 19 Rn. 2 f.
2   Mündlicher Bericht des Ausschusses nach Art. 77 des GG (Vermittlungsausschuss), BT-Drs. 3/1487, 2.

VG ist zulässig, wenn dieses an demselben Ort seinen Sitz hat wie das OVG (→ § 26 Rn. 4). Die Wahl der ehrenamtlichen Richter durch einen unter dem Vorsitz des Vizepräsidenten statt des Präsidenten des OVG tagenden Wahlausschuss verletzt nicht Art. 101 S. 2 GG (BVerwG NVwZ 1988, 724). Als Ablehnungsgrund i.S.d. § 23 Abs. 1 Nr. 2 ist auch die ehrenamtliche Tätigkeit an einem VG anzusehen (OVG Münster OVGE 33, 185; 36, 210 f.).

§ 35 [Vertreter des Bundesinteresses beim Bundesverwaltungsgericht]

(1) [1]Die Bundesregierung bestellt einen Vertreter des Bundesinteresses beim Bundesverwaltungsgericht[1] und richtet ihn im Bundesministerium des Innern ein. [2]Der Vertreter des Bundesinteresses beim Bundesverwaltungsgericht kann sich an jedem Verfahren vor dem Bundesverwaltungsgericht beteiligen; dies gilt nicht für Verfahren vor den Wehrdienstsenaten. [3]Er ist an die Weisungen[2] der Bundesregierung gebunden.

(2) Das Bundesverwaltungsgericht gibt dem Vertreter des Bundesinteresses beim Bundesverwaltungsgericht Gelegenheit zur Äußerung.

Schrifttum

1. Monographien und Beiträge in Sammelwerken: *Ch. Fischer*, Gegenwart und Zukunft des Vertreters des öffentlichen Interesses, 1984; *R. Frauenknecht*, Aufgabe und Tätigkeit der Bundesanwaltschaft beim Bundesverwaltungsgericht, in: Ferdinand O. Kopp, Die Vertretung des öffentlichen Interesses in der Verwaltungsgerichtsbarkeit, 1982, 13; *G. Meyer-Hentschel/K. Redeker*, Der Vertreter des öffentlichen Interesses, in: Zehn Jahre Verwaltungsgerichtsordnung, Bewährung und Reform, 1970, 103, 127; *K.-D. Schnapauff*, Vom Oberbundesanwalt zum Vertreter des Bundesinteresses beim Bundesverwaltungsgericht, in: Festgabe 50 Jahre BVerwG, 2003, 185; *H. J. Schulz-Hardt*, Der allgemeine Vertreter des öffentlichen Interesses in der deutschen Verwaltungsgerichtsbarkeit, 1968.

2. Beiträge in Zeitschriften: *R. Frauenknecht*, Der Oberbundesanwalt beim Bundesverwaltungsgericht – Erfahrung und Entwicklung, ZBR 1978, 277; *F. Kopp*, Die Vertretung des Interesses des Staates und des öffentlichen Interesses in anderen modernen Rechtssystemen, VerwArch 71 (1980), 209; *ders.*, Der Vertreter des öffentlichen Interesses in der Verwaltungsgerichtsbarkeit, DVBl 1982, 277; *K. W. Lotz*, Vertreter des öffentlichen Interesses in der Verwaltungsgerichtsbarkeit, DÖV 1978, 745; *K. Neis*, Die Aufgaben der Bundesanwaltschaft beim Bundesverwaltungsgericht, DVBl 1968, 229; *ders.*, Die Arbeitsweise der Bundesanwaltschaft beim Bundesverwaltungsgericht, DVBl 1968, 861; *ders.*, Zur Funktion der Vertreter des öffentlichen Interesses bei den Verwaltungsgerichten, DÖV 1972, 626; *W. Rzepka*, Öffentliches Interesse im Sinne der §§ 35 ff. VwGO, BayVBl 1992, 295.

I. Entstehungsgeschichte

1   § 35 in seiner jetzigen Gestalt geht auf das Gesetz zur Neuordnung des Bundesdisziplinarrechts vom 9.7.2001 zurück (BGBl I 1510). Früher lautete die Vorschrift dahingehend, dass beim BVerwG ein Oberbundesanwalt bestellt wird, der sich zur Wahrung des öffentlichen Interesses an jedem Verfahren vor dem BVerwG beteiligen kann. Mit Wirkung zum 31.12.2001 wurde die Oberbundesanwaltschaft aufgelöst (GMBl 2001, 790). Maßgebliches Motiv für die Neuregelung waren fiskalische Erwägungen (BT-Drs. 14/5529, 65). Wegen der Verlegung des Sitzes des BVerwG nach Leipzig wären durch eine bei diesem angesiedelte Rechtspflegebehörde neben Umzugskosten auch Kosten für die Sanierung einer entsprechenden Liegenschaft angefallen.[3] Aus Praktikabilitäts- und Effizienzgründen entschied man sich für die Einrichtung einer besonderen Organisationseinheit im Bundesministerium des Innern, die jedoch funktional eine eigenständige Bundesbehörde zur Unterstützung des BVerwG bei der Rechtsfindung ist.[4] Überlegungen, über die einzelnen Ressorts die Bundesinteressen in die Verfahren vor dem BVerwG einfließen zu lassen, konnten sich wegen der Notwendigkeit der Schaffung einer Koordinierungsstelle nicht durchsetzen; zudem versprach man sich, dass das BVerwG den Stellungnahmen des Vertreters des Bundesinteresses (VBI), der nur den Weisungen der Bundesregierung als Kollegialorgan untersteht, wegen seiner größeren Objektivität mehr Bedeutung beimessen würde.[5] Für das Handeln des VBI gilt eine spezielle Dienstanweisung (GMBl 2002, 132 ff.).

---

1   Beachte hierzu Art. 14 Nr. 8 G v. 9.7.2001 (BGBl I 1510), der am 1.1.2002 in Kraft getreten ist:
„8. Beteiligungserklärungen des Oberbundesanwalts beim Bundesverwaltungsgericht, die bis zum Inkrafttreten dieses Gesetzes abgegeben worden sind, werden von dem Vertreter des Bundesinteresses beim Bundesverwaltungsgericht weiterverfolgt."

2   S. die AVwV zu § 35 VwGO – Dienstanweisung für den Vertreter des Bundesinteresses beim Bundesverwaltungsgericht.

3   *C. Steinbeiß-Winkelmann*, in: Schoch/Schneider/Bier § 35 Rn. 1, die auch ausf. auf den Oberbundesanwalt und Vorläuferinstitutionen eingeht.

4   BT-Drs. 14/5529, 65; *H. Schmitz*, in: Posser/Wolff § 35 Rn. 1.

5   *H. Schmitz*, in: Posser/Wolff § 35 Rn. 2.

II. Andere VBI

Nach § 56 Abs. 1 BLG kann der Bundesminister der Finanzen bei den Anforderungsbehörden Vertre- 2
ter des Finanzinteresses bestellen, gem. § 81 Abs. 3 S. 1 WDO wird beim BVerwG ein Bundeswehrdisziplinaranwalt bestellt, welcher die oberste Dienstbehörde und die anderen Einrichtungen in jeder
Lage des Verfahrens vor diesem Gericht vertritt.

III. Gerichtliche Verfahren, an denen der VBI teilnehmen kann

Nach § 35 Abs. 1 S. 2 kann sich der VBI an *jedem* Verfahren vor dem BVerwG beteiligen. Er ist also 3
nicht auf die Teilnahme an solchen Gerichtsverfahren beschränkt, in denen es um eine Gesetzesnorm
geht, die explizit auf das öffentliche Interesse, öffentliche Belange u.Ä. abstellt.[6] Gem. §§ 65 Abs. 2
S. 3, 66 Abs. 1 S. 2, 80 Abs. 1 S. 2 DRiG wirkt der VBI nicht in Versetzungs- und Prüfungsverfahren
und diesbezüglichen Revisionen mit. Mangels einer solchen Einschränkung kann sich der VBI an Disziplinarverfahren beteiligen.[7] Eine *Ausnahme* gilt für *Verfahren vor den Wehrdienstsenaten*, die explizit von seinem Tätigkeitsbereich ausgeklammert wurden. Wie bislang für den Oberbundesanwalt angenommen wurde (BVerwGE 25, 170, 173 ff.), kann der VBI jedoch an Verfahren vor dem Großen
Senat des BVerwG teilnehmen, selbst wenn es sich dabei um eine Wehrdisziplinarangelegenheit handeln sollte.[8] Eine sehr ausdifferenzierte Regelung besteht für die Teilnahme an Verfahren vor dem Gemeinsamen Senat der obersten Gerichtshöfe. Da § 13 Abs. 4 RsprEinhG die Möglichkeiten des VBI
nur erweitern will, gilt zunächst die Regelung des Abs. 1. Nach § 13 Abs. 2, 4 RsprEinhG *kann* sich
der VBI an einem Verfahren beteiligen, wenn er nach den für einen beteiligten Senat geltenden Verfahrensvorschriften am Verfahren mitwirken dürfte. Der Vorsitzende des Gemeinsamen Senats *soll* dem
VBI, auch wenn er an dem Verfahren nicht beteiligt ist, Gelegenheit zur Äußerung geben, sofern die
vorgelegte Rechtsfrage für das Rechtsgebiet seines Zuständigkeitsbereichs Bedeutung hat (§ 13 Abs. 3,
4 RsprEinhG). Hat der VBI von seiner Beteiligungsbefugnis an einem Verwaltungsstreitverfahren beim
BVerwG Gebrauch gemacht, kann er sich i.R. eines konkreten Normenkontrollverfahrens (§ 82 Abs. 3
BVerfGG) oder einer Verfassungsbeschwerde beim BVerfG sowie bei Einholung einer Vorabentscheidung des EuGH durch das BVerwG (Art. 267 AEUV, Art. 23 Abs. 1, 2 EuGH-Satzung 2009) äußern.[9]

IV. Aufbau der Vorschrift

§ 35 Abs. 1 S. 1 enthält zunächst allgemeine Angaben zum VBI. Die Formulierung „Vertreter des Bun- 4
desinteresses *beim* Bundesverwaltungsgericht" hebt zunächst seine Stellung als Organ der Rechtspflege hervor,[10] ohne Teil der Judikative zu sein.[11] Zugleich ergibt sich daraus, dass sich der VBI an Verfahren vor den Landesgerichten nicht beteiligen kann. Der VBI ist *im* Bundesministerium des Innern
einzurichten. Aus der besonderen Bezeichnung folgt das Erfordernis einer besonderen Organisationseinheit im Bundesinnenministerium (BT-Drs. 14/5529, 65). Das öffentliche Interesse in den Gerichtsverfahren wird also durch eine zentrale Stelle und nicht durch verschiedene Abteilungen der Ministerialverwaltung wahrgenommen. Der VBI wird durch Kabinettsbeschluss bestellt.[12] Nach dem Wortlaut
des § 35 Abs. 1 S. 1 ist seine Bestellung für die Bundesregierung obligatorisch.[13] Der VBI kann sich
grds. an jedem Verfahren vor dem BVerwG beteiligen (§ 35 Abs. 1 S. 2). Gem. § 35 Abs. 1 S. 3 ist er
an die vom Kollegialorgan Bundesregierung ausgesprochenen Weisungen gebunden. § 35 Abs. 2 kon-

---

6   K.-D. *Schnapauff*, FG BVerwG, 2003, 185, 188 ff. mit Begründung, warum dies so sein soll.
7   Dazu C. *Steinbeiß-Winkelmann*, in: Schoch/Schneider/Bier § 35 Rn. 1, 3.
8   C. *Steinbeiß-Winkelmann*, in: Schoch/Schneider/Bier § 35 Rn. 7; H. *Schmitz*, in: Posser/Wolff § 35 Rn. 3.
9   H. *Schmitz*, in: Posser/Wolff § 35 Rn. 12; F. *Wittreck*, in: Gärditz § 35 Rn. 7; a.A. hinsichtlich der Beteiligung im Vor-
    lageverfahren durch den EuGH C. *Steinbeiß-Winkelmann*, in: Schoch/Schneider/Bier § 35 Rn. 7, die jedoch verkennt,
    dass der Parteibegriff unionsrechtlich ausgelegt wird. Wie hier i.E. auch S. *Hackspiel*, in: Groeben/Schwarze/Hatje,
    Europäisches Unionsrecht, [7]2015, EuGH-Satzung Art. 23 Rn. 17. Zu den Beteiligungsmöglichkeiten des VöI R. *Käß*,
    BYKommP 2015, 337 ff.
10 BT-Drs. 14/5529, 65; W.-R. *Schenke/J. Ruthig*, in: Kopp/Schenke § 35 Rn. 3; C. *Steinbeiß-Winkelmann*, in: Schoch/
    Schneider/Bier § 35 Rn. 2.
11 C. *Steinbeiß-Winkelmann*, in: Schoch/Schneider/Bier § 35 Rn. 2.
12 B. *Kastner*, in: HK-VerwR VwGO § 35 Rn. 4; H. *Schmitz*, in: Posser/Wolff § 35 Rn. 1.
13 W.-R. *Schenke/J. Ruthig*, in: Kopp/Schenke § 35 Rn. 1; H. *Schmitz*, in: Posser/Wolff § 35 Rn. 1.

kretisiert das Beteiligungsrecht des VBI. Seine Qualifikationsanforderungen werden in § 37 Abs. 1 geregelt.

V. Motive

5　Der VBI ist eine qualifizierte Einrichtung der Rechtspflege. Er wirkt primär zur Unterstützung des BVerwG bei der Rechtsfindung und im öffentlichen Interesse an der Verwirklichung des Rechts mit (BVerwGE 128, 155, 160; BVerwG Buchholz 310 § 35 VwGO Nr. 4). Der VBI vertritt das öffentliche Interesse des Bundes, wobei dieses „in einem übergreifenden, unparteiischen Sinn" aufzufassen ist (BT-Drs. 14/5529, 65; BVerwGE 128, 155, 160). Trotz seiner Eingliederung in die Bundesverwaltung soll der VBI seine Aufgaben in ähnlicher Weise wie der frühere Oberbundesanwalt wahrnehmen (BVerwGE 128, 155, 160). Er soll dem BVerwG das öffentliche Interesse des Bundes nahe bringen. Nach den Gesetzesmaterialien umschreibt dieser Begriff die gesamtstaatlichen Interessen des Bundes, welche die Belange der Länder und Kommunen ebenso wie die des einzelnen Bürgers einschließen (BT-Drs. 14/5529, 65). Richtigerweise betont *Steinbeiß-Winkelmann*, dass nicht jedes öffentliche Interesse auch ein solches des Bundes ist.[14] Dieses kann aber sehr wohl, was z.B. das Gebot der Bundestreue oder die Wahrnehmung der Aufsicht im Rahmen der Art. 84, 85 GG anbetrifft, je nach Fall z.B. Belange der Länder einschließen.[15]

6　Weil diejenige Stelle, deren Maßnahme das Gerichtsverfahren betrifft, möglicherweise aus Sorge vor einer Bloßstellung nicht zur Aufgabe ihres Standpunkts bereit ist, kann die Einschaltung des bislang nicht involvierten VBI unter Umständen eine Änderung ihrer Haltung bewirken.[16] Der VBI kann neben dem Vortrag der Parteien ergänzende Gesichtspunkte in den Prozess einfließen lassen.[17] Denn aufgrund der Spezialisierung der Verwaltungsbehörden ist nicht auszuschließen, dass sie bei ihrer Position möglicherweise übergeordnete Gesichtspunkte vernachlässigen. Der VBI kann das BVerwG auf laufende Parallelfälle sowie auf die über den jeweiligen Fall hinausgehenden Auswirkungen seiner Entscheidung aufmerksam machen.[18] Er kann dem Gericht Informationen zu den entscheidungserheblichen Normen, insbes. deren Gesetzesmaterialien, über die diesbezüglichen Praxiserfahrungen sowie über etwaige transnationale Bezüge geben.[19] Da der Bund an den Revisionsverfahren vor dem BVerwG eher selten als Kläger, Beklagter oder Beigeladener beteiligt ist, kann durch den VBI seine Sichtweise zur Auslegung insbes. des Bundesrechts in den Prozess eingebracht werden.[20] Der VBI kann den Gesetzgeber auf Schwachstellen seiner Gesetze hinweisen. Seine Prozesserfahrungen wird er insbes. an die Bundesbehörden, v.a. das Bundesinnenministerium, weiterleiten.[21]

7　Aufgabe des VBI ist die Wahrnehmung des öffentlichen Interesses des Bundes. Mangels einer dem § 36 Abs. 1 S. 2 vergleichbaren Regelung kann er nicht den Bund oder eine Bundesbehörde oder den VöI eines Landes im Verwaltungsprozess vor dem BVerwG vertreten.[22] Der VBI ist daher, falls er von seinem Beteiligungsrecht Gebrauch macht, ausschließlich Beteiligter i.S.d. § 63 Nr. 4 und nicht Partei.[23] Gerade weil seine Position nicht mit derjenigen eines der übrigen Prozessbeteiligten übereinstimmen muss, wird die Waffengleichheit der Parteien nicht beeinträchtigt (BVerwGE 128, 155, 160). Da der VBI nur beratend tätig wird, bleibt die Unabhängigkeit des Gerichts gewahrt.[24]

14　C. *Steinbeiß-Winkelmann*, in: Schoch/Schneider/Bier § 35 Rn. 5.

15　A.A. C. *Steinbeiß-Winkelmann*, in: Schoch/Schneider/Bier § 35 Rn. 5.

16　C. *Steinbeiß-Winkelmann*, in: Schoch/Schneider/Bier § 35 Rn. 5.

17　K.-D. *Schnapauff*, FG BVerwG, 2003, 185, 194 f.; C. *Steinbeiß-Winkelmann*, in: Schoch/Schneider/Bier § 35 Rn. 5.

18　S.a. K.-D. *Schnapauff*, FG BVerwG, 2003, 185, 193.

19　S.a. K.-D. *Schnapauff*, FG BVerwG, 2003, 185, 193; H. *Schmitz*, in: Posser/Wolff § 35 Rn. 8.

20　K.-D. *Schnapauff*, FG BVerwG, 2003, 185, 193; H. *Schmitz*, in: Posser/Wolff § 35 Rn. 8.

21　So § 9 der Dienstanweisung. Nach Abs. 2 kann er seine gewonnenen Erfahrungen den fachlich berührten obersten Landesbehörden mitteilen und Anregungen für die Verwaltungspraxis geben. S.a. B. *Kastner*, in: HK-VerwR VwGO § 35 Rn. 5; C. *Steinbeiß-Winkelmann*, in: Schoch/Schneider/Bier § 35 Rn. 5; Tätigkeitsbericht VBI 2015, S. 6.

22　W.-R. *Schenke/J. Ruthig*, in: Kopp/Schenke § 35 Rn. 3; H. *Schmitz*, in: Posser/Wolff § 35 Rn. 9; F. *Wittreck*, in: Gärditz, § 35 Rn. 3; s.a. § 1 Abs. 1 S. 2 der Dienstanweisung.

23　K.-D. *Schnapauff*, FG BVerwG, 2003, 185, 186.

24　Dazu auch K.-D. *Schnapauff*, FG BVerwG, 2003, 185, 194.

VI. Funktionszuordnung des VBI

Der VBI gehört zum Bereich der Exekutive, weil er im Bundesministerium des Innern einzurichten ist. 8
Er unterliegt der Dienstaufsicht des Bundesministeriums des Innern und hat diesem jährlich über den
Geschäftsstand und über wichtige Vorkommnisse im Geschäftsbereich zu berichten (§ 11 Dienstanweisung). Gem. § 35 Abs. 1 S. 3 ist der VBI an die Weisungen der Bundesregierung gebunden. In Anlehnung an eine Entscheidung des BVerwG (BVerwGE 18, 205, 207 f.) zum Oberbundesanwalt sah
man in diesem ein besonderes Organ der Rechtspflege mit einer Mittlerstellung zwischen Verwaltung
und Gericht. Diese Einschätzung gilt für den VBI fort.[25] Nach seiner Aufgabenstellung soll er im Prozess das öffentliche Interesse des Bundes wahrnehmen und ist deshalb nicht an die Weisungen einzelner Ressorts gebunden (BT-Drs. 14/5229, 65). Als „unbeteiligter" Mittler ist der VBI eine besondere
Rechtspflegeeinrichtung, was insbes. an der Verortung des § 35 deutlich wird (BT-Drs. 14/5229, 65).
Das BVerwG hat in Bezug auf den Oberbundesanwalt vertreten, dass dieser allein Mittler im Dienste
des Rechts und nicht der Verwaltung sei (BVerwGE 18, 205, 208). Diese Meinung geht zu weit.[26] § 35
Abs. 1 S. 3 räumt der Bundesregierung ein Weisungsrecht gegenüber dem VBI ein. Ggf. muss er die
Auffassung der Regierung im Gerichtsverfahren darlegen. Zusammenfassend lässt sich sagen, dass der
VBI zur vollziehenden Gewalt gehört, seine besondere Aufgabe jedoch in der Unterstützung der Gerichte bei der Rechtsanwendung und -findung besteht.[27] Daneben kann der VBI als Mittler zwischen
einzelnen Verwaltungsbehörden tätig werden. So kann er bei divergierenden behördlichen Stellungnahmen die Verwaltung wegen seiner besonderen Stellung möglicherweise zur Bestimmung einer einheitlichen Position veranlassen.

VII. Prozessbeteiligung des VBI

1. Ausübung des Beteiligungsrechts. Gem. § 35 Abs. 1 S. 2 kann sich der VBI zur Wahrung des öf- 9
fentlichen Interesses an jedem Verfahren vor dem BVerwG beteiligen. Sofern die Bundesregierung keine entsprechende Weisung erteilt, entscheidet er nach seinem Ermessen über das Ob und den Zeitpunkt seiner Teilnahme am Gerichtsverfahren.[28] Dabei lässt er sich vom Kriterium des Bundesinteresses und seiner Aufgabenstellung leiten (§ 2 der Dienstanweisung).[29] Mit der Erklärung seiner Teilnahme am Prozess wird der VBI Beteiligter, ohne dass es einer seine Mitwirkung begründenden Gerichtsentscheidung bedarf.[30] Da sich der VBI lediglich im Bundesinteresse an etwaigen Verwaltungsprozessen beteiligt, hat der Bürger kein subjektives öffentliches Recht auf seine Prozessteilnahme.[31]

Der VBI wird sich in aller Regel an solchen Verfahren beteiligen, bei denen Bestimmungen des GG 10
auszulegen sind, wenn die Bundesverwaltungsgerichtsentscheidung einen weiten Personenkreis berührt, sie weitreichende finanzielle Auswirkungen oder erhebliche Bedeutung für das Wirtschaftsleben
oder die sozialstaatliche Ordnung hat oder die zu entscheidende Rechtssache von grundsätzlicher Bedeutung ist. Der VBI dürfte dagegen nur selten an Verwaltungsprozessen teilnehmen, bei denen die
streitentscheidende Norm ausläuft oder geändert wird, die Rechtsfrage vom BVerwG bereits entschieden ist oder es um eine sehr stark vom Einzelfall geprägte Angelegenheit geht.[32] Es würde der Aufgabenstellung des VBI widersprechen, wenn er seine Prozessteilnahme einseitig auf Fälle beschränken
würde, die seiner Ansicht nach zulasten des Bürgers ausgehen müssen (zum Bundesbeauftragten für
Asyl BVerfG DVBl 2001, 456). Denkbar ist, dass es bestimmte Rechtsmaterien gibt, bei denen stets
ein Vortrag übergeordneter Gesichtspunkte geboten ist, während bei anderen eine zusätzliche Darlegung nicht erforderlich ist. Im Geschäftsjahr 2015 hat sich der VBI an 66 Verfahren beteiligt. Er verneinte ein Bundesinteresse für seine Beteiligung z.B. in Bezug auf das Erschließungsbeitragsrecht, weil
dieses nach Änderung des Art. 74 Abs. 1 Nr. 18 GG nicht mehr als Bundesrecht erlassen werden kann,
sowie bei Verfahren in Bezug auf Rundfunkgebühren, weil es sich hierbei um Landesrecht handelt,

---

25 *B. Kastner*, in: HK-VerwR VwGO § 35 Rn. 5; *W.-R. Schenke/J. Ruthig*, in: Kopp/Schenke § 35 Rn. 1; *K.-D. Schnapauff*, FG BVerwG, 2003, 185, 194; *C. Steinbeiß-Winkelmann*, in: Schoch/Schneider/Bier § 35 Rn. 2.
26 Ähnl. *W. Rzepka*, BayVBl 1992, 295, 297 Fn. 23 für den Oberbundesanwalt.
27 *K.-D. Schnapauff*, FG BVerwG, 2003, 185, 191.
28 *H. Schmitz*, in: Posser/Wolff § 35 Rn. 10, 14.
29 S.a. *C. Steinbeiß-Winkelmann*, in: Schoch/Schneider/Bier § 35 Rn. 8.
30 So in Bezug auf den Oberbundesanwalt *Bernd Benkel*, Die Verfahrensbeteiligung Dritter, 1996, 4.
31 *H. Geiger*, in: Eyermann § 35 Rn. 6.
32 *R. Frauenknecht*, ZBR 1978, 277, 279; *K. Neis*, DVBl 1968, 861 f.

das jedoch aufgrund § 13 des Rundfunkbeitragsstaatsvertrags vom BVerwG im Wege der Revision überprüfbar ist.[33] Weil der VBI im Geschäftsjahr 2015 nur mit vier Juristen ausgestattet war, kann laut seinem Tätigkeitsbericht 2015, S. 1 „auch eine über die bloße Beobachtung hinausgehende Bearbeitung – häufig sehr umfangreicher – erstinstanzlicher Verfahren weiterhin nicht gewährleistet werden". Nehmen bereits andere Vertreter besonderer Bundesinteressen oder ein VöI nach § 36 am Verwaltungsprozess teil, kann sich der VBI mangels abweichender gesetzlicher Regelung dennoch an diesem beteiligen.[34] Wegen der Vielschichtigkeit des Begriffs des öffentlichen Interesses können mehrere VöI unterschiedliche Standpunkte zu ein und demselben Problem einnehmen (BVerwGE 25, 170 ff. für das Verhältnis VöI und Oberbundesanwalt).

11   **2. Beteiligungserklärung.** Gem. § 63 Nr. 4 ist der VBI nur Verfahrensbeteiligter, wenn er von der ihm kraft Gesetzes eingeräumten Beteiligungsbefugnis Gebrauch macht. Er muss also ausdrücklich oder konkludent seine Beteiligung erklären (vgl. § 5 Abs. 1 der Dienstanweisung). Um über seine Prozessbeteiligung entscheiden zu können, muss ihn das BVerwG bspw. durch die Zusendung von Schriftsätzen über anhängige Gerichtsverfahren informieren.[35] Auch wenn er vor Abgabe seiner Erklärung noch nicht Prozessbeteiligter ist, steht dem VBI richtigerweise schon im Vorfeld ein Recht auf Akteneinsicht zu. Nur so kann er prüfen, ob und welche Ausführungen zur Wahrung des Bundesinteresses geboten sind.[36] Nach dem BVerwG wird die verfahrensrechtliche Stellung sowie ordnungsgemäße Aufgabenerfüllung des VBI nicht dadurch beeinträchtigt oder infrage gestellt, dass er für die Inanspruchnahme der besonderen Leistung der Aktenversendung zu seinem Dienstsitz nach Berlin – die Akteneinsicht direkt beim BVerwG löst keine Kostenpflicht aus – eine Auslagenpauschale zu tragen hat (BVerwG Buchholz 310 § 35 VwGO Nr. 4). Da der VBI anders als die herkömmlichen Prozessbeteiligten an einer Vielzahl von Verfahren teilnehmen kann und sich erst darüber klar werden muss, ob ausreichend Anlass für seine Teilnahme besteht, sollte de lege ferenda über eine Abänderung der bestehenden Kostenregelungen nachgedacht werden. In der Praxis kann es vorkommen, dass der VBI bei bestimmten Arten von Verfahren oder für bestimmte Rechtsbereiche eine allgemeine Erklärung abgibt, dass er sich stets an den jeweiligen Verfahren beteiligen oder auf eine Prozessteilnahme verzichten wird (so regelt § 4 der Dienstanweisung den allgemeinen Beteiligungsverzicht).

12   **a) Generalbeteiligungserklärung.** Gegen die Wirksamkeit einer Generalbeteiligungserklärung wird v.a. geltend gemacht, dass das Vorliegen des Bundesinteresses am Verfahren erst nach einer Kenntniserlangung vom konkreten Streitgegenstand beurteilt werden könne[37] und vorweggenommene oder bedingte Prozesserklärungen normalerweise unzulässig seien.[38] In einer Entscheidung zum früheren Bundesbeauftragten für Asylangelegenheiten hatte das BVerwG keine Bedenken an einer Generalbeteiligungserklärung. Die Ermessensausübung des Bundesbeauftragten könne durchaus ergeben, dass eine generelle Beteiligung an bestimmten Rechtsstreitigkeiten geboten sei. Im Verwaltungsprozessrecht existiere kein ausnahmslos geltender Grundsatz, dass Prozesserklärungen nur in Bezug auf ein konkretes Prozessrechtsverhältnis abzugeben seien. Außerdem wären gesondert abzugebende Beteiligungserklärungen mit dem Sinn und Zweck des Prozessrechts, zügig und möglichst praktisch zu verfahren, kaum zu vereinbaren (BVerwG NVwZ 1996, 79). Diese Erwägungen lassen sich auf etwaige Generalbeteiligungserklärungen des VBI übertragen.[39] § 63 Nr. 4 macht weder Angaben zum Zeitpunkt noch zur Art und Weise der Beteiligungserklärung. Diese kann im Einzelfall, aber auch pauschalisierend erfolgen. Der VBI unterscheidet sich von den Verfahrensbeteiligten des § 63 Nr. 1–3 dadurch, dass er als Organ der Rechtspflege jederzeit und an sämtlichen Prozessen vor dem BVerwG teilnehmen kann.[40] Die erforderliche Rechtssicherheit sowie der Bezug zu anhängigen Rechtsstreitigkeiten werden ge-

---

33 Tätigkeitsbericht VBI 2015, S. 2.

34 *K.-D. Schnapauff*, FG BVerwG, 2003, 185, 186; so für das Verhältnis zwischen VöI und dem Bundesbeauftragten für Asylangelegenheiten BVerwGE 75, 337, 339.

35 *W.-R. Schenke/J. Ruthig*, in: Kopp/Schenke § 35 Rn. 4; *T. Stuhlfauth*, in: Bader § 35 Rn. 3.

36 So i.E. *M. Redeker*, in: Redeker/v. Oertzen § 35 Rn. 3; *T. Stuhlfauth*, in: Bader § 35 Rn. 3; abl. für die Zeit vor der Beteiligungserklärung *H. Geiger*, in: Eyermann § 35 Rn. 8; *C. Steinbeiß-Winkelmann*, in: Schoch/Schneider/Bier § 35 Rn. 9.

37 *H. Geiger*, in: Eyermann § 35 Rn. 6.

38 *C. Gau*, DÖV 1995, 325, 327 hinsichtlich des Bundesbeauftragten für Asylangelegenheiten.

39 S.a. *T. Stuhlfauth*, in: Bader § 35 Rn. 3.

40 So *H. Schmitz*, in: Posser/Wolff § 35 Rn. 10, 14; *C. Steinbeiß-Winkelmann*, in: Schoch/Schneider/Bier § 35 Rn. 8.

wahrt, indem die Generalbeteiligungserklärung so genaue Kriterien nennt, dass sich seine Prozessteilnahme am konkreten Verfahren ohne größere Schwierigkeiten feststellen lässt.[41] In bestimmten Fällen, bspw. wenn erst vor kurzem ein wichtiges Gesetz grundlegend geändert wurde, kann der VBI durchaus zu der Ansicht gelangen, dass er aus Gründen des Bundesinteresses generell an Rechtsstreitigkeiten aus diesem Bereich teilnehmen wird. Z.T. wird auch argumentiert, dass es kaum einen Unterschied machen kann, ob allgemein oder unter Heranziehung derselben Beteiligungskriterien im Zusammenhang mit einem konkreten Verfahren formblattmäßig die Beteiligung erklärt wird.[42]

b) „Generalverzicht". Die Wirksamkeit eines vom VBI erklärten generellen Verzichts auf Teilnahme 13 an bestimmten Verfahren (s. dazu § 4 der Dienstanweisung) wird v.a. deswegen bezweifelt, weil man auf Rechte erst nach ihrer Entstehung verzichten könne.[43] Allerdings ist die Verwendung des Begriffs „Generalverzicht" missverständlich. Während der Verzicht auf ein Recht normalerweise zu dessen Untergang führt, ist es bei dem Beteiligungsverzicht des VBI allgemeine Meinung, dass ein solcher den VBI nicht an einer später erklärten Beteiligung hindert.[44] Besser wäre es daher, von einem allgemeinen, zunächst nicht ausgeübten Beteiligungsrecht zu sprechen. Was die Wirksamkeit einer solchen allgemeinen Erklärung anbetrifft, gelten im Grunde dieselben Erwägungen wie bei der Generalbeteiligungserklärung (→ Rn. 12). Nach § 35 Abs. 1 S. 1 kann der VBI an Verfahren vor dem BVerwG teilnehmen, muss es aber nicht. Ein Generalverzicht kommt z.B. bzgl. offensichtlich unzulässigen Klagen/Rechtsbehelfen in Betracht.[45]

Problematisch ist, ob infolge der Nichtbeteiligungserklärung das BVerwG den VBI nicht mehr über 14 den jeweiligen Prozess informieren, insbes. die Verfahrensakten nicht mehr weiterleiten muss.[46] Kann der VBI nach der Konzeption der VwGO seine Teilnahme am Prozess in jedem beliebigen Verfahrensstadium erklären, muss er auch noch in späteren Verfahrensabschnitten prüfen und beurteilen können, ob nicht doch noch das Bundesinteresse im Prozess geltend zu machen ist. Die ihm obliegende Aufgabenstellung spricht deshalb grds. dafür, ihn weiterhin auf dem Laufenden zu halten.[47]

VIII. Prozessuale Stellung des VBI

Macht der VBI von seiner Beteiligungsbefugnis Gebrauch, hat er grds. dieselbe Stellung wie ein Beige- 15 ladener. Ihm sind sämtliche Schriftsätze zuzusenden, alle Gerichtstermine zu nennen, er kann Anträge in der mündlichen Verhandlung stellen. Gem. § 35 Abs. 2 erhält er Gelegenheit zur Äußerung. Meistens wird er das öffentliche Interesse des Bundes durch Beteiligungsschriftsätze und regelmäßig durch zusätzliche Teilnahme an den mündlichen Verhandlungen in den Prozess einbringen (Tätigkeitsbericht VBI 2012, S. 5). Nach § 100 Abs. 1 können die Beteiligten die Gerichtsakten und die vom Gericht vorgelegten Akten einsehen. Unter den Voraussetzungen des § 67 Abs. 4 S. 4 kommt dem VBI das Behördenprivileg zugute (s.a. § 7 Abs. 1 S. 2 der Dienstanweisung). Weil der VBI nach seiner Aufgabenstellung ständiger, institutionalisierter Kommunikationspartner des BVerwG ist, gibt es seit dem 1.6.2005 zwischen beiden Rechtspflegeeinrichtungen einen elektronischen Postaustausch (Tätigkeitsbericht VBI 2015, S. 6).

Da das öffentliche Interesse des Bundes vom VBI in einem unparteiischen Sinne wahrgenommen wer- 16 den soll, schließt seine Aufgabenstellung sowie seine namentliche Erwähnung in der VwGO eine Delegation seiner Aufgaben auf andere Stellen der Verwaltung aus.[48] Keine Bedenken bestehen, wenn der VBI andere zu seiner Organisationseinheit gehörende Personen mit der Wahrnehmung seiner Aufgaben betraut (unklar insoweit § 7 Abs. 1 der Dienstanweisung). Solange der VBI nur von anderen Amtswaltern aus der Verwaltung zum Prozess begleitet wird, um auf diese Weise dem Gericht das öf-

41 C. Steinbeiß-Winkelmann, in: Schoch/Schneider/Bier § 35 Rn. 8.
42 In diese Richtung R. Bell, NVwZ 1990, 1024, 1025 für den Bundesbeauftragten für Asylangelegenheiten.
43 H. Geiger, in: Eyermann § 35 Rn. 6.
44 K.-D. Schnapauff, FG BVerwG, 2003, 185, 196; H. Geiger, in: Eyermann § 35 Rn. 6; W.-R. Schenke/J. Ruthig, in: Kopp/Schenke § 35 Rn. 4; H. Schmitz, in: Posser/Wolff § 35 Rn. 15.
45 K.-D. Schnapauff, FG BVerwG, 2003, 185, 196.
46 So H. Geiger, in: Eyermann § 35 Rn. 6; C. Steinbeiß-Winkelmann, in: Schoch/Schneider/Bier § 35 Rn. 9.
47 W.-R. Schenke/J. Ruthig, in: Kopp/Schenke § 35 Rn. 4; T. Stuhlfauth, in: Bader § 35 Rn. 3.
48 Dazu BVerwGE 8, 208 ff. für den Vertreter der Interessen des Ausgleichsfonds.

fentliche Interesse besser schildern zu können,[49] und er dafür sorgt, dass die Anwesenheit dieser Personen nicht zu einer zusätzlichen Vertretung der klagenden/verklagten Verwaltung führt, sondern lediglich seine Ausführungen ergänzt werden, ist diese Vorgehensweise unbedenklich.

17 § 54 findet auf den VBI keine Anwendung. Er ist keine Gerichtsperson, sondern gem. § 63 Nr. 4 Verfahrensbeteiligter.[50] Da der VBI, wie sich an der Stellung des § 35 zeigt, ein Organ der Rechtspflege ist und ihm nur die Bundesregierung als Kollegialorgan Weisungen erteilen darf, sollte er angesichts seiner Aufgabenstellung von sich aus bei Vorliegen eines Befangenheitsgrundes nicht am Verfahren teilnehmen.[51] Nach § 7 Abs. 2 der Dienstanweisung hat sich der VBI bei Vorliegen eines Ausschließungs- oder Ablehnungsgrundes i.S.d. § 54 Abs. 1 jeder Tätigkeit im Verfahren zu enthalten.

18 Der VBI muss in eine Klageänderung (§ 91 Abs. 1 Alt. 1), Klage- oder Revisionsrücknahme nach Stellung der Anträge in der mündlichen Verhandlung (§§ 92 Abs. 1 S. 2,[52] 140 Abs. 1 S. 2) sowie in das Absehen von einer mündlichen Verhandlung (§ 101 Abs. 2) einwilligen. Aus dem in § 35 Abs. 2 normierten Äußerungsrecht folgt indirekt, dass er nicht anstelle der Parteien Verfahrenshandlungen vornehmen darf (BVerwGE 128, 155, 160). Da er nicht Hauptbeteiligter ist, ist seine Zustimmung weder für einen Vergleich noch für übereinstimmende Erledigungserklärungen erforderlich.[53] Selbst wenn sich der VBI am Vorprozess nicht beteiligt hat, kann er unter den Voraussetzungen des § 153 Abs. 2 Nichtigkeits- und Restitutionsklage erheben (→ § 153 Rn. 28).

IX. Rechtsmittelbefugnis des VBI

19 **1. Revision.** Der VBI kann keine Revision oder Nichtzulassungsbeschwerde einlegen.[54] Dies folgt aus dem Wortlaut des § 35 Abs. 1 S. 2, wonach er sich nur an anhängigen Verfahren beim BVerwG beteiligen kann. Der das öffentliche Interesse „des Bundes" wahrnehmende VBI führt auch nicht die von einem VöI i.S.d. § 36 eingelegte Revision fort. Vielmehr hat der VöI als Verfahrensbeteiligter nach § 63 Nr. 4 selbst das Revisionsverfahren gem. §§ 132 Abs. 1, 134 Abs. 1 zu betreiben (BVerwGE 25, 170 ff.).

20 **2. Anschlussrevision.** Da bei der Anschlussrevision ein Rechtsstreit beim BVerwG anhängig ist, könnte man die Auffassung vertreten, auch der VBI könne eine solche einlegen (§§ 141, 127). Das BVerwG hat sich jedoch in Bezug auf den Oberbundesanwalt gegen eine solche Möglichkeit ausgesprochen. Weil er ohnehin in jedem beim BVerwG anhängigen Rechtsstreit das öffentliche Interesse darlegen kann, bestehe keine Notwendigkeit, ihm das Recht zur Erhebung einer Anschlussrevision einzuräumen. Eine unselbständige Anschlussrevision könne seine Rechtsstellung nicht verbessern. Die Unzulässigkeit einer selbständigen Anschlussrevision folge daraus, dass diese letztlich die Funktion einer normalen Revisionseinlegung übernehmen kann, die er gerade nicht einlegen könne (BVerwGE 96, 258, 261 f.; BVerwG NVwZ 1995, 1002 f.). Diese Rspr. ist auf Kritik gestoßen. Es sei kaum einsichtig, warum der VBI nach § 35 keine, der VöI nach § 36 Anschlussrevision einlegen könne. Außerdem vernachlässige das BVerwG das Kriterium der effektiven Aufgabenerfüllung.[55] Dieser Kritik ist entgegenzuhalten, dass die unterschiedliche Behandlung von VBI und VöI in der VwGO selbst angelegt ist.[56] Wegen seiner unbeteiligten Mittlerstellung und des Grundsatzes der Waffengleichheit kann der VBI die fehlende Verfahrensrüge einer Partei nach § 137 nicht durch eine eigene Rüge ersetzen (BVerwGE 128, 155, 160).

---

49 Ähnl. *H. Geiger*, in: Eyermann § 35 Rn. 8; befürwortend *C. Steinbeiß-Winkelmann*, in: Schoch/Schneider/Bier § 35 Rn. 11; abl. *M. Redeker*, in: Redeker/v. Oertzen § 35 Rn. 8.

50 S.a. *B. Kastner*, in: HK-VerwR VwGO § 35 Rn. 9; *W.-R. Schenke/J. Ruthig*, in: Kopp/Schenke § 35 Rn. 3; *H. Schmitz*, in: Posser/Wolff § 35 Rn. 16; *C. Steinbeiß-Winkelmann*, in: Schoch/Schneider/Bier § 35 Rn. 10.

51 So die Argumentation der Gerichte bei Befangenheit des VöI: OVG Münster NVwZ 1991, 489; VGH Mannheim 17.11.1992 – 3 S 2193/92; *B. Kastner*, in: HK-VerwR VwGO § 35 Rn. 9.

52 Denn § 35 befindet sich im 4. Abschnitt der VwGO „Vertreter des öffentlichen Interesses".

53 *W.-R. Schenke/J. Ruthig*, in: Kopp/Schenke § 35 Rn. 5; *H. Schmitz*, in: Posser/Wolff § 35 Rn. 16; *C. Steinbeiß-Winkelmann*, in: Schoch/Schneider/Bier § 35 Rn. 11.

54 *W.-R. Schenke/J. Ruthig*, in: Kopp/Schenke § 35 Rn. 4; *K.-D. Schnapauff*, FG BVerwG, 2003, 185, 186; für den Oberbundesanwalt BVerwGE 25, 170, 175; 96, 259, 261; anders dagegen BVerwGE 18, 205, 209 f.

55 *C. Steinbeiß-Winkelmann*, in: Schoch/Schneider/Bier § 35 Rn. 12.

56 Wie hier i.E. *H. Geiger*, in: Eyermann § 35 Rn. 7; *W.-R. Schenke/J. Ruthig*, in: Kopp/Schenke § 35 Rn. 4; *H. Schmitz*, in: Posser/Wolff § 35 Rn. 16.

X. Außerordentliche Rechtsbehelfe

Gem. § 153 Abs. 2 ist der VBI im Verfahren vor dem BVerwG *im ersten und letzten Rechtszug* zur 21 Erhebung der Nichtigkeitsklage und der Restitutionsklage befugt (→ § 153 Rn. 28). Da eine vergleichbare Regelung beim außerordentlichen Rechtsbehelf der Anhörungsrüge fehlt und nach § 152 a Abs. 1 *beschwerte* Beteiligte rügeberechtigt sind, wird man ihm das Recht zur Erhebung einer Anhörungsrüge absprechen müssen (→ § 152 a Rn. 24 f.).[57]

XI. Weisungsbefugnis der Bundesregierung

Gem. § 35 Abs. 1 S. 3 ist der VBI an die Weisungen der Bundesregierung als Kollegialorgan gebunden. 22 Weisungen einzelner Bundesminister oder anderer Bundesbehörden sind für ihn nicht verbindlich.[58] Indem nur das Kollegialorgan Anweisungen geben darf, erhält der VBI im Vergleich zu den einzelnen Verwaltungsbehörden eine „unabhängigere" Stellung. Dadurch wird seiner Konzeption als Organ der Rechtspflege Rechnung getragen (dazu auch BT-Drs. 3/55, 29; 10/3437, 84). Eine Delegation des Weisungsrechts der Bundesregierung ist deshalb unzulässig.[59] Der VBI ist nicht verpflichtet, divergierende Standpunkte im staatlichen Bereich von vornherein aufzulösen, sondern kann diese im Prozess aufzeigen.[60]

XII. Beibehaltung des VBI?

Auch beim VBI wird sich – nicht anders als beim Oberbundesanwalt – die Frage nach seiner Notwendigkeit stellen. Der Bundesrechnungshof vertrat zunächst die Meinung, die Aufgaben des VBI seien 23 auf die Fachressorts zu übertragen, da sie dort wirksamer und kostengünstiger erledigt werden können.[61] Weitere Gegenargumente sind, dass die Gerichte selbst das Recht kennen und die Behörden gem. Art. 20 Abs. 3 GG ohnehin das öffentliche Interesse wahren müssen.[62] Ein Argument für die Beibehaltung einer besonderen Organisationseinheit ist die durch § 35 Abs. 1 S. 3 vermittelte größere „Unabhängigkeit" des VBI. Teilweise berühren die Entscheidungen des BVerwG den Aufgabenbereich mehrerer Fachministerien. Der VBI kann als zentrale Stelle ihre Ansichten einholen und widersprüchliche Positionen beseitigen. Überdies erlangt er von den zur Entscheidung anstehenden Fällen gleichmäßige Kenntnis und verfügt über einen besseren Gesamtüberblick als die einzelnen Ressorts.[63] Es würde zu erheblichen praktischen Schwierigkeiten führen, wenn das BVerwG seine Anfragen an die einzelnen Ressorts richten müsste oder Letztere von sich aus das Gericht informieren müssten.

§ 36 [Vertreter des öffentlichen Interesses]

(1) ¹Bei dem Oberverwaltungsgericht und bei dem Verwaltungsgericht kann nach Maßgabe einer Rechtsverordnung der Landesregierung ein Vertreter des öffentlichen Interesses bestimmt werden. ²Dabei kann ihm allgemein oder für bestimmte Fälle die Vertretung des Landes oder von Landesbehörden übertragen werden.

(2) § 35 Abs. 2 gilt entsprechend.

---

57 *M. Redeker*, in: Redeker/v. Oertzen § 35 Rn. 6; a.A. *C. Steinbeiß-Winkelmann*, in: Schoch/Schneider/Bier § 35 Rn. 12.

58 S.a. BT-Drs. 14/5529, 65; *B. Kastner*, in: HK-VerwR VwGO § 35 Rn. 4; *H. Schmitz*, in: Posser/Wolff § 35 Rn. 3, 11; *C. Steinbeiß-Winkelmann*, in: Schoch/Schneider/Bier § 35 Rn. 6.

59 *H. Geiger*, in: Eyermann § 35 Rn. 1.

60 *H. Schmitz*, in: Posser/Wolff § 35 Rn. 11; *C. Steinbeiß-Winkelmann*, in: Schoch/Schneider/Bier § 35 Rn. 6; s.a. § 6 Dienstanweisung.

61 S. dazu die Erwiderung in dem über das Internet abrufbaren Bericht des Bundesministeriums des Innern an den Rechnungsprüfungsausschuss des Haushaltsausschusses des Deutschen Bundestages zur Vertretung des Bundesinteresses beim BVerwG vom Dezember 2003, den dieser in seiner 18. Sitzung am 5.3.2004 unter TOP 14 zust. zur Kenntnis genommen hat.

62 Vertreter dieser Ansicht nennt *F. Kopp*, Gutachten für den 54. Deutschen Juristentag, 1982, B 62.

63 So für den Oberbundesanwalt BT-Drs. 10/3437, 84; für eine Beibehaltung des VBI *H. Schmitz*, in: Posser/Wolff § 35 Rn. 2; *C. Steinbeiß-Winkelmann*, in: Schoch/Schneider/Bier § 35 Rn. 13.

Schrifttum

1. Monographien und Beiträge in Sammelwerken: *G. Berner*, Funktion und Aufgaben der Landesanwaltschaft in Bayern, in: Ferdinand O. Kopp, Die Vertretung des öffentlichen Interesses in der Verwaltungsgerichtsbarkeit, 1982, 33; *K. Finkelnburg*, Der Vertreter des öffentlichen Interesses, insbesondere aus der Sicht der Anwaltschaft, in: Ferdinand O. Kopp, Die Vertretung des öffentlichen Interesses in der Verwaltungsgerichtsbarkeit, 1982, 151; *A. Fischer*, Vergleich des deutschen und französischen Verwaltungsprozeßrechts hinsichtlich der Stellung des Vertreters des öffentlichen Interesses, in: Ferdinand O. Kopp, Die Vertretung des Öffentlichen Interesses in der Verwaltungsgerichtsbarkeit, 1982, 69; *Ch. Fischer*, Gegenwart und Zukunft des Vertreters des öffentlichen Interesses, 1984; *H. Fliegauf*, Funktion und Aufgaben der Landesanwaltschaft in Baden-Württemberg, in: Ferdinand O. Kopp, Die Vertretung des öffentlichen Interesses in der Verwaltungsgerichtsbarkeit, 1982, 49; *H. Hirte*, Der amicus-curiae-brief – das amerikanische Modell und die deutschen Parallelen, ZZP 104 (1991), 11; *S. Jutzi*, Der Vertreter des öffentlichen Interesses in Rheinland-Pfalz, in: 50 Jahre Verfassungs- und Verwaltungsgerichtsbarkeit in Rheinland-Pfalz, 1997, 299; *H. Klecatsky*, Verfassungsanwalt und Vertreter des öffentlichen Interesses in Österreichs Gerichtsbarkeit und Verwaltung, in: Ferdinand O. Kopp, Die Vertretung des öffentlichen Interesses in der Verwaltungsgerichtsbarkeit, 1982, 85; *F. Kopp*, Die Vertretung des Staates und des öffentlichen Interesses in der französischen Gerichtsbarkeit, in: Ferdinand O. Kopp, Die Vertretung des öffentlichen Interesses in der Verwaltungsgerichtsbarkeit, 1982, 81; *G. Meyer-Hentschel/K. Redeker*, Der Vertreter des öffentlichen Interesses, in: Zehn Jahre Verwaltungsgerichtsordnung, Bewährung und Reform, 1970, 103, 127; *Ch. Sailer*, Der Vertreter des öffentlichen Interesses, insbesondere aus der Sicht der Anwaltschaft, in: Ferdinand O. Kopp, Die Vertretung des öffentlichen Interesses in der Verwaltungsgerichtsbarkeit, 1982, 143; *J. Schmidt*, Der Vertreter des öffentlichen Interesses, insbesondere aus der Sicht der Verwaltungsgerichtsbarkeit, in: Ferdinand O. Kopp, Die Vertretung des öffentlichen Interesses in der Verwaltungsgerichtsbarkeit, 1982, 157; *H. J. Schulz-Hardt*, Der allgemeine Vertreter des öffentlichen Interesses in der deutschen Verwaltungsgerichtsbarkeit, 1968; *C. H. Ule*, Gegenwart und Zukunft des Einrichtung des Vertreters des öffentlichen Interesses in der Verwaltungsgerichtsbarkeit, in: Ferdinand O. Kopp, Die Vertretung des öffentlichen Interesses in der Verwaltungsgerichtsbarkeit, 1982, 123.

2. Beiträge in Zeitschriften: *A. M. Baring*, Der Vertreter des öffentlichen Interesses im deutschen Verwaltungsprozeß, VerwArch 50 (1959), 105; *G. Berner*, Zur Vertretung des öffentlichen Interesses und des beklagten Staates in Baden-Württemberg und Bayern, BayVBl 1981, 129; *F. Ebert*, Die Vertretung des öffentlichen Interesses im Freistaat Thüringen, KommunalPraxis MO 2001, 248; *ders.*, Die Verwaltungsgerichtsbarkeit aus der Sicht des Vertreters des öffentlichen Interesses, DVBl 2013, 484; *H. Geiger*, Die Vertretung des Freistaats Bayern vor den Verwaltungsgerichten, BayVBl 2000, 141; *H. Gerber*, Der Vertreter des öffentlichen Interesses im Verwaltungsprozeß – Eine überflüssige Nebenfigur?, DÖV 1958, 680; *O. Groß*, Die Staatsanwaltschaft bei den bayerischen Verwaltungsgerichten, BayVBl 1959, 71, 107; *A. Guckelberger*, Vor- und Nachteile eines Vertreters des öffentlichen Interesses, BayVBl 1998, 257; *W. Heckner*, Anwalt des Staates und Anwalt des öffentlichen Interesses – 125 Jahre Landesanwaltschaft Bayern, BayVBl 2005, 138; *O. Heidler*, Land und Landesanwaltschaft vor dem Bundesverwaltungsgericht, BaWüVBl 1965, 65, 84; *D. Heise*, Die Landesanwaltschaft – Funktion und Möglichkeiten, VBlBW 1981, 33; *B. Holzweißig*, Die Aufgaben eines Vertreters des öffentlichen Interesses, DÖV 1960, 17; *Th. Hutt*, Die Thüringer Landesanwaltschaft – ein Modell für die „jungen" Bundesländer, LKV 1995, 278; *R. Käß*, Die Landesanwaltschaft Bayern als Vertreter des öffentlichen Interesses in Vorabentscheidungsverfahren vor dem EuGH, BayKommP 2015, 337; *Ph. Kohlmeier*, Der Vertreter des öffentlichen Interesses bei den Verwaltungsgerichten, DÖV 1949, 105; *F. Kopp*, Individueller Rechtsschutz und öffentliches Interesse in der Verwaltungsgerichtsbarkeit, BayVBl 1980, 270; *ders.*, Die Vertretung der Interessen des Staates und des öffentlichen Interesses in anderen Rechtssystemen, VerwArch 71 (1980), 209, 345; *ders.*, Frühere Tätigkeit als Vertreter des öffentlichen Interesses als Ablehnungsgrund wegen Befangenheit?, BayVBl 1981, 353; *ders.*, Der Vertreter des öffentlichen Interesses in der Verwaltungsgerichtsbarkeit, DVBl 1982, 277; *ders.*, Der Vertreter des öffentlichen Interesses als Vertreter des Landes in verwaltungsrechtlichen Streitigkeiten, ThürVBl 1994, 201; *K. W. Lotz*, Vertreter des öffentlichen Interesses in der Verwaltungsgerichtsbarkeit, DÖV 1978, 745; *Ch. Masson*, Verwaltungsgerichte ohne Staatsanwaltschaft?, BayVBl 1969, 41; *K. Neis*, Zur Funktion der Vertreter des öffentlichen Interesses bei den Verwaltungsgerichten, DÖV 1972, 626; *E. Noack*, Allgemeine und besondere Vertreter öffentlicher Interessen im Verwaltungsprozeß, DVBl 1957, 452; *A. Petersen*, Über die Notwendigkeit eines Vertreters des öffentlichen Interesses im Verwaltungsstreitverfahren, DÖV 1959, 537; *Ch. Petzke*, Die Bedeutung der bayerischen Landesanwaltschaften, BayVBl 1979, 653; *J. Prandl*, Der Vertreter des öffentlichen Interesses bei den Verwaltungsgerichten, DÖV 1954, 206; *D. Presting*, Zehn Jahre Landesanwaltschaften, BaWüVBl 1970, 81; *W. Rzepka*, Thüringer Landesanwaltschaft, ThürVBl 1992, 35; *ders.*, Öffentliches Interesse im Sinne der §§ 35 ff. VwGO, BayVBl 1992, 295; *E. Schmidt-Jortzig*, Nochmals: Vertreter des öffentlichen Interesses in der Verwaltungsgerichtsbarkeit, DÖV 1978, 913; *J. Schulz-Hardt*, Über die Notwendigkeit eines allgemeinen Vertreters des öffentlichen Interesses in der deutschen Verwaltungsgerichtsbarkeit, DVBl 1972, 557; *P. Stoeckle*, Die Landesanwaltschaft Bayern – ein historischer Rückblick, BayVBl 1979, 581; *C. H. Ule*, Gegenwart und Zukunft der Einrichtung des Vertreters des öffentlichen Interesses in der Verwaltungsgerichtsbarkeit, DVBl 1981, 953; *J. Unterreitmeier*, Kein öffentliches Interesse am rechtlichen Gehör?, DÖV 2013, 343.

I. Aufbau der Vorschrift

1   Nach § 36 Abs. 1 S. 1 können die Länder nach Maßgabe einer Rechtsverordnung der Landesregierung beim VG/OVG einen Vertreter des öffentlichen Interesses (VöI) bestellen. Dafür wird im Folgenden der Begriff des VöI i.e.S. verwendet. Gem. § 36 Abs. 1 S. 2 können die Länder dem VöI allgemein oder für bestimmte Fälle die Vertretung des Landes oder von Landesbehörden übertragen. Dies kann man mit dem Begriff des VöI als Behördenvertreter oder auch als Landesanwalt umschreiben. Nach § 36 Abs. 2 i.V.m. § 35 Abs. 2 sollen die Gerichte dem VöI Gelegenheit zur Äußerung geben. § 37 Abs. 2 enthält eine Regelung zu den Qualifikationsanforderungen an den VöI.

II. Der VöI i.e.S.

1. Gesetzgeberische Motive.[1] Mit der Vorschrift des § 36 Abs. 1 S. 1 wollte der Gesetzgeber dem Um- 2
stand Rechnung tragen, dass in einigen Bundesländern zur Zeit des Erlasses der VwGO die Institution
eines VöI i.e.S. existierte. Dabei ging der Gesetzgeber von einem Idealbild dieses VöI aus, welches von
seiner Aufgabenstellung her weitgehend dem früheren Oberbundesanwalt und dem jetzigen VBI
gleicht. Während die Behörden im Verwaltungsprozess oft auf ihre Parteirolle fixiert sind oder nur
noch die speziellen, von ihnen wahrzunehmenden Gesichtspunkte sehen, kann der VöI i.e.S. als weiterer Prozessbeteiligter dem Gericht die Hintergründe der Landesgesetzgebung, die über den jeweiligen
Einzelfall hinausgehenden Auswirkungen seiner Entscheidung oder andere, bisher noch nicht beachtete übergeordnete Gesichtspunkte aufzeigen. Der Begriff des „öffentlichen Interesses" in § 36 ist nicht
mit dem vom VBI wahrgenommenen Interesse des Bundes identisch, sondern ist weiter und meint das
Gemeinwohlinteresse.[2] Er soll darauf hinwirken, dass sich das Recht durchsetzt und die Gesetze einheitlich ausgelegt und angewendet werden.[3] Außerdem kann der VöI in Verwaltungsrechtsstreitigkeiten, in denen nur eine Selbstverwaltungskörperschaft beteiligt ist, die Sichtweise des Landes in den
Prozess einfließen lassen.[4] Weitere Vorteile des VöI i.e.S. werden darin erblickt, dass er wegen seiner
Distanz zur reinen Verwaltungsebene die Gerichte entlasten kann, indem er den Bürger bzw. die Verwaltung vom Führen aussichtsloser Prozesse abhält. Ist bereits ein Gerichtsverfahren im Gange, können seine Stellungnahmen dazu beitragen, dass sich die Hauptbeteiligten auf einen Vergleich verständigen oder die Hauptsache für erledigt erklären.[5] Der VöI kann die Verwaltung sofort über seine Pro-
zesserkenntnisse informieren und den Gesetzgeber auf Schwachstellen seiner Normen bzw. Schwierigkeiten beim Gesetzesvollzug aufmerksam machen.[6]

2. Gestaltungsspielraum der Länder. Nach § 36 Abs. 1 S. 1 *können* die Landesregierungen bei dem 3
VG und/oder OVG nach Maßgabe einer Rechtsverordnung einen VöI bestellen. In dem unterschiedlichen Gebrauchmachen von der Ermächtigungsnorm liegt kein Verstoß gegen den Gleichheitsgrundsatz (BVerwG BayVBl 1987, 698, 699). Den Ländern steht bei der Ausgestaltung des VöI i.e.S. ein
weiter Gestaltungsspielraum zu.[7] Da sie nach § 36 Abs. 1 S. 1 überhaupt keinen VöI i.e.S. vorsehen
müssen, ist es denkbar, dass sie bei der Bestellung eines solchen dessen Tätigkeitsbereich auf einzelne
Rechtsgebiete oder auf Rechtsstreitigkeiten beim OVG beschränken.[8] Wird lediglich für das OVG ein
VöI bestimmt, kann er sich mangels abweichender Regelung nur an den bei diesem Gericht anhängigen Verfahren beteiligen.[9]

Aufgrund des Fehlens einer dem § 35 Abs. 1 S. 3 entsprechenden Vorschrift können die Länder die 4
Weisungsbefugnis gegenüber dem VöI i.e.S. anders als beim VBI ausgestalten.[10] Möglich ist auch, dass
die Aufgabe eines solchen VöI – insbes. aus fiskalischen Erwägungen – nicht von einer besonderen Behörde, sondern von einem bestimmten Beamten haupt- oder nebenamtlich wahrgenommen wird („unselbständiger VöI").[11] Da der Bundesgesetzgeber bei der Schaffung des § 36 Abs. 1 S. 1 die unterschiedlichen landesrechtlichen Ausgestaltungen kannte, nahm er diese in Kauf.[12] Aus § 36 Abs. 1 S. 1
und S. 2 ergibt sich allerdings, dass der den Ländern eingeräumte Gestaltungsspielraum dadurch be-

1 Gesetzesmaterialien: BT-Drs. 3/55, 6, 29; 3/1094, 5; Deutscher Bundestag, 3. Wahlperiode, Stenographisches Protokoll des Rechtsausschusses, Protokoll Nr. 40 (S. 17 ff.); Nr. 61 (S. 19 ff.); Nr. 63 (S. 13 ff.); Deutscher Bundestag,
3. Wahlperiode, 89. Sitzung, S. 4832 f. sowie 94. Sitzung, S. 4591 ff.; BT-Drs. 10/3437, 13, 84 f.
2 *H. Geiger*, in: Eyermann § 36 Rn. 1.
3 S. § 1 Abs. 3, § 5 Abs. 2 S. 1 der VO über die Landesanwaltschaft Bayern.
4 *F. Ebert*, KommunalPraxis MO 2001, 248, 250.
5 *F. Ebert*, DVBl 2013, 484, 487.
6 Zu den Argumenten für und gegen die Errichtung eines VöI i.e.S. *C. Fischer*, Gegenwart und Zukunft, 1984, 72 ff.; *A.
Guckelberger*, BayVBl 1998, 257; *H. J. Schulz-Hardt*, Vertreter, 1968, 81 ff.; *C. Steinbeiß-Winkelmann*, in: Schoch/
Schneider/Bier § 36 Rn. 12 jeweils mit umfangreichen Nachw.
7 *B. Kastner*, in: HK-VerwR VwGO § 36 Rn. 2; *H. Schmitz*, in: Posser/Wolff § 36 Rn. 3.
8 *C. Steinbeiß-Winkelmann*, in: Schoch/Schneider/Bier § 36 Rn. 2.
9 BVerwGE 90, 337, 339; BVerwG Buchholz 310 § 60 VwGO Nr. 223; OVG Münster 21.12.2001 – 10 A 1934/01;
Klinger § 36 C 1.
10 BVerwGE 31, 5, 10 ff.; *H. Geiger*, in: Eyermann § 36 Rn. 2; *S. Kuntze*, in: Bader § 36 Rn. 1; *M. Redeker*, in: Redeker/
v. Oertzen § 36 Rn. 4; *C. Steinbeiß-Winkelmann*, in: Schoch/Schneider/Bier § 36 Rn. 2.
11 *H. Geiger*, in: Eyermann § 36 Rn. 2; *S. Jutzi*, in: 50 Jahre Verfassungs- und Verwaltungsgerichtsbarkeit, 1997, 302 f.,
306; s.a. *C. Steinbeiß-Winkelmann*, in: Schoch/Schneider/Bier § 36 Rn. 11.
12 BVerwGE 31, 5 ff.; OVG Münster OVGE 22, 36, 40 ff.; anders noch BVerwGE 18, 205, 211 f.

grenzt ist, dass der VöI i.e.S. eine andere Funktion als eine zusätzliche Vertretung der Verwaltung im Prozess wahrnehmen muss. Außerdem erstreckt sich die Länderermächtigung institutionell und funktionell allein auf den Bereich der VG und OVG (BVerwGE 90, 337, 339; BVerwG NVwZ-RR 1997, 519). Mangels einer entsprechenden Einschränkung in § 36 Abs. 1 S. 1 kann sich der VöI i.e.S. bei diesen Gerichten auch an solchen Streitigkeiten beteiligen, bei denen es allein um die Anwendung von Bundesrecht geht (BVerwG BayVBl 1987, 698, 699). Weil die Landesanwaltschaft in Hessen die Aufgaben eines öffentlichen Klägers vor dem Staatsgerichtshof wahrnimmt (Art. 130 Abs. 1 S. 2 HessVerf, § 10 StGHG), ist für sie aufgrund ihrer Ansiedlung beim Verfassungsgericht § 36 nicht maßgeblich.

5   Die Bestellung eines VöI i.e.S. muss durch eine *Rechtsverordnung der Landesregierung* erfolgen. Von dieser Ermächtigung haben die Bundesländer Bayern (BayGVBl 2008, 554, zul. geänd. durch § 1 Nr. 331 der Verordnung v. 22.7.2014 BayGVBl 2014, 286), Rheinland-Pfalz (GVBl RP 1960, 255) und Thüringen[13] Gebrauch gemacht. Baden-Württemberg (GBl BW 1997, 347) und Schleswig-Holstein (GVOBl Schl-H 1997, 465) haben das Amt des VöI bei der allgemeinen Verwaltungsgerichtsbarkeit 1997, Mecklenburg-Vorpommern im Jahre 2004 (GVOBl 2004, 558) abgeschafft. Nordrhein-Westfalen hat das Amt des VöI mit Ablauf des Jahres 2008 aufgehoben (GVBl NRW 2004, 254).

6   **3. Prozessuale Stellung.** Gem. § 63 Nr. 4 erlangt der VöI i.e.S. erst in dem Zeitpunkt die Stellung eines Prozessbeteiligten, in dem er dem jeweiligen Gericht seine Beteiligung ausdrücklich oder konkludent anzeigt. Die Beteiligtenstellung hängt demzufolge von einer einfachen einseitigen Erklärung des VöI ab, ohne dass es einer aktiven Mitwirkung des Gerichts bedarf.[14] Zugleich ergibt sich daraus, dass der VöI i.e.S. über kein eigenständiges Klagerecht verfügt.[15] Damit der VöI von den jeweiligen Prozessen Kenntnis erlangt, ist er über die anhängigen Verfahren zu informieren. Ihm sind die Schriftsätze, Terminbestimmungen und vorbereitende Gerichtsentscheidungen zuzusenden. Des Weiteren sollte ihm die Möglichkeit zur Akteneinsicht gegeben werden.[16] Nach § 36 Abs. 2 i.V.m. § 35 Abs. 2 sind die Gerichte dazu verpflichtet, dem VöI Gelegenheit zur Äußerung zu geben.

7   Das jeweilige Landesrecht legt die Voraussetzungen fest, unter denen sich der VöI i.e.S. an den Rechtsstreitigkeiten beteiligt. Die Prozessteilnahme kann generell in sein Ermessen gestellt sein.[17] Andererseits können ihm bestimmte Rechtsbereiche vorgegeben werden, in denen er stets oder nie an den jeweiligen Verwaltungsgerichtsverfahren teilnimmt. Für eine generelle Beteiligungs- bzw. Nichtbeteiligungserklärung des VöI i.e.S. an bestimmten Verwaltungsprozessen gelten im Wesentlichen die beim VBI gemachten Ausführungen (→ § 35 Rn. 11 ff.).[18] Als Grund für die generelle Nichtbeteiligung des VöI in bestimmten Angelegenheiten wird genannt, dass er sich so auf diejenigen Verfahren konzentrieren kann, welche tatsächlich seine Beteiligung erfordern.[19] Mangels spezialgesetzlicher Einschränkung schließt eine Prozessteilnahme spezieller VöI eine Prozessbeteiligung des VöI i.e.S. nicht aus (BVerwGE 75, 337 ff.; BVerwG BayVBl 1987, 698, 699).

8   Hat der VöI i.e.S. von seiner Beteiligungsbefugnis Gebrauch gemacht, hat er die Stellung eines Verfahrensbeteiligten (§ 63 Nr. 4). Er kann Schriftsätze einreichen oder Anträge stellen. Hat die Streitigkeit einen unionsrechtlichen Hintergrund, kann er sich auch zur Frage der Einleitung eines Vorabentscheidungsverfahrens an den EuGH äußern und verfügt, falls das Gericht so verfährt, über die Möglichkeit zur Abgabe einer Stellungnahme vor dem Unionsgericht.[20] Außerdem muss er als Prozessbeteiligter gem. § 91 Abs. 1 Alt. 1 einer Klageänderung, gem. § 92 Abs. 1 S. 2, § 126 Abs. 1 S. 2 einer Klage- oder Berufungsrücknahme nach Stellung der Anträge in der mündlichen Verhandlung sowie einem Absehen

---

13   ThürGVBl 1991, 347; GVBl 2000, 344 – die Landesanwaltschaft wird aufgelöst; es wird beim Innenministerium ein VöI bestellt. S.a. die Gemeinsame Vorschrift der Landesregierung über die Stellung und die Aufgaben des Vertreters des öffentlichen Interesses. ThürStAnz. 2001, 755.

14   *F. Ebert*, KommunalPraxis MO 2001, 248.

15   *C. Steinbeiß-Winkelmann*, in: Schoch/Schneider/Bier § 36 Rn. 8.

16   *M. Redeker*, in: Redeker/v. Oertzen § 36 Rn. 8.

17   Zu den Kriterien *F. Ebert*, DVBl 2013, 484, 485 ff.; *S. Jutzi*, in: 50 Jahre Verfassungs- und Verwaltungsgerichtsbarkeit, 1997, 302 f.

18   Vgl. BVerwG Buchholz 310 § 60 VwGO Nr. 223; s. zu einer generellen Nichtbeteiligung *F. Ebert*, KommunalPraxis MO 2001, 248, 249 f.; für die Notwendigkeit einer Beteiligungserklärung im konkreten Einzelfall *H. Geiger*, in: Eyermann § 36 Rn. 4; *T. Stuhlfauth*, in: Bader § 36 Rn. 3. Für Letzteres dürften jedenfalls angesichts der Vielzahl an Streitigkeiten praktische Erwägungen sprechen.

19   *S. Jutzi*, in: 50 Jahre Verfassungs- und Verwaltungsgerichtsbarkeit, 1997, 303.

20   S.a. § 35 Fn. 11 sowie *R. Käß*, BYKommP 2015, 337 ff.

von einer mündlichen Verhandlung (§ 101 Abs. 2) zustimmen. Da der VöI i.e.S. nicht Hauptbeteiligter am Verwaltungsprozess ist, ist seine Zustimmung weder für eine übereinstimmende Erledigterklärung (VGH München BayVBl 1980, 342 f.) noch für einen Vergleich zwischen Kläger und Beklagtem erforderlich. Der VöI i.e.S. kann sich nur i.R.d. Klageantrags beteiligen und darf nicht über den Streitgegenstand hinausgehen.[21] Die Sachherrschaft über den infrage stehenden Verwaltungsakt liegt auch während des Gerichtsverfahrens bei der zuständigen Behörde (BVerwGE 7, 226, 227). Angesichts des Behördenprivilegs des § 67 Abs. 4 S. 4 sowie der Notwendigkeit, dass der VöI über die Befähigung zum Richteramt verfügen muss (§ 37 Abs. 2), bedarf er keiner anwaltlichen Vertretung.[22] Eine Erstattung der Verfahrenskosten des VöI i.e.S. nach § 162 Abs. 1 scheidet regelmäßig aus.[23]

Da der VöI i.e.S. keine Gerichtsperson ist, findet § 54 über die Ausschließung und Ablehnung auf ihn keine Anwendung. Angesichts seiner Aufgabenstellung sollte aber der VöI bei Befangenheit von sich aus nicht an den entsprechenden Verwaltungsrechtsstreitigkeiten teilnehmen.[24] Zu prüfen ist auch, ob nicht die landesrechtlichen Bestimmungen zur Ausgestaltung des VöI i.e.S. eine ausdrückliche Regelung für den Fall seiner Befangenheit enthalten. **9**

4. Rechtsmittel. Der VöI i.e.S. kann als Prozessbeteiligter nach § 63 Nr. 4 Rechtsmittel einlegen. Da er das öffentliche Interesse im Prozess geltend machen soll, muss er nicht durch die angegriffene Entscheidung beschwert sein.[25] Allerdings darf der VöI i.e.S. ein Rechtsmittel nicht allein zur Korrektur einer von ihm als unrichtig empfundenen Entscheidungsbegründung einlegen. Eine Ausnahme hiervon wird nur gemacht, wenn sich eine andere Begründung auf die Tragweite einer klageabweisenden Entscheidung und damit auf den Umfang ihrer Rechtskraft auswirken kann (BVerwGE 85, 251; etwas anders BVerwG MDR 1977, 867, 868). **10**

Nach st. Rspr. kann der VöI i.e.S. auch noch nach der Verkündung und Zustellung eines Urteils seine Beteiligung zum alleinigen Zweck der Einlegung eines Rechtsmittels erklären.[26] Denn es kann sich erst nach Erlass einer gerichtlichen Entscheidung herausstellen, dass das öffentliche Interesse im Rechtsstreit zur Geltung kommen soll (BVerwGE 16, 265, 267 f.). Legt ein VöI, der bislang nicht prozessbeteiligt war, Berufung oder Beschwerde ein, liegt darin zugleich seine Beteiligungserklärung (OVG Münster 21.12.2001 – 10 A 1934/01). Was die Rechtsmitteleinlegung anbetrifft, ist in besonderem Maße auf die funktionelle Zuständigkeit des VöI i.e.S. zu achten. Wurde ein VöI sowohl beim VG als auch beim OVG bestellt, hat dies folgende Konsequenz: Da nach § 124 a Abs. 2 die Berufung beim VG und nach § 147 Abs. 1 die Beschwerde bei dem Gericht der angefochtenen Entscheidung einzulegen ist, muss der VöI beim VG das jeweilige Rechtsmittel einlegen. Sofern er seine Entscheidung nicht zugleich begründet, ist für die Begründung der Berufung sowie einer Beschwerde nach § 146 Abs. 4 der VöI beim OVG zuständig (§§ 124 a Abs. 3 S. 2, 146 Abs. 4 S. 2).[27] Gibt es nach dem jeweiligen Landesrecht nur einen VöI beim OVG, ist besondere Sorgfalt auf die Prüfung zu verwenden, ob er selbst Berufung oder Beschwerde einlegen kann. Da die Berufung bzw. der Antrag auf Zulassung der Berufung beim VG einzureichen ist (§ 124 a Abs. 2 S. 1, Abs. 4 S. 2), kann der VöI, dessen Zuständigkeit sich auf das OVG beschränkt, derartige Erklärungen nicht abgeben. Problematisch ist die Rechtslage bei der Beschwerde, die nach § 147 sowohl bei dem Gericht, dessen Entscheidung angefochten wird, als auch beim Beschwerdegericht eingereicht werden kann. Richtigerweise kann der VöI aufgrund sei- **11**

21 BVerwGE 9, 143, 144; 16, 265, 268; VGH München 20.2.1990 – 8 B 86.3220; VG Augsburg BayVBl 1982, 697, 698.
22 *F. Ebert*, KommunalPraxis MO 2001, 248, 249; *H. Geiger*, in: Eyermann § 36 Rn. 7; *M. Redeker*, in: Redeker/v. Oertzen § 36 Rn. 7; *W.-R. Schenke/J. Ruthig*, in: Kopp/Schenke § 36 Rn. 5; zur früheren Rechtslage BVerwGE 16, 265, 268 f.; 31, 5, 6; 67, 64, 65.
23 VG Sigmaringen NVwZ-RR 1998, 696 mit Ausnahme in Bezug auf die Kosten eines Rechtsmittels sowie der Wiederaufnahme.
24 OVG Münster NVwZ 1991, 489; VGH Mannheim 17.11.1992 – 3 S 2193/92; *F. Ebert*, KommunalPraxis MO 2001, 248, 249; *W.-R. Schenke/J. Ruthig*, in: Kopp/Schenke § 36 Rn. 3; *F. Wittreck*, in: Gärditz, § 36 Rn. 5.
25 BVerwGE 75, 337, 339; BVerwG BayVBl 1987, 698, 699; OVG Lüneburg OVGE 9, 394, 395 f.; VGH München NVwZ-RR 2013, 438, 439 f.; *B. Kastner*, in: HK-VerwR VwGO § 36 Rn. 4; *M. Redeker*, in: Redeker/v. Oertzen § 36 Rn. 6; *W.-R. Schenke/J. Ruthig*, in: Kopp/Schenke § 36 Rn. 5; *C. Steinbeiß-Winkelmann*, in: Schoch/Schneider/Bier § 36 Rn. 10.
26 BVerwGE 67, 64, 65; 90, 337, 339; 94, 269 ff.; BVerwG NVwZ-RR 1997, 519; OVG Münster 21.12.2001 – 10 A 1934/01; *H. Geiger*, in: Eyermann § 36 Rn. 5; *W.-R. Schenke/J. Ruthig*, in: Kopp/Schenke § 36 Rn. 5; *C. Steinbeiß-Winkelmann*, in: Schoch/Schneider/Bier § 36 Rn. 10; *T. Stuhlfauth*, in: Bader § 36 Rn. 3.
27 *H. Schmitz*, in: Posser/Wolff § 36 Rn. 9.

ner Zuordnung zum OVG keine Beschwerde einlegen. Denn die Bestimmung des § 147 Abs. 2 bezieht sich lediglich auf die Wahrung der Beschwerdefrist. Zumindest in den Fällen, in denen das Ausgangsgericht über eine Abhilfe der Beschwerde zu befinden hat, erscheint es plausibel, dass der VöI beim OVG keinen Einfluss auf dessen Tätigwerden nehmen kann. Auch bei Beschwerden nach § 146 Abs. 4, bei denen kein Abhilfeverfahren stattfindet, spricht eine Parallele zur Berufung dafür, dass der für das OVG bestellte VöI keine derartige Beschwerde erheben kann. Da der VöI seine Beteiligung nur vor dem OVG erklären kann, kann er gegenüber dem VG keine Erklärung abgeben.[28] Dementsprechend wird ihm das OVG erst dann Gelegenheit zur Äußerung geben, wenn andere Beteiligte ein Rechtsmittel eingelegt haben.

12   Der VöI kann sich nur solange am Rechtsstreit beteiligen und damit auch Rechtsmittel einlegen, solange die Rechtsmittelfrist für die anderen Beteiligten nicht abgelaufen ist.[29] Adressiert der VöI einen Schriftsatz falsch und versäumt er deshalb die Einhaltung einer Frist, kann ihm regelmäßig wegen Verschuldens keine Wiedereinsetzung gewährt werden (OVG Münster 23.5.2005 – 25 ZB 03.881). Nach der Intention der §§ 36 Abs. 1 S. 1, 63 Nr. 4 muss sich die Beteiligungserklärung auf einen anhängigen Rechtsstreit beziehen.[30] Mit Ablauf der Berufungsfrist für die anderen Beteiligten ist aber das Urteil rechtskräftig geworden. Möglicherweise kann der VöI i.e.S. Wiedereinsetzung beantragen, weil er es versäumt hat, seine Beteiligung vor Ablauf der für die anderen Beteiligten maßgeblichen Rechtsmittelfrist zu erklären. Zwar hat das BVerwG die Möglichkeit einer Wiedereinsetzung bejaht, wenn der VöI i.e.S. nach einer entsprechenden Beteiligungserklärung unverschuldet eine Frist nicht wahrt (BVerwG Buchholz 310 § 60 VwGO Nr. 99). Zur vorliegenden Frage hat es aber nur beiläufig erwähnt, dass sich der VöI i.e.S. zumindest nicht bloß pauschal und unsubstantiiert darauf berufen kann, er sei zu spät über das jeweilige Urteil informiert worden (BVerwGE 90, 337, 340; BVerwG NVwZ-RR 1997, 519). Nach dem Wortlaut des § 60 Abs. 1 muss der die Wiedereinsetzung Beantragende nicht Beteiligter sein. Es genügt, wenn jemand ohne Verschulden an einer Fristeinhaltung gehindert war. Allerdings lässt sich wohl kaum von der Nichteinhaltung einer gesetzlichen Frist sprechen. Denn § 63 Nr. 4 enthält selbst keine typische Fristvorgabe, sondern setzt für die Beteiligungserklärung nur das Vorliegen eines anhängigen Rechtsstreits voraus. Angesichts dessen, dass der VöI i.e.S. während der Gesamtdauer des Prozesses seine Beteiligung erklären kann, ist die Ausnahmevorschrift des § 60 nicht analog anzuwenden.[31] Unter Umständen kommt aber eine Wiederaufnahme des Verfahrens gem. § 153 Abs. 2 in Betracht.

13   **a) Berufung.** Der VöI kann lediglich unter der Voraussetzung gegen ein erstinstanzliches Urteil Berufung einlegen, dass sein Aufgabenbereich eröffnet ist, → Rn. 11.

14   **b) Anschlussberufung.** Der VöI i.e.S. kann sich gem. § 127 Abs. 1 S. 1 der Berufung anschließen. Da die Anschlussberufung beim OVG einzulegen ist (§ 127 Abs. 1 S. 2), kann sie nur von einem dort bestellten VöI erklärt werden.[32]

15   **c) (Anschluss-)Revision.** Hat sich der VöI vor dem OVG am Prozess beteiligt und legt ein anderer Beteiligter Revision ein, nimmt auch er am Revisionsverfahren teil.[33] Die Existenz des VBI schließt seine Prozessteilnahme nicht aus. Weder aus einer spezialgesetzlichen Regelung noch aus der Gesamtkonzeption der VwGO lässt sich eine Ausnahme von dem Grundsatz ableiten, dass der Rechtsstreit zwischen den an ihm Beteiligten zu Ende zu führen ist.[34] Der VöI kann selbst Revision erheben.[35] Soweit der VöI i.e.S. ordnungsgemäß seine Beteiligung erklärt hat, zählt er zum Kreis der in §§ 132 Abs. 1,

---

28   OVG Münster 21.12.2001 – 10 A 1934/01; OVG Lüneburg OVGE 7, 351, 353 ff.; 9, 394, 395 f.

29   BVerwG NVwZ 1993, 182; NJW 1994, 3024, 3025; NVwZ-RR 1997, 519; OVG Münster 21.12.2001 – 10 A 1934/01; *H. Geiger*, in: Eyermann § 36 Rn. 5; *B. Kastner*, in: HK-VerwR VwGO § 36 Rn. 4; *W.-R. Schenke/J. Ruthig*, in: Kopp/Schenke § 36 Rn. 5; *J. Unterreitmeier*, DÖV 2013, 343, 345.

30   OVG Münster OVGE 36, 289, 291; *H. Geiger*, in: Eyermann § 36 Rn. 5; *W.-R. Schenke/J. Ruthig*, in: Kopp/Schenke § 36 Rn. 3; *J. Unterreitmeier*, DÖV 2013, 343, 345.

31   S.a. *H. Schmitz*, in: Posser/Wolff § 36 Rn. 9; *C. Steinbeiß-Winkelmann*, in: Schoch/Schneider/Bier § 36 Rn. 10.

32   *H. Schmitz*, in: Posser/Wolff § 36 Rn. 9. Etwas anderes gilt, wenn noch ein Teil des Streitgegenstands beim VG anhängig ist und die Erklärung sich lediglich auf diesen Teil bezieht (so für die Revision BVerwG 94, 269 ff.).

33   *M. Redeker*, in: Redeker/v. Oertzen § 36 Rn. 6; *C. Steinbeiß-Winkelmann*, in: Schoch/Schneider/Bier § 36 Rn. 9.

34   BVerwGE 25, 170 ff.; anders noch BVerwGE 18, 205, 209 ff.; *C. Steinbeiß-Winkelmann*, in: Schoch/Schneider/Bier § 36 Rn. 8.

35   BVerwGE 90, 337, 339; *M. Redeker*, in: Redeker/v. Oertzen § 36 Rn. 6.

134 Abs. 1 genannten Rechtsmittelberechtigten.[36] Wegen seiner Zuordnung zum VG/OVG wird dafür jedoch vorausgesetzt, dass er seine Beteiligung während der Anhängigkeit des Rechtsstreits vor diesen Gerichten erklärt hat.[37] Es gibt für ihn kein von der Beteiligung in der Vorinstanz unabhängiges Beteiligungsrecht beim BVerwG (BVerwG NVwZ-RR 1997, 519). Sofern sich der VöI rechtzeitig bei den Gerichten seines funktionellen Zuständigkeitsbereichs beteiligt hat, kann er vor dem BVerwG Anschlussrevision erheben.[38] Ein vor dem BVerwG abgegebener Beteiligungsverzicht kann von dem VöI später nicht widerrufen werden (so ohne jegliche Begründung BVerwGE 25, 170, 176).

5. Außerordentliche Rechtsbehelfe. Selbst wenn der VöI nicht am vorausgegangenen Verfahren teilge- 16 nommen hat, kann er gem. § 153 Abs. 2 Nichtigkeits- und Restitutionsklage erheben. Noch nicht höchstrichterlich geklärt ist, ob der VöI i.e.S. eine Anhörungsrüge erheben kann[39] (→ § 152a Rn. 24 f.).

III. Der VöI als Behördenvertreter

1. Die Übertragung der Prozessvertretung. Nach § 36 Abs. 1 S. 2 können die Länder dem VöI allge- 17 mein oder für bestimmte Fälle die Vertretung des Landes oder von Landesbehörden übertragen. Dabei wird er grds. als Partei tätig. Entgegen mancher Stimmen[40] sprechen gute Gründe dafür, dass dem VöI grds. die Prozessvertretung von Gemeinden zugewiesen werden kann.[41] Er kann nicht nur mit der Prozessvertretung des Landes, sondern auch derjenigen von „Landesbehörden" betraut werden. Wegen des Bundesstaatsprinzips können die Länder ihren Bereich, wozu auch die unter Landesaufsicht stehenden Körperschaften zählen, grds. frei gestalten. Historischer Vorläufer des § 36 Abs. 1 S. 2 ist § 47 Abs. 2 VVG, der eine Prozessvertretung der Selbstverwaltungskörperschaften durch den VöI ausdrücklich ausschloss, damit dieser den Standpunkt der staatlichen Aufsichtsbehörde im Prozess in unabhängiger Weise zur Geltung bringen konnte. Mit Blick auf den Wortlaut und die Aufgabenstellung des VöI i.e.S. ist davon auszugehen, dass der Gesetzgeber daran festhalten wollte, dass der VöI Gemeinden zumindest in solchen Prozessen nicht vertreten kann, an denen er sich als VöI i.e.S. beteiligt.[42] Hinsichtlich der Ausgestaltung der Prozessvertretung steht den Ländern ein Gestaltungsspielraum zu. Sie können die Prozessvertretung rechtssatzmäßig in generell-abstrakter Weise auf den VöI übertragen oder diese in der Rechtsvorschrift von einer Übertragung im Einzelfall abhängig machen.[43] Lediglich in Bayern – früher auch in Thüringen – kann der VöI als Prozessvertreter agieren.[44]

Sofern nach dem jeweiligen Landesrecht vorausgesetzt wird, dass die Behörden den VöI mit der Ver- 18 tretung beauftragen, stellt sich in der Praxis die Frage, ob und wie der VöI als Behördenvertreter im Verwaltungsprozess seine Vertretungsbefugnis nachweisen muss. Da der VöI trotz einer solchen landesrechtlichen Ausgestaltung gesetzlicher Vertreter des Staates ist, gilt § 67 Abs. 6 nicht. Jedenfalls kann der VöI als Prozessvertreter ähnlich wie ein Anwalt einen Vertrauensvorschuss für sich in Anspruch nehmen. Deshalb können die Gerichte von ihm nur bei ernsthaften Zweifeln an seiner Vertretungsbefugnis den Nachweis seiner Beauftragung verlangen.[45]

Bei einer partiellen Prozessvertretung ist, sofern spezialgesetzlich nicht anders vorgesehen, dem VöI 19 durch die sachlich und örtlich zuständige Behörde der Auftrag zur Prozessvertretung zu erteilen.[46] Bis zur Anzeige der Vertretung des VöI hat das Gericht die Schriftsätze an den nach Landesrecht primär Zuständigen weiterzuleiten. Obliegt ihm dagegen generell die Prozessvertretung des Staates, sind analog § 67 Abs. 6 S. 5 die Zustellungen oder Mitteilungen des Gerichts sofort an den VöI zu richten.[47]

---

36 BVerwGE 16, 265, 267; 94, 269; *M. Redeker*, in: Redeker/v. Oertzen § 36 Rn. 6.
37 BVerwGE 90, 337, 339 f.; 94, 269 ff.; *W.-R. Schenke/J. Ruthig*, in: Kopp/Schenke § 36 Rn. 3.
38 BVerwG NVwZ 1993, 182; hat er sich vor diesem Gericht nicht beteiligt, kann er später nicht beim BVerwG eine Anschlussrevision einreichen; *C. Steinbeiß-Winkelmann*, in: Schoch/Schneider/Bier § 36 Rn. 10.
39 Dazu VGH München NVwZ-RR 2013, 438, 439 f.; *J. Unterreitmeier*, DÖV 2013, 343, 345 ff.
40 *Hufen* § 4 Rn. 34; *W.-R. Schenke/J. Ruthig*, in: Kopp/Schenke § 36 Rn. 1; *Ule* § 12 IV.
41 Wie hier *G. Püttner*, JZ 2000, 956.
42 So i.E. auch *W. Rzepka*, ThürVBl 1992, 35, 36; *C. Steinbeiß-Winkelmann*, in: Schoch/Schneider/Bier § 36 Rn. 4; zu dieser Problematik auch *A. Guckelberger*, BayVBl 1998, 257, 261.
43 *H. Geiger*, in: Eyermann § 36 Rn. 3; s.a. § 3 Abs. 3 der Verordnung über die Landesanwaltschaft Bayern.
44 §§ 3, 4 VO über die Landesanwaltschaft Bayern.
45 *F. Kopp*, ThürVBl 1994, 201, 202; *Th. Hutt*, LKV 1995, 278, 280.
46 *F. Kopp*, ThürVBl 1994, 201, 203.
47 Etwas anders *W. Rzepka*, ThürVBl 1992, 35, 36.

20   **2. Verfahrensrechtliche Stellung.** Vertritt der VöI den Staat im Prozess, ist er Partei. Daher hat er die gleichen Rechte und Pflichten wie jeder andere Kläger, Beklagte und Beigeladene. Da es sich um ein Vertretungsverhältnis handelt, können ihm, sofern keine anderweitige gesetzliche Regelung besteht, weitergehende Weisungen als in seiner Funktion als VöI i.e.S. erteilt werden. Er braucht nicht seine Beteiligung gem. § 63 Nr. 4 zu erklären, die Befangenheitsvorschrift des § 54 kommt nicht zur Anwendung. Der VöI kann in seiner Eigenschaft als Behördenvertreter ohne Weiteres vor dem BVerwG auftreten (BVerwGE 14, 77 f.). Für die Rechtsmitteleinlegung gelten die allgemeinen Grundsätze, insbes. muss eine Beschwer vorliegen. Bei einer Prozessvertretung durch den VöI liegt die Sachherrschaft über den infrage stehenden Verwaltungsakt weiterhin bei der Behörde (BVerwGE 7, 226, 227). Sie unterliegt infolge des Behördenprivilegs des § 67 Abs. 4 S. 4 bei Vertretung durch einen VöI nicht dem Vertretungszwang.[48]

21   **3. Vor- und Nachteile.** Für den VöI als Behördenvertreter wird u.a. geltend gemacht, dass er die Rspr. besser kenne, über eine breite Prozesserfahrung verfüge und aufgrund seiner etwas distanzierteren Stellung einerseits besser zwischen verschiedenen Behörden koordinieren, andererseits die Verwaltung und den Bürger von unnötigen Prozessen abhalten könne. Bei einer Prozessvertretung einer Behörde durch den VöI fielen dieser – anders als bei der Beauftragung eines Rechtsanwalts – keine Kosten zur Last.[49] Ein wesentlicher Vorteil der Eigenvertretung der Behörden ist dagegen oft die Sachnähe ihrer Prozessvertreter.[50] Auch sind die Gegebenheiten des jeweiligen Landes in den Blick zu nehmen. Während in kleineren Ländern und Stadtstaaten eine selbstständige Prozessvertretungsbehörde nicht für notwendig gehalten wird, soll die Übertragung der Prozessvertretung in Flächenstaaten durchaus sinnvoll sein, weil eine derartige Prozessvertretungsbehörde für die Gerichte ein wertvoller und ernst zu nehmender Gesprächspartner sei.[51]

IV.   Doppelfunktion des VöI

22   Strittig ist, ob der VöI an einem Verwaltungsprozess zugleich in seiner Funktion als VöI i.e.S. und als Vertreter des Staates teilnehmen kann. Z.T. wird eine Doppelfunktion des VöI befürwortet, da auch der klagende/beklagte Staat das öffentliche Interesse zu beachten habe.[52] Entweder müsse der VöI beide Auffassungen im Prozess darstellen[53] oder landesrechtlich wird ein Interessenausgleich[54] bzw. der Vorrang des vom VöI i.e.S. geltend zu machenden öffentlichen Interesses[55] angeordnet. Demgegenüber kann nach der Rspr. von einer Doppelfunktion des VöI lediglich bei einer generellen Betrachtung gesprochen werden. Im konkreten Verwaltungsprozess könne der VöI dagegen nur eine seiner Funktionen wahrnehmen.[56] Dahinter steht wohl der Gedanke, dass dem VöI als Behördenvertreter die notwendige Distanz fehlt, um zugleich das öffentliche Interesse wirksam geltend zu machen.[57] Auch die §§ 92 Abs. 1 S. 2, 153 Abs. 2 sowie die unterschiedlichen Voraussetzungen bei der Rechtsmitteleinlegung sprechen eher gegen eine Doppelfunktion des VöI. Denkbar ist jedoch, dass der VöI seine unterschiedlichen Funktionen nacheinander wahrnimmt. Bedenken entstehen allenfalls, wenn er Spezialwissen aus dem früheren „Mandatsverhältnis" gegen die von ihm vormals vertretene Partei einsetzt, d.h.

---

48   Solange diese Vorschrift nicht bestand, bejahte das BVerwG das Anwaltserfordernis. Dazu BVerwGE 13, 245 ff.; 13, 247 f.; 14, 77 f. sowie *A. Guckelberger*, BayVBl 1998, 257, 261 f.

49   *F. Ebert*, KommunalPraxis MO 2001, 248, 249.

50   M.w.N. *A. Guckelberger*, BayVBl 1998, 257, 259 ff.; *H. J. Schulz-Hardt*, Vertreter, 1968, 106 ff.

51   *Kugele* § 36 Rn. 4.

52   BVerwGE 7, 226, 227; VG Augsburg BayVBl 1982, 697 f.; *C. Fischer*, Gegenwart und Zukunft, 1984, 106 ff.; *W.-R. Schenke/J. Ruthig*, in: Kopp/Schenke § 36 Rn. 4.

53   *H. Fliegauf*, in: Die Vertretung des öffentlichen Interesses in der Verwaltungsgerichtsbarkeit, 1982, S. 52; *J. Schmidt*, in: Die Vertretung des öffentlichen Interesses in der Verwaltungsgerichtsbarkeit, 1982, S. 159.

54   *G. Berner*, BayVBl 1981, 129, 133; *H. Fliegauf*, in: Die Vertretung des öffentlichen Interesses in der Verwaltungsgerichtsbarkeit, 1982, 52; *C. Sailer*, in: Die Vertretung des öffentlichen Interesses in der Verwaltungsgerichtsbarkeit, 1982, 144.

55   In diese Richtung *C. Petzke*, BayVBl 1979, 653, 657.

56   BVerwGE 31, 5, 12; 36, 189, 192; BVerwG BayVBl 1989, 699; OVG Weimar ThürVBl 1999, 40, 41; *H. Schmitz*, in: Posser/Wolff § 36 Rn. 6.

57   *H. Geiger*, in: Eyermann § 36 Rn. 3; *G. Meyer-Hentschel*, in: Zehn Jahre Verwaltungsgerichtsordnung, 1970, 123; *K. Redeker*, in: Zehn Jahre Verwaltungsgerichtsordnung, 1970, 132; *E. Schmidt-Jortzig*, DÖV 1978, 913; *H. J. Schulz-Hardt*, Vertreter, 1968, 101 ff.; *C. Steinbeiß-Winkelmann*, in: Schoch/Schneider/Bier § 36 Rn. 4.

die Situation eines „Parteiverrats" vorliegt.[58] Nimmt ein VöI i.e.S. am Prozess teil, muss der Staat auf andere Weise im Prozess vertreten werden; seine Verfahrensbeteiligung kann eine notwendige Beiladung des Staates nicht ersetzen.[59]

§ 37 [Befähigung zum Richteramt]

(1) Der Vertreter des Bundesinteresses beim Bundesverwaltungsgericht und seine hauptamtlichen Mitarbeiter des höheren Dienstes müssen die Befähigung zum Richteramt haben oder die Voraussetzungen des § 110 Satz 1 des Deutschen Richtergesetzes erfüllen.

(2) Der Vertreter des öffentlichen Interesses bei dem Oberverwaltungsgericht und bei dem Verwaltungsgericht muß die Befähigung zum Richteramt nach dem Deutschen Richtergesetz haben; § 174 bleibt unberührt.

Durch § 37 wird gewährleistet, dass der Vertreter des Bundesinteresses (VBI) und die Vertreter des öffentlichen Interesses (VöI) tatsächlich qualifizierte Rechtspflegeeinrichtungen sind, d.h. über den notwendigen Sachverstand verfügen und dadurch den Richtern auf Augenhöhe begegnen.[1] Nach § 37 Abs. 1 müssen der VBI und seine hauptamtlichen Mitarbeiter die Befähigung zum Richteramt haben. Insoweit sind die §§ 5–7, 109 DRiG maßgeblich.[2] Es genügt jedoch auch, wenn sie die Voraussetzungen des § 110 S. 1 DRiG erfüllen, d.h. vor dem Inkrafttreten des DRiG (1.7.1962) die Befähigung zum höheren Verwaltungsdienst durch ein mindestens dreijähriges Studium der Rechtswissenschaften an einer Universität und das Ablegen der gesetzlich vorgeschriebenen Prüfung nach einer dreijährigen Ausbildung im öffentlichen Dienst erworben haben. Der VöI bei dem OVG und dem VG muss gem. § 37 Abs. 2 gleichfalls zum Richteramt befähigt sein (§§ 5–7, 109 DRiG). Allerdings bleibt § 174 unberührt. Nach dessen Abs. 1 wird für den VöI die Befähigung zum höheren Verwaltungsdienst der Befähigung zum Richteramt gleichgestellt. Allerdings gelten für den VBI und die Bundesanwälte beim BVerwG sowie die VöI mit dem Status eines Landesanwalts gem. § 122 Abs. 5 DRiG die Vorschriften der §§ 122 Abs. 1–4, 110 S. 1 DRiG. Insbes. dürfen sie weder außerdienstlich Rechtsgutachten erstatten noch entgeltlich Rechtsauskünfte erteilen (§§ 122 Abs. 5, 4, 41 Abs. 1 DRiG).

Ein eher theoretisches Problem ist die Frage nach den Folgen eines Verstoßes gegen § 37. Mangelt es an der für einen VöI notwendigen Befähigung, ist er nicht postulationsfähig.[3] Während des Prozesses können die Beteiligten seine Zurückweisung verlangen und bei einer Beeinträchtigung ihrer prozessualen Stellung die Unzulässigkeit seiner Anträge rügen.[4] Analog § 67 Abs. 3 S. 2 bleiben Prozesshandlungen und Zustellungen oder Mitteilungen trotz der fehlenden Postulationsfähigkeit bis zur Zurückweisung durch das Gericht wirksam.[5] Ein Verstoß gegen § 37 erfüllt nicht den absoluten Revisionsgrund des § 138 Nr. 4.[6]

---

58 OVG Weimar ThürVBl 1999, 40, 41; *W.-R. Schenke/J. Ruthig*, in: Kopp/Schenke § 36 Rn. 4.
59 BVerwGE 36, 188, 191; *H. Geiger*, in: Eyermann § 36 Rn. 3; *W.-R. Schenke/J. Ruthig*, in: Kopp/Schenke § 36 Rn. 4.
 1 *F. Wittreck*, in: Gärditz § 37 Rn. 1.
 2 Der Einigungsvertrag (BGBl 1990 II 889, 929 ff., 938 ff.) enthält ergänzende Bestimmungen zum DRiG.
 3 *H. Geiger*, in: Eyermann § 37 Rn. 3; *B. Kastner*, in: HK-VerwR VwGO § 37 Rn. 4; *H. Schmitz*, in: Posser/Wolff § 37 Rn. 2; *C. Steinbeiß-Winkelmann*, in: Schoch/Schneider/Bier § 37 Rn. 4; *F. Wittreck*, in: Gärditz § 37 Rn. 3.
 4 *B. Kastner*, in: HK-VerwR VwGO § 37 Rn. 4; *W.-R. Schenke/J. Ruthig*, in: Kopp/Schenke § 37 Rn. 2; *H. Schmitz*, in: Posser/Wolff § 37 Rn. 2; *C. Steinbeiß-Winkelmann*, in: Schoch/Schneider/Bier § 37 Rn. 4.
 5 *C. Steinbeiß-Winkelmann*, in: Schoch/Schneider/Bier § 37 Rn. 4.
 6 *H. Schmitz*, in: Posser/Wolff § 37 Rn. 2; *F. Wittreck*, in: Gärditz § 37 Rn. 4.

§ 38 [Dienstaufsicht]

(1) Der Präsident des Gerichts übt die Dienstaufsicht über die Richter, Beamten, Angestellten und Arbeiter aus.

(2) Übergeordnete Dienstaufsichtsbehörde für das Verwaltungsgericht ist der Präsident des Oberverwaltungsgerichts.

Schrifttum

1. Monographien und Beiträge in Sammelwerken: *H. Arndt/W. Fürst,* Rechtsschutzfragen zur Dienstaufsicht über Richter, in: FS für Wolfgang Zeidler, 1987, 175; *F. Baur,* Justizaufsicht und richterliche Unabhängigkeit, 1954; *H. Domcke,* Verfassungsrechtliche Aspekte der Justizverwaltung, in: FS für Karl Bengl, 1984, 3; *C. Fischer,* Disziplinarrecht und Richteramt, 2012; *H. Grimm,* Richterliche Unabhängigkeit und Dienstaufsicht in der Rechtsprechung des Bundesgerichtshofs, 1972; *G. Pfeifer,* Zum Spannungsverhältnis richterlicher Unabhängigkeit – Dienstaufsicht – Justizgewährungspflicht, in: FS für Karl Bengl, 1984, 85; *M. Minkner,* Die Gerichtsverwaltung in Deutschland und Italien, 2015; *J. Rühmann,* Die parlamentarische Verantwortung für die Verwaltungsgerichtsbarkeit, in: FS für Helmut Steinberger, 2002, 551; *R. Schmidt-Räntsch,* Dienstaufsicht über Richter, 1985; *J. Thomas,* Richterrecht, 1986; *C. Schütz,* Der ökonomisierte Richter, 2005; *F. Wittreck,* Die Verwaltung der Dritten Gewalt, 2006.

2. Beiträge in Zeitschriften: *N. Achterberg,* Die richterliche Unabhängigkeit im Spiegel der Dienstgerichtsbarkeit, NJW 1985, 304; *H. Arndt,* Die Unabhängigkeit des Richters – insbes. ihre Bedeutung für die Beurteilung, DRiZ 1971, 254; *ders.,* Grenzen der Dienstaufsicht über Richter, DRiZ 1974, 248; *ders.,* Zur Dienstaufsicht über Richter, DRiZ 1978, 78; *F. Baur,* Ist der Bundesgesetzgeber befugt, eine Vorschrift darüber zu treffen, daß Landesgerichte einem bestimmten Landesminister unterstellt werden?, JZ 1956, 119; *K. Bengl,* Zur Ausübung der Dienstaufsicht über Richter durch die Ministerialinstanz, DRiZ 1983, 343; *N. Bosch,* Sachliche und persönliche Unabhängigkeit von Gerichtspersonen, Jura 2015, 56; *W. Buschmann,* Der Schutz der richterlichen Unabhängigkeit in § 26 DRiG, RiA 1968, 26; *F. Busse,* Gute Rechtsprechung – Ressourcengarantie und Leistungsverpflichtung, Verhandlungen des 66. DJT, Bd. II/1, 2006, R 21; *H. Dinslage,* Richterliche Unabhängigkeit und Dienstaufsicht, DRiZ 1960, 201; *G. Erdsiek,* Das Rechtspflegeministerium, JZ 1962, 534; *S. Fleck,* Das Recht auf eine gute Justiz – Richter als Qualitätsverantwortliche, NJW 2007, 1427; *H. Forkel,* Erledigungszahlen unter (Dienst-)Aufsicht, DRiZ 2013, 132; *W. Funk,* Grenzen der Dienstaufsicht über Richter im Hinblick auf deren verfassungsrechtlich geschützte Unabhängigkeit, DRiZ 1978, 357; *M. Grünberg,* Die Dienstaufsicht über Verwaltungsrichter, LKV 1999, 354; *K. E. Heinz,* Die Dienstaufsicht über Beamte und Richter, DÖD 2009, 109 ff.; *H. Hieronimi,* Zur Dienstaufsicht über Richter, NJW 1984, 108; *U. Hochschild,* Gedanken zu einer stummen Säule des Staates, LKV 1999, 14; *W. Hoffmann-Riem,* Unabhängigkeit der Dritten Gewalt, Verhandlungen des 66. DJT, Bd. II/1, 2006, R 9; *P. van Husen,* Die Entfesselung der Dritten Gewalt, AöR 78 (1952/53), 49; *B. Kamphausen,* Zur Frage einer Beeinträchtigung der richterlichen Unabhängigkeit durch den Betrieb und die Administration eines EDV-Netzes im Bereich der rechtsprechenden Tätigkeit, JR 2012, 378; *H.-H. Kasten/A. Rapsch,* Dienstliche Äußerung und Richteramt, JR 1985, 311; *O. Kollmann,* Selbstverwaltung der Gerichte?, DÖV 1953, 600; *M. Kotulla,* Die verfassungsrechtliche Ausprägung der richterlichen Unabhängigkeit im 19. Jahrhundert, DRiZ 1992, 285; *E. Künzler,* Zur dienstlichen Beurteilung von Beamten und Richtern, SächsVBl 2008, 77; *D. Leuze,* Bemerkungen zu der Dienstaufsicht über Richter und zur richterlichen Befangenheit, DÖD 2002, 133; *ders.,* Richterliche Unabhängigkeit, DÖD 2005, 78; *K. Louven,* Richterliche Unabhängigkeit und Dienstaufsicht, DRiZ 1980, 429; *ders.,* Inhalt und Grenzen richterlicher Unabhängigkeit, DRiZ 1981, 299; *D. Maniotis,* Die Sicherung der richterlichen Unabhängigkeit bei der Kontrolle der Rechtsprechungstätigkeit im Rahmen des Beförderungsverfahrens, ZZP 105 (1992), 63; *T. Mayen,* Gute Rechtsprechung – Ressourcengarantie und Leistungsverpflichtung, DVBl 2006, 1008; *H.-J. Papier,* Die richterliche Unabhängigkeit und ihre Schranken, NJW 2001, 1089; *ders.,* Richterliche Unabhängigkeit und Dienstaufsicht, NJW 1990, 8; *W. Priepke,* Richterbeurteilungen und richterliche Unabhängigkeit in Hessen, DRiZ 1971, 146; *ders.,* Nochmals – Zur Ausübung der Dienstaufsicht über Richter durch die Ministerialinstanz, DRiZ 1984, 49; *K.-E. Rasch,* Organisationsrechtliche Probleme der Verwaltungsgerichtsbarkeit, VerwArch 60 (1969), 1; *M. Redeker,* Die Dienstaufsicht über Richter, SächsVBl 2007, 73; *J. Rozek,* Verwaltungsrichterliche Dienstaufsicht zwischen Bundes- und Landesrecht, DÖV 2002, 103; *K. Rudolph,* Zur Dienstaufsicht über Richter, DRiZ 1978, 146; *ders.,* Richterliche Unabhängigkeit und Dienstaufsicht, DRiZ 1979, 97; *ders.,* Die Unabhängigkeit des Richters, DRiZ 1984, 135; *W. Schaffer,* Die Unabhängigkeit der Rechtspflege und des Richters, BayVBl 1991, 641, 678; *ders.,* Die dienstliche Beurteilung von Richtern und Staatsanwälten, DRiZ 1992, 292; *E. Schäfke,* Die gesetzlichen Regelungen der Dienstaufsicht über die Gerichtsbarkeiten, ZRP 1983, 165; *E. Schilken,* Die Sicherung der Unabhängigkeit der Dritten Gewalt, JZ 2006, 860; *J. Schmidt,* Der Schutz der persönlichen Unabhängigkeit des Richters bei Personalentscheidungen und dienstlichen Beurteilungen, DRiZ 1981, 81; *H. Schnellenbach,* Der Rechtsweg bei Klagen gegen Richterbeurteilungen, DVBl 1980, 949; *H. Sendler,* Zur Unabhängigkeit des Verwaltungsrichters, NJW 1983, 1449; *D. Simon,* Rechtsprechung und Bürokratie, DRiZ 1980, 90; *H. Sodan,* Das Spannungsverhältnis von Qualität und Quantität in der Justiz, DÖV 2005, 764; *H. Stanicki,* Die Dienstnachschau, DRiZ 1986, 329; *R. Stober,* Maßnahmen der Dienstaufsicht und Richterdienstgericht, DRiZ 1976, 68; *ders.,* Die Dienstaufsicht über Richter in der Rechtsprechung des Bundesgerichtshofs, DRiZ 1978, 298; *A. Thiele,* Die Unabhängigkeit des Richters – Grenzenlose Freiheit? – Das Spannungsverhältnis zwischen richterlicher Unabhängigkeit und Dienstaufsicht, Der Staat 52 (2013), 415; *J. Wandtke,* Die Unabhängigkeit des Richters im außerdienstlichen Bereich, DRiZ 1984, 830; *F. Wittreck,* Durchschnitt als Dienstpflicht? Richterliche Erledigungszahlen als Gegenstand der Dienstaufsicht, NJW 2012, 3287.

I. Entstehungsgeschichte

Anlässlich der Verabschiedung der VwGO wurde das Thema der Ausgestaltung der Gerichtsverwaltung intensiv diskutiert. Die Vorschläge gingen so weit, die Verwaltungsgerichtsbarkeit ganz zu verselbstständigen.[1] So sollte dem heutigen § 38 ein Paragraph vorangehen, wonach das BVerwG und die OVG die gleiche staats-, verwaltungs- und haushaltsrechtliche Stellung wie die Rechnungshöfe haben (vgl. den Sonderdruck im Anhang an DVBl 1951, 568). Letztlich sah man jedoch von der Aufnahme einer derartigen Gesetzesbestimmung ab.[2] Der Vorschlag des Bundesrats, § 38 (bzw. nach der damaligen Fassung § 36) einen dritten Absatz anzufügen, wonach für das BVerwG die Bundesregierung, für die anderen Gerichte der Verwaltungsgerichtsbarkeit die Landesregierung, ein die Befugnisse der obersten Dienstaufsichtsbehörde wahrnehmendes Regierungsmitglied bestimmt,[3] wurde mangels Regelungsbedarfs abgelehnt (BT-Drs. 3/55, 81).   1

II. Aufbau der Vorschrift

§ 38 regelt zum einen, *über wen* die Dienstaufsicht auszuüben ist: Dies sind die Richter, Beamten, Angestellten und Arbeiter. Aus diesem Bezugspunkt folgt, dass § 38 lediglich die *personelle*, nicht aber die organisatorische Dienstaufsicht zum Gegenstand hat.[4] Zum anderen nennt § 38, *wer* für die Ausübung der Dienstaufsicht zuständig ist. Eine Regelung der obersten Dienstaufsicht fehlt. Die Vorschrift des § 38 lässt sich nicht ohne die anderen einfachgesetzlichen Vorschriften zur Dienstaufsicht verstehen, wie sie z.B. im DRiG oder in den beamten- bzw. arbeitsrechtlichen Vorschriften enthalten sind. Bei der Dienstaufsicht über die Richter muss stets bedacht werden, dass sie nach Art. 97 GG unabhängig und nur dem Gesetz unterworfen sind.   2

Aus der Zugehörigkeit des § 38 zum fünften Abschnitt im Teil 1 der VwGO unter dem Titel „Gerichtsverwaltung" wird deutlich, dass die Dienstaufsicht nicht zu den Aufgaben der Rspr., sondern zu den *exekutiven* Tätigkeiten zählt. Den Gerichtspräsidenten kommt deshalb eine „Doppelstellung" zu.   3

---

1 BT-Drs. 3/55, 29 f.; dazu *P. van Husen*, AöR 78 (1952/1953), 49 ff. und eher krit. *O. Kollmann*, DÖV 1953, 600 ff.; zu den verschiedenen Positionen aus jüngster Zeit einschließlich Vorschlägen zur Selbstverwaltung der Justiz *F. Brosius-Gersdorf* VVDStRL 74 (2015), 169, 214 ff.; *M. Minkner*, Die Gerichtsverwaltung, insbes. S. 751 ff.; *F. Wittreck*, Verwaltung, S. 27 ff.
2 BT-Drs. 3/55, 30; zur Möglichkeit der Wahrnehmung der Dienstaufsicht durch die Exekutive BVerfG BayVBl 1975, 112, 114; BFHE 93, 218, 221 f.; 91, 67, 73 f.
3 BT-Drs. 3/55, 70; § 38 Abs. 3 der VwPO (BT-Drs. 10/3437, 13) lautete: „Oberste Dienstaufsichtsbehörde für das BVerwG und den Bundesfinanzhof ist der Bundesminister der Justiz, für das Bundessozialgericht der Bundesminister für Arbeit und Sozialordnung."
4 *H. Geiger*, in: Eyermann § 38 Rn. 2; *B. Kastner*, in: HK-VerwR VwGO § 38 Rn. 1; *C. Kimmel*, in: Posser/Wolff § 38 Rn. 1; *W.-R. Schenke/J. Ruthig*, in: Kopp/Schenke § 38 Rn. 1; *P. Stelkens*, in: Schoch/Schneider/Bier § 38 Rn. 17; *T. Stuhlfauth*, in: Bader § 38 Rn. 1; s.a. BVerfG NVwZ 2016, 64, 768.

In ihrer Eigenschaft als Richter sind sie unabhängig, bei der Wahrnehmung der Dienstaufsicht weisungsgebunden.[5]

III. Zweck der Norm

4   Die Dienstaufsicht trägt zur Realisierung des Justizgewährungsanspruchs des Bürgers bei. Sie soll eine geordnete Rechtspflege entsprechend den Anforderungen des GG sowie die Einhaltung der gesetzlichen Vorgaben einschließlich der richterlichen Dienstpflichten sicherstellen.[6] Fast einhellig wird davon ausgegangen, dass auch bei Richtern trotz der verfassungsrechtlichen Garantie ihrer richterlichen Unabhängigkeit eine Dienstaufsicht notwendig ist.[7] Nach neuerer Ansicht haben die Gerichtsverwaltungen auch für geeignete Rahmenbedingungen für eine qualitätsorientierte Tätigkeit der Richter(innen) zu sorgen.[8] Wenn auch in eingeschränkterem Maße als bei der Verwaltung trägt die Dienstaufsicht über Richter zur demokratischen Legitimation bei.[9]

IV. Gesetzgebungskompetenz zum Erlass des § 38

5   Bereits bei Erlass der VwGO wurde die Frage aufgeworfen, ob und auf welcher Grundlage der Bund eine Regelung zur Dienstaufsicht über die Landesrichter erlassen dürfe. Vor einiger Zeit spitzte sich die Frage nach der Verfassungsmäßigkeit des § 38 Abs. 1 wieder zu, wenn man z.B. an die am 1.1.2001 in Sachsen in Kraft getretene Regelung denkt, dass das Staatsministerium der Justiz und für Europa oberste Dienstaufsichtsbehörde über die Richter, Beamten, Angestellten und Arbeiter der Gerichte der Verwaltungsgerichtsbarkeit ist.[10] Art. 98 Abs. 3 S. 2 GG a.F., wonach der Bund Rahmenvorschriften zur Rechtsstellung der Richter erlassen darf, passte als Kompetenztitel nicht vollumfänglich, weil § 38 nicht nur die Rechtsstellung der Richter betrifft und der Sinn und Zweck der Dienstaufsicht v.a. in der Gewährleistung einer funktionierenden Rechtspflege liegt.[11] Dass der Gesetzgeber mit § 38 keine Regelung zur Rechtsstellung der Richter treffen wollte, zeigt sich überdies an der Zuordnung des § 38 zum Teil 1 der VwGO unter der Überschrift „Gerichtsverfassung". Damit kommt als möglicher Kompetenztitel einzig Art. 74 Abs. 1 Nr. 1 GG in Betracht.[12] Der Begriff der Gerichtsverfassung meint v.a. die Ordnung des Gerichtswesens, die äußere Organisation der Rspr., insbes. den Aufbau der Gerichte, ihre Besetzung und Aufgabenverteilung.[13] Weitgehend Einigkeit besteht, dass diesem Bereich die Regelung des Inhalts und des Umfangs der Dienstaufsicht über die Gerichte und allen bei ihnen tätigen Personen unterfällt.[14] Strittig ist jedoch, ob und inwieweit er auch Regelungen zur Zuständigkeit hinsichtlich der Dienstaufsicht abdeckt. Dieses Problem ergibt sich daraus, dass sich hier zwei verschiedene Kompetenzbereiche überschneiden.

6   Die Befugnis des Bundes zum Erlass des § 38 wird mancherorts damit begründet, dass diese Norm zur Unabhängigkeit der rechtsprechenden Organe beiträgt, worin ein Organisationsprinzip der Gerichts-

---

5   *H. Geiger*, in: Eyermann § 38 Rn. 2; *B. Kastner*, in: HK-VerwR VwGO § 38 Rn. 1; *Kissel/Mayer* § 1 Rn. 45; *M. Minkner*, Die Gerichtsverwaltung, S. 272; *H.-J. Papier*, NJW 2001, 1089, 1090; *W.-R. Schenke/J. Ruthig*, in: Kopp/Schenke § 38 Rn. 1; *F. Wittreck*, Verwaltung, S. 17; s.a. *C. Schütz*, Der ökonomisierte Richter, S. 102 ff.

6   BGH NJW 2002, 359, 360; *S. Fleck*, NJW 2007, 1427, 1428; *H.-J. Papier*, NJW 1990, 8, 9 f.; *M. Minkner*, Die Gerichtsverwaltung, S. 158; *F. Wittreck*, in: Gärditz § 38 Rn. 2.

7   BFHE 91, 67, 72; BGH NJW 2002, 359, 360; *R. Schmidt-Räntsch*, Dienstaufsicht, 1985, 1 f.; *T. Mayen*, DVBl 2006, 1008, 1012; krit. *D. Simon*, DRiZ 1980, 90, 91 f.; *K. E. Heinz*, DÖD 2009, 109, 116.

8   *S. Fleck*, NJW 2007, 1427, 1429; s. zu den Modernisierungsansätzen *M. Bertrams*, DVBl 2006, 997 ff.; *T. Mayen*, DVBl 2006, 1008 ff.

9   *F. Wittreck*, Verwaltung, S. 143; a.A. *K. F. Röhl*, DRiZ 2000, 220, 227.

10   § 23 Abs. 1 Nr. 3 SächsJG, s. SächsGVBl 2000, 482; s.a. SächsGVBl 1997, 638 (§ 16 Abs. 1 Nr. 1 Sächsisches Just-AG).

11   *J. Rühmann*, FS Steinberger, 2002, 591; ähnl. *M. Grünberg*, LKV 1999, 354; zum Begriff des Landesjustizministeriums in Art. 98 Abs. 4 GG *F. Wittreck*, Verwaltung, S. 107. Seit der Föderalismusreform 2006 obliegt den Ländern die Ausgestaltung der Rechtsstellung der Richter, soweit der Bund die Statusrechte und -pflichten nicht gem. Art. 74 Abs. 1 Nr. 27 GG ausgestaltet hat.

12   Z.T. wird die Anwendbarkeit des Art. 74 Abs. 1 Nr. 1 GG auf die Verwaltungsgerichtsbarkeit verneint, so z.B. *v. Mangoldt/Klein/Pestalozza*, Das Bonner Grundgesetz, Bd. 8, 3. Aufl. 1996, Art. 74 Rn. 109 ff.; s.a. *F. Wittreck*, Verwaltung, S. 88 ff., 108 f.

13   *C. Degenhart*, in: Sachs Art. 74 Rn. 22; *B. Pieroth*, in: Jarass/Pieroth Art. 74 Rn. 8.

14   *F. Baur*, JZ 1956, 119, 120; *v. Mangoldt/Klein*, Das Bonner Grundgesetz, Bd. 2, 2. Aufl. 1964, Art. 74 Anm. VI 2 e; *T. Maunz*, in: Maunz/Dürig Art. 74 Rn. 74; *J. Rozek*, DÖV 2002, 103, 107; *F. Wittreck*, Verwaltung, S. 89.

verfassung zu sehen sei (BVerfG NJW 1962, 1495, 1496; BGHZ 112, 189, 193). Z.T. wird die Einschlägigkeit des Art. 74 Abs. 1 Nr. 1 GG verneint, weil § 38 eine Regelung der Justizverwaltung und nicht der Gerichtsverfassung zum Gegenstand habe.[15] Besonders deutlich wird dies in der Stellungnahme des Bundesrats zum Entwurf einer VwPO, in welcher er für die Streichung einer dem § 38 Abs. 2 korrespondierenden Bestimmung eintrat, weil die Dienstaufsicht als Angelegenheit der Justizverwaltung der Organisationsgewalt der Länder zuzurechnen sei (BT-Drs. 10/3437, 189 zu § 28 Abs. 2). Andere verweisen demgegenüber darauf, dass § 38 keine abschließende Regelung enthalte[16] oder er zumindest als Annex zur Gerichtsverfassung begründbar sei.[17]

Mit § 38 Abs. 1 entschied sich der Gesetzgeber dafür, dass ein der Rechtspflege angehörendes Organ, **7** nämlich der Gerichtspräsident, die Dienstaufsicht über das jeweilige Gericht wahrzunehmen hat. Da die Länder nicht über den Aufbau und die Organisation des Gerichtswesens entscheiden, fehlt hier der Bezug zu ihrer Organisationsgewalt hinsichtlich der Behörden. Grund für die Übertragung der Dienstaufsicht auf den Gerichtspräsidenten ist, dass dieser die Schwachstellen in seinem Betrieb am ehesten zur Kenntnis nehmen und am schnellsten die notwendigen Maßnahmen veranlassen wird. Aufgrund dieser Motivation zur Bereitstellung eines funktionierenden Gerichtsbetriebs ist der Kompetenztitel der Gerichtsverfassung einschlägig.[18] Darüber hinaus wollte der Gesetzgeber durch die Zuordnung der Dienstaufsicht zu den jeweiligen Gerichten die Einflussmöglichkeiten der Exekutive zurückschrauben. § 38 ist insoweit wie der ihm folgende § 39 auch eine Regelung zur Sicherstellung der Unabhängigkeit der Gerichte. Da der Schwerpunkt des § 38 Abs. 1 auf Aspekten der Gerichtsverfassung liegt, ist Art. 74 Abs. 1 Nr. 1 GG einschlägig.[19] Dieselben Erwägungen treffen auf § 38 Abs. 2 zu.

In Bezug auf die Dienstaufsicht durch den Präsidenten des VG und des OVG hat der Bund eine ab- **8** schließende Regelung getroffen. Die Sperrwirkung des Bundesgesetzes (Art. 72 Abs. 1 GG) steht dem Erlass von Landesvorschriften mit gleich lautendem Inhalt entgegen.[20] Unzulässig wäre es des Weiteren, wenn der Präsident des VG durch Landesrecht ganz oder teilweise von der Aufsicht über die Mitarbeiter seines Gerichts ausgeschlossen oder dem Präsidenten des OVG die übergeordnete Dienstaufsicht genommen würde.[21] Gute Gründe sprechen gegen die Annahme, dass der Bundesgesetzgeber mit § 38 generell die oberste Dienstaufsicht durch die Regierung ausschließen wollte. Denn nach dem Demokratieprinzip ist die parlamentarische Verantwortlichkeit für das Staatshandeln und damit auch für die Verwaltungsgerichtsbarkeit die Regel.[22] Indem der Gesetzgeber die Frage der Verselbständigung der Gerichtsverwaltung bewusst offen ließ, ging er davon aus, dass die oberste Dienstaufsicht weiterhin bei den Ministerien ressortieren kann. Welchem Ministerium konkret die oberste Dienstaufsicht über die Gerichte obliegt, ist von den Ländern zu entscheiden, da sie über die Aufgabenabgrenzungen innerhalb der einzelnen Ministerien bestimmen (zur Ressortierung → § 1 Rn. 53 ff.).

V. Zum Begriff der Dienstaufsicht

1. Gewöhnliche Bedeutung des Begriffs der Dienstaufsicht. In der Kommentarliteratur wird die **9** Dienstaufsicht regelmäßig dahin umschrieben, dass sie die Leitung, Ordnung, Organisation und Überwachung des Gerichtsbetriebs einschließlich der ordnungsgemäßen Durchführung der Amtsgeschäfte zum Gegenstand habe.[23] Diese Definition geht in Bezug auf § 38 zu weit, da er sich nach seinem Wortlaut auf die Dienstaufsicht „über die Richter, Beamten, Angestellten und Arbeiter" beschränkt. Der

---

15 *E. Schäfke,* ZRP 1983, 165, 166 f.; so wohl auch *J. Thomas,* Richterrecht, 1986, 18.
16 *M. Grünberg,* LKV 1999, 354.
17 *P. Stelkens,* in: Schoch/Schneider/Bier § 38 Rn. 2.
18 *P. Stelkens,* in: Schoch/Schneider/Bier § 38 Rn. 2 meint, die Festlegung der Zuständigkeit zur Dienstaufsicht gehöre traditionell zum Bereich der Gerichtsverfassung.
19 So i.E. auch BGHZ 112, 189, 192; *v. Mangoldt/Klein,* Das Bonner Grundgesetz, Bd. 2, 2. Aufl. 1964, Art. 74 Anm. VI 2 e; *E. Rasch,* VerwArch 60 (1969), 1, 18; *J. Rozek,* DÖV 2002, 103, 107; *J. Rühmann,* FS Steinberger, 2002, 591; *F. Wittreck,* Verwaltung, S. 108 f.; *F. Baur,* JZ 1956, 119, 122 meint hinsichtlich der möglichen Vorgabe eines Rechtspflegeministeriums, dass die Justizgewährung im Vordergrund stehe und es weniger um die Frage einer einheitlichen Leitung gehe. A.M. *Schmidt-Räntsch* § 26 Rn. 10.
20 BVerfGE 36, 342, 363 f.; 37, 191, 200; 102, 99, 114 f.; *J. Rozek,* DÖV 2002, 103, 109.
21 *J. Rühmann,* FS Steinberger, 2002, 592 f.
22 *J. Rühmann,* FS Steinberger, 2002, 593 f.; dazu auch BGH NJW 2002, 359, 360.
23 *H. Geiger,* in: Eyermann § 38 Rn. 2; *C. Kimmel,* in: Posser/Wolff § 38 Rn. 1; *W.-R. Schenke/J. Ruthig,* in: Kopp/Schenke § 38 Rn. 1; umfassend zur Gerichtsverwaltung *F. Wittreck,* Verwaltung, S. 16 ff.; s.a. *Roller/Stadler,* NVwZ 2015, 401, 403.

Gesetzgeber hat lediglich die personelle Dienstaufsicht geregelt.[24] Unter dieser versteht man normalerweise die durch den Dienstvorgesetzten erfolgende Aufsicht über die Pflichtenerfüllung des Amtsträgers im Innenverhältnis zu seinem Dienstherrn.[25] Sie beinhaltet insbes., ob die beim Verwaltungsgericht tätigen Personen ihrer Gesetzesbindung inner- und ggf. außerhalb des Dienstes nachkommen.[26] Zur Sicherstellung der ordnungsgemäßen Amtsführung kann der Vorgesetzte das dienstliche Verhalten der Bediensteten beobachten (Beobachtungsfunktion) und daraus die entsprechenden Konsequenzen ziehen (Berichtigungsfunktion).[27]

10 **2. Die Rechtsprechung zum Begriff der Dienstaufsicht bei Richtern.** Das *Dienstgericht des Bundes* tendiert zu einer *weiten* Auslegung des Begriffs der Dienstaufsicht, um den Richtern einen möglichst umfassenden Schutz gegenüber den Dienstaufsichtsbehörden zu gewähren.[28] Es genüge jede Einflussnahme der dienstaufsichtsführenden Stelle, auch wenn sie sich nur mittelbar auf die Tätigkeit des Richters auswirke[29] und einen Bezug zu dieser aufweise.[30] Dafür sei nicht unbedingt notwendig, dass sich die Maßnahme der Dienstaufsicht unmittelbar an den einzelnen Richter wende. Es genüge, wenn sie – wie etwa bei der Einführung gleitender Arbeitszeit – das künftige dienstliche Verhalten beeinflussen könne (BGH NJW 1991, 1103; s.a. BGH NJW 2008, 1448, 1450; NJW 2015, 1250 f.). In einigen Entscheidungen wird hervorgehoben, dass für eine Dienstaufsichtsmaßnahme ein Konfliktfall zwischen der Justizverwaltung und dem Richter vorliegen und sich diese in irgendeiner Weise kritisch mit dem Verhalten des Richters befassen müsse.[31] Erfasst werde auch ein Schreiben, das das Verhalten eines Richters zum Gegenstand habe, selbst wenn es nicht zur Bekanntgabe an ihn bestimmt sei (BGHZ 47, 275, 283).

11 Jede Meinungsäußerung einer dienstaufsichtsführenden Stelle, die sich kritisch mit dem dienstlichen oder außerdienstlichen Verhalten des Richters befasst, wird als Dienstaufsichtsmaßnahme qualifiziert.[32] Typische Maßnahmen der Dienstaufsicht sind solche, die eine Kontrolle der Bediensteten bewirken. Als Beispiele hierfür werden die Geschäftsprüfung (Nachschau)[33] oder die Billigung des Dienstvorgesetzten genannt, eine Telefonanlage einzubauen, die bei jedem geführten Gespräch automatisch die Gesprächsdaten erfasst (BGH NJW 1995, 731). Als Dienstaufsichtsmaßnahme wurde der Betrieb und die Administration des EDV-Netzes im Rechtsprechungsbereich eingestuft (BGH MDR 2011, 1508). Dienstliche Beurteilungen[34] werden vom BGH als Maßnahmen der Dienstaufsicht angesehen, während Teile in der Lit. und Rspr. dies verneinen, da sie nur die eignungs- und leistungsmäßige Verwendung der Beurteilten für die Besetzung von Dienstposten oder Beförderungen bezwecke (BVerfG NVwZ 2016, 764). Auch die Ankündigung einer künftigen Referendarszuweisung sei eine Dienstaufsichtsmaßnahme, weil darin eine kritische Äußerung gegenüber der vom Betroffenen bereits zum Ausdruck gebrachten ablehnenden Haltung liege (BGH NJW 1991, 426). Dienstaufsichtliche Maßnahmen stellen Weisungen und Empfehlungen an das Präsidium dar, aber auch Anregungen, eine i.R. der Geschäftsverteilung zu treffende Entscheidung in einer bestimmten Weise vorzunehmen (BVerwG NJW 1991, 424). Ebenso wurde die Äußerung eines Gerichtspräsidenten bewertet, wonach die Unterrichtsverpflichtung der Anwälte i.R. der Referendarsausbildung einen Terminverlegungsgrund darstelle (BGH NJW 2008, 1448, 1450). Während die bloße Bereitstellung eines Raumes für

---

24 C. *Kimmel*, in: Posser/Wolff § 38 Rn. 1.
25 M. *Klaproth*, DÖD 2001, 57; H. *Schnellenbach*, DVBl 1980, 949, 950; J. *Thomas*, Richterrecht, 1986, S. 9; s.a. BVerfG, NVwZ 2016, 764, 768.
26 F. *Wittreck*, in: Gärditz § 38 Rn. 4.
27 Dazu H. *Arndt*/W. *Fürst*, FS Zeidler, 1987, 175; *Kissel/Mayer* § 1 Rn. 44; J. *Thomas*, Richterrecht, 1986, 9; *Schmidt-Räntsch* § 26 Rn. 5; P. *Stelkens*, in: Schoch/Schneider/Bier § 38 Rn. 17.
28 BGHZ 95, 313, 324; BGH NJW 2008, 1448, 1450; MDR 2011, 1508; NVwZ-RR 2015, 826, 827.
29 BGHZ 47, 275, 282; BGH NJW-RR 2002, 929, 931; NVwZ 2005, 1223, 1224; MDR 2011, 1508; NVwZ-RR 2015, 826, 827; M. *Redeker*, SächsVBl 2007, 73, 75.
30 BGHZ 95, 313, 324; BGH NJW 1985, 1471, 1472; 1987, 2442; 1991, 426; NVwZ 2005, 1223, 1224; MDR 2011, 1508; M. *Redeker*, SächsVBl 2007, 73, 75.
31 BGHZ 61, 374, 378; BGH NJW 2008, 1448, 1450; NJW-RR 2011, 700; NVwZ-RR 2015, 826, 827.
32 BGHZ 57, 344, 346; 90, 41, 43; BGH NJW 1992, 46; 1995, 2115; DRiZ 1998, 20, 22; NJW-RR 2002, 929, 931.
33 BGH NJW 1991, 421, 422.
34 BGHZ 90, 41, 43; 95, 313, 320; BGH NJW 2002, 359; zu vorbereitenden Maßnahmen für die dienstliche Beurteilung BGH NVwZ-RR 2015, 826, 827 f.; a.M. H. *Schnellenbach*, DVBl 1980, 949, 950, welcher mehr das Leistungsprinzip und weniger den Förderzweck in den Vordergrund stellt. BVerwG DVBl 1986, 951 betont den sachlichen Zusammenhang zwischen der dienstlichen Beurteilung und der Wahrnehmung der Dienst- und Fachaufsicht.

bestimmte Tätigkeiten eine Organisationsentscheidung ist, stellt die Weisung, diesen für Vorführungen zu nutzen, eine Maßnahme der Dienstaufsicht dar (BGH NJW 2015, 1250, 1251).

Keine Maßnahmen der Dienstaufsicht sind nach dem Bundesdienstgericht Entscheidungen über die 12 Geschäftsverteilung. Denn dienstaufsichtliche Maßnahmen müssen das Verhalten eines bestimmten Richters bzw. einer Gruppe von Richtern betreffen und einen konkreten Bezug zur richterlichen Tätigkeit aufweisen.[35] Das Dienstgericht ließ offen, ob in einer Urlaubsverweigerung eine Maßnahme der Dienstaufsicht liegt, verneinte vielmehr die Beeinträchtigung der richterlichen Unabhängigkeit (BGHZ 85, 145, 150). Es sah mangels einer Konfliktlage in der Beantwortung einer Anfrage über die Rechtsauffassung des Justizministers keine Maßnahme der Dienstaufsicht.[36] Bloß allgemein gehaltene, von einem bestimmten Vorgang losgelöste rechtliche Hinweise der Justizverwaltung sind keine Maßnahmen der Dienstaufsicht (BGH NJW-RR 2002, 929, 931; NJW-RR 2014, 702). Vorsicht sei bei der Qualifizierung eines Vieraugengesprächs zwischen dem Dienstvorgesetzten und einem Richter als Maßnahme der Dienstaufsicht geboten. Möglich sei eine solche, wenn im Zusammenhang mit kurz zuvor eingegangenen Dienstaufsichtsbeschwerden der Hinweis gegeben werde, früher zu terminieren. Wichtig sei es jedoch, Gespräche im Vorfeld einer Dienstaufsichtsmaßnahme von dieser selbst auszunehmen (BGH NJW 1985, 1471, 1472).

3. Stellungnahme. Das Dienstgericht des Bundes bejaht in aller Regel das Vorliegen einer Maßnahme 13 der Dienstaufsicht, wenn eine Beeinträchtigung der Unabhängigkeit des Richters möglich ist. Es vernachlässigt, dass seine Zuständigkeit nach § 26 Abs. 3 DRiG von zwei Voraussetzungen abhängt.[37] Erstens muss es sich um eine Maßnahme der Dienstaufsicht handeln. Zweitens muss als Klagegrund eine Beeinträchtigung der richterlichen Unabhängigkeit geltend gemacht werden. Der Klagegrund ist mit dem Gegenstand der Klage nicht identisch. Zuzustimmen ist dem Bundesdienstgericht darin, dass dienstaufsichtliche Maßnahmen nicht die Unabhängigkeit des Richters berühren dürfen. Der abstrakte Bedeutungsgehalt des Begriffs der Dienstaufsicht muss jedoch losgelöst von Art. 97 GG bestimmt werden.[38] Eine Anordnung, welche die richterliche Unabhängigkeit unberührt lässt, kann, muss aber nicht, stets eine Maßnahme der Dienstaufsicht sein. Betont man, dass das Bundesdienstgericht gem. § 26 DRiG nur für die Kontrolle dienstaufsichtlicher Maßnahmen zuständig ist, bedeutet dies nicht zwangsläufig, dass die Richter im übrigen Bereich rechtsschutzlos gestellt sind. Vielmehr ist dann der Verwaltungsrechtsweg zu beschreiten.[39]

Die Dienstaufsicht nach der Verordnung des ehemaligen Landes Württemberg-Hohenzollern vom 14 12.4.1951 umfasste a) die Überwachung eines geordneten, den Gesetzen und sonstigen Vorschriften entsprechenden Geschäftsganges bei den Gerichten und den diesen nachgeordneten Behörden, b) die Überwachung eines den Gesetzen und Dienstvorschriften entsprechenden Verhaltens der Richter und der den Gerichten angehörigen oder bei ihnen beschäftigten Beamten, Angestellten und Arbeitern und die Anordnung geeigneter Maßnahmen zur Abhilfe gegen Versäumnisse, Verstöße und Ordnungswidrigkeiten, c)[...], d) die Ausstellung von Dienstzeugnissen, e) die Entscheidung von Dienstaufsichtsbeschwerden, f) den Erlass von Dienstvorschriften.[40] Nach der Preußischen Dienststrafordnung für richterliche Beamte von 1932 lag in der Aufsicht die Befugnis, die ordnungswidrige Ausführung eines Amtsgeschäfts zu rügen und zu dessen rechtzeitiger und sachgemäßer Erledigung zu ermahnen.[41] Da in den Gesetzesmaterialien nichts darauf hindeutet, dass künftig ein anderer Begriff der Dienstaufsicht zugrunde zu legen ist, ist davon auszugehen, dass man an dem herkömmlichen Bedeutungsgehalt des Begriffs der Dienstaufsicht festhalten wollte. Bestätigt wird dies durch § 26 Abs. 2 DRiG, wonach die Dienstaufsicht über die Richter auch die Befugnis umfasst, in bestimmter Weise auf die ordnungswidrige Art der Ausführung der Amtsgeschäfte zu reagieren.

---

35 *C. Kimmel*, in: Posser/Wolff § 38 Rn. 16.
36 BGHZ 61, 374, 378 ff.; 85, 145, 167; BGH NJW 1984, 2471, 2472; 2008, 1448, 1450.
37 S.a. *C. Schütz*, Der ökonomisierte Richter, S. 104 ff.
38 So auch *F. Wittreck*, in: Gärditz § 38 Rn. 4.
39 Dazu *H. Schnellenbach*, DVBl 1980, 949, 950 f., der aus diesem Grund eine Qualifizierung der richterlichen Beurteilungen als Dienstaufsichtsmaßnahme nicht für notwendig hält. S.a. BVerfG NVwZ 2016, 764, 768.
40 Abgedruckt bei *Koehler* 175; w.N. zu früheren Definitionen des Begriffs der Dienstaufsicht bei *Schmidt-Räntsch* § 26 Rn. 17 ff.
41 Abgedruckt bei *Schmidt-Räntsch* § 26 Rn. 17.

15   Die Dienstaufsicht ermöglicht es dem Gerichtspräsidenten, Anordnungen zu erlassen, die zur ordnungsgemäßen Erledigung der Dienstgeschäfte beitragen.[42] Wegen des Wortlauts des § 38 erstreckt sie sich nur auf solche Maßnahmen, die einen personellen Bezug aufweisen. Aufgrund der Dienstaufsicht kann der Präsident den am Gericht beschäftigten Personen Vorgaben zu ihren Dienstgeschäften machen, die von ihnen zu beachten sind. Unter die Dienstaufsicht fallen v.a. Reaktionen auf ein amtspflichtwidriges Verhalten, wie insbes. anhand von § 26 Abs. 2 DRiG deutlich wird. Allerdings dürfte sich die Dienstaufsicht nicht ausschließlich auf derartige reagierende Tätigkeiten beschränken. Dienstaufsicht ist die Aufsicht über den Dienst von Personen. Sie ist eine Tätigkeit, die auch die Beobachtung im Vorfeld beinhaltet, ob das Personal seine Amtsgeschäfte pflichtgemäß wahrnimmt.[43]

VI. Der Dienstaufsicht unterliegender Personenkreis

16   Die Dienstaufsicht wird über Richter, Beamte, Angestellte und Arbeiter ausgeübt. Die Richterschaft unterteilt sich gem. §§ 15 ff. in haupt- und ehrenamtliche Richter. Streitig ist, ob sich die Dienstaufsicht auch auf ehrenamtliche Richter erstreckt. Dagegen spricht, dass sie grds. nicht in einem Dienstverhältnis stehen (→ § 19 Rn. 12).[44] Andererseits sprechen der weit gefasste Wortlaut des § 38 Abs. 1, die Systematik (§ 24 Abs. 1 Nrn. 1, 2, 4, Abs. 3) sowie die mit der Dienstaufsicht verfolgte Gewährleistung einer ordnungsgemäßen Rechtspflege dafür, ehrenamtliche Richter nicht ganz aus dieser herauszunehmen.[45] Da sie weniger Berührungspunkte zur Gerichtsbarkeit als die hauptamtlichen Richter haben, ist die Dienstaufsicht über sie auch weniger weitgehend. Die Beamteneigenschaft bestimmt sich nach den beamtenrechtlichen Regelungen. Beispielhaft seien die Urkundsbeamten der Geschäftsstelle genannt. Indem § 38 Abs. 1 das gesamte Personal der Gerichtsverwaltung in die Dienstaufsicht des Gerichtspräsidenten einbezieht, wird auf umfassende Weise ein funktionierender Gerichtsbetrieb sichergestellt. Dem Umstand, dass Richter der Dienstaufsicht des Gerichtspräsidenten unterliegen, kann als solchem keine Befangenheit entnommen werden. Wegen der richterlichen Unabhängigkeit ist es der Dienstaufsicht verwehrt, auf die Entscheidung der Richter Einfluss zu nehmen. Täte sie es dennoch, wäre sie selbst dienstaufsichtlichen Maßnahmen ausgesetzt (BVerwG 19.12.2012 – 5 AV 3/12).

VII. Zuständigkeit bei der Dienstaufsicht gem. § 38 Abs. 1

17   Nach § 38 Abs. 1 ist für die Ausübung der Dienstaufsicht der *Präsident* des Gerichts zuständig. Diese Regelung bezieht sich auf die gesamte Verwaltungsgerichtsbarkeit.[46] Der Präsident des VG beaufsichtigt die Mitarbeiter des VG, derjenige des OVG das dortige Personal (§ 38 Abs. 2). § 38 Abs. 1 begründet für den Gerichtspräsidenten eine Pflicht, aber auch eine Befugnis.[47] Daraus folgt zugleich, dass er diese nicht beliebig auf andere Personen übertragen kann. Im Falle seiner Verhinderung muss sein Vertreter handeln.[48] Da die Ausübung der Dienstaufsicht dem Präsidenten in seiner Funktion als Behördenleiter obliegt, während mit dem Amt des Vizepräsidenten keine spezifischen Aufgaben der Justizverwaltung verbunden sind, wird die Eignung einer Person in Bezug auf das zuletzt genannte Amt nicht bereits aus dem Grund per se infrage gestellt, weil sich bei Ausübung der Dienstaufsicht über eine nachgeordnete Behörde Bedenken aufgrund familiärer Beziehungen ergeben (BVerfG NVwZ 2016, 59, 61). Der Präsident kann bei der Ausübung der Dienstaufsicht andere Personen zur Mithilfe heranziehen, solange die Entscheidung über das „Ob" und „Wie" der Maßnahme bei ihm liegt und die beauftragten Personen nur als ausführendes und nicht als entscheidendes Organ in Erscheinung treten.[49] Es muss ausgeschlossen sein, dass diesen Personen ein eigener Beurteilungsspielraum zukommt (BGHZ 85, 145, 151 f.). Da es sich bei der Ausübung der Dienstaufsicht um eine Tätigkeit der

---

42 *Schunck/De Clerck* § 38 Rn. 1 c.
43 F. *Wittreck*, Verwaltung, S. 144 f.; *ders.*, in: Gärditz § 38 Rn. 4.
44 C. *Kimmel*, in: Posser/Wolff § 38 Rn. 1; M. *Schmid*, in: Hübschmann/Hepp/Spitaler § 31 FGO Rn. 4; a.M. *Schunck/De Clerck* § 38 Rn. 1 c.
45 S.a. F. *Wittreck*, in: Gärditz § 38 Rn. 7.
46 H. *Geiger*, in: Eyermann § 38 Rn. 1; B. *Kastner*, in: HK-VerwR VwGO § 38 Rn. 1; P. *Stelkens*, in: Schoch/Schneider/ Bier § 38 Rn. 18.
47 *Klinger* 123.
48 S. F. *Wittreck*, Verwaltung, S. 351; VG Würzburg BayVBl 2011, 281.
49 BGH NVwZ-RR 2015, 826, 830. Nach J. *Rühmann*, FS Steinberger, 2002, 561 dürfen nichtrichterliche Personen bei der Geschäftsprüfung allenfalls als Hilfskräfte herangezogen werden.

Gerichtsverwaltung handelt, kann sich der Präsident dabei der Mithilfe von Richtern (§ 42 DRiG) bedienen. Ein Praxisbeispiel dafür sind Beurteilungsbeiträge der Spruchkörpervorsitzenden.[50] Die Vorgabe des § 38 Abs. 1 zur Zuständigkeit für die Dienstaufsicht verbietet es den übergeordneten Dienstaufsichtsbehörden, generell die Dienstaufsichtsfunktion der Gerichtspräsidenten wahrzunehmen bzw. diese an sich zu ziehen.[51] Abweichungen hiervon kommen nur aufgrund einer gesetzlichen Ermächtigungsnorm in Betracht.[52] Das OVG Bautzen hält es für mit § 38 vereinbar, wenn der Präsident des VG dienstliche Beurteilungen erstellt, die vom Präsidenten des OVG geprüft und bei gegebenem Anlass abgeändert werden (OVG Bautzen NVwZ 2006, 222, 224). Geht es um die Besetzung der (Vize-)Präsidentenstelle, ist bei der Feststellung der Eignung auch auf die Anforderungen aus der Wahrnehmung von Aufgaben der Gerichtsverwaltung abzustellen (VG Würzburg BayVBl 2011, 281; s.a. BVerfG NVwZ 2016, 59, 61).

VIII. Zur Ausübung der Dienstaufsicht

1. Die Ausübung der Dienstaufsicht bei Richtern. Die Dienstaufsicht bei Richtern muss so ausgeübt 18 werden, dass nicht in ihre grundrechtsähnliche Rechtsstellung aus Art. 97 GG eingegriffen wird. Mangels Bezug zur Rechtsprechungstätigkeit ist dies bei Anordnungen des Gerichtspräsidenten hinsichtlich richterlicher Nebentätigkeiten oder Beihilfefestsetzungen regelmäßig unproblematisch.[53] Die Richter sind gem. Art. 97 Abs. 1 GG unabhängig und nur dem Gesetz unterworfen. Im Interesse einer allein am Gesetz ausgerichteten Rspr. muss jede Einflussnahme von außen auf die richterliche Tätigkeit unterbleiben.[54] Aufgrund der sachlichen Unabhängigkeit muss der Richter seine Entscheidung frei von Weisungen fällen können, weshalb „Art. 97 Abs. 1 GG jede vermeidbare auch mittelbare, subtile und psychologische Einflussnahme der Exekutive auf die Rechtsstellung des Richters" verbietet (BVerfG NVwZ 2016, 764, 766). Demnach muss der Dienstvorgesetzte i.R. der Dienstaufsicht von seiner Beobachtungs- und Berichtigungsfunktion so Gebrauch machen, dass er keinen Einfluss oder Druck auf die sachliche und persönliche Unabhängigkeit des Richters ausübt (BGH NJW 1988, 418, 419). Nach dem BVerfG kann die Schwelle zur verbotenen Einflussnahme überschritten werden, wenn ein besonnener Richter durch ein Gefühl des unkontrollierbaren Beobachtetwerdens von der Verwendung seiner Arbeitsmittel zur Erfüllung seiner richterlichen Aufgaben abgehalten wird (BVerfG DRiZ 2013, 142, 143). Dabei ist die Grenzziehung, wann durch eine Maßnahme die Unabhängigkeit der Richter schon bzw. nicht mehr beeinträchtigt wird, äußerst schwierig. Zum Schutz der richterlichen Unabhängigkeit ist dieser Begriff *weit* zu interpretieren.[55] Die Rspr. differenziert danach, ob die Dienstaufsichtsmaßnahme den Kern- oder den Randbereich der richterlichen Tätigkeit betrifft. Nach ständiger Rspr. der Dienstgerichte sind Dienstaufsichtsmaßnahmen zulässig, wenn es um die Sicherung eines ordnungsgemäßen Geschäftsablaufs, die äußere Form der Erledigung des Amtes oder um solche Fragen geht, die dem Kernbereich der Rechtsprechungstätigkeit so weit entrückt sind, dass sie nur noch als zur äußeren Ordnung gehörend anzusehen sind (→ § 1 Rn. 70 ff.).[56]

a) Der Kernbereich der richterlichen Tätigkeit. Zum *Kern*bereich der richterlichen Tätigkeit gehören 19 die Rechtsfindung und der Rechtsspruch,[57] deren Korrektur der Betroffene ggf. im Instanzenzug er-

---

50 Dazu *J. Rühmann*, FS Steinberger, 2002, 572.
51 OVG Bautzen NVwZ 2006, 222, 224; *H. Geiger*, in: Eyermann § 38 Rn. 1; *J. Rozek*, DÖV 2002, 103, 106; *P. Stelkens*, in: Schoch/Schneider/Bier § 38 Rn. 19.
52 *P. Stelkens*, in: Schoch/Schneider/Bier § 38 Rn. 19. Dazu, dass es nicht ausgeschlossen ist, einzelne Aufgaben oder Befugnisse ausschließlich der obersten Dienstaufsichtsbehörde zuzuweisen, BGH NVwZ-RR 2016, 586, 587.
53 BGH NJW 2012, 939, 940; *C. Kimmel*, in: Posser/Wolff § 38 Rn. 5.
54 BVerwG NJW 1988, 1748 f.; BGH NVwZ-RR 2015, 826, 827; BVerwG NVwZ-RR 2008, 45 entnimmt aus Art. 97 GG, dass der Gesetzgeber die Rechtsposition der Richter im Regelfall als gebunden und nicht als Ermessensentscheidung ausgestalten sollte.
55 OVG Bln NVwZ-RR 2004, 627, 628; *B. Klose*, NJ 2004, 241, 244; *M. Redeker*, SächsVBl 2007, 73, 76; für einen eher engen Begriff wegen der demokratischen Legitimation und Kontrolle *F. Wittreck*, Verwaltung, S. 11.
56 BGHZ 42, 163, 169 ff.; 67, 184, 187; 102, 369, 372; BGH NJW 2012, 939; 13.2.2014 – RiZ (R) 4/13 Rn. 17; 7.9.2017 – RiZ (R) 2/15 Rn. 17 f.; BVerwG Buchholz 310 § 54 VwGO Nr. 63; OVG Bln NVwZ-RR 2004, 627, 628; zur Abgrenzung des BGH von Kernbereich und äußerer Ordnung *R. Schmidt-Räntsch*, Dienstaufsicht, 1985, 49 ff.
57 BVerfG NVwZ 2016, 764, 766; *B. Kastner*, in: HK-VerwR VwGO § 38 Rn. 3; *C. Kimmel*, in: Posser/Wolff § 38 Rn. 7.

wirken kann.[58] Dem Rechtsspruch werden auch solche Sach- oder Verfahrensentscheidungen zugerechnet, die ihn vorbereiten,[59] z.B. Terminsbestimmungen, die Einholung von Auskünften, die Förderung von Vergleichsverhandlungen,[60] die zur Vorbereitung der Entscheidung ins Netz gestellten Dokumente, etwa Entscheidungsentwürfe, Voten, Notizen über Beratungen (BGH MDR 2011, 1508), oder die ihm nachfolgenden,[61] etwa die Abfassung der Entscheidungsbegründung oder die Berichtigung der Entscheidung. Auch Maßnahmen während der Verhandlung, etwa die Vernehmung von Zeugen oder Maßnahmen der Sitzungspolizei[62] sowie die Verhandlungsführung (BGH NJW 2006, 1674, 1675) gehören zum Kernbereich. Ferner werden auch nicht explizit vorgeschriebene richterliche Handlungen, die den Interessen der Rechtssuchenden dienen, unter der Voraussetzung dem Kernbereich zugeordnet, dass sie in einem konkreten Verfahren mit der Rechtsfindungsaufgabe des Richters im Zusammenhang stehen (BGH DRiZ 1997, 467, 469; BVerfG NVwZ 2016, 764, 766). Zum äußeren Ordnungsbereich werden demgegenüber z.B. die Pflicht zur Ausbildung der Referendare (BGH NJW 1991, 426 f.) oder eine Robe zu tragen,[63] die Zuweisung von Dienstzimmern[64] oder die Bewilligung von Urlaub gerechnet.[65] Die Vorgabe, künftig den Dienstweg einzuhalten, ist je nachdem, ob sie im Zusammenhang mit einem konkreten Verfahren steht oder davon losgelöst ist, dem Kern- bzw. Randbereich zuzuordnen (BGH NJW-RR 2011, 700, 701).

20   *Ausnahmsweise* wird eine eigentlich dem Kernbereich zuzuordnende Entscheidung als zum Randbereich gehörend behandelt, wenn sie nicht der Vorbereitung des Rechtsspruchs dient und nichts mit dem konkreten Verfahren zu tun hat, bspw. ein Termin verlegt wird, weil der Richter an dem fraglichen Tag an einer Demonstration teilnehmen will (KG NJW 1995, 2115; vgl. auch BGHZ 85, 145, 162) oder ein Richter während der Verhandlung einen „verbalen Exzess" begeht.[66] Hier zeigt sich, dass die von der Rspr. vorgenommene Grenzziehung nicht strikt durchführbar ist. Denn natürlich dient auch die Umterminierung letztlich dem Rechtsspruch in einem konkreten Verfahren. Dass man ein Eingreifen der Dienstaufsicht für möglich hält, hängt wohl damit zusammen, dass man die Vorgehensweise des Richters als amtspflichtwidrig ansah. Die in Art. 97 Abs. 1 GG garantierte richterliche Unabhängigkeit bietet ihm keinen Freibrief, sich völlig beliebig zu verhalten. Erst vor kurzem hielt das Bundesdienstgericht eine Einflussnahme auf eine konkrete Terminierung für möglich, wenn der Richter bei der Terminsbestimmung gegen seine Pflicht zur ordnungsgemäßen und unverzüglichen Erledigung der Amtsgeschäfte verstößt.[67]

21   Dienstaufsichtliche Maßnahmen, die den Kernbereich der richterlichen Tätigkeit betreffen, sind grds. *unzulässig.* Davon macht das Bundesdienstgericht in engen Grenzen gewisse *Ausnahmen.* Ausnahmsweise überprüfbar ist zum einen die *äußere Form* der Erledigung (BGHZ 51, 280, 288 f.). Zum anderen sollen dienstaufsichtliche Maßnahmen im Falle einer *offensichtlich fehlerhaften* Amtsausübung möglich sein (BGH 12.5.2011 – RiZ (R) 4/09). Dabei muss es sich um einen offenkundigen, jedem Zweifel entrückten Fehlgriff handeln (BGH 4.3.2015 – RiZ (R) 4/14 Rn. 21).[68] Es genügt nicht, wenn der Dienstvorgesetzte lediglich die Rechtsanwendung oder Verfahrensweise für fehlerhaft hält. Im Zweifelsfall muss er die richterliche Unabhängigkeit respektieren.[69] Grund für die Dienstaufsicht in

---

58   *M. Redeker,* SächsVBl 2007, 73, 74.
59   BGHZ 42, 163, 169; 90, 41, 45; 102, 369, 372 ff.; BGH NJW 2008, 1448, 1450; 12.5.2011 – RiZ (R) 4/09; OVG Bln NVwZ-RR 2004, 627, 628; *M. Redeker,* SächsVBl 2007, 73, 77; *J. Rühmann,* FS Steinberger, 2002, 556; *F. Wittreck,* Verwaltung, S. 7 f.
60   BGHZ 47, 275, 287; BGH NJW 1978, 1425; NJW-RR 2002, 574, 575; 12.5.2011 – RiZ (R) 4/09; *C. Kimmel,* in: Posser/Wolff § 38 Rn. 8.1; *H.-J. Papier,* NJW 1990, 8, 9; *ders.,* NJW 2001, 1089, 1090.
61   BGHZ 42, 163, 169; 90, 41, 45; 102, 369, 372 ff.; BGH DRiZ 1997, 467, 469; NJW 2008, 1448, 1450; OVG Bln NVwZ-RR 2004, 627, 628; *J. Rühmann,* FS Steinberger, 2002, 556.
62   *H.-J. Papier,* NJW 2001, 1089, 1090.
63   BVerwGE 67, 222, 233 f.; *W.-R. Schenke/J. Ruthig,* in: Kopp/Schenke § 38 Rn. 2.
64   *H. Geiger,* in: Eyermann § 38 Rn. 8; *T. Stuhlfauth,* in: Bader § 38 Rn. 3.
65   *T. Stuhlfauth,* in: Bader § 38 Rn. 3.
66   BGH NJW 2006, 1674, 1675; *D. Leuze,* DÖD 2005, 78, 82.
67   BGH NJW-RR 2002, 574, 575; s. zur Terminierung auch *J. Rühmann,* FS Steinberger, 2002, 556 f.
68   S.a. *M. Minkner,* Die Gerichtsverwaltung, S. 160.
69   BGHZ 46, 147, 150; 67, 184, 188; 76, 288, 291; BGH DRiZ 1997, 467, 468; OVG Bln NVwZ-RR 2004, 627, 628; *H. Geiger,* in: Eyermann § 38 Rn. 9; *C. Kimmel,* in: Posser/Wolff § 38 Rn. 11; *F. Wittreck,* Verwaltung, S. 146 f.; Nachw. zu den Kritikern dieser Ansicht bei *R. Schmidt-Räntsch,* Dienstaufsicht, 1985, 53 ff., 63 ff.

diesem Bereich ist, dass der Staat im Interesse der Justizgewährleistungspflicht in äußeren Grenzen die Einhaltung der Gesetzesbindung des Richters (Art. 97 Abs. 1, 20 Abs. 3 GG) sicherstellen muss.[70]

b) Stellungnahme. Die Differenzierung der Rspr. zwischen Rand- und Kernbereich mag zwar den zu- 22 ständigen Organen eine geeignete Richtschnur bei der Ausübung der Dienstaufsicht vorgeben. Die vielen Unsicherheiten bei der Abgrenzung, ob eine Maßnahme in den Kern- oder den Randbereich der richterlichen Tätigkeit fällt, zeigen jedoch, dass es sich hier um eine äußerst fragwürdige Differenzierung handelt, zumal der BGH in Ausnahmefällen auch den Kernbereich nicht für absolut geschützt hält.[71] Daher kann es unter Umständen einfacher sein, von einer Zuordnung der Maßnahme abzusehen, und lediglich zu prüfen, ob sie die richterliche Unabhängigkeit tangiert.[72] Zunehmend kristallisiert sich heraus, dass allgemeine Maßnahmen zur Erzielung einer „guten" Rechtspflege, wie Vorgaben zur richterlichen Fortbildung, zur Leistungsmessung und zum Leistungsvergleich, als solche mit Art. 97 GG kompatibel sind, soweit sie keine funktionalen Äquivalente für inhaltsbezogene Entscheidungsvorgaben sind.[73]

c) Judikatur zu Einzelfällen. aa) Beobachtungsmaßnahmen. Die richterliche Unabhängigkeit wird 23 grds. nicht durch Beobachtungsmaßnahmen beeinträchtigt. Die Dienstaufsicht darf sich über den Dienstbetrieb, die Geschäftslage, aber auch die Arbeit der Richter informieren (BGH NJW 1991, 421, 422; 1995, 731, 732). Damit technische Geräte nicht missbraucht und unnötige Kosten vermieden werden, darf ihr Gebrauch beobachtet werden (BGH MDR 2011, 1508). Grenzen ergeben sich erst, wenn die Beobachtungsmaßnahme dazu eingesetzt wird oder geeignet ist, durch psychischen Druck oder auf andere Weise unmittelbar oder mittelbar die richterliche Rechtsfindung zu beeinflussen (BGH NJW 1995, 731, 732). Ob dies der Fall ist, muss in jedem Einzelfall gesondert ermittelt werden. Bei einer Telefonanlage mit automatischer Gesprächsdatenerfassung wird diese Schwelle jedenfalls nicht überschritten (BGH NJW 1995, 731, 732). Soweit die technische Administration eines EDV-Netzes so ausgestaltet ist, dass kein Zugriff auf richterliche Dokumente zu Kontrollzwecken erfolgt und es deswegen keine Anhaltspunkte für eine Beeinflussung der richterlichen Tätigkeit gibt, ist eine Beeinträchtigung der richterlichen Unabhängigkeit zu verneinen (BGH MDR 2011, 1508; BVerfG DRiZ 2013, 142, 143). Eine routinemäßige Geschäftsprüfung der Richterreferate eines Gerichts ohne vorherige Ankündigung durch den Dienstvorgesetzten greift nicht in die richterliche Unabhängigkeit ein.[74]

bb) Vorgaben zur Arbeitsweise. Die Dienstaufsicht darf dem Richter grds. Vorgaben zur Sicherung 24 eines ordnungsgemäßen Geschäftsablaufs machen. Der Dienstvorgesetzte darf zu hohe Rückstände anmahnen, da darin dem Richter weder die Ausübung seines Amtes in einer bestimmten Richtung noch eine bestimmte Art der Bearbeitung nahe gelegt wird.[75] Auch der Vorhalt, Verfahren nicht mit der gebotenen Zügigkeit zum Abschluss zu bringen, ist zulässig, da er ohne Einfluss auf den konkreten Entscheidungsinhalt und die Art der Erledigung ist. Die Grenze wird jedoch überschritten, wenn der Richter dazu gedrängt wird, einzelne Verfahren bevorzugt zu bearbeiten,[76] oder ihm ein Pensum abverlangt wird, das sich allgemein in sachgerechter Weise nicht mehr erledigen lässt (BGH NJW 2006, 692, 693). Da zur geordneten Rechtspflege Rechtsschutz innerhalb angemessener Zeit gehört, können einem Richter zu niedrige Erledigungszahlen bei einer erheblichen Abweichung von einem sachgerecht ermittelten Durchschnittspensum und unter Würdigung sämtlicher Umstände des Einzelfalls vorgehal-

---

70 BGHZ 67, 184, 187 f.; zust. *J. Thomas*, Richterrecht, 1986, 12 f.; dazu auch *A. Thiele*, Der Staat 52 (2013), 415, 422.

71 Dazu auch *A. Thiele*, Der Staat 52 (2013), 415, 422 ff. Ebenfalls krit. *D. Leuze*, DÖD 2002, 133 f.; *H.-J. Papier*, NJW 1990, 8, 10; *E. Schilken*, JZ 2006, 860, 865 f.; *Schmidt-Räntsch* § 26 Rn. 24 ff. sowie *R. Schmidt-Räntsch*, Dienstaufsicht, 1985, 69 ff.

72 Ähnl. *F. Wittreck*, in: Gärditz § 38 Rn. 13. Für eine Schärfung des Kernbereichs und eine Öffnung des Randbereichs für eine Verhältnismäßigkeitsprüfung *A. Thiele*, Der Staat 52 (2013), 415, 425 ff.

73 *W. Hoffmann-Riem*, Verhandlungen 66. DJT, R 1, 14; *F. Busse*, Verhandlungen 66. DJT, R 21, 33 f.; s. zum Erfordernis einer gesetzlichen Grundlage *C. Schütz*, Der ökonomisierte Richter, S. 442 f.

74 BGH NJW 1988, 418 f.; *H. Geiger*, in: Eyermann § 38 Rn. 8; *T. Stuhlfauth*, in: Bader § 38 Rn. 4; *F. Wittreck*, Verwaltung, S. 205 f.; für die Notwendigkeit einer vorherigen Ankündigung *J. Rühmann*, FS Steinberger, 2002, 561.

75 BGH NJW 1988, 419, 420; 2006, 692; s.a. BGH 3.12.2014 – RiZ (R) 1/14 Rn. 39 f. Ähnliches gilt für auf die Erledigungszahlen abstellende dienstliche Beurteilungen, vgl. BGHZ 90, 41, 46; BGH NJW 1978, 760.

76 BGH NJW 1987, 1197, 1198; 2006, 692; dazu auch *J. Rühmann*, FS Steinberger, 2002, 565.

ten werden, solange dadurch nicht auf die konkrete Rechtsfindung Einfluss genommen wird.[77] Dem
Richter darf nicht aufgegeben werden, vermehrt oder verstärkt eine bestimmte Form der Prozesserledigung anzustreben.[78] Unzulässig sind Ermahnungen zu einer strafferen Prozessführung oder zu einer
bestimmten Art der Vorbereitung der mündlichen Verhandlung, da sie den Kernbereich der Rechtsfindung betreffen.[79] Wird der Richter dazu angehalten, einen zweiten Sitzungstag in der Woche abzuhalten, wird dadurch seine Dispositionsfreiheit in einer die eigentliche Rechtsfindung berührenden Weise
unzulässig eingeengt (BGH NJW 1988, 421, 423). Zutreffend stößt die Position der Rspr. auf Kritik,
wonach die sachliche Unabhängigkeit der Richter die Festlegung bestimmter Arbeitszeiten verbieten
soll.[80] Ein Richter sei nicht zur Erledigung seiner Arbeit an der Dienststelle verpflichtet (BGH NJW
2003, 282). Diese Rspr. wurde nunmehr insoweit eingeschränkt, als die Ausführung der Dienstgeschäfte die Anwesenheit der Richter erfordert, etwa wenn zur Bearbeitung der gemäß den Anforderungen des Gesetzgebers in elektronischer Form vorliegenden Eingaben zum Handelsregister der Richter auf seinen computergestützten Arbeitsplatz angewiesen ist (BGH MDR 2011, 140). Hinweise des
Gerichtspräsidenten zur Behandlung von Terminverlegungsanträgen sind zulässig, soweit sie nur die
Rechtslage wiedergeben und keinen Zwang beinhalten (BGH NJW 2008, 1448, 1451).

25   Die Terminierung ist grds. allein Sache des Richters.[81] Allerdings wird die Verlegung anberaumter Termine nicht mehr der Rechtsfindung zugerechnet, wenn hierfür kein sachlicher Grund besteht (BGHZ
51, 280, 287; 85, 145, 162). Allgemeine Hinweise auf gesetzliche Fristvorgaben oder die Anhaltung
eines Richters zur unverzögerten Erledigung von Rechtsstreitigkeiten werden für möglich gehalten, sofern von ihnen kein unzulässiger Erledigungsdruck ausgeht.[82] Teil der Rechtsfindung ist die Entscheidung des Richters, in welchen Abständen und zu welchen Überprüfungen er sich Akten vorlegen lässt
(BGH DRiZ 1995, 352, 353). Der Richter entscheidet, ob ein Protokoll vom Urkundsbeamten der
Geschäftsstelle aufgenommen oder sein Inhalt vorläufig mit einem Tonaufnahmegerät aufgezeichnet
werden soll (BGH DRiZ 1978, 281; NJW 1988, 417). Jedoch beinhaltet die Unabhängigkeit des
Richters nicht das Recht auf eine bestimmte Person als Protokollführer (BGH NJW 1988, 417, 418)
oder auf Ausdruck elektronisch eingereichter Eingaben zum Handelsregister (BGH MDR 2011, 140).
Nach Ansicht des Bundesdienstgerichts verletzt die Versagung der Genehmigung einer Dienstreise ins
Ausland in einer Rechtssache regelmäßig nicht die Unabhängigkeit des Richters (BGH NJW 1978,
1425 f.). In den Kernbereich richterlicher Tätigkeit werde nicht eingegriffen, wenn der Dienstvorgesetzte einen bewilligten Erholungsurlaub widerruft, um eine fristgemäße Absetzung der Urteilsgründe
sicherzustellen (BGHZ 102, 369, 371 ff.).

26   cc) Bewertungen der richterlichen Tätigkeit. Dienstliche Beurteilungen sind nicht per se mit Art. 97
Abs. 1 GG unvereinbar. Vielmehr sind sie zur Verwirklichung des Leistungsgrundsatzes, insbes. wenn
es um die Bewerberauswahl für ein richterliches Beförderungsamt geht, unentbehrlich. Allerdings sind
solche Äußerungen unzulässig, die den Richter dazu veranlassen könnten, seine Verfahrens- und Sachentscheidungen künftig in einem anderen Sinne zu treffen, oder die eine direkte oder indirekte Weisung enthalten, wie der Richter in Zukunft verfahren oder entscheiden soll.[83] Entsprechendes gilt für
Maßnahmen, welche erst die Grundlage für eine dienstliche Beurteilung schaffen oder erweitern sollen
und einen konkreten Bezug zur rechtsprechenden Tätigkeit haben, wie die Anordnung, dass grds. alle
nach der Rechtsmitteleinlegung zurückkommenden Verfahrensakten zur Kenntnis genommen werden

---

77 So A. *Thiele*, Der Staat 52 (2013), 415, 432 f.; BGH 7.9.2017 – RiZ (R) 2/15 Rn. 19 ff.; dazu auch Dienstgericht
    24.12.2012 – RDG 6/12; H. *Forkel* DRiZ 2013, 132 f.; F. *Wittreck* NJW 2012, 3287 ff.
78 BGH NJW 1978, 760; 1988, 419, 420; 1992, 46; s.a. OVG Bln NVwZ-RR 2004, 627, 628.
79 BGHZ 90, 41, 46 f.; BGH NJW 1988, 419, 420; 1992, 46; H. *Geiger*, in: Eyermann § 38 Rn. 11.
80 BGH NJW 1991, 1103, 1104. Nach BGH NJW 2003, 282 wird durch zeitliche Beschränkungen des Zugangs zum
    Dienstzimmer nur dann in die richterliche Unabhängigkeit eingegriffen, wenn diese nicht durch die Notwendigkeit ei-
    nes geregelten und finanzierbaren Dienstbetriebs gerechtfertigt ist. Für die Möglichkeit von Arbeitszeitfestlegungen W.
    Hoffmann-Riem, Verhandlungen 66. DJT, R 1, 14; M. *Redeker*, SächsVBl 2007, 73, 77; E. *Schilken*, JZ 2006, 860,
    866 f.; H. *Schulze-Fielitz*, in: Dreier III Art. 97 Rn. 33; F. *Wittreck*, in: Gärditz § 38 Rn. 16.
81 BGH NJW 1995, 2115; NVwZ-RR 2014, 202, 204; a.M. BGH NJW 1985, 1471, 1472, sofern es nicht um eine
    Einflussnahme im Einzelnen, sondern um eine Korrektur einer dem Gesetz widersprechenden Übung geht.
82 BGH NVwZ-RR 2014, 202, 204.
83 BVerfG NVwZ 2016, 764, 766; BGHZ 57, 344, 348 f.; 90, 41, 43 f.; BGH DRiZ 1998, 20, 22; NJW 2002, 359, 361;
    NJW-RR 2003, 492, 493 (Aktenvermerk über die Einwendungen des Richters); zur Zulässigkeit einzelner Bewertun-
    gen H. *Geiger*, in: Eyermann § 38 Rn. 11; E. *Künzler*, SächsVBl 2008, 77, 81; *Schmidt-Räntsch* § 26 Rn. 18; für eine
    Abgrenzung anhand des Zwecks der Äußerung M. *Redeker*, SächsVBl 2007, 73, 79.

können (BGH NVwZ-RR 2015, 826, 827). Die Äußerung, die betreffende Person sei vorbildlich fleißig und bemühe sich, gründlich und genau zu arbeiten, bewertet die richterlichen Fähigkeiten, ohne einen Bezug zu einer bestimmten Tätigkeit zu haben oder eine Kritik an früheren Entscheidungen bzw. eine Einflussnahme auf zukünftige Verfahren zu enthalten.[84]

dd) Anordnungen, die das Verhalten des Richters außerhalb der rechtsprechenden Tätigkeit betreffen. 27
Wird ein Richter zur Referendarausbildung herangezogen, liegt darin kein Eingriff in seine richterliche Unabhängigkeit (BGH NJW 1991, 426, 427). Die Gerichtsverwaltung unterfällt nicht Art. 97 Abs. 1 GG.[85] Dienstaufsichtliche Maßnahmen dürfen ergriffen werden, wenn sie sich auf das private Verhalten des Richters außerhalb seines Amtes, z.B. bei einer (politischen) Demonstration, beziehen, weil dieses dem vom GG vorgegebenen Bild des neutralen, unparteilichen und distanzierten Richters widerspricht. Hier besteht keinerlei Bezug zum Inhalt etwaiger Gerichtsentscheidungen, durch die die Unabhängigkeit des Richters gefährdet werden könnte.[86]

ee) Präsidium. Was die Tätigkeit des Präsidiums anbetrifft,[87] ist nach dem Dienstgericht des Bundes 28
die Entscheidung, „richteröffentlich" zu tagen, der Kontrolle und Einwirkung der Dienstaufsicht entzogen (BGH DRiZ 1995, 394, 395 f.; s.a. BVerfG NJW 2008, 909 f.). Es entscheidet auch in richterlicher Unabhängigkeit darüber, in welchem Umfang, für welche Zeit und in welcher Weise eine Freistellung eines Ausbildungsleiters von seinen sonstigen Tätigkeiten erfolgen soll.[88] Ihm gegenüber dürfen hinsichtlich der Geschäftsverteilung weder Weisungen noch Empfehlungen geäußert werden (BGHZ 46, 147, 149). Entscheidet ein Präsidium über die Umsetzung eines Richters wegen Spannungen im Spruchkörper, ist dabei unter Berücksichtigung der Eigenart des richterlichen Meinungsaustauschs sowie der Art. 101 Abs. 1 S. 2, Art. 97 GG grds. Zurückhaltung geboten (BVerfG NVwZ 2017, 51, 52).

d) Mögliche Maßnahmen der Dienstaufsicht. Als Maßnahmen der Dienstaufsicht kommen bei Richtern der Vorhalt der ordnungswidrigen Ausführung von Dienstgeschäften und die Ermahnung zu ihrer 29
ordnungsgemäßen, unverzögerten Erledigung (§ 26 Abs. 2 DRiG) in Betracht. Beim Vorhalt handelt es sich um die Ausführung von Tatsachen und ihre sachbezogene Wertung (BGH DRiZ 1997, 467, 470), die Ermahnung bezieht sich auf das künftige Verhalten des Richters und ist vom Einzelfall losgelöst.[89] Strengere Maßnahmen gegenüber Richtern sind nach dem Gesetz nicht zulässig. Der Dienstherr darf unter keinen Umständen Weisungen im Bereich richterlicher Tätigkeit erlassen (BGH NJW 2015, 1250, 1251). Rechtswidrig sind insbes. die Missbilligung, die einen persönlichen Schuldvorwurf zum Gegenstand hat,[90] oder Beanstandungen und Rügen.[91] Dies gilt selbst dann, wenn sich die Maßnahmen auf den nicht- oder außerrichterlichen Bereich beziehen.[92] Mildere Mittel als die in § 26 Abs. 2 DRiG genannten – wie z.B. Fragen oder Anregungen – sind möglich (BGHZ 90, 34, 39; zum Hinweis als Maßnahme der Dienstaufsicht BGH NJW-RR 2011, 700 ff.).[93] Obwohl § 26 Abs. 2 DRiG Beobachtungsmaßnahmen nicht nennt, sind sie als dem Wesen der Dienstaufsicht immanente Mittel zur Vorbereitung von Entscheidungen unentbehrlich.[94] I.R. der Beobachtungsfunktion darf ein Richter um Auskunft über den besonderen Grund einer längeren Prozessdauer ersucht werden (BGH DRiZ 1978, 185, 186).

e) Rechtsschutz gegen Maßnahmen der Dienstaufsicht. aa) Rechtsschutz gem. § 26 Abs. 3 DRiG bei den Dienstgerichten. Behauptet der Richter, durch eine Maßnahme der Dienstaufsicht werde seine 30
richterliche Unabhängigkeit beeinträchtigt, entscheidet auf seinen Antrag ein Dienstgericht. Es handelt

---

84 BGH NJW 1992, 46 f.; s. zu einer weiteren Bewertung des Inhalts einer Beurteilung BGH NJW-RR 2003, 493, 494.
85 BGH DRiZ 1973, 280, 282 f.; *H.-J. Papier*, NJW 1990, 8, 9; *ders.*, NJW 2001, 1089, 1090.
86 BVerwG NJW 1988, 1748 f.; *C. Kimmel*, in: Posser/Wolff § 38 Rn. 5.
87 Im Einzelnen *Schmidt-Räntsch* § 26 Rn. 54 ff.
88 BGH NJW 1991, 423, 424 f.; zur Unabhängigkeit hinsichtlich der Geschäftsverteilung BGHZ 85, 145, 153.
89 *H. Geiger*, in: Eyermann § 38 Rn. 5; *Schmidt-Räntsch* § 26 Rn. 38 f.; *J. Thomas*, Richterrecht, 1986, 16.
90 BGH DRiZ 1997, 467, 470; *H. Geiger*, in: Eyermann § 38 Rn. 6; *C. Kimmel*, in: Posser/Wolff § 38 Rn. 12; *F. Wittreck*, Verwaltung, S. 144.
91 BGHZ 47, 275, 285; 51, 280, 286; 90, 34, 39; *H. Geiger*, in: Eyermann § 38 Rn. 6; *C. Kimmel*, in: Posser/Wolff § 38 Rn. 12; *P. Stelkens*, in: Schoch/Schneider/Bier § 38 Rn. 22.
92 BGHZ 90, 34, 39; *Schmidt-Räntsch* § 26 Rn. 19; a.M. *P. Stelkens*, in: Schoch/Schneider/Bier § 38 Rn. 22; *J. Thomas*, Richterrecht, 1986, 17.
93 *F. Wittreck*, Verwaltung, S. 144.
94 BGH NJW 1991, 421, 422; s.a. BGH MDR 2011, 1508; *F. Wittreck*, Verwaltung, S. 144.

sich hier um ein Spezialgericht, das durch seine besondere Zusammensetzung zum Schutz der richterlichen Unabhängigkeit beitragen soll (BVerwGE 67, 222, 224 f.; BVerwG 17.9.2009 – 2 B 69/09). Kumulativ müssen zwei Voraussetzungen vorliegen: 1. Dem Gegenstand nach muss eine Maßnahme der Dienstaufsicht beanstandet werden, 2. als Klagegrund ist eine Beeinträchtigung der richterlichen Unabhängigkeit geltend zu machen. Inzwischen hat sich die Meinung durchgesetzt, dass sich die Zuständigkeit des Richterdienstgerichts auf eine Prüfung der Beeinträchtigung der richterlichen Unabhängigkeit durch die Dienstaufsichtsmaßnahme beschränkt. Für die Prüfung der allgemeinen Rechtmäßigkeit der Maßnahme, etwa die Kontrolle der Vereinbarkeit der Maßnahme mit datenschutzrechtlichen Bestimmungen, sind die VG zuständig.[95] Weil es sich um unterschiedliche Streitgegenstände handelt, findet die in § 17 Abs. 2 GVG vorgesehene Konzentration der Prüfungsbefugnis beim zuerst angerufenen Gericht keine Anwendung (BVerfG NVwZ 2016, 764, 768). Beim Rechtsschutz nach § 26 Abs. 3 DRiG ist gem. § 62 Abs. 1 Nr. 4 lit. e i.V.m. § 66 Abs. 2 DRiG vor der Klageerhebung ein Vorverfahren durchzuführen, auch wenn die Anordnung keinen Verwaltungsakt darstellen sollte (zum Vorverfahren BGH 12.5.2011 – RiZ (4) 4/09). Aufgrund der Besonderheiten des dienstgerichtlichen Verfahrens kommt bei diesem keine sinngemäße Anwendung des § 67 in Betracht (BGH NJW-RR 2014, 702, 704).

31 **bb) Rechtsschutz bei den VG.** Meint ein Richter, die Dienstaufsichtsmaßnahme verletze ihn nicht ausschließlich in seiner richterlichen Unabhängigkeit, sondern auch in anderen subjektiven Rechten, kann er gegen diese im Verwaltungsrechtsweg vorgehen.[96] Mit den Worten des BVerwG hat das „Nebeneinander zweier Rechtswege" für ein und denselben prozessualen Anspruch je nach dem geltend gemachten Klagegrund zur Folge, dass der Richter durch die Begründung seines Antrags weitgehend selbst entscheidet, ob die Maßnahme wegen Beeinträchtigung der richterlichen Unabhängigkeit durch das Richterdienstgericht oder wegen sonstiger Rechtsverletzung verwaltungsgerichtlich nachgeprüft werden soll (BVerwG 16.9.2009 – 2 B 69/09; BVerfG NVwZ 2016, 764, 768). Die statthafte Klageart richtet sich nach der Rechtsnatur der infrage stehenden Dienstaufsichtsmaßnahme. Während überwiegend davon ausgegangen wird, dass nur die Dienst- und nicht die Verwaltungsgerichte Verletzungen des Art. 97 GG prüfen dürfen,[97] nehmen einige VG neuerdings wegen der Unteilbarkeit des Streitgegenstands bei Beurteilungen auch eine diesbezügliche Prüfung vor.[98] Da nur die VG richterliche Beurteilungen umfassend prüfen können, das Dienstgericht dagegen nur auf eine Aufhebung einzelner, problematischer Passagen in einer Beurteilung hinwirken kann,[99] ist dem aus Gründen effektiven Rechtsschutzes beizupflichten, wenn es dem Kläger in erster Linie um die Gesamtbeurteilung geht. Ansonsten ist zu berücksichtigen, dass sich der Gesetzgeber für eine Zweigleisigkeit des Rechtsschutzes entschieden hat, dem z.B. dadurch Rechnung getragen werden kann, dass das eine Verfahren im Hinblick auf das andere vorübergehend ausgesetzt wird.[100]

32 **2. Die Ausübung der Dienstaufsicht gegenüber dem sonstigen Personal.** Bei der Dienstaufsicht über Beamte, Angestellte und Arbeiter bestehen grds. keine dem Art. 97 GG korrespondierenden Beschränkungen.[101] Bei der Ausübung der Dienstaufsicht sind die beamtenrechtlichen Vorschriften bzw. die arbeitsrechtlichen Regelungen i.V.m. den individuellen/kollektiven Vereinbarungen zu beachten.[102] Ein Rechtspfleger kann eine Maßnahme der Dienstaufsicht nicht nach § 26 Abs. 3 DRiG vor dem Dienstgericht für Richter anfechten (BGH NJW-RR 2009, 561 f.).

---

95 BVerfG NVwZ 2016, 764, 768; BVerwGE 67, 222, 223 ff.; BVerwG 16.9.2009 – 2 B 69/09; BGH 7.9.2017 – RiZ (R) 2/15 Rn. 10; für eine umfassende Prüfung des Richterdienstgerichts dagegen BGHZ 42, 163, 171; 51, 280, 284 f.; 51, 363, 369 f.; 57, 344, 346 f. Nach Meinung von *F. Wittreck*, Verwaltung, S. 441 engt das Dienstgericht den Spielraum des Vorgesetzten zu sehr ein.
96 BVerwGE 67, 222, 223 ff.; 17.9.2009 – 2 B 69/09; s.a. BGH NJW 2002, 359 f.; *C. Kimmel*, in: Posser/Wolff § 38 Rn. 17; *W.-R. Schenke/J. Ruthig*, in: Kopp/Schenke § 38 Rn. 5; *T. Stuhlfauth*, in: Bader § 38 Rn. 8.
97 BVerwGE 67, 222, 224; BGHZ 90, 41, 48 ff.; *C. Kimmel*, in: Posser/Wolff § 38 Rn. 17.
98 OVG Münster NVwZ-RR 2004, 874, 878; VGH Kassel 23.1.2006 – 1 TG 2710/05; VG Berlin 20.11.2007 – 28 A 105.06; s.a. BVerfG NVwZ 2016, 764, 768.
99 *C. Kimmel*, in: Posser/Wolff § 38 Rn. 18; *W.-R. Schenke/J. Ruthig*, in: Kopp/Schenke § 38 Rn. 4.
100 *C. Kimmel*, in: Posser/Wolff § 38 Rn. 17.
101 Etwas anderes gilt ausnahmsweise, wenn der Urkundsbeamte als Organ der Rechtspflege handelt.
102 So auch *B. Kastner*, in: HK-VerwR VwGO § 38 Rn. 2; *C. Kimmel*, in: Posser/Wolff § 38 Rn. 3.

IX. Zu § 38 Abs. 2

§ 38 Abs. 2 sieht vor, dass die dem VG *übergeordnete* Dienstaufsichtsbehörde das OVG ist. Aus seiner 33
Stellung im Anschluss an Abs. 1 folgt, dass auch diese Norm sich nur auf die personelle Dienstaufsicht
bezieht (zu Letzterem BGH NJW 2002, 359, 360). Die übergeordnete Dienstaufsicht beinhaltet grds.
auch die Befugnis, selbst Dienstgeschäfte vorzunehmen.[103] Wegen der größeren Sachnähe des Präsidenten des VG muss dies jedoch auch im Hinblick auf den Schutz der richterlichen Unabhängigkeit
die Ausnahme sein.[104] Keine Bedenken hatte der BGH, wenn zur Sicherstellung der gleichmäßigen Anwendung der Beurteilungsmaßstäbe der Präsident des OVG an den dienstlichen Beurteilungen beteiligt
werde (BGH NJW 2002, 359, 360; BGH NVwZ-RR 2016, 586, 587 f.). Aus dem Zusammenspiel
von § 38 Abs. 1 und Abs. 2 folgt, dass der originär für die Aufsicht zuständigen Stelle ausreichend gewichtige Aufgaben verbleiben müssen.[105] Wem die oberste Dienstaufsicht über das OVG bzw.
BVerwG obliegt, ist den bundes- bzw. landesrechtlichen Bestimmungen zu entnehmen (BGH NJW
2002, 359, 360). In Bayern obliegt sie dem Staatsministerium des Innern, für Bau und Verkehr (Art. 4
AGVwGO Bay), dem für die Organisation der Gerichte zuständigen Ministerium (§ 2 ThürAGVw-
GO), demjenigen, den die Landesregierung bestimmt hat (§ 2 HessAGVwGO), in der Mehrzahl der
Fälle jedoch dem Justizminister.[106] Oberste Dienstaufsichtsbehörde über das BVerwG ist das Bundes-
justizministerium. Wegen der besonderen verfassungsrechtlichen Stellung der Richter ist nach dem
Bundesdienstgericht in der Ministerialinstanz allein der Minister oder sein Vertreter im Amt für die
Dienstaufsicht zuständig.[107]

Nach Ansicht des BVerfG ist es möglich, dem Präsidenten eines übergeordneten Gerichts durch Gesetz 34
die Dienstaufsicht über die nachgeordneten Gerichte zu entziehen. Art. 97 Abs. 2 GG garantiere nur
ein Minimum an richterlicher Unabhängigkeit. Solange die dienstaufsichtlichen Befugnisse i.R. des
§ 26 Abs. 2 DRiG ausgeübt werden, werde die Unabhängigkeit der Rechtspflege nicht dadurch beeinträchtigt, dass die Exekutive die Dienstaufsicht wahrnimmt (BVerfG BayVBl 1975, 112, 114).

§ 39 [Verwaltungsgeschäfte]

Dem Gericht dürfen keine Verwaltungsgeschäfte außerhalb der Gerichtsverwaltung übertragen werden.

Schrifttum

T.E. Aschmann, Der Richtervorbehalt im deutschen Polizeirecht, 1999; *U. Berlit*, Richtervorbehalte: Gerichtliche Verwaltungstätigkeit oder Rechtsprechung? – Zur Vereinbarkeit des Richtervorbehalts bei der präventivpolizeilichen Kontrollstelle nach § 14 NGe-
fAG mit § 39 VwGO, NdsVBl 1995, 197; *S. Jutzi*, Landesgesetzgebungskompetenz für die Zuweisung präventiver Richtervorbehalte an das Oberverwaltungsgericht, in: Geis/Winkler/Bickenbach, FS Hufen, 2015, 597; *M. R. von Kühlewein*, Der Richtervorbehalt
im Polizei- und Strafprozessrecht, 2001; *J. Lüdemann*, Richtervorbehalte in der Verwaltungsgerichtsbarkeit? – Zugleich ein Beitrag
zur Auslegung des § 39 VwGO, DÖV 1996, 870.

I. Entstehungsgeschichte

§ 39 lautete in seiner ursprünglichen Fassung: „Dem Gericht und den Richtern dürfen keine Verwal- 1
tungsgeschäfte außerhalb der Gerichtsverwaltung übertragen werden. Einem Richter können mit seiner Zustimmung ein anderes Richteramt, ein Lehramt an einer Hochschule oder Aufgaben der Ausbildung und Prüfung des Nachwuchses übertragen werden" (BGBl 1960 I 17, 21). Aufgrund von § 89
Nr. 5 DRiG a.F. erhielt § 39 seine heutige Fassung. Welche Tätigkeiten Richter wahrnehmen dürfen,
ist heute in § 4 Abs. 1 DRiG geregelt. Danach dürfen Richter Aufgaben der rechtsprechenden Gewalt

---

103 *J. Rühmann*, FS Steinberger, 2002, 577.
104 *J. Rühmann*, FS Steinberger, 2002, 577.
105 *F. Wittreck*, in: Gärditz § 38 Rn. 9; zur Unzulässigkeit eines Präsidentenamts an mehreren Gerichten *Roller/Stadler*,
  NVwZ 2015, 401 ff.
106 § 2 AGVwGO BW, § 5 BbgVwGG, Art. 5 AGVwGO Brem, § 3 Abs. 1 AGGerStrG M-V, § 8 Abs. 1 NdsJG, § 8 JustG
  NRW, § 2 Abs. 1 SaarlAGVwGO, § 5 Nr. 1 AGVwGO LSA, § 23 Abs. 1 Nr. 3 SächsJG, § 2 AGVwGO SH; *B. Kastner*, in: HK-VerwR VwGO § 38 Rn. 7; *C. Kimmel*, in: Posser/Wolff § 38 Rn. 19. Eingehend zu den möglichen Res-
  sortierungen *F. Wittreck*, Verwaltung, S. 341 ff.
107 BGHZ 90, 34, 40 f.; zust. *W. Priepke*, DRiZ 1984, 49, 52; *J. Thomas*, Richterrecht, 1986, 21; krit. *K. Bengl*, DRiZ
  1983, 343, 345 ff.

und Aufgaben der gesetzgebenden oder der vollziehenden Gewalt nicht gleichzeitig wahrnehmen. In Abs. 2 werden hiervon gewisse Ausnahmen gemacht, so z.B. hinsichtlich der Aufgaben der Gerichtsverwaltung und Prüfungsangelegenheiten. Der Bund hat § 39 aufgrund des Kompetenztitels des Art. 74 Abs. 1 Nr. 1 GG (Gerichtsverfassung) erlassen.

II. Zweck der Vorschrift

2   Der Norminhalt des § 39 bezieht sich nur noch auf die Verwaltungsgerichte und nicht mehr auf die dort beschäftigten Richter. Er ergänzt die in § 1 angelegte Trennung der Funktionen der Verwaltungsgerichtsbarkeit von der Exekutive und Legislative und ist eine Ausprägung des Gewaltenteilungsgrundsatzes (Art. 20 Abs. 2 S. 2 GG). Die Gerichte haben vornehmlich ihre Rechtsprechungsfunktion wahrzunehmen. Ihnen dürfen nach § 39 zwar Tätigkeiten der Gerichtsverwaltung, nicht aber weitere Verwaltungsgeschäfte übertragen werden. Auf diese Weise soll insbes. eine mögliche Verbindung der Verwaltungsgerichte mit den Verwaltungsbehörden vermieden werden.[1] § 39 verhindert, dass die Verwaltung eigenmächtig die Gerichte zur Erfüllung ihrer Aufgaben mit heranzieht. Mittelbar richtet sich § 39 auch an die Gerichte. Diese dürfen nicht darauf hinwirken, dass sie mit für sie untypischen Funktionen betraut werden. § 39 dient der Gewährleistung einer funktionierenden Verwaltungsgerichtsbarkeit. Die Trennung ermöglicht eine effektive richterliche Kontrolle der Exekutive und sichert zudem das Ansehen der Rspr. in der Öffentlichkeit, weil von ihr rechtsprechungsfremde Einflüsse ferngehalten werden. Nach dem Gesetzestext ist es möglich, den Verwaltungsgerichten andere Rechtsprechungstätigkeiten zuzuweisen. So bestimmt § 187 Abs. 1 explizit, dass die Länder den Gerichten der Verwaltungsgerichtsbarkeit Aufgaben der Disziplinargerichtsbarkeit sowie der Schiedsgerichtsbarkeit bei Vermögensauseinandersetzungen öffentlich-rechtlicher Verbände übertragen können.

3   Dem Bundesgesetzgeber steht es frei, seine einfachgesetzlichen Vorschriften abzuändern. Deshalb ist er nicht an den Inhalt des § 39, sondern nur an die verfassungsrechtlichen Vorgaben wie den Gewaltenteilungsgrundsatz und die Art. 92 ff. GG gebunden.[2] Er darf nicht in den unantastbaren Kernbereich der Aufgaben der Rspr. und Verwaltung eingreifen. Andere als materielle Rechtsprechungstätigkeiten darf er der Judikative nur zuweisen, solange sie dadurch nicht von ihren eigentlichen Aufgaben abgehalten wird.[3] Bspw. hat das BVerfG die Zuweisung der Aufgabe der Höfeerfassung an die Landwirtschaftsgerichte trotz ihrer Nähe zu den Verwaltungstätigkeiten gebilligt (BVerfGE 76, 100, 106; BVerfGE 64, 175, 179).

III. Geschäfte der Gerichtsverwaltung

4   § 39 erlaubt es, den Gerichten Geschäfte der Gerichtsverwaltung zu übertragen. In diesem Fall besteht keine Kollisionsgefahr zu dem Tätigkeitsbereich der anderen Gewalten. Nimmt die Judikative die sie selbst betreffende Verwaltung wahr, dient dies ihrer Funktionssicherung, aber auch der Selbständigkeit der Gerichte.[4] Unter Gerichtsverwaltung versteht man sämtliche Verwaltungsangelegenheiten, bei denen ein Zusammenhang zu der rechtsprechenden Tätigkeit besteht.[5] Herkömmlicherweise fallen darunter z.B. die Bereitstellung der für den Gerichtsbetrieb notwendigen sachlichen und personellen Mittel, das Personal-, Haushalts- und Rechnungswesen sowie die Ausbildung des Nachwuchses[6] (→ § 1 Rn. 68).[7] Aus der Stellung des § 38 folgt, dass die Dienstaufsicht über das Personal der Gerichte dem Bereich der Gerichtsverwaltung angehört. Da es sich bei der Gerichtsverwaltung um eine exekutive Tätigkeit handelt, dürfen in diesem Bereich Weisungen erteilt werden.

---

1   *Klinger* 125.
2   *M. Schmid*, in: Hübschmann/Hepp/Spitaler § 32 FGO Rn. 2.
3   *S. Detterbeck*, in: Sachs Art. 92 Rn. 13 ff.; s.a. *M. R. von Kühlewein*, Richtervorbehalt, S. 117 f.
4   *J. Lüdemann*, DÖV 1996, 870, 872; zur verfassungsrechtlichen Unbedenklichkeit der Erledigung von Angelegenheiten der Gerichtsverwaltung BVerfGE 4, 331, 347.
5   *H. Geiger*, in: Eyermann § 39 Rn. 3; *M. Redeker*, in: Redeker/von Oertzen § 39 Rn. 2.
6   S.a. *F. Wittreck*, in: Gärditz § 39 Rn. 2.
7   *H. Geiger*, in: Eyermann § 39 Rn. 3; *C. Kimmel*, in: Posser/Wolff § 39 Rn. 1; *H.-J. Papier*, NJW 2001, 1089, 1090; *M. Redeker*, in: Redeker/von Oertzen § 39 Rn. 2; *W.-R. Schenke/J. Ruthig*, in: Kopp/Schenke § 39 Rn. 2; s.a. BT-Drs. 3/516, 34.

IV. Sonstige Verwaltungsgeschäfte

Die Gerichte dürfen keine sonstigen Tätigkeiten von Verwaltungsbehörden wahrnehmen. So dürfen 5
sie keine Angelegenheiten der Justizverwaltung – wie z.B. die Leitung einer Strafanstalt – übernehmen.
Ausgeschlossen ist auch, dass die Richter bei einer Verpflichtungsklage selbst den begehrten Verwaltungsakt erlassen oder i.R. ihrer Entscheidung selbst die von der Verwaltung vorzunehmenden Ermessenserwägungen anstellen.[8]

V. Richtervorbehalte

Einigkeit herrscht, dass in bestimmten Fällen, in denen eine Entscheidung einer vorherigen richterlichen Anordnung bedarf,[9] § 39 nicht stets entgegensteht. Eindeutig ist dies, wenn das GG den Richtervorbehalt wie in Art. 13 Abs. 2 GG explizit vorgibt oder sich dessen Notwendigkeit aus Gründen der Verhältnismäßigkeit zur Gewährleistung eines effektiven Rechtsschutzes ergibt, etwa wenn Daten über einen längeren Zeitraum in großem Umfang gespeichert werden und bei ihrer Auswertung detaillierte Rückschlüsse auf das Bewegungs- und Kommunikationsverhalten ermöglichen (BVerfG K&R 2011, 320, 322). Dementsprechend wird in st. Rspr. ohne jegliche Problematisierung des § 39 davon ausgegangen, dass für die Durchsuchung einer Wohnung i.R. der Verwaltungsvollstreckung eine vorherige verwaltungsgerichtliche Anordnung möglich ist.[10] Der Bundesgesetzgeber kann im Verhältnis zu § 39 speziellere Regelungen erlassen.[11] So sieht § 4 Abs. 2 VereinsG die richterliche Anordnung einer Beschlagnahme im vereinsrechtlichen Ermittlungsverfahren vor.[12] Zweck der Richtervorbehalte ist v.a. eine Grundrechts- und Verfahrenssicherung,[13] oft wird auch von einer vorbeugenden richterlichen Kontrolle gesprochen.[14]

Umstr. ist, ob die *Länder* durch Gesetz Richtervorbehalte im Zusammenhang mit bestimmten Verwaltungstätigkeiten einführen dürfen. Ausgelöst wurde die Diskussion durch die Einfügung einer – in der Zwischenzeit wieder aufgehobenen – Norm in das niedersächsische Gefahrenabwehrrecht, wonach die VG außer bei Gefahr im Verzug die Einrichtung von polizeilichen Kontrollstellen anordnen. Nach Ansicht des VG Osnabrück verstieß diese Norm gegen § 39, weil die Gerichte keine Verwaltungstätigkeiten wahrnehmen dürfen. Bei der Anordnung derartiger Kontrollstellen handle es sich um eine typische Maßnahme der Gefahrenabwehr. Die grundgesetzlichen Richtervorbehalte der Art. 13 Abs. 2, 104 Abs. 2 GG seien nicht einschlägig, bei der ähnlichen Vorschrift des § 111 StPO handle es sich um eine solche des Bundesgesetzgebers, der von seinen Normen abweichen dürfe. Mangels Ausnahmetatbestand sei der Landesgesetzgeber an die Vorgabe des § 39 gebunden (VG Osnabrück NdsVBl 1994, 46 f.).

Dieser Ansicht wurde im Schrifttum widersprochen. Nach *Berlit* ist ausgehend vom Verfassungsrecht 8
zu beurteilen, ob die richterliche Anordnung der Kontrollstellen eine materielle Rechtsprechungs- oder eine Verwaltungstätigkeit sei. Grds. gehöre zum Kernbereich der materiellen Rechtsprechungsfunktion die verbindliche Streitentscheidung im Einzelfall. Darunter könne man die Anordnung der Kontrollstellen nicht subsumieren. Jedoch sei der Kreis der materiellen Rechtsprechungsfunktionen weiter zu ziehen. Die richterliche Anordnung der Kontrollstellen erfolge nur auf Antrag der Verwaltung und beschränke sich im Wesentlichen auf eine Überprüfung der Rechtmäßigkeitsvoraussetzungen, während die Polizei die Kontrolle eigenverantwortlich durchführe. Da die richterliche Anordnung hauptsächlich präventiv den Schutz potenzieller Betroffener bezwecke und das Gericht seine Entscheidung wei-

---

8 M. *Schmid*, in: Hübschmann/Hepp/Spitaler § 32 FGO Rn. 4.
9 Zur Abgrenzung des Richtervorbehalts von den Rechtsweggarantien und der richterlichen Bestätigung T. E. *Aschmann*, Richtervorbehalt, 1999, 27 ff.
10 OVG Münster NJW 1981, 1056, 1057; VGH Mannheim NJW 1984, 2482, 2483; VGH München NJW 1983, 1077; 1984, 2482; P. *Stelkens*, in: Schoch/Schneider/Bier § 39 Rn. 2.
11 B. *Kastner*, in: HK-VerwR VwGO § 39 Rn. 2.
12 Dazu OVG Münster DVBl 1995, 376; NVwZ 2003, 113 f.; VGH München NVwZ-RR 2003, 847, 848; vgl. auch U. *Berlit*, NdsVBl 1995, 197.
13 BVerfG NJW 2002, 1333; s.a. BVerfG, NJW 2016, 1781, 179;1 U. *Berlit*, NdsVBl 1995, 197, 198. Dazu, dass Richtervorbehalte in begründeten Fällen zur Sicherung eines effektiven Grundrechtsschutzes vorgesehen werden können, S. *Jutzi*, FS Hufen, S. 597, 599 f.
14 BVerfG NJW 2002, 1333; VGH München NJW 1983, 1077; U. *Berlit*, NdsVBl 1995, 197, 198; detailliert zu den Begründungen für eine Einführung von Richtervorbehalten T. E. *Aschmann*, Richtervorbehalt, 1999, 93 ff.

sungsunabhängig fälle, sei die Anordnung materiell als Tätigkeit der Rspr. zu qualifizieren, sodass der Tatbestand des § 39 nicht erfüllt sei.[15] *Lüdemann* meint demgegenüber, die Streitfrage sei vorrangig durch die Auslegung des in § 39 verwendeten einfachgesetzlichen Begriffs des „Verwaltungsgeschäfts" zu lösen. Verboten werden den Gerichten Tätigkeiten außerhalb der Gerichtsverwaltung, also immer dann, wenn sie nicht ausschließlich in die Zuständigkeit der Gerichte fallen. Aus der Stellung des § 39 im Abschnitt über die Gerichtsverwaltung ergebe sich, dass der Gesetzgeber dazu eine Aussage treffen wollte, nicht jedoch eine so gravierende Äußerung hinsichtlich der Unzulässigkeit aller außerhalb von ihr liegenden Aufgaben. Wenn die Ausnahmebestimmung des § 4 Abs. 2 DRiG zu den zulässigen Tätigkeiten der Richter außerhalb ihrer gewöhnlichen Rechtsprechungsfunktion einen Sinn ergeben solle, könne § 39 kein absolutes Verbot statuieren. Es sei kaum anzunehmen, dass der Gesetzgeber den Kreis der Rechtsprechungstätigkeiten auf Dauer festschreiben wollte, zumal eine vorbeugende Gerichtskontrolle auch dem Gebot des Art. 19 Abs. 4 GG dienlich sei. Aus all diesen Gründen sei § 39 so zu interpretieren, dass die Gerichte keine Aufgaben wahrnehmen dürfen, die auch der Exekutive zugewiesen sind. Daran fehle es jedoch, wenn das Gericht wie bei der Kontrollstellenanordnung allein zuständig sei und weisungsfrei entscheide.[16]

9   Die Ansicht *Lüdemanns* hat den Vorteil, dass sie die verfassungsrechtlichen Schwierigkeiten bei der Abgrenzung zwischen Rspr. und Verwaltung vermeidet.[17] Für eine Zuordnung der richterlichen Tätigkeit zur Rspr. spricht die Entscheidung über eine Maßnahme durch einen unabhängigen Richter in Distanz und Neutralität zur Verwaltung.[18] Andererseits kann dem Betroffenen insbes. bei heimlichen Maßnahmen kein rechtliches Gehör gewährt werden und soll der Richter diese Interessen bei seiner Entscheidung ausreichend berücksichtigen.[19] Der Normzweck des § 39, die sachliche Unabhängigkeit der Gerichte sicherzustellen, gebietet es nicht zwingend, von den Verwaltungsgerichten alle Tätigkeiten außerhalb der Gerichtsverwaltung und der typischen Rechtsprechungsfunktion fernzuhalten.[20] Bereits die ursprüngliche Fassung des § 39 sah in einem zweiten Satz vor, dass Richter ausnahmsweise andere Tätigkeiten außerhalb ihrer typischen Rechtsprechungsfunktion wahrnehmen können. Zwar erscheint der heutige Text des § 39 absolut. Zu prüfen ist jedoch, ob der Bundesgesetzgeber nicht durch den späteren Erlass des § 4 DRiG den Inhalt des § 39 modifiziert und eine Öffnungsklausel für den Gesetzgeber eingeführt hat.[21] Obwohl das DRiG v.a. die Rechtsstellung der Richter im Blick hat, lautet § 4 Abs. 2 Nr. 1, 2 DRiG: „Außer Aufgaben der rechtsprechenden Gewalt darf ein Richter jedoch wahrnehmen 1. Aufgaben der Gerichtsverwaltung, 2. andere Aufgaben, die aufgrund eines Gesetzes *Gerichten* oder Richtern zugewiesen sind". Damit bringt der Gesetzgeber zum Ausdruck, dass den Gerichten Angelegenheiten außerhalb der Gerichtsverwaltung und ihrer Rechtsprechungsfunktion i.e.S. per Gesetz zur Erledigung zugewiesen werden können. Der Wortlaut dieser Bestimmung gilt uneingeschränkt für alle Gerichte, also auch für die Verwaltungsgerichtsbarkeit. Mit § 4 DRiG wollte man eine allumfassende Regelung schaffen. Die dortigen Ausnahmen reichen weiter als ursprünglich von § 39 vorgesehen[22] und modifizieren den Inhalt des heutigen § 39. Da nach § 4 Abs. 2 Nr. 2 DRiG die Zuweisung anderer Angelegenheiten aufgrund eines Gesetzes, das sowohl ein Landes- als auch Bundesgesetz sein kann,[23] erfolgen darf, hat der Bundesgesetzgeber nachträglich eine Öffnungsklausel für bundes- oder landesrechtliche Richtervorbehalte eingeführt.[24] Demzufolge dürfen per Gesetz Richtervorbehalte vorgesehen werden. Der jeweilige Gesetzgeber muss dabei aber stets die Regelvorgabe des § 4 Abs. 1 DRiG und den hinter § 39 stehenden Gesetzeszweck im Auge behalten und darf sich

---

15   *U. Berlit*, NdsVBl 1995, 197 ff.; s. zu Art. 13 Abs. 2 GG BVerfG NJW 2002, 1333; a.M. *T. E. Aschmann*, Richtervorbehalt, 1999, 57 ff.

16   *J. Lüdemann*, DÖV 1996, 870 ff.

17   Zur nicht abschließenden Klärung BVerfG DVBl 2001, 463, 467 f.; zu den verschiedenen Möglichkeiten zur Konkretisierung des Begriffs der Rspr. *T. E. Aschmann*, Richtervorbehalt, 1999, 41 ff.; *M. R. von Kühlewein*, Richtervorbehalt, 2001, 114 ff.; *Fabian Wittreck*, Die Verwaltung der Dritten Gewalt, 2006, S. 5 ff.; BVerfG DVBl 2001, 463, 468; NJW 2004, 2725, 2726.

18   BVerfGE 103, 142, 151; *Bonin*, Grundrechtsschutz durch verfahrensrechtliche Kompensation, 2012, S. 276 ff.

19   *Bonin*, Grundrechtsschutz durch verfahrensrechtliche Kompensation, 2012, 278 ff.

20   Deswegen stimmt *T. E. Aschmann*, Richtervorbehalt, 1999, 62 der Ansicht von Lüdemann zu.

21   *U. Berlit*, NdsVBl 1995, 197 weist lediglich auf die Inkongruenz des § 39 und des § 4 DRiG hin.

22   Den früher in § 39 S. 2 vorgesehenen Ausnahmen entspricht § 4 Abs. 2 Nr. 3, 4 DRiG.

23   BVerwG DVBl 1985, 452; *Schmidt-Räntsch* § 4 Rn. 32.

24   BVerwG NJW 1985, 1093, 1094; *S. Jutzi*, FS Hufen, S. 597, 604 f.; a.A. in Bezug auf landesrechtliche Richtervorbehalte *Kugele* § 39 Rn. 4.

nicht über die von der Verfassung vorgegebene Grenzziehung zwischen der Exekutive und Judikative hinwegsetzen.[25] Solange den Gerichten zur ausschließlichen Erledigung andere Angelegenheiten durch Gesetz zugewiesen werden und dadurch weder in den Kernbereich der Rspr. noch der Verwaltung eingegriffen wird, sind landes- oder bundesgesetzliche Richtervorbehalte möglich.[26] Die Länder dürfen derartige Richtervorbehalte für grundrechtsintensive Polizeimaßnahmen aufgrund ihrer Regelungskompetenz für das Gefahrenabwehrrecht (Art. 70 Abs. 1 GG) vorsehen.[27]

VI. Mediationsverfahren vor Verwaltungsrichtern

In der Verwaltungsgerichtsbarkeit wurde für die Beteiligten zunehmend die Möglichkeit eröffnet, 10 ihren Konflikt im Mediationsweg durch einen nicht mit der Streitentscheidung betrauten Richtermediator beizulegen.[28] Ein Richtermediator unterstützt die Parteien darin, eigenständig zu einer Auflösung ihrer Interessengegensätze zu gelangen. Seit dem Inkrafttreten des Mediationsgesetzes (BGBl 2012 I 1577 ff.) besteht über die Verweisung in § 173 S. 1 die Möglichkeit zur Einschaltung eines Güterichters, der gem. § 278 Abs. 5 S. 2 ZPO alle Methoden der Konfliktbeilegung einschließlich der Mediation einsetzen und sich bei entsprechender Vereinbarung auch auf die zuletzt genannte Form der Streitbeilegung beschränken kann.[29] Mehrere Stimmen im Schrifttum wollen die Tätigkeit eines solchen Richters nicht als Rspr. einordnen, weil bei der Mediation der Streit nicht durch hoheitliche Tätigkeit beendet werde, die Mediation nicht zum traditionellen Kernbereich richterlicher Aufgaben gehöre, zumal sie auf eine interessenorientierte, nicht notwendig normative Streitlösung abziele.[30] Zutreffend wird aber auch gesehen, dass die Richtermediation nicht dem Bereich der Gerichtsverwaltung zuzuordnen ist.[31] Angesichts der neutralen Stellung des Mediators und des Ziels der Einschaltung des Richtermediators, eine gerichtliche Streitentscheidung durch Einigung unter den Parteien zu vermeiden, ist aber auch eine Verwaltungstätigkeit im klassischen Sinne verneint worden.[32] Einige treten deshalb für eine Zuordnung des Güterichters zur Rspr. ein. Dieser sei gerade kein Mediator und übe auch bei Anwendung dieser Streitschlichtungsmethoden eine originär richterliche Funktion aus.[33] Unabhängig davon, wie man sich positioniert, entschied das BVerfG im 22. Band, dass Art. 92 GG in jedem von dem Gesetzgeber als Rspr. eingeführten Verfahren, auch wenn diese Materie nicht die herkömmlichen verfassungsrechtlichen Rechtsprechungskriterien erfüllt, den gesetzlichen und unabhängigen Richter sowie ein rechtsstaatliches Gerichtsverfahren garantiert.[34]

VII. Stellungnahmen der Gerichte zu Rechtsfragen

Bereits in den Vorberatungen zu dem Entwurf der VwGO war thematisiert worden, inwieweit Gerich- 11 te zu Rechtsfragen außerhalb bei ihnen anhängiger Rechtsstreitigkeiten Stellung nehmen dürfen. Nach der Aussage von *Koehler* hat man von der Aufnahme einer diesbezüglichen Ausnahmebestimmung in den damaligen § 39 S. 2 bewusst abgesehen, weil derartige Gutachten etwaige spätere Entscheidungen des Gerichts in ungünstiger Weise präjudizieren können.[35] Richtigerweise ist nach den verschiedenen Arten der in Betracht kommenden Stellungnahmen zu differenzieren. Auf jeden Fall unzulässig ist die Erstellung eines rechtlichen Gutachtens auf Wunsch der Verwaltung in einem laufenden Verwaltungs-

---

25 Zu den möglichen Grenzen des § 4 Abs. 2 Nr. 2 DRiG BVerwG DVBl 1985, 452; a.M. wohl *W.-R. Schenke/J. Ruthig*, in: Kopp/Schenke § 39 Rn. 3; *P. Stelkens*, in: Schoch/Schneider/Bier § 39 Rn. 2, welche etwaige landesrechtliche Regelungen nur für zulässig halten, wenn sie kein Verwaltungsgeschäft i.S.d. § 39 betreffen.

26 Dazu, dass der Richtervorbehalt im niedersächsischen Gefahrenabwehrrecht zu keinem Eingriff in den Kernbereich einer der beiden Gewalten führt, *T. E. Aschmann*, Richtervorbehalt, 1999, 162 ff.

27 S. *Jutzi*, FS Hufen, S. 597, 600 ff.

28 Dazu *R. Pitschas*, NVwZ 2004, 396 ff.; *J. Ziekow*, NVwZ 2004, 390 ff.

29 *K. Ortloff*, NVwZ 2012, 1057 ff.

30 *M. Bäumerich* SchiedsVZ 2015, 237 ff.; *A. Hopfauf*, in: Schmidt-Bleibtreu/Hofmann/Henneke, GG Vorbem. V. Art. 92 Rn. 107.

31 *G. Spindler*, DVBl 2008, 1016, 1022; *R. Wimmer/U. Wimmer*, NJW 2007, 3243, 3244.

32 *H. Prütting*, JZ 2008, 847, 850.

33 *D. Assmann*, MDR 2016, 1303, 1304; dazu, dass auch der Güterichter nach dem Maßstab des Rechts agiert *C. Thole*, ZZP 2014, 339, 345.

34 BVerfGE 22, 49, 78; *C. Thole*, ZZP 127 (2014), 339, 346.

35 *Koehler* 177.

verfahren.[36] Denn es besteht die Gefahr einer unzulässigen Verquickung der Gewalten. Überdies obliegt der Verwaltung die erstmalige Rechtsanwendung, während die Gerichte für die Überprüfung der Richtigkeit der Verwaltungsentscheidung zuständig sind. Einer Beratung der Behörden durch die Gerichte steht deshalb das Gewaltenteilungsprinzip entgegen (s.a. § 41 Abs. 1 DRiG; KG OLGZ 76, 65 ff.). Aus heutiger Sicht für zulässig gehalten werden Stellungnahmen der Gerichte zu Gesetzesvorhaben. Denn sie sind nur rechtspolitischer Natur (de lege ferenda) und weisen einen engen Zusammenhang zur Gerichtsverwaltung auf.[37] Weder das Gericht noch der Gesetzgeber sind an diese Äußerungen gebunden. Aus Sicht des Einzelnen besteht keine Gefahr, dass ihm die Judikative nicht mehr unabhängig gegenübertritt. Ob eine derartige Stellungnahme abgegeben wird, steht im Ermessen des Gerichts.[38] Was die Zugänglichmachung gerichtlicher Entscheidungen durch die Gerichtsverwaltung betrifft, haben grds. die Medien selbst und nicht bereits die Gerichtsverwaltung dafür Sorge zu tragen, dass Einschränkungen, etwa nach den Grundsätzen der Verdachtsberichterstattung, eingehalten werden.[39]

VIII. Richterliche Selbstverwaltung

12   Von der Gerichtsverwaltung ist die richterliche Selbstverwaltung zu unterscheiden, welche die Gerichte ohne besondere gesetzliche Zuweisung wahrnehmen. Wegen der verfassungsrechtlich garantierten richterlichen Unabhängigkeit können diese Angelegenheiten nicht von Dritten wahrgenommen werden.[40]

IX. Zur Stellung der Richter

13   Die Rechtsstellung der Richter wird durch § 4 DRiG geregelt. Sie dürfen gem. § 4 Abs. 1 DRiG Aufgaben der rechtsprechenden Gewalt und Aufgaben der Legislative oder Exekutive *nicht zugleich* wahrnehmen. Hiervon lässt § 4 Abs. 2 DRiG in engen Grenzen gewisse Ausnahmen zu. Ein Berufsrichter kann das Ehrenamt eines Wahlvorstands für die Europawahl nicht unter Verweis auf § 4 Abs. 1 DRiG ablehnen (BVerwG NJW 2003, 2263, 2264). Nach OVG Münster (8.12.2006 − 1 A 3842/05) ist die Nebentätigkeit eines Richters als Aufsichtsratsvorsitzender in einem kommunalen Versorgungsunternehmen wegen der Ausübung vollziehender Gewalt nicht genehmigungsfähig. Zuständig für die Gerichtsverwaltung ist hauptsächlich der Gerichtspräsident sowie sein Vertreter. Er kann einzelne Aufgaben der Gerichtsverwaltung auf die jeweiligen Richter übertragen, die insoweit weisungsgebunden sind.[41] Gem. § 42 DRiG sind die Richter zu einer Nebentätigkeit in der Gerichtsverwaltung verpflichtet. Richter auf Probe und kraft Auftrags können ohne ihre Zustimmung bei einer Behörde der Gerichtsverwaltung verwendet werden (§§ 13, 16 Abs. 2 DRiG). Gem. § 21 e Abs. 6 GVG ist das Präsidium zu hören, wenn ein Richter für Aufgaben der Justizverwaltung ganz oder teilweise freigestellt werden soll.

---

36 *P. Gummer*, in: Zöller, [25]2005, § 4 EGGVG a.F. Rn. 2.
37 *H. Geiger*, in: Eyermann § 39 Rn. 2; *C. Kimmel*, in: Posser/Wolff § 39 Rn. 1.
38 *H. Geiger*, in: Eyermann § 39 Rn. 2; *T. Stuhlfauth*, in: Bader § 39 Rn. 1.
39 BVerfG NJW 2015, 3708, 3710.
40 *H. Geiger*, in: Eyermann § 39 Rn. 1; *C. Kimmel*, in: Posser/Wolff § 39 Rn. 3; *W.-R. Schenke/J. Ruthig*, in: Kopp/Schenke § 39 Rn. 1; *T. Stuhlfauth*, in: Bader § 39 Rn. 1.
41 *C. Kimmel*, in: Posser/Wolff § 39 Rn. 2.

§ 40 [Verwaltungsrechtsweg][1, 2]

(1) [1]Der Verwaltungsrechtsweg ist in allen öffentlich-rechtlichen Streitigkeiten nichtverfassungsrechtlicher Art gegeben, soweit die Streitigkeiten nicht durch Bundesgesetz einem anderen Gericht ausdrücklich zugewiesen sind. [2]Öffentlich-rechtliche Streitigkeiten auf dem Gebiet des Landesrechts können einem anderen Gericht auch durch Landesgesetz zugewiesen werden.

(2) [1]Für vermögensrechtliche Ansprüche aus Aufopferung für das gemeine Wohl und aus öffentlich-rechtlicher Verwahrung sowie für Schadensersatzansprüche aus der Verletzung öffentlich-rechtlicher Pflichten, die nicht auf einem öffentlich-rechtlichen Vertrag beruhen, ist der ordentliche Rechtsweg gegeben; dies gilt nicht für Streitigkeiten über das Bestehen und die Höhe eines Ausgleichsanspruchs im Rahmen des Artikels 14 Abs. 1 Satz 2 des Grundgesetzes. [2]Die besonderen Vorschriften des Beamtenrechts sowie über den Rechtsweg bei Ausgleich von Vermögensnachteilen wegen Rücknahme rechtswidriger Verwaltungsakte bleiben unberührt.

Schrifttum
1. Allgemeines

a) Monographien und Beiträge in Sammelwerken: *G. Barbey*, Bemerkungen zum Streitgegenstand im Verwaltungsprozeß, in: FS Menger, 1985, 177; *H. Bauer*, Gerichtsschutz als Verfassungsgarantie, 1973; *J. Burmeister*, Verträge und Absprachen zwischen der Verwaltung und Privaten, in: VVDStRL 52 (1993), 190; *D. Ehlers*, Der Beklagte im Verwaltungsprozeß, in: FS Menger, 1985, 379; *ders.*, Verwaltung in Privatrechtsform, 1984; *U. Di Fabio*, Rechtsschutz in parlamentarischen Untersuchungsverfahren, 1988; *K. Finkelnburg*, Zur Entwicklung der Abgrenzung von Verwaltungsgerichtsbarkeit im Verhältnis zu anderen Gerichtsbarkeiten durch das Merkmal der öffentlich-rechtlichen Streitigkeiten, in: FS Menger, 1985, 279; *J. Hager*, Die Manipulation des Rechtswegs, in: FS Kissel, 1994, 327; *D. Harries-Lehmann*, Rechtsweggarantie, Rechtsschutzanspruch und richterliche Prozeßleitung im Verwaltungsprozess, 2004; *H.-P. Ipsen*, Öffentliche Subventionierung Privater, 1956; *D. Jesch*, Gesetz und Verwaltung, 1961; *W. Kahl*, Droht die Entmachtung der Verwaltungsgerichtsbarkeit durch die Zivilgerichte?, 2016; *P. Lerche*, Übermaß und Verfassungsrecht, 1961; *D. Lorenz*, Der Rechtsschutz des Bürgers und die Rechtsweggarantie, 1977; *ders.*, Die verfassungsrechtlichen Vorgaben des Art. 19 Abs. 4 GG für das Verwaltungsprozeßrecht, in: FS Menger, 1985, 143; *H. Maurer*, Rechtsschutz gegen Rechtsnormen, in: FS Kern, 1968, 275; *ders.*, Kirchenrechtliche Streitigkeiten vor den allgemeinen Verwaltungsgerichten, in: FS Menger, 1985, 285; *J. Nolte*, Die Eigenart des verwaltungsgerichtlichen Rechtsschutzes, 2015; *G. Püttner*, Die öffentlichen Unternehmen, [2]1985; *H. Quaritsch*, Die öffentlich-rechtliche Verwahrung, in: Klaus Lüder (Hrsg.), Staat und Verwaltung, 1997, 169; *H. H. Rupp*, Grundfragen der heutigen Verwaltungsrechtslehre, 1965, [2]1991; *K. A. Schachtschneider*, Staatsunternehmen und Privatrecht, 1986; *W.-R. Schenke*, Rechtsschutz bei normativem Unrecht, 1979; *ders.*, Rechtswegabgrenzung, in: BGH-FS III, 2000, 45; *H. Schmelter*, Rechtsschutz gegen nicht zur Rechtsetzung gehörende Akte der Legislative, 1977; *E. Schmidt-Aßmann*, Funktionen der Verwaltungsgerichtsbarkeit, in: FS Menger, 1985, 107; *ders.*, Verwaltungsrechtliche Dogmatik, 2013; *H. Sodan*, Rechtsschutz gegen den gesetzwidrigen Marktzutritt kommunaler Wirtschaftsunternehmen, in: FS Raue, 2006, 335; *R. Stober*, Rechtsschutz im Wirtschaftsverwaltungs- und Umweltrecht, 1993; *C. H. Ule*, Das Bonner Grundgesetz und die Verwaltungsgerichtsbarkeit, 1950.

b) Beiträge in Zeitschriften: *O. Bachof*, Zur Verfassungsbeschwerde gegen Gesetze und zum Rechtsschutz des Bürgers gegen Rechtsetzungsakte der öffentlichen Gewalt, AöR 86 (1961), 187; *W. Berg*, Zum Widerruf ehrkränkender Behauptungen im Öffentlichen Recht, JuS 1984, 521; *J. Burmeister*, Der Begriff des „Fiskus" in der heutigen Verwaltungsrechtsdogmatik, DÖV 1975, 695; *W. Brohm*, Wirtschaftstätigkeit der öffentlichen Hand, NJW 1994, 281; *S. Broß*, Rechtswegprobleme zwischen den Zivil- und Verwaltungsgerichten, VerwArch 79 (1988) 97; *C. Brückner*, Bindung des Rechtsmittelgerichts an den Rechtsweg im Fall der unterbliebenen oder verspäteten Rechtswegrüge, NJW 2006, 13; *C. Brüning*, Verwaltung und Verwaltungsgerichtsbarkeit, Verw. 48 (2015), 155; *M. Burgi*, Deutsche Verwaltungsgerichte als Gemeinschaftsgerichte, DVBl 1995, 772; *A. Dickersbach*, Die wirtschaftliche Betätigung der Öffentlichen Hand im Verhältnis zur Privatwirtschaft aus öffentlicher Sicht, WiVerw 1983, 206; *O. Dörr*, Das deutsche Vergaberecht unter Einfluß des Art. 19 Abs. 4 GG, DÖV 2001, 1014; *W. Durner*, Reformbedarf in der Verwaltungsgerichtsordnung, NVwZ 2015, 841; *D. Ehlers*, Rechtsstaatliche und prozessuale Probleme des Verwaltungsprivatrechts, DVBl 1983, 422; *ders.*, Die Handlungsformen der Verwaltung bei der Vergabe von Wirtschaftssubventionen, VerwArch 74 (1983), 112; *ders.*, Rechtsschutz der Gemeinde gegen Aufsichtsmaßnahmen, Jura 1987, 480; *ders.*, Der staatliche Gerichtsschutz in kirchlichen Angelegenheiten, JuS 1989, 364; *ders.*, Die wirtschaftliche Betätigung der öffentlichen Hand in der Bundesrepublik Deutschland, JZ 1990, 1089; *ders.*, Rechtswegzuständigkeit: Verwaltungsgericht oder ordentliches Gericht?, JZ 2003, 209; *M. Fischer*, Zulässigkeit der Klage und Zulässigkeit des Rechtswegs, Jura 2003, 748; *ders.*, Nochmals: Der Verwaltungsrechtsweg als Voraussetzung der Zulässigkeit der Klage, VBlBW 2005, 179; *H.-J. Friehe*, Die Konkurrentenklage gegen einen öffentlich-rechtlichen Subventionsvertrag, DÖV 1980, 673; *H. Geiger*, Der Verwaltungsrechtsweg als Sachurteilsvoraussetzung, VBlBW 2004, 2480; *A. Haratsch*, Der Rechtsweg bei Ansprüchen, die auf öffentlich-rechtlichem Vertrag beruhen, ThürVBl 2004, 101; *P.M. Huber*, Der Schutz des Bie-

---

1 Für unermüdliche und sehr wertvolle Unterstützung bei der Kommentierung dankt der Verfasser ganz besonders folgenden früheren Wissenschaftlichen Mitarbeitern an der Freien Universität Berlin: Herrn Prof. Dr. *Sebastian* Kluckert, Bergische Universität Wuppertal, und Herrn Dr. *Markus* Zimmermann, Leiter Justitiariat der Kassenzahnärztlichen Bundesvereinigung, Köln.
2 S. hierzu auch §§ 17, 17 a und 17 b GVG.

ters im öffentlichen Auftragswesen unterhalb der sog. Schwellenwerte, JZ 2000, 877; *M. C. Jacobs*, Rechtsfragen des Subventionswesens, BayVBl 1985, 353; *W. Kilian*, Rechtsschutz gegen Bundes-Rechtsverordnungen, NVwZ 1998, 142; *T. Kluth*, Die „sicnon"-Rechtsprechung des BAG – Der Anfang vom Ende der Beweiserheblichkeitstheorie, NJW 1999, 342; *A. Knuth*, Konkurrentenklage gegen einen öffentlichrechtlichen Subventionsvertrag, JuS 1986, 523; *F. Kopp*, Fragen des Rechtswegs für Streitigkeiten gegen öffentlich-rechtliche Rundfunkanstalten, BayVBl 1988, 193; *E. Krüger*, Die Eröffnung des Verwaltungsrechtswegs, JuS 2013, 598; *S. Kürschner*, Rechtsschutz im Fraktionsrecht, JuS 1996, 3306; *W. Kuhla/J. Hüttenbrink*, Neuregelungen in der VwGO durch das Gesetz zur Bereinigung des Rechtsmittelrechts im Verwaltungsprozeß, DVBl 2002, 85; *C. Maimann*, Der kartellvergaberechtliche Rechtsweg, NZBau 2004, 492; *C.-F. Menger*, Zur Frage des Rechtsweges bei Wettbewerbsstreitigkeiten zwischen Privaten und öffentlicher Hand, VerwArch 68 (1977), 293; *K. Meyer-Hentschel*, Berufsgerichtsbarkeit und allgemeine Verwaltungsgerichtsbarkeit, DVBl 1964, 55; *A. v. Mutius*, Zum Verhältnis zwischen vorläufigem verwaltungsgerichtlichen Rechtsschutz, Wahlprüfungsverfahren und Verwerfungsmonopol des Bundesverfassungsgerichts gem. Art. 100 I GG, VerwArch 68 (1977), 197; *ders.*, Grundfälle zum Kommunalrecht – Grundfragen des Gemeindewirtschaftsrechts, JuS 1997, 342; *K. Redeker*, Vereinheitlichung der öffentlichrechtlichen Gerichtsbarkeiten, NJW 2004, 496; *L. Renck*, Vollstreckung aus einem verwaltungsgerichtlichen Prozeßvergleich, NVwZ 1982, 547; *M. Renck-Laufke*, Rechtsfragen der Vollstreckung verwaltungsgerichtlicher Vergleiche, BayVBl 1976, 621; *K. Rennert*, Wo steht die Verwaltungsgerichtsbarkeit?, NdsVBl 2015, 33; *G. Robbers*, Schlichtes Verwaltungshandeln, DÖV 1987, 272; *W.-R. Schenke*, Rechtsschutz gegen Gnadenakte, JA 1981, 588; *ders.*, Rechtsschutz gegen Normen, JuS 1981, 81; *ders.*, Der gerichtliche Rechtsschutz im Wahlrecht, NJW 1981, 2440; *ders.*, Rechtsschutz bei Divergenz von Form und Inhalt staatlichen Verwaltungshandelns, VerwArch 72 (1981), 185; *ders.*, Die Bedeutung der verfassungsrechtlichen Rechtsschutzgarantie, JZ 1988, 317; *ders.*, Verwaltung und Verwaltungsgerichtsbarkeit – Gedanken zu einem der Grundthemen des Wirtschaftverwaltungsrechts, WuV 1988, 145; *ders.*, Rechtsschutz gegen das Unterlassen von Rechtsnormen, VerwArch 82 (1991), 307; *W.-R. Schenke/J. Ruthig*, Die Aufrechnung mit rechtswegfremden Forderungen im Prozeß, NJW 1992, 2505; *U. Schliesky*, Der Rechtsweg bei wettbewerbsrelevantem Staatshandeln, DÖV 1994, 114; *ders.*, Über die Notwendigkeit und Gestaltung eines Öffentlichen Wettbewerbsrechts, DVBl 1999, 78; *H.-P. Schneider*, Rechtsschutz und Verfassungsschutz – Zur Kontrolle nachrichtendienstlicher Tätigkeit durch Verwaltungsgerichte, NJW 1978, 1601; *F. Schoch*, Verwaltungsgerichtsbarkeit, quo vadis?, VBlBW 2013, 361; *C. Scholz*, Prüfung der Rechtswegzuständigkeit: Müssen rechtswegbegründende Tatsachen bewiesen werden?, FA 2005, 133; *R. Scholz*, Wettbewerbsrechtliche Klagen gegen Hoheitsträger: Zivil- oder Verwaltungsrechtsweg?, NJW 1978, 16; *M.-J. Seibert*, Änderungen der VwGO durch das Gesetz zur Bereinigung des Rechtsmittelrechts im Verwaltungsprozeß, NVwZ 2002, 265; *T. Siegel*, Die Zwei-Stufen-Theorie auf dem Rückzug, DVBl 2007, 942. *H. Sodan*, Der Anspruch auf Rechtsetzung und seine prozessuale Durchsetzbarkeit, NVwZ 2000, 601; *C. Steinbeiß-Winkelmann*, Verwaltungsgerichtsbarkeit zwischen Überlastung, Zuständigkeitsverlusten und Funktionswandel, NVwZ 2016, 713; *U. Steiner*, Staats- und verfassungsrechtliche Bedeutung einer umfassenden Verwaltungsgerichtsbarkeit, BayVBl 1997, Beiheft II; *K. Stern*, Die Einwirkung des europäischen Gemeinschaftsrechts auf die Verwaltungsgerichtsbarkeit, JuS 1998, 769; *P. J. Tettinger*, Rechtsschutz gegen kommunale Wettbewerbsteilnahme, NJW 1998, 3473; *C. H. Ule*, Gesetzlichkeit in der Verwaltung durch Verwaltungsverfahren und gerichtliche Kontrolle in der DDR, DVBl 1985, 1029; *D. C. Umbach*, Der beamtenrechtliche Beteiligungsanspruch und seine Entwertung durch die verwaltungsgerichtliche Rechtsprechung, ZBR 1998, 8; *R. Urban*, Die Neuordnung des Disziplinarrechts, NVwZ 2001, 1335; *H. Weber*, Verwaltungsgerichtliche und kirchliche Gerichtsbarkeit, NJW 1989, 2217; *ders.*, Grundfälle zum Rechtsschutz im Kommunalwahlrecht, insbesondere zur Wahlprüfung, JuS 1990, 291; *R. Woltereck*, Unechte und echte Schiedsgerichte des Verwaltungsrechts, DÖV 1966, 323; *J. Ziekow*, Der Fraktionsausschluß im Kommunalrecht: Zulässigkeit und vorläufiger Rechtsschutz, NWVBl 1998, 297.

2. Zur Geschichte der Verwaltungsgerichtsbarkeit

a) Monographien und Beiträge in Sammelwerken: *H. Bräutigam*, Ein Jahrhundert Verwaltungsgerichtsbarkeit in Berlin, 1975; *K. Dieckmann*, Die Verwaltungsgerichtsbarkeit in Preußen, 1923; *E. Droop*, Der Rechtsweg in Preußen, 1899; *J. v. Elbe*, Die Verwaltungsgerichtsbarkeit nach den Gesetzen der deutschen Länder, 1925; *S. Fachet*, Verwaltungsgerichtshof, Kompetenzgerichtshof und Disziplinargericht in Württemberg unter dem Nationalsozialismus, 1989; *J. Federer*, Recht und Juristen im alten Baden, in: Festschrift zur Eröffnung des Bundesgerichtshofes in Karlsruhe, 1950, 49; *F. Fleiner*, Institutionen des deutschen Verwaltungsrechts, 11911, [8]1928; *L. Frege*, Der Status des preußischen Oberverwaltungsgerichtes und die Standhaftigkeit seiner Rechtsprechung auf politischem Gebiet, in: Staatsbürger und Staatsgewalt, Bd. I, 1963, 131; *K. Friedrichs*, Verwaltungsrechtspflege, 1920/21; *R. Grawert*, Verwaltungsrechtsschutz in der Weimarer Republik, in: FS Menger, 1985, 35; *J. Hatschek*, Institutionen des deutschen und preußischen Verwaltungsrechts, 1917; *W. Horstmann*, Das öffentliche Interesse und die Vertretung vor den Verwaltungsgerichten, 1938; *H. Klinger*, Reichswirtschaftsgericht, in: Staatsbürger und Staatsgewalt, Bd. I, 1963, 103; *R. Knauth*, Die Gesetzgebung über die Verwaltungsrechtsrechtspflege in Thüringen, 1914; *E. Knoll*, Die Entwicklung der Gerichtsbarkeit des Reichs bei Sozialleistungen, in: Staatsbürger und Staatsgewalt, Bd. I, 1963, 87; *R. Knoth*, Das Laienelement in der Verwaltungsgerichtsbarkeit von Thüringen und Hamburg, 1931; *F.-K. Koch*, Die historischen Grundlagen der Verwaltungsrechtspflege in Frankreich und deren Einfluß auf die Anfänge der Verwaltungsgerichtsbarkeit in Bayern, 1980; *O. Koellreutter*, Stellung und Aufgaben der Verwaltungsgerichtsbarkeit, 1927/28; *W. Kohl*, Das Reichsverwaltungsgericht, 1991; *F. Kunze*, Das Verwaltungsstreitverfahren, 1908; *M. Kuntzmann-Auert*, Verwaltungsgerichte des Reichswirtschaftsgerichts, in: Staatsbürger und Staatsgewalt, Bd. I, 1963, 117; *K. v. Lehmayer*, Apologetische Studien zur Verwaltungsgerichtsbarkeit, 1896; *O. Linder*, Die Entstehung der Verwaltungsrechtspflege des Geheimen Rats in Württemberg, 1940; *R. Maas*, Die Verwaltungsgerichtsordnung für Württemberg, 1996; *M. Pagenkopf*, 150 Jahre Verwaltungsgerichtsbarkeit in Deutschland, 2014; *K. v. Pfizer*, Über die Grenzen zwischen Verwaltungs- und Civil-Justiz und über die Form bei Behandlung der Verwaltungsjustiz, 1838; *J. Poppitz*, Die Verwaltungsgerichtsbarkeit im Kriege, 1941; *G. Quast*, Die Entstehungsgeschichte der hamburgischen Verwaltungsgerichtsbarkeit, 1974; *M. Rapp*, 100 Jahre Badischer Verwaltungsgerichtshof, in: Staatsbürger und Staatsgewalt, Bd. I, 1963, 1; *W. Rüfner*, Verwaltungsrechtsschutz in Preußen von 1749-1842, 1962; *K. Sartorius*, Die staatliche Verwaltungsgerichtsbarkeit auf dem Gebiete des Kirchenrechts, 1891; *O. v. Sarwey*, Das öffentliche Recht und die Verwaltungsrechtspflege, 1880; *K. L. Schecher*, Das Wesen der deutschen Verwaltungsgerichtsbarkeit nach dem geltenden Recht, 1915; *H. R. v. Schelhaß*, Über die Gerichtsbarkeit der höchsten Reichsgerichte in Klagen zwischen den mittelbaren Reichsunterthanen und ihrer Landesobrigkeit, 1795; *M. Sellmann*, Entwicklung und Geschichte der Verwaltungsgerichtsbarkeit in Oldenburg, 1957; *ders.*, Der Weg zur Neuzeitlichen Verwaltungsgerichtsbarkeit, ihre Vorstufen und dogmatischen Grundlagen, in: Staatsbürger und Staatsgewalt, Bd. I, 1963, 25; *M. Stolleis*, Die Verwaltungsgerichtsbarkeit im Nationalsozialismus, in: FS Menger, 1985, 57; *ders.*, in: K. G. Jeserich/H. Pohl/G.-C. v. Unruh (Hrsg.), Deutsche Verwaltungsgeschichte, Bd. IV, 1985, 77; *ders.*, Geschichte des öffentlichen Rechts in Deutschland, Bd. 1, 1988; Bd. 2, 1992; *U. Stump*, Preußische Verwaltungsgerichtsbarkeit

1875-1914, 1980; *F. Traum*, Die Feststellungsklage und ihre Zulässigkeit in den Verwaltungsstreitverfahren Preußens, Bayerns, Sachsens, Württembergs und Badens, 1926; *C. H. Ule*, Die Entwicklung der Verwaltungsgerichtsbarkeit, in: K. G. Jeserich/H. Pohl/G.-C. v. Unruh (Hrsg.), Deutsche Verwaltungsgeschichte, Bd. IV, 1985, 1099; *ders.*, Die geschichtliche Entwicklung des verwaltungsgerichtlichen Rechtsschutzes in der Nachkriegszeit, in: FS Menger, 1985, 81; *G.-C. v. Unruh*, Die verfassungsrechtliche Bedeutung der preußischen Verwaltungsrechtspflege, in: FS Menger, 1985, 21; *I. v. Voß*, Die Verwaltungsgerichtsbarkeit in Hamburg von 1921 bis 1945, 1989; *E. Walz*, Verwaltungsrechtspflege in Karlsruhe, in: Festschrift zur Eröffnung des Bundesgerichtshofes in Karlsruhe, 1950, 71.

b) Beiträge in Zeitschriften: *R. Emmert*, Die Entwicklung der Verwaltungsgerichtsbarkeit in Bayern bis 1945, BayVBl 1997, 8; *C. Jestaedt*, Sächsische Verwaltungsgerichtsbarkeit vor 1992, SächsVBl 1993, 49; *O. Kimminich*, Die Verwaltungsgerichtsbarkeit in der Weimarer Republik, VBlBW 1988, 371; *C. Kirchberg*, Die Selbstentmachtung der Verwaltungsgerichtsbarkeit im Dritten Reich, VBlBW 1988, 379; *E. Trostel*, Die Verwaltungsgerichtsbarkeit von der Gründung bis zum Ausgang des Kaiserreichs, VBlBW 1988, 363; *S. Schultzenstein*, Die Richtergewalt im preußischen Verwaltungsstreitverfahren, VerwArch 30 (1923); *M. Stolleis*, Hundertfünfzig Jahre Verwaltungsgerichtsbarkeit, DVBl 2013, 1274; *C. H. Ule*, Das Preußische Oberverwaltungsgericht in der Weimarer Republik, DVBl 1981, 709; *ders.*, Über die Anfänge der Verwaltungsgerichtsbarkeit nach dem Zweiten Weltkrieg, VerwArch 78 (1987), 125; *ders.*, Rudolph v. Gneists Bedeutung für die Einführung der Verwaltungsgerichtsbarkeit in Preußen, VerwArch 87 (1996), 535; *G.-C. v. Unruh*, Zur verfassungsgerichtlichen Bedeutung der Einführung der Verwaltungsgerichtsbarkeit in Preußen, Jura 1982, 113.

3. Einflüsse des Europarechts auf den Verwaltungsrechtsschutz

a) Monographien und Beiträge in Sammelwerken: *M. Burgi*, Verwaltungsprozeß und Europarecht, 1996; *C. D. Claasen*, Die Europäisierung der Verwaltungsgerichtsbarkeit, 1996; *O. Dörr*, Der europäisierte Rechtsschutzauftrag deutscher Gerichte, 2003; *K. F. Gärditz*, Funktionswandel der Verwaltungsgerichtsbarkeit unter dem Einfluss des Unionsrechts – Umfang des Verwaltungsrechtsschutzes auf dem Prüfstand, 2016; *A. Guckelberger*, Deutsches Verwaltungsprozessrecht unter unionsrechtlichem Anpassungsdruck, 2017; *K. Rennert*, Funktionswandel der Verwaltungsgerichtsbarkeit?, in: R. P. Schenke/J. Suerbaum (Hrsg.), Verwaltungsgerichtsbarkeit in Europa, 2016, 165; *E. Schmidt-Aßmann*, Kohärenz und Konsistenz des Verwaltungsrechtsschutzes, 2015.

b) Beiträge in Zeitschriften: *C. D. Claasen*, Das nationale Verwaltungsverfahren im Kraftfeld des europäischen Gemeinschaftsrechts, Verw. 31 (1998), 307; *O. Dörr*, Grundstrukturen eines europäischen Verwaltungsprozessrechts, DVBl 2008, 1401; *D. Ehlers*, Die Einwirkungen des Rechts der Europäischen Gemeinschaften auf das deutsche Verwaltungsrecht, DVBl 1991, 605; *F. Emmert*, Die aktuelle Bedeutung des Europäischen Gemeinschaftsrechts für die Entwicklung der deutschen Verwaltungsgerichtsbarkeit, BayVBl 1997, Beiheft VI; *C. Engel*, Die Einwirkungen des Europäischen Gemeinschaftsrechts auf das deutsche Verwaltungsrecht, Verw. 25 (1992), 43; *K. F. Gärditz*, Europäisches Verwaltungsprozessrecht, JuS 2009, 385; *ders.*, Entwicklungen und Entwicklungsperspektiven des Verwaltungsprozessrechtes zwischen konstitutioneller Beharrung und unionsrechtlicher Dynamisierung, Verw. 46 (2013), 257; *I. Kraft*, Der Einfluss des Art. 6 EMRK auf die deutsche Verwaltungsgerichtsbarkeit, EuGRZ 2014, 666; *F. Schoch*, Die Europäisierung des allgemeinen Verwaltungsrechts, JZ 1995, 109; *K. Stern*, Die Einwirkung des europäischen Gemeinschaftsrechts auf die Verwaltungsgerichtsbarkeit, JuS 1998, 769.

4. Nicht-justitiable Hoheitsakte; rechtliche Streitigkeiten

a) Monographien und Beiträge in Sammelwerken: *H.-U. Erichsen*, Der Innenrechtsstreit, in: FS Menger, 1985, 211; *M. Heckel*, Die staatliche Gerichtsbarkeit in Sachen der Religionsgesellschaften, in: Wege und Verfahren des Verfassungslebens. FS Lerche, 1993, 213; *W. Hoppe*, Organstreitigkeiten vor den Verwaltungs- und Sozialgerichten, 1970; *K.-H. Kästner*, Staatliche Justizhoheit und religiöse Freiheit, 1991; *W. Loschelder*, Vom besonderen Gewaltverhältnis zur öffentlich-rechtlichen Sonderbindung, 1982; *ders.*, Staatskirchenrecht, 1983; *H. v. Mangoldt/F. Klein/A. v. Campenhausen*, Das Bonner Grundgesetz, Bd. 14, Art. 136-146, ³1991; *H. Maurer*, Kirchenrechtliche Streitigkeiten vor den allgemeinen Verwaltungsgerichten, in: FS Menger, 1985, 285; *G. Oettl*, Grenzen der Gerichtsbarkeit im sozialen Rechtsstaat, 1971; *W.-R. Schenke*, Die verfassungsrechtliche Garantie eines Rechtsschutzes kirchlicher Bediensteter, in: Faller-FS, 1984, 133; *ders.*, Rechtsschutz im besonderen Gewaltverhältnis, in: D. Merten (Hrsg.), Das besondere Gewaltverhältnis, 1985, 83; *ders.*, Verfassungsrechtlicher Rechtsschutz und Fachgerichtsbarkeit, 1987; *ders.*, Rechtswegabgrenzung, in: BGH-FS III, 2000, 45; *H. Schneider*, Gerichtsfreie Hoheitsakte, 1951.

b) Beiträge in Zeitschriften: *M. Bauer/B. Krause*, Innerorganisatorische Streitigkeiten im Verwaltungsprozeß, JuS 1996, 411; 512; *A. v. Campenhausen*, Der staatliche Rechtsschutz im kirchlichen Bereich, AöR 112 (1987), 623; *D. Ehlers*, Der staatliche Rechtsschutz in kirchlichen Angelegenheiten, JuS 1989, 364; *ders.*, Die Klagearten und besonderen Sachentscheidungsvoraussetzungen im Kommunalverfassungsstreitverfahren, NVwZ 1990, 105; *H. Goerlich*, Res Sacrae und Rechtsweg, JZ 1984, 221; *A. Krämer*, Verfassungsrechtliche und staatskirchenrechtliche Probleme kirchlicher Gerichtsbarkeit, DVBl 1981, 1; *C. Kirchberg*, Staatlicher Rechtsschutz in Kirchensachen, NVwZ 1999, 734; *J. Listl*, Staatliche und kirchliche Gerichtsbarkeit, DÖV 1989, 409; *D. Lorenz*, Kirchenglocken zwischen öffentlichem und privatem Recht, JuS 1995, 462, 497; *ders.*, Der Rechtsweg für Abwehrklagen gegen kirchliche Beeinträchtigungen, NJW 1996, 1855; *G. Lücke*, Zur Dogmatik der kollektiven Glaubensfreiheit, EuGRZ 1995, 651; *C.-F. Menger*, Probleme des verwaltungsgerichtlichen Rechtsschutzes bei der Umsetzung eines Beamten, VerwArch 68 (1977), 169; *M. Sachs*, Staatliche und kirchliche Gerichtsbarkeit, DVBl 1989, 487; *J. Peglau*, Der Rechtsschutz in Kirchensachen, NVwZ 1994, 564; *L. Renck*, Anspruch auf Erklärung der staatskirchenrechtlichen Entwidmung eines Kirchengebäudes, BayVBl 1988, 601; *ders.*, St. Salvator und kein Ende, BayVBl 1991, 200; *W.-R. Schenke*, Der Rechtsschutz im besonderen Gewaltverhältnis, JuS 1982, 906; *ders.*, Rechtsschutz gegen Gnadenakte, JA 1981, 588; *ders.*, in: D. Merten (Hrsg.), Das besondere Gewaltverhältnis, 1985, 83; *ders.*, Probleme der Unterhaltungs- und Verkehrssicherungspflicht an öffentlichen Wasserstraßen, VersR 2001, 533; *F. Schloßareck*, Recht vor Gnade, JuS 1991, 579; *F. Schoch*, Der Kommunalverfassungsstreit im System des verwaltungsgerichtlichen Rechtsschutzes, JuS 1987, 783; *M. Schütte*, Zur Justitiabilität von Gnadenakten des Bundespräsidenten, JA 1999, 868; *U. Steiner*, Nichts Neues zum Rechtsweg für Klagen von Geistlichen und Kirchenbeamten aus ihrem Amtsverhältnis, NJW 1983, 2560; *ders.*, Staatliche und kirchliche Gerichtsbarkeit, NVwZ 1989, 410; *M. Thiel/S. Garcia-Scholz*, Die Eröffnung des Verwaltungsrechtswegs, JA 2001, 957; *H. Weber*, Staatliche und kirchliche Gerichtsbarkeit, NJW 1989, 2217; *ders.*, Kontroverses zum Rechtsschutz durch staatliche Gerichte im kirchlichen Amtsrecht, NJW 2003, 2067; *ders.*, Der Rechtsschutz im kirchlichen Amtsrecht: Unrühmliches Ende einer unendlichen Geschichte?, NJW 2009, 1179.

5. Streitigkeit nichtverfassungsrechtlicher Art

a) Monographien und Beiträge in Sammelwerken: *D. Ehlers*, Verfassungsrechtliche Fragen der Richterwahl, 1988; *U. Di Fabio*, Rechtsschutz in parlamentarischen Untersuchungsverfahren, 1988; *A. Gern*, Der Vertrag zwischen Privaten über öffentlich-rechtliche Berechtigungen und Verpflichtungen, 1977; *W. Hoppe/H.-W. Rengeling*, Rechtsschutz bei der kommunalen Gebietsform, 1973; *G. Kassimatis*, Der Bereich der Regierung, 1967; *P. Lerche*, Vom Verfassungsrecht geformte Streitsachen – Zur Abgrenzung des Verfassungs- vom Verwaltungsrechtsweg, in: BayVerfGH-FS, 1997, 79; *F. Ossenbühl*, Rechtsschutz im parlamentarischen Untersuchungsverfahren, in: Gedächtnisschrift für Wolfgang Martens, 1987, 177; *H. Schäfer*, Verfassungs- und Verwaltungsgerichtsbarkeit, in: Staatsbürger und Staatsgewalt, Bd. I, 1963, 159; *W.-R. Schenke*, Rechtsschutz bei normativem Unrecht, 1979; *H. Schmelter*, Rechtsschutz gegen nicht zur Rechtsetzung gehörende Akte der Legislative, 1977; *M. Schmidt-Preuß*, Gestaltungskräfte im parlamentarischen Regierungssystem der Bundesrepublik Deutschland, in: FS Leisner, 1999, 467; *H. Sodan*, Das Merkmal der Streitigkeit nichtverfassungsrechtlicher Art in § 40 Abs. 1 S. 1 VwGO, in: FS Schenke, 2011, 1259.

b) Beiträge in Zeitschriften: *G. D. Belemann*, Zur rechtlichen Stellung des Landesrechnungshofes Nordrhein-Westfalen und zur Rechtsnatur seiner Prüfungstätigkeit, DÖV 1979, 684; *H. Bethge*, Verfassungsstreitigkeiten als Rechtsbegriff, Jura 1998, 529; *ders.*, Das Phantom der doppelten Verfassungsunmittelbarkeit, JuS 2001, 1100; *H.-U. Franzke*, Der Schutz des aktiven Wahlrechts durch die Verwaltungsgerichte, DVBl 1980, 730; *S. Haack*, Der Begriff der verfassungsrechtlichen Streitigkeit als Prüfstein für Prozessrechtslehre und Verfassungsdogmatik, DVBl 2014, 1566; *G. Haverkate*, Der Schutz subjektiv-öffentlicher Rechte in der Rechnungsprüfung, AöR 107 (1982), 539; *K. Herrmann*, Fragen des Rechtsweges im Streit um das Berliner Volksbegehren, LKV 2000, 104; *C. D. Herrmanns/T. F. Weers*, Verfassungsrecht/Verwaltungsprozessrecht – Rechtsweg für Bund-Länder-Streit um Finanzierungsverantwortung einer gemeinschaftsrechtlich begründeten Last und Länderhaftung, JA 2003, 376; *F. Kopp*, Rechtsschutz des Bürgers gegen den Inhalt und die Verbreitung von Prüfungsberichten eines Rechnungshofs, JuS 1981, 419; *W. Krebs*, Die rechtliche Stellung der Rechnungshöfe und der Vorbehalt des § 40 Abs. 1 VwGO zugunsten der verfassungsrechtlichen Streitigkeit, VerwArch 71 (1980), 77; *S. Kürschner*, Rechtsschutz im Fraktionsrecht, JuS 1996, 306; *H. Lang*, Zur Effizienz des Rechtsschutzes in getrennten Verfassungsräumen, DÖV 1999, 7112; *C.-F. Menger*, Abgrenzung zwischen verwaltungs- und verfassungsrechtlichen Streitigkeiten, VerwArch 66 (1975), 169; *V. Neumann*, Dogmatische und prinzipiengeleitete Argumente bei der Abgrenzung von Verwaltungsverträgen, DÖV 1992, 154; *C. Pestalozza*, Die Verwaltungsgerichtsbarkeit im Grenzbereich zur Verfassungsgerichtsbarkeit, NJW 1978, 1782; *ders.*, Die Verwaltungsgerichte als Verfassungsgerichte, NJW 1986, 33; *J.-C. Pielow*, Neuere Entwicklungen beim „prinzipalen“ Rechtsschutz gegenüber untergesetzlichen Normen, Verw. 32 (1999), 445; *A. Puttler*, Landeswahlprüfung durch ein Gericht: Art. 19 Abs. 4 GG, die Länderautonomie und die hessischen Wahlprüfungsbestimmungen, DÖV 2001, 849; *G. Robbers*, Schlichtes Verwaltungshandeln, DÖV 1987, 272; *ders.*, Das Öffentliche Recht: Prüfungsbericht des Bundesrechnungshofes, JuS 1988, 723; *H. H. Rupp*, Zur neuen Verwaltungsgerichtsordnung: Gelöste und ungelöste Probleme, AöR 85 (1960), 149; *W.-R. Schenke*, Rechtsschutz gegen Gnadenakte, JA 1981, 588; *ders.*, Der gerichtliche Rechtsschutz im Wahlrecht, NJW 1981, 2440; *ders.*, Rechtsschutz gegen das Unterlassen von Rechtsnormen, VerwArch 82 (1991), 307; *ders.*, Streitigkeiten verfassungsrechtlicher Art im Sinne des § 40 VwGO, AöR 131 (2006), 117; *W. Schreiber*, Das Bundesverfassungsgericht als Wahlprüfungsgericht, DVBl 2010, 609; *M. Schütte*, Zur Justitiabilität von Gnadenakten durch den Bundespräsidenten, JA 1999, 868; *H. Schulze-Fielitz*, Koalitionsvereinbarungen als verfassungsrechtliches Problem, JA 1992, 332; *H. Sodan*, Vorrang der Privatheit als Prinzip der Wirtschaftsverfassung, DÖV 2000, 361; *ders.*, Der Anspruch auf Rechtsetzung und seine prozessuale Durchsetzbarkeit, NVwZ 2000, 601; *ders.*, Der Grundsatz der Subsidiarität der Verfassungsbeschwerde, DÖV 2002, 925; *M. Winkler*, Bund-Länder-Streit um Weisungen nach Art. 85 Abs. 3 GG, JA 1998, 16; *B. Wolnicki*, Öffnungszeiten von Abstimmungsbüros bei Volksbegehren und Gewährleistung demokratischer Grundrechte – keine Angelegenheit für den Verwaltungsrichter?, LKV 1997, 313; *J. Ziekow*, Der Fraktionsausschluß im Kommunalrecht: Zulässigkeit und vorläufiger Rechtsschutz, NWVBl 1998, 297; *F. Zillmer*, Rechtsschutz der Länder gegen bundesfernstraßenrechtliche Weisungen, DÖV 1995, 49; *B. Zimmermann*, Die Kontrolldichte gerichtlichen Rechtsschutzes gegen Weisungen in der Bundesauftragsverwaltung – ein Problem der Zuständigkeitsverteilung zwischen BVerfG und BVerwG?, DVBl 1992, 93.

6. Öffentlich-rechtliche Streitigkeit/Abgrenzung öffentliches Recht und Privatrecht

a) Monographien und Beiträge in Sammelwerken: *O. Bachof*, Über Öffentliches Recht, in: FG BVerwG, 1978, 1; *W. Bosse*, Der subordinationsrechtliche Verwaltungsvertrag als Handlungsform öffentlicher Verwaltung unter besonderer Berücksichtigung der Subventionsverhältnisse, 1974; *M. Bullinger*, Öffentliches Recht und Privatrecht, 1968; *ders.*, Öffentliches Recht und Privatrecht in Geschichte und Gegenwart, in: FS Rittner, 1991, 69; *J. Burmeister*, Vom staatsbegrenzenden Grundrechtsverständnis zum Grundrechtsschutz für Staatsfunktionen, 1971; *ders.*, Verträge und Absprachen zwischen der Verwaltung und Privaten, in: VVDStRL 52 (1993), 190, 210; *A. Chen*, Öffentlich-rechtliche Anstalten und ihre Nutzung, 1994; *E. Christ*, Die Verwaltung zwischen öffentlichem und privatem Recht, 1984; *D. Ehlers*, Verwaltung in Privatrechtsform, 1984; *K. Finkelnburg*, Zur Entwicklung der Abgrenzung von Verwaltungsgerichtsbarkeit im Verhältnis zu anderen Gerichtsbarkeiten durch das Merkmal der öffentlich-rechtlichen Streitigkeiten, in: FS Menger, 1985, 279; *H. J. Fischedick*, Die Wahl der Benutzungsform kommunaler Einrichtungen, 1986; *A. Gern*, Der Vertrag zwischen Privaten über öffentlich-rechtliche Berechtigungen und Verpflichtungen, 1977; *J. Hager*, Die Manipulation des Rechtswegs, in: FS Kissel, 1994, 327; *W. Hauser*, Die Wahl der Organisationsform kommunaler Einrichtungen, 1987; *W. Henke*, Recht der Wirtschaftssubventionen als öffentliches Vertragsrecht, 1979; *H.-P. Ipsen*, Gesetzliche Indienstnahme Privater für Verwaltungsaufgaben, in: FS Kaufmann, 1950, 141; *ders.*, Haushaltssubventionierung über zwei Stufen, in: FS Wacke, 1972, 139; *ders.*, Öffentliche Subventionierung Privater, 1956; *B. Kempen*, Die Formenwahlfreiheit der Verwaltung, 1989; *P. Lerche*, Ordentlicher Rechtsweg und Verwaltungsrechtsweg, 1953; *ders.*, Die Rechtsnatur von Streitsachen aus Rundfunksendungen, in: FS Löffler, 1980, 217; *C.-F. Menger*, Zum Stand der Meinungen über die Unterscheidung von öffentlichem und privatem Recht, in: FS Wolff, 1973, 149; *ders.*, Zum Stand der Meinungen: Über die Unterscheidung von öffentlichem und privatem Recht, in: FS Wolff, 149; *F. Ossenbühl*, Die Erfüllung von Verwaltungsaufgaben durch Private, in: VVDStRL 29 (1971), 17; *C. Pestalozza*, Formenmißbrauch des Staates, 1973; *R. Pester*, Die wettbewerblichen Rechtsbeziehungen im Mitgliederwettbewerb der gesetzlichen Krankenkassen, 2004; *J. Pietzcker*, Die Zweiteilung des Vergaberechts, 2001; *G. Püttner*, Zur Wahl der Privatrechtsform für kommunale Unternehmen und Einrichtungen, 1993; *W. Rüfner*, Formen öffentlicher Verwaltung im Bereich der Wirtschaft, 1967; *K. A. Schachtschneider*, Staatsunternehmen und Privatrecht, 1986; *W.-R. Schenke*, Rechtswegabgrenzung, in: BGH-FS III, 2000, 45; *D. Schmidt*, Die Unterscheidung von privatem und öffentlichem Recht, 1985; *W. Siebert*, Privatrecht im Bereich öffentlicher Verwaltung, in: FS Niedermeyer, 1953, 215; *H. Sodan*, Rechtsschutz gegen den gesetzwidrigen Marktzutritt kommunaler Wirtschaftsunternehmen, in: FS Raue, 2006, 335; *B. Tanneberg*, Die Zweistufentheorie, 2011; *M. Zuleeg*, Die Zweistufenlehre, in: FS Fröhler, 1980, 275.

b) Beiträge in Zeitschriften: *C. Althammer/C. Zieglmeier*, Der Rechtsweg bei Beeinträchtigungen Privater durch die kommunale Daseinsvorsorge bzw. erwerbswirtschaftliches Handeln von Kommunen, DVBl 2006, 810; *C. Antweiler*, Öffentlich-rechtliche Unterlassungsansprüche gegen kommunale Wirtschaftstätigkeit, NVwZ 2003, 1466; *F. Baur*, Neue Verbindungslinien zwischen Privatrecht und öffentlichem Recht, JZ 1963, 41; *W. Berg*, Das Hausrecht des Landgerichtspräsidenten, JuS 1982, 260; *ders.*, Zum Widerruf ehrkränkender Behauptungen im Öffentlichen Recht, JuS 1984, 521; *H. Bethge*, Rechtswegprobleme des öffentlich-rechtlich strukturierten Rundfunks, VerwArch 63 (1972), 152; *ders.*, Das Hausrecht der öffentlichen Hand im Dilemma zwischen öffentlichem Recht und Privatrecht, Verw. 10 (1977), 313; *K. A. Bettermann*, Vom Rechtsschutz und Rechtsweg des Bürgers gegen Rundfunk-Rufmord, NJW 1977, 513; *W. Brohm*, Wirtschaftstätigkeit der öffentlichen Hand, NJW 1994, 281; *S. Broß*, Rechtswegprobleme zwischen den Zivil- und Verwaltungsgerichten, VerwArch 79 (1988), 97; *M. Burgi*, Von der Zweistufenlehre zur Dreiteilung des Rechtsschutzes im Vergaberecht, NVwZ 2007, 737; *J. Burmeister*, Der Begriff des „Fiskus" in der heutigen Verwaltungsrechtsdogmatik, DÖV 1975, 695; *T. Clemens*, Öffentlich-rechtliche Verträge zwischen Privaten, Verw. 12 (1979), 380; *G. Dabringhausen/P. Sroka*, Vergaberechtlicher Primärrechtsschutz auch unterhalb der EU-Schwellenwerte durch Eröffnung des Verwaltungsrechtsweges?, VergabeR 2006, 462; *T. v. Danwitz*, Die Benutzung kommunaler öffentlicher Einrichtungen – Rechtsformenwahl und gerichtliche Kontrolle, JuS 1995, 1; *M. Dawin*, Rechtsweg und Klageart bei Verwaltung in privatrechtlichen Formen, NVwZ 1983, 400; *S. Detterbeck*, Rechtswegprobleme im Wirtschaftsverwaltungsrecht, in: FS Frotscher, 2007, 399; *A. Dickersbach*, Die wirtschaftliche Betätigung der Öffentlichen Hand im Verhältnis zur Privatwirtschaft aus öffentlicher Sicht, WiVerw 1983, 206; *J. Dietlein*, Rechtsfragen des Zugangs zu kommunalen Einrichtungen, Jura 2002, 445; *O. Dörr*, Das deutsche Vergaberecht unter Einfluß des Art. 19 Abs. 4 GG, DÖV 2001, 1014; *W. Dötsch*, Rechtsweg bei Ansprüchen aus öffentlich-rechtlicher culpa in contrahendo, NJW 2003, 1430; *C. Druschel*, Rechtswegfragen am Beispiel des Vergaberechts, JA 2008, 514; *D. Ehlers*, Rechtsstaatliche und prozessuale Probleme des Verwaltungsprivatrechts, DVBl 1983, 422; *ders.*, Die Handlungsformen der Verwaltung bei der Vergabe von Wirtschaftssubventionen, VerwArch 74 (1983), 112; *ders.*, Die Entscheidung der Kommunen für eine öffentlich-rechtliche oder privatrechtliche Organisation der Einrichtungen und Unternehmen, DÖV 1986, 897; *ders.*, Rechtsverhältnisse in der Leistungsverwaltung, DVBl 1986, 912; *ders.*, Die Unterscheidung von privatem und öffentlichem Recht, Verw. 20 (1987), 373; *ders.*, Der staatliche Gerichtsschutz in kirchlichen Angelegenheiten, JuS 1989, 364; *ders.*, Die Aufrechnung im Öffentlichen Recht, JuS 1990, 777; *ders.*, Die wirtschaftliche Betätigung der öffentlichen Hand in der Bundesrepublik Deutschland, JZ 1990, 1089; *ders.*, Rechtsprobleme der Kommunalwirtschaft, DVBl 1998, 497, 502; *J. Ennuschat/C. Ulrich*, Der Rechtsweg bei vergaberechtlichen Streitigkeiten unterhalb der Schwellenwerte: Eine Zwischenbilanz, DÖV 2007, 1009; *H.-U. Erichsen*, Öffentliches und privates Recht, Jura 1982, 537; *A. Faber*, Aktuelle Entwicklungen des Drittschutzes gegen die kommunale wirtschaftliche Betätigung, DVBl 2003, 761; *U. Di Fabio*, Information als hoheitliches Gestaltungsmittel, JuS 1997, 1; *L. Fischer/H. Mann*, Die Natur der Rechtsbeziehungen zwischen Psychiatrischen Landeskrankenhäusern und ihren Patienten, NJW 1992, 1539; *J. Fluck*, Grundprobleme des öffentlich-rechtlichen Vertragsrechts, Verw. 22 (1989), 185; *W. Frotscher*, Ehrenschutz im öffentlichen Recht, JuS 1978, 505; *A. Gern*, Neue Aspekte der Abgrenzung des öffentlich-rechtlichen vom privatrechtlichen Vertrag, VerwArch 70 (1979), 219; *ders.*, Neuansatz der Unterscheidung des öffentlichen Rechts vom Privatrecht, ZPR 1985, 56; *V. Götz*, Rechtsschutz gegen Maßnahmen der Polizei, JuS 1985, 869; *J. Gröning*, Kommunalrechtliche Grenzen der wirtschaftlichen Betätigung der Gemeinden und Drittschutz auf dem ordentlichen Rechtsweg, WRP 2002, 17; *ders.*, Primärer Vergaberechtsschutz außerhalb des Vierten Teils des GWB auf dem Verwaltungsrechtsweg?, ZWeR 2005, 276; *J. Gundel*, Rechtsschutz und Rechtsweg bei der Vergabe öffentlicher Aufträge unterhalb der Schwellenwerte, Jura 2008, 288; *C. Gusy*, Die Bindung privatrechtlichen Verwaltungshandelns an das öffentliche Recht, DÖV 1984, 872; *ders.*, Freiheit der Formenwahl und Rechtsbindung der Verwaltung, Jura 1985, 578; *A. Haratsch*, Der Rechtsweg bei Ansprüchen, die auf öffentlich-rechtlichem Vertrag beruhen, ThürVBl 2004, 101; *B. Heuermann*, Der Arbeitgeber als Beliehener, ThürVBl 1999, 153; *F. J. Hölzl/J. Eichler*, Rechtsweg für die Überprüfung der Vergabe von Rabattverträgen, NVwZ 2009, 27; *U. Hösch*, Die Nachprüfung von Vergabeentscheidungen der öffentlichen Hand, BayVBl 1997, 193; *P. M. Huber*, Der Schutz des Bieters im öffentlichen Auftragswesen unterhalb der sog. Schwellenwerte, JZ 2000, 877; *J. Ipsen/T. Koch*, Öffentliches und privates Recht – Abgrenzungsprobleme bei der Benutzung öffentlicher Einrichtungen, JuS 1992, 809; *W. Irmer*, Eröffnung des Verwaltungsrechtswegs bei Vergaben außerhalb des Anwendungsbereichs von § 100 GWB oder Aufgabe der Zweiteilung und Neuordnung des Vergaberechts, VergabeR 2006, 159 (Teil I), 308 (Teil II/1); *M. C. Jacobs*, Rechtsfragen des Subventionswesens, BayVBl 1985, 353; *H.-H. Kasten/A. Rapsch*, Der öffentlich-rechtliche Vertrag zwischen Privaten – Phänomen oder Phantom?, NVwZ 1986, 708; *H. Kelsen*, Zur Lehre vom öffentlichen Rechtsgeschäft, AöR 31 (1913), 53; *J. Kerkmann*, Der Anspruch auf Zulassung zu öffentlichen Einrichtungen und Fragen des Rechtsschutzes, VR 2004, 73; *T. Kluth*, Die „sic-non"-Rechtsprechung des BAG – Der Anfang vom Ende der Beweiserheblichkeitstheorie, NJW 1999, 342; *F.-L. Knemeyer*, Öffentlich-rechtliches Hausrecht und Ordnungsgewalt, DÖV 1970, 596; *F. Kopp*, Die Entscheidung über die Vergabe öffentlicher Aufträge und der Abschluß öffentlich-rechtlicher Verträge als Verwaltungsakt, BayVBl 1980, 609; *ders.*, Fragen des Rechtswegs für Streitigkeiten gegen öffentlich-rechtliche Rundfunkanstalten, BayVBl 1988, 193; *B. Köster*, Primärrechtsschutzschwellen und Rechtswegwirrwarr, NZBau 2006, 540; *A. Krist-Thomas*, Verwaltungsrechtsweg für Streitigkeiten zwischen kommunalen Organträgern im Aufsichtsrat eines gemeindeeigenen Unternehmens, LKRZ 2008, 256; *W. Krohn*, Ende des Rechtswegwirrwarrs: Kein Verwaltungsrechtsschutz unterhalb der Schwellenwerte, NZBau 2007, 493; *C. Kruse/J. Bulling*, Aus der Praxis: Rechtswegbestimmung bei polizeilichem Handeln nach § 81 b Var. 2 StPO, JuS 2007, 342; *S. Lampert*, Dienstleistungskonzessionen – keine geborenen Kandidaten für den Verwaltungsrechtsweg, DVBl 2007, 1343; *K. Lange*, Die Abgrenzung von öffentlichrechtlichem und privatrechtlichem Vertrag, JuS 1982, 500; *ders.*, Die Abgrenzung des öffentlich-rechtlichen Vertrages vom privatrechtlichen Vertrag, NVwZ 1993, 313; *H.-W. Laubinger*, Nachbarschutz gegen kirchliches Glockengeläut, VerwArch 83 (1992), 623; *R. Leinenbach/G. Jurczyk*, Rückforderung von Subventionen – Zivilrechtsweg oder Verwaltungsrechtsweg?, LKV 2001, 450; *W. Leisner*, Unterscheidung zwischen privatem und öffentlichem Recht, JZ 2006, 869; *P. Lerche*, Ordentlicher Rechtsweg und Verwaltungsrechtsweg, JuS 1980, 644; *D. Lorenz*, Kirchenglocken zwischen öffentlichem und privatem Recht, NJW 1994, 956; *ders.*, Kirchenglocken zwischen öffentlichem und privatem Recht, JuS 1995, 492; *A. Losch*, Zum Rechtsweg bei Streitigkeiten wegen der Vergabe einer Dienstleistungskonzession, VergabeR 2007, 355; *C.-F. Menger*, Zum Koppelungsverbot bei öffentlichrechtlichen Verträgen, VerwArch 64 (1973), 203; *ders.*, Zur Frage des Rechtsweges bei Wettbewerbsstreitigkeiten zwischen Privaten und öffentlicher Hand, VerwArch 68 (1977), 293; *H. Meyer*, Wettbewerbsrecht und wirtschaftliche Betätigung der Gemeinden, NVwZ 2002, 1075; *V. Neumann*, Dogmatische und prinzipiengeleitete Argumente bei der Abgrenzung von Verwaltungsverträgen, DÖV 1992, 154; *F. Ossenbühl*, Probleme der Amtshaftung bei Versagen von Ampelanlagen, JuS 1973, 421; *ders.*, Öffentliches Recht und Privatrecht in der Leistungsverwaltung, DVBl 1974, 541; *C. Otto*, Wettbewerblicher Schutz gegen kommunale Wirtschaftstätigkeit?, GewArch 2001, 360; *E. Pache*, Der Staat als Kunde – System und Defizite des neuen deutschen Vergaberechts, DVBl 2001, 1781; *M. Pagenkopf*, Einige Betrachtungen zu den Grenzen für privatwirtschaftliche Betätigung der Gemeinden – Grenzen für die Grenzzieher?, GewArch 2000, 177; *F.-J. Peine*, Öffentliches und privates Nachbarrecht, JuS 1987, 169; *ders.*, Grenzen der Privatisierung, DÖV 1997, 353; *C. Pestalozza*, Kollisionsrechtliche Aspekte der Unterscheidung von öffentlichem Recht und Privatrecht, DÖV 1974, 188; *K. Pomorin*, Rechtswegzuständigkeit für Klagen von Programmveranstaltern gegen Kabelanlagenbetreiber wegen der Kanalbelegung im Kabelnetz, ZUM 2005, 220; *H.-J. Prieß/F. J. Hölzl*, Verwaltungsrechtsweg für die Anfechtung einer Vergabeentscheidung auch bei Vergaben unterhalb der Schwellenwerte, ZfBR 2005, 593; *L. Renck*, Über die Unterscheidung zwischen öffentlichem und privatem Recht, JuS 1986, 268; *B. Rimmelspacher*, Öffentliches oder privates Interesse als Kriterium der Rechtswegezuständigkeit, JZ 1975, 165; *G. Robbers*, Schlichtes Verwaltungshandeln, DÖV 1987, 272; *H.-C. Röhl*, Verwaltung und Privatrecht – Verwaltungsprivatrecht?, VerwArch 86 (1995), 531; *M. Ronellenfitsch*, Das Hausrecht der Behörden, VerwArch 73 (1982), 465; *J. Ruthig*, Rechtsschutz von Bietern bei der Vergabe öffentlicher Bauaufträge, DÖV 1997, 539; *W.-R. Schenke*, Probleme der modernen Leistungsverwaltung, DÖV 1989, 365; *W.-R. Schenke/J. Ruthig*, Die Aufrechnung mit rechtswegfremden Forderungen im Prozeß, NJW 1992, 2505; *J. Scherer*, Realakte mit „Doppelnatur", NJW 1989, 2724; *U. Schliesky*, Der Rechtsweg bei wettbewerbsrelevantem Staatshandeln, DÖV 1994, 114; *ders.*, Über Notwendigkeit und Gestalt eines öffentlichen Wettbewerbsrechts, DVBl 1999, 78; *H.-P. Schneider*, Rechtsschutz und Verfassungsschutz, NJW 1978, 1601; *M. Schneider/S. Häfner*, Rechtsweg für Streitigkeiten bei der Vergabe staatlicher Aufträge, DVBl 2005, 989; *F. Schoch*, Die Haftung aus enteignungsgleichem und enteignendem Eingriff, Jura 1990, 140; *ders.*, Geschäftsführung ohne Auftrag im öffentlichen Recht, Jura 1994, 241; *R. Scholz*, Wettbewerbsrechtliche Klagen gegen Hoheitsträger: Zivil- oder Verwaltungsrechtsweg?, NJW 1978, 16; *J. Schwabe*, Art. 14 GG und die hoheitliche Zuerkennung privatrechtlicher Einwirkungsbefugnisse, DVBl 1973, 102; *T. Siegel*, Die Zwei-Stufen-Theorie auf dem Rückzug, DVBl 2007, 942; *K. Stern*, Zur Grundlegung einer Lehre des öffentlich-rechtlichen Vertrages, VerwArch 49 (1958), 106; *M. Sura*, Zur Frage des Rechtswegs bei Vergabeverfahren unterhalb der Vergaberechtsschutz eröffnenden Schwellenwerte, VergabeR 2005, 767; *P. J. Tettinger*, Rechtsschutz gegen kommunale Wettbewerbsteilnahme, NJW 1998, 3473; *H. Thieme/C. Correll*, Deutsches Vergaberecht zwischen nationaler Tradition und europäischer Integration, DVBl 1999, 884; *R. Tillmanns*, Rechtsweg für Abwehransprüche gegen Äußerungen des Sektenbeauftragten einer Kirche, DVBl 2002, 336; *S. Tomerius/F. Kiser*, Verwaltungsgerichtlicher Rechtsschutz bei nationalen Auftragsvergaben – auf dem Weg zur unterschwelligen Rechtswegspaltung?, VergabeR 2005, 551; *W. E. Trautner*, Eröffnung des Verwaltungsrechtswegs bei Auftragsvergabe unterhalb der Schwellenwerte, VergabeR 2006, 355; *T. Tschentscher/C. Koenig*, Rechtsqualität, Vergabe und Übertragbarkeit sog. „Slots" nach dem deutschen Luftverkehrsrecht, NVwZ 1991, 219; *G.-C. v. Unruh*, Kritik des privatrechtlichen Verwaltungshandelns, DÖV 1997, 657; *S. Vollmer*, Inhalt und Umfang des Zulassungsanspruchs politischer Parteien zu den kommunalen öffentlichen Einrichtungen, DVBl 1989, 1087; *R. Walz*, Steuerrechtsbezogene Nebenpflichten im Recht der Leistungsstörungen, BB 1991, 880; *D. Waschull*, Rechtsweg in Angelegenheiten der Grundsicherung im Alter und bei Erwerbsminderung, SGb 2006, 179; *H. Weber*, Kontroverses zum Rechtsschutz durch staatliche Gerichte im kirchlichen Amtsrecht, NJW 2003, 2067; *ders.*, Staatliche und kirchliche Gerichtsbarkeit, NJW 1989, 2217; *C. Weißenberger*, Die Zweistufentheorie im Wirtschaftsverwaltungsrecht, GewArch 2009, 417, 465; *H. J. Wolff*, Der Unterschied zwischen öffentlichem und privatem Recht, AöR 76 (1950/51), 205; *H. Zeiler*, Das Hausrecht an Verwaltungsgebäuden, DVBl 1981, 1000; *F. v. Zezschwitz*, Rechtsstaatliche und prozessuale Probleme des Verwaltungsprivatrechts, NJW 1983, 1873; *M. Zuleeg*, Die Anwendungsbereiche des öffentlichen Rechts und des Privatrechts, VerwArch 73 (1982), 384.

7. Aufdrängende Spezialzuweisungen und abdrängende Sonderzuweisungen

a) Monographien und Beiträge in Sammelwerken: *M. Aust/R. Jacobs,* Die Enteignungsentschädigung, 1991; *U. Berlit,* Rechtswegbereinigung als rechtspolitischer Auftrag – Rückführung öffentlich-rechtlicher Streitigkeiten in die Verwaltungsgerichtsbarkeit, in: FS v. Brünneck, 2011, 497; *S. Broß,* Die Vergabe öffentlicher Aufträge als Wettbewerbsproblem, in: FS Brandner, 1996, 343; *D. Ehlers,* Eigentumsschutz, Sozialbindung und Enteignung bei der Nutzung von Boden und Umwelt, in: VVDStRL 51 (1992), 211; *E. Gift/H. Baur,* Das Urteilsverfahren vor den Gerichten für Arbeitssachen, 1993; *G. Herbst,* Das Bundespatentgericht als Gericht der ordentlichen Gerichtsbarkeit, in: 25 Jahre Bundespatentgericht. Festschrift, 1986, 47; *W. Höfling,* Rechtsschutz vor der Berufs- und Standesgerichtsbarkeit, in: R. Stober (Hrsg.), Rechtsschutz im Wirtschaftsverwaltungs- und Umweltrecht, 1993, 309; *W. Jungbluth,* Das Bundespatentgericht im zehnten Jahr seines Bestehens, in: Zehn Jahre Bundespatentgericht. Festschrift, 1971, 9; *C. Loos,* Die Schiedsgerichtsbarkeit in der Verwaltungsgerichtsbarkeit, 1984; *S. Jutzi,* Landesgesetzgebungskompetenz für die Zuweisung präventiver Richtervorbehalte, in: FS Hufen, 2015, 597; *A. Lubberger,* Eigentumsdogmatik, 1995; *F. Rachor,* Ausgleichs- und Ersatzansprüche des Bürgers, in: H. Lisken/E. Denninger (Hrsg.), Handbuch des Polizeirechts, Abschnitt L, ⁵2012; *A. Rieger,* Die Abgrenzung doppelfunktionaler Maßnahmen der Polizei, 1994; *F. Schoch,* Zuständigkeit der Zivilgerichtsbarkeit in öffentlich-rechtlichen Streitigkeiten kraft Tradition, in: FS Menger, 1985, 305; *ders.,* Rechtsschutz gegen polizeiliche Maßnahmen, in: Beiträge zur Rechtswissenschaft. FS Stree u. Wessels, 1993, 1095; *H. Scholler,* Die Neuordnung des Finanzrechtswegs in Abgrenzung zu den anderen Verwaltungsrechtswegen, 1969; *R. Steinberg/A. Lubberger,* Aufopferung – Enteignung und Staatshaftung, 1991; *R. Stich,* Die öffentlich-rechtlichen Zuständigkeiten der Zivilgerichte, in: Staatsbürger und Staatsgewalt, Bd. II, 1963, 387; *H. Weidemann,* Schiedsgerichtsbarkeit in verwaltungsrechtlichen Streitigkeiten, 1968; *R. Woltereck,* Die Erledigung verwaltungsrechtlicher Streitigkeiten durch Schiedsgerichte, 1965.

b) Beiträge in Zeitschriften: *M. Artzt,* Doppelfunktionales Handeln des Polizeivollzugsdienstes, Kriminalistik 1998, 353; *U. Berlit,* Reformbedarfe im Asylprozessrecht – für eine Reintegration des Sonderasylprozessrechts in das allgemeine Verwaltungsprozessrecht, DVBl 2015, 657; *K. A. Bettermann,* Zivilgerichtlich verfolgbarer Schadensersatzanspruch bei unberechtigter Verwaltungsvollstreckung, JZ 1960, 335; *K. A. Bettermann/H.-H. Walter,* Berufsgerichtsbarkeit und Berufszulassung der Ärzte, NJW 1963, 1649; *M. Dörschuck,* Doppelfunktionales Handeln des Polizeivollzugsdienstes, Kriminalistik 1997, 740; *D. Ehlers,* Der staatliche Gerichtsschutz in kirchlichen Angelegenheiten, JuS 1989, 364; *H.-U. Erichsen,* Zur Zulässigkeit von Schiedsgerichtsvereinbarungen bei öffentlich-rechtlichen Streitigkeiten, VerwArch 65 (1974), 311; *H. F. Gaul,* Die Mitwirkung des Zivilgerichts an der Vollstreckung von Verwaltungsakten im öffentlich-rechtlichen Entscheidungen, JZ 1979, 496; *K. F. Gärditz,* Die Rechtswegspaltung in öffentlich-rechtlichen Streitigkeiten nichtverfassungsrechtlicher Art, Verw. 43 (2010), 309; *V. Götz,* Rechtsschutz gegen Maßnahmen der Polizei, JuS 1985, 869; *K. Herrmann,* Öffentlich-rechtliche Rechtsstreitigkeiten vor den Zivilgerichten, ZZP 78 (1965), 346; *M. Jortzig/W. Kunze,* Rechtsschutz gegen Maßnahmen der Ermittlungsbehörden, Jura 1990, 294; *M. Kilian,* Konzentration der Berufsgerichtsbarkeit der regulierten Freiberufe bei den Verwaltungsgerichten?, NJW 2016, 137; *S. Kresse/F. Vogl*, Der Rechtsweg in regulierungsrechtlichen Streitigkeiten – Vereinheitlichung durch Zuweisung an die ordentliche Gerichtsbarkeit, WiVerw 2016, 275; *P. Kunig*, Die Unzulässigkeit des Verwaltungsrechtswegs bei öffentlich-rechtlichen Streitigkeiten, Jura 1990, 386; *ders.*, Aufopferung, Jura 1992, 554; *J. Lege*, Der Rechtsweg bei Entschädigungen für „enteignende" Wirkungen, NJW 1995, 2745; *M. Lenk*, Läutet der BGH das Ende der Schwerpunkttheorie ein?, NVwZ 2018, 38; *K. Meyer-Hentschel*, Berufsgerichtsbarkeit und allgemeine Verwaltungsgerichtsbarkeit, DVBl 1964, 55; *K.-H. Mühlhausen*, Überlegungen zur Zulässigkeit des Zivilrechtswegs bei kartell- und wettbewerbsrechtlichen Streitigkeiten der gesetzlichen Krankenkassen, SGb 1995, 146; *H. Müller*, Entscheidung verwaltungsrechtlicher Streitigkeiten durch Schiedsgerichte, NJW 1963, 282; *J. Murach*, Rechtswegzuständigkeit bei Ersatzansprüchen aus verwaltungsrechtlichen Schuldverhältnissen nichtvertraglicher Art, BayVBl 2001, 682; *J. Nicolai/N. Kuszlik*, „Bereinigung" der Rechtswegzuweisungen, ZRP 2015, 148; *E. Rinne*, Der Rechtsweg für Ausgleichsansprüche im Rahmen der Inhaltsbestimmung des Eigentums, DVBl 1994, 23; *W. Römer*, Der Rechtsweg für Streitigkeiten aus der privaten Pflegeversicherung, VersR 1996, 562; *W.-R. Schenke*, Rechtsschutz gegen Strafverfolgungsmaßnahmen der Polizei, VerwArch 60 (1969), 332; *ders.*, Rechtsschutz bei strafprozessualen Eingriffen von Staatsanwaltschaft und Polizei, NJW 1976, 1816; *ders.*, Staatshaftung und Aufopferung – Der Anwendungsbereich des Aufopferungsanspruchs, NJW 1991, 1777; *ders.*, Der Rechtsweg für die Geltendmachung von Ausgleichsansprüchen im Rahmen der Sozialbindung des Eigentums, NJW 1995, 3145; *ders.*, Rechtsschutz gegen doppelfunktionale Maßnahmen der Polizei, NJW 2011, 2838; *J. Scherer*, Rechtsweg bei öffentlich-rechtlicher „Culpa in contrahendo", NVwZ 1986, 540; *H. Schnellenbach*, Die Sachurteilsvoraussetzungen bei beamtenrechtlichen Streitigkeiten, ZBR 1992, 257; *F. Schoch*, Die Haftung aus enteignungsgleichem und enteignendem Eingriff, Jura 1990, 140; *ders.*, Der Rechtsschutz bei ausgleichspflichtigen Eigentumsinhaltsbestimmungen, JZ 1995, 768; *ders.*, Rechtsschutz gegen polizeiliche Maßnahmen, Jura 2001, 628; *J. P. Terhechte*, Rechtswegzuweisungen im Sog der Föderalismusreform – Zum Verhältnis von § 126 BRRG und § 54 BeamtStG, NVwZ 2010, 996; *R. Urban*, Die Neuordnung des Disziplinarrechts, NVwZ 2001, 1335; *H.-D. Weiß*, Aktuelles aus dem Disziplinarrecht, PersV 1993, 7; *H. Wolter*, Die Richtervorbehalte im Polizeirecht, DÖV 1997, 939; *R. Woltereck*, Unechte und echte Schiedsgerichte des Verwaltungsrechts, DÖV 1966, 323.

A. Allgemeines

I. Verfassungsrechtliche Grundlagen

1 **1. Bindung der Träger öffentlicher Gewalt an Gesetz und Recht.** Gem. Art. 20 Abs. 3 GG ist die Gesetzgebung an die verfassungsmäßige Ordnung, die vollziehende Gewalt und die Rspr. sind an Gesetz und Recht gebunden.

2 Für die öffentliche Verwaltung wird damit hinsichtlich der Durchführung ihrer Aufgaben der Grundsatz der Gesetzmäßigkeit der Verwaltung statuiert. Dieser Grundsatz umfasst die zwei tragenden Prinzipien des Vorrangs des Gesetzes und des Vorbehalts des Gesetzes[3]; das erstgenannte Prinzip findet seine Stütze unmittelbar im Wortlaut des Art. 20 Abs. 3 GG, das letztgenannte wird als ungeschriebene Voraussetzung ebenfalls in dieser Vorschrift verortet[4]. Der Grundsatz des Gesetzesvorrangs stellt an die Exekutive die Anforderung, dass deren Handeln nicht gegen geltende (höherrangige) Rechtssätze verstoßen darf[5], begründet also die Pflicht, die Anordnungen des Gesetzes zu befolgen oder sonst in ihrer Wirksamkeit zu respektieren[6]; unter „Gesetzen" sind insoweit alle materiellen Rechtsvorschriften zu verstehen[7]. Das Prinzip des Gesetzesvorbehalts stellt dagegen das Erfordernis auf, dass die vollziehende Gewalt grds.[8] nur tätig werden darf, wenn sie zur Vornahme des betreffenden Exekutivaktes durch eine formellgesetzliche oder auf formellem Gesetz beruhende Ermächtigungsgrundlage legitimiert ist.[9]

3 Diese Bindung der vollziehenden Gewalt an Gesetz und Recht stellt den zentralen Grundsatz des Rechtsstaatsgedankens dar;[10] danach ist das Recht, zu dem die Verfassung sowie die formell und materiell verfassungsmäßig erlassenen Gesetze gehören, die Basis staatlichen Handelns.

4 **2. Materielle Absicherung durch Art. 19 Abs. 4 GG.** Das Prinzip der Rechtsstaatlichkeit bliebe aber unvollständig, wenn es sich letztlich in einem bloßen Postulat der Verfassungs- und Gesetzesbindung öffentlicher Gewalt erschöpfen würde, es aber keine unabhängige Institution gäbe, welche über die Einhaltung dieser Anforderungen an das staatliche Handeln „wacht" und dem einzelnen im Falle des Rechtsbruchs die Durchsetzung dieses Rechts gegen den Rechtsbrecher ermöglicht. Denn selbst wenn man davon ausgeht, dass die Träger öffentlicher Gewalt im Grunde zur Erfüllung der verfassungsmäßigen Anforderungen bereit sind, die das Rechtsstaatsprinzip in der oben beschriebenen Weise an sie stellt, können auch sie Irrtümern unterliegen und Fehler begehen, sodass sich rechts- oder gesetzeswidrige Entscheidungen nicht ausschließen lassen.[11] Daher müssen Maßnahmen öffentlicher Gewalt und damit auch und gerade diejenigen der vollziehenden Gewalt überprüfbar und ggf. korrigierbar sein.

5 Diese notwendige materielle Absicherung der durch Art. 20 Abs. 3 GG aufgestellten Anforderungen an staatliches Handeln gewährleistet Art. 19 Abs. 4 S. 1 GG, indem er demjenigen, der durch die öffentliche Gewalt in seinen Rechten verletzt wird, „den Rechtsweg" eröffnet und damit ein Grundrecht auf Individualrechtsschutz[12] gegen Rechtsverletzungen durch die öffentliche Gewalt statuiert. Gleichzeitig enthält Art. 19 Abs. 4 S. 1 GG die institutionelle Garantie einer Gerichtsbarkeit, die diesen Rechtsschutzauftrag in angemessener und effektiver Weise erfüllt.[13]

6 **3. Pflicht zur Schaffung einer eigenständigen Verwaltungsgerichtsbarkeit?** Art. 19 Abs. 4 GG trifft indes keine (ausdrückliche) Regelung, welche Gerichtsbarkeit diesen Rechtsschutzauftrag wahrzuneh-

---

3 S. etwa *B. Grzeszick*, in: Maunz/Dürig Art. 20 VI Rn. 71 ff.; *W. G. Leisner*, in: Sodan Art. 20 Rn. 47 f.; *F. E. Schnapp*, in: v. Münch/Kunig Art. 20 Rn. 46; *Stern*, Staatsrecht I, § 20 IV 4 b.

4 *B. Grzeszick*, in: Maunz/Dürig Art. 20 VI Rn. 79 ff.; *M. Sachs*, in: Sachs Art. 20 Rn. 114 („impliziert"); *H. Schulze-Fielitz*, in: Dreier II Art. 20 Rn. 105; *Stern*, Staatsrecht I, § 20 IV 4 b.

5 *F. E. Schnapp*, in: v. Münch/Kunig Art. 20 Rn. 65.

6 *M. Sachs*, in: Sachs Art. 20 Rn. 110.

7 Näher zum Gesetzesbegriff *B. Grzeszick*, in: Maunz/Dürig Art. 20 VI Rn. 60 ff.; *H. Schulze-Fielitz*, in: Dreier II Art. 20 Rn. 93.

8 Zu str. Ausnahmen *F. E. Schnapp*, in: v. Münch/Kunig Art. 20 Rn. 6 ff.

9 *M. Sachs*, in: Sachs Art. 20 Rn. 113 ff.; *F. E. Schnapp*, in: v. Münch/Kunig Art. 20 Rn. 65; *H. Schulze-Fielitz*, in: Dreier II Art. 20 Rn. 105; *Stern*, Staatsrecht I, § 20 IV 4 b.

10 *F. E. Schnapp*, in: v. Münch/Kunig Art. 20 Rn. 43.

11 *J. Hüttenbrink*, in: Kuhla/Hüttenbrink/Endler A Rn. 2.

12 *E. Schmidt-Aßmann*, in: Maunz/Dürig Art. 19 Abs. 4 Rn. 8; vgl. *H. Bauer*, Gerichtsschutz, 1973, 20.

13 Vgl. *H. Schulze-Fielitz*, in: Dreier I Art. 19 Rn. 42, 90; *H. Sodan*, in: Sodan Art. 19 Rn. 27; zu den Anforderungen *E. Schmidt-Aßmann*, Verwaltungsrechtliche Dogmatik, 2013, 124 ff.

men hat (implizit BVerfG NJW 2017, 545, 547); lediglich wird in S. 2 die subsidiäre Zuständigkeit der ordentlichen Gerichte festgelegt, soweit eine andere Zuständigkeit nicht begründet ist. Inwieweit sich gleichwohl für den Gesetzgeber nicht nur eine hinsichtlich ihrer konkreten Ausgestaltung mit weitem Spielraum versehene allgemeine Justizgewährpflicht[14] ergibt, sondern dem Gesetzgeber auch eine darüber hinaus gehende Pflicht zur Schaffung bzw. Erhaltung einer prinzipiell eigenständigen Fachgerichtsbarkeit i.S. eines eigenen Gerichtszweigs zukommt, wird uneinheitlich beurteilt (→ § 1 Rn. 27 f.).

Soweit eine solche Pflicht zur Schaffung einer prinzipiell eigenständigen Fachgerichtsbarkeit bejaht wird,[15] erfolgt dies überwiegend unter Hinweis auf Art. 95 Abs. 1 GG. Denn dessen Regelungsgehalt, nämlich die Pflicht zur Schaffung von obersten Gerichtshöfen des Bundes für jede der fünf vorgesehenen Gerichtsbarkeiten (ordentliche Gerichtsbarkeit, Verwaltungs-, Finanz-, Arbeits- und Sozialgerichtsbarkeit), lege mittelbar auch hinsichtlich der Organisation der unterhalb dieser obersten Instanzen angesiedelten Landesgerichte eine Aufgliederung in die genannten fünf Rechtswege fest.[16] Dem stehe zwar nicht entgegen, dass einzelne Bereiche, die eigentlich einer bestimmten Fachgerichtsbarkeit zuzuordnen wären, auf eine andere Gerichtsbarkeit übertragen werden (z.B. durch Zuweisung bestimmter öffentlich-rechtlicher Streitigkeiten an die ordentliche Gerichtsbarkeit nach § 40 Abs. 2 S. 1); für jede Fachgerichtsbarkeit müsse aber jedenfalls ein adäquater Aufgabenbereich als Kernbestand vorhanden sein.[17] 7

Die Gegenansicht (vertreten insbes. von *J. Kronisch* → § 1 Rn. 27 f.)[18] sieht in Art. 19 Abs. 4 GG keine Gewährleistung einer im Grundsatz eigenständigen Verwaltungsgerichtsbarkeit, sondern lediglich die Garantie, dass überhaupt eine effektive Gerichtsbarkeit zu existieren hat, die das Handeln der vollziehenden Gewalt zu kontrollieren und ggf. zu korrigieren in der Lage ist.[19] Die von Art. 95 GG geforderte Aufteilung in fünf Gerichtsbarkeiten beziehe sich ausschließlich auf die Ebene der obersten Gerichtshöfe des Bundes, nicht aber auch auf die unterinstanzlichen Landesgerichte, sodass dort dem Gesetzgeber freie Hand bleibe und sogar die Schaffung einer einheitlichen Gerichtsbarkeit zulässig wäre. 8

Überzeugender ist die erstgenannte Auffassung, denn es unterliegt bereits in praktischer Hinsicht erheblichen Zweifeln, inwieweit dem Auftrag des Art. 19 Abs. 4 S. 1 GG zu insbes. *effektiver* (BVerfGE 37, 150, 153; 54, 39, 41; 65, 76, 90) Rechtsschutzeröffnung angesichts der bestehenden und immer weiter anwachsenden Vielzahl unterschiedlicher Rechtsmaterien überhaupt noch nachgekommen werden könnte ohne die Schaffung bzw. Erhaltung eigenständiger Fachgerichtsbarkeiten auch in den unteren Instanzen[20]. Insofern muss wohl zumindest von einer „praktischen Gebotenheit"[21] der Gewährung einer eigenständigen verwaltungsgerichtlichen Fachgerichtsbarkeit ausgegangen werden. 9

Allerdings ist der genannte Streit angesichts der Tatsache, dass die in Art. 95 GG angeordnete Aufteilung der Gerichtsbarkeiten aufgrund der heutigen Gesetzeslage auf allen Instanzebenen besteht und gegenwärtig keine politischen Tendenzen zu deren Abschaffung erkennbar sind, derzeit rein akademischer Natur. 10

4. Verwirklichung des Rechtsschutzauftrags des Art. 19 Abs. 4 GG durch eine eigenständige Verwaltungsgerichtsbarkeit. Für den Bereich der Verwaltungsgerichtsbarkeit (zum Begriff → § 1 Rn. 30 ff.) 11

---

14 S. im Einzelnen, insbes. auch zu den Mindestanforderungen, die jedenfalls an diese allg. Justizgewährpflicht zu stellen sind, E. *Schmidt-Aßmann*, in: Maunz/Dürig Art. 19 Abs. 4 Rn. 16 ff.; vgl. auch *H. Schulze-Fielitz*, in: Dreier I Art. 19 IV Rn. 79; vgl. zum Gesetzgebungsauftrag des Art. 19 Abs. 4 GG D. *Lorenz*, FS Menger, 1985, 143, 145 f.

15 Z.B. *C. Degenhart*, HdbStR V § 114 Rn. 21; *A. Haratsch*, in: Sodan Art. 95 Rn. 3; *Hufen* § 4 Rn. 2; E. *Schmidt-Aßmann*/W. *Schenk*, in: Schoch/Schneider/Bier Einl. Rn. 27, 69; *Stern*, Staatsrecht II, § 33 II 2; wohl auch *N. Achterberg*, in: BK Art. 95 (Zweitbearb.) Rn. 130; *Ule*, § 10, 2 (S. 64).

16 E. *Schmidt-Aßmann*/W. *Schenk*, in: Schoch/Schneider/Bier Einl. Rn. 27, 69; etwa auch *C. Degenhart*, HdbStR V § 114 Rn. 21; *Stern*, Staatsrecht II, § 33 II 2: „Grundsatzentscheidung des Verfassungsgebers"; vgl. ferner *Hufen* § 4 Rn. 2.

17 *C. Degenhart*, HdbStR V § 114 Rn. 26; *A. Haratsch*, in: Sodan Art. 95 Rn. 3; E. *Schmidt-Aßmann*/W. *Schenk*, in: Schoch/Schneider/Bier Einl. Rn. 27; vgl. auch *Stern*, Staatsrecht II, § 33 II 2 b.

18 *P. Stelkens*/N. *Panzer*, in: Schoch/Schneider/Bier § 1 Rn. 9.

19 Vgl. *P. Stelkens*/N. *Panzer*, in: Schoch/Schneider/Bier § 1 Rn. 9.

20 So ähnl. wohl auch *N. Achterberg*, in: BK Art. 95 (Zweitbearb.) Rn. 130; vgl. ferner *D. Ehlers*/J.-P. *Schneider*, in: Schoch/Schneider/Bier § 40 Rn. 15.

21 *Hufen*² § 1 Rn. 19. Vgl. aber auch BVerfGE 31, 364, 368, wonach Art. 19 Abs. 4 GG gerade keinen *bestimmten* Rechtsweg gewährleistet; inwieweit dies im Hinblick auf Art. 95 GG sowie angesichts des Arguments einer „praktischen Gebotenheit" aufrechterhalten werden kann, ist zweifelhaft.

als derjenigen Gerichtsbarkeit, der die in Art. 19 Abs. 4 GG erfassten Rechtsstreitigkeiten zwischen exekutiver öffentlicher Gewalt und einzelnen Rechtssubjekten prinzipiell und „traditionell" (zur Entwicklung und Geschichte der Verwaltungsgerichtsbarkeit → 1 Rn. 1 ff.)[22] zugewiesen sind, hat der Gesetzgeber auf der Grundlage der ihm durch Art. 74 Abs. 1 Nr. 1 GG („gerichtliches Verfahren") eingeräumten konkurrierenden Gesetzgebungszuständigkeit mit der zum 1.4.1960 in Kraft getretenen VwGO erstmals eine umfassende bundeseinheitliche Regelung getroffen (→ § 42 Rn. 11 ff.; zur Entstehungsgeschichte des § 40 → Rn. 17 ff.). Diese hat die bis dahin bestehende bundes-, landes- und besatzungsrechtliche Zersplitterung der Verwaltungsgerichtsbarkeit (→ Rn. 18) beseitigt und eine Einheit der Gerichtsverfassung sowie des gerichtlichen Verfahrens für die allgemeine Verwaltungsgerichtsbarkeit begründet;[23] gleichzeitig hat sie die Verwaltungsgerichtsbarkeit, wie sich einzelnen Regelungen entnehmen lässt, als eigenständige Gerichtsbarkeit ausgestaltet (→ § 1 Rn. 24). § 40 kommt dabei die Funktion zu, den Zugang zu den Verwaltungsgerichten zu regeln, indem er deren prinzipielle Zuständigkeit für alle öffentlich-rechtlichen Streitigkeiten nichtverfassungsrechtlicher Art festlegt, soweit nicht eine andere gesetzliche Rechtswegzuweisung begründet ist.

12 Der Rechtsschutzauftrag des Art. 19 Abs. 4 GG wird damit also maßgeblich durch die Verwaltungsgerichtsbarkeit erfüllt.

13 **5. Verhältnis von Art. 19 Abs. 4 GG und § 40.** Allerdings ist zu beachten, dass keine vollständige Deckungsgleichheit zwischen der durch § 40 ausgesprochenen Rechtswegzuweisung und den von Art. 19 Abs. 4 GG in Bezug genommenen Rechtsstreitigkeiten besteht.

14 So werden einige Streitigkeiten zwischen der öffentlichen Gewalt und den privaten Rechtssubjekten von anderen Gerichtsbarkeiten erfasst: Die ordentliche Gerichtsbarkeit ist bspw. für wesentliche staatshaftungsrechtliche, insbes. enteignungsrechtliche Streitigkeiten (Art. 14 Abs. 3 S. 4, Art. 34 S. 3 GG, § 40 Abs. 2 S. 1) zuständig sowie traditionell für die Strafgerichtsbarkeit (§ 13 GVG) und das Ordnungswidrigkeitenrecht (vgl. § 68 OWiG). Für den Rechtsschutz gegen förmliche Gesetze erfüllen primär die Verfassungsgerichte den Rechtsschutzauftrag des Art. 19 Abs. 4 GG. Auch ist zu berücksichtigen, dass bestimmte verwaltungsrechtliche Streitigkeiten von den besonderen Verwaltungsgerichtsbarkeiten der Finanzgerichtsbarkeit (§ 33 FGO) und der Sozialgerichtsbarkeit (§ 51 SGG) wahrgenommen werden.

15 Über die Beschränkung des Art. 19 Abs. 4 GG auf subjektive Rechtsverletzungen („in *seinen* Rechten verletzt") geht der durch § 40 eröffnete verwaltungsgerichtliche Rechtsschutz demgegenüber insoweit hinaus, als zum einen die Normenkontrolle nach § 47 (auch) eine objektive Beanstandungsfunktion aufweist[24] (→ § 47 Rn. 30 ff., 33, 36) und zum anderen gem. § 42 Abs. 2 aufgrund spezieller gesetzlicher Bestimmung eine Klagebefugnis für Anfechtungs- oder Verpflichtungsklage auch ohne die Geltendmachung einer Verletzung in eigenen Rechten bestehen kann; von der mit dem Vorbehalt in § 42 Abs. 2 verbundenen Ermächtigung haben Bundes- und Landesgesetzgeber wiederholt Gebrauch gemacht (→ § 42 Rn. 401 ff.). Über den personellen Schutzbereich[25] des Art. 19 Abs. 4 GG geht die Verwaltungsrechtswegeröffnung insoweit hinaus, als auch bestimmte Organstreitigkeiten, insbes. Kommunalverfassungsstreitigkeiten, erfasst werden.

16 Der durch § 40 eröffnete Zuständigkeitsbereich der (allgemeinen) Verwaltungsgerichtsbarkeit, ergänzt durch den der besonderen Verwaltungsgerichtsbarkeiten (Finanz- und Sozialgerichtsbarkeit, §§ 33 FGO, 51 SGG), und der Schutzbereich des Art. 19 Abs. 4 GG verhalten sich demnach zueinander wie zwei sich schneidende Kreise, wobei deren Schnittmenge jedoch so groß ist, dass für das Verhältnis des Rechtsschutzauftrags des Art. 19 Abs. 4 GG zur Verwaltungsgerichtsbarkeit von einem „historisch und auf der Ebene des einfachen Rechts gewachsenen praktischen Junktim" gesprochen werden

---

22 S.a. *Hufen* § 2 Rn. 1 ff. Zum verwaltungsgerichtlichen Rechtsschutz in der Nachkriegszeit bis zum Erlass der VwGO ausf. *C. H. Ule*, FS Menger, 1985, 81 ff.; s. speziell zum verwaltungsgerichtlichen Rechtsschutz zur Zeit der Weimarer Republik die eingehende Darstellung von *O. Kimminich*, VBlBW 1988, 371 ff.; zum verwaltungsgerichtlichen Rechtsschutz zur Zeit des Kaiserreichs ausf. *E. Trostel*, VBlBW 1988, 363 ff.
23 *Ule*, Verwaltungsgerichtsbarkeit, Einl. III. (S. 6).
24 *N. Panzer*, in: Schoch/Schneider/Bier § 47 Rn. 3 f.; s.a. *J. Schmidt*, in: Eyermann § 47 Rn. 5 f.
25 Zum personellen Schutzbereich des Art. 19 Abs. 4 GG *E. Schmidt-Aßmann*, in: Maunz/Dürig Art. 19 Abs. 4 Rn. 38 ff.; *H. Schulze-Fielitz*, in: Dreier I Art. 19 Abs. 4 Rn. 82 ff; *H. Sodan*, in: Sodan Art. 19 Rn. 32.

kann.[26] Festzuhalten bleibt also, dass der Hauptanteil der durch Art. 19 Abs. 4 GG geforderten Rechtsweggarantie von der Verwaltungsgerichtsbarkeit getragen wird.

II. Entstehungsgeschichte der Norm

1. Entwicklung der Verwaltungsgerichtsbarkeit in Deutschland.[27] In der Zeit von 1863 bis zur Weimarer Reichsverfassung hatten die meisten deutschen Länder Verwaltungsgerichte geschaffen. Da jedoch deren Zuständigkeit ganz überwiegend nach dem Enumerationsprinzip auf gesetzlich besonders bestimmte Fälle beschränkt (→ Rn. 34) und deren Unabhängigkeit nicht überall in hinreichender Weise sichergestellt war, ließ sich ein wirkungsvoller und umfassender Rechtsschutz angesichts der raschen Ausdehnung der öffentlichen Aufgaben und der Verengung des verwaltungsfreien Raums nicht erreichen (vgl. BT-Drs. 3/55, 24 und 3/1094, 1). Unter der Geltung der Weimarer Reichsverfassung kam es ebenfalls nicht zu einer einheitlichen Verwaltungsgerichtsbarkeit; die ausgearbeiteten Entwürfe für die Errichtung eines Reichsverwaltungsgerichts wurden nicht umgesetzt. Während der nationalsozialistischen Herrschaft schließlich wurde die Verwaltungsgerichtsbarkeit immer mehr ihrer Funktionen beraubt; so kam es bspw. zur Befreiung der Maßnahmen der politischen Polizei von jeglicher verwaltungsgerichtlicher Kontrolle und zur Abhängigkeit des Zugangs zu den Verwaltungsgerichten von der Zulassung durch eine vorgeschaltete Behörde.[28] 17

Nach 1946 wurde die Verwaltungsgerichtsbarkeit in den Ländern – teils durch Ländergesetze, teils durch Verordnungen der Militärregierungen – völlig neu ausgestaltet; der Zugang zu den Verwaltungsgerichten wurde i.d.R. durch umfassende Generalklauseln eröffnet. War nunmehr zwar grds. für den einzelnen Bürger ein umfassender verwaltungsgerichtlicher Schutz zu erreichen, so fehlte es doch an einer bundeseinheitlichen Regelung der Verwaltungsgerichtsbarkeit. Die bestehende Zersplitterung durch uneinheitliche Regelungen in den einzelnen Ländern und die damit verbundene Schwierigkeit, Rechte in verschiedenen Ländern jeweils nach verschiedenen Verfahren durchsetzen oder verteidigen zu müssen, erkannte man schnell als nachteilig für die Rechtssuchenden. So wurde der Ruf nach einer bundeseinheitlichen Regelung (→ § 42 Rn. 11) des Verwaltungsprozessrechts immer stärker (vgl. BT-Drs. 3/55, 25), der schließlich durch die am 21.1.1960 verkündete VwGO (BGBl I 17) Gehör fand. 18

2. Entstehung des § 40. Die Regelungen in § 40 gehen auf § 38 des Entwurfs einer Verwaltungsgerichtsordnung zurück; dieser Entwurf war von der Bundesregierung bereits in der 1. Wahlperiode des Deutschen Bundestages präsentiert (BT-Drs. 1/4278) und in der 2. (BT-Drs. 2/462) sowie der 3. (BT-Drs. 3/55) Wahlperiode nochmals vorgelegt worden. § 38 des Regierungsentwurfs lautet: *„Der Verwaltungsrechtsweg ist in allen öffentlich-rechtlichen Streitigkeiten nicht verfassungsrechtlicher Art gegeben, soweit nicht durch ausdrückliche Zuweisung die Zuständigkeit eines anderen Gerichts begründet ist.“* 19

Der Bundesrat schlug in seiner Stellungnahme vor, diese Fassung des § 38 (zumindest klarstellend) dahingehend zu modifizieren, dass die die Zuständigkeit eines anderen Gerichts begründende Zuweisung „durch Bundes- oder Landesgesetz" erfolgen können solle (BT-Drs. 3/55, 54, 70). Des Weiteren wurde ein den § 38 ergänzender § 169 a (BT-Drs. 3/55, 61) vorgeschlagen, in welchem die Zuständigkeit der ordentlichen Gerichte für vermögensrechtliche Ansprüche aus Aufopferung für das gemeine Wohl und aus öffentlich-rechtlicher Verwahrung sowie für Schadensersatzansprüche aus der Verletzung öffentlich-rechtlicher Pflichten statuiert werden sollte, und der damit dem heutigen § 40 Abs. 2 entsprach. Dem schloss sich der Rechtsausschuss des Deutschen Bundestages in seiner Stellungnahme zu dem Entwurf des § 38 an, in welcher er es für erforderlich hielt, für diejenigen öffentlich-rechtlichen Streitigkeiten den ordentlichen Rechtsweg vorzusehen, in denen ein enger Sachzusammenhang mit der von Verfassungs wegen (Art. 14 Abs. 3 S. 4 und Art. 34 S. 3 GG) in die Zuständigkeit der ordentlichen Gerichte fallenden Enteignung und Amtshaftung gegeben ist (BT-Drs. 3/1094, 5). Diesem Bestreben lag zugrunde, dass die betreffenden Staatshaftungssachen bis zu diesem Zeitpunkt trotz ihrer öffentlich-rechtlichen Natur in die Zuständigkeit der ordentlichen Gerichte fielen; in vorangegangenen Zeiten war damit in Ermangelung eines hinreichenden Ausbaus der Verwaltungsgerichtsbarkeit die einzige 20

---

26 So *E. Schmidt-Aßmann*, FS Menger, 1985, 107, 108 f.
27 → § 1 Rn. 1 ff. sowie *E. Schmidt-Aßmann/W. Schenk*, in: Schoch/Schneider/Bier Einl. Rn. 70 ff.
28 Näher *M. Stolleis*, FS Menger, 1985, 57 ff.

Möglichkeit gegeben, dem Rechtsschutzsuchenden in diesen Streitigkeiten überhaupt gerichtliche Überprüfung zu gewähren. Insofern sah man diese Streitigkeiten kraft Überlieferung oder aufgrund Gewohnheitsrechts als der Zuständigkeit der ordentlichen Gerichtsbarkeit unterfallend an (sog. „Traditionsrechtsprechung").[29] Die Regierungsvorlage betrachtete die innere Berechtigung für diese Zuweisung kraft Tradition mit dem hinreichenden Ausbau der Verwaltungsgerichtsbarkeit als hinfällig (BT-Drs. 3/55, 30 f.). Hiergegen richtete sich die Kritik unter Hinweis auf die betreffende Rspr. des BGH und die in Art. 14 Abs. 3 S. 4 und Art. 34 S. 3 GG niedergelegten Grundsätze (BT-Drs. 3/55, 61 sowie 3/1094, 5).

21   So schlug der Rechtsausschuss die folgende Fassung des § 38 (BT-Drs. 3/1094, 29) vor, die identisch als § 40 in die am 21.1.1960 verkündete VwGO (BGBl I 17, 21 f.) Eingang gefunden hat:

„(1) Der Verwaltungsrechtsweg ist in allen öffentlich-rechtlichen Streitigkeiten nichtverfassungsrechtlicher Art gegeben, soweit die Streitigkeiten nicht durch Bundesgesetz einem anderen Gericht ausdrücklich zugewiesen sind. Öffentlich-rechtliche Streitigkeiten auf dem Gebiet des Landesrechts können einem anderen Gericht auch durch Landesgesetz zugewiesen werden.

(2) Für vermögensrechtliche Ansprüche aus Aufopferung für das gemeine Wohl und aus öffentlich-rechtlicher Verwahrung sowie für Schadensersatzansprüche aus der Verletzung öffentlich-rechtlicher Pflichten ist der ordentliche Rechtsweg gegeben. Die besonderen Vorschriften des Beamtenrechts bleiben unberührt."

22   **3. Änderungen des § 40.** Seine *heutige* Fassung erhielt § 40 infolge von zwei späteren Änderungen.

23   Die erste Änderung erfolgte durch § 97 VwVfG (vom 25.5.1976 [BGBl I 1253, 1275]) und modifizierte § 40 Abs. 2 in zweierlei Hinsicht: S. 1 wurde dahingehend geändert, dass die Eröffnung des ordentlichen Rechtswegs nur für solche Schadensersatzansprüche aus der Verletzung öffentlich-rechtlicher Pflichten gegeben ist, „die nicht auf einem öffentlich-rechtlichen Vertrag beruhen". In S. 2 wurde die Regelung eingefügt, dass nicht nur die besonderen Vorschriften des Beamtenrechts unberührt bleiben, sondern auch diejenigen „über den Rechtsweg bei Ausgleich von Vermögensnachteilen wegen Rücknahme rechtswidriger Verwaltungsakte" (§ 48 Abs. 6 VwVfG a.F.).

24   Durch die Neufassung von § 40 Abs. 2 S. 1 sollten etwaige Zweifel darüber beseitigt werden, dass für Streitigkeiten über Wirksamkeit und Inhalt eines öffentlich-rechtlichen Vertrags sowie über die Folgen und Leistungsstörungen aller Art einschließlich von Schadensersatzverpflichtungen die Zuständigkeit der Verwaltungsgerichte gegeben ist, soweit es sich nicht um Gebiete handelt, die den Gerichten der Finanz- oder Sozialgerichtsbarkeit zugewiesen sind (BT-Drs. 7/910, 97).

25   Die Änderung in § 40 Abs. 2 S. 2 stellte sich als notwendige Folge der Regelung des § 48 Abs. 6 VwVfG (a.F.) dar (BT-Drs. 7/910, 97). Nach dessen Aufhebung mit Wirkung zum 21.5.1996 (BGBl I 656), der mittlerweile sämtliche Länder in Bezug auf ihre Verwaltungsverfahrensgesetze gefolgt sind, hat dieser Vorbehalt in § 40 Abs. 2 S. 2 aber heute keine praktische Bedeutung mehr.

26   Die zweite Änderung des § 40 erfolgte durch das Gesetz zur Bereinigung des Rechtsmittelrechts im Verwaltungsprozess vom 20.12.2001 (BGBl I 3987). Hierdurch wurde zum 1.1.2002 in § 40 Abs. 2 S. 1 ein zweiter Halbsatz eingefügt, durch welchen die bis dahin strittige Frage vom Gesetzgeber entschieden wurde, inwieweit für Ausgleichsansprüche i.R.v. Inhalts- und Schrankenbestimmungen des Eigentums nach Art. 14 Abs. 1 S. 2 GG der ordentliche Rechtsweg (vgl. BGHZ 128, 204, 207 f.) oder der Verwaltungsrechtsweg (BVerwGE 94, 1, 7 f.) eröffnet ist (zu dieser Änderung → Rn. 39). Durch § 40 Abs. 2 S. 1 Hs. 2 wird nunmehr klargestellt, dass diese Ansprüche dem Verwaltungsrechtsweg unterfallen;[30] ein Verstoß gegen Art. 14 Abs. 3 S. 4 GG scheidet insoweit aus, weil Inhalts- und Schrankenbestimmungen gerade keine Enteignungen i.S.d. Art. 14 Abs. 3 GG darstellen (vgl. etwa BVerfGE 100, 226, 239 ff.).

27   **4. Änderungsbestrebungen.** Änderungsbestrebungen existierten vor allem hinsichtlich der von jeher umstr. (→ Rn. 19 ff.) und angesichts der umfassenden verwaltungsgerichtlichen Zuständigkeitsausgestaltung als „anachronistisch" eingestuften[31] Zuweisung an die ordentlichen Gerichte nach § 40 Abs. 2 S. 1.

---

29   Vgl. RGZ 92, 310, 314; 166, 218, 226 ff.; BGHZ 1, 369, 371 ff.
30   Vgl. ferner BT-Drs. 14/6854, 2; *W. Kuhla/J. Hüttenbrink*, DVBl 2002, 85; *M.-J. Seibert*, NVwZ 2002, 265, 270.
31   *K. Rennert*, in: Eyermann § 40 Rn. 103 sowie Rn. 2 a.E.

So wurde im Zuge der Reformbestrebungen des Staatshaftungsrechts durch Entwurf eines Staatshaf- 28
tungsgesetzes (StHG) erwogen, die Bestimmungen in Art. 14 Abs. 3 S. 4 und Art. 34 S. 3 GG zu ändern[32] und damit den Weg für die Ansiedlung sowohl des primären als auch des sekundären Rechtsschutzes bei den Verwaltungsgerichten frei zu machen.[33] Dieses Vorhaben scheiterte indes an dem
Nichterreichen dieser Verfassungsänderung; zudem wurde das StHG vom 26.6.1981 (mit seiner infolge des Nichterreichens der genannten Verfassungsänderung nach wie vor rechtswegspaltenden Zuwei-
sungsregelung) durch das BVerfG wegen fehlender Gesetzgebungskompetenz des Bundes für nichtig
erklärt (BVerfGE 61, 149 ff.). Der Gesetzgeber reagierte darauf, indem er mit Art. 74 Abs. 1 Nr. 25
GG einen Kompetenztitel für die Regelung der Staatshaftung auf dem Gebiet der konkurrierenden Gesetzgebung schuf[34].[35]

Ein weiterer Versuch zur „Einschränkung" des § 40 Abs. 2 S. 1 wurde mit dem Entwurf einer einheit- 29
lichen Verwaltungsprozessordnung (VwPO)[36] unternommen, durch welche unter Ablösung der
VwGO, der FGO und des SGG die Vorschriften über die Gerichtsverfassung und das Verfahren in der
Verwaltungs-, Finanz- sowie Sozialgerichtsbarkeit vereinheitlicht und in einem Gesetz zusammengefasst werden sollten (BT-Drs. 10/3437, 60). § 32 Abs. 2 EVwPO sah neben der mit § 40 Abs. 1 identischen Generalklausel des § 32 Abs. 1 EVwPO eine Sonderzuweisung an die ordentlichen Gerichte nur
noch für Ansprüche aus öffentlich-rechtlicher Verwahrung vor. Hierdurch sollte die bisherige Rechtswegaufspaltung so weit reduziert werden, wie es Art. 14 Abs. 3 S. 4 und Art. 34 S. 3 GG zuließen; Ansprüche aus Aufopferung glaubte man angesichts § 18 Abs. 1 StHG nicht mehr erwähnen zu müssen
(BT-Drs. 10/3437, 85). Inwiefern nach dem Scheitern der gesetzlichen Regelung der Verwaltungsprozessordnung entsprechende Reformüberlegungen hinsichtlich § 40 Abs. 2 S. 1 wieder aufgegriffen werden, bleibt abzuwarten; eine in geringem Umfang in diese Richtung gehende, zumindest klarstellende
Regelung hat der Gesetzgeber zuletzt mit der Einfügung des neuen 2. Hs. in § 40 Abs. 2 S. 1 zum
1.1.2002 bewirkt (→ Rn. 26, 39).

III. Eröffnung des Verwaltungsrechtswegs durch § 40

1. Regelung der Rechtswegzuständigkeit. Der Vorschrift in § 40 kommt im Hinblick auf die verwal- 30
tungsgerichtliche Ausgestaltung des Rechtsschutzauftrags des Art. 19 Abs. 4 GG eine Schlüsselfunkti-
on zu,[37] da sie in genereller Weise und vorbehaltlich spezialgesetzlicher Zuweisungen bestimmt, unter
welchen Voraussetzungen bzw. für welche Rechtsstreitigkeiten der Zugang zur (allgemeinen) Verwaltungsgerichtsbarkeit eröffnet ist, nämlich prinzipiell für öffentlich-rechtliche Streitigkeiten nichtverfassungsrechtlicher Art.

§ 40 entscheidet damit über die Rechtswegzuständigkeit, d.h. über das „Ob" des *verwaltungsgerichtli-* 31
chen Rechtswegs,[38] nicht aber über das „Ob" des Rechtsschutzes schlechthin. Denn im Bereich der
von Art. 19 Abs. 4 GG erfassten Streitigkeiten besteht die subsidiäre Auffangzuständigkeit der ordentlichen Gerichtsbarkeit (Art. 19 Abs. 4 S. 2 GG; → Rn. 42 ff.).

Mithin ist § 40 das „Gegenstück"[39] zu § 13 GVG, welcher seinerseits die prinzipielle Rechtswegzu- 32
ständigkeit der ordentlichen Gerichte für bürgerliche Rechtsstreitigkeiten (und Strafsachen) begründet.

---

32 S. Art. I des Referentenentwurfs für ein Gesetz zur Änderung des Grundgesetzes, in: BMI/BMJ (Hrsg.), Reform des
    Staatshaftungsrechts, 1976, 13, 19 f., 22.
33 S. § 33 des Referentenentwurfs für ein Staatshaftungsgesetz, in: BMI/BMJ (Hrsg.), Reform des Staatshaftungsrechts,
    1976, 40, 148 ff.
34 Änderungsgesetz vom 27.10.1994, BGBl I 3146; näher *J. Nicolai/N. Kuszlik*, ZRP 2015, 148, 149 ff.
35 Mahnend hierzu BVerwG, Pressemitteilung Nr. 7/2015 vom 4.2.2015: „Denn dringlich ist nicht nur die Kodifikation
    und Modernisierung des materiellen Staatshaftungsrechts, das in seinem gegenwärtigen Zustand eines Rechtsstaats
    unwürdig ist, sondern auch die Beseitigung des gegenwärtigen Zwangs für den Bürger, nacheinander zwei Prozesse
    zu führen, zunächst gegen den schadenverursachenden Hoheitsakt (zumeist bei den Verwaltungsgerichten) und so-
    dann auf den Ersatz des verursachten Schadens selbst (bei den Zivilgerichten)."
36 BT-Drs. 9/1851 = 10/3437, berichtigt in BT-Drs. 10/3477.
37 *Hufen* § 11 Rn. 4.
38 Und insofern über das „Wie" *J. Ruthig/W.-R. Schenke*, in: Kopp/Schenke § 40 Rn. 1 des Rechtswegs im Allgemeinen.
39 *K. Rennert*, in: Eyermann § 40 Rn. 2. Krit. zu dieser Terminologie *Hufen* § 11 Rn. 4, der in § 40 kein „Gegenstück"
    zu § 13 GVG sieht, sondern im Hinblick auf die grundsätzliche Eröffnung des ordentlichen Rechtswegs für alle Strei-
    tigkeiten (vgl. Art. 19 Abs. 4 S. 2 GG) von einer Sondervorschrift spricht. Dies ist aber im Verhältnis zu § 13 GVG
    nicht zutr., weil diese Norm den Rechtsweg nur für „bürgerliche" Streitigkeiten eröffnet und nicht auch (subsidiär)

33   **2. Tatbestandsstruktur des § 40. a) Generalklausel.** § 40 Abs. 1 S. 1 Hs. 1 eröffnet den Verwaltungsrechtsweg grds. für alle öffentlich-rechtlichen Streitigkeiten nichtverfassungsrechtlicher Art (zu den Einschränkungen → Rn. 36 ff.). Die Rechtswegeröffnung zu den Verwaltungsgerichten ist damit im Wege einer Generalklausel ausgestaltet. Hierdurch wird das Prinzip lückenlosen Rechtsschutzes gegen hoheitliche Gewalt verwirklicht.[40]

34   § 40 enthält damit eine Absage an das in früheren Kompetenzregelungen für die Verwaltungsgerichtsbarkeit (zur historischen Entwicklung der Verwaltungsgerichtsbarkeit → § 1 Rn. 1 ff.) gewählte Enumerationsprinzip, wonach die Verwaltungsgerichte nur in bestimmten, vom Gesetz einzeln aufgezählten Fällen für zuständig erklärt wurden.[41] Weiterhin umfasst § 40 eine materiell grds. unbeschränkte Generalklausel und entscheidet sich damit auch gegen das in früheren verwaltungsgerichtlichen Zuständigkeitsregelungen des Öfteren, ggf. in „Ergänzung" zum Enumerationsprinzip, verwendete System beschränkter Generalklauseln; deren Regelungsgehalt wurde bspw. dahin eingegrenzt, dass der Verwaltungsrechtsweg nur für bestimmte rechtliche Teilgebiete (z.B. das Polizeirecht oder den Bereich öffentlicher Abgaben[42]) oder bestimmte Handlungsformen (verwaltungsbehördliche „Entscheidungen", „Anordnungen" und „Verfügungen"[43]) zugestanden wurde[44]. Der Verwaltungsgerichtsschutz war damit nur punktuell ausgestaltet und praktisch auf (bestimmte) Verwaltungsakte beschränkt. Daraus resultierte auch das vor Schaffung der VwGO aufgekommene Bestreben, den Rechtsschutz durch eine Ausdehnung des Verwaltungsaktsbegriffs zu erweitern, z.B. indem man in Maßnahmen der Anwendung unmittelbaren Zwangs wie etwa einem Knüppelschlag eines Polizisten neben dem Realakt auch immer einen impliziten, auf Duldung des Realakts gerichteten Verwaltungsakt erblickte.[45]

35   Die Generalklausel des § 40 stellt demgegenüber klar, dass der verwaltungsgerichtliche Rechtsschutz gegen Maßnahmen der Verwaltung unabhängig von der Handlungsform grds. in *allen* öffentlichrechtlichen Streitigkeiten nichtverfassungsrechtlicher Art offen steht und sich somit auch auf Handlungsformen erstreckt, welche die Begriffsmerkmale eines Verwaltungsakts nach § 35 VwVfG nicht erfüllen, wie z.B. hoheitliche Realakte (schlicht-hoheitliches Handeln; zum Rechtsweg hinsichtlich Realakten → Rn. 410 ff.). Der Frage nach der Abgrenzung eines Verwaltungsakts von bloßem schlicht-hoheitlichem Handeln kommt damit nicht mehr ausschlaggebende Bedeutung für die Eröffnung des Verwaltungsrechtswegs zu; vielmehr entscheidet sie mittlerweile nur noch über die statthafte verwaltungsgerichtliche Verfahrensart und damit letztlich über die Art und Weise des verwaltungsgerichtlichen Rechtsschutzes (→ § 42 Rn. 100).

36   **b) Abdrängende Sonderzuweisungen.[46] aa) § 40 Abs. 1 S. 1 Hs. 2 und S. 2.** Eine gewisse Einschränkung erfährt die Generalklausel dadurch, dass der Verwaltungsrechtsweg nur für eine öffentlich-rechtliche Streitigkeit *nichtverfassungsrechtlicher* Art eröffnet ist, soweit die Streitigkeit nicht durch Bundesgesetz (§ 40 Abs. 1 S. 1 Hs. 2) oder für öffentlich-rechtliche Streitigkeiten auf dem Gebiet des Landesrechts auch durch Landesgesetz (§ 40 Abs. 1 S. 2) einem anderen Gericht ausdrücklich zugewiesen ist (ausf. zu den Einzelheiten → Rn. 476 ff.; vgl. auch → Rn. 98 ff.). Hierdurch können also öffentlichrechtliche Streitigkeiten, die ansonsten der Generalklausel unterfallen würden, durch spezialgesetzliche Regelung auch einer anderen Gerichtsbarkeit – etwa der ordentlichen Gerichtsbarkeit (z.B. gem. § 23 EGGVG oder für den Bereich des Landesrechts nach § 31 Abs. 3 S. 1 ASOG Bln) bzw. besonderen Verwaltungsgerichtsbarkeiten (vgl. § 33 FGO, § 51 SGG) – zugewiesen werden.

---

für öffentlich-rechtliche; diese Auffangzuständigkeit der ordentlichen Gerichte ergibt sich vielmehr unmittelbar aus Art. 19 Abs. 4 S. 2 GG. Zur praktischen Relevanz des Art. 19 Abs. 4 S. 2 GG → Rn. 42 ff.

40   Vgl. BVerfGE 4, 331, 343; *Hufen* § 11 Rn. 4; *K. Rennert*, in: Eyermann § 40 Rn. 1.

41   Vgl. etwa Art. 8 des Bayerischen Verwaltungsgerichtsgesetzes (Gesetz über die Errichtung eines Verwaltungsgerichtshofs und das Verfahren in Verwaltungsrechtssachen) vom 8.8.1878 (GVBl 369) sowie § 1 Abs. 1 des Preußischen Gesetzes betr. die Verfassung der Verwaltungsgerichte und das Verwaltungsstreitverfahren i.d.F. d. Bekanntmachung vom 2.8.1880 (PrGS 328) und das Preußische Gesetz über die Zuständigkeit der Verwaltungs- und Verwaltungsgerichtsbehörden vom 1.8.1883 (PrGS 237).

42   So z.B. durch §§ 3 und 4 des Badischen Gesetzes die Verwaltungsrechtspflege betr. vom 14.6.1884 (GVBl 197).

43   Vgl. z.B. Art. 13 des Württembergischen Gesetzes über die Verwaltungsrechtspflege vom 16.12.1876 (RegBl 485) und Art. 107 WRV.

44   Im Weiteren zu den unterschiedlichen Ausgestaltungen der Verwaltungsgerichtsgesetze der einzelnen Länder zur Zeit des Kaiserreichs E. *Trostel*, VBlBW 1988, 363 ff.

45   Vgl. *Schenke* Rn. 86 f.

46   Ausf. hierzu und zu den einzelnen Sonderzuweisungen i.d.S. → Rn. 476 ff.

Geht man mit der bereits oben vertretenen Ansicht (→ Rn. 7, 9) davon aus, dass Art. 19 Abs. 4 S. 1 37
und insbes. Art. 95 GG im „Zusammenspiel" die Existenz einer eigenständigen Verwaltungsgerichtsbarkeit gebieten und diese Eigenständigkeit nur dann gewahrt ist, wenn der betreffenden Gerichtsbarkeit ein erheblicher adäquater Kernbereich an Zuständigkeiten eingeräumt ist (→ Rn. 7), so darf von
der durch § 40 Abs. 1 S. 1 Hs. 2 und S. 2 eingeräumten Möglichkeit aber nicht in einem derart extensiven Maße Gebrauch gemacht werden, dass von einem solchen Kernbereich an verwaltungsgerichtlichen Zuständigkeiten nicht mehr genügend übrig bliebe. Zwar hat der Gesetzgeber die Möglichkeit
des § 40 Abs. 1 S. 1 Hs. 2 und S. 2 zur Schaffung von abdrängenden Sonderzuweisungen insgesamt in
recht umfangreichem Maße genutzt; die Zahl dieser Sonderzuweisungen hält sich aber i.R. dessen,
was nach diesen Maßgaben verfassungsrechtlich nicht zu beanstanden ist.[47]

bb) § 40 Abs. 2.   Die Vorschrift in § 40 Abs. 2 S. 1 (ausf. zu den Einzelheiten → Rn. 533 ff.) enthält 38
selbst abdrängende Sonderzuweisungen für den Bereich bestimmter staatshaftungsrechtlicher Streitigkeiten, nämlich für vermögensrechtliche Ansprüche aus Aufopferung für das gemeine Wohl (Var. 1),
aus öffentlich-rechtlicher Verwahrung (Var. 2) sowie für Schadensersatzansprüche aus der Verletzung
öffentlich-rechtlicher Pflichten, die nicht auf einem öffentlich-rechtlichen Vertrag beruhen (Var. 3). Für
diese Streitigkeiten sieht § 40 Abs. 2 S. 1 den Rechtsweg vor die ordentlichen Gerichte, also die Zivilgerichtsbarkeit vor.
Durch den zum 1.1.2002 neu eingefügten 2. Hs.[48] wird dabei die bisher strittige Frage gesetzgeberisch 39
entschieden, inwieweit für Ausgleichsansprüche i.R.v. Inhalts- und Schrankenbestimmungen des Eigentums nach Art. 14 Abs. 1 S. 2 GG der ordentliche Rechtsweg (vgl. BGHZ 128, 204, 207 f.) oder
der Verwaltungsrechtsweg (BVerwGE 94, 1, 7 f.) eröffnet ist. Durch § 40 Abs. 2 S. 1 Hs. 2 wird nunmehr klargestellt, dass diese Ansprüche dem Verwaltungsrechtsweg unterfallen;[49] ein Verstoß gegen
Art. 14 Abs. 3 S. 4 GG scheidet aus, weil Inhalts- und Schrankenbestimmungen gerade keine Enteignungen i.S.d. Art. 14 Abs. 3 GG darstellen (vgl. etwa BVerfGE 100, 226, 239 ff.).
Eingeschränkt wird § 40 Abs. 2 S. 1 Hs. 1 weiterhin durch § 40 Abs. 2 S. 2: Dieser ordnet an, dass die 40
dort genannten Vorschriften über Rechtswegeröffnungen zu den Verwaltungsgerichten[50] von der abdrängenden Zuweisung des § 40 Abs. 2 S. 1 Hs. 1 unberührt bleiben. Damit ist klargestellt, dass die
entsprechenden vermögensrechtlichen Streitigkeiten aus dem Beamtenverhältnis – welche an sich
ebenfalls von § 40 Abs. 2 S. 1 erfasst wären und somit vor die Zivilgerichte gehören würden – gem.
den umfassenden Verweisungsnormen der §§ 126 BRRG, 54 BeamtStG, 126 BBG der Zuständigkeit
der Verwaltungsgerichte unterliegen; diese Zuweisungen gehen also derjenigen des § 40 Abs. 2 S. 1
Hs. 1 vor[51] (→ Rn. 150 f.).

c) Aufdrängende Spezialzuweisungen.   Zusätzlich zu den Fällen der Rechtswegeröffnung durch die 41
Generalklausel des § 40 kann der Rechtsweg auch durch spezialgesetzliche Zuweisungen an die Verwaltungsgerichtsbarkeit gegeben sein. In diesen Fällen bedarf es keiner Prüfung der Voraussetzungen
des § 40, insbes. muss nicht zwingend eine öffentlich-rechtliche Streitigkeit vorliegen, sodass auf diesem Wege auch an sich „rechtswegfremde" Sachverhalte in die Entscheidungsgewalt der Verwaltungsgerichte überstellt werden können (ausf. → Rn. 131 ff.). Solche Zuweisungen sind mithin Regelungen,
welche gegenüber § 40 spezieller sind und diesem vorgehen (daher: „aufdrängende Spezialzuweisungen").

3. Auffangzuständigkeit des Art. 19 Abs. 4 S. 2 GG praktisch leerlaufend.   Durch die lückenlose 42
Rechtsschutzgewährung des § 40 für öffentlich-rechtliche Streitigkeiten ist die Auffangzuständigkeit
des Art. 19 Abs. 4 S. 2 GG mittlerweile praktisch leerlaufend, da jede öffentlich-rechtliche Streitigkeit,

---

47   So auch *D. Ehlers/J.-P. Schneider*, in: Schoch/Schneider/Bier § 40 Rn. 481.
48   Eingefügt durch das Gesetz zur Bereinigung des Rechtsmittelrechts im Verwaltungsprozess vom 20.12.2001 (BGBl I
     3987).
49   Vgl. auch BT-Drs. 14/6854, 2; *W. Kuhla/J. Hüttenbrink*, DVBl 2002, 85; *M.-J. Seibert*, NVwZ 2002, 265, 270.
50   Insbes. bedeutsam sind die beamtenrechtlichen Verweisungen in § 126 BRRG, § 54 BeamtStG, § 126 BBG, s.a.
     → Rn. 141 f. Die Regelung hinsichtlich Ausgleichsansprüchen wegen Rücknahme rechtswidriger Verwaltungsakte ist
     seit Aufhebung des § 48 Abs. 6 VwVfG zum 21.5.1996 durch Gesetz vom 2.5.1996 (BGBl I 656) praktisch ohne Be-
     deutung, → Rn. 134 ff., vor allem → Rn. 137.
51   Vgl. BVerwGE 136, 140, 142 f.; VG Wiesbaden NVwZ-RR 2011, 826; *D. Ehlers/J.-P. Schneider*, in: Schoch/Schnei-
     der/Bier § 40 Rn. 41; *J. Ruthig/W.-R. Schenke*, in: Kopp/Schenke § 40 Rn. 75.

sofern sie nicht spezialgesetzlich einem bestimmten Rechtsweg zugewiesen ist, jedenfalls über die Generalklausel des § 40 erfasst wird.[52]

43 Eine gewisse Relevanz kann Art. 19 Abs. 4 S. 2 GG lediglich noch in den Fällen für sich in Anspruch nehmen, in welchen eine verfassungsrechtliche Streitigkeit vorliegt, die mangels Erfassung in den betreffenden Enumerationskatalogen oder wegen Fehlens einer Landesverfassungsgerichtsbarkeit[53] der Verfassungsgerichtsbarkeit nicht unterfällt. Dann stellt sich die Frage, ob für diesen Fall die Auffangzuständigkeit des Art. 19 Abs. 4 S. 2 GG greift[54] oder ob im Wege erweiternder Auslegung des § 40 die Verwaltungsgerichtsbarkeit die Streitsache „an sich ziehen" kann[55] oder ob eine Rechtsschutzlücke besteht (BVerwG NJW 1985, 2346 f.; s.a. → Rn. 188).

44 Im Übrigen ist darauf hinzuweisen, dass die Auffangzuständigkeit des Art. 19 Abs. 4 S. 2 GG dann nicht in Betracht kommt, wenn die Klage vor den Verwaltungsgerichten wegen Fehlens einer Sachentscheidungsvoraussetzung (z.B. aufgrund einer Verfristung) unzulässig ist; denn es ist nicht Sinn der Vorschrift, einem durch die öffentliche Gewalt Beeinträchtigten einen neuen Rechtsweg zu eröffnen, wenn er sich den nach besonderen Vorschriften gegebenen durch sein Verhalten verschlossen hat (BGHZ 22, 32, 35). Eine Ausnahme hiervon besteht lediglich dann, wenn sich die Unzulässigkeit des Rechtsbehelfs vor dem angerufenen Gericht daraus ergibt, dass der gewählte Rechtsweg nach Ansicht dieses Gerichts nicht eröffnet ist: Für diese Fälle ordnet nämlich § 17 a Abs. 2 GVG an, dass der Rechtsbehelf nicht als unzulässig abzuweisen, sondern an das zuständige Gericht des zulässigen Rechtswegs zu verweisen ist (→ Rn. 49 ff.).

45 **4. Rechtswegeröffnung als Zulässigkeitsvoraussetzung. a) Sachentscheidungsvoraussetzung.** Das angerufene Gericht darf eine Entscheidung hinsichtlich der streitgegenständlichen Sache (d.h. zur Begründetheit des jeweiligen Rechtsschutzverfahrens) nur dann treffen, wenn sich der betreffende Rechtsbehelf als zulässig darstellt. Die Zulässigkeit ist gegeben, wenn ein Prozessrechtsverhältnis besteht, die Sachentscheidungsvoraussetzungen gegeben sind und keine Prozesshindernisse vorliegen.[56] Die Begründung eines verwaltungsgerichtlichen Prozessrechtsverhältnisses kann von den Beteiligten nicht „abbedungen" werden (VGH Mannheim NVwZ-RR 2008, 581, 582). Die Zulässigkeit umfasst alle diejenigen Voraussetzungen, die erfüllt sein müssen, damit das angerufene Gericht überhaupt erst eine inhaltliche Entscheidung zur Sache und damit zur Begründetheit der Klage bzw. des Antrags treffen darf.

46 Ein Prozessrechtsverhältnis kann nur in bestimmten Ausnahmefällen verneint werden[57], da grds. zu seiner Entstehung allein die Stellung eines Rechtsschutzantrags an das Gericht ausreicht[58], selbst wenn bspw. die Prozess- oder Beteiligtenfähigkeit fehlt[59]. Prozesshindernisse wie z.B. die anderweitige Rechtshängigkeit der Streitsache (vgl. § 17 Abs. 1 S. 2 GVG) oder das Vorliegen einer rechtskräftigen Entscheidung in derselben Sache (vgl. § 121) wiederum sind praktisch negative Sachentscheidungsvoraussetzungen, d.h. solche, deren *Nicht*vorliegen die Zulässigkeit der Klage bedingt. Daraus ergibt sich, dass die Begriffe Zulässigkeitsvoraussetzung und Sachentscheidungsvoraussetzung praktisch deckungsgleich sind.[60]

47 In der Theorie lässt sich zwischen den Zulässigkeitsvoraussetzungen und den Sachentscheidungsvoraussetzungen insoweit eine Unterscheidung treffen, als sich die erstgenannten auf den eingelegten

---

52 Vgl. *H. v. Nicolai*, in: Redeker/v. Oertzen § 40 Rn. 2; *K. Rennert*, in: Eyermann § 40 Rn. 4; *E. Schmidt-Aßmann*, in: Maunz/Dürig Art. 19 Abs. 4 Rn. 294. S. ferner *H. Sodan*, in: Sodan Art. 19 Rn. 30.

53 Mittlerweile besteht allerdings in allen Bundesländern eine Landesverfassungsgerichtsbarkeit – seit 1.5.2008 auch in Schleswig-Holstein, zuvor war dort der Zweite Senat des BVerfG als Landesverfassungsgericht im Wege der Organleihe tätig; dazu *H. Sodan*, DVBl 2002, 645, 648; *ders.*, NdsVBl 2009, 158.

54 So *Schmitt Glaeser/Horn* Rn. 55.

55 So geschehen in BVerwG NJW 1985, 2344 ff. – allerdings würde sich die dort entschiedene Rechtswegfrage infolge der seit 1992 in Berlin bestehenden Landesverfassungsgerichtsbarkeit heute nicht mehr stellen (§ 14 Nr. 1 BerlVerfGHG); dazu *H. Sodan*, Vorwort, in: Der Präsident des Verfassungsgerichtshofs des Landes Berlin (Hrsg.), Wechsel und Kontinuität im Verfassungsgerichtshof des Landes Berlin, 2001.

56 *D. Ehlers*, in: Schoch/Schneider/Bier Vorbem. § 40 Rn. 1.

57 Zu solchen „krassen" Ausnahmefällen *D. Ehlers*, in: Schoch/Schneider/Bier Vorbem. § 40 Rn. 6.

58 *Lorenz* § 10 Rn. 2.

59 *Rosenberg/Schwab/Gottwald* § 93 Rn. 5.

60 Vgl. *Lorenz* § 10 Rn. 2 m.w.N.; *W.-R. Schenke*, in: Kopp/Schenke Vorbem. § 40 Rn. 10.

Rechtsbehelf als solchen, die letztgenannten auf die Entscheidung des Gerichts beziehen[61]; dabei handelt es sich um eine in der Praxis jedoch kaum bedeutsame Unterscheidung[62].

Dass die Rechtswegeröffnung nach § 40 eine zwingende Sachentscheidungsvoraussetzung für das Verfahren vor der Verwaltungsgerichtsbarkeit darstellt, ist allgemein anerkannt[63]. Bestritten wird indes vereinzelt, dass es sich auch um eine Zulässigkeitsvoraussetzung handelt, nämlich unter Hinweis auf den gem. § 173 auch für den Verwaltungsprozess geltenden § 17a Abs. 2 GVG (→ Rn. 49 ff.). 48

b) Rechtswegverweisung nach § 17a Abs. 2 GVG. Gem. § 17a Abs. 2 GVG ist bei Unzulässigkeit des beschrittenen Rechtswegs der Rechtsstreit von dem angerufenen Gericht von Amts wegen und mit bindender Wirkung (§ 17a Abs. 2 S. 3 GVG) an das zuständige Gericht des zulässigen Rechtswegs zu verweisen. Es erfolgt also keine Abweisung der Klage durch Prozessurteil als unzulässig. 49

Aus diesem Grunde betrachten einige Autoren die Eröffnung des Rechtswegs vor dem angerufenen Gericht zwar als Sachentscheidungsvoraussetzung, nicht aber als Zulässigkeitsvoraussetzung.[64] Die praktische Konsequenz dieser Auffassung ist freilich sehr gering; Auswirkungen ergeben sich lediglich für den Prüfungsaufbau. In Abkehr von der klassischen Zweistufigkeit des Aufbaus (Zulässigkeit und Begründetheit) fordert diese Ansicht nämlich einen dreistufigen Prüfungsaufbau, in welchem der Zulässigkeitsprüfung die Eröffnung des (Verwaltungs-)Rechtswegs als eigenständiger Prüfungspunkt vorgelagert sein soll.[65] Diese Auffassung ist indes abzulehnen. Denn die Nichteröffnung des gewählten Rechtswegs ändert nichts daran, dass die konkrete Klage vor dem angerufenen Gericht mangels Vorliegen der Sachurteilsvoraussetzung „Eröffnung des Rechtsweges" unzulässig ist.[66] Die Zulässigkeit kann sich nämlich immer nur auf den konkreten Rechtsbehelf vor dem angerufenen Gericht beziehen; fehlt für dieses Gericht eine Sachurteilsvoraussetzung – und eine solche ist die Rechtswegeröffnung nun einmal unstr. –, ist die Klage vor diesem Gericht unzulässig, selbst wenn bei einem Gericht eines anderen Gerichtszweigs der Rechtsweg eröffnet ist. § 17a Abs. 2 GVG durchbricht mithin nicht die Unzulässigkeit der Klage, sondern statuiert lediglich eine Ausnahme dahingehend, dass die vor dem angerufenen Gericht unzulässige Klage nicht durch Prozessurteil als unzulässig abzuweisen, sondern an das zuständige Gericht des zulässigen Gerichtszweigs zu verweisen ist. Im Übrigen existiert diese Ausnahme nicht erst seit Geltung des durch das 4. VwGOÄndG vom 17.12.1990 (BGBl I 2809) zum 1.1.1991 neugefassten § 17a GVG, sondern bestand auch schon zuvor unter Geltung der alten §§ 41, 83 VwGO – lediglich mit dem Unterschied, dass damals die Verweisung auf Antrag des Klägers erfolgte, wohingegen sie jetzt von Amts wegen vorzunehmen ist. 50

Durch die in § 17a Abs. 2 S. 3 GVG geregelte Bindungswirkung des Verweisungsbeschlusses nach § 17a Abs. 2 S. 1 GVG kommt der Verweisung eine aufdrängende Wirkung hinsichtlich der Rechtswegzuständigkeit zu.[67] Das Gericht, an welches in erster Instanz (vgl. § 17a Abs. 5 GVG) verwiesen wird, darf den Rechtsstreit also grds. nicht unter Hinweis auf seine fehlende Rechtswegzuständigkeit an ein Gericht eines anderen Rechtswegs weiterverweisen. Auch wenn das Gericht, an welches verwiesen wurde, der Ansicht ist, dass der Rechtsstreit nicht seiner Zuständigkeit unterfällt, hat es über ihn zu entscheiden. Dabei darf und muss es seine Verfahrensordnung zugrunde legen, da über § 17a Abs. 2 GVG zumindest fingiert wird, dass der Rechtsweg, in den verwiesen wird, der richtige ist.[68] Danach gilt also bspw. vor dem Verwaltungsgericht auch dann der Amtsermittlungsgrundsatz des § 86, wenn das Verwaltungsgericht, an welches verwiesen wurde, die Streitigkeit als privatrechtliche und nicht als öffentlich-rechtliche betrachtet. 51

---

61 *Hufen* § 10 Rn. 3; *Lorenz* § 10 Rn. 2.
62 *Lorenz* § 10 Rn. 2.
63 S. etwa *D. Ehlers*, in: Schoch/Schneider/Bier Vorbem. § 40 Rn. 8; *Hufen* § 10 Rn. 1; *Lorenz* § 10 Rn. 24; *W.-R. Schenke*, in: Kopp/Schenke Vorbem. § 40 Rn. 2, 17.
64 S. *Hufen* § 10 Rn. 1 ff.; w.N. bei *H.-W. Laubinger*, FS Hufen, 2015, 609 ff.; *Lorenz* § 10 Rn. 6 (Fn. 7).
65 S. *Hufen* § 10 Rn. 1.
66 So ausdrückl. auch *Lorenz* § 10 Rn. 6; ferner *D. Ehlers*, in: Schoch/Schneider/Bier § 41/17a GVG Rn. 5 und Vorbem. § 40 Rn. 8; *J. Hüttenbrink*, in: Kuhla/Hüttenbrink/Endler D Rn. 4; vgl. auch *Schenke* Rn. 62.
67 Vgl. BT-Drs. 11/7030, 37; *D. Ehlers*, in Schoch/Schneider/Bier § 41/§ 17a GVG Rn. 14.
68 Vgl. *D. Ehlers*, in: Schoch/Schneider/Bier § 41/§ 17a GVG Rn. 19.

52   **5. Normzwecke.** Die beiden wesentlichen Normzwecke der Generalklausel des § 40 Abs. 1 S. 1 sind folgende:

53   **a) Zugang zu den Gerichten.** Zum einen wird das durch Art. 19 Abs. 4 GG geforderte Prinzip lückenlosen Rechtsschutzes gegen Akte der öffentlichen Gewalt gewährleistet, da durch § 40 Abs. 1 S. 1 grds. jede öffentlich-rechtliche Streitigkeit mit Ausnahme der verfassungsrechtlichen Streitigkeiten der gerichtlichen Kontrollmöglichkeit unterstellt ist. Eine wesentliche Funktion des § 40 besteht demgemäß darin, für die genannten Streitigkeiten den Zugang zu staatlichen Gerichten zu ermöglichen. Aufgrund der Ausgestaltung als Generalklausel ist dabei gewährleistet, dass der Rechtsschutz unabhängig vom Inhalt oder von der Form des staatlichen Handelns möglich ist, insbes. also nicht (mehr) vom Vorliegen eines Verwaltungsakts abhängt (→ Rn. 34 f.).

54   **b) Zugang zu einer speziellen Fachgerichtsbarkeit.** Die zweite wesentliche Funktion des § 40 ist darin zu sehen, dass diese Vorschrift für Streitigkeiten bzgl. staatlicher Hoheitsakte durch die Eröffnung des Rechtswegs zu den *Verwaltungsgerichten* über den „bloßen" Zugang zu staatlichen Gerichten hinaus gerade den Zugang zu einer eigenständigen, speziellen Fachgerichtsbarkeit eröffnet. Dies ist eine keinesfalls unterzubewertende Funktion des § 40. Denn angesichts der Vielschichtigkeit der rechtlichen Materien, die in Zukunft eher weiter zu- als abnehmen dürfte, ist es für die Wirksamkeit und Effektivität gerichtlichen Rechtsschutzes praktisch unumgänglich, fachkundigen Spezialgerichtsbarkeiten die Wahrnehmung des Rechtsschutzes anzuvertrauen. Eine nicht spezialisierte, „allzuständige" Einheitsgerichtsbarkeit wäre heutzutage angesichts der Vielzahl und der Komplexität der unterschiedlichen Rechtsmaterien wohl nicht mehr in der Lage, eine wirksame und effektive Rspr. zu gewährleisten.[69] Zu der Frage, inwieweit sich hieraus eine verfassungsrechtliche Pflicht zur Gewährleistung bzw. Erhaltung einer eigenständigen Verwaltungsgerichtsbarkeit ergibt → Rn. 6 ff.

55   Dem steht nicht entgegen, dass einzelne Streitigkeiten in Bezug auf öffentlich-rechtliche Hoheitsakte durch abdrängende Sonderzuweisungen anderer Gerichtsbarkeiten zugewiesen werden können. Entscheidend ist, dass der wesentliche Kernbestand öffentlich-rechtlicher Streitigkeiten über die Generalklausel des § 40 den Verwaltungsgerichten zugewiesen wird; dies ist gegenwärtig der Fall (→ Rn. 37).

56   **6. Schutzumfang. a) Rechtsschutz in öffentlich-rechtlichen Streitigkeiten nichtverfassungsrechtlicher Art.** Der verwaltungsgerichtliche Rechtsschutz wird durch § 40 prinzipiell in öffentlich-rechtlichen Streitigkeiten nichtverfassungsrechtlicher Art gewährleistet. Maßgebliches Kriterium für die Rechtswegeröffnung ist damit das Vorliegen einer *öffentlich-rechtlichen* Streitigkeit, da Art. 19 Abs. 4 GG, dessen Ausgestaltung § 40 in erster Linie dient, den Rechtsschutz gegenüber der *öffentlichen* Gewalt einfordert. Damit kommt die Rechtswegeröffnung zu den Verwaltungsgerichten nach § 40 Abs. 1 S. 1 also nur in Betracht, wenn die Rechtsnormen, nach denen die zugrunde liegende Rechtsbeziehung zu beurteilen ist, dem öffentlichen Recht angehören.[70]

57   **aa) Grundsätzliche Zweiteilung der Rechtsordnung in öffentliches und privates Recht.** Die deutsche Rechtsordnung ist charakterisiert durch eine prinzipielle Zweiteilung in öffentliches und privates Recht. Diese basiert auf dem Gedanken der Unterschiedlichkeit von Staat und Gesellschaft. Da dem Staat nach westlichem Demokratieverständnis eine volksvertretende Leitungs- und Ordnungsfunktion zukommt, ist er zwangsläufig mit bestimmten Eingriffsbefugnissen ausgestattet, durch die einzelne private Rechtssubjekte belastet oder benachteiligt werden können. Um diese Machtbefugnisse zu reglementieren, bedarf es i.d.R. einer grundlegend anderen Rechtsmaterie als derjenigen, welche die Beziehungen der einzelnen Privatrechtssubjekte untereinander regelt, da die Letztgenannten über keine wesensmäßig vergleichbaren Machtbefugnisse übereinander verfügen wie der Staat über sie. Vielmehr sind Rechtsverhältnisse der Privatrechtssubjekte trotz aller Unterschiede durch eine Ebene der Gleichordnung untereinander gekennzeichnet, während das Verhältnis des Staates zu den Privatrechtssubjekten i.d.R. (wenn auch nicht zwangsläufig) in Form eines Über-/Unterordnungsverhältnisses besteht. Die einzelnen Privatrechtssubjekte handeln regelmäßig in Wahrnehmung unabgeleiteter, ursprünglicher menschlicher Freiheiten, wohingegen der Staat in Ausübung von übertragenen Kompetenzen tätig wird (vgl. BVerfGE 61, 82, 101; 68, 193, 206). So können sich bspw. grds. lediglich die Privat-

---

69   Vgl. auch *D. Ehlers/J.-P. Schneider*, in: Schoch/Schneider/Bier § 40 Rn. 15.
70   *Lorenz* § 11 Rn. 6.

rechtssubjekte auf Grundrechte berufen; andererseits ist prinzipiell nur der Staat gebunden durch eben diese Grundrechte sowie sonstige bestimmende Prinzipien wie Demokratie-, Rechtsstaats- oder Sozialstaatsprinzip. Aufgrund der Unterschiedlichkeiten öffentlicher und privater Rechtssubjekte ist es geboten, eine Zweiteilung der Rechtsordnung in öffentliches und privates Recht anzuerkennen, zumindest in dem Sinne einer Untergliederung der einheitlichen Rechtsordnung in eben diese beiden grundlegenden Teilgebiete.[71]

Hieran ändert der Umstand nichts, dass sich Staat und Bürger mittlerweile auch auf einer Ebene der **58** Gleichordnung begegnen können wie etwa auf der Grundlage der Handlungsform des öffentlich-rechtlichen Vertrags: Zum einen ist diese nicht die dominierende Handlungsform, sondern die weitaus meisten Begegnungen von Staat und Bürger erfolgen nach wie vor im Subordinationsverhältnis; zum anderen ändert eine solche formale Gleichordnung nichts an dem grundlegenden Gefälle zwischen Staat und Einzelnem, was allein schon dazu zwingt, auch für gleichgeordnete Begegnungen zwischen Staat und Bürger bestimmte öffentliche Anforderungen und Verfahrensregelungen aufzustellen, welche für angemessenen Ausgleich und Reglementierung im oben genannten Sinne sorgen. Dementsprechend erweist sich die vereinzelt vertretene Forderung nach einer Überwindung der Zweiteilung der Rechtsordnung hin zu einem „gemeinen Recht", wie es bspw. der angelsächsischen Rechtsordnung eigen ist, als nicht überzeugend.[72]

Darüber hinaus ist festzuhalten, dass der Dualismus der Rechtsordnung von vielen Normen des positi- **59** ven Rechts, insbes. solchen des GG, vorausgesetzt wird, mithin eine Zweiteilung in öffentliches und privates Recht bereits unumgänglich, weil verfassungsrechtlich geboten ist.[73] So findet der Begriff des „öffentlichen Rechts" bzw. die Formulierung „öffentlich-rechtlich" u.a. in Art. 12a Abs. 3, Art. 33 Abs. 4, Art. 73 Abs. 1 Nr. 8, Art. 87 Abs. 2 und 3, Art. 93 Abs. 1 Nr. 4, Art. 130 Abs. 3 sowie Art. 135 Abs. 2, 5 und 7 GG Erwähnung, der Begriff des „bürgerlichen Rechts" bzw. die Formulierung „privatrechtlich" in Art. 74 Abs. 1 Nr. 1 und 11 GG.

bb) Öffentliches Recht. Trotz der Notwendigkeit der theoretischen Unterscheidung zwischen öffentli- **60** chem und privatem Recht verzichtet unsere Rechtsordnung darauf, die Begriffe des öffentlichen und des privaten Rechts zu definieren;[74] damit bleibt die Begriffsbestimmung letztlich der Rspr. und der Rechtswissenschaft überlassen. Vorbehaltlich der zahlreichen Bestimmungsgrundsätze und Abgrenzungsfragen im Einzelfall kann das öffentliche Recht als der Inbegriff derjenigen Rechtssätze umschrieben werden, deren berechtigtes oder verpflichtetes Zuordnungssubjekt der Staat oder ein anderer Träger öffentlicher Gewalt in seiner Eigenschaft als Hoheitsträger ist[75][76].

cc) Nichtverfassungsrechtlichkeit. Dass eine Streitigkeit öffentlich-rechtlicher Natur ist, genügt für **61** die Anwendbarkeit der Generalklausel des § 40 Abs. 1 S. 1 indes nicht; vielmehr darf diese öffentlich-rechtliche Streitigkeit keine verfassungsrechtlicher Art sein. Diese Aussonderung verfassungsrechtlicher Streitigkeiten aus dem Anwendungsbereich des § 40 bezweckt, spezifisch verfassungsrechtliche Fragestellungen originär der Beurteilung durch die hierfür eigens bestehende Verfassungsgerichtsbarkeit und damit dem qualifizierten Entscheidungsvorbehalt verfassungsgerichtlicher Erkenntnis[77] zu unterstellen. Durch diese Einschränkung sind Streitigkeiten verfassungsrechtlicher Art, obwohl sie öffentlich-rechtlicher Natur sind, per se dem Anwendungsbereich des § 40 und damit dem Verwaltungsrechtsweg entzogen. Daher sind bei fehlender Justitiabilität auf dem Verfassungsrechtsweg verfassungsgerichtliche Streitigkeiten denkbar, für die kein Rechtsweg einschlägig ist, sodass eine Rechtsschutzlücke besteht (vgl. BVerwG NJW 1985, 2346 f.). Nach Auffassung des BVerwG kann unter be-

---

71 So auch *D. Ehlers/J.-P. Schneider*, in: Schoch/Schneider/Bier § 40 Rn. 20.

72 Hingegen zur Kritik an der Zweiteilung der Rechtsordnung *M. Bullinger*, Öffentliches Recht und Privatrecht, 1968, 75; *ders.*, FS Rittner, 1991, 69, 89 ff.; *H. Kelsen*, AöR 31 (1913), 53, 75 ff.; *R. Wiethölter*, Rechtswissenschaft, 1968, 167 f.; s. ferner die Nachw. bei *D. Ehlers*, Verwaltung in Privatrechtsform, 1984, 41 Fn. 53; *M. Wolff/J. Neuner*, BGB AT, [11]2016, § 2 Rn. 1 ff.

73 *L. Renck*, JuS 1978, 459, 461; *ders.*, JuS 1986, 268 f.

74 Vgl. auch *K. Finkelnburg*, FS Menger, 1985, 279, 280.

75 *Stern/Blanke* Rn. 167.

76 Zu den vielfältigen Einzelheiten und Problemen, die mit der Bestimmung des Begriffs „öffentliches Recht" bzw. „öffentlich-rechtliche Streitigkeit" in Abgrenzung zum Begriff des „Privatrechts" verbunden sind, sowie zu den zahlreichen Einzelfällen → Rn. 265 ff.

77 *W. Löwer*, HdbStR III § 70 Rn. 6.

stimmten Voraussetzungen ausnahmsweise trotzdem der Verwaltungsrechtsweg nach § 40 eröffnet sein (BVerwG NJW 1985, 2344 ff.); nach a.A. soll dagegen bei Rechtsverletzungen des einzelnen allenfalls der ordentliche Rechtsweg als „Auffangrechtsweg" gem. Art. 19 Abs. 4 S. 2 GG einschlägig sein[78] (→ Rn. 43 f., 188).

62   In welchen Fällen eine Streitigkeit „verfassungsrechtlicher" oder „nichtverfassungsrechtlicher" Art ist, lässt sich im Einzelfall oft schwieriger ermitteln, als es auf den ersten Blick den Anschein haben mag; insbes. die Entwicklung trennscharfer allgemeingültiger Kriterien oder „Abgrenzungsformeln" fällt schwer (zur Darstellung und Untersuchung der insoweit bestehenden Abgrenzungsmöglichkeiten → Rn. 183 ff.).

63   **b) Schutz gegen Akte der Exekutive.** Da die Rechtswegeröffnung durch § 40 für öffentlich-rechtliche Streitigkeiten nichtverfassungsrechtlicher Art in Ausgestaltung des Rechtsschutzauftrages des Art. 19 Abs. 4 GG erfolgt, welcher die Eröffnung des Rechtswegs für subjektive Rechtsverletzungen seitens der „öffentlichen Gewalt" vorschreibt, stellt sich die Frage, welche „öffentliche Gewalt" von § 40 erfasst wird. Als öffentliche Gewalt kommen grds. Legislative, Exekutive und Judikative in Betracht. Der „Schutzbereich" des § 40 erstreckt sich unproblematisch auf den verwaltungsgerichtlichen Rechtsschutz gegen Akte der vollziehenden Gewalt, soweit sich diese als öffentlich-rechtliche Streitigkeiten darstellen. Die öffentliche Gewalt i.S.d. Art. 19 Abs. 4 GG wird „vor allem" von der Exekutive ausübt;[79] diese Vorschrift bezweckt insbes., „Selbstherrlichkeiten" der vollziehenden Gewalt im Verhältnis zum Bürger zu beseitigen (BVerfGE 10, 264, 267; vgl. auch BVerfGE 25, 352, 365). Vor allem Akte der Exekutive prägen das tägliche Mit- oder Gegeneinander von Bürger sowie Staat und sorgen demgemäß für Konfliktpotential der Beteiligten durch potenzielle Beschwer der Rechtsadressaten, sodass insbes. diese Akte der gerichtlichen Überprüfbarkeit bedürfen.

64   Freilich ist damit noch nicht die Frage beantwortet, ob tatsächlich alle Exekutiv-Akte (verwaltungs)gerichtlich überprüfbar sind oder ob es insoweit nicht auch sog. justizfreie Hoheitsakte gibt, die sich gerichtlicher Kontrolle entziehen. Ausdrücklich (grund)gesetzlich geregelte Fälle nicht-justitiabler Hoheitsakte finden sich nur in Art. 44 Abs. 4 GG, durch welchen die Abschlussberichte parlamentarischer Untersuchungsausschüsse (→ Rn. 85, 231 f., 649 ff.) gerichtlicher Kontrolle entzogen werden, sowie in Art. 10 Abs. 2 S. 2 GG, wonach für bestimmte Beschränkungen des Brief-, Post- und Fernmeldegeheimnisses der Rechtsweg ausgeschlossen werden kann, wenn per Gesetz an dessen Stelle die Nachprüfung durch von der Volksvertretung bestellte Organe und Hilfsorgane tritt (→ Rn. 84). Außerhalb dieser spezifisch geregelten Fälle wird das Vorliegen justizfreier Hoheitsakte insbes. im Zusammenhang mit Regierungsakten, Gnadenakten und Akten i.R. besonderer Gewaltverhältnisse bzw. von Sonderstatusverhältnissen problematisiert (dazu und zu anderen Fällen ausf. → Rn. 82 ff., 166 ff.).

65   Aufgrund der Ausgestaltung des § 40 als Generalklausel kommt es für die Rechtswegeröffnung auch nicht auf die Form des infrage stehenden Exekutivhandelns an; insbes. muss nicht notwendig ein Verwaltungsakt gegeben sein (→ Rn. 35). Vielmehr steht bspw. auch für schlicht-hoheitliches Verwaltungshandeln oder für Streitigkeiten betr. öffentlich-rechtliche Verträge der Verwaltungsrechtsweg offen.

66   **c) Schutz gegen Normsetzungsakte. aa) Exekutive.** Darüber hinaus unterfallen grds. auch exekutive Normsetzungsakte (insbes. Rechtsverordnungen und Satzungen) der verwaltungsgerichtlichen Überprüfbarkeit; bei diesen handelt sich nämlich jeweils nur um eine besondere Handlungsform der Exekutive, die ebenfalls Ausübung „öffentlicher Gewalt" i.S.d. Art. 19 Abs. 4 GG darstellt und diesbezüglich mit anderen Exekutivakten gleichbehandelt werden muss.[80] Die gelegentlich vertretene Auffassung, eine Klage auf Erlass einer untergesetzlichen Norm sei eine verfassungsrechtliche Streitigkeit[81], vermag nicht zu überzeugen, weil die gerichtliche Überprüfung der Exekutive, auch deren rechtsetzender Tätigkeit, prinzipiell Aufgabe der Verwaltungsgerichte ist[82] (→ § 42 Rn. 46). Dies gilt auch dann,

---

78   So *Schmitt Glaeser/Horn* Rn. 55.
79   *E. Schmidt-Aßmann*, in: Maunz/Dürig Art. 19 Abs. 4 Rn. 52.
80   *E. Schmidt-Aßmann*, in: Maunz/Dürig Art. 19 Abs. 4 Rn. 70.
81   *Schenke* Rn. 1083; *ders.*, VerwArch 82 (1991), 307, 336 ff.
82   *H. Sodan*, NVwZ 2000, 601, 608.

wenn der Kläger sein Begehren auf verfassungsrechtliche Gründe stützt.[83] Die verwaltungsgerichtliche Überprüfbarkeit gilt nicht nur für diejenigen untergesetzlichen Normen, welche dem Normenkontrollverfahren gem. § 47 unterfallen, sondern auch für exekutive Rechtsetzungsakte außerhalb des Anwendungsbereichs dieser Vorschrift wie etwa Rechtsverordnungen des Bundes (BVerwGE 80, 355, 362 m.w.N.). Für die durch § 47 nicht erfassten Fälle ist die Feststellungsklage gem. § 43 statthafte Klageart (→ § 42 Rn. 51; → § 43 Rn. 58 ff.; → § 47 Rn. 88). Die verwaltungsgerichtliche Überprüfbarkeit ist auch dann nicht ausgeschlossen, wenn die Norm nicht auf Umsetzung durch Verwaltungsakte ausgerichtet ist und demgemäß eine Inzidentkontrolle der Norm durch Überprüfung des einzelnen normvollziehenden Verwaltungsakts ausscheidet, sondern es sich um eine „sich selbst vollziehende" („self-executing") Norm handelt.[84]

Die verwaltungsgerichtliche Überprüfung exekutiver Rechtsetzungsakte beschränkt sich nicht nur auf   67 die Kontrolle erlassener Normen, sondern kann auch Klagen auf Teilhabe am Normsetzungsverfahren[85] sowie Klagen auf Normerlass[86] (→ § 42 Rn. 46 ff.; → § 43 Rn. 57) umfassen.

bb) Legislative.   Kein verwaltungsgerichtlicher Rechtsschutz besteht hingegen gegenüber Rechtset-   68 zungsakten der Legislative, also gegenüber förmlichen Gesetzen des parlamentarischen Gesetzgebers. Zwar ist umstr., ob legislative Rechtsetzungsakte dem Begriff der „öffentlichen Gewalt" i.S.d. Art. 19 Abs. 4 GG unterfallen.[87] Doch auch soweit dies bejaht wird,[88] kann aus Art. 19 Abs. 4 GG nicht auf eine prinzipale verwaltungsgerichtliche Normenkontrolle oder eine verwaltungsgerichtliche Verwerfungskompetenz hinsichtlich formeller Gesetze geschlossen werden. Dem steht bereits Art. 100 Abs. 1 GG entgegen, der in Bezug auf Gesetze im formellen Sinne ein Verwerfungsmonopol des zuständigen Verfassungsgerichts statuiert, womit für die Fachgerichtsbarkeiten lediglich eine „Inzidentkontrolle" ohne Verwerfungsbefugnis vorgezeichnet wird.[89] Aber auch aufgrund der spezifischen Sachnähe muss der Rechtsschutzauftrag des Art. 19 Abs. 4 GG bei Anerkennung der Legislative als „öffentlicher Gewalt" von der Verfassungsgerichtsbarkeit erfüllt werden; zu dieser – und nicht zu den Fachgerichtsbarkeiten einschließlich der Verwaltungsgerichtsbarkeit – führt bzgl. legislativer Normsetzungsakte dann also der Rechtsweg i.S.v. Art. 19 Abs. 4 GG.[90]

d) Schutz gegen Akte der Legislativorgane außerhalb der Gesetzgebung.   Die mit der Wahrnehmung   69 der legislativen Aufgaben befassten Organe können indes auch außerhalb der parlamentarischen Gesetzgebung tätig werden. Soweit ihre diesbezüglichen Maßnahmen also keine gesetzgeberischen sind, kommt verwaltungsgerichtlicher Rechtsschutz in Betracht.

So ist gegen hausrechtliche und (sitzungs)polizeiliche Verfügungen des Präsidenten des Deutschen   70 Bundestages, welche dieser auf die ihm durch Art. 40 Abs. 2 S. 1 GG eingeräumten entsprechenden Befugnisse stützt, grds. der Verwaltungsrechtsweg gegeben,[91] da es sich hierbei materiell um Verwaltungstätigkeit[92] durch die Wahrnehmung öffentlich-rechtlicher Befugnisse[93] handelt, sodass eine öffentlich-rechtliche Streitigkeit vorliegt. Diese ist auch nicht-verfassungsrechtlicher Art, soweit von der Maßnahme Außenstehende betroffen sind, welche das GG oder die GO-BT nicht mit eigenen Rechten

---

83 BVerwG NVwZ 2014, 1163 m. Anm. *W. Neumann*, jurisPR-BVerwG 18/2014 Anm. 6.
84 BVerfG NVwZ 1998, 169, 170; *W. Kilian*, NVwZ 1998, 142.
85 *K. Rennert*, in: Eyermann § 40 Rn. 5.
86 *H. Sodan*, NVwZ 2000, 601 ff.
87 Abl. insbes. die Rspr. des BVerfG: exemplarisch BVerfGE 24, 33, 49; 24, 367, 401; 25, 352, 365; 45, 297, 334.
88 So die wohl h.L.: *O. Bachof*, AöR 86 (1961), 187; *R. Bartlsperger*, DVBl 1967, 368; *D. Lorenz*, Der Rechtsschutz des Bürgers, 1973, 162 ff.; *H. Maurer*, FS Kern, 1968, 275 ff.; *H.-J. Papier*, HdbStR VIII § 177 Rn. 40; *W.-R. Schenke*, Rechtsschutz bei normativem Unrecht, 1979, 28 ff.; *ders.*, in: BK Art. 19 Abs. 4 (Drittbearb.) Rn. 338 ff.; *ders.*, JuS 1981, 81, 82; *E. Schmidt-Aßmann*, in: Maunz/Dürig Art. 19 Abs. 4 Rn. 93 ff.; *K. Stern*, FS Schäfer, 1975, 66 ff.
89 Vgl. *H.-J. Papier*, HdbStR VIII § 177 Rn. 41; *E. Schmidt-Aßmann*, in: Maunz/Dürig Art. 19 Abs. 4 Rn. 94.
90 *W.-R. Schenke*, JuS 1981, 81, 86 f.; vgl. auch *H.-J. Papier*, HdbStR VIII § 177 Rn. 41; *E. Schmidt-Aßmann*, in: Maunz/Dürig Art. 19 Abs. 4 Rn. 95.
91 OVG Münster DVBl 1987, 100 f.; VG Berlin NJW 2002, 1063; *J. Ruthig/W.-R. Schenke*, in: Kopp/Schenke § 40 Rn. 34 m.w.N.
92 *E. Schmidt-Aßmann*, in: Maunz/Dürig Art. 19 Abs. 4 Rn. 91.
93 Für die Polizeigewalt des Bundestagspräsidenten ist dies unstr.; *H. H. Klein*, in: Maunz/Dürig Art. 40 Rn. 138. Hinsichtlich des Hausrechts besteht Streit: Richtigerweise muss aber auch dieses als öffentlich-rechtlich qualifiziert werden, da es sich primär aus der (öffentlich-rechtlichen) Befugnis des Bundestags ergibt, die ordnungsgemäße Ausführung seiner Aufgaben sicherzustellen; vgl. *H. H. Klein*, in: Maunz/Dürig Art. 40 Rn. 139, 145 m.w.N. Näher zur Problematik der rechtlichen Qualifizierung von Hausverboten im Allg. → Rn. 387 ff.; → § 42 Rn. 208 ff.

ausstattet. Sind dagegen bspw. Abgeordnete, Fraktionen, Regierungsmitglieder oder Mitglieder des Bundesrates Adressaten solcher Maßnahmen, ist wegen des dann gegebenen verfassungsrechtlichen Charakters nicht der Verwaltungsrechtsweg, sondern der Rechtsweg zum BVerfG eröffnet (Organstreit nach Art. 93 Abs. 1 Nr. 1 GG)[94] (→ Rn. 229 f.). Der Verwaltungsrechtsweg ist weiterhin gegeben für Klagen auf Annahme, ordnungsgemäße Prüfung und Bescheidung von Petitionen[95] (→ § 42 Rn. 245), da der Petitionsausschuss dem Bürger gegenüber in vergleichbarer Weise wie eine Verwaltungsbehörde tätig wird, sowie für das Vorgehen gegen Berichte der Rechnungshöfe[96]. Gleiches muss gelten für die Fälle ehrverletzender Erwähnungen Dritter in parlamentarischen Verlautbarungen.[97]

71　Hinsichtlich Maßnahmen parlamentarischer Untersuchungsausschüsse ist zu differenzieren: Der in Art. 44 Abs. 4 GG angeordnete Ausschluss der generellen gerichtlichen Überprüfbarkeit gilt nur in Bezug auf verfahrensabschließende Beschlüsse (vgl. OVG Berlin DVBl 1970, 293; OVG Münster NVwZ 1987, 608, 609). Dagegen sind Maßnahmen des Untersuchungsausschusses, die im Verfahren zur Aufklärung des Sachverhalts getroffen werden, von dieser Regelung gerade nicht erfasst und einer gerichtlichen Klärung zugänglich (OVG Berlin NJW 2002, 313 f.), → Rn. 649 ff.

72　Nicht eröffnet ist der Verwaltungsrechtsweg dagegen für Streitigkeiten, bei denen es um die Verletzung von Organrechten geht; in diesen Fällen ist das verfassungsrechtliche Organstreitverfahren einschlägig, bspw. für das Vorgehen eines Abgeordneten gegen Immunitätsentscheidungen. Ebenfalls nicht vor Verwaltungsgerichten, sondern vor dem BVerfG ist Rechtsschutz hinsichtlich vom Bundestag zu treffender formalisierter Beschlüsse wie der Feststellung des Verteidigungsfalles (Art. 115 a GG) oder des Spannungsfalles (Art. 80 a GG) zu suchen.[98] Parlamentarische Vor- und Zwischenentscheidungen im Gesetzgebungsverfahren sind, soweit damit ein vorbeugender Rechtsschutz gegen die Norm selbst angestrengt wird, isolierter Anfechtbarkeit entzogen.[99]

73　Zusammenfassend ist festzuhalten, dass öffentliches Handeln der mit der Gesetzgebung betrauten Organe außerhalb von deren Legislativtätigkeit im Einzelfall exekutives, durch die Verwaltungsgerichtsbarkeit überprüfbares Handeln darstellen kann, soweit nicht eine verfassungsrechtliche Streitigkeit vorliegt. Zur generellen Abgrenzung „nichtverfassungsrechtlich" – „verfassungsrechtlich" → Rn. 183 ff. und zu weiteren Fallgruppen des Handelns der mit der Gesetzgebung betrauten Organe → Rn. 229 ff.

74　e) (Kein) Schutz gegen Akte der Judikative.　aa) Rechtsakte in Ausübung richterlicher Unabhängigkeit.　Nicht unter den Begriff der „öffentlichen Gewalt" i.S.d. Art. 19 Abs. 4 GG fallen nach ganz h.M.[100] Akte der rechtsprechenden Gewalt, mithin also solche, die durch die Richter in Wahrnehmung ihrer richterlichen Unabhängigkeit ausgeübt werden und hinsichtlich derer die Möglichkeit besteht, einen der beteiligten Richter wegen Befangenheit abzulehnen (BVerwGE 50, 11, 14). Art. 19 Abs. 4 GG gewährt nur Schutz „durch den Richter", nicht jedoch auch Schutz „gegen den Richter".[101] Dementsprechend gewährleistet Art. 19 Abs. 4 GG auch keinen Instanzenzug (BVerfGE 49, 329, 340 f.; BVerfG DVBl 1983, 1236, 1237). In richterlicher Unabhängigkeit werden Richter nicht nur tätig im Bereich der eigentlichen Rspr. i.S. streitentscheidender Urteils- oder Beschlussfassungen (inklusive aller Vor- und Zwischenentscheidungen sowie der Zwangsvollstreckung), sondern auch bei

---

94　H. H. Klein, in: Maunz/Dürig Art. 40 Rn. 174; L.-A. Versteyl, NJW 1983, 379, 380.
95　BVerfG NJW 1989, 2939; DVBl 1993, 32, 33; BVerwG NJW 1991, 936, 937; BayVerfGH BayVBl 1981, 211; OVG Brem DVBl 1990, 1363; J. Burmeister, HdbStR III § 39 Rn. 73 m.w.N. (in Fn. 205); J. Ruthig/W.-R. Schenke, in: Kopp/Schenke § 40 Rn. 35.
96　BVerfG DVBl 1987, 362; OVG Münster DÖV 1979, 682 f. m.Anm. G. D. Belemann; BVerwGE 74, 58 ff.; OVG Lüneburg DVBl 1984, 837; F. Kopp, JuS 1981, 419 ff.; G. Robbers, JuS 1988, 723 f.; a.M. (verfassungsrechtliche Streitigkeit): VG Düsseldorf NJW 1981, 1396; G. Haverkate, AöR 107 (1982), 539, 557 ff.
97　E. Schmidt-Aßmann, in: Maunz/Dürig Art. 19 Abs. 4 Rn. 91.
98　R. Herzog, in: Maunz/Dürig Art. 115 g Rn. 28 ff.; E. Schmidt-Aßmann, in: Maunz/Dürig Art. 19 Abs. 4 Rn. 91; T. M. Spranger, in: BK Art. 115 a (Zweitbearb.) Rn. 215 ff.; L.-A. Versteyl, in: v. Münch/Kunig Art. 115 a Rn. 41.
99　E. Schmidt-Aßmann, in: Maunz/Dürig Art. 19 Abs. 4 Rn. 92.
100　S. etwa BVerfGE 4, 74, 96; 11, 263, 265; 15, 275, 280; 22, 106, 110; 49, 329, 340; 65, 76, 90; BVerfG DVBl 1983, 1236, 1237; BVerfGE 76, 93, 98; BVerfG NVwZ 1988, 523; H.-J. Papier, HdbStR VIII § 177 Rn. 43; M. Sachs, in: Sachs Art. 19 Rn. 120 f.; W.-R. Schenke, in: BK Art. 19 Abs. 4 (Drittbearb.) Rn. 371; H. Sodan, in: Sodan Art. 19 Rn. 28. Krit. u.a. H. Schulze-Fielitz, in: Dreier I Art. 19 Abs. 4 Rn. 49.
101　S. etwa BVerfGE 49, 329, 340 m.w.N.; 65, 76, 90; BVerfG DVBl 1983, 1236, 1237; BVerfGE 76, 93, 98.

Entscheidungen i.R.d. freiwilligen Gerichtsbarkeit oder aufgrund von Richtervorbehalten (wie bspw. i.R.d. Strafverfolgung nach den §§ 98 ff. StPO).[102]

Dementsprechend wird auch über § 40 kein verwaltungsgerichtlicher Rechtsschutz gegen solche Entscheidungen der Judikative eingeräumt. Gerichtliche Urteile, Beschlüsse oder sonstige Anordnungen im oben genannten Sinne stellen keine öffentlich-rechtlichen Streitigkeiten i.S.d. § 40 dar; dazu zählen auch die den Entscheidungen vorausgehenden gerichtlichen Maßnahmen wie die Hinzuziehung eines psychiatrischen Sachverständigen und die Anordnung von Leibesvisitationen durch das Strafgericht (BVerwG 14.9.2016 – 1 AV 5/16, juris Rn. 5 f. m. Anm. *D. Kugele*, jurisPR-BVerwG 22/2016 Anm. 5). Davon unberührt bleibt die Möglichkeit, verwaltungsgerichtliche Urteile und Beschlüsse im Wege des in der VwGO eingeräumten Instanzenzuges (vgl. §§ 124 ff. und 132 ff.) bzw. mit der Beschwerde (§§ 146 ff.) auf ihre Richtigkeit hin überprüfen zu lassen. Die Eröffnung des Verwaltungsrechtswegs ergibt sich hier bereits aus dem angegriffenen erstinstanzlichen Urteil bzw. Beschluss, da es sich insoweit um ein „einheitliches" verwaltungsgerichtliches Verfahren handelt und die Rechtsmittelgerichte nach § 17 a Abs. 5 GVG an die vorangegangene Rechtswegentscheidung der Eingangsinstanz gebunden sind. 75

bb) Sonstige Justizakte. Öffentliche Gewalt i.S.d. Art. 19 Abs. 4 GG wird indes ausgeübt, wenn der Richter nicht in seiner persönlichen und sachlichen Unabhängigkeit, sondern als (Gerichts- oder Justiz-)Behörde entscheidet[103] und das Handeln damit dem einer Verwaltungsbehörde entspricht.[104] Das Gleiche gilt erst recht für Justizakte, die von anderen Justizbediensteten als Richtern ausgeübt werden; hierunter fallen auch Maßnahmen der Rechtspfleger.[105] 76

Zu diesen Akten der Justizverwaltung i.w.S. sind insbes. die Justizverwaltungsakte nach § 23 EGGVG sowie die Maßnahmen der Gerichtsverwaltung gem. § 4 Abs. 2 Nr. 1 DRiG zu zählen. Regelmäßig handelt es sich bei diesbezüglichen Streitigkeiten um öffentlich-rechtliche i.S.d. § 40. Hinsichtlich der Justizverwaltungsakte stellt § 23 EGGVG indes eine abdrängende Sonderzuweisung (§ 40 Abs. 1 S. 1 Hs. 2) an die ordentliche Gerichtsbarkeit dar (→ Rn. 595 ff.). Eine verwaltungsgerichtliche Überprüfbarkeit kommt hingegen bzgl. der Akte der Gerichtsverwaltung in Betracht: So können bspw. gerichtliche Geschäftsverteilungspläne i.S.d. § 21 e GVG auf dem Verwaltungsrechtsweg daraufhin überprüft werden, ob sie einen von ihnen betroffenen Richter in seinen Rechten verletzen (BVerwGE 50, 11, 14 ff.); gleiches gilt für die Kontrolle von Entscheidungen eines Gerichtspräsidiums in Sachen der gerichtlichen Selbstverwaltung (VGH Mannheim DÖV 1980, 573 f.). 77

7. § 40 und Vollstreckungsverfahren/Vollstreckungsrechtsweg. Umstr. ist die Frage, ob § 40 die Rechtswegeröffnung zu den Verwaltungsgerichten nur für das Erkenntnisverfahren bestimmt oder seine Grundaussage auch für den Rechtsweg in Vollstreckungssachen heranzuziehen ist. Auswirkungen hat dieser Streit in den Fällen, in welchen im verwaltungsgerichtlichen Erkenntnisverfahren über Ansprüche entschieden wird, die an sich einem anderen Rechtsweg, z.B. dem ordentlichen (§ 13 GVG), zuzuordnen wären. Praktisch stellt sich das Problem damit vor allem bei der Titulierung von bürgerlich-rechtlichen Ansprüchen in einem verwaltungsgerichtlichen Prozessvergleich (zu dessen Zulässigkeit → § 106 Rn. 13 f.); denkbar ist es auch in Fällen des § 17 a Abs. 2 S. 3 GVG, etwa wenn eine bürgerliche Rechtsstreitigkeit vom angerufenen Gericht unzutreffenderweise mit der Bindungswirkung des § 17 a Abs. 2 S. 3 GVG an ein Verwaltungsgericht verwiesen wurde, sodass dieses nunmehr über den an sich rechtswegfremden Anspruch zu entscheiden hat (→ Rn. 51), bspw. wenn ein Verwaltungsgericht über eine Leistungsklage urteilt, über die ein ordentliches Gericht hätte entscheiden sollen (→ § 168 Rn. 5). 78

Vereinzelt wird vertreten, dass gem. der Grundaussage des § 40 die Verwaltungsgerichte auch in Vollstreckungsangelegenheiten nur zuständig seien, wenn der zu vollstreckende Anspruch eine öffentlich- 79

---

102 Hierzu im Einzelnen, teils mit Differenzierungen E. *Schmidt-Aßmann*, in: Maunz/Dürig Art. 19 Abs. 4 Rn. 99 ff.

103 *H.-J. Papier*, HdbStR VIII § 177 Rn. 45; *W.-R. Schenke*, in: BK Art. 19 Abs. 4 (Drittbearb.) Rn. 380; *H. Sodan*, in: Sodan Art. 19 Rn. 28.

104 Vgl. E. *Schmidt-Aßmann*, in: Maunz/Dürig Art. 19 Abs. 4 Rn. 102.

105 BVerfGE 49, 229, 240 f.; *H.-J. Papier*, HdbStR VIII § 177 Rn. 45; E. *Schmidt-Aßmann*, in: Maunz/Dürig Art. 19 Abs. 4 Rn. 103.

rechtliche Streitigkeit i.S.d. § 40 darstelle; maßgeblich sei damit wie im Erkenntnisverfahren die („wahre") Rechtsnatur des titulierten Anspruchs.[106]

80   Diese Auffassung vermag indes nicht zu überzeugen. Vielmehr ist mit der h.M. die Herkunft des Titels als das maßgebliche Kriterium für die Bestimmung des Vollstreckungsrechtswegs anzusehen[107] (→ § 168 Rn. 5, 43); auf den materiell-rechtlichen Charakter des zu vollstreckenden Anspruchs kommt es nicht an. Dieser vollstreckungsrechtliche Grundsatz[108] liegt auch dem § 168 zugrunde, welcher die Zuständigkeit der Verwaltungsgerichte im Vollstreckungsverfahren nach dem zugrunde liegenden Titel bestimmt und als lex specialis die Generalklausel des § 40 Abs. 1 S. 1 verdrängt. Da der Gegenstand des Vollstreckungsverfahrens nicht mehr das Befinden über einen materiellen Anspruch, sondern dessen Durchsetzung mit den Machtmitteln des Staates ist, gebieten die abstrakte Rechtsnatur des Vollstreckungstitels sowie die Formalisierung des Vollstreckungsrechts die Anbindung des Vollstreckungsrechtswegs an die Herkunft des Titels. Eine andere Sichtweise ginge zulasten der Rechtsklarheit und verbietet sich insbes. wegen der im Vollstreckungsverfahren bestehenden Eilbedürftigkeit. Auch gilt es aus Gründen der Prozessökonomie, Rechtswegzersplitterungen zu vermeiden, wie es nicht zuletzt auch neueren Tendenzen der Gesetzgebung (vgl. bspw. § 17 Abs. 2 GVG) entspricht.

81   § 40 bestimmt also nicht den Vollstreckungsrechtsweg; vielmehr richtet sich die Zuständigkeit der Verwaltungsgerichte in Vollstreckungssachen wegen der Vorschrift in § 168 nach der Herkunft des Titels und damit (allein) danach, ob die Rechtserkenntnis durch oder vor dem Verwaltungsgericht gewonnen wurde (→ § 168 Rn. 5, 43).

82   **8. Nicht-justitiable Akte der öffentlichen Gewalt.** Wie bereits erwähnt (→ Rn. 64), gibt es Streitigkeiten, die sich zwar als öffentlich-rechtliche nichtverfassungsrechtlicher Art darstellen, aber der gerichtlichen Kontrolle per se entzogen sind. Aufgrund der umfassenden Gewährleistung von gerichtlichem Rechtsschutz durch Art. 19 Abs. 4 GG können solche Fälle jedoch – wenn überhaupt – nur unter engsten Voraussetzungen zugelassen werden.

83   **a) Verfassungsrechtlicher Ausschluss.** Ausdrücklich (grund-)gesetzlich geregelte Fälle nicht-justitiabler Hoheitsakte finden sich nur in Art. 10 Abs. 2 S. 2 und Art. 44 Abs. 4 GG. Diese Vorschriften statuieren speziell geregelte Ausnahmen zu Art. 19 Abs. 4 GG.

84   **aa) Beschränkungen des Brief-, Post- und Fernmeldegeheimnisses.** Art. 10 Abs. 2 S. 2 GG bestimmt, dass für bestimmte Beschränkungen des Brief-, Post- und Fernmeldegeheimnisses der Rechtsweg ausgeschlossen werden kann, wenn per Gesetz[109] an dessen Stelle die Nachprüfung durch von der Volksvertretung bestellte Organe und Hilfsorgane tritt (vgl. BVerfGE 30, 1 ff.; 67, 157 ff.). Für diese Fälle wird der Ausschluss des Rechtswegs damit wenigstens insofern „kompensiert", als ein parlamentarisches Kontrollgremium für eine Überprüfbarkeit der in Rede stehenden Maßnahmen sorgt.

85   **bb) Untersuchungsausschüsse.** Zu Untersuchungsausschüssen → Rn. 71, 231 f., 649 ff. Durch Art. 44 Abs. 4 GG werden die Abschlussberichte parlamentarischer Untersuchungsausschüsse gerichtlicher Kontrolle entzogen (vgl. OVG Hamburg NVwZ 1987, 611 ff.). Eine Einschränkung bildet Art. 44 Abs. 4 S. 2 GG, wonach die in dem Abschlussbericht nicht angreifbare Feststellung für andere Verfahren mit anderen Prozessgegnern nicht „feststeht", sondern einer vollständig neuen gerichtlichen Wür-

---

106   *L. Renck*, NVwZ 1982, 547 f.; *M. Renck-Laufke*, BayVBl 1976, 621 f.; wohl auch OVG Koblenz NJW 1980, 1541 (LS); vgl. ferner VG Berlin NJW 1976, 1420; s.a. → Rn. 671 ff.

107   BVerwG NJW 1992, 191 f.; OVG Münster NJW 1969, 524; NJW 1984, 2484; VGH Mannheim ESVGH 17, 145; NVwZ-RR 2008, 581, 582; VGH München BayVBl 1970, 221 f.; NVwZ 1982, 563; BayVBl 1987, 308 f.; *D. Ehlers/J.-P. Schneider*, in: Schoch/Schneider/Bier § 40 Rn. 26; *J. Hüttenbrink*, in: Kuhla/Hüttenbrink/Endler I Rn. 54; *I. Kraft*, in: Eyermann § 168 Rn. 1; *H. v. Nicolai*, in: Redeker/v. Oertzen § 168 Rn. 1; *R. Pietzner/J. A. Möller*, in: Schoch/Schneider/Bier § 168 Rn. 2, 23; *W.-R. Schenke*, in: Kopp/Schenke § 168 Rn. 9; *Ule* § 70 II 1 (S. 399); *C. Waldhoff*, in: Gärditz § 168 Rn. 2. Vgl. aber auch BGH NJW 1994, 2620 f. und BVerwGE 96, 326, 328 ff.; dazu in der nachfolgenden Fn.

108   Für Urkunden nach § 794 Abs. 1 Nr. 5 ZPO, die allerdings nicht der abschließenden Aufzählung des § 168 unterfallen, durchbrechen neuerdings aber BGH NJW 1994, 2620 f. und BVerwGE 96, 326, 328 ff. diesen Grundsatz, indem sie ohne nähere Begründung auf die Rechtsnatur des titulierten Anspruchs abstellen. S. dagegen → § 168 Rn. 8; *R. Pietzner/J. A. Möller*, in: Schoch/Schneider/Bier § 168 Rn. 24, 36 f.

109   S. das Gesetz zur Beschränkung des Brief-, Post- und Fernmeldegeheimnisses (Art. 10-Gesetz – G 10) vom 26.6.2001 (BGBl I 1254, ber. 2298).

digung unterzogen werden muss. Außerdem gilt der Ausschluss durch Art. 44 Abs. 4 GG nur für verfahrensbeendende Beschlüsse; dagegen sind Maßnahmen des Untersuchungsausschusses, die im Verfahren zur Aufklärung des Sachverhalts getroffen werden, von dieser Regelung nicht erfasst und einer gerichtlichen Klärung zugänglich (OVG Berlin NJW 2002, 313 f.; → Rn. 649 ff.).

b) Einfachgesetzlicher Ausschluss. Wegen der verfassungsrechtlichen Garantie des Art. 19 Abs. 4 GG   86
sind einfachgesetzliche Ausschlüsse des Rechtswegs dagegen problematisch und häufig umstr.

Probleme wirft insoweit vor allem die Zusammenfassung von Rechtsstreitigkeiten in (Kommu-   87
nal-)Wahlsachen durch spezielle Wahlanfechtungs- und -prüfungsverfahren unter gleichzeitigem
Ausschluss der gerichtlichen Überprüfbarkeit auf[110]. I.d.R. liegt hierin kein Verstoß gegen Art. 19
Abs. 4 GG, da die Verfolgung der Verletzung subjektiver Rechte Einzelner zurücktreten muss gegen-
über der Notwendigkeit, die Stimmen einer Vielzahl von Bürgern zu einer einheitlichen, wirksamen
Wahlentscheidung zusammenzufassen.[111] Allerdings stellte es sich als verfassungsrechtlich bedenklich
dar, wenn die betreffenden Sondervorschriften in Abstimmungssachen ausgeschlossen würden, ohne
dass der allgemeine Rechtsweg wieder auflebt, und mithin jede Überprüfungsmöglichkeit ausscheidet.
Gemessen an Art. 19 Abs. 4 GG sind Präklusionsvorschriften wie § 10 Abs. 3 S. 5 BImSchG oder § 7   88
Abs. 1 S. 1 AtVfV (Atomrechtliche Verfahrensverordnung vom 3.2.1995 [BGBl 1995 I 180]), die einen
formellen und materiellen Einwendungsausschluss auch für das verwaltungsgerichtliche Verfahren
nach Versäumen einer entsprechenden Frist vorsehen, verfassungsrechtlich unbedenklich; diese Regelungen schließen nämlich den Rechtsweg für den Betroffenen nicht vollständig aus, sondern machen
dessen Beschreiten lediglich von sachgerechten Voraussetzungen abhängig, die im Hinblick auf das erhebliche öffentliche Interesse keine unzumutbare Erschwerung für den Rechtssuchenden darstellen.[112]

c) Weitere Fälle nicht justitiabler Hoheitsakte. Als weitere Fälle von Hoheitsakten, deren generelle   89
Justitiabilität infrage steht, werden insbes. Gnadenakte, Regierungsakte, Akte i.R. besonderer Gewaltverhältnisse bzw. von Sonderstatusverhältnissen sowie sog. Innenrechtsstreitigkeiten problematisiert;
i.d.R. ist bei diesbezüglichen Streitigkeiten zu klären, inwiefern es sich überhaupt um „rechtliche"
Streitigkeiten handelt, wie sie die Rechtswegeröffnung nach § 40 voraussetzt (→ Rn. 166 ff.). Auch das
Handeln der nach Art. 140 GG i.V.m. Art. 137 Abs. 5 WRV als öffentlich-rechtliche Körperschaften
organisierten Religionsgesellschaften bzw. Kirchen stellt sich aufgrund dieses Status zumindest formal als
öffentlich-rechtliche Tätigkeit dar; gleichwohl sollen nach wohl überwiegender Ansicht die sog. innerkirchlichen Angelegenheiten der staatlichen Überprüfbarkeit entzogen sein (ausf. → Rn. 467 ff.).

9. Gewillkürter Ausschluss des Rechtswegs. Uneinheitlich wird beurteilt, inwiefern ein gewillkürter   90
Ausschluss des Rechtswegs zulässig ist.

a) Hinsichtlich Wahl des Gerichtszweigs. Regelmäßig wird vertreten, dass der Verwaltungsrechtsweg   91
nicht wegbedungen werden könne und einer abweichenden Vereinbarung der Beteiligten nicht zugänglich sei.[113] Diese Auffassung ist insoweit zutreffend, als es den Beteiligten verwehrt ist, den
Rechtsweg gerade zu den Verwaltungsgerichten auszuschließen und etwa zu vereinbaren, dass eine öffentlich-rechtliche Streitigkeit vor einer anderen Gerichtsbarkeit klageweise entschieden werden solle.
Insofern ist § 40 zwingendes Recht, und die Wahl des Gerichtszweigs unterliegt nicht der Disposition
der Beteiligten.

---

110 Vgl. z.B. § 49 BWG, § 22 BWO; § 48 BbgLWahlG; § 46 NKWG; § 11 KWahlG NRW; § 17 LWahlG NRW, § 48
     SächsWahlG; § 50 ThürLWG.
111 BVerfGE 22, 277, 281; s.a. BVerfGE 14, 154, 155; OVG Bautzen SächsVBl 1999, 210; wie hier auch VGH Kassel
     DVBl 1967, 630; VGH München BayVBl 1975, 333; VG München NVwZ 1990, 400 ff.; *K. Rennert*, in: Eyermann
     § 40 Rn. 7; ferner WPrüfG Bln JR 1972, 388 ff. A.M. *D. Ehlers/J.-P. Schneider*, in: Schoch/Schneider/Bier § 40
     Rn. 172; *A. v. Mutius*, VerwArch 68 (1977), 197, 200; *W.-R. Schenke*, NJW 1981, 2440 ff. m.w.N. und Argumente
     für beide Ansichten; *H. Weber*, JuS 1990, 291, 293.
112 Vgl. BVerfGE 61, 82, 109 ff. Zu weiteren Präklusionsregeln und den Gegenargumenten hinsichtlich der Vereinbar-
     keit mit Art. 19 Abs. 4 GG *H.-J. Papier*, NJW 1980, 313 ff.; zur Präklusion aus unionsrechtlicher Perspektive *T. Sie-
     gel*, NVwZ 2016, 337 ff.
113 So *K. Rennert*, in: Eyermann § 40 Rn. 3; *J. Ruthig/W.-R. Schenke*, in: Kopp/Schenke § 40 Rn. 2; *F. v. Zezschwitz*,
     NJW 1983, 1873, 1881.

92　**b) Ausschluss des Klagewegs insgesamt.** Andererseits ist es den Beteiligten aber grds. nicht verwehrt, den Klageweg insgesamt auszuschließen.[114] Dies kann durch Vertrag zwischen den Beteiligten erfolgen oder durch einseitige Verzichtserklärung eines Beteiligten gegenüber dem bzw. den anderen (zum [einseitigen] Klageverzicht als Prozesshandlung gegenüber dem Gericht → § 74 Rn. 48).

93　Die zuständige Behörde darf sich aber nicht einseitig der gerichtlichen Überprüfbarkeit ihrer Maßnahme entziehen, indem sie dem Betroffenen einen Ausschluss des Rechtswegs „vorgibt"; dies wäre mit dem Regelungsgehalt der verfassungsrechtlichen Rechtsweggarantie in Art. 19 Abs. 4 GG unvereinbar.

94　**aa) Einseitiger Verzicht.** Genauso wie es möglich ist, sich eines bestehenden Rechtsmittels bspw. durch das bewusste Verstreichenlassen einer Rechtsmittelfrist zu begeben, muss ein einseitiger Verzicht auf die Ausübung eines *Rechtsmittels* durch Erklärung gegenüber dem anderen Beteiligten grds. möglich sein.[115] Die Verzichtserklärung hat eindeutig und unmissverständlich zu erfolgen.[116] Die Zulässigkeit eines solchen Verzichts muss sich weiterhin danach bemessen, ob der Verzichtende hinreichende Kenntnis vom Inhalt der betreffenden Maßnahme der öffentlichen Gewalt hatte und den Verzicht überschauen konnte.[117] Diese Kenntnis wird man i.d.R. annehmen können, wenn der betreffende Hoheitsakt bereits vorgenommen worden ist. Ob demgegenüber ein wirksamer Verzicht auch schon vor Ergehen der hoheitlichen Maßnahme möglich ist, wird in der Rspr. überwiegend verneint (BVerwG DVBl 1964, 874; OVG Münster NVwZ 1983, 681 f.) und allenfalls dann zugelassen, wenn der Verzicht unter der auflösenden Bedingung erklärt wird, dass die Entscheidung in einem bestimmten Sinn ergehen werde[118] (dagegen *M. Brenner* → § 74 Rn. 48 Fn. 172). Darüber hinaus wird man aber wegen der vergleichbaren Interessenposition zumindest ausnahmsweise auch dann einen wirksamen Verzicht vor Ergehen der hoheitlichen Maßnahme anerkennen müssen, wenn der Rechtsmittelberechtigte in genauer Kenntnis der erst später ergehenden Maßnahme auf sein Klagerecht verzichtet.[119] Jedenfalls aber setzt die Wirksamkeit des Verzichts immer voraus, dass dieser nicht durch Drohungen, Täuschungen oder in sonst unzulässiger Weise (→ Rn. 95) erwirkt wurde.[120]

95　**bb) Ausschluss durch beiderseitige Vereinbarung.** Möglich ist auch die Vornahme eines Klageverzichts durch beiderseitige Vereinbarung zwischen den Beteiligten. Hierfür gelten im Prinzip die gleichen Grundsätze wie beim einseitigen Klageverzicht. Indes wird die Vereinbarung bereits vor Erlass der betreffenden Maßnahme hier als zulässig angesehen.[121] Auch dabei ist aber entscheidend auf die Kenntnis des Verzichtenden vom Inhalt der betreffenden Maßnahme abzustellen, die indes bei gegenseitiger Vereinbarung mit der handelnden Behörde eher anzunehmen sein wird als bei einseitigem Verzicht. Unzulässig ist eine solche Vereinbarung jedoch dann, wenn der Verzicht unter Missbrauch behördlicher Macht erwirkt wurde: Dies ist bspw. dann der Fall, wenn die Behörde den Verzicht als „Gegenleistung" für den (rechtzeitigen) Erlass der ohnehin zu gewährenden Maßnahme einfordert (BVerwGE 19, 159 ff.; VGH München BayVBl 1977, 404). Zulässig ist es dagegen, wenn der Verzicht durch finanzielle Leistung an einen oder von einem durch das Verfahren betroffenen Dritten „erkauft" wird.[122]

96　**10. Verhältnis zu anderen Gerichtsbarkeiten.** In Art. 95 GG sind als Gerichtsbarkeiten neben der Verwaltungsgerichtsbarkeit die ordentliche Gerichtsbarkeit sowie die Finanz-, Arbeits- und Sozialgerichtsbarkeit genannt. Diese Fünfteilung der Gerichtsbarkeiten ändert indes nichts an der grundsätzlichen Zweiteilung der Rechtsordnung in öffentliches und privates Recht (→ Rn. 57 ff.). Die Arbeitsgerichtsbarkeit erfasst wie die ordentliche grds. Streitigkeiten aus dem Bereich des Privatrechts (zu Aus-

---

114　Vgl. BVerfGE 9, 194, 199; 26, 50, 51 ff.; *Hufen* § 23 Rn. 9; *J. Hüttenbrink,* in: Kuhla/Hüttenbrink/Endler E Rn. 126 f.; *P. Kothe,* in: Redeker/v. Oertzen § 74 Rn. 6; *E. Schmidt-Aßmann,* in: Maunz/Dürig Art. 19 Abs. 4 Rn. 247. A.M. wohl *F. v. Zezschwitz,* NJW 1983, 1873, 1881.

115　*W.-R. Schenke,* in: BK Art. 19 Abs. 4 (Drittbearb.) Rn. 115.

116　BVerwGE 26, 50, 53; *Hufen* § 23 Rn. 9; *J. Hüttenbrink,* in: Kuhla/Hüttenbrink/Endler E Rn. 126.

117　BVerwG NJW 1957, 1374, 1375; *W.-R. Schenke,* in: BK Art. 19 Abs. 4 (Drittbearb.) Rn. 116; auch BVerwGE 26, 50, 54.

118　Vgl. BVerwGE 19, 159 ff.; 26, 50 ff.

119　*C. Meissner,* in: Schoch/Schneider/Bier § 74 Rn. 46; *W.-R. Schenke,* in: BK Art. 19 Abs. 4 (Drittbearb.) Rn. 115.

120　*C. Meissner,* in: Schoch/Schneider/Bier § 74 Rn. 46; *W.-R. Schenke,* in: Kopp/Schenke § 74 Rn. 22.

121　*J. Hüttenbrink,* in: Kuhla/Hüttenbrink/Endler E Rn. 127; *W.-R. Schenke,* in: Kopp/Schenke § 74 Rn. 22 unter Berufung auf BGH NJW 1982, 2073.

122　Dazu *J. Hüttenbrink,* in: Kuhla/Hüttenbrink/Endler E Rn. 127; *W.-R. Schenke,* in: Kopp/Schenke § 74 Rn. 22. Vgl. auch BGHZ 79, 131 ff.

nahmen → Rn. 97). Die Finanz- und die Sozialgerichtsbarkeit sind demgegenüber spezielle Verwaltungsgerichtsbarkeiten für bestimmte Fälle von öffentlich-rechtlichen Streitigkeiten, welche ansonsten der allgemeinen Verwaltungsgerichtsbarkeit unterfallen würden.[123]

a) Verhältnis zur ordentlichen Gerichtsbarkeit und zur Arbeitsgerichtsbarkeit. Während durch § 13 **97** GVG die Zuständigkeit der ordentlichen Gerichte für alle bürgerlich-rechtlichen Streitigkeiten (sowie Strafsachen) begründet wird, die nicht gesetzlich anderen Gerichten zugewiesen sind, überträgt § 2 ArbGG der Arbeitsgerichtsbarkeit bestimmte, im Einzelnen aufgezählte Streitigkeiten bürgerlich-rechtlicher Art, welche überwiegend durch ein Arbeitsverhältnis geprägt sind. Daher bemisst sich die Abgrenzung der (allgemeinen) Verwaltungsgerichtsbarkeit zur ordentlichen sowie zur Arbeitsgerichtsbarkeit insoweit danach, ob die zugrunde liegende Streitigkeit eine bürgerlich-rechtliche oder eine öffentlich-rechtliche ist. Hinsichtlich der Abgrenzung zur Arbeitsgerichtsbarkeit gilt dies indes nicht durchgängig, denn für die in § 2 a ArbGG aufgezählten Angelegenheiten aus dem Bereich des Betriebsverfassungsrechts ist der Rechtsweg zu den Arbeitsgerichten nicht nur im Falle bürgerlich-rechtlicher Streitigkeiten eröffnet, sondern auch hinsichtlich öffentlich-rechtlicher[124]. Insoweit stellt § 2 a ArbGG bzgl. solcher öffentlich-rechtlicher Streitigkeiten eine abdrängende Sonderzuweisung i.S.d. § 40 Abs. 1 S. 1 Hs. 2 dar.

b) Verhältnis zur Finanz- und zur Sozialgerichtsbarkeit. Wie bereits erwähnt, sind die Finanz- und die **98** Sozialgerichtsbarkeit besondere Verwaltungsgerichtsbarkeiten für bestimmte Fälle öffentlich-rechtlicher Streitigkeiten, welche ansonsten von der Generalklausel des § 40 erfasst würden und in den Zuständigkeitsbereich der allgemeinen Verwaltungsgerichtsbarkeit fielen. Insoweit stellen die betreffenden Rechtswegeröffnungsnormen der §§ 33 FGO und 51 SGG abdrängende Sonderzuweisungen i.S.d. § 40 Abs. 1 S. 1 Hs. 2 dar. Der Grund für die „Auslagerung" der diesen beiden Sondergerichtsbarkeiten unterfallenden Streitigkeiten aus dem Zuständigkeitsbereich der allgemeinen Verwaltungsgerichtsbarkeit besteht darin, dass diese Sachgebiete einen außergewöhnlichen und Spezialkenntnisse erfordernden Umfang haben, der die allgemeinen Verwaltungsgerichte überfordern würde.[125]

aa) Finanzgerichtsbarkeit. Der Finanzrechtsweg ist eröffnet für die in § 33 Abs. 1 Nr. 1–4 FGO auf- **99** gezählten Streitigkeiten. Hierbei handelt es sich überwiegend um bestimmte öffentlich-rechtliche Streitigkeiten über Abgabenangelegenheiten (§ 33 Abs. 1 Nr. 1 FGO) gem. der Legaldefinition des § 33 Abs. 2 FGO[126], öffentlich-rechtliche Streitigkeiten über finanzbehördliche Vollzugsakte in anderen Angelegenheiten (§ 33 Abs. 1 Nr. 2 FGO), öffentlich-rechtliche und berufsrechtliche Streitigkeiten über bestimmte im StBerG geregelte Angelegenheiten (§ 33 Abs. 1 Nr. 3 FGO) sowie Streitigkeiten, die gem. § 33 Abs. 1 Nr. 4 FGO spezialgesetzlich den Finanzgerichten zugewiesen sind. Obwohl im Gegensatz zu § 40 im Wortlaut des § 33 FGO nicht ausdrücklich erwähnt, müssen die betreffenden öffentlich-rechtlichen Streitigkeiten ebenfalls nichtverfassungsrechtlicher Art sein.[127] Die Abgrenzung zu § 40 bemisst sich dementsprechend danach, ob die betreffende öffentlich-rechtliche Streitigkeit dem Enumerationskatalog des § 33 Abs. 1 FGO unterfällt; soweit dies nicht der Fall ist, begründen sonstige öffentlich-rechtliche finanzbehördliche und Abgabenangelegenheiten nach § 40 den Rechtsweg zur allgemeinen Verwaltungsgerichtsbarkeit.

bb) Sozialgerichtsbarkeit. Entsprechendes gilt für die Rechtswegeröffnung zu den Sozialgerichten. **100** Nach § 51 Abs. 1 SGG ist der Sozialrechtsweg eröffnet für die dort aufgezählten öffentlich-rechtlichen Streitigkeiten insbes. aus den Bereichen der Sozialversicherung, der Aufgaben der Bundesagentur für Arbeit, der Lohnfortzahlung und des sozialen Entschädigungsrechts, in Angelegenheiten der Grundsicherung für Arbeitsuchende sowie der Sozialhilfe. Auch hier gilt, dass die betreffenden öffentlich-

---

123 Zu der Debatte einer „Rechtswegbereinigung" *C. Brüning*, Verw. 48 (2015), 155; *K. Redeker*, NJW 2004, 496 ff.; zum Reformbedarf der VwGO: *W. Durner*, NVwZ 2015, 841, 842 ff.

124 *H.-C. Matthes/A. Schlewing*, in: Germelmann/Matthes/Prütting § 2 a ArbGG Rn. 65 f.; *K. Rennert*, in: Eyermann § 40 Rn. 139; vgl. auch BAG AP Nr. 7 zu § 37 BetrVG 1972; AP Nr. 73 zu § 37 BetrVG 1972; BB 1977, 899; ZBR 1998, 424; BVerwG VerwRspr 28, 765; OVG Hamburg NZA 1989, 235.

125 *N. Achterberg*, in: BK Art. 95 (Zweitbearb.) Rn. 183.

126 Das OVG Münster, NVwZ-RR 2015, 70 f., zählt dazu auch die Berichtigung und Löschung personenbezogener Daten aus einer Steuerakte, wenn der geltend gemachte Anspruch in einem konkreten Steuerrechtsverhältnis verankert ist und mit der Anwendung abgabenrechtlicher Vorschriften in Zusammenhang steht.

127 *U. Herbert*, in: Gräber § 33 FGO Rn. 1.

rechtlichen Streitigkeiten nichtverfassungsrechtlicher Art sein müssen.[128] Gem. § 51 Abs. 1 Nr. 10 SGG sind die Sozialgerichte ferner zuständig für ihnen spezialgesetzlich zugewiesene Streitigkeiten. § 51 Abs. 2 SGG wiederum eröffnet den Sozialrechtsweg auch für bestimmte privatrechtliche Streitigkeiten. Die Abgrenzung zur allgemeinen Verwaltungsgerichtsbarkeit bemisst sich danach, ob die betreffende öffentlich-rechtliche Streitigkeit dem Enumerationskatalog des § 51 Abs. 1 SGG unterfällt; soweit dies nicht der Fall ist, begründen sonstige öffentlich-rechtliche Streitigkeiten aus dem Bereich des Sozialrechts nach § 40 den Rechtsweg zur allgemeinen Verwaltungsgerichtsbarkeit.

101   c) **Verhältnis zu sonstigen Gerichten.**   Nach Art. 96 GG kann der Bund für die dort näher bezeichneten Angelegenheiten Bundesgerichte errichten. Von den in Art. 96 GG enthaltenen Ermächtigungen hat der Bund durch die Schaffung der Patent-, Disziplinar-, Wehrdienst- und Richterdienstgerichte Gebrauch gemacht. Den Ländern ist es gem. Art. 101 Abs. 2 GG gestattet, für besondere Sachgebiete Gerichte durch förmliches Gesetz zu schaffen.

102   **aa) Bundespatentgericht.**   Für Angelegenheiten des gewerblichen Rechtsschutzes hat der Bund auf der Grundlage des Art. 96 Abs. 1 GG das Bundespatentgericht (BPatG) errichtet. Dieses ist zuständig für Maßnahmen des Patentamts in Patent-, Gebrauchs-, oder Geschmacksmustersachen (§ 65 Abs. 1 PatG, § 18 GebrMG, § 4 HalbISchG), des Weiteren für Maßnahmen des Bundessortenamts in Sortenschutzsachen gem. § 34 Abs. 1 SorSchG sowie für Patentnichtigkeitsklagen gegen Patentinhaber nach den §§ 65, 22, 24, 81 PatG. Rechtsmittelgericht ist der BGH (Art. 96 Abs. 3 GG, §§ 100, 110 PatG). Da es sich bei den genannten Maßnahmen jeweils um öffentlich-rechtliche Akte einer Verwaltungsbehörde handelt, ist mit der wohl überwiegenden Auffassung trotz der Rechtsmittelzuständigkeit des BGH die Patentgerichtsbarkeit als eine besondere Verwaltungsgerichtsbarkeit anzusehen.[129] Damit kommt den genannten Zuständigkeitsnormen der Charakter von abdrängenden Sonderzuweisungen i.S.v. § 40 Abs. 1 S. 1 Hs. 2 zu. Für Klagen gegen Patentverletzungen sind demgegenüber aufgrund ihrer bürgerlich-rechtlichen Natur die ordentlichen Gerichte nach § 13 GVG zuständig.[130]

103   **bb) Disziplinargerichte.   aaa) Disziplinargerichte des Bundes.**   Bis zum 31.12.2001 wurde unter der Geltung der BDO die Bundesdisziplinargerichtsbarkeit wahrgenommen durch die auf Grundlage des Art. 96 Abs. 4 GG durch den Bund errichteten Disziplinargerichte (§ 41 BDO), und zwar das Bundesdisziplinargericht [BDiG] (§§ 42 ff. BDO) als Eingangsinstanz sowie das BVerwG als Beschwerde- und Berufungsinstanz (§§ 79, 80 ff. BDO). Deren Zuständigkeit richtete sich nach § 130 BDO (ausschließliche Zuständigkeit für die Entscheidung im förmlichen Disziplinarverfahren und für die richterliche Nachprüfung der aufgrund der BDO ergehenden Anordnungen und Entscheidungen des Dienstvorgesetzten). Infolge des öffentlich-rechtlichen Charakters der genannten Streitigkeiten handelte es sich bei der Disziplinargerichtsbarkeit um eine besondere Verwaltungsgerichtsbarkeit.[131] § 130 BDO stellte eine abdrängende Sonderzuweisung i.S.d. § 40 Abs. 1 S. 1 Hs. 2 dar (→ § 187 Rn. 9), ohne welche andernfalls die allgemeinen Verwaltungsgerichte gem. § 126 BRRG (resp. § 54 BeamtStG, § 126 BBG) zuständig gewesen wären.

104   Durch die umfassende Neuordnung des Bundesdisziplinarrechts durch Gesetz vom 9.7.2001 (Gesetz zur Neuordnung des Disziplinarrechts vom 9.7.2001 [BGBl I 1510]), mit dem die BDO zum 1.1.2002 durch das BDG abgelöst wurde, hat sich auch der gerichtliche Rechtsschutz in (Bundes-)Disziplinarsachen maßgeblich geändert. § 45 BDG bestimmt nun, dass für die Aufgaben der Disziplinargerichtsbarkeit die (allgemeinen) Verwaltungsgerichte zuständig sind. Hierzu werden nach § 45 S. 2 BDG eigene Spruchkörper bei den Verwaltungsgerichten und Oberverwaltungsgerichten gebildet. Durch die Zuständigkeitsbegründung der allgemeinen Verwaltungsgerichte wurde auf Bundesebene die unter der BDO bestehende gesonderte Disziplinargerichtsbarkeit beseitigt, sodass die Zuständigkeitsnorm des § 45 BDG anders als § 130 BDO keine abdrängende Sonderzuweisung i.S.d. § 40 Abs. 1 S. 1 Hs. 2 an

---

128   *W. Keller,* in: Meyer-Ladewig/Keller/Leitherer/Schmidt § 51 SGG Rn. 12.
129   *Schmitt Glaeser/Horn* Rn. 67; *H. Schulze-Fielitz,* in: Dreier III Art. 96 GG Rn. 17; *Stern/Blanke* Rn. 201 i.V.m. Rn. 208; vgl. auch BVerwGE 8, 350, 351. Nach a.M. soll eine eigenständige Gerichtsbarkeit vorliegen: s. *D. Ehlers/J.-P. Schneider,* in: Schoch/Schneider/Bier § 40 Rn. 695 und *K. Rennert,* in: Eyermann § 40 Rn. 154; auch diese Autoren bejahen allerdings den öffentlich-rechtlichen Charakter der betreffenden Maßnahmen.
130   *K. Rennert,* in: Eyermann § 40 Rn. 154.
131   *D. Ehlers/J.-P. Schneider,* in: Schoch/Schneider/Bier § 40 Rn. 54; *H. Schulze-Fielitz,* in: Dreier III Art. 96 GG Rn. 29; *Stern/Blanke* Rn. 201 i.V.m. Rn. 204.

die besonderen Verwaltungsgerichte der Disziplinargerichtsbarkeit darstellt, sondern eine aufdrängende Spezialzuweisung an die allgemeinen Verwaltungsgerichte ist[132] (→ Rn. 161 ff.).

bbb) Disziplinargerichte der Länder. Für die Disziplinargerichte der Länder eröffnet § 187 Abs. 1 die 105 Möglichkeit zur Übertragung von Länder-Disziplinarsachen an die (allgemeine) Verwaltungsgerichtsbarkeit (ausf. → § 187 Rn. 6 ff.). Der Begriff der „Übertragung" umfasst dabei sowohl die Möglichkeit zur Eingliederung in die allgemeine Verwaltungsgerichtsbarkeit durch Bildung von besonderen Spruchkörpern (Disziplinarkammern) als auch zur Angliederung an die allgemeine Verwaltungsgerichtsbarkeit (vgl. → § 187 Rn. 13). Im letztgenannten Fall bleiben die Disziplinargerichte der Länder organisatorisch selbständig; die Rechtswegeröffnung bemisst sich nicht nach § 40, sondern nach den landesrechtlichen Vorschriften über den Disziplinarrechtsweg, denen hierbei der Charakter abdrängender Sonderzuweisungen i.S.d. § 40 Abs. 1 S. 2 zukommt. Im Falle der Eingliederung verfügen die Disziplinargerichte dagegen nicht über einen eigenständigen Charakter, sondern entscheiden als Spruchkörper der allgemeinen Verwaltungsgerichtsbarkeit. Die landesrechtlichen Vorschriften über den Disziplinarrechtsweg sind dann aufdrängende Spezialzuweisungen an die allgemeine Verwaltungsgerichtsbarkeit.[133] Inzwischen haben alle Länder von der Möglichkeit des § 187 Abs. 1 i.S. einer Eingliederung Gebrauch gemacht.[134]

nicht besetzt 106

Durch die Neuregelung des Bundesdisziplinarrechts mit Wirkung zum 1.1.2002 durch das BDG 107 (→ Rn. 104, 161 ff.) hat sich für den Bereich des Rechtsschutzes in Landesdisziplinarsachen keine grundlegende Änderung ergeben (zu dem für die Landesgesetzgebung geltenden § 46 Abs. 4 BDG → Rn. 162).

cc) Dienstgerichte. In Disziplinarsachen, Versetzungs- und Prüfungsangelegenheiten bzgl. Bundesrich- 108 tern entscheidet, gestützt auf Art. 96 Abs. 4 GG, gem. § 62 Abs. 1 DRiG das Dienstgericht des Bundes (DiGB), welches in einem besonderen Senat des BGH besteht (§ 61 Abs. 1 DRiG). Dieselbe Zuständigkeit ist für Staats- und Bundesanwälte (§ 122 Abs. 4 und 5 DRiG) sowie für Mitglieder des Bundesrechnungshofs (§ 18 BRHG) gegeben. Für die Richter im Landesdienst haben die Länder auf der Grundlage von § 77 DRiG Dienstgerichte, welche bei der ordentlichen Gerichtsbarkeit angesiedelt sind, mit den § 62 DRiG entsprechenden Zuständigkeiten nach § 78 DRiG errichtet. Das DiGB entscheidet auch über Revisionen gegen Urteile der Landesdienstgerichtsbarkeit (§ 62 Abs. 2 DRiG). Die Dienstgerichtsbarkeit ist eine besondere Verwaltungsgerichtsbarkeit;[135] die Zuständigkeitsnormen der §§ 62 und 78 DRiG stellen abdrängende Sonderzuweisungen i.S.d. § 40 Abs. 1 dar. Über Streitigkeiten aus dem Richterverhältnis, die nicht den §§ 62 und 78 DRiG unterfallen, entscheiden die allgemeinen Verwaltungsgerichte (§§ 46, 71 DRiG, §§ 126 BRRG, 54 BeamtStG, 126 BBG [2009; zuvor § 172 BBG a.F.]).

dd) Wehrdienstgerichte. Auf der Grundlage des Art. 96 Abs. 4 GG hat der Bund die besonderen Ver- 109 waltungsgerichte[136] der Wehrdienstgerichtsbarkeit errichtet. Diese sind nach § 68 WDO die Truppendienstgerichte (§§ 69 ff. WDO) und das BVerwG (Wehrdienstsenat) als Beschwerde- und Berufungsinstanz (§§ 80, 114 f. WDO). Die Wehrdienstgerichte sind zuständig für sog. truppendienstliche (vgl. etwa §§ 17, 21, 22 WBO) und disziplinarrechtliche Angelegenheiten. Die truppendienstrechtlichen Angelegenheiten beziehen sich vor allem auf Streitigkeiten, die das militärische Über- und Unterordnungsverhältnis betreffen.[137] Die disziplinarrechtlichen Angelegenheiten umfassen die Entscheidungen im disziplinarrechtlichen Verfahren, die richterliche Nachprüfung der Entscheidungen des Disziplinarvorgesetzten sowie die übrigen in der WDO geregelten richterlichen Entscheidungen. Die verbleibenden Angelegenheiten gehören als sog. Verwaltungsangelegenheiten nach der aufdrängenden Spezialzu-

---

132 So wohl i.E. auch *R. Urban*, NVwZ 2001, 1335, 1339.
133 Zu den praktischen Auswirkungen der Unterscheidung zwischen Eingliederung und Angliederung für die Fälle der Verweisung von Rechtsstreitigkeiten *D. Ehlers*, in: Schoch/Schneider/Bier § 41/Vorbem. § 17 GVG Rn. 22.
134 Zu den einzelnen landesrechtlichen Vorschriften *D. Ehlers/J.-P. Schneider*, in: Schoch/Schneider/Bier § 40 Rn. 55 Fn. 230.
135 Vgl. *Lorenz* § 11 Rn. 85 i.V.m. 84.
136 *Lorenz* § 11 Rn. 85.
137 Vgl. BVerwGE 33, 307 f.; 43, 215 ff.; 43, 258, 260; 63, 215; 83, 38, 39; 86, 166, 167; BVerwG NVwZ-RR 2009, 541.

weisung des § 82 Abs. 1 und 2 SG vor die allgemeinen Verwaltungsgerichte. Hierzu zählen vor allem diejenigen Streitigkeiten, welche die Rechtsstellung des Soldaten zu seinem Dienstherrn, also das allgemeine Dienstverhältnis betreffen (vgl. BVerwGE 33, 307, 308; 63, 139, 140), bspw. statusrechtliche Fragen (zu Einzelfällen → Rn. 154 f.).

110   **ee) Berufsgerichte.** Für das Recht der beratenden Berufe hat der Bund, gestützt auf seine Gesetzgebungskompetenz aus Art. 74 Abs. 1 Nr. 1 GG hinsichtlich dieser Berufsgruppen[138], Berufsgerichte (terminologisch oftmals auch als Standes- oder Ehrengerichte bezeichnet) eingerichtet. Im Einzelnen bestehen solche für die Berufsgruppen der Rechtsanwälte (§§ 92, 100, 106 BRAO) und Notare (§§ 99, 111 BNotO), Patentanwälte (§§ 85 f., 90 PAO), Steuerberater und Steuerbevollmächtigten (§§ 95 ff. StBerG) sowie Wirtschafts- und Buchprüfer (§§ 72 ff., 130 WiPO). Die Berufsgerichte sind zuständig für bestimmte Angelegenheiten der in öffentlich-rechtlichen Körperschaften (Berufskammern) zusammengeschlossenen Angehörigen dieser Berufsgruppen.[139] Einerseits handelt es sich hierbei um Streitigkeiten um die Berufszulassung einschließlich deren Erweiterung, Einschränkung und Entzug[140] sowie um standes- und disziplinarrechtliche Streitigkeiten im Falle von Verstößen gegen die Standespflicht und die Standesehre,[141] sodass insoweit den Berufsgerichten der Charakter einer Disziplinargerichtsbarkeit für die betreffenden Berufsgruppen zukommt.[142] Entscheidungen in sonstigen berufsrechtlichen Fragen hinsichtlich dieser Berufsgruppen sind den Berufsgerichten dagegen grds. verwehrt (vgl. BVerwGE 31, 307; BVerwG NJW 1992, 1579, 1580; NJW 1993, 2883). Bei den in die Zuständigkeit der Berufsgerichte fallenden Maßnahmen handelt es sich um öffentlich-rechtliche Streitigkeiten nichtverfassungsrechtlicher Art,[143] sodass die Berufsgerichte i.E. als besondere Verwaltungsgerichte handeln (→ § 187 Rn. 25 m.w.N.) und es sich bei den betreffenden Rechtswegzuweisungen um abdrängende Sonderzuweisungen i.S.d. § 40 Abs. 1 S. 1 Hs. 2 handelt. In jüngster Zeit wird diskutiert, ob die Berufsgerichte für die Freien Berufe der Rechtsanwälte und Steuerberater der Verwaltungsgerichtsbarkeit zugeordnet werden sollten.[144]

111   Auf Landesebene ist die Berufsgerichtsbarkeit für die sog. Heilberufe[145], zu denen die Berufe der Ärzte, Zahnärzte, Tierärzte und Apotheker gehören, eingerichtet; dabei erstreckt sich die Zuständigkeit nur auf Standessachen, nicht auch auf Zulassungssachen, da letztere für die Heilberufe der Gesetzgebungskompetenz des Bundes nach Art. 74 Abs. 1 Nr. 19 GG unterfallen. Weitere Landesberufsgerichte gibt es für Architekten, Stadtplaner, Beratende Ingenieure und Ingenieure im Bauwesen.

112   Organisatorisch sind die Berufsgerichte teils als selbständige, von der allgemeinen staatlichen Gerichtsbarkeit getrennte Gerichte ausgestaltet, deren Träger die jeweiligen öffentlich-rechtlichen Körperschaften sind[146] (sog. mittelbare Staatsgerichtsbarkeit), teils als unmittelbare Staatsgerichtsbarkeit den staatlichen Gerichten der ordentlichen[147] und der Verwaltungsgerichtsbarkeit[148] (gem. der Ermächtigung des § 187 Abs. 1) angegliedert, teils bestehen besondere Spruchkörper bei anderen Gerichten, die unmittelbar die Aufgaben der Berufsgerichtsbarkeit wahrnehmen (z.B. Senat für Anwaltssachen beim BGH)[149] (zum Rechtsweg in Berufsangelegenheiten auf Landesebene auch → § 187 Rn. 27 ff.).

---

138   Vgl. *D. Ehlers/J.-P. Schneider*, in: Schoch/Schneider/Bier § 40 Rn. 701; *K. Rennert*, in: Eyermann § 40 Rn. 159.

139   *Lorenz* § 11 Rn. 87. Dazu näher *H. Sodan*, Berufsständische Zwangsvereinigung auf dem Prüfstand des Grundgesetzes, 1991, 13 ff., 34 f.

140   *K. Rennert*, in: Eyermann § 40 Rn. 159.

141   *H. v. Nicolai*, in: Redeker/v. Oertzen § 40 Rn. 77.

142   Vgl. *D. Ehlers/J.-P. Schneider*, in: Schoch/Schneider/Bier § 40 Rn. 708; *Lorenz* § 11 Rn. 87; *H. v. Nicolai*, in: Redeker/v. Oertzen § 40 Rn. 77.

143   Vgl. *D. Ehlers/J.-P. Schneider*, in: Schoch/Schneider/Bier § 40 Rn. 711; *Lorenz* § 11 Rn. 87.

144   So der Vorschlag von *K. Rennert*, AnwBl 2014, 738 sowie *ders.*, AnwBl 2014, 905; s. zur verfassungsrechtlichen und unionsrechtlichen Zulässigkeit der Besetzung der Gerichte mit Berufsträgern *M. Kilian*, NJW 2016, 137 ff.

145   S. im Einzelnen die Übersicht bei *K. Meyer-Hentschel*, DVBl 1964, 55 ff. Näher *H. Sodan*, Freie Berufe als Leistungserbringer im Recht der gesetzlichen Krankenversicherung, 1997, 34, 92 f., 153 f.

146   Vgl. z.B. § 92 BRAO (Anwaltsgerichte), § 20 ArchG BW, § 60 f. HeilbKG BW, § 67 HKG (Nds.), § 49 KGHB-LSA.

147   Vgl. z.B. § 100 BRAO (Anwaltsgerichtshof beim OLG), Art. 68 Abs. 2 Bay. HKaG.

148   Vgl. § 18 ÄuaKammerG BE, § 60 Abs. 1 HeilberG Bbg, § 65 HeilberG MV, § 59 HeilBG RhPf, § 33 ArchG RP, § 21 Nr. 3 SaarlAGVwGO, § 49 ThürHeilBG.

149   Hierzu BVerfGE 26, 186, 193: Der Senat für Anwaltssachen beim BGH ist kein unzulässiges Sondergericht des Bundes, sondern Teil des BGH. Verfassungsrechtliche Zweifel äußert hingegen *M. Quaas*, DVBl 2016, 1228, 1235 f.; *R. Zuck*, DVBl 2017, 364, 366 plädiert für die Verfassungswidrigkeit im Hinblick auf Art. 101 Abs. 1 S. 2 GG; allgemein *H. Sodan*, in: Sodan Art. 101 Rn. 3 ff.

Sofern nicht die besonderen Rechtswegzuweisungen zu den Berufsgerichten einschlägig sind, kommt für berufsrechtliche Streitigkeiten der Angehörigen der genannten Berufsgruppen der allgemeine Verwaltungsrechtsweg in Betracht.[150] **113**

ff) Schiedsgerichte. Schiedsgerichte gibt es in Form sog. echter und sog. unechter Schiedsgerichte. Die Art des Schiedsgerichts hat Auswirkungen auf das Verhältnis zur allgemeinen Verwaltungsgerichtsbarkeit, insbes. auf deren Ausschluss. **114**

aaa) Echte Schiedsgerichte. Echte Schiedsgerichte sind nichtstaatliche Spruchkörper, die gem. den §§ 1025 ff. ZPO aufgrund freiwilliger Unterwerfung Gerichtsbarkeit zur Entscheidung von Rechtsstreitigkeiten ausüben. Ihre grundsätzliche Zulässigkeit für den Bereich öffentlich-rechtlicher Streitigkeiten ergibt sich aus § 173, der (auch) auf die §§ 1025 ff. ZPO verweist, und § 168 Abs. 1 Nr. 5, der das Bestehen von (echten) Schiedsgerichten voraussetzt[151] (→ § 168 Rn. 55 ff.). Maßgeblich für das Vorliegen eines echten Schiedsgerichts ist die Errichtung bzw. Zuweisung durch Parteivereinbarung, bei öffentlich-rechtlichen Sachverhalten mithin durch öffentlich-rechtlichen (Schieds-)Vertrag (→ § 168 Rn. 55). Voraussetzung für die Zulässigkeit einer solchen Schiedsgerichtsvereinbarung ist die Disponibilität des betreffenden Rechtsverhältnisses, d.h. die Angelegenheit müsste nach materiellem Verwaltungsrecht durch Vergleich geregelt werden können (§ 55 VwVfG, § 106 VwGO) (→ § 168 Rn. 55 m.w.N.). Insoweit ist dann auch unerheblich, ob es sich um eine koordinationsrechtliche oder eine subordinationsrechtliche Streitigkeit handelt (→ § 168 Rn. 55; zu Bsp. für echte Schiedsgerichte → § 168 Rn. 56). Durch eine derartige Vereinbarung der Zuständigkeit eines (echten) Schiedsgerichts liegt keine anderweitige Rechtswegzuweisung i.S.d. § 40 Abs. 1 S. 1 Hs. 2, S. 2 vor, da es an einer gesetzlichen Sonderzuweisung an ein staatliches Gericht fehlt; der Verwaltungsrechtsweg nach § 40 wird also hierdurch nicht ausgeschlossen.[152] **115**

Vielmehr stellen öffentlich-rechtliche Schiedsklauseln lediglich ein Prozesshindernis innerhalb des Verwaltungsrechtswegs dar. Umstr. ist dabei, ob dieses von Amts wegen[153] oder nur auf Einrede[154] zu berücksichtigen ist. Die erstgenannte Auffassung wird unter Hinweis auf den Amtsermittlungsgrundsatz im Verwaltungsprozess vertreten, wonach die Sachentscheidungsvoraussetzungen – wozu auch die Zulässigkeit des Rechtswegs zu zählen ist – von Amts wegen zu prüfen sind. Abgesehen davon jedoch, dass die Sachentscheidungsvoraussetzung „Zulässigkeit des Rechtswegs" durch eine solche Schiedsgerichtsvereinbarung gerade nicht betroffen ist, da der Verwaltungsrechtsweg – wie soeben ausgeführt – gerade nicht ausgeschlossen ist, spricht hiergegen, dass eine Schiedsabrede dem Bereich der Dispositionsfreiheit der Beteiligten zuzuordnen ist[155], sodass einer entsprechenden Anwendung des § 1032 ZPO über § 173 VwGO nichts entgegensteht[156]. Auch die Entscheidung des BVerwG vom 24.10.1957 (BVerwGE 5, 293 ff.) steht hierzu nicht in Widerspruch, da sie noch zur Rechtslage nach § 30 S. 1 MRVO Nr. 165 (VOBl BrZ 1948, 263 ff.) erging und die Bestimmung eines Schiedsgerichts durch Satzung betraf (so auch BVerwG NVwZ 1993, 584, 585). Insofern ist die zweitgenannte Ansicht vorzugswürdig, nach welcher das Prozesshindernis einer bestehenden Schiedsabrede entsprechend § 1032 ZPO (i.V.m. § 173 VwGO) als Einrede geltend zu machen ist. **116**

Soweit die §§ 1025 ff. ZPO den Rekurs auf die staatlichen Gerichte vorsehen, ist eine Zuständigkeit der Verwaltungsgerichte gegeben.[157] **117**

bbb) Unechte Schiedsgerichte. Sog. unechte Schiedsgerichte liegen dagegen in den Fällen vor, in welchen die Zuständigkeit eines Schiedsgerichts nicht durch freiwillige Vereinbarung, sondern zwingend **118**

---

150 Zu Einzelfällen *D. Ehlers/J.-P. Schneider*, in: Schoch/Schneider/Bier § 40 Rn. 711.
151 *P. Stelkens/N. Panzer*, in: Schoch/Schneider/Bier § 1 Rn. 21.
152 *D. Ehlers/J.-P. Schneider*, in Schoch/Schneider/Bier § 40 Rn. 717; *Lorenz* § 11 Rn. 91; *H. v. Nicolai*, in: Redeker/v. Oertzen § 40 Rn. 79; *K. Rennert*, in: Eyermann § 40 Rn. 161; *Stern/Blanke* Rn. 211.
153 So BVerwGE 5, 293, 302; *C. Loos*, Schiedsgerichtsbarkeit, 1984, 140; *H. Müller*, NJW 1963, 282, 285; *H. v. Nicolai*, in: Redeker/v. Oertzen § 40 Rn. 79.
154 So BVerwG NVwZ 1993, 584; *D. Ehlers/J.-P. Schneider*, in: Schoch/Schneider/Bier § 40 Rn. 717; *Lorenz* § 11 Rn. 91; *K. H. Möller*, Echte Schiedsgerichtsbarkeit im Verwaltungsrecht, 2014, 168; *J. Nolte*, Die Eigenart des verwaltungsgerichtlichen Rechtsschutzes, 2015, 549; *K. Rennert*, in: Eyermann § 40 Rn. 161; *J. Ruthig/W.-R. Schenke*, in: Kopp/Schenke § 40 Rn. 56.
155 So auch *K. H. Möller*, Echte Schiedsgerichtsbarkeit im Verwaltungsrecht, 2014, 168.
156 Vgl. BVerwG NVwZ 1993, 584, 585; *D. Ehlers/J.-P. Schneider*, in: Schoch/Schneider/Bier § 40 Rn. 717.
157 *K. Rennert*, in: Eyermann § 40 Rn. 161; s.a. *H. v. Nicolai*, in: Redeker/v. Oertzen § 40 Rn. 79 f.

durch eine Rechtsnorm (nicht aber: durch Satzung[158]) begründet wird (→ § 168 Rn. 58). Solche Gerichte unterfallen nicht der Regelung des § 173 VwGO i.V.m. den §§ 1025 ff. ZPO.[159] Nicht maßgeblich für die Charakterisierung als unechtes Schiedsgericht ist dagegen die bloße Errichtung des Schiedsgerichts durch Gesetz; sofern nämlich in diesen Fällen die Anrufung des Gerichts auf einer Vereinbarung beruht, gelten die §§ 1025 ff. ZPO zumindest entsprechend.[160] Die gesetzlichen Zuweisungen an diese (unechten) Schiedsgerichte schließen den Rechtsweg zu den allgemeinen Verwaltungsgerichten aus und stellen abdrängende Sonderzuweisungen i.S.d. § 40 Abs. 1 dar[161], soweit sie den Anforderungen an staatliche Gerichte (zu diesen Anforderungen → § 1 Rn. 37 ff.)[162] genügen.[163] Sie sind dann als besondere Verwaltungsgerichte zu qualifizieren.[164] Soweit die betreffenden Schiedsgerichte dagegen nicht den Anforderungen an staatliche Gerichte entsprechen, handelt es sich bei ihnen lediglich um Verwaltungsbehörden[165], und sie verdrängen den allgemeinen Verwaltungsrechtsweg nicht; vielmehr stellen ihre Entscheidungen dann Verwaltungsakte dar, welche der verwaltungsgerichtlichen Überprüfung unterliegen[166].

119   Unechte Schiedsgerichte sind bspw. die Schiedsgerichte aufgrund des Abkommens über die Errichtung und Finanzierung des Instituts für Bautechnik (GVBl SchlH 1969 S. 1, 4, 5 f.) oder des Abkommens über die Errichtung und Finanzierung der Akademie für öffentliches Gesundheitswesen (GVBl [BE] 1971 S. 347 f.).[167]

120   Für die (unechte) Schiedsgerichtsbarkeit bei Vermögensauseinandersetzungen öffentlich-rechtlicher Verbände dürfen die Länder gem. § 187 Abs. 1 Aufgabenübertragungen an die allgemeinen Verwaltungsgerichte durch Ein- oder Angliederung (zu den Begriffen Ein- und Angliederung → Rn. 105) vornehmen. Von dieser Ermächtigung haben etwa der Freistaat Bayern (Art. 12 Abs. 1 AGVwGO Bay), das Land Hessen (§ 19 Nr. 2 HessAGVwGO) und das Saarland (§ 21 Nr. 2 SaarlAGVwGO) Gebrauch gemacht (→ § 187 Rn. 23).

121   **ccc) Sonstige Schiedsinstanzen.** Durch den Einsatz von Schiedsgutachtern, welche nur über einzelne Elemente eines Rechtsverhältnisses zu befinden haben, wird der Rechtsweg zu den staatlichen Gerichten einschließlich der Verwaltungsgerichtsbarkeit nicht ausgeschlossen.[168] Ferner führt die Möglichkeit oder Verpflichtung zur Anrufung von Schlichtungsstellen (auch Schieds- oder Gütestellen genannt) mangels Jurisdiktionsgewalt nicht zum Ausschluss des Verwaltungsrechtswegs (vgl. BVerwGE 1, 4 ff.; BVerwG DVBl 1956, 514; BVerwGE 32, 21 ff.); indes kann eine wirksame Schlichtungsvereinbarung auf Einrede zur Abweisung der ohne Schlichtungsversuch erhobenen Klage als unzulässig führen (vgl. BGH NJW 1984, 669 f.; OLG Köln MDR 1990, 638).

121a **d) Reformbestrebungen.** Die Verwaltungsgerichtsbarkeit wird durch aktuelle politische Entwicklungen – wie etwa die massenhafte Zuwanderung von Flüchtlingen[169] – vor immer weitere Herausforderungen gestellt, auf die sie mit neuen Verfahren und größerem Ressourceneinsatz reagieren muss.[170] Zudem erfolgt eine Diskussion über eine Rechtswegbereinigung hinsichtlich abdrängender Sonderzuweisungen zu den Zivilgerichten, insbes. bei Amtshaftungs- und Enteignungsentschädigungen, im Re-

---

158   *P. Stelkens/N. Panzer*, in: Schoch/Schneider/Bier § 1 Rn. 22; *R. Woltereck*, DÖV 1966, 323, 324 m.w.N.
159   *J. Ruthig/W.-R. Schenke*, in: Kopp/Schenke § 40 Rn. 56.
160   *D. Ehlers/J.-P. Schneider*, in: Schoch/Schneider/Bier § 40 Rn. 723 Fn. 3034.
161   *Lorenz* § 11 Rn. 90.
162   BVerfGE 4, 331, 344 ff.; 14, 56, 67 ff.; 18, 241, 253 ff.; VGH München BayVBl 1970, 294 f.; *K. Rennert*, in: Eyermann § 40 Rn. 6; auch *A. Rapsch*, NVwZ 1993, 534 ff.
163   *D. Ehlers/J.-P. Schneider*, in: Schoch/Schneider/Bier § 40 Rn. 723; *K. Rennert*, in: Eyermann § 40 Rn. 162; *J. Ruthig/W.-R. Schenke*, in: Kopp/Schenke § 40 Rn. 56; *Schmitt Glaeser/Horn* Rn. 68.
164   *D. Ehlers/J.-P. Schneider*, in: Schoch/Schneider/Bier § 40 Rn. 723; vgl. auch *P. Stelkens/N. Panzer*, in: Schoch/Schneider/Bier § 1 Rn. 19, 22.
165   *J. Ruthig/W.-R. Schenke*, in: Kopp/Schenke § 40 Rn. 56; *P. Stelkens/N. Panzer*, in: Schoch/Schneider/Bier § 1 Rn. 22; *R. Woltereck*, DÖV 1966, 323, 324.
166   *R. Woltereck*, DÖV 1966, 323, 324.
167   Zu weiteren Bsp. *H. v. Nicolai*, in: Redeker/v. Oertzen § 40 Rn. 78.
168   Näher *D. Ehlers/J.-P. Schneider*, in: Schoch/Schneider/Bier § 40 Rn. 714.
169   Dazu *O. Depenheuer/C. Grabenwarter* (Hrsg.), Der Staat in der Flüchtlingskrise, 2016; vgl. etwa den Geschäftsbericht der Präsidentin des Verwaltungsgerichts Berlin (Nr. 3/2018).
170   *C. Steinbeiß-Winkelmann*, NVwZ 2016, 713 f.; krit. zu dem neuen Asylprozessrecht *U. Berlit*, DVBl 2015, 657 ff.; *ders./H. Dörig*, NVwZ 2017, 1481 ff.

gulierungs-[171] und Vergaberecht sowie im Berufsrecht der rechtsberatenden Berufe[172], wobei bzgl. letzterem insbes. Bedenken dahingehend bestehen, dass der Senat für Anwaltssachen beim BGH über im Kern verwaltungsrechtliche Streitigkeiten auf der Grundlage einer den dort tätigen Richtern fachfremden Prozessordnung zu entscheiden hat.[173] Die Vereinheitlichung des Rechtswegs in diesen Feldern wird teilweise in der Literatur als Aufgabe des Gesetzgebers angesehen.[174] Nichtsdestotrotz äußerte bereits der amtierende Präsident des BVerwG in seiner Amtsansprache, dass die Zersplitterung des Verwaltungsrechtsweges der Verheintlichung und Fortentwicklung der Rspr. entgegenstehe.[175] Auch wenn Befürchtungen bestehen, dass die Verwaltungsgerichtsbarkeit durch die abdrängenden Sonderzuweisungen erheblich geschwächt würde[176] und von einer „Krise der Verwaltungsgerichtsbarkeit"[177] gesprochen wird, droht eine Entmachtung der Verwaltungsgerichtsbarkeit durch die ordentlichen Gerichte derzeit wohl nicht.[178] Zudem ist eine Zuweisung verwaltungsrechtlicher Streitigkeiten an die ordentlichen Gerichte in bestimmten Fällen durchaus sinnvoll.[179] Diskutiert und befürwortet wird weiterhin die Zusammenlegung der Sozialgerichtsbarkeit mit der Verwaltungsgerichtsbarkeit[180], wobei dieser Bestrebung erhebliche rechtspolitische Hürden entgegenstehen.[181]

11. Einwirkungen des europäischen Unionsrechts auf die Rechtswegeröffnung nach § 40. Aufgrund 122 der zunehmenden Verzahnung des europäischen Unionsrechts mit dem deutschen Recht kommt auch dem Einfluss des europäischen Unionsrechts auf das nationale Verwaltungs- und Verwaltungsprozessrecht immer größere Bedeutung zu. Hinsichtlich der Eröffnung des Rechtswegs zu den deutschen Verwaltungsgerichten gem. § 40 sind dabei die nachfolgenden Grundsätze wesentlich.

a) Grundsatz der Verfahrensautonomie der Mitgliedstaaten. Zunächst ist zu beachten, dass neben 123 dem innerstaatlichen Recht auch Normen des europäischen Unionsrechts einen Rechtmäßigkeitsmaßstab für das Handeln deutscher öffentlicher Gewalt und im Falle gerichtlicher Kontrolle einen Überprüfungsmaßstab darstellen können (zum Verhältnis von nationalem Recht zum Unionsrecht → EVR Rn. 167 ff., insbes. → EVR Rn. 186 ff., sowie ausf. zum gerichtlichen Prüfungsmaßstab → EVR Rn. 201 ff.). Da das Unionsrecht keine Regelungen enthält, die es Rechtssuchenden ermöglicht, ihre aus dem Unionsrecht resultierenden Rechte gegenüber nationalen Behörden durchzusetzen, richtet sich die Geltendmachung dieser Rechte dabei grds. nach dem nationalen Verfahrensrecht (sog. Grundsatz der Verfahrensautonomie der Mitgliedstaaten).[182]

b) Erfordernis einer öffentlich-rechtlichen Streitigkeit. Streitigkeiten mit unionsrechtlichem Bezug un- 124 terliegen in verfahrensrechtlicher Hinsicht also prinzipiell denselben Grundsätzen wie Streitigkeiten mit rein nationalem Charakter (zu den Einschränkungen dieses Grundsatzes durch europarechtliche Vorgaben für die nationale Rspr. insbes. durch die Grundsätze des Gleichwertigkeits- und des Effektivitätsgebots → EVR Rn. 218). Insofern richtet sich auch in den Fällen, in denen der Streitgegenstand unionsrechtlich determiniert ist, die Eröffnung des Rechtswegs zu den nationalen Verwaltungsgerichten nach den „herkömmlichen" Grundsätzen des § 40, d.h. es muss eine öffentlich-rechtliche Streitigkeit nichtverfassungsrechtlicher Art vorliegen, und es darf für den betreffenden Streit keine abdrängende Sonderzuweisung an ein anderes Gericht gegeben sein. Für die Rechtsschutzgewährung durch § 40 ist im Einklang mit Art. 19 Abs. 4 GG zunächst grds. maßgeblich, dass sich der betreffende

---

171 S. *Kresse/F. Vogl,* WiVerw 2016/4, 275 ff.
172 S. die Zusammenstellung bei *C. Steinbeiß-Winkelmann,* NVwZ 2016, 714 f.
173 *M. Quaas,* DVBl 2016, 1228, 1234 ff.
174 S. *U. Berlit,* FS v. Brünneck, 2011, 497 ff., der auch die Gründe darstellt, weshalb es bisher zu keiner Rechtswegbereinigung gekommen ist; zur parallelen Diskussion im Zivilprozess *P.-A. Brand,* ZRP 2010, 81 ff.
175 *K. Rennert,* NdsVBl 2015, 33, 35 f.
176 So *F. Schoch,* VBlBW 2013, 361, 370.
177 *F. Schoch,* in: Hoffmann-Riem/Schmidt-Aßmann/Voßkuhle, Grundlagen des Verwaltungsrechts, Bd. 3, ²2013, § 50 Rn. 99 m.w.N.
178 So der Befund bei *W. Kahl,* Droht die Entmachtung der Verwaltungsgerichtsbarkeit durch die Zivilgerichte?, 2016, 108.
179 *D. Ehlers/J.-P. Schneider,* in: Schoch/Schneider/Bier § 40 Rn. 732.
180 *K. F. Gärditz,* Verw. 43 (2010), 309, 339 ff.; *F. Hufen,* Verw. 42 (2009), 405 ff.; *J. Meyer-Ladewig,* NVwZ 2007, 1262 ff.; *F. Schoch,* VBlBW 2013, 361, 364; *ders.,* in: Hoffmann-Riem/Schmidt-Aßmann/Voßkuhle, Grundlagen des Verwaltungsrechts, Bd. 3, ²2013, § 50 Rn. 103.
181 Eingehend *J. Meyer-Ladewig,* NVwZ 2007, 1262 ff.
182 Vgl. *J. Endler,* in: Kuhla/Hüttenbrink/Endler L Rn. 58 ff.

Rechtsakt als ein solcher der *deutschen* öffentlichen Gewalt darstellt, die an das GG gebunden ist.[183] Auch wenn das BVerfG von dieser Sichtweise in seinem sog. Maastricht-Urteil (BVerfGE 89, 155 ff.) scheinbar abgerückt ist (→ Rn. 130), ist der Weg für die Rechtswegeröffnung nach § 40 zunächst einmal wie folgt vorgegeben:

125   **c) Indirekter Unionsrechtsvollzug.** Ergeht der betreffende Rechtsakt in Vollzug durch eine nationale Behörde (sog. *indirekter* Unionsrechtsvollzug)[184] – was in Ermangelung eines in weiten Teilen eigenen Verwaltungsunterbaus der Europäischen Union den Regelfall darstellt –, so kann die Maßnahme durch die nationalen Verwaltungsgerichte überprüft werden, sofern die übrigen Voraussetzungen des § 40 erfüllt sind; hinsichtlich letzterer gelten dabei keine Besonderheiten, für die Ermittlung des Vorliegens einer öffentlich-rechtlichen Streitigkeit ist mit der herrschenden modifizierten Subjektstheorie (auch: Sonderrechtstheorie; ausf. zu den einzelnen Abgrenzungstheorien → Rn. 289 ff.) darauf abzustellen, ob die für die Entscheidung der Streitigkeit maßgebliche Norm ausschließlich einen Träger hoheitlicher Gewalt als solchen berechtigen oder verpflichten kann.

126   **aa) Mittelbarer indirekter Unionsrechtsvollzug.** Unproblematisch kann insofern eine nationale verwaltungsgerichtliche Überprüfung stattfinden, wenn der Rechtsanwendung nationale Vorschriften zugrunde liegen, die zur Umsetzung oder Durchführung von Unionsrecht erlassen wurden (sog. mittelbarer indirekter Unionsrechtsvollzug).

127   **bb) Unmittelbarer indirekter Unionsrechtsvollzug.** Doch auch wenn die für die Rechtsanwendung maßgebliche Norm eine solche des unmittelbar wirksamen Unionsrechts ist (sog. unmittelbarer indirekter Unionsrechtsvollzug) – also z.B. die unmittelbare Grundlage für den Erlass eines belastenden Verwaltungsakts darstellt oder Grundlage für einen gegen die Verwaltung gerichteten Anspruch ist –, gelten die gleichen Maßstäbe. Aufgrund der Zustimmungsgesetze zu den EG- bzw. EU-Verträgen haben die Mitgliedstaaten diesen Normen, die nicht noch eines speziellen nationalen Umsetzungsaktes bedürfen, innerstaatliche Geltung verschafft. Insofern können auch diese Normen bei einer Rechtsanwendung durch deutsche Behörden Sonderrecht i.S.d. modifizierten Subjektstheorie darstellen, sodass ein betreffender, auf diese Normen gestützter Vollzugsakt nach § 40 vor den deutschen Verwaltungsgerichten überprüft werden kann.

128   **d) Direkter Unionsrechtsvollzug.** Von den Fällen des indirekten Unionsrechtsvollzugs sind die Fälle des sog. direkten Unionsrechtsvollzugs zu unterscheiden, d.h. solche, in denen das Unionsrecht nicht von nationalen Behörden, sondern von den Unionsorganen selbst vollzogen wird.[185]

129   Aufgrund des Erfordernisses eines Rechtsaktes der *deutschen* öffentlichen Gewalt scheidet in diesen Fällen die Rechtswegeröffnung zu den deutschen Verwaltungsgerichten über § 40 schon in Ermangelung einer öffentlich-rechtlichen Streitigkeit i.S.d. § 40 grds. aus.[186] Zur Entscheidung berufen sind in diesen Fällen vielmehr die Gerichte der Europäischen Union, mithin der EuGH und das EuG. Die Zuständigkeit dieser europäischen Gerichte ist nicht in Form einer Generalklausel geregelt, sondern durch einen enumerativen Katalog von Einzelzuständigkeiten.[187] Für den Individualrechtsschutz bedeutsam sind hierbei insbes. die Verfahrensarten der Nichtigkeitsklage (Art. 263 f. AEUV) und der Untätigkeitsklage (Art. 265 AEUV)[188] (näher zu den einzelnen Verfahren vor den europäischen Gerichten → EVR Rn. 32 ff.). Insofern besteht in Sachen des Unionsrechtsvollzugs eine der Dualität der Vollzugsformen (indirekt – direkt) entsprechende Zweispurigkeit[189] der Kompetenzverteilung für den Gerichtsschutz. Soweit die Unionsgerichte zuständig sind, schließt deren Zuständigkeit die der mitgliedstaatlichen Gerichte aus.[190] Angesichts der ausgreifenden Kompetenzzuweisungen an die europäischen Gerichte im Bereich hoheitsrechtlicher Entscheidungen ist also insoweit auch aus diesem Grunde eine

---

183 BVerfGE 58, 1, 27; *A. Randelzhofer*, FS Schlochauer, 1981, 531, 533 ff.; *J. Ruthig/W.-R. Schenke*, in: Kopp/Schenke § 40 Rn. 37 ff. m.w.N.; *Schenke* Rn. 166 a; *K. Stern*, JuS 1998, 769, 770.

184 Ausf. zum indirekten und direkten Vollzug *F. Fellenberg/U. Karpenstein*, in: Kölner Handbuch Verwaltungsverfahren, ³2016, Kap. Teil 1 B Rn. 1 ff.

185 Bsp. hierzu bei *J. Ruthig/W.-R. Schenke*, in: Kopp/Schenke § 40 Rn. 37 c.

186 *J. Ruthig/W.-R. Schenke*, in: Kopp/Schenke § 40 Rn. 37 c; *Schenke* Rn. 166 a.

187 S. die Übersicht bei *J. Endler*, in: Kuhla/Hüttenbrink/Endler L Rn. 116.

188 Vgl. *J. Endler*, in: Kuhla/Hüttenbrink/Endler L Rn. 116 ff.; *E. Schmidt-Aßmann/W. Schenk*, in: Schoch/Schneider/Bier Einl. Rn. 114 ff.

189 *Mann/Wahrendorf* § 1 Rn. 14.

190 *E. Schmidt-Aßmann/W. Schenk*, in: Schoch/Schneider/Bier Einl. Rn. 103.

Zuständigkeit der nationalen Verwaltungsgerichte nicht gegeben; Art. 274 AEUV regelt allerdings im „umgekehrten" Fall, dass – soweit keine Zuständigkeit des EuGH besteht – Streitsachen, bei denen die Union Partei ist, der Zuständigkeit der einzelstaatlichen Gerichte nicht entzogen sind.

Zu beachten ist in diesem Zusammenhang jedoch die im sog. Maastricht-Urteil vom BVerfG getroffe- **130** ne Feststellung, dass auch „Akte einer besonderen, von der Staatsgewalt der Mitgliedstaaten geschiedenen öffentlichen Gewalt einer supranationalen Organisation [...] die Gewährleistungen des Grundgesetzes und die Aufgaben des Bundesverfassungsgerichts" berühren, „die den Grundrechtsschutz in Deutschland und insoweit nicht nur gegenüber deutschen Staatsorganen zum Gegenstand haben" (so BVerfGE 89, 155, 175). Das BVerfG bezeichnet dies ausdrücklich (BVerfGE 89, 155, 175) als Abweichung von seiner früher vertretenen Auffassung (BVerfGE 58, 1, 27), nach welcher Art. 19 Abs. 4 GG (und damit auch § 40) nur die Ausübung *deutscher* öffentlicher Gewalt betrifft. Die Bedeutung des Maastricht-Urteils für die vorliegende Problematik der Eröffnung des Rechtswegs zu den deutschen Verwaltungsgerichten ist gleichwohl begrenzt. Das BVerfG erklärt in dieser Entscheidung nämlich gleichzeitig unter Hinweis auf die sog. Solange-II-Rechtsprechung (BVerfGE 73, 339, 387), es könne sich „auf eine generelle Gewährleistung der unabdingbaren Grundrechtsstandards"[191] beschränken.[192] Überdies dürfte aus der Ausweitung der Garantie des Art. 19 Abs. 4 GG auch auf „in Deutschland" wirkende Hoheitsakte nicht-deutscher öffentlicher Gewalt allenfalls auf eine Inzidentprüfungsbefugnis oder eine rein subsidiäre Prüfungsbefugnis[193] geschlossen werden. Auch im letzteren Fall würde sich aber angesichts der oben beschriebenen ausgreifenden Kompetenzzuweisungen an die europäischen Gerichte im Bereich hoheitsrechtlicher Entscheidungen (→ Rn. 129) eine Zuständigkeit der nationalen Verwaltungsgerichte nicht ergeben. Mithin dürfte das Maastricht-Urteil nichts an dem Ergebnis ändern, dass die deutschen Verwaltungsgerichte an einer gerichtlichen Kontrolle von Akten des direkten Unionsrechtsvollzugs durch EU-Organe gehindert sind.

B. Die Tatbestandsvoraussetzungen des § 40 im Einzelnen

I. Vorabprüfung: Aufdrängende Spezialzuweisungen

1. Lex specialis zu § 40. Die Eröffnung des Verwaltungsrechtswegs bemisst sich nicht nur nach der **131** Generalklausel des § 40; vielmehr können Streitigkeiten auch durch spezialgesetzliche Regelungen den allgemeinen Verwaltungsgerichten zugewiesen werden. Dies ergibt sich aus der Gesetzgebungskompetenz des Bundes aus Art. 72 Abs. 1, Art. 74 Abs. 1 Nr. 1 GG für das gerichtliche Verfahren. Die spezialgesetzlich zugewiesenen Streitigkeiten müssen keine öffentlich-rechtlichen i.S.d. § 40 sein; vielmehr können auch an sich „rechtswegfremde" Streitigkeiten der allgemeinen Verwaltungsgerichtsbarkeit unterstellt werden, solange hierdurch keine substantielle Aushöhlung des Kernbereichs der „an sich" zuständigen Gerichtsbarkeit erfolgt (→ Rn. 7, 37). Insofern kommt es dann auf die Tatbestandsmerkmale der Generalklausel des § 40 nicht an, sodass für die betreffende Streitigkeit das Vorliegen einer aufdrängenden Rechtswegzuweisung als lex specialis zu § 40 vorrangig vor dessen Tatbestandsmerkmalen zu prüfen ist (daher: aufdrängende Spezialzuweisung).

2. Anforderungen an aufdrängende Spezialzuweisungen. Weil der Bund für das gerichtliche Verfah- **132** ren nach Art. 72 Abs. 1, Art. 74 Abs. 1 Nr. 1 GG die konkurrierende Gesetzgebungskompetenz besitzt und durch § 40 eine umfassende Regelung mit der Folge einer prinzipiellen Sperrwirkung zulasten der Länder getroffen hat (vgl. Art. 72 Abs. 1 GG; → Rn. 139), können spezialgesetzliche Rechtswegzuweisungen grds. nur durch Bundesgesetz erfolgen. Landesgesetzliche Rechtswegzuweisungen an die allgemeinen Verwaltungsgerichte sind damit nur in engen Grenzen zulässig.

3. Landesgesetzliche Rechtswegzuweisungen an die allgemeinen Verwaltungsgerichte. Raum für lan- **133** desgesetzliche Rechtswegzuweisungen an die allgemeinen Verwaltungsgerichte verbleibt jedenfalls insofern, als sie auf eine bundesgesetzliche Gestattung zurückzuführen sind; in Betracht kommen hier insbes. § 187 und § 40 Abs. 2 S. 2. Problematisch sind dagegen die Fälle, in denen außerhalb der vorgenannten bundesrechtlichen Ermächtigungen landesgesetzliche Bestimmungen für bestimmte Streitig-

---

191 BVerfGE 89, 155, 175; vgl. auch BVerfGE 102, 147, 163 f.; näher *H. Sodan*, JZ 2002, 53, 58 f.
192 Dazu *J. Ruthig/W.-R. Schenke*, in: Kopp/Schenke § 40 Rn. 37 d.
193 Hierzu *E. Schmidt-Aßmann/W. Schenk*, in: Schoch/Schneider/Bier Einl. Rn. 9.

keiten spezialgesetzlich den Rechtsweg zu den allgemeinen Verwaltungsgerichten anordnen (z.B. § 65 Hs. 2 ASOG Bln, § 42 Abs. 2 OBG Bbg).

134 **a) Landesrechtliche Rechtswegzuweisungen aufgrund bundesgesetzlicher Gestattung. aa) § 187 Abs. 1.** Nach § 187 Abs. 1 können die Länder den (allgemeinen) Verwaltungsgerichten Aufgaben der Disziplinargerichtsbarkeit sowie bestimmte Aufgaben der Schiedsgerichtsbarkeit übertragen, d.h. an- oder eingliedern (zu den Begriffen der An- oder Eingliederung → Rn. 105), sowie den allgemeinen Verwaltungsgerichten Berufsgerichte angliedern. Im Falle der Angliederung sind die betreffenden Gerichte organisatorisch verselbständigt und entscheiden nicht als Teil der allgemeinen Verwaltungsgerichte, sondern als eigenständige Spruchkörper. Die betreffenden Rechtswegzuweisungen stellen demgemäß keine aufdrängenden Spezialzuweisungen an die allgemeinen Verwaltungsgerichte dar, sondern sind abdrängende Sonderzuweisungen i.S.d. § 40 Abs. 1 S. 2. Im Falle der Eingliederung dagegen entscheiden die betreffenden Gerichte mangels organisatorischer Verselbständigung als Spruchkörper der allgemeinen Verwaltungsgerichtsbarkeit; nur in diesen Fällen sind die entsprechenden landesrechtlichen Rechtswegzuweisungen aufdrängende Spezialzuweisungen im oben genannten Sinne (→ Rn. 105, 111 ff., 120; zu den betreffenden Landesnormen im Bereich der Disziplinargerichtsbarkeit und der Ausgestaltung als Ein- oder Angliederung die Übersicht bei → § 187 Rn. 16 f.; für den Bereich der Schiedsgerichtsbarkeit → § 187 Rn. 23.).

135 **bb) § 40 Abs. 2 S. 2 Alt. 2.** Eine weitere bundesgesetzliche Gestattung für die Länder zur Schaffung von *aufdrängenden* Spezialzuweisungen an die allgemeinen Verwaltungsgerichte ergibt sich aus § 40 Abs. 2 S. 2 Alt. 2. Dafür sprechen der allgemein gehaltene Wortlaut in dieser Vorschrift und deren Einfügung durch § 97 VwVfG a.F.[194] (→ Rn. 22 ff.).[195] § 40 Abs. 1 S. 2 betrifft dagegen nur die Regelung landesgesetzlicher *abdrängender* Sonderzuweisungen an andere Gerichte.

136 § 40 Abs. 2 S. 2 Alt. 1 belässt den Ländern keinen Spielraum zum Erlass eigenständiger Rechtswegzuweisungen, da die auch für die Länder bindende Vorgabe der bundesgesetzlichen Norm des § 54 BeamtStG einheitlich den Rechtsweg in beamtenrechtlichen Streitigkeiten zu den allgemeinen Verwaltungsgerichten anordnet.

137 § 40 Abs. 2 S. 2 Alt. 2 bietet den Ländern demgegenüber zwar die Möglichkeit zum Erlass eigenständiger aufdrängender Rechtswegzuweisungen für die Fälle des Ausgleichs von Vermögensnachteilen wegen Rücknahme rechtswidriger Verwaltungsakte; allerdings haben die Länder nach Aufhebung des § 48 Abs. 6 VwVfG des Bundes zum 21.5.1996 (durch Gesetz vom 2.5.1996 [BGBl I 656]) mittlerweile in ihren Landesverfahrensgesetzen die entsprechenden Bestimmungen aufgehoben,[196] sodass der Vorbehalt heute ins Leere geht.[197] Gleichwohl verbleibt den Ländern die Befugnis, entsprechende Rechtswegbestimmungen – ggf. auch außerhalb ihrer Verwaltungsverfahrensgesetze[198]– vorzunehmen.

138 **cc) Rahmenvorschrift des § 106 BPersVG.** Nach der Rahmenvorschrift des § 106 BPersVG sind in Personalvertretungsangelegenheiten in den Ländern (vgl. die Überschrift zum Zweiten Teil des BPersVG) zu gerichtlichen Entscheidungen die Verwaltungsgerichte berufen. Die Norm ist eine Rahmenvorschrift[199] für die Landesgesetzgebung (§ 94 BPersVG) und muss von den Ländern durch entsprechende Regelungen ausgefüllt werden. Da insoweit die betreffenden Landesvorschriften unmittelbar den Verwaltungsrechtsweg eröffnen, haben diese den Charakter eigenständiger aufdrängender Spezialzuweisungen; dabei dürfen die Länder wegen der bindenden Wirkung des § 106 BPersVG nicht von dessen Inhalt abweichen, d.h. sie können die betreffenden Streitigkeiten nicht anderen als den allgemeinen Verwaltungsgerichten zuweisen.

---

194 BGBl 1976 I 1253; aufgehoben durch das 2. VwVfGÄndG vom 6.8.1998, BGBl I 2022.
195 Vgl. auch *D. Ehlers/J.-P. Schneider*, in: Schoch/Schneider/Bier § 40 Rn. 31; *H. Hamann*, AöR 139 (2014), 446, 454 ff.
196 Zu den Problemen, welche mit der Geltung der dem § 48 Abs. 6 VwVfG des Bundes entsprechenden landesrechtlichen Vorschriften verbunden sind bzw. waren, ausf. *F. K. Schoch*, FS Menger, 1985, 305, 326 f. sowie *D. Ehlers/J.-P. Schneider*, in: Schoch/Schneider/Bier § 40 Rn. 31; vgl. auch *J. Ruthig/W.-R. Schenke*, in: Kopp/Schenke § 40 Rn. 79.
197 *K. Rennert*, in: Eyermann § 40 Rn. 169.
198 *D. Ehlers/J.-P. Schneider*, in: Schoch/Schneider/Bier § 40 Rn. 31 m.w.N.
199 S. zur Fortgeltung von Rahmenvorschriften nach Aufhebung des Art. 75 GG durch die sog. Föderalismusreform I (Gesetz zur Änderung des Grundgesetzes vom 28.8.2006, BGBl I 2034) die Regelungen in Art. 125 a Abs. 1 und Art. 125 b Abs. 1 GG.

b) Sonstige landesrechtliche Rechtswegzuweisungen. Über die Fälle hinaus, in denen aufdrängende 139 Rechtswegzuweisungen der Länder bundesgesetzlich gestattet sind, gibt es zahlreiche sonstige landesrechtliche Bestimmungen, welche den Rechtsweg zu den allgemeinen Verwaltungsgerichten anordnen. Solche Regelungen existieren insbes. in den Bereichen des Polizeirechts,[200] des Kommunalrechts[201] sowie des Kirchensteuerrechts (s. etwa § 14 Abs. 1 S. 1 KiStG BW, § 13 Abs. 1 S. 1 HessKiStG, § 9 Abs. 1 S. 1 KiStG LSA). Problematisch sind solche landesrechtlichen Zuweisungen ohne bundesrechtliche Gestattung insofern, als die Gesetzgebungskompetenz für das gerichtliche Verfahren als konkurrierende beim Bund liegt (Art. 72, 74 Abs. 1 Nr. 1 GG) und der Bund mit der Generalklausel des § 40 eine umfassende Regelung für den Bereich der Streitigkeiten geschaffen hat, die dem Verwaltungsrechtsweg unterfallen sollen, sodass diesbezüglich von einer grundsätzlichen Sperrwirkung für die Landesgesetzgebung auszugehen ist.[202] Insofern muss es den Ländern jedenfalls untersagt sein, im Wege landesgesetzlicher Spezialzuweisungen den Verwaltungsgerichten Streitigkeiten zuzuweisen, die nicht den Voraussetzungen des § 40 entsprechen (also bspw. bürgerlich-rechtliche).[203] Denn die erschöpfende Regelung des § 40 schließt landesgesetzliche Regelungen dieses Sachgebiets ohne Rücksicht darauf aus, ob diese landesgesetzlichen Regelungen der VwGO widerstreiten oder sie nur ergänzen, ohne ihr sachlich zu widersprechen (vgl. BVerfG MDR 1967, 191).

Allerdings stellt sich die Frage, wie es sich mit denjenigen landesgesetzlichen Regelungen verhält, die 140 Streitigkeiten, welche ohnehin öffentlich-rechtlicher Natur sind und damit der Generalklausel des § 40 unterfallen würden, spezialgesetzlich den Verwaltungsgerichten zuweisen. Sofern diese Normen sich i.R.d. Voraussetzungen des § 40 halten, erscheint es verfehlt, sie im Hinblick auf Art. 31 GG als verfassungswidrig einzustufen. Teilweise werden sie daher als lediglich deklaratorische Normen angesehen.[204] Zwar ist anerkannt, dass die sich aus der konkurrierenden Gesetzgebungszuständigkeit des Bundes ergebende Sperrwirkung für die Landesgesetzgebung bereits von sich aus wegen Kompetenzwidrigkeit zur Nichtigkeit der betreffenden Landesnorm führt, ohne dass es eines „Rückgriffs" auf die normbrechende Wirkung des Art. 31 GG noch bedürfte.[205] Indes wird man aber die Norm des § 40 dahingehend auslegen können, dass es den Landesgesetzgebern nicht verwehrt sein sollte, dessen generalklauselartige Rechtswegeröffnung aus Gründen der Rechtssicherheit durch normkonkretisierende Rechtswegzuweisungen für bestimmte Rechtsbereiche zu „manifestieren", sofern sich diese im Regelungsbereich des § 40 bewegen; daher lässt sich zumindest insoweit gerade keine Sperrwirkung aus § 40 herleiten. Somit kommt diesen landesrechtlichen Zuweisungen eine eigenständige, konstitutive Wirkung zu.[206]

4. Bundesgesetzliche Rechtswegzuweisungen an die allgemeinen Verwaltungsgerichte. a) Klagen aus 141 **dem Beamtenverhältnis.** Nach § 126 Abs. 1 BBG und § 54 Abs. 1 BeamtStG ist der Verwaltungsrechtsweg für alle Klagen der Beamten, Ruhestandsbeamten, früheren Beamten und der Hinterbliebenen aus dem Beamtenverhältnis sowie für Klagen des Dienstherrn gegeben (vgl. auch § 126 Abs. 1, 2 BRRG). Der Sinn dieser Vorschriften besteht darin, alle beamtenrechtlichen Streitigkeiten einheitlich bei der Verwaltungsgerichtsbarkeit zu konzentrieren[207] und somit eine einheitliche Auslegung der einschlägigen Vorschriften, insbes. durch das BVerwG, zu ermöglichen (BVerwGE 50, 301, 304; 66, 39, 41). Um dies umfassend zu gewährleisten, müssen die beiden Vorschriften weit ausgelegt werden.[208] Insbes. ist die Aufzählung möglicher Kläger in dieser Bestimmung nicht abschließend (vgl. BVerwGE 66, 39, 41).

---

200 Art. 73 Abs. 2 Bay. PAG, § 65 Hs. 2 ASOG Bln, § 42 Abs. 2 OBG Bbg, § 70 Hs. 2 HSOG, § 99 Abs. 1 S. 1 SOG M-V, § 43 Abs. 2 OBG NRW, § 75 Hs. 2 SOG LSA, § 74 Hs. 2 ThürPAG.

201 Art. 83 Abs. 5 BayVerf, Art. 51 a Bay. GLKrWG, § 31 Abs. 3 KomWG BW, § 27 KWG Hess., § 42 Abs. 3 LKWG M-V, § 49 Abs. 2 NKWG, § 51 S. 1 KWG RP, § 48 Abs. 5 SaarlKWG.

202 BVerfG MDR 1967, 191; *D. Ehlers*, Jura 1987, 480; *A. v. Mutius*, JuS 1979, 342, 347; *F. E. Schnapp/K.-H. Rawert*, JuS 1986, 631, 634.

203 Zur insoweit problematischen Norm des Art. 67 Abs. 3 S. 5 BayStrWG a.F.: BayVerfGH BayVBl 1971, 60 ff.

204 So *v. Albedyll*, in: Bader § 40 Rn. 122; *Hufen* § 11 Rn. 10.

205 Hierzu *H. Dreier*, in: Dreier II Art. 31 Rn. 23 m.w.N.; s.a. BVerfGE 36, 342, 364.

206 So i.E. auch *D. Ehlers/J.-P. Schneider*, in: Schoch/Schneider/Bier § 40 Rn. 35; i.E. offen gelassen, welche Wirkung solchen Landesnormen zukommt: *S. Jutzi*, FS Hufen, 2015, 598, 605.

207 *Stern/Blanke* Rn. 165.

208 Vgl. BVerwGE 26, 31, 33; 66, 39, 41.

141a   Die Abschaffung der Rahmengesetzgebung nach Art. 75 GG durch das Gesetz zur Änderung des Grundgesetzes vom 28.8.2006 (BGBl I 2034 – „Föderalismusreform I") nahm der Bundesgesetzgeber zum Anlass, das bisherige Beamtenrechtsrahmengesetz (BRRG) mit Wirkung zum 1.4.2009 weitgehend aufzuheben und durch das auf Art. 74 Abs. 1 Nr. 27 GG gestützte Beamtenstatusgesetz (BeamtStG) zu ersetzen.[209] Im Zuge dessen übernimmt § 54 BeamtStG – mit einigen redaktionellen Anpassungen – die Funktion von § 126 BRRG (s.a. BT-Drs. 16/4027 zur mit § 54 BeamtStG identischen Entwurfsfassung in § 55 BeamtStG), auch wenn Kapitel II des BRRG zunächst bestehen bleibt (BT-Drs. 16/4027, 1 f.). Unklar ist deshalb, welcher Anwendungsbereich für § 126 BRRG verblieben und wie das Verhältnis zu § 54 BeamtStG ausgestaltet ist.[210] Inhaltsgleich mit § 54 BeamtStG ersetzt § 126 BBG (n.F.)[211] den bisherigen, auf § 126 BRRG verweisenden § 172 BBG (a.F.) hinsichtlich Klagen aus dem Bundesbeamtenverhältnis.

142   **aa) Beamtenverhältnisse.** Die einheitlich auszulegenden Zuweisungsnormen gem. § 126 Abs. 1 BBG und § 54 Abs. 1 BeamtStG erfassen bundes-, landes-, kommunalrechtliche sowie sonstige Beamtenverhältnisse (vgl. § 121 BRRG). Als Beamtenverhältnisse kommen in erster Linie solche i.S.d. Beamtengesetze in Betracht. Erfasst sind Berufs- sowie Ehrenbeamtenverhältnisse, nicht dagegen ehrenamtlich Tätige.[212] Die Beamtenverhältnisse können solche auf Lebenszeit, auf Zeit, auf Probe oder auf Widerruf sein. In den Anwendungsbereich nicht einbezogen werden dagegen die Angestellten und Arbeiter im öffentlichen Dienst, so z.B. Referendare im Angestelltenverhältnis (BVerwGE 90, 147, 149); die Dienst- und Arbeitsverhältnisse der Arbeiter und Angestellten im öffentlichen Dienst unterliegen dem Privatrecht und damit der Zuständigkeit der Arbeitsgerichte (s. etwa BAGE 1, 85, 86; VGH München NVwZ 2002, 1392). Gleiches gilt für andere öffentlich-rechtliche Dienstverhältnisse nichtbeamtenrechtlicher Art; dazu gehören etwa diejenigen Dienstverhältnisse, die für den Bundespräsidenten, den Bundeskanzler, Ministerpräsidenten, staatliche Datenschutzbeauftragte, Lehrbeauftragte (BVerwGE 49, 137, 140), Privatdozenten (BVerwGE 8, 170, 172; 96, 136, 140) und Beliehene (z.B. Notare [BVerwGE 25, 55, 56], Fleischbeschauer [BVerwGE 29, 166, 167]) begründet werden. Für diese Personen kommt nur der Rechtsweg nach § 40 in Betracht. Klagen aus dem Beamtenverhältnis gleichgestellt sind aufgrund besonderer Rechtswegzuweisungen, die i.d.R. auf § 126 BBG bzw. § 54 BeamtStG verweisen oder diesen entsprechen, die Klagen von Richtern, Soldaten, Wehrpflichtigen und Zivildienstleistenden (zu den betreffenden Zuweisungsnormen → Rn. 153–157).

143   Unter § 126 Abs. 1 BBG und § 54 Abs. 1 BeamtStG fallen bspw. Klagen eines Beamten auf Schadensersatz wegen Verletzung der Fürsorgepflicht (BVerwGE 13, 17, 18) oder wegen unterbliebener oder verspäteter Beförderung (vgl. BVerwGE 80, 123 ff.; 102, 33 ff.; 107, 29 ff.), auf Prämierung eines Verbesserungsvorschlags (VGH München ZBR 1975, 349; 1979, 85), gegen die Heranziehung zur Streikarbeit[213], auf Abschluss eines Arbeitsvertrags wegen rechtswidrig verzögerter Ausbildung im Referendarverhältnis (BAG NJW 1989, 2909) oder wegen Mängeln an Dienstwohnungen[214]; ebenfalls erfasst werden Streitigkeiten um die Vergütung einer Dienstwohnung (BVerwG DÖD 1966, 134). Bei Klagen von Referendaren wegen Vergütungsansprüchen muss danach differenziert werden, ob die Referendare verbeamtet sind oder nicht; so ist für Referendare mangels Beamtenstatus der Verwaltungsrechtsweg nicht nach § 126 BBG bzw. § 54 BeamtStG, sondern nach der Generalklausel des § 40 Abs. 1 gegeben, wenn sich ihr Ausbildungsverhältnis nicht als privatrechtliches, sondern als öffentlich-rechtliches außerhalb des Beamtenverhältnisses darstellt (BAG NJW 1990, 663 f.).

144   **bb) Klagen hinsichtlich des Vor- und Nachstadiums eines Beamtenverhältnisses.** § 126 Abs. 1 BBG und § 54 Abs. 1 BeamtStG erfassen nicht nur bestehende Beamtenverhältnisse, sondern beziehen sich auch auf Klagen hinsichtlich des Vor- und Nachstadiums eines Beamtenverhältnisses, sofern der Rechtsgrund im Beamtenrecht liegt und im Zusammenhang mit einem konkreten (in Aussicht genom-

---

209   Gesetz zur Regelung des Statusrechts der Beamtinnen und Beamten in den Ländern (Beamtenstatusgesetz – BeamtStG) vom 17.6.2008, BGBl I 1010; s. dazu auch BT-Drs. 16/4027, 1 f.
210   *J. P. Terhechte*, NVwZ 2010, 996 ff.
211   Bundesbeamtengesetz (BBG) vom 5.2.2009 (BGBl I 160), in Kraft seit 12.2.2009.
212   *K. Rennert*, in: Eyermann § 40 Rn. 164.
213   Vgl. BVerwGE 69, 208 ff.; *D. Ehlers/J.-P. Schneider*, in: Schoch/Schneider/Bier § 40 Rn. 48.
214   *D. Ehlers/J.-P. Schneider*, in: Schoch/Schneider/Bier § 40 Rn. 48; *T. Hebeler*, in: Battis § 126 BBG Rn. 11; a.A. AG Grevenbroich NJW 1990, 1305 f., welches von einer Rechtsbeziehung öffentlich-rechtlicher Natur ausgeht und in dieser Konsequenz wohl § 40 Abs. 1 anwenden will.

menen oder beendeten) Beamtenverhältnis steht. So werden bspw. Klagen von Nichtbeamten erfasst, die einen Anspruch auf Übernahme in ein Beamtenverhältnis zum Gegenstand haben oder auf Schadensersatz wegen Nichternennung zum Beamten gerichtet sind (BVerwGE 26, 31, 33), z.B. wegen der Verletzung der Auswahlkriterien des Art. 33 Abs. 2 GG (BVerwG NVwZ 1999, 424). Auch für den Streit um die Rückzahlung eines Entgelts, das für die in einem Arbeitsvertrag enthaltene Zusicherung der Übernahme in ein Beamtenverhältnis und der Versorgung nach beamtenrechtlichen Regelungen gezahlt worden ist, ist der Rechtsweg zu den Verwaltungsgerichten eröffnet (BVerwG DVBl 2005, 516, 517). Gleiches gilt für Klagen von Personen, deren Ernennung zum Beamten nichtig ist oder zurückgenommen wurde (VGH Mannheim ESVGH 15, 14, 15 ff.; VGH München BayVBl 1973, 183). Ebenso unterfällt den beiden Rechtswegzuweisungsnormen die Klage eines Nichteingestellten gegen die Einstellung eines anderen, weniger geeigneten Bewerbers.[215] Gleichfalls zu dem durch § 126 Abs. 1 BBG bzw. § 54 Abs. 1 BeamtStG erfassten Vorfeldbereich von Beamtenverhältnissen gehören Prüfungen bzw. die Zulassung hierzu, welche den Zugang von Nichtbeamten in den Beamtendienst ermöglichen (Laufbahnprüfungen, Eignungsprüfungen).[216] Dies gilt indes nicht für Prüfungen von Referendaren, da sie nicht primär dem Eintritt in die Beamtenlaufbahn dienen.[217] Hinsichtlich des Nachstadiums eines Beamtenverhältnisses gilt § 126 Abs. 1 BBG bzw. § 54 BeamtStG insbes. für Klagen von früheren Beamten, Ruhestandsbeamten und Hinterbliebenen. Hier kommen vor allem Klagen auf finanzielle Leistungen wie Zahlung von Versorgungsbezügen, Beihilfen oder ähnlichem in Betracht. Ebenfalls erfasst sind bspw. Klagen eines ehemaligen Beamten auf Entfernung von Unterlagen aus seiner Personalakte (BVerwGE 50, 301, 304).

cc) Klagen von Dritten oder gegen Dritte. § 126 BBG und § 54 BeamtStG können auch auf Klagen 145 von Dritten oder gegen Dritte Anwendung finden, sofern die betreffenden Ansprüche ihre Grundlage im Beamtenverhältnis haben. So unterfällt bspw. die Klage eines Gläubigers, der die Forderung eines Beamten gegen dessen Dienstherrn hat pfänden und sich überweisen lassen (§§ 829, 835 ZPO), gegen den Dienstherrn auf Leistung aus dieser Forderung den §§ 126 BBG, 54 BeamtStG (VGH Kassel NJW 1992, 1253 f.). Gleiches gilt für Klagen des Dienstherrn gegen Dritte, z.B. eine Klage auf Rückerstattung überzahlter Dienstbezüge gegenüber den Erben des inzwischen verstorbenen Beamten (vgl. BVerwGE 37, 314 ff.). Aufgrund weiter Auslegung unterfällt nach Auffassung des BVerwG (zu § 126 Abs. 1 BRRG) sogar die Klage eines im Strafprozess angeklagten Nicht-Beamten gegen den Dienstherrn eines Beamten über die Erteilung einer Aussagegenehmigung für diesen Beamten den Zuweisungen gem. § 126 Abs. 1 BBG und § 54 Abs. 1 BeamtStG.[218]

dd) Grundlage im Beamtenrecht. In sachlicher Hinsicht muss die betreffende Klage ihre Grundlage 146 im Beamtenrecht haben und in Bezug zu einem konkreten Beamtenverhältnis stehen (vgl. BVerwGE 31, 345, 347); nicht entscheidend ist, dass der Kläger selbst den Status eines Beamten hat. Das Beamtenrecht umfasst die Beamtengesetze des Bundes und der Länder sowie sämtliche beamtenrechtlichen Begleitbestimmungen wie etwa das BBesG und BeamtVG. Dies bedeutet nicht, dass die unmittelbar streitentscheidende Norm eine solche des Beamtenrechts sein muss; daher greift § 126 BBG bzw. § 54 BeamtStG auch im Falle einer Auseinandersetzung über eine auf § 48 VwVfG gestützte Rücknahme eines rechtswidrigen Verwaltungsakts ein, soweit nur der betreffende Verwaltungsakt seine Grundlage im Beamtenrecht hat.[219] Der Bezug zu einem konkreten Beamtenverhältnis fehlt bei Streitigkeiten zwischen Dienst- und Aufsichtsbehörde über die Auslegung von beamtenrechtlichen Vorschriften (BVerwGE 31, 345, 347) oder wenn eine Gewerkschaft die Rechtmäßigkeit der Streikarbeit von Beamten infrage stellt (BAGE 49, 303, 307). Nicht entscheidend für die Frage, ob eine Klage ihre Grundlage im Beamtenrecht hat, ist der Umstand, ob es sich um eine nach außen, d.h. über den innerdienstlichen Bereich hinaus wirkende Maßnahme handelt, oder ob eine rein innerdienstliche Maßnahme vorliegt. Dies hat hinsichtlich der Zulässigkeit einer Klage allenfalls Auswirkungen auf die Klage-

---

215 *D. Ehlers/J.-P. Schneider,* in: Schoch/Schneider/Bier § 40 Rn. 49.

216 Vgl. BVerwGE 30, 172, 174 f.; VGH Mannheim DVBl 1974, 49.

217 BVerwGE 30, 172, 174; 38, 105, 106 (für Zweite Juristische Staatsprüfung); BVerwGE 47, 330, 332 (für Lehramtsprüfung).

218 BVerwGE 66, 39, 41; krit. hierzu *D. Ehlers/J.-P. Schneider,* in: Schoch/Schneider/Bier § 40 Rn. 44; ebenfalls Zweifel andeutend *J. Ruthig/W.-R. Schenke,* in: Kopp/Schenke § 40 Rn. 76.

219 Zur Anwendung des § 48 VwVfG auf die Rückforderung beamtenrechtlicher Bezüge *J. Bodanowitz,* in: Schnellenbach/Bodanowitz § 15 Rn. 17 ff.

befugnis (→ Rn. 169), nicht dagegen auf die Rechtswegeröffnung nach § 126 Abs. 1 BBG oder § 54 Abs. 1 BeamtStG. Daher ist der Verwaltungsrechtsweg eröffnet für die Klage eines Beamten gegen dessen Umsetzung (dazu, dass der Umsetzung generell die Verwaltungsaktqualität fehlt → § 42 Rn. 161).[220] Nicht ihre Grundlage im Beamtenrecht findet dagegen die Zahlung von Kindergeld, sodass die Klage eines Beamten auf Gewährung von Kindergeld nicht § 126 Abs. 1 BBG bzw. § 54 Abs. 1 BeamtStG unterfällt (VGH München ZBR 1978, 68). Vielmehr ist dafür gem. § 15 BKGG der Rechtsweg zu den Sozialgerichten gegeben. Wird Kindergeld auf steuerrechtlicher Grundlage (§§ 62 ff. EStG) gewährt, sind die Finanzgerichte zuständig.[221] Für Streitigkeiten über die Gewährung von Elterngeld ist gem. § 13 Abs. 1 S. 1 BEEG der Sozialrechtsweg eröffnet.

147   **ee) Klagen des Dienstherrn.** Für Klagen des Dienstherrn gelten dieselben Grundsätze, d.h. Beklagter muss eine der unter § 126 Abs. 1 BBG oder § 54 Abs. 1 BeamtStG fallenden Personen sein, und die Klage bzw. der hiermit geltend gemachte Anspruch muss seine Grundlage im Beamtenrecht haben sowie im Zusammenhang mit einem konkreten Beamtenverhältnis stehen. Hier sind gleichfalls Klagen hinsichtlich Ansprüchen aus dem Vor- oder Nachstadium eines Beamtenverhältnisses erfasst. Nicht für den Rechtsweg, sondern lediglich für das Rechtsschutzbedürfnis relevant ist der Umstand, ob der Dienstherr – statt im Klagewege – per Verwaltungsakt hätte vorgehen können.

148   Als Klagen des Dienstherrn, welche § 126 Abs. 1 BBG oder § 54 BeamtStG unterfallen, sind zu nennen insbes. (Rück-)Zahlungsklagen, so z.B. auf Rückerstattung von aufgrund nichtigen Beamtenverhältnisses gewährten Bezügen (VGH München BayVBl 1973, 183), von zu viel gezahlten Dienstbezügen, auch wenn der Dienstherr sich dabei auf ein Schuldanerkenntnis des Beamten stützt (BGHZ 102, 343, 344 f.), von Kassenfehlbeständen (BVerwGE 52, 255, 256 ff.), von Ausbildungskosten bei „vorzeitigem" Ausscheiden (BVerwG DÖV 1974, 597 f.), auf Schadensersatz wegen Pflichtverletzung (§ 75 BBG, § 48 BeamtStG),[222] auf Schadensersatz gegen Mitarbeiter aus einem nicht zustande gekommenen, aber zunächst als bestehend angesehenen Beamtenverhältnis (BVerwGE 100, 280) oder wegen des Anspruchs auf die von einem Beamten zu entrichtende Dienstwohnungsvergütung (VGH München DÖD 1969, 77).

149   § 126 BBG und § 54 BeamtStG können ferner auf Klagen des Dienstherrn gegen Dritte Anwendung finden (→ Rn. 145).

150   **ff) § 40 Abs. 2 S. 2 Alt. 1.** Nach § 40 Abs. 2 S. 2 Alt. 1 bleiben die „besonderen Vorschriften des Beamtenrechts" unberührt von den in § 40 Abs. 2 S. 1 geregelten abdrängenden Sonderzuweisungen an die ordentlichen Gerichte für die dort genannten vermögensrechtlichen Ansprüche. Damit ist klargestellt, dass die Verwaltungsrechtswegeröffnung nach § 126 BBG und § 54 BeamtStG tatsächlich für „alle" Klagen aus dem Beamtenverhältnis gilt, mithin also auch für solche, die an sich der Rechtswegzuweisung an die ordentlichen Gerichte nach § 40 Abs. 2 S. 1 unterfallen würden (BVerwGE 136, 140, 142 f.; VG Wiesbaden NVwZ-RR 2011, 826).

151   Allerdings ist zu beachten, dass die einfachgesetzliche Regelung des § 40 Abs. 2 S. 2 Alt. 1 nicht die verfassungsrechtlichen Rechtswegzuweisungen der Art. 14 Abs. 3 S. 4 und Art. 34 S. 3 GG außer Kraft setzen kann. Für die diesen Vorschriften unterfallenden Streitigkeiten bleibt es daher auch in beamtenrechtlichen Angelegenheiten bei der Zuständigkeit der ordentlichen Gerichte. Zu einer Spaltung des Rechtswegs kann es dabei kommen, wenn ein Anspruch auf Schadensersatz oder Entschädigung sowohl auf das Beamtenrecht als auch auf Amtshaftung (Art. 34 GG, § 839 BGB) oder Enteignung (Art. 14 Abs. 3 GG) gestützt werden kann (vgl. auch § 17 Abs. 2 S. 2 GVG);[223] für den auf Beamtenrecht zu stützenden Anspruch ist dann nach § 126 BBG, § 54 BeamtStG der Verwaltungsrechtsweg ge-

---

220   So auch *J. Bodanowitz*, in: Schnellenbach/Bodanowitz § 4 Rn. 68; *D. Ehlers/J.-P. Schneider*, in: Schoch/Schneider/Bier § 40 Rn. 47.

221   *W. Keller*, in: Meyer-Ladewig/Keller/Leitherer/Schmidt § 51 Rn. 38.

222   BVerwG ZBR 1968, 184; vgl. auch VGH München ZBR 1993, 29.

223   Kann ein Klagebegehren bei identischem Klagegrund auf mehrere materiell-rechtliche Ansprüche gestützt werden, die unterschiedlichen Rechtsregimen angehören, so besteht gem. § 17 Abs. 1 S. 2 GVG (i.V.m. § 173 VwGO) das Verbot der doppelten Klage, d.h. das Klagebegehren kann bei einheitlichem Streitgegenstand nicht gleichzeitig vor dem Verwaltungsgericht und bspw. einem ordentlichem Gericht geltend gemacht werden (allerdings entscheidet dann das angerufene Gericht den Rechtsstreit unter allen in Betracht kommenden rechtlichen Gesichtspunkten, § 17 Abs. 2 S. 1 GVG). Eine Ausnahme von diesem Grundsatz des § 17 Abs. 1 S. 2 GVG gilt nach § 17 Abs. 2 S. 2 GVG für die verfassungsrechtlichen Rechtswegzuweisungen aus Art. 14 Abs. 3 GG und Art. 34 S. 3 GG: Zu der oben er-

geben, ohne dass dies eine „Aushöhlung" der betreffenden grundgesetzlichen Rechtswegzuweisungen bedeuten würde.[224]

gg) Gerichtsbarkeit in Disziplinarsachen. Eine (weitere) Ausnahme von dem Grundsatz in § 126 152 BBG, § 54 BeamtStG, dass „alle" Klagen aus dem Beamtenverhältnis der allgemeinen Verwaltungsgerichtsbarkeit unterfallen, ergibt sich für den Bereich der beamtenrechtlichen Disziplinarsachen. Diese sind spezialgesetzlich teils besonderen Spruchkörpern bei den allgemeinen Verwaltungsgerichten (s. z.B. § 45 BDG), für den Bereich der Landesdisziplinargerichtsbarkeit teils auch eigenständigen Disziplinargerichten als besonderen Verwaltungsgerichten zugewiesen (ausf. → Rn. 105 ff., 161 ff.).

b) Klagen in richterlichen Angelegenheiten. Die §§ 46 und 71 DRiG verweisen hinsichtlich der 153 Rechtsverhältnisse der Richter im Bundes- und Landesdienst auf die für Beamte geltenden Vorschriften, soweit nicht das DRiG etwas anderes bestimmt. In bezug auf Klagen aus dem Richterverhältnis sind daher in Ermangelung entsprechender Regelungen im DRiG die § 126 BBG und § 54 BeamtStG einschlägig, sodass die oben (→ Rn. 141 ff.) angestellten Überlegungen entsprechend gelten. Eine besondere aufdrängende Spezialzuweisung zu den Verwaltungsgerichten ergibt sich zudem aus § 60 DRiG für Angelegenheiten der Richtervertretung. Eine Ausnahme von der Rechtswegzuweisung nach § 126 BBG und § 54 BeamtStG besteht indes für richterliche Disziplinarsachen, Versetzungs- und Prüfungsangelegenheiten: Hinsichtlich dieser ist für Bundesrichter gem. § 62 DRiG, für Richter im Landesdienst nach § 78 DRiG die Zuständigkeit der als besondere Verwaltungsgerichte fungierenden Dienstgerichte begründet (zur Zuständigkeit der Dienstgerichte → Rn. 108 ff.).

c) Klagen aus dem Soldatenverhältnis. Gem. § 82 SG ist für Klagen der Soldaten, der Soldaten im 154 Ruhestand, der früheren Soldaten und der Hinterbliebenen aus dem Wehrdienstverhältnis sowie für Klagen des Bundes aus dem Wehrdienstverhältnis der Verwaltungsrechtsweg gegeben, soweit nicht ein anderer Rechtsweg gesetzlich vorgeschrieben ist. Dem Soldatenbegriff unterfallen auch Personen, die sich zum – mit dem Wehrrechtsänderungsgesetz 2011 (BGBl I 678) neu geschaffenen – freiwilligen Wehrdienst (§§ 54 ff. WpflG) verpflichtet haben (vgl. § 1 Abs. 1 SG). Die Norm des § 82 SG ist den §§ 126 BBG, 54 BeamtStG und 126 BRRG (vgl. → Rn. 141 a zur Fortgeltung von § 126 BRRG) nachgebildet. Allerdings sind disziplinarrechtliche Angelegenheiten nach der WDO und sog. truppendienstrechtliche Angelegenheiten den besonderen Verwaltungsgerichten der Wehrdienstgerichtsbarkeit zugewiesen (zur Wehrdienstgerichtsbarkeit bereits → Rn. 109), sodass für den Anwendungsbereich des § 82 SG die sog. Verwaltungsangelegenheiten verbleiben. Darunter sind solche Angelegenheiten zu verstehen, welche die persönliche Rechtsstellung des Soldaten zu seinem Dienstherrn, also das allgemeine Dienstverhältnis betreffen. Des Weiteren sind die allgemeinen Verwaltungsgerichte zuständig, wenn das Klagebegehren im Zusammenhang mit einer der in § 17 Abs. 1 S. 1 WBO ausgenommenen Vorschriften steht.[225]

Dem § 82 SG unterfallen damit bspw. Klagen hinsichtlich der Übernahme als Berufssoldat (BVerwGE 155 43, 258, 259 f.), der Verwahrung von Geld eines Soldaten durch die Bundeswehr (BVerwGE 52, 247, 249 ff.), der Umwandlung des Dienstverhältnisses (BVerwGE 53, 289, 290), der Anfechtung einer Zurruhesetzung (BVerwGE 63, 269 ff.), der Übertragung eines Amtes an einen Beamten statt an den sich ebenfalls bewerbenden Soldaten (BVerwGE 73, 335 f.), in Bezug auf Geld- und Sachbezüge[226] – z.B. Zulagen, Aufwandsentschädigungen, Beihilfen, Reise- oder Unkostenvergütungen – oder hinsichtlich der Genehmigung einer Beschäftigung nach dem Ausscheiden aus der Bundeswehr (BVerwG NZ-WehrR 1986, 39).

---

wähnten Rechtswegspaltung kann es danach etwa dann kommen, wenn der Kläger seine auf beamtenrechtliche Fürsorgepflichtverletzung gestützte Schadensersatzklage gem. § 126 BBG und § 54 BeamtStG vor dem Verwaltungsgericht rechtshängig macht und anschließend sein Begehren (auch) unter dem Gesichtspunkt der Amtshaftung vor den ordentlichen Gerichten zu erstreiten sucht; der Klage vor den Zivilgerichten steht dann nicht der Einwand der anderweitigen Rechtshängigkeit entgegen. Umgekehrt gilt dies indes nicht: Zieht der Kläger zunächst vor ein ordentliches Gericht, so verbietet die Rechtswegsperre des § 17 Abs. 1 S. 2 GVG eine weitere Klage vor den Verwaltungsgerichten. Hierzu auch *W. Zimmermann*, in: MüKoZPO § 17 GVG Rn. 8, 11.

224 Hierzu ausf. BVerwGE 13, 17 ff. für die Konkurrenz eines Anspruchs aus beamtenrechtlicher Fürsorgepflichtverletzung und eines Amtshaftungsanspruchs; vgl. auch BVerwGE 67, 222, 226.

225 *K. Eichen*, in: Walz/Eichen/Sohm, SG, [3]2016, § 82 Rn. 17.

226 Vgl. *K. Eichen*, in: Walz/Eichen/Sohm, SG, [3]2016, § 82 Rn. 27 ff. m.w.N.

156 **d) Klagen in Wehrpflichtangelegenheiten.** Gem. § 32 WpflG ist der Rechtsweg zu den allgemeinen Verwaltungsgerichten gegeben in Rechtsstreitigkeiten bei der Ausführung des WpflG. So unterfallen bspw. Klagen über die Einberufung zum Wehrdienst, hinsichtlich der Musterung oder einer (unterbliebenen) Befreiung oder Zurückstellung vom Wehrdienst der Rechtswegzuweisung des § 32 WpflG, Klagen aus dem durch die Wehrpflicht begründeten Wehrdienstverhältnis dagegen der Rechtswegzuweisung des § 82 SG, da unter den Soldatenbegriff des § 1 Abs. 1 SG auch der aufgrund der Wehrpflicht Wehrdienstleistende zu subsumieren und die Ausgestaltung des Wehrdienstverhältnisses nicht im WpflG geregelt ist. Praktische Bedeutung hat § 32 WpflG gegenwärtig nicht, denn die Vorschrift gilt seit dem Wehrrechtsänderungsgesetz 2011 (BGBl I 678) mit Wirkung vom 1.7.2011 nur noch im Spannungs- und Verteidigungsfall (§ 2 WpflG). Mit Wirkung vom 13.4.2013 wurde durch Gesetz vom 8.4.2013 (BGBl I 730) der 7. Abschnitt des WpflG, der Regelungen für den Fall traf, dass kein Spannungs- und Verteidigungsfall vorliegt, aufgehoben. Klagen aus dem durch die freiwillige Verpflichtung begründeten Soldatenverhältnis unterfallen der Rechtswegzuweisung des § 82 SG (vgl. den Soldatenbegriff des § 1 Abs. 1 SG).

157 **e) Klagen in Zivildienstangelegenheiten.** Nach § 78 Abs. 2 ZDG steht der Zivildienst, soweit im ZDG nichts anderes bestimmt ist, bei der Anwendung der Vorschriften des öffentlichen Dienstrechts dem Wehrdienst aufgrund der Wehrpflicht gleich. Da das ZDG insoweit keine umfassende eigenständige Rechtswegzuweisung für Klagen hinsichtlich des Zivildienstverhältnisses regelt, sind die diesbezüglichen Rechtswegzuweisungen, welche für das aufgrund der Wehrpflicht bestehende Wehrdienstverhältnis gelten, entsprechend anzuwenden. Jedenfalls ist damit die aufdrängende Spezialzuweisung des § 32 WpflG (→ Rn. 156) gemeint (BGH NVwZ 1990, 1103 f.). Da aber – anders als das Zivildienstverhältnis im ZDG – das Wehrdienstverhältnis aufgrund der Wehrpflicht nicht zur Gänze im WpflG, sondern hinsichtlich der Ausgestaltung des Wehrdienstverhältnisses auch im SG geregelt ist (vgl.→ Rn. 156), muss insoweit auch auf die betreffende Rechtswegzuweisung des § 82 SG (→ Rn. 154 f.) abgestellt werden. Ob nun aber § 32 WpflG oder § 82 SG konkret von § 78 Abs. 2 ZDG in Bezug genommen wird, kann letztlich dahinstehen, da beide Normen jedenfalls eine aufdrängende Spezialzuweisung an die allgemeinen Verwaltungsgerichte beinhalten. Eine eigenständige Rechtswegzuweisung enthält das ZDG lediglich in § 66 für Disziplinarmaßnahmen, und zwar an die Verwaltungsgerichte als Disziplinargerichte (zur Neugestaltung des Rechtswegs in Disziplinarsachen durch das Gesetz zur Neuordnung des Disziplinarrechts vom 9.7.2001 [BGBl I 1510] mit Wirkung zum 1.1.2002 → Rn. 104, 161 ff.). Praktische Bedeutung haben diese Bestimmungen gegenwärtig nicht, da seit dem Wehrrechtsänderungsgesetz 2011 mit Wirkung vom 1.7.2011 Einberufungen zum Wehrdienst aufgrund der weiterhin bestehenden Wehrpflicht (§ 1 WpflG) auf den Spannungs- und Verteidigungsfall beschränkt sind (§ 2 WpflG), mithin auch kein Ersatzdienst zu leisten ist (§ 1 a ZDG).

158 **f) Rechtsweg in Personalvertretungsangelegenheiten.** Für Streitigkeiten auf dem Gebiet des Personalvertretungsrechts entscheiden nach den §§ 83 und 106 BPersVG die Verwaltungsgerichte, im dritten Rechtszug das BVerwG. Das Personalvertretungsrecht ist für den Bereich des öffentlichen Dienstes das Gegenstück zum Betriebsverfassungsrecht.[227] Es umfasst die Personalvertretung der Beschäftigten im öffentlichen Dienst; dazu gehören gem. § 4 Abs. 1 BPersVG die Beamten, Angestellten und Arbeiter (Arbeitnehmer) des öffentlichen Dienstes sowie die sonstigen in dieser Vorschrift genannten Personengruppen. Hinsichtlich der Streitigkeiten bzgl. Personalvertretungen im Bundesdienst sind die Zuständigkeiten der Verwaltungsgerichte in § 83 Abs. 1 BPersVG abschließend aufgezählt. Gleichwohl sind diese – da es sich bei den soeben genannten Streitigkeiten um öffentlich-rechtliche handelt[228] – nach § 40 zuständig, sofern sich eine personalvertretungsrechtliche Streitigkeit nicht unter § 83 BPersVG fassen lässt. Nicht nach dieser Norm, sondern ggf. gem. § 126 BBG, § 54 BeamtStG und § 126 BRRG (→ Rn. 141a zur Fortgeltung von § 126 BRRG) sind die Verwaltungsgerichte zuständig, sofern nicht über die personalvertretungsrechtliche Stellung eines (beamteten) Mitglieds der Personalvertretung gestritten wird, sondern um dessen dienstrechtliche Stellung (BVerwG ZBR 1981, 288 m.w.N.; vgl. auch BVerwGE 17, 132 ff.; 29, 74 ff.). Beispielhaft zu nennen sind Auseinandersetzungen über die Auswirkung der einem beamteten Personalratsmitglied gewährten Freistellung vom Dienst auf die Arbeits-

227   *K. Rennert*, in: Eyermann § 40 Rn. 168.
228   *D. Ehlers/J.-P. Schneider*, in: Schoch/Schneider/Bier § 40 Rn. 67.

zeitberechnung und über den Schutz eines freigestellten Personalratsmitglieds auf Beibehaltung oder spätere Wiederübertragung seines bisherigen Arbeitsplatzes sowie ein Streit darüber, ob eine Versäumnis von Arbeitszeit durch die Wahrnehmung personalvertretungsrechtlicher Aufgaben ggf. zum Verlust der Bezüge nach § 9 BBesG führt.

Für die dem § 83 BPersVG unterfallenden Streitigkeiten sind nach § 84 BPersVG besondere Spruchkörper bei den allgemeinen Verwaltungsgerichten einzurichten (Personalvertretungskammern und -senate). Gem. § 83 Abs. 2 BPersVG i.V.m. den §§ 80 ff. ArbGG haben diese Gerichte in einem besonderen Beschlussverfahren zu entscheiden. — 159

In Personalvertretungssachen der Länder sind nach der Rahmennorm des § 106 BPersVG ebenfalls die Verwaltungsgerichte zuständig (→ Rn. 138). Die Länder können nach § 187 Abs. 2 abweichende Vorschriften über die Besetzung und das Verfahren der Verwaltungsgerichte und des Oberverwaltungsgerichts erlassen (→ § 187 Rn. 31 ff.). — 160

g) Rechtsweg in Disziplinarsachen. Mit dem Gesetz zur Neuordnung des Disziplinarrechts vom 9.7.2001 (BGBl I 1510), das zum 1.1.2002 in Kraft getreten ist, wurde die bis dahin geltende BDO durch das BDG abgelöst (→ Rn. 103 f.). Das BDG erfasst Dienstvergehen i.S.v. § 77 BBG, welche von den dem BBG unterfallenden Beamten, Ruhestandsbeamten und früheren Beamten (§§ 1 und 2 BDG) begangen worden sind. — 161

Mit der Neuordnung des Bundesdisziplinarrechts durch das BDG ist eine umfassende Neugestaltung des gerichtlichen Schutzes in Bundesdisziplinarsachen verbunden. Nachdem der Rechtsschutz in diesen Disziplinarsachen unter Geltung der BDO bis zum 31.12.2001 eigenständigen Disziplinargerichten übertragen war (→ Rn. 103), sind gem. § 45 BDG nunmehr die Aufgaben der Disziplinargerichtsbarkeit durch die Gerichte der (allgemeinen) Verwaltungsgerichtsbarkeit wahrzunehmen. Hierzu werden bei den Verwaltungsgerichten nach § 45 S. 2 BDG spezialisierte Spruchkörper gebildet, und zwar Disziplinarkammern bei den Verwaltungsgerichten und Senate für Disziplinarsachen bei den Oberverwaltungsgerichten. Durch § 46 Abs. 4 BDG wird dabei der Landesgesetzgebung die Möglichkeit eingeräumt, die Besetzung der Disziplinarkammern abweichend von § 46 Abs. 1–3 BDG zu regeln. Durch diese Öffnungsklausel wird ihnen die Möglichkeit gegeben, eine Harmonisierung mit ihren insoweit womöglich abweichenden landesdisziplinarrechtlichen Regelungen herzustellen, damit einheitliche Spruchkörper für bundes- und landesrechtliche Verfahren geschaffen werden können (BT-Drs. 14/4659, 47 [zu § 45]). — 162

Mit der Übertragung der Disziplinarsachen auf die allgemeine Verwaltungsgerichtsbarkeit gilt damit grds. der Drei-Instanzen-Zug der VwGO auch für Disziplinarangelegenheiten des Bundes; das BVerwG fungiert nicht mehr wie bisher als Tatsachen-, sondern nur noch als reine Rechtsinstanz (BT-Drs. 14/4659, 46 [zu § 44]). Für die Länder wurde hiermit zugleich die institutionelle Voraussetzung geschaffen, auf der Grundlage des § 187 Abs. 1 auch für die landesrechtlichen Disziplinarverfahren ein Revisionsverfahren vor dem BVerwG vorzusehen (BT-Drs. 14/4659, 46 f. [zu § 44]). Mit der Neuregelung des Bundesdisziplinarrechts ist dieses an das Verwaltungsverfahrens- und Verwaltungsprozessrecht angelehnt worden.[229] — 163

h) Kein Umkehrschluss aus § 40 Abs. 2 S. 1 Hs. 1 hinsichtlich öffentlich-rechtlicher Verträge. Inwieweit sich aus § 40 Abs. 2 S. 1 Hs. 1 ein Umkehrschluss dahingehend ziehen lässt, dass für Streitigkeiten aus öffentlich-rechtlichen Verträgen eine aufdrängende Spezialzuweisung an die allgemeinen Verwaltungsgerichte gegeben ist, wird uneinheitlich beurteilt.[230] § 40 Abs. 2 S. 1 Hs. 1 trifft lediglich die Aussage, dass bei der Verletzung öffentlich-rechtlicher Pflichten, die auf einem öffentlich-rechtlichen Vertrag beruhen, nicht die abdrängende Sonderzuweisung des § 40 Abs. 2 S. 1 an die ordentliche Gerichtsbarkeit eingreifen soll. Die Streitigkeiten aus (öffentlich-rechtlichen) Verträgen sind damit hinsichtlich der Rechtswegeröffnung an den Maßstäben der Generalklausel des § 40 Abs. 1 S. 1 zu messen. Dies ergibt sich bereits aus dem Willen des Gesetzgebers, wonach durch die Einfügung der Ausnahmeregelung für öffentlich-rechtliche Verträge in § 40 Abs. 2 S. 1 (→ Rn. 23 f.) nicht ausgeschlossen werden sollte, dass einzelne Streitigkeiten aus öffentlich-rechtlichen Verträgen ggf. auch den Gerichten der Finanz- oder Sozialgerichtsbarkeit zugewiesen sein können (BT-Drs. 7/910, 97). Der Ausnahmere- — 164

---

229 Ausf. hierzu R. *Urban*, NVwZ 2001, 1335, 1339 ff.
230 Dafür bspw. *Hufen* § 11 Rn. 72; dagegen D. *Ehlers/J.-P. Schneider*, in: Schoch/Schneider/Bier § 40 Rn. 38.

gelung in § 40 Abs. 2 S. 1 hinsichtlich öffentlich-rechtlicher Verträge lässt sich mithin keine aufdrängende Spezialzuweisung an die allgemeinen Verwaltungsgerichte entnehmen.

165   **i) Sonstige Spezialzuweisungen an die allgemeinen Verwaltungsgerichte.** Weitere aufdrängende Spezialzuweisungen an die allgemeinen Verwaltungsgerichte enthalten bspw. § 54 BAföG für öffentlich-rechtliche Streitigkeiten aus dem BAföG[231], § 23 Abs. 1 InVorG, § 4 Abs. 1 S. 2 OrdenG, § 72 b TierSG und § 6 Abs. 1 S. 1 VZOG. Des Weiteren regeln § 8 Abs. 4, § 12 HwO für Streitigkeiten über die Eintragung in die Handwerksrolle und § 112 Abs. 3 HwO, welcher die Androhung und die Festsetzung eines Ordnungsgeldes durch die Handwerkskammer betrifft, aufdrängende Sonderzuweisungen an die Verwaltungsgerichtsbarkeit.[232] Eine ausdrückliche Rechtswegzuweisung an die Verwaltungsgerichte enthält § 6 Abs. 1 UIG für Ansprüche auf den freien Zugang zu Umweltinformationen bei informationspflichtigen Stellen des Bundes (§ 1 UIG)[233] sowie § 7 IWG für die Weiterverwendung von Informationen öffentlicher Stellen. Keine ausdrückliche Rechtswegzuweisung trifft dagegen § 9 Abs. 4 S. 2 IFG für die Ablehnung eines Antrags auf Informationszugang[234], wobei auch in diesen Fällen aufgrund des öffentlich-rechtlichen Charakters nichtverfassungsrechtlicher Art des § 1 Abs. 1 IFG, auf dem der Anspruch beruht, und mangels abdrängender Sonderzuweisungen an andere Gerichtszweige der Verwaltungsrechtsweg als eröffnet anzusehen ist.[235]

II. Die Voraussetzungen der Generalklausel des § 40 Abs. 1 S. 1

166   **1. Rechtliche Streitigkeit.** Die Rechtswegeröffnung nach der Generalklausel des § 40 Abs. 1 S. 1 setzt zunächst das Vorliegen einer *rechtlichen* Streitigkeit voraus. Damit ist das Erfordernis einer rechtlichen Relevanz statuiert, d.h. die Beteiligten müssen um rechtliche Beziehungen untereinander streiten. Mit Recht i.d.S. ist nur *staatliches* Recht gemeint. Nicht unter den Rechtsbegriff fallen Moralvorstellungen oder gesellschaftliche Konventionen. Zumindest erörterungsbedürftig ist unter dem Aspekt des Rechtsbegriffs auch die Frage des Vorliegens von Außen- oder Innenrecht. Nicht relevant für das Vorliegen einer rechtlichen Streitigkeit ist hingegen die Problematik der sog. „justizfreien", d.h. nicht justitiablen Akte der öffentlichen Gewalt, wie insbes. der verfassungsrechtlichen Rechtswegausschlüsse nach Art. 10 Abs. 2 S. 2 GG und Art. 44 Abs. 4 GG (→ Rn. 64, 82 ff.). Bei diesen Streitigkeiten handelt es sich nämlich unproblematisch um „rechtliche", und der Rechtsschutz scheitert nicht hieran, sondern an dem (grund)gesetzlichen Ausschluss der gerichtlichen Überprüfbarkeit dieser Rechtsstreitigkeiten. Gleichwohl werden unter dem Begriff der justizfreien Hoheitsakte gelegentlich nicht nur solche erörtert, bei denen die gerichtliche Überprüfung ausgeschlossen ist, sondern auch diejenigen, bei denen es am Vorliegen einer rechtlichen Streitigkeit fehlt.[236]

167   Nicht gleichgesetzt werden darf die Frage nach dem Vorliegen einer rechtlichen Streitigkeit mit der Frage nach der staatlichen Handlungsform eines Rechtsakts. Denn auch staatliches Realhandeln in Gestalt etwa von Warnungen, Empfehlungen oder Immissionen begründet eine Rechtsstreitigkeit, weil auch staatliche Realakte sich aufgrund des verfassungsrechtlichen Grundsatzes des Gesetzesvorbehalts (→ Rn. 2) hinsichtlich ihrer Rechtmäßigkeit an dem Vorliegen und den Voraussetzungen einer rechtlichen Ermächtigungsgrundlage messen lassen müssen und geeignet sind, Rechtspositionen des einzelnen zu verletzen.

168   Erörterungsbedürftig unter dem Erfordernis einer „rechtlichen" Streitigkeit sind insbes. die nachfolgenden Problemfälle.

169   **a) Sonderstatusverhältnisse.** In einem besonderen Verhältnis zum Staat stehen Personen, die in ihrem Status der Staatsgewalt „unterstellt" sind. Dazu zählen Beamte, Soldaten, Wehrdienst- und Zivildienstleistende, Studenten, Schüler, Strafgefangene oder Anstaltsnutzer. Für die diesbezüglichen

---

231   Zu den einzelnen Voraussetzungen *U. Ramsauer*, in: Ramsauer/Stallbaum, BAföG, [6]2016, § 54 Rn. 1 ff.

232   Ausf. hierzu *W. G. Leisner*, in: Leisner, HwO, § 8 Rn. 66 ff.; § 12 Rn. 1 ff. sowie § 112 Rn. 6.

233   Ausf. hierzu *O. Reidt/G. Schiller*, in: Landmann/Rohmer, Umweltrecht, UIG § 6 Rn. 3 f.

234   *F. Schoch*, IFG, [2]2016, § 9 Rn. 71; a.A. *Jastrow/Schlatmann* IFG § 9 Rn. 35.

235   Ausf. hierzu *F. Schoch*, IFG, [2]2016, § 9 Rn. 71 ff. m.w.N.; BVerwG NVwZ 2012, 1563 Tz. 3; auch der BFH schloss sich nach Anrufung des GmS-OGB durch das BVerwG (BeckRS 2012, 59182) der Ansicht an, dass bei Informationsansprüchen gegen das Finanzamt nicht die Zuständigkeit der Finanzgerichte aufgrund von § 33 Abs. 1 FGO, sondern der Verwaltungsrechtsweg gegeben sei (BFH ZInsO 2013, 500); dazu *D. Eisolt*, DStR 2013, 1872 ff.

236   Vgl. *J. Ruthig/W.-R. Schenke*, in: Kopp/Schenke § 40 Rn. 5 a.

Rechtsbeziehungen wurde der Begriff „besondere Gewaltverhältnisse" geprägt; unter der Geltung des GG sollte allerdings besser von Sonderstatusverhältnissen oder besonderen Pflichtenverhältnissen gesprochen werden (zur Begrifflichkeit → §42 Rn. 141). Nach der unter der spätkonstitutionellen Staatsrechtslehre entwickelten Impermeabilitätstheorie[237] lag das wesentliche Merkmal des Rechtssatzes in der Grenzziehung zwischen selbständigen Willenssphären bzw. Rechtssubjekten. Da die innere Ordnung des staatlichen Verwaltungsapparats keine solche Grenzziehung zwischen selbständigen Rechtssubjekten beinhaltete, wiesen nach diesem Rechtsverständnis Sonderstatusverhältnisse keine Rechtsqualität auf. Diese Sichtweise ist jedoch mit dem heutigen Verfassungsrecht unvereinbar; denn im Hinblick auf die umfassende Bindung aller staatlichen Gewalt gem. Art. 1 Abs. 3 und Art. 20 Abs. 3 GG ist eine Verortung des Rechtsbegriffs anhand des formalen Kriteriums einer Außenwirkung verfehlt, da eine Einschränkung des Rechtsschutzes mit der Folge der Bildung rechtsfreier Räume für dem Staat „inkorporierte", aber nicht originär staatstragende Rechtssubjekte dieser umfassenden Bindung staatlicher Gewalt widerspräche.[238] Daher ist es mittlerweile praktisch einhellig anerkannt, dass Sonderstatusverhältnisse Rechtsverhältnisse sind (vgl. etwa die grundlegende Entscheidung in BVerfGE 33, 1 ff.). Für die Maßnahmen, welche die persönliche Rechtsstellung des im Sonderstatusverhältnis Befindlichen betreffen („Grundverhältnis"), ist dies völlig unstr.; bei diesen Maßnahmen handelt es sich aufgrund ihrer über den bloß internen Bereich hinausgehenden Wirkung um Verwaltungsakte. Gelegentlich verneint[239] wird die Rechtsqualität lediglich für die bloß im internen Bereich der Behörde oder Anstalt („Betriebsverhältnis") wirkenden und die Gehorsamspflicht konkretisierenden Maßnahmen, welche mangels Außenwirkung auch keine Verwaltungsakte darstellen (s. etwa zur beamtenrechtlichen Umsetzung → §42 Rn. 161). Gleichwohl sind auch diese Maßnahmen geeignet, den Betroffenen in seinen Rechten zu verletzen (vgl. BVerwGE 60, 144, 148; 67, 222, 225); sie können ihre Grundlagen in Innenrechtsnormen finden, welche an den jeweiligen behördlichen oder anstaltlichen Funktionsträger gerichtet sind, sodass sie rechtliche Streitigkeiten i.S.d. §40 Abs. 1 S. 1 zu begründen vermögen. Probleme können sich im Falle von Streitigkeiten i.R.v. Sonderstatusverhältnissen hinsichtlich der statthaften Klageart und der Klagebefugnis nach §42 Abs. 2 ergeben (→ §42 Rn. 141 ff. in Bezug auf beamtenrechtliche Sonderstatusverhältnisse).

b) Gnadenakte (→ §42 Rn. 206 f.). Gnadenerweise (durch den Bundespräsidenten nach Art. 60 **170** Abs. 2 und 3 GG sowie durch die Ministerpräsidenten der Länder) entziehen sich ihrem Wesen nach einer rechtlichen Normierung hinsichtlich der Voraussetzungen ihrer Ausübung sowie einer diesbezüglichen gerichtlichen Kontrolle und stellen daher nach der Formel „Gnade vor Recht" eine außerrechtliche Erscheinung dar, sind also keine Rechtsakte. Diese Sichtweise ist vielfach anerkannt und wird vor allem in der Rspr. geteilt (etwa BVerwG NJW 1983, 187, 188 mit umfangreichen Nachw.). Auch das BVerfG hat – in einem mit Stimmengleichheit ergangenen Beschluss – die Erstreckung der Rechtsweggarantie des Art. 19 Abs. 4 GG auf die Ablehnung oder Vornahme von Gnadenentscheidungen abgelehnt (BVerfGE 25, 352, 361).

Eine Ausnahme von diesem Grundsatz besteht allerdings für bereits erteilte Gnadenentscheidungen. **171** Denn hierdurch wird dem Verurteilten aufgrund der Umwandlung der rechtlichen Wirkung des betreffenden Urteils eine schutzwürdige rechtliche Stellung gewährt, sodass sich der Widerruf einer Gnadengewährung in rechtsstaatlichen Bahnen vollziehen und daher der Rechtsweggarantie des Art. 19 Abs. 4 GG unterfallen muss (BVerfGE 30, 108, 110 f.).

Gegen die – abgesehen von diesem Sonderfall – vorgenommene Einordnung von Gnadenentscheidungen **172** gen als außerrechtlichen Akten stellt sich eine beachtliche Gegenmeinung in der Lit. (s. die Zusammenstellung der umfangreichen Nachw. in BVerwG NJW 1983, 187, 188). Begründet wird diese damit, dass aufgrund der umfassenden Bindung der Exekutive an die Grundrechte sowie an Gesetz und Recht (Art. 1 Abs. 3, Art. 20 Abs. 3 GG) ein rechtsfreier Raum auch im Bereich des Gnadenrechts nicht hinnehmbar sei. Da das Gnadenrecht dessen Träger ein Gestaltungsrecht besonderer Art verleihe, solle eine gerichtliche Überprüfbarkeit zumindest dahingehend möglich sein, ob der hinsichtlich

---

237 S. P. *Laband*, Staatsrecht, Bd. 2, ⁵1911, 181; dazu auch *F. Ossenbühl*, HdbStR V §100 Rn. 8.
238 Vgl. auch BVerfGE 33, 1, 10 f.; zur weiteren Kritik ferner *E. Böckenförde*, Gesetz und gesetzgebende Gewalt, 1981, 233 ff.
239 So *Ule*, Anhang zu §32 (S. 193).

der Gnadenentscheidung eingeräumte weite Ermessensspielraum in rechtsstaatlich einwandfreier Weise betätigt wurde, also insbes. frei von Willkür und sachfremden Erwägungen[240] ausgeübt wurde.

173 Die vorgenannte Auffassung begegnet jedoch folgenden Einwänden: Das traditionelle Wesen von Gnadenakten ist darin begründet, dass hierdurch eine rechtliche Entscheidung – nämlich eine strafrechtliche oder strafrechtsähnliche Sanktion[241] – nach Maßstäben revidiert wird, die sich gerade nicht an umfassend und allgemein gültig normierbaren, einheitlichen Maßstäben orientiert. Denn das Gnadenrecht ist ein Ausdruck von Güte, Wohlwollen, Milde und Barmherzigkeit,[242] dessen Wesen darin liegt, dass es vom Recht abweicht (OVG Hamburg DVBl 1961, 136). Damit entzieht es sich letztlich einer rechtsstaatlichen Erfaßbarkeit. Dem einzelnen einen gerichtlich durchsetzbaren Anspruch auf ermessensfehlerfreie Gnadenentscheidung zu geben, liefe dem Wesen des Gnadenrechts zuwider und ließe dieses im Extremfall, etwa bei einer Ermessensreduzierung auf Null, zu einem zusätzlichen Strafaussetzungsgrund neben den in den einschlägigen Strafgesetzen geregelten (z.B. §§ 57 ff. StGB) werden. Insofern wird man das Gnadenrecht vielmehr als für den Betreffenden bestenfalls günstige, schlechtestenfalls nicht bestehende Ausnahme von mit rechtsstaatlichen Mitteln meßbaren Instituten ansehen müssen. Dementsprechend ist dem BVerfG zuzustimmen, wenn es konstatiert, dass das GG das Institut des Begnadigungsrechts in seinem historisch überkommenen Sinn übernommen hat (BVerfGE 25, 352, 358 und 361).

174 Unterstellt man indes eine Justitiabilität von Gnadenentscheidungen, so stellt sich weiterhin die Frage, ob diesbezügliche Streitigkeiten nichtverfassungsrechtlicher Art sind. Dies wäre jedenfalls dann zu bejahen, wenn die Gnadenentscheidungen auf Regierungsbehörden delegiert worden sind[243].[244]

175 Gleichwohl wäre aber selbst dann der Verwaltungsrechtsweg nicht eröffnet, weil sich Gnadenentscheidungen in Bezug auf Straftaten und Ordnungswidrigkeiten als Akte auf dem Gebiet der Strafrechtspflege darstellen und für solche Justiz- oder Vollzugsverwaltungsakte der Rechtsweg zu den ordentlichen Gerichten nach den §§ 23 ff. EGGVG gegeben ist (vgl. BVerwGE 49, 221, 225 f.).

176 c) Ehrungen. Die Verleihung von Ehrenzeichen und Orden ist eine rechtserhebliche Maßnahme. Im Gegensatz zu Gnadenentscheidungen, die ihrem Wesen nach gerade den Sinn haben, eine rechtliche Entscheidung nach außerrechtlichen Kriterien wie Wohlwollen und Milde zu revidieren (→ Rn. 173), ist die Vornahme von Ehrungen einer Ausgestaltung innerhalb der Rechtsordnung durchaus zugänglich[245]. Eine Parallelbehandlung mit Gnadenentscheidungen ist daher nicht geboten. Verleihungsakte müssen sich zumindest am Willkürverbot messen lassen. Gegen die Entziehung eines Titels oder einer Auszeichnung oder die Einziehung der Verleihungsurkunde ist der Verwaltungsrechtsweg spezialgesetzlich nach § 4 Abs. 1 S. 2 OrdenG gegeben. Auch im Übrigen ist aber der Verwaltungsrechtsweg nach § 40 eröffnet (vgl. auch → Rn. 228), da Verleihungs- und Entziehungsakte i.d.R. öffentlich-rechtlichen Charakter haben.

177 d) Regierungsakte. Regierungsakte sind entgegen a.A.[246] prinzipiell justitiable Akte, welche sich nicht etwa in einem rechtlich unzugänglichen Bereich rein politischer Gestaltung bewegen. Ihr Rechtscharakter ergibt sich bereits daraus, dass sie Gegenstand eines verfassungsrechtlichen Organstreitverfahrens nach Art. 93 Abs. 1 Nr. 1 GG sein können. Überdies sind die Tätigkeiten der obersten Regierungsorgane im GG vorgesehen und haben dort eine gewisse, ihrem weitläufigen Charakter entsprechende rechtliche Ausgestaltung gefunden.[247] Ihrer Einordnung als Rechtsakte und ihrer somit prinzipiell möglichen gerichtlichen Überprüfbarkeit steht somit nichts entgegen.[248] Sie stellen sich allerdings nur dann als Rechtsstreitigkeiten nichtverfassungsrechtlicher Art dar und unterfallen somit der Rechtswegzuweisung des § 40, wenn ihre Wirkungen nicht im intern-staatlichen oder zwischenstaatli-

---

240　Vgl. W. Heun, in: Dreier II Art. 60 Rn. 25.
241　Dazu R. Herzog, in: Maunz/Dürig Art. 60 Rn. 26 ff.
242　Vgl. W. Heun, in: Dreier II Art. 60 Rn. 2.
243　K. Rennert, in: Eyermann § 40 Rn. 12.
244　Vgl. Art. 60 Abs. 3 GG.
245　So auch K. Rennert, in: Eyermann § 40 Rn. 13.
246　F. Klein, VVDStRL 8 (1950), 111; H. Krüger, Allgemeine Staatslehre, ²1966, 693; H. Schneider, Gerichtsfreie Hoheitsakte, 1951, 32 ff., 79.
247　Vgl. auch Schmitt Glaeser/Horn Rn. 40.
248　So auch D. Ehlers/J.-P. Schneider, in: Schoch/Schneider/Bier § 40 Rn. 118; K. Rennert, in: Eyermann § 40 Rn. 11; J. Ruthig/W.-R. Schenke, in: Kopp/Schenke § 40 Rn. 5 b.

chen Bereich verbleiben. Sofern sie jedoch geeignet sind, außerhalb dieses Bereichs subjektiv-öffentliche Rechte zu verletzen, steht der Rechtswegeröffnung zu den Verwaltungsgerichten nach § 40 grds. nichts im Wege (vgl. z.B. BVerwGE 82, 76 ff. [Warnung vor Jugendsekten]; 90, 112, 122). Unabhängig davon wird man aber prüfen müssen, inwieweit eine gerichtliche Kontrolle aufgrund des großen Gestaltungsspielraums hinsichtlich der Vornahme solcher Maßnahmen eingeschränkt ist.[249]

e) Petitionsentscheidungen (→ § 42 Rn. 245). Petitionsentscheidungen sind rechtlich determiniert und 178 können Rechtsverletzungen erzeugen. Daher haben sie Rechtsqualität. Daran ändert nichts, dass ein Anspruch des Petenten auf Erfüllung seines materiellen Sachbegehrens nicht vom Recht aus Art. 17 GG erfasst ist (BVerfGE 2, 225, 230). Der Petent hat aber ein Recht auf Entgegennahme, Prüfung und Bescheidung der Petition.[250] Insoweit ist der Verwaltungsrechtsweg nach § 40 eröffnet, weil es sich auch um eine nichtverfassungsrechtliche Streitigkeit handelt, denn der Petitionsausschuss wird nicht legislativ, sondern exekutiv tätig (→ Rn. 70).

f) Innenrechtsstreitigkeiten. Unter Innenrechtsstreitigkeiten versteht man Streitigkeiten zwischen 179 Funktionssubjekten öffentlich-rechtlicher Organisationen über deren Befugnisse und Funktionen, die diesen zur eigenständigen Wahrnehmung übertragen sind.[251] Hierher gehören bspw. die sog. Kommunalverfassungsstreitigkeiten[252] (näher zum Kommunalverfassungsstreit → § 42 Rn. 229 ff.), d.h. Streitigkeiten zwischen verschiedenen Organen oder Organteilen innerhalb kommunaler Selbstverwaltungskörperschaft, sowie entsprechende Streitigkeiten i.R.v. anderen Körperschaften oder sonstigen juristischen Personen des öffentlichen Rechts wie Universitäten (z.B. BVerwG NVwZ 1982, 243, 245; NVwZ 1985, 112), Rundfunkanstalten (OVG Lüneburg DÖV 1979, 170), Kammern (OVG Lüneburg OVGE 12, 414), Innungen oder öffentlich-rechtlichen Genossenschaften.

Inwieweit hierzu auch die bereits oben behandelten Streitigkeiten i.R.v. Sonderstatusverhältnissen 180 (→ Rn. 169) zu zählen sind, wird uneinheitlich beurteilt. Dagegen spricht, dass die Personen, für die Sonderstatusverhältnisse begründet sind, regelmäßig keine Organfunktionen eigenständig wahrzunehmen haben.[253]

Nach Überwindung der Impermeabilitätstheorie (→ Rn. 169) herrscht heute Einigkeit darüber, dass 181 auch bloß im staatlichen Innenbereich wirkende Rechtssätze ohne Außenwirkung „rechtliche" Streitigkeiten zu begründen geeignet sind. Dem steht auch nicht entgegen, dass die VwGO ihrem Rechtsschutzcharakter nach auf Außenrechtsstreitigkeiten zugeschnitten ist; entscheidend ist nur, dass § 40 nach Wortlaut sowie Sinn und Zweck „alle" öffentlich-rechtlichen „Rechts"streitigkeiten nichtverfassungsrechtlicher Art erfasst, und hierunter fallen nach dem soeben Ausgeführten auch Innenrechtsstreitigkeiten. Allerdings muss man ggf. den Besonderheiten von Innenrechtsstreitigkeiten Rechnung tragen, sodass bspw. die Klage nicht gegen die Behörde oder Trägerkörperschaft zu richten ist, sondern gegen das andere Organ, mit welchem die Streitigkeit besteht.[254] Für die Rechtswegeröffnung zu den Verwaltungsgerichten nach § 40 kommt es insofern auch nicht darauf an, inwieweit die beschriebenen Streitigkeiten die Verletzung subjektiv-öffentlicher Rechte zum Gegenstand haben; dies ist vielmehr eine Frage der Klagebefugnis.

Sofern die betreffende Innenrechtsstreitigkeit sich allerdings auf Verfassungsebene bewegt, scheidet 182 der Verwaltungsrechtsweg nach § 40 mangels einer nichtverfassungsrechtlichen Streitigkeit aus; vielmehr kommt dann Rechtsschutz i.R. eines verfassungsgerichtlichen Organstreitverfahrens in Betracht.

2. Streitigkeit nichtverfassungsrechtlicher Art. a) Einführung. Die Eröffnung des Verwaltungsrechts- 183 wegs gem. § 40 Abs. 1 S. 1 setzt die nichtverfassungsrechtliche Art der Rechtsstreitigkeit voraus. Diesem Kriterium, das der Abgrenzung des Verwaltungs- vom Verfassungsrechtsweg dient, wird weiterhin eine erhebliche Bedeutung zuteil, denn beide Gerichtszweige verfügen nicht nur über „ein teilweise andersartiges Instrumentarium", sondern erweisen sich zudem als „verfahrensmäßig gesondert ausge-

---

249 *E. Schmidt-Aßmann*, in: Maunz/Dürig Art. 19 Abs. 4 Rn. 82 f.; *Schmitt Glaeser/Horn* Rn. 40.
250 BVerfGE 2, 225, 230; *H. Sodan*, in: Sodan Art. 17 Rn. 3.
251 Vgl. BVerwG NVwZ 1989, 470; DVBl 1994, 866; *K. Rennert*, in: Eyermann § 40 Rn. 15.
252 Vgl. z.B. OVG Koblenz NVwZ 1985, 283; VGH Kassel NVwZ 1983, 44.
253 So auch *K. Rennert*, in: Eyermann § 40 Rn. 15; anders *D. Ehlers/J.-P. Schneider*, in: Schoch/Schneider/Bier § 40 Rn. 126.
254 *K. Rennert*, in: Eyermann § 40 Rn. 16.

staltet"[255]. So kennt das Verfassungsprozessrecht keinen generalklauselartig ausgestalteten Zugang zum Gerichtszweig, sondern bedient sich bei der Begründung der verfassungsgerichtlichen Zuständigkeit des Enumerativprinzips.

183a   Das Vorliegen einer verfassungsrechtlichen Streitigkeit ist auch vom Rechtsmittelgericht zu kontrollieren. Zwar prüft gem. § 17a Abs. 5 GVG das Gericht, das über ein Rechtsmittel gegen eine Entscheidung in der Hauptsache entscheidet, nicht, ob der beschrittene Rechtsweg zulässig ist. § 17a Abs. 5 GVG ist aber auf das Verhältnis zwischen dem Verwaltungsrechtsweg und den Verfassungsgerichten unanwendbar. „Mit dem Begriff des Rechtswegs i.S.v. § 17a V GVG wird nämlich nur die Abgrenzung der Zuständigkeiten der einzelnen (Fach-)Gerichtsbarkeiten zueinander angesprochen (z.B. § 13 GVG, § 40 VwGO, § 33 FGO, § 51 SGG), die als Gerichte eine umfassende Nachprüfungskompetenz haben, nicht hingegen das Verhältnis zu dem auf die Nachprüfung von Verfassungsrecht beschränkten BVerfG" (OVG Berlin-Brandenburg LKV 2011, 566 m.w.N.).

184   Einigkeit darüber, auf welcher inhaltlichen Basis diese grundsätzliche Weichenstellung erfolgen soll, besteht indes weiterhin nicht.[256] Das BVerwG hat zwar mehrfach darauf hingewiesen, dass eine eindeutige und allgemeingültige Abgrenzungsformel zur Bestimmung der (nicht)verfassungsrechtlichen Art der Streitigkeit nicht in Betracht komme (BVerwGE 24, 272, 279; 36, 218, 227f.; 50, 124, 130). Es hat letztlich „einer mehr praktischen Abgrenzung den Vorzug gegeben" (BVerwGE 24, 272, 279). Auf eine positive Definition der Verfassungsrechtsstreitigkeit kann jedoch bereits im Interesse der Rechtssicherheit nicht verzichtet werden.[257]

185   **b) Möglichkeiten zur Begriffseinordnung.** Rechtsstreitigkeiten unter Involvierung des Staates betreffen wegen der unmittelbaren Bindung aller Staatsgewalten an den Grundrechtskatalog (Art. 1 Abs. 3 GG), der Verpflichtung der Legislative zur Einhaltung der verfassungsmäßigen Ordnung sowie der Bindung von Exekutive und Judikative an Gesetz und Recht (Art. 20 Abs. 3 GG) i.d.R. auch verfassungsrechtliche Fragen. Andererseits verlangen § 90 Abs. 2 BVerfGG und der in der Verfassungsrechtsprechung entwickelte Grundsatz der Subsidiarität der Verfassungsbeschwerde im Hinblick auf die Zulässigkeit von Verfassungsbeschwerden zunächst die erschöpfende Inanspruchnahme des fachgerichtlichen, d.h. bei öffentlich-rechtlichen Streitigkeiten grds. des verwaltungsgerichtlichen Rechtsschutzes.[258]

186   Soll das Kriterium der nichtverfassungsrechtlichen Art in § 40 Abs. 1 S. 1 eine brauchbare Abgrenzungswirkung entfalten, so kann eine bloße Relevanz bundes- oder landesverfassungsrechtlicher Normen i.R. rechtlicher Auseinandersetzungen für die Begriffsbestimmung keine Rolle spielen.[259]

187   **aa) Rückgriff auf den verfassungsprozessualen Enumerationskatalog.** Verfehlt wäre eine rein formelle Begriffsauffüllung durch Bindung an den verfassungsprozessualen Enumerationskatalog.[260] § 40 Abs. 1 S. 1 fügt der Rechtsstreitigkeit zwar das Attribut der „nichtverfassungsrechtlichen Art" bei, verlangt damit aber nicht erst die ausdrückliche Zuständigkeit der Verfassungsgerichtsbarkeit zur Versagung des Verwaltungsrechtswegs.[261] Auch folgt aus der Unzuständigkeit der Verfassungsgerichte nicht zwingend der Schluss auf eine nichtverfassungsrechtliche Streitigkeit. So geht schon diesbezüglich die Begründung zum Regierungsentwurf[262] (zur Entstehungsgeschichte → Rn. 19ff.) nicht von einem notwendigen Zusammenhang aus, wenn dort festgestellt wird, dass verfassungsrechtliche Streitigkeiten „meist" der Verfassungsgerichtsbarkeit zugewiesen seien. Erfolgt eine ausdrückliche Streitzuweisung über den Enumerationskatalog an die Verfassungsgerichte, so bedarf es ohnehin keines Rückgriffs auf das angesprochene Abgrenzungskriterium in der Generalklausel des § 40. Bereits nach § 40

---

255   *P. Lerche,* BayVerfGH-FS, 1997, 79.
256   Vgl. *J. Ruthig/W.-R. Schenke,* in: Kopp/Schenke § 40 Rn. 31 ff.
257   *H. Bethge,* JuS 2001, 1100, 1101; vgl. auch *P. Lerche,* BayVerfGH-FS, 1997, 79.
258   Dazu näher *H. Sodan,* DÖV 2002, 925 ff.
259   Vgl. *Würtenberger* Rn. 164.
260   Vgl. *H. Bethge,* JuS 2001, 1100; *Bosch/Schmidt/Vondung* Rn. 248; *K. Rennert,* in: Eyermann § 40 Rn. 18; *Schenke* Rn. 126.
261   Im Gegensatz dazu besteht die Prüfungsbefugnis des Oberverwaltungsgerichts bei der Normenkontrolle gem. § 47 Abs. 3 nur, „soweit" keine ausschließliche Nachprüfbarkeit durch das Landesverfassungsgericht gesetzlich vorgesehen ist.
262   BT-Drs. 3/55, 30 unter Bezugnahme auf die in § 38 des Gesetzentwurfs enthaltene „Vorläuferfassung" zum heutigen § 40.

Abs. 1 S. 1 Hs. 2 und S. 2 kommt dann eine Zuständigkeit der Verwaltungsgerichte nicht in Betracht.[263] Das Kriterium der „nichtverfassungsrechtlichen Art" in § 40 Abs. 1 S. 1 erwiese sich als redundant, wenn das Vorliegen einer verfassungsrechtlichen Streitigkeit von der Zuständigkeit der Verfassungsgerichte abhängig gemacht würde.[264]

Nach dem gewonnenen Ergebnis sind verfassungsrechtliche Streitigkeiten denkbar, die keiner gerichtlichen Kontrolle unterliegen. Eine extensive Interpretation des § 40 kommt aber in Ausnahmefällen zur Vermeidung von Rechtsschutzlücken und damit zur Wahrung des Art. 19 Abs. 4 S. 1 GG in Betracht[265], denn es erscheint zweifelhaft, ob mit Blick auf Grundrechtspositionen das Verfassungsbeschwerdeverfahren den fehlenden fachgerichtlichen Rechtsschutz hinreichend ersetzen kann.[266] Unter Rückgriff auf den ordentlichen Rechtsweg i.S.v. Art. 19 Abs. 4 S. 2 GG lässt sich die Rechtsschutzlücke i.d.R. nicht schließen.[267] Das BVerwG verweist in diesem Zusammenhang zu Recht auf eine größere Sachnähe der Verwaltungsgerichte gegenüber den ordentlichen Gerichten.[268] 188

bb) „Faustformel" von der doppelten Verfassungsunmittelbarkeit. Nach derzeit noch überwiegender Auffassung in Rspr.[269] und Lit.[270] setzt eine verfassungsrechtliche Streitigkeit zweierlei voraus: Der Rechtsstreit muss sich sowohl beiderseitig auf unmittelbar am Verfassungsleben Beteiligte – bspw. Verfassungsorgane oder -organteile – beziehen als auch solche Rechte und Pflichten betreffen, die unmittelbar in der Verfassung geregelt sind. Die kumulativen Anforderungen werden unter dem Begriff der doppelten Verfassungsunmittelbarkeit zusammengefasst.[271] 189

Nach dieser Auffassung ist somit eine verfassungsrechtliche Streitigkeit im Verhältnis von Staat und Bürger grds. ausgeschlossen.[272] Ausnahmsweise könne auch der Bürger das formelle Kriterium erfüllen, wenn er selbst unmittelbar am Verfassungsleben teilnehme und ihm das Verfassungsrecht insoweit eine besondere Rechtsstellung zubillige.[273] Dies sei bspw. denkbar, wenn der einzelne als Teilnehmer eines Volksbegehrens auftrete.[274] 190

Das BVerfG hat sich der These von der doppelten Verfassungsunmittelbarkeit bislang nicht ausdrücklich angeschlossen.[275] Zwar geht es in einzelnen Entscheidungen davon aus, dass eine verfassungsrechtliche Streitigkeit nur zwischen „Faktoren" bestehen kann, die am Verfassungsleben beteiligt 191

---

263 *D. Ehlers/J.-P. Schneider*, in: Schoch/Schneider/Bier § 40 Rn. 134; *H. H. Rupp*, AöR 85 (1960), 149, 156 f.; *Schmitt Glaeser/Horn* Rn. 54.

264 Vgl. *Schenke* Rn. 126.

265 *K. Rennert*, in: Eyermann § 40 Rn. 17.

266 So gehen *D. Ehlers/J.-P. Schneider*, in: Schoch/Schneider/Bier § 40 Rn. 135 zunächst davon aus, dass die Möglichkeit zur Verfassungsbeschwerde in der genannten Fallkonstellation der Garantie des effektiven Rechtsschutzes i.S.d. Art. 19 Abs. 4 S. 1 GG genüge. Später (Rn. 152 und Fn. 608) weisen sie zutr. darauf hin, dass das Verfassungsbeschwerdeverfahren nachteilig sein könne. So würde zum einen der Instanzenzug fehlen. Auch sei „Prüfungsgegenstand des Verfassungsbeschwerdeverfahrens [...] nur Verfassungsrecht und nicht auch sonstiges Recht".

267 Vgl. *K. Rennert*, in: Eyermann § 40 Rn. 17; a.M. *Schmitt Glaeser/Horn* Rn. 55.

268 BVerwG NJW 1985, 2344, 2345 f.; a.M. *D. Ehlers/J.-P. Schneider*, in: Schoch/Schneider/Bier § 40 Rn. 135; *C. Pestalozza*, NJW 1986, 33, 34.

269 S. u.a. BVerwGE 36, 218, 227 f.; BVerwG NJW 1976, 637 f.; NJW 1976, 1648; OVG Berlin-Brandenburg LKV 2011, 566 f.

270 Etwa *Büchner/Schlotterbeck* Rn. 106; *Hufen* § 11 Rn. 49 f.; *Mann/Wahrendorf* § 9 Rn. 128; *Schmitt Glaeser/Horn* Rn. 56; *Stern/Blanke* Rn. 187; *Würtenberger* Rn. 161.

271 *J. Ruthig/W.-R. Schenke*, in: Kopp/Schenke § 40 Rn. 32 m.w.N.; *Schmitt Glaeser/Horn* Rn. 56. Vgl. auch OVG Berlin-Brandenburg LKV 2011, 566.

272 *Schmitt Glaeser/Horn* Rn. 56; *Würtenberger* Rn. 166. So hat das BVerwG bspw. die Streitigkeit zwischen einem Bürger und einem Bundesland im Hinblick auf die Behandlung einer Parlamentsbeschwerde – trotz der Abhängigkeit der Sachentscheidung von Art. 17 GG – als eine öffentlich-rechtliche Streitigkeit nichtverfassungsrechtlicher Art qualifiziert, denn der Bürger nehme eben nicht am Verfassungsleben auf oberster Ebene teil (BVerwG NJW 1976, 637). S. hierzu auch *Büchner/Schlotterbeck* Rn. 106; ebenso liegt eine nichtverfassungsrechtliche Streitigkeit vor, wenn ein Redakteur den Bundespräsidenten zur Auskunft bzgl. des Ausfertigungsprozesses eines Gesetzes verpflichten möchte (OVG Berlin-Brandenburg NVwZ 2016, 950).

273 VGH München BayVBl 1990, 721; vgl. auch *D. Ehlers/J.-P. Schneider*, in: Schoch/Schneider/Bier § 40 Rn. 136, die darauf verweisen, dass das formelle Kriterium teilweise überhaupt nur als Grundsatz gehandhabt wird. So bspw. in BVerwGE 51, 69, 71; VGH München NVwZ 1991, 386.

274 Dazu insbes. VGH München NVwZ 1991, 386, der in einer rechtlichen Auseinandersetzung über die Frage, ob die wahlgesetzlich geregelte Eintragungsfrist für ein Volksbegehren verlängert werden müsse, von der verfassungsrechtlichen Natur der Streitigkeit ausging. Vgl. aber auch OVG Berlin DVBl 1999, 994; OVG Lüneburg NdsVBl 1997, 208, 209; VGH Kassel NVwZ 1991, 1098; VGH München BayVBl 1990, 721; VG Potsdam LKV 1997, 338.

275 So verweisen *D. Ehlers/J.-P. Schneider*, in: Schoch/Schneider/Bier § 40 Rn. 137 (Fn. 565) in diesem Zusammenhang auf BVerfG (K) NVwZ 1988, 817 f.

sind.[276] Dennoch beziehen sich diese Äußerungen des BVerfG nur auf den Enumerationskatalog des Art. 93 GG und die dort benannten Streitverfahren. Sie sind nicht verallgemeinerungsfähig. Zu Recht wird somit darauf verwiesen, dass die diesbezügliche Judikatur nicht unbesehen die Interpretation des § 40 Abs. 1 S. 1 GG beeinflussen könne.[277]

192   cc) **Neuere Ansätze zur Begriffsbestimmung.** Die doppelte Verfassungsunmittelbarkeit als Kriterium zur Trennung zwischen Verfassungs- und Verwaltungsrechtsweg wurde während der Zeit der Weimarer Republik entwickelt.[278]

193   Damals wurde überwiegend die Auffassung vertreten, „nicht jeder Streit über den Sinn eines Verfassungsartikels" sei „ein Verfassungsstreit"; es komme vielmehr zunächst auf die „streitenden Subjekte" an.[279] Zudem sei die „Eigenart des Streitgegenstandes" maßgeblich.[280] I.E. wurde festgestellt: „Der Begriff der Verfassungsstreitigkeit ist [...] durch Gegenstand und Partei bestimmt".[281]

194   Dieser Einordnung lag noch die Vorstellung zugrunde, dass das Kernelement der Staats- bzw. Verfassungsgerichtsbarkeit die rechtsstaatliche „Kontrolle der inneren Staatswillensbildung" sei; die Verwaltungsgerichtsbarkeit verfolge hingegen den Zweck, die „Kontrolle der Handhabung der Staatsgewalt gegen Außenstehende" zu gewährleisten.[282] Daraus wurde eine Zweiteilung der judiziellen Aufgabenverteilung mit dem Inhalt gefolgt, „dass sich die Verfassungsgerichtsbarkeit auf Gleichordnungsverhältnisse erstrecke, die Verwaltungsgerichtsbarkeit dagegen auf Subordinationsverhältnisse"[283].

195   Zu Recht wird jedoch heute darauf verwiesen, dass bereits mit Einführung des Verfassungsbeschwerdeverfahrens (1951) und der ausdrücklichen Verankerung desselben in Art. 93 Abs. 1 Nr. 4 a GG (1969) der doppelten Verfassungsunmittelbarkeit der argumentative Begründungsansatz entzogen wurde.[284] Aufgrund geänderter Verfassungsrechtslage lässt sich der Begriff der verfassungsrechtlichen Streitigkeit nicht mehr mit dem der verfassungsrechtlichen Organstreitigkeit gleichsetzen.[285] Das Erfordernis einer beiderseitigen Beteiligung von Verfassungsrechtssubjekten erweist sich somit als zu eng.[286]

196   Wird mit der Aussonderung verfassungsrechtlicher Streitigkeiten der Zweck verfolgt, spezifisch verfassungsrechtliche Fragestellungen den Verfassungsgerichten vorzubehalten, d.h. dem qualifizierten Entscheidungsvorbehalt verfassungsgerichtlicher Erkenntnis zu unterstellen, so ist die verwaltungsgerichtliche Kontrolle auch bei solchen Rechtsstreitigkeiten zu versagen, bei denen es um die Auseinandersetzung über explizite verfassungsrechtliche Rechte und Pflichten nur eines Rechtsträgers geht.[287] Dies gilt bspw. dann, wenn der einzelne die Änderung eines parlamentarischen Haushaltsbeschlusses im Rechtsweg begehrt (OVG Hamburg DÖV 1986, 439, 440).

197   Gleiches gilt, wenn es um die Klage eines Bürgers auf Erlass oder auf prinzipale Kontrolle eines formellen Gesetzes geht. Auch derartige Rechtsschutzbegehren, die sich explizit gegen die Entscheidungsbefugnis des parlamentarischen Gesetzgebers als obersten Staatsorgans richten, können nur der verfassungsgerichtlichen Kontrolle unterliegen.[288] Wollte man dem Maßstab der doppelten Verfassungsunmittelbarkeit hier gerecht werden, müsste der den Rechtsstreit betreibende Bürger kurzerhand zum Verfassungsrechtssubjekt „umfunktioniert" werden.[289]

---

276   BVerfGE 1, 208, 221; 27, 240, 246; vgl. auch BVerfGE 2, 143, 155 und 159; 13, 54, 72 f.
277   *D. Ehlers/J.-P. Schneider*, in: Schoch/Schneider/Bier § 40 Rn. 137.
278   Vgl. *G. Kassimatis*, Der Bereich der Regierung, 1967, 180 ff.; *H. Schmelter*, Rechtsschutz, 1977, 156 ff.
279   *R. Thoma*, AöR 43 bzw. 4 n.F. (1922), 267, 283.
280   *G. Anschütz*, Die Verfassung des Deutschen Reichs vom 11. August 1919, [14]1933, Art. 19 Anm. 2.
281   *E. Friesenhahn*, Die Staatsgerichtsbarkeit, in: Handbuch des deutschen Staatsrechts, 1932, 523 ff., 534.
282   *H. Schmelter*, Rechtsschutz, 1977, 160 m.w.N.; *R. Thoma*, in: Reichsgerichtspraxis I, 1929, 179 ff., 184.
283   *H. Schmelter*, Rechtsschutz, 1977, 160.
284   Vgl. *G. Kassimatis*, Der Bereich der Regierung, 1967, 182; *H. Schmelter*, Rechtsschutz, 1977, 160 f.
285   *D. Ehlers/J.-P. Schneider*, in: Schoch/Schneider/Bier § 40 Rn. 139.
286   So bspw. *U. Di Fabio*, Rechtsschutz in parlamentarischen Untersuchungsverfahren, 1988, 106 ff.; *K. Rennert*, in: Eyermann § 40 Rn. 21; *ders.*, JZ 1995, 828 f.; *H. Sodan*, NVwZ 2000, 601, 607; *ders.*, FS Schenke, 2011, 1259, 1268.
287   *D. Ehlers/J.-P. Schneider*, in: Schoch/Schneider/Bier § 40 Rn. 140.
288   BVerwGE 80, 355, 358; hierzu auch BVerfGE 10, 124, 127 f.; 70, 35, 67. So hat etwa das OVG Münster (NWVBl 1994, 57) das Begehren einer gewerkschaftlichen Spitzenorganisation auf vorläufigen Nichtgebrauch des Gesetzesinitiativrechts durch die Bundesregierung als verfassungsrechtliche Streitigkeit eingeordnet. Ohne nähere Begründung wird offenbar davon ausgegangen, dass die verfassungsrechtliche Natur der Sache das formelle Kriterium überlagert; hierzu auch *P. Lerche*, BayVerfGH-FS 1997, 79, 89 f. Näher zur Problematik der prozessualen Durchsetzbarkeit von Ansprüchen auf Rechtsetzung → § 42 Rn. 46 ff.; *H. Sodan*, NVwZ 2000, 601, 607 ff.
289   *H. Sodan*, FS Schenke, 2011, 1259, 1268.

aaa) Zur Maßgeblichkeit des materiellen Kriteriums. Nach einer teilweise in der Lit. vertretenen Auf- 198
fassung soll es für eine verfassungsrechtliche Streitigkeit i.S.d. § 40 Abs. 1 S. 1 ausreichen, wenn sich
eine staatliche Stelle auf einen materiellen Verfassungsrechtssatz stützt und sich die Beteiligten über
die daraus resultierenden Rechtsfolgen streiten.[290] Hiervon leicht abweichend stellt eine andere Ansicht in der Rechtslehre darauf ab, dass der dem Rechtsstreit zugrunde liegende Sachverhalt eine wesentliche Prägung durch das Verfassungsrecht erfährt bzw. der angestrebte Rechtsentscheid „in Sachen
der materiellen Verfassung" ergeht.[291] Von der materiellen Verfassung erfasst seien alle Rechtssätze,
die politische Grundsätze in die Geltungskraft der Rechtsordnung erheben, oder die politische Strukturen, Organisationen und Institutionen ins Leben rufen und ordnen, oder die Verfassungsregeln für
politisches Handeln aufstellen.[292]

Das BVerwG stellte fest, es sei maßgeblich, dass „das streitige Rechtsverhältnis entscheidend vom Ver- 199
fassungsrecht geformt" werde, d.h. „die Auslegung und Anwendung der Verfassung den eigentlichen
Kern des Rechtsstreits" bilde.[293] Unter Rückgriff auf diese Formel hatte es sich zunächst von der engen Anbindung an den Kläganspruch gelöst und damit auch Vorfragen mit verfassungsrechtlichem
Gehalt berücksichtigt, sofern diesen im jeweiligen Rechtsstreit eine entscheidende Rolle zuteil wurde
(vgl. BVerwGE 22, 272, 279). In seiner weiteren Rspr. betonte das BVerwG dann aber, dass etwaige
verfassungsrechtliche Vorfragen für die Weichenstellung i.S.d. § 40 Abs. 1 S. 1, d.h. für die rechtliche
„Qualifizierung der Streitsache" keine Relevanz besäßen (BVerwGE 50, 124, 131; vgl. aber auch
BVerwG NJW 1985, 2344). Auch könne es nicht – zumindest nicht ausschließlich – darauf ankommen, ob „einfachgesetzliche Regelungen der Erfüllung von Verfassungsgeboten" dienten „oder die Beurteilung eines Rechtsverhältnisses nicht unerheblich von verfassungsrechtlichen Gesichtspunkten"
abhänge (BVerwG NJW 1985, 2344; vgl. ferner BVerwGE 80, 355, 357; 96, 45, 49).

Das BVerwG präzisierte vor wenigen Jahren die verwendete Formel, mit Blick auf die Auseinander- 200
setzung von Staatsverbänden, leicht und stellte fest, dass entscheidend sei, „welche Ebene des Rechtssystems das dem Streit zugrunde liegende Rechtsverhältnis" präge[294]. „Die Prägung" sei „nur dann
verfassungsrechtlich, wenn die Verletzung oder unmittelbare Gefährdung des Rechts aus einem Bund
und Land umschließenden materiellen Verfassungsrechtsverhältnis geltend gemacht" werde; es könne
nicht genügen, dass bspw. „Bund und Land über die Auslegung und Tragweite einer Vorschrift des
GG unterschiedlicher Auffassung" seien (BVerwGE 109, 258, 260). Noch erweise es sich als ausreichend, dass die Beteiligten „Subjekte des Verfassungsrechts" seien (BVerwGE 109, 258, 260). Letztlich sei für die Annahme einer verfassungsrechtlichen Streitigkeit maßgebend, dass solche Rechte und
Pflichten in Streit stünden, die unmittelbar und ausschließlich in der Verfassung geregelt seien
(BVerwG NVwZ 1998, 500).

Die vorstehend genannten, in Rspr. und Lit. vertretenen Definitionen werfen gemeinsam zwei Grund- 201
fragen auf: Erstens gilt es zu klären, wie der Begriff „Verfassungsrecht" i.R.v. § 40 Abs. 1 S. 1 interpretiert werden kann. Zweitens bleibt erörterungsbedürftig, wie weitreichend „das Verfassungsrechtliche" den Streitgegenstand beeinflussen muss, um ihm die spezifisch verfassungsrechtliche „Art" zu
verleihen.[295]

In der aufgezeigten Weite sind die genannten Formeln bereits begrifflich unscharf.[296] Wenn vom Ver- 202
fassungsrecht gesprochen wird, so muss grds. zwar neben dem geschriebenen auch das ungeschriebene
Bundes- und Landesverfassungsrecht Berücksichtigung finden.[297] Nicht jedoch kann das materielle

---

290 So *U. Di Fabio*, Rechtsschutz im parlamentarischen Untersuchungsverfahren, 1988, 109.
291 *H. Schmelter*, Rechtsschutz, 1977, 163; auch *D. Ehlers/J.-P. Schneider*, in: Schoch/Schneider/Bier § 40 Rn. 144.
292 *Ch. Walter*, in: Maunz/Dürig Art. 93 Rn. 150 ff.
293 BVerwGE 24, 272, 279; vgl. auch BVerwGE 36, 218, 227; 50, 124, 130; 60, 162, 172 f.; BVerwG NJW 1985, 2344;
      BVerwGE 80, 355, 357; OVG Münster DVBl 1987, 100, 101. Vgl. auch *P. Lerche*, BayVerfGH-FS, 1997, 79 ff.;
      W. Löwer, HdbStR III § 70 Rn. 6.
294 BVerwGE 109, 258, 259 m.w.N.; vgl. auch BVerwGE 96, 45, 48; BVerwG NVwZ 1998, 500 m.w.N. Ähnl. OVG
      Saarlouis 3.8.2010 – 3 B 205/10, juris Rn. 55: „Vielmehr ist auch bei Beteiligung eines Bürgers und eines am Verfas-
      sungsleben teilhabenden Rechtssubjekts zu fragen, ob letzteres in spezifisch verfassungsrechtlicher Funktion in An-
      spruch genommen wird, d.h. ob ein zentraler Bereich der ihm von Verfassungs wegen zukommenden Betätigung be-
      rührt ist."
295 Vgl. auch *P. Lerche*, BayVerfGH-FS, 1997, 79, 81 ff.
296 Vgl. insoweit *J. Ruthig/W.-R. Schenke*, in: Kopp/Schenke § 40 Rn. 32 b, die von fehlender „Konturenschärfe" spre-
      chen.
297 Insoweit zutr. *D. Ehlers/J.-P. Schneider*, in: Schoch/Schneider/Bier § 40 Rn. 146.

Verfassungsrecht in Gänze erfasst sein. Zu Recht wird gerade auch die Verknüpfung zur formellen Verfassung eingefordert.[298] Wird von der formellen Verfassung gesprochen, so ist damit nicht nur das ausdrückliche Regelungswerk im Verfassungsgesetz gemeint. Erfasst sind auch die vorgelagerten Verfassungsprinzipien in allen ihren Gehalten, welche ihrerseits zwar eine enge Bindung an das Verfassungsgesetz aufweisen, dort jedoch, wenn überhaupt ausdrücklich, dann zumeist unvollständig benannt sind.[299]

203   Konkretisierungen „nach unten hin", d.h. einfachgesetzliche Konkretisierungen, können ausnahmsweise dann in die Betrachtung einbezogen werden, wenn sie eine unmittelbare Bindung zum formellen Verfassungsrecht aufweisen.[300] Damit lässt sich das die Verfassung ausfüllende einfache Recht (z.B. das PartG, Wahlgesetze oder Abgeordnetengesetze) nicht ohne Weiteres in den i.R.d. § 40 Abs. 1 S. 1 heranzuziehenden Verfassungsbegriff aufnehmen.[301]

204   Auch nach dieser vergleichsweise restriktiveren Verortung bleibt der Verfassungsbegriff ein „schwammiger Körper". Klare Grenzziehungen sind insbes. dann nicht möglich, wenn man einen (zukunfts-)offenen Verfassungsbegriff zugrundelegt. Mit Blick auf das rechtsstaatlich eingeforderte Gebot der Meßbarkeit staatlichen Handelns kann bereits aus diesem Grund die ausschließliche Heranziehung des materiellen Kriteriums zur Bestimmung der verfassungsrechtlichen Streitigkeit nicht befriedigen.

205   Im Bemühen offenbar um eine weitere Präzisierung des begrifflichen Gehalts wird im Schrifttum teilweise gefordert, die Prägung des Streitcharakters solle *nur* durch das Verfassungsrecht erfolgen.[302] Nach a.A. soll eine *Dominanz* ausreichen.[303]

206   Diese „Präzisierungsversuche" können, wie das folgende Beispiel aufzeigt, zu widersprüchlichen Ergebnissen führen: Wenn sich ein einzelner Bürger gegenüber einem Verwaltungshandeln ausschließlich auf Grundrechte beruft und Rechtsschutz begehrt, so wird *nur* um Verfassungsrecht gestritten.[304] Wollte man entscheidend auf das materielle Kriterium abstellen, müsste hier konsequenterweise eine verfassungsrechtliche Streitigkeit angenommen werden. Der Verwaltungsrechtsweg wäre demgemäß nicht eröffnet. Ein derartiges Ergebnis erwiese sich indes mit Blick auf den Telos des § 40 Abs. 1 als unhaltbar und wäre insbes. mit § 90 Abs. 2 BVerfGG sowie dem Grundsatz der Subsidiarität der Verfassungsbeschwerde[305] unvereinbar.

207   Dementsprechend verwendet das BVerwG das materielle Kriterium nur mit ausdrücklichen Einschränkungen. Es weist zwar i.E. zu Recht darauf hin, dass auch ein Rechtsverhältnis, das „von den Grundrechten und sonstigen Verfassungsrechtssätzen unmittelbar beeinflußt und von ihnen letztlich getragen" werde, nicht ohne Weiteres als verfassungsrechtliche Streitigkeit qualifiziert werden könne (BVerwGE 50, 124, 131; BVerwG NJW 1985, 2344). Eine Begründung dafür, wie es zu der Auflösung des aufgezeigten Widerspruchs gelangt, liefert das BVerwG allerdings nicht.

208   In der Lit. wurde in diesem Zusammenhang der Versuch unternommen, Grundrechtsverhältnisse von vornherein bei der Bestimmung des dem § 40 Abs. 1 S. 1 zugrunde liegenden Verfassungsbegriffs herauszunehmen. Ein Streit, der im Grundrechtsverhältnis wurzele, sei nämlich keine Auseinandersetzung über „spezifisches" Verfassungsrecht. „Von ‚*spezifischem*' Verfassungsrecht" könne nur gesprochen werden, „wenn es sich bei dem konkreten Rechtssatz um *alleiniges* Verfassungsrecht" handele. Derartige Grundrechtsverhältnisse seien aber „*auch* Bestandteile des unterverfassungsrechtlichen Rechts".[306]

---

298 *P. Lerche,* BayVerfGH-FS, 1997, 79, 81 ff.

299 Beispielhaft sei auf den „Vorrang der Privatheit" hingewiesen, der zwar keine ausdrückliche Nennung im GG erfährt, sich aber aus einer ganzheitlichen Analyse der wirtschaftsverfassungsrechtlichen Determinanten ergibt. Hierzu *H. Sodan,* DÖV 2000, 361 ff.; *H. J. Meyer,* Vorrang der privaten Wirtschafts- und Sozialgestaltung als Rechtsprinzip, 2006, passim.

300 *S. Haack,* DVBl 2014, 1566, 1570; *P. Lerche,* BayVerfGH-FS, 1997, 79, 81 ff.

301 BVerwG NJW 1985, 2344; vgl. auch BVerfGE 27, 152, 157; 41, 399 ff.; BVerwGE 51, 69, 71.

302 Vgl. etwa *Bosch/Schmidt/Vondung* Rn. 249, die für eine verfassungsrechtliche Streitigkeit fordern, dass „Normen der Verfassung [...] den unmittelbaren Gegenstand und den Kern des Streits bilden".

303 *P. Lerche,* BayVerfGH-FS, 1997, 79, 85.

304 Vgl. *D. Ehlers/J.-P. Schneider,* in: Schoch/Schneider/Bier § 40 Rn. 143.

305 Dazu näher *H. Sodan,* DÖV 2002, 925 ff.

306 *P. Lerche,* BayVerfGH-FS, 1997, 79, 88 – Hervorhebungen im Original.

Diese Auffassung lässt sich nicht überzeugend durchhalten. Grundrechtsgehalte durchdringen zwar 209
über Art. 1 Abs. 3 GG alle Bereiche des Rechts und sind i.d.R. auf Konkretisierung durch einfachgesetzliche Rechtsvorschriften angewiesen. Einen vergleichbaren Gestaltungsmechanismus setzen aber
auch andere Verfassungsnormen in Gang. Und gerade über das „Ob" und „Wie" der Konkretisierung
des Verfassungsauftrags auf unterverfassungsrechtlicher Ebene entzünden sich i.d.R. auch verfassungsrechtliche Streitigkeiten. Rügte bspw. der Bund die fehlerhafte Ausfüllung eines auf der Grundlage des mittlerweile aufgehobenen Art. 75 GG erlassenen Rahmengesetzes durch ein Bundesland, so
war das Landesgesetz auf einfachgesetzlicher Ebene der Ausgangspunkt für eine verfassungsrechtliche
Streitigkeit betr. die Rechte des Bundes aus Art. 75 GG.[307] Somit stellte auch eine Kompetenznorm
wie der ehemalige Art. 75 GG kein „alleiniges" Verfassungsrecht dar, sondern wies über das Rahmengesetz und das hierauf bezogene Landesgesetz Verknüpfungen zur unterverfassungsrechtlichen Rechtsebene auf. Insofern wäre es zwar eine „verkehrte Welt", die Grundrechte als „freischwebende Rechts-
schicht begreifen zu wollen".[308] Gleiches muss aber auch für sonstige Verfassungsnormen gelten.

bbb) Zum alleinigen Abstellen auf die Position des Rechtsschutzgegners als verfassungsrechtlichen 210
Normenadressaten. Nach der sog. materiellen Subjektstheorie liegt eine verfassungsrechtliche Streitigkeit i.S.v. § 40 Abs. 1 S. 1 vor, wenn der Rechtsschutzgegner ein Verfassungsrechtssubjekt ist, das
als solches verpflichtet werden soll.[309]

Unter Einbeziehung des ungeschriebenen Bundes- und Landesverfassungsrechts sowie der konstituie- 211
renden Verfassungsprinzipien wird der Begriff des Verfassungsrechtssubjekts denkbar weit verstanden.
Erfasst seien „alle Stellen und Personen der Staatsorganisation, die durch das Verfassungsrecht errichtet und organisiert" würden, ohne dass es auf ihre rechtliche Selbständigkeit ankomme.[310] Verfassungsrechtssubjekte i.d.S. sind damit die Gebietskörperschaften mit Staatsqualität, deren Verfassungsorgane und Organteile derselben sowie andere Stellen, die am Verfassungsleben beteiligt sind.[311]

Neben der Verhinderung einer Einmischung der Verwaltungsgerichtsbarkeit „in die Willensbildung 212
und Betätigung oberster Staatsorgane" verfolge die Aussparung verfassungsrechtlicher Streitigkeiten
in § 40 Abs. 1 S. 1 den Sinn, „nur den Rechtsschutzgegner vor einer gerichtlichen Kontrolle seiner verfassungsrechtlichen Kompetenzen durch die Verwaltungsgerichte" zu schützen.[312] Aus diesem Grund
reiche es für die Begriffsbestimmung aus, allein auf die Position des Rechtsschutzgegners abzustellen.
Jedoch müsse es dann um „das rechtliche Können, Dürfen oder Müssen eines Verfassungsrechtssub-
jektes als solches gehen, d.h. gerade um dessen (materielle) verfassungsrechtliche Funktionen".[313] Aus
diesem Grund stelle die Klage auf Erlass einer Rechtsverordnung keine verfassungsrechtliche Streitigkeit dar; denn hier werde dem Verfassungsrechtssubjekt im Rechtschutzweg ein Rechtsetzungsakt abverlangt, der nicht ausschließlich diesem verfassungsfunktionell vorbehalten sei.[314]

In Zweifelsfällen sei, offenbar mit Blick auf Art. 19 Abs. 4 S. 1 GG, eine nichtverfassungsrechtliche 213
Streitigkeit anzunehmen.[315]

In die gleiche Richtung geht die Einstufung einer Streitigkeit als verfassungsrechtliche für den Fall, 214
dass sie, „soweit sie überhaupt justitiabel ist, aufgrund verfassungsgesetzlicher Zuständigkeitsvorschriften grundsätzlich (vorbehaltlich abweichender verfassungsmäßiger gesetzlicher Regelungen) den
Verfassungsgerichten vorbehalten sein soll".[316] Die Einstufung der Streitnatur erfolgt auch hier unter
Berücksichtigung von Sinn und Zweck des verfassungsgerichtlichen Entscheidungsvorbehaltes.

Der materiellen Subjektstheorie ist zuzustimmen. Sie entspricht dem Telos des § 40 Abs. 1 S. 1; die da- 215
gegen vorgebrachte Kritik vermag i.E. nicht zu überzeugen. Insbes. der Vorwurf, die Verteilung der
Kläger- und Beklagtenrolle sei kein taugliches Abgrenzungskriterium, weil es am Rechtsweg nichts än-

---

307 Den prozessualen Rahmen bietet hier das Verfahren nach Art. 93 Abs. 1 Nr. 3 GG (*Benda/Klein/Klein* Rn. 1093).
308 Insoweit zutr. *P. Lerche*, BayVerfGH-FS, 1997, 88.
309 *D. Ehlers/J.-P. Schneider*, in: Schoch/Schneider/Bier § 40 Rn. 144 ff.; *K. Rennert*, in: Eyermann § 40 Rn. 21; *H. Sodan* NVwZ 2000, 601, 607; *ders.*, FS Schenke, 2011, 1259, 1268 f. Dagegen nicht auf die Stellung als Partei im Prozess, sondern auf die Adressaten der streitentscheidenden Norm abstellend: *S. Haack*, DVBl 2014, 1566, 1568 f.
310 *D. Ehlers/J.-P. Schneider*, in: Schoch/Schneider/Bier § 40 Rn. 145 ff.
311 *K. Rennert*, in: Eyermann § 40 Rn. 22.
312 *D. Ehlers/J.-P. Schneider*, in: Schoch/Schneider/Bier § 40 Rn. 140 und 150.
313 *D. Ehlers/J.-P. Schneider*, in: Schoch/Schneider/Bier § 40 Rn. 151.
314 Vgl. *D. Ehlers/J.-P. Schneider*, in: Schoch/Schneider/Bier § 40 Rn. 151.
315 Vgl. *D. Ehlers/J.-P. Schneider*, in: Schoch/Schneider/Bier § 40 Rn. 152.
316 *J. Ruthig/W.-R. Schenke*, in: Kopp/Schenke § 40 Rn. 32 d; *Schenke* Rn. 129 ff.

dern könne, wenn das Verfassungsrechtssubjekt nicht auf der Beklagtenseite erscheine, sondern auf der Klägerseite,[317] geht am Selektionsmechanismus der materiellen Subjektstheorie vorbei. Diesbezügliche Einwände wären nur dann begründet, wenn die materielle Subjektstheorie tatsächlich in einer formal-prozessualen Betrachtung betr. die Beteiligtenrollen verharren würde. Dies ist indes nicht der Fall. Für die judizielle Weichenstellung erweist sich ein ganz anderer Umstand als maßgeblich. Die Bezeichnung *materielle* Subjektstheorie deutet es bereits an. Geht es um die Inpflichtnahme des Verfassungsrechtssubjekts als solchen, d.h. ganz spezifisch „um dessen (materielle) verfassungsrechtliche Funktionen" bzw. um dessen „rechtliche[s] Können, Dürfen oder Müssen" mit Blick auf die Verfassung, so entfalten – formal betrachtet – die Beteiligtenrollen des Rechtsstreits bei der Begriffsbestimmung keine Relevanz (→ Rn. 212). Allein auf die verfassungsspezifische Position des Rechtsschutzgegners oder anders ausgedrückt: auf die Rechte und Pflichten begründende Stellung des Verfassungsrechtssubjekts i.R. eines materiellen verfassungsrechtlichen Verhältnisses kommt es an[318,319].

216   Das materielle Kriterium i.R.d. materiellen Subjektstheorie führt nicht zu den bereits aufgezeigten Bedenken. Die Anknüpfung an das spezifische Pflichtengefüge des Verfassungsrechtssubjekts vermeidet die angesprochene Grundrechtsproblematik, denn für die Beurteilung der Streitnatur erweist es sich als unerheblich, ob überhaupt und wenn ja: auf welche Norm der Rechtsschutzsuchende sein Begehren stützt. Auch die alle Staatsgewalten erfassende, unmittelbare Bindungswirkung aus Art. 1 Abs. 3 GG kommt bei der Beurteilung der Streitnatur nicht zum Tragen; i.R. einer verfassungsrechtlichen Streitigkeit i.S.d. § 40 Abs. 1 S. 1 sind nämlich ausschließlich die dem Verfassungsrechtssubjekt durch das GG übertragenen, *spezifisch exklusiven* Rechte und Pflichten, d.h. dessen besondere verfassungsrechtliche Funktionen bzw. Kompetenzen relevant[320]. Nur dieses „besondere" Pflichtengefüge soll ausschließlich von der Verfassungsgerichtsbarkeit angetastet werden dürfen.[321]

217   **c) Fallgruppen. aa) Rechtsschutz gegen Maßnahmen des Bundespräsidenten, der Bundes- oder einer Landesregierung bzw. von deren Organteilen. aaa) Aktenvorlage an einen parlamentarischen Untersuchungsausschuss.** Wird die Verpflichtung der Bundesregierung aus Art. 44 Abs. 1 S. 1 GG zur Aktenvorlage an einen parlamentarischen Untersuchungsausschuss bestritten, so sind diesbezügliche rechtliche Auseinandersetzungen verfassungsrechtlicher Art.[322]

218   **bbb) Allgemeinverbindlicherklärung eines Tarifvertrags.** Die Allgemeinverbindlicherklärung eines Tarifvertrags erfolgt als untergesetzlicher Rechtsetzungsakt eigener Art durch den zuständigen Bundesminister (→ § 42 Rn. 305). Für diese Rechtsnorm kommt zwar als eigenständige verfassungsrechtliche Grundlage Art. 9 Abs. 3 GG in Betracht. Ein klagbarer Anspruch auf Allgemeinverbindlicherklärung eines Tarifvertrags und damit korrespondierend die Pflicht zur Rechtsetzung folgen jedoch nicht aus einer spezifisch (materiell) verfassungsrechtlichen Funktion, sondern aus § 5 TVG.[323] Ungeachtet einer verfassungsrechtlichen Grundlage sind somit Streitigkeiten aus dem sich hieraus ergebenden einfachgesetzlichen Rechtsverhältnis nichtverfassungsrechtlicher Art.[324]

219   **ccc) Anklagen gegen den Bundespräsidenten, einen Ministerpräsidenten oder einen Bundes- oder Landesminister.** Anklagen gegen den Bundespräsidenten (Art. 61 GG), einen Ministerpräsidenten oder einen Bundes- oder Landesminister (vgl. z.B. Art. 59 BayVerf) sind insoweit als verfassungsrechtliche Streitigkeiten einzuordnen, als die vorsätzliche Verletzung materiell verfassungsrechtlicher Pflichten in

---

317 So *P. Lerche*, BayVerfGH-FS, 1997, 79, 91.
318 *H. Sodan*, FS Schenke, 2011, 1259, 1270.
319 Eine gleichlautende Einteilung findet sich im GG und im BVerfGG im Hinblick auf das Organstreitverfahren. Während Art. 93 Abs. 1 Nr. 1 GG auf die Beteiligten des *materiellen* verfassungsrechtlichen Verhältnisses abstellt, welches Gegenstand eines Organstreitverfahrens sein kann, trifft § 63 BVerfGG in Bezug auf die *prozessuale* Beteiligung eine Regelung; hierzu *H. Bethge*, in: Maunz/Schmidt-Bleibtreu/Klein/Bethge § 63 Rn. 10.
320 Hierzu *D. Ehlers/J.-P. Schneider*, in: Schoch/Schneider/Bier § 40 Rn. 149.
321 *H. Sodan*, FS Schenke, 2011, 1259, 1271.
322 Vgl. BVerfGE 67, 100, 127 ff., 143 f. Zum Aktenvorlagerecht parlamentarischer Untersuchungsausschüsse näher *N. Achterberg/M. Schulte*, in: v. Mangoldt/Klein/Starck Art. 44 Rn. 148 ff. m.w.N.; vgl. zum Rechtsschutzbegehren eines Bundeslandes, das auf Erteilung einer Aussagegenehmigung für einen Bundesminister zum Zwecke der Aussage vor einem parlamentarischen Untersuchungsausschuss eines Landtages gerichtet ist, auch → Rn. 246.
323 Vgl. BVerfGE 44, 322, 343 ff.; 55, 7, 23 f.; 64, 208, 215; vgl. auch *H. Sodan*, NVwZ 2000, 601, 607.
324 Vgl. BVerwGE 80, 355, 357 f.; *J. Ruthig/W.-R. Schenke*, in: Kopp/Schenke § 40 Rn. 32; *H. P. Schmieszek*, in: Brandt/Domgörgen L I Rn. 34.

Streit steht.[325] Für den verbleibenden Restbereich ist von einer Sonderzuweisung an die Verfassungsgerichtsbarkeit auszugehen[326] (zur Richteranklage → Rn. 264).

ddd) Auskunftsanspruch des Datenschutzbeauftragten. Nichtverfassungsrechtlich sind Rechtsstreitigkeiten über den Auskunftsanspruch des Datenschutzbeauftragten gegenüber einem Staatsministerium (OVG Bautzen NJW 1999, 2832). 220

eee) Diplomatischer Schutz zugunsten eines Bundesbürgers. Soll die Bundesrepublik Deutschland über das Verfassungsorgan Bundesregierung zu diplomatischem Schutz zugunsten eines Bundesbürgers verpflichtet werden, so ist die Streitnatur zweifelhaft. Einerseits wird man davon ausgehen können, dass die Schutzgewährung auf zwischenstaatlicher Ebene gerade zu den spezifisch verfassungsrechtlichen Funktionen der Bundesregierung gehört, denn den Bund bzw. seine Organe „trifft insoweit eine aus dem personalen Band der Staatsangehörigkeit sich ergebende objektiv-rechtliche Pflicht".[327] Andererseits vermag die Annahme einer verfassungsrechtlichen Streitigkeit mit Blick auf die Garantie effektiven Rechtsschutzes nicht zu überzeugen. Die verfassungskonforme Interpretation des §40 Abs. 1 S. 1 gebietet hier die Eröffnung des Verwaltungsrechtswegs.[328] 221

fff) Ernennung von Soldaten oder Bundesbeamten. Streitigkeiten im Hinblick auf die Ernennung von Soldaten oder Bundesbeamten[329] durch den Bundespräsidenten gem. Art. 60 Abs. 1 GG bzw. durch Organe auf Landesebene entsprechend Regelungen der Landesverfassungen sind nichtverfassungsrechtlicher Art. Materiell betrachtet sind die Ernennungen dem Bereich des Verwaltungshandelns zuzuordnen[330] (zur Ausübung des Gnadenrechts durch den Bundespräsidenten oder die Ministerpräsidenten → Rn. 170 ff.; → §42 Rn. 206 f.). 222

ggg) Militärischer Bereitschaftsdienst. Streitigkeiten im Hinblick auf die Anordnung von militärischem Bereitschaftsdienst i.S.d. §6 Abs. 6 WpflG sind verfassungsrechtlicher Art; die Bundesregierung bzw. der zuständige Bundesminister handelt insoweit „auf Grund der verfassungsrechtlich zugewiesenen Stellung und Aufgabe" und somit in staatsleitender Funktion (BVerwGE 15, 63, 64). 223

hhh) Öffentlichkeitsarbeit der Bundes- oder einer Landesregierung bzw. von deren Organteilen. Kommt es i.R.d. Öffentlichkeitsarbeit der Bundes- oder einer Landesregierung bzw. von deren Organteilen zu ehrverletzenden, kreditschädigenden oder aus sonstigen Gründen unzulässigen Äußerungen eines Mitglieds der Regierung[331] oder werden bspw. Warnungen vor Jugendsekten[332] oder bestimmten Produkten (vgl. etwa BVerwGE 87, 37 ff.; OVG Münster NJW 1986, 2783; GewArch 1988, 11) ausgesprochen, so sind die damit zusammenhängenden Streitigkeiten nichtverfassungsrechtlicher Art[333] (speziell zur gesundheitsbehördlichen Informationstätigkeit → §42 Rn. 183). 224

iii) Organschaftliche Befugnisse. Erfolgt eine Auseinandersetzung um organschaftliche Befugnisse der genannten Verfassungsorgane im Verfahren nach Art. 93 Abs. 1 Nr. 1 GG bzw. nach den entsprechenden Regelungen der Landesverfassungen, so ist jeweils von einer verfassungsrechtlichen Streitigkeit auszugehen.[334] 225

jjj) Telefonüberwachung. Wird die Feststellung begehrt, dass die Anordnung der Telefonüberwachung durch die zuständige oberste Bundes- oder Landesbehörde gemäß dem G 10 rechtswidrig erfolgte, so liegt eine nichtverfassungsrechtliche Streitigkeit vor (vgl. BVerwGE 87, 23 ff.; OVG Münster NJW 1983, 2346). 226

---

325 Vgl. *Bosch/Schmidt/Vondung* Rn. 251; *D. Ehlers/J.-P. Schneider*, in: Schoch/Schneider/Bier §40 Rn. 156; *Schmitt Glaeser/Horn* Rn. 57; *Würtenberger* Rn. 162.

326 *D. Ehlers/J.-P. Schneider*, in: Schoch/Schneider/Bier §40 Rn. 156.

327 *B. Kempen*, in: v. Mangoldt/Klein/Starck Art. 32 Rn. 68; vgl. auch BVerfGE 55, 349, 364 f.

328 Zum gleichen Ergebnis gelangt die wohl h.M.: BVerfGE 55, 349 ff.; BVerwGE 62, 11 ff.; *J. Ruthig/W.-R. Schenke*, in: Kopp/Schenke §40 Rn. 35.

329 *J. Ruthig/W.-R. Schenke*, in: Kopp/Schenke §40 Rn. 34.

330 *C.-F. Menger*, VerwArch 66 (1975), 169, 173.

331 Dazu *Ule* §7 (S. 49); *Würtenberger* Rn. 166.

332 Vgl. u.a. BVerfG (K) NJW 1989, 3269; BVerwGE 82, 76, 78; OVG Hamburg NVwZ 1995, 498; OVG Münster NJW 1996, 2114; VGH Mannheim NVwZ 1989, 279 und 878; VGH München NVwZ 1995, 793.

333 *J. Ruthig/W.-R. Schenke*, in: Kopp/Schenke §40 Rn. 35.

334 So bspw. *K. Rennert*, in: Eyermann §40 Rn. 24; insbes. zum Verfahren nach Art. 93 Abs. 1 Nr. 4 Var. 3 GG BVerfGE 27, 240, 245 ff.

227 **kkk) Tieffluggenehmigung oder Einrichtung bzw. Beibehaltung von Tieffluggebieten.** Wird Rechtsschutz gegen eine Tieffluggenehmigung des Bundesministers der Verteidigung oder gegen eine Einrichtung bzw. Beibehaltung von Tieffluggebieten begehrt, so ist die diesbezügliche Streitigkeit nichtverfassungsrechtlicher Art.[335]

228 **lll) Titel, Orden und Ehrenzeichen.** Die Verleihung, aber auch der Entzug von Titeln, Orden und Ehrenzeichen sowie daraus folgende rechtliche Auseinandersetzungen sind nichtverfassungsrechtlicher Art (OVG Münster NVwZ-RR 1999, 313; zu Ehrungen → Rn. 176).

229 **bb) Rechtsschutz gegen Maßnahmen der Parlamente und ihrer Organteile. aaa) Rechtsstreitigkeiten unter Beteiligung von Abgeordneten.** Rechtliche Auseinandersetzungen, die sich auf die Abgeordneteneigenschaft (vgl. Art. 41 Abs. 2 GG) beziehen, sind verfassungsrechtlicher Natur.[336] Auch kann ein Mitglied des Abgeordnetenhauses von Berlin nicht die Grundrechte als Privater rügen, die er durch eine Aussage des Senats verletzt sieht, welche aufgrund des verfassungsrechtlich verbürgten Fragerechts des Abgeordneten aus Art. 45 S. 1 und 3 VvB diesem gegenüber getroffen wurde; denn es handelt sich insoweit um eine verfassungsrechtliche Streitigkeit (OVG Berlin-Brandenburg LKV 2016, 562 f.). Gleiches gilt im Hinblick auf Abgeordnetenentschädigungen, wenn um diesbezüglich relevante gesetzliche Regelungen gestritten wird; tatsächlich wendet sich der Abgeordnete hier nämlich gegen den zugrunde liegenden Parlamentsbeschluss.[337]

230 Steht jedoch eine Entscheidung des Parlamentspräsidenten im Zusammenhang mit der Festsetzung oder Zahlung von Diäten bzw. Entschädigungen für die Tätigkeit als Abgeordneter in Streit, so ist von der nichtverfassungsrechtlichen Art der Streitigkeit auszugehen.[338] Der Parlamentspräsident handelt hier exekutiv, d.h. als rechtsanwendende Behörde. Gleiches gilt, wenn der Parlamentspräsident sein Hausrecht einem Abgeordneten gegenüber z.B. dadurch ausübt, dass er dessen Amtstelefon sperrt.[339] Eine andere Beurteilung ist jedoch geboten, wenn sich die Streitigkeiten auf die Kompetenzen des Parlamentspräsidenten bei der Sitzungsleitung beziehen, es bspw. um die Beschneidung des Rederechts des Abgeordneten geht; solche Streitigkeiten sind verfassungsrechtlicher Natur (BVerfGE 60, 374, 379 f.). Auch Vereinbarungen zwischen einem Abgeordneten und einer politischen Partei über die Ausübung des Abgeordnetenmandats sind verfassungsrechtlicher Art.[340]

231 **bbb) Parlamentarische Untersuchungsausschüsse.** Stehen die Einsetzung eines parlamentarischen Untersuchungsausschusses, die Aufgabenzuweisung an denselben oder in diesem Zusammenhang sonstige, explizit verfassungsrechtliche Fragen in Streit, so ist dieser verfassungsrechtlicher Art.[341] Anders verhält es sich jedoch, wenn ein Untersuchungsausschuss dem Bürger gegenüber vergleichbar einem Verwaltungsorgan auftritt, ihn bspw. als Zeugen lädt, die Herausgabe von Akten einfordert oder als Maßnahme des Zeugniszwangs ein Ordnungsgeld verhängt. Wird Rechtsschutz gegenüber solchen (unmittelbaren) Maßnahmen des Untersuchungsausschusses begehrt, so ist grds. eine Streitigkeit nicht-verfassungsrechtlicher Art gegeben[342] (→ Rn. 85). Gegen diese Maßnahmen ist fachgerichtlicher Rechtsschutz bzgl. parlamentarischer Untersuchungsausschüsse des Bundestages aufgrund der abdrängenden Sonderzuweisungen des PUAG vor dem BGH zu suchen; für die Untersuchungsausschüsse der

---

335 Vgl. BVerwGE 97, 203, 205; *J. Ruthig/W.-R. Schenke*, in: Kopp/Schenke § 40 Rn. 35; *H. P. Schmieszek*, in: Brandt/Domgörgen L I Rn. 34.

336 *D. Ehlers/J.-P. Schneider*, in: Schoch/Schneider/Bier § 40 Rn. 153; *J. Ruthig/W.-R. Schenke*, in: Kopp/Schenke § 40 Rn. 33; vgl. auch *Hufen* § 11 Rn. 51; *Würtenberger* Rn. 162.

337 Vgl. BVerfGE 4, 144, 150 f.; 40, 296, 311; 64, 301, 313; 80, 188, 208 f.; VerfGH NRW NWVBl 1995, 291; *D. Ehlers/J.-P. Schneider*, in: Schoch/Schneider/Bier § 40 Rn. 154; *K. Rennert*, in: Eyermann § 40 Rn. 24; zum Verhältnis zwischen Bundes- und Landesverfassungsgerichtsbarkeit bei derartigen Rechtsschutzbegehren auch BVerfGE 102, 245 ff.

338 *Hufen* § 11 Rn. 52; *K. Rennert*, in: Eyermann § 40 Rn. 24; i.E. den Verwaltungsrechtsweg bejahend: BVerwG NJW 1985, 2344; BVerwG NJW 1990, 462; a.M. *Ule* § 7 (S. 50).

339 *Hufen* § 11 Rn. 52; *K. Rennert*, in: Eyermann § 40 Rn. 24 m.w.N.; a.M. StGH BW DVBl 1988, 632, 633.

340 Vgl. *D. Jung*, DÖV 1984, 197, 203. Die Verpflichtung eines Abgeordneten, nach Ablauf einer bestimmten Frist oder durch Parteibeschluss einen Mandatsverzicht zugunsten eines anderen Kandidaten vorzunehmen, verstößt gegen Art. 38 Abs. 1 S. 2 GG; vgl. hierzu *N. Achterberg/M. Schulte*, in: v. Mangoldt/Klein/Starck Art. 38 Rn. 48 ff.

341 Vgl. BVerfGE 67, 100, 127 ff. und 143 f.; BayVerfGH DVBl 1986, 233; BayVBl 1994, 463; Nds. StGH DVBl 1986, 237, 238 (Streitigkeit zwischen Minderheit und Untersuchungsausschuss über Maßnahmen zur Durchführung der Beweiserhebung).

342 Vgl. BVerwG BayVBl 1981, 214, 215; BVerwGE 79, 339, 340; BayVerfGH 1981, 209, 210; BayVBl 1992, 526, 527; OVG Lüneburg NVwZ 1986, 845; OVG Münster NVwZ 1990, 1083; DVBl 1998, 1357; NJW 1999, 80.

Länder ist – je nach angegriffener Maßnahme – der Rechtsweg zu den ordentlichen Gerichten oder den Verwaltungsgerichten eröffnet (→ Rn. 649 ff.).

Die Ausschlussregelung in Art. 44 Abs. 4 S. 1 GG und entsprechende landesverfassungsrechtliche Regelungen stehen alldem nicht entgegen, denn sie bedürfen einer engen Interpretation. Von ihnen erfasst sind ausschließlich die Abschlussberichte der Untersuchungsausschüsse, d.h. solche Berichte, die das Ergebnis der Untersuchung konstatieren.[343]

ccc) Weitere Fallgruppen. Rechtliche Auseinandersetzungen um die *Entlastung der Regierung nach* 233 *Art. 114 Abs. 1 GG* bzw. den entsprechenden landesverfassungsrechtlichen Regelungen sind als verfassungsrechtliche Streitigkeiten einzuordnen.[344]

Auf *Erlass bzw. prinzipale Kontrolle förmlicher Gesetze* gerichtete Rechtsschutzbegehren sind, von 234 der Ausnahmekonstellation der satzungsvertretenden Gesetze (→ Rn. 241) abgesehen, verfassungsrechtlicher Art; denn insoweit erfolgt der Rückgriff auf ein Rechtsetzungsinstrumentarium, welches dem Verfassungsrechtssubjekt „Parlament" als solches vorbehalten ist.[345] Entsprechend obliegt der Verfassungsgerichtsbarkeit die Entscheidung über den Anspruch eines Bürgers auf Erlass eines förmlichen Gesetzes bzw. die prinzipale Rechtssatzkontrolle des parlamentarischen Gesetzgebers[346] (→ § 42 Rn. 46). Eine hiervon abweichende Einordnung der Streitnatur kommt bei Klagen in Betracht, die sich auf *Einbindung in ein Gesetzgebungsverfahren* beziehen, z.B. wenn ein Gewerkschaftsverband im Klagewege seine Beteiligung an der Vorbereitung allgemeiner Regelungen beamtenrechtlicher Verhältnisse gem. § 118 BBG einfordert. Hier ist der Verwaltungsrechtsweg eröffnet.[347]

Rechtliche Streitigkeiten betr. die *Fraktionszugehörigkeit* sind verfassungsrechtlicher Natur.[348] Begeh- 235 ren Fraktionen im Parlament *Zuschüsse aus dem Haushalt* oder wird eine Auseinandersetzung über die *Rückforderungen von Fraktionszuschüssen* durch den Parlamentspräsidenten geführt, so ist die Streitnatur wegen der spezifisch verfassungsrechtlichen Pflichtenlage gleichermaßen verfassungsrechtlicher Art.[349]

Sowohl das Verfahren der *Normenverifikation* (Art. 100 Abs. 2 GG) als auch das der *Normenqualifi-* 236 *kation* (Art. 126 GG) betreffen das Recht zur Gesetzgebung bzw. „-nehmung" und damit letztlich die spezifische verfassungsrechtliche Funktion des Parlaments als Verfassungsrechtssubjekts. In diesem Zusammenhang geführte rechtliche Auseinandersetzungen sind verfassungsrechtlicher Art.[350]

Wird um *Organkompetenzen* des Parlaments *im Verfahren nach Art. 93 Abs. 1 Nr. 1 GG* bzw. nach 237 den entsprechenden Regelungen der Landesverfassungen gestritten, so ist jeweils von einer verfassungsrechtlichen Streitigkeit auszugehen.[351]

Streitigkeiten im Hinblick auf *Parlamentsbeschlüsse* sind verfassungsrechtlicher Natur, sofern das Par- 238 lament diese nicht ausnahmsweise als Verwaltungsbehörde trifft.[352] Als verfassungsrechtlich einzustufen sind bspw. Auseinandersetzungen über einen Bundestagsbeschluss, der den Parlaments- und Regierungssitz betrifft, oder aber über Haushaltsbeschlüsse.[353] Auch Entscheidungen des Parlaments über die Erteilung von Genehmigungen zur Einschränkung der Immunität eines Abgeordneten, z.B. i.S.d.

---

343 *H. H. Klein*, in: Maunz/Dürig Art. 44 Rn. 231; *Sodan/Ziekow* § 12 Rn. 32.
344 Vgl. auch *K.-A. Schwarz*, in: v. Mangoldt/Klein/Starck Art. 114 Rn. 46.
345 Vgl. BVerfGE 70, 35, 55; 76, 107, 115; BVerwGE 75, 330, 334; 80, 355, 358.
346 *H. Sodan*, NVwZ 2000, 601, 607 m.w.N.
347 OVG Münster NJW 1994, 1673; *D. Ehlers/J.-P. Schneider*, in: Schoch/Schneider/Bier § 40 Rn. 165; *K. Rennert*, in: Eyermann § 40 Rn. 27; vgl. zu diesem Problemfeld auch *D. C. Umbach*, ZBR 1998, 8 ff.
348 Bei Streitigkeiten um den Fraktionsausschluss im Kommunalrecht hingegen ist der Verwaltungsrechtsweg eröffnet; hierzu *J. Ziekow*, NWVBl 1998, 297, 299. Zum Rechtsschutz im Fraktionsrecht auch *B. Grzeszick*, NVwZ 2017, 985 ff.; *S. Kürschner*, JuS 1996, 306 ff.
349 Vgl. BVerwG NJW 1985, 2346; StGH Brem NVwZ 1997, 786; vgl. auch BVerfGE 27, 152, 157; 62, 194, 201; BVerfG (K) NVwZ 1998, 387; a.M. im Hinblick auf die Rückforderung von Zuschüssen an die Fraktionen *K. Rennert*, in: Eyermann § 40 Rn. 24.
350 *H. v. Nicolai*, in: Redeker/v. Oertzen § 40 Rn. 4.
351 Vgl. *Bosch/Schmidt/Vondung* Rn. 249, 251.
352 Vgl. *Schenke* Rn. 130; *H. Schmelter*, Rechtsschutz, 1977, 164; a.A. offenbar BVerfG (K) NVwZ 1993, 357 und OVG Hamburg NVwZ 1987, 610 f. – beide Entscheidungen halten die Inanspruchnahme verwaltungsgerichtlichen Rechtsschutzes für möglich.
353 Vgl. *D. Ehlers/J.-P. Schneider*, in: Schoch/Schneider/Bier § 40 Rn. 167, 181 mit weiteren Bsp.

Art. 46 Abs. 2 und 3 GG, sind verfassungsrechtlicher Art; denn bei diesen handelt es sich jeweils um ein Privileg des Parlaments.[354]

239 Wird hingegen Rechtsschutz im Hinblick auf die Entgegennahme, die formell-sachliche Prüfung bzw. die Bescheidung einer *Petition* begehrt, so sind die damit zusammenhängenden Streitigkeiten auch für den Fall, dass sich die Petition an ein Parlament richtet, grds. nichtverfassungsrechtlicher Art[355] (zum Petitionsrecht auch → § 42 Rn. 245).

240 Rechtsschutzbegehren gegen *Entscheidungen von Richterwahlausschüssen* weisen grds. einen nichtverfassungsrechtlichen Charakter auf, weil es sich bei diesen Entscheidungen jeweils um Verwaltungstätigkeit handelt. Verfassungsrechtlicher Natur ist hingegen die Wahl von Verfassungsrichtern.[356]

241 *Bebauungspläne* werden grds. als Satzungen gem. § 10 Abs. 1 BauGB erlassen, ausnahmsweise (§ 246 Abs. 2 BauGB) in der Rechtsetzungsform der Rechtsverordnung (bspw. § 6 Abs. 3 S. 1 AGBauGBBln) oder des formellen Gesetzes (satzungsvertretende Rechtsverordnungen bzw. Gesetze). Streitigkeiten, welche Bebauungspläne als Satzungen oder Rechtsverordnungen betreffen, sind stets nichtverfassungsrechtlicher Natur; denn beide Formen der Rechtsetzung sind keinesfalls Verfassungsrechtssubjekten vorbehalten und entspringen somit nicht deren spezifischen materiell-verfassungsrechtlichen Funktionen.[357] Eine andere Einordnung erscheint auch dann nicht berechtigt, wenn in Stadtstaaten ausnahmsweise der Rückgriff auf die Form des formellen Gesetzes erfolgt. Das BVerfG hat es hier mit Blick auf Art. 3 Abs. 1 GG als notwendig angesehen, § 47 Abs. 1 Nr. 1 dahingehend „auszulegen, daß Bebauungsplangesetze [...] als Satzungen i.S. dieser Verfahrensbestimmung zu verstehen sind"[358].

242 Gleichermaßen muss § 40 Abs. 1 S. 1 in einer derartigen Fallkonstellation verfassungskonform ausgelegt werden mit der Folge, dass das Ergebnis der „materiellen Subjektstheorie" zu korrigieren ist; denn das jeweilige Oberverwaltungsgericht bzw. der jeweilige Verwaltungsgerichtshof entscheidet nach dem Wortlaut des § 47 Abs. 1 „im Rahmen seiner Gerichtsbarkeit", was bedeutet, dass der Verwaltungsrechtsweg eröffnet sein muss.[359]

243 **cc) Rechtsstreitigkeiten zwischen Staatsverbänden. aaa) Rechtsstreitigkeiten im Bund-Länder-Verhältnis und zwischen einzelnen Bundesländern.** Bund-Länder-Streitigkeiten gem. Art. 93 Abs. 1 Nr. 3 GG und § 13 Nr. 7 sowie den §§ 68–70 BVerfGG sind verfassungsrechtliche Streitigkeiten[360] (→ § 50 Rn. 4).

244 Nur in Einzelfällen ergeben sich Abgrenzungsschwierigkeiten, insbes. wenn über Maßnahmen der Rechts- und Fachaufsicht, z.B. über Weisungen des Bundes an oberste Landesbehörden nach Art. 84 Abs. 5 und Art. 85 Abs. 3 GG gestritten wird[361]. Bezieht sich die Auseinandersetzung auf Fragen betr. die verfassungsrechtlichen Voraussetzungen der Weisungserteilung (Weisungsbefugnis, Gebot der Weisungsklarheit, Beachtung der Pflicht zum bundesfreundlichen Verhalten usw.), so ist von der verfassungsrechtlichen Natur der Streitigkeit auszugehen (BVerfGE 81, 310, 332 ff.). Anders verhält es sich jedoch, wenn ausschließlich die Unvereinbarkeit der Weisung mit dem einfachen Gesetzesrecht be-

---

354 Vgl. *H.-H. Trute*, in: v. Münch/Kunig Art. 46 Rn. 23; vgl. auch BVerfGE 103, 81, 86 ff. A.A. OVG Berlin-Brandenburg LKV 2011, 566 f. für die Aufhebung der Immunität eines Abgeordneten auf Antrag eines Privatklägers mangels doppelter Verfassungsunmittelbarkeit.

355 Vgl. BVerwG NJW 1976, 637; NJW 1977, 118; NJW 1991, 936, 937; BayVerfGH NVwZ 1988, 820; *Bosch/Schmidt/Vondung* Rn. 13; *H. v. Nicolai*, in: Redeker/v. Oertzen § 40 Rn. 4 a; *J. Ruthig/W.-R. Schenke*, in: Kopp/Schenke § 40 Rn. 35; *Ule* § 7 (S. 48).

356 *D. Ehlers/J.-P. Schneider*, in: Schoch/Schneider/Bier § 40 Rn. 187. Vgl. zum Problemkreis der Richterwahl: *D. Ehlers*, in: Verfassungsrechtliche Fragen der Richterwahl, 1998, 55; zu Richerwahlausschüssen auf Landesebene: BVerwGE 99, 371, 373 f.; 105, 89, 91 f.; zur „mittelbaren" Justitiabilität von Entscheidungen der Richterwahlausschüsse: *A. Voßkuhle*, in: v. Mangoldt/Klein/Starck Art. 95 Rn. 39; zur Wahl der Richter des BVerfG: *Sodan/Ziekow* § 16 Rn. 8.

357 Vgl. *D. Ehlers/J.-P. Schneider*, in: Schoch/Schneider/Bier § 40 Rn. 151 und 159.

358 BVerfGE 70, 35, 57 mit abw. Sondervotum des Richters *Steinberger*; zur Kritik an dieser Entscheidung auch *J. Ziekow* → § 47 Rn. 81 ff. m.w.N.

359 *Hufen* § 19 Rn. 5. Einer separaten verfassungskonformen Auslegung des § 40 Abs. 1 S. 1 neben derjenigen des § 47 Abs. 1 bedarf es dann nicht, wenn man die letztgenannte Regelung als eine Ausnahmebestimmung zum Ausschluss verfassungsrechtlicher Streitigkeiten aus dem Verwaltungsrechtsweg durch § 40 Abs. 1 S. 1 begreift; → § 47 Rn. 8 f., 39 ff., 81 ff.

360 BVerfGE 3, 52, 55; 4, 115, 122; 6, 309, 323; 41, 291, 303; *Pestalozza* § 9 Rn. 6; *A. Voßkuhle*, in: v. Mangoldt/Klein/Starck Art. 93 Rn. 142.

361 Vgl. *Benda/Klein/Klein* Rn. 1081 und auch BVerfGE 81, 310, 332 ff.

hauptet wird. Der Verwaltungsrechtsweg ist zwar insoweit eröffnet[362] (→ § 50 Rn. 8 m.w.N.). Die Klage scheitert dann aber an der fehlenden Klagebefugnis; denn dem Land steht kein subjektiv-öffentliches Recht zu, welches auf eine inhaltlich rechtmäßige Weisung gerichtet ist.[363]

Anders stellt sich die Situation i.R.d. Verfahrens nach Art. 93 Abs. 1 Nr. 4 Var. 1 GG, § 13 Nr. 8, § 71 **245** Abs. 1 Nr. 1 und Abs. 2 sowie § 72 Abs. 1 BVerfGG dar. Hier ist i.d.R. davon auszugehen, dass es sich um nichtverfassungsrechtliche Streitigkeiten handelt[364] (→ § 50 Rn. 4). Nach der Rspr. des BVerfG kommt aber eine bedeutsame Ausnahme in Betracht.[365] Art. 44 EV räumt mit erfolgtem wirksamen Beitritt jedem der in Art. 1 EV aufgeführten Länder die Möglichkeit ein, solche Rechte geltend zu machen, die zugunsten der DDR oder zu ihren eigenen Gunsten unmittelbar durch die vertragliche Vereinbarung begründet wurden. Darauf Bezug nehmend hat das BVerfG einen Rechtsstreit zwischen dem Bund und dem Land Brandenburg kurzerhand Art. 93 Abs. 1 Nr. 4 GG und § 71 Abs. 1 Nr. 1 BVerfGG mit dem Hinweis unterstellt, dass der Rechtsstreit um materielles Verfassungsrecht geführt werde und somit der Rechtsweg zum BVerwG nach § 40 Abs. 1 S. 1 und § 50 Abs. 1 Nr. 1 nicht eröffnet sei (BVerfGE 94, 297, 310).

Nichtverfassungsrechtlich ist schließlich im Grundsatz die Klage des Bundes gegen ein Land auf der **246** Grundlage der Haftungsregelung des Art. 104a Abs. 5 S. 1 Hs. 2 GG.[366] Dies gilt ferner für die Klage eines Landes auf Feststellung der Verpflichtung des Bundes, nach Art. 104a Abs. 2 GG die sich aus der Wahrnehmung der Straßenbaulast für die Bundesfernstraßen im Auftrag des Bundes ergebenden Ausgaben zu tragen.[367] Hingegen soll eine Bund-Länder-Streitigkeit darüber, ob eine entsprechende Anwendung des Art. 104a Abs. 5 S. 1 Hs. 2 GG eine verschuldensunabhängige Haftung der Länder für eine durch Mängel des ihnen obliegenden Vollzugs von unmittelbar anwendbarem Unionsrecht ausgelöste finanzielle Belastung begründet, die unionsrechtlich dem Bund auferlegt ist, eine verfassungsrechtliche Streitigkeit darstellen.[368] Eine nichtverfassungsrechtliche Streitigkeit liegt vor, wenn ein Bundesland im Klagewege die Erteilung einer Aussagegenehmigung für einen Bundesminister zum Zwecke der Aussage vor einem parlamentarischen Untersuchungsausschuss des Landtages betreibt.[369] Ebenso im Verwaltungsrechtsweg geltend zu machen ist ein Schadensersatzanspruch des Bundes gegen ein Land wegen fehlerhafter Verteidigungslastenverwaltung, da die Pflicht der Länder zur Durchführung der Aufgaben der Verteidigungslastenverwaltung maßgeblich durch verwaltungsrechtliche Normen geprägt ist (BVerwGE 128, 99, 102 f.). Auch Streitigkeiten in Bezug auf Ansprüche des Bundes gegen ein Land aus dem Lastentragungsgesetz sind nicht-verfassungsrechtlicher Art (BVerwGE 128, 342, 343 f.; vgl. auch BVerwG NVwZ 2007, 1198, 1199). Dies gilt ebenso für die Geltendmachung eines auf Art. 120 Abs. 1 S. 1 GG gestützten Anspruchs eines Landes gegen den Bund auf Erstattung von Aufwendungen für die Räumung von Kampfmitteln aus dem Zweiten Weltkrieg (BVerwG NVwZ-RR 2012, 787, 788).

Auseinandersetzungen zwischen verschiedenen Ländern nach Art. 93 Abs. 1 Nr. 4 Var. 2 GG und § 13 **247** Nr. 8 BVerfGG sind verfassungsrechtliche Streitigkeiten, wenn sich die Auseinandersetzung auf materielles Verfassungsrecht bezieht[370] (→ § 50 Rn. 4).

bbb) Staatsverträge. Gilt es die Natur von Rechtsstreitigkeiten im Zusammenhang mit Staatsverträ- **248** gen zu ermitteln, so muss zweierlei unterschieden werden: Zum einen ist die Art der vertraglich geregelten Materie wesentlich. Zum anderen muss berücksichtigt werden, um welche konkreten Aspekte (bspw. ob um eine einzelne Vertragsbestimmung oder den Vollzug des Vertrags) gestritten wird.[371] Hat der Staatsvertrag inhaltlich eine verwaltungsrechtliche Prägung, so sind Rechtsstreitigkeiten, welche daraus folgen, grds. auch verwaltungsrechtlicher Art (BVerfGE 42, 103, 113). An dieser Beurtei-

---

362 *F. Zillmer*, DÖV 1995, 49, 53; a.A. BVerwG NVwZ 1998, 500 f.; hierzu die Bspr. *M. Winkler*, JA 1998, 16 ff.; vgl. auch BVerfGE 81, 310, 332 ff.; 84, 25, 30; 102, 167, 172 ff.
363 *Benda/Klein/Klein* Rn. 1081.
364 Vgl. *Pestalozza* § 9 Rn. 23; im Grundsatz von einer nichtverfassungsrechtlichen Streitigkeit ausgehend auch BVerfGE 92, 203, 228 f.
365 Zu dem folgenden Problemkreis ausf. *Benda/Klein/Klein* Rn. 1109 ff.
366 BVerfGE 96, 45, 48; 128, 99, 101 f.; *H. P. Schmieszek*, in: Brandt/Domgörgen L I Rn. 34.
367 BVerwG NVwZ 2017, 56, 57 m. Anm. *U. Bick*, jurisPR-BVerwG 22/2016 Anm. 2.
368 BVerwGE 116, 234, 237 ff. m. krit. Anm. *M. Winkler*, DVBl 2003, 79 ff.
369 BVerwGE 109, 258, 259 ff.; *K. Rennert*, in: Eyermann § 40 Rn. 25.
370 *Benda/Klein/Klein* Rn. 1119 ff.; *D. Ehlers/J.-P. Schneider*, in: Schoch/Schneider/Bier § 40 Rn. 197.
371 Hierzu auch *P. Lerche*, BayVerfGH-FS, 1997, 79, 84 ff.; *V. Bortnikov*, JuS 2017, 27 ff.

lung ändert sich nach Ansicht des BVerfG auch dann nichts, wenn staatsvertragliche Regelungen durch objektive Grundrechtsgehalte prinzipiell geboten sind oder wenn das verfassungsrechtliche Gebot zum bundesfreundlichen Verhalten in das Verwaltungsrechtsverhältnis hineinspielt (vgl. BVerfGE 42, 103, 113 ff.; BVerwGE 50, 137, 139). Ist die Regelungsmaterie hingegen verfassungsrechtlicher Art, so reicht dies für sich genommen noch nicht für die Annahme einer verfassungsrechtlichen Streitigkeit aus. Eine rechtliche Auseinandersetzung ist hier nur dann unzweifelhaft verfassungsrechtlicher Natur, wenn es um die „Anerkennung und Aufrechterhaltung im Staatsvertrag unmittelbar eingeräumter Rechtspositionen geht" (BVerfGE 62, 295, 314 f.). Als verfassungsrechtlicher Staatsvertrag ist bspw. das Lindauer Abkommen einzuordnen (BVerfGE 42, 103, 113 f.). Hingegen sind z.B. der Staatsvertrag über die Vergabe von Studienplätzen (ZVS-Vertrag)[372] und ein Rundfunk-Staatsvertrag (BVerwGE 54, 29, 33 ff.; 60, 162, 173; 107, 275, 277 f.) als verwaltungsrechtliche Staatsverträge einzuordnen.

249 **dd) Kommunalrechtliche Streitigkeiten.** Kommunalverfassungsrechtliche sowie kommunalaufsichtliche Streitigkeiten sind Streitigkeiten nichtverfassungsrechtlicher Art i.S.v. § 40 Abs. 1 S. 1[373] (→ § 42 Rn. 219 ff.). Weder wird im erstgenannten Fall (zum Kommunalverfassungsstreit → § 42 Rn. 229 ff.) den Organen einer Kommune Verfassungsrechtssubjektsqualität zuteil, noch geht es i.R.d. Kommunalaufsicht um Regelungsmaterien, die spezifisch materielle verfassungsrechtliche Funktionen beschreiben.[374]

250 **ee) Gebietsänderungen.** Die Einordnung der Streitnatur von Gebietsänderungen hängt entscheidend davon ab, ob die Gebietsreform durch Parlamentsgesetz bzw. Staatsvertrag oder durch Erlass einer Rechtsverordnung erfolgt.[375] Im erstgenannten Fall ist von einer verfassungsrechtlichen Streitigkeit auszugehen.[376] Ausnahmsweise liegt auch hier eine nichtverfassungsrechtliche Streitigkeit vor, wenn eine Gemeinde oder ein kommunaler Spitzenverband die fehlende Anhörung im Gesetzgebungsverfahren i.R. einer kommunalen Gebietsreform durch Gesetz rügt.[377] Handelt hingegen die Exekutive durch Erlass einer Rechtsverordnung, so ist selbst dann von der nichtverfassungsrechtlichen Natur der Streitigkeit auszugehen, wenn die Rechtsverordnung der parlamentarischen Zustimmung bedarf.[378]

251 **ff) Rechtliche Auseinandersetzungen im Zusammenhang mit Wahlen und Volksbegehren. aaa) Parlamentarische Wahlprüfungen.** Parlamentarische Wahlprüfungen (z.B. nach Art. 41 GG i.V.m. WahlprüfG des Bundes bzw. aufgrund entsprechender Regelungen auf Landesebene) begründen ausschließlich verfassungsrechtliche Streitigkeiten; denn die Legislativorgane handeln und entscheiden insoweit aus ihrer besonderen verfassungsrechtlichen Stellung heraus.[379]

252 Wird jedoch Rechtsschutz gegen solche Maßnahmen begehrt, die zwar im Zusammenhang mit Parlamentswahlen stehen, aber nicht die zentralen Angelegenheiten des Wahlverfahrens betreffen (wahlbehördliche Entscheidungen) – z.B. die Eintragung in das Wählerverzeichnis, die Wahlscheinerteilung oder die Entscheidung über die Gültigkeit eines Wahlvorschlags –, so sind diesbezügliche Streitigkeiten verwaltungsrechtlicher Natur.[380] An dieser Beurteilung ändert sich nichts, wenn man dem Bürger im Hinblick auf die Wahl ausnahmsweise die Position eines Verfassungsorgans oder -organteils zuteil

---

372 BVerfGE 42, 103, 113 f.; BVerwGE 50, 137, 139; *Ule* § 7 (S. 50); nunmehr Hochschulzulassungs-Einrichtungs-ErrichtungsStV vom 5.6.2008, in Kraft getreten zum 1.5.2010, der durch Art. 19 Abs. 1 S. 3 Hochschulzulassungs-Einrichtungs-ErrichtungsStV vom 17.3.2016 wieder aufgehoben wurde.

373 Vgl. BVerfGE 42, 103, 118; *Bosch/Schmidt/Vondung* Rn. 252; *D. Ehlers/J.-P. Schneider*, in: Schoch/Schneider/Bier § 40 Rn. 170 ff.; *Ule* § 7 (S. 49).

374 *D. Ehlers/J.-P. Schneider*, in: Schoch/Schneider/Bier § 40 Rn. 170 ff.; *J. Ziekow*, NWVBl 1998, 297, 299.

375 Vgl. *W. Hoppe/H.-W. Rengeling*, Rechtsschutz bei der kommunalen Gebietsreform, 1973, 31 ff.; *T. I. Schmidt*, LKV 2017, 487 ff.

376 *H. v. Nicolai*, in: Redeker/v. Oertzen § 40 Rn. 5 m.w.N.

377 *F. Ossenbühl*, DÖV 1969, 548, 552; *K. Rennert*, in: Eyermann § 40 Rn. 27; a.A. OVG Münster DVBl 1970, 788; *H. v. Nicolai*, in: Redeker/v. Oertzen § 40 Rn. 5.

378 Auch das BVerfG sieht offenbar in der parlamentarischen Zustimmung für sich genommen kein geeignetes Kriterium zur Bestimmung der Streitnatur; vgl. bspw. BVerfGE 42, 103, 115.

379 Vgl. *Bosch/Schmidt/Vondung* Rn. 251; *D. Ehlers/J.-P. Schneider*, in: Schoch/Schneider/Bier § 40 Rn. 180; *Schmitt Glaeser/Horn* Rn. 57.

380 Hierzu u.a. BVerfG (K) NVwZ 1988, 817 f.; nicht ganz eindeutig, weil nur jenseits einer konkreten Wahl und im Hinblick auf die Aufnahme in künftige Wählerverzeichnisse entschieden: BVerwGE 51, 69, 71; a.A. im Hinblick auf die Nichterteilung einer Wählbarkeitsbescheinigung OVG Bautzen SächsVBl 1999, 210. Zu dem Problemkreis insgesamt auch *J. Hahlen*, in: Schreiber, BWahlG, [10]2017, § 49 Rn. 1 ff.

werden lässt; denn für die Beurteilung der Streitnatur kommt es allein auf die Stellung und das Handeln des Rechtsschutzgegners an (→ Rn. 210 ff.). Die Wahlbehörden verfügen aber bereits über keine Verfassungsrechtssubjektsqualität. Treffen sie Maßnahmen bspw. zur Vorbereitung von Wahlen, so handeln sie als Verwaltungsbehörden.[381]

Der Verwaltungsrechtsweg könnte in derartigen Fallkonstellationen dennoch versperrt sein, sofern 253
Art. 41 GG als speziellere Regelung auch insoweit Ausschlusswirkung entfalten würde.[382] So vertritt vor allem das BVerfG die Ansicht, dass „die Korrektur etwaiger Wahlfehler einschließlich solcher, die Verletzungen subjektiver Rechte enthalten, dem Rechtsweg des Art. 19 Abs. 4 GG entzogen" sei.[383] Auch ein Rückgriff auf das Verfassungsbeschwerdeverfahren komme nicht in Betracht, weil Art. 41 Abs. 1 GG „eine sich aus der besonderen Natur des Wahlverfahrens [...] ergebende Sonderregelung" begründe (BVerfGE 14, 154, 155; 66, 232, 234). Teile der Rechtslehre wollen den verfassungsgerichtlichen Standpunkt durch Rückgriff auf § 49 BWahlG untermauern, wonach Entscheidungen und Maßnahmen, die sich unmittelbar auf das Wahlverfahren beziehen, letztlich nur mit den im BWahlG und in der BWO vorgesehenen Rechtsbehelfen oder aber im Wahlprüfungsverfahren angefochten werden können.[384] Diese Auffassung führt indes zu erheblichen Rechtsschutzlücken. So eröffnet das Wahlprüfungsverfahren die Anfechtungsmöglichkeit erst nach bereits erfolgter Wahl. Ohnehin dringt ein solches Begehren i.E. nicht durch, wenn sich der gerügte Wahlfehler nicht auf die Sitzverteilung auswirkt oder auswirken könnte.[385]

Andererseits gebietet der Normzweck des Art. 41 Abs. 1 S. 1 GG, die termingerechte und einheitliche 254
Durchführung der Wahl sicherzustellen, keine generelle Vereitelung des Rechtsschutzes im Hinblick auf Wahlvorbereitungsmaßnahmen.[386] Soweit ein Konflikt mit der Zielsetzung des Art. 41 GG nicht auftritt, muss der von Art. 19 Abs. 4 GG eingeforderte effektive Rechtsschutz uneingeschränkt gewährt werden. Gleichermaßen bedürfen § 49 BWahlG und die entsprechenden landesrechtlichen Regelungen wegen Art. 19 Abs. 4 GG einer geltungserhaltenden verfassungskonformen Reduktion.[387]

bbb) Kommunalwahlen. Rechtsstreitigkeiten im Zusammenhang mit Kommunalwahlen sind auch 255
dann nichtverfassungsrechtlicher Natur, wenn das Wahlergebnis angefochten wird.[388]

ccc) Klagen von politischen Parteien im Zusammenhang mit Wahlen. Für Klagen von politischen Par- 256
teien im Zusammenhang mit Wahlen, bspw. auf Zuteilung von Sendezeiten für Wahlwerbung[389] oder im Hinblick auf redaktionell gestaltete Sendungen mit wahlwerbendem Inhalt (BVerfGE 47, 198 ff.; 82, 54, 58 f.; BVerfG [K] NVwZ 1991, 560 f.), auf Anerkennung durch den Bundeswahlausschuss[390], Zulassung eines Wahlvorschlags (BVerfG [K] NVwZ 1988, 817, 818), Mitwirkung im Rundfunkrat einer öffentlich-rechtlichen Rundfunkanstalt (BVerfGE 60, 53, 63), Überlassung von Veranstaltungsräumen einer Gemeinde[391], Erstattung von Wahlkampfkosten[392] oder gegen wahlbeeinflussende Maßnahmen der Landesregierung (vgl. BVerfG [K] NVwZ 1988, 817 f.) ist jeweils der Verwaltungsrechtsweg eröffnet (→ Rn. 463 ff.).

ddd) Volksbegehren und Volksentscheiden. Auch rechtliche Auseinandersetzungen im Zusammen- 257
hang mit Volksbegehren und Volksentscheiden können – vergleichbar der Situation bei Parlamentswahlen – als verfassungsrechtliche oder aber nichtverfassungsrechtliche Streitigkeiten eingeordnet werden. Verfassungsrechtlich sind nur solche Streitigkeiten, die sich gegen die Zulässigkeit oder das Ergebnis eines Volksbegehrens oder Volksentscheides richten, wenn die Regierung oder das Parlament die Rolle des Rechtsschutzgegners einnimmt und es insoweit um einen Akt der Volksgesetzgebung

381 *D. Ehlers/J.-P. Schneider*, in: Schoch/Schneider/Bier § 40 Rn. 182.
382 Vgl. *N. Achterberg/M. Schulte*, in: v. Mangoldt/Klein/Starck Art. 41 Rn. 11 ff.; *H. Lang*, DÖV 1999, 712 ff.; *W.-R. Schenke*, NJW 1981, 2440 ff.
383 BVerfGE 22, 277, 281; 66, 232, 234; vgl. auch BVerfGE 28, 214, 219; 34, 81, 94. S. ferner *W. Schreiber*, DVBl 2010, 609, 611 f.
384 Vgl. etwa *J. Hahlen*, in: Schreiber, BWahlG, ¹⁰2017, § 49 Rn. 1–10 mit zahlreichen weiteren Nachw.
385 Vgl. *N. Achterberg/M. Schulte*, in: v. Mangoldt/Klein/Starck Art. 41 Rn. 13.
386 *D. Ehlers/J.-P. Schneider*, in: Schoch/Schneider/Bier § 40 Rn. 182; vgl. auch *M. Morlok*, in: Dreier II Art. 41 Rn. 7 f.
387 So *N. Achterberg/M. Schulte*, in: v. Mangoldt/Klein/Starck Art. 41 Rn. 14 m.w.N.
388 BVerwG DÖV 1973, 527; JA 1992, 283; *J. Ruthig/W.-R. Schenke*, in: Kopp/Schenke § 40 Rn. 34 m.w.N.
389 BVerfGE 47, 198, 237; BVerwGE 35, 344 ff.; 75, 67, 70; 87, 270, 272 f.; OVG Münster DVBl 1976, 583, 585.
390 *D. Ehlers/J.-P. Schneider*, in: Schoch/Schneider/Bier § 40 Rn. 183.
391 Vgl. *M. Morlok*, in: Dreier II Art. 21 Rn. 95.
392 BVerfGE 27, 152, 157; 28, 97, 102; 85, 264 ff.; BVerwGE 44, 187, 189; BVerwG DÖV 1980, 871.

geht.[393] Damit scheiden hier von vornherein solche Volksabstimmungen und -begehren aus, die nur die Gemeinde oder Kreisebene betreffen. Rechtliche Auseinandersetzungen um Maßnahmen eines Nichtverfassungsrechtssubjekts (Abstimmungsbehörde) im Vorfeld oder bei der Durchführung eines Volksbegehrens oder -entscheides sind verwaltungsrechtliche Streitigkeiten.[394] Dies gilt bspw., wenn die auf einfachem Gesetzesrecht beruhende Anordnung eines Gemeindedirektors im Zusammenhang mit der Vorbereitung oder Durchführung eines Volksbegehrens angegriffen wird[395], oder für Rechtsschutzbegehren, welche auf Verlängerung der Eintragungsfrist (a.A. VGH München NVwZ 1991, 386) und der Öffnungszeiten eines Abstimmungsbüros gerichtet sind[396]. Vor den Verwaltungsgerichten sind auch Streitigkeiten um die Zulässigkeit behördlicher Abstimmungsbeeinflussungen auszutragen.[397]

258 Gleichermaßen scheidet eine verfassungsrechtliche Streitigkeit aus, wenn ein Verfassungsrechtssubjekt nicht aus seiner spezifisch materiellen verfassungsrechtlichen Funktion heraus handelt (→ Rn. 215 f.). Nicht verfassungsrechtlich ist daher auch eine Streitigkeit zwischen Bürgern und Landesregierung über die Gültigkeit einer Rechtsverordnung zur Volksabstimmung; denn der Erlass einer solchen Rechtsverordnung ist nicht spezifisch Verfassungsrechtssubjekten vorbehalten (a.M. VGH Kassel NVwZ 1991, 1098 f.).

259 **gg) Politische Parteien als Rechtsschutzgegner.** Problematisch ist die Einordnung der Streitnatur, wenn sich der Rechtsschutz gegen politische Parteien richtet; diese sind nämlich einerseits „zu integrierenden Bestandteilen des Verfassungsaufbaus und des verfassungsrechtlich geordneten politischen Lebens geworden" (BVerfGE 1, 208, 225). Somit vom BVerfG in den Rang einer „verfassungsrechtlichen Institution"[398] erhoben, sind sie *auch* Verfassungsrechtssubjekte.[399] Andererseits fungieren die politischen Parteien nicht im eigentlichen Sinne als Bestandteile des staatsorganisatorischen Gefüges, sondern sind „im gesellschaftlich-politischen Bereich wurzelnde Gruppen" (BVerfGE 20, 56, 101). Aus dieser Stellung heraus wirken sie in den staatlichen Bereich hinein.

260 Ob die jeweilige Streitigkeit als (nicht-)verfassungsrechtlich einzustufen ist, hängt letztlich entscheidend davon ab, *in welcher Hinsicht* bzw. *aus welcher Stellung heraus* die politische Partei als Rechtsschutzgegner „in die Pflicht" genommen werden soll.

261 So ist bspw. – grds. allerdings erst nach Durchlaufen des parteigerichtlichen Instanzenzuges[400] – der Rechtsweg zu den ordentlichen Gerichten eröffnet, wenn ein einzelnes Parteimitglied gegen seinen Parteiausschluss klagt; denn das Mitgliedsverhältnis ist zivilrechtlicher Natur.[401] Wird hingegen zwischenparteilich auf die Einhaltung einer *Koalitionsvereinbarung* gedrängt, so ist von einer verfassungsrechtlichen Streitigkeit auszugehen.[402] Gleiches gilt für *Parteiverbotsverfahren*[403] nach Art. 21 Abs. 4 GG.[404]

262 **hh) Rechtsstreitigkeiten über Maßnahmen sonstiger oberster Staatsorgane/-organteile bzw. oberer Bundes- bzw. Landesbehörden.** *Rechnungshöfe* sind keine Verfassungsorgane, sondern nehmen die Stellung von obersten Staatsorganen ein.[405] Zweifelhaft ist, ob sie Verfassungsrechtssubjekte sind.[406]

---

393 Vgl. *D. Ehlers/J.-P. Schneider*, in: Schoch/Schneider/Bier § 40 Rn. 194.
394 I.E. wie hier: *K. Herrmann*, LKV 2000, 104; *K. Rennert*, in: Eyermann § 40 Rn. 28; *B. Wolnicki*, LKV 1997, 313, 315 und 317. A.M. OVG Bln LKV 1999, 365; OVG Lüneburg NdsVBl 1997, 208, 209.
395 *C.-F. Menger*, VerwArch 66 (1975), 169, 174; *J. Ruthig/W.-R. Schenke*, in: Kopp/Schenke § 40 Rn. 34. A.M. OVG Münster NJW 1974, 1671.
396 Vgl. *B. Wolnicki*, LKV 1997, 313 ff. A.M. VG Potsdam LKV 1997, 338.
397 *J. Ruthig/W.-R. Schenke*, in: Kopp/Schenke § 40 Rn. 34.
398 BVerfGE 20, 56, 100; zur Rspr. des BVerfG im Hinblick auf die „Mittlerstellung" der politischen Parteien u.a. auch: BVerfGE 69, 92, 110; 73, 40, 85; 85, 264, 283 ff.
399 *K. Rennert*, in: Eyermann § 40 Rn. 22. A.M. *D. Ehlers/J.-P. Schneider*, in: Schoch/Schneider/Bier § 40 Rn. 148.
400 Dazu *H. Sodan*, DÖV 1988, 828, 829 f.
401 Vgl. *R. Streinz*, in: v. Mangoldt/Klein/Starck Art. 21 Rn. 157 f.
402 Vgl. *R. Herzog*, in: Maunz/Dürig Art. 63 Rn. 12; *M. Schmidt-Preuß*, FS Leisner, 1999, 467, 477 f.; *Schmitt Glaeser/Horn* Rn. 57; *H. Schulze-Fielitz*, JA 1992, 332, 335; *Ule* § 7 (S. 48). Koalitionsvereinbarungen sind indes nicht justitiabel (vgl. statt vieler: *G. Hermes*, in: Dreier II Art. 63 Rn. 14 f.).
403 Zur nunmehr geltenden Rechtslage bzgl. Parteienfinanzierung *M. Kloepfer*, NVwZ 2017, 913 ff.; *Sodan/Ziekow* § 6 Rn. 87 a f.
404 *Bosch/Schmidt/Vondung* Rn. 251; *Würtenberger* Rn. 162.
405 Vgl. *W. Krebs*, VerwArch 71 (1980), 77, 84.
406 Abl. *K. Rennert*, in: Eyermann § 40 Rn. 22; diff. *G. Haverkate*, AöR 107 (1982), 539, 557 f.

In jedem Fall sind ihre Prüftätigkeiten und die Veröffentlichung von Prüfungsberichten keine staatsleitenden Tätigkeiten, sondern verbleiben im „Vorfeld des Verfassungsgeschehens" (OVG Münster NJW 1980, 137, 138). Diesbezügliche Streitigkeiten sind nichtverfassungsrechtlich.[407]

I.E. gilt gleiches für rechtliche Auseinandersetzungen im Hinblick auf *Verfassungsschutzberichte*. Als **263** Bestandteil des Verwaltungsunterbaus der Innenministerien nimmt der Verfassungsschutz auf Bundes- und Landesebene keinesfalls die Stellung eines Verfassungsrechtssubjekts ein.[408] Die Veröffentlichung von Verfassungsschutzberichten ist Verwaltungshandeln (vgl. VG München BayVBl 1980, 696, 697). *Richteranklagen* bspw. nach Art. 98 Abs. 2 und 5 GG sind verfassungsrechtliche Streitigkeiten, soweit **264** es um die Verletzung materiell-verfassungsrechtlicher Pflichten geht.[409]

3. Öffentlich-rechtliche Streitigkeit. Die Eröffnung des Verwaltungsrechtswegs nach der Generalklau- **265** sel des § 40 Abs. 1 S. 1 setzt weiterhin voraus, dass die zu entscheidende Streitigkeit öffentlich-rechtlicher Natur ist. Dieses Merkmal dient der Abgrenzung zu den bürgerlich-rechtlichen Streitigkeiten, für welche nach § 13 GVG grds. der Rechtsweg zu den ordentlichen Gerichten gegeben ist. Wann eine Streitigkeit öffentlich-rechtlichen Charakter aufweist, wird nicht zu Unrecht als eines der „diffizilsten Probleme" des Prozessrechts bezeichnet.[410]

a) Maßgeblichkeit des streitgegenständlichen Rechtsverhältnisses. aa) Maßgeblicher Anknüpfungs- **266** **punkt.** Maßgeblicher Anknüpfungspunkt für die Beurteilung, ob sich eine Streitigkeit als öffentlich-rechtliche qualifizieren lässt, ist die wahre Natur des im Sachvortrag des Klägers behaupteten Rechtsverhältnisses, aus welchem der Klageanspruch hergeleitet wird.[411] Diese ist auf der Grundlage des Klagebegehrens und des zu seiner Begründung vorgetragenen Sachverhalts zu ermitteln (BVerwG NJW 1994, 2909; VGH Kassel DVBl 2012, 1176). Abzustellen ist mithin auf den Streitgegenstand (GmSOGB BGHZ 102, 280, 283), d.h. den prozessualen Anspruch, der durch den zur Begründung vorgetragenen tatsächlichen Lebenssachverhalt (Klagegrund) näher bestimmt wird. Dieser und damit die Streitigkeit ist öffentlich-rechtlich, wenn er bzw. sie nach Maßgabe des öffentlichen Rechts zu beurteilen ist.

bb) Ermittlung des streitgegenständlichen Rechtsverhältnisses. Im Einzelnen gilt für die Ermittlung **267** des streitgegenständlichen Rechtsverhältnisses Folgendes:

aaa) Allgemeines. Keinesfalls muss auf ein bereits bestehendes Rechtsverhältnis abgestellt werden, da **268** ein solches vielfach noch gar nicht existiert; vielmehr ist das durch den geltend gemachten Klageanspruch begründete Rechtsverhältnis maßgeblich. Der Begriff des Rechtsverhältnisses ist insofern wenig trennscharf, als er durch verschiedene Umstände charakterisiert werden kann. Bei Anfechtungs-, Verpflichtungs- und Leistungsklagen kommt es regelmäßig auf den geltend gemachten Anspruch an. Bei Feststellungs- oder Normenkontrollanträgen ist das zu überprüfende Rechtsverhältnis[412] bzw. die zu überprüfende Norm ausschlaggebend. Bei einer negativen Feststellungsklage ist dagegen auf das vom Beklagten geltend gemachte Recht abzustellen[413] (zum Begriff des Rechtsverhältnisses → § 43 Rn. 5 ff.).

Ist das Klagebegehren nach einem Rechtssatz zu beurteilen, so ist grds. dessen Rechtsnatur entschei- **269** dend. Stützt der Kläger sein Begehren auf rechtsgeschäftliche Verpflichtungen, so kommt es auf deren

---

407 Vgl. auch BVerfGE 74, 69, 75 f.; BVerwG DÖV 1986, 518; OVG Lüneburg DVBl 1984, 837; OVG Münster NJW 1980, 137, 138; VGH Kassel NVwZ-RR 1994, 511, 512. Krit. *G. D. Belemann*, DÖV 1979, 684, der auf den Eingriff in die verfassungsrechtliche Beziehung zwischen Parlament und Rechnungshof abstellen will; *G. Haverkate*, AöR 107 (1982), 539, 557 ff.

408 Zur Stellung des Bundesamtes für Verfassungsschutz als Bundesoberbehörde und Zentralstelle: *H. J. Schwagerl*, Verfassungsschutz in der Bundesrepublik Deutschland, 1985, 114 f.; *G.-D. Schoen*, Zur Organisation des Verfassungsschutzes in der Bundesrepublik Deutschland, in: Bundesamt für Verfassungsschutz, 2000, 67 ff.

409 *D. Ehlers/J.-P. Schneider*, in: Schoch/Schneider/Bier § 40 Rn. 156; vgl. zur Stellung der obersten Bundesgerichte als „oberster Staatsorgane" auch: *Stern*, Staatsrecht II, § 33 II 4.

410 OVG Greifswald NVwZ 2003, 498; *D. Ehlers/J.-P. Schneider*, in: Schoch/Schneider/Bier § 40 Rn. 200.

411 S. etwa GmSOGB NJW 1986, 2359; BVerwGE 129, 9, 10 f.; BVerwG NVwZ-RR 2009, 308, 309; OVG Berlin-Brandenburg NVwZ-RR 2009, 182; VGH Kassel DVBl 2012, 1176; instruktiv *N. Kaniess*, Der Streitgegenstandsbegriff in der VwGO, 2012, passim.

412 S.a. OVG Berlin-Brandenburg NVwZ-RR 2015, 437 für eine Streitigkeit über den Umfang zulässiger Äußerungen auf der Grundlage des § 1 Abs. 1 IHKG.

413 Vgl. GmSOGB NJW 1988, 2295.

Rechtsnatur an; diese bemisst sich regelmäßig nach der Rechtsnatur ihres Gegenstandes.[414] Steht die Existenz einer Anspruchsgrundlage in Zweifel, so kommt es darauf an, welche Rechtsnatur die Anspruchsgrundlage im Falle ihrer Existenz hätte.

270   **bbb) Kein Abstellen auf die eintretenden Rechtsfolgen.** Nicht entscheidend sind die Rechtsfolgen, die ein erfolgreicher Rechtsschutzantrag auslösen würde. So ist bei der Aufhebung oder dem Erlass eines privatrechtsgestaltenden Verwaltungsakts nicht die im Privatrecht eintretende Rechtsfolge Anknüpfungspunkt für die Frage, ob die Streitigkeit öffentlich- oder privatrechtlicher Art ist, sondern es ist auf das Rechtsverhältnis bzw. die Rechtsgrundlage, welche für den Erlass oder die Aufhebung des Verwaltungsakts maßgeblich ist,[415] abzustellen, so z.B. hinsichtlich einer Klage gegen die Zustimmung der Betreuungsbehörde zur Kündigung des Arbeitsverhältnisses eines Schwerbehinderten nach § 15 SchwbG a.F.; §§ 85 ff. SGB IX n.F.[416]

271   **ccc) Rechtsnatur des begehrten Handelns oder Unterlassens als Anknüpfungspunkt.** Ein gewichtiger Anknüpfungspunkt für die Ermittlung des streitgegenständlichen Rechtsverhältnisses ist die Rechtsnatur des begehrten Handelns oder Unterlassens.[417] Zwar kann auf diese allein nicht zwingend abgestellt werden; denn maßgeblich ist allein das Rechtsverhältnis, aus dem der betreffende Anspruch hergeleitet wird, also die Anspruchsgrundlage (vgl. BVerwGE 87, 115, 119). Allerdings werden die Anspruchsgrundlage und das begehrte Handeln bzw. Unterlassen regelmäßig die gleiche Rechtsnatur aufweisen. So wird bspw. in Bezug auf Beseitigungsansprüche die Rechtsqualität des Eingriffs als grundsätzlicher Anknüpfungspunkt für die Abgrenzungsfrage zwischen öffentlichem und privatem Recht genommen (vgl. BVerwG NJW 1994, 956), weil diese Rechtsqualität im Zweifel zugleich auch die Rechtsnatur des geltend gemachten Anspruchs mitbestimmt (vgl. BVerwGE 50, 282 ff.; BVerwG BayVBl 1987, 342). Somit kommt der Rechtsnatur des begehrten Handelns oder Unterlassens letztlich jedenfalls ein starker Indizcharakter zu.

272   Gleichwohl sind Ausnahmefälle denkbar, in denen eine andere Beurteilung geboten ist. So kann sich ein Anspruch auf den Abschluss eines privatrechtlichen Vertrags aus Anspruchsgrundlagen ergeben, welche dem öffentlichen Recht zuzuordnen sind, z.B. aus dem allgemeinen Gleichheitssatz des Art. 3 Abs. 1 GG, aus dem öffentlich-rechtlichen Folgenbeseitigungsanspruch oder aus einem Verwaltungsakt (bspw. i.R. einer zweistufigen rechtlichen Ausgestaltung, sog. Zweistufentheorie; → Rn. 327 ff.).[418] Umgekehrt können Rechtsfolgen, die sich zwar auf öffentlich-rechtlich geregelte Sachverhalte beziehen, ihre Grundlage aber in einem Vertrag oder einem anderen Rechtsgeschäft zwischen Privatrechtssubjekten haben, nicht als öffentlich-rechtliche qualifiziert werden, weil die Vereinbarungen zwischen Privaten grds. keine öffentlich-rechtliche Wirkung zu begründen geeignet sind (ausnahmsweise sind aber auch öffentlich-rechtliche Verträge zwischen Privaten denkbar; → Rn. 404 f.). Maßgeblicher Anknüpfungspunkt ist also auch hier die Anspruchsgrundlage und nicht die hieraus resultierende Wirkung. So sind Streitigkeiten zwischen Privaten bzgl. der Erfüllung eines Studienplatztausches (OLG München NJW 1978, 701 f.), der Übertragung einer Taxengenehmigung[419], der Zustimmung eines Nachbarn aus Kaufvertrag zur Grenzbebauung (BGH NJW 1978, 695), der Mitwirkung eines Ehegatten bei der gemeinsamen Steuererklärung (BGH NJW 1983, 1545), der Rücknahme eines verwaltungsgerichtlichen Rechtsbehelfs (BGHZ 79, 131, 135) oder der Streit zwischen zwei politischen Parteien hinsichtlich der Rücknahme eines für die allgemeine Wahl eingereichten Wahlvorschlags (LG Würzburg BayVBl 1984, 667, 668) trotz ihrer im öffentlichen Recht liegenden Rechtsfolgen aufgrund der jeweiligen rein privatrechtlichen Anspruchsgrundlage keine öffentlich-rechtlichen Streitigkeiten. Anders zu beurteilen ist dies lediglich, wenn einer der Privaten sich als Beliehener darstellt und insoweit i.R. der damit verbundenen hoheitlichen Kompetenzen handelt (zu Beliehenen → Rn. 359 ff.).

273   **ddd) Kein Abstellen auf in anderen Rechtsbereichen eintretende Auswirkungen.** Ebenso auf das Rechtsverhältnis bzw. die Anspruchsgrundlage abzustellen ist in Konstellationen, in denen ein formell

---

414   *K. Rennert,* in: Eyermann § 40 Rn. 31.
415   Vgl. BVerwG NVwZ 1985, 264; *D. Ehlers,* Verwaltung in Privatrechtsform, 1984, 433 f.
416   BVerwGE 8, 46, 47 ff.; 29, 140 ff.
417   Vgl. *J. Burmeister,* DÖV 1975, 695, 698 m.w.N.; *D. Ehlers,* DVBl 1983, 422, 428.
418   Ferner *D. Ehlers/J.-P. Schneider,* in: Schoch/Schneider/Bier § 40 Rn. 210; *J. Ruthig/W.-R. Schenke,* in: Kopp/Schenke § 40 Rn. 8 a.
419   *D. Ehlers/J.-P. Schneider,* in: Schoch/Schneider/Bier § 40 Rn. 211.

auf Verwaltungsrecht und damit öffentliches Recht gestützter Eingriff sich in Rechtsbereichen auswirkt, für die der Verwaltungsrechtsweg sonst nicht eröffnet wäre. So unterfallen bspw. Streitigkeiten hinsichtlich der Rechtmäßigkeit einer im Wege der Verwaltungsvollstreckung erfolgten Pfändung in den Anspruch auf Kindergeld dem Verwaltungsrechtsweg nach §40, weil allein auf die im Wege der Verwaltungsvollstreckung erfolgte Pfändung abzustellen ist, obwohl hinsichtlich der zugrunde liegenden Zahlungsansprüche (aus Bürgschaftsvertrag bzw. auf Kindergeld) für sich gesehen andere Rechtswege gegeben wären (BVerwGE 77, 139, 140). Vergleichbares gilt für eine nach Verwaltungsvollstreckungsrecht erfolgte Wohnungsdurchsuchung zur Durchsetzung sozialrechtlicher Ansprüche, obwohl hinsichtlich dieser ansonsten der Rechtsweg zu den Sozialgerichten nach §51 SGG eröffnet wäre (VGH Mannheim NJW 1984, 2482 f.). Ebenso unterfällt eine Streitigkeit eines Ausländers mit der Ausländerbehörde auf Rücknahme des Antrags auf Anordnung der Abschiebehaft dem §40, obwohl für den Rechtsschutz gegen die Anordnung der Abschiebehaft selbst nicht der Verwaltungsrechtsweg gegeben wäre (vgl. VG Ansbach NVwZ 1986, 74). Leitet ein Hoheitsträger eine privatrechtliche Forderung per Verwaltungsakt auf sich über, so ist hinsichtlich des Streits um die Überleitung allein auf diese abzustellen, sodass eine öffentlich-rechtliche Streitigkeit vorliegt, auch wenn der Streit um die übergeleitete Forderung selbst privatrechtlich bleibt (BVerwGE 21, 334 ff.; BVerwG DÖV 1980, 49). Ein Antrag auf Erlass einer einstweiligen Verfügung, mit dem der Antragsteller die Verpflichtung des Eichamtes zur Überprüfung/Eichung seines Stromzählers erreichen will, verliert nicht dadurch das Gepräge einer vor den Verwaltungsgerichten geltend zu machenden öffentlich-rechtlichen Streitigkeit, dass der Antragsteller das Ergebnis der Überprüfung/Eichung des für seine Wohnung maßgebenden Stromzählers i.E. dazu verwenden will, zivilrechtliche Ansprüche gegen seinen Mieter geltend zu machen (KG NVwZ-RR 2007, 832; vgl. auch OVG Berlin GewArch 2004, 221).

eee) Vorfragen und Nachfragen. (1) Grds. keine Maßgeblichkeit von Vor- und Nachfragen. Nicht 274
abzustellen ist hinsichtlich des Anknüpfungspunktes für die Beurteilung, ob eine Streitigkeit öffentlich- oder privatrechtlich ist, auf Bereiche, die dem eigentlichen Streitgegenstand bzw. Rechtsverhältnis „vorgelagert" oder „nachgelagert"[420] sind. Solche Vor- oder Nachfragen beeinflussen also die Entscheidung hinsichtlich der Eröffnung des Verwaltungsrechtswegs nicht, auch wenn sie für sich gesehen einem anderen Rechtsweg unterfallen würden (BVerwGE 10, 209, 211; GmSOGB BGHZ 102, 280, 283). So ist bspw. eine privatrechtliche und keine öffentlich-rechtliche Streitigkeit gegeben, wenn ein für eine öffentliche Abgabe in Anspruch genommener Gesamtschuldner gegen den anderen Gesamtschuldner auf Ausgleich vorgeht[421]. Gleiches gilt für das Vorgehen aus einer für eine verwaltungsrechtliche Forderung übernommenen Sicherheitsleistung (BGH NJW 1984, 1622), für das Vorgehen aus einer Hypothek für die Steuerschuld eines Dritten (BFH BStBl 1974 II, 557, 558) sowie für Ansprüche auf bereicherungsrechtliche Rückabwicklung nach §816 Abs. 2 BGB von Zahlungen an den Steuerfiskus, die aufgrund privatrechtlicher Abmachung auf die Steuerverbindlichkeit eines Dritten geleistet wurden (BGH NVwZ 1984, 266 f.). Ebenso wenig beeinflussen privatrechtliche Vorfragen wie das Bestehen oder Nichtbestehen von Eigentumsverhältnissen oder eines Kaufvertrags den öffentlich-rechtlichen Charakter von Streitigkeiten im Hinblick auf einen Erschließungsbeitragsbescheid (§§127 ff. BauGB) oder die Ausübung des gemeindlichen Vorkaufsrechts (§24 Abs. 1 BauGB).[422] Ausnahmsweise bemisst sich die Rechtswegeröffnung nach der vermeintlichen Vorfrage, wenn diese die eigentliche Hauptfrage darstellt (vgl. auch → Rn. 277). Dies soll bspw. dann gegeben sein, wenn es dem Rechtsschutzsuchenden offensichtlich nur auf die Vorfrage ankommt und insofern eine rechtsmissbräuchliche Rechtswegerschleichung vorliegt.[423] Ferner wurde dies bejaht im Hinblick auf eine Klage über die Kosten für eine polizeiliche Ingewahrsamnahme, weil dort die vermeintliche Vorfrage nach der Rechtmäßigkeit der Ingewahrsamnahme in Wahrheit die Hauptfrage der Rechtsstreitigkeit darstelle (OVG Lüneburg NVwZ-RR 2006, 34, 35).

(2) Vorfragenkompetenz und Auswirkungen fehlender Vorfragenkompetenz auf die Rechtswegeröff- 275
nung. Grds. kommt dem für den Streitgegenstand zuständigen Gericht auch die Vorfragenkompetenz zu, d.h. für die Hauptfrage relevante Vorfragen (oder auch Nachfragen) dürfen von dem mit der

---

420 *J. Ruthig/W.-R. Schenke,* in: Kopp/Schenke §40 Rn. 9 a.
421 *J. Ruthig/W.-R. Schenke,* in: Kopp/Schenke §40 Rn. 9 a m.w.N.
422 *D. Ehlers/J.-P. Schneider,* in: Schoch/Schneider/Bier §40 Rn. 214; *Schenke* Rn. 162; *Schmitt Glaeser/Horn* Rn. 74.
423 *D. Ehlers/J.-P. Schneider,* in: Schoch/Schneider/Bier §40 Rn. 215.

Hauptfrage befassten Gericht auch dann mitentschieden werden, wenn für diese Vorfragen als solche eigentlich ein anderer Rechtsweg eröffnet wäre (vgl. § 17 Abs. 2 GVG). Wie bereits zuvor festgestellt, beeinflusst die Rechtsnatur der Vorfrage damit die an der Hauptfrage zu messende Rechtswegeröffnung grds. nicht (→ Rn. 274). Allerdings erwächst die Inzidententscheidung über die an sich rechtswegfremde Vorfrage nicht in Rechtskraft.[424] Ggf. sind Vorlagepflichten an andere Gerichte (etwa Art. 100 GG) zu beachten. Ist über die betreffende Vorfrage bereits von einem anderen Gericht rechtskräftig entschieden, kommt dem Bindungswirkung zu.[425] Ist eine Vorfrage bereits Gegenstand eines rechtshängigen Verfahrens vor einem anderen Gericht, so beseitigt dies die Vorfragenkompetenz nicht;[426] es kann indes eine Aussetzung nach § 94 erfolgen (→ § 94 Rn. 2 ff.). Insgesamt sollen die Verwaltungsgerichte bei ihrer Verfahrensgestaltung berücksichtigen, dass sie die zivilrechtliche Vorfrage nicht rechtskräftig entscheiden können und einer etwaigen Klärung durch die Zivilgerichte nach Möglichkeit nicht vorgegriffen werden soll; zur Erhebung einer Klage vor dem Zivilgericht können sie dem Betroffenen eine Frist setzen (VGH München NVwZ-RR 2003, 542 f.).

276 Auch wenn ein Gericht über einen „rechtswegfremden" Verwaltungsakt als Vorfrage eine Entscheidung zu treffen hat, steht ihm hierzu prinzipiell die Vorfragenprüfungskompetenz zu; die Vorfrage hinsichtlich des Verwaltungsakts hat grds. keine Auswirkung auf die Rechtswegeröffnung zu dem angerufenen Gericht. Allerdings ist die Vorfragenprüfungskompetenz der Zivilgerichte dabei insoweit eingeschränkt, als diese Gerichte den Verwaltungsakt, der die Vorfrage für eine bürgerlich-rechtliche Streitigkeit darstellt, lediglich auf sein Bestehen bzw. seine Wirksamkeit hin überprüfen dürfen, nicht dagegen auf seine Rechtmäßigkeit, da die Zivilgerichte andernfalls einen ihnen nicht zukommenden Kompetenzübergriff in den Bereich der Verwaltung vornehmen würden.[427] Eine Ausnahme hiervon besteht nur für den Bereich der Amtshaftungsansprüche (§ 839 BGB i.V.m. Art. 34 GG), wenn ein solcher Anspruch gerade darauf gestützt wird, dass die Amtspflichtverletzung im Erlass eines rechtswidrigen Verwaltungsakts besteht;[428] denn ansonsten könnten die Zivilgerichte nicht sinnvoll über derlei Fallgestaltungen entscheiden, obwohl ihnen die betreffende Zuständigkeit für Amtshaftungsfragen verfassungsrechtlich gem. Art. 34 S. 3 GG zugewiesen ist. Jedenfalls verwehrt ist den Zivilgerichten aber die Aufhebung eines Verwaltungsakts (vgl. BGHZ [GS] 34, 99, 105).

277 In bestimmten Konstellationen kann sich allerdings eine fehlende sachliche Prüfungskompetenz des angerufenen Gerichts hinsichtlich einer (vermeintlichen) Vorfrage ausnahmsweise doch auf die Rechtswegeröffnung auswirken, sodass dann hinsichtlich der Rechtswegeröffnung auf die Rechtsnatur dieser Vorfrage abzustellen ist. Dies ist jedenfalls dann der Fall, wenn die Entscheidung über die Vorfrage das eigentliche Begehren des Rechtsschutzsuchenden darstellt und dem angerufenen Gericht eine diesbezügliche Entscheidungskompetenz nicht zukommt. Macht der Kläger also bspw. vor dem Zivilgericht einen Besitzschutzanspruch aus § 861 BGB hinsichtlich eines Grundstücks geltend, kann er das Rechtsschutzziel aber nur über die Aufhebung des dieses Grundstück für den Allgemeingebrauch widmenden wirksamen Verwaltungsakts erreichen, so sind für diese Klage nicht die ordentlichen Gerichte, sondern die Verwaltungsgerichte zuständig; die vermeintliche Vorfrage bzgl. der Aufhebung des Verwaltungsakts erweist sich nämlich als die eigentliche Hauptfrage der Streitigkeit, und den ordentlichen Gerichten kommt keine Aufhebungskompetenz hinsichtlich Verwaltungsakten zu (vgl. BGHZ 48, 239, 240).

278 fff) **Aufrechnung mit rechtswegfremden Forderungen.** Ebenfalls keine Auswirkung auf die Rechtswegfrage hinsichtlich der eigentlichen Streitsache hat eine Aufrechnung gegenüber dem streitigen Anspruch, z.B. wenn ein von der Behörde auf Zahlung von Gebühren verklagter Bürger gegenüber dieser Forderung der Behörde mit einer Forderung gegenüber der Behörde aufrechnet. Erfolgt die Aufrechnung mittels einer öffentlich-rechtlichen Forderung, ist dies unproblematisch, da auch für diese Forderung der Verwaltungsrechtsweg gegeben ist. Aber auch die Aufrechnung mittels einer rechtswegfremden, z.B. privatrechtlichen Forderung (bspw. aus Amtshaftung gem. § 839 BGB i.V.m. Art. 34 GG) ändert am Rechtsweg zu den Verwaltungsgerichten grds. nichts, sofern nur die in Streit stehende Haupt-

---

424 *Kissel/Mayer* § 13 GVG Rn. 21 m.w.N.
425 *Kissel/Mayer* § 13 GVG Rn. 23 ff.
426 K. *Rennert*, in: Eyermann § 40 Rn. 39.
427 BGHZ 24, 386, 391 f.; R. *Hüßtege*, in: Thomas/Putzo § 13 GVG Rn. 25.
428 BGHZ 113, 17, 18 f. m.w.N.; dazu auch die krit. Anm. M. *Schröder*, DVBl 1991, 751 ff.

forderung öffentlich-rechtlicher Natur ist (s. etwa BVerwGE 77, 19, 23 f. mit zahlreichen Nachw.). Problematisch ist indes, inwieweit den Verwaltungsgerichten im Falle einer Aufrechnung mittels einer rechtswegfremden Forderung eine entsprechende Prüfungskompetenz hinsichtlich der Aufrechnung zukommt. Zwar wird durch die prozessuale Geltendmachung der Aufrechnungsforderung diese nicht rechtshängig; wegen § 173 VwGO i.V.m. § 322 Abs. 2 ZPO wäre aber die Entscheidung, dass die Gegenforderung nicht besteht, bis zur Höhe des Betrags, für den die Aufrechnung geltend gemacht worden ist, der Rechtskraft fähig, was zu einer rechtskräftigen Aberkennung der Gegenforderung in entsprechender Höhe führen würde. Ebenso der Rechtskraft fähig wäre die Entscheidung, dass die Forderung infolge der Aufrechnung mit der Gegenforderung erloschen ist, sodass auch insoweit eine rechtskräftige Entscheidung über die Gegenforderung getroffen wäre. Da dies aber jeweils einen Eingriff in die Kompetenz der ordentlichen Gerichte darstellen würde, welcher den Verwaltungsgerichten verwehrt ist, darf nach der überwiegend vertretenen Auffassung das Erlöschen der Klageforderung infolge der Aufrechnung nur dann ausgesprochen werden, wenn die rechtswegfremde Gegenforderung rechtskräftig oder bestandskräftig festgestellt oder unbestritten ist.[429] Ist diese dagegen streitig, gilt Folgendes: Ist die streitige Gegenforderung bereits Gegenstand eines anderen rechtshängigen Verfahrens, so ist das Gericht gehalten, das Verfahren nach § 94 auszusetzen, bis die Frage des Bestehens des Gegenanspruchs geklärt ist (BVerwGE 77, 19, 25; BVerwG NJW 1999, 160, 161). Ist die Entscheidung über das Klagebegehren bereits spruchreif, so kann das Verwaltungsgericht darüber gem. § 173 VwGO i.V.m. § 302 ZPO durch Vorbehaltsurteil entscheiden und das Nachverfahren gem. § 94 aussetzen.[430] Ist die streitige Gegenforderung noch nicht Gegenstand eines anderen rechtshängigen Verfahrens, so gilt unter analoger Anwendung des § 94 das Gleiche, allerdings mit der Maßgabe, dass der Inhaber der Gegenforderung innerhalb einer vom Gericht zu bestimmenden Frist Klage hierüber beim zuständigen Gericht erheben muss.[431] Lässt er diese verstreichen, entscheidet das Verwaltungsgericht ohne Rücksicht auf die Aufrechnung.[432]

Die Gegenansicht[433] bejaht eine Prüfungskompetenz der Verwaltungsgerichte für privatrechtliche Aufrechnungsforderungen unter Hinweis auf den neugefassten § 17 Abs. 2 GVG auch für den Fall, dass diese nicht rechtskräftig oder nicht unbestritten sind. Eine Ausnahme gelte wegen § 17 Abs. 2 S. 2 GVG nur für Gegenforderungen aus Enteignung (Art. 14 Abs. 3 S. 4 GG) oder Amtshaftung (Art. 34 S. 3 GG). Hierbei wird aber verkannt, dass eine Aufrechnung keine Vorfrage im oben genannten Sinne bzw. kein „rechtlicher Gesichtspunkt" i.S.d. § 17 Abs. 2 S. 1 GVG ist, sondern ein selbständiges Gegenrecht, das dem durch die Klage bestimmten Streitgegenstand einen weiteren selbständigen Gegenstand hinzufügt, zumal dessen verfahrensrechtlicher Zusammenhang mit der eigentlichen Streitsache erst durch eine Prozesshandlung herbeigeführt wird.[434] Überdies erwächst die Entscheidung über die Aufrechnung anders als bei einer Vorfrage im üblichen Sinn zumindest nach Maßgabe des § 322 ZPO (i.V.m. § 173 VwGO) in Rechtskraft.[435] 279

cc) Grundsätze für die Qualifizierung des maßgeblichen Rechtsverhältnisses. Entscheidend für die Qualifizierung des maßgeblichen Rechtsverhältnisses als öffentlich-rechtlich oder privatrechtlich ist die „wahre Natur" dieses Rechtsverhältnisses bzw. des daraus hergeleiteten Klageanspruchs (GmSOGB BGHZ 97, 312, 313; → Rn. 266). Dies bemisst sich nach dem aus dem Klageantrag und dem zugrunde liegenden Sachverhalt herzuleitenden Ziel des Rechtsschutzbegehrens. 280

aaa) Tatsachenvortrag und rechtliche Würdigung. Umstr. hinsichtlich des Tatsachevortrags ist, ob hierbei auf den vom Kläger vorgetragenen Sachverhalt abzustellen ist oder auf den realen Sachverhalt, 281

---

429 Zum Ganzen BVerwGE 77, 19, 24; so auch *D. Ehlers*, in: Schoch/Schneider/Bier § 41/§ 17 GVG Rn. 28 ff.; *Hufen* § 36 Rn. 35; *Lorenz* § 11 Rn. 108; *K. Rennert*, in: Eyermann § 40 Rn. 38; *Schmitt Glaeser/Horn* Rn. 395.

430 BVerwG NJW 1999, 160, 161; *K. Rennert*, in: Eyermann § 40 Rn. 38; *Schmitt Glaeser/Horn* Rn. 395; a.M. VGH München BayVBl 1982, 245 f.: wahlweise Vorbehaltsurteil statt Aussetzung. Zum Ganzen *J. Nolte*, Die Eigenart des verwaltungsgerichtlichen Rechtsschutzes, 2015, 581 ff.

431 BVerwGE 77, 19, 26 f.; gegen das Fristsetzungserfordernis *Schenke* Rn. 166 a.E.

432 *K. Rennert*, in: Eyermann § 40 Rn. 38.

433 VGH Kassel NJW 1995, 1107, 1108; *R. Hüßtege*, in: Thomas/Putzo § 17 GVG Rn. 9 (nur für unbestrittene o. rechtskräftig festgestellte Forderungen); *Kissel/Mayer* § 17 GVG Rn. 58 f.; *J. Ruthig/W.-R. Schenke*, in: Kopp/Schenke § 40 Rn. 45; *Schenke* Rn. 165 f.; *W.-R. Schenke/J. Ruthig*, NJW 1992, 2505, 2510 f. – jeweils m.w.N.

434 *C. Lückemann*, in: Zöller § 17 GVG Rn. 10; *J. Wittschier*, in: Musielak/Voit § 17 GVG Rn. 10.

435 *D. Ehlers*, JuS 1990, 777, 782.

sofern dieser vom Klägervortrag divergiert bzw. der Klägervortrag bestritten wird. Nach der *Schlüssigkeitstheorie*[436] genügt es, dass sich aus dem vom Kläger dargelegten Tatsachenvortrag der Rechtsweg schlüssig ergibt. Nach der *Beweiserhebungstheorie*[437] dagegen muss das Gericht bzgl. der Zulässigkeit des Rechtswegs ggf. Beweis hinsichtlich der strittigen Tatsachen erheben, sofern diese hierfür erheblich sind, und von der Wahrheit des tatsächlichen Vorbringens überzeugt sein.

282   Der Beweiserhebungstheorie ist in den sog. „aut-aut"-Fällen (das tatsächliche Nichtvorliegen der behaupteten rechtswegqualifizierenden Tatsachen führt – bei Identität des Streitgegenstandes – zu einer anderen rechtlichen Qualifikation des Anspruchs, hinsichtlich welcher ein anderer Rechtsweg eröffnet wäre[438]) und in den sog. „et-et"-Fällen (der Kläger kann sein Begehren auf mehrere materielle Anspruchsgrundlagen stützen, die der Rechtswegzuständigkeit verschiedener Gerichte unterfallen[439]) der Vorzug zu geben.[440] Dies ergibt sich zunächst aus dem im Verwaltungsprozess generell (§ 86) und rechtswegübergreifend hinsichtlich der Sachentscheidungsvoraussetzungen geltenden Amtsermittlungsgrundsatz. Darüber hinaus kann auch nur auf diesem Wege die „wahre Natur" des Rechtsverhältnisses bzw. des daraus hergeleiteten Klageanspruchs ermittelt werden. Überdies hätte es der Rechtsschutzsuchende sonst ggf. in der Hand, sich durch einen manipulierten Sachvortrag einen bestimmten Rechtsweg zu „erschleichen".[441] Dies könnte geschehen, indem der Kläger etwa durch einen manipulierten, gleichwohl schlüssigen, aber nicht den Tatsachen entsprechenden Vortrag hinsichtlich eines (materiellen) „et"- oder „aut"-Anspruchs zur Eröffnung des ihm genehmen[442] Rechtswegs gelangt – in dem bewussten Bestreben, dass über den nach der wahren Sachlage allein vorliegenden und an sich einer anderen Gerichtsbarkeit unterfallenden anderen (materiellen) „et"- oder „aut"-Anspruch nunmehr das an sich rechtswegfremde Gericht aufgrund seiner umfassenden Prüfungskompetenz nach § 17 Abs. 2 S. 1 GVG zu entscheiden hat. Konsequenterweise wird man die Beweiserhebungstheorie nicht nur für die Fälle strittigen Tatsachenvortrags, sondern wegen des Amtsermittlungsgrundsatzes auch auf die Fälle anwenden müssen, in denen das Gericht hinsichtlich unbestrittener Tatsachen Zweifel an deren Richtigkeit hat.[443] Nur im Falle einer non-liquet-Situation, wenn also das Gericht i.R. seiner Ermittlungspflicht kein eindeutiges Beweisergebnis zu finden in der Lage ist, wird man auf die Schlüssigkeit des klägerischen Tatsachenvortrags abstellen können – dies gebieten für diesen Zweifelsfall jedenfalls Art. 19 Abs. 4 GG und Art. 101 Abs. 1 S. 2 GG.

283   Die Schlüssigkeitstheorie vermag demgegenüber in den sog. „sic-non"-Fällen zu überzeugen, d.h. in den Fällen, in denen das tatsächliche Nichtvorliegen der behaupteten rechtswegqualifizierenden Tatsa-

---

436   S. etwa BVerwGE 14, 60, 61; 41, 127, 129; GmSOGB BGHZ 108, 284, 286; w.N. bei *T. Kluth*, NJW 1999, 342, 343 Fn. 4.

437   S. u.a. BAG NJW 1994, 604, 606; NJW 1994, 1172, 1173; *D. Ehlers/J.-P. Schneider*, in: Schoch/Schneider/Bier § 40 Rn. 213; *J. Hager*, FS Kissel, 1994, 327, 330; *Kissel/Mayer* § 17 GVG Rn. 20; w.N. bei *T. Kluth*, NJW 1999, 342, 343 Fn. 5, 6.

438   Bsp.: Der Kläger klagt vor den Arbeitsgerichten und behauptet, ein Arbeitnehmer zu sein; für den Fall, dass er tatsächlich nicht Arbeitnehmer ist, kommt aber ein gesellschaftsrechtlicher Anspruch in Betracht, der vor die ordentlichen Gerichte (§ 13 GVG) gehören würde. Oder: Der Kläger klagt aus einem öffentlich-rechtlichen Vertrag (prinzipiell zuständig: Verwaltungsgerichte); ist der behauptete rechtswegqualifizierende Umstand, bspw. die Behördeneigenschaft des Beklagten, tatsächlich nicht gegeben, kommt ein privatrechtlicher Anspruch in Betracht (prinzipiell zuständig: Zivilgerichte).

439   In diesen Fällen, in denen der Kläger sein Begehren in Bezug auf ein und denselben Streitgegenstand kumulativ (und nicht nur alternativ wie in den „aut-aut"-Fällen) auf mehrere materielle Anspruchsgrundlagen stützen kann, die jeweils unterschiedlichen Rechtswegen unterfallen würden, genügt es für die Eröffnung des Rechtswegs zum angerufenen Gericht, dass wenigstens einer dieser materiell-rechtlichen Ansprüche dessen Zuständigkeit unterfällt. Über den an sich rechtswegfremden Klagegrund entscheidet das angerufene Gericht dann aber wegen § 17 Abs. 2 S. 1 GVG mit; der (zusätzlichen) Anrufung der diesbezüglich an sich zuständigen Gerichtsbarkeit steht die Rechtswegsperre des § 17 Abs. 1 S. 2 GVG entgegen. S.a. → § 90 Rn. 36.

440   Vgl. *W.-R. Schenke*, BGH-FS III, 2000, 45, 50 ff.; dagegen etwa *T. Kluth*, NJW 1999, 342, 344, da er hierdurch den Anwendungsbereich des § 17 Abs. 2 S. 1 GVG zu stark eingeengt sieht. Dies überzeugt aber schon deshalb nicht, weil § 17 Abs. 2 S. 1 GVG jedenfalls in den „et-et"-Fällen zum Tragen kommt; s.a. *W.-R. Schenke*, BGH-FS III, 2000, 45, 52 Fn. 11.

441   Ausf. und mit weiteren Argumenten *W.-R. Schenke*, BGH-FS III, 2000, 45, 50 ff.

442   Etwa weil die betreffende Gerichtsbarkeit ihm günstigere Rechtsansichten vertritt oder weil deren Prozessordnung, die nach h.M. auch hinsichtlich an sich rechtswegfremder Ansprüche zugrunde zu legen ist (*S. Deckers*, ZZP 110 [1997], 341, 351; *R. Hüßtege*, in: Thomas/Putzo § 17 GVG Rn. 6; *W. Zimmermann*, in: MüKoZPO § 17 GVG Rn. 12), sich für ihn als vorteilhaft darstellt.

443   So auch *D. Ehlers/J.-P. Schneider*, in: Schoch/Schneider/Bier § 40 Rn. 213; *J. Ruthig/W.-R. Schenke*, in: Kopp/Schenke § 40 Rn. 6; *W.-R. Schenke*, BGH-FS III, 2000, 45, 52.

chen nicht zu einer anderen rechtlichen Qualifizierung des Anspruchs führen würde, welche den Rechtsweg in eine andere Gerichtsbarkeit eröffnete[444].[445] Die bereits genannte Gefahr einer Rechtswegmanipulation besteht hier nicht, da bei Nichtvorliegen der rechtswegbegründenden Umstände eine andere Gerichtsbarkeit nicht in Betracht kommt.

Da die „wahre Rechtsnatur" des Begehrens maßgeblich ist, kommt es nicht auf die rechtliche Qualifizierung durch den Rechtsschutzsuchenden selbst an (BVerfGE 62, 295, 313; GmSOGB BGHZ 102, 280, 284; 108, 284, 286). Der Kläger kann grds. zwar sein Begehren durch seinen (Tatsachen-)Vortrag selbständig bestimmen (die Grenzen dessen ergeben sich aus dem in → Rn. 281 ff. Ausgeführten);[446] die maßgebliche rechtliche Beurteilung dieses Begehrens ist aber allein Sache des Gerichts. Ist das Begehren des Klägers bei unstr. Sachverhalt seiner Rechtsnatur nach als öffentlich-rechtlich zu qualifizieren, z.B. weil die einschlägige Anspruchsgrundlage der öffentlich-rechtliche Folgenbeseitigungs- oder Erstattungsanspruch darstellt, ist der Verwaltungsrechtsweg auch dann eröffnet, wenn der Kläger seinen Anspruch in rein rechtlicher Hinsicht fälschlicherweise auf privatrechtliche Normen (z.B. die §§ 812, 823 BGB) oder andere Anspruchsgrundlagen (z.B. die in § 40 Abs. 2 S. 1 genannten) stützt, für die der Verwaltungsrechtsweg nicht gegeben wäre.[447] Begehrt der Kläger also etwa einen Widerruf einer Äußerung, die unstr. i.R. amtlicher Tätigkeit erfolgte, und ist er der Rechtsansicht, dass hierfür ein privatrechtlicher Widerrufsanspruch gegeben sei, so ist gleichwohl der Verwaltungsrechtsweg eröffnet, da der geltend gemachte Beseitigungsanspruch als öffentlich-rechtlicher zu qualifizieren ist (zum Rechtsweg bei Abwehr- oder Widerrufsansprüchen hinsichtlich behördlicher Äußerungen → Rn. 421 ff.). Ebenso ist der Verwaltungsrechtsweg eröffnet, wenn der Kläger bei unstr. Sachverhalt davon ausgeht, dass der dem Streit zugrunde liegende Vertrag privatrechtlich sei, obwohl er in Wirklichkeit als öffentlich-rechtlicher zu beurteilen ist. Andernfalls hätte es der Kläger in der Hand, durch seine rechtliche Sichtweise den ihm genehmen Rechtsweg zu bestimmen, womit diese Sachentscheidungsvoraussetzung letztlich zu seiner Disposition stünde. Begehrt andererseits der Kläger bei unstr. Sachverhalt die Feststellung, dass gerade ein öffentlich-rechtliches Schuldverhältnis besteht, so ist hierfür der Verwaltungsrechtsweg gegeben, auch wenn das betreffende Schuldverhältnis offensichtlich privatrechtlicher Natur ist.[448] Denn das dergestalt durch den Kläger vorgetragene bzw. bestimmte Begehren kann – unabhängig davon, ob es begründet ist – vom Gericht nur als öffentlich-rechtliches qualifiziert werden. Ebenso muss bspw. ein Beseitigungsanspruch gegen Immissionen durch Wertstoffsammelbehälter als öffentlich-rechtlicher angesehen werden, wenn er gegen den angeblich entsorgungspflichtigen Hoheitsträger geltend gemacht wird, auch wenn der tatsächlich Entsorgungspflichtige eine Privatperson und der beklagte Hoheitsträger daher nicht passivlegitimiert ist.[449] Im Wertstoffsammelbehälter-Beispiel steht dem auch nicht die Beweiserhebungstheorie entgegen, denn der Tatsachenvortrag des Klägers ist hier hinsichtlich der für die Rechtswegfrage maßgeblichen Umstände nicht in beweisbedürftiger Weise strittig. Anders wäre dies etwa, wenn der (fälschlicherweise) beklagte Hoheitsträger behaupten würde, eine juristische Person des Privatrechts zu sein, da in diesem Fall nur ein privatrechtlicher Beseitigungsanspruch gegeben sein könnte, der einer anderen Gerichtsbarkeit unterläge. Würde der Hoheitsträger dagegen behaupten, niemals Wertstoffsammelbehälter aufgestellt zu haben, so mag dies zwar eine für die Begründetheit maßgebliche strittige Tatsachenbehauptung sein; indes ist sie für die Rechtswegfrage unerheblich, da der geltend gemachte Beseitigungsanspruch, mag er auch unbegründet sein, öffentlich-rechtlicher Natur ist.

bbb) Vorbringen des Beklagten. Das Vorbringen des Beklagten bzw. des Rechtsschutzgegners ist grds. sowohl für die Ermittlung des Rechtsschutzbegehrens bzw. des zugrunde liegenden Rechtsverhältnisses als auch für dessen rechtliche Qualifizierung unmaßgeblich. Das Rechtsschutzbegehren als solches

284

285

---

444 Bsp.: Der Kläger klagt vor den Arbeitsgerichten und behauptet, ein Arbeitnehmer zu sein. Für den Fall, dass er tatsächlich nicht Arbeitnehmer ist, kommt des Weiteren auch keine andere rechtliche Qualifizierung seines Anspruchs in Betracht.

445 Näher *W.-R. Schenke*, BGH-FS III, 2000, 45, 49; vgl. auch BAGE 83, 40, 43 ff.; zu den Problemen der Beweiserhebungstheorie i.R.d. „sic-non"-Fälle *T. Kluth*, NJW 1999, 342, 343 f.

446 Daher kann man auch, wie *W.-R. Schenke*, BGH-FS III, 2000, 45, 50, von einem „Markieren" des Klagegegenstandes durch den Klägervortrag sprechen.

447 Hierzu BVerwG VerwRspr 25 (1974), 904, 905; BVerwGE 52, 264, 268 ff.; BGHZ 48, 239, 240.

448 *D. Ehlers/J.-P. Schneider*, in: Schoch/Schneider/Bier § 40 Rn. 212.

449 Hierzu VGH München BayVBl 1994, 600; NVwZ-RR 1995, 650 f.; vgl. auch VGH Kassel DVBl 1995, 250 f.

wird ausschlaggebend durch den Kläger bestimmt. Bei der Ermittlung des zugrunde liegenden Rechtsverhältnisses ist also grds. vom Sachvortrag des Klägers auszugehen. Allerdings muss der Beklagte wegen Art. 103 Abs. 1 GG hierzu gehört werden. Sein Vortrag kann einerseits dazu dienen, das klägerische Begehren verständlicher zu machen; andererseits kann es im Bestreitensfalle Anlass für das Gericht zu weiterer Tatsachenaufklärung hinsichtlich der Rechtswegfrage sein, wozu es wegen des Amtsermittlungsgrundsatzes nach der oben vertretenen Beweiserhebungstheorie (→ Rn. 281 ff.) ggf. verpflichtet ist. Auch hinsichtlich der rechtlichen Würdigung kommt es nicht auf die Einwendungen und rechtlichen Sichtweisen des Beklagten an (BGHZ 17, 317, 320; BGH NJW 1984, 1622, 1623), da dies allein Sache des Gerichts ist.

286   Nur ausnahmsweise kommt dem Vorbringen des Beklagten hinsichtlich der Rechtswegqualifizierung eine ausschlaggebende Bedeutung zu, nämlich im Falle negativer Rechtsschutzanträge, da hier das zugrunde liegende Rechtsverhältnis erst durch den vom Beklagten geltend gemachten Anspruch bestimmt werden kann. Demgemäß ist bspw. bei einer negativen Feststellungsklage, die darauf gerichtet ist, dass dem Beklagten ein von diesem geltend gemachter Unterlassungsanspruch nicht zusteht, hinsichtlich der Rechtsnatur des Klägerbegehrens auf das vom Beklagten geltend gemachte Recht abzustellen (vgl. GmSOGB NJW 1988, 2296).

287   **b) Unterscheidung zwischen öffentlichem Recht und Privatrecht.** Für die Eröffnung des Verwaltungsrechtswegs nach § 40 muss die betreffende Streitigkeit bzw. das ihr zugrunde liegende Rechtsverhältnis öffentlich-rechtlicher Natur, d.h. nach Maßgabe des öffentlichen Rechts zu beurteilen sein.

288   Wie bereits oben (→ Rn. 57 ff.) ausgeführt wurde, liegt der deutschen Rechtsordnung insgesamt die Unterscheidung zwischen öffentlichem Recht und Privatrecht zugrunde. Indes verzichtet die Rechtsordnung darauf, die Begriffe des öffentlichen und des privaten Rechts zu definieren,[450] womit die Begriffsbestimmung letztlich der Rspr. und der Rechtswissenschaft überlassen ist. Eine für alle Zweifelsfälle tragfähige Abgrenzungsformel ist aber bisher noch nicht gefunden und wegen der Vielgestaltigkeit sowie des steten Wandels der Rechtsordnung auch schwer zu ermitteln. In dem Bemühen um allgemeingültige Abgrenzungsformeln wurden verschiedene Abgrenzungstheorien entwickelt (zu den einzelnen Abgrenzungstheorien → Rn. 289 ff.). Zur Vermeidung der jeweiligen Schwächen der einzelnen Theorien werden diese mitunter kombiniert.[451] Die Rspr. wiederum vermeidet es, sich auf eine der Theorien festzulegen, sondern stellt je nach Bedürfnis auf die eine oder andere ab oder kombiniert (etwa GmSOGB NJW 1990, 1527) sie in der eben beschriebenen Weise. Gerichte verzichten mitunter auch ganz auf den Rückgriff auf eine der Theorien und bedienen sich je nach Sachverhaltsgestaltung sowie im Bemühen um ein am Einzelfall orientiertes sachgerechtes Ergebnis anderer theoretischer Ansätze. Dies führt zu einer nur schwer überschaubaren und kaum systematisierbaren Kasuistik.

289   **aa) Abgrenzungstheorien.** Die heute im Wesentlichen vertretenen Abgrenzungstheorien sind die Interessentheorie, Subordinationstheorie und (modifizierte) Subjekts- oder auch Sonderrechtstheorie.

290   **aaa) Interessentheorie.** Nach der Interessentheorie[452] erfolgt die Abgrenzung zwischen öffentlichem Recht und Privatrecht danach, welche Interessen von dem Recht geschützt werden, welches dem Streit zugrundeliegt. Ist der Schutz des öffentlichen Interesses bzw. des Allgemeininteresses bezweckt, ist hiernach öffentliches Recht zu bejahen. Sind dagegen Privat- bzw. Individualinteressen geschützt, handelt es sich um Privatrecht.

291   Problematisch an dieser Form der Abgrenzung ist, dass sich Individualinteressen und öffentliche bzw. Allgemeininteressen oftmals kaum eindeutig auseinanderhalten lassen. Man kann bestenfalls von einer typischen, nicht jedoch von einer klassifikatorischen Unterscheidung zwischen lediglich öffentlichen und nur privaten Interessen ausgehen.[453] So können private Rechtsgeschäfte das öffentliche Interesse

---

450   Hierzu auch *K. Finkelnburg*, FS Menger, 1985, 279, 280.

451   Für die Rspr. z.B. BVerwGE 89, 281, 282; BVerwG NJ 1995, 214; GmSOGB BGHZ 102, 280, 283; 108, 284, 287; BGHZ 121, 126, 128.

452   Diese Theorie geht auf den römischen Juristen *Ulpian* zurück („Publicum ius est, quod ad statum rei Romanae spectat, privatum quod ad singulorum utilitatem", Digesten I. 1, 1, 2.); aus der Rspr. etwa BVerfGE 58, 300, 344; BVerwGE 5, 325, 327; 13, 47, 49 f.; 35, 103, 106; 38, 205, 206; 47, 229, 230; vgl. auch RGZ 137, 133, 138; 154, 201, 206; aus der Lit. etwa *S. Broß*, VerwArch 79 (1988), 97, 100; *Eyermann/Fröhler* § 40 Rn. 5; *H. v. Nicolai*, in: Redeker/v. Oertzen § 40 Rn. 8; w.N. bei *C.-F. Menger*, FS Wolff, 1973, 149, 158.

453   *Wolff/Bachof/Stober/Kluth* I § 22 Rn. 24.

tangieren; umgekehrt dienen öffentliche Angelegenheiten vielfach auch dem Interesse Einzelner.[454] Darüber hinaus ist zu berücksichtigen, dass alles Recht, auch das Privatrecht, der Ordnung menschlichen Zusammenlebens dient und damit (auch) den Schutz des Allgemeininteresses bezweckt.[455] Der Schutz individueller Interessen wiederum kann auch im öffentlichen Interesse liegen, wie bspw. allein die Grundrechtsbestimmungen zeigen.[456] Darüber hinaus hat die Interessentheorie erhebliche Probleme, den Begriff des subjektiven öffentlichen Rechts zu erklären: Denn ein solches ist dadurch gekennzeichnet, dass der betreffende Rechtssatz zumindest auch dem Schutz des Individualinteresses des Betroffenen zu dienen bestimmt ist (→ § 42 Rn. 386 ff.), sodass man sich nach der Interessentheorie fragen muss, ob es sich bei dem betreffenden Rechtssatz überhaupt noch um öffentliches Recht handeln kann.[457] Weiterhin vermag die Interessentheorie den Begriff des Verwaltungsprivatrechts, d.h. die Durchführung von im öffentlichen Interesse liegenden Aufgaben durch den Staat mit Mitteln des Privatrechts, nur ungenügend zu begründen.[458] Auch eine Abgrenzung danach, ob der betreffende Rechtssatz *primär* oder *überwiegend* das öffentliche oder das private Interesse schützt, kann kaum weiterhelfen, da eine Abgrenzung nach der „Quantität" des Interessenschutzes praktisch kaum durchführbar ist, ja geradezu einer gewissen Beliebigkeit Tür und Tor öffnet.

Da die Interessentheorie somit letztlich zu einer nicht hinzunehmenden Unsicherheit hinsichtlich der **292** Abgrenzung zwischen öffentlichem und privatem Recht führt[459], ist sie zumindest nicht dazu geeignet, das alleinige Abgrenzungskriterium zu bilden.[460]

bbb) Subordinationstheorie. Die Subordinationstheorie[461] (auch bezeichnet als Subjektionstheorie) **293** stellt als maßgebliches Abgrenzungskriterium zwischen öffentlichem und privatem Recht auf das Vorliegen eines Über- bzw. Unterordnungsverhältnisses zwischen den am Rechtsstreit beteiligten Subjekten ab. Während privatrechtliche Rechtsbeziehungen danach durch ein prinzipielles Verhältnis der Gleichordnung gekennzeichnet sind, liegt ein öffentlich-rechtliches Rechtsverhältnis dann vor, wenn die Rechtsbeziehung zwischen dem Hoheitsträger und dem Bürger sich als Über- bzw. Unterordnungsverhältnis darstellt. Charakteristikum eines solchen Über-/Unterordnungsverhältnisses ist dabei die Möglichkeit des übergeordneten Rechtssubjekts, gegenüber dem untergeordneten Rechtssubjekt einseitig verbindliche Regelungen treffen zu können.

Auch diese Form der Abgrenzung führt nicht in umfassender Weise zu befriedigenden Ergebnissen. So **294** vermag sie Rechtsverhältnisse zwischen Staat und Bürger, welche sich auf einer Ebene der Gleichordnung bewegen, per se nicht als öffentlich-rechtliche zu qualifizieren. Dies aber steht im Widerspruch insbes. zu den Regelungen des öffentlich-rechtlichen Vertrags nach den §§ 54 ff. VwVfG, welche aufzeigen, dass sich Staat und Bürger im Bereich des öffentlichen Rechts auch im Gleichordnungsverhältnis begegnen können (s.a. GmSOGB BGHZ 97, 312, 314; 108, 284, 286). Auch im Übrigen kennt das öffentliche Recht Gleichordnungsverhältnisse.[462] Umgekehrt ist das Abgrenzungskriterium einer Über-/Unterordnung insofern problematisch, als es auch im Privatrecht Über- und Unterordnungen i.S. einer einseitigen Regelungsbefugnis gibt, so im Sachenrecht (bspw. bestimmte Ausschlussrechte), im Familienrecht (z.B. im Kindschaftsrecht bzw. generell im Eltern-Kind-Verhältnis des BGB)[463] oder im Arbeitsrecht (bspw. Direktionsrechte). Diesem Einwand kann man zwar insofern begegnen, als man darauf abstellt, dass das Über-/Unterordnungsverhältnis gerade ein *hoheitliches*[464] sein muss,

---

454 *H.-U. Erichsen*, Jura 1982, 537, 538; *Hufen* § 11 Rn. 15.
455 Vgl. *H.-U. Erichsen*, Jura 1982, 537, 538 m.w.N.
456 *D. Ehlers/J.-P. Schneider*, in: Schoch/Schneider/Bier § 40 Rn. 219.
457 *H.-U. Erichsen*, Jura 1982, 537, 538 f.
458 *Schenke* Rn. 102 f.; vgl. auch *K. Rennert*, in: Eyermann § 40 Rn. 43.
459 Ähnl. *O. Bachof*, FG BVerwG, 1978, 1, 6.
460 Vgl. auch *W. Leisner*, JZ 2006, 869, 872, der die Interessentheorie für „endgültig überholt" und den danach maßgebenden Aspekt auch nicht mehr als „eines von mehreren" Abgrenzungskriterien sieht.
461 S. etwa BVerfGE 7, 342, 355; BVerwGE 14, 1, 4; 29, 159, 161 f.; 37, 243, 245; GmSOGB BGHZ 97, 312, 314; 108, 284, 286; BVerwG DVBl 2010, 1037; BGHZ 14, 222, 227; 66, 229, 235; 67, 81, 84 f., 86 f., 92; RGZ 166, 218, 226; 167, 281, 284; *Forsthoff* I S. 113 f.; *W. Leisner*, JZ 2006, 869, 873 f.; s.a. die Nachw. bei *Obermayer*, Grundzüge, 18.
462 So z.B. das öffentlich-rechtliche Gleichordnungsverhältnis zwischen einer Ersatzkasse und einer Allgemeinen Ortskrankenkasse; dazu GmSOGB BGHZ 108, 284, 286 f.
463 *H.-U. Erichsen*, Jura 1982, 537, 539; vgl. auch *H. J. Wolff*, AöR 76 (1950/51), 205.
464 Vgl. etwa GmSOGB BGHZ 97, 312, 314; 108, 284, 286: *hoheitliches* Verhältnis der Über-/Unterordnung; s.a. *O. Bachof*, FG BVerwG, 1978, 1, 7.

mithin das übergeordnete Rechtssubjekt als Hoheitsträger tätig wird. Freilich ergibt sich dann die zusätzliche Problematik, wie der Begriff des Hoheitsträgers zu verstehen ist bzw. wann ein Hoheitsträger hoheitlich (und nicht etwa nur fiskalisch) handelt[465] (zum Begriff des Hoheitsträgers und der vergleichbaren Problematik i.R.d. [modifizierten] Subjektstheorie → Rn. 302 ff.). Jedenfalls verliert das Abgrenzungskriterium „Über-/Unterordnungsverhältnis" durch dieses Korrektiv weiter an Trennschärfe. Und selbst die Zuhilfenahme dieses Korrektivs vermag nicht das bereits erwähnte Unvermögen hinsichtlich der Klassifizierung öffentlich-rechtlicher Gleichordnungsverhältnisse zu beseitigen. Gleiches gilt hinsichtlich der Qualifizierung exekutiver Realakte, da es hier mangels Regelungswirkung an einer Über-/Unterordnung i.S. einer einseitigen Regelungsbefugnis fehlt. Auch der Bereich öffentlich-rechtlicher Leistungsverwaltung ist i.d.R. nicht durch Subordination gekennzeichnet.[466] Ein weiterer Schwachpunkt ist die ausschließliche Orientierung am Verhältnis Bürger-Staat, sodass mittels der Subordinationstheorie keine Aussagen bspw. über das Organisationsrecht getroffen werden können.[467]

295 Vielfach kritisiert wird auch der generelle Ansatzpunkt der Subordinationstheorie. Denn ihr historischer Kern geht auf das Souveränitätsdogma des absolutistischen Staates zurück, welches durch die Unterwerfung des Einzelnen unter die Herrschaft des Souveräns gekennzeichnet war.[468] Dieses Dogma ist indes mit der heutigen Verfassungswirklichkeit unvereinbar.[469] Denn hiernach ist der Bürger dem Staat nicht von vornherein unterworfen, sondern er selbst ist es, der die Staatsgewalt durch einen Akt demokratischer Willensbildung legitimiert. Erst hierdurch werden staatliche Akte für ihn verbindlich. Aus dieser Kritik werden namentlich zwei Konkretisierungen der Subordinationstheorie hergeleitet:

296 Zum einen solle das Über-/Unterordnungsverhältnis erst durch Rechtssätze konstituiert werden. Für die Praktikabilität der Subordinationstheorie ist damit freilich nichts gewonnen; denn da es i.d.R. gerade um die Zuordnung dieser Rechtssätze zum öffentlichen oder privaten Recht geht, stellte es eine petitio principii dar, wenn man ausgehend von der Subordinationstheorie den Schluss ziehen würde, dass es sich bei diesen Rechtssätzen deshalb um öffentliches Recht handele, weil sie ein Über-/Unterordnungsverhältnis erst begründen.[470] Zwar ließe sich dieser Zirkelschluss wohl vermeiden, wenn man auf die Begründung eines *hoheitlichen* Über-/Unterordnungsverhältnisses abstellt; der Wert dieses Korrektivs steht aber aus dem bereits genannten Grund (→ Rn. 294) infrage. Überdies werden durch diesen Ansatz die prinzipiellen Schwächen des Kriteriums der Über-/Unterordnung nicht beseitigt.

297 Zum anderen wird aus der Ablehnung einer vorrechtlichen Unterwerfung des einzelnen unter die Staatsgewalt eine „demokratisch gewendete" Modifizierung der Subordinationstheorie hin zu einer „Verbindlichkeitstheorie" vorgeschlagen: Danach soll eine öffentlich-rechtliche Streitigkeit dann vorliegen, wenn es um Grund oder Reichweite einseitig verbindlicher Entscheidungen des Staates oder anderer Körperschaften geht, die diese kraft demokratischer Legitimation treffen und durchsetzen können.[471] Auch hiermit wird aber die Praxistauglichkeit der Subordinationstheorie nicht erhöht. Denn letztlich werden nur formale Begrifflichkeiten ausgetauscht; der materielle Abgrenzungsgehalt einer einseitigen verbindlichen Regelungsbefugnis des übergeordneten gegenüber dem untergeordneten Rechtssubjekt bleibt mit all seinen oben beschriebenen Schwächen bestehen.

298 Als alleiniges Abgrenzungskriterium ist die Subordinationstheorie mithin untauglich. Zuzugeben ist ihr lediglich, dass man mittels dieser Theorie positiv feststellen kann, dass in Fällen eines – hoheitlichen – Über-/Unterordnungsverhältnisses eine Zuordnung zum öffentlichen Recht zu erfolgen hat.[472] Umgekehrt lässt sich anhand ihrer Abgrenzungskriterien aber nicht der negative Schluss ziehen, dass wegen des Nichtvorliegens eines Über-/Unterordnungsverhältnisses gerade keine öffentlich-rechtliche Streitigkeit gegeben ist. Insofern kann die Subordinationstheorie nur in Kombination mit anderen Abgrenzungstheorien umfassend sachgerechte Ergebnisse liefern.

---

465 So in ihrer Kritik auch *D. Ehlers/J.-P. Schneider*, in: Schoch/Schneider/Bier § 40 Rn. 220 und 224; in diese Richtung zielt ferner die Kritik von *Wolff/Bachof/Stober/Kluth* I § 22 Rn. 25.
466 *Wolff/Bachof/Stober/Kluth* I § 22 Rn. 25.
467 *D. Ehlers/J.-P. Schneider*, in: Schoch/Schneider/Bier § 40 Rn. 220.
468 *Hufen* § 11 Rn. 16.
469 Vgl. *D. Ehlers*, DVBl 1986, 912, 913; *H.-U. Erichsen*, Jura 1982, 537, 539; *Hufen* § 11 Rn. 16.
470 Vgl. etwa *D. Ehlers/J.-P. Schneider*, in: Schoch/Schneider/Bier § 40 Rn. 220; *H.-U. Erichsen*, Jura 1982, 537, 539; ferner *Wolff/Bachof/Stober/Kluth* I § 22 Rn. 25.
471 S. *Hufen* § 11 Rn. 16.
472 Vgl. *W. Leisner*, JZ 2006, 869, 873.

ccc) Subjekts- oder Sonderrechtstheorie. Nach der Subjekts- oder Sonderrechtstheorie bemisst sich 299
der Unterschied zwischen öffentlichem Recht und Privatrecht nach den Zuordnungssubjekten der infrage stehenden Rechtssätze. Danach ist das öffentliche Recht das Sonderrecht des Staates, d.h. grds.
unterfallen nur die diejenigen Rechtssätze dem öffentlichen Recht, deren Zuordnungssubjekt allein
der Staat ist. Privatrechtliche Rechtssätze sind demgegenüber dadurch gekennzeichnet, dass grds. „jedermann" aus ihnen berechtigt oder verpflichtet werden kann. Die Subjektstheorie wurde zunächst in
einer eher formalen Ausprägungsform vertreten (sog. formale Subjektstheorie; → Rn. 300 f.), während
sich mittlerweile eine durch materielle Kriterien modifizierte Sichtweise durchgesetzt hat (sog. materielle oder modifizierte Subjektstheorie; → Rn. 302 ff.).

(1) Formale Subjektstheorie. In ihrer zunächst vertretenen Ausprägung begriff die Subjektstheorie 300
das öffentliche Recht als den Inbegriff derjenigen Rechtssätze, deren berechtigtes oder verpflichtetes
Zuordnungssubjekt ausschließlich der Staat oder ein sonstiger Träger hoheitlicher Gewalt ist. Demgegenüber umfasse das Privatrecht die für *alle* Rechtssubjekte (einschließlich der Hoheitsträger) geltenden Rechtssätze[473].[474] Danach handelt es sich bei all denjenigen Normen um öffentliches Recht, die –
zumindest auf der einen Seite des betreffenden Rechtsverhältnisses – nicht jedermann, sondern ausschließlich und notwendig den Staat oder einen anderen Hoheitsträger in Bezug nehmen, d.h. diesen
berechtigen oder verpflichten. So kann also bspw. eine Ordnungsverfügung auf der Grundlage der betreffenden ordnungsrechtlichen Ermächtigungsnorm ausschließlich von einem Hoheitsträger erlassen
werden, nicht dagegen von einem Privaten, sodass es sich hierbei um öffentliches Recht handelt. Gleiches gilt, wenn ein Privater aufgrund ihm verliehener hoheitlicher Befugnisse als Hoheitsträger in Erscheinung tritt; eine ihn in dieser Eigenschaft berechtigende oder verpflichtende Norm ist dann ebenfalls dem öffentlichen Recht zugehörig, weil das von ihr in Bezug genommene Zuordnungssubjekt
ausschließlich ein Träger hoheitlicher Gewalt ist und nicht ein beliebiger „Jedermann". Umgekehrt
sind all diejenigen Normen privatrechtlich, auf die sich „jedermann", also jedes Rechtssubjekt (einschließlich der Hoheitsträger), stützen kann. Schließt ein Hoheitsträger also bürgerlich-rechtliche
Kauf-, Dienst- oder Mietverträge ab, so sind die zugrunde liegenden Normen des BGB deshalb privatrechtlich, weil sie auch private Rechtssubjekte berechtigen oder verpflichten können und nicht bloß
den Staat. In diesen Fällen tritt der Hoheitsträger selbst als Privatrechtssubjekt in Erscheinung.

Diese im Grundsatz richtige und vorzugswürdige Abgrenzung zwischen öffentlichem und privatem 301
Recht ist allerdings insoweit nicht hinreichend, als sie in bloß formaler Weise darauf abstellt, ob die
betreffenden Rechtssätze ausschließlich Hoheitsträger oder darüber hinaus jedermann, mithin auch
private Rechtssubjekte berechtigen oder verpflichten. Denn wie bereits die soeben gewählten Beispiele
verdeutlichen, kommt man nicht umhin, diese Abgrenzungsformel mit einem materiellen Gehalt zu
füllen. Wie gezeigt, kann ein Hoheitsträger eben auch als Privatrechtssubjekt handeln, und umgekehrt
kann ein Privater als Beliehener (zur Rechtsfigur des Beliehenen → Rn. 359 ff.) Hoheitsträger sein.
Schon insofern muss in das formelle Begriffspaar „Hoheitsträger" – „Privater" zwangsläufig ein materieller Gehalt hineingelesen werden, als nämlich bspw. danach zu fragen ist, ob der Private denn nun
als Privater oder als beliehener Hoheitsträger Zuordnungssubjekt der betreffenden Norm ist. Umgekehrt kann nicht allein in formeller Weise darauf abgestellt werden, ob ausschließlich ein Hoheitsträger aus der betreffenden Norm berechtigt oder verpflichtet ist, da er gleichwohl als Privatrechtssubjekt
tätig sein kann. Deutlich wird dies insbes. bei den Normen des sog. Sonderprivatrechts[475], welche da-

---

473 *H. J. Wolff,* AöR 76 (1950/51), 205, 208 ff.; *C.-F. Menger,* FS Wolff, 1973, 149, 160, 166 m.w.N.
474 Mit der formalen Subjektstheorie ist somit als „zunächst vertretene" Ausprägung der Subjektstheorie die insbes. von
     H. J. Wolff (a.a.O.) herausgearbeitete Form der Subjektstheorie bezeichnet. *Nicht* gemeint ist dagegen die in der Lit.
     gelegentlich als „ältere" Subjektstheorie bezeichnete Abgrenzungsformel zwischen öffentlichem und privatem Recht;
     diese wird teilweise auf *O. Mayer* (Deutsches Verwaltungsrecht, Bd. 1, ³1924, 15) zurückgeführt (so etwa *C.-F.
     Menger,* FS Wolff, 1973, 149, 160), teilweise mit der sog. „Fiskustheorie" gleichgesetzt (vgl. *O. Bachof,* FG
     BVerwG, 1978, 1, 8 Fn. 33). Ihr Gehalt wird i.d.R. dahingehend beschrieben, dass dem öffentlichen Recht alle
     Rechtssätze angehören, deren Zuordnungssubjekt der Staat oder ein anderes „öffentliches" Subjekt ist (*Wolff/
     Bachof/Stober/Kluth* I § 22 Rn. 28), womit sich als öffentlich-rechtlich all diejenigen Rechtsverhältnisse darstellen
     würden, an denen ein Hoheitsträger beteiligt ist – damit würde verkannt, dass der Staat nach h.M. eben auch als
     bloßes Privatrechtssubjekt in Erscheinung treten kann (so auch *Wolff/Bachof/Stober/Kluth* I § 22 Rn. 28). Teilweise
     wird dieser sog. „älteren" Lehre der eben genannte Inhalt aber auch wieder abgesprochen (*O. Bachof,* FG VerwG,
     1978, 1, 8).
475 Auch „fiskalische Sonderrechte" genannt (*O. Bachof,* FG BVerwG, 1978, 1, 9).

durch gekennzeichnet sind, dass sie zwar ausschließlich einen Hoheitsträger berechtigen oder verpflichten, dieser hierbei aber als Privatrechtssubjekt in Bezug genommen wird. Mit anderen Worten handelt es sich hierbei um privatrechtliche Sondernormen, die sich ausschließlich an den Staat als privates Rechtssubjekt wenden. Hierzu gehören bspw. die Erb-, Heimfall- und Aneignungsrechte des Fiskus nach den §§ 1936, 46, 928 Abs. 2 BGB oder gem. § 981 Abs. 1 BGB. Ebenso leitet die Norm des § 116 SGB X privatrechtliche Ansprüche ausschließlich auf staatliche Leistungsträger über, ohne dass dies etwas an ihrem privatrechtlichem Charakter ändert; bei der Geltendmachung dieser Ansprüche tritt der Staat nicht als Hoheitsträger, sondern als Privatrechtssubjekt auf. Des Weiteren gibt es Normen, die in beiden Rechtskreisen Geltung beanspruchen, die sich also sowohl an Privatrechtssubjekte als auch an Hoheitsträger in Ausübung hoheitlicher Gewalt wenden können („gemeines" oder „gemeinsames" Recht, → Rn. 309), sodass die betreffende Norm bzw. eine hierauf gestützte Streitigkeit je nachdem als privatrechtliche oder als öffentlich-rechtliche zu klassifizieren ist. Die formale Subjektstheorie kommt hier in Begründungsschwierigkeiten, da ein Hoheitsträger hinsichtlich dieser Normengruppe eben nicht ausschließliches Zuordnungssubjekt ist, sondern die Norm gleichfalls für Private gelten kann. Ein bloß formales Abstellen auf die ausschließliche Berechtigung oder Verpflichtung eines Hoheitsträgers vermag insoweit also eine umfassend sachgerechte Abgrenzung zwischen öffentlichem und privatem Recht nicht sicherzustellen.

302 **(2) Materielle oder modifizierte Subjektstheorie.**   Aufgrund der oben genannten Einwände gegen ein rein formales Abstellen auf das Zuordnungssubjekt ist die Subjektstheorie in der wissenschaftlichen Fortentwicklung durch ein materielles Kriterium modifiziert worden. Nach dieser sog. materiellen oder modifizierten Subjektstheorie ist das öffentliche Recht der Inbegriff jener Rechtssätze, hinsichtlich derer zumindest ein Zuordnungssubjekt der Staat oder ein sonstiger Hoheitsträger *als solcher* ist, d.h. *als solcher* berechtigt oder verpflichtet wird. Entgegen der bloß formalen Abgrenzung wird hiermit also nicht allein darauf abgestellt, *dass* ein Hoheitsträger notwendiges Zuordnungssubjekt der infrage stehenden Norm ist, sondern es wird gefragt, *in welcher Eigenschaft* er es ist.[476] Diese Abgrenzungsformel vermag deshalb zu überzeugen, weil sie alle Vorzüge der Zuordnungslehre aufweist, dabei aber die Schwächen der formalen Subjektstheorie vermeidet. Sie dürfte in der Lit. die mittlerweile vorherrschende Auffassung sein.[477] Auch Gerichte bedienen sich gelegentlich der Subjektstheorie, zumindest in Kombination mit den anderen Abgrenzungstheorien.[478]

303 Durch das Kriterium, dass der Hoheitsträger gerade als solcher durch die betreffende Norm berechtigt oder verpflichtet sein muss, sind bei der Abgrenzung die Fragen zu beantworten, was der Begriff des „Hoheitsträgers" umfasst und wann der Hoheitsträger gerade als solcher von der Norm in Bezug genommen wird:

304 Hoheitsträger sind alle Träger von Staatsgewalt, d.h. der Staat und seine Untergliederungen; hierzu gehören die rechtsfähigen (z.B. Gemeinden, sonstige Körperschaften sowie Anstalten und Stiftungen des öffentlichen Rechts, mithin die juristischen Personen des öffentlichen Rechts) und nicht rechtsfähigen (z.B. Behörden) Untergliederungen.[479] Umstr. ist dies im Hinblick auf privatrechtlich verselbständigte Rechtssubjekte, deren Inhaber allein der Staat ist (also etwa Eigengesellschaften).[480] Rein private bzw. privat gehaltene Rechtssubjekte sind ebenso wie Privatrechtssubjekte, welche teils in privater Hand liegen, teils von der öffentlichen Hand getragen werden (z.B. gemischtwirtschaftliche Unternehmen) dann und insoweit Hoheitsträger, als ihnen bspw. im Wege der Beleihung Staatsgewalt übertragen wurde.[481]

---

476 *O. Bachof*, FG BVerwG, 1978, 1, 9.
477 Etwa *O. Bachof*, FG BVerwG, 1978, 1, 9; *S. Detterbeck*, FS Frotscher, 2007, 399, 411; *S. Haack*, in: Gärditz § 40 Rn. 38 f., 45; *Schmitt Glaeser/Horn* Rn. 46; *Stern/Blanke* Rn. 167; *Wolff/Bachof/Stober/Kluth* I § 22 Rn. 29; *Würtenberger* Rn. 131; wohl auch *Hufen* § 11 Rn. 17 ff.; krit. zum Wert des zusätzlichen materiellen Kriteriums hingegen *K. Rennert*, in: Eyermann § 40 Rn. 44 a.E.; *J. Ruthig/W.-R. Schenke*, in: Kopp/Schenke § 40 Rn. 11.
478 Aus der Rspr. – wenn auch nicht ausdrückl. in Form der *modifizierten* Subjektstheorie – etwa GmSOGB BGHZ 108, 284, 287; BVerwG DÖV 1981, 678, 679; BVerwGE 69, 192, 194; 89, 281, 282; BVerwG NJW 1994, 956; OVG Bln DVBl 1992, 280, 281; vgl. auch BVerwG DVBl 2010, 1037 f.; BGHZ 121, 126, 128 f.
479 Vgl. *H.-U. Erichsen*, Jura 1982, 537, 540.
480 Dafür *D. Ehlers/J.-P. Schneider*, in: Schoch/Schneider/Bier § 40 Rn. 227 unter Verweis auf Rn. 207; dagegen etwa *G. Püttner*, Die öffentlichen Unternehmen, ²1985, 136 f.
481 Vgl. *D. Ehlers*, Verw. 20 (1987), 373, 380.

Wann ein Hoheitsträger gerade „als solcher" berechtigt oder verpflichtet wird, lässt sich allgemein da- 305
hingehend beantworten, dass er gerade i.R. der ihm zukommenden hoheitlichen, d.h. Staatsgewalt
tragenden bzw. ausübenden Befugnisse in Bezug genommen sein muss. Hierin liegt auch kein Zirkelschluss, wie gelegentlich unter Hinweis darauf eingewandt wird, dass Hoheitsgewalt als die Möglichkeit zu definieren sei, nach Maßgabe des öffentlichen Rechts zu handeln, womit der zu definierende
Begriff in der Definition vorausgesetzt werde[482]. Diesem Zirkelschluss-Argument ist entgegenzuhalten,
dass sich der Begriff der Hoheitsgewalt nicht nach dem Vorliegen öffentlich-rechtlicher Normen bemisst, sondern umgekehrt sich die Qualifizierung als öffentlich-rechtliche Norm gemäß der materiell
modifizierten Subjektstheorie letztlich erst daraus ergibt, dass das Zuordnungssubjekt i.R. seiner Hoheitsgewalt berechtigt oder verpflichtet wird; dies ist wiederum dann der Fall, wenn dieses Zuordnungssubjekt in Ausübung einer ihm nach westlichem Demokratieverständnis zukommenden oder
übertragenen volksvertretenden Leitungs- und Ordnungsfunktion handelt, es mithin also Träger von
Staatsgewalt ist. Insoweit wird der zu definierende Begriff des „öffentlichen Rechts" gerade nicht in
der Definition vorausgesetzt, sondern er ist ihr Ergebnis. Zuzugeben ist indes, dass die Erfüllung des
Kriteriums, dass der Hoheitsträger gerade „als solcher" berechtigt oder verpflichtet sein muss, im Einzelfall erst durch Auslegung der infrage stehenden Norm ermittelt werden kann. Allerdings sind sol-
cherlei Abgrenzungsprobleme jedem materiellen Kriterium inhärent; sie sind aber um der Möglichkeit
willen, weitestgehend sachgerechte Ergebnisse zu erzielen, hinzunehmen. Insofern kann auch nicht davon gesprochen werden, dass durch das zusätzliche materielle Kriterium der Wert der Subjektstheorie
wieder weitgehend verloren gehe[483].

ddd) **Kombinationen von Abgrenzungstheorien.** In der gerichtlichen Praxis und Lit. werden die Ab- 306
grenzungstheorien häufig miteinander kombiniert, um ihre jeweiligen Vorzüge nutzbar zu machen und
gleichzeitig ihre jeweiligen Schwächen zu beseitigen. So wird vereinzelt eine Kombination von (modifizierter) Subjekts- und Interessentheorie vorgeschlagen, wobei die Interessentheorie zur Ermittlung des
von der modifizierten Subjektstheorie aufgestellten Kriteriums, dass ein Hoheitsträger „als solcher"
berechtigt oder verpflichtet werden müsse, herangezogen werden soll.[484] Teilweise wird auch eine
Kombination von Subordinations- und Interessentheorie vorgenommen, wobei die Interessentheorie
hinsichtlich der Qualifizierung der von der Subordinationstheorie nicht als öffentlich-rechtlich erfaß-
baren Gleichordnungsverhältnisse Anwendung findet.[485] Andere Autoren im Schrifttum schlagen eine
Kombination von Subordinations- und Subjektstheorie vor, wobei der Subordinationstheorie die
Funktion einer „groben Vor-Abschichtung" zukomme, da bei Vorliegen eines (hoheitlichen) Über-/
Unterordnungsverhältnisses öffentliches Recht jedenfalls zu bejahen sei; in problematischen Fällen
bzw. bei Gleichordnungsverhältnissen müsse dann die Subjektstheorie herangezogen werden[486]. Eine
Kombination von Subordinations- und Subjektstheorie wird teilweise auch von der Rspr. gewählt (s.
etwa GmSOGB BGHZ 102, 280, 283; BVerwG DVBl 2010, 1037 f.). Mitunter kombinieren die Gerichte sogar alle drei Theorien miteinander, wobei von der Subordinationstheorie ausgegangen und für
den Fall eines von ihr nicht zu erfassenden Gleichordnungsverhältnisses auf Interessen- und Subjektstheorie abgestellt wird (GmSOGB BGHZ 108, 284, 286).

eee) **Fazit.** Alle aufgeführten Abgrenzungstheorien haben ihre Schwächen. Die Interessentheorie lie- 307
fert ein nicht befriedigendes, weil zu ungenaues Abgrenzungskriterium. Die Subordinationstheorie versagt bei öffentlich-rechtlichen Gleichordnungsverhältnissen. Die Subjektstheorie in ihrer formalen
Ausprägung vermag die Fälle des Sonderprivatrechts nicht befriedigend einzuordnen. Einzig die Anwendung der materiell modifizierten Subjektstheorie führt zu weitestgehend befriedigenden Ergebnissen, allerdings um den Preis eines im Einzelfall schwierig zu ermittelnden materiellen Kriteriums. Eine
Kombination von Subordinations- und modifizierter Subjektstheorie erscheint insoweit als durchaus
praktikabel, da Fallgestaltungen hoheitlicher Über-/Unterordnungsverhältnisse als eindeutig öffentlich-rechtlich erfassbar sind und bereits auf diesem Wege eine „Vor-Abschichtung" erfolgen kann

---

482 So etwa *H.-U. Erichsen*, Jura 1982, 537, 540; ähnl. *W. Leisner*, JZ 2006, 869, 872.
483 So aber etwa *K. Rennert*, in: Eyermann § 40 Rn. 44 a.E.
484 S. *O. Bachof*, FG BVerwG, 1978, 1, 17.
485 So etwa *H. v. Nicolai*, in: Redeker/v. Oertzen § 40 Rn. 8; s.a. *Eyermann/Fröhler* § 40 Rn. 4 f.
486 *Schmitt Glaeser/Horn* Rn. 52.

(→ Rn. 306). Allerdings wird man auch hierbei in Zweifelsfällen nicht umhin kommen, das Vorliegen gerade eines *hoheitlichen* Über-/Unterordnungsverhältnisses näherer Prüfung zu unterziehen.

308　Die aufgezeigten Schwierigkeiten der einzelnen Abgrenzungstheorien mögen letztlich auch einer der Gründe dafür sein, dass die Rspr. häufig ganz auf die Zuhilfenahme der Abgrenzungstheorien verzichtet und mittels verschiedener, mitunter schwer systematisierbarer Ansätze eine am Einzelfall orientierte sachgerechte Entscheidung zu finden sucht. Ein weiterer Grund hierfür besteht aber auch darin, dass die Abgrenzung zwischen dem Vorliegen einer öffentlich-rechtlichen und einer privatrechtlichen Streitigkeit oftmals nicht bloß ein Problem der Qualifizierung der einschlägigen Norm(en) ist, sondern sich vielmehr auch und gerade das im Folgenden zu erörternde (→ Rn. 310 ff.) Problem der Zuordnung des konkreten Falls zu dem einen oder anderen Rechtsbereich bzw. zu der einen oder anderen Normengruppe stellt.

309　**bb) „Gemeinsames" Recht.** Nicht um eine dritte Rechtskategorie neben Privatrecht und öffentlichem Recht, sondern um ein in beiden Rechtsbereichen gemeinsam geltendes Recht handelt es sich bei den Normen des im Schrifttum vielfach anerkannten sog. „gemeinsamen" (oder auch: „gemeinen") Rechts[487]. Diese Vorschriften gelten einerseits für Private (und demgemäß auch für Hoheitsträger, soweit diese im privatrechtlichen Bereich, d.h. fiskalisch, handeln), zugleich aber auch für Hoheitsträger in deren besonderer Eigenschaft „als solche".[488] Sie statuieren mithin Regelungen, die sowohl im öffentlichen Recht als auch im Privatrecht übereinstimmend gelten. Die Normen des gemein(sam)en Rechts bzw. auf sie gestützte Streitigkeiten sind also je nachdem, ob sie sich an Privatrechtsrechtssubjekte oder an Hoheitsträger in Ausübung hoheitlicher Gewalt wenden, entweder dem bürgerlichen oder dem öffentlichen Recht zuzuordnen. Normen des gemeinsamen Rechts existieren in zahlreichen Formen[489]; folgende Beispiele lassen sich nennen:[490] In § 242 BGB (Grundsatz von Treu und Glauben) wird ein der gesamten Rechtsordnung inhärenter Rechtsgedanke nicht nur für private, sondern auch für hoheitlich handelnde Rechtssubjekte gesehen. § 3 AbgG gibt einem Bewerber um einen Sitz im Bundestag einen Urlaubsanspruch unabhängig davon, ob sich der hierauf Berufende in einem privatrechtlichen Arbeitsverhältnis oder einem Beamtenverhältnis befindet. Ebenfalls als dem gemeinsamen Recht unterfallend können Gefährdungshaftungstatbestände wie diejenigen in den §§ 7 StVG und 89 Abs. 1 WHG angesehen werden.[491] Nach vielfach vertretener Ansicht sind auch wettbewerbsrechtliche Schutznormen wie solche des UWG und des GWB dem gemeinen Recht zuzurechnen[492] (zu dem in diesem Zusammenhang relevanten Problem der „Doppelqualifikation" von wettbewerbsrelevantem Staatshandeln → Rn. 374 ff.); das Gleiche wird vertreten für Normen, die dem Persönlichkeitsschutz dienen[493] (zum in diesem Zusammenhang relevanten Problem der „Doppelqualifikation" von ehrverletzenden Ausstrahlungen öffentlich-rechtlicher Rundfunkanstalten → Rn. 378 f.).

310　**c) Zuordnung des Verwaltungshandelns zum öffentlichen Recht oder zum privaten Recht. aa) Problemstellung – Ermittlung der anzuwendenden Rechtssätze.** Allein mit der Beantwortung der Frage, ob ein Rechtssatz öffentlich-rechtlicher oder privatrechtlicher Natur ist, lässt sich noch nicht zwangsläufig auch eine Aussage darüber treffen, ob das streitgegenständliche Rechtsverhältnis als maßgeblicher Anknüpfungspunkt für das Vorliegen einer öffentlich-rechtlichen Streitigkeit i.S.d. § 40 Abs. 1 S. 1 dem öffentlichen Recht oder Privatrecht zuzuordnen ist. Letzteres hängt vielmehr (auch) davon

---

487　S. etwa *O. Bachof*, FG BVerwG, 1978, 1, 11 f.; *K. A. Bettermann*, DVBl 1977, 180, 182 f.; *ders.*, NJW 1977, 513, 515 f.; *D. Ehlers*, Verwaltung in Privatrechtsform, 1984, 60; *ders./J.-P. Schneider*, in: Schoch/Schneider/Bier § 40 Rn. 237 f.; s.a. *U. Schliesky*, DÖV 1999, 78, 86 („neutrales Recht"); *R. Scholz*, NJW 1978, 16, 17 („allgemeines" Recht; *J. Schwabe*, BayVBl 1995, 216 f. („Zwillingsrecht"); gegen die Anerkennung eines „gemeinsamen" Rechts *H.-U. Erichsen*, Jura 1982, 537, 541; *J. Ruthig/W.-R. Schenke*, in: Kopp/Schenke § 40 Rn. 11 a.E., die lediglich von der Geltung allg. Rechtsgedanken in beiden Rechtskreisen – wie z.B. Treu und Glauben – sowie von (zivilrechtlichen) Rechtsvorschriften ausgehen, die als Ausdruck und Positivierung allg. Rechtsgrundsätze im öffentlichen Recht *analog* anwendbar seien.

488　*O. Bachof*, FG BVerwG, 1978, 1, 11.

489　*K. A. Bettermann*, NJW 1977, 513, 515.

490　Weitere Bsp. bei: *K. A. Bettermann*, NJW 1977, 513, 515; *D. Ehlers/J.-P. Schneider*, in: Schoch/Schneider/Bier § 40 Rn. 238 f.

491　*R. Breuer/K. F. Gärditz*, Öffentliches und privates Wasserrecht, ⁴2017, Rn. 1455.

492　*O. Bachof*, FG BVerwG, 1978, 1, 12; *K. A. Bettermann*, DVBl 1977, 180, 182 f.; *D. Ehlers*, Verwaltung in Privatrechtsform, 1984, 364 Fn. 368; *U. Schliesky*, DÖV 1999, 78, 86; *R. Scholz*, ZHR 132, 97, 121 ff.; *ders.*, NJW 1978, 16, 17.

493　*K. A. Bettermann*, NJW 1977, 513, 516; *J. Schwabe*, BayVBl 1995, 216 f.

ab, auf welche Rechtssätze die Verwaltung sich bei ihren infrage stehenden Maßnahmen tatsächlich gestützt hat bzw. auf welche Rechtssatzgruppen der Kläger sein Begehren stützt. Kommen also mehrere Rechtssatzgruppen als Anspruchsgrundlagen in Betracht und sind einzelne davon dem öffentlichen Recht und andere dem privaten Recht zuzuordnen, so sind diese Qualifizierungen für sich gesehen hinsichtlich der Bestimmung des Rechtscharakters des streitgegenständlichen Rechtsverhältnisses unergiebig. Klagt bspw. eine private Krankenkasse gegen eine Ersatzkasse der gesetzlichen Krankenversicherung auf Unterlassung wettbewerbswidriger Werbung, so kann zu klären sein, ob sich dieses Begehren als aus Art. 12 und 14 GG herzuleitender öffentlich-rechtlicher Beseitigungsanspruch oder als auf das Wettbewerbsrecht des UWG gestützter privatrechtlicher Unterlassungsanspruch darstellt.[494] Ebenso kann ein Hausverbot hinsichtlich eines öffentlichen Gebäudes (ausf. → Rn. 387 ff.) entweder auf privatrechtliche Besitz- und Eigentumsschutzrechte (§§ 859 f., 903, 1004 BGB) oder auf die öffentlich-rechtliche Sachherrschaft an dem Gebäude gestützt sein. Daher muss in solchen Fällen zusätzlich ermittelt werden, von welchen der betreffenden Normen das Rechtsschutzbegehren getragen wird, welche der betreffenden Rechtssätze also tatsächlich Anwendung finden.[495] Erst *deren* Qualifizierung als öffentlich-rechtliche oder privatrechtliche Normen erlaubt die abschließende Einordnung des streitgegenständlichen Rechtsverhältnisses als öffentlich-rechtliche oder privatrechtliche Streitigkeit.

Diese Problematik kommt demgemäß allerdings nur dann zum Tragen, wenn das betreffende staatliche Handeln bzw. das daraus resultierende Rechtsschutzbegehren sich insofern als „ambivalent" darstellt, als es potenziell auf unterschiedliche Rechtssätze gestützt werden kann, die teils dem öffentlichen, teils dem privaten Recht angehören. Unproblematisch sind dagegen die Fälle, in denen das Begehren entweder ausschließlich auf eine oder mehrere Normen des öffentlichen Rechts gestützt werden kann oder umgekehrt nur privatrechtliche Normen als Rechtsgrundlagen in Betracht kommen. Ausschließlich auf Rechtssätze des öffentlichen Rechts gestützt werden können Rechtsverhältnisse, denen Sachverhalte zugrunde liegen, die spezialgesetzlich durch Vorschriften des öffentlichen Rechts geregelt sind. Dies ist z.B. i.R.d. Eingriffsverwaltung der Fall; hier ist der Staat regelmäßig auf öffentlich-rechtliche Handlungsformen festgelegt, die ihm in spezialgesetzlichen, das Verhältnis zwischen Staat und Bürger regelnden Normen zugewiesen sind.[496] So sind bspw. Polizei- und Ordnungsverfügungen ebenso wie der Erlass ordnungsrechtlicher Genehmigungen grds. ausschließlich nach öffentlichem Recht zu beurteilen. Umgekehrt kommen im Bereich des sog. fiskalischen Staatshandelns nur privatrechtliche Rechtsgrundlagen in Betracht, da der Staat hierbei gerade als reines Privatrechtssubjekt am privaten Rechtsverkehr teilnimmt (zur fiskalischen Verwaltung → Rn. 355 ff.). Klassische Beispielsfälle hierfür sind die privatrechtlichen Beschaffungstätigkeiten der Verwaltung (z.B. Kauf von Arbeitsmaterialien für Behördenmitarbeiter oder Bau von Amtsgebäuden) oder erwerbswirtschaftliche Betätigungen des Staates (z.B. Bewirtschaftung staatlicher Weingüter); nicht hierunter fallen indes diejenigen Fälle, in denen sich die Verwaltung zur Erfüllung öffentlicher Aufgaben privater Rechtsformen bedient (zu dieser Problematik des sog. Verwaltungsprivatrechts und der Wahlfreiheit der Verwaltung zwischen öffentlichem und privatem Recht → Rn. 312 ff.).

bb) Wahlfreiheit der Verwaltung zwischen öffentlichem und privatem Recht. aaa) Wahlfreiheit hinsichtlich Handlungs- und Organisationsform. Problematisch ist die Geltung des öffentlichen oder des privaten Rechts demgegenüber dann, wenn es keine abschließenden spezialgesetzlichen Regelungen gibt, welche ausschließlich der einen oder der anderen Rechtssatzgruppe zugeordnet werden können, oder wenn Regelungen aus beiden Rechtssatzgruppen in Betracht kommen.[497] Dies ist etwa der Fall, wenn die Verwaltung lediglich aufgrund von Aufgabenzuweisungs- und Zuständigkeitsnormen tätig wird, welche nicht unmittelbar das Verhältnis zwischen Staat und Bürger durch Vorgabe einer bestimmten Handlungsform regeln, sondern lediglich die Erfüllung bestimmter Aufgaben vorschrei-

311

312

---

494 Bsp. nach BGHZ 66, 229 ff. (näher zur Behandlung dieses Falles → Rn. 375 ff.); s.a. *H.-U. Erichsen,* Jura 1982, 537, 542.
495 S.a. *C. Pestalozza,* DÖV 1974, 188, 190; *H. Schmitz,* in: Stelkens/Bonk/Sachs § 1 Rn. 105.
496 Vgl. *D. Ehlers/J.-P. Schneider,* in: Schoch/Schneider/Bier § 40 Rn. 243; *H.-U. Erichsen,* Jura 1982, 537, 542; *K. Rennert,* in: Eyermann § 40 Rn. 45.
497 S.a. *Maurer* § 3 Rn. 16 f.

ben,[498] bspw. im weiten Bereich der Leistungsverwaltung, in deren Rahmen die Rechtsbeziehungen zwischen Staat und Bürger regelmäßig nicht näher spezialgesetzlich ausgestaltet sind.

313   Sofern solche spezialgesetzlichen Regelungen fehlen, welche die Verwendung bestimmter Handlungs- oder Organisationsformen vorschreiben, kommt nach überwiegend vertretener Auffassung[499] der Verwaltung in diesen Bereichen eine Wahlfreiheit zwischen öffentlichem und privatem Recht zu; allein aus dem öffentlichen Zweck einer Aufgabe kann noch nicht auf den Rechtscharakter der zur Zweckverfolgung eingesetzten Maßnahmen geschlossen werden (s. etwa BVerwGE 35, 103, 105; 47, 247, 250; 94, 229, 232; 96, 71, 74). Danach ist die Verwaltung in diesen Bereichen grds. frei, sich privatrechtlicher Rechtsformen zu bedienen, sofern ihr dies zur Erfüllung eines rechtmäßigen öffentlichen Interesses am besten geeignet erscheint und keine öffentlich-rechtlichen Normen oder Rechtsgrundsätze entgegenstehen (BVerwGE 84, 236, 240; 92, 56, 64; BGHZ 93, 372, 376). Als privatrechtliche Organisationsformen kommen hier insbes. in Betracht die Gründung bzw. Innehabung privatrechtlicher Gesellschaften (sog. Eigengesellschaften[500]) oder die Sicherung eines beherrschenden Einflusses auf solche (z.B. durch Anteilserwerb oder Finanzierung).[501] Ebenso kann die Verwaltung hinsichtlich ihrer Handlungsform auf eine privatrechtliche Ausgestaltung der Rechtsbeziehung zum Bürger zurückzugreifen.

314   **bbb) Verwaltungsprivatrecht.** Aufgrund dieser Wahlfreiheit kann sich also die Verwaltung bei der Erfüllung öffentlicher Aufgaben und somit auch außerhalb der rein fiskalischen Tätigkeit auf privatrechtliche Rechtsgrundlagen stützen.

315   Gleichwohl bleibt die zur unmittelbaren Erfüllung öffentlicher Aufgaben[502] erfolgende Verwaltungstätigkeit in Privatrechtsform Ausübung von Staatsgewalt[503], ist materiell also öffentliche Verwaltung (BVerwG NVwZ 1991, 59). Aus diesem Grunde soll sich der Staat durch die Vornahme staatsgewaltlicher Tätigkeit in den Formen des Privatrechts nicht allen Schranken und Bindungen entziehen können, denen er bei Gebrauch öffentlich-rechtlicher Handlungs- oder Organisationsformen unterliegen würde. Denn da das öffentliche Recht als „Sonderrecht" des Staates eben gerade auch die Funktion hat, die Ausübung hoheitlicher Tätigkeit und die damit verbundenen Machtbefugnisse in angemessener Weise zu reglementieren bzw. die mit ihrer Ausübung betrauten Organe zu „disziplinieren", könnte der Staat durch die Wahl privatrechtlicher Handlungs- und Organisationsformen wesentliche öffentlich-rechtliche Bindungen und Schranken umgehen und somit eine „Flucht ins Privatrecht"[504] antreten. Um eine solche zu verhindern bzw. zumindest zu begrenzen, unterliegt die Verwaltung auch bei

---

498 Vgl. *H.-U. Erichsen*, Jura 1982, 537, 543.

499 BVerwGE 13, 47, 54; BVerwG MDR 1976, 874 f.; BVerwGE 92, 56, 64; 94, 229, 231 f.; 96, 71, 73 f.; BGHZ 91, 84, 86, 95 ff.; 115, 311, 313; *G. Püttner*, Die öffentlichen Unternehmen, ²1985, 81 f. m.w.N.; *H. Schmitz*, in: Stelkens/Bonk/Sachs § 1 Rn. 104 m.w.N; *Wolff/Bachof/Stober/Kluth* I § 23 Rn. 61 ff.; *Wolff/Bachof/Stober/Kluth* II § 92 Rn. 8; s.a. *T. v. Danwitz*, JuS 1995, 1 f.; *C. Pestalozza*, DÖV 1974, 188.

500 Als *Eigengesellschaften* bezeichnet man privatrechtliche Gesellschaften, die sich ausschließlich in der Hand des Staates bzw. der Gemeinden befinden (s. *G. Püttner*, Die öffentlichen Unternehmen, ²1985, 62). Sie sind zu unterscheiden von den sog. *Eigenbetrieben*; bei diesen handelt es sich um rechtlich unselbständige, in die Verwaltungshierarchie eingegliederte, indes vermögensmäßig, rechnungsmäßig und haushaltsrechtlich selbständige Unterorganisationen ihres staatlichen Trägers (s. *G. Püttner*, Die öffentlichen Unternehmen, ²1985, 60). Eigenbetriebe weisen insoweit regelmäßig eine öffentlich-rechtliche Organisationsform auf; jedoch kann das Verhältnis zu ihren Benutzern sowohl öffentlich-rechtlich als auch privatrechtlich ausgestaltet sein. Gegenüber außenstehenden Dritten („Nicht-Nutzern") handeln sie jedoch regelmäßig öffentlich-rechtlich (BGH DVBl 1983, 1061 f. zur Schädigung eines außenstehenden Dritten durch als Eigenbetrieb organisierte kommunale Müllabfuhr).

501 Ausf. zu den einzelnen Möglichkeiten der Verwaltung, sich privatrechtlicher Organisationsformen zu bedienen, *Wolff/Bachof/Stober/Kluth* II § 92 Rn. 1 ff.

502 „Unmittelbare" Erfüllung öffentlicher Aufgaben soll in diesem Zusammenhang bedeuten, dass die Aufgabe gerade den am Rechtsverkehr beteiligten Personen gegenüber besteht, vgl. BGH DÖV 1977, 529, 530; näher *D. Ehlers*, DVBl 1983, 422, 423; *ders.*, Verwaltung in Privatrechtsform, 1984, 199 ff.; vgl. zum Erfordernis der „unmittelbaren" Aufgabenerfüllung auch BGHZ 29, 76, 80; 33, 230, 233; 36, 91, 95. Letztlich wird man den Begriff auch dahingehend umschreiben können, dass das betreffende Handeln der Verwaltung primär an den Erfordernissen des Gemeinwohls und damit einem öffentlichen Zweck ausgerichtet sein muss, vgl. *J. Burmeister*, DÖV 1975, 695, 702 (allerdings ohne dabei überhaupt auf den Begriff der „Unmittelbarkeit" zu rekurrieren), während bei fiskalischen Verwaltungshandeln primär das eigene wirtschaftliche Interesse der Verwaltung im Vordergrund steht und somit allenfalls „mittelbar" Gemeinwohlaspekte berührt sind. Zum fiskalischen Handeln und zur Abgrenzung zum Verwaltungsprivatrecht → Rn. 355 ff.

503 Vgl. *J. Burmeister*, DÖV 1975, 695, 702.

504 Diese Formulierung geht zurück auf *Fritz Fleiner*, Institutionen des deutschen Verwaltungsrechts, ⁸1928, 326.

der Ausübung hoheitlicher Tätigkeit in den Formen des Privatrechts den öffentlichen Bindungen und Schranken, welche die Staatstätigkeit ihrem Sinn nach materiell begrenzen sollen.[505] Der Verwaltung stehen insoweit bei der Erfüllung öffentlicher Aufgaben nur die privatrechtlichen Rechtsformen, nicht aber die Freiheiten und Möglichkeiten der Privatautonomie zu (BGHZ 91, 84, 96). Mit anderen Worten wird das Privatrecht, da es in diesen Fällen nicht Grundlage, sondern nur *Mittel* der Verwaltungstätigkeit ist, von öffentlich-rechtlichen Bindungen ergänzt, modifiziert sowie überlagert und besteht somit als sog. Verwaltungsprivatrecht[506]. Solche Bindungen ergeben sich insbes. aus dem Gleichheitssatz (vgl. BGHZ 29, 76, 80; 52, 325, 328), Übermaßverbot (BGHZ 93, 372, 381), den Grundrechten (vgl. Art. 1 Abs. 3 GG)[507], Art. 30 GG (BVerfGE 12, 205, 244), den sich aus Art. 20 und Art. 28 Abs. 2 GG ergebenden Kompetenzschranken sowie öffentlich-rechtlichen Zuständigkeits- und Vertretungsregeln[508], des Weiteren bspw. aus haushaltsrechtlichen Begrenzungen und den „grundlegenden Prinzipien öffentlicher Finanzgebarung" (BGHZ 91, 84, 97; BGH NJW 1992, 171, 173); teilweise werden auch verfahrensrechtliche Bindungen aus einzelnen Regelungen der Verwaltungsverfahrensgesetze bejaht[509].

ccc) Rechtswegfragen. Sofern sich die Verwaltung in Ausübung öffentlicher Aufgaben der Gestaltungsformen des (Verwaltungs-)Privatrechts bedient, sind die betreffenden Streitigkeiten nach der Rspr. grds. privatrechtlicher Natur und unterliegen somit nach § 13 GVG der Kontrolle durch die ordentlichen Gerichte.[510] Denn allein aus dem öffentlichen Zweck einer Aufgabe kann nicht ohne Weiteres auf die Rechtsnatur der zur Zweckverfolgung eingesetzten Mittel geschlossen werden (s. etwa BVerwGE 35, 103, 105; 47, 247, 250; 94, 229, 232; 96, 71, 74). Maßgeblicher Anknüpfungspunkt für die Qualifizierung des streitgegenständlichen Rechtsverhältnisses ist vielmehr die Rechtsform des Handelns; ist diese privatrechtlich, so ist es grds. auch die betreffende Streitigkeit (vgl. → Rn. 271 f.). I.R. ihrer Zuständigkeit nach § 13 GVG entscheiden die ordentlichen Gerichte dann ebenfalls über die öffentlich-rechtlichen Bindungen des auf (Verwaltungs-)Privatrecht gestützten exekutiven Handelns.[511] Das Bestehen dieser Bindungen i.R.d. Verwaltungsprivatrechts ändert nichts an der Einordnung der Streitigkeit als privatrechtlich.[512] Daran soll sich selbst dann nichts ändern, wenn der Kläger sich gerade auf die Verletzung dieser öffentlich-rechtlichen Bindungen beruft, bspw. auf die Verletzung des Gleichheitssatzes des Art. 3 Abs. 1 GG hinsichtlich der Tarifgestaltung einer städtischen Personenverkehrsgesellschaft, die als Gesellschaft des Privatrechts betrieben wird.[513]

Bedient sich der Staat zur Erfüllung unmittelbarer Verwaltungsaufgaben privatrechtlicher Organisationsformen und damit juristischer Personen des Privatrechts, so unterliegt deren Tätigkeit der Rechtswegzuständigkeit der ordentlichen Gerichte.[514] Denn juristische Personen des Privatrechts sind auf die Verwendung privatrechtlicher Handlungsformen beschränkt[515], es sei denn, sie sind durch Gesetz oder aufgrund eines Gesetzes mit öffentlich-rechtlichen Handlungsbefugnissen ausgestattet (BVerwG NVwZ 1990, 754; NVwZ 1991, 59; BGH NJW 2000, 1042 f.; NVwZ 2003, 506 f.) und handeln demgemäß als Beliehene (zur Rechtsfigur des Beliehenen → Rn. 359 ff.). Allerdings besteht die Rechtswegzuständigkeit der ordentlichen Gerichte nur insoweit, als sich die Klage gegen die betreffende ju-

316

317

---

505 *G. Püttner*, Die öffentlichen Unternehmen, ²1985, 83.

506 S. etwa BVerwG DÖV 1990, 614, 615; NVwZ 1991, 59; BGHZ 91, 84, 96; BGH NJW 1985, 1892, 1894; NJW 1992, 171; VGH München NJW 2013, 249, 250; aus der Lit. hierzu sowie zur Kritik etwa *T. v. Danwitz*, JuS 1995, 1 ff.; *D. Ehlers*, DVBl 1983, 422 ff.; *C. Gusy*, DÖV 1984, 872 ff.; *ders.*, Jura 1985, 578 ff.; *C. Pestalozza*, DÖV 1974, 188 ff.; *F. v. Zezschwitz*, NJW 1983, 1873 ff.

507 BVerwG DÖV 1990, 614, 615; BGHZ 65, 284, 287.

508 Vgl. *D. Ehlers*, DVBl 1983, 422, 424 m.w.N.

509 S. im Einzelnen *C. Gusy*, Jura 1985, 578, 584; *F. v. Zezschwitz*, NJW 1983, 1873, 1880 f.; s. aber BGH NJW 2003, 2451, 2453.

510 S. etwa BVerwG NVwZ 1990, 754; NVwZ 1991, 59; DVBl 1995, 1087, 1088; BGHZ 65, 284, 287; 91, 84, 96 ff.; krit. *J. Burmeister*, DÖV 1975, 695, 702; *D. Ehlers*, DVBl 1983, 422, 428.

511 S. etwa BVerwG DÖV 1990, 614, 615; VGH München NJW 2013, 249, 259; vgl. auch BGHZ 65, 284, 287.

512 BVerwG NVwZ 1991, 59; *Wolff/Bachof/Stober/Kluth* I § 22 Rn. 30; s.a. BVerwGE 35, 103, 106 m.w.N.

513 So BGHZ 52, 325 ff.; a.M. *D. Ehlers/J.-P. Schneider*, in Schoch/Schneider/Bier § 40 Rn. 268 m.w.N., wonach der Verwaltungsrechtsweg gegeben sei, wenn um die Anwendung und Auslegung der das Privatrecht überlagernden öffentlich-rechtlichen Normen gestritten werde.

514 S. BVerwG NVwZ 1990, 754 (Klage gegen private Stiftung „Familie in Not"); NVwZ 1991, 59 (Klage auf Zutritt zur Deutschlandhalle).

515 Vgl. *D. Ehlers*, JZ 1990, 1089, 1094; *ders./J.-P. Schneider.*, in: Schoch/Schneider/Bier § 40 Rn. 272.

ristische Person des Privatrechts richtet; geht der Kläger stattdessen gegen den öffentlichen Träger der Einrichtung vor, bspw. damit dieser ihm durch Einwirkung auf die ihm unterstehende juristische Person des Privatrechts die begehrte Leistung verschafft, so ist hierfür der Verwaltungsrechtsweg gegeben.[516] Handelt die Verwaltung hingegen in öffentlich-rechtlicher Organisationsform, so kommt ihr hinsichtlich der Ausübung ihrer unmittelbaren Verwaltungstätigkeiten die Wahl zwischen öffentlich-rechtlichen und privatrechtlichen Handlungsformen zu, sofern nicht spezialgesetzliche Vorschriften eine bestimmte Handlungsform vorschreiben (→ Rn. 312 f.). Wählt die Verwaltung öffentlich-rechtliche Handlungsformen, ist regelmäßig der Verwaltungsrechtsweg gegeben; wählt sie privatrechtliche, sind i.d.R. die ordentlichen Gerichte zuständig (→ Rn. 271).

318   **ddd) Abgrenzungsformeln.** Kommt der Verwaltung eine Wahlfreiheit zwischen öffentlich-rechtlichen und privatrechtlichen Betätigungsformen zu, bleibt indes oftmals unklar, auf welches Rechtsregime das infrage stehende Verwaltungshandeln gestützt ist. Zur diesbezüglichen Klärung wird auf unterschiedliche Abgrenzungsformeln zurückgegriffen.

319   **(1) Traditionstheorie.** Die sog. Traditionstheorie stellt auf die bisher übliche Qualifikation des betreffenden Verwaltungshandelns ab und geht davon aus, dass im Zweifel dessen bisherige rechtliche Einordnung auch weiterhin zugrunde zu legen ist, wenn nicht erhebliche Gründe für einen Wandel sprechen.[517] Danach sind bspw. Rechtsbeziehungen zwischen dem Träger der Polizei und einem Blutentnahmearzt bei Fehlen einer ausdrücklichen gesetzlichen Regelung dem Privatrecht zuzuordnen, wenn eine dementsprechende ständige Übung feststellbar ist.[518] Die Schwächen der Traditionstheorie liegen darin, dass sie versagt, wenn eine entsprechende Übung nicht feststellbar ist; ferner ist gegen diese Theorie einzuwenden, dass bei einem gesellschaftlichen Wandel sowie geänderten Bedürfnissen und Anforderungen nicht ohne Weiteres die Weiterführung einer bisherigen Tradition unterstellt werden kann.

320   **(2) Vermutungsregeln.** Insbes. die Rspr. arbeitet hinsichtlich der Zuordnung von Verwaltungshandeln zum öffentlichen oder privaten Recht oftmals mit Vermutungsregeln.[519] Danach besteht aufgrund der Tatsache, dass mit dem öffentlichen Recht ein Sonderrecht für die Ausübung öffentlicher Gewalt besteht, welches der Reglementierung hoheitlicher Machtbefugnisse und der Disziplinierung der sie ausübenden Organe dient, eine Vermutung dafür, dass ein Subjekt öffentlicher Verwaltung in seinem Aufgabenbereich regelmäßig auch mit den dafür besonders „zugeschnittenen" Mitteln des öffentlichen Rechts handeln wolle bzw. gehandelt hat, solange nicht der Wille, in privatrechtlicher Handlungsform zu agieren, besonders in Erscheinung tritt.[520]

321   **(3) Indizien.** Vielfach wird für die Zuordnung des Verwaltungshandelns zum öffentlichen oder privaten Recht auch auf Indizien zurückgegriffen.[521] Solche Indizien können bspw. hinsichtlich der vorgenannten Vermutungsregel Anhaltspunkte für den in Erscheinung tretenden Willen der Behörde zu privatrechtlichem Handeln liefern oder umgekehrt für eine öffentlich-rechtliche Ausgestaltung des Rechtsverhältnisses sprechen. Insbes. hinsichtlich der Benutzungsverhältnisse in Bezug auf öffentlich-rechtliche Anstalten und Einrichtungen (→ Rn. 344 ff. zur sog. Zweistufentheorie), vor allem solcher der Gemeinden (z.B. Verkehrs- und Versorgungsbetriebe, Museen, Kindergärten, Badeanstalten), wird auf Indizien abgestellt: So spricht bspw. die Regelung der Gegenleistung des Benutzers als „Gebühr" für einen öffentlich-rechtlichen Charakter, umgekehrt das Fordern von Entgelten in einer Preisliste für eine privatrechtliche Form der Betätigung (BayObLG DVBl 1975, 370, 372). Die Bezeichnung als Schul*ordnung* oder der Erlass einer Benutzungsregelung als Satzung sprechen für die Zugehörigkeit zum öffentlichen Recht (vgl. VGH Mannheim NVwZ 1987, 701, 702). Gleiches gilt für die Bezeich-

---

516 BVerwG NJW 1990, 134 ff.; NVwZ 1991, 59; VGH Mannheim ESVGH 53, 251 f.; s.a. → Rn. 346 (zur sog. Zweistufenlehre).

517 S. *Maurer* § 3 Rn. 15; *Wolff/Bachof/Stober/Kluth* I § 22 Rn. 41.

518 OLG München NJW 1979, 608 f.; weitere Bsp. bei *Wolff/Bachof/Stober/Kluth* I § 22 Rn. 41.

519 Vgl. für die Vermutungsregel im Rahmen von aktivem Informationshandeln der Verwaltung *E. Schmidt-Aßmann,* Kohärenz und Konsistenz des Verwaltungsrechtsschutzes, 2015, 225 f.

520 BVerwG NJW 1961, 137; BGHZ 4, 266 ff.; vgl. auch BVerwGE 96, 71, 76; VGH Mannheim DÖV 1978, 569, 570; *H.-U. Erichsen,* Jura 1982, 537, 544 m.w.N.; s. ferner *Maurer* § 3 Rn. 15 (dort als „Hoheitstheorie" bezeichnet); *Wolff/Bachof/Stober/Kluth* I § 22 Rn. 43.

521 Vgl. VGH Mannheim DÖV 1978, 569 f.; BayObLG DVBl 1975, 370, 372; *Hufen* § 11 Rn. 18.

nung als Kindergarten*ordnung*, wohingegen der Begriff „Allgemeine Geschäftsbedingungen" für eine privatrechtliche Ausgestaltung spricht (VGH Kassel NJW 1977, 452).

(4) Sachzusammenhang. In vielen Fällen nicht gesetzesakzessorischer Verwaltung helfen indes weder 322 die Traditionslehre noch Vermutungsregeln oder Indizien weiter. Bei Realakten etwa kann die Anwendung von Vermutungsregeln insofern schwierig sein, als Realakte (z.B. Immissionen) regelmäßig gerade nicht final auf Bewirkung bestimmter Rechtsfolgen gerichtet sind[522]. Bei Nebenakten eines Rechtsverhältnisses (z.B. Kündigung, Haftung, Rückzahlungsansprüchen) oder Verträgen gibt es anders als bei der Ausgestaltung von Nutzungsverhältnissen (→ Rn. 321) oftmals keine hinreichenden Indizien, die einen Schluss auf die Wahl eines bestimmten Rechtsregimes erlauben. In solchen Fällen wird häufig primär auf den Sachzusammenhang des betreffenden Verwaltungshandelns mit einem eindeutig dem öffentlichen oder dem privaten Recht angehörenden Rechtssatz oder Rechtsverhältnis abgestellt.[523]

(a) Nebenakte, insbes. Ansprüche auf Rückabwicklung. So gilt allgemein, dass **Nebenakte** eines 323 Rechtsverhältnisses aus Gründen des Sachzusammenhangs mit dem Hauptakt dessen Rechtsnatur teilen. Danach ist die Pflicht zur diebessicheren Verwahrung der Garderobe von an öffentlichen Universitäten Studierenden eine öffentlich-rechtliche Nebenpflicht, da sie im Sachzusammenhang mit dem öffentlich-rechtlichen Benutzungsverhältnis steht (BGH NJW 1973, 2102, 2103). Des Weiteren weisen insbes. Ansprüche auf Rückabwicklung (→ Rn. 443 ff.) eines vermeintlichen Leistungsverhältnisses (z.B. Rückzahlungsansprüche aufgrund ungerechtfertigter Bereicherung) die gleiche Rechtsnatur auf wie der Leistungsanspruch selbst, da sie diesen gleichsam umkehren und „als Kehrseite des Leistungsanspruchs" insofern ein enger Sachzusammenhang mit dem Leistungsanspruch besteht.[524] So sind Erstattungsansprüche gegen Arbeiter oder Angestellte des öffentlichen Dienstes privatrechtlich zu beurteilen, weil das zugrunde liegende Arbeits- oder Dienstverhältnis dem bürgerlichen Recht angehört (BVerwGE 38, 1, 2 ff.). Umgekehrt unterfallen Klagen gegen die Rückforderung von vermeintlich zu Unrecht ausgezahlten Beamtenbezügen dem Verwaltungsrechtsweg, auch wenn der Betroffene nicht mehr Beamter ist (BVerwGE 52, 70, 72; 71, 354, 355; BVerwG NVwZ 1990, 670). Der Anspruch des Sozialhilfeträgers auf Rückgewähr ohne Rechtsgrund geleisteter Sozialhilfe ist auch dann öffentlich-rechtlicher Natur, wenn die Leistungen im Hinblick auf einen unwirksamen Darlehensvertrag nach § 89 BSHG/§ 91 SGB XII[525] erbracht worden sind, da hierbei der Problemkreis der ungerechtfertigten Bereicherung mit dem der öffentlich-rechtlichen Ansprüche auf Gewährung von Sozialhilfe in einem überwiegenden Zusammenhang steht (BGH NVwZ 1988, 92, 93). Für die bereicherungsrechtliche Abwicklung eines nichtigen Grundstückstauschvertrages mit der Gemeinde ist der Verwaltungsrechtsweg gegeben, auch wenn sich der Rückabwicklungsanspruch auf § 812 BGB bzw. dessen entsprechende Anwendung stützt, weil das zugrunde liegende Vertragsverhältnis öffentlich-rechtlicher Natur ist (BVerwG DVBl 1980, 686 f.). Die Bestimmung des Rechtswegs für den Rückabwicklungsanspruch orientiert sich regelmäßig auch dann an der Rechtsnatur der Leistung, wenn sich der Anspruch sich gegen den Rechtsnachfolger richtet.[526]

(b) Analoge bzw. rechtsgrundsätzliche Anwendung von privatrechtlichen Normen im öffentlichen 324 **Recht.** In manchen Fallkonstellationen erfordert eine lückenhafte Kodifikation im Bereich der ver-

---

522 S. *D. Ehlers/J.-P. Schneider*, in: Schoch/Schneider/Bier § 40 Rn. 245. Vgl. aber auch die hiesigen Ausführungen zu → Rn. 412.

523 S. *Wolff/Bachof/Stober/Kluth* I § 22 Rn. 44.

524 Vgl. etwa BVerwGE 40, 85, 89; 55, 337, 339; BVerwG NJW 1980, 2538; BVerwGE 66, 251, 252; 71, 85, 87 ff.; 84, 274, 276.

525 Zum 31.12.2004 wurde das BSHG aufgehoben; seit 1.1.2005 sind die Regelungen des Sozialhilferechts als neues SGB XII in das SGB eingeordnet (Gesetz zur Einordnung des Sozialhilferechts in das Sozialgesetzbuch vom 27.12.2003, BGBl I 3022); dem früheren § 89 BSHG entspricht nunmehr § 91 SGB XII. Zugleich wurden die bislang den allg. Verwaltungsgerichten unterfallenden Streitigkeiten in Angelegenheiten der Sozialhilfe durch die Schaffung eines neuen § 51 Abs. 1 Nr. 6a SGG der Rechtswegzuständigkeit der Sozialgerichte überantwortet (Art. 38 des Gesetzes zur Einordnung des Sozialhilferechts in das Sozialgesetzbuch vom 27.12.2003, BGBl I 3065); die (formelle) Verfassungsmäßigkeit dieser Norm bezweifelnd *A. Decker*, NVwZ 2004, 826 ff.

526 Vgl. z.B. für Ansprüche gegen den Erben: BVerwGE 37, 314, 317; BVerwG NVwZ 1991, 168 f.; BSGE 36, 137, 138; gegen Vermögensübernehmer nach § 419 BGB: BSG DVBl 1987, 247; str. bei versehentlicher Leistung an den Erben: vgl. einerseits BVerwGE 84, 274, 275 f. mit diff. Betrachtungsweise; BGHZ 71, 180, 181 ff. (privatrechtlich); andererseits *H. Maurer*, JZ 1990, 863 (öffentlich-rechtlich) m.w.N.

waltungsrechtlichen Regelungen die analoge bzw. rechtsgrundsätzliche Anwendung von privatrechtlichen Normen im öffentlichen Recht.[527] Im Falle einer analogen Anwendung privatrechtlicher Normen[528] folgt der öffentlich-rechtliche Charakter der Streitigkeit i.d.R. daraus, dass aufgrund der vergleichbaren Interessenlage im Bereich des öffentlichen Rechts, welche die Voraussetzung für die analoge Anwendung der betreffenden privatrechtlichen Normen ist, ein hinreichender Sachzusammenhang mit dem öffentlichen Recht besteht.[529] Bei der rechtsgrundsätzlichen Geltung von im Privatrecht kodifizierten Rechtssätzen muss dagegen insofern nicht auf einen Sachzusammenhang mit dem öffentlichen Recht abgestellt werden, als solche allgemeinen Rechtsgrundsätze die gesamte Rechtsordnung durchziehen und daher ihre Geltung unmittelbar auch im öffentlichen Recht beanspruchen;[530] so wird für solche Rechtsgrundsätze vielfach von einer gewohnheitsrechtlichen Anerkennung im Bereich des öffentlichen Rechts ausgegangen, bspw. für den auf den Rechtsgedanken des § 812 BGB gestützten öffentlich-rechtlichen Erstattungsanspruch (vgl. BVerwGE 25, 72, 76; 71, 85, 88).

325   **(c) Verträge.** Bei der Qualifizierung von Verträgen (zur Qualifizierung von Verträgen als öffentlich-rechtlich oder privatrechtlich → Rn. 392 ff.) als öffentlich-rechtlichen oder privatrechtlichen wird regelmäßig insofern auf den jeweiligen Sachzusammenhang abgestellt, als danach gefragt wird, ob der Gegenstand des Vertrags sich auf einen Sachverhalt bezieht, der im öffentlichen oder im privaten Recht geregelt ist (GmSOGB BVerwGE 42, 331, 332; 74, 368, 369; 84, 236, 238), ob er in Vollzug einer gesetzlichen Regelung geschlossen wird, die dem öffentlichen Recht angehört[531], oder ob die im Vertrag getroffene Regelung eine Norm des öffentlichen Rechts darstellen würde, dächte man sie sich als Rechtssatz[532]. So ist bspw. ein Vertrag zwischen Gemeinde und Bauträger über sog. Folgekosten deshalb öffentlich-rechtlich, weil zwar der Zahlungsanspruch nicht schon als solcher einer privatrechtlichen Begründung entzogen ist, dieser aber in einem engen Zusammenhang steht mit der sich zwar nicht explizit aus dem Vertrag, wohl aber aus dessen Sinn und Zweck ergebenden, dem öffentlichen Recht unterliegenden Gegenleistung der Gemeinde zur Aufstellung des Bebauungsplanes bzw. der einvernehmlichen Mitwirkung am Baugenehmigungsverfahren (BVerwGE 42, 331 ff.).

326   **(d) Realakte.** Ebenfalls auf den Sachzusammenhang, und zwar i.S. eines Funktionszusammenhangs, ist abzustellen hinsichtlich der Vornahme von Realakten (zur Qualifizierung von Realakten → Rn. 410 ff.), die nicht aufgrund eindeutiger gesetzlicher Grundlage erfolgen (z.B. Immissionen). Maßgeblich ist hier der Zusammenhang der Handlung mit der Erfüllung öffentlicher Aufgaben. So ist bei Klagen gegen Immissionen (z.B. Geruchs- oder Lärmbelästigungen) öffentlicher Anlagen oder Einrichtungen nicht ein privatrechtlicher Abwehranspruch aus § 1004 BGB, sondern ein öffentlich-rechtlicher gegeben, wenn die betreffende Anlage oder Einrichtung der Erfüllung öffentlicher Aufgaben oder Zwecke dient und die Immissionen hiermit im Zusammenhang stehen (→ Rn. 414 ff.).

327   **eee) Zweistufenlehre. (1) Allgemeines.** Ebenfalls aus dem Prinzip der Wahlfreiheit der Verwaltung resultiert die sog. Zweistufenlehre[533]. Ihr kommt vor allem in Bereichen der Leistungsverwaltung Bedeutung zu; sie geht bei bestimmten Rechtsverhältnissen von zwei getrennten Verfahrensabschnitten aus: Zum einen von der Grundentscheidung über das „Ob" der Verwaltungsentscheidung als erster Stufe (z.B. der Bewilligung einer bestimmten Leistung) und zum anderen von der Ausgestaltung des „Wie", also der konkreten Abwicklung des so begründeten Rechtsverhältnisses als zweiter Stufe. Während die Entscheidung auf der ersten Stufe, also über das „Ob" der Verwaltungsentscheidung, regelmäßig dem öffentlichen Recht zuzurechnen sei und somit der Kontrolle durch die Verwaltungsge-

---

527 Hierzu auch *Maurer* § 3 Rn. 41 ff.; *Wolff/Bachof/Stober/Kluth* I § 22 Rn. 45 f.
528 Als Bsp. sind die Vorschriften des BGB zu nennen in den §§ 12 (Namensrecht), 119 und 123 Abs. 1 (Anfechtung) sowie den §§ 242 (Treu und Glauben), 276 ff. (Leistungsstörungen), 677 ff. (Geschäftsführung ohne Auftrag) und 688 ff. (Verwahrung); s. ferner *Maurer* § 3 Rn. 41; *Wolff/Bachof/Stober/Kluth* I § 22 Rn. 45.
529 *Wolff/Bachof/Stober/Kluth* I § 22 Rn. 45.
530 *C.-F. Menger/H.-U. Erichsen*, VerwArch 61 (1970), 82, 89; vgl. auch BVerwGE 71, 85, 88 m.w.N. („eigenständiges Rechtsinstitut des öffentlichen Rechts").
531 *Schmitt Glaeser/Horn* Rn. 50; *Wolff/Bachof/Stober/Kluth* I § 22 Rn. 50.
532 *K.-A. Bettermann*, JZ 1966, 443, 445; *C.-F. Menger*, VerwArch 64 (1973), 203 ff.
533 Grundl. *H. P. Ipsen*, FS Wacke, 1972, 139 ff.; s. weiterhin zur Zweistufenlehre etwa BVerwGE 1, 308 ff.; 7, 89, 90; 13, 47 ff.; 14, 60 ff., 65, 67 f.; 35, 170, 171 f.; 41, 127, 129 ff.; 45, 13, 14; BVerwG NJW 1990, 134 f.; BGHZ 40, 206, 210; 61, 296, 299; *Hufen* § 11 Rn. 32 ff.; *Maurer* § 17 Rn. 11 ff.; *Schmitt Glaeser/Horn* Rn. 46; *B. Tanneberg*, Die Zweistufentheorie, 2011, 24 ff.; *Wolff/Bachof/Stober/Kluth* I § 22 Rn. 54 ff.; *M. Zuleeg*, FS Fröhler, 1980, 275 ff.; → § 42 Rn. 299 f. m.w.N.

richte unterstehe, unterliege die zweite Stufe, also die Ausgestaltung und Abwicklung des Rechtsverhältnisses, dem Privatrecht, sodass diesbezügliche Streitigkeiten durch die Zivilgerichte überprüfbar seien. Die ursprünglich für den Subventionsbereich entwickelte Zweistufenlehre sollte damit die früher ausschließlich privatrechtliche Qualifizierung von Subventionierungen überwinden sowie durch Vorschaltung eines Bewilligungsbescheides als Verwaltungsakts zu einer öffentlich-rechtlichen Bindung der Entscheidung über die Vergabe der Subvention und damit zu Grundrechtsschutz sowie verwaltungsgerichtlicher Kontrolle führen.[534] Sofern man der Zweistufenlehre zu folgen bereit ist (zur Kritik an der Zweistufenlehre → Rn. 353 f., → § 42 Rn. 300 sowie an der Lehre von der Wahlfreiheit der Verwaltung → Rn. 370 ff.), lässt sie sich allerdings nicht dahin verstehen, dass bei zweistufigen Rechtsverhältnissen eine privatrechtliche Ausgestaltung der zweiten Stufe zwingend ist; vielmehr bleibt die zweite Stufe auch einer öffentlich-rechtlichen Ausgestaltung zugänglich, d.h. die zweite Stufe kann sowohl öffentlich-rechtlich als auch privatrechtlich geregelt sein[535].[536] Die ggf. erforderliche Abgrenzung hat dabei nach den oben genannten Kriterien (insbes. Vermutungsregeln und Indizien, → Rn. 318 ff.) sowie den nachfolgend dargestellten Maßgaben (dazu die Anwendungsfälle der Zweistufenlehre → Rn. 328 ff.) zu erfolgen. Hierbei wird man dann allerdings davon ausgehen können, dass die Verwaltung sich – sofern man ihr eine Wahlfreiheit zwischen öffentlichem und privatem Recht zugesteht – regelmäßig auch der für die Ausgestaltung und Abwicklung von Leistungsbeziehungen oftmals besser geeigneten privatrechtlichen Formen bedienen wird.

(a) **Subventionen.** Die Zweistufenlehre wurde ursprünglich für das Subventionswesen[537] entwickelt, 328 bspw. für die Vergabe zinsverbilligter Darlehen oder sonstiger staatlicher Förderhilfen, wie etwa für den Bereich des Wohnungsbaus oder der Landwirtschaft. Hinsichtlich Subventionen wird zwischen einstufigen und zweistufigen Subventionsverhältnissen unterschieden.

Einstufig soll die Subventionierung erfolgen, wenn Bewilligung und Gewährung der Subvention in 329 einem Akt zusammenfallen und das Subventionsverhältnis damit abgeschlossen ist.[538] Einstufig sind demgemäß die Subventionsverhältnisse hinsichtlich der sog. „verlorenen Zuschüsse", d.h. Geldleistungen, die nicht zurückzuzahlen und damit für die Staatskasse „verloren" sind. Denn hierbei stellt die Auszahlung keine zweite Stufe, sondern die Erfüllung des Bewilligungsbescheides dar.[539] Dies kann selbst dann gelten, wenn die Auszahlung durch ein Kreditinstitut bewirkt wird (BGH NVwZ 1985, 517 f.). Subventionen in Form „verlorener Zuschüsse" unterfallen damit als öffentlich-rechtliche Bewilligung in Form eines Verwaltungsakts der Kontrolle durch die Verwaltungsgerichte.[540] Entsprechendes gilt regelmäßig für sog. „Verschonungssubventionen", bei denen der Staat zu Subventionszwecken die Erhebung einer Abgabe oder Abschöpfung unterlässt (vgl. BVerwG NJW 1972, 2325 f.). Der Verwaltungsrechtsweg ist ferner einschlägig, wenn die Subventionsvergabe durch öffentlich-rechtlichen Vertrag erfolgt (s. etwa BGH WM 1999, 150 f.; OLG Naumburg NVwZ 2001, 354 f.).

---

534 *Maurer* § 17 Rn. 13.
535 S. etwa BVerwG NVwZ 1991, 59; *Wolff/Bachof/Stober/Kluth* I § 22 Rn. 55; vgl. BGH NVwZ 2003, 506 f.
536 Inwiefern im Falle einer öffentlich-rechtlichen Ausgestaltung auch der zweiten Stufe dann noch von einem Anwendungsfall der Zweistufenlehre gesprochen werden kann, ist letztlich eine terminologische Frage (vgl. insoweit etwa die Formulierungen in BVerwG NVwZ 1991, 59 oder *Wolff/Bachof/Stober/Kluth* I § 22 Rn. 55). „Klassischerweise" betrifft die Zweistufenlehre diejenigen Fälle, in welchen der öffentlich-rechtlichen ersten Stufe eine privatrechtlich ausgestaltete zweite Stufe nachfolgt (vgl. etwa *Hufen* § 11 Rn. 33). Gleichwohl sind auch zweistufige Rechtsverhältnisse denkbar, bei welchen beide Stufen dem öffentlichen Recht zuzuordnen sind, z.B. hinsichtlich der Nutzung öffentlicher Einrichtungen (→ Rn. 344 ff.). In letzteren Fällen ist es terminologisch genauer, von zweistufigen Rechtsverhältnissen, welche einheitlich dem öffentlichen Recht unterfallen, zu sprechen. Denn der „eigentliche" Gehalt der Zweistufenlehre besteht – wie erwähnt – in der Anerkennung zweistufiger Rechtsverhältnisse, bei denen die beiden Stufen unterschiedlichen Rechtsregimen angehören. Hiergegen richtet sich denn auch die vornehmliche Kritik an der Zweistufenlehre; s.a. → Rn. 353 f.
537 Zum Begriff der Subvention etwa *Maurer* § 17 Rn. 5 ff. sowie die weiteren Nachw. in Fn. 554 zu → § 42 Rn. 299.
538 I.d.S. BVerwG NJW 1969, 809; BGHZ 57, 130, 132 ff.; BGH NVwZ 1985, 517 f.; VGH Kassel NVwZ 1990, 879, 880; VGH Mannheim NJW 1978, 2050, 2051; *W. Bosse*, Verwaltungsvertrag, 1974, 103; *H. P. Ipsen*, Öffentliche Subventionierung Privater, 1956, 63, 68 ff.; *M. Zuleeg*, Die Rechtsform der Subventionen, 1965, 11 m.w.N.
539 *Maurer* § 17 Rn. 29 i.V.m. Rn. 6.
540 S. etwa BVerwG NJW 1969, 809; NJW 1977, 1838; BGHZ 57, 130, 132 ff.; BGH NVwZ 1985, 517 f.; BGH WM 1999, 150 f.; VGH Kassel NVwZ 1990, 879, 880. Vgl. aber auch OVG Münster DÖV 2006, 129: Die Gewährung einer Zuwendung im sog. Banken-Verfahren sei nicht notwendig deshalb öffentlich-rechtlicher Natur, weil es sich um einen verlorenen Zuschuss handelt und eine öffentlich-rechtlich verfasste Sparkasse als Hausbank tätig wird.

330   Bei den *zweistufigen* Subventionsverhältnissen gehen Judikatur[541] und Schrifttum (Nachw. in Fn. 558 zu → § 42 Rn. 299) zumeist von der Zweistufenlehre aus: Der auf der ersten Stufe als Verwaltungsakt ergehende Bewilligungsbescheid gehört hierbei dem öffentlichen Recht an, sodass diesbezügliche Streitigkeiten dem Verwaltungsrechtsweg nach § 40 unterfallen, während auf der zweiten Stufe von einem privatrechtlichen Vertrag – etwa einem Darlehensvertrag – zwischen Behörde und Subventionsempfänger zur Abwicklung der Subvention auszugehen ist; diesbezügliche Streitigkeiten unterfallen damit der Zuständigkeit der ordentlichen Gerichte nach § 13 GVG.

331   Die Zweistufenlehre kommt im Bereich der Subventionen zunächst bei der Gewährung von Darlehen zu erleichterten Rückzahlbedingungen (z.B. Zinsverbilligung) zur Anwendung, wobei hier auf der zweiten Stufe regelmäßig ein privatrechtlicher Darlehensvertrag zur Abwicklung des Subventionsverhältnisses geschlossen wird[542]. Ebenfalls privatrechtlich ausgestaltet ist das Abwicklungsverhältnis bei Krediten, die von der Bank für Landwirtschaft und Nahrungsgüterwirtschaft der DDR (BLN) vergeben worden waren (BVerwG NJ 1995, 214 f.). Die Zweistufenlehre findet des Weiteren Anwendung im Bereich staatlicher Garantien und Bürgschaften. Selbst unter Berücksichtigung der Bedenken gegen die Zweistufenlehre (zur Kritik an der Zweistufenlehre → Rn. 353 f.) drängt sich hinsichtlich Bürgschaften (zu Hermes-Bürgschaften BGH NJW 1997, 328 f.) die privatrechtliche Ausgestaltung der zweiten Stufe[543] auf, da hier anders als bei Darlehensgewährungen durch den Staat ein Dreipersonenverhältnis entsteht: Die Behörde erklärt sich durch Bewilligungsbescheid gegenüber dem Subventionsempfänger bereit, für dessen Verpflichtungen als Bürge einzustehen (erste Stufe), und schließt daraufhin mit dem Gläubiger des Subventionsempfängers einen privatrechtlichen Bürgschaftsvertrag (zweite Stufe). Vergleichbares gilt bei der Einschaltung privater Dritter in die Subventionsvergabe, z.B. durch Zwischenschaltung eines Kreditinstituts[544], selbst wenn das Kreditinstitut eine Anstalt des öffentlichen Rechts ist (BVerwG NJW 2006, 2568). Ebenfalls nach der Zweistufenlehre bemessen wird nach überwiegender Ansicht die Vergabe von Bürgschaftsübernahmen der Treuhandanstalt bzw. der Treuhand-Nachfolgerin (Bundesanstalt für vereinigungsbedingte Sonderaufgaben)[545]; dem öffentlichen Subventionswesen unterfallen auch Entscheidungen der Treuhand bzw. Treuhand-Nachfolgerin hinsichtlich Entschuldungsmaßnahmen oder Liquiditätskrediten[546]. Nach § 40 Abs. 1 vor den Verwaltungsgerichten und nicht den Sozialgerichten auszutragen ist auch der Streit um die Rechtmäßigkeit einer Zuwendungsentscheidung zur Förderung von Pflegeeinrichtungen (BVerwG NVwZ-RR 1999, 316; OVG Magdeburg NVwZ-RR 2002, 466 m.w.N.). Eine öffentlich-rechtliche Ausgestaltung auch der zweiten Stufe und damit letztlich ein einheitliches dem öffentlichen Recht unterfallendes Rechtsverhältnis liegt vor, wenn Zweck und Mittel der Subvention so stark miteinander gekoppelt sind, dass sie sich sinnvoll nicht voneinander trennen lassen, wenn es nicht zu einem Zerreißen eng zusammenhängender Sachverhalte kommen soll; dies gilt bspw. für die Stützung der Landwirtschaft durch Übernahme von Getreide zum Mindesterzeugerpreis (BVerwGE 40, 85, 86 f.).

332   Ebenfalls dem öffentlichen Recht und damit dem Verwaltungsrechtsweg unterfallen nach den oben genannten (→ Rn. 323) Grundsätzen des Sachzusammenhangs hinsichtlich *Nebenakten* eines öffentlich-rechtlichen Verhältnisses Streitigkeiten bzgl. der Kehrseite der öffentlich-rechtlichen Stufe eines Subventionsverhältnisses, bspw. der Streit um die Entziehung eines Darlehens wegen Rücknahme als von Anfang an rechtswidrig (§ 48 VwVfG), wegen Nichterfüllung von Auflagen oder wegen Zweckverfehlung (§ 49 Abs. 3 VwVfG).[547] Der Verwaltungsrechtsweg ist ferner eröffnet bei Streitigkeiten wegen der Verletzung behördlicher Betreuungspflichten, die im Zusammenhang mit der Bewilligung der Sub-

---

541   Etwa BVerwGE 1, 308 ff.; 7, 89, 90; 13, 47 ff.; 14, 60 ff.; 14, 65, 67 f.; 35, 170, 171 f.; 41, 127, 129 ff.; 45, 13, 14; BGHZ 40, 206, 210; 52, 155, 160 ff.; 57, 130, 131; 61, 296, 299 f.

542   Vgl. etwa BVerwGE 1, 308 ff.; 7, 89, 90; 13, 47 ff.; 14, 60 ff.; 14, 65, 67 f.; 41, 127, 129 ff.; 45, 13, 14.

543   Vgl. *D. Ehlers*, VerwArch 74 (1983), 112, 119; *Maurer* § 17 Rn. 30; *J. Ruthig/W.-R. Schenke*, in: Kopp/Schenke § 40 Rn. 21; *Schenke* Rn. 118.

544   Hierzu *D. Ehlers*, VerwArch 74 (1983), 112, 118; *Maurer* § 17 Rn. 28; s.a. *J. Ruthig/W.-R. Schenke*, in: Kopp/Schenke § 40 Rn. 21; *Schenke* Rn. 118; vgl. auch BGH NJW 2000, 1042 f.

545   *W. Krebs*, ZIP 1990, 1513 f.; *K. Rennert*, in: Eyermann § 40 Rn. 50; *R. Weimar*, DÖV 1991, 813, 821; für öffentlich-rechtliche Tätigkeit der Treuhand auch KG NJW 1991, 360; a.M. *D. Ehlers/J.-P. Schneider*, in: Schoch/Schneider/Bier § 40 Rn. 316; für privatrechtliche Einstufung von Treuhandsachen auch OVG Bln NJW 1991, 715 f.

546   *R. Weimar*, DÖV 1991, 813, 821 f.; a.M. *D. Ehlers/J.-P. Schneider*, in: Schoch/Schneider/Bier § 40 Rn. 316.

547   Vgl. BGHZ 57, 130 ff.; ähnl. auch BVerwGE 13, 107 ff.; 41, 127 ff.; BVerwG NJW 1977, 1838 m.Anm. *C.-F. Menger*, VerwArch 69 (1978), 93 ff.

vention auf der ersten Stufe stehen, wie z.B. der Pflicht, den Subventionszweck nicht durch zuwiderlaufende Maßnahmen zu vereiteln.[548] Verlangt der Subventionsnehmer Änderungen der grundsätzlichen Subventionsbedingungen (z.B. Zinsnachlass), so ist die erste Stufe betroffen (BVerwGE 13, 47, 50). Erfolgt die Auseinandersetzung dagegen um eine Kündigung des Darlehensvertrages aus Gründen jenseits der Subventionsbedingungen, betrifft die Streitigkeit die zweite (privatrechtliche) Stufe, da hierbei der Bewilligungsbescheid unberührt bleibt; demzufolge sind die ordentlichen Gerichte zuständig (BVerwGE 41, 127 ff.). Berührt die dem öffentlichen Recht zuzuordnende Bewilligungsentscheidung die Rechte eines Konkurrenten, so steht dem Betroffenen der Rechtsweg zu den Verwaltungsgerichten nach § 40 offen[549] (zum Rechtsschutz gegen Konkurrentensubventionierungen → § 42 Rn. 302, 399, 447). Ebenfalls eröffnet ist der Verwaltungsrechtsweg bei einer Klage gegen einen behördlichen Bescheid, mit dem nach Widerruf eines Zuwendungsbescheides neben der Rückzahlung eines Darlehens eine Zinsforderung durch Verwaltungsakt auf öffentlich-rechtlicher Grundlage geltend gemacht wird, selbst wenn zur Darlehensgewährung ein Kreditinstitut eingeschaltet wurde und der Darlehensnehmer mit diesem einen privatrechtlichen Darlehensvertrag abgeschlossen hatte, der ebenfalls eine Rückzahlungs- und Zinspflicht für den Fall des Widerrufs des Zuwendungsbescheides vorgesehen hatte (OVG Magdeburg NVwZ 2002, 108 f.).

(b) Interventionsgeschäfte. Interventionsgeschäfte der staatlichen Interventionsstellen (z.B. Ankauf   333
von Agrarerzeugnissen) unterfallen nicht der Zweistufenlehre. Zwar wird teilweise hiervon ausgegangen, indem die Entscheidung über die Intervention als Verwaltungsakt und die Abwicklung aufgrund der häufig verwendeten Bezeichnung als „Kauf" oder „Rückkauf" als privatrechtlicher Vertrag klassifiziert werden (BGHZ 20, 77, 79 f.; BGH NJW 1976, 475). Richtig ist indes, dass es sich hierbei um einheitlich öffentlich-rechtliche Rechtsverhältnisse handelt (BVerwGE 6, 244 ff.; 40, 85, 86 f.). Interventionsgeschäfte dienen nicht der Sachmittelbeschaffung des Staates, sondern der Preislenkung und Wirtschaftssteuerung; insofern kann ihnen auch subventionsähnlicher Charakter zukommen. Zwar lässt sich allein aus dieser öffentlich-rechtlichen Zielsetzung nicht auch zwangsläufig auf die öffentlich-rechtliche Natur schließen (etwa BVerwGE 40, 85, 86). Gleichwohl sind hier aber Zweck und Mittel regelmäßig so stark miteinander verkoppelt, dass sie sich sinnvoll nicht voneinander trennen lassen und letztlich eine einheitlich dem öffentlichen Recht zuzuordnende Entscheidung anzunehmen ist[550] (→ Rn. 331). Verkauft indes die Interventionsstelle die Interventionsware wie ein normaler Marktteilnehmer an Dritte, so geschieht dies durch privatrechtlichen Vertrag (BVerwGE 7, 264, 265 f.; 40, 85, 89; VGH Kassel NJW 1985, 2100 f.). Anderes gilt allerdings bei der Abgabe im Wege der Ausschreibung; sie erfolgt auf der Grundlage des öffentlichen Rechts (BVerwGE 82, 278, 280 ff.).

(c) Vergabeentscheidungen. Umstr. ist die Anwendung der Zweistufenlehre im Bereich der Vergabe   334
öffentlicher Aufträge an Unternehmer. Die Zielsetzung öffentlicher Auftragsvergaben kann in zweierlei Hinsicht bestehen: Zum einen handelt es sich um Beschaffungsvorgänge, mit denen ein öffentlicher Auftraggeber gegen Entgelt am Markt diejenigen Waren, Sach- oder Dienstleistungen erwirbt, die er zur Erfüllung seiner Aufgaben benötigt[551]. Zum anderen sind sie ein Instrument staatlicher Wirtschaftslenkung und -förderung[552], sodass ihnen der Charakter von Subventionen in Gestalt sog. Realförderung[553] zukommen kann. Grds. erfolgt die Vergabe öffentlicher Aufträge durch privatrechtliche Verträge (z.B. Kauf- oder Werkverträge) der öffentlichen Auftraggeber mit den erfolgreichen privaten Bietern. Aufgrund der privatrechtlichen Handlungsform und des vorrangigen Beschaffungscharakters wird die Vergabe öffentlicher Aufträge nach traditioneller Sichtweise dem Bereich der fiskalischen Hilfsgeschäfte (zur Fiskalverwaltung → Rn. 355 ff.) zugeordnet[554], sodass für diesbezügliche Streitigkeiten grds. der Rechtsweg zu den ordentlichen Gerichten nach § 13 GVG anzunehmen ist. Umstr. ist

---

548 Hierzu BVerwGE 30, 46 ff.; vgl. zur Betreuungspflicht weiterhin BVerwGE 32, 283, 286.
549 BVerwGE 30, 191, 197; OLG Frankfurt NVwZ 1993, 706; OVG Bln DVBl 1975, 905; VGH Kassel NJW 1985, 1356; a.M. OLG Frankfurt NJW 1997, 2391.
550 S. BVerwGE 40, 85, 87 f.; vgl. auch BVerwGE 6, 244, 246; ebenso *D. Ehlers/J.-P. Schneider*, in: Schoch/Schneider/Bier § 40 Rn. 313; *J. Ruthig/W.-R. Schenke*, in: Kopp/Schenke § 40 Rn. 22.
551 *E. Pache*, DVBl 2001, 1781, 1782 m.w.N.
552 Dazu näher *E. Pache*, DVBl 2001, 1781, 1782 f.
553 S. *Maurer* § 17 Rn. 31.
554 GmSOGB NJW 1986, 2359, 2360; NJW 1988, 2297, 2298; BVerwGE 5, 325, 327; BGHZ 36, 91, 93 f.; *O. Dörr*, DÖV 2001, 1014, 1015 m.w.N.; *Maurer* § 3 Rn. 21.

hierbei aber, inwiefern der privatrechtlichen Auftragserteilung eine – öffentlich-rechtliche – Vergabeentscheidung vorangeht, womit ein Anwendungsfall der Zweistufenlehre gegeben wäre (öffentlich-rechtliche Entscheidung über das „Ob", privatrechtliche Ausgestaltung des „Wie"). Bedeutsam ist diese Fragestellung insbes. hinsichtlich des Primärrechtsschutzes übergangener Mitbieter gegen die Auftragsvergabe. Hierbei ist im Hinblick auf die Zweispurigkeit des deutschen Vergaberechts zu differenzieren: einerseits bzgl. Vergabeentscheidungen für Großprojekte, welche die in § 2 S. 1 VgV geregelten Schwellenwerte erreichen oder übersteigen und deren rechtliche Ausgestaltung inklusive Rechtsschutz sich nach den §§ 97 ff. GWB i.V.m. der VgV bemisst (→ Rn. 341 ff.), andererseits hinsichtlich Vergabeentscheidungen unterhalb dieser Schwellenwerte, für welche es mangels spezialgesetzlicher Regelung von Vergabeverfahren und -kriterien bei der bisherigen haushaltsrechtlichen Einordnung[555] verbleibt und die insofern in Bezug auf den Rechtsschutz nach „herkömmlichen" rechtlichen Grundsätzen beurteilt werden müssen (→ Rn. 335 ff.).

335   **(aa) Öffentliche Auftragsvergaben unterhalb der Schwellenwerte des § 2 VgV.** Für öffentliche Auftragsvergaben unterhalb der Schwellenwerte des § 2 VgV besteht Rechtsschutz für den erfolgreichen Bieter i.R.d. § 13 GVG vor den ordentlichen Gerichten, da die Auftragsvergabe unstr. durch Abschluss eines privatrechtlichen Vertrags erfolgt; diesbezügliche Streitigkeiten sind bürgerlich-rechtlicher Natur. Problematisch ist indes der Rechtsschutz für übergangene Bieter. Teilweise wird davon ausgegangen, das Vergaberecht habe unterhalb der Schwellenwerte des § 2 VgV keine spezielle Schutzfunktion für den Bieter.[556] Diese Sichtweise beruht letztlich auf der Annahme, dass im Bereich der fiskalischen Hilfsgeschäfte (zur Fiskalverwaltung → Rn. 355 ff.), denen die Vergabe öffentlicher Aufträge zugeordnet wird, der Staat außerhalb der Erfüllung unmittelbarer öffentlicher Aufgaben als „normales" Privatrechtssubjekt am Rechtsverkehr teilnehme und demgemäß anders als i.R.d. Verwaltungsprivatrechts (zum Begriff des Verwaltungsprivatrechts → Rn. 314 f.) keinen öffentlich-rechtlichen Bindungen unterliege, aus welchen Betroffene subjektive Rechte herleiten könnten. Dem muss indes mit der mittlerweile wohl überwiegenden Ansicht entgegengehalten werden, dass auch im Bereich der Fiskalverwaltung der Staat im Hinblick auf Art. 1 Abs. 3 GG nicht von jeder öffentlich-rechtlichen Bindung, insbes. nicht von der Bindung an die Grundrechte, frei sein und ihm eine echte Privatautonomie nicht zukommen kann[557] (→ Rn. 357). Gerade für den Bereich öffentlicher Auftragsvergabe ergibt sich dies umso mehr auch daraus, dass sich hierbei eine Unterscheidung von der unmittelbaren Erfüllung öffentlicher Aufgaben, wie sie für den Bereich des unstr. von öffentlich-rechtlichen Bindungen überlagerten Verwaltungsprivatrechts (→ Rn. 314 f.) charakteristisch ist, praktisch und rechtlich kaum durchführen lässt.[558] Denn wie bereits erwähnt, werden öffentliche Aufträge in zunehmendem Maße als Instrument zur Erfüllung der als öffentliche Aufgabe angesehenen Wirtschaftsförderung und -lenkung eingesetzt, sodass ihnen zumindest ein subventionsähnlicher Charakter zukommt bzw. zukommen kann und die Abgrenzung zum Subventionsrecht fließend ist.[559] Insoweit darf also auch angesichts der wirtschaftlichen Relevanz des öffentlichen Beschaffungswesens und der häufig existentiellen Bedeutung der Berücksichtigung bei der Auftragsvergabe für einzelne betroffene Unternehmen die öffentliche Auftragsvergabe nicht aus dem Bereich öffentlich-rechtlicher Bindungen der Verwaltung ausgeklammert werden.[560]

336   Subjektive öffentliche Rechtspositionen der unterlegenen Bieter können sich hierbei insbes. aus den Grundrechten der Art. 12 Abs. 1 und Art. 3 Abs. 1 GG ergeben.[561] Des Weiteren kommt die Verletzung normativer Bevorzugungsregeln wie bspw. der §§ 74 und 76 BVFG a.F., 54 und 56 SchwbG a.F.

---

555   Näher zu diesen haushaltsrechtlichen Grundsätzen für Auftragsvergaben unterhalb der oben genannten Schwellenwerte *B. Gallwas*, GewArch 2000, 401, 402; *E. Pache*, DVBl 2001, 1781, 1785.

556   S. etwa *B. Gallwas*, GewArch 2000, 401, 412.

557   S. *O. Dörr*, DÖV 2001, 1014, 1015 m.w.N.; *P. M. Huber*, JZ 2000, 877, 878; *B. Malmendier*, DVBl 2000, 963, 968; *E. Pache*, DVBl 2001, 1781, 1787.

558   S. *O. Dörr*, DÖV 2001, 1014, 1015 f.; vgl. auch VG Chemnitz NVwZ-RR 1997, 198 ff.; s. indes BVerfGE 116, 135, 149 f.

559   Vgl. *F. Kopp*, BayVBl 1980, 609, 611; *I. Pernice/S. Kadelbach*, DVBl 1996, 1100, 1106.

560   S.a. *E. Pache*, DVBl 2001, 1781, 1787; vgl. ferner *Maurer* § 3 Rn. 21 ff.

561   Ausf. *P. M. Huber*, JZ 2000, 877, 878 ff. m.w.N.; ferner *O. Dörr*, DÖV 2001, 1014, 1019 f.; *B. Malmendier*, DVBl 2000, 963, 968; bzgl. Art. 3 Abs. 1 GG auch *G. Hermes*, JZ 1997, 909, 915. Nach BVerfGE 116, 135, 150 ff. allerdings sollen sich übergangene Bieter nicht auf Art. 12 Abs. 1, sondern nur auf Art. 3 Abs. 1 GG stützen können.

(Schwerbehindertengesetz – BGBl III/FNA 871-1) sowie des § 68 BEG bzw. ein diesbezüglicher Anspruch auf ermessensfehlerfreie Entscheidung in Betracht.

Im Hinblick darauf, dass somit auch übergangenen Bietern grds. ein Rechtsschutz gegen die Versagung des Auftrags zukommen muss[562], stellt sich aber die Frage, auf welchem Rechtsweg der übergangene Bieter die Vergabeentscheidung nachprüfen lassen kann. Die Beantwortung dieser Frage hängt vor allem davon ab, inwieweit der konkreten Auftragsvergabe durch Abschluss eines privatrechtlichen Vertrags mit dem erfolgreichen Bieter eine öffentlich-rechtliche Entscheidung über die Vergabe vorgelagert ist, welche die unterlegenen Bieter dann durch Geltendmachung von Verletzungen ihrer subjektiven Rechte einer (verwaltungs)gerichtlichen Nachprüfung unterziehen können.

337

In Rspr. und Lit. wurde eine solche Zweistufigkeit jedenfalls dann angenommen, wenn bestimmte Rechtsnormen wie die §§ 74 und 76 BVFG a.F., 54 und 56 SchwbG a.F. (Schwerbehindertengesetz – BGBl III/FNA 871-1) sowie § 68 BEG die Bevorzugung eines bestimmten Personenkreises bei der Vergabe vorschreiben; die Entscheidung über die Bevorzugung sei dann eine von der eigentlichen privatrechtlichen Auftragsvergabe zu trennende öffentlich-rechtliche Entscheidung, hinsichtlich derer der Verwaltungsrechtsweg eröffnet sei.[563]

338

Außerhalb der in Rn. 338 genannten Fälle ist der Rechtsweg gegen Vergabeentscheidungen hingegen heftig umstr.: Insbes. in der Rspr.[564] und Lit.[565] wird häufig und zu Recht (→ Rn. 339) für den Verwaltungsrechtsweg plädiert, und zwar vor allem mit dem Argument, dass Auswahlverfahren und -entscheidung eine gegenüber dem privatrechtlichen Vertragsschluss selbständige erste, öffentlich-rechtlich zu beurteilende Verfahrensstufe darstellen. Wohl überwiegend aber gehen die heutige Judikatur[566] und das Schrifttum[567] von einer einheitlichen privatrechtlichen Lösung allein durch Abschluss eines privatrechtlichen Vertrags aus: In einer Grundsatzentscheidung vom 2.5.2007 hat das BVerwG[568] die Leitlinie aufgestellt, dass für Streitigkeiten über die Vergabe von öffentlichen Aufträgen mit einem Auftragswert unterhalb der in der Vergabeverordnung genannten Schwellenwerte nicht der Rechtsweg zu den Verwaltungsgerichten, sondern der ordentliche Rechtsweg gegeben sei: Denn die Auswahlentscheidung stelle keine von dem (privatrechtlichen) Vertragsschluss zu trennende öffentlich-rechtliche Entscheidung dar; vielmehr sei die Vergabe öffentlicher Aufträge als einheitlicher Vorgang einheitlich dem Privatrecht zuzuordnen, da die Entscheidung über die Auswahl zwischen mehreren Bietern im Regelfall unmittelbar durch den Abschluss eines privatrechtlichen Vertrags mit einem der Bieter durch Zuschlag erfolge. Daher fehle es an einem Anknüpfungspunkt für eine „erste Stufe", auf der eine nach öffentlichem Recht zu beurteilende selbständige Vergabeentscheidung fallen könnte. Durch die An-

338a

---

562   Demgegenüber wurde es in BVerfGE 116, 135, 149 ff., als mit Art. 19 Abs. 4 GG vereinbar angesehen, dass ein Gericht den Primärrechtsschutz eines übergangenen Bieters gegen die Vergabeentscheidung abgelehnt hat. Als maßgeblich hierfür erachtete es das BVerfG, dass der Staat bei Vergabeentscheidungen nicht in Ausübung öffentlicher Gewalt i.S.d. Art. 19 Abs. 4 GG, sondern nur als Nachfrager am Markt tätig werde und sich hierbei nicht grundlegend von anderen Marktteilnehmern unterscheide. – Zu Recht krit. zu dieser Entscheidung M. Niestedt/F. J. Hölzl, NJW 2006, 3680, 3682.

563   Vgl. BVerwGE 7, 89, 90 f.; 34, 213, 214 f.; vgl. ferner BVerwGE 37, 243, 244 f.; BVerwG DVBl 1970, 866 f.; DÖV 1973, 244, 245; DÖV 1976, 860; VGH Kassel, ZfBR 2006, 806 ff.; s.a. Maurer § 17 Rn. 31; Wolff/Bachof/Stober/Kluth I § 22 Rn. 57 und § 23 Rn. 48. Gegen die Annahme einer Zweistufigkeit S. Detterbeck, FS Frotscher, 2007, 399, 409 f.

564   S. etwa OVG Bautzen NZBau 2006, 393 f.; OVG Koblenz DVBl 2005, 988 f.; DÖV 2007, 39 f.; OVG Münster NVwZ 2006, 1083 f.; NVwZ-RR 2006, 223; NVwZ-RR 2006, 842 f.; NWVBl 2007, 190 f.; vgl. ferner VGH Kassel NVwZ 2003, 238 f. zur „Vergabe" von Räumlichkeiten an einen Kfz-Schilderprägebetrieb; ZfBR 2006, 806 ff. – w.N. bei BVerwGE 129, 9, 12 f.

565   S. etwa C. Braun, SächsVBl 2006, 249, 256 ff.; W. Frenz, VergabeR 2007, 1, 14; G. Hermes, JZ 1997, 909, 915; P. M. Huber, JZ 2000, 877, 882; F. Kopp, BayVBl 1980, 609, 611; M. Niestedt/M. Hellriegel, VergabeR 2005, 479, 480 f.; M. Niestedt/F. J. Hölzl, NJW 2006, 3680, 3682; H.-J. Prieß/F. J. Hölzl, ZfBR 2005, 593 f.; K. Rennert, DVBl 2006, 1232 f.; in diese Richtung auch Hufen § 11 Rn. 37; I. Pernice/S. Kadelbach, DVBl 1996, 1100, 1106 („denkbar"); D. Tryantafyllou, NVwZ 1994, 943, 946; w.N. bei BVerwGE 129, 9, 13.

566   S. etwa BVerwGE 14, 65, 67 f. sowie nunmehr vor allem BVerwGE 129, 9, 10 ff.; OVG Berlin NZBau 2006, 668 ff.; OVG Lüneburg NVwZ-RR 2006, 843 ff.; OVG Schleswig NordÖR 1999, 512 f.; VGH Mannheim VBlBW 2007, 147 f.; VG Chemnitz NVwZ-RR 1997, 198, 199 f.; w.N. bei BVerwGE 129, 9, 11.

567   S. Detterbeck, FS Frotscher, 2007, 399, 408 f.; O. Dörr, DÖV 2001, 1014, 1024; S. Haack, in: Gärditz § 40 Rn. 103 f.; B. Köster, NZBau 2006, 540, 542; J. Pietzcker, Die Zweiteilung des Vergaberechts, 2001, 21 f.; ders., NJW 2005, 2881, 2882; J. Ruthig, NZBau 2005, 497, 499 ff.; M. Schneider/S. Häfner, DVBl 2005, 989, 990 f.; S. Tomerius/F. Kiser, VergabeR 2005, 551, 556 ff.; für eine einstufige Lösung auch J.-H. Binder, ZZP 113 (2000), 195, 216; w.N. bei BVerwGE 129, 9, 11 f.

568   BVerwGE 129, 9.

wendung der Zwei-Stufen-Theorie werde vielmehr ein einheitlicher Vorgang künstlich in zwei Teile gespalten (s. zu alledem BVerwGE 129, 9, insbes. 13, 18 ff.). Nach dieser Auffassung ist somit für Klagen übergangener Bieter der Zivilrechtsweg nach § 13 GVG gegeben. Eventuelle Grundrechtsverletzungen (insbes. des Art. 3 Abs. 1 GG) könnten als privatrechtsüberlagernde öffentlich-rechtliche Bindungen von den ordentlichen Gerichten mitüberprüft werden.[569]

339   Auch wenn mit dem höchstrichterlichen Votum in BVerwGE 129, 9 das bis dahin bestehende „Rechtswegwirrwarr"[570] zumindest für die Rechtspraxis ein Ende haben dürfte, vermag die dort favorisierte „privatrechtliche Lösung" nicht vollständig zu überzeugen.[571] Zunächst können nämlich die übergangenen Bieter ihr Rechtsschutzbegehren nur auf Rechtssätze stützen, welche unzweifelhaft dem öffentlichen Recht angehören wie bspw. Grundrechtsbestimmungen oder normative Bevorzugungsregelungen, da es keine allgemeinen zivilrechtlichen Normen gibt, aus denen die Pflicht zum Vertragsschluss mit dem Rechtsschutzsuchenden hergeleitet werden könnte.[572] Zwar können diese auch von den ordentlichen Gerichten überprüft werden, gleichwohl liegt eine Kontrolle durch die Verwaltungsgerichte deutlich näher. Zudem sind sonstige Vorschriften, die den Verlauf und das Ergebnis staatlicher Auftragsvergabe normieren[573], eher dem öffentlich-rechtlichen Sonderrecht als dem Privatrecht zuzuordnen[574]. Vergleichbares gilt für die haushaltsrechtlichen Bindungen der öffentlichen Hand bei der Vergabe öffentlicher Aufträge.[575] Weiterhin stellt sich die Frage, inwieweit das Zivilrecht und das Zivilprozessrecht für Fälle der genannten Art einen ausreichenden adäquaten Rechtsschutz bieten.[576] Das Zivilrecht verfügt – wie soeben erwähnt – über keine hinreichende privatrechtliche Anspruchsgrundlage, auf die der Rechtsschutzsuchende sein Begehren stützen kann[577]; ein Vorgehen unter Berufung auf die §§ 134 und 138 BGB erscheint regelmäßig nicht erfolgversprechend[578]. Zivilprozessuale Leistungs- bzw. Unterlassungsklagen vor den ordentlichen Gerichten werden meist zu spät kommen, da die Aufträge dann regelmäßig schon vergeben sind.[579] Überdies bringt der Zivilprozess für den Bürger generell den Nachteil mit sich, dass er – anders als der Verwaltungsprozess – nicht dem Untersuchungs-, sondern dem Beibringungsgrundsatz unterliegt und Behörden nicht in gleicher Weise wie im Verwaltungsprozess zur Vorlage von Akten und zu Auskünften verpflichtet sind, vgl. § 99 VwGO und § 432 ZPO.[580] Vor allem aber überzeugt weder die Annahme, der Staat unterscheide sich in seiner Rolle als Nachfrager „nicht grundlegend von anderen Marktteilnehmern" (BVerwGE 129, 9, 13; ebenso BVerfGE 116, 135, 150), noch diejenige, durch Anwendung der Zwei-Stufen-Theorie werde „ein einheitlicher Vorgang künstlich in zwei Teile aufgespalten" (BVerwGE 129, 9, 19): Dass der Staat bei der Vergabe öffentlicher Aufträge zumindest „mittelbar" öffentliche Aufgaben wahrnimmt und die Grenzen zu Wirtschaftslenkung und -förderung fließend sind, konzediert das BVerwG selbst (BVerwGE 129, 9, 14). Dass hieraus nicht ohne Weiteres auf eine *öffentlich-rechtliche* Aufgabenerfüllung geschlossen werden kann, ist zwar zutreffend; gleichwohl zeigen die umfangreichen öffentlich-rechtlichen Bindungen bei der Vergabe öffentlicher Aufträge[581] sowie das „streng formalisierte und durch ausschließlich für Träger öffentlicher Gewalt geltende Regelungen geprägte Auswahlverfahren" (OVG Münster NVwZ-RR 2006, 842, 843), dass der Staat hier gerade nicht wie jeder andere Marktteilnehmer eine rein privatrechtlich geprägte Entscheidung trifft[582]. Warum man die dem Vertragsschluss vorausgehende Auswahlentscheidung insoweit nicht als öffentlich-rechtliche „erste Stufe" eines zweistufigen Vergabeverfahrens soll ansehen können, erschließt sich daher nicht.[583] Jedenfalls er-

569 BVerwGE 129, 9, 19; vgl. auch O. Dörr, DÖV 2001, 1014, 1024.
570 J. Krohn, NZBau 2007, 493.
571 Zur Kritik auch M. Burgi, NVwZ 2007, 737 ff.; ders., Vergaberecht, 2016, § 4 Rn. 30.
572 Vgl. F. Kopp, BayVBl 1980, 609, 610; ferner G. Hermes, JZ 1997, 909, 915.
573 Z.B. die Verdingungsordnungen; dazu K. D. Kapellmann/B. Messerschmidt (Hrsg.), VOB Teile A und B, ⁶2018.
574 G. Hermes, JZ 1997, 909, 915; P. M. Huber, JZ 2000, 877, 882; allerdings auch BVerwGE 129, 9, 18.
575 Hierzu M. Burgi, NVwZ 2007, 737, 738 ff.; ders., Vergaberecht, 2016, § 4 Rn. 30.
576 S. F. Kopp, BayVBl 1980, 609, 610.
577 Vgl. F. Kopp, BayVBl 1980, 609, 610; ferner G. Hermes, JZ 1997, 909, 915.
578 Näher dazu D. Triantafyllou, NVwZ 1994, 943, 946 m.w.N.; s.a. F. Kopp, BayVBl 1980, 609, 610.
579 F. Kopp, BayVBl 1980, 609, 610; J. Pietzcker, NVwZ 1983, 121, 125; D. Triantafyllou, NVwZ 1994, 943, 946 m.w.N.
580 A.M. S. Detterbeck, FS Frotscher, 2007, 399, 414 ff.
581 S. nur K. Rennert, DVBl 2006, 1252: „Vergaberecht ist öffentliches Recht"; vgl. ferner BVerwGE 129, 9, 16.
582 Vgl. auch M. Burgi, NVwZ 2007, 737, 738 ff.
583 Vgl. auch Hufen § 11 Rn. 37.

scheint angesichts des Bestehens „ausgefeilter öffentlich-rechtlicher Vergabevorschriften unterhalb der Schwellenwerte"[584] die Annahme eines einheitlichen privatrechtlichen Geschehens und die damit verbundene Ablehnung der Zwei-Stufen-Theorie nicht minder gekünstelt.

All dies sowie die erwähnte Vermengung mit subventionsrechtlichen oder wirtschaftslenkenden Aspekten sprechen eher dafür, dass bei öffentlichen Auftragsvergaben generell von einem zweistufigen Verfahren i.S.d. Zweistufenlehre ausgegangen und somit zwischen einer dem öffentlichen Recht und damit der Kontrolle der Verwaltungsgerichte nach § 40 Abs. 1 S. 1 Hs. 1 unterfallenden Vergabeentscheidung (erste Stufe) sowie der konkreten Auftragsvergabe durch Abschluss eines privatrechtlichen Vertrags (zweite Stufe) unterschieden werden muss. Die gegen eine überbordende Anwendung der Zweistufenlehre vorzubringenden Bedenken (→ Rn. 353 f.) greifen hier fehl, da sie sich vor allem gegen eine unnötige Zweispaltung von Rechtsverhältnissen wenden, welche eine einheitliche öffentlich-rechtliche Ausgestaltung erfahren können und sollten (für den Bereich des Subventionswesens → § 42 Rn. 300). Unbeanstandet kann die Zweistufenlehre hingegen in Fällen wie dem vorliegenden bleiben, in denen eine privatrechtliche Ausgestaltung der zweiten Stufe praktisch nicht vermeidbar ist (so etwa auch bei staatlichen Bürgschaften, → Rn. 331). Mit der hier vertretenen Sichtweise werden im Übrigen auch für einzelne Unternehmer ausgesprochene Auftragssperren, welche gemeinhin als acti contrarii der Auftragsvergabe als privatrechtliche qualifiziert werden[585], als dem öffentlichen Recht unterfallende Maßnahmen angesehen werden müssen[586]. 340

(bb) Öffentliche Auftragsvergaben oberhalb der Schwellenwerte des § 2 VgV. Anders ist die Rechtslage für öffentliche Auftragsvergaben oberhalb der Schwellenwerte des § 2 VgV zu beurteilen, d.h. für öffentliche Aufträge, welche die dort genannten Auftragsvolumina erreichen oder überschreiten. Für diese „Großaufträge" hat der Gesetzgeber in Umsetzung verschiedener EU-Richtlinien eine spezialgesetzliche Ausgestaltung von Verfahren und Rechtsschutz in dem zum 18.4.2016 in Kraft getretenen neuen Vierten Teil des GWB[587] (§§ 97–184 GWB) sowie in der am 18.4 2016 in Kraft getretenen VgV geschaffen.[588] Für Vergabeverfahren, die nach dem 18.4.2016 begonnen haben, gilt nun gem. § 186 Abs. 2 GWB das GWB-Verfahrensrecht in der Fassung, die es durch das Vergaberechtsmodernisierungsgesetz vom 17.2.2016 erfahren hat. 341

Die §§ 97 ff. GWB enthalten materielle Vergabekriterien sowie Verfahrensregelungen[589], die den öffentlichen Auftraggeber binden. Gem. § 97 Abs. 6 GWB haben die Bieter einen Anspruch auf Einhaltung der Vergaberegelungen, womit ihnen subjektiver Rechtsschutz garantiert wird; nach § 156 Abs. 2 S. 1 GWB können die Rechte aus § 97 Abs. 6 GWB sowie sonstige Ansprüche gegen öffentliche Auftraggeber, die auf die Vornahme oder das Unterlassen einer Handlung in einem Vergabeverfahren gerichtet sind, nur vor den Vergabekammern und dem Beschwerdegericht (§ 171 Abs. 3 GWB: Oberlandesgericht) geltend gemacht werden. Das Rechtsschutzverfahren richtet sich nach den §§ 155 ff. GWB und ist zweistufig ausgestaltet. Zunächst kann die Vergabeentscheidung von der Vergabekammer überprüft werden. Die Vergabekammer ist eine sachlich unabhängige Verwaltungsbehörde und entscheidet gem. § 168 Abs. 3 S. 1 GWB durch Verwaltungsakt. Hiergegen kann der Rechtsschutzsuchende Beschwerde beim Vergabesenat des Oberlandesgerichts einlegen (§ 171 Abs. 1 S. 1, Abs. 3 GWB). Somit besteht in diesem Bereich für die Überprüfung einer Vergabeentscheidung eine spezialgesetzliche Rechtswegzuweisung an die ordentliche Gerichtsbarkeit. Problematisch an der Rechtsschutzkonzeption der §§ 155 ff. GWB ist dabei aber die Regelung des § 168 Abs. 2 S. 1 GWB, wonach ein einmal erteilter Zuschlag nicht mehr aufgehoben werden kann. Dies führte bis zum Inkrafttreten der VgV (vgl. § 13 VgV a.F.) dazu, dass mangels ausdrücklich normierter Informationspflicht von seiten der Verwaltung die unterlegenen Bieter aufgrund des in der Praxis üblichen zeitlichen Zusammenfalls von Vergabeentscheidung und Vertragsschluss typischerweise erst infolge des Vertragsschlusses mit dem erfolgreichen Bieter von der für sie negativen Vergabeentscheidung erfuhren und demgemäß aufgrund 342

---

584 *M. Burgi*, NVwZ 2007, 737, 741.
585 BVerwGE 5, 325, 327 ff.; BVerwG DÖV 1973, 244 f.
586 In diese Richtung tendierend ferner OVG Münster DVBl 1971, 115 f.; wohl auch *K. Rennert*, in: Eyermann § 40 Rn. 48; a.A. OVG Lüneburg GewArch 2006, 299; *D. Ehlers/J.-P. Schneider*, in: Schoch/Schneider/Bier § 40 Rn. 311.
587 Geändert durch das Gesetz zur Modernisierung des Vergaberechts (Vergaberechtsmodernisierungsgesetz – VergModG) vom 17.2.2016, BGBl I 203 ff.
588 Näher zu vorherigen Versuchen auf haushaltsrechtlicher Ebene, die damaligen EG-Richtlinien (*H. Thieme/C. Correll*, DVBl 1999, 884, 886; *A. Vetter*, NVwZ 2001, 745 f.) umzusetzen: *E. Pache*, DVBl 2001, 1781, 1785 f.
589 Hierzu näher *H. Thieme/C. Correll*, DVBl 1999, 884 f.; *A. Vetter*, NVwZ 2001, 745, 750.

der Regelung des § 114 Abs. 2 S. 1 GWB a.F. die Vergabeentscheidung auch durch die Inanspruchnahme der Rechtsschutzmöglichkeit nach den §§ 102 ff. GWB a.F. nicht mehr rückgängig gemacht werden konnte.

343 Um diesen Missstand zu beseitigen, leitete die 1. Vergabekammer des Bundes in ihrem Beschluss vom 29.4.1999[590] aus Art. 19 Abs. 4 GG und dem Rechtsstaatsprinzip eine Pflicht zur Vorabinformation der unterlegenen Bieter von der Vergabeentscheidung ab, damit diese rechtzeitig vor Schaffung vollendeter Tatsachen durch den Vertragsschluss Primärrechtsschutz in Anspruch nehmen können. Kurze Zeit später entschied der EuGH in seinem Urteil vom 28.10.1999 („Alcatel") zum österreichischen Vergaberecht, dass das von Art. 2 Abs. 1 Buchst. b der EG-Rechtsmittelrichtlinie 89/665/EWG des Rates vom 21.12.1989 geforderte Gebot effektiven Rechtsschutzes hinsichtlich öffentlicher Auftragsvergaben nur dann gewährleistet sei, wenn die Mitgliedstaaten in ihren nationalen Vergabeverfahren einen öffentlich-rechtlichen Akt vorsähen, der den Beteiligten zur Kenntnis gelange und i.R. einer Nachprüfung aufgehoben werden könne (EuGH NJW 2000, 569 Tz. 48). Die dem Vertragsschluss vorangehende Entscheidung des Auftraggebers darüber, mit welchem Bieter eines Vergabeverfahrens er den Vertrag schließe, müsse in jedem Fall einem Nachprüfungsverfahren zugänglich sein (EuGH NJW 2000, 569 Tz. 43 i.V.m. Tz. 29). Aus diesen Ausführungen des EuGH wird vielfach gefolgert, dass im Bereich der europarechtlich reglementierten öffentlichen Auftragsvergaben nunmehr die Anwendung der Zweistufenlehre als Trennung zwischen öffentlich-rechtlicher Zuschlagsentscheidung und nachgelagerter Auftragsvergabe durch privatrechtlichen Vertrag unionsrechtlich geboten erscheint.[591] Dieser Sichtweise ist wie für den Bereich der öffentlichen Auftragsvergaben unterhalb der Schwellenwerte des § 2 VgV (→ Rn. 335 ff.) zuzustimmen. Einer Trennung zwischen vorgelagerter (öffentlich-rechtlicher) Vergabeentscheidung und konkreter (privatrechtlicher) Auftragsvergabe steht auch nicht der Umstand entgegen, dass der Gesetz- bzw. Verordnungsgeber das beschriebene Rechtsschutzmanko nicht durch eine ausdrückliche zweistufige Ausgestaltung des Vergabeverfahrens, sondern durch eine ausdrücklich normierte Pflicht zur rechtzeitigen Vorabinformation der unterlegenen Bieter hinsichtlich der Vergabeentscheidung (§ 13 VgV a.F. und § 134 GWB)[592] beseitigt hat. Zumindest im Hinblick auf die Rechtswegfrage kommt der Zweistufenlehre in diesem Bereich allerdings keine praktische Bedeutung zu; denn selbst wenn man von einer vorgelagerten öffentlich-rechtlichen Vergabeentscheidung ausgeht, sind hierfür gleichwohl nicht nach § 40 Abs. 1 S. 1 Hs. 1 die Verwaltungsgerichte, sondern aufgrund der spezialgesetzlichen Rechtswegzuweisung des § 171 Abs. 3 GWB die ordentlichen Gerichte zuständig. Insoweit stellte sich dann § 171 Abs. 3 GWB als abdrängende Sonderzuweisung i.S.d. § 40 Abs. 1 S. 1 Hs. 2 dar. Letzteres ergibt sich indes auch schon daraus, dass die Entscheidung des Oberlandesgerichts nach § 171 Abs. 3 GWB auf Überprüfung des von der Vergabekammer gem. § 168 Abs. 3 S. 1 GWB erlassenen Verwaltungsakts gerichtet ist (vgl. § 171 Abs. 1 S. 1 GWB), sodass jedenfalls auch insoweit das Oberlandesgericht über eine dem Grunde nach öffentlich-rechtliche Streitigkeit zu entscheiden hat.[593] Für Sekundärrechtsschutz in Gestalt von Schadensersatzansprüchen nach Beendigung des Vergabeverfahrens sind gem. § 156 Abs. 3 GWB die ordentlichen Gerichte zuständig.[594]

344 **(d) Nutzung öffentlicher Einrichtungen.** Öffentliche Einrichtungen sind – unabhängig von deren Rechtsform – Anlagen und Gegenstände, die der Verwaltung, insbes. den Kommunen, zur unmittelbaren oder mittelbaren Erfüllung ihrer, sei es auch freiwillig übernommenen, Aufgaben dienen; hierzu gehören etwa Schulen, Bäder, Versorgungs- und Verkehrsunternehmen, Stadthallen, Mehrzweckhallen, Sportplätze usw. Gemeinsam ist ihnen die Hinordnung auf einen gemeinnützigen, öffentlichen Zweck.[595] Auch hinsichtlich ihrer Benutzung kann es zur Anwendung der Zweistufenlehre kommen, weil grds. zwischen dem Anspruch auf Zugang zu der betreffenden Einrichtung und der konkreten Abwicklung bzw. Ausgestaltung des Nutzungsverhältnisses zu trennen ist. Da die betreffenden öffentlichen Einrichtungen regelmäßig der Daseinsvorsorge dienen und damit zur Leistungsverwaltung ge-

---

590 BKartA NJW 2000, 151 – Euro-Münzplättchen II, m. Bspr. *H. Höfler*, NJW 2000, 120.
591 Vgl. *P. M. Huber*, JZ 2000, 877, 882; *B. Malmendier*, DVBl 2000, 963, 965.
592 Näher zur Informationspflicht *O. Otting*, NVwZ 2001, 775, 776 f.; *H. Schröder*, NVwZ 2002, 1440 ff.
593 So auch *J. Ruthig/W.-R. Schenke*, in: Kopp/Schenke § 40 Rn. 25 a, 49 d m.w.N.; vgl. ferner *B. Malmendier*, DVBl 2000, 963, 966.
594 Näher zu diesem Sekundärrechtsschutz *C. Maimann*, NZBau 2004, 492, 494.
595 *S. Vollmer*, DVBl 1989, 1087, 1088.

hören, kommt dem Staat Wahlfreiheit hinsichtlich Organisations- und Handlungsform der öffentlichen Einrichtungen zu[596] (→ Rn. 312 f.). Streitigkeiten auf der ersten Stufe, d.h. bzgl. des Zugangs zu (bzw. des Ausschlusses von) der betreffenden Einrichtung als solchem unterfallen unter folgender Voraussetzung dem öffentlichen Recht und damit der Zuständigkeit der Verwaltungsgerichte: Der Zugang muss in einem Rechtssatz (z.B. den entsprechenden Regelungen der Gemeindeordnungen[597]) oder durch Gewohnheitsrecht[598] öffentlich-rechtlich geregelt sein, oder die Einrichtung muss durch einen entsprechenden öffentlich-rechtlichen Widmungsakt (z.B. durch Verwaltungsakt oder Rechtsvorschrift) – ggf. auch konkludent (OVG Münster DVBl 1976, 398 ff.; VGH München NVwZ 1991, 906, 907) – einer öffentlichen Zweckbestimmung und damit einer grds. allgemeinen Zugänglichkeit unterworfen sein. Da dies den Regelfall darstellt und für Einrichtungen der Daseinsvorsorge im Zweifelsfall zu vermuten ist[599], stellen sich mithin Streitigkeiten um den Anspruch auf Zulassung zu einer öffentlichen Einrichtung regelmäßig als öffentlich-rechtliche Streitigkeiten i.S.d. § 40 dar (vgl. etwa BVerwG NJW 1990, 134, 135; NVwZ 1991, 59). Dies gilt unabhängig davon, ob die Abwicklung, also die Ausgestaltung des konkreten Nutzungsverhältnisses („zweite Stufe") öffentlich-rechtlicher oder privatrechtlicher Natur ist.[600]

So ist bspw. der Streit einer politischen Partei hinsichtlich des Zugangs zu gemeindlichen Räumlichkei- 345 ten öffentlich-rechtlicher Natur (vgl. BVerwGE 31, 368 ff.; OVG Lüneburg NJW 1985, 2347), auch wenn die Ausgestaltung des Nutzungsverhältnisses durch privatrechtlichen Mietvertrag erfolgt (BVerwGE 32, 333 ff.; VGH Kassel NJW 1986, 2660). Der Streit um die Zulassung ist auch dann ein öffentlich-rechtlicher, wenn die Zulassung von einer Haftungsübernahme durch den Veranstalter für zu erwartende Schäden abhängig gemacht wird (VGH Mannheim NJW 1987, 2697). Ebenso ist der Verwaltungsrechtsweg nach § 40 gegeben für Klagen auf Zulassung zur Benutzung gemeindlicher Kindertagesstätten (VGH Kassel NJW 1979, 886 ff.) oder Kindergärten (vgl. VGH Mannheim NJW 1977, 452), auf Zulassung als Aussteller auf einer vom Landkreis durchgeführten Kunstausstellung (VGH München NJW 1996, 1165 f.), auf Zulassung zur Teilnahme an einem gemeindlichen Volksfest (vgl. BVerwG NVwZ 1982, 194; NVwZ 1984, 585), auf Zuteilung eines Standplatzes auf einem gemeindlichen Weihnachtsmarkt, auch wenn dessen Durchführung einer GmbH übertragen worden ist (VGH Kassel NVwZ-RR 1994, 650 f.), auf Zulassung zur Nutzung einer städtischen Sporthalle (OVG Münster NVwZ-RR 1993, 318 f.) oder eines gemeindlichen Sportplatzes (VGH München NVwZ 1991, 906, 907), auf Zulassung zu bzw. gegen den Ausschluss von einer gemeindlichen Jugendmusikschule (VGH Mannheim NVwZ 1987, 701 f.), auf Zurverfügungstellung einer öffentlichen Grünfläche für eine Großveranstaltung (BVerwGE 91, 135 ff.), auf Überlassung eines gemeindlichen Meßplatzes zur Durchführung einer Veranstaltung (VGH Mannheim NVwZ-RR 1989, 135), auf Zulassung zur Benutzung einer Schleusenanlage (BVerwGE 39, 235, 236), auf Zulassung zur Mitwirkung bei den Oberammergauer Passionsfestspielen (VGH München NJW 1991, 1498 f.) oder auf Vergabe von Universitätsräumen für die Veranstaltungen von Studentenvereinigungen (VGH München BayVBl 1980, 300; vgl. auch BVerwG NJW 1980, 1863). Hingegen ist nicht die (öffentlich-rechtliche) erste, sondern die (zivilrechtliche) zweite Stufe betroffen und diesbezüglich der Zivilrechtsweg eröffnet, wenn nach Abschluss eines privatrechtlichen Vertrages über die Überlassung einer gemeindlichen Halle die Gemeinde die Bewirtschaftung der Halle zu verhindern sucht, sodass der zu deren Nutzung Berechtigte die beabsichtigte Versammlung in der Halle nicht durchführen zu können meint (VGH München NVwZ-RR 2002, 465 f.).

Wird im Falle einer privatrechtlichen Ausgestaltung des Nutzungsverhältnisses auf der zweiten Stufe 345a dieses Verhältnis von der Einrichtung oder ihrem Verwaltungsträger gekündigt, reicht diese einseitige privatrechtliche Willenserklärung nicht aus, um das öffentlich-rechtliche Nutzungsverhältnis auf der ersten Stufe zu beenden; die Kündigung des privatrechtlichen Nutzungsverhältnisses lässt den öffent-

---

596 Krit. hierzu *T. v. Danwitz*, JuS 1995, 1 ff.
597 S. etwa § 10 Abs. 2 S. 2 GemO BW, Art. 21 Abs. 1 S. 1 Bay. GO, § 20 Abs. 1 HGO, § 8 Abs. 2 GO NRW, § 10 Abs. 2 SächsGemO.
598 *J. Ruthig/W.-R. Schenke*, in: Kopp/Schenke § 40 Rn. 16; vgl. OVG Lüneburg NJW 1985, 2347 („durch langandauernde Übung").
599 S. etwa OVG Münster DVBl 1976, 398, 399 ff.; VGH München NVwZ 1991, 906, 907; *J. Ruthig/W.-R. Schenke*, in: Kopp/Schenke § 40 Rn. 16 m.w.N.; anders noch BGHZ 41, 264, 265 ff.; vgl. aber auch BGH NJW 1975, 106, 107; krit. *D. Ehlers/J.-P. Schneider*, in: Schoch/Schneider/Bier § 40 Rn. 300.
600 Vgl. BVerwGE 32, 333, 334; VGH Kassel NJW 1977, 452; *Maurer* § 3 Rn. 26 m.w.N.

lich-rechtlichen Nutzungsanspruch unberührt. Eine durch die privatrechtliche Kündigung veranlasste Streitigkeit um den *Ausschluss von einer öffentlichen Einrichtung* ist als Kehrseite der Zulassung eine öffentlich-rechtliche (VGH München NJW 2013, 249, 250).

346   Zu differenzieren ist hinsichtlich des Zulassungsanspruchs dann, wenn die öffentliche Einrichtung – was aufgrund der Wahlfreiheit der Verwaltung in diesem Bereich grds. zulässig ist – nicht von dem öffentlichen Verwaltungsträger (Staat, Gemeinde) selbst betrieben wird, sondern dieser sich hierzu einer juristischen Person des Privatrechts bedient (z.B. AG, GmbH). Damit nicht durch eine „Flucht ins Privatrecht" die Rechte der Bürger auf Nutzung öffentlicher Einrichtungen verringert werden, sind auch hier Streitigkeiten mit dem öffentlichen Verwaltungsträger über den Zugang zu der Einrichtung öffentlich-rechtlicher Natur; sofern der öffentliche Verwaltungsträger nicht selbst über die Zulassung entscheidet, kann er dazu verpflichtet sein, der rechtsschutzsuchenden Partei durch Einwirkung auf die private Betriebsgesellschaft den Zugang zu der Einrichtung zu verschaffen.[601] Richtet sich dagegen die Klage auf Zugang gegen die privatrechtliche Betriebsgesellschaft, so liegt eine privatrechtliche Streitigkeit vor, welche in die Zuständigkeit der ordentlichen Gerichte nach § 13 GVG fällt, es sei denn, die Beklagte wäre durch Gesetz oder aufgrund eines Gesetzes zu öffentlich-rechtlichem Handeln ermächtigt[602] (→ Rn. 317).

347   Die Ausgestaltung des Benutzungsverhältnisses („zweite Stufe") kann – unabhängig von der grundsätzlichen Qualifizierung der Zulassungsentscheidung als öffentlich-rechtlicher – ihrerseits privatrechtlich oder öffentlich-rechtlich erfolgen, soweit gesetzlich nichts anderes bestimmt ist (s. etwa OVG Lüneburg NJW 1977, 450). Die Qualifizierung richtet sich hierbei regelmäßig nach einer Auslegung der einschlägigen Benutzervorschriften oder der Benutzungsmodalitäten (z.B. Entgeltregelungen); hieraus können zumindest entsprechende Indizien (vgl. auch → Rn. 321) für die Zuordnung des Benutzungsverhältnisses zum öffentlichen oder zum privaten Recht gewonnen werden. Ist die Regelung des Benutzerverhältnisses demnach durch einen Rechtssatz des öffentlichen Rechts oder einen Organisationsakt im Bereich des öffentlichen Rechts erfolgt, so begründet dies regelmäßig dessen öffentlich-rechtliche Natur.[603] So spricht bspw. die Bezeichnung als Schul*ordnung* oder der Erlass einer Benutzungsregelung als Satzung für die Zugehörigkeit zum öffentlichen Recht (vgl. VGH Mannheim NVwZ 1987, 701, 702). Gleiches gilt für die Bezeichnung als Kindergarten*ordnung*, wohingegen der Terminus „Allgemeine Geschäftsbedingungen" auf eine privatrechtliche Ausgestaltung hindeutet (VGH Kassel NJW 1977, 452). Umgekehrt ist aber nicht allein aus dem Fehlen einer Benutzungsregelung durch Satzung auf einen privatrechtlichen Charakter zu schließen (BGH DVBl 1978, 108 f.). Die öffentlich-rechtliche Natur des Benutzungsverhältnisses kann sich jedoch insbes. bei Fehlen von Indizien auch aus dem Gesamtzusammenhang der Regelung ergeben.[604] Im Zweifel ist vom Vorliegen eines öffentlich-rechtlich ausgestalteten Nutzungsverhältnisses auszugehen, sofern die Entscheidung über den Zugang als solchen – wie regelmäßig – ebenfalls dem öffentlichen Recht angehört.[605] Indizcharakter kann im Weiteren auch der Bezeichnung des Nutzungsvertrags (z.B. als „Mietvertrag"), der Verwendung von Haftungsausschlussbestimmungen, die nur im Privatrecht möglich sind[606], sowie sonstigen Benutzungsmodalitäten zukommen; so deutet die Regelung der Gegenleistung des Benutzers als „Gebühr" auf einen öffentlich-rechtlichen Charakter, umgekehrt das Fordern von Entgelten in einer Preisliste auf eine privatrechtliche Form der Betätigung hin (BayObLG DVBl 1975, 370, 372). Das Vorliegen eines öffentlich-rechtlichen Anschluss- und Benutzungszwangs schließt indes eine privatrechtliche Ausgestaltung des Benutzungsverhältnisses, insbes. der Entgeltregelung, nicht aus.[607] Auch die Rechtsbeziehungen zwischen einem Patienten und einem Krankenhausträger können sowohl öffentlich-rechtlich (BVerwG NJW 1980, 660) als auch privatrechtlich[608] ausgestaltet sein. Dagegen gehören Rechts-

---

601 BVerwG NJW 1990, 134, 135; NVwZ 1991, 59; *Hufen* § 11 Rn. 34; s.a. OVG Bln NVwZ-RR 1993, 319.
602 BVerwG NVwZ 1991, 59 m.w.N. (Anspruch auf Zugang gegen den privatrechtlichen Betreiber der Deutschlandhalle); OVG Lüneburg NdsVBl 2008, 75 f.; vgl. auch BVerwG DÖV 1974, 496 und OVG Münster NJW 1998, 1578 (Aufnahme bzw. Entlassung von Schülern einer privaten Ersatzschule).
603 *J. Ruthig/W.-R. Schenke*, in: Kopp/Schenke § 40 Rn. 17 m.w.N.
604 *J. Ruthig/W.-R. Schenke*, in: Kopp/Schenke § 40 Rn. 17; vgl. auch BGH DVBl 1978, 108, 109 sowie VGH Mannheim DÖV 1978, 569 f.
605 VGH Mannheim DÖV 1978, 569 f.; *H.-U. Erichsen*, Jura 1982, 537, 545 m.w.N.
606 *K. Rennert*, in: Eyermann § 40 Rn. 51.
607 BGH MDR 1984, 558; BayVBl 1985, 27; NVwZ 1991, 606; OVG Lüneburg NJW 1977, 450.
608 BVerwGE 15, 296, 298; *K. Rennert*, in: Eyermann § 40 Rn. 52, jedoch nur für Selbstzahler.

beziehungen zwischen einem Psychiatrischen Landeskrankenhaus und seinen Patienten ihrer Natur nach dem öffentlichen Recht an; dies soll auch für diejenigen Fälle gelten, in denen eine behandlungsbedürftige Person sich ohne behördliche Einweisung selbst mit der Aufnahme einverstanden erklärt.[609] Auch bei privatrechtlicher Ausgestaltung des Krankenhausbenutzungsverhältnisses sind indes die hierdurch mitbegründeten Rechtsbeziehungen zwischen Krankenhaus und Sozialversicherungsträger öffentlich-rechtlicher Art (BVerwGE 15, 296, 299 f.). Ist das Benutzungsverhältnis einer öffentlich-rechtlich organisierten Einrichtung privatrechtlich ausgestaltet, so stellt sich deren Handeln gegenüber außerhalb des Nutzerkreises stehenden Personen indes regelmäßig als öffentlich-rechtliches dar.[610]

(e) Weitere Anwendungsfälle der Zweistufenlehre. (aa) Vorkaufsrecht nach den §§ 24 ff. BauGB. Bei 348 der Ausübung des gemeindlichen Vorkaufsrechts nach den §§ 24 ff. BauGB sowie vergleichbaren Vorkaufsrechten[611] kommt die Zweistufenlehre zur Anwendung: Die Ausübung des Vorkaufsrechts erfolgt öffentlich-rechtlich (vgl. § 28 Abs. 2 S. 1 BauGB: „durch Verwaltungsakt"), weil dieses Recht staatliches Sonderrecht darstellt und zu einer Überordnung der Gemeinde über die Parteien des Kaufvertrags führt (OVG Münster NJW 1972, 1436). Die Abwicklung als zweite Stufe vollzieht sich dagegen durch privatrechtlichen Kaufvertrag (VGH Kassel JZ 1984, 99).

(bb) Veräußerung gem. § 89 BauGB. Auch die Veräußerung gem. § 89 BauGB von Grundstücken, 349 welche die Gemeinde durch Ausübung des Vorkaufsrechts oder durch Enteignung erlangt hat, stellt einen Anwendungsfall der Zweistufenlehre dar. Die Entscheidung der Gemeinde zur Veräußerung nach § 89 Abs. 3 BauGB ist ein Verwaltungsakt, ein hierauf gerichteter Anspruch öffentlich-rechtlicher Art.[612] Erst auf der zweiten Stufe wird die Abwicklung in zumeist privatrechtlicher Form erfüllt.[613] Ebenfalls öffentlich-rechtlich ist die vom Erwerber einzugehende Verpflichtung nach § 89 Abs. 3 S. 1 Hs. 2 BauGB.[614] Der Rechtsweg hinsichtlich Streitigkeiten auf der ersten Stufe ist umstr. Vielfach wird gem. § 217 Abs. 1 S. 3 BauGB die Zuständigkeit der Baulandgerichte angenommen.[615] Dagegen spricht, dass § 217 Abs. 1 BauGB lediglich jene Streitigkeiten erfassen will, die im Zusammenhang mit der Enteignung oder der Entschädigung stehen; insofern liegt es näher, hinsichtlich Streitigkeiten um die Veräußerungspflicht nach § 89 Abs. 3 BauGB den § 217 Abs. 1 BauGB teleologisch zu reduzieren und über diese Streitigkeiten nach § 40 Abs. 1 S. 1 die Verwaltungsgerichte entscheiden zu lassen.[616]

(cc) Veröffentlichung von Gerichtsentscheidungen. Bei der Veröffentlichung von Gerichtsentscheidun- 350 gen kann die Zweistufenlehre ebenfalls zur Anwendung gelangen. Die Pflicht zur Publikation ist eine der Gerichtsverwaltung obliegende öffentliche Aufgabe (BVerwGE 104, 105, 108 ff.). Die Entscheidung über die Veröffentlichung einschließlich der konkreten Auswahl der veröffentlichungswürdigen Entscheidungen stellt hierbei die – öffentlich-rechtliche – erste Stufe dar; hinsichtlich des eigentlichen Publikationsvorgangs (zweite Stufe) kann sich dann ein privatrechtliches Handeln anschließen (BVerwGE 104, 105, 111).[617]

(dd) Bevorzugte Vergabe gemeindlicher Grundstücke. Bei der bevorzugten Vergabe gemeindlicher 351 Grundstücke an ortsansässige Gewerbetreibende zwecks Förderung der heimischen gewerblichen Wirtschaft und zur Verfolgung städtebaulicher Zielsetzungen kommt die Zweistufenlehre ebenfalls

---

609 VGH Mannheim NJW 1991, 2985 und 2986; a.M. *L. Fischer/H. Mann*, NJW 1992, 1539.
610 Hierzu BGH DVBl 1983, 1061, 1062 für den Fall der Schädigung eines außerhalb des Nutzerkreises stehenden Dritten durch das als Eigenbetrieb organisierte kommunale Müllabfuhrunternehmen; s.a. → Rn. 313.
611 Z.B. nach § 46 NatSchG BW a.F., nunmehr § 53 NatSchG BW (vgl. VGH Mannheim NVwZ 1992, 898), § 25 LWaldG BW (vgl. VGH Mannheim NVwZ 1983, 556); *O. Reidt*, in: Battis/Krautzberger/Löhr Vorbem. §§ 24–28 Rn. 3 ff.
612 *G. Halama*, in: Schlichter/Stich/Driehaus/Paetow, Berliner Kommentar zum BauGB, ³2002, § 89 Rn. 94 f.; *P. Runkel*, in: Ernst/Zinkahn/Bielenberg/Krautzberger § 89 Rn. 75; vgl. auch VGH Mannheim ESVGH 39, 311; a.M. *D. Ehlers/J.-P. Schneider*, in: Schoch/Schneider/Bier § 40 Rn. 316 m.w.N.
613 *G. Halama*, in: Schlichter/Stich/Driehaus/Paetow, Berliner Kommentar zum BauGB, ³2002, § 89 Rn. 95 unter Hinweis darauf, dass hierfür auch ein öffentlich-rechtlicher Vertrag in Betracht kommen könnte.
614 A.M. *G. Halama*, in: Schlichter/Stich/Driehaus/Paetow, Berliner Kommentar zum BauGB, ³2002, § 89 Rn. 77; BGHZ 93, 372, 375 – privatrechtlicher Erfüllungsanspruch.
615 *U. Battis*, in: Battis/Krautzberger/Löhr § 89 Rn. 10.
616 So auch *G. Halama*, in: Schlichter/Stich/Driehaus/Paetow, Berliner Kommentar zum BauGB, ³2002, § 89 Rn. 110 f.; ferner VGH Mannheim ESVGH 39, 311.
617 Ausf. *C. Meissner/W. Schenk*, in: Schoch/Schneider/Bier § 55 Rn. 22; instruktiv zum Wirksamwerden einer nicht zu verkündenden Entscheidung BGH NJW 2017, 3239 f.

zur Anwendung: Die Zuteilung bzw. Vergabe des Grundstücks nach bestimmten Vergaberichtlinien (erste Stufe) stellt eine Maßnahme auf dem Gebiet des öffentlichen Rechts dar, wohingegen die konkrete Abwicklung privatrechtlich erfolgt.[618]

352　**(ee) Sog. Einheimischenmodelle.** Vergleichbares gilt hinsichtlich der Vergabe von Baugrundstücken i.R. sog. Einheimischenmodelle, mittels welcher die Gemeinden neben städtebaulichen Anliegen vor allem der ortsansässigen Bevölkerung den Grunderwerb und die Errichtung von Wohnhäusern erleichtern wollen. Auch hier stellt die nach bestimmten Kriterien erfolgende Vergabeentscheidung einen öffentlich-rechtlichen Akt dar (erste Stufe), dem sich auf der zweiten Stufe in Abwicklung der Vergabeentscheidung ein privatrechtlicher Kaufvertrag anschließt.[619]

353　**(3) Kritik an der Zweistufenlehre.** Die Zweistufenlehre begegnet in zunehmender Weise Bedenken und Schwierigkeiten; daher stößt sie in der Lit. vermehrt auf Kritik. Zunächst sind ihr die in jüngerer Zeit im Schrifttum erhobenen, grundsätzlichen Bedenken entgegenzuhalten, die generell gegen die Lehre vom Staat als Privatrechtssubjekt bestehen[620]. Aber selbst bei prinzipieller Anerkennung der Möglichkeit privatrechtlichen Handelns des Staates ergeben sich gegen die Zweistufenlehre erhebliche Einwände. So lässt sich kein überzeugender Grund dafür finden, einheitliche Lebensverhältnisse in zwei Rechtsverhältnisse mit unterschiedlicher Rechtsnatur aufzuspalten und diese damit verschiedenen Rechtswegen zuzuweisen.[621] Überdies kommt es immer wieder zu Abgrenzungsschwierigkeiten zwischen der ersten und der zweiten Stufe: Insbes. im Subventionsbereich zeigt sich oftmals, dass die Entscheidung hinsichtlich des „Ob" (erste Stufe) nicht rein abstrakt erfolgen kann, sondern inhaltliche Festlegungen treffen muss, die auch im privatrechtlichen Vertrag auf der zweiten Stufe geregelt sein können, wie z.B. hinsichtlich eines Darlehensvertrags im Subventionsbereich die Art der Auszahlung, die Verzinsung oder die Rückzahlung des Darlehens.[622] Unklar ist auch die Einwirkung der einen auf die andere Stufe: Während teilweise davon ausgegangen wird, die öffentlich-rechtliche Beziehung (z.B. der Bewilligungsbescheid) ende mit Abschluss des privatrechtlichen Vertrags (z.B. des Darlehensvertrags)[623], heißt es mitunter auch, dass die öffentlich-rechtliche Beziehung fortbestehe und weiter auf die zweite Stufe einwirke[624]. Die Abgrenzungsschwierigkeiten führen des Weiteren dazu, dass bspw. Zinsänderungen teils der öffentlich-rechtlichen (so BVerwGE 13, 47, 48 ff.), teils der privatrechtlichen (BVerwG DVBl 1959, 665; BGHZ 40, 206, 210 ff.) Stufe zugerechnet werden. Ähnliche Unsicherheiten ergeben sich hinsichtlich der Rechtsnatur des Rückzahlungsanspruchs.[625] Probleme stellen sich auch in Bezug auf die Frage, wie sich Mängel der ersten Stufe (z.B. infolge Aufhebung, Anfechtung oder Nichtigkeit) auf die zweite Stufe auswirken.[626] Gegen eine ausufernde Anwendung der Zweistufenlehre spricht weiterhin, dass sich ihr ursprüngliches Anliegen – nämlich die früher ausschließlich privatrechtliche Qualifizierung von Subventionen durch Vorschaltung eines öffentlich-rechtlichen (Verwaltungs-)Akts zu überwinden und so die Möglichkeit zu verwaltungsgerichtlicher Kontrolle zu eröffnen (→ § 42 Rn. 299 a.E.) – mittlerweile durch Anerkennung geeigneter verwaltungsrechtlicher Handlungsformen wie z.B. des öffentlich-rechtlichen Vertrags (vgl. insoweit etwa BGH NVwZ 2003, 506 f.) weitestgehend erledigt hat.

354　Zur Vermeidung der aufgezeigten Bedenken gegen die Zweistufenlehre erscheint es daher angebracht, soweit wie möglich einheitliche öffentlich-rechtliche Rechtsverhältnisse zugrunde zu legen. So lässt sich insbes. im Subventionsbereich der bewilligende Verwaltungsakt als Dauerrechtsverhältnis qualifi-

---

618　OVG Koblenz NVwZ 1993, 381, 382; a.M. *D. Ehlers/J.-P. Schneider*, in: Schoch/Schneider/Bier § 40 Rn. 316.

619　VG München BayVBl 1997, 533 m.w.N.; s.a. *Hufen* § 11 Rn. 36 unter zutr. Hinweis auf den mit der Verfolgung des zugrundeliegenden öffentlichen Zwecks verbundenen „Subventionskern"; dazu auch VGH München BayVBl 1991, 47; vgl. weiterhin BVerwGE 92, 56, 58 ff. zur rechtlichen Einordnung des Kaufvertrags.

620　*J. Burmeister*, VVDStRL 52 (1993), 190, 210 ff., insbes. 218; *K. A. Schachtschneider*, Staatsunternehmen und Privatrecht, 1986, insbes. 5 ff., 253 ff., 261 f.; vgl. auch → Rn. 370 ff.

621　*H. Bethge*, JR 1972, 139, 142; *D. Ehlers/J.-P. Schneider*, in: Schoch/Schneider/Bier § 40 Rn. 261 ff.; *M. C. Jacobs*, BayVBl 1985, 353, 357; *Maurer* § 17 Rn. 15. Vertiefend dazu *B. Tanneberg*, Die Zweistufentheorie, 2011, 40–154; zur Anwendung im Wirtschaftsverwaltungsrecht *C. Weißenberger*, GewArch 2009, 417 ff., 465 ff.

622　*D. Ehlers*, VerwArch 74 (1983), 112, 117; *ders./J.-P. Schneider.*, in: Schoch/Schneider/Bier § 40 Rn. 262; *W. Henke*, Recht der Wirtschaftssubventionen, 1979, 12; *Maurer* § 17 Rn. 16; s.a. *H. Bethge*, JR 1972, 139, 141 f.

623　Vgl. BGHZ 40, 206, 210 ff.

624　BVerwGE 35, 170, 172; vgl. auch *D. Ehlers/J.-P. Schneider.*, in: Schoch/Schneider/Bier § 40 Rn. 262.

625　Einerseits BVerwGE 13, 307, 308 f.; 35, 170, 171: öffentlich-rechtlich; andererseits BVerwGE 41, 127, 128 ff.; BGHZ 40, 206, 211: privatrechtlich.

626　Näher hierzu *Maurer* § 17 Rn. 19.

zieren; Einzelheiten zur Abwicklung können diesem Verwaltungsakt durch Auflagen oder Bedingungen beigefügt werden.[627] Zur Erlangung einheitlich dem öffentlichen Recht unterfallender Rechtsverhältnisse bietet sich hier ferner anstelle des Abschlusses eines privatrechtlichen Rechtsgeschäfts auf der zweiten Stufe die Handlungsform des öffentlich-rechtlichen Vertrags weitgehend an;[628] ggf. können Gewährung und Modalitäten der Fördermittel auch Gegenstand eines einheitlichen öffentlich-rechtlichen Vertrages sein (BGH WM 1999, 150 f.). Insofern ist eine zurückhaltende Anwendung der Zweistufenlehre geboten. Ihre Anwendung sollte sich auf solche Konstellationen beschränken, bei denen eine klare Trennung von erster und zweiter Stufe gegeben ist und sich eine privatrechtliche Ausgestaltung der zweiten Stufe aufgrund adäquaterer privatrechtlicher Vertragsformen praktisch aufdrängt – bspw. im Bereich von Subventionierungen durch staatliche Bürgschaftsübernahmen (→ Rn. 331) oder im Bereich der Vergabe öffentlicher Aufträge; dort stellt eine zweistufige Ausgestaltung auch schon aus Gründen des Rechtsschutzes übergangener Bieter die sachgerechtere Lösung gegenüber einer rein privatrechtlichen Konstruktion dar (ausf. → Rn. 334 ff., insbes. → Rn. 339 f.).

cc) Fiskalisches Handeln der Verwaltung. Privatrechtliches Handeln des Staates wird üblicherweise in 355 zwei verschiedene „Erscheinungsformen" unterteilt: verwaltungsprivatrechtliches und fiskalisches Handeln.[629] Bedient sich der Staat zur unmittelbaren (zu diesem Begriffsmerkmal der „unmittelbaren" Erfüllung öffentlich-rechtlicher Aufgaben → Rn. 315) Erfüllung seiner öffentlichen bzw. öffentlich-rechtlichen Aufgaben der Handlungsformen des Privatrechts, so handelt er verwaltungsprivatrechtlich; seine Tätigkeit unterliegt dann zwar formell dem (durch öffentlich-rechtliche Bindungen überlagerten) Privatrecht, materiell liegt jedoch Verwaltungstätigkeit bzw. Ausübung öffentlicher Gewalt vor (zum Begriff des Verwaltungsprivatrechts → Rn. 314 f.). Handelt die Verwaltung dagegen nicht in Erfüllung öffentlicher Aufgaben und damit außerhalb ihres rechtlich-öffentlichen Funktionskreises[630], sondern in Wahrnehmung ihrer eigenen wirtschaftlichen Bedürfnisse, so liegt fiskalische[631] Tätigkeit vor, d.h. der Staat tritt dann nicht nur formell, sondern auch materiell als Privatrechtssubjekt in Erscheinung und nimmt grds. wie jeder andere Private am allgemeinen Rechts- und Wirtschaftsverkehr teil.[632] Diesbezügliche Streitigkeiten sind dementsprechend bürgerlich-rechtlicher Natur und unterliegen der Rechtswegzuständigkeit der ordentlichen Gerichte nach § 13 GVG.

Zu diesen fiskalischen Tätigkeiten werden insbes. die Bedarfsdeckung der Verwaltung, die Vermögens- 356 verwaltung und die gewinnorientierte Betätigung am allgemeinen Wirtschaftsverkehr (zur wirtschaftlichen Betätigung der öffentlichen Hand auch → Rn. 454 ff.) gezählt. Zur Bedarfsdeckung der Verwaltung zählen zunächst diejenigen Maßnahmen, welche der Beschaffung der für ihre Aufgabenerfüllung erforderlichen Sachmittel (z.B. Kauf von Büromaterial oder Kraftfahrzeugen, Kauf von Grundstücken, Miete oder Errichtung von Gebäuden) dienen. Hier handelt die Verwaltung durch Abschluss privatrechtlicher Kauf-, Miet- oder Werkverträge und tritt rechtlich nicht anders auf als ein privater Unternehmer. Hinsichtlich öffentlicher Auftragsvergaben ist dabei jedoch problematisch, inwiefern der eigentlichen, durch Abschluss eines privatrechtlichen Vertrags erfolgenden Auftragsvergabe ggf. eine öffentlich-rechtliche Entscheidung hinsichtlich der Auswahl unter mehreren Bietern vorgelagert ist (→ Rn. 334 ff.). Problematisch ist insofern auch die herkömmliche Einstufung von Auftragssperren als privatrechtlichen Betätigungen (→ Rn. 340 a.E.). Weiterhin zählen zu den Bedarfsdeckungsmaßnahmen der Verwaltung die Beschaffung benötigter Dienst- und Arbeitsleistungen, und zwar durch Abschluss privater Dienst-, Werk- oder Arbeitsverträge, etwa durch die Einstellung von Arbeitnehmern

---

627 Vgl. *M. Zuleeg*, Die Rechtsform der Subventionen, 1965, insbes. 61, 73 ff.; *ders.*, FS Fröhler, 1980, 275, 292 ff.; s.a. → § 42 Rn. 300.

628 Vgl. etwa *W. Bosse*, Verwaltungsvertrag, 1974, 104 ff.; *D. Ehlers*, VerwArch 74 (1983), 112, 122 ff.; *H.-J. Friehe*, DÖV 1980, 673 ff.; *W. Henke*, Recht der Wirtschaftssubventionen, 1979, 20 ff.; *ders.*, DVBl 1984, 845 ff.; *M. C. Jacobs*, BayVBl 1985, 353, 358; *A. Knuth*, JuS 1986, 523 ff.; *Maurer* § 17 Rn. 26; *C.-F. Menger*, VerwArch 69 (1978), 93 ff.; *W.-R. Schenke*, BGH-FS III, 2000, 45, 69 f.; vgl. ferner BGH DVBl 1975, 903, 904; OVG Münster NVwZ 1984, 522 ff.

629 S. etwa *D. Ehlers*, DVBl 1983, 422, 423; *H. Schmitz*, in: Stelkens/Bonk/Sachs § 1 Rn. 112 ff.; *Wolff/Bachof/Stober/Kluth* I § 23 Rn. 39 ff. und 61 ff.; s.a. BGHZ 36, 91, 95 f.; vgl. ferner *Maurer* § 3 Rn. 18 ff.

630 *J. Burmeister*, DÖV 1975, 695, 702.

631 Näher und sehr eingehend zu dieser Begrifflichkeit und ihrer Entwicklung *J. Burmeister*, DÖV 1975, 695 ff., insbes. 702; vgl. auch *Wolff/Bachof/Stober/Kluth* I § 23 Rn. 39.

632 Zur Kritik an der Lehre vom Staat als Privatrechtssubjekt *J. Burmeister*, VVDStRL 52 (1993), 190, 210 ff., insbes. 218; *K. A. Schachtschneider*, Staatsunternehmen und Privatrecht, 1986, insbes. 5 ff., 253 ff., 261 ff. Vgl. auch → Rn. 370 ff.

und Angestellten des öffentlichen Dienstes[633] (nicht der Beamten; deren Dienstverhältnisse unterliegen dem öffentlichen Recht[634]) oder bspw. durch die Beauftragung privater Unternehmer mit Reparaturarbeiten an einem Dienstfahrzeug; ebenso wird hierzu nach überwiegender Ansicht regelmäßig die Einschaltung privater Unternehmer als sog. Verwaltungshelfer (→ Rn. 365 ff.) gerechnet, die dem Staat bei der Erfüllung seiner öffentlichen Aufgaben als „Erfüllungsgehilfen" dienen (z.B. Beauftragung eines Abschleppunternehmers durch die Polizei per Werkvertrag nach den §§ 631 ff. BGB zum Versetzen eines verkehrswidrig abgestellten Kraftwagens).[635] Ferner werden Verträge der öffentlich-rechtlichen Rundfunkanstalten mit Sportverbänden zur Beschaffung von Sendematerial als privatrechtliche qualifiziert (BGHZ 110, 371, 380 f.). Nicht der Sachmittelbeschaffung dienen dagegen Interventionsgeschäfte, da bei diesen die Wirtschaftlenkung und -förderung im Vordergrund steht und ihnen ein subventionsähnlicher Charakter zukommt (→ Rn. 333). Im Bereich der Vermögensverwaltung sowie der allgemeinen Teilnahme am Wirtschaftsverkehr tritt die Verwaltung hingegen ihrerseits als Anbieter oder Verteiler am Güter- und Dienstleistungsmarkt auf. Beispiele hierfür sind die Vermietung von Gebäuden, die Verpachtung von Grundstücken, die Veräußerung nicht mehr benötigter Gegenstände, die Vermietung von Werbeflächen auf öffentlichen Verkehrsmitteln, die Gestattung der Abbildung eines Universitätswappens gegen Entgelt (BGHZ 119, 237, 243), der Verkauf von KFZ-Kennzeichenschildern (vgl. BGH GRUR 1974, 733 ff.) oder etwa der Betrieb einer Bergbahn für Ausflugszwecke[636] oder der Betrieb einer Staatsbrauerei[637].

357 Umstr. ist hinsichtlich des fiskalischen Verwaltungshandelns, ob und inwieweit dieses privatrechtliche Handeln von öffentlich-rechtlichen Bindungen, insbes. durch die Grundrechte, überlagert wird. Die traditionelle Sichtweise[638] verneint dies mit der Begründung, die Verwaltung übe beim fiskalischen Handeln anders als beim verwaltungsprivatrechtlichen Handeln, bei welchem eine Überlagerung durch öffentlich-rechtliche Bindungen umfassend anerkannt ist (→ Rn. 315), keine materielle Verwaltungstätigkeit und demnach keine öffentliche Gewalt aus. Mit der mittlerweile aber überwiegend vertretenen Auffassung[639] ist indessen von einer öffentlich-rechtlichen Bindung auch fiskalischen Verwaltungshandelns insbes. an die Grundrechte auszugehen. Dies ergibt sich zum einen aus Art. 1 Abs. 3 und Art. 20 Abs. 3 GG.[640] Die Grundrechte als Grundprinzipien der gesamten Rechtsordnung binden den Staat einschließlich seiner Verwaltung in jeder Situation; eine Freiheit „subjektiven Beliebens" kann es für den Staat – anders als für Privatpersonen – nicht geben.[641] Darüber hinaus ist auch eine klare Trennung von der dem Verwaltungsprivatrecht unterliegenden unmittelbaren Erfüllung öffentlicher Aufgaben in Privatrechtsform und dem „rein" fiskalischen Verwaltungshandeln vielfach praktisch kaum durchführbar. Denn abgesehen davon, dass Träger öffentlicher Verwaltung praktisch immer, ob nun unmittelbar oder mittelbar, öffentliche Aufgaben zu erfüllen haben[642], werden bei zahlreichen dem fiskalischen Handeln zugeordneten Maßnahmen der Verwaltung jedenfalls *auch* öffentliche Zwecke und Aufgaben verfolgt[643]. Besonders deutlich wird dies bei den herkömmlicherweise den fiskalischen Hilfstätigkeiten zugeordneten öffentlichen Auftragsvergaben: Neben der Bedarfsdeckungsfunktion kann diesen nämlich oftmals ein subventionsähnlicher Charakter zukommen; vielfach werden sie bewusst zu Wirtschaftsförderungs- bzw. Subventionierungszwecken, mithin zur Erfüllung öf-

---

633 Für die diesbezüglichen bürgerlich-rechtlichen Streitigkeiten sind dann grds. die Arbeitsgerichte zuständig, s. etwa BAGE 1, 85, 86.
634 *Hufen* § 11 Rn. 24, 30; → Rn. 141 ff.
635 Etwa *Ossenbühl/Cornils* S. 24 m.w.N.; *T. Würtenberger*, JZ 1993, 1003; vgl. auch *H. Sodan*, Freie Berufe als Leistungserbringer im Recht der gesetzlichen Krankenversicherung, 1997, 185; *R. Stober*, JuS 1982, 740, 741.
636 *D. Schmalz*, Allgemeines Verwaltungsrecht, 1983, 244.
637 *D. Ehlers*, Verwaltung in Privatrechtsform, 1984, 206.
638 BGHZ 36, 91, 95 ff.; *K. A. Bettermann*, FS Hirsch, 1968, 1, 19 f.; *A. Dickersbach*, WiVerw 1983, 206; w.N. bei *D. Ehlers*, Verwaltung in Privatrechtsform, 1984, 212 f.
639 S. etwa *O. Dörr*, DÖV 2001, 1014, 1015 m.w.N.; *H. Dreier*, in: Dreier I Art. 1 III Rn. 65 m. zahlreichen w.N.; *D. Ehlers*, DVBl 1983, 422, 424 f.; *Hesse* Rn. 347 f.; *W. Höfling*, in: Sachs Art. 1 Rn. 106 ff.; *W. Rüfner*, HdbStR IX § 197 Rn. 72, 77.
640 Vgl. *O. Dörr*, DÖV 2001, 1014, 1015.
641 *H. Dreier*, in: Dreier I Art. 1 Rn. 49; *Hesse* Rn. 347 f.; *W. Höfling*, in: Sachs Art. 1 Rn. 106 ff.; *W. Rüfner*, HdbStR IX § 197 Rn. 72.
642 *W. Rüfner*, HdbStR IX § 197 Rn. 75.
643 Dazu sehr anschaulich *W. Rüfner*, HdbStR IX § 197 Rn. 76.

fentlicher Aufgaben, eingesetzt[644] (näher zum Problemkreis öffentlicher Auftragsvergaben, insbes. auch zur Frage, ob der privatrechtlichen Auftragsvergabe eine öffentlich-rechtliche Vergabeentscheidung vorgelagert ist, → Rn. 334 ff.). Die Grenzen zwischen fiskalischem und verwaltungsprivatrechtlichem Handeln sind mithin fließend. Sofern insoweit eine Trennung zwischen verwaltungsprivatrechtlichem und fiskalischem Verwaltungshandeln überhaupt noch sachgerecht ist, stellt sich für den Bereich des fiskalischen Handelns die Frage des Ausmaßes der öffentlich-rechtlichen Bindungen. Die diesbezüglichen Auffassungen sind uneinheitlich; am nahe liegendsten erscheint hier eine differenzierte Betrachtung je nach Art des betreffenden Verwaltungshandelns.[645] Jedenfalls sind diese öffentlich-rechtlichen Bindungen ebenso wie im Bereich des Verwaltungsprivatrechts nicht maßgeblich für die Bestimmung der Rechtsnatur, sodass sich hinsichtlich der Einordnung betreffender Streitigkeiten die gleichen Grundsätze ergeben wie für verwaltungsprivatrechtliches Handeln (→ Rn. 316 f.); grds. ist also die Zuständigkeit der ordentlichen Gerichte nach § 13 GVG begründet.

dd) Einbeziehung Privater. Die Verwaltung kann sich zur Erfüllung ihrer öffentlichen Verwaltungs- 358 aufgaben nicht nur – in Ausübung der ihr diesbezüglich grds. zukommenden Wahlfreiheit – der Organisations- und Handlungsformen des Privatrechts bedienen (→ Rn. 312 f.), sondern sie hat auch die Möglichkeit, Private in anderer Weise in die Erfüllung von Verwaltungsaufgaben einzubeziehen.

aaa) Beliehene. Zunächst können öffentliche Verwaltungsaufgaben auch durch sog. Beliehene vorge- 359 nommen werden. Hierbei handelt es sich um Privatpersonen (natürliche oder juristische Personen des Privatrechts), die vom Staat mit der Wahrnehmung hoheitlicher Aufgaben betraut worden und insoweit Träger öffentlicher Gewalt sind. Die Beliehenen nehmen die ihnen übertragenen Aufgaben selbständig[646], d.h. in eigenem Namen[647] wahr. Durch den Beleihungsakt, welcher durch Gesetz oder aufgrund Gesetzes erfolgen muss[648], wird dem Beliehenen neben der Begründung eines öffentlich-rechtlichen Auftragsverhältnisses insbes. die Befugnis verliehen, die ihm übertragenen Aufgaben mit den Mitteln und Handlungsformen des öffentlichen Rechts wahrzunehmen.[649] Der Beliehene kann also i.R. seines Aufgabenbereichs bspw. Verwaltungsakte erlassen, Gebühren erheben oder sonstige hoheitliche Maßnahmen treffen.[650] Insoweit handelt der Beliehene i.R. seines ihm durch die Beleihung übertragenen Kompetenzbereichs öffentlich-rechtlich, sodass für diesbezügliche Streitigkeiten regelmäßig der Rechtsweg zu den Verwaltungsgerichten nach § 40 Abs. 1 S. 1 eröffnet ist; entsprechende Klagen sind i.d.R. gegen den Beliehenen selbst zu richten.[651] Die grundsätzliche Möglichkeit zur Beleihung ist nicht auf „außenstehende" Private beschränkt; vielmehr können auch private Gesellschaften, die zur Erfüllung bestimmter Verwaltungsaufgaben von einem Hoheitsträger in Ausübung des ihm diesbezüglich hinsichtlich der Organisationsform grds. zukommenden Wahlrechts gegründet wurden, mit hoheitlichen Befugnissen beliehen werden[652].

Als Beliehene sind etwa anerkannt: *Amtsärzte* (BGH NJW 1994, 2415; NJW 1994, 3012); privat- 360 rechtliche Versicherungsvereine als Träger der *betrieblichen Altersvorsorge* i.S.d. § 14 Abs. 1 BetrAVG (BVerwGE 88, 79, 81; 98, 280 ff.); *Bezirksschornsteinfeger* (§§ 8 ff., insbes. 13, 17 SchfHwG) hinsichtlich der Feuerstättenschau, Bauabnahme und rationellen Energieverwendung sowie in Bezug auf bestimmte Tätigkeiten im Bereich des Immissionsschutzes (BVerwGE 84, 244, 247; BGHZ 62, 372 ff.), nicht jedoch hinsichtlich der Gebührenfestsetzung (vgl. VGH Mannheim BWVBl 1994, 67 f.;

---

644 Vgl. insoweit etwa VG Chemnitz NVwZ-RR 1997, 198 ff. zur Auftragsvergabe hinsichtlich der Belieferung einer Schule mit Trinkmilch.
645 Hierzu näher *D. Ehlers*, DVBl 1983, 422, 424 f.; *Wolff/Bachof/Stober/Kluth* I § 23 Rn. 42 ff.
646 *W. Krebs*, HdbStR V § 108 Rn. 45.
647 *A. v. Mutius*, VerwArch 62 (1971), 300, 302; *Ossenbühl/Cornils* S. 17; *U. Steiner*, JuS 1969, 69, 70.
648 BVerwG NVwZ 1985, 48; *F. Ossenbühl*, VVDStRL 29 (1971), 171 ff.; *U. Steiner*, JuS 1969, 69, 73.
649 So die überwiegend vertretene „Rechtsstellungs- oder Befugnistheorie" (etwa BVerwGE 35, 334, 337 ff.; *W. Krebs*, HdbStR V § 108 Rn. 45; *Maurer* § 23 Rn. 56 ff.; *Wolff/Bachof/Stober/Kluth* II § 90 Rn. 4) im Gegensatz zur „Aufgabentheorie", welche auf die Übertragung von staatlichen Aufgaben abstellt, sodass danach eine Beleihung auch dann vorliegen könnte, wenn der Private nicht zu einem Handeln in *öffentlich-rechtlichen* Handlungsformen ermächtigt würde; näher hierzu und zur Kritik an der Aufgabentheorie *D. Ehlers/J.-P. Schneider*, in: Schoch/Schneider/Bier § 40 Rn. 275; *U. Steiner*, JuS 1969, 69, 70 f.
650 *Maurer* § 23 Rn. 58.
651 *Maurer* § 23 Rn. 58; zur Problematik der fehlerhaften bzw. faktischen Beleihung und der Eröffnung des Verwaltungsrechtsweges *L. Münkler*, Der Nichtakt, 2015, 89 ff., 164 f.
652 *Wolff/Bachof/Stober/Kluth* II § 92 Rn. 15.

diff. BVerwGE 84, 244, 245 ff.); *Feld- und Forstaufseher*[653]; *Fischereiaufseher und Jagdaufseher* (vgl. z.B. § 54 Abs. 1 LFischG NRW, § 25 Abs. 2 S. 1 BJagdG); *Flugkoordinatoren*[654]; *Deutsche Flugsicherungs-GmbH* (VG Frankfurt/M. NVwZ 1995, 410); *Flugzeugkapitäne* (Luftfahrzeugführer gem. § 12 Abs. 1 S. 1 LuftSiG), nicht dagegen das Betriebspersonal privatisierter Verkehrsunternehmen (BVerwG NVwZ 1985, 48 f.); Mitglieder der *freiwilligen Feuerwehr* (vgl. BGHZ 20, 290, 292); *Geistliche* bei der Erteilung des Religionsunterrichts (BGHZ 34, 20, 21); *Notare* (§§ 1, 20 ff. BNotO), soweit sie nicht Beamte sind[655]; Personal für *Personen- und Gepäckkontrolle* auf Flughäfen gem. § 5 Abs. 1 LuftSiG (BGHSt 45, 16, 22); amtlich anerkannte *Prüfingenieure* (BVerwG DÖV 1972, 500; BGHZ 39, 358, 360; OLG Hamm NVwZ 1989, 502); private *Prüfstellen für Prüfbescheinigungen im Bergbau* (BVerwG NVwZ-RR 1991, 330 f.); *Sachverständige für den Kraftfahrzeugverkehr* bei der Prüfung von Kraftfahrzeugen (etwa nach §§ 21, 29 StVZO)[656] und bei der Abnahme von Fahrprüfungen (§§ 15 ff. FeV[657]) – umstr. ist hingegen, inwieweit die *Technischen Überwachungsvereine (TÜV)* selbst Beliehene sind[658]; *Schiffskapitäne* (BVerwG NVwZ 1985, 48 f.); zugezogene private *Tierärzte* nach § 2 Abs. 2 TierSG; private Betreiber einer *Tierkörperbeseitigungsanstalt* (OLG Koblenz NuR 1995, 558); Privatpersonen, denen nach § 7 Abs. 1 TierZG die Durchführung von Leistungsprüfungen übertragen wurde (OLG Köln AgrarR 1990, 260); öffentlich bestellte *Vermessungsingenieure*[659] – ein Streit zwischen Vermessungsingenieur und Staatlichem Vermessungsamt ist allerdings privatrechtlicher Natur (BGHZ 121, 126, 129); vom Versorgungsamt beauftragte *Vertragsärzte* (BGH NJW 1961, 969); *Vertrauensärzte* der Sozialversicherungsträger (BGH NJW 1968, 2293 f.); nach den §§ 3 f. ZDG anerkannte Beschäftigungsstellen für den *Zivildienst*[660].

361 Hinsichtlich *privater Ersatzschulen* ist zu differenzieren zwischen staatlich genehmigten und staatlich anerkannten Privatschulen (vgl. BVerfGE 27, 195, 201 ff.; s.a. BVerwGE 45, 117, 118 f.): Anerkannte Privatschulen sind hinsichtlich ihrer Aufnahme-, Versetzungs-, Prüfungs- und Abschlussentscheidungen Beliehene und handeln insoweit hoheitlich[661]; im Übrigen, d.h. insbes. hinsichtlich disziplinärer Maßnahmen einschließlich des Schulverweises, unterliegt das Schulverhältnis dem Privatrecht[662]. Staatlich genehmigte Privatschulen sind nicht beliehen, und das Schulverhältnis unterliegt insgesamt dem bürgerlichen Recht (BVerwGE 45, 117, 119); durch die Genehmigung wird lediglich festgestellt, dass Bedenken gegen die Errichtung nicht bestehen und es sich nicht um eine unzureichende Bildungseinrichtung handelt, vor welcher die Allgemeinheit geschützt werden müsste[663].

---

653 S. *Wolff/Bachof/Stober/Kluth* II § 90 Rn. 18.
654 *T. Tschentscher/C. Koenig*, NVwZ 1991, 219, 220 f.
655 *R. Michaelis*, Der Beliehene, 1969, 116 f.; *W. Frenz*, Die Staatshaftung in den Beleihungstatbeständen, 1992, 39 mit Fn. 9; *H. Sodan*, Freie Berufe als Leistungserbringer im Recht der gesetzlichen Krankenversicherung, 1997, 105.
656 Vgl. etwa BGH DÖV 1968, 133, 134; NVwZ-RR 2001, 147; OLG Braunschweig NJW 1990, 2629; OLG Köln NJW 1989, 2065 m.w.N.; VGH München NJW 1975, 1796, 1797 m.w.N.; ebenso für Sachverständige des TÜV bei der Überprüfung einer Heizungsanlage OLG Oldenburg NVwZ-RR 1992, 284; zur Problematik des richtigen Beklagten in diesen Fällen *D. Ehlers*, FS Menger, 1985, 379, 388 sowie *C.-F. Menger*, VerwArch 67 (1976), 205, 208 ff.
657 Verordnung über die Zulassung von Personen zum Straßenverkehr (Fahrerlaubnis-Verordnung) vom 13.12.2010 (BGBl I 1980).
658 Dafür etwa *W. Henke*, JZ 1972, 626, 627 m.w.N.; s.a. BVerfG NJW 1987, 2501, 2502; vgl. ferner VGH München NJW 1975, 1796 f.; dagegen etwa *C.-F. Menger*, VerwArch 67 (1976), 205, 208; *U. Steiner*, NJW 1975, 1797, 1798. Vgl. insgesamt auch BGH NVwZ-RR 2001, 147; NVwZ-RR 2003, 543 f.
659 BVerwG NVwZ-RR 1989, 359 f.; NVwZ-RR 1998, 152; OVG Münster OVGE 41, 144, 150; VGH Mannheim NVwZ 1987, 431; s.a. BGHZ 121, 126, 129. Näher zu dieser Berufsgruppe *H. Sodan*, Freier Beruf und Berufsfreiheit – Verfassungs- und andere Rechtsprobleme öffentlich bestellter Vermessungsingenieure in projektgebundenen Gesellschaften, 1988, 16 ff.; *ders.*, ThürVBl 1997, 249 ff.
660 BVerwGE 90, 320, 329; BGHZ 87, 253, 256; BGH NJW 1992, 2882, 2883; BGHZ 118, 304, 307.
661 BVerfGE 27, 195, 202 f.; BVerwGE 17, 41, 42; OVG Münster NVwZ 1990, 678 f.; VGH Kassel ESVGH 57, 62 f.; VGH Mannheim NJW 1971, 2091; NJW 1980, 2597; vgl. auch BVerfGE 68, 185 ff.
662 BGH DVBl 1962, 70; VGH München NVwZ 1982, 562; offen gelassen von BVerwGE 17, 41, 42.
663 BVerfGE 27, 195, 203; i.S. dieser Terminologie handelt es sich bei der von OVG Münster JZ 1979, 677 in Bezug genommenen Privatschule weniger um eine „genehmigte" als vielmehr um eine staatlich anerkannte Privatschule; vgl. insoweit auch VGH München NVwZ 1982, 562.

Im Bereich des Postwesens sind nach der Privatisierung der Deutschen Bundespost[664] die lizensierten 362
Unternehmen im Bereich der Briefzustelldienstleistungen gem. § 33 Abs. 1 S. 2 PostG im Umfang dieser Verpflichtung mit hoheitlichen Befugnissen ausgestattet und somit beliehene Unternehmer.[665]

bbb) Handeln Privater ohne Beleihung. Dagegen ist das Handeln Privater ohne Beleihung, auch 363
wenn sie öffentliche Aufgaben erfüllen (VG Düsseldorf NWVBl 2006, 305 f.), grds. – d.h. sofern nicht ein Fall sog. (unselbständiger) Verwaltungshilfe vorliegt (→ Rn. 365 ff.) – privatrechtlicher Natur und unterliegt der Rechtswegzuständigkeit der ordentlichen Gerichte; denn Personen des Privatrechts sind auf die Verwendung privatrechtlicher Handlungsformen beschränkt[666], sofern sie nicht durch Gesetz oder aufgrund eines Gesetzes mit öffentlich-rechtlichen Handlungsbefugnissen ausgestattet sind.[667] Nicht als Beliehene angesehen wurde bspw. die privatrechtlich organisierte Deutsche Psychoanalytische Vereinigung, sodass für ein gegen sie gerichtetes Begehren auf Zulassung zu einer ärztlichen Weiterbildung nicht der Verwaltungsrechtsweg gegeben ist (OVG Münster NJW 1983, 1390 f.). Gleiches gilt für einen Trabrennverband hinsichtlich der Erteilung einer Trainerlizenz (BVerwG DÖV 1977, 784 f.). Ebenso wenig als Beliehener handelt eine nach dem TZG a.F. (Tierzuchtgesetz vom 20.4.1976 [BGBl I 1045]) staatlich anerkannte Züchtervereinigung hinsichtlich des Begehrens eines Pferdezüchters, einen Hengst in das Zuchtbuch einzutragen (BVerwGE 61, 222, 224 ff.; vgl. auch BVerfGE 88, 366 ff.). Einem anerkannten Naturschutzverband ist die Wahrung öffentlicher Belange nicht als öffentliche Aufgabe übertragen worden, sodass er diesbezüglich nicht als Beliehener handelt (BezG Dresden NVwZ 1992, 900). Ebenfalls nicht Beliehene sind V-Personen hinsichtlich der Aufklärung von Straftaten.[668] Keine hoheitlichen Befugnisse i.S. einer Beleihung sind dem bewaffneten Werkschutz eines Atomkraftwerks übertragen, da § 7 Abs. 2 Nr. 5 AtG für die Übertragung solcher Befugnisse keine Grundlage darstellt (BVerwGE 81, 185, 188). Der private Betreiber eines öffentlichen Flughafens erfüllt zwar Aufgaben der öffentlichen Leistungsverwaltung, wird aber durch die Konzession nicht mit Hoheitsbefugnissen versehen und ist daher nicht Beliehener.[669] Regelmäßig kein Beliehener ist auch der private, öffentlich bestellte Auktionator, der eine gepfändete Sache auf Anordnung der Vollstreckungsbehörde versteigert (BGHZ 119, 75, 79 ff.). Ebenfalls nicht als Beliehener handelt der Arbeitgeber beim Einbehalt der Lohnsteuer seiner Arbeitnehmer, da ihm hierzu keine hoheitlichen Befugnisse übertragen wurden, sondern er als sog. Indienstgenommener[670] (zur sog. Indienstnahme Privater → Rn. 364) eine ihm auferlegte öffentliche Handlungs- bzw. Leistungspflicht bzw. nach a.A. seine arbeitsrechtliche Fürsorgepflicht[671] erfüllt.[672] Keine Beleihung liegt auch bei der Abnahme der universitären Schwerpunktbereichsprüfung als Teil der Ersten Juristischen Prüfung durch eine nichtstaatliche Hochschule vor, sodass Streitigkeiten über die Bewertung dieser Prüfung vor den Zivilgerichten auszutragen sind.[673] Nicht als Beliehene werden ferner Bauunternehmer hinsichtlich ihrer Pflicht zur Baustellenabsperrung nach § 45 Abs. 6 StVO tätig; sie sind nicht dahingehend beliehen, für den Bereich der Arbeitsstelle durch Aufstellen von Verkehrszeichen nach der StVO ein Verkehrsverbot für Fahrzeuge zu erlassen (BVerwGE 35, 334, 337 ff.). Gleiches gilt in Bezug auf Private, die im Auftrag der Gemeinde die Sperrung der öffentlichen An- und Abfahrtswege zu einer Ausflugsgaststätte veranlassen oder aufheben (VGH München DÖV 1992, 671 f.). An einem Beleihungstatbestand fehlt es auch bei Leistungen der Jugendhilfe nach § 2 Abs. 2 SGB VIII im Hinblick auf die Autonomie der Träger freier Jugendhilfe (VG Gelsenkirchen NVwZ-RR 2004, 860 f. m.w.N.). Die Übertragung von Aufgaben auf Private im Bereich der öffentlichen Sicherheit, namentlich der Geschwindigkeitsüberwa-

---

664 Die Privatisierung erfolgte auf der Grundlage des Art. 143b GG i.V.m. den Vorschriften des Postumwandlungsgesetzes vom 14.9.1994 (BGBl I 2339).

665 Zum Streit, inwiefern auch der einzelne Postangestellte Beliehener ist, *H. Schmitz*, in: Stelkens/Bonk/Sachs § 1 Rn. 254 Fn. 779 m.w.N.

666 Vgl. BGH NJW 2000, 1042; *D. Ehlers*, JZ 1990, 1089, 1094; *ders./J.-P. Schneider*, in: Schoch/Schneider/Bier § 40 Rn. 276.

667 Vgl. BVerwG NVwZ 1990, 754; NVwZ 1991, 59; BGH NJW 2000, 1042 f.; NVwZ 2003, 506 f.

668 *H. Schmitz*, in: Stelkens/Bonk/Sachs § 1 Rn. 255.

669 BGH DVBl 1974, 558 m. krit. Anm. *F. Ossenbühl*, DVBl 1974, 541 ff.; *Wolff/Bachof/Stober/Kluth* II § 90 Rn. 26. Zu Abwehransprüchen wegen Lärms gegen einen Flughafenbetreiber LG Frankfurt NVwZ-RR 2003, 200 f.

670 So etwa *R. Scholz*, in: Maunz/Dürig Art. 12 GG Rn. 231 Fn. 3; s.a. *H. P. Ipsen*, AöR 90 (1965), 393, 418 f.

671 So etwa BAG DB 1974, 2210 m.w.N.; DB 1979 1281; *R. Walz*, BB 1991, 880, 883.

672 Gegen Beleihung insoweit auch *H. Schmitz*, in: Stelkens/Bonk/Sachs § 1 Rn. 255; vgl. *B. Heuermann*, ThürVBl 1999, 153 ff. m.w.N.; *D. Ehlers/J.-P. Schneider*, in: Schoch/Schneider/Bier § 40 Rn. 292 m.w.N.

673 VGH Kassel NJW 2016, 1338 m. Anm. *F. Hufen*, JuS 2016, 1052 f.

chung im Straßenverkehr oder der Verfolgung von Parkverstößen, darf in aller Regel nur in Gestalt der Beleihung erfolgen, die einer gesetzlichen Ermächtigung bedarf.[674]

364   **ccc) Indienstnahme Privater.** Eine weitere Möglichkeit der Einbeziehung Privater in die Erfüllung öffentlicher Verwaltungsaufgaben ist die sog. Indienstnahme Privater.[675] Im Gegensatz zur Beleihung werden den Privaten hierbei keine hoheitlichen Befugnisse übertragen, sodass sich deren Handeln nicht als öffentlich-rechtliches darstellt. Vielmehr werden den Privaten im öffentlichen Interesse bestimmte Handlungs- oder Leistungspflichten als „Bürgerpflichten"[676] auferlegt, zu deren Erfüllung die Privaten deshalb prädestiniert sind, weil sie aufgrund ihrer jeweiligen Stellung den pflichtbegründenden Umständen weitaus „näher" stehen als der öffentliche Verwaltungsapparat. Hierzu gehören bspw. die Wegereinigungspflicht der Anlieger, die Pflicht der Inhaber wirtschaftlicher Unternehmen zur Bevorratung von Erdöl[677], die Pflicht der Arbeitgeber zur Einbehaltung der Lohnsteuer (→ Rn. 363 m.w.N.) und die gesetzlich (z.B. in § 53 Abs. 1 S. 1 BImSchG, § 64 Abs. 1 WHG oder § 59 Abs. 1 S. 1 KrWG) vorgesehene Pflicht privater Unternehmer zur Bestellung von Betriebs- oder Umweltschutzbeauftragten.[678]

365   **ddd) Verwaltungshelfer.** Häufig werden Privatpersonen in die Erfüllung von Verwaltungsaufgaben auch dergestalt einbezogen, dass die Verwaltung – ohne Übertragung hoheitlicher Befugnisse (Beleihung) oder Auferlegung spezifischer „Bürgerpflichten" (Indienstnahme) – per Auftrag Private mit der Erledigung bestimmter ihr zukommender Aufgaben betraut (z.B. Ersatzvornahme im Wege des Abschleppens von verbotswidrig abgestellten Kraftfahrzeugen oder Durchführung von Straßenbauarbeiten). Die Rechtsbeziehungen zwischen der beauftragenden Behörde und dem beauftragten Privaten werden hierbei regelmäßig dem bürgerlichen Recht zugeordnet[679], da es sich bei solchen Beauftragungen Privater nach herkömmlicher Auffassung um Bedarfsdeckungsmaßnahmen der Verwaltung zur Beschaffung benötigter Dienst- und Arbeitsleistungen handelt, welche gemeinhin dem Bereich des fiskalischen Verwaltungshandelns und damit dem Privatrecht zugeordnet werden (→ Rn. 355 ff.). Allerdings folgt daraus nicht, dass auch die Außenrechtsbeziehungen zwischen dem beauftragten Privaten und dem von dessen Maßnahme betroffenen Dritten zwangsläufig bürgerlich-rechtlicher Natur sind. Vielmehr ist danach zu differenzieren, ob dem Handeln des beauftragten Privaten eine eigenständige Außenwirkung zukommt oder ob er dergestalt in die Aufgabenerfüllung eingebunden ist, dass er lediglich als unselbständiger „Erfüllungsgehilfe" bzw. sog. (unselbständiger) **Verwaltungshelfer**[680] für die Verwaltung tätig wird. Im letztgenannten Fall unterliegt die Tätigkeit des Privaten dem Regime des öffentlichen Rechts, da sich die Behörde aufgrund der unselbständigen, keine Außenwirkung aufweisenden Stellung des Beauftragten dessen Handeln als eigenes zurechnen lassen muss. Wird der Private dagegen selbständig (d.h. in eigenem Namen, → Rn. 359) mit Außenwirkung tätig, unterliegt sein Handeln dem Privatrecht.[681]

366   Zur diesbezüglichen Abgrenzung werden verschiedene Kriterien herangezogen. Der BGH hat früher die Stellung als (unselbständiger) Verwaltungshelfer dann angenommen, wenn der hoheitliche Auftraggeber in einem solchen Maße durch Weisungen oder auf andere Art auf den Beauftragten Einfluss nehmen kann, dass dieser lediglich als „Werkzeug" der Verwaltung bei der Erfüllung ihrer hoheitli-

674   BayObLG DAR 1997, 206 f.; s.a. BayObLG NJW 1997, 3454; vgl. dazu aber auch BayObLG NJW 1999, 2200 (zur Zulässigkeit der Einschaltung von privaten Leiharbeitnehmern im Bereich der Geschwindigkeitsüberwachung, wenn die Verfolgung und Ahndung von Geschwindigkeitsverstößen im Wege der Zweckvereinbarung zwischen den zuständigen Gemeinden auf eine von diesen übertragen wurde).

675   Näher zu dieser „Rechtsfigur" *H. P. Ipsen*, FS Kaufmann, 1950, 141 ff.; *ders.*, AöR 90 (1965), 393, 417 ff.; *R. Scholz*, in: Maunz/Dürig Art. 12 Rn. 231 ff.

676   *D. Ehlers/J.-P. Schneider*, in: Schoch/Schneider/Bier § 40 Rn. 290 Fn. 1206.

677   Vgl. BVerfGE 30, 292, 311 ff.; *H. P. Ipsen*, AöR 90 (1965), 393 ff.

678   Weitere Bsp. bei *R. Scholz*, in: Maunz/Dürig Art. 12 Rn. 231 Fn. 3, und bei *Wolff/Bachof/Stober/Kluth* II § 91 Rn. 52 f.

679   S. etwa *F.-J. Peine*, DÖV 1997, 353, 356; a.M. *J. Burmeister*, JuS 1989, 256, 261 f.: öffentlich-rechtliche Beziehungen (zustimmungsbedürftiger Verwaltungsakt).

680   Häufig wird der Begriff des Verwaltungshelfers nur für *unselbständige* private Hilfspersonen verwendet, vielfach aber auch als Oberbegriff für die Einschaltung privater Hilfspersonen, wobei dann zwischen *selbständiger* und *unselbständiger* Verwaltungshilfe differenziert wird (etwa *T. Würtenberger*, JZ 1993, 1003, 1004; *ders.*, DAR 1983, 155, 160; vgl. auch *Wolff/Bachof/Stober/Kluth* II § 91 Rn. 1 ff.: „Die Differenzierung zwischen unselbständiger und selbständiger Verwaltungshilfe löst sich [...] zugunsten einer funktionalen Betrachtungsweise auf" [Rn. 3 a.E.]).

681   Vgl. *D. Ehlers/J.-P. Schneider*, in: Schoch/Schneider/Bier § 40 Rn. 282.

chen Aufgaben erscheint (sog. Werkzeugtheorie).[682] Dieses für das Merkmal „in Ausübung eines öffentlichen Amtes" im Bereich der Staatshaftung nach Art. 34 GG i.V.m. § 839 BGB entwickelte Abgrenzungskriterium modifizierte der BGH in seinem Urteil vom 21.1.1993: Je stärker der hoheitliche Charakter der Maßnahme im Vordergrund stehe, je enger die Verbindung zwischen der übertragenen Tätigkeit sowie der von der Behörde zu erfüllenden hoheitlichen Aufgabe und je begrenzter der Entscheidungsspielraum des Beauftragten seien, umso mehr werde dieser als bloßer „Erfüllungsgehilfe" der Verwaltung tätig, und die betreffende Maßnahme verliere durch dessen Einschaltung nicht ihren hoheitlichen und damit öffentlich-rechtlichen Charakter; insoweit handele der Beauftragte in Erfüllung eines „öffentlichen Amtes" i.S.v. Art. 34 GG i.V.m. § 839 BGB.[683] Jedenfalls im Bereich der Eingriffsverwaltung sind in die Aufgabenerfüllung einbezogene Private daher als Verwaltungshelfer zu klassifizieren; die Verwaltung kann sich in diesem Bereich nicht dadurch ihrer staatshaftungsrechtlichen Verantwortung für fehlerhaftes Verhalten ihrer Bediensteten entziehen, dass sie die Durchführung einer von ihr angeordneten Maßnahme durch privatrechtlichen Vertrag auf eine Privatperson überträgt. Dies gilt bspw. für die bereits genannte Durchführung einer Ersatzvornahme im Wege der Beauftragung eines privaten Abschleppunternehmers mit dem Abschleppen verbotswidrig abgestellter Fahrzeuge (BGHZ 121, 161 ff.).

Da die genannten Grundsätze vor allem eine „Flucht ins Privatrecht" durch Beauftragung privater 367 Hilfskräfte vermeiden sollen, müssen sie aber auch außerhalb der Eingriffsverwaltung Beachtung finden. Insoweit wird die Verwaltung das Handeln privater Hilfskräfte im Bereich der Leistungsverwaltung immer dann wie eigenes gegen sich gelten lassen müssen, wenn sie die Verantwortung für die Aufgabenerledigung nicht aus der Hand geben darf.[684] Dies wird jedenfalls dann anzunehmen sein, wenn die dem privaten Helfer übertragene Aufgabe in einem engen Sachzusammenhang (zum Kriterium des Sachzusammenhangs → Rn. 322 ff.) mit einer öffentlich-rechtlich bzw. hoheitlich zu erfüllenden Aufgabe steht[685]; auf das Maß der Bindung des Privaten durch besondere Verhaltenspflichten und damit den Umfang der Einflussnahme der Verwaltung auf den Beauftragten kann es dabei nicht ankommen[686]. Da insofern die Einschaltung privater Verwaltungshelfer der betreffenden Aufgabenerfüllung nicht ihren ursprünglich öffentlich-rechtlichen Charakter nehmen darf[687], wird man zumindest als „Kontrollfrage" auch darauf abstellen können, ob die betreffende Aufgabenerfüllung öffentlich-rechtlicher Natur wäre, wenn sie nicht von privaten Helfern, sondern von dem Verwaltungsträger bzw. dessen Bediensteten selbst erledigt worden wäre.

Insoweit sind dem öffentlichen Recht bspw. zuzuordnen die Programmierung von Ampelanlagen 368 durch von der Straßenverkehrsbehörde beauftragte private Firmen[688] oder die Verwahrung eines von der Polizei sichergestellten Kraftfahrzeugs durch einen von der Polizei hiermit beauftragten privaten Tankstellenbesitzer (AG Hamm MDR 1978, 51 f.). Da der Bau und die Unterhaltung des öffentlichen Straßennetzes eine öffentlich-rechtlich zu erfüllende Aufgabe darstellen (vgl. §§ 3 und 5 FStrG sowie die entsprechenden Bestimmungen in den Landesstraßengesetzen; → Rn. 430)[689] und die Vornahme von Straßenbauarbeiten durch Behördenbedienstete ebenso öffentlich-rechtlicher Natur ist (s. insoweit etwa BGHZ 72, 289, 293), müssen von der zuständigen Behörde hierbei eingeschaltete private Unternehmer gleichfalls als (unselbständige) Verwaltungshelfer angesehen und deren Handlungen als öf-

---

682 S. BGHZ 48, 98, 103; BGH NJW 1971, 2220, 2221; NJW 1980, 1679; zur Kritik an der Werkzeugtheorie M. *Ackermann*, Verwaltungshilfe zwischen Werkzeugtheorie und funktionaler Privatisierung, 2016, 91 f.; *Ossenbühl/ Cornils* S. 23 ff. m.w.N.

683 BGHZ 121, 161, 165 f. Dazu näher *H. Sodan*, Freie Berufe als Leistungserbringer im Recht der gesetzlichen Krankenversicherung, 1997, 185 f.

684 *D. Ehlers*, Verwaltung in Privatrechtsform, 1984, 505; *ders./J.-P. Schneider*, in: Schoch/Schneider/Bier § 40 Rn. 284; *J. Ruthig/W.-R. Schenke*, in: Kopp/Schenke § 40 Rn. 14 b.

685 *W.-R. Schenke*, BGH-FS III, 2000, 45, 70 f.; *Wolff/Bachof/Stober/Kluth* I § 22 Rn. 53 m.w.N.; vgl. *D. Ehlers/J.-P. Schneider*, in: Schoch/Schneider/Bier § 40 Rn. 285 f.; *J. Ruthig/W.-R. Schenke*, in: Kopp/Schenke § 40 Rn. 14 b; ferner *Ossenbühl/Cornils* S. 27 f.: öffentlich-rechtliche Qualifikation bei Wahrnehmung staatlicher bzw. hoheitlicher Aufgaben; *T. Würtenberger*, JZ 1993, 1003, 1004.

686 *D. Ehlers*, Verwaltung in Privatrechtsform, 1984, 505; *F. Ossenbühl*, JuS 1973, 421, 423; vgl. auch *Wolff/Bachof/ Stober/Kluth* I § 22 Rn. 53; diff. für den Bereich der Leistungsverwaltung *T. Würtenberger*, DAR 1983, 155, 160.

687 *D. Ehlers*, Verwaltung in Privatrechtsform, 1984, 504.

688 *F. Ossenbühl*, JuS 1973, 421, 423; ebenso *D. Ehlers/J.-P. Schneider*, in: Schoch/Schneider/Bier § 40 Rn. 287; *J. Ruthig/W.-R. Schenke*, in: Kopp/Schenke § 40 Rn. 14 b; a.M. BGH NJW 1971, 2220 ff.

689 *D. Ehlers*, Verwaltung in Privatrechtsform, 1984, 504; vgl. *J. Schwabe*, DVBl 1973, 102, 106.

fentlich-rechtliche qualifiziert werden.[690] Gleiches gilt hinsichtlich der bereits oben erwähnten Beauftragung privater Unternehmer mit dem Abschleppen verbotswidrig geparkter Fahrzeuge (BGHZ 121, 161 ff.) oder mit der Wartung und Unterhaltung öffentlicher Verkehrszeichen (BGH DVBl 1974, 284 f.). Als privatrechtlich dagegen hat die Rspr. das Handeln privater Bauunternehmer eingestuft, welche von der Gemeinde mit dem Bau einer Stadthalle (BGHZ 70, 212, 216) oder eines Abwasserkanals[691] beauftragt wurden. Hinsichtlich von Privaten getätigter Planungsarbeiten im Vorfeld von behördlichen Baumaßnahmen sollen die Grundsätze der Verwaltungshilfe ebenfalls anwendbar sein.[692] Als öffentlich-rechtliches Handeln ist die Blutentnahme durch einen von der Polizei beauftragten Arzt anzusehen[693]; ebenso die Heilbehandlung von Soldaten im Auftrag der Bundeswehr durch privatrechtlich beauftragte Ärzte eines zivilen Krankenhauses[694]. Als Verwaltungshelfer für die jeweilige staatliche Hochschule fungiert auch das Deutsche Studentenwerk e.V. hinsichtlich der Verteilung öffentlicher Förderungsmittel an Studenten (BVerwGE 32, 283, 284 zum sog. Honnefer-Modell). Ebenfalls dem Bereich der unselbständigen Verwaltungshilfe zuzuordnen sind die Tätigkeiten von Schülerlotsen (OLG Köln NJW 1968, 655) und sog. Ordnungsschülern, d.h. Schülern, denen vom Lehrpersonal kurzzeitig die Aufsicht über andere Schüler übertragen wird (LG Rottweil NJW 1970, 474).

369 Jedenfalls wenn sich die übertragene Aufgabe dem Bereich des fiskalischen Verwaltungshandelns (zum fiskalischen Verwaltungshandeln → Rn. 355 ff.) zuordnen lässt, ist auch das Handeln eines hierzu eingeschalteten Privaten bürgerlich-rechtlicher Natur. Wird also bspw. ein privater Bauunternehmer mit der Errichtung eines kommunalen Altenheims beauftragt, so stellt sich das Handeln des Bauunternehmers nicht als das eines unselbständigen Verwaltungshelfers und damit als öffentlich-rechtliches dar, denn der Bau eines kommunalen Altenheims ist keine typische hoheitliche Maßnahme, sondern eher dem Bereich fiskalischer Bedarfsdeckungsmaßnahmen zuzuordnen; insoweit ist dann das Handeln des Bauunternehmers als eigenständiges Handeln und damit als privatrechtliches anzusehen.[695]

370 **ee) Kritik an der Lehre von der Wahlfreiheit der Verwaltung und der Lehre vom Staat als Privatrechtssubjekt. aaa) Problemaufriss.** Die Lehre von der Wahlfreiheit der Verwaltung und die damit einhergehende prinzipielle Anerkennung des Staates als Privatrechtssubjekt begegnet in der Lit. zunehmend Bedenken. Die Kritik richtet sich im Kern vor allem dagegen, dass der Staat durch die ihm eingeräumte Möglichkeit zur grds. freien Wahl[696] (→ Rn. 313) privatrechtlicher Handlungs- und Organisationsformen in die Lage versetzt wird, über die Geltung des öffentlichen Rechts und damit desjenigen Rechtsregimes, welches speziell zur Reglementierung und Disziplinierung staatlichen Handelns dient, selbst zu entscheiden. Zwar wird zur Verhinderung einer „Flucht ins Privatrecht" auch beim privatrechtlichen Handeln des Staates das zugrunde liegende Privatrecht von öffentlich-rechtlichen Bindungen überlagert, und zwar im Bereich sowohl des Verwaltungsprivatrechts als auch des fiskalischen Verwaltungshandelns (→ Rn. 315, 357). Doch abgesehen von dem unklaren Umfang dieser öffentlich-rechtlichen Bindungen entspricht diese punktuelle Überlagerung des Privatrechts durch das öffentliche Recht insgesamt nicht den Standards, welche für das öffentlich-rechtliche Handeln der Verwaltung gelten.[697] Das Privatrecht bleibt als Gestaltungs- und Handlungsform der Verwaltung in seiner Funk-

---

690 Wie hier: *D. Ehlers/J.-P. Schneider*, in: Schoch/Schneider/Bier § 40 Rn. 287 m.w.N.; vgl. auch *J. Schwabe*, DVBl 1973, 102, 106. In verfehlter Weise diff. nach dem Grad der Einflussnahme der Behörde auf den Bauunternehmer dagegen der BGH: vgl. etwa BGH NJW 1980, 1679 (unselbständiger Verwaltungshelfer, daher öffentlich-rechtlich); BGHZ 72, 289, 293 (privatrechtlich); offen gelassen in BGHZ 48, 98, 103; vgl. auch OLG München BayVBl 1976, 157 f.

691 BGH NVwZ 1984, 677; a.M. (öffentlich-rechtlich) *J. Ruthig/W.-R. Schenke*, in: Kopp/Schenke § 40 Rn. 14 b.

692 Vgl. BGH JZ 1994, 784 f. m. krit. Anm. *F. Ossenbühl*, JZ 1994, 786 f.

693 *D. Ehlers/J.-P. Schneider*, in: Schoch/Schneider/Bier § 40 Rn. 287; *J. Ruthig/W.-R. Schenke*, in: Kopp/Schenke § 40 Rn. 14 b; wohl auch OLG München NJW 1979, 608, mit diff. Betrachtung hinsichtlich der Frage, ob die Rechtsbeziehungen *zwischen dem Arzt und der beauftragten Behörde* öffentlich-rechtliche oder privatrechtliche sind.

694 BGH NJW 1996, 2431 f.; öffentlich-rechtlich ist i.Ü. auch die Heilbehandlung von Soldaten durch Truppenärzte oder in Krankenanstalten der Bundeswehr, s. BGHZ 108, 230, 232; 120, 176, 178.

695 *Ossenbühl/Cornils* S. 27 f.

696 Die h.M. sieht die Grenze der Wahlfreiheit im Entgegenstehen öffentlich-rechtlicher Normen sowie Rechtsgrundsätze und lässt es i.Ü. genügen, dass die Verwaltung die Wahl einer privatrechtlichen Organisations- oder Handlungsform als „am besten geeignet" zur Erfüllung der betreffenden öffentlichen Aufgabe ansieht, s. etwa BVerwGE 84, 236, 240; 92, 56, 64; BGHZ 91, 84, 95 ff.; 93, 372, 376.

697 Näher *D. Ehlers*, Verwaltung in Privatrechtsform, 1984, 70 f., 258 f.; *ders.*, DVBl 1983, 422, 427 f.; s.a. *M. Zuleeg*, VerwArch 73 (1982), 384, 397.

tionalität, gemessen an den reglementierenden und disziplinierenden Zielsetzungen des öffentlichen Rechts, hinter eben diesem als Sonderrecht des Staates geschaffenen öffentlichen Recht zurück.[698] Gerade auch in verfahrensrechtlicher und prozessualer Hinsicht ergeben sich für Betroffene von Verwaltungsmaßnahmen gewichtige Unterschiede: Nur über die für die öffentlich-rechtliche Tätigkeit der Verwaltung geltenden Verwaltungsverfahrensgesetze bestehen bspw. Akteneinsichtsrechte (§ 29 VwVfG)[699] oder behördliche Anhörungs- und Begründungspflichten (§§ 28, 39 VwVfG), und in prozessualer Hinsicht ist der Verwaltungsprozess für den Rechtsschutzsuchenden nicht nur prinzipiell kostengünstiger als der Zivilprozess[700], sondern erleichtert ihm die Verfolgung seines Rechtsschutzziels dadurch, dass anders als im Zivilprozess nicht der Beibringungs-, sondern der Untersuchungsgrundsatz gilt und Behörden in umfangreicherer Weise als im Zivilprozess zur Vorlage von Akten und zu Auskünften verpflichtet sind (vgl. § 99 VwGO und § 432 ZPO)[701]. Insoweit erscheint es unangebracht, wenn der Staat in Wahrnehmung eines ihm eingeräumten Wahlrechts sich des eigens als Amtsrechts für seine Betätigung geschaffenen Rechtsregimes des öffentlichen Rechts ohne Weiteres und nach seinem Belieben mehr oder weniger weit entziehen kann. Die Kritik hat dabei nicht nur für den Bereich des Verwaltungsprivatrechts zu gelten, sondern aufgrund der regelmäßig zumindest mittelbaren Verknüpfung mit öffentlichen Zwecken (→ Rn. 357) ebenso für den Bereich des fiskalischen Verwaltungshandelns.[702]

bbb) Lösungsansätze. Die zur Bewältigung dieser Problematik vertretenen Lösungsansätze sind zahlreich und wenig einheitlich. Teilweise wird eine Einschränkung der Wahlfreiheit der Verwaltung dadurch zu erreichen versucht, dass die Entscheidung hinsichtlich der Rechtsformwahl als strikte Ermessensentscheidung mit engen Ermessensgrenzen angesehen wird.[703] Andere Einschränkungsversuche zielen auf eine stärkere Betonung des Regel-Ausnahme-Verhältnisses zwischen öffentlichem sowie privatem Recht und eine damit einhergehende Zurückdrängung privatrechtlicher Organisations- und Handlungsformen im Bereich der Verwaltung ab: Während überwiegend die Wahlfreiheit nur dahingehend begrenzt wird, dass öffentlich-rechtliche Normen und Rechtsgrundsätze der Wahl privater Rechtsformen „nicht entgegenstehen" (BVerwGE 84, 236, 240; 92, 56, 64; BGHZ 93, 372, 376), wird demgegenüber die Auffassung vertreten, privatrechtliche Handlungs- und Organisationsformen der Verwaltung seien lediglich dann zulässig, wenn solche oder zumindest eine diesbezügliche Wahlfreiheit im positiven Gesetzesrecht vorgeschrieben bzw. eingeräumt seien oder sich zumindest aus Gewohnheitsrecht herleiten ließen[704]. Ebenfalls auf eine stärkere Betonung des Regel-Ausnahme-Verhältnisses gerichtet ist der Lösungsansatz von Vertretern der sog. Hoheitstheorie, welcher – gestützt auf ein aus Art. 19 Abs. 4 GG hergeleitetes „Verrechtlichungsgebot" – von einer generellen Vermutung für die Anwendbarkeit des öffentlichen Rechts ausgeht und dem Hoheitsträger zwar nicht den Übergang ins Privatrecht schlechthin versagt, dies aber als Ausnahmefall betrachtet; dieser soll nicht schon allein aufgrund der Vorzüge der privaten Rechtsform zulässig sein, sondern eines sachlichen Grundes bedürfen, der einer Güter- und Interessenabwägung mit dem Verrechtlichungsgebot unterliege.[705] Ein anderer Lösungsvorschlag geht von einer zwingenden Geltung des öffentlichen Rechts aus, derer sich der Staat nicht i.R. einer Wahlfreiheit zwischen öffentlichem und privatem Recht widersetzen dürfe; nur wenn keine öffentlich-rechtlichen Normen zur Verfügung stünden oder die Verwendung privatrechtlicher Rechtsformen ausdrücklich gesetzlich zugelassen sei, dürfe der Staat auf letztere zurückgreifen.[706] Ein ähnlicher Ansatz qualifiziert das Handeln eines Hoheitsträgers stets dann als öffentlich-rechtli-

371

698 Ausf. hierzu *D. Ehlers*, Verwaltung in Privatrechtsform, 1984, 251 ff.
699 Hierzu vertiefend aus anwaltlicher Perspektive *T. Troidl*, Akteneinsicht im Verwaltungsrecht, 2013, passim; zum Beweisrecht *H.-P. Vierhaus*, Beweisrecht im Verwaltungsprozess, 2011, passim.
700 Näher *T. v. Danwitz*, JuS 1995, 1, 3.
701 Zu weiteren Nachteilen des Zivilprozesses gegenüber dem Verwaltungsprozess *D. Ehlers*, Verwaltung in Privatrechtsform, 1984, 288 f.
702 Vgl. etwa *J. Burmeister*, DÖV 1975, 695, 703.
703 S. *T. v. Danwitz*, JuS 1995, 1, 5 f. für den Bereich öffentlicher Einrichtungen; vgl. auch *G. Püttner*, Die öffentlichen Unternehmen, ²1985, 85 f.
704 *M. Ackermann*, Verwaltungshilfe zwischen Werkzeugtheorie und funktionaler Privatisierung, 2016, 128 f.; M. Burgi, in: Hoffmann-Riem/Schmidt-Aßmann/Voßkuhle, Grundlagen des Verwaltungsrechts, Bd. 1, ²2012, § 18 Rn. 58, 64; *D. Ehlers/J.-P. Schneider*, in: Schoch/Schneider/Bier § 40 Rn. 271; näher *D. Ehlers*, Verwaltung in Privatrechtsform, 1984, 155 ff., 172 ff.
705 *M. Zuleeg*, VerwArch 73 (1982), 384, 393 ff., insbes. 397 f.
706 *C. Pestalozza*, DÖV 1974, 188, 190; *ders.*, Formenmißbrauch des Staates, 1973, 170 ff.

ches, wenn der Hoheitsträger funktionell i.R. seiner öffentlich-rechtlichen Kompetenz handelt[707]; ein Formenwahlrecht könne nur dann bestehen, wenn dies auf eine formellgesetzliche Grundlage gestellt sei; überdies müsse der öffentlich-rechtliche Rechtsträger die private Rechtsform dann „ausdrücklich" wählen[708]. Teilweise wird eine Wahlfreiheit der Verwaltung verneint, wenn sie in Erfüllung staatlicher oder kommunaler Aufgaben tätig wird und zu Dritten in Leistungsbeziehungen tritt; die Geltung des Privatrechtsregimes beginne für die Verwaltung erst im Bereich erwerbswirtschaftlicher oder fiskalischer Betätigung.[709] Vereinzelt wird die Privatrechtssubjektivität an die (für den Staat generell nicht vorhandene) Grundrechtsfähigkeit geknüpft, sodass ein Handeln in den Formen des Privatrechts dem Staat nur in den Fällen fiskalischer Bedarfsdeckungsgeschäfte möglich sei; eine generelle Privatrechtssubjektivität sowie eine Formenwahlfreiheit komme ihm insofern nicht zu.[710] Eine andere Ansicht verneint die Privatrechtssubjektivität des Staates generell.[711] Zwar wird es hierbei teilweise als zulässig erachtet, dass die Verwaltung sich privatrechtlicher Handlungsformen bedient; verfehlt sei es aber, diese Handlungsformen dem Gegenstandsbereich des Privatrechts zuzuordnen und damit für einen Austausch der maßstäblichen Rechtsregime zu sorgen.[712] Folgerichtig soll dann auch – nicht zuletzt zur Vermeidung der oben genannten prozessualen Defizite des Zivilprozesses – privatrechtsförmliches Handeln der Verwaltung der Kontrolle der Verwaltungsgerichte nach § 40 unterliegen.[713]

372   Ohne sich an dieser Stelle mit den genannten Lösungsansätzen umfassend auseinander setzen zu können, bleibt hier angesichts der bereits dargelegten Kritik (→ Rn. 370) festzuhalten: Zumindest ist eine Zurückhaltung bei der Zulassung privatrechtlicher Betätigungsformen der Verwaltung geboten. Trotz der zunehmenden und berechtigten Kritik bestehen für die aufgezeigten Lösungsansätze jedoch eher geringe Aussichten, die derzeit herrschende Praxis der Wahlfreiheit zu verändern.[714]

373   **ff) Doppelqualifikation von Maßnahmen.** Kann ein Anspruch lediglich auf eine materiell-rechtliche Anspruchsgrundlage gestützt werden, ist die zugrunde liegende Streitigkeit nur entweder dem öffentlichen oder dem privaten Recht zugehörig; beides zugleich ist ausgeschlossen (BVerwG DÖV 1977, 366). Lässt sich bei einheitlichem Streitgegenstand ein bestimmter Anspruch sowohl aus öffentlich-rechtlichen wie aus privatrechtlichen Rechtsgrundlagen herleiten, kann der Streitgegenstand der Beurteilung durch verschiedene Gerichtsbarkeiten unterliegen (zu beachten ist aber § 17 Abs. 2 GVG)[715] (→ Rn. 151). Liegen mehrere Streitgegenstände vor, so kommen für die einzelnen Streitgegenstände ggf. unterschiedliche Rechtswege in Betracht (vgl. etwa BVerwGE 67, 222 ff.).

374   Als eine dogmatisch bisher unbewältigte Problematik[716] zu beurteilen ist die unter dem Begriff der „Doppelqualifikation" oder „Doppelnatur" diskutierte Einstufung von ein und demselben Verwaltungshandeln als sowohl öffentlich-rechtliche als auch privatrechtliche Tätigkeit[717]. Insbes. nach der im Folgenden darzustellenden Rspr. kann ein sich in unterschiedlichen Rechtsverhältnissen auswirkendes Verwaltungshandeln in einem Rechtsverhältnis als öffentlich-rechtliche, in einem anderen Rechtsverhältnis als privatrechtliche Tätigkeit zu qualifizieren sein; die betreffende Maßnahme vermag demgemäß eine Doppelnatur aufzuweisen.

---

707 *A. Gern*, VerwArch 70 (1979), 219, 233 f.; *ders.*, ZRP 1985, 56, 60.
708 *A. Gern*, ZRP 1985, 56, 60.
709 *F. Ossenbühl*, DVBl 1974, 541.
710 Näher *B. Kempen*, Die Formenwahlfreiheit der Verwaltung, 1989, 122 ff.
711 *J. Burmeister*, VVDStRL 52 (1993), 190, 210 ff., insbes. 218; *K. A. Schachtschneider*, Staatsunternehmen und Privatrecht, 1986, insbes. 5 ff., 253 ff., 261 ff.; vgl. auch *H. H. Rupp*, Verwaltungsrecht, Allgemeine Lehren, in: Weber-Fas, Jurisprudenz, Die Rechtsdisziplinen in Einzeldarstellungen, 1978, 597 ff.
712 *J. Burmeister*, VVDStRL 52 (1993), 190, 210 ff., insbes. 214, 218, 221 f.; ähnl. auch *A. Gern*, VerwArch 70 (1979), 219, 233, indem er von der Verwaltung als Sonderrechtsträger abgeschlossene Verträge, welche den Vertragstypen des BGB entsprechen, als öffentlich-rechtliche Verträge qualifiziert.
713 Vgl. *J. Burmeister*, DÖV 1975, 695, 702.
714 So auch *W. Rüfner*, HdbStR IX § 197 Rn. 69; *Wolff/Bachof/Stober/Kluth* I § 23 Rn. 6; vgl. ferner *D. Ehlers*, Verwaltung in Privatrechtsform, 1984, 369 Fn. 2.
715 BVerwGE 18, 181, 182 ff. für den Fall einer Anspruchsnormenkonkurrenz zwischen Amtshaftung und Verletzung der beamtenrechtlichen Fürsorgepflichtverletzung durch den Dienstherrn; vgl.ferner BVerwG DÖV 1977, 366 f.
716 So auch *U. Schliesky*, DÖV 1994, 114, 115.
717 Auch: „hybrides" Verwaltungshandeln (Begriff bei *U. Ramsauer*, in: Kopp/Ramsauer § 54 Rn. 32; *J. Scherer*, NJW 1989, 2724 ff.).

aaa) Wettbewerbsrelevantes Staatshandeln.[718] Von Bedeutung ist die Problematik der „Doppelquali- 375
fikation" insbes. für den Bereich wettbewerbsrelevanten Staatshandelns, d.h. hinsichtlich Maßnahmen
eines Verwaltungsträgers, welche Auswirkungen auf den dem Wettbewerbsrecht (insbes. dem UWG
und dem GWB) unterliegenden wirtschaftlichen Wettbewerb haben.[719] Die Rspr. unterscheidet hier
das Rechtsverhältnis zwischen dem handelnden Hoheitsträger und dem Adressaten bzw. dem der Hoheitsmaßnahme kraft öffentlichen Rechts unterworfenen Rechtssubjekt („Leistungsverhältnis" oder
„Innenverhältnis") von dem Rechtsverhältnis zwischen dem Hoheitsträger und dem oder den von dessen Handeln betroffenen privaten Konkurrenten am Markt („Wettbewerbs-" oder „Außenverhältnis"). Während das erstgenannte Rechtsverhältnis, das Leistungsverhältnis, unstr. dem öffentlichen
Recht unterliegt, sei das zweitgenannte, das Wettbewerbsverhältnis, dem Privatrecht zuzuordnen, da
das betreffende – im Verhältnis zu den Adressaten öffentlich-rechtliche – Verwaltungshandeln die pri-
vatrechtlichen Wettbewerbsinteressen der Mitbewerber beträfe und der Staat diesen hierbei nicht im
Wege der Über-/Unterordnung, sondern als Wettbewerber im Wege der Gleichordnung gegenübertrete.
Die betreffenden Ansprüche der privaten Mitbewerber insbes. auf Unterlassung ergäben sich daher
aus den für ausschließlich privatrechtlich erachteten Wettbewerbsschutznormen des UWG (und des
GWB; soweit es sich nicht um Kartellverwaltungsstreitigkeiten handelt → Rn. 645 ff.) diesbezügliche
Streitigkeiten stellten sich immer als bürgerlich-rechtliche i.S.d. § 13 GVG dar.[720] Demgemäß wurden
bspw. von den Kartellgerichten der ordentlichen Gerichtsbarkeit etwa die Mitgliederwerbung einer Ersatzkasse der gesetzlichen Krankenversicherung[721] oder auch deren Beitragsgestaltung (BGH NJW
1982, 2125), ebenso die von Körperschaften des öffentlichen Rechts wie einer Landesärztekammer
oder einer Kassenärztlichen Vereinigung an ihre Mitglieder gerichteten Informationen über die Leistungen bestimmter Firmen (BGHZ [GS] 67, 81, 85 ff. [„Auto-Analyzer-Fall"]), die Selbstabgabe von
Brillen (BGHZ 82, 375, 381 ff. [„Brillen-Selbstabgabestellen-Fall"]) oder von Rollstühlen (GmSOGB
BGHZ 102, 280 ff.) durch die Allgemeine Ortskrankenkasse an ihre Versicherten sowie die Gebühren-
berechnung der staatlichen Vermessungsämter bei der Abgabe von Angeboten zur Durchführung von
Vermessungsmaßnahmen (BGHZ 121, 126 ff.) im Verhältnis zu den jeweiligen Adressaten als öffentlich-rechtliche, gegenüber den hiervon ebenfalls betroffenen (privaten) Wettbewerbern dagegen als
privatrechtliche Tätigkeiten qualifiziert. Jedoch ist dieser Rspr. im Bereich der gesetzlichen Krankenversicherung mittlerweile die Grundlage entzogen, sofern es sich – wie oftmals in den vorstehend genannten Fällen – bei den von der Drittwirkung Betroffenen um Leistungserbringer handelt, weil § 69
Abs. 1 SGB V seit dem Gesetz zur Reform der gesetzlichen Krankenversicherung ab dem Jahr 2000
(BGBl I 1999, 2626) keine privatrechtlichen Drittwirkungen auf Leistungserbringer mehr zulässt, sondern die Rechtsbeziehungen zwischen Krankenkassen und Leistungserbringern dem öffentlichen Recht
zuordnet.[722]
Der Doppelqualifikation von wettbewerbsrelevantem Handeln eines Hoheitsträgers[723] muss für Kon- 376
stellationen wie den vorgenannten aber in Übereinstimmung mit zahlreichen Autoren im Schrifttum[724]
widersprochen werden. Die Doppelqualifikation beruht auf einer unzutreffenden Zuordnungsent-

---

718 Hierzu auch die Ausführungen in → Rn. 454 ff., insbes. → Rn. 457.
719 Vgl. *S. Kluckert*, Gesetzliche Krankenkassen als Normadressaten des Europäischen Wettbewerbsrechts, 2009, 134 f.;
   ders., NZS 2012, 808, 812 f.
720 Dem folgend die überwiegende Meinung in der wettbewerbsrechtlichen Lit., s. etwa *V. Emmerich*, in: Immenga/
   Mestmäcker, Wettbewerbsrecht, Bd. 2: GWB, ⁵2014, § 130 Rn. 16; *R. Schwensfeier/M. Knauff*, in: Loewenheim/
   Meessen/Riesenkampff, Kartellrecht, GWB, ³2016, § 130 Abs. 1 GWB Rn. 45; *K. Spätgens*, in: Gloy/Loschelder/
   Erdmann, Wettbewerbsrecht, ⁴2010, § 85 Rn. 2 ff.; i.E. zust., aber mit differenzierter Betrachtung auch *R. Scholz*,
   NJW 1978, 16 ff. Vgl. ferner *S. Kluckert*, SGb 2013, 7, 11 f.
721 BGHZ (GS) 66, 229, 232 ff. („Studenten-Versicherungs-Fall"); OLG München WRP 2003, 1145 f.; aber auch
   GmSOGB BGHZ 108, 284 ff. für einen diesbezüglichen Streit um Mitgliederwerbung zwischen einer Ersatzkasse
   und der Allgemeinen Ortskrankenkasse: In dieser Entscheidung wurde ein öffentlich-rechtlicher Charakter bejaht
   mit der Folge der Eröffnung des Rechtswegs zur Sozialgerichtsbarkeit.
722 *S. Kluckert*, NZS 2012, 808, 809 f., 812.
723 Vgl. dazu *S. Kluckert*, SGb 2013, 7, 11 f.
724 Etwa *K. A. Bettermann*, DVBl 1977, 180 ff.; *W. Brohm*, NJW 1994, 281, 286 ff.; *D. Ehlers*, Verwaltung in Privatrechtsform, 1984, 363 ff.; *ders./J.-P. Schneider*, in: Schoch/Schneider/Bier § 40 Rn. 317 ff., insbes. 320; *C.-F. Menger*,
   VerwArch 68 (1977), 293 ff.; *H. v. Nicolai*, in: Redeker/v. Oertzen § 40 Rn. 21; *U. Ramsauer*, in: Kopp/Ramsauer
   § 54 Rn. 32; *J. Ruthig/W.-R. Schenke*, in: Kopp/Schenke § 40 Rn. 30; *W.-R. Schenke*, JZ 1996, 998, 999; *ders.*,
   BGH-FS III, 2000, 45, 56 ff.; *Schenke* Rn. 122; *J. Scherer*, NJW 1989, 2724, 2726 ff.; *U. Schliesky*, DÖV 1994,
   114 ff.; *ders.*, DVBl 1999, 78, 85 f.; *Würtenberger* Rn. 157; vgl. auch *O. Bachof*, FG BVerwG, 1978, 1, 12 Fn. 56.

scheidung, indem sie die Rechtsverhältnisse zwischen dem Hoheitsträger und den privaten Wettbewerbern („Wettbewerbs-" oder „Außenverhältnis") sowie die daraus resultierenden Streitigkeiten in das bürgerliche Recht und damit die Rechtswegzuständigkeit der ordentlichen Gerichte einbezieht. Die betreffenden Maßnahmen sind ihrer Ausrichtung nach, d.h. bzgl. ihres materiellen Gehalts gegenüber den Adressaten bzw. den der Hoheitsmaßnahme kraft öffentlichen Rechts unterworfenen Rechtssubjekten, unstr. öffentlich-rechtlicher Natur. Dass sie zugleich Auswirkungen auf private Wettbewerber haben, kann an dieser Qualifizierung auch im Verhältnis zu den Wettbewerbern nichts ändern; denn es ist anerkannt, dass für die Einstufung eines Rechtsverhältnisses als öffentlich-rechtliches oder privatrechtliches nicht auf die in anderen Rechtsbereichen eintretenden Auswirkungen abzustellen ist (→ Rn. 273).[725] Soweit die betreffenden Abwehransprüche der privaten Wettbewerber gleichwohl auf die Wettbewerbsnormen des UWG und das GWB zu stützen sind, können diese Regelungen nicht als (rein) privatrechtliche klassifiziert werden. Die von der Rspr. hierzu herangezogene Subordinationstheorie vermag allenfalls hinsichtlich der Annahme hoheitlicher Über-/Unterordnungsverhältnisse zuverlässige Einstufungsergebnisse zu liefern, nicht jedoch bei der Feststellung von Gleichordnungsverhältnissen, da solche auch dem öffentlichen Recht nicht fremd sind (→ Rn. 293 ff.).[726] Außerdem können privatrechtliche Normen einem Träger öffentlicher Gewalt nicht hoheitliches Handeln ge- oder verbieten; soweit also ein seiner Ausrichtung nach öffentlich-rechtliches Handeln an wettbewerbsrechtlichen Vorschriften wie denen des UWG oder des GWB zu messen ist, sind diese Normen dem öffentlichen Recht zuzurechnen, denn über die Rechtmäßigkeit der Ausübung öffentlicher Gewalt befindet ausschließlich das öffentliche Recht.[727]

377   Die ausschließlich privatrechtliche Qualifizierung wettbewerbsrechtlicher Normen ist daher abzulehnen; da das Wettbewerbsrecht insofern sowohl an privatrechtliche als auch – bei Beteiligung eines Hoheitsträgers in Ausübung hoheitlicher Gewalt – öffentlich-rechtliche Sachverhalte anknüpft[728], ist es vielmehr als neutrales Recht anzusehen[729] und dem beiden Rechtskreisen zugehörigen gemeinsamen Recht (zum gemeinsamen Recht → Rn. 309) zuzurechnen[730]. Hierauf gestützte Streitigkeiten stellen sich, je nachdem ob hoheitliches oder privates Handeln infrage steht, als öffentlich-rechtliche oder als bürgerlich-rechtliche dar.[731] Dies ergibt sich nicht zuletzt bei konsequenter Anwendung der Subjektstheorie (zu dieser Theorie → Rn. 299 ff.).[732] Mit der hier vertretenen Ansicht stellen sich also bei wettbewerbsrelevantem Staatshandeln mit öffentlich-rechtlicher Ausrichtung auch die Streitigkeiten aus dem sog. Wettbewerbsverhältnis als öffentlich-rechtliche dar und unterliegen somit der Zuständigkeit der allgemeinen und besonderen Verwaltungsgerichte[733].[734] Diese haben das infrage stehende staatliche Handeln dann ggf. (auch) am Maßstab wettbewerbsrechtlicher Vorschriften wie denen des

---

725   Vgl. auch *W. Brohm*, NJW 1994, 281, 288, 289; *J. Scherer*, NJW 1989, 2724, 2727; *U. Schliesky*, DÖV 1994, 114, 118.

726   S.a. *K. A. Bettermann*, DVBl 1977, 180, 181; *C.-F. Menger*, VerwArch 68 (1977), 293, 297; vgl. ferner *W. Brohm*, NJW 1994, 281, 288.

727   *O. Bachof*, FG BVerwG, 1978, 1, 12 Fn. 56; *K. A. Bettermann*, DVBl 1977, 180, 181; *D. Ehlers*, Verwaltung in Privatrechtsform, 1984, 363 f.

728   *D. Ehlers*, Verwaltung in Privatrechtsform, 1984, 364.

729   *K. A. Bettermann*, DVBl 1977, 180, 182; *D. Ehlers*, Verwaltung in Privatrechtsform, 1984, 364 Fn. 368; *U. Schliesky*, DVBl 1999, 78, 86; *R. Scholz*, ZHR 132, 97, 121 ff.; *ders.*, NJW 1978, 16, 17.

730   *O. Bachof*, FG BVerwG 1978, 1, 12; vgl. auch *K. A. Bettermann*, DVBl 1977, 180, 182 f.; *D. Ehlers*, Verwaltung in Privatrechtsform, 1984, 364. Zu denken wäre auch an eine entsprechende bzw. rechtsgrundsätzliche Anwendung von UWG und GWB, s. *K. A. Bettermann*, DVBl 1977, 180, 182 f.; *D. Ehlers*, Verwaltung in Privatrechtsform, 1984, 364 m.w.N.; *C.-F. Menger*, VerwArch 68 (1978), 293, 298; *W.-R. Schenke*, BGH-FS III, 2000, 45, 59 ff.

731   Vgl. insoweit auch § 13 UWG 2004; dessen Regelungsgehalt spricht eher dafür als dagegen, dass es neben den dort genannten „bürgerlichen Rechtsstreitigkeiten" eben auch öffentlich-rechtliche Streitigkeiten geben kann, die auf Anspruchsgrundlagen des UWG gestützt sind (aber *R. Scholz*, NJW 1978, 16, 17).

732   *U. Schliesky*, DVBl 1999, 78, 86; vgl. auch *J. Scherer*, NJW 1989, 2724, 2727.

733   *K.A. Bettermann*, DVBl 1977, 180, 182; *D. Ehlers/J.-P. Schneider*, in: Schoch/Schneider/Bier § 40 Rn. 321; *C.-F. Menger*, VerwArch 68 (1977), 293, 299; *J. Ruthig/W.-R. Schenke*, in: Kopp/Schenke § 40 Rn. 30; *W.-R. Schenke*, JZ 1996, 998, 999; *ders.*, BGH-FS III, 2000, 45, 59 ff.; *Schenke* Rn. 122; *J. Scherer*, NJW 1989, 2724, 2728; *U. Schliesky*, DÖV 1994, 114, 118; *ders.*, DVBl 1999, 78, 86; *Würtenberger* Rn. 157.

734   Für einen besonders bedeutsamen Rechtsbereich, nämlich Streitigkeiten betr. das Recht der gesetzlichen Krankenversicherung nach dem SGB V, existieren jedoch Besonderheiten: § 69 SGB V weist in Abs. 1 die Rechtsbeziehungen zwischen Krankenkassen und Leistungserbringern dem öffentlichen Recht zu, ordnet für diese Rechtsbeziehungen aber zugleich in Abs. 2 S. 1 die „entsprechende Geltung" einer Reihe von Vorschriften des GWB an. Gem. § 69 Abs. 2 S. 1 SGB V i.V.m. § 63 GWB und § 51 Abs. 3 SGG sind für diese öffentlich-rechtlichen Streitigkeiten in Verfahren nach dem GWB, welche Rechtsbeziehungen nach § 69 SGB V betreffen, die ordentlichen Gerichte zuständig

UWG und des GWB zu messen.[735] Bürgerlich-rechtlich zu qualifizierende Wettbewerbsstreitigkeiten kann es bei Beteiligung eines Hoheitsträgers allenfalls dann geben, wenn der Hoheitsträger die wirtschaftliche Betätigung als rein fiskalische (allg. zum fiskalischen Verwaltungshandeln → Rn. 355 ff.; zur fiskalischen Teilnahme der öffentlichen Hand am allgemeinen Wirtschaftsverkehr → Rn. 454 ff.) ausübt[736] und sein Handeln demnach keinerlei öffentlich-rechtliche Ausrichtung aufweist.[737]

bbb) Äußerungen öffentlich-rechtlicher Rundfunkanstalten. Parallel gelagerte Probleme ergeben sich 378 bei der Rechtswegbestimmung hinsichtlich des Rechtsschutzes gegen Äußerungen i.R.v. Sendungen öffentlich-rechtlicher Rundfunkanstalten (zum Rechtsweg für Rechtsschutz gegen das Handeln öffentlich-rechtlicher Rundfunkanstalten → Rn. 459 f.). Nach ganz überwiegend vertretener Auffassung vollzieht sich die Betätigung der öffentlich-rechtlichen Rundfunkanstalten i.R. ihres Sendeauftrags im öffentlich-rechtlichen Bereich.[738] Kontrovers beurteilt wird gleichwohl die rechtliche Qualifizierung von Unterlassungs- und Widerrufsansprüchen Dritter, die sich durch gesendete redaktionelle Inhalte in ihrer Ehre oder ihren Persönlichkeitsrechten verletzt sehen. Die Rspr.[739] gelangt hier wiederum zu einer Doppelqualifikation des betreffenden Handelns, indem sie die – im Verhältnis zu den Rundfunkteilnehmern öffentlich-rechtliche – Maßnahme im Verhältnis zu den von dem Inhalt der Sendung betroffenen Dritten als privatrechtliche einstuft, sodass diesbezüglich die ordentlichen Gerichte nach § 13 GVG zur Entscheidung berufen seien.

Aus gleichgelagerten Erwägungen wie i.R.d. Parallelproblematik des wettbewerbsrelevanten Staats- 379 handelns (→ Rn. 375 ff.) ist aber auch hier in Übereinstimmung mit der überwiegenden Meinung im Schrifttum die Zuordnung der Streitigkeiten zwischen öffentlichen Rundfunkanstalten und betroffenen Dritten zum Privatrecht und die daraus resultierende Doppelqualifikation abzulehnen. Diese vermag bei den hier infrage stehenden Fällen noch weniger zu überzeugen als in Bezug auf das sog. wettbewerbsrelevante Staatshandeln. Denn dort ist zumindest das hinter dieser „Doppelqualifikation" stehende Bestreben begreiflich, hinsichtlich des unbestreitbaren Rechtsschutzbedürfnisses der betroffenen Dritten auf ein rechtliches Instrumentarium zurückzugreifen, welches auf dieses Rechtsschutzbedürfnis speziell zugeschnitten ist, nämlich das – als ausschließlich privatrechtlich erachtete[740] – Wettbewerbsrecht des UWG und des GWB. Bzgl. Äußerungen in Ausübung öffentlich-rechtlicher Tätigkeit verfügt aber das öffentliche Recht anerkanntermaßen über ein hinreichendes Instrumentarium zur Gewährleistung von Persönlichkeitsschutz, nämlich in Form von Abwehr- und Widerrufsansprüchen auf Grundlage des öffentlich-rechtlichen Folgenbeseitigungsanspruchs (ausf. → Rn. 421 ff.), sodass hier für die dogmatisch bedenkliche „Doppelqualifikation" nicht einmal ein praktisches Bedürfnis erkennbar ist.[741] Dass die oben genannte Rspr. zur Begründung der von ihr vorgenommenen privatrechtlichen Qualifikation insbes. anführt, die öffentlich-rechtlichen Rundfunkanstalten seien nur deshalb öffentlich-rechtlich organisiert, um in einer vom Staat unabhängigen Weise die Verwirklichung der

---

735 (vgl. *S. Kluckert*, NZS 2012, 808 ff.) Andererseits ist gem. § 51 Abs. 2 SGG im Bereich der gesetzlichen Krankenversicherung für bestimmte in der Vorschrift genannte privatrechtliche Streitigkeiten die Sozialgerichtsbarkeit zuständig.

735 Anders indessen BVerwGE 39, 329, 337 f., wo hinsichtlich der Klage eines privaten Konkurrenten eines gemeindlichen Bestattungsunternehmens zwar eine öffentlich-rechtliche Streitigkeit bejaht, hinsichtlich der Überprüfung anhand des UWG aber auf den ordentlichen Rechtsweg verwiesen wurde; vgl. jedoch auch BVerwG NJW 1995, 2938, 2939.

736 Vgl. *H. Bethge*, VerwArch 63 (1972), 152, 153 zur parallel gelagerten Problematik bei Äußerungen öffentlich-rechtlicher Rundfunkanstalten; → Rn. 378 f.

737 S. aber zur Kritik an der Lehre vom Staat als Privatrechtssubjekt *J. Burmeister*, VVDStRL 52 (1993), 190, 210 ff., insbes. 218; *K. A. Schachtschneider*, Staatsunternehmen und Privatrecht, 1986, insbes. 5 ff., 253 ff., 261 ff. Vgl. weiterhin → Rn. 370 ff.

738 S. etwa BVerfGE 31, 314, 329; 47, 198, 225; 69, 257, 265 f.; BVerwGE 22, 299, 300 ff.; 29, 214 ff.; BGHZ 66, 182, 185; BGH NJW 1990, 3199, 3200; OLG München NJW 1970, 1745; *K. A. Bettermann*, NJW 1977, 513; *F. Kopp*, BayVBl 1988, 193, 194 m.w.N.; *J. Ruthig/W.-R. Schenke*, in: Kopp/Schenke § 40 Rn. 28 b; s.a. *H. Bethge*, VerwArch 63 (1972), 152, 154 ff. m.w.N.; vgl. ferner OVG Hamburg DVBl 1994, 1367; a.M. *K. Rennert*, in: Eyermann § 40 Rn. 85.

739 BVerwG NJW 1994, 2500 = JZ 1995, 401 m. (zust.) Anm. *W. Hoffmann-Riem* = BayVBl 1995, 216 m. (abl.) Anm. *J. Schwabe*; BGHZ 66, 182 ff.; vgl. auch BGH JZ 1987, 414 f.; dem folgend außer für Widerrufsansprüche *Stern/Blanke* Rn. 181; zweifelnd *Würtenberger* Rn. 143; für privatrechtliche Qualifikation ferner *E. D. Benke*, JuS 1972, 257, 259; *F. Ossenbühl*, Rundfunk zwischen Staat und Gesellschaft, 1975, 40; *C. Pestalozza*, Formenmißbrauch des Staates, 1973, 179 Fn. 124.

740 Vgl. *S. Kluckert*, NZS 2012, 808 f.

741 S.a. *F. Kopp*, BayVBl 1988, 193, 194 ff.

Rundfreiheit gewährleisten zu können (BVerwG NJW 1994, 2500 unter Hinweis auf BVerfGE 31, 314, 3222), ist für die Rechtswegabgrenzung unerheblich;[742] entscheidend kann nur sein, dass sich die Sendetätigkeit im hoheitlichen Rahmen vollzieht.[743] Über dessen Rechtmäßigkeit vermag aber nur das öffentliche Recht zu befinden (→ Rn. 376). Nach alledem muss es sich also auch i.R.d. Rechtsverhältnisse zwischen öffentlich-rechtlichen Rundfunkanstalten und den durch deren redaktionelle Sendetätigkeit in ihren Rechten Betroffenen um öffentlich-rechtliche Streitigkeiten handeln, für welche die Verwaltungsgerichte nach § 40 zuständig sind.[744] Etwas anderes kann allenfalls dann gelten, wenn die Rundfunkanstalt für den Inhalt der Sendung nicht verantwortlich und dieser Dritten zuzurechnen ist, etwa im Bereich der Ausstrahlung von Werbung (→ Rn. 459).

380　**ccc) Geschäftsführung ohne Auftrag.**　Zu einer Doppelqualifikation von Maßnahmen gelangt die Rspr. auch im Bereich der Geschäftsführung ohne Auftrag (zur Geschäftsführung ohne Auftrag → Rn. 449 f.), wenn mit der Erfüllung einer öffentlich-rechtlichen Verpflichtung zugleich das privatrechtliche Geschäft eines Dritten besorgt wird; hiernach soll in den betreffenden Fällen die Verwaltung ihr Erstattungsbegehren im Zivilrechtsweg, gestützt auf die §§ 677 ff. BGB, einklagen können.[745] Auch dies ist aber abzulehnen.[746] Soweit die betreffenden Maßnahmen der Verwaltung in Erfüllung öffentlich-rechtlicher Verpflichtungen vorgenommen werden, sind sie öffentlich-rechtliche; daran kann auch nichts ändern, dass hiermit vermeintlich das (private) Geschäft eines Dritten erledigt wird. Denn die Rechtsbeziehungen zwischen den Beteiligten wurzeln gleichwohl im öffentlichen Recht. Dies zeigt sich auch schon daran, dass bei Existenz spezialgesetzlicher Regelungen der in solchen Fällen geltend gemachten Erstattungsansprüche diese als öffentlich-rechtliche qualifiziert würden.[747] Im Übrigen sind die genannten Fälle regelmäßig auch nicht solche, die dem Anwendungsbereich der Geschäftsführung ohne Auftrag unterfallen. Zum einen liegen schon die privatrechtlichen Voraussetzungen der Geschäftsführung ohne Auftrag (§§ 677 ff. BGB) nicht vor: Aufgrund der öffentlich-rechtlichen Handlungspflicht ist schon kein *fremdes*, und zwar auch kein „*auch-fremdes*" Geschäft gegeben, weil die privatrechtliche Handlungspflicht des Geschäftsherrn endet, wenn der Verwaltungsträger seine öffentlich-rechtliche Handlungspflicht oder -befugnis wahrnimmt.[748] Ebenso wenig kann infolgedessen auf einen *Fremdgeschäftsführungswillen* geschlossen werden; schließlich handelt der Hoheitsträger wegen seiner öffentlich-rechtlichen Handlungsbefugnis auch nicht *ohne Auftrag oder sonstige Berechtigung*.[749] Im Übrigen orientiert sich die Erfüllung öffentlich-rechtlich geregelter Aufgaben nicht am wirklichen oder mutmaßlichen Willen eines Dritten, sondern am Grundsatz der Gesetzmäßigkeit der Verwaltung, d.h. sie richtet sich nur nach der einschlägigen öffentlich-rechtlichen Befugnisnorm.[750] Soweit gleichwohl für ein Erstattungsbegehren eines Verwaltungsträgers gegen einen Privaten das Rechtsinstitut der Geschäftsführung ohne Auftrag in Betracht kommt, kann es sich nach dem eben Ausgeführten allenfalls um eine *öffentlich-rechtliche* Geschäftsführung ohne Auftrag handeln, deren Überprüfung in die Zuständigkeit der Verwaltungsgerichte nach § 40 Abs. 1 S. 1 fallen muss.

381　**ddd) Möglichkeit einer Doppelnatur von Maßnahmen?**　Ist mit der dargelegten Kritik an den vorgenannten Fallgruppen doppelqualifizierter Maßnahmen zwar aufgezeigt, dass i.d.R. die Annahme eines hybriden Verwaltungshandelns auszuscheiden hat, so erscheint es aber doch nicht als von vornherein oder „denklogisch" ausgeschlossen[751], dass in bestimmten Konstellationen eine Doppelnatur von

---

742　So zu Recht *J. Schwabe*, BayVBl 1995, 216.
743　Dies wird ausdrückl. konstatiert von BVerwG NJW 1994, 2500; vgl. auch *J. Schwabe*, BayVBl 1995, 216.
744　Ausf. zur Begründung und zur Kritik an der herrschenden Rechtsprechungspraxis *K. A. Bettermann*, NJW 1977, 513 ff.; *F. Kopp*, BayVBl 1988, 193, 194 ff.; *W.-R. Schenke*, JZ 1996, 998, 999; *ders.*, BGH-FS III, 2000, 45, 63 ff.; *J. Schwabe*, BayVBl 1995, 216 f.; ebenso *D. Ehlers/J.-P. Schneider*, in: Schoch/Schneider/Bier § 40 Rn. 438; *Hufen* § 11 Rn. 44; *E. Reimer*, in: Posser/Wolff § 40 Rn. 71; *J. Ruthig/W.-R. Schenke*, in: Kopp/Schenke § 40 Rn. 28 b; s.a. *J. Bethge*, VerwArch 63 (1972), 152, 157 ff.; aus der Rspr. ferner VGH München DVBl 1994, 642, aufgehoben durch BVerwG NJW 1994, 2500.
745　Bspw. BGHZ 40, 28 ff. („Funkenflug-Fall"); 63, 167 ff. („Tankwagen-Fall"); 65, 384 ff. („Lukendeckel-Fall").
746　Ebenso *D. Ehlers*, Verwaltung in Privatrechtsform, 1984, 471 m.w.N.; *J. Scherer*, NJW 1989, 2724, 2728; *F. Schoch*, Jura 1994, 241, 247 f.; sehr krit. auch *Maurer* § 29 Rn. 12; ferner Rn. 450.
747　Vgl. *W.-R. Schenke*, BGH-FS III, 2000, 45, 73.
748　*J. Scherer*, NJW 1989, 2724, 2728; s.a. *F. Schoch*, Jura 1994, 241, 247 f. m.w.N.
749　*J. Scherer*, NJW 1989, 2724, 2728; *F. Schoch*, Jura 1994, 241, 247 f. m.w.N.
750　*J. Scherer*, NJW 1989, 2724, 2728; vgl. auch *F. Schoch*, Jura 1994, 241, 244 f.
751　*W.-R. Schenke*, JZ 1996, 998, 999; *Schenke* Rn. 122 (Annahme einer Doppelnatur verbietet sich aus „rechtslogischen Gründen").

Maßnahmen möglich ist[752]. Dies zeigt sich etwa am Bsp. von (unselbständigen) Verwaltungshelfern (zu Verwaltungshelfern allg. → Rn. 365 ff.): Das Abschleppen eines verbotswidrig geparkten Fahrzeugs durch einen von der Behörde werkvertraglich beauftragten Abschleppunternehmer stellt sich gegenüber dem von der Abschleppmaßnahme Betroffenen als öffentlich-rechtliche Tätigkeit dar (→ Rn. 365 f.); im Verhältnis zur beauftragenden Behörde hingegen handelt es sich bei der Abschleppmaßnahme um die Erfüllung der werkvertraglichen und damit privatrechtlichen Verpflichtung.[753] Abgesehen von solchen Sonderkonstellationen, die sich hier gerade aus der Einbeziehung Privater in die Erfüllung öffentlicher Aufgaben ergeben, wird man aber eine Doppelqualifikation von Maßnahmen aus den oben genannten Gründen regelmäßig abzulehnen haben.

gg) Rechtliche Qualifikation bei eindeutiger Formenwahl. Unmaßgeblich für die Qualifizierung einer 382 Tätigkeit als öffentlich-rechtliche oder privatrechtliche ist, wie der Staat hätte handeln müssen. Ausschlaggebend ist vielmehr, wie er tatsächlich gehandelt hat,[754] wobei es hinsichtlich der Zuordnung der von der Behörde gewählten Handlungsform auf die Rechtsform des staatlichen Handelns im Außenverhältnis zum Bürger ankommt (OVG Lüneburg NVwZ-RR 2008, 850: Unmaßgeblichkeit eines vorausgehenden internen Willensbildungsaktes). Demnach ist das Rechtsverhältnis auch dann als öffentlich-rechtliches einzustufen, wenn die Behörde eindeutig eine öffentlich-rechtliche Handlungsform (z.B. den Erlass eines Verwaltungsakts) gewählt hat, obwohl sie vielmehr in privatrechtlicher Form hätte handeln müssen.[755] Ob ein Träger von Staatsgewalt tatsächlich in den Handlungsformen und nach Maßgabe des von ihm gewählten Rechtregimes handeln durfte, betrifft nicht die Frage der Rechtnatur des Handelns, sondern nur dessen Rechtmäßigkeit; Rechtsnatur und Rechtmäßigkeit einer Verwaltungsmaßnahme sind strikt voneinander zu trennen.[756] Demnach ist bspw. der Verwaltungsrechtsweg gegeben, wenn ein Hoheitsträger bzgl. Räumlichkeiten, die privatrechtlich verpachtet sind, statt der erforderlichen Kündigung einen Verwaltungsakt in Form einer Räumungsverfügung erlässt (OVG Lüneburg OVGE 7, 265, 266 f.). Daran ändert es nichts, dass in solchen Fällen strenggenommen gar kein Verwaltungsakt i.S.d. § 35 VwVfG vorliegt, da es ggf. an einer Regelung auf dem Gebiet des öffentlichen Rechts fehlt; denn ausschlaggebend ist allein schon die äußere Form eines hoheitlichen Handelns durch Verwaltungsakt (z.B. Bezeichnung als „Verwaltungsakt" oder „Bescheid", Vorhandensein einer Rechtsmittelbelehrung, Androhung der Verwaltungsvollstreckung),[757] indem die Behörde sich auf hoheitliche Befugnisse beruft (BVerwGE 84, 274, 275; OVG Lüneburg OVGE 7, 265, 266 f.). Gleiches gilt im Falle von Zahlungsaufforderungen, welche durch die öffentliche Hand in Form eines Verwaltungsakts vorgenommen werden, wenn eine privatrechtliche Forderung zugrunde liegt (s. etwa BVerwGE 13, 307, 308 f.; 17, 242 ff.; 30, 211, 212; 84, 274, 275), ebenso bei durch Verwaltungsakt erfolgtem Widerruf eines privatrechtlich zu behandelnden Schuldnachlasses (BVerwG MDR 1980, 344, 346), bei durch Verwaltungsakt erfolgter Abberufung eines im privatrechtlichen Angestelltenverhältnis stehenden Mitarbeiters (BVerwG NVwZ 1985, 264 f.), bei der Zuweisung einer Werkdienstwohnung einer Gemeinde durch Verwaltungsakt an einen in ihrem Dienste stehenden Arbeiter (OVG Münster OVGE 30, 138, 139) oder bei Begründung der Nichtauswahl eines Angestellten durch einen öffentlichen Arbeitgeber in der Handlungsform des Verwaltungsakts bzw. Widerspruchsbescheids (OVG Münster NVwZ-RR 2010, 587, 588). Bedient sich die öffentliche Hand zur Erfüllung

---

752 So ausdrückl. etwa *K. A. Bettermann*, DVBl 1977, 180, 181 mit Bsp. Zust. *D. Ehlers/J.-P. Schneider*, in: Schoch/Schneider/Bier § 40 Rn. 266.

753 Dazu auch *E. Christ*, Verwaltung zwischen öffentlichem und privatem Recht, 1984, 82 f.

754 OVG Münster NVwZ-RR 2010, 587, 588; *Schenke* Rn. 113.

755 BVerwGE 13, 307, 308 f.; 17, 242 ff.; 30, 211, 212; BVerwG MDR 1980, 344 ff.; NVwZ 1985, 264 f.; BVerwGE 84, 274, 275; OVG Lüneburg OVGE 7, 265, 266 f. = DVBl 1954, 297, 298 m.Anm. *K. A. Bettermann*, DVBl 1954, 298 f.; NVwZ-RR 2008, 850; OVG Münster OVGE 30, 138, 139; NVwZ-RR 2010, 587, 588; NJW 2011, 2379; *D. Ehlers*, Verwaltung in Privatrechtsform, 1984, 434 ff.; *J. Ipsen/T. Koch*, JuS 1992, 809, 813 f.; vgl. auch BVerwG NVwZ-RR 1993, 251, 252; OVG Bremen 25.3.2013 – 1 B 33/13, juris Rn. 11.

756 *W.-R. Schenke*, VerwArch 72 (1981), 185, 190.

757 Teilweise wird insoweit auch von „formellen" Verwaltungsakten gesprochen, s. *W.-R. Schenke*, VerwArch 72 (1981), 185, 190; nicht (bloß) einen formellen, sondern einen materiellen Verwaltungsakt sieht *ders.*, a.a.O., in dem Fall von OVG Lüneburg OVGE 7, 265, 266 f.; ebenso *K. A. Bettermann*, DVBl 1954, 298, 299, der die Unterscheidung zwischen formellem und materiellem Verwaltungsakt für überflüssig hält, da für den Verwaltungsakt konstituierend sei, dass er „zur" Regelung auf dem Gebiet des öffentlichen Rechts ergehe, also eine entsprechende Absicht der Behörde gegeben sei; s. näher zur Unterscheidung zwischen formellem und materiellem Verwaltungsaktsbegriff *W.-R. Schenke*, NVwZ 1990, 1009 ff.

öffentlicher Aufgaben privatrechtlicher Organisationsformen (zur Formenwahlfreiheit der Verwaltung → Rn. 312 f.), so ist die agierende juristische Person des Privatrechts außer im Falle der Beleihung (zur Beleihung → Rn. 359 ff.) auf die Wahl privatrechtlicher Handlungsformen beschränkt; wird in einem solchen Falle eine juristische Person des Privatrechts, die nicht Beliehene ist, gleichwohl in den Formen des öffentlichen Rechts tätig, also z.B. in der Form eines Verwaltungsakts, ist für die Aufhebung des insofern unzulässigerweise ergangenen Verwaltungsaktes ebenfalls der Verwaltungsrechtsweg eröffnet (vgl. BVerwG DVBl 1970, 735 f.; OVG Lüneburg NJW 1980, 1406, 1408).

383   Für ein Verpflichtungsbegehren des Bürgers, welches in Wirklichkeit eine bürgerlich-rechtliche Streitigkeit darstellt, ist indessen nicht der Verwaltungsrechtsweg gegeben; dem Bürger geht es hier nämlich regelmäßig nicht um die Aufhebung der ggf. erlassenen ablehnenden Verwaltungsakte, sondern um die Erreichung des privatrechtlich zu beurteilenden Klageziels, für welches die ordentlichen Gerichte zuständig sind (BVerwG NVwZ 1983, 220 f.). Dementsprechend ist der Verwaltungsrechtsweg ebenfalls nicht eröffnet im Falle einer Prüfung, der ein zivilrechtliches Rechtsverhältnis zugrunde liegt und über welche daher privatrechtlich zu entscheiden ist, wenn der Prüfling nach nicht bestandener Prüfung nicht allein die Aufhebung des – fälschlich – in die Form eines Verwaltungsakts gekleideten „Bescheids" über die nicht bestandene Prüfung, sondern darüber hinaus die Verpflichtung zur Erteilung eines Zeugnisses über die bestandene Prüfung erreichen will (BVerwG NVwZ-RR 1993, 251 f.).

384   Handelt umgekehrt der Verwaltungsträger rein äußerlich in privatrechtlicher Form (z.B. Bezeichnung eines Vertrags als „privatrechtliche Vereinbarung" oder Bezeichnung einer Zahlungsaufforderung als „Rechnung"), ist nach objektiven Kriterien zu ermitteln, ob eine öffentlich-rechtliche Handlungsform vorliegt, hinsichtlich derer dem Betroffenen ggf. der Verwaltungsrechtsweg offensteht. So hindert die Bezeichnung eines Vertrags als privatrechtliche Vereinbarung nicht daran, diesen Vertrag als öffentlich-rechtlichen zu qualifizieren (VGH Kassel NJW 1983, 2831, 2832; → Rn. 397). Stellt eine als „Rechnung" bezeichnete Zahlungsaufforderung materiell einen Verwaltungsakt dar, steht gegen diesen der Verwaltungsrechtsweg offen; wird eine öffentlich-rechtliche Forderung dagegen durch eine privatrechtliche Rechnung geltend gemacht, die sich materiell nicht als Verwaltungsakt qualifizieren lässt, kann gleichwohl im Hinblick auf die öffentlich-rechtliche Regelung der Materie die Möglichkeit einer verwaltungsgerichtlichen Feststellungsklage bestehen (vgl. BVerwG DÖV 1973, 533 f.).

385   **d) Rechtliche Qualifizierung einzelner Handlungen. aa) Einzelfallregelungen. aaa) Verwaltungsakte. (1) Allgemeines.** Für Streitigkeiten in Bezug auf Verwaltungsakte ist – vorbehaltlich spezieller Rechtswegzuweisungen – der Verwaltungsrechtsweg gem. § 40 Abs. 1 S. 1 eröffnet, da es sich hierbei um auf unmittelbare Rechtswirkung nach außen gerichtete Maßnahmen einer Behörde zur Regelung eines Einzelfalls *auf dem Gebiet des öffentlichen Rechts* handelt (§ 35 VwVfG) und durch diesbezügliche Streitigkeiten demgemäß öffentlich-rechtliche Streitigkeiten begründet werden (ausf. zu Einzelfällen von Verwaltungsakten i.R. bestimmter Rechtsgebiete → § 42 Rn. 103–334). Der Verwaltungsrechtsweg ist grds. auch dann eröffnet, wenn die Verwaltung insoweit eine eindeutige Formenwahl getroffen hat, als sie äußerlich in Form eines Verwaltungsakts gehandelt hat (z.B. wegen Bezeichnung als „Bescheid", Vorliegens einer Rechtsbehelfsbelehrung oder Androhung der Verwaltungsvollstreckung), auch wenn ihr hierzu keine entsprechende Befugnis zustand bzw. die geregelte Materie keine solche des öffentlichen Rechts ist; für das Vorliegen einer öffentlich-rechtlichen Streitigkeit genügt es dann, dass sich die Behörde durch die Formenwahl auf eine (vermeintliche) hoheitliche Befugnis beruft.[758] Ob eine solche Befugnis auch tatsächlich vorliegt, ist eine Frage der Begründetheit (so auch OVG Münster NVwZ-RR 2010, 587, 588). Bei zweistufigen Rechtsverhältnissen stellt regelmäßig die erste Stufe einen Verwaltungsakt dar und unterliegt insofern der Kontrollierbarkeit durch die Verwaltungsgerichte (ausf. zur sog. Zweistufenlehre → Rn. 327 ff.).

386   **(2) Privatrechtsgestaltende Verwaltungsakte.** Ebenfalls öffentlich-rechtlichen Charakter haben Einzelfallregelungen, die sich auf die Gestaltung privater Rechtsverhältnisse auswirken, d.h. deren Rechtswirkungen auf dem Gebiet des Privatrechts eintreten (sog. privatrechtsgestaltende Verwaltungsak-

---

[758] Vgl. etwa BVerwGE 13, 307, 308 f.; 17, 242 ff.; 30, 211, 212; BVerwG MDR 1980, 344 ff.; NVwZ 1985, 264 f.; BVerwGE 84, 274, 275; OVG Lüneburg OVGE 7, 265, 266 f. m.Anm. *K. A. Bettermann*, DVBl 1954, 298 f.; OVG Münster OVGE 30, 138, 139; NVwZ-RR 2010, 587, 588; NJW 2011, 2379; *D. Ehlers*, Verwaltung in Privatrechtsform, 1984, 434 ff.; *J. Ipsen/T. Koch*, JuS 1992, 809, 813 f.; vgl. auch BVerwG NVwZ-RR 1993, 251, 252; ausf. hierzu → Rn. 382 ff.

te).[759] Denn für das Vorliegen einer öffentlich-rechtlichen Streitigkeit ist nicht die im Privatrecht eintretende Rechtsfolge, sondern das dem Erlass oder der Aufhebung eines Verwaltungsakts zugrunde liegende Rechtsverhältnis bzw. dessen Rechtsgrundlage maßgeblich[760] (→ Rn. 270, 273). Dementsprechend sind öffentlich-rechtlich etwa Streitigkeiten hinsichtlich der Entscheidungen der Genehmigungsbehörden im *Grundstücksverkehrsrecht* (z.B. nach § 2 GrdstVG)[761], der behördlichen Festsetzung von *Krankenhauspflegesätzen* (OVG Lüneburg NJW 1978, 1211; vgl. auch BGHZ 73, 114, 115 ff.), der behördlichen Zustimmung zur *Kündigung* einer Arbeitnehmerin nach § 9 MuSchG (BVerwGE 7, 294 f.; 10, 148, 149 f.; 54, 276, 277 ff.), der Zustimmung der Hauptfürsorgestelle zur Kündigung des Arbeitsverhältnisses eines Schwerbehinderten[762] oder der Zustimmung zu Massenkündigungen nach § 18 KSchG[763], der Begründung des *Sortenschutzes* (vgl. BVerwGE 8, 85, 86), der Genehmigung einer *Stiftung* bzw. deren Satzung (vgl. BVerwGE 29, 314 ff.; 106, 177, 179 ff.; VGH Mannheim NJW 1985, 1573 f.), der behördlichen Genehmigung von privatrechtlichen *Tarifen*, etwa Versicherungs-, Strom- oder Verkehrstarifen (z.B. nach § 39 PBefG, § 12 AEG)[764], der *Überleitung* privatrechtlicher Forderungen auf Verwaltungsträger, etwa nach § 90 BSHG[765] bzw. § 93 SGB XII oder § 37 BAföG[766], des Widerrufs der Ermächtigung eines bei einem privaten Rüstungsunternehmen Angestellten zum Umgang mit *Verschlusssachen* (BVerwG DVBl 1988, 580 f.; OVG Münster NJW 1985, 281 f.) und der Ausübung eines gemeindlichen *Vorkaufsrechts* nach den §§ 24 ff. BauGB[767] (→ Rn. 348).

(3) Problematik der Hausverbote. Im Hinblick auf die Frage, ob i.S.d. § 35 VwVfG eine Regelung 387 auf dem Gebiet des öffentlichen Rechts oder nur eine privatrechtliche Maßnahme vorliegt, ist vor allem die Erteilung von Hausverboten für öffentliche Gebäude und Einrichtungen problematisch[768] (→ § 42 Rn. 208 ff.). Denn Hausverbote können sich auf privatrechtliche Besitz- und Eigentumsschutzrechte (§§ 859, 860, 903, 1004 BGB) stützen oder Ausfluss der öffentlich-rechtlichen Sachherrschaft sein.

Die (noch) herrschende höchstrichterliche Rspr. stellt für die rechtliche Qualifizierung auf den Aufenthaltszweck des vom Hausverbot Betroffenen ab: Hat der Bürger ein Verwaltungsgebäude in privatrechtlichen Angelegenheiten betreten, so soll das gegen ihn ausgesprochene Hausverbot zivilrechtlicher Natur und der Streit hierum vor den ordentlichen Gerichten auszutragen sein – etwa beim Betreten zu Vertragsverhandlungen betr. die Vergabe von staatlichen Forschungs- und Entwicklungsaufträgen, da die Auftragsvergabe dem fiskalischen Bereich zuzuordnen sei,[769] beim Betreten im Zusammenhang mit fiskalischen Lieferaufträgen (BGH NJW 1967, 1911 f.), beim Fotografieren im Rathaus (BGHZ 33, 230, 231 ff.) oder beim Betreten zum Zwecke des Aufwärmens oder Hausierens (vgl. OVG Hamburg MDR 1957, 188). Dagegen soll ein Hausverbot eine öffentlich-rechtliche Regelung sein und der diesbezügliche Streit der Verwaltungsgerichtsbarkeit unterfallen, wenn der Betroffene das Gebäude in öffentlich-rechtlichen Angelegenheiten betreten hat und durch das Hausverbot an der

388

---

759 Vertiefend dazu *U. Stelkens*, in: Stelkens/Bonk/Sachs § 35 Rn. 210 f., 217 f.
760 Vgl. BVerwG NVwZ 1985, 264; *D. Ehlers*, Verwaltung in Privatrechtsform, 1984, 433 f.
761 Näher BGHZ 84, 70, 71 ff., insbes. 73.; OVG Lüneburg NVwZ-RR 2012, 782.
762 Vgl. BVerwGE 8, 46, 47 f.; 29, 140 ff.; 48, 264, 266 ff.; 81, 84, 85 ff.; 91, 7, 9 f.
763 Vgl. *M. Ruffert*, in: Ehlers/Pünder § 21 Rn. 42.
764 Vgl. BVerwGE 30, 135 ff.; 69, 109, 110 ff.; 75, 147, 148; 84, 306 ff.; 95, 133 ff.; *D. Ehlers/J.-P. Schneider*, in: Schoch/Schneider/Bier § 40 Rn. 332.
765 Vgl. BVerwGE 34, 219, 220 ff.; 42, 198, 199 ff.; 82, 320, 321 ff.; 90, 245, 246. Zum 31.12.2004 wurde das BSHG aufgehoben; seit 1.1.2005 sind die Regelungen des Sozialhilferechts als neues SGB XII in das SGB eingeordnet (s. Gesetz zur Einordnung des Sozialhilferechts in das Sozialgesetzbuch vom 27.12.2003, BGBl I 3022); dem früheren § 90 BSHG entspricht nunmehr § 93 SGB XII. Zugleich wurden die bislang den allgemeinen Verwaltungsgerichten unterfallenden Streitigkeiten in Angelegenheiten der Sozialhilfe durch die Schaffung eines neuen § 51 Abs. 1 Nr. 6 a SGG der Rechtswegzuständigkeit der Sozialgerichte überantwortet (s. Art. 38 des Gesetzes zur Einordnung des Sozialhilferechts in das Sozialgesetzbuch vom 27.12.2003, BGBl I 3065); die (formelle) Verfassungsmäßigkeit dieser Norm bezweifelnd *A. Decker*, NVwZ 2004, 826 ff.
766 Vgl. BVerwGE 49, 311, 313; 49, 316, 317; 49, 319, 320; BVerwG NJW 1976, 2777 f.; BVerwGE 56, 300, 301; ferner auch BVerwGE 62, 156 ff.; der übergeleitete Anspruch selbst ist jedoch wegen seiner privatrechtlichen Natur vor den ordentlichen Gerichten geltend zu machen, vgl. BVerwGE 49, 325, 330.
767 Vgl. § 28 Abs. 2 BauGB („durch Verwaltungsakt"); s.a. *M. Ruffert*, in: Ehlers/Pünder § 21 Rn. 42.
768 Zusammenf. *C. Brüning*, DÖV 2003, 389 ff.; *W. Peters/J. Lux*, LKV 2018, 17 ff.
769 S. etwa BVerwGE 35, 103, 106 f. m. krit. Anm. *K. A. Bettermann*, DVBl 1971, 112 ff. und *R. Stürner*, JZ 1971, 98 f. (letzterer für einen stets privatrechtlichen Charakter des Hausverbots); BGHZ 33, 230, 233; BGH NJW 1967, 1911 f.; vgl. auch OVG Hamburg MDR 1957, 188; OVG Münster NJW 1995, 1573; NJW 1998, 1425; NVwZ-RR 1995, 595, 596; VGH München BayVBl 1986, 271 f.; dem folgend etwa *Stern/Blanke* Rn. 171.

Wahrnehmung solcher öffentlich-rechtlicher Belange gehindert wird, so etwa wenn das Gebäude zum Zweck der Vorsprache in amtlichen Angelegenheiten aufgesucht wurde.[770]

389 Der vorgenannten Sichtweise ist indes nicht zu folgen. Der Auffassung, dass eine Behörde gegenüber einem Bürger ggf. privatrechtlich handeln kann, sind zunächst die in jüngerer Zeit im Schrifttum erhobenen, grundsätzlichen Bedenken entgegenzuhalten, die generell gegen die Lehre vom Staat als Privatrechtssubjekt bestehen[771] (→ Rn. 370 ff.). Aber selbst bei prinzipieller Anerkennung der Möglichkeit privatrechtlichen Handelns des Staates sind behördliche Hausverbote jedenfalls deshalb öffentlich-rechtlicher Natur, weil sie – wie regelmäßig der Fall – zum Zweck der Störungsabwehr und zur Sicherstellung eines ordnungsgemäßen Verwaltungsablaufs angeordnet werden, unabhängig davon, aus welchen Gründen der Besucher das Verwaltungsgebäude betritt.[772] Ein privatrechtliches Hausverbot kann demgegenüber grds. nur dann vorliegen, wenn die betreffende Einrichtung, deren Schutz das Hausverbot dient, dem Privatrecht zuzuordnen ist (z.B. ein Hausverbot der Deutschen Bahn AG, → Rn. 462).[773]

390 **bbb) Verwaltungsinterne Einzelfallregelungen.** Auch im verwaltungsinternen Bereich können Einzelfallregelungen getroffen werden. Zwar stellen diese aufgrund fehlender Außenwirkung keine Verwaltungsakte dar; jedoch können auch solche Maßnahmen geeignet sein, den davon innerhalb des Verwaltungsaufbaus Betroffenen in seinen Rechten zu verletzen (→ Rn. 169).[774] Sie teilen die Rechtsnatur der Innenrechtsordnung, auf welche sie gestützt werden; daher sind interne Einzelfallregelungen von öffentlich-rechtlich organisierten Verwaltungsträgern regelmäßig dem öffentlichen Recht zuzuordnen und Streitigkeiten hierüber vor den Verwaltungsgerichten auszutragen, während interne Maßnahmen von privatrechtlich organisierten Verwaltungsträgern dem Zivilrechtsweg unterfallen. Vor den Verwaltungsgerichten ausgetragen wurde etwa der Streit um die als bloßes Behördeninternum charakterisierte Planungs- und Linienführungsbestimmung des Bundesministers für Verkehr nach § 16 FStrG (vgl. BVerwGE 62, 342, 343 ff.) oder um die behördeninterne Bezeichnung eines Verteidigungsvorhabens gem. § 1 Abs. 3 LBG (VGH München DÖV 1982, 646 ff.). Gleiches gilt grds. für fachaufsichtliche Weisungen der staatlichen Aufsichtsbehörden gegenüber den Gemeinden in Angelegenheiten des übertragenen Wirkungskreises[775].[776] Den übertragenen Wirkungskreis betreffende fachaufsichtliche Weisungen besitzen jedoch „ausnahmsweise dann Außenwirkung, wenn sie in ihrer Wirkung über diesen Bereich der Weisungsunterworfenheit der Gemeinde hinausgreifen und sie zugleich in einem ihr als Selbstverwaltungskörperschaft zustehenden Recht betreffen" (VGH Mannheim DVBl 1994, 348,

---

770   S. etwa OVG Münster OVGE 18, 251 f.; VGH Mannheim ESVGH 13, 21 f.; vgl. auch NJW 1998, 1425 (universitäres Hausverbot gegen Doktoranden); zur Frage, ob für Streitigkeiten um Hausverbote für Jobcenter die abdrängende Sonderzuweisung des § 54 Abs. 1 Nr. 4 a SGG eingreift: OVG Hamburg NJW 2014, 1196 f. m.Anm. *T. Hebeler*, JA 2015, 159 f.; im Anschluss BSG NZS 2014, 918 f. m. Anm. *J. Nolte*.

771   S. *J. Burmeister*, VVDStRL 52 (1993), 190, 210 ff., insbes. 218; *K. A. Schachtschneider*, Staatsunternehmen und Privatrecht, 1986, insbes. 5 ff., 253 ff., 261 ff.

772   I.d.S. etwa OVG Münster NVwZ-RR 1989, 316 f.; NJW 2011, 2379; OVG Schleswig NJW 1994, 340; VGH München NJW 1980, 2722 f.; VG Berlin NVwZ-RR 2010, 783; VG Frankfurt/M. NJW 1998, 1424; *W. Berg*, JuS 1982, 260, 263; *H. Bethge*, Verw. 10 (1977), 313, 332; *D. Ehlers*, DÖV 1977, 737, 739 f.; *ders./J.-P. Schneider*, in: Schoch/Schneider/Bier § 40 Rn. 330 f.; *Hufen* § 11 Rn. 38; *H. v. Nicolai*, in: Redeker/v. Oertzen § 40 Rn. 28; *K. Rennert*, in: Eyermann § 40 Rn. 66; *J. Ruthig/W.-R. Schenke*, in: Kopp/Schenke § 40 Rn. 20 m.w.N.; *W.-R. Schenke*, JZ 1996, 999 f.; *ders.*, BGH-FS III, 2000, 45, 66 ff. (mit diff. Betrachtung); *Schenke* Rn. 119 f.; *Würtenberger* Rn. 147; vgl. auch OVG Münster DVBl 1975, 587 f.; VGH Mannheim DVBl 1977, 223; offen gelassen, welcher Sichtweise zu folgen ist, von OVG Bremen NJW 1990, 931 und VGH München NJW 1987, 1717.

773   Vgl. auch *D. Ehlers/J.-P. Schneider*, in: Schoch/Schneider/Bier § 40 Rn. 331; ferner *W.-R. Schenke*, BGH-FS III, 2000, 45, 67 hinsichtlich Hausverboten zum Schutz des privatrechtlichen Eigentums. Vgl. aber auch VGH Mannheim NJW 1994, 2500 zu einem gegenüber einem entlassenen Angestellten ausgesprochenen universitären Hausverbot, dessen privatrechtlicher Charakter sich bereits aus der äußeren Formenwahl ergebe; dem i.E. zust. *W.-R. Schenke*, JZ 1996, 996, 1000.Vgl. ferner VGH München MedR 2007, 424, zu einem Hausverbot, welches durch eine mit der Durchführung des Rettungsdienstes beauftragte Hilfsorganisation gegenüber einem Notarzt erteilt wurde.

774   Problematisch ist die Verletzung in eigenen Rechten dagegen regelmäßig, wenn eine außerhalb der Verwaltung stehende Person gegen verwaltungsinterne Maßnahmen klagt, etwa BVerwGE 62, 342, 343 ff.; VGH München DÖV 1982, 646 ff.

775   Die Gemeinden nehmen entsprechende Aufgaben kraft staatlicher Verleihung und nicht aufgrund ihres Selbstverwaltungsrechts wahr; die Weisungen sind daher nicht auf unmittelbare Rechtswirkung nach außen gerichtet, näher → § 42 Rn. 118.

776   S. etwa BVerwG NJW 1978, 1820 f.; vgl. auch BVerwGE 6, 101, 102 ff. (hinsichtlich Weisungen auf dem Gebiet der Auftragsverwaltung) – problematisch ist insoweit jeweils die Klagebefugnis. Vgl. hierzu auch *Maurer* § 23 Rn. 23; *H. v. Nicolai*, in: Redeker/v. Oertzen § 42 Rn. 80; *H. Vietmeyer*, DVBl 1992, 413 ff.; → § 42 Rn. 118.

349); daher kann etwa eine Gemeinde eine fachaufsichtliche Weisung der höheren Straßenverkehrsbehörde, durch welche sie als untere Straßenverkehrsbehörde an der Umsetzung einer von ihr geplanten Einrichtung einer geschwindigkeitsbeschränkten Zone gehindert wird, als Verwaltungsakt vor den Verwaltungsgerichten anfechten.[777] Dem öffentlichen Recht zuzurechnende verwaltungsinterne Regelungen stellen regelmäßig auch innerdienstliche Einzelweisungen an Beamte dar (→ Rn. 169).[778]

bb) Abstrakt-generelle Regelungen. Die Normsetzungstätigkeit der Verwaltung, d.h. der Erlass von abstrakt-generellen Regelungen, ist grds. ebenso gerichtlicher Kontrolle zugänglich wie einzelfallbezogenes Verwaltungshandeln (→ Rn. 66 f.). In Betracht kommen Rechtsschutzbegehren auf Überprüfung des Inhalts einer Norm und ggf. deren Aufhebung, auf Normerlass oder Normergänzung, auf Teilhabe im Normsetzungsverfahren (z.B. durch Anhörung) oder auf Abwehr drohender Normsetzung (ob solche Ansprüche tatsächlich gegeben sind, ist Frage des materiellen Rechts; → § 42 Rn. 46 ff.; → § 43 Rn. 57 ff.; → § 47 Rn. 21 ff., 61 ff.). Der Rechtscharakter der Normsetzungstätigkeit ist unabhängig davon, ob die erlassene Norm selbst dem öffentlichen oder privaten Recht zuzuordnen ist, sondern bemisst sich nach der Rechtsqualität derjenigen Rechtssätze, auf deren Grundlage der Normerlass erfolgt; insoweit können (und werden regelmäßig) auch privatrechtliche Normen auf einem öffentlich-rechtlichen Rechtsetzungsakt beruhen. Der Verwaltungsrechtsweg ist insoweit eröffnet für im Zusammenhang mit exekutiver Normsetzungstätigkeit bestehende Rechtsschutzbegehren hinsichtlich Rechtsverordnungen oder Satzungen von öffentlich-rechtlich organisierten Trägern von Staatsgewalt.[779] Auch der Erlass von Verwaltungsvorschriften, die sich auf die sachliche Aufgabenerfüllung einer Behörde beziehen, ist ein öffentlich-rechtlicher Rechtsetzungsakt. Soweit dagegen generelle interne Anordnungen die persönliche Rechtsstellung von Verwaltungsbediensteten zum Gegenstand haben, werden diese Rechtssätze hinsichtlich der Beamten als öffentlich-rechtliche, hinsichtlich der Arbeiter und Angestellten im öffentlichen Dienst als privatrechtliche qualifiziert.[780] Die Allgemeinverbindlicherklärung eines Tarifvertrags ist ein Akt exekutiver Rechtsetzung; denn mit ihr nimmt der Staat die Rechtsregeln, welche die Tarifvertragsparteien für ihre Mitglieder durch Vertrag geschaffen haben, in seinen Willen auf und dehnt die Verbindlichkeit dieser Regeln auf Personen aus, die bisher vom Tarifvertrag nicht erfasst wurden (BVerfGE 44, 322, 340 f.; BVerwGE 80, 355, 357). Als staatlicher Hoheitsakt unterfällt die Allgemeinverbindlicherklärung dem öffentlichen Recht.[781] Insoweit ist für einen Rechtsstreit hinsichtlich eines Anspruchs auf Allgemeinverbindlicherklärung eines Tarifvertrags der Verwaltungsrechtsweg gem. § 40 Abs. 1 gegeben (vgl. BVerwGE 80, 355, 357, 359, 363; → Rn. 218 sowie → § 42 Rn. 305). Kein Rechtsetzungsakt, sondern ein Verwaltungsakt liegt dagegen in der behördlichen Genehmigung von privatrechtlichen Tarifen, wie etwa Versicherungs-, Strom- oder Verkehrstarifen, z.B. nach § 39 PBefG, § 12 AEG (→ Rn. 386). Öffentlich-rechtlich zu beurteilen sind auch Dienstvereinbarungen gem. § 73 BPersVG.[782] Soweit privatrechtlich organisierte Verwaltungsträger abstrakt-generelle Regelungen erlassen, sind diese dem Privatrecht zuzuordnen, so z.B. deren Organisationsstatute oder generelle arbeitsrechtliche Anweisungen.[783]

cc) Verträge. Öffentlich-rechtliche Streitigkeiten i.S.d. § 40 Abs. 1 können sich auf der Gleichordnungsebene vor allem aus Verträgen ergeben, welche als öffentlich-rechtliche zu qualifizieren sind.[784]

391

392

---

777 VGH Mannheim DVBl 1994, 348 f. m. – zur Anerkennung der Verwaltungsaktqualität der fachaufsichtlichen Weisung abl. – Anm. *U. Steiner*; BVerwG NVwZ 1995, 910. Zu einem ähnl. Fall VGH München BayVBl 1979, 305 f.; s.a. → § 42 Rn. 118.

778 Zum Rechtscharakter von Weisungen an Angestellte des öffentlichen Dienstes *D. Ehlers*, Verwaltung in Privatrechtsform, 1984, 424 ff.

779 Kein verwaltungsgerichtlicher Rechtsschutz besteht hingegen gegenüber legislativen Rechtsetzungsakten, also gegenüber förmlichen Gesetzen des parlamentarischen Gesetzgebers, → Rn. 68.

780 S. *D. Ehlers*, Verwaltung in Privatrechtsform, 1984, 424 ff., insbes. 430 f.; *ders./J.-P. Schneider*, in: Schoch/Schneider/Bier § 40 Rn. 326; *K. Rennert*, in: Eyermann § 40 Rn. 60.

781 BVerwGE 80, 355, 357; vgl. BVerfGE 44, 322, 344. Der Tarifvertrag selbst wird dagegen überwiegend als privatrechtlicher Akt betrachtet, s. BayVerfGH 24, 72, 81 ff., mit Überblick zum Meinungsstand; vgl. auch *D. Ehlers*, Verwaltung in Privatrechtsform, 1984, 421 ff.

782 *D. Ehlers*, Verwaltung in Privatrechtsform, 1984, 419 f. m.w.N.

783 *D. Ehlers/J.-P. Schneider*, in: Schoch/Schneider/Bier Rn. 326.

784 Wie bereits in → Rn. 164 dargelegt, lässt sich für öffentlich-rechtliche Verträge aus § 40 Abs. 2 S. 1 Hs. 1 keine aufdrängende Spezialzuweisung an die allg. Verwaltungsgerichte herleiten; die Rechtswegeröffnung für Streitigkeiten im Hinblick auf Verträge bemisst sich also – vorbehaltlich abdrängender Sonderzuweisungen außerhalb von § 40 Abs. 2 S. 1 – grds. nach der Generalklausel des § 40 Abs. 1.

393 **aaa) Allgemeines. (1) Abgrenzungskriterien.** Nach der Rspr. und dem überwiegenden Teil des Schrifttums ist hinsichtlich der Klassifizierung eines Vertrags auf dessen Gegenstand abzustellen[785] (sog. Gegenstandslehre[786]): Hiernach ist ein Vertrag öffentlich-rechtlich, wenn sein Gegenstand einem vom öffentlichen Recht geregelten Sachbereich zuzuordnen ist, sich mithin also auf einen öffentlich-rechtlich geregelten Sachverhalt bezieht.[787] Zur Ermittlung des Vertragsgegenstandes werden vor allem Inhalt und Zweck des Vertrags herangezogen. Ein Vertrag ist danach insbes. dann als öffentlich-rechtlicher einzustufen, wenn eine öffentlich-rechtliche Norm zum Abschluss eines solchen berechtigt, wenn öffentlich-rechtliche Normen bestehen, welche die Leistungspflichten regeln, wenn er in Vollzug einer öffentlich-rechtlichen Norm geschlossen wird[788],[789] wenn er die Verpflichtung eines Vertragspartners zum Erlass einer hoheitlichen Handlung (z.B. Erlass eines Verwaltungsakts) enthält, wenn er an die Stelle einer sonst möglichen Regelung durch Verwaltungsakt tritt (GmSOGB BVerwGE 74, 368, 370) oder er sich auf eine öffentlich-rechtliche Berechtigung oder Verpflichtung des Bürgers bezieht[790]. Ebenso ist ein Vertrag öffentlich-rechtlich, wenn er Rechte oder Pflichten aufhebt, begründet oder ändert, deren Träger notwendig nur ein Subjekt öffentlicher Verwaltung sein kann (OVG Münster NJW 1991, 61), also nach der Rechtsordnung mindestens ein Zuordnungssubjekt des Gegenstandes der vertraglich geregelten Rechtsbeziehungen ein Träger öffentlicher Gewalt sein muss[791]; allerdings kann die Rechtsstellung der am Vertragsschluss Beteiligten nicht als ausschließliches Kriterium für die Qualifizierung der Rechtsnatur des Vertrags herhalten[792], da bspw. in Übereinstimmung mit der überwiegend vertretenen Auffassung anzuerkennen ist, dass öffentlich-rechtliche Verträge auch zwischen Privaten zustande kommen können[793] (→ Rn. 404).

394 Die genannten Fälle erfordern regelmäßig eine öffentlich-rechtliche Vorordnung des Vertragsgegenstandes.[794] Das bloße Bestehen von öffentlich-rechtlichen Aufgabenzuweisungs- und Zuständigkeitsnormen reicht für eine solche öffentlich-rechtliche Vorordnung aber regelmäßig nicht aus und macht

---

785 S. etwa GmSOGB BVerwGE 74, 368, 370; BVerwG DVBl 1967, 40, 41; BVerwGE 42, 331, 332; BVerwG NJW 1985, 989; BVerwGE 92, 56, 58; 96, 326, 329 f.; 97, 331, 335; BGHZ 54, 287, 291; 56, 365, 368; 58, 386, 388; 116, 339, 342; *Maurer* § 14 Rn. 10 f.; *Schmitt Glaeser/Horn* Rn. 50; *Wolff/Bachof/Stober/Kluth* I § 22 Rn. 50; *Würtenberger* Rn. 134.

786 Zur Kritik an der Gegenstandslehre *A. Gern*, VerwArch 70 (1979), 219, 225 ff.

787 Der Begriff des *öffentlich-rechtlichen* Vertrags in diesem (weiteren) Sinne ist nicht deckungsgleich mit dem in den §§ 54 ff. VwVfG zugrunde gelegten (engeren) Sinn. Ein „öffentlich-rechtlicher" Vertrag i.S.d. §§ 54 ff. VwVfG ist ein Vertrag mit öffentlich-rechtlichem Gegenstand, der – wie sich aus den §§ 1 und 9 VwVfG ergibt – unter Beteiligung der Verwaltung geschlossen wird; daher sollte diesbezüglich besser von einem „Verwaltungsvertrag" gesprochen werden (etwa *H. J. Bonk/W. Neumann*, in: Stelkens/Bonk/Sachs § 54 Rn. 68; *Maurer* § 14 Rn. 7; vgl. auch *H.-H. Kasten/A. Rapsch*, NVwZ 1986, 708, 709); somit ist der „Verwaltungsvertrag" ein Unterfall des öffentlich-rechtlichen Vertrags im „weiteren" Sinne. Öffentlich-rechtliche Verträge i.w.S. können sich folglich auch außerhalb der §§ 54 ff. VwVfG ergeben, z.B. – hierzu die nachfolgenden obigen Ausführungen – als völkerrechtliche, verfassungsrechtliche oder kirchenrechtliche Verträge (*H.-H. Kasten/A. Rapsch*, NVwZ 1986, 708, 709; *U. Schliesky*, in: Knack/Henneke Vorbem. § 54 Rn. 29) oder nach h.M. auch als öffentliche Verträge zwischen Privaten (im letztgenannten Fall sollte man es daher vermeiden, von „Verwaltungsverträgen" zwischen Privaten zu sprechen, da die §§ 54 ff. VwVfG hierauf grds. – außer im Falle der Beleihung – keine unmittelbare Anwendung finden, vgl. *Maurer* § 14 Rn. 10; *U. Schliesky*, in: Knack/Henneke § 54 Rn. 58; vgl. auch BVerwG NJW 1992, 2908).

788 *Maurer* § 14 Rn. 11; *Schmitt Glaeser/Horn* Rn. 50.

789 Z.B. Vertrag über die Einigung i.R.d. Enteignungsverfahrens, § 110 BauGB.

790 *Maurer* § 14 Rn. 11.

791 *K. Lange*, JuS 1982, 500, 501; *ders.*, NVwZ 1983, 313, 316 f.; s.a. *U. Schliesky*, in: Knack/Henneke Vorbem. § 54 Rn. 40 m.w.N.

792 So aber etwa *T. Clemens*, Verw. 12 (1979), 380, 388, unter Berufung auf *A. Gern*, Vertrag zwischen Privaten, 1977, 40 ff.; vgl. auch *A. Gern*, VerwArch 70 (1979), 219, 230; *K. Lange*, JuS 1982, 500, 501 ff. In die gleiche Richtung geht die sog. *Normfiktionslehre*, nach welcher ein Vertrag dann öffentlich-rechtlich ist, wenn die vertragliche Regelung als normative Kodifizierung gedacht eine Norm des öffentlichen Rechts darstellen würde (*K. A. Bettermann*, JZ 1966, 445; *C.-F. Menger*, VerwArch 64 (1973), 203, 205; *A. v. Mutius*, VerwArch 65 (1974), 201, 205; w.N. bei *D. Ehlers*, Verwaltung in Privatrechtsform, 1984, 197 Fn. 136). Auch diese Sichtweise vermag aber bspw. die nach der überwiegenden Ansicht anzuerkennende Möglichkeit eines öffentlich-rechtlichen Vertrags zwischen Privaten nicht zu erklären und kann daher zumindest nicht als alleiniges Kriterium herhalten; i.Ü. formuliert sie letztlich – wie schon *D. Ehlers* (Verwaltung in Privatrechtsform, 1984, 198, insbes. Fn. 141) zutr. bemerkt – die Abgrenzungsproblematik lediglich um, da immer noch nach anderen Kriterien ermittelt werden müsste, ob die hypothetische Norm eine solche des öffentlichen Rechts wäre. Zur weiteren Kritik an der Normfiktionslehre *D. Ehlers*, Verwaltung in Privatrechtsform, 1984, 197 f.; *K. Lange*, NVwZ 1983, 313, 314.

793 Dazu mit Bsp. *Maurer* § 14 Rn. 10.

794 S. etwa *C.-F. Menger*, VerwArch 64 (1973), 201, 205; *Wolff/Bachof/Stober/Kluth* I § 22 Rn. 50; ferner *D. Ehlers/J.-P. Schneider*, in: Schoch/Schneider/Bier § 40 Rn. 339; *Wolff/Bachof/Stober/Kluth* I § 54 Rn. 30 f.

allein den Vertrag noch nicht zu einem öffentlich-rechtlichen;[795] allerdings kann hierin ein Indiz für den öffentlich-rechtlichen Charakter des Vertrags liegen (VGH München BayVBl 1978, 146 f.). Fehlt es an einer öffentlich-rechtlichen Vorordnung oder ist deren Vorhandensein oder Ausmaß bzgl. des konkreten Vertragsgegenstandes unklar, ist neben dem Zweck vor allem das weitere Bezugsfeld des Vertragsgegenstandes in die Betrachtung einzubeziehen. Der Zweck eines Vertrags kann sich nicht nur aus dem Vertragstext, sondern ggf. auch aus den begleitenden Umständen ergeben (BVerwG NJW 1976, 2360; BGHZ 56, 365, 371). Ein Vertrag ist danach auch dann öffentlich-rechtlich, wenn sein Gegenstand zu öffentlich-rechtlichen Berechtigungen oder Verpflichtungen in so engem Sachzusammenhang steht, dass er demselben Rechtsbereich zuzurechnen ist[796]; so werden von der Rspr. bspw. Subventionsverträge, die eine Entscheidung über das „Ob" der Gewährung enthalten oder „verlorenen Zuschüssen" (zu Subventionen → Rn. 328 ff.) gleichkommen, trotz mangelnder öffentlich-rechtlicher Vorordnung regelmäßig als öffentlich-rechtliche Verträge angesehen[797]. Wohl vergleichbare Erwägungen führten zur Anerkennung des öffentlich-rechtlichen Charakters eines Fernmeldeaspirantenvertrags: Mangels öffentlich-rechtlicher Vorordnung des eigentlichen Vertragsgegenstandes, nämlich der durch einen Hoheitsträger vorgenommenen Förderung eines Ingenieurstudiums zur späteren Verwendung des geförderten Studierenden, war hier entscheidend auf den Zweck und dessen engen Zusammenhang zur öffentlich-rechtlich zu beurteilenden Sicherung des Beamtennachwuchses abzustellen[798]. Ebenso wurde ein im Wege des Prozessvergleichs abgeschlossener Grundstückstauschvertrag aufgrund des engen, untrennbaren Zusammenhangs mit einer öffentlich-rechtlichen Berechtigung bzw. Verpflichtung als öffentlich-rechtlicher Vertrag eingestuft (BVerwG NJW 1976, 2360).

Problematisch ist die teilweise vorgeschlagene Bestimmung des Vertragsgegenstandes nach den durch den Vertrag begründeten Rechtsfolgen[799]; denn anerkanntermaßen ist hinsichtlich der Qualifizierung eines Rechtsverhältnisses als öffentlich-rechtliches oder privatrechtliches auf die Rechtsfolgen nicht entscheidend abzustellen (→ Rn. 270, 273). So kann bspw. ein öffentlich-rechtlicher Vertrag, in welchem sich die Behörde zum Erlass eines privatrechtsgestaltenden Verwaltungsakts verpflichtet, privatrechtliche Rechtsfolgen auslösen, ohne dass dies seiner Einstufung als öffentlich-rechtlicher Vertrag entgegensteht. 395

Sofern man in Übereinstimmung mit der überwiegend vertretenen Auffassung eine Wahlfreiheit der Verwaltung hinsichtlich ihrer Handlungsformen in bestimmten rechtlichen Bereichen anerkennt (zur Wahlfreiheit der Verwaltung → Rn. 312 ff. sowie zur diesbezüglichen Kritik → Rn. 370 ff.), soll bei fehlender rechtlicher Vorordnung auch nicht entscheidend auf die Art der zu erfüllenden Aufgabe[800] abzustellen sein, da das Prinzip der Wahlfreiheit gerade auch privatrechtliche Handlungsformen zur Erfüllung unmittelbarer öffentlicher Aufgaben zulasse[801] (Verwaltungsprivatrecht, → Rn. 314 f.);[802] insoweit wird auch hinsichtlich der Qualifizierung von Verträgen von dem Grundsatz ausgegangen, dass nicht allein aus der Erfüllung öffentlicher Aufgaben auf den öffentlich-rechtlichen Charakter der betreffenden Maßnahme geschlossen werden dürfe[803]. Auch i.R. anderer Bestimmungskriterien wird aber vielfach direkt oder indirekt letztlich auf die rechtliche Natur der zu erfüllenden Aufgabe zurückgegriffen.[804] Jedenfalls besteht bei Verträgen, die ein Hoheitsträger im Bereich einer (unmittelbaren[805]) 396

---

795 S. etwa BVerwG MDR 1976, 874; zust. etwa *D. Ehlers/J.-P. Schneider,* in: Schoch/Schneider/Bier § 40 Rn. 339, unter Hinweis darauf, dass bloße Aufgabenzuweisungs- und Zuständigkeitsnormen eine hinreichende öffentlich-rechtliche Vorordnung nicht begründen könnten, weil jegliches Verwaltungshandeln auf solche Kompetenznormen gestützt sein müsse; *H.-U. Erichsen,* Jura 1982, 537, 543 f.; *J. Ruthig/W.-R. Schenke,* in: Kopp/Schenke § 40 Rn. 24; vgl. auch BVerwGE 92, 56, 59; BGH NJW 1985, 1892 f.

796 S. etwa BVerwG NJW 1976, 2360 m.w.N.; *J. Ruthig/W.-R. Schenke,* in: Kopp/Schenke § 40 Rn. 23; *Wolff/Bachof/Stober/Kluth* I § 22 Rn. 50.

797 S. etwa BVerwGE 84, 236, 238 m. krit. Anm. *D. Ehlers,* JZ 1990, 594; OVG Münster NVwZ 1984, 522, 523.

798 Vgl. BVerwGE 30, 65, 67; *K. Lange,* NVwZ 1983, 313, 318.

799 S. BGH DVBl 1965, 276 f.; *A. v. Mutius,* Jura 1979, 223 f.; *F. v. Zezschwitz,* NJW 1983, 1876.

800 Hierauf abstellend etwa *W. Bosse,* Verwaltungsvertrag, 1974, 28; *D. Ehlers,* Verwaltung in Privatrechtsform, 1984, 199 ff. m.w.N.; *C.-F. Menger,* VerwArch 69 (1978), 93, 100.

801 S. etwa BVerwGE 92, 56, 64.

802 S. etwa *K. Lange,* NVwZ 1983, 313, 317 m.w.N.

803 BVerwG MDR 1976, 874; OVG Münster NJW 1991, 61, 62; *J. Ruthig/W.-R. Schenke,* in: Kopp/Schenke § 40 Rn. 23 m.w.N.; allg. etwa BVerwGE 35, 103, 105; 47, 247, 250; BVerwG NVwZ 1990, 754; BVerwGE 94, 229, 232; 96, 71, 74.

804 *D. Ehlers,* Verwaltung in Privatrechtsform, 1984, 200 f. mit näheren Ausführungen.

805 Zum Begriffsmerkmal „unmittelbarer" öffentlicher Aufgabenerfüllung → Rn. 315.

öffentlich-rechtlichen Aufgabenzuweisung abschließt, eine Vermutung dahingehend, dass sich der Hoheitsträger dabei auch öffentlich-rechtlicher Handlungsformen bedienen möchte.[806] Daher kann in den Rechtsbereichen, in welchen der Verwaltung grds. eine Wahlfreiheit (zur Wahlfreiheit der Verwaltung → Rn. 312 f.) hinsichtlich ihrer Handlungsformen zugestanden wird, dem Willen der vertragschließenden Parteien insoweit eine maßgebliche Bedeutung zukommen, als aufgrund der genannten Vermutungsregel im Bereich (unmittelbarer) öffentlich-rechtlicher Aufgabenerfüllung im Zweifel vom Abschluss eines öffentlich-rechtlichen Vertrags auszugehen ist, solange der Wille zu privatrechtlichem Handeln nicht in Erscheinung tritt.[807] Die Grenzen einer bestehenden Wahlfreiheit dürfen aber durch vertragliches Handeln nicht erweitert werden.[808]

397　　Außerhalb einer der Verwaltung zukommenden Wahlfreiheit ist die Rechtsnatur eines Vertrags objektiv, d.h. unabhängig von den subjektiven Vorstellungen der Vertragschließenden zu bestimmen;[809] allein die Bezeichnung eines Vertrags als privatrechtliche Vereinbarung ist für dessen Rechtsnatur daher ohne Bedeutung (VGH Kassel NJW 1983, 2831, 2832). Eine eindeutige Formenwahl als „öffentlich-rechtlicher Vertrag" ist dagegen generell als maßgeblich für die Rechtsnatur anzusehen[810] (zum Rechtsweg bei eindeutiger Formenwahl auch → Rn. 382 ff.). Allein die gesetzliche Ermächtigung der Verwaltung zu vertraglichem Handeln sagt noch nichts über die Rechtsnatur eines daraufhin abgeschlossenen Vertrags aus, sondern regelt nur die grundsätzliche Zulässigkeit vertraglichen Handelns[811]; regelmäßig dürfte es sich in diesen Fällen aber um öffentlich-rechtliche Gegenstände handeln[812].

398　　**(2) Mischverträge, zusammengesetzte Verträge, „hinkende" Austauschverträge.** Schwierigkeiten können sich bei der Abgrenzung zwischen öffentlich-rechtlichem und privatrechtlichem Vertrag ergeben, wenn ein Vertrag sowohl öffentlich-rechtliche als auch privatrechtliche Regelungen enthält bzw. wenn Leistungspflichten eines Vertrags für sich gesehen „neutral" oder „indifferent" sind; etwa wenn ein Vertrag eine Zahlungsverpflichtung oder eine Verpflichtung zur Grundstücksübertragung enthält, welche isoliert betrachtet weder privatrechtlich noch öffentlich-rechtlich sind bzw. Gegenstand beider Rechtsregime sein können.[813] Streng genommen müssten derlei Verpflichtungen unter Zugrundelegung der Sonderrechtstheorie sogar für sich gesehen als privatrechtliche eingestuft werden, da solche Verpflichtungen auch zwischen Privaten begründbar sind.[814] Hieraus darf aber nicht der Schluss gezogen werden, dass Verträge aufgrund dessen ggf. eine Mischnatur aufweisen, d.h. im Hinblick auf die – isoliert betrachtet – unterschiedliche Rechtsnatur der einzelnen Verpflichtungen insoweit teils privatrechtlicher und teils öffentlich-rechtlicher Natur sind.[815] Vielmehr muss ein Vertrag bzw. das aus ihm resultierende Rechtsverhältnis eine einheitliche Rechtsnatur aufweisen. Ein und dasselbe Rechtsverhältnis kann nicht sowohl dem öffentlichen Recht als auch dem Privatrecht unterfallen.[816] Insoweit können im Vertrag sich (nicht notwendig synallagmatisch[817]) gegenüberstehende, eng miteinander ver-

806　OLG Schleswig NVwZ 1988, 761, 762; *E. Gurlit*, in: Ehlers/Pünder § 30 Rn. 1, 4; *K. Lange*, JuS 1982, 500, 502; *ders.*, NVwZ 1983, 313, 318; *K. Rennert*, in: Eyermann § 40 Rn. 70; allg. etwa BVerwGE 96, 71, 74 m.w.N. A.M. *U. Schliesky*, in: Knack/Henneke Vorbem. § 54 Rn. 42.

807　OLG Schleswig NVwZ 1988, 761, 762; *K. Rennert*, in: Eyermann § 40 Rn. 70; so kann der Wille zum Abschluss eines privatrechtlichen Vertrags auch in einer entsprechenden Gerichtsstandvereinbarung zu erblicken sein, s. OVG Münster NJW 1991, 61, 62.

808　*K. Rennert*, in: Eyermann § 40 Rn. 70.

809　Vgl. *Maurer* § 14 Rn. 9; *K. Rennert*, in: Eyermann § 40 Rn. 70.

810　Vgl. *D. Ehlers*, in: Schoch/Schneider/Bier § 40 Rn. 312; *J. Ruthig/W.-R. Schenke*, in: Kopp/Schenke § 40 Rn. 23; vgl. auch BVerwG MDR 1976, 874; s. zum Rechtsweg bei eindeutiger Formenwahl auch → Rn. 382 ff.

811　BVerwGE 92, 56, 59 (bzgl. § 124 Abs. 2 BauGB); ferner *K. Rennert*, in: Eyermann § 40 Rn. 70.

812　S.a. *K. Rennert*, in: Eyermann § 40 Rn. 70.

813　*Maurer* § 14 Rn. 11.

814　*K. Lange*, NVwZ 1983, 313, 318; vgl. auch *Ule/Laubinger* § 68 Rn. 6.

815　So aber etwa *A. Gern*, Der Vertrag zwischen Privaten über öffentlich-rechtliche Berechtigungen und Verpflichtungen, 1977, 56 (m.w.N.), 80 ff., 92; vgl. auch BGHZ 43, 34, 37; *C. Pestalozza*, Formenmißbrauch des Staates, 1973, 181 f.; vgl. ferner BGHZ 56, 365, 373. Wenn indes in BVerwGE 84, 183, 186 davon gesprochen wird, dass „gemischte" Verträge unbedenklich seien, sind dort augenscheinlich „zusammengesetzte" Verträge gemeint (zu diesen noch → Rn. 400); das Gleiche gilt hinsichtlich BVerwG NVwZ 1994, 1012. Vgl. des Weiteren auch BVerwG DÖV 1981, 878.

816　S. etwa *D. Ehlers/J.-P. Schneider*, in: Schoch/Schneider/Bier § 40 Rn. 349 ff. m.w.N.; *E. Gurlit*, in: Ehlers/Pünder § 30 Rn. 5.

817　*K. Rennert*, in: Eyermann § 40 Rn. 71.

knüpfte bzw. aufeinander bezogene[818] oder in einem engen sachlichen Zusammenhang stehende[819] Leistungen (Leistung und Gegenleistung) nicht unterschiedlichen Rechtsregimen unterstellt werden, zumal dies zu der misslichen und unpraktikablen Konsequenz führen würde, dass für Streitigkeiten aus ein und demselben Vertrag bzw. bzgl. ein und desselben Vertragsgegenstandes teils die ordentlichen Gerichte und teils die Verwaltungsgerichte zuständig wären.

Solche *Mischverträge*[820] (von Mischverträgen i.d.S. sind aber sog. zusammengesetzte Verträge zu unterscheiden, → Rn. 400) sind folglich in Übereinstimmung mit der überwiegend vertretenen Auffassung[821] abzulehnen; hinsichtlich eines Vertragsgegenstandes bzw. ein und desselben durch Vertrag begründeten Rechtsverhältnisses[822] können die betreffenden (Gegen-)Leistungen und damit der gesamte Vertrag nur einheitlich qualifiziert werden. Dabei ist letztlich auf den Gesamtcharakter des Vertrags abzustellen.[823] Während es insbes. nach der Rspr.[824] für die Ermittlung des Gesamtcharakters ausreichen soll, dass der *Schwerpunkt* des Vertrags im öffentlichen Recht oder im Privatrecht liegt, ist mit dem überwiegenden Teil der Lit. davon auszugehen, dass bereits ein einziger öffentlich-rechtlicher Regelungsgegenstand eines Vertrags diesen zu einem öffentlich-rechtlichen macht, weil ansonsten hinsichtlich dieses Vertragsteils der Hoheitsträger von den strengeren öffentlich-rechtlichen Bindungen frei würde[825]; dies muss jedenfalls dann gelten, wenn der öffentlich-rechtliche Regelungsgegenstand nicht nur von unwesentlicher Bedeutung ist bzw. eine bloße Nebenabrede darstellt[826]. Ist ein „Mischvertrag" einheitlich als öffentlich-rechtlicher Vertrag einzustufen, so sind Streitigkeiten, welche die „an sich" privatrechtliche Leistungspflicht betreffen, ebenfalls vor den Verwaltungsgerichten auszutragen, so etwa der Streit um die Zahlungsverpflichtung des privaten Bauherrn, welche dieser als vertragliche Gegenleistung für seine Befreiung von der öffentlich-rechtlichen Pflicht zur Schaffung von Stellplätzen zu erbringen hat (s. etwa BVerwG DÖV 1979, 756).

399

„Gemischte" Verträge, bei welchen die verschiedenen Regelungsinhalte teils dem öffentlichen, teils dem privaten Recht unterstehen, sind dagegen in Form sog. *„zusammengesetzter" Verträge* möglich.[827] Diese sind dadurch gekennzeichnet, dass die in dem Vertragswerk bedungenen Leistungen nicht in der oben (→ Rn. 398 f.) beschriebenen Weise eng zusammenhängen und das infrage stehende Vertragswerk zwischen den Vertragsparteien insoweit mehrere Rechtsverhältnisse begründet, die unterschiedlicher Rechtsnatur sein können. Dies ist insbes. dann der Fall, wenn verschiedene Verträge in einer Urkunde zusammengefasst werden oder wenn die unterschiedlichen Leistungen eines Vertrags nicht dergestalt miteinander verwoben oder aufeinander bezogen sind, dass sie sich nicht voneinander trennen lassen, sondern sie vielmehr ein jeweils voneinander unabhängiges Schicksal haben können.[828] Die konkreten Anforderungen an diese (Un-)Trennbarkeit dürfen allerdings nicht zu hoch angesetzt werden; nicht jeder lediglich „äußere" Zusammenhang führt bereits zur Untrennbarkeit[829]. Im Übrigen sind die jeweiligen Kriterien kaum verallgemeinerungsfähig; die Qualifizierung bedarf einer genauen Einzelfallwürdigung (BVerwG NVwZ 1994, 1012). Die Rspr. hat demgemäß etwa ein Vertragswerk, welches einen Grundstückskauf und eine Ablösungsvereinbarung zum Gegenstand hatte, als

400

818 *Maurer* § 14 Rn. 11; *U. Ramsauer*, in: Kopp/Ramsauer § 54 Rn. 29.
819 *K. Rennert*, in: Eyermann § 40 Rn. 71; *U. Schliesky*, in: Knack/Henneke § 54 Rn. 70.
820 S. etwa *Ule/Laubinger* § 68 Rn. 6.
821 Vgl. BVerwGE 42, 331, 332 ff.; BVerwG DÖV 1976, 349; NJW 1980, 2538; OLG Schleswig NVwZ 1988, 761, 762; *K. Lange*, JuS 1982, 500, 503; *ders.*, NVwZ 1983, 313, 319; *Maurer* § 14 Rn. 11; *Schenke* Rn. 123; *U. Ramsauer*, in: Kopp/Ramsauer § 54 Rn. 29; *J. Ruthig/W.-R. Schenke*, in: Kopp/Schenke § 40 Rn. 23; *U. Schliesky*, in: Knack/Henneke § 54 Rn. 70; *Ule/Laubinger* § 68 Rn. 6 m.w.N.
822 *E. Gurlit*, in: Ehlers/Pünder § 30 Rn. 5.
823 S. etwa *H. J. Bonk/W. Neumann*, in: Stelkens/Bonk/Sachs § 54 Rn. 77 f.; *Maurer* § 14 Rn. 11.
824 Vgl. BVerwGE 22, 138, 140 f.; BVerwG NJW 1976, 236; BVerwGE 92, 56, 59; 94, 202, 204; BGHZ 67, 81, 88; 76, 16, 20; 116, 339, 342; OVG Schleswig, NJW 2004, 1052 f.; OLG München BayVBl 1980, 504, 505; ferner BGH NVwZ 2004, 253, 254; *J. A. Kämmerer*, in: Bader/Ronellenfitsch § 54 Rn. 50.
825 *K. Lange*, JuS 1982, 500, 503; *ders.*, NVwZ 1983, 313, 319; *U. Schliesky*, in: Knack/Henneke § 54 Rn. 70 i.V.m. 72; *Ule/Laubinger* § 68 Rn. 5, 6.
826 *Maurer* § 14 Rn. 11; *U. Ramsauer*, in: Kopp/Ramsauer § 54 Rn. 31.
827 S. *J. Fluck*, Verw. 22 (1989), 185, 190; *Maurer* § 14 Rn. 11; *H. Meyer*, in: Meyer/Borgs § 54 Rn. 31; *U. Ramsauer*, in: Kopp/Ramsauer § 54 Rn. 33; *Ule/Laubinger* § 68 Rn. 6 m.w.N.; vgl. auch *K. Lange*, NVwZ 1983, 313, 319 f. mit Fn. 75; *U. Schliesky*, in: Knack/Henneke § 54 Rn. 71; ferner BVerwGE 84, 183, 166; BVerwG NVwZ 1994, 1012.
828 OVG Schleswig NVwZ-RR 2002, 793; *U. Ramsauer*, in: Kopp/Ramsauer § 54 Rn. 33; vgl. auch BVerwG NJW 1980, 2538 f.; BVerwGE 84, 183, 186; BVerwG NVwZ 1994, 1012.
829 Vgl. *W. Bier*, DVBl 2013, 541; *U. Ramsauer*, in: Kopp/Ramsauer § 54 Rn. 33.

teils privatrechtliches (hinsichtlich Grundstückskauf) und teils öffentlich-rechtliches (bzgl. Ablösungs-vereinbarung) angesehen[830], obwohl die einzelnen Regelungsteile in einem gewissen Zusammenhang standen[831]. Ebenso ist eine vertragliche Vereinbarung öffentlich-rechtlich, durch die sich ein Land von einem Angestellten eine monatliche Zahlung als Gegenleistung für die Zusage der späteren Ernennung zum Beamten versprechen lässt, auch wenn sie als Nebenabrede zu einem zivilrechtlichen Arbeitsver-trag getroffen wurde (BVerwG NVwZ-RR 2003, 874 f.).

401   Als öffentlich-rechtlich ist ein Vertrag auch dann einzustufen, wenn in ihm lediglich Verpflichtungen des Bürgers enthalten sind, die „für sich" gesehen privatrechtlicher Natur wären (→ Rn. 398), und eine (öffentlich-rechtliche) Gegenleistung eines Hoheitsträgers zwar nicht direkt im Vertrag geregelt ist, die vertragliche Verpflichtung des Bürgers aber in untrennbarem Zusammenhang mit öffentlich-rechtlichen Verpflichtungen oder Leistungen des Hoheitsträgers steht, welche dieser außerhalb des Vertrags übernimmt und deren Erfüllung als Voraussetzung bzw. „Geschäftsgrundlage" für die ver-tragliche Verpflichtung des Bürgers angesehen wird.[832] Wegen des Fehlens einer formellen Verpflich-tung des Hoheitsträgers im Vertragstext werden diese Verträge auch als unvollständige oder „hinken-de" Austauschverträge bezeichnet (s. etwa BVerwG NVwZ-RR 2003, 874, 875). Als „hinkender" öf-fentlich-rechtlicher Vertrag wurde etwa die Verpflichtung einer privaten Bauträgergesellschaft zur Übernahme von – der Gemeinde entstehenden – Folgekosten angesehen, weil die in der Aufstellung eines Bebauungsplans bzw. der einvernehmlichen Mitwirkung am Baugenehmigungsverfahren beste-hende Leistung der Gemeinde zwar nicht im Vertrag geregelt war, aber die „Voraussetzung" für die vertragliche Leistungspflicht der Bauträgergesellschaft darstellte und hiermit in untrennbarem Zusam-menhang stand (BVerwGE 42, 331, 332 ff.). Denkbar sind „hinkende" öffentlich-rechtliche Verträge auch in dem umgekehrten Fall, dass der Vertrag lediglich eine einseitige (öffentlich-rechtliche) Ver-pflichtung eines Hoheitsträgers enthält; unproblematisch unterliegen diese Verträge ebenfalls dem Ver-waltungsrechtsweg[833]. Hingegen wurde das Vorliegen eines „hinkenden öffentlich-rechtliches Vertra-ges" in einem Fall verneint, in welchem die in dem Vertrag nicht ausdrücklich geregelte öffentlich-rechtliche Gegenleistung nicht hinreichend deutlich erkennbar war, d.h. in dem Vertrag keinerlei „An-klang" gefunden hatte (OVG Münster NVwZ-RR 2004, 776 f.). Keinen „hinkenden" öffentlich-recht-lichen Vertrag zu begründen vermag die bloß einseitige Erwartungshaltung einer Vertragspartei an den behördlichen Vertragspartner,[834] ebenso wenig das bloße Verfolgen eines öffentlichen Zweckes durch den behördlichen Vertragspartner bei Abschluss einer für sich gesehen privatrechtlichen Verpflichtung (OVG Münster NVwZ-RR 2004, 776).

402   **(3) Öffentlich-rechtliche Verträge außerhalb der §§ 54 ff. VwVfG.** Öffentlich-rechtliche Verträge, welche zu öffentlich-rechtlichen Streitigkeiten i.S.v. § 40 Abs. 1 S. 1 führen, werden regelmäßig „öf-fentlich-rechtliche Verträge" gem. den §§ 54 ff. VwVfG sein, d.h. Verträge mit öffentlich-rechtlichem Gegenstand, die – wie sich aus den §§ 1 und 9 VwVfG ergibt – unter Beteiligung der Verwaltung ge-schlossen werden („Verwaltungsverträge")[835] (→ Rn. 393). Öffentlich-rechtliche Verträge sind aber auch außerhalb dieses Bereichs denkbar, z.B. als völkerrechtliche, verfassungs- bzw. staatsrechtliche oder kirchenrechtliche Verträge sowie als öffentlich-rechtliche Verträge zwischen Privaten.[836]

403   Sofern man den öffentlich-rechtlichen Charakter von völkerrechtlichen Verträgen bejaht, unterfielen sie jedenfalls deshalb nicht der Rechtswegklausel des § 40, weil es sich insoweit nicht um deutsches

---

830   BVerwGE 84, 183, 185 f.; vergleichbar OVG Münster NVwZ-RR 2004, 776 f., hinsichtlich eines Kaufvertrages über ein gemeindliches Grundstück, dessen Abschluss im Zusammenhang mit einem auf Grundlage des § 12 Abs. 1 S. 1 BauGB geschlossen „Durchführungsvertrag" erfolgte.

831   S. V. Götz, DVBl 1990, 441, 442; H. Grziwotz, DVBl 1991, 1348, 1349; vgl. im Weiteren BVerwG DÖV 1981, 878: Grundstückskaufvertrag mit bauplanungsrechtlicher Vereinbarung.

832   S. etwa BVerwGE 42, 331, 332 ff.; 96, 326, 330 f.; OVG Koblenz DVBl 1992, 786; Maurer § 14 Rn. 11; U. Rams-auer, in: Kopp/Ramsauer § 54 Rn. 30 c; K. Rennert, in: Eyermann § 40 Rn. 71; J. Ruthig/W.-R. Schenke, in: Kopp/Schenke § 40 Rn. 24; U. Schliesky, in: Knack/Henneke § 54 Rn. 73; Ule/Laubinger § 68 Rn. 6; vgl. auch VGH Mün-chen BayVBl 1982, 178 ff.; NVwZ 1990, 979 ff.; a.M. K. Lange, JuS 1982, 500, 503 f.; ders., NVwZ 1983, 313, 320 f.; krit. auch H.-J. Papier, JuS 1981, 498, 499.

833   K. Lange, NVwZ 1983, 313, 320 Fn. 76.

834   U. Ramsauer, in: Kopp/Ramsauer § 54 Rn. 8.

835   S. etwa H. J. Bonk/W. Neumann, in: Stelkens/Bonk/Sachs § 54 Rn. 68; Maurer § 14 Rn. 7; vgl. auch H.-H. Kasten/A. Rapsch, NVwZ 1986, 708, 709.

836   S. etwa H. J. Bonk/W. Neumann, in: Stelkens/Bonk/Sachs § 54 Rn. 65, 68 ff.; H.-H. Kasten/A. Rapsch, NVwZ 1986, 708, 709 ff.; U. Schliesky, in: Knack/Henneke Vorbem. § 54 Rn. 25 ff.; vgl. auch Maurer § 14 Rn. 7.

öffentliches Recht handeln würde[837]. Zwischen Bund und Ländern oder Ländern untereinander geschlossene *Staatsverträge* unterfallen nicht dem Verwaltungsrechtsweg, wenn sie verfassungsrechtlicher Art sind, da es dann am Merkmal der Nichtverfassungsrechtlichkeit der Streitigkeit i.S.v. § 40 Abs. 1 S. 1 fehlt. Weisen sie dagegen eine verwaltungsrechtliche Prägung[838] (näher zu Staatsverträgen → Rn. 248) auf, wie etwa Staatsverträge über die Vergabe von Studienplätzen[839] oder Rundfunk-Staatsverträge (BVerwGE 54, 29, 33 f.; 60, 162, 172 f. [NDR-Staatsvertrag]), so sind daraus resultierende Streitigkeiten öffentlich-rechtliche nichtverfassungsrechtlicher Art i.S.d. § 40 Abs. 1 S. 1. Somit ist für *verwaltungsrechtliche Staatsverträge* sowie für *Verwaltungsabkommen* zwischen Bund und Ländern oder Ländern untereinander regelmäßig der Verwaltungsrechtsweg eröffnet; erstinstanzlich zuständig für diese Fälle ist das BVerwG (§ 50 Abs. 1 Nr. 1).[840]

Möglich ist auch das Zustandekommen *öffentlich-rechtlicher Verträge zwischen Privaten*. Öffentlich- 404
rechtliche Verträge unter Beteiligung Privater liegen jedenfalls dann vor, wenn (zumindest) einer der beteiligten Privaten Beliehener (zur Rechtsfigur des Beliehenen → Rn. 359 ff.) ist, da dieser dann i.R. ihm übertragener Hoheitsgewalt handelt. In diesem Fall liegt regelmäßig ein öffentlich-rechtlicher „Verwaltungsvertrag" gem. den §§ 54 ff. VwVfG vor, da der Beliehene den Status einer Behörde hat[841]; daher ist es streng genommen terminologisch verfehlt, hierbei von einem öffentlich-rechtlichen Vertrag „unter Privaten" zu sprechen; denn der Beliehene handelt gerade nicht als Privater[842]. Nach überwiegend vertretener Auffassung können öffentlich-rechtliche Verträge aber auch zwischen Privaten, die nicht i.R. einer Beleihung handeln, geschlossen werden.[843] Voraussetzung ist die den Privaten gesetzlich eingeräumte Befugnis, über den öffentlich-rechtlichen Vertragsgegenstand zu disponieren.[844] So wird ein zwischen Privaten geschlossener Enteignungsvertrag nach § 110 BauGB als öffentlich-rechtlicher Vertrag angesehen[845]; ebenso wird der öffentlich-rechtliche Charakter von Verträgen zwischen Privaten angenommen bei der vertraglichen Abwälzung der Pflicht zur Gewässerunterhaltung bspw. nach § 95 LWG NW[846] oder der vertraglichen Übernahme der Straßenreinigungspflicht durch einen Dritten (z.B. gem. § 52 Abs. 4 S. 5 NStrG)[847], bei der bergrechtlichen Grundabtretung[848], bei Verträgen über die Abrundung von Jagdgebieten[849],[850] bei Vereinbarungen über die Übernahme der

837 *D. Ehlers/J.-P. Schneider*, in: Schoch/Schneider/Bier § 40 Rn. 353; vgl. *J. Ruthig/W.-R. Schenke*, in: Kopp/Schenke § 40 Rn. 37 ff.
838 S. etwa BVerfGE 42, 103, 113 f.
839 BVerfGE 42, 103, 113 f.; BVerwGE 50, 124, 130 ff.; BVerwG NVwZ 1988, 828; s.a. BVerwGE 80, 373, 376.
840 Vgl. *W. Bier*, in: Schoch/Schneider/Bier § 50 Rn. 7, 9; *W.-R. Schenke*, in: Kopp/Schenke § 50 Rn. 3.
841 *Ule/Laubinger* § 67 Rn. 6 und § 9 Rn. 5; vgl. auch *J. A. Kämmerer*, in: Bader/Ronellenfitsch § 54 Rn. 16.
842 *Ule/Laubinger* § 67 Rn. 6.
843 BVerwG NJW 1992, 2908; OVG Lüneburg OVGE 27, 341, 343; *H. J. Bonk/W. Neumann*, in: Stelkens/Bonk/Sachs § 54 Rn. 65 ff.; *D. Ehlers/J.-P. Schneider*, in: Schoch/Schneider/Bier § 40 Rn. 354; *E. Gurlit*, in: Ehlers/Pünder § 29 Rn. 9 m.w.N.; *K. Lange*, JuS 1982, 500, 504; *ders.*, NVwZ 1983, 313, 321 f.; *Maurer* § 14 Rn. 10; *U. Ramsauer*, in: Kopp/Ramsauer § 54 Rn. 7; *U. Schliesky*, in: Knack/Henneke § 54 Rn. 67; *K. Stern*, VerwArch 49 (1958), 106, 148; *Ule/Laubinger* § 67 Rn. 6; Wolff/Bachof/Stober/Kluth I § 54 Rn. 34; a.M. (privatrechtliche Natur) etwa *T. Clemens*, Verw. 12 (1979), 380, 382, 388; *A. Gern*, Vertrag zwischen Privaten, 1977, 45 ff., 51 ff.; *ders.*, VerwArch 70 (1979), 219, 235; *ders.*, NJW 1979, 694, 695; *H.-H. Kasten/A. Rapsch*, NVwZ 1986, 708, 712 f. Unter den Anhängern der überwiegend vertretenen Auffassung ist dabei umstr., ob die §§ 54 ff. VwVfG – welche für zwischen Privaten geschlossene öffentlich-rechtliche Verträge keinesfalls unmittelbar gelten (vgl. BVerwG NJW 1992, 2908; s. ferner *H. J. Bonk/W. Neumann*, in: Stelkens/Bonk/Sachs § 54 Rn. 65; *U. Schliesky*, in: Knack/Henneke § 54 Rn. 67) – zumindest analog hierauf Anwendung finden. Dafür etwa *U. Ramsauer*, in: Kopp/Ramsauer § 54 Rn. 7a (differenzierend); *U. Schliesky*, in: Knack/Henneke § 54 Rn. 67; *Ule/Laubinger* § 67 Rn. 6; dagegen etwa *K. Lange*, NVwZ 1983, 313, 321 f.
844 S. etwa OVG Lüneburg OVGE 27, 341, 343; *H. J. Bonk/W. Neumann*, in: Stelkens/Bonk/Sachs § 54 Rn. 65; *D. Ehlers/J.-P. Schneider*, in: Schoch/Schneider/Bier § 40 Rn. 354; *E. Gurlit*, in: Ehlers/Pünder § 29 Rn. 9; *K. Lange*, JuS 1982, 500, 504; *ders.*, NVwZ 1983, 313, 321 f.; *U. Schliesky*, in: Knack/Henneke § 54 Rn. 67; *Ule/Laubinger* § 67 Rn. 6.
845 *H. Dyong*, in: Ernst/Zinkahn/Bielenberg/Krautzberger § 111 Rn. 8; *Maurer* § 14 Rn. 10; Wolff/Bachof/Stober/Kluth I § 54 Rn. 34.
846 Vgl. *K. Lange*, NVwZ 1983, 313, 321.
847 S. OVG Lüneburg OVGE 27, 341, 343.
848 S. *D.C. Dicke*, ZfB 1970, 431 f.; *D. Greinacher*, in: Boldt/Weller/Kühne/v. Mäßenhausen, BBergG, ²2016, § 92 Rn. 6; *R. Piens/H.-W. Schulte/S. Graf Vitzthum*, BBergG, ²2013, § 105 Rn. 23. Vgl. aber auch BGH NJW 1973, 656 f.: Ein nach Einleitung eines bergrechtlichen Zwangsabtretungsverfahrens, aber außerhalb dieses Verfahrens geschlossener bergrechtlicher Vertrag zwischen zwei Privaten ist privatrechtlicher Natur.
849 *K. Stern*, VerwArch 49 (1958), 106, 148; Wolff/Bachof/Stober/Kluth I § 54 Rn. 34.
850 Etwa nach Art. 4 Abs. 2 BayJG, § 7 Abs. 1 NJagdG.

Straßenbaulast (Art. 54 Abs. 4 BayStrWG)[851], bei der vertraglichen Abtretung eines Rentenanspruchs (vgl. BSGE 70, 37, 39) oder etwa beim Vertrag über die Nutzung eines durch Satzung geregelten Rechts an Wahlgräbern (BVerwG NJW 1992, 2908) sowie bei Erschließungsverträgen, wenn die Gemeinde nach § 124 Abs. 1 BauGB die Erschließung auf einen Dritten (Privaten) übertragen hat (OLG Rostock NJW 2006, 2563 f.). Der öffentlich-rechtliche Charakter einer vertraglichen Folgekostenregelung mit einem privaten Telekommunikationsdienstleister wurde aufgrund des engen Zusammenhangs mit den öffentlich-rechtlichen Bestimmungen über die Benutzung der Verkehrswege gem. §§ 50 ff. TKG 1996 oder der Wegerechte nach §§ 68 ff. TKG 2004 bejaht.[852]

405 Nicht ausreichend ist indes mangels öffentlich-rechtlicher Dispositionsbefugnis allein der Umstand, dass ein zwischen Privaten geschlossener Vertrag einen öffentlich-rechtlichen Gegenstand betrifft. Daher sind privatrechtlich bspw. Studienplatztauschverträge (vgl. OLG München NJW 1978, 701) oder Verträge über eine von öffentlich-rechtlichen Abstandsvorschriften abweichende Grenzbebauung (vgl. BGH NJW 1978, 695) (insgesamt → Rn. 272).

406 **(4) Sonstige Rechtswegfragen im Zusammenhang mit Verträgen.** Ist ein Vertrag privatrechtlicher Natur, so ist für diesbezügliche Streitigkeiten die ordentliche Gerichtsbarkeit nach § 13 GVG zuständig. Dient der privatrechtliche Vertrag aber einer spezifischen öffentlichen Zielsetzung, so kann dem Vertragsschluss eine öffentlich-rechtliche Entscheidung bzgl. des „Ob" des Vertragsschlusses vorausgehen, hinsichtlich derer der Verwaltungsrechtsweg eröffnet ist (z.B. bei der Vergabe von Subventionen), sog. Zweistufenlehre (näher zur Zweistufenlehre, deren Anwendungsfällen und der diesbezüglichen Kritik → Rn. 327 ff.). Als privatrechtliche Verträge eingestuft werden von der h.M. regelmäßig auch Verträge i.R. fiskalischen Handelns der Verwaltung, z.B. bei Bedarfsdeckungsgeschäften (zum fiskalischen Verwaltungshandeln sowie der Kritik hieran → Rn. 355 ff., 370 ff.). Vor die Verwaltungsgerichte gehören nicht nur Streitigkeiten, die aus einem bereits geschlossenen öffentlich-rechtlichen Vertrag resultieren, sondern ggf. auch die Klage auf Abschluss eines öffentlich-rechtlichen Vertrags[853]. Ebenfalls in die Zuständigkeit der Verwaltungsgerichte fallen nicht nur Streitigkeiten hinsichtlich sämtlicher vertraglicher Primäransprüche, sondern auch bzgl. Folgeansprüchen wie solcher auf Schadensersatz wegen Nichterfüllung, Schlechterfüllung, verzögerter Erfüllung[854] oder positiver Vertragspflichtverletzung (s. § 40 Abs. 2 S. 1), ebenso für Rückgewähransprüche bei Nichtigkeit (VGH Mannheim NVwZ 1991, 583; vgl. auch BVerwG NJW 1980, 2538); umstr. ist dies indes hinsichtlich Ansprüchen wegen Verschuldens bei der Anbahnung oder dem Abschluss eines öffentlich-rechtlichen Vertrags (culpa in contrahendo; → Rn. 566 ff.).[855]

407 **bbb) Einzelfälle.** **(1) Öffentlich-rechtliche Verträge.** Als öffentlich-rechtliche Verträge werden angesehen:

- *abgabenrechtliche* Verträge;[856]
- *Altlastensanierungsverträge;*[857]
- *Aspirantenverträge,* insbes. Ausbildungsförderungsverträge und Fernmeldeaspirantenverträge;[858]
- Verträge der katholischen Kirche mit Priesteranwärtern über die *Ausbildungsfinanzierung;*[859]
- *Baudispensverträge;*[860]

---

851 *Wolff/Bachof/Stober/Kluth* I § 54 Rn. 34.
852 OVG Münster DVBl 2008, 990, 991 f.
853 Vgl. *U. Ramsauer,* in: Kopp/Ramsauer § 54 Rn. 15 f.; s.a. *J. Ruthig/W.-R. Schenke,* in: Kopp/Schenke § 40 Rn. 23 m.w.N.
854 Zur Frage, ob und unter welchen Voraussetzungen Verzugszinsen i.R. öffentlich-rechtlicher Vertragsverhältnisse geltend gemacht werden können, BVerwG NVwZ 1986, 554 sowie *H.-J. Friehe,* NVwZ 1986, 538 f.
855 Zum Streitstand auch *J. Scherer,* NVwZ 1986, 540 f.
856 Zur Unzulässigkeit solcher Verträge BVerwGE 8, 329, 330; 64, 361, 363; OVG Koblenz NVwZ 1986, 68; a.M. BGH DÖV 1976, 854 f., der bei einem Vertrag zwischen Gemeinde und Baufirma zwecks Sicherung von Gewerbesteueraufkommen einen privatrechtlichen Vertrag annimmt.
857 *W. Frenz/P. Heßler,* NVwZ 2001, 13; *C. Müllmann,* NVwZ 1994, 876 ff.
858 Näher BVerwGE 30, 65 ff.; 52, 183 ff.; BVerwG ZBR 1981, 126 ff.; BVerwGE 91, 200, 204; BGH DÖV 1972, 314 ff.; OVG Brem ZBR 1980, 357 ff.; *W. Krebs,* VerwArch 70 (1979), 81 ff.
859 LG Hanau DÖV 1981, 427 m.Anm. *P. Tiedemann.*
860 BVerwG DVBl 1967, 40 f.; DVBl 1972, 824 f.; BGHZ 56, 365, 367; OVG Münster DVBl 1972, 799, 800; vgl. auch BGHZ 26, 84 ff.

- *baurechtliche Verpflichtungsverträge* (Bauleitplan- und Flächennutzungsplanverpflichtungsverträge), welche Vereinbarungen über den Erlass, die Änderung, die Beibehaltung oder Aufhebung von Bauleitplänen oder Flächennutzungsplänen treffen;[861]
- *beamtenrechtliche Verträge*, insbes. Verträge über Studienförderung und die Verpflichtung zum späteren Eintritt in den öffentlichen Dienst, sowie Verträge mit dem Dienstherrn über die Erstattung von Umzugskosten;[862]
- ein Vertrag über die *Behandlung in einem psychiatrischen Landeskrankenhaus*, da die Rechtsbeziehungen zwischen einem solchen Krankenhaus und seinen Patienten ihrer Natur nach auch in Fällen dem öffentlichen Recht angehören sollen, in denen eine behandlungsbedürftige Person sich ohne behördliche Einweisung selbst mit der Aufnahme einverstanden erklärt;[863]
- Landesverträge über die gemeinsame Gründung und den *Betrieb eines Rundfunk- und Fernsehsenders* (vgl. BVerwGE 60, 162 ff.);
- *Betriebsführungsverträge* zwischen Verwaltungsträger und Privatem über die Führung eines öffentlichen Betriebes;[864]
- *Enteignungsverträge* nach den §§ 110 ff. BauGB;[865]
- *Erschließungsverträge* gem. § 11 Abs. 1 S. 2 Nr. 1 BauGB, durch welche eine Gemeinde ohne Gegenleistung die Erschließung auf einen Dritten überträgt;[866]
- *Erschließungsablösungsverträge* gem. § 133 Abs. 3 S. 5 BauGB, durch welche die Ablösung schon getilgter künftiger Erschließungsbeiträge geregelt wird;[867]
- *Erschließungsvorfinanzierungsverträge*, durch welche sich ein Unternehmer verpflichtet, seinen Erschließungsaufwand vorübergehend vorzufinanzieren;[868]
- *Erschließungsvorauszahlungsverträge* gem. § 133 Abs. 3 S. 1 BauGB, durch welche sich der Grundstückseigentümer zu einer vorgezogenen Beitragsleistung verpflichtet (BGH JZ 1973, 420 f.);[869]
- Verträge über die Tätigkeit als nicht beamteter *Fleischbeschauer* (BGHZ 22, 246 ff.; a.M. VGH München BayVBl 1997, 601);

---

861 Das BVerwG nahm hierbei früher an, dass solche Verträge aufgrund der Vorschrift des § 2 Abs. 3 BauGB nichtig seien (BVerwG NJW 1980, 2538 f., m. Bespr. *H.-J. Papier*; BVerwG NVwZ 1982, 249 f.); heute wird jedoch weitgehend keine Nichtigkeit angenommen, wenn der baurechtliche Plan nicht unmittelbare Vertragspflicht, sondern nur Grundlage, Voraussetzung oder Bedingung des Vertrags ist (sog. hinkende Austauschverträge, → Rn. 401), vgl. *H. J. Bonk/W. Neumann*, in: Stelkens/Bonk/Sachs § 54 Rn. 142; vgl. zum öffentlich-rechtlichen Charakter dieser Verträge BVerwG NJW 1980, 2538 f.; DÖV 1981, 878; VGH Kassel NVwZ 1985, 839 ff.; OLG München BayVBl 1980, 504 f.; aber auch BGHZ 76, 16 ff. – privatrechtlich.

862 Eine solche vertragliche Ausgestaltung des Beamtenverhältnisses ist allerdings nur insoweit zulässig, als hierfür eine gesetzliche Grundlage besteht: BVerwGE 91, 200, 201 ff.; vgl. auch BVerwGE 52, 183, 189; zum öffentlich-rechtlichen Charakter solcher Vereinbarungen: BVerwGE 30, 65 ff.; 40, 237, 239; BVerwG NJW 1982, 1412 f.; BAG NJW 1991, 943 (zum Vertrag über die Studienförderung zwischen Dienstherrn und Beamten); BVerwGE 74, 78 ff.; BVerwG NJW 1982, 1412; BAG JZ 1991, 563 f. m. Anm. *F. Kopp*; OVG Münster DVBl 1990, 314 (zur Verpflichtung des späteren Eintritts in den öffentlichen Dienst); BVerwG ZBR 1981, 126 f. (zur Rückzahlungsvereinbarung über Ausbildungskosten); BGHZ 102, 343, 344; BGH DVBl 1988, 684 ff. (zum Schuldanerkenntnis über zu viel gezahlte Dienstbezüge); BVerwG VerwRspr 24 (1973), 688 f. (zur Erstattung von Umzugskosten).

863 S. VGH Mannheim NJW 1991, 2985 und 2396; krit. *L. Fischer/H. Mann*, NJW 1992, 1539.

864 Vgl. BVerwGE 97, 331, 336; BVerwG DVBl 1995, 1088, 1089; a.M. OVG Münster NJW 1991, 61 f.; *D. Ehlers/J.-P. Schneider*, in Schoch/Schneider/Bier § 40 Rn. 366.

865 Zu beachten ist hierbei jedoch, dass solche Vereinbarungen vor Einleitung des Enteignungsverfahrens als freihändiger Erwerb zu qualifizieren sind und deswegen dem Privatrecht unterfallen: *E. Schmidt-Aßmann*, in: ders./Krebs, Rechtsfragen städtebaulicher Verträge, ²1992, 24. Zur öffentlich-rechtlichen Natur von Enteignungsverträgen nach Einleitung des Verfahrens BGH NVwZ 1987, 259; *O. Reidt*, in: Battis/Krautzberger/Löhr § 11 Rn. 18 ff.; *E. Schmidt-Aßmann*, a.a.O., 10 f.

866 BVerwGE 32, 37, 38; 70, 247 f.; BGHZ 54, 287, 290; vgl. auch OVG Saarl DÖV 1989, 861 ff.; OLG Schleswig NVwZ-RR 2008, 743 f.; *D. Ehlers*, Verwaltung in Privatrechtsform, 1984, 450 f.; *W. Erbguth/A. Rapsch*, DÖV 1992, 45 ff.; s.a. BVerwGE 89, 7 ff. *O. Reidt*, in: Battis/Krautzberger/Löhr § 11 Rn. 18 ff.

867 BVerwGE 23, 213, 214; BVerwG NJW 1980, 1294, 1295; DÖV 1982, 641, 642; BVerwGE 64, 361, 362 ff.; 84, 183, 185 ff.; vgl. auch BVerwGE 87, 77 ff.; OVG Koblenz DÖV 1975, 718 f.; VGH München DÖV 1987, 644, 645 f.; VG Sigmaringen DVBl 1978, 823 f.; *H.-J. Driehaus*, Erschließungs- und Ausbaubeiträge, ⁹2012, Rn. 787; *M. Jachmann*, BayVBl 1993, 326 ff.

868 OVG Münster NWVBl 1989, 138 ff.; OVG Saarl DÖV 1989, 861 ff.; *W. Erbguth/A. Rapsch*, DÖV 1992, 45, 47.; *O. Reidt*, in: Battis/Krautzberger/Löhr § 11 Rn. 28.

869 *E. Ruff*, DWW 2013, 243 ff.; ausf. zu Abgrenzungsfragen *O. Reidt*, in: Battis/Krautzberger/Löhr § 133 Rn. 56.

- *Folgelastenverträge*, welche die Übernahme von Folgekosten regeln, die unabhängig von abgabenrechtlich erstattungsfähigen Kosten bei Ausweisung neuer Baugebiete entstehen;[870]
- *Grundstücksaustauschverträge* zwischen einer Gemeinde und einem Privaten;[871]
- Verträge mit einer Gemeinde über den Besuch eines städtischen *Kindergartens*;[872]
- ein Vertrag über die Kostenbeteiligung von Eltern an einer *Klassenfahrt* ihres Kindes (VG Hannover NdsVBl 2002, 272; VG Saarlouis NVwZ-RR 2003, 438 f.);
- *Lebenshaltungskostenübernahmeverträge*, durch welche Ausländerbehörde und Bürger die möglicherweise erforderliche Übernahme der Lebenshaltungskosten eines Ausländers regeln;[873]
- *Leistungsbeschaffungsverträge* sowie Verträge über die *Lieferung von Heilmitteln* zwischen Trägern der gesetzlichen Krankenversicherung oder ihren Verbänden mit Leistungserbringern oder ihren Verbänden;[874]
- *Mitsprachevereinbarungen* zwischen einem Gemeinderatsmitglied und einem Theater über die Bestellung künstlerischer Mitarbeiter (vgl. VGH Kassel NJW 1984, 1139 f.);
- *naturschutzrechtliche Verträge* über den Ausgleich der Eingriffe der Gemeinde durch baurechtliche Planung (BVerwGE 104, 353 ff.);
- *Prozessvergleiche*;[875]
- Rettungsdienstleistungen gem. § 13 Abs. 1 RettG NRW;[876]
- *Rückzahlungsverpflichtungen bzw. Schuldanerkenntnisse*;[877]
- *Sanierungsverträge* gem. den §§ 157 ff. BauGB;[878]
- *Sondernutzungsverträge*, insbes. solche des Straßenrechts;[879]
- ein Vertrag über ein *Sozialhilfedarlehen*, welches ein Sozialhilfeträger einem Bedürftigen gewährt (LG München NJW-RR 2003, 256);
- *Stellplatzablösungsverträge*;[880]

---

870   BVerwGE 22, 138, 140 ff.; 42, 331, 332; BVerwG NJW 1981, 1747, 1748; NJW 1993, 1810 f.; BVerwGE 90, 310 ff.; VGH Mannheim NVwZ 1991, 583 ff.; NVwZ-RR 1999, 698 f.; VGH München BayVBl 1980, 719, 722; 1982, 177 f.; vgl. auch BGH NJW 1986, 1109.

871   Öffentlich-rechtlich ist der Vertrag hierbei jedoch nur dann, wenn der Grundstückskauf mit einer öffentlich-rechtlichen Leistung oder Verpflichtung verknüpft ist: vgl. BVerwG NJW 1976, 2360; BGH MDR 1983, 827 f.; *D. Ehlers/J.-P. Schneider*, in: Schoch/Schneider/Bier § 40 Rn. 381; zum öffentlich-rechtlichen Charakter solcher Verträge: BGH JZ 1973, 420 f. m.Anm. *W. Rüfner*.

872   OVG Bln JR 1976, 216 f.; NJW 1982, 954 f.; auch BVerwG NVwZ 1995, 790 f.; OVG Münster, NVwZ 1995, 191 ff.

873   OLG Düsseldorf NVwZ 1993, 405 f.; VG München InfAuslR 1996, 213; VG Würzburg InfAuslR 1996, 211; a.M. VGH München EZAR 603 Nr. 4; OLG Hamm NVwZ 1992, 205; offen gelassen von VGH Mannheim EZAR 018 Nr. 1.

874   BSGE 89, 24 ff.; vor Neufassung des § 69 SGB V durch das GKV-Gesundheitsreformgesetz vom 22.12.1999 (BGBl I 2626) wurden diese Verträge gemeinhin als privatrechtliche klassifiziert, s. dazu etwa GmSOGB BGHZ 97, 312, 314 ff.; BGHZ 142, 338, 339 ff. S. ferner *S. Kluckert*, Gesetzliche Krankenkassen als Normadressaten des Europäischen Wettbewerbsrechts, 2009, 217 ff. m.w.N.; *ders.*, NZS 2012, 808, 809 f.

875   Nach überwiegend vertretener Auffassung weist der Prozessvergleich eine Doppelnatur auf: Er ist einerseits Prozesshandlung, andererseits materiell-rechtlicher öffentlich-rechtlicher Vertrag, vgl. etwa → § 106 Rn. 11 m.w.N.; BVerwGE 10, 110; BVerwG NJW 1988, 662, 663; DVBl 1994, 211, 212; BSG NJW 1989, 2565; *M. Aschke*, in: Gärditz § 106 Rn. 2 ff.; *H. Geiger*, in: Eyermann § 106 Rn. 6; *W.-R. Schenke*, in: Kopp/Schenke § 106 Rn. 5.

876   VG Düsseldorf NZBau 2017, 59, 60; s. auch *J. M. Bühs*, NVwZ 2017, 440 ff.; *ders.*, DÖV 2017, 995 ff.

877   Vgl. BVerwGE 67, 177 ff.; BVerwGE 96, 326, 329; BGH NJW 1994, 2620 f. (zur Rückzahlung eines Stipendiums durch einen Einbürgerungsbegehrenden); BVerwGE 91, 200, 201 f. (zur Rückzahlung von Kosten für eine beruflich vorgeschriebene Aufstiegsausbildung); BAG NJW 1991, 943 (zur Rückzahlung von Kosten für eine Ausbildung, wenn diese den späteren Eintritt in ein Beamtenverhältnis ermöglichen soll, obwohl die Beteiligten formal einen Arbeitsvertrag geschlossen haben); BGHZ 102, 343, 344 ff. (Rückzahlung von zu viel erhaltenen Dienstbezügen durch einen Beamten).

878   BGHZ 92, 164, 167; OVG Koblenz NVwZ-RR 2013, 942; *S. Mitschang*, in: Battis/Krautzberger/Löhr § 157 Rn. 9.

879   Hierbei ist zu berücksichtigen, dass sich die Sondernutzung i.d.R. nur dann nach dem öffentlichen Recht bemisst, wenn diese den Gemeingebrauch beeinträchtigt, ansonsten ist die Einräumung solcher Sonderrechte nach dem bürgerlichen Recht zu beurteilen (§ 8 Abs. 10 FStrG sowie die entsprechenden landesrechtlichen Bestimmungen der Landesstraßengesetze; Art. 56 Abs. 1 BayStrWG und § 51 Abs. 2 StrWG NRW). Vgl. zur Rechtslage in Hamburg die §§ 4 und 19 Abs. 5 HWG. Vgl. zum öffentlich-rechtlichen Charakter von bestimmten Sondernutzungsverträgen BVerwG 6.8.1993 Buchholz 316 § 59 VwVfG Nr. 10; OVG Lüneburg OVGE 44, 500; s.a. BVerwG VBlBW 1994, 96; VGH Mannheim NJW 1994, 340.

880   BVerwGE 23, 213, 214 ff.; BVerwG DÖV 1979, 756 f.; NJW 1980, 1294 f.; BGHZ 32, 214, 216 f.; vgl. auch BVerwG NJW 1986, 600 f.; OVG Münster DVBl 1977, 903, 904; *D. Ehlers*, DVBl 1986, 529 ff.; s. aber auch BGHZ 35, 69 ff.; offen gelassen von BGH NJW 1979, 642 f.

- *Subventionsverträge*, jedenfalls wenn der Subventionsvergabe kein Verwaltungsakt vorausgeht;[881]
- *Umlegungsverträge*, durch welche die Neuordnung der Grundstücksverhältnisse für die Erschließung und Bebauung eines Gebiets zwischen Gemeinde und den Grundstückseigentümern geregelt wird (vgl. BVerwG NJW 1985, 989; a.M. BGH NJW 1981, 2124 f.);
- Verträge über vorbeugende *Umweltschutzmaßnahmen* (BVerwGE 84, 236 ff.);
- *Vergabestaatsverträge*, durch welche Bundesländer die Verteilung von Studienplätzen durch die ZVS regeln (BVerfGE 42, 103 ff.; BVerwG NJW 1977, 66 f.; → Rn. 403);
- ein *Versicherungsvertrag* mit einer öffentlichen Brandversicherung;[882]
- *Wegebaulastverträge*;[883]
- ein Vertrag zwischen einer Gemeinde und einem Privaten über *Wirtschaftsförderung und Immissionsschutz* (BVerwGE 84, 236 ff.);
- ein Vertrag über die Vergabe eines *Zuschusses zur Errichtung eines Abwasserkanals* (VGH München BayVBl 1982, 177, 178).

Das *Doktorandenverhältnis* beruht auf dem öffentlichen Recht, stellt jedoch keinen Vertrag dar.[884]   408

(2) Privatrechtliche Verträge. Als privatrechtliche Verträge werden angesehen: 409

- ein Vertrag zwischen einer Gemeinde und einem Verband über die *Abfallbeseitigung* (OLG München BayVBl 1980, 695, 696);
- *Abschleppverträge* zwischen der Polizei und einem privaten Abschleppunternehmer über das Abschleppen verkehrswidrig parkender Fahrzeuge;[885]
- ein Vertrag zwischen einem Künstler und einer Gemeinde über die *Ausstellung von Kunst in einer öffentlichen Kunstausstellung* (BVerwG MDR 1976, 874 f.);
- ein Vertrag zwischen einer Gemeinde und einer Privatperson über den *Bau und* den *Betrieb eines Krankenhauses, Schwestern- oder Altenheims* (OVG Münster NWVBl 1991, 14 f.);
- ein *Bauwichvertrag* zwischen Nachbarn;[886]
- ein Vertrag mit einem Arzt über die *Blutentnahme* bei polizeilichen Verkehrskontrollen (OLG München NJW 1979, 608 f.);
- ein Vertrag über die *Bodenschatzsuche* (BVerwG DVBl 1970, 735 f.);
- *Bürgschaften*, selbst bei öffentlich-rechtlicher Hauptforderung;[887]
- *Einheimischenverträge*, durch welche Gemeinde und Grundstückseigentümer vereinbaren, dass ortsansässige Bewerber bei der Bebauung neuer Flächen für die Wohnbebauung bevorzugt berücksichtigt werden (BVerwGE 92, 56, 58 f.; a.M. VGH München NVwZ 1990, 979);
- ein Vertrag zwischen einer Gemeinde und einem Bürgerverein über das Unterlassen von *Einwendungserhebungen* gegen geplante Bauvorhaben (VGH Mannheim NJW 1994, 211 f.);
- ein Vertrag zur Erteilung von *Forschungsaufträgen* (BVerwGE 35, 103, 104 f.);
- ein Vertrag zwischen Nachbarn über die *Grenzbebauung*;[888]
- Verträge über die *gütliche Einigung* nach § 31 Abs. 5 S. 1 VermG (OVG Greifswald NVwZ 2003, 498 f. mit Nachw. auch zur Gegenansicht);

---

881 Vgl. BGH WM 1999, 150 f.; OVG Münster NVwZ 1984, 522 f. m. Bspr. *A. Knuth*, JuS 1986, 523 f.; OLG Naumburg NVwZ 2001, 354 f.; vgl. zur Subventionsvergabe als Anwendungsfall der Zweistufenlehre § 40 Rn. 328 ff.; zur Kritik an der Zweistufenlehre → § 40 Rn. 353 f.
882 VGH München NJW 1978, 2410 ff. m.Anm. *P. Badura.*
883 Vgl. BVerwGE 37, 231, 236; OVG Hamburg VerwRspr 8 (1956), 228; VGH München BayVBl 1967, 134 f.
884 S. VGH Mannheim VBlBW 1981, 360, 361, wonach das Doktorandenverhältnis zwar auf dem öffentlichen Recht beruhe, aber kein Vertragsverhältnis darstelle; deshalb sei wegen § 40 Abs. 2 S. 1 bzgl. der Verletzung von Betreuungspflichten der ordentliche Rechtsweg eröffnet. Indes auch BVerwG NJW 1967, 72; offen gelassen von BGH NJW 1960, 911.
885 Vgl. BVerwG DÖV 1973, 244, 245; BGH NJW 1977, 628, 629; DVBl 1993, 605, 606; LG Stuttgart 8.7.2003 – 15 O 496/02, juris Rn. 21.
886 BGH NJW 1978, 695 f. m.Anm. *A. Gern*, NJW 1979, 694.
887 BGHZ 90, 187, 188 ff.; VGH München NJW 1990, 1006 f. m.Anm. *H.-W. Arndt*; OLG Frankfurt NVwZ 1985, 373; *M. Kraushaar/H. Häuser*, NVwZ 1984, 217 ff.; a.M. KG NVwZ 1983, 572 f.; LG Frankfurt NVwZ 1984, 267, 268 (aufgehoben durch OLG Frankfurt a.a.O.).
888 BGH NJW 1978, 695 m.Anm. *A. Gern*, NJW 1979, 694.

- *Jagdpachtverträge* nach § 11 BJagdG[889] sowie *Fischereipachtverträge* gem. § 581 BGB[890];
- *Konzessionsverträge*, durch welche sich Gemeinden gegen Erstattung einer Konzessionsabgabe seitens der Energieversorgungsunternehmen verpflichten, Leitungen für die Versorgung zu verlegen oder einem Energieversorgungsunternehmen gem. § 46 EnWG das Recht zur Wegenutzung einzuräumen[891], als auch solche Klagen, die auf Akteneinsicht im Verfahren auf Abschluss eines Konzessionsvertrages gerichtet sind[892];
- Verträge über die *Leitungsverlegung in öffentlichen Straßen*;[893]
- ein Vertrag, durch den die Vermessungsbehörde einem Verlag *Nutzungsrechte an topographischen Kartenwerken* einräumt, auch wenn die gewerbliche Nutzung der Kartenwerke durch Landesgesetz unter einen Erlaubnisvorbehalt gestellt ist (BGH NJW 1988, 337 f.);
- ein Grundstückskaufvertrag mit einer Gemeinde, der eine *Rückbauverpflichtung* hinsichtlich der auf dem Grundstück zu errichtenden Gebäude enthält (BGH NVwZ 2004, 253 f.);
- ein Vertrag zwischen den öffentlich-rechtlichen Fernsehsendern und dem deutschen Sportbund über die Erteilung eines *Senderechts* für eine Sportveranstaltung (BGH NJW 1990, 2815 ff.);
- die Verpflichtung eines *Sozialhilfeträgers* nach § 569 Abs. 3 Nr. 2 Alt. 2 i.V.m. § 543 Abs. 2 S. 1 Nr. 3 BGB zur Zahlung der Miete für die Wohnung eines Bedürftigen;[894]
- der Anspruch eines *Sozialversicherungsträgers* gegen eine sich für Sozialversicherungsbeiträge verbürgende GmbH;[895]
- *Stromversorgungsverträge*;[896]
- *Studienplatztauschverträge* zwischen zwei Studenten;[897]
- ein Vertrag zwischen Jugendamt und Pflegefamilie über die *Unterbringung* eines Minderjährigen (OVG Münster NJW-RR 1986, 1012);
- *Verlagsverträge* zwischen privaten Autoren und einem Verwaltungsträger als Herausgeber;[898]
- ein Vertrag mit einem Fernheizungswerk über die Lieferung von *Wärmeenergie* (BGH NJW 1980, 2705 ff.);
- ein Vertrag zwischen einer Bahngesellschaft und einer Gemeinde über die kostenfreie *Wasserversorgung* (BGH DÖV 1980, 171 f.);
- ein *Zusatzversorgungsvertrag* mit einer Versorgungsanstalt von Bund und Ländern (BSG NJW 1972, 2151 f.).

410 **dd) Realakte. aaa) Allgemeines.** Realakte (auch: schlichtes oder faktisches Verwaltungshandeln genannt) sind solche Handlungen der Verwaltung, die nicht auf Bewirkung von Rechtsfolgen gerichtet sind, sondern unmittelbar nur tatsächliche Folgen herbeiführen.[899] Die Bestimmung der Rechtsnatur von Realakten kann insofern schwierig sein, als diese für sich genommen rechtlich neutral bzw. indif-

---

889 OVG Lüneburg, Jagdrechtliche Entscheidungen III Nr. 27; VGH Kassel NJW 1996, 474, 475; s.a. VGH München RdL 1989, 122 f.

890 Selbst wenn der Verpächter eine juristische Person des öffentlichen Rechts ist, vgl. OVG Magdeburg LKV 2015, 234 f.

891 *P. J. Tettinger*, DVBl 1991, 786, 787 f.; OVG Münster NVwZ-RR 2012, 415.

892 BVerwG NVwZ 2017, 329 ff. m. zust. Anm. *B. Scholtka/L. Keller-Herder*; ausf. *J. M. Bühs*, VR 2016, 115 ff.

893 BVerwGE 29, 248, 251; BGHZ 15, 114, 115 f.; 114, 30 ff.; 123, 256 ff. (zum Vertragsschluss zwischen Gemeinde und Versorgungsunternehmen); BGH NVwZ 1983, 632 (zum Vertragsschluss zwischen zwei Behörden); VGH München NVwZ-RR 1996, 343 f. (zum Vertragsschluss zwischen Gemeinde und Grundstückseigentümer).

894 BVerwGE 94, 229 f.; *J. Ruthig/W.-R. Schenke*, in: Kopp/Schenke § 40 Rn. 25. Zum öffentlich-rechtlichen Charakter von Mietgarantieerklärungen eines Sozialhilfeträgers, die Miete als laufende Leistung zu übernehmen, BVerwGE 94, 229, 232 f.; 96, 71, 74 f.; OVG Bremen NJW 1990, 1313 f.; VGH Mannheim ESVGH 42, 20, 21 ff.; VGH München NJW 1990, 1868 f.; a.M. LG Saarbrücken NJW-RR 1987, 1372 f.; LG Würzburg NJW-RR 1988, 1483 f.; vgl. hierzu auch OVG Bln, NJW 1984, 2593 f.

895 Vgl. BGH NJW 1984, 1622 ff. m. Bspr. *M. Zuleeg*, JuS 1985, 106 ff.

896 Solche Verträge zwischen Kunden und privaten Energieversorgungsunternehmen sind regelmäßig privatrechtlicher Natur. Ist das Energieversorgungsunternehmen hingegen öffentlich-rechtlich ausgestaltet, steht es ihm frei, wie es die Leistungsbeziehungen ausgestaltet (vgl. *D. Ehlers/J.-P. Schneider*, in: Schoch/Schneider/Bier § 40 Rn. 373), allerdings ist in der Praxis bisher noch kein Gebrauch von der Möglichkeit eines öffentlich-rechtlichen Vertragsverhältnisses gemacht worden; s. zur privatrechtlichen Natur solcher Verträge BGH NJW 1976, 424; NJW 1980, 2705 ff.; OVG Lüneburg BB 1965, 1207.

897 OLG München NJW 1978, 701, 702 m.Anm. *A. Gern*, NJW 1979, 694 ff.

898 BVerwG DVBl 1982, 636 f.; *D. Ehlers*, Verwaltung in Privatrechtsform, 1984, 457.

899 Näher zum Begriff etwa *D. Ehlers*, in: Ehlers/Pünder § 3 Rn. 60 ff.; *G. Robbers*, DÖV 1987, 272 ff.; *Wolff/Bachof/Stober/Kluth* I § 57 Rn. 1.

ferent sind[900]. Eine Qualifikation anhand der vorzugswürdigen Sonderrechts- bzw. Subjektstheorie scheidet regelmäßig aus, da diese Abgrenzungstheorie auf Rechtsnormen zugeschnitten ist[901]; auch die übrigen Abgrenzungstheorien greifen – abgesehen von der grundsätzlichen Kritik an ihnen – nur bedingt[902]. Für die rechtliche Qualifikation als öffentlich-rechtliche Akte ist daher mit der ganz überwiegenden Ansicht auf den Sachzusammenhang des jeweiligen Realakts mit einer hoheitlichen Tätigkeit bzw. einer öffentlich-rechtlichen Handlungsbefugnis abzustellen, mithin insbes. nach einem Normbezug[903] zu öffentlich-rechtlichen Vorschriften zu fragen[904] (→ Rn. 326).

Unproblematisch ist insofern regelmäßig die Zuordnung von sog. normgeleiteten Realakten, d.h. solchen Realakten, die in Vollziehung einer öffentlich-rechtlichen normativen Ermächtigung vorgenommen werden.[905] Hierzu gehören etwa die Anwendung unmittelbaren Zwangs oder Ersatzvornahmen nach den Verwaltungsvollstreckungsgesetzen, auf polizeigesetzlichen Ermächtigungsgrundlagen basierende Sicherstellungen, Ingewahrsamnahmen oder Durchsuchungen[906], der Einsatz eines Wasserwerfers[907] oder die durch Beobachtung erfolgende Informationsbeschaffung durch ein Amt für Verfassungsschutz, welche auf die betreffenden Ermächtigungsnormen in einem Verfassungsschutzgesetz gestützt wird[908]. 411

Schwieriger ist die Ermittlung eines hinreichenden Sachzusammenhangs bei nicht normgeleiteten bzw. nicht gesetzesakzessorischen Realakten, also solchen, die nicht in Vollziehung einer öffentlich-rechtlichen Ermächtigungsnorm vorgenommen werden, weil allenfalls auf eine Aufgabenzuweisungs- oder Zuständigkeitsnorm zurückzuführen sind, wie bspw. im Falle von Immissionen oder von Äußerungen, Appellen, Auskünften oder sonstiger Informationstätigkeit (zu diesen und weiteren Einzelfällen oder Fallgruppen → Rn. 414 ff.). Dass Realakte, welche aufgrund von öffentlich-rechtlichen Aufgabenzuweisungs- oder Zuständigkeitsnormen vorgenommen wurden, nicht zwangsläufig selbst als öffentlich-rechtliche angesehen werden können, ergibt sich aus folgendem Grundsatz: Auf den öffentlich-rechtlichen Charakter einer Handlung kann nicht schon allein aus der Erfüllung einer öffentlichen Aufgabe bzw. dem öffentlichen Zweck der betreffenden Maßnahme geschlossen werden, weil sich der handelnde Verwaltungsträger zur Erfüllung von Aufgaben, die öffentlichen Zwecken dienen, ggf. auch der Mittel des Privatrechts bedienen darf (Wahlfreiheit der Verwaltung; → Rn. 312 ff.). Inwiefern ein Sachzusammenhang von nicht normgeleiteten Realakten mit einer hoheitlichen Tätigkeit bzw. einer öffentlich-rechtlichen Handlungsbefugnis oder ein entsprechender Normbezug besteht, kann mangels Trennschärfe dieses Kriteriums einerseits und wegen der Vielgestaltigkeit tatsächlichen Handelns andererseits kaum allgemein gültig beantwortet werden; die Ermittlung bedarf letztlich einer Einzelfallbeurteilung oder zumindest einer Betrachtung der einzelnen „Fallgruppen" von Realakten (zu Einzelfällen → Rn. 414 ff.). Allgemein lässt sich aber festhalten, dass im Falle privatrechtlicher Organisation des handelnden Verwaltungsträgers dessen Maßnahmen, mithin auch Realakte, nur dem Privatrecht angehören können (→ Rn. 317). Bei öffentlich-rechtlicher Organisation dagegen kommt dem Verwaltungsträger zwar die erwähnte Wahlfreiheit hinsichtlich des Rechtsregimes seiner Handlung zu; jedoch gilt die Vermutung, dass der Verwaltungsträger sich im Zweifel des zur Erfüllung öffentlicher Aufgaben als Sonderrecht geschaffenen Rechtsregimes des öffentlichen Rechts bedient (→ Rn. 320). Insofern lässt sich zur Ermittlung der Rechtsnatur des Realakts ggf. auf diese Vermutungsregel zurückgrei- 412

---

900 OVG Münster NJW 1984, 1982, 1983; *E. Christ*, Verwaltung zwischen öffentlichem und privatem Recht, 1984, 71; *H.-U. Erichsen*, VerwArch 62 (1971), 181, 183; vgl. auch *R. Stich*, JuS 1964, 381, 385.

901 S. etwa *J. Scherer*, NJW 1989, 2724, 2726.

902 S. *BVerwG* NJW 1974, 817, 818; zu den einzelnen Abgrenzungstheorien sowie der Kritik an Interessentheorie und Subordinationstheorie → § 40 Rn. 289 ff.

903 S. insbes. *E. Christ*, Verwaltung zwischen öffentlichem und privatem Recht, 1984, 72; *G. Robbers*, DÖV 1987, 272, 274 ff.; *J. Scherer*, NJW 1989, 2724, 2726.

904 Vgl. etwa BVerwG NJW 1974, 817, 818; BVerwGE 71, 183, 186; BGH DVBl 1976, 210, 211 m.w.N.; OVG Münster NJW 1984, 1982, 1983; *Lorenz* § 11 Rn. 24; *Maurer* § 3 Rn. 30 ff. und § 15 Rn. 4; *J. Ruthig/W.-R. Schenke*, in: Kopp/Schenke § 40 Rn. 12, 29 m.w.N.; *Schenke* Rn. 121; *J. Scherer*, NJW 1989, 2724, 2726; *Wolff/Bachof/Stober/Kluth* I § 22 Rn. 49 und II § 57 Rn. 1; *Würtenberger* Rn. 138.

905 Vgl. *E. Christ*, Verwaltung zwischen öffentlichem und privatem Recht, 1984, 76 ff.; *D. Ehlers/J.-P. Schneider*, in: Schoch/Schneider/Bier § 40 Rn. 424; *H.-U. Erichsen*, Jura 1982, 537, 543; *B. Remmert*, in: Ehlers/Pünder § 36 Rn. 1; *J. Scherer*, NJW 1989, 2724, 2726.

906 Vgl. etwa *G. Robbers*, DÖV 1987, 272, 275.

907 *H.-U. Erichsen*, Jura 1982, 537, 543.

908 S. etwa VG Berlin NVwZ 2002, 1018 – Beobachtung der Scientology-Kirche durch das Berliner Landesamt für Verfassungsschutz (gestützt auf die Normen des VSG Bln).

fen. So kann sich der öffentlich-rechtliche Charakter des betreffenden Realakts daraus ergeben, dass im Zweifelsfall vom Zusammenhang des Realakts mit der (übrigen) öffentlich-rechtlichen Tätigkeit auszugehen ist bzw. dass aufgrund des bestehenden Zusammenhangs mit einer öffentlich-rechtlich zugewiesenen Aufgabenerfüllung im Zweifel auch der betreffende Realakt als öffentlich-rechtlicher qualifiziert werden muss, es sei denn, ein eindeutiger Zusammenhang mit privatrechtlich zu beurteilender Tätigkeit des Verwaltungsträgers – etwa fiskalischem Handeln – tritt deutlich zu Tage.[909]

413   Ein Anspruch auf Abwehr eines Realakts teilt als Kehrseite des Eingriffs dessen Rechtsnatur[910] (→ Rn. 323). Ist ein Realakt also als öffentlich-rechtlicher zu qualifizieren, so sind auch die diesbezüglichen Abwehr- und Beseitigungsansprüche öffentlich-rechtlicher Natur und begründen öffentlich-rechtliche Streitigkeiten i.S.d. § 40 Abs. 1, sodass grds. der Verwaltungsrechtsweg eröffnet ist.[911] Stellt sich das Begehren dagegen als Anspruch auf Schadensersatz wegen der Verletzung öffentlich-rechtlicher Pflichten, welche nicht auf Vertrag beruhen, oder auf Schadensersatz aus Amtshaftung dar, so ist aufgrund der abdrängenden Sonderzuweisungen in Art. 14 Abs. 3 S. 4 GG und § 40 Abs. 2 S. 1 Var. 3 der ordentliche Rechtsweg gegeben[912] (→ Rn. 530). Begehrt der Bürger im Klageweg die Vornahme eines (öffentlich-rechtlichen) Verwaltungsrealakts, so liegt eine öffentlich-rechtliche Streitigkeit vor, für welche grds. die Verwaltungsgerichte zuständig sind.

414   **bbb) Fallgruppen und Einzelfälle. (1) Immissionen, Störungen und sonstige Beeinträchtigungen der Umgebung einschließlich Störungen durch Überbau. (a) Grundsätzliches zur rechtlichen Qualifizierung.** Einwirkungen auf die Umgebung wie etwa Lärm, Gerüche und Luftverunreinigungen durch Staub oder sonstige Stoffe (Immissionen, vgl. § 3 Abs. 2 BImSchG) und ähnliche Störungen wie etwa durch Überlauf oder Überschwemmung (z.B. von Kanalisationsanlagen) sind streng genommen nicht Handlungen, sondern Folgen von Handlungen.[913] Vergleichbares gilt prinzipiell für Störungen durch Überbau. Die rechtliche Qualifikation dieser Art von Realakten hängt insofern ab von einem öffentlich-rechtlichen Planungs- und Funktionszusammenhang (etwa BVerwG NJW 1974, 817, 818; BGH DVBl 1976, 210, 211) bzw. einem Verfahrens- und Organisationszusammenhang mit dem zugrunde liegenden, die Beeinträchtigung hervorbringenden Handeln der Verwaltung.[914] Der öffentlich-rechtliche Charakter ist also zu bejahen bei einem unmittelbaren funktionalen oder organisatorischen Zusammenhang mit hoheitlichen oder schlichthoheitlichen Aufgaben oder Tätigkeiten, jedenfalls sofern für die betreffende Handlung (oder ihr Unterlassen) ausdrücklich oder konkludent eine entsprechende öffentlich-rechtliche Befugnis bzw. ein Recht dazu beansprucht wird[915]. Allein der Zusammenhang

---

909 Vgl. *K. Rennert*, in: Eyermann § 40 Rn. 81; *Würtenberger* Rn. 138; vgl. auch BVerwGE 71, 183, 186 f.; i.E. ebenfalls vergleichbar, aber noch strikter den grds. öffentlich-rechtlichen Charakter von Realakten betonend *D. Ehlers/J.-P. Schneider*, in: Schoch/Schneider/Bier § 40 Rn. 425 sowie *D. Ehlers*, in: Ehlers/Pünder § 3 Rn. 61. Krit. zur Anwendung einer solchen Vermutungsregel bei Realakten dagegen *E. Christ*, Verwaltung zwischen privatem und öffentlichem Recht, 1984, 94 f. Vgl. dazu, dass diese Kritik hinsichtlich Realakten nicht ganz unberechtigt erscheint, insoweit auch → Rn. 322; jedoch ist diese Vermutungsregel weniger dahingehend zu verstehen, dass sie der Ermittlung eines tatsächlichen Handlungswillens des Verwaltungsträgers dient; anzusehen ist sie vielmehr als Ausfluss eines grds. anzuerkennenden Vorrangs des öffentlichen Rechts und der gebotenen Zurückhaltung bei der Qualifizierung des Staates als Privatrechtssubjekt, → Rn. 370 ff.

910 BVerwG NJW 1974, 817; OVG Koblenz NJW 1986, 953 m.w.N.; OVG Münster NJW 1984, 1982, 1983; VGH München NVwZ 1989, 269, 270.

911 BVerwG NJW 1974, 817 f.; BVerwGE 44, 235, 244; 50, 282, 286; *W. Martens*, DVBl 1968, 150; *K. Rennert*, in: Eyermann § 40 Rn. 80; *J. Ruthig/W.-R. Schenke*, in: Kopp/Schenke § 40 Rn. 29; *Schenke* Rn. 121; vgl. auch BVerwG DÖV 1971, 857; BVerwGE 69, 366 ff.; s. zur früheren Sichtweise, dass die Abwehransprüche „an sich" privatrechtlicher Natur seien, weil sie sich nach bürgerlich-rechtlichen Vorschriften (§§ 862, 903, 1004 BGB) bemessen würden, gleichwohl aber öffentlich-rechtliche Streitigkeiten und damit der Verwaltungsrechtsweg für gegeben erachtet wurde, wenn die angegriffene (Real-)Handlung auf die Ausübung von Hoheitsgewalt in den Handlungsformen des öffentlichen Rechts zurückgeht, BGHZ 41, 264, 266 f.; vgl. dazu ebenfalls BGH DVBl 1968, 148 m.Anm. *W. Martens*; DVBl 1970, 273. Allgemein zum (Folgen-)Beseitigungsanspruch: *W. Brugger*, JuS 1999, 625 ff.; *H.-J. Blanke/A. Peilert*, Verw. 31 (1998), 29 ff.; *T. Schneider*, Folgenbeseitigung im Verwaltungsrecht, 1994; *F. Schoch*, VerwArch 79 (1988), 1 ff.; *ders.*, Jura 1993, 478 ff.

912 Zur Abgrenzung des (Folgen-)Beseitigungsanspruchs von Schadensersatzansprüchen aus Amtshaftung BVerwGE 69, 366 ff.

913 *E. Christ*, Verwaltung zwischen öffentlichem und privatem Recht, 1984, 87; *J. Scherer*, NJW 1989, 2724, 2727.

914 *J. Scherer*, NJW 1989, 2724, 2727.

915 VGH Mannheim VBlBW 1983, 25, 26; OLG Köln VersR 1992, 255; *J. Ruthig/W.-R. Schenke*, in: Kopp/Schenke § 40 Rn. 29 m.w.N.; ausdrückl. nach dem Normbezug der die Immission hervorbringenden Handlung fragend *E. Christ*, Verwaltung zwischen öffentlichem und privatem Recht, 1984, 87 f.

mit „öffentlich-rechtlich geordneten" Aufgaben kann dagegen nicht ausreichen,[916] sofern man hierunter ein allein auf öffentlich-rechtliche Aufgabenzuweisungs- oder Zuständigkeitsnormen zurückführbares Handeln versteht, weil dann grds. auch eine privatrechtliche Erfüllung der öffentlichen Aufgaben in Betracht kommt (→ Rn. 412). Führt hierbei aber die Vermutungsregel, dass öffentlich-rechtlich zugewiesene Aufgaben im Zweifel auch öffentlich-rechtlich erfüllt werden (vgl. → Rn. 412 a.E.), wie regelmäßig zu einer öffentlich-rechtlichen Qualifizierung des betreffenden Verwaltungshandelns, so gilt dies auch für die hieraus resultierenden Immissionen oder Störungen.

Eine öffentlich-rechtliche Qualifikation von Immissionen bzw. Störungen scheidet prinzipiell immer   415
dann aus, wenn sie von Personen des Privatrechts oder privatrechtlich handelnden Personen ausgehen. Ist der Störer also Privater, so sind durch ihn verursachte Störungen und diesbezügliche Beseitigungs- oder Abwehransprüche grds. immer privatrechtlich und müssen vor den ordentlichen Gerichten verfolgt werden.[917] Dies gilt insbes. auch, wenn ein Verwaltungsträger, z.B. eine öffentliche Einrichtung, aufgrund einer bestehenden Wahlfreiheit der Verwaltung (zur Wahlfreiheit der Verwaltung → Rn. 312 ff.) privatrechtlich organisiert ist, da das Handeln dann auf privatrechtliche Formen beschränkt ist (→ Rn. 317, 412).[918] An der Zuständigkeit der ordentlichen Gerichte für Immissionsabwehrklagen gegen (juristische oder natürliche) Personen des Privatrechts ändert sich nämlich nichts durch den Umstand, dass der Private öffentliche Aufgaben erfüllt[919] (ohne dabei Beliehener zu sein); ein öffentlich-rechtlicher Planungs- und Funktionszusammenhang wird dabei auch nicht dadurch begründet, dass die vorzunehmende Beseitigungshandlung ggf. einer öffentlich-rechtlichen Genehmigung oder Zustimmung bedarf.[920] Auch bei öffentlich-rechtlicher Organisation eines Verwaltungsträgers ist ein Abwehranspruch privatrechtlicher Natur und vor den ordentlichen Gerichten zu verfechten, wenn die abzuwehrenden Immissionen oder Störungen durch die öffentliche Hand als Fiskus, insbes. bei erwerbswirtschaftlicher Nutzung z.B. von Grundstücken, oder verwaltungsprivatrechtlich, also bei unmittelbarer Wahrnehmung öffentlicher Aufgaben in privatrechtlicher Form, verursacht werden (OVG Münster NJW 1984, 1982, 1983; s.a. VGH Müchen NVwZ-RR 2004, 468 ff.). Gehen die Störungen von Privaten aus, die von der öffentlichen Hand als (unselbständige) Verwaltungshelfer in die Erfüllung öffentlicher Aufgaben einbezogen wurden, so muss die Verwaltung deren Handeln wie eigenes gegen sich gelten, sich also zurechnen lassen (ausf. zur Einschaltung von Verwaltungshelfern → Rn. 365 ff.); beeinträchtigenden Realakten, z.B. einem Überbau oder Immissionen bei von beauftragten Privaten durchgeführten Straßenbaumaßnahmen,[921] kommt dann ebenfalls öffentlich-rechtlicher Charakter zu[922] (→ Rn. 413). Gegen sonstige von Privaten ausgehende Immissionen kommt der Verwaltungsrechtsweg im Übrigen dann in Betracht, wenn der gestörte Dritte ein Einschreiten auf öffentlich-rechtlicher Grundlage (etwa auf Grundlage des BImSchG oder des Polizeirechts) begehrt[923] bzw. wenn er gegen die behördlich erteilten Genehmigungen der immissionsverursachenden privaten Aktivitäten vorgeht oder eine ohne Genehmigung betriebene Anlage ihn in seinen materiellen Rechten verletzt[924].

---

916 So aber – zumindest in der Formulierung – *H. v. Nicolai*, in: Redeker/v. Oertzen § 40 Rn. 27; wie hier dagegen *D. Ehlers/J.-P. Schneider*, in: Schoch/Schneider/Bier § 40 Rn. 429 f.; *J. Ruthig/W.-R. Schenke*, in: Kopp/Schenke § 40 Rn. 29 Fn. 152; vgl. auch LG Aachen NVwZ 1988, 189, 190.

917 S. etwa BGHZ 69, 118, 120 zu einer Immissionsabwehrklage gegen Lärmbelästigungen von einem durch einen Verein betriebenen Flugplatz.

918 Vgl. auch *D. Ehlers/J.-P. Schneider*, in: Schoch/Schneider/Bier § 40 Rn. 426.

919 BGH NJW 1984, 1242 (Immissionsabwehrklage gegen privatrechtlich betriebenes Omnibusunternehmen); vgl. auch VGH Kassel DVBl 1995, 250 f. und VGH München NVwZ-RR 1995, 650 f. (Abwehrklagen gegen privatrechtlich organisierte Aufsteller bzw. Betreiber von Wertstoffsammelbehältern wegen Lärmbelästigungen, die vom Gebrauch dieser Behälter ausgingen).

920 BGH NJW 1984, 1242 hinsichtlich einer Immissionsabwehrklage, die auf eine nur mit behördlicher Genehmigung oder Zustimmung mögliche Verlegung der Haltestelle eines privatrechtlich betriebenen Omnibusunternehmens abzielt.

921 Vgl. OVG Münster NWVBl 1994, 109, 110 (Folgenbeseitigungsanspruch hinsichtlich von Privaten ausgeführten hoheitlichen Straßenbaumaßnahmen).

922 Werden infolge der Realakte aber Entschädigungsansprüche verfolgt, so kommt gleichwohl der Zivilrechtsweg in Betracht, vgl. etwa BGH NJW 1980, 1679 f.

923 Zum polizeirechtlichen Einschreiten wegen Lärmbelästigung durch Kuhglocken VGH Mannheim NVwZ-RR 1996, 577 f., wegen Lärmbelästigung durch Hundegebell VGH Mannheim NVwZ-RR 1996, 578 f.

924 Hierzu BVerwGE 85, 368 ff. (Lackierhalle); VGH München NJW 1997, 1181 (auf Privatgrundstück stattfindende Zirkusveranstaltung); VG Minden NVwZ-RR 2003, 198 f. (benachbarte Kartbahn); vgl. auch VerfGH Bln NVwZ

416   Häufig wird für die rechtliche Qualifizierung von Immissionen bzw. Störungen auf den zugrunde liegenden Zweck des sie hervorbringenden Verwaltungshandelns abgestellt. Insbes. durch öffentliche Einrichtungen bzw. deren Nutzung eintretende Störungen werden als öffentlich-rechtliche angesehen, wenn diese gerade durch die Erfüllung des öffentlichen Zwecks bewirkt werden oder in einem unmittelbaren funktionalen Zusammenhang mit diesem Zweck stehen.[925] Das alleinige Abstellen auf den öffentlichen Zweck ist aber nicht hinreichend, da öffentlichen Zwecken dienende Aufgaben auch in privatrechtlicher Form erfüllt werden können; zusätzliche (und oftmals unausgesprochene) Voraussetzung ist also die öffentlich-rechtliche Organisationsform der betreffenden Einrichtung, Anlage oder Veranstaltung (vgl. → Rn. 415 sowie OVG Münster NJW 1984, 1982, 1983). Der öffentliche Zweck kann sich insbes. auch aus einer entsprechenden ausdrücklichen oder konkludenten Widmung[926] oder aus einer entsprechenden Ausweisung in einem Bebauungsplan[927] ergeben. Werden die von einer (öffentlich-rechtlich organisierten) öffentlichen Einrichtung ausgehenden Belästigungen durch deren private Nutzer verursacht, so unterfällt ein gegen die privaten Nutzer gerichteter Abwehranspruch dem bürgerlichen Recht.[928] Regelmäßig werden in diesen Fällen die Abwehransprüche aber gegen den öffentlichen Träger der betreffenden Einrichtung geltend gemacht, und zwar gerichtet auf Einwirkung auf die Nutzer, auf Untersagung der betreffenden Nutzung oder auf Ergreifen von wirksamen Schutznahmen. Diese Abwehransprüche sind öffentlich-rechtlicher Natur, wenn die Störungen aus der Nutzung i.R.d. öffentlichen Zwecks der Anlage resultieren. Erfolgt die Nutzung dagegen außerhalb des öffentlichen Zwecks, so sind auch die gegen den öffentlichen Träger der Einrichtung gerichteten Ansprüche privatrechtlicher Natur. Denn wird der Hoheitsträger nur in seiner Eigenschaft als Grundstückseigentümer tätig, so ist für diesbezügliche Abwehransprüche der Zivilrechtsweg einschlägig.[929] Dies ist etwa der Fall, wenn eine Stadt als Eigentümerin eines Schulsportplatzes den Platz außerhalb der Schulzeit und ohne öffentlich-rechtliche Rechtsgrundlage einem Sportverein zur Nutzung überlässt und sich Anwohner gegen den hierdurch verursachten Lärm wenden (LG Aachen NVwZ 1988, 189, 190; bestätigt durch OLG Köln NVwZ 1989, 290); erfolgt die außerschulische Nutzung dagegen wiederum i.R. eines öffentlichen Zwecks (z.B. i.R.d. nach öffentlichem Recht obliegenden Sportförderung), ist der hiergegen gerichtete Abwehranspruch öffentlich-rechtlicher Natur.[930] Bloße Wahrnehmung von Eigentumsbefugnissen der Verwaltung liegt grds. wiederum vor bei Störungen durch Wurzeln oder Laubabfall von einem Behördengrundstück oder Lärm durch eine fehlerhafte Heizung[931], sodass diesbezügliche Abwehransprüche privatrechtlicher Natur sind. Öffentlich-rechtlich kann der Abwehranspruch indes sein, wenn er sich gegen Störungen durch Bäume richtet, welche in Ausübung (schlicht-)hoheitlicher Gewalt zu öffentlichen Zwecken gepflanzt wurden.[932]

1996, 886 f. und OVG Bln NVwZ 1996, 926 ff. hinsichtlich nächtlicher Bauarbeiten; VG Düsseldorf NVwZ 1991, 398 f. in Bezug auf ein von einem Verein abgehaltenes Stadtteilfest; vgl. des Weiteren OVG Brem NVwZ 1989, 272 f. (Anfechtung der einem Dritten erteilten Baugenehmigung zur Errichtung u.a. von – privaten – Kinderspielplätzen, durch deren Nutzung die Kläger sich gestört fühlten).

925   *Hufen* § 11 Rn. 39.
926   VGH München NVwZ 1989, 269, 270; OLG Karlsruhe VBlBW 1983, 147, 148; vgl. auch BGH NJW 1993, 1656, 1657; VGH Mannheim NVwZ 1986, 62, 63; zum Schutz vor privatrechtlichen Unterlassungsklagen bei widmungskonformer Nutzung *U. Stelkens*, Verw. 46 (2013), 493, 519 ff.
927   Vgl. BGH NJW 1976, 570; NJW 1993, 1656, 1657; VGH Mannheim VBlBW 1983, 25, 26; VGH München NVwZ 1987, 986; OLG Karlsruhe VBlBW 1983, 147, 148; LG Aachen NVwZ 1988, 189, 190; auch OVG Bln NVwZ-RR 1988, 16 f.; a.M. noch BGHZ 41, 264, 269 f.
928   Vgl. *Hufen* § 11 Rn. 39.
929   S. etwa OVG Münster NJW 1984, 1982, 1983; VGH München NVwZ-RR 2004, 468 ff.; OLG Karlsruhe VBlBW 1983, 147, 148; OLG Köln NVwZ 1989, 290 in Bestätigung von LG Aachen NVwZ 1988, 189, 190. Abzulehnen ist indes die überholte Rspr. des BGH, nach welcher auch in Fällen von öffentlichen Zwecken dienenden Sachen mitunter nur ein Tätigwerden als bloßer Grundstückseigentümer gesehen wurde, s. BGHZ 41, 264, 268 ff. (als „öffentliche Freifläche" ausgewiesener gemeindlicher Kirmesplatz); BGH DVBl 1968, 148 m. abl. Anm. *W. Martens* (Belästigung durch Fontänenanlage im städtischen Park); zumindest zweifelhaft ferner BVerwGE 27, 170, 174 f. und VGH München BayVBl 1965, 390, 391 f. (Störung durch gemeindlichen Müllabladeplatz – privatrechtlich).
930   OVG Berlin NVwZ-RR 1989, 125; ferner VGH Mannheim VBlBW 1983, 25, 26; vgl. auch VG Frankfurt/M. NVwZ-RR 1993, 477.
931   *D. Ehlers/J.-P. Schneider*, in: Schoch/Schneider/Bier § 40 Rn. 429; *Hufen* § 11 Rn. 39.
932   Vgl. VG Stade DWW 1988, 386 – freilich ohne Begründung zum schlichthoheitlichen Charakter der Bepflanzung; vgl. auch BGH NJW 1986, 2640, 2641, ebenfalls ohne nähere Begründung zum schlichthoheitlichen Charakter der Pflanzungen und mit zweifelhafter Differenzierung, durch welche im konkreten Fall trotz schlichthoheitlicher Pflanzung ein privatrechtlicher Beseitigungsanspruch angenommen wurde.

Für die Qualifizierung von Störungen, welche durch die Nutzung (öffentlich-rechtlich organisierter) 417
öffentlicher Einrichtungen verursacht werden, ist es nach zutr. Auffassung ohne Belang, ob die einzelnen Nutzungsverhältnisse privatrechtlich oder öffentlich-rechtlich ausgestaltet sind; denn die verursachten Störungen resultieren nicht aus dem konkreten und ggf. privatrechtlich ausgestalteten Benutzungsverhältnis, sondern – unter Zugrundelegung der Zweistufenlehre[933] – aus dem öffentlich-rechtlichen Betrieb und der öffentlich-rechtlichen Einräumung der Nutzungsmöglichkeit der Einrichtung.[934]
Dass ein maßgebliches Abstellen auf die Ausgestaltung des Nutzungsverhältnisses verfehlt ist, zeigt auch folgendes Bsp.: Würde ein gemeindlicher Sportplatz i.R.d. öffentlich-rechtlichen Sportförderung, was theoretisch denkbar ist, einigen Nutzern durch Verwaltungsakt, anderen hingegen durch privatrechtlichen Vertrag zur Verfügung gestellt,[935] müsste für eine gegen den Verwaltungsträger gerichtete Lärmabwehrklage hinsichtlich des Rechtswegs danach differenziert werden, welche Nutzer den Lärm verursachen; ggf. müsste in beiden Rechtswegen geklagt werden. Dass dies untunlich ist, ist offensichtlich; das Abwehrbegehren gegenüber der öffentlichen Hand richtet sich vielmehr – wie erwähnt – gegen den generellen, öffentlich-rechtlich zu beurteilenden Betrieb und die damit verbundene Einräumung der Nutzungsmöglichkeit; darauf, wie diese Nutzung im Einzelnen rechtlich ausgestaltet ist, kommt es hier nicht an. Der privatrechtlichen Ausgestaltung des Nutzungsverhältnisses kann jedoch bei Fehlen anderer Anhaltspunkte eine Indizwirkung für ein Tätigwerden des Hoheitsträgers i.R. bloßer (privatrechtlicher) Eigentümerbefugnisse zukommen.[936]

(b) Einzelfälle. Der öffentlich-rechtliche Charakter von Immissionen sowie sonstigen Störungen und 418
der dagegen gerichteten Abwehr- bzw. Beseitigungsbegehren wird bspw. bejaht hinsichtlich:

- Lärmeinwirkungen durch ein *Asylbewerberheim* (OLG Dresden NVwZ 2016, 96; OLG Köln VersR 1992, 255);
- Störungen durch die Benutzung eines öffentlichen *Badesees* (vgl. OVG Berlin NVwZ-RR 1988, 16 f.);
- Beeinträchtigungen durch einen städtischen bzw. kommunalen *Bauhof* (OVG Münster NJW 1984, 1982, 1983; VGH Mannheim NVwZ-RR 2003, 194 f.);
- des Überbaus oder sonstiger Beeinträchtigungen privater Grundstücke infolge von *Baumaßnahmen* bzgl. öffentlicher Straßen oder sonstiger öffentlicher Sachen oder Einrichtungen;[937]
- Geräuschbelästigungen durch die Nutzung von öffentlichen *Bolz- oder Kinderspielplätzen*[938] oder von *Schulhöfen und Schulsportfeldern*[939];
- Lärm einer *Feueralarmsirene* (BVerwGE 79, 254, 256; VGH München BayVBl 1986, 690);

---

933 Vgl. zur Unterscheidung zwischen öffentlich-rechtlicher Zulassung zur Nutzung öffentlicher Einrichtungen und (ggf.) privatrechtlicher Ausgestaltung des Nutzungsverhältnisses die Ausführungen i.R.d. sog. Zweistufenlehre (→ Rn. 327, insbes. → Rn. 344 ff.).
934 Wie hier OVG Brem NVwZ-RR 1993, 469; VGH Mannheim VBlBW 1983, 25, 26; VBlBW 1985, 60; VGH München NVwZ 1989, 269, 270; VG Hannover NVwZ-RR 1993, 474 m.w.N.; OLG Karlsruhe VBlBW 1983, 147 (privatrechtlich vermietete Mehrzweckhalle); *K. Rennert*, in: Eyermann § 40 Rn. 82 a.E.; a.M. VGH Kassel NJW 1993, 3088 m. zust. Anm. *U. Ramsauer*, JuS 1995, 299, 301; *D. Ehlers/J.-P. Schneider*, in: Schoch/Schneider/Bier § 40 Rn. 425 m.w.N.; wohl auch VG München DWW 1988, 380, 381; OLG Koblenz NVwZ 1987, 1021; *J. Ruthig/W.-R. Schenke*, in: Kopp/Schenke § 40 Rn. 29 a.
935 Vgl. VGH Kassel NJW 1993, 3088; VG München DWW 1988, 380, 381; OLG Koblenz NVwZ 1987, 1021.
936 Vgl. BGH NJW 1993, 1656, 1657: mangels öffentlich-rechtlicher Widmung und entsprechender Ausweisung in einem Bebauungsplan – → Rn. 416 – wurde dort aufgrund der privatrechtlichen Nutzungsverträge (Mietverträge) der Betrieb eines Zeltplatzes als privatrechtlich eingestuft.
937 BVerwG NJW 1985, 1481; OVG Münster NWVBl 1994, 109 f.; vgl. ferner BVerwG NJW 1972, 269; NJW 1981, 239, 241; BGH NJW 1980, 1679 (zu Entschädigungsansprüchen infolge solcher Maßnahmen); im Grundsatz auch BGHZ 72, 289, 292 ff. mit verfehlter Differenzierung hinsichtlich der Einschaltung privater Verwaltungshelfer (vgl. dazu auch→ Rn. 365 ff.); vgl. ferner BVerwGE 44, 235, 242 f. (Versumpfung eines privaten Wiesengeländes infolge Verletzung der wasserrechtlichen Unterhaltspflicht durch unzureichenden Gewässerausbau; zur Verletzung von Verkehrssicherungspflichten der öffentlichen Hand auch → Rn. 431 ff.
938 Vgl. BVerwG NJW 1992, 1779; BGH NJW 1976, 570; OVG Münster NVwZ 1984, 530; VGH Kassel NJW 1981, 2315; NVwZ-RR 1989, 175 und 177; NVwZ-RR 2012, 21; VGH Mannheim ESVGH 38, 126 f.; VGH München NVwZ 1989, 986; NVwZ 1989, 269 f.; NVwZ 1993, 1006; vgl. auch BVerwG DVBl 1973, 635 f. Zum Vorgehen gegen private Kinderspielplätze OVG Bremen NVwZ 1989, 272 f.
939 S. etwa OVG Koblenz NVwZ 1990, 279; vgl. auch VG Frankfurt NVwZ-RR 1993, 477. Ferner LG Aachen NVwZ 1988, 189 f.: privatrechtlich, wenn die Nutzung außerhalb der Schulstunden und ohne öffentlich-rechtliche Rechtsgrundlage erfolgt; bestätigt durch OLG Köln NVwZ 1989, 290.

- Störungen durch eine *Feuerwerksveranstaltung* in einer gemeindlichen Parkanlage, unabhängig davon, ob die Gemeinde die Veranstaltung selbst durchführt oder die Parkanlage Dritten zur Durchführung von Veranstaltungen überlässt (VG Hannover NVwZ-RR 1993, 474);
- Belästigungen durch Geräusche einer *Fontänenanlage* in einem städtischen Park;[940]
- des liturgischen *Glockengeläuts* einer als Körperschaft des öffentlichen Rechts anerkannten Kirche, nicht dagegen hinsichtlich des Zeitschlagens von Kirchenglocken;[941]
- Geräuscheinwirkungen aus dem Betrieb bzw. der Nutzung eines gemeindlichen *Grillplatzes* (VGH Mannheim NVwZ 1994, 920, 921; VGH München NVwZ-RR 1989, 532);
- nächtlicher Ruhestörung durch eine öffentlich-rechtlich betriebene *Jahrmarktsveranstaltung* (OVG Bremen NVwZ-RR 1997, 165);
- Belästigungen durch ein gemeindliches *Jugendzentrum* (vgl. VGH München NVwZ 1997, 96);
- von einer *Justizvollzugsanstalt* ausgehender Beeinträchtigungen (vgl. OVG Münster NJW 1985, 2350);
- Beeinträchtigungen an privatem Grundeigentum infolge Überschwemmung der städtischen Abwässer- oder Regenkanalisation (BVerwG DVBl 1969, 623 f.; DVBl 1970, 273 f.; BGH DVBl 1961, 736 f.) oder infolge Abwassereinleitung aus der gemeindlichen *Kanalisationsanlage*;[942]
- der Beeinträchtigung durch eine gemeindliche *Kläranlage* (vgl. BVerwG NJW 1974, 817 f.; BGHZ 91, 20, 21 f.);
- *Lärmimmissionen*, welche von Veranstaltungen ausgehen, die von Vereinen in einer gemeindeeigenen *Mehrzweckhalle* veranstaltet werden, selbst wenn die Überlassung der Halle per Mietvertrag erfolgt (OLG Karlsruhe VBlBW 1983, 147 f.);
- Geruchsbelästigungen durch eine öffentliche *Mülldeponie*;[943]
- Lärmimmissionen von auf städtischen Sportanlagen stattfindenden *Open-Air-Veranstaltungen*;[944]
- Geruchsbelästigungen durch einen von der öffentlichen Hand anläßlich eines Laternenfestes aufgestellten *Pissoirwagen* (VGH Kassel NVwZ 1989, 266 f.);
- Geräuschbelästigungen durch das Bellen von *Polizeihunden*;[945]
- Lärmbelästigungen infolge der *Reinigung einer innerstädtischen Fußgängerzone* durch die Stadtreinigung (VG Sigmaringen NVwZ-RR 2003, 743);
- Belästigungen durch Lärm oder Flutlicht (VGH Mannheim VBlBW 1983, 25 f.) infolge des Betriebs bzw. der Nutzung öffentlicher *Sportplätze*[946] oder einer städtischen Eissporthalle (OVG Münster NVwZ 1994, 1018);
- Lärm oder sonstiger Auswirkungen infolge der Benutzung öffentlicher *Straßen* durch die Verkehrsteilnehmer;[947]

---

940 *D. Ehlers/J.-P. Schneider*, in: Schoch/Schneider/Bier § 40 Rn. 430; *W. Martens*, DVBl 1968, 148, 150; *J. Ruthig/W.-R. Schenke*, in: Kopp/Schenke § 40 Rn. 29; abzulehnen ist die privatrechtliche Einstufung durch BGH DVBl 1968, 148.

941 Zum öffentlich-rechtlichen Charakter des liturgischen Läutens: BVerwGE 68, 62 f. und OLG Frankfurt DVBl 1985, 861 f.; zust. *H. Maurer*, FS Menger, 1985, 285, 302; dazu auch *H. Goerlich*, JZ 1984, 221 ff. Zum privatrechtlichen Charakter des bloßen Zeitschlagens: BVerwG NJW 1994, 956. Krit. zu dieser Differenzierung *D. Lorenz*, JuS 1996, 492 ff. Zum nichtsakralen Glockengeläut auch BVerwGE 90, 163 ff.; LG Arnsberg NVwZ-RR 2008, 774.

942 BGH DVBl 1965, 157 f.; zum Schadensersatzanspruch eines Anschlussnehmers infolge Undichtigkeit der öffentlichen Abwasserkanalisation BGH DVBl 1978, 108 ff.

943 *J. Ruthig/W.-R. Schenke*, in: Kopp/Schenke § 40 Rn. 29; a.M. BVerwGE 27, 171, 175 f. und VGH München DVBl 1965, 390, 391 f. – zweifelhaft.

944 OVG Lüneburg NJW 1995, 900; anders (privatrechtlich) noch BGH LM Nr. 32 zu § 906 BGB für Operettenaufführung auf gemeindeeigener Freilichtbühne.

945 *J. Ruthig/W.-R. Schenke*, in: Kopp/Schenke § 40 Rn. 29.

946 BVerwGE 81, 197, 199 f.; BVerwG NVwZ 1990, 858; BVerwGE 88, 143, 144; OVG Bln NVwZ-RR 1989, 125; OVG Hamburg NJW 1986, 2333; VGH Kassel NJW 1993, 3088; VGH Mannheim VBlBW 1983, 25 f.; VG München DWW 1988, 380 f.; OLG Koblenz NVwZ 1987, 1021; vgl. auch VG Frankfurt NVwZ-RR 1993, 477.

947 BVerwGE 94, 100, 104; *F.-J. Peine*, DÖV 1979, 812, 815; vgl. BVerwG NJW 1977, 2367, 2369; OVG Hamburg NJW 1978, 658, 659 bzgl. Klage auf Beseitigung der Umwandlung einer Sackgasse in eine Durchgangsstraße wegen der damit verbundenen erhöhten Verkehrsimmissionen; s.a. BGHZ 64, 220 ff.; BGH DVBl 1978, 110; BGHZ 97, 361, 364; BGH NVwZ 1992, 915 (jeweils zu Entschädigungsansprüchen für Verkehrsimmissionen); anders VGH München BayVBl 1965, 207 f.

- Beeinträchtigungen durch Lichtimmissionen oder daraus resultierendem Insektenbefall infolge des Betriebs öffentlicher *Straßenlampen*;[948]
- Immissionen infolge militärischer *Tiefflüge* der Bundeswehr (VG Darmstadt DWW 1988, 382, 383);
- Beeinträchtigungen durch fehlgeleitete Geschosse („Querschläger") infolge der Nutzung eines *Truppenübungsplatzes*;[949]
- Lärm- und Geruchsbelästigungen, die von auf gemeindlichen Festplätzen stattfindenden *Volksfesten* ausgehen;[950]
- Lärmimmissionen, die vom Zelten auf einem gemeindlichen *Waldfestplatz* herrühren (VGH Mannheim NVwZ 1986, 62 f.);
- Lärm- und Geruchsbelästigungen durch *Wertstoffsammelanlagen*, wenn der sie betreibende Entsorgungspflichtige ein Träger öffentlicher Gewalt ist[951].

Für Abwehrklagen gegen Beeinträchtigungen durch die Eisenbahnen der Deutsche Bahn AG (zum **419** Rechtsweg hinsichtlich Maßnahmen der Deutschen Bahn → Rn. 462) ist aufgrund deren privatrechtlicher Organisationsform[952] grds. der ordentliche Rechtsweg gem. § 13 GVG gegeben.[953] Indes sollen Lärmschutzansprüche, die sich auf den Bau oder die wesentliche Änderung von Eisenbahnstrecken beziehen, weiterhin als öffentlich-rechtliche zu qualifizieren sein[954] (zum Rechtsweg gegen Maßnahmen der Deutschen Bahn AG → Rn. 462).

Gleiches gilt hinsichtlich Beeinträchtigungen durch die privatrechtlich organisierten und grds. privat- **420** rechtlich tätig werdenden Nachfolgeunternehmen der früheren Bundespost (Deutsche Post AG, Deutsche Postbank AG, Deutsche Telekom AG; zum Rechtsweg gegen Maßnahmen dieser Unternehmen auch → Rn. 461).[955] Daher ist etwa bei der Abwehr von Lärm, der von Telefonhäuschen ausgeht, eine privatrechtliche Streitigkeit gegeben.[956]

(2) Auskünfte, Erklärungen, Appelle, Warnungen, Empfehlungen, Werturteile, Beleidigungen, sonstige **421** **Äußerungen.** **(a) Grundsätzliches zur rechtlichen Qualifizierung.** Äußerungen und Informationstätigkeit von Behörden bzw. Amtsträgern, z.B. Appelle, Auskünfte, Erklärungen, Warnungen, Empfehlungen, Werturteile, sind nach der überwiegend vertretenen Akzessorietätstheorie dann öffentlich-rechtlicher Natur, wenn sie i.R. öffentlich-rechtlicher Aufgabenerfüllung und gestützt auf vorhandene oder vermeintliche öffentlich-rechtliche Befugnisse vorgenommen werden, also in einem funktionalen Zusammenhang mit hoheitlicher Aufgabenerfüllung stehen.[957] Maßgebend ist damit die Rechtsnatur der zugrundeliegenden Rechtsbeziehungen; deren öffentlich-rechtlicher Charakter prägt in solchen Fällen

---

948 OVG Koblenz WuM 1982, 249; NJW 1986, 953; OVG Lüneburg NVwZ 1994, 713; VGH Kassel NJW 1989, 1500; VGH München NJW 1991, 2660.

949 *J. Ruthig/W.-R. Schenke*, in: Kopp/Schenke § 40 Rn. 29; zum Rechtsschutz gegen Beeinträchtigung durch einen Truppenübungsplatz, auf dem ausländische Streitkräfte stationiert sind, OVG Münster NVwZ-RR 1990, 174.

950 VGH Mannheim VBlBW 1985, 60; OLG Karlsruhe MDR 1979, 238; OVG Münster NVwZ 1986, 64 f.; zu eng BGHZ 41, 264 ff., insbes. 267 ff. (vgl. auch → Rn. 416).

951 VGH München BayVBl 1996, 243; privatrechtliche Qualifizierung dagegen hinsichtlich der Entsorgung durch die Duales System Deutschland GmbH, hierzu näher VGH Kassel DVBl 1995, 250 f.; VGH München BayVBl 1994, 600; NVwZ-RR 1995, 650 f. Wird in diesen Fällen das Rechtsschutzbegehren aber gegen einen (nicht passivlegitimierten) Hoheitsträger gerichtet, ist gleichwohl der Verwaltungsrechtsweg eröffnet, da eine öffentlich-rechtliche Streitigkeit geltend gemacht wird, → Rn. 284. Als öffentlich-rechtlich ist nach VG Gießen NVwZ-RR 1996, 571 ff. der gegen die Gemeinde gerichtete Anspruch anzusehen, einen gemeindeeigenen Platz nicht weiter der Dualen System Deutschland GmbH für die Aufstellung von Sammelbehältern zur Verfügung zu stellen.

952 Vgl. Art. 87e Abs. 3 GG sowie das Eisenbahnneuordnungsgesetz vom 27.12.1993 (BGBl I 2378), insbes. § 1 des Gesetzes über die Gründung einer Deutsche Bahn Aktiengesellschaft vom 27.12.1993 (BGBl I 2386).

953 BGH NJW 1997, 744 f. (Erschütterungen und Lärm infolge des Betriebs einer Eisenbahnlinie); OLG Schleswig NJW-RR 1996, 399 (von fahrenden Zügen ausgehender „Fäkalienregen"); vgl. auch VGH München NVwZ-RR 1997, 159, 160; NVwZ-RR 1998, 639 (zu Lärmsanierungsansprüchen). Zu einem Abwehranspruch wegen Beeinträchtigungen durch den Schienenverkehr vor der Privatisierung der Bundesbahn etwa OVG Bremen NVwZ-RR 1993, 469.

954 Zur näheren Begründung VGH München NVwZ-RR 1997, 159, 160; vgl. dazu auch BVerwG NVwZ 1995, 379 ff.; ferner *Stern/Blanke* Rn. 177.

955 Vgl. Art. 87f Abs. 2 S. 1 GG; § 1 Postumwandlungsgesetz vom 14.9.1994 (BGBl I 2339).

956 S.a. *K. Rennert*, in: Eyermann § 40 Rn. 82. Früher war hingegen der Verwaltungsrechtsweg eröffnet, VGH Mannheim NJW 1985, 2352; vgl. zur alten Rechtslage auch VGH München NJW 1990, 2485 ff.

957 Vgl. etwa BVerwGE 75, 354, 355 f.; BVerwG NJW 1988, 2399; NJW 1989, 412, 413; BGH NJW 1978, 1860 f.; OVG Lüneburg OVGE MüLü 53, 367, 368; VGH Kassel NJW 1988, 1683; DVBl 2012, 1176; VGH Mannheim

dann auch Rechtsfolgen aus derartigen Äußerungen (VGH Kassel NJW 1988, 1683; OLG Zweibrücken NVwZ 1982, 332). Demnach sind Äußerungen privatrechtlicher Natur, wenn sie in einem Lebensbereich fallen, der durch bürgerlich-rechtliche Gleichordnung geprägt ist und in dem sich die Rechtsbeziehungen der Beteiligten nach zivilrechtlichen Normen richten.[958] Dies betrifft insbes. Äußerungen staatlicher Stellen in fiskalischem (zur fiskalischen Verwaltung → Rn. 355 ff.) Zusammenhang[959] oder i.R. verwaltungsprivatrechtlichen (zum Verwaltungsprivatrecht → Rn. 314 ff.) Handelns[960]. Gleichgültig ist bei der Qualifizierung der Rechtsnatur der Äußerung indessen der Inhalt der Erklärung; entscheidend ist vielmehr nur der funktionale Zusammenhang mit der Tätigkeit, in dessen Rahmen die Äußerung abgegeben wird: Daher wird eine amtliche Erklärung auch dann als öffentlich-rechtliche qualifiziert, wenn sich ihr Inhalt zwar auf privatrechtliche Gegenstände – etwa Vorgänge aus dem fiskalischen Bereich – bezieht, aber zur Darstellung oder Rechenschaft über hoheitliche Verwaltungstätigkeit abgegeben wird[961]. Demnach sind etwa auch behördliche Erklärungen gegenüber der Presse, die von einem Finanzdezernenten in Erfüllung des öffentlich-rechtlichen Informationsanspruchs der Presse abgegeben werden, als öffentlich-rechtliche zu beurteilen, selbst wenn sie sich auf einen dem fiskalischen Bereich zuzuordnenden Kredit beziehen (vgl. BGH NJW 1978, 1860 f.). Für die Klage eines Aufsichtsratsmitgliedes auf Widerruf einer Äußerung des Aufsichtsratsvorsitzenden eines gemeindlichen Unternehmens in Privatrechtsform ist der Rechtsweg zu den Verwaltungsgerichten eröffnet, wenn beide ihr Aufsichtsratsmandat aufgrund ihrer kommunalrechtlichen Ämter wahrnehmen (OVG Koblenz NVwZ-RR 2008, 722). Hinsichtlich einer Klage auf Erteilung von Auskünften nach § 4 Abs. 1 IFG NRW, die gegenüber einer nach § 2 Abs. 4 IFG NRW anspruchsverpflichteten natürlichen oder juristischen Person des Privatrechts geltend gemacht werden, wurde es für die Eröffnung des Verwaltungsrechtsweges als ausreichend erachtet, dass diese Personen öffentliche Aufgaben wahrnehmen (OVG Münster NWVBl 2006, 295 f.). Für den Auskunftsanspruch aus § 7 BNDG i.V.m. § 15 BVerfSchG eines vor dem Arbeitsgericht klagenden Betroffenen über die vom Bundesnachrichtendienst zu seiner Person gespeicherten Daten ist der Verwaltungsrechtsweg gegeben, sofern ein außerhalb des Arbeitsprozesses liegendes besonderes Interesse geltend gemacht wird (BVerwG NJW 2008, 1398).

422   Krit. äußern sich zur Akzessorietätstheorie insoweit aber Teile des Schrifttums, die auch in Fällen privatrechtlichen Verwaltungshandelns generell für eine öffentlich-rechtliche Qualifizierung damit in Zusammenhang stehender Äußerungen plädieren, solange die Äußerungen nur innerhalb dienstlicher und damit amtlicher Tätigkeit fallen.[962] Dies sei insbes. aus Gründen der Rechtsklarheit und Rechtssystematik geboten; vor allem die Unterscheidung von Fällen, in denen die Äußerung im Zusammenhang mit fiskalischer Amtstätigkeit stehe und daher als privatrechtliche zu beurteilen sei, und Fällen, in denen die Äußerung – trotz inhaltlichen Bezugs auf fiskalische Gegenstände – im hoheitlichen Rahmen erfolge (→ Rn. 421), sei sowohl rechtlich als auch praktisch kaum nachvollziehbar.[963] Dieser Kritik ist zwar zuzugeben, dass die Grenze zwischen diesen Fällen zumindest praktisch mitunter schwer zu ziehen sein dürfte; rechtsdogmatisch erscheint sie aber konsequent. Gegen die generelle Gleichstellung von Äußerungen in fiskalischem Zusammenhang mit solchen in hoheitlichem Zusammenhang spricht des Weiteren, dass nicht ersichtlich ist, weshalb für Äußerungen andere Beurteilungsmaßstäbe

---

NJW 1990, 1808, 1809; VBlBW 1998, 100; OLG Dresden NJW-RR 1998, 343; *D. Ehlers/J.-P. Schneider,* in: Schoch/Schneider/Bier § 40 Rn. 432; *K. Rennert,* in: Eyermann § 40 Rn. 83; *J. Ruthig/W.-R. Schenke,* in: Kopp/Schenke § 40 Rn. 28 m.w.N.; *Wolff/Bachof/Stober/Kluth* I § 22 Rn. 52; hierzu auch *W. Berg,* JuS 1984, 521, 522; *U. Di Fabio,* JuS 1997, 1, 2; *W. Frotscher,* JuS 1984, 505, 508.

958   BVerwG NJW 1988, 2399; VGH Mannheim NJW 1990, 1808, 1809; VBlBW 1998, 100; vgl. auch BGHZ (GS) 34, 99, 104 ff.

959   S. etwa VGH Mannheim VBlBW 1998, 100 (Klage eines Bauunternehmers gegen ehrenrührige Äußerungen eines Bürgermeisters, die dieser im Zusammenhang mit der Abwicklung privatrechtlicher Verträge zwischen der Gemeinde und dem Bauunternehmer abgegeben hat); BGHZ (GS) 34, 99 ff. (Klage eines Transportunternehmers gegen die Behauptung des Amtsbaumeisters, dass der Unternehmer in betrügerischer Absicht weniger Baumaterial geliefert habe, als in dem zugrunde liegenden privatrechtlichen Vertrag mit der Gemeinde vereinbart gewesen sei).

960   Näher zu Äußerungen in verwaltungsprivatrechtlichem Zusammenhang *W. Frotscher,* JuS 1978, 505, 507.

961   BGH NJW 1978, 1860 f.; VGH Mannheim VBlBW 1998, 100; *D. Ehlers/J.-P. Schneider,* in: Schoch/Schneider/Bier § 40 Rn. 433.

962   Vgl. *W. Berg,* JuS 1984, 521, 522 f.; *Lorenz* § 11 Rn. 27; *Stern/Blanke* Rn. 173; *Würtenberger* Rn. 141; s.a. *Hufen* § 11 Rn. 40 i.V.m. § 21 Rn. 4 f.

963   S. etwa *Stern/Blanke* Rn. 173.

gelten sollen als für andere Realakte; erkennt man mit der überwiegend vertretenen Auffassung die grundsätzliche Fähigkeit der Verwaltung zu privatrechtlichem Handeln an (zur grundsätzlichen Kritik an der Lehre vom Staat als Privatrechtssubjekt → Rn. 370 ff.), müssen auch in diesem Rahmen getätigte Äußerungen privatrechtlich beurteilt werden.[964] Hierdurch ggf. auftretende Abgrenzungsprobleme sind wie bei allen anderen, insbes. im Bereich des Realhandelns liegenden, Verwaltungsmaßnahmen hinzunehmen.

Rechtsschutz gegen öffentlich-rechtliche Äußerungen in Form von Widerrufs- oder Unterlassungsan- 423 sprüchen ist – vorbehaltlich abdrängender Rechtswegzuweisungen – vor den Verwaltungsgerichten zu suchen, da diese Ansprüche anerkanntermaßen dem öffentlichen Recht zuzuordnen sind.[965] Geltend zu machen ist der Anspruch nicht gegenüber der äußernden Amtsperson, sondern grds. gegenüber der zuständigen Behörde, der die Äußerung zuzurechnen ist.[966] Auch Ansprüche auf Vornahme bestimmter öffentlich-rechtlicher Äußerungen, bspw. auf Erhalt von Informationen, sind grds. im Verwaltungsrechtsweg geltend zu machen.

Sind die Äußerungen hingegen als privatrechtliche einzustufen, ist hierfür der ordentliche Rechtsweg 424 nach § 13 GVG gegeben. Neben den oben genannten Fällen von Äußerungen, die in fiskalischer oder verwaltungsprivatrechtlicher Aufgabenerfüllung getätigt wurden, ist dies jedenfalls auch dann der Fall, wenn Äußerungen für ein Privatrechtssubjekt abgegeben werden, so bspw. Äußerungen der Deutschen Bahn AG,[967] oder wenn ein Amtsträger die Äußerung außerhalb seiner Diensttätigkeit (z.B. am „Stammtisch")[968] vornimmt.

Insbes. nach der Rspr. ist eine Äußerung eines Amtsträgers aber auch dann dem privatrechtlichen Be- 425 reich zuzuordnen, wenn sie nur „gelegentlich" seiner Amtstätigkeit erfolgt, also zwar während der Amtstätigkeit vorgenommen wird, dabei aber so sehr Ausdruck persönlicher Meinung und Einstellung ist, dass von einem funktionalen Zusammenhang mit der hoheitlichen Diensttätigkeit nicht mehr gesprochen werden kann.[969] Ein bloßer „Exzess" eines Amtsträgers i.S.d. Überschreitens seiner dienstlichen Befugnisse kann jedoch noch nicht zu einem Verlassen der öffentlichen Funktion und einer privatrechtlichen Qualifikation der Äußerung führen.[970] „Beachtlich" soll ein Exzeß aber sein hinsichtlich Äußerungen, bei denen – unbeschadet ihrer Zurechnung zur Amtsführung – aufgrund des persönlichen Gepräges der Ehrverletzung die Widerrufserklärung eine unvertretbare persönliche Leistung des Amtsträgers darstelle und insofern auch nur der Widerruf durch den Beamten selbst dem Betroffenen Genugtuung verschaffen könne; für die gegen den Beamten selbst zu richtende Klage sei dann der Rechtsweg zu den ordentlichen Gerichten gegeben.[971]

(b) Einzelfälle.[972] **(aa) Öffentlich-rechtliche Beurteilung.** Eine öffentlich-rechtliche Beurteilung ist etwa 426 für folgende behördliche Äußerungen und Informationen geboten:

■ eine Empfehlung von bestimmten Arzneimitteln durch eine *Allgemeine Ortskrankenkasse* (BGH NJW 1964, 2208 ff.);

---

964 Vgl. auch *D. Ehlers/J.-P. Schneider*, in: Schoch/Schneider/Bier § 40 Rn. 433.
965 Etwa BVerwG DÖV 1970, 642, 643; BVerwGE 59, 319, 325 f.; BVerwG NJW 1988, 2399; BGHZ (GS) 34, 99, 107 ff., insbes. 108 f.; BGH NJW 1978, 1860 f.; OVG Lüneburg OVGE MüLü 53, 367, 368; VGH Mannheim NJW 1990, 1808, 1809; LG Karlsruhe NVwZ-RR 2009, 87 f.
966 BVerwG DÖV 1968, 429; ZBR 1984, 16; BVerwGE 75, 354, 355 f.; BVerwG NJW 1988, 2399; BGHZ (GS) 34, 99, 107 ff. Dies gilt auch für Widerrufsansprüche gegen Äußerungen im Zusammenhang mit privatrechtlicher, etwa fiskalischer, Verwaltungstätigkeit, BGHZ (GS) 34, 99, 106 ff.; *W. Frotscher*, JuS 1978, 505, 506 f.
967 Etwa Auskünfte über Zugverbindungen, *D. Ehlers/J.-P. Schneider*, in: Schoch/Schneider/Bier § 40 Rn. 434.
968 *Würtenberger* Rn. 142.
969 BVerwG ZBR 1984, 16 f.; BVerwGE 75, 354, 355 f.; VGH Mannheim NJW 1990, 1808, 1809; VBlBW 1998, 100.
970 *Hufen*, § 21 Rn. 4; *K. Rennert*, in: Eyermann § 40 Rn. 83; s.a. *D. Ehlers/J.-P. Schneider*, in: Schoch/Schneider/Bier § 40 Rn. 433.
971 BGHZ (GS) 34, 99, 107; OLG Zweibrücken NVwZ 1982, 332; *D. Ehlers/J.-P. Schneider*, in: Schoch/Schneider/Bier § 40 Rn. 434; *K. Rennert*, in: Eyermann § 40 Rn. 83; *Würtenberger* Rn. 142; vgl. auch *Hufen* § 11 Rn. 40 i.V.m. § 21 Rn. 4, wonach zwar nicht schon bei einem Exzess, aber bzgl. „gewöhnlichen Beleidigungen", die am Rande oder bei Gelegenheit einer amtlichen Tätigkeit erfolgen, eine privatrechtliche Streitigkeit gegeben sei; s. insgesamt auch *W. Frotscher*, JuS 1984, 505, 506, mit diff. Betrachtung: Es sei in jedem Einzelfall genau zu prüfen, ob die Äußerung tatsächlich nur „gelegentlich" der Amtsführung vorgenommen werde, d.h. eine völlig „amtsfremde" Handlung darstelle (dann: privatrechtlich), oder ob sie noch in Ausübung des Amtes erfolge; in letzterem Fall ändere dann auch ein ehrverletzender „Exzess" nichts an der Zuordnung zum öffentlichen Recht.
972 Zu Äußerungen öffentlich-rechtlicher Rundfunkanstalten → Rn. 459.

- erbetene Auskünfte, um die ein Verwaltungsträger gegenüber einem anderen im Wege der *Amtshilfe* ersucht; solche sind klageweise auch dann vor den allgemeinen Verwaltungsgerichten (und nicht den Sozialgerichten) geltend zu machen, wenn der Auskunftsersuchende eine Allgemeine Ortskrankenkasse ist (BVerwG BayVBl 1996, 699, 700);
- Stellungnahmen in einem Gutachten eines *Amtsarztes* (BVerwG NJW 1970, 1990);
- dienstliche Äußerungen von *Amtsträgern*, etwa eines Bürgermeisters[973], eines Regierungsamtmannes bei einer Bundeswehrdienststelle (OVG Koblenz NJW 1987, 1660), eines Gemeinderatsmitgliedes in einer Gemeinderatssitzung[974], des Bundesbeauftragten für Stasi-Unterlagen (VG Berlin NJW 1993, 2548, 2549), des Leiters eines Grundstücksverkehrsamtes (OLG Dresden NVwZ-RR 1998, 343), auch eines *Amtsvormundes* (BVerwG NJW 1988, 2399 f.);
- eine Erklärung einer *Apothekenkammer*, bestimmte Werbemaßnahmen von Mitgliedern seien standeswidrig (BayObLG BayVBl 1982, 218 ff.);
- Veröffentlichungen von *Arzneimittel-Transparenzlisten* durch eine vom Bundesgesundheitsminister berufene Kommission;[975]
- eine *Auskunft* nach § 4 Abs. 1 IFG NRW, auch wenn das Auskunftsverlangen im Zusammenhang mit einem auf dem ordentlichen Rechtsweg zu verfolgenden Zahlungsanspruch steht,[976] sowie ein Auskunftsanspruch, gestützt auf die Pressefreiheit gem. Art. 5 Abs. 1 S. 2 Alt. 1 GG gegen Behörden;[977]
- dienstliche *Beurteilungen* eines Beamten oder sonstige dienstliche Beanstandungen oder Rügen;[978]
- ein Fernsehinterview mit einem Staatssekretär im *Bundesgesundheitsministerium*, in welchem dieser die Kritik seiner Behörde an einem Kritiker der Schulmedizin erläutert und unterstreicht;[979]
- ein Vorwurf des *Bundeskanzlers*, ein Beamter des ihm unterstellten Presseamtes habe eine „schwerwiegende Indiskretion" begangen (BVerwG ZBR 1984, 16 f.);
- Sprüche des *Bundesoberseeamtes*, die ein schuldhaftes Verhalten eines Beteiligten feststellen (BVerwGE 59, 319, 325 f.);
- Äußerungen des Vorsitzenden einer staatlichen *Forschungskommission* (BGH NJW 1963, 1203 f.);
- ehrverletzende Behauptungen in einem Beschluss einer *Gemeindevertretung* (VGH Kassel NJW 1988, 1683);
- die Veröffentlichung von *Gerichtsentscheidungen*, denn dies ist eine der Gerichtsverwaltung obliegende öffentliche Aufgabe (BVerwGE 104, 105, 108 ff.); die Entscheidung über die Veröffentlichung einschließlich der konkreten Auswahl der veröffentlichungswürdigen Entscheidungen stellt hierbei eine öffentlich-rechtliche Maßnahme dar, wohingegen sich hinsichtlich des eigentlichen Publikationsvorganges dann ein privatrechtliches Handeln anschließen kann[980] (Anwendungsfall der Zweistufenlehre, → Rn. 350);
- das Auskunftsverlangen eines Arztes hinsichtlich der Mitglieder einer *Gutachterkommission* für ärztliche Haftpflichtfragen, ebenso die Gutachtertätigkeit dieser Kommission selbst (OVG Münster NJW 1999, 1802);
- negative Auskünfte einer *Handwerkskammer* über einen Handwerksbetrieb;[981]

---

973   VGH Kassel NVwZ-RR 1994, 700, 701; DVBl 2012, 1176, 1177; NVwZ-RR 2012, 781.
974   VGH Mannheim NVwZ 1993, 285; vgl. ferner LG Karlsruhe NVwZ-RR 2009, 87, 88. Vgl. aber bei Persönlichkeitsverletzung VGH Mannheim NJW 1990, 1808, 1809 f.; VG Frankfurt NVwZ 1992, 86, 87; OLG Frankfurt NVwZ-RR 1998, 814 f.
975   BVerwGE 71, 183, 186 f.; hierzu und allg. zu gesundheitsbehördlicher Informationstätigkeit auch *H. Sodan*, DÖV 1987, 858 ff.
976   OVG Münster DVBl 2002, 1568. Ferner BVerwG NVwZ 2012, 1563 f. zu der Frage, ob auf Informationsansprüche nach dem IFG, die sich gegen die Bundesanstalt für Finanzdienstleistungsaufsicht richten und auf Wertpapierhandelsvorgänge beziehen, die abdrängende Sonderzuweisung des § 48 Abs. 1, 4 WpÜG zum OLG Frankfurt am Main gilt (verneint).
977   BVerwGE 146, 56, 64 f.; *D. Ehlers/J.-P. Schneider*, in: Schoch/Schneider/Bier § 40 Rn. 436; *J. Ruthig/W.-R. Schenke*, in: Kopp/Schenke § 40 Rn. 28; *J. Soehring*, in: Soehring/Hoene, Presserecht, ⁵2013, § 4 Rn. 3; krit. dagegen: *H. Schulze-Fielitz*, in: Dreier I Art. 5 Rn. 248; *R. Wendt*, in: v. Münch/Kunig Art. 5 Rn. 35.
978   S. etwa BVerwG DÖV 1968, 429; BVerwGE 75, 354, 355 f.; s.a. BVerwG ZBR 1984, 16 f. (Vorwurf einer „schwerwiegenden Indiskretion" durch den Bundeskanzler als Dienstvorgesetzten); BGH DVBl 1977, 183 ff.
979   Wie hier: *D. Ehlers/J.-P. Schneider*, in: Schoch/Schneider/Bier § 40 Rn. 436; *J. Ruthig/W.-R. Schenke*, in: Kopp/Schenke § 40 Rn. 28; a.M. OLG Düsseldorf AfP 1980, 46, 47.
980   BVerwGE 104, 105, 111.
981   LG Konstanz NVwZ 1988, 94; LG Wiesbaden GewArch 1998, 472; vgl. aber auch BGH NJW 1987, 329 ff.

- die unvollständige Benennung von Unternehmensberatern durch eine *Industrie- und Handelskammer* (BVerwGE 89, 281, 282 f.);
- ein behördliches *Informationsblatt* über die Anliegen einer politischen Partei (OLG München NJW-RR 1989, 1191);
- eine gutachtliche Stellungnahme der *Kassenärztlichen Bundesvereinigung* über die therapeutische Wirksamkeit von Arzneimitteln;[982]
- die Aufstellung örtlicher *Mietspiegel* durch die Gemeinden;[983]
- ehrverletzende Äußerungen eines *Ministers* gegenüber einer öffentlich-rechtlichen Körperschaft (s. VGH Kassel NJW 1990, 1005 f.);
- Maßnahmen der *Öffentlichkeitsarbeit*, wenn diese im Zusammenhang mit einer öffentlich-rechtlichen Tätigkeit stehen;[984]
- behördliche *Pressemitteilungen* in Erfüllung eines öffentlich-rechtlichen Informationsanspruchs der Presse;[985] nach der Rspr. des BVerwG ist auch hinsichtlich Pressemitteilungen der Staatsanwaltschaft über Ermittlungsverfahren der Verwaltungsrechtsweg nach § 40 Abs. 1 S. 1 und nicht der ordentliche Rechtsweg gem. § 23 EGGVG (zur abdrängenden Sonderzuweisung des § 23 EGGVG → Rn. 595 ff.) gegeben,[986] und zwar unabhängig davon, ob das Ermittlungsverfahren noch läuft oder bereits abgeschlossen ist;[987]
- Feststellungen in Prüfungsberichten der *Rechnungshöfe*[988] – diesbezügliche Streitigkeiten sind auch nichtverfassungsrechtlicher Art (→ Rn. 262);
- Äußerungen einer *Studentenvertretung*, z.B. in Wahrnehmung eines allgemeinen „politischen Mandats" (OVG Münster DVBl 1977, 994, 996), oder etwa Aufrufe des Allgemeinen *Studentenausschusses* zum Vorlesungsstreik;[989]
- Informationen nach dem *UIG* (§ 6 Abs. 1 UIG);[990]
- *Verbreitung eines bei einem privaten Institut in Auftrag gegebenen Gutachtens oder einer Expertise* über die Scientology-Vereinigung durch eine Behörde (VGH München NVwZ 2003, 998);
- Äußerungen und Berichte der *Verfassungsschutzbehörden*, ebenso die Weitergabe solcher Berichte;[991]
- amtliche *Warnungen*, etwa der Bundes- oder einer Landesregierung, bspw. vor sog. Jugendsekten[992] oder vor verunreinigten oder verdorbenen Lebensmitteln[993]; auch schriftliche Äußerungen

---

982 BVerwGE 58, 167, 168 ff. Nach BGHZ 66, 229 ff.; 67, 81 ff. soll indes eine privatrechtliche Streitigkeit vorliegen, wenn das Wettbewerbsverhältnis betroffen ist; näher und krit. zu dieser BGH-Rspr. → Rn. 375 ff.
983 Vgl. BVerwGE 100, 262, 264 f. (Verwaltungsrechtsweg nach § 40 zwar grds. eröffnet, Klage aber unzulässig).
984 Vgl. BVerwGE 47, 247, 249 f.; vgl. auch BVerwGE 82, 76 ff. zum von der Öffentlichkeitsarbeit mitumfassten Recht zur Vornahme öffentlicher Warnungen. Dagegen soll nach VGH Mannheim DÖV 2002, 348 f. eine im nichtamtlichen Teil des Amtsblatts einer Behörde veröffentliche Äußerung über eine Glaubensgemeinschaft gerade nicht in Erfüllung der öffentlich-rechtlichen Informationspflicht der Gemeinde erfolgen und daher privatrechtlicher Natur sein, sodass der Verwaltungsrechtsweg nicht gegeben sei.
985 Vgl. etwa BVerwG NJW 1989, 412, 413; BGH NJW 1978, 1860; OVG Münster AfP 1996, 299; VGH Mannheim NJW 1982, 668 f.; VG Sigmaringen VBlBW 1999, 35 ff.
986 BVerwG NJW 1989, 412 ff. mit ausf. Begründung; s.a. BVerwG NJW 1992, 62.
987 BVerwG NJW 1992, 62; a.M. zumindest für noch laufende Ermittlungsverfahren: OLG Karlsruhe NJW 1995, 899 f.; *J. Ruthig/W.-R. Schenke*, in: Kopp/Schenke § 40 Rn. 28 a.E. – jeweils mit zahlreichen w.N.
988 OVG Münster NJW 1980, 137 f.; VGH Kassel DÖV 1994, 1015; VG Darmstadt NVwZ-RR 1999, 552; *F. Kopp*, JuS 1981, 419, 422 ff.; vgl. aber auch VG Düsseldorf JuS 1981, 455.
989 VG Braunschweig DVBl 1974, 51, 52 f. Anders jedoch bei einer Klage gegen eine identifizierende Veröffentlichung durch den AStA: OLG Frankfurt a.M. NJW-RR 2016, 1381 ff., a.A. *M.-O. Srocke*, K&R 2016, 163, 166.
990 So schon früh *N. Kollmer*, NVwZ 1995, 858, 859; ausf. *O. Reidt/G. Schiller*, in: Landmann/Rohmer, Umweltrecht, UIG § 6 Rn. 5 ff. → Rn. 165.
991 OVG Berlin NJW 1978, 1644 ff.; VGH München DVBl 1965, 447, 448; VG Bremen NJW 1978, 1650 ff.; *H.-P. Schneider*, NJW 1978, 1601.
992 BVerwGE 82, 76 ff. („Transzendentale Meditation"); BVerwG NJW 1991, 1770 und NVwZ 1994, 162 („Osho"); OVG Hamburg NVwZ 1995, 498, 499 („Scientology"); OVG Münster NJW 1996, 2114 f. („Universelles Leben"); VGH Mannheim DÖV 1989, 169 ff.; NVwZ 1989, 878, 879 („Bericht über Aufbau und Tätigkeit so genannter Jugendsekten"); VGH München NVwZ 1995, 793 f. (Glaubensgemeinschaft „U"); vgl. ferner BVerwGE 90, 112 ff. und OVG Münster NVwZ 1991, 176 (Subventionierung eines privaten Vereins mit öffentlichen Mitteln, der sich krit. mit Jugendsekten u.Ä. auseinandersetzt).
993 BVerwGE 87, 37, 39 ff. und OVG Münster NJW 1986, 2783 (glykolhaltiger Wein); vgl. OLG Stuttgart NJW 1990, 2690, 2691 und LG Stuttgart NJW 1989, 2257, 2258 (verdorbene Teigwaren); LG Göttingen NVwZ 1992, 98, 99 (Hinweis einer Gemeinde auf mögliche Schadstoffbelastung einer Heilquelle).

einer Landesregierung auf eine Landtagsanfrage zur Problematik staatlicher Kunstförderung von Sektenmitgliedern (VGH Mannheim NJW 1997, 754 [betr. „Scientology"]); ebenso behördliche *Empfehlungen*, etwa die Veröffentlichung von Warentests durch eine Behörde (BVerwG DVBl 1996, 807f.) oder eine Plakatkampagne, in der zur Vermeidung von Abfall empfohlen wird, bestimmte Verpackungen nicht mehr zu benutzen (VGH Kassel DÖV 1995, 77f. [bzgl. Getränkekartons]);[994]

■ Äußerungen des *Sektenbeauftragten einer als öffentlich-rechtliche Körperschaft organisierten Kirche;*[995]

■ *Werbemaßnahmen* öffentlich-rechtlicher Rechtsträger, sofern sie im Zusammenhang mit deren öffentlich-rechtlicher Tätigkeit stehen, d.h. insbes. in Bezug auf öffentlich-rechtliche Tätigkeiten erfolgen.[996]

427 **(bb) Privatrechtliche Beurteilung.** Eine privatrechtliche Beurteilung ist dagegen etwa in folgenden Fällen geboten:

■ Äußerungen von *Abgeordneten* außerhalb des parlamentarischen Indemnitätsschutzes (BGHZ 75, 384, 385 ff.);

■ Äußerungen eines Amtsträgers im Zusammenhang mit rein *fiskalischem* Handeln der Behörde, etwa mit Bedarfsdeckungsgeschäften;[997]

■ Presseerklärungen von *Fraktionen* bzw. deren Mitgliedern (OLG München NJW 1989, 910);

■ dienstliche Beurteilungen eines Arbeitnehmers im *öffentlichen Dienst*,[998] da die Dienst- und Arbeitsverhältnisse der Angestellten und Arbeiter des öffentlichen Dienstes zum Privatrecht zählen;[999]

■ Äußerungen eines Amtsträgers, die dieser in seiner Eigenschaft als Parteipolitiker abgibt, etwa in einer Wahlkampfrede (vgl. BGH NJW 1961, 1625f.; NJW 1963, 1203, 1204; BGH NJW 1978, 1860, 1861).

428 Vor den ordentlichen Gerichten geltend zu machen ist auch das *Auskunftsbegehren eines Vertreters der Presse* gegen eine sich mehrheitlich im Besitz der öffentlichen Hand befindende juristische Person des Privatrechts, zu deren Aufgaben die Versorgung der Bevölkerung mit Gas, Wasser und Strom gehört und die hierbei nicht als Beliehene handelt (VG Hannover NdsVBl 2003, 305), ebenso ein Anspruch auf *Veröffentlichung einer Werbeanzeige im nichtamtlichen Teil eines gemeindlichen Amtsblatts* (OVG Bautzen SächsVBl 2003, 48). Auch soll die *Veröffentlichung einer Stellungnahme der Gemeinderatsfraktion* über eine Glaubensgemeinschaft im nichtamtlichen Teil des Amtsblatts einer Gemeinde privatrechtlicher Natur sein (VGH Mannheim DÖV 2002, 348f.). Die Zuständigkeit der Zivilgerichte ist des Weiteren angenommen worden für den Unterlassungsanspruch gegen eine *verhaltenskritische Presseäußerung einer gesetzlichen Krankenkasse gegenüber einer Kassenärztlichen Vereinigung*, da das Schwergewicht des Rechtsstreits nicht in einem Aufgabenbereich anzusiedeln sei, dessen Erfüllung den Kassenärztlichen Vereinigungen und Krankenkassen unmittelbar aufgrund der öffentlich-rechtlichen Bestimmungen des SGB V obliegt, sodass nicht die Rechtswegzuweisung des § 51 SGG einschlägig sei (BGH NJW 2003, 1192, 1193). Dem Zivilrechtsweg unterfallen ferner Unterlassungsansprüche eines Trägers öffentlicher Gewalt gegenüber öffentlicher Kritik eines Bürgers.[1000]

---

994 Stellen sich solche Empfehlungen indes als „wettbewerbsrelevant" dar (wie etwa in BGHZ 67, 81 ff. – Empfehlung öffentlich-rechtlicher Ärzteorganisationen an ihre Mitglieder, bestimmte Dienstleistungen nicht in Anspruch zu nehmen), bejaht der BGH hinsichtlich des Wettbewerbsverhältnisses den Zivilrechtsweg. Vgl. auch BGH NJW 1990, 1531 (angebliche Boykottaufforderung durch eine Allgemeine Ortskrankenkasse). Zur Kritik an dieser Rspr. und der damit verbundenen „Doppelqualifikation" von Maßnahmen → Rn. 375 ff.

995 BGHZ 148, 307, 308 ff. m. krit. Anm. *R. Tillmanns*, DVBl 2002, 336 ff.

996 Vgl. etwa BVerwG JZ 1989, 688 f. (bzgl. Werbung der Post vor deren Privatisierung); *D. Ehlers*, JZ 1989, 231, 232. Diff. indes der BGH (etwa BGHZ 66, 229, 232 ff. – Werbung einer gesetzlichen Krankenkasse), wenn die Werbemaßnahmen nicht nur das – öffentlich-rechtliche – Verhältnis zu den Beworbenen betreffen, sondern auch das Wettbewerbsverhältnis zu den Mitbewerbern; dieses sei privatrechtlicher Natur. Zur Kritik an dieser Rspr. und der damit verbundenen „Doppelqualifikation" von Maßnahmen → Rn. 375 ff.

997 S. etwa VGH Mannheim VBlBW 1998, 100 f.; BGHZ (GS) 34, 99, 105 ff. – näher → Rn. 421 ff.

998 *D. Ehlers/J.-P. Schneider*, in: Schoch/Schneider/Bier § 40 Rn. 437.

999 *Hufen* § 11 Rn. 30.

1000 Vgl. BGHZ 90, 113 ff.; *J. Ruthig/W.-R. Schenke*, in: Kopp/Schenke § 40 Rn. 28 a a.E.

Äußerungen eines Gerichts in Ausübung richterlicher Tätigkeit sind nur i.R. und nach Maßgabe der 429 Vorschriften der für die jeweilige Gerichtsbarkeit geltenden Verfahrensordnung angreifbar (VGH München BayVBl 1996, 731).

(3) Baulast und Verkehrssicherungspflichten hinsichtlich öffentlicher Sachen, insbes. öffentlicher Stra- 430 **ßen. (a) Baulast.** Die Pflicht zum Bau und zur Unterhaltung des öffentlichen Straßennetzes (sog. Straßenbaulast, vgl. §§ 3 und 5 FStrG sowie die entsprechenden Bestimmungen der Landesstraßengesetze) ist öffentlich-rechtlicher Natur.[1001] Daher sind diesbezügliche Maßnahmen (z.B. Straßenbauarbeiten) jedenfalls dann öffentlich-rechtlicher Natur, wenn sie von Verwaltungsträgern bzw. deren Bediensteten ausgeführt werden,[1002] richtigerweise aber auch dann, wenn private Unternehmen in die Ausführung solcher Maßnahmen eingeschaltet werden (ausf. → Rn. 365 ff.).[1003] So unterfallen insbes. Klagen gegen hiervon herrührende Beeinträchtigungen, z.B. Lärm- oder Schmutzimmissionen, dem Verwaltungsrechtsweg (näher zu [öffentlich-rechtlichen] Immissionen und anderen Beeinträchtigungen → Rn. 414 ff., insbes. → Rn. 418 bzgl. Beeinträchtigungen privater Grundstücke infolge von Baumaßnahmen hinsichtlich öffentlicher Straßen oder sonstiger öffentlicher Sachen oder Einrichtungen).[1004]

(b) Verkehrssicherungspflichten. Neben der Baulast bestehen hinsichtlich öffentlicher Sachen Ver- 431 kehrssicherungspflichten des Inhalts, die dem Verkehr eröffneten öffentlichen Sachen möglichst gefahrlos zu gestalten und zu erhalten sowie i.R.d. Zumutbaren alles zu tun, um den Gefahren zu begegnen, die den Teilnehmern des Verkehrs aus einem nicht ordnungsgemäßen Zustand dieser Sachen drohen (BGHZ 60, 54, 55 f.). Die Verkehrssicherungspflicht ist weitgehend deckungsgleich mit der Baulast.[1005] Da die Verkehrssicherungspflicht aber aus dem allgemeinen, aus den §§ 823 Abs. 1 und 836 BGB abzuleitenden Rechtsgrundsatz folge, dass jeder, der in seinem Verantwortungsbereich eine Gefahrenquelle schaffe, die zur Gefahrenabwehr notwendigen Maßnahmen zu treffen habe, wird sie insbes. von der Rspr. des BGH grds. als privatrechtliche eingestuft.[1006] Die Motivation hinter der privatrechtlichen Qualifikation „allgemeiner" Verkehrssicherungspflichten lag insbes. darin, hinsichtlich Schadensersatzansprüchen aus der Verletzung von Verkehrssicherungspflichten dem Geschädigten den „Zugriff" auf die allgemeine Deliktshaftung gem. § 823 Abs. 1 BGB zu eröffnen und das aus Sicht des Geschädigten ungünstige „Haftungsdefizit" der Amtshaftung[1007] zu vermeiden.[1008] Allerdings kann nach dieser Rspr. die Wahrnehmung der Verkehrssicherungspflichten durch gesetzliche Vorschriften oder einen ausdrücklichen Organisationsakt dem öffentlich-rechtlichen Rechtsregime unterstellt werden.[1009] Hiervon haben für den Bereich der Straßenverkehrssicherungspflicht alle Länder bis auf Hessen in ihren Landesstraßengesetzen Gebrauch gemacht.[1010] Außerhalb einer solchen hoheitlichen Ausgestaltung sollen öffentlich-rechtliche Verkehrssicherungspflichten nur in Betracht kommen, wenn sie ausschließlich dem hoheitlichen Pflichtenkreis entlehnt sind.[1011]

1001 *D. Ehlers/J.-P. Schneider,* in: Schoch/Schneider/Bier § 40 Rn. 392, 419, 444; *Wolff/Bachof/Stober/Kluth* II § 76 Rn. 25; vgl. insoweit auch BGHZ 48, 98, 102 f.; 72, 289, 292 f. S. ferner OVG Schleswig NVwZ-RR 1992, 444; OLG Frankfurt NVwZ 1992, 917, 918; s.a. BGHZ 121, 367, 374 zur (öffentlich-rechtlichen) Pflicht zur Gewässerunterhaltung.

1002 S. etwa BGHZ 72, 289, 293; *D. Ehlers/J.-P. Schneider,* in: Schoch/Schneider/Bier § 40 Rn. 444.

1003 Vgl. insoweit auch LG Aachen NVwZ-RR 2003, 464.

1004 Zum Rechtsweg bei Schadensersatzansprüchen aus der Verletzung öffentlich-rechtlicher Bau- und Unterhaltungspflichten *W.-R. Schenke,* BGH-FS III, 2000, 45, 82 ff.

1005 Vgl. BGH NJW 1967, 1325, 1326; *D. Ehlers/J.-P. Schneider,* in: Schoch/Schneider/Bier § 40 Rn. 446; *Ossenbühl/Cornils* S. 33; zur Unterscheidung zwischen Baulast und Verkehrssicherungspflicht *Ossenbühl/Cornils* S. 32 f.; *Wolff/Bachof/Stober/Kluth* II § 76 Rn. 52.

1006 S. etwa BGHZ 9, 373, 387 ff.; 60, 54, 55 ff.; s.a. OLG Frankfurt NVwZ 1992, 917, 918 m.w.N.

1007 Dieses „Haftungsdefizit" besteht in der Subsidiaritätsklausel des § 839 Abs. 1 S. 2 BGB und dem Wegfall des Amtshaftungsanspruchs in den Fällen des § 839 Abs. 3 BGB.

1008 *Ossenbühl/Cornils* S. 34.

1009 S. etwa BGHZ 60, 54, 56 m.w.N.; vgl. auch BGHZ 86, 152, 153; BGH NJW 2004, 1381.

1010 S. etwa § 59 LStrG BW; Art. 72 BayStrWG; § 7 Abs. 6 BerlStrG; § 10 Abs. 1 BbgStrG; § 9 StrG Bremen; § 5 HmbWG; § 11 Abs. 3, 50 StrWG M-V; § 10 Abs. 1 NdsStrG; § 9a Abs. 1 StrWG NW; § 48 Abs. 2 LStrG RP; § 9 Abs. 3 a SaarlStrG; § 10 Abs. 1 SächsStrG; § 10 Abs. 1 StrG LSA; § 10 Abs. 4 StrWG SH; § 10 Abs. 1 ThürStrG. Obwohl sich der Bundesgesetzgeber im Bundesfernstraßengesetz einer entsprechenden Regelung enthalten hat, gilt auch hier eine öffentlich-rechtliche Ausgestaltung der Verkehrssicherungspflicht, soweit die Länder mangels ausgeübter konkurrierender Bundesgesetzgebungskompetenz die Bundesfernstraßen in ihre Regelungen miteinbezogen haben; näher hierzu *F.-R. Herber,* in: Kodal, Straßenrecht, ⁷2010, Kap. 42 Rn. 7 f.

1011 BGHZ 118, 368, 372; BGH NJW 1993, 2612, 2613; ein solcher Fall ist nach BGH DÖV 1974, 533 etwa in der baulichen Anpassung eines Schulgebäudes an besondere Zwecke der Schule zu sehen. Vgl. auch BGHZ 91, 48, 52;

432   Im Schrifttum wird die Rspr. des BGH vielfach und wohl zu Recht kritisiert und für eine generell öffentlich-rechtliche Einstufung von Verkehrssicherungspflichten hinsichtlich öffentlicher Sachen plädiert, ohne dass es hierzu der vom BGH geforderten ausdrücklichen hoheitlichen Ausgestaltung bedürfe.[1012] Zu begründen ist dies vor allem mit dem Zusammenhang solcher Verkehrssicherungspflichten mit öffentlich-rechtlicher Tätigkeit und der „Nähe" zur öffentlich-rechtlichen Baulast ebenso wie zur öffentlich-rechtlichen Verkehrsregelungspflicht (zur Verkehrsregelungspflicht → Rn. 434).[1013] Da der BGH die Anwendbarkeit der Subsidiaritätsklausel des § 839 Abs. 1 S. 2 BGB mittlerweile hinsichtlich der Verletzung von allgemeinen Verkehrssicherungspflichten grds. verneint hat (BGHZ 75, 134, 136 ff.; BGH NJW 1993, 2612, 2613), besteht für eine privatrechtliche Qualifizierung aus Gründen haftungsrechtlicher Gleichbehandlung auch kaum ein praktisches Bedürfnis mehr. Praktische Relevanz für die Rechtswegeröffnung kommt diesem Streit aber jedenfalls insoweit nicht zu, als es um Schadensersatzansprüche aus der Verletzung von Verkehrssicherungspflichten geht, da für solche in jedem Fall die ordentlichen Gerichte zuständig sind.[1014]

433   Bedeutsam kann die rechtliche Qualifizierung allenfalls hinsichtlich Beseitigungsansprüchen bzw. Klagen auf Erfüllung der Verkehrssicherungspflicht (ob solche tatsächlich gegeben sind, ist eine Frage des materiellen Rechts) sein; steht eine öffentlich-rechtliche Verkehrssicherungspflicht in Streit, sind hierfür nämlich die Verwaltungsgerichte zuständig[1015]. Qualifiziert man Verkehrssicherungspflichten hinsichtlich öffentlicher Sachen generell als öffentlich-rechtliche, kommt es auf eine ausdrückliche gesetzliche Ausgestaltung dieser Pflichten nicht mehr an. Unbeschadet der Judikatur des BGH und der hieran bestehenden Kritik wurde in der Rspr. aber eine Klage auf Erfüllung der Verkehrssicherungspflicht (und damit auf Beseitigung eines verkehrspflichtwidrigen Zustandes) als öffentlich-rechtliche Streitigkeit der Rechtswegzuständigkeit der Verwaltungsgerichte zugewiesen.[1016] Zur Begründung wurde angeführt, dass die zivilrechtliche Beurteilung des BGH zwar hinsichtlich Schadensersatzansprüchen, nicht aber für Maßnahmen zur Erfüllung der Verkehrssicherungspflicht gelte, da Verkehrssicherungspflichten ihrem Wesen und ihrer Entstehungsgeschichte nach lediglich die „negative Funktion" aufwiesen, bei ihrer rechtswidrigen und schuldhaften Verletzung ein deliktisches Einstehenmüssen für daraus resultierende Schäden zu begründen, sich aus ihnen aber keine „positive" Pflicht zum Tätigwerden ableiten lasse.[1017] Resultieren könne eine solche vielmehr aus der – öffentlich-rechtlichen – Straßenbaulast (vgl. OLG Frankfurt NVwZ 1992, 917, 918), welche mit der Verkehrssicherungspflicht weitestgehend deckungsgleich ist.[1018]

434   **(4) Straßenverkehrsregelung.** Unstr. öffentlich-rechtlicher Natur ist die Pflicht zur Regelung des allgemeinen Straßenverkehrs.[1019] Sie umfasst insbes. die Entscheidung, wo und welche Verkehrszeichen und Verkehrseinrichtungen aufzustellen bzw. anzubringen sind (s. etwa BGH NJW 1966, 1456; DÖV 1990, 1062) und damit für die Sicherheit und Leichtigkeit des Verkehrs zu sorgen (BGH NJW 1972, 1268, 1269), einschließlich der Programmierung von Ampelanlagen[1020] (zu Verkehrssicherungspflich-

---

       die dortige Pflicht war allerdings keine Verkehrssicherungspflicht, sondern eine polizeiliche Gefahrenabwehrpflicht.

1012   Vgl. *R. Bartlsperger*, Verkehrssicherungspflicht und öffentliche Sache, 1970, 72 ff.; *ders.*, DVBl 1973, 465, 471 ff.; *D. Ehlers/J.-P. Schneider*, in: Schoch/Schneider/Bier § 40 Rn. 446 m.w.N.; *K. Grupp*, in: Marschall, Bundesfernstraßengesetz, ⁶2012, § 3 Rn. 19 m.w.N.; *Schenke* Rn. 121; s.a. die zahlreichen Nachw. bei *F. Grote*, in: Kodal/Krämer, Straßenrecht, ⁶1999, Kap. 40 Rn. 14.

1013   Näher zur „Überschneidung" und Abgrenzung von Verkehrsregelungs- und Verkehrssicherungspflicht *Ossenbühl/Cornils* S. 31 ff.; dies konstatierend auch schon BGHZ 9, 373, 389.

1014   Bei privatrechtlicher Qualifizierung sind die ordentlichen Gerichte gem. § 13 GVG zuständig, bei öffentlich-rechtlicher nach § 40 Abs. 1 S. 1 Hs. 2 VwGO i.V.m. Art. 34 S. 3 GG und § 839 BGB bzw. nach § 40 Abs. 2 S. 1 Var. 3.

1015   *W.-R. Schenke*, BGH-FS III, 2000, 45, 82.

1016   S. OLG Frankfurt NVwZ 1992, 917 f. für eine diesbezügliche Streitigkeit um eine Straßenverkehrssicherungspflicht, deren Wahrnehmung im einschlägigen Straßengesetz des Landes Hessen gerade nicht ausdrückl. hoheitlich ausgestaltet ist. S.a. VGH Mannheim NVwZ-RR 2013, 943 f., wonach für den Erlass einer einstweiligen Anordnung gegen eine Beseitigungsanordnung einer Skulptur auf einer Straßenverkehrsinsel durch die Straßenbaubehörde zur Wiederherstellung der Verkehrssicherheit ebenfalls der Verwaltungsrechtsweg eröffnet ist.

1017   S. OLG Frankfurt NVwZ 1992, 917, 918.

1018   Vgl. insoweit etwa OLG Köln NJW 1992, 2237 f.; s.a. *K. Rennert*, in: Eyermann § 40 Rn. 118.

1019   Vgl. etwa BGH NJW 1962, 791, 792; NJW 1966, 1456; NJW 1970, 1126; *Ossenbühl/Cornils* S. 33.

1020   BGH DÖV 1990, 1062; vgl. auch BGH NJW 1972, 1268, 1269; s. zur Einschaltung von Privaten hierbei Rn. 365 ff., aber auch BGH NJW 1971, 2220 ff. Die *Wartung* von Ampelanlagen und deren Schutz vor Funktionsstörungen sei dagegen eine Verkehrs*sicherungs*pflicht, s. BGH NJW 1972, 1268, 1269.

ten → Rn. 431 ff.) oder der Warnpflicht bei veränderter Verkehrsregelung (BGH NJW 1966, 1456 f.; BGH DÖV 1990, 1062, 1064). Ebenso dem öffentlichen Recht unterliegen die Regelungsgehalte der aufgestellten Verkehrszeichen (→ § 42 Rn. 291 ff.).

(5) Teilnahme am Straßenverkehr. Die Zuordnung von Teilnahmehandlungen der Träger von Staats- 435 gewalt am Straßenverkehr (bspw. Dienstfahrten) zum öffentlichen oder zum privaten Recht erlangt praktische Relevanz insbes. hinsichtlich Schadensersatzansprüchen aus Amtshaftung nach Art. 34 GG i.V.m. § 839 BGB wegen Pflichtverletzung in Ausübung eines *öffentlichen* Amtes; für diese ist dann kraft abdrängender Sonderzuweisung (Art. 34 S. 3 GG) der Rechtsweg zu den ordentlichen Gerichten gegeben. Zumindest denkbar sind aber auch Abwehransprüche gegen etwaige von solchen Verkehrs- teilnahmen ausgehende Immissionen, für welche im Falle der Qualifizierung als öffentlich-rechtliche Immissionen dann grds. der Rechtsweg zu den Verwaltungsgerichten angenommen werden müsste (zur Rechtsnatur von Immissionen → Rn. 414 ff.).

Die Qualifizierung von Teilnahmehandlungen am Straßenverkehr als öffentlich-rechtliche Tätigkeit 436 bemisst sich insbes. nach der Rspr. des BGH danach, ob die Zielsetzung einer Fahrt dem Bereich ho- heitlicher Betätigung zuzurechnen ist und zwischen der Zielsetzung sowie der Straßenverkehrsteilnah- me ein enger innerer und äußerer Zusammenhang besteht.[1021] Dieser Zusammenhang zwischen der hoheitlichen Zielsetzung und der Verkehrsteilnahme liegt hiernach schon dann vor, wenn die Ver- kehrsteilnahme, sei es auch nur mittelbar, der Ausführung des hoheitlichen Geschäfts dient und in einer solchen Beziehung zur unmittelbaren Verwirklichung des staatshoheitlichen Ziels steht, dass ein einheitlicher Lebensvorgang gegeben ist (BGH NJW 1992, 1227, 1228).

Nach diesen Grundsätzen wurden als *öffentlich-rechtliche* Verkehrsteilnahmen etwa angesehen: 437

- Fahrten eines *Amtsarztes* i.R. seiner amtsärztlichen Betätigung (BGHZ 29, 38, 41);
- der Transport von Blutkonserven durch die *Berufsfeuerwehr*;[1022] ebenso die Rückfahrt eines Feu- erwehrfahrzeugs von einem Einsatz (BGH VersR 1958, 688, 689) oder auch die Fahrt eines Feuer- wehrfahrzeugs zum Technischen Überwachungsverein, da die Erhaltung der Einsatzbereitschaft der Feuerwehr eine öffentliche Amtspflicht darstelle;[1023] des Weiteren die Probefahrt mit einem Feuerlöschwagen, um einer kaufwilligen anderen Feuerwehreinheit dessen Fahreigenschaften im Einsatz zu demonstrieren (vgl. BGH MDR 1962, 803);
- Kurierfahrten eines *Bundesministeriums*, die der Beförderung von Dienstpost dienen (BGH LM Art. 34 GG Nr. 25);
- Dienstfahrten der *Bundeswehr*;[1024]
- die Fahrt eines Ministerialrats zu einer Besprechung über Tätigkeiten auf dem Gebiet der *Flugsi- cherung* (BGH DÖV 1979, 865 f.);
- die Botenfahrt eines Angehörigen der Brandwache eines *Grenzdurchgangslagers* zu einem Lagerin- sassen (BGH DÖV 1971, 787 f.);
- die Fahrradfahrt eines *Jugendfürsorgers* zu den Lehrstellen der von ihm betreuten Lehrlinge (BGH MDR 1960, 289);
- die Fahrt einer *Lehrerin* zum Zielort einer Klassenfahrt (BGH NJW 1992, 1227, 1228);
- Einsatzfahrten von Müllfahrzeugen der gemeindlichen *Müllabfuhr*;[1025]
- Streifenfahrten der *Polizei* (RGZ 140, 415, 417; vgl. BGH DÖV 1971, 787);
- die Fahrt mit einem *Rettungswagen* zu einem Notarzteinsatz, sofern das Rettungsdienstwesen im betreffenden Bundesland öffentlich-rechtlich organisiert ist (BGH NJW 1991, 2954);

1021 Vgl. BGHZ 29, 38, 40; 42, 176, 177 ff., insbes. 179; 49, 267, 270; 68, 217, 218; BGH DÖV 1979, 865; DVBl 1983, 1061; NJW 1992, 1227, 1228 m.w.N.

1022 BGH JR 1972, 128 m.Anm. *H.-U. Erichsen*, JR 1972, 130 f. Zur Ausstattung der Freiwilligen Feuerwehren mit hoheitlichen Befugnissen etwa BGHZ 20, 290, 292; vgl. aber auch BayObLG NVwZ-RR 1989, 528.

1023 OLG Oldenburg NJW 1973, 1199 f. m. krit. Anm. *H. Butz*, NJW 1973, 1803; vgl. dagegen OVG Saarlouis DVBl 1968, 434.

1024 Vgl. BGHZ 49, 267, 270; s. zu Amtshaftungsansprüchen wegen Dienstfahrten von in der Bundesrepublik statio- nierten Streitkräften BGHZ 42, 176, 180 ff.; BGHZ 49, 267, 270 ff.

1025 BGH DVBl 1983, 1061 f. – im konkreten Fall, in welchem die Benutzung der Müllabfuhr privatrechtlich ausge- staltet war, zumindest bejaht gegenüber Dritten, die nicht Anschlussnehmer der Müllabfuhr sind.

- Fahrten unter Inanspruchnahme von *Sonderrechten nach § 35 StVO*, etwa bei Notfalleinsätzen von Polizei oder Feuerwehr mit Blaulicht und Martinshorn (Sondersignal nach § 38 StVO);[1026]
- Fahrten zum Transport von Straßenbaumaterial durch die Bediensteten eines *Straßenbauamtes* (BGH NJW 1962, 796);
- die Streckenfahrten der *Straßenmeistereien* (BGHZ 21, 48, 51; 68, 217, 218; vgl. auch BGH DÖV 1971, 787).

438   Als *privatrechtlich* wurden hingegen eingestuft:

- Fahrten, welche der Kontrolle von *Bauarbeiten durch beauftragte private Unternehmen* dienen (BGH VersR 1959, 372);
- die Fahrt eines Polizeifahrzeugs in eine polizeieigene Werkstätte zur *Durchführung des dienstlich vorgeschriebenen periodischen Wartungsdienstes*, da dies in den fiskalischen Bereich falle (OVG Saarlouis DVBl 1968, 434);
- eine Fahrt eines Beamten zu Verhandlungen über einen *Grundstückskauf* zum Zwecke des Straßenbaus, da Grundstückskäufe zum Bereich der fiskalischen Verwaltung zu zählen sind (BAGE 14, 320 ff.);
- eine *Probefahrt* mit einem Feuerwehrfahrzeug beim Kauf von der Lieferfirma (vgl. BGH MDR 1962, 803).

439   Problematisch ist der von der oben genannten Rspr. des BGH geforderte Zusammenhang zwischen hoheitlicher Zielsetzung und Verkehrsteilnahmehandlung dann, wenn diese unter Benutzung eines privaten Fahrzeugs erfolgt. Der Zusammenhang ist nach dieser Judikatur gegeben, wenn die Wahl dieses Verkehrsmittels zur sinnvollen Verwirklichung des hoheitlichen Ziels geboten war; dies darf aber nicht in einem zu engen Sinne verstanden werden (BGH DÖV 1979, 865, 866). Eine zwingende Notwendigkeit der Kraftfahrzeugnutzung für die bezweckte hoheitliche Tätigkeit ist für das Vorliegen dieses Zusammenhangs nicht erforderlich; andererseits darf die Fahrzeugnutzung aber nicht lediglich in einer äußeren, zeitlichen und gelegenheitsmäßigen Beziehung zur hoheitlichen Betätigung stehen (BGH LM § 839 [Fe] BGB Nr. 23; NJW 1992, 1227, 1228). Hiernach wurden etwa die Dienstfahrten eines Ministerialrats zu einer Besprechung über Tätigkeiten auf dem Gebiet der Flugsicherung (BGH DÖV 1979, 865 f.) und einer Lehrerin zum Zielort einer Klassenfahrt (BGH NJW 1992, 1227, 1228) trotz jeweiliger Nutzung eines privaten Personenkraftwagens als öffentlich-rechtliche Fahrten qualifiziert. Hingegen ist der Zusammenhang – trotz Zurechnung der Zielsetzung der Verkehrsteilnahme zum hoheitlichen Bereich – verneint worden bei Dienstfahrten eines Finanzinspektors zu einer Dienstbesprechung oder der Fahrt einer Richterin zu einem Ortstermin, weil die Benutzung des privaten PKW dienstlich nicht erforderlich gewesen sei.[1027]

440   Nicht zuletzt im Hinblick darauf, dass i.R.d. Amtshaftung grds. eine Haftungsprivilegierung durch die Subsidiaritätsklausel des § 839 Abs. 1 S. 2 BGB besteht, plädiert ein Teil des Schrifttums für eine generelle privatrechtliche Qualifikation von behördlicher Straßenverkehrsteilnahme; eine öffentlich-rechtliche Bewertung sei nur bei Inanspruchnahme von Sonderbefugnissen nach § 35 StVO angezeigt.[1028] Zumindest im Hinblick auf eine haftungsrechtliche Gleichbehandlung aller Straßenverkehrsteilnehmer besteht hierfür allerdings kein praktisches Bedürfnis (mehr), da der BGH mittlerweile aus diesem Aspekt die Vorschrift des § 839 Abs. 1 S. 2 BGB für nicht anwendbar erklärt hat, wenn ein Amtsträger bei der dienstlichen Teilnahme am Straßenverkehr – soweit er Sonderrechte gem. § 35 StVO nicht in Anspruch nimmt – schuldhaft einen Verkehrsunfall verursacht.[1029]

441   **ee) Streitigkeiten im Zusammenhang mit öffentlichen Sachen.** Sachen in Hand der Verwaltung, die unmittelbar Verwaltungszwecken dienen („öffentliche Sachen"), können unterschieden werden in solche der verwaltungsinternen Nutzung (sog. Verwaltungsgebrauch), z.B. Verwaltungsinventar, und solche, die überwiegend dem externen Gebrauch durch Dritte dienen (Gemein-, Sonder- und Anstaltsge-

---

1026   BGHZ 85, 225, 228 f.; vgl. auch BGHZ 20, 290, 292 ff.; BGH MDR 1962, 802 f.
1027   S. BGH VersR 1965, 138, 139 (Finanzinspektor); VersR 1965, 1101, 1102 (Richterin); krit. hierzu *Ossenbühl/Cornils* S. 37 f.
1028   *D. Ehlers/J.-P. Schneider*, in: Schoch/Schneider/Bier § 40 Rn. 443; *Lorenz* § 11 Rn. 29; *Maurer* § 3 Rn. 30; *H. Münzel*, NJW 1966, 1639, 1641 ff.
1029   BGHZ 68, 217, 220 ff.; 85, 225, 228; 118, 368, 372; bei Inanspruchnahme von Sonderrechten nach § 35 StVO bleibt § 839 Abs. 1 S. 2 BGB dagegen anwendbar, BGHZ 85, 225, 228; 113, 164, 166 ff.

brauch), etwa öffentliche Straßen und Wasserwege oder öffentliche Einrichtungen (zur Nutzung öffentlicher Einrichtungen → Rn. 344 ff.).[1030] Sie unterliegen nach überwiegender Ansicht einem sog. modifizierten Privateigentum,[1031] wonach die öffentliche Sache zwar Gegenstand der Privatrechtsordnung bleibt, jedoch das private Eigentum von der öffentlichen Zweckbestimmung der Sache überlagert und im Umfang der öffentlich-rechtlichen Sachherrschaft verdrängt wird.[1032] I.d.R. wird die öffentlich-rechtliche Sachherrschaft durch einen „Widmungsakt" begründet; da aber die öffentlich-rechtliche Überlagerung zu einer erheblichen Einschränkung des Privateigentums führt, ist hierfür eine spezielle gesetzliche Grundlage, mithin ein „förmlicher" Widmungsakt zu fordern.[1033]

Klagt ein Verwaltungsträger auf Herausgabe einer im Verwaltungsgebrauch stehenden öffentlichen Sa- 442 che, kann er dieses Begehren auf sein privates Eigentum hieran stützen,[1034] sodass die Zuständigkeit der Zivilgerichte nach § 13 GVG begründet ist. Wird der Herausgabeanspruch dagegen auf eine öffentlich-rechtliche Sachherrschaft gestützt, haben hierüber die Verwaltungsgerichte zu entscheiden.[1035] Sind öffentliche Sachen, bspw. öffentliche Straßen, durch Widmungsakt einer bestimmten öffentlich-rechtlichen Zweckbindung, insbes. dem Gemeingebrauch, unterstellt, wie etwa im Straßenrecht auf Grundlage der Straßengesetze,[1036] so sind Streitigkeiten, die diese öffentlich-rechtliche Zweckbindung einer Sache betreffen, öffentlich-rechtlicher Natur und vor den Verwaltungsgerichten auszutragen.[1037] Für Streitigkeiten über das private Eigentum bzw. aus diesem wird dagegen der Rechtsweg zu den ordentlichen Gerichten nach § 13 GVG bejaht.[1038] Soweit die Benutzung öffentlicher Straßen über den Gemeingebrauch hinausgeht (Sondernutzung) und diesen beeinträchtigt, bedarf es hierfür jedenfalls einer öffentlich-rechtlichen Sondernutzungserlaubnis[1039] (vgl. § 8 Abs. 1, 10 FStrG sowie die entspre-

---

1030 Näher zum Begriff der „öffentlichen Sachen" W. *Frotscher*, VerwArch 62 (1971), 153; *Wolff/Bachof/Stober/Kluth* II § 74 Rn. 4 ff.

1031 Es sei denn, sie stehen ausnahmsweise in öffentlichem Eigentum, vgl. § 5 Abs. 1 WG BW (Gewässerbett), § 4 a HmbWG (Hochwasserschutzanlagen).

1032 Näher *Wolff/Bachof/Stober/Kluth* II § 76 Rn. 2 ff. m.w.N.; s.a. BayObLG DÖV 1980, 728 f.; W. *Frotscher*, VerwArch 62 (1971), 153, 154 m.w.N.; H.-J. *Papier*, JuS 1981, 498, 502.

1033 Vgl. BVerwG NJW 1980, 2538, 2540; NJW 1994, 144 f.; OVG Münster NJW 1993, 2635 f.; P. *Axer*, NWVBl 1992, 11, 13; D. *Ehlers*, NWVBl 1993, 327, 328 ff.; H.-J. *Papier*, JuS 1981, 498, 502 f.; a.M. VG Köln NJW 1991, 2584, 2586.

1034 Vgl. BGH NJW 1990, 899, 900; W. *Frotscher*, VerwArch 62 (1971), 153, 154 ff.

1035 Ob ein solcher Anspruch dann auch tatsächlich besteht, ist eine Frage des materiellen Rechts, vgl. BVerwG NJW 1980, 2538, 2540; NJW 1994, 144 f.; OVG Münster NJW 1993, 2635 f.; D. *Ehlers/J.-P. Schneider*, in: Schoch/Schneider/Bier § 40 Rn. 466. Vgl. ferner zum Streit um die Salvatorkirche München BayObLG BayVBl 1981, 438 ff. m.Anm. L. *Renck*, BayVBl 1981, 329 ff. u. A. *Brandl*, BayVBl 1981, 331 f., hinsichtlich der privatrechtlichen Herausgabeansprüche, sowie BVerwGE 87, 115, 118 ff. m.Anm. L. *Renck*, BayVBl 1991, 200 ff.; VGH München BayVBl 1987, 720 f.; VG München BayVBl 1985, 281 ff. m.Anm. L. *Renck* u. H. *Goerlich*.

1036 S. die §§ 2 und 7 FStrG sowie die entsprechenden Vorschriften der Straßengesetze der Länder; vgl. die Übersicht bei *Wolff/Bachof/Stober/Kluth* II § 77 Rn. 11.

1037 VGH München BayVBl 1987, 720, 721; vgl. etwa BVerwGE 23, 325, 327 ff.; 34, 320, 321 ff.; 44, 193 ff.; BVerwG DVBl 1979, 155 ff.; NJW 1982, 2332 f.; NJW 1986, 337 f. (jeweils Abstellen von Kraftfahrzeugen auf öffentlichen Straßen); BGHZ 48, 239, 240 ff. (Klage eines Grundstückseigentümers gegen eine Gemeinde auf Herausgabe eines Grundstücksteils, über den die Gemeinde einen dem öffentlichen Allgemeinverkehr gewidmeten Weg angelegt hat); BGH MDR 1969, 650 (Klage auf Duldung eines Notweges über ein städtisches Grundstück, das für den Feuerwehrdienst gewidmet ist); VGH Mannheim NVwZ 1990, 680 f. (Feststellungsstreit zwischen Privaten um Gemeingebrauch); VGH München NVwZ-RR 1989, 226 f. (Widmungsbeschränkung eines öffentlichen Feld- und Waldweges durch Verbot für Reiter); LG Tübingen NVwZ 1990, 696 f. m.w.N. (Streit zwischen Privaten um Öffentlichkeit eines Weges); OLG Koblenz MDR 1981, 671 (Streit um Duldung der Mitbenutzung eines Weges, der zu einer gemeindlichen Kläranlage gehört); vgl. ferner BVerwG NJW 1980, 2538, 2540; BVerwGE 87, 115, 118 ff.; BVerwG NJW 1994, 144 f.; OVG Münster NJW 1993, 2635 f.; VGH München BayVBl 1987, 720 ff.; VG München BayVBl 1985, 281 ff.

1038 Vgl. BGHZ 19, 85, 90 f.; BGH NJW 1978, 2201 f.; BayObLG BayVBl 1981, 438, 439; OLG Koblenz MDR 1981, 671 (LS); OLG Hamm DÖV 1975, 576 f.; zur Abgrenzung privatrechtlicher Streitigkeiten von solchen, die sich auf die öffentlich-rechtliche Zweckbindung beziehen und daher dem Verwaltungsrechtsweg unterfallen, LG Tübingen NVwZ 1990, 696 f.

1039 Bei entsprechender Ausgestaltung in den Straßengesetzen bedarf es nach überwiegender Ansicht für Sondernutzungen, die den Gemeingebrauch beeinträchtigen, *nur* einer solchen, nicht auch noch einer privatrechtlichen Gestaltung durch den Eigentümer (für Hamburg ist dies aufgrund der öffentlich-rechtlichen Ausgestaltung des Eigentums unstr., s. die §§ 4 Abs. 1 S. 6 und 19 Abs. 1 S. 2 HWG), hierzu näher H.-J. *Papier/W. Durner*, in: Ehlers/Pünder § 42 Rn. 16, 19 ff. i.V.m. § 41 Rn. 2 ff.; U. *Stahlhut*, in: Kodal, Straßenrecht, ⁷2010, Kap. 27 Rn. 5 ff.; *Wolff/Bachof/Stober/Kluth* II § 78 Rn. 7 ff., insbes. 12 ff.; s.a. BayObLG DÖV 1980, 728 f.; D. *Ehlers/J.-P. Schneider*, in: Schoch/Schneider/Bier § 40 Rn. 322.

chenden Regelungen in den Straßengesetzen der Länder[1040]). Diesbezügliche Streitigkeiten sind öffentlich-rechtlicher Natur und vor den Verwaltungsgerichten auszutragen, z.B. Klagen auf Erteilung einer solchen Sondernutzungserlaubnis oder auf Feststellung, dass es einer solchen Sondernutzungserlaubnis nicht bedarf, weil die infrage stehende Nutzung dem Gemeingebrauch zuzurechnen sei.[1041] Soweit der Gemeingebrauch dagegen nicht beeinträchtigt wird, richtet sich die Nutzungsgestattung nach bürgerlichem Recht (vgl. § 8 Abs. 10 FStrG sowie die entsprechenden Regelungen in den Straßengesetzen der Länder [etwa Art. 22 BayStrWG und § 23 StrWG NW]). Über einen Anspruch auf Duldung des Anschlusses eines Grundstücks an einen auf dem Grundstück einer Gemeinde verlaufenden Weg ist auch dann von den Verwaltungsgerichten zu entscheiden, wenn der Anspruch aus einem Rezess abgeleitet wird; denn die Berechtigung zur Nutzung des gemeindlichen Vermögens bestimmt sich nach öffentlichem Recht (BGH NVwZ-RR 2008, 742 f.).

443   **ff) Ansprüche auf Kompensation ungerechtfertigter Vermögensverschiebungen. aaa) Erstattungs- bzw. Ersatzansprüche.** Soweit nicht spezialgesetzliche Regelungen als Rechtsgrundlage in Betracht kommen (vgl. etwa § 49 a VwVfG, § 12 Abs. 2 BBesG, § 52 Abs. 2 BeamtVG), können Erstattungsbegehren hinsichtlich öffentlich-rechtlich zu beurteilender Vermögensverschiebungen auf den öffentlich-rechtlichen Erstattungsanspruch gestützt werden, welcher aus dem auch im öffentlichen Recht geltenden Rechtsgrundsatz resultiert, dass ungerechtfertigte Bereicherungen auszugleichen sind (hierzu etwa BVerwGE 71, 85, 88 ff.; s. ferner BVerwG NJW 1980, 2538). Dieser Rechtsgrundsatz sowie der Grundsatz der Gesetzmäßigkeit der Verwaltung erfordern den Ausgleich einer mit dem (öffentlichen) Recht nicht oder nicht mehr übereinstimmenden Vermögenslage.[1042]

444   Da ein Rückgewähranspruch die Rechtsnatur der Leistung teilt[1043] (→ Rn. 323), begründen Erstattungsansprüche von Verwaltungsträgern hinsichtlich öffentlich-rechtlicher Leistungen regelmäßig öffentlich-rechtliche Streitigkeiten. Soweit die Verwaltung einen Erstattungsanspruch durch Verwaltungsakt geltend macht, kann schon aufgrund dieser Tatsache der Verwaltungsrechtsweg für eine hiergegen gerichtete Klage angenommen werden (BVerwGE 40, 85; vgl. OVG Münster DÖV 1974, 824; → Rn. 382 ff.). Dass ein Beklagter die Grundlage für einen Rückerstattungsanspruch in Normen erblickt, hinsichtlich derer der Verwaltungsrechtsweg nicht eröffnet wäre, ist unbeachtlich; so ist für die Erstattung zu Unrecht erbrachter Versorgungsleistungen der Verwaltungsrechtsweg gegeben, wenn hinsichtlich der diesbezüglichen Leistungsverpflichtung ebenfalls die Zuständigkeit der Verwaltungsgerichte begründet wäre (vgl. BVerwGE 38, 261, 262). Der Anspruch eines Sozialhilfeträgers auf Rückgewähr ohne Rechtsgrund geleisteter Sozialhilfe ist auch dann öffentlich-rechtlicher Natur, wenn die Leistungen im Hinblick auf einen unwirksamen Darlehensvertrag nach § 89 BSHG/§ 91 SGB XII[1044] erbracht worden sind, da hierbei der Problemkreis der ungerechtfertigten Bereicherung mit dem der öffentlich-rechtlichen Ansprüche auf Gewährung von Sozialhilfe in einem überwiegenden Zusammenhang steht (BGH NVwZ 1988, 92, 93). Der Verwaltungsrechtsweg wird ferner bejaht bei einer Klage gegen einen behördlichen Bescheid, mit dem nach Widerruf eines Zuwendungsbescheides neben der Rückzahlung eines Darlehens eine Zinsforderung durch Verwaltungsakt auf öffentlich-rechtlicher Grundlage geltend gemacht wird, selbst wenn zur Darlehensgewährung ein Kreditinstitut eingeschaltet wurde und der Darlehensnehmer mit diesem Institut einen privatrechtlichen Darlehensvertrag abgeschlossen hatte, der ebenfalls eine Rückzahlungs- und Zinspflicht für den Fall des Widerrufs des Zuwendungsbescheides vorgesehen hatte (OVG Magdeburg NVwZ 2002, 108 f.). Die Bestim-

---

1040   Vgl. die Übersicht bei *Wolff/Bachof/Stober/Kluth* II § 78 Rn. 3.

1041   S. zu Einzelfällen etwa die umfangreiche Aufstellung bei *K. Grupp*, in: Marschall, Bundesfernstraßengesetz, ⁶2012, § 8 Rn. 4 f.

1042   *Maurer* § 29 Rn. 21.

1043   Vgl. etwa BVerwGE 38, 261, 262; 40, 85, 89; 55, 337, 339; BVerwG NJW 1980, 2538 (bzgl. Rückabwicklung von Verträgen); BVerwGE 66, 251, 252; 71, 85, 87 ff.; 84, 274, 276.

1044   Zum 31.12.2004 wurde das BSHG aufgehoben; seit 1.1.2005 sind die Regelungen des Sozialhilferechts als neues SGB XII in das SGB eingeordnet (s. Gesetz zur Einordnung des Sozialhilferechts in das Sozialgesetzbuch vom 27.12.2003, BGBl I 3022); dem früheren § 89 BSHG entspricht nunmehr § 91 SGB XII. Zugleich wurden die bislang den allg. Verwaltungsgerichten unterfallenden Streitigkeiten in Angelegenheiten der Sozialhilfe durch die Schaffung eines neuen § 51 Abs. 1 Nr. 6 a SGG der Rechtswegzuständigkeit der Sozialgerichte überantwortet (ebd. S. 3065); die (formelle) Verfassungsmäßigkeit dieser Norm bezweifelnd *A. Decker*, NVwZ 2004, 826 ff.

mung des Rechtswegs für einen Rückabwicklungsanspruch orientiert sich regelmäßig auch dann an der Rechtsnatur der Leistung, wenn der Anspruch sich gegen den Rechtsnachfolger richtet.[1045]

Vor den Verwaltungsgerichten geltend zu machen ist auch das Begehren eines Schulaufwandsträgers 445 gegenüber den Eltern eines Schülers auf Erstattung der Kosten für zur Verfügung gestellte Unterrichtsmittel (vgl. VGH München BayVBl 1995, 370 ff.) oder eine Klassenfahrt (vgl. VG Hannover NdsVBl 2002, 272 m.w.N.; VG Saarlouis NVwZ-RR 2003, 438 f.) sowie der Anspruch des Trägers eines Landeskrankenhauses auf Erstattung der Kosten für die zwangsweise Unterbringung einer geisteskranken Person in der geschlossenen Abteilung[1046]. Ebenfalls dem Verwaltungsrechtsweg (§ 126 BBG, § 54 BeamtStG, § 126 BRRG) unterfällt der Erstattungsanspruch des Dienstherrn gegen einen Beamten wegen verauslagter Lohnsteuer (BVerwGE 28, 68, 70 ff.).

Erstattungsansprüche gegen Arbeiter oder Angestellte des öffentlichen Dienstes sind dagegen privat- 446 rechtlich zu beurteilen, weil das zugrunde liegende Arbeits- oder Dienstverhältnis dem bürgerlichen Recht angehört (BVerwGE 38, 1, 2 ff.).

Für Erstattungsansprüche gegenüber der Verwaltung wegen (vermeintlich) nicht gerechtfertigter öf- 447 fentlich-rechtlicher Vermögensverschiebungen wurde der Verwaltungsrechtsweg etwa bejaht für die Klage des Fahrers eines Personenkraftwagens gegen die Vollzugsbehörde auf Erstattung der Abschleppkosten, die an den von der Behörde beauftragten Abschleppunternehmer gezahlt wurden (OVG Münster NJW 1980, 1974), für eine Klage, mit der ein Arzt aufgrund einer Kostenübernahmeerklärung eines Sozialhilfeträgers Kosten für die Behandlung eines Hilfeempfängers geltend macht (OVG Koblenz DÖV 1987, 741 f.), sowie für das Rückzahlungsbegehren eines Studenten hinsichtlich von der Universität erhobener Entgelte für die Überlassung von Sachmitteln, die für ein Praktikum benötigt wurden (OVG Berlin OVGE 16, 108 ff.). Ebenfalls öffentlich-rechtlich ist bspw. der Erstattungsanspruch des Bürgers auf Rückzahlung von Gebühren.[1047]

Hinsichtlich der Rückabwicklung eines nichtigen öffentlich-rechtlichen Vertrags ist regelmäßig der 448 Verwaltungsrechtsweg gegeben, da das zugrunde liegende Vertragsverhältnis öffentlich-rechtlicher Natur ist (vgl. BVerwGE 55, 337, 338 ff.; BVerwG NJW 1980, 2538; NVwZ-RR 2003, 874).

bbb) Geschäftsführung ohne Auftrag. Erstattungsansprüche können, soweit nicht spezialgesetzliche 449 Erstattungsregelungen vorgehen[1048], auch im öffentlichen Recht auf das Rechtsinstitut der Geschäftsführung ohne Auftrag gestützt werden, da der in den §§ 677 ff. BGB enthaltene Rechtsgedanke auch im öffentlichen Recht Geltung beanspruchen kann.[1049] Soweit Rechtsschutzbegehren auf eine *öffentlich-rechtliche* Geschäftsführung ohne Auftrag gestützt werden, sind für diesbezügliche Streitigkeiten die Verwaltungsgerichte zuständig. Relativ unproblematisch ist dies dann der Fall, wenn der Geschäftsherr ein Träger hoheitlicher Gewalt (etwa auch ein Beliehener) ist und der Geschäftsführer, welcher sowohl ein Privater als auch ein anderer Verwaltungsträger sein kann, ein Geschäft aus dem öffentlich-rechtlichen Pflichtenkreis des Geschäftsherrn erledigt.[1050] Insoweit ist also hinsichtlich der Rechtsnatur des Anspruchs auf den Rechtscharakter des getätigten Geschäfts abzustellen, den dieses

---

1045 Vgl. z.B. für Anspruch gegen den Erben: BVerwGE 37, 314, 317; BVerwG NVwZ 1991, 168 f.; BSGE 36, 137, 138; gegen Vermögensübernehmer nach § 419 BGB (a.F.): BSG DVBl 1987, 247; strittig bei versehentlicher Leistung an den Erben: vgl. einerseits BVerwGE 84, 274, 275 f. mit diff. Betrachtungsweise; BGHZ 71, 180, 181 ff. (privatrechtlich); andererseits *H. Maurer*, JZ 1990, 863 (öffentlich-rechtlich) m.w.N.

1046 BGHZ 53, 184, 185 ff.; vgl. auch BVerwGE 18, 221, 222 (Kostenerstattungsanspruch wegen Unterbringung einer hilfsbedürftigen Person in Vollzug eines strafgerichtlichen Urteils).

1047 *D. Ehlers/J.-P. Schneider*, in: Schoch/Schneider/Bier § 40 Rn. 445; *J. Ruthig/W.-R. Schenke*, in: Kopp/Schenke § 40 Rn. 26 a.E.; *Maurer* § 29 Rn. 20; OVG Bln OVGE 16, 108, 110 ff. Vgl. aber auch BGH DÖV 1980, 171.

1048 Dazu im Einzelnen *F. Schoch*, Jura 1994, 241, 243, 245, 246; vgl. etwa auch OVG Münster NJW 1978, 720, 721.

1049 Vgl. etwa BVerwGE 18, 221, 222; 48, 279, 285; 80, 170, 173 ff.; OVG Hamburg NVwZ-RR 1995, 369, 370; VGH München BayVBl 1995, 370.

1050 Vgl. etwa BVerwGE 18, 221, 222 (Kostenersatzanspruch eines Landesfürsorgeverbandes gegenüber der Justizverwaltung wegen Unterbringung einer hilfsbedürftigen Person in Vollzug eines strafgerichtlichen Urteils); 80, 170, 172 ff. (Aufwendungsersatzanspruch eines Privaten gegenüber dem Bund aufgrund durchgeführter Uferbefestigungsmaßnahmen); OVG Lüneburg NVwZ 1991, 81 (Ersatzanspruch eines Privaten gegenüber der Gemeinde wegen Beseitigung von durch Wurzelwerk verursachten Kanalisationsschäden); OVG Münster NJW 1986, 2526 (Geltendmachung von Kosten für einen Polizeieinsatz gegenüber einer öffentlich-rechtlichen Körperschaft); VGH Mannheim NJW 1977, 1843 f. (Kostenerstattungsanspruch eines Privaten für die Herstellung einer Erschließungsanlage gegenüber der Gemeinde als Erschließungsträger); VGH München BayVBl 1993, 466 ff. (Geltendmachung von Kosten einer Gemeinde gegenüber dem Freistaat Bayern für die Unterbringung von Asylbewerbern); vgl. des Weiteren BVerwG NVwZ 1992, 264 ff.; BSG NJW 1991, 2373 f.; OVG Hamburg NVwZ-RR 1995, 369, 370 ff.;

gehabt hätte, wenn der Geschäftsherr in eigener Person tätig geworden wäre.[1051] Hätte der Geschäftsherr hinsichtlich der Erfüllung des ihm obliegenden Geschäfts eine Wahlfreiheit (→ Rn. 312 ff.) zwischen öffentlich-rechtlicher und privatrechtlicher Aufgabenerfüllung gehabt, so ist darauf abzustellen, welches Rechtsregime er bei eigenem Tätigwerden gewählt hätte;[1052] im Zweifel ist hierbei aber von der Wahl öffentlich-rechtlicher Aufgabenerfüllung auszugehen.

450 Problematischer ist die Qualifikation der Rechtsnatur einer Geschäftsführung ohne Auftrag im umgekehrten Fall, wenn also ein Träger hoheitlicher Gewalt als „Geschäftsführer" für einen privaten Geschäftsherrn agiert und hieraus die Erstattung von Aufwendungen verlangt.[1053] Würde man hier auf die Rechtsnatur des getätigten Geschäftes abstellen, wie sie sich darstellte, hätte der private Geschäftsherr selbst agiert, so käme man ausschließlich zu einer privatrechtlichen Geschäftsführung ohne Auftrag, da ein Privater (außer im Falle der Beleihung) immer nur privatrechtlich handeln kann.[1054] Demgemäß hat der BGH es vielfach zugelassen, dass die Verwaltung Erstattungsansprüche gegen Private aus Geschäftsführung ohne Auftrag nach den §§ 677 ff. BGB im Zivilrechtsweg geltend machen konnte.[1055] Dies ist abzulehnen, da der – auf diesem Wege privatrechtlich qualifizierten – Geschäftsführung ohne Auftrag gleichwohl spezifisch öffentlich-rechtlich geprägte Sachverhalte zugrunde liegen können und durch die Austragung der Streitigkeit auf der rein privatrechtlichen Ebene das „Abstreifen" von öffentlich-rechtlichen Bindungen der Verwaltung zu besorgen wäre.[1056] Die mit der betreffenden Rspr. des BGH einhergehende Doppelqualifikation der „Geschäftsführung" ist nicht nur dogmatisch fragwürdig, sondern auch sachlich nicht gerechtfertigt (zur Ablehnung dieser Doppelqualifikation im Bereich der Geschäftsführung ohne Auftrag → Rn. 380). Soweit die betreffenden Maßnahmen der Verwaltung in Erfüllung öffentlich-rechtlicher Verpflichtungen vorgenommen werden, sind sie öffentlich-rechtlicher Natur; dass damit vermeintlich ein einem Privaten obliegendes Geschäft erledigt werde, vermag daran nichts zu ändern. Denn die Rechtsbeziehungen zwischen den Beteiligten wurzeln gleichwohl (nur) im öffentlichen Recht. Dies zeigt sich auch schon daran, dass bei Existenz spezialgesetzlicher Regelungen der in solchen Fällen geltend gemachten Erstattungsansprüche diese öffentlich-rechtlicher Natur wären bzw. sind.[1057] Soweit die Geschäftsführung ohne Auftrag überhaupt als tragfähiges Rechtsinstitut für solche Erstattungsansprüche in Betracht kommt, ist hinsichtlich der Ermittlung ihrer Rechtsnatur also vielmehr auf die zugrunde liegenden Rechtsbeziehungen bzw. auf den Sachzusammenhang mit der vorgenommenen Handlung abzustellen und die Geschäftsführung ohne Auftrag

---

OVG Münster NJW 1976, 1956 f. Ob der aus öffentlich-rechtlicher Geschäftsführung ohne Auftrag geltend gemachte Anspruch dann auch tatsächlich besteht, d.h. ob dessen Tatbestandsvoraussetzungen im Einzelnen erfüllt sind, ist eine Frage des materiellen Rechts. Krit. und einschränkend zur (öffentlich-rechtlichen) Geschäftsführung ohne Auftrag in den oben genannten Fällen etwa *F. Schoch*, Jura 1994, 241, 243, 246.

1051 Vgl. BVerwG NVwZ 2017, 242, 244; BGH NVwZ 2016, 871, 872 m. Anm. *C. Waldhoff*, JuS 2016, 1050 ff. Anders OVG Lüneburg OVGE 11, 307, 312, das darauf abstellt, ob der Geschäfts*führer* als Träger öffentlicher Gewalt oder als Privatperson tätig wurde.

1052 *K. Rennert*, in: Eyermann § 40 Rn. 76; *P. Wysk*, in: Wysk § 40 Rn. 141.

1053 S. zu solchen Fällen etwa BGHZ 63, 168 ff. (Erstattungsanspruch einer Gemeinde gegenüber einer Haftpflichtversicherung für Feuerwehreinsatz nach Umstürzen eines bei dieser versicherten Öltankwagens); BGHZ 65, 354 ff. (Erstattungsanspruch der Baubehörde für Kosten der Reinigung einer von Privaten verschmutzten Straße); BGHZ 65, 384 ff. (Erstattungsanspruch der Bundesrepublik Deutschland gegenüber einem Schiffseigner für wasserpolizeiliche Beseitigung von verlorenen Schiffsteilen); BGHZ 106, 354, 356 ff. (Klage des Trägers einer Justizvollzugsanstalt auf Ersatz seiner Aufwendungen zur Wiederherstellung der Gesundheit eines Gefangenen, der einen Selbstmordversuch unternommen hatte); VGH Mannheim NJW 1991, 2986 f. (Kostenerstattungsanspruch eines Psychiatrischen Landeskrankenhauses wegen Unterbringung eines Patienten); VGH München BayVBl 1995, 370 f. (Kostenerstattungsanspruch des Schulaufwandsträgers gegenüber den Eltern eines Schülers für Unterrichtsmaterial); VG Köln NVwZ 1993, 806 f. (Kostenerstattungsanspruch der Luftfahrtbehörde gegenüber einem Luftfahrtunternehmen für vorgenommene Flugsicherungsmaßnahmen); OLG Hamm NWVBl 1989, 218 f. (Erstattungsanspruch für Löscharbeiten der Feuerwehr auf dem Grundstück eines Privaten).

1054 Vgl. *K. Rennert*, in: Eyermann § 40 Rn. 76; *J. Ruthig/W.-R. Schenke*, in: Kopp/Schenke § 40 Rn. 26; *F. Schoch*, Jura 1994, 241, 247.

1055 BGHZ 63, 168 ff.; 65, 354 ff.; 65, 384 ff.; vgl. auch BGHZ 40, 28 ff.; dem folgend OLG Hamm NWVBl 1989, 218 f.; zurückhaltender indes BGH NJW 2004, 513, 514 ff. sowie VGH Mannheim NVwZ-RR 2004, 473 f. S.a. BGHZ 106, 354, 356 ff.: *öffentlich-rechtliche* Geschäftsführung ohne Auftrag, hinsichtlich derer der Zivilrechtsweg aufgrund einer abdrängenden Sonderzuweisung zu bejahen war.

1056 Vgl. *F. Schoch*, Jura 1994, 241, 245, 247; s.a. *W.-R. Schenke*, BGH-FS III, 2000, 45, 74.

1057 Vgl. *W.-R. Schenke*, BGH-FS III, 2000, 45, 73.

in den oben genannten Konstellationen als *öffentlich-rechtliche* zu klassifizieren,[1058] sodass diesbezügliche Streitigkeiten gem. § 40 vor den Verwaltungsgerichten auszutragen sind.

ccc) Herausgabeansprüche. Klagt ein Verwaltungsträger auf Herausgabe einer im Verwaltungsgebrauch stehenden öffentlichen Sache, kann er dieses Begehren auf sein privates Eigentum hieran stützen,[1059] sodass die Zuständigkeit der Zivilgerichte nach § 13 GVG begründet ist; wird der Herausgabeanspruch dagegen auf eine öffentlich-rechtliche Sachherrschaft gestützt, haben hierüber die Verwaltungsgerichte zu entscheiden[1060] (→ Rn. 442). Ebenso ist der Verwaltungsrechtsweg eröffnet, sobald ein Privater auf Herausgabe von Gegenständen klagt, welche die Behörde aufgrund von Verstößen gegen straßenrechtliche Bestimmungen, mithin durch Ausübung von hoheitlicher Gewalt „eingezogen" hat, auch wenn sie später geltend macht, sie habe aufgrund privatrechtlicher Eigentumsbefugnisse gehandelt.[1061]

gg) Schadensersatzansprüche. Schadensersatzansprüche des Bürgers gegenüber der Verwaltung sind aufgrund der abdrängenden Sonderzuweisungen in Art. 14 Abs. 3 S. 4 GG, Art. 34 S. 3 GG und § 40 Abs. 2 S. 1 regelmäßig vor den ordentlichen Gerichten geltend zu machen (→ Rn. 502 ff.). Hinsichtlich Schadensersatzansprüchen der Verwaltung gegen den Bürger ist zu differenzieren: Soweit dem Schadensersatzbegehren eine Sonderverbindung zugrunde liegt, ist grds. deren Rechtsnatur maßgeblich. Für Schadensersatzansprüche, die auf einen privatrechtlichen (z.B. i.R. eines fiskalischen Geschäftes abgeschlossenen) Vertrag gestützt werden, ist folglich der Zivilrechtsweg gegeben. Werden Schadensersatzansprüche wegen der Verletzung von Pflichten aus einem öffentlich-rechtlichen Vertrag geltend gemacht, ist grds. der Verwaltungsrechtsweg zu beschreiten (→ Rn. 406; zu Ansprüchen aus culpa in contrahendo → Rn. 568 f.). Für Schadensersatzansprüche des Dienstherrn wegen Verletzung der einem Beamten obliegenden Pflichten sind die Verwaltungsgerichte zuständig (§§ 75, 126 BBG bzw. §§ 48, 54 BeamtStG). Stellt die Verletzungshandlung des Bürgers eine allgemeine deliktische Handlung dar (z.B. Beschädigung von Verwaltungseigentum), wird hierfür grds. der Zivilrechtsweg bejaht.[1062]

hh) Unterlassungsansprüche. Unterlassungsansprüche des Bürgers gegenüber der Verwaltung teilen regelmäßig die Rechtsnatur des abzuwehrenden Handelns, z.B. bei der Abwehr von durch Verwaltungsträger verursachten Immissionen oder von missliebigen Äußerungen von Verwaltungsträgern[1063].

ii) Wirtschaftliche Betätigung der öffentlichen Hand. Die Teilnahme der öffentlichen Hand am allgemeinen Wirtschaftsverkehr erfolgt als Unterfall fiskalischer Tätigkeit in den Formen des Privatrechts; die öffentliche Hand nimmt hier „wie jeder andere" am Wirtschaftsverkehr teil (zum fiskalischen Handeln → Rn. 355 ff.). Diesbezügliche Streitigkeiten, die sich auf das „Wie" dieser Betätigung beziehen, unterfallen daher grds. der Rechtswegzuständigkeit der ordentlichen Gerichte,[1064] z.B. Streitigkeiten in Bezug auf die Leistungsbeziehungen (etwa Nicht- oder Schlechterfüllung von Vertragsleistungen) oder hinsichtlich wettbewerbsrechtlicher Aspekte der Betätigung (→ Rn. 456).

- 451
- 452
- 453
- 454

1058 Vgl. VGH Mannheim NJW 1991, 2986 f.; VGH München BayVBl 1995, 370 f.; VG Köln NVwZ 1993, 806 f.; *W.-R. Schenke*, BGH-FS III, 2000, 45, 74; *F. Schoch*, Jura 1994, 241, 247. Auch der BGH gelangt in BGHZ 106, 354, 356 f. zum öffentlich-rechtlichen Charakter einer Geschäftsführung ohne Auftrag, indem er darauf abstellt, dass der behauptete Anspruch „Ausfluss" des zugrundeliegenden öffentlich-rechtlichen Rechtsverhältnisses zwischen den Beteiligten sei.

1059 Vgl. BGH NJW 1990, 899, 900; *W. Frotscher*, VerwArch 62 (1971), 153, 154 ff.

1060 Ob ein solcher Anspruch dann auch tatsächlich besteht, ist eine Frage des materiellen Rechts, vgl. BVerwG NJW 1980, 2538, 2540; NJW 1994, 144 f.; OVG Münster NJW 1993, 2635 f.; *D. Ehlers/J.-P. Schneider*, in: Schoch/Schneider/Bier § 40 Rn. 466; *K. Rennert*, in: Eyermann § 40 Rn. 78; vgl. ferner zum Streit um die Salvatorkirche München BayObLG BayVBl 1981, 438 ff. m.Anm. *L. Renck*, BayVBl 1981, 329 ff. und von *A. Brandl*, BayVBl 1981, 331 f. hinsichtlich der privatrechtlichen Herausgabeansprüche, sowie BVerwG BayVBl 1991, 214 ff. m.Anm. *L. Renck*, BayVBl 1991, 200 ff.; VGH München BayVBl 1987, 720 ff.; VG München BayVBl 1985, 281 ff. m.Anm. *L. Renck* u. *H. Goerlich*.

1061 OVG Münster NVwZ-RR 2015, 399 f. (Altkleidercontainer). Ausf. zur gewerblichen Alttextilsammlung BVerwGE 155, 336 ff.; *J. M. Bühs*, Zum Sammeln alter Kleider – Die Altkleidersammlung im Spannungsverhältnis zwischen dem Kreislaufwirtschafts- und Straßenrecht, 2017, passim.

1062 Näher *D. Ehlers*, Verwaltung in Privatrechtsform, 1984, 510 ff.

1063 Näher hierzu → Rn. 410 ff., insbes. → Rn. 413 ff.; zu Unterlassungsbegehren gegenüber wirtschaftlicher Tätigkeit der öffentlichen Hand → Rn. 454 ff.; zu Namensschutzansprüchen BVerwGE 44, 351, 353 ff.; BVerwG DÖV 1980, 97 f.; DÖV 1980, 99 f.

1064 S. etwa *Stern/Blanke* Rn. 180; vgl. auch *Hufen* § 11 Rn. 41.

455   Wird dagegen die generelle Zulässigkeit, also das „Ob" der wirtschaftlichen Betätigung der öffentlichen Hand in öffentlich-rechtlichen Normen geregelt[1065] oder wird das wirtschaftliche Tätigwerden in sonstiger Weise unter Berufung auf öffentlich-rechtliche Berechtigungen oder Verpflichtungen ausgeübt, so ist für hierauf bezogene Streitigkeiten der Verwaltungsrechtsweg eröffnet, da der Streit um die generelle Zulässigkeit der Betätigung (selbst wenn diese in den Formen des Privatrechts erfolgt) dann öffentlich-rechtlicher Natur ist.[1066] Bedenklich war vor allem die bis vor einigen Jahren noch verstärkt zu Tage getretene Tendenz der ordentlichen Gerichte, solche Streitigkeiten unter Hinweis auf die Generalklausel des § 3 UWG (§ 1 UWG a.F.), in dessen Rahmen sie die betreffenden öffentlich-rechtlichen Normen „inzident" überprüfen, ihrer Zuständigkeit zu unterstellen[1067]. Hiermit wurde originäres öffentliches Recht, um dessen Überprüfung es in diesen Fällen vornehmlich geht, auf Grundlage einer vagen Generalklausel in die Zuständigkeit einer anderen Gerichtsbarkeit „überführt".[1068] Es kann aber nicht Aufgabe des Privatrechts sein, über die Einhaltung sämtlicher öffentlich-rechtlicher Vorschriften zu wachen.[1069] In einer richtungweisenden Entscheidung hat der BGH dieser Praxis allerdings einen Riegel vorgeschoben: In seinem Urteil vom 25.4.2002[1070] entschied er, dass eine Verletzung der gemeinderechtlichen Marktzutrittsnormen wie des streitgegenständlichen Art. 87 Bay. GO keinen Verstoß gegen die wettbewerbsrechtliche Generalklausel (§ 1 UWG a.F.; § 3 UWG n.F.) begründet, da diesen keine wettbewerbsbezogene Schutzfunktion zukommt.[1071] Allerdings wird aus diesem Urteil nicht hinreichend deutlich, ob hiermit bereits eine Entscheidung über den Rechtsweg getroffen ist oder ob die Lösung allein auf der materiellen Ebene erfolgt. Versteht man den BGH so, dass in den betreffenden Fällen die wettbewerbsrechtliche Generalklausel schon gar nicht als Anspruchsgrundlage heranzuziehen ist, würde hiermit bereits die Rechtswegzuständigkeit der ordentlichen Gerichte hinsichtlich solcher Streitigkeiten verneint.[1072] Dafür spricht etwa die vom BGH getroffene Feststellung, dass die Beurteilung der Frage, „ob sich die öffentliche Hand überhaupt erwerbswirtschaftlich betätigen darf und welche Grenzen ihr insoweit gesetzt sind oder gesetzt werden sollen" nicht zu den Aufgaben der ordentlichen Gerichte bei der ihnen zustehenden Beurteilung von Wettbewerbshandlungen nach dem UWG gehöre (BGHZ 150, 343, 351). Da der BGH indes an anderer Stelle feststellt, dass „auch bei einem Verstoß gegen Vorschriften über den Marktzutritt ... anhand einer – am Schutzzweck des § 1 UWG auszurichtenden – Würdigung des Gesamtcharakters des Verhaltens geprüft werden" müsse, „ob es durch den Gesetzesverstoß das Gepräge eines wettbewerbsrechtlich unlauteren Verhaltens erhält"[1073] (was er dann aber bei einem lediglich die gemeinderechtlichen Marktzutrittsnormen verletzenden Verhalten verneint, s. o.), scheint der BGH die wettbewerbsrechtliche Generalklausel gleichwohl noch als streitentscheidende Norm zu betrachten, auch wenn er in den betref-

---

1065 So etwa in den Regelungen der Gemeindeordnungen, in welchen die Zulässigkeit kommunaler Wirtschaftsbetätigung von bestimmten Voraussetzungen abhängig gemacht, s. z.B. §§ 102 ff. GemO BW; Art. 86 ff. Bay. GO; §§ 107 ff. GO NRW; §§ 85 ff. GemO RhPf; näher hierzu *F. Schoch*, DÖV 1993, 377, 379 f.; *H. Sodan*, DÖV 2000, 361, 369 ff. Zum öffentlich-rechtlichen Charakter solcher Normen etwa VGH München BayVBl 1976, 628, 629. Ob diese Normen tatsächlich Schutzrechte zugunsten privater Mitbewerber enthalten, ist eine Frage des materiellen Rechts.

1066 Vgl. BVerwGE 39, 329, 330 f. u. 336; BVerwG NJW 1978, 1539 f.; NJW 1995, 2938 ff.; OVG Lüneburg GewArch 1986, 201; OVG Münster NVwZ 1986, 1045 ff.; VGH Mannheim VBlBW 1983, 78; NJW 1995, 274; VGH München BayVBl 1976, 628 f.; KompKonflGH DÖV 1975, 394, 395; VG Schleswig-Holstein GewArch 1982, 30; *S. Detterbeck*, FS Frotscher, 2007, 399, 418 f.; *Hufen* § 11 Rn. 42; *M. Pagenkopf*, GewArch 2000, 177, 182; *K. Rennert*, in: Eyermann § 40 Rn. 86; *Schenke* Rn. 122; *Stern/Blanke* Rn. 180; *Würtenberger* Rn. 157.

1067 S. etwa OLG Düsseldorf NWVBl 1997, 353, 354 (kommunaler Nachhilfeunterricht) m. abl. Anm. *M. Moraing*; NVwZ 2000, 111 (kommunale Betriebe der Abfallwirtschaft); OLG Hamm JZ 1998, 576, 577 f. (kommunaler Gartenbaubetrieb) m.Anm. *M. Müller*; LG Wuppertal DVBl 1999, 939 (kommunales Autorecycling); LG Offenburg NVwZ 2000, 717 f. (kommunaler landschaftsgärtnerischer Betrieb); vgl. auch BGH WRP 1995, 475, 479.

1068 *M. Pagenkopf*, GewArch 2000, 177, 184, spricht insoweit von „Rechtswegusurpation der Zivilgerichte".

1069 So auch *D. Ehlers*, DVBl 1998, 497, 503 mit weiterer Krit.; die diesbezügliche Rspr. abl. etwa auch *Hufen* § 11 Rn. 42; *M. Moraing*, NWVBl 1997, 355 ff. m.w.N.; *Stern/Blanke* Rn. 180; *P. J. Tettinger*, NJW 1998, 3473 f.

1070 BGHZ 150, 343, 348. Zu dieser Entscheidung (und ihr zumindest im Grundsatz zust.) *D. Ehlers*, JZ 2003, 318 ff.; *U. Gundlach/N. Schmidt*, EWiR 2002, 829 f.; *M. Knauff/F. Nolte*, VR 2003, 3 ff.; *N. Meier*, VR 2002, 410 f.; *H. Meyer*, NVwZ 2002, 1075 ff.; *N. Warneke*, JuS 2003, 958 ff. – Krit. hingegen *M. Dreher*, ZIP 2002, 1648; *W. Frenz*, WRP 2002, 1367 ff.; *S. Hanslinger*, WRP 2002, 1023 ff. – Ferner *H. Glahs/C. Külpmann*, VergabeR 2002, 555 ff.; *H.-G. Henneke*, NdsVBl 2002, 318 ff.

1071 Zum gleichen Ergebnis hinsichtlich § 107 GO NRW kommt BGH NVwZ 2003, 246, 247.

1072 In diese Richtung etwa *N. Meier*, VR 2002, 410, 411; *H. Meyer*, NVwZ 2002, 1075, 1077; *N. Warneke*, JuS 2003, 958, 960.

1073 BGHZ 150, 343, 348; ebenso BGH NVwZ 2003, 246, 247.

fenden Fällen dann letztlich keinen Anspruch aus ihr zubilligt. Letzten Endes wäre damit der Rechtsweg zu den ordentlichen Gerichten eröffnet, auch wenn dieser zivilrechtliche Rechtsschutz wegen Verneinung eines Anspruchs aus der wettbewerbsrechtlichen Generalklausel dann i.E. leerläuft.[1074] Bei der Überprüfung diesbezüglicher Streitigkeiten durch die hierzu gem. § 40 Abs. 1 jedenfalls berufenen Verwaltungsgerichte[1075] ist für den Erfolg solcher Rechtsschutzbegehren entscheidend, inwieweit die Verwaltungsgerichte ihre bisher sehr restriktive Linie hinsichtlich der Gewährung von Drittschutz bei der Verletzung gemeinderechtlicher Marktzugangsnormen fortführen;[1076] dies ist aber ein Problem des materiellen Rechts bzw. der Klagebefugnis (→ § 42 Rn. 449), nicht hingegen des Rechtsweges.

Demgegenüber kann – wie eingangs erwähnt (→ Rn. 454) – wettbewerbswidrige wirtschaftliche Betä- 456 tigung der öffentlichen Hand (also das „Wie" von deren Teilnahme am allgemeinen Wirtschaftsverkehr) anhand des privaten Wettbewerbsrechts einer Überprüfung unterzogen werden, sofern – wie regelmäßig (→ Rn. 454) – sich diese Betätigung als privatrechtlich darstellt[1077]. Denn dann muss diese Tätigkeit wie jede andere privatrechtliche den daran zu stellenden (wettbewerbs-)rechtlichen Anforderungen genügen. Hierfür ist der Rechtsweg zu den ordentlichen Gerichten gegeben. Die Unlauterbarkeit einer erwerbswirtschaftlichen Tätigkeit kann sich dabei gerade auch aus der Eigenschaft als öffentlich-rechtlicher Gebietskörperschaft und der damit verbundenen besonderen Stellung gegenüber den Marktteilnehmern ergeben, etwa wenn öffentlich-rechtliche Aufgaben mit der erwerbswirtschaftlichen Tätigkeit verquickt oder die amtliche Autorität oder das Vertrauen in die Objektivität und Neutralität der Amtsführung missbraucht werden (BGHZ 150, 343, 349 mit zahlreichen Einzelnachweisen). Die öffentliche Hand darf sich bei der Wahrnehmung ihrer erwerbswirtschaftlichen Betätigung nicht dadurch einen unsachlichen Vorsprung verschaffen, dass sie ihre hoheitlichen Befugnisse zur Durchsetzung ihrer privatwirtschaftlichen Interessen und zur Förderung ihres Wettbewerbs einsetzt oder die privaten Mitbewerber mit Mitteln verdrängt, die diesen nicht zugänglich sind, *ihr* dagegen aufgrund ihrer öffentlich-rechtlichen Sonderstellung zur Verfügung stehen, etwa indem sie eine öffentlich-rechtliche Monopolstellung ausnutzt (BGH DÖV 2003, 249, 250 m.w.N.). Für gegeben erachtet wurde der ordentliche Rechtsweg etwa hinsichtlich der wettbewerbsrechtlichen Überprüfung des gemeindlichen Verkaufs von Kraftfahrzeugkennzeichenschildern,[1078] von Werbung einer Gemeinde im Hinblick auf ihre Betätigung im Fremdenverkehr (OLG Koblenz WRP 1983, 225), der Veranstaltung und Vermittlung von Reisen für Senioren durch die öffentliche Hand (KG Berlin WRP 1986, 207 f.) oder der Gewährung eines „Umweltbonus" durch die städtischen Erdgaswerke für die Umrüstung von Heizanlagen auf Erdgasbetrieb (BGH NJW-RR 1998, 1497).

Hiervon zu unterscheiden sind Fälle, in denen nicht die privatrechtliche Teilnahme der öffentlichen 457 Hand am allgemeinen Wirtschaftsverkehr, sondern ein öffentlich-rechtliches Tätigwerden von Verwaltungsträgern Auswirkungen auf den privaten Wettbewerb hat (sog. wettbewerbsrelevantes Staatshandeln; → Rn. 375 ff.). Die Rspr. bejaht generell – d.h. ungeachtet einer öffentlich-rechtlichen Natur der infrage stehenden Maßnahmen – den Rechtsweg zu den ordentlichen Gerichten allein aufgrund der Auswirkungen auf den privaten Wettbewerb, da jedenfalls die „Wettbewerbsverhältnisse" zu den betroffenen Marktbewerbern privatrechtlicher Natur seien und es allein hierauf ankomme.[1079] Diese Rspr. ist bereits oben (→ Rn. 375 ff.) ausführlich dargestellt und kritisiert worden; mit der überwie-

---

1074 So auch *J. Grooterhorst/T. Törnig*, DÖV 2004, 685, 686; ausf. zu dieser Thematik *H. Sodan*, FS Raue, 2006, 335.
1075 Zuletzt etwa OVG Münster NVwZ 2008, 1031.
1076 Drittschützenden Charakter annehmend nunmehr etwa OVG Münster NVwZ 2003, 1520, 1521 (hinsichtlich § 107 Abs. 1 S. 1 Nr. 1 GO NRW). – Insgesamt zum Problem des Drittschutzes gegen kommunale Wirtschaftstätigkeit etwa *C. Antweiler*, NVwZ 2003, 1466 ff.; *A. Faber*, DVBl 2003, 761 ff.; *J. Grooterhorst/T. Törnig*, DÖV 2004, 685 ff.; *H. Sodan*, FS Raue, 2006, 335, 345 ff.
1077 Vgl. etwa *P. J. Tettinger*, NJW 1998, 3473; *S. Haack*, in: Gärditz § 40 Rn. 113.
1078 BGH DÖV 1974, 785 ff. m.Anm. *G. Püttner*. Zur Vermietung von Gewerberäumen für Kraftfahrzeugkennzeichen-Prägebetriebe BGH NJW 1998, 3778 ff.; OLG Karlsruhe WRP 1996, 447 ff.; OLG Rostock WRP 1996, 465 ff.; andererseits auch VGH Kassel NVwZ 2003, 238 f. (Verwaltungsrechtsweg).
1079 BGHZ (GS) 66, 229, 232 ff. (Mitgliederwerbung einer Ersatzkasse der gesetzlichen Krankenversicherung, „Studenten-Versicherungs-Fall"); BGH NJW 1982, 2125 (Beitragsgestaltung einer Ersatzkasse der gesetzlichen Krankenversicherung); BGHZ (GS) 67, 81, 85 ff. (Informationen öffentlich-rechtlich organisierter Ärztevereinigungen hinsichtlich Dienstleistungen bestimmter Firmen, „Auto-Analyzer-Fall"); BGHZ 82, 375, 381 ff. (Selbstabgabe von Brillen durch eine Allgemeine Ortskrankenkasse); GmSOGB BGHZ 102, 280 ff. (Selbstabgabe von Rollstühlen durch eine Allgemeine Ortskrankenkasse); BGHZ 121, 126 ff. (Gebührenberechung der staatlichen Vermessungsämter); OLG Düsseldorf NWVBl 1997, 353, 354; vgl. ferner BGHZ 101, 72, 74 f. (Krankentransporte); BGHZ 102, 40 ff. (Krankentransportbestellung); BGH NJW 1987, 329 f. (Äußerungen einer Handwerkskammer);

genden Meinung im Schrifttum (zu Nachw. → Rn. 376 f.) sind die betreffenden Streitigkeiten als öffentlich-rechtliche anzusehen, wenn die infrage stehende Maßnahme unabhängig von Auswirkungen auf private Wettbewerber ihrer Ausrichtung nach eine öffentlich-rechtliche ist[1080]. Neben der bereits oben geäußerten Kritik ergibt sich dies jedenfalls auch daraus, dass gegenüber wettbewerbsrelevantem öffentlich-rechtlichem Handeln Abwehransprüche privater Dritter auch aus den Grundrechten (insbes. gem. Art. 12 Abs. 1 und Art. 14 Abs. 1 GG) in Betracht kommen.[1081]

458　Allerdings ist auch nach dieser Rspr. hinsichtlich Wettbewerbsstreitigkeiten der Rechtsweg vor die (allgemeinen oder besonderen) Verwaltungsgerichte gegeben, „wenn öffentlich-rechtliche Vorschriften entweder unmittelbar auch das Konkurrenzverhältnis regeln oder aber Rechte und Pflichten der Parteien in einer Weise begründen, die auch das Konkurrenzverhältnis als öffentlich-rechtlich geprägt erscheinen lassen" (BGHZ 121, 126, 128). So wurde zu Recht eine öffentlich-rechtliche Streitigkeit in der Auseinandersetzung zwischen einer Ersatzkasse und einer Allgemeinen Ortskrankenkasse über die Zulässigkeit von Maßnahmen auf dem Gebiet der Mitgliederwerbung gesehen (GmSOGB BGHZ 108, 284, 286 ff.; s.a. BSG NJW 1985, 1420 f.). Verneint wurde eine öffentlich-rechtliche Streitigkeit dagegen hinsichtlich der Klage eines öffentlich bestellten (und damit als Beliehener fungierenden; → Rn. 360) Vermessungsingenieurs gegen ein staatliches Vermessungsamt auf Unterlassung angeblich wettbewerbswidrigen Verhaltens, und zwar ungeachtet des öffentlich-rechtlichen Charakters der Tätigkeit auch des Klägers (BGHZ 121, 126, 128 ff.).

459　jj) **Tätigkeit öffentlich-rechtlicher Rundfunkanstalten.** Die Tätigkeit öffentlich-rechtlicher Rundfunkanstalten vollzieht sich im öffentlich-rechtlichen Bereich[1082] (→ Rn. 378 f.). Ausgenommen hiervon sind die dem fiskalischen Bereich zuzuordnenden Bedarfsdeckungsgeschäfte (z.B. die Beschaffung von Sendematerial, BGHZ 110, 371, 380 f.). Ihre Sendetätigkeit ist daher als öffentlich-rechtliche zu beurteilen; entgegen der überwiegenden Rspr. sind daher auch Abwehr- und Beseitigungsansprüche von Dritten, die sich durch dem redaktionellen Bereich zuzurechnende Äußerungen in ausgestrahlten Sendungen in ihrem Persönlichkeitsrecht oder anderen Rechten verletzt sehen, öffentlich-rechtlicher Natur und gehören vor die Verwaltungsgerichte (ausf. → Rn. 378 f.). Etwas anderes kann allenfalls dann gelten, wenn die Rundfunkanstalt für den Inhalt der Sendung nicht verantwortlich und dieser Dritten zuzurechnen ist,[1083] etwa im Bereich der Ausstrahlung von Werbung.[1084] Gleichwohl wird vielfach auch die Ausstrahlung von Werbesendungen als von den öffentlich-rechtlichen Aufgaben des Rundfunks umfasst angesehen[1085] und insbes. für die Klagen Privater auf Zulassung zur Werbung im öffentlich-rechtlichen Rundfunk, d.h. auf Einräumung von Sendezeit, der Verwaltungsrechtsweg bejaht[1086]. Jedenfalls eine öffentlich-rechtliche Tätigkeit muss angenommen werden, wenn die Werbung

---

　　NJW 1990, 1531 f. (Boykottaufruf einer Allgemeinen Ortskrankenkasse); BGHZ 114, 218, 222 ff.; BGH NJW 1998, 3418 (Telefonwerbung einer Ersatzkasse der gesetzlichen Krankenversicherung); OLG Düsseldorf WRP 1998, 1091 ff.; vgl. aber auch BGH NJW 1998, 825 f.; OLG Zweibrücken NJW 1999, 875 f.

1080　Zutr. insoweit BGH NJW 1998, 546 f. hinsichtlich einer Unterlassungsklage eines Rechtsanwalts, mit der dieser ein Verbot für die beklagte Fachhochschule erstrebte, ihren Absolventen einen bestimmten akademischen Grad zu verleihen: Verwaltungsrechtsweg; vgl. des Weiteren BGH NJW 1998, 825 f.; OLG Zweibrücken NJW 1999, 875 f.

1081　Näher hierzu W.-R. *Schenke*, BGH-FS III, 2000, 45, 62; vgl. etwa auch BVerwG NJW 1978, 1539 f.; BVerwGE 71, 183, 187 ff.; BVerwG NJW 1995, 2938; VGH Mannheim NJW 1995, 274 f.; H. *Sodan*, DÖV 1987, 858 ff.; für eine Ausweitung des diesbezüglichen Grundrechtsschutzes etwa P. J. *Tettinger*, NJW 1998, 3473, 3474; vgl. ferner BVerwGE 30, 191 ff.; 60, 154 ff.

1082　S. etwa BVerfGE 12, 205, 206, 246; 31, 314, 329; 47, 198, 225; 69, 257, 265 f.; BVerwGE 22, 299, 300 ff.; 29, 214 ff.; BGHZ 66, 182, 185; K. A. *Bettermann*, NJW 1977, 513; F. *Kopp*, BayVBl 1988, 193, 194 m.w.N.; J. *Ruthig/W.-R. Schenke*, in: Kopp/Schenke § 40 Rn. 28 b; s.a. H. *Bethge*, VerwArch 63 (1972), 152, 154 ff. m.w.N. A.M. K. *Rennert*, in: Eyermann § 40 Rn. 85.

1083　Näher P. *Lerche*, FS Löffler, 1980, 217, 226 ff.

1084　Vgl. D. *Ehlers/J.-P. Schneider*, in: Schoch/Schneider/Bier § 40 Rn. 438; s.a. H. *Bethge*, VerwArch 63 (1972), 152, 154, der den privatrechtlichen Charakter von Werbesendungen damit begründet, dass die Wirtschaftswerbung nicht vom eigentlichen Öffentlichkeitsauftrag der öffentlich-rechtlichen Rundfunkanstalten umfasst sei, sondern die Rundfunkanstalten ihre technischen Sendeeinrichtungen insoweit nur den privaten Wirtschaftsinteressen Dritter nach marktrelevanten Gesichtspunkten zur Verfügung stellen; *Stern/Blanke* Rn. 181 („erwerbswirtschaftliche Tätigkeit durch Werbefunk und Werbefernsehen unstr. dem Zivilrecht zuzurechnen"); krit. F. *Kopp*, BayVBl 1988, 193, 196 Fn. 46, 197 unter Hinweis auf eine Einflussnahmemöglichkeit und Mitverantwortung der Rundfunkanstalten.

1085　BayVerfGH NJW 1987, 2995; VGH München NVwZ 1987, 435, 436; zust. F. *Kopp*, BayVBl 1988, 193, 197.

1086　Vgl. BayVerfGH NJW 1987, 2995; VGH München NVwZ 1987, 435, 436; *Hufen* § 11 Rn. 44; J. *Ruthig/W.-R. Schenke*, in: Kopp/Schenke § 40 Rn. 28 c; *Stern/Blanke* Rn. 181; s.a. F. *Kopp*, BayVBl 1988, 193, 197, der diesbe-

in den redaktionellen Teil einbezogen ist (etwa Warentests, Marktbeobachtung, Informationssendungen über neue Produkte);[1087] gleichwohl bejaht hier die Rspr. aufgrund der Auswirkungen auf das Wettbewerbsverhältnis infolge ihrer bereits oben (→ Rn. 375, 457) dargestellten Sichtweise die Zuständigkeit der ordentlichen Gerichte (BGH NJW 1990, 3199, 3200; vgl. auch BGH NJW 1992, 2089 ff.). Für den Bereich der Wahlwerbung wird regelmäßig der Verwaltungsrechtsweg bejaht.[1088] Hinsichtlich Gegendarstellungsansprüchen sind abdrängende Sonderzuweisungen zu den ordentlichen Gerichten zu beachten.[1089] Der Verwaltungsrechtsweg ist auch gegeben für Klagen auf Nachholung einer abgesetzten Sendung (VGH München NJW 1992, 929 ff.), für das Begehren, die Sendung eines Programms des öffentlich-rechtlichen Rundfunks zu unterbinden (OVG Hamburg DVBl 1994, 1367 ff.), für eine Klage gegen die Absetzung der Übertragung von Sportveranstaltungen (BVerwG DÖV 1977, 65 f.) oder für Klagen auf kostenlose Überlassung einer Programmübersicht (VG Hamburg NJW 1979, 2325).

In Bezug auf Streitigkeiten mit privaten Rundfunkunternehmen ist dagegen grds. der Zivilrechtsweg anzunehmen.[1090] Dass diese hinsichtlich der Programmgestaltung den Bindungen der Landesmediengesetze unterliegen, dürfte ihre Tätigkeit nicht zu einer öffentlich-rechtlichen werden lassen.[1091] Der Verwaltungsrechtsweg ist indes zu beschreiten hinsichtlich der Geltendmachung eines Anspruchs gegen eine Landesmedienanstalt auf Einwirkung auf einen privaten Rundfunksender (vgl. OVG Hamburg NJW 1994, 73) sowie hinsichtlich Klagen eines privaten Rundfunkunternehmens gegen Bescheide einer Landesmedienanstalt, in welchen die Ausstrahlung einer Sendung (z.B. wegen pornographischer Inhalte) beanstandet wird (BVerwGE 116, 5 ff.). Ebenfalls der Verwaltungsrechtsweg ist eröffnet für Rechtsstreitigkeiten zwischen einer Kabel- bzw. Medienbetriebsgesellschaft i.S.d. Landesmedienrechts und dem Betreiber einer Kabelanlage wegen des Anspruchs auf ein vertragliches Teilnehmerentgelt (BGH NVwZ 2003, 506 f.). Auch liegt eine öffentlich-rechtliche Streitigkeit vor, wenn der Betreiber von Breitbandkabelnetzen gegen eine Rundfunkanstalt des öffentlichen Rechts Ansprüche auf ein Entgelt als Gegenleistung für die Verbreitung geltend macht, da diese auf der Verpflichtung aus § 52 b Abs. 1 Nr. 1 lit. a des Rundfunkstaatsvertrags vom 31.8.1991 i.d.F. vom 15.12.2010 und damit auf einer öffentlich-rechtlichen Norm beruht (BVerwG NVwZ 2015, 991 f.). 460

kk) Handeln von Post und Bahn. Seit der Privatisierung der Deutschen Bundespost (s. § 1 Postumwandlungsgesetz vom 14.9.1994 [BGBl I 2339]) ist das Handeln der Postunternehmen Deutsche Post AG, Deutsche Postbank AG und Deutsche Telekom AG grds. privatrechtlicher Natur (vgl. auch Art. 87 f Abs. 2 S. 1 GG). Daher ist sowohl für Streitigkeiten aus Vertragsverhältnissen mit Postkunden als auch hinsichtlich Ansprüchen auf Zulassung zur Benutzung von Posteinrichtungen grds. der ordentliche Rechtsweg nach § 13 GVG gegeben.[1092] Öffentlich-rechtliches Handeln ist im Bereich der Briefzustelldienstleistungen gegeben, da hier gem. § 33 Abs. 1 S. 2 PostG eine Ausstattung mit hoheitlichen Befugnissen und damit eine Beleihung (→ Rn. 359 ff.) vorliegt.[1093] Öffentlich-rechtlich ist auch das Tätigwerden der Regulierungsbehörden, da die Regulierungsaufgaben hoheitlichen Charakter haben (§ 2 Abs. 1 PostG). Hinsichtlich der Entziehung einer inländischen Ortskennzahl soll die Tätigkeit 461

---

züglich für einen Anwendungsfall der Zweistufenlehre votiert, da der öffentlich-rechtlich zu beurteilenden Frage hinsichtlich des „Ob" der Vergabe von Werbezeiten eine konkrete Ausgestaltung durch privatrechtlichen Vertrag nachfolgen könne. A.M. *D. Ehlers/J.-P. Schneider*, in: Schoch/Schneider/Bier § 40 Rn. 288.

1087 *H. Bethge*, VerwArch 63 (1972), 152, 154 Fn. 15.
1088 BVerfGE 69, 257, 266; BVerwGE 35, 344, 346 ff.; 75, 67, 68 ff.; 75, 79 ff.; NJW 1991, 938 ff.; OVG Brem NJW 1987, 3024; OVG Hamburg NJW 1994, 68 f.; NJW 1994, 69 f.; NJW 1994, 70 f.; NJW 1994, 72; OVG Koblenz NJW 1977, 970; OVG Münster OVGE 31, 75 ff., 84 ff.; VGH München NVwZ 1991, 581 f. (jeweils zur Einräumung von Sendezeiten an politische Parteien für Wahlkampfwerbung); dazu *E. Benda*, NVwZ 1994, 520; *H. Maurer*, JuS 1992, 296, 298 ff.
1089 Z.B. § 9 Abs. 6 ZDF-Staatsvertrag vom 31.8.1991, § 9 Abs. 6 WDR-Gesetz; hierzu auch *H. Bethge*, DÖV 1987, 309 ff.
1090 S. *Maurer* § 3 Rn. 32; LG Mainz NJW 1990, 2557 (Einräumung von Sendezeit an Parteien zu Zwecken der Wahlwerbung); vgl. auch OLG Köln NJW 1992, 3306; offen gelassen unter Hinweis auf § 17a Abs. 5 GVG von OLG Köln, NJW 1994, 56; ebenso offen gelassen durch OVG Hamburg NJW 1994, 73 (sub 1.).
1091 So auch *J. Ruthig/W.-R. Schenke*, in: Kopp/Schenke § 40 Rn. 28 c; *Stern/Blanke* Rn. 181.
1092 Vgl. BVerwG NJW 1996, 1010; BGH NJW 1995, 875 f.; NJW 1995, 2295 ff.; OLG Frankfurt NJW 1994, 1226 f. m.w.N.; *D. Ehlers/J.-P. Schneider*, in: Schoch/Schneider/Bier § 40 Rn. 398; *L. Gramlich*, NJW 1996, 617, 618; *Stern/Blanke* Rn. 177.
1093 *D. Ehlers/J.-P. Schneider*, in: Schoch/Schneider/Bier § 40 Rn. 278. Zum Streit, inwiefern auch der einzelne Postangestellte Beliehener ist, *H. Schmitz*, in: Stelkens/Bonk/Sachs § 1 Rn. 254 Fn. 762 m.N.

der Deutschen Telekom AG der eines beliehenen Unternehmens „gleichkommen" können, sodass für diesbezügliche Streitigkeiten der Verwaltungsrechtsweg als eröffnet angesehen wird (LG Bonn NVwZ 2004, 1152).

462   Die Deutsche Bahn AG handelt aufgrund ihrer privatrechtlichen Organisationsform nach Maßgabe des Privatrechts;[1094] für Klagen hinsichtlich des Nutzungsverhältnisses zwischen Bahn und Bahnkunde ist daher der Rechtsweg zu den ordentlichen Gerichten nach § 13 GVG gegeben.[1095] Ebenso unterfallen Klagen, die sich gegen den Eisenbahnbetrieb richten, dem Zivilrechtsweg, etwa Immissionsabwehrklagen[1096] (→ Rn. 419) oder Klagen gegen sog. Castor-Transporte (VG Darmstadt NJW 1998, 771 f.; s. dazu auch LG Darmstadt NJW 1998, 763). Privatrechtlich zu beurteilen ist auch die Ausübung des Hausrechts oder die Benennung eines Bahnhofs, da der Deutschen Bahn AG keine hoheitlichen Handlungsbefugnisse zustehen.[1097] Maßnahmen der Eisenbahnverwaltung des Bundes (vgl. Art. 87 e Abs. 2 GG) sind dagegen grds. öffentlich-rechtlicher Natur, sodass der Verwaltungsrechtsweg gegeben ist.

463   **ll) Streitigkeiten im Zusammenhang mit politischen Parteien.** Politische Parteien sind privatrechtlich organisiert und haben dementsprechend grds. einen privatrechtlichen Status. Allerdings ist ihnen durch Art. 21 Abs. 1 S. 1 GG eine besondere Aufgabe zur Erfüllung gestellt, weswegen Teile ihrer Tätigkeit öffentlich-rechtlichen Regelungen[1098] unterliegen. Soweit sich eine Streitigkeit auf Grundlage dieser öffentlich-rechtlichen Regelungen vollzieht, liegt eine öffentlich-rechtliche Streitigkeit vor.[1099] Nichtverfassungsrechtlicher Art i.S.d. § 40 Abs. 1 S. 1 ist eine solche dann, wenn die Streitigkeit nicht den verfassungsrechtlichen Status einer Partei und dessen Beeinträchtigung gerade durch ein Verfassungsorgan (näher zur Abgrenzung zwischen verfassungsrechtlichen und nichtverfassungsrechtlichen Streitigkeiten im Zusammenhang mit politischen Parteien → Rn. 256, 259 ff.), sondern ein anderes öffentliches Recht zum Gegenstand hat.[1100]

464   Dem Verwaltungsrechtsweg unterfallen daher etwa unter Beteiligung politischer Parteien geführte Streitigkeiten im Hinblick auf die Zuteilung von Sendezeiten für Wahlwerbung[1101] oder auf redaktionell gestaltete Sendungen mit wahlwerbendem Inhalt (BVerfGE 47, 198 ff.; 82, 54, 58 f.; BVerfG [K] NVwZ 1991, 560 f.), auf Anerkennung durch den Bundeswahlausschuss[1102], auf Mitwirkung im Rundfunkrat einer öffentlich-rechtlichen Rundfunkanstalt (BVerfGE 60, 53, 63), auf Überlassung von Veranstaltungsräumen einer Gemeinde[1103] und auf Erstattung von Wahlkampfkosten[1104] sowie Kla-

---

1094   Vgl. Art. 87 e Abs. 3 GG sowie das Eisenbahnneuordnungsgesetz vom 27.12.1993 (BGBl I 2378), insbes. § 1 des Gesetzes über die Gründung einer Deutsche Bahn Aktiengesellschaft vom 27.12.1993 (BGBl I 2386); *K. Rennert*, in: Eyermann § 40 Rn. 56.

1095   Allerdings wurde das Nutzungsverhältnis zwischen der Bahn und ihren Kunden auch schon vor der Privatisierung privatrechtlich beurteilt, vgl. RGZ 161, 341, 347; 162, 364, 366; BGHZ 2, 37, 41; 6, 304, 309; 20, 102, 105; BVerwGE 47, 247, 250; 52, 255, 257.

1096   BGH NJW 1997, 744 f. (Erschütterungen und Lärm infolge des Betriebs einer Eisenbahnlinie); OLG Schleswig NJW-RR 1996, 399 (von fahrenden Zügen ausgehender „Fäkalienregen"); vgl. auch VGH München NVwZ-RR 1997, 159, 160; NVwZ-RR 1998, 639 (zu Lärmsanierungsansprüchen); zu einem Abwehranspruch wegen Beeinträchtigung durch den Schienenverkehr vor der Privatisierung des Bundesbahn etwa OVG Brem NVwZ-RR 1993, 469. Indes sollen Lärmschutzansprüche, die sich auf den Bau oder die wesentliche Änderung von Eisenbahnstrecken beziehen, weiterhin als öffentlich-rechtliche zu qualifizieren sein; zur näheren Begründung VGH München NVwZ-RR 1997, 159, 160. Dazu ferner BVerwG NVwZ 1995, 379 ff.

1097   Anders (Verwaltungsrechtsweg) vor der Privatisierung bzgl. eines Streits um die Namensgebung für einen Bahnhof, BVerwGE 44, 351, 353 f.

1098   Z.B. Art. 21 GG oder den Regelungen des PartG.

1099   S. etwa *Stern/Blanke* Rn. 179.

1100   Vgl. *H. Maurer*, JuS 1992, 296, 298; s. insoweit etwa OVG Münster NVwZ-RR 2004, 795 f. (Verwaltungsrechtsweg für auf § 5 Abs. 1 S. 1 PartG gestützte Streitigkeit zwischen einer politischen Partei und einer Sparkasse bzgl. Eröffnung eines Girokontos. Vgl. auch OVG Bremen NVwZ-RR 2011, 503 f., welches den ordentlichen Rechtsweg bejaht, sofern ein solcher Anspruch gegen die Bremer Landesbank geltend gemacht wird, welcher im Gegensatz zu Sparkassen keine öffentlich-rechtlichen Bindungen für deren Tätigkeit als Geschäftsbank auferlegt seien).

1101   BVerfGE 47, 198, 237; BVerwGE 35, 344 ff.; 75, 67, 70; 87, 270, 272 f.; OVG Münster DVBl 1976, 583 und 585; s. ferner → Rn. 459 m.w.N.; vgl. aber auch LG Mainz NJW 1990, 2557: Für ein gegen einen privaten Rundfunksender gerichtetes Rechtsschutzbegehren auf Einräumung von Sendezeit ist der Zivilrechtsweg gegeben.

1102   *D. Ehlers/J.-P. Schneider*, in: Schoch/Schneider/Bier § 40 Rn. 183.

1103   Vgl. BVerfGE 31, 368 ff.; jedenfalls hinsichtlich des „Ob" der Zulassung liegt eine öffentlich-rechtliche Streitigkeit vor, → Rn. 344 ff.

1104   BVerfGE 27, 152, 157; 28, 97, 102; 85, 264 ff.; BVerwGE 44, 187, 189; BVerwG DÖV 1980, 871; *H. Maurer*, JuS 1992, 296, 299.

gen gegen wahlbeeinflussende Maßnahmen der Öffentlichkeitsarbeit einer Landesregierung (vgl. BVerfG NVwZ 1988, 817 f.) und auf Eröffnung eines Girokontos zugunsten einer politischen Partei (VGH Mannheim NVwZ-RR 2017, 215 f. m. Anm. *I. Schübel-Pfister*, JuS 2017, 1078 f.). Für Beschwerden von Vereinigungen gegen die Nichtanerkennung als Partei für die Bundestagswahl ist dagegen gem. Art. 93 Abs. 1 Nr. 4 c GG das BVerfG zuständig.[1105]

Der ordentliche Rechtsweg ist dagegen gegeben bei Streitigkeiten, die sich lediglich auf den privat-rechtlichen Status einer politischen Partei beziehen, wie etwa bei deren Teilnahme am allgemeinen Rechtsverkehr (z.B. durch Kauf von Kraftfahrzeugen oder Büromaterial oder durch Anmietung von Räumlichkeiten) oder bei parteispezifischen Angelegenheiten. Der Zivilgerichtsbarkeit unterfallen daher bspw. Klagen gegen einen Parteiausschluss,[1106] auf Aufnahme in eine Partei,[1107] auf Überprüfung der Rechtmäßigkeit parteiinterner Wahlen,[1108] Klagen von Parteimitgliedern wegen Streitigkeiten über die Zahlung von Mitgliedsbeiträgen (OLG Bamberg NVwZ 1983, 572), über die Beendigung der Parteimitgliedschaft (vgl. BGHZ 73, 275 ff.) oder wegen interner Ordnungsmaßnahmen (vgl. BGH NJW 1980, 443 ff.), Klagen gegen eine Partei hinsichtlich deren Namensgebung (vgl. BGHZ 43, 245, 247 ff.; 79, 265, 267 f.; OLG Köln DtZ 1991, 27, 28), Klagen einer Partei gegen eine private Rundfunkanstalt auf Einräumung von Sendezeit für Wahlwerbung (LG Mainz NJW 1990, 2557) oder Klagen von Privatpersonen auf Unterlassung der Zusendung von Parteiwerbematerial (OLG Bremen NJW 1990, 2140; bestätigt durch BVerfG [K] NJW 1991, 910 f.). 465

Für parteiinterne Streitigkeiten sind im Übrigen gem. § 14 PartG Parteischiedsgerichte zu bilden. Diese können sowohl echte als auch unechte Schiedsgerichte (zur Unterscheidung zwischen echten und unechten Schiedsgerichten → Rn. 114 ff.) darstellen.[1109] 466

mm) Kirchliches Handeln. Gem. Art. 140 GG i.V.m. Art. 137 Abs. 5 WRV sind die Kirchen als Religionsgesellschaften Körperschaften des öffentlichen Rechts. Damit ist ihr Handeln zumindest „formal" wie das jeder anderen Körperschaft des öffentlichen Rechts im Grundsatz als öffentlich-rechtliche Tätigkeit zu beurteilen.[1110] Allerdings können daneben, wie bei jedem anderen Träger öffentlicher Gewalt, auch private Handlungsformen in Betracht kommen, z.B. hinsichtlich der Teilnahme am allgemeinen Wirtschaftsverkehr. Neben der Frage, ob im Einzelfall öffentlich-rechtliches oder privat-rechtliches Handeln vorliegt, ist vor allem problematisch, inwieweit bestimmte, dem kirchlichen Innenbereich zuzuordnende Handlungen („innerkirchliche" Angelegenheiten) aufgrund des den Religionsgesellschaften durch Art. 140 GG i.V.m. Art. 137 Abs. 3 WRV grds. eingeräumten Selbstbestimmungs- und Selbstverwaltungsrechts *überhaupt* der staatlichen Gerichtsbarkeit unterliegen. Im Einzelnen kann hinsichtlich der rechtlichen Einordnung kirchlichen Handelns und der damit verbundenen Rechtswegfrage Folgendes festgehalten werden: 467

aaa) „Innerkirchliche" Angelegenheiten. Art. 140 GG i.V.m. Art. 137 Abs. 3 WRV gewährt den Religionsgesellschaften grds. Eigenständigkeit und Unabhängigkeit hinsichtlich „ihrer Angelegenheiten" innerhalb der Schranken des für alle geltenden Rechts. Da die Kirchen, anders als etwa die Gemeinden, keine autonomen Körperschaften innerhalb des staatlichen Bereichs, sondern eigenständige, vom Staat „vorgefundene" und als solche respektierte Institutionen sind,[1111] ist der daraus resultierende Kreis des kirchlichen Selbstbestimmungs- und Selbstverwaltungsrechts grds. von staatlicher Einmischung freizuhalten. 468

Insbes. in der höchstrichterlichen Rspr. wird insoweit überwiegend davon ausgegangen, dass sich für die allein den inneren Bereich der Religionsgesellschaften betreffenden Angelegenheiten aus den staatlichen Gesetzen keine Schranken für kirchliches Handeln ergäben und diesbezüglich jede staatliche Einmi- 469

1105 *J. Ruthig/W.-R. Schenke*, in: Kopp/Schenke § 40 Rn. 34.
1106 Vgl. *R. Streinz*, in: v. Mangoldt/Klein/Starck Art. 21 Rn. 157 f.
1107 VGH Mannheim NJW 1977, 71; vgl. BGHZ 101, 193 ff. m.Anm. *W. Henke*, JZ 1987, 1080 f.
1108 KG NJW 1988, 3159; vgl. BGH NJW 1974, 183 ff.; BGHZ 106, 67 ff.; *H. Sodan*, DÖV 1988, 828, 829 f.
1109 Näher BVerfG NJW 1988, 3260; BGH NJW 1980, 443 f.; KG NJW 1988, 3159; OLG Frankfurt NJW 1970, 2250 ff.; OLG Köln NVwZ 1991, 1116 f.; LG Bonn NVwZ 1991, 1118; *N. Heimann*, Die Schiedsgerichtsbarkeit der politischen Parteien in der Bundesrepublik Deutschland, 1977, 102 ff.; *H. Maurer*, JuS 1992, 296, 299 f. m.w.N.; *M. Vollkommer*, FS Nagel, 1987, 474 ff.
1110 Vgl. *H. Maurer*, FS Menger, 1985, 285, 302; vgl. ferner BVerfGE 18, 385, 386 f.; BVerwGE 68, 62, 64 f. A.M. wohl OVG Lüneburg NJW 2010, 2679.
1111 *H. Maurer*, FS Menger, 1985, 285, 289; vgl. auch BVerfGE 18, 385, 386 f.

schung – auch eine Überprüfung durch staatliche Gerichte – auszuscheiden habe.[1112] Ob eine kirchliche Maßnahme diesem nicht-justitiablen „innerkirchlichen" Bereich zuzuordnen ist, wird danach bemessen, ob sie „materiell, der Natur der Sache oder Zweckbeziehung nach als eigene Angelegenheit der Kirche anzusehen ist"[1113], insbes. also der Pflege, Bewahrung und Fortentwicklung der von der Religionsgesellschaft verkörperten Glaubensidee dient[1114]. Soweit eine Maßnahme dagegen *unmittelbare* Rechtswirkungen im staatlichen Zuständigkeitsbereich entfaltet, also in diesen hineinreicht, soll keine innerkirchliche Angelegenheit vorliegen.[1115] Als innerkirchliche Angelegenheiten wurden hiernach etwa angesehen die Glaubenslehre, der Gottesdienst und die Sakramentenlehre (BVerfG NJW 1980, 1041 f.), bspw. die Taufe (OVG Münster NJW 1976, 1550), des Weiteren die innerkirchliche Organisation[1116] einschließlich des kirchlichen Amtsrechts, der Ämterhoheit und der Personalauswahl[1117], das kirchliche Disziplinarrecht (BVerfG NVwZ 1985, 105; BVerfG NJW 1980, 1041) und das kirchliche Verfahrensrecht[1118], ferner die Entlassung eines Kindes aus einem kirchlichen Kindergarten (OVG Münster KirchE 16, 246, 247 ff. – zweifelhaft). In Angelegenheiten des innerkirchlichen Dienstrechts soll demzufolge der Rechtsweg zu den staatlichen Gerichten nur nach Maßgabe der Entscheidung der Kirche eröffnet sein, von der Rechtswegregelung in § 135 S. 2 (i.V.m. § 126 Abs. 1) BRRG Gebrauch zu machen (s. etwa VG Düsseldorf NVwZ-RR 2003, 807 ff.; s.a. → Rn. 142).

470   Diese – wegen ihrer Einteilung in nicht-justitiable innerkirchliche sowie den innerkirchlichen Kreis überschreitende und damit gerichtlicher Überprüfung zugängliche „äußere" Bereiche – als „Bereichslehre"[1119] bezeichnete Ansicht stößt zumindest wegen ihres dogmatischen Ansatzes im Schrifttum auf berechtigte Kritik[1120]. Eine Aufspaltung kirchlichen Handelns in „innere" und „äußere" Bereiche ist zum einen praktisch kaum möglich. Denn auch grds. dem sog. inneren Bereich zuzuordnende Handlungen „mutieren" zu Maßnahmen, die diesen Bereich verlassen, sobald sie im Außenbereich Rechtswirkung entfalten. So kann etwa der Gottesdienst in einer einsturzgefährdeten Kirche aus baupolizeilichen Gründen versagt oder der Pfarrer, der ein Kind bei der Taufe verletzt, strafrechtlich zur Verantwortung gezogen werden;[1121] insoweit ist auch anerkannt, dass bei Widersprüchen der religiösen Lehre zu staatlichen Bestimmungen die staatlichen Gerichte zur Entscheidung berufen sind (s. etwa BVerwGE 25, 364, 365; vgl. BVerwGE 24, 1 ff.). Überdies steht die Bereichslehre nicht im Einklang mit dem Wortlaut des Art. 140 GG i.V.m. Art. 137 Abs. 3 S. 1 WRV; denn dieser Wortlaut unterstellt nicht nur einen „äußeren" Bereich kirchlichen Handelns den Schranken des für alle geltenden Gesetzes, sondern *alle* kirchlichen Angelegenheiten (vgl. insoweit die Formulierung „*ihre* Angelegenhei-

---

1112 Vgl. etwa BVerfGE 18, 385, 387 f.; BVerfG (K) NJW 1999, 350; NJW 2009, 1195 f.; BVerwGE 25, 226, 229 f.; 66, 241, 242 f.; BVerfG (K) NJW 2009, 1195 ff. (krit. zur Rspr. des BVerfG *L. Bechler*, Staatliche Justizgewährung in religionsgemeinschaftlichen Angelegenheiten, in: Linien der Rechtsprechung des Bundesverfassungsgerichts, Bd. 3, 2014, 297, 314 ff.); OVG Lüneburg NJW 2010, 2679; *H. v. Nicolai*, in: Redeker/v. Oertzen § 40 Rn. 33; *K. Rennert*, in: Eyermann § 40 Rn. 91; *H. Weber*, NJW 1989, 2217, 2219. Dies gilt auch für alle der Kirche in bestimmter Weise zugeordneten Einrichtungen ohne Rücksicht auf deren Rechtsform, vgl. BVerfGE 53, 366, 391; 70, 138, 162 m.w.N. Zu neueren Tendenzen in der höchstrichterlichen Rspr. → Rn. 470 a.E. Dieser Judikatur tritt OVG Münster DVBl 2012, 1585 f. entgegen (m.w.N.). Vgl. *H. Weber*, NJW 2009, 1179, 1180 ff. zur Rspr. des BVerfG.

1113 BVerfGE 18, 385, 387; 42, 312, 334 – st. Rspr.; s.a. BGH NJW 2000, 1555, 1556.

1114 *H. v. Nicolai*, in: Redeker/v. Oertzen § 40 Rn. 33 a.

1115 Vgl. etwa BVerfGE 18, 385, 387; 42, 312, 334; BVerfG NJW 1980, 1041; BVerwGE 66, 241, 242 f.; BVerwG NVwZ 1993, 672; vgl. auch *H. Maurer*, FS Menger, 1985, 285, 291.

1116 S. etwa BVerfGE 18, 385, 388 (Teilung einer Gemeinde); BVerfG (K) NJW 1999, 350 (Wahl von Personen in kirchliche Gremien); BVerwG NVwZ 1993, 672 (Wahl von Amtsträgern).

1117 Vgl. etwa BVerfGE 42, 312, 335 f.; BVerfG NJW 1980, 1041 m.w.N.; NJW 1983, 2570; BVerwGE 25, 226, 230 f. (Fortbestehen eines Pfarrdienstverhältnisses); 66, 241, 243 (Zwangsbeurlaubung eines Pfarrers); VGH Mannheim NVwZ-RR 1994, 422; VG Aachen DVBl 1974, 57 (Entzug einer kirchlichen Lehrbevollmächtigung). S. zu aus solchen Streitigkeiten resultierenden vermögensrechtlichen Ansprüchen BVerwGE 66, 241, 247 ff. Für eine Ausweitung des Rechtsschutzes im Bereich des kirchlichen Dienstrechts etwa *H. Weber*, JuS 1989, 2217, 2224 ff.

1118 Vgl. BVerfG NJW 1983, 2570; BVerwG NJW 1981, 1972; OVG Koblenz NJW 2004, 3731 f.; VGH München NJW 1981, 296.

1119 S. etwa *H. Weber*, NJW 1989, 2217, 2219 m.w.N. zu dieser Lehre.

1120 S. etwa *D. Ehlers*, JuS 1989, 364, 369 ff.; *ders./J.-P. Schneider*, in: Schoch/Schneider/Bier § 40 Rn. 113 ff. m.w.N.; *S. Haack*, in: Gärditz § 40 Rn. 18; *K. Hesse*, Das Selbstbestimmungsrecht der Kirchen, in: Handbuch des Staatskirchenrechts der Bundesrepublik Deutschland, Bd. I, ²1994, 549 ff.; *H. Maurer*, FS Menger, 1985, 285, 293; *Hufen* § 11 Rn. 48; *J. Peglau*, NVwZ 1994, 564 f.; *H. Weber*, NJW 1989, 2217, 2220; *ders.*, NJW 2009, 1179 ff. Ebenso OVG Münster DVBl 2012, 1585 f; *K. Rennert*, in: Eyermann § 40 Rn. 91.

1121 Bsp. nach *D. Ehlers*, JuS 1989, 364, 369.

ten").[1122] Dass gleichwohl das kirchliche Selbstbestimmungs- und Selbstverwaltungsrecht Beachtung finden muss, wird hiermit nicht bestritten. Nur ist dies schon nach dem Wortlaut des Art. 140 GG i.V.m. Art. 137 Abs. 3 S. 1 WRV eine Frage der differenzierenden Abwägung mit dem materiellen staatlichen Recht, mithin eine Frage der Begründetheit.[1123] Insoweit ist es angebracht, den Rechtsweg zu den staatlichen Gerichten grds. auch in den sog. innerkirchlichen Angelegenheiten zu gewähren, diesbezügliche Rechtsschutzbegehren vor den staatlichen Gerichten insoweit also als zulässig anzusehen, jedenfalls soweit sich der gegenüber kirchlichem Handeln Rechtsschutzsuchende auf die Verletzung staatlicher Rechtsschutzpositionen beruft.[1124] Dieser Ansicht hat sich nun auch das BVerwG ausdrücklich angeschlossen.[1125] Danach können dienstrechtliche Maßnahmen der Religionsgemeinschaften auch vor den staatlichen Gerichten auf ihre Vereinbarkeit mit staatlichem Recht hin überprüft werden. Dies ergebe sich aus dem allgemeinen Justizgewährungsanspruch aus Art. 20 Abs. 3 GG i.V.m. den Grundrechten, insbes. Art. 2 Abs. 1 GG (BVerwGE 149, 139, 143). Dem kirchlichen Selbstbestimmungsrecht aus Art. 140 GG i.V.m. Art. 137 Abs. 3 WRV wird insoweit hinreichend Rechnung getragen, als dieses im Rahmen der Begründetheit gegen das Rechtsgut, dessen Schutz das einschränkende Gesetz dient, abgewogen wird.[1126] Zudem muss vor Anrufung der staatlichen Gerichte der innerkirchliche Rechtsweg beschritten worden sein.[1127] Hinsichtlich solcher Maßnahmen, die den Kernbereich des Selbstbestimmungsrechts betreffen, erfolgt eine Kontrolle anhand der in Art. 79 Abs. 3 GG niedergelegten Verfassungsgrundsätze (BVerwGE 149, 139, 147). Darüber hinaus sah das BVerwG nun auch den Rechtsweg zu den staatlichen Gerichten als eröffnet an, wenn es um die Durchsetzung kirchenrechtlicher Zahlungsansprüche geht und damit um das Erlangen eines Vollstreckungstitels für eine anderweitig nicht durchsetzbare Rechtsposition aus dem autonomen kirchlichen Bereich (BVerwGE 153, 282, 287 ff.). Die jüngste Rspr. des BVerwG lässt erwarten, dass in konsequenter Anwendung der Abwägungslehre vermehrt eine Kontrolle durch staatliche Gerichte erfolgen wird.[1128] Abzuwarten bleibt jedoch, ob das BVerfG von seiner bisher vertretenen Bereichslehre abweichen wird.[1129]

bbb) Über den „innerkirchlichen" Bereich hinausgehende Angelegenheiten. Jedenfalls der Überprüfung durch die staatlichen Gerichte unterliegt – auch nach der soeben dargestellten „Bereichslehre" – kirchliches Handeln, das über den „innerkirchlichen" Bereich hinauswirkt bzw. außerhalb dessen erfolgt.[1130] Diesbezüglich stellt sich dann die Frage nach der Abgrenzung zwischen öffentlich-rechtlichen Streitigkeiten, für welche die Verwaltungsgerichte zuständig sind, und der Zivilgerichtsbarkeit unterliegenden privatrechtlichen Streitigkeiten. Hierbei gelten die „allgemeinen" Abgrenzungskriterien. 471

(1) Öffentlich-rechtliches Handeln. Soweit die Religionsgesellschaften gem. Art. 140 GG i.V.m. Art. 137 Abs. 5 WRV Körperschaften des öffentlichen Rechts sind, ist ihr Handeln zumindest formal wie das jeder anderen Körperschaft des öffentlichen Rechts im Grundsatz öffentlich-rechtlich zu beurteilen (→ Rn. 467). Dies gilt jedenfalls für die im Zusammenhang mit ihrer sakralen „Aufgabenbestimmung" getätigten Handlungen; hinsichtlich dieser besteht eine Vermutung für öffentlich-rechtli- 472

1122 So auch *K. Hesse*, Das Selbstbestimmungsrecht der Kirchen, in: Handbuch des Staatskirchenrechts der Bundesrepublik Deutschland, Bd. I, ²1994, 551.

1123 Vgl. *S. Haack*, in: Gärditz § 40 Rn. 18; s.a. *H. Weber*, NJW 1989, 2217, 2220, der i.Ü. von einer Vermutung für die Zulässigkeit des staatlichen Rechtswegs ausgeht.

1124 S.a. OVG Münster DVBl 2012, 1585 f.; *L. Bechler*, Staatliche Justizgewährung in religionsgemeinschaftlichen Angelegenheiten, in: Linien der Rechtsprechung des Bundesverfassungsgerichts, Bd. 3, 2014, 297, 314 ff.; *D. Ehlers/J.-P. Schneider*, in: Schoch/Schneider/Bier § 40 Rn. 116; *S. Haack*, in: Gärditz § 40 Rn. 20.

1125 BVerwGE 149, 139 ff. unter Aufgabe der bisherigen Rspr., insbes. BVerwGE 117, 145 ff., aber im Anschluss an BGHZ 154, 306 ff.; ausf. zur bisherigen Rspr. *P. Unruh*, in: Fehling/Kastner/Störmer § 40 Rn. 74.

1126 BVerwGE 149, 139, 143 ff.; zur Bewertung einer solchen Abwägung *C. Kirchberg*, NJW 2014, 2763, 2764.

1127 BVerwGE 149, 139, 148 f.; dazu krit. die Anm. *R. Hotstegs*, NVwZ 2014, 1106.

1128 Vgl. Anm. *S. Muckel*, NVwZ 2016, 457, 458 zu BVerwGE 153, 282 ff.

1129 In diese Richtung hoffend: *L. Bechler*, Staatliche Justizgewährung in religionsgemeinschaftlichen Angelegenheiten, in: Linien der Rechtsprechung des Bundesverfassungsgerichts, Bd. 3, 2014, 297, 316; *S. Muckel*, NVwZ 2016, 457, 458; *H. Weber*, NJW 2009, 1179, 1183.

1130 Allerdings kann es für solche Klagen am allg. Rechtsschutzbedürfnis fehlen, wenn nicht ggf. zuvor Rechtsschutz bei den kirchlichen Gerichten gesucht wurde, dazu etwa *St. Mückl*, HdbStR VII³ § 159 Rn. 123.

ches Handeln (BVerwGE 68, 62, 64 f.).[1131] Der Verwaltungsrechtsweg ist daher etwa eröffnet hinsichtlich Streitigkeiten über Kirchenbaulasten (BVerwGE 38, 76 ff.; BVerwG DÖV 1980, 458 f.), über die Benutzung kirchlicher Einrichtungen, welche durch kirchengemeindliche Satzung geregelt ist (OVG Lüneburg NVwZ 1987, 708, 710), über einen Kirchenaustritt (BVerwG NJW 1979, 2322 f.), über die Nutzung eines kirchlichen Friedhofs,[1132] über Friedhofsgebühren (OVG Lüneburg DVBl 1993, 266 ff.), über die Erteilung kirchlicher Auskünfte, etwa aus Kirchenbüchern (vgl. VGH München BayVBl 1968, 213), über diskriminierende Äußerungen von Kirchen (z.B. eines kirchlichen Sektenbeauftragten) über andere Religionsgemeinschaften oder Sekten,[1133] über kirchliche Hausverbote[1134] (allg. zu Hausverboten → Rn. 387 ff.), über den Religionsunterricht an staatlichen Schulen (vgl. BVerwGE 42, 346 ff.), über Widmung und Entwidmung sakraler Sachen (z.B. Kirchengebäuden),[1135] über liturgisches Glockengeläut (nicht dagegen bei bloßem Zeitschlagen von Kirchenglocken)[1136] sowie für Klagen gegen eine Kirchenstiftung auf Unterlassung lärmintensiver Spiele, die auf dem Pfarrgrundstück i.R.d. kirchlichen Jugendarbeit durch Pfarrgruppen veranstaltet werden (VGH München DVBl 2004, 839 f.).

473 Ebenfalls öffentlich-rechtlich handeln die Kirchen in den Bereichen, in welchen sie vom Staat mit hoheitlichen Befugnissen ausgestattet wurden und demgemäß *Beliehene* (zu Beliehenen → Rn. 359 ff.) darstellen (vgl. etwa BVerfGE 18, 385, 387; BVerwGE 66, 241, 242; 68, 62, 64). Dies ist insbes. hinsichtlich des Kirchensteuerrechts (Art. 140 GG i.V.m. Art. 137 Abs. 6 WRV)[1137] und des Friedhofswesens[1138] der Fall. Das Gleiche gilt hinsichtlich staatlich anerkannter kirchlicher Schulen in Bezug auf deren Befähigung, mit öffentlich-rechtlicher Außenwirkung den Bildungsgrad und damit bestimmte Zugangsberechtigungen ihrer Schüler oder Studenten festzustellen[1139] (generell zur Beleihung nichtstaatlicher Ersatzschulen → Rn. 361).

474 **(2) Privatrechtliches Handeln.** Privatrechtliches Handeln der Kirchen liegt dann vor, wenn diese sich außerhalb ihrer spezifischen sakralen Aufgabenerfüllung bewegen oder i.R. dieser Aufgabenerfüllung ausdrücklich privatrechtlicher Handlungsformen bedienen; denn i.R. ihrer spezifisch sakralen Aufgabenerfüllung besteht eine generelle Vermutung für öffentlich-rechtliches Handeln (→ Rn. 472). Privatrechtlich handeln die Kirchen folglich jedenfalls dann, wenn sie wie jeder andere Private am allgemeinen Wirtschaftsverkehr teilnehmen, wie etwa beim Abschluss von Kaufverträgen oder der Ver- oder Anmietung von Räumlichkeiten. Privatrechtlich sind auch Streitigkeiten im Zusammenhang mit den privatrechtlichen Arbeitsverhältnissen (vgl. BVerfGE 70, 138, 164 f.). Als privatrechtlich eingestuft wurden des Weiteren Streitigkeiten über die Rückzahlung kirchlicher Ausbildungshilfen,[1140] über die Benutzung kirchlicher Namen, Bezeichnungen oder Symbole (vgl. BGHZ 124, 173, 174 ff.; OLG Düsseldorf NJW-RR 1993, 185 ff.), über das Zeitschlagen kirchlicher Glocken (BVerwG NJW 1994, 956) sowie über die Benutzung kirchlicher Einrichtungen, etwa Kindergärten, jedenfalls wenn die Benut-

---

1131 Inwieweit abseits der Rechtswegfrage die übrigen Bestimmungen des Verwaltungsprozessrechts (z.B. über die Anfechtung von Verwaltungsakten oder über das Vorverfahren) auf das Handeln der Religionsgesellschaften angewendet werden können, da diese auch bei öffentlich-rechtlichem Handeln nicht staatliche, sondern kirchliche Gewalt ausüben (BVerfGE 18, 385, 386 f.; BVerwGE 68, 62, 64 f.), kann an dieser Stelle dahinstehen; zu dieser Frage etwa *D. Ehlers/J.-P. Schneider*, in: Schoch/Schneider/Bier § 40 Rn. 477.

1132 Vgl. BVerwG NJW 1979, 2079 f.; OVG Münster KirchE 18, 230, 231 ff.; VGH München BayVBl 1991, 465 f.

1133 BGHZ 148, 307, 308 ff.; VGH München NVwZ 1994, 598; NVwZ 1994, 787, 788; BayVBl 1995, 564 f.; vgl. auch BVerfG (K) NVwZ 1994, 159 f.; a.M. OVG Bremen NVwZ 1995, 793.

1134 Zumindest hinsichtlich sakraler Räumlichkeiten, s. *D. Ehlers/J.-P. Schneider*, in: Schoch/Schneider/Bier § 40 Rn. 478; a.M. für Hausverbot bzgl. kirchlichem Kindergarten VGH München BayVBl 1986, 271 f. m. zu Recht krit. Anm. *L. Renck*; vgl. dazu auch BVerwG DVBl 1986, 1202 f. m. zu Recht krit. Anm. *H.-U. Erichsen*.

1135 Hierzu BVerwGE 87, 115, 118 ff. m.Anm. *L. Renck*, BayVBl 1991, 200 ff.; VGH München BayVBl 1987, 720 ff.; VG München BayVBl 1985, 281 ff. m.Anm. *L. Renck* u. *H. Goerlich*.

1136 Zum öffentlich-rechtlichen Charakter des liturgischen Läutens: BVerwGE 68, 62, 63 ff.; OLG Frankfurt DVBl 1985, 861 f.; zust. *H. Maurer*, FS Menger, 1985, 285, 302; dazu auch *H. Goerlich*, JZ 1984, 221 ff. Zum privatrechtlichen Charakter des bloßen Zeitschlagens: BVerwG NJW 1994, 956. Krit. zu dieser Differenzierung *D. Lorenz*, JuS 1996, 492 ff. Zum nichtsakralen Glockengeläut auch BVerwGE 90, 163 ff.

1137 S. etwa BVerwGE 7, 189 ff.; 21, 330, 331; 52, 104, 105; *Hufen* § 11 Rn. 47; *H. Maurer*, FS Menger, 1985, 285, 288; in einigen Ländern ist für diese öffentlich-rechtlichen Streitigkeiten gem. § 33 Abs. 1 Nr. 4 FGO der Rechtsweg zu den Finanzgerichten eröffnet, s. etwa § 16 KiStG-Saar, § 13 SächsKiStG.

1138 S. BVerwGE 25, 364, 365 f.; *A. Hollerbach*, HdbStR VI² § 138 Rn. 151; *Hufen* § 11 Rn. 47; *H. Maurer*, FS Menger, 1985, 285, 288.

1139 Vgl. VGH Mannheim KirchE 18, 224, 225; hierzu auch OVG Saarlouis KirchE 17, 70 ff.

1140 LG Hanau DÖV 1981, 427; zu Recht a.M. *P. Tiedemann*, DÖV 1981, 427 ff.

zung ausdrücklich in den Formen des Privatrechts erfolgt[1141]. Privatrechtlich beurteilt wurde auch der Unterlassungsanspruch einer jüdischen Gemeinde gegenüber einem ihrer Mitglieder (BGH NJW 2000, 1555 ff.; → Rn. 470). Lediglich privatrechtlich handeln können im Übrigen solche Religionsgemeinschaften, die nicht den Status öffentlich-rechtlicher Körperschaften besitzen und privatrechtlich organisiert sind.

ccc) Rechtsschutz der Kirchen gegenüber hoheitlichen Maßnahmen des Staates. Keine Besonderheiten bestehen demgegenüber bei Streitigkeiten zwischen dem Staat und den Religionsgesellschaften. Sucht eine Religionsgesellschaft Rechtsschutz gegenüber staatlicher Beeinträchtigung, so gelten hinsichtlich der Rechtswegeröffnung die allgemeinen Grundsätze, da die Religionsgesellschaften insoweit dem Staat als „Externe" gegenüberstehen.[1142] So können sich die Kirchen etwa gegen Verwaltungsakte oder sonstige sie belastende Maßnahmen staatlicher Gewalt – vorbehaltlich spezialgesetzlicher Rechtswegzuweisungen – im Verwaltungsrechtsweg verteidigen. Dies gilt auch für den Streit um die Anerkennung als öffentlich-rechtliche Körperschaft (BVerwGE 105, 177 ff. [Zeugen Jehovas]).   475

nn) Streitigkeiten im Zusammenhang mit Maßnahmen nach dem Transplantationsgesetz. Bei Streitigkeiten über die Rechtswidrigkeit einer Herausnahme aus der Warteliste eines Transplantationszentrums nach § 10 Abs. 2 Nr. 2 TPG ist der Rechtsweg zu den Verwaltungsgerichten eröffnet.[1143] Mangels eines Anspruchs auf Krankenhausbehandlung greift insbes. § 51 Abs. 1 Nr. 2 SGG als abdrängende Sonderzuweisung nicht ein.[1144] Zur Klagebefugnis → § 42 Rn. 187 a.   475a

III. Abdrängende Sonderzuweisungen

1. Allgemeines. a) Verfassungsrechtliche Zulässigkeit. Das GG etabliert eine differenzierte Fachgerichtsbarkeit und geht ersichtlich davon aus, dass eine Verwaltungsgerichtsbarkeit besteht (vgl. Art. 95 Abs. 1, Art. 96 und 101 Abs. 2 GG), insbes. neben den ordentlichen Gerichten noch andere Gerichte existieren. Zwar kommt in der Verfassung auch eine funktionelle Trennung der verschiedenen Gerichtsbarkeiten zum Ausdruck; das GG enthält jedoch keine Regelungen darüber, welche Streitigkeiten von den verschiedenen Gerichtsbarkeiten zu entscheiden sind.[1145] Vereinzelt enthält die Verfassung ausdrückliche, öffentlich-rechtliche Streitsachen betreffende Zuweisungen an die ordentlichen Gerichte (Art. 14 Abs. 3 S. 4, Art. 19 Abs. 4 S. 2, Art. 34 S. 3 GG). Diesen Bestimmungen ist aber kein dahingehendes Verfassungsgebot zu entnehmen, dass andere öffentlich-rechtliche Streitsachen zwingend von den Verwaltungsgerichten zu behandeln sind.   476

Auch ergibt sich ein verfassungsrechtlich abgesichertes Entscheidungsmonopol für die Verwaltungsgerichte nicht daraus, dass Gerichte eines bestimmten Gerichtszweigs bestimmte Rechtsfolgen nicht aussprechen könnten, bspw. Zivilgerichten ein Eingriff in die hoheitliche Tätigkeit des Staates von vornherein verwehrt wäre (BGHZ [GS] 67, 81, 89; BGHZ 78, 274, 277). Denn nach dem GG stehen die *verschiedenen Gerichtsbarkeiten gleichwertig nebeneinander.*[1146]   477

Somit hat der Gesetzgeber zumindest insoweit einen *Gestaltungsspielraum* bei der abstrakt-generellen Bestimmung des für eine Streitmaterie zuständigen Gerichts, als er den in Art. 95 GG vorgesehenen Fachgerichtsbarkeiten einen adäquaten Kernbestand an Zuständigkeiten belässt (→ Rn. 6 ff., insbes.   478

1141 S. etwa VG Düsseldorf NWVBl 1996, 33 f. (Abschluss privatrechtlicher Betreuungsverträge); ferner OVG Münster KirchE 16, 246, 249 f. Generell für privatrechtliche Qualifizierung wohl *D. Ehlers/J.-P. Schneider*, in: Schoch/ Schneider/Bier § 40 Rn. 478; vgl. auch VGH München BayVBl 1986, 271 f. Dagegen zu Recht für generell öffentlich-rechtliche Qualifizierung, es sei denn der Wille zu privatrechtlichem Handeln tritt ausdrückl. in Erscheinung, *H.-U. Erichsen*, DVBl 1986, 1203 f.; vgl. ferner *L. Renck*, BayVBl 1986, 273 f.

1142 Näher *H. Maurer*, FS Menger, 1985, 285, 286 f.; *Hufen* § 11 Rn. 47.

1143 VG München NJW 2014, 3467 ff.; trotz Verstoßes des VG München gegen § 17 a Abs. 3 S. 2 GVG war der VGH München als Rechtsmittelinstanz mangels erhobener Rüge daran gehindert, den beschrittenen Rechtsweg zu prüfen (VGH München 15.6.2015 – 5 ZB 14.1919, juris Rn. 14); offenlassend der Nichtannahmebeschluss des BVerfG (K) NJW 2017, 545, 547 m. Anm. *I. Schübel-Pfister*, JuS 2016, 992 f.; aus der Lit. *W. Höfling*, ZRP 2017, 233, 234; *ders./H. Lang*, NJW 2014, 3398 f. m.w.N.

1144 Entgegen *J. Baltzer*, SGb 1998, 337, 441 überzeugend VG München NJW 2014, 3467, 3468; das LG Essen GesR 2009, 78 und LG Gießen 19.9.2014 – 3 O 290/14, BeckRS 2014, 19527 sahen unter Hinweis auf den privatrechtlichen Behandlungsvertrag den Zivilrechtsweg als eröffnet an.

1145 BVerfGE 4, 387, 399; BGHZ 38, 208, 211; *F. Schoch*, FS Menger, 1985, 305 f. m.w.N.

1146 GmSOGB BVerwGE 37, 369, 372; BVerwGE 75, 362, 365; BVerwG NJW 1989, 412, 413; BGHZ (GS) 67, 81, 89; BGHZ 78, 274, 277.

→ Rn. 7, 9). Seine Entscheidung unterliegt jedoch ganz allgemeinen Rechtmäßigkeitskriterien. Sie muss ausgehend von einem legitimen Zweck sachlich gerechtfertigt, darf insbes. nicht willkürlich sein. Nach der Rspr. des BVerfG wird die Zuweisungsbefugnis nicht dadurch infrage gestellt, dass Zuweisungen „unnötig" (gemeint ist wohl unnötig i.S. einer zwingenden Notwendigkeit) oder „systematisch unerwünscht" sind (BVerfGE 4, 387, 399). Die *Rechtswegbestimmungen müssen* jedoch *bestimmt und übersichtlich sein.* Unübersichtliche und damit besonders schwer zu handhabende Rechtswegbestimmungen, welche die Durchsetzungsbereitschaft der Rechtsschutzsuchenden hemmen, sind verfassungswidrig.[1147]

479   **b) Zuweisung an ein Gericht.** Aus dem GG ergeben sich zwar keine Vorgaben hinsichtlich eines bestimmten Rechtswegs; es enthält aber eine auf *richterlichen* Rechtsschutz gerichtete Rechtsschutzgarantie, insbes. in Art. 19 Abs. 4 S. 1 GG (→ Rn. 4 ff.). Als abdrängende Sonderzuweisungen können somit nur solche Bestimmungen angesehen werden, welche die Streitigkeit an ein (anderes) *Gericht* verweisen.[1148] Da das GG nur einen einheitlichen Begriff des Gerichts kennt, divergieren die Anforderungen, die an ein Gericht zu stellen sind, zwischen den verschiedenen Gerichtszweigen nicht (BVerfGE 4, 331, 344).

480   Gerichte i.d.S. sind zunächst staatliche oder zwischenstaatliche Stellen. Sie müssen mit nichtbeteiligten dritten Personen besetzt sein, die sachlich und persönlich unabhängig sind, d.h. die entscheidenden Personen müssen nur dem Gesetz unterworfen, weisungsungebunden sowie auf Dauer und vorher unabsetzbar berufen sein. Es muss sich um besondere, von den übrigen Staatsorganen organisatorisch und personell getrennte Institutionen handeln.[1149] Keine Gerichte sind daher alle echten Schiedsgerichte (→ Rn. 115 f.) und auch unechte Schiedsgerichte, soweit sie als Verwaltungsbehörden einzustufen sind (→ Rn. 118 f.), die Schiedsgutachter und Schiedsstellen (→ Rn. 121), Vergabekammern gem. § 156 GWB oder das Hessische Wahlprüfungsgericht (BVerfGE 103, 111, 140 f.); ferner kommen auch kirchliche Gerichte – entgegen vereinzelten Ansichten in der Rspr. (BGHZ 34, 372, 374 f.; VGH Mannheim DVBl 1981, 31, 32 ff.), die sich jedoch nicht unmittelbar auf § 40 Abs. 1 S. 1 Hs. 2 beziehen – nicht in Betracht[1150].

481   **c) Enge Auslegung der Ausnahmevorschriften?** Abdrängende Sonderzuweisungen sind Ausnahmen von dem Grundsatz des § 40 Abs. 1 S. 1 Hs. 1, demzufolge öffentlich-rechtliche Streitigkeiten nichtverfassungsrechtlicher Art den (allgemeinen) Verwaltungsgerichten zugewiesen sind. I.R.d. Methodenlehre wird gefordert, Ausnahmevorschriften eng auszulegen.[1151] Klärungsbedürftig sind die sich daraus für die Auslegung von abdrängenden Rechtswegzuweisungsnormen ergebenden Folgen, zumal in Rspr. und Lit. verschiedene Vorschriften (z.B. § 63 Abs. 4 S. 1 GWB [→ Rn. 647], § 112 a BRAO [→ Rn. 676 ff.] sowie § 111 Abs. 1 BNotO [→ Rn. 680]) sehr weit ausgelegt werden.

482   Die soeben genannte allgemeine Auslegungsregel kann bei der Auslegung von abdrängenden Sonderzuweisungen erst dann Bedeutung gewinnen, wenn sich ein bestimmter – im Gesetzeswortlaut auch niedergelegter – Wille des Gesetzgebers nicht ermitteln lässt. Rechtswegregelungen sind in besonderem Maße von Zweckmäßigkeitsüberlegungen des Gesetzgebers bestimmt und dienen, basierend auf dem Grundsatz der Gleichwertigkeit aller Gerichtszweige, einer sachgemäßen Arbeitsverteilung unter den verschiedenen Gerichtsbarkeiten (BVerwGE 47, 255, 259). Daher bestehen i.R.d. durch den Wortlaut vorgezeichneten Möglichkeiten keine Bedenken gegen eine weite Auslegung von Sonderzuweisungen, insbes. dort, wo der Wille des Gesetzgebers zu erkennen ist, eine bestimmte Rechtsmaterie *in ihrer Gesamtheit* einer anderen Gerichtsbarkeit zuzuweisen, ohne dass dies für alle einzelnen, der betreffenden Rechtsmaterie unterfallenden Streitigkeiten besonders gesagt ist.[1152] Die Motive des Gesetzgebers sind jedoch unbeachtlich, wenn sie keinen Ausdruck im Gesetzeswortlaut gefunden haben.

1147 *D. Ehlers/J.-P. Schneider,* in: Schoch/Schneider/Bier § 40 Rn. 482. Vgl. auch BVerfGE 96, 44, 49 f.
1148 *J. Ruthig/W.-R. Schenke,* in: Kopp/Schenke § 40 Rn. 4.
1149 Vgl. BVerfGE 4, 331, 344 ff.; 103, 111, 140; *H. v. Nicolai,* in: Redeker/v. Oertzen § 40 Rn. 39.
1150 *J. Ruthig/W.-R. Schenke,* in: Kopp/Schenke § 1 Rn. 3 a.E.; *K. Rennert,* in: Eyermann § 40 Rn. 99; *P. Stelkens/N. Panzer,* in: Schoch/Schneider/Bier § 1 Rn. 23. A.M. *Ule* § 6 VI (S. 45 ff.).
1151 Zur engen Auslegung von Ausnahmevorschriften und zur diesbezüglichen Kritik: *K. Larenz,* Methodenlehre der Rechtswissenschaft, ⁶1991, 353 ff.
1152 BVerwGE 15, 34, 39; BVerwG NJW 1984, 191; *K. Rennert,* in: Eyermann § 40 Rn. 100.

d) Ausdrückliche Sonderzuweisung durch Bundesgesetz. aa) Bundesgesetz. Mit dem zweiten Halb- 483
satz des § 40 Abs. 1 S. 1 wird dem *Bundesgesetzgeber* die Möglichkeit eingeräumt, – abweichend von
dem soeben aufgestellten Grundsatz, nach dem öffentlich-rechtliche Streitigkeiten den Verwaltungsgerichten zugewiesen sind – anderen Gerichtsbarkeiten durch ihn bestimmte Streitigkeiten zur Entscheidung zu übertragen. Im Gegensatz zu der durch § 40 Abs. 1 S. 2 eingeräumten Kompetenz des Landesgesetzgebers ist die Gestaltungsfreiheit des Bundesgesetzgebers bei der Schaffung von Sonderzuweisungen nicht auf bestimmte Sachgebiete beschränkt; dies ergibt sich unabhängig vom Wortlaut der
Vorschrift schon aus den Derogationsregeln (denn der frühere einfache Gesetzgeber kann einen späteren nicht binden).

Während die amtliche Begründung des Entwurfs einer VwGO noch davon ausging, eine abdrängende 484
Sonderzuweisung könne auch durch untergesetzliche Normen, insbes. durch eine Rechtsverordnung
erfolgen (BT-Drs. 3/55 Anl. 1 S. 30), wird nach einhelliger Auffassung in der Lit. zu Recht ein *formelles Bundesgesetz*, d.h. ein vom Deutschen Bundestag erlassenes Gesetz, verlangt[1153]. Da die Verwirklichung von Grundrechten u.a. wesentlich von dem eingeräumten Rechtsschutz abhängt und somit
nicht unerheblich durch Richter sichergestellt wird, ist die Festlegung des Rechtswegs und damit der
grds.[1154] anzuwendenden Verfahrensordnung eine durch den parlamentarischen Gesetzgeber zu treffende wesentliche Entscheidung. Ferner folgt auch aus dem Prinzip des gesetzlichen Richters nach
Art. 101 Abs. 1 S. 2 GG, dass die fundamentalen Zuständigkeitsregeln in einem Parlamentsgesetz enthalten sein müssen.[1155] Auch ist es nicht angängig, dass sich die fast an jeder Streitigkeit beteiligte
Exekutive selbst den Fachrichter aussuchen kann.

Bei *vorkonstitutionellen Regelungen* kann es fraglich sein, ob diese als Bundesgesetze i.S.d. § 40 Abs. 1 485
S. 1 Hs. 2 zu qualifizieren sind (und falls dies zu bejahen ist, ob die jeweilige Regelung überhaupt eine
ausdrückliche Sonderzuweisung enthält; → Rn. 496). Unter Bundesgesetzen sind nicht nur die vom
Deutschen Bundestag erlassenen Bestimmungen zu verstehen, sondern auch vorkonstitutionelle
Rechtsnormen, die mit Gesetzesrang als Bundesrecht fortgelten (GmSOGB BVerwGE 37, 369, 370).
Es ist nicht davon auszugehen, dass der historische Gesetzgeber der VwGO alle ihm nicht sämtlich
überschaubaren ausdrücklichen Rechtswegzuweisungen in vorkonstitutionellen Gesetzen beseitigen
wollte (BT-Drs. 3/55 Anl. 1 S. 30 f.).

bb) Erfordernis einer ausdrücklichen Sonderzuweisung. § 40 Abs. 1 S. 1 Hs. 2 verlangt, dass die Strei- 486
tigkeit einem anderen Gericht ausdrücklich zugewiesen worden ist. Sinn und Zweck des *Ausdrücklichkeitsgebots* ist es, im Interesse eines effektiven Rechtsschutzes besondere Klarheit hinsichtlich des
zuständigen Gerichts zu schaffen. Die Rspr. betont, dass gerade bei Rechtswegzuweisungen der
Rechtsschutzsuchende auf den Wortlaut einer Zuständigkeitsregelung muss vertrauen können; deshalb
ist es ausgeschlossen, dieser Regelung aus Zweckmäßigkeitserwägungen einen vom Wortlaut abweichenden Sinn zu unterlegen. Nur eine als solche bezeichnete und erkennbare Sonderregelung kann die
Zuständigkeit der Gerichte der allgemeinen Verwaltungsgerichtsbarkeit ausschließen (BVerwGE 40,
112, 114; 58, 167, 170 f.).

Ein Zuordnungsproblem kann sich in zwei verschiedenen Varianten ergeben. Zum einen ist es denk- 487
bar, dass sich derselbe Streitgegenstand unter verschiedenen rechtlichen Gesichtspunkten (z.B. nach
verschiedenen Anspruchsgrundlagen) beurteilen lässt, wobei für einige oder mehrere Gesichtspunkte
zweifelsfrei eine ausdrückliche Zuweisung besteht. Andererseits kann sich die Frage stellen, ob ein
Streitgegenstand demselben Rechtsweg unterfallen soll wie ein verwandter anderer Streitgegenstand,
für den wiederum zweifelsfrei eine ausdrückliche Zuweisung besteht. Während für die erste Konstellation § 17 Abs. 2 S. 1 GVG eine Lösung bereitstellt, tritt die zweite besonders bei Neben- und Hilfsan-
sprüchen (→ Rn. 494) hervor.

aaa) Sachzusammenhang, Sachnähe, Zweckmäßigkeit, Prozessökonomie, Fachgerichtsbarkeit. Bei 488
der Ermittlung des für eine Streitigkeit zulässigen Rechtswegs wird von Rspr. und Lit. oftmals auf den

---

1153 *Schenke* Rn. 135; *Schmitt Glaeser/Horn* Rn. 61.
1154 Ist eine Verfahrensordnung jedoch vom Ausgangspunkt nicht auf die Bedürfnisse einer Verwaltungsstreitigkeit zu-
      geschnitten, ist sie ggf., insbes. im Hinblick auf einen vorläufigen Rechtsschutz und eine Fortsetzungsfeststellungs-
      klage, durch richterliche Rechtsfortbildung zu erweitern, vgl. *K. Rennert*, in: Eyermann § 40 Rn. 100.
1155 BVerfGE 19, 52, 60; 95, 322, 328.

Sachzusammenhang[1156] oder die *Sachnähe*[1157] zu anderen Ansprüchen abgestellt, für welche die zuständige Gerichtsbarkeit feststeht. Durch eine an diesen Kriterien orientierte Zuordnung sollen Rechtswegaufspaltungen vermieden und ein einheitlicher Rechtsweg sichergestellt werden. Daher spielten auch die Gesichtspunkte der *Zweckmäßigkeit* (vgl. BGHZ 78, 274, 277) und *Prozessökonomie*[1158] eine Rolle; ferner wurde teilweise unter dem Gesichtspunkt der *Fachgerichtsbarkeit* (vgl. BVerwG NJW 1984, 191) eine Rechtswegfrage beantwortet.

489   So hat bspw. das BVerwG hinsichtlich eines geltend gemachten Verzugsschadens den Rechtsweg danach bestimmt, ob dieser eher im Zusammenhang mit einem Amtshaftungsanspruch (ordentliches Gericht) oder mit dem Erfüllungsanspruch (Verwaltungsgericht) steht (BVerwGE 37, 231, 238 f.). Ebenso bestimmt es den Rechtsweg bei Schadensersatzansprüchen aus der Verletzung vorvertraglicher Schuldverhältnisse (BVerwG NJW 2002, 2894, 2895; → Rn. 567 ff.). Ferner hat es bei Ansprüchen aus Gefährdungshaftung (s. § 41 Abs. 4 WHG) den Verwaltungsrechtsweg verneint, weil diese Ansprüche neben solchen aus Amtshaftung, Aufopferung für das gemeine Wohl oder enteignungsgleichem Eingriff in Betracht kommen und für letztere der Rechtsweg zu den ordentlichen Gerichten ausdrücklich vorgeschrieben ist (BVerwGE 75, 362, 364; → Rn. 571 f.).

490   Eine *eigenständige Bedeutung haben die genannten Gesichtspunkte nicht*, und sie können daher keine Abweichungen von der positiven Gesetzeslage herbeiführen. Insbes. ist dem in der höchstrichterlichen Rspr. vereinzelt auftauchenden Argument entgegenzutreten, *Art. 19 Abs. 4 GG* erschöpfe sich nicht darin, den ordentlichen Rechtsweg zu eröffnen, sondern erweitere auch einen an sich gegebenen, aber in seiner Ausgestaltung unvollständig gebliebenen besonderen Rechtsweg (BVerwG NJW 1984, 191; BGHZ 34, 245, 249 f.). Art. 19 Abs. 4 S. 2 GG begründet i.S. eines wirksamen Rechtsschutzes eine Auffangzuständigkeit der ordentlichen Gerichte. Aus der Sicht dieser Verfassungsbestimmung stellt die Generalklausel des § 40 Abs. 1 S. 1 Hs. 1 eine Vorschrift dar, welche eine „andere Zuständigkeit" begründet. Ist nun eine einfachgesetzliche abdrängende Sonderzuweisung vorhanden, mag es zweifelhaft sein, ob eine öffentlich-rechtliche Streitigkeit nichtverfassungsrechtlicher Art noch unter diese oder weiterhin unter die verwaltungsprozessuale Generalklausel fällt. Es ändert jedoch nichts daran, dass eine einfachgesetzliche, auslegungsbedürftige Rechtswegzuweisung vorliegt.[1159]

491   Schon aufgrund des Ausdrücklichkeitsgebots des § 40 Abs. 1 S. 1 Hs. 2 können ungeschriebene Rechtswegzuweisungen keine Anerkennung finden. Kraft Sachzusammenhangs oder als Annex zu geschriebenen Bestimmungen nach Maßgabe der Prozessökonomie oder Zweckmäßigkeit lassen sich daher keine von § 40 Abs. 1 S. 1 Hs. 1 abweichenden Regelungen rechtfertigen. Dies bedeutet aber nicht, dass die genannten Kriterien keine Bedeutung für die Ermittlung des Rechtswegs hätten. Sie stellen nämlich *wichtige Auslegungskriterien* dar.[1160] Das Erfordernis einer ausdrücklichen Regelung wird nicht schon dadurch infrage gestellt, dass die betreffende Vorschrift auslegungsbedürftig ist (vgl. OVG Münster NVwZ-RR 2012, 801, 802). Zu beachten ist, dass jede Auslegung mit dem Wortlaut der Vorschrift beginnt und in ihm auch ihre Grenze findet. Möglich bleibt jedoch in diesem Rahmen eine extensive Auslegung, d.h. eine an die Grenze des möglichen Wortsinns heranreichende Interpretation. Darüber hinaus ist jede Interpretation Rechtsfortbildung und nicht mehr von § 40 Abs. 1 S. 1 Hs. 2 gedeckt.

492   Ein Wille des Gesetzgebers kann sich insbes. dann ergeben, wenn durch die Annahme verschiedener Rechtswege ein und derselbe Sachverhalt auseinandergerissen würde; denn es ist davon auszugehen, dass der Gesetzgeber eine zweckmäßige Regelung treffen wollte. Eine weite Auslegung liegt auch nahe, wenn eine Rechtswegvorschrift eine lückenfüllende Auffangfunktion besitzt. Eng damit hängt zusammen, dass eine abdrängende Sonderzuweisung selbst generalklauselartig ausgestaltet ist. Der Wille des Gesetzgebers, einen Sachbereich in seiner Gesamtheit einer bestimmten Gerichtsbarkeit zuzuweisen, wird regelmäßig dann festzustellen sein, wenn der Gesetzgeber innerhalb dieser Gerichtsbarkeit

---

1156   Vgl. BVerwGE 37, 231, 238 f.; 40, 254, 255; BVerwG NJW 1984, 191; BVerwGE 75, 362, 364; BGHZ 43, 34, 40 f.; OVG Lüneburg NVwZ-RR 2012, 782.

1157   Vgl. BVerwG NJW 1989, 412, 413; BGHZ 78, 274, 277; BGH VersR 1963, 477, 478; OVG Lüneburg NVwZ-RR 2012, 782; s.a. BVerwGE 58, 167, 170 f.

1158   Vgl. BGHZ 103, 255, 259; ferner BVerwGE 40, 254, 255 f.; 94, 1, 8 f.; BGHZ 38, 208, 211.

1159   So auch *D. Ehlers/J.-P. Schneider*, in: Schoch/Schneider/Bier § 40 Rn. 490.

1160   *J. Ruthig/W.-R. Schenke*, in: Kopp/Schenke § 40 Rn. 4.

spezielle Spruchkörper geschaffen hat, wie z.B. den Anwaltsgerichtshof bzw. den Kartellsenat bei den Oberlandesgerichten nach § 100 Abs. 1 S. 1 BRAO bzw. § 91 S. 1 GWB.

Das Bedürfnis nach einer aus dem Sachzusammenhang, der Zweckmäßigkeit oder Prozessökonomie **493** abgeleiteten einheitlichen Rechtswegbestimmung ist auch durch die Einführung der Regelung in *§ 17 Abs. 2 S. 1 GVG* geringer geworden. Konnte früher dieselbe Streitigkeit mitunter rechtlich nicht umfassend von dem einen Gericht gewürdigt werden, ist dieses nunmehr berechtigt und gehalten, unter allen rechtlichen Gesichtspunkten zu entscheiden (zu beachten ist allerdings auch die Ausnahme nach § 17 Abs. 2 S. 2 GVG). Dennoch kann die Regelung des § 17 Abs. 2 S. 1 GVG nicht als Rechtsweg kraft Sachzusammenhangs bezeichnet werden[1161]; denn sie setzt gerade voraus, dass unterschiedliche Rechtswege hinsichtlich verschiedener materiellrechtlicher Anspruchsgrundlagen gegeben sind. Sie begründet daher lediglich eine *Mitentscheidungskompetenz des rechtswegfremden Gerichts.* Aufgrund dieser Mitentscheidungskompetenz kann es nunmehr möglich sein, dass die Rechtswegfrage hinsichtlich einzelner Aspekte nicht geklärt zu werden braucht und somit dahinstehen kann.[1162]

bbb) Hilfs- und Nebenansprüche. Ein besonderes Problem werfen in diesem Zusammenhang die sog. **494** Hilfs- und Nebenansprüche auf, im Besonderen bei schadensersatzrechtlichen Hauptansprüchen. Solche Hilfsansprüche sind bspw. der Auskunftsanspruch oder der Anspruch auf Rechnungslegung bzw. Abgabe einer eidesstattlichen Versicherung. Rspr. und der überwiegende Teil des Schrifttums stehen auf dem Standpunkt, die Nebenansprüche würden von der für den Hauptanspruch normierten Zuweisung mitumfasst. Da sie nur einen Annex des Hauptanspruches bildeten, folgten sie in der Rechtswegfrage denselben Regeln wie dieser.[1163]

Diese Ansicht ist indes zweifelhaft, denn die schadensersatzrechtlichen Hilfs- und Nebenansprüche **495** stehen zwar in einem engen Zusammenhang zum Schadensersatz, stellen jedoch selbst keinen solchen dar und sind somit schwerlich unter den Wortlaut der betreffenden Sonderzuweisungen (z.B. Art. 34 S. 3 GG und § 40 Abs. 2 S. 1 Var. 3) zu bringen.[1164] Daher dürfte eine gesetzliche Klarstellung aus prozessökonomischen Gründen geboten sein. Auch ist über § 17 Abs. 2 S. 1 GVG keine Abhilfe – mit der Folge, dass der Rechtsweg der Hilfs- und Nebenansprüche dahinstehen könnte – zu erlangen, weil es sich hier um unterschiedliche Streitgegenstände handelt und nicht um *eine,* unter verschiedenen rechtlichen Gesichtspunkten zu bewertende *Streitigkeit.*

ccc) Vorkonstitutionelle Gesetze. Bei vorkonstitutionellen Gesetzen kann fraglich sein, ob sie – so- **496** weit sie mit Gesetzesrang als Bundesrecht fortgelten – eine ausdrückliche Zuweisung an andere Gerichtsbarkeiten enthalten. Das ist zu bejahen, wenn die Vorschrift nach ihrem Wortlaut ausdrücklich Bezug auf eine andere Gerichtsbarkeit nimmt. Dem kann nicht – wie noch durch eine ältere Entscheidung des BVerwG (BVerwGE 29, 133, 134 ff.) – die Entstehungsgeschichte der Norm entgegengehalten und gefordert werden, eine ausdrückliche Zuweisung an ein anderes Gericht sei nur dann anzunehmen, wenn der vorkonstitutionelle Gesetzgeber die Rechtswegzuweisung *im Bewusstsein der Wahlmöglichkeit zwischen verschiedenen Rechtswegen* vorgenommen habe, nicht dagegen, wenn er lediglich den Rechtsweg überhaupt habe eröffnen wollen.[1165] Es wäre mit dem Zweck des § 40 Abs. 1 S. 1 Hs. 2, im Interesse des Rechtsschutzes Klarheit hinsichtlich der Gerichtszuständigkeit herbeizuführen, schlichtweg nicht vereinbar, wenn der Rechtsschutzsuchende die Entstehungsgeschichte der vorkonstitutionellen Norm rekonstruieren müsste, um das zuständige Gericht ermitteln zu können. Anders ist es aber dann, wenn nach dem Wortlaut der Norm schlicht der Rechtsweg eröffnet ist. Eine solche Regelung stellt keine ausdrückliche Zuweisung dar; auf die historische Zuständigkeitsverteilung kommt es nicht an. Die Ansicht des BVerwG ist aus diesen Gründen durch den GmSOGB verworfen worden (BVerwGE 37, 369, 371 ff.).

1161 So aber *Schenke* Rn. 150.
1162 Vgl. BGHZ 128, 204, 208 f. – der BGH hat hier in einer zwischen ihm und dem BVerwG umstr. Rechtswegfrage (betr. ausgleichspflichtige Inhalts- und Schrankenbestimmungen, → Rn. 540 ff.) nicht den GmSOGB angerufen, weil er wegen § 17 Abs. 2 S. 1 GVG die Frage für nicht entscheidungserheblich halten durfte.
1163 BGHZ 78, 274, 277 f.; vgl. auch BGHZ (GS) 67, 81, 90 f.; BVerwGE 37, 231, 236 f.; 40, 254, 255 f.; *K. Rennert,* in: Eyermann § 40 Rn. 100.
1164 *D. Ehlers/J.-P. Schneider,* in: Schoch/Schneider/Bier § 40 Rn. 556.
1165 A.M. *F. Schoch,* FS Menger, 1985, 305, 331 ff.

497 **e) Ausdrückliche Sonderzuweisung durch Landesgesetz für landesrechtliche Streitigkeiten.** Die VwGO eröffnet in § 40 Abs. 1 S. 2 auch dem Landesgesetzgeber die Möglichkeit, abdrängende Sonderzuweisungen zu erlassen und dadurch die Zuständigkeit der Verwaltungsgerichte auszuschließen. Jedoch beschränkt sich diese Kompetenz auf Streitigkeiten auf dem Gebiet des Landesrechts (vgl. OLG Brandenburg NVwZ 2011, 639, 640). Nicht erforderlich ist aber, dass der zugrunde liegende Sachverhalt ausschließlich nur nach Landesrecht gewürdigt werden kann und eine Betrachtung unter bundesrechtlichen Gesichtspunkten ausscheidet. Möglicherweise lässt sich dann § 17 Abs. 2 S. 1 GVG anwenden. Der in § 19 Abs. 5 FStrG enthaltene Verweis auf die Enteignungsgesetze der Länder bezieht sich nicht auf dort ggf. geregelte Rechtswegzuweisungen an andere Gerichtsbarkeiten, sondern betrifft nur das Enteignungsverfahren (OLG Brandenburg NVwZ 2011, 639, 640).

498 Das Landesrecht kann abweichende Sonderregelungen nur für Streitigkeiten vorsehen, die sonst unter die Generalklausel des § 40 Abs. 1 S. 1 Hs. 1 fielen; keinesfalls kann der Landesgesetzgeber für diejenigen landesrechtlichen Streitigkeiten eine vom Bundesrecht abweichende Sonderregelung treffen, die schon unter bundesgesetzliche Sonderregelungen (z.B. § 40 Abs. 2 S. 1) fallen[1166] (→ Rn. 583).

499 Aus den oben (→ Rn. 484) dargestellten Gründen ist auch bei den landesrechtlichen Sonderzuweisungen ein formelles Gesetz zu verlangen. Anders als für den Bereich der bundesgesetzlichen Sonderzuweisungen wird hier nur ein *dem Erlass der VwGO zeitlich nachfolgendes formelles Landesgesetz* anerkannt. Vor Erlass der VwGO war die Verwaltungsgerichtsbarkeit durch Verwaltungsgerichtsgesetze der Länder geregelt.[1167] § 40 Abs. 1 S. 2 bezweckte daher eine Überprüfung durch den Landesgesetzgeber, ob die landesgesetzlichen Rechtswegregelungen vor dem Hintergrund des durch die VwGO etablierten Rechtsschutzsystems noch gerechtfertigt waren. Die in einigen Ländern vorgenommene pauschale Anerkennung der seinerzeit bestehenden Zuweisungen an andere Gerichtsbarkeiten durch die nachfolgenden AGVwGO[1168] mag zwar diesem Zweck nicht zuträglich gewesen sein; gegen die Gültigkeit der Bestimmungen ist jedoch insofern nichts einzuwenden, als das Vorliegen eines dem Erlass der VwGO nachfolgenden formellen Gesetzes zu bejahen und eine Einzelprüfung nicht zwingend vorgeschrieben ist.

500 Zu klären ist, in welchem Verhältnis § 40 Abs. 1 S. 2 zu *landesverfassungsrechtlichen Bestimmungen* (vgl. Art. 93 BayVerf, 74 Abs. 1 VerfNRW) steht, *nach denen öffentlich-rechtliche Streitigkeiten den Verwaltungsgerichten zugewiesen werden*, die also abdrängende Sonderzuweisungen dem Landesgesetzgeber untersagen, obwohl § 40 Abs. 1 S. 2 diese Möglichkeit gerade vorsieht. Einigkeit besteht insoweit, als die letztgenannte Vorschrift nicht in der Weise zu verstehen ist, dass dem Landesparlament in jedem Fall die Kompetenz zu abdrängender Sondergesetzgebung verbleiben müsse. Vielmehr sind auch Regelungen in Landesverfassungen gültig, die dem Landesgesetzgeber aufgeben, von der eingeräumten Kompetenz keinen Gebrauch zu machen.[1169] Diese landesverfassungsrechtlichen Regelungen sind jedoch inhaltlich auf den durch § 40 Abs. 2 S. 2 eröffneten Spielraum zu reduzieren und daher grundgesetzkonform dahingehend auszulegen, dass sie keine Abweichungen von bundesgesetzlichen abdrängenden Sonderzuweisungen zulassen oder anordnen.[1170] So verbietet Art. 93 BayVerf nicht, für Schadensersatzansprüche nach dem bayerischen Polizei- und Ordnungsrecht (Art. 70 BayPAG) den ordentlichen Rechtsweg vorzuschreiben, wie in Art. 73 BayPAG geschehen, da eine von § 40 Abs. 2 S. 1 Var. 1 und 3 abweichende landesgesetzliche Regelung unzulässig wäre (→ Rn. 498, 583).

501 Ohne dass es im Wortlaut des § 40 Abs. 1 S. 2 noch einmal bekräftigt wird, kann auch im Bereich des Landesrechts nur eine *ausdrückliche Bestimmung* als abdrängende Sonderzuweisung anerkannt werden,[1171] wobei dieselben oben (→ Rn. 486 ff.) dargestellten Grundsätze gelten.

502 **2. Einzelne Regelungen. a) Sonderzuweisungen an die ordentliche Gerichtsbarkeit. aa) Art. 14 Abs. 3 S. 4 GG – Enteignungsentschädigung.** Mit Art. 14 Abs. 3 S. 4 GG liegt eine kraft Verfassungsrechts bestehende abdrängende Sonderzuweisung an die ordentliche Gerichtsbarkeit vor. Ihr Anwendungsbereich ist auf Streitigkeiten über die Ausgestaltung (insbes. Art und Höhe) der aufgrund einer

---

1166 *E. Rinne*, DVBl 1994, 23, 26.
1167 Vgl. *Hufen* § 2 Rn. 21.
1168 Art. 13 AGVwGO Bay, 6 AGVwGO Brem, §§ 5 AGVwGO Hamb, 19 Nr. 1 HessAGVwGO, § 21 Nr. 1 Saarl-AGVwGO.
1169 BVerwGE 94, 1, 9 f.; *E. Rinne*, DVBl 1994, 23, 26 f.
1170 Vgl. *Ule* § 6 I (S. 38).
1171 *D. Ehlers/J.-P. Schneider*, in: Schoch/Schneider/Bier § 40 Rn. 494.

rechtmäßigen Enteignung auszusprechenden Entschädigung (vgl. Art. 14 Abs. 3 S. 2 GG) beschränkt; die Rechtmäßigkeit der Enteignung ist jedoch nicht bei der Zulässigkeit zu prüfen und somit für die Eröffnung des Zivilrechtswegs irrelevant (str.). Die Zuständigkeit der ordentlichen Gerichte für derartige Streitigkeiten ist historisch begründet. So ging der Verfassungsgeber aufgrund der vorgefundenen Rechtsentwicklung zum einen davon aus, dass die Zivilgerichte einen besseren Schutz des Bürgers vor dem Staat garantieren und andererseits aufgrund ihrer umfangreichen Rspr. im Bereich des Schadensersatzrechts Entschädigungsfragen besser beurteilen können. Durch die Entwicklung einer leistungsfähigen Verwaltungsgerichtsbarkeit dürften diese Erwägungen heute nicht mehr tragfähig sein.

aaa) Voraussetzungen. (1) Enteignungsbegriff/Historische Entwicklung. Der Zivilrechtsweg ist gem. 503 Art. 14 Abs. 3 S. 4 GG nur insoweit eröffnet, als eine Entschädigung für eine Enteignung i.S.d. Art. 14 Abs. 3 S. 1 GG begehrt wird. Es kommt daher entscheidend darauf an, welcher tatsächliche und rechtliche Vorgang als Enteignung zu qualifizieren ist. Andere, auf eigentumsrelevanten Vorgängen beruhende Ansprüche (ausgleichspflichtige Inhalts- und Schrankenbestimmungen des Eigentums i.S.v. Art. 14 Abs. 1 S. 2 GG, Entschädigungsansprüche aus enteignendem oder enteignungsgleichem Eingriff bzw. Aufopferungsansprüche oder Billigkeitsentschädigungen) mögen zwar nach anderen, einfachgesetzlichen Vorschriften ebenfalls der ordentlichen Gerichtsbarkeit zugewiesen sein (→ Rn. 588 f.), fallen aber nicht unter die verfassungsrechtliche Zuweisung. Art. 14 Abs. 3 S. 4 GG eröffnet dagegen auch für den mit der Klage verfolgten Anspruch auf Auszahlung einer nach DDR-Recht gewährten Enteignungsentschädigung den Zivilrechtsweg (BGH WM 2004, 598 f.).

Im historischen Kontext unterlag der Enteignungsbegriff einer kontinuierlichen Veränderung, die aus- 504 gehend von einem sehr engen zu einem sehr weiten und nunmehr wiederum zu einem engen Verständnis der Enteignung führte. Der in der zweiten Hälfte des 19. Jahrhunderts entwickelte *klassische Begriff* verstand unter einer Enteignung den Rechtsvorgang der Übertragung des (Grund-)Eigentums auf ein konkretes, dem öffentlichen Wohl dienendes Unternehmen als neuen Rechtsträger. Charakteristisch war daher ein Güterbeschaffungsvorgang. In der Weimarer Zeit wurde der Enteignungsbegriff erweitert und extensiv ausgelegt. Während zunächst nur Eigentumsentziehungen erfasst wurden, konnten nunmehr auch bloße Eigentumsbeschränkungen Enteignungen sein.[1172] Der BGH griff diese Rspr. des RG nach dem Krieg auf und erweiterte den Enteignungsbegriff wiederum. Hintergrund dieses *weiten Enteignungsbegriffs* ist die Unterscheidung zwischen Inhalts- und Schrankenbestimmung des Eigentums einerseits sowie Enteignung andererseits. Nach der Regelung des Art. 14 Abs. 3 S. 2 GG sind Enteignungen immer zu entschädigen, während Inhalts- und Schrankenbestimmungen gem. Art. 14 Abs. 1 S. 2 GG grds. ohne Entschädigungen hinzunehmen sind. Zur Abgrenzung entwickelte der BGH die *Sonderopfertheorie*. Eine Enteignung war danach ein Eingriff, der den Betroffenen im Vergleich zu anderen ungleich stark trifft und ihn zu einem besonderen, den übrigen Bürgern nicht zugemuteten Opfer für die Allgemeinheit zwingt (BGHZ 6, 270, 279 f.). Später gewannen zur Abgrenzung die Gesichtspunkte der Schwere, Intensität und Zumutbarkeit des Eingriffs Bedeutung. Der Übergang von einer Inhalts- und Schrankenbestimmung zur Enteignung war daher fließend und nur davon abhängig, ob der Eingriff für den Betroffenen ein Sonderopfer darstellte.

Mit dem sog. Nassauskiesungsbeschluss (BVerfGE 58, 300 ff.) des BVerfG vom 15.7.1981 wurde die 505 Rspr. des BGH zum Enteignungsbegriff verworfen und der Grundstein für das *heute herrschende enge Verständnis* gelegt. Enteignung ist die vollständige oder teilweise Entziehung konkreter subjektiver Rechtspositionen i.S.d. Art. 14 Abs. 1 S. 1 GG zur Erfüllung bestimmter öffentlicher Aufgaben durch einen gezielten hoheitlichen Rechtsakt. Inhalts- bzw. Schrankenbestimmung sowie Enteignung schließen sich gegenseitig aus. Eine verfassungswidrige, schwere oder unzumutbare Inhalts- und Schrankenbestimmung stellt keine Enteignung dar. Während das BVerfG zunächst betonte, Enteignungen i.S.d. Art. 14 Abs. 3 S. 1 GG seien nicht auf Güterbeschaffungsvorgänge beschränkt (BVerfGE 83, 201, 211), ist es jüngst ausdrücklich zum klassischen Enteignungsbegriff zurückgekehrt[1173].

1172 *H.-J. Papier*, in: Maunz/Dürig Art. 14 Rn. 523 f.
1173 BVerfGE 143, 246, 332 ff.; s.a. bereits BVerfGE 104, 1, 10: „Die Enteignung setzt den Entzug konkreter Rechtspositionen voraus, aber nicht jeder Entzug ist eine Enteignung im Sinne von Art. 14 Abs. 3 GG. Diese ist beschränkt auf solche Fälle, in denen Güter hoheitlich beschafft werden, mit denen ein konkretes, der Erfüllung öffentlicher Aufgaben dienendes Vorhaben durchgeführt werden soll".

506 **(2) Rechtmäßigkeitserfordernis?** Teilweise wird in der Lit. die Auffassung vertreten, eine Enteignung i.S.d. Art. 14 Abs. 3 GG liege nur bei einem rechtmäßigen Eingriff vor.[1174] Die Rechtmäßigkeit ist jedoch kein konstitutives Merkmal einer Enteignung. Art. 14 Abs. 3 GG regelt zwei trennbare Vorgänge, nämlich zum einen die Enteignung selbst, welche sich in der vollständigen oder teilweisen Entziehung konkreter subjektiver Rechtspositionen i.S.d. Art. 14 Abs. 1 S. 1 GG zur Erfüllung bestimmter öffentlicher Aufgaben durch einen gezielten hoheitlichen Rechtsakt erschöpft, und zum anderen die Entschädigung. Letztere kann aber grds. nur bei einer rechtmäßigen Enteignung zugesprochen werden.[1175] Ist die Enteignung rechtswidrig, weil z.B. die Verhältnismäßigkeit nicht mehr gegeben ist, muss der Betroffene Primärrechtsschutz suchen und die Enteignung selbst angreifen, soweit ihm dies zumutbar ist. Beruht die Enteignung auf einem mangels Entschädigungsregelung nichtigen Gesetz, ist sie rechtswidrig. Das Zivilgericht darf dann aufgrund fehlender gesetzlicher Entschädigungsgrundlage keine eigene Entschädigungsregelung vornehmen und sich dabei – wie es der früheren Rspr. des BGH entsprach (dulde und liquidiere) – nicht unmittelbar auf Art. 14 Abs. 3 GG als Anspruchsgrundlage stützen (BVerfGE 58, 300, 324).

507 Die Rechtswegzuweisung des Art. 14 Abs. 3 S. 4 GG betrifft jedoch allein einen hinsichtlich der Entschädigung geführten Rechtsstreit, für welche – wie soeben dargestellt – die rechtmäßige Enteignung grds. zu verlangen ist. Fraglich ist daher, *ob die Zulässigkeit des Zivilrechtswegs die Rechtmäßigkeit der Enteignung voraussetzt.*[1176] Auch dies ist abzulehnen. Die Zulässigkeit des Zivilrechtswegs hängt allein davon ab, ob das Begehren des Klägers auf eine Enteignungsentschädigung gerichtet ist. Bei Rechtswidrigkeit der Enteignung selbst mag die Klage zwar unbegründet sein, der Zivilrechtsweg ist jedoch eröffnet.[1177]

508 **(3) Inhalt des Klagebegehrens.** Die Zivilgerichte sind nach Art. 14 Abs. 3 S. 4 GG nur insoweit zu einer Entscheidung berufen, als sich der Streitgegenstand auf eine Enteignungsentschädigung bezieht. Der Zivilrechtsweg ist danach nicht für Klagen gegen die Enteignung selbst eröffnet. Ferner betrifft die verfassungsrechtliche Zuweisung keine Folgenbeseitigungsansprüche, Aufwendungsersatzansprüche, Entschädigungsansprüche aus enteignendem oder enteignungsgleichem Eingriff bzw. Ausgleichsansprüche unter dem Gesichtspunkt der ausgleichspflichtigen Inhalts- und Schrankenbestimmung.[1178]

509 In einem ersten Schritt hat das Zivilgericht zunächst zu prüfen, ob Grund des vom Kläger geltend gemachten Anspruchs eine Enteignung ist. Bestehen Zweifel, ob eine Enteignungsentschädigung oder eine sonstige Geldleistung verlangt wird, muss bereits im Zusammenhang mit der Rechtswegfrage der Charakter des geltend gemachten Anspruchs geklärt werden, wenn hinsichtlich der sonstigen Geldleistung der Verwaltungsrechtsweg zu beschreiten wäre. Dies setzt wiederum eine Qualifizierung des vorgetragenen Eingriffs voraus, d.h. es ist schon in der Zulässigkeit zu prüfen, ob ein Enteignungsfall vorliegt.[1179]

510 Grds. kann nicht nur der Gläubiger, sondern auch der Entschädigungspflichtige gegen die festgesetzte Entschädigung mit dem Ziel einer Milderung klagen. In dieser Konstellation wird jedoch die Problematik des Innenrechtsstreits zu beachten sein.[1180]

511 **(4) Aufspaltung des Rechtswegs nach Anspruchsgrund und Anspruchshöhe?** Wie bereits dargestellt wurde, ist der Rechtsweg hinsichtlich der Enteignung selbst und der Entschädigung getrennt zu beurteilen. Fraglich ist, ob innerhalb der Entschädigungsrechtsstreitigkeiten zwischen Anspruchsgrund und Anspruchshöhe differenziert werden muss. Relevant wäre dies, wenn das dem Eingriff zugrunde lie-

1174 *H.-J. Papier*, in: Maunz/Dürig Art. 14 Rn. 544 ff.; *R. Steinberg/A. Lubberger*, Aufopferung, 1991, 132. A.M. *A. Lubberger*, Eigentumsdogmatik, 1995, 181.
1175 *Maurer* § 27 Rn. 54.
1176 Vgl. *R. Steinberg/A. Lubberger*, Aufopferung, 1991, 200 ff.
1177 *K. Rennert*, in: Eyermann § 40 Rn. 104, 106.
1178 Der Verwaltungsrechtsweg ist nach BVerwG NVwZ-RR 2014, 622 f. auch für Streitigkeiten über die Erstattung von im Besitzeinweisungsverfahren nach § 18 f FStrG entstandene Rechtsanwaltskosten eröffnet (m.Anm. *D. Kugele*, jurisPR-BVerwG 13/2014 Anm. 2, der zudem treffend auf den Rechtsgedanken des § 121 BauGB verweist).
1179 *D. Ehlers/J.-P. Schneider*, in: Schoch/Schneider/Bier § 40 Rn. 503, 508.
1180 Sind der Rechtsträger der Entschädigungsbehörde und der Entschädigungspflichtige identisch, müsste dieselbe juristische Person gegen sich selbst klagen. Solche Innenrechtsstreitigkeiten sind im Zivilprozess jedoch nicht anerkannt.

gende Gesetz zwar eine Entschädigung vorsieht, diese Entschädigungspflicht aber von der Verwaltung dem Grunde nach bestritten wird bzw. der Zahlungsanspruch durch Bescheid gänzlich verneint wird. BVerwG und BGH gehen jeweils in ihrer neueren Rspr. davon aus, in Fällen der vollständigen Verneinung der Entschädigungspflicht müsse zunächst über das Bestehen des Anspruchs dem Grunde nach vor den Verwaltungsgerichten gestritten werden. Erst nach einer diesbezüglichen Feststellung sei ein weiteres Verfahren hinsichtlich der Höhe der Entschädigung vor den Zivilgerichten eröffnet.[1181] Wird gegen einen ablehnenden Bescheid nicht Widerspruch bzw. Anfechtungsklage erhoben, soll die getroffene behördliche Entscheidung über das Nichtbestehen des Entschädigungsanspruchs bestandskräftig werden (→ Rn. 524 f.). 512

Dagegen ging die frühere Rspr. davon aus, dass über das Bestehen des Anspruchs nach dem Grunde und über seine Höhe nicht getrennt entschieden werden müsse.[1182] Der letztgenannten Auffassung ist zu folgen. Eine weitere Aufspaltung des Rechtswegs und eine damit verbundene Vermehrung von Verfahren ist nicht angezeigt und widerspräche dem Sinn des Art. 14 Abs. 3 S. 4 GG.[1183] 513

(5) **Beschränkung auf Grundrechtsträger.** Die Eigentumsgarantie in Art. 14 GG ist zwar ein sog. Jedermannsgrundrecht, dennoch können sich ausländische juristische Personen (Art. 19 Abs. 3 GG) und der Staat bzw. seine Verwaltungsträger (z.B. Gemeinden) grds. nicht darauf berufen. Selbstverständlich können beide Personengruppen aber enteignet werden und Berechtigte einer Enteignungsentschädigung sein. Der Gesetzgeber hat von der ihm auf der Ebene des einfachen Rechts eingeräumten Möglichkeit einer unterschiedlichen Behandlung grds. keinen Gebrauch gemacht; daher können sich auch Personen, die vom Schutz des Art. 14 GG nicht erfasst sind, auf die eine Enteignungsentschädigung gewährenden Anspruchsgrundlagen berufen (vgl. BGHZ 76, 375, 384).[1184] 514

Mangels Grundrechtsberechtigung findet die Rechtswegzuweisung des Art. 14 Abs. 3 S. 4 GG keine Anwendung, wenn eine ausländische juristische Person oder ein Träger hoheitlicher Gewalt gegen die Art oder Höhe der festgesetzten Entschädigung vorgehen möchte.[1185] Ihr ursprünglicher Zweck bestand in einer Verstärkung des Grundrechtsschutzes durch Berufung des „bürgernahen" Zivilrichters zur Streitentscheidung. Sie kann daher nicht losgelöst vom Grundrechtsschutz angewendet werden. Praktisch hat dieser Unterschied oftmals keine Auswirkungen, weil nach den nicht differenzierenden Rechtswegbestimmungen des einfachen Rechts der Zivilrechtsweg auch für diese Personen eröffnet ist (vgl. § 217 Abs. 1 S. 4 BauGB, § 144 Abs. 1 BbergG, §§ 19 a FStrG, 44 Abs. 3 WaStrG, § 22 Abs. 4 AEG, § 30 S. 3 PBefG i.V.m. den Enteignungsgesetzen der Länder, z.B. § 50 Abs. 1 HEG, § 50 Abs. 1 EEG NW und § 48 Abs. 1 EG RP). 515

(6) **Rückübereignung.** Wird der die Enteignung rechtfertigende öffentliche Zweck nicht innerhalb eines angemessenen Zeitraums verwirklicht, kann der frühere Eigentümer die Rückübereignung verlangen.[1186] Dieser Anspruch ist oftmals einfachgesetzlich ausgestaltet,[1187] ohne eine solche Ausgestaltung folgt das Rückerwerbsrecht aber unmittelbar aus der Eigentumsgarantie des Art. 14 Abs. 1 S. 1 GG (BVerfGE 38, 175 [LS]). Fraglich ist, ob sich aus Art. 14 Abs. 3 S. 4 GG ferner eine Rechtswegzuweisung für die Fälle der Rückübereignung ergibt, von der dann auch der einfache Gesetzgeber nicht mehr abweichen dürfte. 516

Wird einem Antrag auf Rückübereignung stattgegeben, hat der Antragsteller dem von der Rückübertragung Betroffenen Entschädigung für den Rechtsverlust zu leisten. Hier liegt wiederum eine zweistu- 517

1181 S. BVerwGE 77, 295, 296 f.; BGHZ 99, 256, 261 – wasserrechtliche Entschädigung: „Erst wenn die Wasserbehörde und ggf. sodann die Verwaltungsgerichte über den *Grund der Entschädigung* befunden haben, kommt eine Entscheidung der ordentlichen Gerichte über die Höhe in Betracht..."

1182 BGHZ 89, 69, 74 – Entschädigung nach dem FlurbG: „Bevor das ordentliche Gericht wegen der Höhe der Entschädigung... angerufen werden kann, muß die Entschädigungsbehörde die Entschädigung festgesetzt oder ihre Festsetzung abgelehnt haben"; hiernach soll also nach der Ablehnung gleich das Zivilgericht angerufen werden können; BVerwGE 39, 169, 171 f.

1183 So auch BVerwGE 39, 169, 172; vgl. ferner BVerwGE 40, 254, 255 f.; *J. Wieland*, in: Dreier I Art. 14 Rn. 123.

1184 Vgl. § 94 Abs. 1 BauGB, § 84 Abs. 3 BBergG sowie § 19 a FStrG, § 44 Abs. 3, § 36 WaStrG, § 22 Abs. 4 AEG, § 30 S. 3 PBefG i.V.m. den Enteignungsgesetzen der Länder, z.B. § 39 Abs. 1 HEG, § 9 Abs. 1 EEG NW und § 12 EG RP.

1185 A.M. *J. Ruthig/W.-R. Schenke*, in: Kopp/Schenke § 40 Rn. 57.

1186 BVerfGE 38, 175, 179 ff., insbes. 185; BVerwGE 96, 172, 177 f.; *B.-O. Bryde*, in: v. Münch/Kunig Art. 14 Rn. 86; *Maurer* § 27 Rn. 64 a.

1187 S. z.B. § 102 BauGB, § 96 BBergG, § 47 HEG, § 42 EEG NW und § 45 EG RP; vgl. auch BVerwGE 85, 96, 99.

fige Verfahrensausgestaltung vor. Zunächst hat die Enteignungsbehörde darüber zu befinden, ob überhaupt ein Rückübereignungsanspruch dem Grunde nach besteht. Ist dies zu bejahen, muss die dem Betroffenen zu gewährende Entschädigung festgesetzt werden. Hinsichtlich des unmittelbar aus Art. 14 GG folgenden Rückübereignungsanspruchs bejaht das BVerwG den Verwaltungsrechtsweg (BVerwG NJW 1990, 2400). Der BGH nimmt hinsichtlich der Höhe der festgesetzten Entschädigung „im Wege rechtsfindender Lückenausfüllung" den Zivilrechtsweg an (s. BGHZ 76, 365, 367 f.). Die Rechtswegtrennung nach Grund (Verwaltungsrechtsweg) und Höhe (Zivilrechtsweg) ist aber abzulehnen. Die Rückübereignung, die in den entsprechenden Gesetzen regelmäßig Rückenteignung (z.B. in § 102 BauGB) genannt wird, ist keine Enteignung i.S.v. Art. 14 Abs. 3 GG (BVerfGE 38, 175, 183). Die zu gewährende Entschädigung stellt somit keine Enteignungsentschädigung dar. Daher ist ohne eine spezialgesetzliche abdrängende Sonderzuweisung, die regelmäßig aber vorhanden ist,[1188] der Verwaltungsrechtsweg gem. § 40 Abs. 1 für beide Streitgegenstände (Grund und Höhe) eröffnet.[1189]

518   **bbb) Entschädigung. (1) Rechtsgrund.** Die Entschädigung muss für eine Enteignung i.S.d. Art. 14 Abs. 3 GG zu leisten sein. Eine Enteignung selbst ist nur zulässig, wenn Sie auf einem *Gesetz* beruht, *das Art und Ausmaß der Entschädigung regelt.* Gewährt das der Enteignung zugrunde liegende Gesetz keine oder keine ausreichende Entschädigung, ist die Enteignung rechtswidrig und muss primär angefochten werden. Eine Korrektur der fehlenden oder unzureichenden gesetzlichen Entschädigungsregelung durch das Zivilgericht ist dagegen nicht möglich. Dieses bleibt auf die Anwendung bestehender (gültiger) Regelungen beschränkt (BVerfGE 58, 300, 324). Ein Entschädigungsanspruch folgt auch nicht unmittelbar aus Art. 14 Abs. 3 S. 2 und 3 GG. Die Junktimklausel hat allein Bedeutung für die Rechtmäßigkeit des Eingriffs. Auch kommt eine Vorlage durch das Zivilgericht an das BVerfG gem. Art. 100 Abs. 1 GG mangels Entscheidungserheblichkeit nicht in Betracht; denn aus der Verfassungswidrigkeit der Entschädigungsregelung ergeben sich keine Entschädigungsansprüche.

519   **(2) Höhe der Entschädigung.** Das Zivilgericht ist dazu berufen, im Streitfall abschließend über die Höhe der Entschädigung zu entscheiden. Bestreitet die Enteignungsbehörde die Ausgleichspflicht überhaupt, muss nach der Rspr. erst der Anspruch dem Grunde nach vor den Verwaltungsgerichten geklärt werden[1190] (→ Rn. 512 f.).

520   Bei Streitigkeiten hinsichtlich der Höhe der Entschädigung geht es in erster Linie um Bewertungsfragen. Grds. ist der Substanzverlust entsprechend seinem Verkehrswert auszugleichen. Da es sich nicht um einen Schadensersatzanspruch handelt, ist der Geschädigte nicht so zu stellen, als ob der Eingriff gar nicht erfolgt wäre. Daher ist der entgangene Gewinn nicht zu ersetzen.[1191]

521   **(3) Art der Entschädigung.** Die Entscheidungskompetenz des Zivilgerichts umfasst den gesamten Umfang der Entschädigung und somit auch deren Art. Regelmäßig wird der Ausgleich in Geld erfolgen. Möglich sind aber auch andere Ausgleichsarten, z.B. bei einer Grundstücksenteignung die Bereitstellung von Ersatzland. Sie können eine Geldentschädigung ersetzen oder neben sie treten.

522   **(4) Folgeschäden und Folgekosten.** Zu den ausgleichsfähigen Positionen gehören ferner diejenigen Schäden, die zwar nicht zum Substanzverlust zählen, aber als unmittelbare Folge aus der Enteignung resultieren. So sind bspw. auch Kosten für die Hinzuziehung eines Rechtsanwalts (BGH NJW-RR 1997, 1374 f.) oder durch eine vorzeitige Räumung bzw. Verlegung eines Gewerbebetriebs verursachte Kosten (Zwischenzins) zu ersetzen (vgl. BGH NVwZ 1999, 1022). Der Rechtsweg zu den Zivilgerichten ist unabhängig davon gegeben, ob diese Ansprüche für sich oder im Zusammenhang mit dem Entschädigungsanspruch selbst streitig sind (BVerwGE 40, 254, 256).

523   **(5) Bindung an Verwaltungsakte.** Die gesetzlichen Entschädigungsregelungen sehen regelmäßig ein Festsetzungsverfahren bei der Enteignungsbehörde vor, in dem auf Antrag über das Ob und die Höhe (bzw. Art) der Entschädigung entschieden wird (vgl. §§ 84 ff. BBergG, §§ 38 ff. HEG, §§ 8 ff. EEG NW und §§ 11 ff. EG RP). Die Durchführung des behördlichen Verfahrens ist Zulässigkeitsvoraussetzung der Klage vor dem Zivilgericht.

1188   S. z.B. § 217 Abs. 1 S. 4 BauGB, § 50 Abs. 1 HEG, § 50 Abs. 1 EEG NW und § 48 Abs. 1 EG RP.
1189   *D. Ehlers/J.-P. Schneider,* in: Schoch/Schneider/Bier § 40 Rn. 516.
1190   BVerwGE 77, 295, 296 f.; BGHZ 99, 256, 261; a.M. noch BVerwGE 39, 169, 171 f.
1191   Vgl. BGH NVwZ 1999, 1022; *Maurer* § 27 Rn. 65 ff.

Fraglich ist, welche Bedeutung oder Bindungswirkung dem behördlichen Festsetzungsbescheid bzw. **524** Ablehnungsbescheid im zivilgerichtlichen Verfahren zukommt. Nach einer in der Rspr. vertretenen Auffassung ist danach zu unterscheiden, ob die Behörde den Entschädigungsanspruch schon dem Grunde nach verneint (Ablehnungsbescheid) oder ob lediglich die festgesetzte Höhe des Anspruchs streitig ist (→ Rn. 512). Da im erstgenannten Fall der Verwaltungsrechtsweg beschritten werden soll, hätte die Entscheidung durch Verwaltungsakt den Eintritt der Bestandskraft zur Folge, wenn nicht rechtzeitig Widerspruch gem. den §§ 68 ff. eingelegt bzw. Anfechtungsklage erhoben würde. Die Bestandskraft würde auch das Zivilgericht binden (BVerwGE 77, 295, 296 f.; BGHZ 99, 256, 261). Ist dagegen nur die Höhe streitig, hinge die Bestandskraft nicht von Widerspruch bzw. Anfechtungsklage ab, weil mangels Eröffnung des Verwaltungsrechtswegs diese Rechtsbehelfe unstatthaft wären. Eine Anfechtung vor dem Zivilgericht wäre dann bis zum Eintritt einer Verwirkung möglich.[1192]

Nach der hier vertretenen Auffassung kommt eine Aufspaltung des Rechtswegs nach Anspruchsgrund **525** und -höhe nicht in Betracht (→ Rn. 513). Da dann auch wegen des Anspruchsgrundes der Zivilrechtsweg gegeben ist, sind Widerspruch und Anfechtungsklage unstatthaft; sie bleiben für den Eintritt der Bestandskraft bedeutungslos. Sofern das einfache Recht keine Klagefrist vorsieht, kann die Festsetzung der Entschädigung bzw. ihre Ablehnung durch Klageerhebung angefochten werden, solange nach allgemeinen Regeln keine Verwirkung eingetreten ist.

ccc) Bedeutung einfachgesetzlicher Rechtswegzuweisungen. Die Enteignungsvorschriften des einfa- **526** chen Rechts enthalten regelmäßig eigene Rechtswegzuweisungen an die ordentliche Gerichtsbarkeit.[1193] Umstr. ist dabei, ob diese lediglich deklaratorische Wirkung haben oder die unmittelbar geltende verfassungsrechtliche Zuweisung des Art. 14 Abs. 3 S. 4 GG, soweit sie inhaltsgleich sind, verdrängen und damit maßgeblich sind.[1194] Praktische Bedeutung dürfte der Unterschied indessen nicht haben.

bb) Art. 19 Abs. 4 S. 2 GG. Das GG enthält in Art. 19 Abs. 4 S. 1 GG eine Rechtsweggarantie für je- **527** dermann, der durch die öffentliche Gewalt[1195] in seinen Rechten verletzt wird. Als subsidiäre Auffangvorschrift weist Art. 19 Abs. 4 S. 2 GG den ordentlichen Gerichten (Zivil- und Strafgerichten) die Aufgabe zu, die öffentliche Gewalt zu kontrollieren, sofern keine gesetzlichen Rechtswegzuweisungen bestehen. Aufgrund der vom Gesetzgeber geschaffenen umfangreichen Rechtswegzuweisungen und der bestehenden Generalklauseln, insbes. des § 40 Abs. 1, hat die Auffangvorschrift heute keine praktische Bedeutung mehr.

cc) Art. 34 S. 3 GG – Amtshaftungsansprüche. Gem. Art. 34 S. 3 GG darf für den auf Schadensersatz **528** gehenden Amtshaftungsanspruch der ordentliche Rechtsweg nicht ausgeschlossen werden. Teilweise wird angenommen, nach dem Wortlaut sei der Regelungsgehalt darauf beschränkt, dem einfachen Gesetzgeber aufzugeben, eine entsprechende Rechtswegzuweisung zu schaffen, was dieser mit § 40 Abs. 2 S. 1 Var. 3 auch verwirklicht hätte.[1196] Dagegen ist jedoch in Übereinstimmung mit der überwiegend vertretenen Auffassung davon auszugehen, dass eine unmittelbar wirksame *verfassungsrechtliche Rechtswegzuweisung* besteht.[1197]

Amtshaftungsklagen sind Klagen auf Schadensersatz wegen schuldhafter Verletzung drittbezogener **529** Pflichten durch einen Amtswalter (vgl. § 839 BGB), die nicht gegen den betreffenden Amtswalter selbst, sondern gegen den haftenden Verwaltungsträger gerichtet sind. Haftender Verwaltungsträger ist nach der Rspr. des BGH diejenige juristische Person, die dem Amtsträger das Amt, bei dessen Ausübung er fehlsam gehandelt hat, anvertraut hat, mit anderen Worten derjenige, der dem Amtsträger

---

1192 *D. Ehlers/J.-P. Schneider*, in: Schoch/Schneider/Bier § 40 Rn. 509.
1193 Vgl. § 217 Abs. 1 S. 4 BauGB, § 144 Abs. 1 BBergG, sowie §§ 19 a FStrG, 44 Abs. 3 WaStrG, § 22 Abs. 4 AEG, § 30 S. 3 PBefG i.V.m. den Enteignungsgesetzen der Länder, z.B. § 50 Abs. 1 HEG, § 50 Abs. 1 EEG NW und § 48 Abs. 1 EG RP.
1194 Für deklaratorische Wirkung: *H.-J. Papier*, in: Maunz/Dürig Art. 14 Rn. 724; *K. Rennert*, in: Eyermann § 40 Rn. 105.
1195 Zum Begriff der öffentlichen Gewalt i.S.d. Art. 19 Abs. 4 S. 1 GG *W. Krebs* in: v. Münch/Kunig Art. 19 Rn. 58 ff.
1196 *D. Ehlers/J.-P. Schneider*, in: Schoch/Schneider/Bier § 40 Rn. 517; *H.-J. Papier*, in: Maunz/Dürig Art. 34 Rn. 305.
1197 S. BVerwGE 37, 231, 234; BVerwG NJW 1993, 2255; BGHZ 43, 34, 39; *S. Haack*, in: Gärditz § 40 Rn. 132; *J. Ruthig/W.-R. Schenke*, in: Kopp/Schenke § 40 Rn. 70; *P. Kunig*, Jura 1990, 386, 388.

die Aufgaben, bei deren Wahrnehmung die Amtspflichtverletzung vorgekommen ist, übertragen hat.[1198] Im Regelfall ist danach die Anstellungskörperschaft haftender Verwaltungsträger.

530 Der Amtshaftungsanspruch ist auf *Schadensersatz in Geld* gerichtet; Naturalrestitution scheidet aus, denn die Amtshaftung ist aus der persönlichen Haftung des Amtswalters abgeleitet und wird lediglich auf den haftpflichtigen Verwaltungsträger übergeleitet. § 839 BGB begründet daher nur Ansprüche, die vom Amtswalter selbst erbracht werden könnten; dieser kann persönlich, aber nicht hoheitlich handeln (BGHZ 121, 367, 374). Vom Schadensersatz sind öffentlich-rechtliche Folgenbeseitigungsansprüche abzugrenzen, für die grds. die Verwaltungsgerichte zuständig bleiben. Der auf Geld gerichtete Amthaftungsanspruch kann auch nicht im Wege der Aufrechung zum Gegenstand eines Verwaltungsprozesses gemacht werden, sofern er nicht rechtskräftig oder bestandskräftig festgestellt oder unbestritten ist (BVerwG NJW 1993, 2255). Nach § 71 Abs. 2 Nr. 2 GVG sind unabhängig vom Streitwert die Landgerichte sachlich zuständig. Ebenso der ordentlichen Gerichtsbarkeit unterliegen Ansprüche, die der Vorbereitung eines Amtshaftungsanspruchs dienen, sowie sonstige Hilfs- und Nebenansprüche, auch wenn es sich insoweit um eine amtliche Aufgabe handelt.[1199]

531 Sofern der haftende Verwaltungsträger wegen Amtshaftung in Anspruch genommen wurde, können ihm aufgrund gesetzlicher, tarifvertraglicher oder einzelvertraglicher Regelungen *Rückgriffsansprüche gegen den pflichtwidrig handelnden Amtswalter* zustehen. Art. 34 S. 2 GG enthält jedoch eine Rückgriffshaftungsbeschränkung auf Vorsatz und grobe Fahrlässigkeit. Auch für den Rückgriff des „Staates" gegen den Amtswalter ist gem. Art. 34 S. 3 GG der ordentliche Rechtsweg gegeben. Zur ordentlichen Gerichtsbarkeit gehören nicht die Arbeitsgerichte. Für den Rückgriffsanspruch ist daher in jedem Fall der Zivilrechtsweg eröffnet.[1200]

532 Nach § 6a des *Staatshaftungsgesetzes*[1201] *der ehemaligen DDR*, welches seit dem 3.10.1990 in den neuen Bundesländern als Landesrecht fortgilt,[1202] sind für derartige Staatshaftungsansprüche (vor dem 3.10.1990 begründete Altansprüche) die Landgerichte zuständig. Der gerichtlichen Schadensersatzklage ist ein Verwaltungsverfahren vorgeschaltet. Verweigert die Behörde die Durchführung eines Verfahrens, muss der Betroffene Klage beim Zivilgericht erheben. Einer verwaltungsprozessualen Verpflichtungsklage fehlte somit das Rechtsschutzbedürfnis.[1203]

533 **dd) § 40 Abs. 2 S. 1 Var. 1 – vermögensrechtliche Ansprüche aus Aufopferung für das gemeine Wohl. aaa) Aufopferungsbegriff.** Der Aufopferung liegt der historische Grundgedanke zugrunde, dass bei einem *Konflikt zwischen dem Allgemeininteresse und einem Individualrecht* letzteres aufgegeben werden muss und dem Betroffenen für den Rechtsverlust eine Entschädigung zu zahlen ist. Das Institut geht zurück auf die Regelungen der §§ 74 und 75 EinlALR von 1794. Der Entschädigungsanspruch ist nunmehr gewohnheitsrechtlich anerkannt (BGHZ 16, 366, 374; 29, 95, 97). Umstr. ist aber, welche Rechtsguteingriffe des Staates heute unter den Aufopferungsbegriff des § 40 Abs. 2 S. 1 Alt. 1 fallen.

534 Ausgangspunkt ist der durch richterliche Rechtsfortbildung ausgestaltete Aufopferungsbegriff, wie ihn der Gesetzgeber zum Zeitpunkt des Inkrafttretens der VwGO vorgefunden hat. Während noch das RG Aufopferungsansprüche nur bei Eingriffen in das Eigentum oder vermögenswerte Rechtsgüter bejahte (RGZ 103, 423, 426; 144, 325, 333), erweiterte der BGH den Anwendungsbereich auf *Eingriffe in immaterielle Rechtsgüter wie Leben, Gesundheit und Freiheit* (BGHZ 9, 83, 86 ff.). Zugleich wurde der Aufopferungsbegriff eingeschränkt, indem der BGH Entschädigungsansprüche wegen Eingriffen in Eigentum und sonstige vermögenswerte Rechte aus Art. 14 Abs. 3 GG gewährte, wenn sie Enteignungscharakter hatten und Art. 14 GG als positives Recht insoweit den gewohnheitsrechtlichen Aufopferungsanspruch verdrängte (BGHZ 13, 88, 90 f.). Voraussetzung einer Entschädigung unter dem

---

1198 BGHZ 53, 217, 218 f.; 99, 326, 330; vgl. auch *Maurer* § 26 Rn. 40 ff.; *H. Sodan*, Freie Berufe als Leistungserbringer im Recht der gesetzlichen Krankenversicherung, 1997, 187.

1199 *C. Dörr*, in: BeckOGK § 839 BGB Rn. 839 m.w.N.; zur Prüfungskompetenz verwaltungsrechtlicher Vorfragen durch die Zivilgerichte: ebd. Rn. 842 ff.

1200 A.M. *W. Grunsky*, Arbeitsgerichtsgesetz, [7]1995, § 2 Rn. 65; Diese Meinung wurde – soweit ersichtlich – aufgegeben ab der 8. Aufl. durch *B. Waas*, in: Grunsky/Waas/Benecke/Greiner, ArbGG, [8]2014, § 2 Rn. 25.

1201 Vgl. *Ossenbühl/Cornils* S. 569 ff.

1202 Vgl. Art. 9 Abs. 1 S. 1 und Abs. 2 i.V.m. Anlage II, Kapitel III, Sachgebiet B: Bürgerliches Recht, Abschnitt III Nr. 1 Einigungsvertrag; zur Fortgeltung in den einzelnen Ländern *C. Dörr*, in: BeckOGK § 839 BGB Rn. 11 f.

1203 *Ossenbühl/Cornils* S. 589 f.

Gesichtspunkt der Aufopferung war somit ein hoheitlicher Eingriff in immaterielle Rechtsgüter, der sich für den Betroffenen als Sonderopfer für die Allgemeinheit darstellte.[1204] Für derartige Ansprüche (*Aufopferung i.e.S.*) ist unstr. der Rechtsweg zu den Zivilgerichten nach § 40 Abs. 2 S. 1 Alt. 1 eröffnet.

Umstr. ist aber, ob die Aufopferung auf Eingriffe in *andere immaterielle Rechtspositionen* als Leben, Gesundheit und Freiheit auszudehnen ist. In Betracht kommen dafür z.B. das allgemeine Persönlichkeitsrecht oder die Berufsfreiheit.[1205] Die Rspr. hat eine solche Ausdehnung bislang nicht vorgenommen.[1206]

(1) Einbeziehung von Eingriffen in vermögenswerte Rechte. Wie bereits dargelegt wurde, fielen nach der überkommenen Rspr. des BGH Entschädigungsansprüche für Sonderopfer darstellende Eingriffe in vermögenswerte Rechtsgüter nicht mehr (wegen der speziellen Grundgesetzbestimmungen) unter die gewohnheitsrechtliche Aufopferung, sondern wurden als Enteignungen i.S.d. Art. 14 Abs. 3 S. 1 GG qualifiziert, für die eine Enteignungsentschädigung nach Art. 14 Abs. 3 S. 3 GG zu zahlen war. Dem lag die Annahme zugrunde, dass jede eine bestimmte Belastungsgrenze übersteigende Beeinträchtigung des Eigentums eine Enteignung sei. Der Ausgleich für enteignende und enteignungsgleiche Eingriffe war daher unter dem Gesichtspunkt der Enteignungsentschädigung zu erbringen (→ Rn. 504). Dieser auf dem weiten Enteignungsbegriff basierenden Sichtweise wurde durch den Nassauskiesungsbeschluss des BVerfG die Grundlage entzogen (BVerfGE 58, 300, 320). Seitdem ist *fraglich, ob enteignende oder enteignungsgleiche Eingriffe wieder dem Aufopferungsbegriff zuzuordnen sind* und somit nunmehr auch der Zuweisungsnorm des § 40 Abs. 2 S. 1 Var. 1 unterfallen. Ferner wurde als Konsequenz aus dem neuen formalen Enteignungsverständnis die Fallgruppe der ausgleichspflichtigen Inhalts- und Schrankenbestimmung des Eigentums geschaffen.[1207]

(a) Enteignender Eingriff. Unter einem enteignenden Eingriff sind unmittelbare Beeinträchtigungen des Eigentums i.S.v. Art. 14 Abs. 1 GG durch unbeabsichtigte und atypische Nebenfolgen rechtmäßigen Verwaltungshandelns, die eine besondere Belastung und damit ein Sonderopfer darstellen, zu verstehen.

In der Lit. wird diskutiert, ob der enteignende Eingriff durch die Schaffung der Fallgruppe der ausgleichspflichtigen Inhalts- und Schrankenbestimmung weggefallen bzw. in ihr aufgegangen ist oder einen Unterfall dieser darstellt.[1208] Ferner wird diskutiert, welche Anspruchsgrundlage für Entschädigungen gegeben ist, ob der Anspruch nämlich aus dem gewohnheitsrechtlichen Aufopferungsgedanken oder aber unmittelbar aus Art. 14 Abs. 1 GG erwächst. Die Beantwortung dieser Fragen kann – insbes. vor dem Hintergrund der seit 1.1.2002 geltenden Klarstellung des § 40 Abs. 2 S. 1 Hs. 2 – zu unterschiedlichen Konsequenzen hinsichtlich des Rechtswegs führen.[1209]

Mit unterschiedlicher Begründung wird teilweise der Verwaltungsrechtsweg als einschlägig angesehen.[1210] Der BGH geht davon aus, dass der *enteignende Eingriff als Institut fortbesteht* und sich der Entschädigungsanspruch nunmehr unter dem Gesichtspunkt der Aufopferung ergibt.[1211] Diese Auffassung erweist sich insofern als überzeugend, als unter den Begriff der Aufopferung ursprünglich auch Eingriffe in vermögenswerte Rechte fielen, die das Gericht nur deshalb ausklammerte, weil angeblich mit Art. 14 Abs. 3 GG eine positive Anspruchsgrundlage vorhanden war. Die Berufung auf spezialgesetzliche Ausgestaltungen beruhte aber auf einer Verkennung der Rechtslage. *Für Ansprüche aus enteignendem Eingriff sind daher die Zivilgerichte nach § 40 Abs. 2 S. 1 Var. 1 zuständig.* Zwar beabsich-

---

1204 *Maurer* § 28 Rn. 8.
1205 Vgl. *H. Maurer*, JZ 1991, 38, 39; *W.-R. Schenke/U. Guttenberg*, DÖV 1991, 945, 953 ff.
1206 Abgelehnt für die Berufsfreiheit: BGH NJW 1994, 1468; offen gelassen für das allgemeine Persönlichkeitsrecht: BGH NJW 1981, 518. Vgl. auch *E. Rinne*, DVBl 1993, 869 ff.
1207 S. BVerfGE 58, 137 ff.; dazu *B.-O. Bryde*, in: v. Münch/Kunig Art. 14 Rn. 97.
1208 Vgl. *Maurer* § 27 Rn. 107 ff.; *Ossenbühl/Cornils* S. 326 ff.; *H.-J. Papier*, in: Maunz/Dürig Art. 14 Rn. 714 ff.
1209 Vgl. die Darstellung bei *J. Ruthig/W.-R. Schenke*, in: Kopp/Schenke § 40 Rn. 61.
1210 S. VG Ansbach BayVBl 1988, 667, 668; *Hufen* § 11 Rn. 69; *G. Schwerdtfeger*, JuS 1983, 104, 110.
1211 BGHZ 102, 350, 357; 111, 349, 352; 136, 182, 186; 140, 285, 302. Vgl. BVerwGE 94, 1, 8 zu der Frage, ob Ansprüche aus enteignendem Eingriff vollkommen durch die Fallgruppe der ausgleichspflichtigen Inhalts- und Schrankenbestimmung weggefallen sind: „Unter diesen Umständen hat im Zusammenhang mit eigentumsrechtlichen Regelungen der allgemeine Aufopferungsanspruch zum Zwecke des Eigentumsschutzes (sog. Anspruch auf Entschädigung wegen 'enteignenden Eingriffs' [...]) nur dort noch einen eigenständigen Anwendungsbereich, wo ein im Vollzug derartiger Regelungen [Inhalts- und Schrankenbestimmungen] verursachtes, vom Gesetzgeber nicht beabsichtigtes, aber gleichwohl eingetretenes und den einzelnen besonders treffendes Opfer auszugleichen ist.“

tige der Gesetzgeber, mit der durch das Gesetz zur Bereinigung des Rechtsmittelrechts im Verwaltungsprozess vom 20.12.2001 (BGBl I 3987) eingefügten Regelung des § 40 Abs. 2 S. 1 Hs. 2 für alle eigentumsrechtlich gebotenen Ausgleichsansprüche einheitlich den Verwaltungsrechtsweg zu eröffnen (BT-Drs. 14/6854 S. 2; → Rn. 580). Soweit man aber davon ausgeht, dass der enteignende Eingriff nicht vollständig in der Fallgruppe der ausgleichspflichtigen Inhalts- und Schrankenbestimmungen aufgegangen ist, sondern als eigenständiges Institut fortbesteht, handelt es sich nicht um einen „Ausgleichsanspruch i.R.d. Art. 14 Abs. 1 S. 2 GG". Insofern hat sich der Wille des Gesetzgebers im Wortlaut des § 40 Abs. 2 S. 1 Hs. 2 nicht niedergeschlagen.

540   **(b) Ausgleichspflichtige Inhalts- und Schrankenbestimmungen des Eigentums.** Mit der Verwerfung des weiten Enteignungsbegriffs, demzufolge eine Enteignung und folglich eine Entschädigung gem. Art. 14 Abs. 3 GG immer dann in Betracht kamen, wenn eine bestimmte Belastungsgrenze überschritten wurde, bildete sich durch die Rspr. des BVerfG die Fallgruppe der ausgleichspflichtigen Inhalts- und Schrankenbestimmungen des Eigentums. Grds. sind solche Eigentumsbindungen nach Art. 14 Abs. 1 S. 2 GG entschädigungslos hinzunehmen; sie können aber nur rechtmäßig und damit gültig sein, wenn die Verhältnismäßigkeit gewahrt wird, d.h. sie dürfen nicht zu übermäßigen Belastungen führen und den Eigentümer im vermögensrechtlichen Bereich unzumutbar treffen. Deshalb kann der Gesetzgeber gehalten sein, *unzumutbaren Belastungen durch Gewährung eines Ausgleichs entgegenzuwirken,* insbes. durch Entschädigungen oder Übergangsregelungen (BVerfGE 58, 137, 147 ff.). Ist ein solcher Ausgleichsanspruch verfassungsrechtlich geboten, aber durch den Gesetzgeber nicht gewährt worden, ist die entsprechende Eigentumsbindung insoweit unwirksam. In keinem Fall dürfen die Gerichte ohne einfachgesetzliche Grundlage eine Entschädigung zusprechen (BVerwGE 94, 1, 8; 100, 226, 245).

541   Gesetzlich geregelte Ausgleichsansprüche i.d.S. begründeten sich nach der Rspr. sowie einem Teil der Lit. auch und gerade aus den sog. *salvatorischen Entschädigungsklauseln,*[1212] die noch auf der Grundlage des weiten Enteignungsbegriffs erlassen wurden. Sie sind dadurch gekennzeichnet, dass sie nach ihrem Wortlaut eine Entschädigung nur gewähren, sofern der Eingriff enteignend wirkt (vgl. bspw. § 52 Abs. 4 WHG, §§ 36, 41 BayNatSchG). Das BVerfG hält die alten salvatorischen Entschädigungsklauseln für unvereinbar mit Art. 14 Abs. 1 GG, da sie weder vorsehen, eine verfassungswidrige Inanspruchnahme des Eigentums „in erster Linie durch Ausnahme- und Befreiungsregelungen sowie sonstige administrative und technische Vorkehrungen" zu vermeiden, noch das Verwaltungsverfahren in einer den Rechtsschutzinteressen des Betroffenen Rechnung tragenden Weise regeln (BVerfGE 100, 226, 245; vgl. auch BGHZ 146, 122, 136 f.).

542   Zwischen BGH und BVerwG war umstr., ob für Streitigkeiten über Entschädigungen unter dem Gesichtspunkt der ausgleichspflichtigen Inhalts- und Schrankenbestimmung der Rechtsweg zu den ordentlichen Gerichten nach § 40 Abs. 2 S. 1 Var. 1 oder zu den Verwaltungsgerichten gem. § 40 Abs. 1 S. 1 eröffnet war. Für den BGH handelte es sich der Sache nach um vermögensrechtliche Ansprüche aus Aufopferung für das gemeine Wohl, über welche die Zivilgerichte zu befinden hätten (BGHZ 128, 204, 207). Dagegen hielt das BVerwG den Verwaltungsrechtsweg für einschlägig, da sich der Ausgleichsanspruch aus Art. 14 Abs. 1 S. 2 GG ergebe, zudem noch der gesetzlichen Konkretisierung bedürfe und somit kein Aufopferungsanspruch im traditionellen Sinne sei.[1213] In der Lit. war die Frage ebenfalls umstr.[1214]

543   Dieser Streit ist nunmehr für die ab dem 1.1.2002 anhängig gemachten Verfahren durch den Gesetzgeber entschieden worden. Die durch das Gesetz zur Bereinigung des Rechtsmittelrechts im Verwaltungsprozess vom 20.12.2001 (BGBl I 3987) eingefügte Regelung des § 40 Abs. 2 S. 1 Hs. 2 bestimmt, dass „für Streitigkeiten über das Bestehen und die Höhe eines Ausgleichsanspruchs im Rahmen des Artikels 14 Abs. 1 Satz 2 des Grundgesetzes" die abdrängende Sonderzuweisung des § 40 Abs. 2 S. 1 Hs. 1 nicht gilt, mithin der Verwaltungsrechtsweg eröffnet ist. Weiterhin existieren jedoch spezielle

---

1212   BVerwGE 94, 1, 10 f.; BGHZ 128, 204, 205; BGH DVBl 1996, 671, 672; *Maurer* § 27 Rn. 83; *A. Scherzberg,* DVBl 1991, 84, 91. A.M. *B.-O. Bryde,* in: v. Münch/Kunig Art. 14 Rn. 97; *S. Detterbeck,* DÖV 1994, 273, 277; *J. Pietzcker,* JuS 1991, 369, 372.

1213   BVerwGE 94, 1, 6 ff.; so auch VGH Kassel ESVGH 48, 316 (LS 3); offen gelassen von OVG Münster NVwZ-RR 1998, 229, 230; vgl. auch BVerwG NJW 1996, 409.

1214   Für Zivilrechtsweg: *F. O. Kopp/W.-R. Schenke,* in: Verwaltungsgerichtsordnung, ¹²2000, § 40 Rn. 61; *E. Rinne,* DVBl 1994, 23 ff.; *W.-R. Schenke,* NJW 1995, 3145 ff.; für Verwaltungsrechtsweg: *D. Ehlers/J.-P. Schneider,* in: Schoch/Schneider/Bier § 40 Rn. 526; *J. Lege,* NJW 1995, 2745 ff.; *F. Schoch,* JZ 1995, 768 ff.

Vorschriften, welche für derartige Ausgleichsansprüche den ordentlichen Rechtsweg eröffnen und vom Gesetzgeber nicht beseitigt wurden (vgl. § 49 Abs. 6 S. 3 VwVfG; → Rn. 579 f.).

Nach Ansicht des BGH korrespondieren Entschädigungsansprüche unter dem Gesichtspunkt der aus- 544 gleichspflichtigen Inhalts- und Schrankenbestimmung regelmäßig mit ggf. bestehenden Ansprüchen aus enteignungsgleichem Eingriff für rechtswidriges Verwaltungshandeln. Da für letztere die Zivilgerichte zuständig seien (vgl. → Rn. 563), ergebe sich die Kompetenz der Zivilgerichte zur Mitentscheidung über die zuerst genannten aus § 17 Abs. 2 S. 1 GVG.[1215]

(2) Einbeziehung rechtswidriger Eingriffe – enteignungsgleicher und aufopferungsgleicher Eingriff. 545 Steht rechtswidriges hoheitliches Handeln im Raum, das in vermögenswerte oder immaterielle Rechtspositionen eingreift, spricht man von enteignungsgleichem bzw. aufopferungsgleichem Eingriff. Die Voraussetzungen sind dieselben wie beim enteignenden Eingriff bzw. bei der Aufopferung (i.e.S., hierzu → Rn. 534), wobei sich aus der Rechtswidrigkeit nach herkömmlicher Ansicht das Sonderopfer ergibt. Für die Aufopferung (i.e.S.) wird vertreten, rechtmäßige und rechtswidrige Eingriffe fielen gleichermaßen unter dieses Institut.[1216] Zwischen rechtmäßigen und rechtswidrigen Eingriffen (und den daraus resultierenden Sonderopfern) ist jedoch zu unterscheiden. Letztere *fallen nicht unter die Var. 1 des § 40 Abs. 2 S. 1*, sondern unter Var. 3.[1217]

(3) Billigkeitsentschädigungen. Von den Entschädigungsansprüchen unter dem Gesichtspunkt der 546 Aufopferung oder der ausgleichspflichtigen Inhalts- und Schrankenbestimmungen des Eigentums sind die sog. Billigkeitsentschädigungen abzugrenzen. Darunter fallen Entschädigungsansprüche, die vom Gesetzgeber gewährt werden, ohne dass sie als Konkretisierung der oben beschriebenen, auf den Gedanken des Sonderopfers oder auf Art. 14 Abs. 1 GG zurückzuführenden Entschädigungsinstitute angesehen werden können, d.h. vom Gesetzgeber aus Billigkeitserwägungen geschaffen wurden. Ohne eine ausdrückliche spezielle Zuweisungsvorschrift sind derartige Ansprüche vor den *Verwaltungsgerichten* geltend zu machen. Da eine Einordnung und Abgrenzung im Einzelfall schwierig sein kann und die Grenzen fließend sind, bestehen oftmals gesetzliche Rechtswegregelungen (z.B. § 39 Abs. 1 S. 1 WaStrG).

bbb) Prüfungsumfang und Entscheidungskompetenz der Zivilgerichte. Soweit keine gesetzlichen Re- 547 gelungen über ein vorgeschaltetes behördliches Verfahren existieren, haben die Zivilgerichte über *Grund und Höhe der Entschädigung* zu entscheiden (zur Bindungswirkung von vorangegangenen Verwaltungsakten → Rn. 48 ff.).

Da der Aufopferungsanspruch auf eine angemessene Entschädigung in Geld gerichtet ist, gilt die Zu- 548 weisung des § 40 Abs. 2 S. 1 Var. 1 nur für *Geldleistungsklagen.*

Gerade bei Bestehen gesetzlicher Regelungen kann fraglich sein, ob es sich um Aufopferungsansprü- 549 che oder um reine *Billigkeitsentschädigungen* handelt. Die Unterscheidung wird erheblich, wenn keine speziellen Rechtswegzuweisungen vorhanden sind; die Verwaltungsgerichte sind nämlich in diesem Fall nach der Generalklausel (§ 40 Abs. 1 S. 1) für Billigkeitsentschädigungen betreffende Streitigkeiten zuständig (→ Rn. 546). Bestehen bei unterschiedlichen Rechtswegen Zweifel über den Charakter der geltend gemachten Entschädigung, muss dieser bereits in der Zulässigkeitsprüfung abschließend geklärt werden.[1218]

ccc) Abweichende Zuweisungen an andere Gerichtsbarkeiten. Durch den Gesetzgeber können abwei- 550 chende Zuweisungen an andere Gerichtsbarkeiten vorgenommen werden, da kein Verfassungsgebot hinter der Regelung in § 40 Abs. 2 S. 1 Var. 1 steht. So sind z.B. die Sozialgerichte in Angelegenheiten des sozialen Entschädigungsrechts mit Ausnahme der Kriegsopferfürsorge (§ 51 Abs. 1 Nr. 6 SGG) sowie für Impfschäden (§ 68 Abs. 2 S. 1 IfSG) zuständig.

ee) § 40 Abs. 2 S. 1 Var. 2 – vermögensrechtliche Ansprüche aus öffentlich-rechtlicher Verwahrung. 551 **aaa) Verwahrungsverhältnis.** Unter Verwahrung ist die Aufbewahrung einer beweglichen Sache nach Inbesitznahme zum Zwecke der Obhutsübernahme zu verstehen. Das Verwahrungsverhältnis ist öf-

---

1215 BGHZ 128, 204, 208 f. Deshalb hat der BGH – hinsichtlich der alten Rechtslage, → Rn. 542 – auch nicht den GmSOGB angerufen.
1216 Dazu *E. Rinne*, DVBl 1993, 869, 871; *J. Ruthig/W.-R. Schenke*, in: Kopp/Schenke § 40 Rn. 61.
1217 *K. Rennert*, in: Eyermann § 40 Rn. 119; a.M. *S. Haack*, in: Gärditz § 40 Rn. 133.
1218 *D. Ehlers/J.-P. Schneider*, in: Schoch/Schneider/Bier § 40 Rn. 532.

fentlich-rechtlicher Natur, wenn die Inbesitznahme kraft öffentlichen Rechts erfolgt ist. Entscheidend für die Entstehung des Rechtsverhältnisses ist der tatsächliche Akt der (bewussten) Inbesitznahme; eine besondere Handlungsform ist nicht erforderlich. Daher vermag ein Verwahrungsverhältnis allein durch diese Inbesitznahme, d.h. durch Realakt begründet zu werden. Der Begründung kann aber auch der Abschluss eines (öffentlich-rechtlichen) Vertrags oder der Erlass eines Verwaltungsakts vorausgehen. Für die Entstehung des Verwahrungsverhältnisses kommt es nicht darauf an, ob die amtliche Besitzergreifung rechtmäßig, rechtswidrig oder nichtig war. Es endet erst mit der tatsächlichen Rückgabe der Sache und nicht schon mit der behördlichen Freigabe.[1219] Die Gegenstände können auch durch einen Privaten verwahrt werden.[1220]

552   *Beispiele* für die Entstehung eines Verwahrungsverhältnisses sind die Beschlagnahme und Sicherstellung von Gegenständen zur Gefahrenabwehr nach dem Polizei- und Ordnungsrecht bzw. durch Strafverfolgungsorgane, das Abschleppen und die Aufbewahrung eines Kraftfahrzeugs, die Annahme einer Fundsache durch die Polizei, die Pfändung und Aufbewahrung von Sachen durch den Gerichtsvollzieher (nicht dagegen, wenn der Gerichtsvollzieher die gepfändeten Sachen im Besitz der Schuldners lässt) sowie die Aufbewahrung von Ausrüstungs- und Kleidungsgegenständen durch einen Wehrpflichtigen gem. § 24 Abs. 6 S. 1 Nr. 4 WpflG.

553   Bei der *Hingabe oder Hinterlegung von Geld* kommt es darauf an, ob die konkreten Geldscheine und Münzen in ihrer Substanz gesichert werden sollen, um später zurückgegeben zu werden, oder aber ob lediglich ein Guthaben als Wertsumme gebildet wird und betragsmäßig zurückzuzahlen ist (BGHZ 34, 349, 354; BGH BGHR VwGO § 40 Abs. 2 S. 1 Verwahrung, öffentliche 1). So stellt z.B. die Sicherheitsleistung nach § 7 a AsylbLG keine Verwahrung dar (VGH Mannheim InfAuslR 2001, 382, 383). Umstr. ist, ob und unter welchen Umständen i.R.v. *Anstaltsbenutzungsverhältnissen* Sachen in die Obhut der Verwaltung genommen werden bzw. nur eine Unterbringungsmöglichkeit zur Verfügung gestellt wird. So begründet die Einbringung von Schlachtvieh in einen städtischen Schlachthof, dessen Benutzung zum Schlachten vorgeschrieben ist, ein Verwahrungsverhältnis (BGH DVBl 1963, 438, 439), nicht dagegen die freiwillige Einlagerung von Schlachtfleisch im Kühlhaus des Schlachthofs (OLG Hamm VersR 1987, 789 f.). Die Kranken in einer Heilanstalt abgenommenen Sachen werden öffentlich-rechtlich verwahrt (RG JW 1919, 574), ebenso die der Strafgefangenen, welche sie nicht in Gewahrsam haben dürfen (§ 83 Abs. 2 StVollzG; KG 17.10.1997 – Zs 1459/97, 4 VAs 78/97, juris Rn. 2). Eine öffentlich-rechtliche Verwahrung wird dagegen von der h.M. verneint bei Unterbringung von Kleidung und anderen Sachen von Schülern, Studenten sowie Beamten in Schule, Universität und Diensträumen.[1221]

554   **bbb) Verhältnis zu § 40 Abs. 2 S. 1 Var. 3 bei vertraglichen Verwahrungsverhältnissen.** Aus der Ausnahmeklausel der Var. 3 des § 40 Abs. 2 S. 1 ergibt sich grds., dass Schadensersatzansprüche, die auf einem öffentlich-rechtlichen Vertrag beruhen, vor den allgemeinen und besonderen Verwaltungsgerichten zu verfolgen sind. Auch Verwahrungsverhältnisse können durch einen öffentlich-rechtlichen Vertrag begründet werden, sodass fraglich ist, ob in diesem Fall ebenfalls nach der Var. 2 der Zivilrechtsweg oder aber der Verwaltungsrechtsweg zu beschreiten ist. Im Verhältnis der beiden Vorschriften zueinander stellt die sich auf die Verwahrung beziehende Var. 2 eine *lex specialis* gegenüber der öffentlich-rechtliche Schuldverhältnisse im Allgemeinen betreffenden Regelung in Var. 3 dar. Somit ist auch für *Ansprüche aus einem durch öffentlich-rechtlichen Vertrag begründeten Verwahrungsverhältnis* der *Zivilrechtsweg* nach § 40 Abs. 2 S. 1 Var. 2 gegeben.[1222]

555   **ccc) Anspruchsberechtigte und Anspruchsinhalt.** Nach Rspr. und überwiegendem Teil der Lit. bezieht sich die Rechtswegzuweisung des § 40 Abs. 2 S. 1 Var. 2 nur auf *Ansprüche des Bürgers* gegen einen Verwaltungsträger, unabhängig davon, wer von beiden Hinterleger oder Verwahrer (auch ein Bürger kann ausnahmsweise Verwahrer i.R. eines öffentlich-rechtlichen Verwahrungsverhältnisses sein,

---

1219   *H. Quaritsch*, in: Lüder, Staat und Verwaltung, 1997, 169, 170 ff. m.w.N.
1220   VG Arnsberg JuS 1975, 401; *E. Gurlit*, in: Ehlers/Pünder § 35 Rn. 4.
1221   OLG Köln NVwZ 1994, 618, 619 f. Dazu *H. Quaritsch*, in: Lüder, Staat und Verwaltung, 1997, 169, 172.
1222   *D. Ehlers/J.-P. Schneider*, in: Schoch/Schneider/Bier § 40 Rn. 536.

→ Rn. 551 f.) ist.[1223] Ansprüche des Staates gegen einen Privaten aus dem Verwahrungsverhältnis sind deshalb im Verwaltungsrechtsweg geltend zu machen.

Hinsichtlich des Anspruchsinhalts sind die Vorschriften des bürgerlichen Rechts (§§ 688 ff. BGB) ent- 556 sprechend anzuwenden. So kommen für den hinterlegenden Bürger insbes. Schadensersatzansprüche wegen *Unmöglichkeit* der Herausgabe oder *Beschädigung* der Sache in Betracht.[1224] Der Verwahrer kann eventuell *Lagerkosten* und *Aufwendungsersatz* verlangen.

Teilweise wird vertreten, die Rechtswegzuweisung erstrecke sich ausschließlich auf Geldleistungskla- 557 gen; bei andersartigen Begehren sei der Verwaltungsrechtsweg zu beschreiten.[1225] Überwiegend wird diese Einschränkung jedoch abgelehnt.[1226] Danach können die aus dem Schuldverhältnis stammenden Ansprüche auf Rückgewähr der verwahrten Sache oder Auskunftsansprüche auf dem Zivilrechtsweg verfolgt werden. Mit dem verwahrungsrechtlichen Rückgewährsanspruch konkurriert regelmäßig der allgemeine Folgenbeseitigungsanspruch, für den der Verwaltungsrechtsweg gegeben ist.[1227]

ddd) Konkurrenz zu anderen Ansprüchen. Mit den Schadensersatzansprüchen aus öffentlich-rechtli- 558 cher Verwahrung i.S.d. § 40 Abs. 2 S. 1 Var. 2 konkurrieren regelmäßig *Amtshaftungsansprüche*. Während bei diesen Ansprüchen das Verschulden vom Kläger zu beweisen ist, hat sich bei jenen die Behörde nach § 280 Abs. 1 S. 2 BGB zu entlasten. Mit der Zuweisungsvorschrift wird ein Gleichlauf der Rechtswege sichergestellt; denn für Amtshaftungsansprüche sind die ordentlichen Gerichte ohnehin nach Art. 34 S. 3 GG zuständig.

Mit dem Rückgewährsanspruch aus öffentlich-rechtlicher Verwahrung konkurriert der allgemeine 559 *Folgenbeseitigungsanspruch.* Grds. kann die Sache aber erst zurückgewährt werden, wenn die Entscheidung über die Verwahrung wieder aufgehoben ist oder sich auf sonstige Weise erledigt hat.[1228] Der Folgenbeseitigungsanspruch ist vor den Verwaltungsgerichten durchzusetzen (VGH Mannheim InfAuslR 2001, 382, 383). Zu beachten ist aber § 17 Abs. 2 S. 1 GVG, wonach das jeweils angerufene Gericht den Rechtsstreit unter allen in Betracht kommenden rechtlichen Gesichtspunkten zu entscheiden hat.[1229]

ff) § 40 Abs. 2 S. 1 Var. 3 – Schadensersatzansprüche aus der Verletzung öffentlich-rechtlicher Pflich- 560 **ten. aaa) Allgemeines. (1) Prüfung von Vorfragen.** Die Kompetenz der ordentlichen Gerichte, über Schadensersatzansprüche aus der Verletzung öffentlich-rechtlicher Pflichten zu entscheiden, umfasst die selbständige Überprüfung der damit zusammenhängenden Vorfragen, insbes. die Klärung, ob rechtswidriges oder pflichtwidriges Verhalten vorliegt. Dies gilt selbst dann, wenn die behauptete Schadensersatzpflicht auf den Erlass eines *rechtswidrigen Verwaltungsakts* gestützt wird.[1230] Der Vorrang des Primärrechtsschutzes berührt nicht den Prüfungsumfang, sondern führt allenfalls zum Ausschluss oder zur Minderung des Anspruchs nach § 839 Abs. 3 bzw. § 254 BGB. Ist über die Vorfrage jedoch schon eine *rechtskräftige Entscheidung eines Verwaltungsgerichts* ergangen, sind die Beteiligten daran gebunden (BGHZ 9, 129, 130 f.; 113, 17, 20). Ist die Vorfrage Gegenstand eines anhängigen Verwaltungsprozesses, kann das ordentliche Gericht das Verfahren nach § 148 ZPO aussetzen und die Entscheidung des Verwaltungsgerichts abwarten.

(2) Hilfs- und Nebenansprüche. Nach der überwiegend vertretenen Ansicht umfasst die Zuweisung 561 des § 40 Abs. 2 S. 1 Var. 3 auch die schadensersatzrechtlichen Hilfs- und Nebenansprüche,[1231] die ggf.

1223 S. VGH Kassel NVwZ 1987, 910; VG Arnsberg JuS 1975, 401; *E. Gurlit,* in: Ehlers/Pünder § 35 Rn. 8; *Hufen* § 11 Rn. 70.
1224 OVG Lüneburg NVwZ-RR 2015, 760.
1225 So *S. Haack,* in: Gärditz § 40 Rn. 136.
1226 S. VGH Mannheim InfAuslR 2001, 382, 383; *D. Ehlers/J.-P. Schneider,* in: Schoch/Schneider/Bier § 40 Rn. 538; *E. Gurlit,* in: Ehlers/Pünder § 35 Rn. 8; *K. Rennert,* in: Eyermann § 40 Rn. 123; *J. Ruthig/W.-R. Schenke,* in: Kopp/Schenke § 40 Rn. 64.
1227 Teilweise wird in der Lit. vertreten, der Rückgewährsanspruch könne nur als Folgenbeseitigungsanspruch geltend gemacht werden, so *H.-J. Papier,* Die Forderungsverletzung im öffentlichen Recht, 1970, 145 f.; vgl. dazu auch *H. Quaritsch,* in: Lüder, Staat und Verwaltung, 1997, 169, 173 sowie → Rn. 559.
1228 *H. Quaritsch,* in: Lüder, Staat und Verwaltung, 1997, 169, 173.
1229 *J. Ruthig/W.-R. Schenke,* in: Kopp/Schenke § 40 Rn. 64 und 68.
1230 BGHZ 112, 363, 365; 113, 17, 18 f.; *M. Nierhaus,* JZ 1992, 209 ff.; *M. Schroeder,* DVBl 1991, 751, 754. A.M. *J. Berkemann,* DVBl 1986, 183 f.; *S. Broß,* VerwArch 78 (1987), 91, 106.
1231 BGHZ 78, 274, 276 ff.; *J. Ruthig/W.-R. Schenke,* in: Kopp/Schenke § 40 Rn. 73.

im Wege einer Stufenklage (§ 254 ZPO) verfolgt werden können. Dazu zählen z.B. Auskunftsansprüche und Ansprüche auf Rechnungslegung sowie auf Abgabe einer eidesstattlichen Versicherung.

562   Dagegen wird teilweise in der Lit. geltend gemacht, die Abweichung vom Verwaltungsrechtsweg setze nach § 40 Abs. 1 S. 1 Hs. 2 eine ausdrückliche gesetzliche Regelung voraus; daher komme eine abdrängende Zuweisung wegen prozessualer Zweckmäßigkeit, kraft Sachzusammenhangs oder durch Annexkompetenz nicht infrage. Für die Geltendmachung derartiger Hilfs- und Nebenansprüche sei der Verwaltungsrechtsweg eröffnet[1232] (→ Rn. 494 f.).

563   **bbb) Enteignungsgleicher und aufopferungsgleicher Eingriff.** Nach hier vertretener Auffassung fallen Ansprüche aus enteignungsgleichem und aufopferungsgleichem Eingriff unter die Var. 3 des § 40 Abs. 2 S. 1 (→ Rn. 545). Es handelt sich um einen Ausgleich für rechtswidriges schuldloses hoheitliches Verhalten. Die Ansprüche sind auf die Leistung einer angemessenen Entschädigung gerichtet. Dabei gelten die Grundsätze über die Enteignungsentschädigung.[1233] Regelmäßig erfolgt der Ausgleich in Geld. Ein Schmerzensgeld ist nicht zu zahlen. Die Ansprüche setzen ein Verschulden nicht voraus, aber eben das Sonderopfer. Da die Ansprüche nicht (mehr) auf Art. 14 Abs. 3 GG zurückgeführt werden können, ist bei Geltendmachung weiterer Ansprüche aus anderen Gründen in einem anderen Rechtsweg § 17 Abs. 2 S. 1 GVG anzuwenden; § 17 Abs. 2 S. 2 GVG ist nämlich nicht einschlägig.

564   **ccc) Amtshaftung und persönliche Haftung des Beamten.** Für die nach Art. 34 S. 1 GG auf den haftenden Verwaltungsträger übergeleiteten Haftungsansprüche aufgrund von Amtspflichtverletzungen sind nach hier vertretener Ansicht schon nach Art. 34 S. 3 GG die ordentlichen Gerichte (Zivilgerichte) zuständig. Nach a.A. enthält Art. 34 S. 3 GG nur einen Auftrag an den Gesetzgeber, solche Rechtswegzuweisungen zu schaffen; dies habe er mit § 40 Abs. 2 S. 1 Var. 3 auch getan (→ Rn. 528).

565   In Fällen, in denen *keine Überleitung der Haftung auf den Staat* erfolgt,[1234] haftet der fehlerhaft handelnde Beamte persönlich aus § 839 BGB. Für solche Ansprüche ist ebenfalls der *Zivilrechtsweg* eröffnet. Umstr. ist nur, ob sich dies aus § 40 Abs. 2 S. 1 Var. 3 oder aus § 13 GVG ergibt. Das hängt davon ab, ob die persönliche Haftung des Beamten gem. § 839 BGB öffentlich-rechtlicher oder privatrechtlicher Natur ist.[1235]

566   **ddd) Öffentlich-rechtliche Schuldverhältnisse nichtvertraglicher Art.** Öffentlich-rechtliche Schuldverhältnisse sind Rechtsbeziehungen zwischen Verwaltung und Bürger auf der Grundlage des öffentlichen Rechts, die in ihrer Art bürgerlich-rechtlichen Schuldverhältnissen vergleichbar sind. Darunter fallen insbes. Leistungs- und (Anstalts-)Benutzungsverhältnisse,[1236] das durch öffentlich-rechtliche Geschäftsführung ohne Auftrag begründete Rechtsverhältnis sowie das gesetzliche Schuldverhältnis im Vorfeld eines öffentlich-rechtlichen Vertrags entsprechend § 311 Abs. 2 BGB . Ebenso stellt die Verwahrung ein solches Schuldverhältnis dar, für welches aber die Spezialbestimmung des § 40 Abs. 2 S. 1 Var. 2 ausschließlich gilt (→ Rn. 554).

567   Ob Schadensersatzansprüche aus der Verletzung öffentlich-rechtlicher Pflichten, die aus einem verwaltungsrechtlichen Schuldverhältnis stammen, nach § 40 Abs. 2 S. 1 Var. 3 den Zivilgerichten zugeordnet sind oder wegen der Ausnahmeklausel zugunsten öffentlich-rechtlicher Verträge der Regel des § 40 Abs. 1 S. 1 (Verwaltungsrechtsweg) unterfallen, ist umstr. Die Lage wird dadurch komplizierter, dass die Lit. nicht für alle öffentlich-rechtlichen Schuldverhältnisse den Rechtsweg einheitlich bestimmt, sondern teilweise auch zwischen den verschiedenen Schuldverhältnissen differenziert.[1237] Nach der

---

1232   *D. Ehlers/J.-P. Schneider,* in: Schoch/Schneider/Bier § 40 Rn. 555.

1233   *Maurer* § 27 Rn. 100, § 28 Rn. 16.

1234   Nach Art. 34 S. 1 GG geht die Haftung nur „grundsätzlich" auf den Staat über. In begründeten Fällen kann daher durch Gesetz eine Ausnahme gemacht werden, dazu *B.-O. Bryde,* in: v. Münch/Kunig Art. 34 Rn. 29 ff.

1235   Für öffentlich-rechtliche Natur: *H. v. Nicolai,* in: Redeker/v. Oertzen § 40 Rn. 43. Für privatrechtliche Natur: BGHZ 11, 198, 200 f.; *Ossenbühl/Cornils* S. 12.

1236   S. z.B. in Bezug auf Abwasserkanalisation – BGH DVBl 1978, 108 ff.; Schlachthof – OLG Hamm VersR 1987, 789; Friedhof – OVG Lüneburg NVwZ-RR 2009, 452, 453; Krankenhäuser, Bibliotheken, Schwimmbäder. Es kommt darauf an, ob das Benutzungsverhältnis öffentlich-rechtlich ausgestaltet ist.

1237   Z.B. ist nach *K. Rennert,* in Eyermann § 40 Rn. 121 für Schadensersatzansprüche aus Anstalts- und Benutzungsverhältnissen, culpa in contrahendo oder Geschäftsführung ohne Auftrag der Verwaltungsrechtsweg gegeben; nach *Hufen* § 11 Rn. 72 sowie *J. Ruthig/W.-R. Schenke,* in: Kopp/Schenke § 40 Rn. 71 f. ist nur für Ansprüche aus culpa in contrahendo der Verwaltungsrechtsweg eröffnet, während für alle anderen nichtvertraglichen Schuldverhältnisse die Zivilgerichte zuständig seien; dagegen sind nach *D. Ehlers/J.-P. Schneider,* in: Schoch/Schneider/Bier § 40 Rn. 544 f., insbes. 546 alle genannten Ansprüche den Zivilgerichten zur Entscheidung zugewiesen.

Rspr. des BVerwG greift die Ausnahmeklausel zugunsten öffentlich-rechtlicher Verträge allein für solche Schadensersatzansprüche, die in sachlichem Zusammenhang mit Anbahnung, Abschluss oder Abwicklung eines öffentlich-rechtlichen Vertrages stehen (BVerwG NVwZ 2003, 1383).

Insbes. ist auch in der Rspr. umstr., ob *Schadensersatzansprüche aus vorvertraglichen Schuldverhält-* 568 *nissen* der abdrängenden Zuweisung des § 40 Abs. 2 S. 1 Var. 3 unterliegen. Die dazu vorgebrachten Argumente lassen sich jedoch auch auf die anderen Schuldverhältnisse übertragen. So wird auf der einen Seite vertreten, für derartige Schadensersatzansprüche sei *immer der Zivilrechtsweg* eröffnet, denn es handele sich nur um vertragsähnliche Schuldverhältnisse. Die erst seit 1.1.1977 geltende Ausnahmevorschrift hinsichtlich öffentlich-rechtlicher Verträge dürfe nicht über ihren Wortlaut erweiternd ausgelegt werden, zumal dem Gesetzgeber die Problematik der vertragsähnlichen Schuldverhältnisse bekannt gewesen sei.[1238] Die Gegenansicht steht auf dem Standpunkt, für Schadensersatzansprüche unter dem Gesichtspunkt der culpa in contrahendo sei *immer der Verwaltungsrechtsweg* zu beschreiten. Die Ausnahmeklausel des § 40 Abs. 2 S. 1 Var. 3 sei als Rückkehr zur Regel des § 40 Abs. 1 S. 1 weit auszulegen (OVG Weimar NJW 2002, 386, 387). Auch sei eine Aufspaltung des Rechtswegs zwischen Erfüllungsansprüchen (Primäransprüchen) und Schadensersatzansprüchen (Sekundäransprüchen) nicht sachdienlich. Die *vermittelnde Ansicht des BVerwG* differenziert im Einzelfall danach, ob der geltend gemachte Schadensersatzanspruch eher im Zusammenhang mit Amtshaftungsansprüchen – in diesem Fall ist der Rechtsstreit ohnehin nach Art. 34 S. 3 GG der ordentlichen Gerichtsbarkeit zugewiesen – oder mit vertraglichen Erfüllungsansprüchen steht. Für Ansprüche, die typischerweise auch Gegenstand eines Amtshaftungsanspruchs sein können, seien die Zivilgerichte zuständig (BVerwGE 37, 231, 238; BVerwG NJW 2002, 2894, 2895). Dass danach der Rechtsweg insbes. von der Prozesslage und dem Parteivorbringen abhänge, sei hinzunehmen; denn mit der Novellierung von § 17 Abs. 2 S. 1 GVG habe der Gesetzgeber solche Gestaltungsmöglichkeiten und gewisse Zufälligkeiten hinsichtlich des Rechtswegs anerkannt (BVerwG NJW 2002, 2894, 2895).

Entgegen der Ansicht des BVerwG kommt es nicht auf eine Differenzierung im Einzelfall an. Mit einer 569 am Wortlaut orientierten Auslegung ist es nur vereinbar, *für Schadensersatzansprüche aus allen öffentlich-rechtlichen Schuldverhältnissen nichtvertraglicher Art* den *Zivilrechtsweg* als eröffnet zu sehen. Auch das durch die Anbahnung und Aufnahme von Vertragsverhandlungen begründete vorvertragliche Schuldverhältnis ist ein gesetzliches und kein vertragliches. Die Ausnahmeklausel ist daher nicht einschlägig. Daran ändert auch ein möglicher Zusammenhang mit anderen Ansprüchen nichts. Eine Rechtswegaufspaltung wird indessen in den meisten Fällen nicht drohen, da nach § 17 Abs. 2 S. 1 GVG das angerufene Gericht den Rechtsstreit unter allen rechtlichen Gesichtspunkten entscheiden kann. Zu beachten ist dabei aber § 17 Abs. 2 S. 2 GVG i.V.m. Art. 34 S. 3 GG, wonach jedenfalls das Verwaltungsgericht in keinem Fall über Amtshaftungsansprüche entscheiden kann.

eee) Ansprüche aus Gefährdungshaftung. Unter Gefährdungshaftung werden solche Haftungstatbe- 570 stände verstanden, die an typische Gefahrensituationen anknüpfen und demjenigen, der die Gefahrensituation geschaffen hat, eine verschuldensunabhängige Einstandspflicht auferlegen, die auch bei pflichtgemäßem Verhalten eingreift. Zu beachten ist dabei, dass eine öffentlich-rechtliche Gefährdungshaftung nicht als allgemeines Institut anerkannt ist,[1239] sondern der Anspruch sich aus gesetzlichen Bestimmungen (vgl. z.B. § 41 Abs. 4 WHG und die §§ 25 AtG, 33 LuftVG, 7, 18 StVG, 1 und 2 HaftpflG, 32 GenTG sowie 833 BGB) ergeben muss. Diese Haftungsvorschriften werden unabhängig davon angewendet, ob das schädliche Ereignis auf öffentlich-rechtliches oder privatrechtliches Handeln zurückzuführen ist.[1240] Umstr. ist aber, ob es sich im Zusammenhang mit hoheitlichem Handeln überhaupt um öffentlich-rechtliche Ansprüche handelt;[1241] andernfalls wären für sie die Zivilgerichte nach § 13 GVG zuständig.

Nach der Rspr. soll für Ansprüche, die vom Gesetzgeber unter dem Gesichtspunkt der Gefährdungs- 571 haftung gewährt werden, der Zivilrechtsweg gem. § 40 Abs. 2 S. 1 Var. 3 eröffnet sein. Zur Begründung wird angeführt, für den Ausgleich von Schäden kämen je nach Fallgestaltung Ansprüche aus Amtshaftung, Aufopferung für das gemeine Wohl oder enteignungsgleichem Eingriff in Betracht, für

---

1238 VGH Mannheim DVBl 1981, 265, 266; möglicherweise so auch BGH NJW 1986, 1109, 1110.
1239 Für eine allg. öffentlich-rechtliche Gefährdungshaftung aber *Forsthoff* I S. 359 ff.
1240 S. *Maurer* § 29 Rn. 15; *Ossenbühl/Cornils* S. 458.
1241 Für privatrechtliche Haftung: *Ossenbühl/Cornils* S. 458.

die alle der Rechtsweg zu den ordentlichen Gerichten ausdrücklich vorgeschrieben sei. Für Schadensersatzansprüche gegen Hoheitsträger müsse wegen des engen Sachzusammenhangs ein einheitlicher
Rechtsweg geschaffen werden.[1242]

572   In der Lit.[1243] wird jedoch darauf hingewiesen, dass diese Ansicht nicht mit dem Wortlaut des § 40
Abs. 2 S. 1 Var. 3 zu vereinbaren sei. Denn die Gefährdungshaftung setzt eben keine Pflichtverletzung
voraus, sondern kann auch eingreifen, wenn die gesetzten rechtlichen Grenzen nicht überschritten
werden (vgl. BVerwGE 75, 362, 364). Eine Abweichung von der Regel des § 40 Abs. 1 S. 1 sei nur bei
einer ausdrücklichen abdrängenden Sonderzuweisung zulässig (§ 40 Abs. 1 S. 1 Hs. 2); Zuweisungen
kraft Sachzusammenhangs schieden im Interesse der Rechtssicherheit aus. Von einer fehlenden ausdrücklichen Zuweisung scheint auch das BVerwG selbst auszugehen.[1244] Die befürchtete Rechtswegaufspaltung wird indessen in den meisten Fällen nicht drohen, da nach § 17 Abs. 2 S. 1 GVG das angerufene Gericht den Rechtsstreit unter allen rechtlichen Gesichtspunkten entscheiden kann, wobei
aber § 17 Abs. 2 S. 2 GVG i.V.m. Art. 34 S. 3 GG zu beachten ist (→ Rn. 569).

573   **fff) Ansprüche bei Verstößen gegen Unionsrecht.**   Zunächst ist zu unterscheiden, ob Organe oder Bedienstete der Europäischen Union oder Organe oder Bedienstete eines Mitgliedstaats Unionsrecht verletzt haben. Im ersten Fall ergeben sich Schadensersatzansprüche gegen die Europäische Union aus
Art. 340 Abs. 2 AEUV. Für derartige Klagen ist nach Art. 260 AEUV der EuGH zuständig.

574   Im zweiten Fall soll sich nach der Rspr. des EuGH eine Ersatzpflicht für Schäden ergeben, die dem
Einzelnen durch dem Mitgliedstaat zuzurechnende Verstöße gegen das Unionsrecht entstanden
sind.[1245] Der Gerichtshof meint, dies ergebe sich aus dem Wesen der mit dem Vertrag geschaffenen
Rechtsordnung. Noch nicht abschließend geklärt ist dabei, aus welcher Anspruchsgrundlage der Schadensersatzanspruch herzuleiten ist. Der BGH ist der Ansicht, der Anspruch lasse sich unmittelbar aus
dem Unionsrecht herleiten.[1246] Dagegen wird in der Lit. die Auffassung vertreten, das Unionsrecht
müsse erst durch nationale Bestimmungen konkretisiert werden. Die Postulate des EuGH seien daher
i.R.d. bestehenden nationalen Haftungssystems (Amtshaftung und enteignungsgleicher Eingriff) umzusetzen.[1247] Da der EuGH aber gerade eine Haftung auch für legislatives Unrecht (z.B. Unterlassen
der Umsetzung einer Richtlinie) fordert, wären dann erhebliche Abweichungen von der bisherigen
Dogmatik geboten.

575   Unabhängig von der rechtlichen Verortung der Anspruchsgrundlage sind *für Schadensersatzansprüche
wegen Verletzungen von Unionsrecht durch deutsche Organe oder ihre Bediensteten die Zivilgerichte
zuständig.* I.R.d. nationalen Haftungssystems ist Art. 34 S. 3 GG (neben dieser Vorschrift hat § 40
Abs. 2 S. 1 Var. 3 nur deklaratorische Bedeutung, → Rn. 528 ff.) einschlägig, sofern sich der Anspruch
aus Amtshaftung ergibt, und § 40 Abs. 2 S. 1 Var. 3 im Falle des enteignungsgleichen Eingriffs. Wenn
der Anspruch unmittelbar aus dem Unionsrecht folgt, ist ebenfalls § 40 Abs. 2 S. 1 Var. 3 einschlägig;
denn der nationale Gesetzgeber ist befugt, den Rechtsweg zu bestimmen.

576   **ggg) Ansprüche gegen staatlich bestellte gesetzliche Vertreter.**   *Vormund, Betreuer, Pfleger* und *Insolvenzverwalter* werden durch einen staatlichen Akt, nämlich durch gerichtliche Bestellung, als gesetzliche Vertreter einer anderen Person eingesetzt.[1248] Aus diesen Rechtsverhältnissen kann die betreffenden Vertreter eine Haftung für schuldhafte Pflichtverletzungen treffen.[1249] Teilweise werden für solche

---

1242 BVerwGE 75, 362, 364. So auch *K. Rennert*, in Eyermann § 40 Rn. 120; ebenso i.E. *J. Ruthig/W.-R. Schenke*, in:
      Kopp/Schenke § 40 Rn. 70.
1243 *S. Haack*, in: Gärditz § 40 Rn. 137.
1244 Im Hinblick auf die im Sachzusammenhang stehenden Ansprüche aus Amtshaftung, Aufopferung und enteig-
      nungsgleichem Eingriff ist in BVerwGE 75, 362, 364 formuliert: „Für alle diese Ansprüche ist der Rechtsweg zu
      den ordentlichen Gerichten *ausdrücklich* vorgeschrieben...“ – Hervorhebung durch den Verf.
1245 EuGH Slg. 1991, I-5357 Tz. 31 ff. = NJW 1992, 165, 166 f. – Francovich; Slg. 1996, I-1029 Tz. 17 ff. = NJW
      1996, 1267, 1268 f. – Brasserie du Pêcheur.
1246 BGHZ 134, 30, 33. So auch *T. v. Danwitz*, DVBl 1997, 1, 3; *S. Detterbeck*, VerwArch 85 (1994), 159, 184; *Os-
      senbühl/Cornils* S. 628 f.
1247 *M. Burgi*, DVBl 1995, 772, 775; *M. Deckert*, EuR 1997, 203, 214 f.; *H.-J. Papier*, in: Maunz/Dürig Art. 34
      Rn. 81.
1248 S. die §§ 1774, 1793 BGB (Vormund); 1896, 1902 BGB (Betreuer); 1774, 1793, 1915 BGB (Pfleger); 27, 80 InsO
      (Insolvenzverwalter).
1249 S. § 1833 Abs. 1 BGB (Vormund); § 1833 Abs. 1, § 1908 i BGB (Betreuer); § 1833 Abs. 1, § 1915 BGB (Pfleger);
      § 60 Abs. 1 InsO (Insolvenzverwalter).

Schadensersatzansprüche die Zivilgerichte gem. § 40 Abs. 2 S. 1 Var. 3 für zuständig gehalten.[1250] Nach überwiegender Ansicht sind die erwähnten Rechtsverhältnisse jedoch privatrechtlicher Natur, sodass keine Verletzung öffentlich-rechtlicher Pflichten in Betracht kommt;[1251] danach sind die Zivilgerichte aus § 13 GVG zuständig.

hhh) Ansprüche gegen einen Notar. Für Ansprüche gegen einen Notar gem. § 19 Abs. 1 BNotO sind 577 schon nach der ausdrücklichen Zuweisung des § 19 Abs. 3 BNotO die *Landgerichte* zuständig.

iii) Ansprüche aus § 123 Abs. 3 VwGO i.V.m. § 945 ZPO. Nach Ansicht des BGH und einem Teil 578 der Lit. sind (Schadensersatz-)Ansprüche aus § 123 Abs. 3 VwGO i.V.m. § 945 ZPO durch Klage vor den Zivilgerichten geltend zu machen.[1252] Der Anspruch entspreche hinsichtlich seiner Voraussetzungen und Folgen den anderen Schadensersatzansprüchen des bürgerlichen Rechts und sei somit privatrechtlicher Natur.[1253] Das BVerwG in einer älteren Entscheidung und ein Teil des Schrifttums stehen auf dem Standpunkt, der besagte Schadensersatzanspruch entstamme einer öffentlich-rechtlichen Rechtsbeziehung und sei vor den Verwaltungsgerichten geltend zu machen.[1254] Dafür spreche, dass der Anspruch aus § 945 ZPO durch die Inkorporierung durch § 123 VwGO ein öffentlich-rechtlicher werde und es neben zivirechtlichen auch öffentlich-rechtliche Schadensersatzansprüche gebe.[1255] Welcher Ansicht zu folgen ist, kann hier dahinstehen, denn *in keinem Fall ist die Zuweisung des § 40 Abs. 2 S. 1 Var. 3 einschlägig.* Nach der erstgenannten Ansicht ist der Zivilrechtsweg nach § 13 GVG eröffnet; im zweiten Fall kann in der Inanspruchnahme einstweiligen Rechtsschutzes nach § 123 *keine Verletzung* öffentlich-rechtlicher *Pflichten* gesehen werden.

gg) Entschädigungsansprüche bei Widerruf eines Verwaltungsakts. Wird ein rechtmäßiger begünsti- 579 gender Verwaltungsakt widerrufen, ist unter Umständen eine Entschädigung zu zahlen. Für Streitigkeiten über die Höhe ist nach § 49 Abs. 6 S. 3 VwVfG der ordentliche Rechtsweg, d.h. hier der *Zivilrechtsweg* gegeben.

Grundlage dieser Zuweisung ist die auf den weiten Enteignungsbegriff (zum weiten Enteignungsbe- 580 griff → Rn. 504) zurückgehende Ansicht des damaligen Gesetzgebers, der Widerruf könne in bestimmten Fällen als Enteignung zu qualifizieren sein, mit der Folge, dass für Entschädigungsansprüche die verfassungsrechtliche Vorgabe des Art. 14 Abs. 3 S. 4 GG maßgeblich wäre (BT-Drs. 7/910 Anl. 1 S. 73). Diese Betrachtung ist jedoch nach der durch das BVerfG eingeleiteten dogmatischen Neuorientierung im Enteignungsrecht nicht mehr haltbar: Bei den Widerrufsbestimmungen handelt es sich, soweit Eigentum i.S.d. Art. 14 GG aufgrund des zu widerrufenden Verwaltungsakts betroffen ist, um *Inhalts- und Schrankenbestimmungen des Eigentums* nach Art. 14 Abs. 1 S. 2 GG.[1256] Sofern das Grundgesetz für solche eine Ausgleichspflicht fordert, ist verfassungsrechtlich kein bestimmter Rechtsweg vorgezeichnet. Einfachgesetzlich ist grds. nach § 40 Abs. 2 S. 1 Hs. 1 i.V.m. § 40 Abs. 1 S. 1 für Entschädigungsansprüche unter dem Gesichtspunkt der ausgleichspflichtigen Inhalts- und Schrankenbestimmungen der Verwaltungsrechtsweg gegeben (→ Rn. 543). § 49 Abs. 6 S. 3 VwVfG verdrängt als lex specialis diese allgemeine Bestimmung der VwGO.

Die ausdrückliche Zuweisung an die Zivilgerichtsbarkeit für Streitigkeiten über die Entschädigung bei 581 Widerruf von rechtmäßigen Verwaltungsakten ist aus zwei Gründen problematisch. Zum einen sind für die eng verbundenen Erstattungsansprüche gem. § 49 a VwVfG, welche die bereits erbrachten Leistungen betreffen, weiterhin die Verwaltungsgerichte nach § 40 Abs. 1 S. 1 zuständig. Ferner unterliegen *Ausgleichsansprüche gem. § 48 Abs. 3 VwVfG aufgrund der Rücknahme eines rechtswidrigen Verwaltungsakts* ebenfalls nicht dem Zivilrechtsweg. Es ist aber oftmals nicht von vornherein ersicht-

---

1250 *H. v. Nicolai,* in: Redeker/v. Oertzen § 40 Rn. 43; *Schmitt Glaeser/Horn* Rn. 63. Vgl. auch BGHZ 43, 34, 38 f. (Aufzählung hinter „und ähnlicher durch Gesetz begründeter Pflichten").

1251 BGHZ 100, 313, 314 (Vormund); *K. A. Bettermann,* JZ 1966, 445, 446.

1252 BGHZ 78, 127, 128; *M. Happ,* in: Eyermann § 123 Rn. 85; *C. Kruse,* JuS 2009, 821, 822; *M. Lemke,* DVBl 1982, 989, 990 ff.; Ule § 67 IV 2 (S. 387).

1253 BGHZ 78, 127, 129; *M. Lemke,* DVBl 1982, 989, 991.

1254 S. BVerwGE 18, 72, 77 f.; offen gelassen in BVerwG NVwZ 1991, 270. In der Lit.: *K. A. Bettermann,* JZ 1960, 335 ff.; *M. Dombert,* in: Finkelnburg/Dombert/Külpmann § 30 Rn. 547; *D. Ehlers/J.-P. Schneider,* in: Schoch/Schneider/Bier § 40 Rn. 550 f.; *R. Naumann,* SGb 1974, 399; *J. Nolte,* Die Eigenart des verwaltungsgerichtlichen Rechtsschutzes, 2015, 287.

1255 *J. Nolte,* Die Eigenart des verwaltungsgerichtlichen Rechtsschutzes, 2015, 287.

1256 *K. Rennert,* in: Eyermann § 40 Rn. 113.

lich, ob eine Rücknahme oder ein Widerruf vorliegt; dies hängt davon ab, ob der aufgehobene Verwaltungsakt rechtswidrig oder rechtmäßig gewesen ist.

582   Sofern *spezialgesetzliche Vorschriften* Widerrufsregelungen enthalten, gehen diese dem allgemeinen Verwaltungsverfahrensrecht vor. Spezielle Rechtswegzuweisungen an die ordentlichen Gerichte enthalten § 21 Abs. 6 BImSchG, § 9 Abs. 1 S. 4 KrWaffKontrG und § 18 Abs. 1 S. 5 AtG, wobei diese Bestimmung auch für Entschädigungen wegen Rücknahme gilt. Bei *Widerrufsentscheidungen durch Landesbehörden* gelten die Verwaltungsverfahrensgesetze der Länder, die Vorschriften enthalten, welche mit § 49 Abs. 6 S. 3 VwVfG deckungsgleich sind. Beinhalten spezialgesetzliche Widerrufsregelungen keine Rechtswegzuweisung, kann auf § 49 Abs. 6 S. 3 VwVfG bzw. die entsprechenden landesrechtlichen Bestimmungen zurückgegriffen werden, wenn eine abschließende Ausgestaltung nicht beabsichtigt wurde, wovon im Zweifel auszugehen ist.[1257]

583   **hh) Schadensersatz- und Entschädigungsansprüche nach dem Polizei- und Ordnungsrecht.**   Zu unterscheiden ist zwischen *Erstattungsansprüchen von Verwaltungsträgern gegen den Bürger oder andere Verwaltungsträger* (insbes. Kostenerstattungsansprüche) und *Ansprüchen des Bürgers gegen Verwaltungsträger* auf Schadensersatz bzw. Entschädigung. Während für die erstgenannten die Polizeigesetze und allgemeinen Ordnungsbehördengesetze der Länder regelmäßig ausdrücklich den Verwaltungsrechtsweg vorschreiben, ebenso wie § 56 BPolG, sehen sie durchgehend für die letztgenannten Ansprüche den ordentlichen Rechtsweg (Zivilrechtsweg) vor.[1258] Ohne diese Bestimmungen würde sich für die genannten Ansprüche des Bürgers regelmäßig aus § 40 Abs. 2 S. 1 Var. 1 und 3 derselbe Rechtsweg ergeben; deshalb wird – ohne praktische Auswirkungen – in der Lit. diskutiert, ob die landesrechtlichen Normen wegen Art. 31 GG ungültig sind[1259] (→ Rn. 498).

584   Neben dem allgemeinen Ordnungsrecht enthält teilweise auch das *spezielle Gefahrenabwehrrecht* Ersatzansprüche des Verantwortlichen (z.B. § 51 S. 2 GewO[1260] – bei Untersagung der Benutzung einer gewerblichen Anlage wegen überwiegender Nachteile und Gefahren für das Gemeinwohl; §§ 66 ff. TierSG – bei Tötung von seuchenbefallenen Tieren; § 56 IfSG – bei Verdienstausfall aufgrund Berufsausübungsverbots). Sofern nicht ausdrückliche Rechtswegzuweisungen bestehen (z.B. § 72 b TierSG – Verwaltungsrechtsweg, § 68 Abs. 1 IfSG – ordentlicher Rechtsweg), kommt es darauf an, ob die Entschädigung als reine Billigkeitsentschädigung (Verwaltungsrechtsweg nach § 40 Abs. 1 S. 1) oder als Aufopferungsentschädigung (Zivilrechtsweg gem. § 40 Abs. 2 S. 1 Var. 1) bzw. unter dem Gesichtspunkt der ausgleichspflichtigen Inhalts- und Schrankenbestimmung des Eigentums (Verwaltungsrechtsweg gem. § 40 Abs. 2 S. 1 Hs. 2 i.V.m. § 40 Abs. 1 S. 1) gewährt wird.[1261]

585   **aaa) Ansprüche bei rechtmäßigem Handeln der Polizei oder Ordnungsbehörden.**   Unter dem Gesichtspunkt des polizeilichen Notstands ist es möglich, eine nichtverantwortliche Person (Nichtstörer) zur Abwehr erheblicher Gefahren in Anspruch zu nehmen. Eine solche Inanspruchnahme stellt sich für den Betroffenen als Sonderopfer dar. Daher billigen die entsprechenden Landes- und Bundesgesetze dem *Notstandspflichtigen* bei auftretenden Schäden einen Ersatzanspruch zu, der jedoch bzgl. des Umfangs[1262] unterschiedlich ausgestaltet sein kann und regelmäßig in Geld zu leisten ist. Der Inanspruchnahme eines Nichtverantwortlichen wird die Schädigung eines *unbeteiligten Dritten* durch Maßnahmen der Gefahrenabwehr (z.B. durch Querschläger bei polizeilichem Schusswaffeneinsatz) gleichgestellt.[1263] Ansprüche aus enteignendem Eingriff und Aufopferung werden durch die gesetzlichen Regelungen verdrängt.

586   Ferner sind die Polizei und Ordnungsbehörden auch bei einem bloßen *Gefahrenverdacht* oder einer *Anscheinsgefahr* zum Einschreiten befugt, d.h. ohne Vorliegen einer objektiv tatsächlich bestehenden

---

1257   *D. Ehlers/J.-P. Schneider*, in: Schoch/Schneider/Bier § 40 Rn. 566.

1258   Vgl. § 58 PolG BW; Art. 73 Abs. 1 BayPAG; §§ 65 ASOG Bln; 42 Abs. 1 OBG Bbg; §§ 70 PolG Bbg; 62 BremPolG; 70 HSOG; 77 SOG M-V; 86 Nds. SOG; § 43 Abs. 1 OBG NRW; §§ 67 PolG NRW; 74 POG RhPf; 74 SPolG; 226 LVwG SH; 58 SächsPolG; 75 SOG LSA; 74 ThürPAG.

1259   *D. Ehlers/J.-P. Schneider*, in: Schoch/Schneider/Bier § 40 Rn. 564.

1260   Hierzu *M. Wormit*, in: Pielow, GewO, ²2016, § 51 Rn. 18 ff.

1261   Vgl. *K. Rennert*, in Eyermann § 40 Rn. 110.

1262   Teilweise wird nur eine echte Entschädigung gewährt, teilweise kann auch Schadensersatz einschließlich des entgangenen Gewinns zugesprochen werden; manche Landesbestimmungen sehen auch den Ausgleich eines Nichtvermögensschadens (z.B. Schmerzensgeld) vor.

1263   *F. Schoch*, in: Schoch 2. Kap. Rn. 411.

Gefahr. Überwiegend wird hierbei zwischen Primär- und Sekundärebene unterschieden; der so Inanspruchgenommene wird auf der primären Eingriffsebene als polizeilich Verantwortlicher und auf der sekundären Entschädigungsebene als Nichtverantwortlicher behandelt. Danach gelten die bei Inanspruchnahme eines Notstandspflichtigen vorgesehenen Entschädigungsbestimmungen analog auch für Verdachts- und Anscheinsstörer.[1264]

bbb) Ansprüche bei rechtswidrigem Handeln der Polizei oder Ordnungsbehörden. Für Schäden, die 587 jemand durch eine rechtswidrige Maßnahme der Polizei oder Ordnungsbehörden erleidet, sehen die meisten Polizei- und Ordnungsbehördengesetze der Länder sowie entsprechende Bundesgesetze einen Ersatzanspruch vor, der wiederum bzgl. des Umfangs unterschiedlich ausgestaltet sein kann. Der Begriff der Maßnahme ist weit zu verstehen. Der Anspruch ist verschuldensunabhängig und tritt neben einen eventuell bestehenden Amtshaftungsanspruch; er wird mithin nicht als sonstige Ersatzmöglichkeit i.S.d. § 839 Abs. 1 S. 2 BGB angesehen. Die gesetzlichen Regelungen verdrängen Ansprüche aus enteignungsgleichem oder aufopferungsgleichem Eingriff; beide Institute greifen aber ein, wenn keine Vorschriften bestehen.

ii) Besondere Rechtswegzuweisungen für sonstige gesetzliche Schadensersatz- und Entschädigungsansprüche. 588 Gesetzliche Ausgleichsansprüche lassen sich auf *unterschiedliche Grundgedanken* zurückführen. Sie können bspw. Enteignungsentschädigungen sein, sich unter dem Gesichtspunkt der ausgleichspflichtigen Inhalts- und Schrankenbestimmung des Eigentums, dem Gedanken der Aufopferung i.e.S., aus enteignendem, aufopferungsgleichem oder enteignungsgleichem Eingriff ergeben oder sich als reine Billigkeitsentschädigungen darstellen. Während *ohne spezielle Zuweisungen* bei Aufopferung, enteignendem sowie aufopferungsgleichem und enteignungsgleichem Eingriff der Rechtsweg zu den ordentlichen Gerichten eröffnet wäre (vgl. § 40 Abs. 2 S. 1 Var. 1 und 3),[1265] müsste bei Ansprüchen unter dem Gesichtspunkt der ausgleichspflichtigen Inhalts- und Schrankenbestimmung sowie bei Billigkeitsentschädigungen der Verwaltungsrechtsweg beschritten werden (→ Rn. 543, 546). Die Einordnung und Abgrenzung kann im Einzelfall große Schwierigkeiten bereiten, weil die Grenzen fließend sind. Sie erübrigt sich, wenn der Gesetzgeber besondere Rechtswegzuweisungen vorgenommen hat. *Besondere Zuweisungen an die ordentliche Gerichtsbarkeit enthalten* § 39 Abs. 1 S. 1 WaStrG, § 13 589 Abs. 3 S. 2 PatG, § 54 Abs. 4 PflSchG, § 7 Abs. 8 S. 3 VermG, § 68 Abs. 1 IfSG, § 30 Abs. 2 S. 1 LBG, § 24 Abs. 1 WertausgleichG, § 208 Abs. 1 BEG, §§ 75 Abs. 4, 86 Abs. 1 EnWG[1266] sowie § 85 Abs. 3 S. 1 EEG, der auf die §§ 75 ff. EnWG verweist[1267].

jj) § 217 Abs. 1 S. 4 BauGB – Baulandkammersachen. Die Anfechtung bestimmter nach dem BauGB 590 ergangener Verwaltungsakte erfolgt nach § 217 Abs. 1 BauGB vor den bei den *LG* einzurichtenden Baulandkammern. Die Baulandkammern werden trotz Mitwirkung von Verwaltungsrichtern der ordentlichen Gerichtsbarkeit zugeordnet, weil die Zivilrichter in der Mehrheit sind (BVerfGE 4, 387, 407 f.).

So ist bei Maßnahmen nach dem Vierten und Fünften Teil des Ersten Kapitels des BauGB (Umle- 591 gungsbeschluss, Grenzregelungsbeschluss und Enteignung) eine umfängliche Zuständigkeit der Baulandkammern angeordnet, die im Gegensatz zu anderen Entschädigungsregelungen sowohl für die Anfechtung des Grundverwaltungsakts (z.B. Enteignungsbeschlusses) als auch die daran anschließenden Streitigkeiten über das Ob und die Höhe einer Entschädigung gilt, d.h. den *Primär- und Sekundärrechtsschutz umfasst.* Hinsichtlich der Enteignung wird dadurch eine Rechtswegaufspaltung verhindert, weil Art. 14 Abs. 3 S. 4 GG für Streitigkeiten hinsichtlich der Höhe der Entschädigung zwingend den Zivilrechtsweg vorschreibt. Bei der Umlegung handelt es sich nicht um eine Enteignung (BVerfGE 104, 1, 9 f.).

Bzgl. der anderen in § 217 Abs. 1 S. 1 BauGB aufgezählten, nicht den Vierten und Fünften Teil des 592 Ersten Kapitels des BauGB betreffenden Streitgegenstände (z.B. Entschädigungen bei Veränderungssperren, Ausgleichs- und Entschädigungszahlungen bei Ausübung von Vorkaufsrechten, Entschädi-

---

1264 BGHZ 117, 303, 307 f.; OVG Münster DVBl 1996, 1444, 1445 m.w.N.; *V. Götz*, DVBl 1992, 1160 f.; vgl. auch *F. Schoch*, JuS 1993, 724 ff.
1265 Bei Enteignungsentschädigungen ist der Rechtsweg schon durch Art. 14 Abs. 3 S. 4 GG vorgegeben.
1266 Zum Diskussionsstand bzgl. einer Verlagerung der Rechtswegzuständigkeit an die Verwaltungsgerichtsbarkeit *S. Kressel/F. Vogl*, WiVerw 2016, 275 ff. m.w.N.; → Rn. 121 a.
1267 Dazu *A. Götz*, NVwZ 2017, 17, 19 ff.

gung für Plan- und Erschließungsschäden, Ausgleich bei bestimmten Sanierungsmaßnahmen oder städtebaulichen Geboten) sind die Baulandkammern zur Entscheidung über das Ob und die Höhe der Entschädigung berufen, nicht dagegen über den ihr zugrunde liegenden Vorgang (Veränderungssperre, Ausübung des Vorkaufsrechts, Bebauungsplan, Sanierungssatzung, Gebot) selbst, der im Verwaltungsrechtsweg zu überprüfen ist.[1268] Ferner entscheiden nach § 217 Abs. 1 S. 1 BauGB die Baulandkammern über eine Wiedereinsetzung in den vorigen Stand.

593   Aus § 217 Abs. 1 S. 2 Var. 1 BauGB ergibt sich die Zuständigkeit der Baulandkammern für Verwaltungsakte nach dem BauGB, für die eine Anwendung des Entschädigungsabschnitts im Enteignungsteil des BauGB (§§ 93–103 BauGB) vorgeschrieben ist; dies gilt z.B. gem. § 176 Abs. 5 S. 2 sowie § 179 Abs. 3 S. 3 BauGB, in denen über § 43 Abs. 2 S. 2 BauGB auf die §§ 93 ff. BauGB verwiesen wird. Ferner ergibt sich aus § 217 Abs. 1 S. 2 Var. 2 BauGB die Zuständigkeit für Verwaltungsakte, die zwar selbst keine Umlegung, Grenzregelung oder Enteignung darstellen, aber in einem Verfahren nach dem Vierten und Fünften Teil des Ersten Kapitels des BauGB (§§ 45–122 BauGB) erlassen werden. Schließlich folgt aus § 217 Abs. 1 S. 2 Var. 3 BauGB die Zuständigkeit für Streitigkeiten über die Höhe der Entschädigung nach § 190 BauGB i.V.m. § 88 Nr. 7 und § 89 Abs. 2 des FlurbG.

594   Die Sätze 1 und 2 in § 217 Abs. 1 BauGB bestimmen die Zuständigkeit *enumerativ* und damit *abschließend*.[1269] Verwaltungsakte, die nicht unter die Aufzählung fallen (z.B. Ausübung des öffentlich-rechtlichen Vorkaufsrechts), sind vor den Verwaltungsgerichten zu überprüfen. Die Zuweisungsnorm ist im Zweifel weit auszulegen; eine Zuständigkeit kraft Sachzusammenhangs ist aber abzulehnen, da nach § 40 Abs. 1 S. 1 Hs. 2 abdrängende Sonderzuweisungen einer ausdrücklichen Regelung bedürfen. Für *Bußgeldbescheide auf der Grundlage des Baugesetzbuchs* (vgl. § 213 BauGB) sind nach § 68 OWiG die AG zuständig.

595   **kk) § 23 EGGVG – Rechtsweg bei Maßnahmen von Justiz- und Vollzugsbehörden.** Die durch § 179 in das EGGVG eingefügte besondere Rechtswegzuweisung des § 23 Abs. 1 EGGVG ist von der Annahme getragen, dass die ordentlichen Gerichte über die Rechtmäßigkeit von Verwaltungsmaßnahmen auf den Gebieten des bürgerlichen Rechts, des Zivilprozesses, der freiwilligen Gerichtsbarkeit und der Strafrechtspflege kompetenter und sachnäher entscheiden können als die ansonsten nach § 40 Abs. 1 S. 1 zuständigen Verwaltungsgerichte.[1270] Sachlich zuständig ist das OLG.

596   Der Rechtsweg ist unabhängig von der *Antragsart*. Unbestritten kommen Anfechtungs-, Verpflichtungs- und sonstige Leistungsanträge in Betracht. Ob allgemeine Feststellungsanträge zulässig sind, ist umstr.[1271] Keineswegs aber sind die Verwaltungsgerichte für Justizverwaltungsakte betreffende Feststellungsanträge zuständig; denn dies widerspräche dem Sinn und Zweck der Norm. Bei erledigten Maßnahmen sieht § 28 Abs. 1 S. 4 EGGVG ausdrücklich einen Fortsetzungsfeststellungsantrag vor. Auf künftige Fälle bezogene vorbeugende Unterlassungsanträge werden ganz überwiegend für unzulässig gehalten.[1272]

597   Die Regelungen der §§ 23 ff. EGGVG enthalten keine Bestimmungen über die Gewährung *vorläufigen Rechtsschutzes*. Um effektiven Rechtsschutz zu gewährleisten (Art. 19 Abs. 4 S. 1 GG), wird die Zulässigkeit einstweiliger Anordnungen von einem Teil der Rspr. bejaht,[1273] wenn schwere und unzumutbare, nicht anders anwendbare Nachteile drohen.

598   **aaa) § 23 Abs. 1 S. 1 EGGVG. (1) Justizbehörde.** Der Begriff der Justizbehörde ist im Gesetz nicht definiert. Einigkeit besteht aber darüber, dass der Begriff nicht organisatorisch, sondern *funktional* zu

---

1268   *D. Ehlers/J.-P. Schneider*, in: Schoch/Schneider/Bier § 40 Rn. 574; ausf. *W. Kalb*, in: Ernst/Zinkahn/Bielenberg/Krautzberger BauGB § 217 Rn. 1 ff.
1269   *K. Rennert*, in: Eyermann § 40 Rn. 114.
1270   Vgl. BGHSt 44, 107, 112 f.; *D. Ehlers/J.-P. Schneider*, in: Schoch/Schneider/Bier § 40 Rn. 582.
1271   Dagegen: OLG Hamburg NStZ-RR 1996, 13, 14; OLG München NJW 1975, 509, 511; *Katholnigg* § 23 EGGVG Rn. 11 m.w.N.; *Kissel/Mayer* § 23 EGGVG Rn. 48. Dafür: *R. Böttcher*, in: Löwe/Rosenberg, Bd. 10, ²⁶2010, § 23 EGGVG Rn. 77; *D. Ehlers/J.-P. Schneider*, in: Schoch/Schneider/Bier § 40 Rn. 584.
1272   Vgl. *Katholnigg* § 23 EGGVG Rn. 11; *Kissel/Mayer* § 23 EGGVG Rn. 48, jeweils m.w.N. A.M. *R. Böttcher*, in: Löwe/Rosenberg, Bd. 10, ²⁶2010, § 23 EGGVG Rn. 77.
1273   S. OLG Karlsruhe NStZ 1994, 142, 143 mit umfangreichen Nachw.; a.M. OLG Celle JR 1984, 297; OLG Hamm GA 1975, 150, 151. Offen gelassen von KG 5.4.2012 – 4 VAs 14/12.

verstehen ist.[1274] Während der Wortbestandteil „behörde" Rechtsprechungsorgane, sofern sie in dieser Eigenschaft tätig werden, aus dem Anwendungsbereich der Vorschrift ausscheidet, charakterisiert der Bestandteil „Justiz" die aufgabenmäßige Zuordnung der in Rede stehenden Amtshandlungen.

Somit kommt es nicht darauf an, ob die handelnde Stelle in die Organisation des Justizministeriums **599** eingebunden ist. Justizbehörde i.S.d. § 23 Abs. 1 S. 1 EGGVG können daher neben solchen Stellen wie Gerichten (sofern sie nicht rechtsprechend tätig werden), Staatsanwaltschaft (→ Rn. 607 ff., 622 ff.), Gerichtsvollzieher (OLG Karlsruhe MDR 1976, 54), Rechtspfleger, Justizminister (BGHSt 46, 261, 266; BVerwGE 49, 221, 225 f.), Bundeszentralregister (OLG Hamm JR 1998, 345, 346 [im Sachverhalt]), auch die Polizei (BGHSt 28, 206, 208 f.; BVerwGE 47, 255, 263), Innenminister[1275], Finanzbehörden (BFHE 138, 164, 168 f.; OLG Celle MDR 1990, 360), das Bundeskartellamt (KG MDR 1980, 676, 677) oder eine Landesregierung (VG Stuttgart NJW 1975, 1294) sein.

Auszuscheiden sind daher zunächst diejenigen Stellen, die nicht (Justiz-)Behörde i.S.d. § 23 Abs. 1 S. 1 **600** EGGVG sind. Das sind alle *Organe, die in richterlicher Unabhängigkeit (Art. 97 Abs. 1 GG) i.R.d. Rechtspflege rechtsprechend tätig sind* (BVerwGE 47, 255, 259; KG MDR 1980, 676, 677; OLG Düsseldorf NJW-RR 1996, 1273). Dazu gehört auch die richterliche Tätigkeit in der freiwilligen Gerichtsbarkeit und im Rechtshilfeverkehr mit dem Ausland[1276] (zur internationalen Rechtshilfe in Strafsachen → Rn. 664 ff.).

Als Maßnahmen von rechtsprechenden Organen sind danach von der Vorschrift des § 23 EGGVG **601** *nicht erfasst:* Entscheidungen des Gerichts über Akteneinsicht (OLG Hamburg NStZ 1982, 482; OLG Hamm NStZ-RR 1996, 210), Kopien und Auskünfte aus Gerichtsakten während eines laufenden Verfahrens (OLG Karlsruhe NJW 1991, 182; vgl. auch BGHZ 51, 193 [LS]), Entfernung von Schriftstücken aus den Akten während eines laufenden Verfahrens (OLG Köln NJW 1966, 1761), Zuweisung eines Rechtsanwalts,[1277] sitzungspolizeiliche Anordnungen (OLG Hamburg NStZ 1992, 509), Antrag auf Änderung einer strafrechtlichen Entscheidungsbegründung wegen ehrverletzenden Inhalts (VGH München NJW 1995, 2940 f.), Gewährung oder Versagung von Prozesskostenhilfe,[1278] Terminsverlegung oder -absetzung (OLG Brandenburg OLG-NL 1996, 71; OLG Koblenz MDR 1973, 521), Bestellung zum Insolvenzverwalter oder ihre Ablehnung (OLG Düsseldorf JMBlNW 1996, 215), Tonbandaufnahme während der Gerichtsverhandlung (OLG München NJW 1966, 436), Versagung eines Reisekostenvorschusses für mittellosen Beteiligten (BGHZ 64, 139, 141 ff.).

Dagegen ist das *Gericht als Justizbehörde* i.S.d. § 23 Abs. 1 S. 1 EGGVG anzusehen, wenn es über die **602** Gewährung von Akteneinsicht an außenstehende Dritte außerhalb eines anhängigen Verfahrens (OLG Karlsruhe NStZ 1994, 50) bzw. über die Einsichtnahme eines Rechtsanwalts in eine gerichtsinterne Entscheidungssammlung befindet (KG NJW 1976, 1326 [LS 1] – Nr. 22) oder eine beantragte Mikroverfilmung des Handelsregisters ablehnt (BGHZ 108, 32, 36). Insbes. ist der Gerichtspräsident als Justizbehörde anzusehen, wenn er in Ausübung von Justizverwaltung (z.B. Beibringung eines Ehefähigkeitszeugnisses) über Anträge entscheidet (BGHZ 41, 136, 138).

Ist nunmehr eine rechtsprechende Tätigkeit ausgeschlossen, kommt es nur darauf an, ob die in Rede **603** stehende Amtshandlung gerade als *spezifisch justizmäßige Aufgabe in einem der in § 23 Abs. 1 EGGVG genannten Rechtsgebiete* anzusehen ist (BVerwGE 69, 192, 195; BVerwG NJW 1989, 412, 414). Nicht ausreichend ist dagegen, dass sich eine Amtshandlung lediglich als Reflex in einem dieser Rechtsgebiete auswirkt, auch wenn diese Auswirkung erheblich ist. Ebenso reicht eine bloße Sachnähe zur ordentlichen Gerichtsbarkeit allein nicht aus.[1279] Daher ist eine zum Schutz eines verdeckten Ermittlers (Gefahrenabwehr) durch den Innenminister nach Maßgabe des § 96 StPO erlassene Sperrerklärung vor den Verwaltungsgerichten anzufechten (BGHSt 44, 107 [LS]).

1274 BGHSt 44, 107, 113; BGHZ 105, 395, 399; BVerwGE 69, 192, 195; OLG Hamburg NJW 1982, 297; OVG Koblenz 20.11.1996 – 7 E 13031/96; *R. Böttcher*, in: Löwe/Rosenberg, Bd. 10, [26]2010, § 23 EGGVG Rn. 2; *Kissel/Mayer* § 23 EGGVG Rn. 14; *H. Mayer*, in: KK-StPO, [7]2013, § 23 EGGVG Rn. 10; *F. Schoch*, Jura 2001, 628, 630.

1275 BVerwGE 69, 192, 195 ff. – im konkreten Fall (Sperrerklärung) abgelehnt, weil funktionaler Zusammenhang zur Strafrechtspflege nicht gegeben war. Vgl. auch VGH Kassel NJW 1984, 1253.

1276 Näher dazu *R. Böttcher*, in: Löwe/Rosenberg, Bd. 10, [26]2010, § 23 EGGVG Rn. 4 ff.

1277 *Baumbach/Lauterbach/Albers/Hartmann* § 23 EGGVG Rn. 1.

1278 *Kissel/Mayer* § 23 EGGVG Rn. 144.

1279 BVerwGE 69, 192, 197; BVerwG NJW 1989, 412, 414; BGHSt 44, 107, 114 f.; 46, 261, 263; BGHZ 105, 395, 400.

604 **(2) „Justizverwaltungsakt".** **(a) Allgemein.** Gegenstand eines unter § 23 Abs. 1 S. 1 EGGVG fallenden Rechtsschutzbegehrens muss eine *Anordnung, Verfügung oder sonstige Maßnahme zur Regelung einzelner Angelegenheiten* sein. Zur Unterscheidung von anderen Formen hoheitlichen Handelns hat sich der Begriff des Justizverwaltungsakts durchgesetzt, der jedoch im Gesetz selbst nicht vorkommt und zu Unklarheiten führen kann. Denn nach überwiegend vertretener Ansicht ist damit kein Verwaltungsakt i.S.v. § 35 VwVfG gemeint. Daher können auch Realakte einen Justizverwaltungsakt i.S.d. § 23 Abs. 1 EGGVG darstellen.[1280] Wie sich aus § 23 Abs. 2, § 24 Abs. 1 sowie § 28 Abs. 2 und 3 EGGVG ergibt, ist auch die Ablehnung oder Unterlassung einer Maßnahme erfasst, sodass grds. jedes Tun, Dulden oder Unterlassen zum Gegenstand des Rechtsschutzes nach § 23 Abs. 1 EGGVG gemacht werden kann.

605 Umstr. ist, welche Anforderungen an das Vorliegen eines Justizverwaltungsakts zu stellen sind. Überwiegend wird verlangt, die Maßnahme müsse *unmittelbare Außenwirkung entfalten.*[1281] Deshalb sollen Auskünfte, Mitteilungen, Belehrungen, Warnungen, bloße Hinweise auf die Rechtslage[1282], behördeninterne Weisungen sowie der Rechtsverkehr innerhalb und zwischen Behörden[1283] keine Justizverwaltungsakte sein, während in der Lit. zutreffend darauf hingewiesen wird, dass die erwähnten Maßnahmen teilweise doch Außenwirkung entfalten[1284]. Nach a.A. müsse zwar nicht notwendig eine unmittelbare Außenwirkung gegeben sein, die Maßnahme dann aber *zumindest auf eine Regelung abzielen.*[1285] Diese Ansicht erweist sich als überzeugend. Eine unmittelbare Außenwirkung der unter § 23 Abs. 1 EGGVG fallenden Maßnahmen ist nach dem Wortlaut nicht verlangt. Die Gegenmeinung orientiert sich zu stark am Leitbild des Verwaltungsakts i.S.d. § 35 VwVfG. Da der Begriff „Justizverwaltungsakt" jedoch nicht im Gesetz enthalten ist, sind solche Anleihen auch nicht angezeigt. Hat eine Maßnahme keine Außenwirkung, wird es aber oftmals an der nach § 24 Abs. 1 EGGVG erforderlichen Antragsbefugnis fehlen (so auch KG NJW-RR 1994, 571). Sofern auch auf eine Regelungswirkung verzichtet werden soll,[1286] kann dem aufgrund des eindeutigen Wortlauts der Vorschrift („zur Regelung einzelner Angelegenheiten") nicht gefolgt werden.[1287]

606 Die Maßnahme muss die *Regelung einzelner Angelegenheiten* betreffen. Allgemeine Verfügungen, abstrakt-generelle Regelungen, insbes. Verwaltungsvorschriften, sind nicht von § 23 Abs. 1 EGGVG erfasst. Demnach stellen bspw. die Richtlinien für das Straf- und Bußgeldverfahren (OLG Koblenz GA 1974, 251) sowie Geschäftsverteilungspläne (BVerwGE 50, 11, 16) keine Justizverwaltungsakte dar. Von allgemeinen Angelegenheiten sind aber Bündel von Einzelmaßnahmen zu unterscheiden.[1288]

607 **(b) Prozesshandlungen der Staatsanwaltschaft.** Umstr. ist, ob zu den nach § 23 Abs. 1 EGGVG überprüfbaren Justizverwaltungsakten auch sog. Prozesshandlungen der Staatsanwaltschaft bzw. der Polizei im strafrechtlichen Ermittlungsverfahren gehören.[1289] Darunter sind die auf die Einleitung, Durchführung sowie Gestaltung des Ermittlungsverfahrens und des Verfahrens vor Gericht bezogenen Vorgänge zu verstehen. Dazu gehören bspw. die Entscheidung über das Vorliegen eines zur Durchführung eines Ermittlungsverfahrens hinreichenden Anfangsverdachts, die Anhörung von Zeugen, die Erhebung der öffentlichen Klage, die Verweigerung der Einsicht in die Ermittlungsakte und die Verfügung der Staatsanwaltschaft, einem Untersuchungsausschuss Einsicht in die Ermittlungsakte zu gewähren (OLG Stuttgart 15.11.2012 – 41 VAs 3/12). Dazu zählen ferner die strafprozessualen Zwangsmaßnahmen, bei denen zwischen der Anordnung der Ermittlungshandlung sowie der Art und Weise ihres Vollzugs zu unterscheiden ist. Zu diesen Prozesshandlungen gehören bspw. die Durchsuchung, Be-

---

1280 BVerwG NJW 1989, 412, 413 m.w.N.; KG NJW-RR 1994, 571; OVG Koblenz 20.11.1996 – 7 E 13031/96.

1281 BGHSt 46, 261, 263; OLG Karlsruhe NZV 1993, 364, 365; VGH Kassel NVwZ 1992, 389; a.M. KG NJW-RR 1994, 571. Unklar BVerwG NJW 1989, 412, 413: *„jedenfalls* unmittelbare Außenwirkung" (Hervorhebung durch den Verf.).

1282 OLG Bamberg JVBl 1963, 175; *Kissel/Mayer* § 23 EGGVG Rn. 26.

1283 *R. Böttcher,* in: Löwe/Rosenberg, Bd. 10, ²⁶2010, § 23 EGGVG Rn. 50 m.w.N.; *H. Mayer,* in: KK-StPO, ⁷2013, § 23 EGGVG Rn. 26; vgl. auch KG NJW-RR 1994, 571.

1284 *D. Ehlers/J.-P. Schneider,* in: Schoch/Schneider/Bier § 40 Rn. 589.

1285 *Katholnigg* § 23 EGGVG Rn. 2.

1286 So *S. Pabst,* in: MüKoZPO § 23 EGGVG Rn. 3 zur Vermeidung einer *Rechtswegzersplitterung.*

1287 *D. Ehlers/J.-P. Schneider,* in: Schoch/Schneider/Bier § 40 Rn. 589.

1288 *R. Böttcher,* in: Löwe/Rosenberg, Bd. 10, ²⁶2010, § 23 EGGVG Rn. 45.

1289 Vgl. dazu *R. Böttcher,* in: Löwe/Rosenberg, Bd. 10, ²⁶2010, § 23 EGGVG Rn. 52 ff.; *D. Ehlers/J.-P. Schneider,* in: Schoch/Schneider/Bier § 40 Rn. 592 f.; *M. Jortzig/W. Kunze,* Jura 1990, 294, 296 ff.; *Kissel/Mayer* § 23 EGGVG Rn. 31 ff.

schlagnahme, erkennungsdienstliche Behandlung, Anfertigung von Lichtbildern und vorläufige Festnahme.

Der Streit um die Einbeziehung dieser Prozesshandlungen wirft komplizierte Fragen nach dem *Verhältnis von § 40 Abs. 1 S. 1 VwGO und § 23 Abs. 1 EGGVG zu den Rechtsbehelfen der StPO* auf, wobei diese oftmals eben keinen Rechtsschutz ausdrücklich vorsieht[1290]. So soll sich nach der überwiegend vertretenen Auffassung der Rechtsschutz in erster Linie allein nach den durch die StPO eröffneten Möglichkeiten richten,[1291] d.h. oftmals gar nicht bestehen. Wegen des Vorliegens bloßer Verfahrenshandlungen scheide eine isolierte Anfechtbarkeit aus. Vor dem Hintergrund der Gewährleistung aus Art. 19 Abs. 4 S. 1 GG wurde nach früherer überwiegender Ansicht in der Rspr. und Lit. bei Grundrechtseingriffen ein Rückgriff auf § 23 Abs. 1 EGGVG zugelassen (Nachw. bei BGHSt 44, 265, 269). Heute wird von der Rspr. die Lösung der Rechtsschutzlücken über eine entsprechende Anwendung von § 98 Abs. 2 StPO gesucht (grundlegend BGHSt 44, 265, 267 ff.; 45, 183, 186 f.; → Rn. 625 ff.). Die Begründungen dieser Lösung gehen jedoch nicht auf das Verhältnis von § 40 Abs. 1 S. 1 VwGO zu den §§ 13 GVG und 23 Abs. 1 EGGVG sowie § 98 Abs. 2 StPO (analog) ein. Da es sich in den beschriebenen Fällen um öffentlich-rechtliche Streitigkeiten nichtverfassungsrechtlicher Art i.S.d. § 40 Abs. 1 S. 1 handelt, kommt eine analoge Anwendung des § 98 Abs. 2 StPO nicht in Betracht, um aus sich selbst heraus die Unzuständigkeit der Verwaltungsgerichte zu begründen. Erforderlich ist vielmehr eine ausdrückliche Zuweisung an die ordentliche Gerichtsbarkeit, wofür entweder § 13 GVG oder § 23 Abs. 1 EGGVG in Betracht kommen. 608

Entgegen der überwiegend vertretenen Auffassung stellen auch die *Prozesshandlungen der Staatsanwaltschaft und Polizei Justizverwaltungsakte i.S.d. § 23 Abs. 1 S. 1 EGGVG dar.* Dies gilt unabhängig davon, ob es sich um reine Verfahrenshandlungen (z.B. Einleitung des Verfahrens) oder auch um die mit Grundrechtseingriffen verbundenen strafprozessualen Ermittlungstätigkeiten bzw. Zwangsmaßnahmen (z.B. Durchsuchung) handelt. Der Wortlaut der Vorschrift gibt für eine diesbezüglich einschränkende Interpretation nichts her, zumal es nach der hier vertretenen Ansicht auch nicht auf unmittelbare Außenwirkungen ankommt. Die Prozesshandlungen haben aber doch regelnden Charakter. Die Kriterien, nach denen zwischen unter die Bestimmung des § 23 Abs. 1 S. 1 EGGVG fallenden und nicht fallenden Maßnahmen unterschieden werden soll, sind zu unbestimmt bzw. gar nicht nachvollziehbar.[1292] Besonderer Prüfung bedarf aber in jedem Fall die Antragsbefugnis nach § 24 Abs. 1 EGGVG, die einer Ausuferung des Rechtsschutzes entgegensteht.[1293] 609

Zunächst kann somit festgestellt werden, dass aufgrund einer ausdrücklichen – und damit die Anforderungen des § 40 Abs. 1 S. 1 Hs. 2 erfüllenden – abdrängenden Sonderzuweisung der Rechtsweg zu den ordentlichen Gerichten eröffnet ist, ohne dass es darauf ankommt, ob § 13 GVG einschlägig ist, weil jedenfalls im Verhältnis beider Vorschriften § 23 EGGVG spezieller ist. Damit ist indessen noch nichts gegen die von der Rspr. praktizierte Schließung von Rechtsschutzlücken in der StPO über eine analoge Anwendung von § 98 Abs. 2 StPO ausgesagt (→ Rn. 626 f.). Denn innerhalb des ordentlichen Rechtswegs kann auch aufgrund einer Analogie ein besonderer Rechtsbehelf vorgehen, der das Verfahren nach den §§ 23 ff. EGGVG verdrängt, welches nach § 23 Abs. 3 EGGVG nur subsidiär ist. 610

(3) Rechtsgebiete. (a) Allgemein. Die von § 23 Abs. 1 S. 1 EGGVG erfassten Maßnahmen müssen auf den dort genannten Rechtsgebieten (bürgerliches Recht einschließlich des Handelsrechts, Zivilprozess, freiwillige Gerichtsbarkeit und Strafrechtspflege) ergehen, wobei aufgrund des funktionalen Justizbehördenbegriffs die Frage nach dem Vorliegen der Justizbehördeneigenschaft nicht losgelöst von der Betroffenheit eines einschlägigen Rechtsgebiets beantwortet werden kann. 611

Nicht ausreichend ist dagegen, dass sich eine Amtshandlung lediglich als *Reflex* in einem der genannten Rechtsgebiete auswirkt, auch wenn diese Auswirkung erheblich ist. Ebenso ist eine *bloße Sachnähe* zur ordentlichen Gerichtsbarkeit allein nicht ausreichend.[1294] Unter diesem Gesichtspunkt wurde der ordentliche Rechtsweg verneint bei: 612

1290 Vgl. die in BVerfGE 96, 27, 36 wiedergegebene Äußerung des Bundesministeriums der Justiz.
1291 Rechtsprechungsnachw. bei *Kissel/Mayer* § 23 EGGVG Rn. 31 ff.; *K. Rennert*, in: Eyermann § 40 Rn. 130.
1292 Vgl. nur die Bsp. bei *Katholnigg* § 23 EGGVG Rn. 14 f.
1293 So auch *D. Ehlers/J.-P. Schneider*, in: Schoch/Schneider/Bier § 40 Rn. 593.
1294 BVerwGE 69, 192, 197; BVerwG NJW 1989, 412, 414; BGHSt 44, 107, 114 f.; 46, 261, 266; BGHZ 105, 395, 400.

- Presseverlautbarungen der Staatsanwaltschaft über ein Ermittlungsergebnis (BVerwG NJW 1989, 412, 413 f.; NJW 1992, 62),
- einer Sperrerklärung des Innenministers gem. § 96 StPO (BGHSt 44, 107, 111 ff.; VG Berlin StV 2004, 251, 252) und
- einer Dienstaufsichtsbeschwerde gegen Richter i.R. eines Entmündigungsverfahrens (BGHZ 105, 395, 400).

613   Ferner sind für *sachgebietsübergreifende Maßnahmen*, die zwar auch eines der genannten Rechtsgebiete betreffen, aber sich nicht darauf beschränken, nicht die ordentlichen Gerichte nach § 23 Abs. 1 EGGVG zuständig. Umstr. ist, ob deshalb auch der Verwaltungsrechtsweg für die Vereidigung von Dolmetschern gem. § 189 GVG und für die Ermächtigung von Übersetzern gem. § 142 Abs. 3 ZPO eröffnet ist oder § 23 EGGVG greift, wobei die höchstrichterliche Rspr. nunmehr den Verwaltungsrechtsweg bejaht.[1295]

614   Das Verfahren nach den §§ 23 ff. EGGVG soll sich nach teilweise vertretener Ansicht nicht nur auf *Justizverwaltungsakte* innerhalb der ordentlichen Gerichtsbarkeit beziehen, sondern auch auf solche *aus dem Bereich der Arbeitsgerichtsbarkeit* (OLG Schleswig NJW 1989, 110, 111). Die u.a. vom BGH befürwortete Gegenposition vertritt die Auffassung, es gelte hierfür die Generalklausel des § 40 Abs. 1 S. 1, und spricht sich somit für die Eröffnung des Verwaltungsrechtswegs aus.[1296]

615   *Maßnahmen der Dienstaufsicht* fallen generell nicht unter die von § 23 EGGVG erfassten Rechtsgebiete (BGHZ 105, 395 [LS]). Daher können vor den ordentlichen Gerichten weder dienstaufsichtliche Maßnahmen verlangt noch Bescheide aufgrund von Dienstaufsichtsbeschwerden angegriffen werden.

616   **(b) Doppelfunktionale Maßnahmen der Polizei.** Umstr. ist die Ermittlung des richtigen Rechtswegs bei doppelfunktionalen Maßnahmen der Polizei. Darunter werden Handlungen verstanden, die sich nicht ohne Weiteres als Maßnahmen der Gefahrenabwehr oder Strafverfolgung einordnen lassen, weil sie nach Maßgabe entsprechender Befugnisnormen sowohl nach Polizeirecht als auch nach der StPO vorgenommen worden sein könnten (z.B. Durchsuchung, Beschlagnahme, Ingewahrsamnahme, Identitätsfeststellung, polizeiliche Beobachtung, Einrichtung von Kontrollstellen).[1297] Handelt die Polizei zur Gefahrenabwehr, ist grds. der Verwaltungsrechtsweg nach § 40 Abs. 1 S. 1 gegeben. Dagegen sind die Strafgerichte zur Überprüfung der zur Strafverfolgung vorgenommenen Maßnahmen, die sich als Justizverwaltungsakte darstellen, gem. § 23 Abs. 1 EGGVG berufen (was nicht ausschließt, die sachliche Zuständigkeit aus einer entsprechenden Anwendung von § 98 Abs. 2 StPO abzuleiten, → Rn. 610, 622 ff.).

617   Überwiegend wird die Auffassung vertreten, im Hinblick auf die Rechtswegfrage müsse eine Entscheidung zwischen präventiver und repressiver Polizeitätigkeit erfolgen. Nach dieser Ansicht ist deshalb der *Schwerpunkt* der streitgegenständlichen Maßnahme zu ermitteln, d.h. es ist zu hinterfragen, ob diese schwerpunktmäßig der *Gefahrenabwehr* oder der *Strafverfolgung* diente.[1298] Unklar bleibt jedoch, ob bei der Schwerpunktbildung in erster Linie auf den subjektiven Horizont der handelnden Polizeibeamten[1299] oder aber eher auf die natürliche Sichtweise eines verständigen Bürgers in der Lage des Betroffenen (VGH Mannheim NVwZ-RR 1989, 412, 413) abzustellen ist. Der überwiegende Teil des Schrifttums geht in Übereinstimmung mit dem BVerwG davon aus, zunächst sei festzustellen, ob sich die handelnden Polizeibeamten gegenüber dem Betroffenen auf eine bestimmte Eingriffsgrundlage festgelegt hätten, wobei nur Äußerungen während des Eingriffs beachtlich seien. Fehlten dahingehen-

1295   Für ordentlichen Rechtsweg: *Baumbach/Lauterbach/Albers/Hartmann* § 23 EGGVG Rn. 3 (bezogen auf die Vereidigung von Dolmetschern gem. § 189 GVG); *Kissel/Mayer* § 23 EGGVG Rn. 117. Für Verwaltungsrechtsweg: BVerwG NJW 2007, 1478 f.; BGH NJW 2007, 3070 f.; *D. Ehlers/J.-P. Schneider*, in: Schoch/Schneider/Bier § 40 Rn. 596.

1296   BGH NJW 2003, 2989 f.; *Baumbach/Lauterbach/Albers/Hartmann* § 23 EGGVG Rn. 2; *D. Ehlers/J.-P. Schneider*, in: Schoch/Schneider/Bier § 40 Rn. 594; *K. Rennert*, in: Eyermann § 40 Rn. 126.

1297   BGH NJW 2017, 3173, 3175 ff.; *M. Lenk*, NVwZ 2018, 38, 41; *F. Schoch*, Jura 2001, 628, 631. Praktische Bsp. bei *M. Dörschuck*, Kriminalistik 1997, 740 f.

1298   S. BVerwGE 47, 255, 264 f.; OVG Bln NJW 1971, 637; OVG Münster NJW 1980, 855; VGH Mannheim NVwZ-RR 2011, 231, 232; VGH München NVwZ 1986, 655; *M. Artzt*, Kriminalistik 1998, 353; *G. Fezer*, Jura 1982, 126, 133; *Kissel/Mayer* § 23 EGGVG Rn. 19; *K. Rennert*, in: Eyermann § 40 Rn. 130.

1299   So wohl BVerwGE 47, 255, 264 f.; das BVerwG geht davon aus, dass die Polizei dem Betroffenen den Grund ihres Einschreitens auf Verlangen oder von sich aus angebe. Zu möglichen subjektiven Äußerungen am Einsatzort vgl. *M. Dörschuck*, Kriminalistik 1997, 740, 741; ebenfalls auf die subjektive Zwecksetzung der Polizeibehörden abstellend *Pietzner/Ronellenfitsch* Rn. 167.

de Äußerungen zur Rechtsgrundlage, wobei dem Bürger ein Fragerecht zugestanden wird, sei in objektiver Hinsicht der Schwerpunkt zu bestimmen.[1300] Ist der Schwerpunkt der Maßnahme für den Betroffenen nicht klar erkennbar und kann die Polizei ihr Einschreiten aber (wenigstens auch) auf eine präventiv-polizeiliche Rechtsgrundlage stützen, so soll der Verwaltungsrechtsweg eröffnet sein.[1301] Unklar bleibt auch, ob auf der Grundlage der h.M. der Schwerpunkt für den gesamten Geschehensablauf gebildet werden darf oder nur für einen einzelnen Eingriff.[1302] Konsequenz dieser Beurteilung nach dem Schwerpunkt ist die Eröffnung nur *eines Rechtswegs*, nämlich entweder des Verwaltungsrechtswegs aus § 40 Abs. 1 S. 1 oder des ordentlichen Rechtswegs aus § 23 Abs. 1 S. 1 EGGVG, wobei das zuständige Gericht den Streit unter Berücksichtigung aller rechtlichen Gesichtspunkte entscheidet (§ 17 Abs. 2 S. 1 GVG).[1303]

Nach einer Gegenansicht in der Lit. kann bei Maßnahmen, die sowohl nach dem Polizeirecht als auch   618
nach der Strafprozessordnung vorgenommen worden sein könnten, der Verwaltungsrechtsweg oder der ordentliche Rechtsweg *nach Wahl des betroffenen Bürgers* beschritten werden.[1304] Diese Lösung verdient den Vorzug; denn es ist letztlich kaum möglich, aufgrund von nachvollziehbaren und bestimmbaren Kriterien den Schwerpunkt einer Maßnahme zu ermitteln. Insbes. geht das Argument des BVerwG, die Polizei würde von sich aus bzw. auf Verlangen die Rechtsgrundlage nennen, oftmals an der Realität vorbei. Auch ist die Polizei befugt, ihre Maßnahmen auf verschiedene Rechtsgrundlagen zu stellen; sie muss sich nicht am Einsatzort entscheiden, ob sie ausschließlich oder schwerpunktmäßig präventiv bzw. repressiv tätig werden will. Die von der h.M. postulierte Eröffnung (nur) eines Rechtswegs belastet den Bürger mit einer unabsehbaren Rechtswegfrage und nötigt die Gerichte dazu, möglicherweise aus vorgetragenen Nebensächlichkeiten Anhaltspunkte für die Schwerpunktbildung zu ziehen. Da nach § 17 Abs. 2 S. 1 GVG der Streitgegenstand vom angerufenen Gericht unter allen rechtlichen Gesichtspunkten zu würdigen ist, droht auch keine Rechtswegverdoppelung.[1305]

Zunächst ist aber stets zu untersuchen, ob bei *mehreren zusammenhängenden Maßnahmen* einzelne   619
abgetrennt werden können, die eindeutig präventiven oder repressiven Charakter haben, und das polizeiliche Maßnahmenbündel so einer Aufspaltung zugänglich ist. Für diese unterschiedlichen Streitgegenstände ist dann getrennt der Rechtsweg zu ermitteln.[1306] Nicht möglich ist es dagegen, *eine* doppelfunktionale Maßnahme in zwei Akte aufzuspalten[1307].

bbb) § 23 Abs. 1 S. 2 EGGVG – Vollzugsbehörden/Sachgebiete. Die in Bezug auf § 23 Abs. 1 S. 1   620
EGGVG dargestellten Grundsätze sind entsprechend auf den Satz 2 in dieser Vorschrift anzuwenden. So ist auch das Vorliegen der Vollzugsbehördeneigenschaft nach funktionalen Gesichtspunkten zu bestimmen, d.h. Vollzugsbehörden müssen nicht organisatorisch in den Justizvollzug eingegliedert sein. So kann auch ein Landeskrankenhaus (OLG Celle NdsRpfl 1968, 41, 42) oder ein Anstaltsarzt[1308] Vollzugsbehörde i.S.d. § 23 Abs. 1 S. 2 EGGVG sein. Die Maßnahmen der Vollzugsbehörden müssen auf den Sachgebieten des Vollzugs der Untersuchungshaft sowie derjenigen Freiheitsstrafen und Maßregeln der Besserung und Sicherung liegen, die außerhalb des Justizvollzugs (z.B. im Vollzug durch Behörden der Bundeswehr bei Soldaten) vollzogen werden.[1309] Für den Vollzug der Untersuchungshaft

---

1300 Vgl. *M. Artzt*, Kriminalistik 1998, 353.
1301 BVerwG NVwZ-RR 2014, 327, 328.
1302 Auf der Grundlage der h.M. abl. *M. Dörschuck*, Kriminalistik 1997, 740; bejahend *F. Schoch*, Jura 2001, 628, 631.
1303 Vgl. *F. Schoch*, Jura 2001, 628, 631.
1304 S. *M. Dörschuck*, Kriminalistik 1997, 740, 744 f.; *D. Ehlers/J.-P. Schneider*, in: Schoch/Schneider/Bier § 40 Rn. 607; *F. Schoch*, Jura 2013, 1115, 1122. Offen gelassen, aber krit. zur Schwerpunkttheorie OVG Münster NWVBl 2012, 364.
1305 Gegen eine Anwendbarkeit des § 17 Abs. 2 S. 1 GVG wegen unterschiedlicher Streitgegenstände: *K. Graulich*, NVwZ 2014, 685, 690; *W.-R. Schenke*, NJW 2011, 2828, 2843 f.
1306 OVG Münster NWVBl 2012, 364 f.; *F. Schoch*, Jura 2001, 628, 631; s.a. *T. Würtenberger*, in: Ehlers/Fehling/Pünder, Besonderes Verwaltungsrecht, Bd. 3, § 69 Rn. 138.
1307 So aber *W.-R. Schenke*, in: Steiner, Besonderes Verwaltungsrecht, 82006, II Rn. 233; *ders.*, NJW 2011, 2838, 2843 f.
1308 *Katholnigg* § 23 EGGVG Rn. 5.
1309 Der Rechtsschutz bei Unterbringung in einem psychiatrischen Krankenhaus oder in einer Entziehungsanstalt richtet sich, obwohl es sich um Maßregeln der Besserung und Sicherung außerhalb des Justizvollzugs handelt, nach den §§ 109 ff. StVollzG, da § 138 Abs. 3 StVollzG insoweit eine das Verfahren gem. den §§ 23 ff. EGGVG verdrängende (vgl. § 23 Abs. 3 EGGVG) spezielle Regelung enthält.

verdrängen die §§ 119 und 119 a StPO den Rechtsweg gem. § 23 EGGVG.[1310] Maßnahmen auf dem Gebiet des Erwachsenenvollzugs sind ebenfalls aus dem Geltungsbereich des § 23 Abs. 1 EGGVG ausgenommen und fallen nach §§ 109, 110 StVollzG (→ Rn. 643 f.) in die Zuständigkeit der bei den Landgerichten zu bildenden (§ 78 a Abs. 1 S. 1 GVG) Strafvollstreckungskammern.[1311] Die Strafvollzugsgesetze der Länder verdrängen diese das gerichtliche Verfahren (Art. 74 Abs. 1 Nr. 1 GG) betreffenden Vorschriften des Bundesrechts nicht (vgl. Art. 208 BayStVollzG). Die Rechtsbehelfe im Vollzug des Jugendarrests, der Jugendstrafe und der Unterbringung eines Jugendlichen in einem psychiatrischen Krankenhaus oder einer Entziehungsanstalt regelt § 92 JGG (BT-Drs. 16/6293, 12 [zu Art. 2]).

621   **ccc) Subsidiaritätsklausel (§ 23 Abs. 3 EGGVG).** § 23 Abs. 1 EGGVG bezweckt eine Erweiterung der Entscheidungskompetenz der ordentlichen Gerichte. Sofern diese ohnehin schon aufgrund anderer Vorschriften zuständig sind, tritt das Verfahren der §§ 23 ff. EGGVG zurück. *Sonderregelungen* enthalten z.B. §§ 35 ff. EGGVG für mit Kontaktsperren im Zusammenhang stehende Maßnahmen, § 766 ZPO für Erinnerungen gegen die Art und Weise der Zwangsvollstreckung (zur Zwangsvollstreckung → Rn. 671 ff.), § 111 BNotO für Notarsachen (→ Rn. 680), § 112 a BRAO für Anwaltssachen, § 94 a PatAnwO für Patentanwaltssachen (→ Rn. 676 ff., 679) sowie § 11 RpflG bei Entscheidungen des Rechtspflegers.

622   **ddd) Rechtsschutz bei Zwangsmaßnahmen der Staatsanwaltschaft und der Polizei im strafrechtlichen Ermittlungsverfahren.** Umstr. ist der Rechtsschutz bei Zwangsmaßnahmen der Staatsanwaltschaft und der Polizei im strafrechtlichen Ermittlungsverfahren, die nach der hier vertretenen Auffassung Justizverwaltungsakte sind (→ Rn. 609). Bei diesen Maßnahmen ist zunächst *zwischen der Anordnung und Durchführung der Maßnahme zu unterscheiden.*

623   Oftmals stehen Eingriffsbefugnisse der StPO unter Richtervorbehalt (z.B. gem. § 81 a Abs. 2, § 81 c Abs. 5, § 98 Abs. 1, § 100 Abs. 1, § 100 b Abs. 1, § 100 d Abs. 1, § 105 Abs. 1 und § 110 b Abs. 2 StPO). Wird ein Eingriff durch den Richter angeordnet, kann der Betroffene Beschwerde nach den §§ 304 ff. StPO einlegen. Ein Justizverwaltungsakt liegt nicht vor, da die *Anordnung* als rechtsprechende Tätigkeit einzustufen ist. Regelmäßig darf jedoch in Eilfällen die Staatsanwaltschaft oder Polizei ohne richterliche Anordnung vorgehen; für andere Maßnahmen kann auch schon die originäre Zuständigkeit (z.B. gem. den §§ 81 b, 127 Abs. 2, § 161 a Abs. 1 und § 163 a Abs. 1 StPO) bei ihnen liegen. Die Anordnung durch diese Strafverfolgungsbehörden stellt sich als Justizverwaltungsakt dar. § 23 Abs. 1 EGGVG erfasst aber „nur Rechtsstreitigkeiten über Anordnungen, Verfügungen und sonstige Maßnahmen, die zur Verfolgung einer strafbaren Handlung getroffen worden sind" (BVerwG NVwZ-RR 2011, 710). Für Klagen gegen die Anfertigung erkennungsdienstlicher Unterlagen als Maßnahme der vorsorgenden Strafrechtspflege nach § 81 b Alt. 2 StPO ist daher aufgrund des präventiven Charakters der Maßnahme der Verwaltungsrechtsweg eröffnet (BVerwG NVwZ-RR 2011, 710). Für den nachträglichen Rechtsschutz gegen bereits erledigte verdeckte polizeiliche Überwachungsmaßnahmen zur *Abwehr von Gefahren des internationalen Terrorismus* nach §§ 20 g–n BKAG ist nicht der ordentliche, sondern ausschließlich der Verwaltungsrechtsweg eröffnet; aus § 20 w Abs. 2 S. 2 BKAG folgt keine Verweisung auf § 101 Abs. 7 S. 2 StPO und damit keine Zuständigkeit der ordentlichen Gerichtsbarkeit (BGH NJW 2017, 2631, 2632; vgl. auch BVerfGE 141, 220, 321).

624   Ferner kann es dem Betroffenen darum gehen, sich gegen die *Art und Weise der Durchführung* einer Ermittlungsmaßnahme zu wehren. Die Durchführung derartiger Maßnahmen obliegt immer den Strafverfolgungsbehörden (vgl. § 36 Abs. 2 StPO) unabhängig davon, ob sie durch den Richter oder durch die Strafverfolgungsbehörden selbst angeordnet wurden. Auch die Durchführung stellt sich somit jeweils als Justizverwaltungsakt dar.

625   Die StPO regelt nur bei wenigen Eingriffen Rechtsschutz gegen die Anordnung durch die Staatsanwaltschaft bzw. Polizei (z.B. in § 98 Abs. 2, den §§ 128 und 161 a Abs. 3 sowie § 163 a Abs. 3 S. 3 StPO) und ist diesbezüglich hinsichtlich der Anordnung übriger Eingriffe lückenhaft. Einen Rechtsschutz gegen die Art und Weise der Durchführung kennt die StPO generell nicht. Ferner enthält sie auch keine Regelungen hinsichtlich eines nachgängigen Rechtsschutzes im Falle der Erledigung einer Maßnahme.

1310 *Kissel/Mayer* § 23 EGGVG Rn. 170; vgl. BT-Drs. 16/11644, 31.
1311 Vgl. *Kissel/Mayer* § 23 EGGVG Rn. 159.

Zur Lückenschließung boten sich insbes. das Verfahren nach den §§ 23 ff. EGGVG oder eine analoge 626 Anwendung des § 98 Abs. 2 StPO an. In Rspr. und Lit. hat sich daher ein breites und konträres Meinungsbild zur Beantwortung der Frage entwickelt, wann gegen strafprozessuale Zwangsmaßnahmen überhaupt kein Rechtsschutz, Rechtsschutz nach den §§ 23 ff. EGGVG oder Rechtsschutz gem. § 98 Abs. 2 StPO analog zu erlangen ist (Nachw. bei BVerfGE 96, 44, 49 f. und BGHSt 44, 265, 269 ff.). Dies führte dazu, dass Rechtsbehelfe und Rechtsmittel in diesem Bereich in schwer zu durchschauender Weise mehrfach gespalten waren und von den Fachgerichten uneinheitlich gehandhabt wurden.[1312] Dieser Zustand wurde durch das BVerfG im Hinblick auf Art. 19 Abs. 4 GG beanstandet (BVerfGE 96, 44, 49 f.).

Angestoßen durch die Rüge des BVerfG hat der BGH unter teilweiser Aufgabe seiner bisherigen Rspr. 627 den Rechtsschutz gegen Prozesshandlungen der Staatsanwaltschaft und der Polizei stark vereinfacht. Er befürwortet nun in allen nicht geregelten Fällen *eine analoge Anwendung des § 98 Abs. 2 StPO* – sei es beim Rechtsschutz gegen die Anordnung durch die Staatsanwaltschaft oder Polizei, im Eilfall oder aus originärer Zuständigkeit, sei es gegen die Art und Weise der Durchführung einer Maßnahme, unabhängig davon, wer sie angeordnet hat (Richter oder Strafverfolgungsbehörde), sei es bei Erledigung oder nicht (BGHSt 44, 265 ff.; 45, 183 ff.).[1313]

ll) Gefahrenabwehrmaßnahmen unter Richtervorbehalt. Die polizei- und ordnungsrechtlichen Be- 628 stimmungen der Länder und des Bundes kennen einige Maßnahmen, die unter dem Vorbehalt einer richterlichen Anordnung stehen. Dies gilt aufgrund der Vorgaben von Art. 104 Abs. 2 und Art. 13 Abs. 2 GG in jedem Fall für *Freiheitsentziehungen* und *Durchsuchungen*, teilweise auch für andere intensive Eingriffe wie bestimmte Datenerhebungen (z.B. Abhörmaßnahmen in Wohnungen). Streitigkeiten über die Zulässigkeit solcher Gefahrenabwehrmaßnahmen nach dem Polizeirecht sind öffentlichrechtlicher Natur, werden aber nach den entsprechenden Polizei- und Ordnungsbehördengesetzen den *AG* zugewiesen, weil diesen – aufgrund ihrer Erfahrungen im Strafverfolgungsbereich – eine größere Sachnähe zugetraut wird und sie ortsnäher sind.[1314] *Es bedarf jedoch regelmäßig einer genauen Ermittlung der Reichweite dieser den Verwaltungsrechtsweg ausschaltenden Zuweisungen*, insbes. bei der Überprüfung erledigter Maßnahmen. Die Regelungen der §§ 23 ff. EGGVG sind bei präventiven Maßnahmen nicht anwendbar.

aaa) Freiheitsentziehungen. Einen besonders schwerwiegenden Eingriff in die Rechtssphäre des Bür- 629 gers stellt eine Freiheitsentziehung[1315] dar. Daher enthält Art. 104 GG verfahrensrechtliche Garantien, die regelmäßig von den einfachen Gesetzen nachgebildet werden. Die Freiheitsentziehung steht grds. unter dem Vorbehalt der vorherigen richterlichen Entscheidung über ihre Zulässigkeit und Fortdauer (Art. 104 Abs. 2 S. 1 GG). Ausnahmsweise kann jedoch auch die Verwaltung die Anordnung selbst vornehmen; sie muss dann unverzüglich eine gerichtliche Entscheidung herbeiführen (Art. 104 Abs. 2 S. 2 GG). Die Ausnahme ist im Bereich der Gefahrenabwehr die Regel, weil oftmals im Interesse einer effektiven Gefahrenabwehr unter dem Aspekt der Gefahr im Verzug eine rasche Vorgehensweise notwendig ist.

Die Polizeigesetze[1316] regeln regelmäßig nur den vom Grundgesetz als Ausnahme vorgesehenen Fall, 630 nämlich die *unverzügliche nachträgliche Entscheidung des Richters* über Zulässigkeit und Fortdauer der Freiheitsentziehung auf Antrag der Behörde. Sie enthalten dabei eine Rechtswegzuweisung zu den Amtsgerichten und ordnen hinsichtlich des Verfahrens die (entsprechende[1317]) Anwendung des 7. Buchs des FamFG an. Die Bestimmungen sollen nach allgemeiner Ansicht aber auch für den Fall einer

---

1312 Dazu *D. Ehlers/J.-P. Schneider*, in: Schoch/Schneider/Bier § 40 Rn. 731, die von einem „Rechtswegewirrwarr" sprechen.

1313 Diese Rspr. abl. und für die Anwendung von § 23 EGGVG plädierend *W.-R. Schenke*, NJW 2001, 2838 ff.

1314 Vgl. *F. Rachor*, in: Lisken/Denninger, Handbuch des Polizeirechts, ⁵2012, E Rn. 542.

1315 Freiheitsentziehungen sind von bloßen Freiheitsbeschränkungen abzugrenzen; der Unterschied ist gradueller Natur, BVerwGE 62, 317, 318. Zum Begriff der Freiheitsentziehung *M. Knape/U. Kiworr*, Allgemeines Polizei- und Ordnungsrecht für Berlin, ¹⁰2009, § 31 (S. 573 ff.).

1316 Vgl. §§ 40 BPolG, 28 PolG BW, Art. 18 BayPAG, §§ 31 ASOG Bln, 18 PolG Bbg, 16 BremPolG, 13a HmbSOG, 33 HSOG, 56 SOG M-V, 19 NdsSOG, 36 PolG NRW, 15 POG RhPf, 14 SaarlPolG, 22 Abs. 7 SächsPolG, 38 SOG LSA, 204 i.V.m. 181 Abs. 4 LVwG SH, § 20 ThürPAG.

1317 Bei Bundesgesetzen gilt das 7. Buch des FamFG unmittelbar, vgl. § 415 Abs. 1 FamFG und § 40 Abs. 2 S. 2 BPolG.

vorherigen richterlichen Anordnung gelten.[1318] Hinsichtlich des Rechtswegs und des Rechtsschutzes ist dann zu unterscheiden zwischen andauernden und erledigten Maßnahmen sowie danach, ob (bereits) eine richterliche Entscheidung über ihre Zulässigkeit oder Fortdauer ergangen ist.

631 **(1) Andauernde Maßnahmen.** Sofern – wie vom GG als Regel vorgesehen – eine *vorherige richterliche Anordnung* vorliegt, sind Zulässigkeit und Fortdauer der Freiheitsentziehung durch ordentliche Gerichte zu überprüfen. Gegen die anordnende Entscheidung des AG besteht das Recht der Beschwerde (§§ 58 ff., 429 FamFG).

632 Hat – wie im Regelfall der polizeilichen Praxis – die *Behörde die Freiheitsentziehung angeordnet*, ist sie verpflichtet, unverzüglich eine Entscheidung des AG über Zulässigkeit und Fortdauer herbeizuführen. Die Verpflichtung entfällt, wenn anzunehmen ist, dass die gerichtliche Entscheidung erst nach Wegfall des Grundes der polizeilichen Maßnahme ergehen würde; denn die verfahrensrechtliche Garantie soll nicht zu einer Verzögerung der Entlassung des Betroffenen führen. Die polizeirechtlichen Vorschriften werden so ausgelegt, dass selbstverständlich auch der Betroffene selbst die Entscheidung beantragen kann.[1319] Gegen die amtsgerichtliche Entscheidung besteht wiederum nach §§ 428 Abs. 2, 58 ff., 429 FamFG das Recht der Beschwerde (→ Rn. 631).

633 Nach dem eindeutigen Wortlaut der gesetzlichen Bestimmungen entscheidet das AG über *Zulässigkeit und Fortdauer* der behördlichen Freiheitsentziehung. Wenn dagegen Rspr. und ein Teil des Schrifttums betonen, das AG entscheide lediglich über die *Fortdauer* der Freiheitsentziehung und ordne, wenn im Zeitpunkt seiner Entscheidung die erforderlichen Voraussetzungen vorlägen, nur die (weitere) Freiheitsentziehung mit Wirkung für die Zukunft an,[1320] kann dem nur insoweit gefolgt werden, als die Rechtmäßigkeit der Fortdauer nicht davon abhängt, ob und inwieweit die vorangegangene Verwaltungsmaßnahme rechtmäßig war. Dass es nach den in den Polizeigesetzen enthaltenen Rechtswegzuweisungen aber nicht Aufgabe der AG sei, auch die *Zulässigkeit* der behördlichen Maßnahme zu überprüfen, kann daraus nicht abgeleitet werden.[1321] Denn andernfalls würde – entgegen Wortlaut und Sachdienlichkeit – eine Zuständigkeit der Verwaltungsgerichte (§ 40 Abs. 1 S. 1) begründet[1322], da die behördliche Maßnahme aufgrund der Rechtsschutzgarantie aus Art. 19 Abs. 4 S. 1 GG in jedem Fall gerichtlich überprüfbar bleiben muss. Auch ist der Auffassung nicht zu folgen, im Falle einer der weiteren Freiheitsentziehung stattgebenden richterlichen Entscheidung käme eine gesonderte Überprüfung der behördlich angeordneten Maßnahme nicht in Betracht, weil die dem Antrag der Behörde stattgebende Entscheidung des Richters zwingend die Feststellung voraussetze, dass die Ergreifung des Betroffenen und sein Festhalten durch die Behörde rechtmäßig gewesen sei[1323].

634 Bei andauernden Freiheitsentziehungen kann daher eine umfassende Zuständigkeit der AG zur Überprüfung von Zulässigkeit und Fortdauer festgestellt werden.

635 **(2) Erledigte Maßnahmen.** Hat das *AG vor der Entlassung des Betroffenen eine Entscheidung getroffen*, erledigt sich also die Freiheitsentziehung nach der richterlichen Entscheidung,[1324] kann dennoch – entgegen früheren Ansichten in Rspr. und Lit.[1325] – Beschwerde und sofortige weitere Beschwerde eingelegt werden (BVerfGE 104, 220, 236). Eine Freiheitsentziehung stellt nämlich einen schwerwiegenden Grundrechtseingriff dar, bei dem aufgrund der Rechtsschutzgarantie aus Art. 19 Abs. 4 S. 1 GG eine gerichtliche Klärung möglich sein muss; demzufolge dürfen die Gerichte die Beschwerden nicht

---

1318 Vgl. *M. Knape/U. Kiworr*, Allgemeines Polizei- und Ordnungsrecht für Berlin, [10]2009, § 31 (S. 576, 583).

1319 OVG Bremen NVwZ-RR 1997, 474; OVG Münster NJW 1990, 3224; *D. Ehlers/J.-P. Schneider*, in: Schoch/Schneider/Bier § 40 Rn. 615.

1320 BVerwGE 62, 317, 321; *K. Rennert*, in: Eyermann § 40 Rn. 135.

1321 Zutr. *D. Ehlers/J.-P. Schneider*, in: Schoch/Schneider/Bier § 40 Rn. 615; *K. Meixner*, Hessisches Gesetz über die öffentliche Sicherheit und Ordnung, [8]1998, § 33 Rn. 5; *J. Roos*, Polizei- und Ordnungsbehördengesetz Rheinland-Pfalz, 1995, § 15 Rn. 3.

1322 So aber *W.-R. Schenke*, in: Steiner, Besonderes Verwaltungsrecht, [8]2006, II Rn. 98.

1323 So aber *M. Knape/U. Kiworr*, Allgemeines Polizei- und Ordnungsrecht für Berlin, [10]2009, § 31 (S. 588).

1324 Dabei ist allerdings genau zu beachten, was das Gericht zum Gegenstand seiner Prüfung gemacht hat, z.B. Zulässigkeit, Fortdauer, Art und Weise der Freiheitsentziehung; zur Frage, ob Art und Weise der behördlichen Freiheitsentziehung vor dem AG zu überprüfen sind → Rn. 639.

1325 BGH 25.6.1998 – V ZB 8/98; BayObLG BayVBl 1995, 734, 735; KG NJW 1983, 690 f.; OLG Köln NWVBl 1999, 197; *D. Ehlers/J.-P. Schneider*, in: Schoch/Schneider/Bier § 40 Rn. 616.

als unzulässig verwerfen, weil die Freiheitsentziehung sich durch Entlassung erledigt hat.[1326] Zwar fordert Art. 19 Abs. 4 S. 1 GG keinen Instanzenzug; eröffnet das Prozessrecht aber eine weitere Instanz, so gewährleistet das Grundrecht in diesem Rahmen die Effektivität des Rechtsschutzes i.S. eines Anspruchs auf wirksame gerichtliche Kontrolle (BVerfGE 104, 220, 231 f. m.w.N.).

Fraglich ist, ob die Zuständigkeit der Verwaltungsgerichte (i.R. einer Fortsetzungsfeststellungsklage) 636 auflebt, wenn *vor Entlassung des Betroffenen keine Entscheidung des AG herbeigeführt* wurde; denn diese Konstellation des nachträglichen Rechtsschutzes regeln die meisten Polizei- und Ordnungsbehördengesetze der Länder nicht. Nur in Bayern, Berlin und Niedersachsen ist für diese Fälle eine ausdrückliche Zuweisung an die AG vorgesehen.[1327] In Hamburg ist dagegen ausdrücklich die Zuständigkeit der Verwaltungsgerichte bestimmt (s. § 13 a Abs. 2 S. 4 HmbSOG).

Die Rspr. der OVG und VGH geht dahin, die entsprechenden Landesgesetze so zu interpretieren, dass 637 eine Zuständigkeit der AG für die nachträgliche Überprüfung der Rechtmäßigkeit von Freiheitsentziehungen nicht anzunehmen sei, sondern diese Kontrolle den Verwaltungsgerichten obliege. *Wenn nicht vor der Erledigung eine Entscheidung des AG herbeigeführt wurde, sei die Zuständigkeit der AG niemals begründet worden.* Umgekehrt folge daraus aber auch, dass die Zuständigkeit der AG dann auch nicht mehr durch Erledigung wegfalle, wenn sie einmal begründet worden sei.[1328] Danach bleibt das AG auch weiter zuständig, wenn es nicht umfassend oder unvollständig entschieden hat, bspw. nur über die Rechtmäßigkeit der Fortdauer, aber (noch) nicht über die Zulässigkeit der behördlichen Maßnahme.

Umstr. ist jedoch, welche vor der Entlassung vorgenommenen Handlungen erforderlich sind, damit 638 eine amtsgerichtliche Entscheidung als vor der Erledigung herbeigeführt gilt. Während das OVG Münster (NJW 1990, 3224, 3225) es für das nordrhein-westfälische Recht als ausreichend ansieht, dass das Verfahren vor Erledigung beim AG anhängig gemacht wurde, verlangt der VGH Kassel (NJW 1984, 821, 822) für das hessische Recht das Vorliegen einer bestimmte Mindeststandards erfüllenden amtsrichterlichen Entscheidung.

(3) Art und Weise der Durchführung. Die Zuständigkeit der AG ist nach dem Wortlaut der entsprechenden Rechtswegbestimmungen darauf beschränkt, über Zulässigkeit und Fortdauer einer Freiheitsentziehung zu entscheiden. Nach der Rspr. bleiben für die Überprüfung der Art und Weise der Durchführung der Freiheitsentziehung, welche immer durch die Behörde erfolgt, die Verwaltungsgerichte zuständig, unabhängig davon, ob sich die Maßnahme erledigt hat oder nicht.[1329] In der Lit. wird dagegen teilweise eine Rechtsschutzkonzentration bei den AG befürwortet.[1330]

bbb) Wohnungsdurchsuchungen. Auch Wohnungsdurchsuchungen bedeuten einen schwerwiegenden 640 staatlichen Eingriff in die Privatsphäre des Betroffenen. Daher stellt sie das GG in Art. 13 Abs. 2 ebenfalls unter Richtervorbehalt. Hier weicht die Regelungstechnik jedoch von derjenigen ab, die für Freiheitsentziehungen gilt (Art. 104 Abs. 2 GG). Zwar sind auch Wohnungsdurchsuchungen grds. vorher durch den Richter anzuordnen, und bei Gefahr im Verzug können die zuständigen Behörden ausnahmsweise die Anordnung auch selbst treffen. *Anders als bei Freiheitsentziehungen ist bei einer behördlichen Anordnung dagegen keine nachträgliche richterliche Entscheidung über die Zulässigkeit herbeizuführen.* Diese unterschiedliche Regelungstechnik wird von den Polizeigesetzen nachgebildet. Zu unterscheiden ist dann zwischen richterlich und behördlich angeordneten Durchsuchungen.

1326 Näher zur Frage des nachträglichen Rechtsschutzes bei erledigten Grundrechtseingriffen *H. Sodan/S. Kluckert*, VerwArch 94 (2003), 3, 11 ff.

1327 S. Art. 18 Abs. 2 S. 2 BayPAG; § 31 Abs. 3 S. 1 ASOG Bln; § 19 Abs. 2 S. 2 NdsSOG. Zu der Frage, inwiefern die Verwaltungsgerichte bei der Anfechtung eines Kostenbescheids die Rechtmäßigkeit der zugrunde liegenden Gefahrenabwehrmaßnahme selbst überprüfen dürfen: OVG Lüneburg NVwZ 2004, 760 f.; VG Lüneburg 23.1.2004 – 3 A 120/02, juris Rn. 56 ff.

1328 OVG Bremen NVwZ-RR 1997, 474; OVG Münster NJW 1990, 3224, 3225; OVG Weimar DÖV 1999, 879; VGH Kassel NJW 1984, 821, 822. So auch *V. Götz*, JuS 1985, 869, 870; *F. Rachor*, in: Lisken/Denninger, Handbuch des Polizeirechts, ⁵2012, E Rn. 542 und L Rn. 40 f.; *H. Wolter*, DÖV 1997, 939, 944 f.

1329 Vgl. OVG Bremen NVwZ-RR 1997, 474; OVG Münster NJW 1990, 3224, 3225; OVG Weimar DÖV 1999, 879; *K. Rennert*, in: Eyermann § 40 Rn. 135.

1330 *D. Ehlers/J.-P. Schneider*, in: Schoch/Schneider/Bier § 40 Rn. 615.

641 Für die (vorherige) *richterliche Durchsuchungsanordnung* begründen die Polizeigesetze[1331] eine Zuständigkeit der *Amtsgerichte*; sie ordnen hinsichtlich des Verfahrens die entsprechende Anwendbarkeit der Bestimmungen des FamFG bzw. des FGG an. Gegen die richterliche Anordnung ist die Beschwerde und danach die weitere Beschwerde zulässig. Daran ändert sich – entgegen früheren Ansichten in Rspr. und Lit. – auch dann nichts, wenn die richterlich angeordnete Durchsuchung bereits vollzogen, d.h. erledigt ist; denn bei schwerwiegenden Grundrechtseingriffen muss das Fortbestehen des Rechtsschutzinteresses angenommen werden (Nachw. bei → Rn. 635).[1332]

642 Gem. der vom GG vorgezeichneten Regelungssystematik sehen die Polizeigesetze bei *behördlich angeordneten Durchsuchungen* keinen nachträglichen Rechtsschutz durch die AG vor. Daher ist die Rechtmäßigkeit solcher Maßnahmen im *Verwaltungsrechtsweg* zu überprüfen.[1333]

643 **mm) §§ 109 und 110 StVollzG – Strafvollzug.** Der gerichtliche Rechtsschutz gegen Maßnahmen der Vollzugsbehörden gegenüber Gefangenen im Bereich des *(Erwachsenen-)Strafvollzugs* ist in den §§ 109 ff. StVollzG geregelt. Für Maßnahmen gegenüber Dritten gelten die §§ 23 ff. EGGVG.[1334] Die nach der Föderalismusreform I[1335] erlassenen Strafvollzugsgesetze der Länder verdrängen die das gerichtliche Verfahren (Art. 74 Abs. 1 Nr. 1 GG) betreffenden Vorschriften der §§ 109 ff. StVollzG nicht (bspw. Art. 208 BayStVollzG).[1336] Für die Sicherungsverwahrung gilt die Vorschrift des § 109 Abs. 3 StVollzG; das BVerfG hat durch Urteil vom 4.5.2011[1337] die Vorschriften des StVollzG zur Sicherungsverwahrung für verfassungswidrig erklärt, sodass nun § 66 c StGB i.d.F. des Gesetzes zur bundesrechtlichen Umsetzung des Abstandsgebotes im Recht der Sicherungsverwahrung vom 5.12.2012[1338] die zentrale Vorschrift bezüglich des Vollzugs der Sicherungsverwahrung auf Bundesebene darstellt.[1339] Der Rechtsschutz bei *Unterbringung in einem psychiatrischen Krankenhaus* oder in einer *Entziehungsanstalt* richtet sich, obwohl es sich – i.S.d. § 23 Abs. 1 S. 2 EGGVG – um Maßregeln der Besserung und Sicherung außerhalb des Justizvollzugs handelt, ebenfalls nach den §§ 109 ff. StVollzG, da § 138 Abs. 3 StVollzG insoweit eine das Verfahren gem. den §§ 23 ff. EGGVG verdrängende (vgl. § 23 Abs. 3 EGGVG) spezielle Regelung enthält. In den Anwendungsbereich der §§ 109 ff. StVollzG fallen weiterhin Maßnahmen im Bereich des *Vollzugs des Strafarrestes in Justizvollzugsanstalten* (§ 167 S. 1 StVollzG), des *Vollzugs von Ordnungs-, Sicherungs-, Zwangs- und Erzwingungshaft* (§ 171 StVollzG) sowie der *Abschiebungshaft*[1340] nach § 62 AufenthG, soweit sie in Justizvollzugsanstalten im Wege der Amtshilfe erfolgen (§ 422 Abs. 4 FamFG i.V.m. § 171 StVollzG). Die Rechtsbehelfe im Vollzug des Jugendarrests, der Jugendstrafe und der Unterbringung eines Jugendlichen in einem psychiatrischen Krankenhaus oder einer Entziehungsanstalt richten sich dagegen nach § 92 JGG (vgl. BT-Drs. 16/6293, 12 [zu Art. 2]). Wird die Jugendstrafe aber gem. § 91 Abs. 1 JGG im Erwachsenenvollzug vollzogen, sind die §§ 109 ff. StVollzG anzuwenden (§ 92 Abs. 6 JGG). Für den Vollzug der Untersuchungshaft gelten die §§ 119 und 119 a StPO.

644 Ist der Anwendungsbereich somit abgesteckt, enthalten die §§ 109 und 110 StVollzG in diesem Rahmen eine Rechtswegzuweisung an die nach § 78 a Abs. 1 S. 1 GVG bei den *LG* einzurichtenden Strafvollstreckungskammern für den Rechtsschutz gegen Maßnahmen der Vollzugsbehörden. Seinem sachlichen Gehalt nach ist § 109 StVollzG mit § 23 Abs. 1 S. 1 EGGVG identisch. Der *Begriff der Maßnahme* ist daher nicht auf Verwaltungsakte i.S.d. § 35 VwVfG beschränkt, sondern umfasst auch Realak-

---

1331 Vgl. § 46 Abs. 1 BPolG, § 31 Abs. 5 PolG BW, Art. 24 Abs. 1 BayPAG, § 37 Abs. 1 ASOG Bln, § 24 Abs. 1 PolG Bbg, § 22 Abs. 1 PolG Brem, § 16 a Abs. 1 HmbSOG, § 39 Abs. 1 HSOG, § 59 Abs. 5 SOG M-V, § 25 Abs. 1 Nds-SOG, § 42 Abs. 1 PolG NRW, § 21 Abs. 1 POG RhPf, § 20 Abs. 1 SaarlPolG, § 25 Abs. 5 SächsPolG, § 44 Abs. 1 SOG LSA, § 208 Abs. 5 LVG SH, § 26 Abs. 1 ThürPAG.

1332 Näher zur Frage des nachträglichen Rechtsschutzes bei erledigten Grundrechtseingriffen H. *Sodan/S. Kluckert*, VerwArch 94 (2003), 3, 11 ff.

1333 OVG Münster NJW 1992, 2172; VG Oldenburg NVwZ-RR 2012, 721, 722; V. *Götz*, JuS 1985, 869, 870; vgl. auch BVerwGE 28, 285 ff.

1334 K. *Rennert*, in: Eyermann § 40 Rn. 132.

1335 Dazu *Sodan/Ziekow* § 8 Rn. 40 ff.

1336 Zu den übrigen landesrechtlichen Vorschriften M. *Euler*, in: Graf, § 109 StVollzG Rn. 1.

1337 BVerfGE 128, 326, 383 f.

1338 BGBl I 2425.

1339 Dazu ausf. J. *Feest/L. Grüter*, in: Feest/Lesting/Lindemann, AK-StVollzG, [7]2017, Teil VI, Rn. 14 ff.

1340 Die Verwaltungsgerichte sind dagegen für die Überprüfung der Abschiebeverfügungen gem. den §§ 34 ff. AsylG zuständig, sodass es zu einer *Rechtswegspaltung* kommt. Vgl. dazu H. *Winkelmann*, in: Bergmann/Dienelt, [12]2018, § 62 AufenthG Rn. 38 f., 185 ff.

te[1341] (zu Einzelheiten → Rn. 604). Als Maßnahmen kommen daher bspw. auch die Art der Essens-ausgabe, eine Zellenkontrolle, die Verbuchung von Geld eines Gefangenen auf einem Überbrückungs-geldkonto oder die Verlegung eines Gefangenen in einen anderen Haftraum in Betracht (OLG Celle NStZ 1989, 592).[1342] Weiterhin muss es sich auch hier um eine Maßnahme auf dem genannten *Rechtsgebiet* handeln, nämlich *Strafvollzug* bzw. über die Verweisungen *Justizvollzug* i.w.S. Die streit-gegenständliche Maßnahme muss danach auf einem Rechtsverhältnis zwischen Staat und Betroffenem beruhen, welches durch das StVollzG ausgestaltet wird;[1343] ein bloßer Sachzusammenhang ist nicht ausreichend. Bspw. fallen Amtshaftungsansprüche oder andere Fälle der Staatshaftung nicht unter die §§ 109 und 110 StVollzG. Auch sind Strafvollstreckungsangelegenheiten nicht erfasst.[1344] Dagegen sind die Art und Weise der Durchsuchung des Haftraums, die Ablehnung des Besuchsantrags eines Außenstehenden (BGHSt 27, 284, 285), die Ablehnung der Einsicht in die Gefangenenpersonalakte, die Unterbringung in einem unzulänglichen Haftraum (OLG Frankfurt a.M. StV 1986, 27 f.), Bau-maßnahmen (OVG Hamburg NJW 1993, 1153, 1154) und Filmaufnahmen (OVG Schleswig NJW 1994, 1299) in einer Justizvollzugsanstalt nach den §§ 109 ff. StVollzG anfechtbar.

nn) § 63 Abs. 4 S. 1 GWB – Kartellverwaltungsstreitigkeiten. Maßnahmen der Kartellbehörden im 645 kartellrechtlichen Verwaltungsverfahren sind öffentlich-rechtlicher Natur und wären ohne eine ab-drängende Sonderzuweisung im Verwaltungsrechtsweg zu überprüfen.

Das GWB regelt in den §§ 63 ff. ein eigenständiges Beschwerdeverfahren vor den ordentlichen Gerich- 646 ten, mit sachlicher Zuständigkeit des für den Sitz der Kartellbehörde zuständigen OLG (bei Maßnah-men des Bundeskartellamts ist das OLG Düsseldorf zuständig)[1345] und der Möglichkeit der Rechtsbe-schwerde zum BGH (§§ 74 ff. GWB). Die Bestimmungen knüpfen terminologisch an das Beschwerde-verfahren nach dem FGG bzw. FamFG an, sind sachgegenständlich aber eher mit Verfahren nach der VwGO zu vergleichen.[1346]

Nach dem Wortlaut des § 63 GWB beschränkt sich das Beschwerdeverfahren auf die Anfechtung von 647 Verfügungen der Kartellbehörden, die Verwaltungsakte darstellen (Anfechtungsbeschwerde), und die Verpflichtung zum Erlass solcher Verfügungen (Verpflichtungsbeschwerde); andere Maßnahmen des schlichten Verwaltungshandelns sind nicht erwähnt. Nach überwiegend vertretener Auffassung ent-hält die Bestimmung jedoch keinen Numerus clausus an Rechtschutzformen, sondern bezweckt gerade eine Konzentration aller kartellrechtlichen Streitigkeiten bei spezialisierten Spruchkörpern, den Kar-tellsenaten gem. den §§ 91 und 94 GWB (vgl. BT-Drs. 2/1158 Anl. 1 [unter B. V. 2.]). Daraus begrün-det sich eine Zuständigkeit der Kartellsenate der OLG für alle Kartellverwaltungsstreitigkeiten. Daher sind auch allgemeine Leistungs- bzw. Unterlassungsbeschwerden im Verfahren nach den §§ 63 ff. GWB anerkannt (vgl. BGHZ 117, 209, 210 f.; KG WuW/E OLG 5267, 5270). Die abdrängende Son-derzuweisung ist umfassend und abschließend auszulegen.[1347]

Dies bedeutet nicht, dass der Verwaltungsrechtsweg immer dann ausgeschlossen ist, wenn kartell- 648 rechtliche Fragen auftreten, insbes. wenn sich diese nur als (streitentscheidende) Vorfragen eines ande-ren Streitgegenstandes darstellen.[1348] Ist an einer öffentlich-rechtlichen Streitigkeit überhaupt keine Kartellbehörde beteiligt, bleiben die Verwaltungsgerichte zuständig. Ferner sollen nach einer Ansicht in der kartellrechtlichen Lit. die Verwaltungsgerichte auch dann zuständig sein, wenn eine Kartellbe-hörde als Klägerin an einem Rechtsstreit beteiligt ist, bspw. von ihr Ansprüche aus einem öffentlich-rechtlichen Vertrag geltend gemacht werden; das im GWB angelegte Beschwerdeverfahren erlaube

---

1341 VGH Mannheim VBlBW 2004, 31, 32.
1342 Bsp. bei M. *Bachmann*, in: Laubenthal/Nestler/Neubacher/Verrel, StVollzG, [12]2015, Kap. P Rn. 28; *M. Spaniol*, in: Feest/Lesting/Lindemann, AK-StVollzG, [7]2017, § 109 Rn. 26 ff.
1343 Vgl. *D. Ehlers/J.-P. Schneider*, in: Schoch/Schneider/Bier § 40 Rn. 621; jedoch ist die Bezugnahme auf ein Rechts-verhältnis zwischen Staat und *Gefangenem* zu eng, weil auch Dritte (Besucher, Gläubiger) Antragsteller sein kön-nen, z.B. bei Ablehnung eines Besuchsantrags.
1344 *M. Spaniol*, in: Feest/Lesting/Lindemann, AK-StVollzG, [7]2017, § 109 Rn. 20.
1345 § 63 Abs. 4 S. 1 GWB.
1346 S.a. *R. Bechtold*, Kartellgesetz – Gesetz gegen Wettbewerbsbeschränkungen, [8]2015, § 63 Rn. 2.
1347 OVG Münster NVwZ-RR 2012, 801 f.; *R. Bechtold*, Kartellgesetz – Gesetz gegen Wettbewerbsbeschränkungen, [8]2015, § 63 Rn. 2; *K. Schmidt*, in: Immenga/Mestmäcker, Wettbewerbsrecht, GWB,[5]2014, § 63 Rn. 1.
1348 *K. Schmidt*, in: Immenga/Mestmäcker, Wettbewerbsrecht, GWB,[5]2014, § 63 Rn. 1.

nämlich nur eine Fortentwicklung – durch extensive Auslegung – für Klagen *gegen* die Kartellbehörde.[1349]

649   **oo) Parlamentarische Untersuchungsausschüsse.**   Nach Art. 44 Abs. 4 S. 1 GG und entsprechenden Vorschriften in den Landesverfassungen sind die Beschlüsse der parlamentarischen Untersuchungsausschüsse einer gerichtlichen Erörterung entzogen. Dieser Ausschluss beschränkt sich jedoch nur auf verfahrensabschließende Beschlüsse, die den vom Untersuchungsausschuss untersuchten Sachverhalt betreffen und das Ergebnis dieser Untersuchung feststellen. Dagegen sind Maßnahmen des Untersuchungsausschusses, die im Verfahren zur Aufklärung des Sachverhalts getroffen werden, von dieser Regelung gerade nicht erfasst und einer gerichtlichen Klärung zugänglich (BVerwG NJW 2002, 313 f.).

650   **aaa) Beweiserhebung, Zwangsmittel, Ordnungsmaßnahmen.**   Aufgabe von Untersuchungsausschüssen ist es, einen bestimmten Sachverhalt aufzuklären und die dafür erforderlichen Beweise zu erheben. Zur Beweiserhebung können bspw. Zeugen vernommen, Sachverständige zugezogen und sächliche Beweismittel (Akten, Urkunden) gesichtet werden. Die Beweiserhebung wird durch bestimmte Zwangsmittel und Ordnungsmaßnahmen abgesichert (z.B. Auferlegung der Sitzungskosten, Verhängung von Ordnungsgeld, Beugehaft, Ausschluss von Zuhörern), wobei danach zu unterscheiden ist, ob diese Maßnahmen durch den Ausschuss selbst oder aber auf Antrag des Ausschusses durch ein Gericht angeordnet werden.

651   Streitigkeiten über die Rechtmäßigkeit von Maßnahmen i.R.d. Beweiserhebung gegenüber Dritten sind *öffentlich-rechtlicher* Natur; denn in diesem Zusammenhang übt der Untersuchungsausschuss öffentliche Gewalt aus und hat die Stellung einer Behörde. Nach ganz h.M. ist auch *keine verfassungsrechtliche Streitigkeit* gegeben, weil der Untersuchungsausschuss nach den ihm übertragenen Aufgaben – im Gegensatz zur legislativen Tätigkeit – wie ein Verwaltungsorgan tätig wird.[1350]

652   **(1) Deutscher Bundestag – § 36 Abs. 1 PUAG.**   Die Beweiserhebung und die sie absichernden Zwangsmittel und Ordnungsmaßnahmen bei Untersuchungsausschüssen des Deutschen Bundestags sind in dem am 26.7.2001 in Kraft getretenen PUAG vom 19.6.2001 (BGBl I 1142) geregelt. Streitigkeiten nach diesem Gesetz sind nach § 36 Abs. 1 PUAG dem BGH zugewiesen, soweit nicht Art. 93 GG sowie § 13 BVerfGG oder das PUAG selbst eine abweichende Regelung enthalten (BT-Drs. 14/9220, 4). Soweit sich die Bestimmung auf Beweiserhebungsmaßnahmen bezieht, handelt es sich um eine *abdrängende Sonderzuweisung* i.S.v. § 40 Abs. 1 S. 1 Hs. 2.[1351]

653   Hinsichtlich der *den Bürger betreffenden Maßnahmen* ist zu unterscheiden zwischen solchen, die der Untersuchungsausschuss selbst[1352] trifft, und denen, die durch den Ermittlungsrichter des BGH[1353] angeordnet werden müssen. Die Unterscheidung ist jedoch hinsichtlich des Rechtswegs unerheblich, da *nach § 36 Abs. 1 PUAG die Zuständigkeit des BGH einheitlich begründet ist.*[1354] Abweichende Rechtswegregelungen bestehen in diesem Bereich nicht.

654   I.R.d. Beweiserhebung kann es auch zu *Streitigkeiten zwischen dem Untersuchungsausschuss (bzw. einem qualifizierten Teil von mindestens einem Viertel seiner Mitglieder) und einem Bundesminister bzw. der Bundesregierung* kommen, wenn sich diese weigern, Beweismittel aus dem Bereich von Bundesbehörden vorzulegen (Sperrerklärung) oder eine Aussagegenehmigung zu erteilen. Für solche Streitigkeiten ist nach § 18 Abs. 3 Hs. 1 PUAG[1355] das BVerfG zuständig (Organstreitverfahren). Dagegen

---

1349   *R. Bechtold,* Kartellgesetz – Gesetz gegen Wettbewerbsbeschränkungen, ⁸2015, § 63 Rn. 2.

1350   BVerwG DÖV 1981, 300; NJW 2002, 313, 314; OVG Berlin DVBl 2001, 1224; NVwZ-RR 2003, 708; OVG Münster NJW 1999, 80; *D. Ehlers/J.-P. Schneider,* in: Schoch/Schneider/Bier § 40 Rn. 634.

1351   *K. F. Gärditz,* in: Waldhoff/Gärditz, PUAG, 2015, § 36 Rn. 20 m.w.N., sowie zu Streitigkeiten, die nicht unter die abdrängende Sonderzuweisung des § 36 PUAG fallen, aaO., Rn. 61 ff.

1352   S. § 20 Abs. 1 PUAG – Ladung von Zeugen; § 29 Abs. 1 PUAG – Verlangen nach Herausgabe eines Beweismittels; § 21 Abs. 1 S. 1, § 27 Abs. 1, § 28 Abs. 6 S. 1, § 29 Abs. 2 S. 1 PUAG – Auferlegung von Kosten und Festsetzung von Ordnungsgeld.

1353   S. § 27 Abs. 2, § 29 Abs. 2 S. 2 PUAG – Anordnung von Beugehaft bei grundloser Verweigerung des Zeugnisses oder der Herausgabe von Beweismitteln; § 30 Abs. 4 PUAG – Aufhebung des Geheimhaltungsgrades GEHEIM im Falle eines Widerspruchs des Betroffenen.

1354   Während das § 36 Abs. 3 PUAG regelt, dass gegen Entscheidungen des Ermittlungsrichters des BGH die Beschwerde (§§ 304 ff. StPO) zum BGH statthaft ist, macht es keine Aussage zum Verfahren bei der Anfechtung von Maßnahmen, die durch den Untersuchungsausschuss selbst getroffen wurden.

1355   Vgl. auch die auf § 18 Abs. 3 PUAG verweisenden Vorschriften der §§ 19 und 23 Abs. 2 PUAG.

entscheidet über die Rechtmäßigkeit der Einstufung eines vorgelegten Beweismittels als Verschlusssache der *Ermittlungsrichter des BGH* (§ 18 Abs. 3 Hs. 2 PUAG).

Nicht ausdrücklich geregelt ist der Rechtsweg, *wenn sich Landesorgane weigern, einem Untersuchungsausschuss des Deutschen Bundestags Beweismittel herauszugeben (Sperrerklärung) oder eine Aussagegenehmigung zu erteilen.* Während nach Ansicht des BVerwG für solche Streitigkeiten – vor Inkrafttreten des PUAG – der Verwaltungsrechtsweg nach § 40 Abs. 1 S. 1 mit sachlicher Zuständigkeit des BVerwG (§ 50 Abs. 1 Nr. 1) eröffnet war (BVerwGE 109, 258, 259 ff.), dürfte vor dem Hintergrund dieser – eine verfassungsrechtliche Streitigkeit verneinenden – Auffassung nunmehr nach § 36 Abs. 1 PUAG der BGH zuständig sein; andernfalls – bei Bejahung eines verfassungsrechtlichen Streits – dürfte aufgrund der Subsidiaritätsklausel des § 36 Abs. 1 PUAG das BVerfG gem. Art. 93 Abs. 1 Nr. 3 GG und § 13 Nr. 7 BVerfGG zuständig sein. 655

Schließlich kann es bei der Beweiserhebung zu *Streitigkeiten zwischen der Ausschussminderheit und der Ausschussmehrheit* kommen, wenn der Ausschuss die Erhebung bestimmter Beweise oder die Anwendung beantragter Zwangsmittel ablehnt. In diesen Fällen soll nach § 17 Abs. 4 PUAG auf Antrag von einem Viertel der Mitglieder des Untersuchungsausschusses der *Ermittlungsrichter des BGH* entscheiden. Ungeklärt ist hier das Spannungsverhältnis zum Organstreitverfahren gem. Art. 93 Abs. 1 Nr. 1 GG und § 13 Nr. 5 BVerfGG, welches nach § 36 Abs. 1 PUAG eigentlich die Zuständigkeit des BGH ausschließen soll. Dies gilt insbes. deshalb, weil das BVerfG die Antragsbefugnis der in den Untersuchungsausschuss entsandten Abgeordneten einer Fraktion, die mindestens ein Viertel der Mitglieder des Deutschen Bundestags umfasst, im Organstreitverfahren bejaht hat, weil sie den einsetzungsberechtigten Teil des Bundestags im Ausschuss repräsentieren.[1356] 656

(2) Landtag. Auch in den Ländern existieren eigene Untersuchungsausschussgesetze, die jedoch oftmals keine dem § 36 Abs. 1 PUAG entsprechende generalklauselartige Rechtswegbestimmung enthalten. Das am 13.7.2011 neugefasste UAG Bln enthält dagegen in § 31 eine dem PUAG nachgebildete Vorschrift über die gerichtlichen Zuständigkeiten, mit grundsätzlicher Zuständigkeit des LG Berlin für Streitigkeiten nach dem UAG Bln. 657

Eine Rechtswegzuweisung an die *ordentliche Gerichtsbarkeit* (AG [örtlich zuständig ist regelmäßig das AG am Sitz des Landtags, in Berlin das LG Berlin]) sehen viele Untersuchungsausschussgesetze regelmäßig *bei Auferlegung von Sitzungskosten, Festsetzung von Ordnungsgeldern und Anordnung von Beugehaft* vor, für den Fall, dass einer Auskunftspflicht unrechtmäßig nicht nachgekommen wird.[1357] Dabei fällt auf, dass die Untersuchungsausschüsse der Landtage, im Gegensatz zum Deutschen Bundestag, oftmals nicht einmal selbst Kosten auferlegen und Ordnungsgelder festsetzen dürfen, sondern auch diese Maßnahmen im Vorfeld von Beugehaft auf Antrag des Ausschusses durch den Richter verhängt werden müssen. Ferner ist das AG am Sitz des Landtags (in Berlin das LG Berlin) regelmäßig auch für die Anordnung grundrechtsintensiver Beweiserhebungsmaßnahmen wie Beschlagnahmen oder Durchsuchungen zuständig.[1358] 658

Soweit keine der punktuell im einschlägigen UAG geregelten Maßnahmen vorliegt und keine Generalklausel greift (vgl. § 31 UAG Bln), bleibt es bei Maßnahmen gegenüber dem Bürger beim *Verwaltungsrechtsweg*[1359] (→ Rn. 651). Dies gilt auch für die Überprüfung der Androhung oder Beantragung einer der genannten (dem Amtsrichter vorbehaltenen) Maßnahmen durch den Ausschuss, da Gründe der Sachnähe zu den durch den Amtsrichter zu treffenden Entscheidungen nicht ausreichen, um eine ausdrückliche Zuweisung anzunehmen (OVG Berlin DVBl 2001, 1224). Verweigern Bundesorgane die Vorlage von Beweismitteln (Sperrerklärung) bzw. die Erteilung einer Aussagegenehmigung, liegt nach Ansicht des BVerwG eine Verwaltungsstreitigkeit vor, mit sachlicher Zuständigkeit des BVerwG aus § 50 Abs. 1 Nr. 1 (BVerwGE 109, 258, 259 ff.; BVerwG Buchholz 310 § 40 VwGO Nr. 305; 659

1356 S. BVerfGE 105, 197, 220 f. – das PUAG war auf den betreffenden (Parteispenden-)Untersuchungsausschuss noch nicht anzuwenden, vgl. Art. 3 S. 2 des Untersuchungsausschussgesetzes vom 19.6.2001, BGBl I 1142, 1148; krit. dazu *K. F. Gärditz*, in: Waldhoff/Gärditz, PUAG, 2015, § 36 Rn. 12.

1357 Vgl. § 16 Abs. 2, 6 UAG BW; §§ 23 Abs. 1, 28 Abs. 1, 30 Abs. 3 UntAG Bln; §§ 18, 30 Abs. 1 UAG Bbg; § 11 Abs. 2, § 17 Abs. 1 UAG Brem; § 25 UAG Hmb; §§ 16 Abs. 1, 26 Abs. 1 UAG NRW; § 16 Abs. 2, 4, 5 UAG RP; § 16 Abs. 2, 6 SächsUAG; § 16 Abs. 2, 4, 5 ThürUAG.

1358 Vgl. § 16 Abs. 4 UAG BW; § 18 Abs. 3 UAG Bln; § 23 Abs. 1 UAG Bbg; § 11 b Abs. 1, 2 UAG Brem; § 20 Abs. 1 UAG NRW; § 16 Abs. 4 SächsUAG.

1359 OVG Berlin NJW 2002, 313 f.; OVG Saarlouis 3.8.2010 – 3 B 205/10, juris Rn. 50 ff.

→ Rn. 655). Dasselbe muss gelten, wenn Organe anderer Bundesländer sich weigern, Auskünfte zu erteilen.

660　Bei Streitigkeiten zwischen dem Untersuchungsausschuss und anderen Organen desselben Landes sowie bei Streitigkeiten zwischen der Ausschussminderheit und der Ausschussmehrheit dürfte ein landesverfassungsrechtliches Organstreitverfahren einschlägig sein.

661　**bbb) Einsetzungsbeschluss.** Die Einsetzung eines Untersuchungsausschusses und die Festlegung seines Untersuchungsgegenstandes erfolgen jeweils durch Parlamentsbeschluss. Hält das Parlament einen Einsetzungsantrag für teilweise verfassungswidrig, ist der Untersuchungsausschuss einzusetzen und der Untersuchungsgegenstand auf den verfassungsgemäßen Teil zu beschränken (vgl. § 2 Abs. 3 S. 1 PUAG). *Streitigkeiten über die Rechtmäßigkeit des Einsetzungsbeschlusses* sind verfassungsrechtlicher Art und somit den Verwaltungsgerichten entzogen.

662　Bei *Streitigkeiten über die Rechtmäßigkeit von Maßnahmen des Untersuchungsausschusses i.R.d. Beweiserhebung* kann jedoch die Rechtmäßigkeit des Einsetzungsbeschlusses als Vorfrage eine Rolle spielen; denn die Untersuchungshandlungen sind nur dann rechtmäßig, wenn der Untersuchungsausschuss wiederum rechtmäßig eingesetzt wurde.[1360] In einem solchen Fall sind grds. die zuständigen Gerichte befugt und auch verpflichtet, die verfassungsrechtliche Vorfrage selbst (inzident) zu klären.[1361] Das PUAG weist jedoch diesbezüglich eine Besonderheit auf: Art. 36 Abs. 2 PUAG sieht ein dem Art. 100 Abs. 1 S. 1 GG nachgebildetes Vorlageverfahren vor. Hält der BGH den Einsetzungsbeschluss für verfassungswidrig, ist das Verfahren auszusetzen und eine *Entscheidung des BVerfG herbeizuführen*, wenn die Rechtsfrage entscheidungserheblich ist. Eine solche Vorlagepflicht zum Landesverfassungsgericht enthalten auch Art. 27 Abs. 7 Verf ND, § 31 Abs. 3 UntAG Bln und § 32 Abs. 2 UAG LSA.

663　**pp) Zwischen Gerichten zu leistende Rechtshilfe in bürgerlichen Streitigkeiten und Strafsachen.** Für die zwischen Gerichten zu leistende Rechtshilfe in bürgerlichen Streitigkeiten und Strafsachen gelten die §§ 156 ff. GVG. Handlungen des Richters i.R.d. Rechtshilfe sind dem öffentlichen Recht zuzuordnen.[1362] Grds. ist einem Rechtshilfeersuchen durch das zuständige Gericht (vgl. § 157 GVG) stattzugeben (§ 158 Abs. 1 GVG); unter Umständen ist es jedoch nach § 158 Abs. 2 GVG abzulehnen. Wird das Ersuchen abgelehnt oder wird ihm entgegen letztgenannter Vorschrift stattgegeben, entscheidet gem. § 159 Abs. 1 S. 1 GVG das *OLG*. Ist eine Beschwerde zulässig (vgl. § 159 Abs. 1 S. 2 GVG), entscheidet über diese gem. § 159 Abs. 1 S. 3 GVG der BGH.

664　**qq) Internationale Rechtshilfe in Strafsachen. aaa) § 13 Abs. 1 S. 1, § 44 Abs. 1 S. 1 IRG – Auslieferung/Durchlieferung.** Das Auslieferungsverfahren ist zweistufig, vgl. § 12 IRG. Im vorgeschalteten *Zulässigkeitsverfahren* wird zunächst die rechtliche Zulässigkeit der Auslieferung (vgl. zur Zulässigkeit § 11 IRG) überprüft. Zur Entscheidung ist vorbehaltlich der §§ 21, 22 und 39 Abs. 2 IRG gem. § 13 Abs. 1 S. 1 IRG das OLG berufen (vgl. zur örtlichen Zuständigkeit § 14 IRG). Wird die Auslieferung für zulässig erklärt, trifft die Bewilligungsbehörde (§ 74 IRG) – grds. der Bundesminister der Justiz – im sog. *Bewilligungsverfahren* die endgültige Entscheidung über die Auslieferung, wobei ihr mit Rücksicht auf die außenpolitischen Belange der Bundesrepublik Deutschland ein weiter Ermessensspielraum zusteht.[1363]

665　Während die Entscheidung des OLG über die Zulässigkeit der Auslieferung nach § 13 Abs. 1 S. 2 IRG unanfechtbar ist, bleibt *umstr., ob der Betroffene die Bewilligung gerichtlich anfechten kann und welcher Rechtsweg ggf. dafür eröffnet ist.* Nach Auffassung des BVerwG beinhaltet § 13 Abs. 1 S. 1 IRG eine abdrängende Sonderzuweisung an die ordentlichen Gerichte für die Anfechtung von Bewilligungsentscheidungen.[1364] Dadurch könnten Rechtswegspaltungen, insbes. hinsichtlich des Rechtsschutzes vor und nach der Bewilligung, vermieden werden.[1365] Nach zutreffender Ansicht kann jedoch die Bewilligung gem. § 40 Abs. 1 S. 1 im Verwaltungsrechtsweg angefochten werden (so auch OVG

1360　Vgl. *Degenhart* Rn. 679.
1361　BVerfGE 77, 1, 39; BVerwGE 109, 258, 260; s.a. OVG Münster NJW 1989, 1103, 1104.
1362　*D. Ehlers/J.-P. Schneider*, in: Schoch/Schneider/Bier § 40 Rn. 622.
1363　Vgl. *T. Weigend*, JuS 2000, 105, 109.
1364　BVerwGE 137, 52, 54 f.; bereits angedeutet in BVerwGE 113, 273, 309 ff., 316 f.
1365　*J. Vogel/C. Burchard*, in: Grützner/Pötz/Kreß, Internationaler Rechtshilfeverkehr in Strafsachen, ³2012, § 13 IRG Rn. 9.

Berlin NVwZ 2002, 114, 115). Unabhängig davon, ob es sich bei der Bewilligung um einen Verwaltungsakt handelt, ist ihre Rechtmäßigkeit jedenfalls nach öffentlichem Recht zu beurteilen. Der Auffassung des BVerwG, aus der Geschlossenheit des Rechtsschutzsystems des IRG ergebe sich eine abdrängende Sonderzuweisung (BVerwGE 137, 52, 54 f.), kann nicht gefolgt werden, denn dieses Gesetz sieht gerade keinen Rechtsschutz gegen die Bewilligung vor und schließt diesen aber auch nicht ausdrücklich aus. Eine analoge Zuständigkeit des OLG[1366] scheidet wegen § 40 Abs. 1 S. 1 Hs. 2 aus. Die Auffassung, eine durch § 40 Abs. 1 zu schließende Rechtsschutzlücke bestehe gar nicht, weil § 13 Abs. 1 S. 1 IRG präventiven Rechtsschutz gewähre und Art. 19 Abs. 4 S. 1 GG keinen Instanzenzug garantiere,[1367] übersieht, dass die Bewilligung einen anderen Streitgegenstand darstellt. § 23 Abs. 1 S. 1 EGGVG ist nicht einschlägig, weil die Auslieferung nicht zur Strafrechtspflege, sondern zu den zwischenstaatlichen Beziehungen gehört. Eine andere – nicht den Rechtsweg betreffende Frage – ist es, ob die Anfechtung der Bewilligung durch den Betroffenen deshalb ausscheidet, weil eine mögliche Rechtsverletzung ausgeschlossen sei und ihm daher die Klagebefugnis (§ 42 Abs. 2) fehle.[1368]

Bei einer *Durchlieferung* gelten dieselben Grundsätze. Die Zuständigkeit des OLG im Zulässigkeitsverfahren ergibt sich aus § 44 Abs. 1 S. 1 IRG. Für den Rechtsschutz gegen eine Rücküberstellung bei einer sog. „steckengebliebenen" Durchlieferung ist der Verwaltungsrechtweg nach § 40 Abs. 1 S. 1 eröffnet, da es sich um eine öffentlich-rechtliche Streitigkeit handelt, für die im IRG keine Sonderzuweisung vorgesehen ist.[1369] Die vom BVerwG angenommene „ausschließliche Zuständigkeit der Oberlandesgerichte in Auslieferungssachen" (BVerwGE 137, 52, 55) könnte sich jedoch auch auf die Rücküberstellung erstrecken. 666

bbb) § 61 Abs. 1 IRG – sonstige Rechtshilfe. I.R.d. sonstigen Rechtshilfe (z.B. Vernehmung von Zeugen) ist *zwischen Leistungsermächtigung und Vornahmeermächtigung zu unterscheiden.* Erstere betrifft das Verhältnis der Bundesrepublik Deutschland nach außen und damit die Frage, ob die rechtshilferechtlichen Voraussetzungen zur Leistung der Rechtshilfe gegenüber dem ersuchenden Staat vorliegen; zur Entscheidung über das Bestehen einer Leistungsermächtigung ist die Bewilligungsbehörde (§ 74 IRG) berufen. Dagegen ist bei der Vornahmeermächtigung zu prüfen, unter welchen Voraussetzungen die mit der Durchführung der Rechtshilfe betraute Stelle (Behörde oder Gericht) innerstaatlich zum Handeln befugt ist.[1370] 667

Die Zuweisung des § 61 Abs. 1 IRG an das OLG *betrifft ausschließlich die Überprüfung der Leistungsermächtigung* (soweit die innerstaatlich erforderliche Rechtshilfehandlung durch ein Gericht vorzunehmen ist). Während Vornahmebehörden an eine positive Entscheidung der Bewilligungsbehörde gebunden sind (§ 60 Abs. 1 S. 1 IRG), hat ein Vornahmegericht zu überprüfen, ob die Voraussetzungen für die Leistung der Rechtshilfe gegeben sind. Verneint das Gericht die Voraussetzungen, kann es nicht selbst die Rechtshilfe für unzulässig erklären, sondern muss im Interesse der Rechtsvereinheitlichung eine Entscheidung des *OLG* einholen (§ 61 Abs. 1 S. 1 IRG). Das OLG entscheidet über die Leistungsermächtigung ferner auf Antrag der Staatsanwaltschaft bei dem OLG[1371] (§ 61 Abs. 1 S. 2 Alt. 1 IRG) oder im Fall des § 66 IRG – Herausgabe von Gegenständen an ausländische Staaten – auf Antrag des Betroffenen (§ 61 Abs. 1 S. 2 Alt. 2 IRG). 668

Nach § 61 Abs. 1 S. 2 Alt. 2 IRG besteht ein *Individualrechtsschutz hinsichtlich der Leistungsermächtigung* nur bei die *Herausgabe von Gegenständen* (§ 66 IRG) betreffenden Streitigkeiten. Umstr. ist, auf welchem Wege Individualrechtsschutz bei *anderen Maßnahmen der sonstigen Rechtshilfe* zu erlangen ist. Die Rspr. vertritt die Ansicht, eine direkte Überprüfung der Leistungsermächtigung – wie bei § 61 Abs. 1 S. 2 Alt. 2 IRG – komme nicht in Betracht; ihr Vorliegen sei vielmehr inzident beim Vor- 669

1366 Angedacht bei O. *Lagodny*, in: Schomburg/Lagodny, Internationale Rechtshilfe in Strafsachen, ³1998, § 13 Rn. 31.

1367 So D. *Ehlers/J.-P. Schneider*, in: Schoch/Schneider/Bier § 40 Rn. 625.

1368 Dazu O. *Lagodny*, in: Schomburg/Lagodny/Gleß/Hackner, Internationale Rechtshilfe in Strafsachen, ⁵2012, § 12 Rn. 25 ff.

1369 O. *Lagodny*, in: Schomburg/Lagodny/Gleß/Hackner, Internationale Rechtshilfe in Strafsachen, ⁵2012, § 43 Rn. 20.

1370 O. *Lagodny*, in: Schomburg/Lagodny/Gleß/Hackner, Internationale Rechtshilfe in Strafsachen, ⁵2012, Vorbem. § 59 Rn. 6 ff.

1371 Über die Staatsanwaltschaft kann auch die Vornahme*behörde* eine Überprüfung der Entscheidung der Bewilligungsbehörde herbeiführen.

nahmerechtsschutz zu überprüfen.[1372] Nach a.A. soll dagegen zur Vermeidung von Rechtsschutzlücken der Verwaltungsrechtsweg gegeben sein.[1373]

670   Über das Vorliegen der Voraussetzungen der (innerstaatlichen) *Vornahmeermächtigung* ist von der Vornahmebehörde bzw. dem Vornahmegericht selbständig zu entscheiden, auch wenn bei Verneinung die Rechtshilfe i.E. abzulehnen ist.[1374] Sofern keine speziellen Vornahmeermächtigungen bestehen (s. § 63 Abs. 2, 3; § 64 Abs. 2; § 67 IRG), enthält § 59 Abs. 3 IRG eine *Generalverweisungsnorm*. Die Vornahmehandlungen können nach den entsprechenden, im innerstaatlichen Strafverfahren geltenden Verfahrensbestimmungen angegriffen werden (vgl. § 77 Abs. 1 IRG), bspw. mit der Beschwerde (§§ 304 ff. StPO) oder einem Antrag auf gerichtliche Entscheidung nach § 161a Abs. 3 und § 163a Abs. 3 S. 3 StPO.

671   **rr) Zwangsvollstreckung.** Die Zulässigkeit des Rechtswegs für die **Zwangsvollstreckung** bestimmt sich grds. nach dem zu vollstreckenden Titel. Im zivilprozessualen Verfahren werden die *Urteile der Zivilgerichte* und die anderen in *§ 794 ZPO genannten Titel* vollstreckt, unabhängig davon, ob der in dem Titel verbriefte Anspruch öffentlich-rechtlicher oder privatrechtlicher Natur ist. Somit sind also auch die den Zivilgerichten zugewiesenen Entscheidungen über öffentlich-rechtliche Streitigkeiten im Verfahren nach dem Achten Buch der ZPO zu vollstrecken. Vollstreckungsgericht ist gem. § 764 Abs. 2 ZPO das *AG*, in dessen Bezirk das Vollstreckungsverfahren stattfinden soll oder stattgefunden hat.

672   Das für die Vollstreckung von Urteilen und anderen *Entscheidungen der Verwaltungs-, Finanz-, Arbeits- und Sozialgerichte* zuständige Vollstreckungsgericht bestimmt sich nach den für diese Gerichtsbarkeiten maßgeblichen Prozessordnungen. Für die Vollstreckung arbeitsgerichtlicher Entscheidungen sind nach § 62 Abs. 2 S. 1 ArbGG i.V.m. § 764 Abs. 2 ZPO die Amtsgerichte zuständig;[1375] soweit Rechtsbehelfe beim Prozessgericht einzulegen sind (vgl. § 767 Abs. 1 ZPO), bleiben die Arbeitsgerichte zuständig. Umstr. ist, ob das AG ebenfalls für die Vollstreckung sozialgerichtlicher Entscheidungen gem. § 198 Abs. 1 SGG i.V.m. § 764 Abs. 2 ZPO zuständig ist.[1376] Das BVerfG kann nach § 35 Hs. 1 BVerfGG in seiner Entscheidung selbst bestimmen, wer sie vollstreckt. Zur Vollstreckung finanzgerichtlicher Entscheidungen vgl. §§ 150 ff. FGO.

673   Soll eine *verwaltungsgerichtliche Entscheidung zugunsten des Staates* gegen einen Bürger vollstreckt werden, so richtet sich die Vollstreckung nach dem VwVG, d.h. eine Vollstreckung findet grds. durch Behörden statt (§ 169). Vollstreckungsbehörde ist dann der Vorsitzende des Gerichts des ersten Rechtszugs, der für die Ausführung der Vollstreckung i.R.d. Vollstreckungshilfe eine andere Vollstreckungsbehörde oder einen Gerichtsvollzieher in Anspruch nehmen kann (§ 169 Abs. 1 S. 2). Rechtsschutz gegen Vollstreckungshandlungen ist vor dem VG zu suchen. Es kommen über die in § 5 Abs. 1 VwVG enthaltenen Verweisungen in die AO (insbes. §§ 295, 316 Abs. 3, § 322 AO) und die ergänzend anzuwendende Vorschrift des § 167 Abs. 1 die Rechtsbehelfe der zivilprozessualen Zwangsvollstreckung in Betracht.[1377]

674   Die Verwaltung kann durch den Erlass eines *Verwaltungsakts* selbst einen vollstreckbaren Titel schaffen. Die Vollstreckung richtet sich nach den Vorschriften des VwVG bzw. der entsprechenden Landesverwaltungsvollstreckungsgesetze, sofern nicht für den geltend gemachten Anspruch ein anderer Rechtsweg als der Verwaltungsrechtsweg begründet ist (vgl. § 1 Abs. 2 Hs. 2 VwVG). Die Vollstreckung erfolgt durch Behörden. Für den Vollstreckungsschutz sind die Verwaltungsgerichte zuständig (vgl. BVerwGE 27, 141, 142 f.). Soweit auf die Vorschriften der ZPO verwiesen wird (vgl. z.B. § 173

1372   S. BVerfG EzSt, IRG § 61 Nr. 2 (S. 2); BVerwG NJW 1991, 649 f. Um der Rechtsvereinheitlichungsfunktion des § 61 Abs. 1 IRG gerecht zu werden, wird eine auf die Frage der Leistungsermächtigung beschränkte Vorlagepflicht zum OLG befürwortet, wenn das zunächst befasste Gericht ihre Voraussetzungen verneint; vgl. *T. Vogler*, GA 1989, 541, 544 f.

1373   *T. Vogler*, Freundesgabe Söllner, 1990, 595, 600 f.

1374   Vgl. *T. Vogler*, GA 1989, 541, 544.

1375   Ausf. *A. Schleusener*, in: Germelmann/Matthes/Prütting § 62 ArbGG Rn. 53 ff.

1376   Vgl. *B. Schmidt*, in: Meyer-Ladewig/Keller/Leitherer/Schmidt § 198 Rn. 5 m.w.N.

1377   *H. F. Gaul*, JZ 1979, 496, 497 f. Rechtsbehelfe der zivilprozessualen Zwangsvollstreckung sind namentlich die Erinnerung (§ 766 ZPO), die Vollstreckungsabwehrklage (§ 767 ZPO) und die Drittwiderspruchsklage (§ 771 ZPO); krit. dazu, da gem. § 173 VwGO verwaltungsprozessualer Rechtsschutz Vorrang habe: *C. Danker*, in: Fehling/Kastner/Störmer § 5 VwVG Rn. 9; in diese Richtung gehend auch: *B. Stammberger*, in: Engelhardt/App/Schlatmann, [11]2017, § 5 VwVG Rn. 5.

und § 5 Abs. 1 VwVG i.V.m. mit den auf die ZPO verweisenden Vorschriften der AO), ist die Anwendbarkeit zivilprozessualer Vollstreckungsregeln (insbes. Rechtsbehelfe) von der *Zuständigkeit von Vollstreckungsorganen der ordentlichen Gerichtsbarkeit* zu unterscheiden; letztere können unter Umständen zur Mitwirkung berufen sein. Bspw. bleiben die ordentlichen Gerichte zuständig für die Zwangsversteigerung von Grundstücken (§ 322 Abs. 1 und 3 AO) sowie die Anordnung einer Wohnungsdurchsuchung (§ 287 Abs. 4 AO).[1378]

ss) § 2 Abs. 1 InsO – Insolvenzverfahren/Insolvenzverwalter. Für das Insolvenzverfahren ist nach § 2 Abs. 1 InsO das *AG* als Insolvenzgericht zuständig. U.a. ernennt (§ 27 Abs. 1 S. 1 InsO), beaufsichtigt (§ 58 Abs. 1 S. 1 InsO) und entlässt (§ 59 Abs. 1 InsO) das Insolvenzgericht den Insolvenzverwalter. Rechtsstreitigkeiten, die nur aus Anlass des Insolvenzverfahrens zwischen den Parteien entstehen, fallen nicht unter diese Zuweisung.[1379]   **675**

nicht besetzt   **676**

Mit dem Gesetz zur Modernisierung von Verfahren im anwaltlichen und notariellen Berufsrecht, zur Errichtung einer Schlichtungsstelle der Rechtsanwaltschaft sowie zur Änderung sonstiger Vorschriften vom 30.7.2009 (BGBl I 2449) wurde § 223 BRAO[1380] aufgehoben und mit § 112 a BRAO[1381] der Zugang zur Anwaltsgerichtsbarkeit vom Gesetzgeber neu konzipiert. Gem. § 112 a Abs. 1 BRAO entscheidet der bei den OLG einzurichtende Anwaltsgerichtshof (§ 100 Abs. 1 S. 1 BRAO) im ersten Rechtszug über alle öffentlich-rechtlichen Streitigkeiten nach der BRAO, einer auf Grund dieses Gesetzes erlassenen Rechtsverordnung oder einer Satzung einer der nach diesem Gesetz errichteten Rechtsanwaltskammern, einschließlich der Bundesrechtsanwaltskammer, soweit nicht die Streitigkeiten anwaltsgerichtlicher Art oder einem anderen Gericht ausdrücklich zugewiesen sind (verwaltungsrechtliche Anwaltssachen).   **677**

§ 112 a Abs. 1 BRAO „soll einheitlich für alle verwaltungsrechtlichen Streitigkeiten im anwaltlichen Berufsrecht den Zugang zur Anwaltsgerichtsbarkeit eröffnen. Die bisher getrennt stehenden Rechtsschutznormen in Zulassungssachen (§§ 37–42 BRAO), Beschlüssen und Wahlen (§§ 90, 91, 191 BRAO) sowie Verwaltungsakten (§ 223 BRAO) werden zusammengefasst. § 112 a Abs. 1 BRAO [...] gilt auch für den Rechtsschutz gegen hoheitliches Verwaltungshandeln, das keinen Verwaltungsakt darstellt, aber geeignet ist, in die berufsrechtlich begründeten Rechte der Beteiligten einzugreifen oder sie einzuschränken. Gegenüber besonderen Rechtsbehelfen oder Rechtswegzuweisungen (z.B. Art. 34 GG für die Amtshaftung) ist der Rechtsweg in verwaltungsrechtlichen Anwaltssachen nach wie vor subsidiär" (BT-Drs. 16/11385, 40).   **678**

uu) § 94 a PatAnwO – verwaltungsrechtliche Patentanwaltssachen. Eine mit § 112 a Abs. 1 BRAO sachlich identische Regelung enthält § 94 a Abs. 1 PatAnwO für verwaltungsrechtliche Patentanwaltssachen.   **679**

vv) § 111 Abs. 1 BNotO – verwaltungsrechtliche Notarsachen. Die Regelung des § 111 Abs. 1 BNotO ist sachlich und funktionell mit § 112 a Abs. 1 BRAO identisch[1382] (→ Rn. 677 ff.). Sachlich zuständig ist das *OLG* (§ 111 Abs. 1 BNotO).   **680**

1378 Vgl. den Überblick jeweils bei *H. F. Gaul*, JZ 1979, 496, 504 ff.; *F. Werth*, in: Klein, AO, ¹³2016, § 284 Rn. 1 ff., insbes. 16. Vertiefend *J. Nolte*, Die Eigenart des verwaltungsgerichtlichen Rechtsschutzes, 2015, 346 ff.

1379 *A. J. Baumert*, in: E. Braun, Insolvenzordnung, ⁷2017, § 2 Rn. 7; den Verwaltungsgerichten zugewiesen werden hingegen Leistungsklagen des Insolvenzverwalters gegen eine GbR, vgl. VG Arnsberg NZI 2017, 173.

1380 Zu dieser Vorschrift s. die 4. Aufl. Rn. 676.

1381 Abs. 1 geändert m.W.v. 18.5.2017 durch Gesetz v. 12.5.2017, BGBl I 1121; näher *R. Kilimann*, in: Feurich/Weyland, BRAO, ⁹2016, § 112 a Rn. 5 ff.

1382 S. BT-Drs. 16/11385, 53.

681   **b) Sonderzuweisungen an weitere Gerichtsbarkeiten.** Durch Sonderzuweisungen an weitere Gerichtsbarkeiten wird für öffentlich-rechtliche Streitigkeiten ebenfalls der Verwaltungsrechtsweg ausgeschlossen (→ Rn. 96 ff.).

§ 41 (weggefallen)

§ 17 GVG [Rechtshängigkeit; Entscheidung des Rechtsstreits]

(1) Die Zulässigkeit des beschrittenen Rechtsweges wird durch eine nach Rechtshängigkeit eintretende Veränderung der sie begründenden Umstände nicht berührt. Während der Rechtshängigkeit kann die Sache von keiner Partei anderweitig anhängig gemacht werden.

(2) Das Gericht des zulässigen Rechtsweges entscheidet den Rechtsstreit unter allen in Betracht kommenden rechtlichen Gesichtspunkten. Artikel 14 Abs. 3 Satz 4 und Artikel 34 Satz 3 des Grundgesetzes bleiben unberührt.

Schrifttum

1. Monographien und Beiträge in Sammelwerken: *S. Detterbeck*, Streitgegenstand und Entscheidungswirkungen im Öffentlichen Recht, 1995; *M. Gaa*, Die Aufrechnung im Öffentlichen Recht, 1996; *U. S. Grandtner*, Die Aufrechnung als Handlungsinstrument im öffentlichen Recht, 1995; *M. Häfele*, Die Auswirkungen der Neufassung der §§ 17 bis 17 b GVG auf das gerichtliche Verfahren einschließlich hierzu ergangener Rechtsprechung, 2002; *J. Hager*, Die Manipulation des Rechtswegs, in: FS Kissel, 1994, 327; *K. Hartmann*, Die Aufrechnung im Verwaltungsrecht, 1996; *U. Hoffmann*, Der allgemeine Gerichtsstand des Sachzusammenhangs nach § 17 Abs. 2 S. 1 GVG, 1993; *D. Jesch*, Die Bindung des Zivilrichters an Verwaltungsakte, 1956; *T. Kluth*, Die umfassende Sachentscheidungskompetenz des Zivilgerichts in analoger Anwendung des § 17 Abs. 2 Satz 1 GVG auf die sachlichen Zuständigkeiten, 1997; *H. Saure*, Die Rechtswegverweisung, 1971; *K. Schwab*, Zum Sachzusammenhang bei Rechtsweg- und Zuständigkeitsentscheidung, in: FS für Albrecht Zeuner zum 70. Geb., 1994, 499; *R. Weiß*, Zuständigkeit kraft Sachzusammenhangs, 1999.

2. Beiträge in Zeitschriften: *E. Baden*, Beiladung bei Rechtswegkollisionen, NVwZ 1984, 142; *H. Bethge*, Das Phantom der doppelten Verfassungsunmittelbarkeit, JuS 2001, 1100; *S. Broß*, Zur Bindung der Zivilgerichte an Verwaltungsentscheidungen, VerwArch 78 (1987), 91; *D. Ehle*, Rechtsweg und Zuständigkeit: §§ 17 ff. GVG in der Examensklausur, JuS 1999, 166; *D. Ehlers*, Die Aufrechnung im öffentlichen Recht, JuS 1990, 777; *M. Gaa*, Die Aufrechnung mit einer rechtswegfremden Gegenforderung, NJW 1997, 3343; *R. Greger*, Zur Aufrechnung mit einer rechtswegfremden Forderung, EWiR 2002, 19; *B. Gsell/T. Mehring*, Kompetenzkonflikte bei Prozesskostenhilfeverfahren vor Zivilgerichten, NJW 2002, 1991; *U. Hoffmann*, § 17 Abs. 2 S. 1 GVG und der allgemeine Gerichtsstand des Sachzusammenhangs, ZZP 107 (1994), 3; *J. Holzheuser*, Die Rechtswegverweisung in den verwaltungsgerichtlichen Eilverfahren, DÖV 1994, 807; *O. Jauernig*, § 17 Abs. 2 GVG – das unverstandene Wesen, NZA 1995, 12; *O. R. Kissel*, Neues zur Gerichtsverfassung, NJW 1991, 945; *T. Kluth*, Der Anspruch auf rechtswegfremden Forderungen im Prozess, NJW 2000, 463; *K. Kniethe*, Umfassende Prüfungskompetenz der Gerichte im Gerichtsstand des § 32 ZPO, NJW 2003, 1294; *M. Pant*, Perpetuatio fori trotz Änderung des Rechtsweges zwischen den Instanzen?, VersR 1989, 1006; *A. Piekenbrock*, Abkehr des BGH von der „perpetuatio fori" bei gesetzlicher Änderung der Zuständigkeit?, NJW 2000, 3476; *R. Pietzner*, Grundfragen der Aufrechnung im öffentlichen Recht, VerwArch 74 (1983), 59; *G. Rößler*, Aufrechnung mit rechtswegfremden Gegenforderungen, DStZ 1998, 651; *H. H. Rupp*, Zur Aufrechnung mit rechtswegfremden Forderungen im Prozess, NJW 1992, 3274; *W.-R. Schenke/J. Ruthig*, Die Aufrechnung mit rechtswegfremden Forderungen im Prozeß, NJW 1992, 2505; *C. Sennekamp*, Die Verweisung summarischer Verfahren an das zuständige Gericht, NVwZ 1997, 642; *P. Stelkens*, Das Gesetz zur Neuregelung des verwaltungsgerichtlichen Verfahrens (4. VwGOÄndG) – das Ende einer Reform?, NVwZ 1991, 209; *P. Windel*, Die Bedeutung der §§ 17 Abs. 2 S. 1, 17a GVG für den Umfang der richterlichen Kognition und die Rechtswegzuständigkeit, ZZP 111 (1998), 3.

I. Entstehungsgeschichte

1990 wurde das GVG neu gefasst (BGBl 1990 I 2809, 2816 f.), da das bis dahin geltende Recht weder 1 der Gleichwertigkeit aller Rechtswege Rechnung getragen hatte noch den praktischen Bedürfnissen der Rechtspflege entsprach. Für besonders änderungsbedürftig angesehen wurden einerseits die Regelungen über die Weiterverweisung als Befugnis des Adressatengerichts, andererseits die Regelungen in Bezug auf die Befugnis der Berufungs- und Revisionsgerichte zur Prüfung der Rechtswegzuständigkeit in jeder Lage des Verfahrens (BT-Drs. 11/7030, 36). Bei der Novellierung standen für den Gesetzgeber die Prinzipien der *möglichst frühzeitig abschließenden Klärung der Frage der Rechtswegzuständigkeit* sowie des *Ausschlusses des Risikos eines später erkannten Mangels des gewählten Rechtsweges* im Vordergrund (BT-Drs. 11/7030, 36 f.). Aus diesem Grund wurde in §§ 17 ff. GVG normiert, dass eine einmal getroffene Rechtswegentscheidung für das Gericht, das sich für zuständig erklärt hat, bzw. für das Gericht, an das verwiesen wurde, bindend ist. Die Geltung des GVG wurde auf alle Gerichtszweige ausgedehnt. Die bis dahin bestehenden verwaltungsprozessualen Regelungen in §§ 41, 90 Abs. 2 und 3 sowie § 155 Abs. 4 zu den Rechtswegzuständigkeiten wurden aufgehoben (BGBl 1990 I 2809).[1] Mangels abweichender Sonderbestimmungen finden nunmehr gem. § 173 die Regelungen des GVG zur Zulässigkeit des Rechtswegs im Verwaltungsprozess entsprechende Anwendung. Nach § 83 gelten die §§ 17 ff. GVG darüber hinaus für die sachliche und örtliche Zuständigkeit der Gerichte.

II. Anwendungsbereich der §§ 17 ff. GVG

Nach § 2 EGGVG finden die Vorschriften des GVG nur auf die ordentliche streitige Gerichtsbarkeit 2 und deren Ausübung Anwendung. Aufgrund entsprechender *Verweisungsnormen* gelten die dortigen Regelungen zur Rechtswegzuständigkeit jedoch ebenfalls in anderen Gerichtsbarkeiten. Die für den Verwaltungsprozess maßgebliche Verweisungsvorschrift ist § 173. Vergleichbare Regelungen finden sich in § 155 FGO, § 202 SGG und § 48 Abs. 1 ArbGG, wobei letzterer sogar ausdrückl. auf die §§ 17 ff. GVG verweist.

Die §§ 17–17 b GVG enthalten Regelungen über die Rechtswegentscheidung und -verweisung. Wäh- 3 rend § 17 GVG die Zulässigkeit des Rechtswegs zum Inhalt hat, betrifft § 17 a GVG die Entscheidung über den Rechtsweg, insbes. ihre Bindungswirkung. In § 17 b GVG werden die Wirkungen der Rechtswegverweisung sowie die dadurch entstehenden Kosten geregelt. § 17 Abs. 1 GVG enthält zwei Regelungen: Einerseits kann die Zulässigkeit eines einmal beschrittenen Rechtswegs nicht mehr entfallen, wenn die Umstände, aufgrund derer die Zulässigkeit zu verneinen wäre, erst nach Rechtshängigkeit eintreten (perpetuatio fori). Andererseits steht die Rechtshängigkeit der Sache einer erneuten Klageerhebung mit gleichem Inhalt entgegen. § 17 Abs. 2 GVG verleiht dem zuständigen Gericht eine umfassende Entscheidungskompetenz. Mit Ausnahme der auf Art. 14 Abs. 3 S. 4, 34 S. 3 GG gestützten Klagen entscheidet das Gericht des zulässigen Rechtswegs den Rechtsstreit unter allen in Betracht kommenden Gesichtspunkten. § 17 a Abs. 2 GVG verpflichtet das angegangene Gericht, von Amts wegen die Zulässigkeit des beschrittenen Rechtswegs zu prüfen, und verlangt von ihm im Falle seiner Unzuständigkeit die Verweisung an das zuständige Gericht. Darüber hinaus ergibt sich aus § 17 a Abs. 1 und 2 GVG, dass die Entscheidung des angegangenen Gerichts bzgl. der Rechtswegzuständigkeit in jedem Fall für die anderen Gerichte, insbes. auch bei Verweisung an ein anderes Gericht, verbindlich ist. § 17 b GVG bestimmt schließlich, dass im Falle der Verweisung der Rechtsstreit mit Eingang der Akten bei dem im Beschluss bezeichneten Gericht anhängig wird, gleichzeitig aber die Wirkungen der Rechtshängigkeit über den gesamten Zeitraum bestehen bleiben.

---

1 *P. Stelkens*, NVwZ 1991, 207, 218.

4   **1. Anwendbarkeit in verfassungsrechtlichen Verfahren.** Die §§ 17 ff. GVG gelten nicht für öffentlich-rechtliche Streitigkeiten verfassungsrechtlicher Art.[2] Sollte ein Fachgericht dennoch eine Verweisung vornehmen, ist diese für das angerufene Verfassungsgericht nicht bindend (BVerwG ZOV 2012, 297, 298; VGH München NVwZ 1991, 699, 700). Dies gilt auch für den umgekehrten Fall, dass ein Verfassungsgericht eine Rechtswegverweisung an ein Fachgericht vornimmt. Der Grund für die Unanwendbarkeit der §§ 17 ff. GVG i.R. der Verfassungsgerichtsbarkeit liegt darin, dass diese nicht zum „normalen" Rechtsweg zählt, was sich nicht zuletzt aus § 90 Abs. 2 BVerfGG ergibt.[3] Daher kann ein Kläger in einer Streitsache das BVerfG anrufen, selbst wenn dazu noch eine Klage beim VG anhängig sein sollte.[4]

5   **2. Anwendbarkeit im Normenkontrollverfahren nach § 47.** Die Anwendbarkeit der §§ 17 ff. GVG ist bei dem abstrakten Normenkontrollverfahren nach § 47 umstritten, weil die anderen Rechtswege eine prinzipale Normenkontrolle nicht kennen. Z.T. wird eine Verweisung als möglich angesehen, jedoch sollen wegen der Sonderstellung des § 47 die §§ 17 a, b GVG nicht gelten.[5] Vorzugswürdig ist jedoch die Ansicht, wonach die §§ 17 ff. GVG auch bei einem Normenkontrollantrag an das OVG insgesamt anzuwenden sind (OVG Weimar NJW 2003, 1339).[6] Das Gericht des anderen Rechtswegs hat den Normenkontrollantrag bei einer Verweisung entsprechend als Antrag auf inzidente Normenkontrolle auszulegen (→ § 47 Rn. 61).

6   **3. Anwendbarkeit in Verfahren des vorläufigen Rechtsschutzes.** Z.T. werden die §§ 17 ff. GVG i.R. der einstweiligen Rechtsschutzverfahren (§§ 80, 80 a, 123) für unanwendbar gehalten.[7] Begründet wird diese Ansicht v.a. mit dem Wortlaut des § 17 a Abs. 5 GVG, der explizit von „die Hauptsache" spricht.[8] Auch die Darlegungen in den Gesetzesmaterialien seien ersichtlich auf die Klageverfahren zugeschnitten gewesen (VGH Kassel NVwZ-RR 1994, 511, 512). Zudem würde sich das in § 17 a Abs. 2–4 GVG vorgesehene selbständige Zwischenverfahren zur Rechtswegfrage kaum mit dem Ziel des vorläufigen Rechtsschutzes in Einklang bringen lassen, schnell eine vorläufige gerichtliche Entscheidung in der jeweiligen Streitsache zu erreichen (OVG Koblenz NVwZ 1993, 381, 382).[9] In den §§ 17 Abs. 1 S. 2, 17 b Abs. 1 S. 2 GVG sei von der „Rechtshängigkeit" die Rede. Unter Berücksichtigung des § 90 trete diese im Verwaltungsprozess aber erst mit der Klageerhebung, nicht jedoch bereits mit der Stellung eines Eilantrages ein.[10] Bei einer Bejahung der Verweisung würden Probleme aus einer dann möglichen Divergenz des Rechtswegs im vorläufigen Rechtsschutz und im Hauptsacheverfahren entstehen.[11] Folgte man dieser Ansicht, muss das VG bei nicht gegebenem Rechtsweg den Antrag als unzulässig zurückweisen. Gegen diese Entscheidung könnte der Antragsteller nach § 146 Beschwerde erheben (OVG Koblenz NVwZ 1993, 381, 382).[12]

7   Auch wenn der Gesetzgeber bei Erlass der §§ 17 ff. GVG vornehmlich die Hauptsacheverfahren im Blick hatte, sind diese Vorschriften im Wege der Analogie auf die einstweiligen Rechtsschutzverfahren anzuwenden, wenn das angerufene Gericht der Auffassung ist, dass der Verwaltungsrechtsweg nicht

---

2   BVerwGE 50, 124, 129; OVG Koblenz 20.10.2000 – 11 C 11303/00; VGH München NVwZ 1991, 699, 700; BayVBl 1992, 720; *H. Bethge*, JuS 2001, 1100; *Kissel/Mayer* § 17 Rn. 3; *W.-R. Schenke*, in: *Kopp/Schenke* Anh § 41 Rn. 16; *K. Rennert*, in: Eyermann § 41 Rn. 7.

3   *D. Ehlers*, in: Schoch/Schneider/Bier § 41 Vorbem. § 17 GVG Rn. 25.

4   BVerwGE 50, 124, 129; *D. Ehlers*, in: Schoch/Schneider/Bier § 41 Vorbem. § 17 GVG Rn. 25.

5   OVG Frankfurt/Oder 29.6.2000 – 4 D 35/98.NE; *H. Geiger*, JA 1993, 190; *D. Ehlers*, in: Schoch/Schneider/Bier § 41 Vorbem. § 17 GVG Rn. 11; *W.-R. Schenke*, in: *Kopp/Schenke* Anh § 41 Rn. 2 c.

6   *K. Rennert*, in: Eyermann § 41 Rn. 2.

7   OVG Koblenz NVwZ 1993, 381 f.; VGH Kassel NJW 1994, 145; *J. Holzheuser*, DÖV 1994, 807, 813; *W.-R. Schenke*, in: *Kopp/Schenke* Anh § 41 Rn. 2 a; *P. Kothe*, in: Redeker/v. Oertzen § 83 Rn. 10; *C. Sennekamp*, NVwZ 1997, 642, 643.

8   VGH Kassel NJW 1994, 145; *D. Ehle*, JuS 1999, 166, 171; *W.-R- Schenke*, in: *Kopp/Schenke* Anh § 41 Rn. 2 a; *C. Sennekamp*, NVwZ 1997, 642, 643.

9   S.a. *W.-R. Schenke*, in: Kopp/Schenke Anh § 41 Rn. 2 a.

10   *C. Sennekamp*, NVwZ 1997, 642, 643 – dem ist aber entgegenzuhalten, dass nach einhelliger Ansicht § 90 zumindest analog auf das selbständige Antragsverfahren und damit auch auf das Eilverfahren anzuwenden ist, → § 90 Rn. 2.

11   *W.-R. Schenke*, in: Kopp/Schenke Anh § 41 Rn. 2 a.

12   *J. Holzheuser*, DÖV 1994, 807, 811.

gegeben ist.[13] Zu begründen ist dies damit, dass nach den §§ 17ff. GVG die Rechtswegfrage in allen Verfahren einheitlich und frühzeitig geklärt werden soll (VGH Kassel NJW 1997, 211).[14] Bereits die Bezeichnung der Verfahrensbeteiligten in § 17a Abs. 2 GVG als „Kläger" oder „Antragsteller" deutet darauf hin, dass die Vorschrift über die Klageverfahren hinaus Bedeutung erlangen sollte.[15] Mit den §§ 17ff. GVG wird eine Verfahrensbeschleunigung angestrebt. Dieser kommt aber im verwaltungsgerichtlichen Eilverfahren keine geringere Bedeutung zu, als dies für das Hauptsacheverfahren der Fall wäre.[16] Sinn und Zweck dieser Bestimmungen ist es, die Frage der Rechtswegzuständigkeit in einem möglichst frühen Verfahrensstadium zu klären. Eine Verfahrensbeschleunigung würde aber gerade nicht erreicht, wenn das unzuständige VG das Verfahren wegen fehlender Rechtswegzuständigkeit abwiese und der Antragsteller erneut einen Antrag bei einem anderen Gericht stellen müsste (VGH Kassel NJW 1997, 211). Würde sich dieses ebenfalls für unzuständig erklären, würde die besonders eilbedürftige vorläufige Gerichtsentscheidung weiter hinausgezögert. Nur durch die Anwendbarkeit insbes. von § 17a GVG, der das andere Gericht an die Rechtswegverweisung bindet, wird die Möglichkeit eines negativen Kompetenzkonflikts ausgeschlossen und gewährleistet, dass der Antragsteller den von Art. 19 Abs. 4 GG gebotenen Rechtsschutz erlangen kann.[17] Die Vorabklärung des Rechtswegs fördert die Zügigkeit des einstweiligen Rechtsschutzes, weil die anschließende vorläufige Sachentscheidung auch im Hinblick auf einen weiteren Instanzenzug nicht mehr mit Erwägungen zum Rechtsweg belastet werden kann (BVerwG Buchholz 310 § 40 VwGO Nr. 286). Dass die Beurteilung der Rechtslage in der Hauptsache von derjenigen des einstweiligen Rechtsschutzes divergieren kann, ist eine notwendige Folge der Verschiedenheit dieser Verfahren. Sie liegt in der Konsequenz der lediglich interimistischen Befriedungsfunktion des vorläufigen Rechtsschutzes.[18]

Damit tritt für das Gericht, an welches der Rechtsstreit aus Rechtsweggründen verwiesen wurde, bei einstweiligen Rechtsschutzverfahren die Bindungswirkung des § 17a GVG ein, sodass es über seine Zuständigkeit nicht mehr befinden darf. Eine Bindungswirkung für das Hauptsacheverfahren entfaltet eine solche Rechtswegentscheidung aber nicht (zur Bindungswirkung einer Entscheidung im PKH-Verfahren → Rn. 10ff.).[19] Der Antragsteller kann gegen die Entscheidung zum Rechtsweg gem. § 17a Abs. 4 S. 3 GVG Beschwerde einlegen.[20] **8**

Äußerst umstritten ist, ob auch die Möglichkeit einer weiteren Beschwerde zum BVerwG nach § 17a Abs. 4 S. 4 GVG besteht. Mehrere Gerichte halten diese Vorschrift im einstweiligen Rechtsschutzverfahren für nicht anwendbar. Begründet wird dies damit, nach dem Sinn des § 17a Abs. 4 S. 4 GVG habe es der Gesetzgeber bei der früher bewährten Rechtslage belassen wollen, dass das BVerwG sich mit einstweiligen Rechtsschutzverfahren nicht befassen solle.[21] Eine weitere Beschwerde wäre mit dem Ziel der Eilverfahren, der Ermöglichung einer schnellen gerichtlichen Entscheidung, nicht vereinbar (BVerwG NVwZ 2006, 1291; VGH Kassel DÖV 2007, 262). Dieser Ansicht ist jedoch mit dem BGH entgegenzuhalten, dass der Rechtszug bei den Rechtswegentscheidungen durchaus von dem normalerweise bestehenden Instanzenzug abweichen kann. Aus Gründen der Entlastung soll sich das BVerwG nicht mit einstweiligen Rechtsschutzverfahren befassen. Der zur Rechtswegfrage ergehende Beschluss **9**

---

13 BVerwG Buchholz 310 § 40 VwGO Nr. 286; grundlegend OVG Münster NVwZ 1994, 178 ff.; vgl. auch OVG Münster NVwZ-RR 2012, 415; OVG Bln NVwZ-RR 1998, 464, 465; OVG Greifswald NVwZ 2001, 446, 447; OVG Weimar NVwZ-RR 1997, 138; VGH Kassel NJW 1996, 474, 475; NJW 1997, 211; VGH Mannheim NJW 1994, 2372; NVwZ-RR 2008, 581; VGH München BayVBl 2003, 247, 248; *J. v. Albedyll,* in: Bader § 41 Rn. 3; *D. Ehle,* JuS 1999, 166, 170. Für eine unmittelbare Anwendbarkeit *M. Häfele,* Auswirkungen, 2002, 65.
14 *M. Häfele,* Auswirkungen, 2002, 65.
15 OVG Bln NVwZ-RR 1998, 464, 465; OVG Münster NVwZ 1998, 1579, 1580; OVG Weimar NVwZ-RR 1997, 138; *M. Häfele,* Auswirkungen, 2002, 65.
16 BVerwG Buchholz 310 § 40 VwGO Nr. 286; OVG Bln NVwZ-RR 1998, 464, 465; OVG Münster NVwZ 1994, 178, 179; OVG Weimar NVwZ-RR 1997, 138; VGH Kassel NJW 1997, 211.
17 BVerfG NJW 2017, 545, 546 f.; BVerwG Buchholz 310 § 40 VwGO Nr. 286; OVG Münster NJW 1994, 178, 179; OVG Bln NVwZ-RR 1998, 464, 465; OVG Greifswald NVwZ 2001, 446, 447; *D. Ehlers,* in: Schoch/Schneider/Bier § 41 Vorbem. § 17 Rn. 18; *M. Häfele,* Auswirkungen, 2002, 65.
18 Dazu *A. Windoffer,* Die Klärungsbedürftigkeit und -fähigkeit von Rechtsfragen in verwaltungsgerichtlichen Verfahren des einstweiligen Rechtsschutzes, 2005.
19 BFH NVwZ 1991, 103, 104; *D. Ehlers,* in: Schoch/Schneider/Bier § 41 Vorbem. § 17 Rn. 19.
20 BVerwG Buchholz 310 § 40 VwGO Nr. 286; VGH Mannheim NVwZ-RR 2003, 159; *J. Holzheuser,* DÖV 1994, 807, 811.
21 BVerwG NVwZ 2006, 1291; VGH München BayVBl 1993, 309, 310; ohne Begründung OVG Münster DVBl 2001, 1780.

ist jedoch aus diesem Verfahren herausgelöst (BGH MDR 1999, 1521 f.).[22] Die Anrufbarkeit des BVerwG ergibt sich aus dem Interesse einer einheitlichen Rspr. in der bedeutsamen Frage des Rechtswegs (BGH MDR 1999, 1521, 1522). Auch der Aspekt des effektiven Rechtsschutzes muss einer derartigen Lösung nicht unbedingt entgegenstehen. I.R. der Beschwerde ist lediglich über die Eröffnung des Rechtswegs, nicht aber den gesamten Prozessstoff zu entscheiden. Außerdem müssen die Gerichte bei der Ausgestaltung des Verfahrens die Anforderungen des Art. 19 Abs. 4 GG berücksichtigen. Ggf. folgt daraus die Pflicht zum Erlass einer sog. Zwischenregelung bis zur abschließenden Klärung der Rechtswegfrage. Da die Zivilgerichte keine Bedenken gegenüber einer weiteren Beschwerde im einstweiligen Rechtsschutz haben (BAG NJW 2000, 2524; BGH NJW 2001, 2181; 2007, 1819), führt diese Ansicht zu dem gebotenen Gleichlauf zwischen der Verwaltungs- und ordentlichen Gerichtsbarkeit.[23]

10   **4. Anwendbarkeit im Prozesskostenhilfeverfahren.**   Nach § 166 können die VG unter entsprechender Anwendung der zivilprozessualen Vorschriften PKH gewähren. Da die Stellung eines PKH-Antrags noch nicht zur Rechtshängigkeit des Rechtsstreits führt, das PKH-Verfahren überdies ein dem Bereich der Daseinsfürsorge zuzurechnendes, nicht streitiges Kostenverfahren ist,[24] ist die entsprechende (dazu VG Aachen 18.11.2003 – 6 K 575/03) Anwendbarkeit der §§ 17 ff. GVG auf diese Verfahren umstritten. Einhellige Ansicht ist, dass bei gemeinsamer Anhängigkeit von PKH-Antrag und Hauptsacheverfahren bei Nichteröffnung des Rechtswegs beide zu verweisen sind. Eine alleinige Verweisung des PKH-Antrags ist also nicht möglich (VGH Mannheim NJW 1992, 707, 708).[25] Zudem kann eine Rechtswegentscheidung in einem PKH-Verfahren eine Bindungswirkung weder für ein gerichtliches Eilverfahren noch für das Hauptsacheverfahren begründen,[26] da es sich hier um ein davon verschiedenes Verfahren handelt).[27]

11   Nach der wohl noch h.A.[28] kann ein isolierter PKH-Antrag nicht verwiesen werden. Angesichts dessen, dass § 17a GVG dazu dienen soll, über die Zulässigkeit des Rechtswegs bindend zu entscheiden, gebe es keine Notwendigkeit für eine Verweisung in PKH-Verfahren, da ihr keine Bindung für die noch zu erhebende Klage zukomme (VGH Mannheim NJW 1995, 1915, 1916). Darüber hinaus werde bei der PKH die Zulässigkeit des Rechtswegs lediglich i.R. der Erfolgsaussichten geprüft und werde sie für jeden Rechtszug gesondert bewilligt.[29] Zudem fehle einer Klage vor dem unzuständigen Gericht die hinreichende Aussicht auf Erfolg. Dem zuletzt genannten Argument fehlt die Überzeugungskraft, weil die Hauptsacheklage gerade wegen der §§ 17 ff. GVG nicht aufgrund des falschen Rechtswegs abgewiesen werden darf. Dies verbietet es, unter Bezugnahme auf die Nichteröffnung des Rechtswegs die Erfolgsaussichten der Klage zu verneinen.[30]

12   Richtigerweise wird man unter dem Gesichtspunkt der Gewährung effektiven Rechtsschutzes (Art. 19 Abs. 4 GG) auch bei einem isolierten Prozesskostenhilfeantrag die Möglichkeit einer Verweisung in entsprechender Anwendung der §§ 17 ff. GVG bejahen müssen, sofern der Verwaltungsrechtsweg nicht gegeben ist.[31] Denn es besteht bei einer bloßen Zurückweisung des Antrags aus Gründen der fehlenden Rechtswegeröffnung die Gefahr des Auftretens eines negativen Kompetenzkonflikts, wenn jedes um die Gewährung von PKH ersuchte Gericht darauf verweist, es sei jeweils ein anderes Gericht

---

22   M. *Häfele*, Auswirkungen, 2002, 63.
23   I.E. ebenso C. *Braun*, NVwZ 2007, 49.
24   BGH NJW 1984, 740 f.; 2016, 1520, 1521; VG Aachen, 18.11.2003 – 6 K 575/03.
25   K. *Rennert*, in: Eyermann § 41 Rn. 4.
26   BGH NJW-RR 1992, 59 f.; BAG NJW 1993, 751, 752; OVG Bautzen NJW 1994, 1020; B. *Gsell/T. Mehring*, NJW 2002, 1991, 1992; J. *Holzheuser*, DÖV 1994, 807, 808.
27   D. *Ehlers*, in: Schoch/Schneider/Bier § 41 Vorbem. § 17 GVG Rn. 20.
28   BayObLG 23.11.1999 – 3 Z AR 27/99; OLG Karlsruhe 14.8.2007 – 19 W 16/07; OVG Lüneburg NVwZ-RR 2009, 452 f.; OVG Münster NJW 1993, 2766; VGH Mannheim NJW 1995, 1915, 1916; VGH München NVwZ-RR 2014, 940; J. v. *Albedyll*, in: Bader § 41 Rn. 3; D. *Ehlers*, in: Schoch/Schneider/Bier § 41 Vorbem. § 17 GVG Rn. 20; *Kissel/Mayer* § 17 Rn. 7; W.-R. *Schenke*, in: Kopp/Schenke Anh § 41 Rn. 2 b; W. *Zimmermann*, in: MüKoZPO § 17 GVG Rn. 3.
29   BayObLG 23.11.1999 – 3 Z AR 27/99; VGH Mannheim NJW 1995, 1915, 1916; W.-R. Schenke, in: Kopp/Schenke Anh § 41 Rn. 2 b.
30   K. *Rennert*, in: Eyermann § 41 Rn. 4.
31   OVG Bautzen SächsVBl 2010, 99 f; OVG Greifswald 30.12.2009 – 3 O 133/09; VGH Mannheim NJW 1992, 707, 708; OLG Dresden 27.6.2016 – 20 W 502/16 (Verweisung vom allgemeinen Zivilgericht an Familiengericht); K. *Rennert*, in: Eyermann § 41 Rn. 4.

zuständig. Das Auftreten eines solchen Konflikts lässt sich nicht völlig von der Hand weisen.[32] Da der um die Gewährung von PKH ersuchende Antragsteller angesichts seiner finanziellen Lage möglicherweise von der Betreibung des Hauptsacheverfahrens absieht, bleibt der mittellosen Partei bei einem negativen Kompetenzkonflikt eine Hauptsacheentscheidung versagt (VG Aachen 18.11.2003 – 6 K 575/03). Die Ausdehnung der §§ 17ff. GVG auf das Prozesskostenhilfeverfahren entspricht der Intention des Gesetzgebers, ihnen einen möglichst breiten Anwendungsbereich zu verleihen.[33] Dass die Entscheidung i.R. der PKH keine Bindungswirkung für das Hauptsacheverfahren entfaltet, ist kein auf die PKH beschränktes Problem.[34] Sie ist Folge dessen, dass der Gegner des Antragstellers bislang seinen Standpunkt zur Rechtswegfrage nicht ausreichend vertreten konnte (BGH NJW-RR 1992, 59, 60).[35]

Eine verfahrensübergreifende Bindungswirkung ist weder aus Gründen der Verfahrensbeschleunigung **13** noch der Prozessökonomie und des Vertrauensschutzes geboten. Würden bei einem isolierten Prozesskostenhilfegesuch, das gerade nicht zur Rechtshängigkeit führt, nachträgliche Änderungen hinsichtlich der Zuständigkeit nicht berücksichtigt, könnte dies die Schlechterstellung eines Verfahrensbeteiligten bewirken (BGH NJW-RR 1992, 59, 60). Auch wird eine Anwendbarkeit des § 17a Abs. 2 S. 1 GVG wegen des in § 17a Abs. 4 GVG vorgesehenen dreistufigen Instanzenzuges – im Gegensatz zur zweiinstanzlichen Ausgestaltung des PKH-Verfahrens – zu keinem Wertungswiderspruch führen. Die weitere Beschwerde nach § 17a Abs. 4 S. 4–6 GVG wird in aller Regel nicht zuzulassen sein,[36] da im isolierten Prozesskostenhilfeverfahren der streitigen Rechtsfrage regelmäßig keine grundsätzliche Bedeutung zukommen wird und eine Abweichung von einer Entscheidung eines Bundesgerichts nicht zu erwarten ist.[37]

5. Anwendbarkeit in anderen Verfahren. Keine Anwendung finden die §§ 17ff. GVG im Verhältnis **14** zwischen *staatlichen und nichtstaatlichen* (z.B. kirchenrechtlichen Verfahren) Rechtswegen.[38] Eine zumindest analoge Anwendbarkeit ist im Verhältnis zwischen *freiwilliger und streitiger Gerichtsbarkeit* zu bejahen (BGH NJW 2001, 2181; BGH 23.3.2005 – 2 ARs 16/05 u.a.). Dies gilt v.a. für das Verhältnis zwischen streitiger Gerichtsbarkeit und den echten privatrechtlichen Streitsachen der freiwilligen Gerichtsbarkeit.[39] Die §§ 17ff. GVG sind für die *Berufsgerichte* infolge eines allgemeinen Rechtsgedankens maßgeblich.[40] Für die Verfahren der Truppendienstgerichte enthält § 18 Abs. 3 WBO (i.V.m. § 23a Abs. 2 S. 1 WBO) eine Spezialregelung für den Fall der Zuständigkeit eines anderen Gerichts.

Im Verhältnis der Verwaltungsgerichtsbarkeit zu den Nachprüfungsinstanzen in Vergabestreitigkeiten **14a** nach den §§ 102ff. GWB gilt Folgendes: Die Vergabekammern sind zwar behördliche Organisationseinheiten (§ 106 GWB) und deshalb keine „Gerichte" i.S.d. §§ 17–17b GVG (BSG NJW 2008, 3238, 3242). Gleichwohl wäre es sinnwidrig, die letztgenannten Vorschriften nicht entsprechend anzuwenden.[41] Unzweifelhaft gelten die §§ 17–17b GVG im Verhältnis zwischen den Verwaltungsgerichten und dem OLG als über die Beschwerde nach den §§ 116ff. GWB entscheidenden Gericht.[42] Welchen Zweck es haben soll, den Rechtsstreit nach § 17a Abs. 2 GVG nur an die Beschwerdeinstanz, nicht aber an die Vergabekammer verweisen zu können, ist nicht ersichtlich. Gleiches gilt für die Wirkungen der Rechtshängigkeit nach § 17 Abs. 1 GVG. Die diese Wirkungen tragenden Gesichtspunkte der Prozessökonomie (→ Rn. 18) und der Verhinderung widersprüchlicher Entscheidungen (→ Rn. 22) ver-

---

32 OVG Bautzen NJW 1999, 517; VG Aachen, 18.11.2003 – 6 K 575/03; VGH Mannheim NJW 1992, 707, 708. A.M. *D. Ehlers*, in: Schoch/Schneider/Bier § 41 Vorbem. § 17 GVG Rn. 20.
33 *M. Häfele*, Auswirkungen, 2002, 70.
34 *M. Häfele*, Auswirkungen, 2002, 70.
35 *M. Häfele*, Auswirkungen, 2002, 70.
36 BGH NJW 2016, 1520, 1521 f.
37 OVG Bautzen NJW 1999, 517; VG Aachen 18.11.2003 – 6 K 575/03; *B. Gsell/T. Mehring*, NJW 2002, 1991, 1994.
38 BVerwGE 95, 379, 382; VGH München NJW 1999, 378, 379; *J. v. Albedyll*, in: Bader § 41 Rn. 3; *D. Ehlers*, in: Schoch/Schneider/Bier § 41 Vorbem. § 17 GVG Rn. 24.
39 BGH NJW 2001, 2181; BayOLG NJW-RR 2004, 2, 3.
40 *Kissel/Mayer* § 17 Rn. 6.
41 VG Gera NZBau 2004, 632. A.M. OVG Bautzen 9.2.2016 – 5 B 315/15; OVG Lüneburg GewArch 2011, 44, 45; OVG Weimar NVwZ 2005, 235; VG Aachen 3.11.2006 – 9 K 3236/04.
42 A.M. OVG Bautzen 9.2.2016 – 5 B 315/15, das wegen der Besonderheiten desvergaberechtlichen Nachprüfungsverfahrens (Beschleunigungsgrundsatz, Fristen) eine einschränkende (und eine Verweisung an Vergabesenate ausschließende) Auslegung von § 17a Abs. 2 S. 1 GV für geboten hält.

fangen auch im Verhältnis zwischen den Gerichten der Verwaltungsgerichtsbarkeit und den Vergabe-kammern. Schließlich ist zugunsten einer entsprechenden Anwendung der §§ 17–17 b GVG darauf hinzuweisen, dass die Mitglieder der Vergabekammern gem. § 105 Abs. 1 und 4 GWB in sachlicher und persönlicher Unabhängigkeit entscheiden. Der hier vertretenen entsprechenden Anwendung der §§ 17–17 b GVG kann auch nicht entgegengehalten werden, dass es in diesem Fall einer Verwaltungs-behörde (der Vergabekammer) ermöglicht würde, durch einen Verwaltungsakt über den zulässigen Rechtsweg zu entscheiden und damit unter Verstoß gegen Art. 19 Abs. 4 GG den Zugang zu Gerich-ten in dieser Sache zu versperren (so aber BSG NJW 2008, 3238, 3242). Insoweit ist durch die Rspr. des BVerfG geklärt, dass Vergabeentscheidungen der öffentlichen Hand nicht in Ausübung öffentli-cher Gewalt i.S.v. Art. 19 Abs. 4 GG erfolgen (BVerfG NVwZ 2006, 1396, 1398). Ein Rechtsweg i.S.v. Art. 19 Abs. 4 GG, der durch eine die eigene Zuständigkeit bejahende Vergabekammerentschei-dung „versperrt" werden könnte, ist also gar nicht erst eröffnet. Gegen die in Form eines Verwal-tungsakts ergehende Entscheidung der Vergabekammer wiederum ist ein Rechtsweg i.S.v. Art. 19 Abs. 4 GG eröffnet, nämlich nach §§ 171 ff. GWB zum OLG. Auch insoweit „versperrt" eine zustän-digkeitsbejahende Entscheidung der Vergabekammer daher keinen Rechtsweg. Unabhängig von die-sem Streitstand ist eine Verweisung durch die Vergabesenate an den Verwaltungsrechtsweg nach § 17 a Abs. 2 GVG möglich.[43]

III. Wirkungen der Rechtshängigkeit

15   § 17 GVG enthält mehrere Regelungen: Nach Eintritt der Rechtshängigkeit eintretende Umstände ha-ben keine Auswirkungen auf die einmal gegebene Zulässigkeit des beschrittenen Rechtswegs (§ 17 Abs. 1 S. 1 GVG). War der Rechtsweg bei Rechtshängigkeit zulässig, hat das Gericht den Rechtsstreit unter allen in Betracht kommenden Umständen zu prüfen (§ 17 Abs. 2 S. 1 GVG). Zugleich enthält § 17 Abs. 1 S. 2 GVG das Verbot, eine rechtshängige Sache noch einmal anhängig zu machen.

16   Der Begriff der *Rechtshängigkeit* wird in den verschiedenen Verfahrensarten gesondert definiert. Für das Verwaltungsprozessrecht ist § 90 maßgeblich. Danach wird die Streitsache durch die Erhebung der Klage rechtshängig (ebenso nach § 261 Abs. 1 ZPO). Erhoben wiederum ist eine Klage beim VG, wenn sie ihm zugegangen ist (→ § 81 Rn. 26). Im Unterschied zur Zivilgerichtsbarkeit tritt die Rechts-hängigkeit nicht erst mit der Zustellung der Klageschrift an den Beklagten ein (s. § 253 Abs. 1 ZPO). Setzt sich die Klage aus einem Haupt- und Hilfsantrag zusammen, wird der Hilfsantrag ebenfalls im Moment der Klageerhebung rechtshängig (→ § 90 Rn. 16). Wird ein anderer Anspruch erstmals wäh-rend des Prozesses geltend gemacht, wird er entweder mit seiner Geltendmachung in der mündlichen Verhandlung oder dem Zugang des diesbezüglichen Schriftsatzes beim Gericht rechtshängig (§ 173 VwGO i.V.m. § 261 Abs. 2 ZPO).[44] Das Ende der Rechtshängigkeit kann auf vielfältige Weise eintre-ten. Im Normalfall endet die Rechtshängigkeit mit dem rechtskräftigen Abschluss des Verfahrens (→ § 90 Rn. 28; VGH München NVwZ-RR 2004, 224, 226). Des Weiteren wird die Rechtshängigkeit beendet, wenn die Klage nach § 92 zurückgenommen oder ein gerichtlicher Vergleich nach § 106 ge-schlossen wird. Wird i.R. einer Klageänderung ein Streitgegenstand aufgegeben, entfällt insoweit seine Rechtshängigkeit (→ § 90 Rn. 20). Nicht beendet wird die Rechtshängigkeit durch den Abschluss ei-nes außergerichtlichen Vergleichs sowie durch einen Verzicht oder durch ein Anerkenntnis nach § 156. Denn hier bedarf es stets noch einer abschließenden Entscheidung des Spruchkörpers.[45]

17   Die Rechtshängigkeit wird in § 17 Abs. 1 S. 2 GVG auf die *Sache* bezogen. Damit ist der Streitgegen-stand des jeweiligen Verfahrens gemeint. Der Streitgegenstand richtet sich nach der Angabe des Ge-genstandes der Klageschrift, dem Grund des erhobenen Anspruchs und dem in der Klageschrift ge-stellten Antrag.

18   **1. Perpetuatio fori.** Gem. § 17 Abs. 1 S. 1 GVG wird die Zulässigkeit des beschrittenen Rechtswegs nicht berührt, wenn nach Eintritt der Rechtshängigkeit Veränderungen der sie begründenden Umstän-de eintreten (sog. perpetuatio fori).[46] Motiv für diese Regelung war, den Parteien Kosten und Zeitver-

---

43   Vgl. BGH NZBau 2012, 248, 251; OLG München NZBau 2011, 505, 507.
44   *D. Ehlers*, in: Schoch/Schneider/Bier § 41 § 17 GVG Rn. 2.
45   *D. Ehlers*, in: Schoch/Schneider/Bier § 41 § 17 GVG Rn. 2.
46   BT-Drs. 11/7030, 37.

luste zu ersparen, die mit einer Verweisung verbunden sind. Aus prozessökonomischen Gründen soll das Gericht das Verfahren zu Ende führen, das sich bereits mit der Sache befasst hat.[47] Im Umkehrschluss bedeutet dies, dass alle Änderungen, die bis zum Eintritt der Rechtshängigkeit auftreten, beachtlich sind (VG Sigmaringen 30.10.2003 – 2 K 1573/03).

Grds. muss der beschrittene Rechtsweg im Zeitpunkt der *letzten mündlichen Verhandlung* eröffnet 19 sein (BGH NJW 1992, 1757).[48] Demnach reicht es, wenn die zulässigkeitsbegründenden Umstände zwar noch nicht im Augenblick der Rechtshängigkeit, sondern erst später eingetreten sind.[49] So kann eine Klage, welche zunächst noch nicht in den Bereich der Verwaltungsgerichtsbarkeit fiel, dennoch von deren Gerichten zu entscheiden sein, weil infolge einer Änderung der Sach- oder Rechtslage nach Rechtshängigkeit der Rechtsweg zu ihnen gegeben ist.

Hierüber hinausgehend wirkt § 17 Abs. 1 S. 1 GVG *rechtswegerhaltend.* Wurde eine Klage bei Rechts- 20 hängigkeit im richtigen Rechtsweg erhoben und ändern sich nachträglich die Umstände, ist dies für die Zulässigkeit des beschrittenen Rechtswegs unbeachtlich.[50] Richtigerweise ziehen nicht nur Veränderungen tatsächlicher,[51] sondern auch rechtlicher[52] Art keine negativen Konsequenzen für den einmal zulässig beschrittenen Rechtsweg nach sich. Zwar ging der Kartellsenat des BGH in einer Entscheidung aus dem Jahre 2000 (BGH NJW 2000, 2749 f.) ohne jede Begründung davon aus, dass auch eine Rechtsänderung, die erst nach Rechtshängigkeit einer Beschwerde eintrat, in diesem Verfahrensstadium zu berücksichtigen sei (BGH NJW 2000, 2749). Davon ist er jedoch zwischenzeitlich wieder abgerückt (BGH NJW 2002, 1351). Da der Wortlaut des § 17 Abs. 1 S. 1 GVG lediglich von einer nach Eintritt der Rechtshängigkeit eingetretenen „Veränderung" spricht, ist es unerheblich, worin diese ihre Ursache findet. Will der Gesetzgeber im Falle einer Gesetzesänderung die perpetuatio fori ausschließen, muss er dies explizit tun,[53] wobei es sich um formelles Bundesrecht handeln muss. Die Unbeachtlichkeit rechtlicher und tatsächlicher Änderungen in Bezug auf die Rechtswegeröffnung nach Rechtshängigkeit gilt für die gesamte Dauer des Rechtsstreits und zwar durch alle Instanzen.[54] Auch wenn es im Laufe des Verfahrens i.R. eines anderen Verfahrens zu einer Änderung der (höchstrichterlichen) Rspr. in Bezug auf die Zuständigkeit des befassten Gerichts kommt, ist dies unerheblich.[55] Etwas anderes gilt nur, falls die Rspr. ausnahmsweise für das vorliegende Verfahren verbindlich ist.[56]

Die Vorschrift des § 17 Abs. 1 S. 1 GVG wirkt *nicht rechtswegvernichtend.* Treten erst nach Rechts- 21 hängigkeit Umstände ein, welche den Rechtsweg zum angegangenen Gericht erst begründen, sind diese beachtlich.[57] Eine Ausnahme besteht nur dann, wenn bereits an das vormals zuständige Gericht verwiesen wurde.[58] Schlagwortartig gilt somit, dass der beschrittene Rechtsweg bis zum Schluss der mündlichen Verhandlung einmal zulässig gewesen sein muss.[59] Es genügt sogar, wenn sich die Zulässigkeit des Rechtswegs erst im Beschwerdeverfahren gegen die den Rechtsweg betreffende Entscheidung ergibt (OVG Magdeburg 18.3.2008 – 3 O 15/07).[60] Eine Grenze für die Rechtswegerhaltung des § 17 Abs. 1 S. 1 GVG folgt aus dem hergestellten Zusammenhang zu dem jeweiligen Streitgegenstand. Wird eine Klageänderung vorgenommen, ist in Bezug auf den neuen Streitgegenstand eine erneute Rechtswegprüfung vorzunehmen.[61]

---

47 M. *Pant,* VersR 1989, 1006, 1007; K. *Rennert,* in: Eyermann § 41 Rn. 8.
48 *Kissel/Mayer* § 17 Rn. 9.
49 M. *Häfele,* Auswirkungen, 2002, 28.
50 M. *Häfele,* Auswirkungen, 2002, 28.
51 BVerwGE 35, 141, 142; OVG Münster GewArch 1979, 165 f.; DÖV 1983, 85; *Kissel/Mayer* § 17 Rn. 10.
52 BVerwGE 46, 83, 84 f.; 84, 3, 8 f.; BVerwG NVwZ-RR 1990, 149, 150; BGHZ 114, 218, 221; BGH NJW 1991, 2963, 2964 f.; HmbOVG NJW 1993, 277; O. R. *Kissel,* NJW 1991, 945, 948; *Kissel/Mayer* § 17 Rn. 10; K. *Rennert,* in: Eyermann § 41 Rn. 9. A.M. BGH NJW 1978, 427; NJW 2000, 2749 – krit. Betrachtung dazu bei W.-R. *Schenke,* in: *Kopp/Schenke* Anh § 90 Rn. 18; A. *Piekenbrock,* NJW 2000, 3476 f.
53 *Kissel/Mayer* § 17 Rn. 10; A. *Piekenbrock,* NJW 2000, 3476, 3477.
54 OVG Weimar 18.9.1996 – 3 KO 384/96; VG Greifswald VIZ 1994, 253 f.; D. *Ehlers,* in: Schoch/Schneider/Bier § 41 § 17 GVG Rn. 5.
55 M. *Pant,* VersR 1989, 1006, 1007; A. *Piekenbrock,* NJW 2000, 3476, 3477.
56 BGHZ 70, 295, 298; M. *Pant,* VersR 1989, 1006, 1007; A. *Piekenbrock,* NJW 2000, 3476, 3477.
57 OVG Magdeburg, 18.3.2008 – 3 O 15/07; O. R. *Kissel,* NJW 1991, 945, 948; s.a. BGHZ 118, 34, 36.
58 *Kissel/Mayer* § 17 Rn. 10.
59 FG Hmb 18.9.2003 – II 297/03; M. *Häfele,* Auswirkungen, 2002, 28; A. *Piekenbrock,* NJW 2000, 3476, 3477.
60 BAG NJW 2015, 570, 572; 718, 719 (jeweils zu einem Beschwerdeverfahren gem. § 17 a Abs. 4 GVG gegen eine Entscheidung gem. § 17 a Abs. 3 GVG).
61 BAG NJW 1994, 1172, 1174; NZA 2007, 110; LAG Hamm, 14.5.2007 – 2 Ta 646/06.

22   **2. Verbot anderweitiger Rechtshängigkeit.** Nach § 17 Abs. 1 S. 2 GVG kann während der Rechtshängigkeit einer Sache diese von keiner Partei anderweitig anhängig gemacht werden. Diese Norm statuiert also ein „Verbot doppelter Rechtshängigkeit".[62] Zweck dieser Vorschrift ist es, die Parteien und Gerichte vor doppelten Prozessen und der damit einhergehenden Gefahr widersprüchlicher Entscheidungen zu bewahren.[63] Sie trägt damit zur Rechtssicherheit bei.[64] I.E. hat das Verbot der doppelten Rechtshängigkeit damit für die Parteien die gleiche Wirkung, wie die materielle Rechtskraft (OLG Koblenz NJW-RR 1990, 1023).[65] Infolge von § 17 Abs. 1 S. 2 GVG entsteht für die Parteien eine *Rechtswegsperre* für den Zeitraum zwischen dem Beginn und dem Ende der Rechtshängigkeit der Streitsache.[66] Dadurch wird das sog. *Prioritätsprinzip* abgesichert.[67] Die Frage der Rechtswegeröffnung ist von dem zeitlich zuerst angegangenen Gericht von Amts wegen zu prüfen und zu entscheiden.[68] Für die Beurteilung der zeitlichen Reihenfolge ist auf den Zeitpunkt der sich nach der Prozessordnung des jeweils angerufenen Gerichts bestimmenden Rechtshängigkeit abzustellen, d.h. im Verwaltungsprozessrecht die Einreichung der Klageschrift.[69] Führt ein und dieselbe Partei durch eine gleichzeitige Klageerhebung die Rechtshängigkeit herbei, so ist dies – auch wenn § 17 Abs. 1 S. 2 GVG keine unmittelbare Regelung zur zeitgleichen Rechtshängigkeit enthält – als rechtsmissbräuchlich zu bewerten. Beide Klagen sind mangels Rechtsschutzbedürfnisses abzuweisen.[70] Wegen Art. 19 Abs. 4 GG und der beschränkten Rechtskraft des Prozessurteils kann der Kläger später noch einmal *eine* Klage vor dem zuständigen Gericht erheben.

23   **a) Prozesshindernis.** Dasjenige Gericht, bei welchem die Streitsache als Erstes rechtshängig ist, hat die Eröffnung des Rechtswegs von Amts wegen zu prüfen. Wird dieselbe Angelegenheit nunmehr bei einem weiteren Gericht eingereicht, ist dieses wegen § 17 Abs. 1 S. 2 GVG gehindert, sich über die Frage der Rechtshängigkeit hinaus mit der Klage zu befassen (VGH Mannheim NJW 1996, 1298, 1299).[71] Die anderweitige Rechtshängigkeit ist ein Prozesshindernis. Stellt sich für ein Gericht heraus, dass eine Streitsache bereits rechtshängig ist, muss es die Klage durch Prozessurteil abweisen[72], und zwar auch dann, wenn es den zuerst beschrittenen Rechtsweg für nicht eröffnet hält (LSG BW 6.2.2008 – L 5 KR 316/08 B u.a.). Eine Verweisung an das zuerst angerufene Gericht scheidet aus.[73] Ansonsten würde bei diesem eine doppelte Rechtshängigkeit eintreten. Wird die zeitlich erste von zwei identischen Klagen bis zum Schluss der mündlichen Verhandlung zurückgenommen, so entfällt das Prozesshindernis der doppelten Rechtshängigkeit, sodass die zweite Klage in die Zulässigkeit hineinwächst. Durch die Rücknahme wird die Rechtshängigkeit von Anfang an rückwirkend beseitigt.[74] Fällt das später angerufene Gericht trotz Vorliegens anderweitiger Rechtshängigkeit in derselben Sache ein Sachurteil, ist dieses zwar grds. wirksam. Es kann aber angefochten werden und unterliegt zudem ggf. der Restitution (BGH NJW 1981, 1517 f.). Eine die Gerichte anderer Rechtswege bindende Entscheidung über den eröffneten Rechtsweg ist damit nicht verbunden (LSG BW 6.2.2008 – L 5 KR 316/08 B u.a.). Bei einer positiven und rechtskräftigen Vorabentscheidung dieses Gerichts zum Rechtsweg gibt es eine Besonderheit. In diesem Fall ist die zuerst rechtshängig gewordene Klage als unzulässig abzuweisen, da § 17 Abs. 1 S. 2 GVG hinter der Regelung des § 17 a Abs. 1 GVG zur rechtskräftigen Vorabentscheidung zurücktritt.[75]

---

62   So *M. Häfele*, Auswirkungen, 2002, 29.
63   BGH NJW 1986, 662, 663; *E. Baden*, NVwZ 1984, 142, 144; *Kissel/Mayer* § 17 Rn. 13.
64   *M. Häfele*, Auswirkungen, 2002, 29.
65   *E. Baden*, NVwZ 1984, 142, 144.
66   *Kissel/Mayer* § 17 Rn. 13.
67   *D. Ehlers*, in: Schoch/Schneider/Bier § 41 § 17 GVG Rn. 9.
68   *C. Lückemann*, in: Zöller § 17 GVG Rn. 3.
69   *M. Häfele*, Auswirkungen, 2002, 80 f.
70   *D. Ehlers*, in: Schoch/Schneider/Bier § 41 § 17 GVG Rn. 9.
71   *M. Häfele*, Auswirkungen, 2002, 79.
72   BVerwG NVwZ-RR 1996, 403; BFH, 23.11.1999 – VII B 186/99; VGH Mannheim NJW 1996, 1298, 1299; VGH München NVwZ-RR 2004, 224, 225; ZUM 2015, 268; FG Düsseldorf EFG 2001, 453; *C. Lückemann*, in: Zöller § 17 GVG Rn. 3.
73   *Kissel/Mayer* § 17 Rn. 16.
74   BFHE 125, 498, 500; OVG Schleswig 17.2.2006 – 1 KN 2/06; FG Düsseldorf EFG 2001, 453 f.
75   *C. Lückemann*, in: Zöller § 17 a GVG Rn. 3; *M. Häfele*, Auswirkungen, 2002, 81. A.M. LSG BW 6.2.2008 – L 5 KR 316/08 B u.a.

b) Identität des Streitgegenstandes. Die Rechtswegsperre des § 17 Abs. 1 S. 2 GVG gilt nur, wenn 24 *dieselbe Sache* bereits bei einem anderen Gericht rechtshängig ist. Um dieselbe Sache handelt es sich dann, wenn der Streitgegenstand der Klagen identisch ist (vgl. BFH/NV 2015, 1421, 1423), wobei sich der Streitgegenstand aus einer Zusammenschau der Angabe des Gegenstandes der Klageschrift, des Grundes des erhobenen Anspruchs und des in der Klageschrift gestellten Antrags ergibt (→ Rn. 17). Eine Identität ist auch dann zu bejahen, wenn das jeweilige Klagebegehren unterschiedlich formuliert wird, dem Inhalt nach aber jeweils auf keine andere Entscheidung hinwirkt (BVerwG NVwZ-RR 1996, 403, 404; VGH München NVwZ-RR 2004, 224, 225). Weil die Leistungsklage über eine negative Feststellungsklage hinausgeht, entfaltet Letztere keine Rechtswegsperre. Anders verhält es sich jedoch in der umgekehrten Konstellation, in der nach einer Leistungsklage eine negative Feststellungsklage zu demselben Anspruch erhoben wird (VGH Mannheim NJW 1996, 1298, 1299). Keine Rechtshängigkeit und deshalb auch keine Sperrwirkung tritt ein bei Anhängigkeit eines *Mahnverfahrens* (VGH Kassel NVwZ-RR 1999, 102). Für eine prozessuale Geltendmachung einer materiell erklärten *Aufrechnung* gilt, dass zwar über den Bestand der Gegenforderung unter Umständen eine rechtskräftige Entscheidung ergeht, aber die Gegenforderung selbst nicht rechtshängig wird. Es kann damit auch die zur Aufrechnung gestellte Forderung in einem anderen Verfahren eingeklagt werden.[76] Eine Rechtswegsperre ist gegeben, wenn eine Person vor dem VG auf Unterlassung von Immissionen verklagt wird und der Kläger wegen desselben Lebenssachverhaltes, nunmehr aber gestützt auf eine zivilrechtliche Anspruchsgrundlage, die ordentlichen Gerichte um Rechtsschutz ersucht.[77]

Identität des Streitgegenstandes liegt ebenfalls vor, wenn ein tatsächlich identischer Klagegrund aus 25 unterschiedlichen Rechtsgrundlagen hergeleitet wird (VGH München NVwZ-RR 2004, 224, 226). Eine Einschränkung in diesem Zusammenhang kann sich allein aus § 17 Abs. 2 S. 2 GVG ergeben, welcher ein Entscheidungsverbot für die VG normiert. Bspw. kann ein Anspruch eines Beamten gegen seinen Dienstherrn zunächst vor dem VG unter dem Gesichtspunkt der Fürsorgepflichtverletzung gem. § 54 Abs. 1 BeamtStG geltend gemacht werden und anschließend beim Zivilgericht in Bezug auf einen Schadensersatzanspruch aus Amtspflichtverletzung gem. Art. 34 GG i.V.m. § 839 BGB. Dies gilt jedoch nicht, wenn zuerst der Amtshaftungsanspruch vor dem Zivilgericht geltend gemacht wird.[78]

c) Identität der Parteien. Das Prozesshindernis der anderweitigen Rechtshängigkeit greift nur, wenn 26 neben der Identität des Streitgegenstands auch die Parteien des Verfahrens identisch sind (persönlicher Geltungsbereich).[79] Partei eines Rechtsstreites ist nach dem formellen Parteibegriff, wer oder gegen wen im eigenen Namen staatlicher Rechtsschutz begehrt wird. Dabei ist es unerheblich, ob es sich um eine natürliche oder eine juristische Person handelt (BGHZ 86, 184, 186 ff.).[80] Als Partei kommt auch die Partei kraft Amtes in Betracht.[81] An der nötigen Parteiidentität fehlt es, wenn ein und dieselbe Person in verschiedenen Verfahren in unterschiedlicher Eigenschaft auftritt. Demzufolge besteht eine Personenverschiedenheit, wenn eine Person in dem einen Prozess im eigenen Namen und in einem anderen als gesetzlicher Vertreter auftritt. Gleiches gilt, wenn sie in einem zweiten Prozess als Teil einer Personenmehrheit agiert.[82] Aus diesem Grund steht § 17 Abs. 1 S. 2 GVG der Zulässigkeit von verschiedenen Behörden desselben Rechtsträgers gegen dieselbe Rechtsvorschrift gestellten Normenkontrollanträgen nach § 47 nicht entgegen. Das nach § 47 Abs. 2 S. 1 für Normenkontrollanträge von Behörden vorauszusetzende Verhältnis der jeweiligen Behörde zu der angegriffenen Norm (→ § 47 Rn. 266) ist für jede Behörde gesondert festzustellen. Daher agiert der hinter den verschiedenen Behörden stehende Rechtsträger in den Verfahren ggf. in unterschiedlichen Rollen (OVG Schleswig 17.2.2006 – 1 KN 2/06).

Problematisch ist die Personenidentität in Bezug auf die Beiladung. Gem. § 121 erstreckt sich die 27 Rechtskraft einer Gerichtsentscheidung im Verwaltungsprozess auf alle Beteiligten und ihre Rechtsnachfolger (Nr. 1) sowie im Fall des § 65 Abs. 3 (Beiladung Dritter) auf die Personen, die einen Antrag auf Beiladung nicht oder nicht fristgemäß gestellt haben (Nr. 2). Z.T. wird die Ansicht vertreten, dass

---

76 BGHZ 57, 242, 243; 60, 85, 87 f.; *K. Rennert*, in: Eyermann § 41 Rn. 15. A.M. *Kissel/Mayer* § 17 Rn. 14.
77 Zum umgekehrten Fall einer vorherigen Anrufung des Zivilgerichts VGH München NVwZ-RR 2004, 224, 225 f.
78 *D. Ehlers*, in: Schoch/Schneider/Bier § 41 § 17 GVG Rn. 10; *K. Rennert*, in: Eyermann § 41 Rn. 14.
79 BVerwG DVBl 1990, 873, 874; NVwZ-RR 1996, 403, 404.
80 *M. Vollkommer*, in: Zöller vor § 50 Rn. 2.
81 *M. Vollkommer*, in: Zöller vor § 50 Rn. 4.
82 *D. Ehlers*, in: Schoch/Schneider/Bier § 41 § 17 GVG Rn. 11.

die Beiladung unter keinen Umständen, also auch nicht bei einer notwendigen Beiladung, die Wirkungen des § 17 Abs. 1 S. 2 GVG auslösen könne.[83] Dem ist jedoch entgegenzuhalten, dass das Verbot der doppelten Rechtshängigkeit in einem untrennbaren Zusammenhang zur Rechtskraft steht, indem sie den Erlass divergierender Gerichtsentscheidungen verhindert. Weil die materielle Rechtskraft mit der Rechtswegsperre des § 17 Abs. 1 S. 2 GVG korrespondiert, muss diese auch gegenüber demjenigen gelten, auf den sich die materielle Rechtskraft erstreckt.[84] Variiert aber die materielle Rechtskraft bei der einfachen und notwendigen Beiladung, so ist der Ansicht eine Absage zu erteilen, wonach die Rechtshängigkeit ohne Unterscheidung zwischen den Formen der Beiladung auch für und gegen jede Beigeladene wirkt, sodass diese stets von der Sperrwirkung erfasst sind.[85] Da bei einer notwendigen Beiladung nur eine einheitliche Entscheidung über den Streitgegenstand ergehen kann, besteht für die notwendig Beigeladenen wie für die Hauptbeteiligten das Verbot der doppelten Rechtshängigkeit. Ein notwendig Beigeladener kann damit gegen keine der Parteien in der Streitsache einen weiteren Rechtsstreit rechtshängig machen.[86] Demgegenüber erstreckt sich die materielle Rechtskraft einer Gerichtsentscheidung auf einen einfach Beigeladenen nur insofern, als er auf die Entscheidung Einfluss nehmen konnte und ihre Richtigkeit in einem anderen Verfahren daher nicht mehr bestreiten kann (BVerwGE 31, 233, 234 ff.; 40, 101, 104). Aus diesem Grund kann ein einfach Beigeladener einen weiteren Prozess gegen einen Hauptbeteiligten anstrengen, weil ein anderer Streitgegenstand vorliegt.[87]

28   **d) Einzelne Verfahren.** Ein Verfahren vor dem *BVerfG* löst regelmäßig keine Sperrwirkung aus.[88] Die entgegenstehende Rechtshängigkeit gilt auch in Bezug auf *Auslandsklagen* im Anwendungsbereich des Art. 27 der Verordnung (EG) Nr. 44/2001 des Rates vom 22.12.2000 über die gerichtliche Zuständigkeit und die Anerkennung und Vollstreckung von Entscheidungen in Zivil- und Handelssachen (ABlEG 2001, Nr. L 12/1)[89] Werden bei Gerichten verschiedener Mitgliedstaaten Klagen wegen desselben Anspruchs zwischen denselben Parteien anhängig gemacht, so setzt danach das später angerufene Gericht das Verfahren von Amts wegen aus, bis die Zuständigkeit des zuerst angerufenen Gerichts feststeht. Ist Letzteres der Fall, erklärt sich das angerufene Gericht für unzuständig. Somit kann eine vor einem ausländischen Gericht anhängige Klage in diesem Rahmen nicht mehr vor einem deutschen Gericht rechtshängig gemacht werden. Entsprechendes gilt vice versa.[90] Außerhalb des Anwendungsbereichs des Art. 27 EuGVVO müssen die inländischen Gerichte die Rechtshängigkeit derselben Sache bei einem ausländischen Gericht beachten, sofern die ausländische Gerichtsentscheidung aller Voraussicht nach später im Inland anerkannt wird.[91] In der umgekehrten Konstellation, also wenn die Streitsache zunächst in Deutschland anhängig gemacht wird, ist es eine Frage des ausländischen Rechts, ob diese noch ein weiteres Mal im Ausland rechtshängig gemacht werden darf.[92] Die Rechtswegsperre des § 17 Abs. 1 S. 2 GVG ist in Verfahren einschlägig, die *beim EuGH und dem EuG anhängig* sind. Das bedeutet, dass die Rechtshängigkeit vor dem europäischen Gericht einer weiteren Klage vor einem deutschen Gericht entgegenstehen würde. Weil die europäischen Gerichte nicht der deutschen Vorschrift des § 17 Abs. 1 S. 2 GVG unterfallen, kommt diese nicht in der umgekehrten Konstellation zur Anwendung, dass die Sache bereits bei einem deutschen Gericht rechtshängig ist und dann die europäischen Gerichte damit befasst werden.[93]

29   **3. Umfang der Entscheidungskompetenz.** Im Gegensatz zur früheren Rechtslage, bei der die Gerichte nach der wohl h.M. bei der Sachentscheidung an den durch die Rechtswegzuweisung gezogenen Kom-

---

83   *P. Kothe*, in: Redeker/v. Oertzen § 90 Rn. 4.
84   *D. Ehlers*, in: Schoch/Schneider/Bier § 41 § 17 GVG Rn. 12.
85   So aber W.-R. Schenke, in: *Kopp/Schenke* Anh § 90 Rn. 15; offen insoweit *E. Baden*, NVwZ 1984, 142, 144 ff.
86   *E. Baden*, NVwZ 1984, 142, 144 f.; *K. Rennert*, in: Eyermann § 41 Rn. 16.
87   *D. Ehlers*, in: Schoch/Schneider/Bier § 41 § 17 GVG Rn. 12; *K. Rennert*, in: Eyermann § 41 Rn. 16.
88   BVerwGE 50, 124, 129; *W.-R. Schenke*, in: *Kopp/Schenke* Anh § 90 Rn. 15; *P. Kothe*, in: Redeker/v. Oertzen § 90 Rn. 4.
89   Früher: Art. 21 EuGVÜ. S. BGH NJW 1986, 662 f.; EuGH NJW 1984, 2759; *D. Ehlers*, in: Schoch/Schneider/Bier § 41 § 17 GVG Rn. 16.
90   *D. Ehlers*, in: Schoch/Schneider/Bier § 41 § 17 GVG Rn. 16.
91   *D. Ehlers*, in: Schoch/Schneider/Bier § 41 § 17 GVG Rn. 16.
92   *D. Ehlers*, in: Schoch/Schneider/Bier § 41 § 17 GVG Rn. 16.
93   *D. Ehlers*, in: Schoch/Schneider/Bier § 41 § 17 GVG Rn. 16.

petenzbereich gebunden waren,[94] ordnet § 17 Abs. 2 GVG an, dass das zuständige Gericht den Rechtsstreit unter *allen* in Betracht kommenden Umständen entscheidet, sofern der beschrittene Rechtsweg für einen Klagegrund zulässig ist.[95] Das Gericht hat also auch über solche Normen zu befinden, die für sich allein der Beurteilung durch eine andere Gerichtsbarkeit unterliegen würden.[96] Es verfügt somit über eine *rechtswegübergreifende Entscheidungskompetenz und -pflicht* (BAG NJW 1998, 1091, 1092; BFH/NV 2014, 1504, 1505; BSG 30.9.2014 – B 8 SF 1/14 R; BayObLG BayVBl 2004, 280, 282). Folge dieser umfassenden Kompetenzzuweisung in Bezug auf den Entscheidungsumfang ist, dass das Gericht in dem Rechtsstreit sowohl in tatsächlicher als auch in rechtlicher Hinsicht alle Umstände zu berücksichtigen hat, die für das Verfahren maßgeblich sind bzw. sein können. In § 17 Abs. 2 GVG wird der Grundgedanke dieser Regelung – die Gleichwertigkeit der Gerichte und die Einheitlichkeit der rechtsprechenden Gewalt – besonders sichtbar. Darüber hinaus wird so die Prozessökonomie verbessert und eine Kostenverringerung für den Rechtsschutzsuchenden erreicht (BVerwG NVwZ 1993, 358, 359).[97]

§ 17 Abs. 2 GVG ermöglicht dem angerufenen Gericht, über den Streitgegenstand unter Berücksichtigung aller in Betracht kommenden Anspruchsgrundlagen zu entscheiden.[98] Von vornherein nicht anwendbar ist die erweiterte Prüfungskompetenz nach § 17 Abs. 2 S. 1 GVG auf mehrere selbständige prozessuale Ansprüche (BVerwG DVBl 2008, 518, 520; BGHZ 199, 159, 164). Die umfassende Entscheidungszuständigkeit beschränkt sich nicht auf das angerufene zuständige Gericht. Sie gilt ebenso für das nach § 17a GVG für zuständig erklärte Gericht wegen der bindenden Wirkung einer Verweisung.[99] Das Gericht entscheidet somit vollumfänglich über sämtliche Anträge. Unstreitig ist dies für den Fall des et-et, also wenn ein einheitlicher Anspruch auf zwei Rechtsgrundlagen gestützt werden kann, die verschiedenen Rechtswegen zuzuordnen sind.[100] Umstritten ist dagegen, ob dies auch für das aut-aut gilt (Ausführungen zur Alternativität → Rn. 34 ff.). Damit sind die Fälle gemeint, in denen ein einheitlicher Lebenssachverhalt auf zwei Rechtsgrundlagen gestützt werden kann, die jeweils einem anderen Rechtsweg zuzuschreiben sind und sich darüber hinaus gegenseitig ausschließen.[101] 30

Infolge der bindenden Wirkung einer Rechtswegverweisung kann es dazu kommen, dass ein Gericht, welches für die Entscheidung an sich nicht zuständig ist, eine Entscheidung in der Streitsache unter Berücksichtigung der objektiven Rechtslage zu treffen hat. Es hat dabei auch über sog. „zuständigkeitsfremde" Klagegründe zu befinden (BT-Drs. 11/7030, 37; BGH NJW 1991, 1686; OVG Münster NVwZ 1993, 588, 589). Das jeweilige Gericht wendet das i.R. seines Rechtsweges maßgebliche Verfahrensrecht an, hat aber bei seiner Entscheidung materiell-rechtlich die objektive Rechtslage zu beachten (BVerwGE 27, 170, 174 ff.).[102] So muss ein Zivilgericht einen eigentlich verwaltungsrechtlichen Rechtsstreit zwar verfahrensrechtlich anhand der ZPO beurteilen, materiell-rechtlich hat es jedoch die einschlägigen Normen des öffentlichen Rechts zu beachten und anzuwenden (BVerwGE 27, 170, 174 ff.).[103] 31

a) Gemischte Rechtsverhältnisse. Die vorgenannten Ausführungen gelten insbes. für die sog. gemischten Rechtsverhältnisse. Darunter versteht man solche Rechtsverhältnisse, bei denen ein prozessualer Anspruch bei identischem Lebenssachverhalt auf mehrere materiell-rechtliche Anspruchsgrundlagen gestützt wird bzw. gestützt werden kann (et-et). Mit dem Adjektiv „gemischt" wird umschrieben, dass für die in Betracht kommenden Anspruchsgrundlagen jeweils verschiedene Rechtswege eröffnet sind. Bei den gemischten Rechtsverhältnissen ist also das Gericht des eingeschlagenen Rechtswegs an und 32

---

94 M. *Häfele*, Auswirkungen, 2002, 29; ausf. D. *Ehlers*, in: Schoch/Schneider/Bier § 41 § 17 GVG Rn. 19 mit Hinweisen zur gegenteiligen Meinung.

95 BT-Drs. 11/7030, 36; BVerwG NVwZ 2015, 991; BGHZ 153, 173, 176; BGH NJW 2002, 2712, 2713; WRP 2004, 619, 621; BSG, 30.9.2014 – B 8 SF 1/14 R; BayObLG NVwZ-RR 2004, 318, 321; H. *Geiger*, JA 1993, 190, 191; Kissel/Mayer § 17 Rn. 54.

96 BGH GRUR 2001, 251, 253; GRUR 2003, 549, 550; WRP 2004, 619, 621; VGH Mannheim VBlBW 2004, 268; K. *Kniethe*, NJW 2003, 1294, 1295.

97 W.-R. *Schenke*, in: Kopp/Schenke Anh § 41 Rn. 4.

98 Kissel/Mayer § 17 Rn. 54; K. *Kniethe*, NJW 2003, 1294, 1295.

99 J. *Hager*, FS Kissel, 1994, 327, 336.

100 VGH München NVwZ-RR 2003, 542; BayObLG BayVBl 2004, 280, 282; J. *Hager*, FS Kissel, 1994, 327, 341.

101 J. *Hager*, FS Kissel, 1994, 327, 341.

102 W. *Zimmermann*, in: MüKoZPO § 17 GVG Rn. 2.

103 Bosch/Schmidt/Vondung Rn. 1025; Schenke Rn. 158.

für sich nur für einen Teil der Klagegründe zuständig, während für die anderen ein anderweitiger Rechtsweg gegeben ist.[104] Infolge der Regelung des § 17 GVG ist im Falle eines gemischten Rechtsverhältnisses das zuerst angerufene Gericht zuständig, sofern seine Zuständigkeit nur für zumindest einen Klagegrund gegeben ist (→ § 90 Rn. 37; BGH NJW 1991, 1686; OVG Lüneburg 14.11.2016 – 11 OB 232/16; VGH Mannheim NVwZ-RR 1993, 366, 368). Das angerufene Gericht prüft auf der Grundlage des an es herangetragenen Begehrens sowie des zur Begründung vorgetragenen Sachverhalts, ob für die Streitsache eine Anspruchsgrundlage in Betracht kommt, für welche seine Rechtswegzuständigkeit eröffnet ist (BVerwG NVwZ 1993, 358, 359). Es genügt, wenn die rechtswegbegründende Norm möglicherweise anwendbar ist (BVerwG NVwZ 1993, 358, 359). Diesbezüglich ist also keine absolute Gewissheit erforderlich. Für die Entscheidung des Gerichts zur Eröffnung des beschrittenen Rechtswegs hat es keine Bedeutung, welcher Klagegrund vom Kläger in den Vordergrund gestellt wird.[105] Mangels eines entsprechenden Anhaltspunktes im Gesetzestext des § 17 Abs. 2 S. 1 GVG ist – entgegen einer Entscheidung des BSG (BSG MDR 1995, 728) – nicht erforderlich, dass der Schwerpunkt des Rechtsstreits im eingeschlagenen Rechtsweg liegt.[106]

33   *Ausnahmsweise* ist aber auch bei den gemischten Rechtsverhältnissen eine Verweisung seitens des zuerst angerufenen Gerichts zu verlangen. Es soll nicht über den Rechtsstreit befinden, wenn die zur Anspruchsbegründung angeführte Rechtsgrundlage, für die der angegangene Rechtsweg tatsächlich eröffnet wäre, unter keinen Umständen bei Zugrundelegung des vorgetragenen Sachverhaltes einschlägig sein kann.[107] Die Verweisungspflicht wird aber nur bei *Offensichtlichkeit* ausgelöst (BVerwG NVwZ 1993, 358, 359; BSG NJW 1995, 1575, 1576). Zu begründen ist dies damit, dass in einer solchen Situation kein Bedürfnis für eine Klageabweisung mit Rechtskraftwirkung besteht (BVerwG NVwZ 1993, 358, 359). Außerdem soll sich der Kläger die Zuständigkeit eines Gerichts seiner Wahl nicht dadurch erschleichen können, dass er einfach Klagegründe – neben den einschlägigen – anführt, die allein die Zuständigkeit begründen, sonst aber für den Rechtsstreit offensichtlich keine Relevanz haben (VGH München NVwZ-RR 1992, 575).[108]

34   **b) Alternative Rechtsverhältnisse.** Umstritten ist die Anwendbarkeit des § 17 Abs. 2 S. 1 GVG bei alternativen Rechtsverhältnissen. Dabei lassen sich zwei Formen der Alternativität unterscheiden: die rechtliche und die tatsächliche.

35   **aa) Rechtliche Alternativität.** Rechtliche Alternativität liegt dann vor, wenn ein unstreitiger Sachverhalt besteht, diesem Sachverhalt bei Klageerhebung verschiedene Anspruchsgrundlagen zugeordnet werden, die letztlich alle zum gleichen Ergebnis führen, sich aber gegenseitig ausschließen.[109] Dies ist bspw. der Fall, wenn streitig ist, ob ein zwischen den Beteiligten abgeschlossener Vertrag öffentlich-rechtlicher oder privatrechtlicher Natur ist.[110] In diesem Bereich hat das Gericht zunächst nach § 17a Abs. 1 GVG von Amts wegen zu entscheiden, ob es zuständig ist oder nicht. Insoweit besteht kein Selbstqualifikationsrecht des Klägers.[111] Richtigerweise räumt § 17 Abs. 2 S. 1 GVG dem Gericht, das zur Entscheidung über einen der Klagegründe befugt ist, eine umfassende Entscheidungskompetenz ein (BGHZ 121, 367, 377; VGH München NVwZ-RR 2003, 542). Die Gegenansicht geht demgegenüber davon aus, dass nach Eröffnung des Rechtswegs für eine einschlägige Anspruchsgrundlage die alternative Rechtsgrundlage nicht mehr gegeben sein kann, sodass es bereits an den weiteren Tatbestandsvoraussetzungen des § 17 Abs. 2 S. 1 GVG fehle.[112] Zuzugeben ist, dass es bei Erfüllung einer Anspruchsgrundlage regelmäßig nicht mehr auf die Erfüllung der Tatbestandsvoraussetzungen der anderen Anspruchsgrundlage ankommt.[113] Für die Entscheidung über die Rechtswegzuständigkeit muss jedoch keine Gewissheit über die einschlägige Anspruchsgrundlage bestehen, sondern es reicht, wenn

---

104   BVerwGE 67, 222, 225 f.; *O. R. Kissel*, NJW 1991, 945, 950; *K. Rennert*, in: Eyermann § 41 Rn. 18.
105   *K. Rennert*, in: Eyermann § 41 Rn. 18.
106   *M. Häfele*, Auswirkungen, 2002, 86.
107   BVerwG NVwZ 1993, 358, 359; 2015, 991; BGH NVwZ 1990, 1103, 1104; BSG NJW 1995, 1575, 1576; OVG Lüneburg 14.11.2016 – 11 OB 232/16; OVG Münster DVBl 1993, 567; *K. Rennert*, in: Eyermann § 41 Rn. 18.
108   *W.-R. Schenke*, in: Kopp/Schenke § 41 Rn. 5.
109   *D. Ehlers*, in: Schoch/Schneider/Bier § 41 § 17 GVG Rn. 21.
110   *D. Ehlers*, in: Schoch/Schneider/Bier § 41 § 17 GVG Rn. 21; als weiteres Bsp. BGHZ 121, 367, 376 f.
111   *D. Ehlers*, in: Schoch/Schneider/Bier § 41 § 17 GVG Rn. 22.
112   *D. Ehlers*, in: Schoch/Schneider/Bier § 41 § 17 GVG Rn. 22.
113   *J. Hager*, FS Kissel, 1994, 327, 341.

diese möglicherweise in Betracht kommt. Ausnahmen bestehen jedoch dann, wenn die konkurrierenden Ansprüche unterschiedlichen Umfangs sind. Zu bejahen ist dies etwa, wenn ein Aufopferungsanspruch besteht, der vor den ordentlichen Gerichten unter Berufung auf die Regelungen der positiven Forderungsverletzung eines öffentlich-rechtlichen Vertrages geltend gemacht wird.[114]

bb) Tatsächliche Alternativität. Tatsächliche Alternativität liegt vor, wenn der Sachverhalt streitig ist 36 und die Zuordnung des Rechtswegs von diesem abhängt.[115] Hier hat das Gericht in der Zulässigkeit zu prüfen, ob das tatsächliche Vorbringen des Klägers auf einen schlüssigen Vortrag gestützt wurde. Wenn ja, entscheidet es die Zuständigkeitsfrage anhand dessen (OLG Hamburg 3.12.1999 – 1 U 85/98). Das Gericht des beschrittenen Rechtswegs bleibt nach der verbindlichen Entscheidung über den Rechtsweg auch dann zuständig, wenn sich im Laufe des Rechtsstreits ein Sachverhalt ergibt, der den Klagegrund aus einer anderen Rechtsgrundlage zu rechtfertigen vermag, welche nicht in den beschrittenen Rechtsweg gehört (OLG Hamburg 3.12.1999 – 1 U 85/98). Insoweit wird von dem Bestehen einer rechtswegübergreifenden Sachkompetenz des Richters ausgegangen, der sich dann ausreichend in den Sach- und Rechtsstand des vorliegenden Verfahrens eingearbeitet hat, sodass keine Notwendigkeit besteht, ein zweites Gericht damit zu befassen (FG Nürnberg 5.12.2000 – I 109/2000). Nach der Gegenansicht müsste das Gericht hingegen bereits bei der Zulässigkeit der Klage prüfen, ob die tatsächlichen Umstände vorliegen, die den Rechtsweg eröffnen.[116] Würde dieser Ansicht gefolgt, bedeutete dies in der Konsequenz, dass bereits i.R. der Prüfung der Rechtswegeröffnung eine Beweiswürdigung vorgenommen und damit ein Teil der Begründetheitsprüfung vorweggenommen werden müsste. Dies ist mit Hinweis auf die Prozessökonomie abzulehnen.

c) Objektive Klagehäufung/Widerklage/Klageänderung. Werden verschiedene *prozessuale Ansprüche* 37 nebeneinander geltend gemacht, verfügt das angerufene Gericht nach zutr. Ansicht über keine umfassende Entscheidungskompetenz nach § 17 Abs. 2 S. 1 GVG. Zwei Streitgegenstände sind der in § 17 Abs. 2 S. 1 GVG vorgesehenen Konzentration der Prüfungsbefugnis bei dem als Erstes angerufenen Gericht nicht zugänglich (BVerwG NVwZ-RR 2004, 551). Es handelt sich dabei v.a. um die Konstellationen der objektiven Klagehäufung (§ 44), der Widerklage (§ 89) und der Klageänderung (§ 91), wenn für die geltend gemachten prozessualen Ansprüche jeweils andere Rechtswegzuständigkeiten bestehen. Hier muss für jeden prozessualen Anspruch die Zulässigkeit des Rechtswegs gesondert untersucht werden und nach § 17a Abs. 2 und Abs. 3 GVG zu entscheiden.[117]

aa) Objektive Klagehäufung. Bei der objektiven Klagehäufung werden mehrere *prozessual selbständige* 38 Ansprüche verbunden und in einem Begehren geltend gemacht. Im Unterschied zu den gemischten Rechtsverhältnissen, bei denen ein Klageanspruch auf mehrere Klagegründe gestützt wird, werden bei der objektiven Klagehäufung mehrere Klageansprüche in einer Klage zusammengefasst.[118] Dafür, dass in dieser Konstellation anders als bei den gemischten Rechtsverhältnissen das Gericht über keine umfassende Entscheidungskompetenz hinsichtlich des Klagebegehrens verfügt, ist zunächst der Gesetzeswortlaut des § 17 Abs. 2 S. 1 GVG, der von allen „rechtlichen" Gesichtspunkten spricht, sowie der systematische Zusammenhang mit § 17 Abs. 1 GVG anzuführen. Unter Rechtsstreit i.S.d. § 17 Abs. 2 S. 1 GVG ist die in § 17 Abs. 1 S. 2 GVG genannte „Sache" gemeint. Außerdem könnte sonst der Kläger durch die Vornahme einer Klagenhäufung oder deren Unterlassung über den eröffneten Rechtsweg bestimmen. Mangels einengender Voraussetzungen an die Klagenhäufung im Zivilprozessrecht wird dort die Gefahr von Rechtswegmanipulationen besonders hervorgehoben.[119] Diese Ausführungen gelten gleichermaßen bei Vorliegen einer *subjektiven Klagehäufung*.[120] Eine *Ausnahme* von dem Vorgenannten gilt jedoch für den Fall der notwendigen Streitgenossenschaft. Bei dieser entscheidet das zuerst angerufene Gericht den Rechtsstreit unter allen in Betracht kommenden Gesichtspunkten.[121]

---

114 *J. Hager*, FS Kissel, 1994, 327, 342.
115 OLG Hamburg 3.12.1999 – 1 U 85/98; *D. Ehlers*, in: Schoch/Schneider/Bier § 41 § 17 GVG Rn. 21.
116 *D. Ehlers*, in: Schoch/Schneider/Bier § 41 § 17 GVG Rn. 23; *J. Hager*, FS Kissel, 1994, 321, 346.
117 BGHZ 114, 1, 2 f.; 119, 246, 248; VGH Mannheim NJW 1993, 3344; *O. R. Kissel*, NJW 1991, 945, 951.
118 BGH NJW 1991, 1686; OVG Münster NVwZ 1993, 588, 590; *Bosch/Schmidt/Vondung* Rn. 1028; *W.-R. Schenke*, in: *Kopp/Schenke* Anh § 41 Rn. 5.
119 BGHZ 114, 1, 2; 119, 246, 248; BVerwG NJW 1994, 2500; VGH Mannheim NJW 1993, 3344; *M. Häfele*, Auswirkungen, 2002, 88.
120 BGH NJW 1994, 2032; OLG Frankfurt NJW-RR 1995, 319 f.
121 *W. Zimmermann*, in: MüKoZPO § 17 GVG Rn. 13; offen gelassen von OLG Frankfurt a.M. NJW-RR 1995, 319.

39   Werden verschiedene prozessuale Ansprüche in einem Begehren verbunden und ist der Rechtsweg zu dem angerufenen Gericht nur hinsichtlich eines dieser Ansprüche eröffnet, darf es auch nur insoweit zur Sache entscheiden. In Bezug auf den anderen prozessualen Anspruch muss es eine Verweisung des Rechtsstreits aussprechen. Auf diese Weise muss verfahren werden, wenn eine Person vor den ordentlichen Gerichten auf Ersatz des durch eine rechtswidrige Beschlagnahme entstandenen Schadens klagt und gleichzeitig die Aufhebung der Beschlagnahme erreichen will, da für den zuletzt genannten Anspruch das ordentliche Gericht nicht zuständig ist.[122]

40   **bb) Widerklage.** Auch bei der Widerklage handelt es sich um die Geltendmachung eines selbständigen (prozessualen) Anspruchs.[123] § 33 ZPO und entsprechende Vorschriften wie § 89 VwGO machen lediglich eine Aussage zum Gerichtsstand, nicht aber zum Rechtsweg.[124] Ist für den mit der Widerklage geltend gemachten selbständigen prozessualen Anspruch ein anderer Rechtsweg als für den mit der Klage geltend gemachten Anspruch gegeben, darf das angerufene Gericht nur über den Klagegegenstand befinden. Wie bereits dargelegt (→ Rn. 37), ist § 17 Abs. 2 S. 1 GVG nicht einschlägig, wenn mehrere voneinander unabhängige Ansprüche geltend gemacht werden. Damit ist auch die Widerklage wie eine selbständige Klage zu behandeln,[125] sodass für sie das Vorliegen aller Prozessvoraussetzungen und somit auch die Eröffnung des eingeschlagenen Rechtswegs gesondert zu prüfen ist. Ist Letzteres zu verneinen, hat das Gericht die Widerklage gem. § 17a GVG an das dafür zuständige Gericht zu verweisen (LAG Nds NZA-RR 2004, 324, 326).

41   **cc) Klageänderung.** Auch bei der Klageänderung liegt kein Fall des § 17 Abs. 2 S. 1 GVG vor. Aus diesem Grund muss das Gericht hinsichtlich des neuen Streitgegenstands die Eröffnung des Rechtswegs prüfen.[126] Die Zulässigkeit allein der Klageänderung hat nicht zur Folge, dass die Klage auch im Übrigen zulässig ist. Diese Prüfung muss vielmehr gesondert und ohne Rücksicht auf die ursprüngliche Klage geschehen.[127]

42   **d) Haupt- und Hilfsantrag.** Besondere Sorgfalt ist geboten, wenn der Kläger in seinem Antrag andere Erwägungen hilfsweise geltend macht. Wird für denselben prozessualen Anspruch hilfsweise eine andere Begründung gegeben, bleibt es bei der Regelung des § 17 Abs. 2 S. 1 GVG, dass das Gericht den Rechtsstreit unter allen rechtlichen Gesichtspunkten prüfen muss.[128] Wird mit einem Hilfsantrag dagegen ein *selbständiger* Anspruch geltend gemacht, gilt für die Stellung eines Hilfsantrags für den Fall der Erfolglosigkeit des Hauptantrags Folgendes: Die Zulässigkeit des eingeschlagenen Rechtswegs beurteilt sich zunächst allein anhand des Hauptantrags.[129] Je nachdem, ob das angerufene Gericht für diesen zuständig ist, muss es eine Entscheidung treffen oder den Rechtsstreit an das für den Hauptantrag zuständige Gericht verweisen.[130] Solange über den Hauptantrag nicht entschieden wurde, darf hinsichtlich des Hilfsantrags keine Verweisung erfolgen, weil für diesen ein anderer Rechtsweg eröffnet ist.[131] Denn zum Hilfsantrag darf erst übergegangen werden, wenn der Hauptantrag abgelehnt worden ist. Fehlt dann die Rechtswegzuständigkeit des angerufenen Gerichts für den Hilfsantrag, hat es den Rechtsstreit insoweit an das zuständige Gericht des zulässigen Rechtswegs zu verweisen.[132] Davon zu unterscheiden ist ein Hilfsantrag, über den bereits im Falle einer Verweisung an ein anderes

---

122   *Schenke* Rn. 154.
123   *Kissel/Mayer* § 17 Rn. 56; *W.-R. Schenke,* in: *Kopp/Schenke* § 89 Rn. 1; *P. Kothe,* in: Redeker/v. Oertzen § 89 Rn. 1.
124   *D. Ehlers,* in: Schoch/Schneider/Bier § 41 § 17 GVG Rn. 25; *Kissel/Mayer* § 17 Rn. 56.
125   *Kissel/Mayer* § 17 GVG Rn. 56; *K. Rennert,* in: Eyermann § 89 Rn. 2.
126   *M. Häfele,* Auswirkungen, 2002, 28; *M. Just,* in: *HK-VwGO* Anh § 41 Rn. 11; *D. Ehlers,* in: Schoch/Schneider/Bier § 41 § 17 GVG Rn. 25.
127   *W.-R. Schenke,* in: *Kopp/Schenke* § 91 Rn. 31.
128   OLG Rostock NVwZ-RR 2006, 223, 224; *W. Zimmermann,* in: MüKoZPO § 17 GVG Rn. 13.
129   BGH NJW 1980, 1283, 1284; *J. v. Albedyll,* in: Bader § 41 Rn. 12; *Kissel/Mayer* § 17 Rn. 55.
130   BGH NJW 1980, 1283, 1284; ZZP 105, 88, 89; *Kissel/Mayer* § 17 Rn. 55; *W.-R. Schenke,* in: *Kopp/Schenke* Anh § 41 Rn. 6.
131   BGH NJW 1956, 1358, 1359; BVerwG NVwZ 2017, 242, 244; *D. Ehlers,* in: Schoch/Schneider/Bier § 41 § 17 GVG Rn. 26.
132   OVG Münster NWVBl 1994, 109, 111 f.; VGH Mannheim NJW 1993, 3344; VGH München NVwZ-RR 2004, 224, 225; *J. v. Albedyll,* in: Bader § 41 Rn. 12; *D. Ehlers,* in: Schoch/Schneider/Bier § 41 § 17 GVG Rn. 26; *K. Rennert,* in: Eyermann § 41 Rn. 19; *M. Just,* in: HK-VwGO Anh § 41 Rn. 11. A.M. *Kissel/Mayer* § 17 Rn. 55, die eine Entscheidung über den Hilfsantrag verlangen, ohne Rücksicht darauf, ob dieser bei selbständiger Geltendmachung in einen anderen Rechtsweg gehört.

Gericht entschieden werden soll. Bei einer derartigen Ausgestaltung des Eventualverhältnisses kann das VG nach Wirksamwerden der Verweisung des Hauptantrags an die ordentlichen Gerichte über den in seinen Bereich fallenden Hilfsantrag entscheiden (VGH München NVwZ-RR 2004, 224, 225). Aus diesem Grund ist stets darauf zu achten, welche Form der Verknüpfung mit dem Hauptantrag gewählt wurde.

e) Stufenklagen. Auch bei der Stufenklage werden *mehrere prozessuale* Ansprüche im Wege der objektiven Klagehäufung miteinander verbunden (→ § 44 Rn. 6).[133] Infolgedessen muss für jeden geltend gemachten Anspruch die Zulässigkeit des eingeschlagenen Rechtswegs geprüft werden und ggf. eine Verweisung an das für den jeweils geltend gemachten Anspruch zuständige Gericht erfolgen.[134] Da die Stufenklage letztlich nichts anderes als eine objektive Klagehäufung darstellt, kann hier auch über das Argument der Zuständigkeit kraft Sachzusammenhangs (wohl BGH NVwZ 1987, 629) nichts anderes gelten.

f) Aufrechnung mit rechtswegfremden Forderungen. Äußerst umstritten ist die Entscheidungskompetenz des angerufenen Gerichts bei der Aufrechnung mit einer rechtswegfremden Forderung. Materiellrechtlich ist eine Aufrechnung mit einer rechtswegfremden Forderung möglich. Allein wegen der Eröffnung verschiedener Rechtswege für die Ansprüche entfällt nicht bereits die für eine Aufrechnung gem. § 387 BGB erforderliche „Gleichartigkeit" der Forderungen (BGHZ 16, 124, 127).[135] Umso problematischer ist jedoch die Berücksichtigung der materiellrechtlich wirksamen Aufrechnung im Prozess. Konsens besteht, dass einer Aufrechnung mit einer rechtswegfremden Forderung nichts entgegensteht, wenn diese *rechtskräftig oder bestandskräftig festgestellt oder unbestritten* ist (→ § 90 Rn. 24).[136] Zu begründen ist dies damit, dass in diesem Fall das angerufene Gericht keine Entscheidung über das Bestehen der Gegenforderung trifft, sondern nur über die Aufrechenbarkeit, die Aufrechnungsbefugnis und das Erlöschen befindet.[137] Das Nichtbestreiten der Forderung durch den Kläger ist wie ein Anerkenntnis zu werten. Bei diesem muss sich das Gericht aber nicht mit der jeweiligen Forderung befassen.[138] Die Auffassung, das angerufene Gericht könne auch über offensichtlich nicht bestehende rechtwegfremde Forderungen entscheiden (VGH Mannheim NVwZ 1990, 684, 685), ist jedoch als zu weitgehend abzulehnen.[139] Es erscheint sinnvoll, den rechtskräftigen Titeln nicht der Rechtskraft fähige, aber vollstreckbare Titel (z.B. Jugendamtsurkunden i.S.v. §§ 59 Abs. 1 S. 1 Nr. 3, 60 S. 1 SGB VIII) gleichzustellen, wenn streitig nur solche Einwände sind, die rechtskräftigen Titeln und nicht der Rechtskraft fähigen Titeln in gleicher Weise entgegen gehalten werden können (FG Bln-Bbg EFG 2015, 828, 829).

Bei einer Aufrechnung mit einer *bestrittenen und nicht rechtskräftig festgestellten* rechtswegfremden Gegenforderung sind die Auffassungen in Rspr. und Schrifttum uneinheitlich. Von den Gerichten der Verwaltungsgerichtsbarkeit hat sich insbes. der VGH Kassel dafür ausgesprochen, dass das angerufene Gericht auch im Falle des Bestreitens der rechtswegfremden Gegenforderung über diese entscheiden könne.[140] Nach der ratio legis sei § 17 GVG, der der Gleichwertigkeit aller Rechtswege und den praktischen Bedürfnissen der heutigen Rechtspflege Rechnung tragen wolle, weit auszulegen. Im Interesse einer größtmöglichen Verfahrensökonomie und der Rechtsschutzeffektivität sei bei der Aufrechnung nicht anders als bei einer Häufung rechtswegunterschiedlicher Anspruchsgrundlagen zu verfahren.[141] Sofern jedoch die Gegenforderung dem verfassungsrechtlichen Vorbehalt des § 17 Abs. 2 S. 2 GVG unterfällt, neigt auch diese Meinung zu einer Verneinung der umfassenden Entscheidungskompetenz

43

44

45

---

133 *W.-R. Schenke*, in: Kopp/Schenke § 44 Rn. 1.
134 *Kissel/Mayer* § 17 Rn. 57.
135 *M. Häfele*, Auswirkungen, 2002, 92.
136 BVerwGE 77, 19, 24; BVerwG NJW 1999, 160, 161; BFH NVwZ 1987, 263; OLG Dresden ZOV 2000, 329, 332; OVG Saarlouis 29.7.2008 – 3 E 270/08; VG Neustadt/Weinstr NVwZ 2003, 1544, 1546.
137 *M. Häfele*, Auswirkungen, 2002, 93.
138 *D. Ehlers*, in: Schoch/Schneider/Bier § 41 § 17 GVG Rn. 30.
139 Wie hier *D. Ehlers*, in: Schoch/Schneider/Bier § 41 § 17 GVG Rn. 30.
140 VGH Kassel DVBl 1994, 806, 807; ebenso etwa *Kissel/Mayer* § 17 Rn. 58 m.w.N.; *W.-R. Schenke*, in: *Kopp/Schenke* Anh § 41 Rn. 4.
141 VGH Kassel DVBl 1994, 806, 807; *J. v. Albedyll*, in: Bader § 41 Rn. 13; *M. Gaa*, Aufrechnung, 1996, 87; *K. Hartmann*, Aufrechnung, 1996, 231; *U. S. Grandtner*, Aufrechnung, 1995, 357; zu den Argumenten dieser Ansicht auch *M. Häfele*, Auswirkungen, 2002, 93 ff.

des angerufenen Gerichts.[142] Die besseren Argumente streiten jedoch für die gegenteilige Ansicht,[143] wie sie das BVerwG ohne weitere Ausführungen ebenfalls vertreten hat (BVerwG NJW 1999, 160, 161). Nach dem Wortlaut des § 17 Abs. 2 S. 1 GVG entscheidet das Gericht den Rechtsstreit unter allen in Betracht kommenden „rechtlichen Gesichtspunkten." Bei der Aufrechnung handelt es sich aber um keinen derartigen rechtlichen Gesichtspunkt. Vielmehr wird dem durch die Klage bestimmten Streitgegenstand ein weiterer Gegenstand hinzugefügt.[144] Während die gesetzliche Regelung vom Vorliegen eines prozessualen Anspruchs aufgrund eines einheitlichen Lebenssachverhalts ausgeht, der auf mehrere Klagegründe gestützt werden kann (→ Rn. 32), liegen bei einer Aufrechnung mit einer rechtswegfremden Forderung i.d.R. Ansprüche aus verschiedenen Lebenssachverhalten vor.[145]

46   Bei der Aufrechnung handelt es sich nicht um die Klärung einer klassischen Vorfrage, über die eine Entscheidung des Gerichts ohne Weiteres möglich wäre.[146] Im Unterschied zu einer Entscheidung über eine bloße Vorfrage erwächst eine Entscheidung über die Gegenforderung nach § 173 VwGO i.V.m. § 322 Abs. 2 ZPO in Rechtskraft. Zwar besteht infolge der Aufrechnung ein verfahrensrechtlicher Zusammenhang zur Hauptforderung, der durch eine Handlung der Partei ausgelöst wird. Ähnlich wie bei der Widerklage (→ Rn. 40) kann jedoch ein auf eine Parteihandlung zurückzuführender Zusammenhang mit der Klage nicht die umfassende Entscheidungskompetenz des angerufenen Gerichts begründen.[147] Geht die Forderung, mit der aufgerechnet wird, über die Klageforderung hinaus, besteht die Gefahr einer Rechtswegzersplitterung. Denn gem. dem über § 173 anwendbaren § 322 Abs. 2 ZPO erwächst die Entscheidung des Gerichts über die Gegenforderung nur bis zu der Höhe in Rechtskraft, bis zu welcher die Aufrechnung erklärt wurde. Infolgedessen kann der Beklagte den Rest der Gegenforderung vor dem Gericht des eigentlich zuständigen Gerichtszweigs geltend machen, das aber nicht an die rechtskräftige Beurteilung hinsichtlich des aufgerechneten Betrags gebunden ist.[148] Setzt das angerufene Gericht dagegen das Verfahren aus, damit beim zuständigen Gericht eine Entscheidung über die Gegenforderung eingeholt werden kann, lassen sich einerseits divergierende Entscheidungen vermeiden und wird andererseits das Vertrauen in die Justiz gestärkt.[149] Schließlich gilt es zu berücksichtigen, dass die Gegenforderung bei einer Aufrechnung nicht rechtshängig wird (BGHZ 57, 242, 243).[150] Unter Bezugnahme auf § 17 Abs. 1 GVG treten die Wirkungen der §§ 17ff. GVG aber gerade nur für rechtshängige Ansprüche ein.

47   Folgt man der hier befürworteten Meinung, ist das Verfahren zur Herbeiführung einer Entscheidung über die Gegenforderung nach § 94 auszusetzen (BVerwG NJW 1999, 160, 161). Obwohl nach dieser Vorschrift das Verfahren ausgesetzt werden „kann", wird das Gericht meistens dazu verpflichtet sein (BVerwGE 77, 19, 25),[151] um den Anforderungen der §§ 17ff. GVG und des § 322 Abs. 2 ZPO gerecht zu werden. Vorteil dieser Lösung ist, dass ein Übergriff in die Rechtswegzuständigkeit des anderen Gerichts vermieden wird und das sachnähere Gericht über die Forderung entscheidet.[152] Hierin liegt für die Parteien keine unbillige Erschwerung der Rechtsverfolgung, da sie ohnehin damit rechnen mussten, dass sie im Streitfall ihre Forderungen vor verschiedenen Gerichten geltend machen müssen (BGHZ 16, 124, 140). Im Interesse der Verfahrensbeschleunigung kann das Gericht die Aussetzung

---

142 Vgl. M. Gaa, Aufrechnung, 1996, 93; W.-R. Schenke, in: Kopp/Schenke Anh § 41 Rn. 4.

143 BFHE 198, 55, 59 f.; BAG NJW 2002, 317; OVG Saarlouis 29.7.2008 – 3 E 270/08; NZA 2007, 110; VGH Kassel NJW 1994, 1488, 1490; VGH München 19.2.2007 – 3 CE 06.3022; R. Greger, EWiR 2002, 19, 20; H.-J. Musielak, JuS 1994, 817, 823; W. Zimmermann, in: MüKoZPO § 17 GVG Rn. 15; offen gelassen von BVerwG NJW 1993, 2255; VGH Kassel NJW 1994, 2968, 2969.

144 BFHE 198, 55, 59 f.; BAG NJW 2002, 317; OLG Dresden ZOV 2000, 329, 332; OLG Nürnberg MDR 2015, 1202; OVG Saarlouis 29.7.2008 – 3 E 270/08; VG Neustadt/Weinstr NVwZ 2003, 1544, 1546; R. Greger, EWiR 2002, 19, 20; G. Rößler, DStZ 1998, 651; J. Wittschier, in: Musielak § 17 GVG Rn. 10. A.M. M. Gaa, Aufrechnung, 1996, 83.

145 OLG Dresden ZOV 2000, 329, 332; D. Ehlers, in: Schoch/Schneider/Bier § 41 § 17 GVG Rn. 28; R. Greger, EWiR 2002, 19, 20.

146 Für eine Parallele zu einer Vorfrage VGH Kassel DVBl 1994, 806, 808; J. v. Albedyll, in: Bader § 41 Rn. 13; M. Gaa, Aufrechnung, 1996, 83; K. Hartmann, Aufrechnung, 1996, 231; R. Pietzner, VerwArch 74 (1983), 59, 67; W.-R. Schenke/J. Ruthig, NJW 1992, 2505, 2510.

147 VGH München 19.2.2007 – 3 CE 06.3022; OVG Saarlouis 29.7.2008 – 3 E 270/08.

148 OVG Saarlouis 29.7.2008 – 3 E 270/08; P. A. Windel, ZZP 111 (1998), 3, 31.

149 Ähnl. D. Ehlers, in: Schoch/Schneider/Bier § 41 § 17 GVG Rn. 28.

150 H. H. Rupp, NJW 1992, 3274 f.

151 D. Ehlers, JuS 1990, 777, 783.

152 S. nur M. Häfele, Auswirkungen, 2002, 97.

mit einer Frist zur Klageerhebung verbinden. Nach ergebnislosem Fristablauf kann das angerufene Gericht den Rechtsstreit ohne Berücksichtigung der Aufrechnung entscheiden.[153] Neben der Aussetzung ist der Erlass eines Vorbehaltsurteils nach § 173 VwGO i.V.m. § 302 ZPO möglich (BVerwG NJW 1999, 160, 161; VGH Mannheim NJW 1997, 3394, 3395), welches bei anderweitiger Entscheidung über die Gegenforderung insoweit aufgehoben werden kann, als es dem späteren Urteil widerspricht.

Z.T. wird eine Einschränkung der hier vertretenen Position bei der Aufrechnung mit einer Forderung eines *artverwandten Rechtswegs* befürwortet. Als artverwandte Rechtswege werden z.B. der Rechtsweg zu den Zivilgerichten und der Rechtsweg zu den Arbeitsgerichten angesehen. Der BGH begründete dies damit, dass das Verhältnis von Arbeits- und Zivilgerichten allein eine Frage der sachlichen Zuständigkeit sei (BGHZ 26, 304, 306). Unter Berufung auf die Artverwandtschaft sollen die ordentliche Gerichte jederzeit auch über Forderungen, die in den Bereich der freiwilligen Gerichtsbarkeit fallen, befinden dürfen, weil die freiwillige Gerichtsbarkeit allein aus Zweckmäßigkeitserwägungen geschaffen wurde und die Rechtsgebiete der Gerichtszweige stets ineinander übergreifen würden (BGHZ 78, 57, 62). Aus denselben Erwägungen wurde von der Rspr. im Verhältnis zwischen den Verwaltungs- und Sozial- oder Finanzgerichten die Möglichkeit einer Aufrechnung bejaht (BSGE 29, 44, 47). Diese Meinung vermag nicht zu überzeugen, da bewusst verschiedene Rechtswege eingerichtet wurden. Grund für die Trennung der Gerichtsbarkeiten war, dass die Fachgerichte in ihrem Bereich eine spezielle Fachkunde entwickeln und in den Rechtsstreit einbringen können, die den ordentlichen Gerichten im Verhältnis zur freiwilligen oder Arbeitsgerichtsbarkeit ebenso wenig zur Verfügung steht, wie den VG im Verhältnis zur Sozial- bzw. Finanzgerichtsbarkeit.[154] Auch eine Aufrechnung mit einer Forderung eines „artverwandten Rechtswegs" stellt keinen Fall des § 17 Abs. 2 S. 1 GVG dar.[155] Denn die Aufrechnung mit einer Forderung eines artverwandten Rechtsweges ist nichts anderes als die Aufrechnung mit einer Forderung eines gänzlich anderen Rechtswegs. Es fehlt an einem einheitlichen Lebenssachverhalt, auf den die verschiedenen Ansprüche gestützt werden können. Auch hier besteht kein objektiver Verfahrenszusammenhang, aufgrund dessen eine einheitliche Entscheidung geboten erscheint. Zudem kann nicht plausibel erklärt werden, warum die Aufrechnung mit einer verwandten Forderung möglich sein soll, für die das Gericht nicht zuständig ist, dagegen nicht bei einer einem gänzlich anderen Rechtsgebiet zuzuordnenden Aufrechnung. Hier würde eine Rechtsunsicherheit geschaffen, für die letztlich keinerlei relevante Gründe angeführt werden können.

g) Vorfragekompetenz. Im Gegensatz zur Entscheidung über eine zur Aufrechnung gestellte Forderung kann über eine Vorfrage immer entschieden werden, auch wenn es sich um eine solche handelt, die, wäre sie eine Hauptfrage, in die Zuständigkeit eines anderen Rechtswegs fiele.[156] Denn eine solche Entscheidung über eine Vorfrage nimmt nicht an der Rechtskraft für die Entscheidung teil.[157] Um sich ggf. widersprechende Entscheidungen des Gerichts, das die Frage als Vorfrage zu entscheiden hat, und des Gerichts eines anderen Rechtswegs, das für die Entscheidung der Frage als Hauptfrage zuständig wäre, soll das Gericht der Vorfrage nach Möglichkeit auf den Grundsatz des § 94 zurückgreifen und sein danach bestehendes Aussetzungsermessen dahingehend ausüben, dass das Verfahren bis zur Entscheidung des Gerichts der Hauptfrage ausgesetzt wird oder dem Betroffenen aufgegeben wird, die rechtswegfremde Vorfrage zunächst im „richtigen" Rechtsweg klären zu lassen (VGH München BayVBl 2004, 181, 182). Deshalb greift das angegangene Gericht mit seiner Entscheidung nicht in eine andere Kompetenz ein. Allerdings kann unter den Voraussetzungen des Art. 267 AEUV sowie Art. 100 GG auch bei einer Vorfrage eine Vorlage an ein anderes Gericht geboten sein. Es muss stets vorab geklärt werden, ob es sich bei dem jeweils infrage stehenden Punkt tatsächlich um eine Vorfrage

48

49

153 BGHZ 16, 124, 140; VGH Mannheim NJW 1997, 3394, 3395; VGH München NVwZ-RR 2003, 542. Nach FG Nürnberg 5.12.2000 – I 109/2000 soll das Gericht ausnahmsweise von einer Aussetzung absehen können, wenn das Gericht wegen anderer anhängiger Verfahren in der gleichen Angelegenheit eine besondere Sachnähe zum Streitgegenstand gewonnen hat. Mangels gesetzlicher Anhaltspunkte wird man diesem Ansatz nicht folgen können.

154 *D. Ehlers*, JuS 1990, 777, 782; *R. Pietzner*, VerwArch 74 (1983), 59, 72 ff.

155 *D. Ehlers*, in: Schoch/Schneider/Bier § 41 § 17 GVG Rn. 29; *ders.*, JuS 1990, 777, 782 f.; *R. Pietzner*, VerwArch 74 (1983), 59, 72 ff.; *P. A. Windel*, ZZP 111 (1998), 3, 32 (mit Ausnahme für die Familien- und freiwillige Gerichtsbarkeit zur streitigen ordentlichen Gerichtsbarkeit); *J. Wittschier*, in: Musielak § 17 GVG Rn. 10.

156 BVerfGE 42, 103, 116 ff.; BVerfG NVwZ 2010, 1482, 1484; BVerwGE 51, 101, 110; 65, 260, 262; 151, 102, 107; BGHZ 16, 124, 127.

157 VGH München NVwZ-RR 2003, 542; *D. Ehlers*, in: Schoch/Schneider/Bier § 41 § 17 GVG Rn. 32.

und nicht eigentlich um die Hauptsache handelt. Letzterenfalls muss das angegangene Gericht mangels Entscheidungskompetenz den Rechtsstreit verweisen.

50 Handelt es sich um eine Vorfrage, bzgl. derer bereits eine rechtskräftige Entscheidung vorliegt, ist dies für das später angerufene Gericht bindend. Gleiches gilt für die Bindung an die Tatbestandswirkung eines Verwaltungsakts, wenn dieser bestandskräftig ist.[158] Unerheblich ist insoweit, ob das dem Verwaltungsakt vorausgegangene Verfahren mit einzelnen Fehlern behaftet war, solange und soweit diese Fehler nicht zur Nichtigkeit des Verwaltungsaktes geführt haben.[159] Nach der Rspr. des BGH soll ausnahmsweise keine Bindungswirkung an einen bestandskräftigen Verwaltungsakt bei Geltendmachung eines Schadensersatzanspruchs aus Amtshaftung bestehen, welcher seinen Grund in der Rechtswidrigkeit der jeweiligen Verfügung hat.[160] Entsprechendes gilt für Entschädigungsklagen aus enteignungsgleichem Eingriff.[161]

51 **h) Beispiele für eine umfassende gerichtliche Entscheidungskompetenz.** Das angerufene zuständige Gericht kann den Rechtsstreit in umfassender Hinsicht entscheiden, wenn die Verwaltung auf den Abschluss eines privatrechtlichen Vertrages verklagt wird und dieser Anspruch sowohl auf öffentlich-rechtliche als auch auf privatrechtliche Normen gestützt wird. Macht der Bürger vor einem Zivilgericht einen Schadensersatzanspruch aus Amtshaftung geltend, kann dieses Gericht daneben über dem öffentlichen Recht zuzuordnende Entschädigungsansprüche befinden.[162] Eine umfassende Entscheidungskompetenz besteht bei dem Verlangen nach der Aufhebung doppelfunktionaler Handlungen der Polizei[163] ebenso wie bei der Geltendmachung eines Rückübertragungsanspruchs, der zum einen auf § 3 VermG (Verwaltungsrechtsweg) und zum anderen auf § 102 BauGB (Zivilrechtsweg) gestützt wird (VGH Mannheim NVwZ-RR 1993, 366, 368). Unterschiedliche Streitgegenstände und damit keine umfassende gerichtliche Entscheidungskompetenz liegen dagegen vor bei einem Auskunftsanspruch aus Informationsfreiheitsgesetzen wie § 1 Abs. 1 S. 1 IFG einerseits und andererseits einem Akteneinsichtsanspruch aus § 25 SGB X[164] bzw. in einem Verfahren auf Abschluss eines Konzessionsvertrages nach § 46 Abs. 2–6 EnWG[165] bzw. in einem Verfahren nach dem Wertpapiererwerbs- und Übernahmegesetz nach §§ 29, 13 Abs. 1 VwVfG i.V.m. § 48 Abs. 4 WpÜG.[166]

52 **i) Verfassungsrechtliche Einschränkungen.** Nach Art. 14 Abs. 3 S. 4 GG ist für Klagen bzgl. der Höhe der Entschädigung bei Enteignungen, gem. Art. 34 S. 3 GG für Amtshaftungsklagen der Rechtsweg zu den ordentlichen Gerichten eröffnet. Wegen des Vorrangs der Verfassung ist diese Rechtswegzuweisung durch einfaches Gesetz nicht abänderbar. Deshalb wird in § 17 Abs. 2 S. 2 GVG die nach S. 1 grds. umfassende Entscheidungskompetenz des Gerichts eingeschränkt, indem die Art. 14 Abs. 3 S. 4, 34 S. 3 GG unberührt bleiben. Soweit also nicht ein ordentliches Gericht angerufen wird, wird für andere Gerichte eine Entscheidungssperre hinsichtlich dieser Ansprüche begründet.[167] Für die Praxis bedeutet dies:

53 Lässt sich das Klagebegehren nur auf Art. 14 Abs. 3 S. 4 GG bzw. Art. 34 S. 3 GG stützen, wird es aber nicht bei einem ordentlichen Gericht geltend gemacht, hat das angerufene Gericht gem. § 17 a Abs. 2 S. 1 GVG den Rechtsstreit an das zuständige ordentliche Gericht zu verweisen.[168] Problematischer sind die Konstellationen, in denen bei einem VG ein öffentlich-rechtlicher Anspruch und zugleich ein Anspruch nach Art. 14 Abs. 3 S. 4 GG bzw. Art. 34 S. 3 GG geltend gemacht wird. In diesem Fall ist der Verwaltungsrechtsweg hinsichtlich des öffentlich-rechtlichen Anspruchs eröffnet. Dem VG ist es aber wegen § 17 Abs. 2 S. 2 GVG verwehrt, unter Berufung auf seine umfassende Entscheidungskompetenz über den Anspruch auf Enteignungsentschädigung bzw. Amtshaftung zu entschei-

---

158 BGH NJW 1993, 1790; *D. Ehlers*, in: Schoch/Schneider/Bier § 41 § 17 GVG Rn. 32; *D. Jesch*, Bindung des Zivilrichters, 1956, 65, 87 ff.

159 BGH NJW 1993, 1790, 1791; *D. Ehlers*, in: Schoch/Schneider/Bier § 41 § 17 GVG Rn. 32.

160 BGHZ 2, 209, 214; 7, 296; 9, 129, 131 ff.; 113, 17, 18 f.; *D. Jesch*, Bindung des Zivilrichters, 1956, 141, 150; *M. Nierhaus*, JZ 1992, 209; *J. Berkemann*, DVBl 1986, 183 f.

161 *K. Rennert*, in: Eyermann § 40 Rn. 40.

162 *D. Ehlers*, in: Schoch/Schneider/Bier § 41 § 17 GVG Rn. 37.

163 *Sodan/Ziekow* § 94 Rn. 8; OVG Lüneburg, NVwZ-RR 2014, 327, 328.

164 BGHZ 199, 159, 165 (obiter dictum). A.M. LSG NRW 26.4.2010 – L 16 B 9/09 SV.

165 BVerwG, NVwZ 2017, 329, 330.

166 BGHZ 199, 159, 165.

167 *M. Häfele*, Auswirkungen, 2002, 102.

168 *M. Häfele*, Auswirkungen, 2002, 102.

den. Seine Zuständigkeit beschränkt sich also auf die rechtswegeigenen Ansprüche. Es ist streitig, was für eine Entscheidung das VG zu fällen hat. Das BAG vertrat vor der Novellierung des GVG, dass hinsichtlich der vor die ordentlichen Gerichte gehörenden Ansprüche eine Verweisung an diese vorzunehmen ist (BAG JZ 1959, 767, 770 f.). Die überwiegende Rspr. ging jedoch dahin, das angerufene Gericht müsse i.R. seiner Zuständigkeit zur Sache entscheiden, hinsichtlich der rechtswegfremden Ansprüche dagegen die Klage als unzulässig abweisen. Begründet wurde dies damit, dass eine Verweisung nur dann geboten und zulässig sei, wenn der Rechtsweg zu dem angerufenen Gericht unter allen in Betracht kommenden Klagegründen unzulässig sei (BVerwGE 18, 181, 182 f.; BVerwG DVBl 1968, 646, 649 f.; BGHZ 13, 145, 153 f.). Nach der Novellierung des GVG wird vereinzelt die Auffassung vertreten, eine Abweisung der Klage als unzulässig sei nicht mehr möglich. Zur Begründung wird auf den Willen des Gesetzgebers verwiesen, dass wegen der Unzulässigkeit des Rechtswegs eine Klage gerade nicht mehr abgewiesen, sondern zugunsten des Klägers eine kostengünstigere Verweisung vorgenommen werden soll.[169]

Denkbar wäre zum einen, mit dem Endurteil eine Teilverweisung auszusprechen,[170] zum anderen ist eine sofortige Verweisung des Rechtsstreits an die ordentlichen Gerichte zu erwägen, die dann gem. § 17 Abs. 2 S. 1 GVG auch über die öffentlich-rechtlichen Ansprüche befinden.[171] Gegen den zuletzt genannten Lösungsweg spricht, dass die Rechtswegzuständigkeit des angerufenen Gerichts für einen Teil der Ansprüche gegeben ist.[172] Mit der ganz überwiegenden Lehre ist auch nach der Neufassung der §§ 17 ff. GVG davon auszugehen, dass das Gericht hinsichtlich der nicht rechtswegeigenen Ansprüche die Klage abzuweisen hat,[173] der Kläger die Ansprüche aus Art. 14 Abs. 3 S. 4, 34 S. 3 GG jedoch weiterhin vor den ordentlichen Gerichten verfolgen kann.[174] Nach § 17a Abs. 2 S. 2 GVG hat das Gericht, wenn der beschrittene Rechtsweg unzulässig ist, den „Rechtsstreit" zu verweisen. Das GVG kennt keine auf einzelne Gesichtspunkte des Rechtswegs beschränkte Feststellung der Unzulässigkeit des Rechtswegs mit entsprechender Teilverweisung an das zuständige Gericht des zulässigen Rechtswegs.[175] Anhaltspunkte dafür, dass der Kläger ohne eine solche Verweisung daran gehindert sein könnte, seinen Schadensersatzanspruch vor dem LG geltend zu machen, sind nicht erkennbar.[176]

Für die Konstellation, dass erst in der Berufungsinstanz eine Klage auf Schadensersatz aus Amtshaftung erhoben wird, werden von der Rspr. zwei unterschiedliche Lösungen verfolgt. Teilweise wird der erstmalig in der Berufsinstanz erhobene Amtshaftungsanspruch als unzulässige Klageänderung betrachtet, und die Berufungsinstanz entscheidet lediglich über die Anspruchsgrundlagen außerhalb der Amtshaftung, ohne den Amtshaftungsanspruch weiter zu verweisen oder sonst zu behandeln.[177] Die andere Lösung geht dahin, die Amtshaftungsansprüche vom anhängigen Verfahren abzutrennen, als erstinstanzliche Klage zu erfassen und nach Anhörung der Beteiligten an das zuständige Zivilgericht zu verweisen.[178]

Ebenfalls noch nicht abschließend geklärt ist, wie zu verfahren ist, wenn ein Rechtsstreit hinsichtlich der Ansprüche nach Art. 14 Abs. 3 S. 4, 34 S. 3 GG nach § 17a Abs. 2 S. 3 GVG mit bindender Wirkung an ein Gericht verwiesen wird, das nicht der ordentlichen Gerichtsbarkeit angehört. Geht hier das Verfassungsrecht der Verweisung vor oder ist die bindende Wirkung der Verweisungsentscheidung vorrangig? Nach Ansicht der Gerichte muss in diesem Fall das VG wegen der Verweisung des Rechtsstreits über die zivilrechtlichen Ansprüche mitentscheiden. Ein Verstoß gegen Art. 34 S. 3 GG liege nicht vor, da diese Bestimmung nur verbiete, dass z.B. für den Anspruch auf Schadensersatz der Rechtsweg zu den ordentlichen Gerichten von vornherein ausgeschlossen wird.[179] Nach einer Ent-

54

54a

55

169 *M. Häfele*, Auswirkungen, 2002, 103.
170 *M. Häfele*, Auswirkungen, 2002, 103. A.M. *D. Ehlers*, in: Schoch/Schneider/Bier § 41 § 17 GVG Rn. 39.
171 Zu dieser Möglichkeit *M. Häfele*, Auswirkungen, 2002, 103.
172 S.a. *M. Häfele*, Auswirkungen, 2002, 103.
173 Vgl. BVerwGE 22, 45, 47; 47, 7, 13; BGHZ 90, 41, 51; *J. v. Albedyll*, in: Bader § 41 Rn. 14; Baumbach/Lauterbach/Albers/Hartmann § 17 GVG Rn. 9; *D. Ehlers*, in: Schoch/Schneider/Bier § 41 § 17 GVG Rn. 39; *K. Rennert*, in: Eyermann § 41 Rn. 20.
174 *K. Rennert*, in: Eyermann § 41 Rn. 20.
175 BVerwG, 19.11.1997 – 2 B 178.96; OVG Brem 27.2.2004 – 1 A 481/03.
176 BVerwG, 19.11.1997 – 2 B 178.96; OVG Brem 27.2.2004 – 1 A 481/03.
177 LSG BW 22.7.2014 – L 11 R 5156/13.
178 BayLSG NZS 2015, 80.
179 BVerwG Buchholz 310 § 40 VwGO Nr. 123; BAG NZA 1999, 390, 392; BSG NZS 2004, 447, 448; 20.10.2010 – B 13 R 63/10B; so auch *W.-R. Schenke*, in: Kopp/Schenke Anh § 41 Rn. 22; *K. Rennert*, in: Eyermann § 41 Rn. 20.

scheidung des BSG dürfe die höhere Instanz in den Fällen, in denen vom SG die Zulässigkeit des Rechtswegs bejaht wurde, die Rechtswegfrage wegen § 17a Abs. 5 GVG auch dann nicht mehr prüfen, wenn ein Amtshaftungsanspruch in Streit steht.[180]

56 Demgegenüber gibt es insbes. Stimmen in der Lit., wonach das VG wegen des Vorrangs der Verfassung trotz der Verweisung nicht über die Enteignungsentschädigung oder den Amtshaftungsanspruch entscheiden darf.[181] Diesen ist beizupflichten. Nach dem Wortlaut des Art. 34 S. 3 GG darf der ordentliche Rechtsweg nicht ausgeschlossen werden. Dabei handelt es sich um Zuweisungen zu den ordentlichen Gerichten unmittelbar durch Verfassungsrecht ().[182] Ein solcher Ausschluss wird aber auch bewirkt, wenn das Zivilgericht den Rechtsstreit an das VG verweist und man den Verweisungsbeschluss für dieses als bindend ansieht. Andernfalls könnte die verfassungsrechtliche Bestimmung leicht umgangen werden, indem die Ansprüche zwar zunächst bei den ordentlichen Gerichten eingeklagt, von diesen aber verwiesen werden. Wegen der Bindung des Gesetzgebers an die verfassungsmäßige Ordnung (Art. 20 Abs. 3 GG) ist nicht anzunehmen, dass er auch für diese Fälle die bindende Wirkung des Verweisungsbeschlusses anordnen wollte. Bei einer dem Verfassungsrecht widersprechenden Verweisung kann sich daher das Gericht, an das verwiesen wurde, für unzuständig erklären. Denkbar ist, dass das Gericht, wenn es wenigstens für einen Teil der Ansprüche zuständig ist, über diese entscheidet. Über die restlichen Ansprüche muss dagegen das Zivilgericht befinden. Nach einer Entscheidung des VG Regensburg soll wegen des Vorrangs der Verfassung die Bindungswirkung des Verweisungsbeschlusses entfallen und eine Gesamtverweisung an die ordentlichen Gerichte vorgenommen werden.[183] Dabei wird jedoch vernachlässigt, dass die Rechtswegzuständigkeit des Gerichts, bei dem der Rechtsstreit nunmehr anhängig ist, wenigstens teilweise gegeben ist.

57 Kann eine Person ihr Klagebegehren auf mehrere Ansprüche stützen, für die nur z.T. gem. Art. 14 Abs. 3 S. 4 GG bzw. Art. 34 S. 3 GG der Rechtsweg zu den ordentlichen Gerichten eröffnet ist, steht dem Kläger ein Wahlrecht zu, vor welchem Gericht er welche Ansprüche geltend machen möchte. Insbes. ist ihm bei einer getrennten Geltendmachung der Ansprüche vor dem VG und dem Gericht der ordentlichen Gerichtsbarkeit nicht das Rechtsschutzbedürfnis abzusprechen, auch wenn er im ordentlichen Rechtsweg beide Ansprüche gleichzeitig geltend machen könnte. § 17 Abs. 2 S. 2 GVG ist als Ausnahmevorschrift restriktiv auszulegen. Aus dem Wort „unberührt" kann nicht geschlossen werden, dass dies eine umfassende Verweisung an die ordentlichen Gerichte bedeutet.[184] Als Bsp. für die Anwendung des § 17 Abs. 2 S. 2 GVG ist etwa die Verbindung eines Amtshaftungsanspruchs mit der Geltendmachung von Ansprüchen aus einem öffentlich-rechtlichen Vertrag zu nennen.

IV. § 83

58 Wegen der speziellen Anordnung in § 83 sind die §§ 17ff. GVG nicht nur für die Frage von Bedeutung, ob der Verwaltungsrechtsweg eröffnet ist, sondern sie finden darüber hinaus auf die örtliche und sachliche Zuständigkeit der VG entsprechende Anwendung. Die sachliche Zuständigkeit betrifft die Frage, welches Gericht des eingeschlagenen Rechtswegs zur erstinstanzlichen Entscheidung über die Streitsache befugt ist (z.B. VG oder OVG; → § 45 Rn. 3). Die örtliche Zuständigkeit hingegen bestimmt, welches Gericht welchen Ortes zur Entscheidung berufen ist (→ § 45 Rn. 5). Für die örtliche und die sachliche Zuständigkeit gilt damit im Wesentlichen das Gleiche wie für die Rechtwegbestimmung nach §§ 17ff. GVG. In beiden Fällen muss das Gericht von Amts wegen darüber entscheiden, ob es sachlich und/oder örtlich zuständig ist (→ § 83 Rn. 4). Da § 17 Abs. 1 S. 2 GVG entsprechend gilt, sind Zuständigkeitsveränderungen nach Eintritt der Rechtshängigkeit unerheblich. Nach Eintritt der Rechtshängigkeit des Begehrens tritt auch hier die Folge ein, dass eine erneute Klage vor einem anderen Gericht nicht nochmals rechtshängig gemacht werden darf. Ebenfalls ist das Gericht nach § 17 Abs. 2 S. 1 GVG umfassend entscheidungsbefugt.

180 BSG NZS 2004, 447, 448; 5.3.2015 – B 8 SO 38/14 BH; BAG NZA 1999, 390, 392; VG Weimar, 26.8.2015 – 3 K 555/15 We.

181 *D. Ehlers*, in: Schoch/Schneider/Bier § 41 § 17 GVG Rn. 40; *M. Häfele*, Auswirkungen, 2002, 103; vgl. auch LSG SchlH 24.9.1996 – L 1 Kr 26/95.

182 *Sodan/Ziekow* § 94 Rn. 10.

183 VG Regenburg, wiedergegeben bei *M. Häfele*, Auswirkungen, 2002, 104.

184 *D. Ehlers*, in: Schoch/Schneider/Bier § 41 § 17 GVG Rn. 39.

§ 17 a GVG   [Rechtsweg]

(1) Hat ein Gericht den zu ihm beschrittenen Rechtsweg rechtskräftig für zulässig erklärt, sind andere Gerichte an diese Entscheidung gebunden.

(2) Ist der beschrittene Rechtsweg unzulässig, spricht das Gericht dies nach Anhörung der Parteien von Amts wegen aus und verweist den Rechtsstreit zugleich an das zuständige Gericht des zulässigen Rechtsweges. Sind mehrere Gerichte zuständig, wird an das vom Kläger oder Antragsteller auszuwählende Gericht verwiesen oder, wenn die Wahl unterbleibt, an das vom Gericht bestimmte. Der Beschluß ist für das Gericht, an das der Rechtsstreit verwiesen worden ist, hinsichtlich des Rechtsweges bindend.

(3) Ist der beschrittene Rechtsweg zulässig, kann das Gericht dies vorab aussprechen. Es hat vorab zu entscheiden, wenn eine Partei die Zulässigkeit des Rechtsweges rügt.

(4) Der Beschluß nach den Absätzen 2 und 3 kann ohne mündliche Verhandlung ergehen. Er ist zu begründen. Gegen den Beschluß ist die sofortige Beschwerde nach den Vorschriften der jeweils anzuwendenden Verfahrensordnung gegeben. Den Beteiligten steht die Beschwerde gegen einen Beschluß des oberen Landesgerichts an den obersten Gerichtshof des Bundes nur zu, wenn sie in dem Beschluß zugelassen worden ist. Die Beschwerde ist zuzulassen, wenn die Rechtsfrage grundsätzliche Bedeutung hat oder wenn das Gericht von der Entscheidung eines obersten Gerichtshofes des Bundes oder des Gemeinsamen Senats der obersten Gerichtshöfe des Bundes abweicht. Der oberste Gerichtshof des Bundes ist an die Zulassung der Beschwerde gebunden.

(5) Das Gericht, das über ein Rechtsmittel gegen eine Entscheidung in der Hauptsache entscheidet, prüft nicht, ob der beschrittene Rechtsweg zulässig ist.

(6) Die Absätze 1 bis 5 gelten für die in bürgerlichen Rechtsstreitigkeiten, Familiensachen und Angelegenheiten der freiwilligen Gerichtsbarkeit zuständigen Spruchkörper in ihrem Verhältnis zueinander entsprechend.

Schrifttum

1. Monographien und Beiträge in Sammelwerken: *R. Gerster*, Die Rechtswegeröffnung und -bestimmung zwischen Kompetenzkonflikt und Kompetenzkompetenz, 1995; *M. Häfele*, Die Auswirkungen der Neufassung der §§ 17 bis 17 b GVG auf das gerichtliche Verfahren einschließlich hierzu ergangener Rechtsprechung, 2002; *J. Hager*, Die Manipulation des Rechtswegs, in: FS Kissel, 1994, 327; *H. Saure*, Die Rechtswegverweisung, 1971.

2. Beiträge in Zeitschriften: *K. T. Boin*, Die Prüfung der Rechtswegfrage i. S. des § 17 a GVG durch das Rechtsmittelgericht, NJW 1998, 3747; *C. Braun*, Unzulässigkeit der (weiteren) Beschwerde gem. § 17 a IV GVG in Eilverfahren?, NVwZ 2007, 49; *S. Deckers*, Zur Verfahrensgestaltung im Fall kumulativer Rechtswegzuständigkeit, ZZP 110 (1997), 341; *R. Endell*, Die Bindungswirkung von Verweisungsbeschlüssen und der Begriff der „objektiven Willkür", DRiZ 2003, 133; *M. Fischer*, Zulässigkeit der Klage und Zulässigkeit des Rechtswegs, Jura 2003, 748; *K. Ganser-Hillgruber*, Zur tatsächlichen Entscheidungsgrundlage im Rechtswegstreit nach § 17 a GVG, RdA 1997, 355; *R. Greger*, Zur Bindungswirkung des rechtswidrigen Verweisungsbeschlusses, EWiR 2000, 529; *U. Hoffmann*, § 17 Abs. 2 S. 1 GVG und der allgemeine Gerichtsstand des Sachzusammenhangs, ZZP 107 (1994), 3; *O. R. Kissel*, Neues zur Gerichtsverfassung, NJW 1991, 945; *O. R. Kissel*, Die neuen §§ 17 bis 17 b GVG in der Arbeitsgerichtsbarkeit, NZA 1995, 345; *H. Ressler*, Zur vereinfachenden Wirkung der Verfahrensvorschriften über die Bestimmung des Gerichtszweigs, JZ 1994, 1035; *G. Schaub*, Die Rechtswegzuständigkeit und die Verweisung des Rechtsstreits, BB 1993, 1666; *W.-R. Schenke*, Rechtsprechungsübersicht zum Verwaltungsprozeß – Teil 1, JZ 1991, 998; *ders.*, „Reform" ohne Ende – Das Sechste Gesetz zur Änderung der VGordnung und anderer Gesetze (6.VwGOÄndG), NJW 1997, 81; *E. Schneider*, Beschwerderecht und Bindungswirkung bei wegen Gehörsverletzung fehlerhaften Verweisungsbeschlüssen, DRiZ 1983, 24; *P. Stelkens*, Das Gesetz zur Neuregelung des verwaltungsgerichtlichen Verfahrens (4. VwGOÄndG) – das Ende einer Reform?, NVwZ 1991, 209; *C. Tombrink*, Was ist „Willkür"? – Die „willkürliche" Verweisung des Rechtsstreits an ein anderes Gericht, NJW 2003, 2364; *E. Wiese*, Die Prüfung der Rechtswegfrage im Berufungsverfahren bei unterlassenem Zwischenbeschluß über die Zulässigkeit des Rechtswegs durch das erstinstanzliche Gericht ZZP 106 (1993), 529.

I. Allgemeines

1 § 17a GVG regelt die Feststellung der Zulässigkeit bzw. Unzulässigkeit des beschrittenen Rechtswegs und die Folgen dieser Feststellung, indem er eine entsprechende Bindungswirkung der entsprechenden Entscheidung festlegt. § 17a GVG setzt sich aus mehreren Regelungen zusammen. In Abs. 1 wird der Grundsatz der *Kompetenzautonomie* festgeschrieben.[1] Abs. 2 betrifft die *Verweisung von Amts wegen* einschließlich der Bindungswirkung des Verweisungsbeschlusses. Nach § 17a Abs. 3 GVG kann das Gericht eine *Vorabentscheidung* über die Zulässigkeit des Rechtswegs treffen. Diese sowie der Verweisungsbeschluss können in einem besonderen *Beschwerdeverfahren* überprüft werden (Abs. 4). § 17a Abs. 5 GVG statuiert eine *Beschränkung der Prüfungskompetenz* für die Rechtsmittelgerichte. Zu den Verfahren, in denen § 17a GVG anwendbar ist, → § 41 § 17 GVG Rn. 2 ff.

II. Zulässigkeit des beschrittenen Rechtswegs nach § 17a Abs. 1 GVG

2 Nach § 17a Abs. 1 GVG sind die anderen Gerichte an eine positive Entscheidung des angerufenen Gerichts zur Zulässigkeit des Rechtswegs gebunden. Voraussetzung dafür ist die Rechtskraft dieser Entscheidung. Liegt diese vor, kann die einmal getroffene Entscheidung zur Zulässigkeit des Rechtswegs nicht mehr rückgängig gemacht werden (→ Rn. 6). Die Regelung in § 17a Abs. 1 GVG dient auch der Bestimmung des gesetzlichen Richters (BVerfGE 6, 53; 29, 48; BayObLG BayVBl 1982, 218).

3 **1. Erklärung des beschrittenen Rechtswegs für zulässig.** § 17a Abs. 1 GVG soll zusammen mit § 17 Abs. 1 S. 2 GVG dem *Grundsatz der Priorität* Rechnung tragen und einander widersprechende Gerichtsentscheidungen vermeiden helfen.[2] Das zuerst angerufene Gericht hat von Amts wegen die Zulässigkeit des Rechtswegs als Prozessvoraussetzung zu prüfen. Kommt es zu dem Ergebnis, dass der eingeschlagene Rechtsweg eröffnet ist, sind gem. § 17a Abs. 1 GVG *andere* Gerichte an dessen *rechtskräftige* Entscheidung gebunden, in welcher der beschrittene Rechtsweg für zulässig erklärt wird. Umgekehrt ergibt sich daraus, dass auch das entscheidende Gericht selbst an seine Entscheidung gebunden ist (BSG NZS 1998, 206).

4 Das angerufene Gericht kann die Eröffnung des Rechtswegs sowohl *explizit* als auch *implizit* bejahen.[3] Eine implizite Feststellung liegt vor, wenn es eine Entscheidung über nachgeordnete Zulässigkeitsfragen oder über Begründetheitsfragen trifft, ohne dabei auf die Zulässigkeit des Rechtswegs einzugehen.[4] Die Feststellung kann sowohl in einer Vorabentscheidung nach § 17a Abs. 3 GVG getroffen werden als auch in der Entscheidung zur Hauptsache.[5] Daraus ergibt sich, dass der Form der Entscheidung bei der Feststellung der Rechtswegeröffnung keine entscheidende Bedeutung zukommt. Es kann sich dabei um einen Beschluss (§ 17a Abs. 3, 4 GVG) oder ein Zwischen-, Vorbehalts- oder Endurteil oder eine andere Entscheidung handeln.[6]

5 **2. Rechtskraft der Erklärung.** Nur eine *rechtskräftige* Gerichtsentscheidung zur Zulässigkeit des Rechtswegs löst gem. § 17a Abs. 1 GVG die Bindungswirkung für die anderen Gerichte aus. Weil es nicht auf die Form der Entscheidung zur Zulässigkeit des Rechtswegs ankommt (→ Rn. 4), ist allein

---

1 *J. Wittschier*, in: Musielak § 17a GVG Rn. 1.
2 *M. Häfele*, Auswirkungen, 2002, 30.
3 BT-Drs. 11/7030, 37; OVG Bln LKV 1991, 310, 311; *W.-R. Schenke*, in: *Kopp/Schenke* Anh § 41 Rn. 7.
4 *D. Ehlers*, in: Schoch/Schneider/Bier § 41 § 17a GVG Rn. 2.
5 *C. Lückemann*, in: Zöller § 17a GVG Rn. 5 ff.; *M. Häfele*, Auswirkungen, 2002, 30.
6 *D. Ehlers*, in: Schoch/Schneider/Bier § 41 § 17a GVG Rn. 2; *K. Rennert*, in: Eyermann § 41 Rn. 21.

maßgeblich, ob die Feststellung *formell* in Rechtskraft erwachsen ist,[7] d.h. gegen die Entscheidung kein Rechtsmittel mehr gegeben ist. Ohne Bedeutung ist in diesem Zusammenhang, ob die Entscheidung inhaltlich richtig ist. Eine bloß vorläufige Zwischenentscheidung führt mangels Rechtskraft nicht zur Bindungswirkung (VGH Kassel NJW 1996, 674 f.).

Solange noch keine rechtskräftige Gerichtsentscheidung vorliegt, ist § 17a Abs. 1 GVG nicht einschlä- 6 gig. Der Gefahr divergierender Gerichtsentscheidungen wirkt in diesem Stadium aber die Rechtswegsperre des § 17 Abs. 1 S. 2 GVG entgegen. Ab der Rechtshängigkeit einer Klage darf der gleiche Rechtsstreit nicht noch einmal bei einem anderen Gericht anhängig gemacht werden (→ § 41 § 17 GVG Rn. 22 ff.). Verkennt ein erst nachträglich angerufenes Gericht die entgegenstehende Rechtshängigkeit und trifft es eine rechtskräftige Entscheidung zur Zulässigkeit des Rechtswegs, geht diese Entscheidung gegenüber § 17 Abs. 1 S. 2 GVG vor.[8] Weil § 17a Abs. 1 GVG lex specialis zu § 17 Abs. 1 S. 2 GVG ist, ist nunmehr das Gericht, das als erstes angerufen wurde, an die rechtskräftige Entscheidung des anderen Gerichts zur Zulässigkeit des Rechtswegs gebunden.[9] Wird die Zulässigkeit des Rechtswegs implizit mit der Entscheidung zur Hauptsache bejaht, so tritt die Bindungswirkung des § 17a Abs. 1 GVG bereits mit Erlass der erstinstanzlichen Entscheidung ein. Selbst wenn diese noch mit Rechtsmitteln angegriffen werden kann und deshalb noch nicht formell rechtskräftig ist, schließt § 17a Abs. 5 GVG eine Korrektur der erstinstanzlich getroffenen Rechtswegentscheidung aus.[10]

3. Bindung der anderen Gerichte. Bei Vorliegen einer formell rechtskräftigen Entscheidung zur Zu- 7 lässigkeit des Rechtswegs sind die anderen Gerichte an diese Entscheidung gebunden. Darunter fallen auch die Gerichte der Fachgerichtsbarkeit, wie die Arbeits- und Sozialgerichte, nicht jedoch die Verfassungsgerichte (→ § 41 § 17 GVG Rn. 2 ff.). Die Bindungswirkung bezieht sich ausschließlich auf denselben Streitgegenstand.[11] Wurde im einstweiligen Rechtsschutz die Zulässigkeit des Rechtswegs rechtskräftig festgestellt, hat dies keine Konsequenzen für das davon verschiedene Hauptsacheverfahren (→ § 41 § 17 GVG Rn. 8).[12] Entsprechendes gilt für die Entscheidung über die Gewährung von PKH und das anschließende Eilrechtsschutz- oder Hauptsacheverfahren (→ § 41 § 17 GVG Rn. 10).[13] Ist eine positive rechtskräftige Gerichtsentscheidung zur Zulässigkeit des Rechtswegs ergangen, darf sich ein Gericht eines anderen Rechtswegs mit der Sache nicht mehr befassen. Wird dennoch der Weg zu ihm beschritten, muss es das Rechtsschutzbegehren als unzulässig abweisen.[14] Es darf den Rechtsstreit auch nicht an ein anderes Gericht nach § 17a Abs. 2 GVG verweisen.[15]

III. Unzulässigkeit des beschrittenen Rechtswegs nach § 17a Abs. 2 GVG

Nach § 17a Abs. 2 GVG hat das Gericht bei Feststellung der Unzulässigkeit des beschrittenen Rechts- 8 wegs dies nach Anhörung der Parteien von Amts wegen auszusprechen und den Rechtsstreit an das zuständige Gericht des zulässigen Rechtswegs zu verweisen. Der Verweisungsbeschluss ist für dieses Gericht hinsichtlich der Rechtswegfrage verbindlich. Aus dem Sinn und Zweck der §§ 17 ff. GVG ergibt sich für das angerufene Gericht, dass es in einem *möglichst frühen Verfahrensstadium* prüfen muss, ob es für die angestrebte Entscheidung auch tatsächlich zuständig ist.[16] Die Prüfung der Zulässigkeit des Rechtswegs hat vor der Begründetheitsprüfung und im Regelfall auch vor der Prüfung der anderen Zulässigkeitsvoraussetzungen zu erfolgen. Diese müssen erst bei Urteilserlass vorliegen und sind somit erst in diesem Zeitpunkt abschließend zu prüfen. Aus diesem Grund sind die anderen Zulässigkeitsvoraussetzungen von dem Gericht zu prüfen, an welches der Rechtsstreit wegen der Unzulässigkeit des Rechtswegs verwiesen wurde.

---

7   *J. v. Albedyll*, in: Bader § 41 Rn. 17; *D. Ehlers*, in: Schoch/Schneider/Bier § 41 § 17a GVG Rn. 2.

8   *C. Lückemann*, in: Zöller § 17a GVG Rn. 3.

9   *C. Lückemann*, in: Zöller § 17a GVG Rn. 3.

10 *Kissel/Mayer* § 17 Rn. 52.

11 *D. Ehle*, JuS 1999, 166; *D. Ehlers*, in: Schoch/Schneider/Bier § 41 § 17a GVG Rn. 15.

12 BFH NVwZ 1991, 103; BGH NJW-RR 1992, 59; OVG Koblenz NVwZ 1993, 381 f.; *W.-R. Schenke*, JZ 1996, 998, 1003.

13 BAG NJW 1993, 751, 752; BGH NJW-RR 1992, 59; VGH Mannheim NJW 1995, 1915, 1916.

14 *D. Ehle*, JuS 1999, 166; *C. Lückemann*, in: Zöller § 17a GVG Rn. 2.

15 *D. Ehlers*, in: Schoch/Schneider/Bier § 41 § 17a GVG Rn. 2; *Baumbach*/Lauterbach/Albers/Hartmann § 17a GVG Rn. 6.

16 BVerwG DVBl 2002, 1050, 1051; *D. Ehle*, JuS 1999, 166; *H. Geiger*, JA 1993, 190; *E. Schneider*, MDR 2000, 599.

9   Da die Rechtswegeröffnung vorab zu klären ist, muss das angegangene Gericht den Rechtsstreit selbst dann verweisen, wenn es die Klage aus anderen Gründen für unzulässig oder unbegründet hält.[17] In folgenden *Ausnahmefällen* darf es jedoch auch bei Nichteröffnung des Rechtswegs eine Klage als unzulässig abweisen: Wegen der rechtswegübergreifenden Wirkung des Prozesshindernisses der anderweitigen Rechtshängigkeit nach § 17 Abs. 1 S. 2 GVG scheidet in dieser Konstellation eine Verweisung des Rechtsstreits aus.[18] Dasselbe gilt, wenn die deutsche Gerichtsbarkeit für das Rechtsschutzbegehren gar nicht eröffnet ist.[19] Das angerufene Gericht darf bei Unzulässigkeit des Rechtswegs nicht prüfen, ob die Klage wegen der Anrufung des unzuständigen Gerichts rechtsmissbräuchlich und daher unzulässig ist, weil ein rechtsmissbräuchliches Verhalten nicht stets die Unzulässigkeit der Klage nach sich ziehen muss (BVerwG IPRax 2004, 112).

10   **1. Vorherige Anhörung.**   Der Entscheidung über die Verweisung hat, wie es explizit in § 17a Abs. 2 S. 1 GVG normiert ist, eine Anhörung der Parteien bzw. im Verwaltungsprozess der Beteiligten i.S.d. § 63 vorauszugehen (BVerwG NVwZ-RR 2004, 484, 485; BT-Drs. 11/7030, 37). Dieser Anspruch auf Gewährung des rechtlichen Gehörs ergibt sich bereits aus Art. 103 Abs. 1 GG, sodass § 17a Abs. 2 S. 1 GVG insoweit nur deklaratorischer Natur ist und der Rechtssicherheit dient (BVerfGE 61, 37, 41; BGHZ 71, 69, 72). Aus dem Anspruch auf rechtliches Gehör folgt allein, dass den Parteien *Gelegenheit* zur Stellungnahme zu geben ist. Sie müssen selbst entscheiden, ob sie diese auch tatsächlich wahrnehmen wollen.[20] Wenn ja, ist das Gericht dazu verpflichtet, die Ausführungen der Verfahrensbeteiligten zur Kenntnis zu nehmen und bei seiner Entscheidung in Erwägung zu ziehen (zu Art. 103 Abs. 1 GG BVerfG 19.10.2004 – 2 BvR 779/04). Da die Entscheidung über die Unzulässigkeit des Rechtswegs nach § 17a Abs. 4 S. 1 GVG ohne mündliche Verhandlung ergehen kann, genügt es, wenn die Beteiligten sich zum Rechtsweg schriftlich äußern können.[21] In einem Eilverfahren kann das erforderliche rechtliche Gehör auch telefonisch gewährt werden (BFHE 203, 415). Falls im aufnehmenden Rechtsweg mehrere Gerichte zuständig sind, ist der Kläger oder Antragsteller auf die Wahlmöglichkeit nach Abs. 2 S. 2 aufmerksam zu machen.[22] Das Gericht kann den Beteiligten zur Abgabe der Stellungnahme eine angemessene Frist setzen.[23] Ausnahmsweise ist eine Anhörung entbehrlich, wenn sich alle Beteiligten zur Frage des Rechtswegs und den damit verbundenen rechtlichen und tatsächlichen Umständen bereits in vorhergehenden Schriftsätzen abschließend geäußert haben.[24] Mit der Verpflichtung, die Ausführungen aller Verfahrensbeteiligten zur Kenntnis zu nehmen, ist es nicht vereinbar, die Rechtswegentscheidung allein auf der Grundlage des Sachvortrags des Klägers unter ausdrücklicher Außerachtlassung von Einwendungen des Beklagten zu treffen (a.M. OLG Bremen 1.7.2008 – 2 W 21/08).

11   **2. Entscheidung von Amts wegen.**   Das angerufene Gericht hat *von Amts wegen* die Zulässigkeit des beschrittenen Rechtswegs zu prüfen und im Falle der Unzulässigkeit den Rechtsstreit zu verweisen (BVerwG DVBl 2002, 1050; NVwZ 2003, 1383).[25] Damit ist das frühere Antragserfordernis der Parteien entfallen. Es kommt somit nicht darauf an, ob die Beteiligten die Verweisung wollen oder nicht.[26] Das angerufene Gericht darf die Klage wegen der Nichteröffnung des Rechtswegs nicht als unzulässig abweisen, sondern muss den Rechtsstreit verweisen. Nach der Novellierung des GVG ist es aus Gründen der Verfahrensbeschleunigung sowie aus Kostengründen nicht mehr möglich, die Entscheidung über die Zuständigkeit durch ein Urteil mit einer entsprechenden Anfechtungsmöglichkeit zu klären (BT-Drs. 11/7030, 37). Dem steht auch Art. 19 Abs. 4 GG nicht entgegen. Den Beteiligten bleibt insoweit das Recht zur Beschwerde über die Rechtswegentscheidung (§ 17a Abs. 4 S. 3 und 4

17   BVerwG IPRax 2004, 112; VGH München ZUM 2015, 286; KG NVwZ-RR 2007, 832.
18   OVG Münster NJW 1998, 1579, 1581; VGH Kassel NVwZ-RR 1999, 102; VGH Mannheim NJW 1996, 1298, 1299; *D. Ehle*, JuS 1999, 166, 167.
19   *D. Ehlers*, in: Schoch/Schneider/Bier § 41 § 17a GVG Rn. 6.
20   *D. Ehlers*, in: Schoch/Schneider/Bier § 41 § 17a GVG Rn. 7.
21   *D. Ehlers*, in: Schoch/Schneider/Bier § 41 § 17a GVG Rn. 7; *M. Häfele*, Auswirkungen, 2002, 30.
22   *C. Lückemann*, in: Zöller § 17a GVG Rn. 10.
23   *D. Ehlers*, in: Schoch/Schneider/Bier § 41 § 17a GVG Rn. 7.
24   *K. Rennert*, in: Eyermann § 41 Rn. 25.
25   *P. Stelkens*, NVwZ 1991, 207, 218 f.
26   *D. Ehlers*, in: Schoch/Schneider/Bier § 41 § 17a GVG Rn. 11.

GVG).[27] Will eine Partei einer Verweisung des Rechtsstreits an ein Gericht eines anderen Rechtswegs zuvorkommen, bleibt für sie nur die Möglichkeit der Klagerücknahme.[28]

Weist das Gericht die Klage dennoch wegen Unzulässigkeit des Rechtswegs ab, ohne den Rechtsstreit [12] an das nach seiner Auffassung zuständige Gericht zu verweisen, ist das Urteil nicht nur wegen eines Formverstoßes, sondern auch wegen eines verfahrensrechtlichen Mangels fehlerhaft (VGH München NVwZ-RR 2004, 224, 225). Es kann dann wahlweise unter Berücksichtigung des Grundsatzes der Meistbegünstigung[29] und im Interesse der Fehlerkorrektur[30] mit der Beschwerde nach § 17 a Abs. 4 S. 2 GVG[31] oder mit dem im Einzelfall gegebenen Rechtsmittel (Berufung, Revision) angefochten werden[32]. Das Rechtsmittelgericht hat nach Prüfung der Rechtswegfrage den Rechtsstreit nach Aufhebung der erstinstanzlichen Entscheidung an das zuständige Gericht erster Instanz zu verweisen.[33] Dieses Vorgehen ist trotz § 17 a Abs. 5 GVG vertretbar, weil nach seinem Sinn und Zweck gerade vorausgesetzt wird, dass vor einer Entscheidung in der Hauptsache ein Verfahren zur Prüfung des Rechtswegs nach § 17 a Abs. 4 GVG möglich gewesen ist.[34] Wählt das Gericht die falsche Entscheidungsform, so darf dies nicht zu einer Verkürzung des Rechtsschutzes der Parteien führen.[35]

3. Die Verweisung an das zuständige Gericht des zulässigen Rechtswegs. Ist der beschrittene Rechts- [13] weg zu dem angerufenen Gericht in Bezug auf *alle* materiell-rechtlichen Klagegründe unzulässig, verweist es den Rechtsstreit von Amts wegen. Weder der Wortlaut noch der Sinn und Zweck des Gesetzes lassen es zu, dass das mit der Prüfung betraute Gericht lediglich seine Unzuständigkeit feststellt, ohne zugleich eine Verweisung auszusprechen (BVerwG NVwZ 1995, 372). Zur Herbeiführung der aufdrängenden Wirkung der Verweisung ist das Gericht des zulässigen Rechtswegs festzulegen und das in diesem Rechtsweg zuständige Gericht zu bestimmen.[36] Das angerufene Gericht muss im Zweifel auch gegen entsprechende Anträge des Beklagten herausfinden, welche Gerichtsbarkeit eröffnet ist und welches Gericht für den Rechtsstreit sachlich, örtlich und instanziell zuständig ist (VGH Mannheim NVwZ-RR 1996, 325, 326; VGH München BayVBl 1988, 726, 727). Damit die Beteiligten keine Rechtsschutzmöglichkeiten verlieren, ist der Rechtsstreit an das Gericht zu verweisen, welches für diesen in der ersten Instanz zuständig ist.[37]

Grds. haben die Parteien keinerlei Einfluss darauf, ob und ggf. an welches Gericht der Rechtsstreit [14] verwiesen wird. Etwas anderes gilt lediglich, wenn mehrere Gerichte zuständig sind (§ 17 a Abs. 2 S. 2 GVG). Hier können die Parteien unter mehreren Gerichten jenes wählen, vor dem der Rechtsstreit fortgesetzt werden soll. Über dieses Wahlrecht sind die Parteien ausreichend zu belehren (§ 86 Abs. 3, § 139 ZPO),[38] wobei ihnen eine angemessene Frist zu seiner Ausübung gesetzt werden kann.[39] Als endgültige Prozesshandlung kann die Ausübung des Wahlrechts nachträglich nicht mehr angefochten werden (BayObLG NJW-RR 1991, 187, 188). Machen die Beteiligten von ihrem Wahlrecht keinen Gebrauch, muss das angerufene Gericht selbst bestimmen, an welches Gericht der Rechtsstreit verwiesen wird. Dabei ist zu berücksichtigen, bei welcher Gerichtsbarkeit die Parteien den größtmöglichen Rechtsschutz erlangen können. § 17 a Abs. 2 S. 2 GVG gilt entsprechend, falls mehrere Rechtswege in Betracht kommen.[40]

---

27 BT-Drs. 11/7030, 37.
28 BT-Drs. 11/7030, 37; OVG Lüneburg NVwZ-RR 2010, 660; VGH Mannheim NVwZ-RR 1996, 325, 326; *W.-R. Schenke*, in: *Kopp/Schenke* Anh § 41 Rn. 15.
29 Dieser Grundsatz kommt immer dann zur Anwendung, wenn für den Rechtsmittelführer eine Unsicherheit in Bezug auf das einzulegende Rechtsmittel besteht, sofern diese auf einem Fehler oder einer Unklarheit der anzufechtenden Entscheidung beruht – vgl. BGHZ 152, 213, 216; gegen eine Anwendung des Meistbegünstigungsgrundsatzes *D. Ehlers*, in: Schoch/Schneider/Bier § 41 § 17 a GVG Rn. 16.
30 *D. Leipold*, JZ 1993, 703, 706.
31 BezG Dresden ThürVBl 1993, 20, 21 ff.; OLG Saarbrücken NJW 1995, 1562, 1563; *H. Geiger*, JA 1993, 190, 191.
32 BGHZ 40, 265, 267; BGH NJW 1993, 332, 333; *H. Geiger*, JA 1993, 190, 191; *D. Leipold*, JZ 1993, 703, 706; *K. G. Deubner*, JuS 2002, 267, 268.
33 OVG Koblenz NVwZ-RR 1993, 668, 669; VGH München NVwZ-RR 2004, 224, 225; *U. Haas*, JZ 1993, 1011, 1012.
34 *H. Geiger*, JA 1993, 190, 191; *D. Leipold*, JZ 1993, 703, 707 f.
35 *K. G. Deubner*, JuS 2002, 267, 268; *U. Haas*, JZ 1993, 1011.
36 *M. Häfele*, Auswirkungen, 2002, 31.
37 *W.-R. Schenke*, in: Kopp/Schenke Anh § 41 Rn. 19.
38 *C. Lückemann*, in: Zöller § 17 a GVG Rn. 10.
39 *D. Ehlers*, in: Schoch/Schneider/Bier § 41 § 17 a GVG Rn. 12.
40 *D. Ehlers*, in: Schoch/Schneider/Bier § 41 § 17 a GVG Rn. 12.

15   Ein Verweisungsbeschluss ist nur während der Rechtshängigkeit des Rechtsstreits möglich. Vor
Rechtshängigkeit darf ebenso wenig eine Verweisung erfolgen (BAG NJW 2006, 1371) wie nach einer
Klagerücknahme (OVG Lüneburg NVwZ-RR 2010, 660).[41] Eine Verweisung ist aber auch nach Wegfall des Rechtsschutzbedürfnisses (z.B. infolge Aufhebung der streitgegenständlichen Maßnahme)
möglich, da die Entscheidung über die sich daraus ergebenden rechtlichen Konsequenzen dem zuständigen Gericht obliegt.[42] Gem. § 17a Abs. 4 S. 1 GVG erfolgt die Verweisung durch *Beschluss*. Dessen
Tenor könnte etwa lauten: (1.) Der ordentliche Rechtsweg ist unzulässig. (2.) Der Rechtsstreit wird an
das LG (Ort) verwiesen.[43] Zur Herbeiführung der aufdrängenden Wirkung der Verweisung ist das zuständige Gericht genau zu bezeichnen. Wegen § 17b Abs. 2 GVG ergeht keine Kostenentscheidung,
eine Streitwertfestsetzung unterbleibt.[44] Der Beschluss ist gem. § 17a Abs. 4 S. 2 GVG zu begründen.
Da § 17a Abs. 2 S. 2 GVG nur eine Verweisung „des Rechtsstreits" vorsieht, kann das angerufene Gericht keine Teilverweisung aussprechen (→ § 41 § 17 GVG Rn. 54).[45] Weil bei der objektiven Klagehäufung mehrere prozessuale Ansprüche geltend gemacht werden, kann nach vorheriger Trennung
einer der Ansprüche verwiesen werden (→ § 41 § 17 GVG Rn. 39). Gleiches gilt für Klage und Widerklage (→ § 41 § 17 GVG Rn. 40).[46] Die Rechtsfolgen des Verweisungsbeschlusses sind in § 17b GVG
geregelt.

16   **4. Bindungswirkung des Verweisungsbeschlusses.** Der Verweisungsbeschluss ist nach § 17a Abs. 2
S. 3 GVG für das Gericht, an welches der Rechtsstreit verwiesen wurde, hinsichtlich des Rechtswegs
bindend. Die Bindungswirkung tritt erst mit *Rechtskraft* des Gerichtsbeschlusses ein.[47] Sie gilt zunächst für das Gericht, an welches der Rechtsstreit verwiesen wurde. Der Verweisungsbeschluss hat
aber auch Folgen für das verweisende Gericht und alle anderen Gerichte. Ihnen ist es verwehrt, sich
mit einer Klage zu beschäftigen, die denselben Streitgegenstand betrifft. Aus Gründen der Rechtssicherheit tritt die Bindungswirkung des Verweisungsbeschlusses *unabhängig von seiner Richtigkeit* ein.
Wird also ein Rechtsstreit in den falschen Rechtsweg verwiesen, ist diese Gerichtsentscheidung wie ein
inhaltlich richtiger Beschluss bindend. Aus Gründen der Verfahrensbeschleunigung und Prozessökonomie fällt seine Unrichtigkeit nicht ins Gewicht.[48]

17   *Ausnahmsweise* entfällt die Bindungswirkung eines Verweisungsbeschlusses bei *offensichtlicher* Unrichtigkeit. Als Grund für eine derartige Ausnahme kommt v.a. die Verletzung eines mit Verfassungsrang ausgestatteten Rechts eines Verfahrensbeteiligten in Betracht (BSG NZS 1998, 206, 207), z.B.
weil das rechtliche Gehör entgegen Art. 103 Abs. 1 GG nicht gewährt wurde.[49] Da dem Einzelnen der
gesetzliche Richter gem. Art. 101 Abs. 1 S. 2 GG entzogen wird, wenn die Gerichtsentscheidung objektiv willkürlich erging und deshalb jeder Rechtsgrundlage entbehrt, entfaltet unter derartigen Gegebenheiten ein Verweisungsbeschluss keine Bindungswirkung.[50] Verweisungsbeschlüsse sind daher bei
schweren und *offensichtlichen Rechtsverstößen* nicht bindend.[51] Die Bindungswirkung entfällt nur bei
einem grob fehlerhaften Verweisungsbeschluss (BGH NJW 2001, 3631, 3632; JR 2002, 459, 460).
Allein die unrichtige Auslegung einer Gesetzesvorschrift reicht nicht für die Annahme, dass der Verweisungsbeschluss ausnahmsweise nicht bindet. Offensichtlich gesetzwidrig ist ein Verweisungsbe-

41 *K. Rennert*, in: Eyermann § 41 Rn. 24.
42 BVerwG NVwZ-RR 2016, 579, 580 (zu einer Verweisung nach § 83 VwGO i.V.m. § 17 Abs. 2 GVG).
43 *M. Häfele*, Auswirkungen, 2002, 30; *R. Hüßtege*, in: Thomas/Putzo § 17a GVG Rn. 10.
44 *M. Häfele*, Auswirkungen, 2002, 39.
45 BVerwG 19.11.1997 – 2 B 178/96; OVG Brem 27.2.2002 – 1 A 481/03; OVG Münster NVwZ-RR 1993, 517; *U.
    Hoffmann*, ZZP 107 (1994), 3, 9.
46 Baumbach/Lauterbach/Albers/Hartmann § 17a GVG Rn. 9; *J. Wittschier*, in: Musielak § 17a GVG Rn. 6.
47 BGH NZS 2014, 675; BAG NJW 1993, 1878; OVG Bln NJW 1984, 2593; OVGE BE 34, 241 f.; *J. Hager*, FS Kissel,
    1994, 327, 336.
48 BVerwGE 79, 110, 112; BVerwG NVwZ 1989, 263; DVBl 2004, 1046, 1047; BGHZ 17, 168, 171; BGH JR 2001,
    26, 27; JR 2002, 459, 460; NJW 2003, 2990; *M. Häfele*, Auswirkungen, 2002, 107; *U. Hoffmann*, JR 2004, 290,
    291; Baumbach/Lauterbach/Albers/Hartmann § 17a GVG Rn. 10.
49 BSG NZS 1998, 206, 207; 17.6.2004 – 5 AS 3/04. A.M. *R. Hüßtege*, in: Thomas/Putzo § 17a GVG Rn. 5. Abl. auch
    BGH NJW 2003, 2990, 2991; MDR 2013, 1242, wenn die betroffene Partei es unterlässt mit einem zulässigen
    Rechtsmittel die Verletzung eines Anspruchs auf rechtliches Gehör geltend zu machen.
50 BSG NZS 1998, 206, 207; 17.6.2004 – 5 AS 3/04; BGH MDR 2013, 1242; zur Verbindung zu Art. 101 Abs. 1 S. 2
    GG BGH NJW 2003, 2990, 2991; OLG Zweibrücken NVwZ-RR 2013, 80; *M. Häfele*, Auswirkungen, 2002, 108.
51 BVerwG NJW 1993, 3087, 3088; ZBR 1999, 286; DVBl 2004, 1046, 1047; BAG NJW 1993, 1878; *E. Schneider*,
    DRiZ 1983, 24 f.

schluss z.B., wenn das verweisende Gericht die herkömmlichen Methoden der Interpretation eines Gesetzestexts, der seine Zuständigkeit normiert, beiseite schiebt (BVerwG NVwZ 1993, 770, 771).

Regelmäßig liegt im Fehlen einer (nach § 17a Abs. 4 GVG vorgeschriebenen) Begründung des Verweisungsbeschlusses eine krasse Rechtsverletzung, welche die Durchbrechung der gesetzlichen Bindungswirkung rechtfertigt, da ohne Begründung nicht erkennbar ist, ob das Gericht sich von sachfremden Erwägungen hat leiten lassen.[52] Um die aufdrängende Wirkung der Verweisung (zu deren Überprüfung nicht das empfangende Gericht, sondern allein ein von einer Partei angerufenes Rechtsmittelgericht berufen ist)[53] nicht auszuhöhlen, beschränkt sich der Wegfall der Bindungswirkung eines Verweisungsbeschlusses auf „krasse" Fehlentscheidungen (BAG 17.6.2004 – 5 AS 3/04; NJW 2016, 3469).[54] Eine solche „krasse" Fehlentscheidung liegt bspw. vor, wenn sich der Verweisungsbeschluss über die verfassungskräftige Zuweisung von Amtshaftungsklagen zum ordentlichen Rechtsweg (Art. 34 S. 3 GG) hinwegsetzt (LSG SchlH 24.9.1996 – L 1 Kr 26/95; VG Meiningen 9.1.2007 – 2 K 543/04 Me). Bei einer nicht bindenden Verweisung darf der Rechtsstreit in den korrekten Rechtsweg weiterverwiesen werden. Ebenfalls keine Bindungswirkung entfaltet ein Verweisungsbeschluss, wenn einer der Beteiligten gem. §§ 18–20 GVG nicht der deutschen Gerichtsbarkeit unterliegt. In diesem Fall ist die Klage durch Prozessurteil abzuweisen (VGH Kassel NJW 2010, 2680). Der ausnahmsweise Ausschluss der Bindungswirkung lässt sich auch nicht unter Hinweis auf die Beschwerdemöglichkeit der Parteien nach § 17a Abs. 4 GVG infrage stellen.[55] Der Prozessgrundsatz der Unverbindlichkeit eines willkürlich bzw. unter Verstoß gegen Art. 103 Abs. 1 GG gefassten Verweisungsbeschlusses wird aus dem Verfassungsrecht abgeleitet und kann deshalb nicht durch die einfachgesetzlichen §§ 17a ff. GVG ausgehebelt werden. 17a

a) Formelle Bindungswirkung. Die Bindungswirkung ist eine formelle. Mit der rechtskräftigen Verweisung gilt *der Rechtsweg* als verbindlich festgestellt. Dem Gericht, an welches der Rechtsstreit verwiesen wurde, ist die Möglichkeit genommen, den Rechtsstreit wegen Nichteröffnung des Rechtswegs zurückzuverweisen oder ihn in einen dritten Rechtsweg zu verweisen.[56] Die Verweisung hat somit nicht nur eine *abdrängende*, sondern zugleich *aufdrängende* Wirkung.[57] Allerdings erstreckt sich die aufdrängende Wirkung *allein auf den Rechtsweg*. Die sachliche und die örtliche Zuständigkeit werden davon nicht berührt (BAG NJW 1996, 742; NZA 2017, 1143, 1144; BGH 28.7.2015 – X ARZ 201/15).[58] Zwar muss das Gericht bei seiner Verweisungsentscheidung auch die sachliche und die örtliche Zuständigkeit des Gerichts bestimmen, an welches der Rechtsstreit zu verweisen ist (→ Rn. 13f.), jedoch ist in diesem Rahmen eine Weiterverweisung möglich (BT-Drs. 11/7030, 37). Die Weiterverweisung wird dabei für möglich, nicht aber als verpflichtend angesehen.[59] Eine *Besonderheit* besteht insoweit für das Verwaltungsprozessrecht, weil § 83 die §§ 17ff. GVG i.R. der sachlichen und örtlichen Zuständigkeit für entsprechend anwendbar erklärt (zur Bindungswirkung → § 83 Rn. 7). 18

Sind für einen vom Kläger gestellten Haupt- und Hilfsantrag unterschiedliche Rechtswege eröffnet und wird der gesamte Rechtsstreit wegen fehlender Rechtswegzuständigkeit für den Hauptantrag verwiesen, entfaltet der Verweisungsbeschluss keine Bindungswirkung in Bezug auf den Hilfsantrag. 19

---

52 BAG NJW 2015, 2523, 2524. Ausnahmsweise gilt etwas anderes, wenn dem Akteninhalt mit ausreichender Sicherheit und für die Beteiligten erkennbar entnommen werden kann, dass die Verweisung nicht auf sachfremden Erwägungen beruht (vgl. BSG, 18.7.2012 – B 12 SF 5/12 S).
53 BGH MDR 2013, 1242; NZA-RR 2015, 552, 553.
54 M. *Häfele*, Auswirkungen, 2002, 109.
55 So aber Baumbach/Lauterbach/Albers/Hartmann § 17a GVG Rn. 10; J. *Wittschier*, in: Musielak § 17a GVG Rn. 9; offen gelassen von BGH NJW 2002, 2474, 2475; NJW 2003, 2990, 2991. In BGH MDR 2013, 1242; NJW-RR 2015, 957 wird kein Anlass gesehen eine Durchbrechung der Bindungswirkung für den Fall zuzulassen, wenn die betroffene Partei im konkreten Fall ein zulässiges Rechtsmittel nicht nutzt.
56 OVG Brem 27.2.2004 – 1 A 481/03; M. *Häfele*, Auswirkungen, 2002, 32.
57 BT-Drs. 11/7030, 37; BAG NJW 1993, 1878, 1879; OVG Münster NVwZ 1995, 795, 797.
58 D. *Ehle*, JuS 1999, 166, 167.
59 Vgl. den Hinweis des OLG Karlsruhe NJW 2013, 3738, 3739 auf OLG Karlsruhe 4.7.1994 – 2 VAs 5/94. Das OLG Karlsruhe neigt in NJW 2013, 37838 zu der Auffassung, dass eine Weiterverweisung innerhalb der ordentlichen Gerichtsbarkeit ausgeschlossen ist, wenn das VG eine Zuständigkeit des OLG auf der Grundlage von §§ 23 ff. EGGVG annimmt und an das OLG verweist, das OLG seinerseits aber eine Zuständigkeit des AG auf der Grundlage von § 98 II StPO annimmt. Da aber eine Weiterverweisung lediglich zulässig, aber nicht verpflichtend ist, sieht das (den Rechtsstreit nicht weiterverweisende) OLG Karlsruhe kein Bedürfnis, die Frage der Verweisungsmöglichkeit im konkreten Fall zu beantworten.

Denn die Verweisung wurde allein mit Rücksicht auf den Hauptantrag vorgenommen (OVG Münster NVwZ 1994, 795, 797). Mit der Entscheidung über diesen entfällt die prozessuale Einheit des Begehrens. Deshalb kann nunmehr in Bezug auf den Hilfsantrag ohne Rücksicht auf den früheren Verweisungsbeschluss eine Weiter- oder Zurückverweisung in einen anderen Rechtsweg erfolgen.[60] Bei rechtswegändernder Klageänderung vor Rechtskraft des Verweisungsbeschlusses muss die Verweisung aufgehoben werden.[61] Kommt es erst nach Rechtskraft des Verweisungsbeschlusses zu einer solchen Klageänderung, ist trotz § 17a Abs. 2 S. 3 GVG eine nochmalige Verweisung möglich.[62] Wurde entgegen der angeordneten Bindungswirkung ein Rückverweisungsbeschluss erlassen, der von keinem der Beteiligten angefochten und damit rechtskräftig wurde, entfaltet dieser nunmehr seinerseits Bindungswirkung. Die §§ 17a, b GVG enthalten insoweit eine abschließende Regelung.[63]

20   Treten trotz des Vorliegens der umfassenden Bindungswirkung negative Kompetenzkonflikte auf, etwa weil die Bindungswirkung wegen krasser Unrichtigkeit der Verweisungsentscheidung entfällt oder ein Gericht den Rechtsstreit dennoch weiterverwiesen hat, so sind die Regelungen zur Lösung eines negativen Kompetenzkonflikts innerhalb eines Rechtswegs[64] entsprechend mit der Maßgabe anwendbar, dass nicht das nächsthöhere, sondern das oberste Bundesgericht das zuständige Gericht zu bestimmen hat.[65] Entscheidungsbefugt ist das oberste Bundesgericht des Rechtswegs, welches einem der Gerichte übergeordnet ist und als erstes angegangen wurde.[66]

21   **b) Materielle Bindungswirkung.** Die Verweisung entfaltet in Bezug auf das materielle Recht keinerlei Bindungswirkung. Dies gilt sowohl für das anzuwendende Recht als auch für die die Verweisung tragenden Gründe[67] und sonstige i.R. des Beschlusses getroffene Feststellungen (BGH NJW 1985, 1335, 1336).[68] Es macht keinen Unterschied, ob das verweisende Gericht richtigerweise oder fälschlicherweise der Auffassung ist, eine bestimmte Rechtsgrundlage eines anderen Rechtswegs sei maßgeblich und sich aus diesem Grund zur Verweisung entschließt.[69] Auch wenn diese Rechtsgrundlage nicht einschlägig ist, muss das Gericht, an das verwiesen wurde, den Rechtsstreit unter Anwendung der tatsächlich einschlägigen Normen entscheiden. Bei Unrichtigkeit der Verweisung muss das Gericht, an welches der Rechtsstreit verwiesen wurde, die Rechtsschutzfunktion des verweisenden Gerichts übernehmen[70] und den Rechtsstreit ggf. unter Anwendung rechtswegfremder Anspruchsgrundlagen entscheiden. Wird eine ausschließlich zivilrechtliche Streitigkeit gesetzeswidrig an ein VG verwiesen, muss dieses daher unter Anwendung seiner Verfahrensordnung den Rechtsstreit nach den zivilrechtlichen Vorschriften entscheiden.[71]

IV.   Vorabentscheidung bei Zulässigkeit des Rechtswegs (§ 17a Abs. 3 GVG)

22   § 17a Abs. 3 GVG regelt, wie das angegangene Gericht *bei Zulässigkeit des Rechtswegs* zu verfahren hat. Das Gesetz unterscheidet insoweit zwei Situationen. Ohne Rüge der Zulässigkeit des Rechtswegs *kann* das Gericht die Zulässigkeit vorab aussprechen. Wird die Zulässigkeit des Rechtswegs von einer

---

60   BVerwG NVwZ 1987, 216 f.; OVG Münster NVwZ 1994, 795, 797; VGH Mannheim NJW 1993, 3344; *M. Häfele*, Auswirkungen, 2002, 106 f.; *W.-R. Schenke*, in: *Kopp/Schenke* Anh § 41 Rn. 21.
61   *D. Ehlers*, in: Schoch/Schneider/Bier § 41 § 17a GVG Rn. 14.
62   BGH NJW 1990, 53, 54; *W.-R. Schenke*, in: *Kopp/Schenke* Anh § 41 Rn. 23; *D. Ehlers*, in: Schoch/Schneider/Bier § 41 § 17a GVG Rn. 14.
63   BGH NJW 2000, 1343; NJW 2001, 3633. A.M. *D. Ehlers*, in: Schoch/Schneider/Bier § 41 § 17a GVG Rn. 17; *W.-R. Schenke*, in: *Kopp/Schenke* Anh § 41 Rn. 22.
64   Für den Verwaltungsrechtsweg vgl. § 53 Abs. 1 Nr. 5, vgl. darüber hinaus § 36 Nr. 6 ZPO; § 39 Abs. 1 Nr. 4 FGO; § 58 Abs. 1 Nr. 4 SGG – wonach das nächsthöhere Gericht das zuständige Gericht bestimmt, wenn sich mehrere Gerichte rechtskräftig für zuständig erklärt haben.
65   BGH NJW 2001, 3631, 3632; BVerwG 16.9.2015 – 6 AV 2/15; *Kissel/Mayer* § 17 Rn. 46; s.a. BGH NJW 2002, 2474, 2475; offen gelassen BVerwG NVwZ 1995, 372.
66   BAG 17.6.2004 – 5 AS 3/04; NJW 2016, 3469; BGH NJW-RR 2015, 957; BVerwG NJW 1993, 3087, 3088; 16.9.2015 – 6 AV 2/15; *Kissel/Mayer* § 17 Rn. 46.
67   OLG Frankfurt NVwZ 1993, 706; *W.-R. Schenke*, in: *Kopp/Schenke* Anh § 41 Rn. 21; *K. Rennert*, in: Eyermann § 41 Rn. 26; *H. Ressler*, JZ 1994, 1035, 1038 f.; *C. H. Ule*, JZ 1959, 501, 503.
68   *W.-R. Schenke*, in: Kopp/Schenke Anh § 41 Rn. 21.
69   OLG Frankfurt NVwZ 1993, 706; *D. Ehlers*, in: Schoch/Schneider/Bier § 41 § 17a GVG *Rn. 20*; *C. H. Ule*, JZ 1959, 501, 503.
70   BVerwG NJW 1967, 2128, 2129 f.; OLG Hamm DNotZ 1991, 686, 689; OLG Frankfurt NVwZ 1993, 706.
71   Näher dazu *M. Häfele*, Auswirkungen, 2002, 111 f.

Partei gerügt, *muss* es dazu eine Vorabentscheidung fällen. Diese Regelung ist das Korrelat dazu, dass die Parteien die Gerichtsentscheidung in der Hauptsache später nicht mehr wegen der Unzulässigkeit des Rechtswegs anfechten können (§ 17 a Abs. 5 GVG).[72] § 17 a Abs. 3 GVG ist Ausdruck des Grundsatzes einer *möglichst frühzeitigen Entscheidung* über den Rechtsweg.[73] Die Norm ermöglicht die bzw. verpflichtet zur Einleitung eines Zwischenverfahrens mit dem Ziel, die Rechtswegfrage *vorab* abschließend zu klären. „Vorab" bedeutet, dass das Gericht *isoliert* von den Fragen der Zulässigkeit im Übrigen und der Begründetheit eine Feststellung zur Zulässigkeit des Rechtswegs *vor der Entscheidung in der Hauptsache* trifft.[74] Sie kann jedoch noch nach Beginn der Hauptverhandlung erfolgen.[75] Die Vorabentscheidung ergeht gem. § 17 a Abs. 4 S. 1 GVG durch Beschluss. Eine mündliche Verhandlung ist nicht notwendig.[76] Allerdings muss den Parteien wegen Art. 103 Abs. 1 GG zuvor rechtliches Gehör zur Rechtswegfrage gewährt werden. Eine schriftliche Äußerungsmöglichkeit genügt (BVerfGE 86, 133, 144; 101, 106, 129). Die Beschlussformel lautet: „Der Rechtsweg zu dem VG ist zulässig."[77] Es ergeht keine Kostenentscheidung, eine Streitwertfestsetzung unterbleibt.[78] Der Beschluss ist gem. § 17 a Abs. 4 S. 2 GVG zu begründen.

1. Die „Kann"-Vorabentscheidung. Wird die Zulässigkeit des Rechtswegs von den Parteien nicht gerügt und bestehen daran auch nach Auffassung des angerufenen Gerichts keine Zweifel, entscheidet es in der Hauptsache. In aller Regel wird die Zulässigkeit des Rechtswegs implizit bejaht, indem über das Vorliegen der sonstigen Zulässigkeitsentscheidungen oder über die Begründetheit entschieden wird.[79] Nach § 17 a Abs. 3 S. 1 GVG *kann* das Gericht die Zulässigkeit des Rechtswegs von Amts wegen vorab aussprechen. Es steht also bei fehlender Rüge einer Partei im pflichtgemäßen *Ermessen* des Gerichts, ob es von dieser Möglichkeit Gebrauch macht.[80] Eine solche Vorabentscheidung bietet sich v.a. dann an, wenn das angerufene Gericht den beschrittenen Rechtsweg als problematisch ansieht.[81] Im Schrifttum ist umstritten, ob es Fälle geben kann, in denen sich das gerichtliche Ermessen auf Null reduziert und daher eine Pflicht des Gerichts zur Vorabentscheidung besteht. Nach einer Meinung soll das Gericht stets nur nach Ermessen entscheiden,[82] nach anderen „soll" das Gericht bei Zweifeln am Rechtsweg eine Vorabentscheidung treffen.[83] *Boin* hält das Gericht für dazu verpflichtet, da eine Überprüfung dieser Zweifel später wegen § 17 a Abs. 5 GVG im Rechtsmittelverfahren nicht mehr möglich sei.[84] Richtigerweise muss das Gericht, wenn es am Ende seiner Prüfung zu dem Ergebnis gelangt, dass der Rechtsweg nicht eröffnet ist, eine Verweisung vornehmen.[85] Lediglich wenn es zu dem Schluss gelangt, dass es zuständig ist, wird die Ermessensausübung nach § 17 a Abs. 3 S. 1 GVG bedeutsam und zwar in Bezug auf die Kundgabe dieses Ergebnisses seiner Prüfung.[86] Im Unterschied zu § 17 a Abs. 2 S. 1, Abs. 3 S. 2 GVG hat der Gesetzgeber in Satz 1 gerade keine Pflicht des angerufenen Gerichts zur Vorabentscheidung normiert.[87] Diese ist wegen des Rügerechts der Parteien auch nicht zu ihrem Schutz notwendig.[88] Deshalb bleibt es bei einer Entscheidung nach Ermessen des Gerichts. Al-

23

---

72 BT-Drs. 11/7030, 37 f.; Baumbach/Lauterbach/Albers/Hartmann § 17 a GVG Rn. 14.
73 BVerwG NVwZ 1993, 359; NJW 2006, 1225; BGH NJW 1993, 470, 471; *H. Geiger*, JA 1993, 190; *U. Haas*, JZ 1993, 1011; *W. Klimpe-Auerbach*, ArbuR 1992, 110, 113.
74 *C. Lückemann*, in: Zöller § 17 a GVG Rn. 6; *O. R. Kissel*, NJW 1991, 945, 949.
75 *C. Lückemann*, in: Zöller § 17 a GVG Rn. 6; *Kissel/Mayer* § 17 Rn. 27; *W.-R. Schenke*, in: *Kopp/Schenke* Anh § 41 Rn. 13.
76 *Kissel/Mayer* § 17 Rn. 27; *W. Klimpe-Auerbach*, ArbuR 1992, 110, 113; *W.-R. Schenke*, in: *Kopp/Schenke* Anh § 41 Rn. 14.
77 S.a. Baumbach/Lauterbach/Albers/Hartmann § 17 a GVG Rn. 14.
78 *R. Hüßtege*, in: Thomas/Putzo § 17 a GVG Rn. 16.
79 BGH NJW 1993, 470, 471; NJW 1994, 387; *O. R. Kissel*, NJW 1991, 945, 949; *K. Rennert*, in: Eyermann, § 41 Rn. 29.
80 BVerwG NJW 2006, 1225; BGHZ 120, 204, 206; BGH 29.7.2004 – III ZB 2/04.
81 *C. Lückemann*, in: Zöller § 17 a GVG Rn. 7; *M. Häfele*, Auswirkungen, 2002, 32; *W.-R. Schenke*, in: *Kopp/Schenke* Anh § 41 Rn. 12.
82 *Kissel/Mayer* § 17 Rn. 28
83 *R. Hüßtege*, in: Thomas/Putzo § 17 a GVG Rn. 16; *W. Zimmermann*, in: MüKoZPO § 17 a GVG Rn. 21.
84 *K. T. Boin*, NJW 1998, 3747, 3748; *C. Lückemann*, in: Zöller § 17 a GVG Rn. 7.
85 *M. Häfele*, Auswirkungen, 2002, 32.
86 *M. Häfele*, Auswirkungen, 2002, 33.
87 *M. Häfele*, Auswirkungen, 2002, 33.
88 *Kissel/Mayer* § 17 Rn. 28.

lerdings wird eine Entscheidung für geboten erachtet, wenn eine Partei die Zuständigkeit zwar rügt, gleichzeitig aber keine gesonderte Entscheidung (i.S.v. § 17 Abs. 3 S. 1 GVG) fordert.[89]

24 **2. Die Vorabentscheidung auf Rüge der Parteien.** § 17a Abs. 3 S. 2 GVG gibt den Parteien das Recht, eine Vorabentscheidung über die Frage der Zulässigkeit des Rechtswegs herbeizuführen, indem sie diese rügen.[90] Das Gericht ist nach einer solchen Rüge *verpflichtet*, eine entsprechende Vorabentscheidung durch Beschluss herbeizuführen.[91] Im Verwaltungsprozessrecht steht das Rügerecht nicht nur den Parteien zu, sondern den Beteiligten i.S.d. § 63.[92] Dies sind neben dem Beklagten auch der (notwendig) Beigeladene, der VBI und der VöI. Zu pauschal wäre es, dem Kläger bzw. Antragsteller generell das Rügerecht abzusprechen, weil dessen Ausübung rechtsmissbräuchlich sei[93]. Es kann durchaus Konstellationen geben, in denen auch der Kläger wegen erst nach Einreichung seines Begehrens entstandenen Zweifeln an der Rechtswegeröffnung ein berechtigtes Interesse an einer Vorabentscheidung haben kann. Der Einwand des Rechtsmissbrauchs gilt keinesfalls für den Widerkläger.[94]

25 Bei der Rüge handelt es sich um eine Prozesshandlung,[95] die nicht mehr angefochten oder rückgängig gemacht werden kann. In dieser muss die jeweilige Partei die Zulässigkeit des Rechtswegs ausdrücklich bestreiten (VGH München 13.9.2006 – 12 Bv 06.808), sie muss aber nicht explizit den Begriff „Rüge" verwenden.[96] Die bloße Äußerung von Zweifeln reicht für die Annahme einer Rüge nicht (OVG Bln-Bbg 25.8.2015 – OVG 62 PV 3.16; VGH München 13.9.2006 – 12 Bv 06.808). Ggf. hat das VG auf eine sachgerechte Äußerung der Beteiligten hinzuwirken. Zeitlich muss die Rüge in der ersten Instanz und vor der Entscheidung zur Hauptsache erfolgen.[97] Dies ergibt sich aus § 173 VwGO i.V.m. § 282 Abs. 3 ZPO.[98] Das Gericht kann den Beteiligten eine angemessene Frist zur Äußerung setzen. Äußern sie sich nicht fristgemäß, liegt der Erlass einer Vorabentscheidung nach § 17a Abs. 3 S. 1 GVG im gerichtlichen Ermessen. Grds. sollte es auch bei einer verspäteten Rüge über den Rechtsweg vorab entscheiden.[99]

26 **3. Zum Verhältnis zwischen positiver Vorabentscheidung und der Hauptsacheentscheidung.** Hat das Gericht eine positive Vorabentscheidung zum Rechtsweg gefällt, darf es seine Entscheidung in der Hauptsache erst nach der formellen Rechtskraft der Rechtswegentscheidung treffen. Bis dahin empfiehlt es sich, das Verfahren auszusetzen. Dadurch wird vermieden, dass im Beschwerdeverfahren gegen die Vorabentscheidung durch die Feststellung der Unzulässigkeit des Rechtswegs ein Widerspruch zur Hautsacheentscheidung entsteht.[100]

27 **4. Fragen der Bindungswirkung im Zusammenhang mit § 17a Abs. 3 GVG.** Bejaht das Gericht ohne Vorabentscheidung zum Rechtsweg dessen Eröffnung, indem es über die Hauptsache entscheidet, kann diese Entscheidung später nicht erfolgreich mit der Begründung angefochten werden, dass der Rechtsweg nicht gegeben sei. Dies ergibt sich aus § 17a Abs. 5 GVG. Die Parteien hätten im Vorfeld von ihrem Rügerecht Gebrauch machen können. Haben sie dies nicht getan, können sie im Nachhinein das Urteil insoweit nicht mehr wegen Unzulässigkeit des Rechtswegs anfechten. Gleichzustellen ist der Fall, dass das Gericht trotz Vorliegens einer Rüge durch eine Partei in der Hauptsache entschieden hat, diese Partei die Rüge aber in der Rechtsmittelinstanz nicht mehr weiterverfolgt. Zwar greift die Prüfsperre nach § 17a Abs. 5 GVG bei einer sich über eine Rüge hinwegsetzenden erstinstanzlichen Entscheidung nicht ein (→ Rn. 28). Jedoch ist die Interessenlage ebenso zu bewerten als wenn die Partei die Rüge von vornherein nicht erhoben hätte (OLG Hamm 26.7.2007 – 15 W 203/06).

---

89 So OVG Münster DVBl 2013, 1398 zu einer entsprechenden Anwendung von § 17a Abs. 3 S. 1 und 2 GVG (für die Frage der instanziellen Zuständigkeit).

90 BT-Drs. 11/7030, 37; BGH NJW 1994, 387; OVG Koblenz NVwZ 1993, 381, 382; *P. Stelkens*, NVwZ 1991, 209, 218.

91 *K. T. Boin*, NJW 1998, 3747; *W.-R. Schenke*, in: Kopp/Schenke Anh § 41 Rn. 12 § 17a GVG Rn. 6.

92 *H. v. Nicolai*, in: Redeker/v. Oertzen § 41 Rn. 9.

93 So aber *D. Ehlers*, in: Schoch/Schneider/Bier § 41 § 17a GVG Rn. 26.

94 *D. Ehlers*, in: Schoch/Schneider/Bier § 41 § 17a GVG Rn. 26.

95 *C. Lückemann*, in: Zöller § 17a GVG Rn. 6.

96 *D. Ehlers*, in: Schoch/Schneider/Bier § 41 § 17a GVG Rn. 25.

97 *D. Ehlers*, JuS 1999, 166, 167; *O. R. Kissel*, NJW 1991, 945, 948.

98 *D. Ehlers*, in: Schoch/Schneider/Bier § 41 § 17a GVG Rn. 25.

99 *K. Rennert*, in: Eyermann § 41 Rn. 29.

100 *M. Häfele*, Auswirkungen, 2002, 34 f.

Hat das entscheidende Gericht dagegen *trotz* Rüge der Parteien oder fehlender Möglichkeit zur Aus- 28
übung des Rügerechts von einer Vorabentscheidung zum Rechtsweg abgesehen, gilt der Rechtsweg
mit der Entscheidung zur Hauptsache nicht als rechtskräftig festgestellt. Damit § 17a Abs. 4 S. 3 GVG
nicht leer läuft, kann sich das Rechtsmittelgericht mit der Rechtswegfrage befassen. Dies ergibt sich
aus einer teleologischen Reduktion der eigentlich nach § 17a Abs. 5 GVG bestehenden Prüfsperre.[101]
Nach dem Grundsatz der Meistbegünstigung kann die Partei, welche den Rechtsweg gerügt hat, sowohl Beschwerde nach § 17a Abs. 4 S. 3 GVG einlegen als auch das für die ergangene Entscheidung
statthafte Rechtsmittel[102] (zum notwendigen Vorbringen in der Rechtsmittelinstanz → Rn. 27). Eine
andere Ansicht will hingegen allein das Rechtsmittel gegen die ergangene Entscheidung zulassen, da
das Urteil wegen der nicht erfolgten Vorabentscheidung nicht nur formell, sondern auch inhaltlich
fehlerhaft ist.[103] Dem ist aber entgegenzuhalten, dass der Partei wegen eines Fehlers des Gerichts keine
Rechtschutzmöglichkeit genommen werden darf. Daher kann der Beteiligte selbst entscheiden, welches Rechtsmittel im konkreten Einzelfall das geeignetere ist. In der Praxis wird dies in den meisten
Fällen allerdings in der Tat das Rechtsmittel gegen die Hauptsacheentscheidung sein.[104]

Bei einer rechtskräftigen Vorabentscheidung tritt vollumfänglich die Bindungswirkung hinsichtlich des 29
Rechtswegs ein. Vor Rechtskraft kann die Entscheidung durch die Beschwerde nach § 17a Abs. 4 S. 3
GVG angegriffen werden. Weil bis zum Eintritt der Rechtskraft der Vorabentscheidung keine Entscheidung zur Hauptsache ergehen darf, ist es bei Einlegung einer Beschwerde ratsam, das Verfahren
in der Hauptsache bis zur rechtskräftigen Entscheidung über die Rechtswegfrage auszusetzen.[105] Wird
dennoch eine Hauptsacheentscheidung getroffen und wird danach der Rechtsweg vom Beschwerdegericht verneint, dann hat das Rechtsmittelgericht der Hauptsache diese Entscheidung zu berücksichtigen. Ohne Erfolg muss jedoch ein Rechtsmittel gegen die Hauptsacheentscheidung im Hinblick auf
die ausstehende Entscheidung zum Rechtsweg bleiben, wenn das Beschwerdegericht nach Ergehen der
Hauptsacheentscheidung die Eröffnung des Rechtswegs bejaht hat.[106]

V. Die Entscheidung über die Zulässigkeit bzw. Unzulässigkeit des Rechtswegs nach § 17a Abs. 4 GVG

§ 17a Abs. 4 GVG enthält verschiedene Regelungen. S. 1 und 2 betreffen die Modalitäten des Verfah- 30
rens eines Beschlusses über die Zulässigkeit bzw. Unzulässigkeit des Rechtswegs. Als Rechtsmittel gegen diesen Beschluss ist gem. § 17a Abs. 4 S. 3 GVG die sofortige Beschwerde nach der jeweiligen Verfahrensordnung statthaft. Die Sätze 4 und 5 regeln die weitere Beschwerde. S. 6 stellt klar, dass der
oberste Gerichtshof des Bundes an die Zulassung der weiteren Beschwerde gebunden ist.

1. Zu den Entscheidungen des Gerichts nach § 17a Abs. 2, 3 GVG. Sowohl die Verweisung des 31
Rechtsstreits als auch die Vorabentscheidung über die Zulässigkeit des Rechtswegs ergehen in Form
eines *Beschlusses.* Dieser *kann* gem. § 17a Abs. 4 S. 1 GVG *ohne mündliche Verhandlung* ergehen.
Den Beteiligten ist aber zuvor wegen Art. 103 Abs. 1 GG *rechtliches Gehör* zu gewähren (BVerfGE 61,
37, 41; BGH NJW 1978, 1163, 1164). Es genügt, wenn ihnen eine angemessene Frist zur schriftlichen
Stellungnahme eingeräumt wird (BVerfGE 86, 133, 144 f.; 101, 106, 129; BSGE 68, 205, 210). Die
Beteiligten müssen selbst entscheiden, ob sie sich tatsächlich zur Rechtswegfrage äußern wollen
(BVerfGE 74, 220, 225; BGH NJW 1995, 403). Ausnahmsweise wird das Gericht eine mündliche Ver-
handlung ansetzen, wenn besonders schwierige Rechtsfragen im Raum stehen, deren Klärung durch
eine schriftliche Anhörung der Parteien nicht zu erreichen ist.[107] Ein Verweisungsbeschluss, der auf

---

101 BVerwG NJW 1994, 956; BGHZ 114, 1, 4 f.; 119, 246, 250; 121, 367, 372; *C. Lückemann,* in: Zöller § 17a GVG
Rn. 18; *Kissel/Mayer* § 17 Rn. 33.
102 BAG NJW 1995, 2310, 2311; OVG Bautzen SächsVBl 2005, 173; OVG Koblenz NVwZ-RR 1993, 668, 669; OLG
Naumburg NJW-RR 2002, 791, 792; OLG Saarbrücken NJW 1995, 1562, 1563; *Kissel/Mayer* § 17 Rn. 33, 35.
103 BGH NJW 1993, 332, 333; OVG Münster NVwZ-RR 1993, 679; *H. Geiger,* JA 1993, 190, 191; das OLG Frankfurt NJW 2008, 3796, 3797 sieht dagegen das ohne eine Vorabentscheidung nach § 17 Abs. 3 S. 2 GVG ergangene
Urteil als formell korrekt und nur als inhaltlich fehlerhaft an.
104 *H. Geiger,* JA 1993, 190, 191.
105 *D. Ehle,* JuS 1999, 166, 167; *D. Ehlers,* in: Schoch/Schneider/Bier § 41 § 17a GVG Rn. 31; *O. R. Kissel,* NJW 1991,
945, 949; weiter gehend für die Erforderlichkeit der Aussetzung BAG NZA 1992, 954, 956.
106 *D. Ehlers,* in: Schoch/Schneider/Bier § 41 § 17a GVG Rn. 31.
107 *D. Ehlers,* in: Schoch/Schneider/Bier § 41 § 17a GVG Rn. 32.

der Versagung rechtlichen Gehörs beruht, entfaltet keine Bindungswirkung (BFH/NV 2015, 1421, 1422).

32   Nach § 17a Abs. 4 S. 2 GVG ist der Beschluss des Gerichts zu *begründen*. Haben sich die Parteien zu dem Problem der Rechtswegeröffnung geäußert, ist in der Begründung auf die wesentlichen vorgebrachten Argumente in rechtlicher und tatsächlicher Hinsicht einzugehen.[108] Der Beschluss ist den Parteien zuzustellen. Die Zustellung richtet sich nach den für den eingeschlagenen Rechtsweg geltenden Bestimmungen. Bei fehlender oder fehlerhafter Zustellung beginnt die Rechtsmittelfrist nicht zu laufen. In diesem Fall ist jedoch zu prüfen, ob der Einzelne sein Beschwerderecht nicht wegen Zeitablaufs verwirkt hat.

33   **2. Rechtsmittel.** Die §§ 17a Abs. 4 S. 3–6 GVG enthalten Regelungen zu den Rechtsmitteln gegen Beschlüsse nach § 17a Abs. 2 und Abs. 3 GVG. Statthaftes Rechtsmittel ist die *sofortige Beschwerde*. In den Sätzen 4 bis 6 hat der Gesetzgeber eine besondere Regelung zur *weiteren Beschwerde* aufgestellt. Obwohl nach § 83 die Vorschriften der §§ 17–17b GVG im Verwaltungsprozessrecht auf Gerichtsentscheidungen zur örtlichen oder sachlichen Unzuständigkeit entsprechend anzuwenden sind, sind sie keinen Rechtsmitteln zugänglich. Dies ergibt sich aus § 83 S. 2, wonach derartige entsprechend § 17a Abs. 2 und 3 GVG gefasste Beschlüsse unanfechtbar sind. Diese Regelung gilt aber nicht für Beschlüsse in Bezug auf den Rechtsweg (klargestellt durch VGH München BayVBl 1993, 309, 310). Im Rahmen eines Beschwerdeverfahrens sind zuständigkeitsbegründende Veränderungen, die zulässigerweise dort eingeführt werden können, zu berücksichtigen[109] (→ § 41 § 17 GVG Rn. 21).

34   **a) Die sofortige Beschwerde nach § 17a Abs. 4 S. 3 GVG.** Nach § 17a Abs. 4 S. 3 GVG können die Beteiligten gegen Beschlüsse nach Abs. 2 und 3 sofortige Beschwerde erheben. Die Beschwerde ist auch dann das richtige Rechtsmittel, wenn das angegangene Gericht den Rechtsweg zu ihm verneint, aber keine Verweisung in den richtigen Rechtsweg vorgenommen hat.[110] Die Voraussetzungen der sofortigen Beschwerde ergeben sich nicht aus § 17a Abs. 4 S. 3 GVG. Maßgeblich sind vielmehr die *Vorschriften der jeweils anzuwendenden Verfahrensordnung*. Da die VwGO keine „sofortige" Beschwerde kennt, es gem. § 17a Abs. 4 S. 3 GVG aber eine Beschwerdemöglichkeit geben muss, ist die *Beschwerde nach § 146* einschlägig.[111] Danach ist die Beschwerde schriftlich oder zur Niederschrift bei dem Gericht, dessen Entscheidung angefochten wird, oder beim Beschwerdegericht einzulegen. Sie muss innerhalb von zwei Wochen nach Bekanntgabe eingegangen sein (§ 147). Zumindest auf der Klägerseite ist für die Beschwerde eine formelle Beschwer erforderlich.[112] Hat eine Person vor einem VG Klage erhoben und diese zurückgenommen, weil das Gericht zu erkennen gegeben hat, dass es die ordentlichen Gerichte für zuständig hält, setzt sich der Kläger nicht zu seinem eigenen Verhalten in prozessualen Widerspruch, wenn er daraufhin Klage beim ordentlichen Gericht einreicht und seine Rechtsauffassung zur Eröffnung des Verwaltungsrechtswegs nunmehr in einem Verfahren nach § 17a GVG geklärt haben möchte (BGH NJW 1998, 909). Gem. § 67 Abs. 4 S. 1 und 2 unterliegt die Einlegung der Beschwerde auch nach § 17a Abs. 4 S. 3 GVG dem Rechtsanwaltszwang. Das Ausgangsgericht kann der Beschwerde im Falle der Begründetheit abhelfen (§ 148), andernfalls entscheidet das OVG. Die Entscheidung ergeht gem. § 150 in Form eines Beschlusses, der nach Maßgabe des § 122 Abs. 2 zu begründen ist.

35   Gegenstand der Beschwerde ist allein die *Eröffnung des Rechtswegs*. Soweit das erstinstanzliche Gericht nicht das Wahlrecht der Beteiligten nach § 17a Abs. 2 S. 2 GVG verletzt hat, kann die Beschwerde deshalb nicht darauf gestützt werden, dass die Verweisung an ein anderes Gericht des zulässigen Rechtswegs hätte erfolgen müssen.[113] Ist der angefochtene Beschluss rechtmäßig, wird die zulässige Beschwerde zurückgewiesen. Ein rechtswidriger Beschluss wird aufgehoben. Gelangt das Beschwerdegericht zu der Auffassung, dass der Rechtsweg nicht gegeben ist, erklärt es den Rechtsweg für nicht zulässig und verweist den Rechtsstreit an ein anderes Gericht. Hält es den beschrittenen Rechtsweg

---

108   *D. Ehlers*, in: Schoch/Schneider/Bier § 41 § 17a GVG Rn. 32; *W. Klimpe-Auerbach*, NZA 1992, 110, 113.
109   BAG NJW 2015, 570, 572; NJW 2015, 718, 719 (jeweils zu einem Beschwerdeverfahren gem. § 17a Abs. 4 GVG gegen eine Entscheidung gem. § 17a Abs. 3 GVG); OVG Magdeburg, 18.3.2008 – 3 O 15/07.
110   Dazu *M. Häfele*, Auswirkungen, 2002, 120 f.; OLG Zweibrücken NJW 1999, 875, 876.
111   VGH München BayVBl 1993, 309, 310; *M. Häfele*, Auswirkungen, 2002, 35; *W.-R. Schenke*, in: Kopp/Schenke Anh § 41 Rn. 28.
112   Zu diesem Problem, insbes. auch der Frage der Beschwer beim Beklagten, *M. Häfele*, Auswirkungen, 2002, 116 ff.
113   *J. Wittschier*, in: Musielak § 17a GVG Rn. 14.

dagegen für eröffnet, erklärt es den Rechtsweg für zulässig.[114] Das Beschwerdegericht entscheidet über die Kosten. Dafür sind die allgemeinen Vorschriften und nicht § 17b Abs. 2 S. 1 GVG maßgeblich.[115]

b) Die weitere Beschwerde. In § 17 a Abs. 4 S. 4–6 GVG wird die weitere Beschwerde geregelt. Gegen 36 einen Beschluss des oberen Landesgerichts steht den Beteiligten die Beschwerde an den obersten Gerichtshof des Bundes unter der Voraussetzung zu, dass sie in dem Beschluss zugelassen worden ist. Bei den „oberen Landesgerichten" handelt es sich um die höchsten Fachgerichte auf Landesebene, z.B. ein OLG oder das OVG, in erweiternder Auslegung des § 17 a Abs. 4 S. 4 GVG auch die LG (BGH NJW 2003, 2913, 2914). Als Ausnahme von der im Verwaltungsprozessrecht grds. nicht statthaften weiteren Beschwerde wird in § 152 Abs. 1 bestimmt, dass gegen Entscheidungen des OVG im Fall des § 17 a Abs. 4 S. 4 GVG die Beschwerde zum BVerwG gegeben ist. Nach richtiger Ansicht besteht diese weitere Beschwerdemöglichkeit auch, wenn die Entscheidung zur Rechtswegfrage im Zusammenhang mit einem einstweiligen Rechtsschutzverfahren ergangen ist (→ § 41 § 17 GVG Rn. 9).

Die weitere Beschwerde ist nur bei einer entsprechenden *Zulassung* möglich. Diese muss in dem Be- 37 schluss des Beschwerdegerichts nach § 17 a Abs. 4 S. 3 GVG erfolgen (BVerwG NVwZ-RR 2004, 542). Gem. § 17 a Abs. 4 S. 5 GVG *hat* das Beschwerdegericht die Beschwerde zuzulassen, wenn die Rechtsfrage von *grundsätzlicher Bedeutung* ist. Ein weiterer Zulassungsgrund ist es, wenn der Beschluss von einer Entscheidung des Revisionsgerichts oder des gemeinsamen Senats der obersten Gerichtshöfe des Bundes *abweicht*. Gleichzeitig wird mit der weiteren Beschwerde auch bei Rechtswegfragen der Zugang zum gemeinsamen Senat der obersten Gerichtshöfe des Bundes eröffnet (BT-Drs. 11/7030, 38; BVerwGE 115, 223, 225; BGHZ 152, 136, 139). Die genannten Zulassungsgründe sind abschließend. Deshalb steht es dem Beschwerdegericht nicht zu, die Zulassung nach freiem Ermessen oder aus anderen als den genannten Gründen zu erklären.[116]

Die Zulassungsgründe sind den entsprechenden Revisionsgründen nachgebildet. *Grundsätzliche Be-* 38 *deutung* hat eine Rechtssache immer dann, wenn die für den konkreten Einzelfall zu klärende Rechtsfrage über diesen hinaus für die Fortbildung des Rechts, seiner Auslegung oder Anwendung von Bedeutung ist.[117] Zudem muss die Entscheidung im allgemeinen Interesse liegen (BVerwG NVwZ-RR 1990, 220, 221; OVG Weimar ThürVBl 1996, 64 ff.). Eine *Abweichung* von der bisherigen Rspr. ist dann zu bejahen, wenn das Beschwerdegericht den Rechtsstreit i.E. anders entscheiden will, als die obersten Gerichtshöfe bisher in vergleichbaren Fällen entschieden haben (sog. Divergenzfälle). Im Unterschied zur Divergenzrevision nach § 132 Abs. 2 Nr. 2 kommt die Zulassung auch dann in Betracht, wenn das Gericht von einer Entscheidung eines anderen obersten Gerichtshofes des Bundes als des BVerwG abgewichen ist.[118] Maßgeblich in diesem Zusammenhang ist allein eine Abweichung von einem entsprechenden Entscheidungssatz. Die Abweichung muss demnach die die Entscheidung tragenden rechtlichen Erwägungen betreffen (→ § 132 Rn. 32 ff.; BVerwG NVwZ 1982, 433; NVwZ 1989, 1169). Nicht ausreichend ist es dagegen, wenn sich die Abweichung auf Hilfsbegründungen bezieht oder auf Überlegungen, auf denen das Urteil gar nicht beruht (BVerwG NVwZ 1982, 433; NVwZ 1996, 377). Auch eine Abweichung von tatsächlichen Gründen genügt nicht.[119] Umfasst werden vom Zulassungsgrund der Divergenz Abweichungen von allen Entscheidungen der obersten Gerichtshöfe des *Bundes*. Die umstrittene Frage, ob darunter auch die Entscheidungen des BVerfG fallen,[120] ist zu verneinen: Da das Fachgericht von bindenden Entscheidungen des BVerfG nicht abweichen darf, wäre die gerade *wegen* einer Abweichung durch das die weitere Beschwerde zulassende Gericht selbst erfolgende Beschwerdezulassung systemfremd.[121]

---

114 *J. v. Albedyll*, in: Bader § 41 Rn. 29; *D. Ehlers*, in: Schoch/Schneider/Bier § 41 § 17 a GVG Rn. 35.
115 BGH NJW 1993, 2541 f.; BVerwG 12.4.2014 – 9 B 37/12; 8.5.2014 – 9 B 4/14; *D. Ehlers*, in: Schoch/Schneider/Bier § 41 § 17 a GVG Rn. 35; *W.-R. Schenke, in: Kopp/Schenke* Anh § 41 Rn. 37.
116 *D. Ehlers*, in: Schoch/Schneider/Bier § 41 § 17 a GVG Rn. 38.
117 BVerwGE 115, 223, 225; BVerwG NVwZ-RR 1990, 220, 221; NVwZ-RR 1991, 488; BFHE 144, 137, 138.
118 *Kissel/Mayer* § 17 Rn. 30.
119 *W.-R. Schenke*, in: Kopp/Schenke § 132 Rn. 14.
120 Bejahend *D. Ehlers*, in: Schoch/Schneider/Bier § 41 § 17 a GVG Rn. 38 m.Anm. 108; verneinend *W.-R. Schenke*, in: *Kopp/Schenke* Anh § 41 Rn. 29.
121 Eingehend dazu *J. Ziekow*, Verw 27 (1994), 461 ff.

39   Lässt das Beschwerdegericht die weitere Beschwerde nicht zu, ist dagegen kein weiteres Rechtsmittel gegeben, auch nicht die Nichtzulassungsbeschwerde.[122] § 133 Abs. 1 kommt nicht zur Anwendung, weil § 17 a Abs. 4 S. 4 GVG eine Spezialvorschrift darstellt.[123] Der Gesetzgeber hielt bei § 17 a GVG im Interesse der Verfahrensbeschleunigung die Einführung einer Nichtzulassungsbeschwerde für unzweckmäßig (BT-Drs. 11/7030, 38; BVerwG NVwZ 1994, 782). Weder Art. 19 Abs. 4 GG noch Art. 103 Abs. 1 GG oder das Rechtsstaatsprinzip gebieten die Eröffnung einer weiteren richterlichen Instanz.[124] Offen gelassen hat die Rspr., ob eine außerordentliche Beschwerde mit der Rüge, dass wegen (in willkürlicher, objektiv nicht vertretbarer Weise) unterlassener Zulassung der (weiteren) Beschwerde der Anspruch auf den gesetzlichen Richter verletzt worden sei, in Betracht kommen könnte (BVerwG 3.3.2016 – 1 B 16/16).

40   Gem. § 17 a Abs. 4 S. 6 GVG ist der oberste Gerichtshof des Bundes an die Zulassung durch das Beschwerdegericht *gebunden*. Es prüft demzufolge nicht, ob die Zulassung in dem Beschluss zu Recht erfolgte.[125] Zu beachten ist jedoch, dass die nachträgliche Zulassung der weiteren Beschwerde in einem Ergänzungsbeschluss keine Bindungswirkung für das weitere Beschwerdegericht entfaltet (BSG NZS 1998, 206).

41   Im Zivilrechtsweg handelt es sich bei der Beschwerde gegen die Entscheidung eines Oberlandesgerichts seit dem Inkrafttreten des Zivilprozessreformgesetzes vom 27.7.2001 (BGBl I 1887) nicht mehr um eine weitere Beschwerde, sondern um eine Rechtsbeschwerde nach § 574 ZPO.[126] Sofern § 17 a Abs. 4 S. 4 GVG nichts Abweichendes bestimmt, sind deshalb im Zivilverfahren die §§ 574 ff. ZPO maßgeblich.[127]

VI.   Die Prüfungssperre für das Rechtsmittelgericht gem. § 17 a Abs. 5 GVG

42   Zweck des § 17 a Abs. 5 GVG ist es, die Rechtsmittel in der Hauptsacheentscheidung von der Prüfung der Rechtswegfrage zu befreien.[128] Danach darf ein Gericht, das über ein Rechtsmittel gegen eine Entscheidung in der Hauptsache entscheidet, die Zulässigkeit des beschrittenen Rechtswegs nicht prüfen. Auf diese Weise wird das Rechtsmittelverfahren entlastet und die Verfahrensdauer abgekürzt. Rechtfertigen lässt sich diese Regelung damit, dass die Rechtswegfrage von der ersten Instanz zu klären ist und diese Entscheidung ggf. im Beschwerdeverfahren überprüft werden konnte.[129] § 17 a Abs. 5 GVG gilt grds. auch im Beschwerdeverfahren des einstweiligen Rechtsschutzes (→ § 41 § 17 GVG Rn. 7),[130] im Übrigen aber nur im Verhältnis zwischen staatlichen Gerichten; das Verhältnis zwischen staatlicher und kirchlicher Gerichtsbarkeit wird von der Vorschrift nicht erfasst (BAGE 148, 97, 101; BVerwG NJW 1994, 3367, 3368).

43   Die Prüfungssperre des § 17 a Abs. 5 GVG besteht für das Gericht, das über ein Rechtsmittel *gegen eine Entscheidung in der Hauptsache* befindet. Eine derartige Entscheidung liegt vor, wenn von dem Gericht nach einer Entscheidung über den Rechtsweg eine Entscheidung in einer weiteren Sachfrage getroffen wird.[131] Deshalb handelt es sich auch um eine Entscheidung in der Hauptsache, wenn das Ausgangsgericht die Klage wegen Fehlens etwaiger Prozessvoraussetzungen als unzulässig abgewiesen hat, sofern die Entscheidung nicht die Frage der Zulässigkeit des Rechtswegs betrifft.[132] Um dem Anliegen des Gesetzgebers nach einer durchgängigen Bindung des Rechtsmittelgerichts Rechnung zu tragen, sind also auch Prozessurteile unter den Begriff der Hauptsache zu subsumieren.[133] Die Bindungs-

---

122   BVerwG NVwZ 1994, 782; NVwZ-RR 2004, 542; NVwZ 2005, 1201; 3.3.2016 – 1 B 16/16; *O. R. Kissel*, NJW 1991, 945, 949.

123   BVerwG NVwZ-RR 2004, 342; *O. R. Kissel*, NJW 1991, 945, 949 – dies gilt auch für andere spezialgesetzliche Normen.

124   *D. Ehlers*, in: Schoch/Schneider/Bier § 41 § 17 a GVG Rn. 39; *M. Häfele*, Auswirkungen, 2002, 122.

125   *M. Häfele*, Auswirkungen, 2002, 121.

126   BGH NJW 2003, 1192; 20.7.2004 – III ZB 2/04; BAG NJW 2002, 3725; JurBüro 2003, 42; *K. G. Deubner*, JuS 2003, 692, 693; *ders.*, JuS 2004, 31.

127   *K. G. Deubner*, JuS 2004, 31.

128   *M. Häfele*, Auswirkungen, 2002, 36.

129   *D. Ehle*, JuS 1999, 166, 167; *M. Häfele*, Auswirkungen, 2002, 37.

130   BGH, 29.7.2004 – III ZB 2/04; VGH Mannheim NVwZ-RR 2008, 581. A.M. VGH Kassel NJW 1995, 1170, 1171.

131   *M. Häfele*, Auswirkungen, 2002, 36.

132   BGHZ 119, 246, 249 f.; BSG 20.10.2010 – B 13 R 63/10 B; OVG Münster NVwZ 1994, 179; *D. Ehlers*, in: Schoch/Schneider/Bier § 41 § 17 a GVG Rn. 45; *M. Häfele*, Auswirkungen, 2002, 36.

133   *M. Häfele*, Auswirkungen, 2002, 126 f. m.w.N.

wirkung des § 17 a Abs. 5 GVG tritt unabhängig davon ein, ob das erstinstanzliche Gericht i.R. seiner Entscheidung in der Hauptsache den Rechtsweg ausdrücklich oder nur implizit bejaht hat (BT-Drs. 11/7030, 38; BSG NVwZ-RR 2004, 463, 464; BFH DStRE 2008, 1452, 1453; zum Verhältnis von § 17 Abs. 5 GVG zu Art. 34 S. 3 GG → § 41 § 17 GVG Rn. 55 f.). Nimmt der Kläger jedoch in der Rechtsmittelinstanz eine *Änderung des Streitgegenstands* vor, wird die Grenze der Sperrwirkung des § 17 a Abs. 5 GVG überschritten und muss das Gericht zweiter Instanz selbst ein Vorabentscheidungsverfahren nach § 17 a GVG durchführen (BGHZ 131, 169, 171; → § 41 § 17 GVG Rn. 21.).[134] Hat die erste Instanz fehlerhaft nur eines von mehreren Begehren entschieden, wird nur dieses von der Prüfungssperre erfasst (VGH Kassel NVwZ-RR 1999, 4).[135]

Probleme bereitet die Prüfungssperre in denjenigen Fällen, in denen sich das erstinstanzliche Gericht 44 nicht an das in § 17 a Abs. 2, 3 GVG geregelte Verfahren zur Bestimmung des Rechtswegs gehalten hat. Es handelt sich dabei zum einen um Fälle, in denen das Gericht wegen der Nichteröffnung des Rechtswegs die Klage als unzulässig abweist, anstelle den Rechtsstreit zu verweisen.[136] Zum anderen wird dieses Problem aktuell, wenn das Gericht die Zuständigkeit bejaht, obwohl dies offensichtlich unhaltbar ist (vgl. BFH/NV 2014, 1504, 1505). Entsprechendes gilt, wenn ein Beteiligter die mangelnde Zulässigkeit des Rechtswegs gerügt hat, das Gericht aber ohne Vorabentscheidung nur i.R. der Hauptsacheentscheidung den Rechtsweg konkludent oder ausdrücklich für zulässig angesehen hat. Zutr. geht die Rspr. davon aus, dass hier das Rechtsmittelgericht nicht an die Rechtswegentscheidung der vorhergehenden Instanz gebunden ist.[137] Nach dem Sinn und Zweck der Rechtswegvorschriften sowie dem systematischen Kontext, in den § 17 a Abs. 5 GVG eingebettet ist, sollen die Rechtsmittelgerichte sich nur dann nicht mit dem Rechtsweg befassen, wenn das Erstgericht unter Beachtung des § 17 a GVG eine beschwerdefähige Rechtswegentscheidung getroffen hat. Andernfalls würde den Parteien wegen eines Fehlers des Ausgangsgerichts jeder Rechtsbehelf zur Nachprüfung des Rechtswegs versagt.[138] Zudem kann bei einer Abweisung der Klage als unzulässig allein wegen fehlender Entscheidungskompetenz des Gerichts nicht von einer „Hauptsachenentscheidung" i.S.d. § 17 a Abs. 5 gesprochen werden.[139]

Aus diesem Grund ist als *Voraussetzung* für die Prüfungssperre des § 17 a Abs. 5 GVG zu verlangen, 45 dass ein Vorgehen nach 17 a Abs. 2 und 3 GVG überhaupt stattgefunden hat bzw. die Parteien die Möglichkeit hatten, eine Entscheidung zur Rechtswegfrage herbeizuführen.[140] Nach zutr. Auffassung des VGH München greift die Prüfungssperre des § 17 a Abs. 5 GVG, wenn der Antragsgegner zwar vor dem VG den eingeschlagenen Rechtsweg gerügt hat, aber die Rüge nicht aufrechterhält, weil er sich mit der abweichenden Ansicht des Ausgangsgerichts abgefunden hat und deshalb keine Beschwerde nach § 17 a Abs. 4 S. 3 GVG, sondern eine „gewöhnliche" Beschwerde erhoben hat. Begründet wird dies mit einer Parallele zu der Konstellation, in der die Rüge des nicht gegebenen Rechtswegs von vornherein nicht erhoben wird.[141] Richtigerweise *entfällt* die Bindungswirkung des § 17 a Abs. 5 GVG auch dann, wenn das Gericht vor der erstinstanzlichen Sachentscheidung dem Gegner kein rechtliches Gehör gewährt hat (BGH NJW-RR 2005, 142, 143).

Soweit die Prüfungssperre des § 17 a Abs. 5 GVG nicht entgegensteht, muss sich ggf. das Rechtsmittel- 46 gericht mit der Zulässigkeit des Rechtswegs befassen.[142] Ist es der Ansicht, dass der beschrittene

---

134 M. *Häfele*, Auswirkungen, 2002, 128.
135 W.-R. *Schenke*, in: Kopp/Schenke Anh § 41 Rn. 35.
136 M. *Häfele*, Auswirkungen, 2002, 128 f.
137 BVerwG NJW 1994, 956; BVerwGE 124, 321, 322; 151, 228, 231; BGH NJW 1993, 470, 471; NJW 1995, 2851, 2852; NJW-RR 2005, 142, 143; BFH/NV 2014, 1381, 1382 f.; OVG Lüneburg NJW 1998, 1732; OLG Rostock NJW 2006, 2563; OLG Frankfurt NJW 2008, 3796, 3797; OLG Hamm WRP 2014, 333, 336; C. *Lückemann*, in: Zöller § 17 a GVG Rn. 18. Für den Fall der offensichtlichen Unhaltbarkeit BFH/NV 2014, 1504, 1505.
138 BVerwG NJW 1994, 956; BVerwGE 124, 321, 322; BGHZ 114, 1, 4 ff.; BGH NJW 1999, 651; VGH München BayVBl 1991, 117; NVwZ-RR 1995, 59; NVwZ-RR 2004, 224, 225; D. *Leipold*, JZ 1993, 703, 707 f.; W.-R. *Schenke* in: *Kopp/Schenke* Anh § 41 Rn. 32.
139 BGHZ 119, 246, 249; OVG Münster NVwZ 1994, 179; VGH Kassel NVwZ-RR 1994, 700 f.; VGH München NVwZ-RR 2004, 224, 225.
140 BGH NJW 1994, 387; 29.7.2004 – III ZB 2/04; D. *Ehle*, JuS 1999, 166, 167; D. *Leipold*, JZ 1993, 703, 707 f.
141 VGH München NJW 1997, 1251, 1252; s.a. BSG NVwZ-RR 2004, 463, 464; zust. M. *Häfele*, Auswirkungen, 2002, 131.
142 BGH NJW 1996, 591, 592; NJW 1996, 1890 f.; BVerwG NJW 1994, 956; OLG Brandenburg VergabeR 2003, 654, 658; K. T. *Boin*, NJW 1998, 3747; C. *Lückemann*, in: Zöller § 17 a GVG Rn. 18.

Rechtsweg eröffnet ist und liegen die Voraussetzungen für eine weitere Beschwerde nicht vor, kann es innerhalb seiner Endentscheidung zur Rechtswegfrage Stellung nehmen.[143] Denn die Durchführung eines Vorabentscheidungsverfahrens könnte seinen Sinn kaum erfüllen.[144] Liegen demgegenüber die Voraussetzungen für eine Zulassung der weiteren Beschwerde vor, ist vorab durch Beschluss über den Rechtsweg zu entscheiden und die weitere Beschwerde zuzulassen.[145] Hält das Rechtsmittelgericht den Rechtsweg für unzulässig, ist der Rechtsstreit bei Unzulässigerklärung des beschrittenen Rechtswegs an das zuständige Gericht zu verweisen; unter den Voraussetzungen des § 17 a Abs. 4 S. 4 GVG ist die weitere Beschwerde in dem Beschluss zuzulassen (VGH Mannheim NVwZ-RR 1997, 325, 326; VGH München BayVBl 1995, 310, 311).

§ 17 b GVG   *[Anhängigkeit nach Verweisung]*

(1) Nach Eintritt der Rechtskraft des Verweisungsbeschlusses wird der Rechtsstreit mit Eingang der Akten bei dem im Beschluß bezeichneten Gericht anhängig. Die Wirkungen der Rechtshängigkeit bleiben bestehen.

(2) Wird der Rechtsstreit an ein anderes Gericht verwiesen, so werden die Kosten im Verfahren vor dem angegangenen Gericht als Teil der Kosten behandelt, die bei dem Gericht erwachsen, an das der Rechtsstreit verwiesen wurde. Dem Kläger sind die entstandenen Mehrkosten auch dann aufzuerlegen, wenn er in der Hauptsache obsiegt.

(3) Absatz 2 Satz 2 gilt nicht in Familiensachen und in Angelegenheiten der freiwilligen Gerichtsbarkeit.

Schrifttum

Markus Häfele, Die Auswirkungen der Neufassung der §§ 17 bis 17 b GVG auf das gerichtliche Verfahren einschließlich hierzu ergangener Rechtsprechung, 2002; *O. R. Kissel*, Neues zur Gerichtsverfassung, NJW 1991, 945; *ders.*, Die neuen §§ 17 bis 17 b GVG in der Arbeitsgerichtsbarkeit, NZA 1995, 345.

I. Allgemeines

1   § 17 b GVG setzt sich aus drei Regelungen zusammen. § 17 b Abs. 1 GVG regelt das Anhängigwerden des Rechtsstreits beim empfangenden Gericht und das Fortwirken der Rechtshängigkeit. Abs. 2 enthält eine Kostenregelung. In dieser Norm manifestiert sich in besonderer Weise der Gedanke der *Einheit der rechtsprechenden Gewalt*, weil die Wirkungen der Klage, gleich vor welcher Gerichtsbarkeit sie erhoben wird, bestehen bleiben.[1]

II. Die Anhängigkeit beim Adressatengericht des Verweisungsbeschlusses (§ 17 b Abs. 1 S. 1 GVG)

2   § 17 b Abs. 1 S. 1 GVG legt den Zeitpunkt des Anhängigwerdens des Verfahrens bei dem Gericht fest, an das der Rechtsstreit verwiesen wird. Die Anhängigkeit tritt ein, wenn zum einen der Verweisungsbeschluss *rechtskräftig* ist und zum anderen die *Akten* bei dem Gericht, an das verwiesen wurde, *eingegangen* sind. § 17 b GVG ergänzt § 17 a GVG. Mit dem Anhängigwerden ist der Verweisungsbeschluss auch bindend. Der Begriff der *Anhängigkeit* des Rechtsstreits darf nicht mit dem Begriff der Rechtshängigkeit verwechselt werden. Die Anhängigkeit führt nicht dazu, dass der Rechtsstreit erneut rechtshängig wird.[2] Anhängigkeit meint in diesem Zusammenhang allein die formelle prozessuale Zuordnung des Rechtsstreits zu dem Gericht, an das dieser verwiesen wurde.[3]

3   **1. Rechtskraft des Verweisungsbeschlusses.** Erste Voraussetzung der Anhängigkeit ist die Rechtskraft des Verweisungsbeschlusses. Rechtskräftig ist ein Verweisungsbeschluss, wenn er unanfechtbar gewor-

---

143 BGHZ 132, 245, 247; OLG Brandenburg VergabeR 2003, 654, 658; *C. Lückemann*, in: Zöller § 17 a GVG Rn. 18.
144 *D. Ehlers*, in: Schoch/Schneider/Bier § 41 § 17 a GVG Rn. 30.
145 BGHZ 132, 245, 247; *D. Ehlers*, in: Schoch/Schneider/Bier § 41 § 17 a GVG Rn. 30.
  1 *W. Zimmermann*, in: MüKoZPO § 17 b GVG Rn. 1.
  2 *M. Häfele*, Auswirkungen, 2002, 37.
  3 BT-Drs. 11/7030, 38; *M. Häfele*, Auswirkungen, 2002, 37; *J. v. Albedyll, in: Bader § 41 Rn. 36.*

den ist. In aller Regel bedeutet dies, dass die Beschwerdefrist gegen den Verweisungsbeschluss abgelaufen sein muss, ohne dass tatsächlich Beschwerde eingelegt wurde. Gem. § 147 Abs. 1 beträgt die Frist sowohl für die sofortige Beschwerde nach § 17 a Abs. 4 S. 3 GVG als auch für die weitere Beschwerde nach § 17 a Abs. 4 S. 4 GVG zwei Wochen. Die Frist beginnt mit der Bekanntgabe des Verweisungsbeschlusses.[4] Bei einer unrichtigen Rechtsbehelfsbelehrung ist im Verwaltungsprozessrecht § 58 Abs. 2 maßgeblich.

2. Eingang der Akten bei dem Verweisungsgericht. Neben der Rechtskraft des Verweisungsbeschlus- 4 ses ist für die Anhängigkeit des Rechtsstreits bei dem im Verweisungsbeschluss bezeichneten Gericht erforderlich, dass die Akten des Rechtsstreits bei ihm eingegangen sind. Ohne Kenntnis der Akten kann es nicht tätig werden.[5] Das abgebende Gericht darf die Akten nicht vor der Rechtskraft des Verweisungsbeschlusses an das eigentlich zuständige Gericht übersenden.[6] Werden die Akten dennoch vor Rechtskraft des Verweisungsbeschlusses versendet, so tritt Anhängigkeit des Rechtsstreits erst zu dem Zeitpunkt ein, in dem der Verweisungsbeschluss auch rechtskräftig wird. Allein der Eingang der Akten bei dem Gericht, an das verwiesen worden ist, genügt für die Bejahung der Anhängigkeit nicht.[7] Der iudex a quo hat bis zur Rechtskraft des Verweisungsbeschlusses die Verfahrensherrschaft über den Rechtsstreit inne. Solange der Verweisungsbeschluss nicht rechtskräftig ist, hindert § 17 a Abs. 2 S. 3 GVG das Empfangsgericht nicht, die Akten an das Ausgangsgericht zurückzugeben, weil der Rechtsstreit noch bei diesem anhängig ist. Ein derartiges Vorgehen ist jedoch nicht ratsam, wenn z.B. alle Beteiligten die Verweisung beantragt haben.[8] Erst nach Eintritt der Rechtskraft des Verweisungsbeschlusses geht die Verfahrensherrschaft auf den iudex ad quem über, wenn auch die Akten übersandt worden sind.[9] Das zuerst angerufene Gericht ist zur unverzüglichen Versendung der Akten nach Rechtskraft des Verweisungsbeschlusses verpflichtet).[10]

3. Folgen der Anhängigkeit. Ist die Anhängigkeit bei dem Gericht eingetreten, an das der Rechtsstreit 5 verwiesen wurde, muss es diesen entscheiden. Gem. § 17 a Abs. 2 S. 3 GVG darf es den Rechtsstreit nicht mit der Begründung an ein anderes Gericht verweisen oder an das abgebende Gericht zurückverweisen, dass der Rechtsweg zu ihm nicht eröffnet sei. Für die Entscheidung des Rechtsstreits legt das Empfangsgericht grds. seine eigene Verfahrensordnung zugrunde. Materiell muss es alle in Betracht kommenden Rechtsgrundlagen prüfen, auch wenn diese nicht zu seiner Gerichtsbarkeit gehören (→ § 41 § 17 a GVG Rn. 21). Im Augenblick der Anhängigkeit wird das Verfahren vor dem neuen Gericht unmittelbar in der Lage fortgesetzt, in der es sich bei der Verweisung befand (BGH NJW 1986, 2255, 2256). Aus diesem Grund gelten alle bis dahin erfolgten Prozesshandlungen als vor dem neuen Gericht vorgenommen. Das Adressatengericht kann bereits getätigte Beweisaufnahmen übernehmen, weil das Verfahren trotz der Behandlung durch zwei Gerichte verschiedener Gerichtsbarkeiten als eine Einheit zu betrachten ist.[11] Mit der Anhängigkeit ist es für alle weiteren Prozesshandlungen, z.B. eine Klageänderung, zuständig.[12] Eventuell erforderliche Prozessvoraussetzungen sind nachzuholen, soweit dies noch möglich ist. Bspw. muss bei einer Verweisung eines Zivilgerichts an ein VG von diesem das Vorliegen des Vorverfahrens (§ 68) geprüft und ggf. nachgeholt werden.[13] Auch muss bei einer Verweisung eine nach dem geltenden Verfahrensrecht notwendige mündliche Verhandlung in jedem Fall nachgeholt werden.[14]

---

4 *D. Ehlers,* in: Schoch/Schneider/Bier § 41 § 17 b GVG Rn. 3.
5 *D. Ehlers,* in: Schoch/Schneider/Bier § 41 § 17 b GVG Rn. 4.
6 BAG NZA 1992, 1047; *O. R. Kissel,* NJW 1991, 945, 950; *W. Klimpe-Auerbach,* ArbuR 1992, 110, 113; *W.-R. Schenke,* in: *Kopp/Schenke* Anh § 41 Rn. 27.
7 *W.-R. Schenke,* in: Kopp/Schenke Anh § 41 Rn. 27.
8 Näher dazu *M. Häfele,* Auswirkungen, 2002, 150 f.
9 *K. Rennert,* in: Eyermann § 41 Rn. 40.
10 *D. Ehlers,* in: Schoch/Schneider/Bier § 41 § 17 b GVG Rn. 4.
11 *M. Häfele,* Auswirkungen, 2002, 150; *K. Rennert,* in: Eyermann § 41 Rn. 41.
12 *D. Ehlers,* in: Schoch/Schneider/Bier § 41 § 17 b GVG Rn. 5; *W. Zimmermannn,* in: MüKoZPO § 17 b GVG Rn. 5.
13 *D. Ehlers,* in: Schoch/Schneider/Bier § 41 § 17 b GVG Rn. 5; *M. Häfele,* Auswirkungen, 2002, 83; *W.-R. Schenke,* in: *Kopp/Schenke* Anh § 41 Rn. 26. A.M. BGH NJW 1993, 332, 333; offen gelassen von BSG NVwZ-RR 2000, 648.
14 *M. Häfele,* Auswirkungen, 2002, 150; *Kissel/Mayer* § 17 Rn. 47.

III. Das Fortwirken der Rechtshängigkeit (§ 17 b Abs. 1 S. 2 GVG)

6   Nach § 17 b Abs. 1 S. 2 bleiben die Wirkungen der Rechtshängigkeit, die mit Klageerhebung bei dem ersten Gericht eingetreten sind, auch bei einer späteren Verweisung des Rechtsstreits wegen Unzuständigkeit des angerufenen Gerichts bestehen.[15] Der Eintritt der Rechtshängigkeit bestimmt sich grds. allein nach den Voraussetzungen, welche dafür im zunächst beschrittenen Rechtsweg bestehen.[16] Die mit ihr verbundenen Wirkungen gelten sowohl in *prozessualer* als auch in *materieller* Hinsicht fort.[17] Prozessual gesehen wirken deshalb bspw. die Fristwahrung, Nebenintervention, Streitverkündung oder die Entscheidung über die PKH fort.[18]

7   Bedeutung hat die Fortwirkung der Rechtshängigkeit v.a. für die *Wahrung der Klagefrist*. Wird z.B. eine Klage innerhalb der Frist des § 74 zum ordentlichen Gericht erhoben und verweist dieses erst nach Ablauf der Frist den Rechtsstreit an das VG, ist die Klagefrist dennoch gewahrt.[19] Für die Beurteilung der Fristwahrung ist gem. § 17 b Abs. 1 S. 2 GVG der Eingang bei dem unzuständigen Gericht maßgeblich. Dies gilt selbst dann, wenn der Kläger seine Klage trotz ordnungsgemäßer Rechtsmittelbelehrung beim falschen Gericht eingereicht hat (OVG Koblenz NVwZ-RR 1996, 181 f.).[20] Sollte die einmonatige Klagefrist des § 74 jedoch schon *vor* der Erhebung der Klage beim Zivilgericht *abgelaufen* sein, ändert sich daran durch die Verweisung des Rechtsstreits nichts mehr.[21] Andernfalls könnten durch die Einreichung einer Klage bei einem Gerichtszweig, der längere Klagefristen kennt als der eigentlich zuständige, die maßgeblichen Fristvorschriften umgangen werden.[22] Die vorgenannten Grundsätze sind *nicht* anzuwenden, wenn ein *Rechtsmittel* bei einer Gerichtsinstanz eingelegt wird, die für eine Entscheidung in dieser Instanz gar nicht zuständig ist. Denn die Wahrung von Rechtsmittelfristen lässt sich mit den Wirkungen der Rechtshängigkeit nicht vergleichen.[23]

8   In materieller Hinsicht ist die Rechtshängigkeit und damit auch ihre Fortgeltung z.B. bei den §§ 204, 818 Abs. 4, 819, 987 BGB von Bedeutung. Gem. § 204 Abs. 1 Nr. 1 BGB i.V.m. § 17 b Abs. 1 S. 2 GVG wird die Verjährung auch gehemmt, wenn vor Fristablauf bei einem Gericht des falschen Rechtswegs Klage erhoben wird.[24]

IV. Die Kosten des Verweisungsverfahrens (§ 17 b Abs. 2 GVG)

9   In § 17 b Abs. 2 GVG werden die Kosten des Verweisungsverfahrens geregelt. Gem. S. 1 gilt der *Grundsatz der Kosteneinheit*. Wird ein Rechtsstreit an ein anderes Gericht verwiesen, werden die Kosten in dem Verfahren vor dem angegangenen Gericht als Teil der Kosten behandelt, die bei dem Gericht erwachsen, an das der Rechtsstreit verwiesen wurde. Darüber hinaus wird in S. 2 unter Zugrundelegung des *Verursachungsprinzips* bestimmt, dass dem Kläger die mit der Verweisung verbundenen Mehrkosten auch dann aufzuerlegen sind, wenn er in dem Rechtsstreit in der Hauptsache obsiegt. Die Vorschrift gilt in erster Linie für die Rechtswegverweisung, aber auch für die Verweisung wegen sachlicher oder örtlicher Unzuständigkeit des angegangenen Gerichts, wenn die jeweils geltenden Verfahrensordnungen – wie die VwGO in § 83 – entsprechende Verweisungen enthalten (BT-Drs. 11/7030, 38).

10   **1. Einheitlichkeit der Kostenentscheidung.** Wie sich aus § 17 b Abs. 2 S. 1 GVG ergibt, bilden die Kosten, die durch die Verweisung entstanden sind, mit den Kosten, die bei dem Gericht angefallen sind, an das der Rechtsstreit verwiesen wurde, eine Kosteneinheit.[25] Das empfangende Gericht ent-

---

15   W. *Klimpe-Auerbach*, ArbuR 1992, 110, 113.
16   M. *Häfele*, Auswirkungen, 2002, 38.
17   BT-Drs. 11/ 7030, 38; BVerwG DVBl 1993, 562, 563; O. R. *Kissel*, NJW 1991, 945, 950; *Wittschier*, in: Musielak § 17 b GVG Rn. 4; M. *Häfele*, Auswirkungen, 2002, 38; D. *Ehlers*, in: Schoch/Schneider/Bier § 41 § 17 b GVG Rn. 6.
18   O. R. *Kissel*, NZA 1995, 345, 349.
19   BGH NJW 1986, 2255, 2257; BVerwG DVBl 1993, 562, 563; OVG Münster NJW 1996, 334; M. *Häfele*, Auswirkungen, 2002, 151; O. R. *Kissel*, NJW 1991, 945, 950; W. *Klimpe-Auerbach*, ArbuR 1992, 110, 113.
20   S.a. M. *Häfele*, Auswirkungen, 2002, 152.
21   BVerwG DVBl 1993, 562, 563; D. *Ehlers*, in: Schoch/Schneider/Bier § 41 § 17 b GVG Rn. 6; M. *Häfele*, Auswirkungen, 2002, 151.
22   D. *Ehlers*, in: Schoch/Schneider/Bier § 41 § 17 b GVG Rn. 6; K. *Rennert*, in: Eyermann § 41 Rn. 42.
23   OVG Münster DVBl 1997, 1339; VGH Kassel NJW 1997, 211; K. *Rennert*, in: Eyermann § 41 Rn. 42.
24   O. R. *Kissel*, NJW 1991, 945, 950.
25   D. *Ehle*, JuS 1999, 166, 168; *Kissel/Mayer* § 17 Rn. 49; W.-R. *Schenke*, in: Kopp/Schenke Anh § 41 Rn. 37.

scheidet in seiner Endentscheidung über die Kosten des Rechtsstreits einschließlich der durch die Verweisung entstandenen Kosten.[26] Durch § 17b Abs. 2 S. 1 GVG wird der Grundsatz der Kosteneinheit über die Grenzen der Gerichtsbarkeit hinaus erstreckt.[27] Der Verweisungsbeschluss enthält somit weder eine Kostenentscheidung noch einen Streitwertbeschluss (OLG Köln NJW-RR 1993, 639; VGH Mannheim NVwZ-RR 1992, 165). Erlässt das zuerst angegangene Gericht dennoch einen Streitwertbeschluss, ist dieser nach zutr. Ansicht des VGH Mannheim in entsprechender Anwendung der §§ 63, 67 GKG zu ändern (VGH Mannheim NVwZ-RR 1992, 165). Keine Kostenentscheidung ist hingegen zu fällen, wenn das zuerst angegangene Gericht eine rechtswegbejahende Entscheidung trifft. Hier fallen keine Gerichtskosten an.[28]

Problematisch ist, ob § 17b Abs. 2 GVG auch bei Durchführung eines *Beschwerdeverfahrens* nach 11 § 17a Abs. 4 GVG zur Anwendung kommt. Der Wortlaut des § 17b Abs. 2 S. 1 GVG bezieht sich nur auf das „angegangene" Gericht. Damit sind aber nicht diejenigen Gerichte gemeint, die nach § 17a Abs. 4 GVG über die Beschwerde gegen einen Verweisungsbeschluss befinden müssen (BVerwGE 103, 26, 32).[29] Richtigerweise haben die Beschwerdegerichte selbständig über die Kosten des Beschwerdeverfahrens zu entscheiden.[30] Es sind die Kostenregelungen der jeweiligen Verfahrensordnung anzuwenden. In den Fällen, in denen die Verweisung infolge Rücknahme der Klage gegenstandslos geworden ist, findet § 17b Abs. 2 GVG ebenfalls keine Anwendung, sondern sind die für die Klagerücknahme geltenden Kostentragungsregelungen anzuwenden (§ 155 Abs. 2 VwGO).[31] Hat eine Beschwerde gegen einen Verweisungsbeschluss Erfolg, können, sofern der Beklagte die Verweisung nicht beantragt und der Beschwerde nicht entgegengetreten ist, die dem Beschwerdeführer (und Kläger) entstandenen außergerichtlichen Kosten weder dem Beklagten noch der Staatskasse auferlegt werden.[32]

2. Mehrkosten. Nach § 17b Abs. 2 S. 2 GVG muss der Kläger für die durch die Verweisung entstan- 12 denen *Mehrkosten* aufkommen. Da er als Initiator der Klage für die Wahl des Rechtswegs verantwortlich ist, muss der Beklagte auch im Falle des Unterliegens die mit der falschen Rechtswegwahl verbundenen Kosten nicht tragen.[33] Im Verwaltungsprozessrecht geht § 155 Abs. 4 der Regelung des § 17b Abs. 2 S. 2 GVG als lex specialis vor.[34] Dieser trifft aber inhaltlich insoweit keine anderer Regelung als § 17b Abs. 2 S. 2 GVG.

Die *Mehrkosten* sind nicht mit den Gerichtskosten gleichzusetzen. Sie betreffen vielmehr die Differenz 13 zwischen den Kosten, die insgesamt vor beiden Gerichten entstanden sind, und den Kosten, die dem Beklagten entstanden wären, wenn der Kläger gleich vor dem zuständigen Gericht Klage eingereicht hätte.[35] Für die darüber hinausgehende Kostenentscheidung sind die Vorschriften des allgemeinen Verfahrens anzuwenden (§§ 154 ff.). Spezielle Regelungen im Zusammenhang mit einer Verweisung enthalten § 4 Abs. 2 GKG und § 20 RVG.

§ 42 [Anfechtungs- und Verpflichtungsklage; Klagebefugnis]

(1) Durch Klage kann die Aufhebung eines Verwaltungsakts (Anfechtungsklage) sowie die Verurteilung zum Erlaß eines abgelehnten oder unterlassenen Verwaltungsakts (Verpflichtungsklage) begehrt werden.

---

26 OVG Münster NVwZ-RR 1993, 668, 670; VGH München NVwZ-RR 1993, 668; *Kissel/Mayer* § 17 Rn. 49.
27 *M. Häfele*, Auswirkungen, 2002, 152.
28 *K. Rennert*, in: Eyermann § 41 Rn. 44.
29 *M. Häfele*, Auswirkungen, 2002, 153.
30 BGH NJW 1993, 2541, 2542; BSG MDR 1997, 1066; BVerwGE 103, 26, 32; BVerwG DVBl 2007, 969, 973; NVwZ-RR 2015, 69, 70; OVG Koblenz NVwZ-RR 2010, 587, 588; *J. Wittschier*, in: Musielak § 17b GVG Rn. 5; *W. Zimmermann*, in: MüKoZPO § 17b GVG Rn. 10. A.M. VGH Mannheim NJW 1994, 2500, 2501; BFH NVwZ-RR 1997, 753; *K. Rennert*, in: Eyermann § 41 Rn. 45.
31 BayLSG 9.1.2017 – L 1 SV 19/16 B.
32 VGH München NVwZ-RR 2016, 399, 400.
33 *M. Häfele*, Auswirkungen, 2002, 38.
34 VGH Kassel NVwZ-RR 1989, 54, 55; *D. Ehlers*, in: Schoch/Schneider/Bier § 41 § 17b GVG Rn. 10.
35 *O. R. Kissel*, NJW 1991, 945, 950; *W.-R. Schenke*, in: Kopp/Schenke Anh § 41 Rn. 38.

(2) Soweit gesetzlich nichts anderes bestimmt ist, ist die Klage nur zulässig, wenn der Kläger geltend macht, durch den Verwaltungsakt oder seine Ablehnung oder Unterlassung in seinen Rechten verletzt zu sein.

Schrifttum

1. Allgemeines

a) Monographien und Beiträge in Sammelwerken: *M. Amberg*, Der verwaltungsgerichtliche Schutz des Nachbarn gegenüber bereits genehmigten privaten Bauvorhaben, 1966; *O. Bachof*, Die verwaltungsgerichtliche Klage auf Vornahme einer Amtshandlung, ²1968; *H. v. Barby*, Verwaltungsgerichtliche Klagen auf Rechtsetzung?, 1973; *B. Bender/R. Dohle*, Nachbarschutz im Zivil- und Verwaltungsrecht, 1972; *K. A. Bettermann*, Über Klage- und Urteilsarten, 1967; *R. Bleutge*, Der Kommunalverfassungsstreit, 1970; *H.-C. Bock*, Das Rechtsschutzbedürfnis im Verwaltungsprozeß, 1971; *W. Brohm*, Die Konkurrentenklage, in: FS Menger, 1985, 235; *G. D. Buhren*, Der gerichtliche Rechtsschutz gegen Verwaltungsakte mit drittbelastender Doppelwirkung, 1973; *J. Burmeister*, Verträge und Absprachen zwischen der Verwaltung und Privaten, in: VVDStRL 52 (1993), 190; *S. Detterbeck*, Streitgegenstand und Entscheidungswirkungen im Öffentlichen Recht, 1994; *D. Ehlers*, Der gerichtliche Rechtsschutz der Gemeinde gegenüber Verwaltungsakten des Finanzamtes in Gewerbesteuerverfahren, 1986; *O.-R. Baron v. Engelhardt*, Der Rechtsschutz gegen Rechtsnormen, 1971; *H.-U. Erichsen*, Der Innenrechtsstreit, in: FS Menger, 1985, 211; *M. Fehling*, Die Konkurrentenklage bei der Zulassung privater Rundfunkveranstalter, 1994; *K. Fischer*, Die öffentlich-rechtliche Nachbarklage, 1965; *W. Folger*, Abgrenzung der Anwendungsbereiche der Leistungsklage in der VwGO, 1970; *W. Frenz*, Verwaltungsgerichtlicher Rechtsschutz in Konkurrenzsituationen, 1999; *W. Gleixner*, Die Normerlaßklage, 1993; *A. Göpfert*, Die Fortsetzungsfeststellungsklage – Versuch einer Neuorientierung, 1997; *T. A. Haag*, „Effektiver Rechtsschutz" – grundrechtlicher Anspruch oder Leerformel?, 1985; *G. Hantke*, Die öffentlichrechtliche Beseitigungsklage, 1966; *W. Henke*, Das Recht der Wirtschaftssubventionen als öffentliches Vertragsrecht, 1979; *J.-H. Hong*, Die Klage zur Durchsetzung von Vornahmepflichten der Verwaltung, 1992; *W. Hoppe*, Organstreitigkeiten vor den Verwaltungs- und Sozialgerichten, 1970; *P. M. Huber*, Konkurrenzschutz im Verwaltungsrecht, 1991; *J. W. Kügel*, Der Planfeststellungsbeschluß und seine Anfechtbarkeit, 1985; *T. Lapp*, Vorbeugender Rechtsschutz gegen Normen, 1994; *U. Lau*, Rechtsschutz bei der Planung von Flughäfen, 1977; *D. Lorenz*, Der Rechtsschutz des Bürgers und die Rechtsweggarantie, 1973; *ders.*, Die verfassungsrechtlichen Vorgaben des Art. 19 Abs. 4 GG für das Verwaltungsprozeßrecht, in: FS Menger, 1985, 143; *B. Jung Lundberg-Höwing*, Der verwaltungsgerichtliche Rechtsschutz des Beamten gegen dienstaufsichtliche und organisatorische Maßnahmen, 1992; *S. Lascho*, Die Erledigung des Verwaltungsaktes als materiellrechtliches und verwaltungsprozessuales Problem, 2001; *K. Machens*, Die Klagemöglichkeiten von einzelnen oder Gruppen von Mitgliedern gegen ihr eigenes Kollegialorgan innerhalb der öffentlichen Verwaltung, 1964; *C.-F. Menger*, System des verwaltungsgerichtlichen Rechtsschutzes, 1954; *D. Mieth*, Der Rechtsschutz des außerhalb der Verwaltung stehenden Bürgers gegenüber internen Einzelmaßnahmen der Verwaltung, insbesondere Weisungen – unter besonderer Berücksichtigung der Anordnung von Auftragssperren, 1976; *H.-J. Papier*, Normenkontrolle (§ 47 VwGO), in: FS Menger, 1985, 517; *K. B. Park*, Konkurrentenklage im Subventionsrecht, 1992; *W. Pauly*, Anfechtbarkeit und Verbindlichkeit von Weisungen in der Bundesauftragsverwaltung, 1989; *S. Pohle*, Mitgliederklagen in Zwangskörperschaften, 1993; *Georg Schlez*, Rechtsschutz im Baurecht, 1993; *H. Rabeneck*, Vorbeugender Verwaltungsrechtsschutz, 1968; *J. Remmel*, Die Konkurrentenklage im Beamtenrecht, 1982; *G. Rönnebeck*, Klageformen im Bereich der verwaltungsgerichtlichen Leistungsklagen, 1968; *K. A. Schachtschneider*, Staatsunternehmen und Privatrecht, 1986; *W.-R. Schenke*, Rechtsschutz bei normativem Unrecht, 1979; *ders.*, Die Fortsetzungsfeststellungsklage, in: FS Menger, 1985, 461; *P. Schlosser*, Gestaltungsklagen und Gestaltungsurteile, 1966; *M. Schmidt-Preuß*, Kollidierende Privatinteressen im Verwaltungsrecht, 1992; *F. Schoch*, Vorläufiger Rechtsschutz und Risikoverteilung im Verwaltungsrecht, 1988; *M. Schulte*, Schlichtes Verwaltungshandeln, 1995; *J. Schwarze*, Subventionen im Gemeinsamen Markt und der Rechtsschutz des Konkurrenten, in: GS für Wolfgang Martens, 1987, 819; *M.-J. Seibert*, Die Bindungswirkung von Verwaltungsakten, 1989; *W. Selb*, Die verwaltungsgerichtliche Feststellungsklage, 1998; *B. Seyderhelm*, Verwaltungsgerichtlicher Rechtsschutz gegen Maßnahmen im Schulverhältnis, 1984; *H. Siemer*, Rechtsschutz im Spannungsfeld zwischen Normenkontrolle und Feststellungsklage, in: FS Menger, 1985, 501; *H. Sodan*, Kollegiale Funktionsträger als Verfassungsproblem, 1987; *A. Sonntag*, Die Beweislast bei Drittbetroffenenklagen, 1986; *P. Stegelmann-Nolten*, Das Widerspruchsverfahren vor der Fortsetzungsfeststellungsklage analog § 113 I S. 4 VwGO, der allgemeinen Leistungsklage, der Untätigkeitsklage, der Feststellungsklage und dem verwaltungsgerichtlichen Normenkontrollverfahren, 1994; *V. Stein*, Die Sachentscheidungsvoraussetzung des allgemeinen Rechtsschutzbedürfnisses im Verwaltungsprozeß, 2000; *R. Stober* (Hrsg.), Rechtsschutz im Wirtschaftsverwaltungs- und Umweltrecht, 1993; *G. Strahl*, Die allgemeine Gestaltungsklage als Klageart im Verwaltungsprozeß, 1987; *M. Sudhof*, Dreieckige Rechtsverhältnisse im Wirtschaftsverwaltungsrecht, 1989; *D. Th. Tsatsos*, Der verwaltungsrechtliche Organstreit, 1969; *C. H. Ule*, Das besondere Gewaltverhältnis, VVDStRL 15 (1957), 133; *P. Volker*, Probleme der Rechtsstellung von Flughafennachbarn, 1967; *K. Westbomke*, Der Anspruch auf Erlaß von Rechtsverordnungen und Satzungen, 1976; *W. Wieseler*, Der vorläufige Rechtsschutz gegen Verwaltungsakte, 1967; *C. Willmer*, Die sog. „Fortsetzungsfeststellungsklage" – ein rechtliches Nullum?, 1994; *M. Zuleeg*, Die Rechtsform der Subventionen, 1965; *ders.*, Die Zweistufenlehre, in: Verwaltung im Dienste von Wirtschaft und Gesellschaft. FS für Ludwig Fröhler, 1980, 275.

b) Beiträge in Zeitschriften: *S. Altenschmidt*, Rechtsprobleme der periodenbegrenzten Gültigkeit der Emissionsberechtigungen, NVwZ 2008, 138; *O. Bachof*, Der maßgebende Zeitpunkt für die gerichtliche Beurteilung von Verwaltungsakten, JZ 1954, 416; *H. v. Barby*, Der Anspruch auf Erlaß einer Rechtsverordnung, NJW 1989, 80; *M. Baring*, Die Prozeßvoraussetzungen im Verwaltungsrechtsstreit, AöR 76 (1950/51), 435; *ders.*, Die versteckte Vornahmeklage, BayVBl 1957, 1; *U. Battis*, Neukonzeption des beamtenrechtlichen Konkurrentenstreits, DVBl 2013, 673; *H. Bäumler*, Rechtsschutz gegen Flughafenplanungen, DÖV 1981, 43; *R. Beine*, Rechtsprobleme bei der Anlegung und dem Betrieb eines Flughafens, ZLR 1958, 363; *ders.*, Bemerkungen zum Genehmigungsverfahren nach § 6 des Luftverkehrsgesetzes unter besonderer Berücksichtigung von Auflagen, ZLW 1961, 3; *B. Bender*, Die Verbandsklage, DVBl 1977, 169; *W. Bernet*, Verwaltungsakte und Rechtsmittel/Rechtsbehelfe im Systemwandel, LKV 1992, 345; *H. Bethge*, Probleme verwaltungsrechtlicher Organstreitigkeiten, Verw 8 (1975), 459; *ders.*, Das Hausrecht der öffentlichen Hand im Dilemma zwischen öffentlichem Recht und Privatrecht, Verw 10 (1977), 313; *ders.*, Grundfragen innerorganisationsrechtlichen Rechtsschutzes, DVBl 1980, 309; *ders.*, Abschied von der Zweistufenlehre, JR 1972, 139; *K. A. Bettermann*, Der verwaltungsgerichtliche Rechtsschutz bei Nichtbescheidung des Widerspruchs oder des Vornahmeantrags, NJW 1960, 1081, 1098; *K. T. Boin*, Die Überprüfung einer Satzung durch verwaltungsgerichtliche Klage, JA 1994, 306; *M. Böttiger*, § 7 BauGB – Rechtsschutz der

Gemeinde?, VR 2007, 219; *C.-D. Bracher*, Vorläufiger Rechtsschutz im Streit um Beförderungsplanstellen und Beförderungsdienstposten, ZBR 1989, 139; *M. Burgi*, Moderne Krankenhausplanung zwischen staatlicher Gesundheitsverantwortung und individuellen Trägerinteressen, NVwZ 2010, 601; *F. Czermak*, Nochmals: Rechtsnatur von Verkehrsregelungen durch amtliche Verkehrszeichen, JuS 1981, 25; *T. v. Danwitz*, Die Benutzung kommunaler öffentlicher Einrichtungen – Rechtsformenwahl und gerichtliche Kontrolle, JuS 1995, 1; *H. Demme*, Die Stellung des Gaststätten-Nachbarn im Prozeß, GewArch 1970, 145; *T. Dünchheim*, Die Einwirkungen des Europarechts auf die verwaltungsprozessuale Normabwehr-, Normerlaß- und Normergänzungsklage, DÖV 2004, 137 ff.; *H. Duken*, Normerlaßklage und fortgesetzte Normerlaßklage, NVwZ 1993, 546; *D. Ehlers*, Gesetzesvorbehalt und Hausrecht der Verwaltungsbehörden, DÖV 1977, 737; *ders.*, Die Handlungsformen bei der Vergabe von Wirtschaftssubventionen, VerwArch 74 (1983), 112; *ders.*, Die Klagearten und besonderen Sachentscheidungsvoraussetzungen im Kommunalverfassungsstreitverfahren, NVwZ 1990, 105; *ders.*, Die Fortsetzungsfeststellungsklage, Jura 2001, 415; *H.-U. Erichsen*, Die Zulässigkeit einer Klage vor dem Verwaltungsgericht, Jura 1980, 103, 153; *ders.*, Die Umsetzung von Beamten, DVBl 1982, 95; *ders.*, Konkurrentenklagen im Öffentlichen Recht, Jura 1994, 385; *ders./D. Rauschenberg*, Rechtsschutz in der Verwaltungsvollstreckung, Jura 1998, 31, 323; *B. J. Fehn*, Die isolierte Auflagenanfechtung, DÖV 1988, 202; *W. Fehrmann*, Kommunalverwaltung und Verwaltungsgerichtsbarkeit, DÖV 1983, 311; *C. P. Fichtmüller*, Doppelnatur von Verwaltungsakten?, JuS 1965, 350; *H. C. Fickert*, Ist die Zustimmung nach § 9 Abs. 2 FStrG ein Verwaltungsakt oder ein Verwaltungsinternum?, DÖV 1964, 661; *K. Finkelnburg*, Über die Konkurrentenklage im Beamtenrecht, DVBl 1980, 809; *W. Frenz*, Der Rechtsschutz gegen unmittelbar beeinträchtigende Normen, BayVBl 1993, 483; *K. H. Friauf*, Die behördliche Zustimmung zu Verwaltungsakten anderer Behörden – Verwaltungsakt oder bloßes Verwaltungsinternum, DÖV 1961, 666; *H.-J. Friehe*, Die Konkurrentenklage gegen einen öffentlich-rechtlichen Subventionsvertrag, DÖV 1980, 673; *W. Frotscher*, Rechtsschutz nur gegen Verwaltungsakte?, DÖV 1971, 259; *W. Funk*, Zur Anfechtbarkeit von Auflagen und „Genehmigungsinhaltsbestimmungen", BayVBl 1986, 105; *G. Gebhardt*, Rechtsschutz durch und gegen die Verwaltung in Frankreich – zugleich eine vergleichende Betrachtung zu Annäherungstendenzen des französischen und deutschen Verwaltungsrechtsschutzsystems, VBlBW 2007, 1; *H. Geiger*, Rechtsschutzmöglichkeiten im Fahrerlaubnisrecht, SVR 2006, 121; *Gelzer*, Die Klage des Nachbarn wegen störender Bauvorhaben im öffentlichen Recht, NJW 1958, 325; *A. Göpfert*, Der Fruchterhalt im Verwaltungsprozeß: Gedanken zur Fortsetzungsfeststellungsklage, NVwZ 1997, 143; *E. Grabherr*, Zur Zulässigkeit der Klage von Gemeinden gegen eine Flugplatzgenehmigung mit nachfolgender Planfeststellung, ZLW 1977, 247; *W. Graf*, Verwaltungsgerichtliche Kassation kommunal-verfassungsrechtlicher Akte, BayVBl 1982, 332; *L. Gramlich*, Der Verwaltungsakt – ein zentrales Handlungsinstrument der Behörden, Kommunalpraxis 1995, 3; *J. Greim/F. Michl*, Kommunalverfassungsrechtliche Drittanfechtung, NVwZ 2013, 775; *A. Guckelberger*, Besonderheiten der Vollstreckungsabwehrklage im Verwaltungsprozessrecht?, NVwZ 2004, 662; *H. Günther*, Konkurrentenstreit und kein Ende? Bestandsaufnahme zur Personalmaßnahme Beförderung, ZBR 1990, 284; *ders.*, Beförderung, ZBR 1979, 93; *ders.*, Vom Stand des Streits um die Konkurrentenklage, ZBR 1983, 45; *ders.*, Konkurrentenstreit um Beförderungsdienstposten, DÖD 1984, 161; *ders.*, Einstweiliger Rechtsschutz im Vorfeld der Beförderung, NVwZ 1986, 697; *ders.*, „Einverständnis" des aufnehmenden Dienstherrn mit der Versetzung: Rechtschutzfragen, ZBR 1993, 353; *M. Hagedorn*, Rechtsmittel gegen amtliche Verkehrszeichen, DÖV 1965, 186; *H. O. Harbeck*, Rechtsschutz bei der Planung von Flughäfen, ZLW 1983, 209; *A. Hartmann*, Zum Anspruch auf Erlaß untergesetzlicher Normen im öffentlichen Recht, DÖV 1991, 62; *G. Hartung*, Die beamtenrechtliche Konkurrentenklage im Widerstreit der Meinungen, VR 1988, 45; *W. Hasenpusch*, Der für die Beurteilung der Sach- und Rechtslage maßgebliche Zeitpunkt bei kombinierten Anfechtungs- und Leistungsklagen, SGb 1994, 319; *G. Henn*, Zur aktuellen Problematik von Eignungsüberprüfung, Entziehung der Fahrerlaubnis und vorläufigem Rechtsschutz, NJW 1993, 3169; *K. Herrmann*, Neue Risiken bei vorzeitiger Ernennung im beamtenrechtlichen Konkurrentenstreit, NJW 2011, 653; *W. Hoppe*, Die Regelung der verwaltungsrechtlichen Organstreitigkeit – eine Aufgabe des Gesetzgebers, NJW 1980, 1017; *F. Hufen*, Rechtsschutz gegen Festlegung von An- und Abflugstrecken, JuS 2001, 406; *F.-L. Knemeyer*, Öffentlich-rechtliches Hausrecht und Ordnungsgewalt, DÖV 1970, 596; *A. Knuth*, Konkurrentenklage gegen einen öffentlichrechtlichen Subventionsvertrag, JuS 1986, 523; *J. T. Koll*, Zulässigkeit von Klagen gegen kommunale Fachaufsichtsmaßnahmen – ein Vergleich zum Rechtsschutz gegen innerdienstliche Weisungen im Beamtenrecht, VR 1994, 366; *P. König*, Rechtsschutz gegen dienstliche Beurteilungen, BayVBl 1971, 44; *ders.*, Zum Rechtsschutz des Bürgers gegenüber innerdienstlichen Weisungen durch die Gerichte und im Verwaltungsverfahren, BayVBl 1976, 719; *ders.*, Über die Grenzen der verwaltungsgerichtlichen Rechtskontrolle im Wirtschaftsrecht, WiVerw 1983, 1; *F. Kopp*, Beteiligung und Rechtsschutz der Länder in Planfeststellungsverfahren des Bundes, NuR 1991, 449; *J. Kratzer*, Parlamentsbeschlüsse, ihre Wirkung und Überprüfung, BayVBl 1966, 365, 408; *W. Krebs*, Rechtsprobleme des Kommunalverfassungsstreits, VerwArch 68 (1977), 189; *ders.*, Probleme des vorläufigen Rechtsschutzes gegen Schulorganisationsakte, VerwArch 69 (1978), 231; *ders.*, Grundfragen des verwaltungsrechtlichen Organstreits, Jura 1981, 569; *A. Kremer*, Versetzung, Abordnung, Umsetzung und Geschäftsplanänderung, NVwZ 1983, 6; *M. Krist/D. Kutzscher*, Von der Unwilligkeit einer Gerichtsbarkeit – oder: Das schnelle Ende des verwaltungsgerichtlichen Rechtsschutzes im Vergaberecht?, VergabeR 2006, 823; *C. Labrenz*, Die neuere Rechtsprechung des BVerwG zum Rechtsschutz gegen Nebenbestimmungen – falsch begründet, aber richtig, NVwZ 2007, 161; *C. L. Lässig*, Rechtsschutz gegen Leistungsbewertungen in beamtenrechtlichen Ausbildungsverhältnissen, DÖV 1983, 876; *R. Lange*, Die so genannte Fortsetzungsfeststellungsklage in entsprechender Anwendung des § 113 Abs. 1 Satz 4 VwGO – eine unzulässige Analogie?, SächsVBl 2002, 53; *S. Langer*, Vorbeugender Rechtsschutz gegen Planungen, DÖV 1987, 418; *H. Lecheler*, Die Konkurrentenklage – abgelehnt aus Angst vor den Folgen?, DÖV 1983, 953; *W. Löwer*, Funktion und Begriff des Verwaltungsakts, JuS 1980, 805; *V. Maidorn*, Der automatisierte Kontenabruf – Rechtsschutz gegen einen Realakt, NJW 2006, 3752; *J. Martens*, Rechtsschutz gegen ablehnende Zweitbescheide, DVBl 1963, 914; *ders.*, Die Klagearten im Verwaltungsprozeß, DÖV 1970, 476; *R. Maaß*, Beamtenrechtliche Konkurrentenklage in Form der vorbeugenden Feststellungsklage?, NJW 1985, 303; *W. B. Maetzel*, Bemerkungen zum vorbeugenden Rechtsschutz gegen künftige Verwaltungsakte, DVBl 1974, 335; *F. Mayer*, Rechtsfragen der Dienstpostenbewertung, DVBl 1970, 651; *C.-F. Menger*, Zu den Handlungsformen bei der Vergabe von Subventionen, VerwArch 69 (1978), 93; *G. Mörtel*, Der Gnadenakt im Streit der Meinungen, BayVBl 1968, 81, 124; *W. Mößle*, Der Verwaltungsakt mit Nebenbestimmungen im Planungsrecht und die verwaltungsgerichtliche Rechtsschutz, BayVBl 1982, 193, 231; *H. Monz*, Die Anfechtbarkeit von Gnadenentscheidungen, NJW 1966, 137; *N. Müller*, Die Konkurrentenklage im Beamtenrecht, JuS 1985, 275; *S. Muckel*, Rechtsschutz der Gemeinden im Rahmen der Planung von Hochgeschwindigkeitsstrecken der Deutschen Bundesbahn in Nordrhein-Westfalen, NWVBl 1992, 233; *J. Müller-Volbehr*, Rechtsschutz gegen verwaltungsinterne Weisungen mit Drittwirkung, DVBl 1976, 57; *C.-D. Munding*, Die beamtenrechtliche Konkurrentenklage im Wandel der Rechtsprechung von BVerwG und BVerfG, DVBl 2011, 1512; *A. v. Mutius*, Konkurrentenklage im Beamtenrecht?, VerwArch 69 (1978), 103; *K. Obermayer*, Die verwaltungsgerichtlichen Klagen, BayVBl 1960, 208; *ders.*, Zur Rechtsstellung des Nachbarn im Baurecht und zum Folgenbeseitigungsanspruch, JuS 1963, 110; *ders.*, Das Dilemma der Regelung eines Einzelfalles nach dem Verwaltungsverfahrensgesetz, NJW 1980, 2386; *H.-J. Papier*,

Die verwaltungsgerichtliche Organklage, DÖV 1980, 292; *C. Peter*, Konkurrentenrechtsschutz im Beamtenrecht, JuS 1992, 1042; *J. Pietzcker*, Rechtsschutz gegen Nebenbestimmungen – unlösbar?, NVwZ 1995, 15; *B. Preusche*, Zu den Klagearten für kommunalverfassungsrechtliche Organstreitigkeiten, NVwZ 1987, 854; *U. Prutsch*, Rechtsnatur von Verkehrsregelungen durch amtliche Verkehrszeichen, JuS 1980, 566; *H. Rademacher*, Nebenbestimmungen zum Verwaltungsakt, BWVP 1984, 6; *B. Rauch*, Die planungsrechtliche Gemeindenachbarklage, BayVBl 1980, 612; *J.-D. Rausch*, Beteiligtenfähigkeit und Passivlegitimation bei der Kommunalverfassungsstreitigkeit, JZ 1994, 696; *T. Regenfus*, Rechtsprobleme bei der Errichtung von Windkraftanlagen, Jura 2007, 279; *L. Renck*, Zur Dogmatik des Rechtsschutzes unmittelbar gegen Normen, BayVBl 1994, 457; *ders.*, Die Rechtsnatur von Verkehrsregelungen durch Verkehrszeichen, JuS 1967, 545; *ders.*, Der „gebundene Realakt" als neues Institut des Verwaltungsrechts, NVwZ 1982, 236; *ders.*, Die Normerlaßklage, JuS 1982, 338; *ders.*, Noch einmal: Die Rechtsnatur von Verkehrszeichen, NVwZ 1984, 355; *K. Ringe*, Zur Unterlassungs- und Beseitigungsklage bei Verwaltungsakten und einfachen Verwaltungshandlungen, DVBl 1958, 378; *G. Robbers*, Anspruch auf Normerlaß, JuS 1988, 949; *ders.*, Anspruch auf Normergänzung, JuS 1990, 978; *M. Ronellenfitsch*, Zum Rechtsschutz gegen die flurbereinigungsrechtliche Planfeststellung, VerwArch 78 (1987), 323; *ders.*, Der vorläufige Rechtsschutz im beamtenrechtlichen Konkurrentenstreit, VerwArch 82 (1991), 121; *E. Rumpel*, Zur Verwendung von Genehmigungsinhaltsbestimmungen und Auflagen, BayVBl 1987, 577; *ders.*, Abschied von der „modifizierenden Auflage" im Umweltverwaltungs- und Umweltstrafrecht, NVwZ 1988, 502; *H. H. Rupp*, Die Beseitigungs- und Unterlassungsklage gegen Träger hoheitlicher Gewalt, DVBl 1958, 113; *ders.*, Zur neuen Verwaltungsgerichtsordnung: Gelöste und ungelöste Probleme, AöR 85 (1960), 149, 301; *ders.*, Fluglärm: Rechtsschutz gegen die Festlegung von An- und Abflugwegen von und zu Flughäfen durch das Luftfahrt-Bundesamt, NVwZ 2002, 286; *C. Sailer*, Der Rechtsschutz von Gemeinden gegenüber staatlichen Planungsentscheidungen, BayVBl 1981, 545; *C. Sasse*, Sind Verkehrszeichen wirklich Rechtsvorschriften?, DÖV 1962, 321; *W. Schäfer*, Die Klagearten nach der VwGO, DVBl 1960, 837; *W.-R. Schenke*, Vorbeugende Unterlassungs- und Feststellungsklage im Verwaltungsprozeß, AöR 95 (1970), 223; *ders.*, Rechtsschutz gegen Normen, JuS 1981, 81; *ders.*, Rechtsschutz bei Divergenz von Form und Inhalt staatlichen Verwaltungshandelns, VerwArch 72 (1981), 185; *ders.*, Rechtsschutz gegen Gnadenakte, JA 1981, 588; *ders.*, Die Bedeutung der verfassungsrechtlichen Rechtsschutzgarantie des Art. 19 Abs. 4 GG, JZ 1988, 317; *ders.*, Formeller oder materieller Verwaltungsaktsbegriff?, NVwZ 1990, 1009; *ders.*, Rechtsschutz gegen das Unterlassen von Rechtsnormen, VerwArch 82 (1991), 307; *ders.*, Rechtsprobleme des Konkurrentenrechtsschutzes im Wirtschaftsverwaltungsrecht, NVwZ 1993, 718; *ders.*, Neuestes zur Konkurrentenklage, NVwZ 2011, 321; *ders.*, Rechtsschutz bei Auswahlentscheidungen – Konkurrentenklage, DVBl 2015, 137; *ders./P. Baumeister*, Probleme des Rechtsschutzes bei der Vollstreckung von Verwaltungsakten, NVwZ 1993, 1; *R. P. Schenke*, Neue Wege im Rechtsschutz gegen vorprozessual erledigte Verwaltungsakte?, NVwZ 2000, 1255; *J. Scherer*, Öffentlich-rechtliche Konkurrentenklagen im Wirtschafts- und Beamtenrecht, Jura 1985, 11; *W. Schick*, Die „Konkurrentenklage" des Europäischen Beamtenrechts – Vorbild für das deutsche Recht?, DVBl 1975, 741; *O. Schlichter*, Klageformen bei der verwaltungsgerichtlichen Durchsetzung von Subventionsansprüchen, DVBl 1966, 738; *E. Schmidt-Jortzig*, Effektiver Rechtsschutz als Kernstück des Rechtsstaatsprinzips nach dem Grundgesetz, NJW 1994, 2569; *A. Schmitt-Kammler*, Konkurrentenklage im Beamtenrecht?, DÖV 1980, 285; *H. Schnellenbach*, Konkurrentenrechtsschutz bei Stellenbesetzung im öffentlichen Dienst, DÖD 1990, 153; *ders.*, Rechtsschutz beim Einsatz der neuen leistungsbezogenen Besoldungsinstrumente, ZBR 1999, 53; *F. Schoch*, Der Kommunalverfassungsstreit im System des verwaltungsgerichtlichen Rechtsschutzes, JuS 1987, 783; *ders.*, Grundfragen des verwaltungsgerichtlichen vorläufigen Rechtsschutzes, VerwArch 82 (1991), 145; *M. Schröder*, Die Geltendmachung von Mitgliedschaftsrechten im Kommunalverfassungsstreit, NVwZ 1985, 246; *R. Schweickhardt*, Der Verwaltungsakt als Anknüpfungspunkt im Verwaltungsprozeß, DÖV 1965, 795; *C. Seiler*, „Die Konkurrentenklage" im Beamtenrecht, JuS 1986, 424; *M. Sellmann*, Entwicklung und Problematik der öffentlich-rechtlichen Nachbarklage im Baurecht, DVBl 1963, 273; *P. Selmer*, Der Verwaltungsrechtsschutz in den besonderen Verwaltungsverhältnissen, DÖV 1968, 342; *G. Siegmund-Schultze*, Zur Konkurrentenklage im Beamtenrecht aus der Sicht der Verwaltungspraxis, VerwArch 73 (1982), 137; *H. Sodan*, Gesundheitsbehördliche Informationstätigkeit und Grundrechtsschutz, DÖV 1987, 858; *ders.*, Der Anspruch auf Rechtsetzung und seine prozessuale Durchsetzbarkeit, NVwZ 2000, 601; *ders.*, Qualitätsmaßstäbe für die Justiz?, NJW 2003, 1494; *ders./S. Kluckert*, Die verwaltungsprozessuale Feststellungsfähigkeit von vergangenen und zukünftigen Rechtsverhältnissen – unter besonderer Berücksichtigung der Rechtsprechung des Bundesverwaltungsgerichts, VerwArch 94 (2003), 3; *E.-L. Solte*, Zur Konkurrentenklage im Beamtenrecht, NJW 1980, 1027; *P. Stelkens*, Das Problem Auflage, NVwZ 1985, 469; *W. Thiele*, Beamtenrechtliche Konkurrentenklagen?, ZBR 1980, 133; *ders.*, Die Konkurrentenklage und andere Maßnahmen zur Abwehr der Ämterpatronage, DÖD 1987, 113; *C. H. Ule*, Vorbeugender Rechtsschutz im Verwaltungsprozeß, VerwArch 65 (1974), 291; *J. Vahle*, Der Verwaltungsgerichtsprozess, DVP 2007, 1; *W. Vehse*, Die innerdienstliche Weisung mit rechtserheblicher Auswirkung gegenüber Dritten, BayVBl 1976, 490; *Weiß*, Beamtenrechtliche „Konkurrentenklage" – Zum Stand der Rechtsprechung des Bundesverwaltungsgerichts, ZBR 1989, 273; *P. Wendt*, Über die Rechtsnatur der Untersuchungsberichte des Luftfahrtbundesamtes, DÖV 1963, 89; *J. Westphal*, Die Stellung der Nachbarn bei der Genehmigung von Flughäfen und Landeplätzen, DVBl 1958, 303; *F. Weyreuther*, Modifizierende Auflagen, DVBl 1984, 365; *M. Willke*, Effektiver Rechtsschutz beim Zugang zu öffentlichen Ämtern, JZ 1980, 440; *G. Winter*, Rechtsschutz gegen Behörden, die Umweltrichtlinien der EG nicht beachten, NuR 1991, 453; *B. Wittkowski*, Die Konkurrentenklage im Beamtenrecht (unter besonderer Berücksichtigung des vorläufigen Rechtsschutzes), NJW 1993, 817; *ders.*, Ansätze zur Lösung praktischer Probleme bei beamtenrechtlichen Konkurrentenanträgen, NVwZ 1995, 345; *T. Würtenberger*, Die Normerlaßklage als funktionsgerechte Fortbildung verwaltungsprozessualen Rechtsschutzes, AöR 105 (1980), 370; *R. Wörz*, Konkurrentenklage bei „Dienstpostenkonkurrenz", ZBR 1988, 16; *H.-D. G. Zimmer*, Das mißverstandene Verkehrszeichen, DÖV 1980, 116; *H. Zeiler*, Das Hausrecht an Verwaltungsgebäuden, DVBl 1981, 1000; *F. Zillmer*, Rechtsschutz der Länder gegen bundesfernstraßenrechtliche Weisungen, DÖV 1995, 49.

2. Anfechtungsklage (§ 42 Abs. 1 Alt. 1)

a) Monographien und Beiträge in Sammelwerken: *H. Andresen*, Die Anfechtungsklage des nichtsubventionierten Konkurrenten, 1974; *K. A. Bettermann*, Anfechtung von Verwaltungsakten wegen Verfahrensfehlern, in: Hamburg, Deutschland, Europa. FS für Hans Peter Ipsen, 1977, 271; *ders.*, Teilanfechtung, Teilkassation und Reformation von Abgabenbescheiden, in: Verfassung, Verwaltung, Finanzen. FS für Gerhard Wacke, 1972, 233; *H.-U. Erichsen*, Verfassungs- und verwaltungsrechtsgeschichtliche Grundlagen der Lehre vom fehlerhaften belastenden Verwaltungsakt und seiner Aufhebung im Prozeß, 1971; *H.-W. Laubinger*, Die isolierte Anfechtungsklage, in: FS Menger, 1985, 443; *A. Rittmann*, Die Verwaltungsklage bei Divergenzen zwischen Antrag und rechtsgewährendem Verwaltungsakt, 1984.

b) Beiträge in Zeitschriften: *U. Battis,* Neukonzeption des beamtenrechtlichen Konkurrentenstreits, DVBl 2013, 673; *G. Beaucamp/J. Seifert,* Wann lohnt sich die Anfechtung von Prüfungsentscheidungen?, NVwZ 2008, 261; *R. Bernhardt,* Zur Anfechtung von Verwaltungsakten durch Dritte, JZ 1963, 302; *K. A. Bettermann,* Wesen und Streitgegenstand der verwaltungsgerichtlichen Anfechtungsklage, DVBl 1953, 163, 202; *H. Borchert,* Schein-Verwaltungsakt und Anfechtungsklage, NJW 1972, 854; *M. Brenner,* Der Verwaltungsakt mit Nebenbestimmungen, JuS 1996, 281; *G. Britz,* Aufhebung fehlerhafter Dienstpostenübertragungen, DÖV 1982, 231; *C. Brüning,* Ist die Rechtsprechung zur isolierten Anfechtbarkeit von Nebenbestimmungen wieder vorhersehbar?, NVwZ 2002, 1081 f.; *F. Czermak,* Anfechtungs- und Verpflichtungsklage nach der Verwaltungsgerichtsordnung, NJW 1962, 776; *K. Erfmeyer,* Die Rechtsnatur „heimlicher" behördlicher Maßnahmen, DÖV 1999, 719; *H.-U. Erichsen,* Nebenbestimmungen zu Verwaltungsakten, Jura 1990, 214; *O. Frischmann/O. Weingart,* Zur selbständigen Anfechtbarkeit behördlicher Mitwirkungsakte, DÖV 1962, 721; *E. Grabherr,* Zur Zulässigkeit der Klage von Gemeinden gegen eine Flugplatzgenehmigung mit nachfolgender Planfeststellung, ZLW 1977, 247; *J. Greim/F. Michl,* Kommunalverfassungsrechtliche Drittanfechtung, NVwZ 2013, 775; *K. Hansen/ D. Stollenwerk,* Anfechtung von Verkehrszeichen, VR 1991, 121; *K. Herrmann,* Neue Risiken bei vorzeitiger Ernennung im beamtenrechtlichen Konkurrentenstreit, NJW 2011, 653; *T. Horn,* Der Aufhebungsanspruch beim Verwaltungsakt mit Drittwirkung, DÖV 1990, 864; *W. Kahl,* Der Verwaltungsakt – Bedeutung und Begriff, Jura 2001, 505; *H. Kellner,* Besinnung auf die Anfechtungsklage, MDR 1968, 965; *F. Koehl,* Effektiver Rechtsschutz gegen Auferlegung eines Fahrtenbuchs, NZV 2008, 169; *F. O. K. Koenig,* Ist ein behördliches Hausverbot anfechtbar?, SKV 1963, 266; *K. Koenig,* Kann ein behördliches Hausverbot angefochten werden?, BayVBl 1964, 14; *Kopp,* Die selbständige Anfechtbarkeit von Nebenbestimmungen zu Verwaltungsakten, GewArch 1970, 97; *ders.,* Der dingliche Verwaltungsakt, BayVBl 1970, 233; *ders.,* Die Anfechtung von Genehmigungen bei nur mittelbarer Betroffenheit, GewArch 1970, 121; *ders.,* Die „isolierte" verwaltungsgerichtliche Klage gegen Widerspruchsbescheide, JuS 1994, 742; *ders./F. J. Kopp,* Grenzen der Rechtskraftwirkung von Urteilen aufgrund von Anfechtungsklagen, NVwZ 1994, 1; *H.-W. Laubinger,* Die Anfechtbarkeit von Nebenbestimmungen, VerwArch 73 (1982), 345; *J. F. Lindner,* Zur Drittanfechtungsklage im Gewerberecht, GewArch 2016, 135; *R. A. Lorz,* Der Rechtsschutz einfacher Verkehrsteilnehmer gegen Verkehrszeichen und andere verkehrsbehördliche Anordnungen, DÖV 1993, 129; *K. Löwer,* Zur Problematik der Untätigkeitsklage (§ 75 VwGO), MDR 1963, 178; *ders.,* Die Zeugnisnote – ein Verwaltungsakt?, DVBl 1980, 952; *W. B. Maetzel,* Die verwaltungsgerichtliche Anfechtung von Ablehnungsbescheiden, DÖV 1955, 397; *J. Martens,* Streitgegenstand und Urteilsgegenstand der Anfechtungsklage, DÖV 1964, 365; *ders.,* Effektiver Rechtsschutz durch isolierte Anfechtung, DÖV 1988, 949; *W. Martens/P. Horn,* Rechtsschutz gegen die Ausübung des gemeindlichen Vorkaufsrechts – ein fehlgeschlagener Versuch gesetzlicher Streitentscheidung, DVBl 1979, 146; *J. Meins,* Die Anfechtung von Planfeststellungsbeschlüssen wegen fehlender Lärmschutzanordnungen, BayVBl 1979, 10; *K. Müller,* Zur Anfechtbarkeit von Gnadenentscheidungen, DVBl 1963, 18; *S. Müller-Franken,* Der Verwaltungsaktsbegriff der VwGO beim Handeln von Landes- und Kommunalbehörden, VerwArch 90 (1999), 552; *C.-D. Munding,* Die beamtenrechtliche Konkurrentenklage im Wandel der Rechtsprechung von BVerwG und BVerfG, DVBl 2011, 1512; *H. Pfeifer,* Streitgegenstand bei Anfechtungs- und Verpflichtungsklagen, DVBl 1963, 653; *U. Prutsch,* Rechtsnatur und Verkehrsregelungen durch amtliche Verkehrszeichen, JuS 1980, 566; *L. Renck,* Verwaltungsakt und Anfechtungsklage, NVwZ 1989, 117; *H.-W. Rengeling,* Perspektiven zur Zulässigkeit atomrechtlicher Anfechtungsklagen, DVBl 1981, 323; *W.-R. Schenke,* Neuestes zur Konkurrentenklage, NVwZ 2011, 321; *ders.,* Rechtsschutz bei Auswahlentscheidungen – Konkurrentenklage, DVBl 2015, 137; *H. Schmidt,* Zum Streitgegenstand der verwaltungsgerichtlichen Anfechtungsklage, DÖV 1962, 486; *J. Schmidt,* Zur Anfechtbarkeit von Nebenbestimmungen – Kritische Anmerkung zur Beschaffung von Belegstellen, NVwZ 1996, 1188; *F. E. Schnapp,* Die Nichtigkeit des Verwaltungsakts – Qualität oder Qualifikation?, DVBl 2000, 247; *H. Schnellenbach,* Konkurrenzen und Beförderungsämter – geklärte und ungeklärte Fragen, ZBR 1997, 169; *E. Schober,* Anfechtungsklage und erledigter Verwaltungsakt, DÖV 1966, 552; *M.-J. Seibert,* Die isolierte Aufhebung von Widerspruchsbescheiden, BayVBl 1983, 174; *J.-R. Sieckmann,* Die Anfechtbarkeit von Nebenbestimmungen zu begünstigenden Verwaltungsakten, DÖV 1998, 525; *H. Stadie,* Rechtsschutz gegen Nebenbestimmungen eines begünstigenden Verwaltungsaktes, DVBl 1991, 613; *R. Störmer,* Rechtsschutz gegen Inhalts- und Nebenbestimmungen, DVBl 1996, 81; *ders.,* Die aktuelle Rechtsprechung zur Anfechtbarkeit von Nebenbestimmungen – eine kritische Bestandsaufnahme, NWVBl 1996, 169; *A. Weber,* Anfechtbarkeit und Aufhebbarkeit gemeinschaftsrechtswidriger nationaler Verwaltungsakte, BayVBl 1984, 321; *K. Weber,* Keine selbständige Anfechtbarkeit einer MPU-Anordnung, NZV 2006, 399; *H. v. Wedel,* Zum Verhältnis von Anfechtungs- und Verpflichtungsklage, MDR 1975, 96; *R. Wernsmann,* Die beamtenrechtliche Konkurrentenklage – Zum Ausgleich von Ämterstabilität und effektivem Rechtsschutz –, DVBl 2005, 276; *Widtmann,* Ist das Vorliegen eines Verwaltungsakts Prozeßvoraussetzung bei Erhebung einer Anfechtungsklage?, BayVBl 1956, 305; *G. Zimmer,* Das mißverstandene Verkehrszeichen, DÖV 1980, 116; *H. W. Zimmermann,* Probleme des Anwendungsbereichs der Anfechtungsklage, VerwArch 62 (1971), 48; *M. Zuleeg,* Zur Rechtsnatur der Ausübung des gemeindlichen Vorkaufsrechts, DVBl 1967, 266.

3. Verpflichtungsklage (§ 42 Abs. 1 Alt. 2)

a) Monographien und Beiträge in Sammelwerken: *C. Bickenbach,* Das Bescheidungsurteil als Ergebnis einer Verpflichtungsklage, 2006; *B. Brunn,* Die sogenannte Bescheidungsklage in der Verwaltungsgerichtsordnung, 1977; *G. Engelhard,* Der mehrstufige Verwaltungsakt und seine prozessuale Behandlung, 1974; *M. Hödl-Adick,* Die Bescheidungsklage als Erfordernis eines interessengerechten Rechtsschutzes, 2001; *R. Holland,* Die Leistungsklage im Verwaltungsprozeß, 1964; *A. Rittmann,* Die Verwaltungsklage bei Divergenzen zwischen Antrag und rechtsgewährendem Verwaltungsakt, 1984; *M. Schröder,* Bescheidungsantrag und Bescheidungsurteil, in: FS Menger, 1985, 487.

b) Beiträge in Zeitschriften: *K. A. Bettermann,* Die Verpflichtungsklage nach der Bundesverwaltungsgerichtsordnung, NJW 1960, 649; *F. Czermak,* Anfechtungs- und Verpflichtungsklage nach der Verwaltungsgerichtsordnung, NJW 1962, 776; *ders.,* Gibt es eine verwaltungsgerichtliche Bescheidungsklage?, BayVBl 1981, 427; *H. Darmstadt,* Rechtsschutz bei Unvereinbarkeit von Beruf und kommunalem Mandat, VR 1988, 41; *D. Ehlers,* Die Problematik eines Vorverfahrens nach der gerichtlichen Aussetzung der Untätigkeitsklage, DVBl 1976, 71; *C. Fraenkel-Haeberle,* Die Untätigkeitsklage im Vergleich zwischen dem italienischen, deutschen und österreichischen Recht, DÖV 2004, 861; *Haueisen,* Die Verpflichtungsklage und ihre Bedeutung für Streitigkeiten aus dem Bereich der Leistungsverwaltung, NJW 1957, 1657; *H. Hegel,* Kann mit der Verpflichtungsklage auch die Verurteilung zur Vornahme einer sogen. Amtshandlung begehrt werden?, JZ 1963, 15; *ders.,* Zur Verpflichtungs- und zur Leistungsklage in der VwGO, DÖV 1965, 413; *H. Hilderscheid,* Passivlegitimation und Rechtsweg bei Klagen auf Zulassung zu festgesetzten Veranstaltungen, GewArch 2008, 54; *R. Holland,* Die Leistungsklage im Verwaltungsprozeß, DÖV 1965, 410; *M. C. Jakobs,* Verpflichtungsklage bei auf Geldleistung gerichtetem Klagebegehren?, NVwZ 1984, 28; *H.-G. König,* Der ablehnende Bescheid im Gestattungsrecht, BayVBl 1976,

577; *F. O. Kopp*, Die selbständige Anfechtbarkeit von Nebenbestimmungen zu Verwaltungsakten, GewArch 1970, 97; *H.-W. Laubinger*, Die Anfechtbarkeit von Nebenbestimmungen, VerwArch 73 (1982), 345; *K. Löwer*, Zur Problematik der Untätigkeitsklage (§ 75 VwGO), MDR 1963, 178; *R. Metzner*, Der ablehnende Bescheid im Gestattungsrecht, BayVBl 1977, 11; *K. Obermayer*, Die Untätigkeitsklage und das Recht auf Bescheid, NJW 1956, 361; *H. Pfeifer*, Verpflichtungsklage bei Ermessensakten?, DÖV 1962, 776; *ders.*, Streitgegenstand bei Anfechtungs- und Verpflichtungsklagen, DVBl 1963, 653; *W.-R. Schenke*, Der Anspruch des Widerspruchsführers auf Erlaß eines Widerspruchsbescheides und seine gerichtliche Durchsetzung, DÖV 1996, 529; *Schrödter*, Die prozessuale Behandlung der Vornahmeklage, DVBl 1956, 750; *H. Stadie*, Rechtsschutz gegen Nebenbestimmungen eines begünstigenden Verwaltungsaktes, DVBl 1991, 613; *C. H. Ule*, Zur Verpflichtungsklage im Umweltschutzrecht, BB 1972, 1076; *H. v. Wedel*, Zum Verhältnis von Anfechtungs- und Verpflichtungsklage, MDR 1975, 96.

4. Allgemeine Leistungsklage

a) Monographien und Beiträge in Sammelwerken: *R. Holland*, Die Leistungsklage im Verwaltungsprozeß, 1964; *S. Ritter*, Zur Unterlassungsklage: Urteilstenor und Klageantrag, 1994; *M. Schröder*, Bescheidungsantrag und Bescheidungsurteil, in: FS Menger, 1985, 487; *W. Vehse*, Der Klagegegenstand der anderen Leistungsklage im Verwaltungsprozeß, 1975.

b) Beiträge in Zeitschriften: *W. Berg*, Zur Durchsetzbarkeit einer öffentlich-rechtlich vereinbarten Vertragsstrafe, JuS 1997, 888; *D. Ehlers*, Die allgemeine verwaltungsgerichtliche Leistungsklage, Jura 2006, 351; *H.-U. Erichsen*, Die Allgemeine Leistungsklage, Jura 1992, 384; *W. Haug*, Die neuere Entwicklung der vorbeugenden Unterlassungs- und der allgemeinen Beseitigungsklage, DÖV 1967, 86; *H. Hegel*, Zur Verpflichtungs- und zur Leistungsklage in der VwGO, DÖV 1965, 413; *R. Holland*, Die Leistungsklage im Verwaltungsprozeß, DÖV 1965, 410; *J. Rautenberg/H. Voigt*, Probleme der sog. allgemeinen Leistungsklage, DÖV 1964, 259; *H. Sodan*, Das besorgte Bundesgesundheitsamt, Jura 1989, 662; *ders.*, Der Anspruch auf Rechtsetzung und seine prozessuale Durchsetzbarkeit, NVwZ 2000, 601; *U. Steiner*, Die allgemeine Leistungsklage im Verwaltungsprozeß, JuS 1984, 853; *C. H. Ule*, Vorbeugender Rechtsschutz im Verwaltungsprozeß, VerwArch 65 (1974), 291.

5. Klagebefugnis (§ 42 Abs. 2)

a) Monographien und Beiträge in Sammelwerken: *N. Achterberg*, Die Rechtsordnung als Rechtsverhältnisordnung, 1982; *ders.*, Die rechtsverhältnistheoretische Deutung absoluter Rechte, in: Recht und Rechtsbesinnung. GS für Günther Küchenhoff, 1987, 13; *S. Almeling*, Die Aarhus-Konvention, 2008; *H. Andresen*, Die Anfechtungsklage des nichtsubventionierten Konkurrenten, 1974; *R. Appel*, Grundrechte als Grundlage von Rechten im Sinne des § 42 II VwGO, 1974; *O. Bachof*, Reflexwirkungen und subjektive Rechte im öffentlichen Recht, in: Forschungen und Berichte aus dem öffentlichen Recht. GS für Walter Jellinek, 1955, 287; *H. Bauer*, Geschichtliche Grundlagen der Lehre vom subjektiven öffentlichen Recht, 1986; *U. Baumgartner*, Die Klagebefugnis nach deutschem Recht vor dem Hintergrund der Einwirkungen des Gemeinschaftsrechts, 2005; *R. Becker*, Die Klagebefugnis der Gemeinden bei Verwaltungsakten mit Drittwirkung, 1972; *U. G. Berger*, Grundfragen umweltrechtlicher Nachbarklagen, 1982; *K. A. Bettermann*, Über die Legitimation zur Anfechtung von Verwaltungsakten, in: Der Staat als Aufgabe. Gedenkschrift für Max Imboden, 1972, 37; *ders.*, Die Beschwer als Klagevoraussetzung, 1970; *J. Bizer/T. Ormond/U. Riedel*, Die Verbandsklage im Naturschutzrecht, 1990; *R. Breuer*, Betrachtungen zur Lage der Gesetzgebung, in: FS Isensee, 2007, 345; *O. Bühler*, Die subjektiven öffentlichen Rechte und ihr Schutz in der deutschen Verwaltungsrechtsprechung, 1914; *ders.*, Zur Theorie des subjektiven öffentlichen Rechts, in: Festgabe für Fritz Fleiner, 1927, 26; *C. Degenhart*, Präklusion im Verwaltungsprozeß, in: FS Menger, 1985, 621; *F. Dirnberger*, Recht auf Naturgenuß und Eingriffsregelung. Zugleich ein Beitrag zur Bedeutung grundrechtlicher Achtungs- und Schutzpflichten für das subjektiv-öffentliche Recht, 1990; *J. Dietlein*, Die Lehre von den grundrechtlichen Schutzpflichten, 1992; *H. v. Ditfurth*, Die Einbeziehung subjektiv-öffentlicher Berechtigungen, insbesondere sozialversicherungsrechtlicher Positionen, in den Schutz der Eigentumsgarantie, 1994; *D. Ehlers/F. Schoch* (Hrsg.), Rechtsschutz im Öffentlichen Recht, 2009; *H. Embacher*, Die Verbandsklage im Verwaltungsprozeß, 1979; *H. Faber*, Die Verbandsklage im Verwaltungsprozeß, 1972; *P. Forster*, Die Klagebefugnis Dritter gegenüber begünstigenden Maßnahmen im Wirtschaftsverwaltungsrecht, 1971; *D. Frers*, Die Klagebefugnis des Dritten im Gewerberecht, 1988; *L. Fröhler/P. Oberndorfer*, Körperschaften des öffentlichen Rechts und Interessenvertretung, 1974; *H. Galetke*, Die unmittelbare Wirkung von EG-Richtlinien im Rahmen der Drittanfechtung, 1994; *H.-U. Gallwas*, Faktische Beeinträchtigungen im Bereich der Grundrechte, 1970; *E. Gassner*, Treuhandklage zugunsten von Natur und Landschaft, 1984; *F. Geist-Schell*, Verfahrensfehler und Schutznormtheorie, 1988; *S. Gerstner*, Die Drittschutzdogmatik im Spiegel des französischen und britischen Verwaltungsgerichtsverfahrens. Eine vergleichende Untersuchung zur öffentlich-rechtlichen Klagebefugnis am Beispiel des Umweltschutzes, 1995; *E. Grabitz*, Freiheit und Verfassungsrecht, 1976; *D. Greilinger-Schmid*, Der Drittschutz im Abfallrecht, 1991; *R. Gröschner*, Das Überwachungsrechtsverhältnis, 1992; *R. Hartmann*, Genehmigung und Planfeststellung für Verkehrsflughäfen und Rechtsschutz Dritter, 1994; *W. Henke*, Das subjektive öffentliche Recht, 1968; *ders.*, Zur Lehre vom subjektiven öffentlichen Recht, in: Im Dienst an Recht und Staat. FS für Werner Weber, 1974, 495; *ders.*, Recht und Staat, 1988; *H. D. Jarass*, Drittschutz im Umweltrecht, in: FS für Rudolf Lukes, 1989, 57; *Y.-T. Kim*, Rechtsprobleme bei der Zulassung von Abfallentsorgungsanlagen zur Ablagerung von Abfällen unter besonderer Berücksichtigung der verwaltungsgerichtlichen Rechtsschutzmöglichkeiten Dritter gegenüber abfallrechtlichen Planfeststellungen, 1994; *K. Kleinlein*, Das System des Nachbarrechts, 1987; *M. Kloepfer*, Produkthinweispflichten bei Tabakwaren als Verfassungsfrage, 1991; *F. Knöpfle*, Feststellungsinteresse und Klagebefugnis bei verwaltungsprozessualen Feststellungsklagen, in: Wege und Verfahren des Verfassungslebens. FS für Peter Lerche, 1993, 771; *S. König*, Drittschutz, 1993; *A. Köpfler*, Die Bedeutung von Art. 2 Abs. 1 Grundgesetz im Verwaltungsprozess, 2008; *W. Krebs*, Subjektiver Rechtsschutz und objektive Rechtskontrolle, in: FS Menger, 1985, 191; *P. Kunig*, „Dritte" und Nachbarn im Immissionsschutzrecht, in: GS für Wolfgang Martens, 1987, 599; *H.-W. Laubinger*, Der Verwaltungsakt mit Doppelwirkung, 1967; *H. Lecheler*, Artikel 12 GG – Freiheit des Berufs und Grundrecht der Arbeit, VVDStRL 43 (1985), 48; *D. Lorenz*, Der Rechtsschutz des Bürgers und die Rechtsweggarantie, 1973; *W. Marotzke*, Von der schutzgesetzlichen Unterlassungsklage zur Verbandsklage, 1992; *J. Martens*, Die Praxis des Verwaltungsverfahrens, 1985; *D. Neumeyer*, Die Klagebefugnis im Verwaltungsprozeß, 1979; *F. Ossenbühl*, Umweltpflege durch behördliche Warnungen und Empfehlungen, 1986; *ders.*, Eigentumsgarantie und Klagebefugnis, in: Eigentumsgarantie und Umweltschutz. Symposium zu Ehren von Jürgen Salzwedel, 1993, 1; *F. X. Philipp*, Staatliche Verbraucherinformationen im Umwelt- und Gesundheitsrecht, 1989; *P. Preu*, Die historische Genese der öffentlichrechtlichen Bau- und Gewerbenachbarklagen (ca. 1800-1970), 1990; *ders.*, Subjektivrechtliche Grundlagen des öffentlichrechtlichen Drittschutzes, 1992; *M. Quaas*, Das Schiedsstellenverfahren nach § 18a KHG, in: Das Krankenhaus im Gesundheitsgewährleistungsstaat, 2008, 35; *U. Ramsauer*, Die faktischen Beeinträchtigungen des Eigentums, 1980; *G.-W. Rocke*, Die Legitimation zur Anfechtung von Verwaltungsakten, 1968; *A. Roth*, Verwaltungshandeln mit Drittbetroffenheit und Gesetzesvorbehalt, 1991; *W. Roth*, Faktische Eingriffe in Freiheit und Eigentum, 1994; *M. Rupp*, Die auf Art. 2 Abs. 1 GG gestützte Klagebefugnis gegen verfahrensfehlerhafte Verwaltungsakte, 1990; *K. A. Schachtschneider*, Res publica res populi, 1994; *J. Schapp*, Das subjektive Recht im Prozeß der Rechtsgewinnung, 1987; *R. Schmid*, Klagebefugnis und subjektive Rechte von Gemeinden, 1991; *E. Schmidt-Aßmann*, Funktionen der Verwaltungsgerichtsbarkeit, in: FS Menger, 1985, 107; *A. Schwarz*, Klagebefugnis Dritter im Verwaltungsprozeßrecht unter besonderer Berücksichtigung des Baurechts, 1964; *A. Schwerdtfeger*, Der deutsche Verwaltungsrechtsschutz unter dem Einfluss der Aarhus-Konvention, 2010; *T. Siegel*, Europäisierung des Öffentlichen Rechts, 2012; *W. Skouris*, Verletztenklagen und Interessentenklagen im Verwaltungsprozeß, 1979; *H. Sodan*, Berufsständische Zwangsvereinigung auf dem Prüfstand des Grundgesetzes, 1991; *ders.*, Freie Berufe als Leistungserbringer im Recht der gesetzlichen Krankenversicherung. Ein verfassungs- und verwaltungsrechtlicher Beitrag zum Umbau des Sozialstaates, 1997; *ders.*, Die Zukunft der sozialen Sicherungssysteme, VVDStRL 64 (2005), 144; *ders.*, Rechtsschutz gegen den gesetzwidrigen Marktzutritt kommunaler Wirtschaftsunternehmen, in: FS Raue, 2006, 335; *R. Steinberg*, Das Nachbarrecht der öffentlichen Anlagen, 1988; *R. Südmeyer*, Zulässigkeit und Begründetheit der verwaltungsgerichtlichen Klage (§ 42 Abs. 2 VwGO), 1967; *A. Weber*, Rechtsfragen der Durchführung des Gemeinschaftsrechts in der Bundesrepublik, 1987; *D. Weinhardt*, Die Klagebefugnis des Konkurrenten, 1973; *H. Wetzel*, Die Rechte des Jagdpächters im Verwaltungsprozess, 2008; *F. Weyreuther*, Verwaltungskontrolle durch Verbände?, 1975; *D. Wilke*, Zeugnisreform als Erziehungsreform, 1980; *ders.*, Vom Abbau des Verwaltungsrechtsschutzes und von der Resistenz des Drittschutzes, in: GS Grabitz, 1995, 905; *M. Wolf*, Die Klagebefugnis der Verbände, 1971; *M. Zuleeg*, Subventionskontrolle durch Konkurrentenklage, 1974.

b) Beiträge in Zeitschriften: *N. Achterberg*, Rechtsverhältnisse als Strukturelemente der Rechtsordnung, Rechtstheorie 9 (1978), 385; *ders.*, Die Klagebefugnis – eine entbehrliche Sachurteilsvoraussetzung?, DVBl 1981, 278; *R. Alleweldt*, Verbandsklage und gerichtliche Kontrolle von Verfahrensfehlern: Neue Entwicklungen im Umweltrecht, DÖV 2006, 621; *W. Bambey*, Nachbarschutz für kommunales Privateigentum, DVBl 1983, 936; *R. Bartlsperger*, Das Dilemma des baulichen Nachbarrechts, VerwArch 60 (1969), 35; *ders.*, Der Rechtsanspruch auf Beachtung von Vorschriften des Verwaltungsverfahrensrechts, DVBl 1970, 30; *U. Battis/U. Dünnebake*, Die Verbandsklage nach dem Berliner Naturschutzgesetz, JuS 1990, 188; *H. Bauer*, Zum öffentlichrechtlichen Nachbarschutz im Wasserrecht, JuS 1990, 24; *ders.*, Die Verwirkung von Nachbarrechten im öffentlichen Baurecht, Verw 23 (1990), 211; *ders.*, Subjektive öffentliche Rechte des Staates, DVBl 1986, 208; *ders.*, Informelles Verwaltungshandeln im öffentlichen Wirtschaftsrecht, VerwArch 78 (1987), 241; *ders.*, Altes und Neues zur Schutznormtheorie, AöR 113 (1988), 582; *W. Baumann*, Betroffensein durch Großvorhaben – Überlegungen zum Rechtsschutz im Atomrecht, BayVBl 1982, 257, 292; *M. Beckmann*, Der Rechtsschutz des Vorhabenträgers bei der Umweltverträglichkeitsprüfung, NVwZ 1991, 427; *B. Bender*, Einige rechtspolitische Bemerkungen zur Verbandsklage im öffentlichen Recht, DÖV 1976, 584; *A. Berger*, Das kommunalrechtliche Subsidiaritätsgebot als subjektives öffentliches Recht, DÖV 2010, 118; *J. Berkemann*, Umwelt-Rechtsbehelfsgesetz (UmwRG) auf dem gemeinschaftsrechtlichen Prüfstand – Vorlagebeschluss des OVG Münster vom 5. März 2009 und Urteil des OVG Schleswig vom 12. März 2009, NordÖR 2009, 336; *ders.*, Die slowakische Braunbär im deutschen Prozessrecht – Eine Analyse von EuGHE 211 I-1255, DVBl 2013, 1137; *R. Bernhardt*, Zur Anfechtung von Verwaltungsakten durch Dritte, JZ 1963, 302; *K. A. Bettermann*, Gewerberechtliche Nachbarklage?, NJW 1961, 1097; *A. Bleckmann*, Die Klagebefugnis der Verbände im Anfechtungsprozeß, VerwArch 63 (1972), 183; *ders.*, Die Klagebefugnis im verwaltungsgerichtlichen Anfechtungsverfahren, VBlBW 1985, 361; *A. Blankenagel*, Klagefähige Rechtspositionen im Umweltrecht, Verw 26 (1993), 1; *M. Böhm/N. Okubo*, Die Klagebefugnis im deutschen und im japanischen Recht, DÖV 2007, 826; *C. Bönker*, Baurechtlicher Nachbarschutz aus Art. 14 Abs. 1 Satz 1 GG?, DVBl 1994, 506; *M. Bothe*, Die Entscheidungen zwischen öffentlich-rechtlich geschützten Positionen Privater durch Verwaltung und Gerichte, JZ 1975, 399; *ders.*, Klagebefugnis eines Ausländers im Atomrecht, UPR 1987, 170; *R. Breuer*, Baurechtlicher Nachbarschutz, DVBl 1983, 431; *H.-J. Bücking*, Zur Frage der Beschwer bei einem Zweitbescheid, MDR 1974, 900; *G. D. Buhren*, Zur materiell geschützten Rechtsposition des Dritten im Wirtschaftsverwaltungsrecht, DVBl 1975, 328; *U. Bumke*, Die Klagebefugnis der Landesmedienanstalten und das Gebot der präventiven Konzentrationskontrolle, ZUM 1998, 121; *M. Burgi*, Die Rechte Drittbetroffener gegenüber einer wasserrechtlichen Bewilligung bzw. Erlaubnis, ZfW 1990, 245; *C. Calliess*, Die umweltrechtliche Verbandsklage nach der Novellierung des Bundesnaturschutzgesetzes, NJW 2003, 97; *ders.*, Feinstaub im Rechtsschutz deutscher Verwaltungsgerichte, NVwZ 2006, 1; *J. Caspar*, Verbandsklage im Tierschutzrecht durch Landesgesetz?, DÖV 2008, 145; *C. D. Classen*, Zur Bedeutung von EWG-Richtlinien für Privatpersonen, EuZW 1993, 83; *D. Couzinet*, Die Schutznormtheorie in Zeiten des Feinstaubs, DVBl 2008, 754; *W. Cremer*, Zum Rechtsschutz des Einzelnen gegen abgeleitetes Unionsrecht nach dem Vertrag von Lissabon, DÖV 2010, 58; *D. Czybulka*, Verwaltungsprozessuale Probleme bei der Klage gegen die Festlegung von „Flugrouten", DÖV 1991, 410; *T. v. Danwitz*, Normkonkretisierende Verwaltungsvorschriften und Gemeinschaftsrecht, VerwArch 84 (1993), 73; *ders.*, Zum Anspruch auf Durchführung des „richtigen" Verwaltungsverfahrens, DVBl 1993, 422; *H. Darmstadt*, Rechtsschutz bei Unvereinbarkeit von Beruf und kommunalem Mandat, VR 1988, 41; *C. Degenhart*, Zum Aufhebungsanspruch des Drittbetroffenen beim verfahrensfehlerhaften Verwaltungsakt, DVBl 1981, 201; *ders.*, Neuere Entwicklungen im baurechtlichen Nachbarschaft, JuS 1984, 187; *O. Depenheuer*, Der Mieter als Eigentümer?, NJW 1993, 2561; *L. Determann*, Mieter gegen Baugenehmigung, UPR 1995, 215; *J.-H. Dietrich*, Schutz vor schädlichen Umwelteinwirkungen durch Windkraftanlagen, Jura 2008, 234; *W. Dörffler*, Verwaltungsakte mit Drittwirkung, NJW 1963, 14; *H. Dürr*, Das Gebot der Rücksichtnahme – eine Generalklausel des Nachbarschutzes im öffentlichen Baurecht, NVwZ 1985, 719; *D. Ehlers*, Die Klagebefugnis nach deutschem, europäischem Gemeinschafts- und U.S.-amerikanischem Recht, VerwArch 84 (1993), 139; *ders.*, Der Rechtsschutz in Bezug auf das Europäische Unions- und Gemeinschaftsrecht, Jura 2007, 505; *F. Ekardt*, Nach dem Altrip-Urteil: Von der Klagebefugnis zu Verfahrensfehlern, Abwägungsfehlern und Individualklage, NVwZ 2014, 393; *T. Elbel*, Wann sind Rechtsstreitigkeiten über Leistungsbeziehungen zwischen Beschaffungsbehörden und ihren Bedarfsträgern Insichprozesse?, DVBl 2008, 432; *K. Ellbogen*, Anfechtung der behördlichen Verweigerung einer Aussagegenehmigung durch die Staatsanwaltschaft?, NStZ 2007, 310; *O. Elzer*, Keine Klagebefugnis für die Anfechtung der einem WEG-Miteigentümer erteilten Baugenehmigung, ZMR 2006, 455; *H. Engelhardt*, Zur Klagebefugnis im Verwaltungsprozeß, JZ 1961, 588; *J. Ennuschat*, Rechtsschutz privater Wettbewerber gegen kommunale Konkurrenz, DVBl 2008, 883; *A. Epiney*, Verwaltungsgerichtlicher Rechtsschutz in Umweltangelegenheiten in Europa, EurUP 2006, 242; *H.-U. Erichsen*, Zur Regelung der Klagebefugnis in § 42 Abs. 2 VwGO, VerwArch 64 (1973), 319; *ders.*, Art. 3 Abs. 1 GG als Grundlage von Ansprüchen des Bürgers gegen die Verwaltung, VerwArch 71 (1980), 289; *ders.*, Die Klagebefugnis gem. § 42 Abs. 2 VwGO, Jura 1989, 220; *E. Eyermann*, Wider die Aufblähung der Klagebefugnis im verwaltungsgerichtlichen Verfahren, BayVBl 1974, 237; *A. Faber*, Drittschutz bei der Vergabe öffentlicher Aufträge, DÖV 1995, 403; *C. Fackler*, Die Bürgerbeteiligung gemäß § 3 BauGB als subjektives öffentliches Recht, BayVBl 1993, 353; *K.-J. Faßbender*, Rechtsschutz privater Konkurrenten gegen kommunale Wirtschaftsbetätigung, DÖV 2005, 89; *K. Faßbender/A.-C. Gläß*, Drittschutz im Hochwasserschutzrecht, NVwZ 2011, 1094; *T. Fetzer*, Schutzniveau und Drittschutz im Atomrecht, NVwZ 2013, 1373; *C. Franzius*, Möglichkeiten und Grenzen der richterlichen Rechtsfortbildung zur Bestimmung der Klagebefugnis im Umweltrecht, DVBl 2014, 543; *D. Frers*, Die Konkurrentenklage im Gewerberecht, DÖV 1988, 670; *ders.*, Gemeindliche Selbstverwaltungsgarantie und Verhältnismäßigkeit, Verw 28 (1995), 33; *ders.*, Subjektiv-öffentliche Rechte aus Gemeinschaftsrecht vor deutschen Verwaltungsgerichten, DVBl 1995, 408; *ders.*, Die Nachbarklage im Gewerberecht, GewArch 1989, 73; *W. Frenz*, Individuelle Klagebefugnis zwischen Bürgerprotest und Umweltverbandsklagen, DVBl 2012, 811; *K. H. Friauf*, Zur Rolle der Grundrechte im Interventions- und Leistungsstaat, DVBl 1971, 674; *M. Führ/J. Schenten/F. Schulze/S. Schütte*, Verbandsklage nach UmwRG – empirische Befunde und rechtliche Bewertung, NVwZ 2014, 1041; *K. F. Gärditz*, Verwaltungsgerichtlicher Rechtsschutz im Umweltrecht, NVwZ 2014, 1; *E. Gassner*, Anfechtungsrechte Dritter und „Schutzgesetze", DÖV 1981, 615; *ders.*, Landesklagen gegen Planfeststellungen des Bundes, UPR 1989, 254; *H. Geiger*, Die Bedeutung des Gebots der Rücksichtnahme für den Nachbarschutz, JA 1986, 76; *M.-E. Geis*, Zwischen „Entfesselung" und neuen Restriktionen, Verw 2008, 77; *M. Gellermann*, Naturschutzrecht nach der Novelle des Bundesnaturschutzgesetzes, NVwZ 2010, 73; *ders.*, Naturschutzrecht nach der Novelle des Bundesnaturschutzgesetzes, NJW 2010, 73; *ders.*, Verbandsklagen im Umweltrecht – aktueller Stand, Perspektiven und praktische Probleme, DVBl 2013, 1341; *ders.*, Klagebefugnis und Popularklage, DÖV 1980, 893; *E. Grabherr*, Zur Zulässigkeit der Klage von Gemeinden gegen eine Flugplatzgenehmigung mit nachfolgender Planfeststellung, ZLW 1977, 247; *R. Greger*, Neue Regeln für die Verbandsklage im Verbraucherschutz- und Wettbewerbsrecht, NJW 2000, 2457; *A. Grof*, Allgemeine Klagebefugnis von Ausländern bei grenzüberschreitenden Umweltbeeinträchtigungen?, NuR 1987, 262; *F. Gygi*, Ein gesetzgeberischer Versuch zur Lösung des Problems des Klagerechtes im verwaltungsgerichtlichen Anfechtungsprozeß, AöR 88 (1963), 411; *G. Hammer*, Bedenken gegen die Verbandsklage im öffentlichen Recht, GewArch 1978, 14; *K. Hansen/D. Stollenwerk*, Anfechtung von Verkehrszeichen, VR 1991, 121; *K.-D. Hartmann*, Die Behauptung der Rechtsbeeinträchtigung als Prozeßvoraussetzung der Anfechtungsklage, DÖV 1954, 370; *W. Henke*, Das subjektive Recht im System des öffentlichen Rechts, DÖV 1980, 621; *ders.*, Juristische Systematik der Grundrechte, DÖV 1984, 1; *B. Henning*, Erweiterung der Klagerechte anerkannter Umweltverbände – Chance auf mehr Umweltschutz oder Investitionshindernis? NJW 2011, 2765; *A. Herbert*, Die Klagebefugnis von Gremien, DÖV 1994, 108; *S. Hölscheidt*, Abschied vom subjektiv-öffentlichen Recht? Zu Wandlungen der Verwaltungsrechtsdogmatik unter dem Einfluss des Gemeinschaftsrechts, EuR 2001, 376; *H. Hoffmann*, Die Rechtsschutzbehauptung im Verwaltungsprozeß, VerwArch 53 (1962), 297; *K. Hofmann*, Das Klagerecht der Natur- und Umweltschutzverbände, BayVBl 1972, 524; *G. Hornmann*, Drittschützende Wirkung des Denkmalschutzrechts, NVwZ 2011, 1235; *J. Hüttenbrink*, Rechtliche Möglichkeiten der Beschränkung militärischen Tieffluglärms in den sieben bundesdeutschen Tieffluggebieten, UPR 1988, 410; *H. Jäde*, Der Mieter als Nachbar, UPR 1993, 330; *H. D. Jarass*, Die Gemeinde als „Drittbetroffener", DVBl 1976, 732; *ders.*, Der Rechtsschutz Dritter bei der Genehmigung von Anlagen, NJW 1983, 2844; *ders.*, Die enteignungsrechtliche Vorwirkung bei Planfeststellungen, DVBl 2006, 1329; *ders.*, Bedeutung der EU-Rechtsschutzgewährleistung für nationale und EU-Gerichte, NJW 2011, 1393; *H. Johlen*, Zum Erfordernis der Rechtsverletzung im Sinne der §§ 42 Abs. 2, 113 Abs. 1 S. 1 VwGO bei der Anfechtung eines Planfeststellungsbeschlusses, DÖV 1989, 204; *R. Kamm*, Beschwerdeberechtigung in der freiwilligen Gerichtsbarkeit und Klagebefugnis im Verwaltungsprozeß, JuS 1961, 146; *B. Kaplonek/M. Mittag*, Nachbarschutz im öffentlichen Baurecht, JA 2006, 664; *K. Keller*, Drittanfechtungen im Naturschutzrecht durch Umweltvereinigungen und Individualkläger – Ein Zwischenstand nach Änderung des Umwelt-Rechtsbehelfsgesetzes, NVwZ 2017, 1080; *H. Kellner*, Zum gerichtlichen Rechtsschutz im besonderen Gewaltverhältnis, DÖV 1963, 418; *M. Kloepfer*, Rechtsschutz im Umweltrecht, VerwArch 76 (1985), 371; *R. Knauber*, Das Gebot der Rücksichtnahme – der Schlüssel zur Begründung subjektiver Rechtsmacht jetzt auch im wasserrechtlichen Nachbarschutz, NVwZ 1988, 997; *H.-J. Koch*, Die Verbandsklage im Umweltrecht, NVwZ 2007, 369; *F. Kopp*, Die Anfechtung von Genehmigungen bei nur mittelbarer Betroffenheit, GewArch 1970, 121; *ders.*, Mittelbare Betroffenheit im Verwaltungsverfahren und Verwaltungsprozeß, DÖV 1980, 504; *M. Krist*, Zur Frage des Bieterrechtsschutzes unterhalb der Schwellenwerte, VergabeR 2006, 82; *W. Kuhla*, Zugang zum Krankenhausmarkt und Konkurrentenschutz, NZS 2007, 567; *P. Kunig*, Verbandsklage im Naturschutz, Jura 1996, 493; *K.-H. Ladeur*, Drittschutz bei der Genehmigung gentechnischer Anlagen, NVwZ 1992, 948; *H.-W. Laubinger*, Zum Anspruch der Mitglieder von Zwangsverbänden auf Einhaltung des gesetzlich zugewiesenen Aufgabenbereichs, VerwArch 74 (1983), 175, 263; *ders.*, Feststellungsklage und Klagebefugnis (§ 42 Abs. 2 VwGO), VerwArch 82 (1991), 459; *ders.*, Naturschutzrecht in Planfeststellungen von Bundesbehörden. Zur Klagebefugnis der Länder bei der Anfechtung bundesbehördlicher Verwaltungsakte, VerwArch 85 (1994), 291; *H. Leeb*, Nochmals: Das Klagerecht der Natur- und Umweltschutzverbände, BayVBl 1972, 633; *T. Leidinger*, Europäisiertes Verbandsklagerecht und deutscher Individualrechtsschutz – Das Trianel-Urteil des EuGH und seine Folgen für das deutsche Verwaltungsrechtssystem, NVwZ 2011, 1345; *ders./M. Rutloff*, Drittschutz und Funktionsvorbehalt der Exekutive im Atomrecht – eine Reise ins Ungewisse?, NVwZ 2013, 1369; *W. Löwer*, Klagebefugnis und Kontrollumfang der richterlichen Planprüfung bei straßenrechtlichen Planfeststellungsbeschlüssen, DVBl 1981, 528; *R. A. Lorz*, Der Rechtsschutz einfacher Verkehrsteilnehmer gegen Verkehrszeichen und andere verkehrsbehördliche Anordnungen, DÖV 1993, 129; *G. Lüke*, Die Abgrenzung der Klagebefugnis im Verwaltungsprozeß, AöR 84 (1959), 185; *ders.*, Vorläufiger Rechtsschutz bei Verwaltungsakten mit Drittwirkung, NJW 1978, 81; *D. Mampel*, Der Mieter ist nicht Nachbar, UPR 1994, 8; *ders.*, Modell eines neuen bauleitplanerischen Drittschutzes, BauR 1998, 697; *J. Martens*, Der verwaltungsrechtliche Nachbarschutz – eine unendliche Geschichte?, NJW 1985, 2302; *M. Marty*, Die Erweiterung des Rechtsschutzes in Umweltangelegenheiten – Anmerkungen zum Umwelt-Rechtsbehelfsgesetz, ZUR 2009, 115; *K. Meßerschmidt*, Rechtsschutz gegenüber Zwangsverbänden, VerwArch 81 (1990), 55; *P. Miebach*, Die negative öffentlich-rechtliche Konkurrentenklage im wirtschaftlichen Wettbewerb, JuS 1987, 956; *J. M. Mössner*, Die öffentlichrechtliche Konkurrentenklage, JuS 1971, 131; *F. Müller*, Zur Verbandsklage in Naturschutzangelegenheiten, LKV 1993, 159; *K. Müller*, Zur Anfechtbarkeit von Gnadenentscheidungen, DVBl 1963, 18; *D. Murswiek*, Zum Anspruch des Nachbarn auf Schutz gegen terroristische Anschläge auf Zwischenlager, JuS 2008, 831; *A. v. Mutius*, Zulässigkeit der Verbandsklage?, VerwArch 64 (1973), 311; *R. Naumann*, Klagebefugnis von Verbänden im Verwaltungsprozeß, DÖV 1971, 378; *ders.*, Verbandsklage und Massenprozeß in der Verwaltungsgerichtsbarkeit, GewArch 1975, 281; *A. Neef*, Zur Wirkung einer vertraglichen Nichtangriffsvereinbarung im Patentrecht, CIPR 2008, 98; *D. Neumeyer*, Erfahrungen mit der Verbandsklage aus der Sicht der Verwaltungsgerichte, UPR 1987, 327; *G. Oestreich*, Individualrechtsschutz im Umweltrecht nach dem Inkrafttreten der Aarhus-Konvention und dem Erlass der Aarhus-Richtlinie, Verw 39 (2006), 29; *H.-J. Papier*, Einwendungen Dritter im Verwaltungsverfahren, NJW 1980, 313; *ders.*, Direkte Wirkung von Richtlinien der EG im Umwelt- und Technikrecht, DVBl 1993, 809; *F.-J. Peine*, Das Gebot der Rücksichtnahme im baurechtlichen Nachbarschutz, DÖV 1984, 963; *H. Peters*, Der Dritte im Baurecht, DÖV 1965, 744; *W. Porsch*, Die Zulässigkeit und Begründetheit von Umweltverbandsklagen, NVwZ 2013, 1062; *ders.*, Verwaltungsgerichtlicher Rechtsschutz im Umweltrecht, NVwZ 2013, 1393; *S. Pötters/C. Werkmeister/J. Traut*, Rechtsakte mit Verordnungscharakter nach Art. 263 Abs. 4 AEUV – eine passgenaue Ausweitung des Individualrechtsschutzes?, EuR 2012, 546; *U. Ramsauer*, Die Rolle der Grundrechte im System der subjektiven öffentlichen Rechte, AöR 111 (1986), 501; *A. Randelzhofer*, Der Anspruch auf fehlerfreie Ermessensentscheidung in Rechtslehre und Rechtsprechung, BayVBl 1975, 573; *K. Redeker*, Das baurechtliche Gebot der Rücksichtnahme (I), DVBl 1984, 870; *H.-W. Rengeling*, Perspektiven zur Zulässigkeit atomrechtlicher Anfechtungsklagen, DVBl 1981, 323; *K. Rennert*, Konkurrentenklagen bei begrenztem Kontingent, DVBl 2009, 1333; *ders.*, Verwaltungsrechtsschutz auf dem Prüfstand, DVBl 2017, 69; *ders.*, Funktionswandel der Verwaltungsgerichtsbarkeit?, DVBl 2017, 793; *G. Roellecke*, Mietwohnungsbesitz als Eigentum, JZ 1995, 74; *M. Ronellenfitsch*, Zum Rechtsschutz gegen die flurbereinigungsrechtliche Planfeststellung, VerwArch 78 (1987), 323; *ders./R. Wolf*, Ausbau des Individualschutzes gegen Umweltbelastungen als Aufgabe des bürgerlichen und des öffentlichen Rechts?, NJW 1986, 1955; *B. Rüthers*, Ein Grundrecht auf Wohnung durch die Hintertür?, NJW 1993, 2587; *J. Ruthig*, Konkurrentenrechtsschutz im Rettungsdienstwesen, BayVBl 1994, 393; *H. H. Rupp*, Kritische Bemerkungen zur Klagebefugnis im Verwaltungsprozeß, DVBl 1982, 144; *C. Sailer*, Zum Klagerecht der Gemeinden gegen Kernkraftwerke, BayVBl 1978, 33; *H. Sarnighausen*, Erweiterte Nachbarrechte im Bauplanungsrecht?, NJW 1995, 502; *H. P. Schechinger*, Rechtsverletzung und Schutznorm im Anfechtungsprozeß Privater gegen Straßenplanungen, DVBl 1991, 1182; *R. P. Schenke*, Die Neujustierung der Fortsetzungsfeststellungsklage, JuS 2007, 697; *W.-R. Schenke*, Baurechtlicher Nachbarschutz, NuR 1983, 81; *A. Scherzberg*, Grundlagen und Typologie des subjektiv-öffentlichen Rechts, DVBl 1988, 129; *ders.*, Das subjektiv-öffentliche Recht – Grundfragen und Fälle, Jura 2006, 839; *S. Schlacke*, Rechtsschutz durch Verbandsklage, NuR 2004, 629; *dies.*, Das neue Umwelt-Rechtsbehelfsgesetz, NuR 2007, 8; *dies.*, Zur fortschreitenden Europäisierung des (Umwelt-)Rechtsschutzes – Schutznormdoktrin und Verfahrensfehlerlehre erneut unter Anpassungsdruck, NVwZ 2014, 11; *dies.*, (Auf)Brüche des Öffentlichen Rechts: von der Verletztenklage zur Interessenklage, DVBl 2015, 929; *dies.*, Die Novelle des UmwRG 2017, NVwZ 2017, 905; *Schlette*, Die Klagebefugnis – § 42 II VwGO, Jura 2004, 90; *O. Schlichter*, Das baurechtliche Gebot der Rücksichtnahme (II), DVBl 1984, 875; *ders.*, Baurechtlicher Nachbarschutz, NVwZ 1983, 641; *K. Schlotterbeck*, Nachbarschutz im anlagenbezogenen Immissionsschutzrecht, NJW 1991, 2669; *R. Schmidt*, Der Rechtsschutz des Konkurrenten im Verwaltungsprozeß, NJW 1967, 1635; *W. Schmidt*, Rechtsschutz gegen ein Begründungsdefizit bei Verwaltungsentscheidungen über öffentliche Interessen, DÖV 1976, 577; *E. Schmidt-Aßmann*, Anwendungsprobleme des Art. 2 Abs. 2 im Immissionsschutzrecht, AöR 106 (1981), 205; *A. Schmidt/P. Kremer*, Das Umwelt-Rechtsbehelfsgesetz und der „weite Zugang zu Gerichten", ZUR 2007, 57; *dies.*, Klagemöglichkeiten von Umweltverbänden – Die Umsetzung der Öffentlichkeitsrichtlinie 2003/35/EG in Deutschland, ZEuS 2007, 93; *M. Schmidt-Preuß*, Nachbarschutz des „Mieter-Eigentümers"?, NJW 1995, 27; *F. Schoch*, Die staatliche Fachaufsicht über Kommunen, Jura 2006, 358; *ders.*, Der verwaltungsgerichtliche Organstreit, Jura 2008, 826; *B. Schöbener*, Verwaltungsrechtliche Organstreitigkeiten im Kammerrecht, GewArch 2008, 329; *T. Schomerus*, Ein Ombudsmann mit Klagebefugnis statt Verbandsklage im Naturschutzrecht?, NuR 1989, 171; *C. Schrader*, Neue Entwicklungen in der Verbandsmitwirkung und Verbandsklage, UPR 2006, 205; *M. Schröder*, Die Klagebefugnis bei Anfechtungs- und Normenkontrollklagen, Jura 1981, 617; *W. Schrödter*, Aktuelle Entscheidungen zum Umwelt-Rechtsbehelfsgesetz, NVwZ 2009, 157; *E. Schuegraf*, Der mehrstufige Verwaltungsakt, NJW 1966, 177; *N. v. Schwanenflug*, Rechtsschutz von Kommunen in der Fachplanung, NVwZ 2007, 1351; *dies./M. D. Schweiger*, Feststellung der Nichteignung von Lebenszeitbeamten für ein Amt im abstrakt funktionellen Sinne nach „erfolgloser" Teilnahme an einem Assessment-Verfahren, ZBR 2006, 25; *E. Schwerdtner*, Die Verbandsklage – Gefahr oder Chance?, VBlBW 1983, 321; *ders.*, Die Klagebefugnis – eine zu enge Sachurteilsvoraussetzung?, NVwZ 1990, 630; *R. Seelig/B. Gündling*, Die Verbandsklage im Umweltrecht, NVwZ 2002, 1033; *M. Seibel*, Verwaltungsakte mit Drittwirkung, BauR 2006, 1845; *M.-J. Seibert*, Verbandsklagen im Umweltrecht, NVwZ 2013, 1040; *ders.*, Die Fehlerbehebung durch ergänzendes Verfahren nach dem UmwRG – Neue prozessuale Instrumente zur Genehmigungserhaltung, NVwZ 2018, 97; *H. Sendler*, Unmittelbare Drittwirkung der Grundrechte durch die Hintertür?, NJW 1994, 709; *C. Sening*, Systemdynamische und energetische Überlegungen zur Klagebefugnis im Naturschutzrecht, NuR 1979, 9; *ders.*, Abschied von der Schutznormtheorie im Naturschutzrecht, NuR 1980, 102; *T. Siegel*, Zur Einklagbarkeit der Umweltverträglichkeit, DÖV 2012, 709; *ders.*, Ausweitung und Eingrenzung der Klagerechte im Umweltrecht, NJW 2014, 973; *V. Skouris*, Über die Verbandsklage im Verwaltungsprozeß, JuS 1982, 100; *ders.*, Landesrechtliche Einführung der Verbandsklage?, NVwZ 1982, 233; *ders.*, Auswirkungen der Rechtsprechung des Europäischen Gerichtshofs auf die Funktion der deutschen Verwaltungsgerichtsbarkeit – Zur Reichweite des Urteils des EuGH vom 15.10.2015 in der Rechtssache C-137/14, DVBl 2016, 937; *H. Sodan*, Gesundheitsbehördliche Informationstätigkeit und Grundrechtsschutz, DÖV 1987, 858; *ders.*, Das besorgte Bundesgesundheitsamt, Jura 1989, 662; *ders.*, Zum Grundrechtsschutz gegen Negativlisten, Die Pharmazeutische Industrie 1991, 341; *ders.*, Leistungsausschlüsse im System der gesetzlichen Krankenversicherung und Grundrechtsschutz von Leistungsanbietern, SGb 1992, 200; *ders.*, Der „Beitrag" des Arbeitgebers zur Sozialversicherung für geringfügige Beschäftigungsverhältnisse, NZS 1999, 105; *ders.*, Vorrang der Privatheit als Prinzip der Wirtschaftsverfassung, DÖV 2000, 361; *ders.*, Verfassungsrechtsprechung im Wandel – am Beispiel der Berufsfreiheit, NJW 2003, 257; *ders.*, Das Beitragssatzsicherungsgesetz auf dem Prüfstand des Grundgesetzes, NJW 2003, 1761; *ders.*, Das Verbot der „Bürgerversicherung" als Bürgerzwangsversicherung, ZRP 2004, 217; *B. Söhnlein*, Klagebefugnis aus dem allgemeinen Willkürverbot bei einem Verstoß gegen die Staatszielbestimmung Umweltschutz, NuR 2008, 251; *K. Sojka*, Verbandsklage und Rechtsprechung, RdL 1982, 1; *C. Steinbeiß-Winkelmann*, Europäisierung des Verwaltungsrechtsschutzes, NJW 2010, 1233; *R. Steinberg*, Grundfragen des öffentlichen Nachbarrechts, NJW 1984, 457; *P. Stelkens*, Einige verwaltungsprozessuale Fragen zur Verbandsklage, DVBl 1975, 137; *U. Stelkens*, Das Verkehrsschild, die öffentliche Bekanntgabe, das BVerfG und der VGH Mannheim, NJW 2010, 1184; *R. Stober*, Zur Bedeutung des Einwendungsausschlusses im atom- und immissionsrechtlichen Genehmigungsverfahren, AöR 106 (1981), 41; *R. Streinz*, Keine Klagebefugnis des Miteigentümers gegen Erteilung der Teilungsgenehmigung gem. § 19 BauGB, JuS 1989, 106; *S. Strohmayr*, Rechtsschutz von Kommunen gegen UVP-pflichtige Vorhaben, NVwZ 2006, 395; *H.-U. Stühler*, Merkmale von Betroffenheit und Beteiligung Betroffener im Planfeststellungsverfahren, VBlBW 1991, 321; *M. Thews*, Der „Eigentümer-Mieter" im baurechtlichen Nachbarstreit, NVwZ 1995, 224; *W. Thiele*, Bestehen verfassungsrechtliche Bedenken gegen eine Verbandsklage im öffentlichen Recht?, DÖD 1979, 117; *W. Thieme*, Die Zulässigkeit von Umweltschutzklagen, NJW 1976, 705; *C. H. Ule*, Zur Verpflichtungsklage im Umweltschutzrecht, BB 1972, 1076; *R. Wahl*, Der Nachbarschutz im Baurecht, JuS 1984, 577; *H. Wagener*, Der Anspruch auf Immissionsschutz – Plädoyer für ein einklagbares Recht, NuR 1988, 71; *J. Wasmuth*, Überlegungen zur Dogmatik des öffentlichen Nachbarrechtsschutzes, NVwZ 1988, 322; *A. Weber*, Anfechtbarkeit und Aufhebbarkeit gemeinschaftsrechtswidriger nationaler Verwaltungsakte, BayVBl 1984, 321; *H. Weidemann*, Die Verbandsklage und das Umweltrechtsbehelfsgesetz, VR 2008, 227; *S. Weidemann*, Wegfall der Präklusion – Zum praktischen Wert der Öffentlichkeitsbeteiligung, DÖV 2019, 933; *A. Weitbrecht*, Zur Rechtsstellung ausländischer Grenznachbarn im deutschen Umweltrecht, NJW 1987, 2132; *J. Westphal*, Die Stellung der Nachbarn bei der Genehmigung von Flughäfen und Landeplätzen, DVBl 1958, 303; *F. Weyreuther*, Das bebauungsrechtliche Gebot der Rücksichtnahme und seine Bedeutung für den Nachbarschutz, BauR 1975, 1; *B. Wiegand*, Drittschutz im Spannungsverhältnis zwischen Verfassung, Gesetz und Verwaltungshandeln, BayVBl 1994, 609, 647; *D. Winkler*, Der europäisch initiierte Anspruch auf Erlass eines Aktionsplans, EurUP 2006, 198; *G. Winter*, Bevölkerungsrisiko und subjektives öffentliches Recht im Atomrecht, NJW 1979, 393; *R. Wolf*, Zur Entwicklung der Verbandsklage im Umweltrecht, ZUR 1994, 1; *L. Zechlin*, Beeinträchtigungen der Koalitionsfreiheit durch Subventionsauflagen, NJW 1985, 585; *H. Zeiler*, Die Klagebefugnis der Gemeinden bei der Errichtung von Kraftwerken, GewArch 1978, 114; *J. Ziekow*, Zum Begriff des Nachbarn im baurechtlichen Drittschutz, NVwZ 1989, 231; *ders.*, Das Umwelt-Rechtsbehelfsgesetz im System des deutschen Rechtsschutzes, NVwZ 2007, 259; *M. Zuleeg*, Hat das subjektive öffentliche Recht noch eine Daseinsberechtigung?, DVBl 1976, 509.

Sodan

A. Die Entstehungsgeschichte der Norm

1   Die Entstehung des § 42 geht auf § 41 des Entwurfs einer VwGO zurück, der von der Bundesregierung bereits in der 1. Wahlperiode des Deutschen Bundestages präsentiert (BT-Drs. 1/4278 Anl. 1), in der 2. Wahlperiode erneut eingebracht (BT-Drs. 2/462 Anl. 1) und schließlich in der 3. Wahlperiode nochmals dem Bundestag vorgelegt wurde (BT-Drs. 3/55 Anl. 1). § 41 Abs. 1 des Regierungsentwurfs stimmt wörtlich mit dem später verabschiedeten § 42 Abs. 1 überein. Dagegen weicht § 41 Abs. 2 des Regierungsentwurfs von der vom Bundestag beschlossenen Fassung in § 42 Abs. 2 in einigen Worten ab (Abweichungen nachfolgend hervorgehoben):

„Soweit gesetzlich nichts anderes bestimmt *wird*, ist die Klage nur zulässig, wenn der Kläger *behauptet*, durch den Verwaltungsakt oder seine Ablehnung oder Unterlassung *beschwert* zu sein."

2   Der Bundesrat schlug hingegen folgende Fassung des § 41 Abs. 2 des von der Bundesregierung in der 2. Wahlperiode des Deutschen Bundestages eingebrachten Entwurfs einer VwGO vor:

„Soweit gesetzlich nichts anderes bestimmt wird, ist die Klage zulässig, wenn der Kläger behauptet, durch Verletzung seiner Rechte oder durch rechtswidrige Ermessensanwendung beschwert zu sein. Rechtswidrige Ermessensanwendung liegt vor, wenn die Verwaltungsbehörde ermächtigt ist, nach ihrem Ermessen zu handeln, die gesetzlichen Gründe dieses Ermessens aber überschritten oder von dem Ermessen in einer dem Zweck der Ermächtigung nicht entsprechenden Weise Gebrauch gemacht hat" (BT-Drs. 2/462 Anl. 2 S. 59).

Zur Begründung führte der Bundesrat aus, die Fassung des Regierungsentwurfs sei „zu unbestimmt, 3 sie könnte den Anschein erwecken, dass auch wegen Ermessensfragen (außer wegen Ermessensüberschreitung) das Gericht angerufen werden könnte"; es erleichtere die Anwendung der Vorschrift, wenn der Inhalt des § 114 Abs. 5 des Regierungsentwurfs bereits hier eingefügt werde (BT-Drs. 2/462 Anl. 2 S. 59). Die Bundesregierung widersprach der vorgeschlagenen Neufassung von § 41 Abs. 2 des Regierungsentwurfs mit der Begründung, ein sachlicher Unterschied bestehe zwischen der vorgeschlagenen Neufassung und der Regierungsvorlage nicht, da die Auslegung des Wortes „beschwert" nur die in der Neufassung beabsichtigte Bedeutung haben könne; die Neufassung verewige „aber die bisher bestehende Unklarheit über die Zulässigkeitsvoraussetzung einer Klage und über die Begründetheit einer Klage", sodass der Regierungsvorlage, die in § 41 Abs. 2 nur die Zulässigkeitsvoraussetzung behandele und die Frage der Begründetheit in § 114 regele, der Vorzug gebühre (BT-Drs. 2/462 Anl. 3 S. 68 f.).

Im Gesetzgebungsverfahren in der 3. Wahlperiode des Bundestages hat der Bundesrat folgende Fassung 4 von § 41 Abs. 2 des Regierungsentwurfs vorgeschlagen:

„Soweit gesetzlich nichts anderes bestimmt wird, ist die Klage nur zulässig, wenn der Kläger geltend macht, durch einen Verwaltungsakt oder durch die Ablehnung oder Unterlassung eines Verwaltungsaktes in seinen Rechten verletzt zu sein" (BT-Drs. 3/55 Anl. 2 S. 54).

Zur Begründung wiederholte der Bundesrat die schon in der 2. Wahlperiode des Bundestages vorge- 5 tragene Kritik mangelnder Bestimmtheit des § 41 Abs. 2 i.d.F. des Regierungsentwurfs (BT-Drs. 3/55 Anl. 2 S. 54). Die Bundesregierung stimmte dem Vorschlag des Bundesrates nunmehr „grundsätzlich" zu, empfahl aber folgende „redaktionelle Neufassung":

„Soweit gesetzlich nichts anderes bestimmt wird, ist die Klage nur zulässig, wenn der Kläger geltend macht, durch den Verwaltungsakt oder dessen Ablehnung oder Unterlassung in seinen Rechten verletzt zu sein" (BT-Drs. 3/55 Anl. 3 S. 78).

Diese Fassung weicht nur geringfügig von dem Formulierungsvorschlag des Rechtsausschusses des 6 Deutschen Bundestages ab (BT-Drs. 3/1094 Anl. 1 S. 30), der als § 42 Abs. 2 in die am 21.1.1960 verkündete VwGO (BGBl I 17) Eingang gefunden hat. Der Rechtsausschuss konnte sich dadurch mit seiner in Übereinstimmung mit dem Bundesrat und dem Ausschuss für Inneres vertretenen Auffassung durchsetzen, dass in dieser Vorschrift „deutlicher als in der Regierungsvorlage und ebenso wie im Grundgesetz zum Ausdruck gebracht werden müsse, dass eine Anfechtungs- und Verpflichtungsklage nur bei Rechtsverletzungen zulässig sei".[1]

§ 42 ist seit Erlass der VwGO nicht geändert worden. 7

Für das System der Klagearten in der VwGO ist ferner bedeutsam, dass § 40 des Regierungsentwurfs 8 folgende Bestimmung vorsah:

„Rechtsschutz kann mit Gestaltungs-, Feststellungs- und Leistungsklagen begehrt werden."

Zur Begründung führte die Bundesregierung aus, der Entwurf zähle „die verschiedenen Klagearten 9 auf, um nicht durch die ausdrückliche Erwähnung der Anfechtungs-, Verpflichtungs- und Feststellungsklage in den §§ 41 und 42 den Rückschluß zu gestatten, daß neben der Feststellungsklage nur diese Arten der Gestaltungsklage zugelassen seien, und die Leistungsklage im verwaltungsgerichtlichen Verfahren ausgeschlossen sei" (BT-Drs. 3/55 Anl. 1 S. 31). Der Rechtsausschuss des Deutschen Bundestages befürchtete hingegen, dass die Regierungsvorlage die Rechtsentwicklung hinsichtlich der Klagearten unter Umständen einengen könne; er verwies darauf, dass in § 42 Abs. 2 des Regierungsentwurfs, der fast wörtlich mit dem heutigen § 43 Abs. 2 übereinstimmt, ausdrücklich neben der Feststellungsklage auch die Gestaltungs- und die Leistungsklage genannt seien „und deshalb keine Zweifel über die Zulässigkeit der allgemeinen Leistungsklage neben der Feststellungs- und der Verpflichtungsklage auftreten" könnten.[2] Der Rechtsausschuss setzte sich mit der von ihm beschlossenen Streichung des § 40 des Regierungsentwurfs (BT-Drs. 3/1094 Anl. 1 S. 30) im Gesetzgebungsverfahren durch.

---

1 Schriftlicher Bericht des Rechtsausschusses vom 12.5.1959, BT-Drs. 3/1094, zu § 41 S. 5.
2 Schriftlicher Bericht des Rechtsausschusses vom 12.5.1959, BT-Drs. 3/1094, zu § 40 S. 5.

B. Das System von Verfahrensarten im Verwaltungsprozess

10　Anfechtungs- und Verpflichtungsklage sind wesentliche Bestandteile eines Systems von Verfahrensarten im Verwaltungsprozess. Bevor auf Einzelprobleme zur Anfechtungs- und Verpflichtungsklage eingegangen werden kann, bedarf es deren Einordnung in dieses Regelungssystem und damit zugleich der Abgrenzung zu anderen Verfahrensarten.

I. Erschöpfende bundesrechtliche Regelung

11　Der Bundesgesetzgeber hat mit dem Erlass der VwGO das Ziel verfolgt, die bei Inkrafttreten des GG für die Bundesrepublik Deutschland gegebene und seitdem fortgeschrittene Zersplitterung auf dem Gebiet des verwaltungsgerichtlichen Verfahrensrechts „zu beseitigen und Verfassung und Verfahren der Verwaltungsgerichte im Sinne eines einheitlichen Prozeßrechts zu regeln"; damit werden Aufgaben erfüllt, die dem Bund durch Art. 74 Abs. 1 Nr. 1 GG für das Gebiet des Prozessrechts gestellt sind.[3] Das BVerfG hat ausgeführt, die VwGO normiere „das verwaltungsgerichtliche Verfahren umfassend, sei es durch eigene Vorschriften, sei es durch Verweisungen" (BVerfGE 20, 238, 249; vgl. auch BVerfGE 21, 106, 115). So verweist die VwGO zur Ergänzung der von ihr nicht selbst getroffenen Regelungen verschiedentlich auf andere bundesrechtliche Bestimmungen, nämlich einzelne Normen des GVG und der ZPO.[4] § 173 VwGO ordnet für den Fall, dass dieses Gesetz keine Bestimmungen über das Verfahren enthält, sogar ganz allgemein die entsprechende Anwendung des GVG und der ZPO an, „wenn die grundsätzlichen Unterschiede der beiden Verfahrensarten dies nicht ausschließen". Dies führt zur Anerkennung spezieller Klagearten,[5] etwa der Zwischenfeststellungsklage (→ Rn. 74). Nach der Rspr. des BVerfG bestätigen auch die in der VwGO enthaltenen differenzierten Vorbehalte zugunsten der Landesgesetzgeber, „daß die Verwaltungsgerichtsordnung das Verwaltungsprozeßrecht erschöpfend regeln wollte und geregelt hat. Die Tatsache, daß die Verwaltungsgerichtsordnung eine Frage nicht behandelt, kann demgemäß nicht dahin gedeutet werden, daß der Bundesgesetzgeber von seiner Kompetenz keinen Gebrauch gemacht hat. Die erschöpfende bundesrechtliche Regelung des verwaltungsgerichtlichen Verfahrens schließt also landesgesetzliche Regelungen dieses Sachgebiets grundsätzlich aus, und zwar ohne Rücksicht darauf, ob diese landesrechtlichen Regelungen der Verwaltungsgerichtsordnung widerstreiten oder sie nur ergänzen, ohne ihr sachlich zu widersprechen" (BVerfGE 20, 238, 250). Danach ist es den Ländern grds. verwehrt, neue Klagearten einzuführen, die abweichend von Regelungen der VwGO ausgestaltet sind.[6] Folglich hat das BVerfG landesrechtliche Bestimmungen über die jeweils als Anfechtungsklage charakterisierungsfähige sog. *Aufsichtsklage* des fachlich zuständigen Ministers[7] und die sog. *Beanstandungsklage* der Bezirksregierung[8] gegen bestimmte Widerspruchsbescheide von Rechtsausschüssen wegen Unvereinbarkeit mit Art. 74 Nr. 1 und Art. 72 Abs. 1 GG für nichtig erklärt, soweit die landesrechtlichen Vorschriften von den Regelungen in § 78 betr. den Klagegegner bzw. in § 74 Abs. 1 S. 1 zur Klagefrist abwichen.

12　Unter Bezugnahme auf die Rspr. des BVerfG sieht das OVG Saarlouis das System der in der VwGO geregelten bzw. erwähnten Klage- und Antragsarten als „abschließend" an; es fügt allerdings zutr. den Vorbehalt anderweitiger bundesgesetzlicher Regelungen hinzu.[9] Der in der Lit. erhobenen Forderung

---

3　So der Schriftliche Bericht des Rechtsausschusses vom 12.5.1959 zum Regierungsentwurf, BT-Drs. 3/1094, 2; s.a. die Begründung der Bundesregierung zum Entwurf einer VwGO, BT-Drs. 3/55 Anl. 1 S. 25.
4　§ 4 S. 1, § 49 Nr. 3, § 54 Abs. 1 und 3, §§ 55, 56 Abs. 2, § 57 Abs. 2, § 62 Abs. 4, §§ 64, 83, 98, 102 Abs. 4, §§ 105, 123 Abs. 3, § 152 a Abs. 5, § 153 Abs. 1, § 159 S. 1, §§ 165 a, 166, 167 Abs. 1, §§ 173, 186 VwGO.
5　Dazu *Schmitt Glaeser/Horn* Rn. 369.
6　BVerfGE 20, 238, 251; 21, 106, 115; BVerwGE 61, 360, 363; VGH Mannheim VerwRspr 25, 220, 222; *W.-R. Schenke*, in: Kopp/Schenke Vorbem. § 40 Rn. 5.
7　BVerfGE 20, 238, 248 ff. m. zust. Anm. *K. A. Bettermann*, NJW 1967, 435 und *C.-F. Menger/H.-U. Erichsen*, VerwArch 58 (1967), 375, 377 f. Andererseits auch BVerwGE 37, 47, 50: Dort wird eine Aufsichtsklage als zulässige „Anfechtungsklage eigener Art" bezeichnet, „die nur die Besonderheit" habe, „daß der Kläger abweichend vom Grundsatz des § 42 Abs. 2 VwGO nicht geltend machen" müsse, „durch den Widerspruchsbescheid des Rechtsausschusses in seinen Rechten verletzt zu sein". Vgl. ferner BVerwGE 21, 289, 290 f.; 35, 173, 174.
8　BVerfGE 21, 106, 114 ff. m. zust. Anm. *C.-F. Menger/H.-U. Erichsen*, VerwArch 58 (1967), 375, 378.
9　OVG Saarlouis NVwZ-RR 1993, 210; in einer früheren Entscheidung hatte dieses Gericht die Frage nach der abschließenden Regelung der verwaltungsgerichtlichen Verfahren in der VwGO noch offen gelassen (NVwZ 1987, 914). S.a. bereits VGH Mannheim VerwRspr 25, 220, 222. Eine hiervon zu trennende Frage ist die durch Art. 19 Abs. 4 GG verfassungsrechtlich geforderte Auslegung der in der VwGO enthaltenen Klagearten durch die Gerichte. Das BVerwG formuliert diesbezüglich, die VwGO kenne kein abgeschlossenes System von Klagearten, und verlangt von den Verwal-

nach „Überwindung des Enumerationsprinzips" bei den Klagearten nimmt der Autor selbst sogleich weitgehend ihre Bedeutung, indem er feststellt, in den meisten Fällen ließen sich die als „besondere Klagearten" oder als Klage „sui generis" bezeichneten Klagen „doch letztlich einem der wohlbekannten Typen" zuordnen[10]. Es spricht in der Tat vieles dafür, „daß sich andere Klageformen zum Schutz von Individualinteressen mit einem wirklich anderen Klageziel i.S. eines ‚aliud' gegenüber Gestaltung, Leistung oder Feststellung nicht finden lassen"[11].

Nach den bisherigen Erfahrungen erweist sich jedenfalls die im Gesetzgebungsverfahren zur VwGO   **13** geäußerte Befürchtung als unbegründet, die gesetzliche Festlegung auf „Gestaltungs-, Feststellungs- und Leistungsklagen" als Mittel für Rechtsschutzbegehren könne die Rechtsentwicklung hinsichtlich der Klagearten einengen (→ Rn. 8 f.). Dies lässt sich etwa am Bsp. des sog. *Kommunalverfassungs-streits* zeigen, bei dem eine Auseinandersetzung unter kommunalen Vertretungsorganen derselben Körperschaft oder innerhalb eines Organs über die sich aus dem kommunalen Verfassungsrecht erge-benden Rechte und Pflichten stattfindet.[12] Kommunalverfassungsstreitverfahren stellen regelmäßig keine Klagen sui generis dar, sondern können in das bestehende System von Verfahrensarten eingefügt werden. Diese Verfahren stellen „regelmäßig allgemeine Leistungs- und Feststellungsklagen" dar (OVG Bautzen 19.4.2011 – 4 C 32/08, juris Rn. 60, → Rn. 233). Auch die sog. *Normerlassklage*, die auf Erlass von Rechtsnormen im Range unter den Gesetzen im formellen Sinne gerichtet ist, lässt sich nicht als „Klageverfahren eigener Art"[13] qualifizieren (im Einzelnen → Rn. 46 ff., 50). Soweit ersicht-lich, ist bislang jedenfalls im System der Verfahrensarten im Verwaltungsprozess keine Lücke dargetan worden, die zulasten von Bürgern zu einer Rechtsschutzverweigerung führen müsste, welche mit dem verfassungsrechtlichen Gebot effektiven Rechtsschutzes nach Art. 19 Abs. 4 GG[14] und der verwal-tungsprozessualen Generalklausel in § 40 VwGO unvereinbar wäre. Nach der Rspr. des BVerfG (BVerfGE 31, 364, 368; → § 47 Rn. 24) gewährleistet Art. 19 Abs. 4 GG „nicht einen *bestimmten* Rechtsweg, also eine dem Charakter der beanstandeten Maßnahme der öffentlichen Gewalt jeweils angepaßte Verfahrensart. Vielmehr wird dem einzelnen Bürger durch dieses Grundrecht lediglich ga-rantiert, daß ihn beeinträchtigende hoheitliche Maßnahmen in *irgendeinem* gerichtlichen Verfahren überprüft werden können." Der Rechtsschutz darf sich dabei allerdings „nicht in der bloßen Möglich-keit der Anrufung eines Gerichts erschöpfen, sondern muß zu einer wirksamen Kontrolle in tatsächli-cher und rechtlicher Hinsicht durch ein mit zureichender Entscheidungsmacht ausgestattetes Gericht führen" (zum vorläufigen Rechtsschutz → Rn. 78).[15]

Das Gericht muss nach § 86 Abs. 3 u.a. darauf hinwirken, dass unklare Anträge erläutert und sach-   **14** dienliche Anträge gestellt werden. Gem. § 88 darf das Gericht zwar über das Klagebegehren nicht hin-ausgehen; es ist aber an die Fassung der Anträge nicht gebunden. Es hat also das im gesamten Partei-vorbringen zum Ausdruck kommende Rechtsschutzziel zu ermitteln und demnach, soweit es erforder-lich ist, auf einen Verfahrensantrag hinzuwirken, welcher der von dem Kläger oder Antragsteller ge-wollten Verfahrensart entspricht.[16] Für diese Verfahrensart müssen dann allerdings die jeweiligen *be-sonderen Sachentscheidungsvoraussetzungen* vorliegen; sind diese nicht vollständig gegeben, so ist die Klage oder der Antrag ohne weitere Sachprüfung als *unzulässig* abzuweisen.[17] Von der Wahl der rich-tigen Verfahrens*art* hängt es also ab, ob das Verfahren überhaupt zu einer Sachentscheidung führen kann und damit zulässig ist. Im Rechtsschutzsystem der VwGO dient die Unterscheidung nach einzel-nen Verfahrensarten letztlich dazu, „für die im Einzelfall zu klärende materielle Rechtslage die erfor-derlichen und geeigneten Rechtsschutzmöglichkeiten zu bieten" (BVerwG DVBl 1982, 841, 842).

---

tungsgerichten eine an dieser Norm ausgerichtete Auslegung und Rechtsfortbildung (NJW 1978, 1870; Buchholz 310 § 40 VwGO Nr. 179).

10 *Hufen* § 13 Überschrift vor Rn. 1 sowie Rn. 4.

11 *Schmitt Glaeser/Horn* Rn. 26.

12 Vgl. zu dieser Definition OVG Koblenz AS 9, 335, 337; 10, 55, 56; NVwZ 1985, 283; OVG Münster OVGE 27, 258, 259; *B. Preusche*, NVwZ 1987, 854 f.

13 So aber *T. Würtenberger*, AöR 105 (1980), 370, 389 ff.

14 Zum Gebot des effektiven Rechtsschutzes BVerfGE 35, 263, 274; 96, 27, 39; *D. Lorenz*, Rechtsschutz, 1973, insbes. 150 f., 238 f.; *ders.*, FS Menger, 1985, 143 ff.; s.a. *T. A. Haag*, „Effektiver Rechtsschutz", 1985; *E. Schmidt-Jortzig*, NJW 1994, 2569 ff.

15 BVerfGE 67, 43, 58; BVerfG (K) NJW 1994, 3087, 3088; s.a. BVerfGE 61, 82, 111.

16 Vgl. BVerwGE 60, 144, 149; *H. v. Nicolai*, in: Redeker/v. Oertzen § 42 Rn. 1.

17 *Schenke* Rn. 58 ff.; *Schmitt Glaeser/Horn* Rn. 30 ff.

II. Anfechtungsklage

15   **1. Gestaltungsklage.** Schon in ihrer Begründung zum Entwurf einer VwGO hat die Bundesregierung die *Anfechtungsklage* als „die häufigste Klageart" bezeichnet (BT-Drs. 3/55 Anl. 1 S. 31). Die Anfechtungsklage ist die „klassische" Klageart des Verwaltungsprozesses.[18] Indem sie die Aufhebung eines Verwaltungsakts verfolgt, ist sie auf die „Kassation noch andauernder Maßnahmen gerichtet" (BVerwGE 62, 317, 324; vgl. auch bereits BVerwG DÖV 1962, 384, 385). Sie führt das erstrebte Ziel „mit dem Urteil ipso jure herbei".[19] Die gerichtliche Entscheidung „bedarf keiner Vollstreckung, weil sie ihre Rechtswirkungen unmittelbar aus sich heraus äußert" (BVerwG DÖV 1963, 384, 385). Wegen ihrer konstitutiven, rechtsändernden Wirkung ist sie ein Gestaltungsurteil. Die dazu erhobene Anfechtungsklage, welche nicht die Feststellung und Durchsetzung des bestehenden Rechts, sondern die Beseitigung oder Veränderung eines belastenden Verwaltungsakts bezweckt, ist also eine *Gestaltungsklage*,[20] nicht etwa eine „reine Feststellungsklage"[21].

16   **2. Vorliegen eines Verwaltungsakts.** Voraussetzung für die Erhebung der Anfechtungsklage ist, dass diese sich gegen einen Verwaltungsakt richtet. Eine Anfechtungsklage, die keinen damit anfechtbaren Verwaltungsakt zum Gegenstand haben kann, ist unzulässig.[22] Ein angreifbarer Verwaltungsakt liegt auch im Fall der gesetzlichen Fiktion etwa bei Zeitablauf vor.[23]

17   **a) Begriff des Verwaltungsakts.** Der verwaltungsprozessrechtliche Begriff des Verwaltungsakts ist identisch mit dem Begriff des Verwaltungsakts im (bundes-)verwaltungsverfahrensrechtlichen Sinne, sodass zur Auslegung von § 42 Abs. 1 auf die Legaldefinition in § 35 VwVfG des Bundes zurückgegriffen werden kann (→ Rn. 99, 103).

18   **b) Objektive Betrachtung.** Vereinzelt ist die Auffassung vertreten worden, eine Anfechtungsklage sei bereits dann zulässig, wenn der Kläger Tatsachen behaupte, aus denen sich – ihre Richtigkeit unterstellt – das Vorliegen eines Verwaltungsakts ergebe; erwiesen sich die Behauptungen als unzutr., sei die Klage als unbegründet und nicht schon als unzulässig abzuweisen.[24] Überdies müsse man „aus prozeßökonomischen Gründen" die Zulässigkeit auch dann bejahen, wenn die behaupteten Tatsachen es als möglich erscheinen ließen, dass ein Verwaltungsakt vorliege.[25] Dieser Ansicht steht jedoch der eindeutige Wortlaut in § 42 Abs. 1 entgegen, der eben von der „Aufhebung eines Verwaltungsakts" spricht und damit – anders als § 42 Abs. 2 in Bezug auf das Geltendmachen einer Rechtsverletzung – einen plausiblen Vortrag des Klägers zur Annahme eines Verwaltungsakts nicht genügen lässt.[26] Daher ist in Übereinstimmung mit der ganz überwiegenden Meinung in Rspr. und Lit. davon auszugehen, dass für die Zulässigkeit einer Anfechtungsklage nicht schon die bloße Behauptung des Vorliegens eines Verwaltungsakts reicht; vielmehr muss der mit der Anfechtungsklage angegriffene Akt *objektiv* ein bereits erlassener Verwaltungsakt sein.[27] Maßgebend ist also, welche Rechtsnatur ein behördliches Handeln tatsächlich hat und nicht, welches Instrument die Behörde gewollt hat und erst recht nicht, welche Handlungsform die Behörde hätte wählen müssen.[28] Hat die Behörde trotz fehlender Befugnis einen Verwaltungsakt erlassen, ist dieser zwar rechtswidrig und daher vom Gericht aufzuheben, muss

---

18   *Hufen* § 14 Rn. 1.
19   Begründung der Bundesregierung zu § 41 des Entwurfs einer VwGO, BT-Drs. 3/55 Anl. 1 S. 32.
20   BVerwGE 26, 161, 165; 27, 181, 182; 31, 301, 303; *E. Buri*, DÖV 1970, 689, 690; *Schenke* Rn. 178.
21   So unzutreff. *J. Martens*, DÖV 1970, 476, 478.
22   OVG Münster DÖV 1975, 175 (LS); VGH Kassel NVwZ-RR 2016, 551.
23   *Hufen* § 14 Rn. 10; *Schenke* Rn. 182.
24   So *Eyermann/Fröhler* § 42 Rn. 20. Ferner *G. Lüke*, AöR 84 (1959), 185, 205, der die „schlüssige Behauptung" des Vorliegens eines Verwaltungsakts als Zulässigkeitsvoraussetzung für die „Aufhebungsklage" ansieht. Bereits VGH München DÖV 1957, 241, 242 f. m. zust. Anm. *O. Bachof*, DÖV 1957, 243, 244, sowie OVG Münster DVBl 1975, 918 m. zust. Anm. *W. Skouris*, DVBl 1975, 920 f.
25   *Eyermann/Fröhler* § 42 Rn. 20. Vgl. ferner BVerwGE 18, 154, 155: Dort heißt es, Anfechtungsklagen seien auch „bei Zweifeln an der öffentlich-rechtlichen Natur der umstrittenen Maßnahme" zulässig.
26   *Schmitt Glaeser/Horn* Rn. 137.
27   Vgl. etwa OVG Koblenz AS 9, 123, 124; OVG Lüneburg DÖV 1970, 390 f.; VGH München BayVGH (N. F.) 7, 71, 72; 11, 25, 26; VerwRspr 13, 626, 629; BayVBl 1978, 83, 84; VG Hamburg GewArch 2013, 135; *Hufen* § 14 Rn. 2; *L. Renck*, NVwZ 1989, 117, 118; *H. H. Rupp*, AöR 85 (1960), 301, 303; *Schenke* Rn. 182; *Schmitt Glaeser/Horn* Rn. 137. S.a. bereits BVerwGE 5, 325, 330; 6, 101, 102 f.; BVerwG DVBl 1962, 835; BVerwGE 14, 323, 324; 30, 287, 288 ff.
28   BVerwGE 26, 251, 252; BVerwG DÖV 1974, 426; s.a. VGH München NVwZ-RR 1995, 114, 115.

aber im Verwaltungsprozess als Verwaltungsakt behandelt werden.[29] Dies gilt bspw. dann, wenn die mit dem Verwaltungsakt beabsichtigte Regelung eine privatrechtliche Rechtsbeziehung betrifft.[30] Wird eine Behörde nach außen hin als Entscheidungsträger einer Maßnahme ausgewiesen, obwohl die Entscheidung intern ein Privater getroffen hat, ist für die Abgrenzung eines Verwaltungsakts von einem Nichtakt (*Scheinverwaltungsakt*) maßgebend, ob die Behörde das Tätigwerden des Privaten als Geschäftsbesorger veranlasst hat (BVerwGE 140, 245, 247 f.). Auch die Klage gegen eine behördliche Anordnung, die ihrem wesentlichen Inhalt nach als Rechtsnorm hätte ergehen müssen, ist als Anfechtungsklage zulässig und führt zur Aufhebung der Anordnung, wenn diese in der Form eines Verwaltungsakts ergangen ist; eine Umdeutung der als Verwaltungsakt ausgestalteten und in dieser Form bekannt gemachten Anordnung in eine Rechtsnorm ist nicht möglich.[31] Nach der Rspr. des BVerwG muss ein Verwaltungsakt „angesichts der Regelungsfunktion, die ihm innewohnt, seinen Charakter als hoheitlich verbindliche Regelung eines Einzelfalles auf dem Gebiet des öffentlichen Rechts hinreichend klar erkennen lassen", wofür „nicht der innere, sondern der erklärte Wille" maßgebend ist, „wie ihn bei objektiver Würdigung der Empfänger verstehen konnte"; auch aus Art. 19 Abs. 4 GG folgt, dass der „Bürger als Empfänger einer nach ihrem objektiven Erklärungsinhalt mißverständlichen Willensäußerung der Verwaltung [...] durch solche Unklarheiten nicht benachteiligt werden" darf (BVerwGE 41, 305, 306; ähnl. BVerwGE 135, 209, 214; vgl. auch BVerwGE 29, 310, 312 f.; 78, 3, 4).

c) Teilanfechtung. Sofern der Verwaltungsakt einen teilbaren Inhalt hat, kann die Anfechtung auf 19
nur einen Teil des Verwaltungsakts beschränkt werden; dies lässt sich insbes. aus § 113 Abs. 1 S. 1 folgern, wonach das Gericht den Verwaltungsakt und den etwaigen Widerspruchsbescheid (nur) aufhebt, „*soweit*" der Verwaltungsakt rechtswidrig und der Kläger dadurch in seinen Rechten verletzt ist; angesichts der Verpflichtung des Gerichts zur Beschränkung der Aufhebung auf den rechtswidrigen Teil des Verwaltungsakts ist der Kläger befugt, lediglich den von ihm für rechtswidrig gehaltenen Teil des Verwaltungsakts anzufechten.[32] Die Frage, ob tatsächlich ein von der „Hauptregelung"[33] objektiv abgrenzbarer Teil als Streitgegenstand vorliegt, der möglicherweise seinerseits als Verwaltungsakt zu qualifizieren ist,[34] kann freilich im Einzelfall problematisch sein. Dies gilt vor allem für *Nebenbestimmungen*[35] zu einem Verwaltungsakt i.S.v. § 36 VwVfG: Hier kann einerseits eine gesonderte Anfechtung der belastenden Nebenbestimmung und andererseits eine Verpflichtungsklage auf Erteilung etwa einer uneingeschränkten Genehmigung in Betracht zu ziehen sein.

aa) Selbständig anfechtbare Nebenbestimmungen. Nach einer Grundsatzentscheidung des BVerwG 20
vom 22.11.2000 ist die Anfechtungsklage gegen alle belastenden Nebenbestimmungen eines Verwaltungsakts statthaft; ob die angestrebte isolierte Aufhebung der Nebenbestimmung rechtlich möglich, d.h. die Gesamtregelung des Verwaltungsakts *teilbar* ist,[36] sei „eine Frage der Begründetheit und nicht der Zulässigkeit des Anfechtungsbegehrens, sofern nicht eine isolierte Aufhebbarkeit offenkundig von vornherein" ausscheide.[37] Nach einem Teil der Rspr. soll die Teilanfechtung auch dann unstatthaft sein, wenn zwischen Hauptregelung und Nebenbestimmung ein „untrennbarer innerer Zusammenhang" besteht, weil die Behörde die Hauptregelung *ohne* Nebenbestimmung im Erlasszeitpunkt „bei

---

29 Vgl. BVerwG DVBl 1962, 835; BVerwGE 16, 116, 127; BVerwG NJW 1969, 444; DVBl 1970, 282, 283; 2005, 450, 451; BSGE 15, 14, 15; OVG Koblenz AS 9, 123, 124 ff.; VGH Mannheim DVBl 1967, 205 f.

30 BVerwG DÖV 1985, 165 (LS); BSGE 15, 14, 15; OVG Münster OVGE 30, 138 f.

31 BVerwGE 18, 1 ff.; BVerwG DÖV 1974, 426; bereits BVerwGE 3, 237, 239; 30, 287, 290 ff. Ferner zur Frage des Rechtsschutzes in Fällen, in denen die Behörde bei der Auswahl zwischen Verwaltungsakt und Rechtsetzung geirrt hat, BVerwGE 29, 207 ff.; *W.-R. Schenke*, NVwZ 1990, 1009, 1013 ff.; *U. Stelkens*, in: Stelkens/Bonk/Sachs § 35 Rn. 16 f.

32 BVerwGE 55, 135, 136; OVG Münster GewArch 1994, 164; entsprechend zur Zulässigkeit der Teil*rücknahme* einer Anfechtungsklage VGH München NVwZ-RR 2004, 238 f.; *H.-U. Erichsen*, Jura 1990, 214, 217; *W. Mößle*, BayVBl 1982, 231, 232 f.

33 So *H.-U. Erichsen*, Jura 1990, 214, 217; *Maurer* § 12 Rn. 1.

34 Zum Streit um den Verwaltungsaktcharakter etwa einer *Auflage* s. die umfangreichen Nachw. von *U. Stelkens*, in: Stelkens/Bonk/Sachs § 36 Rn. 82 ff.

35 Zur Abgrenzung von Nebenbestimmungen *H.-U. Erichsen*, Jura 1990, 214, 215 f.

36 Gegen das Kriterium der Teilbarkeit *J. Pietzcker*, NVwZ 1995, 15, 18 f., 20.

37 So BVerwGE 112, 221, 224; fast wortgleich BVerwGE 144, 341, 342; so auch OVG Berlin-Brandenburg NVwZ 2016, 1339; dazu *C. Brüning*, NVwZ 2002, 1081 f.; zust. *Schenke* Rn. 296; *ders./R. P. Schenke*, in: Kopp/Schenke § 42 Rn. 22; Bereits BVerwGE 60, 269, 271 ff.; 81, 185, 186; 100, 335, 337 f. Zum damit überholten früheren Streit Erstaufl. (Loseblatt) § 42 Rn. 20.

objektiver, an den zugrundeliegenden Rechtssätzen orientierter und in Anlehnung an den Rechtsgedanken des § 44 IV VwVfG erfolgender Betrachtung die im Falle einer Teilaufhebung verbleibende Regelung nicht getroffen hätte" oder weil der bei einer Teilaufhebung verbleibende Rest des Verwaltungsakts für sich genommen *rechtswidrig* wäre.[38] In einem Teil der Lit. wird ein derartiger Zusammenhang bereits bei objektiver *Sinnlosigkeit* der Restregelung bejaht.[39] *Neben* der generell gegebenen Anfechtungsklage soll im Einzelfall weiterhin ein Verpflichtungsantrag zulässig sein, „wenn dieser einen im Vergleich zum Anfechtungsantrag weiter gehenden Rechtsschutz verschafft" (Bsp.: Widerrufsvorbehalt).[40] Wird eine mit einer Genehmigung verbundene Kostentragungsregel isoliert angefochten, kann die Genehmigung trotzdem ausgenutzt werden (OVG Magdeburg NVwZ-RR 2010, 381).

21   **bb) „Modifizierende Auflagen".** Jedenfalls nicht selbständig anfechtbar sind „modifizierende Auflagen": Sie verändern den Gegenstand der Rechtsgewährung selbst und stehen nach der Rspr. des BVerwG „in einem solchen Zusammenhang mit der nach dem Hauptinhalt des Verwaltungsakts erteilten Bewilligung, daß eine rechtlich getrennte Behandlung von Bewilligung und Auflage den Inhalt der Verwaltungsentscheidung verfälschen würde und daher ausgeschlossen ist".[41] In der Modifizierung liegt also die Ablehnung der ursprünglich begehrten und zugleich die Erteilung einer nicht beantragten Genehmigung, sodass der Antragsteller mit einer Verpflichtungsklage die abgelehnte Genehmigung ohne die „modifizierende Auflage" begehren kann.[42] Damit wird deutlich, dass der Begriff der „modifizierenden Auflage" missverständlich[43], ja sogar irreführend[44] ist. Es handelt sich bei der insoweit gemeinten Festlegung gerade nicht um ein zur Genehmigung hinzutretendes selbständiges Gebot und damit nicht um eine Auflage, sondern um eine „Genehmigungsinhaltsbestimmung", die einen untrennbaren Bestandteil der Gesamtregelung bildet; für die Qualifikation als „Auflage" ist allein der objektive Erklärungsinhalt der jeweiligen Bestimmung und nicht die von der Behörde verwandte Bezeichnung maßgebend.[45] Im vorliegenden Zusammenhang sollte jedenfalls besser von einer im Vergleich zum Antrag „modifizierten Genehmigung"[46] gesprochen werden. In einem Urteil des BVerwG vom 17.2.1984 hat die „modifizierende Auflage" eine veränderte Begründung erfahren: Für die gesonderte Aufhebung eines Teils eines Verwaltungsakts sei nicht maßgebend, „ob sich die Einschränkung der Genehmigung als (echte) Auflage oder als eine Veränderung des Genehmigungsgegenstandes, also als eine andere als die beantragte Genehmigung" darstelle; maßgebend sei vielmehr, „ob die Genehmigung mit einem Inhalt bestehenbleiben" könne, welcher der Rechtsordnung entspreche.[47] Dieser Auffassung wird in späteren Entscheidungen des BVerwG zutr. entgegengehalten, dass das Problem, ob die Genehmigung ohne die Auflage „sinnvoller- und rechtmäßigerweise bestehenbleiben kann", „eine Frage der Begründetheit und nicht der Zulässigkeit des mit der Anfechtungsklage verfolgten Aufhe-

---

38   OVG Berlin NVwZ 1997, 1005; ähnl. bereits VGH Kassel NVwZ-RR 1994, 647, 648. OVG Berlin OVGE 25, 197, 200; OVG Berlin NVwZ 2001, 1059, 1060; 10.6.2004 – 2 B 3.02, juris Rn. 30. S.a. VG Würzburg, 10.2.2015 – W 4 K 13.1015, juris Rn. 40.

39   S. *J.-R. Sieckmann*, DÖV 1998, 525, 532, 534.

40   So BVerwGE 112, 263, 265; krit. *Schenke* Rn. 299 ff.

41   So BVerwG DÖV 1974, 563, 564; i.d.S. auch BVerwGE 36, 145, 154; 65, 139, 141; 69, 37, 39; 85, 24, 26 f.; BVerwG DVBl 2000, 124; OVG Münster GewArch 1994, 164 f.; M. *Happ*, in: Eyermann § 42 Rn. 41, 43; *Maurer* § 12 Rn. 16; *F. Weyreuther*, DVBl 1969, 232, 295, 297; *ders.*, DVBl 1984, 365 ff. Ähnl. *Schenke* Rn. 301; anders aber *W.-R. Schenke/R. P. Schenke*, in: Kopp/Schenke § 42 Rn. 23 m.w.N.

42   *Finkelnburg/Ortloff/Otto* § 8 Rn. 52 f.; ferner BVerwG DVBl 2000, 124; VGH Mannheim NVwZ 1994, 709, 710.

43   M. *Brenner*, JuS 1996, 281, 285; M. *Schmidt-Preuß*, Kollidierende Privatinteressen, 1992, 578 Fn. 149.

44   *H.-U. Erichsen*, Jura 1990, 214, 216; für einen Abschied vom Begriff der „modifizierenden Auflage" angesichts der Klärung durch BVerwGE 112, 221 C. *Brüning*, NVwZ 2002, 1081 f.; vgl. auch *D. Ehlers*, DV 31 (1998), 53, 67.

45   VGH Mannheim NVwZ 1994, 709, 710; vgl. auch BVerwGE 90, 42, 48; *H.-U. Erichsen*, Jura 1990, 214, 215; *W. Funk*, BayVBl 1986, 105, 106; *E. Rumpel*, BayVBl 1987, 577 ff.; *ders.*, NVwZ 1988, 502, 504; *R. Störmer*, NWVBl 1996, 169, 174.

46   So M. *Brenner*, JuS 1996, 281, 285; *Maurer* § 12 Rn. 16; *R. Störmer*, DVBl 1996, 81 ff.; *ders.*, NWVBl 1996, 169, 174.

47   BVerwG NVwZ 1984, 366 f.; vgl. auch OVG Berlin NVwZ 1997, 1005; mit dem letzten Satzteil (fast) wörtlich identisch VGH Kassel NVwZ-RR 1994, 647, 648; VG Frankfurt/M. NuR 1990, 330, 331. Vgl. auch OVG Münster GewArch 1994, 164 f.

bungsbegehrens" ist, „sofern nicht eine isolierte Aufhebbarkeit offenkundig von vornherein ausscheidet"[48] (vgl. → Rn. 20).

d) Bekanntgabe des Verwaltungsakts. Die Statthaftigkeit der Anfechtungsklage setzt nicht voraus, 22 dass der Verwaltungsakt gerade dem Kläger gegenüber bekannt gegeben worden ist; von dem Verwaltungsakt kann nämlich auch eine Person betroffen sein, die nicht formaler Adressat des Verwaltungsakts ist.[49] Zwar muss nach § 41 Abs. 1 S. 1 VwVfG ein Verwaltungsakt demjenigen Beteiligten bekannt gegeben werden, für den er bestimmt ist oder der von ihm betroffen wird. Hat ein Verwaltungsakt eine belastende Drittwirkung, so kann der davon betroffene Dritte im Falle des Vorliegens der Klagebefugnis i.S.v. § 42 Abs. 2 den Verwaltungsakt auch dann anfechten, wenn dieser ihm gegenüber nicht bekannt gegeben wurde (zu Fällen von Drittbelastung → Rn. 134, 302, 394 ff., 407 ff.). Die Bekanntgabe eines Verwaltungsakts an den Adressaten genügt auch dann für seine Wirksamkeit, wenn für das Verwaltungsverfahren ein *Bevollmächtigter* bestellt war (BVerwGE 105, 288, LS 1).

e) Anfechtbarkeit eines nichtigen Verwaltungsakts. § 44 VwVfG regelt die Nichtigkeit eines Verwal- 23 tungsakts. Sind nicht bereits die in § 44 Abs. 2 VwVfG aufgeführten „absoluten" Nichtigkeitsgründe gegeben, ist ein Verwaltungsakt nach § 44 Abs. 1 VwVfG nichtig, „soweit er an einem besonders schwerwiegenden Fehler leidet und dies bei verständiger Würdigung aller in Betracht kommenden Umstände offenkundig ist". Weil nach § 43 Abs. 3 VwVfG ein nichtiger Verwaltungsakt unwirksam ist, § 42 Abs. 1 VwGO aber von der „Aufhebung eines Verwaltungsakts" spricht und damit für die Anfechtungsklage die rechtliche Existenz eines Verwaltungsakts voraussetzt, dürfte „an sich" die Anfechtungsklage gegen den nichtigen Verwaltungsakt nicht statthaft sein. Gleichwohl gehen Rspr. und Lit. nicht von der Unzulässigkeit einer solchen Klage, die im Gegensatz zur Nichtigkeitsfeststellungsklage an die Klagefrist des § 74 Abs. 1 gebunden bleibt (OVG Koblenz NVwZ 1999, 198), aus.[50] Auch ein nichtiger Verwaltungsakt erweckt nämlich den „Schein der Gültigkeit"; überdies ist es oft sehr schwer zu beurteilen, ob die Fehlerhaftigkeit eines Verwaltungsakts zur Nichtigkeit oder nur zur Anfechtbarkeit führt.[51] Der Kläger soll daher nicht das Risiko einer unstatthaften Anfechtungsklage gegen einen nicht bloß rechtswidrigen, sondern nichtigen Verwaltungsakt tragen.[52] I.d.S. ist auch § 43 Abs. 2 S. 2 zu verstehen: Danach gilt der in § 43 Abs. 2 S. 1 formulierte Grundsatz, dass die Feststellungsklage unzulässig ist, soweit der Kläger seine Rechte durch Gestaltungs- oder Leistungsklage verfolgen kann oder hätte verfolgen können, nicht, wenn die Feststellung der Nichtigkeit eines Verwaltungsakts begehrt wird (dazu OVG Lüneburg NVwZ-RR 2013, 129). Weil aber eben ein unwirksamer Verwaltungsakt nicht durch Anfechtungsurteil gem. § 113 Abs. 1 S. 1 *„aufgehoben"* werden kann, lässt sich aus § 43 Abs. 2 S. 2 nicht schließen, der nichtige Verwaltungsakt könne – sofern nicht bereits die Anfechtungsfrist abgelaufen sei – „sowohl zum Gegenstand der Anfechtungsklage wie auch der Feststellungsklage gemacht werden".[53] Zweifelhaft ist es freilich, ob das Gericht eine gegen einen nichtigen Verwaltungsakt erhobene Anfechtungsklage von Amts wegen in eine Feststellungsklage umdeuten[54] bzw. die Nichtigkeit des Verwaltungsakts als „im Anfechtungsantrag enthaltenes Minus" feststellen darf (so VGH München NJW 1984, 626; vgl. auch VGH München BayVBl 1976, 756). Erforderlich dürfte vielmehr sein, dass der Kläger – sobald im Prozess die Nichtigkeit des Verwaltungsakts feststeht – auf einen entsprechenden Hinweis des Vorsitzenden nach § 86 Abs. 3 zur Feststel-

---

48 BVerwGE 81, 185, 186; fast wortgleich BVerwGE 100, 335, 338; 112, 221, 224. Vgl. ferner C. *Brüning*, NVwZ 2002, 1081 f.; *P. Stelkens*, NVwZ 1985, 469, 471; *R. Störmer*, NWVBl 1996, 169, 171 f.
49 *Hufen* § 14 Rn. 10; *Schmitt Glaeser/Horn* Rn. 146.
50 S. etwa BVerwGE 18, 154, 155; BSG NVwZ 1989, 902; OVG Koblenz NVwZ 1987, 899; NVwZ 1999, 198; VGH Mannheim NVwZ 1994, 1233; VGH München BayVBl 1976, 756; NJW 1984, 626; *M. Happ*, in: Eyermann § 42 Rn. 15; *K. Obermayer*, BayVBl 1960, 208, 209; *H. v. Nicolai*, in: Redeker/v. Oertzen § 42 Rn. 4; *Schenke* Rn. 183; *Schmitt Glaeser/Horn* Rn. 139; *F. E. Schnapp*, DVBl 2000, 247, 249 f. Vgl. auch BVerwGE 34, 334, 335 f.; BFH NVwZ 1987, 359 f.; BFHE 145, 7, 9; BFH NJW 1987, 920; BSGE 17, 139, 142. A.M. *Hufen* § 14 Rn. 11.
51 *Ule* § 32 II 1; vgl. auch die Begründung der Bundesregierung zu § 42 des Entwurfs einer VwGO, BT-Drs. 3/55 Anl. 1 S. 32; BFH NJW 1987, 920; BSGE 12, 185, 189; OVG Koblenz NVwZ 1987, 899; VGH München BayVBl 1976, 756; *M. Happ*, in: Eyermann § 42 Rn. 15; *K. Obermayer*, BayVBl 1960, 208, 209; *Schenke* Rn. 183; *Schmitt Glaeser/Horn* Rn. 139.
52 So auch *Hufen* § 14 Rn. 11, der dennoch die Anfechtungsklage für unstatthaft hält.
53 So aber bereits die Begründung der Bundesregierung zu § 42 des Entwurfs einer VwGO, BT-Drs. 3/55 Anl. 1 S. 32; ferner BFH NVwZ 1987, 359 (zu § 40 Abs. 1 und § 41 FGO); BSG NVwZ 1989, 902.
54 Vgl. BSGE 12, 185, 188 f.; die Frage ist offen gelassen vom VGH Kassel ESVGH 19, 104, 105.

lungsklage gem. § 43 Abs. 1 und 2 S. 2 übergeht.[55] Wegen des unveränderten Klagegrundes handelt es sich dabei nicht um eine Klageänderung i.S.v. § 91.[56]

24   **f) Erledigung des Verwaltungsakts.** Hat sich der Verwaltungsakt bereits erledigt, so kann dessen Aufhebung nicht mehr begehrt werden; die Anfechtungsklage ist in diesem Fall *nicht statthaft.*[57] Nach § 113 Abs. 1 S. 4 spricht das Gericht auf Antrag durch Urteil aus, dass ein vorher durch Zurücknahme oder anders erledigter Verwaltungsakt rechtswidrig gewesen ist, wenn der Kläger ein berechtigtes Interesse an dieser Feststellung hat. Die darauf gerichtete Klage bedeutet die Fortsetzung der ursprünglich erhobenen Anfechtungsklage und wird daher als *Fortsetzungsfeststellungsklage* bezeichnet (→ Rn. 66). Hat sich der Verwaltungsakt bereits *vor* Erhebung der Anfechtungsklage erledigt, ist § 113 Abs. 1 S. 4 *analog* anzuwenden (→ Rn. 67 f.; → § 113 Rn. 262 ff.). Liegen trotz Erledigung des Verwaltungsakts die Voraussetzungen für eine Fortsetzungsfeststellungsklage nicht vor, so entscheidet das Gericht gem. § 161 Abs. 2 S. 1 nach billigem Ermessen über die Kosten des Verfahrens durch Beschluss. Der Kläger kann auch den Weg der Klagerücknahme nach § 92 wählen, hat dann aber gem. § 155 Abs. 2 die Kosten zu tragen. Wesentliche Fälle der Erledigung sind in § 43 Abs. 2 VwVfG genannt: Danach bleibt ein Verwaltungsakt wirksam, „solange und soweit er nicht zurückgenommen, widerrufen, anderweitig aufgehoben oder durch Zeitablauf oder auf andere Weise erledigt ist" (dazu und zu weiteren Fällen der Erledigung → § 113 Rn. 246 ff.). In diesen Fällen kann eine Anfechtungsklage nicht fortgeführt werden, weil „ihr Ziel unerreichbar geworden ist".[58] Personenbezogene Verwaltungsakte erledigen sich mit dem Tod des Adressaten, wenn der Rechtsstreit um höchstpersönliche Rechte geführt wurde.[59] In bestimmten Fällen wirken Verwaltungsakte jedoch auch gegen Erben oder sonstige Rechtsnachfolger[60] (zur Klagebefugnis → Rn. 425). Der *bloße Vollzug* eines Verwaltungsakts führt jedenfalls dann nicht zu dessen Erledigung, „wenn und solange eine Rückgängigmachung der Vollziehung [...] in Betracht kommt und bei objektiver Betrachtung sinnvoll erscheint".[61] In diesen Fällen muss das Gericht nach § 113 Abs. 1 S. 2 auf Antrag im Urteil aussprechen, dass und wie die Verwaltungsbehörde die Vollziehung rückgängig zu machen hat.

25   **g) Anfechtung eines sog. Zweitbescheids.** Nach § 51 Abs. 1 VwVfG hat die Behörde auf Antrag des Betroffenen über die Aufhebung oder Änderung eines unanfechtbaren Verwaltungsakts zu entscheiden, wenn sich die dem Verwaltungsakt zugrunde liegende Sach- oder Rechtslage nachträglich zugunsten des Betroffenen geändert hat, neue Beweismittel vorliegen, die eine dem Betroffenen günstigere Entscheidung herbeigeführt haben würden oder Wiederaufnahmegründe entsprechend § 580 ZPO gegeben sind (zu der in § 580 ZPO geregelten Restitutionsklage → Rn. 92 ff.). Der Antrag ist gem. § 51 Abs. 2 VwVfG nur zulässig, wenn der Betroffene ohne grobes Verschulden außerstande war, den Grund für das Wiederaufgreifen in dem früheren Verfahren, insbes. durch Rechtsbehelf, geltend zu machen. Außerhalb des Anwendungsbereichs dieser Vorschrift steht es im pflichtgemäßen Ermessen der Behörde, ob sie in eine neue Sachprüfung eintreten und einen sog. *Zweitbescheid* erlassen oder diesen mit dem Hinweis auf die Unanfechtbarkeit der getroffenen Regelung ablehnen will. Diese Befugnis hatte das BVerwG bereits vor Inkrafttreten des VwVfG in st.Rspr.[62] anerkannt. Sie ergibt sich nunmehr aus § 51 Abs. 5 VwVfG, wonach die Vorschriften des § 48 Abs. 1 S. 1 und des § 49 Abs. 1 VwVfG „unberührt" bleiben; diesen Bestimmungen zufolge liegen die Rücknahme eines rechtswidrigen belastenden Verwaltungsakts und der Widerruf eines rechtmäßigen nicht begünstigenden Verwaltungsakts jeweils auch nach Unanfechtbarkeit des Verwaltungsakts im Ermessen der Behörde (BVerwGE 60, 316, 325; 78, 332, 338 f.). Ein „Zweitbescheid" ist als Verwaltungsakt zu qualifizie-

---

55   *Hufen* § 14 Rn. 11 mit Verweis auf § 18 Rn. 27 ff.; *Schmitt Glaeser/Horn* Rn. 139.
56   Vgl. BVerwGE 8, 59, 60; BVerwG DÖV 1963, 384; BSGE 12, 185, 187 f. Vgl. auch BVerwG DÖV 1963, 384 für den Übergang von einem Verpflichtungs- zu einem Feststellungsbegehren.
57   *Hufen* § 14 Rn. 12; *Schmitt Glaeser/Horn* Rn. 143 ff.; *S. Lascho,* Erledigung des Verwaltungsaktes, 2001, 221.
58   *Schmitt Glaeser/Horn* Rn. 144.
59   S. etwa BVerwG DVBl 1963, 523; BSGE 84, 16, 20; OVG Lüneburg OVGE 11, 501 f.; OVG Münster OVGE 11, 50, 52; 24, 91, 92.
60   OVG Münster OVGE 40, 108, 109; *Hufen* § 14 Rn. 12; *S. Lascho,* Erledigung des Verwaltungsaktes, 2001, 116.
61   *W.-R. Schenke/R. P. Schenke,* in: Kopp/Schenke § 113 Rn. 104; zust. *Schmitt Glaeser/Horn* Rn. 145; vgl. ferner OVG Koblenz NVwZ 1997, 1009; weiter hingegen BVerwG NVwZ 2009, 122; ThürOVG DVBl 2013, 1055, 1056; diff. *S. Lascho,* Erledigung des Verwaltungsaktes, 2001, 122 ff.
62   Vgl. BVerwGE 19, 153, 155; 26, 153, 155; 28, 122, 125; 44, 333, 335; 53, 12, 14. Bereits BVerwGE 13, 99 ff.

ren, wenn er „den Willen der Behörde, eine neue, an die Stelle des ursprünglichen unanfechtbaren Verwaltungsakts tretende Sachentscheidung zu treffen, unzweideutig zum Ausdruck bringt".[63] Dies gilt auch dann, wenn die Behörde zu keinem von dem unanfechtbaren Verwaltungsakt abweichenden Ergebnis kommt. Liegt ein Zweitbescheid vor, so darf eine auf diesen *neuen* Verwaltungsakt bezogene Anfechtungs- oder Verpflichtungsklage im Verwaltungsprozess nicht unter Berufung auf die Unanfechtbarkeit des früheren Bescheids als unzulässig abgewiesen werden.[64]

3. Erfordernis der Klagebefugnis. Soweit gesetzlich nichts anderes bestimmt ist, setzt die Zulässigkeit der   26
Anfechtungsklage nach § 42 Abs. 2 voraus, dass der Kläger *geltend macht*, durch den Verwaltungsakt oder seine Ablehnung oder Unterlassung in *seinen* Rechten verletzt zu sein (zur Klagebefugnis → Rn. 364 ff.). Diese Anforderung dient damit dem Ausschluss der sog. Popularklage (→ Rn. 365, 368).

4. Klagegegenstand bei vorheriger Durchführung eines Vorverfahrens. Nach § 68 Abs. 1 bedarf es   27
vor Erhebung der Anfechtungsklage grds. der Nachprüfung von Rechtmäßigkeit und Zweckmäßigkeit des Verwaltungsakts in einem Vorverfahren, wobei für die Erhebung des Widerspruchs die in § 70 geregelte Frist zu wahren ist. Neben den ursprünglichen Verwaltungsakt tritt dann mit dem Widerspruchsbescheid ein weiterer Verwaltungsakt. Gem. § 79 Abs. 1 Nr. 1 ist Gegenstand der Anfechtungsklage grds. der ursprüngliche Verwaltungsakt in der Gestalt, die er durch den Widerspruchsbescheid gefunden hat. Die VwGO regelt folgende Ausnahmen von diesem „Grundsatz der Einheit":[65] Danach kann der Widerspruchsbescheid alleiniger Gegenstand der Anfechtungsklage sein, wenn er erstmalig eine Beschwer enthält (§ 79 Abs. 1 Nr. 2) oder wenn und soweit er gegenüber dem ursprünglichen Verwaltungsakt eine zusätzliche selbständige Beschwer beinhaltet. Der *Verzicht auf die Ausübung eines Widerspruchsrechts* steht der Erhebung der Anfechtungsklage nicht entgegen, wenn die Widerspruchsbehörde über den dennoch eingelegten Widerspruch ohne Berufung auf den Verzicht in der Sache selbst entschieden hat.[66]

5. Klagefrist. Nach § 74 Abs. 1 muss die Anfechtungsklage innerhalb eines Monats entweder nach   28
Zustellung des Widerspruchsbescheids oder – falls ein Widerspruchsbescheid gem. § 68 Abs. 1 S. 2 ausnahmsweise nicht erforderlich ist – nach Bekanntgabe des Verwaltungsakts[67] erhoben werden. Diese Fristbindung gilt auch für Anfechtungsklagen gegen nichtige Verwaltungsakte (OVG Koblenz NVwZ 1999, 198; → Rn. 23). § 75 S. 1 Alt. 1 unterstellt für den Fall, dass über einen Widerspruch ohne zureichenden Grund in angemessener Frist sachlich nicht entschieden worden ist, die Erfolglosigkeit des Widerspruchs und erklärt die Klage abweichend von § 68 für zulässig. Die Klage kann nicht vor Ablauf von drei Monaten seit der Einlegung des Widerspruchs erhoben werden, außer wenn wegen besonderer Umstände des Falles eine kürzere Frist geboten ist (§ 75 S. 2).

III. Verpflichtungsklage

1. Besondere Leistungsklage. Die auf die Verurteilung zum Erlass eines abgelehnten oder unterlasse-   29
nen Verwaltungsakts gerichtete Verpflichtungsklage ist – anders als die Anfechtungsklage – keine Gestaltungs-, sondern eine *Leistungsklage*, die allerdings von der noch darzustellenden sog. allgemeinen Leistungsklage (→ Rn. 39 ff.) abgegrenzt werden muss; mit dieser darf lediglich eine Leistung begehrt werden, die nicht Streitgegenstand der Verpflichtungsklage (als der „besonderen Leistungsklage") sein kann, also eine andere Leistung als der *Erlass* eines Verwaltungsakts.[68] Nach dem insoweit eindeutigen Wortlaut in § 42 Abs. 1 Alt. 2 kommt für eine Klage auf Verurteilung einer Behörde, den Erlass eines bestimmten Verwaltungsakts zu *unterlassen*, nicht die Verpflichtungsklage,[69] sondern die allge-

---

63 BVerwG VerwRspr 16, 767, 768; vgl. auch BVerwGE 17, 256, 259; LSG Berlin SGb 1999, 147, 149.
64 Vgl. BVerwG DVBl 1962, 108, 109; s. zum Zweitbescheid näher *W.-R. Schenke*, in: Kopp/Schenke § 72 Rn. 8 f.; *M. Sachs*, in: Stelkens/Bonk/Sachs § 51 Rn. 29 ff.
65 *Schmitt Glaeser/Horn* Rn. 148.
66 VGH Mannheim NJW 1992, 1582; vgl. auch bereits BVerwG NJW 1960, 1781; OVG Münster NVwZ 1983, 681, 682.
67 Auch bei Bestellung eines Bevollmächtigten für das Verwaltungsverfahren genügt in dieser Hinsicht die Bekanntgabe gegenüber dem *Adressaten*, BVerwGE 105, 288, LS 1.
68 BVerwGE 31, 301, 303; vgl. auch BVerwGE 2, 273, 274; 36, 192, 198; OVG Münster DÖV 1961, 469; *H. Hegel*, JZ 1963, 15 ff.; *H. H. Rupp*, AöR 85 (1960), 301, 305 ff.
69 Anders aber offenbar *Schmitt Glaeser/Horn* Rn. 313, welche diese Unterlassungsklage als „*Verpflichtungsklage negativer Art*" bezeichnen, gegen deren Zulässigkeit allerdings „ganz erhebliche Gründe" anführen.

meine Leistungsklage in Betracht (→ Rn. 57 ff.). Ebenso wie bei der Anfechtungsklage (→ Rn. 18) muss bei der Verpflichtungsklage der Streitgegenstand *objektiv* ein Verwaltungsakt sein, sodass die bloße Behauptung, das begehrte Verwaltungshandeln sei ein Verwaltungsakt, nicht genügt.[70] Für den *Begriff des Verwaltungsakts* ist auch im Falle der Verpflichtungsklage die Legaldefinition in § 35 VwVfG maßgebend (→ Rn. 99, 103). Mit dieser Klage wird der Erlass eines *begünstigenden* Verwaltungsakts erstrebt, der nach der Legaldefinition in § 48 Abs. 1 S. 2 VwVfG ein Verwaltungsakt ist, der ein Recht oder einen rechtlich erheblichen Vorteil begründet oder bestätigt. Hat sich das *Verpflichtungsbegehren* bereits vor oder nach Erhebung der Verpflichtungsklage *erledigt*, so ist § 113 Abs. 1 S. 4 analog anzuwenden mit der Folge, dass der Kläger bei Vorliegen eines berechtigten Interesses vom Gericht die Rechtswidrigkeit der Ablehnung oder Unterlassung des beantragten Verwaltungsakts feststellen lassen kann (→ Rn. 69 f.). Im Falle eines sog. *Zweitbescheids* der Verwaltung (→ Rn. 25) darf eine darauf bezogene Verpflichtungsklage nicht unter Berufung auf die Bestandskraft des früheren ablehnenden Verwaltungsakts als unzulässig abgewiesen werden (BVerwG DVBl 1962, 108, 109). Der Gegenstand der Verpflichtungsklage bei vorheriger Durchführung eines Vorverfahrens ergibt sich aus einer entsprechenden Anwendung von § 79.[71] Als „Unterart der Leistungsklage" kann die Verpflichtungsklage nur auf den Erlass eines Urteils gerichtet sein, das den Befehl zu einem späteren Verhalten ausspricht; zur Realisierung ist noch ein weiteres Tätigwerden der zuständigen Behörde erforderlich, das ggf. im Wege der verwaltungsgerichtlichen Vollstreckung nach § 172 erzwungen werden muss, während das auf eine Anfechtungsklage hin ergangene Gestaltungsurteil – mit Ausnahme der zu erstattenden Kosten – nicht vollstreckungsfähig ist.[72]

30 **2. Arten der Verpflichtungsklage.** Mit der Versagungsgegenklage und der Untätigkeitsklage lassen sich zwei Arten der Verpflichtungsklage unterscheiden.

31 **a) Versagungsgegenklage.** Die Versagungsgegenklage ist auf den Erlass eines beantragten, aber abgelehnten Verwaltungsakts oder eines abtrennbaren Teils eines abgelehnten Verwaltungsakts gerichtet und schließt zugleich eine Klage auf Aufhebung der Ablehnungsentscheidung ein.[73]

32 **aa) Bedeutung des Aufhebungsantrags.** Das BVerwG stellte bereits vor Erlass der VwGO klar, dass der Aufhebungsantrag *neben* dem Vornahmeantrag „keine selbständige Bedeutung" hat und unterbleiben kann, „ohne daß der Kläger dadurch in der Erreichung seines Klageziels beeinträchtigt und der von ihm erbetene Rechtsschutz verkürzt wird"; es ist daher „unschädlich, wenn der Beklagte zur Vornahme der beantragten, aber abgelehnten Amtshandlung für verpflichtet erklärt wird, ohne daß zugleich der den Antrag ablehnende Bescheid des Beklagten aufgehoben wird" (BVerwGE 1, 291, 296). Es bedarf also – wie das BVerwG[74] nach Erlass der VwGO bestätigend ausgeführt hat – nicht notwendig der ausdrücklichen Aufhebung der behördlichen Ablehnungsbescheide, weil diese mit dem Erlass des Verpflichtungsurteils „gegenstandslos" werden; spricht das Urteil trotzdem deren Aufhebung aus, so hat dies „nur deklaratorische Bedeutung". Dennoch ist es gebräuchlich, die Aufhebung (ex nunc) des ablehnenden Bescheids und ggf. eines Widerspruchsbescheids im Verpflichtungsurteil auszusprechen.[75] Eine selbständige Bedeutung des mit einem Verpflichtungsbegehren verbundenen Antrags auf Aufhebung eines Ablehnungsbescheids erkennt das BVerwG ausnahmsweise für den Fall an, dass der Kläger „ein besonderes Rechtsschutzinteresse an der Aufhebung (ex tunc) des ablehnenden Bescheides hat" (so BVerwG DVBl 1987, 1113, 1114 im Anschluss an BVerwGE 29, 304, 309).

33 **bb) „Isolierte" Anfechtungsklage.** Umstr. ist in Judikatur und Schrifttum, ob eine „isolierte" Anfechtungsklage mit dem Ziel der Aufhebung eines Ablehnungsbescheids trotz des Umstandes zulässig ist, dass der Kläger dem angestrebten Erlass des beantragten Verwaltungsakts durch ein Verpflichtungsurteil näher kommen könnte (→ Rn. 125 ff., 148, 251, 270, 325, 337 ff.).

---

70 Vgl. BVerwGE 31, 301, 303 ff.; 36, 192, 198; VGH München BayVBl 1961, 58; *Schmitt Glaeser/Horn* Rn. 290.
71 Dazu *W.-R. Schenke*, in: Kopp/Schenke § 79 Rn. 3.
72 Begründung der Bundesregierung zum Entwurf einer VwGO, BT-Drs. 3/55 Anl. 1 S. 32.
73 BVerwGE 41, 178, 182; 51, 15, 21; VG Köln PharmR 2015, 560, 564; *Schenke* Rn. 263.
74 BVerwG DÖV 1963, 384, 385; s.a. BVerwG DVBl 1962, 138; DÖV 1966, 427; OVG Lüneburg NVwZ-RR 2010, 861, 862; OVG Münster DVBl 2010, 1309, 1310; VGH Mannheim NJW 1962, 883, 884.
75 Vgl. *Hufen* § 15 Rn. 4.

cc) Verpflichtungsantrag auf Neubescheidung. Wie aus § 113 Abs. 5 folgt, kann das Verwaltungsge- 34
richt, soweit die Ablehnung des Verwaltungsakts rechtswidrig und der Kläger dadurch in seinen Rechten verletzt ist, bei fehlender Spruchreife in Bezug auf den Erlass des begehrten Verwaltungsakts nicht die Verpflichtung der Verwaltungsbehörde zur Vornahme der beantragten Amtshandlung, sondern lediglich die Verpflichtung aussprechen, den Kläger unter Beachtung der Rechtsauffassung des Gerichts zu bescheiden. Gleichwohl kennt die VwGO eben ausdrücklich keine „Bescheidungsklage", sondern die Verpflichtungsklage i.S.v. § 42 Abs. 1 Alt. 2, welche also auch bei fehlender Spruchreife die richtige Klageart darstellt.[76] Ob der Erlass des Verwaltungsakts im Ermessen der Behörde steht bzw. der Verwaltung bei ihrer Entscheidung ein Beurteilungsspielraum eingeräumt ist, betrifft nämlich nicht schon die Zulässigkeit der Verpflichtungsklage, sondern erst deren Begründetheit.[77] Ein Kläger sollte daher unter Berücksichtigung des § 113 Abs. 5 (auf einen entsprechenden Hinweis des Gerichts nach § 86 Abs. 3) nur einen „Verpflichtungsantrag auf Neubescheidung" (BVerwGE 80, 127, 129) stellen, wenn ihm in Bezug auf den beantragten Verwaltungsakt kein Anspruch auf Erlass, sondern lediglich ein Recht auf ermessens- bzw. beurteilungsfehlerfreie Entscheidung der Behörde zusteht; beharrt er auch nach Aufklärung durch das Gericht auf seinem weiterreichenden Antrag, muss die Verpflichtungsklage als teilweise unbegründet abgewiesen werden (vgl. → § 113 Rn. 451).[78]

dd) Vorverfahren und Klagefrist. Ist der Antrag auf Vornahme des Verwaltungsakts abgelehnt wor- 35
den, so bedarf es nach § 68 Abs. 2 i.V.m. Abs. 1 vor Erhebung der Verpflichtungsklage grds. der erfolglosen Durchführung eines Vorverfahrens; bei der Erhebung des Widerspruchs ist die Frist gem. § 70 zu wahren. Die in § 74 Abs. 1 geregelte Frist für die Erhebung der Anfechtungsklage gilt nach § 74 Abs. 2 für die Verpflichtungsklage entsprechend, wenn der Antrag auf Vornahme des Verwaltungsakts abgelehnt wurde. Ein Vorverfahren ist auch bei einer Verpflichtungsklage über die gesetzlich ausdrücklich geregelten Fälle hinaus „ausnahmsweise dann entbehrlich, wenn dem Zweck des Vorverfahrens bereits Rechnung getragen ist oder der Zweck des Vorverfahrens ohnehin nicht mehr erreicht werden kann" (BVerwGE 138, 1, 5). Ist über einen Widerspruch gegen die Ablehnung eines Verwaltungsakts ohne zureichenden Grund in angemessener Frist sachlich nicht entschieden worden, so ist die Versagungsgegenklage gem. § 75 S. 1 Alt. 1 abweichend von § 68 und somit vor Erlass des Widerspruchsbescheids zulässig. Die Klage kann nicht vor Ablauf von drei Monaten seit der Einlegung des Widerspruchs erhoben werden, außer wenn wegen besonderer Umstände des Falles eine kürzere Frist geboten ist (§ 75 S. 2).

b) Untätigkeitsklage. Die Untätigkeitsklage richtet sich auf den Erlass eines unterlassenen Verwal- 36
tungsakts; anders als bei Erhebung der Versagungsgegenklage ist die Behörde auf den Antrag des Klägers überhaupt nicht tätig geworden. Weil das Begehren auf Verurteilung zum Erlass eines unterlassenen Verwaltungsakts in § 42 Abs. 1 ausdrücklich als Gegenstand einer Verpflichtungsklage genannt ist, lässt sich die Untätigkeitsklage nicht als eine besondere Klageart neben der Verpflichtungsklage qualifizieren.[79] In der Rspr. wird zutr. von der Untätigkeitsklage als „Unterart der Verpflichtungsklage" (VGH München BayVBl 1968, 251) oder von der „Verpflichtungsklage in (der) Form der Untätigkeitsklage" (VGH Mannheim ESVGH 43, 142; VG Düsseldorf NVwZ 1994, 811) gesprochen. Bei der Untätigkeitsklage muss § 75 beachtet werden. Abweichend von § 68 ist danach die Klage zulässig, wenn über einen Antrag auf Vornahme eines Verwaltungsakts ohne zureichenden Grund in angemessener Frist sachlich nicht entschieden worden ist (§ 75 S. 1 Alt. 2). Die Klage kann nicht vor Ablauf von drei Monaten seit dem Antrag auf Vornahme des Verwaltungsakts erhoben werden, außer wenn wegen besonderer Umstände des Falles eine kürzere Frist geboten ist (§ 75 S. 2). Verfährt das Gericht nicht nach § 75 S. 3, setzt es der Behörde also keine Frist für den Erlass des Verwaltungsakts, so kann eine nach § 75 S. 1 in zulässiger Weise erhobene Untätigkeitsklage ohne Durchführung eines Vorverfahrens als Versagungsgegenklage fortgeführt werden, wenn die Behörde den Kläger nach Erhebung

---

76 *F. Czermak*, BayVBl 1981, 427, 428; *Hufen* § 15 Rn. 15; *M. Schmidt-Preuß*, Kollidierende Privatinteressen, 1992, 579 Fn. 154; *Schmitt Glaeser/Horn* Rn. 303.

77 Vgl. *Schmitt Glaeser/Horn* Rn. 302.

78 Sowie *Schenke* Rn. 264, 267, der zu den „verschiedenen Formen der Verpflichtungsklage" (so die Überschrift vor Rn. 263) die „Bescheidungsklage" zählt. Ausf. *M. Hödl-Adick*, Bescheidungsklage, 2001, 216 ff., 290 ff., 350; *W.-R. Schenke*, DÖV 1996, 529, 538 ff.; *ders.* JZ 1996, 1104 f. Zum Problem auch *M. Schröder*, FS Menger, 1985, 487 ff.

79 OVG Koblenz VerwRspr 20, 227 f.; NJW 1967, 2329; VGH Mannheim NJW 1970, 1143; *K. Löwer*, MDR 1963, 178. Vgl. auch BVerwGE 29, 239, 243; *K. A. Bettermann*, NJW 1960, 1081, 1088.

der Untätigkeitsklage doch noch ablehnend bescheidet.[80] Lehnt die Behörde hingegen den Erlass des vom Kläger beantragten Verwaltungsakts innerhalb der vom Gericht nach § 75 S. 3 bestimmten Frist ab, ist die gerichtliche Sachentscheidung erst nach der Durchführung des Widerspruchsverfahrens zulässig, ohne dass der Kläger allerdings wieder auf den Verwaltungsweg zurückverwiesen wird.[81] Als Folge der dem § 75 „eigentümlichen Verschränkung von behördlichem Verwaltungsverfahren und gerichtlichem Klageverfahren" schließt die in zulässiger Weise erhobene Untätigkeitsklage „die Einlegung des einer früheren Verfahrensstufe angehörenden Widerspruchs notwendig mit ein" (BVerwGE 42, 108, 114). Unter besonderen Umständen ist eine *Untätigkeitsklage auf Erlass eines Widerspruchsbescheids* zulässig; so kann etwa ein Bauherr Untätigkeitsklage gegen die Widerspruchsbehörde auf Verpflichtung zur Zurückweisung eines Widerspruchs erheben, den ein Nachbar gegen die dem Bauherrn erteilte Baugenehmigung eingelegt hat[82] (→ Rn. 131).

37 **3. Grundsatz der Unentbehrlichkeit eines Verwaltungsverfahrens.** Nach den soeben (→ Rn. 31 ff., 36) angestellten Überlegungen gilt sowohl für die Versagungsgegenklage als auch für die Untätigkeitsklage, dass vor deren Erhebung grds. ein Verwaltungsverfahren erfolglos durchlaufen werden *muss*; dieses in den §§ 42, 68 Abs. 2 und § 75 S. 1 deutlich zum Ausdruck kommende Erfordernis dient der Verwirklichung des in Art. 20 Abs. 2 S. 2 und Abs. 3 GG verankerten Grundsatzes der Gewaltenteilung.[83] Eine ohne vorherige Einleitung eines Verwaltungsverfahrens erhobene Verpflichtungsklage ist selbst dann unzulässig, wenn sich die Behörde im Rechtsstreit zur Sache einlässt (BVerwG DÖV 1959, 77, 78 [LS]; OVG Koblenz NJW 1967, 2329). Eine Ausnahme vom Grundsatz der Unentbehrlichkeit des Verwaltungsverfahrens vor Erhebung einer Verpflichtungsklage ist in der Rspr. allerdings für den Fall anerkannt, dass nur „unwesentliche Änderungen" in den Streitstoff eingeführt werden; eine Änderung wird aber dann als „wesentlich" angesehen, „wenn sie geeignet ist, die Beurteilung des gesamten Vorhabens zu ändern, d.h., wenn nicht auszuschließen ist, daß ein vorher unzulässiges Vorhaben aufgrund der Änderungen insgesamt zulässig geworden ist oder umgekehrt".[84] Das BVerwG hat entschieden, dass es eines neuen Antragsverfahrens für ein Bauvorhaben nicht bedarf, „wenn erstens der Betroffene die Änderung in einer ohne Weiteres prüfungsfähigen Weise anbietet, wenn zweitens die Änderung – bezogen auf die baurechtliche Beurteilung – nur untergeordnete Bedeutung hat und wenn drittens die zumindest prinzipielle Genehmigungsfähigkeit des geänderten Antrages nicht zweifelhaft ist" (BVerwG 14.1.1971 Buchholz 310 § 68 VwGO Nr. 9).

38 **4. Erfordernis der Klagebefugnis.** Soweit gesetzlich nichts anderes bestimmt ist, setzt die Zulässigkeit der Versagungsgegenklage und der Untätigkeitsklage nach § 42 Abs. 2 voraus, dass der Kläger *geltend macht*, durch die Ablehnung oder Unterlassung des Verwaltungsakts in *seinen* Rechten verletzt zu sein (→ Rn. 364 ff.).

IV. Allgemeine Leistungsklage

39 **1. Auffangfunktion.** Rspr.[85] und Lit.[86] sehen die allgemeine Leistungsklage zutr. als eigenständige Klageart an. Die allgemeine Leistungsklage ist in der VwGO zwar nicht mit besonderen Zulässigkeits-

80 BVerwGE 66, 342, 344; BVerwG NVwZ 1987, 969, 970; BVerwGE 88, 254, 256; OVG Lüneburg NVwZ 1983, 49, 50; VGH Mannheim NJW 1986, 149; NVwZ-RR 2012, 948, 949. Bereits OVG Koblenz AS 7, 48, 50; OVG Münster OVGE 6, 205, 213 f.

81 BVerwGE 42, 108, 112; 66, 342, 344; *W.-R. Schenke*, in: Kopp/Schenke § 75 Rn. 23. A.M. *K. A. Bettermann*, NJW 1960, 1081, 1087; *D. Ehlers*, DVBl 1976, 71, 72 f.

82 VGH Mannheim ESVGH 43, 142 ff.; DVBl 1994, 707 f. Dazu auch *W.-R. Schenke*, DÖV 1996, 529 ff.

83 Vgl. dazu BVerwG NVwZ 1987, 412, 413; BVerwGE 130, 39, 46 ff.; OVG Münster OVGE 41, 178, 180 f.; VGH Mannheim EZAR 631 Nr. 17 (S. 2 f.); VGH München BayVBl 1980, 296, 297. Ferner VGH Kassel GewArch 1986, 36.

84 OVG Münster OVGE 41, 178, 181, im Anschluss an VGH München BayVBl 1980, 296, 297.

85 Vgl. BVerwGE 31, 301, 303; 36, 192, 199; 41, 253, 255 f.; 59, 319, 325 ff.; 60, 144, 150; 77, 268, 275; 96, 136, 137; OVG Berlin PharmaR 1984, 214, 220; OVG Koblenz NJW 1976, 1164, 1165; OVG Lüneburg OVGE 21, 370, 372; 26, 504; FEVS 36, 297, 299; OVG Münster ZfBR 1986, 52 (LS); FEVS 41, 193, 196; NWVBl 1990, 11; NVwZ 1990, 1083, 1084; OVG Saarlouis DÖV 1993, 964; VGH Kassel DVBl 1969, 502, 504; GewArch 1969, 169; HessVGRspr 1976, 21; AgrarR 1984, 112; NVwZ-RR 1993, 277, 278; NJW 1993, 3088; NVwZ-RR 1994, 700, 701 f.; VGH Mannheim BaWüVBl 1967, 88, 89; NVwZ 1991, 184, 185; VGH München BayVBl 1968, 251; ZBR 1977, 293, 295; UPR 1984, 130; BayVBl 1988, 241.

86 *H. Duken*, NVwZ 1993, 546, 547 f.; *W. Gleixner*, Normerlassklage, 1993, 23 ff.; *A. Hartmann*, DÖV 1991, 62, 65 f.; *Hufen* § 17 Rn. 1 ff.; *H. v. Nicolai*, in: Redeker/v. Oertzen § 42 Rn. 32 ff.; *L. Renck*, JuS 1982, 338, 342; *G. Robbers*,

voraussetzungen geregelt, ihre Existenz aber in §§ 43 Abs. 2 S. 1, 111 S. 1, 113 Abs. 4 und 169 Abs. 2 anerkannt oder zumindest vorausgesetzt. Gegen die Statthaftigkeit der allgemeinen Leistungsklage lässt sich nicht einwenden, dass die ursprünglich in § 40 des Regierungsentwurfs einer VwGO vorgesehene Bestimmung ("Rechtsschutz kann mit Gestaltungs-, Feststellungs- und Leistungsklagen begehrt werden") im weiteren Gesetzgebungsverfahren auf Vorschlag des Rechtsausschusses des Deutschen Bundestages gestrichen wurde. Der Rechtsausschuss stellte nämlich klar, dass angesichts der Erwähnung der Leistungsklage i.R.d. Regelung der Feststellungsklage (§ 43 Abs. 2 S. 1) "keine Zweifel über die Zulässigkeit der allgemeinen Leistungsklage neben der Feststellungs- und der Verpflichtungsklage auftreten können" (zur Entstehungsgeschichte → Rn. 8 f. mit den dort genannten Nachw.). Damit ist die Regelungsabsicht des Gesetzgebers[87] nicht unklar, sondern eindeutig dahingehend, dass die allgemeine Leistungsklage nicht durch die gesetzlich geregelten Klagearten verdrängt wird. Darüber hinaus ist die allgemeine Leistungsklage schon wegen der in Art. 19 Abs. 4 GG verankerten verfassungsrechtlichen Verpflichtung zur Gewährung effektiven Rechtsschutzes (→ Rn. 78) und überdies mit Rücksicht auf die verwaltungsgerichtliche Generalklausel des § 40 geboten.[88] Mit der allgemeinen Leistungsklage sind nämlich Ansprüche verfolgbar, die auf ein Tun, Dulden oder Unterlassen gerichtet sind, sofern sie nicht die Aufhebung oder den Erlass eines Verwaltungsakts zum Gegenstand haben und demnach mit der Anfechtungsklage bzw. der Verpflichtungsklage als einer "besonderen Leistungsklage" zu verfolgen sind.[89] Die allgemeine Leistungsklage hat also eine wichtige Auffangfunktion in Fällen, in denen wegen Fehlens eines Verwaltungsakts Anfechtungs- und Verpflichtungsklage ausscheiden.[90] Eine wesentliche Einschränkung erfährt diese Auffangfunktion allerdings durch § 44 a. Danach können Rechtsbehelfe gegen behördliche Verfahrenshandlungen nur gleichzeitig mit den gegen die Sachentscheidung zulässigen Rechtsbehelfen geltend gemacht werden, es sei denn, dass die behördlichen Verfahrenshandlungen vollstreckt werden können oder gegen einen Nichtbeteiligten ergehen. Gesonderte Rechtsbehelfe – auch in Form einer allgemeinen Leistungsklage – gegen Mitwirkungshandlungen einer anderen Behörde in einem Verwaltungsverfahren, welche selbst nicht auf unmittelbare Rechtswirkung nach außen gerichtet sind und daher keine Verwaltungsakte i.S.v. § 35 VwVfG darstellen (zu solchen Fällen → Rn. 129, 182, 252, 288), sind durch § 44 a also ausgeschlossen (vgl. BVerwGE 94, 301, 306; → § 44 a Rn. 52).

2. Vornahmeklage. Zumeist ist die allgemeine Leistungsklage auf ein bestimmtes *Handeln* gerichtet.   40

a) Klage auf schlichtes Verwaltungshandeln. Gegenstand der allgemeinen Leistungsklage kann der   41 weite Bereich des sog. schlichten Verwaltungshandelns[91] sein. Dazu gehören zum einen die auf einen tatsächlichen Erfolg der Verwaltung gerichteten sog. *Realakte*, zum anderen die *verwaltungsrechtlichen Willenserklärungen* und damit etwa die Entscheidung der zuständigen Behörde über den Abschluss oder Nichtabschluss eines öffentlich-rechtlichen Vertrages i.S.v. § 54 VwVfG.[92]
Mit dieser Klage lässt sich etwa die Auszahlung eines bestimmten Geldbetrages begehren, welche bis-   42 lang trotz eines entsprechenden behördlichen Bescheides oder einer behördlichen Verpflichtung in einem (außergerichtlichen) Vergleich nicht vorgenommen wurde (etwa BFH NVwZ 2000, 1213 [Steuererstattung]; OVG Berlin-Brandenburg NVwZ-RR 2015, 901).[93] Ein mit der allgemeinen Leistungs-

---

JuS 1988, 949, 952; *Schenke* Rn. 344 ff.; *ders.*, in: Kopp/Schenke Vorbem. § 40 Rn. 4, 8 a; *Schmitt Glaeser/Horn* Rn. 371 ff.; *H. Sodan*, Jura 1989, 662 f.; *H. Soell/D. Martin*, BayVBl 1978, 649, 657 f.; *U. Steiner*, JuS 1984, 853 ff.; *T. Würtenberger*, AöR 105 (1980), 370, 382 f.

87 Allg. zu diesem Kriterium *Larenz/Canaris*, ³1995, S. 149 f.

88 Vgl. BVerwGE 14, 323, 328; 77, 268, 274 f.; OVG Lüneburg NJW 1971, 1149; OVG Münster DVBl 1969, 560; VGH Mannheim BaWüVBl 1967, 88, 89.

89 Bereits die Begründung der Bundesregierung zu § 40 des Entwurfs einer VwGO, BT-Drs. 3/55 Anl. 1 S. 31; ferner BVerwGE 31, 301, 303.

90 *Schenke* Rn. 345; *Schmitt Glaeser/Horn* Rn. 373. Vgl. auch *U. Steiner*, JuS 1984, 853, der von einer prozessualen "Mehrzweckwaffe" spricht; zust. *Hufen* § 17 Rn. 1.

91 Zu diesem Begriff etwa BVerfGE 38, 281, 300 f.; *F. Ossenbühl*, Umweltpflege, 1986, 12 ff.; *G. Robbers*, DÖV 1987, 272, insbes. 274 und 277 f.; *F. Schack*, DÖV 1970, 40 ff.; *M. Schulte*, Schlichtes Verwaltungshandeln, 1995; *H. Sodan*, DÖV 1987, 858, 859.

92 *Schenke* Rn. 346; *Schmitt Glaeser/Horn* Rn. 376.

93 Eine allg. Leistungsklage ist aber unstatthaft, wenn die Erstattung einer Lkw-Maut für eine nicht durchgeführte Fahrt nach dem Verfahren gem. § 10 Abs. 3 Lkw-MautV begehrt wird, BVerwG NVwZ-RR 2012, 189; zum mangelnden Rechtsschutzbedürfnis bei einer Leistungsklage auf Kostenersatz, wenn die zugrundeliegende Rechtsgrundlage den Erlass eines Verwaltungsakts vorsieht, VGH München DVBl 2011, 426 f.

klage verfolgter Anspruch auf Prozesszinsen setzt hinreichende Bestimmung bzw. Bestimmbarkeit voraus (OVG Greifswald NJW 2011, 3383, 3384). Daneben ist die Klage insbes. statthaft zur Durchsetzung verschiedener Ansprüche auf *Information* durch Behörden und Gerichte, z.B. des presserechtlichen Informationsanspruchs (OVG Münster NJW 1995, 2741), eines Umweltinformationsanspruchs (VG Schleswig NVwZ-RR 2010, 348), eines Akteneinsichtsrechts (VG Frankfurt a.M. NVwZ 2008, 1390) oder der Durchsetzung eines Prüfungsrechts des Bundesrechnungshofs gegenüber einem privatrechtlich organisierten Verband von Sozialversicherungsträgern (BVerwGE 139, 87, 89). Ferner können das Recht auf Beantwortung einer Petition oder der Anspruch auf ordnungsgemäße Behandlung einer Petition mit der allgemeinen Leistungsklage verfolgt werden (→ Rn. 245). Auch zur Durchsetzung einer höheren Bewertung eines Dienstpostens (→ Rn. 149) und der Errichtung einer weiteren Parallelklasse in einer Schule (→ Rn. 263) ist jeweils die allgemeine Leistungsklage statthaft.

43   Besondere Bedeutung hat die allgemeine Leistungsklage zur Geltendmachung eines gegen einen Träger öffentlicher Verwaltung bestehenden Anspruchs auf *Beseitigung* (der fortdauernden Folgen) rechtswidrigen Verwaltungshandelns. Mit dieser Klage kann nicht nur die Beseitigung der Folgen eines rechtswidrigen, bereits vollzogenen Verwaltungsakts (vgl. § 113 Abs. 1 S. 2), sondern auch diejenige der Folgen von rechtswidrigem schlichten Verwaltungshandeln begehrt werden, soweit die Folgenbeseitigungshandlungen – etwa wegen Fehlens von Verbindlichkeit keinen Regelungscharakter und damit – keine Verwaltungsakte darstellen.[94] Die allgemeine Leistungsklage kann bspw. auf die Beseitigung (der Folgen) von Verwaltungshandeln gerichtet werden, das keine Verwaltungsaktqualität hat. Dazu gehören etwa gesundheitsbehördliche Informationstätigkeit durch Warnungen (→ Rn. 183), Verschuldensfeststellungen bzgl. eines Luftunfalls durch das Luftfahrt-Bundesamt (→ Rn. 241) und im Hinblick auf einen Seeunfall durch die Bundesstelle für Seeunfalluntersuchung (→ Rn. 273) sowie andere amtliche Äußerungen, deren Widerruf mit der allgemeinen Leistungsklage begehrt werden kann.[95] Die allgemeine Leistungsklage ist ferner mit dem Ziel der Beseitigung von Verwaltungshandeln statthaft, das nicht auf unmittelbare Rechtswirkung nach außen gerichtet ist und deswegen keinen Verwaltungsakt darstellt. Dies gilt etwa für Klagen auf Rückgängigmachung der Umsetzung eines Beamten (→ Rn. 161), der bloßen Änderung des Aufgabenbereichs eines Beamten durch Organisationsverfügung (→ Rn. 162), der Übertragung eines Beförderungsdienstpostens ohne gleichzeitige Beförderung des Beamten (→ Rn. 173) und bestimmter schulorganisatorischer Maßnahmen wie der Beendigung eines Schulversuchs (→ Rn. 261) oder der Auflösung einer Schulklasse (→ Rn. 262).

44   Allgemeine Leistungsklagen sind ferner als sog. *Organklagen* möglich, um eine verwaltungsgerichtliche Entscheidung über die Auseinandersetzung von Organen derselben juristischen Person (*Interorganstreit*) oder innerhalb eines Organs (*Intraorganstreit*) herbeizuführen; dies gilt etwa in Bezug auf den *Kommunalverfassungsstreit* (→ Rn. 230, 233).

45   Anders als bei der Verpflichtungsklage (→ Rn. 37) setzt die Zulässigkeit der auf Vornahme einer Verwaltungshandlung gerichteten allgemeinen Leistungsklage nach der VwGO nicht voraus, dass sich der Kläger zuvor durch einen entsprechenden *Antrag bei der zuständigen Behörde* vergeblich um die begehrte Handlung bemüht hat (VGH Kassel ESVGH 65, 94, 95). Der gegenteiligen Auffassung, die der allgemeinen Leistungsklage im Falle des Fehlens eines vorherigen Antrags bei der Behörde (i.d.R.) das Rechtsschutzbedürfnis abspricht,[96] ist zunächst § 156 entgegenzuhalten: Nach dieser Vorschrift führt der Umstand, dass der Beklagte durch sein Verhalten keine Veranlassung zur Klage gegeben hat, bei sofortiger Anerkennung des Anspruchs durch den Beklagten für den Kläger nur zur Auferlegung der Prozesskosten; er lässt aber nicht dessen Rechtsschutzbedürfnis entfallen.[97] Zudem ist insbes. in den Fällen, in denen mit der allgemeinen Leistungsklage die Beseitigung (der Folgen) rechtswidrigen Verwaltungshandelns begehrt wird, nicht einzusehen, weshalb vor Klageerhebung erst noch ein Antrag auf Beseitigung bei der zuständigen Behörde zu stellen sein soll. In der Rspr. ist vielmehr gerade in

---

94   Vgl. dazu BVerwG DVBl 1971, 857, 858; BVerwGE 38, 336, 346; 59, 319, 326; OVG Berlin UPR 1988, 32; *Hufen* § 17 Rn. 6; *Schmitt Glaeser/Horn* Rn. 377, 381.

95   Vgl. BVerwGE 82, 76, 77 f.; VGH Kassel NJW 1988, 1683; NVwZ-RR 1994, 700, 701 f.; *Schmitt Glaeser/Horn* Rn. 384. Vgl. auch OVG Münster DVBl 1967, 51, 54 f.

96   So *Hufen* § 17 Rn. 11; *Schmitt Glaeser/Horn* Rn. 388. Vgl. auch BVerwG DVBl 1978, 607, 608, wonach „auf Schadensersatz gerichtete Verpflichtungs- und Leistungsklagen einen vor Klageerhebung an die Behörde zu stellenden entsprechenden Antrag voraussetzen"; dabei handele es sich „um eine Klagevoraussetzung, nicht um eine im Prozeß nachholbare bloße Sachurteilsvoraussetzung".

97   *Schenke* Rn. 363.

Fällen, in denen die Vernichtung bestimmter Unterlagen oder die Löschung von Daten vor Klageerhebung jeweils bei der zuständigen Behörde vergeblich beantragt worden waren, die Zulässigkeit allgemeiner Leistungsklagen zu Recht mit der Begründung verneint worden, dass zwar die begehrte Vernichtung schlichtes Verwaltungshandeln sei, die Entscheidungen über die Anträge aber Verwaltungsakte darstellten, sodass Verpflichtungsklagen statthaft seien (→ Rn. 176, 185; in Bezug auf den Antrag eines Beamten auf Beseitigung einer dienstlichen Beurteilung → Rn. 155). Entsprechendes gilt für die behördliche Ablehnung von Anträgen auf Erteilung bestimmter Auskünfte (→ Rn. 176, 186). Legt man diese Judikatur zugrunde, so würde also das prinzipielle Erfordernis einer Antragstellung bei der zuständigen Behörde vor Erhebung einer allgemeinen Leistungsklage der Statthaftigkeit dieser Klage weitgehend den Boden entziehen.

b) Klage auf Normerlass? Problematisch ist, ob mit der allgemeinen Leistungsklage der Erlass von 46 Normen begehrt werden kann, die im Rang *unter* den Gesetzen im formellen Sinne und somit den von einem Parlament beschlossenen Gesetzen stehen (im Folgenden als untergesetzliche Normen bezeichnet). Eine auf den Erlass eines *formellen* Gesetzes gerichtete allgemeine Leistungsklage scheidet schon deshalb aus, weil es sich dabei um eine verfassungsrechtliche Streitigkeit handelt und daher gem. § 40 Abs. 1 S. 1 der Verwaltungsrechtsweg nicht eröffnet ist.[98] Dies gilt jedoch nicht für eine Klage auf Erlass einer untergesetzlichen Norm: Die gelegentlich vertretene Auffassung, dieses Verfahren stelle sich als verfassungsrechtliche Streitigkeit dar,[99] vermag nicht zu überzeugen, weil die gerichtliche Überprüfung auch der rechtsetzenden Tätigkeit der Exekutive Aufgabe der Verwaltungsgerichte ist.[100] Bei dieser Normerlassklage handelt es sich nicht um einen Streit über Rechtsbeziehungen zwischen Verfassungsorganen oder am Verfassungsleben beteiligten Organen.[101] Nach Art. 19 Abs. 4 GG i.V.m. § 40 Abs. 1 S. 1 ist für die Klage auf Erlass einer untergesetzlichen Norm der Verwaltungsrechtsweg gegeben.[102] Das BVerwG geht zu Recht davon aus, dass Normerlassansprüche „wegen der Eigenart der rechtsetzenden Tätigkeit des Staates" nur ausnahmsweise möglich sind (BVerwGE 80, 355, 359 f.). Ansprüche auf den Erlass oder die Ergänzung bestimmter Rechtsnormen können sich aus der Verfassung ergeben, insbes. aus grundrechtlichen Schutzpflichten und dem allgemeinen Gleichheitssatz; speziell in Bezug auf untergesetzliche Normen kommen auch „einfache" Gesetze als Anspruchsgrundlagen in Betracht.[103] Daher muss das Verwaltungsprozessrecht eine Verfahrensart zur Verfügung stellen, mit der ein nach materiellem Recht gegebener Normerlassanspruch verfolgt werden kann.[104] Die *inzidente* Überprüfung der Rechtmäßigkeit unterlassener Normsetzung i.R. eines Rechtsstreits um einen Vollzugsakt ist gerade nicht möglich, weil aufgrund einer nicht erlassenen Norm keine Vollzugsakte ergehen können.

Im vorliegenden Zusammenhang bedarf es zunächst der Abgrenzung zu einem mit dem Ziel der 47 *Normergänzung* gestellten Antrag auf bloße Feststellung, dass der Normgeber durch das Unterlassen der Einbeziehung eines bestimmten Sachverhalts in den Geltungsbereich einer bereits existenten Norm gegen höherrrangiges Recht verstoßen habe.[105] Dieser Antrag ist im *Normenkontrollverfahren* nach

---

98 Vgl. BVerfGE 70, 35, 55; BVerwGE 75, 330, 334 f.; 80, 355, 358; *W.-R. Schenke*, VerwArch 82 (1991), 307, 325; *ders.* Rn. 347; *H. Sodan*, NVwZ 2000, 601, 607.

99 So *W.-R. Schenke*, Rechtsschutz, 1979, 333 ff.; *ders.*, VerwArch 82 (1991), 307, 336 ff.; *ders.* Rn. 347, 1083; vgl. auch bereits *H. Kalkbrenner*, DÖV 1963, 41, 51.

100 Vgl. BVerwGE 80, 355, 358; *Hufen* § 20 Rn. 4 und 8; *H. Sodan*, NVwZ 2000, 601, 608; *T. Würtenberger*, AöR 105 (1980), 370, 382.

101 OVG Münster NJW 1982, 1415; *W. Gleixner*, Normerlaßklage, 1993, 13; *G. Robbers*, JuS 1988, 949, 950; ferner *A. Hartmann*, DÖV 1991, 62, 63.

102 BVerwGE 80, 355, 361; BVerwG NVwZ 1990, 162, 163; vgl. ferner OVG Münster NJW 1982, 1415; NVwZ-RR 1995, 105; *H. v. Barby*, Klagen, 1973, 25 ff.; *ders.*, NJW 1989, 80; *W. Gleixner*, Normerlaßklage, 1993, 7 ff.; *Hufen* § 20 Rn. 4; *L. Renck*, JuS 1982, 338, 341; *G. Robbers*, JuS 1988, 949, 950; *Schmitt Glaeser/Horn* Rn. 332; *K. Westbomke*, Anspruch, 1976, 127 f.; *T. Würtenberger*, AöR 105 (1980), 370, 391 ff. Gegen die Eröffnung des Verwaltungsrechtswegs freilich noch BVerwG 13, 328 f. (ausdrückl. aufgegeben durch BVerwGE 80, 355, 359 f.); OVG Koblenz NJW 1988, 1684; ferner VGH Kassel GewArch 1992, 395, 396.

103 Näher *H. Sodan*, NVwZ 2000, 601, 602 ff. Vgl. ferner etwa *H. v. Barby*, Klagen, 1973, 67 ff.; *ders.*, NJW 1989, 80; *C. Fackler*, Verfassungs- und verwaltungsrechtliche Aspekte eines Individualanspruchs auf Bauleitplanung, 1989; *W. Gleixner*, Normerlaßklage, 1993, 33 ff., 57 ff.; *H. Kalkbrenner*, DÖV 1963, 41, 50 f.; *L. Renck*, JuS 1982, 338, 339 f.; *G. Robbers*, JuS 1988, 949, 950 f.; *K. Westbomke*, Anspruch, 1976, 19 ff.; *T. Würtenberger*, AöR 105 (1980), 370, 375 ff.

104 BVerwGE 80, 355, 362; BVerwG NVwZ 1990, 162, 163. A.M. *A. Hartmann*, DÖV 1991, 62, 67; *Ule* § 32 III 7.

105 Vgl. *Hufen* § 20 Rn. 1, der insoweit von einer „unechten Normerlassklage" spricht.

§ 47 zulässig (→ § 47 Rn. 70). Davon zu unterscheiden ist eine Klage auf Verurteilung zu einer Normergänzung, die einen Unterfall der Normerlassklage darstellt,[106] in dem § 47 eindeutig nicht einschlägig ist. Für diesen und die anderen Fälle der Normerlassklage scheidet eine *analoge* Anwendung des § 47 aus, weil die für den Analogieschluss erforderliche systemwidrige Lücke nicht vorliegt (→ § 47 Rn. 69).

48 Eine *Verpflichtungsklage* gem. § 42 Abs. 1 Alt. 2 ist zur Durchsetzung eines Normerlassanspruchs nicht statthaft, weil bei dieser Verfahrensart der Streitgegenstand *objektiv* ein Verwaltungsakt i.S.v. § 35 VwVfG sein muss (→ Rn. 29) und eine Rechtsnorm gerade nicht nur zur Regelung eines *Einzelfalles* ergeht.[107]

49 Für die Statthaftigkeit der *allgemeinen Leistungsklage* scheint die Begründung der Bundesregierung zum Entwurf einer VwGO zu sprechen. Demnach seien mit der Leistungsklage „alle Ansprüche verfolgbar, die auf ein Tun, Dulden oder Unterlassen gerichtet" seien; eine Einschränkung bestehe insoweit, als „auch mit der Verpflichtungsklage eine Leistung, nämlich der Erlaß eines Verwaltungsakts, begehrt" werde (BT-Drs. 3/55 Anl. 1 S. 31 [zu § 40]). Es ist jedoch kaum anzunehmen, dass die Bundesregierung bereits 1957 über die Verfolgbarkeit eines Normerlassanspruchs mit der allgemeinen Leistungsklage Überlegungen angestellt hat. Ein Urteil des BVerwG aus dem Jahr 1989[108] lässt anlässlich eines Rechtsstreits um normgeberisches Unterlassen gegenüber der allgemeinen Leistungsklage in Abgrenzung zur *Feststellungsklage* nach § 43 Abs. 1 eine deutliche Zurückhaltung durch die Formulierung erkennen, das Feststellungsbegehren entspreche „eher dem im Gewaltenteilungsgrundsatz begründeten Gedanken, daß auf die Entscheidungsfreiheit der rechtsetzenden Organe gerichtlich nur in dem für den Rechtsschutz des Bürgers unumgänglichen Umfang einzuwirken" sei. Damit will das BVerwG offenbar die Konsequenz der Vollstreckungsfähigkeit der gerichtlichen Entscheidung vermeiden, die im Falle eines auf Normerlaß gerichteten Leistungsurteils gegeben wäre[109] und in der Tat mit dem Gewaltenteilungsprinzip unvereinbar scheint.[110] Gegen die allgemeine Leistungsklage und für die Feststellungsklage nach § 43 Abs. 1 spricht zudem, dass das Verfahren zur Kontrolle einer bereits erlassenen Norm gem. § 47 als ein „besonders geartetes Feststellungsverfahren"[111] ausgestaltet ist. Daher erscheint es sachgerecht, für eine Klage auf Normerlass als actus contrarius des Normenkontrollverfahrens die diesem von der Struktur am nächsten stehende Klageart zu wählen[112] (→ § 47 Rn. 69). Die allgemeine Leistungsklage ist also – entgegen einer durchaus verbreiteten Auffassung[113] – zur Durchsetzung eines Anspruchs auf Erlass einer untergesetzlichen Norm nicht statthaft und kann nur auf Einzelakte gerichtet werden; wegen der fehlenden Einschlägigkeit der Subsidiaritätsklausel des § 43 Abs. 2 S. 1 kann Rechtsschutz mit der Feststellungsklage nach § 43 Abs. 1 erlangt werden[114]

---

106 T. *Würtenberger*, AöR 105 (1980), 370, 373; vgl. auch G. *Robbers*, JuS 1990, 978, der „Normergänzungsansprüche" als „unechte Normerlaßklage" bezeichnet.

107 Vgl. OVG Koblenz NJW 1988, 1684; H. v. *Barby*, Klagen, 1973, 128; W. *Gleixner*, Normerlaßklage, 1993, 14 f.; A. *Hartmann*, DÖV 1991, 62, 65; G. *Robbers*, JuS 1988, 949, 952; H. *Soell/D. Martin*, BayVBl 1978, 649, 657; K. *Westbomke*, Anspruch, 1976, 130 ff.

108 NVwZ 1990, 162, 163 mit zust. Bespr. von G. *Robbers*, JuS 1990, 978, 980; fast wörtlich übereinstimmend OVG Münster NVwZ-RR 1995, 105.

109 Dazu W. *Gleixner*, Normerlaßklage, 1993, 71 ff.

110 A.M. H. *Duken*, NVwZ 1993, 546, 547.

111 So *Schmitt Glaeser/Horn* Rn. 404; vgl. auch BVerwGE 68, 306, 310.

112 Vgl. *Schmitt Glaeser/Horn* Rn. 375; H. *Sodan*, NVwZ 2000, 601, 609.

113 Die Statthaftigkeit der allg. Leistungsklage als Verfahrensart zur Durchsetzung eines Normerlassanspruchs wird vertreten von: VGH Mannheim NVwZ-RR 2000, 701; VGH München BayVBl 1981, 499, 503 (zugleich auch für die Statthaftigkeit der Feststellungsklage nach § 43 Abs. 1); NVwZ-RR 1995, 114, 117; H. v. *Barby*, Klagen, 1973, 128 ff.; *ders.*, NJW 1989, 80; W. *Gleixner*, Normerlaßklage, 1993, 23 ff. (zugleich auch für die Statthaftigkeit der Feststellungsklage, a.a.O., 26 ff.); *Hufen* § 20 Rn. 8; H.-J. *Papier*, FS Menger, 1985, 517, 533; L. *Renck*, JuS 1982, 338, 342; H. *Soell/D. Martin*, BayVBl 1978, 649, 658; K. *Westbomke*, Anspruch, 1976, 132 ff.

114 BVerwGE 111, 276, 278 f.; VGH Mannheim NVwZ-RR 2012, 965; VG Köln PharmR 2015, 603, 604; G. *Robbers*, JuS 1988, 949, 952 f.; *Schmitt Glaeser/Horn* Rn. 375; H. *Sodan*, NVwZ 2000, 601, 608 f. Für die Statthaftigkeit der Feststellungsklage nach § 43 Abs. 1 ferner – ohne freilich die allg. Leistungsklage als Normerlassklage generell auszuschließen – BVerwGE 80, 355, 365 f.; BVerwG NVwZ 1990, 162, 163; OVG Münster NVwZ-RR 1995, 105; vgl. auch OVG Berlin DVBl 1970, 700 f. m. abl. Anm. *D. Merten*. Die Anwendbarkeit sowohl der allg. Leistungsklage als auch der Feststellungsklage bejahen einen A. *Hartmann*, DÖV 1991, 62, 65 f.); W.-R. *Schenke*, VerwArch 82 (1991), 307, 347 ff., 351 ff.; T. *Würtenberger*, AöR 105 (1980), 370, 382 ff., 385 ff. Zweifel an der Zulässigkeit dieser beiden Verfahrensarten äußert VGH München BayVBl 1980, 209, 211 m.Anm. T. *Würtenberger*, BayVBl 1980, 662 f. Bedenken gegen die Statthaftigkeit der allg. Leistungsklage in Bezug auf „generelle Akte" formuliert auch VGH Kassel DVBl 1969, 502, 504.

(→ §43 Rn. 57; → §47 Rn. 69). Die dagegen geäußerte Besorgnis, die subjektive Zulässigkeitsvoraussetzung des §42 Abs. 2 werde auf diese Weise „mehr und mehr durch die wesentlich weitere subjektive Zulässigkeitsvoraussetzung des §43 I (Feststellungsinteresse) ersetzt",[115] ist selbst dann unbegründet, wenn man §42 Abs. 2 – anders als bei der allgemeinen Leistungsklage (→ Rn. 371) – entgegen der Rspr. insbes. des BVerwG (→ Rn. 373) nicht auch auf die Feststellungsklage nach §43 entsprechend anwendet; durch eine konsequente Handhabung der Regelung in §43 Abs. 1 lässt sich nämlich etwa die sog. Popularklage wirksam ausschließen (→ Rn. 374). Mit der Feststellungsklage kann im Falle ihrer Begründetheit entweder die gerichtliche Feststellung, dass der vom Kläger geltend gemachte Anspruch auf Erlass einer untergesetzlichen Norm besteht, oder – bei Vorliegen eines Gestaltungsspielraums des Normgebers – die Feststellung erreicht werden, dass das Unterlassen einer Normsetzung rechtswidrig ist und den Kläger in seinen Rechten verletzt.[116]

Angesichts des mit dieser Feststellungsklage gewährten ausreichenden Rechtsschutzes besteht kein Bedürfnis für die Entwicklung einer Normerlassklage als *„Klageverfahren eigener Art"*[117] (zur Frage der Anerkennung von Verfahrensarten sui generis → Rn. 11 ff.). Sachlich zuständig ist für die Entscheidung über die Feststellungsklage nach der eindeutigen Bestimmung des §45 das *Verwaltungsgericht*; für eine analoge Anwendung des §47 bleibt daher wegen Fehlens einer Regelungslücke kein Raum[118] (→ §47 Rn. 69).   50

c) Klage auf Verpflichtung zur Normaufhebung? Die Überprüfung der Gültigkeit von Normen, die in   51 den Anwendungsbereich von §47 Abs. 1 fallen, lässt sich mit der allgemeinen Leistungsklage schon deshalb nicht erreichen, weil insoweit das in §47 als Spezialvorschrift ausgestaltete Normenkontrollverfahren eine abschließende verwaltungsprozessuale Regelung darstellt.[119] Eine auf die Verpflichtung zur Normaufhebung gerichtete allgemeine Leistungsklage scheidet jedoch auch in Bezug auf Rechtssätze aus, die weder von §47 Abs. 1 Nr. 1 noch wegen Fehlens einer landesrechtlichen Bestimmung von §47 Abs. 1 Nr. 2 erfasst werden; nach den bereits angestellten Überlegungen (→ Rn. 49) kann sich eine allgemeine Leistungsklage nämlich nur auf Einzelakte beziehen[120]. Dafür spricht auch die Systematik der VwGO, in der das vorhandene Normenkontrollverfahren in §47 bereits als deklaratorisches *Feststellungs*verfahren ausgestaltet ist (BVerwGE 111, 276, 279). Ein Verpflichtungsantrag auf Aufhebung einer höherrangigem Recht widersprechenden Norm, welche nach dem Nichtigkeitsdogma schon von vornherein *rechtlich nicht existent* ist, liefe selbstverständlich ins Leere. Eines mit der Leistungsklage einzufordernden konstitutiven Aktes bedarf es nicht (BVerwGE 111, 276, 279). In den durch §47 nicht erfassten Fällen ist also eine Feststellungsklage gem. §43 Abs. 1 statthaft: I.R.d. Feststellung des Bestehens oder Nichtbestehens eines Rechtsverhältnisses kann eine *Inzident*prüfung der Gültigkeit einer untergesetzlichen Norm erfolgen, selbst wenn die Normprüfung der eigentliche Zweck der Feststellungsklage ist (→ §47 Rn. 92).

d) Klage eines Hoheitsträgers gegen einen Privaten. Mit der allgemeinen Leistungsklage kann nicht   52 nur ein Privater einen Hoheitsträger, sondern umgekehrt auch ein Hoheitsträger einen Privaten verklagen, sofern um die Erfüllung eines aufgrund öffentlichen Rechts geschuldeten Verhaltens des Privaten gestritten wird.[121] Besitzt die Behörde die Befugnis zum Erlass eines Leistungsbescheids[122] und damit die Möglichkeit, sich durch den Erlass eines Verwaltungsakts einen Vollstreckungstitel zu verschaffen, oder kann sie aus einem öffentlich-rechtlichen Vertrag gegen den Bürger sofort vollstrecken (Unterwerfungserklärung nach §61 VwVfG),[123] so stellt sich allerdings die Frage, ob die Behörde zur Durchsetzung ihres Anspruchs auf die Erlangung eines gerichtlichen Titels angewiesen ist, also in Be-

---

115 So *H. Duken*, NVwZ 1993, 546, 548.
116 *W. Gleixner*, Normerlaßklage, 1993, 67; ferner BVerwG NVwZ 1990, 162, 163. Zu den unionsrechtlichen Implikationen *T. Dünchheim*, DÖV 2004, 137 ff.
117 So aber *T. Würtenberger*, AöR 105 (1980), 370, 389 ff.
118 BVerwG NVwZ 1990, 162, 163; vgl. auch *L. Renck*, JuS 1982, 338, 342 (allerdings speziell in Bezug auf die allgemeine Leistungsklage).
119 Vgl. *W. Gleixner*, Normerlaßklage, 1993, 24 f.; *H.-J. Papier*, FS Menger, 1985, 517, 533.
120 Vgl. *Schmitt Glaeser/Horn* Rn. 375 f.
121 *Schenke* Rn. 351 ff.; vgl. auch VGH München NVwZ-RR 1995, 86.
122 Zu solchen Fällen etwa BVerwGE 18, 283 ff.; 21, 270 ff.; 27, 245, 246 ff.; OVG Berlin FEVS 35, 314, 320 ff.; OVG Lüneburg NdsVBl 1994, 60.
123 Dazu BVerwGE 98, 58 ff. sowie erläuternd *W. Berg*, JuS 1997, 888 ff.

zug auf die Erhebung der allgemeinen Leistungsklage ein Rechtsschutzbedürfnis hat.[124] Nach der Rspr. ist dieses Rechtsschutzbedürfnis trotz der Möglichkeit zur Verwirklichung des Anspruchs durch Leistungsbescheid grds. und insbes. dann zu bejahen, wenn angesichts der Streitlage ohnehin mit einer gerichtlichen Auseinandersetzung zu rechnen ist.[125] Ein Rechtsschutzbedürfnis für die allgemeine Leistungsklage einer Behörde liegt auch dann vor, wenn eine Vollstreckung – etwa gegen einen Zahlungspflichtigen – im Ausland nur auf der Grundlage eines gerichtlichen Titels möglich ist (VG Schleswig NJW 1991, 1129 f.). Die allgemeine Leistungsklage ist allerdings dann ausgeschlossen, wenn das zugrundeliegende materielle Recht die Behörde zum Erlass eines Verwaltungsakts *verpflichtet* (BVerwGE 58, 316, 318).

53   **3. Unterlassungsklage.** Die Unterlassungsklage stellt einen Unterfall der allgemeinen Leistungsklage dar.[126] Bereits in der Begründung der Bundesregierung zum Entwurf einer VwGO heißt es, dass mit der Leistungsklage alle Ansprüche verfolgbar seien, „die auf ein Tun, Dulden oder *Unterlassen* gerichtet" seien, sofern nicht der Erlass eines Verwaltungsakts begehrt werde und daher die Verpflichtungsklage statthaft sei (BT-Drs. 3/55 Anl. 1 S. 31 [zu § 40]). Häufig wird der Begriff „*vorbeugende* Unterlassungsklage" verwandt, ohne dass dabei allerdings ein einheitlicher Bedeutungsinhalt erkennbar ist: Teilweise wird darunter eine „auf die Abwehr einer erst noch bevorstehenden hoheitlichen Maßnahme" gerichtete Klage verstanden[127]; andererseits heißt es, eine „vorbeugende Unterlassungsklage" liege vor, wenn „*weitere* Rechtsverletzungen zu besorgen" seien[128]. In beiden Fällen aber hat die Unterlassungsklage zum Ziel, Beeinträchtigungen *vorzubeugen.* Das Adjektiv in der Begriffsbildung „*vorbeugende* Unterlassungsklage" erweist sich also, soweit es der Unterscheidung der genannten Fallkonstellationen dienen soll, als keine treffende Bezeichnung; überdies stellt die Figur „vorbeugende Unterlassungsklage" sogar einen Pleonasmus dar, sodass nur von „Unterlassungsklage" gesprochen werden sollte.

54   **a) Klage auf Unterlassung schlichten Verwaltungshandelns.** Die prinzipielle Statthaftigkeit einer Klage auf Unterlassung schlichten Verwaltungshandelns (zum Begriff → Rn. 41) ist allgemein anerkannt.[129] Die Zulässigkeit vorbeugenden Rechtsschutzes setzt allerdings nach der Rspr. des BVerwG[130] „ein entsprechend qualifiziertes, das heißt: ein gerade auf die Inanspruchnahme vorbeugenden Rechtsschutzes gerichtetes Rechtsschutzinteresse" voraus. Für „einen vorbeugenden Rechtsschutz ist dort kein Raum, wo und solange der Betroffene zumutbarerweise auf den von der Verwaltungsgerichtsordnung als grds. angemessen und ausreichend angesehenen nachträglichen Rechtsschutz verwiesen werden kann" (BVerwGE 40, 323, 326; 54, 211, 215 f.).

55   **aa) Klage auf Unterlassung einer erstmals drohenden Beeinträchtigung.** Bei einer Klage auf Unterlassung einer erstmals drohenden Beeinträchtigung lässt sich das besondere Rechtsschutzbedürfnis nicht mit dem Hinweis auf eine aufschiebende Wirkung von Widerspruch und Klage infrage stellen, weil

---

124 *Schenke* Rn. 353, 592.

125 BVerwGE 24, 225, 227; 29, 310, 312; OVG Münster FEVS 41, 193, 196; vgl. auch BVerwG DVBl 1963, 184, 185 f.; BVerwGE 28, 1 ff.; 28, 153, 154 f.; 58, 316, 318; OVG Lüneburg FEVS 36, 297, 299 f.; KreisG Chemnitz-Stadt LKV 1992, 342 f.

126 BVerwG NVwZ 2015, 906; DVBl 1971, 746, 747; OVG Lüneburg OVGE 21, 370, 372; VGH München BayVBl 1985, 83, 84; VG Berlin NVwZ 2002, 1018; *W. Haug*, DÖV 1967, 86, 87; *Hufen* § 16 Rn. 1; *Schenke* Rn. 354; *Schmitt Glaeser/Horn* vor Rn. 378. S.a. VGH Kassel ESVGH 11, 151, 152, der die „vorbeugende Unterlassungsklage" als „gewissermaßen negative Verpflichtungsklage" bezeichnet. Ferner OVG Münster DVBl 1964, 882, 883, das offen gelassen hat, ob die „vorbeugende Unterlassungsklage" als allgemeine Leistungsklage oder als Verpflichtungsklage zu qualifizieren ist.

127 So *Hufen* § 16 Rn. 9; i.d.S. offenbar auch OVG Berlin NJW 1977, 2283 f.; OVG Lüneburg OVGE 21, 370, 372; VGH München BayVBl 1978, 438, 439; NJW 1986, 3221, 3222; *Schenke* Rn. 354 ff.

128 BVerwGE 34, 69, 73; 64, 298, 300 (jeweils ohne die Hervorhebung); vgl. auch BVerwG DVBl 1971, 746 f.; BVerwGE 85, 54, 60; OVG Lüneburg NJW 1971, 1149; VGH München BayVBl 1993, 468.

129 Vgl. BVerwGE 14, 323, 327 f.; 34, 69, 73; 59, 231, 232 f. und 240 ff.; 71, 183, 188 f.; 77, 268, 275; OVG Berlin PharmaR 1984, 214, 220; OVG Lüneburg NJW 1971, 1149; OVG Münster DVBl 1964, 882, 883; DVBl 1969, 560; VGH Kassel DVBl 1968, 811, 813; VGH München BayVBl 1994, 345 f.; VG Berlin NVwZ 2002, 1018; *W. Haug*, DÖV 1967, 86 f.; *Hufen* § 16 Rn. 4 ff.; *H.-W. Laubinger*, VerwArch 80 (1989), 261 ff.; *W.-R. Schenke*, AöR 95 (1970), 223 ff.; *ders.* Rn. 354 ff.; *H. Sodan*, Jura 1989, 662 f.; *U. Steiner*, JuS 1984, 853, 854; *C.-H. Ule*, VerwArch 65 (1974), 291 ff.

130 BVerwGE 40, 323, 326; 54, 211, 215 f.; vgl. auch BVerwGE 26, 23, 25 f.; BVerwG DVBl 1971, 746, 747; BVerwGE 62, 342, 352; BVerwG NVwZ 1986, 1011, 1012; NVwZ 2015, 906 f.; OVG Berlin NJW 1977, 2283; VGH München BayVBl 1980, 692.

dieser Suspensiveffekt den Bürger nach § 80 Abs. 1 nur gegen den sofortigen Vollzug belastender Verwaltungsakte, nicht aber gegen schlichtes Verwaltungshandeln schützt.[131] Das besondere Rechtsschutzbedürfnis liegt vor, wenn dem Kläger ein Abwarten der geltend gemachten Rechtsverletzung nicht zugemutet werden kann.[132] Diese Anforderung ist etwa im Falle einer drohenden Information über die negative Bewertung eines bestimmten Produkts erfüllt, wenn nicht ausgeschlossen werden kann, dass diese Information selbst nach einer späteren Berichtigung in der Öffentlichkeit weiterwirken würde und damit nachträglicher Rechtsschutz nicht ausreichend wäre (OVG Berlin OVGE 15, 120, 127). Die Zulässigkeit einer Unterlassungsklage setzt allerdings stets voraus, „daß das künftige Verwaltungshandeln nach seinem Inhalt und seinen tatsächlichen wie rechtlichen Voraussetzungen so weit bestimmt ist, daß eine Rechtmäßigkeitsprüfung möglich ist. Solange sich noch nicht mit der dafür erforderlichen Bestimmtheit übersehen läßt, welche Maßnahmen drohen oder unter welchen tatsächlichen und rechtlichen Voraussetzungen sie ergehen werden, kann ein berechtigtes Interesse an einem vorbeugenden Rechtsschutz nicht anerkannt werden."[133]

bb) Klage auf Unterlassung weiterer Beeinträchtigungen. Diese Bestimmtheit folgt bei einer Klage auf 56 Unterlassung weiterer Beeinträchtigungen regelmäßig aus der (den) bereits durch schlichtes Verwaltungshandeln vorgenommenen rechtswidrigen Beeinträchtigung(en). Das Rechtsschutzinteresse in Bezug auf diese Klage liegt vor, wenn eine Wiederholungsgefahr gegeben ist.[134] Dem Kläger kann nicht zugemutet werden, drohende weitere Rechtsverletzungen abzuwarten und gegen diese erst nach ihrer Realisierung gerichtlich vorzugehen. Die Behörde hat vielmehr in diesem Fall durch ihr rechtswidriges Verhalten Anlass zur Erhebung einer Unterlassungsklage gegeben.[135] Dies gilt umso mehr bei verdecktem und daher durch den Betroffenen nicht erkennbarem Behördenhandeln, z.B. Beobachtung durch den Verfassungsschutz: Hier sind an die Darlegung der Wiederholungsgefahr durch den Kläger keine hohen Anforderungen zu stellen (VG Berlin NVwZ 2002, 1018 f.).

b) Klage auf Unterlassung eines Verwaltungsakts. Die Frage nach der Zulässigkeit der Klage auf Un- 57 terlassung eines Verwaltungsakts wirft erhebliche Probleme auf. Die Anwendung der Verpflichtungsklage scheitert am Wortlaut des § 42 Abs. 1 Alt. 2, der von der Verurteilung zum *Erlass* eines Verwaltungsakts und nicht zur *Unterlassung* des Erlasses eines Verwaltungsakts spricht.[136] Daher kommt ein Rückgriff auf die allgemeine Leistungsklage in Betracht.[137]

aa) Grundsätzliche Unzulässigkeit. In der älteren Rspr. aus der Zeit vor Erlass der VwGO[138] ist die 58 Statthaftigkeit der Klage auf Unterlassung eines bevorstehenden Verwaltungsakts generell verneint worden. Eine prinzipiell ablehnende Haltung lässt die spätere Judikatur insbes. des BVerwG erkennen. Nach Auffassung dieses Gerichts ist allgemein für einen vorbeugenden Rechtsschutz „dort kein Raum, wo und solange der Betroffene zumutbarerweise auf den von der VwGO als grds. angemessen und ausreichend angesehenen nachträglichen Rechtsschutz verwiesen werden kann" (→ Rn. 54). „Die Verwaltungsgerichtsordnung sieht als Regelfall den Fall an, daß der Betroffene einen Eingriff durch Verwaltungsakt erleidet, gegen den er mit der Anfechtungsklage oder der Verpflichtungsklage vorgeht. In diesem Regelfall sind die Interessen des Klägers durch die aufschiebende Wirkung des Rechtsbehelfs, die des Beklagten durch das Vorverfahren geschützt" (BVerwGE 26, 23, 24). Damit hat das BVerwG zwei wesentliche Gesichtspunkte gegen die Zulässigkeit der Klage auf Unterlassung eines Verwaltungsakts angesprochen. Die VwGO stellt nämlich mit dem in den §§ 80 und 80 a sowie § 47 Abs. 6

---

131 *Schmitt Glaeser/Horn* Rn. 380; vgl. auch *Schenke* Rn. 354.
132 Vgl. BVerwGE 71, 183, 188 f.; *Schmitt Glaeser/Horn* Rn. 380; *H. Sodan*, Jura 1989, 662, 663. Zur ausnahmsweisen Zulässigkeit einer *einstweiligen Anordnung* in diesen Fällen OVG Berlin NVwZ-RR 2002, 720, 721; NVwZ 2003, 1524, 1525.
133 BVerwGE 45, 99, 105; vgl. auch BVerwG DB 1968, 1898 speziell zum Rechtsschutzbedürfnis an der Verhinderung eines Verwaltungsakts aufgrund einer noch nicht erlassenen Rechtsverordnung; OVG Münster DVBl 1995, 433, 434; VGH Kassel DVBl 1968, 811, 813.
134 BVerwGE 14, 323, 328 f.; 34, 69, 73; 64, 298, 300; s.a. BVerwGE 44, 351, 353 f.; 59, 231, 232 f.; 82, 76, 77 f.; 89, 281, 283; 97, 203, 205; OVG Münster NJW 1986, 2783; GewArch 1988, 11, 12.
135 *Schmitt Glaeser/Horn* Rn. 380.
136 S. aber *Schmitt Glaeser/Horn* Rn. 313, der die Klage auf Unterlassung eines Verwaltungsakts als „*Verpflichtungsklage negativer Art*" bezeichnet, gegen deren Zulässigkeit allerdings „ganz erhebliche Gründe" anführt.
137 S. etwa *Schenke* Rn. 354 ff.
138 S. BVerwG MDR 1957, 503; OVG Hamburg DVBl 1952, 86, 87; OVG Münster DÖV 1956, 411 f.; NJW 1957, 1251; ZMR 1957, 285.

geregelten *vorläufigen Rechtsschutz* „ein hochdifferenziertes Instrumentarium der Risikoabgrenzung und des Schutzes vor vollendeten Tatsachen" zur Verfügung[139], sodass – auch angesichts der rückwirkenden Aufhebung eines Verwaltungsakts gem. § 113 Abs. 1 S. 1 – grds. ein wirksamer Rechtsschutz gegenüber Verwaltungsakten gegeben ist[140]. Zudem besteht die Gefahr einer Umgehung des nach § 68 Abs. 1 vor Erhebung einer Anfechtungsklage prinzipiell erforderlichen Vorverfahrens, dessen Funktion in der Ermöglichung der Korrektur von Fehlentscheidungen durch die Verwaltung selbst und damit auch in der Entlastung der Verwaltungsgerichte liegt.[141]

59 **bb) Ausnahmsweise Zulässigkeit.** Der vorbeugende Rechtsschutz gegen einen Verwaltungsakt kann nach dem System der VwGO also nur die Ausnahme sein.[142] Erforderlich ist ein gerade auf die Inanspruchnahme *vorbeugenden* Rechtsschutzes gerichtetes und damit *besonderes Rechtsschutzbedürfnis*, das es rechtfertigt, den Erlass des Verwaltungsakts nicht abzuwarten.[143] Dieses Rechtsschutzinteresse ist in der Judikatur zur Verhinderung der Schaffung vollendeter oder nur schwer rückgängig zu machender Tatsachen in Fällen bejaht worden, in denen bei Erteilung einer Rodungsgenehmigung die Rodung eines für die Erholung von Bürgern wichtigen Waldes drohte (OVG Berlin NJW 1977, 2283 f.) oder die berufliche Existenz des Klägers ohne die Klärung seiner gaststättenrechtlichen Zuverlässigkeit schon vor Anordnung eines Beschäftigungsverbots gefährdet schien (VGH München NJW 1986, 3221, 3222). In diesen Entscheidungen sind allerdings die „vorbeugenden Unterlassungsklagen" nicht ausdrücklich als allgemeine Leistungsklagen bezeichnet. Auch in anderen Fällen wurden in der Rspr. Unterlassungsklagen als zulässig anerkannt, die sich gegen den Erlass von Verwaltungsakten richteten, mit deren Anfechtung die Kläger jeweils zur Erlangung eines wirksamen Rechtsschutzes zu spät gekommen wären.[144] Ebenfalls für zulässig sind Unterlassungsklagen jeweils mit der Begründung erklärt worden, dass ansonsten der Kläger gegen eine Vielzahl zu erwartender Verwaltungsakte hätte Anfechtungsklage erheben müssen und daher die Verweisung auf nachträglichen Rechtsschutz nicht zumutbar gewesen sei.[145]

60 **c) Unterlassung der Setzung einer untergesetzlichen Norm.** Für die Klage auf Unterlassung des Erlasses einer untergesetzlichen Norm und damit einer Norm im Range unter dem Gesetz im formellen Sinne ist entsprechend den Ausführungen zur sog. Normerlassklage (→ Rn. 46) zwar der Verwaltungsrechtsweg nach § 40 Abs. 1 S. 1 gegeben;[146] für dieses Unterlassungsbegehren scheidet jedoch in sinngemäßer Übertragung der zur Zulässigkeit einer Normerlassklage angestellten Überlegungen (→ Rn. 49) die allgemeine Leistungsklage aus, weil sich diese nur auf Einzelakte und nicht auf Rechtsnormen beziehen kann.[147] Die Normunterlassung kann ferner weder im prinzipalen (zum Begriff → Rn. 75) Normenkontrollverfahren nach § 47 noch in einer anderen von der VwGO zur Verfügung gestellten Verfahrensart *erzwungen* werden (→ § 47 Rn. 65 f. mit zahlreichen Nachw.). Zur Abwehr einer drohenden Normsetzung kommt lediglich eine Klage nach § 43 Abs. 1 auf Feststellung in Betracht, dass die Exekutive zu einer bestimmten Normsetzung nicht berechtigt ist.[148] Nach Auffassung des BVerwG (BVerwGE 54, 211, 215) gewährt das materielle Recht jedoch lediglich „in seltenen Ausnahmefällen" einen entsprechenden Unterlassungsanspruch mit der Folge, dass deshalb auch in Bezug auf die Feststellungsklage „nur in seltenen Ausnahmefällen ein der verwaltungsgerichtlichen Feststellung zugängliches Rechtsverhältnis gegeben ist". Das BVerwG nahm ein solches Rechtsverhältnis im

---

139 *Hufen* § 16 Rn. 17.
140 *Schenke* Rn. 355.
141 *Schmitt Glaeser/Horn* Rn. 313; ferner *Hufen* § 16 Rn. 17.
142 So ausdrückl. BVerwGE 26, 23, 24 i.R.d. Prüfung der Zulässigkeit einer Feststellungsklage nach § 43; vgl. auch *W.-R. Schenke*, Rechtsschutz, 1979, 205.
143 BVerwG DVBl 1971, 746, 747; vgl. auch BVerwGE 26, 23, 25; VGH München BayVBl 1980, 692.
144 S. OVG Lüneburg OVGE 26, 504 f. in Bezug auf Sperrstundenverlängerung (dazu auch → Rn. 197); VGH München BayVBl 1993, 468 hinsichtlich kurzzeitiger Umleitungen des Straßenverkehrs wegen bestimmter Veranstaltungen, wobei das Gericht nur von einer „vorbeugenden Unterlassungsklage" spricht und nicht auch den Begriff der allgemeinen Leistungsklage verwendet. Vgl. ferner *W.-R. Schenke*, AöR 95 (1970), 223, 251.
145 Vgl. BVerwG DVBl 1971, 746, 747; VGH München BayVBl 1980, 692 (in dieser Entscheidung ist allerdings nicht ausdrückl. von einer „allgemeinen Leistungsklage" die Rede).
146 A.M. *Schenke* Rn. 1089, der insoweit von einer verfassungsrechtlichen Streitigkeit ausgeht.
147 Vgl. *Schmitt Glaeser/Horn* Rn. 375 f. A.M. VGH München BayVBl 1978, 438, 439, der eine gegen Rechtsetzung gerichtete „vorbeugende Unterlassungsklage" für zulässig hält und damit offenbar die allgemeine Leistungsklage meint; BayVBl 1985, 83, 84.
148 Vgl. *Schmitt Glaeser/Horn* Rn. 367.

Falle einer Feststellungsklage von Gemeinden gegen eine noch nicht abgeschlossene Bauleitplanung der beklagten Gemeinde wegen der Geltendmachung einer Verletzung der Pflicht benachbarter Gemeinden zur Abstimmung der Bauleitpläne an; das für einen vorbeugenden Rechtsschutz erforderliche besondere Rechtsschutzbedürfnis (→ Rn. 54) bejahte es in diesem Falle mit dem Hinweis, „angesichts des Standes der Planung und angesichts der auf der Hand liegenden Gefahr eines faktischen Planvollzuges wäre es für die Klägerinnen unzumutbar, wenn sie einen Rechtsschutz nicht schon jetzt in Anspruch nehmen dürften" (BVerwGE 40, 323, 325 ff.).

d) Klage eines Hoheitsträgers gegen einen Privaten auf Unterlassung. Im Einzelfall kann die Klage 61 eines Hoheitsträgers gegen einen Privaten auf Unterlassung als allgemeine Leistungsklage statthaft sein; zweifelhaft ist für diese Klage jedoch das Rechtsschutzbedürfnis, wenn der Kläger sein Ziel auch durch Erlass eines Verwaltungsakts erreichen kann.[149] Entsprechend den zur Vornahmeklage angestellten Überlegungen (→ Rn. 52) ist das Rechtsschutzbedürfnis für die Unterlassungsklage aber dennoch gegeben, wenn angesichts der Streitlage ohnehin mit einer gerichtlichen Auseinandersetzung zu rechnen ist (vgl. OVG Hamburg DÖV 1989, 127 f.).

4. Klagebefugnis. Obwohl sich § 42 Abs. 2 mit seiner Regelung der Klagebefugnis nach dem Wort- 62 laut unmittelbar nur auf die Anfechtungs- und Verpflichtungsklage bezieht, gilt diese Vorschrift für die allgemeine Leistungsklage entsprechend (zu den Nachw. und zur Begründung → Rn. 371).

5. Grundsätzlich kein Vorverfahrenserfordernis. Vor Erhebung der allgemeinen Leistungsklage muss 63 grds. kein Vorverfahren durchgeführt sein, weil die §§ 68 ff. sich ausdrücklich nur auf Anfechtungs- und Verpflichtungsklagen beziehen.[150] Als Ausnahme von diesem Grundsatz regeln § 126 Abs. 3 BRRG, § 54 Abs. 2–4 BeamtStG und § 126 Abs. 2–4 BBG, dass für Leistungsklagen der Beamten, Ruhestandsbeamten, früheren Beamten und der Hinterbliebenen aus dem Beamtenverhältnis ein Vorverfahren durchzuführen ist, wenn nicht der Landesgesetzgeber hinsichtlich der Landesbeamten durch Gesetz davon abgesehen hat.

6. Keine Fristgebundenheit. Die allgemeine Leistungsklage ist grds. nicht fristgebunden;[151] § 74 be- 64 stimmt die Klagefrist nur für Anfechtungs- und Verpflichtungsklagen.[152] Trotz Fehlens einer Regelung zur Klagefrist kann die Erhebung einer allgemeinen Leistungsklage jedoch wegen des auch im Verwaltungsprozess geltenden Rechtsinstituts der Verwirkung unzulässig sein.[153] Die Verwirkung „als Hauptanwendungsfall des venire contra factum proprium (Verbot widersprüchlichen Verhaltens) bedeutet, daß ein Recht nicht mehr ausgeübt werden darf, wenn seit der Möglichkeit der Geltendmachung längere Zeit verstrichen ist und besondere Umstände hinzutreten, die die verspätete Geltendmachung als Verstoß gegen Treu und Glauben erscheinen lassen".[154] Eine Verwirkung liegt insbes. dann vor, wenn der Verpflichtete infolge eines bestimmten Verhaltens des Berechtigten darauf vertrauen durfte, dass dieser das Recht nach so langer Zeit nicht mehr geltend machen werde (Vertrauensgrundlage), der Verpflichtete ferner tatsächlich darauf vertraut hat, dass das Recht nicht mehr ausgeübt werde (Vertrauenstatbestand) und sich infolgedessen in seinen Vorkehrungen und Maßnahmen so eingerichtet hat, dass ihm durch die verspätete Durchsetzung des Rechts ein unzumutbarer Nachteil entstünde (Vertrauensbetätigung).[155] Wer die Frist für eine an sich gegebene Verpflichtungsklage versäumt, kann den Rechtsmittelverlust nicht durch eine allgemeine Leistungsklage ausgleichen (VGH München BayVBl 1968, 251).

---

149 Vgl. *Hufen* § 16 Rn. 16; § 17 Rn. 11.
150 Vgl. OVG Münster DVBl 1969, 560; VGH Kassel GewArch 1969, 169; HessVGRspr 1976, 21, 22; VGH München BayVBl 1968, 251; BayVBl 1988, 241; *Hufen* § 17 Rn. 9; *Schenke* Rn. 363; *U. Steiner*, JuS 1984, 853, 855.
151 Zu Ausnahmen führen Klagen aus dem Beamtenverhältnis gem. § 126 Abs. 3 BRRG, § 54 Abs. 2 BeamtStG und § 126 Abs. 2 BBG, *Brenner* → § 74 Rn. 13; C. *Meissner*, in: Schoch/Schneider/Bier § 74 Rn. 7.
152 Vgl. BVerwGE 36, 179, 182; *Büchner/Schlotterbeck* Rn. 162 a; *Hufen* § 17 Rn. 10; *U. Steiner*, JuS 1984, 853, 855.
153 *Schmitt Glaeser/Horn* Rn. 390; *Hufen* § 17 Rn. 11; *W.-R. Schenke*, in: Kopp/Schenke Vorbem. § 40 Rn. 52.
154 BVerwGE 44, 339, 343; fast wortgleich BVerwG NVwZ-RR 2004, 314; ferner BVerfGE 32, 305, 308 ff.; BVerwG DVBl 1970, 928 f.; VGH Mannheim VBlBW 1990, 15; VGH München NVwZ-RR 1994, 241, 242.
155 BVerwGE 44, 339, 343 f.; BVerwG NVwZ-RR 2004, 314; OVG Greifswald NVwZ-RR 2003, 15, 16; VGH Mannheim VBlBW 1988, 143, 145; vgl. auch OVG Münster NVwZ-RR 1999, 539, 540.

V. Allgemeine Feststellungsklage

65 Nach § 43 Abs. 1 kann durch Klage die Feststellung des Bestehens oder Nichtbestehens eines Rechts-verhältnisses oder der Nichtigkeit eines Verwaltungsakts begehrt werden, wenn der Kläger ein berech-tigtes Interesse an der baldigen Feststellung hat. Diese vom Gesetz als „Feststellungsklage" bezeichne-te Verfahrensart sollte genauer *allgemeine* Feststellungsklage heißen, um sie auch terminologisch deut-licher von der Fortsetzungsfeststellungsklage (→ Rn. 66 ff.) und der Zwischenfeststellungsklage (→ Rn. 74) abzugrenzen.[156] Die auf die Feststellung des Bestehens eines Rechtsverhältnisses (zum Be-griff → § 43 Rn. 5 ff.)[157] gerichtete Klage wird als *positive*, die auf das Nichtbestehen des Rechtsver-hältnisses zielende Klage als *negative Feststellungsklage* bezeichnet.[158] Die Feststellungsklage dient nicht der Befriedigung eines Anspruchs des Klägers, sondern gewährt lediglich für bestehende Ansprü-che eine besondere Art des Rechtsschutzes; sie zielt auf eine deklaratorische rechtskraftfähige Feststel-lung mit der Folge, dass das darauf ergehende Urteil keinen Leistungsbefehl enthält und daher nur hinsichtlich der Kosten vollstreckt werden kann.[159] Gem. § 43 Abs. 2 S. 1 kann die Feststellung aller-dings nicht begehrt werden, soweit der Kläger seine Rechte durch Gestaltungs- oder Leistungsklage verfolgen kann oder hätte verfolgen können. Diese Subsidiarität besteht jedoch nicht, wenn die Fest-stellung der Nichtigkeit eines Verwaltungsakts (zur Frage der *Anfechtbarkeit* eines nichtigen Verwal-tungsakts → Rn. 23) begehrt wird (§ 43 Abs. 2 S. 2; zur Subsidiarität im Einzelnen → § 43 Rn. 112 ff.). Durch die Subsidiaritätsklausel soll insbes. das Unterlaufen der für die Anfechtungs- und Verpflichtungsklage geltenden besonderen Bestimmungen in den §§ 68 ff. über das Vorverfahren und die Klagefrist verhindert werden, welche auf die allgemeine Feststellungsklage grds.[160] nicht anwend-bar sind.[161] Sehr umstr. ist freilich, ob die Vorschrift in § 42 Abs. 2, welche für die Zulässigkeit von Anfechtungs- und Verpflichtungsklage das Vorliegen einer Klagebefugnis verlangt, für die allgemeine Feststellungsklage analog gilt (→ Rn. 372 ff.).

VI. Fortsetzungsfeststellungsklage

66 **1. Unmittelbare Anwendung von § 113 Abs. 1 S. 4.** Das Gericht spricht auf Antrag durch Urteil aus, dass ein vorher durch Zurücknahme oder anders erledigter Verwaltungsakt rechtswidrig gewesen ist, wenn der Kläger ein berechtigtes Interesse an dieser Feststellung hat (§ 113 Abs. 1 S. 4). Die darauf gerichtete Klage bedeutet die Fortsetzung der ursprünglich erhobenen Anfechtungsklage und wird da-her als *Fortsetzungsfeststellungsklage* bezeichnet.[162] Dennoch ist sie kein „Unterfall der Anfechtungs-klage",[163] weil mit ihr die Aufhebung eines Verwaltungsakts nicht begehrt werden kann und sie – an-ders als die Anfechtungsklage – voraussetzt, dass der Kläger ein *berechtigtes Interesse an der Feststel-lung* (zu diesem Erfordernis → § 113 Rn. 265 ff.) hat, dass der Verwaltungsakt rechtswidrig gewesen ist. Vielmehr gehört sie vom Typus her zu den Feststellungsklagen; sie unterscheidet sich allerdings von der allgemeinen Feststellungsklage insofern, als sie keine „ursprüngliche" Feststellungsklage ist, sondern zunächst als Anfechtungsklage erhoben wurde und nur aufgrund des Umstandes, dass sich der mit der Anfechtungsklage angegriffene Verwaltungsakt *nach* Klageerhebung erledigt hat (zur Erle-digung des Verwaltungsakts → Rn. 24; näher → § 113 Rn. 247 ff.), fortgeführt wird[164] (→ § 113 Rn. 239 f.). Das BVerwG grenzt die Fortsetzungsfeststellungsklage deutlich von der Anfechtungs- und Verpflichtungsklage ab und hebt zutr. hervor, dass die Fortsetzungsfeststellungsklage nicht auf die Be-

---

156 *Büchner/Schlotterbeck* Rn. 32, 34; *Schenke* Rn. 377, 431; *Schmitt Glaeser/Horn* vor Rn. 326, vor Rn. 327.
157 S. H. *Sodan/S. Kluckert*, VerwArch 94 (2003), 3, 4 ff.
158 *Hufen* § 18 Rn. 3; *H. v. Nicolai*, in: Redeker/v. Oertzen § 43 Rn. 2; *Schenke* Rn. 377. Zur „negativen Feststellungs-klage" ferner BVerwGE 29, 166; BVerwG DVBl 1987, 1073; OVG Lüneburg DÖV 1967, 210; VGH Kassel RdL 1966, 328, 329.
159 *Schmitt Glaeser/Horn* Rn. 326.
160 Die §§ 68 ff. gelten nach § 126 Abs. 3 BRRG, § 54 Abs. 2-4 BeamtStG und § 126 Abs. 2-4 BBG mit den dort gere-gel-ten Maßgaben ausnahmsweise auch für Feststellungsklagen der Beamten, Ruhestandsbeamten, früheren Beamten und der Hinterbliebenen aus dem Beamtenverhältnis.
161 Vgl. BVerwGE 36, 179, 181 f.; BVerwG NVwZ 1982, 619, 620; *Schmitt Glaeser/Horn* Rn. 338.
162 *Büchner/Schlotterbeck* Rn. 34; *Hufen* § 18 Rn. 36; *Schenke* Rn. 309.
163 So aber VGH München BayVBl 1993, 429, 430; *Brenner* → § 74 Rn. 11 f.; *A. Hamann*, DVBl 1992, 737, 740; *R. P. Schenke*, NVwZ 2000, 1255, 1257; s.a. *Geis* → § 68 Rn. 106 ff.; *W.-R. Schenke/R. P. Schenke*, in: Kopp/Schenke § 42 Rn. 5, § 113 Rn. 97.
164 Vgl. *Büchner/Schlotterbeck* Rn. 34; *Schmitt Glaeser/Horn* vor Rn. 326, Rn. 352 ff.

seitigung eines den Kläger belastenden oder auf die Vornahme eines ihn begünstigenden Verwaltungsakts gerichtet ist, sondern „die nur deklaratorische Klärung der Frage" bezweckt, „ob der nicht mehr wirksame und auch nicht mehr rückgängig zu machende Verwaltungsakt rechtmäßig oder rechtswidrig war" (BVerwGE 26, 161, 165 f.). „Eigentlich" müsste das Gericht die Klage für erledigt erklären und nach § 161 über die Kosten entscheiden.[165] Aus § 113 Abs. 1 S. 4 ergibt sich aber eben, dass nach dem System der Verfahrensarten nicht nur die Feststellung der *Nichtigkeit* eines Verwaltungsakts gem. § 43 beantragt, sondern bei einem besonderen Feststellungsinteresse auch die Feststellung nur der *Rechtswidrigkeit* eines – zunächst wirksamen und später erledigten – Verwaltungsakts begehrt werden kann (BVerwGE 26, 161, 166). Die Umstellung auf den Feststellungsantrag ist keine Klageänderung i.S.v. § 91 und bedarf daher nicht der Zustimmung der Beteiligten oder der gerichtlichen Zulassung wegen Sachdienlichkeit, weil der Streitgegenstand in seinem Wesen unverändert bleibt (BVerwGE 30, 46, 50; 34, 353, 355; BVerwG NVwZ 1994, 709, 712). Die Fortsetzungsfeststellungsklage ist „ein mittlerweile fest etabliertes Institut im System des verwaltungsprozessualen Rechtsschutzes".[166]

2. Analoge Anwendung von § 113 Abs. 1 S. 4. Eine analoge Anwendung von § 113 Abs. 1 S. 4 ist in 67 Bezug auf Verfahrensarten im Verwaltungsprozess in verschiedener Hinsicht geboten.

a) Erledigung vor Erhebung einer Anfechtungsklage. Dies gilt zunächst für den Fall, dass sich der 68 Verwaltungsakt bereits vor Erhebung der Anfechtungsklage erledigt hat.[167] Die Gewährung diesbezüglichen Rechtsschutzes unter Berücksichtigung des Art. 19 Abs. 4 GG trägt dem Umstand Rechnung, dass der Betroffene häufig auf den Eintritt des erledigenden Ereignisses keinen Einfluss hat.[168] Es ist dann sinnlos, den Rechtsstreit zunächst als Anfechtungsklage anhängig zu machen; vielmehr wird sogleich die Feststellung beantragt, dass der Verwaltungsakt rechtswidrig gewesen ist. Genau genommen handelt es sich dabei nicht um eine „*Fortsetzungs*feststellungsklage", weil sich hier keine Anfechtungsklage in einer Feststellungsklage fortsetzt.[169]

b) Erledigung eines Verpflichtungsbegehrens. § 113 Abs. 1 S. 4 ist ferner entsprechend anzuwenden, 69 wenn sich der mit der Verpflichtungsklage geltend gemachte Anspruch auf Erlass eines Verwaltungsakts erledigt hat, sodass die erledigte Verpflichtungsklage mit dem Ziel fortgesetzt werden kann, die Rechtswidrigkeit der Ablehnung bzw. Unterlassung des beantragten Verwaltungsakts oder die Verpflichtung zum Erlass des begehrten Verwaltungsakts feststellen zu lassen.[170] Nach der Rspr. des BVerwG liegt jedoch ein zulässiges Fortsetzungsfeststellungsbegehren „auch bei einer erledigten Verpflichtungsklage grundsätzlich nur dann vor, wenn mit der beantragten Feststellung der Streitgegenstand nicht ausgewechselt oder erweitert wird [...]. Das ergibt sich aus dem Zweck, dem diese Klage dient. Sie soll verhindern, daß ein Kläger, der infolge eines erledigenden Ereignisses seinen ursprünglichen, den Streitgegenstand kennzeichnenden Antrag nicht weiterverfolgen kann, um die ‚Früchte' der bisherigen Prozeßführung gebracht wird".[171] Nach der Rspr. des BVerwG umfasst das weiterverfolgbare Begehren im Rahmen der Fortsetzungsfeststellungsklage in Abgrenzung zu einer allgemeinen Leistungsklage in der Verpflichtungsklagesituation den ursprünglich geltend gemachten Anspruch: maßgeblich ist, ob die Beklagte im *Zeitpunkt* unmittelbar vor Eintritt des erledigenden Ereignisses ver-

---

165 *Hufen* § 18 Rn. 36.
166 *Hufen* § 18 Rn. 36.
167 S. etwa BVerwGE 12, 87, 90; 26, 161, 165; 49, 36, 39; 56, 24, 26; 81, 226, 227; BVerwG MDR 1968, 347; OVG Koblenz NJW 1982, 1301, 1302; OVG Münster ZBR 1974, 396; VGH Mannheim NVwZ-RR 1995, 88, 89; NVwZ-RR 2004, 572; VGH München BayVBl 1993, 429, 430; *Büchner/Schlotterbeck* Rn. 35; *Hufen* § 18 Rn. 42; *F. O. Kopp*, Anm. zu BVerwG 24.1.1992 – 7 C 24.91, JZ 1992, 1078, 1079; *Schenke* Rn. 323 ff. Skeptisch BVerwGE 109, 203, 209; s. dagegen → § 43 Rn. 141 f. m.w.N.; *Schenke* Rn. 325; *H. Sodan/S. Kluckert*, VerwArch 94 (2003), 3, 19 ff. Hingegen sogar für eine *unmittelbare* Anwendung des § 113 Abs. 1 S. 4 *A. Göpfert*, Fortsetzungsfeststellungsklage, 1997, 42 ff.
168 OVG Koblenz NJW 1982, 1301, 1302; vgl. auch BVerfGE 96, 27, 40; 110, 77, 85 ff.
169 *Büchner/Schlotterbeck* Rn. 35.
170 So mit ausf. Begründung BVerwG DÖV 1963, 384, 385 f.; ferner BVerwG DVBl 1968, 746; BVerwGE 51, 264, 265; 52, 313, 316; BVerwG 28.10.1987 Buchholz 310 § 113 VwGO Nr. 173; DVBl 1987, 1073; BVerwGE 89, 354, 355; BVerwG DVBl 1992, 1230 f.; BVerwGE 102, 142, 143; 106, 295, 296 f.; 109, 74, 76; BVerwG DVBl 2004, 1168; BVerwGE 138, 186, 189 f.; OVG Bremen GewArch 1993, 480; → § 113 Rn. 263, 272 (mit Ausführungen zum Klageantrag); VGH Mannheim NVwZ 1994, 709, 711.
171 BVerwGE 89, 354, 355; OVG Münster NVwZ-RR 2003, 696, 697; vgl. auch VGH Mannheim NVwZ 1994, 709, 712; → § 113 Rn. 264. Skeptisch hingegen BVerwGE 106, 295, 297. Eingehend dazu auch *A. Göpfert*, NVwZ 1997, 143 f.

pflichtet war, den begehrten Verwaltungsakt zu erlassen.[172] Ein über diesen Anspruch in dem besagten Zeitpunkt hinausgehend geltend gemachtes klägerisches Begehren stellt eine Klageänderung gem. § 91 dar.[173] In der Verpflichtungssituation bezieht sich die Erledigung freilich nicht auf den (noch zu erlassenden) Verwaltungsakt, sondern auf das Verpflichtungsbegehren. Dieses ist erledigt, „wenn es nach Klageerhebung aus dem Kläger nicht zurechenbaren Gründen unzulässig oder unbegründet wurde, wenn also das Rechtsschutzziel aus Gründen, die nicht in der Einflusssphäre des Klägers liegen, nicht mehr zu erlangen ist, weil es entweder außerhalb des Prozesses erreicht wurde oder überhaupt nicht mehr erreicht werden kann".[174]

70   **c) Erledigung vor Erhebung einer Verpflichtungsklage.** Eine analoge Anwendung von § 113 Abs. 1 S. 4 ist ferner dann geboten, wenn sich das Verpflichtungsbegehren bereits vor Erhebung der Verpflichtungsklage erledigt hat (BVerwG MDR 1968, 347; BVerwGE 52, 313, 316; 94, 352, 355; 106, 295, 296 ff.). Allerdings handelt es sich – ebenso wie bei der Erledigung vor Erhebung einer Anfechtungsklage – nicht um eine „*Fortsetzungs*feststellungsklage" im echten Wortsinn. Zu beachten ist, dass in den Fällen von vorprozessual erledigten Verwaltungsakten das besondere Feststellungsinteresse nicht auf die Vorbereitung eines zivilrechtlichen Amtshaftungsprozesses gestützt werden kann.[175]

71   **d) Problem der Erledigung einer allgemeinen Leistungsklage.** Abzulehnen ist die entsprechende Anwendung von § 113 Abs. 1 S. 4 auf Fälle der allgemeinen Leistungsklage. Ein verwaltungsgerichtliches Klageverfahren kann nach Erledigung einer allgemeinen Leistungsklage nur mit einer auf Feststellung eines Rechtsverhältnisses gerichteten Klage i.S.d. § 43 Abs. 1, nicht aber auch mit einem Fortsetzungsfeststellungsantrag analog § 113 Abs. 1 S. 4 weitergeführt werden.[176] Die gegenteilige Auffassung[177] verkennt, dass angesichts der Regelung in § 43 keine Lücke besteht, deren Schließung im Wege der entsprechenden Anwendung von § 113 Abs. 1 S. 4 notwendig ist.

72   **3. Erfordernis der Klagebefugnis.** Die Zulässigkeit einer Fortsetzungsfeststellungsklage nach § 113 Abs. 1 S. 4 setzt voraus, dass für die ursprünglich erhobene Anfechtungsklage eine Klagebefugnis i.S.v. § 42 Abs. 2 vorlag; die Umstellung der Anfechtungsklage auf die Fortsetzungsfeststellungsklage vermag nämlich einen bereits vorhandenen Zulässigkeitsmangel nicht zu heilen.[178] Auch in den Fällen der analogen Anwendung von § 113 Abs. 1 S. 4 ist die Fortsetzungsfeststellungsklage jeweils nur zulässig, wenn der Kläger geltend macht, durch den ursprünglichen Verwaltungsakt oder seine Ablehnung bzw. Unterlassung in seinen Rechten verletzt zu sein[179] (→ Rn. 375).

73   **4. Durchführung eines Vorverfahrens.** Differenzierter Betrachtung bedarf die Frage, ob bei Fortsetzungsfeststellungsklagen die Regelungen in den §§ 68 ff. gelten und daher ein Vorverfahren erfolglos durchgeführt sein muss sowie Widerspruchs- und Klagefristen zu beachten sind (im Einzelnen → § 68 Rn. 105 ff.; → § 74 Rn. 9 ff.; → § 113 Rn. 287 ff.; speziell zur Frage der Zulässigkeit des sog. Fortsetzungsfeststellungs*widerspruchs* → § 113 Rn. 318).

---

172   BVerwGE 151, 36, 40 ff. (Hervorhebungen nicht im Original); *A. Decker*, JA 2016, 241, 243.
173   *A. Decker*, JA 2016, 241, 243; BVerwGE 151, 36, 43 f.
174   *A. Decker*, JA 2016, 241, 243 unter Verweis auf BVerwG NVwZ 1989, 48; vgl. BVerwGE 46, 81, 82. Zu Änderungen der Rechtslage zum Nachteil des Klägers nach Rechtshängigkeit s. BVerwGE 61, 128, 135; BVerwG DVBl 1994, 1192, 1193; NVwZ-RR 1995, 172; BVerwGE 109, 74, 77; ebenso OVG Münster NVwZ-RR 2003, 696, 697.
175   *A. Decker*, JA 2016, 241, 246 m.w.N.
176   Vgl. BVerwG NJW 1997, 2534; NJW 1998, 919; OVG Münster NJW 1994, 1673; VGH München BayVBl 1987, 239, 240; *D. Ehlers*, Jura 2001, 415, 419; *M. Redeker*, in: Redeker/v. Oertzen § 113 Rn. 64; *J. Rozek*, JuS 1995, 414, 416; *W.-R. Schenke/R. P. Schenke*, in: Kopp/Schenke § 113 Rn. 116; Ferner VGH Kassel NVwZ-RR 1993, 277, 278, der die Möglichkeit, i.R. einer Fortsetzungsfeststellungsklage nach Erledigung einer allgemeinen Leistungsklage die Verpflichtung der Behörde zu der begehrten Amtshandlung gerichtlich feststellen zu lassen, zumindest für den Fall ausgeschlossen hat, dass der Behörde eine Ermessensermächtigung eingeräumt und das Ermessen nicht auf Null geschrumpft ist. Offen gelassen ist die Frage nach einer entsprechenden Anwendung von § 113 Abs. 1 S. 4 bei allgemeinen Leistungsklagen in BVerwGE 52, 313, 316.
177   VGH München BayVBl 1992, 310; *Hufen* § 18 Rn. 44 ff.
178   BVerwG NJW 1982, 2513, 2514; VGH München BayVBl 1982, 151, 152; *Hufen* § 18 Rn. 54; *Schmitt Glaeser/ Horn* Rn. 353; vgl. auch BVerwGE 42, 318, 319.
179   Vgl. VGH München ZBR 1968, 368; *Schenke* Rn. 489; *Schmitt Glaeser/Horn* Rn. 364.

VII. Zwischenfeststellungsklage

Im Verwaltungsprozess ist auch die sog. Zwischenfeststellungsklage anerkannt; sie wird aus § 173 S. 1   74
VwGO i.V.m. § 256 Abs. 2 ZPO abgeleitet.[180] Nach dieser zivilprozessualen Norm können bis zum
Schluss derjenigen mündlichen Verhandlung, auf die das Urteil ergeht, der Kläger durch Erweiterung
des Klageantrags und der Beklagte durch Erhebung einer Widerklage beantragen, dass ein im Laufe
des Prozesses streitig gewordenes Rechtsverhältnis, von dessen Bestehen oder Nichtbestehen die Entscheidung des Rechtsstreits ganz oder z.T. abhängt, durch richterliche Entscheidung festgestellt werde.
Die entsprechende Anwendung dieser Bestimmung im Verwaltungsprozess wird durch die „grundsätzlichen Unterschiede" des zivilprozessualen Verfahrens (§ 173 S. 1) nicht ausgeschlossen (zu diesen
„grundsätzlichen Unterschieden" → § 173 Rn. 51 ff.); es besteht sogar ein Bedürfnis nach dieser Sonderform einer Feststellungsklage insbes. i.R. verwaltungsgerichtlicher Leistungsprozesse[181]. Die Zwischenfeststellungsklage wird im anhängigen Verfahren erhoben und richtet sich auf die Feststellung eines die Entscheidung bedingenden Rechtsverhältnisses, um auch die Entscheidung über dieses Rechtsverhältnis in Rechtskraft erwachsen zu lassen.[182] Sie ist damit ein Mittel, um etwa tragende Urteilsgründe in die Rechtskraft mit einzubeziehen.[183] Ihre Erhebung führt nicht zu einer Klageänderung
i.S.v. § 91.[184] Die Zwischenfeststellungsklage ist allerdings „unzulässig sowohl dann, wenn sie ein
Rechtsverhältnis betrifft, das zum Streitgegenstand gehört und hinsichtlich dessen ohnehin Rechtskraftwirkung eintritt [...] als auch dann, wenn sie ein Rechtsverhältnis betrifft, von dessen Bestehen
oder Nichtbestehen die Entscheidung nicht abhängt" (BVerwGE 39, 135, 138). Das festzustellende
Rechtsverhältnis muss also für die Entscheidung über die Hauptsache vorgreiflich sein. Der Kläger
kann die Zwischenfeststellungsklage nur erheben, wenn sie seinen Klageantrag stützt (OVG Berlin JR
1969, 114, 116). Vom Beklagten darf sie nur erhoben werden, wenn sie seiner Verteidigung dient.[185]

VIII. Normenkontrollverfahren

1. Prinzipale abstrakte Normenkontrolle. Als ein „besonders geartetes Feststellungsverfahren"[186]   75
wird die Normenkontrolle nach § 47 bezeichnet. Gem. § 47 Abs. 1 entscheidet das OVG i.R. seiner
Gerichtsbarkeit *auf Antrag* – also nicht auf eine „Klage" hin – über die Gültigkeit von Satzungen, die
nach den Vorschriften des BauGB erlassen worden sind, sowie von Rechtsverordnungen aufgrund des
§ 246 Abs. 2 BauGB und über die Gültigkeit von anderen im Rang unter dem Landesgesetz stehenden
Rechtsvorschriften, sofern das Landesrecht dies bestimmt. Antragsbefugt ist nach § 47 Abs. 2 S. 1 jede
natürliche oder juristische Person, die geltend macht, durch die Rechtsvorschrift oder deren Anwendung in ihren Rechten verletzt zu sein oder in absehbarer Zeit verletzt zu werden, sowie jede Behörde
innerhalb eines Jahres nach Bekanntmachung der Rechtsvorschrift. An die Geltendmachung einer
Rechtsverletzung nach § 47 Abs. 2 S. 1 sind nach der Rspr. des BVerwG keine höheren Anforderungen
zu stellen als an die Klagebefugnis nach § 42 Abs. 2 (krit. dazu *Ziekow* → § 47 Rn. 203 ff.).[187] Kommt
das OVG zu der Überzeugung, dass die Rechtsvorschrift ungültig ist, so erklärt es sie für unwirksam;
in diesem Fall ist die Entscheidung allgemein verbindlich (§ 47 Abs. 5 S. 2 Hs. 2). Auf diese Weise
führt § 47 zu einer *prinzipalen abstrakten* Normenkontrolle. Prinzipal und nicht inzident ist diese
Normenkontrolle, weil bei ihr eine ausdrückliche Entscheidung über die Gültigkeit einer Norm –
gleichsam in der Hauptsache – erfolgt und somit die Frage nach deren Gültigkeit nicht nur als Vorfrage zur Lösung eines anderen Problems beantwortet wird; abstrakt ist die Normenkontrolle nach § 47
dadurch, dass im Gegensatz zur konkreten Normenkontrolle nicht eine zunächst nur als Vorfrage für

---

180 VGH Mannheim ESVGH 19, 165, 166 (allerdings noch zum § 280 ZPO a.F.); OVG Münster 22.4.1996 – 23 D
     43/93.AK; *Hufen* § 18 Rn. 1, § 29 Rn. 18; *Schenke* Rn. 431; W. *Selb*, Die verwaltungsgerichtliche Feststellungsklage,
     1998, 119 f. m.w.N. Dagegen ist in BVerwGE 39, 135, 138 die Frage offen gelassen, ob und unter welchen Voraus-
     setzungen eine Zwischenfeststellungsklage im Verwaltungsprozess zulässig ist.
181 W. *Bergmann*, DÖV 1959, 570, 573.
182 Vgl. M. *Happ*, in: Eyermann § 43 Rn. 6; H. v. *Nicolai*, in: Redeker/v. Oertzen § 42 Rn. 42.
183 Vgl. H.-J. *Doderer*, NJW 1991, 878 f.
184 W.-R. *Schenke*, in: Kopp/Schenke § 43 Rn. 35; offen gelassen in BVerwGE 39, 135, 138.
185 W.-R. *Schenke*, in: Kopp/Schenke § 43 Rn. 34.
186 So *Schmitt Glaeser/Horn* Rn. 404; vgl. auch BVerwGE 68, 306, 310.
187 BVerwGE 107, 215, 218 f.; BVerwG NVwZ 2000, 1296; vgl. auch BVerwG NVwZ 2005, 695, 696; VGH Kassel
     NVwZ-RR 2005, 87 f.

die Entscheidung eines einzelnen Rechtsstreits erforderliche Überprüfung der Rechtmäßigkeit einer Norm aus dem konkreten Verfahren herausgelöst und zu einer prinzipalen Normenkontrolle verselbständigt wird, sondern das Verfahren nach § 47 ohne Bezug auf einen Rechtsanwendungsfall unmittelbar zur ausdrücklichen Normentscheidung führt (→ § 47 Rn. 5).

76   **2. Zweck der Normenkontrolle.** Der Zweck der in § 47 geregelten Normenkontrolle wird in der Begründung des von der Bundesregierung beschlossenen Entwurfs einer VwGO gerade darin gesehen, „durch eine einzige Entscheidung eine Reihe von Einzelklagen zu vermeiden und dadurch die Verwaltungsgerichte zu entlasten" (BT-Drs. 3/55 Anl. 1 S. 33 [zu § 46]). Aufgrund der frühzeitigen und allgemeinverbindlichen Feststellung der Nichtigkeit einer Norm kann zugleich eine Rechtsunsicherheit durch divergierende Inzidententscheidungen ausgeschlossen werden (→ § 47 Rn. 25). Die Möglichkeit, ein Normenkontrollverfahren nach § 47 einzuleiten, befreit allerdings nicht von dem Erfordernis der Anfechtungsklage, die der von einem belastenden Verwaltungsakt Betroffene (nach erfolglosem Widerspruch) einlegen muss, um die Rechtsfolge der Unanfechtbarkeit zu vermeiden (BVerwGE 56, 172, 177 ff.). Andererseits verschließt die Klageerhebung in einem Einzelrechtsschutzverfahren nicht den Zugang zum Normenkontrollverfahren, weil sonst der Zweck der Bündelung einzelner Klagen nicht erreicht werden könnte.[188] Das Normenkontrollverfahren nach § 47 ist also gegenüber der Klage ein aliud; weder schließt es die Klage aus noch wird es von dieser ausgeschlossen[189] (→ § 47 Rn. 26).

77   nicht besetzt

IX. Verfahrensarten zur Erlangung vorläufigen Rechtsschutzes

78   **1. Funktion und verfassungsrechtliche Ableitung.** Die §§ 80, 80 a, 80 b, 123 und 47 Abs. 6 regeln vorläufigen Rechtsschutz im Verwaltungsprozess. *Vorläufiger* Rechtsschutz ist dann zu gewähren, wenn der mit der endgültigen gerichtlichen Entscheidung über den Rechtsbehelf verfolgte Rechtsschutz zu spät einsetzen würde.[190] Er soll demnach verhindern, dass durch die Verwaltung vollendete Tatsachen geschaffen werden, *bevor* das zuständige Verwaltungsgericht die Rechtmäßigkeit der Entscheidung überprüfen konnte.[191] Wegen der oft allzu langen Dauer von Hauptsacheverfahren hat sich der vorläufige Rechtsschutz – vor allem im Hochschulzulassungsrecht, Immissionsschutzrecht und baurechtlichen Nachbarstreit sowie in beamtenrechtlichen Konkurrentenklagen und im Versammlungsrecht – zu einer Verfahrensart entwickelt, die dem Hauptsacheverfahren nahezu gleichwertig ist. Das BVerfG leitet die Ermöglichung vorläufigen Rechtsschutzes aus dem in Art. 19 Abs. 4 GG enthaltenen verfassungsrechtlichen Gebot effektiven Rechtsschutzes des Bürgers gegen Akte der öffentlichen Gewalt wie folgt ab: „Das Verfahrensgrundrecht des Art. 19 Abs. 4 GG garantiert nicht nur das formelle Recht und die theoretische Möglichkeit, die Gerichte anzurufen, sondern auch die Effektivität des Rechtsschutzes; der Bürger hat einen substantiellen Anspruch auf eine tatsächlich wirksame gerichtliche Kontrolle. Die Bedeutung der grundgesetzlichen Gewährleistung liegt vornehmlich darin, die ‚Selbstherrlichkeit' der vollziehenden Gewalt im Verhältnis zum Bürger zu beseitigen [...]. Ihr kommt nicht nur die Aufgabe zu, jeden Akt der Exekutive, der in Rechte des Bürgers eingreift, vollständig – das heißt in tatsächlicher und rechtlicher Hinsicht [...] – der richterlichen Prüfung zu unterstellen, sondern auch irreparable Entscheidungen, wie sie durch die sofortige Vollziehung einer hoheitlichen Maßnahme eintreten können, soweit als möglich auszuschließen."[192] Neben dieser im Hinblick auf die Sicherung der Grundrechte bestehenden *subjektiven* Komponente hat der vorläufige Rechtsschutz auch eine *objektive* Funktion: Eine *rechtzeitige* gerichtliche Entscheidung dient der Kontrolle

---

188   Begründung der Bundesregierung zu § 46 des Entwurfs einer VwGO, BT-Drs. 3/55 Anl. 1 S. 33.
189   Dazu auch VGH München BayVBl 2002, 431, 432. Die von *Hufen* § 19 Rn. 4 vertretene Auffassung, man müsse „die alten Zöpfe abschneiden" und das Verfahren nach § 47 als „Normenkontroll*klage*" behandeln, vermag hingegen nicht zu überzeugen.
190   *Schmitt Glaeser/Horn* Rn. 241.
191   *Hufen* § 31 Rn. 1 f.
192   BVerfGE 35, 263, 274; vgl. auch BVerfGE 10, 264, 267; 35, 382, 402; 37, 150, 153; 40, 272, 275; 46, 166, 178; 51, 268, 284; 65, 1, 70; 67, 43, 58; 79, 69, 74; BVerfG (K) NJW 1994, 3087 f.; EuZW 1995, 126, 127; BVerfGE 91, 1, 13; BVerfG (K) DVBl 2003, 1524; NVwZ 2004, 1112, 1113 f.

der in Art. 20 Abs. 3 GG angeordneten Bindung der vollziehenden Gewalt an Gesetz und Recht, weil dadurch der Vollzug von Unrecht verhindert wird, bevor der Prozess abgeschlossen ist.[193]

2. Verfahren nach den §§ 80 und 80 a. Wie sich aus § 123 Abs. 5 ergibt, schließen sich die Verfahren nach den §§ 80 und 80 a einerseits sowie nach § 123 andererseits aus. Anfechtungswiderspruch und Anfechtungsklage haben gem. § 80 Abs. 1 S. 1 aufschiebende Wirkung. Der Verwaltungsakt ist und bleibt zwar wirksam i.S.v. § 43 VwVfG; durch die aufschiebende Wirkung wird aber der Vollzug gehemmt, sodass von dem Verwaltungsakt vorläufig kein Gebrauch gemacht werden darf (zum Streit über die Rechtsnatur der aufschiebenden Wirkung → § 80 Rn. 34 ff.). Die Veränderungsgefahr ist hier schon mit der Einlegung des Rechtsbehelfs vorläufig abgewendet.[194] Gem. § 80 Abs. 2 S. 1 entfällt die aufschiebende Wirkung nur „1. bei der Anforderung von öffentlichen Abgaben und Kosten, 2. bei unaufschiebbaren Anordnungen und Maßnahmen von Polizeivollzugsbeamten, 3. in anderen durch Bundesgesetz oder für Landesrecht durch Landesgesetz vorgeschriebenen Fällen, insbesondere für Widersprüche und Klagen Dritter gegen Verwaltungsakte, die Investitionen oder die Schaffung von Arbeitsplätzen betreffen, 4. in den Fällen, in denen die sofortige Vollziehung im öffentlichen Interesse oder im überwiegenden Interesse eines Beteiligten von der Behörde, die den Verwaltungsakt erlassen hat oder über den Widerspruch zu entscheiden hat, besonders angeordnet wird". Die gerichtliche Kontrolle richtet sich nach § 80 Abs. 5–8; diese Regelungen gelten gem. § 80 a Abs. 3 S. 2 entsprechend, wenn ein *Dritter* einen Rechtsbehelf gegen den an einen anderen gerichteten, diesen begünstigenden Verwaltungsakt oder ein Betroffener einen Rechtsbehelf gegen einen an ihn gerichteten belastenden Verwaltungsakt, der einen Dritten begünstigt, eingelegt hat, es sich also jeweils um einen sog. Verwaltungsakt mit Doppelwirkung i.S.v. § 80 Abs. 1 S. 2 handelt. Im Hinblick auf die in § 80 b Abs. 1 und 2 geregelte *Dauer* der aufschiebenden Wirkung gelten § 80 Abs. 5–8 und § 80 a gem. § 80 b Abs. 3 entsprechend. Nach § 80 Abs. 5 S. 1 kann auf Antrag das Gericht der Hauptsache die aufschiebende Wirkung in den Fällen des § 80 Abs. 2 S. 1 Nr. 1–3 ganz oder teilweise anordnen (→ § 80 Rn. 140 ff.) und im Falle des § 80 Abs. 2 S. 1 Nr. 4 ganz oder teilweise wiederherstellen (→ § 80 Rn. 151 ff.). Der Antrag ist schon *vor* Erhebung der Anfechtungsklage zulässig (§ 80 Abs. 5 S. 2). Ist der Verwaltungsakt im Zeitpunkt der Entscheidung schon vollzogen, so kann das Gericht die Aufhebung der Vollziehung anordnen (§ 80 Abs. 5 S. 3). Statthaft ist der Antrag nur, wenn die Klage in der Hauptsache *Anfechtungsklage* ist oder wäre und somit der Antragsteller sich gegen den Vollzug eines belastenden Verwaltungsaktes wendet; maßgebend ist allein, ob die Behörde durch einen Verwaltungsakt entschieden hat und nicht, ob sie so verfahren durfte.[195] Die in analoger Anwendung von § 42 Abs. 2 erforderliche *Antragsbefugnis* ist gegeben, wenn der Antragsteller ein schutzwürdiges Interesse an der Anordnung bzw. Wiederherstellung der aufschiebenden Wirkung hat; die Antragsbefugnis orientiert sich an der Klagebefugnis des Hauptsacheverfahrens: Ist nämlich wegen Fehlens der Klagebefugnis die Anfechtungsklage unzulässig, besteht auch kein Bedürfnis für vorläufigen Rechtsschutz, weil dem Antragsteller keine Rechtsverletzung droht.[196]

3. Verfahren nach § 123. Das Verfahren nach § 123 gilt für Verpflichtungsklagen und andere Klagearten als die Anfechtungsklage (→ § 123 Rn. 28 ff.). Anders als bei einer Anfechtungsklage würde die aufschiebende Wirkung etwa bei einer Verpflichtungsklage nur die Ablehnung des Verwaltungsakts suspendieren und den Kläger damit dem erstrebten Rechtsziel nicht näher bringen, obwohl sich bspw. im Falle der Ablehnung einer Zulassung bis zur Beendigung des Rechtsstreits für den Kläger schwerwiegende Folgen ergeben können; der Erlass einer einstweiligen Anordnung nach § 123 ist daher als positive Entscheidung des Gerichts zur Änderung oder jedenfalls zusätzlichen Sicherung eines Rechtszustandes erforderlich.[197] Gem. § 123 Abs. 1 S. 1 kann das Gericht auf Antrag, auch schon vor Klageerhebung, in Bezug auf den Streitgegenstand eine einstweilige Anordnung treffen, wenn die Gefahr besteht, dass durch eine Veränderung des bestehenden Zustands die Verwirklichung eines Rechts des

79

80

---

193 Vgl. *Hufen* § 31 Rn. 1.
194 *Hufen* § 31 Rn. 8.
195 *Hufen* § 32 Rn. 33; *Schenke* Rn. 956 f.
196 *Schmitt Glaeser/Horn* Rn. 279; vgl. auch OVG Koblenz NVwZ 1987, 239; NVwZ 1993, 699, 700; OVG Münster NVwZ-RR 1994, 143; VGH Mannheim ESVGH 24, 238, 239; NVwZ-RR 1995, 17; NJW 1995, 346, 347; VGH München NVwZ-RR 2004, 886 f.; *A. Hipp/U. Hufeld*, JuS 1998, 802 m.w.N.
197 *Hufen* § 31 Rn. 9.

Antragstellers vereitelt oder wesentlich erschwert werden könnte (sog. *Sicherungsanordnung*). Nach § 123 Abs. 1 S. 2 sind einstweilige Anordnungen auch zur Regelung eines vorläufigen Zustands in Bezug auf ein streitiges Rechtsverhältnis zulässig, wenn diese Regelung, vor allem bei dauernden Rechtsverhältnissen, um wesentliche Nachteile abzuwenden oder drohende Gewalt zu verhindern oder aus anderen Gründen nötig erscheint (sog. *Regelungsanordnung; zur Unterscheidung zwischen Sicherungs- und Regelungsanordnung* → § 123 Rn. 42 ff.). Erforderlich ist jeweils eine *Antragsbefugnis*, die dem Rechtsgedanken des § 42 Abs. 2 entspricht; der Antragsteller muss geltend machen, dass ein ihm zustehendes Recht verletzt oder gefährdet ist.[198]

81   **4. Normenkontrollverfahren nach § 47 Abs. 6.** Im Normenkontrollverfahren kann das Gericht nach § 47 Abs. 6 auf Antrag eine einstweilige Anordnung erlassen, wenn dies zur Abwehr schwerer Nachteile oder aus anderen wichtigen Gründen dringend geboten ist. Zu den Anforderungen an das Verfahren beim Erlass der einstweiligen Anordnung sowie den Voraussetzungen im Einzelnen → § 47 Rn. 384 ff.

X. Besondere Rechtsbehelfe im Vollstreckungsverfahren

82   Nach § 167 Abs. 1 S. 1 gilt für die Vollstreckung das Achte Buch der ZPO entsprechend, soweit sich aus der VwGO nichts anderes ergibt. Dies führt zur Anwendung bestimmter, in der ZPO enthaltener Rechtsbehelfe auch im verwaltungsgerichtlichen Verfahren. Davon ist insbes. die in § 767 ZPO geregelte *Vollstreckungsabwehrklage* (Vollstreckungsgegenklage) betroffen, welche das letzte Hilfsmittel gegen die Zwangsvollstreckung darstellt.[199] Nach § 767 Abs. 2 ZPO kommt sie in Betracht, wenn der Verurteilte bestimmte Einwendungen geltend machen kann, die erst nach dem Schluss der letzten mündlichen Verhandlung, in der Einwendungen spätestens hätten vorgebracht werden müssen, entstanden sind. Die Vollstreckungsabwehrklage zielt auf die Aufhebung eines Vollstreckungstitels und leitet einen neuen Rechtsstreit ein.[200] Gem. § 168 Abs. 1 wird insbes. aus rechtskräftigen und aus vorläufig vollstreckbaren gerichtlichen Entscheidungen vollstreckt. Die Vollstreckungsabwehrklage ist allerdings unzulässig, soweit eine Klagemöglichkeit nach den §§ 42 oder 43 besteht; denn die entsprechende Anwendung von § 767 ZPO steht gem. § 167 Abs. 1 unter dem Vorbehalt, dass sich aus der VwGO nichts anderes ergibt.[201] Eine Vollstreckungsabwehrklage gegen einen unanfechtbaren Grundverwaltungsakt scheidet daher aus; die Vollstreckungsmaßnahmen i.R.d. Verwaltungsvollstreckung sind zumeist Verwaltungsakte, die mit der Begründung selbständig angefochten werden können, nach Eintritt der Unanfechtbarkeit des Grundverwaltungsakts seien Einwendungen entstanden, die zu dessen Rechtswidrigkeit führten. Die Verfahrensarten der VwGO reichen zur Gewährung effektiven Rechtsschutzes selbst dann aus, wenn die Vollstreckungsmaßnahme keinen Verwaltungsakt darstellt.[202] Eine Vollstreckungsabwehrklage ist auch die sog. *Drittwiderspruchsklage*, die nach § 771 Abs. 1 ZPO durch einen Dritten mit der Behauptung erhoben werden kann, dass ihm an dem Gegenstand der Zwangsvollstreckung ein die Veräußerung hinderndes Recht zustehe. Sie ist im Verwaltungsprozess zwar äußerst selten[203], ihre Ableitung aus § 167 VwGO i.V.m. § 771 ZPO aber prinzipiell anerkannt.[204] Die entsprechende Anwendung von § 771 ZPO steht allerdings ebenso wie diejenige von

---

198 Vgl. OVG Bremen DVBl 1974, 819 f.; OVG Koblenz DVBl 2005, 330; OVG Lüneburg NVwZ-RR 2009, 412, 413; VGH Kassel DRiZ 1978, 120; NJW 1997, 2970, 2971; VGH München DÖV 1986, 209; *A. Hipp/U. Hufeld*, JuS 1998, 802 m.w.N.

199 Für deren Anwendung im Verwaltungsprozess BVerwGE 70, 227, 229; 80, 178, 180 f.; 117, 44, 45 ff.; OVG Berlin NVwZ-RR 1989, 510; OVG Lüneburg NJW 1974, 918, 919; OVG Münster DÖV 1970, 718; VGH Kassel NVwZ-RR 1989, 507, 508; NJW 1995, 1107; VGH München BayVBl 1978, 53, 54; NVwZ 1985, 352; ausf. *H.-U. Erichsen/D. Rauschenberg*, Jura 1998, 323, 324 ff.; *A. Guckelberger*, NVwZ 2004, 662 ff. Bereits BVerwGE 6, 321, 322 f.

200 *Hufen* § 22 Rn. 4; vgl. auch *A. Guckelberger*, NVwZ 2004, 662.

201 BVerwGE 70, 227, 229; OVG Lüneburg DÖV 1970, 717. So i.E. auch – freilich unter Hinweis auf § 173 – BVerwGE 27, 141, 142 f.; VGH Kassel NVwZ-RR 1989, 507, 508; VGH Mannheim VBlBW 1982, 403, 404; VBlBW 1992, 251, 252. S. ferner VGH München BayVBl 1984, 208, 209.

202 *Büchner/Schlotterbeck* Rn. 41; vgl. auch BVerwGE 27, 141, 142 f.; VGH München BayVBl 1984, 208, 209; *H.-U. Erichsen/D. Rauschenberg*, Jura 1998, 323, 324 ff.; *A. Guckelberger*, NVwZ 2004, 662, 665; *W.-R. Schenke/P. Baumeister*, NVwZ 1993, 1, 3 ff. A.M. OVG Berlin NVwZ-RR 1989, 510; *K. Kleinlein*, VerwArch 81 (1990), 149, 177.

203 *Hufen* § 22 Rn. 5.

204 S. etwa *H.-U. Erichsen/D. Rauschenberg*, Jura 1998, 323, 327 f.; *H. v. Nicolai*, in: Redeker/v. Oertzen § 167 Rn. 5, § 169 Rn. 11, § 170 Rn. 12; *W.-R. Schenke*, in: Kopp/Schenke § 167 Rn. 2.

§ 767 ZPO unter dem Vorbehalt, dass die allgemeinen Rechtsschutzmöglichkeiten der VwGO nicht ausreichen.[205]

XI. Besondere Rechtsbehelfe in Personalvertretungssachen

Das Personalvertretungsrecht enthält eine Reihe spezieller Vorschriften über das Verfahren in Perso- **83** nalvertretungssachen.

1. Personalvertretungssachen des Bundes. Soweit es sich um Personalvertretungssachen des Bundes **84** handelt, sind die im BPersVG geregelten Abweichungen von den allgemeinen Bestimmungen über die Gerichtsverfassung und das Verfahren nach der VwGO gem. § 190 Abs. 1 Nr. 5 zulässig. Für die nach dem BPersVG zu treffenden Entscheidungen sind gem. § 84 Abs. 1 S. 1 BPersVG bei den Verwaltungsgerichten des ersten und zweiten Rechtszuges Fachkammern (Fachsenate) zu bilden. Spricht der Gesetzgeber in personalvertretungsrechtlichen Vorschriften von den Verwaltungsgerichten, so versteht er darunter – wie das BVerwG klargestellt hat – „ausnahmslos die Fachkammern und Fachsenate der Verwaltungsgerichte des ersten und zweiten Rechtszuges" (BVerwGE 62, 364, 368). Gem. § 83 Abs. 2 BPersVG gelten die Vorschriften des ArbGG über das Beschlussverfahren entsprechend. In Personalvertretungssachen des Bundes kommen folgende Rechtsbehelfe in Betracht:

a) § 9 Abs. 4 S. 1 BPersVG. Nach § 9 Abs. 4 S. 1 BPersVG kann der Arbeitgeber spätestens bis zum **85** Ablauf von zwei Wochen nach Beendigung des Berufsausbildungsverhältnisses beim Verwaltungsgericht die *Feststellung der Nichtbegründung oder der Auflösung des Arbeitsverhältnisses eines Auszubildenden beantragen*, der Mitglied einer Personalvertretung oder einer Jugend- und Auszubildendenvertretung ist bzw. war und innerhalb der letzten drei Monate vor Beendigung des Berufsausbildungsverhältnisses die Weiterbeschäftigung verlangt hat; die Feststellung setzt voraus, dass Tatsachen vorliegen, aufgrund derer dem Arbeitgeber unter Berücksichtigung aller Umstände die Weiterbeschäftigung nicht zugemutet werden kann.

b) Anfechtung der Wahl des Personalrats. § 25 BPersVG regelt die Anfechtung der Wahl des Perso- **86** nalrats beim Verwaltungsgericht; das Recht dazu haben binnen einer Frist von zwölf Arbeitstagen, vom Tage der Bekanntmachung des Wahlergebnisses an gerechnet, jeweils mindestens drei Wahlberechtigte, jede in der Dienststelle vertretene Gewerkschaft und der Leiter der Dienststelle.

c) Antrag auf Ausschluss eines Mitglieds aus dem Personalrat oder auf Auflösung des Personalrats. **87** Den Antrag auf Ausschluss eines Mitglieds aus dem Personalrat oder auf Auflösung des Personalrats wegen grober Vernachlässigung seiner gesetzlichen Befugnisse oder wegen grober Verletzung seiner gesetzlichen Pflichten können gem. § 28 Abs. 1 S. 1 BPersVG ein Viertel der Wahlberechtigten oder eine in der Dienststelle vertretene Gewerkschaft beim Verwaltungsgericht stellen. Der Personalrat kann aus den gleichen Gründen den Ausschluss eines Mitglieds beantragen; der Leiter der Dienststelle ist befugt, den Ausschluss eines Mitglieds aus dem Personalrat oder die Auflösung des Personalrats wegen grober Verletzung seiner gesetzlichen Pflichten zu beantragen (§ 28 Abs. 1 S. 2 und 3 BPersVG). Im Falle der Auflösung des Personalrats muss der Vorsitzende der Fachkammer des Verwaltungsgerichts einen Wahlvorstand einsetzen, der unverzüglich eine Neuwahl einzuleiten hat (§ 28 Abs. 2 S. 1 und 2 BPersVG).

d) Antrag auf Ersetzung der Zustimmung des Personalrats zur außerordentlichen Kündigung. Einen **88** Antrag auf Ersetzung der Zustimmung des Personalrats zur außerordentlichen Kündigung von Mitgliedern des Personalrats, die in einem Arbeitsverhältnis stehen, kann nach § 47 Abs. 1 S. 2 BPersVG der Dienststellenleiter beim Verwaltungsgericht stellen. Ein solcher Beschluss des Verwaltungsgerichts setzt voraus, dass der Personalrat seine Zustimmung verweigert oder sich nicht innerhalb von drei Arbeitstagen nach Eingang des Antrags äußert und die außerordentliche Kündigung unter Berücksichtigung aller Umstände gerechtfertigt ist. Der betroffene Arbeitnehmer ist in dem verwaltungsgerichtlichen Verfahren Verfahrensbeteiligter (§ 47 Abs. 1 S. 3 BPersVG).

e) Weitere im Verwaltungsrechtsweg zu betreibende Verfahren. Gem. § 83 Abs. 1 BPersVG entschei- **89** den die Verwaltungsgerichte und im dritten Rechtszug das BVerwG über die soeben zu a) bis d) ge-

---

205 W.-R. *Schenke*, in: Kopp/Schenke § 167 Rn. 18 f.

nannten Fälle hinaus auch über 1. Wahlberechtigung und Wählbarkeit, 2. Wahl und Amtszeit der Personalvertretungen und der in den §§ 57, 65 BPersVG genannten Vertreter sowie die Zusammensetzung der Personalvertretungen und der Jugend- und Auszubildendenvertretungen, 3. Zuständigkeit, Geschäftsführung und Rechtsstellung der Personalvertretungen und der in den §§ 57, 65 BPersVG genannten Vertreter, sowie 4. Bestehen oder Nichtbestehen von Dienstvereinbarungen. Nach der Rspr. des BVerwG fallen unter die Bestimmung, dass die Verwaltungsgerichte über die Zuständigkeit der Personalvertretungen entscheiden, „auch ohne ausdrückliche Erwähnung Streitigkeiten, die die Zuständigkeit der Einigungsstellen und damit die Rechtmäßigkeit ihrer Beschlüsse betreffen, weil das Verfahren vor der Einigungsstelle Teil der Wahrnehmung der Beteiligungsrechte der Personalvertretung ist".[206] Zusammensetzung und Verfahren der Einigungsstelle sind in § 71 BPersVG geregelt.

90   **2. Personalvertretungssachen der Länder.** Die durch Rahmengesetzgebung gem. Art. 75 GG a.F. erlassenen Rahmenvorschriften zu den Personalvertretungssachen der Länder in §§ 94–106 BPersVG wirken gem. Art. 125a Abs. 1 GG fort.[207] Der Verwaltungsrechtsweg wird durch § 106 BPersVG eröffnet. Nach § 187 Abs. 2 VwGO können die Länder für das Gebiet des Personalvertretungsrechts von diesem Gesetz abweichende Vorschriften über die Besetzung und das Verfahren der Verwaltungsgerichte und des Oberverwaltungsgerichts erlassen. Einschlägige Verfahrensregelungen in Personalvertretungsgesetzen auf Länderebene stimmen fast wörtlich mit den entsprechenden Vorschriften des BPersVG überein. Dies gilt etwa für das BayPVG, dessen Formulierungen hinsichtlich der verwaltungsgerichtlichen Entscheidungszuständigkeiten in Art. 9 Abs. 4, Art. 25 und 28, Art. 47 Abs. 3 sowie Art. 81 Abs. 1 Nr. 1–4 (fast) identisch sind mit dem Wortlaut jeweils in § 9 Abs. 4, §§ 25 und 28, § 47 Abs. 2 sowie § 83 Abs. 1 BPersVG. Im Gegensatz zum Bundesrecht ist überdies in Art. 81 Abs. 1 Nr. 5 BayPVG ausdrücklich die verwaltungsgerichtliche Zuständigkeit in Streitigkeiten wegen Beschlüssen der Einigungsstelle nach Art. 71 Abs. 3 S. 4 BayPVG genannt. Gem. Art. 81 Abs. 2 BayPVG gelten die Vorschriften des ArbGG über das Beschlussverfahren entsprechend mit Ausnahme des § 89 Abs. 1, demzufolge die Beschwerdeschrift im zweiten Rechtszug von einem Rechtsanwalt oder einer nach § 11 Abs. 2 S. 2 Nr. 4 und 5 ArbGG zur Vertretung befugten Person unterzeichnet sein muss, und der §§ 92–96a ArbGG, die das Rechtsbeschwerdeverfahren im dritten Rechtszug betreffen. Art. 81 Abs. 2 S. 2 BayPVG bestimmt nämlich, dass die Entscheidung des VGH endgültig ist. Art. 82 Abs. 1 S. 1 BayPVG schreibt vor, dass für die nach diesem Gesetz zu treffenden Entscheidungen bei den Verwaltungsgerichten Fachkammern und beim VGH ein Fachsenat zu bilden sind.

XII. Bestätigungsverfahren nach § 16 VereinsG

91   Ein besonderes Verfahren, das sich in die bislang erörterten Verfahrensarten nicht einordnen lässt, stellt das in § 16 VereinsG geregelte Bestätigungsverfahren dar. Es betrifft Verbote gem. § 3 Abs. 1 VereinsG und Verfügungen nach § 8 Abs. 2 S. 1 VereinsG gegen Vereinigungen, die den Schutz des Übereinkommens Nr. 87 der Internationalen Arbeitsorganisation vom 9.7.1948 über die Vereinigungsfreiheit und den Schutz des Vereinigungsrechts (BGBl 1956 II 2072) genießen. Die Verbotsbehörde legt dem nach § 48 Abs. 2 und 3, § 50 Abs. 1 Nr. 2 zuständigen Gericht ihre schriftlich oder elektronisch mit einer dauerhaft überprüften Signatur nach § 37 Abs. 4 VwVfG abgefasste und begründete Entscheidung vor (§ 16 Abs. 2 S. 1 VereinsG). Das Verbot oder die Verfügung wird nach § 16 Abs. 1 S. 1 VereinsG erst wirksam, wenn das Gericht (zur Zuständigkeit für Vereinssachen → § 48 Rn. 33[208]) die Rechtmäßigkeit bestätigt hat. Ohne das Bestätigungsurteil bleiben diese Verwaltungsakte also ein bloßer Entwurf.[209] Daraus wird deutlich, dass der Bestätigungsantrag keine Feststellungsklage[210], sondern „seinem Wesen nach eine Gestaltungsklage" ist; anders als bei der Anfechtungsklage hat er jedoch nicht die Aufhebung, sondern die rechtsgestaltende Bestätigung eines Verwaltungsakts zum Ziel[211]. Versagt das Gericht die Bestätigung, so ist in dem Urteil zugleich das Verbot oder die Verfü-

---

206   So BVerwG, NJW 1984, 1980 in Bezug auf die dem § 83 Abs. 1 Nr. 3 BPersVG entsprechende Vorschrift in § 70 Abs. 1c BremPersVG.
207   *J. Kersten*, in: Richardi/Dörner/Weber § 94 Rn. 5.
208   S.a. *A. Scheidler*, NVwZ 2011, 1497 ff.
209   *Ule* § 32 IV.
210   So aber *H. v. Nicolai*, in: Redeker/v. Oertzen § 43 Rn. 18; *W.-R. Schenke*, in: Kopp/Schenke § 48 Rn. 15.
211   So zutr. *Ule* § 32 IV.

gung aufzuheben (§ 16 Abs. 3 VereinsG). Auf Antrag der Verbotsbehörde kann das Gericht gem. § 16 Abs. 4 S. 1 VereinsG die nötigen einstweiligen Anordnungen treffen, insbes. die Beschlagnahme des Vereinsvermögens verfügen.

XIII. Wiederaufnahmeklage und Wiederaufnahmeantrag

1. Klage- bzw. Antragsgegenstand. Ein rechtskräftig beendetes verwaltungsgerichtliches Verfahren 92 kann gem. § 153 Abs. 1 nach den Vorschriften des Vierten Buchs der ZPO wiederaufgenommen werden. Damit finden die §§ 578–591 ZPO im Verwaltungsprozess entsprechende Anwendung. Gem. § 578 Abs. 1 ZPO kann die „Wiederaufnahme eines durch rechtskräftiges Endurteil geschlossenen Verfahrens [...] durch Nichtigkeitsklage und durch Restitutionsklage erfolgen". Weil jedoch § 153 Abs. 1 die Wiederaufnahme für ein „rechtskräftig beendetes *Verfahren*" vorsieht, lassen sich durch das Wiederaufnahmeverfahren im Verwaltungsprozess entgegen § 578 Abs. 1 ZPO nicht nur rechtskräftige *Endurteile*, sondern auch *Beschlüsse* angreifen, die zur Prozessbeendigung geführt haben.[212] Ein rechtskräftiger *Gerichtsbescheid* entfaltet nach § 84 Abs. 3 Urteilswirkung. Beschlüsse gem. §§ 80 Abs. 5 und 123 Abs. 1 können *nicht* Gegenstand einer Wiederaufnahmeklage sein (→ § 153 Rn. 12 ff.). Die Wiederaufnahmeklage und der im Beschlussverfahren zu stellende Wiederaufnahmeantrag sind keine Rechtsmittel, sondern *außerordentliche Rechtsbehelfe*, welche jeweils die Beseitigung der Rechtskraft einer fehlerhaften gerichtlichen Entscheidung und deren Ersetzung durch eine neue, fehlerfreie Entscheidung bezwecken.[213] Die rückwirkende Aufhebung der früheren Entscheidung stellt ein Gestaltungsurteil bzw. einen Gestaltungsbeschluss dar.[214] Die Wiederaufnahme des *gerichtlichen* Verfahrens darf nicht verwechselt werden mit dem Wiederaufgreifen des Verwaltungsverfahrens durch die *Behörde* selbst (→ Rn. 25).

2. Wiederaufnahmegründe. Die ZPO unterscheidet zwischen Nichtigkeits- und Restitutionsklage. 93 Die *Nichtigkeitsklage* findet bei besonders schwerwiegenden Verfahrensfehlern statt, die in § 579 Abs. 1 ZPO aufgeführt sind. Dazu zählen etwa die nicht vorschriftsgemäße Besetzung des erkennenden Gerichts (Nr. 1) und die Mitwirkung eines Richters bei der Entscheidung, obgleich er wegen Besorgnis der Befangenheit abgelehnt und das Ablehnungsgesuch für begründet erklärt war (Nr. 3). In diesen Fällen ist die Nichtigkeitsklage allerdings ausgeschlossen, wenn die Nichtigkeit mittels eines Rechtsmittels geltend gemacht werden konnte (§ 579 Abs. 2 ZPO). Praktisch bedeutsamer ist die in § 580 ZPO geregelte *Restitutionsklage*. Deren Wiederaufnahmegründe betreffen zum einen Fälle, in denen die gerichtliche Entscheidung durch eine strafbare Handlung beeinflusst worden ist (§ 580 Nr. 1–5, § 581 Abs. 1 ZPO), und zum anderen Fälle, in denen sich die Entscheidungsgrundlage verändert hat (§ 580 Nr. 6 und 7 ZPO) oder in denen der EGMR eine Verletzung der EMRK oder ihrer Protokolle festgestellt hat und das Urteil auf dieser Verletzung beruht (§ 580 Nr. 8 ZPO). Zu den Fällen einer veränderten Entscheidungsgrundlage zählt der wohl in der Praxis bedeutsamste Restitutionsgrund, dass der Restitutionskläger eine andere Urkunde auffindet oder zu benutzen in den Stand gesetzt wird, die eine ihm günstigere Entscheidung herbeigeführt haben würde (§ 580 Nr. 7 lit. b ZPO). „Das Auffinden einer anderen Urkunde bedeutet, dass deren Existenz und Verbleib dem Restitutionsantragsteller in dem rechtskräftig abgeschlossenen Verfahren unverschuldet unbekannt war, während er eine andere Urkunde zu benutzen in Stand gesetzt wird, wenn er deren Existenz zwar kannte, sie aber unverschuldet nicht vorlegen konnte. Die Möglichkeit, von der Urkunde Gebrauch zu machen, muss also nachträglich entstanden sein" (OVG Münster NVwZ-RR 2003, 535). Ob diese Voraussetzung gegeben ist, beurteilt sich nicht nach der Rechtsansicht des früheren Gerichts, sondern nach der Rechtsauffassung des Restitutionsgerichts (BVerwGE 34, 113, 115 f.). Der in § 580 Nr. 7 lit. b ZPO genannte Wiederaufnahmegrund ist nach § 582 ZPO allerdings ausgeschlossen, wenn die Partei ohne ihr Verschulden außerstande war, den Restitutionsgrund in dem früheren Verfahren geltend zu machen. Dieser Ausschluss liegt insbes. vor, wenn dem Restitutionskläger das Vorhandensein der Urkun-

---

212 Vgl. BVerfG (K) NJW 1993, 3256; BVerwG 28.1.1974 Buchholz 310 § 153 VwGO Nr. 12; BVerwGE 48, 201, 203; OVG Münster NVwZ-RR 2003, 535; VGH Kassel DÖV 1969, 647; *Schmitt Glaeser/Horn* Rn. 495; *Ule* § 65 I 1. Näher → § 153 Rn. 10 ff.
213 *Hufen* § 43 Rn. 1; *K. Rennert*, in: Eyermann § 153 Rn. 1; *Schmitt Glaeser/Horn* Rn. 494.
214 *W.-R. Schenke*, in: Kopp/Schenke § 153 Rn. 3.

de bei einer Behörde schon vorher bekannt war.[215] Zur Statthaftigkeit einer Wiederaufnahmeklage genügt die bloße Behauptung des Vorliegens eines Wiederaufnahmegrundes nach den §§ 579, 580 ZPO nicht; überdies ist erforderlich, „daß ein solcher Grund überhaupt ernsthaft in Betracht gezogen werden kann" (OVG Münster NVwZ 1995, 95; vgl. auch OVG Bremen NJW 1990, 2337).

94　**3. Klage- bzw. Antragsbefugnis.** Die Berechtigung zur Erhebung der Nichtigkeitsklage und der Restitutionsklage sowie im Beschlussverfahren zur Stellung eines entsprechenden Antrags haben alle am Vorprozess Beteiligten,[216] nach ausdrücklicher Regelung in § 153 Abs. 2 auch der Vertreter des öffentlichen Interesses und im Verfahren vor dem BVerwG im ersten und letzten Rechtszug auch der Vertreter des Bundesinteresses beim BVerwG.

95　**4. Klage- bzw. Antragsfrist.** Wiederaufnahmeklage oder -antrag sind nach § 153 Abs. 1 VwGO i.V.m. § 586 Abs. 1 ZPO „vor Ablauf der Notfrist eines Monats zu erheben". § 586 Abs. 2 ZPO bestimmt: „Die Frist beginnt mit dem Tag, an dem die Partei von dem Anfechtungsgrund Kenntnis erhalten hat, jedoch nicht vor eingetretener Rechtskraft des Urteils. Nach Ablauf von fünf Jahren, von dem Tag der Rechtskraft des Urteils an gerechnet, sind die Klagen unstatthaft." § 586 Abs. 2 ZPO ist allerdings auf die Nichtigkeitsklage wegen mangelnder Vertretung (§ 579 Abs. 1 Nr. 4 ZPO) nicht anzuwenden; in diesem Fall beginnt die Frist an „dem Tag, an dem der Partei und bei mangelnder Prozeßfähigkeit ihrem gesetzlichen Vertreter das Urteil zugestellt ist" (§ 586 Abs. 3 ZPO).

C.　Näheres zur Anfechtungs- und Verpflichtungsklage

96　Nach den zur Einordnung in das System der Verfahrensarten im Verwaltungsprozess für die Anfechtungsklage (→ Rn. 15 ff.) und die Verpflichtungsklage (→ Rn. 29 ff.) erforderlichen Grundlegungen bedarf es nunmehr der vertiefenden Erörterung von Problemen, die sich in Bezug auf diese beiden Klagearten stellen. Im Vordergrund stehen dabei zahlreiche Einzelfälle, die in der Rspr. zur Beantwortung der Frage, ob der Streitgegenstand jeweils die Aufhebung eines belastenden Verwaltungsakts oder der Erlass eines begünstigenden Verwaltungsakts war, entschieden worden sind (→ Rn. 103 ff.). Ferner sind Probleme des Rechtsschutzbedürfnisses zu behandeln, welche insbes. das Verhältnis von Anfechtungs- und Verpflichtungsklage zueinander und damit deren Abgrenzung betreffen (→ Rn. 335 ff.). Die nach § 42 Abs. 2 für die Zulässigkeit einer Anfechtungs- oder Verpflichtungsklage jeweils erforderliche Klagebefugnis wird später noch gesondert (→ Rn. 364 ff.) zu erläutern sein.

I.　Begriff des Verwaltungsakts

97　**1. Keine Legaldefinition in der VwGO.** Nach § 42 Abs. 1 kann mit der Anfechtungsklage die Aufhebung eines Verwaltungsakts und mit der Verpflichtungsklage die Verurteilung zum Erlass eines abgelehnten oder unterlassenen Verwaltungsakts begehrt werden. Beide Klagen sind also nur zulässig, wenn der Streitgegenstand objektiv ein Verwaltungsakt ist (→ Rn. 18, 29; zum Sonderproblem der Anfechtbarkeit eines *nichtigen* Verwaltungsakts → Rn. 23). Die VwGO definiert jedoch den Begriff des Verwaltungsakts nicht selbst. Der Bund-Länderausschuss zur Erarbeitung des Musterentwurfs eines VwVfG im Jahr 1963[217] und die Bundesregierung in ihrer Begründung zum Entwurf eines VwVfG aus dem Jahr 1973 (BT-Drs. 7/910, 56) vertraten jeweils die Auffassung, die VwGO habe „im wesentlichen deshalb auf eine allgemeine Definition verzichtet [...], weil der Begriff des Verwaltungsaktes kein prozeßrechtlicher, sondern ein verwaltungsverfahrens- und materiellrechtlicher" sei.

215　Dazu OVG Berlin OVGE Bln 1, 269, 273; OVG Münster NVwZ-RR 2003, 535; VGH Mannheim NJW 1991, 1845. Vgl. in diesem Zusammenhang auch BVerwG DVBl 1973, 370 f.

216　*M. Redeker*, in: Redeker/v. Oertzen § 153 Rn. 4; *W.-R. Schenke*, in: Kopp/Schenke § 153 Rn. 7; *Schmitt Glaeser/ Horn* Rn. 495; *Ule* § 65 II.

217　Musterentwurf eines Verwaltungsverfahrensgesetzes (EVwVerfG 1963), ²1968, Einzelbegründung zu § 27 S. 135.

2. Geschichtliche Entwicklung. Das BVerwG[218] bezeichnete den Verwaltungsakt schon früh als 98 „Zweckschöpfung der Verwaltungsrechtswissenschaft".[219] Bereits *Otto Mayer*[220] hatte gegen Ende des 19. Jahrhunderts und damit noch unter der Geltung der konstitutionellen Monarchie des Kaiserreichs dem Verwaltungsakt eine zentrale Bedeutung im deutschen Verwaltungsrecht zugewiesen und unter diesem Handlungsinstrument einen „der Verwaltung zugehörigen obrigkeitlichen Ausspruch" verstanden, „der dem Untertanen im Einzelfall bestimmt, was für ihn Rechtens sein soll".[221] Trotz der Ablösung des Obrigkeitsstaates durch den demokratischen Staat im 20. Jahrhundert hat der Verwaltungsakt als „klassische Handlungsform des deutschen Verwaltungsrechts"[222] innerhalb der Handlungsformen der öffentlichen Verwaltung eine herausragende Bedeutung. Der Verwaltungsakt ist „ein zentrales Mittel zur Erledigung breitgefächerter Exekutivaufgaben".[223] Wesentlicher Einfluss auf die Interpretation des Verwaltungsakts im Verwaltungsprozess in der Bundesrepublik Deutschland wurde durch § 25 Abs. 1 S. 1 der von der Militärregierung Deutschland für das Britische Kontrollgebiet erlassenen MRVO Nr. 165[224] über den Anwendungsbereich der Vorschrift[225] hinaus ausgeübt.[226] Diese Bestimmung aus dem Jahr 1948 lautete wie folgt: „Verwaltungsakt im Sinne dieser Verordnung ist jede Verfügung, Anordnung, Entscheidung oder sonstige Maßnahme, die von einer Verwaltungsbehörde zur Regelung eines Einzelfalles auf dem Gebiete des öffentlichen Rechts getroffen wird." Diese Definition wurde später nach Inkrafttreten der VwGO auch als maßgebend für die Anwendung von § 42 Abs. 1 angesehen (etwa OVG Münster DÖV 1961, 469).

3. Legaldefinition in § 35 VwVfG. Der Bund-Länderausschuss zur Erarbeitung des Musterentwurfs 99 eines VwVfG forderte in der Allgemeinen Begründung zu dem im Jahre 1963 veröffentlichten Musterentwurf (Musterentwurf eines Verwaltungsverfahrensgesetzes [EVwVerfG 1963], ²1968, 63), dass der Begriff des Verwaltungsakts im VwVfG „mit dem materiellen Gehalt übereinstimmen" solle, den dieser in der VwGO habe; auf diese Weise werde die „von Wissenschaft und Rspr. auf dem einen Gebiet bereits entwickelte Auslegung [...] auch auf dem anderen Gebiet verwertbar". Angesichts der dennoch eingeräumten „unterschiedlichen Auffassungen in Grenzfällen" sollte der Begriff des Verwaltungsakts „in den Verfahrensgesetzen des Bundes und der Länder ein für allemal bindend festgelegt" werden.[227] Diese Festlegung ist dann in § 35 des VwVfG vom 25.5.1976 (BGBl I 1253) erfolgt. Nach allem bestehen keine Zweifel daran, dass der Begriff des Verwaltungsakts in § 42 Abs. 1 VwGO ebenso zu verstehen ist wie in § 35 VwVfG.[228] Diese Bestimmung lautet wie folgt: *„Verwaltungsakt ist jede Verfügung, Entscheidung oder andere hoheitliche Maßnahme, die eine Behörde zur Regelung eines Einzelfalles auf dem Gebiet des öffentlichen Rechts trifft und die auf unmittelbare Rechtswirkung nach außen gerichtet ist. Allgemeinverfügung ist ein Verwaltungsakt, der sich an einen nach allgemeinen Merkmalen bestimmten oder bestimmbaren Personenkreis richtet oder die öffentlich-rechtliche Eigenschaft einer Sache oder ihre Benutzung durch die Allgemeinheit betrifft."* Wörtlich übereinstimmende Vorschriften enthalten die VwVfG der einzelnen Bundesländer[229] mit Ausnahme des LVwG SH, welches in seinem § 106 Abs. 1 im Gegensatz zu § 35 S. 1 VwVfG – freilich ohne inhaltliche Abweichung – nicht von

---

218 BVerwGE 3, 258, 262; später bestätigt in BVerwGE 34, 248, 250. Vgl. auch BVerwG NJW 1959, 64, 65, wo es heißt, der Verwaltungsakt sei „eine reine Zweckschöpfung".
219 Zur Begriffsgeschichte *H.-U. Erichsen*, Verfassungs- und verwaltungsrechtsgeschichtliche Grundlagen, 1971, 25, 110 ff.
220 Deutsches Verwaltungsrecht, Bd. I, 1895, 95.
221 Zu dieser Begriffsbestimmung etwa *Hufen* § 1 Rn. 31 ff.
222 *Peine* Rn. 313.
223 *Wolff/Bachof/Stober/Kluth* I § 45 Rn. 1; ähnl. *E. Schmidt-Aßmann*, DVBl 1989, 533, 536.
224 VOBl BrZ 1948, 263, 265; diese Verordnung trat nach ihrem § 120 am 15.9.1948 in Kraft.
225 Zu deren Anwendung etwa BVerwGE 2, 89, 91; 2, 276; 4, 128, 129 f.; 4, 298, 299; 7, 237 f.; 13, 47, 48 ff. Vgl. auch VGH München BayVGH (N. F.) 9, 94, 95 ff.
226 *U. Stelkens*, in: Stelkens/Bonk/Sachs § 35 Rn. 2.
227 Musterentwurf a.a.O., Einzelbegründung zu § 27 S. 135 f.; ebenso die Begründung der Bundesregierung zu § 31 des Entwurfs eines VwVfG, BT-Drs. 7/910, 56 f.
228 S. etwa BVerwGE 58, 37, 38; 74, 124, 125 f.; 77, 268, 270 f.; 79, 291, 293; 81, 258, 259 f.; 88, 332, 334; OVG Münster NWVBl 1990, 155, 156; *H.-G. Henneke*, in: Knack/Henneke Vorbem. § 35 Rn. 8; *Hufen* § 14 Rn. 2; *W. Kahl*, Jura 2001, 505, 506; *S. Müller-Franken*, VerwArch 90 (1999), 552 ff.; *W.-R. Schenke*, VerwArch 72 (1981), 185, 197 ff.; *ders.* Rn. 184 f., 260; *Schmitt Glaeser/Horn* Rn. 138.
229 S. für das Land *Baden-Württemberg* § 35 LVwVfG, den Freistaat *Bayern* Art. 35 BayVwVfG, das Land *Brandenburg* § 35 VwVfGBbg, die Freie Hansestadt *Bremen* § 35 BremVwVfG, die Freie und Hansestadt *Hamburg* § 35 HmbVwVfG, das Land *Hessen* § 35 HVwVfG, das Land *Mecklenburg-Vorpommern* § 35 VwVfG M-V, das Land *Nord-*

einer „hoheitlichen", sondern von einer „*öffentlich-rechtlichen* Maßnahme" spricht und zudem den Verwaltungsakt nicht in zwei Sätzen, sondern in § 106 in zwei Absätzen definiert. Zur Anwendung von § 42 Abs. 1 VwGO darf allerdings nur die *bundesrechtliche* Vorschrift in § 35 VwVfG herangezogen werden; dies trifft selbst in dem Fall zu, in dem das Handeln einer Landesbehörde vorliegt und daher in materiellrechtlicher Hinsicht die mit § 35 VwVfG inhaltlich übereinstimmende Legaldefinition des jeweiligen Landesverwaltungsverfahrensgesetzes einschlägig ist.[230] Denselben Wortlaut wie § 35 VwVfG enthalten auch § 118 AO und § 31 SGB X.

100   **4. Konsequenzen für den Rechtsschutz. a) Gewährung von Rechtsschutz auch gegenüber Maßnahmen ohne Verwaltungsaktcharakter.** Während früher die Diskussion über den Begriff des Verwaltungsakts gerade auch mit Blick auf die Frage geführt wurde, ob das betreffende Verwaltungshandeln überhaupt gerichtlich überprüft werden kann,[231] hängt die Rechtsschutzgewährung nach der VwGO eindeutig nicht davon ab, ob das angefochtene oder begehrte Verwaltungshandeln als Verwaltungsakt zu qualifizieren ist; denn in Wahrung des Art. 19 Abs. 4 GG eröffnet § 40 Abs. 1 S. 1 den Verwaltungsrechtsweg bei Vorliegen einer öffentlich-rechtlichen Streitigkeit nichtverfassungsrechtlicher Art, ohne dass es darauf ankommt, ob ein Verwaltungsakt als Streitgegenstand gegeben ist.[232] Die Verneinung eines Verwaltungsakts präjudiziert also nicht etwa die Frage nach der Überprüfbarkeit einer behördlichen Maßnahme.[233] In Fällen, in denen der Kläger ein Tun, Dulden oder Unterlassen der Verwaltung beansprucht, ohne die Aufhebung oder die Verurteilung zum Erlass eines Verwaltungsakts zu begehren, kommt als Klageart die *allgemeine Leistungsklage* in Betracht; diese hat somit eine wichtige Auffangfunktion zur Gewährung effektiven Rechtsschutzes, wenn Anfechtungs- und Verpflichtungsklage ausscheiden (→ Rn. 39, 41 ff., 52 ff. sowie → Rn. 149, 161 f., 173, 183, 229 ff., 241, 245, 261 ff., 273). Aus dem Erfordernis der Rechtsschutzgewährung lässt sich also keine Rechtfertigung mehr dafür herleiten, bei der Anwendung des prozessrechtlichen Begriffs des Verwaltungsakts „großzügig zu verfahren"[234] und diesen möglichst extensiv zu interpretieren.

101   **b) Besondere Sachentscheidungsvoraussetzungen.** Eine strikte Anwendung der Legaldefinition in § 35 VwVfG ist im Verwaltungsprozess schon deshalb geboten, weil mit der Bejahung eines angefochtenen oder begehrten Verwaltungsakts und der daraus folgenden Einschlägigkeit von Anfechtungs- oder Verpflichtungsklage besondere Sachentscheidungsvoraussetzungen verbunden sind. So ist bei diesen Klagearten nach den §§ 68 und 75 grds. vor Klageerhebung ein Vorverfahren unter Beachtung der in § 70 geregelten Widerspruchsfrist durchzuführen und die Klagefrist nach § 74 – vorbehaltlich der Anwendung von § 75 – zu wahren (zum Zusammenspiel dieser Vorschriften → Rn. 35 f.). Weil die VwGO für die allgemeine Leistungsklage kein Vorverfahren und keine Klagefrist vorschreibt, ist diese Klageart für den Rechtsschutzsuchenden „günstiger als die Verpflichtungsklage" (BVerwGE 31, 301, 305). Die §§ 68 ff. gelten nach § 126 Abs. 3 BRRG, § 54 Abs. 2–4 BeamtStG und § 126 Abs. 2–4 BBG allerdings auch – freilich mit gewissen Besonderheiten – in den speziellen Fällen allgemeiner Leistungsklagen eines Beamten, Ruhestandsbeamten, früheren Beamten oder der Hinterbliebenen aus dem Beamtenverhältnis[235] (→ § 68 Rn. 99 ff.).

---

rhein-Westfalen § 35 VwVfG NRW, das *Saarland* § 35 SVwVfG, das Land *Sachsen-Anhalt* § 35 VwVfG LSA und den Freistaat *Thüringen* § 35 ThürVwVfG. S. ferner für das Land *Berlin* § 1 Abs. 1 VwVfG Bln, das Land *Niedersachsen* § 1 Abs. 1 Nds.VwVfG, *Rheinland-Pfalz* § 1 Abs. 1 LVwVfG und den Freistaat *Sachsen* § 1 SächsVwVfZG; in diesen Vorschriften ist jeweils die (entsprechende) Geltung u.a. von § 35 VwVfG des Bundes angeordnet.

230 *W. Kahl*, Jura 2001, 505, 506; *S. Müller-Franken*, VerwArch 90 (1999), 552 ff.; *W.-R. Schenke*, VerwArch 72 (1981), 185, 197 ff.; *ders.* Rn. 185; vgl. auch BVerwG DVBl 1997, 366.

231 Dazu etwa *Ule* § 5 II 2.

232 Vgl. BVerwGE 23, 223, 224; 47, 247, 248 ff.; 60, 144, 148 f.; BVerwG NJW 1984, 1051; BVerwGE 77, 268, 274 f.; *Peine* Rn. 314; *U. Ramsauer*, in: Kopp/Ramsauer § 35 Rn. 13; *M. Ruffert*, in: Ehlers/Pünder § 21 Rn. 3 f.; *Schenke* Rn. 186.

233 BVerwGE 36, 192, 197; 60, 144, 148; s.a. BVerwGE 19, 19, 20; 28, 191, 192; 50, 11, 13 f. und 19.

234 So aber noch BVerwGE 18, 154, 155; ähnl. *Schunck/De Clerck* § 42 Anm. 2 a aa.

235 Das BVerwG hat zur Rechtsnatur der Umsetzung eines Beamten bis zur Klärung in BVerwGE 60, 144 ff. (s. dazu → Rn. 161) wiederholt keine Stellung genommen: s. etwa BVerwG 20.2.1973 Buchholz 232 § 79 BBG Nr. 44; 29.5.1973 Buchholz 232 § 26 BBG Nr. 14; 3.3.1975 Buchholz 237.7 § 28 LBG NRW Nr. 6; 26.6.1975 Buchholz 232 § 26 BBG Nr. 17; 20.4.1977 Buchholz 232 § 26 BBG Nr. 18. Vgl. in diesem Zusammenhang außerhalb des Beamtenrechts auch VGH Mannheim BaWüVBl 1967, 88, 89, der die Frage nach dem Vorliegen einer Verpflichtungs- oder allgemeinen Leistungsklage mit der Begründung dahingestellt ließ, im konkreten Fall sei jedenfalls ein für die

c) Vorläufiger Rechtsschutz. Vom Vorliegen eines näher zu qualifizierenden Verwaltungsakts hängt es 102 ferner ab, ob vorläufiger Rechtsschutz über die §§ 80, 80a und 80b oder § 123 zu gewähren ist (→ Rn. 79 f.). In der Einweisung des vorläufigen Rechtsschutzes in das Verfahren nach § 80 lässt sich sogar „die praktisch wichtigste Bedeutung des (belastenden) Verwaltungsakts" sehen.[236]

II. Einzelfälle zum Verwaltungsakt

Hinsichtlich einer systematischen Erläuterung der einzelnen in § 35 VwVfG normierten Begriffsmerk- 103 male des Verwaltungsakts wird auf das einschlägige Schrifttum[237] verwiesen. Aus der mittlerweile fast unüberschaubar gewordenen Rspr. sind nachfolgend Einzelfälle – gegliedert nach Rechtsgebieten in *alphabetischer* Reihenfolge – zusammengestellt, soweit sich die gerichtlichen Entscheidungen auf die verwaltungsprozessuale Anfechtungs- oder Verpflichtungsklage bzw. – im Falle von deren Verneinung wegen Fehlens eines Verwaltungsakts – auf die allgemeine Leistungsklage oder eine andere Verfahrensart beziehen. Von diesen Entscheidungen sind regelmäßig auch diejenigen heute noch bedeutsam, die *vor* dem Inkrafttreten der VwGO (mit wenigen Ausnahmen am 1.4.1960) bzw. des VwVfG (ganz überwiegend am 1.1.1977) getroffen wurden.

1. Abfall-, Umwelt- und Recyclingrecht. Die Bekanntgabe der wiederholten Unterschreitung der 104 Mehrwegquote i.S.d. § 9 Abs. 2 S. 2 VerpackV a.F. war nach der Rspr. des BVerwG[238] ein anfechtbarer feststellender Verwaltungsakt. Sie erschöpfte sich nicht in der bloßen Veröffentlichung eines Tatbestandswirkung entfaltenden Sachverhalts, sondern besaß regelnden Charakter und unmittelbare Außenwirkung, da sie auf die rechtsverbindliche Feststellung des Eintritts der Rücknahme- und Pfandpflichten im Getränkehandel zielte.

2. Atomrecht. a) Maßnahmen gegenüber Betreibern kerntechnischer Anlagen. Der Betreiber eines 105 Kernkraftwerks kann sich gegen eine ihm als Nachtrag zur Ersten Teilbetriebsgenehmigung nach § 17 Abs. 1 S. 2 i.V.m. § 7 Abs. 2 Nr. 5 AtG gemachte Auflage, zum Schutz der Anlage gegen Einwirkungen Dritter einen mit Faustfeuerwaffen (Revolver oder Pistolen) bewaffneten Werkschutz in bestimmter Mindeststärke aufzustellen, mit der Klage auf Aufhebung dieser Auflage zur Wehr setzen, die eine selbständig anfechtbare Nebenbestimmung darstellt[239] (zum Problem der gesonderten Anfechtbarkeit von Nebenbestimmungen zum Verwaltungsakt → Rn. 19 ff., 119, 180, 182, 190, 195, 215, 254, 282, 319, 333). Wird einem Forschungszentrum, in dem eine kerntechnische Anlage betrieben wird, durch eine atomaufsichtliche Anordnung aufgegeben, den Objektsicherungsdienst außer mit Handfeuerwaffen auch mit Reizstoffsprühgeräten auszurüsten, fehlt dem Betriebsrat dieses Forschungszentrums für eine Anfechtungsklage gegen die Anordnung die nach § 42 Abs. 2 erforderliche Klagebefugnis (BVerwGE 90, 304 ff.).

b) Drittschutz gegen atomrechtliche Genehmigungen. Begehren Dritte Rechtsschutz gegen eine Ge- 106 nehmigung zur Aufbewahrung von Kernbrennstoffen gem. § 6 AtG (OVG Münster NVwZ-RR 1994, 143) oder gegen atomrechtliche Teilgenehmigungen nach § 7 AtG,[240] kommen Anfechtungsklagen unter dem Gesichtspunkt in Betracht, dass die jeweilige Genehmigung für den Antragsteller zwar ein begünstigender Verwaltungsakt ist, sich für Dritte aber als belastender Verwaltungsakt darstellen kann (zum Nachbarschutz im Baurecht → Rn. 134). § 80 Abs. 1 S. 2 spricht insoweit von „Verwaltungsakten mit Doppelwirkung". Im Einzelfall kann allerdings die für die Drittanfechtungsklagen jeweils nach § 42 Abs. 2 erforderliche Klagebefugnis problematisch sein (→ Rn. 414, 419). Dies gilt auch für

---

Erhebung der Verpflichtungsklage erforderliches Vorverfahren durchgeführt worden. Vgl. ferner OVG Münster DVBl 1964, 882, 883.

236 *Faber* § 20 I [S. 174].

237 S. insbes. die Kommentierungen von *H.-G. Henneke*, in: Knack/Henneke § 35 Rn. 20 ff.; *König/Meins* § 35 VwVfG Rn. 8 ff.; *U. Ramsauer*, in: Kopp/Ramsauer § 35 Rn. 50 ff.; *U. Stelkens*, in: Stelkens/Bonk/Sachs § 35 Rn. 50 ff. S. ferner etwa *W. Löwer*, JuS 1980, 805, 807 ff.; *Maurer* § 9 Rn. 6 ff.; *Peine* Rn. 325 ff.; *M. Ruffert*, in: Ehlers/Pünder § 21 Rn. 14 ff.; *W.-R. Schenke*, NVwZ 1990, 1009 ff.; *ders.* Rn. 187 ff.; *Ule* Anh. zu § 32.

238 BVerwGE 117, 322, 326; im Anschluss daran OVG Berlin NVwZ 2003, 1524; ebenso bereits OVG Berlin NVwZ-RR 2002, 720 f.: feststellender Verwaltungsakt in Gestalt einer Allgemeinverfügung. Anders noch VG Düsseldorf NVwZ 2002, 1269.

239 BVerwGE 81, 185, 186.

240 Vgl. BVerwGE 61, 256, 261 ff.; 70, 365, 368 ff.; 72, 300, 303 ff.; 75, 285 ff.; BVerwG NVwZ 1993, 175 f.; BVerwGE 92, 185 ff.; 96, 258 ff.; BVerwG DVBl 1993, 1149 f.; DVBl 1993, 1152 ff.

eine Anfechtungsklage gegen eine das Konzept der Anlage betreffende atomrechtliche Genehmigung, die nicht als Teilgenehmigung nach § 7 AtG, sondern als *Vorbescheid* gem. § 7a AtG zu qualifizieren ist; ein solcher Vorbescheid regelt nämlich „definitiv einen Ausschnitt, eben das Anlagenkonzept aus dem feststellenden (und nicht aus dem verfügenden bzw. gestattenden) Teil der Anlagengenehmigung nach § 7 AtG [...] und damit eine einzelne Frage im Sinne von § 7a AtG", ist also ein feststellender Verwaltungsakt, der den Rahmen für die nachfolgenden Teilgenehmigungen bestimmt (BVerwGE 70, 365, 372 f.).

107 **c) Verpflichtungsklage auf Einstellung des Betriebs.** Zur Erhebung einer Verpflichtungsklage auf Anordnung der Einstellung des Betriebs einer kerntechnischen Anlage ist befugt, wer im Einwirkungsbereich dieser Anlage wohnt und geltend macht, „für den Betrieb der Anlage fehle eine erforderliche Genehmigung und im noch ausstehenden Genehmigungsverfahren sei über Fragen mit Auswirkungen auf seine materiellrechtliche Position zu entscheiden" (BVerwGE 88, 286; zu dieser Klagebefugnis → Rn. 419).

108 **3. Aufsichtsrecht betr. mittelbare Staatsverwaltung. a) Aufsichts- und Beanstandungsklage.** Das BVerfG qualifizierte die landesrechtlich geregelte sog. Aufsichtsklage des fachlich zuständigen Ministers und die sog. Beanstandungsklage der Bezirksregierung jeweils als Anfechtungsklage, weil mit diesen Klagen die Aufhebung bestimmter Widerspruchsbescheide und damit von Verwaltungsakten begehrt werden konnte.[241] Diesbezügliche landesrechtliche Vorschriften wurden jedoch vom BVerfG wegen Unvereinbarkeit mit Art. 74 Nr. 1 und Art. 72 Abs. 1 GG für nichtig erklärt, soweit sie von den Regelungen in § 78 betr. den Klagegegner bzw. in § 74 Abs. 1 S. 1 zur Klagefrist abwichen (→ Rn. 11).

109 **b) Rechtsschutz gegen Maßnahmen der Rechtsaufsicht. aa) Gebietskörperschaften betreffende Organisationsakte.** Gebietskörperschaften betreffende Organisationsakte, welche die Gebietshoheit festlegen, können aufgrund entsprechender gesetzlicher Vorschriften als Rechtsverordnungen (zur Auflösung eines Landkreises BVerwG DÖV 1974, 426 f.) oder als Verwaltungsakte[242] erlassen werden. Der VGH Mannheim erklärte die Klage einer Gemeinde, mit welcher diese die von der oberen Rechtsaufsichtsbehörde abgelehnte Eingemeindung eines bestimmten Gebietsteils als Verwaltungsakt erstrebte, allerdings wegen Fehlens der nach § 42 Abs. 2 erforderlichen Klagebefugnis für unzulässig; die Gemeinde könne nämlich durch die Ablehnung des Eingemeindungsantrags nicht in ihrem Recht auf Gebietshoheit verletzt sein, weil ihr nach dem Gesetz kein Recht auf Vermehrung ihres Gebiets zustünde (VGH Mannheim BaWüVBl 1963, 153).

110 **bb) Wohnungsbindungsrechtliche Aufsichtsmaßnahme.** Gegen die einer Gemeinde gegenüber getroffene wohnungsbindungsrechtliche Aufsichtsmaßnahme eines Landes, die zu einem bestimmten Verhalten bei der Überwachung und Durchsetzung der Folgen der Bewilligung öffentlicher Mittel für den Wohnungsbau auffordert, kann die Gemeinde Anfechtungsklage erheben, wenn durch die Aufsichtsmaßnahme auf eine ihr zur eigenverantwortlichen Wahrnehmung überlassene Tätigkeit eingewirkt werden soll; in diesem Falle handelt es sich nicht um einen innerdienstlichen Vorgang, sondern um eine auf unmittelbare Wirkung nach außen gerichtete Maßnahme, die – unabhängig von dem Betroffensein einer großen Anzahl von Darlehensverträgen zwischen der Gemeinde und Bauherren – einen Einzelfall betrifft und somit einen Verwaltungsakt darstellt (BVerwGE 52, 151, 153 f.).

111 **cc) Weisung zur Erklärung des Einvernehmens.** Die aufsichtsbehördliche Weisung zur Erklärung des Einvernehmens, das seitens der zuständigen Gemeinde etwa für die Erteilung einer Baugenehmigung nach § 36 Abs. 1 BauGB erforderlich ist, stellt gegenüber der Gemeinde einen anfechtbaren Verwaltungsakt dar.[243]

---

241 S. BVerfGE 20, 238, 254 f.; 21, 106, 116. Vgl. auch BVerwGE 37, 47, 50: Dort wird eine Aufsichtsklage als zulässige „Anfechtungsklage eigener Art" bezeichnet, „die nur die Besonderheit" habe, „daß der Kläger abweichend vom Grundsatz des § 42 Abs. 2 VwGO nicht geltend machen" müsse, „durch den Widerspruchsbescheid des Rechtsausschusses in seinen Rechten verletzt zu sein". Vgl. ferner BVerwGE 21, 289, 290; 35, 173, 174.

242 Zur Änderung von Gemeindegrenzen BVerwGE 18, 154 ff.; OVG Lüneburg DÖV 1963, 150 ff.; VGH Mannheim BaWüVBl 1963, 153.

243 Vgl. BVerwG BauR 1988, 694 ff.; NVwZ-RR 1992, 529; VGH München NVwZ 1984, 740; BRS 49 Nr. 161; NVwZ 1992, 1099; VGH Mannheim VBlBW 2004, 56 f.; *Finkelnburg/Ortloff/Otto* § 23 Rn. 6 f. (Fn. 17).

dd) Aufhebung einer gemeindlichen Entscheidung durch Widerspruchsbescheid. Wenn die Gemeinde 112 den Antrag eines Bürgers auf Befreiung vom Anschluss an die Müllabfuhr ablehnt und dieser Verwaltungsakt von der rechtsaufsichtsführenden Behörde durch *Widerspruchsbescheid* aufgehoben wird, beseitigt der Widerspruchsbescheid nicht nur den bereits erlassenen Verwaltungsakt, sondern er stellt auch der Gemeinde gegenüber seinerseits einen neuen anfechtbaren Verwaltungsakt dar; die Aufhebung der gemeindlichen Verfügung beruht nämlich „auf der vorrangigen Feststellung, daß die Gemeinde die gesetzlichen Grenzen ihres freien Wirkens überschritten hat und dadurch ihre Maßnahme im Wege der Rechtsaufsicht korrigierbar geworden ist".[244] Betrifft der Widerspruchsbescheid allerdings nicht den durch das Selbstverwaltungsrecht des Art. 28 Abs. 2 S. 1 GG geschützten *eigenen Wirkungskreis* der Gemeinde,[245] sondern den *übertragenen Wirkungskreis*, ist eine Anfechtungsklage der Gemeinde nach der Rspr. grds. unzulässig. In der Judikatur wird die Unzulässigkeit der Anfechtungsklage mit dem Fehlen der nach § 42 Abs. 2 erforderlichen Klagebefugnis begründet: Im übertragenen Wirkungskreis nehme die Gemeinde nämlich keine Selbstverwaltungsangelegenheiten, sondern staatliche Aufgaben wahr, sodass sie durch eine von ihren Wünschen oder Vorstellungen abweichende Entscheidung der Widerspruchsbehörde grds. nicht in ihren Rechten verletzt sein könne.[246] Die Anfechtbarkeit fehlt danach in Angelegenheiten des übertragenen Wirkungskreises unabhängig davon, ob die Widerspruchsbehörde bei einem anderen Rechtsträger oder bei der Gemeinde selbst – etwa in Gestalt eines weisungsfreien Ausschusses – gebildet ist.[247] Das BVerwG hat allerdings die Klagebefugnis einer Gemeinde zur Anfechtung eines Widerspruchsbescheides, mit dem eine von der Gemeinde als Straßenverkehrsbehörde angeordnete Geschwindigkeitsbegrenzung auf 30 km/h in zwei innerörtlichen Hauptverkehrsstraßen aufgehoben worden war, wegen der Geltendmachung durch die Gemeinde bejaht, diese „sei durch die Aufhebung der streitigen Geschwindigkeitsbeschränkung in ihrem Anspruch auf ermessensfehlerfreie Entscheidung über eine Unterstützung ihrer geordneten städtebaulichen Entwicklung gem. § 45 Abs. 1 b Satz 1 Nr. 5, 2. Alt. StVO beeinträchtigt".[248]

ee) Ungültigerklärung einer Kommunalwahl. Gibt die Kommunalaufsichtsbehörde der gegen die 113 Wahl eines hauptamtlichen Beigeordneten gerichteten Anfechtung eines Gemeinderatsmitglieds statt, so können jedenfalls der zum hauptamtlichen Beigeordneten Gewählte und die Gemeinde gegen diesen Verwaltungsakt Anfechtungsklage mit dem Ziel erheben, das Wahlergebnis „gewissermaßen wiederherzustellen"; im Falle der Zurückweisung der *Wahlanfechtung* kann das Gemeinderatsmitglied eine Klage erheben auf Verpflichtung der Kommunalaufsichtsbehörde, die angefochtene Wahl für ungültig zu erklären[249] (zum sog. Kommunalverfassungsstreit → Rn. 229 ff.).

ff) Auflösung einer Schule. Die Auflösung einer Schule, welche die Kommunalaufsichtsbehörde im 114 Wege der Ersatzvornahme durchgesetzt hat, stellt einen anfechtbaren Verwaltungsakt nicht nur im Verhältnis zur Kommune als Adressatin, sondern auch gegenüber den durch den Wegfall einer bestimmten Klasse betroffenen Eltern und Schülern in Gestalt einer Allgemeinverfügung i.S.v. § 35 S. 2 VwVfG dar[250] (zum Verwaltungsaktcharakter der Auflösung einer Schule → Rn. 259).

gg) Versagung der Genehmigung eines Beschlusses. Die Versagung der erforderlichen Genehmigung 115 eines Beschlusses einer öffentlich-rechtlichen Körperschaft durch die zuständige Aufsichtsbehörde kann von der betroffenen Körperschaft auch dann mit der Verpflichtungsklage auf Erteilung der Genehmigung angegriffen werden, wenn es sich bei der genehmigungsbedürftigen Maßnahme nicht um einen Verwaltungsakt, sondern um einen Akt der Rechtsetzung i.R.d. Selbstverwaltungsrechts der Körperschaft handelt; die Befugnis zur Genehmigung bestimmter Normen gibt der Aufsichtsbehörde

---

244 VGH Mannheim ESVGH 13, 120 ff. Zur Anfechtbarkeit einer kommunalaufsichtlichen Beanstandungsverfügung VGH Mannheim NVwZ-RR 2016, 878.
245 Dazu auch BVerwGE 19, 121, 122 f.; BVerwG DVBl 1970, 580; VGH München NVwZ 1994, 716.
246 BVerwGE 19, 121, 123; BVerwG DVBl 1970, 580, 581; BVerwGE 45, 207, 210 ff.; 95, 333, 335 f.; BVerwG ZOV 1995, 309; VGH Mannheim VBlBW 1986, 217; VGH München BayVBl 1990, 568; vgl. auch BVerwG JZ 1984, 149; VGH München BayVGH (N. F.) 16, 7 ff.
247 BVerwGE 45, 207, 210 ff.; s. ferner OVG Saarlouis NVwZ 1990, 174 f. Vgl. zur Frage nach der Zulässigkeit eines „Insichprozesses" auch OVG Saarlouis DÖV 1975, 644 f.; *Schmitt Glaeser/Horn* Rn. 169.
248 BVerwGE 95, 333, 337 ff.; vgl. dazu auch BVerwG NVwZ 1995, 910; VGH München NZV 1992, 166 f.
249 OVG Saarlouis NVwZ 1987, 914. Vgl. auch OVG Koblenz AS 11, 22, 23; NVwZ 1987, 917; OVG Münster OVGE 35, 144 ff.; VGH München VerwRspr 13, 963, 967.
250 OVG Münster DVBl 1989, 1272.

nämlich noch kein Recht zur Einflussnahme auf die Ausgestaltung der Rechtsetzung, sondern räumt der Behörde lediglich ein Vetorecht und damit die Befugnis zum Erlass eines Verwaltungsakts ein, mit dessen Hilfe sie die Wirksamkeit der Vorschriften verhindern kann.[251]

116 **hh) Weisung zur Aushändigung einer Ernennungsurkunde.** Der VGH München bejahte zugunsten einer Universität, die Rechtsschutz gegen die Übernahme von Lehrpersonen als Professoren durch das Bayerische Staatsministerium für Unterricht und Kultus begehrte, „grundsätzlich die Möglichkeit einer Anfechtungsklage gegen die einzelne Ernennung bzw. gegen die Weisung, die Ernennungsurkunde auszuhändigen"; dennoch hielt er die von der Universität erhobene Feststellungsklage nach § 43 für zulässig, welcher er „eine größere Reichweite" als der Anfechtungsklage mit der Begründung zusprach, die Universität wolle Rechtsschutz gegen eine *Mehrzahl* von drohenden Ernennungen erhalten (VGH München BayVBl 1983, 113).

117 **ii) Klagen Dritter.** Rechtsaufsichtliche Maßnahmen einer Handwerkskammer gegenüber einer Innung entfalten einer „benachbarten" Innung gegenüber keine unmittelbare Rechtswirkung und sind daher im Verhältnis zu dieser keine Verwaltungsakte. Infolgedessen können sie von der „benachbarten" Innung weder mit der Anfechtungsklage angegriffen noch mit der Verpflichtungsklage begehrt werden (OVG Bremen NVwZ-RR 2001, 378, 379 f.).

118 **c) Rechtsschutz gegen fachaufsichtliche Weisungen.** Keine Verwaltungsakte sind regelmäßig fachaufsichtliche Weisungen der staatlichen Aufsichtsbehörden gegenüber den Gemeinden in Angelegenheiten des übertragenen Wirkungskreises, weil die Gemeinden entsprechende Aufgaben kraft staatlicher Verleihung und nicht aufgrund ihres Selbstverwaltungsrechts wahrnehmen und die Weisungen daher nicht auf unmittelbare Rechtswirkung *nach außen* gerichtet sind; dies gilt etwa für die an eine Gemeinde gerichtete Weisung, gegen ein verwaltungsgerichtliches Urteil, durch das die Gemeinde zur Ausstellung von Bundesvertriebenenausweisen verpflichtet wurde, Berufung einzulegen.[252] Den übertragenen Wirkungskreis betreffende fachaufsichtliche Weisungen besitzen jedoch „ausnahmsweise dann Außenwirkung, wenn sie in ihrer Wirkung über diesen Bereich der Weisungsunterworfenheit der Gemeinde hinausgreifen und sie zugleich in einem ihr als Selbstverwaltungskörperschaft zustehenden Recht betreffen"; daher kann etwa die Gemeinde eine Anfechtungsklage gegen die fachaufsichtliche Weisung der höheren Straßenverkehrsbehörde erheben, durch welche die Gemeinde als untere Straßenverkehrsbehörde an der Umsetzung der von ihr geplanten Einrichtung einer geschwindigkeitsbeschränkten Zone gehindert wird.[253]

119 **4. Ausländer-, Asyl- und Staatsangehörigkeitsrecht.** **a) Ausländerrecht.** **aa) Aufenthaltserlaubnis.** Der Antrag auf Erteilung einer Aufenthaltserlaubnis nach § 7 Abs. 1 AufenthG ist auf den Erlass eines begünstigenden Verwaltungsakts gerichtet und daher grds. mit der Verpflichtungsklage zu verfolgen.[254] Dies gilt nach einem Urteil des BVerwG vom 27.9.1978 auch dann, wenn eine im behördlichen Ermessen stehende (damals noch sog.) Aufenthaltsgenehmigung mit einer Auflage verbunden wird, die dem Ausländer die Ausübung eines Gewerbes untersagt: Danach soll es nicht zulässig sein, eine solche Auflage „wegen eines Ermessensfehlers gerichtlich isoliert aufzuheben, wenn wie hier die Auflage mit dem Gesamtinhalt des Verwaltungsaktes untrennbar verbunden ist, insbes. ein Sinnzusammenhang zwischen ihr und dem Verwaltungsakt derart besteht, daß die Ermessensentscheidung

---

251 Vgl. BVerwGE 16, 83 ff. in Bezug auf die von einer Handwerkskammer beschlossene Gebührenordnung (freilich unter Heranziehung der Anfechtungsklage) m. krit. Anm. *C. Masson*, BayVBl 1963, 285; BVerwG DVBl 1963, 920, 921 hinsichtlich der Wahlordnung einer Industrie- und Handelskammer; BVerwGE 34, 301, 303 bzgl. eines von einer Gemeinde beschlossenen Bebauungsplans; OVG Koblenz DÖV 1995, 250 im Hinblick auf die Berufsordnung einer Landesapothekerkammer. Vgl. im vorliegenden Zusammenhang auch VGH München GewArch 1989, 391 zur Anfechtung der aufsichtlichen Beanstandung einer gemeindlichen Verordnung durch die betroffene Gemeinde. Dazu, dass die Allgemeinverbindlicherklärung eines Tarifvertrages nach § 5 TVG kein Verwaltungsakt, sondern ein Rechtsetzungsakt ist → Rn. 305; → § 47 Rn. 46.

252 BVerwG NJW 1978, 1820 f.; VGH München DVBl 1978, 148 f. Vgl. etwa auch BVerwG NVwZ 1995, 910; VGH Kassel NVwZ-RR 2016, 551 f.

253 VGH Mannheim DVBl 1994, 348 f. m. – zur Anerkennung der Verwaltungsaktqualität der fachaufsichtlichen Weisung abl. – Anm. *U. Steiner* (a.a.O., 353); s. ferner BVerwG NVwZ 1995, 910. Vgl. zu einem ähnl. Fall VGH München BayVBl 1979, 305 f.

254 Vgl. BVerwG DVBl 1987, 1113 f. in Bezug auf die Erteilung einer Aufenthaltsberechtigung nach § 8 Abs. 1 AuslG a.F.

eine Einheit bildet".[255] In einer späteren Entscheidung vom 12.3.1982 hat das BVerwG in Bezug auf eine Anfechtungsklage gegen eine Zahlungsauflage, die einer Genehmigung der Zweckentfremdung von Wohnraum hinzugefügt war, hingegen die Auffassung vertreten, das Vorliegen einer die Gewährung und die hinzugefügte Auflage umfassenden einheitlichen Ermessensentscheidung rechtfertige es *nicht*, die gesonderte Anfechtung der Auflage für unzulässig zu halten[256] (zum Problem der gesonderten Anfechtbarkeit von Nebenbestimmungen zum Verwaltungsakt → Rn. 19 ff., 105, 180, 182, 190, 195, 215, 254, 282, 319, 333). Wurde eine Aufenthaltsgenehmigung gem. § 12 Abs. 1 S. 2 AuslG a.F. räumlich beschränkt, so stellte diese Beschränkung als „eine zur Aufenthaltsgenehmigung hinzutretende, eigenständige hoheitliche Anordnung" einen isoliert anfechtbaren Verwaltungsakt dar, der dem Ausländer verbot, sich außerhalb desjenigen Teils des Bundesgebietes aufzuhalten, auf den sich die Beschränkung bezog; diese blieb nämlich gem. § 44 Abs. 6 AuslG a.F. selbst nach Wegfall der Aufenthaltsgenehmigung in Kraft, bis sie aufgehoben wurde oder der Ausländer seiner Ausreisepflicht nach § 42 Abs. 1-4 AuslG a.F. nachgekommen ist (VGH Mannheim InfAuslR 1994, 21, 23). Ist vor der Entscheidung über die Erteilung der Aufenthaltsgenehmigung die Zuständigkeit der Behörde wegen Wegzugs des Antragstellers in ein anderes Bundesland erloschen, so kann dieser eine dennoch ausgesprochene Versagung isoliert anfechten (BVerwG InfAuslR 1993, 322, 323; s.a. → Rn. 342).

bb) Abschiebung. Auch die Anordnung der Abschiebung gem. § 58 Abs. 1 AufenthG[257] und die   120
Androhung der Abschiebung nach § 59 Abs. 1 AufenthG[258] (zum Verwaltungsvollstreckungsrecht → Rn. 309 ff.) sind jeweils anfechtbare Verwaltungsakte. Die vom Bundesamt für Migration und Flüchtlinge (BAMF) zu treffende Feststellung des Vorliegens der Voraussetzungen, welche in § 60 Abs. 2 S. 1 AufenthG i.V.m. § 4 Abs. 1 AsylG für das Verbot der Abschiebung von Ausländern geregelt sind, ist mit der Verpflichtungsklage verfolgbar.[259]

cc) Verlust des Freizügigkeitsrechts. Auch die Feststellung des Nichtbestehens des Rechts auf Einreise   120a
und Aufenthalt nach § 2 Abs. 1 FreizügG/EU gem. § 5 Abs. 4 FreizügG/EU zur Abgrenzung des Anwendungsbereichs des Freizügigkeitsgesetzes/EU vom Aufenthaltsgesetz ergeht in Form eines anfechtbaren Verwaltungsaktes (BVerwG NVwZ-RR 2015, 910, 911).

b) Asylrecht. aa) Asyl(folge)antrag. Die Ablehnung der Weiterleitung eines Asyl(folge)antrags an   121
das BAMF, welche konkludent in einem ausländerbehördlichen Bescheid ausgesprochen ist, stellt einen Verwaltungsakt dar, gegen den nach erfolglosem Vorverfahren die Erhebung der Verpflichtungsklage zulässig ist.[260]

bb) Aufenthaltsgestattung. Auch die Bescheinigung über die Aufenthaltsgestattung gem. § 63 AsylG   122
ist als Verwaltungsakt mit der Verpflichtungsklage zu verfolgen; diese Bescheinigung hat nämlich nicht lediglich deklaratorische Bedeutung, sondern enthält für das Bleiberecht des Asylbewerbers nach Maßgabe der §§ 55 ff. AsylVfG in inhaltlicher, räumlicher und zeitlicher Hinsicht Regelungen im Einzelfall.[261]

cc) Asylberechtigung. Die auf Anerkennung der Asylberechtigung gerichtete Klage ist ebenfalls als   123
Verpflichtungsklage statthaft (BVerwGE 81, 164, 165; VGH München DVBl 1984, 100, 101).

dd) Asylbewerberheim. Auch der unter Berufung auf § 6 Abs. 2 des Flüchtlingsaufnahmegesetzes   124
Nordrhein-Westfalen a.F. geltend gemachte Anspruch einer Gemeinde gegen das Land Nordrhein-Westfalen auf Erteilung einer Zusicherung i.S.v. § 38 Abs. 1 S. 1 VwVfG, dass die Aufwendungen für die Einstellung eines Sozialarbeiters in einem Asylbewerberheim erstattet werden, ist mit der Verpflichtungsklage zu verfolgen; er setzt nämlich die verbindliche Feststellung der zuständigen Behörde

---

255 So zum alten Recht BVerwGE 56, 254, 256; vgl. auch VG Wiesbaden InfAuslR 1984, 209.
256 Zum alten Recht BVerwGE 65, 139 ff.
257 Vgl. VGH Kassel EZAR 631 Nr. 13 (S. 10) in Anwendung von § 13 Abs. 1 AuslG a.F.
258 Vgl. OVG Münster NJW 1968, 365 f. und VGH München BayVBl 1970, 333 jeweils in Bezug auf § 13 Abs. 2 AuslG a.F.
259 BVerwGE 136, 360, 364 ff. in Bezug auf § 60 Abs. 2, 3 und 7 S. 2 AufenthG a.F.; vgl. ferner VGH Mannheim EZAR 631 Nr. 17 (S. 2) im Hinblick auf § 51 AuslG a.F.
260 Vgl. BVerwGE 80, 313 ff.; VGH Kassel EZAR 631 Nr. 13 (S. 11) jeweils in Bezug auf § 8 Abs. 5 AsylVfG a.F.
261 Vgl. BVerwGE 79, 291, 293 ff. und VGH Kassel EZAR 631 Nr. 13 (S. 11) jeweils in Bezug auf die §§ 19, 20 AsylVfG a.F.

voraus, dass die Aufwendungen erforderlich waren, und bedarf zu seiner Realisierung daher des Erlasses eines Verwaltungsakts (OVG Münster NWVBl 1992, 283 f.).

125   **ee) Abschiebung.** Die Androhung der Abschiebung eines Ausländers nach den §§ 34 und 35 AsylG stellt jeweils einen belastenden Verwaltungsakt dar und kann folglich mit der Anfechtungsklage angegriffen werden.[262] Hat das BAMF das Asylverfahren wegen Nichtbetreibens gem. den §§ 32 und 33 AsylG eingestellt (→ Rn. 125 a) und deshalb noch keine Entscheidung über den Asylantrag in der Sache getroffen, so fehlt es der *„isolierten"* Anfechtungsklage nicht am Rechtsschutzbedürfnis, mit welcher sich der Asylbewerber gegen die nach Aktenlage getroffene Feststellung, dass ein Abschiebungsverbot nach § 60 Abs. 5 oder 7 AufenthG nicht vorliegt, und gegen die Abschiebungsandrohung wendet.

125a   **ff) Nichtbetreiben des Verfahrens.** Gegen eine Einstellung des Asylverfahrens durch das BAMF wegen *Nichtbetreibens des Verfahrens* gem. den §§ 32 und 33 AsylG, die in Form eines Verwaltungsaktes erfolgt, kann der Betroffene Rechtsschutz nur im Wege der (*„isolierten"*) Anfechtungsklage erlangen[263] (zur „isolierten" Anfechtungsklage → Rn. 125 b f., 148, 251, 270, 325, 337 ff.). Einer auf die Asylanerkennung gerichteten Verpflichtungsklage, auf die hin das Verwaltungsgericht die Sache spruchreif zu machen hätte, steht im Falle versäumter Sachentscheidung durch das Bundesamt die besondere, auf Beschleunigung und Konzentration auf eine Behörde gerichtete Ausgestaltung des Asylverfahrens entgegen; darüber hinaus ginge dem Betroffenen eine mit umfassenden Verfahrensgarantien ausgestattete Tatsacheninstanz verloren.[264]

125b   **gg) Internationale Zuständigkeit.** Mit der Entscheidung über die *Unzuständigkeit Deutschlands* für die Prüfung eines Asylantrags nach den unionsrechtlichen Regelungen der Dublin III-Verordnung (bis 18.7.2013: Dublin II-Verordnung) gem. § 29 Abs. 1 Nr. 1 a AsylG (sog. *„Dublin-Fälle"*)[265] trifft das BAMF eine rechtsgestaltende Entscheidung über die Ablehnung des Asylantrags als unzulässig, gegen die allein statthafte Klageart die (*„isolierte"*) Anfechtungsklage ist.[266] Der Erhebung einer – auf Zuerkennung der Flüchtlingseigenschaft gerichteten – Verpflichtungsklage steht entgegen, dass die Dublin II/III-Verordnung ein von der materiellen Prüfung eines Asylantrags gesondertes behördliches Verfahren für die Bestimmung des hierfür zuständigen Staates vorsieht; die Trennung dieser beiden Verfahren darf nicht dadurch umgangen werden, dass das Gericht im Falle der Aufhebung der Zuständigkeitsentscheidung sogleich über die Begründetheit des Asylantrags entscheidet (BVerwGE 153, 162, 165).

125c   **hh) Folge- bzw. Zweitantrag.** Auch die Ablehnung der Durchführung eines weiteren Asylverfahrens bei *Folge- und Zweitanträgen* gem. § 71 Abs. 1 bzw. § 71 a AsylG, die nach neuer Rechtslage als Unzulässigkeitsentscheidung gem. § 29 Abs. 1 Nr. 5 AsylG ergeht, kann (isoliert) mit der Anfechtungsklage angegriffen werden. Die bisherige Rspr., die bzgl. des Folgeantrags bei Vorliegen der Voraussetzungen für ein Wiederaufgreifen des Verfahrens eine Verpflichtung der Gerichte zum „Durchentscheiden" annahm und dementsprechend die Verpflichtungsklage als allein zulässige Klageart betrachtete (BVerwGE 106, 171, 172 ff.), gab das BVerwG mit Blick auf die Weiterentwicklung des Asylverfahrensrechts auf (BVerwGE 157, 18, 21 ff.; vgl. auch VGH München NVwZ 2016, 625 f.).

125d   **ii) Weitere Fälle.** Auch über die zuvor bezeichneten Fälle hinaus sind nach der neueren Rspr. des BVerwG – „jedenfalls seit der Zusammenfassung der verschiedenen Unzulässigkeitsgründe in § 29 Abs. 1 AsylG" – Bescheide des BAMF, die einen Asylantrag ohne eine sachliche Prüfung des Schutzbegehrens des Asylantragstellers als unzulässig ablehnen, mit der „isolierten" Anfechtungsklage anzu-

---

262   Vgl. OVG Hamburg EZAR 226 Nr. 10 und VGH Mannheim ESVGH 37, 47 ff. jeweils zur Abschiebungsandrohung nach Ablehnung des Asylantrags gem. § 28 Abs. 1 S. 1 AsylVfG a.F.

263   BVerwGE 147, 329, 333; BVerwG DVBl 1995, 857 f. Anders VG Freiburg NVwZ 1994, 403 ff. zu § 33 Abs. 1 S. 1 AsylVfG a.F.; vgl. auch OVG Münster DVBl 1995, 578 ff.

264   BVerwG DVBl 1995, 857, 858; vgl. auch VG Osnabrück 14.10.2015 – 5 A 390/15, juris Rn. 48 ff.

265   Dazu *H. Sodan*, in: Depenheuer/Grabenwarter, Der Staat in der Flüchtlingskrise, 2016, 172, 177 ff.

266   Vgl. BVerwGE 153, 162, 165 f.; BVerwGE 156, 9 ff. jeweils in Bezug auf die Dublin II-VO; OVG Berlin-Brandenburg 22.6.2016 – OVG 3 N 29.16 in Bezug auf die Dublin III-VO (alle in Anwendung des § 27 a Asyl(Vf)G a.F.). Vgl. auch BVerwG 25.8.2015 – 1 B 34/15, juris (Revisionszulassung).

greifen; auch ein eingeschränkter, auf die Durchführung eines Asylverfahrens beschränkter Verpflichtungsantrag kommt insoweit nicht in Betracht.[267]

c) **Staatsangehörigkeitsrecht.** Der Antrag eines im Inland niedergelassenen Ausländers auf *Einbürgerung* nach § 8 StAG zielt auf den Erlass eines Verwaltungsakts und ist daher im verwaltungsgerichtlichen Verfahren mit der Verpflichtungsklage geltend zu machen (vgl. BVerwGE 4, 298 ff.; 7, 237 f.; 75, 86 ff.). Zum Erlass dieses Verwaltungsakts darf die Behörde auch bei zwischenzeitlicher Änderung der Rechtslage nur verpflichtet werden, wenn sie dazu nach geltendem Recht verpflichtet bzw. befugt ist; im Falle einer rechtswidrigen Ablehnung vor der Rechtsänderung kann die Behörde allerdings eine Folgenbeseitigungslast treffen (BVerwG InfAuslR 1996, 399 f.). Die Verweigerung der ministeriellen Zustimmung zur Einbürgerung stellt als Vorgang behördeninterner Beteiligung am Einbürgerungsverfahren keinen selbständig anfechtbaren Verwaltungsakt dar.[268] Dagegen kann ein Ausländer Anfechtungsklage gegen die als Verwaltungsakt zu qualifizierende behördliche Verpflichtung erheben, seine *Staatenlosigkeit* durch *Wiedereinbürgerung* zu beseitigen[269] (zur Frage der Anfechtbarkeit eines nichtigen Verwaltungsakts → Rn. 23). Die Ausstellung eines Staatsangehörigkeitsausweises gem. § 30 Abs. 1 S. 1 und Abs. 3 S. 1 StAG ist ebenfalls ein Verwaltungsakt, der mit einer Verpflichtungsklage begehrt werden kann (BVerwG 25.10.2017 – 1 C 30/16, juris Rn. 10; OVG Münster DVBl 2013, 584). Bei der Feststellung des Bestehens oder Nichtbestehens der deutschen Staatsangehörigkeit durch die Behörde gem. § 30 Abs. 1 S. 1 StAG handelt es sich um einen Verwaltungsakt, der mit der Verpflichtungsklage zu verfolgen ist; insoweit überholt ist die frühere Rspr. (BVerwG 21.5.1985 Buchholz 130 § 25 RuStAG Nr. 5) zur Zulässigkeit der Feststellungsklage.[270] Das alleinige Begehren der Ausstellung eines Staatsangehörigkeitsausweises gem. § 30 Abs. 3 S. 1 StAG kann demgegenüber im Wege der allgemeinen Leistungsklage verfolgt werden.[271]

5. Bank- und Kreditwesenrecht. Umstr. ist, ob *Verwarnungen* gem. § 36 Abs. 2 KWG bzgl. des Verhaltens von Geschäftsleitern in Kreditinstituten Verwaltungsaktqualität besitzen. Z.T. werden derartige Verwarnungen als bloße Hinweise auf die ohnehin bestehenden gesetzlichen Pflichten der Betroffenen angesehen, welche keine eigenständigen Regelungen i.S.v. § 35 S. 1 VwVfG enthielten (VG Berlin WM 1992, 1059, 1061 ff.). Die heute wohl überwiegende Auffassung erkennt jedoch in der konkreten Bezugnahme auf bestimmte einzelne Rechtsverstöße gerade des Adressaten in der Vergangenheit und deren Feststellung einen hinreichenden (belastenden) Regelungsgehalt. Demnach sind Verwarnungen gem. § 36 Abs. 2 KWG anfechtbare belastende Verwaltungsakte.[272]

6. Baurecht. a) Rechtsschutz des Bauherrn. aa) Erteilung der Baugenehmigung. Die Erteilung der Baugenehmigung kann als begünstigender Verwaltungsakt nach Ablehnung eines entsprechenden Antrags und erfolgloser Durchführung eines Vorverfahrens mit der Verpflichtungsklage begehrt werden; steht der Behörde – etwa im Hinblick auf eine Ausnahme oder Befreiung – ein Ermessensspielraum zu, so empfiehlt sich für den Kläger, den Erlass eines Bescheidungsurteils nach § 113 Abs. 5 S. 2 i.V.m. § 114 zu beantragen.[273] Probleme bei der Bestimmung der richtigen Klageart können entstehen, wenn die Baugenehmigung mit einer *Nebenbestimmung* i.S.v. § 36 VwVfG erteilt worden ist (→ Rn. 19 f.). Das OVG Berlin hat die selbständige Anfechtbarkeit einer *Befristung* und eines *Vorbehalts des* jederzeitigen *Widerrufs*, die der bauaufsichtlichen Genehmigung hinzugefügt waren, mit der Begründung verneint, die Behörde hätte die Genehmigung ohne die Nebenbestimmungen nicht erteilt; als statthaft sah es daher eine Verpflichtungsklage auf Erlass des beantragten Verwaltungsakts ohne die Nebenbe-

126

127

128

---

267 BVerwG NVwZ 2017, 1625, 1626. Vgl. auch OVG Münster EZAR NF 65 Nr. 38; OVG Saarlouis 23.3.2016 – 2 A 38/16, juris Rn. 17 ff. zur Anfechtbarkeit von „Drittstaatenbescheiden" nach § 26 a AsylG. S.a. VGH München 13.10.2016 – 20 B 14.30212, juris Rn. 20 ff.; OVG Münster NVwZ-RR 2017, 115, 116 zur Anfechtbarkeit eines Bescheids gem. § 29 Abs. 1 Nr. 2 AsylG.
268 OVG Hamburg DÖV 1961, 111, 113 m.Anm. *Schätzel.*
269 VGH Mannheim NVwZ 1994, 1233, der diesen Verwaltungsakt als nichtig bezeichnet.
270 BVerwGE 151, 245, 248 f.; VG Stuttgart InfAuslR 2016, 244 f.
271 OVG Bautzen EZAR NF 72 Nr. 10; *T. Oberhäuser*, in: Hofmann § 30 StAG Rn. 14; nicht eindeutig OVG Münster DVBl 2013, 584, 584.
272 VG Frankfurt/M. NJW 2004, 1059 f. m.w.N.; vgl. auch VG Berlin WM 1996, 1309, 1311.
273 *Finkelnburg/Ortloff/Otto* § 21 Rn. 1.

stimmungen an.[274] Zum gleichen Ergebnis kam auch das BVerwG in Bezug auf eine Bauerlaubnis, die unter der *Bedingung* der Schaffung von Einstellplätzen für eine bestimmte Zahl von Kraftfahrzeugen erteilt worden war.[275] Eine die Zu- und Abfahrt betreffende behördliche Anordnung steht zwar in einem engen sachlichen Zusammenhang mit der Erteilung der Baugenehmigung zur Errichtung eines Garagengebäudes, bezieht sich aber gerade nicht auf das Vorhaben als den Gegenstand der Baugenehmigung selbst; sie ist daher keine „unlösbar mit der Hauptentscheidung verbundene *modifizierende Auflage*" und somit selbständig anfechtbar (BVerwG DÖV 1974, 563, 564).

129   **bb) Mitwirkungshandlungen einer anderen Behörde im Baugenehmigungsverfahren.** Umstr. ist in Rspr. und Lit., ob Mitwirkungshandlungen einer anderen Behörde im Baugenehmigungsverfahren, wie sie etwa in § 36 Abs. 1 und § 37 BauGB sowie § 9 Abs. 2 FStrG angeordnet sind, nur interne Verwaltungsvorgänge oder Verwaltungsakte darstellen. Nach einer älteren Auffassung[276] soll die Mitwirkungshandlung auf unmittelbare Rechtswirkung nach außen gerichtet sein und damit als Verwaltungsakt zu qualifizieren sein, wenn die Baugenehmigungsbehörde an die Entscheidung der mitwirkenden Behörde − also etwa an die Verweigerung der Zustimmung − gebunden ist. Das BVerwG hat hingegen in ständiger Rspr. den Verwaltungsaktcharakter von Mitwirkungshandlungen im Baugenehmigungsverfahren zutr. verneint: für die Entscheidung über die Zustimmung der obersten Landesstraßenbaubehörde zur Baugenehmigung nach § 9 Abs. 2 FStrG,[277] die Zustimmung der Luftfahrtbehörden zur Erteilung der Baugenehmigung nach § 12 Abs. 2 LuftVG (BVerwGE 21, 354 ff.) und das Einvernehmen der Gemeinde im Baugenehmigungsverfahren nach dem früheren § 36 BbauG,[278] dem dem heutigen § 36 BauGB entspricht. Dieser Linie folgt auch das neuere Schrifttum.[279] In den genannten Fällen steht nämlich die Mitwirkungshandlung jeweils „in einem unlösbaren Zusammenhang mit der im Baugenehmigungsverfahren zu treffenden behördlichen Entscheidung".[280] Sie ist nicht auf unmittelbare Rechtswirkung nach außen gerichtet, weil nach den einschlägigen Vorschriften keine Rechtsbeziehungen zwischen dem Bauantragsteller und der mitwirkenden Behörde bestehen; die Verweigerung von Zustimmung oder Einvernehmen kann daher als verwaltungsinterner Vorgang nicht mit der Anfechtungsklage angegriffen werden, und eine sich auf die Vornahme der Mitwirkungshandlung beziehende Verpflichtungsklage scheidet ebenfalls aus, sodass für den Bauantragsteller grds. nur eine auf die Erteilung der Baugenehmigung gerichtete Verpflichtungsklage in Betracht kommt.[281] Dieses Ergebnis folgt ferner aus § 44 a, demzufolge Rechtsbehelfe gegen behördliche Verfahrenshandlungen grds. nur gleichzeitig mit den gegen die Sachentscheidung zulässigen Rechtsbehelfen geltend gemacht werden können, gesonderte Rechtsbehelfe gegen die genannten Mitwirkungshandlungen − etwa auch in Gestalt dagegen gerichteter allgemeiner Leistungsklagen − also ausgeschlossen sind (vgl. BVerwGE 94, 301, 306; → Rn. 182, 252, 288).

130   Beschränkt sich die Mitwirkungshandlung jedoch nicht auf die vorgeschriebene Form einer nur verwaltungsinternen Äußerung, sondern ist sie entgegen der Rechtslage durch Erteilung eines selbständigen Bescheides dem Bauantragsteller gegenüber erfolgt, so liegt ein zwar rechtswidriger, aber objektiv

---

274 OVG Berlin NJW 1964, 1152; vgl. zu Einwänden gegen die Begründung BVerwGE 36, 145, 153 f. S. ferner BVerwGE 60, 269, 271 ff.: Darin wird die *Befristung* der Aufnahme eines Krankenhauses in den Krankenhausbedarfsplan als selbständig anfechtbare Nebenbestimmung qualifiziert.

275 BVerwGE 29, 261, 264 f.; s. ferner VGH Mannheim VBlBW 1995, 29. Vgl. auch BVerwGE 24, 129, 132 f. zu einer mit Einschränkung erteilten Bodenverkehrsgenehmigung.

276 Vgl. OVG Hamburg DÖV 1959, 546, 547 f.; OVG Koblenz AS 8, 156, 157 ff.; OVG Münster OVGE 17, 254 ff. m. zust. Anm. *C.-F. Menger*, VerwArch 54 (1963), 88, 100; OVG Saarlouis AS 7, 423, 427 ff.; VGH Kassel ESVGH 10, 129, 130 ff.; DÖV 1964, 744, 745; *H. C. Fickert*, DVBl 1964, 173, 174 f.; *ders.*, DÖV 1964, 661 f.; *R. Stich*, DVBl 1963, 193, 197 f.

277 BVerwGE 16, 116, 119 ff. m. insoweit zust. Anm. *G. Körner*, NJW 1964, 120 und *J. Mang*, BayVBl 1964, 55; BVerwG BayVBl 1964, 49 ff. m. zust. Anm. *J. Kratzer*, BayVBl 1964, 51; ebenso VGH Mannheim DVBl 1967, 205.

278 BVerwGE 22, 342, 344 ff.; 28, 145, 146 ff.; BVerwG NVwZ 1986, 556; ebenso BGH DVBl 1971, 319; BGHZ 65, 182, 185; OVG Koblenz DVBl 1964, 538 ff.

279 S. etwa *W. Haug*, JuS 1965, 134 ff.; *H.-G. Henneke*, in: Knack/Henneke § 35 Rn. 83; *Hufen* § 14 Rn. 38; *Maurer* § 9 Rn. 28; *H. v. Nicolai*, in: Redeker/v. Oertzen § 42 Rn. 10; *H. Schrödter*, DVBl 1962, 743 ff.; *U. Stelkens*, in: Stelkens/Bonk/Sachs § 35 Rn. 169 ff. Vgl. auch *C. Heinze*, DÖV 1967, 33 ff.

280 So BVerwGE 16, 116, 121 und VGH Mannheim DVBl 1967, 205 in Bezug auf § 9 Abs. 2 FStrG.

281 Vgl. BVerwGE 16, 116, 119 ff.; 21, 354, 355; 22, 342, 344 f.; 28, 145, 146 ff.; OVG Saarlouis JBl Saar 1964, 189; VGH Mannheim DVBl 1967, 205 f.

erkennbarer Verwaltungsakt (→ Rn. 18) vor, dessen Aufhebung der Bauantragsteller mit der Anfechtungsklage begehren kann.[282]

cc) **Zurückweisung von Nachbarwiderspruch.** Entscheidet die Widerspruchsbehörde nicht über den 131 gegen eine Baugenehmigung eingelegten Nachbarwiderspruch, kann der Bauherr, der sich trotz Entfallens der aufschiebenden Wirkung des Widerspruchs (§ 80 Abs. 2 S. 1 Nr. 3 i.V.m. § 212 a Abs. 1 BauGB) in seinem Recht auf eine bestandskräftige Baugenehmigung verletzt sieht, unter den Voraussetzungen des § 75 eine Klage auf Verpflichtung der Widerspruchsbehörde zur Zurückweisung des Widerspruchs erheben; mit dieser Verpflichtungsklage in der Form der Untätigkeitsklage begehrt der Bauherr nämlich den Erlass eines ihn begünstigenden unterlassenen Verwaltungsakts[283] (→ Rn. 36 und zur Klagebefugnis → Rn. 439).

dd) **Zurückstellung des Baugesuchs.** Verfügt die Baugenehmigungsbehörde auf Antrag einer Gemein- 132 de eine Zurückstellung des Baugesuchs nach § 15 BauGB, kann der Bauantragsteller wählen zwischen der Verpflichtungsklage zur positiven Bescheidung seines Baugesuchs und der Anfechtungsklage mit dem Ziel, durch Aufhebung des Zurückstellungsbescheides die Baugenehmigungsbehörde zur Prüfung des Baugesuchs in der Sache zu veranlassen; er hat im Hinblick auf die Aufhebung des Zurückstellungsbescheides ein selbständiges schutzwürdiges Interesse, weil durch diesen belastenden Verwaltungsakt die Baugenehmigungsbehörde während des Zurückstellungszeitraumes von der Pflicht zur Bescheidung des eingereichten Baugesuchs befreit wird.[284]

ee) **Bauaufsichtliche Beseitigungsanordnung.** Auch gegen eine auf rechtswidriges Bauen gestützte 133 bauaufsichtliche Beseitigungsanordnung ist die Anfechtungsklage statthaft, weil der Bauherr sich in diesem Falle gegen einen ihn belastenden Verwaltungsakt wehrt (vgl. BVerwG NJW 1986, 1186 f.; NVwZ 1993, 476 f.). Entsprechendes gilt im Hinblick auf eine Verfügung, durch die einem Eigentümer die Errichtung baulicher Anlagen auf seinem Grundstück und dessen Nutzung als Stellplatz untersagt wird (VGH Mannheim NVwZ-RR 1995, 8). Einen anfechtbaren Verwaltungsakt stellt auch die Festsetzung eines Ausgleichsbetrages für einen Mehrbedarf an Stellplätzen durch die Bauaufsichtsbehörde dar (OVG Hamburg NVwZ-RR 2004, 402).

b) **Rechtsschutz des Nachbarn.**[285] aa) **Anfechtungsklage.** Gegen die einem anderen erteilte Bauge- 134 nehmigung kommt als sog. öffentlich-rechtliche Nachbarklage im Regelfall die Anfechtungsklage in Betracht.[286] Es geht dabei um die Aufhebung eines *„begünstigenden Verwaltungsakts mit belastender Drittwirkung“*,[287] der sich auch als „Verwaltungsakt mit Doppelwirkung“ (§ 80 Abs. 1 S. 2) oder – genauer – als „Verwaltungsakt mit drittbelastender Doppelwirkung“[288] bezeichnen lässt.[289] Entsprechendes gilt für die Anfechtung eines baurechtlichen Vorbescheids.[290] Die nach § 42 Abs. 2 erforderliche Klagebefugnis des Nachbarn ist regelmäßig gegeben (→ Rn. 436). Hingegen kann der Nachbar die Erteilung des nach § 36 Abs. 1 BauGB erforderlichen *gemeindlichen Einvernehmens* nicht (isoliert) anfechten, da dieses bloße Verwaltungsinternum mangels unmittelbarer Außenwirkung kein eigenständiger Verwaltungsakt ist (OVG Magdeburg BauR 2005, 149 [LS 1]).

---

282 BVerwG NJW 1969, 444; OVG Koblenz AS 9, 123 ff.; VGH Mannheim DVBl 1967, 205 f.; *H.-G. Henneke,* in: Knack/Henneke § 35 Rn. 84. Vgl. auch BVerwGE 16, 116, 127 m. insoweit abl. Anm. *G. Körner,* NJW 1964, 120 f.; BVerwGE 21, 354, 355 f.

283 Dazu VGH Mannheim ESVGH 43, 142 ff.; DVBl 1994, 707 f.

284 OVG Lüneburg BRS 49 Nr. 156; vgl. auch BVerwG BauR 1972, 97 ff.; OVG Berlin DÖV 1995, 252 f.; VGH Mannheim BRS 52 Nr. 87. A.M. *W.-R. Schenke,* WiVerw 1994, 253, 341, der nur die Verpflichtungsklage auf Erteilung eines positiven Bescheids zulassen will.

285 Zum Begriff des Nachbarn im baurechtlichen Drittschutz *J. Ziekow,* NVwZ 1989, 231 ff.

286 S. etwa BVerwGE 22, 129, 130 ff.; 47, 19, 22; BVerwG UPR 1995, 107; OVG Bautzen LKV 1994, 411; OVG Berlin DVBl 1993, 120 f.; OVG Hamburg DVBl 1959, 822; OVG Koblenz AS 7, 299, 300; OVG Lüneburg OVGE 13, 492, 493 f.; 21, 450, 451 f.; OVG Münster OVGE 22, 247, 250; VGH Mannheim NVwZ-RR 2012, 500; VG Frankfurt/M. NVwZ-RR 2011, 810; *W. Bambey,* DVBl 1983, 936, 937 f.; *Finkelnburg/Ortloff/Otto* § 22 Rn. 16; *Schenke* Rn. 271. Vgl. auch bereits BVerwGE 1, 83 f.; 11, 95 ff.; s. ferner BVerwGE 85, 54, 61 m.Anm. *H. Wagner,* DVBl 1990, 596 ff.

287 *Maurer* Vorbem. § 11 Rn. 67 ff.

288 Zu dieser Begriffsbildung *M. Bothe,* JZ 1975, 399, 400 Fn. 6; *G. D. Buhren,* Der gerichtliche Rechtsschutz, 1973, 7; *G. Lüke,* NJW 1978, 81; *F. Schoch,* VerwArch 82 (1991), 145, 161; *W. Wieseler,* Der vorläufige Rechtsschutz, 1967, 222.

289 Zur Terminologie auch *M. Ronellenfitsch,* VerwArch 82 (1991), 121, 127 mit Fn. 25.

290 *Finkelnburg/Ortloff/Otto* § 22 Rn. 24.

135   **bb) Verpflichtungsklage.** Nur ausnahmsweise kommt für den Rechtsschutz des Nachbarn die Verpflichtungsklage in Betracht. Wenn etwa der Nachbar gegen eine Baugenehmigung nicht unter Hinweis auf die Verletzung seines durch eine Rechtsnorm begründeten subjektiven Rechts, sondern lediglich unter Berufung auf eine ihm durch die Baugenehmigungsbehörde erteilte Zusage vorgeht, die Baugenehmigung „nur" in Übereinstimmung mit dem objektiven, nicht nachbarschützenden Recht zu erteilen, ist eine Verpflichtungsklage des Nachbarn mit dem Ziel statthaft, eine Verurteilung der Behörde zur Rücknahme der Baugenehmigung herbeizuführen (BVerwGE 49, 244, 249 ff.). Auch einen Anspruch auf Einschreiten der Behörde gegen den Bauherrn oder den sonst für das Baugrundstück Verantwortlichen wegen rechtswidrigen Bauens kann der Nachbar mit der Verpflichtungsklage verfolgen, weil er in diesem Falle den Erlass einer Eingriffsverfügung und damit eines Verwaltungsakts begehrt.[291] Dies gilt ferner dann, wenn für das Vorhaben eine *vereinfachte Baugenehmigung* nach Landesrecht erteilt worden ist, in der über bauordnungsrechtliche Fragen generell nicht entschieden wird, und der Nachbar gerade die Verletzung nachbarschützender bauordnungsrechtlicher Vorschriften geltend macht: Hier kann der Nachbar nicht durch die Baugenehmigung, sondern lediglich durch das *Vorhaben selbst* tangiert sein – und auch nur gegen dieses vorgehen (Verpflichtungsklage auf Einschreiten).[292]

136   **cc) Allgemeine Leistungsklage.** Statt einer Verpflichtungsklage kommt allerdings auch eine allgemeine Leistungsklage zur Erlangung von Rechtsschutz gegen rechtswidriges Bauen in Betracht. So erklärte der VGH München in einem Fall, in dem Nachbarn Beeinträchtigungen durch einen baurechtlich nicht genehmigten gemeindlichen Kinderspielplatz geltend machten, die Erhebung einer allgemeinen Leistungsklage auf Entfernung der Einrichtungen und damit eines Realakts mit der Begründung für zulässig, eine Verpflichtungsklage auf Erlass einer als Verwaltungsakt zu qualifizierenden Beseitigungsanordnung sei wegen eines diesbezüglichen Ermessensspielraums der Bauaufsichtsbehörde nicht als die effektivere Rechtsschutzmöglichkeit anzusehen (BayVBl 1988, 241). Ebenso ließ das OVG Münster eine allgemeine Leistungsklage gegen einen Schulträger auf Beseitigung einer unter Missachtung der vorgeschriebenen Abstandsfläche errichteten Schulturnhalle zu (NVwZ-RR 1995, 187 f.). Das VG Hamburg gewährte Rechtsschutz aufgrund eines Unterlassungsbegehrens im Falle einer Unterkunft für Asylbewerber, die vorerst ohne Erlass eines anfechtbaren Verwaltungsaktes, sondern durch schlichten Realakt errichtet und in Betrieb genommen werden sollte (NVwZ 2016, 483).

137   **c) Rechtsschutz der Gemeinde. aa) Anfechtungsklage.** In der Rspr. sind Klagen als zulässig anerkannt worden, in denen Gemeinden Rechtsschutz gegen bauaufsichtliche Entscheidungen begehrt haben, welche ihr jeweiliges Gemeindegebiet betrafen. Wird etwa eine Baugenehmigung von der Baugenehmigungsbehörde erteilt, obwohl die Gemeinde das nach § 36 Abs. 1 BauGB erforderliche Einvernehmen nicht erklärt hat, ist eine Anfechtungsklage der Gemeinde unter Berufung auf eine Verletzung des zum Schutz der Planungshoheit eingeräumten Mitwirkungsrechts statthaft.[293] Diesen prozessualen Weg kann die Gemeinde auch dann beschreiten, wenn die Baugenehmigungsbehörde das Einvernehmen der Gemeinde für entbehrlich hält und deshalb die Baugenehmigung ohne Einschaltung der Gemeinde erteilt hat (BGH NVwZ 1995, 100) oder wenn eine Sonderbehörde in Verkennung ihrer Zuständigkeit ohne Einvernehmen der Gemeinde eine andere Genehmigung erteilt, welche die Rechtswirkungen einer Baugenehmigung mit umfasst (z.B. Plangenehmigung).[294] Die Gemeinde kann sich ferner gegen die als belastender Verwaltungsakt zu qualifizierende Weisung, das Einvernehmen zu erteilen, mit der Anfechtungsklage zur Wehr setzen (→ Rn. 111). Auch eine nach § 37 Abs. 2 S. 3 BauGB ergangene Entscheidung des zuständigen Bundesministeriums stellt gegenüber der Gemeinde, auf deren Gebiet das Bauvorhaben verwirklicht werden soll, einen anfechtbaren Verwaltungsakt dar, weil sie den Widerspruch der Gemeinde gegen das Vorhaben überwindet und auf diese Weise unmittelbar in die Planungshoheit der Gemeinde eingreift (BVerwGE 91, 227, 228 f.). Die Anfechtungsklage einer Gemeinde ist sogar gegen die Erteilung der Baugenehmigung für ein im Grenzbereich liegendes

---

291   Näher *Finkelnburg/Ortloff/Otto* §§ 19, 22 Rn. 27 f. und 32 ff.; ferner VGH Kassel NVwZ 1995, 300, 301.

292   BVerwG NVwZ 1998, 58.

293   Vgl. in Bezug auf den seinerzeit geltenden § 36 Abs. 1 BBauG BVerwGE 22, 342, 343; BVerwG NVwZ 1985, 566; NVwZ 1986, 556; BauR 1988, 694, 695; VGH Kassel NVwZ 1984, 738. Vgl. zu den in § 36 BauGB zusammengefassten Beteiligungsrechten BVerwGE 92, 66, 68 f.

294   VGH Mannheim NVwZ-RR 2002, 818, 819.

Grundstück in einem fremden Gemeindegebiet unter Berufung darauf möglich, dass die Baugenehmigung gegen Normen verstößt, die auch teilweise die Planungshoheit der klagenden Nachbargemeinde schützen sollen.[295] Die Bezeichnung eines Verteidigungsvorhabens durch den Bundesminister der Verteidigung nach § 1 Abs. 3 LBG greift unmittelbar in die Planungshoheit davon betroffener Gemeinden ein und ist daher diesen gegenüber ein anfechtbarer Verwaltungsakt (BVerwGE 74, 124 ff.; → Rn. 330).

bb) Verpflichtungsklage. Weil die Genehmigung eines Bebauungsplans nach § 10 Abs. 2 BauGB trotz des Umstandes, dass der Bebauungsplan selbst gem. § 10 Abs. 1 BauGB von der Gemeinde als Satzung und damit als Rechtsnorm beschlossen wird, ein Verwaltungsakt ist (→ Rn. 115), kann die betroffene Gemeinde im Falle der Genehmigungsversagung Verpflichtungsklage erheben (BVerwGE 34, 301, 303 zum seinerzeit geltenden BBauG). Lehnt die Baugenehmigungsbehörde den Antrag einer Gemeinde auf Zurückstellung eines Baugesuchs nach § 15 BauGB ab, besteht für die Gemeinde die Möglichkeit, ihr Begehren nach erfolgloser Durchführung eines Vorverfahrens mit der Verpflichtungsklage zu verfolgen.[296] Mit dieser Klageart kann die Gemeinde auch einen Anspruch auf Einschreiten der Bauaufsichtsbehörde gegen das rechtswidrige Vorhaben eines privaten Bauherrn unter Berufung auf eine Verletzung ihrer Planungshoheit geltend machen, weil sie dann den Erlass einer Eingriffsverfügung und damit eines Verwaltungsakts begehrt.[297] Die positive Entscheidung der Landesplanungsbehörde über den Antrag einer Gemeinde auf Zulassung einer Abweichung von Zielen der Raumordnung zur Durchführung eines Bauvorhabens kann i.R. der Verpflichtungsklage von der beantragenden Gemeinde erstritten werden (OVG Koblenz NVwZ-RR 2007, 303; vgl. auch DVBl 2009, 386; OVG Berlin-Brandenburg 16.11.2017 – OVG 10 B 1.17, juris Rn. 33). 138

d) Rechtsschutz gegen Ausübung des gemeindlichen Vorkaufsrechts. Die früher sehr umstr. Frage, ob die Ausübung des der Gemeinde beim Kauf von bestimmten Grundstücken zustehenden Vorkaufsrechts eine privatrechtliche Willenserklärung[298] oder einen Verwaltungsakt[299] darstellt, hat der Gesetzgeber 1976 durch eine Neufassung von § 24 Abs. 4 S. 1 BBauG[300] entschieden: Darin ist ausdrücklich festgestellt, dass das Vorkaufsrecht „nur binnen zwei Monaten nach Mitteilung des Kaufvertrags durch *Verwaltungsakt* gegenüber dem Veräußerer ausgeübt werden" kann. Diese Regelung enthält mit einem geringfügigen Unterschied in der Formulierung (das Wort „Veräußerer" ist durch „Verkäufer" ersetzt) auch der heute geltende § 28 Abs. 2 S. 1 BauGB. Er trägt damit dem Umstand Rechnung, dass die Gemeinde durch die Erklärung über die Ausübung des Vorkaufsrechts aufgrund des ihr verliehenen Sonderrechts zum „Wohl der Allgemeinheit" (§ 24 Abs. 3 S. 1 BauGB) hoheitlich mit verbindlicher Wirkung in die durch den Grundstückskaufvertrag zwischen Verkäufer und Käufer gestalteten Rechtsbeziehungen eingreift.[301] Angesichts dessen wird der Verwaltungsaktcharakter auch nicht dadurch infrage gestellt, dass für den Vollzug des Vorkaufsrechts nach § 28 Abs. 2 S. 2 BauGB die §§ 463, 464 Abs. 2, 465–468 und 471 BGB anzuwenden sind. Wie sich im Umkehrschluss aus § 217 Abs. 1 BauGB ergibt, ist für den Rechtsschutz gegen die Ausübung des gemeindlichen Vorkaufsrechts grds. der Verwaltungsrechtsweg eröffnet (→ § 40 Rn. 274, 348). Eine Ausnahme gilt für den Verwaltungsakt, mit dem das enteignungsersetzende Vorkaufsrecht nach § 28 Abs. 3 und 4 BauGB ausgeübt wird; dieser Verwaltungsakt kann gem. § 217 Abs. 1 BauGB nur durch Antrag auf gerichtliche Entscheidung bei der Kammer für Baulandsachen des zuständigen Landgerichts angefochten werden. Ab- 139

---

295 Vgl. BVerwG DVBl 1993, 658 ff.; OVG Münster DÖV 1988, 843 f.; VGH Kassel BRS 52 Nr. 194; *Finkelnburg/Ortloff/Otto* § 23 Rn. 8. Vgl. ferner BVerwGE 84, 209, 210 f. in Bezug auf die Anfechtungsklage gegen eine immissionsschutzrechtliche Genehmigung.

296 *W.-R. Schenke*, WiVerw 1994, 253, 340.

297 VGH München NVwZ-RR 1992, 609; vgl. auch BVerwG NVwZ 1992, 878; VGH München BayVBl 1998, 81 f.

298 So BGH NJW 1973, 1278 ff.; *H. Meister*, DVBl 1967, 262 ff. Vgl. auch BGHZ 36, 155, 157 f. zum Vorkaufsrecht nach dem AufbG RP; BVerwG NJW 1959, 64 f. m. abl. Anm. *Schrödter*, DÖV 1959, 452 ff. zum Vorkaufsrecht nach dem AufbG Hmb; OVG Lüneburg VerwRspr 25, 901, 902 ff. zum Vorkaufsrecht nach dem RHeimstG.

299 S. OVG Münster NJW 1968, 1298 f.; OVGE 27, 236 ff.; VGH Mannheim ESVGH 24, 101, 103 f.; VG Neustadt DVBl 1962, 761, 762 f.; *J. Kottke*, MDR 1967, 975 ff.; *M. Zuleeg*, DVBl 1966, 233 ff.; *ders.*, DVBl 1967, 266 ff. Vgl. auch bereits OVG Münster DVBl 1962, 274 f.

300 S. Art. 1 Nr. 23 des Gesetzes zur Änderung des Bundesbaugesetzes vom 18.8.1976 (BGBl I 2221, 2229). Krit. zu dieser Regelung *W. Martens/P. Horn*, DVBl 1979, 146 ff.

301 So schon zutr. OVG Münster NJW 1968, 1298 und VGH Mannheim ESVGH 24, 101, 103 zu den seinerzeit geltenden §§ 24 ff. BBauG. Zu den materiellen Anforderungen im Einzelnen BVerwG NVwZ 2000, 1044 f.

gesehen von diesem Sonderfall ist gegen den „privatrechtsgestaltenden Verwaltungsakt"[302] der Ausübung des Vorkaufsrechts die Anfechtungsklage nicht nur seitens des Verkäufers, sondern auch durch den Käufer des Grundstücks (ggf. auch die öffentliche Hand)[303] statthaft.

140   **e) Rechtsschutz gegen die Erstattung von Gutachten durch Gutachterausschüsse.** Gem. § 193 Abs. 1 BauGB erstattet der nach § 192 BauGB gebildete Gutachterausschuss auf Antrag Gutachten über den Verkehrswert von bebauten und unbebauten Grundstücken sowie Rechten an Grundstücken. Ein solches Gutachten hat etwa die Enteignungsbehörde nach § 107 Abs. 1 S. 4 BauGB zur Vorbereitung ihrer Entscheidung über die Höhe der Entschädigung einzuholen. § 193 Abs. 3 BauGB regelt ausdrücklich, dass die vom Gutachterausschuss erstatteten Gutachten „keine bindende Wirkung" haben, soweit nichts anderes bestimmt oder vereinbart ist. Infolgedessen enthalten die Gutachten grds. keine Regelung, stellen somit keine Verwaltungsakte dar und können folglich nicht mit der Anfechtungsklage angegriffen werden.[304] Zur Erlangung von Rechtsschutz kann der von einem Bewertungsgutachten Betroffene die Festsetzung der Entschädigung durch einen Antrag auf gerichtliche Entscheidung bei der Kammer für Baulandsachen des zuständigen Landgerichts nach § 217 Abs. 1 BauGB angreifen; auf diesem Wege lässt sich auch das der Entschädigungsfestsetzung zugrunde liegende Bewertungsgutachten einer gerichtlichen Überprüfung unterziehen (OVG Bremen BauR 1972, 304).

141   **7. Beamtenrecht. a) Beamtenverhältnis als besonderes Pflichtenverhältnis.** Das Beamtenverhältnis wird teilweise in aktuellen Veröffentlichungen[305] noch als „*besonderes Gewaltverhältnis*" bezeichnet. Dieser früher sehr verbreitete und auch für andere spezifische Rechtsverhältnisse verwandte Begriff soll nach einer Definition *Otto Mayers* „die verschärfte Abhängigkeit" zum Ausdruck bringen, „welche zugunsten eines bestimmten Zweckes öffentlicher Verwaltung begründet wird für alle Einzelnen, die in den vorgesehenen besonderen Zusammenhang treten"[306]. Es geht also um „Rechtsbeziehungen, in welchen die Betroffenen der Verwaltung enger als im allgemeinen Gewaltverhältnis" gegenüberstehen.[307] Das Beamtenverhältnis sollte unter der Geltung des Grundgesetzes[308] allerdings besser als „*Sonderstatusverhältnis*"[309] oder noch genauer als „*besonderes Pflichtenverhältnis*"[310] qualifiziert werden. Dadurch wird insbes. auch Art. 33 Abs. 4 GG Rechnung getragen, wonach die Ausübung hoheitsrechtlicher Befugnisse „als ständige Aufgabe in der Regel Angehörigen des öffentlichen Dienstes zu übertragen" ist, „die in einem *öffentlich-rechtlichen Dienst- und Treueverhältnis*" stehen. Damit sind – wie das BVerfG bereits im Jahre 1953 (BVerfGE 3, 162, 186) festgestellt hat – die Beamten gemeint.

142   **b) Abgrenzung von Verwaltungsakten zu innerbehördlichen Maßnahmen.** In zahlreichen von der Rspr. entschiedenen Fällen war die Frage zu beantworten, ob das jeweilige belastende oder begehrte Verwaltungshandeln als bloß innerdienstliches Verhalten ohne Verwaltungsaktcharakter oder eben als Verwaltungsakt eingestuft werden musste. Eine allseits befriedigende Abgrenzungsformel scheint aber – auch in der einschlägigen Lit. – noch nicht gefunden zu sein.

143   In seinem grundlegenden Urteil vom 20.3.1962 (BVerwGE 14, 84, 86 f.; zust. BVerwGE 19, 19, 21) hatte das BVerwG – allerdings noch nicht in Anwendung der VwGO – den Verwaltungsrechtsweg zur Überprüfung verwaltungsinterner Vorgänge als nicht gegeben angesehen, wenn sich deren Wirkungen „auf die Stellung des Beamten als Amtsträger und Glied der Verwaltung" beschränkten; ein im Verwaltungsrechtsweg anfechtbarer Verwaltungsakt sollte hingegen vorliegen, wenn die Wirkungen sich – „über die Konkretisierung der Gehorsamspflicht hinaus" – auch auf die Stellung des Beamten „als eine dem Dienstherrn mit selbständigen Rechten gegenüberstehende Rechtspersönlichkeit" erstreck-

---

302   So etwa BVerwG NVwZ 2000, 1044; OVG Münster NJW 1968, 1298; VGH Mannheim ESVGH 24, 101, 103; vgl. auch VGH München NVwZ 1995, 304 zur Ausübung des naturschutzrechtlichen Vorkaufsrechts.

303   S. BVerwG NVwZ 2000, 1044; OVG Lüneburg BRS 36 Nr. 120; OVG Münster OVGE 35, 60 ff.; VGH Mannheim NJW-RR 1998, 877; VGH München BRS 35 Nr. 90.

304   Vgl. BVerwG DVBl 1973, 371 f. und OVG Bremen BauR 1972, 304 f. jeweils in Bezug auf die seinerzeit geltenden §§ 136 ff., 142 BBauG.

305   S. etwa *Schenke* Rn. 95, 213; *Schwerdtfeger/Schwerdtfeger* Rn. 209 ff.

306   *O. Mayer*, Deutsches Verwaltungsrecht, Bd. I, ³1924, 101 f.

307   *Schwerdtfeger/Schwerdtfeger* Rn. 209.

308   Dazu *W. Loschelder*, Vom besonderen Gewaltverhältnis zur öffentlich-rechtlichen Sonderbindung, 1982, 353 ff.

309   So *H. v. Nicolai*, in: Redeker/v. Oertzen § 42 Rn. 8; *U. Stelkens*, in: Stelkens/Bonk/Sachs § 35 Rn. 198.

310   *Ule* Anh. zu § 32, V 1.

ten. Später hat das BVerwG jedoch in Anwendung von § 40 Abs. 1 S. 1 zutr. darauf hingewiesen, dass die Verneinung eines Verwaltungsakts die Frage der gerichtlichen Überprüfbarkeit des Verwaltungshandelns nicht präjudiziert; für den im Falle der Geltendmachung einer Rechtsverletzung zu gewährenden Rechtsschutz steht als Klageart die allgemeine Leistungsklage zur Verfügung (→ Rn. 100). In Betracht kommt auch eine Feststellungsklage gem. § 43. Diese ist nach der – im Schrifttum allerdings scharf kritisierten (→ § 43 Rn. 121 mit zahlreichen Nachw.) – Auffassung des BVerwG[311] anstelle einer Leistungsklage trotz der Subsidiaritätsklausel in § 43 Abs. 2 S. 1 jedenfalls in einer Beamtensache mit Rücksicht darauf statthaft, dass § 126 Abs. 3 BRRG, § 54 Abs. 2–4 BeamtStG sowie § 126 Abs. 2–4 BBG für Leistungs- und Feststellungsklagen die Geltung derselben besonderen Zulässigkeitsvoraussetzungen anordnen (s.a. → Rn. 149).

Für die Abgrenzung des Verwaltungsakts von einer nur behördeninternen Maßnahme ist nach der Legaldefinition in § 35 S. 1 VwVfG maßgebend, ob die betreffende Maßnahme „auf unmittelbare Rechtswirkung nach außen gerichtet ist". Dies hängt davon ab, ob die Regelung „ihrem objektiven Sinngehalt nach dazu *bestimmt* ist, Außenwirkung zu entfalten [...], nicht aber davon, wie sie sich im Einzelfall tatsächlich auswirkt."[312] Zu den behördeninternen Maßnahmen zählt das BVerwG in seiner grundlegenden Entscheidung zur Rechtsnatur der Umsetzung (→ Rn. 161) aus dem Jahr 1980 „insbesondere unter anderem die an einen Beamten allein in seiner Eigenschaft als Amtsträger und Glied der Verwaltung gerichteten, auf organisationsinterne Wirkung zielenden Weisungen des Dienstherrn und die auf die Art und Weise der dienstlichen Verrichtung bezogenen innerorganisatorischen Maßnahmen der Behörde, in deren Organisation der Beamte eingegliedert ist".[313] Damit ist die bereits im genannten Urteil vom 20.3.1962 verwandte Formulierung „Amtsträger und Glied der Verwaltung" (BVerwGE 14, 84, 87) wieder aufgegriffen worden. 144

In die vom BVerwG für die Abgrenzung vorgegebene Richtung weist auch die im Schrifttum entwickelte Unterscheidung zwischen „*Grundverhältnis*" und „*Betriebsverhältnis*": Während die das „Grundverhältnis" betreffenden Maßnahmen als Verwaltungsakte zu qualifizieren sein sollen, wird dem sich lediglich auf das „Betriebsverhältnis" beziehenden Verwaltungshandeln der Verwaltungsaktcharakter abgesprochen, weil es den Adressaten nicht als „Person" treffe und dessen individuelle Rechtsstellung dadurch nicht berührt werde.[314] 145

c) Begründung und Beendigung des Beamtenverhältnisses. Das „Grundverhältnis" betrifft die Begründung des Beamtenverhältnisses; für diese ist eine Ernennung erforderlich, die durch Aushändigung einer Ernennungsurkunde erfolgt, welche einer genau vorgeschriebenen Form zu entsprechen hat (§ 10 Abs. 1 Nr. 1, Abs. 2 und § 13 Abs. 1 Nr. 1 BBG, § 8 Abs. 1 Nr. 1, Abs. 2 und § 11 Abs. 1 Nr. 1 BeamtStG). Die *Ernennung* ist ein mitwirkungsbedürftiger Verwaltungsakt, dessen Wirksamkeit die Zustimmung des zu Ernennenden voraussetzt.[315] Wegen ihrer Auswirkungen auf die individuelle Rechtsstellung des Beamten sind ferner diejenigen Maßnahmen als Verwaltungsakte zu qualifizieren, welche zur Beendigung des Beamtenverhältnisses führen.[316] Daher kann ein Beamter auf Probe seine *Entlassung* mit der Anfechtungsklage angreifen (vgl. BVerwGE 11, 139; 15, 39, 40; 51, 205, 207; 82, 356 ff.). Die Mitteilung des Dienstherrn über die Beendigung des Beamtenverhältnisses nach § 41 Abs. 1 S. 1 BBG mit der Rechtskraft eines Strafurteils und über die Rechtsfolgen dieser Beendigung enthält eine verbindliche Feststellung und ist daher als feststellender Verwaltungsakt durch den Betroffenen anfechtbar (BVerwGE 34, 353, 354 f. noch zu § 48 BBG a.F.; ferner BVerwGE 11, 106, 107). Auch die Feststellung der Nichtigkeit einer beamtenrechtlichen Ernennung durch den Dienstherrn ist mit der Anfechtungsklage angreifbar (BVerwGE 152, 68, 69). Ein Beamter kann sich mit der 146

---

311 BVerwGE 36, 179, 181 f.; ferner zur Geltung von § 43 Abs. 2 S. 1 BVerwGE 38, 99, 101 f.; 40, 323, 327 f.; 51, 69, 75.

312 BVerwGE 60, 144, 145; fast wörtlich identisch BVerwGE 81, 258, 260. Vgl. auch BVerwGE 41, 253, 258.

313 BVerwGE 60, 144, 146; fast wörtlich identisch BVerwGE 81, 258, 260. Aus dem Schrifttum etwa *Maurer* § 9 Rn. 26; *Schenke* Rn. 215 ff.; *Schwerdtfeger/Schwerdtfeger* Rn. 210; *U. Stelkens*, in: Stelkens/Bonk/Sachs § 35 Rn. 199.

314 *Ule* Anh. zu § 32, V 1, V 2; vgl. bereits *ders.*, VVDStRL 15 (1957), 133, 152 ff. Diese Unterscheidung findet sich zunehmend auch in der Rspr. wieder; vgl. VGH Mannheim VBlBW 1999, 378, 379; VGH München 27.8.2014 – 3 ZB 14.454, juris Rn. 21.

315 BVerwGE 34, 168, 171; *J. Bodanowitz*, in: Schnellenbach/Bodanowitz § 3 Rn. 3. Zur Rücknahme VGH Mannheim VBlBW 1997, 18 ff.

316 *Schenke* Rn. 215; *Ule* Anh. zu § 32, V 1.

Anfechtungsklage ferner gegen seine *Versetzung in den einstweiligen Ruhestand* wehren (BVerwGE 19, 332 ff.; 52, 33 ff.). Ebenfalls anfechtbar ist die *Versetzung* eines Beamten auf Lebenszeit *in den Ruhestand wegen Dienstunfähigkeit*; die einzelnen Abschnitte des Verfahrens über die Versetzung in den Ruhestand bereiten lediglich die abschließende Entscheidung hinsichtlich der Feststellung der Dienstfähigkeit oder der Dienstunfähigkeit vor, sind daher keine Verwaltungsakte und können somit nicht selbständig angefochten werden.[317] Das Fehlen einer Anfechtbarkeit ergibt sich auch aus § 44 a S. 1, der „selbständige Rechtsbehelfe gegen behördliche Verfahrenshandlungen ausdrücklich ausschließt, die als Zwischenentscheidungen nur der geordneten Weiterführung des Verfahrens dienen" (BVerwGE 88, 332, 336). Der Rechtsschutz gegen die keinen Verwaltungsakt darstellende[318] Anordnung einer amtsärztlichen Untersuchung wegen Zweifeln an der Dienstfähigkeit ist jedoch nicht nach § 44 a ausgeschlossen. Teilweise wird dies mit der Vollstreckbarkeit i.S.d. § 44 a S. 2 der Anordnung durch Diziplinarmaßnahmen begründet (OVG Münster NVwZ-RR 2013, 198 f.), teilweise – jedoch nur bezüglich einer psychiatrischen, nicht einer sonstigen amtsärztlichen Untersuchung – mit der in der Anordnung liegenden intensiven Beeinträchtigung einer grundrechtlich geschützten Rechtsstellung (VGH München 28.1.2013 – 3 CE 12.1883, juris Rn. 27). Statthaft ist die Feststellungsklage bzw. der Antrag nach § 123 Abs. 1 (OVG Bremen NordÖR 2013, 75). Nicht selbständig anfechtbar ist entsprechend den oben genannten Überlegungen die nach den Einwendungen des Beamten zu treffende Entscheidung über die Fortführung des Verfahrens der Versetzung in den Ruhestand wegen Dienstunfähigkeit mit der damit kraft Gesetzes verbundenen Rechtsfolge der Einbehaltung eines Teils der Dienstbezüge (BVerwGE 88, 332, 336 f.).

147   **d) Allgemeines Dienstalter.** Das Allgemeine Dienstalter wird gewöhnlich aufgrund von Richtlinien der jeweiligen obersten Dienstbehörde durch Verwaltungsakt festgesetzt.[319] Der VGH Kassel vertrat in einem Urteil aus dem Jahre 1961 die Auffassung, das Allgemeine Dienstalter solle „ein Hilfsmittel sein zur Erleichterung gerechter Entscheidungen in Personalangelegenheiten, insbes. gelegentlich einer Beförderung oder einer besonderen dienstlichen Verwendung als Bewährungsposten für eine spätere Beförderung"; die Festsetzung des Allgemeinen Dienstalters enthalte keine unmittelbaren rechtlichen Wirkungen für den Beamten und sei daher kein Verwaltungsakt, sondern nur eine innerdienstliche Maßnahme zur Vorbereitung etwaiger späterer Verwaltungsakte (VGH Kassel NDBZ 1962, 159). Das BVerwG qualifizierte hingegen die Festsetzung des Allgemeinen Dienstalters zutr. als Verwaltungsakt; diese Festsetzung ist nämlich „eine hoheitliche Maßnahme des Dienstherrn, die als eine auf dem Anciennitätsprinzip aufgebaute Festlegung der Dienstaltersfolge von gleichqualifizierten Beamten für die weitere Gestaltung ihrer Laufbahn von unmittelbarer rechtlicher und nicht bloß tatsächlicher Bedeutung ist".[320] So ist insbes. zu bedenken, dass eine Benachteiligung bei der Festsetzung des Allgemeinen Dienstalters die Anstellungs- oder Beförderungschancen zeitlich zuungunsten des betroffenen Beamten verschiebt (OVG Koblenz ZBR 1961, 347, 348; zust. BVerwGE 19, 19, 22 f.). Die Festsetzung des Allgemeinen Dienstalters lässt sich also als „ein rechtlich verselbständigter Steuerungsakt hinsichtlich der Laufbahn" des Bediensteten kennzeichnen (BVerwGE 36, 192, 196). Das Begehren nach einer bestimmten Festsetzung des Allgemeinen Dienstalters kann mit der Verpflichtungsklage verfolgt werden.[321] Wird das Allgemeine Dienstalter infolge eines disziplinarisch geahndeten Verhaltens des Beamten verschlechtert, handelt es sich um einen mit der Anfechtungsklage angreifbaren Verwaltungsakt (BVerwGE 19, 19 ff.).

148   **e) Besoldung. aa) Besoldungsdienstalter.** Auch die Festsetzung des Besoldungsdienstalters nach § 28 BBesG ist ein Verwaltungsakt.[322] Dasselbe gilt für die Entscheidung über die Gewährung einer *Leis-*

---

317   Vgl. BVerwG 31.5.1990 Buchholz 237.7 § 47 LBG NRW Nr. 3; BVerwGE 88, 332, 334 ff.; OVG Berlin-Brandenburg IÖD 2015, 9 ff.

318   BVerwG NVwZ 2012, 1483, 1484; BVerwGE 146, 347, 350 f.; BVerwG NVwZ 2014, 892, 893; VGH Mannheim ESVGH 65, 127; VGH Kassel NVwZ-RR 2015, 627; krit. *W.-R. Schenke*, in: Kopp/Schenke Anh. § 42 Rn. 90.

319   *J. Bodanowitz*, in: Schnellenbach/Bodanowitz § 3 Rn. 64 Fn. 247.

320   BVerwGE 19, 19, 22; für eine Qualifizierung als Verwaltungsakt auch BVerwGE 36, 192, 196; 36, 218, 221 f.; 49, 351, 355 f.; OVG Koblenz ZBR 1961, 347 f.; OVG Münster DÖV 1962, 111 f.; OVG Saarlouis NVwZ-RR 2004, 361; *Ule* Anh. zu § 32, V 1; *Wolff/Bachof/Stober/Kluth* I § 45 Rn. 77. Ferner BVerwG DVBl 1986, 1156, 1157.

321   Vgl. BVerwGE 34, 193 ff. für die Festsetzung des allg. Dienstalters eines Richters.

322   Vgl. BVerwGE 38, 99 ff.; VGH Mannheim ZBR 1962, 151 f. Zur Problematik der altersdiskriminierenden Besoldung OVG Magdeburg LKV 2013, 270 ff.; *J. Maaß*, LKV 2013, 249 ff.

tungsstufe nach § 27 Abs. 7 BBesG.[323] Das Grundgehalt eines Beamten wird nämlich, soweit die Besoldungsordnungen nicht feste Gehälter vorsehen, nach Stufen bemessen; das Aufsteigen in den Stufen bestimmt sich nach dem Besoldungsdienstalter und der Leistungsstufe (§ 27 BBesG). Deren Festsetzung hat also eine unmittelbare rechtliche Bedeutung für die Höhe des Grundgehalts. Das BVerwG hat in einem Streit um die Festsetzung des Besoldungsdienstalters trotz der Möglichkeit, eine „rechtsschutzintensivere, zu einem Vollstreckungstitel führende Verpflichtungsklage" zu erheben, die *isolierte Anfechtungsklage* für zulässig erklärt: In dem konkreten Fall sei nur eine Rechtsfrage – nach der Berücksichtigung von Vordienstzeiten im Angestelltenverhältnis – streitig, welche nach Auffassung des BVerwG schon im Anfechtungsprozess entschieden werden konnte; das etwaige Erfordernis einer neuen Errechnung von Besoldungsdienstalter und Besoldung gebe „den Parteien ersichtlich keinen Anlaß, auch noch für dieses Rechenwerk den Richter in Anspruch zu nehmen"[324] (zur Zulässigkeit einer „isolierten" Anfechtungsklage → Rn. 125 ff., 251, 270, 325, 337 ff.).

bb) Dienstpostenbewertung. Die Dienstpostenbewertung, welche für die Zuordnung des Dienstpostens zu einer bestimmten Besoldungsgruppe maßgebend ist, stellt hingegen keinen Verwaltungsakt dar: Anders als die Festsetzungen des Allgemeinen Dienstalters (→ Rn. 147) und des Besoldungsdienstalters (→ Rn. 148) bezieht sich die Dienstpostenbewertung nicht auf die Person des Beamten, sondern auf den Dienstposten als solchen und verliert für den Dienstposteninhaber jede Bedeutung, sobald dieser einen anderen Dienstposten erhält; sie ist daher nicht auf unmittelbare Rechtswirkung nach außen gerichtet.[325] Eine höhere Bewertung des Dienstpostens kann also nicht mit der Verpflichtungsklage verfolgt werden; als zulässige Verfahrensarten kommen nach der Rspr. des BVerwG vielmehr die allgemeine Leistungsklage und die Feststellungsklage gem. § 43 Abs. 1 in Betracht (BVerwGE 36, 192, 198 ff.; 36, 218, 224 ff.; 41, 253, 255 ff.). Diese Feststellungsklage ist nach der Auffassung des BVerwG anstelle einer Leistungsklage trotz der Subsidiaritätsklausel in § 43 Abs. 2 S. 1 jedenfalls in einer Beamtensache statthaft (→ Rn. 143). 149

cc) Kaufkraftausgleich. Der Kaufkraftausgleich für Beamte mit dienstlichem und tatsächlichem Wohnsitz im Ausland richtet sich gem. § 55 Abs. 2 BBesG nach der vom Statistischen Bundesamt ermittelten *Teuerungsziffer* für den jeweiligen Dienstort. Seine Berechnung und Festsetzung wird vom Auswärtigen Amt im Benehmen mit dem Bundesminister des Innern generell-abstrakt durch *allgemeine Verwaltungsvorschrift* geregelt (§ 55 Abs. 4 BBesG). Die verbindliche *Festsetzung* im Einzelfall in einer Mitteilung an den Beamten selbst (§ 55 Abs. 3 BBesG) ist demgegenüber als Verwaltungsakt anzusehen.[326] Die Bekanntgabe der Herabsetzung des Kaufkraftzuschlags durch Hausumlauf ist ebenso ein mit der Anfechtungsklage angreifbarer Verwaltungsakt, weil er jeweils die Höhe dieses Zuschlags dem betroffenen Beamten gegenüber verbindlich feststellt.[327] 150

dd) Aufrechnung mit Dienstbezügen. Ein Bescheid, mit dem der Dienstherr wegen einer Forderung die Aufrechnung gegenüber dem Anspruch des Beamten auf Zahlung der Dienstbezüge erklärt, ist ebenfalls ein mit der Anfechtungsklage angreifbarer Verwaltungsakt, weil er die dienstrechtlichen Beziehungen regelt und auf unmittelbare Rechtswirkung nach außen gerichtet ist.[328] 151

ee) Rückforderung überzahlter Dienstbezüge. Auch gegen einen Bescheid über die Rückforderung überzahlter Dienstbezüge und damit einen belastenden Verwaltungsakt kann Anfechtungsklage erhoben werden (vgl. BVerwGE 24, 92, 94). 152

---

323 Vgl. etwa *H. Schnellenbach*, ZBR 1999, 53, 54.

324 BVerwGE 38, 99 ff. unter Abgrenzung von BVerwGE 25, 357 ff.

325 BVerwGE 36, 192, 194 ff.; 36, 218, 220 ff.; vgl. auch BVerwGE 41, 253, 255; BVerwG DÖV 1979, 58 f. I.E. ebenso OVG Lüneburg DVBl 1985, 1245; VG Braunschweig DVBl 1969, 83 f. m. insoweit zust. Anm. *B. Lemhöfer*; VG Würzburg DVBl 1970, 699; *F. Mayer*, DVBl 1970, 651, 652 f. und 655; *J. Pietzcker*, in: Schoch/Schneider/Bier § 42 Abs. 1 Rn. 49 a.

326 Anders noch OVG Münster DÖV 1975, 175 zu § 2 Abs. 2 BBesG a.F. („gesetzesergänzende Verwaltungsanordnung"); insoweit unklar BVerwGE 38, 139, 140.

327 So auch schon zur alten Rechtslage BVerwGE 38, 139, 140; anders jedoch OVG Münster DÖV 1975, 175 (LS), wonach der „(bloße) Hinweis" einer obersten Dienstbehörde auf die Festsetzung des Kaufkraftausgleichs kein Verwaltungsakt sei.

328 OVG Koblenz AS 11, 408 ff.; OVG Münster ZBR 1966, 307 f.; vgl. in diesem Zusammenhang auch BVerwGE 29, 229 ff. Andererseits ist die behördliche *Aufrechnung grds. kein Verwaltungsakt*, sondern eine einseitige öffentlich-rechtliche Willenserklärung, vgl. OVG Magdeburg NVwZ-RR 2002, 907, 908; *Schenke* Rn. 194 unten.

152a   ff) Gewährung von Dienstbezügen. Dienstbezüge werden dagegen – nach Feststellung der für die Höhe der Besoldung maßgeblichen Umstände – grds. ohne vorhergehenden Festsetzungs- oder Bewilligungsbescheid allein aufgrund des Dienstverhältnisses selbst gewährt.[329] Daher ist etwa gegen die Versagung einer Zulage für Wechselschichtdienst Rechtsschutz im Wege der allgemeinen Leistungsklage zu erlangen; die begehrten Besoldungszahlungen erfolgen unmittelbar aufgrund Gesetzes und bedürfen keiner Entscheidung des Dienstherrn über deren Gewährung durch Verwaltungsakt (OVG Berlin-Brandenburg NVwZ-RR 2015, 901).

153   f) Reisekostenvergütung. Der Antrag eines Beamten auf Reisekostenvergütung hat den Erlass eines begünstigenden Verwaltungsakts zum Ziel, weil er auf die Gewährung einer Geldleistung und nicht unmittelbar auf die Leistung eines Geldbetrages gerichtet ist; der Anspruch auf Reisekostenvergütung lässt sich daher nicht mit einer auf Zahlung bezogenen allgemeinen Leistungsklage, sondern nur mit einer Verpflichtungsklage geltend machen (BVerwGE 24, 253, 258 f.; 28, 353, 354 f.). Die auf die Gewährung der Reisekostenvergütung folgende Auszahlungsanordnung an die Kasse (Kassenanweisung) ist hingegen nicht auf unmittelbare Rechtswirkung nach außen gerichtet und somit als nur behördeninterner Vorgang zum Schutz des Fiskus vor unbegründeten Auszahlungen kein Verwaltungsakt (vgl. BVerwGE 16, 2, 6 f.; 24, 253, 258).

154   g) Pflichtstundenzahl für Lehrer. Die Festsetzung der Pflichtstundenzahl für Lehrer stellt keine bloß innerdienstliche Anordnung des Dienstherrn, sondern einen Verwaltungsakt dar, weil sie sich auf den Umfang der Gesamtarbeitszeit des Lehrers auswirkt, daher dessen individuelle Rechtssphäre und mithin das beamtenrechtliche „Grundverhältnis" berührt.[330] Der Antrag eines Beamten auf bestimmte Begrenzung der wöchentlichen Unterrichtszeit kann mit der Verpflichtungsklage verfolgt werden.[331]

155   h) Dienstliche Beurteilungen. Umstr. ist in Rspr. und Lit. die Frage, ob dienstliche Beurteilungen von Beamten als Verwaltungsakte zu qualifizieren sind. Während diese Frage der VGH München in früheren Entscheidungen[332] für das bayerische Beamtenrecht und einige Autoren im Schrifttum[333] generell unter Hinweis vor allem auf die Beeinflussung einer möglichen späteren Beförderung des jeweiligen Beamten bejaht haben, ist in Übereinstimmung mit der ganz überwiegenden – insbes. auch vom BVerwG vertretenen – Auffassung davon auszugehen, dass die dienstliche Beurteilung eines Beamten grds. keinen Verwaltungsakt darstellt.[334] Diese Beurteilung beansprucht nämlich keine Rechtsverbindlichkeit; sie beinhaltet eine bloße Wertung der Eignung und fachlichen Befähigung des Beamten, welche sich ohne rechtliche Verfestigung noch nach längerer Zeit überprüfen und berichtigen lässt (BVerwGE 28, 191, 192 f.; 49, 351, 353 ff.). Nach der Rspr. des BVerwG[335] kann jedoch die Entscheidung der Dienstbehörde über einen *Antrag* des Beamten auf Beseitigung, Änderung oder Vornahme einer dienstlichen Beurteilung – anders als die dienstliche Beurteilung selbst – ein Verwaltungsakt sein, sofern sich die Behörde nunmehr dem Beamten gegenüber rechtsverbindlich festlegen will; in diesem Falle ist die Erhebung einer Anfechtungs- bzw. Verpflichtungsklage zulässig. Abgesehen von diesem Ausnahmefall kann die dienstliche Beurteilung als sog. schlichtes Verwaltungshandeln mit der allgemeinen Leistungsklage angegriffen werden; sie ist ferner inzident nachprüfbar in einem Verwaltungs-

---

329   BVerwG 24.1.2008 – 2 B 72/07, juris Rn. 6; OVG Koblenz VerwRspr 1974, 284; vgl. auch OVG Saarlouis 27.4.2007 – 1 R 22/06, juris Rn. 52 ff. m.w.N.

330   Vgl. BVerwG ZBR 1978, 69 f. (ohne freilich ausdrückl. den Verwaltungsaktcharakter zu bejahen); VGH Kassel ZBR 1970, 124 f.

331   Vgl. BVerwG ZBR 1978, 69, 70, das allerdings vorsichtig formuliert, der Anspruch könne, „wenn nicht im Wege der Verpflichtungsklage, so doch zumindest im Wege der allgemeinen Leistungsklage" geltend gemacht werden. Anders VGH Kassel ZBR 1970, 124, 125, der zur gerichtlichen Überprüfung der Rechtmäßigkeit der Ablehnung einer Herabsetzung der Pflichtstundenzahl eine Anfechtungsklage für zulässig hält. In BVerwGE 21, 293, 295 ist zur Klärung der Höhe der von einem Lehrer abzuleistenden Pflichtstunden eine Feststellungsklage nach § 43 als zulässig erachtet.

332   VGH München BayVGH (N. F.) 11, 115 ff.; BayVBl 1972, 101 f. Anders hingegen VGH München ZBR 1976, 314; dazu *H. Hacker*, BayVBl 1979, 449, 457.

333   S. etwa *P. König*, BayVBl 1971, 44, 46; *I. v. Münch*, ZBR 1966, 367, 371; *W. Schick*, ZBR 1967, 297, 302; *E. Schütz*, DÖD 1971, 121, 125 f.

334   So BVerwGE 28, 191 ff.; 49, 351, 353 ff.; OVG Lüneburg DÖV 1972, 212 (LS); ZBR 1974, 385 f.; DVBl 1985, 1245; *Hufen* § 14 Rn. 42; *C. L. Lässig*, DÖV 1983, 876, 879; *U. Stelkens*, in: Stelkens/Bonk/Sachs § 35 Rn. 200 a. S. ferner speziell zu dienstlichen Beanstandungen BGH DB 1969, 658; VGH Mannheim VerwRspr 15, 31. Allerdings auch bereits BVerwGE 21, 127, 129.

335   BVerwGE 28, 191, 193; 49, 351, 354 f.; ebenso OVG Lüneburg ZBR 1974, 385. Vgl. bereits BVerwGE 8, 192 ff.

prozess, in dem um die Rechtmäßigkeit der aufgrund der dienstlichen Beurteilung dem Beamten gegenüber getroffenen dienstlichen Maßnahme wie etwa einer Versetzung oder Versagung der Beförderung gestritten wird.[336]

i) Sicherheitsüberprüfung. Wendet sich ein Beamter gegen das Ergebnis einer ihn betreffenden Sicherheitsüberprüfung, ist nicht die Anfechtungsklage, sondern die Feststellungsklage gem. § 43 statthaft. Die das Sicherheitsüberprüfungsverfahren abschließende Entscheidung gem. § 14 Abs. 3 S. 1 SÜG, dass ein Sicherheitsrisiko vorliegt, welches einer sicherheitsempfindlichen Tätigkeit des Betroffenen entgegensteht, ist ihrem objektiven Sinngehalt nach nicht auf unmittelbare Rechtswirkung nach außen gerichtet und damit kein Verwaltungsakt (BVerwG NVwZ-RR 2011, 682 ff.; → Rn. 330). 156

j) Nebentätigkeit. Mit dem Antrag auf Genehmigung einer Nebentätigkeit, die etwa in den §§ 99 BBG und 40 BeamtStG geregelt ist, begehrt der Beamte einen begünstigenden Verwaltungsakt, dessen Erlass er mit der Verpflichtungsklage verfolgen kann; soweit der Verwaltung bei ihrer Entscheidung ein Ermessensspielraum zusteht, ist allerdings nur ein Bescheidungsurteil nach § 113 Abs. 5 S. 2 i.V.m. § 114 möglich (BVerwGE 29, 304 ff.; 31, 241 ff.). Wird dem Beamten eine nicht genehmigungspflichtige Nebentätigkeit – bspw. gem. § 100 Abs. 4 BBG – ganz oder teilweise untersagt, kann er diesen belastenden Verwaltungsakt mit der Anfechtungsklage angreifen (BVerwGE 30, 29, 30). Umgekehrt scheitert die *Feststellungsklage* eines Beamten hinsichtlich der gebotenen *Nicht*erteilung einer Nebentätigkeitgestattung am Fehlen der – dem BVerwG zufolge auch hier erforderlichen – Klagebefugnis gem. § 42 Abs. 2 analog[337] (zur umstr. Rspr. des BVerwG → Rn. 373 f.). 157

k) Versetzung, Abordnung und Umsetzung. Während die Voraussetzungen für Versetzung und Abordnung eines Beamten – u.a. in den §§ 27 f. BBG und 14 f. BeamtStG – gesetzlich festgelegt sind, fehlen in den Beamtengesetzen des Bundes und der Länder Regelungen für die Umsetzung. 158

aa) Begriff des Amtes. Zur Bestimmung der jeweiligen Rechtsnatur dieser Maßnahmen lassen sich mehrere Bedeutungen des Begriffs des Amtes unterscheiden. Das BVerwG hat zwischen dem „Amt im statusrechtlichen Sinne" und dem „Amt im funktionellen Sinne" differenziert: Danach wird das statusrechtliche Amt „grundsätzlich durch die Zugehörigkeit zu einer Laufbahn und Laufbahngruppe, durch das Endgrundgehalt der Besoldungsgruppe und durch die dem Beamten verliehene Amtsbezeichnung gekennzeichnet"; dieses Amt „und dessen Zuordnung zu einer bestimmten Besoldungsgruppe in Verbindung mit der Relation zu anderen Ämtern und deren Zuordnung zu den Besoldungsgruppen und der laufbahnrechtlichen Einordnung (Laufbahn- und Laufbahngruppenzugehörigkeit) bringen abstrakt die Wertigkeit des Amtes zum Ausdruck und legen die amtsgemäße Besoldung fest".[338] Von dem statusrechtlichen Amt ist das Amt im funktionellen Sinne zu unterscheiden, welches eine „Sammelbezeichnung" für das abstrakte und das konkrete Amt darstellt; unter dem Begriff des Amtes im abstrakt-funktionellen Sinne wird ein der Rechtsstellung des Beamten entsprechender Aufgabenkreis bei einer bestimmten Behörde verstanden, während der Begriff des Amtes im konkret-funktionellen Sinne den Aufgabenkreis (Dienstposten) meint, welcher dem Beamten speziell übertragen ist (BVerwGE 40, 104, 107; 65, 270, 272). 159

bb) Versetzung und Abordnung. Wird dem Beamten bei einer anderen Behörde desselben Dienstherrn oder bei einem anderen Dienstherrn nicht nur vorübergehend ein anderes Amt im abstrakt-funktionellen Sinne zugewiesen, handelt es sich wegen dieses Behördenwechsels um eine *organisationsrechtliche Versetzung*; eine *statusberührende Versetzung* liegt hingegen vor, wenn dem Beamten – bei unveränderter Behördenzugehörigkeit – ein anderes statusrechtliches Amt wie das Amt einer anderen Laufbahn übertragen wird.[339] Unter einer *Abordnung* ist die vorübergehende Zuweisung eines anderen Amtes im konkret-funktionellen Sinne bei einer anderen Dienststelle desselben Dienstherrn oder 160

---

336 Vgl. *F. Bieler*, Die dienstliche Beurteilung, ⁴2002, Rn. 129.
337 BVerwGE 99, 64, 65 f.
338 BVerwGE 65, 270, 272; vgl. auch BVerwGE 49, 64, 67; 60, 144, 146 ff.; 65, 253, 255; 81, 282, 285; 87, 310, 313; 89, 199, 200 f.
339 BVerwGE 65, 270, 276; *J. Bodanowitz*, in: Schnellenbach/Bodanowitz § 4 Rn. 1 f.; ferner BVerwGE 60, 144, 147.

bei einem anderen Dienstherrn zu verstehen (vgl. etwa §§ 27 BBG, 14 BeamtStG).[340] Versetzung und Abordnung sind unzweifelhaft anfechtbare Verwaltungsakte.[341]

161   **cc) Umsetzung.** Die Umsetzung hingegen, welche das statusrechtliche Amt sowie das Amt im abstrakt-funktionellen Sinne unberührt lässt und lediglich die Zuweisung eines anderen Dienstpostens – also eines anderen Amtes im konkret-funktionellen Sinne – innerhalb *derselben* Behörde zum Gegenstand hat, fehlt generell die Verwaltungsaktqualität; sie ist nämlich nicht auf unmittelbare Rechtswirkung nach außen gerichtet, weil sie sich nach ihrem objektiven Sinngehalt in ihren Auswirkungen auf die organisatorische Einheit beschränkt, welcher der Beamte angehört, und damit zu der „Vielzahl der im einzelnen nicht normativ erfaßten Maßnahmen" gehört, „die zur Erhaltung und Gewährleistung der Funktionsfähigkeit der öffentlichen Verwaltung unerläßlich sind".[342] Angesichts des dargelegten objektiven Sinngehalts der Umsetzung hängt deren Rechtsnatur nicht davon ab, ob der Beamte *behauptet*, die Zuweisung des neuen Dienstpostens sei „nach objektiven Gesichtspunkten geeignet, über die Änderung des innerdienstlichen Aufgabenbereichs hinaus seinen persönlichen Rechtsstand zu beeinträchtigen" (so aber OVG Münster OVGE 28, 128, 129). Ebenso wenig lässt sich die Umsetzung mit Rücksicht darauf als Verwaltungsakt qualifizieren, dass durch diese Maßnahme die Rechtssphäre des Beamten *tatsächlich* beeinträchtigt ist.[343] Eine Rechtsverletzung kann der durch die Umsetzung betroffene Beamte daher nicht mit der Anfechtungsklage, sondern mit der allgemeinen Leistungsklage geltend machen, welche die Rückgängigmachung der beanstandeten Umsetzung zum Ziel hat.[344]

162   **l) Bloße Änderung des Aufgabenbereichs eines Beamten durch Organisationsverfügung.** Entsprechend den zur Rechtsnatur der Umsetzung (→ Rn. 161) angestellten Überlegungen ist auch die bloße Änderung des Aufgabenbereichs eines Beamten durch Organisationsverfügung, welche das statusrechtliche Amt und das Amt im abstrakt-funktionellen Sinne (zu diesen Begriffen → Rn. 159) unberührt lässt, kein Verwaltungsakt, sondern eine nur behördeninterne Maßnahme, welche der betroffene Beamte mit der allgemeinen Leistungsklage angreifen kann; weil diese Organisationsverfügung – anders als die Umsetzung – dem Beamten nicht ein neues Amt im konkret-funktionellen Sinne zuweist, sondern die bisherige Arbeitsverteilung lediglich teilweise ändert, ist sie im Vergleich zur Umsetzung sogar „noch weniger geeignet [...], als Verwaltungsakt qualifiziert zu werden".[345]

163   **m) Dienstanweisungen an Gerichtsvollzieher.** Generell-abstrakte Dienstanweisungen an Gerichtsvollzieher, die vom zuständigen Amtsgerichtsdirektor erlassen werden, sind schon mangels Einzelfallcharakters keine Verwaltungsakte und berühren zudem das Grundverhältnis nicht. Daran ändert auch eine (unzutr.) Widerspruchsbelehrung nichts (VGH München DGVZ 2004, 25).

164   **n) Ausschluss eines Beamten von einem bestimmten Verwaltungsverfahren.** Auch der Ausschluss eines Beamten von einem bestimmten Verwaltungsverfahren – etwa wegen der Besorgnis der Befangenheit nach § 21 VwVfG – stellt eine nur behördeninterne Organisationsmaßnahme bzgl. der Art und

---

340   Dazu BVerwGE 60, 144, 147; *A. Kremer,* NVwZ 1983, 6, 7; *J. Bodanowitz,* in: Schnellenbach/Bodanowitz § 4 Rn. 48.

341   Vgl. BVerwG NJW 1961, 1323, 1325 (zur Versetzung); BVerwGE 60, 144, 147; 65, 270 ff. und 87, 310, 312 (jeweils zur Versetzung); BVerwG 27.11.2000 Buchholz 232 § 26 BBG Nr. 40 (zur Versetzung); OVG Koblenz AS 4, 57 ff. (zur Abordnung); OVG Lüneburg OVGE 6, 482, 483 f. (zur Abordnung); OVG Münster DÖV 1983, 865 (LS) und NWVBl 1991, 69 (jeweils zur Versetzung); VGH Kassel ESVGH 6, 40 ff. (zur Versetzung); VGH Mannheim ZBR 1976, 154 (zur Abordnung); *H.-U. Erichsen,* DVBl 1982, 95, 98; *A. Kremer,* NVwZ 1983, 6, 7.

342   BVerwGE 60, 144, 145 ff.; BVerwG DVBl 1981, 495; i.E. ebenso BVerwGE 89, 199, 200; BVerwG NVwZ 1994, 785, 786; OVG Bautzen DÖD 2004, 225 f.; OVG Hamburg DÖD 1979, 60, 61; OVG Weimar ThürVBl 1997, 133 ff.; VGH Kassel NVwZ 1982, 638; NVwZ-RR 1993, 277, 278; *H.-U. Erichsen,* DVBl 1982, 95, 99; *H. Günther,* ZBR 1979, 93, 106; *ders.,* NVwZ 1986, 697, 700; *Hufen* § 14 Rn. 42; *A. Kremer,* NVwZ 1983, 6, 7; *Maurer* § 9 Rn. 26; *Schenke* Rn. 218.

343   I.d.S. noch BVerwGE 14, 84, 87; OVG Berlin DVBl 1972, 42, 43; OVG Koblenz ZBR 1979, 82, 83; OVG Münster OVGE 29, 83 f.; ZBR 1976, 183; ZBR 1978, 66.

344   BVerwGE 60, 144, 150; 89, 199, 200; OVG Hamburg DÖD 1979, 60, 61; *H. Günther,* ZBR 1979, 93, 106; *A. Kremer,* NVwZ 1983, 6, 7; *Maurer* § 9 Rn. 26; *Schenke* Rn. 218; vgl. auch OVG Weimar ThürVBl 1997, 133 ff.

345   BVerwG DVBl 1981, 495 f.; i.E. ebenso BVerwGE 89, 199, 200; 98, 334, LS, 335 f. Ferner OVG Lüneburg NdsVBl 2000, 120, 121; VGH München BayVGH (N. F.) 34, 48.

Weise der Amtsführung des betroffenen Beamten und somit keinen anfechtbaren Verwaltungsakt dar.[346]

o) **Beförderung.** Wird einem Beamten ein anderes Amt mit höherem Endgrundgehalt und anderer 165 Amtsbezeichnung verliehen, handelt es sich um eine Beförderung,[347] welche einer Ernennung bedarf (etwa § 10 Abs. 1 Nr. 3 BBG, § 8 Abs. 1 Nr. 3 BeamtStG). Die Ernennung ist ein mitwirkungsbedürftiger Verwaltungsakt (→ Rn. 146). Die der Beförderung gleichgestellte Verleihung eines anderen Amtes mit höherem Endgrundgehalt, welche nicht mit einer Änderung der Amtsbezeichnung verbunden ist, stellt einen ernennungsähnlichen Verwaltungsakt dar, dessen Rücknahme von dem betroffenen Beamten mit der Anfechtungsklage angegriffen werden kann (BVerwGE 81, 282 ff.).[348]

aa) **Mitwirkung von Personalausschüssen.** Das BVerwG verneinte jeweils die selbständige Anfecht- 166 barkeit der Weigerung des Bundespersonalausschusses (BVerwGE 26, 31, 39 ff.) und des Landespersonalausschusses Berlin (BVerwG BayVBl 1968, 24 f.), eine für die Beförderung eines Beamten erforderliche *Ausnahme von laufbahnrechtlichen Vorschriften* zuzulassen, wegen fehlender Verwaltungsaktqualität und erklärte lediglich die inzidente Überprüfung dieser Beschlüsse in den verwaltungsgerichtlichen Verfahren der betroffenen Beamten gegen ihre Dienstherrn für zulässig; wesentliche Bedeutung maß das BVerwG insoweit dem Umstand zu, dass die Ernennungsbehörden nicht mit Rücksicht auf die Mitwirkung der Personalausschüsse als „Briefträger" fungierten, sondern selbst nach positiven Beschlüssen der Personalausschüsse von den ursprünglich beabsichtigten Ernennungen Abstand nehmen konnten. Entscheidend ist in diesen Fällen, dass die Mitwirkungshandlungen der Personalausschüsse in Bezug auf die für die Beförderung in Betracht gezogenen Beamten nicht auf unmittelbare Rechtswirkung nach außen gerichtet sind (zum fehlenden Verwaltungsaktcharakter von Mitwirkungshandlungen einer anderen Behörde im Baugenehmigungsverfahren → Rn. 129). Lehnt hingegen ein Personalausschuss den Antrag einer kommunalen Körperschaft ab, der Beförderung eines Beamten zuzustimmen, kommt diesem Beschluss der kommunalen Körperschaft gegenüber Außenwirkung und damit Verwaltungsaktcharakter zu; das BVerwG sprach unter Hinweis auf den Eingriff „in die Personalhoheit als Teil des Selbstverwaltungsrechts der kommunalen Körperschaft" von einem durch diese „gemäß § 42 Abs. 2 VwGO anfechtbaren Verwaltungsakt" (BVerwGE 31, 345, 350).

bb) **Konkurrentenstreitigkeiten.** Vor allem angesichts der aufgrund von Haushaltseinsparungen sin- 167 kenden Zahl von Beförderungsstellen und des durch die Altersstruktur bedingten Bewerberüberhangs gewinnen in der verwaltungsgerichtlichen Praxis seit geraumer Zeit zunehmend Klagen an Bedeutung, welche von Beamten erhoben werden, deren Bewerbung um ein Beförderungsamt erfolglos blieb.[349] Zentrale Bedeutung bei der Auswahlentscheidung des Dienstherrn kommt der Vorschrift des Art. 33 Abs. 2 GG zu, welcher nicht nur Einfluss auf die Auswahlentscheidung selbst hat, sondern auch auf das Verfahren an sich ausstrahlt.[350] Der Dienstherr hat sich bei seiner Auswahlentscheidung an dem in Art. 33 Abs. 2 GG zum Ausdruck gebrachten Grundsatz der Bestenauslese zu orientieren.[351]

Die Frage nach der Zulässigkeit von Klagen gegen eine Auswahlentscheidung oder eine Ernennung 168 wird in Rspr. und Lit. seit langem kontrovers beurteilt, wobei schon die Terminologie uneinheitlich ist. Während etwa das BVerwG unter der *„beamtenrechtlichen Konkurrentenklage"* die Klage des bei einer Stellenbesetzung nicht berücksichtigten Beamten gegen die Ernennung des vorgezogenen Beam-

---

346 BVerwG NVwZ 1994, 785, 786; s. ferner VGH München BayVBl 1992, 469 f., der in einem solchen Falle auch eine allgemeine Feststellungsklage nach § 43 „mangels Verletzung des Bediensteten in eigenen Rechten" für unzulässig erklärt hat. Vgl. auch BVerwG FEVS 14, 441, 443.
347 Vgl. §§ 32 ff. BLV; zum Begriff der Beförderung näher *H. Günther*, ZBR 1979, 93.
348 Zum Schadensersatz wegen verspäteter Beförderung BVerwGE 145, 185 ff.
349 *B. Wittkowski*, NJW 1993, 817.
350 Zu der Frage einer verfassungsrechtlichen Pflicht zur Ausschreibung *G. A. Neuhäuser*, NVwZ 2013, 176 ff.; zur Auswahlentscheidung selbst *G. Kalenbach*, öAT 2013, 7 ff.; zum Anforderungsprofil BVerwGE 147, 20 ff. m. krit. Anm. *T. v. Roetteken*, jurisPR-ArbR 1/2014 Anm. 4; zum Abbruch eines Auswahlverfahrens BVerfG (K) NVwZ 2012, 366 ff.; BVerwGE 151, 14, 18 ff.; zur Vermeidung von „Stellenblockaden" BVerwGE 155, 152 ff.
351 Zur Bestenauslese BVerfG (K) NVwZ 2011, 746 ff.; NVwZ 2011, 1191 f.; NVwZ 2012, 368 ff.; BVerwG NVwZ 2013, 1227, 1229; speziell zur Bestenauslese, wenn die Mehrzahl der Bewerber überwiegend bestbeurteilt ist, BVerfG (K) NVwZ 2013, 573 ff.; OVG Koblenz DVBl 2013, 258 ff.; zur Modifikation des Grundsatzes der Bestenauslese bei Bundesrichterwahlen BVerfGE 143, 22 ff.; zu Beförderungsgrundsätzen BVerwG NVwZ-RR 2012, 241 ff.; zur Zulässigkeit eines Beförderungsranglistensystems BVerwGE 140, 83 ff.; zur Auswahlentscheidung bei Versetzung BVerwG NVwZ 2013, 797 f.

ten versteht,[352] zählen der VGH München (NVwZ 1983, 755) und einige Autoren im Schrifttum[353] zur „Konkurrentenklage" im Beamtenrecht auch die Klage des Bewerbers auf die *eigene* Einstellung oder Beförderung. Diese sollte allerdings in Abgrenzung zur „Konkurrentenklage" besser als „*Bewerbungsklage*" bezeichnet werden.[354]

169 Hinsichtlich der verschiedenen Rechtsschutzmöglichkeiten des unterlegenen Bewerbers ist insbes. die Frage von Bedeutung, wie weit das Verfahren schon fortgeschritten ist. Dabei spielen zwei Ereignisse eine Rolle: nämlich die Auswahlentscheidung (sowie deren Mitteilung) und die tatsächliche Ernennung des obsiegenden Bewerbers. Der Zeitraum des Rechtsschutzbegehrens ist deshalb maßgebend, weil nach *bisheriger Rspr.* (→ Rn. 169–174) im Interesse des Rechtsbestands der vollzogenen Ernennung (Grundsatz der Ämterstabilität) eine Anfechtung der Ernennung durch den unterlegenen Bewerber nicht in Betracht kam (vgl. etwa BVerwGE 80, 127, 129). Bis zur Ernennung kann der unterlegene Bewerber aber seinen sog. „Bewerbungsverfahrensanspruch"[355] (Art. 33 Abs. 2 GG) geltend machen, den er im Rahmen einer „Bewerbungsklage" im oben (→ Rn. 168) genannten Sinne und mit den Mitteln des vorläufigen Rechtsschutzes zu verfolgen vermag. So hat das BVerwG in einem Urteil vom 25.8.1988 (BVerwGE 80, 127, 129) die Mitteilung an einen Bewerber, dass ein anderer für die Stelle ausgewählt und er deshalb nicht berücksichtigt worden sei, als einen den erfolglosen Bewerber „belastenden Verwaltungsakt" bezeichnet. Gegen diesen Bescheid könne der unterlegene Bewerber „mit einer Klage auf Neubescheidung Rechtsschutz in Anspruch nehmen, wobei dann im Verwaltungsstreitverfahren die diesem Verwaltungsakt zugrunde liegende Auswahlentscheidung überprüfbar" sei; er könne „auch – ggf. schon vor Erlass des ablehnenden Verwaltungsaktes – durch Inanspruchnahme vorläufigen Rechtsschutzes zu verhindern suchen, daß durch die Ernennung eines anderen […] vollendete Tatsachen geschaffen" würden. Ein vom unterlegenen Bewerber gestellter „*Verpflichtungsantrag auf Neubescheidung*" müsse jedoch *nach* der Beförderung eines anderen Beamten auf die ausgeschriebene Stelle erfolglos bleiben, weil nach der vorangegangenen bis vor kurzem (zur neuen Judikatur → Rn. 174 a) st. Rspr.[356] „mit der endgültigen anderweitigen Besetzung einer Stelle eine durch Ausschreibung eingeleitete Stellenbesetzung beendet" werde und sich daher der Verwaltungsakt „erledige", mit dem die Bewerbung eines nicht berücksichtigten Beamten abgelehnt werde; damit sei „nicht gemeint, daß kein den bei der Auswahlentscheidung abgelehnten Bewerber belastender Verwaltungsakt mehr" vorliege, sondern dass wegen der bereits vollzogenen Ernennung des anderen mangels verfügbarer Stelle seiner Bewerbung nicht mehr entsprochen werden könne.[357]

170 Die soeben wiedergegebene Judikatur des BVerwG verdient überwiegend Zustimmung, mit der Einschränkung freilich, dass nicht die Mitteilung über die Erfolglosigkeit der Bewerbung, sondern die *Auswahlentscheidung* einen Verwaltungsakt darstellt, welche mit der Bewerbung um eine ausgeschriebene Stelle beantragt worden ist und ein Ausleseverfahren (vgl. etwa § 9 BBG, § 9 BeamtStG) abschließt; in der Mitteilung ist lediglich die Bekanntgabe dieses Verwaltungsakts zu sehen.[358] Als Rechtsschutz gegen die Auswahlentscheidung kommt für den unterlegenen Bewerber eine – regelmäßig auf Neubescheidung gerichtete[359] – *Verpflichtungsklage* in Betracht. Das BVerwG hat in seinem Urteil vom 25.8.1988 (BVerwGE 80, 127, 129 f.) und in einer weiteren Entscheidung vom 9.3.1989 (BVerwG DVBl 1989, 1150) den jeweiligen Klagen dennoch den Erfolg versagt, den Grund für diese

---

352 BVerwGE 80, 127, 130; BVerwG DVBl 1989, 1150. Aus der Lit. etwa *R. Maaß*, NJW 1985, 303; *H. Schnellenbach*, DÖD 1990, 153; *ders.* Rn. 41, 74; *C. Seiler*, JuS 1986, 424; *G. Siegmund-Schultze*, VerwArch 73 (1982), 137, 142 f.; *H.-D. Weiß*, ZBR 1989, 273 ff.; *B. Wittkowski*, NJW 1993, 817.

353 So *M. Happ*, in: Eyermann § 42 Rn. 104, 123; *C. Peter*, JuS 1992, 1042 ff.; *M. Ronellenfitsch*, VerwArch 82 (1991), 121, 140 f.; *A. Schmitt-Kammler*, DÖV 1980, 285 ff.; *Ule* § 33 III.

354 *H.-D. Weiß*, ZBR 1989, 273, 275; *B. Wittkowski*, NJW 1993, 817, 818. Vgl. auch *K. Finkelnburg*, DVBl 1980, 809, 810, der zwischen „Ernennungsklage" und „Konkurrentenklage" differenziert.

355 BVerwGE 141, 271, 273.

356 BVerwG 7.12.1965 Buchholz 310 § 113 VwGO Nr. 23; 14.6.1966 Buchholz 232 § 8 BBG Nr. 4; ZBR 1986, 50. S. ferner VGH Kassel NJW 1985, 1103; VGH Mannheim ESVGH 18, 31, 37; VGH München NVwZ 1983, 755.

357 BVerwGE 80, 127, 129 f.; BVerwG DVBl 1989, 1150; BVerwGE 118, 370, 372 f. Zweifelnd hingegen BVerwGE 115, 89, 91 f.; diese Bedenken relativierend OVG Münster DVBl 2003, 1558, 1559 f.

358 Vgl. OVG Lüneburg OVGE 34, 475 ff.; DVBl 1985, 1245; *C. Peter*, JuS 1992, 1042, 1045. Ferner *H. Schnellenbach*, DÖD 1990, 153, 155, der insoweit von einer „Doppelnatur" spricht. *C.-D. Bracher*, ZBR 1989, 139, 142 vertritt hingegen die Auffassung, weder die Auswahlentscheidung noch deren Bekanntgabe seien Verwaltungsakte.

359 Dazu, dass nach dem Beamtenrecht zumeist kein Ernennungs*anspruch* auch des ausreichend und im Vergleich zu seinen Mitbewerbern besser qualifizierten Bewerbers besteht, BVerfGE 39, 334, 354; *K. Finkelnburg*, DVBl 1980, 809, 810; *C. Peter*, JuS 1992, 1042, 1044 f.

Erfolglosigkeit allerdings nur angedeutet. Zwar fehlt dem unterlegenen Bewerber nicht die Klagebefugnis nach § 42 Abs. 2; denn Art. 33 Abs. 2 GG verleiht jedem Bewerber ein subjektiv-öffentliches Recht auf „ermessens- und beurteilungsfehlerfreie Entscheidung über seine Bewerbung"[360]. In den fraglichen Fällen war aber eine Ernennung schon erfolgt. Nach tradierter Auffassung musste mit der Ernennung eines anderen Bewerbers jedoch das *Rechtsschutzbedürfnis* für einen Verpflichtungsantrag auf Neubescheidung[361] entfallen, weil der durch die Erfolglosigkeit der Bewerbung gegebene Nachteil dann nicht mehr zu beheben war und das prozessuale Vorgehen daher die Rechtsstellung des Klägers nicht verbessern konnte (→ Rn. 350 ff.).[362] Ernennungen seien nämlich „aufgrund der Formenstrenge des Beamtenrechts und des Erfordernisses der Stabilität der Staatsorgane rechtsbeständig" (VGH Mannheim NVwZ 1983, 41). Etwas anderes kann sich nur ergeben, wenn einer der gesetzlich – etwa in den §§ 13 f. BBG, § 11 f. BeamtStG – abschließend geregelten Gründe für die Nichtigkeit oder Rücknahme der Ernennung vorliegt; dies entspreche den „hergebrachten Grundsätzen des Berufsbeamtentums" i.S.v. Art. 33 Abs. 5 GG.[363] Das Prinzip der Ämterstabilität will also „im Interesse geordneter beständiger Personalplanung die Funktionsfähigkeit der Verwaltung sichern".[364] Der Dienstherr kann wegen der Ausschreibung das statusrechtliche Amt mit der ihm zugeordneten Planstelle und dem Dienstposten nicht nochmals vergeben (BVerwGE 80, 127, 130; BVerwG DVBl 1989, 1150). Der übergangene Beamte kann sich übrigens auch mit einer *„isolierten" Anfechtungsklage* gegen den Ablehnungsbescheid begnügen, der nicht das erforderliche allgemeine Rechtsschutzbedürfnis fehlt (→ Rn. 340 ff., insbes. → Rn. 344 ff.).

Angesichts der Möglichkeit des unterlegenen Bewerbers, die Schaffung vollendeter Tatsachen durch die Beförderung im Wege der Inanspruchnahme vorläufigen Rechtsschutzes nach § 123[365] sowie – bei Misserfolg – durch Ersuchen verfassungsgerichtlichen Eilrechtsschutzes (z.B. § 32 BVerfGG)[366] zu verhindern, wurde die Erfolglosigkeit einer Bewerbungsklage nach der endgültigen Stellenbesetzung bis vor kurzem als nicht unzumutbare Einschränkung des Rechtsschutzes des unterlegenen Bewerbers gem. Art. 33 Abs. 2 i.V.m. Art. 19 Abs. 4 GG angesehen.[367] Aus diesen Bestimmungen folgt die Pflicht des Dienstherrn, „daß der unterlegene Bewerber innerhalb einer für seine Rechtsschutzentscheidung ausreichenden Zeitspanne vor der Ernennung des Mitbewerbers durch eine Mitteilung seines Dienstherrn Kenntnis vom Ausgang des Auswahlverfahrens erlangt".[368] Aus den genannten Vorschriften des Grundgesetzes folgt zugleich, „daß der Dienstherr in den Fällen, in denen der übergangene Bewerber einen Antrag auf Erlaß einer einstweiligen Anordnung beim Verwaltungsgericht stellt, vor Aushändi-

171

---

360 BVerfG (K) NVwZ 2003, 200. Vgl. auch BVerwGE 19, 252, 254 f.; 80, 123, 124; 118, 370, 372 ff. m.w.N.; 122, 147, 149; OVG Lüneburg DVBl 1985, 1245 f.; OVG Magdeburg ZBR 1997, 296 f.; OVG Schleswig NVwZ 1993, 1124, 1125; VGH Kassel NJW 1985, 1103; VGH Mannheim VBlBW 1999, 305, 306; VG Hannover DVBl 1977, 584; *H. Günther*, ZBR 1990, 284, 285; *N. Müller*, JuS 1985, 275, 276 f.; *Schenke* Rn. 524; *J. Scherer*, Jura 1985, 11, 17.

361 *Hufen* § 15 Rn. 7, 25; a.M. *Schenke* Rn. 562 a.

362 Allg. zu diesem Aspekt des Rechtsschutzbedürfnisses BVerwG DVBl 1985, 244, 245; OVG Münster DVBl 2003, 1558 f.; VGH Mannheim NVwZ 2004, 199, 200; *H.-C. Bock*, Rechtsschutzbedürfnis, 1971, 63 ff.; *M. Ronellenfitsch*, VerwArch 82 (1991), 121, 126; mit erheblichen Zweifeln an der bisherigen Rspr des BVerwG hingegen *V. Stein*, Sachentscheidungsvoraussetzung, 2000, 164, 196.

363 VGH Mannheim NVwZ 1983, 41. Vgl. auch BVerwG DÖV 1985, 876, 877; 21.11.1996 – 2 A 3/96; OVG Koblenz ZBR 1975, 117, 118; DVBl 2009, 659, 660; OVG Magdeburg ZBR 1997, 296 f.; OVG Münster NVwZ-RR 2004, 437 f.; VG Berlin ZBR 1983, 100, 101; ZBR 1983, 103; *R. Maaß*, NJW 1985, 303; *G. Siegmund-Schultze*, VerwArch 73 (1982), 137, 147 ff. Einwände gegen das oben genannte Argument erheben jedoch *W. Brohm*, FS Menger, 1985, 235, 251; *H. Lecheler*, DÖV 1983, 953, 955 f.; *A. v. Mutius*, VerwArch 69 (1978), 103, 110 f.; *J. Scherer*, Jura 1985, 11, 17 f.; *A. Schmitt-Kammler*, DÖV 1980, 285, 288 ff.; *E.-L. Solte*, NJW 1980, 1027, 1032 ff.

364 *C. Peter*, JuS 1992, 1042, 1044; ausf. *W. Frenz*, Rechtsschutz, 1999, 83 ff. m.w.N.

365 Zu den Anforderungen i.R. der Glaubhaftmachung BVerfG (K) DVBl 2002, 1633, 1634. Dazu ausf. *J. Küchling*, NVwZ 2004, 656 ff.; vgl. auch *W. Frenz*, Rechtsschutz, 1999, 90 ff.

366 Vgl. ThürVerfGH NVwZ 2004, 608, 609.

367 BVerwGE 118, 370, 372 ff. u.a. unter Berufung auf BVerfG (K) DVBl 2002, 1633 f.; ThürVerfGH NVwZ 2004, 608 f.; ausf. *W. Frenz*, Rechtsschutz, 1999, 87 ff. Anders jedoch VG Hannover DVBl 1977, 584; *N. Müller*, JuS 1985, 275, 278 f.; *M. Willke*, JZ 1980, 440, 442 f.: Diese vertreten die Auffassung, Art. 33 Abs. 2 und Art. 19 Abs. 4 GG stünden der Unzulässigkeit der Klage des unterlegenen Bewerbers entgegen. Zweifelnd in einem *obiter dictum* auch BVerwGE 115, 89, 91 f.

368 BVerfG (K) NJW 1990, 501 m.Anm. *J.-D. Busch*, DVBl 1990, 107 f.; ebenso BVerwGE 118, 370, 374; ferner ThürVerfGH NVwZ 2004, 608 f. Zum Informationsanspruch des Beamten im Stellenbesetzungsverfahren auch OVG Schleswig NVwZ-RR 1994, 350 f.; vgl. *J. Bodanowitz*, in: Schnellenbach/Bodanowitz § 3 Rn. 80 f.; *B. Wittkowski*, NJW 1993, 817, 819; *ders.*, NVwZ 1995, 345 f.

gung der Ernennungsurkunde bzw. Übertragung eines höherwertigen Amtes an den ausgewählten Mitbewerber den *rechtskräftigen* Abschluß des Gerichtsverfahrens abwarten muß" (VGH Kassel NVwZ 1994, 1231).

172 Weil sich das auf die eigene Einstellung bzw. Beförderung oder zumindest auf Neubescheidung gerichtete Verpflichtungsbegehren wegen der Ernennung des Mitbewerbers erledigt hat, kommt eine *Fortsetzungsfeststellungsklage* des unterlegenen Bewerbers nach § 113 Abs. 1 S. 4 analog (zur entsprechenden Anwendung dieser Bestimmung auf Verpflichtungsbegehren → Rn. 69 f.) in Betracht mit dem Ziel, die Rechtswidrigkeit der Auswahlentscheidung feststellen zu lassen.[369] Diese Klage ist jedoch regelmäßig wegen Fehlens eines berechtigten Interesses an der genannten Feststellung unzulässig. Insoweit ist zu beachten, dass zumeist Anhaltspunkte dafür fehlen dürften, dass dem unterlegenen Bewerber für die weitere Laufbahnentwicklung und somit bei einer künftigen, unter Wahrung von Art. 33 Abs. 2 GG neu zu treffenden Auswahlentscheidung aus der früheren Nichtberücksichtigung Nachteile entstehen werden.[370] Der VGH München (BayVBl 1994, 756, 757) bejahte allerdings ein Fortsetzungsfeststellungsinteresse i.S.v. § 113 Abs. 1 S. 4 unter Hinweis auf *Wiederholungsgefahr* in einem Fall, in dem über den Beförderungsantrag des Klägers eine sachlich unzuständige Behörde entschieden hatte. Das BVerwG (ZBR 1986, 50) und das OVG Lüneburg (NJW 1984, 1639, 1641) erkannten jeweils ein Fortsetzungsfeststellungsinteresse zugunsten des Bewerbers um eine Professorenstelle an, der in dem Berufungsvorschlag der Hochschule an erster Stelle genannt und dennoch nicht berufen worden war; nach ihrer Auffassung ließen sich nämlich in diesem Fall wegen gewisser Begleitumstände nachteilige Auswirkungen der ablehnenden Entscheidung auf den weiteren Berufsweg als Professor nicht ausschließen (→ Rn. 213). Der VGH Mannheim (NVwZ 2004, 199, 200) nahm ein Fortsetzungsfeststellungsinteresse wegen Wiederholungsgefahr eines Bewerbers um eine Stelle als Justizamtsrat mit der Begündung an, die Beklagte (Behörde) habe vorgetragen, bei ihrer Auswahlentscheidung *auch zukünftig* einem zweifelhaften Kriterium (Dauer der Wahrnehmung einer sog. Funktionsrechtspflegerstelle in der Vergangenheit) ein erhebliches Gewicht beizumessen.

173 Wird einem Mitbewerber der ausgeschriebene *Beförderungsdienstposten ohne gleichzeitige Beförderung übertragen* mit dem Ziel, den ausgewählten Bewerber im Falle der Bewährung auf diesem Dienstposten später zu befördern, ist eine – regelmäßig auf Neubescheidung des Beförderungsantrags zu richtende – Verpflichtungsklage des nicht berücksichtigten Bewerbers bis zur Beförderung des Mitbewerbers zulässig. Für diesen Zeitraum kann dem Rechtsschutzbedürfnis für diese Klage nicht der Grundsatz der Ämterstabilität (→ Rn. 170) entgegengehalten werden (ausf. OVG Münster NWVBl 2004, 466, 468). Das BVerwG[371] hat dazu klargestellt, dass die Entscheidung zugunsten des Mitbewerbers im Falle ihrer Rechtswidrigkeit „neu getroffen bzw. durch eine andere Auswahlentscheidung ersetzt und ggf. eine rechtswidrige Besetzung des Dienstpostens mit dem Mitbewerber rückgängig gemacht und der Beförderungsdienstposten anderweitig besetzt werden" kann. Die Übertragung eines höherwertigen Dienstpostens wird in der neueren Rspr. und Lit. als innerbehördliche Maßnahme ohne Verwaltungsaktcharakter qualifiziert, und zwar entweder als Umsetzung[372] (zum Fehlen des Verwaltungsaktcharakters der Umsetzung → Rn. 161) oder als eine der Umsetzung vergleichbare Maßnahme[373], obwohl dadurch die spätere Beförderungsentscheidung wesentlich vorbestimmt wird.[374] Daher kann der unterlegene Bewerber auch eine allgemeine Leistungsklage erheben entweder mit dem An-

369 Vgl. BVerwG ZBR 1986, 50; DVBl 1989, 1150; OVG Lüneburg NJW 1984, 1639; VGH München NVwZ 1983, 755; BayVBl 1994, 756, 757; VGH Mannheim NVwZ 2004, 199, 200; *K. Finkelnburg*, DVBl 1980, 809, 810; *C. Peter*, JuS 1992, 1042, 1045 f.; *J. Bodanowitz*, in: Schnellenbach/Bodanowitz § 3 Rn. 78.

370 Dazu BVerfG (K) NJW 1990, 501, 502; BVerwGE 80, 127, 131. Ferner BVerwG DVBl 1989, 1150 f. und VGH München NVwZ 1983, 755 f. (mit Ausführungen jeweils auch zur Frage nach einem Feststellungsinteresse mit Rücksicht auf die Geltendmachung eines Schadensersatzanspruchs). Vgl. andererseits OVG Münster NWVBl 1990, 155, 156.

371 DVBl 1989, 1150. Zur sog. Rückumsetzung auch BVerwGE 75, 138, 141; BVerwG 26.11.1987 Buchholz 237.7 § 85 LBG NRW Nr. 6. Anders jedoch VG Neustadt NJW 1987, 672, 673. Ferner zur Rückgängigmachung einer im Wege der *Abordnung* erfolgten Dienstpostenübertragung OVG Schleswig NVwZ-RR 1995, 45.

372 *H. Günther*, ZBR 1979, 93, 106; *ders.*, DÖD 1984, 161 f.; *ders.*, NVwZ 1986, 697, 700; *C. Peter*, JuS 1992, 1042, 1047; *B. Wittkowski*, NJW 1993, 817, 818; vgl. auch OVG Münster NWVBl 2004, 466, 468.

373 So VGH Kassel NVwZ 1982, 638 unter ausdrückl. Aufgabe der in ZBR 1977, 370 f. vertretenen Auffassung; VG Neustadt NJW 1987, 672.

374 Das OVG Koblenz ZBR 1975, 117 meint sogar, die Entscheidung über die Beförderung falle „mit der Übertragung des höherwertigen Dienstpostens lediglich unter dem gewissermaßen negativen Vorbehalt, daß der Beamte sich wi-

trag, dass der bereits besetzte Dienstposten freigemacht und wegen einer Ermessensreduzierung auf Null ihm übertragen wird, oder mit dem Ziel, dass die zuständige Behörde wegen eines Ermessensfehlers über sein Verlangen nach Übertragung des Beförderungsdienstpostens neu entscheiden muss.[375]

In den beiden Urteilen des BVerwG vom 25.8.1988 (BVerwGE 80, 127, 130) und 9.3.1989 (DVBl 1989, 1150) bedurfte es jeweils „keiner Entscheidung, ob und inwieweit dem bei einer Stellenbesetzung nicht berücksichtigten Beamten durch Klage gegen die Ernennung des vorgezogenen Beamten Rechtsschutz gewährt werden könnte (beamtenrechtliche Konkurrentenklage)", weil die Kläger lediglich die Ablehnung ihrer eigenen Bewerbung beanstandeten. Das BVerwG hatte in den Urteilsbegründungen jedoch durch einige Bemerkungen zu erkennen gegeben, dass es auch eine *Anfechtungsklage gegen die Ernennung des Konkurrenten* für unzulässig hält. Dies lässt sich vor allem der Formulierung entnehmen, die Kläger wendeten sich jeweils nicht gegen die – durch einen von der ablehnenden Entscheidung über ihre Bewerbung rechtlich zu trennenden, sie *„nicht betreffenden Verwaltungsakt"* ausgesprochene – Ernennung des Mitbewerbers.[376] Das BVerwG brachte damit zum Ausdruck, dass nach seiner Ansicht die Ernennung zwar einen – den erfolgreichen Bewerber begünstigenden – Verwaltungsakt darstellt, diesem jedoch keine belastende Drittwirkung zukommt.[377] Gegen diese Rspr. hatte sich eine beachtliche Gegenansicht gebildet.[378] **174**

In die soeben wiedergegebene Diskussion ist durch ein Urteil des BVerwG vom 4.11.2010 (BVerwGE 138, 102 ff.) neue Bewegung gekommen, welches in der Lit. bereits als „Meilenstein" bezeichnet wurde[379].[380] Unter ausdrücklicher Aufgabe seiner bisherigen Rspr. sieht das BVerwG nunmehr in der Ernennung des erfolgreichen Bewerbers einen Verwaltungsakt mit Drittwirkung, der in die Rechte der unterlegenen Bewerber aus Art. 33 Abs. 2 GG eingreift; dies ergebe sich auch mit Blick auf den im Fall noch nicht anwendbaren § 9 BeamtStG, wonach *Ernennungen* nach Eignung, Befähigung und fachlicher Leistung vorzunehmen sind (BVerwGE 138, 102, 109). Nicht nur die Auswahlentscheidung, sondern auch die daran anküpfende Ernennung greife somit in die Rechte aller Bewerber aus Art. 33 Abs. 2 GG ein. In prozessualer Hinsicht hält das BVerwG eine Anfechtungsklage des unterlegenen Bewerbers daher nun in gewissen Konstellationen für möglich. Der Grundsatz der *Ämterstabilität* stehe der *Aufhebung der Ernennung* dann nicht entgegen, wenn dem unterlegenen Bewerber seine Rechtsschutzmöglichkeiten zur gerichtlichen Überprüfung der Auswahlentscheidung vor der Ernennung genommen wurden, wie es im entschiedenen Fall geschehen war (BVerwGE 138, 102, 111 ff.). Bevor die Ernennung erfolgen darf, treffen den Dienstherrn daher aus Art. 19 Abs. 4 S. 1 und Art. 33 Abs. 2 GG bestimmte Mitteilungs- und Wartepflichten, damit der unterlegene Bewerber seine Rechtsschutzmöglichkeiten wahrnehmen kann: Die Auswahlentscheidung muss diesem zunächst mitgeteilt werden; danach ist eine angemessene Zeit zu warten (zwei Wochen ab Zugang der Mitteilung, vgl. BVerwGE 138, 102, 112), damit die Unterlegenen das VG anrufen können. Anschließend hat der Dienstherr das Ergebnis des einstweiligen Rechtsschutzverfahrens sowie das evtl. Ergebnis in der abschließenden Beschwerdeinstanz vor dem OVG abzuwarten. Schließlich muss mit der Ernennung nochmals abgewartet werden, um dem Unterlegenen die Möglichkeit zur Anrufung des BVerfG mit dem Antrag auf Erlass einer einstweiligen Anordnung (§ 32 BVerfGG) zu geben.[381] Ein Verstoß gegen Art. 19 Abs. 4 S. 1 und Art. 33 Abs. 2 GG liegt selbstverständlich auch dann vor, wenn der Dienstherr die Ernennung **174a**

---

der Erwarten auf dem neuen Dienstposten als ungeeignet erweisen sollte", und schließt daraus – allerdings eben zu weitgehend – auf den Verwaltungsaktcharakter dieser Übertragung; i.E. ebenso G. *Britz*, DÖV 1982, 231 f. Vgl. auch R. *Wörz*, ZBR 1988, 16, 18 f.

375 H. *Günther*, ZBR 1979, 93, 106 f.; C. *Peter*, JuS 1992, 1042, 1047; H. *Schnellenbach*, DÖD 1990, 153, 155; B. *Wittkowski*, NJW 1993, 817, 818.

376 BVerwGE 80, 127, 130; BVerwG DVBl 1989, 1150. Vgl. auch OVG Lüneburg DVBl 1985, 1245 f.

377 I.d.S. auch VGH Mannheim NVwZ 1983, 41; C. *Peter*, JuS 1992, 1042, 1044; B. *Wittkowski*, NJW 1993, 817, 818.

378 S. VG Hannover DVBl 1977, 584; M. *Happ*; in: Eyermann § 42 Rn. 104; N. *Müller*, JuS 1985, 275, 277; M. *Ronellenfitsch*, VerwArch 82 (1991), 121, 141, 143; W. *Schick*, DVBl 1975, 741, 746 f.; A. *Schmitt-Kammler*, DÖV 1980, 285, 286; G. *Siegmund-Schultze*, VerwArch 73 (1982), 137, 144; E.-L. *Solte*, NJW 1980, 1027, 1030 f.; M. *Willke*, JZ 1980, 440, 443. Vgl. auch W.-R. *Schenke/R. P. Schenke*, in: Kopp/Schenke § 42 Rn. 49; F. *Schoch*, Vorläufiger Rechtsschutz, 1988, 692 f.

379 C.-D. *Munding*, DVBl 2011, 1512.

380 Zu beachten ist, dass sich die folgenden Ausführungen des BVerwG und des BVerfG auf eine Streitigkeit im Zusammenhang mit der Besetzung einer Richterstelle (Präsident des OLG Koblenz) beziehen. Sie gelten jedoch sinngemäß auch für Beamte.

381 Ausf. zu den Pflichten des Dienstherrn BVerwGE 138, 102, 112 f.; C.-D. *Munding*, DVBl 2011, 1512, 1518.

vornimmt, obwohl ihm dies durch eine gerichtliche Entscheidung untersagt worden war (BVerwGE 138, 102, 112 f.). Wenn die genannten Pflichten verletzt seien, müsse der verfassungsrechtlich gebotene Rechtsschutz nach der Ernennung nachgeholt werden; in derartigen Fällen sei daher eine Anfechtungsklage des Unterlegenen gegen die Ernennung des obsiegenden Bewerbers statthaft (BVerwGE 138, 102, 113).

174b Grds. verdient diese Änderung der Rspr. Zustimmung. Allerdings bleiben auch Fragen offen. So ist W.-R. *Schenke*[382] in seiner Kritik zuzustimmen, dass auch nach der neuen Judikatur des BVerwG die Anfechtung einer Ernennung nicht möglich ist, die unter Verstoß gegen sonstige Erfordernisse aus Art. 33 Abs. 2 GG (Leistungsgrundsatz) erfolgt ist. Das BVerwG betont selbst, dass es sich mit der Beschränkung der Anfechtung auf Fälle der Rechtsschutzverhinderung im Widerspruch zu der in der Lit. überwiegend vertretenen Auffassung befindet (BVerwGE 138, 102, 121 mit entspr. Nachw.). In der Tat lässt sich diese Beschränkung dogmatisch nicht überzeugend begründen.[383] Auch in verfassungsprozessualer Hinsicht führt diese Rspr. zu bemerkenswerten Konsequenzen. Der unterlegene Bewerber hatte nach der Ernennung, die nach der Entscheidung des OVG als Rechtsmittelinstanz erfolgt war, Verfassungsbeschwerde mit der Begründung erhoben, ihm sei die Rechtsschutzmöglichkeit genommen worden. Das BVerfG hat diese Verfassungsbeschwerde daraufhin nicht zur Entscheidung angenommen mit der Begründung, der Bewerber müsse zunächst fachgerichtlichen Rechtsschutz suchen, „dessen Inanspruchnahme nicht offensichtlich aussichtslos" erscheine (BVerfG [K] NVwZ 2008, 70). Vor dem Hintergrund der bis dahin geltenden verwaltungsgerichtlichen Judikatur ist dies keine Selbstverständlichkeit, war doch eine Anfechtung der Ernennung aufgrund des Grundsatzes der Ämterstabilität nicht möglich. Das BVerfG prophezeite offenbar „aus der jüngeren Rechtsprechung" des BVerwG, dass ein diesbezüglicher Rechtsprechungswandel bevorstehe (BVerfG [K] NVwZ 2008, 70 f.).[384] Mit der über die Judikatur des BVerwG erfolgten Einbeziehung des BVerfG in die Systematik des vorläufigen Rechtsschutzes des unterlegenen Bewerbers gerät das BVerfG faktisch in die Nähe eines Superrevisionsgerichts.[385] Angesichts der Änderung der Rspr. stellt sich ferner die Frage nach der Rechtsqualität der Auswahlentscheidung und deren prozessualer Angreifbarkeit. Auch diese Entscheidung stellt einen Verwaltungsakt mit Drittwirkung dar[386] (→ Rn. 169 f.). Dann müsste der unterlegene Bewerber gegen die Auswahlentscheidung Widerspruch und Anfechtungsklage mit aufschiebender Wirkung gem. § 80 Abs. 1 erheben können mit der Folge, dass nach § 123 Abs. 5 ein Verfahren auf Erlass einer einstweiligen Anordnung auszuscheiden hätte.[387] In der oberverwaltungsgerichtlichen Judikatur wird jedoch weiterhin daran festgehalten, dass sich der vorläufige Rechtsschutz zur Absicherung des Bewerbungsverfahrensanspruchs nach § 123 richtet (OVG Lüneburg NVwZ 2011, 891 f.; VGH Kassel NVwZ-RR 2012, 151 f.).

175 **p) Gnadenweise Beseitigung des Verlusts der Beamtenrechte.** Eine Klage auf Verpflichtung zur gnadenweisen Beseitigung des Verlusts der Beamtenrechte bzw. zur Neubescheidung eines entsprechenden Gesuchs hat das BVerwG mit der Begründung für unzulässig erklärt, die Ablehnung des Gnadengesuchs sei gerichtlich nicht nachprüfbar; es ist damit der sehr umstr., u.a. vom BVerfG[388] vertretenen Auffassung vom Fehlen der Justitiabilität der Ablehnung von Gnadenerweisen gefolgt[389] (→ Rn. 206 f.).

175a **q) Dienstherrenwechsel.** Ein Dienstherrnwechsel wird nicht durch Verwaltungsakt geregelt. Der behördliche Zuordnungsplan ist nicht auf eine unmittelbare Rechtswirkung nach außen gerichtet. Subjektive Rechte des von ihm betroffenen, untergeordneten Beamten sind nicht berührt; eine entsprechende Anfechtungsklage ist daher unzulässig (OVG Münster 18.2.2008 – 6 B 147/08, juris Rn. 2 ff.).

176 **8. Datenschutzrecht.** Wird ein Antrag auf *Vernichtung personenbezogener Daten*, die etwa unter Berufung auf § 81 b Alt. 2 StPO für präventiv-polizeiliche Zwecke des Erkennungsdienstes erhoben und

---

382 NVwZ 2011, 321, 324.
383 Vgl. W.-R. *Schenke*, NVwZ 2011, 321, 324 ff.; *ders.*, DVBl 2015, 137, 138 ff.
384 Zur Rolle des BVerfG insgesamt bei dieser Entwicklung K. *Herrmann*, NJW 2011, 653, 655.
385 Insoweit krit. auch C.-D. *Munding*, DVBl 2011, 1512, 1519; W.-R. *Schenke*, NVwZ 2011, 321, 326 f.
386 Vgl. OVG Lüneburg NVwZ 2011, 891, 892; F. *Schoch*, in: Schoch/Schneider/Bier § 123 Rn. 42 f; anders OVG Bautzen DÖD 2011, 267; W.-R. *Schenke/R. P. Schenke*, in: Kopp/Schenke § 42 Rn. 50.
387 Insoweit konsequent VG Frankfurt/M. IÖD 2012, 15. Vgl. auch C.-D. *Munding*, DVBl 2011, 1512, 1518.
388 BVerfGE 25, 352, 361 ff. mit abw. Auffassung von vier Richtern a.a.O., 363 ff.; 30, 108, 110.
389 BVerwG NJW 1983, 187 f. mit umfangreichen Nachw. zum Meinungsstand. Vgl. bereits BVerwGE 14, 73 ff.

aufbewahrt oder durch den Verfassungsschutz gespeichert sind, von der zuständigen Behörde abgelehnt, steht für ein Rechtsschutzbegehren nicht die allgemeine Leistungsklage,[390] sondern die Verpflichtungsklage zur Verfügung; die Löschung der Daten stellt zwar einen bloßen Realakt und damit schlichtes Verwaltungshandeln dar, dem aber die als Verwaltungsakt zu qualifizierende behördliche Entscheidung vorausgeht, ob dem Antrag auf Löschung stattgegeben wird oder nicht.[391] Der Regelungscharakter dieser Entscheidung ergibt sich insbes. daraus, dass die Ablehnung oder Gewährung des Vernichtungsbegehrens das vom BVerfG aus Art. 2 Abs. 1 i.V.m. Art. 1 Abs. 1 GG abgeleitete subjektive Recht auf informationelle Selbstbestimmung als Schutz vor unberechtigt erhobenen Daten (BVerfGE 65, 1, 41 ff.; 80, 367, 373) in unmittelbar rechtserheblicher Weise betrifft; die hoheitliche Maßnahme ist zugleich auf unmittelbare Rechtswirkung *nach außen* gerichtet und verbleibt damit nicht im behördeninternen Bereich (VGH Kassel NVwZ-RR 1995, 661; VG Hannover CR 1987, 250, 251). Dementsprechend sind in der Rspr. auch polizeibehördliche Entscheidungen über Anträge auf Vernichtung von erkennungsdienstlichen Unterlagen, die unter Berufung auf § 81b Alt. 2 StPO erstellt wurden und keine personenbezogenen Daten i.S.d. Datenschutzrechts enthielten, als Verwaltungsakte angesehen worden[392] (→ Rn. 249). Unter Berücksichtigung der vorgenannten Überlegungen ist ferner die Ablehnung eines Antrags auf *Auskunft über personenbezogene Daten* durch das Bundesamt für Verfassungsschutz als Verwaltungsakt zu qualifizieren, sodass der Betroffene eine Verpflichtungsklage mit dem Ziel der Neubescheidung erheben kann.[393] Die auf *Löschung rechtswidrig erhobener Sozialdaten* aus den Akten eines Jugendamtes gerichtete Klage ist hingegen als allgemeine Leistungsklage zulässig[394] (zur Frage des Erfordernisses einer vorherigen Antragstellung bei der Behörde → Rn. 45).

9. Flurbereinigungsrecht. a) Wege- und Gewässerplan. Durch die Feststellung des Wege- und Gewässerplans mit landschaftspflegerischem Begleitplan i.S.d. § 41 Abs. 1 FlurbG werden die Zulässigkeit des konkret geplanten Vorhabens einschließlich der notwendigen Folgemaßnahmen an anderen Anlagen im Hinblick auf alle von ihm berührten öffentlichen Belange festgestellt und alle öffentlich-rechtlichen Beziehungen zwischen dem Träger des Vorhabens und den durch den Plan Betroffenen rechtsgestaltend geregelt (§ 41 Abs. 5 S. 1 Hs. 1, S. 2 FlurbG). Dieser Plan entfaltet gegenüber den in seinem Einwirkungsbereich liegenden Gemeinden unmittelbare Rechtswirkungen und ist daher als Verwaltungsakt selbständig anfechtbar, soweit er Festsetzungen enthält, welche die von der Selbstverwaltungsgarantie des Art. 28 Abs. 2 S. 1 GG mit umfasste Planungs- und Finanzhoheit betreffen.[395] Auch die Genehmigung des Plans ohne vorherige Durchführung eines Planfeststellungsverfahrens gem. § 41 Abs. 4 S. 1 FlurbG stellt einen Verwaltungsakt dar, weil sie „die Zulassungsfunktion der Planfeststellung nach § 41 Abs. 3 und Abs. 5 Satz 1 FlurbG übernimmt"; die Teilnehmer am Flurbereinigungsverfahren werden als Eigentümer der zum Flurbereinigungsgebiet gehörenden Grundstücke durch diese Genehmigung jedoch nicht unmittelbar in ihren Rechten betroffen und können daher lediglich nach Aufnahme des Wege- und Gewässerplans in den Flurbereinigungsplan und dessen Bekanntmachung diesen Flurbereinigungsplan und seine selbständigen Bestandteile anfechten (BVerwGE 74, 1, 3 ff.).

b) Wahl des Vorstandes der Teilnehmergemeinschaft. Die Wahl des Vorstandes der Teilnehmergemeinschaft nach § 21 FlurbG ist kein mit der Anfechtungsklage angreifbarer Verwaltungsakt, sondern lässt sich als „ein Akt der inneren Organisation der Teilnehmergemeinschaft" qualifizieren, gegen den

177

178

---

390 Vgl. VGH Kassel ESVGH 33, 83, 84; VGH Mannheim DVBl 1995, 367, 368; *U. Steiner*, JuS 1984, 853, 858 f.

391 VGH Kassel NVwZ-RR 1995, 661; VG Hannover CR 1987, 250, 251 m. zust. Anm. *J. Taeger*; CR 1989, 210 f. m. zust. Anm. *G. Frank*.

392 BVerfGE 16, 89, 94; BVerwGE 11, 181 f.; VGH Kassel NVwZ-RR 1994, 652, 653; NVwZ-RR 1994, 656; VGH München NJW 1984, 2235, 2236; vgl. auch VGH Mannheim DÖV 1973, 464 (LS). A.M. VGH Kassel ESVGH 33, 83, 84, der in dieser Entscheidung auf die Vernichtung als „Realakt" abstellt und daher eine allg. Leistungsklage für zulässig hält. In BVerwGE 26, 169, 170 ist die Frage offen gelassen, „ob die Klage auf Vernichtung der erkennungsdienstlichen Unterlagen eine Verpflichtungsklage oder eine allgemeine Leistungsklage ist".

393 Vgl. BVerwGE 84, 375 ff. Vgl. auch bereits BVerwGE 31, 301 ff. zum Antrag an ein Amt für Verfassungsschutz, den Namen eines Informanten preiszugeben und seine für den Dienstgebrauch bestimmte Nachricht bekannt zu geben. Zu entspr. Auskunftsbegehren gegenüber dem Bundesnachrichtendienst BVerwGE 130, 29 ff.; BVerwG NVwZ 2016, 1487, 1488.

394 VGH Kassel ESVGH 65, 94 ff.

395 BVerwGE 74, 84, 85 f.; i.E. ebenso OVG Koblenz RdL 1984, 162, 163; RdL 1984, 290 f.

ein Teilnehmer eine Feststellungsklage gem. § 43 Abs. 1 VwGO mit dem Ziel erheben kann, die Rechtsunwirksamkeit der Wahl gerichtlich feststellen zu lassen (OVG Koblenz RdL 1978, 52 f.).

179   **c) Schlussfeststellung.** Die Schlussfeststellung der Flurbereinigungsbehörde nach § 149 Abs. 1 FlurbG, dass die Ausführung nach dem Flurbereinigungsplan bewirkt ist und dass den Beteiligten keine Ansprüche mehr zustehen, die im Flurbereinigungsverfahren hätten berücksichtigt werden müssen, stellt hingegen einen anfechtbaren Verwaltungsakt dar (vgl. VGH München BayVBl 1994, 695, 696).

180   **10. Forstrecht.** Die Erlaubnis zur Beseitigung von Wald zugunsten einer anderen Bodennutzungsart (*Rodung*) nach Art. 9 Abs. 2 BayWaldG ist ein Verwaltungsakt. Dessen Anfechtung durch eine Gemeinde, die nicht Eigentümerin des Waldes ist, erweist sich jedoch als unzulässig, weil dieses Gesetz der Gemeinde insoweit kein subjektives öffentliches Recht und daher keine Klagebefugnis einräumt (VG München ZfSH 1977, 12, 13). Die nach dem ForstG HE mit einer Rodungsgenehmigung verbundene Verpflichtung, eine mindestens flächengleiche *Ersatzaufforstung* im gleichen Naturraum nachzuweisen, lässt sich nicht als selbständig anfechtbare Auflage i.S.v. § 36 Abs. 2 Nr. 4 HVwVfG qualifizieren; sie führt vielmehr zu einer qualitativen Abänderung der beantragten Rodungsgenehmigung und stellt somit nach herkömmlichem Sprachgebrauch eine „modifzierende Auflage" dar, sodass zur Beseitigung der Ersatzaufforstungsverpflichtung die Verpflichtungsklage auf Erteilung einer uneingeschränkten Rodungsgenehmigung statthaft ist[396] (zur „modifizierenden Auflage" → Rn. 21, 190, 195, 215, 254, 333). Ebenfalls mit der Verpflichtungsklage kann die Genehmigung zur *Aufforstung* verfolgt werden.[397]

180a   **10 a. Gerichtsverfahren.** Bei der allgemeinen *Beeidigung von Dolmetschern* handelt es sich jeweils um einen feststellenden Verwaltungsakt i.S.d. § 35 S. 1 VwVfG. Zwar ist die Beeidigung isoliert betrachtet ein rein tatsächlicher Vorgang. Sie ergeht aber notwendigerweise erst nach Prüfung persönlicher und fachlicher Voraussetzungen. In der Entgegennahme des Eides liegt daher die jedenfalls sinngemäße Feststellung der Erfüllung der Anforderungen in der Person des Beeidigten. Dasselbe gilt für die anschließende Aufnahme der beeidigten Person in das Verzeichnis der allgemein beeidigten Dolmetscher. Ebenso bildet die ad-hoc-Ermächtigung von Übersetzern einen Verwaltungsakt. Auch diese Ermächtigung ist nur bei persönlicher Zuverlässigkeit und fachlicher Eignung zulässig (BVerwG NJW 2007, 1478, 1479). Mit der *Beeidigung von Sachverständigen* erfolgt ihre öffentliche Bestellung. Sie ist daher als Verwaltungsakt zu qualifizieren (BVerwG NVwZ 1991, 268 ff.).

181   **11. Gesundheitsrecht. a) Bekämpfung konkreter Seuchengefahr.** Ein zur Bekämpfung konkreter Seuchengefahr erlassenes Verbot des Verkaufs von Endiviensalat in von Typhuserkrankungen betroffenen Kreisen, das sich an einen nach allgemeinen Merkmalen bestimmbaren Personenkreis richtet, ist als Allgemeinverfügung und damit als anfechtbarer Verwaltungsakt zu qualifizieren; hat sich dieser schon vor oder nach Erhebung einer Anfechtungsklage erledigt, kommt ein Fortsetzungsfeststellungsbegehren gem. § 113 Abs. 1 S. 4 (analog) in Betracht (BVerwGE 12, 87, 89 f.).

182   **b) Krankenhausfinanzierung.** Die Feststellung der *Aufnahme eines Krankenhauses in den Krankenhausplan* eines Landes nach § 8 Abs. 1 S. 3 KHG hat als Voraussetzung für die öffentliche Förderung unmittelbare begünstigende Rechtswirkungen für den Träger dieses Krankenhauses und kann daher als Verwaltungsakt mit der Verpflichtungsklage begehrt werden.[398] Nach neuer, geänderter Rspr. des BVerwG erledigt sich eine solche Klage auch nicht dadurch, dass der bisherige Krankenhausplan durch einen neuen Plan ersetzt wird (BVerwGE 139, 309, 311). Erfolgt die Aufnahme in den Krankenhausplan mit einer *Befristung*, ist nach einem Urteil des BVerwG gegen diese belastende Nebenbestimmung die Erhebung einer Anfechtungsklage statthaft[399] (zum Problem der gesonderten Anfechtbarkeit von Nebenbestimmungen zum Verwaltungsakt → Rn. 19 ff., 105, 180, 190, 195, 215, 254,

---

396 VG Frankfurt/M. NuR 1990, 330 ff.

397 VG Darmstadt DVBl 1962, 875, 877, das ferner die Auffassung vertritt, die nach dem ForstG HE zur Erteilung der Aufforstungsgenehmigung für erforderlich erklärte Zustimmung der Landeskulturbehörde sei ein Verwaltungsakt. Vgl. dazu hingegen → Rn. 129.

398 BVerwGE 60, 269, 271 ff.; BVerwGE 139, 309, 311; VGH Mannheim DVBl 1995, 160 f.; *W. Kuhla/M. C. Bedau*, Rechtsbeziehungen zu Krankenhäusern, Vorsorge- und Rehabilitationseinrichtungen, in: Sodan, Handbuch des Krankenversicherungsrechts, ³2018, § 25 Rn. 25; *H. Sodan*, Krankenversorgung, in: D. Ehlers/M. Fehling/H. Pünder, Besonderes Verwaltungsrecht, Bd. II, ³2013, § 53 Rn. 107.

399 BVerwGE 60, 269, 271 und 274.

282, 319, 333). Ein effektiver Rechtsschutz gem. Art. 19 Abs. 4 GG für die nicht in den Plan aufgenommenen konkurrierenden Krankenhäuser erfordert, dass diesen nicht nur die Möglichkeit einer Verpflichtungsklage auf die eigene Aufnahme, sondern auch eine Anfechtungsklage gegen die Aufnahme des anderen Hauses (*Konkurrentenklage*) zur Verfügung steht; die Abwägungssituation wird durch die Zulassung der Konkurrentin grundlegend verändert, wodurch die beruflichen Betätigungsmöglichkeiten für das nicht aufgenommene Krankenhaus stark eingeschränkt werden.[400] Sofern mehrere Krankenhäuser um einen bestimmten Versorgungsbedarf konkurrieren und die Behörde unter ihnen eine Auswahl vornimmt, kann eine Anfechtungsklage des einen Krankenhauses gegen den an das andere Krankenhaus gerichteten Bescheid zulässig sein; Voraussetzung dafür ist jedoch, dass der Kläger für sich selbst eine Planaufnahme erstreiten und nicht nur eine Planherausnahme abwehren will (BVerwGE 132, 64, 66). Bei der *Festsetzung der Pflegesätze durch die Schiedsstelle* gem. § 18 Abs. 4 KHG handelt es sich um eine nicht anfechtbare interne Mitwirkungshandlung, die der maßgeblichen Genehmigung nach § 18 Abs. 5 S. 1 KHG, welche die zuständige Landesbehörde mit Verbindlichkeit und unmittelbarer Rechtswirkung nach außen erlässt, vorgeschaltet ist und daher keinen Verwaltungsaktcharakter hat; im Übrigen „folgt schon aus § 44 a VwGO, daß gesonderte Rechtsbehelfe gegen derartige Mitwirkungshandlungen im Rahmen eines mehrstufigen Verwaltungsakts, die als behördliche Verfahrenshandlungen anzusehen sind [...], ausgeschlossen sind"[401] (zur Rechtsnatur behördlicher Mitwirkungshandlungen → Rn. 129).

c) Gesundheitsbehördliche Informationstätigkeit. Gesundheitsbehördliche Informationstätigkeit etwa 183 durch Empfehlungen oder Warnungen hat keine Verwaltungsaktqualität, weil ihr die Verbindlichkeit und daher der Regelungscharakter fehlen; sie ist folglich als sog. schlichtes Verwaltungshandeln einzuordnen.[402] In der Rspr. wurde diese Rechtsnatur u.a. festgestellt: für die Transparenzlisten,[403] die von der – später aufgelösten[404] – Transparenzkommission beim früheren Bundesgesundheitsamt[405] erstellt wurden und „für den Kassenarzt in der Frage der Auswahl von Arzneimitteln eine Informations- und Entscheidungshilfe sein" sollten[406]; für die Veröffentlichung einer vom damaligen Bundesminister für Jugend, Familie und Gesundheit herausgegebenen Liste von Weinen und anderen Erzeugnissen, in denen Diethylenglykol in der Bundesrepublik Deutschland festgestellt worden ist;[407] für eine Pressemitteilung des Regierungspräsidiums Stuttgart, von einem bestimmten Unternehmen hergestellte Teigwaren seien mikrobiell verdorben;[408] für die Verbreitung einer Beurteilung durch das frühere Bundesgesundheitsamt, ein bestimmtes Produkt sei zur Aufbereitung von Trinkwasser sowie von Schwimm- und Badebeckenwasser untauglich und unzulässig;[409] für eine Presseerklärung des Bundesgesundheitsamtes zu den Gefahren der Frischzellenanwendung (VG Berlin PharmaR 1988, 69, 71); für die öffentliche Warnung eines Gesundheitsministeriums vor Handel und Verkauf von E-Zigaretten und nikotinhaltigen Liquids (BVerwG NVwZ-RR 2015, 425). In solchen Fällen können betroffene Unternehmen die gesundheitsbehördliche Informationstätigkeit jeweils mit einer auf Beseitigung oder Unterlassung gerichteten allgemeinen Leistungsklage angreifen. Die Aufnahme der Anwendungsgebiete für Stoffe oder Stoffkombinationen in die sog. *Traditionsliste* nach § 109 a Abs. 3 AMG ist hingegen ebenso wie

---

400 BVerfG (K) DVBl 2004, 431 ff.; vgl. auch BVerfG (K) NJW 2005, 273 ff. Andererseits noch gegen vorbeugenden Rechtsschutz der Konkurrenten OVG Münster NVwZ 2003, 630 ff.; VGH Mannheim NVwZ-RR 2002, 504 ff.; 2002, 507 ff.

401 BVerwGE 94, 301 ff.

402 *H. Sodan*, DÖV 1987, 858, 859.

403 BVerwGE 71, 183, 186; OVG Berlin OVGE Bln 15, 120, 122 f.; PharmaR 1984, 214, 218 f.; aus der Lit. mit eingehender Begründung *H. Sodan*, Kollegiale Funktionsträger als Verfassungsproblem, 1987, 245 ff.

404 Die als Reaktion auf BVerwGE 71, 183 ff. durch Art. 1 Nr. 21 des Zweiten Gesetzes zur Änderung des Arzneimittelgesetzes vom 16.8.1986 (BGBl I 1296) als Rechtsgrundlagen für die Tätigkeit der Transparenzkommission in das AMG eingefügten §§ 39 a–39 e sind durch Art. 18 Nr. 2 des Gesundheitsstrukturgesetzes vom 21.12.1992 (BGBl I 2266) gestrichen worden.

405 Ausf. zur Geschichte und zu den Wesensmerkmalen dieses Gremiums *H. Sodan*, Kollegiale Funktionsträger als Verfassungsproblem, 1987, 217 ff.

406 S. die Antwort der Bundesregierung auf eine Kleine Anfrage, BT-Drs. 8/2345, 3.

407 BVerwGE 87, 37, 41 f. mit ausf. Besprechung von *F. Schoch*, DVBl 1991, 667 ff.; OVG Münster NJW 1986, 2783. Vgl. auch OVG Münster GewArch 1988, 11 ff.

408 LG Stuttgart NJW 1989, 2257, 2258. Vgl. auch OLG Stuttgart NJW 1990, 2690 ff.; VG Stuttgart 23.8.1985 – 4 K 3219/85.

409 OVG Berlin 28.1.1987 – OVG 5 S 1.87; dazu *H. Sodan*, DÖV 1987, 858, 859 ff.

die Streichung aus dieser Aufstellung (actus contrarius) ein selbständig anfechtbarer Verwaltungsakt (BVerwG NVwZ 2004, 349 f.).[410]

184   **d) Ärztliche Gutachten.** Ärztliche Gutachten, die eine Meinungsäußerung von Sachverständigen beinhalten und damit lediglich eine behördliche Entscheidung vorbereiten, sind keine anfechtbaren Verwaltungsakte; dies gilt nach der Rspr. auch dann, wenn zu erwarten ist, dass eine Verwaltungsbehörde das Gutachten „seiner Entscheidung zugrunde legen wird".[411] Die *amtsärztliche Bescheinigung* des Gesundheitsamtes, die Körperbehinderte zum Nachweis der Voraussetzungen für die Inanspruchnahme von Pauschbeträgen dem Finanzamt vorlegen müssen, hat das BVerwG hingegen auch bzgl. der Äußerung zu der Frage, ob die Körperbehinderung zu einer äußerlich erkennbaren dauernden Einbuße der körperlichen Beweglichkeit geführt hat, als einen Verwaltungsakt qualifiziert, dessen Änderung mit der Verpflichtungsklage begehrt werden könne; es handele sich dabei nämlich um einen „rechtlich selbständigen Mitwirkungsakt gegenüber dem Steuerfestsetzungsverfahren des Finanzamtes", weil die Steuerbehörde an die amtsärztliche Bescheinigung gebunden sei und kein eigenes Nachprüfungsrecht habe (BVerwG BStBl 1977 II 300 ff.).

185   **e) Vernichtung einer Gesundheitsamtsakte.** Die behördliche Entscheidung über die Vernichtung einer Gesundheitsamtsakte stellt einen Verwaltungsakt dar, dessen Regelungscharakter sich insbes. daraus ergibt, dass die Ablehnung oder Gewährung des Vernichtungsbegehrens das vom BVerfG aus Art. 2 Abs. 1 i.V.m. Art. 1 Abs. 1 GG abgeleitete subjektive Recht auf informationelle Selbstbestimmung (BVerfGE 65, 1, 41 ff.; 80, 367, 373) in unmittelbar rechtserheblicher Weise betrifft; ein Anspruch auf Vernichtung einer Gesundheitsamtsakte kann daher nicht mit der allgemeinen Leistungsklage, sondern mit der Verpflichtungsklage verfolgt werden[412] (vgl. → Rn. 176).

186   **f) Auskünfte über Mitteilungen im Bereich der Gesundheitsverwaltung.** Auskünfte über Mitteilungen im Bereich der Gesundheitsverwaltung sind nach der Rspr. jedenfalls dann Verwaltungsakte, deren Erlass mit der Verpflichtungsklage begehrt werden kann, „wenn der Schwerpunkt des Vorgangs nicht in der (tatsächlichen) Auskunftserteilung, sondern in einer Ermessensentscheidung über diese Auskunftserteilung zu sehen ist", durch welche die Behörde regelnd tätig wird[413] (vgl. → Rn. 176).

187   **g) Abwicklung einer Einrichtung.** Die Abwicklung einer Einrichtung wie des Berliner Bezirksinstituts für Blutspendewesen nach Art. 13 EVtr ist kein durch die Bediensteten dieser Einrichtung anfechtbarer Verwaltungsakt, sondern eine allein auf den verwaltungsinternen Bereich zielende Organisationsmaßnahme; die Abwicklungsentscheidung orientiert sich nämlich ausschließlich am Behördenbedarf und nicht an den betroffenen Arbeitnehmern, sodass sie nicht auf unmittelbare Rechtswirkung nach außen gerichtet ist.[414]

187a   **h) Organtransplantation.** Die Meldung eines potentiellen Organempfängers als "nicht transplantabel" gegenüber einer Vermittlungsstelle für Transplantationsorgane stellt nach einem Urteil des VG München einen anfechtbaren Verwaltungsakt dar; sie habe insoweit unmittelbare Rechtswirkungen, als betroffene Patienten bei zukünftigen, für jedes verfügbar werdende Organ neu vorgenommenen Zuteilungen nicht mehr berücksichtigt würden (VG München NJW 2014, 3467, 3469; offenlassend BVerfG [K] NJW 2017, 545, 546; → § 40 Rn. 475 a).

188   **12. Gewerberecht. a) Gewerbeordnung. aa) Gewerbeanmeldung.** Die behördliche Aufforderung, eine nach § 14 Abs. 1 GewO erforderliche Gewerbeanmeldung vorzunehmen, ist ein anfechtbarer Verwaltungsakt.[415]

---

410   Zum Verwaltungsaktcharakter der Ablehnung einer Bezeichnungsänderung sowie einer Zulassungsentscheidung nach § 29 Abs. 2 und § 25 Abs. 2 AMG VG Köln PharmR 2013, 469, 470.

411   BVerwG DVBl 1961, 87, 88; VGH Kassel MedR 1988, 266, 267. Vgl. auch VGH Kassel ZfSH/SGB 1986, 283 (LS); VGH München VerwRspr 13, 626, 629.

412   VGH Kassel NJW 1993, 3011. A.M. noch VGH Kassel ESVGH 33, 83, 84 zum Anspruch auf Vernichtung erkennungsdienstlicher Unterlagen.

413   VGH München BayVBl 1984, 758 unter Bezugnahme auf BVerwGE 31, 301, 306 f.; anders *W.-R. Schenke*, in: Kopp/Schenke Anh. § 42 Rn. 37 f. Vgl. ferner VGH München BayVBl 1972, 364 f.; OVG Lüneburg MDR 1975, 786, 787.

414   BVerwGE 90, 220 ff. m. einer – hinsichtlich des Begründungsaufwandes des BVerwG zur Feststellung der Rechtsnatur der Abwicklung krit. – Anm. *F. Czermak*, DVBl 1993, 38; vgl. ferner OVG Berlin LKV 1992, 96, 97.

415   BVerwG GewArch 1976, 293, 294; BVerwGE 78, 6, 7 f.; BVerwG GewArch 1993, 196, 197.

bb) Schließungsverfügung. Ebenfalls mit der Anfechtungsklage kann eine auf §15 Abs. 2 GewO ge- 189 stützte Anordnung angegriffen werden, den Betrieb des Gewerbes wegen Fehlens der erforderlichen Zulassung einzustellen (vgl. BVerwGE 84, 314 ff.; OVG Lüneburg GewArch 1995, 109).

cc) Spielhallenerlaubnis. Das BVerwG (BVerwGE 88, 348, 349) hat die Anfechtungsklage des Betrei- 190 bers einer Spielhallenanlage, die sich gegen eine den Spielhallenerlaubnissen nach §33i Abs. 1 S. 2 GewO beigefügte Auflage der ständigen Anwesenheit von Aufsichtspersonen richtete, als zulässig angesehen (zum Problem der gesonderten Anfechtbarkeit von Nebenbestimmungen zum Verwaltungsakt → Rn. 19 ff., 105, 119, 180, 182, 195, 215, 254, 282, 319, 333). Ebenso sei die (isolierte) Anfechtungsklage statthaft gegen eine Auflage, die der Gefahr der übermäßigen Ausnutzung des Spieltriebs (§33i Abs. 2 Nr. 3 GewO) vorbeugen soll (BVerwG NVwZ-RR 1996, 20; GewArch 1996, 22). Nach einem Urteil des OVG Münster (GewArch 1994, 164 f.) können Zusätze zu einer Spielhallenerlaubnis hingegen nicht selbständig angefochten werden, „wenn sie nach dem objektiv zum Ausdruck gebrachten Willen der Behörde mit der Erlaubnis untrennbar verbunden sind" und daher als „modifizierende Auflagen" bezeichnet werden; statthaft ist danach eine Klage des Betreibers der Spielhalle auf Verpflichtung der zuständigen Behörde, die beantragte Spielhallenerlaubnis ohne die Einschränkung zu erteilen. Bei einer *nachträglichen Auflage* zur Spielhallenerlaubnis, die eine für die Zukunft verbindliche Verteilung von Geld- oder Warenspielgeräten innerhalb einer Spielhalle bestimmt, um eine übermäßige Ausnutzung des Spieltriebs zu vermeiden, handelt es sich nach einer Entscheidung des OVG Hamburg um einen selbständig anfechtbaren „Verwaltungsakt mit Dauerwirkung" (GewArch 1999, 160 f.).

dd) Gewerbeuntersagung. Die Gewerbeuntersagung wegen Unzuverlässigkeit nach §35 GewO hat 191 zur Folge, dass der Betroffene sein Gewerbe bis zur Beendigung des Verbots nicht mehr persönlich ausüben darf und sich damit ihm gegenüber das Verbot ständig neu „aktualisiert"; dieser „Dauerverwaltungsakt" kann – bei fortbestehender Beschwer auch in Ansehung vergangener Zeiträume – mit der Anfechtungsklage angegriffen werden.[416] Eine ggf. vorangehende interne Entscheidung der Behörde zur Fortsetzung des Untersagungsverfahrens ist hingegen eine bloße „Entschließung ohne Verwaltungsaktscharakter", die keiner selbständigen gerichtlichen Überprüfung unterliegt.[417]

ee) Versagung einer Stellvertretererlaubnis. Die Versagung einer Stellvertretererlaubnis unter Hinweis 192 auf die Unzuverlässigkeit des Stellvertreters stellt einen Verwaltungsakt dar, gegen den der Stellvertreter mit Widerspruch und Anfechtungsklage vorgehen kann. Diese Rechtsbehelfe entfalten Suspensiveffekt auch hinsichtlich einer Eintragung der Versagung in das Gewerbezentralregister (VGH Kassel GewArch 1999, 38 f.).

ff) Festsetzung eines Wochenmarkts. Die Festsetzung eines Wochenmarkts nach §69 Abs. 1 GewO 193 durch eine Gemeinde ist auch dann ein Verwaltungsakt, wenn sie zugunsten der Gemeinde selbst als Veranstalterin erfolgt.[418]

gg) Volksfestteilnahme. Gegen einen auf §70 Abs. 3 i.V.m. §60b Abs. 2 GewO gestützten Ausschluss 194 eines Bewerbers von der Teilnahme an einem Volksfest kann der Betroffene sich mit der Erhebung einer auf die Erteilung der Zulassung zum Volksfest gerichteten Verpflichtungsklage zur Wehr setzen (OVG Bremen GewArch 1993, 480). Bei „Konkurrentenverdrängungsklagen" im Zusammenhang mit einer Marktteilnahme ist regelmäßig neben einer Verpflichtungsklage des unterlegenen Bewerbers auch eine Anfechtungsklage gegen die Zulassung des Mitbewerbers zu erheben.[419]

b) Gaststättenrecht. aa) Erlaubnis zum Ausschank von Getränken. Wird eine Erlaubnis zum Aus- 195 schank von Getränken in einem Saunabetrieb mit der Einschränkung erteilt, keine anderen Getränke zu verabreichen als alkoholfreie Getränke, Flaschenbier, sonstiges Bier und Wein, kann der Betreiber

---

416 BVerwGE 22, 16, 22 f.; 28, 202, 205 f.; BVerwG NVwZ 2012, 510 f.; NVwZ 2017, 326, 327; vgl. ferner OVG Lüneburg NVwZ 1995, 185 f.; VGH Mannheim NJW 1995, 346 f. zu einer gegen die Vorgesellschaft einer GmbH ausgesprochenen Gewerbeuntersagung.
417 BVerwG GewArch 1982, 303; im Anschluss daran OVG Münster NVwZ-RR 2000, 779; VGH Kassel GewArch 2004, 303, 304.
418 VGH Kassel NVwZ-RR 2003, 345 f.; zust. *C. Steinweg,* GewArch 2004, 101 ff.
419 OVG Lüneburg NVwZ-RR 2012, 594. S. zur Entbehrlichkeit einer Drittanfechtungsklage VGH München NVwZ-RR 2016, 39 ff. m. zust. Anm. *J. F. Lindner,* GewArch 2016, 135 ff.

des Saunabades Verpflichtungsklage auf Erteilung einer unbeschränkten Schankerlaubnis erheben (VG Berlin GewArch 1978, 382, 383). Die genannte Einschränkung lässt sich nämlich nicht als selbständig anfechtbare Auflage i.S.v. § 5 Abs. 1 Nr. 1 GastG, sondern als „Genehmigungsinhaltsbestimmung" qualifizieren, die zur Ablehnung der ursprünglich begehrten und zur Erteilung einer nicht beantragten und insoweit „modifizierten" Genehmigung führt (→ vgl. Rn. 21, 180, 190, 215, 254, 333). Dies ergibt sich vor allem aus § 3 Abs. 1 GastG, wonach die gem. § 2 Abs. 1 GastG zum Betrieb eines Gaststättengewerbes erforderliche Erlaubnis für eine genau bezeichnete Betriebsart zu erteilen ist, welche sich u.a. nach „der Art der Getränke" bestimmt. Ferner ist die Unterscheidung der Gründe für den Widerruf der Erlaubnis zum Betrieb eines Gaststättengewerbes in § 15 Abs. 3 GastG zu beachten: Nach dessen Nr. 1 kann die Erlaubnis u.a. dann widerrufen werden, wenn der Gewerbetreibende oder sein Stellvertreter *nicht zugelassene Getränke* verabreicht; Nr. 2 regelt als Widerrufsgrund, dass der Gewerbetreibende oder sein Stellvertreter *Auflagen* nach § 5 Abs. 1 GastG nicht innerhalb einer gesetzten Frist erfüllt.

196   **bb) Widerruf einer Gaststättenerlaubnis.** Umstr. ist, ob der Widerruf einer Gaststättenerlaubnis ein *rechtsgestaltender* Verwaltungsakt ist, der nicht mit Zwangsmitteln vollstreckt werden kann, und ob es demzufolge bei unberechtigter Weiterführung des Betriebes zur Anwendung von Zwangsmitteln einer zusätzlichen Betriebsuntersagung (Schließungsverfügung gem. § 15 Abs. 2 GewO) bedarf (hierfür OVG Koblenz NVwZ-RR 1997, 223; VG Weimar ThürVBl 2000, 165, 166). Zur Anordnung der sofortigen Vollziehbarkeit (§ 80 Abs. 2 S. 1 Nr. 4) des Widerrufs (bzw. der Schließungsverfügung) muss jedenfalls grds. ein spezifisches, gem. § 80 Abs. 3 gesondert zu begründendes öffentliches Vollzugsinteresse vorliegen, das mit dem Interesse am Erlass des Verwaltungsakts nicht identisch, sondern ein qualitativ anderes ist (so für den Widerruf selbst OVG Schleswig GewArch 2005, 37, 38).

197   **cc) Sperrzeit.** Eine *Verkürzung* oder *Aufhebung* der für Schank- und Speisewirtschaften sowie für öffentliche Vergnügungsstätten festgesetzten Sperrzeit i.S.v. § 18 Abs. 1 S. 2 GastG kann jeweils als Erlass eines begünstigenden Verwaltungsakts mit der Verpflichtungsklage begehrt werden, mit der sich allerdings zumeist wegen des regelmäßig gegebenen Verwaltungsermessens nur eine Verpflichtung der Behörde zur Neubescheidung nach § 113 Abs. 5 S. 2 i.V.m. § 114 erreichen lässt (VGH München GewArch 1986, 33; s.a. VGH Kassel ESVGH 17, 147, 149). Gegen eine Sperrstundenverlängerung kann ein Drittbetroffener Anfechtungsklage erheben; in Betracht kommt ferner eine allgemeine Leistungsklage in der Form der Unterlassungsklage gegen künftige Sperrstundenverlängerungen, wenn diese in der Vergangenheit in regelmäßiger Wiederkehr erteilt wurden und eine Anfechtungsklage zu spät kommen würde, weil der Drittbetroffene von der Sperrstundenverlängerung erst im Zeitpunkt des Gebrauchmachens seitens des Begünstigten Kenntnis erlangt[420] (zur Unterlassungsklage gegen Verwaltungsakte → Rn. 57 ff.). Auch Betreiber *öffentlicher Vergnügungsstätten* können durch Verwaltungsakt zur Einhaltung der gesetzlichen Sperrzeit verpflichtet werden (VG Stuttgart GewArch 1999, 254).

198   **dd) Gästetoiletten.** Gegen die Beanstandung von Gästetoiletten eines Restaurants durch behördliche Verfügung, mit der dem Betreiber der Gaststätte eine Benutzungsregelung vorgeschrieben wird, kann sich dieser mit der Anfechtungsklage zur Wehr setzen (VG Stuttgart GewArch 1970, 237).

199   **ee) Hinweis auf Rechtslage.** Wird der Inhaber einer Gaststättenerlaubnis von der Behörde darauf aufmerksam gemacht, dass nach Verwirklichung eines bestimmten Tatbestandes die Erlaubnis widerrufen werde, handelt es sich lediglich um den Hinweis auf eine nach Ansicht der Behörde gegebene Rechtslage, die eine Regelung erst herbeiführen soll, und damit nicht um einen anfechtbaren Verwaltungsakt; in Betracht kommt jedoch die Erhebung einer Feststellungsklage nach § 43 Abs. 1, mit der die Feststellung begehrt wird, dass aus dem noch nicht verwirklichten, aber bestimmten Tatbestand die Rechtsfolge des Widerrufs der Erlaubnis nicht hergeleitet werden darf (VGH München GewArch 1976, 304 f.).

200   **c) Handwerksrecht. aa) Eintragung in die Handwerksrolle.** Nach § 12 HwO steht gegen die Entscheidung der Handwerkskammer über die *Eintragung* eines der Industrie- und Handelskammer angehörigen Gewerbetreibenden *in die Handwerksrolle* dem Gewerbetreibenden sowie der betreffenden

---

420   OVG Lüneburg OVGE 26, 504 f.; s. ferner BVerwGE 101, 157, 158.

Industrie- und Handelskammer der Verwaltungsrechtsweg offen. Dabei stellt die Mitteilung der Handwerkskammer an den Gewerbetreibenden über die beabsichtigte Eintragung in die Handwerksrolle nach § 11 HwO einen mit der Anfechtungsklage angreifbaren Verwaltungsakt dar, weil die Handwerkskammer mit der Ankündigung verbindlich erklärt, dass sie künftig die Eintragung vornehmen wird.[421] Die Verwaltungsaktqualität fehlt hingegen einer Erklärung der Handwerkskammer, die nur der *Vorbereitung einer Entschließung* dienen soll, ob die Eintragung in die Handwerksrolle beabsichtigt werde (BVerwG VerwRspr 15, 742, 743).[422] Auch die behördliche *Aufforderung zur Ausfüllung eines* als Unterlage für die Einleitung des Eintragungsverfahrens bestimmten *Fragebogens* stellt keinen anfechtbaren Verwaltungsakt dar (VGH München BayVBl 1963, 123). Ebenso wenig lässt sich ein Schreiben der Handwerkskammer als Verwaltungsakt qualifizieren, in welchem diese einen Gewerbetreibenden lediglich bittet, sich mit ihr zur Klärung der Frage der Eintragungspflicht in Verbindung zu setzen (VG Minden GewArch 1967, 61 f.). Nur eine Tatbestandsvoraussetzung für die Eintragung einer juristischen Person in die Handwerksrolle ist nach § 7 Abs. 1 S. 1 HwO das Vorhandensein eines geeigneten *Betriebsleiters*, dessen förmliche Anerkennung durch Verwaltungsakt das Gesetz jedoch nicht vorsieht, sodass eine diesbezügliche Verpflichtungsklage zur Erlangung von Rechtsschutz ausscheidet; besteht Streit zwischen der juristischen Person und der zuständigen Behörde, ob die Voraussetzungen für die Eintragung nach der Bestellung eines bestimmten Betriebsleiters fortbestehen oder nicht, kann die juristische Person eine Feststellungsklage nach § 43 Abs. 1 erheben (VGH Mannheim GewArch 1993, 483 f. zu § 7 Abs. 4 Sa. 1 HwO [a.F.]). Die Eintragung selbst ist nur dann ein selbständig anfechtbarer Verwaltungsakt, wenn die Mitteilungen gem. § 11 HwO unterblieben sind.[423] Im Übrigen vollzieht die Eintragung lediglich die Mitteilung, sodass sie nach Unanfechtbarkeit der Mitteilung nicht mehr erfolgreich im Verwaltungsprozess angegriffen werden kann (BVerwGE 12, 75, 77). Die Mitteilung über die beabsichtigte *Löschung der Eintragung in die Handwerksrolle* nach § 13 Abs. 3 HwO ist – ebenso wie die Löschung selbst (§ 13 Abs. 1 HwO) – ein durch den betroffenen Gewerbetreibenden anfechtbarer Verwaltungsakt.[424] Wird eine beantragte *Ausnahmebewilligung zur Eintragung* nach § 8 Abs. 1 HwO nur mit „untrennbaren" belastenden Nebenbestimmungen erteilt, so kann der Antragsteller die Erteilung des begünstigenden Verwaltungsakts ohne die Nebenbestimmungen lediglich durch den Erlass einer einstweiligen Anordnung gem. § 123 VwGO, nicht aber durch einen Antrag nach § 80 Abs. 5 VwGO zu erreichen suchen[425] (zum Problem der gesonderten Anfechtbarkeit von Nebenbestimmungen zum Verwaltungsakt → Rn. 19 ff., 105, 119, 180, 182, 190, 195, 215, 254, 282, 319, 333).

bb) Eintragung in das Verzeichnis der Inhaber handwerksähnlicher Betriebe. Auch die Mitteilung über die beabsichtigte Eintragung in das Verzeichnis der Inhaber handwerksähnlicher Betriebe nach den §§ 19 und 20 i.V.m. § 11 HwO stellt einen Verwaltungsakt dar, gegen den sich der betroffene Gewerbetreibende mit der Anfechtungsklage zur Wehr setzen kann.[426] 201

cc) Meisterprüfung. Gegen die von der Handwerkskammer ausgesprochene Ablehnung der beantragten Genehmigung, die *Meisterprüfung* vor einem Meisterprüfungsausschuss außerhalb des Bezirks dieser Kammer abzulegen, ist eine Verpflichtungsklage statthaft, die bei Ermessen in Bezug auf den Erlass dieses begünstigenden Verwaltungsakts nur zu einem Bescheidungsurteil i.S.v. § 113 Abs. 5 S. 2 i.V.m. § 114 führen kann (vgl. VGH Mannheim ESVGH 10, 12 ff.). Der *Genehmigung der Entwurfsunterlagen für die Meisterprüfungsarbeit* fehlt der Rechtscharakter eines eigenständig anfechtbaren Verwaltungsakts. Ihre Versagung kann nur mit der allgemeinen Leistungsklage angegriffen werden (OVG Lüneburg GewArch 1999, 297 f.). 202

nicht besetzt 203

---

421 BVerwG GewArch 1994, 248; BVerwGE 95, 363, 364; OVG Koblenz GewArch 1986, 165, 166; *J. Ziekow*, JuS 1992, 728, 730. Vgl. bereits BVerwGE 12, 75, 76 f. und BVerwG VerwRspr 15, 742, 743 zu § 10 HwO a.F.; a.M. zu dieser Vorschrift VGH München GewArch 1957, 142 (LS); BayVGH (N. F.) 11, 86, 87.

422 I.d.S. auch BVerwGE 141, 196, 199 für den Bereich des Kulturschutzes: Die Mitteilung über die Einleitung eines Eintragungsverfahrens nach dem Kulturschutzgesetz stellt noch keinen Verwaltungsakt dar.

423 *J. Ziekow*, JuS 1992, 728, 730.

424 BVerwGE 88, 122, 123; BVerwG GewArch 1994, 248; VG Meiningen GewArch 1996, 483.

425 OVG Bautzen GewArch 1997, 254.

426 BVerwG 13.3.1973 Buchholz 451.45 § 18 HwO Nr. 2; GewArch 1994, 248; s.a. BVerwGE 34, 56, 59.

204 **dd) Genehmigung von Beschlüssen einer Handwerkskammer.** Die Versagung der nach § 106 Abs. 2 S. 1 HwO erforderlichen Genehmigung von Beschlüssen der Vollversammlung einer Handwerkskammer durch die oberste Landesbehörde kann von dieser Handwerkskammer auch dann mit einer Klage auf Verpflichtung zur Erteilung der Genehmigung angegriffen werden, wenn die genehmigungsbedürftige Maßnahme einen Akt der Rechtsetzung i.R.d. Selbstverwaltungsrechts der Handwerkskammer darstellt[427] (→ Rn. 115).

205 **ee) Grenzen von Handwerkskammerbezirken.** Sind die Grenzen von Handwerkskammerbezirken durch Rechtsverordnung neu geregelt worden, ist eine dagegen gerichtete Anfechtungsklage unzulässig, weil nach der für diese Klageart allein maßgebenden äußeren Form (→ Rn. 18) die Regelung eben nicht durch Verwaltungsakt, sondern durch Rechtsetzung erfolgt ist (OVG Münster OVGE 30, 117 ff.). Allerdings steht der zuständigen obersten Landesbehörde ein *Wahlrecht* hinsichtlich der Neugliederung durch Verordnung oder durch Verwaltungsakt zu. Im letzteren Fall stellt sich die Maßnahme den Kammern (nicht aber deren Mitgliedern) gegenüber als Verwaltungsakt dar, gegen den sie klagebefugt sind (VG Halle [Saale] GewArch 1996, 75 f.).

206 **13. Gnadenerweise. a) Ablehnung eines Gnadengesuchs.** Die Zulässigkeit einer verwaltungsgerichtlichen Klage auf Verpflichtung zum Gnadenerweis oder zumindest zur Neubescheidung eines Gnadengesuchs hängt zunächst von der Beantwortung der in Rspr. und Lit. sehr umstr.[428] Frage ab, ob die Ablehnung des Gnadengesuchs durch den Träger des Begnadigungsrechts justitiabel ist und damit überhaupt ein Rechtsweg offen steht. Nach der Rspr. des BVerfG gilt die Rechtsweggarantie in Art. 19 Abs. 4 GG für (erstmals) ablehnende Gnadenentscheidungen nicht: Ein – etwa nach Art. 60 Abs. 2 GG – erlassener Gnadenakt bedeute einen Eingriff der Exekutive in den Bereich der rechtsprechenden Gewalt, „wie er sonst dem Grundsatz der Gewaltenteilung fremd" sei; der Verfassungsgeber selbst habe aber durch die Übertragung des Begnadigungsrechts auf ein Exekutivorgan die Gewaltenteilung modifiziert und „im Bereich der Einzelbegnadigung dem Träger des Gnadenrechts eine Gestaltungsmacht besonderer Art verliehen"; aus „dem System und dem Gesamtgefüge des Grundgesetzes" ergebe sich daher, dass die Ablehnung eines Gnadenerweises einer gerichtlichen Nachprüfung nicht unterliegen könne.[429] Dieser Auffassung hat sich das BVerwG in einem Urteil vom 27.5.1982 (NJW 1983, 187, 188) ausdrücklich angeschlossen. Schon früher hatte dieses Gericht[430] – ebenso wie das OVG Hamburg (DVBl 1961, 136) – den Verwaltungsaktcharakter von Entscheidungen über Gnadengesuche verneint. Das OVG Hamburg führte zur Begründung aus, der Träger hoheitlicher Gewalt übe „beim Gnadenakt keine dem Rechtswert unterstellte Tätigkeit aus"; die Gnade sei „ein Akt der Barmherzigkeit und des Wohlwollens", und ihr Wesen liege gerade darin, dass sie vom Recht absehe.[431] Selbst wenn man aber entgegen dieser Rspr. die Justitiabilität von Entscheidungen über Gnadengesuche bejahen wollte, wäre gegen deren Ablehnung nicht der Verwaltungsrechtsweg, sondern nach den §§ 23 ff. EGGVG der ordentliche Rechtsweg eröffnet, wenn die Gnadenentscheidungen – unabhängig davon, ob sie organisationsrechtlich von Justizbehörden oder etwa von einem Ministerpräsidenten erlassen wurden – „ihrer Funktion nach Justiz- oder Vollzugsverwaltungsakte sind".[432]

207 **b) Widerruf eines Gnadenerweises.** Dies gilt auch für den Rechtsschutz gegen den Widerruf eines Gnadenerweises. Nach der Rspr. des BVerfG ist im Gegensatz zur Ablehnung eines Gnadenerweises „jede, den Verurteilten belastende Entscheidung der Gnadenbehörden dann ein rechtlich gebundener Akt" und daher justitiabel, „wenn sie eine dem Verurteilten zuvor im Gnadenwege eingeräumte Rechtsstellung verschlechtert"; das BVerfG hat die Frage allerdings offen gelassen, „ob der Widerruf eines Gnadenaktes einen Justizverwaltungsakt im Sinne der §§ 23 ff. EGGVG darstellt" (BVerfGE 30, 108, 111).

208 **14. Hausrecht.** Die Bestimmung der Rechtsnatur des von einer Behörde an einen Bürger gerichteten Verbots, ein Verwaltungsgebäude zu betreten, ist für den Rechtsschutz des davon betroffenen Bürgers

---

427 Vgl. BVerwGE 16, 83 ff. (freilich unter Heranziehung der Anfechtungsklage). Vgl. auch BVerwGE 154, 311 ff. zur Genehmigung der Satzungsänderung einer Handwerksinnung.
428 Umfangreiche Nachw. sind zusammengestellt im Urteil des BVerwG vom 27.5.1982 (NJW 1983, 187, 188).
429 BVerfGE 25, 352, 361 f. (zur abw. Auffassung von vier dissentierenden Richtern a.a.O., 363 ff.); 30, 108, 110.
430 BVerwGE 14, 73, 74 ff. m. krit. Anm. *J. Kratzer*, BayVBl 1962, 245 f. und *H. Maurer*, JZ 1963, 27 ff.
431 OVG Hamburg DVBl 1961, 136; ähnl. BVerwGE 6, 167, 169; OVG Lüneburg OVGE 17, 485, 487.
432 So BVerwGE 49, 221, 225 f.; vgl. auch BVerwGE 47, 255, 259 ff.; *Schenke* Rn. 142; *Schmitt Glaeser/Horn* Rn. 41.

zunächst zur Beantwortung der Frage maßgebend, ob durch Klageerhebung eine *öffentlich-rechtliche* Streitigkeit begründet wird und daher nach § 40 Abs. 1 S. 1 der Verwaltungsrechtsweg gegeben ist oder ob wegen einer bürgerlichen Rechtsstreitigkeit gem. § 13 GVG der ordentliche Rechtsweg beschritten werden muss (→ § 40 Rn. 387 ff.).

a) Differenzierung nach dem Besuchszweck. Nach einer häufig vertretenen Auffassung kann nämlich das von einer Behörde ausgesprochene Hausverbot öffentlich-rechtlicher oder privatrechtlicher Natur sein und somit einen Verwaltungsakt oder eine privatrechtliche Willenserklärung darstellen; welcher Fall zutrifft, müsse „jeweils im Einzelfall unter Berücksichtigung der besonderen Umstände und des Zwecks des Hausverbots bestimmt werden"[433] (→ § 40 Rn. 387 ff.). Danach qualifizierten Gerichte behördliche Hausverbote, welche die Betroffenen an einer der öffentlichen Zweckbestimmung des Gebäudes entsprechenden Inanspruchnahme wie der Vorsprache wegen der Gewährung von Sozialhilfe hinderten, als im Verwaltungsrechtsweg anfechtbare Verwaltungsakte.[434] Dagegen wurden in der Rspr. etwa Verbote, öffentliche Dienstgebäude zum bloßen Aufwärmen (OVG Hamburg MDR 1957, 188), zum Fotografieren (BGHZ 33, 230, 233) oder zu Vertragsverhandlungen betr. die Vergabe von Forschungs- und Entwicklungsaufträgen durch das Bundesverteidigungsministerium (BVerwGE 35, 103, 106 f.) zu betreten, als privatrechtliche Willenserklärungen angesehen.

b) Einwände. Der Auffassung, dass eine Behörde durch ein Hausverbot gegenüber einem Bürger ggf. privatrechtlich handeln kann, sind zunächst die im Schrifttum erhobenen, grundsätzlichen Bedenken entgegenzuhalten, die generell gegen die Lehre vom Staat als Privatrechtssubjekt bestehen.[435] Aber selbst bei prinzipieller Anerkennung der Möglichkeit privatrechtlichen Handelns des Staates sind behördliche Hausverbote jedenfalls deshalb öffentlich-rechtlicher Natur, weil sie zum Zweck der Störungsabwehr und zur Sicherstellung eines ordnungsgemäßen Verwaltungsablaufs angeordnet werden, unabhängig davon, aus welchen Gründen der Besucher das Verwaltungsgebäude betritt[436] (→ § 40 Rn. 389). Daraus folgt zugleich der Verwaltungsaktcharakter des jeweiligen behördlichen Hausverbots, das der davon Betroffene mit der Anfechtungsklage angreifen kann.

15. Hochschulrecht. a) Studium. Gegen die Verweigerung der *Immatrikulation* kann der abgelehnte Bewerber eine – ggf. auf Neubescheidung zielende – Verpflichtungsklage erheben, weil er mit der Immatrikulation einen begünstigenden Verwaltungsakt erstrebt.[437] Die vom Dekan eines Fachbereichs einer Hochschule getroffene und vom Rektor dieser Hochschule bestätigte *Verfügung zur* vorzeitigen *Schließung einer Ausstellung*, welche zur Darstellung des Leistungsstandes in den Räumen der Hochschule anlässlich des Abschlusses des Studiums zuvor genehmigt worden war, können die Betroffenen mit einer Anfechtungsklage oder – nach Ablauf der vorgesehenen Ausstellungszeit – mit einer auf Feststellung der Rechtswidrigkeit der Verfügung gerichteten Fortsetzungsfeststellungsklage nach § 113 Abs. 1 S. 4 (analog) angreifen (OVG Münster NVwZ 1993, 75 f.; vgl. → Rn. 66 ff.). Das OVG Münster[438] hat die Festsetzung der *Gesamtnote der Abschlussprüfung* eines Hochschulstudiums jedenfalls dann als einen selbständig abänderbaren Teil des durch die Prüfungsentscheidung erlassenen Verwal-

---

433 S. BVerwGE 35, 103, 106 m. krit. Anm. *K. A. Bettermann*, DVBl 1971, 112 ff. und *R. Stürner*, JZ 1971, 98 f. (Letzterer für einen stets privatrechtlichen Charakter des Hausverbots); ferner BVerwGE 47, 247 ff.; BVerwG DVBl 1986, 1202 f. m.Anm. *H.-U. Erichsen*; BGHZ 33, 230 ff.; BGH NJW 1978, 1860, 1861; OVG Berlin DVBl 1952, 763; OVGE Bln 4, 183 ff.; OVG Hamburg MDR 1957, 188; OVG Münster OVGE 18, 251 f.; 30, 215, 217; NJW 1995, 1573; VGH Mannheim ESVGH 13, 21 f.; DVBl 1977, 223 (LS); VGH München BayVBl 1964, 24; *Ule* Anh. zu § 32, I 2.

434 S. OVG Münster OVGE 18, 251 f.; VGH Mannheim ESVGH 13, 21 f.; ferner VG Saarlouis NJW 2012, 3803 zum Hausverbot gegen einen Gast einer Hochschule wegen Teilnahme an einer Raumbesetzung.

435 Dazu *J. Burmeister*, VVDStRL 52 (1993), 190, 210 ff., insbes. 218; *K. A. Schachtschneider*, Staatsunternehmen und Privatrecht, 1986, insbes. 5 ff., 253 ff., 261 ff.

436 I.d.S. etwa OVG Münster NVwZ-RR 1989, 316 f.; VGH München DVBl 1981, 1010; *W. Berg*, JuS 1982, 260, 263; *H. Bethge*, Verw 10 (1977), 313 ff.; *D. Ehlers*, DÖV 1977, 737, 739 f.; *Hufen* § 11 Rn. 38; *F.-L. Knemeyer*, DÖV 1970, 596, 599; *Maurer* § 3 Rn. 34; *H. v. Nicolai*, in: Redeker/v. Oertzen § 40 Rn. 28; *W.-R. Schenke/J. Ruthig*, in: Kopp/Schenke § 40 Rn. 20; *H. Zeiler*, DVBl 1981, 1000, 1001 f. Vgl. auch VGH Kassel NJW 1990, 1250; VGH München NJW 1982, 1717. Für eine Abgrenzung nach der Natur der das Hausverbot *prägenden Rechtsnormen* (i.d.R. öffentliches Recht) OVG Münster NJW 1995, 1573; NJW 1998, 1425; NVwZ 1998, 595; VG Minden NVwZ-RR 1999, 334, 335; andererseits VGH Mannheim NJW 1994, 2500, 2501.

437 Vgl. BVerwGE 7, 287, wo allerdings nur von einem „angefochtenen Ablehnungsbescheid" die Rede ist.

438 NVwZ 1985, 595 f. Vgl. auch OVG Münster OVGE 30, 20, 23 f. bzgl. der Anhebung der Examensnote in der *Ersten juristischen Staatsprüfung*; VGH Kassel DVBl 1974, 469, 470 hinsichtlich einer Verbesserung der Note im Fach

tungsakts qualifiziert, wenn die Prüfungsordnung die Bildung einer Gesamtnote und deren Aufnahme in das Prüfungszeugnis ausdrücklich vorsieht; der Regelungsgehalt beschränkt sich in diesem Falle nämlich nicht auf den Ausspruch des Bestehens der Prüfung, sondern umfasst auch die Festsetzung der Gesamtnote, aus der sich ergibt, wie der Ausbildungs- und Prüfungserfolg des einzelnen Kandidaten im Vergleich zu anderen Prüflingen einzustufen ist. Zur Verbesserung der Gesamtnote kann ein Hochschulabsolvent danach eine Verpflichtungsklage erheben, mit der sich allerdings regelmäßig nur der Erlass eines Bescheidungsurteils i.S.v. § 113 Abs. 5 S. 2 erreichen lässt. Unter Umständen kann zur Vorbereitung einer Amtshaftungsklage auch nach Bestehen des ersten juristischen Staatsexamens eine Fortsetzungsfeststellungsklage gegen die Bewertung des nicht bestandenen Freiversuchs zulässig sein (BVerwG NVwZ-RR 2013, 44, 45 f.). Die Bewertung einer *Prüfungsleistung* i.R. einer noch nicht beendeten Abschlussprüfung in einem Studiengang ist kein Verwaltungsakt; dies gilt auch für das Bestehen einer *Teilprüfung* in einer sog. „abgeschichteten Fachprüfung" (BVerwG DVBl 2003, 871, 872). Nach einem Beschluss des VGH München (NJW 1988, 2632) ist das für eine allgemeine Leistungsklage auf Verbesserung der betreffenden Note erforderliche Rechtsschutzbedürfnis insbes. dann gegeben, „wenn es sich um eine abschließende Prüfungsentscheidung handelt und diese auch im Abschlußzeugnis ihren Niederschlag findet" (zum Prüfungsrecht → Rn. 251). Die einvernehmlich vereinbarte *Annahme eines Doktoranden* durch einen Professor ist trotz ihrer öffentlich-rechtlichen Natur kein (mitwirkungsbedürftiger) Verwaltungsakt. Das Betreuungsverhältnis zwischen Professor und Doktorand ist gegenüber dem formellen Promotionsverfahren ein Rechtsverhältnis eigener Art (VG Osnabrück NVwZ 2001, 951 ff.). Regelmäßig kein Verwaltungsakt ist auch die Mitteilung über eine Einstellung des Verwaltungsverfahrens zur Entziehung eines Doktorgrades (BVerwG NVwZ 2017, 1786 [LS 1]). Informationen über die Pflicht zur Entrichtung von Studienbeiträgen in einer *universitären Datenbank* weisen mangels Regelungswirkung keine Verwaltungsaktqualität auf. Soweit sie unzweifelhaft als bloße Informationen gekennzeichnet sind, gilt dies selbst dann, wenn sie sich auf die individuelle Situation eines einzelnen Studenten beziehen und von diesem individuell abgerufen werden können (OVG Münster NVwZ-RR 2008, 470, 471). Die Befreiung von Studiengebühren aufgrund einer Geschwisterregelung kann mit einer Verpflichtungsklage verfolgt werden (VGH Mannheim NVwZ-RR 2011, 605).

212   **b) Habilitation und Lehrbefugnis.** Gegen die von einem Fakultätsrat beschlossene Ablehnung einer *Habilitationsschrift* ist eine Verpflichtungsklage statthaft, mit welcher der Habilitand im Falle einer rechtsfehlerhaften Bewertungsentscheidung allerdings nach § 113 Abs. 5 S. 2 nur die Verpflichtung zur neuen Entscheidung über Annahme oder Ablehnung der Habilitationsschrift – freilich unter Beachtung der Rechtsauffassung des Gerichts – erreichen kann.[439] *Wissenschaftliche Meinungsäußerungen* im Zusammenhang mit einem erfolglosen *Habilitationsverfahren* sind keine Verwaltungsakte; die Zulässigkeit einer allgemeinen Leistungsklage verneinte der VGH Mannheim (NVwZ 1991, 184 ff.) wegen Fehlens der Klagebefugnis (zur analogen Anwendung von § 42 Abs. 2 i.R. einer allgemeinen Leistungsklage → Rn. 371), weil das Begehren nach Wiederherstellung des wissenschaftlichen Ansehens „außerhalb der verwaltungsgerichtlichen Möglichkeiten und Aufgaben" liege. Die Erteilung der *Lehrbefugnis (venia legendi)* stellt einen Verwaltungsakt dar, weil mit ihr individuelle Rechte und Pflichten begründet werden; dazu gehören nach dem UnivG Baden-Württemberg etwa die Mitgliedschaft in der Universität, das Recht zur Führung der Bezeichnung „Privatdozent", die Verpflichtung, im Umfang von zwei Semesterwochenstunden Lehrveranstaltungen durchzuführen, und das Recht zur Benutzung der Lehr- und Forschungseinrichtungen (BVerwGE 91, 24, 27; vgl. auch schon OVG Lüneburg DÖV 1956, 643). Bei Ablehnung der beantragten Lehrbefugnis ist also eine Verpflichtungsklage statthaft, die jedoch nur zu einem Bescheidungsurteil gem. § 113 Abs. 5 S. 2 i.V.m. § 114 führen kann, weil dem Habilitierten kein Rechtsanspruch auf Erteilung der Lehrbefugnis (vgl. bereits BVerwGE 8, 170 ff.; 55, 73, 79 f.), aber ein Anspruch auf ermessensfehlerfreie Entscheidung über den Antrag auf Erteilung der Lehrbefugnis zusteht.[440]

Deutsch eines *Abitur*zeugnisses; VGH Mannheim DVBl 1990, 533 in Bezug auf die Verbesserung einer *Abitur*-Durchschnittsnote.

439   Vgl. BVerwGE 95, 237, 239 f. m.Anm. *H. Krüger*, JZ 1995, 43 ff. und m.Bespr. *W. Löwer*, F & L 1994, 481 ff.

440   BVerwGE 91, 24, 26 f. Vgl. auch VGH München DVBl 1995, 436 (LS): Dieser Entscheidung zufolge steht dem Habilitierten nach bayerischem Recht „ein – mit der Leistungsklage zu verfolgender – Anspruch gegen die Hochschule

c) Berufung und Ernennung zum Professor. Auch im zweigeteilten Stellenbesetzungsverfahren für **213** Professuren gilt der Grundsatz, dass Rechtsschutz erst nach dem vollständigen Abschluss des Verwaltungsverfahrens erlangt werden kann; diesen bringt die Verwaltung regelmäßig durch die Bekanntgabe des erfolgreichen Bewerbers verbunden mit der ablehnenden Bescheidung der weiteren Bewerber in der sog. „Konkurrentenmitteilung" zum Ausdruck (BVerfG [K] NVwZ 2014, 785, 786; OVG Münster IÖD 2008, 134 f.). Eine nach Erstellung einer *Berufungsliste* versandte Mitteilung, nicht zu Anhörungen eingeladen oder auf einer Liste der Berufungskommission oder des Fachbereichs berücksichtigt worden zu sein, stellt dementsprechend noch keinen anfechtbaren Verwaltungsakt dar, sondern erweist sich als bloße Wissenserklärung im Hinblick auf einen rechtlich unselbständigen Zwischenschritt des Verfahrens, dem regelmäßig noch weitere (Gremien-)Entscheidungen zu folgen haben (BVerfG [K] NVwZ 2014, 785, 786). Erst die abschließende Entscheidung, den an erster Stelle einer universitären Berufungsliste zur Besetzung einer Professorenstelle genannten Bewerber nicht zu berufen, stellt diesem gegenüber einen Verwaltungsakt dar, weil sie den Ernennungsantrag betrifft und eine rechtsverbindliche Einzelfallentscheidung über die Ablehnung einer Ernennung des Bewerbers enthält; für den Rechtsschutz kommt daher ein Verpflichtungsbegehren mit dem Ziel der Neubescheidung in Betracht, welches sich jedoch nach der anderweitigen Besetzung der Professorenstelle erledigt hat, sodass der übergangene Bewerber gem. § 113 Abs. 1 S. 4 analog nur die Feststellung der Rechtswidrigkeit des die Berufung ablehnenden Bescheides beantragen kann, wenn er ein berechtigtes Interesse an dieser Feststellung hat[441] (zur Bewerbungsklage im Beamtenrecht → Rn. 167 ff.). Ein an einen Bewerber um eine Professorenstelle gerichtetes „*Ruf*"angebot einer Universität (und damit umgekehrt auch dessen *Zurückziehung*) ist mangels einer bindenden öffentlich-rechtlichen Regelung grds. *kein* Verwaltungsakt; es enthält auch keine Zusicherung der Anstellung.[442] Ein für den Konkurrenten anfechtbarer Verwaltungsakt wird jedoch in der Mitteilung über die Erteilung eines Rufes („Konkurrentenmitteilung") gesehen; erst recht ist daher auch die Mitteilung über die Annahme des Rufes und die bevorstehende Ernennung als Rechtsakt zu qualifizieren, gegen den im Eilverfahren vorgegangen werden kann (BVerfG [K] NVwZ-RR 2014, 329, 330). Der VGH München erkannte zugunsten einer Universität, die Rechtsschutz gegen die Übernahme von Lehrpersonen als Professoren durch das Bayerische Staatsministerium für Unterricht und Kultus begehrte, „grundsätzlich die Möglichkeit einer Anfechtungsklage gegen die einzelne Ernennung bzw. gegen die Weisung, die Ernennungsurkunde auszuhändigen", an; dennoch hielt er die von der Universität erhobene Feststellungsklage nach § 43 für zulässig, welcher er „eine größere Reichweite" als der Anfechtungsklage mit der Begründung zusprach, die Universität wolle Rechtsschutz gegen eine *Mehrzahl* von drohenden Ernennungen erhalten (VGH München BayVBl 1983, 113 f.).

d) Neugliederung der Hochschule. Das BVerwG qualifizierte einen Beschluss des Kuratoriums der **214** Freien Universität Berlin über die Einteilung dieser Universität in *Fachbereiche*, der zur Umbildung der Juristischen Fakultät in einen Fachbereich Rechtswissenschaft führte, sowohl der bisherigen Juristischen Fakultät gegenüber als auch im Verhältnis zu Professoren, die Mitglieder der Fakultätsvertretung waren, jeweils als Verwaltungsakt und sah dagegen gerichtete Anfechtungsklagen als statthaft an; der rechtliche Status dieser Professoren sei nämlich durch die Auflösung der Fakultät insofern gemindert worden, als sie für eine kurze Übergangszeit bis zu den Fachbereichswahlen nur noch Mitglieder eines provisorisch für den neu gebildeten Fachbereich handelnden Organs gewesen seien (BVerwGE 45, 39, 42). Der VGH München sprach hingegen der ministeriellen Anordnung einer Neugliederung einer Universität, durch die ein bestimmtes *Institut* als selbständige wissenschaftliche Einrichtung aufgelöst wurde, den Verwaltungsaktcharakter ab und bezeichnete diese Festlegung als einen die Ordnung der inneren Verhältnisse der Universität betreffenden „*Organisationsakt*", gegen den eine Anfechtungsklage unzulässig sei; er sah vielmehr die auf das Weiterbestehen des aufgelösten Instituts gerichtete allgemeine Leistungsklage eines von der Neugliederung betroffenen Lehrstuhlinhabers als statthaft an.[443] Nach Auffassung des VGH Mannheim können derartige Organisationsakte der

---

darauf zu, daß diese in ermessensfehlerfreier Weise darüber entscheidet, ob sie den Antrag" auf Erteilung der Lehrbefugnis stellt.

441 BVerwG ZBR 1986, 50; OVG Lüneburg NJW 1984, 1639 ff.
442 BVerwGE 106, 187, 188 ff.; s.a. VGH München ZBR 2015, 319 ff.; VG Wiesbaden NVwZ-RR 1996, 207 f.
443 VGH München ZBR 1977, 293, 294 f. m. krit. Anm. *H. Lecheler*, a.a.O., 297 f.

Universität allgemein mit Blick auf die betroffenen Professoren nur dann als Verwaltungsakte mit Außenwirkung qualifiziert werden, wenn sie die Professoren in ihrem Grundverhältnis berühren, etwa ihren korporationsrechtlichen Status verkürzen; allein der Umstand, dass eine Organisationsmaßnahme den Professor in seiner durch eine *Berufungszusage* begründeten Rechtsstellung berührt, führt allerdings noch nicht zu der Annahme, dass die Maßnahme hierauf gerichtet ist (VGH Mannheim VBlBW 1999, 378, 379).

215 **16. Immissionsschutzrecht.** Gegen die Versagung einer immissionsschutzrechtlichen Genehmigung und damit eines begünstigenden Verwaltungsakts kann der Betroffene Rechtsschutz mit einer – ggf. auf Neubescheidung i.S.v. § 113 Abs. 5 S. 2 zielenden – Verpflichtungsklage begehren (BVerwG DVBl 1992, 1230 f.). Die einer immissionsschutzrechtlichen Betriebsgenehmigung für eine *Feuerungsanlage* beigefügte Maßgabe, bei Ölfeuerungsbetrieb nur schwefelarmes Heizöl zu verwenden (BVerwGE 69, 37, 39), sowie die mit einer Erlaubnis zum Umbau und Betrieb einer *Tankstelle* verbundene Anordnung, dass beim Betanken von Kraftfahrzeugen freiwerdende Kohlenwasserstoffdämpfe durch ein Gasrückführungssystem (Gaspendelung) zu erfassen und in den Vorratstank zurückzuführen sind (VGH Mannheim NVwZ 1994, 709 f.), stellen jeweils keine selbständig anfechtbaren Auflagen dar, sondern gehören wegen der Veränderung des geplanten technischen Konzepts der betreffenden Anlage als „Genehmigungsinhaltsbestimmungen" unmittelbar zu den erteilten Genehmigungen selbst. Das Begehren, eine weniger eingeschränkte Gestattung und damit ein „Mehr" an Genehmigung zu erhalten, lässt sich nicht mit der Anfechtungs-, sondern nur mit der Verpflichtungsklage verfolgen (→ Rn. 21, 180, 190, 195, 254, 333; zu Problemen des Lärmschutzes in Anwendung von Vorschriften des LuftVG → Rn. 239 und des FStrG → Rn. 282). Wird der Regelungsgehalt einer immissionsschutzrechtlichen Genehmigung gesetzlich verändert, so stellt die individuelle Anpassung der Genehmigung an die neue Rechtslage mangels Regelungswirkung grds. keinen Verwaltungsakt dar (BVerwGE 124, 47, 50).

216 **17. Jagdrecht.** Das OVG Koblenz (RdL 1987, 135, 136) und das OVG Münster (RdL 1981, 193; s.a. OVG Münster OVGE 10, 243, 244; 11, 73, 75 f.) sahen jeweils in dem Beschluss einer als Körperschaft des öffentlichen Rechts zu qualifizierenden *Jagdgenossenschaftsversammlung* keinen anfechtbaren Verwaltungsakt, sondern einen nicht auf unmittelbare Rechtswirkung nach außen gerichteten innerkorporationsrechtlichen Willensbildungsakt, dessen Vollzug weiterer Rechtshandlung(en) bedurfte; als zulässige Verfahrensart bezeichneten die Gerichte jeweils die Feststellungsklage nach § 43, die ein durch den Beschluss der Jagdgenossenschaftsversammlung in seiner Rechtsstellung betroffener *Jagdgenosse* mit dem Ziel erheben konnte, die Unwirksamkeit dieses Beschlusses feststellen zu lassen. Um einen Verwaltungsakt handelt es sich dagegen bei der Aufstellung oder Änderung eines *Abschussplanes* durch die Jagdbehörde (vgl. etwa BVerwGE 98, 118, 119 f.; → Rn. 480).

217 **18. Jugendschutzrecht. a) Stellungnahme der Jugendbehörde.** Das BVerwG hat die Stellungnahme der zuständigen Jugendbehörde nach § 7 Abs. 2 JSchG a.F. im Verfahren auf Bewilligung einer Ausnahme von dem Verbot, Kindern und Jugendlichen den Aufenthalt in Spielhallen zu gestatten, nicht als selbständig angreifbaren Verwaltungsakt, sondern als nur verwaltungsinterne Maßnahme qualifiziert, die dazu diente, der für die Entscheidung zuständigen Behörde sachdienliches Material zur Verfügung zu stellen (BVerwGE 19, 94, 100). Der Betreiber der Spielhallen konnte sich daher lediglich gegen die Ablehnung seines Antrags auf Ausnahmebewilligung durch Erhebung einer Verpflichtungsklage mit dem Ziel eines Bescheidungsurteils zur Wehr setzen.

218 **b) Liste jugendgefährdender Medien.** Gegen die Aufnahme einer Schrift in die Liste jugendgefährdender Medien durch die Bundesprüfstelle nach § 18 JuSchG (ehemals Liste jugendgefährdender Schriften, §§ 1, 8 ff. GjS) ist eine Anfechtungsklage seitens des betroffenen Verlegers statthaft.[444] Auch gegen eine im vereinfachten Verfahren durch einen Dreierausschuss gem. § 23 Abs. 1 JuSchG angeordnete Indizierung eines Mediums kann unmittelbar Anfechtungsklage erhoben werden; diesem Ergebnis steht die in § 23 Abs. 3 JuSchG geregelte Möglichkeit des Betroffenen, gegen den Beschluss im vereinfachten Verfahren einen Antrag auf Entscheidung der Bundesprüfstelle in der Besetzung des Zwölfer-

---

444 Vgl. BVerwGE 39, 197 ff.; 77, 75 ff.; zur Rechtsstellung der Bundesprüfstelle *H. Sodan*, Kollegiale Funktionsträger als Verfassungsproblem, 1987, 114 ff.

gremiums nach § 19 Abs. 5 JuSchG zu stellen, nicht entgegen: Ein auf § 23 Abs. 3 JuSchG gestützter Ausschluss der Anfechtungsklage würde nämlich dazu führen, dass der Betroffene die Aufhebung der ihn belastenden, gem. § 25 Abs. 4 S. 1 JuSchG i.V.m. § 80 Abs. 2 S. 1 Nr. 3 VwGO sofort vollziehbaren Indizierungsentscheidung nicht mit der Begründung erreichen kann, es fehle die für deren Rechtmäßigkeit nach § 23 Abs. 1 JuSchG erforderliche Offensichtlichkeit der Jugendgefährdung.[445]

19. Kommunalrecht. a) Maßnahmen der Rechtsaufsicht. Vielfach stellen Maßnahmen der Rechtsaufsicht gegenüber kommunalen Gebietskörperschaften Verwaltungsakte dar, sodass Anfechtungs- bzw. Verpflichtungsklage zur Erlangung von Rechtsschutz statthaft sein können (zu solchen Fällen → Rn. 109 ff., 137 f.). 219

b) Fachaufsichtliche Weisungen. Nur ausnahmsweise sind fachaufsichtliche Weisungen der staatlichen Aufsichtsbehörden gegenüber Gemeinden in Angelegenheiten des übertragenen Wirkungskreises anfechtbare Verwaltungsakte, wenn sie eine Gemeinde in einem dieser als Selbstverwaltungskörperschaft zustehenden Recht betreffen und damit über den verwaltungsinternen Bereich der Weisungsunterworfenheit der Gemeinde hinaus Wirkung entfalten (→ Rn. 118). 220

c) Andere behördliche Entscheidungen speziell im Baurecht. Auch andere behördliche Entscheidungen speziell im Baurecht, die den Gemeinden gegenüber keine Ausübung von Rechts- oder Fachaufsicht darstellen, lassen sich durch die betroffenen Gemeinden jeweils mit der Anfechtungs- bzw. Verpflichtungsklage angreifen (zu solchen Fällen → Rn. 137). 221

d) Ausübung des gemeindlichen Vorkaufsrechts. Gegen die Ausübung des gemeindlichen Vorkaufsrechts als einen „privatrechtsgestaltenden Verwaltungsakt" können Verkäufer und Käufer des betroffenen Grundstücks im Regelfall Anfechtungsklage beim zuständigen Verwaltungsgericht erheben (zur Begründung → Rn. 139; vgl. auch → Rn. 445). 222

e) Wege- und Gewässerplan. Die Feststellung des Wege- und Gewässerplans mit landschaftspflegerischem Begleitplan i.S.v. § 41 Abs. 1 FlurbG ist gegenüber den in seinem Einwirkungsbereich liegenden Gemeinden ein selbständig anfechtbarer Verwaltungsakt, soweit er Festsetzungen enthält, welche die von der Selbstverwaltungsgarantie des Art. 28 Abs. 2 S. 1 GG mit umfasste Planungs- und Finanzhoheit betreffen (→ Rn. 177). 223

f) Rodungsgenehmigung. Die Rodungsgenehmigung nach Art. 9 Abs. 2 BayWaldG ist ein Verwaltungsakt, dessen Anfechtung durch eine Gemeinde, die nicht Eigentümerin des Waldes ist, jedoch unzulässig ist, weil dieses Gesetz der Gemeinde insoweit kein subjektives öffentliches Recht und daher keine Klagebefugnis nach § 42 Abs. 2 einräumt (VG München ZfSH 1977, 12, 13; → vgl. auch Rn. 180). 224

g) Festlegung von Standesamtsbezirken. Die Festlegung von Standesamtsbezirken nach den Ausführungsgesetzen der Länder zum PStG ist kein von einer Gemeinde angreifbarer Verwaltungsakt, sondern eine innerdienstliche Maßnahme in Wahrnehmung staatlicher Organisationsgewalt; eine gegen die Änderung von Standesamtsbezirken gerichtete allgemeine Leistungsklage auf Eingliederung eines bestimmten Standesamts in den bisherigen Bezirk der Gemeinde ist zwar statthaft, aber wegen Fehlens der nach § 42 Abs. 2 analog erforderlichen Klagebefugnis (→ Rn. 371) unzulässig, da die Gemeinde kein subjektives öffentliches Recht auf Beibehaltung dieses staatlichen Aufgabenbereichs hat (zu §§ 51 f. PStG a.F. VGH München BayVBl 1971, 309). 225

h) Benutzung eines gemeindlichen Leichenhauses. Als Rechtsschutz gegen den Zwang zur Benutzung eines gemeindlichen Leichenhauses hat der VGH München eine Verpflichtungsklage eines Evangelischen Altenpflegeheims auf Befreiung vom Benutzungszwang für unzulässig erklärt mit der Begründung, dass weder Art. 24 Abs. 4 BayGO noch die einschlägige Friedhofssatzung einen Anspruch auf Erlass eines solchen Verwaltungsakts regelten; zulässig war nach dieser Entscheidung jedoch eine Klage nach § 43 auf Feststellung, dass der Leichenraum im Evangelischen Altenpflegeheim nicht vom Benutzungszwang für das gemeindliche Leichenhaus umfasst wird (VGH München NVwZ 1993, 702, 703). 226

---

445 Vgl. BVerwGE 91, 217, 219 f.; zum Rechtsschutzbedürfnis für diese Anfechtungsklage a.a.O., 220 f. und Rn. 349. Dazu auch *J. Würkner/B. Kerst-Würkner*, NJW 1993, 1446 ff.; *dies.*, NVwZ 1993, 641 ff.

227   i) **Kreisumlagebescheid.**   Gegen einen Kreisumlagebescheid vermag sich eine kreisangehörige Gemeinde mit der Anfechtungsklage zur Wehr zu setzen, weil es sich dabei um einen Verwaltungsakt handelt; die Gemeinde kann durch den Umlagebescheid in ihren Rechten verletzt sein, wenn sie eine Zahlung leisten soll, für die es keine Rechtsgrundlage gibt.[446]

228   j) **Kommunale Steuern.**   Bescheide über die Heranziehung zu kommunalen Steuern, die von den Kommunen selbst verwaltet werden, sind im Verwaltungsrechtsweg angreifbare Verwaltungsakte; der Finanzrechtsweg ist insoweit nach § 33 FGO nicht gegeben.[447] Die Zulassung einer abweichenden Festsetzung von Steuern aus Billigkeitsgründen nach § 163 Abs. 1 S. 1 AO ist mit der Verpflichtungsklage zu verfolgen, weil diese Entscheidung einen gegenüber der Steuerfestsetzung selbständigen Verwaltungsakt darstellt.[448]

229   k) **Kommunalverfassungsstreit.**   Der sog. Kommunalverfassungsstreit ist als Klageart in die VwGO nicht ausdrücklich aufgenommen worden, obwohl er angesichts seiner historischen Entwicklung[449] dem Gesetzgeber bekannt sein musste. In Bezug auf die Einordnung des Kommunalverfassungsstreits in das System der Verfahrensarten gehen die Auffassungen in Rspr. und Lit. nach wie vor auseinander.

230   aa) **Begriff.**   Der Kommunalverfassungsstreit ist dadurch gekennzeichnet, dass eine Auseinandersetzung unter kommunalen Vertretungsorganen derselben Körperschaft oder innerhalb eines Organs über die sich aus dem kommunalen Verfassungsrecht ergebenden Rechte und Pflichten stattfindet.[450] Der erste Fall lässt sich als *Inter*organstreit, der zweite als *Intra*organstreit bezeichnen.[451] Bereits im Jahre 1958 sprach das BVerfG (BVerfGE 8, 122, 130) i.R. von Erörterungen zur Zulässigkeit einer Verfassungsstreitigkeit nach Art. 93 Abs. 1 Nr. 3 GG davon, „daß der Beschluß der Gemeindevertretungen möglicherweise von den überstimmten Minderheiten zum Gegenstand eines Kommunalverfassungsstreites vor den Verwaltungsgerichten gemacht werden könnte".

231   bb) **Zur Statthaftigkeit von Anfechtungs- und Verpflichtungsklage.**   Maßnahmen, die ein Organ zur Regelung der inneren Organisation und Willensbildung der Kommune gegenüber anderen Organen oder den eigenen Mitgliedern trifft, sind regelmäßig nicht auf unmittelbare Rechtswirkung nach außen gerichtet und daher keine Verwaltungsakte mit der Folge, dass Anfechtungs- bzw. Verpflichtungsklage zur Erlangung von Rechtsschutz grds. ausscheiden.[452] Davon abweichende Bemühungen gerade im jüngeren Schrifttum,[453] mit Rücksicht auf persönliche oder organschaftliche Rechte Betroffener die Verwaltungsaktqualität von Maßnahmen i.R. von Kommunalverfassungsverhältnissen in größerem Umfang zu bejahen, vermögen hingegen nicht zu überzeugen: Eine Überdehnung des Begriffs des Verwaltungsakts ist schon deshalb nicht erforderlich, weil Organe oder Organteile, denen eigene Rechtspositionen zustehen, durch allgemeine Leistungsklage oder Feststellungsklage nach § 43 Rechtsschutz erlangen können, wie sogleich (→ Rn. 233) zu zeigen sein wird.

232   Nur in Ausnahmefällen sind im vorliegenden Zusammenhang Anfechtungs- oder Verpflichtungsklagen statthaft. Die Begründung, Änderung oder Aufhebung der Rechtsstellung eines Bürgers als Inhabers eines Amtes, welche über die interne Willensbildung der Kommune hinaus das Verhältnis des Bürgers zur Kommune betreffen, sind nämlich auf unmittelbare Rechtswirkung nach außen gerichtet

---

446   VGH München DVBl 1993, 893; 2.8.1996 – 4 B 94/1200; ferner OVG Weimar ThürVBl 2002, 208, 209; vgl. auch OVG Koblenz DVBl 1989, 945.
447   Vgl. BVerwGE 19, 68 f.; 19, 125 ff.; BVerwG KStZ 1967, 97 f.; zum Problem des Rechtswegs auch *H. v. Nicolai*, in: Redeker/v. Oertzen § 40 Rn. 67.
448   BVerwG NJW 1982, 2682 f.; BVerwGE 68, 121 ff.; ferner VGH Mannheim NVwZ-RR 1994, 362, 363.
449   Dazu *R. Bleutge*, Kommunalverfassungsstreit, 1970, 30 ff.
450   Vgl. OVG Koblenz AS 9, 335, 337; 10, 55, 56; NVwZ 1985, 283; OVG Münster OVGE 27, 258, 259; *B. Preusche*, NVwZ 1987, 854 f.
451   OVG Münster OVGE 36, 154, 155; vgl. auch *Hufen* § 21 Rn. 1.
452   Vgl. OVG Koblenz AS 9, 335, 339; 10, 55, 56; NVwZ 1985, 283; OVG Münster OVGE 17, 261, 262, 265; 28, 208, 210; 36, 154, 155 f.; OVG Saarlouis NVwZ 1987, 914; VGH Kassel NJW 1962, 832, 833 m.Anm. *F. Czermak*; NVwZ 1985, 849; VGH Mannheim ESVGH 4, 169, 171; 23, 203, 205; VGH München BayVBl 1976, 753, 754; *H. Bethge*, Verw 8 (1975), 459, 477 f.; *D. Ehlers*, NVwZ 1990, 105, 106; *W. Hoppe*, Organstreitigkeiten, 1970, 59 ff., 127 f.; *W. Krebs*, VerwArch 68 (1977), 189, 195; *ders.*, Jura 1981, 569, 579 f.; *H.-J. Papier*, DÖV 1980, 292, 294 f.; *F. Schoch*, JuS 1987, 783, 787 f.
453   *L. Gramlich*, BayVBl 1989, 9, 10; *Schenke* Rn. 228 m.w.N.; *R. Streinz*, BayVBl 1983, 744, 747. Vgl. auch *Hufen* § 21 Rn. 10.

und daher Verwaltungsakte.[454] Kein Kommunalverfassungsstreit „im eigentlichen Sinne" liegt ferner vor, wenn sich die Klage gegen eine Entscheidung der Kommunalaufsichtsbehörde richtet: Gibt diese etwa der von einem Gemeinderatsmitglied erklärten *Anfechtung der Wahl eines hauptamtlichen Beigeordneten* statt, können jedenfalls der zum hauptamtlichen Beigeordneten Gewählte und die Gemeinde gegen diesen Verwaltungsakt Anfechtungsklage mit dem Ziel erheben, das Wahlergebnis „gewissermaßen wiederherzustellen"; im Falle der Zurückweisung der Wahlanfechtung kann das Gemeinderatsmitglied eine Klage erheben auf Verpflichtung der Kommunalaufsichtsbehörde, die angefochtene Wahl für ungültig zu erklären (→ Rn. 113). Ebenso ist eine Verpflichtungsklage der Vertreter eines Bürgerbegehrens innerhalb einer Gemeinde gegen den Kreistag auf verbindliche *Feststellung der Zulässigkeit des Bürgerbegehrens* zulässig, weil diese Feststellung durch Verwaltungsakt erfolgt: Sie besitzt unmittelbare Außenwirkung, da nicht Innenrechtspositionen des Kreises betroffen sind, sondern gerade eigenständige subjektiv-öffentliche Rechte der Kreisbürger, welche nicht etwa organschaftlich handeln, und damit *Positionen des Außenrechts* geltend gemacht werden.[455] Gleiches gilt, wenn die Vertreter des Bürgerbegehrens mit demselben Ziel gegen den Rat der eigenen Gemeinde klagen (VG Düsseldorf NVwZ-RR 2003, 451). Eine Anfechtungsklage soll außerdem bei sog. „kommunalverfassungsrechtlichen Drittanfechtungen" möglich sein (vgl. etwa VGH München BayVBl 2012, 340 f.). Gemeint sind damit Konstellationen, in denen sich Kommunalorgane durch eine Anfechtungsklage gegen aufsichtsrechtliche Maßnahmen unter Berufung auf die Beeinträchtigung von Organrechten wehren.[456] Es handelt sich dabei freilich nicht um den klassischen Fall eines inter- und intraorganschaftlichen Streits.

cc) Klage sui generis? Insbes. in der älteren Rspr.[457] ist die Auffassung vertreten worden, der Kommunalverfassungsstreit stelle wegen seiner Besonderheiten eine Klage sui generis dar. Dagegen belegt jedoch die jüngere Judikatur, dass kein Bedürfnis nach Anerkennung einer speziellen Klageart besteht, vielmehr der Kommunalverfassungsstreit in das vorhandene System von Verfahrensarten eingefügt und auf diese Weise das verfassungsrechtliche Gebot effektiven Rechtsschutzes nach Art. 19 Abs. 4 GG (→ Rn. 13, 78) gewahrt werden kann.[458] Macht ein Kläger in einem Kommunalverfassungsstreit einen Anspruch auf ein Tun, Dulden oder Unterlassen geltend, kann eine *allgemeine Leistungsklage* zulässig sein.[459] So wurde bspw. die allgemeine Leistungsklage eines Stadtratsmitgliedes auf Anordnung eines Rauchverbots für Rats- und Ausschusssitzungen durch den Bürgermeister der Stadt als statthaft angesehen.[460] Der VGH München[461] erklärte sogar eine allgemeine Leistungsklage eines Gemeinderatsmitgliedes auf *Kassation* seines durch einen Gemeinderat beschlossenen Ausschlusses von der Mitwirkung an einer bestimmten Sachentscheidung dieses Kommunalorgans für zulässig. Insbes. in den letzten Jahren wurden in der Rspr. für kommunalverfassungsrechtliche Streitigkeiten vorwie-

233

---

454   Vgl. BVerwGE 56, 163, 170 zur Abwahl eines hauptamtlichen Bürgermeisters; OVG Münster DVBl 1979, 522 zur Ablehnung der beantragten Entbindung von dem Amt eines Verbandsvorstehers; VGH Kassel ESVGH 16, 197 ff. zur Ungültigerklärung der Wahl ehrenamtlicher Beigeordneter durch eine Gemeindevertretung; VGH Mannheim VBlBW 1984, 281 f. zur Ablehnung des Antrags eines Kreisrats an den Kreistag, dieser möge ihn von seinem Mandat entbinden; *H.-J. Papier*, DÖV 1980, 292, 294 Fn. 25; *B. Preusche*, NVwZ 1987, 854, 856.
455   OVG Münster NVwZ-RR 2003, 448, 449. In dieser Richtung ferner VG Dessau LKV 1996, 74, 75.
456   Dazu *J. Greim/F. Michl*, NVwZ 2013, 775 ff.
457   S. OVG Münster OVGE 17, 261, 263 ff.; 27, 258, 259 ff.; 28, 208, 210 f.; DVBl 1978, 150; NJW 1979, 1726; VGH München VerwRspr 20, 89, 90; vgl. auch bereits BVerwGE 3, 30, 35; OVG Lüneburg OVGE 2, 225, 227 ff.
458   Ausdrückl. gegen die Qualifikation des Kommunalverfassungsstreits als Klage sui generis OVG Koblenz AS 9, 335, 338; 10, 55, 56 f.; NVwZ 1985, 283; OVG Saarlouis NVwZ-RR 1993, 210; *D. Ehlers*, NVwZ 1990, 105, 106; *W. Fehrmann*, DÖV 1983, 311, 314; *H.-J. Papier*, DÖV 1980, 292, 298; *B. Preusche*, NVwZ 1987, 854, 858; *J.-D. Rausch*, JZ 1994, 696 f. mit Fn. 6; *W.-R. Schenke*, in: Kopp/Schenke Vorbem. § 40 Rn. 6, § 43 Rn. 10; *F. Schoch*, JuS 1987, 783, 787; *M. Schröder*, NVwZ 1985, 246.
459   Vgl. BVerwG 7.3.1980 Buchholz 310 § 40 VwGO Nr. 179; OVG Koblenz AS 9, 335, 338; 10, 55, 57; OVG Münster OVGE 36, 154 ff.; VGH Mannheim ESVGH 23, 203, 205 f.; VGH München BayVBl 1976, 753, 754; BayVBl 1981, 87, 88; *R. Bleutge*, Kommunalverfassungsstreit, 1970, 184; *D. Ehlers*, NVwZ 1990, 105, 106 f.; *W. Fehrmann*, DÖV 1983, 311, 314; *W. Hoppe*, Organstreitigkeiten, 1970, 130 f., 230 f.; *W. Krebs*, Jura 1981, 569, 580; *B. Preusche*, NVwZ 1987, 854, 858; *F. Schoch*, JuS 1987, 783, 788; *M. Schröder*, NVwZ 1985, 246.
460   S. OVG Münster OVGE 36, 154, 155 f. Zur Klage eines Ratsmitglieds auf Erteilung einer Auskunft s.a. OVG Weimar ThürVBl 2015, 166 ff.
461   BayVBl 1976, 753, 754. In der Lit. wird die „kassatorische Leistungsklage" allerdings zu Recht mit der Begründung abgelehnt, dass das Leistungsurteil nicht rechtsgestaltend „kassiert", sondern zu einer Leistung verurteilt: s. etwa *D. Ehlers*, NVwZ 1990, 105, 106; *Hufen* § 21 Rn. 11; *W. Krebs*, VerwArch 68 (1977), 189, 195 f.

gend *Feststellungsklagen* nach § 43 als statthaft anerkannt:[462] So begehrten etwa ein Gemeinderatsmitglied die gerichtliche Feststellung der Rechtswidrigkeit einer vom Gemeinderat beschlossenen Redezeitbeschränkung (VGH Mannheim NVwZ-RR 1994, 229), eine Stadtratsfraktion die Feststellung, dass der Oberbürgermeister keine Berechtigung hatte, bestimmte Punkte nicht auf die Tagesordnung der nächsten Stadtratssitzung aufzunehmen (OVG Saarlouis NVwZ-RR 1993, 210) oder die zur Wahl eines Beigeordneten berufenen Ratsmitglieder das organschaftliche Recht, sich über den Kreis aller Bewerber um das Amt im Vorfeld der Wahl zu informieren (OVG Münster DÖV 2002, 705, 706).

233a l) **Abwahl eines (Ober-)Bürgermeisters.** Die Anfechtungsklage gegen die Abwahl eines (Ober-)Bürgermeisters aufgrund einer Entscheidung der stimmberechtigten Bürger ist unstatthaft, da eine solche Entscheidung keinen Verwaltungsakt bildet. Es handelt sich nämlich um einen Akt demokratischer, nicht exekutiver Willensbildung. Das Wahlvolk ist keine Behörde i.S.d. Verwaltungsverfahrensrechts. Daher kann auch die Feststellung des Wahlergebnisses durch den zuständigen Wahlausschuss nicht mit der Anfechtungsklage angegriffen werden. Die Klagemöglichkeit ist allein auf die allgemeine Feststellungsklage – unter den hierfür geltenden Sachentscheidungsvoraussetzungen – beschränkt (VG Frankfurt a.M. NVwZ 2006, 720, 721 f.; VG Leipzig LKV 2010, 528).

233b m) **Wahlprüfungsklage.** Für die verwaltungsgerichtliche Überprüfung von Kommunalwahlen kann darüber hinaus die Verpflichtungsklage gegeben sein. Die Ungültigerklärung einer Kommunalwahl und die Anordnung einer Wiederholungswahl durch die Wahlprüfungsbehörde stellen Wahlprüfungsbeschlüsse dar, die als Verwaltungsakte mit der Verpflichtungsklage zu begehren sind (OVG Magdeburg 6.3.2007 – 4 L 138/05, juris Rn. 29 ff.; OVG Münster OVGE 35, 144; NVwZ-RR 2016, 976, 977).

234 **20. Lebensmittelrecht.** Das *Verbot des Verkaufs eines Lebensmittels* wie etwa von Endiviensalat, das zur Bekämpfung konkreter Seuchengefahr erlassen wurde und sich an einen nach allgemeinen Merkmalen bestimmbaren Personenkreis richtet, stellt eine Allgemeinverfügung und damit einen anfechtbaren Verwaltungsakt dar.[463] Die objektiv geltenden Verbotsnormen des *LFGB* (insbes. §§ 5 ff.) wirken grds. aus sich heraus, d.h. ohne jede Ausnahme oder behördliche Umsetzung, etwa durch eine behördliche Konkretisierung des Verbots im Wege des Erlasses eines Verwaltungsakts. Ihre Beachtung obliegt den Lebensmittelherstellern; irgendein besonderes behördliches Verfahren zur Konkretisierung dieser Obliegenheit oder gar zur „Umsetzung" einer Verbotsnorm auf einen Einzelfall kennt das LFGB nicht (zum früheren LMBG BVerwGE 89, 327, 332). Die Aufhebung öffentlich-rechtlicher Liefer- und Annahmebeziehungen nach dem *MFG* erfolgt durch gestaltenden Verwaltungsakt, gegen den eine betroffene Molkerei Anfechtungsklage erheben kann (BVerwGE 28, 292 ff.). Bedarf es zur *Einfuhr von Rindfleisch* einer Zulassung durch Freigabe seitens des abfertigenden Tierarztes und damit der Erteilung eines Verwaltungsakts, ist gegen dessen Ablehnung die Verpflichtungsklage statthaft (OVG Münster NWVBl 1990, 418 f.). Der auf die Erstattung eines Obergutachtens über die Einfuhrfähigkeit von Wein hin erlassene *Gebührenbescheid* einer Staatlichen Chemischen Untersuchungsanstalt ist ein Verwaltungsakt, gegen den sich der Adressat mit der Anfechtungsklage wehren kann; fordert dieser zugleich die bereits gezahlte Gebühr zurück, ist eine Verbindung mit einer allgemeinen Leistungsklage im Wege der „Klagenhäufung" nach § 44 zulässig (BVerwG DÖV 1964, 712 f.). Einer behördlichen Feststellung, dass bestimmtes Obst nicht den für die Einfuhr festgelegten Qualitätsnormen entspricht, fehlen die Verbindlichkeit und demnach der Verwaltungsaktcharakter, wenn diese Feststellung als *gutachtliche Stellungnahme* lediglich der Vorbereitung der Entscheidung über den Antrag auf zollamtliche Abfertigung zum freien Verkehr dient.[464]

---

462 BVerwG 7.3.1980 Buchholz 310 § 40 VwGO Nr. 179; NVwZ 1989, 470; NVwZ-RR 1994, 352; OVG Koblenz NVwZ 1985, 283 m.w.N. zur älteren Judikatur; NVwZ-RR 1996, 52, 53; OVG Saarlouis NVwZ-RR 1993, 210; VGH Mannheim VBlBW 1988, 407; DVBl 1992, 981 (LS); DVBl 1993, 212; NVwZ-RR 1994, 229; VBlBW 1999, 304. Vgl. aus dem Schrifttum etwa *B. Preusche*, NVwZ 1987, 854, 856 ff. (mit Ausführungen auch zur Frage der Subsidiarität der Feststellungsklage); *J.-D. Rausch*, JZ 1994, 696 f.; *F. Schoch*, JuS 1987, 783, 788.

463 BVerwGE 12, 87, 89 f.; vgl. → Rn. 181. S.a. VGH Mannheim ESVGH 24, 238, 239 zum Verkaufsverbot betr. eine bestimmte Lieferung von Mineralwasser.

464 BVerwG NJW 1985, 1302 f. Zur fehlenden Verwaltungsaktqualität eines Lebensmittel betreffenden Untersuchungsberichtes auch VG Gelsenkirchen GewArch 1963, 142 f.

21. Luftverkehrsrecht. **a) Genehmigung nach § 6 Abs. 1 LuftVG.** **aa) Nicht planfeststellungspflichti-** 235
ge Vorhaben. Bei nicht planfeststellungspflichtigen Vorhaben wie etwa der Anlegung eines militärischen Flugplatzes (s. § 30 Abs. 1 S. 2 LuftVG) ist die luftverkehrsrechtliche Genehmigung eindeutig
ein Verwaltungsakt; entfällt nämlich das in § 8 LuftVG vorgesehene Planfeststellungsverfahren, so
stellt die Genehmigung eine „endgültige Entscheidung" dar, die von einer Gemeinde unter Geltendmachung einer Verletzung ihrer Planungshoheit angefochten werden kann.[465] Die luftverkehrsrechtliche
Genehmigung hat insoweit eine „Doppelnatur" als einerseits Unternehmergenehmigung und andererseits Planungsentscheidung (BVerwGE 56, 110, 135; s.a. BVerwG DÖV 1969, 428, 429 f.).

bb) Planfeststellungsbedürftige Flugplätze. Aber auch in den Fällen planfeststellungsbedürftiger Flug- 236
plätze ist die luftverkehrsrechtliche Genehmigung jeweils als Verwaltungsakt zu qualifizieren, weil sie
insoweit – ganz überwiegend – Unternehmergenehmigung ist, damit den Gegenstand des Unternehmens bestimmt und als planungsvorbereitende Entscheidung die Voraussetzung für die Planfeststellung schafft; luftverkehrsrechtliche Genehmigung und Planfeststellung sind zwei in einem mehrstufigen Verwaltungsverfahren „sachlich und verfahrensmäßig miteinander verzahnte, für ihren jeweiligen
Regelungsbereich aber selbständige Verwaltungsentscheidungen"[466] (zur Klagebefugnis für die Anfechtung einer luftverkehrsrechtlichen Genehmigung → Rn. 430). Folgt der luftverkehrsrechtlichen
Genehmigung gem. § 6 LuftVG ein Planfeststellungsverfahren gem. § 8 LuftVG nach, so ist der
Rechtsschutz eines privaten Dritten auf das Planfeststellungsverfahren konzentriert. Die Klage gegen
die luftverkehrsrechtliche Genehmigung ist mangels Klagebefugnis unzulässig (OVG Hamburg
NVwZ-RR 1997, 619).

cc) Änderung der Genehmigung. Auch eine Änderung der Genehmigung zum Betrieb eines Flugha- 237
fens nach § 6 Abs. 1 S. 1 i.V.m. Abs. 4 S. 2 LuftVG stellt einen Verwaltungsakt dar, den Flugschulen
und Flugcharterunternehmen unter Hinweis darauf anfechten können, bei dem Erlass des in dem Bescheid verfügten, sie betreffenden Bahnbenutzungsverbots seien ihre abwägungserheblichen Belange
verkannt und ohne hinreichend sachlichen Grund zurückgestellt worden[467] (zur Klagebefugnis
→ Rn. 427).

dd) Genehmigungsverfahren. Auf einen Realakt war hingegen die allgemeine Leistungsklage auf Ver- 238
pflichtung des Freistaates Bayern gerichtet, den Betreiber des Flughafens Salzburg zu einem Antrag auf
Durchführung eines luftverkehrsrechtlichen Genehmigungsverfahrens nach deutschem Recht zu veranlassen; der VGH München hat dieses Begehren jedoch wegen Fehlens der nach § 42 Abs. 2 analog
bei einer allgemeinen Leistungsklage erforderlichen Klagebefugnis (→ Rn. 371) für unzulässig erachtet
(UPR 1984, 130).

b) Planfeststellungsbeschluss. Der Planfeststellungsbeschluss nach § 8 Abs. 1 und den §§ 9 sowie 10 239
Abs. 1 LuftVG ist ein Verwaltungsakt[468] (zur Verwaltungsaktqualität von Planfeststellungsbeschlüssen
→ Rn. 81 und zur Klagebefugnis → Rn. 430). Er lässt sich näher als „rechtsgestaltender Verwaltungsakt mit dinglichen Wirkungen" charakterisieren, durch den das Vorhaben für zulässig erklärt und
festgestellt wird, dass „der Ausführung des Plans mit dem genehmigten Inhalt öffentlich-rechtliche Bedenken und Hindernisse nicht entgegenstehen".[469] Ein von der Planfeststellung nachteilig Betroffener
kann gegen die Planfeststellungsbehörde eine Verpflichtungsklage auf Anordnung von *Lärmschutzauf-*

465 OVG Koblenz UPR 1985, 379 f.; DVBl 2001, 408; vgl. auch BVerwG DÖV 1969, 428 ff.; 17.2.1971 Buchholz
442.40 § 6 LuftVG Nr. 3. Ferner BVerwGE 81, 95 ff.
466 BVerwGE 56, 110, 135 f.; BVerwG DÖV 1979, 517, 520; vgl. auch BVerwG DÖV 1969, 283, 284; DÖV 1974,
418 f.; DÖV 1978, 804, 810; OVG Lüneburg ZLW 1975, 69, 76 ff.; *H. Achtnich*, ZLW 1962, 249, 259; *R. Beine*,
ZLW 1961, 3 f.; *R. Beine/H. Lohmann*, ZLW 1965, 103, 106; *W. Blümel*, DVBl 1975, 695, 704; *E. Grabherr*, ZLW
1977, 247 f.; *R. Hartmann*, Genehmigung, 1994, 208; *U. Lau*, Rechtsschutz, 1977, 124 f.; *P. Volker*, Probleme,
1967, 73; *R. Wahl*, DÖV 1975, 373, 374 f.
467 BVerwGE 82, 246, 248 f.; vgl. ferner VGH München NVwZ-RR 1994, 241.
468 BVerwG DÖV 1969, 283; DÖV 1974, 418 f.; vgl. auch BVerwGE 107, 142 ff.; OVG Lüneburg DVBl 1972, 795 f.
m.Anm. *W. Blümel*; ZLW 1975, 69, 76 f.; VGH München NVwZ-RR 2003, 410 f.; *R. Beine/H. Lohmann*, ZLW
1965, 103, 105 f. und 109; *W. Hoppe*, Rechtsschutz, 1971, 25, 44 f.; *U. Lau*, Rechtsschutz, 1977, 207; *P. Volker*,
Probleme, 1967, 100 f.
469 *W. Neumann*, in: Stelkens/Bonk/Sachs § 74 Rn. 19 f.

lagen nach § 9 Abs. 2 LuftVG erheben.[470] Lässt sich nämlich „eine im Planfeststellungsbeschluß nicht angeordnete Schutzauflage nachholen, ohne daß dadurch die Gesamtkonzeption der Planung in einem wesentlichen Punkt berührt und ohne daß in dem Interessengeflecht der Planung nunmehr andere Belange nachteilig betroffen werden, so korrespondiert der objektiven Rechtswidrigkeit des Planfeststellungsbeschlusses nicht ein subjektiver Anspruch des Betroffenen auf Planaufhebung, sondern allein ein Anspruch auf Planergänzung."[471] Auch eine Plangenehmigung gem. § 74 Abs. 6 VwVfG kann mit einer Verpflichtungsklage verfolgt werden (VGH Mannheim DVBl 2012, 186, 187).

240   **c) Zustimmung der Luftfahrtbehörden zur Erteilung einer Baugenehmigung.** Die Entscheidung über die Zustimmung der Luftfahrtbehörden zur Erteilung einer Baugenehmigung nach § 12 Abs. 2 LuftVG stellt nur einen internen Verwaltungsvorgang und keinen Verwaltungsakt gegenüber dem Bauantragsteller dar; dieser kann eine gerichtliche Überprüfung der Verweigerung der Zustimmung jedoch durch eine auf die Erteilung der Baugenehmigung gerichtete Verpflichtungsklage herbeiführen (→ Rn. 129).

241   **d) Bericht des Luftfahrt-Bundesamtes.** Der Bericht des Luftfahrt-Bundesamtes über die Untersuchung eines Luftunfalls ist wegen Fehlens von Rechtsverbindlichkeit kein anfechtbarer Verwaltungsakt[472] (vgl. auch → Rn. 273). Gegen die in diesem Bericht enthaltene Verschuldensfeststellung kann der betroffene Flugzeugführer jedoch eine allgemeine Leistungsklage erheben, weil diese Verschuldensfeststellung geeignet ist, ihn in seiner persönlichen und ggf. beruflichen Ehre zu verletzen[473] (→ Rn. 273). In Betracht kommen ferner allgemeine Leistungsklagen auf Unterlassung der Herausgabe des Untersuchungsberichts an andere Stellen als die mit dem Luftunfall dienstlich befassten Behörden und Gerichte sowie auf Abgabe einer Erklärung des Luftfahrt-Bundesamtes gegenüber Dritten über die Unverbindlichkeit des Berichts, sofern jeweils ein entsprechendes Rechtsschutzbedürfnis vorliegt (BVerwGE 14, 323, 327 ff.).

242   **e) Festlegung von An- und Abflugrouten.** Die Festlegung von An- und Abflugrouten eines Flughafens durch eine bundesrechtliche Verordnung kann als Rechtsetzungsakt weder mit der Anfechtungsklage noch mit einer auf Änderung dieser Festlegung gerichteten Verpflichtungsklage angegriffen werden. Statthaft ist nach Auffassung des BVerwG auch nicht die allgemeine Leistungsklage, sondern die *allgemeine Feststellungsklage* gem. § 43.[474] Auch die Option des verwaltungsgerichtlichen Normenkontrollverfahrens nach § 47 entfalte keine Sperrwirkung in Bezug auf diese Form des Rechtsschutzes im Einzelfall (BVerwGE 111, 276, 278). Dagegen ist nach einem Urteil des OVG Münster (DVBl 2012, 1108, 1109) die Klage einer Kommune auf Anordnung von den Nachtflugverkehr beschränkenden Regelungen gegenüber dem Flughafenbetreiber als Verpflichtungsklage statthaft.

243   **f) Durchführung militärischer Tiefflüge.** Zur Erlangung von Rechtsschutz gegen die Durchführung militärischer Tiefflüge auf der Grundlage von § 30 Abs. 1 S. 3 LuftVG erklärte das BVerwG ein Verfahren als allgemeine Leistungsklage für statthaft, das „auf die Unterlassung von Tiefflügen der Bundeswehr, die Aufnahme von Verhandlungen mit den NATO-Partnern sowie hilfsweise die Abkehr vom bisherigen System der sieben in der Bundesrepublik Deutschland bestehenden Tiefflugzonen gerichtet" war[475] (zur Klagebefugnis → Rn. 432).

---

470   BVerwGE 56, 110, 132 f. unter Bezugnahme auf die entsprechende Judikatur des BVerwG zu § 17 Abs. 4 S. 1 FStrG a.F. (s. dazu → Rn. 282); 69, 256, 260; vgl. auch VGH Kassel NVwZ-RR 2003, 729 ff.; *W. Hoppe,* Rechtsschutz, 1971, 45, 49; *U. Lau,* Rechtsschutz, 1977, 208. S. dazu ferner → Rn. 429.

471   BVerwGE 56, 110, 133; vgl. auch OVG Hamburg 2.3.1998 – Bf III 44/96; VGH Kassel NVwZ-RR 2003, 729 ff.; VGH Mannheim NVwZ-RR 1998, 219, 221 f.

472   BVerwGE 14, 323 ff.; *C.-F. Menger,* VerwArch 54 (1963), 198, 199. A.M. OVG Lüneburg OVGE 16, 442, 444 ff.; *P. Wendt,* DÖV 1963, 89 ff.

473   Vgl. BVerwGE 59, 319, 325 zu einer durch das Bundesoberseeamt (heute: Bundesstelle für Seeunfalluntersuchung, § 12 Abs. 1 SUG) getroffenen Verschuldensfeststellung.

474   Grundlegend BVerwGE 111, 276, 278 f., nachdem das BVerfG [K] (NVwZ 1998, 169) eine Verfassungsbeschwerde, die eine vorangegangene verwaltungsgerichtliche Feststellungsklage erhoben worden war, nicht zur Entscheidung angenommen hatte; dem zust. *F. Hufen,* JuS 2001, 406; vgl. auch *H. H. Rupp,* NVwZ 2002, 286 f. Bestätigend BVerwG DVBl 2004, 382, 383; VGH Kassel NVwZ 2003, 875, 876; VGH Mannheim DVBl 2002, 1129, 1130. Anders noch VGH München NVwZ-RR 1995, 114, 115 ff., der im konkreten Fall eine Feststellungsklage nach § 43 und ein Normenkontrollverfahren gem. § 47 für unzulässig erklärt hat.

475   BVerwG NJW 1995, 1690; ferner OVG Koblenz AS 26, 112, 116.

22. Parlamentsrecht. Parlamentarische *Untersuchungsausschüsse* üben öffentliche Gewalt aus 244 (BVerfGE 67, 100, 142; 77, 1, 40). Nach den Bestimmungen des Grundgesetzes (Art. 44 Abs. 1 S. 1 und Abs. 2 GG) sowie der Landesverfassungen (vgl. etwa Art. 48 Abs. 2 und 3 VvB) kommt einem vom Parlament eingesetzten Untersuchungsausschuss als dessen Hilfsorgan ein Beweiserhebungsrecht zu, mit dem hoheitliche Befugnisse gegenüber Dritten verbunden sind (BVerfGE 77, 1, 40 f.). Maßnahmen von Untersuchungsausschüssen, die im Verfahren zur Aufklärung des Sachverhalts getroffen werden, sind – im Gegensatz zu verfahrensabschließenden Beschlüssen, die den vom Untersuchungsausschuss geprüften Sachverhalt betreffen und das Untersuchungsergebnis feststellen (vgl. Art. 44 Abs. 4 S. 1 GG, Art. 48 Abs. 4 VvB) – einer gerichtlichen Überprüfung zugänglich (→ § 40 Rn. 649). Obwohl die Beweiserhebung durch den Untersuchungsausschuss „in mancher Hinsicht dem richterlichen Handeln im Strafverfahren ähnlich" ist, darf sie nicht mit richterlicher Tätigkeit gleichgesetzt werden, weil die Ausschussmitglieder nicht die Stellung eines Richters haben und das Verfahren nicht auf eine Entscheidung angelegt ist, wie sie Gerichte zu treffen haben (BVerfGE 77, 1, 51). Ob Maßnahmen eines *Untersuchungsausschusses des Deutschen Bundestages* im Beweiserhebungsverfahren Verwaltungsakte sind, ist für den gerichtlichen Rechtsschutz seit Inkrafttreten (26.7.2001) des PUAG vom 19.6.2001 (BGBl I 1142) unerheblich. Dieses Gesetz normiert die wesentlichen Befugnisse eines Untersuchungsausschusses und verweist für den Rechtsschutz auf den ordentlichen Rechtsweg, indem es den Ermittlungsrichter beim BGH bzw. den BGH selbst für zuständig erklärt (→ § 40 Rn. 652 ff.). Sofern in den *Untersuchungsausschussgesetzen der Länder* nicht ein anderweitiger Rechtsweg angeordnet wird (→ § 40 Rn. 657 ff.), bleibt der Verwaltungsaktcharakter einer Beweiserhebungsmaßnahme im Verwaltungsrechtsweg bedeutsam. Die *Festsetzung eines Ordnungsgeldes* gegen einen Zeugen durch einen Untersuchungsausschuss ist ein anfechtbarer Verwaltungsakt; der Eigenschaft des Untersuchungsausschusses als Behörde i.S.v. § 1 Abs. 4 und § 35 S. 1 VwVfG steht der Umstand nicht entgegen, dass dem Untersuchungsausschuss eine „ständige Organisation des Amtes" fehlt.[476] Dies gilt ebenso für die *Auferlegung von Kosten* gegen einen ausgebliebenen Zeugen (vgl. BVerwG NJW 1988, 1924 [insofern nicht in BVerwGE 79, 339 abgedruckt]). Der von einem Untersuchungsausschuss beim zuständigen Gericht gestellte *Antrag, zur Erzwingung des Zeugnisses Haft anzuordnen*, stellt hingegen keinen anfechtbaren Verwaltungsakt dar, weil er als Prozesshandlung nur die Grundlage eines gerichtlichen Verfahrens bildet und daher nicht auf unmittelbare Rechtswirkung nach außen gerichtet ist.[477] Auch die *Ladung zur Vernehmung* als Zeuge durch einen parlamentarischen Untersuchungsausschuss stellt als verfahrensvorbereitende Handlung ohne Regelungswirkung keinen anfechtbaren Verwaltungsakt dar.[478]

23. Petitionsrecht. Nach Art. 17 GG hat jedermann das Recht, sich einzeln oder in Gemeinschaft mit 245 anderen schriftlich mit Bitten oder Beschwerden an die zuständigen Stellen und an die Volksvertretung zu wenden. Die Petition kann sich daher an *jede* zuständige Stelle richten, sodass ein verbreiteter Sprachgebrauch verfehlt ist, der den Begriff der Petition einfach mit der Beschwerde an die Volksvertretung und folglich mit der parlamentarischen Petition gleichsetzt.[479] Nach st. Rspr.[480] sind ablehnende Petitionsbescheide keine Verwaltungsakte; dazu gehören auch Bescheide, die auf Dienstaufsichtsbeschwerden hin ergehen. Ein Petitionsbescheid, der den Antragsteller über die Behandlung seiner Eingabe unterrichtet, ist nämlich nicht auf unmittelbare Rechtswirkung gerichtet, sondern stellt lediglich „die tatsächliche Erfüllung der Verpflichtung aus Art. 17 GG" dar; diese Vorschrift „gibt dem Petenten nur ein Recht auf Entgegennahme, sachliche Prüfung und Bescheidung der Petition, jedoch keinen

---

476 Vgl. OVG Berlin DVBl 1970, 293, 294 zur Anwendung von § 70 Abs. 1 StPO über Art. 33 VvB a.F. (m.w.N. zum Verwaltungsaktcharakter von Zwangsmittelanordnungen eines Untersuchungsausschusses); zust. *U. Ramsauer*, in: Kopp/Ramsauer § 35 Rn. 69; ferner BVerwG NJW 1988, 1924. A.M. hingegen OVG Lüneburg NVwZ 1986, 845, 846.
477 Diese Meinung ist in BVerfGE 77, 363, 392 als „jedenfalls naheliegend" bezeichnet worden.
478 OVG Münster NJW 1989, 1103 f.; VGH München BayVBl 1981, 209, 211.
479 Vgl. *Hufen* § 1 Rn. 48.
480 BVerwG 22.10.1957 Buchholz 310 Vorbem. III zu § 42 VwGO Ziff. 1 Nr. 36 (LS); DVBl 1961, 87, 88; 11.10.1963 Buchholz 310 § 40 VwGO Nr. 25; NJW 1977, 118; BVerwGE 80, 355, 364; BayVerfGH BayVGH (N. F.) 11 II, 187 ff.; BGH NJW 1965, 1017 f.; OVG Hamburg DVBl 1967, 86; VGH München BayVBl 1981, 211, 212.

Anspruch auf Erledigung i. S. des Petenten".[481] Das Recht auf Beantwortung einer Petition (OVG Hamburg DVBl 1967, 86) oder der Anspruch auf ordnungsgemäße Behandlung einer Petition (VGH München BayVBl 1981, 211, 212) können jedoch mit der allgemeinen Leistungsklage verfolgt werden.

246 **24. Polizei- und Ordnungsrecht. a) Standardmaßnahmen und allgemeine Zwangsmaßnahmen.** Zu den zahlreichen Maßnahmen der Polizei mit Verwaltungsaktcharakter gehören nach der Rspr. die meisten in den Polizeigesetzen der Länder geregelten *Standardmaßnahmen* (u.a. Beschlagnahme, Vorladung, Platzverweisung, Durchsuchung von Personen, die unter Anwendung von Verwaltungszwang aus präventiv-polizeilichen Gründen getroffene *Identitätsfeststellung* [VGH München BayVBl 1993, 429, 430; VG Neustadt NVwZ-RR 2003, 277, 278], erkennungsdienstliche Maßnahmen, Sicherstellung von Sachen jedenfalls bei Anwesenheit des Adressaten [VGH München NVwZ-RR 2012, 686, 687]). Der erforderliche Regelungsgehalt liegt zumeist darin, dass dem Adressaten die Duldung der betreffenden Handlung aufgegeben wird („Duldungsbefehl").[482] Nach der Rspr. gilt dies auch für (im Zweifel auf die polizeiliche Generalklausel gestützte) allgemeine Zwangsmaßnahmen (darunter das *Betreten einer Wohnung* und die *Anordnung der Räumung* als unmittelbare Ausführung einer polizeilichen Maßnahme [BVerwG DVBl 1974, 846 f.] sowie die von der Polizei verfügte *Obdachloseneinweisung* [VGH Mannheim NJW 1962, 883, 884]) bis hin zum Knüppelschlag eines Polizeibeamten i.R. der *Anwendung unmittelbaren Zwangs* zur Räumung einer Straße, welcher eine konkludente Duldungsverfügung enthalte.[483] Ein Teil der Lit. hält diese Rechtsprechungstradition für dogmatisch zweifelhaft, überholt und heute entbehrlich, da der Rechtsschutz gegen polizeiliche Maßnahmen seit langem nicht mehr von ihrem Verwaltungsaktcharakter abhängt (→ Rn. 100).[484] Soweit polizeiliche Zwangsmaßnahmen Verwaltungsakte sind, kann sich der Betroffene jeweils mit der Anfechtungsklage oder – sofern sich der Verwaltungsakt bereits vor oder nach Erhebung der Anfechtungsklage erledigt hat – mit der Fortsetzungsfeststellungsklage nach § 113 Abs. 1 S. 4 (analog; vgl. → Rn. 66 ff.) zur Wehr setzen.

247 **b) Verdeckte Maßnahmen.** Verdeckte Maßnahmen der Polizei wie etwa *heimliche Observationen* oder der *Einsatz verdeckter Ermittler* sind hingegen keine Verwaltungsakte (vgl. BVerwG NJW 1997, 2534; VG Hannover NVwZ-RR 2011, 943, 944), da jeweils schon eine Bekanntgabe an den Adressaten fehlt und folglich nicht von einer zumindest konkludenten Duldungsverfügung gesprochen werden kann.[485] Diese Maßnahmen werden auch bei einer späteren Unterrichtung der Betroffenen nicht nachträglich zu Verwaltungsakten.[486] Umstr. ist hingegen die Rechtsnatur der *Anordnung einer verdeckten Telefonüberwachung*: Diese besitzt nach der Rspr. des BVerwG dann regelnden Charakter, wenn die Anordnung auf bestimmte Telefonanschlüsse abzielt; auch ohne Unterrichtung des Betroffenen soll ihr schon wegen der mit ihr verbundenen Beschränkung des Grundrechts aus Art. 10 Abs. 1 GG unmittelbare Außenwirkung zukommen.[487] Dagegen wird eingewandt, dass mangels Bekanntgabe an den Betroffenen kein Verwaltungsakt gegeben sei.[488] Nach der neueren Judikatur des BVerwG ist eine Anordnung des Bundesministeriums des Innern zur strategischen Telefonüberwachung nach § 5 G 10 dagegen nicht mit der Anfechtungsklage angreifbar, weil sich diese Maßnahme jedenfalls nicht gegen einzelne Personen richtet und damit kein Einzelfall geregelt wird; vielmehr handelt es sich um eine innerdienstliche Weisung an den für diese Maßnahme zuständigen Bundesnachrichtendienst (BVerwGE 130, 180, 185 f.).

---

481 BVerwG NJW 1977, 118; vgl. auch BVerwG NJW 1976, 637, 638; NVwZ 2017, 1459 f.; BayVerfGH BayVGH (N. F.) 16 II, 141 f.; OVG Hamburg DVBl 1967, 86; VGH München BayVBl 1981, 211, 212; *J. Kratzer*, BayVBl 1966, 365, 369; *K. Obermayer*, NJW 1956, 361, 362 f.; *H. Sodan*, in: Sodan Art. 17 Rn. 3.
482 Vgl. BVerwGE 26, 161, 164; 82, 243, 244; *Hufen* § 14 Rn. 23; krit. *Schenke* Rn. 196; *ders.*, in: Kopp/Schenke Anh. § 42 Rn. 35.
483 BVerwGE 26, 161, 164; *Hufen* § 14 Rn. 23. A.M. für das thüringische Landesrecht VG Weimar NVwZ-RR 2000, 478; s. ferner *U. Stelkens*, in: Stelkens/Bonk/Sachs § 35 Rn. 96 ff.; vgl. auch bereits *Walter Jellinek*, Verwaltungsrecht, ³1931, 258.
484 S. etwa *D. Kugelmann*, DÖV 1997, 153, 155; *Schenke* Rn. 196; *F. Schoch*, JuS 1995, 215, 218.
485 *Schenke* Rn. 196; *ders.*, in: Kopp/Schenke Anh. § 42 Rn. 36. Dagegen *K. Erfmeyer*, DÖV 1999, 719, 725.
486 *Schenke* Rn. 196; *ders.*, in: Kopp/Schenke Anh. § 42 Rn. 36. Anders dagegen VG Bremen NVwZ 1989, 895 f.
487 S. BVerwGE 87, 23, 25; ähnl. *K. Erfmeyer*, DÖV 1999, 719, 723.
488 So *Schenke* Rn. 196; *ders.*, in: Kopp/Schenke Anh. § 42 Rn. 36.

c) Vollstreckungsakte. Auch Vollstreckungsakte im gestreckten Vollstreckungsverfahren sind Verwaltungsakte, soweit sie wie etwa die *Androhung* und *Festsetzung eines Zwangsgeldes* Regelungsgehalt besitzen.[489] Den rein tatsächlichen Vollstreckungsmaßnahmen *Ersatzvornahme* und *unmittelbarer Zwang* fehlt hingegen die Verwaltungsaktqualität.[490]

d) Löschung von Daten, Vernichtung von Unterlagen. Wird ein Antrag auf *Vernichtung von erkennungsdienstlichen Unterlagen* abgelehnt, die unter Berufung auf § 81 b Alt. 2 StPO für präventiv-polizeiliche Zwecke angefertigt wurden, ist eine Verpflichtungsklage auf Erlass der dem Antrag stattgebenden polizeibehördlichen Entscheidung und damit eines Verwaltungsakts statthaft (→ Rn. 176). Allgemein gilt dies in allen Fällen, in denen der tatsächlichen Löschung/Vernichtung (Realakt) eine eigenständige *formalisierte behördliche Entscheidung* vorangeht; hierin kann jeweils ein Verwaltungsakt liegen[491] (→ Rn. 176).

e) Tätigwerden der Polizei. Dagegen ist eine beim Verwaltungsgericht erhobene Verpflichtungsklage mit dem Ziel unzulässig, ein Tätigwerden der Polizei zur Erforschung und Verfolgung einer strafbaren Handlung zu erzwingen; die darauf gerichtete *Ermittlungstätigkeit* der Polizei dient nämlich nur der Vorbereitung der Entscheidung der Staatsanwaltschaft über die Erhebung der öffentlichen Klage nach § 170 StPO, sodass ihr der Verwaltungsaktcharakter fehlt (VGH München BayVBl 1965, 387).

f) Gefährderanschreiben. Ein ordnungsbehördliches Gefährderanschreiben, welches dem Adressaten empfiehlt, einer bestimmten Versammlung fern zu bleiben, weil der Adressat bereits in der Vergangenheit die öffentliche Sicherheit bei Gelegenheit einer Versammlung gefährdet hat und um erneute Gefährdungen zu vermeiden, ist mangels Regelungscharakter kein anfechtbarer Verwaltungsakt (OVG Lüneburg NJW 2006, 391). Demgegenüber liegt aber bei einer sog. Gefährderansprache, die sich nicht auf warnende Hinweise beschränkt, sondern in der überdies auch Ge- und Verbote ausgesprochen werden, ein mit der Anfechtungsklage anfechtbarer Verwaltungsakt vor (OVG Magdeburg NVwZ-RR 2012, 720).

25. Prüfungsrecht. a) Berufsqualifizierende Prüfung. Die Frage, ob einer Einzelnote Regelungsqualität i.S.v. § 35 S. 1 VwVfG zukommt, ist ausschließlich anhand der jeweiligen Prüfungsordnung zu klären (BVerwG NJW 2012, 2901 f.; OVG Münster DVBl 2015, 52, 53). In Fällen, in denen Kandidaten die Zweite juristische Staatsprüfung (BVerwGE 40, 205 ff.; 41, 34, 35; 88, 111, 113 ff.; BVerwG BayVBl 1994, 443) oder die ärztliche Vorprüfung (BVerwGE 55, 355, 356 f.) erst im zweiten Anlauf bestehen konnten, haben sich *Anfechtungsklagen* jeweils *gegen die erste Prüfungsentscheidung* nicht erledigt, weil die negative Bewertung der ersten Prüfung bestehen geblieben ist. Das OVG Münster qualifizierte die Festsetzung der Gesamtnote der Abschlussprüfung eines Hochschulstudiums jedenfalls dann als einen selbständig abänderbaren Teil des durch die Prüfungsentscheidung erlassenen Verwaltungsakts, wenn die Prüfungsordnung die Bildung einer Gesamtnote und deren Aufnahme in das Prüfungszeugnis ausdrücklich vorsieht; die *Verbesserung der Gesamtnote* kann in diesem Falle mit einer auf Neubescheidung gerichteten *Verpflichtungsklage* begehrt werden (OVG Münster NVwZ 1985, 595 f.; → Rn. 211). Diese Klage sah das OVG Münster auch zur Verbesserung der Gesamtnote in der Zweiten juristischen Staatsprüfung als statthaft an; damit erreicht der Prüfling nach Auffassung dieses Gerichts, dass „der nach seiner Rechtsbehauptung dem Prüfungsanspruch nicht in vollem Umfang entsprechende Prüfungsbescheid im Umfang des bereits erlangten (positiven) Prüfungsergebnisses in Bestandskraft erwächst und sich der Streit auf die seinem Rechtsschutzinteresse entsprechende Frage beschränkt, ob er einen – durch den insoweit angefochtenen Prüfungsbescheid konkludent abgelehnten – weiter gehenden Prüfungsanspruch hat".[492] Auch in anderen Fällen wurde in der Rspr. die

248

249

250

250a

251

---

489 W. *Kahl*, Jura 2001, 505, 508.

490 W. *Kahl*, Jura 2001, 505, 508; R. *Pietzner*, VerwArch 84 (1993), 261, 272; R. *Poscher*, VerwArch 89 (1998), 111 ff.; U. *Ramsauer*, in: Kopp/Ramsauer § 35 Rn. 113 ff.; *Schenke* Rn. 196; F. *Schoch*, JuS 1995, 307, 311. Anders im Fall des Knüppelschlages (unmittelbarer Zwang) noch BVerwGE 26, 161, 164.

491 Vgl. *Hufen* § 14 Rn. 26 m.w.N.; s.a. BVerwG NJW 1997, 2534, 2535. Anders W.-R. *Schenke*, in: Kopp/Schenke Anh. § 42 Rn. 40 ff.; Nachw. zu Einzelfällen bei W.-R. *Schenke*, in: Kopp/Schenke Anh. § 42 Rn. 43.

492 OVG Münster DVBl 1993, 63; vgl. auch OVG Münster OVGE 30, 20, 23 f. zur Anhebung der Examensnote in der *Ersten juristischen Staatsprüfung*. Ferner BVerwGE 57, 130, 131 f. zur Verpflichtungsklage auf Erteilung einer bestimmten *Ausbildungsnote im juristischen Vorbereitungsdienst*, welche auf die Gesamtnote der Zweiten juristischen Staatsprüfung anzurechnen war; zur Begründung von Prüfungsentscheidungen BVerwG NJW 2012, 2054 ff.

selbständige Angreifbarkeit von einzelnen Prüfungsleistungen bejaht, wobei teilweise in Annahme einer unmittelbaren Außenwirkung *Anfechtungs-* (BVerwG ZBR 1978, 72; BVerwGE 124, 317 ff.; OVG Berlin DVBl 1975, 731 f.) oder *Verpflichtungsklagen* (BVerwG 25.7.1979 Buchholz 421.0 Prüfungswesen Nr. 118) und wiederholt auch nach Verneinung des Verwaltungsaktcharakters *allgemeine Leistungsklagen* auf Verbesserung von Einzelnoten[493] für statthaft erklärt wurden. Das BVerwG führte jedoch in einem Leitsatz zu einem Urteil vom 16.3.1994 zu Recht aus, dass die Bewertung einzelner schriftlicher Prüfungsarbeiten „im allgemeinen keine selbständige rechtliche Bedeutung" hat, „sondern erst der Bescheid der Prüfungsbehörde mit der darin enthaltenen Feststellung des Prüfungsergebnisses"; dies gilt etwa für die Einzelnoten der schriftlichen Arbeiten in der Ersten juristischen Staatsprüfung, die keine selbständig abtrennbaren Teile des in der Gesamtbewertung liegenden Verwaltungsakts sind.[494] Das BVerwG trat damit der Vorstellung entgegen, dass die vom Prüfling nicht angefochtenen Teile der juristischen Staatsprüfung in Bestandskraft erwachsen seien; greift der Kandidat die Bewertung einzelner Bestandteile der Prüfung an, so „führt dies zur Aufhebung des Prüfungsbescheids insgesamt, wenn die Prüferbewertung an einem wesentlichen Rechtsmangel leidet und wenn nicht ausgeschlossen werden kann, daß dieser Fehler Einfluß auf das Gesamtergebnis hat".[495] Wenig später verneinte das BVerwG unter Bezugnahme auf das Urteil vom 16.3.1994 auch die selbständige Anfechtbarkeit der mündlichen Prüfung als Teil der Ersten juristischen Staatsprüfung (BVerwG DÖV 1995, 115, 116). In einem Beschluss vom 25.3.2003 sprach es einer *Teilprüfungsleistung* (Bestehen und Bewertung einer Teilprüfung) aus den genannten Erwägungen die Verwaltungsaktqualität ausdrücklich ab und verneinte ihre isolierte Anfechtbarkeit, wenn die Gesamtprüfung mit anderen Teilprüfungen fortgesetzt wurde und über die beanstandete Teilprüfung nach der Prüfungsordnung kein eigenständiger Bescheid zu ergehen hat. Die Ausgestaltung und Bezeichnung der Prüfung als „abgeschichtete Fachprüfung" (im Fach Betriebswirtschaftslehre) ändere hieran nichts (BVerwG DVBl 2003, 871, 872). Statthaft ist in diesen Fällen eine *Verpflichtungsklage* auf Erlass eines neuen (Gesamt-) Prüfungsbescheids. Gegen die von einem Fakultätsrat beschlossene *Ablehnung einer Habilitationsschrift* kann ebenfalls eine auf Neubescheidung gerichtete Verpflichtungsklage erhoben werden[496] (→ Rn. 212).

252   **b) Fahrprüfung.** Die Entscheidung des amtlich anerkannten Sachverständigen oder Prüfers für den Kraftfahrzeugverkehr über das Bestehen oder Nichtbestehen der Fahrprüfung nach § 17 FeV ist ebenso wie die Bestimmung des Prüforts durch die Technische Prüfstelle kein selbständig anfechtbarer Verwaltungsakt; im Einzelnen → Rn. 287.

253   **c) Gesundheitszeugnis.** Ein dem Prüfling ausgestelltes behördliches Gesundheitszeugnis und seine Heranziehung zur Beurteilung der Zulässigkeit eines Prüfungsrücktritts sind mangels Regelungswirkung keine selbständig angreifbaren Verwaltungsakte (BVerwG 14.7.2004 – 6 B 30/04).

254   **26. Rechtsanwalts- und Rechtsbeistandsrecht.** Das BVerwG hat in seiner älteren Judikatur in *Missbilligungen*, die der Vorstand einer Rechtsanwaltskammer einem Rechtsanwalt[497] und ein Gerichtspräsident einem Rechtsbeistand[498] gegenüber ausgesprochen hatten, keine anfechtbaren Verwaltungsakte gesehen. In der den Rechtsanwalt betreffenden Entscheidung ist zur Begründung ausgeführt, die Rüge sei lediglich eine Meinungsäußerung i.R.d. Aufsichtsführung, durch welche dem Rechtsanwalt kein bestimmtes Verhalten für die Zukunft verbindlich vorgeschrieben werde (BVerwG JZ 1961, 638 f.). Das BVerwG gab diese Auffassung jedoch in einem Urteil vom 13.1.1983 (NJW 1984, 1051) ausdrücklich auf und bezeichnete die durch einen Amtsgerichtspräsidenten einem Rechtsbeistand erteilte Rüge begangener Pflichtverletzung durch überhöhte Gebührenrechnung als einen mit der Anfechtungsklage angreifbaren Verwaltungsakt. Zu Recht wird in dieser Entscheidung darauf hingewiesen,

---

493   OVG Koblenz AS 15, 340 ff.; OVG Münster OVGE 30, 153 ff.; VGH Mannheim DÖV 1982, 164; VGH München NJW 1988, 2632; s. ferner *Niehues/Fischer/Jeremias* Rn. 815 ff., 822, 829, 847.
494   BVerwG DVBl 1994, 1356; bestätigend BVerwG DVBl 2003, 871, 872; OVG Lüneburg NVwZ-RR 2000, 225.
495   BVerwG DVBl 1994, 1356; vgl. auch BVerfGE 84, 34, 55 f.; BVerwGE 91, 262 ff.; 92, 132 ff.; 94, 64 ff.; BVerwG DÖV 1995, 114 f.; DVBl 1996, 1373, 1374 f.; DVBl 2003, 871, 872.
496   Vgl. BVerwGE 95, 237, 239 f. m.Anm. *H. Krüger*, JZ 1995, 43 ff. und einer Bespr. von *W. Löwer*, F & L 1994, 481 ff.
497   BVerwG JZ 1961, 638 f. m. krit. Anm. *H.-U. Evers*.
498   BVerwG 29.6.1973 Buchholz 310 Vorbem. III zu § 42 VwGO Ziff. 1 Nr. 117.

dass eine solche Missbilligung beruflichen Verhaltens auch ohne förmliche Sanktion den Betroffenen in seiner Berufsehre beeinträchtigt und geeignet ist, diesen in seiner durch Art. 12 Abs. 1 GG geschützten Freiheit zu beschränken, den Beruf grds. frei von Reglementierungen eigenverantwortlich auszuüben (BVerwG NJW 1984, 1051 unter Bezugnahme auf BVerfGE 50, 16, 27). Ein anfechtbarer Verwaltungsakt liegt ferner dann vor, wenn eine vorgesetzte Behörde einer nachgeordneten Behörde die Weisung erteilt, *Schreiben eines Rechtsanwalts nicht* mehr *zu beantworten*, weil diese ihrer Form und ihrem Inhalt nach aggressiv seien, und der Rechtsanwalt einen diesbezüglichen Bescheid erhält; diese Maßnahme hat wegen der Auswirkungen auf die berufliche Betätigung des Rechtsanwalts keinen bloß behördeninternen Charakter, sondern ist auf unmittelbare Rechtswirkung nach außen gerichtet (OVG Lüneburg NJW 1961, 936). Hingegen stellen schriftliche Mitteilungen des Vorstandes der Rechtsanwaltskammer grds. auch dann keine angreifbaren Verwaltungsakte dar, wenn sie sich – unter Bezugnahme auf eine entsprechende Anfrage des betroffenen Rechtsanwalts – in der Mitteilung einer Rechtsansicht zu einem beabsichtigten Verhalten und der Empfehlung, von dem beabsichtigten Verhalten abzusehen, erschöpfen. Derartige *Beratungen und Belehrungen* sind weder mit der Anfechtungsklage angreifbar noch mit der Verpflichtungsklage erzwingbar, da sie die Rechte des betroffenen Rechtsanwalts nicht berühren.[499]

27. Richterrecht. Die *Abberufung* eines Richters aus der vom Ministerium übertragenen Funktion 255 *eines aufsichtführenden Richters* hat das BVerwG als anfechtbaren Verwaltungsakt qualifiziert (BVerwGE 11, 195, 197). Unzulässig ist jedoch die Anfechtungsklage eines Richters gegen den *Geschäftsverteilungsplan* des Präsidiums eines Gerichts, weil diesem Plan der Verwaltungsaktcharakter fehlt: Die Entscheidung des Präsidiums über die Verteilung der Geschäfte ist als richterliche Tätigkeit keine Maßnahme einer Behörde und zudem als eine Anordnung abstrakt-genereller Art keine Regelung eines Einzelfalls; zur Erlangung von Rechtsschutz zugunsten eines Richters, der durch die Zuteilung oder Nichtzuteilung von Geschäften in seiner persönlichen Rechtsstellung gegenüber dem Staat verletzt sein kann, steht aber die Feststellungsklage nach § 43 zur Verfügung, mit der sich die Feststellung begehren lässt, dass der Richter den Regelungen des Geschäftsverteilungsplans nicht nachzukommen brauche.[500] Auch eine ministerielle Bekanntmachung zur *politischen Betätigung* von Richtern, welche nur der Rechtsinformation und -erläuterung in Interpretation des § 39 DRiG dient, stellt wegen Fehlens einer Regelung keinen anfechtbaren Verwaltungsakt dar (VG Augsburg BayVBl 1984, 219). Die Anfechtung einer Ernennung durch den bei einem Bewerbungsverfahren unterlegenen Richter ist möglich, wenn ihm seine Rechtsschutzmöglichkeiten zur gerichtlichen Überprüfung der Auswahlentscheidung vor der Ernennung genommen wurden (→ Rn. 174 a).

28. Rundfunkrecht. Die Verurteilung einer Rundfunkanstalt zum Erlass eines Bescheides, mit dem 256 *Sitzungsgeld* für die Teilnahme an Sitzungen des Verwaltungsrates und des Rundfunkrates der Anstalt bewilligt wird, kann mit der Verpflichtungsklage begehrt werden, wenn der Berechtigte einen Anspruch auf die Gewährung des Sitzungsgeldes erhebt und die Zuerkennung dieser Leistung im Einzelfall eine Prüfung der tatsächlichen sowie rechtlichen Voraussetzungen erforderlich macht; in diesem Fall erstrebt das betroffene Gremienmitglied vor der als schlichtes Verwaltungshandeln zu qualifizierenden Auszahlung des Sitzungsgeldes einen entsprechenden Bewilligungsbescheid und damit einen begünstigenden Verwaltungsakt[501] (zu ähnl. Konstellationen → Rn. 176, 185, 249). *Nebenbestimmungen* in einem rundfunkrechtlichen Bescheid betreffend die *Voraussetzungen der Feststellung der angeordneten Mindestprogrammdauer* sind zumeist untrennbare, integrale Bestandteile des Bescheides und damit nicht isoliert anfechtbar (vgl. OVG Münster 16.10.2000 – 5 A 2025/97, juris Rn. 21 ff.). Verwaltungsakte, mit denen die zuständige Landesmedienanstalt einen Veranstalter *zum bundesweiten Rundfunk zulässt*, können von den übrigen Landesmedienanstalten vor den Verwaltungsgerichten angefochten werden (OVG Bautzen SächsVBl 1997, 60; VGH München AfP 1995, 612, 614 ff. Ein *Kanalbelegungsplan*, der u.a. die Rangfolge von Rundfunkprogrammen festlegt, ist ein Verwaltungsakt

---

499 EGH für Rechtsanwälte München BRAK-Mitt 1993, 224 f. unter Bezugnahme auf BVerfGE 50, 16, 27; ebenso AnwaltsGH Hamm BRAK-Mitt 1998, 47, LS 1.

500 BVerwGE 50, 11, 13 ff.; VGH Mannheim DVBl 1973, 891 ff.; vgl. auch VG Freiburg DRiZ 1973, 319, 320. A.M. VG Schleswig NVwZ-RR 1992, 111 f.

501 OVG Berlin OVGE Bln 15, 227 ff. mit krit. Bespr. *L. Renck*, NVwZ 1982, 236 f.

mit Doppelwirkung gegenüber dem Adressaten und Mitbewerbern (OVG Schleswig NVwZ-RR 1997, 626).

257   **29. Schulrecht.** Die Abgrenzung, ob Maßnahmen im Bereich des Schulrechts Verwaltungsaktcharakter haben und auf welche Weise Rechtsschutz zu erlangen ist, erfolgte in der Rspr. bislang eher kasuistisch (s. zur Klagebefugnis auch → Rn. 424).

258   **a) Genehmigung zur Errichtung einer privaten Schule.** Die Genehmigung zur Errichtung einer privaten Schule nach Art. 7 Abs. 4 oder 5 GG kann als begünstigender Verwaltungsakt mit der Verpflichtungsklage begehrt werden (vgl. BVerwGE 89, 368 ff.).

259   **b) Schließung einer Schule.** Die Schließung einer Schule oder eines Teiles einer Schule soll nach einem Urteil des VGH Kassel von 1975 regelmäßig kein Verwaltungsakt sein, weil im Vordergrund eines dagegen gerichteten Begehrens „nicht die verbindliche Regelung eines Einzelfalles durch die Behörde, sondern deren Leistungsangebot auf einem Teilgebiet der Vorsorgeverwaltung" stehe.[502] Das BVerwG wies hingegen zu Recht darauf hin, dass die Schließung einer Schule nicht nur die Behördenorganisation verändert, sondern auch unmittelbar die Rechtsstellung derjenigen Eltern berührt, deren Kinder die betreffende Schule besuchen, und bejahte daher einen anfechtbaren Verwaltungsakt.[503] Diese Judikatur lässt sich dahingehend präzisieren, dass die Schließung einer Schule nicht nur den betroffenen Eltern, sondern überdies den Schülern gegenüber wegen der Anordnung über die von ihnen zu besuchende Schule einen Verwaltungsakt darstellt.[504] Dabei handelt es sich um eine Allgemeinverfügung i.S.v. § 35 S. 2 VwVfG; eine von der Kommunalaufsichtsbehörde im Wege der Ersatzvornahme durchgesetzte Auflösung einer Schule ist darüber hinaus ein anfechtbarer Verwaltungsakt im Verhältnis zur Kommune (→ Rn. 114).[505] Entsprechendes gilt für die *Zusammenlegung* von Schulen (VG Osnabrück NdsVBl 2000, 96 ff.).

260   **c) Verlegung einer Schule und Umwandlung eines Gymnasiums in eine Gesamtschule.** Auch die Verlegung einer Schule[506] und die Umwandlung eines Gymnasiums in eine Gesamtschule (vgl. OVG Hamburg DVBl 1980, 486 f.; 1981, 51, 52 ff.) sind anfechtbare Verwaltungsakte, weil dadurch den Kindern die Möglichkeit genommen wird, „dieselbe" Schule wie bisher zu besuchen.

261   **d) Beendigung eines Schulversuchs.** Die Beendigung eines Schulversuchs stellt hingegen keinen anfechtbaren Verwaltungsakt dar, wenn die Kinder trotz ihrer Teilnahme an dem Schulversuch Schüler derselben Schule geblieben sind; die Beendigung des Schulversuchs kann jedoch mit der allgemeinen Leistungsklage angegriffen werden.[507]

262   **e) Auflösung einer Schulklasse.** Gegen die Auflösung einer Schulklasse und die Verteilung der Schüler auf die verbleibenden Parallelklassen ist ebenfalls eine allgemeine Leistungsklage statthaft; ein anfechtbarer Verwaltungsakt liegt nicht vor, weil diese schulorganisatorische Maßnahme die Zugehörigkeit der Schüler zur betreffenden Schule sowie deren Zuordnung zu einem bestimmten Schuljahrgang unberührt lässt und sich somit auf die Rechtsstellung der Schüler sowie ihrer Eltern nicht auswirkt (OVG Lüneburg DVBl 1981, 54 f.).

263   **f) Errichtung einer weiteren Parallelklasse.** Auch die Errichtung einer weiteren Parallelklasse können Eltern für ihre Kinder mit der allgemeinen Leistungsklage zu erreichen versuchen; eine Verpflichtungsklage ist nicht statthaft, da die Entscheidung über die Klassenbildung nur der Festlegung der inneren Gestaltung der Schule dient, die Rechtsstellung der Schüler sowie ihrer Eltern nicht betrifft und daher

---

502 VGH Kassel HessVGRspr 1976, 21; nur für einen entsprechenden Gemeinderatsbeschluss im Vorfeld einer Allgemeinverfügung OVG Bautzen SächsVBl 2002, 42; anders aber offenbar VGH Kassel NJW 1995, 1170, 1171. Vgl. auch VGH München BayVGH (N. F.) 30, 57, 58.

503 BVerwGE 18, 40, 41 f.; i.E. ebenso BVerwG DVBl 1966, 862; DVBl 1969, 930 f. Vgl. auch BVerfGE 51, 268, 286: Dort wird die Schulauflösung als ein „Verwaltungsakt besonderer Eigenart" bezeichnet.

504 Vgl. BVerwG DVBl 1978, 640, 641; 1978, 920 f.; 1979, 354; OVG Münster DÖV 1977, 793 f.; DVBl 1989, 1272; *W. Krebs*, VerwArch 69 (1978), 231, 232 f.; *Maurer* § 21 Rn. 68; *Rux/Niehues* Rn. 1187.

505 OVG Münster DVBl 1989, 1272; vgl. auch OVG Bautzen SächsVBl 2002, 42.

506 OVG Bremen 2.6.1987 – 1 BA 43/86; OVG Münster DVBl 1979, 563 f.; OVG Saarlouis 11.8.1989 – 1 W 138/89. Zur bloßen Unterbringung in einem anderen Schulgebäude VGH München 10.9.2013 – 7 CS 13.1880, juris Rn. 17 f.

507 BVerwG DVBl 1976, 635 f. m.Anm. *R. Voigt*; VGH Mannheim DVBl 1975, 438 ff.; vgl. auch VGH Mannheim DÖV 1974, 858 f. m. krit. Anm. *H.-W. Arndt*.

keinen Verwaltungsakt darstellt (VGH München BayVBl 1980, 244, 245; VG Darmstadt 20.8.2003 –
7 G 1581/03, juris Rn. 16).

g) Versetzung in eine Parallelklasse und Verweisung von einer Schule. Die Versetzung eines Schülers 264
in eine Parallelklasse als förmliche Ordnungsmaßnahme[508] und die Verweisung eines Schülers von
einer Schule wegen eines Diebstahls (vgl. BVerwGE 1, 263 f.) greifen als – über den laufenden Schul-
betrieb hinausgehende – Sonderbehandlungen von Schülern in die Rechte des betroffenen Schülers sowie seiner Erziehungsberechtigten ein und sind daher Verwaltungsakte, die mit der Anfechtungsklage
angegriffen werden können.

h) Nichtversetzung eines Schülers. Die Nichtversetzung eines Schülers in die nächste Klasse wegen 265
mangelhafter Leistungen ist ein im Verwaltungsprozess angreifbarer Verwaltungsakt (BVerwGE 1,
260 f.; 8, 272; 56, 155, 156). Kann der Schüler später die betreffende Klasse doch noch mit Erfolg
durchlaufen, führt dies zur Erledigung des beanstandeten Verwaltungsakts der Nichtversetzung
(BVerwGE 56, 155, 156). Diese Entscheidung ist nämlich von vornherein dadurch zeitlich begrenzt,
dass sie sich auf ein bestimmtes Schuljahr bezieht; ihre Rechtswirkungen enden also mit dem Ablauf
dieses Schuljahres (BVerwGE 88, 111, 116). Zulässig ist dann jedoch eine Klage auf Feststellung der
Rechtswidrigkeit der Entscheidung über die Nichtversetzung nach § 113 Abs. 1 S. 4, weil als Folge der
Nichtversetzung eine Benachteiligung in der Ausbildung und zukünftigen beruflichen Entwicklung des
Schülers nicht auszuschließen ist und daher ein berechtigtes Interesse an der Feststellung der Rechts-
widrigkeit besteht.[509]

i) Rechtswidriger Schulunterricht. Gegen rechtswidrigen Schulunterricht können sich Schüler und de- 266
ren Eltern mit der allgemeinen Leistungsklage in der Form der Unterlassungsklage zur Wehr setzen[510]
(zur Zulässigkeit einer Unterlassungsklage → Rn. 53 ff.).

j) Aufnahme eines Kindes in ein Gymnasium. Gegen die Ablehnung der Aufnahme eines Kindes in 267
ein Gymnasium, welche die Schulbehörde wegen Nichtbestehens der Aufnahmeprüfung verfügt hat,
ist eine Verpflichtungsklage statthaft, mit der sich allerdings regelmäßig nur ein Bescheidungsurteil
nach § 113 Abs. 5 S. 2 i.V.m. § 114 erreichen lässt.[511] Eine Verpflichtungsklage hat das BVerwG ferner
zur Verfolgung eines Anspruchs auf *Aufnahme in eine genehmigte Privatschule* für zulässig erachtet,
der durch das einschlägige Landesrecht öffentlich-rechtliche Funktionen übertragen waren (BVerwGE
17, 41 ff.). Auch die Entscheidung der Klassenkonferenz der bisherigen Schule über den *Wechsel der
Schulform* durch einen Schüler ist ein seitens des Schülers anfechtbarer Verwaltungsakt der abgebenden Schule, an den der Schulleiter der gewünschten aufnehmenden Schule gebunden ist (OVG Münster 19.10.1999 – 19 B 1730/99, juris Rn. 17).

k) Gymnasiales Abgangszeugnis. Das OVG Koblenz (AS 15, 340 ff.) hat für ein gymnasiales Ab- 268
gangszeugnis wegen Fehlens einer Regelung – im Gegensatz etwa zu einem Versetzungszeugnis – den
Verwaltungsaktcharakter verneint und eine allgemeine Leistungsklage auf Abänderung bestimmter
Noten in diesem Zeugnis als statthaft angesehen.

l) Einzelnoten in Schulzeugnissen. Umstr. ist die Verwaltungsaktqualität von Einzelnoten in Schul- 269
zeugnissen. Die Rspr. hält überwiegend eine Verpflichtungsklage für möglich und qualifiziert dabei
teilweise auch die Einzelnote als Verwaltungsakt unter der Voraussetzung, dass der Einzelnote eine
selbständige rechtliche Bedeutung zukommt und sie die Rechtspositionen des Schülers unmittelbar betrifft. Die erforderliche „unmittelbare Rechtswirkung" auf die Berufsfreiheit des Schülers bzw. Prüflings ist im Einzelfall schon dann gegeben, wenn die Note seine Chancen im Berufsleben verbessert
oder verschlechtert; in diesem Fall liegt ein unmittelbarer Eingriff in den Schutzbereich des Grundrechts der Berufsfreiheit vor, weil die Note ebenso wie ein Abschluss- und Prüfungszeugnis sowohl für

---

508 OVG Koblenz NVwZ-RR 1993, 480 f.; OVG Münster 25.4.1996 – 19 B 246/96; VGH München DÖV 1985, 1022;
     1990, 753 f.; vgl. auch OVG Lüneburg DVBl 1973, 280 f. zur Erteilung eines schriftlichen *Verweises*.
509 BVerwGE 56, 155, 156 f.; zur Bedeutung der Nichtversetzung ferner BVerfGE 58, 257, 273 ff.; *Niehues/Fischer/Jere-
     mias* Rn. 48 ff.
510 *Rux/Niehues* Rn. 1179; vgl. auch BVerwGE 47, 194 ff. in Bezug auf eine *Sexualerziehung* und VGH Mannheim
     NJW 1987, 3274 im Hinblick auf einen Schulunterricht zum Thema „*Friedenssicherung und Bundeswehr*".
511 Dazu BVerwGE 5, 153, 154 f.; *Rux/Niehues* Rn. 583 ff.

den Zugang zu einem Beruf als auch für das weitere berufliche Fortkommen erheblich sein kann.[512] Danach handelt es sich z.B. bei der in einem Realschul-Abschlusszeugnis dokumentierten *Bewertung des Sozialverhaltens* um einen selbständig anfechtbaren Verwaltungsakt (ausf. VG Braunschweig NVwZ-RR 2004, 576 ff.). Das Begehren, im Schulzeugnis als unentschuldigt vermerkte Fehlstunden als entschuldigt auszuweisen, kann mit einer Verpflichtungsklage verfolgt werden (VG Hamburg NVwZ-RR 2012, 892, 893).

270 **m) Abiturprüfung.** Anders als bei der oben erörterten Nichtversetzung ist die Rechtslage in einem Fall, in dem ein Kandidat die Abiturprüfung nach vorangegangenem Misserfolg bei der Wiederholung bestanden hat: Die Feststellung des Nichtbestehens der Erstprüfung ist nicht bis zum Bestehen der Wiederholungsprüfung zeitlich begrenzt, sondern bleibt auch danach rechtswirksam (BVerwGE 88, 111, 116). Der negative Prüfungsbescheid über die Erstprüfung wird daher nicht mit der bestandenen Wiederholungsprüfung hinfällig, sondern beschwert den Prüfling weiterhin; das Nichtbestehen der Abiturprüfung im ersten Versuch kann sich auf das berufliche Fortkommen des Kandidaten später dadurch auswirken, dass bei einer Auswahl unter mehreren Bewerbern um eine Stelle dem Umstand Bedeutung zuerkannt wird, ob der eine die Abiturprüfung im ersten Anlauf und der andere sie erst in der Wiederholung bestanden hat (BVerwGE 88, 111, 112 ff.; s.a. OVG Lüneburg GewArch 1995, 170). Aus dem damit gegebenen Rechtsschutzinteresse bzgl. des Aufhebungsbegehrens folgt zugleich, dass dieses kein „bloßer Annex" im Verhältnis zum Verpflichtungsbegehren ist; die Erledigung der Verpflichtungsklage auf Erteilung des Reifezeugnisses hat in diesem Falle also nicht die Erledigung des Aufhebungsbegehrens hinsichtlich des negativen Prüfungsbescheides zur Konsequenz, sodass eine „isolierte" Anfechtungsklage (→ Rn. 125 ff., 148, 251, 270, 325, 337 ff.) hier zulässig ist.[513]

271 **n) Pflichtstundenzahl für Lehrer.** Die Festsetzung der Pflichtstundenzahl für Lehrer stellt keine bloß innerdienstliche Anordnung des Dienstherrn, sondern wegen der Auswirkung auf den Umfang der Gesamtarbeitszeit der betroffenen Lehrer jeweils einen Verwaltungsakt dar, den diese mit einer Verpflichtungsklage auf eine bestimmte Begrenzung der wöchentlichen Unterrichtszeit angreifen können (→ Rn. 154).

272 **o) Ungültigerklärung einer Schulaufgabe.** Die Ungültigerklärung einer Schulaufgabe durch den Schulleiter und die Verpflichtung des Lehrers zur Neuanfertigung sind gegenüber dem Lehrer nicht auf unmittelbare Rechtswirkung nach außen gerichtet und daher keine anfechtbaren Verwaltungsakte; sie betreffen nämlich lediglich die Amtsführung des Lehrers und lassen dessen persönliche Rechtsstellung unberührt (VGH München ZBR 1986, 368).

273 **30. Seerecht.** Sprüche der Bundesstelle für Seeunfalluntersuchung (ehemals Bundesoberseeamt, § 12 Abs. 1 SUG) sind keine gerichtlichen Entscheidungen, weil dieses Amt sich – insbes. wegen der abschließenden Regelung der obersten Gerichtshöfe des Bundes in Art. 95 Abs. 1 GG – nicht als Gericht qualifizieren lässt, sondern eine Behörde darstellt.[514] Anfechtbare Verwaltungsakte erlässt die Bundesstelle durch Entscheidungen, welche nach § 50 Abs. 2 SUG eine Gewerbebefugnis entziehen.[515] Sprüche der Bundesstelle, die lediglich ein schuldhaftes Verhalten eines am Seeunfall Beteiligten feststellen, sind hingegen keine mit der Anfechtungsklage angreifbaren Verwaltungsakte, weil diese Entscheidungen nur eine gutachtliche Bedeutung haben und daher nicht rechtsverbindlich sind; diesem Ergebnis steht die Förmlichkeit des Verfahrens bei der Untersuchung von Seeunfällen nicht entgegen, die der Sorgfalt und Gründlichkeit der Untersuchung dient[516] (zum Bericht des Luftfahrt-Bundesamtes über die Untersuchung eines Luftunfalls → Rn. 241). Ein Kapitän, dessen Verschulden an einem Seeunfall in einem Spruch der Bundesstelle festgestellt ist, kann jedoch eine allgemeine Leistungsklage auf Beseitigung der Verschuldensfeststellung erheben; diese ist nämlich geeignet, ihn in seiner persönlichen so-

---

512 OVG Münster NVwZ-RR 2001, 384 f. m.w.N.; vgl. auch VGH Mannheim NVwZ-RR 1989, 479, 480.
513 BVerwGE 88, 111, 114.
514 Vgl. BVerwGE 32, 21 ff. m. insoweit zust. Anm. W. *Schick*, JZ 1970, 139 und P. *Wendt*, DVBl 1970, 502; VG Hamburg DVBl 1965, 655, 656 f.
515 Vgl. BVerwGE 32, 21, 24; 59, 319, 320; VG Hamburg DVBl 1965, 655, 658 (jeweils zu § 26 SeeUG a.F.).
516 Vgl. BVerwGE 32, 21, 24 f. m. insoweit abl. Anm. W. *Schick*, JZ 1970, 139 und P. *Wendt*, DVBl 1970, 502 ff.; BVerwGE 59, 319 ff. A.M. zum Verwaltungsaktcharakter – wie die soeben genannten Autoren – VG Hamburg DVBl 1965, 655, 658.

wie beruflichen Ehre zu verletzen und in seinem beruflichen Fortkommen zu behindern (vgl. BVerwGE 59, 319, 325 ff.).

Seeverkehrszeichen sind als Allgemeinverfügungen nach § 35 S. 2 VwVfG zu qualifizieren. Insoweit gilt hierfür nichts anderes als für Straßenverkehrszeichen (→ Rn. 295). Die diesbezügliche Rspr. ist nicht auf die Besonderheiten des Straßenverkehrs zugeschnitten und trifft deshalb für Schifffahrtszeichen mit entsprechendem Anordnungsgehalt gleichfalls zu.[517] Dies gilt auch, wenn dem Seezeichen zugleich eine Hinweis- und Warnfunktion zukommt. Zu derartigen Schifffahrtszeichen gehören Tonnen, die der Fahrwasserbegrenzung dienen. Ihr Regelungscharakter ergibt sich aus der Festlegung des Fahrwassers und der Bestimmung des Rechtsstatus eines Teils der Seeschifffahrtsstraße (BVerwG NVwZ 2007, 340). **273a**

31. Sozialhilferecht. Über öffentlich-rechtliche Angelegenheiten der Sozialhilfe entscheiden seit 1.1.2005 nicht mehr die Gerichte der Verwaltungsgerichtsbarkeit, sondern gem. § 51 Abs. 1 Nr. 6 a SGG[518] die Gerichte der Sozialgerichtsbarkeit. Infolgedessen richten sich Anfechtungs- und Verpflichtungsklagen im Hinblick auf sozialhilferechtliche Maßnahmen nicht mehr nach § 42 Abs. 1 (dazu Erstaufl. [Loseblatt] § 42 Rn. 264 ff.), sondern nach § 54 Abs. 1 SGG. **274**

32. Steuerrecht. Für Streitigkeiten, die steuerrechtliche Fragen betreffen, ist zumeist nach § 33 FGO der Finanzrechtsweg gegeben. In bestimmten Fällen ist jedoch für steuerrechtliche Auseinandersetzungen der Verwaltungsrechtsweg eröffnet. **275**

a) Kommunale Steuern. So sind etwa Bescheide über die Heranziehung zu kommunalen Steuern, die von den Kommunen selbst verwaltet werden, im Verwaltungsrechtsweg angreifbare Verwaltungsakte; die Zulassung einer abweichenden Festsetzung von Steuern aus Billigkeitsgründen nach § 163 Abs. 1 S. 1 AO ist mit der Verpflichtungsklage zu verfolgen (→ Rn. 228). **276**

nicht besetzt **277**

b) Filmbewertungen. Die Filmbewertungen seitens der früheren Filmbewertungsstelle in Wiesbaden sind in der Rspr. im Hinblick darauf, dass sie durch die Regelung von Steuervergünstigungen für prädikatisierte Filme unmittelbare steuerrechtliche Wirkungen hatten, als im Verwaltungsrechtsweg angreifbare Verwaltungsakte qualifiziert worden.[519] **278**

c) Mitteilung der zuständigen Landesbehörde an das Finanzamt. Einer Mitteilung der zuständigen Landesbehörde an das Finanzamt, ein Grundstückskauf erfülle nicht die Voraussetzungen für die Ausstellung einer Bescheinigung für die Grunderwerbsteuerfreiheit, sprach das BVerwG wegen Fehlens einer unmittelbaren Außenwirkung den Charakter eines selbständig anfechtbaren Verwaltungsakts ab; zur Nachprüfung der Frage, ob die Voraussetzungen für die begehrte Ausstellung vorlagen, verwies das Gericht den Betroffenen auf eine Klage gegen den Grunderwerbsteuerbescheid vor dem zuständigen Finanzgericht[520] (zur Bestimmung der Rechtsnatur behördlicher Mitwirkungshandlungen → Rn. 129). **279**

33. Stiftungsrecht. Die *Genehmigung einer Stiftung* nach § 80 BGB ist ein Verwaltungsakt, dessen Erlass der Antragsteller mit der Verpflichtungsklage – bei Vorliegen der Voraussetzungen des § 75 in der Form der Untätigkeitsklage (→ Rn. 36) – begehren kann (VG Düsseldorf NVwZ 1994, 811 f.). Eine Anfechtungsklage gegen die Genehmigung einer Stiftung ist gem. § 42 Abs. 2 zulässig, wenn der Kläger geltend macht, durch diesen Verwaltungsakt in seiner Rechtsposition als gesetzlicher Erbe des Stifters beeinträchtigt zu sein (OVG Lüneburg OVGE 22, 484 f.; zur Klagebefugnis → Rn. 425). Die behördliche *Genehmigung einer* vom Stifter beschlossenen *Änderung der Satzung einer Stiftung* des bürgerlichen Rechts richtet sich als *privatrechtsgestaltender Verwaltungsakt* allein an die Stiftung und ihre Organe. Ein Mitglied des Stiftungsvorstands kann durch sie unter keinem denkbaren Gesichtspunkt in seinen Rechten verletzt werden (VGH Mannheim NVwZ 1985, 603). **280**

---

517 BVerwG NVwZ 2007, 340. Zur Ausweisung einer Wasserskistrecke OVG Berlin-Brandenburg NVwZ-RR 2016, 36.
518 Eingefügt durch Art. 38 des Gesetzes zur Einordnung des Sozialhilferechts in das Sozialgesetzbuch vom 27.12.2003 (BGBl I 3022, 3065).
519 BVerwGE 23, 194 ff.; VGH Kassel DVBl 1962, 605; zust. *C.-F. Menger,* VerwArch 54 (1963), 88, 101.
520 BVerwG DVBl 1970, 282 f.; vgl. auch VGH Mannheim ESVGH 10, 189 ff.

281   **34. Straßenrecht.**   **a) Planfeststellungsbeschluss.**   Der fernstraßenrechtliche Planfeststellungsbeschluss nach § 17 S. 1 FStrG (zum Verwaltungsaktcharakter von Planfeststellungsbeschlüssen → Rn. 239) stellt nach st. Rspr. des BVerwG[521] einen Verwaltungsakt dar, gegen den die Anfechtungsklage statthaft ist. Diese Judikatur wurde vom Gesetzgeber durch § 17 e Abs. 2 FStrG ausdrücklich bestätigt, der mehrfach von der „Anfechtungsklage gegen einen Planfeststellungsbeschluss" spricht.

282   **b) Schutzauflagen als Ergänzung zum Planfeststellungsbeschluss.**   § 17 Abs. 4 S. 1 FStrG bestimmte früher in seiner bis zu einer Gesetzesänderung aus dem Jahr 1990[522] geltenden Fassung (s. dazu das FStrG i.d.F. vom 1.10.1974 [BGBl I 2414, 2422]): „Im Planfeststellungsbeschluß sind dem Träger der Straßenbaulast die Errichtung und die Unterhaltung der Anlagen aufzuerlegen, die für das öffentliche Wohl oder zur Sicherung der Benutzung der benachbarten Grundstücke gegen Gefahren, erhebliche Nachteile oder erhebliche Belästigungen notwendig sind." Die Streichung dieser Bestimmung ist erfolgt, „weil die Planfeststellungsvorschriften in den Verwaltungsverfahrensgesetzen der Länder inhaltsgleiche Regelungen enthalten".[523] Im Hinblick auf die Anwendung dieser Regelungen kann also die Judikatur zu § 17 Abs. 4 S. 1 FStrG a.F. entsprechend herangezogen werden. Danach ergänzen die Schutzmaßnahmen – etwa zur Herabsetzung des Verkehrslärms (BVerwGE 51, 6, 9; 51, 15, 20 ff.) – den Planfeststellungsbeschluss, und sie sind nicht, wie in der älteren Rspr.[524] gelegentlich angenommen wurde, dessen Bestandteile; ungeachtet ihrer vorgeschriebenen Anordnung im Planfeststellungsbeschluss stellen sie sich nämlich „im Verhältnis zu der auf das genehmigte Bauvorhaben bezogenen Planfeststellung als ihrem Wesen nach selbständige und in diesem Rahmen eigener rechtlicher Regelung zugängliche Auflagen dar, die nicht das Vorhaben modifizieren, sondern zu dessen Genehmigung als besondere Leistungsverpflichtung hinzutreten" (BVerwGE 41, 178, 180 f.). Dieser Befund führt nach der Rspr. des BVerwG zu folgenden Konsequenzen: Der Träger der Straßenbaulast kann die ihn belastenden Schutzauflagen selbständig anfechten, ohne gegen den ihn begünstigenden Planfeststellungsbeschluss gerichtlich vorgehen zu müssen[525] (zur selbständigen Anfechtbarkeit von Nebenbestimmungen zum Verwaltungsakt → Rn. 19 ff., 105, 119, 180, 182, 190, 195, 215, 254, 319, 333); ein von der Planfeststellung nachteilig Betroffener kann seinen Anspruch auf Erteilung von Schutzauflagen selbständig mit der Verpflichtungsklage verfolgen.[526] Das BVerwG hat allerdings unter Hinweis darauf, dass ein Planfeststellungsbeschluss „unter Umständen auch wegen des Fehlens einer [...] notwendigen Schutzanordnung rechtswidrig sein" könne, eine Anfechtungsklage gegen den Planfeststellungsbeschluss nicht ausgeschlossen (BVerwGE 51, 15, 21 f.; vgl. auch BVerwGE 48, 56, 69 f.).

283   **c) Entbehrlichkeit eines Planfeststellungsverfahrens.**   Die nach § 17 b Abs. 1 Nr. 2 FStrG i.V.m. § 74 Abs. 7 VwVfG der obersten Landesstraßenbaubehörde obliegende Entscheidung, dass die Planfeststellung in einem Fall von unwesentlicher Bedeutung unterbleibt, tritt „an die Stelle der für Straßenbaumaßnahmen grds. erforderlichen Planfeststellung und übernimmt insoweit auch deren Zulassungsfunktion"; sie ist daher kein bloß behördeninterner Vorgang, sondern „ein dem Planfeststellungsbeschluß entsprechender, mit Außenwirkung versehener und von betroffenen Dritten anfechtbarer Verwaltungsakt".[527]

284   **d) Widmung und Aufstufung von Straßen.**   Die Widmung einer Straße für den öffentlichen Verkehr – etwa nach § 2 Abs. 1 FStrG – und die Aufstufung einer Landesstraße zur Bundesstraße gem. § 2 Abs. 3 a und Abs. 6 FStrG betreffen jeweils die öffentlich-rechtliche Eigenschaft einer Sache und sind daher als Allgemeinverfügungen i.S.v. § 35 S. 2 VwVfG Verwaltungsakte; wegen personaler Auswir-

---

521   Vgl. BVerwGE 29, 282 ff.; 38, 152, 156; 51, 15, 21 f.; 52, 237, 240 ff.; 58, 154, 156; 64, 325, 327; 98, 126 ff.
522   S. Art. 26 Nr. 2 b des Dritten Rechtsbereinigungsgesetzes vom 28.6.1990 (BGBl I 1221, 1228).
523   So die Begründung der Bundesregierung zu ihrem Entwurf eines Dritten Rechtsbereinigungsgesetzes, BT-Drs. 11/4310, 94, 96.
524   VGH Kassel DVBl 1965, 607; VGH Mannheim DÖV 1972, 642. Dieser Judikatur zufolge soll eine gerichtliche Entscheidung über die Rechtmäßigkeit des Fehlens von Schutzauflagen durch die Erhebung einer Anfechtungsklage gegen den Planfeststellungsbeschluss herbeizuführen sein.
525   BVerwGE 41, 178, 181; 51, 15, 20 f.
526   BVerwGE 41, 178, 181 f.; 51, 6, 9; 51, 15, 20 ff.; 52, 226, 230; 52, 237, 239 f.; 64, 325, 327.
527   So BVerwGE 64, 325, 328 ff. zu § 17 Abs. 2 FStrG a.F.; vgl. auch BVerwG 8.10.1976 Buchholz 442.01 § 28 PBefG Nr. 3 zu § 28 Abs. 2 PBefG.

kungen dieser sachenrechtlichen Regelungen können betroffene Grundstücksanlieger Widmung oder Aufstufung mit der Anfechtungsklage angreifen[528] (zur Klagebefugnis → Rn. 408).

e) Umbenennung einer Straße. Auch die Umbenennung einer Straße ist eine Allgemeinverfügung, **285** weil mit dem Straßennamen eine für die Verkehrs- sowie Erschließungsfunktion wesentliche und daher rechtlich bedeutsame Eigenschaft der Straße festgelegt wird.[529] Fraglich ist jedoch, ob Anwohnern für eine gegen diesen Verwaltungsakt gerichtete Anfechtungsklage die nach § 42 Abs. 2 erforderliche Klagebefugnis zusteht (→ Rn. 410, 459).

f) Entscheidung über die Zustimmung zur Baugenehmigung nach § 9 Abs. 2 FStrG. Die Entscheidung **286** der obersten Landesstraßenbaubehörde über die Zustimmung zur Baugenehmigung nach § 9 Abs. 2 FStrG ist – sofern sie nicht durch Erteilung eines selbständigen Bescheides dem Bauantragsteller gegenüber erfolgt – kein anfechtbarer Verwaltungsakt, sondern ein bloß verwaltungsinterner Vorgang; der Bauantragsteller kann dann nur eine auf Erteilung der Baugenehmigung gerichtete Verpflichtungsklage erheben (→ Rn. 129).

35. Straßenverkehrsrecht. a) Fahrprüfung. Die Entscheidung des amtlich anerkannten Sachverstän- **287** digen oder Prüfers für den Kraftfahrzeugverkehr über das Bestehen oder Nichtbestehen der Fahrprüfung nach §§ 15 Abs. 5, 17 FeV (ehemals § 11 StVZO) ist kein selbständig anfechtbarer Verwaltungsakt, sondern kann im Falle der von der Verkehrsbehörde ausgesprochenen Versagung der *Fahrerlaubnis* einer verwaltungsgerichtlichen Kontrolle durch die Erhebung einer Verpflichtungsklage auf Erteilung der Fahrerlaubnis nach § 2 StVG unterzogen werden. Sachverständige oder Prüfer werden in dem Prüfungsverfahren „als verlängerter Arm der Verkehrsbehörde" tätig[530] und geben „mit der Aushändigung des Führerscheins die bereits von der Verkehrsbehörde unter Vorbehalt der bestandenen Prüfung verfügte Erteilung der Fahrerlaubnis" bekannt (OVG Koblenz NJW 1965, 1622, 1623). Eine gegen die Entscheidung des Sachverständigen oder Prüfers gerichtete allgemeine Leistungsklage oder eine Feststellungsklage nach § 43 sind jedenfalls gem. § 44 a unzulässig, wonach Rechtsbehelfe gegen behördliche Verfahrenshandlungen grds. nur gleichzeitig mit den gegen die Sachentscheidung zulässigen Rechtsbehelfen – d.h. hier: i.R.d. Verpflichtungsklage auf Erteilung der Fahrerlaubnis – geltend gemacht werden können (zu dieser Auslegung von § 44 a S. 1 → Rn. 39, 129, 182, 288). Die Bestimmung des *Prüfortes* für die Abnahme von Fahrerlaubnisprüfungen durch die Technische Prüfstelle für den Kraftfahrzeugverkehr stellt gegenüber Fahrschulen, Fahrlehrern oder Fahrschülern keine Regelung und damit keinen anfechtbaren Verwaltungsakt dar; diese Prüfungen dienen ausschließlich den Interessen der Verkehrssicherheit, sodass sich auch die entsprechenden organisatorischen Maßnahmen allein an den Notwendigkeiten der Sicherheit des Straßenverkehrs auszurichten haben (OVG Lüneburg DVBl 1970, 516 ff.). Eine allgemeine Leistungsklage gegen die Bestimmung des Prüfortes wird regelmäßig wegen Fehlens der dafür nach § 42 Abs. 2 analog (→ Rn. 371) erforderlichen Klagebefugnis unzulässig sein. Die behördliche Anerkennung der Eignung einer „amtlich anerkannten Stelle" i.S.v. § 19 Abs. 2, § 68 FeV (ehemals § 8 a Abs. 4 Nr. 7 und § 8 b Abs. 4 Nr. 5 StVZO) für die *Schulung in Erster Hilfe*, deren Nachweis dem Antrag auf Erteilung einer Fahrerlaubnis nach § 21 Abs. 3 S. 1 Nr. 5 FeV beizufügen ist, kann als begünstigender Verwaltungsakt mit der Verpflichtungsklage verfolgt werden.[531]

b) Anordnungen zur Überprüfung der Eignung zum Führen eines Kraftfahrzeugs. Anordnungen der **288** zuständigen Verwaltungsbehörde zur Überprüfung der Eignung zum Führen eines Kraftfahrzeugs nach § 11 Abs. 2 FeV (ehemals § 15 b Abs. 2 StVZO) sind keine anfechtbaren Verwaltungsakte, weil

---

528 Vgl. BVerwGE 47, 144, 145, OVG Koblenz NJW 1987, 1284 f. und VGH München BayVBl 1998, 563 jeweils zur Widmung; VGH Mannheim NVwZ-RR 1995, 185 f. zu einer Widmungserweiterung (unter Verneinung allerdings der Klagebefugnis in diesem Fall); VGH Mannheim UPR 1984, 64 f. zur Aufstufung.

529 Vgl. OVG Berlin LKV 1994, 298; 21.3.1996 – 1 S 176.95; OVG Münster NJW 1987, 2695; DÖV 2008, 296 f.; VGH Mannheim BWVP 1976, 202, 203; NJW 1979, 1670 f.; NJW 1981, 1749 f.; NVwZ 1992, 196; VGH München BayVBl 1988, 496; NVwZ-RR 1996, 344; *N. Niehues*, DVBl 1982, 317, 318; *Schenke* Rn. 204; für Regelung i.S.d. § 35 S. 2 Var. 3 VwVfG: *U. Stelkens*, in: Stelkens/Bonk/Sachs § 35 Rn. 327.

530 S. zur Diskussion, ob insoweit eine Beleihung vorliegt, die vom OVG Lüneburg NJW 1968, 468 und DVBl 1970, 516 verneint wird. Zum Begriff der Beleihung näher *H. Sodan*, Freie Berufe als Leistungserbringer im Recht der gesetzlichen Krankenversicherung, 1997, 103 ff.

531 Vgl. BVerwGE 95, 15 ff. in Anwendung von § 8 a Abs. 4 Nr. 7 und § 8 b Abs. 4 Nr. 5 StVZO a.F., m.Anm. *J. Wieland*, JZ 1995, 96 f.

sie nach dem Wortlaut dieser Vorschrift lediglich der „*Vorbereitung* der Entscheidung über die Entziehung oder die Einschränkung der Fahrerlaubnis oder über die Anordnung von Auflagen" dienen; dazu gehören an den Inhaber einer Fahrerlaubnis gerichtete Aufforderungen der Verwaltungsbehörde, ein Gutachten einer medizinisch-psychologischen Untersuchungsstelle vorzulegen,[532] ein Gutachten über die theoretischen Fahrkenntnisse (VG Ansbach DAR 1976, 52) oder Haartests und politoxikologische Urinkontrollen zum Nachweis der Drogenfreiheit („Drogenscreening")[533] beizubringen bzw. die theoretische Fahrerlaubnisprüfung zu wiederholen (OVG Koblenz AS 14, 309 ff.). Diese Anordnungen begründen keine selbständigen Pflichten der Betroffenen; die Nichtbefolgung kann allerdings zur Entziehung der Fahrerlaubnis führen, wenn sich aufgrund der Weigerung die Frage der Eignung zum Führen eines Kraftfahrzeugs nicht klären lässt und sich dadurch der Verdacht auf Ungeeignetheit bei der zuständigen Behörde zu einer entsprechenden Gewissheit verdichtet.[534] Der Betroffene kann die Rechtswidrigkeit der Anordnung i.R. einer Anfechtungsklage gegen die Entziehung der Fahrerlaubnis[535] oder gegen die Auferlegung einer Gebühr für das beigebrachte Gutachten (vgl. BVerwGE 34, 248, 251) oder i.R. einer allgemeinen Leistungsklage auf Erstattung entstandener Untersuchungskosten[536] geltend machen. Eine gegen die behördliche Anordnung nach § 11 Abs. 2 FeV gerichtete isolierte allgemeine Leistungsklage oder eine Feststellungsklage i.S.v. § 43 ist gem. § 44 a unzulässig, wonach Rechtsbehelfe gegen behördliche Verfahrenshandlungen grds. nur gleichzeitig mit den gegen die Sachentscheidung zulässigen Rechtsbehelfen geltend gemacht werden können. Der VGH Mannheim sah hingegen die isolierte Anfechtung der *Anordnung einer Nachuntersuchung* gegenüber einem bedingt geeigneten Kraftfahrer als zulässig an, da diese, wenn sie § 11 Abs. 2 FeV (§ 15 b StVZO a.F.) zuzuordnen ist, eine Auflage nach § 15 b Abs. 1 a StVZO a.F. darstelle (DÖV 1997, 213, 214).

289   **c) Androhung der Prüfung der Fahreignung und der Entziehung der Fahrerlaubnis.**   Auch die wegen bestimmter Verkehrsverstöße ausgesprochene Androhung der Prüfung der Fahreignung und der Entziehung der Fahrerlaubnis ist keine Regelung und damit kein anfechtbarer Verwaltungsakt; sie soll lediglich dem Inhaber der Fahrerlaubnis deutlich machen, welche nachteiligen Folgen künftiges verkehrswidriges Verhalten für ihn haben kann, ist aber keine Voraussetzung für die Anordnung der angedrohten Maßnahmen.[537]

290   **d) Eintragungen in das Fahreignungsregister.**   Die Eintragungen in das Fahreignungsregister nach § 59 FeV (bis 30.4.2014: Verkehrszentralregister, ehemals § 13 StVZO) sind ebenfalls keine anfechtbaren Verwaltungsakte: Sie stellen keine Regelungen dar, weil sie keine unmittelbaren Rechtsfolgen für den einzelnen Verkehrsteilnehmer auslösen, sondern jeweils lediglich der Schaffung einer Tatsachengrundlage zur Vorbereitung neuer Entscheidungen von Verwaltungsbehörden und Gerichten dienen; angesichts der Funktion des Fahreignungsregisters als „Einrichtung für die auskunfts- oder abrufberechtigten Stellen der öffentlichen Verwaltung" sind die Eintragungen ferner nicht auf unmittelbare Rechtswirkungen nach außen gerichtet.[538] Auch außerhalb der Anfechtungsklage lässt sich gegen eine solche Mitteilung allein Rechtsschutz nicht erlangen. Die Richtigkeit der Mitteilung ist jedoch ggf. im Fahrerlaubniserteilungs- oder -entziehungsverfahren zu überprüfen (OVG Lüneburg DAR 2001, 471). Wird

---

532   OVG Münster NJW 2001, 3427 f.; OVG Weimar ThürVBl 2004, 212, 214; zur StVZO bereits BVerwG BayVBl 1995, 59. Vgl. ferner BVerwGE 34, 248 ff. zu einer entsprechenden Anordnung nach § 3 Abs. 2 StVZO a.F. (heute § 3 Abs. 2 i.V.m. 11 Abs. 2 ff. FeV); VGH München NJW 1968, 469 ff. zur Aufforderung, ein psychologisch-medizinisches Gutachten über die Eignung als *Fahrlehrer* vorzulegen. A.M. OVG Münster NJW 1968, 267 f.; VGH Kassel NJW 1967, 1527 ff. zur Anordnung der Beibringung eines amts- oder fachärztlichen Zeugnisses (m. – dem Ergebnis zust. – Anm. *P. Selmer*); VGH München NJW 1966, 2030 f.; *G. Henn*, NJW 1993, 3169, 3170.

533   OVG Hamburg ZfS 2003, 262; OVG Weimar ThürVBl 2004, 212, 214.

534   Vgl. BVerwGE 34, 248, 249 f.; dazu auch BVerfGE 89, 69, 84, wo es im Hinblick auf das durch Art. 2 Abs. 1 i.V.m. Art. 1 Abs. 1 GG geschützte allg. Persönlichkeitsrecht heißt, jedenfalls die Ankündigung der Entziehung der Fahrerlaubnis verleihe „bereits der auf § 15 b Abs. 2 StVZO" (heute § 11 Abs. 2 FeV) „gestützten Gutachtenanforderung Eingriffscharakter".

535   BVerwG 17.7.1987 Buchholz 442.10 § 4 StVG Nr. 75; BayVBl 1995, 59; OVG Koblenz AS 14, 309, 310 f.

536   Vgl. BVerwG 15.12.1989 Buchholz 442.10 § 4 StVG Nr. 87; BayVBl 1995, 59; VGH Mannheim VBlBW 1988, 102 ff.

537   VGH Mannheim ESVGH 22, 114 ff. m.w.N.; ferner VG Gelsenkirchen GewArch 1974, 89 sowie zur Androhung einer Fahrtenbuchauflage VGH München DÖV 1978, 852. Dagegen bejaht VGH Mannheim BaWüVBl 1967, 110 den Verwaltungsaktcharakter der Androhung der Entziehung der Fahrerlaubnis.

538   Vgl. BVerwGE 77, 268, 271 ff.; BVerwG 23.12.1993 – 11 B 105/93, juris Rn. 3; s.a. VG Braunschweig NVwZ-RR 2002, 484.

allerdings ein Antrag auf Entfernung einer Eintragung von der zuständigen Behörde abgelehnt, ist diese Entscheidung als Verwaltungsakt zu qualifizieren, weil sie als Bescheid dem Antragsteller gegenüber in ihrer Wirkung nicht auf den behördeninternen Bereich beschränkt bleibt; der Betroffene kann daher Verpflichtungsklage auf Stattgabe seines Antrags erheben.[539]

e) Verkehrsregelungen. aa) Ausnahmegenehmigung vom Verkehrsverbot. Eine gem. § 46 Abs. 1 S. 1 291 Nr. 8 StVO erteilte Ausnahmegenehmigung von dem in § 32 Abs. 1 StVO geregelten Verkehrsverbot, Hindernisse auf die Straße zu bringen, ist ein Verwaltungsakt[540] (zur Klagebefugnis von *Verkehrsteilnehmern* → Rn. 472).

bb) Anwohner-Parkausweis. Die Ausstellung eines Anwohner-Parkausweises begründet eine Sonder- 292 parkberechtigung und ist daher ein begünstigender Verwaltungsakt, dessen Erlass mit der Verpflichtungsklage begehrt werden kann (BVerwG NJW 1995, 473).

cc) Handzeichen von Polizisten. Sofern Handzeichen von Polizisten etwa an einer Straßenkreuzung 293 den Verkehr regeln oder zur Durchführung einer Kontrolle Verkehrsteilnehmer zum Halt am Straßenrand auffordern, beziehen sie sich jeweils auf *bestimmte* Verkehrsteilnehmer; sie betreffen daher Einzelfälle und sind infolgedessen anfechtbare Verwaltungsakte.[541]

dd) Lichtzeichen einer Verkehrssignalanlage. Auch die Lichtzeichen einer Verkehrssignalanlage lassen 294 sich unproblematisch als Verwaltungsakte qualifizieren, weil sie sich an die jeweils zurzeit des Aufleuchtens anwesenden, in der konkreten Situation also bestimmbaren Verkehrsteilnehmer richten und somit Allgemeinverfügungen i.S.v. § 35 S. 2 VwVfG sind; die durch Automaten gegebenen Gebots- oder Verbotszeichen verdanken ihre Existenz dem Handeln einer Behörde und sind dieser daher zuzurechnen.[542] Die nach § 45 Abs. 3 und 5 S. 1 StVO erlassene Anordnung einer Straßenverkehrsbehörde an eine Straßenbehörde, eine Lichtzeichenanlage aufzustellen, ist vor Errichtung dieser Verkehrseinrichtung gegenüber Anliegern und Verkehrsteilnehmern nicht auf unmittelbare Rechtswirkung nach außen gerichtet und daher kein von diesen Personen anfechtbarer Verwaltungsakt (BVerwG NVwZ 1994, 784). Sie stellt jedoch dann einen solchen dar, wenn sie den Anliegern durch Übersendung einer Ausfertigung zeitgleich mit Erlass *vorab bekannt gegeben* worden ist. Damit ist die Anordnung im Außenverhältnis den Klägern gegenüber bereits rechtlich existent geworden und folglich ein anfechtbarer Verwaltungsakt gem. § 42 Abs. 1.[543]

ee) Verkehrszeichen in Form von Verkehrsschildern. Die Beantwortung der Frage nach der Rechtsna- 295 tur von Verkehrszeichen in Form von Verkehrsschildern, welche Gebote oder Verbote i.S.v. § 41 Abs. 1 StVO enthalten, hat in Rspr. und Lit. zu einer über Jahrzehnte währenden Auseinandersetzung geführt. Anlass dazu bot vor allem das Problem der Bestimmbarkeit der von den Verkehrsschildern betroffenen Verkehrsteilnehmer. Das BVerwG hat die durch Verkehrszeichen getroffenen Anordnungen als einen „typischen Grenzfall" bezeichnet und zu der schwierigen Einordnung festgestellt: Wie „auch immer man sie vornimmt, sie wird nicht in jeder Hinsicht befriedigen".[544] Dennoch ist die Rechtsnatur der Gebots- und Verbotszeichen im Straßenverkehr mittlerweile als geklärt anzusehen. Während diese in einem Teil der älteren Judikatur[545] und gelegentlich noch im neueren Schrifttum[546] als Rechtsnormen und nicht als Verwaltungsakte qualifiziert wurden, wird diese Auffassung in der

---

539 Vgl. OVG Lüneburg NJW 1979, 563 sowie bereits zum Datenschutz- und Polizeirecht → Rn. 176, 249. In BVerwGE 77, 268, 275 ist die Frage, ob die behördliche Entscheidung über den Antrag auf Entfernung einer Eintragung einen Verwaltungsakt darstellt, offen gelassen.

540 VGH Mannheim NJW 1992, 3187; Zu einer Ausnahmegenehmigung von einem Verkehrsverbot auch BVerwG NJW 1994, 2037, 2038.

541 Vgl. VGH München BayVGH (N. F.) 8, 132, 135; *Maurer* § 9 Rn. 34; *Ule* Anh. zu § 32, III 4.

542 BGH NJW 1987, 1945; vgl. auch BGHSt 20, 125, 127 f.; OLG Köln VRS 59 (1980) Nr. 224; *H. P. Bull*, Verwaltung durch Maschinen, 1964, 147; *F. Landwehrmann*, Anm. zu BGHZ 54, 332 ff., NJW 1971, 840; *Maurer* § 9 Rn. 34; *U. Stelkens*, in: Stelkens/Bonk/Sachs § 35 Rn. 329 f.; *G. Zimmer*, DÖV 1980, 116, 122.

543 OVG Münster NJW 1996, 3024. Anders zu Verkehrszeichen wohl VGH Mannheim NVwZ-RR 1996, 306.

544 BVerwGE 59, 221, 224 im Anschluss an *O. Bachof*, Anm. zum Urt. des OLG Stuttgart 7.9.1966 – 1 Ss 314/66, DÖV 1967, 132 f.

545 BGHSt 11, 7, 11; OVG Münster OVGE 16, 226 ff.; VGH Mannheim ESVGH 11, 32 f.; DVBl 1966, 408, 409; BaWüVBl 1967, 11; VGH München BayVGH (N. F.) 8, 132, 135; NJW 1978, 1988 ff.; 1979, 670; VG Frankfurt/M. DÖV 1961, 313 f.

546 *F. Czermak*, JuS 1981, 25 f.; *L. Renck*, NVwZ 1984, 355 f.; aus dem älteren Schrifttum etwa die Nachw. von *Ule* Anh. zu § 32, III 4.

neueren Rspr. – soweit ersichtlich – nicht mehr vertreten. Auch der VGH München hat in einer Entscheidung im Jahre 1983 seine noch einige Jahre zuvor ausführlich begründete abweichende Meinung (NJW 1978, 1988 ff.; 1979, 670) aufgegeben, den Verwaltungsaktcharakter einer Geschwindigkeitsbegrenzung bejaht[547] und sich damit der ganz überwiegenden Auffassung in Rspr.[548] und Lit.[549] zur Verwaltungsaktqualität von Verkehrszeichen angeschlossen. Es handelt sich dabei um „Dauerverwaltungsakte in der Form von Allgemeinverfügungen".[550] § 35 S. 2 VwVfG stellt klar, dass auch dann ein Verwaltungsakt in Gestalt einer Allgemeinverfügung vorliegt, wenn eine Regelung die Benutzung einer Sache durch die Allgemeinheit betrifft.[551] Die Begründung der Bundesregierung zum Entwurf eines Verwaltungsverfahrensgesetzes aus dem Jahre 1973 (BT-Drs. 7/910, 57) bringt deutlich zum Ausdruck, dass durch die Legaldefinition der Allgemeinverfügung der Streit um die Rechtsnatur der Verkehrszeichen vom Gesetzgeber entschieden werden sollte; darin heißt es nämlich zu dem mit dem heutigen § 35 S. 2 VwVfG fast wörtlich übereinstimmenden § 31 S. 2 des Entwurfs: „Auch die Verkehrszeichen sind nach höchstrichterlicher Rspr. Allgemeinverfügungen [...] Diese Verwaltungsakte unterscheiden sich von den sonstigen Verwaltungsakten dadurch, daß sie sich unmittelbar an keine Person richten, sondern sich auf eine Sache beziehen. Da zweifelhaft ist, ob diese Verwaltungsakte durch die 1. Alternative erfaßt werden, wurde der letzte Halbsatz angefügt." Schon vor Erlass des VwVfG hatte das BVerwG[552] die durch das Aufstellen von Verkehrszeichen getroffenen Anordnungen in Abgrenzung zu *generellen* Regelungen durch Rechtsnormen als Allgemeinverfügungen mit der Begründung qualifiziert, dass diese Maßnahmen eine *konkrete* örtliche Verkehrssituation betreffen und eine situationsbezogene Verkehrsregelung zum Inhalt haben. Später fügte das BVerwG[553] hinzu, dass die genannten Verkehrszeichen „gleichsam die Stelle von Polizeivollzugsbeamten" vertreten, im Unterschied zu diesen die örtliche Verkehrssituation aber „mehr oder weniger dauerhaft regeln".

296   Die Befolgung oder Missachtung des Gebots bzw. Verbots durch einen Verkehrsteilnehmer führt angesichts der Funktion des Verkehrszeichens als *Dauer*verwaltungsakt nicht zu dessen Erledigung, sodass eine Anfechtungsklage des Verkehrsteilnehmers und nicht eine nachträgliche Fortsetzungsfeststellungsklage in entsprechender Anwendung von § 113 Abs. 1 S. 4 (→ Rn. 68) statthaft ist (BVerwGE 27, 181, 184 f.; 59, 221, 226). Der Erlass einer bestimmten Regelung durch Verkehrszeichen kann mit der Verpflichtungsklage begehrt werden (OVG Münster DVBl 1977, 257 f.). Eine bloße interne *Anordnung der Straßenverkehrsbehörde* an den Träger der Straßenbaulast, bestimmte *Verkehrszeichen aufzustellen*, ist vor Anbringung der Verkehrszeichen noch keine Regelung mit Rechtswirkung gegenüber Straßenanliegern und damit kein Verwaltungsakt. Dies gilt jedenfalls bei fehlender Vorab-Bekanntgabe der Aufstellung an die Anlieger.[554]

---

547 VGH München NVwZ 1984, 383, 384; ebenso BayVBl 1992, 177, 178; BayVBl 1999, 594 ff.; ferner VGH München BayVBl 1986, 754: Dort heißt es, das Gericht habe sich „im Interesse der Rechtssicherheit und einer einheitlichen Rspr. i.E. der neueren Auffassung des BVerwG vom Verwaltungsaktcharakter" der Verkehrsregelungen angeschlossen. Vgl. auch VGH München BayVBl 1993, 468.

548 BVerfG NJW 1965, 2395; BGHSt 20, 125 ff.; BVerwGE 27, 181, 183 ff.; 32, 204, 205; 35, 334, 336; 59, 221, 224 ff. m.Anm. U. *Steiner*, DVBl 1980, 417; BVerwG NJW 1982, 348; NVwZ 1983, 610; NVwZ 1988, 623 f.; BVerwGE 92, 32, 34; 97, 214, 220; 97, 323, 326; BVerwG NJW 2004, 698; OLG Karlsruhe NJW 1967, 1625; OLG Stuttgart DÖV 1967, 132; OVG Hamburg NJW 1992, 1909; DÖV 1995, 783; OVG Münster DB 1970, 1972; DVBl 1977, 257, 258; NJW 1990, 2835; OVG Saarlouis VerkMitt 2003, Nr. 47; VGH Kassel ESVGH 6, 146 f.; 13, 202 ff.; NJW 1966, 1624, 1625; VerkMitt 1979, 55, 56; UPR 1995, 71 f.; VGH Mannheim ESVGH 18, 213 ff.; 24, 81 f.; NJW 2016, 3798; VGH München BayVBl 1999, 594 ff.

549 S. etwa V. *Götz*, NJW 1976, 1425, 1427; M. *Hagedorn*, DÖV 1965, 186 ff.; *Hufen* § 14 Rn. 34; R. A. *Lorz*, DÖV 1993, 129; H. *Meyer*, in: Meyer/Borgs § 35 Rn. 74; N. *Niehues*, DÖV 1965, 319, 322 ff.; U. *Prutsch*, JuS 1980, 566, 571; C. *Sasse*, DÖV 1962, 321 ff.; *Schenke* Rn. 204; U. *Stelkens*, in: Stelkens/Bonk/Sachs § 35 Rn. 329 ff.; *Ule* Anh. zu § 32, III 4; G. *Zimmer*, DÖV 1980, 116, 121 f.; § 47 Rn. 108.

550 BVerwGE 59, 221, 226; vgl. auch BVerwGE 92, 32, 34; 97, 214, 220; 97, 323, 326; BVerwG NJW 2004, 698; VGH München BayVBl 1999, 594, 595.

551 Zur Anwendung dieser 3. Variante in § 35 S. 2 VwVfG auf Verkehrszeichen BVerwGE 59, 221, 225; H. *Meyer*, in: Meyer/Borgs § 35 Rn. 74; *Schenke* Rn. 203; U. *Stelkens*, in: Stelkens/Bonk/Sachs § 35 Rn. 330; vgl. bereits VGH Mannheim ESVGH 24, 81 f.

552 BVerwGE 27, 181, 183; bestätigt in BVerwGE 59, 221, 225; vgl. ferner BVerwGE 92, 32, 34; 97, 214, 220.

553 BVerwGE 59, 221, 225; vgl. auch BGHSt 20, 125, 128; VGH Kassel ESVGH 13, 202, 204.

554 VGH Mannheim NVwZ-RR 1996, 306; vgl. auch OVG Koblenz NVwZ-RR 2014, 582 ff. Die Rechtslage bei *erfolgter* Vorab-Bekanntgabe ist hingegen umstritten; vgl. OVG Münster NJW 1996, 3024 f. S. hierzu → Rn. 294.

Stellt ein privater Bauunternehmer für den Bereich einer Arbeitsstelle unbefugt ein Verkehrszeichen 297
auf, das ein Verkehrsverbot für Fahrzeuge aller Art enthält, ist dieses Handeln nicht als Maßnahme
einer *Behörde* und damit nicht als Verwaltungsakt zu qualifizieren.[555]

Bloße *Hinweisschilder*, die weder ein Gebot noch ein Verbot enthalten, sind keine Regelungen und da- 298
her keine Verwaltungsakte.[556]

36. Subventionsrecht. a) Unterscheidung von ein- und zweistufigen Verfahren. Zur Vergabe von 299
Subventionen[557] wird häufig ein sog. Bewilligungsbescheid und damit ein Verwaltungsakt erlassen.
Vielfach werden in Bezug auf Subventionen ein- und zweistufige Verfahren unterschieden. Einstufig
soll die Subventionierung erfolgen, wenn Bewilligung und Gewährung der Subvention in einem Akt
zusammenfallen und das Subventionsverhältnis damit abgeschlossen ist.[558] Die Auszahlung der nicht
zurückzuzahlenden Geldleistung und damit des „verlorenen Zuschusses" ist keine zweite Stufe der
Subventionierung, sondern die Erfüllung des Bewilligungsbescheids.[559] Erschöpft sich die Subventionierung jedoch nicht in einer einmaligen Zahlung, gehen Judikatur[560] und Schrifttum[561] zumeist von
der sog. *Zweistufenlehre* aus: Diese trennt den als Verwaltungsakt zu qualifizierenden Bewilligungsbescheid von einem privatrechtlichen Vertrag – etwa einem Darlehensvertrag – zwischen der Behörde
und dem Subventionsempfänger zur Abwicklung der Subvention. Eine gesetzliche Regelung auf der
Grundlage der Zweistufenlehre enthielt § 102 II. WoBauG (in Kraft bis 31.12.2001): Nach dessen
Abs. 1 war für Streitigkeiten, die sich „aus Anträgen auf Bewilligung öffentlicher Mittel" ergeben, der
Verwaltungsrechtsweg eröffnet; Abs. 2 dieser Vorschrift bestimmte, dass „für Streitigkeiten über Ansprüche aus den aufgrund der Bewilligung öffentlicher Mittel geschlossenen Verträgen" der ordentliche Rechtsweg gegeben ist. Die Zweistufenlehre sollte die früher ausschließlich privatrechtliche Qualifizierung von Subventionierungen überwinden sowie durch Vorschaltung eines Bewilligungsbescheids
als Verwaltungsakt zu einer öffentlich-rechtlichen Bindung der Entscheidung über die Vergabe der
Subvention und damit zu Grundrechtsschutz und verwaltungsgerichtlicher Kontrolle führen.[562]

b) Einwände gegen die Zweistufenlehre. Indem die Zweistufenlehre jedoch im Hinblick auf die Ab- 300
wicklung der Subvention an der Konstruktion eines privatrechtlichen Vertrages festhält und daher für
diesbezügliche Rechtsstreitigkeiten den Verwaltungsrechtsweg verneint, vermag sie nicht zu überzeugen. Insoweit sind ihr zunächst die im Schrifttum (s.a. → Rn. 210)[563] erhobenen, grundsätzlichen Bedenken entgegenzuhalten, die generell gegen die Lehre vom Staat als Privatrechtssubjekt bestehen.
Aber selbst bei prinzipieller Anerkennung der Möglichkeit privatrechtlichen Handelns des Staates ergeben sich gegen die Zweistufenlehre erhebliche Einwände. So lässt sich kein überzeugender Grund
dafür finden, die Subventionierung als einheitliches Lebensverhältnis in zwei Rechtsverhältnisse mit
unterschiedlichen Rechtsfolgen aufzuspalten.[564] Überdies ist die Abgrenzung zwischen der ersten und
zweiten Stufe unklar: Der Bewilligungsbescheid kann nicht „rein abstrakt" erfolgen, sondern muss inhaltliche Festlegungen treffen, welche auch in einen privatrechtlichen Vertrag aufgenommen werden

---

555 Anders jedoch BVerwGE 35, 334, 335 f.: Darin wird das Verkehrsverbot als rechtswidriger Verwaltungsakt bezeichnet und eine dagegen gerichtete Fortsetzungsfeststellungsklage als zulässig angesehen.

556 *Schenke* Rn. 204; *U. Stelkens*, in: Stelkens/Bonk/Sachs § 35 Rn. 330.

557 Zum Begriff etwa BVerfGE 17, 210, 216; BVerfG NJW 1986, 2561, 2562; OVG Münster NWVBl 1991, 14; VGH
Mannheim NJW 1978, 2050, 2051; NVwZ 1983, 552, 553; *T. Busch*, JuS 1992, 563 f.; *J. Gündisch*, NVwZ 1984,
489 f.; *H. D. Jarass*, JuS 1980, 115, 116; *Maurer* § 17 Rn. 3 ff.; *K. Stern*, JZ 1960, 518, 519 f.

558 I.d.S. BVerwG NJW 1969, 809; BGHZ 57, 130, 132 ff.; BGH NVwZ 1985, 517 f.; VGH Kassel NVwZ 1990, 879,
880; VGH Mannheim NJW 1978, 2050, 2051; *W. Bosse*, Verwaltungsvertrag, 1974, 103; *H. P. Ipsen*, Öffentliche
Subventionierung Privater, 1956, 63, 68 ff.; *M. Zuleeg*, Die Rechtsform der Subventionen, 1965, 11 m.w.N.

559 *Maurer* § 17 Rn. 29; i.E. ebenso *Schenke* Rn. 118.

560 Vgl. BVerwGE 1, 308 ff.; 7, 89, 90 f.; 7, 180 ff.; 13, 47 ff.; 13, 307 ff.; 14, 60 ff.; 14, 65, 67 f.; 35, 170, 171 f.; 41,
127, 129 ff.; 45, 13, 14; BGHZ 40, 206, 210; 52, 155, 160 ff.; 57, 130, 131; 61, 296, 299 f.; BGH NVwZ 1985,
517; 1988, 472, 473; OVG Münster NVwZ 1984, 522; OVG Saarlouis DVBl 1972, 616 f.; VGH Mannheim NJW
1978, 2050, 2051.

561 Grundlegend *H. P. Ipsen*, Öffentliche Subventionierung Privater, 1956, 62 ff.; *ders.*, VVDStRL 25 (1967), 257,
298 f.; s. ferner etwa *W. Brohm*, Strukturen der Wirtschaftsverwaltung, 1969, 181 f.; *T. Busch*, JuS 1992, 563, 564;
H. D. Jarass, JuS 1980, 115, 118; *U. Ramsauer*, in: Kopp/Ramsauer § 35 Rn. 75 f.; *Schmitt Glaeser/Horn* Rn. 46.

562 *Maurer* § 17 Rn. 13.

563 S. *J. Burmeister*, VVDStRL 52 (1993), 190, 210 ff., insbes. 218; *K. A. Schachtschneider*, Staatsunternehmen und Privatrecht, 1986, insbes. 5 ff., 253 ff., 261 ff.

564 *H. Bethge*, JR 1972, 139, 142; *M. C. Jakobs*, BayVBl 1985, 353, 357; *Maurer* § 17 Rn. 15; s.a. *T. v. Danwitz*, JuS
1995, 1, 5 zum Parallelproblem bei der Benutzung kommunaler Einrichtungen.

können, wie etwa über die Art der Auszahlung des Subventionsbetrages, die Verzinsung oder die Rückzahlung eines Darlehens.[565] Die verfehlte Konstruktion eines zweistufigen Verfahrens lässt sich vermeiden, wenn man den die Subvention bewilligenden Verwaltungsakt als Dauerrechtsverhältnis qualifiziert; Einzelheiten zur Abwicklung können diesem Verwaltungsakt durch Bedingungen oder Auflagen beigefügt werden[566] (zur selbständigen Anfechtbarkeit von Nebenbestimmungen zum Verwaltungsakt → Rn. 19 ff., 105, 119, 180, 182, 190, 195, 215, 254, 282, 319, 333). Zur Vergabe von Subventionen kommt auch der Abschluss eines öffentlich-rechtlichen Vertrages i.S.v. § 54 VwVfG zwischen der Behörde und dem Subventionsnehmer in Betracht.[567] Der öffentlich-rechtliche Vertrag spielt in der Subventionspraxis aber nur eine untergeordnete Rolle.

301   c) **Rechtsschutz gegen die Versagung einer Subvention.** Mit einer Verpflichtungsklage kann i.d.R. nicht die Verurteilung der Behörde zum Erlass des beantragten Bewilligungsbescheides, sondern nur zur Neubescheidung unter Beachtung der Rechtsauffassung des Gerichts nach § 113 Abs. 5 S. 2 i.V.m. § 114 erreicht werden; zumeist besteht nämlich lediglich ein Recht auf fehlerfreie Ermessensausübung – insbes. unter Beachtung des allgemeinen Gleichheitssatzes des Art. 3 Abs. 1 GG – bei der Entscheidung über den Subventionsantrag.[568] Nur im Ausnahmefall kann ein Anspruch auf Subventionierung gegeben sein.

302   d) **Rechtsschutz gegen Konkurrentensubventionierung.** Das BVerwG hat in einem grundlegenden Urteil vom 30.8.1968 zu Recht festgestellt, dass die Bewilligung einer Subvention „gerade auf dem gewerblichen Sektor einen begünstigenden Verwaltungsakt mit Drittwirkung zum Nachteil der Konkurrenten darstellen kann" und in dem konkreten Fall die Zulässigkeit der Anfechtungsklage eines Weinhandelsunternehmens gegen die Subventionierung von Winzergenossenschaften bejaht; die Verweisung auf die Verpflichtungsklage „mit dem Ziel, selbst an der Begünstigung beteiligt zu werden, dürfte nicht immer zum Rechtsschutz ausreichen, weil Fälle denkbar sind, in denen der Dritte den Förderungsberechtigten nicht gleichsteht, aber dessen schutzwürdige Interessen doch durch die Begünstigung einer bestimmten Gruppe geschädigt werden".[569] In diesem Fall steht dem Konkurrenten die zur Erhebung seiner Anfechtungsklage nach § 42 Abs. 2 erforderliche Klagebefugnis zu (→ Rn. 399, 447).

303   e) **Rechtsschutz gegen die Rückforderung einer Subvention.** Rechtsschutz gegen die Rückforderung einer Subvention durch Leistungsbescheid kann der betroffene Subventionsempfänger mit einer Anfechtungsklage begehren; die Behörde hat im Falle der Bewilligung der Leistung durch Verwaltungsakt das Recht, ebenfalls in der Form eines Verwaltungsakts die Rückforderung geltend zu machen.[570]

304   f) **Rechtsschutz einer Gemeinde gegen die Aufsichtsmaßnahme eines Landes.** Zur Erlangung von Rechtsschutz einer Gemeinde gegen die Aufsichtsmaßnahme eines Landes, mit der die Gemeinde zu einem bestimmten Verhalten bei der wohnungsbindungsrechtlichen Überwachung und Durchsetzung der Folgen der Bewilligung öffentlicher Mittel für den Wohnungsbau aufgefordert wird, ist eine Anfechtungsklage statthaft, wenn durch die Aufsichtsmaßnahme auf eine zur eigenverantwortlichen Wahrnehmung überlassene Tätigkeit der Gemeinde eingewirkt werden soll (→ Rn. 110).

305   **37. Tarifvertragsrecht.** Die *Allgemeinverbindlicherklärung eines Tarifvertrags* regelt in einer unbestimmten Zahl von Fällen die Rechtsverhältnisse der nicht organisierten Arbeitgeber sowie Arbeitnehmer, indem sie auch diese sog. Außenseiter den Bestimmungen des Tarifvertrags unterwirft.[571] „Mit

---

565 *D. Ehlers*, VerwArch 74 (1983), 112, 117; *W. Henke*, Recht der Wirtschaftssubventionen, 1979, 12; *Maurer* § 17 Rn. 16; vgl. auch *H. Bethge*, JR 1972, 139, 141 f.

566 Vgl. *M. Zuleeg*, Die Rechtsform der Subventionen, 1965, insbes. 61, 73 ff.; *ders.*, FS Fröhler, 1980, 275, 292 ff.

567 Dazu etwa BVerwGE 84, 236 ff.; BGH DVBl 1975, 903, 904; OVG Münster NVwZ 1984, 522 ff.; *W. Bosse*, Verwaltungsvertrag, 1974, 104 f.; *D. Ehlers*, VerwArch 74 (1983), 112, 122 ff.; *H.-J. Friehe*, DÖV 1980, 673 ff.; *W. Henke*, Recht der Wirtschaftssubventionen, 1979, 20 ff.; *ders.*, DVBl 1984, 845 f.; *M. C. Jakobs*, BayVBl 1985, 353, 358; *A. Knuth*, JuS 1986, 523 ff.; *Maurer* § 17 Rn. 26; *C.-F. Menger*, VerwArch 69 (1978), 93 ff.

568 Vgl. BVerfGE 17, 210, 216 f.; BVerwGE 45, 13, 14; 58, 45, 47; *T. Busch*, JuS 1992, 563, 564 f.

569 So BVerwGE 30, 191, 197 m. – dem Ergebnis zwar zust., in Bezug auf die Begründung aber teilweise abl. – Anm. *K. H. Friauf*, DVBl 1969, 368 ff.; *R. Scholz*, NJW 1969, 1044 f.; *P. Selmer*, NJW 1969, 1266 f.

570 Vgl. BVerwGE 13, 307 ff.; 20, 295, 297 f.; 35, 170, 171; BVerwG NJW 1977, 1838 f.; DVBl 1983, 810 f. m. zust. Anm. *G. Thoenes*, DVBl 1983, 812 ff. und krit. Anm. *M. Meinecke*, DVBl 1984, 725 f.; OVG Lüneburg NVwZ 1985, 120; OVG Münster DVBl 1991, 1365; VGH Mannheim NVwZ 1985, 916; NVwZ 1998, 87; *T. Busch*, JuS 1992, 563, 566.

571 Vgl. BVerfGE 44, 322, 340 ff.; 55, 7, 24; 64, 208, 215; BVerwGE 80, 355, 364; OVG Münster OVGE 29, 96, 97.

ihr nimmt der Staat die Rechtsregeln, die die Tarifvertragsparteien für ihre Mitglieder durch Vertrag geschaffen haben, in seinen Willen auf und dehnt die Verbindlichkeit dieser Regeln auf Personen aus, die bisher vom Tarifvertrag nicht erfaßt wurden" (BVerwGE 80, 355, 357 im Anschluss an BVerfGE 44, 322, 341). Wegen ihres abstrakt-generellen Charakters ist die Allgemeinverbindlicherklärung kein anfechtbarer Verwaltungsakt, sondern eine Rechtsnorm.[572] Auch im Falle der Ablehnung des nach § 5 TVG a.F. von einer Tarifvertragspartei[573] gestellten Antrags auf Allgemeinverbindlicherklärung wurde gegenüber dieser Tarifvertragspartei kein Verwaltungsakt erlassen; das mit dem Antrag eingeleitete Verfahren hatte nämlich die Ausübung von Rechtsetzungsbefugnissen zum Ziel und damit eine andere Entscheidung als die Erweiterung oder Feststellung von Rechten der antragstellenden Tarifvertragspartei (BVerwGE 80, 355, 364 f.; s.a. BVerwGE 7, 188; OVG Münster OVGE 29, 96 ff.). Für einen Rechtsstreit um die Allgemeinverbindlicherklärung eines Tarifvertrags ist nicht die Zuständigkeit der Arbeitsgerichte nach den §§ 2 und 2a ArbGG, sondern der Verwaltungsrechtsweg gem. § 40 Abs. 1 VwGO gegeben.[574] Als Rechtsnorm im Rang unter einem förmlichen Landesgesetz (BVerwGE 80, 355, 358) ist die Allgemeinverbindlicherklärung eines Tarifvertrags im Normenkontrollverfahren nach § 47 Abs. 1 Nr. 2 überprüfbar (→ § 47 Rn. 46). Zur Durchsetzung eines *Anspruchs auf Normerlass* steht nicht die allgemeine Leistungsklage, sondern nur die Feststellungsklage nach § 43 zur Verfügung[575] (zur sog. Normerlassklage → Rn. 46 ff.; → § 47 Rn. 68 ff.).

38. Telekommunikationsrecht. Die *Genehmigung von Leistungsentgelten* durch die Bundesnetzagentur (ehemals Regulierungsbehörde für Telekommunikation und Post) erfolgt gem. § 132 Abs. 1 S. 2 TKG durch Verwaltungsakt. Eine solche Genehmigung eines bestimmten Entgelts enthält aber nicht ohne Weiteres auch einen *feststellenden* Verwaltungsakt hinsichtlich der *Genehmigungspflicht* des betreffenden Entgelts, wenn weder der Wortlaut der behördlichen Äußerung den Willen zu einer verbindlichen Feststellung erkennen lässt noch das Gesetz (TKG) eine derartige Feststellung durch die Regulierungsbehörde vorsieht (vgl. BVerwG NVwZ 2004, 233, 234). 306

38a. Umweltrecht. Die Erklärung, ein Grundstück werde aus dem bayerischen *Altlastenkataster* entlassen, beinhaltet keine auf unmittelbare Rechtswirkung nach außen gerichtete Regelung und ist daher kein Verwaltungsakt (VGH München DVBl 2016, 1336 f.). Bei dem Kataster handelt es sich um eine ausschließlich behördeninterne Arbeitshilfe, weshalb den darin enthaltenen Eintragungen keine verbindliche Außenwirkung zukommt; auch die Herausnahme eines Grundstücks aus dem Register entfaltet keine konstitutive Wirkung dahingehend, dass damit das Nicht- oder Nicht-mehr-Vorhandensein einer Altlast auf dem Grundstück verbindlich festgestellt würde (VGH München BayVBl 2013, 177 ff.; vgl. dazu auch BVerwGE 126, 1 ff.). Die Feststellung, dass für ein bestimmtes Grundstück kein Altlastenverdacht mehr besteht, hat dagegen den Rechtscharakter einer Regelung und ist damit ein anfechtbarer Verwaltungsakt (VGH München DVBl 2016, 1336). 306a

39. Vereinsrecht. Eine auf § 14 Abs. 1 und § 3 VereinsG gestützte Verbotsverfügung, die eine angebliche Teilorganisation des verbotenen Vereins i.S.v. § 3 Abs. 3 VereinsG als mitverbotene Gliederung nennt, stellt auch dieser gegenüber einen Verwaltungsakt dar; die in der Verfügung genannte Teilorganisation kann gegen ihre Einbeziehung in das Verbot Anfechtungsklage erheben mit der Begründung, sie sei keine Gliederung des verbotenen Vereins und daher in ihrer Vereinsfreiheit nach Art. 9 Abs. 1 GG und § 1 Abs. 1 VereinsG verletzt.[576] 307

40. Vermessungsrecht. Ein *Veränderungsnachweis der Katasterbehörde*, der eine bindende Voraussetzung für eine gestaltende Änderung der Rechtslage ist, die durch die Eintragung in das Grundbuch vollzogen wird, lässt sich als feststellender Verwaltungsakt[577] charakterisieren, welcher mit der An- 308

---

572 BVerwGE 7, 82 ff.; 7, 188; 80, 355, 357 und 363 f.; OVG Münster OVGE 29, 96 ff. A.M. *U. Ramsauer*, in: Kopp/ Ramsauer § 35 Rn. 130.
573 Nach § 5 TVG n.F. erfolgt die Allgemeinverbindlicherklärung auf *gemeinsamen* Antrag der Tarifvertragsparteien.
574 Vgl. BVerwGE 80, 355, 359 in Bezug auf die Geltendmachung eines *Anspruchs* auf Allgemeinverbindlicherklärung eines Tarifvertrags.
575 Zur Allgemeinverbindlicherklärung eines Tarifvertrags BVerwGE 80, 355, 365 f.
576 BVerwG NJW 1989, 996; ferner BVerwG NVwZ 1995, 590; NVwZ 1995, 595. Zur Anfechtbarkeit von Vereinsverboten auch BVerwG DÖV 1984, 940; NJW 1995, 2505; VGH Mannheim JZ 1971, 457 f.; NJW 1990, 61 sowie → Rn. 460, 475.
577 Zum Begriff und zur Abgrenzung von anderen Arten des Verwaltungsakts *Schwerdtfeger/Schwerdtfeger* Rn. 31.

fechtungsklage angegriffen werden kann (BVerwG NJW 1966, 609 f.). Ebenfalls ein feststellender Verwaltungsakt ist die *Mitteilung* des Vermessungsamtes an die beteiligten Grundstückseigentümer *über* das Ergebnis einer *Nachmessung*, dass die Grenzen richtig abgemarkt sind; gegen diese verbindliche Feststellung der Grundstücksgrenzen kann sich ein betroffener Grundstückseigentümer mit der Anfechtungsklage zur Wehr setzen (VGH Mannheim ESVGH 16, 142 ff.). Nach einem Urteil des OVG Münster (VerwRspr 23, 761 f.) ist eine Verpflichtungsklage auf *Versetzung eines Grenzsteins* statthaft, weil der Grenzstein „als Maßnahme einer Vermarkung die örtliche Festlegung der durch vorausgehende Vermessung ermittelten Grenze benachbarter Grundstücke zum Zwecke ihrer Übernahme in das Liegenschaftskataster" kennzeichnet. Die Ausweisung der tatsächlichen *Nutzungsart* von Grundstücken im Liegenschaftskataster ist nicht auf unmittelbare Rechtswirkung nach außen gerichtet und daher kein Verwaltungsakt (OVG Berlin-Brandenburg 13.12.2017 – OVG 12 N 26.17, juris Rn. 5). Die *Auflösung von Zweigstellen des Vermessungsamtes* einer Stadt auf deren Antrag hin stellt gegenüber anderen Kommunen, in deren Gebiet sich diese Zweigstellen befanden, keinen anfechtbaren Verwaltungsakt dar; das Selbstverwaltungsrecht dieser Kommunen bleibt nämlich durch die genannte behördenorganisatorische Maßnahme unberührt (VG Sigmaringen BaWüVBl 1969, 78). Fachaufsichtliche Maßnahmen (z.B. Weisungen) des Landesvermessungsamts gegenüber einem *Öffentlich bestellten Vermessungsingenieur*[578] stellen Verwaltungsakte dar, soweit sie den Adressaten nicht nur innerdienstlich in seiner Eigenschaft als beliehenen Amtsträger, sondern auch in seiner persönlichen Rechtsstellung berühren und damit Außenwirkung entfalten (OVG Koblenz NVwZ-RR 1993, 23; VGH Kassel 21.3.1989 – 11 UE 795/86, juris Rn. 42).

309   **41. Verwaltungsvollstreckungsrecht. a) Vollstreckungsanordnung.** Die Vollstreckungsanordnung nach § 3 VwVG ist kein anfechtbarer Verwaltungsakt, sondern lediglich ein behördeninterner Auftragsakt.[579] Durch die Vollstreckungsanordnung soll nur sichergestellt werden, dass vor Einleitung von Vollsteckungsmaßnahmen die Vorgänge dem Leiter der Vollstreckungsbehörde zur Überprüfung der formellen und materiellen Voraussetzungen der Vollstreckung vorgelegt werden; sofern die Vollstreckungsanordnung dem Betroffenen bekannt gegeben wird, handelt es sich um eine Mitteilung, aufgrund derer der Betroffene mit bestimmten Vollstreckungsmaßnahmen rechnen muss (BVerwG BaWüVBl 1961, 61, 62 f.; DVBl 1961, 134). Einwendungen gegen einen bestandskräftigen, zu vollstreckenden Verwaltungsakt sind ggf. nach erfolglosem Verwaltungsverfahren mit einer Verpflichtungsklage geltend zu machen, die darauf gerichtet ist, die Vollstreckung für unzulässig zu erklären (OVG Koblenz NVwZ-RR 2012, 15 f.).

310   **b) Mahnung.** Auch eine Mahnung bzw. Zahlungsaufforderung, die nach dem einschlägigen Vollstreckungsrecht (etwa § 3 Abs. 3 VwVG) lediglich eine besondere Voraussetzung für den Beginn der Vollstreckung ist, stellt keinen anfechtbaren Verwaltungsakt dar.[580]

311   **c) Sachpfändung.** Die Vollstreckung in das bewegliche Vermögen durch Sachpfändung nach § 5 Abs. 1 VwVG i.V.m. § 281 Abs. 1 AO ist hingegen ein Verwaltungsakt, gegen den sich der Betroffene mit der Anfechtungsklage zur Wehr setzen kann.[581]

312   **d) Androhung eines Zwangsmittels.** Ob die – etwa gem. § 13 Abs. 1 VwVG erforderliche – Androhung eines Zwangsmittels als Verwaltungsakt mit der Anfechtungsklage angegriffen werden kann, bestimmt sich einem Leitsatz zu einem Urteil des BVerwG aus dem Jahr 1988 zufolge „danach, wie diese Vollziehungsmaßnahme nach dem jeweils anzuwendenden Verwaltungsvollstreckungsrecht ausgestaltet ist, insbes., ob ihr die Bedeutung einer eigenständigen rechtlichen Regelung beigemessen ist" (BVerwG DVBl 1989, 362).[582] Der Verwaltungsaktcharakter der Androhung eines Zwangsmittels

---

578   Zu diesem Berufsstand *H. Sodan*, Freier Beruf und Berufsfreiheit, 1988, 14 ff.; *ders.*, ThürVBl 1997, 249 ff.
579   BVerwG BaWüVBl 1961, 61, 62 f.; DVBl 1961, 134 f.; BSG NJW 1987, 1846, 1847.
580   Vgl. BSG 7.6.1999 – B 7 AL 264/98 B, juris Rn. 7; 5.8.1997 – 11 BAr 95/97, juris Rn. 6; LSG Stuttgart 3.11.1998 – L 13 AL 1550/98, juris Rn. 16; OVG Koblenz NJW 1982, 2276, 2277.
581   Vgl. BVerwG NJW 1978, 335 m. abl. Anm. *H. H. Rupp*; OVG Bremen NJW 1986, 2131; bereits BVerwG DVBl 1961, 134, 135.
582   Ausf. *H.-D. Lemke*, in: Fehling/Kastner/Störmer § 13 VwVG Rn. 31, zur aufschiebenden Wirkung von Rechtsbehelfen Rn. 38.

wurde in der Rspr. häufig[583] bejaht. Selbst im Falle der Verneinung der Verwaltungsaktqualität ist die Androhung in Anwendung von § 18 Abs. 1 S. 1 VwVG selbständig anfechtbar: Diese Vorschrift bestimmt, dass gegen die Androhung eines Zwangsmittels diejenigen Rechtsmittel gegeben sind, die gegen den Verwaltungsakt zulässig sind, dessen Durchsetzung erzwungen werden soll.[584]

e) Festsetzung eines Zwangsmittels. Die Festsetzung eines Zwangsmittels ist zweifelsfrei ein anfecht-   313
barer Verwaltungsakt.[585] Nach Auffassung des VGH Mannheim soll sie jedoch bei besonderer Dringlichkeit auch in anderer Form erfolgen können (VBlBW 1996, 214, 215).

f) Anwendung von Zwangsmitteln. Auch in der Anwendung von Zwangsmitteln sahen Gerichte Ver-   314
waltungsakte: nämlich etwa in polizeilichen Maßnahmen (→ Rn. 246) wie der Anwendung unmittelbaren Zwangs zur Räumung einer Straße[586] oder zur Identitätsfeststellung (VGH München BayVBl 1993, 429, 430) und in der von einer Kommunalaufsichtsbehörde im Wege der Ersatzvornahme durchgesetzten Auflösung einer Schule (OVG Münster DVBl 1989, 1272; → Rn. 114, 259). Bei Verzicht auf die umstr. Konstruktion einer zeitgleichen konkludenten Duldungsverfügung handelt es sich jedoch zumindest bei der Anwendung unmittelbaren Zwangs um einen bloßen *Realakt* (VG Weimar NVwZ-RR 2000, 478; → Rn. 246).

41a. Waffenrecht. Die waffenrechtliche Einstufung eines Gegenstandes nach § 2 Abs. 5 WaffG stellt   314a
eine anfechtbare Allgemeinverfügung i.S.d. § 35 S. 2 Var. 2 VwVfG dar; mit ihr legt das Bundeskriminalamt die Eigenschaft einer konkreten Sache für den gesamten Geltungsbereich des WaffG verbindlich fest (VG Wiesbaden NVwZ-RR 2015, 892, 893).

42. Wasserrecht. a) Gemeingebrauch an einem Gewässer. Ist die Regelung des Gemeingebrauchs an   315
einem Gewässer für Wasserskifahren durch eine Rechtsnorm erfolgt, scheidet eine Anfechtungsklage wegen Fehlens eines angreifbaren Verwaltungsakts aus; zur Rechtsschutzerlangung kommt jedoch die Einleitung eines Normenkontrollverfahrens nach § 47 oder die Erhebung einer Klage nach § 43 auf gerichtliche Feststellung in Betracht, dass der Kläger zum Wasserskifahren auf einer bestimmten Strecke berechtigt ist (BVerwGE 26, 251 ff.).

b) Wasserschutzgebiet. Die Festsetzung von Wasserschutzgebieten erfolgt gem. § 51 Abs. 1 S. 1 WHG   316
durch Rechtsverordnung. Schon nach der Rspr. des BVerwG aus der Zeit vor dem Erlass des VwVfG hat die Festsetzung eines Wasserschutzgebiets „ihrem Wesen nach als Rechtsnorm zu ergehen, [...] weil sie sich an eine unbestimmte Vielzahl von Personen wendet, die im Augenblick des Erlasses dieser Anordnung nicht feststeht, und weil diese Anordnung eine allgemeingültige Regelung trifft".[587] Das BVerwG hat jedoch wegen der Maßgeblichkeit der tatsächlichen Rechtsnatur eines behördlichen Handelns für die Statthaftigkeit einer Verfahrensart die Zulässigkeit einer Anfechtungsklage gegen die Anordnung eines Wasserschutzgebiets bejaht, welche entgegen der genannten Judikatur in der Form eines Verwaltungsakts ergangen war; eine Umdeutung der als Verwaltungsakt ausgestalteten und in dieser Form bekannt gemachten Anordnung in eine Rechtsnorm hat es ausgeschlossen (BVerwGE 18, 1 ff.; → s.a. Rn. 18). Nach Inkrafttreten des § 35 S. 2 VwVfG wurde jedoch die Auffassung vertreten, die Festsetzung eines Wasserschutzgebiets nach § 19 WHG a.F. sei als Verwaltungsakt in der Form einer Allgemeinverfügung zu qualifizieren, weil diese Anordnung die Benutzung des Gewässers durch die Allgemeinheit betreffe.[588] Die §§ 51 und 52 WHG n.F. klären diese Frage und schreiben nunmehr ausdrücklich die Festsetzung von Wasserschutzgebieten durch Rechtsverordnung vor.

---

583 S. etwa BVerwG DVBl 1989, 362 f.; DVBl 1998, 230; OVG Koblenz AS 15, 239, 241; OVG Schleswig NVwZ-RR 1996, 200, 201; VGH Kassel GewArch 1983, 267 ff.; NVwZ-RR 1995, 118; VGH München BayVBl 1970, 333 f.; 1982, 54 f.; 1983, 276; vgl. auch OVG Berlin OVGE Bln 10, 87, 88. A.M. OVG Koblenz AS 13, 443, 446 zur Androhung eines polizeilichen Zwangsgeldes.

584 Unter Hinweis auf diese Vorschrift lässt *Maurer* § 20 Rn. 24 die Frage, ob die Androhung Verwaltungsakt ist oder nicht, dahingestellt; diese sei „jedenfalls im Blick auf den Rechtsschutz wie ein Verwaltungsakt zu behandeln".

585 BVerwGE 7, 17, 24; 49, 169, 170 f.; BVerwG DVBl 1998, 230 f.; OVG Koblenz AS 13, 443, 445 f.; DVBl 1984, 1185; NVwZ 1986, 762; VGH Kassel NVwZ-RR 1995, 118.

586 BVerwGE 26, 161, 164.

587 So BVerwGE 18, 1, 3 (krit. dazu *C.-F. Menger*, VerwArch 55 [1964], 376, 382 ff.); ferner BVerwGE 29, 207 ff. und VGH München BayVBl 1967, 241 LS 2, der allerdings – anders als BVerwGE 29, 207, 208 f. – Anordnungen für ein Wasserschutzgebiet insofern als Verwaltungsakte qualifiziert hat, als „sie sich sinnvoll an die Eigentümer und Nutzungsberechtigten der Grundstücke des Gebiets richten" (vgl. § 19 Abs. 2 Nr. 2 WHG a.F.).

588 Vgl. *V. Götz*, NJW 1976, 1425, 1427; *H.-G. Henneke*, in: Knack/Henneke § 35 Rn. 206.

317 **c) Wasserbuch.** Der Anspruch auf Eintragung von Rechten in das Wasserbuch gem. § 21 Abs. 1 und § 87 Abs. 2 Nr. 1 WHG n.F. (§ 16 Abs. 1 und § 37 Abs. 2 Nr. 1 WHG a.F.) kann nach einer Entscheidung des BVerwG mit der Verpflichtungsklage verfolgt werden; das Gericht sah in der Eintragung einen beurkundenden Verwaltungsakt (BVerwGE 37, 103 f.), obwohl – wie mittlerweile in § 87 Abs. 4 WHG n.F. normiert – die Eintragung keine rechtsbegründende oder -ändernde Wirkung hat.

318 **d) Wasserverband.** Verfügungen der Organe eines als öffentlich-rechtliche Körperschaft errichteten Wasserverbandes sind anfechtbare Verwaltungsakte (BVerwGE 7, 17, 23 f.). Das BVerwG hat entschieden, dass die Änderung des nicht in die Satzung aufgenommenen Planes eines Wasserverbandes keine Rechtsetzung, sondern einen Verwaltungsakt darstellt (BVerwGE 18, 318 ff.).

319 **e) Nebenbestimmungen in einer wasserrechtlichen Erlaubnis.** Auflagen, die in einer wasserrechtlichen Erlaubnis den Heimfall von wasserbau- und elektrotechnischen Anlagen an den Staat teilweise unentgeltlich sowie teilweise gegen eine unterwertige Ablösungssumme ermöglichen und damit Verpflichtungen des Erlaubnisnehmers festlegen, können selbständig angefochten werden[589] (zur selbständigen Anfechtbarkeit von – nunmehr gem. § 13 Abs. 1 WHG n.F. bei Bewilligung und Erlaubnis generell möglichen – Nebenbestimmungen zum Verwaltungsakt → Rn. 19 ff., 105, 119, 180, 182, 190, 195, 215, 254, 282, 333).

320 **f) Abwasserbeitrag.** Zur Geltendmachung des Anspruchs auf Erlass eines kommunalen Abwasserbeitrags für die Verwirklichung eines Bauvorhabens wegen Unbilligkeit im Einzelfall ist die Verpflichtungsklage statthaft, weil mit dem Erlass ein begünstigender Verwaltungsakt erstrebt wird, der gegenüber der Beitragsfestsetzung selbständig ist (VGH Mannheim NVwZ-RR 1994, 362, 363).

321 **g) Bestimmung der Zuständigkeit einer Wasserbehörde.** Eine durch Bestimmung der Zuständigkeit einer Wasserbehörde durch die nächsthöhere Behörde getroffene Auswahl unter mehreren örtlich zuständigen nachgeordneten Behörden ist als innerdienstlicher Vorgang nicht auf unmittelbare Rechtswirkung nach außen gerichtet und daher kein anfechtbarer Verwaltungsakt (BVerwGE 21, 352 f.).

322 **43. Wehrrecht. a) Heranziehung von Wehrpflichtigen.** Aufgrund der durch das Wehrrechtsänderungsgesetz 2011 vom 28.4.2011 (BGBl I 678) mit Wirkung zum 1.7.2011 erfolgten *Aussetzung der Wehrpflicht* gelten die §§ 3–53 WPflG nur noch im Spannungs- oder Verteidigungsfall (§ 2 WPflG). Zu verwaltungsprozessualen Fragen, welche sich im Hinblick auf die früher anzuwendenden Regelungen der Heranziehung von Wehrpflichtigen stellten, wird auf die 3. Aufl. (2010) verwiesen (s. dort Rn. 322–325 und 343).

323 **b) Freiwilliger Wehrdienst.** Gem. § 58 b S. 1 SG können sich Frauen und Männer verpflichten, freiwilligen Wehrdienst als besonderes staatsbürgerliches Engagement zu leisten. Wendet sich ein Bewerber gegen einen *Ausmusterungsbescheid*, der seine Wehrdienstunfähigkeit verbindlich feststellt, ist die Anfechtungsklage statthaft. Er ist klagebefugt, wenn er weiterhin zum Wehrdienst herangezogen werden will; insoweit kann auf die Rspr. des BVerwG zu der bisherigen, die Ausmusterung von Wehrpflichtigen betreffenden Rechtslage zurückgegriffen werden, wonach die nach § 42 Abs. 2 erforderliche Klagebefugnis sich aus der Möglichkeit einer Verletzung des in Art. 2 Abs. 1 GG gewährleisteten Rechts auf freie Entfaltung der Persönlichkeit ergab, weil der Ausmusterungsbescheid dem Betroffenen die Aussicht nehme, „die Erfüllung der im Wehrdienst liegenden staatsbürgerlichen Pflicht zur eigenen persönlichen Aufgabe zu machen" (BVerwGE 58, 37 ff.).

324 nicht besetzt

325 **c) Anerkennung als Kriegsdienstverweigerer.** Die Anerkennung als Kriegsdienstverweigerer hat wegen der Aussetzung der Wehrpflicht zur Zeit nur für Berufs- und Zeitsoldaten praktische Bedeutung (zu deren Rechtsschutzbedürfnis → Rn. 358). Das BVerwG hat 1962 (BVerwGE 14, 151 f.) entschieden, das Recht auf Anerkennung als Kriegsdienstverweigerer gem. Art. 4 Abs. 3 GG i.V.m. § 25 WpflG a.F. könne nur im Wege der Anfechtungsklage verfolgt werden, und zur Begründung auf § 113 Abs. 2 VwGO a.F. (vom 21.1.1960 [BGBl I 17, 30]) hingewiesen. Nach dieser Vorschrift konnte das Gericht für den Fall, dass der angefochtene Verwaltungsakt eine Feststellung betraf, diese Feststellung durch eine andere ersetzen. In seiner späteren Judikatur stellte das BVerwG klar, dass für eine isolierte An-

---

589 BVerwGE 36, 145, 153 f.

fechtung der behördlichen Ablehnung des Antrags auf Anerkennung als Kriegsdienstverweigerer das Rechtsschutzbedürfnis fehle; gegen den abschlägigen Bescheid bestehe „nur die Möglichkeit der Anfechtungsklage in Verbindung mit dem Begehren auf Feststellung der Berechtigung zur Verweigerung des Kriegsdienstes aus Gewissensgründen"[590] (zum Problem der Zulässigkeit einer „isolierten" Anfechtungsklage → Rn. 125 a ff., 148, 251, 270, 337 ff.). Nach der Rspr. des BVerwG waren die Verwaltungsgerichte aufgrund der Regelung in § 113 Abs. 2 a.F. „nicht nur befugt, sondern im Hinblick auf den das Recht der Kriegsdienstverweigerung beherrschenden Grundsatz der Beschleunigung des Anerkennungsverfahrens dann auch verpflichtet, die Berechtigung des Wehrpflichtigen, den Kriegsdienst mit der Waffe aus Gewissensgründen zu verweigern, selbst festzustellen; damit erübrigte sich eine Verpflichtung der Bundesrepublik Deutschland, ihrerseits – in Ausführung der Entscheidung des Verwaltungsgerichts – die Berechtigung des Wehrpflichtigen festzustellen" (BVerwGE 90, 265, 267). Dieser Judikatur hat jedoch das Vierte Gesetz zur Änderung der VwGO vom 17.12.1990 durch eine Neufassung des § 113 Abs. 2 (s. Art. 1 Nr. 23 a dieses Gesetzes [BGBl 1990 I 2809, 2813]) die Grundlage entzogen: Der Wortlaut des nunmehr geltenden § 113 Abs. 2 S. 1 lässt eindeutig erkennen, dass das Gericht die Befugnis zur Ersetzung der Feststellung im Verwaltungsakt durch eine andere nur noch hat, wenn die Feststellung auf einen *Geldbetrag* bezogen ist; für eine sonstige Feststellung anstelle der Verwaltungsbehörde fehlt nunmehr dem Gericht die – wegen einer Durchbrechung des in Art. 20 Abs. 2 S. 2 und Abs. 3 GG verankerten Grundsatzes der Teilung der Staatsgewalt erforderliche – Ermächtigung (BVerwGE 90, 265, 268 ff.). Nach der Neufassung des § 113 Abs. 2 ist für das Begehren eines Wehrpflichtigen, gem. Art. 4 Abs. 3 S. 1 GG i.V.m. § 1 KDVG als Kriegsdienstverweigerer anerkannt zu werden, die Verpflichtungsklage die richtige Verfahrensart, welche die Anfechtung der den Antrag ablehnenden Verwaltungsentscheidung umfasst (→ Rn. 32) und eine allgemeine Feststellungsklage nach § 43 Abs. 2 S. 1 ausschließt (BVerwGE 90, 265, 270 f.).

d) Widerspruch des Personalgutachterausschusses für die Streitkräfte. Einen Widerspruch des Perso- 326 nalgutachterausschusses für die Streitkräfte gegen den Übertritt eines Vollzugsbeamten des Bundesgrenzschutzes in das Dienstverhältnis eines Berufssoldaten hat das BVerwG (NJW 1961, 1321) als anfechtbaren Verwaltungsakt qualifiziert.

nicht besetzt 327

e) Entziehung des Sicherheitsbescheides. Die Entziehung des Sicherheitsbescheides, der die Feststel- 328 lung beinhaltet, dass der überprüften Person die Ermächtigung zum Zugang zu bzw. zum Umgang mit Verschlusssachen des entsprechenden Geheimhaltungsgrades erteilt werden kann, ist für einen davon betroffenen, beim Bundesnachrichtendienst tätigen Soldaten nach einem Urteil des BVerwG kein anfechtbarer Verwaltungsakt, sondern nach ihrem objektiven Sinngehalt eine ausschließlich innerdienstliche Organisationsmaßnahme (BVerwGE 81, 258 ff.; vgl. auch → Rn. 156). Das BVerwG hat jedoch zur Geltendmachung der Rechtswidrigkeit dieser Maßnahme eine Feststellungsklage nach § 43 als zulässig bezeichnet, ohne freilich die in Betracht kommende allgemeine Leistungsklage erwogen zu haben.[591]

f) Leistungsbescheide zur Geltendmachung von Schadensersatzansprüchen. Leistungsbescheide zur 329 Geltendmachung von Schadensersatzansprüchen des Bundes gegen Soldaten aufgrund von Dienstpflichtverletzungen können als belastende Verwaltungsakte von den betroffenen Soldaten jeweils mit der Anfechtungsklage angegriffen werden (BVerwGE 18, 283, 284; vgl. auch BVerwGE 21, 270 ff.; 27, 245 ff.).

g) Bezeichnung eines Verteidigungsvorhabens. In Bezug auf die Rechtsnatur der Bezeichnung eines 330 Verteidigungsvorhabens durch den Bundesminister der Verteidigung nach § 1 Abs. 3 LBG hat das BVerwG differenziert: Die Bezeichnung sei wegen eines unmittelbaren Eingriffs in die Planungshoheit der betroffenen Gemeinden diesen gegenüber ein anfechtbarer Verwaltungsakt.[592] Im Verhältnis zu den betroffenen Grundeigentümern stelle die Bezeichnung hingegen keinen Verwaltungsakt dar, weil

---

590 BVerwGE 78, 93 ff.; s.a. BVerwGE 65, 287, 288 ff.; 69, 90, 91 f.; BVerwG NVwZ 1989, 756 f.
591 Mit der Verneinung der Möglichkeit eines Antrags „auf Verpflichtung der Beklagten zur erneuten Entscheidung nach einer nochmaligen Sicherheitsüberprüfung unter Berücksichtigung der Rechtsauffassung des Gerichts" (BVerwGE 81, 258, 263) hat das BVerwG offenbar nur die Verpflichtungsklage gemeint.
592 BVerwGE 74, 124 ff.; vgl. auch BVerwGE 112, 274 ff.; OVG Frankfurt/O. NuR 1999, 587, 588.

sie eine interne militärische Planung abschließe und nicht auf unmittelbare Rechtswirkung nach außen gerichtet sei; in die Rechtsstellung des einzelnen Grundeigentümers werde erst durch die Enteignung und die vorläufige Besitzeinweisung eingegriffen.[593] Das BVerwG räumte in einem späteren Urteil (DVBl 1989, 1051, 1052) ein, es lasse sich auch die Auffassung vertreten, dass die Bezeichnung „alle von der sachenrechtlichen Regelung Betroffenen" erfasse, und wies auf folgende „Rechtsschutzdefizite" der gesetzlichen Regelung hin: „Wäre die Bezeichnung auch im Verhältnis zu den betroffenen Bürgern als Verwaltungsakt anzusehen, so könnten diese nämlich nicht nur den Zeitpunkt für ihr Rechtsschutzbegehren verläßlich bestimmen, sondern insbes. auch Ziel und Inhalt ihres rechtlichen Vorgehens an diesem Verwaltungsakt ausrichten. Diese Vorteile einer Anfechtungsklage bietet die andernfalls in Betracht kommende Unterlassungsklage nicht oder jedenfalls nicht annähernd in diesem Maße." Folgerichtig sah das OVG Berlin (LKV 2006, 317 f.) in der Entscheidung des Bundesministeriums der Verteidigung, den *Truppenübungsplatz* Wittstock militärisch zu nutzen, einen Verwaltungsakt mit Regelungswirkung auch gegenüber betroffenen Eigentümern von Nachbargrundstücken. Denn i.R. der planerischen Entscheidung sind auch die Belange privater Dritter, die sich insbes. im Immissionsschutzrecht zu einklagbaren Rechten verdichten, zu berücksichtigen. Kein anfechtbarer Verwaltungsakt ist die der Bezeichnung des Verteidigungsvorhabens vorausgehende *Stellungnahme der Landesregierung* nach § 1 Abs. 2 LBG; diese Stellungnahme ist „nur die Kundgabe von Informationen und Meinungen, nicht jedoch eine verbindliche und der Bestandskraft fähige Regelung konkreter Rechtsbeziehungen".[594]

331   **h) Schutzbereichanordnung.** Eine Schutzbereichanordnung nach § 2 SchBG ist keine Rechtsverordnung, sondern ein anfechtbarer Verwaltungsakt in der Form der Allgemeinverfügung i.S.v. § 35 S. 2 VwVfG; sie „legt eine öffentlich-rechtliche Eigenschaft des von ihr erfaßten Geländes fest und regelt dadurch öffentlich-sachenrechtlich seine Benutzbarkeit in ähnlicher Weise, wie das etwa durch die Widmung eines öffentlichen Weges geschieht".[595]

332   **44. Wohnungs(bau)recht. a) Wohnungsbauförderung.** Auf der Grundlage der sog. Zweistufenlehre (→ Rn. 299 f.) hat das BVerwG Bescheide über die *Bewilligung öffentlicher Mittel* für den Wohnungsbau (BVerwGE 1, 308 ff.) und über den Antrag auf *Herabsetzung der Zinsen* eines öffentlichen Wohnungsbaudarlehens[596] jeweils als Verwaltungsakte qualifiziert. Gegen die einer Gemeinde gegenüber getroffene Aufsichtsmaßnahme eines Landes, die zu einem bestimmten Verhalten bei der wohnungsbindungsrechtlichen Überwachung und Durchsetzung der Folgen der Bewilligung öffentlicher Mittel für den Wohnungsbau auffordert, kann die Gemeinde Anfechtungsklage erheben, wenn durch die Aufsichtsmaßnahme auf eine ihr zur eigenverantwortlichen Wahrnehmung überlassene Tätigkeit eingewirkt werden soll (→ Rn. 110).

333   **b) Zweckentfremdung von Wohnraum.** Die *Genehmigung* der Zweckentfremdung von Wohnraum ist nach der Rspr. des BVerwG „kein Verwaltungsakt mit Doppelwirkung, der nicht nur den Vermieter begünstigt, sondern zugleich auch den Mieter belastet und deshalb nicht erteilt werden kann, ohne unmittelbar und zwangsläufig in Rechte des Mieters einzugreifen"; insbes. stellt sie keinen „privatrechtsgestaltenden" Verwaltungsakt (zu diesem Begriff → Rn. 139) dar, weil sie keinen Kündigungsgrund gegenüber dem Mieter schafft[597] (zum Fehlen der Klagebefugnis eines Mieters für eine Anfechtungsklage gegen die Genehmigung → Rn. 454). Die selbständige Anfechtbarkeit der einer Zweckentfremdungsgenehmigung hinzugefügten *Zahlungsauflage* durch den die Genehmigung Beantragenden hat das BVerwG in einem Urteil aus dem Jahr 1977 (BVerwGE 55, 135 ff.) mit dem Argument verneint, der begünstigende Teil des Bescheides sowie die ihm hinzugefügte Auflage beruhten auf einer einheitlichen Ermessensentscheidung und könnten daher nur einheitlich i.R.d. § 114 überprüft wer-

---

593 BVerwG DVBl 1983, 345 f. Für die *einheitliche* Qualifizierung der Bezeichnung als Verwaltungsakt, auch soweit sie Grundeigentümer betrifft, sprechen sich hingegen aus: *H. Geiger,* BayVBl 1987, 106, 107 ff.; *S. Langer,* DÖV 1987, 418, 422; *H.-W. Laubinger,* VerwArch 77 (1986), 421, 428 ff.

594 BVerwG RdL 1986, 272 f.; i.E. ebenso *H. Geiger,* BayVBl 1987, 106.

595 BVerwGE 70, 77 ff. unter Aufgabe der in BVerwGE 30, 287 ff. vertretenen Auffassung; BVerwG NVwZ-RR 2002, 444, 446; 19.5.1998 Buchholz 406.34 § 2 SchBG Nr. 3; vgl. auch VGH München DVBl 1978, 181 ff., der allerdings zu einer abschließenden Klärung der Rechtsnatur von Schutzbereichanordnungen in dem konkreten Streitfall keine Veranlassung sah.

596 BVerwGE 13, 47 ff. m. zust. Anm. *H. P. Ipsen,* DVBl 1962, 136 f. und *K. Obermayer,* JZ 1962, 376 ff.

597 BVerwGE 95, 341, 361 f.

den; statthaft sei jedoch eine auf Neubescheidung des Genehmigungsantrags gerichtete Verpflichtungs-klage. Das BVerwG gab diese Auffassung jedoch 1982 (BVerwGE 65, 139 ff.) ausdrücklich auf und hielt die gesonderte Anfechtung der einer Zweckentfremdungsgenehmigung hinzugefügten Zahlungs-auflage für zulässig: Schlösse bereits das Vorliegen einer einheitlichen Ermessensentscheidung die selbständige Anfechtbarkeit der Auflage aus, werde diese entgegen dem anders lautenden Grundsatz von der gesonderten Anfechtbarkeit praktisch zur Ausnahme; der Ermessensspielraum der Behörde sei dadurch gewahrt, dass „die Behörde für den Fall der Nichterfüllung einer Auflage (und daher auch für den Fall ihrer Aufhebung) grds. zum Widerruf der gewährten Begünstigung berechtigt" sei (vgl. § 49 Abs. 2 Nr. 2 VwVfG; zur selbständigen Anfechtbarkeit von Nebenbestimmungen zum Verwaltungsakt → Rn. 19 ff., 105, 119, 180, 182, 190, 195, 215, 254, 282, 319). Ein behördliches *Negativattest* mit dem Inhalt, dass die Nutzung einer Wohnung als Ferienwohnung keine zweckentfremdungsrechtliche Genehmigung erfordert, ist ein feststellender Verwaltungsakt, der mit der Verpflichtungsklage begehrt werden kann.[598]

45. Zivildienstrecht. Das Zivildienstrecht hat wegen der Aussetzung der Wehrpflicht (→ Rn. 322) zur Zeit keine praktische Bedeutung. Insoweit wird auf die 3. Aufl. (2010) verwiesen (s. dort Rn. 334).   334

III. Allgemeines Rechtsschutzbedürfnis

1. Begriff und Geltungsgrund. Der Begriff des allgemeinen Rechtsschutzbedürfnisses, der in der   335
VwGO nicht genannt ist, soll zum Ausdruck bringen, dass nur derjenige, der ein rechtsschutzwürdiges Interesse verfolgt, Anspruch auf eine gerichtliche Sachentscheidung hat; es handelt sich also um eine allgemeine Sachentscheidungsvoraussetzung für alle Verfahrensarten, sodass im Falle des Fehlens des Rechtsschutzbedürfnisses die Klage oder der Antrag unzulässig ist.[599] Die VwGO verlangt in § 43 Abs. 1 für die dort geregelte Feststellungsklage und in § 113 Abs. 1 S. 4 für die sog. Fortsetzungsfest-stellungsklage jeweils, dass der Kläger „ein berechtigtes Interesse" an der begehrten Feststellung hat; diese Vorschriften erfordern damit ein *besonderes* Rechtsschutzbedürfnis, dessen spezifizierten Nach-weis der Kläger zu erbringen hat.[600] Das *allgemeine* Rechtsschutzbedürfnis liegt hingegen im Regelfall vor und bedarf nur in besonderen Fällen der Begründung; dies gilt auch für Anfechtungs- und Ver-pflichtungsklage. So hat das BVerwG[601] den Grundsatz formuliert, „daß die Rechtsordnung immer dann, wenn sie ein materielles Recht gewährt, in aller Regel auch das Interesse dessen, der sich als der Inhaber dieses Rechts sieht, am gerichtlichen Schutze dieses Rechts anerkennt"; das Rechtsschutzbe-dürfnis fehlt deshalb nur bei Vorliegen besonderer Umstände, die „das subjektive oder objektive Inter-esse an der Durchführung des Rechtsstreits entfallen lassen". Das Erfordernis des allgemeinen Rechts-schutzbedürfnisses lässt sich auf das Verbot institutionellen Missbrauchs prozessualer Rechte zurück-führen, das seine Wurzel im Gebot von Treu und Glauben (§ 242 BGB) hat.[602] Damit sollen die Ge-richte vor überflüssigen, nutzlosen und mutwilligen Prozessen bewahrt werden.[603] Das allgemeine Rechtsschutzbedürfnis dient als Voraussetzung für die Zulässigkeit eines gerichtlichen Verfahrens der Rechtspflege und ist infolgedessen auch mit der Rechtsschutzgarantie des Art. 19 Abs. 4 GG (→ Rn. 13, 78) vereinbar.[604]

2. Abgrenzung zu § 42 Abs. 2 und § 44 a. Das allgemeine Rechtsschutzbedürfnis ist als Sachentschei-   336
dungsvoraussetzung von anderen Zulässigkeitsanforderungen zu unterscheiden. So verlangt § 42 Abs. 2 für die Zulässigkeit einer Anfechtungs- oder Verpflichtungsklage vorbehaltlich anderer gesetzli-cher Bestimmung, dass der Kläger geltend macht, durch den Verwaltungsakt bzw. seine Ablehnung

---

598 OVG Berlin-Brandenburg 6.4.2017 – OVG 5 B 14.16, juris Rn. 32; s.a. BVerwG 23.8.1991 – BVerwG 8 C 101.89, juris Rn. 27. S. zur Rechtsentwicklung von Zweckentfremdungsverboten näher *H. Sodan*, Verfassungs- und andere Rechtsprobleme zu Berliner Regelungen über das Verbot der Zweckentfremdung von Wohnraum, 2015, 15 ff.

599 S. etwa *Schenke* Rn. 560; *Schmitt Glaeser/Horn* Rn. 117; *V. Stein*, Sachentscheidungsvoraussetzung, 2000, 18 ff.; s.a. BVerfGE 61, 126, 135; BVerwGE 81, 164, 165.

600 *Schmitt Glaeser/Horn* Rn. 117; *V. Stein*, Sachentscheidungsvoraussetzung, 2000, 34 f.

601 BVerwGE 81, 164, 165 f.; ähnl. BVerwG NVwZ-RR 1999, 472. Bereits OVG Hamburg MDR 1954, 567 bzgl. der „Aufhebungsklage".

602 Vgl. OVG Schleswig NVwZ-RR 1993, 437, 438; *H.-C. Bock*, Rechtsschutzbedürfnis, 1971, 31 ff.; *V. Stein*, Sachent-scheidungsvoraussetzung, 2000, 41 ff. Vgl. auch OVG Koblenz GewArch 1982, 50.

603 *M. Ronellenfitsch*, VerwArch 82 (1991), 121, 126.

604 Vgl. BVerfGE 10, 264, 267 f.; ausf. dazu *V. Stein*, Sachentscheidungsvoraussetzung, 2000, 43 ff.

oder Unterlassung in seinen Rechten verletzt zu sein. Die Klagebefugnis setzt also nur die Möglichkeit einer Rechtsverletzung voraus (→ Rn. 379 ff.). Das allgemeine Rechtsschutzbedürfnis betrifft insbes. die Frage, ob angesichts der besonderen Umstände des Falles die angestrebte gerichtliche Klärung zur Konfliktlösung erforderlich ist.[605] Die Regelung in § 44 a, dass Rechtsbehelfe gegen behördliche Verfahrenshandlungen grds. nur gleichzeitig mit den gegen die Sachentscheidung zulässigen Rechtsbehelfen geltend gemacht werden können, lässt sich lediglich für den schmalen Anwendungsbereich *nach* ergangener Sachentscheidung als Konkretisierung eines Falls fehlenden allgemeinen Rechtsschutzbedürfnisses bezeichnen; im Übrigen und damit für den *primären* Regelungsbereich der Norm – den Ausschluss des Verfahrensrechtsschutzes bis zum Abschluss des Verwaltungsverfahrens – ist § 44 a S. 1 eine eigenständige gesetzgeberische Entscheidung, welche ungeachtet des Vorliegens eines Rechtsschutzbedürfnisses den individuellen Verfahrensrechtsschutz in einem bestimmten Umfang dem Gedanken der Verwaltungseffizienz unterordnet.

337   **3. Zulässigkeit einer „isolierten" Anfechtungsklage.** Ist ein Antrag auf Erlass eines Verwaltungsakts von der Behörde abgelehnt worden, kann (nach erfolglosem Vorverfahren) gem. § 42 Abs. 1 Alt. 2 eine Verpflichtungsklage erhoben werden, um die Verurteilung der Behörde zum Erlass des Verwaltungsakts nach § 113 Abs. 5 S. 1 oder zur Neubescheidung gem. § 113 Abs. 5 S. 2 zu erreichen. Fraglich ist, ob der Antragsteller sich darauf beschränken darf, den Ablehnungsbescheid mit der Anfechtungsklage anzugreifen, anstatt sein Begehren mit der Verpflichtungsklage zu verfolgen; diese Konstellation wird mit dem Begriff der „isolierten" Anfechtungsklage gekennzeichnet.[606] Sie ist zu unterscheiden von der Problematik der „isolierten" Anfechtbarkeit von Nebenbestimmungen zum Verwaltungsakt (→ Rn. 19 ff., 105, 119, 180, 182, 190, 195, 215, 254, 282, 319, 333) und von anderen Fällen, für die sich auch die Frage nach der Zulässigkeit einer „isolierten" Anfechtung stellt.[607]

338   **a) Ableitung der Unstatthaftigkeit aus dem System der Verfahrensarten?** Die hier gemeinte „isolierte" Anfechtungsklage wird teilweise in Rspr. und Lit. bereits als unstatthaft angesehen mit der Begründung, Anfechtungs- und Verpflichtungsklage schlössen einander aus: Die Anfechtungsklage erfülle eine reine Abwehrfunktion, während die Verpflichtungsklage der Geltendmachung von Leistungsrechten diene und als Angriffsmittel gegen die Ablehnung eines beantragten Verwaltungsakts die Anfechtungsklage verdränge.[608] Die Verneinung der Statthaftigkeit einer „isolierten" Anfechtungsklage wird also auf die „Ordnung des Klagesystems nach der VwGO" (VGH Mannheim ESVGH 10, 12, 14) gestützt. So heißt es, die Anfechtungsklage trage „gegenüber der Verpflichtungsklage stets gewissermaßen subsidiären Charakter".[609] Gelegentlich wird die Unstatthaftigkeit einer „isolierten" Anfechtungsklage gerade nicht mit einer Subsidiarität der Anfechtungsklage, sondern einer behaupteten Spezialität der Verpflichtungsklage gegenüber der Anfechtungsklage begründet: Diese Spezialität folge jedenfalls aus der – früher in § 113 Abs. 4 und nunmehr in § 113 Abs. 5 enthaltenen – Regelung von Vornahme- und Bescheidungsurteil, die lex specialis zu § 113 Abs. 1 sei.[610]

339   Gegen diese Auffassung spricht jedoch zunächst der Wortlaut in § 42 Abs. 1. Indem dieser festlegt, dass durch Klage „die Aufhebung eines Verwaltungsakts (Anfechtungsklage) sowie die Verurteilung zum Erlaß eines abgelehnten oder unterlassenen Verwaltungsakts (Verpflichtungsklage) begehrt werden" kann, lässt er *beide* Verfahrensarten zu, sofern die genannten Voraussetzungen erfüllt sind. Eine Subsidiaritätsklausel wie für die Feststellungsklage gem. § 43 Abs. 2 S. 1 existiert in Bezug auf die Anfechtungsklage nicht. Nach dem Wortlaut in § 42 Abs. 1 stehen Anfechtungs- und Verpflichtungsklage

---

605 Vgl. *Hufen* § 23 Rn. 11; *V. Stein*, Sachentscheidungsvoraussetzung, 2000, 76 ff., 79 f. A.M. *C.-F. Menger*, VerwArch 53 (1962), 176, 182, wonach „das, was das Rechtsschutzbedürfnis beinhaltet, schon in § 42 VwGO abschließend fixiert worden ist".

606 S. etwa *Hufen* § 14 Rn. 21; *H.-W. Laubinger*, FS Menger, 1985, 443, 444 ff.; *Schenke* Rn. 281; *V. Stein*, Sachentscheidungsvoraussetzung, 2000, 137 ff.

607 Dazu *H.-W. Laubinger*, FS Menger, 1985, 443, 446 ff.; *J. Martens*, DÖV 1988, 949, 950.

608 I.d.S. OVG Lüneburg MDR 1956, 765 (zu § 23 f. MRVO Nr. 165); VGH Mannheim ESVGH 10, 12, 13 f.; VG Frankfurt/M. DÖV 1962, 150; DVBl 1962, 875; *H.-C. Bock*, Rechtsschutzbedürfnis, 1971, 123 ff.; *F. Czermak*, NJW 1962, 776 ff.; *R. Metzner*, BayVBl 1977, 9, 11 f.; vgl. auch OVG Münster OVGE 10, 12, 14 ff.; 17, 62 f.

609 So *C.-F. Menger*, VerwArch 54 (1963), 198, 202; vgl. bereits *ders.*, System, 1954, 195 ff.

610 *K. A. Bettermann*, DVBl 1973, 375, 376; vgl. auch *ders.*, NJW 1960, 649, 651 und 657; DÖV 1962, 151; *J. Pietzcker*, in: Schoch/Schneider/Bier § 42 Rn. 110; *Schenke* Rn. 282, 570.

zueinander nicht im Verhältnis der Subsidiarität oder Spezialität, sondern der Alternativität.[611] Unbestreitbar dürfte sein, dass ein Bescheid, der den Antrag auf Erlass eines Verwaltungsakts ablehnt, seinerseits ein Verwaltungsakt ist.[612] Folglich kann nach § 42 Abs. 1 Alt. 1 dessen Aufhebung mit der Anfechtungsklage begehrt werden. Diesem Ergebnis steht auch § 113 Abs. 5 nicht entgegen: Diese Vorschrift beantwortet die Frage, in welchen Fällen auf eine Verpflichtungsklage hin ein Vornahmeurteil und in welchen ein Bescheidungsurteil zu ergehen hat, trifft aber keine Regelung im Hinblick auf die Zulässigkeit einer „isolierten" Anfechtungsklage. Gegen deren Statthaftigkeit lässt sich auch nicht die Begründung der Bundesregierung zu ihrem Entwurf einer Verwaltungsgerichtsordnung (BT-Drs. 3/55 Anl. 1 S. 31 f. [zu § 41]) anführen. Darin heißt es: „Anfechtungsklage und Verpflichtungsklage ergänzen sich [...] gegenseitig. Dies zeigt sich am besten dann, wenn etwa ein Antrag auf Erteilung einer Erlaubnis abgelehnt wird. Der ablehnende Bescheid stellt einen beschwerenden Verwaltungsakt dar und kann daher mit der Anfechtungsklage beseitigt werden. Ist der Kläger mit dieser Klage durchgedrungen, so hat er das erstrebte Ziel jedoch noch keineswegs erreicht, da er nicht besser steht als vor Erlaß des ablehnenden Bescheids. Um sein Ziel zu erreichen, muß er zusätzlich die Verpflichtungsklage erheben mit dem Antrag, daß die Behörde für verpflichtet erklärt wird, ihm nunmehr die Erlaubnis auch tatsächlich zu erteilen." Diese Ausführungen sind zwar insofern überholt, als längst Einigkeit darüber besteht, dass zusätzlich zur Verpflichtungsklage nicht noch eine Anfechtungsklage gegen den Ablehnungsbescheid erhoben werden muss und damit der Aufhebungsantrag von dem Vornahmeantrag umfasst wird (→ Rn. 32). Die Bundesregierung schließt in ihrer Begründung jedoch eine „isolierte" Anfechtungsklage eben gerade nicht aus, sondern hält die Erhebung einer Verpflichtungsklage für notwendig, um das Ziel der Erteilung der Erlaubnis zu erreichen. Damit ist freilich nicht gesagt, dass der Kläger sich nicht mit dem weniger rechtsschutzintensiven Klageziel der Aufhebung des Ablehnungsbescheids begnügen könnte. Gegen die Statthaftigkeit einer „isolierten" Anfechtungsklage ergeben sich jedenfalls „aus der systematischen Ordnung der Klagearten" keine Bedenken.[613]

b) Vereinbarkeit mit dem Erfordernis des allgemeinen Rechtsschutzbedürfnisses. In neuerer Zeit konzentriert sich die Diskussion über die Zulässigkeit der „isolierten" Anfechtungsklage auf die Frage, ob für diese Klage das erforderliche allgemeine Rechtsschutzbedürfnis gegeben ist. 340

aa) Übertragung der Rechtsprechung zum Verhältnis von Feststellungs- und Leistungsklagen? Das BVerwG hat in einem grundlegenden Urteil vom 30.4.1971 die Auffassung vertreten, dass zur Ermittlung des Rechtsschutzinteresses an einer Anfechtungsklage „in Fällen, in denen an sich die rechtsschutzintensivere, zu einem Vollstreckungstitel führende Verpflichtungsklage möglich wäre, die gleichen Kriterien maßgebend sein" müssten, „die in der Rspr. der Zivilgerichte für das Verhältnis von Feststellungsklagen zu den rechtsschutzintensiveren Leistungsklagen entwickelt worden" seien; danach werde „die Zulässigkeit von Feststellungsklagen anstelle von Leistungsklagen i.d.R. zwar verneint, grds. aber dann bejaht [...], wenn sie sich gegen den Bund (früher das Reich), die Länder oder andere öffentlich-rechtliche Körperschaften" und damit gegen Beklagte richteten, „von denen man angesichts ihrer verfassungsmäßig verankerten festen Bindung an Recht und Gesetz die Respektierung von Gerichtsurteilen auch ohne dahinterstehenden Vollstreckungsdruck erwarten" dürfe[614] (vgl. → Rn. 143). Für das Verhältnis der Anfechtungs- zur Verpflichtungsklage könne nichts anderes gelten; dies „um so weniger, als das einen angefochtenen Ablehnungsbescheid aufhebende Urteil als Hauptbestandteil die *rechtskraftwirkende Feststellung*" der Rechtswidrigkeit des angefochtenen Bescheids (bzw. von dessen Rechtmäßigkeit bei Abweisung der Klage) in sich trage, sodass die Parallele zur Feststellungsklage „insoweit also offensichtlich" sei (BVerwGE 38, 99, 102). Diese Charakterisierung unterliegt jedoch dem Einwand, dass auch ein Verpflichtungsurteil eine Feststellung enthält, mit dem Inhalt nämlich, dass der geltend gemachte Anspruch besteht und fällig ist.[615] Im Gegensatz zu der Verpflichtungsklage als einer besonderen Leistungsklage (→ Rn. 29) zielt eine Feststellungsklage aber nicht auf einen vollstreckbaren Leistungs-

341

---

611 So i.E. auch *H.-W. Laubinger*, FS Menger, 1985, 443, 458; *V. Stein*, Sachentscheidungsvoraussetzung, 2000, 137; so nun auch *H. v. Nicolai*, in: Redeker/v. Oertzen § 42 Rn. 19.

612 S. etwa BVerwG NJW 1963, 553, 554; BVerwGE 25, 357, 358; *H. Kellner*, MDR 1968, 965, 967 f.; *H.-W. Laubinger*, FS Menger, 1985, 443, 450 ff.; *W. Schäfer*, DVBl 1960, 837, 838. A.M. *H. v. Wedel*, MDR 1975, 96, 98.

613 So ausdrückl. BVerwGE 38, 99, 101; ferner *V. Stein*, Sachentscheidungsvoraussetzung, 2000, 137; i.E. ebenso *G. Lüke*, ZZP 76 (1963), 1, 22 f.

614 BVerwGE 38, 99, 101 f. unter Bezugnahme auf BVerwGE 36, 179, 181

615 *K. A. Bettermann*, DVBl 1973, 375, 376.

befehl, sondern auf eine deklaratorische rechtskraftfähige Feststellung (→ Rn. 65); davon unterscheidet sich wesentlich auch die Anfechtungsklage als Gestaltungsklage (→ Rn. 15). Das Verhältnis von Anfechtungs- und Verpflichtungsklage entspricht also nicht demjenigen von Feststellungs- und Leistungsklage.[616] Eine Parallele besteht zwischen den beiden Klagenbeziehungen freilich insoweit, als sowohl die „isolierte" Anfechtungsklage als auch die Feststellungsklage nach § 43 Abs. 1 jeweils gegenüber der (besonderen) Leistungsklage die weniger „rechtsschutzintensive" Verfahrensart darstellen. Dies rechtfertigt aber nicht die Übertragung der Rspr. zur Zulässigkeit einer Feststellungsklage anstelle einer Leistungsklage; im Verhältnis von Anfechtungs- und Verpflichtungsklage fehlt eben eine dem § 43 Abs. 2 S. 1 entsprechende Subsidiaritätsklausel. Die sinngemäße Anwendung der zur Durchbrechung dieser Subsidiaritätsbestimmung entwickelten Judikatur, dass Feststellungsklagen anstelle von Leistungsklagen grds. zulässig sind, wenn sie sich gegen den Bund, die Länder oder andere öffentlich-rechtliche Körperschaften richten (so BVerwGE 36, 179, 181), auf die „isolierte" Anfechtungsklage (BVerwGE 38, 99, 101 f.) müsste im Übrigen dazu führen, dass deren Zulässigkeit nicht eine Ausnahme darstellte, sondern zur Regel würde.[617]

342   **bb) Bejahung der Zulässigkeit „isolierter" Anfechtungsklagen in der Rechtsprechung.** Eine Bejahung der Zulässigkeit „isolierter" Anfechtungsklagen ist in der Rspr. nur in bestimmten Fällen erfolgt. So begründete das BVerwG in dem soeben erörterten Urteil vom 30.4.1971 die Zulässigkeit einer „isolierten" Anfechtungsklage gegen die *Festsetzung eines Besoldungsdienstalters* gerade auch damit, dass in dem konkreten Fall nur eine Rechtsfrage – nach der Berücksichtigung von Vordienstzeiten im Angestelltenverhältnis – streitig sei, die schon im Anfechtungsprozess entschieden werden könne; das etwaige Erfordernis einer neuen Errechnung von Besoldungsdienstalter und Besoldung gebe „den Parteien ersichtlich keinen Anlass, auch noch für dieses Rechenwerk den Richter in Anspruch zu nehmen" (BVerwGE 38, 99, 103 f.; → Rn. 148). Unter Bezugnahme auf diese Entscheidung bezeichnete das OVG Münster (NWVBl 1990, 155, 156) die Anfechtungsklage eines Beamten gegen eine Entscheidung, durch welche dieser nicht zum *Aufstieg in die nächsthöhere Laufbahn* zugelassen worden war, mit der Begründung als zulässig, die vom Kläger geltend gemachten Nachteile für seine künftige dienstliche Laufbahn könnten allein durch die Aufhebung des die Zulassung ablehnenden Bescheids beseitigt werden. Der VGH Mannheim (ESVGH 46, 309, 310) hielt zugunsten eines *Schwerbehinderten* die „isolierte" Anfechtung eines verfahrensfehlerhaften Widerspruchsbescheides über die Zustimmung der damaligen Hauptfürsorgestelle zur Kündigung seines Arbeitsverhältnisses für zulässig. In einer atypischen Fallgestaltung des *Ausländerrechts* erkannte das BVerwG (InfAuslR 1993, 322, 323; → Rn. 119) die „isolierte" Anfechtungsklage eines Ausländers, der vor Entscheidung über seinen Antrag auf Aufenthaltsgenehmigung seinen Aufenthaltsort in ein anderes Bundesland verlegt hatte, gegen die dennoch ergangene *Versagungsentscheidung der nunmehr örtlich unzuständigen Ausländerbehörde* des alten Wohnorts an. Hat das BAMF die Voraussetzungen der fingierten Rücknahme eines Asylantrags nach § 33 Abs. 1 AsylG bejaht und deshalb noch keine Entscheidung über den Asylantrag in der Sache getroffen, so fehlt es der „isolierten" Anfechtungsklage, mit welcher sich der Asylbewerber gegen die nach Aktenlage getroffene *Feststellung des Nichtvorliegens von Abschiebungshindernissen* gem. § 60 Abs. 2 ff. AufenthG und gegen die *Abschiebungsandrohung* wendet, nach einem Urteil des VG Freiburg nicht am Rechtsschutzbedürfnis[618] (→ Rn. 125 f.). Hat das Bundesamt das Asylverfahren eingestellt, weil der Asylbewerber es nicht betrieben hat (§§ 32, 33 AsylG), kann diese *Einstellung* „isoliert" mit der Anfechtungsklage angegriffen werden[619] (→ Rn. 125 a). Das Rechtsschutzbedürfnis für eine „isolierte" Anfechtungsklage gegen die Ablehnung eines Asylantrags nach § 29 Abs. 1 Nr. 1 a AsylG (ehemals § 27 a AsylG) wegen anderweitiger *internationaler Zuständigkeit* (→ Rn. 125 b) und die Anordnung der Abschiebung nach Ungarn entfällt nicht dadurch, dass die Überstellungsfrist gem. Art. 29 Abs. 2 Dublin III-VO inzwischen verstrichen und die Zuständigkeit für die Prüfung des Asylantrags damit jedenfalls wieder auf Deutschland übergegangen ist (vgl. BVerwG NVwZ 2016, 1495,

---

616   *K. A. Bettermann*, DVBl 1973, 375, 377.
617   So die zutr. Analyse von *Schmitt Glaeser/Horn* Rn. 127.
618   So VG Freiburg NVwZ 1994, 403 ff. in Bezug auf den früheren § 53 AuslG.
619   Vgl. BVerwG DVBl 1995, 857 f.; entsprechend erkannten früh das OVG Bautzen (25.4.1995 – A 4 S 135/95, juris Rn. 13 ff.), das OVG Hamburg (EZAR 210 Nr. 8) und das OVG Münster (DVBl 1995, 578, 579) eine Anfechtung der Feststellung, dass das Asylverfahren eingestellt sei, als zulässig an.

1496). „Isoliert" mit der Anfechtungsklage anzugreifen sind auch die Unzulässigkeitsentscheidung gem. § 29 Abs. 1 Nr. 5 AsylG (→ Rn. 125 c) sowie allgemein – „jedenfalls seit der Zusammenfassung der verschiedenen Unzulässigkeitsgründe in § 29 Abs. 1 AsylG" – Bescheide des BAMF, die einen Asylantrag ohne eine sachliche Prüfung des Schutzbegehrens des Asylantragstellers als unzulässig ablehnen (BVerwG NVwZ 2017, 1625, 1626; → Rn. 125 d). Der VGH München (BayVBl 1984, 18, 19 f.) erklärte eine „isolierte" Anfechtungsklage gegen die *Ablehnung eines Asylantrags* in einem Fall für zulässig, in dem das Verpflichtungsbegehren nicht mehr mit Erfolg weiter verfolgt werden konnte: Wegen der – früher in § 14 Abs. 1 AsylVfG a.F. und nunmehr in § 71 Abs. 1 AsylG enthaltenen – Regelung, dass nach unanfechtbarer Ablehnung eines Asylantrags ein erneuter Asylantrag (Folgeantrag) nur unter den einschränkenden Voraussetzungen des § 51 Abs. 1–3 VwVfG beachtlich ist, habe die unanfechtbare Ablehnung eines Asylantrags für den Adressaten im Hinblick auf einen Folgeantrag „rechtlich relevante nachteilige Auswirkungen"; sie führe also zu einer eigenständigen Beschwer. Das BVerwG[620] bejahte in Fällen, in denen Kandidaten die Zweite juristische Staatsprüfung, die ärztliche Vorprüfung oder die Reifeprüfung jeweils nach vorangegangenem Misserfolg bei der Wiederholung bestanden hatten, die Zulässigkeit „isolierter" Anfechtungsklagen gegen die ersten *Prüfungsentscheidungen;* die Bescheide über die Erstprüfungen würden nämlich aufgrund möglicher Auswirkungen auf das berufliche Fortkommen der betroffenen Kandidaten mit dem Bestehen der Wiederholungsprüfungen nicht hinfällig, sodass an ihrer Aufhebung ein Rechtsschutzinteresse bestehe (→ Rn. 251, 270). Das BVerwG sah ferner die Anfechtungsklage des Miteigentümers eines Hauses gegen die Ablehnung eines Antrags auf Erteilung einer *Abbruchsgenehmigung* als zulässig an: Wenn der Ablehnungsbescheid mit der Begründung aufgehoben werde, die versagte Genehmigung sei nicht erforderlich gewesen, entfalle die Begründung der in den Räumungsprozessen ergangenen Urteile des Zivilgerichts, es fehle das erforderliche Rechtsschutzbedürfnis für die begehrten Räumungsurteile, weil das Abbruchsvorhaben aus Rechtsgründen nicht durchgeführt werden könne (BVerwGE 54, 54, 55 f.).

cc) **Fälle unzulässiger „isolierter" Anfechtungsklagen in der Judikatur.** Eine „isolierte" Anfechtung 343 und Aufhebung von Entscheidungen des *Ausschusses und der Kammer für Kriegsdienstverweigerung* schließt das BVerwG (13.1.1994 Buchholz 448.6 § 15 KDVG Nr. 7) generell aus, und zwar auch dann, wenn diese Entscheidungen verfahrensfehlerhaft zustande gekommen sind. Das BVerwG (BayVBl 1987, 217, 218; dazu auch BVerwGE 47, 7, 12) entschied ferner, einer „isolierten" Anfechtungsklage gegen einen Widerspruchsbescheid, mit dem ein Antrag auf *Feststellung der Nichtigkeit einer öffentlichen Grundsteuerfestsetzung* abgelehnt worden war, fehle angesichts der Möglichkeit der Erhebung einer Verpflichtungsklage das Rechtsschutzbedürfnis. Der VGH München (BayVBl 1990, 312) sprach einer „isolierten" Anfechtungsklage gegen die Versagung einer *Ausnahmebewilligung* nach § 8 HwO das Rechtsschutzbedürfnis mit der Begründung ab, das Verwaltungsprozessrecht stelle mit der Verpflichtungsklage ein Instrument zur Verfügung, „auf einfachere Art und Weise das verfolgte (Sach-) Ziel zu erreichen"; überdies sei „weder abstrakt noch im vorliegenden Fall eine isolierte Anfechtungsklage zu einer endgültigen Streitbereinigung zu führen geeignet". In ähnlicher Weise hatte bereits das OVG Hamburg 1954 das rechtliche Interesse an einer der heutigen Anfechtungsklage entsprechenden „Aufhebungsklage" gegen die Ablehnung des Antrags auf Genehmigung von *Lautsprecherwerbung auf Straßen* mit dem Argument verneint, ein Aufhebungsurteil würde den Kläger seinem „Endziel, Lautsprecherwerbung betreiben zu dürfen, [...] um keinen Schritt näherbringen".[621] Das OVG Münster (NJW 1997, 409) bezeichnete für das Vorgehen des Antragstellers im *Namensänderungsverfahren* gegen den auf den Widerspruch eines Dritten hin ergangenen, die beantragte Namensänderung ablehnenden Widerspruchsbescheid die Verpflichtungsklage statt der „isolierten" Anfechtungsklage als richtige Klageart. Dem VGH Mannheim (VBlBW 1999, 216 f.) zufolge fehlt für eine „isolierte" Anfechtungsklage gegen einen *Zurückstellungsbescheid für ein baugenehmigungspflichtiges Vorhaben* das Rechtsschutzbedürfnis. Neuerdings verneint das BVerwG *verallgemeinernd* das allge-

---

620 BVerwGE 40, 205, 206 f.; BVerwG 12.4.1991 Buchholz 421.0 Prüfungswesen Nr. 287; BVerwGE 88, 111, 114; vgl. auch OVG Berlin-Brandenburg 27.6.2016 – OVG 10 N 2.16, juris Rn. 3.

621 OVG Hamburg MDR 1954, 567 m. insoweit zust. Anm. *F. B. Sieveking;* vgl. auch *W. B. Maetzel*, DÖV 1955, 397, 400. Dagegen hat das OVG Hamburg in einer späteren Entscheidung (MDR 1959, 154) das Rechtsschutzbedürfnis für eine „isolierte" Anfechtungsklage mit der Begründung bejaht, bei Erfolg würde die Klägerin „ihrem Ziel, die Baugenehmigung zu erhalten, erheblich näher" kommen.

meine Rechtsschutzbedürfnis für eine isolierte Anfechtungsklage in allen Fällen, in denen der Widerspruchsbehörde von vornherein kein Ermessens- oder Beurteilungsspielraum zusteht: Die „bloße Hoffnung, daß die Widerspruchsbehörde – entgegen der gesetzlichen Verpflichtung, also objektiv rechtswidrig – eine für den Betr. günstigere Entscheidung als das Gericht treffen könnte", begründe kein schützenswertes Rechtsschutzinteresse.[622] Dies ist grds. der Fall bei reinen (gebundenen) *Feststellungsentscheidungen*, und zwar auch dann, wenn diese mit einem erheblichen Aufklärungsaufwand verbunden sind wie etwa die Entscheidung über die Berechtigung vermögensrechtlicher Restitutionsbegehren (BVerwG NVwZ 1999, 641 ff.), die Asylanerkennung und Subsumtion unter § 2 AsylbLG a.F. (Leistungen für Asylbewerber)[623] oder die Anerkennung als Kriegsdienstverweigerer.[624]

344   **dd) Argumente zugunsten der Zulässigkeit „isolierter" Anfechtungsklagen.** Die behauptete *Nutzlosigkeit*[625] einer „isolierten" Anfechtungsklage liegt jedoch nicht vor: Der Kläger erreicht nämlich durch diese Klage im Falle ihres Erfolgs mit der Aufhebung des Ablehnungsbescheids genau sein Ziel; diese verwaltungsgerichtliche Entscheidung verhindert den Eintritt der Bestandskraft des Ablehnungsbescheids, die damit einem neuen Antrag nicht entgegensteht.[626] Nach der Aufhebung des Ablehnungsbescheids gilt der Antrag als noch nicht beschieden, sodass die Behörde grds. zur erneuten Bescheidung verpflichtet ist.[627] Damit erzielt der Kläger mit der „isolierten" Anfechtungsklage nahezu den gleichen Erfolg wie durch eine Verpflichtungsklage im Falle eines Bescheidungsurteils nach § 113 Abs. 5 S. 2, mit dem Unterschied freilich, dass dieses Urteil zur Neubescheidung „unter Beachtung der Rechtsauffassung des Gerichts" verpflichtet.[628] Diesem Umstand kommt aber insofern keine erhebliche Bedeutung zu, als die Missachtung des Anfechtungsurteils durch die Behörde zur erneuten Fehlerhaftigkeit eines Ablehnungsbescheids führen und damit wiederum die Möglichkeit zur Erlangung von Rechtsschutz eröffnen würde. Auch die Behauptung, das Verwaltungsprozessrecht stelle mit der Verpflichtungsklage ein Instrument zur Verfügung, auf *einfachere Art und Weise* den angestrebten Erfolg zu erreichen als durch eine „isolierte" Anfechtungsklage,[629] trifft nicht zu. Besteht nämlich das Ziel des Klägers eben nur in der gerichtlichen Aufhebung des Ablehnungsbescheids, bedeutet die Erhebung einer Verpflichtungsklage keinen einfacheren Weg zur Erreichung dieses Erfolgs.[630]

345   Im Übrigen ist nicht ersichtlich, weshalb das allgemeine Rechtsschutzbedürfnis von der Wahl der rechtsschutzintensiveren Klageform abhängen soll (i.d.S. aber BVerwG BayVBl 1987, 217, 218): Wie sich auch aus der in § 88 verankerten, dem Verwaltungsprozess zugrunde liegenden Dispositionsmaxime ergibt, bestimmt der Kläger grds. selbst über das Ziel, das er verfolgen will; er darf sich – vorbehaltlich der missbräuchlichen Benutzung prozessualer Mittel – auch mit einem Ziel begnügen, das nicht den weitestgehenden Rechtsschutz darstellt.[631] Ein prozessualer Zwang zur „rechtsschutzintensiveren, zu einem Vollstreckungstitel führenden Verpflichtungsklage" (zu dieser Formulierung BVerwGE 38, 99, 101) ließe sich möglicherweise mit dem Erfordernis der Verhinderung unnötiger Inanspruchnahme der Verwaltungsgerichte rechtfertigen. In diese Richtung weist folgender Satz aus dem grundlegenden Urteil des BVerwG vom 30.4.1971 (BVerwGE 38, 99, 103; vgl. auch OVG Berlin OVGE Bln 5, 173, 175): „Ist allerdings – über die abstrakte Möglichkeit hinaus – damit zu rechnen oder wenigstens ernsthaft zu besorgen, daß mit der Sachentscheidung über die isolierte Anfechtungsklage neue Streitpunkte auf dem Wege zu dem vom Kläger letztlich erstrebten Ziel heraufbeschworen werden und daß sich deshalb eine neuerliche Inanspruchnahme des Gerichts abzeichnet, so wird ein Rechtsschutz-

---

622   BVerwG NVwZ 1999, 641 im Anschluss an *M.-J. Seibert*, BayVBl 1983, 174, 175; dem folgend OVG Münster NVwZ-RR 2003, 615, 616.

623   BVerwG DVBl 1995, 857 ff.

624   BVerwGE 61, 45, 47; 78, 93, 94 f., 99; BVerwG 13.1.1994 Buchholz 448.6 § 15 KDVG Nr. 7.

625   Zu dieser Fallgruppe, in der ein Rechtsschutzbedürfnis für ein verwaltungsgerichtliches Verfahren verneint wird, BVerwG DVBl 1985, 244, 245; NVwZ-RR 2009, 980; *H.-C. Bock*, Rechtsschutzbedürfnis, 1971, 63 ff., 122 f.; *M. Ronellenfitsch*, VerwArch 82 (1991), 121, 126; *Schmitt Glaeser/Horn* Rn. 131.

626   *H.-W. Laubinger*, FS Menger, 1985, 443, 456.

627   Vgl. BVerwG 25.4.1968 Buchholz 402.24 § 20 Nr. 1; *W. B. Maetzel*, DÖV 1955, 397, 398.

628   Vgl. *H.-W. Laubinger*, FS Menger, 1985, 443, 456.

629   So VGH München BayVBl 1990, 312; vgl. auch → Rn. 343. In BVerwGE 90, 245, 247 ist allgemein das Zulässigkeitserfordernis formuliert, „daß der Kläger verwaltungsgerichtlichen Rechtsschutz nur in Anspruch nehmen kann, wenn er sein Klageziel nicht auf anderem Wege schneller oder einfacher erreichen könnte".

630   *H.-W. Laubinger*, FS Menger, 1985, 443, 456.

631   *H.-W. Laubinger*, FS Menger, 1985, 443, 453 f. und 456 ff.; bereits *W. B. Maetzel*, DÖV 1955, 397 f.; *H. Kellner*, MDR 1968, 965, 967 ff.

bedürfnis für die Wahl jener Klageart anstelle einer die potentiellen weiteren Streitpunkte bereits einbeziehenden Verpflichtungsklage in der Tat regelmäßig zu verneinen sein." Folgt man dem Gedanken, dass die Gerichte mit der gleichen Sache nicht unnötig mehrfach befasst werden sollen, so lässt sich das allgemeine Rechtsschutzbedürfnis allenfalls bei der *zweiten* Anrufung des Gerichts in der gleichen Angelegenheit ausschließen; das Rechtsschutzbedürfnis kann daher nicht schon der „isolierten" Anfechtungsklage, sondern allenfalls der Verpflichtungsklage fehlen, die erhoben wird, nachdem die Behörde den Antrag trotz der verwaltungsgerichtlichen Aufhebung des ersten Bescheids erneut abgelehnt hat.[632]

ee) Ergebnis. Das allgemeine Rechtsschutzbedürfnis für eine „isolierte" Anfechtungsklage scheitert 346
also entgegen der in Rspr. und Lit. überwiegend vertretenen Auffassung nicht etwa regelmäßig an der Möglichkeit der Erhebung einer „rechtsschutzintensiveren" Verpflichtungsklage[633], sondern in *keinem* Falle an *diesem* Umstand.[634] Dennoch dürfte die Erhebung einer „isolierten" Anfechtungsklage zumeist nicht empfehlenswert sein, sofern der Kläger dem angestrebten Erlass des beantragten Verwaltungsakts durch eine Verpflichtungsklage näher kommen kann; es besteht eben die Gefahr, dass der Antrag von der Behörde nach einer verwaltungsgerichtlichen Aufhebung des Ablehnungsbescheids erneut zurückgewiesen wird.

4. Weitere Fälle zur Anfechtungs- und Verpflichtungsklage. a) Ausschluss der „übermäßigen Inan- 347
spruchnahme staatlicher Rechtsschutzeinrichtungen"? Einen Ausschluss der „übermäßigen Inanspruchnahme staatlicher Rechtsschutzeinrichtungen" rechtfertigte das BVerwG bereits in einem Urteil aus dem Jahre 1954 (BVerwGE 1, 134, 136) damit, dass dem Bürger vorbehaltlich abweichender Regelungen „auf Grund des gleichen Tatbestandes zum gleichen Ziele nur *ein* Rechtsweg mit den zu diesem Rechtsweg gehörenden Rechtszügen offen" stehe. Das BVerwG sprach von diesem Standpunkt aus von einem „Rangverhältnis", „das zwischen der zivilrechtlichen Kündigung als dem Hauptrechtsgeschäft und der behördlichen Kündigungsgenehmigung" bestehe, und bezeichnete die Anfechtungsklage eines *Kleingartenpächters* gegen die Genehmigung der Kündigung eines Kleingartenpachtverhältnisses wegen Fehlens des erforderlichen Rechtsschutzbedürfnisses als unzulässig; das Schwergewicht der Beurteilung der materiell-rechtlichen Voraussetzungen liege in dem auf die zivilrechtliche Kündigung bezogenen Zivilrechtsprozess.[635] Dieser Rspr. ist jedoch entgegenzuhalten, dass in Fällen sog. *akzessorischer Verwaltungsakte*, die für die Wirksamkeit bestimmter privatrechtlicher Rechtsgeschäfte notwendig sind, der Streitgegenstand im Verwaltungsprozess ein anderer ist als im zivilgerichtlichen Verfahren: Während in diesem über die Wirksamkeit des Rechtsgeschäfts entschieden wird, hat der Verwaltungsprozess die Überprüfung eines Verwaltungsakts zum Gegenstand, der einem spezifisch *öffentlich-rechtlichen* Schutzzweck dient, dessen Durchsetzung der Kläger im Verwaltungsrechtsweg beanspruchen kann.[636] Unter dem Gesichtspunkt des Rechtsschutzbedürfnisses ist es unerheblich, ob der akzessorische Verwaltungsakt auf einer Ermessensentscheidung der Behörde oder auf einer sog. gebundenen Entscheidung beruht.[637]

In anderen Fällen bejahte das BVerwG zutr. das Rechtsschutzbedürfnis für verwaltungsgerichtliche 348
Klagen betr. akzessorische Verwaltungsakte: für Verpflichtungsklagen des *Verpächters eines Kleingartens* gegen die Versagung der Genehmigung zur Kündigung eines Kleingartenpachtverhältnisses (BVerwGE 4, 332, 333 f.; ebenso OVG Berlin DÖV 1961, 945) und eines *Arbeitgebers* gegen die Versagung der Zulässigerklärung der Kündigung des Arbeitsverhältnisses gegenüber einer Schwangeren nach § 9 MuSchG (BVerwGE 7, 294, 295); umgekehrt für die Klage einer *Arbeitnehmerin* gegen die Zulässigerklärung einer Kündigung ihres Arbeitsverhältnisses in Anwendung von § 9 MuSchG

---

632 H.-W. *Laubinger*, FS Menger, 1985, 443, 457, 459. Vgl. jedoch auch *J. Martens*, DÖV 1988, 949, 954 f.
633 I.d.S. aber BVerwGE 25, 357, 358; VGH München BayVBl 1984, 18, 20; *Hufen* § 14 Rn. 19 ff.; *Schenke* Rn. 282 ff.; *Schmitt Glaeser/Horn* Rn. 126.
634 Ebenso H.-W. *Laubinger*, FS Menger, 1985, 443, 457 und 459.
635 BVerwGE 1, 134 ff.; vgl. auch BVerwGE 4, 317 ff.; VGH München BayVBl 1969, 396. Ferner BVerwGE 2, 142, 143 f. (Unzulässigkeit der Klage auf Feststellung der Nichtigkeit einer *Zwangsmietverfügung*).
636 *W.-R. Schenke*, in: Kopp/Schenke Vorbem. § 40 Rn. 51 a; *V. Stein*, Sachentscheidungsvoraussetzung, 2000, 127 f.; vgl. auch *F. O. Kopp*, DÖV 1980, 504, 510 f.; *Schmitt Glaeser/Horn* Rn. 124.
637 *F. O. Kopp*, GewArch 1970, 121, 123. Anders hingegen OVG Lüneburg OVGE 17, 457 ff. und VGH München VerwRspr 13, 809 ff.: In diesen Entscheidungen wird zur Bejahung des Rechtsschutzbedürfnisses gerade auf das behördliche *Ermessen* bei der Erteilung der Kündigungsgenehmigung abgestellt.

(BVerwGE 10, 148, 150 f.; vgl. auch BVerwGE 54, 276, 277 ff.) und für die Anfechtungsklage eines *Schwerbeschädigten* gegen die Zustimmung der Hauptfürsorgestelle zur Kündigung seines Arbeitsverhältnisses.[638]

349 **b) Möglichkeit zur schnelleren oder einfacheren Erreichung des Klageziels.** Die Möglichkeit zur schnelleren oder einfacheren Erreichung des Klageziels auf anderem Wege als durch verwaltungsgerichtlichen Rechtsschutz lässt das diesbezügliche Rechtsschutzbedürfnis entfallen.[639] Dies ist etwa dann zu bejahen, wenn ein einfacheres *gerichtliches* Verfahren zur Verfügung steht.[640] Das allgemeine Rechtsschutzbedürfnis fehlt ferner, wenn der Anspruchsführer sein Ziel *ohne Anrufung des Gerichts* zu erreichen vermag.[641] Das Rechtsschutzinteresse lässt sich aber nicht für eine Anfechtungsklage gegen die im vereinfachten Verfahren durch einen Dreierausschuss gem. § 23 Abs. 1 JuSchG (ehemals § 15 a Abs. 1 und 2 GjS) angeordnete Aufnahme einer Schrift in die *Liste jugendgefährdender Medien* (→ Rn. 218) mit Rücksicht darauf ausschließen, dass der Betroffene nach § 23 Abs. 3 JuSchG (ehemals § 15 a Abs. 4 GjS) gegen diesen Beschluss einen Antrag auf Entscheidung der Bundesprüfstelle in der Besetzung des Zwölfergremiums nach § 19 Abs. 5 JuSchG (ehemals § 9 Abs. 3 GjS) stellen kann: Der Kläger erreicht nämlich die Beseitigung des vom Dreiergremiums erlassenen, sofort vollziehbaren Indizierungsbescheides und damit sein Prozessziel bereits dann, wenn eine *„offenbare"* Jugendgefährdung nicht vorliegt; ist dies der Fall, so darf der Kläger das Medium zunächst wieder ungehindert verbreiten, und er ist vom Makel befreit, ein offensichtlich jugendgefährdendes Medium in den Verkehr gebracht zu haben (vgl. BVerwGE 91, 217, 220 f.). „Angesichts dessen ist die Möglichkeit, daß die Gerichte ggf. zweimal in Anspruch genommen werden müssen, die unvermeidliche Folge einer durch die Bundesprüfstelle gewählten besonderen Verfahrensart mit entsprechend erhöhten Verfahrensanforderungen" (BVerwGE 91, 217, 220). Das Rechtsschutzbedürfnis für eine Nachbarklage auf Vollstreckung einer bauordnungsrechtlichen Beseitigungsverfügung besteht ungeachtet der zwischenzeitlichen Erledigung aller bisher von Seiten der Behörde ergangener Aussetzungsbescheide und des auf diese bezogenen Widerspruchsbescheides fort, wenn feststeht, dass die Behörde auch weiterhin nicht beabsichtigt, der Rechtsauffassung des Klägers zu folgen; es wäre „reine Förmelei", hier erneut Antragstellung und Durchführung eines Widerspruchsverfahrens zu verlangen (OVG Lüneburg NVwZ-RR 2016, 251, 252).

350 **c) Nutzlosigkeit eines Rechtsschutzes.** Das allgemeine Rechtsschutzbedürfnis für eine Anfechtungs- oder Verpflichtungsklage fehlt, sofern das prozessuale Vorgehen die Rechtsstellung des Klägers nicht verbessern kann und daher nutzlos ist (→ Rn. 170).[642] Dies ist der Fall, wenn ein zu beseitigender Nachteil nicht vorliegt oder sich ein bestehender Nachteil nicht beheben lässt.[643] Hat sich ein Verwaltungsakt *erledigt*, kann dessen Aufhebung nicht mehr begehrt werden; die Fortführung der Anfechtungsklage scheitert nicht erst am Fehlen des Rechtsschutzbedürfnisses, sondern bereits daran, dass sie in diesem Fall *nicht statthaft* ist (→ Rn. 24; zur [analogen] Anwendung von § 113 Abs. 1 S. 4 → Rn. 66 ff.). Das Rechtsschutzbedürfnis für eine Anfechtungsklage entfällt nicht schon dadurch, dass der Beklagte in der mündlichen Verhandlung vor Gericht das Anfechtungsbegehren als berechtigt anerkennt und erklärt, er werde den angefochtenen Verwaltungsakt entsprechend abändern; die Beschwer bleibt nämlich so lange bestehen, bis die Ankündigung seitens der zuständigen Behörde durch Änderung des Verwaltungsakts in die Tat umgesetzt ist (BVerwGE 62, 18 f.). „Das Rechtsschutzinteresse für eine Verpflichtungsklage kann mit der Begründung, der erstrebte Verwaltungsakt bringe dem Kläger keinen Nutzen, nur verneint werden, wenn die Nutzlosigkeit tatsächlich oder rechtlich außer

---

638   BVerwGE 8, 46, 48 ff.; vgl. auch VG Saarlouis NJW 1980, 721 f. Das Rechtsschutzbedürfnis *entfällt* allerdings bei einem rechtskräftigen gerichtlichen Vergleich über die Beendigung des Arbeitsverhältnisses, BVerwG 25.9.1996 – 5 B 162/95, juris Rn. 1.

639   BVerwGE 90, 245, 247; 91, 217, 220; vgl. auch VGH München BayVBl 1990, 312; *Hufen* § 23 Rn. 12; *M. Ronellenfitsch*, VerwArch 82 (1991), 121, 126.

640   *Schmitt Glaeser/Horn* Rn. 119.

641   *V. Stein*, Sachentscheidungsvoraussetzung, 2000, 94 ff.

642   Vgl. BVerwGE 61, 128, 130 f.; BVerwG DVBl 1985, 244, 245; BVerwGE 84, 11, 12 f.; BVerwG NVwZ 1994, 482; NVwZ 1995, 894; NJW 1997, 1173, 1174; 7.8.1997 Buchholz 310 § 42 VwGO Nr. 239; NJW 2009, 1689; OVG Münster NVwZ 1993, 493, 494; OVG Schleswig NVwZ-RR 1993, 437, 438; *H.-C. Bock*, Rechtsschutzbedürfnis, 1971, 63 ff., 122 f.; *Hufen* § 23 Rn. 13; *V. Stein*, Sachentscheidungsvoraussetzung, 2000, 176 ff.

643   *M. Ronellenfitsch*, VerwArch 82 (1991), 121, 126.

Zweifel steht" (BVerwGE 121, 1 [LS 1]). Das Kriterium der Nutzlosigkeit eines Rechtsschutzes darf im Übrigen nicht dazu missbraucht werden, verwaltungsgerichtliche Klagen bereits deshalb als unzulässig abzuweisen, weil sie komplizierte Rechtsprobleme aufwerfen oder nur geringe Erfolgsaussichten haben, und auf diese Weise eine Sachentscheidung zu vermeiden.[644]

aa) Asylrecht, Ausländerrecht. Das Rechtsschutzbedürfnis für eine Verpflichtungsklage auf Anerken- 351 nung als Asylberechtigter (→ Rn. 123) entfällt nicht durch die Ausreise des klagenden Ausländers aus der Bundesrepublik Deutschland während des Rechtsstreits, wenn der Kläger „den Asylrechtsstreit ordnungsgemäß weiterbetreibt, unter Nennung nachvollziehbarer Gründe ausdrücklich sein fortbestehendes Interesse an der Erlangung eines die Beklagte zur Anerkennung verpflichtenden Urteils bekundet und jederzeit in die Bundesrepublik Deutschland zurückkehren könnte"; in diesem Falle ist für das Rechtsschutzbedürfnis der Grad der Wahrscheinlichkeit unerheblich, dass die begehrte Anerkennung als Asylberechtigter dem Kläger künftig tatsächlich von Nutzen sein wird (BVerwGE 81, 164, 166 f.). Für eine Klage auf Verpflichtung zur Feststellung der *Abschiebungsschutzvoraussetzungen* des § 60 Abs. 1 AufenthG (ehemals § 51 Abs. 1 AuslG) besteht kein Rechtsschutzbedürfnis, wenn der Ausländer bereits bestandskräftig als Asylberechtigter anerkannt oder das BAMF rechtskräftig zur Anerkennung verpflichtet worden ist (vgl. BVerwGE 106, 339, 340 ff.). Das Rechtsschutzbedürfnis einer Klage auf Gewährung von *Abschiebungsschutz* nach § 60 Abs. 7 S. 1 AufenthG (ehemals § 53 Abs. 6 S. 1 AuslG) in direkter oder verfassungskonformer Anwendung entfällt nicht dadurch, dass der Ausländer über eine anderweitige Duldung verfügt oder einen Anspruch hierauf hat (vgl. BVerwGE 115, 1, 3 f.). Bei einem Verpflichtungsbegehren auf *vorsorgliche Feststellung von Abschiebungshindernissen* nach § 60 Abs. 2 ff. AufenthG (ehemals § 53 AuslG) besteht i.d.R. ein Rechtsschutzbedürfnis nur hinsichtlich des Staates oder der Staaten, für die eine negative behördliche Feststellung getroffen worden ist oder die in der Abschiebungsandrohung als Zielstaaten bezeichnet sind (BVerwGE 115, 267, 269 ff.). Entsprechenden Klagen des ehemaligen *Bundesbeauftragten für Asylangelegenheiten* fehlte generell auch dann nicht das Rechtsschutzbedürfnis, wenn der betreffende beigeladene Asylbewerber inzwischen unbekannten Aufenthalts (d.h. „untergetaucht") war (BVerwGE 101, 323, 326 ff.). Kein Rechtsschutzinteresse besteht für eine Untätigkeitsklage, die auf reine Verbescheidung durch das BAMF gerichtet ist (VGH München NVwZ 2017, 335).

bb) Ausbildungsförderungsrecht. Das Rechtsschutzbedürfnis für eine Verpflichtungsklage auf eine 352 Vorabentscheidung des Amtes für Ausbildungsförderung nach § 46 Abs. 5 S. 1 BAföG entfällt nicht dadurch, dass der Kläger die beabsichtigte weitere Ausbildung nicht binnen eines Jahres nach Antragstellung begonnen hat: Zwar bestimmt § 46 Abs. 5 S. 3 BAföG, dass nach Ablauf der Jahresfrist das Amt für Ausbildungsförderung an die Vorabentscheidung nicht mehr gebunden ist; diese Regelung bedarf aber unter Berücksichtigung von Art. 19 Abs. 4 S. 1 GG einer einschränkenden Auslegung für Fälle, in denen während der Rechtshängigkeit einer Klage gegen die Ablehnung des Antrags die Jahresfrist abgelaufen ist, weil „die effektive Durchsetzung des dem Auszubildenden in § 46 Abs. 5 S. 1 BAföG gewährleisteten Rechts nicht an der unvermeidlichen Dauer eines solchen gerichtlichen Verfahrens scheitern" darf (BVerwGE 95, 138, 140 f.).

cc) Baurecht. Nach der Rspr. des BVerwG[645] ist für die Verpflichtungsklage auf Erteilung einer *Be-* 353 *bauungs- oder Baugenehmigung* (→ Rn. 128) kein Rechtsschutzbedürfnis gegeben, wenn der Verwertung der begehrten Genehmigung landesbaurechtliche oder zivilrechtliche Hindernisse entgegenstehen, die sich „schlechthin nicht ausräumen" lassen, sodass der Kläger von der Genehmigung keinen Nutzen haben kann.[646] Der *Nachbarklage* gegen eine Baugenehmigung (→ Rn. 134 f.) für ein Gebäude, mit der sich der Kläger nicht gegen dessen Nutzung wendet, fehlt das Rechtsschutzinteresse, sofern das Gebäude schon fertig gestellt ist und die zuständige Baurechtsbehörde auch im Falle eines gerichtlichen Erfolgs des Klägers den Abbruch des Gebäudes wegen des Grundsatzes der Verhältnismäßigkeit

---

644 *Hufen* § 23 Rn. 15; vgl auch *V. Stein*, Sachentscheidungsvoraussetzung, 2000, 188 ff.
645 Vgl. BVerwGE 48, 242, 247; 61, 128, 130 f.; BVerwG NVwZ 1994, 482. Ferner BVerwGE 84, 11, 12 f. zur Frage der Nutzlosigkeit einer *gaststättenrechtlichen Erlaubnis* wegen eines baurechtlichen Hindernisses. Vgl. auch OVG Bautzen LKV 1997, 374, 375 zum mangelnden Rechtsschutzbedürfnis für die Erteilung einer Baugenehmigung wegen danach eintretender sofortiger Beseitigungspflicht.
646 Das OVG Münster (BRS 83 Nr. 79; NVwZ-RR 2017, 9, 10) spricht insoweit von rechtlichen Hindernissen für das Vorhaben, die „von vornherein unüberwindbar" seien.

nicht anordnen darf.[647] Ein Rechtsschutzinteresse für die Anfechtungsklage eines Nachbarn gegen eine Baugenehmigung besteht „so lange, wie nicht mit letzter Sicherheit ausgeschlossen werden kann, daß der Bauherr von der ihm erteilten Baugenehmigung Gebrauch machen wird" (BVerwG NVwZ 1995, 894). Das OVG Münster (NVwZ 1993, 493, 494 f.) verneinte das Rechtsschutzbedürfnis für die Erteilung von *Vorbescheiden* für ein Bauvorhaben mit der Begründung, es sei in dem betreffenden Fall weder vorgetragen noch sonst ersichtlich, dass in der Zeit der Geltung der Vorbescheide von zwei Jahren überhaupt Aussicht auf Änderung der Verkehrsproblematik bestehe, die dem geplanten Bauvorhaben entgegenstehe; ein Rechtsschutzinteresse lasse sich auch nicht im Hinblick auf die Regelung in § 42 Abs. 6 BauGB aus der Absicht herleiten, Entschädigungsansprüche wegen angeblicher Planungsschäden geltend zu machen. Nach Auffassung des OVG Lüneburg[648] besteht für eine Klage gegen einen Bauvorbescheid hingegen auch dann ein Rechtsschutzbedürfnis, wenn zwischenzeitlich eine Baugenehmigung für das Vorhaben erteilt worden ist. Dem OVG Berlin (NVwZ-RR 1999, 231) zufolge kann darüber hinaus grds. ein Rechtsschutzbedürfnis für zeitgleiche Klagen auf Baugenehmigungserteilung *und* Bauvorbescheiderteilung anzuerkennen sein. Eine Kommune verliert ihr Rechtsschutzbedürfnis für ein Verfahren gegen eine immissionsschutzrechtliche Genehmigung nicht schon wegen des nach § 36 BauGB erteilten gemeindlichen Einvernehmens (VGH Kassel NVwZ-RR 2012, 544). Stellt ein Bauherr *nach* erteilter Baugenehmigung einen *Änderungsantrag*, aus dem eindeutig hervorgeht, dass die bisherige Planung verworfen werde, und führt er sein Vorhaben entsprechend diesem Antrag aus, so liegt darin ein (konkludenter) Verzicht auf die Rechte aus der Baugenehmigung mit der Folge, dass diese unwirksam wird und einer auf Wiederaufleben der Baugenehmigung gerichteten Klage das Rechtsschutzbedürfnis fehlt (VGH München NVwZ-RR 2015, 247, 248).

354   **dd) Beamtenrecht.** Das Rechtsschutzbedürfnis für die auf Neubescheidung gerichtete Verpflichtungsklage eines bei einer Auswahlentscheidung unterlegenen Bewerbers entfällt mit der Ernennung eines anderen Bewerbers, weil der durch die Erfolglosigkeit der Bewerbung gegebene Nachteil mit Rücksicht auf das Prinzip der *Ämterstabilität* nicht mehr behebbar ist und das prozessuale Vorgehen daher die Rechtsstellung des Klägers nicht mehr verbessern kann. Etwas anderes gilt nach neuer Rspr. des BVerwG dann, wenn dem unterlegenen Bewerber seine Rechtsschutzmöglichkeiten genommen wurden. Für diesen Fall soll die Aufhebung der Ernennung möglich sein (→ Rn. 174 a ff.). Wird einem Mitbewerber der ausgeschriebene Beförderungsdienstposten *ohne* gleichzeitige Beförderung übertragen mit dem Ziel, den ausgewählten Bewerber im Falle der Bewährung auf diesem Dienstposten später zu befördern, kann dem Rechtsschutzbedürfnis für eine Verpflichtungsklage des nichtberücksichtigten Bewerbers *bis* zur Beförderung des Mitbewerbers jedoch nicht der Grundsatz der Ämterstabilität entgegengehalten werden (→ Rn. 173). Bei einer *vorläufigen Dienstenthebung* besteht für Rechtsmittel kein Rechtsschutzinteresse mehr, wenn der Beamte in den *Ruhestand* versetzt worden ist (BVerwGE 103, 333, 334 f.). Stellt der Dienstherr durch Bescheid die Nichtigkeit einer Beamtenernennung fest, so fehlt es einer hiergegen gerichteten Anfechtungsklage nicht deshalb am Rechtsschutzbedürfnis, weil der Betroffene zwischenzeitlich unter dem – hier ausnahmsweise zulässigen – Vorbehalt der Erfolglosigkeit der Klage seine Zustimmung zu einer Ernennung in einem niedrigeren Statusamt erklärt hat; ein mit der beamtenrechtlichen Formenstrenge unvereinbarer Schwebezustand tritt hierdurch nicht ein (BVerwGE 152, 68, 70 f.).

355   **ee) Denkmalschutzrecht.** Für eine Verpflichtungsklage auf Erteilung einer *denkmalschutzrechtlichen Grabungsgenehmigung* fehlt das Rechtsschutzinteresse, wenn die Grabung allein aus wirtschaftlichen Gründen durchgeführt werden soll, eine wirtschaftliche Verwertung der Funde jedoch rechtlich ausgeschlossen ist; es besteht hingegen, wenn *streitig* ist, ob die Funde wirtschaftlich verwertet werden dürfen, und die dahingehende Rechtsauffassung des Klägers nicht offensichtlich rechtsfehlerhaft ist (BVerwG NJW 1997, 1173, 1174).

356   **ff) Schul- und Prüfungsrecht.** Der VGH Mannheim (DVBl 1990, 533; s.a. BVerwG DÖV 1983, 819) bejahte das Rechtsschutzbedürfnis für die auf Neubewertung einer schriftlichen Arbeit in der *Abitur-*

---

647   VGH Mannheim UPR 1994, 120 (LS). Das Rechtsschutzbedürfnis besteht jedoch i.d.R. auch dann noch fort, wenn das streitbefangene Wohnbauvorhaben *im Rohbau* fertiggestellt ist, OVG Münster BRS 63 Nr. 198.
648   OVG Lüneburg OVGE 47, 338 im Anschluss an BVerwG NVwZ 1995, 894, 895. Vgl. auch VG Berlin 9.6.2016 – 19 K 284.12, juris Rn. 47 ff.

prüfung gerichtete Verpflichtungsklage eines Studenten der Rechtswissenschaft, mit der dieser die An-hebung seiner Abitur-Durchschnittsnote um mindestens ein Zehntel anstrebte, mit der Begründung, die Verbesserung der Gesamtnote könne für das „glaubhaft ins Auge gefasste Medizinstudium [...] rechtsrelevant sein" (zur Problematik der selbständigen Angreifbarkeit einzelner Prüfungsleistungen → Rn. 211, 251). Das BVerwG erkannte das Rechtsschutzbedürfnis für die Verpflichtungsklage eines Rechtsanwalts auf Erteilung einer bestimmten Ausbildungsnote im *juristischen Vorbereitungsdienst*, welche auf die Gesamtnote der Zweiten juristischen Staatsprüfung anzurechnen war, mit dem Hinweis an, es genüge „doch die bloße Möglichkeit des Berufswechsels, für den eine bessere Examensnote günstigere Fortkommenschancen eröffnen würde, um das Klagebegehren nicht als unnütz oder mut-willig erscheinen zu lassen" (BVerwGE 57, 130, 132).

gg) Vermessungsrecht. Der VGH Stuttgart (ESVGH 9, 115, 117) verneinte das Rechtsschutzbedürfnis 357 für die Anfechtungsklage gegen einen Bescheid, durch den der Antragsteller als Öffentlich bestellter Vermessungsingenieur[649] unter Beschränkung auf bestimmte Vermessungsbezirke zugelassen worden war, mit der Begründung, der Kläger sei durch den angefochtenen Verwaltungsakt seinem Antrag ent-sprechend beschieden worden.

hh) Wehrrecht. Das BVerwG hatte wiederholt das Rechtsschutzbedürfnis für Klagen auf Anerken- 358 nung als *Kriegsdienstverweigerer* zu prüfen. Aufgrund der Aussetzung der Wehrpflicht (→ Rn. 322) hat die Kriegsdienstverweigerung zur Zeit nur bei Berufs- und Zeitsoldaten praktische Bedeutung. Hier hat das BVerwG seine frühere Judikatur[650], wonach das Rechtsschutzbedürfnis für die Verfol-gung von Anerkennungsbegehren fehle, solange ein waffenloser Dienst bei der Bundeswehr – etwa als *Sanitätsoffizier* oder *Militärmusiker* – nicht infolge von Wehrpflicht, sondern aufgrund eigener freiwil-liger Verpflichtung geleistet werde, aufgegeben; es bejaht jetzt auch in diesen Konstellationen das Rechtsschutzbedürfnis.[651]

nicht besetzt 359

d) Schikaneverbot. Durch das Schikaneverbot ist das Rechtsschutzbedürfnis für Klagen ausgeschlos- 360 sen, die lediglich dazu dienen, den Gegner zu schädigen oder das Gericht zu belästigen.[652] Für einen solchen Missbrauch prozessualer Rechte muss allerdings die entsprechende Absicht des Klägers *ein-deutig* erkennbar sein.[653] Das Rechtsschutzbedürfnis darf als Sachentscheidungsvoraussetzung jeden-falls keinen „Anlass zu einer allgemeinen Motivforschung hinsichtlich der Beweggründe einer Klage" geben.[654] Die Erhebung einer Anfechtungsklage gegen eine geringfügige Postgebühr stellt keine schi-kanöse Ausnutzung des Rechtsschutzes dar; die Verneinung des Rechtsschutzbedürfnisses für diese Klage wegen Geringfügigkeit des Streitgegenstandes wäre mit Art. 19 Abs. 4 S. 1 GG unvereinbar (OVG Münster NJW 1961, 1643). Nicht das Rechtsschutzbedürfnis, sondern die *Klagebefugnis* fehlt dem BVerwG zufolge bei einer *Klage auf „Gleichheit im Unrecht"*, mit der ein verhinderter Bauherr ausschließlich gegen die gleichheitswidrige, aber rechtswidrige Erteilung von Baugenehmigungen an andere Bauherren vorgehen will (BVerwG 18.10.1996 – 4 B 188/96, juris Rn. 5). Auch der Erwerb eines *Sperrgrundstücks* allein zu Prozessführungszwecken (Vorgehen gegen Großprojekte) lässt als un-zulässige Rechtsausübung nicht erst das Rechtsschutzinteresse, sondern einem Urteil des BVerwG (BVerwGE 112, 135 ff.; → Rn. 440) zufolge bereits die Klagebefugnis entfallen.

e) Verwirkung eines Klagerechts. Auch die Verwirkung eines Klagerechts führt zum Wegfall des 361 Rechtsschutzbedürfnisses.[655] „Die Verwirkung als Hauptanwendungsfall des *venire contra factum proprium* (Verbot widersprüchlichen Verhaltens) bedeutet, daß ein Recht nicht mehr ausgeübt werden

649 Zu diesem Berufsstand *H. Sodan*, Freier Beruf und Berufsfreiheit, 1988, 14 ff.; *ders.*, ThürVBl 1997, 249 ff.
650 S. BVerwGE 72, 241 ff.; 80, 62, 67 ff.; BVerwG 22.8.1994 Buchholz 448.6 § 13 KDVG Nr. 17; NVwZ-RR 1997, 364 f.
651 BVerwGE 142, 48 ff.; BVerwG 22.2.2012 – 6 C 31/11, juris Rn. 11 ff.
652 OVG Münster NJW 1961, 1643; NVwZ-RR 1996, 126 f.; OLG Frankfurt/M. NJW 1979, 1613; OVG Saarlouis BRS 63 Nr. 132. Vgl. auch OVG Münster NVwZ-RR 1995, 187, 189; *V. Stein*, Sachentscheidungsvoraussetzung, 2000, 202 ff.
653 OVG Münster NJW 1961, 1643; *Schmitt Glaeser/Horn* Rn. 133.
654 *Hufen* § 23 Rn. 16.
655 *Hufen* § 23 Rn. 17; *Schmitt Glaeser/Horn* Rn. 134; *V. Stein*, Sachentscheidungsvoraussetzung, 2000, 225 ff., 252 f. m.w.N. Dagegen unterscheidet VGH München NVwZ-RR 1994, 241 ff., 244 die Verwirkung des Klagerechts und das Fehlen des allgemeinen Rechtsschutzbedürfnisses.

darf, wenn seit der Möglichkeit der Geltendmachung längere Zeit verstrichen ist und besondere Umstände hinzutreten, die die verspätete Geltendmachung als Verstoß gegen Treu und Glauben erscheinen lassen. Das ist insbes. der Fall, wenn der Verpflichtete infolge eines bestimmten Verhaltens des Berechtigten darauf vertrauen durfte, daß dieser das Recht nach so langer Zeit nicht mehr geltend machen würde (Vertrauensgrundlage), der Verpflichtete ferner tatsächlich darauf vertraut hat, daß das Recht nicht mehr ausgeübt würde (Vertrauenstatbestand) und sich infolgedessen in seinen Vorkehrungen und Maßnahmen so eingerichtet hat, daß ihm durch die verspätete Durchsetzung des Rechts ein unzumutbarer Nachteil entstehen würde" (Vertrauensbetätigung).[656] Hat der Berechtigte eine derart lange Zeit abgewartet, dass mit einem Tätigwerden schlechthin nicht mehr zu rechnen war, so kommt dem Umstandsmoment gegenüber dem Zeitmoment kein maßgebliches Gewicht mehr zu (vgl. BVerfG [K] AfP 2008, 172 ff.; VGH München NVwZ-RR 2015, 277, 278). Das BVerfG (BVerfGE 32, 305, 309 f.; s.a. BVerwG DVBl 2000, 1862 f.) hat mit Rücksicht auf Art. 19 Abs. 4 S. 1 GG zutr. darauf hingewiesen, dass der Weg zu den Gerichten „durch die Annahme einer Verwirkung nicht in unzumutbarer, aus Sachgründen nicht mehr zu rechtfertigender Weise erschwert werden" darf; davon „kann jedenfalls dann nicht die Rede sein, wenn der Zeitraum, auf den dabei abgestellt wird, nicht zu kurz bemessen ist und wenn dabei vorausgesetzt wird, daß die rechtzeitige Anrufung des Gerichts dem Betroffenen möglich, zumutbar und von ihm zu erwarten war."

362 So ist etwa die Anfechtungsklage gegen die einem *Nachbarn erteilte Baugenehmigung*, die dem Kläger zwar nicht vorschriftsmäßig bekannt gegeben worden ist, von der er aber in anderer Weise sichere Kenntnis erlangt hat oder hätte erlangen müssen, wegen einer Verwirkung der Anfechtungsbefugnis unzulässig, wenn der Kläger nicht innerhalb der Frist des § 70 i.V.m. § 58 Abs. 2 Widerspruch eingelegt hat. Je nach den Umständen des Einzelfalls kann die Verwirkung bereits vor Ablauf der Jahresfrist eintreten (OVG Greifswald NVwZ-RR 2003, 15 ff.; ähnl. BVerwG NVwZ 1991, 1182 ff.). Auch der *nachbarliche Anspruch auf Wahrung eines bestimmten Baugebiets* kann grds. der Verwirkung unterliegen (BVerwG BRS 60 Nr. 187). Der Verwirkungseinwand ist für alle geltend gemachten Rechte gesondert zu beurteilen (BVerwG 21.6.1995 Buchholz 406.19 Nachbarschutz Nr. 127). Das BVerwG[657] hat dieses Ergebnis mit dem „nachbarlichen Gemeinschaftsverhältnis" begründet, das den Nachbarn verpflichte, „nach Erkennen der Beeinträchtigung durch Baumaßnahmen ungesäumt seine nachbarlichen Einwendungen" geltend zu machen, „wenn ihm nicht der Grundsatz von Treu und Glauben entgegengehalten werden" solle, „weil er ohne ausreichenden Grund mit seinen Einwendungen länger als notwendig zugewartet" habe; dieser Grundsatz gelte *neben* der Möglichkeit einer Verwirkung des Widerspruchsrechts. Die Berufung auf das Gebot von Treu und Glauben auch durch das BVerwG zeigt jedoch, dass der vorliegende Fall mit demselben Ergebnis *ausschließlich* durch Anwendung des allgemeinen Rechtsprinzips der Verwirkung gelöst werden kann und die Heranziehung von Pflichten aus einem „nachbarlichen Gemeinschaftsverhältnis" hier entbehrlich ist.[658] Klagerechte gegen einen Bescheid über die *Schließung eines Verkehrsflughafens*, welcher den Klägern weder zugestellt noch sonst bekannt gemacht worden ist, sind verwirkt, wenn die Erhebung der Anfechtungsklagen nahezu zehn Jahre nach Erlass des Bescheides erfolgt ist und aufgrund dieser Zeitspanne mit der Einlegung von Rechtsmitteln nicht mehr gerechnet werden musste (VGH München NVwZ-RR 1994, 241 f.). Allgemein unterliegt das Klagerecht Betroffener gegen einen *Planfeststellungsbeschluss* (auch bei gescheiterter Zustellung) der Verwirkung; diese tritt ein, wenn die Klageerhebung unredlich und treuwidrig über einen längeren Zeitraum *verzögert* wird, sodass die Behörde nicht mehr mit ihr rechnen muss (BVerwG NVwZ 2001, 206). Eine Verwirkung des materiellen bzw. prozessualen Rechts auf Überprüfung und ggf. Änderung von *dienstlichen Beurteilungen* tritt ein, wenn der beurteilte Beamte während eines längeren Zeitraumes unter Verhältnissen untätig geblieben ist, unter denen vernünftigerweise etwas zur Rechtswahrung unternommen zu werden pflegt; einen Orientierungsrahmen dafür, ab wann der Dienstherr üblicherweise nicht mehr mit Einwendungen gegen eine dienstliche Beurteilung zu rechnen braucht, liefert dabei das Zeitintervall, in dem für den jeweils betroffenen Beamten eine Re-

---

656 BVerwGE 44, 339, 343 f.; ferner BVerwG NVwZ-RR 2000, 259; BauR 2003, 1031, 1032; NVwZ-RR 2004, 314 f.; OVG Greifswald NVwZ-RR 2003, 15, 16; s.a. bereits → Rn. 64.

657 BVerwGE 44, 294, 299 ff.; 78, 85, 88 ff.; ferner BVerwG BRS 58 Nr. 186; NVwZ-RR 1997, 522 (red. LS); NJW 1998, 329; BauR 2003, 1031, 1032; OVG Greifswald NVwZ-RR 2003, 15, 16. Vgl. auch BVerwG 21.1.1999 Buchholz 428 § 37 VermG Nr. 19.

658 Vgl. *Hufen* § 23 Rn. 17.

gelbeurteilung zu erstellen ist (OVG Magdeburg NVwZ-RR 2014, 481, 482; VGH Mannheim NVwZ-RR 2009, 967, 969 f.). Stellt ein Bewerber nach Zugang einer Mitteilung über den *Abbruch eines Auswahlverfahrens* nicht innerhalb eines Monats einen Antrag nach § 123 auf dessen Fortführung, darf der Dienstherr darauf vertrauen, dass der Bewerber den Abbruch des Auswahlverfahrens nicht angreift, sondern sein Begehren im Rahmen einer neuen Ausschreibung weiterverfolgt; die Möglichkeit, die Rechtmäßigkeit der Abbruchentscheidung mit einer Hauptsacheklage überprüfen zu lassen, ist dann verwirkt (BVerwGE 151, 14, 20). Auch das Recht, die Fortsetzung eines Verfahrens zu beantragen, welches nach § 92 Abs. 3 S. 1 Alt. 2 eingestellt wurde, unterliegt der Verwirkung (OVG Lüneburg NVwZ-RR 2012, 533 f.).

f) Fehlen eines Klageverzichts als eigenständige Sachentscheidungsvoraussetzung. Das Fehlen eines   **363** Klageverzichts wird überwiegend als eigenständige Sachentscheidungsvoraussetzung eingestuft und daher von dem Erfordernis des allgemeinen Rechtsschutzbedürfnisses unterschieden.[659] Ein den Erlass eines Sachurteils ausschließender Klageverzicht muss „sich angesichts seiner prozessualen Tragweite – unter Anlegung eines strengen Maßstabs – als eindeutig, unzweifelhaft und unmißverständlich darstellen" (BVerwGE 55, 355, 357).

D. Die Klagebefugnis als Sachentscheidungsvoraussetzung

§ 42 Abs. 2 nimmt auf die in § 42 Abs. 1 geregelte Anfechtungs- und Verpflichtungsklage unmittelbar   **364** Bezug, indem er festlegt, dass – soweit gesetzlich nichts anderes bestimmt ist – die Klage nur zulässig ist, wenn der Kläger geltend macht, durch den Verwaltungsakt oder seine Ablehnung oder Unterlassung in seinen Rechten verletzt zu sein. Für diese Sachentscheidungsvoraussetzung sind im älteren Schrifttum Begriffe verwandt worden wie „Anfechtungsberechtigung",[660] „Klagerecht",[661] „Prozessführungsbefugnis"[662] und „Rechtsschutzbehauptung".[663] Das „Begriffswirrwarr"[664] hat sich jedoch im Laufe der Zeit aufgelöst. Etabliert hat sich der Begriff der „Klagebefugnis".[665]

I. Funktionen der Klagebefugnis

1. Prinzipieller Ausschluss von Popularklage und Interessentenklage. Bereits in der Begründung der   **365** Bundesregierung zu § 41 Abs. 2 ihres Entwurfs einer VwGO (zu dieser Fassung → Rn. 1), der von dem später beschlossenen § 42 Abs. 2 in einigen Worten abweicht, heißt es, die Vorschrift stelle „nur eine Abgrenzung zur Popularklage" dar (BT-Drs. 3/55 Anl. 1 S. 32). Die Funktion eines prinzipiellen Ausschlusses der Popularklage wird der Klagebefugnis auch von der ganz überwiegenden Auffassung

---

659 So etwa BVerwGE 55, 355, 357; *Hufen* § 23 Rn. 9; *V. Stein*, Sachentscheidungsvoraussetzung, 2000, 86 ff., 92. Anders hingegen *Schmitt Glaeser/Horn* Rn. 135, der die Auffassung vertritt, grds. gehöre auch der „Verzicht auf gerichtlichen Rechtsschutz" zum Problem des Rechtsschutzbedürfnisses.

660 So *K. A. Bettermann*, GS Imboden, 1972, 37, 45 Fn. 14.

661 BVerwGE 92, 263, 264; OVG Berlin NVwZ 1986, 318 f.; *H.-W. Laubinger*, Verwaltungsakt, 1967, 115 (in Gleichsetzung mit dem Begriff „Klagebefugnis"); *Schunck/De Clerk* § 42 Anm. 2 d, 3 c.

662 *R. Bartlsperger*, DVBl 1970, 30, der diesen Begriff als Synonym zur „Klagebefugnis" benutzt; *R. Hartmann*, Genehmigung, 1994, 217 in Bezug auf „relative Rechte"; *Koehler* § 42 Anm. C III.

663 *H. Hoffmann*, VerwArch 53 (1962), 297, 306; ebenso BVerwGE 66, 99, 106.

664 So *F. Geist-Schell*, Verfahrensfehler, 1988, 10, 204 Anm. 17.

665 S. etwa BVerwGE 28, 63 ff.; 36, 192, 199; BVerwG DVBl 1972, 678; BVerwGE 60, 154, 157; BVerwG DVBl 1982, 692; BVerwGE 72, 15; 75, 147, 148 f.; 78, 347 f.; 82, 41, 43; 82, 246, 249; 89, 246, 250; BVerwG BayVBl 1994, 90; BVerwGE 92, 313, 315; BVerwG UPR 1994, 152; BVerwGE 95, 133; 95, 333, 335 ff.; 98, 118, 120; 100, 230, 232, 234, 236 f.; 101, 347, 350 ff.; 104, 170, 176, 178; 111, 276, 277; 111, 354, 357; 112, 135, 136 f.; 114, 356, 360; 117, 93, 95 ff.; OVG Bremen UPR 1994, 80 (LS); OVG Hamburg NVwZ 1984, 48; OVG Koblenz NJW 1976, 1164, 1165; OVG Lüneburg NVwZ-RR 2013, 28 f.; OVG Münster DÖV 1984, 436; *H.-U. Erichsen*, VerwArch 64 (1973), 319, 321 (mit einigen Hinweisen auf die unterschiedlichen Begriffe); *D. Frers*, Klagebefugnis, 1988, 29 ff.; *F. Geist-Schell*, Verfahrensfehler, 1988, 10 f. (mit knappen Hinweisen auf den früheren Streit); *Hufen* § 14 Rn. 53 ff., § 15 Rn. 16 ff.; *H. D. Jarass*, DVBl 1976, 732, 733; *R. Kamm*, JuS 1961, 146 f.; *D. Neumeyer*, Klagebefugnis, 1979, passim; *Schenke* Rn. 489 ff.; *M. Schmidt-Preuß*, Kollidierende Privatinteressen, 1992, 552 ff.; *Schmitt Glaeser/Horn* Rn. 150 ff.

in Rspr.[666] und Lit.[667] zuerkannt. Durch die Regelung in § 42 Abs. 2 soll also verhindert werden, dass sich *„quivis ex populo"* im Wege der verwaltungsgerichtlichen Klage zum Sachwalter der Interessen der Allgemeinheit oder einzelner anderer (sog. Dritter) an der Wahrung von Gesetz und Recht macht.[668] So kann etwa in Großverfahren die Klage des einen Klägers wegen einer Verletzung seiner Rechte begründet sein mit der Folge der Aufhebung des angefochtenen Verwaltungsakts (vgl. § 113 Abs. 1 S. 1), während die Anfechtungsklage eines anderen Klägers gegen denselben Verwaltungsakt bereits unzulässig ist, weil der Kläger nicht geltend machen kann, durch den rechtswidrigen Verwaltungsakt in *seinen* Rechten verletzt zu sein (vgl. BVerwGE 64, 347, 352). Die Klagebefugnis dient überdies dem Ausschluss der sog. Interessentenklage; darunter wird die Klage desjenigen verstanden, der an der Aufhebung einer Verwaltungsentscheidung ein eigenes materielles, aktuelles oder künftiges Interesse hat, ohne aber in seinen *Rechten verletzt* zu sein.[669] Davon zu unterscheiden sind die *rechtlich geschützten* Interessen (→ Rn. 388). Mit der Regelung der *Verletzten*klage in § 42 Abs. 2, die auch in § 113 Abs. 1 S. 1 und Abs. 5 S. 1 zum Ausdruck kommt, knüpft die VwGO an die in den süddeutschen Staaten entwickelte *individualrechtsschützende* Funktion verwaltungsgerichtlicher Klagen an[670] und gerade nicht an die in Preußen im 19. Jahrhundert praktizierte *objektive* Rechtmäßigkeitskontrolle der Verwaltung. Im EU-Recht bedarf es dagegen für die Klagebefugnis keines subjektiv-öffentlichen Rechts nach dem tradierten deutschen Verständnis, sondern es genügt das Vorliegen eines schützenswerten Interesses. Ein solches ist zu bejahen, wenn das Interesse des Klägers unmittelbar dem Bereich des öffentlichen Interesses zuzuordnen ist, dessen Schutz die jeweilige Norm bezweckt.[671]

366   Die Sachentscheidungsvoraussetzung des § 42 Abs. 2 hat hingegen *nicht* zum Ziel, „einzelne Klagegründe i. S. unterschiedlicher materiellrechtlicher Anspruchsgrundlagen sozusagen im Wege einer Art Vorprüfung endgültig auszuscheiden und die sachliche Nachprüfung des klägerischen Vorbringens nach Maßgabe des § 113 Abs. 1 S. 1 VwGO auf die nichtausgeschiedenen Klagegründe zu beschränken" (BVerwGE 60, 123, 125 f.).

367   In der Lit.[672] wird die Klagebefugnis plastisch als „der rechtstechnische Kunstgriff" bezeichnet, „mit dem man die Pforten zum Verwaltungsgericht öffnen kann". Das BVerwG hat die Regelung in § 42 Abs. 2 mitunter als „besonderes Rechtsschutzerfordernis" (BVerwGE 17, 87, 91; 36, 192, 199) bzw. „besonderes Rechtsschutzinteresse"[673] qualifiziert. Die Klagebefugnis ist insoweit von dem *allgemeinen* Rechtsschutzbedürfnis zu unterscheiden, das eine allgemeine Sachentscheidungsvoraussetzung für alle Verfahrensarten darstellt (→ Rn. 335 f.). Jedenfalls handelt es sich bei dem Erfordernis der Klage-

---

666   BVerwGE 17, 87, 91; 36, 192, 199; 60, 123, 125; 92, 263, 264; 99, 64, 66; 121, 57, 59; BVerwG NJW 2004, 698, 699; OVG Berlin DVBl 1992, 40, 41; OVG Hamburg NZV 2003, 351, 352; OVG Koblenz NJW 1976, 1164, 1165; OVG Münster UPR 1989, 390; NWVBl 1997, 232; DVBl 1999, 1372, 1373. Vgl. auch BVerwGE 10, 91, 92; 41, 253, 256.

667   S. etwa *R. Bartlsperger*, DVBl 1970, 30, 31 f.; *R. Bernhardt*, JZ 1963, 302; *W. Brohm*, Die Dogmatik des Verwaltungsrechts vor den Gegenwartsaufgaben der Verwaltung, VVDStRL 30 (1972), 245, 272 mit Fn. 74 und 274 Fn. 80; *D. Ehlers*, VerwArch 84 (1993), 139, 140 f.; *F. Geist-Schell*, Verfahrensfehler, 1988, 11; *Hufen* § 14 Rn. 56; *H. D. Jarass*, DVBl 1976, 732, 733; *H. Kellner*, DÖV 1963, 418, 421; *W. Krebs*, FS Menger, 1985, 191, 198; *H. v. Nicolai*, in: Redeker/v. Oertzen § 42 Rn. 44; *Schenke* Rn. 490; *R. Schmidt*, NJW 1967, 1636, 1639; *Schmitt Glaeser/Horn* Rn. 150; *Schunck/De Clerck* § 42 Anm. 2 d aa; *W. Skouris*, Verletztenklagen, 1979, 11 mit Fn. 25. Nach Auffassung von *W. Henke*, Das subjektive öffentliche Recht, 1968, 138 ist hingegen die Popularklage „bereits durch eine eindeutig materiellrechtliche Bestimmung des Begriffs des subjektiven öffentlichen Rechts i.V.m. der verwaltungsgerichtlichen Generalklausel ausgeschlossen". Krit. gegenüber dem zugunsten der Klagebefugnis angeführten „prozeßökonomischen Argument" *H. H. Rupp*, DVBl 1982, 144, 145 f.

668   Vgl. *W. Baumann*, BayVBl 1982, 257, 265; *R. Breuer*, NJW 1978, 1558, 1560; *F. Geist-Schell*, Verfahrensfehler, 1988, 11; *V. Schlette*, Jura 2004, 90; *Schmitt Glaeser/Horn* Rn. 150; *M. Schröder*, Jura 1981, 617; *A. Schwarz*, Klagebefugnis, 1964, 35.

669   *D. Ehlers*, VerwArch 84 (1993), 139, 141; *F. Geist-Schell*, Verfahrensfehler, 1988, 11; *M. Kloepfer*, VerwArch 76 (1985), 371, 381; *W. Skouris*, Verletztenklagen, 1979, 11; vgl. auch *R. Bartlsperger*, DVBl 1970, 30, 31 f.; *R. Breuer*, NJW 1978, 1558, 1561; *V. Schlette*, Jura 2004, 90; *M. Schröder*, Jura 1981, 617, 618. Ferner BVerfGE 83, 182, 196; VGH München FamRZ 2004, 990, 991.

670   Dazu *P. Badura*, JA 1984, 83, 91; *W. Brohm*, DÖV 1982, 1, 2 f.; *G. Brunner*, Kontrolle in Deutschland, 1972, 153; *F. Geist-Schell*, Verfahrensfehler, 1988, 11 f.; *Hufen* § 2 Rn. 13 f., § 14 Rn. 54; *D. Neumeyer*, Klagebefugnis, 1979, 68 ff.; *Ule* § 1 II und III.

671   Vgl. *W. Frenz*, DVBl 2012, 811, 812; *H. D. Jarass*, NJW 2011, 1393, 1394.

672   S. *F. Ossenbühl*, in: Eigentumsgarantie und Umweltschutz, 1990, 35, 45; *M. Schmidt-Preuß*, Kollidierende Privatinteressen, 1992, 552.

673   BVerwGE 41, 253, 256; von einem „besonderen Rechtsschutzbedürfnis" sprechen *H. Hoffmann*, VerwArch 53 (1962), 297, 319 und *Schmitt Glaeser/Horn* Rn. 173.

befugnis um eine eigenständige Sachentscheidungsvoraussetzung[674]. Nach Auffassung des BVerwG setzt §42 Abs.2 „das durch die Rechtsweggarantie des Art.19 Abs.4 GG vorgegebene subjektiv-rechtliche Konzept des Rechtsschutzes gegen die öffentliche Gewalt auf die Verwaltungsgerichtsbarkeit um".[675] Diese These bedarf freilich insofern einer Klarstellung, als Art.19 Abs.4 GG mit der Rechtsweggarantie und dem Gebot effektiven Rechtsschutzes (→ Rn.78) bei Rechtsverletzungen nur ein vom Gesetzgeber zu wahrendes *Mindestmaß* an Rechtsschutz der Bürger gegen Akte der öffentlichen Gewalt vorgibt, eine *Überschreitung* dieses Maßes durch den zuständigen Gesetzgeber jedoch nicht ausschließt.[676] Andernfalls wäre der in §42 Abs.2 Hs.1 der Regelung der Klagebefugnis vorausgestellte Vorbehalt („Soweit gesetzlich nichts anderes bestimmt ist [...]"; → Rn.401 ff.) verfassungswidrig.

2. Klagebefugnis als entbehrliche Sachentscheidungsvoraussetzung? Der mit dem Erfordernis der Klagebefugnis bezweckte prinzipielle Ausschluss der Popularklage hat praktische Bedeutung vor allem seit der Sensibilisierung großer Teile der Bevölkerung gegenüber Problemen des Umweltschutzes erlangt. Das deutlich gestiegene Interesse am Schutz der natürlichen Lebensgrundlagen führt zur Erhebung verwaltungsgerichtlicher Klagen gegen Verwaltungsentscheidungen durch Menschen, die – ohne selbst unmittelbar betroffen zu sein – Natur und Umwelt bewahren wollen. Einerseits ist dieser Umstand ein wesentlicher Grund dafür, dass seit den siebziger Jahren die Erörterungen von Fragen der Klagebefugnis nicht nur in der Rspr., sondern auch – ausweislich des dieser Kommentierung vorangestellten Verzeichnisses einschlägigen Schrifttums – in der Lit. im Umfang erheblich zugenommen haben. Andererseits führen die Einflüsse des Unionsrechts zur Schaffung eines abgrenzbaren *überindividuellen Rechtsschutzes* in der Verwaltungsgerichtsbarkeit[677] (→ Rn.400 f.). Auch die offenbar bei vielen Deutschen ohnehin ausgeprägte Neigung zur Konfliktlösung durch Bemühung von Gerichten[678], die „seit Jahren pausenlos andauernde Hochflut von Gesetzen"[679] und besonders die aktuelle, mit der massenhaften Zuwanderung von Flüchtlingen (→ §40 Rn.121a) im Zusammenhang stehende dramatische Zunahme asylrechtlicher Streitigkeiten haben zur erheblichen Steigerung der Zahl verwaltungsgerichtlicher Verfahren beigetragen.

Die Tatsache, dass die Regelung in §42 Abs.2 die Überlastung der Verwaltungsgerichtsbarkeit nicht hat verhindern können, spricht jedoch nicht für die Abschaffung der Klagebefugnis als Sachentscheidungsvoraussetzung,[680] eben weil diese Überlastung auf anderen – nämlich den zuvor genannten – Ursachen beruht und gelegentlich sogar „hausgemacht" sein kann.[681] §42 Abs.2 erfüllt vielmehr bei richtiger Anwendung (→ Rn.380 f.) mit dem prinzipiellen Ausschluss der Popularklage und der Unzulässigkeit einer sog. Interessentenklage eine „Filterfunktion"[682] und trägt damit immerhin dazu bei, dass die Dauer der Verfahren bis zu ihrer gerichtlichen Entscheidung für die Rechtsschutzsuchenden nicht generell unzumutbar wird. Zwar kann man den „Abschreckungseffekt" der Klagebefugnis mit

368

369

---

674 Vgl. etwa *Bosch/Schmidt/Vondung* Rn.521 ff.; *Schenke* Rn.490; *Schmitt Glaeser/Horn* Rn.150.

675 So BVerwGE 92, 263, 264; s. ferner BVerwGE 101, 73, 81 f.; zum Zusammenhang von Art.19 Abs.4 GG und §42 Abs.2 auch BVerwGE 64, 347, 352; 69, 256, 260; BVerwG NJW 1993, 1610, 1611; OVG Koblenz GewArch 1982, 50.

676 *F. Geist-Schell*, Verfahrensfehler, 1988, 13; *D. Weinhardt*, Klagebefugnis, 1973, 114; vgl. auch *R. Breuer*, NJW 1978, 1558, 1560; *R. Wahl*, in: Schoch/Schneider/Bier Vorbem. §42 Abs.2 Rn.16.

677 Hierzu *S. Schlacke*, in: *Gärditz* Überindividueller Rechtsschutz Rn.1 ff.

678 Mit welchen Klagen Gerichte gelegentlich belästigt werden, zeigt etwa ein Urteil des OVG Schleswig vom 5.3.1992 (NJW 1992, 1908 f.), in dem dieses Gericht feststellen musste, dass ein Bürger kein subjektives öffentliches Recht darauf hat, „daß die Auffassung eines Richters in Höflichkeitsfragen (hier: Anklopfen vor Eintreten in ein Dienstzimmer) gerichtlich überprüft wird".

679 *P. Stelkens*, NVwZ 1995, 325, 334; vgl. auch *F. Schoch*, NVwZ 1995, 363, der von einer „zügellosen Novellierungswut" durch den „motorisierten Gesetzgeber" spricht, der „rast- und ruhelos, zunehmend system- und orientierungslos unterwegs" sei.

680 A.M. *K. Gierth*, DÖV 1980, 893, 894 ff.; offen *V. Schlette*, Jura 2004, 90.

681 Von einer „hausgemachten Überlastung der Verwaltungsgerichte" berichtet *H. Sendler*, JZ 1994, 1163. S.a. *F. Ossenbühl*, in: Eigentumsgarantie und Umweltschutz, 1990, 35, 45, demzufolge sich die Verwaltungsgerichte „über die von ihnen selbst definierte Klagebefugnis ein riesiges Arbeitsbeschaffungsprogramm zulegen" können; „die sog. Drittschutzklagen in polygonalen Verwaltungsrechtsverhältnissen" seien „nicht das Ergebnis einer Entscheidung des parlamentarischen Gesetzgebers, sondern einzig und allein einer eskalierenden Verwaltungsrechtsjudikatur".

682 BVerwGE 104, 115, 118; *U. G. Berger*, Grundfragen, 1982, 215; *K. F. Gärditz*, in: Gärditz §42 Rn.48; *M. Kloepfer*, VerwArch 76 (1985), 371, 381

guten Gründen bezweifeln,[683] sodass die Vermutung naheliegt, dass sich das Erfordernis der Klagebefugnis auf die *Zahl* der verwaltungsgerichtlichen Verfahren bislang kaum ausgewirkt hat und wohl auch künftig nicht in nennenswertem Umfang auswirken wird. Diese Sachentscheidungsvoraussetzung ermöglicht der Verwaltungsgerichtsbarkeit jedoch, in Fällen eindeutiger Popular- oder Interessentenklagen ohne größeren argumentativen Aufwand und unter Vermeidung der Prüfung der Begründetheit eine klageabweisende Entscheidung zu treffen. Angesichts der Tatsache, dass wegen der Probleme der öffentlichen Finanzen derzeit wohl kaum mit einer ins Gewicht fallenden Verbesserung der personellen und sachlichen Ausstattung der Verwaltungsgerichte zu rechnen ist,[684] würde die allgemeine Zulassung einer Popularklage die Schwierigkeiten der Verwaltungsgerichtsbarkeit bei der Bewältigung der Aufgaben also zusätzlich verschärfen.[685] Die in § 42 Abs. 2 verankerte Klagebefugnis erweist sich damit nicht als eine entbehrliche Sachentscheidungsvoraussetzung.[686]

II. Analoge Anwendung von § 42 Abs. 2

370 Angesichts der Funktionen der Klagebefugnis, prinzipiell die Popularklage und die Interessentenklage auszuschließen, stellt sich die Frage, ob die Klagebefugnis, die sich nach § 42 Abs. 2 nur auf Anfechtungs- und Verpflichtungsklage bezieht, als Sachentscheidungsvoraussetzung auch bei anderen Verfahrensarten vorliegen muss. Insoweit kommt eine analoge Anwendung von § 42 Abs. 2 in Betracht. Im Gegensatz zu der pauschalen Annahme des VGH Mannheim, § 42 Abs. 2 gelte „sinngemäß für *sämtliche* Klagearten",[687] bedarf es hier allerdings einer differenzierten Betrachtung.

371 **1. Allgemeine Leistungsklage.** § 40 Abs. 2 FGO verlangt für die Zulässigkeit einer Klage – vorbehaltlich anderer gesetzlicher Bestimmung –, dass „der Kläger geltend macht, durch den Verwaltungsakt oder durch die Ablehnung oder Unterlassung eines Verwaltungsaktes *oder einer anderen Leistung* in seinen Rechten verletzt zu sein" (Hervorhebung vom Verfasser). Obwohl § 42 Abs. 2 die Worte „oder einer anderen Leistung" nicht enthält, gilt diese Vorschrift nach ganz überwiegender und zutr. Auffassung[688] entsprechend auch für die allgemeine Leistungsklage (zu dieser Verfahrensart → Rn. 39 ff.). Die in einem Teil des Schrifttums[689] vertretene Ablehnung einer analogen Anwendung von § 42 Abs. 2 wird dem Umstand nicht gerecht, dass die allgemeine Leistungsklage in ihrer Klagestruktur der Verpflichtungsklage als einer besonderen Leistungsklage ähnlich ist (→ Rn. 29 ff., 39 ff.): Beide Verfahrensarten dienen der Durchsetzung subjektiver öffentlicher Rechte; diese können sowohl durch die Ablehnung oder Unterlassung eines beantragten Verwaltungsakts als auch durch die Vornahme oder Unterlassung schlichten Verwaltungshandelns verletzt sein.[690] Das von Gegnern der entsprechenden Anwendung von § 42 Abs. 2 befürwortete Erfordernis der allgemeinen *Prozessführungsbefugnis*, auf-

---

683 Dazu *K. Gierth*, DÖV 1980, 893, 897 f.; *H. H. Rupp*, DVBl 1982, 144, 146; *V. Schlette*, Jura 2004, 90.

684 Dazu *H. Sodan*, NJW 2003, 1494.

685 Dazu *E. Schmidt-Aßmann*, FS Menger, 1985, 107, 122, der auf „die Leistungsgrenzen des gerichtlichen Verfahrens" hinweist.

686 A.M. de lege ferenda *H. H. Rupp*, DVBl 1982, 144, 145 f.; vgl. auch *K. Gierth*, DÖV 1980, 893 ff.; ausf. zum Diskussionsstand *A. Hipp/U. Hufeld*, JuS 1998, 898 ff. m.w.N. *N. Achterberg*, DVBl 1981, 278, 283 hat die Klagebefugnis de lege lata als „eine nur – aber immerhin – *teilweise entbehrliche* Sachurteilsvoraussetzung" bezeichnet. Ferner *W. Henke*, Das subjektive öffentliche Recht, 1968, 138 f.

687 VGH Mannheim NVwZ 1991, 184, 185 (ohne die Hervorhebung); sehr weitgehend auch in DÖV 2004, 668.

688 S. etwa BVerwGE 36, 192, 199; BVerwG NJW 1977, 118, 119; BVerwGE 60, 144, 150; 62, 11, 14; BVerwG NJW 1982, 2011; NVwZ 1982, 103, 104; BVerwGE 100, 262, 271; 101, 157, 159; 140, 34, 36; 147, 312, 316; OVG Berlin PharmaR 1984, 214, 220; OVG Koblenz AS 14, 79, 88; AS 26, 112, 119; OVG Lüneburg NdsVBl 1997, 108; OVG Münster NWVBl 1990, 11; OVG Saarlouis DÖV 1993, 964; NVwZ-RR 1995, 319; VGH Mannheim NJW 1987, 3274; NVwZ 1991, 184, 185; VGH München BayVBl 1981, 499, 503; UPR 1984, 130; *D. Ehlers*, NVwZ 1990, 105, 109 f.; *ders.*, VerwArch 84 (1993), 139, 143; *A. Hipp/U. Hufeld*, JuS 1998, 802; *Hufen* § 17 Rn. 8; *J. Rautenberg/H. Voigt*, DÖV 1964, 259, 261; *Schenke* Rn. 492; *V. Schlette*, Jura 2004, 90, 96; *Schmitt Glaeser/Horn* Rn. 387; *H. Sodan*, Jura 1989, 662, 663; *U. Steiner*, JuS 1984, 853, 856. *Offen gelassen* ist die Frage nach einer analogen Anwendung von § 42 Abs. 2 auf die allgemeine Leistungsklage dagegen in BVerwGE 41, 253, 256; 59, 319, 326.

689 *N. Achterberg*, DVBl 1981, 278, 279; *K. A. Bettermann*, DVBl 1965, 365, 366; *H.-U. Erichsen*, DVBl 1982, 95, 100; *ders.*, Jura 1989, 220, 221; 1992, 384, 386; 1994, 385, 386; *D. Neumeyer*, Klagebefugnis, 1979, 128 ff.; *F. Schoch*, JuS 1987, 783, 790; vgl. auch *R. Holland*, Leistungsklage, 1964, 50; *H. H. Rupp*, DVBl 1982, 144, 146 f.

690 Vgl. *D. Ehlers*, NVwZ 1990, 105, 110; *ders.*, VerwArch 84 (1993), 139, 143; *Schenke* Rn. 492; *Schmitt Glaeser/Horn* Rn. 387.

grund dessen bereits eine planwidrige Lücke in Bezug auf die allgemeine Leistungsklage fehle,[691] müsste bei Übertragung der zivilprozessualen Grundsätze prinzipiell schon dann erfüllt sein, wenn der Kläger Rechtsschutz *für sich* begehrt; damit vermag es die Popularklage nicht in gleicher Weise wirksam zu verhindern wie die Klagebefugnis als Sachentscheidungsvoraussetzung, zu deren Bejahung der Kläger eine eigene Rechts*verletzung* geltend machen muss.[692] Es ist kein einleuchtender Grund dafür ersichtlich, weshalb gerade die allgemeine Leistungsklage eine Popularklage sein sollte.[693]

2. Allgemeine Feststellungsklage? Ob § 42 Abs. 2 auch für die in § 43 geregelte allgemeine Feststellungsklage entsprechend gilt, ist sehr umstr.   372

a) Einschlägige Rechtsprechung. In der einschlägigen Rspr. lassen sich verschiedene Fallgruppen unterscheiden, in denen jeweils eine analoge Anwendung von § 42 Abs. 2 bejaht wurde.[694] In einem Beschluss vom 9.12.1981 sah das BVerwG für die Zulässigkeit speziell einer Feststellungsklage auf *Nichtigkeit eines Verwaltungsakts* das Vorliegen der Klagebefugnis als Voraussetzung an, „um die dem Verwaltungsprozeß fremde Popularklage zu vermeiden"; der Verwaltungsakt, dessen Nichtigkeit festgestellt werden solle, müsse die eigene Rechtsstellung des Klägers „zumindest berühren können".[695] Wiederholt wurde in der Rspr. eine analoge Anwendung von § 42 Abs. 2 auf Feststellungsklagen in *kommunalverfassungsrechtlichen Streitigkeiten* (zum Kommunalverfassungsstreit → Rn. 229 ff.) für erforderlich gehalten; die Zulässigkeit einer solchen Feststellungsklage soll nach dieser Judikatur jeweils davon abhängen, ob der Kläger geltend machen kann, durch ein anderes Organ oder einen Organteil eine eigene Rechtsverletzung erfahren zu haben.[696] Andernfalls „liefe der Kommunalverfassungsstreit auf ein objektives Beanstandungsverfahren hinaus, was er aber in dem auf Individualrechtsschutz angelegten System der Verwaltungsgerichtsordnung gerade nicht sein" könne (OVG Koblenz NVwZ 1985, 283; vgl. auch VGH Mannheim NVwZ-RR 1994, 229). In einem Beschluss vom 30.7.1990 führte das BVerwG nach einem Hinweis auf die Nichtigkeitsfeststellungsklage aus, „auch die *sonstigen*, auf die Feststellung des Bestehens oder Nichtbestehens eines Rechtsverhältnisses gerichteten *Feststellungsklagen*" nach § 43 Abs. 1 seien nur zulässig, wenn es dem Kläger jeweils „um die Verwirklichung seiner Rechte" gehe, „sei es, daß er an dem festzustellenden Rechtsverhältnis selbst beteiligt" sei, „sei es, daß von dem Rechtsverhältnis immerhin eigene Rechte" des Klägers abhingen.[697] Das BVerwG bestätigte diese Auffassung i.R. eines beamtenrechtlichen Streitverfahrens in einem Urteil vom 29.6.1995 und sprach zugleich von seiner „ständigen Rechtsprechung", § 42 Abs. 2 sei „zur Vermeidung der dem Verwaltungsprozeß fremden Popularklage" *generell* auf die allgemeine

---

691 *H.-U. Erichsen*, DVBl 1982, 95, 100; *ders.*, Jura 1989, 220, 221; 1992, 384, 386; 1994, 385, 386; *F. Schoch*, JuS 1987, 783, 790.

692 *D. Ehlers*, NVwZ 1990, 105, 109 f.; *ders.*, VerwArch 84 (1993), 139, 142 f.; ähnl. *A. Hipp/U. Hufeld*, JuS 1998, 802, 804.

693 Vgl. VGH München BayVBl 1981, 499, 503; VG Frankfurt/M. DVBl 1966, 383; VG Oldenburg NJW 1989, 1942, 1943; *Schenke* Rn. 492; *Schmitt Glaeser/Horn* Rn. 387; *H. Sodan*, Jura 1989, 662, 663. In dem vom Koordinierungsausschuß zur Vereinheitlichung der VwGO, der FGO und des SGG vorgelegten Entwurf einer Verwaltungsprozeßordnung, 1978, 225, heißt es hingegen, die „Regelung der Klagebefugnis bei anderen Leistungen als Verwaltungsakten wie in § 40 Abs. 2 FGO" sei „entbehrlich".

694 Zu einer ausf. Darstellung der Entwicklung der Judikatur *H.-W. Laubinger*, VerwArch 82 (1991), 459 ff.

695 BVerwG NJW 1982, 2205; fast wörtlich übereinstimmend BVerwG NVwZ 1991, 470, 471; vgl. auch BVerwGE 74, 1, 4; OVG Koblenz AS 17, 211, 213; VGH München RdL 1981, 15 f.

696 S. etwa BVerwG NVwZ 1989, 470 (für Klage einer Fraktion der Stadtverordnetenversammlung gegen dessen Vorsteher auf Aufnahme eines Tagesordnungspunktes); NVwZ-RR 1994, 352 (für Klage einer Ratsfraktion gegen Satzungsbeschluss betr. Bildung eines Ausländerbeirats); OVG Koblenz NVwZ 1985, 283 (für Klage eines Mitglieds des Kreistags betr. Beschlussfassung über den Haushalt des Landkreises); OVG Münster DVBl 2001, 1280, 1281 (für Klage eines abstimmungsberechtigten Bürgers zwecks Ungültigerklärung eines Bürgerentscheides); VGH Mannheim VBlBW 1988, 407 (für Klage einer Fraktion des Gemeinderats gegen einen Satzungsbeschluss über die Größe eines Ausschusses); DVBl 1992, 981 (LS – für Klage eines Mitglieds des Gemeinderats mit dem Ziel der öffentlichen Verhandlung eines Gegenstands im Gemeinderat); DVBl 1993, 212 (für Klage eines Mitglieds des Gemeinderats gegen eine Eilentscheidung des Bürgermeisters); NVwZ-RR 1994, 229 (für Klage eines Mitglieds des Gemeinderats gegen Redezeitbeschränkung im Gemeinderat).

697 BVerwG NVwZ 1991, 470, 471 (ohne die Hervorhebungen). Vgl. auch OVG Koblenz AS 14, 79 (LS 1) und 88; AS 17, 211, 212 f.; NVwZ-RR 1995, 342; OVG Lüneburg UPR 1992, 394; OVG Münster NWVBl 1992, 407, 408; VGH Mannheim VBlBW 1989, 312, 313; VGH München ZBR 1986, 368; DVBl 1995, 162.

Feststellungsklage entsprechend anzuwenden.[698] In einem Urteil vom 2.12.2015 formulierte das BVerwG (NVwZ-RR 2016, 344): An dieser Rspr. „ist jedenfalls für Feststellungsklagen, die zulässigerweise mögliche Anfechtungs- oder Verpflichtungsklagen vorgreifen, festzuhalten, weil dadurch ein Gleichklang der Zulässigkeitsvoraussetzungen gesichert wird. Unabhängig davon sind Feststellungsklagen von Trägern hoheitlicher Befugnisse nur zulässig, wenn diese die Möglichkeit einer Verletzung in Rechtspositionen geltend machen, die als subjektive Rechte ausgestaltet sind. Andernfalls könnten Differenzen aus dem Binnenbereich der Exekutive beliebig vor die Verwaltungsgerichte getragen und so die aufgabenangemessene Gestaltung von Verwaltungsstrukturen erschwert werden, ohne dass dies durch Vorschriften des materiellen Rechts veranlasst wäre."

374 **b) Einwände gegen die Judikatur.** Die vorgenannte Rspr. geht jedoch in Bezug auf die Feststellungsklage nach § 43 „zu sorglos mit dem rechtsmethodischen Instrument der Analogie" um.[699] Insbes. fehlt eine (überzeugende) Begründung für das Vorliegen einer *planwidrigen Gesetzeslücke*, ohne deren Darlegung eine analoge Anwendung von § 42 Abs. 2 unzulässig ist; die Popularklage wird durch § 43 Abs. 1 aber bereits insoweit ausgeschlossen, als die Feststellungsklage nur zulässig ist, wenn der Kläger ein berechtigtes *eigenes* Interesse an der begehrten Feststellung hat; schon dadurch ist „der Kreis der potentiellen Feststellungskläger erheblich eingeengt".[700] Wendet man ferner das in § 43 Abs. 1 genannte Merkmal des „Bestehens oder Nichtbestehens eines *Rechtsverhältnisses*" konsequent an, lässt sich die Popularklage auch ohne entsprechende Anwendung von § 42 Abs. 2 zuverlässig ausschalten.[701] Ob diese Analogie zulässig ist, um die Feststellungsklage als Verletztenklage in Abgrenzung zur sog. Interessentenklage (zu dieser Funktion der Klagebefugnis → Rn. 365) auszugestalten, erscheint sehr zweifelhaft: Anders als § 256 Abs. 1 ZPO für den Zivilprozess fordert § 43 Abs. 1 VwGO kein „*rechtliches*", sondern ein „*berechtigtes* Interesse" an der Feststellung; diese Formulierung spricht dafür, dass der Gesetzgeber die verwaltungsprozessuale Feststellungsklage nicht – wie die Anfechtungs- und Verpflichtungsklage – als Verletzten-, sondern als Interessentenklage regeln wollte.[702] Die Bundesregierung hat die Abweichung von § 256 Abs. 1 ZPO durch den – mit dem heutigen § 43 Abs. 1 VwGO wörtlich übereinstimmenden – § 42 Abs. 1 ihres Entwurfs einer VwGO (BT-Drs. 3/55 Anl. 1 S. 7) damit begründet, „die Entscheidung der Frage, ob ein rechtliches oder nur ein berechtigtes (wirtschaftliches) Interesse" vorliege, führe „in der Praxis zu erheblichen Schwierigkeiten"; sachlich rechtfertige „auch ein rein wirtschaftliches Interesse die Feststellungsklage" (BT-Drs. 3/55 Anl. 1 S. 32). Das Fehlen einer planwidrigen Gesetzeslücke in Bezug auf § 42 Abs. 2 wird hier ferner deutlich, wenn man die Klagebefugnis nicht als verwaltungsprozessuale Ausformung der Prozessführungsbefugnis,[703] sondern als „besonderes Rechtsschutzerfordernis" (→ Rn. 367) ansieht; weil jedoch auch § 43 Abs. 1 ein besonderes Rechtsschutzbedürfnis regelt, ist nicht ersichtlich, weshalb zusätzlich zu dieser Bestimmung für die Zulässigkeit einer Feststellungsklage noch § 42 Abs. 2 entsprechend herangezogen werden soll.[704]

---

698 BVerwGE 99, 64, 66. Ferner BVerwGE 100, 262, 271 f. (für Klage eines Vermieters gegen kommunalen Mietspiegel); 111, 276, 279 f. (für Klage eines Anwohners gegen die Verlegung einer Abflugstrecke); 114, 356, 360 (für Klage eines inländischen religiösen Vereins gegen die Ausschreibung seines ausländischen geistlichen Oberhaupts zur Einreiseverweigerung im Schengener Informationssystem); BVerwG NVwZ 2004, 1229, 1230 (für Klagen von Gemeinden gegen die Festlegung von Flugrouten); OVG Berlin-Brandenburg LKV 2013, 182, 183 (für Klage von Anliegern eines Forschungsreaktors auf Feststellung der Rechtswidrigkeit der Festlegung einer Flugroute); OVG Koblenz NVwZ-RR 2000, 371, 373 (für Klage gegen Weisungen eines Dienstvorgesetzten hinsichtlich Art und Weise der Aufgabenerledigung); OVG Münster NWVBl 1997, 232 (für Klage der Eltern eines Auszubildenden auf Feststellung der Nichtigkeit eines an diesen ergangenen Vorausleistungsbescheides gem. § 36 BAföG); OVG Weimar ThürVBl 2002, 235, 237 (für Klage eines Grundstückseigentümers auf Feststellung der straßenrechtlichen Öffentlichkeit eines über das Grundstück verlaufenden Weges); VGH Mannheim VBlBW 2004, 185, 186 (für Klage eines Jagdpachtbewerbers gegen Jagdpachtvergabebeschluss). Krit. *H. H. Rupp*, NVwZ 2002, 286, 290.

699 *H.-W. Laubinger*, VerwArch 82 (1991), 459, 491.

700 *H.-W. Laubinger*, VerwArch 82 (1991), 492 und 494; ferner *F. Schoch*, JuS 1987, 783, 790. Vgl. auch VGH Mannheim NVwZ 1991, 184, 185, der die Auffassung vertreten hat, die „Prozeßvoraussetzung einer Betroffenheit in eigenen Rechten" sei „für die Feststellungsklage angesichts des Zulässigkeitserfordernisses eines Feststellungsinteresses [...] ohne praktische Bedeutung".

701 *A. Hipp/U. Hufeld*, JuS 1998, 802; ausf. *W. Selb*, Die verwaltungsgerichtliche Feststellungsklage, 1998, 164 ff.

702 *H.-W. Laubinger*, VerwArch 82 (1991), 459, 494; vgl. auch *A. Hipp/U. Hufeld*, JuS 1998, 802.

703 So aber etwa *D. Ehlers*, NVwZ 1990, 105, 111; *F. Schoch*, JuS 1987, 783, 790.

704 Vgl. *H.-W. Laubinger*, VerwArch 82 (1991), 459, 494. Gegen eine analoge Anwendung von § 42 Abs. 2 auf die Feststellungsklage i.E. auch *A. Hipp/U. Hufeld*, JuS 1998, 802; *Schenke* Rn. 410, 414, 492; *Schmitt Glaeser/Horn*

3. Fortsetzungsfeststellungsklage? Bei der Fortsetzungsfeststellungsklage nach § 113 Abs. 1 S. 4 **375** (→ Rn. 66) ist § 42 Abs. 2 insoweit zu beachten, als für die zunächst erhobene Anfechtungsklage eine Klagebefugnis i.S.d. Vorschrift vorgelegen haben muss; die Umstellung der Anfechtungsklage auf die Fortsetzungsfeststellungsklage vermag nämlich einen bereits vorhandenen Zulässigkeitsmangel nicht zu heilen; auch in den Fällen der analogen Anwendung von § 113 Abs. 1 S. 4 (→ Rn. 67 ff.) ist die Fortsetzungsfeststellungsklage nur zulässig, wenn der Kläger geltend macht, durch den ursprünglichen Verwaltungsakt oder seine Ablehnung bzw. Unterlassung in seinen Rechten verletzt zu sein (→ Rn. 72). § 42 Abs. 2 ist in diesen Fällen also jeweils *unmittelbar* und nicht entsprechend heranzuziehen.

4. Verfahrensarten zur Erlangung vorläufigen Rechtsschutzes. Dagegen ist im Hinblick auf Verfah- **376** rensarten zur Erlangung vorläufigen Rechtsschutzes eine *analoge* Anwendung von § 42 Abs. 2 i.R.d. Prüfung der *Antragsbefugnis* geboten: Im Verfahren nach § 80 Abs. 5 S. 1 muss der Antragsteller ein schutzwürdiges Interesse an der Anordnung bzw. Wiederherstellung der aufschiebenden Wirkung haben; im Verfahren auf Erlass einer einstweiligen Anordnung gem. § 123 setzt die Antragsbefugnis die Geltendmachung voraus, dass ein dem Antragsteller zustehendes Recht verletzt oder gefährdet ist (→ Rn. 79 f.).

5. Widerspruchsverfahren. Eine analoge Anwendung von § 42 Abs. 2 kommt ferner im Wider- **377** spruchsverfahren nach den §§ 68 ff. im Hinblick auf die Widerspruchsbefugnis in Betracht, weil auch dieses Verfahren kein objektives Beanstandungs-, sondern ein Rechtsschutzverfahren ist, das der Verteidigung subjektiver Rechte dient; widerspruchsbefugt ist also zunächst derjenige, der geltend macht, durch die Maßnahme oder deren Unterlassung in seinen Rechten verletzt zu sein; weil aber gem. § 68 Abs. 1 S. 1 in dem Vorverfahren die Rechtmäßigkeit *und* – bei Ermessensentscheidungen – die *Zweckmäßigkeit* nachzuprüfen sind, ist ferner „derjenige widerspruchsbefugt, der Tatsachen vorträgt, aus denen sich ergibt, dass die Behörde in ein ihm zustehendes *subjektives Recht* eingreift und dabei *möglicherweise unzweckmäßig* gehandelt hat".[705]

III. Geltendmachung einer Rechtsverletzung

1. Abzulehnende Auffassungen. Während der von der Bundesregierung eingebrachte Entwurf einer **378** VwGO für die Zulässigkeit einer Anfechtungs- oder Verpflichtungsklage grds. die *Behauptung* des Klägers genügen ließ, durch den Verwaltungsakt oder seine Ablehnung oder Unterlassung *beschwert* zu sein (→ Rn. 1 sowie zum weiteren Gesetzgebungsverfahren → Rn. 2 ff.), verlangt der später beschlossene und noch heute unverändert geltende § 42 Abs. 2 vorbehaltlich anderer gesetzlicher Bestimmung vom Kläger die *Geltendmachung* einer eigenen *Rechtsverletzung* durch den Verwaltungsakt oder seine Ablehnung oder Unterlassung. Damit lässt bereits der Wortlaut erkennen, dass die bloße *Behauptung* eines eigenen Anspruchs seitens des Klägers zur Bejahung der Klagebefugnis[706] nicht ausreicht; zudem könnte bei einer so großzügigen Anwendung des Erfordernisses der Klagebefugnis der mit dieser Sachentscheidungsvoraussetzung bezweckte prinzipielle Ausschluss von Popularklage und Interessentenklage nicht erfüllt werden.[707] Andererseits hängt die Klagebefugnis nach dem Wortlaut des § 42 Abs. 2 nicht davon ab, dass eine Rechtsverletzung *tatsächlich vorliegt*; die diesbezügliche Prüfung betrifft vielmehr die Frage nach der Begründetheit der Klage.[708] Auch verlangt § 42 Abs. 2 nicht

---

Rn. 341; *F. Schoch*, JuS 1987, 783, 790. In dieser Richtung auch *V. Schlette*, Jura 2004, 90, 97 f., der allerdings speziell für verwaltungsprozessuale Organklagen die entsprechende Anwendung von § 42 Abs. 2 für unentbehrlich hält, wenn mangels Außenwirkung die Feststellungsklage zur Klärung von Organrechten und -pflichten eingesetzt wird. Dagegen aber *A. Hipp/U. Hufeld*, JuS 1998, 802 m.w.N.

705 *Hufen* § 6 Rn. 22; vgl. auch VGH München NVwZ 1994, 716, 717; NVwZ 2001, 339, 340; *V. Schlette*, Jura 2004, 90, 91.

706 So aber *W. Henke*, Das subjektive öffentliche Recht, 1968, 138; vgl. auch *H.-W. Laubinger*, Verwaltungsakt, 1967, 119 f. Zu weitgehend auch *D. Neumeyer*, Klagebefugnis, 1979, 111, der „die Grundsätze für die Anforderungen an die Prozeßführungsbefugnis im Zivilprozeß" auf die Klagebefugnis überträgt; ferner *R. Hartmann*, Genehmigung, 1994, 217.

707 Dazu BVerfG (K) NVwZ 2009, 1426 f.; BVerwGE 10, 122, 123; VGH Mannheim VerwRspr 25, 24, 25; *H.-U. Erichsen*, VerwArch 64 (1973), 319, 321; *A. Hipp/U. Hufeld*, JuS 1998, 802, 803; *Pietzner/Ronellenfitsch* § 14 Rn. 9; *Schenke* Rn. 493; *V. Schlette*, Jura 2004, 90, 92; *Schmitt Glaeser/Horn* Rn. 153.

708 Bereits die Begründung der Bundesregierung zu § 41 Abs. 2 des Entwurfs einer VwGO, BT-Drs. 3/55 Anl. 1 S. 32; *Schenke* Rn. 493.

„die *schlüssige Behauptung* des Klägers, daß er – und d.h. gerade er und nicht irgendein anderer – durch den Verwaltungsakt oder seine Ablehnung oder Unterlassung in seinen Rechten verletzt werde, falls sich der Verwaltungsakt oder seine Ablehnung oder Unterlassung als objektiv rechtswidrig erweist".[709] Diese sog. Schlüssigkeitstheorie erweist sich schon insofern als verfehlt, als sie die Rechtswidrigkeit der angegriffenen Verwaltungsentscheidung unterstellen muss, weil andernfalls i.R.d. Prüfung der Begründetheit nur noch zu klären wäre, ob die vom Kläger vorgetragenen Tatsachen wahr sind; eine Rechtsverletzung ergibt sich aber aus dem Betroffensein *und* der Rechtswidrigkeit, sodass die in § 42 Abs. 2 geforderte Geltendmachung einer Rechtsverletzung sich auch auf *beide* Komponenten beziehen muss.[710] Die begrenzte Schlüssigkeitsprüfung lässt sich zudem nicht mit dem in § 86 Abs. 1 verankerten Amtsermittlungsgrundsatz vereinbaren und hat eine ungerechtfertigte Aufblähung der Prüfung der Zulässigkeit der Klage zur Folge; die Schlüssigkeit einer klagebegründenden Behauptung gehört vielmehr in die Untersuchung der Begründetheit der Klage.[711]

379   **2. Möglichkeitstheorie.** Durchgesetzt hat sich daher zu Recht die sog. Möglichkeitstheorie: Danach muss der Kläger Tatsachen vorbringen, die es als *möglich* erscheinen lassen, dass er durch den Verwaltungsakt oder seine Ablehnung oder Unterlassung in seinen Rechten verletzt ist.[712] Eine Anfechtungs- oder Verpflichtungsklage ist wegen Fehlens der erforderlichen Klagebefugnis unzulässig, wenn

- der Kläger nicht hinreichend substantiiert dargelegt hat, dass der angefochtene Verwaltungsakt bzw. die Ablehnung oder Unterlassung des beantragten Verwaltungsakts gerade *seine* Rechtssphäre betrifft,
- der Kläger die *Rechtswidrigkeit* des Verwaltungsakts bzw. seiner Ablehnung oder Unterlassung nicht plausibel machen kann oder
- das *Recht*, auf das sich der Kläger beruft, gar *nicht besteht*.[713]

380   In Rspr. und Lit. ist jedoch trotz der im Grundsatz mittlerweile fast einhellig akzeptierten Möglichkeitstheorie nicht hinreichend geklärt, welche Anforderungen an das Vorbringen des Klägers genau zu stellen sind, um die notwendige Plausibilität bejahen zu können. Auf eine sehr großzügige Verfahrensweise deutet eine Formel, die – wohl erstmalig – in einem Urteil des BVerwG vom 30.10.1963 (DVBl 1964, 191) benutzt und seitdem (nahezu) wörtlich in zahlreichen Entscheidungen[714] und Veröffentlichungen im Schrifttum[715] unkritisch wiederholt worden ist: Danach ist gem. § 42 Abs. 2 „eine Klage nur unzulässig, wenn offensichtlich und eindeutig nach keiner Betrachtungsweise die vom Kläger behaupteten Rechte bestehen oder ihm zustehen können". Diese Formel ist jedoch insofern verfehlt, als im Regelfall zumindest nach der Betrachtungsweise des Klägers eine Rechtsverletzung nicht „offen-

---

709   So aber *Ule* § 33 II; vgl. auch *ders.*, JuS 1961, 190, 196; *H. Hoffmann*, VerwArch 53 (1962), 297, 325 f.; *G. Lüke*, AöR 84 (1959), 185, 213 f.; BVerwGE 10, 122, 123; 11, 331, 332; OVG Münster DVBl 1964, 41, 42.

710   *Schmitt Glaeser/Horn* Rn. 154; vgl. auch *H.-U. Erichsen*, VerwArch 64 (1973), 319, 322; *Pietzner/Ronellenfitsch* § 14 Rn. 8 f. A.M. *Schwerdtfeger/Schwerdtfeger* Rn. 194, die – entgegen dem Wortlaut in § 42 Abs. 2 – die Auffassung vertreten, das Problem der Rechts*verletzung* gehöre „vollständig zur Begründetheit der Klage".

711   *Schmitt Glaeser/Horn* Rn. 154; vgl. auch *K. A. Bettermann*, NJW 1961, 1097, 1098; *A. Hipp/U. Hufeld*, JuS 1998, 802, 803 f. m.w.N.; *V. Schlette*, Jura 2004, 90, 92.

712   I.d.S. etwa BVerwGE 60, 123, 125; 82, 246, 249; 92, 32, 35; 95, 333, 334 f.; 107, 215, 217; BVerwG NVwZ 2000, 1296; BVerwGE 114, 356, 360; OVG Bremen NVwZ 1984, 594; UPR 1994, 80 (LS); OVG Hamburg NVwZ 1984, 48; OVG Münster GewArch 1968, 89; GewArch 2004, 297; OVG Saarlouis AS 8, 413, 415; NVwZ-RR 1995, 319; VGH Mannheim VerwRspr 25, 24, 25; DVBl 1987, 138, 139; NJW 1991, 3050; NVwZ-RR 1995, 323; VGH München BayVBl 1994, 407, 408; *H. D. Jarass*, DVBl 1976, 732, 733; *M. Schmidt-Preuß*, Kollidierende Privatinteressen, 1992, 553. Vgl. auch bereits BVerwGE 8, 283, 286 zu § 23 Abs. 1 MRVO Nr. 165.

713   *Schmitt Glaeser/Horn* Rn. 156; *V. Schlette*, Jura 2004, 90, 92; vgl. auch *H.-U. Erichsen*, VerwArch 64 (1973), 319, 322 f.

714   BVerwGE 18, 154, 157; 36, 192, 199 f.; 44, 1, 3; 65, 167, 171; 68, 241, 242; 75, 147, 154; 75, 285, 291; 81, 329, 330; 82, 246, 249; 92, 313, 315 f.; 95, 25, 27; 95, 133, 134; 95, 333, 335; 96, 293, 294; 96, 302, 305; 98, 118, 120; 100, 287, 299; 104, 115, 118; 111, 276, 279 f.; 112, 51, 54; 114, 356, 360; 117, 93, 95; BVerwG NJW 2004, 698; NVwZ 2011, 613, 614; OVG Berlin PharmaR 1984, 214, 220; OVG Frankfurt/O. LKV 1995, 374, 375; OVG Greifswald NVwZ-RR 2000, 549, 550; DVBl 2000, 1072; OVG Hamburg NVwZ 1984, 48; OVG Lüneburg DVBl 1967, 779, 780; OVG Münster NJW 1965, 650; GewArch 1968, 89; OVGE 26, 93, 94; NVwZ 1984, 385, 386; NWVBl 1990, 11; DVBl 1999, 1372; VGH Kassel FEVS 12, 182, 183 f.; VGH Mannheim NJW 1982, 2011; DVBl 1989, 1267, 1268; NJW 1990, 3291, 3292; NVwZ 1991, 184, 185; VBlBW 1992, 98; NVwZ-RR 1993, 445; DVBl 1994, 348, 349; NJW 1995, 346, 347; NVwZ-RR 1995, 323; NVwZ 1998, 416; VBlBW 2000, 477, 478; VGH München UPR 1984, 130; s. ferner BVerfGE 83, 182, 196; OVG Koblenz DVBl 2005, 330.

715   S. etwa *A. Hipp/U. Hufeld*, JuS 1998, 802, 804; *H. v. Nicolai*, in: Redeker/v. Oertzen § 42 Rn. 48; *V. Schlette*, Jura 2004, 90, 92; *G. Schwerdtfeger*, NVwZ 1982, 5, 6.

sichtlich und eindeutig" ausgeschlossen sein dürfte. Das daraus folgende Ergebnis einer fast ausnahmslosen Bejahung der Klagebefugnis wäre freilich mit den Funktionen der Klagebefugnis, prinzipiell die Popularklage und die sog. Interessentenklage auszuschließen (→ Rn. 365), nicht zu vereinbaren. Sollte der klägerischen Betrachtungsweise hingegen keine ausschlaggebende Bedeutung zukommen, was ernstlich nur gemeint sein kann, müsste zumindest eine wissenschaftlich vertretbare Auffassung, die sich zugunsten einer Rechtsverletzung anführen lässt, der Verneinung der Klagebefugnis entgegenstehen. Jedenfalls ist es nicht Sinn der Klagebefugnis, „ernsthaft streitige Fragen über das Bestehen eines subjektiven Rechts, von deren Beantwortung der Klageerfolg abhängen kann, bereits vorab im Rahmen der Zulässigkeitsprüfung zu klären" (BVerwG NVwZ 2004, 1229, 1230). Damit sind allerdings Entscheidungen nicht in Einklang zu bringen, welche unter dem Gesichtspunkt der Klagebefugnis diffizile Gedanken zur Möglichkeit einer Rechtsverletzung enthalten und mit diesen die Klagebefugnis ablehnen.[716] Wenn ein Gericht sich veranlasst sieht, in einer Entscheidung die Verneinung der Klagebefugnis mit tiefgreifenden dogmatischen Überlegungen zu begründen, spricht allein dieser Umstand schon dafür, dass eben *nicht* „offensichtlich und eindeutig nach keiner Betrachtungsweise die vom Kläger behaupteten Rechte bestehen oder ihm zustehen können".[717] Nach einer im Vordringen befindlichen Auffassung[718] sind im Rahmen der Klagebefugnis die Frage des abstrakten Bestehens des vom Kläger als verletzt geltend gemachten subjektiv-öffentichen Rechts und die des abstrakt geschützten Personenkreises bereits abschließend zu entscheiden. Für diese Auslegung des § 42 Abs. 2 spricht, dass es sich um eine reine Rechtsfrage handelt, die ohne Verkürzung des Rechtsschutzes auch bereits bei der Prüfung der Zulässigkeit des Rechtsbehelfs entschieden werden kann (BVerfG [K] NVwZ 2009, 1426, 1427). Der VGH München (BeckRS 2011, 32243, Rn. 42 ff.) folgt dieser Ansicht bei Drittanfechtungsklagen im Wirtschaftsverwaltungsrecht, wobei seine Begründung allerdings insofern nicht überzeugt, als er einen Vorzug dieser Auffassung darin sieht, dass man danach im Falle des Nichtbestehens des geltend gemachten subjektiven Rechts zur offensichtlichen Unzulässigkeit des Rechtsbehelfs und damit auch zum Ausschluss der aufschiebenden Wirkung eines Drittwiderspruchs gelange. In den Fällen, in denen sich die Offensichtlichkeit des Nichtbestehens des als verletzt geltend gemachten subjektiv-öffentlichen Rechts ergibt, ist der Dritte aber auch nach der hier vertretenen Auffassung nicht widerspruchs- bzw. klagebefugt. In den Fällen, in denen die Widerspruchs- bzw. Klagebefugnis einer genaueren Prüfung bedarf, ist der Rechtsbehelf jedenfalls nicht offensichtlich unzulässig. Aus einer Verlagerung der abschließenden Prüfung des abstrakten Bestehens des subjektiv-öffentlichen Rechts und der abstrakten Bestimmung des geschützten Personenkreises in die Zulässigkeitsprüfung ergibt sich weder für die Effektivität des Rechtsschutzes noch im Hinblick auf die Prozessökonomie ein Vorteil. Daher sollte die Zulässigkeitsprüfung damit nicht überfrachtet werden. *Horst Sendler*[719] hat zu Recht beklagt, dass sich Verwaltungsgerichte oft mit Vorliebe in Ausführungen zur Klagebefugnis vertiefen, „ohne damit häufig der Sachentscheidung sonderlich zu nutzen". Auf diese Weise tragen Gerichte selbst zu ihrer Überlastung bei. Problematisch ist dies vor allem im Hinblick auf diejenigen Kläger, deren Klagebefugnis außer Frage steht und die unangemessen lange auf eine Sachentscheidung warten müssen.

Insbes. darf das Erfordernis der Klagebefugnis vom Gericht nicht dazu missbraucht werden, um einer Sachprüfung auszuweichen. Das BVerwG[720] wies insoweit zutr. darauf hin, dass die prozessualen Anforderungen an eine nur mögliche Rechtsverletzung vom Gericht nicht „überspannt" werden dürfen. Zur Verhinderung solcher Überspannung müssen aber die Funktionen der Klagebefugnis (→ Rn. 365 ff.) ernst genommen und die Rechtsschutzgarantie des Art. 19 Abs. 4 S. 1 GG (→ Rn. 13, 78) beachtet werden: Eine Klage ist unzulässig, wenn nach dem Stand von Rspr. und Lit. eindeutig eine – gesetzlich nicht vorgesehene – Popular- oder Interessentenklage vorliegt. Im Hinblick auf die neben der Möglichkeit des Betroffenseins auch plausibel zu machende Rechtswidrigkeit ist zu beach-

381

---

716 S. als Beispiele dafür etwa BVerwGE 61, 256, 261 ff.; 72, 226 ff.; 75, 147 ff.; BVerwG NJW 1987, 2829 f.; vgl. auch BVerwGE 95, 133 ff.
717 Anders offenbar BVerwG BayVBl 1994, 90, das keinen Verfahrensfehler darin gesehen hat, „daß sich das vorinstanzliche Gericht besonders ausführlich den Fragen der Klagebefugnis gewidmet hat".
718 *D. Ehlers*, in: Ehlers/Schoch, Rechtsschutz im Öffentlichen Recht, 2009, § 22 Rn. 43; *W.-R. Schenke/R. P. Schenke*, in: Kopp/Schenke § 42 Rn. 66.
719 JZ 1994, 1163.
720 NJW 1982, 2513, 2514; BayVBl 1994, 90; BVerwGE 105, 6, 19; ebenso VGH Mannheim NVwZ-RR 1993, 445.

ten, dass die Möglichkeit einer Rechtswidrigkeit „fast nie ganz ausgeschlossen werden" kann.[721] Immerhin in diese Richtung weist auch die bereits zitierte (→ Rn. 380), freilich missverständliche Formel, wonach eine Klage nach § 42 Abs. 2 nur unzulässig ist, „wenn offensichtlich und eindeutig nach keiner Betrachtungsweise die vom Kläger behaupteten Rechte bestehen oder ihm zustehen können". Diese Fälle herauszufiltern sollte einem erfahrenen Verwaltungsrichter nur wenig Mühe bereiten. Sieht er sich hingegen zu einer genaueren Untersuchung der Rechtsverletzung veranlasst, ist der Weg zur Prüfung der Begründetheit der Klage gewiesen. Dies gilt auch für Anfechtungsklagen von Drittbetroffenen, die unter Berufung auf Rechte erhoben werden, deren Verletzung die Kläger zuvor als Einwendungen im Verwaltungsverfahren nicht innerhalb der jeweils gesetzlich bestimmten Frist vorgebracht haben. Die damit verbundene *Präklusion*[722] der Einwendungen lässt nicht notwendigerweise die Klagebefugnis entfallen: Das BVerwG hat es zu Recht im Falle der Anfechtung eines unter der Annahme eines materiellen Einwendungsausschlusses ergangenen Planfeststellungsbeschlusses zur Bejahung der Klagebefugnis als ausreichend angesehen, dass der Kläger „die Rechtmäßigkeit dieses Ausschlusses – sei es prinzipiell, sei es für den konkreten Fall – in Frage stellt und die Behauptung einer subjektiven Rechtsverletzung durch den angefochtenen Planfeststellungsbeschluß (auch) darauf stützt [...]. Denn allein i.R. einer zulässigen Klage kann von den Verwaltungsgerichten, dem Rechtsschutzerfordernis des Art. 19 Abs. 4 S. 1 GG entsprechend, geprüft werden, ob die Verwaltungsbehörde im Einzelfall zutr. angenommen hat, daß die tatbestandlichen Voraussetzungen für den Eintritt der normativ angeordneten materiellen Präklusion gegeben waren."[723] Hat der Kläger den begehrten Verwaltungsakt bei einer *unzuständigen Behörde* beantragt, fehlt seiner Verpflichtungsklage nicht bereits die Klagebefugnis; die Frage nach der Zuständigkeit betrifft vielmehr die *Begründetheit* der Klage (dazu, dass grds. überhaupt vor Erhebung der Verpflichtungsklage ein Verwaltungsverfahren erfolglos durchlaufen sein muss → Rn. 37).

IV. Selbstbetroffenheit des Klägers

382   Als „Rechte", deren Verletzung der Kläger nach § 42 Abs. 2 zur Bejahung der Zulässigkeit seiner Klage geltend zu machen hat, kommen *subjektive öffentliche Rechte* in Betracht. Nach der klassischen Definition von *Ottmar Bühler*[724] aus der Zeit des Kaiserreichs ist ein subjektives öffentliches Recht „diejenige rechtliche Stellung des Untertanen zum Staat, in der er aufgrund eines Rechtsgeschäftes oder eines zwingenden, zum Schutz seiner Individualinteressen erlassenen Rechtssatzes, auf den er sich der Verwaltung gegenüber soll berufen können, vom Staat etwas verlangen kann oder ihm gegenüber etwas tun darf".[725] Diese Begriffsbestimmung ist „bis heute grundlegend geblieben".[726] Freilich sah man sich veranlasst, „den dem gegenwärtigen Staatsverständnis anstößigen 'Untertan' durch den Bürger" zu ersetzen. In der neueren Lit. hat sich jedenfalls „ein gewisser Grundkonsens herausgebildet"[727], wonach das subjektive öffentliche Recht die dem Einzelnen aufgrund öffentlichen Rechts verliehene Rechtsmacht darstellt, vom Staat zur Verfolgung eigener Interessen ein bestimmtes Tun, Dulden oder Unterlassen fordern zu können.[728]

383   **1. Kläger als Adressat eines belastenden Verwaltungsakts.** Der Kläger ist als Adressat eines belastenden Verwaltungsakts regelmäßig unproblematisch zur Erhebung einer Anfechtungsklage befugt (sog.

---

721   *Schmitt Glaeser/Horn* Rn. 156.
722   Zu den Präklusionstypen C. *Degenhart*, FS Menger, 1985, 621 ff.
723   BVerwGE 66, 99, 106 f.; dazu auch OVG Lüneburg DVBl 1975, 190, 192; VGH Mannheim DVBl 1977, 345, 346; VGH München BayVBl 1979, 723; C. *Degenhart*, FS Menger, 1985, 621, 637 f.; *H.-J. Papier*, NJW 1980, 313, 316 f.; *R. Stober*, AöR 106 (1981), 41, 65 ff. A.M. VGH München DVBl 1979, 673, 681, wonach „derjenige, der nicht rechtzeitig Einwendungen erhoben hat, nicht klagebefugt" sein soll; i.d.S. auch OVG Münster UPR 1989, 390.
724   Die subjektiven öffentlichen Rechte, 1914, 224; ebenso *ders.*, in: FG Fleiner, 1927, 26, 36.
725   Diese Definition bezeichnet *P. M. Huber*, Konkurrenzschutz, 1991, 101 als die „noch heute bedeutsamste Begriffsbestimmung des subjektiven öffentlichen Rechts" aus der Kaiserzeit.
726   *H. Bauer*, Grundlagen, 1986, 134.
727   So die zutr. Analyse von *H. Bauer*, Grundlagen, 1986, 17.
728   S. etwa *Maurer* § 8 Rn. 2; *Schmitt Glaeser/Horn* Rn. 157.

Adressatentheorie),[729] weil nach der in neuerer Zeit kaum noch bestrittenen[730] weiten Interpretation des Rechts auf freie Entfaltung der Persönlichkeit i.S.d. Garantie der allgemeinen Handlungsfreiheit[731] zumindest die Möglichkeit der Verletzung des Art. 2 Abs. 1 GG und damit eines dem Kläger gewährleisteten subjektiven öffentlichen Rechts besteht.[732] Die „Adressatentheorie" bedeutet allerdings keine „der Rechtsordnung entsprechende Zurücknahme der Anforderungen an die Klagebefugnis"[733], sondern lässt diese Anforderungen unverändert und betrifft lediglich den Begründungsaufwand für das Vorliegen der Klagebefugnis. In der Lit. wird sogar die Auffassung vertreten, in der Klageschrift würde in einem Falle, in dem der Kläger Adressat eines belastenden Verwaltungsakts ist, „zur Klagebefugnis kein Wort zu sagen sein"[734]. Zumindest sind Kläger und Gericht in Bezug auf die Klagebefugnis der Prüfung enthoben, in welchen Rechten genau der Kläger verletzt sein kann. Insoweit genügt ein kurzer Hinweis auf die Adressatenstellung des Klägers. Aus der objektiven Rechtswidrigkeit eines belastenden Verwaltungsakts kann allerdings nicht schon „gleichsam automatisch" der Schluss auf eine *Verletzung* des Adressaten in seinen subjektiven Rechten gezogen werden.

2. Andere Fälle. Einer genaueren Prüfung bedarf die Klagebefugnis bei einer *Anfechtungsklage* hingegen dann, wenn der Kläger nicht Adressat des angefochtenen Verwaltungsakts ist; insofern handelt es sich um Fälle, in denen der Kläger in Rechtsbeziehungen zwischen Behörde und Dritten eingreifen will. Die im Schrifttum vertretene Auffassung, bei einer *Verpflichtungsklage* bilde die „*Antragstheorie*" das „Korrelat der Adressatentheorie", sodass die Klagebefugnis bereits aus der in der Ablehnung des beantragten Verwaltungsakts liegenden Möglichkeit der Verletzung des Art. 2 Abs. 1 GG folge,[735] erweist sich als unzutr.: Zwar ist auch der Adressat des ablehnenden Bescheides „belastet"; zur Bejahung der Klagebefugnis ist jedoch die Geltendmachung der Verletzung eines sich auf den Erlass des beantragten Verwaltungsakts beziehenden Rechts erforderlich, weil andernfalls jeder sich durch einen „reinen Phantasieantrag" und dessen Ablehnung die Klagebefugnis verschaffen könnte.[736] Dies gilt auch, sofern es sich um die Überprüfung einer behördlichen *Ermessensentscheidung* (vgl. § 40 VwVfG, § 114 VwGO) handelt. Weil die Rechtsordnung einen allgemeinen Anspruch des Bürgers auf fehlerfreie Ermessensausübung nicht gewährt,[737] genügt für die Bejahung der Klagebefugnis nicht einfach der Hinweis auf einen möglichen Ermessensfehler. Der Kläger „muß vielmehr konkret dartun, daß er bei richtiger Ermessenswaltung der Behörde in seiner (materiellen) rechtlichen Position besser stünde, als er aufgrund des fraglichen Eingriffs nunmehr steht".[738] Entsprechendes gilt für die Begründung subjektiver öffentlicher Rechte durch Normen mit sog. unbestimmten Rechtsbegriffen, sofern

384

---

729 Die Kennzeichnung dieser „offenbar unbestrittenen Selbstverständlichkeit" als „Adressaten*theorie*" lehnen *Schwerdtfeger/Schwerdtfeger* Rn. 52 Fn. 8 mit dem Hinweis ab, *Theorien* dienten der Lösung von Zweifelsfragen.

730 Eine Ausnahme bilden die Erörterungen von *Hesse* Rn. 427 f.; *K. A. Schachtschneider*, Res publica res populi, 1994, 478 ff. Zu abweichenden Auffassungen im älteren Schrifttum z.B. *W. Hamel*, Die Bedeutung der Grundrechte im sozialen Rechtsstaat, 1957, 31 f. mit Fn. 23; *H. Peters*, in: Gegenwartsprobleme des Internationalen Rechts und der Rechtsphilosophie. FS Laun, 1953, 669, 673 f.; *P. Lerche*, Übermaß und Verfassungsrecht, 1961, 299.

731 S. etwa BVerfGE 6, 32, 36; 9, 83, 88; 12, 341, 347; 19, 206, 215 f.; 36, 146, 161; 44, 353, 373 und 383; 50, 296, 319 und 366; 75, 108, 154 f.; 80, 137, 152 ff.; 85, 214, 217; 97, 332, 340 f.; 108, 186, 234; 111, 54, 81; 112, 1, 21; 113, 88, 103; 128, 1, 68; *H. D. Jarass*, NJW 1989, 857; *R. Scholz*, AöR 100 (1975), 80, 87; *H. Sodan*, Berufsständische Zwangsvereinigung, 1991, 35 ff.

732 BVerwG NVwZ 2011, 372, 374; *Hufen* § 14 Rn. 60; *Schenke* Rn. 512; *V. Schlette*, Jura 2004, 90, 92; *Schmitt Glaeser/Horn* Rn. 146; *Ule* § 33 IV. I.E. ebenso BVerwG NJW 1988, 2752, 2753; BayVBl 1994, 90; DÖV 2004, 166; OVG Greifswald NVwZ-RR 2000, 549, 550; OVG Koblenz GewArch 1993, 289, 290; VGH Kassel FEVS 12, 182, 184.

733 So aber *N. Achterberg*, DVBl 1981, 278, 279.

734 So *Ule* § 33 IV; zust. *K. Gierth*, DÖV 1980, 893, 894.

735 So *N. Achterberg*, DVBl 1981, 278, 279 mit der Einschränkung freilich, dass die „Antragstheorie" dann nicht angewandt werden dürfe, „wenn der Antragsteller nicht einmal antragsbefugt" gewesen sei „und somit nicht in den Kreis der möglicherweise Beschwerten zu rechnen" sei; vgl. auch *Ule* § 33 IV.

736 *Hufen* § 14 Rn. 60; *Schenke* Rn. 512; *V. Schlette*, Jura 2004, 90, 95; vgl. auch *N. Achterberg*, DVBl 1981, 278, 279, der dennoch die „Antragstheorie" vertreten hat. S. zu einem Fall, in dem trotz eines Ablehnungsbescheides die Klagebefugnis verneint worden ist, VGH Mannheim NJW 1990, 3291, 3292. Ferner VGH München NVwZ 1988, 944.

737 Vgl. BVerwGE 2, 288, 290; BVerwG DVBl 1964, 191, 192; BVerwGE 39, 235, 237; 44, 1, 3; 45, 197, 198 f.; 51, 264, 267; 78, 332, 338 f.; OVG Münster DÖV 1991, 513, 514.

738 *Schmitt Glaeser/Horn* Rn. 159.

diese der Verwaltung einen gerichtlich nur bedingt überprüfbaren *Beurteilungsspielraum* einräumen.[739]

385　Allgemein gilt jedenfalls nach der zutr. Feststellung des BVerwG (BayVBl 1994, 90), dass stets dann, wenn der Kläger nicht Adressat eines angefochtenen Verwaltungsakts ist, im Hinblick auf das Erfordernis der Klagebefugnis geprüft werden muss, „ob subjektive eigene Rechte oder zumindest anderweitig rechtlich geschützte Interessen verletzt sein könnten". Zur Bejahung der Klagebefugnis hat der Kläger geltend zu machen, bereits *gegenwärtig* durch den angefochtenen Verwaltungsakt in seinen Rechten verletzt zu sein, sodass die bloße Wahrscheinlichkeit oder gar nur die nicht auszuschließende Möglichkeit späterer eigener Betroffenheit nicht ausreichen; gegenüber zukünftigen Rechtsgutbeeinträchtigungen kommt vorbeugender Rechtsschutz in Betracht, sofern die Voraussetzungen für dessen Gewährung (→ Rn. 53 ff.) vorliegen (BVerwG DVBl 1993, 161, 162). Nach der oben vertretenen Auffassung zu den Anforderungen an die *Geltendmachung* einer Rechtsverletzung (→ Rn. 380 f.) gehören freilich diffizile Überlegungen zum subjektiven öffentlichen Recht nicht in die Untersuchung der Zulässigkeit einer Klage, sondern in die Erörterungen zu deren Begründetheit.[740] Infolgedessen spielt die intensive Diskussion darüber, auf welche Weise sich ein subjektives öffentliches Recht ermitteln lässt, jedenfalls soweit sie kontrovers geführt wird, für die Frage nach dem Vorliegen der Klagebefugnis im konkreten Fall genau genommen keine Rolle. Weil diese Diskussion jedoch herkömmlich auch gerade auf die Regelung in § 42 Abs. 2 bezogen wird, soll sie nachfolgend wenigstens in den Grundzügen und mit dem Versuch der Konzentration auf das Wesentliche dargestellt werden, obwohl sie inhaltlich den § 113 betrifft, der in seinem Abs. 1 S. 1 und Abs. 5 S. 1 für das Anfechtungs- bzw. Verpflichtungsurteil ausdrücklich eine Verletzung des Klägers in seinen Rechten und nicht nur deren Geltendmachung verlangt. Subjektive öffentliche Rechte werden zumeist aus Rechtsnormen in Anwendung der sog. Schutznormlehre hergeleitet (vgl. etwa OVG Lüneburg NVwZ-RR 2013, 28 f.); sie können sich aber auch aus gerichtlichen Entscheidungen, Verwaltungsakten und öffentlich-rechtlichen Verträgen ergeben.[741]

386　**a) Schutznormlehre.** Die Frage, wie sich das subjektive öffentliche Recht bestimmen lässt, hat deutsche Juristen seit mehr als 100 Jahren beschäftigt.[742] Die heute in Rspr. und Lit. vorherrschende sog. Schutznormlehre geht auf die Rechtsentwicklung des Spätkonstitutionalismus zurück.[743]

387　**aa) Ältere Variante.** Als in dieser Zeit entwickelte ältere Variante der Schutznormlehre[744] kann exemplarisch die Lehre von *Ottmar Bühler* herangezogen werden: Danach bringe ein objektiver Rechtssatz „subjektive öffentliche Rechte für den Untertanen dann und nur dann zur Entstehung, wenn er [...] zugunsten bestimmter Personen oder Personenkreise, zur Befriedigung ihrer Individualinteressen und nicht nur im Interesse der Allgemeinheit erlassen" sei[745]. Bei „gewissen Rechtssätzen" sei „ohne weiteres klar, daß sie nicht zum Schutz von Individualinteressen geschaffen" seien, etwa bei bestimmten Regelungen des Staatsorganisationsrechts; andererseits gäbe es aber auch Rechtssätze, die „unzweifelhaft zum Schutz von Individualinteressen geschaffen" seien, wie bspw. „die sog. Grundrechte, [...] die den Schutz des Eigentums und der persönlichen Freiheit [...] usw. des Einzelnen sichern" sollten.[746] *Bühler* stellte ferner „ein erhebliches Gebiet zweifelhafter Fälle" fest und schlug zur Beantwortung der Frage, ob der jeweilige Rechtssatz dem Schutz von Individualinteressen dient, folgendes Verfahren vor: Man hat „natürlich in erster Linie auf die Gesetzesmaterialien zurückzugehen. Sehr häufig wird

---

739 *Schmitt Glaeser/Horn* Rn. 160; zu den Fallkonstellationen eines Beurteilungsspielraums *Schwerdtfeger/Schwerdtfeger* Rn. 78 f.

740 In dieser Richtung BVerwGE 68, 241, 242 f.: Dort ist die Klagebefugnis für eine baurechtliche Nachbarklage nur knapp und damit anders als in zahlreichen gerichtlichen Entscheidungen (→ Rn. 380) mit dem Hinweis begründet, die Klägerin mache geltend, durch die Baugenehmigung in eigenen Rechten verletzt zu sein; die „drittschützende Funktion" der Vorschriften, deren Verletzung die Klägerin rüge, sei „allein eine Frage der Begründetheit der Klage" (dazu auch → Rn. 436).

741 Dazu näher *W.-R. Schenke/R. P. Schenke*, in: Kopp/Schenke § 42 Rn. 162 ff.; ferner *D. Ehlers*, VerwArch 84 (1993), 139, 145 Fn. 26.

742 *P. M. Huber*, Konkurrenzschutz, 1991, 100 mit einer nachfolgenden (a.a.O., 100 ff.) ausf. Darstellung des Diskussionsstandes.

743 Dazu *H. Bauer*, Grundlagen, 1986, 80 ff., 99 ff., 140 ff.

744 Zur Unterscheidung zwischen „älteren" und „neueren Schutznormtheorien" *H. Bauer*, AöR 113 (1988), 582, 587 ff.

745 *O. Bühler*, Die subjektiven öffentlichen Rechte, 1914, 21.

746 *O. Bühler*, Die subjektiven öffentlichen Rechte, 1914, 43 f.

man aber diesen etwas Bestimmtes nicht entnehmen können. Dann hat man im Zweifel wohl anzunehmen, daß ein Rechtssatz, der faktisch Individualinteressen zugute kommt, mindestens dann, wenn dies ohne weiteres vorauszusehen war, auch den Zweck hat, ihnen zu dienen, und daß er daher geeignet ist, [...] subjektive öffentliche Rechte für die Destinatäre dieses Rechtssatzes hervorzubringen, und dies ist wohl auch für Bestimmungen anzunehmen, die beidem dienen, Allgemeininteressen und Individualinteressen".[747]

bb) Neuere Fassungen. Diese Konzeption *Bühlers* hat auch neuere Fassungen der Schutznormlehre nachhaltig beeinflusst. Sie stimmen mit dem Grundansatz der Lehre *Bühlers* überein und machen die Anerkennung eines subjektiven öffentlichen Rechts davon abhängig, ob der in Frage stehende Rechtssatz nicht (nur) den Interessen der Allgemeinheit, sondern – zumindest auch – den Individualinteressen (des Klägers) derart zu dienen bestimmt ist, dass die Träger der Individualinteressen die Einhaltung des Rechtssatzes beanspruchen können.[748] Von diesen rechtlich geschützten Interessen werden die sog. *Rechtsreflexe* unterschieden, die auf Normen beruhen, „die ausschließlich dem öffentlichen Interesse dienen und lediglich rein tatsächlich in der Nebenwirkung auch dem Individualinteresse zugute kommen, ohne daß die jeweilige Norm in ihrer Zwecksetzung diese Nebenwirkung mitumfaßt".[749] Nach einem Urteil des BVerwG vom 20.10.1972[750] ist öffentlich-rechtlicher Nachbarschutz „nur im Gefolge solcher Rechtsvorschriften anzunehmen, die das individuell geschützte private Interesse, die Art seiner Verletzung und den Kreis der unmittelbar geschützten Personen hinreichend deutlich klarstellen und abgrenzen". Später hat das BVerwG diese Judikatur freilich dahin modifiziert, es komme „weder darauf an, ob die Norm einen geschützten Personenkreis räumlich, etwa durch Bezeichnung eines Gebiets", abgrenze, „noch darauf, ob sie in ihrer vollen Reichweite auch dem Schutz individueller Interessen zu dienen bestimmt" sei, sondern darauf, „daß sich aus individualisierenden Tatbestandsmerkmalen der Norm ein Personenkreis entnehmen" lasse, „der sich von der Allgemeinheit" unterscheide.[751] Sofern sich der Schutz individueller Interessen nicht unmittelbar aus dem Wortlaut der Norm ergebe, komme „eine Auslegung der Norm nach Sinn und Zweck in Betracht"; „gelegentlich" könne „sich auch aus der Entstehungsgeschichte der Wille des historischen Normgebers ermitteln lassen, die Interessen Dritter zu schützen" (BVerwG NVwZ 1987, 409). *Eberhard Schmidt-Aßmann*[752] hat die Auffassung vertreten, der Schutzzweck der Norm sei „nicht ausschließlich und nicht einmal vorrangig aus dem nachweisbaren *Willen des Normsetzers* abzuleiten". Damit unterscheidet er sich deutlich von der Lehre *Ottmar Bühlers*[753] (→ Rn. 387), der „in erster Linie auf die Gesetzesmaterialien" zurückgehen wollte.[754] *Schmidt-Aßmann* deutet die Schutznormlehre als eine „*Sammelbezeichnung* für einen *Kanon* von *Methoden* und *Regeln*, nach denen der subjektiv-rechtliche Gehalt eines Rechtssatzes erschlossen werden soll".[755]

388

---

747 *O. Bühler*, Die subjektiven öffentlichen Rechte, 1914, 44 f.
748 I.d.S. etwa BVerfGE 27, 297, 307; BVerwGE 1, 83; 3, 362, 363; 27, 29, 31 f.; 28, 268, 270; 39, 235, 237; 41, 58, 63 ff.; 44, 235, 238 f.; 51, 264, 267; 52, 122, 128; 61, 256, 262; 65, 167, 171 ff.; 65, 313, 320; 66, 307, 308; 68, 58, 59; 72, 226, 229 f.; 75, 285, 286; 78, 40, 41 f.; 80, 259, 260; 81, 329, 334; 92, 313, 317; 98, 118, 120 f.; 101, 157, 163; 111, 276, 280; 117, 93, 95 f.; OVG Greifswald DVBl 2000, 1072 f.; OVG Koblenz DVBl 2009, 386; OVG Münster NJW 1965, 650; *H. D. Jarass*, DVBl 1976, 732, 733; *Maurer* § 8 Rn. 8 f.; *U. Ramsauer*, AöR 111 (1986), 501, 509 ff.; *M. Ronellenfitsch/R. Wolf*, NJW 1986, 1955 f.; *Schenke* Rn. 496 f.; *Schmitt Glaeser/Horn* Rn. 158; *Sodan/Ziekow* § 71 Rn. 2.
749 OVG Münster NJW 1965, 650, das insoweit – allerdings missverständlich – von „Reflexrechten" spricht; vgl. ferner BVerfG (K) NJW 1990, 2249; BVerfGE 83, 182, 194; BVerwG ZOV 1995, 309, 310; OVG Greifswald NVwZ-RR 2001, 719, 720; VGH München BayVBl 1993, 243.
750 BVerwGE 41, 58, 63; vgl. auch BVerwGE 27, 29, 33; 28, 268, 275 f.; 32, 173, 175; 52, 122, 129; 65, 167, 171; 80, 259, 260.
751 BVerwG NVwZ 1987, 409 m. zust. Anm. *H. Goerlich*, JZ 1988, 406; fast wortgleich BVerwGE 78, 40, 43; vgl. auch BVerwGE 94, 151, 158; 101, 157, 163.
752 In: Maunz/Dürig Art. 19 Abs. 4 Rn. 128; vgl. auch *Schmitt Glaeser/Horn* Rn. 166; *Wolff/Bachof/Stober/Kluth* I § 43 Rn. 12.
753 Die subjektiven öffentlichen Rechte, 1914, 45.
754 Diesen Unterschied betont *H. Bauer*, AöR 113 (1988), 582, 592; s.a. *P. M. Huber*, Konkurrenzschutz, 1991, 113.
755 *E. Schmidt-Aßmann*, in: Maunz/Dürig Art. 19 Abs. 4 Rn. 128.

389 **b) Zur Kritik an der Schutznormlehre.** In einem Teil der Lit. ist die Schutznormlehre auf erhebliche Kritik gestoßen.[756] Dabei werden vor allem – die Rechtssicherheit gefährdende[757] – „Anwendungsunsicherheiten im konkreten Einzelfall"[758] und eine „bisweilen nahezu willkürlich erscheinende Kasuistik"[759] gerügt. Diese Kritik erinnert etwa an Einwände, die im Schrifttum gegen die zur Bestimmung der Reichweite des Vorbehalts des Gesetzes entwickelte „Wesentlichkeitstheorie" vorgebracht worden sind: Die Formel, dass der Gesetzgeber die „grundlegenden",[760] „wesentlichen Entscheidungen"[761] selbst zu treffen habe und diese nicht der Exekutive überlassen dürfe,[762] stelle eine „schwerhandhabbare Generalklausel"[763] dar, liefere „ein denkbar vages Kriterium zur Bestimmung der Gesetzgebungsfunktion"[764] und führe „in einen Wust von Unklarheiten und Ungereimtheiten",[765] ja „zu einer fatalen Rechtsunsicherheit".[766] Solcher Kritik ist jedoch zu Recht entgegengehalten worden, dass „die Aufgabe der Ausfüllung und Konkretisierung auch derart unbestimmter Begriffe durch eine sich allmählich fallweise vorantastende Rspr. und Lehre im Verfassungsrecht ein bekannter und anderwärts längst geglückter Vorgang" ist.[767] Entsprechendes gilt auch für die Schutznormlehre. Sie hat im Laufe von Jahrzehnten insbes. in der Judikatur vielfältige Konkretisierungen erfahren (→ Rn. 407 ff. zur noch folgenden Zusammenstellung von Einzelfällen). Obwohl die Kasuistik nicht frei von Widersprüchen ist, zeigt die umfangreiche Judikatur insgesamt aber doch, dass sich die Schutznormlehre „grundsätzlich bewährt" hat, wie eine sehr große Mehrheit auf dem 56. Deutschen Juristentag am 11.9.1986 – mit Blick in erster Linie auf das Umweltrecht – festgestellt hat.[768] Sogar ein Kritiker hat eingeräumt, angesichts der „Elastizität des Schutznormdenkens" sei die „Schwäche der Schutznormtheorie [...] zugleich ihre Stärke".[769]

390 Mit der in einem Teil des Schrifttums[770] vertretenen sog. *Rechtsverhältnislehre* lässt sich als alternativer Konzeption jedenfalls bislang nicht der Nachweis führen, dass ihre Anwendung die der Schutznormlehre vorgeworfenen Unsicherheiten vermeiden kann. Das Rechtsverhältnis wird als „rechtsnormgestaltete Beziehung zwischen zwei oder mehreren Subjekten" charakterisiert; kennzeichnend sei seine „Determination durch Rechtsnormen".[771] Die Rechtsverhältnislehre konzentriere „sich nicht allein auf die zweipolige Staat-Bürger-Relation", sondern schaffe „mit der Anerkennung multipolarer Rechtsverhältnisse die Voraussetzung dafür, hochkomplexe Sozialstrukturen mit unterschiedlichen Interessen- und Konfliktbeziehungen sachgerecht zu erfassen".[772] Sie führe „zu einer Orientierung an dem gesamten, das jeweilige Rechtsverhältnis regelnden Normenmaterial", gestatte „dementspre-

---

756 Zu umfangreichen Zusammenstellungen krit. Veröffentlichungen *H. Bauer,* AöR 113 (1988), 582, 585 f. Fn. 11; *S. König,* Drittschutz, 1993, 102 ff.

757 Vgl. *R. Breuer,* DVBl 1983, 431, 432.

758 *H. Bauer,* AöR 113 (1988), 582, 629.

759 *A. Randelzhofer,* BayVBl 1975, 573, 576; vgl. ferner *U. G. Berger,* Grundfragen, 1982, 35, 94, 100, 106, 166; *R. Breuer,* DVBl 1983, 431, 432; *K. F. Gärditz,* in: Gärditz § 42 Rn. 58; *R. Wahl,* JuS 1984, 577, 579.

760 BVerfGE 33, 303, 346; bereits BVerfGE 33, 1, 10 ff.; 33, 125, 158 f., 163.

761 BVerfGE 45, 400, 417 f.; 47, 46, 78 f.; 49, 89, 126 f.; 58, 257, 268 f.; 82, 209, 224; 98, 218, 251; vgl. etwa auch BVerfGE 139, 19, 45. In dieser Richtung aus dem Schrifttum bereits *H. Ehmke,* Wirtschaft und Verfassung, 1961, 78; *P. Häberle,* DÖV 1965, 369, 374.

762 Zur Ableitung der „Wesentlichkeitstheorie" *H. Sodan,* Kollegiale Funktionsträger als Verfassungsproblem, 1987, 447 ff.

763 *R. Wimmer,* JZ 1976, 457, 461.

764 *W. Krebs,* Jura 1979, 304, 308 f.

765 *D. Wilke,* Zeugnisreform als Erziehungsreform, 1980, 37.

766 *G. Kisker,* NJW 1977, 1313, 1317.

767 So *T. Oppermann,* Verhandlungen des 51. Deutschen Juristentags, Bd. I, 1976, C 3, C 52.

768 S. Verhandlungen des 56. Deutschen Juristentages, Bd. II (Sitzungsberichte), 1986, L 263.

769 So *H. Bauer,* AöR 113 (1988), 582, 607.

770 *N. Achterberg,* Rechtstheorie 9 (1978), 385 ff.; *ders.,* Die Rechtsordnung als Rechtsverhältnisordnung, 1982; *ders.,* GS Küchenhoff, 1987, 13 ff.; *O. Bachof,* VVDStRL 30 (1972), 193, 231 ff.; *H. Bauer,* Grundfragen, 1986, 167 ff., 170 ff., 176 ff.; *ders.,* DVBl 1986, 208, 215 ff.; *ders.,* VerwArch 78 (1987), 241, 259 ff.; *ders.,* AöR 113 (1988), 582, 610 ff.; *ders.,* Die Bundestreue, 1992, 270 ff.; *R. Gröschner,* Überwachungsrechtsverhältnis, 1992, 142 ff., 211 ff., 216 f., 340; *R. Hartmann,* Genehmigung, 1994, 214 ff.; *W. Henke,* Recht der Wirtschaftssubventionen, 1979, 5 ff.; *ders.,* DÖV 1980, 621, 622 ff.; *H. Hill,* Das fehlerhafte Verfahren, 1986, 272 ff.; *J. Martens,* Praxis, 1985, insbes. Rn. 29 ff., 58 ff.; *R. Schmidt,* Öffentliches Wirtschaftsrecht, 1990, 455 ff.; *M. Schulte,* DVBl 1988, 512, 513 f.

771 *N. Achterberg,* GS Küchenhoff, 1987, 13, 15 f.; zust. *M. Schulte,* DVBl 1988, 512, 514; ähnl. *W. Henke,* DÖV 1980, 621, 622.

772 *M. Schulte,* DVBl 1988, 512, 514; vgl. auch *H. Bauer,* Grundlagen, 1986, 176; *ders.,* VerwArch 78 (1987), 241, 266 f. Eingehend zum subjektiven öffentlichen Recht „im multipolaren Verwaltungsrechtsverhältnis" *M. Schmidt-Preuß,* Kollidierende Privatinteressen, 1992, passim.

chend eine integrierende Heranziehung von Verfassungs- und Verwaltungsrecht" und erlaube „überdies die Berücksichtigung der konkreten Sachstrukturen des jeweiligen Regelungsbereichs"; sie sei aber „von den modernen Fassungen der Schutznormtheorie nicht durch einen unüberwindbaren Graben getrennt".[773] Selbst ein Befürworter der Rechtsverhältnislehre[774] hat jedoch „vor einer Überbewertung des Rechtsverhältnisses" gewarnt, „die dahin ginge, ein gänzlich neues System des Verwaltungsrechts entwerfen zu wollen". Zweifellos bietet die Rechtsverhältnislehre ein wissenschaftlich interessantes „Denk- und Erklärungsmuster".[775] Das Rechtsverhältnis stellt aber lediglich eine „dogmatische Grundfigur" dar, der keine Aussagen über den Inhalt konkreter Rechtsverhältnisse entnommen werden können.[776] Daher vermag die Rechtsverhältnislehre, wie sie bislang formuliert wurde, die problematischen Fragen nach dem Vorliegen eines subjektiven öffentlichen Rechts im Einzelfall keineswegs besser als die Schutznormlehre zu lösen.[777] Sie hat diese daher zu Recht nicht verdrängen können.

c) Methodik bei der Anwendung der Schutznormlehre. Zu fordern ist freilich eine einwandfreie Me- 391
thodik bei der Anwendung der Schutznormlehre. Dabei ist zu beachten, dass „Sinn und Zweck" der zu deutenden Vorschrift sich methodisch einwandfrei – d.h. ohne normgelöste subjektive „Wertung" – nur aus einer grammatischen, genetischen, historischen und/oder systematischen Interpretation erschließen lassen; *neben* diesen allgemein anerkannten Auslegungsregeln ist die „teleologische Interpretation" kein selbständiges Element der Konkretisierung.[778] Für die Auslegung einer Vorschrift ist der in dieser zum Ausdruck kommende objektivierte Wille des Gesetzgebers maßgebend, so wie er sich dem Wortlaut und dem Sinnzusammenhang der Bestimmung entnehmen lässt; nicht entscheidend ist hingegen die subjektive Vorstellung der am Gesetzgebungsverfahren beteiligten Organe oder einzelner ihrer Mitglieder.[779] Die Entstehungsgeschichte ist für die Auslegung einer Norm nur insofern bedeutsam, als sie die Richtigkeit einer nach anderen anerkannten Interpretationsregeln ermittelten Auslegung bestätigt oder Zweifel behebt, die ansonsten nicht ausgeräumt werden können.[780] Lässt der Wortlaut einer Norm keinen hinreichend sicheren Schluss auf den Schutz individueller Interessen zu, kommt es wesentlich auf die systematische Stellung der Vorschrift an.[781] Es ist also das diese *umgebende Normengefüge*[782] zu untersuchen.

d) Prinzipieller Anwendungsvorrang des „einfachen Rechts" vor der Verfassung. Obwohl die Grund- 392
rechte zweifellos „subjektive öffentliche Rechte par excellence"[783] sind, darf dennoch im konkreten Einzelfall grds. nicht sogleich auf diese zugegriffen werden, um etwa eine Klagebefugnis zu begrün-

---

773 *H. Bauer*, AöR 113 (1988), 582, 630 f.; vgl. auch *M. Schulte*, DVBl 1988, 512, 514.
774 *M. Schulte*, DVBl 1988, 512, 514.
775 So *P. M. Huber*, Konkurrenzschutz, 1991, 171, der meint, dass insoweit dem Rechtsverhältnis „durchaus Aufmerksamkeit geschenkt werden" sollte.
776 *R. Schmidt*, Öffentliches Wirtschaftsrecht, 1990, 456; vgl. auch *Maurer* § 8 Rn. 25. Besonders scharf hat *H. Meyer* in Diskussionsbeiträgen formuliert, das Rechtsverhältnis sei „das inhaltsloseste Rechtsinstrument, das je angeboten worden" sei (VVDStRL 45 [1987], 272), und führe „zu keinerlei Erkenntniszuwachs" (VVDStRL 47 [1989], 241); vgl. ferner *E. Schmidt-Jortzig*, VVDStRL 47 (1989), 250, der in einem Diskussionsbeitrag die Auffassung vertreten hat, die Figur des Rechtsverhältnisses bringe kaum „eigenständig Handgreifliches".
777 Vgl. *P. M. Huber*, Konkurrenzschutz, 1991, 168.
778 Vgl. *Hesse* Rn. 68; *F. Müller/R. Christensen*, Juristische Methodik, Bd. I, ⁹2004, Rn. 364; *H. Sodan*, in: ders., Wechsel und Kontinuität im Verfassungsgerichtshof des Landes Berlin, 2001, 21, 24; *ders.*, in: Depenheuer/Dogan/Can, Deutsch-Türkisches Forum für Staatsrechtslehre I, 2004, 11, 28; *Sodan/Ziekow* § 2 Rn. 19; *E. Stein*, in: AK-GG, Einl. II Rn. 8, 53 und 93. Anders aber offenbar BVerwG NVwZ 1987, 409; s. dazu bereits → Rn. 388. Vgl. auch *P. M. Huber*, Konkurrenzschutz, 1991, 112, der die „teleologische Auslegungsmethode" als „eng mit der systematischen Auslegung verbunden" bezeichnet.
779 Allg. BVerfGE 1, 299, 312; 6, 56, 75; 6, 389, 431; 8, 274, 307; 10, 20, 51; 10, 234, 244; 11, 126, 130 f.; 20, 238, 253; 45, 187, 227; 51, 97, 110; 59, 128, 153; 62, 1, 45; 64, 261, 275; 79, 106, 121; 110, 226, 248; 133, 168, 205; BVerwGE 8, 85, 87; 70, 310, 313; 87, 304, 309 f.; BGHZ 23, 377, 390; *M. Sachs*, DVBl 1984, 73, 81 f.; *H. Sodan*, Kollegiale Funktionsträger als Verfassungsproblem, 1987, 324. Speziell zur Schutznormlehre *O. Bachof*, GS Jellinek, 1955, 287, 297; *P. M. Huber*, Konkurrenzschutz, 1991, 113; *E. Schmidt-Aßmann*, in: Maunz/Dürig Art. 19 Abs. 4 Rn. 128 und 138; *Schmitt Glaeser/Horn* Rn. 167.
780 Vgl. BVerfGE 1, 299, 312. Zu der insoweit allerdings nicht einheitlichen Rspr des BVerfG *H. Sodan*, in: Depenheuer/Dogan/Can, Deutsch-Türkisches Forum für Staatsrechtslehre I, 2004, 11, 16 f.; *Sodan/Ziekow* § 2 Rn. 9 f.
781 Dazu näher *Sodan/Ziekow* § 2 Rn. 11 ff.
782 So *E. Schmidt-Aßmann*, in: Maunz/Dürig Art. 19 Abs. 4 Rn. 128 unter Hinweis auf *F. Weyreuther*, Bauen im Außenbereich, 1979, 311; *O. Schlichter*, NVwZ 1983, 641, 642 f.
783 *Schmitt Glaeser/Horn* Rn. 157.

den. Dies wird besonders deutlich in Fällen, in denen der durch einen Verwaltungsakt Begünstigte und der dadurch Belastete sich jeweils auf dasselbe Grundrecht berufen, wie etwa auf Art. 14 Abs. 1 GG in einem Nachbarstreit zwischen zwei Grundstückseigentümern um eine durch die Behörde erteilte Baugenehmigung.[784] Treffen „zwei grundrechtlich geschützte Rechtspositionen aufeinander, so ist es in erster Linie Aufgabe des einfachen Gesetzgebers, eine sachgerechte ausgleichende Lösung des Konflikts zu finden".[785] Weil auch im Übrigen die Grundrechte regelmäßig einer gesetzlichen Ausformung bedürfen, besteht prinzipiell ein Anwendungsvorrang des „einfachen Rechts".[786] Dies befreit Gesetzgebung, vollziehende Gewalt und Rspr. allerdings nicht von der in Art. 1 Abs. 3 und Art. 20 Abs. 3 GG festgelegten strikten Bindung an die Grundrechte.

393 **e) Zur Bedeutung der Grundrechte.** Übertrieben ist es, aus dem prinzipiellen Anwendungsvorrang des „einfachen Rechts" zu schließen, dass damit den Grundrechten im Hinblick auf die Begründung subjektiver öffentlicher Rechte eine „Lückenbüßerrolle" zugewiesen wäre.[787]

394 **aa) Norminterne Wirkung.** Ergibt sich aus der Vorschrift des „einfachen Rechts" kein klarer Befund, können Grundrechte „bei der Interpretation *ergänzend und verdeutlichend* herangezogen werden, soweit sie mit dem in Frage stehenden Rechtsbereich thematisch in Beziehung stehen".[788] Insofern wird von einer „norminternen Wirkung der Grundrechte" und einer „grundrechtlichen Rückbindung der modernen Schutznormlehre" gesprochen.[789] So hat etwa das BVerwG den Abwehranspruch eines Drittbetroffenen gegen einen atomrechtlichen Genehmigungsbescheid auf den drittschützenden Charakter von § 7 Abs. 2 Nr. 2 AtG a.F.[790] gestützt und diesen Drittschutz „aus der staatlichen Schutzpflicht für die Grundrechte des Art. 2 Abs. 2 und des Art. 14 GG" hergeleitet, „so daß es sich bei der Einwendung des Drittbetroffenen letztlich um das Geltendmachen eines Genehmigungsabwehranspruchs zum Schutz einer grundrechtlich abgesicherten Rechtsstellung handelt".[791]

395 **bb) Normexterne Wirkung.** Fehlt im „einfachen Recht" eine Schutznorm zugunsten des Klägers, kann ausnahmsweise direkt auf Grundrechte als subjektive öffentliche Rechte zurückgegriffen werden; insoweit wird von einer „normexternen Wirkung der Grundrechte" gesprochen.[792] In diesem Zusammenhang kommt den sog. *faktischen, mittelbaren Beeinträchtigungen der Grundrechte* besondere Bedeutung zu. Der „klassische" Grundrechtseingriff besteht in Ge- oder Verboten, die den Betroffenen zielgerichtet mit unmittelbarer Wirkung auferlegt werden.[793] I.d.S. versteht das BVerfG in einem Beschluss aus dem Jahre 2002 „unter einem Grundrechtseingriff im Allgemeinen" einen rechtsförmigen Vorgang, „der unmittelbar und gezielt (final) durch ein vom Staat verfügtes, erforderlichenfalls zwangsweise durchzusetzendes Ge- oder Verbot, also imperativ, zu einer Verkürzung grundrechtlicher Freiheiten führt" (BVerfGE 105, 279, 300). Die *unmittelbare* Beeinträchtigung ist dadurch gekennzeichnet, dass eine beeinträchtigende Wirkung ohne Hinzutreten weiterer Faktoren bereits im Verhalten öffentlicher Gewalt selbst liegt; zur Bezeichnung derjenigen Beeinträchtigungen, die sich unmittelbar aus einer Regelung ergeben, wurde in der Lit. der Begriff „imperative Beeinträchtigungen" geprägt.[794] Eine *mittelbare* Beeinträchtigung liegt vor, wenn ein bestimmtes Verhalten öffentlicher Gewalt eine – ggf. die maßgebende – von mehreren Ursachen setzt, deren Zusammenwirken den nachtei-

---

784 *Schmitt Glaeser/Horn* Rn. 163; s.a. *E. Schmidt-Aßmann*, in: Maunz/Dürig Art. 19 Abs. 4 Rn. 123.

785 BVerwGE 81, 329, 343; ähnl. BVerwG DVBl 2000, 1614, 1615 („kein Rückgriff" auf Grundrechte).

786 *S. Lampert*, JuS 1999, 1248; *Maurer* § 8 Rn. 11; *V. Schlette*, Jura 2004, 90, 94; *Schmidt-Aßmann*, in: Maunz/Dürig Art. 19 Abs. 4 Rn. 121 und 127; *Schmitt Glaeser/Horn* Rn. 162.

787 So aber krit. *H. Bauer*, AöR 113 (1988), 582, 613.

788 *Schmitt Glaeser/Horn* Rn. 163.

789 *E. Schmidt-Aßmann*, in: Maunz/Dürig Art. 19 Abs. 4 Rn. 122 f. und 129.

790 Gemeint ist die Fassung vom 23.12.1959 (BGBl I 814, 816); mit dieser Vorschrift stimmt § 7 Abs. 2 Nr. 3 AtG n.F. wörtlich überein.

791 BVerwGE 60, 297, 301; vgl. auch BVerwGE 104, 36 ff. Zu den grundrechtlich begründeten staatlichen Schutzpflichten ferner BVerfGE 39, 1, 41 f. und 44; 46, 160, 164 f.; 49, 89, 141 f.; 53, 30, 57; 56, 54, 73; 77, 170, 214 f.; 88, 203, 251 ff.; 90, 145, 195; 92, 26, 46 f.; 96, 56, 64 f.; 97, 169, 175 ff.; 115, 25, 44 f.; 115, 118, 152; *E. Schmidt-Aßmann*, AöR 106 (1981), 205, 215 ff.; *H. Sodan*, NVwZ 2000, 601, 602 ff.

792 *P. M. Huber*, Konkurrenzschutz, 1991, 284; *U. Schliesky*, DVBl 1999, 78, 85; *E. Schmidt-Aßmann*, in: Maunz/Dürig Art. 19 Abs. 4 Rn. 122 und 125; *M. Schmidt-Preuß*, Kollidierende Privatinteressen, 1992, 49; *Schmitt Glaeser/Horn* Rn. 163.

793 *H. Sodan*, SGb 1992, 200, 201.

794 So zuerst von *H.-U. Gallwas*, Faktische Beeinträchtigungen, 1970, 12; daran anschließend *E. Grabitz*, Freiheit und Verfassungsrecht, 1976, 26 und 28; *D. Wilke*, Zeugnisreform als Erziehungsreform, 1980, 25 f. und 28.

ligen Effekt auslöst.[795] Versteht man unter *faktischen* Beeinträchtigungen diejenigen, denen mindestens eines der beiden Elemente „Finalität" und „Unmittelbarkeit" fehlt[796], unterscheidet sich der Anwendungsbereich der faktischen Beeinträchtigungen von demjenigen der mittelbaren insoweit, als zu den faktischen auch solche Beeinträchtigungen gehören, die nicht final, aber doch unmittelbar erfolgen.[797] Bei den faktischen Beeinträchtigungen können die nachteiligen Wirkungen für den oder die Betroffenen in Folgeerscheinungen einer jeweils rechtlich bindenden Anordnung oder in einer tatsächlichen Betroffenheit aufgrund nicht regelnden Verhaltens öffentlicher Gewalt liegen.[798] In Bezug auf bloß faktische, mittelbare Beeinträchtigungen bedarf es sorgfältiger Prüfung, ob das *sachlich* einschlägige Grundrecht nach seinem *Schutzzweck* und damit seiner *Funktion* darauf gerichtet ist, auch eine Beeinträchtigung *dieser* Qualität abzuwehren.[799]

Nach ständiger Rspr. des BVerfG[800] kann der Schutzbereich speziell des Art. 12 Abs. 1 GG auch durch   396
Regelungen berührt werden, welche sich zwar nicht unmittelbar auf die berufliche Betätigung beziehen, die aber infolge ihrer Gestaltung in einem engen Zusammenhang mit der Ausübung eines Berufes stehen und objektiv eine berufsregelnde Tendenz deutlich erkennen lassen. Unter Bezugnahme u.a. auf diese Judikatur stellte das BVerwG im sog. Transparenzlisten-Urteil (BVerwGE 71, 183, 191; zust. OVG Berlin PharmR 1988, 144, 147) fest, dass unter „Berücksichtigung der Schutzfunktion des jeweiligen Grundrechts [...] – je nach Art und Ausmaß – auch eine tatsächliche Betroffenheit des Grundrechtsträgers einen Grundrechtseingriff bedeuten" könne. Zwar könnten „staatliche Maßnahmen, mit denen für einen Unternehmer nachteilige Veränderungen wirtschaftlicher Verhältnisse" einhergingen, „nicht schon allein deshalb als Grundrechtsbeeinträchtigung verstanden werden"; das BVerwG fügte jedoch hinzu: „Das ist aber anders bei Maßnahmen, mit denen der Staat zielgerichtet gewisse Rahmenbedingungen verändert, um zulasten bestimmter Unternehmen einen im öffentlichen Interesse erwünschten Erfolg herbeizuführen. [...] Im Gegensatz zu einer Veränderung sozialer Bedingungen als bloßer Reflex staatlicher Maßnahmen handelt es sich hier um ‚grundrechtsspezifische' Maßnahmen. Im Rahmen von Art. 12 Abs. 1 GG sind das Maßnahmen, die eindeutig auf einen auf seiten des Unternehmens eintretenden nachteiligen Effekt abzielen und diesen Effekt nicht lediglich als Begleiterscheinung mit sich bringen."[801] In einer „Nachfolgeentscheidung" zu einem subventionsrechtlichen Problem führte das BVerwG aus, in jedem Falle werde „in das Grundrecht der Berufsfreiheit dann eingegriffen, wenn eine an Dritte gerichtete staatliche Maßnahme gezielt die Berufsausübung eines Grundrechtsträgers einschränken" solle (BVerwGE 75, 109, 115). Später stellte das BVerwG klar, der Schutz durch Art. 12 Abs. 1 GG wäre „unvollständig, wenn an ihm nicht auch mit staatlicher Autorität vorgenommene Handlungen gemessen würden, die als nicht bezweckte, aber voraussehbare und in Kauf genommene Nebenfolge eine schwerwiegende Beeinträchtigung der beruflichen Betätigungsfreiheit bewirken".[802] Der Grundrechtsschutz hängt also nicht davon ab, ob die infrage stehende Beeinträchtigung staatlicherseits *final* herbeigeführt wurde.[803] Die einschlägige Rspr. des BVerwG lässt sich wie folgt zusammenfassen: „Staatliche Warnungen, Empfehlungen oder öffentlich geäußerte kritische Be-

---

795 *H. Sodan*, SGb 1992, 200, 201.
796 So *U. Ramsauer*, Die faktischen Beeinträchtigungen, 1980, 30; vgl. auch *H.-U. Gallwas*, Faktische Beeinträchtigungen, 1970, 12; *L. Zechlin*, NJW 1985, 585, 588.
797 *H. Sodan*, Kollegiale Funktionsträger als Verfassungsproblem, 1987, 496 f.
798 Vgl. *H.-U. Gallwas*, Faktische Beeinträchtigungen, 1970, 12; *U. Ramsauer*, Die faktischen Beeinträchtigungen, 1980, 28 ff.; *H. Sodan*, DÖV 1987, 858, 859.
799 Zur „funktionalen" Seite des Grundrechtsschutzes etwa *Schwerdtfeger/Schwerdtfeger* Rn.448; *H. Sodan*, DÖV 1987, 858, 860 ff.
800 BVerfGE 13, 181, 186; 16, 147, 162; 38, 61, 79; 42, 374, 384; 47, 1, 21; 49, 24, 47; 52, 42, 54; 70, 191, 214; 75, 108, 153 f.; 95, 267, 302; 110, 274, 288; 113, 128, 145; 123, 132, 139; 124, 235, 242; 128, 1, 58 und 82; s. zu dieser Judikatur näher *H. Sodan*, SGb 1992, 200, 201 f.
801 BVerwGE 71, 183, 193 f.; zust. etwa OVG Münster NJW 1986, 2783; GewArch 1988, 11, 13; *G. Borchert*, NJW 1985, 2741, 2742; *M. Kloepfer*, Produkthinweispflichten, 1991, 55; *F. Ossenbühl*, Umweltpflege, 1986, 26 f. und 31; *U. Pinger*, JuS 1988, 53, 55; *G. Schwerdtfeger*, Pluralistische Arzneimittelbeurteilung (Organotherapeutika), 1988, 73 ff. Vgl. ferner *R. Philipp*, Verbraucherinformationen, 1989, 159 f.
802 BVerwGE 87, 37, 43 f. (aus Anlass der Überprüfung der vom Bundesminister für Jugend, Familie und Gesundheit herausgegebenen Liste diethylenglykolhaltiger Weine) unter Bezugnahme auf BVerwGE 82, 76, 79 (dort speziell zu Art. 4 Abs. 1 GG).
803 Dazu näher *H. Sodan*, Kollegiale Funktionsträger als Verfassungsproblem, 1987, 521 ff.; *ders.*, DÖV 1987, 858, 864; i.E. ebenso OVG Berlin PharmR 1988, 144, 147; *M. Schulte*, DVBl 1988, 512, 517.

wertungen sind dann als Eingriffe in grundrechtlich geschützte Freiheitsbereiche zu qualifizieren, wenn sie

- unter Inanspruchnahme staatlicher Amtsautorität erfolgen *und*
- entweder auf die Verhaltenslenkung in dem geschützten Freiheitsbereich abzielen (Finalität)
- *oder* die Lenkung des Verhaltens Dritter bezwecken, als dessen Kehrseite Nachteile im grundrechtlich geschützten Freiheitsbereich des Grundrechtssubjekts notwendig auftreten (Finalitätsäquivalent),
- *oder* wenn sie im geschützten Freiheitsbereich erhebliche (schwerwiegende) Nachteile hervorrufen, die vom Staat vorhergesehen werden konnten und in Kauf genommen wurden."[804]

397   Von dieser Linie weicht ein Beschluss des Ersten Senats des BVerfG vom 26.6.2002 zur Warnung vor diethylenglykolhaltigen Weinen ab, in dem es heißt: „Marktbezogene Informationen des Staates beeinträchtigen den grundrechtlichen Gewährleistungsbereich der betroffenen Wettbewerber nicht, sofern der Einfluss auf wettbewerbserhebliche Faktoren ohne Verzerrung der Marktverhältnisse nach Maßgabe der rechtlichen Vorgaben für staatliches Informationshandeln erfolgt. Verfassungsrechtlich von Bedeutung sind das Vorliegen einer staatlichen Aufgabe und die Einhaltung der Zuständigkeitsordnung [...] sowie die Beachtung der Anforderungen an die Richtigkeit und Sachlichkeit von Informationen" (BVerfGE 105, 252, 268; vgl. auch BVerfGE 105, 279, 301 ff.). Auf diese Weise vermengt der Senat jedoch „Schutzbereich, Eingriff und Rechtfertigung, indem er durch eine kompetenzgerechte und sachliche Warnung den Schutzbereich der Berufsfreiheit überhaupt nicht als beeinträchtigt ansieht"; damit „wird das Vorliegen eines Eingriffs mit Argumenten aus dem Arsenal der Rechtfertigung eines solchen verneint und umgekehrt der Eingriff tendenziell mit einer Verletzung des Grundrechts kurzgeschlossen".[805] Diese Rspr. verdient „in der Begründung unter nahezu allen denkbaren Gesichtspunkten Kritik".[806] In die Diskussion über das Problem des Grundrechtsschutzes gegen staatliche Informationstätigkeit, das zuvor nach langjähriger Auseinandersetzung in wesentlicher Hinsicht geklärt zu sein schien, hat der Erste Senat des BVerfG neue Verwirrung gebracht.[807] Im Übrigen ist es generell verfehlt, enge „Gewährleistungsgehalte"[808] bestimmter Grundrechte wie der Berufsfreiheit festzulegen und auf diese Weise die an sich gebotene Prüfung der verfassungsrechtlichen Rechtfertigung für Grundrechtseingriffe zu umgehen.[809] Auf dieser, von der soeben genannten Rspr. des BVerfG abweichenden Linie liegen auch aktuelle Entscheidungen aus der Verwaltungsgerichtsbarkeit, die daher Zustimmung verdienen. So stellte etwa das BVerwG zutr. klar, dass die *öffentliche Warnung* eines Gesundheitsministeriums vor dem Handel sowie Verkauf von elektronischen Zigaretten und nikotinhaltigen Liquids unter Hinweis darauf, die Produkte unterfielen den arzneimittel- und medizinprodukterechtlichen Vorschriften, wegen ihrer verbotsähnlichen Wirkung in die unternehmerische Betätigungsfreiheit der Produkthersteller eingreift und infolgedessen nach Art. 12 Abs. 1 S. 2 GG einer gesetzlichen Ermächtigungsgrundlage bedarf; in diesem Fall genügen jedoch die Aufgabe der Staatsleitung und die aus ihr abgeleitete Befugnis zu staatlichem Informationshandeln *nicht* als Ermächtigung (NVwZ-RR 2015, 425 f.). Das OVG Berlin-Brandenburg führte in Bezug auf eine *amtliche Internetveröffentlichung* des Ergebnisses einer lebensmittelrechtlichen Betriebsprüfung in einer Liste kontrollierter Gaststätten und Schankwirtschaften zu Recht aus, diese Veröffentlichung könne nicht auf die verfassungsunmittelbare Aufgabe der Staatsleitung gestützt werden, sondern sei ein Akt staatlicher Wirtschaftslenkung, der in die durch Art. 12 Abs. 1 GG geschützte freie unternehmerische Betätigung eingreife (NVwZ-RR 2014, 846 f.).

398   Wesentlich ist jedenfalls der *grundrechtswidrige Effekt*: So kann etwa ein Eingriff in den Schutzbereich des Grundrechts der Berufsfreiheit durch diejenigen *mittelbaren* Beeinträchtigungen vorliegen, deren belastender Effekt für die Betroffenen jeweils der Wirkung einer entsprechenden *unmittelbaren* Beeinträchtigung gleich- oder zumindest nahe kommt; andernfalls könnte die Exekutive dem nach Art. 12 Abs. 1 S. 2 GG bestehenden Erfordernis *gesetzlicher* Ermächtigung durch Wahl der Hand-

---

804   *D. Murswiek*, NVwZ 2003, 1, 2.
805   *H. Dreier*, in: Dreier I Vorbem. Art. 1 Rn. 128.
806   *P. M. Huber*, JZ 2003, 290, 297; vgl. auch *V. Hellmann*, NVwZ 2005, 163 ff.
807   *H. Sodan*, in: Sodan Art. 12 Rn. 24.
808   Begriff von *W. Hoffmann-Riem*, Der Staat 43 (2004), 203, 226 f.
809   Zur Kritik *W. Kahl*, AöR 131 (2006), 579, 608 ff.; *H. Sodan*, NVwZ 2009, 545, 548.

lungsform ausweichen, indem sie die angestrebte Beeinträchtigung nicht unmittelbar, sondern eben nur mittelbar herbeiführte – ggf. mit dem aus staatlicher Sicht gleichen Erfolg und mit der gleichen belastenden Wirkung für die Betroffenen.[810] Zusätzlich zu einem Mindestmaß von Beeinträchtigungsintensität setzt Grundrechtsschutz gegen mittelbare Beeinträchtigungen voraus, dass der entscheidende Anstoß zu dem Ereignis, welches den Effekt unmittelbar verursacht, von einem Verhalten öffentlicher Gewalt ausgeht.[811] Je länger die „Kausalkette" zwischen einer beeinträchtigenden Wirkung und dem betreffenden Verhalten öffentlicher Gewalt ist, desto schwerer wird ein zur Grundrechtsbetroffenheit erforderlicher Ursächlichkeitszusammenhang zu belegen sein.[812] Das BVerfG formuliert in seiner neueren Rspr.: „Der Grundrechtsschutz ist nicht auf Eingriffe im herkömmlichen Sinne beschränkt [...]. Vielmehr kann der Abwehrgehalt der Grundrechte auch bei *faktischen oder mittelbaren Beeinträchtigungen* betroffen sein, wenn diese in der Zielsetzung und in ihren Wirkungen Eingriffen gleichkommen".[813] „Durch Wahl eines solchen funktionalen Äquivalents eines Eingriffs können die besonderen Bindungen der Rechtsordnung nicht umgangen werden; vielmehr müssen die für Grundrechtseingriffe maßgebenden rechtlichen Anforderungen erfüllt sein."[814]

Bereits das BVerwG stellte in seiner älteren Rspr. wiederholt auf den grundrechtswidrigen *Effekt* ab. 399 In einem grundlegenden Urteil vom 30.8.1968[815] bejahte es die Zulässigkeit der Anfechtungsklage gegen die eine *Konkurrentensubventionierung* betreffenden Bescheide zumindest für den Fall, dass der Kläger geltend macht, „daß seine schutzwürdigen Interessen willkürlich vernachlässigt worden seien"; i.R.d. Prüfung der Begründetheit der Klage erörterte das BVerwG dann das Problem, ob durch die Förderung von Konkurrenten die *Wettbewerbsfreiheit* eines nicht begünstigten Unternehmens in „unerträglichem Maße eingeschränkt" und dieses Unternehmen „tatsächlich" in seinen „Wettbewerbsmöglichkeiten unzumutbar geschädigt worden ist". In einer späteren Entscheidung[816] führte das BVerwG aus, die mit Ausnahmegenehmigungen zugunsten von Konkurrenten nach dem Gesetz über den Ladenschluss verbundene Beeinträchtigung würde „erst dann einen Eingriff in die Wettbewerbsfreiheit darstellen, wenn durch die hoheitliche Maßnahme die Fähigkeit der Klägerinnen zur Teilnahme am Wettbewerb so eingeschränkt worden wäre, daß ihre Möglichkeit, sich als verantwortliche Unternehmer wirtschaftlich zu betätigen, beeinträchtigt gewesen wäre". Zu nennen ist im vorliegenden Zusammenhang auch die vom BVerwG früher in ständiger Rspr.[817] vertretene These, ein aus Art. 14 Abs. 1 GG abgeleiteter *Abwehranspruch eines Nachbarn* gegen die Erteilung einer rechtswidrigen, aber nicht gegen eine nachbarschützende Norm des „einfachen Rechts" verstoßenden *Baugenehmigung* (zur öffentlich-rechtlichen Nachbarklage → Rn. 134, 137; ferner → Rn. 436) bestehe dann, wenn die Genehmigung bzw. ihre Ausnutzung die vorgegebene Grundstückssituation nachhaltig verändere und dadurch den Nachbarn „schwer und unerträglich" treffe. Dieser *Nachbarschutz aus Art. 14 Abs. 1 GG* ist jedoch u.a. deshalb „praktisch bedeutungslos geworden",[818] weil seit einiger Zeit das aus Vorschriften des „einfachen Rechts" entnommene „Gebot der Rücksichtnahme"[819] in der Judikatur des BVerwG zum Nachbarschutz erhebliche Bedeutung hat: Diesem Gebot kommt „eine drittschützende Wirkung zu, soweit in qualifizierter und zugleich individualisierter Weise auf schutzwürdige Interessen eines erkennbar abgegrenzten Kreises Dritter Rücksicht zu nehmen ist"; dies gilt

---

810   *H. Sodan*, Kollegiale Funktionsträger als Verfassungsproblem, 1987, 503 f.; *ders.*, DÖV 1987, 858, 863; vgl. auch bereits *K. H. Friauf*, DVBl 1971, 674, 681; *D. Wilke*, Zeugnisreform als Erziehungsreform, 1980, 30; ferner zum „grundrechtsbeeinträchtigenden Effekt" *A. Roth*, Verwaltungshandeln, 1991, 160.

811   *H. Sodan*, DÖV 1987, 858, 864.

812   Vgl. *U. Ramsauer*, Die faktischen Beeinträchtigungen, 1980, 174, und auch BVerfGE 66, 39, 60 ff.

813   BVerfGE 116, 202, 222 (ohne die Hervorhebungen); vgl. auch BVerfGE 110, 177, 191; 113, 63, 78; 118, 1, 20; BVerwGE 131, 171, 176; BVerwG NVwZ-RR 2015, 425, 426; OVG Münster DVBl 2013, 1460.

814   BVerfGE 105, 252, 273; vgl. ferner BVerfG (K) NVwZ 2007, 1168, 1169; BVerwG NVwZ-RR 2015, 425, 426; OVG Münster DVBl 2013, 1462, 1463.

815   BVerwGE 30, 191, 197 ff.; zu dieser Entscheidung ferner → Rn. 302, 447. Vgl. auch BVerwGE 60, 154, 160.

816   BVerwGE 65, 167, 174 unter Bezugnahme auf BVerfGE 27, 375, 384. Vgl. auch OVG Münster NVwZ 1984, 522, 524 f.

817   S. etwa BVerwGE 32, 173, 179; BVerwG DVBl 1970, 60; 1970, 61; 1970, 62; 1970, 65, 66; 1970, 66; BVerwGE 36, 248, 249; BVerwG DVBl 1972, 684, 685; BVerwGE 44, 244, 246; 45, 309, 329 f.; 50, 282, 287 f.; 52, 122, 124; 54, 211, 222; vgl. ferner BVerwG BayVBl 1971, 306. Zur sinngemäßen Übertragung dieser Judikatur auf das Wasserrecht BVerwGE 36, 248, 251; 41, 58, 66.

818   So *K.-M. Ortloff*, NVwZ 1989, 615, 621; s.a. *D. Wilke*, GS Grabitz, 1995, 905, 915 und 919 f.

819   So zutr. *O. Schlichter*, DVBl 1984, 875, 876. A.M. *F. Weyreuther*, BauR 1975, 1 ff., für den das „Gebot der Rücksichtnahme" unmittelbar aus Art. 14 GG abzuleiten ist.

„für diejenigen *Ausnahmefälle*, in denen – erstens – die tatsächlichen Umstände handgreiflich ergeben, auf wen Rücksicht zu nehmen ist, und – zweitens – eine besondere rechtliche Schutzwürdigkeit des Betroffenen anzuerkennen ist".[820] In einem Urteil vom 26.9.1991[821] ließ das BVerwG offen, „ob Abwehransprüche Dritter im öffentlichen Baurecht überhaupt unmittelbar auf Art. 14 Abs. 1 Satz 1 GG gestützt werden können"; soweit „drittschützende Regelungen des einfachen Rechts vorhanden" seien, könne „aber ein weiter gehender unmittelbar auf Art. 14 Abs. 1 Satz 1 GG beruhender Anspruch nicht bestehen". Mit Urteil vom 23.8.1996[822] stellte das BVerwG klar, dass „Art. 14 Abs. 1 selbst keine unmittelbaren Abwehransprüche oder Plangewährleistungsansprüche" begründet, sondern „der Gesetzgeber nach Art. 14 Abs. 1 Satz 2 GG den näheren Inhalt einer sozialgerechten Eigentumsordnung erst zu konkretisieren" hat; Nachbarschutz besteht danach „grundsätzlich nur, soweit ihn der Gesetzgeber auch normiert hat".[823]

400 **f) Regelungen des europäischen Unionsrechts.** Subjektive öffentliche Rechte können sich ferner aus *Regelungen des europäischen Unionsrechts* ergeben; Voraussetzung dafür ist, dass die Rechtsakte über die unmittelbare Verpflichtung der innerstaatlichen Stellen zu ihrer Befolgung hinausgehen und zusätzlich den Einzelnen zur Durchsetzung dieser Verhaltenspflicht gegenüber dem Staat berechtigen[824] (→ EVR Rn. 225 ff.). Sofern das Unionsrecht solche individualberechtigenden Regelungen enthält, sind die innerstaatlichen Gerichte dazu verpflichtet, die Anwendung des § 42 Abs. 2 insoweit an den unionsrechtlichen Vorgaben auszurichten.[825] Werden im Zuge der Umsetzung von Unionsrecht durch den deutschen Gesetzgeber subjektive Rechte selbst begründet, ergeben sich aber insoweit keine Besonderheiten.[826] Die Zuständigkeit deutscher Gerichte und damit auch die Anwendung von § 42 Abs. 2 sind im Hinblick auf diejenigen Rechte aus Unionsrecht ausgeschlossen, deren Vollzug europäischen Organen obliegt; wie sich aus den Art. 263 und 265 AEUV ergibt, ist für diesbezügliche Klagen der EuGH zuständig.[827] Eine „unionsrechtliche" Klagebefugnis vor deutschen Verwaltungsgerichten kann sich, deren Zuständigkeit vorausgesetzt, also aus einer möglichen *Verletzung von Primärrecht* (insbes. aus Grundfreiheiten) sowie aus Sekundärrecht (Verordnungen, Richtlinien) ergeben. Eine Verordnung, welche nach Art. 288 AEUV „in allen Teilen verbindlich" ist und unmittelbar gilt, ist in diesen Fällen daraufhin zu überprüfen, ob sie unmittelbar Rechte und Pflichten einzelner begründet.[828] Auch unmittelbar aus *Richtlinien* kann sich eine Klagebefugnis ergeben. Sieht eine Richtlinie eine Begünstigung eines Bürgers vor, kann sich dieser gegenüber dem Mitgliedstaat darauf berufen, wenn die Umsetzungsfrist der Richtlinie abgelaufen ist und ihr Inhalt hinreichend bestimmt sowie unbedingt gefasst ist (etwa EuGH Slg. 1982, 53 ff. – Becker).[829] Eine Individualklage gegen abgeleitetes Unionsrecht zum EuGH ermöglicht der durch den Vertrag von Lissabon geschaffene Art. 263 Abs. 4 AEUV, der wie folgt lautet: „Jede natürliche oder juristische Person kann unter den Bedingungen nach den Absätzen 1 und 2 gegen die an sie gerichteten oder sie unmittelbar und individuell betreffenden Handlungen sowie gegen Rechtsakte mit Verordnungscharakter, die sie unmittelbar betreffen und keine Durchführungsmaßnahmen nach sich ziehen, Klage erheben".[830]

400a Im Zuge der Rspr. des EuGH ist es insbes. im Umweltrecht zu einer Ausweitung der Möglichkeiten für sog. Bürgerklagen und Umweltverbandsklagen gekommen.[831] *Innerstaatlich* werden Ausnahmen

---

820 BVerwGE 67, 334, 339; 82, 343, 347; vgl. bereits BVerwGE 52, 122, 130 f.; ferner BVerwG NVwZ 1993, 1184, 1185; VGH München NVwZ 1995, 919, 920.
821 BVerwGE 89, 69, 78; dazu auch *C. Bönker*, DVBl 1994, 506, 508 ff.
822 BVerwGE 101, 364, 373; vgl. auch *D. Mampel*, BauR 1998, 697, 703 f.; *V. Schlette*, Jura 2004, 90, 94. Ähnl. VGH München BayVBl 1997, 665 f.
823 Dafür auch *S. Lampert*, JuS 1999, 1248 mit Kritik an *A. Hipp/U. Hufeld*, JuS 1998, 802, 806.
824 Vgl. BVerfGE 75, 223, 235 ff.; BVerwGE 74, 241, 246 ff.; *C. D. Classen*, EuZW 1993, 83 ff.; *T. v. Danwitz*, VerwArch 84 (1993), 73, 87 ff.; *W. Frenz*, DVBl 1995, 408 f.; *H. Galetke*, Wirkung von EG-Richtlinien, 1994; *H.-J. Papier*, DVBl 1993, 809 ff.; *W.-R. Schenke/R. P. Schenke*, in: Kopp/Schenke § 42 Rn. 152 ff.; *A. Weber*, BayVBl 1984, 321 ff.; *ders.*, Rechtsfragen, 1987, 56 f.
825 Vgl. *W. Frenz*, DVBl 1995, 408, 411; *C. Steinbeiß-Winkelmann*, NJW 2010, 1233, 1235.
826 Vgl. *W.-R. Schenke/R. P. Schenke*, in: Kopp/Schenke § 42 Rn. 152.
827 Vgl. *W. Frenz*, DVBl 1995, 408, 409; *H. D. Jarass*, NJW 2011, 1393, 1395 f.
828 *S. Hölscheidt*, EuR 2001, 376, 382.
829 Zu den Voraussetzungen der unmittelbaren Wirkung von Richtlinien ausf. *M. Ruffert*, in: Calliess/Ruffert Art. 288 AEUV Rn. 51 ff.; vgl. BVerfG (K) NJW 2013, 2957, 2958.
830 *W. Cremer*, DÖV 2010, 58 ff.; *S. Pötters/C. Werkmeister/J. Traut*, EuR 2012, 546 ff.
831 *W. Frenz*, DVBl 2012, 811 ff.

von einer eigenen Betroffenheit durch die Öffnungsklausel des § 42 Abs. 2 Hs. 1 gewährleistet (→ Rn. 401 ff.). Auf *überstaatlicher* Ebene erfolgte eine Öffnung des Umweltrechts für den Interessenrechtsschutz mit dem von insgesamt 47 Staaten und der EU ratifizierten Übereinkommen vom 25.6.1998 über den Zugang zu Informationen, die Öffentlichkeitsbeteiligung an Entscheidungsverfahren und den Zugang zu Gerichten in Umweltangelegenheiten (*Aarhus-Konvention*; BGBl II 1252). Die Vorgaben an den Rechtsschutz von Verbänden – insbes. nach Art. 9 Abs. 2 Aarhus-Konvention – wurden im Umweltrecht auf unionsrechtlicher Ebene in Art. 11 UVP-RL (Art. 10 a UVP-RL a.F.)[832] sowie auf innerstaatlicher Ebene mit dem am 8.12.2006 in Kraft getretenen *Umweltrechtbehelfsgesetz* (UmwRG) umgesetzt.[833] In seinem sog. Trianel-Urteil entschied der EuGH, dass für Verbandsklagen, die im Anwendungsbereich der EU-Richtlinie über die Umweltverträglichkeitsprüfung (UVP-RL) oder der EU-Richtlinie über Industrieemissionen (IE-RL) liegen, regelmäßig eine Klagebefugnis zur gerichtlichen Überprüfung vor den innerstaatlichen Gerichten auch unabhängig von der Geltendmachung eines subjektiv-öffentlichen Rechts besteht.[834] Eine noch weiter reichende Öffnung hin zum Interessenrechtsschutz regelt Art. 9 Abs. 3 Aarhus-Konvention: Danach haben „Mitglieder der Öffentlichkeit, sofern sie etwaige in ihrem innerstaatlichen Recht festgelegte Kriterien erfüllen, Zugang zu verwaltungsbehördlichen oder gerichtlichen Verfahren [...], um die von Privatpersonen und Behörden vorgenommenen Handlungen und begangenen Unterlassungen anzufechten, die gegen umweltbezogene Bestimmungen ihres innerstaatlichen Rechts verstoßen". Trotz der Ratifizierung der Aarhus-Konvention auch durch die EU, womit dieses Übereinkommen integraler Bestandteil der Unionsrechtsordnung wurde,[835] entschied der EuGH in seinem Urteil über die Abschussfreigabe des „*slowakischen Braunbären*", dass mangels klarer und präziser Verpflichtungen eine unmittelbare Anwendung von Art. 9 Abs. 3 des Übereinkommens nicht in Betracht kommt. Vielmehr hängt ausweislich der Norm die Klagebefugnis bestimmter Mitglieder der Öffentlichkeit von weiteren Kriterien des innerstaatlichen Rechts ab. Die Mitgliedstaaten haben das innerstaatliche Verfahrensrecht dergestalt auszulegen, dass es so weit wie möglich mit den Zielen der Aarhus-Konvention in Einklang steht (EuGH 8.3.2011 – C-240/09, Slg. 2011, I-1255 – Lesoochranárske zoskupenie). Im Anschluss an die Rspr. des EuGH zum „slowakischen Braunbären" entschied der 7. Senat des BVerwG mit Urteil vom 5.9.2013 (BVerwGE 147, 312, 325 f.), dass einem *anerkannten Umweltverband* die Klagebefugnis zur Geltendmachung einer Änderung eines Luftreinhalteplans in unionsrechtskonformer Auslegung des § 47 Abs. 1 BImSchG zusteht. Noch weiter ging der EuGH mit seinem Urteil in der Rechtssache der Gemeinde Altrip u.a. gegen das Land Rheinland-Pfalz vom 7.11.2013, in welchem als betroffenen „*Mitgliedern der Öffentlichkeit*" nicht nur den nach innerstaatlichem Recht anerkannten Umweltverbänden, sondern auch Gemeinden und Privatpersonen eine Klagebefugnis ohne die Geltendmachung einer eigenen Betroffenheit eingeräumt wurde (NVwZ 2014, 49 ff.). Indem der EuGH auf die Stellung als Eigentümer oder Nutzer Bezug nahm, ist die Entscheidung aber nicht als Anerkennung einer „*altruistischen Gemeindeklage*" zu verstehen, weil lediglich die dogmatische Ausweitung einer eigenen rügefähigen Rechtsposition vorgenommen wurde.[836]

Wie sich diese unionsrechtlich determinierten Verbandsklagerechte dogmatisch in das innerstaatliche Recht einfügen, ist Gegenstand wissenschaftlicher Diskussionen.[837] Der 7. *Senat* des BVerwG führte in seinem Urteil vom 5.9.2013 aus, dass „nichtstaatliche Organisationen, die sich für den Umweltschutz einsetzen und alle nach innerstaatlichem Recht geltenden Voraussetzungen erfüllen, ein Interesse" an der Klageerhebung haben; diese „Vereinigungen sollen sich die öffentlichen Belange des Umweltschutzes zum eigenen Anliegen machen können" (BVerwGE 147, 312, 326). Der Senat sprach den Umweltverbänden als „betroffener Öffentlichkeit" somit ein „eigenes Interesse" i.S.e. Klagebefugnis nach

400b

---

832 *S. Schlacke*, NVwZ 2014, 11; *S. Weidermann*, DÖV 2017, 933, 935.

833 *A. Schwerdtfeger*, Der deutsche Verwaltungsrechtsschutz unter dem Einfluss der Aarhus-Konvention, 2010, 44 f.; *A. Balensiefen*, Umweltrechtsbehelfsgesetz, Einl. Rn. 2; *M. Führ/J. Schenten/F. Schulze/S. Schütte*, NVwZ 2014, 1041; *K. Rennert*, DVBl 2017, 69, 71; *M. Happ*, in: Eyermann vor § 1 UmwRG Rn. 2.

834 EuGH 12.5.2011 – C-115/09, Slg. 2011, I-3673; dazu *F. Ekardt*, NVwZ 2014, 393; *T. Leidinger*, NVwZ 2011, 1345, 1347; *K. Rennert*, DVBl 2017, 209, 211.

835 Vgl. *J. Berkemann*, DVBl 2013, 1137, 1139.

836 Vgl. *T. Siegel*, NJW 2014, 973, 974.

837 Vgl. *J. Berkemann*, DVBl 2013, 1137, 1147; *C. Franzius*, DVBl 2014, 543, 546; *K. Rennert*, DVBl 2017, 209, 211 f.; *T. Siegel*, DÖV 2012, 709, 715.

§ 42 Abs. 2 Hs. 2 zu.[838] Er qualifizierte das deutsche Zustimmungsgesetz zum Aarhus-Übereinkommen jedoch nicht etwa als „andere gesetzliche Bestimmung" i.S.d. § 42 Abs. 2 Hs. 1. Der 4. Senat des BVerwG erkannte in zwei Urteilen jeweils aus dem Jahr 2014 zur Festlegung von Flugverfahren für den künftigen Flughafen Berlin-Brandenburg die Klagebefugnis außerhalb des Anwendungsbereichs des UmwRG nur *prokuratorisch* zugunsten natürlicher Personen an.[839] Die Verbandsklagebefugnis liefe nach Auffassung dieses Senats unabhängig vom Vorliegen subjektiver Rechte „auf eine – in ihrem Prüfungsumfang beschränkte – objektive Normenkontrolle gegen eine [Norm] des Bundes hinaus, welche der Gesetzgeber nicht eröffnet hat".[840]

400c　Insoweit bedeutet der Ausbau der Verbandsklagebefugnis keine grundsätzliche Abkehr von dem bestehenden Individualrechtsschutz, insbes. nicht von der Schutznormtheorie.[841] Zwar hat die zunehmende Europäisierung des Verwaltungsrechts,[842] v.a. im Bereich des Umweltrechts, bereichsweise zu einem Interessenrechtsschutz geführt, der aber lediglich als Ergänzung des bestehenden Rechtsschutzsystems gewährt wird. Denn innerstaatlich werden überindividuelle Rechtsbehelfe nur in abgrenzbaren Bereichen zugunsten bestimmter Personengruppen oder Verbände zur Verfügung gestellt.[843] So regelt etwa § 2 UmwRG eine Verbandsklagebefugnis lediglich in Bezug auf umweltrechtliche Entscheidungen gem. § 1 Abs. 1 S. 1 UmwRG.[844] Prozessual wird dies einerseits durch die Öffnungsklausel nach § 42 Abs. 2 Hs. 1 (→ Rn. 401 ff.) gewährleistet.[845] Andererseits können sich, wie die Rspr. im Anschluss an das Urteil des EuGH zum „slowakischen Braunbären" gezeigt hat, zur Klage berechtigende „eigene Rechte" zugunsten von Verbänden durch die unionsrechtskonforme Interpretation des deutschen Rechts ergeben.[846] Die Herleitung subjektiver Rechte durch Auslegung wird aber immer entbehrlicher, je stärker sich der deutsche Gesetzgeber an den Vorgaben des Völker- und Unionsrechts orientiert.[847] Das UmwRG hat eine solche Orientierung v.a. an Art. 9 Abs. 3 der Aarhus-Konvention durch die Erweiterung des Katalogs der Verbandsklagerechte in § 1 Abs. 1 S. 1 UmwRG erfahren.[848] Darüber hinaus hat der EuGH in einem Urteil vom 15.10.2015 die *materielle Präklusion* des § 2 Abs. 3 UmwRG a.F.[849] als mit den Vorgaben der Art. 11 UVP-RL und Art. 25 IE-RL für unvereinbar erklärt.[850] Auf diese Rspr. hat der Gesetzgeber reagiert, indem er die materielle Präklusion des § 2 Abs. 3 UmwRG a.F. aufgegeben und § 5 UmwRG neu gefasst hat.[851] Nach § 5 UmwRG n.F. bleiben Einwendungen, die erstmals im Rechtsbehelfsverfahren erhoben werden, nur unberücksichtigt, wenn ihre erstmalige Geltendmachung im Rechtsbehelfsverfahren missbräuchlich oder unredlich ist. Eine derart lautende Regelung hatte der EuGH – „um die Wirksamkeit des gerichtlichen Verfahrens zu gewährleisten" – ausdrücklich zugelassen (EuGH NJW 2015, 3495, 3498).[852] Darüber hinaus ist es zu einer Ausweitung des überindividuellen Rechtsschutzes, der die gesetzgeberische Grundentscheidung für die Verletztenklage (vgl. §§ 42, 113 VwGO) infrage stellen würde, nicht gekommen.[853] Denn der EuGH hat betont, es stehe dem nationalen Gesetzgeber offen, die Zulässigkeit von Rechtsbehelfen gegen eine Entscheidung, Handlung oder Unterlassung i.S.d. Art. 11 UVP-RL von der Geltendmachung subjekti-

---

838　BVerwGE 147, 312; dazu C. *Franzius*, DVBl 2014, 543, 546; K. *Rennert*, DVBl 2017, 209, 211.
839　BVerwGE 150, 294, 296; BVerwG DVBl 2015, 636, 640; dazu K. *Keller*, NVwZ 2017, 1080, 1081; K. *Rennert*, DVBl 2017, 209, 212.
840　BVerwG DVBl 2015, 636, 640; krit. S. *Schlacke*, NVwZ 2015, 563, 564 f.
841　S. *Schlacke*, DVBl 2015, 929, 932.
842　Zu den Einflüssen des Unionsrechts auf das Prozessrecht im Einzelnen C. *Calliess*, NVwZ 2006, 1, 3. Dazu auch T. *Siegel*, Europäisierung des Öffentlichen Rechts, 2012, 218 ff.
843　S. *Schlacke*, in: Gärditz Überindividueller Rechtsschutz Rn. 3 f.; vgl. auch K. F. *Gärditz*, in: Gärditz § 42 Rn. 72.
844　Zu den einzelnen Voraussetzungen des § 2 UmwRG s. M. *Happ*, in: Eyermann § 2 UmwRG Rn. 2 ff; S. *Schlacke*, in: Gärditz § 2 UmwRG Rn. 4 ff.
845　Dazu BVerfGE 20, 238, 255; BVerwGE 35, 173, 174; 37, 47, 51; krit. hierzu K. F. *Gärditz*, Funktionswandel der Verwaltungsgerichtsbarkeit unter dem Einfluss des Unionsrechts, 2016, D42.
846　J. *Berkemann*, DVBl 2013, 1137, 1147; K. F. *Gärditz*, in: Gärditz § 42 Rn. 68 ff.; *ders.*, NVwZ 2014, 1, 6.
847　Hierzu S. *Schlacke*, NVwZ 2017, 905, 907 f.
848　S. Art. 1 des Gesetzes zur Anpassung des Umwelt-Rechtsbehelfsgesetzes und anderer Vorschriften an europa- und völkerrechtliche Vorgaben vom 29.5.2017 (BGBl I 1298).
849　Zum Gehalt der materiellen Präklusion nach § 2 Abs. 3 UmwRG a.F. M. *Happ*, in: Eyermann § 2 UmwRG Rn. 15 ff.
850　EuGH NJW 2015, 3495, 3498. Zu Folgeproblemen auf innerstaatlicher Ebene BVerfG UPR 2018, 30, 31.
851　Vgl. die Änderungen des UmwRG durch das Gesetz zur Anpassung des Umwelt-Rechtsbehelfsgesetzes und anderer Vorschriften an europa- und völkerrechtliche Vorgaben vom 29.5.2017 (BGBl I 1298).
852　Vgl. BT-Drs. 18/9526, 41. Dazu S. *Weidermann*, DÖV 2017, 933, 941.
853　Hierzu näher K. *Keller*, NVwZ 2017, 1080, 1081 und 1084; zu Abweichungen des UmwRG von § 113 s.a. M.-J. *Seibert*, NVwZ 2018, 97 ff.

ver Rechte abhängig zu machen; gleichwohl kann „eine solche Beschränkung jedoch nicht als solche auf Umweltverbände angewandt werden [...], weil dadurch die Ziele des [Art. 11 Abs. 3 S. 1 UVP-RL] missachtet würden". § 113 Abs. 1 ist daher mit Art. 11 UVP-RL und Art. 25 IE-RL vereinbar (EuGH NJW 2015, 3495, 3496 – ohne die Ergänzungen). Die Öffnung hin zu einem Interessenrechtsschutz bleibt damit den anerkannten Umweltverbänden vorbehalten. Eine gänzliche Novellierung des deutschen Verwaltungsrechtsschutzes hätte im Übrigen eindeutiger Anweisungen seitens des Unionsgesetzgebers bedurft.[854]

V. Vorbehalt anderweitiger gesetzlicher Bestimmung

Nach § 42 Abs. 2 setzt die Zulässigkeit einer Anfechtungs- oder Verpflichtungsklage die Geltendma- **401** chung seitens des Klägers, durch den Verwaltungsakt bzw. seine Ablehnung oder Unterlassung in seinen Rechten verletzt zu sein, nur voraus, *soweit gesetzlich nichts anderes bestimmt ist*. Von der mit diesem Vorbehalt verbundenen Ermächtigung haben Bundes- und Landesgesetzgeber wiederholt Gebrauch gemacht.

1. Bundesrechtliche Regelungen. Folgende bundesrechtliche Regelungen räumen im Verwaltungspro- **402** zess Klagerechte in Abweichung von dem Erfordernis der Geltendmachung einer eigenen Rechtsverletzung ein: § 338 LAG für den *Vertreter der Interessen des Ausgleichsfonds* gegen Beschlüsse des Beschwerdeausschusses in Lastenausgleichssachen (vgl. BVerwGE 2, 147 ff.; 8, 84 f.; 40, 25 ff.); § 8 Abs. 4 HwO zugunsten der *Handwerkskammer* gegen die Entscheidung über die Erteilung einer Bewilligung zur Eintragung in die Handwerksrolle; § 12 HwO für die *Industrie- und Handelskammer* gegen die Entscheidung der Handwerkskammer über die Eintragung eines der Industrie- und Handelskammer angehörigen Gewerbetreibenden in die Handwerksrolle (zur Statthaftigkeit einer diesbezüglichen Anfechtungsklage → Rn. 200); § 64 BNatSchG für die nach § 63 Abs. 1, 2 BNatSchG i.V.m. § 3 UmwRG durch den Bund oder die Länder anerkannten *Naturschutzvereinigungen* hinsichtlich v.a. naturschutzrechtlicher Entscheidungen; daneben[855] auch § 2 UmwRG für nach § 3 UmwRG anerkannte *Vereinigungen*, v.a. hinsichtlich Entscheidungen im Zusammenhang mit dem UVPG[856] und Anlagengenehmigungen nach Sp. 1 der 4. BImSchV. Ebenso wie bei § 64 BNatSchG ist hierbei gem. § 2 Abs. 1 Nr. 1 UmwRG n.F. keine Betroffenheit von Rechten Dritter notwendig[857] (zum Rechtsschutz nach dem UmwRG → Rn. 400 a). Im Anwendungsbereich des § 1 Abs. 1 Nr. 1, 2 und 5 UmwRG, vor allem also im Bau-, Fachplanungs- und Immissionsschutzrecht,[858] kann es zu Überschneidungen mit Rechtsbehelfen nach § 64 BNatSchG kommen. In solchen Fällen wird § 64 BNatSchG gem. § 1 Abs. 3 UmwRG von den Rechtsbehelfen nach dem UmwRG verdrängt. Der Gesetzgeber ist bei der Neufassung des § 2 Abs. 1 Nr. 1, Abs. 5 S. 1 Nr. 1 UmwRG über die unionsrechtlichen Vorgaben hinausgegangen und hat den Umweltverbänden auch hinsichtlich solcher Rechtsverstöße, die sich auf nationales Recht beziehen, welches nicht auf Unionsrecht beruht, eine Klagebefugnis eingeräumt.[859] Die Regelung in § 4 Abs. 3 UmwRG über die entsprechende Anwendung von § 4 Abs. 1 UmwRG auf Individualrechtsbehelfe beinhaltet aber in Bezug auf diese keinen Verzicht auf das Erfordernis der Klagebefugnis, da sie nur die Sachprüfung zulässiger Rechtsbehelfe betrifft (vgl. BVerwG NVwZ 2012, 573, 575; OVG Lüneburg NVwZ-RR 2012, 836 ff.). Das BVerwG hat den früher nach § 11 Abs. 2 GjS i.V.m. § 2 DVOGjS (nunmehr gem. § 21 Abs. 2 JuSchG) antragsberechtigten Behörden zunächst (BVerwGE 19, 269 ff.) eine Klagebefugnis gegen die Ablehnung der Anordnung der Aufnahme einer Schrift in die *Liste der jugendgefährdenden Schriften* (heute: *Medien*) jedenfalls für den Fall abgesprochen, dass der Antrag von der Bundesprüfstelle sachlich unter Beachtung der für sie geltenden Verfah-

---

854 Vgl. *V. Skouris*, DVBl 2016, 937, 942.

855 VGH München, UPR 2010, 38 f.; *M. Marty*, ZUR 2009, 115, 120 f.

856 Hierzu BVerwGE 144, 243, 244 ff.; OVG Koblenz NVwZ 2013, 883 ff.; VG Neustadt/Weinstraße DVBl 2013, 536 f. Zu der Frage, ob Art. 9 Abs. 3 Aarhus-Übereinkommen eine andere Bestimmung i.S.d. § 42 Abs. 2 ist, OVG Koblenz NVwZ 2013, 881 ff. (ablehnend) und OVG Koblenz BeckRS 2013, 47577 (bejahend); dazu *M.-J. Seibert*, NVwZ 2013, 1040, 1041 ff.

857 Zur Unvereinbarkeit von § 2 Abs. 1 Nr. 1 UmwRG a.F. mit Art. 11 UVP-RL (Art. 10 a UVP-RL a.F.) EuGH Slg. 2011, I-3673 ff. – Trianel – und BVerwGE 141, 282, 283 ff.

858 Zu den sachlichen Anwendungsbereichen des § 1 Abs. 1 Nr. 1 und 2 UmwRG *M. Happ*, in: Eyermann § 1 UmwRG Rn. 1 ff.

859 Dazu *Porsch*, NVwZ 2013, 1393, 1394.

rensvorschriften beschieden worden ist, weil der Gesetzgeber keine erweiterte Klagebefugnis i.S.d. Vorbehalts in § 42 Abs. 2 Hs. 1 eingeführt habe; in einer späteren Entscheidung[860] hat es unter Berufung auf diesen Vorbehalt die Klagebefugnis einer antragstellenden Behörde für ihre Anfechtungsklage „gegen eine mit wesentlichen *Verfahrensmängeln* behaftete Entscheidung der Bundesprüfstelle" bejaht.

403   **2. Landesrechtliche Vorschriften.**   Auch landesrechtliche Vorschriften können aufgrund der Ermächtigung in § 42 Abs. 2 Hs. 1 eine Klagebefugnis in Abweichung von dem Grundsatz der Geltendmachung einer Verletzung eigener Rechte festlegen[861] (→ Rn. 11). Dazu gehören ferner landesrechtliche Regelungen, die *vor* dem Inkrafttreten der VwGO verkündet worden sind (BVerwGE 35, 173, 174).

404   Landesrechtliche Bestimmungen zur Klagebefugnis sind etwa § 17 Abs. 1 S. 1 AGVwGO RP, demzufolge die *Aufsichts- und Dienstleistungsdirektion* gegen einen Widerspruchsbescheid gem. § 16 Abs. 4 AGVwGO RP, „dessen Rechtswidrigkeit sie geltend macht, Klage bei dem Verwaltungsgericht erheben" kann, „wenn sie es im öffentlichen Interesse für geboten hält", und § 17 Abs. 1 SaarlAGVwGO, der dem fachlichen zuständigen *Minister* die Befugnis überträgt, „binnen eines Monats nach der Zustellung (§ 16 Abs. 5) durch Klageerhebung die Entscheidung des Verwaltungsgerichts herbeizuführen, wenn er geltend macht, daß der Widerspruchsbescheid des Rechtsausschusses rechtswidrig ist (Aufsichtsklage)"[862] (→ Rn. 11, 108).

405   Einige landesrechtliche Regelungen betreffen ferner die Zulässigkeit sog. *Verbandsklagen*.[863] So werden bzw. wurden bestimmten *Naturschutzverbänden* in Naturschutzangelegenheiten Klagerechte in Abweichung von der Anforderung, die Verletzung eigener Rechte geltend machen zu müssen, eingeräumt durch die Naturschutzgesetze des Landes *Berlin* (§ 39 b NatSchGBln),[864] des Landes *Brandenburg* (§ 65 BbgNatSchG; dazu OVG Frankfurt/O. NuR 1995, 465 ff.), der Freien Hansestadt *Bremen* (§ 44 BremNatSchG a.F. – inzwischen entfallen; zu dieser Vorschrift OVG Bremen NVwZ 1985, 55 f.), der Freien und Hansestadt *Hamburg* (§ 41 HmbNatSchG a.F. – inzwischen entfallen), des Landes *Hessen* (§ 36 HENatG a.F.[865] – inzwischen entfallen), des Landes *Mecklenburg-Vorpommern* (§ 30 Abs. 5NatSchAG MV), des Landes *Niedersachsen* (§ 60 c NdsNatSchG a.F.[866] – inzwischen entfallen), des Landes *Nordrhein-Westfalen* (§ 12 b LGNRW a.F. – inzwischen entfallen und durch § 68 LNatSchG NRW ersetzt; zur alten Fassung BVerwGE 141, 282 f.), des Landes *Rheinland-Pfalz* (§ 37 b RPLPflG a.F. – inzwischen entfallen), des *Saarlandes* (§ 33 SNG a.F. – inzwischen entfallen; dazu OVG Saarlouis AS 25, 250 ff.; 27, 72 ff.), des Freistaates *Sachsen* (§ 58 SächsNatSchG a.F. – ersetzt durch § 38 SächsNatSchG i.d.F. v. 6.6.2013; zur alten Fassung BVerwG DVBl 1994, 341 ff.; NVwZ 1997, 491 ff.), des Landes *Sachsen-Anhalt* (§ 52 NatSchG LSA a.F. – inzwischen entfallen; BVerwG DÖV 1998, 338 ff.; OVG Magdeburg NVwZ 1999, 93 ff.), des Landes *Schleswig-Holstein* (§ 51 c Abs. 1 LNatSchG SchlH a.F. – inzwischen entfallen, in § 60 Abs. 4 S. 2 LNatSchG SchlH n.F. für sog. Landesnaturschutzverband Schleswig-Holstein Verweis auf § 61 Abs. 4 BNatSchG a.F.; dazu OVG Schleswig

---

860   BVerwGE 28, 63, 65 (ohne die nachfolgende Hervorhebung).
861   BVerfGE 20, 238, 255; BVerwGE 35, 173, 174; 37, 47, 51; BVerwG NVwZ 1988, 364; BVerwGE 78, 347, 348 f.; 92, 263, 264; VGH Kassel NVwZ 1982, 263; VG Darmstadt NVwZ 1987, 921; VG Kassel DÖV 1984, 122, 123; *W. Skouris*, NVwZ 1982, 233, 234.
862   Dazu BVerfGE 20, 238, 255; BVerwGE 37, 47, 50 f.
863   Zur Problematik der Verbandsklage aus dem umfangreichen Schrifttum etwa die grundlegende Arbeit von *H. Faber*, Die Verbandsklage im Verwaltungsprozess, 1972, sowie *U. Battis/U. Dünnebacke*, JuS 1990, 188 ff.; *B. Bender*, DÖV 1976, 584 ff.; *J. Bizer/T. Ormond/U. Riedel*, Die Verbandsklage im Naturschutzrecht, 1990; *A. Bleckmann*, VerwArch 63 (1972), 183 ff.; *C. Calliess*, NJW 2003, 97 ff.; *H. Embacher*, Die Verbandsklage im Verwaltungsprozeß, 1979; *R. Greger*, NJW 2000, 2457 ff.; *G. Hammer*, GewArch 1978, 14 ff.; *K. Hofmann*, BayVBl 1972, 524 ff.; *H. Leeb*, BayVBl 1972, 633 ff.; *W. Marotzke*, Von der schutzgesetzlichen Unterlassungsklage zur Verbandsklage, 1992; *F. Müller*, LKV 1993, 159 ff.; *A. v. Mutius*, VerwArch 64 (1973), 311 ff.; *R. Naumann*, DÖV 1971, 378 ff.; *ders.*, GewArch 1975, 281 ff.; *D. Neumeyer*, UPR 1987, 327 ff.; *S. Schlacke*, NuR 2004, 629 ff.; *E. Schwerdtner*, VBlBW 1983, 321 ff.; *R. Seelig/B. Gündling*, NVwZ 2002, 1033 ff.; *W. Skouris*, JuS 1982, 100 ff.; *ders.*, NVwZ 1982, 233 ff.; *K. Sojka*, RdL 1982, 1 ff.; *P. Stelkens*, DVBl 1975, 137 ff.; *W. Thiele*, DÖD 1979, 117 ff.; *M. Wolf*, Die Klagebefugnis der Verbände, 1971; *R. Wolf*, ZUR 1994, 1 ff.
864   Dazu BVerwGE 78, 347 ff.; 101, 73, 76 ff.; BVerwG NVwZ 1996, 389 ff.; OVG Berlin NVwZ 1986, 318 ff.; NuR 1997, 561 f.; NJW 1998, 1423 f.
865   Dazu BVerwG NVwZ 1988, 364; BVerwGE 92, 263 ff.; BVerwG DÖV 1998, 73; VGH Kassel NVwZ 1982, 263; NVwZ 1982, 689, 691 f.; NVwZ-RR 1999, 304 ff.; VG Darmstadt NVwZ 1987, 921 f.; VG Kassel DÖV 1984, 122 ff.
866   Dazu BVerwGE 110, 302, 306 f.; OVG Lüneburg NuR 1999, 522 ff.; NVwZ 2003, 358 ff.

NVwZ-RR 2001, 663 f.) und des Freistaates *Thüringen* (§ 46 ThürNatG a.F. – inzwischen entfallen, in § 46 ThürNatG n.F. Verweis auf § 61 BNatSchG a.F.; dazu OVG Weimar NuR 2004, 325 ff.). Weil mit den Klagen der Naturschutzverbände öffentliche Interessen verfolgt werden, kann man sie als *altruistische* Verbandsklagen bezeichnen.[867] Eine Beschränkung der Klagebefugnis der Verbände auf die Verletzung *naturschutzrechtlicher* Vorschriften ist zulässig, weil es die Systematik des Prozessrechts nicht ausschließt, „die möglichen Gründe, mit denen ein Verband die Rechtswidrigkeit eines Verwaltungsakts – ohne Geltendmachung der Verletzung eigener Rechte – in einem Verwaltungsstreitverfahren behaupten kann, von vornherein auf bestimmte normativ abgegrenzte Schutzgüter zu beschränken und folgerichtig auch den Erfolg einer solchen – gegenständlich begrenzten – Klage davon abhängig zu machen, daß der angegriffene Verwaltungsakt gerade aus den mit der Verbandsklage geltend zu machenden speziellen Gründen fehlerhaft ist".[868] Der Einführung der Verbandsklage für Naturschutzverbände in den genannten Ländern stand § 29 Abs. 1 BNatSchG a.F., der bestimmten Verbänden nur ein näher geregeltes *Mitwirkungsrecht* und insoweit ein eigenes subjektives öffentliches Recht einräumte,[869] nicht entgegen, weil das BNatSchG eine abschließende Regelung mit entsprechender Sperrwirkung nach Art. 75 Abs. 1 S. 1 Nr. 3 a.F. i.V.m. Art. 72 Abs. 1 GG a.F. nicht enthielt, durch welche die Länder gehindert wären, von der Ermächtigung in § 42 Abs. 2 Hs. 1 Gebrauch zu machen.[870] Die Länder sind durch diese Vorschrift allerdings nicht ermächtigt worden, die Verbandsklage gegen Maßnahmen von *Bundes*behörden zuzulassen, weil diese Klage „nicht der Durchsetzung individueller Rechte des Bürgers, sondern ausschließlich einer objektiv-rechtlichen Kontrolle über Bundesbehörden" dient, die „ihrer Art nach allein bundesgesetzlicher Regelung vorbehalten" ist.[871] Später hat der Bund mit den §§ 58 ff. BNatSchG a.F. selber detaillierte Regelungen zur Mitwirkung und Klagebefugnis von Naturschutzverbänden normiert. Im Zuge der Föderalismusreform I aus dem Jahre 2006 (BGBl I 2034) wurde das Umweltrecht in die konkurrierende Gesetzgebungskompetenz des Bundes überführt, Art. 74 Abs. 1 Nr. 29 GG, wobei den Ländern eine Abweichungsbefugnis zukommt, Art. 72 Abs. 3 Nr. 2 GG. Die §§ 63 f. BNatSchG n.F., welche weitgehend mit den §§ 58 ff. BNatSchG a.F. übereinstimmen, stellen demnach nun eine „Vollregelung"[872] dar, lassen aber den Ländern weiterhin gewissen Gestaltungsspielraum.

§ 39 Abs. 1 S. 1 und § 41 Abs. 1 S. 1 NWKommWahlG begründen als andere gesetzliche Bestimmungen i.S.d. § 42 Abs. 2 für die Klage gegen die Entscheidung der Gemeindevertretung über einen Einspruch gegen die Gültigkeit der Wahl eine Klagebefugnis für die Partei oder Wählergruppe, die Einspruch erhoben hat. Für die Klage gegen die Ungültigerklärung einer Kommunalwahl sind wegen des Grundsatzes der Chancengleichheit auch die Parteien und Wählergruppen klagebefugt, die keinen Einspruch eingelegt haben, weil sie die Wahl für gültig halten (BVerwGE 142, 124 ff.).   405a

VI. Einzelfälle zur Klagebefugnis

Aus der sehr umfangreichen Judikatur zur Anwendung von § 42 Abs. 2 sind nachfolgend fast ausschließlich solche Einzelfälle zusammengestellt, die nicht bereits i.R.d. bisherigen Ausführungen zur Klagebefugnis (→ Rn. 364 ff.), insbes. zum Vorbehalt anderweitiger gesetzlicher Bestimmung in § 42 Abs. 2 Hs. 1 (→ Rn. 402 ff.) genannt sind. Die aus den Einzelfällen gebildeten *Gruppen von Klägern* werden im Interesse der Übersichtlichkeit in ihrer *alphabetischen* Reihenfolge erörtert. In einigen Entscheidungen lassen sich ausführliche Darlegungen zur Verneinung einer Klagebefugnis allerdings nicht mit der häufig verwandten Formel in Einklang bringen, wonach eine Klage gem. § 42 Abs. 2 nur unzulässig ist, „wenn offensichtlich und eindeutig nach keiner Betrachtungsweise die vom Kläger be-   406

867 In Abgrenzung zu den sog. *egoistischen* Verbandsklagen, die der Geltendmachung von Mitgliederrechten dienen; vgl. etwa *H. Faber*, Verbandsklage, 1972, 10, 40; *G. Hammer*, GewArch 1978, 14; *Schmitt Glaeser/Horn* Rn. 170.

868 BVerwGE 78, 347, 349 f.; a.M. *W. Skouris*, NVwZ 1982, 233, 235.

869 Zu einer darauf gestützten Anfechtungsbefugnis BVerwGE 87, 62, 68 ff.; OVG Bautzen NVwZ-RR 1995, 514; OVG Lüneburg NVwZ-RR 1995, 195; VGH Kassel NVwZ 1988, 1040 unter Aufgabe der gegenteiligen Auffassung in NVwZ 1982, 689, 690 f.; a.M. VGH Mannheim NVwZ 1988, 1039. Zur Anerkennung eines Vereins nach § 29 Abs. 2 BNatSchG (a.F.) BVerwGE 72, 277 ff.

870 Vgl. BVerwGE 92, 263, 264 f.; i.E. ebenso bereits BVerwGE 78, 347, 349; VGH Kassel NVwZ 1982, 263.

871 BVerwGE 92, 263, 265 f. mit einer entsprechenden verfassungskonformen Auslegung von § 36 HENatG a.F.; s.a. VG Kassel DÖV 1984, 122 ff.

872 *M. Gellermann*, NVwZ 2010, 73.

haupteten Rechte bestehen oder ihm zustehen können" (→ Rn. 380). Sofern besonders klare Anhaltspunkte dafür bestehen, dass die prozessualen Anforderungen an eine nur *mögliche* Rechtsverletzung in Entscheidungen „überspannt" worden sind (→ Rn. 381), wird darauf nachfolgend speziell hingewiesen.

407   **1. Anlieger einer öffentlichen Straße.** Zur Anfechtung eines straßenrechtlichen *Planfeststellungsbeschlusses* (→ Rn. 281 ff.) sind Anlieger einer öffentlichen Straße klagebefugt, wenn sie geltend machen, dieser Planfeststellungsbeschluss verletze sie wegen der zu erwartenden Verdichtung des Verkehrs und der von der Straße verstärkt ausgehenden Emissionen jeweils in ihrem Grundeigentum.[873] Auch Mieter, deren Wohnung im Umfeld des planfestgestellten Bauabschnitts liegt, sind bei nicht gänzlich fernliegenden Gefährdungen ihrer Gesundheit durch vorhabenbezogene Immissionen aus Art. 2 Abs. 2 S. 1 GG klagebefugt (BVerwG NVwZ 2013, 645). Obligatorisch Berechtigte sind ferner wegen der Gefahr etwaiger Enteignungen zur Anfechtung fernstraßenrechtlicher Planfeststellungsbeschlüsse klagebefugt (BVerwGE 105, 178, 180 f.). Im Falle der abschnittsweisen Verwirklichung eines Straßenbauvorhabens ist die Befugnis zur Anfechtung des Planfeststellungsbeschlusses für einen vorangehenden Straßenabschnitt gegeben, wenn der Grundeigentümer geltend machen kann, „daß sein Grundstück im weiteren Planverlauf zwangsläufig betroffen sein wird" (BVerwG DVBl 1993, 161 im Anschluss an BVerwGE 62, 342, 354). Allein die Behauptung, bei einer straßenrechtlichen Planfeststellung sei die gebotene Umweltverträglichkeitsprüfung nicht durchgeführt worden, begründet nach einem Urteil des VGH München (BayVBl 1993, 436 f.) keine Klagebefugnis.

408   In der Rspr. ist jeweils die Klagebefugnis eines Anliegers zur Anfechtung der *Widmung* (zur Widmung von Straßen bereits → Rn. 284) eines an sein Grundstück angrenzenden Flurstücks als Parkplatz (vgl. BVerwGE 47, 144, 145) und der Widmung einer tatsächlich hergestellten Erschließungsanlage als Gemeindestraße für den öffentlichen Verkehr (OVG Koblenz NJW 1987, 1284 f.) bejaht worden. Der VGH Mannheim (NVwZ-RR 1995, 185 f.) hat jedoch entschieden, dem Eigentümer eines an einen Fußgängerbereich angrenzenden Grundstücks fehle regelmäßig die Befugnis zur Erhebung einer Anfechtungsklage gegen die Erweiterung der Widmung des Fußgängerbereichs auf Fahrzeugverkehr in beschränktem Umfang. Sind mit der Widmung für den Straßenanlieger bestimmte *Handlungspflichten* (etwa Reinigungspflicht, Räumungspflicht und Streupflicht für Gehwege) verbunden, so lässt sich hieraus eine Klagebefugnis ableiten (VG Karlsruhe NVwZ-RR 1999, 220). Aus der Regelung in § 128 Abs. 3 Nr. 2 BauGB, derzufolge der Erschließungsaufwand grds. nicht die Kosten für die Fahrbahnen der Ortsdurchfahrten von Bundesstraßen sowie von Landesstraßen I. und II. Ordnung umfasst, lässt sich keine Klagebefugnis eines erschließungsbeitragspflichtigen Anliegers gegen die *Einstufung* der Straße als Gemeindestraße herleiten (vgl. VGH Mannheim NVwZ 1986, 1031 f. zum früheren § 128 Abs. 3 Nr. 2 BBauG). Dagegen kann die *Aufstufung* einer Landesstraße zur Bundesstraße (zur Qualifizierung als Allgemeinverfügung → Rn. 284) von Anliegern des aufzustufenden Straßenstücks mit der Begründung angefochten werden, durch den zu erwartenden zusätzlichen Verkehr werde ihr durch Art. 14 Abs. 1 GG geschütztes Grundeigentumsrecht verletzt.[874] Wird eine Straße (teil-)*eingezogen* und hat dies eine Verlagerung der Verkehrsströme auf andere Straßen zur Folge, so werden die Anlieger *dieser* (mehrbelasteten) Straße durch die (Teil-)Einziehung i.d.R. nicht in eigenen Rechten i.S.d. § 42 Abs. 2 verletzt (OVG Lüneburg NdsVBl 1995, 75). Werden Nutzer oder Anlieger der eingezogenen Straße aber erheblich beeinträchtigt, etwa indem die Erreichbarkeit des Grundstücks des Nutzers eingeschränkt wird, ist die Klagebefugnis zu bejahen (VGH München NVwZ-RR 2016, 206 f.). Gestützt auf Anliegerrechte kommt auch Unternehmen eine Klagebefugnis zu, etwa einer Werft gegen die Einziehung eines Hafens (OVG Schleswig DÖV 2017, 203, 204).

409   Die Anlieger einer öffentlichen Straße, durch die ein Linienverkehr mit Kraftfahrzeugen geführt werden soll, sind nach einem Urteil des BVerwG nicht zur Erhebung einer Anfechtungsklage gegen die auf § 13 PBefG gestützte *Genehmigung des Linienverkehrs* befugt, weil sie im Hinblick auf verkehrsbedingte Immissionen durch die Erteilung dieser Genehmigung nicht in ihren Rechten verletzt sein kön-

---

873   BVerwGE 54, 99 f.; vgl. ferner BVerwG NVwZ 1997, 994, 995 sowie VGH München NVwZ 1991, 590 f. (speziell in Bezug auf die Geltendmachung fehlerhafter Einstufung des Straßenbauvorhabens). Zur Grundstücksbezogenheit der Straßenplanung auch BVerwG NJW 1994, 1233, 1234.

874   VGH Mannheim UPR 1984, 64 f.; vgl. ferner VGH Mannheim NVwZ-RR 2016, 286, 287.

nen.[875] Dagegen entfaltet nach Auffassung des VGH Mannheim (21.7.2017 – 9 S 1452/16, juris Rn. 3 und 7) § 13 Abs. 2 S. 1 Nr. 1 PBefG keine drittschützende Wirkung zugunsten von Anliegern im Bereich der Linienführung einer Buslinie. Ferner hat das BVerwG die Klagebefugnis von Anliegern einer Gemeindestraße zur Anfechtung einer nach § 46 Abs. 1 Nr. 11 StVO einem Gewerbetreibenden erteilten Ausnahmegenehmigung vom Verkehrsverbot für bestimmte Lastkraftwagen bejaht: Der einzelne Anlieger besitze „einen – auf die ermessensfehlerfreie Entscheidung der Behörde begrenzten – Anspruch auf Schutz seiner Individualinteressen, wenn grundrechtsgefährdende oder billigerweise nicht mehr zuzumutende Verkehrseinwirkungen" i.S.d. § 45 Abs. 1 S. 2 Nr. 3 StVO zu befürchten seien.[876]

Bzgl. der Anfechtbarkeit der als Allgemeinverfügung zu qualifizierenden *Umbenennung einer Straße* 410 (→ Rn. 285, 459) ist zu berücksichtigen, dass der zugeteilte Straßenname – sofern der Gesetzgeber nicht eine entsprechende Inhaltsbestimmung i.S.v. Art. 14 Abs. 1 S. 2 GG getroffen hat – kein Bestandteil des Grundeigentums der Anlieger ist, sondern nur zu den „das Grundstückseigentum tatsächlich mitbestimmenden Gegebenheiten" gehört, „auf deren Fortbestand der Eigentümer als solcher keinen Anspruch hat".[877]

Nach der Rspr. des BVerwG „kommt der *Anliegergebrauch* in seinem Kern dem privatrechtlichen Ei-411 gentum zwar so nahe, dass er unter den Schutz des Art. 14 GG fällt"; der „gegenüber dem schlichten Gemeingebrauch gesteigerte Anliegergebrauch reicht aber nur so weit, wie die angemessene Nutzung des Grundeigentums eine Benutzung der Straße erfordert. Angemessen ist nicht schon jede Nutzung, zu der das Grundeigentum Gelegenheit bietet, sondern ausschließlich das, was aus dem Grundstück und seiner sowohl nach der Rechtslage als auch den tatsächlichen Gegebenheiten prägenden Situation der Umgebung als anerkennenswertes Bedürfnis hervorgeht. Der eigentumsrechtliche Schutz des Anliegergebrauchs erstreckt sich daher nur auf den notwendigen Zugang des Grundstücks zur Straße und seine Zugänglichkeit von ihr. Gewährleistet wird nur die Verbindung mit dem öffentlichen Straßennetz überhaupt, nicht dagegen notwendig auch die Erreichbarkeit des eigenen Grundstücks mit Kraftfahrzeugen des Eigentümers oder gar jeder Anliegerverkehr. Das Recht auf Anliegergebrauch schützt regelmäßig nicht vor solchen Erschwernissen des Zugangs, die sich aus seiner besonderen örtlichen Lage ergeben, insbesondere [...] in einer Fußgängerzone im innerstädtischen Ballungsraum".[878] Der VGH Mannheim hat entschieden, dass ein Anlieger i.d.R. nicht zur Anfechtung der Anordnung eines eingeschränkten Halteverbots auf der öffentlichen Straße vor seinem Wohngrundstück klagebefugt sei: Eingeklagt werden könne nur die Teilhabe am bestehenden Gemeingebrauch; vor der Einräumung eines Gemeingebrauchs an der Straße durch konstituierenden Akt sei „nichts vorhanden", was Gegenstand oder Freiraum für die durch Art. 2 Abs. 1 GG geschützte allgemeine Handlungsfreiheit (→ Rn. 383) sein könne[879] (zur Rechtsnatur von Verkehrsregelungen → Rn. 291 ff.). Auch die *Beseitigung von Fahrbahnschwellen* kann durch Straßenbenutzer und -anlieger (Besitzer tiefergelegter Fahrzeuge) – abhängig vom Landesrecht – regelmäßig nicht begehrt werden.[880] Dagegen bejaht das BVerwG grds. die Klagebefugnis eines Anliegers – ebenso wie diejenige eines „einfachen" Verkehrsteilnehmers (→ Rn. 472) – gegen die Anordnung einer geschwindigkeitsbeschränkten Zone nach § 45 Abs. 1 b StVO (BVerwGE 97, 214, 220). Im umgekehrten Fall kann einem Anlieger unter Umständen ein *Anspruch auf eine verkehrsrechtliche Anordnung* zur Sicherung der Zugänglichkeit seines Grundstücks zustehen: Nach Auffassung des VGH Mannheim (DAR 2002, 284) gewährt § 45 Abs. 1 S. 1 StVO dem Einzelnen ein (auf ermessensfehlerfreie Entscheidung begrenztes) „subjektiv-öffentliches Recht auf ein verkehrsregelndes Einschreiten der Straßenverkehrsbehörde, wenn öffentlich-rechtlich

---

875   BVerwG NJW 1990, 930. Zum Fehlen eines Anspruchs eines Straßenanliegers auf Verlegung einer Bushaltestelle VG Bremen VRS 52 (1977), 398 ff., das allerdings die Klagebefugnis hinsichtlich einer diesbezüglichen Verpflichtungsklage bejaht hat.

876   BVerwG NJW 1994, 2037, 2038. Dazu auch BVerwGE 74, 234, 236; BVerwG NJW 1987, 1096; NJW 1990, 400.

877   OVG Koblenz NJW 1987, 2695, 2696; ferner OVG Berlin 21.3.1996 – 1 S 176.95, juris Rn. 5 ff. Eine Klagebefugnis zugunsten von Grundstückseigentümern zur Anfechtung der Umbenennung von Straßen haben dagegen unter Berücksichtigung von Landesrecht bejaht: OVG Münster NVwZ-RR 2008, 487, 488; VGH Mannheim NJW 1979, 1670 f.; NJW 1981, 1749 f.; VGH München BayVBl 1988, 496; NVwZ-RR 1996, 344, 345.

878   BVerwGE 94, 136, 138 f.; vgl. etwa auch BVerwGE 30, 235, 238 f.; 32, 222, 225 f.; 54, 1 ff.; BVerwG DÖV 1983, 122 f.; UPR 1988, 397, 398; NJW 1990, 400 f.; OVG Münster NVwZ-RR 1995, 481; 1995, 482, 483; VG Sigmaringen NVwZ-RR 2003, 743 f.

879   VGH Mannheim DÖV 1990, 981; zur verfassungsrechtlichen Kritik an dieser Entscheidung *R. A. Lorz*, DÖV 1993, 129, 132 ff.

880   So für die Rechtslage in Nordrhein-Westfalen OVG Münster NVwZ-RR 1995, 482, 483.

geschützte Individualinteressen durch Einwirkungen des Straßenverkehrs, die das nach allgemeiner Anschauung zumutbare Maß übersteigen, verletzt werden". Der Anliegergebrauch gewährt jedoch dem Einzelnen keinen Anspruch auf eine bestimmte *Verkehrsraumgestaltung* (VG Gießen 16.7.1998 – 10 G 1073/98, juris Rn. 17 ff.).

412 **2. Architekten.** Mit einer öffentlichen Planung beauftragte Architekten können jeweils eine Klagebefugnis zur Anfechtung eines fernstraßenrechtlichen Planfeststellungsbeschlusses (zu dessen Verwaltungsaktcharakter → Rn. 281) nicht auf eine mögliche Verletzung des abgeschlossenen Architektenvertrags oder des Urheberrechtsgesetzes stützen (BVerwG UPR 1994, 152; VGH Mannheim NVwZ-RR 2012, 340).

413 **3. Arzneimittelhersteller.** Arzneimittelhersteller sind zur Erhebung von allgemeinen Leistungsklagen in der Form von Unterlassungsklagen (zu dieser Klageart → Rn. 53 ff.) gegen die behördliche *Veröffentlichung von Arzneimittellisten* mit sog. Qualitätssicherungskennzeichen (→ Rn. 183) nach § 42 Abs. 2 analog (zur entsprechenden Anwendung von § 42 Abs. 2 auf allgemeine Leistungsklagen → Rn. 371) befugt, wenn sie geltend machen, durch die drohende Publikation mittelbar in ihren Grundrechten (zum Grundrechtsschutz gegen sog. mittelbare Grundrechtsbeeinträchtigungen → Rn. 395 ff.) – insbes. aus Art. 12 Abs. 1 und Art. 14 Abs. 1 GG – verletzt zu werden (OVG Berlin PharmaR 1984, 214, 220; vgl. auch BVerwGE 71, 183, 188 f.) Nach Abtretung der arzneimittelrechtlichen Zulassung ist der Erstantragsteller aus den §§ 24 a und 24 b AMG (Unterlagenschutz) nicht mehr klagebefugt (VG Köln 28.2.2012 – 7 K 4952/10, juris, Rn. 15 ff.). Arzneimittelhersteller sind hingegen zur Anfechtung der Entscheidung der Bundesoberbehörde über die *arzneimittelrechtliche Zulassung* nach § 21 AMG klagebefugt (VG Köln PharmR 2015, 315, 317). Pharmaunternehmen sind ferner zur Klageerhebung gegen die Versagung einer *Dosierungsregelung* befugt (VG Köln PharmR 2015, 560, 564 f.).

414 **4. Ausländer.**[881] Das BVerwG hat die Klagebefugnis zur Anfechtung einer gem. § 7 AtG erteilten atomrechtlichen Teilgenehmigung zugunsten eines niederländischen Staatsbürgers bejaht, dessen Wohnort in den Niederlanden etwa 25 km von dem vorgesehenen Standort des Kernkraftwerks in der Bundesrepublik Deutschland entfernt war: Der Gesetzgeber habe die Genehmigungspflicht für solche atomaren Anlagen „wegen des ihnen innewohnenden besonderen Gefährdungspotentials eingeführt", das vor Staatsgrenzen nicht haltmache; eine Erstreckung von nationalen Schutznormen auf Ausländer sei jedenfalls dann nicht völkerrechtswidrig, „wenn auf diese Weise einem potentiell grenzüberschreitenden gefährlichen Tun begegnet werden" solle.[882] Das OVG Saarlouis (AS 25, 377, 386) hat auch die Klagebefugnis der Einwohner von Anrainerstaaten gegen eine planfestgestellte deutsche Abfallverwertungsanlage bejaht und damit *grenzübergreifenden Drittschutz* im Immissionsschutzrecht für ausländische Grenznachbarn gewährt. Grenzübergreifender Drittschutz besteht ferner bei der zivilen Nutzung (Konversion) eines ehemaligen Militärflugplatzes (BVerwGE 132, 151, 157 ff.; näher → Rn. 426).

415 **5. Beamte.** Bzgl. der allgemeinen Leistungsklage eines Beamten auf höhere *Bewertung des Dienstpostens* (→ Rn. 149) hat das BVerwG eine Klagebefugnis darauf gestützt, dass „sich aus der Fürsorgepflicht in Verbindung mit dem Gleichbehandlungsgrundsatz [...] ein Anspruch auf ‚richtige‘ (korrekter: richtliniengetreue) Dienstpostenbewertung ergeben kann" (BVerwGE 41, 253, 256 im Anschluss an BVerwGE 36, 192, 199 f.). Eine Befugnis des Klägers analog § 42 Abs. 2 ergibt sich bzgl. der Dienstpostenbewertung auch, wenn „er eine Manipulation des Dienstherrn oder sonstige Willkür [...] zu seinen Lasten geltend macht und diese nicht offensichtlich ausgeschlossen sind" (BVerwG NVwZ-RR 2017, 423, 425). Im Hinblick auf die Klage eines Beamten gegen eine ihn betreffende *dienstliche Beurteilung* (zu deren Rechtsnatur und der richtigen Klageart → Rn. 155) ist nach einem Urteil des BVerwG zu beachten, dass die dienstliche Beurteilung selbst geeignet ist, „den Beamten in seinen Rechten zu verletzen, wenn sie rechtswidrig ist, z.B. nicht auf sachlichen Erwägungen, sondern auf Willkür beruht oder aufgrund eines unrichtigen Sachverhalts abgegeben wird" (BVerwGE 21, 127, 129). Das OVG Hamburg (NJW 1964, 834 f.) hat für die Klage eines Dritten, mit der ein Dienstherr

---

881 Zum Ausländer-, Asyl- und Staatsangehörigkeitsrecht → Rn. 119 ff.
882 BVerwGE 75, 285 ff., insbes. 288; ferner BVerwG DVBl 1993, 1149 f. Dazu auch *W.-R. Schenke/R. P. Schenke*, in: Kopp/Schenke § 42 Rn. 90; *A. Weitbrecht*, NJW 1987, 2132 ff.

verpflichtet werden sollte, einem Beamten eine bestimmte *Nebentätigkeit* (→ Rn. 157) zu untersagen, in Würdigung des einschlägigen Hamburger Beamtenrechts die Klagebefugnis verneint. Auch die *Feststellungsklage* des Beamten selbst hinsichtlich der gebotenen *Nicht*erteilung einer Nebentätigkeitsgenehmigung soll nach Auffassung des BVerwG am Fehlen der Klagebefugnis analog § 42 Abs. 2 scheitern (BVerwGE 99, 64, 65 f.; zur umstr. Rspr. → Rn. 372 ff.). Zur Erhebung einer allgemeinen Leistungsklage auf Rückgängigmachung der ihn betreffenden *Umsetzung* (→ Rn. 161) ist ein Beamter in entsprechender Anwendung von § 42 Abs. 2 befugt, wenn er „geltend macht, durch die Umsetzung in seiner individuellen Rechtssphäre verletzt zu sein" (BVerwGE 60, 144, 150, ohne Erwähnung der *analogen* Anwendung von § 42 Abs. 2). Der Bewerbungsverfahrensanspruch greift nicht bei ämter- und entgeltgleichen Umsetzungen innerhalb derselben Behörde (*ämtergleiche Umsetzung*); eine solche „Umsetzungskonkurrenz" begründet keine Klagebefugnis (BVerwGE 153, 246, 248 f.). Für die Verpflichtungsklage eines Beamten, dessen Bewerbung um ein *Beförderungsamt* erfolglos blieb, ist die Klagebefugnis gegeben, weil Art. 33 Abs. 2 und 3 GG jedem Bewerber ein subjektiv-öffentliches Recht auf fehlerfreie Entscheidung über die Stellenbesetzung verleihen (→ Rn. 170). Der unterlegene Bewerber kann auch zur Erhebung einer Anfechtungsklage gegen die *Ernennung des Konkurrenten* befugt sein (→ Rn. 174 ff.). Ein Beamter oder Richter kann durch eine *Versetzung in den Ruhestand*, die er selbst wirksam beantragt hat, nicht in seinen Rechten verletzt werden; ihm fehlt daher die Klagebefugnis (BVerwG NVwZ 1997, 581, 582). Gegen die *Bewilligung von Urlaub ohne Dienstbezüge* ist der betreffende Beamte wegen der für ihn (auch) belastenden Wirkung jedoch regelmäßig klagebefugt (vgl. BVerwGE 104, 375, 377). *Weisungen eines Dienstvorgesetzten*, die ausschließlich die Art und Weise der Aufgabenerledigung des Beamten betreffen, berühren nach Auffassung des OVG Koblenz (NVwZ-RR 2000, 371, 372 f.) grds. nicht dessen Rechtssphäre, sondern den Amtsbereich und können demgemäß nicht mit prozessualen Rechtsbehelfen abgewehrt werden.

5 a. Behörden. Der Deutsche Wetterdienst (DWD) als Bundesoberbehörde ist zur Anfechtung der immissionsschutzrechtlichen Genehmigung von Windenergieanlagen klagebefugt, weil § 35 Abs. 3 S. 1 Nr. 8 BauGB Drittschutz zugunsten von Betreibern von Radaranlagen entfaltet (BVerwG NVwZ 2017, 160, 161).   **415a**

6. Berufsausbildende und -auszubildende. Berufsausbildende und -auszubildende sind mit Rücksicht auf die ihnen grundrechtlich gewährleistete Vertragsfreiheit gleichermaßen zur Erhebung von Verpflichtungsklagen befugt, wenn die zuständige Industrie- und Handelskammer die Eintragung eines von ihnen abgeschlossenen Berufsausbildungsvertrags in das Verzeichnis der Berufsausbildungsverhältnisse verweigert hat (vgl. BVerwGE 65, 109, 111 f.).   **416**

7. Berufsfischer. Die Klagebefugnis von Berufsfischern zur Anfechtung einer Erlaubnis zur *Einleitung von Dünnsäure in die Nordsee* hat das BVerwG[883] aus Art. 14 GG abgeleitet: Zwar vermittelten die Fanggründe und der dortige Fischreichtum „nur bloße Erwerbsmöglichkeiten oder Chancen, die eigentumsrechtlich nicht gesichert" seien; wenn „diese Chance aber objektivrechtlich geschützt" sei „und der Kläger als Berufsfischer auf dieser Chance seinen Gewerbebetrieb aufgebaut" habe, dürfe „sie ihm nicht in gesetz- und damit rechtswidriger Weise durch eine Maßnahme der Verwaltung entzogen werden, wenn dies zur Folge" habe, dass sein Gewerbebetrieb „schwer und unerträglich getroffen" (zu dieser für den Nachbarschutz im Baurecht entwickelten Formel → Rn. 399) oder „der Bestand seines eingerichteten und ausgeübten Gewerbebetriebs ernsthaft in Frage gestellt" werde.[884] Gegen die Genehmigung der Errichtung eines *Offshore-Windenergieparks* in der Nordsee sind Berufsfischer mangels potenzieller Rechtsverletzung nicht klagebefugt, wenn das Vorhaben ihre Fanggründe nicht oder nur geringfügig betrifft.[885] Sofern das *Fischereirecht* von einem Verein oder einer Genossen-   **417**

---

883 BVerwGE 66, 307, 309 f.; vgl. auch OVG Hamburg JZ 1981, 701 f.; VG Schleswig UPR 1987, 77, 79.

884 Zur Konstruktion eines Rechts am eingerichteten und ausgeübten Gewerbebetrieb etwa BGHZ 23, 157, 162 f.; 45, 150, 155; 48, 65, 66; 81, 21, 33; 92, 34, 37; BVerwGE 36, 248, 251; 39, 345, 347; 62, 224, 226; 80, 270, 280; 82, 246, 251; BVerwG GewArch 1993, 195, 196; VGH Kassel NVwZ 1995, 611, 612. Dagegen hat das BVerfG gezweifelt, „ob der Gewerbebetrieb als solcher die konstituierenden Merkmale des verfassungsrechtlichen Eigentumsbegriffs aufweist" (BVerfGE 51, 193, 221; vgl. auch BVerfGE 58, 300, 353; 68, 193, 222 f.; 77, 84, 118; 81, 208, 227 f.); dazu näher *H. Sodan*, in: Sodan Art. 14 Rn. 12.

885 OVG Hamburg VkBl 2004, 653 ff.; VG Hamburg NuR 2004, 548, 549 f.; vgl. auch BVerfG (K) NVwZ-RR 2010, 555 ff.

schaft *gepachtet* wird, sind die einzelnen Berufsfischer als Mitglieder nicht klagebefugt (VGH München GewArch 2013, 45 f.). Mangels subjektiv-öffentlichem Recht steht Fischereiberechtigten keine Klagebefugnis gegen *wasserrechtliche Anlagengenehmigungen* zum Zweck des Wassersports zu (VGH München BayVBl 2013, 536; vgl. → Rn. 439 a).

418   **8. Betriebsrat.** Dem Betriebsrat eines Forschungszentrums, in dem eine kerntechnische Anlage betrieben wird, fehlt für die Anfechtungsklage gegen eine dem Forschungszentrum erteilte atomaufsichtliche Anordnung, den Objektsicherungsdienst außer mit Handfeuerwaffen auch mit Reizstoffsprühgeräten auszurüsten, die nach § 42 Abs. 2 erforderliche Klagebefugnis, weil er durch diese Anordnung nicht in *seinen* Rechten verletzt sein kann; so lässt sich etwa dem BetrVG keine Bestimmung entnehmen, die dem Betriebsrat gegenüber anderen Personen oder Stellen als dem Arbeitgeber ein Recht auf Mitbestimmung einräumt (BVerwGE 90, 304 ff.; vgl. → Rn. 105).

418a   **8 a. Betroffene von eisenbahnrechtlichen Anlagen.** Das Abwägungsgebot des § 18 S. 2 AEG gewährt ein subjektiv-öffentliches Recht auf Berücksichtigung privater Belange bei der Planfeststellung für Betriebsanlagen einer Eisenbahn, auch soweit diese Belange keine subjektiven Rechte darstellen (BVerwG NVwZ 2010, 584, 585). Dagegen sind Eisenbahninfrastrukturunternehmen gegen die Freistellung angrenzender Eisenbahnstrecken nach § 23 AEG regelmäßig nicht klagebefugt (OVG Lüneburg 28.5.2014 – 7 LC 16/1, juris Rn. 47 ff.).

419   **9. Betroffene von kerntechnischen Anlagen.** Die Klagefugnis zur Anfechtung einer atomrechtlichen Genehmigung nach § 7 AtG oder eines atomrechtlichen Vorbescheids gem. § 7 a AtG (→ Rn. 106; zur Klagebefugnis speziell einer *Gemeinde* gegen atomrechtliche Genehmigungen → Rn. 429) ist nicht schon im Falle der Geltendmachung seitens des Klägers gegeben, „die Auswirkungen eines bei der Auslegung der Anlage nicht berücksichtigten Reaktorunfalles könnten ihn an seiner Gesundheit schädigen"; erforderlich ist vielmehr die substantiierte Behauptung des Klägers, „daß dieses Risiko so hinreichend wahrscheinlich ist, daß dagegen Vorsorge im Sinne von § 7 Abs. 2 Nr. 3 AtG getroffen werden muß" (BVerwGE 70, 365; auch BVerwGE 96, 258, 263 f.). Eine Klagebefugnis kann sich auch aus einem hinreichend substantiierten Vortrag ergeben, „daß beim Normalbetrieb [...] eine Überschreitung der für den Schutz Dritter einschlägigen, insbesondere normativ festgelegten Werte möglich ist".[886] Erforderlich ist regelmäßig, dass der Kläger „substantiiert einen Sachverhalt vorträgt, aus dem sich ergeben könnte, daß die Dosisgrenzwerte des § 45 StrSchV oder die Störfallplanungsdosis des § 28 Abs. 3 StrSchV entweder beim Normalbetrieb oder bei einem Störfall überschritten werden".[887] Darüber hinaus kann aber auch die substantiierte Darlegung eines erhöhten persönlichen Risikos mit der Begründung genügen, die Dosisgrenzwerte der StrSchV konkretisierten die Grenze der gem. § 7 Abs. 2 Nr. 3 AtG erforderlichen Schadensvorsorge aufgrund neuerer Erkenntnisse nicht mehr zutreffend.[888] Wer jedoch die Anfechtung einer atomrechtlichen Betriebsgenehmigung nur auf die Behauptung eines allgemeinen „Entsorgungsdefizits der Atomkraftwerke" in der Bundesrepublik Deutschland und einer dadurch für jeden Bürger eingetretenen „totalen Betroffenheit" stützt, macht lediglich ein allgemeines Bevölkerungsrisiko und nicht die Verletzung individueller Rechte i.S.v. § 42 Abs. 2 geltend (BVerwG NVwZ 1993, 175, 176). Das BVerwG hat die Klagebefugnis zur Anfechtung einer gem. § 7 AtG erteilten atomrechtlichen Genehmigung zugunsten eines niederländischen Staatsbürgers bejaht, dessen Wohnort in den Niederlanden etwa 25 km von dem vorgesehenen Standort des Kernkraftwerks in der Bundesrepublik Deutschland entfernt war (BVerwGE 75, 285 ff.; → Rn. 414). Die Geltendmachung einer Verletzung von *Verfahrensvorschriften* des Atomrechts begründet nur dann eine Klagebefugnis, wenn sich aus dem Vorbringen des Klägers ergibt, „daß sich der von ihm gerügte Verfahrensfehler auf seine materiellrechtliche Position ausgewirkt haben könnte".[889] Atomrechtliche Verfahrensvorschriften sind drittschützend insofern, „als sie im Interesse eines effektiven Grundrechtsschutzes den potentiell von dem Vorhaben betroffenen Dritten die Möglichkeit eröffnen, ihre Belange schon im Genehmigungsverfahren vorzubringen und sich damit – wenn nötig – schon frühzeitig gegen

---

886 OVG Münster NVwZ-RR 1994, 143; ferner BVerwGE 61, 256 ff.; BVerwG DVBl 1993, 1152, 1154; 101, 347, 351; 105, 6, 17.
887 BVerwGE 105, 6, 17 unter Hinweis auf die ständige Rspr. des BVerwG; vgl. auch BVerwG NVwZ 1998, 634 f.
888 So BVerwGE 101, 347, 351 f. zur auffälligen Häufung von Leukämiefällen in der Elbmarsch, die auf den Betrieb des KKW Krümmel zurückzuführen sein könnte.
889 BVerwGE 75, 285, 291; 88, 286, 288; s.a. BVerwGE 61, 256, 275; BVerwG DVBl 1993, 1152, 1153.

die Anlage zur Wehr zu setzen".[890] Wer allerdings erst *nach* Abschluss eines atomrechtlichen Verwaltungsverfahrens geboren wurde und infolgedessen nicht Verfahrensbeteiliger war, kann durch Mängel dieses Verfahrens nicht in seinen Rechten verletzt sein (BVerwG NVwZ 1995, 1002, 1003). Unterbleibt ein Genehmigungsverfahren, so ist zur Erhebung einer Verpflichtungsklage auf Anordnung der Einstellung des Betriebs der kerntechnischen Anlage befugt, wer im Einwirkungsbereich dieser Anlage wohnt und geltend macht, „im noch ausstehenden Genehmigungsverfahren sei über Fragen mit Auswirkungen auf seine materiellrechtliche Position zu entscheiden" (BVerwGE 88, 286; → Rn. 107). Die für die Genehmigung eines CASTOR-Transports maßgeblichen Vorschriften des § 4 Abs. 2 Nr. 3 und 5 AtG sind nach der Rspr. des BVerwG ebenso drittschützend wie § 7 Abs. 2 Nr. 3 AtG und vermitteln daher dem Eigentümer eines Grundstücks als Streckenanlieger eine Klagebefugnis gegen die Genehmigung des Transports (BVerwG NVwZ 2013, 1407 ff.; a.M. OVG Lüneburg DVBl 2011, 1487 ff.).

10. Bewohner eines Pflegeheims. Fordert die zuständige Behörde vom Träger einer vollstationären **420** Pflegeeinrichtung den ihm gewährten bewohnerbezogenen *Aufwendungszuschuss* zurück, ist auch der Bewohner eines Pflegeheims dieser Einrichtung zur Klage gegen den *Rückforderungsbescheid* befugt, wenn er nach dem Heimvertrag mit einer Nachforderung des Trägers rechnen muss (OVG Lüneburg NVwZ-RR 2003, 125, 126). Heimbewohner sind ferner in einem auf *Gewährung von Pflegewohngeld* nach § 14 APG NRW gerichteten Verwaltungsstreitverfahren klagebefugt (OVG Münster NWVBl 2003, 440, 441).

11. Drittschuldner. Ein Drittschuldner ist allgemein zur Anfechtung einer *Pfändungs- und Überwei-* **421** *sungsverfügung* nur befugt, soweit diese gegen Normen verstößt, die auch seinem Schutz zu dienen bestimmt sind.[891] Die Klagebefugnis lässt sich danach nicht schon aus der allgemeinen Fürsorgepflicht des Dienstherrn eines Beamten (als Drittschuldner) ableiten (OVG Koblenz NVwZ-RR 2002, 903).

12. Ehegatten. Die Klagebefugnis zur Anfechtung der *Ausweisung eines Ausländers* steht nicht nur **422** dem betroffenen Ausländer, sondern auch dem deutschem Ehegatten in Geltendmachung einer Verletzung von Art. 6 Abs. 1 GG mit Rücksicht darauf zu, dass der deutsche Ehegatte aufgrund der Ausweisung die eheliche Gemeinschaft nur nach Verlassen Deutschlands fortsetzen kann.[892] Auch für ein Eilverfahren nach § 80 Abs. 5 gegen die Wirkungen der an den Ausländer gerichteten Ausweisungsverfügung steht dem Ehegatten die erforderliche Antragsbefugnis zu.[893] Der VGH Mannheim hat die Klagebefugnis eines Ehegatten bei Versagung der für den anderen Ehegatten beantragten *Aufenthaltserlaubnis* zwar für eine auf die Erteilung der Erlaubnis gerichtete Verpflichtungsklage verneint,[894] sie aber unter Hinweis auf die Gewährleistung in Art. 6 Abs. 1 GG für eine „isolierte" Anfechtungsklage (zu deren Zulässigkeit → Rn. 337 ff.) bejaht, deren Ziel es war, die Aufhebung der Ablehnung des Antrags auf Erteilung der Erlaubnis und damit den weiteren Aufenthalt des Ehegatten zu erreichen.[895] Einer Entscheidung des BVerwG vom 27.8.1996 zufolge ist der Ehegatte auch dann noch gegen die *Ablehnung der Verlängerung der Aufenthaltserlaubnis* des Ausländers auf Grundlage von Art. 6 Abs. 1 GG klagebefugt, wenn dieser Bescheid *bestandskräftig* geworden ist (BVerwGE 102, 12, 15 f.). Nach der Rspr. des BVerwG fehlt bzgl. der Anfechtungsklage des Ehegatten eines Grundstückseigentümers gegen einen *straßenrechtlichen Planfeststellungsbeschluss* (→ Rn. 281) die Klagebefugnis, weil aus „der Grundstücksbezogenheit sowohl des Bebauungsrechts wie auch des Straßenplanungsrechts [...] folgt, daß bei einem Nutzungskonflikt die benachbarten Grundstücke durch ihre Eigentümer repräsentiert werden", und „ehe- oder familienrechtliche Bindungen [...] auf dieser grundstücksbezoge-

---

890 BVerwG NVwZ 1985, 745; BVerwGE 88, 286, 288; vgl. dazu auch BVerfGE 53, 30, 71 ff.; 77, 381, 406; BVerwGE 60, 297, 303 und 307 f.; 85, 54, 56; OVG Koblenz UPR 1989, 118, 119.
891 OVG Koblenz AS 21, 154, 155 f.; NVwZ-RR 2002, 903. A.M. OVG Magdeburg NVwZ-RR 2000, 326, 328: Die Verfügung sei aus Sicht des Drittschuldners wegen des an ihn gerichteten Zahlungsverbots und der Beschränkung der Aufrechnungsmöglichkeiten ein *belastender Verwaltungsakt* („Adressatentheorie").
892 BVerwGE 42, 141, 142; i.E. ebenso BVerwGE 55, 8, 11; VGH Kassel InfAuslR 1990, 144, 146; VGH Mannheim NJW 1970, 2178 f.; a.M. VGH München BayVBl 1970, 186 f.
893 VGH Mannheim VBlBW 1999, 342, 343 unter ausdrückl. Aufgabe der bisherigen Rspr.
894 So noch vor BVerwGE 102, 12 ff.; anders bereits OVG Berlin 16.12.2003 – 8 B 26.02, juris Rn. 22 ff.; VG Ansbach InfAuslR 1998, 497, 498 f.
895 VGH Mannheim NVwZ 1987, 920; vgl. auch VG Karlsruhe InfAuslR 1990, 193 zur Antragsbefugnis gem. § 42 Abs. 2 analog im Verfahren nach § 80 Abs. 5 S. 1 unter dem Gesichtspunkt der *Familienzusammenführung*. Dagegen hat der VGH Mannheim NVwZ 1989, 1194 f. die Klagebefugnis von *Adoptiveltern* zur Erhebung einer Verpflichtungsklage auf Erteilung der Aufenthaltserlaubnis für ihren volljährigen ausländischen Adoptivsohn bejaht (→ Rn. 424).

Sodan 785

nen planungsrechtlichen Ebene keine eigenständigen Rechtspositionen zu vermitteln" vermögen.[896] Ein nicht in seinem Grundeigentum betroffener Ehegatte kann eine Klagebefugnis zur Anfechtung eines straßenrechtlichen Planfeststellungsbeschlusses aber ggf. aus seinem in Art. 2 Abs. 2 S. 1 GG gewährleisteten Grundrecht auf körperliche Unversehrtheit herleiten (vgl. VGH Mannheim NVwZ 1984, 525 f.). In Fällen *häuslicher Gewalt* kann auch der Ehegatte des Gewalttäters eine an diesen als Adressaten gerichtete polizeiliche *Wohnungsverweisung* und ein *Rückkehrverbot* anfechten; die mögliche Beeinträchtigung eigener Rechte folgt insoweit unmittelbar aus Art. 6 Abs. 1 GG (VG Aachen NJW 2004, 1888).

423   **13. Eigenjagdbesitzer und Jagdgenossenschaften.**   Ein Eigenjagdbesitzer ist gegen die für sein verpachtetes Revier festgesetzte Abschussregelung für Schalenwild nach einem Urteil des OVG Lüneburg (RdL 1987, 286) jedenfalls dann klagebefugt, wenn er Ansprüche der Forstwirtschaft auf Schutz gegen Wildschäden geltend macht (zum Jagdrecht auch → Rn. 216). Der Jagdausübungsberechtigte kann durch die Genehmigung eines Bauvorhabens auf seinem Eigenjagdbezirk in seinen Rechten verletzt sein (OVG Lüneburg NVwZ 1989, 269 [LS]). Ebenfalls klagebefugt sind Jagdgenossenschaften, wenn ihr Jagdausübungsrecht durch ein planfestgestelltes Vorhaben oder flurbereinigungsrechtliche Änderungen der Eigentumslage gefährdet wird (BVerwG 24.5.2011 Buchholz 424.01 § 10 FlurbG Nr. 3; vgl. BVerwG NVwZ 1983, 672).

424   **14. Eltern.**   Eine Klagebefugnis von Eltern kann sich im Hinblick auf Verwaltungsmaßnahmen, die ihre Kinder betreffen, aus dem in Art. 6 Abs. 2 S. 1 GG gewährleisteten Erziehungsrecht ergeben. Dies gilt etwa für die Verpflichtungsklage von Eltern eines minderjährigen, über 14 Jahre alten Kindes mit dem Ziel, dass ihr Kind entsprechend seinem Wunsch am *Religionsunterricht* einer Religionsgemeinschaft, der es nicht angehört, teilnehmen darf (BVerwGE 68, 16 ff.), sowie für allgemeine Leistungsklagen (zur entsprechenden Anwendung von § 42 Abs. 2 auf allgemeine Leistungsklagen → Rn. 371) von Eltern, mit denen diese für ihre Kinder die *Errichtung einer* weiteren *Parallelklasse* in der Schule (VGH München BayVBl 1980, 244, 245; → Rn. 263) oder die *Unterlassung eines* bestimmten *Schulunterrichts* (VGH Mannheim NJW 1987, 3274) erreichen wollen. Auch hinsichtlich eines Antrags auf einstweilige Anordnung gegen die Teilnahme an einer *kinderärztlichen Vorsorgeuntersuchung* sind die Eltern gem. § 42 Abs. 2 analog antragsbefugt (VG Frankfurt a.M. NJW 2012, 3528). Eltern sind ferner zur Durchsetzung einer Einzelförderung des Kindes wegen einer Lese-Rechtschreib-Schwäche antragsbefugt (OVG Münster NJW 2016, 2519, 2520). Aus einer bloßen *Gefährdungsmitteilung* nach § 8 a Abs. 2 S. 1 SGB VIII folgt grds. keine Verletzung der Eltern des Kindes in eigenen Rechten (VGH Kassel NJW 2013, 1753). *Schulorganisatorische und andere schulische Maßnahmen* können auch den Eltern der Schüler gegenüber anfechtbare Verwaltungsakte darstellen (→ Rn. 259 f., 264 f.). Wird dem volljährigen ausländischen Adoptivsohn deutscher Eltern von den Ausländerbehörden die *Aufenthaltserlaubnis* versagt, sind insoweit auch die Adoptiveltern zur Erhebung einer Verpflichtungsklage auf Erteilung der Aufenthaltserlaubnis befugt, wenn sie geltend machen, ihnen stehe aufgrund von Art. 6 Abs. 1 GG ein eigener Rechtsanspruch auf Verbleiben des Adoptivsohns in ihrer Familie zu, in den durch die Versagung der Aufenthaltserlaubnis widerrechtlich eingegriffen werde.[897] Eine Klage auf *Änderung des Vornamens* ihres Kindes können Eltern nicht im *eigenen* Namen erheben, weil der Name durch Art. 2 Abs. 1 GG geschützter Ausdruck der Individualität des Namensträgers und damit höchstpersönlich ist; infolgedessen ist allein der Träger des Vornamens anspruchsberechtigt, der als Minderjähriger im Verwaltungsrechtsstreit durch seine Eltern *vertreten* wird.[898] Die Eltern eines *Berufsauszubildenden* sind für eine Klage gegen die *Gewährung von Vorausleistungen* gem. § 36 BAföG an ihr Kind *nicht* klagebefugt (OVG Münster NWVBl 1997, 232). Mangels Eingriffs in das Elternrecht fehlt den Eltern auch die Klagebefugnis gegen die Gewährung von *Jugendhilfe* an den Jugendlichen gegen ihren Willen (VGH München FamRZ 2004, 990 ff.). Wird die Jugendhilfe dagegen an

---

896   BVerwG NVwZ 1991, 566, 567; s.a. BVerwG NJW 1994, 1233, 1234. A.M. VGH München NVwZ 1990, 378; ferner VGH München NVwZ 1990, 377 zur Klagebefugnis von mitarbeitenden *Familienangehörigen* in einem landwirtschaftlichen Betrieb.

897   VGH Mannheim NVwZ 1989, 1194 f. Dagegen hat der VGH Mannheim NVwZ 1987, 920 die Klagebefugnis eines *Ehegatten* zur Erhebung einer Verpflichtungsklage auf Erteilung der für den anderen Ehegatten beantragten Aufenthaltserlaubnis verneint (→ Rn. 422).

898   BVerwG NJW 1988, 2400 f. Vgl. in diesem Zusammenhang auch VGH Kassel FamRZ 1992, 1100 f.

Pflegeeltern gegen den erklärten Willen des Sorgerechtsinhabers gewährt, so ist dieser auf Grundlage seines Elternrechts klagebefugt (BVerwG NJW 2002, 232, 233; anders noch OVG Münster FamRZ 2000, 293, 294 f.). Die Mutter eines nichtehelichen Kindes, die mit dem Vater die Übernahme der *gemeinsamen elterlichen Sorge* erklärt hat, ist auch schon vor der Geburt des Kindes kraft Elternrechts gegen die beabsichtigte *Abschiebung des Vaters* klagebefugt (VG Karlsruhe InfAuslR 2002, 38). Zur Geltendmachung eines *Unterhaltsvorschusses* für ein anspruchsberechtigtes Kind ist ein Elternteil auch dann klagebefugt, wenn das Kind bei ordnungsgemäßer Vertretung selbst klagebefugt ist (VGH München NJW 2014, 876).

15. Erben. Die Klagebefugnis eines Erben zur Anfechtung der nach § 80 BGB erteilten *Genehmigung* 425 *einer Stiftung* ist gegeben, wenn der Kläger geltend macht, durch diesen Verwaltungsakt in seiner Rechtsposition als gesetzlicher Erbe des Stifters beeinträchtigt zu sein (OVG Lüneburg OVGE 22, 484 f.; → Rn. 280). Weil ein *Nießbrauch* gem. § 1061 S. 1 BGB mit dem Tode des Nießbrauchers erlischt und nicht vererbt werden kann, geht auch das nachbarliche Abwehrrecht unter, das der Nießbraucher vor seinem Tode auf der Grundlage des ihm eingeräumten Nießbrauchsrechts geltend gemacht hat[899] (zur Klagebefugnis eines Nießbrauchers → Rn. 463). Das BVerwG hat aus (einer sinngemäßen Anwendung) der Regelung in § 2038 Abs. 1 S. 2 Hs. 2 BGB, dass jeder *Miterbe* die zur *Erhaltung des Nachlasses* notwendigen Maßregeln ohne Mitwirkung der anderen treffen kann, die Klagebefugnis zugunsten von Miterben entnommen für Klagen gegen Maßnahmen von Flurbereinigungsbehörden (BVerwGE 21, 91 f.), für eine Anfechtungsklage gegen die Inanspruchnahme von Nachlassgrundstücken durch einen Wasserbeschaffungsverband (BVerwG NJW 1982, 1113) und für eine Anfechtungsklage gegen die vorzeitige Besitzeinweisung gem. § 38 LBG[900] (zu Maßnahmen nach diesem Gesetz → Rn. 330). Dagegen ist ein Miterbe nach Beschlüssen des VGH Mannheim und des VGH München regelmäßig nicht befugt, allein Rechtsmittel gegen die einem Nachbarn erteilte Baugenehmigung einzulegen.[901] Im Restitutionsrecht ist ein *Nacherbe* vor Eintritt des Nacherbfalls nicht befugt, die gegenüber dem Vorerben abgelehnte Rückübertragung eines Vermögenswertes mit einer Verpflichtungsklage weiterzuverfolgen.[902]

16. Flughafenanwohner und Anliegergemeinden. Nach der Rspr. sind Flughafenanwohner und Anlie- 426 gergemeinden von Großflughäfen grds. auch für eine Feststellungsklage gegen die Festlegung und Änderung von *An- und Abflugrouten* analog § 42 Abs. 2 (zur Frage einer analogen Anwendung von § 42 Abs. 2 auf die allgemeine Feststellungsklage → Rn. 372 ff.) klagebefugt, da das diesbezügliche gesetzlich vorgesehene Entscheidungsprogramm des Luftfahrt-Bundesamtes (nach § 32 Abs. 1 S. 1 Nr. 1, Abs. 3 LuftVG i.V.m. § 27a LuftVO sowie § 29b LuftVG) ein *Abwägungsgebot* enthält, das den betroffenen Dritten ein subjektives Recht auf gerechte Abwägung ihrer rechtlich geschützten Interessen (Belange Gesundheit und Eigentum) vermittelt[903] (vgl. → Rn. 242, 373, 429 ff.). Dagegen können Planfeststellungen zur *Erweiterung des Vorfeldes* eines bestehenden Flughafens Klagerechte von Anwohnern wegen erhöhten Luftverkehrs nur dann auslösen, wenn die Erhöhung der Vorfeldkapazität auch eine Erhöhung der luftseitigen technischen Gesamtkapazität des Flughafens zur Folge hat (VGH München NVwZ-RR 2003, 410 f.). Das BVerwG hat die Klagebefugnis gegen eine *Änderungsgenehmigung* nach § 6 Abs. 4 LufVG verneint, weil hierdurch der Kläger nicht erstmalig beschwert wird (BVerwG 22.12.2016 – 4 B 13/16, juris Rn. 9). Ein von Anwohnern gebildeter rechtsfähiger *Verein* ist auch dann, wenn es zu seinen satzungsmäßigen Aufgaben gehört, seine Mitglieder bei der Wahrnehmung ihrer Interessen u.a. in Verfahren der Planfeststellung zu vertreten, *nicht* zur Anfechtung des Planfeststellungsbeschlusses über eine Flughafenerweiterung im eigenen Namen befugt (OVG Hamburg 2.3.1998 – Bf III 44/96, juris Rn. 64). Eine Klagebefugnis gegen einen *Ergänzungsplanfeststellungsbeschluss* kommt nur in Betracht, wenn der Kläger durch dessen Festsetzungen erstmals oder weitergehend als bisher betroffen wird (BVerwGE 131, 316, 321) oder wenn sich die Annahmen des

---

899 OVG Münster NVwZ 1994, 696 f.
900 BVerwG NVwZ-RR 1994, 305.
901 VGH Mannheim NJW 1992, 388; VGH München BayVBl 2000, 182. Vgl. hingegen zur Klagebefugnis einer *Miterbengemeinschaft* zur Anfechtung einer Änderungsgenehmigung gem. § 15 BImSchG VGH München NVwZ 1989, 482.
902 BVerwG NJW 2001, 2417 f.; ebenso zu § 47 Abs. 2 S. 1 bereits zuvor BVerwG NJW 1998, 770 f.
903 S. BVerwGE 111, 276, 280; BVerwG DVBl 2004, 382, 383 f.; VGH Kassel NVwZ 2003, 875, 876 f.; VGH Mannheim DVBl 2002, 1129 ff.; vgl. ferner BVerwGE 144, 1, 13 ff.

Planfeststellungsbeschlusses wissenschaftlich überholt haben (BVerwGE 155, 81 ff.). Anliegergemeinden können für das Begehren einer *nachträglichen Reduzierung des Flugbetriebs* eines bestehenden und planfeststellungsrechtlich genehmigten Großflughafens unter den Gesichtspunkten Lärmschutz und Planungshoheit klagebefugt sein (VGH Kassel NVwZ-RR 2003, 729 f.). Nachbargemeinden, die sich gegen ein Flughafenerweiterungsvorhaben zur Wehr setzen, vermögen ein luftrechtliches Genehmigungsverfahren jedoch nicht allein mit der Begründung zu *erzwingen*, dieses Verfahren biete ihnen weiter gehende Möglichkeiten der Rechtsverteidigung als ein Baugenehmigungsverfahren (BVerwG 18.10.1995 – 4 B 205/95, juris Rn. 7). Bei Inhabern von *Anliegerbetrieben*, die auf einem fremden Grundstück in unmittelbarer Flughafennähe arbeiten, reicht es für die Klagebefugnis aus, wenn für ein vertraglich eingeräumtes Erbbaurecht eine Vormerkung im Grundbuch eingetragen ist (BVerwGE 107, 142, 144). Eine Klagebefugnis besteht grds. auch zugunsten **ausländischer Grenznachbarn** einschließlich der Grenzgemeinden eines Nachbarstaates gegen die *Öffnung eines ehemaligen Militärflugplatzes für die zivile Nutzung (Konversion)* und der daraus entstehenden Lärmimmissionen. Die Klagebefugnis ergibt sich aus der drittschützenden Wirkung des fachplanerischen Abwägungsgebots, das bei Erteilung der luftverkehrsrechtlichen Konversionsgenehmigung zu beachten ist (BVerwGE 132, 151, 157 ff.; → Rn. 414). Dagegen sind die Anwohner eines Militärflugplatzes gegen den Einsatz von *Drohnen* und die sich daraus ergebenden Nachteile nicht klagebefugt (BVerwG NVwZ 2016, 1176, 1177).

427 **17. Flugunternehmen und Flugschulen.** An einem bestimmten Flughafen angesiedelte Flugunternehmen und Flugschulen sind zur Anfechtung der luftverkehrsrechtlichen Änderung der Flughafengenehmigung befugt, wenn sie geltend machen, bei dem Erlass eines sie beeinträchtigenden Bahnbenutzungsverbots seien ihre abwägungserheblichen gewerblichen Belange verkannt und ohne hinreichend sachlichen Grund zurückgestellt worden (BVerwGE 82, 246 ff.). Das BVerwG hat ferner entschieden, die dem Flughafenunternehmer erteilte behördliche Genehmigung der Erhöhung der Entgelte für das Landen und Abstellen von Luftfahrzeugen könne den einzelnen, den Flughafen zum Landen und Abstellen seiner Luftfahrzeuge benutzenden Luftfahrtunternehmer *nicht* in seinen Rechten verletzen (BVerwG GewArch 1977, 328). Zivilen Mitbenutzern eines militärischen Flughafens steht grds. keine Klagebefugnis gegen die Entwidmung des Militärflugplatzes zu (VGH München NVwZ-RR 2010, 833 f.). Auch das Interesse, das ein *Gastwirt* als Betreiber einer von Piloten und anderen Benutzern eines Flugplatzes besuchten Gaststätte am Fortbestand des Flugplatzes in seiner bisherigen Form hat, verleiht diesem Gastwirt keine Klagebefugnis gegen die Entscheidung über eine Umwidmung des Flugplatzes (VGH Mannheim ZLW 2002, 104).

428 **18. Frauenbeauftragte/Gleichstellungsbeauftragte.** Die Klagebefugnis von Frauenbeauftragten bzw. Gleichstellungsbeauftragten auf Landesebene zur Verfolgung ihrer Beteiligungs- und Mitwirkungsrechte im Zusammenhang mit der Verwirklichung der Gleichberechtigung von Frauen und Männern bestimmt sich nach dem *Landesgleichstellungsgesetz* des jeweiligen Bundeslandes. Gem. den §§ 1, 22 ff. SaarlLGG ist ihnen *keine* dahingehende gerichtliche Antrags- bzw. Klagebefugnis eingeräumt (OVG Saarlouis NVwZ 2004, 247 f.). Eine Klagebefugnis besteht aber, wenn die Verantwortlichkeit noch vor Ablauf der Amtszeit auf eine neue Gleichstellungsbeauftragte übertragen werden soll, da hier eine Verletzung der Mitwirkungs- und Organrechte zumindest möglich erscheint (OVG Schleswig 30.8.2007 – 6 A 63/07, juris Rn. 34).

429 **19. Gemeinden.** Eine Klagebefugnis von Gemeinden (speziell zum Kommunalverfassungsstreit → Rn. 229 ff. und zur Frage einer analogen Anwendung von § 42 Abs. 2 auf diesbezügliche Feststellungsklagen → Rn. 373 f.) kann im Hinblick darauf gegeben sein, dass die Gemeinden *Grundstückseigentümerinnen* sind. Zwar hat das BVerfG[904] entschieden, dass die Gemeinde sich „auch bei Wahrnehmung nicht-hoheitlicher Tätigkeit in keiner ,grundrechtstypischen Gefährdungslage'" befinde und ihr deshalb auch außerhalb des Bereichs der Erfüllung öffentlicher Aufgaben das Eigentumsrecht aus Art. 14 Abs. 1 S. 1 GG nicht zustehe. Das Fehlen der Grundrechtsfähigkeit hindert eine Gemeinde aber nicht daran, „nach Maßgabe des einfachen Rechts wie private Grundstückseigentümer Genehmi-

---

904 BVerfGE 61, 82, 105; s. ferner BVerwGE 69, 256, 261; BVerwG NVwZ 1989, 247, 248; UPR 1995, 268; DÖV 2001, 692 f.; OVG Lüneburg NVwZ 1987, 341; vgl. auch OVG Berlin DÖV 1998, 1018.

gungsmängel gerichtlich abzuwehren, die ihre Rechtspositionen als Eigentümerin" verletzen.[905] Dies gilt etwa für die Anfechtung einer *immissionsschutzrechtlichen Genehmigung* eines Kohlekraftwerks, wenn die im Eigentum der Gemeinde befindlichen Grundstücke in der Nachbarschaft des streitigen Vorhabens i.S.v. § 5 Abs. 1 S. 1 Nr. 1 BImSchG gelegen sind (OVG Lüneburg NVwZ 1987, 341), oder die Anfechtung einer *atomrechtlichen Genehmigung*, sofern die Grundstücke der Gemeinde im Einwirkungsbereich des geplanten Kernkraftwerks liegen[906] (zur Klagebefugnis der von kerntechnischen Anlagen Betroffenen → Rn. 419). Ferner ist eine Gemeinde als Eigentümerin von Grundstücken ebenso wie private Grundstückseigentümer unter Geltendmachung etwa unzureichenden Lärmschutzes befugt zur Erhebung von Verpflichtungsklagen mit dem Ziel der Auferlegung von Schutzanlagen in einem *luftverkehrsrechtlichen Planfeststellungsbeschluss* nach § 9 Abs. 2 LuftVG[907] oder in einem *straßenrechtlichen Planfeststellungsbeschluss*.[908] Gemeinden sind ferner zur Klage gegen einen *Planfeststellungsbeschluss* befugt, wenn durch diesen das Gebot einer gerechten Abwägung der gemeindlichen Belange verletzt wird (BVerwGE 148, 353, 355 f.). Auch das nach den einigungsvertraglichen Regelungen einer Gemeinde zugeordnete *Eigentum an ehemals volkseigenem Grundvermögen* („kommunales Eigentum") stellt ein subjektiv-öffentliches Recht im vermögensrechtlichen Rückübertragungsverfahren dar und kann insoweit die Klagebefugnis gegen *Restitutionsakte* begründen (BVerwG 29.10.1996 – 7 C 48/96, juris Rn. 7 ff.; vgl. ferner BVerwG ZOV 1997, 191, 192).

Ansprüche auf die soeben genannten Schutzanlagen kann eine Gemeinde auch unter Berufung auf ihre durch die Selbstverwaltungsgarantie in Art. 28 Abs. 2 S. 1 GG geschützte *Planungshoheit* geltend machen,[909] nicht jedoch ein Berliner Bezirk (BVerwG NVwZ 2013, 662 f.). Eine Verletzung der Planungshoheit ist bspw. in Betracht zu ziehen, „wenn eine bereits in Bauleitplänen zum Ausdruck kommende gemeindliche Planung nicht mehr verwirklicht werden könnte oder infolge der unterlassenen Schutzanlagen nachträglich geändert werden müßte" (BVerwGE 69, 256, 261 im Anschluss an BVerwGE 51, 6, 15). Zur Begründung der Klagebefugnis genügt nicht „die bloße abstrakte Rüge, die Planungshoheit werde beeinträchtigt"; erforderlich ist vielmehr „ein substantiierter Vortrag dahin, welche planerischen Absichten für welche Gebiete konkret verfolgt werden und weshalb das im konkreten Fall in Rede stehende Vorhaben diesen Planungen zuwiderläuft" (OVG Lüneburg NVwZ 1987, 341). Das BVerwG erkennt einer Gemeinde die Klagebefugnis gegenüber einem fachplanerischen Vorhaben u.a. dann zu, „wenn ihre eigene Planung hinreichend konkret und verfestigt ist"[910] und „sich die Fachplanung hierauf unmittelbar und gewichtig auswirkt"[911], wofür die Gemeinde die Darlegungslast trägt.[912] Nach seiner Rspr. eröffnet eine *Veränderung der verkehrlichen Infrastruktur* die Klagebefugnis nur, „wenn das Gemeindegebiet oder Teile hiervon nachhaltig betroffen sind" (BVerwG NuR 1999, 631; s.a. BVerwG NVwZ 2008, 1237). In der Judikatur wurde die Klagebefugnis von Gemeinden zur Anfechtung etwa eines *eisenbahnrechtlichen Planfeststellungsbeschlusses* (BVerwGE 31, 263 ff.),[913] der *Feststellung eines Wege- und Gewässerplans* (→ Rn. 177), eines *Planfeststellungsbeschlusses für eine Sondermülldeponie* (VGH Kassel NVwZ 1987, 987, 989), des *Betriebsplans eines Bergbauunternehmens* (OVG Weimar DÖV 1997, 603; NVwZ-RR 1997, 558, 559), der Planung einer *oberirdischen Fernmeldeleitung* (aufgrund eines schutzwürdiges Interesses der Kommune an der Gestaltung des Ortsbildes)[914] und der *Genehmigung einer Windenergieanlage* (OVG Berlin-Branden-

430

---

905 OVG Lüneburg NVwZ 1987, 341; ferner BVerwG UPR 1995, 268; OVG Koblenz NVwZ-RR 2005, 404; OVG Lüneburg DVBl 1984, 895 f.; UPR 1988, 36; VGH Mannheim NVwZ 1985, 432; NVwZ-RR 1998, 219, 220 f.; VGH München NVwZ 1986, 679, 680.

906 Vgl. VGH Mannheim DVBl 1977, 345, 346; GewArch 1977, 240, 241 f.; zu Problemen der Klagebefugnis von Gemeinden bei der Anfechtung atomrechtlicher Genehmigungen auch *H. D. Jarass*, DVBl 1976, 732 ff.

907 Vgl. BVerwGE 69, 256, 260 f. sowie → Rn. 239; s.a. VGH Mannheim NVwZ-RR 1998, 219, 220 f.

908 Zur Regelung in § 17 Abs. 4 S. 1 FStrG a.F. BVerwGE 51, 6, 11 ff.; 52, 226, 235 sowie → Rn. 282.

909 BVerwGE 51, 6, 13; 56, 110, 137; 64, 186, 189 f.; 69, 256, 261; 74, 84, 86; 81, 95, 107; 90, 96, 100; OVG Lüneburg NVwZ 1987, 341; vgl. auch BVerfGE 76, 107, 118 f.

910 BVerwGE 100, 388, 394; BVerwG NVwZ 1999, 67, 68; VGH Mannheim NVwZ-RR 2002, 818, 819.

911 BVerwG NVwZ 1992, 787 f.; NVwZ 1999, 67, 68; vgl. auch BVerwGE 69, 256, 261 f.; 81, 95, 106; 84, 209, 215; BVerwG UPR 1994, 451, 452; OVG Bautzen SächsVBl 2000, 86, 88; OVG Koblenz BauR 2004, 545 f.; OVG Münster DÖV 1988, 843 f.

912 Vgl. BVerwG NVwZ 1994, 371, 372 f.; BVerwGE 100, 388, 394; OVG Lüneburg NVwZ 1987, 341 f.

913 Nicht jedoch bei Änderungen des Schienennetzes, die sich nur auf das fahrplanmäßige *Schienenverkehrsangebot* in einer Gemeinde bzw. deren Schienenanbindung auswirken (BVerwG DÖV 1999, 205 f.).

914 VGH München BayVGH (N. F.) 50, 70, 71 f.

burg 5.7.2006 – 10 S 5.06, juris Rn. 4 ff.) jeweils mit Rücksicht auf eine mögliche Verletzung der gemeindlichen Planungshoheit bejaht. Die Planungshoheit der Gemeinde kann auch durch grobe *Verfahrensfehler* wie etwa die Nichteinholung des *gemeindlichen Einvernehmens* nach § 36 Abs. 1 BauGB bei Erteilung einer eisenbahnrechtlichen Plangenehmigung durch eine unzuständige Bundesbehörde verletzt sein (VGH Mannheim NVwZ-RR 2002, 818, 819 f.). Eine inhaltliche Prüfung der im mehrstufigen Verwaltungsverfahren ergangenen *luftverkehrsrechtlichen Genehmigung* (→ Rn. 236) planfeststellungsbedürftiger Flugplätze können Gemeinden und Gemeindeverbände – ebenso wie private Kläger – nur im Wege der Anfechtung des *luftverkehrsrechtlichen Planfeststellungsbeschlusses* (→ Rn. 239) erreichen, in dem die Genehmigung „ihren verbindlichen Niederschlag findet"; eine Klagebefugnis zur Anfechtung einer luftverkehrsrechtlichen Genehmigung haben Gemeinde und Gemeindeverbände lediglich insoweit, als sie eine Verletzung ihres formellen Beteiligungsrechts geltend machen.[915] Ihnen steht damit „in spezifischer Weise und unabhängig vom materiellen Recht eine eigene, selbständig durchsetzbare verfahrensrechtliche Position" zu (BVerwG NJW 1992, 256, 257). Die Klagebefugnis einer Gemeinde gegen luftverkehrsrechtliche Genehmigungen kann sich auch aus ihrer – einfachrechtlichen – Position als Eigentümerin betroffener Grundstücke bzw. als Trägerin kommunaler Einrichtungen ergeben; das entsprechende Gewicht ihrer Interessen ist dabei jedoch als eher gering einzustufen (VGH Mannheim NVwZ-RR 1998, 219, 221). Die Planungshoheit der Gemeinde reicht aber nicht soweit, bei der UNESCO auf die Änderung der Grenzziehung eines Welterbegebiets hinzuwirken; aus der Selbstverwaltungsgarantie des Art. 28 Abs. 2 GG lässt sich kein Anspruch gegen unabhängige Völkerrechtssubjekte herleiten (OVG Koblenz NVwZ-RR 2016, 610, 611). Grds. vermag ein am Verwaltungsverfahren zu beteiligender Dritter die Befugnis zur Anfechtung des Verwaltungsakts jedoch nicht allein aus der Verletzung der ihn betreffenden Verfahrensvorschriften herzuleiten (→ Rn. 419); einer Gemeinde, die durch den Ausbau einer Bundeswasserstraße nicht in ihren materiellen Rechten verletzt ist, fehlt daher die Klagebefugnis zur Anfechtung des *wasserstraßenrechtlichen Planfeststellungsbeschlusses*, wenn sie lediglich geltend macht, sie sei am Verwaltungsverfahren nicht ordnungsgemäß beteiligt worden (BVerwG NJW 1992, 256 f.). Die Klagebefugnis kann im Verlauf eines Anfechtungsstreits um einen Planfeststellungsbeschluss entfallen, wenn es die klagende Gemeinde unterlässt, den während des gerichtlichen Verfahrens erlassenen *Änderungsbescheid* im Wege der Klageänderung in das Verfahren einzubeziehen (BVerwG DVBl 1993, 734). Eine Verletzung der kommunalen Planungshoheit kommt auch bei der Zulassung einer Abweichung von einem Regionalplan in Betracht, wenn dabei unmittelbar geltende Regelungen für Teile des Gemeindegebiets getroffen werden (VGH Kassel NVwZ 2010,1165, 1166 f.).

431 Aufgrund der Geltendmachung einer Verletzung ihrer Planungshoheit können Gemeinden ferner zur Erhebung von Klagen gegen *bauaufsichtliche Entscheidungen* befugt sein (→ Rn. 137 f.). Klagemöglichkeiten von Gemeinden kommen auch im Hinblick auf andere *aufsichtliche Maßnahmen* in Betracht (→ Rn. 109 ff., 118). Gegen *abändernde Widerspruchsbescheide*, die (etwa durch Anordnung der *Restitution von Gemeindevermögen* oder Verpflichtung der Gemeinde zu *Kostenerstattungen aus dem kommunalen Haushalt*) unmittelbar in ihre Rechte eingreifen, sind Gemeinden auch dann klagebefugt, wenn sie ursprünglich als Ausgangsbehörde nicht im eigenen, sondern im übertragenen Wirkungskreis tätig geworden sind (BVerwG DVBl 2001, 918; 2003, 269 f.). Nach einem Beschluss des VGH München (BayVBl 1993, 404) kann die Mitgliedsgemeinde eines Schulverbandes „gegen eine an diesen ergangene rechtsaufsichtliche Verfügung auch dann nicht mit Rechtsbehelfen vorgehen, wenn die Verfügung in Gestalt finanzieller Folgen mittelbare Auswirkungen für sie hat". Der VGH München (BayVBl 2002, 336, 337 f.) hat auch die Klagebefugnis einer Gemeinde aufgrund der möglichen Verletzung des gemeindlichen Selbstverwaltungsrechts wegen Eingriffs in die *sachliche Zuständigkeit* der Gemeinde als örtliche Straßenverkehrsbehörde durch eine *verkehrsrechtliche Anordnung* des übergeordneten Landratsamtes bejaht. Der VGH Mannheim (DVBl 1987, 138 f.) hat die Klagebefugnis einer Gemeinde zur Anfechtung der in Bezug auf einen ihrer Einwohner durch die Meldebehörde einer anderen Gemeinde getroffenen Feststellung, dass die dortige Wohnung dieses Einwohners dessen Hauptwohnung sei, u.a. im Hinblick auf eine Verletzung der durch Art. 28 Abs. 2 GG geschützten gemeindlichen *Finanzhoheit* (ausf. BVerwG 30.7.2004 – 5 B 68/04, juris Rn. 7 f.; vgl. auch BVerwG

---

915 BVerwGE 56, 110, 137 f.; BVerwG DÖV 1979, 517, 520 f.; vgl. auch BVerwG DÖV 1969, 283 f.; 1974, 418, 419; VGH Kassel NVwZ-RR 2003, 729 f.

NVwZ-RR 2001, 326) verneint. Eine kreisangehörige Gemeinde kann durch einen *Kreisumlagebescheid* in ihren Rechten verletzt sein, wenn sie eine Zahlung leisten soll, für die es keine Rechtsgrundlage gibt (→ Rn. 227). Nach einem Beschluss des BVerwG (DVBl 1993, 892) kann eine Gemeinde „nicht aufgrund des Art. 28 Abs. 2 GG verlangen, daß das Land sie von der Unterbringung zugewiesener Asylbewerber entlastet, die nach endgültiger Ablehnung ihres Asylbegehrens mit Billigung der Ausländerbehörde im Gemeindegebiet wohnhaft bleiben" (vgl. auch → Rn. 124). Sofern eine Gemeinde einem kommunalen Prüfungsverband zugeteilt wird, ist sie hiergegen auf Grundlage des Art. 28 Abs. 2 GG klagebefugt (VGH München NVwZ-RR 2014, 972). Eine *fachaufsichtliche Weisung* der übergeordneten Behörde im *Straßenverkehrsrecht* (insbes. in Bezug auf kommunale Entscheidungen zur Einrichtung *geschwindigkeitsbeschränkter Zonen*) kann der angewiesenen Gemeinde gegenüber ausnahmsweise einen Verwaltungsakt darstellen, zu dessen Anfechtung die Gemeinde kraft ihres Selbstverwaltungsrechts befugt ist (BVerwGE 95, 333 ff.; BVerwG DÖV 1995, 512, 513).

Zur Anfechtung einer *Rodungsgenehmigung* nach Art. 9 Abs. 2 BayWaldG besitzt eine Gemeinde, die nicht Eigentümerin des betreffenden Waldes ist, keine Klagebefugnis, weil sie dadurch nicht in einem subjektiven öffentlichen Recht verletzt sein kann (→ Rn. 180, 224). Die Klagebefugnis für die von Gemeinden erhobene allgemeine Leistungsklage, die „auf die Unterlassung von *Tiefflügen* der Bundeswehr, die Aufnahme von Verhandlungen mit den Nato-Partnern sowie hilfsweise die Abkehr vom bisherigen System der sieben in der Bundesrepublik Deutschland bestehenden Tiefflugzonen gerichtet" war, hat das BVerwG aus Art. 28 Abs. 2 GG hergeleitet (BVerwGE 97, 203, 205; vgl. auch → Rn. 243). **432**

Unabhängig von einer Beeinträchtigung ihrer Planungshoheit sind die Gemeinden nach Auffassung des BVerwG „auch gegenüber solchen Planungen und Maßnahmen überörtlicher Verwaltungsträger rechtlich geschützt, die das Gemeindegebiet oder Teile hiervon nachhaltig betreffen und die Entwicklung der Gemeinde beeinflussen" (LKV 1996, 246). Die *Zulassung einer Abweichung von einem Ziel der Raumordnung* kann nur ausnahmsweise zu einer Rechtsbetroffenheit der Belegenheitsgemeinde führen, wenn das Ziel, von dem befreit wird, Belange der Gemeinde schützen soll oder wenn in die Zielabweichungsentscheidung einzubeziehende raumordnerische Belange unberücksichtigt geblieben sind, die ihren Interessen dienen sollen (OVG Koblenz DVBl 2012, 640 ff.). Gemeinden können sich zur Begründung eigener Klagen nicht auf die Rechte ihrer Bürger berufen.[916] Sie sind keine „allgemeinen Sachwalter der öffentlichen Interessen".[917] So kann eine Gemeinde eine fernstraßenrechtliche Planfeststellung im Hinblick auf deren enteignende Vorwirkung nicht mit der Begründung angreifen, *öffentliche*, sie *nicht* in ihrer Planungshoheit schützende Belange (wie etwa solche des Umweltschutzes) seien nicht oder unzureichend in die Abwägung eingestellt worden (BVerwGE 100, 388, 391; BVerwG DÖV 2001, 692). Gegen die Genehmigung für die *Errichtung einer Stromfreileitung* vermag die betroffene Gemeinde nicht unmittelbar einzuwenden, die elektromagnetischen Wirkungen der Leitung seien geeignet, Gefahren für die Gesundheit der Anwohner herbeizuführen (VGH Mannheim NVwZ 1995, 1017). Auch die *Beeinträchtigung landwirtschaftlicher oder gewerblicher Betriebe* durch ein Vorhaben der Fachplanung führt als solche nicht zu einem gemeindlichen Abwehrrecht, „wenn sich diese Beeinträchtigung nur in irgendeiner – die Planungshoheit nicht berührender – Weise auf die ‚Wirtschaftsstruktur' der Gemeinde auswirkt" (BVerwG NVwZ 1997, 904, 905). Die Zulassung von *Freisetzungen gentechnisch veränderter Pflanzen* nach dem GenTG kann die Gebietskörperschaften, auf deren Gebiet die Versuchsfläche gelegen ist, grds. weder in ihrem Selbstverwaltungsrecht (insbes. nicht in ihrer Planungshoheit) noch in einem Grundrecht verletzen (OVG Berlin DÖV 1998, 1018 f.). **433**

Die durch Art. 106 Abs. 6 S. 1 GG garantierte *Ertragshoheit* ist ein subjektiv-öffentliches Recht, dessen mögliche Verletzung die Klagebefugnis der Gemeinde begründet (BVerwGE 140, 34, 36). Die Gemeinde hat jedoch gegen das Land als Rechtsträger der Finanzverwaltung keinen Anspruch auf Erlass richtiger Gewerbesteuerbescheide (BVerwGE 140, 34, 37). **433a**

20. Grundstückseigentümer. Ein Grundstückseigentümer (zur Klagebefugnis speziell von *Gemeinden* und *Verbänden* als Grundstückseigentümern → Rn. 429, 477) ist zur Erhebung einer Verpflichtungs- **434**

---

916 VGH Mannheim DVBl 1976, 538, 540; 1977, 345, 346; 1987, 138, 140; VGH München DVBl 1979, 673, 678 f.; NVwZ 1986, 679.
917 BVerwG NVwZ 1993, 884, 886; VGH München BayVBl 1995, 50, 52; s. ferner VGH Mannheim ESVGH 25, 81, 87.

klage mit dem Ziel, eine bauliche Anlage durch *Eintragung in die Denkmalliste* unter den Schutz des DSchG NRW zu stellen, nicht befugt, weil seine subjektiven Rechte selbst dann nicht verletzt sein können, wenn die bauliche Anlage materiellrechtlich als Baudenkmal zu qualifizieren wäre; die Unterschutzstellung erfolgt nämlich landesrechtlich allein im öffentlichen Interesse (BVerwG NVwZ 1992, 1197). Nach Auffassung des BVerwG muss der Eigentümer eines geschützten Kulturdenkmals aber zur Anfechtung der denkmalschutzrechtlichen Genehmigung eines Vorhabens in dessen näherer Umgebung befugt sein, wenn eine erhebliche Beeinträchtigung der Denkmalwürdigkeit durch das Vorhaben möglich erscheint.[918] Der Eigentümer eines bebauten und durch eine private Anlage entwässerten Grundstücks ist i.d.R. zur Anfechtung des eine Kanalisation betreffenden Planfeststellungsbeschlusses befugt, der den erstmaligen *Anschluss* seines Grundstücks *an die öffentliche Entwässerung* ermöglicht (VGH Mannheim NuR 1987, 269 [LS]). Klagebefugt ist der Eigentümer grds. auch in Bezug auf sein Grundstück zwangsläufig betreffende *fernstraßenrechtliche*[919] und *eisenbahnrechtliche* (BVerwG NVwZ 2011, 676; VGH München UPR 1996, 400; VGH Mannheim NVwZ-RR 2015, 132) *Planfeststellungsbeschlüsse*. Grundstückseigentümer sind ferner klagebefugt bzgl. Planfeststellungsbeschlüssen zur Errichtung einer *Hochspannungsleitung* (OVG Lüneburg, NVwZ-RR 2014, 219) bzw. im Hinblick auf die Festsetzung von *Schallschutzmaßnahmen* (OVG Berlin-Brandenburg LKV 2015, 173 f.). Ein Einzelner kann sich nicht unabhängig von der Betroffenheit in eigenen Rechten auf das rechtswidrige *Unterbleiben einer Umweltverträglichkeitsprüfung (UVP)* oder *UVP-Vorprüfung* bei der Zulassung eines Planvorhabens berufen. § 4 Abs. 3 UmwRG, wonach bei einem Individualrechtsbehelf die Regelung über Verbandsklagen (→ Rn. 402) in § 4 Abs. 1 UmwRG entsprechend anzuwenden ist, betrifft nur die Sachprüfung im Rahmen eines zulässigen Rechtsbehelfsverfahrens, hat dagegen für die Beurteilung der Klagebefugnis keine Bedeutung (BVerwG NVwZ 2012, 573, 575). Gegen eine (gemeindliche) Erlaubnis an den Nachbarn, überhängende *Äste eines Baumes* auf dem Grundstück des Eigentümers *abzuschneiden*, ist dieser wegen Fehlens eines subjektiv-öffentlichen Rechts nicht klagebefugt (OVG Münster NVwZ-RR 1996, 382 f.). Dies gilt ebenso für die einem Nachbarn erteilte *Ausnahmegenehmigung* der Gemeinde, *einen geschützten Baum zu fällen*, denn der Eigentümer des Baumes (und Grundstücks) wird dadurch nicht in seinen subjektiv-öffentlichen Rechten verletzt (OVG Münster NuR 1998, 666). Auch eine *energieaufsichtsrechtliche Nichtbeanstandungserklärung* gem. § 4 Abs. 2 EnWG bzgl. der Führung einer Stromtrasse über sein Grundstück kann der Eigentümer mangels drittschützenden Charakters der Vorschrift nicht anfechten (OVG Weimar ThürVBl 1994, 19). Der von einem *Flurbereinigungsbeschluss* nach § 4 FlurbG erfasste Grundstückseigentümer ist nach einem Urteil des OVG Koblenz (RdL 1987, 238, 240; vgl. dazu auch VGH Kassel NVwZ-RR 2004, 563 ff.) stets klagebefugt, wenn er geltend macht, der Flurbereinigungsbeschluss verstoße gegen gesetzliche Vorschriften. Er kann sich dazu jedoch nicht auf zulasten *Dritter* erfolgte *Verfahrensfehler bei der Anhörung* berufen, wenn er selbst in geeigneter Weise i.S.d. § 5 Abs. 1 FlurbG zur Anhörungsversammlung geladen worden war (VGH Kassel NVwZ-RR 2004, 563, 564). Die von der Änderung eines *Flurbereinigungsplans* betroffenen Teilnehmer sind zur Erhebung einer Anfechtungsklage befugt, mit der sie sich u.a. darauf berufen können, dass die Voraussetzungen für die Änderungsbefugnis nicht gegeben seien (BVerwGE 82, 313, 315; zum Flurbereinigungsrecht → Rn. 177 ff.). Grundstückseigentümer haben nach einer Entscheidung des OVG Koblenz jedenfalls dann eine Klagebefugnis zur Anfechtung einer luftverkehrsrechtlichen *Außenstart- und -landeerlaubnis*, „wenn ihnen im Hinblick auf die Aufnahme eines (noch) nicht genehmigten Flugplatzbetriebs wegen möglicher Beeinträchtigungen durch diesen geplanten Betrieb ein Unterlassungsanspruch zustehen kann"[920] (zum Luftverkehrsrecht → Rn. 235 ff.). Die nicht zur Grundsteuer herangezogenen Miteigentümer eines Grundstücks sind zur Erhebung einer auf *Grundsteuererlass* gerichteten Verpflichtungsklage nicht befugt (OVG Münster NWVBl 1990, 379 f.). Ebenso ist ein Miteigentümer nicht zur Anfechtung einer Nutzungsuntersagung befugt, die nur an einen anderen Miteigentümer adressiert ist (VG Darmstadt NVwZ-RR 2013, 301). Der Eigentümer ist auch hinsichtlich einer an den Pächter seines Grundstücks gerichteten betriebs- und anlagenbezogenen Nutzungsuntersagung nicht klagebefugt (OVG NRW BauR 2011, 1793 f.) Mit

---

918 BVerwGE 133, 347 ff.; dazu auch VGH München NVwZ-RR 2013, 545 f.; *G. Hornmann*, NVwZ 2011, 1235 ff.
919 VGH Mannheim VBlBW 1996, 468, 469 f.; zurückhaltend aber NVwZ-RR 1991, 399 f.; VBlBW 1998, 421 ff.; zum Rechtsschutz des Eigentümers gegen eine heranrückende Planung BVerwG NVwZ 2012, 567, 569 f.; NVwZ 2016, 1641.
920 OVG Koblenz NVwZ-RR 1994, 194 im Anschluss an BVerwG DVBl 1989, 1051, 1053.

dem *Verlust des Eigentums* (Umschreibung eines Grundstücks im Grundbuch) endet die Klagebefugnis des früheren Eigentümers auch während des Laufs einer Rechtsbehelfsfrist (OVG Greifswald NVwZ-RR 2001, 541, 542). Die Klagebefugnis fehlt der Klage eines verhinderten Bauherrn *auf „Gleichheit im Unrecht"*, mit der er ausschließlich gegen die gleichheitswidrige, aber rechtswidrige Erteilung von Baugenehmigungen *an andere Bauherren* vorgehen will (vgl. BVerwG 18.10.1996 – 4 B 188/96, juris Rn. 5).

Grundstückseigentümer können als *Anlieger öffentlicher Straßen* zur Anfechtung von straßen(ver- 435 kehrs)rechtlichen Maßnahmen klagebefugt sein (im Einzelnen → Rn. 407 ff.).

Zur Erlangung von Rechtsschutz gegen die einem Nachbarn erteilte Baugenehmigung oder gegen 436 einen diesem erteilten *baurechtlichen Vorbescheid* kommt für einen Grundstückseigentümer als sog. öffentlich-rechtliche *Nachbarklage* die Anfechtungsklage in Betracht (→ Rn. 134). Das BVerwG hat schon früh klargestellt, der „Schutz des Art. 19 Abs. 4 GG bliebe entgegen dem Willen des Grundgesetzgebers lückenhaft, wenn er sich nicht auch auf die keineswegs seltenen Fälle erstrecken würde, in denen die einem Rechtsgenossen gewährte Begünstigung zugleich Rechte eines anderen beeinträchtigen" könne (BVerwGE 22, 129, 130). § 42 Abs. 2 spielt bei Nachbarstreitigkeiten zumeist „keine praktisch bedeutsame Rolle".[921] Denn es lässt sich regelmäßig die Möglichkeit nicht ausschließen, dass der klagende Nachbar durch Baugenehmigung oder Vorbescheid in einer nachbarschützenden Norm verletzt ist. So hat etwa das BVerwG in einem Urteil aus dem Jahre 1983 (BVerwGE 68, 241, 242 f.; vgl. dazu auch VGH Mannheim DVBl 1989, 1267, 1268) nach kurzer Begründung der Klagebefugnis einer Grundstückseigentümerin zur Anfechtung der einem Nachbarn erteilten *Baugenehmigung* ausgeführt: „Ob die Klägerin in eigenen Rechten verletzt ist, ob insbes. die Vorschriften, deren Verletzung sie rügt, drittschützende Funktion haben, ist im vorliegenden Fall allein eine Frage der Begründetheit der Klage." Nähere Überlegungen zu Schutznormen des materiellen Rechts oder des Verfahrensrechts[922] gehören also bei Nachbarstreitigkeiten grds. nicht in die Prüfung der Klagebefugnis. Dies gilt insbes. auch für das *„Gebot der Rücksichtnahme"*, dem seit einiger Zeit in der Judikatur des BVerwG zum Nachbarschutz erhebliche Bedeutung zukommt (→ Rn. 399). In der veröffentlichten Rspr. ist nur gelegentlich auf die Klagebefugnis zur Erhebung von Nachbarklagen eingegangen worden: So hat etwa das BVerwG (NVwZ 1993, 1184) ausgeführt, ebenso „wie § 15 BauNVO in einem festgesetzten oder faktischen Baugebiet nachbarschützende Wirkung entfalten" könne, könnten „unter bestimmten Voraussetzungen im unbeplanten Innenbereich aus § 34 BBauG und im Außenbereich aus § 35 BBauG nachbarliche Abwehrrechte hergeleitet werden"; dies reiche aus, „um im Falle einer Nachbarklage die Klagebefugnis zu bejahen".[923] Grundstückseigentümern im Einwirkungsbereich einer *immissionsschutzrechtlichen Anlage* vermittelt § 5 Abs. 1 S. 1 BImSchG Drittschutz und damit eine Klagebefugnis (OVG Münster NVwZ-RR 2016, 656, 657). Der VGH München (RdL 1991, 80 f.) hat entschieden, der Nachbar eines ausnahmsweise in einem festgesetzten Überschwemmungsgebiet genehmigten Bauvorhabens sei zur Anfechtung der Genehmigung mit der Begründung klagebefugt, seine Belange seien vor Erteilung der Ausnahmegenehmigung nicht ermessensfehlerfrei gewürdigt worden. Im Zusammenhang von Drittschutz und Hochwasserschutz ergibt sich in der Rspr. allerdings kein einheitliches Bild.[924] Nach einem Urteil des VGH Mannheim (UPR 1993, 31) kann eine Aufforstungsgenehmigung vom Eigentümer eines Grundstücks, das dem aufzuforstenden Grundstück benachbart ist, unter Berufung darauf angefochten werden, die Aufforstung beeinträchtige erheblich die Ertragsfähigkeit seines Grundstücks. „Kann eine Gemeinschaft das gemeinschaftsbezogene Eigentum nur gemeinschaftlich klageweise geltend machen, so ist ein einzelnes Mitglied der Gemeinschaft nicht berechtigt, Nachbarrechte, die sich aus dem Grundeigentum ergeben, alleine einzuklagen" (VGH München 23.6.2017 – 15 ZB 16.920, juris Rn. 10).

Potentiell berechtigter Dritter nachbarschützender Vorschriften des öffentlichen Baurechts kann aller- 437 dings nur derjenige sein, der Rechte an einem *anderen Grundstück* als dem Baugrundstück hat; diese Beschränkung der öffentlich-rechtlichen Nachbareigenschaft und damit auch der Klagebefugnis „beruht auf der Einsicht, daß der jeweilige Rechtsinhaber gegen ein Bauvorhaben auf dem Grundstück,

---

921 *Finkelnburg/Ortloff/Otto* § 22 Rn. 16.
922 Dazu *Finkelnburg/Ortloff/Otto* § 18 f. mit einer sehr übersichtlichen Zusammenstellung.
923 Vgl. die heutigen §§ 34 f. BauGB.
924 Dazu VG Neustadt a.d.W. NVwZ-RR 2012, 713 ff.; *K. Faßbender/A.-C. Gläß*, NVwZ 2011, 1094 ff.

an dem ihm das Recht zusteht, nicht durch die (vom Bauherrn einzuhaltenden) öffentlich-rechtlichen Anforderungen geschützt werden muß, weil er das, was er aufgrund seines Rechtes verlangen kann, privatrechtlich durchzusetzen vermag" (VGH München BayVGH [N. F.] 46, 19, 20 f.; vgl. auch OVG Bremen NVwZ 1984, 594). Daher sind auch *Wohnungseigentümer* nicht zur Anfechtung von Genehmigungen klagebefugt, mit denen bauliche Maßnahmen am gemeinschaftlichen Eigentum der Wohnungseigentümer, zu dem nach § 1 Abs. 5 WEG u.a. das Grundstück gehört, oder die veränderte Nutzung der Wohnung eines Miteigentümers gestattet werden; dagegen haben Wohnungseigentümer eine Klagebefugnis zur Anfechtung der für ein „fremdes" benachbartes Grundstück erteilten Baugenehmigung, wenn sie etwa eine Verletzung ihres Miteigentumsanteils am gemeinschaftlichen Grundstück geltend machen (→ Rn. 483). Klagebefugt als Nachbar gegen Baugenehmigungen kann aber der *Eigentümer einer baulichen Anlage* sein, wenn das Eigentum am Grundstück und an der darauf errichteten baulichen Anlage gem. § 95 Abs. 1 BauGB auseinanderfallen (OVG Münster BRS 63 Nr. 150). Der nachbarschützende Gehalt bauplanungsrechtlicher Normen beschränkt sich des Weiteren auf die Eigentümer der Nachbargrundstücke und sonstige Inhaber eigentumsähnlicher, dinglicher Rechte, wie etwa eines *Erbbaurechts* oder den *Nießbraucher* (→ Rn. 463). Ferner ist der *Käufer eines Grundstücks*, auf den der Besitz sowie Nutzungen und Lasten übergegangen sind und zu dessen Gunsten eine Auflassungsvormerkung in das Grundbuch eingetragen ist, dem Eigentümer gleichzustellen (BVerwG NJW 1983, 1626; s.a. VGH Mannheim DÖV 2007, 568). Dagegen besteht für *Mieter* und *Pächter* kein städtebaulicher Nachbarschutz (BVerwG NJW 1989, 2766).

438   Jeweils zur Erhebung einer ausnahmsweise für den Rechtsschutz von Nachbarn in Betracht kommenden *Verpflichtungsklage* (zum öffentlichen Baurecht → Rn. 135) sind Grundstückseigentümer befugt, wenn sie eine behördliche Erlaubnis zur Entfernung von Ästen eines vom Nachbargrundstück auf ihr Grundstück ragenden Baumes gem. den Vorschriften einer Baumschutzverordnung (VGH Mannheim NVwZ 1995, 402, 403) oder die Verpflichtung der Luftaufsichtsbehörde begehren, die Nutzung eines in der Nachbarschaft zu ihrem Grundstück gelegenen, ungenehmigten Landeplatzes für Hubschrauber zu untersagen, sofern sie geltend machen können, durch den Betrieb des Landeplatzes etwa in ihrem Recht auf körperliche Unversehrtheit gem. Art. 2 Abs. 2 S. 1 GG oder ihrem Eigentumsrecht nach Art. 14 Abs. 1 GG verletzt zu sein (VGH Mannheim VBlBW 1989, 261 f.). Dagegen ist in der Rspr. die Befugnis von Grundstückseigentümern zur Erhebung von Klagen auf Verpflichtung zum Erlass behördlicher Anordnungen verneint worden, mit denen Nachbarn auferlegt werden sollte, im Erdreich nach einem Gebäudeabbruch verbliebenen Bauschutt zu entfernen (OVG Bremen RdL 1985, 333, 334) oder die Beseitigung einer baulichen Anlage nach § 179 Abs. 1 BauGB zu dulden (BVerwG NVwZ-RR 1994, 9).

439   Entscheidet die Widerspruchsbehörde nicht über den gegen eine Baugenehmigung eingelegten *Nachbarwiderspruch*, kann der Bauherr, der sich aufgrund der dann fehlenden Bestandskraft der Baugenehmigung in seinem Recht auf Erteilung einer *bestandskräftigen* und damit „vollwertigen" Baugenehmigung verletzt sieht, unter den Voraussetzungen des § 75 eine Klage auf Verpflichtung der Widerspruchsbehörde zur Zurückweisung des Widerspruchs erheben (→ Rn. 36, 131).[925]

439a   Zur Anfechtung von Planfeststellungsbeschlüssen auf dem Gebiet des *Wasserrechts* vermittelt § 14 Abs. 2 S. 1 WaStrG betroffenen Grundstückseigentümern ein subjektiv-öffentliches Recht (BVerwG NVwZ 1997, 917); zur Anfechtung wasserrechtlicher Anlagengenehmigungen durch Fischereiberechtigte → Rn. 417). Selbst einem bloß mittelbar in seinem Eigentum Betroffenen steht die Klagebefugnis zu, allerdings beschränkt auf die Kontrolle der Zielkonformität; der Betroffene kann mithin nur prüfen lassen, ob entsprechend der Ziele der Fachplanung ein Bedürfnis für das Vorhaben besteht (OVG Lüneburg NVwZ-RR 2008, 686 f.). Bei der Errichtung von Hochwasserschutzanlagen vermittelt § 68 Abs. 3 Nr. 1 WHG den Grundstückseigentümern Drittschutz und somit eine Klagebefugnis (OVG Magdeburg NVwZ-RR 2015, 809, 811).

439b   Zugunsten der Eigentümer, deren Grundstücke für einen Tagebau unmittelbar in Anspruch genommen werden, entfaltet § 48 Abs. 2 S. 1 BBergG bereits bei der Zulassung eines Rahmenbetriebsplans für einen *Tagebau* drittschützende Wirkung; ein Tagebauvorhaben widerspricht dem öffentlichen Interesse, wenn die dafür erforderliche Inanspruchnahme des Eigentums privater Dritter nicht durch Allge-

---

925   Dazu VGH Mannheim ESVGH 43, 142 ff.; DVBl 1994, 707 f.

meinwohlbelange gerechtfertigt ist (BVerwGE 126, 205, 208 ff.; anders noch BVerwG NVwZ 1991, 992 f.).

Zur *Begründung* einer Klagebefugnis gegen Großprojekte (Straßenbau, Eisenbahnbau, Flughäfen) **440** wurden in der Vergangenheit häufig Grundstücke im Planungsbereich, sog. *Sperrgrundstücke*, von Gegnern der Planung eigens zu Prozeßführungszwecken erworben.[926] Diese praktische Möglichkeit zur *Umgehung des Ausschlusses der Popularklage* in § 42 Abs. 2 (→ Rn. 365 ff.) hatte das BVerwG bereits in einem Urteil vom 27.10.2000[927] erheblich eingeschränkt. Danach ist eine auf das Grundstückseigentum gegründete Klagebefugnis nicht gegeben, „wenn die Eigentümerstellung rechtsmißbräuchlich begründet worden ist. Davon ist auszugehen, wenn das Eigentum nicht erworben worden ist, um die mit ihm verbundenen Gebrauchsmöglichkeiten zu nutzen, sondern nur als Mittel dafür dient, die formalen Voraussetzungen für eine Prozeßführung zu schaffen, die nach der Rspr. des Senats dem Eigentümer vorbehalten ist".[928] „Derartige Umstände können sich daraus ergeben, dass dem Kläger aufgrund der vertraglichen Gestaltung lediglich eine Rechtsstellung übertragen worden ist, die auf eine formale Hülle ohne substantiellen Inhalt hinausläuft" (BVerwGE 112, 135, LS 2). In seinem Urteil vom 25.1.2012 (BVerwG NVwZ 2012, 567 ff.) geht das BVerwG noch darüber hinaus und spricht auch demjenigen, der vollwertiges Eigentum an einem Sperrgrundstück erworben hat, wegen unzulässiger Rechtsausübung die Klagebefugnis ab, wenn der Grunderwerb allein zu dem Zweck erfolgte, eine Rechtsposition zu erlangen, die ein gerichtliches Vorgehen gegen den Planfeststellungsbeschluss erlaubt.

Zur Anfechtung eines *restitutionsrechtlichen Zuordnungsbescheides* nach § 2 Abs. 1 VZOG ist der da- **441** von betroffene derzeitige Grundstückseigentümer auch dann klagebefugt, wenn der Bescheid gem. § 2 Abs. 1 S. 5 VZOG vorbehaltlich seiner Rechte ergeht; der Bescheid führt in diesem Fall nämlich nach § 3 Abs. 1 S. 2 VZOG zur Eintragung eines behördlichen Widerspruchs in das Grundbuch, der in seiner praktischen Auswirkung die Unverkäuflichkeit und Unbelastbarkeit des Grundstücks mit sich bringt und damit den Eigentümer belastet (BVerwG NVwZ 2002, 81, 82). Wird in einem Zuordnungsbescheid festgestellt, dass selbständiges Gebäudeeigentum an Gebäuden auf dem Grundstück entstanden ist, so erstreckt sich die Klagebefugnis des Grundstückseigentümers auch auf *diese* Regelung, jedoch nicht auf die weiter gehende Feststellung, *wem* das Gebäudeeigentum zusteht (BVerwG ZOV 2001, 265, 266 f.; BVerwG 15.9.2004 – 3 B 28/04, juris Rn. 2). Der ehemalige Eigentümer eines *Mauer- oder Grenzgrundstücks* i.S.d. § 1 Abs. 1 MauerG oder dessen Rechtsnachfolger ist zur Klageerhebung gegen einen Bescheid befugt, mit dem das betroffene Grundstück einem anderen Verwaltungsträger als dem Bund oder einer bundesunmittelbaren Körperschaft zugeordnet wird. Denn solange das betroffene Grundstück im Bundeseigentum steht, kann er es nach § 1 Abs. 2 und § 2 Abs. 1 S. 1 MauerG dann erwerben, wenn der Bund es nicht für dringende eigene öffentliche Zwecke verwenden oder im öffentlichen Interesse an Dritte veräußern will. Es handelt sich insoweit nicht lediglich um eine Erwerbschance, sondern um einen Erwerbsanspruch (BVerwGE 127, 188, 190 ff.).

20 a. Gruppierungen und sonstige Personengruppen. Eine *Gruppierung* ohne körperschaftsähnlich **441a** verfestigte Organisationsstruktur, welche die Merkmale eines Vereins i.S.d. Art. 9 Abs. 1 GG und des § 2 Abs. 1 VereinsG nicht erfüllt, ist aus Art. 2 Abs. 1 GG klagebefugt für die Anfechtung einer gleichwohl an sie gerichteten vereinsrechtlichen Verbotsverfügung; eine Grundrechtsberechtigung kommt zur Abrundung des Freiheitsschutzes der hinter ihr stehenden Individuen auch bei einer solchen losen Gruppierung in Betracht, wenn sie Zuordnungssubjekt einer rechtlichen Regelung ist (BVerwG NVwZ 2011, 372, 374 f.). „*Reichsbürger*" oder andere Personen, welche die völkerrechtliche Souveränität der Bundesrepublik Deutschland ablehnen, sind zur Eintragung einer „frei erfundenen Staatsbürgerschaft" nicht klagebefugt (OVG Münster NJW 2017, 424, 425).

21. Handwerkskammern. Nach einem Beschluss des OVG Koblenz (NVwZ 1987, 239) sind Hand- **442** werkskammern zur Anfechtung der Entscheidungen von Bezirksregierungen über die Zuerkennung

---

926 Dazu bereits *H. Fliegauf*, NVwZ 1991, 748 ff.

927 BVerwGE 112, 135 ff. m. Anm. *J. Vahle*, DVP 2001, 485.

928 BVerwGE 112, 135, 137; ähnl. bereits BVerwG NuR 1998, 647. Für Normenkontrollantrag OVG Saarlouis AS 29, 284, 287 ff. Anders noch u.a. BVerwGE 72, 15, 16; 104, 236, 239; BVerwG 27.7.1990 Buchholz 442.08 § 36 BBahnG Nr. 18; 27.8.1997 Buchholz 442.09 § 18 AEG Nr. 30. Krit. *Schenke* Rn. 526 Fn. 93, der die Rechtsmissbrauchsproblematik nicht der Klagebefugnis, sondern dem *Rechtsschutzbedürfnis* zuordnet.

der fachlichen Eignung zum Ausbilden von Lehrlingen (ehemals § 22 Abs. 3 HwO a.F., nunmehr § 22 b Abs. 5 HwO) nicht befugt. § 8 Abs. 4 HwO bestimmt hingegen ausdrücklich, dass Handwerkskammern gegen Ausnahmebewilligungen zur Eintragung in die Handwerksrolle der Verwaltungsrechtsweg offen steht (zu einer solchen Klage BVerwG GewArch 1995, 247 f.). Ein *Hauptgeschäftsführer* einer Handwerkskammer kann nicht dadurch in seinen Rechten betroffen sein, dass die Wahl einer anderen Person zum Hauptgeschäftsführer von der Aufsichtsbehörde genehmigt wird (VG Dresden GewArch 2001, 127 f.). Mangels wehrfähiger Innenrechtsposition steht einem Mitglied einer IHK keine Klagebefugnis zur Abwehr von Äußerungen und Veröffentlichungen eines Dachverbandes der IHK zu (VGH Kassel NVwZ-RR 2015, 735, 736).

443   **22. Hochschullehrer.** Prüfende Hochschullehrer (an einer Fachhochschule) sind nicht klagebefugt gegen die Entscheidung der Fachhochschulverwaltung, mit der diese einem Studierenden gegenüber aus wichtigen Gründen trotz bereits abgelegter Prüfung eine nachträgliche Prüfungsverhinderung zuerkennt. Hierdurch wird die Prüfertätigkeit des Hochschullehrers nicht berührt (BVerwG 18.8.1997 Buchholz 421.0 Prüfungswesen Nr. 381).

444   **23. Kapitäne und Fährbetriebe.** Kapitäne sind jeweils zur Erhebung einer allgemeinen Leistungsklage auf Beseitigung eines Spruchs der Bundesstelle für Seeunfalluntersuchung (ehemals Bundesoberseeamts), der ihr Verschulden an einem Seeunfall feststellt, nach § 42 Abs. 2 analog (zur entsprechenden Anwendung dieser Vorschrift auf allgemeine Leistungsklagen → Rn. 371) befugt, weil diese Feststellung geeignet ist, den betroffenen Kapitän in seiner persönlichen sowie beruflichen Ehre und damit zumindest in seinem Grundrecht aus Art. 2 Abs. 1 GG zu verletzen (vgl. BVerwGE 59, 319, 325 ff. und → Rn. 273). Ein Fährbetrieb ist zur Anfechtung eines Planfeststellungsbeschlusses für eine feste Flussquerung klagebefugt, da eine Verletzung von Anliegerinteressen nicht ausgeschlossen werden kann (BVerwG NVwZ 2016, 1735).

445   **24. Käufer eines Grundstücks.** Der Käufer eines Grundstücks, auf den der Besitz sowie Nutzungen und Lasten übergegangen sind und zu dessen Gunsten eine Auflassungsvormerkung in das Grundbuch eingetragen ist, hat eine dem Grundstückseigentum so angenäherte Rechtsposition, dass er deren Verletzung – wie der Eigentümer (→ Rn. 134, 436) – als „Nachbar" i.R. einer Anfechtungsklage gegen eine für das angrenzende Grundstück erteilte Baugenehmigung geltend machen kann (BVerwG NJW 1983, 1626; zum Eilantrag VGH München BayVBl 1990, 755, 756). Zur Anfechtung eines Planfeststellungsbeschlusses mit enteignungsrechtlicher Vorwirkung ist der Käufer eines Grundstücks, dessen Übereignungsanspruch durch eine *Vormerkung* gesichert ist, auch dann befugt, wenn Besitz, Nutzungen und Lasten des Grundstücks noch nicht auf ihn übergegangen sind (BVerwGE 145, 96, 97). Der Grundstückskäufer ist weiterhin klagebefugt gegen die rechtswidrige Ausübung eines *gemeindlichen Vorkaufsrechts* (OVG Berlin-Brandenburg NVwZ-RR 2012, 793, 794; VGH Mannheim NJW-RR 1998, 877; vgl. auch → Rn. 139) oder eines *naturschutzrechtlichen Vorkaufsrechts*, auch wenn dies rechtlich nur gegenüber dem Verkäufer geschieht (OVG Lüneburg NuR 2002, 306, 307). Dies gilt ferner, wenn es sich bei ihm um die öffentliche Hand in Gestalt eines Bundeslandes handelt (eingehend BVerwG NVwZ 2000, 1044 f.). Im *Restitutionsrecht* fehlt dem vormerkungsgesicherten *Käufer eines zurückzuübertragenden Grundstücks* auch dann die Klagebefugnis, wenn er Adressat des angegriffenen Rückübertragungsbescheides geworden ist.[929] Der Käufer eines Grundstücks ist bis zum Eigentumsübergang zur Anfechtung einer das Grundstück betreffenden *Anordnung eines Bodenordnungsverfahrens* nicht klagebefugt; dies gilt ferner, wenn zu seinen Gunsten bereits eine Auflassungsvormerkung im Grundbuch eingetragen ist (OVG Weimar VIZ 2003, 73).

446   **25. Konkurrenten im wirtschaftlichen Wettbewerb.** Bzgl. der Klagebefugnis von Konkurrenten im wirtschaftlichen Wettbewerb (zur *beamtenrechtlichen* Konkurrentenklage → Rn. 168, 174 ff., 415) existiert eine sehr differenzierte Judikatur. In der Rspr. ist die Klagebefugnis wegen Fehlens der Möglichkeit einer eigenen Rechtsverletzung *verneint* worden: zur *Anfechtung* jeweils der vom Bundesaufsichtsamt für das Versicherungs- und Bausparwesen einem Versicherungsunternehmen erteilten Zulassung durch ein konkurrierendes Unternehmen,[930] einer vom Bundesminister für Verkehr der Deut-

---

929   VG Dresden 21.1.1999 – 7 K 2410/96, juris Rn. 34 f.; s.a. BVerwG ZOV 1995, 146 f.; 1995, 154 f.
930   BVerwGE 10, 122 ff.; ferner BVerwG DVBl 1965, 364 f. m. abl. Anm. *K. A. Bettermann*.

schen Bundesbahn erteilten Genehmigung eines Ausnahmetarifs für Heizöl durch Binnenschifffahrts-unternehmer (BVerwGE 21, 338 ff.), einer von der höheren Verwaltungsbehörde erteilten Ausnahme-bewilligung zur Eintragung in die Handwerksrolle nach § 8 Abs. 1 HwO (zur Eintragung in die Hand-werksrolle → Rn. 200) durch einen selbständig tätigen Handwerksmeister (BVerwG DÖV 1984, 70 f.), einer Gestattung zum Betrieb eines Festzeltes zugunsten einer Freiwilligen Feuerwehr nach § 12 GastG durch den Inhaber eines Gaststättenbetriebs (OVG Koblenz NJW 1982, 1301, 1302 f.), einer zugunsten eines Versandhandelsunternehmens erteilten Genehmigung, Arbeitnehmer sonn- und feier-tags zu beschäftigen, durch einen Mitbewerber (OVG Koblenz NVwZ 1993, 699 ff.), einer Zulassung eines weiteren privaten Rundfunkveranstalters für ein örtlich und regional ausgerichtetes Programm in einem Teil des Sendegebiets bei vorhandenen Frequenzengpässen durch einen Altunternehmer (OVG Koblenz AS 26, 324, 326 ff.) und zur Anfechtung einer immissionsschutzrechtlichen Genehmi-gung einer (weiteren) Tierkörperbeseitigungsanlage im Einzugsbereich einer bestehenden Tierkörper-beseitigungsanstalt durch deren Inhaber (OVG Münster NVwZ-RR 2003, 492).

Der VGH Mannheim hat jedoch anlässlich der Entscheidung über eine Konkurrentenklage zu Recht 447 darauf hingewiesen, dass die Anforderungen an die Klagebefugnis nicht „überspannt" werden dürften (zu dieser auch vom BVerwG vertretenen Auffassung → Rn. 381): Zwar dienten die Vorschriften über die Genehmigung der Übertragung einer personenbeförderungsrechtlichen Genehmigung (§ 2 Abs. 2 Nr. 2 PBefG) und über den Widerruf einer Genehmigung (§ 25 Abs. 1 PBefG) nicht den rechtlichen In-teressen von Konkurrenzunternehmern; die Klagebefugnis zur Anfechtung der einem Konkurrenten erteilten Genehmigung sei jedoch im Falle der Geltendmachung einer Verletzung der durch Art. 12 Abs. 1 GG „rechtlich geschützten Wettbewerbsinteressen" gegeben.[931] Damit ist die *Wettbewerbsfrei-heit* angesprochen, worunter das Recht auf den Versuch verstanden werden kann, sich durch freie Leistungskonkurrenz als Anbieter und Nachfrager auf dem Markt gegenüber anderen durchzuset-zen.[932] Art. 12 Abs. 1 GG schützt als im Verhältnis zu Art. 2 Abs. 1 GG (zu dessen Auslegung → Rn. 383) *spezielle* Grundrechtsnorm die Wettbewerbsfreiheit, soweit das Verhalten der Unterneh-men bzw. Unternehmer[933] im Wettbewerb Bestandteil ihrer Berufsausübung ist.[934] Im Gegensatz zu dieser Auffassung, die etwa auch das BVerwG im Jahre 1985 zur Begründung des Anspruchs einer Arzneimittelherstellerin auf Unterlassung der Veröffentlichung von sog. Transparenzlisten vertreten hat (BVerwGE 71, 183, 189; vgl. ferner → Rn. 183, 396, 413), ist in der älteren bundesverwaltungs-gerichtlichen Judikatur wiederholt[935] Art. 2 Abs. 1 GG als Gewährleistung der Wettbewerbsfreiheit herangezogen worden. Unter Hinweis auf einen möglichen Eingriff in diese Grundrechtsvorschrift hat das BVerwG die Klagebefugnis eines Weinhandelsunternehmens zur Anfechtung der eine Konkurren-tensubventionierung betreffenden Bescheide wegen der Geltendmachung des Klägers bejaht, „daß sei-ne schutzwürdigen Interessen willkürlich vernachlässigt worden seien".[936] Ferner hat das BVerwG entschieden, es sei „nicht auszuschließen, daß durch die Festsetzung von Pflegesätzen für ein Kranken-haus die Träger anderer Krankenhäuser in ihren Rechten aus Art. 2 Abs. 1 GG verletzt sein" könnten; auch die Träger von Krankenhäusern stünden miteinander in einem Wettbewerb[937] (zum Kranken-hausfinanzierungsrecht → Rn. 182). Sofern mehrere Krankenhäuser um einen bestimmten Versor-gungsbedarf konkurrieren und die Behörde unter ihnen eine Auswahl vornimmt, kann eine Anfech-

---

931   VGH Mannheim NVwZ-RR 1993, 445; ähnl. BVerwG NVwZ 2001, 322 f.; s. ferner OVG Lüneburg NVwZ-RR 2005, 105, 106 f.

932   *H. Sodan*, DÖV 1987, 858, 860; *ders.*, DÖV 2000, 361, 364. Vgl. auch BGHZ 23, 365, 370; *W. Fikentscher*, Wett-bewerb und gewerblicher Rechtsschutz, 1958, 79; *R. Scholz*, Entflechtung und Verfassung, 1981, 94.

933   Zu Definitionen dieser Begriffe *P. Saladin*, VVDStRL 35 (1977), 7, 9.

934   Vgl. z.B. BVerfGE 32, 311, 317; 46, 120, 137; BVerwGE 71, 183, 189; *H. Lecheler*, VVDStRL 43 (1985), 48, 55 und 74; *R. Scholz*, in: Maunz/Dürig Art. 12 Rn. 79 ff., 123 f., 132 ff.; *H. Sodan*, in: Sodan Art. 12 Rn. 14. Vgl. auch BVerfGE 106, 275, 298; 115, 205, 229.

935   S. etwa BVerwGE 17, 306, 309; 30, 191, 198; 60, 154, 159; 65, 167, 174; vgl. auch BVerfGE 27, 375, 384 f.; BGHZ 23, 365, 370 f. Dagegen ist in BVerwGE 39, 329, 332 die Klagebefugnis eines Bestattungsunternehmens zur Erhebung einer allgemeinen Leistungsklage gegen die wirtschaftliche Betätigung einer Gemeinde auf dem Gebiet des Bestattungswesens auf eine mögliche Verletzung der *Berufsfreiheit* gestützt worden; zum sog. Fiskusabwehranspruch auch BVerwG GewArch 1995, 329 ff.; VGH Mannheim DÖV 1995, 120 f.; *P. M. Huber*, Konkurrenzschutz, 1991, 312 ff.

936   BVerwGE 30, 191, 197 f.; zu dieser Entscheidung ferner → Rn. 302, 399. Vgl. auch BVerwG GewArch 1985, 103, 104; BVerwGE 75, 109, 115; 80, 270, 273; OLG Frankfurt NVwZ 1993, 706.

937   BVerwGE 60, 154, 159.

tungsklage des einen Krankenhauses gegen den an das andere Krankenhaus gerichteten Bescheid zulässig sein; Voraussetzung dafür ist jedoch, dass der Kläger für sich selbst eine Planaufnahme erstreiten und nicht nur eine Planherausnahme abwehren will (BVerwGE 132, 64, 66; → Rn. 182). Speziell auf eine mögliche Verletzung der in Art. 5 Abs. 1 S. 2 GG gewährleisteten Pressefreiheit ist in der Rspr. die Klagebefugnis zur Anfechtung der Subventionierung anderer Presseunternehmen gestützt worden.[938] Der VGH Mannheim hat entschieden, ein Mitbewerber könne „geltend machen, durch die dem Konkurrenten erteilte Ausnahmegenehmigung nach § 23 Abs. 1 LadSchlG in seinem Recht auf Ausübung des Gewerbebetriebes unter gleichen gesetzlichen Wettbewerbsbedingungen verletzt zu sein", ohne freilich dieses Recht aus dem Grundgesetz genau abzuleiten; die Klagebefugnis setze „ein konkretes Konkurrenzverhältnis voraus" und beschränke „sich dadurch auf Mitbewerber derselben Branche im Ort und in der Nachbarschaft des Geschäftslokals".[939] Dagegen hat das OVG Greifswald die Auffassung vertreten, dass § 23 LadSchlG grds. nicht die Konkurrenten von Gewerbetreibenden schütze, denen nach dieser Vorschrift eine Ausnahmebewilligung erteilt wurde. Auch wenn man die „Gewährleistung der Wettbewerbsneutralität als weiteren dem Ladenschlußgesetz innewohnenden Zweck" unterstelle, so könnten sich diejenigen Konkurrenten nicht darauf berufen, die durch die Allgemeinverfügung nicht von den erweiterten Ladenöffnungszeiten ausgeschlossen wurden, denen also die weitere Teilnahme am Wettbewerb in einem von ihnen selbst bestimmbaren Umfang möglich sei (OVG Greifswald NVwZ-RR 2000, 549, 550).

448   In einigen Fällen ist in der Judikatur die Befugnis zur Erhebung von Konkurrentenklagen auch aus *Normen im Range unterhalb der Verfassung* hergeleitet worden. So stützt das BVerwG in st. Rspr. die Klagebefugnis des Betreibers eines Linienverkehrs zur Anfechtung der einem anderen Unternehmer für dieselbe Strecke erteilten (einstweiligen) Erlaubnis auf eine mögliche Verletzung des § 13 Abs. 2 Nr. 2 PBefG a.F. (§ 13 Abs. 2 Nr. 3 PBefG n.F.): Zwar stünden „bei den öffentlichen Verkehrsinteressen, die nach dieser Vorschrift durch die Zulassung neuer Verkehrsunternehmen nicht beeinträchtigt werden dürfen, die Belange der Allgemeinheit an einer geordneten, das öffentliche Verkehrsbedürfnis befriedigenden Verkehrsbedienung im Vordergrund"; gleichwohl würden „auch die Interessen der vorhandenen Verkehrsunternehmer an der Erhaltung der Leistungsfähigkeit ihrer Unternehmen von diesem Schutz erfaßt, weil nur dadurch eine geordnete und zuverlässige Verkehrsbedienung gewährleistet" sei.[940] Der Rang auf der gem. § 13 Abs. 5 PBefG erstellten Vormerkliste für die Vergabe von Taxikonzessionen vermittelt nach einem Beschluss des OVG Münster (GewArch 1991, 23) eine Rechtsposition, „die den Schutz des § 42 Abs. 2 VwGO genießt" und insbes. dadurch verletzt werden kann, dass andere bei der Vergabe von Konzessionen ungerechtfertigt bevorzugt werden.

449   Sehr umstr. ist die Klagebefugnis von *privaten Konkurrenten kommunaler Wirtschaftsunternehmen*, soweit die gemeindliche Wirtschaftstätigkeit unter Verstoß gegen die in den landesrechtlichen Gemeindeordnungen geregelten Marktzutrittsvoraussetzungen erfolgt, welche über die Zulässigkeit des „Ob" einer solchen Tätigkeit entscheiden.[941] Wegen der öffentlich-rechtlichen Natur diesbezüglicher Rechtsstreitigkeiten sind hierüber die Verwaltungsgerichte zur Entscheidung berufen (→ § 40 Rn. 455). Diese haben den Rechtsschutz in der Vergangenheit aber regelmäßig mit der Begründung versagt, dass die betreffenden Marktzutrittsnormen nur die Gemeinden vor unüberschaubaren wirtschaftlichen Risiken schützen würden und somit ausschließlich dem Schutz öffentlicher Belange zu dienen bestimmt seien, mithin also nicht Drittschutz bzgl. der privaten Konkurrenten zu vermitteln geeignet wären; zudem seien auch keine grundrechtlichen Positionen der privaten Konkurrenten betroffen, weil sowohl Art. 12 Abs. 1 als auch Art. 14 Abs. 1 GG grds. nicht vor Konkurrenz, auch nicht durch die öffentliche Hand, schützten – es sei denn, dass die private wirtschaftliche Betätigung unmöglich gemacht

---

938   Vgl. OVG Berlin DVBl 1975, 905, 906; VG Berlin DVBl 1975, 268f. m. krit. Anm. *W. Henke*, DVBl 1975, 272; OLG Frankfurt NVwZ 1993, 706.

939   VGH Mannheim GewArch 1979, 391; ähnl. OVG Bautzen NJW 1999, 2539f. Vgl. auch BVerwGE 65, 167, 168f.

940   BVerwGE 30, 347ff.; vgl. auch BVerwGE 9, 340ff.; 137, 199, 200f. Ferner OVG Greifswald NVwZ-RR 1997, 139; vgl. auch VGH München BayVBl 1994, 407, 408 und *J. Ruthig*, BayVBl 1994, 393ff. jeweils zum Konkurrentenrechtsschutz im *Rettungsdienstwesen*.

941   S. § 102 Abs. 1 GemO BW; Art. 87 Abs. 1 S. 1 Bay. GO; § 100 Abs. 2 GO Bbg; § 121 Abs. 1 S. 1 HGO; § 68 Abs. 1 KV M-V; § 136 Abs. 1 S. 2 NKomVG; § 107 Abs. 1 S. 1 GO NRW; § 85 Abs. 1 GemO RhPf; § 108 Abs. 1 KSVG SL; § 97 Abs. 1 S. 1 SächsGemO; § 116 Abs. 1 S. 1 GO LSA; § 101 Abs. 1 GO SchlH; § 71 Abs. 1 ThürKO.

oder unzumutbar eingeschränkt werde oder eine unerlaubte Monopolstellung entstünde.[942] Demgegenüber bildete sich in der Zivilrechtsprechung insbes. einiger Oberlandesgerichte eine verstärkte Tendenz heraus, solche Streitigkeiten an der wettbewerbsrechtlichen Generalklausel des UWG zu messen und den privaten Konkurrenten gemeindlicher Wirtschaftstätigkeit wettbewerbsrechtliche Unterlassungsansprüche wegen Verletzung der kommunalen Marktzutrittsnormen zuzugestehen.[943] Hiermit verkannten die Zivilgerichte aber nicht nur den vorrangigen Rechtsweg zu den Verwaltungsgerichten, sondern auch die Schutzzwecke des Wettbewerbsrechts[944] (zur Kritik → § 40 Rn. 455). Jedenfalls i.E. zu Recht schob der BGH dieser Entwicklung mit seiner sog. „Elektroarbeiten"-Entscheidung vom 25.4.2002 zumindest auf der materiellen Ebene einen Riegel vor (BGHZ 150, 343 ff.; → § 40 Rn. 455). Infolgedessen verlagern sich die betreffenden Streitigkeiten wieder zu den Verwaltungsgerichten. In einer jüngeren Entscheidung maß das OVG Münster einer kommunalen Marktzutrittsnorm drittschützende Wirkung bei und leitete den Drittschutz dabei aus der sog. Zweckbindungsklausel her (OVG Münster NVwZ 2003, 1520, 1521). Überzeugender erscheint es demgegenüber jedoch, den Drittschutz in den sog. Subsidiaritätsklauseln der kommunalen Marktzutrittsnormen zu verorten.[945] Dementsprechend qualifizierte der VerfGH RhPf den § 85 Abs. 1 Nr. 3 GemO RhPf als „drittschützende Norm i. S. des § 42 Abs. 2 VwGO" (VerfGH RhPf DVBl 2000, 992, 995 f.). In die gleiche Richtung lässt sich bereits eine frühere Entscheidung des BVerwG interpretieren, in welcher es einer kommunalrechtlichen Marktzutrittsnorm den Drittschutzcharakter absprach, weil die betreffende Regelung gerade *keine* Subsidiaritätsklausel enthielt (BVerwGE 39, 329, 336). Entgegen der bisher restriktiven verwaltungsgerichtlichen Handhabung des Grundrechtsschutzes erzwingt zudem die Judikatur des BVerfG zu mittelbaren Beeinträchtigungen der Berufsfreiheit, welche eine objektiv berufsregelnde Tendenz aufweisen (→ Rn. 396), einen extensiveren Grundrechtsschutz.[946] Insoweit sollte sich kommunale Wirtschaftstätigkeit auch am Grundrecht des Art. 12 Abs. 1 GG messen lassen, sodass die privaten Konkurrenten gemeindlicher Wirtschaftsunternehmen sich dann ggf. auf eine subjektive Rechtsposition aus diesem Grundrecht berufen könnten.[947]

26. Krankenkassen und Kassenverbände. Landesverbände der Allgemeinen Ortskrankenkassen sind 450 nach einem Urteil des BVerwG (NJW 1995, 1628) „unter keinem rechtlichen Gesichtspunkt befugt, Feststellungsbescheide der Landesbehörden, mit denen Krankenhäuser in den *Krankenhausplan* des Landes aufgenommen werden, vor Gericht anzufechten". Im Hinblick auf die behördliche Genehmigung von *Krankenhaus-Pflegesatzvereinbarungen* haben nach der Rspr. des BVerwG nur die Adressaten des Genehmigungsbescheides, mithin also lediglich die Vertragsparteien i.S.d. § 18 Abs. 2 KHG, die Klagebefugnis zu dessen Anfechtung (vgl. BVerwGE 111, 354, 356 f.). Partei einer Pflegesatzvereinbarung und insoweit befugt zur Anfechtung der Genehmigung eines von der Schiedsstelle festgesetzten Pflegesatzes können auch die Ersatzkassenverbände als Arbeitsgemeinschaft von Sozialleistungsträgern i.S.v. § 18 Abs. 2 Nr. 2 KHG sein (BVerwG NVwZ-RR 2000, 361 f.; anders in der Vorinstanz VGH Mannheim DÖV 1997, 742). Ein Sozialleistungsträger, der nicht zu den Vertragsparteien der Pflegesatzvereinbarung nach § 18 Abs. 2 KHG gehört, soll die behördliche Genehmigung der Pflegesatzvereinbarung hingegen nicht im Klagewege anfechten können, da es insoweit an drittschützenden Rechtspositionen fehle; daher hat das BVerwG einer Berufsgenossenschaft die diesbezügliche Klagebefugnis abgesprochen (BVerwGE 111, 354, 356 ff.). Auch sind weder der Verband der privaten Krankenversicherung noch ein Landesausschuss dieses Verbandes befugt, die Genehmigung eines vereinbarten oder festgesetzten Pflegesatzes im Klagewege mit der Begründung anzufechten, der Pflegesatz sei rechtswidrig (BVerwG NVwZ-RR 1996, 537 f.).

---

942 S. etwa BVerwGE 39, 329, 336 ff.; BVerwG NJW 1978, 1539 f.; NJW 1995, 2938 ff.; VGH Mannheim VBlBW 1983, 78 f.; NJW 1995, 274 f.; VGH München BayVBl 1976, 628, 629 ff.; vgl. ferner BVerwG NJW 1995, 2938, 2939; OVG Lüneburg GewArch 1986, 201, 202; OVG Münster NVwZ 1986, 1045 ff.

943 S. OLG Düsseldorf NWVBl 1997, 353, 354; ZIP 2002, 1651, 1655; OLG Hamm JZ 1998, 576, 577; OLG München NVwZ 2000, 835, 836; vgl. auch LG München GewArch 1999, 413; LG Offenburg NVwZ 2000, 717 f.; LG Wuppertal DVBl 1999, 939.

944 Spezifisch zur Verkennung der Schutzzwecke des Wettbewerbsrechts auch *H. Köhler*, GRUR 2001, 777 ff.

945 So etwa auch *T. Gas*, NdsVBl 2004, 282, 285; *H. Köhler*, WRP 1999, 1205, 1209; differenzierend *A. Berger*, DÖV 2010, 118 ff.

946 Näher *H. Sodan*, DÖV 2000, 361, 371.

947 Zum Rechtsschutz gegen den gesetzwidrigen Marktzutritt kommunaler Wirtschaftsunternehmen näher *H. Sodan*, FS Raue, 2006, 335 ff.

451   **27. Kunden von Elektrizitätsversorgungsunternehmen.** Nach Auffassung des BVerwG sind *Kunden von Elektrizitätsversorgungsunternehmen* jeweils zur Anfechtung der dem Unternehmen erteilten Genehmigung zur Erhöhung der Tarife nicht klagebefugt, weil diese Genehmigung nicht unmittelbar auf das Rechtsverhältnis zwischen dem Kunden und dem Unternehmen einwirke, sondern insoweit der privatrechtlichen Umsetzung bedürfe; der Tarifkunde habe die Möglichkeit, die genehmigte Tariferhöhung zivilgerichtlich überprüfen zu lassen (BVerwGE 95, 133 ff.). Die ausführlichen Darlegungen des BVerwG zur Begründung der Verneinung der Klagebefugnis lassen allerdings Zweifel entstehen, ob es zutrifft, dass „offensichtlich und eindeutig nach keiner Betrachtungsweise Rechte des Klägers verletzt sein" können.[948]

451a   **27 a. Kunden von Postdienstleistungen.** *Kunden von Postdienstleistungen* sind zur Anfechtung der Genehmigung erhöhter Entgelte durch die Regulierungsbehörde für Telekommunikation und Post klagebefugt; § 23 Abs. 1 und 2 PostG wirken privatrechtsgestaltend, sodass eine Verletzung der nach Art. 2 Abs. 1 GG geschützten Privatautonomie nicht auszuschließen ist (BVerwGE 152, 355, 357 ff.).

452   **28. Länder.** Zur Anfechtung *eisenbahnrechtlicher Planfeststellungsbeschlüsse* sind Länder bzw. deren Behörden nicht klagebefugt; insbes. aus § 17 Abs. 2 BNatSchG n.F. (zuvor § 20 Abs. 3 BNatSchG a.F.) lässt sich keine Klagebefugnis von Ländern entnehmen, weil diesen im Bereich des Natur- und Landschaftsschutzrechts eine eigene Vollzugshoheit nicht eingeräumt worden ist und die in § 17 Abs. 2 BNatSchG n.F. (zuvor § 20 Abs. 3 BNatSchG a.F.) vorgeschriebene Beteiligung der obersten Landesbehörde für Naturschutz und Landschaftspflege keine selbständig durchsetzbare Rechtsposition begründet.[949] Ein *restitutionsberechtigtes* Bundesland ist zur Klage gegen einen drittbegünstigenden Vermögenszuordnungsbescheid nicht schon allein deswegen befugt, weil es durch Bundesgesetz am Treuhandvermögen des Bundes (Art. 22 Abs. 1 S. 1 EVtr) zu beteiligen ist (BVerwGE 98, 154, 156 f.).

453   **29. Landesmedienanstalten und Fernsehproduzenten.** Landesmedienanstalten sind zur Anfechtung von Verwaltungsakten befugt, mit denen bundesweit sendende Anbieter seitens einer anderen Landesmedienanstalt zugelassen werden, weil dadurch die übrigen Landesmedienanstalten gebunden werden und auf diese Weise in ihrem Grundrecht nach Art. 5 Abs. 1 S. 2 GG sowie in ihrem durch rundfunkstaatsvertragsrechtliche Regelung eingeräumten Selbstverwaltungsrecht verletzt sein können.[950] Umgekehrt steht einem Fernsehproduzenten ein subjektiv-öffentliches Recht aus Art. 12 Abs. 1 GG zu, wenn eine Landesmedienanstalt gegenüber einem Medienunternehmen die Absetzung eines von dem Produzenten gelieferten Sendeformats anordnet (BVerwGE 152, 122, 124 ff.).

453a   **29 a. Marktbeschicker.** Marktbeschicker haben kein subjektiv-öffentliches Recht auf Fortführung eines gemeindlichen Volksfestes (VGH München NVwZ-RR 2013, 494 ff.). Eine Klagebefugnis ist aber gegeben, wenn eine Gemeinde die Durchführung eines Weihnachtsmarktes an einen privaten Dritten überträgt, da nicht von vornherein ausgeschlossen ist, dass ohne die Übertragung der Vergabe ein Anspruch auf einen Platz bestanden hätte (BVerwG NVwZ 2009, 1305, 1306).

454   **30. Mieter.** Das BVerwG hat entschieden, dass Mieter öffentlich geförderter Wohnungen jeweils zur Anfechtung der dem Vermieter erteilten Genehmigung der *Erhöhung der Durchschnittsmiete* (BVerwGE 72, 226 ff.), der dem Verfügungsberechtigten unter der Auflage von Ausgleichszahlungen erteilten *Freistellung von den gesetzlichen Verwendungsmöglichkeiten* der öffentlich geförderten Wohnung (BVerwG NJW 1987, 2829 f.) und einer an den Vermieter gerichteten *Kündigungsanordnung* der zuständigen Stelle bei Fehlbelegung gem. § 4 Abs. 8 S. 1 WoBindG (BVerwG NJW 1995, 2866 f.) nicht klagebefugt seien; die Tatsache, dass sich das Gericht in seinen Entscheidungen in ausführlichen Begründungen zu tiefgreifenden dogmatischen Überlegungen bzgl. der Geltendmachung von Rechtsverletzungen veranlasst gesehen hat, ist jedoch ein Hinweis darauf, dass eben *nicht „offensichtlich* und *eindeutig nach keiner* Betrachtungsweise die von den Klägern behaupteten Rechte bestehen oder ihnen

---

948   So aber BVerwGE 95, 133, 134 in fast wörtlicher Wiedergabe einer vielfach verwandten Formel; vgl. dazu → Rn. 380.

949   Vgl. BVerwGE 82, 17 ff.; 92, 258 ff.; vgl. auch OVG Magdeburg, NVwZ-RR 2013, 390. Anders hingegen VG Koblenz UPR 1989, 276 in Bezug auf die Klage eines Landes gegen eine Planfeststellung der Deutschen Bundespost über eine oberirdische Fernmeldeleitung.

950   Vgl. BVerwGE 104, 170, 175 ff.; VGH München NVwZ-RR 1993, 552, 553 f.; ZUM 1996, 326, 328 ff.; vgl. auch VGH München BayVBl 1995, 535. Krit. dazu *U. Bumke,* ZUM 1998, 121, 122 ff.

zustehen" konnten (zu dieser [sinngemäß] vielfach verwandten Formel → Rn. 380). Auch eine gem. § 7 Abs. 4 NMV 1970 erteilte Genehmigung für den *Ausbau von Zubehörräumen* öffentlich geförderter Wohnungen vermag keine Rechtsverletzung der Mieter zu begründen; eine Klagebefugnis zur Anfechtung scheidet aus (OVG Münster ZMR 1998, 806 f.). Die Genehmigung der *Zweckentfremdung von Wohnraum* (→ Rn. 333) entfaltet nach der Rspr. des BVerwG[951] „keine Drittwirkung, die den Mieter in seinen Rechten verletzen könnte", sodass dieser zur Anfechtung der Genehmigung nicht klagebefugt sei; die „mit dem Genehmigungsvorbehalt beabsichtigte behördliche Kontrolle" diene „ausschließlich dem öffentlichen Interesse an der Wohnungsversorgung der Bevölkerung".

Ein Mieter ist zur Erhebung der Anfechtungsklage gegen einen *denkmalschutzrechtlichen Bescheid* befugt, mit welchem dem Mieter die Eintragung von Fassaden eines Gebäudes, in dem er Räume gemietet hat, in die Denkmalliste bekanntgegeben wurde, wenn nach einschlägigem Landesrecht die Verpflichtung besteht, die denkmalgeschützten Fassaden des Gebäudes sachgem. zu behandeln und vor Gefährdung zu schützen; diese Rechtspflicht berührt den Mieter nämlich in seinen „obligatorischen aus dem Mietverhältnis folgenden Neben- und Obhutspflichten und ist geeignet, die mietvertraglichen Nutzungsmöglichkeiten einzuschränken" (OVG Münster NVwZ 1992, 991).   455

Nach der Rspr. des BVerwG hat derjenige, der lediglich ein obligatorisches Recht an einem Grundstück von dessen Eigentümer ableitet wie etwa ein Mieter, „aus dieser Rechtsposition gegen die einem Dritten erteilte *Baugenehmigung* oder gegen einen *Planfeststellungsbeschluß* grds. kein öffentlich-rechtliches Abwehrrecht, sondern ist darauf beschränkt, seine Rechtsposition gegenüber dem Eigentümer geltend zu machen".[952] Angesichts der Zuständigkeitsregelung in Art. 74 Abs. 1 Nr. 18 GG bzgl. des „Bodenrechts" ist das Bebauungsrecht allein grundstücks- und nicht personenbezogen, sodass bei einem Nutzungskonflikt die benachbarten Grundstücke durch ihre Eigentümer repräsentiert werden.[953] Könnte ein Mieter „eine Verletzung bauplanungsrechtlicher Vorschriften gegenüber Dritten selbständig auch dann geltend machen, wenn der Eigentümer dies nicht will, so würde er damit in den Interessenausgleich der unmittelbar berechtigten Grundstückseigentümer einwirken".[954] Zu einer Korrektur dieser Rspr. besteht auch nach dem Beschluss des BVerfG vom 26.5.1993 keine Veranlassung, wonach das Besitzrecht des Mieters an der gemieteten Wohnung Eigentum i.S.v. Art. 14 Abs. 1 S. 1 GG sein soll[955]; „denn dabei geht es um konkurrierende Eigentumspositionen von Vermieter und Mieter mit ihren Auswirkungen auf das Mietrecht, nicht aber um eine für das öffentliche Baurecht bedeutsame Verfestigung der – vom Eigentümer lediglich abgeleiteten – Beziehung des Mieters zum (Wohn-)Grundstück".[956] Zudem ist sehr zweifelhaft, ob sich Abwehransprüche Dritter im öffentlichen Baurecht überhaupt unmittelbar aus Art. 14 Abs. 1 S. 1 GG ableiten lassen (vgl. → Rn. 399). Der *Gesetzgeber* legt in Erfüllung der ihm in Art. 14 Abs. 1 S. 2 GG zugewiesenen Aufgabe, Inhalt und Schranken des Eigentums zu bestimmen, generell und abstrakt die Rechte und Pflichten des Eigentümers fest (BVerfGE 52, 1, 27; 58, 300, 330). Mieter sind jedoch zur Anfechtung etwa einer Baugenehmigung[957] oder eines Planfeststellungsbeschlusses[958] klagebefugt, wenn sie eine Verletzung ihrer   456

951 BVerwGE 95, 341, 360 f.; fast wortgleich BVerwG 21.6.1996 Buchholz 454.51 MRVerbG Nr. 22.
952 BVerwG NJW 1994, 1233, 1234 (ohne die Hervorhebungen) im Anschluss an BVerwGE 2, 61, 75; vgl. auch BVerwG NJW 1983, 1626; 1989, 2766; OVG Berlin NJW 1979, 282, 283; UPR 1986, 358; NVwZ 1989, 267 f.; VGH München NVwZ 1989, 268 f.; OVG Schleswig 27.11.1995 – 1 M 87/95, juris Rn. 5 ff.; VG Gelsenkirchen 5.9.2011 – 5 L 743/11, juris Rn. 9 ff.; VG Gießen NVwZ-RR 1995, 367, 368; ebenso für einen *Schenkungsempfänger* OVG Lüneburg NVwZ 1996, 918. Aus der Lit. etwa *Finkelnburg/Ortloff/Otto* § 17 Rn. 39, 41; *O. Schlichter*, NVwZ 1983, 641, 646; *M. Schmidt-Preuß*, Kollidierende Privatinteressen, 1992, 271 f.; *ders.*, NJW 1995, 27, 28 f.; *J. Ziekow*, NVwZ 1989, 231 ff.
953 Vgl. BVerwG NJW 1983, 1626; NVwZ 1991, 566, 567 (auch in Bezug auf das Straßenplanungsrecht); NJW 1994, 1233, 1234; OVG Berlin NVwZ 1989, 267; OVG Münster NVwZ 1994, 696; *J. Ziekow*, NVwZ 1989, 231 f.
954 BVerwGE 82, 61, 75; fast wörtlich übereinstimmend VG Gießen NVwZ-RR 1995, 367, 368; vgl. auch OVG Berlin NVwZ 1989, 267, 268 und *M. Schmidt-Preuß*, NJW 1995, 27, 28.
955 BVerfGE 89, 1, 5 ff.; zur teilweise scharfen Kritik an dieser Entscheidung *O. Depenheuer*, NJW 1993, 2561 ff.; *G. Roellecke*, JZ 1995, 74 ff.; *B. Rüthers*, NJW 1993, 2587 ff.; *H. Sendler*, NJW 1994, 709 f.; *M. Schmidt-Preuß*, NJW 1995, 27, 28.
956 *Finkelnburg/Ortloff/Otto* § 17 Rn. 41; vgl. ferner *D. Mampel*, UPR 1994, 8 ff.; *M. Schmidt-Preuß*, NJW 1995, 27, 28 f.; *H. Sarnighausen*, NJW 1995, 502, 503. A.M. *L. Determann*, UPR 1995, 215, 219; *H. Jäde*, UPR 1993, 330, 331 f.; *M. Thews*, NVwZ 1995, 224, 228 ff. Dazu auch VGH Mannheim VBlBW 1996, 265 f.
957 Vgl. BVerwGE 82, 61, 75; dazu auch OVG Berlin UPR 1986, 358. Anders dagegen OVG Münster BRS 59 Nr. 194.
958 BVerwG NVwZ 2013, 645; OVG Münster NVwZ 1984, 385, 386; vgl. in diesem Zusammenhang auch BVerwG DVBl 1988, 538, 539.

Grundrechte auf Leben und körperliche Unversehrtheit gem. Art. 2 Abs. 2 S. 1 GG geltend machen können.[959] Mieter sind ferner zur Abwehr einer Duldungsanordnung bezüglich der Beseitigung einer baulichen Anlage klagebefugt (vgl. VGH München NVwZ-RR 2016, 135).

457　Aus dem Umstand, dass eine unanfechtbare, nur an den Grundstückseigentümer gerichtete bauordnungsrechtliche *Nutzungsuntersagung* ein berechtigtes Interesse des Vermieters an der Beendigung des Mietverhältnisses i.S.v. § 573 BGB begründen kann, lässt sich nicht die Befugnis des Mieters zur Erhebung einer Anfechtungsklage gegen die Nutzungsuntersagungsverfügung herleiten (vgl. VGH Mannheim VBlBW 1984, 19 f.).

458　Vorschriften einer *Baumschutzverordnung* dienen ausschließlich öffentlichen Interessen und begründen somit keine subjektiven Rechte zugunsten von Personen, die an der Erhaltung bestimmter Bäume vor den von ihnen gemieteten Wohnungen interessiert sind, sodass eine Klagebefugnis dieser Personen zur Anfechtung einer Genehmigung zum Entfernen der Bäume nicht gegeben ist (VGH Mannheim NJW 1991, 3050).

459　Ein Mieter kann als Verletzung eigener Rechte nach Berliner Landesrecht nicht geltend machen, dass die als Allgemeinverfügung zu qualifizierende *Umbenennung einer Straße* (→ Rn. 285), an der seine Mietwohnung liegt, unter Verstoß gegen das bezirkliche Selbstverwaltungsrecht rechtswidrig ohne seine Anhörung und ermessensfehlerhaft zustande gekommen sei; die Benennung erfolgt gem. § 5 Abs. 1 BerlStrG im *öffentlichen* Interesse, insbes. im Verkehrsinteresse.[960]

460　**31. Mitglieder von Vereinen.**　Mitglieder von nach Art. 9 Abs. 2 GG i.V.m. § 3 VereinsG verbotenen Vereinen sind nach der Rspr.[961] zur Anfechtung der Vereinsverbote jedenfalls dann klagebefugt, wenn auch die verbotenen Vereine selbst die Verbotsverfügungen angefochten haben; die Vereinsmitglieder können durch das jeweilige Verbot in ihrem durch Art. 9 Abs. 1 GG gewährleisteten Grundrecht verletzt sein, Vereine zu bilden, ihnen anzugehören und sich darin zu betätigen. Das BVerwG[962] hat die Klagebefugnis eines Vereinsmitglieds zur Anfechtung des Verbots eines Ausländervereins in einem Fall verneint, in dem die betroffene Vereinigung selbst keine Klage erhoben hatte und Art. 9 Abs. 1 GG weder auf das Mitglied noch auf den verbotenen Ausländerverein anwendbar war (vgl. auch → Rn. 307).

461　**32. Mitglieder öffentlich-rechtlicher Zwangsvereinigungen.**　Nach der Rspr. des BVerwG können Mitglieder öffentlich-rechtlicher Zwangsvereinigungen „von dem Verband die Einhaltung der Grenzen verlangen […], die seinem Tätigwerden durch die gesetzlich normierte Aufgabenstellung gezogen sind"; dies „folgt insbesondere aus Art. 2 Abs. 1 GG, der nicht nur das Recht gewährt, von der Mitgliedschaft in einem ‚unnötigen' Verband verschont zu bleiben, sondern dem einzelnen Mitglied auch ein Abwehrrecht gegen solche Eingriffe des Verbandes in seine Handlungsfreiheit einräumt, die sich nicht im Wirkungskreis legitimer öffentlicher Aufgaben halten oder bei deren Wahrnehmung nicht dem Gebot der Verhältnismäßigkeit entsprochen wird".[963] Die Geltendmachung einer Verletzung dieses Grundrechts begründet daher die in entsprechender Anwendung von § 42 Abs. 2 erforderliche (zur analogen Anwendung dieser Vorschrift auf allgemeine Leistungsklagen → Rn. 371) Befugnis eines Pflichtmitglieds zur Erhebung einer allgemeinen Leistungsklage auf Unterlassung eines bestimmten Handelns der Zwangsvereinigung (zur Unterlassungsklage als Unterfall der allgemeinen Leistungskla-

---

959　*E. Gassner*, UPR 1995, 85, 87 weist darauf hin, dass dieser Gesichtspunkt „in der Praxis wenig relevant" sei, „weil die Bestimmung der Schwelle der Gesundheitsgefahr in concreto sehr schwierig" sei.

960　OVG Berlin LKV 1994, 298; ebenso für das nordrhein-westfälische Landesrecht OVG Münster 21.7.1995 – 23 A 3493/94, juris Rn. 38 ff.; auch OVG Münster NJW 1987, 2695 f. zum Fehlen der Klagebefugnis eines *Grundstückseigentümers* gegen die Umbenennung einer Straße. Dagegen haben VGH Mannheim (NJW 1979, 1670 f. sowie NJW 1981, 1749 f.) und VGH München (BayVBl 1988, 496; NVwZ-RR 1996, 344 f. m.w.N.) die Klagebefugnis von Grundstückseigentümern gegen die Änderung von Straßennamen unter Berücksichtigung des jeweiligen Landesrechts bejaht.

961　OVG Hamburg 30.3.1998 – Bf III 26/95, juris Rn. 16 f.; OVG Münster NWVBl 1999, 149, 150; VGH Mannheim JZ 1971, 457 f.; NJW 1990, 61.

962　DÖV 1984, 940; ebenso 2.3.2001 Buchholz 402.45 VereinsG Nr. 34; 3.4.2003 Buchholz 402.45 VereinsG Nr. 39.

963　BVerwGE 64, 115, 117; 64, 298, 301; vgl. auch BVerwGE 34, 69, 74; 59, 231, 238; 59, 242, 245; OVG Münster DVBl 1995, 433, 434; VGH München GewArch 2007, 417. Zum Grundrechtsschutz gegen Zwangsmitgliedschaft in öffentlich-rechtlichen Körperschaften näher *H. Sodan*, Berufsständische Zwangsvereinigung, 1991, 22 ff., insbes. 35 ff. Krit. äußern sich zur Rspr. jedoch *L. Fröhler/P. Oberndorfer*, Körperschaften des öffentlichen Rechts, 1974, 77 ff.; *H.-W. Laubinger*, VerwArch 74 (1983), 175, 263, 272 ff.; *K. Meßerschmidt*, VerwArch 81 (1990), 55, 71 ff.

ge → Rn. 53 ff.). Dies gilt etwa für Klagen von Pflichtmitgliedern auf Unterlassung der Wahrnehmung eines sog. allgemeinpolitischen Mandats durch eine *Studentenschaft*[964] oder eine *Ärztekammer*[965] und auf Unterlassung der Aufrechterhaltung von Verpflichtungen seitens einer *Steuerberaterkammer*, aufgrund deren diese Kammer für die Lieferung einer Fachzeitschrift an ihre Mitglieder Haushaltsmittel aufzuwenden hatte (vgl. BVerwGE 64, 115 ff.). Ein Zwangsmitglied einer *Industrie- und Handelskammer* ist zur Erhebung einer Anfechtungsklage gegen einen Beitragsbescheid dieser Vereinigung als Adressat des belastenden Verwaltungsakts (OVG Koblenz GewArch 1993, 289, 290; zur sog. Adressatentheorie → Rn. 383) und als Mitglied der Vollversammlung der Körperschaft auch zur Durchsetzung deren interner Kontrollbefugnisse wie dem Recht auf Einsichtnahme in den Prüfbericht der Rechnungsprüfstelle für die Industrie- und Handelskammern (OVG Münster NVwZ 2003, 1526, 1527; VGH Kassel NVwZ-RR 2015, 735, 736) klagebefugt.

33. Nachbarn einer Gaststätte. Den Nachbarn einer Gaststätte steht ein Abwehrrecht gegen Verkürzungen der nächtlichen Sperrzeit für diese aus § 18 Abs. 1 GastG zu; insoweit hat die Norm drittschützende Wirkung. Die Klagebefugnis besteht ggf. auch für vorbeugende Unterlassungsklagen gegen zukünftige Sperrzeitverkürzungen (BVerwGE 101, 157, 159; → Rn. 197). 462

34. Nießbraucher. Nießbraucher sind „in eigentumsähnlicher Weise an einem Grundstück dinglich Berechtigte" und können daher als „Nachbarn" zur Anfechtung von Baugenehmigungen, die für angrenzende Grundstücke erteilt wurden,[966] oder von Planfeststellungsbeschlüssen (BVerwG NVwZ 1993, 477; s.a. BVerwG NuR 1998, 647 f.) klagebefugt sein. Dies gilt jedoch nicht für Begünstigte einer beschränkt persönlichen Dienstbarkeit (OVG Saarlouis AS 30, 303, 304 ff.). Die gezielte Bestellung eines Nießbrauchs an einem *„Sperrgrundstück"* wird jedoch nach der neuen Rspr. des BVerwG (→ Rn. 440) je nach den Umständen des Einzelfalls als rechtsmissbräuchlich angesehen werden können (dies erwägend bereits BVerwG NuR 1998, 647); in diesem Fall entfällt die Klagebefugnis. Weil ein Nießbrauch gem. § 873 BGB erst mit der Eintragung in das Grundbuch entsteht, vermittelt jedoch die notarielle Nießbrauchsbestellung bis zu dieser Eintragung keine Rechtsposition, die zur Anfechtung eines wasserrechtlichen Planfeststellungsbeschlusses berechtigt (BVerwG NJW 1988, 1228). Weil der Nießbrauch nach § 1061 S. 1 BGB mit dem Tode des Nießbrauchers erlischt und nicht vererbt werden kann, geht auch das nachbarliche Abwehrrecht unter, das der Nießbraucher vor seinem Tode auf der Grundlage des ihm eingeräumten Nießbrauchsrechts geltend gemacht hat (OVG Münster NVwZ 1994, 696 f.). 463

35. Pächter. Als obligatorisch Berechtigte haben Pächter entsprechend den in Bezug auf Mieter angestellten Überlegungen (→ Rn. 456) grds. kein öffentlich-rechtliches Abwehrrecht gegen die einem Dritten erteilte *Baugenehmigung*,[967] gegen einen den genutzten Vermögenswert betreffenden *Restitutionsbescheid* (BVerwG ZIP 1996, 606, 608 ff.) oder als Jagdpächter gegen die *Änderung eines Eigenjagdbezirks* (OVG Koblenz RdL 1985, 304, 305; vgl. auch VGH München BayVBl 1987, 691) bzw. (analog § 42 Abs. 2; zur Frage einer entsprechenden Anwendung dieser Vorschrift auf die allgemeine Feststellungsklage → Rn. 373 f.) auf *Feststellung der Unwirksamkeit eines Jagdpachtvergabebeschlusses* (VGH Mannheim VBlBW 2004, 185 f.), sondern können jeweils ihre Rechtsposition lediglich gegenüber dem Eigentümer geltend machen. Hingegen bejahte das BVerwG in einem Urteil vom 1.9.1997[968] die Klagebefugnis eines Landpächters, der sich dagegen zur Wehr setzte, dass sein Pachtgrundstück auf der Grundlage des FStrG für ein Straßenbauvorhaben oder für die damit verbundenen naturschutzrechtlichen Ausgleichs- bzw. Ersatzmaßnahmen in Anspruch genommen wurde, gegen den *Planfeststellungsbeschluss*; damit gab es seine bisherige ablehnende Rspr. (BVerwG DÖV 1983, 678, 679; NJW 1994, 1233, 1234) ausdrücklich auf. Grundlage dafür waren die geänderte Rspr. des BVerfG zum Eigentumsbegriff, der danach auch dauerhafte obligatorische Positionen einschließt 464

---

964 Vgl. BVerwGE 34, 69, 73 ff.; 59, 231, 232 ff.; ferner OVG Münster DVBl 1995, 433, 434 betr. ein Verfahren auf Erlass einer einstweiligen Anordnung.

965 Vgl. BVerwGE 64, 298 ff. Ebenso zum Normenkontrollverfahren OVG Lüneburg NdsVBl 2004, 69 f.

966 BVerwG NJW 1983, 1626; OVG Münster NVwZ 1994, 696; ferner BVerwG DVBl 1998, 899, 900; OVG Berlin NVwZ 1989, 267; *J. Ziekow*, NVwZ 1989, 231, 232.

967 Vgl. BVerwGE 82, 61, 75; BVerwG DVBl 1998, 899; *Finkelnburg/Ortloff/Otto* § 17 Rn. 41; *M. Schmidt-Preuß*, NJW 1995, 27, 28 f.

968 BVerwGE 105, 178 ff. m. zust. Anm. *T. Brandner*, NJ 1998, 159.

(BVerfGE 83, 201, 208 ff.; 89, 1, 5 ff.; 95, 267, 300), sowie die nach Ansicht des BVerwG auch einen Pächter treffenden „enteignungsrechtlichen Vorwirkungen" der Planfeststellung (BVerwGE 105, 178, 180 f.; vgl. auch bereits VGH Mannheim VBlBW 1996, 265 f.). Die Klagebefugnis eines Pächters kann auch – wie zugunsten eines Mieters – mit Rücksicht auf die in Art. 2 Abs. 2 S. 1 GG gewährleisteten Grundrechte auf Leben und körperliche Unversehrtheit gegeben sein (BVerwGE 82, 61, 62 und 75; anders wohl OVG Münster BRS 59 Nr. 194; s.a. → Rn. 456). Das BVerwG hat die Klagebefugnis eines Zwischenpächters zur Anfechtung der *Freistellung einer Gemeinde von der Ersatzlandbeschaffung* bejaht (BVerwGE 34, 207, 208 ff.).

465　**36. Patienten.** Einem Patienten fehlt die Klagebefugnis zur Anfechtung des nach § 30 AMG erlassenen Widerrufs der Zulassung eines Arzneimittels, weil weder die Zulassung des Arzneimittels noch ihr Widerruf Rechte von Patienten begründen oder beseitigen; die Sicherheit des Arzneimittelverkehrs erfordert „eine generelle abwägende Beurteilung, die keine individuellen Durchbrechungen erlaubt" (BVerwG NJW 1993, 3002 f.; s.a. VGH München 19.2.1997 – 25 C 96.1853, juris Rn. 3 ff.). Ein selbstzahlender Krankenhauspatient („Privatpatient") kann eine auf der Grundlage der BPflV 1985 ergangene *Genehmigung einer rückwirkenden Pflegesatzerhöhung* mit der Klage anfechten (BVerwGE 100, 230, 233 ff.; s.a. bereits OVG Münster NWVBl 1995, 268, 270). Diese Klagebefugnis steht jedoch nicht einem privaten Krankenversicherungsunternehmen zu (BVerwGE 100, 230, 237; BVerwG NVwZ-RR 1996, 537 f.).

466　**37. Pfarrer.** Einem Pfarrer wird in der Rspr. die Klagebefugnis zur Anfechtung einer Zurückweisung als Beistand eines Wehrpflichtigen vor dem Ausschuss für Kriegsdienstverweigerung zuerkannt: Zwar sei bei „einem von seiner Kirche mit der Beistandsleistung beauftragten und (erst) aus diesem Auftrag seine Legitimation ableitenden Pfarrer" zweifelhaft, „ob eine Beeinträchtigung seiner nach Maßgabe des Art. 12 GG geschützten Berufsausübung in Frage" stehe; jedenfalls greife die Zurückweisung aber in seinen „allgemeinen Rechtsstatus" ein, sodass das in Art. 2 Abs. 1 GG gewährleistete Grundrecht berührt sei (BVerwGE 42, 318, 319; zu verwaltungsprozessualen Fragen betr. die Anerkennung als Kriegsdienstverweigerer → Rn. 325).

467　**38. Piloten.** „Das bloße Interesse eines Piloten, einen – als Ersatz für einen alten Flughafen geplanten – neuen Flughafen benutzen zu wollen, verleiht ihm" nach einem Urteil des BVerwG (NVwZ-RR 1994, 189) „noch keine Klagebefugnis gegen eine Maßnahme, mit der ein bestimmtes Segment der Allgemeinen Luftfahrt weitgehend von der Benutzung des neuen Flughafens ausgeschlossen wird. Etwas anderes kann dann gelten, wenn ein besonderer gewerblicher und rechtlich verankerter Standortbezug zu dem zu ersetzenden Flughafen bestanden hat."

468　**39. Religionsgemeinschaften und religiöse Vereine.** Ein inländischer *religiöser Verein*, der sich mit einer Klage gegen die Ausschreibung seines ausländischen geistlichen Oberhaupts zur Einreiseverweigerung im Schengener Informationssystem wendet, kann aus seinem Grundrecht auf Freiheit der Religionsausübung (Art. 4 Abs. 1 und 2 GG) klagebefugt sein (BVerwGE 114, 356, 360 ff.). Ein mit der rechtlich nicht verfassten Glaubensgemeinschaft nicht identischer *Förderverein* kann ohne Bevollmächtigung durch die Glaubensgemeinschaft bzw. deren Angehörige nicht die Rechte der Glaubensgemeinschaft geltend machen; er ist insoweit nicht klagebefugt (VG Berlin NVwZ-RR 2000, 507, 508 f.).

469　**40. Restitutionsberechtigte.**[969] Wird ein rechtzeitig angemeldeter *Restitutionsanspruch* nach der Bekanntgabe des ablehnenden Widerspruchsbescheids und vor der Erhebung der Klage vom Anmelder wirksam an einen Dritten *abgetreten*, so geht damit auch die Klagebefugnis gegen die Ablehnung auf den Dritten über (BVerwG 24.2.1999 Buchholz 428 § 37 VermG Nr. 20). Die durch § 8 Abs. 1 S. 1 VZOG eingeräumte *Befugnis zur Verfügung* über ein Grundstück schließt das Recht ein, gegen einen Bescheid Anfechtungsklage zu erheben, der das Grundstück an den Anmelder rücküberträgt (Restitutionsbescheid; BVerwG VIZ 1997, 101 f.; s.a. BVerwG VIZ 1996, 393). Hiergegen sind auch *Gemeinden* aufgrund des ihnen zugeordneten kommunalen Eigentums klagebefugt[970] (→ Rn. 429). Die nach Art. 21 Abs. 3 und Art. 22 Abs. 1 S. 7 EVtr restitutionsberechtigte Körperschaft ist jedenfalls dann zur

---

969　Vgl. auch → Rn. 343, 429, 431, 441, 445, 452, 464.
970　BVerwGE 101, 47 ff.; BVerwG VIZ 1996, 648, 649; 3.9.1996 Buchholz 310 § 42 VwGO Nr. 237.

Anfechtung eines denselben Vermögenswert betreffenden Restitutionsbescheids befugt, wenn ein gem. § 8 VZOG Verfügungsbefugter nicht vorhanden ist (BVerwG VIZ 1997, 226). Die bloße *Aufhebung eines ablehnenden Restitutionsbescheids* durch das Vermögensamt während eines hiergegen anhängigen Klageverfahrens des Berechtigten verletzt den gegenwärtig Verfügungsberechtigten über zu restituierendes Vermögen nicht in schützenswerten Rechtspositionen. Seine subjektiven Rechte werden vielmehr erst durch eine abschließende Sachentscheidung über das Restitutionsbegehren berührt (BVerwG VIZ 2000, 26 f.). Ihm steht allerdings die Klagebefugnis gegen einen *Teilbescheid* zu, in dem die *Restitutionsberechtigung des Anmelders festgestellt* wird, da er dadurch in seinen Rechten nachteilig betroffen ist (BVerwGE 111, 129, 132 f.; BVerwG VIZ 2000, 715; ZOV 2001, 55, 56; 2001, 350 f.). Etwas anderes gilt nur dann, wenn mit der Feststellung der Berechtigung zugleich der *Rückübertragungsanspruch abgelehnt* worden ist und darum nachteilige Wirkungen für den Verfügungsberechtigten nicht erkennbar sind, weil die in der Berechtigten-Feststellung enthaltene Beschwer durch den gleichzeitigen Ausspruch des Restitutionsausschlusses der Sache nach überholt wird (BVerwG VIZ 2000, 715 f.). Die Klagebefugnis des Verfügungsberechtigten gegen den *Restitutionsbescheid* bleibt ihm grds. auch nach zwischenzeitlicher Veräußerung des Vermögenswerts durch ihn erhalten, da der Bescheid die inzidente Feststellung enthält, dass der Inhaber des Rückübertragungsanspruchs hinsichtlich des Vermögenswerts Berechtigter i.S.d. § 2 Abs. 1 S. 1 VermG oder ggf. i.S.d. § 6 Abs. 1 a VermG ist; diese Feststellung ist die Grundlage für einen auf den Erlös gehenden Surrogationsanspruch des Berechtigten gegen den Verfügungsberechtigten gem. § 3 Abs. 4 S. 3 VermG (BVerwG 24.8.2000 – 7 C 21/99, Rn. 11). Gegen die *Rücknahme des Restitutionsbescheids* ist der *Inhaber eines* vertraglichen *Eigentumsverschaffungsanspruchs* gegen den (zunächst) Berechtigten nicht klagebefugt, da das Vermögensgesetz nicht den Schutz Dritter bezweckt, die von dem Berechtigten vertragliche Rechte ableiten (BVerwG 6.9.2000 Buchholz 428 § 37 VermG Nr. 29). Die Bundesrepublik Deutschland ist als Gläubigerin früherer dinglicher Rechte an einem zurückübertragenen Grundstück befugt, die *Festsetzung eines Ablösebetrags* im Klagewege durchzusetzen (BVerwG ZOV 2003, 121, 122).

nicht besetzt 470

41. SCHUFA. Die Schutzgemeinschaft für allgemeine Kreditsicherung (SCHUFA) ist klagebefugt gegen eine polizeibehördliche *Verpflichtung zur Auskunftserteilung* über die Daten von Personen, bei denen nach den Ermittlungen der Polizeibehörden konkrete Hinweise dafür vorliegen, dass es sich um sog. „Schläfer" handelt; sie kann sich jedenfalls darauf berufen, dass die auch ihrem Schutz dienenden Voraussetzungen für eine Inanspruchnahme als Notstandspflichtige nach dem jeweiligen Landespolizeigesetz nicht vorliegen (OVG Koblenz NVwZ 2002, 1529 f.). 471

41 a. Soldaten. Die Heranziehung früherer Berufssoldaten zu Dienstleistungen dient allein dem öffentlichen Interesse an einer optimalen Personalbedarfsdeckung der Bundeswehr; infolgedessen fehlt für die Klage eines Reservisten gegen die Feststellung seiner Dienstleistungsunfähigkeit durch das Kreiswehrersatzamt die Klagebefugnis (BVerwG NVwZ-RR 2016, 108 f.). 471a

42. Straßenverkehrsteilnehmer. Keine Klagebefugnis zur Anfechtung der nach *Straßenrecht* betriebenen *Einziehung einer Straße* haben Straßenverkehrsteilnehmer, die nicht Anlieger (→ Rn. 407 ff.) sind. Der im Vergleich zum eigentumsrechtlich geschützten Anliegergebrauch (→ Rn. 411) nicht durch Art. 14 Abs. 1 GG, sondern nur durch Art. 2 Abs. 1 GG gewährleistete „schlichte Gemeingebrauch" erstreckt sich nicht auf die Einziehung einer Straße, weil er als Recht dort endet, „wo es für seine Ausübung an einem Substrat fehlt"; der Rechtsinhaber muss sich also „mit dem abfinden [...], was – und wie lange es – geboten wird".[971] Auch betroffene *Verkehrsunternehmer* (Inhaber von Linienverkehrsgenehmigungen nach dem PBefG) haben kein subjektiv-öffentliches Recht auf Aufrechterhaltung des straßenrechtlichen Gemeingebrauchs (VGH Mannheim NVwZ-RR 2004, 384, 385). Im Hinblick auf die Anfechtung *straßenverkehrs*rechtlicher Anordnungen[972] (zur Rechtsnatur von Verkehrsregelungen → Rn. 291 ff.) ist in der Rspr. wiederholt die Klagebefugnis zugunsten von Verkehrsteilnehmern anerkannt worden: Bzgl. eines unzulässigen Parkverbots hat das BVerwG die Klagebefugnis aus einem Eingriff in die durch Art. 2 Abs. 1 GG geschützte allgemeine Handlungsfreiheit (→ Rn. 383) hergelei- 472

---

971 BVerwGE 32, 222, 225 f.; s. ferner VGH Mannheim NVwZ-RR 1993, 282; VG Sigmaringen VBlBW 1989, 114 f.
972 Zur Bedeutung der Unterscheidung zwischen Straßenrecht und Straßenverkehrsrecht für die Frage nach der Klagebefugnis *R. A. Lorz*, DÖV 1993, 129, 134 ff.

Sodan 805

tet (BVerwGE 27, 181, 185; zust. BVerwGE 30, 235, 238); in einem Urteil des BVerwG vom 14.12.1994 ist ausgeführt, Verkehrsteilnehmer seien grds. gegen die Anordnung einer geschwindigkeitsbeschränkten Zone nach § 45 Abs. 1b StVO klagebefugt[973]. Die *Beseitigung von Fahrbahnschwellen* kann jedoch durch Straßenbenutzer wie -anlieger – abhängig vom Landesrecht – regelmäßig *nicht* begehrt werden (so für die Rechtslage in NRW OVG Münster NVwZ-RR 1995, 482). Als Verkehrsteilnehmer, die unter dem Gesichtspunkt der Einschränkung ihrer allgemeinen Handlungsfreiheit durch ein *Verkehrszeichen* eine Rechtsverletzung geltend machen können, kommen wegen des Erfordernisses der unmittelbaren Wahrnehmung nur natürliche Personen, nicht aber Gesellschaften in Betracht (VGH München BayVBl 1999, 594, 595). Ist jemand bereits mit dem aufgestellten Verkehrszeichen konfrontiert worden, so setzt seine Klagebefugnis *nicht* voraus, dass er von ihm nach seinen persönlichen Lebensumständen in einer gewissen Regelmäßigkeit oder Nachhaltigkeit tatsächlich betroffen wird (BVerwG NJW 2004, 698). Wenn jemand erst dann von einem Verkehrsschild betroffen wird, wenn dieses aufgrund öffentlicher Bekanntgabe (auch ihm gegenüber) bereits bestandskräftig geworden ist, entsteht die Klagebefugnis aus Art. 2 Abs. 1 GG erst nach Eintritt der Bestandskraft; in diesem Fall besteht ein Wiederaufgreifensanspruch aus § 48 Abs. 1 S. 1 VwVfG bzw. § 49 Abs. 1 VwVfG.[974]

473   **43. Studentenschaften.**   Zur Anfechtung von Maßnahmen der hochschulinternen Aufsicht über Studentenschaften sind nach einem Urteil des OVG Münster (DVBl 1993, 60 f.) nur die Studentenschaften selbst als rechtsfähige Gliedkörperschaften der Hochschulen und Adressaten der Maßnahmen befugt; den Vertretungsorganen der Studentenschaften fehlt hingegen die Klagebefugnis, weil sie keine Selbstverwaltungsrechte, sondern lediglich Wahrnehmungszuständigkeiten haben. Ihr Zweck ist allein die Wahrnehmung spezifischer Gruppeninteressen der Studierenden, die durch ihre Situation als Auszubildende geprägt sind (BVerwGE 109, 97, 104). Daher sind sie zur Anfechtung *fernstraßenrechtlicher Planfeststellungsbeschlüsse* auch dann nicht klagebefugt, wenn ihre vorgebrachten Einwendungen darin zurückgewiesen worden sind (BVerwGE 121, 57, 58).

474   **44. Teilnehmergemeinschaften von Flurbereinigungen.**   Nach einem Urteil des OVG Koblenz (NuR 1988, 353 f.) ist Teilnehmergemeinschaften von Flurbereinigungen durch das FlurbG allgemein keine rechtlich geschützte Position verliehen, aus der sich ihre Klagebefugnis zur Anfechtung eines Wege- und Gewässerplans oder eines Flurbereinigungsplans herleiten ließe; eine Teilnehmergemeinschaft ist jedoch stets dann klagebefugt, wenn ihr das Flurbereinigungsgesetz eine besondere Rechtsstellung wie etwa die Funktion als Ausbau- und Unterhaltungsträgerin von gemeinschaftlichen Anlagen zuweist (zum Flurbereinigungsrecht auch → Rn. 177 ff.).

475   **45. Teilorganisationen von Vereinen.**   Jeweils zur Anfechtung des Vereinsverbots sind Teilorganisationen von Vereinen insoweit klagebefugt, als sie bestreiten, Teilorganisation des Vereins zu sein[975] (→ Rn. 307, 460). Die Befugnis besitzt jedoch nur die gesamte Teilorganisation; einzelnen Mitgliedern kommt sie nicht zu (BVerwG 3.4.2003 Buchholz 402.45 VereinsG Nr. 39).

475a   **46. Telekommunikationsdienstleister.**   Betreiber von Telekommunikationsnetzen haben unter den in § 25 Abs. 1 TKG bestimmten Voraussetzungen ein subjektiv-öffentliches Recht auf Erlass einer *Entgeltanordnung* i.S.d. § 25 Abs. 5 TKG (BVerwG NVwZ 2010, 1356, 1357). Ebenso besteht Drittschutz zugunsten von Telekommunikationsdienstleistern, welche die Verpflichtung der Bundesnetzagentur zur Auferlegung einer *Zugangsverpflichtung* gem. § 21 TKG begehren (BVerwG NVwZ 2013, 1352, 1353). Im Bereich der *Missbrauchsaufsicht* gewährleistet § 42 Abs. 1 TKG Drittschutz zugunsten der durch den Missbrauch einer marktbeherrschenden Stellung benachteiligten Unternehmen. Diese sind klagebefugt, soweit sie ein aufsichtsrechtliches Einschreiten der Bundesnetzagentur nach § 42 Abs. 1 S. 1 TKG verlangen. Dies gilt nicht nur für die konkurrierenden Telekommunikationsanbieter, sondern auch für sonstige Unternehmen, die auf dem Telekommunikationsmarkt tätig sind, also etwa Anbieter von Telefonauskünften. Daran ändert § 42 Abs. 4 S. 6 TKG nichts, der das Antragsrecht für

---

973   BVerwGE 97, 214, 220; vgl. bereits BVerwGE 59, 221, 224 ff. Der VGH Mannheim (NJW 1992, 3187) hat jedoch die Klagebefugnis eines Straßenbenutzers zur Anfechtung einer für den Einbau von Verkehrshindernissen erteilten Ausnahmegenehmigung von der Vorschrift des § 32 Abs. 1 StVO verneint.

974   Vgl. VGH Mannheim ESVGH 60, 140 ff.; *U. Stelkens*, NJW 2010, 1184, 1186.

975   BVerwG NJW 1989, 996; NVwZ 1995, 590; NVwZ 1995, 595; 3.4.2003 Buchholz 402.45 VereinsG Nr. 39.

Anbieter von Telekommunikationsdiensten regelt. Denn insoweit wird lediglich das Verwaltungsverfahren, nicht die Klagebefugnis bestimmt (BVerwGE 128, 305, 306). Ferner vermittelt § 13 TKG einem Telekommunikationsdienstleister die Klagebefugnis zur Geltendmachung der *Erweiterung einer Regulierungsverfügung* gegen einen Konkurrenten (BVerwG NVwZ 2014, 943, 944). Auch die das Streitbeilegungsverfahren regelnde Norm des § 133 TKG wirkt drittschützend für die streitenden Telekommunikationsunternehmen (BVerwG NVwZ 2008, 571, 572). Telekommunikationsunternehmen können ferner im Wege der Verpflichtungsklage die Erteilung einer Transparenz- bzw. Zugangsverpflichtung gegenüber marktbeherrschenden Unternehmen durch die Bundesnetzagentur nach den §§ 20 f. TKG erstreiten (BVerwGE 130, 39, 41 ff.). Telekommunikationsdienstleistern steht aus § 55 Abs. 1 S. 3 TKG ein subjektives Recht auf diskriminierungsfreie Gestaltung des Verfahrens der *Frequenzzuteilung* (BVerwG NVwZ 2011, 613, 614) zu. Ferner sind sie zur Erhebung von Anfechtungsklagen befugt, die sich gegen die Anordnung der Beschlusskammer der Bundesnetzagentur, dass der Zuteilung von Frequenzen ein Vergabeverfahren voranzugehen hat (§ 55 Abs. 10 TKG), und gegen die im Vergabeverfahren nach § 61 TKG ergehenden Beschlusskammerentscheidungen über die Wahl der Verfahrensart und die Festlegung der Vergabebedingungen richten (vgl. BVerwGE 134, 368, 371 ff.; 139, 226, 229 f.). Nicht klagebefugt zur Anfechtung einer Anordnung nach § 55 Abs. 10 TKG sind jedoch Unternehmen, die sich nicht um die Zuteilung der zu vergebenden Frequenzen bewerben, sondern als Drittbetroffene lediglich Störungen durch die spätere Nutzung der zu vergebenden Frequenzen befürchten (BVerwGE 144, 284, 286 ff.).

47. Träger eines Familiennamens. Der Träger eines behördlicherseits durch Namensänderung einem anderen verliehenen Familiennamens hat nach der Rspr. des BVerwG (NJW 1994, 144; s.a. BVerwG NJW 1960, 450 ff.; OVG Münster NJW 1993, 2132 f.) jedenfalls dann keine Klagebefugnis zur Anfechtung der behördlichen Entscheidung, wenn er nicht mit dem Begünstigten in gerader Linie verwandt ist. 476

48. Verbände, insbesondere Umwelt- und Naturschutzverbände.[976] Verbände sind – etwa zur Anfechtung eines wasserstraßenrechtlichen Planfeststellungsbeschlusses (zur Verwaltungsaktqualität von Planfeststellungsbeschlüssen → Rn. 239, 281), nicht aber einer entsprechenden Plangenehmigung[977] – klagebefugt, wenn sie Eigentümer davon betroffener Grundstücke sind und damit die Verletzung *eigener* Rechte geltend machen.[978] Beim Vorgehen gegen *fernstraßenrechtliche Planfeststellungsbeschlüsse* ist ein Naturschutzverband, der Grundstücks(mit)eigentümer im Trassenbereich ist, nicht auf die Geltendmachung eigener Belange beschränkt, sondern kann auch – gestützt auf Art. 14 Abs. 3 S. 1 GG, wonach die Enteignung nur zum Wohle der Allgemeinheit zulässig ist – öffentliche Belange ins Feld führen (BVerwG 1.7.2003 Buchholz 406.400 § 61 BNatSchG 2002 Nr. 3). 477

Die Klagebefugnis eines Verbandes zur Anfechtung eines Planfeststellungsbeschlusses kann auch auf eine Verletzung der Vorschrift des § 63 BNatSchG (§§ 58 ff. BNatSchG a.F.; davor Regelung in § 29 BNatSchG a.F.) gestützt werden, weil diese Norm bestimmten Verbänden ein selbständig durchsetzbares, subjektives öffentliches Recht auf Beteiligung am Planfeststellungsverfahren einräumt.[979] Ein nach diesen Vorschriften anerkannter Naturschutzverband (bzw. jetzt eine *Naturschutzvereinigung*) kann im Wege der allgemeinen Leistungsklage die *Unterlassung von Straßenbaumaßnahmen* verlangen, die unter Umgehung des dafür erforderlichen naturschutzrechtlichen Befreiungsverfahrens, an dem der Verband zu beteiligen wäre, durchgeführt werden sollen (OVG Weimar NuR 2004, 325, 326 f.). Das Verwaltungsprozessrecht kennt jedoch „keine allgemeine Prozeßführungsbefugnis von Vereinigungen zur Wahrnehmung der Rechte ihrer Mitglieder im eigenen Namen".[980] Klagen, mit denen Verbände nicht die Verletzung *eigener* Rechte, sondern von Mitgliederrechten (sog. *egoistische* Verbandsklagen) 477a

---

976 S.a. → Rn. 400 a ff.
977 BVerwGE 98, 100, 102. Auch BVerwGE 104, 367 ff. zur eisenbahnrechtlichen Plangenehmigung.
978 BVerwGE 72, 15, 16. OVG Münster NVwZ 1991, 387 und VGH München NVwZ 1989, 684 f. haben die Auffassung vertreten, eine Klage sei missbräuchlich und damit unzulässig, wenn ein Verband allein im Hinblick auf die Prozessführung Eigentum erworben habe.
979 Vgl. zu § 29 Abs. 1 Nr. 4 BNatSchG a.F. BVerwGE 87, 62, 68 ff.; OVG Bautzen NVwZ-RR 1995, 514; OVG Lüneburg NVwZ-RR 1995, 195; VGH Kassel NVwZ 1988, 1040 unter Aufgabe der gegenteiligen Auffassung in NVwZ 1982, 689, 690 f. Vgl. auch OVG Magdeburg DÖV 1995, 780, 781 und → Rn. 405.
980 BVerwG NJW 1980, 1911; s. ferner VGH Mannheim BWVP 1978, 87, 88; NVwZ-RR 1995, 17, 18. Vgl. auch BVerwG NJW 1981, 362; OVG Koblenz AS 13, 20, 23 f.; GewArch 1976, 389 f.

oder von öffentlichen Interessen (sog. *altruistische* Verbandsklagen) geltend machen, sind daher grds. unzulässig, es sei denn, dass ein Fall der „gesetzlichen Prozessstandschaft" vorliegt, dessen Regelung § 42 Abs. 2 Hs. 1 zulässt.[981] Aufgrund der in dieser Vorschrift enthaltenen Ermächtigung räumen bzw. räumten die Naturschutzgesetze einiger *Länder* bestimmten *Naturschutzverbänden* in Naturschutzangelegenheiten Klagerechte in Abweichung von der Anforderung ein, die Verletzung eigener Rechte geltend machen zu müssen (→ Rn. 405). Die *bundesrechtliche* Verbandsklagebefugnis nach § 64 Abs. 1 i.V.m. § 63 Abs. 1 und 2 BNatSchG (§ 61 Abs. 1 S. 1 Nr. 2 BNatSchG a.F., → Rn. 402) deckt ferner Rügen gegen die *Tauglichkeit der Verkehrsprognose*, sofern diese von Bedeutung für den Planfeststellungsbeschluss in Bezug auf die mit dem Vorhaben verbundenen Eingriffe in Natur und Landschaft ist (BVerwG NVwZ 2003, 1120). § 69 Abs. 5 Nr. 2 BNatSchG i.d.F. vom 25.3.2002 eröffnete sogar *rückwirkend* die Klagebefugnis für solche anerkannten Naturschutzverbände, die eine im Übrigen zulässige Klage gegen einen Planfeststellungsbeschluss erhoben haben, der nach dem 1.7.2000 erlassen wurde (BVerwG NVwZ 2002, 1234 [Zwischenurteil]). Die (landesrechtliche) Verbandsklage erstreckte sich allerdings generell nicht auf ein Vorgehen gegen *Bauvorhaben* zur Inzidentkontrolle von *Bebauungsplänen*; denn dies wäre mit der Grundentscheidung der Landesgesetzgeber gegen ein Klagerecht der Naturschutzverbände bei Bebauungsplänen nicht vereinbar gewesen.[982] Ebenso verneinte die Rspr. für Verbände in einem *immissionsschutzrechtlichen Genehmigungsverfahren* ein Beteiligungsrecht, weil dieses Verfahren keine gesonderte eigenständige Beteiligung der Naturschutzverbände vorsehe, sodass ein solches Recht auch nicht verletzt werden könne und damit die Klagebefugnis nicht gegeben sei.[983] Dies korrigiert nun § 63 Abs. 1 Nr. 2, Abs. 2 Nr. 5 BNatSchG n.F. und normiert ein Mitwirkungsrecht anerkannter Naturschutzverbände an Entscheidungen, die aufgrund einer Konzentrationswirkung gebietsbezogene Befreiungen einschließen. Ein *ausländischer Naturschutzverband* war vor deutschen Gerichten grds. nur nach behördlicher Anerkennung gem. §§ 59 f. BNatSchG a.F. (davor § 29 Abs. 2–4 BNatSchG a.F.) in völkerrechtlicher Auslegung klagebefugt (OVG Saarlouis AS 27, 72, 81); mittlerweile verweist § 63 Abs. 1 und 2 BNatSchG n.F. auf § 3 UmwRG, welcher ausdrücklich auch ausländische Vereinigungen einbezieht.

477b   Neben den §§ 63 f. BNatSchG n.F. können Verbände, ohne in eigenen Rechten verletzt zu sein, auch aufgrund des § 2 UmwRG klagebefugt sein.[984] Grds. schließen Rechtsbehelfe nach dem UmwRG die Geltendmachung von naturschutzrechtlichen Rechtsbehelfen nicht aus.[985] Soweit aber der Anwendungsbereich des UmwRG einschlägig ist, haben die dort normierten Rechtsbehelfe Vorrang.[986] Die frühere „*schutznormakzessorische*" Ausgestaltung der Klage nach dem UmwRG war mit den Vorgaben des Unionsrechts nicht vereinbar (→ Rn. 400 a).[987] Der sachliche Anwendungsbereich des § 2 UmwRG erstreckt sich ausweislich der Norm auf umweltrechtliche Entscheidungen gem. § 1 Abs. 1 S. 1 UmwRG v.a. im Zusammenhang mit dem UVPG und Anlagengenehmigungen nach Sp. 1 der 4. BImSchV. Dieser Anwendungsbereich ist abschließend und kann nicht im Wege der Analogie erweitert werden, um den Vorgaben des Art. 9 Abs. 3 Aarhus-Konvention zu genügen (BVerwGE 149, 17 ff.). So steht einem anerkannten inländischen Naturschutzverband ein Klagerecht, gestützt auf § 2 UmwRG, gegen einen fehlerhaften Planfeststellungsbeschluss zum Neubau einer Autobahn unabhängig von einer eigenen Betroffenheit zu (BVerwGE 155, 91 ff.). Auch zur Anfechtung einer wasserrechtlichen Erlaubnis in Zusammenhang mit einer UVP-pflichtigen Anlage ist ein anerkannter Umweltverband klagebefugt (VGH Kassel 14.7.2015 – 9 C 217/13.T, juris Rn. 33 ff.). Gegen die Errichtung und den Betrieb von Windenergieanlagen ist ein Umweltverband nach § 2 UmwRG klagebefugt (OVG Münster DVBl 2014, 1415, 1416; VGH München ZUR 2017, 306 f.). Seit Inkrafttreten der Novellierung des UmwRG zum 2.6.2017 (BGBl I 1298) erstreckt sich die Verbandsklagebefugnis ferner auf

---

981   *Schmitt Glaeser/Horn* Rn. 170.
982   OVG Lüneburg DÖV 1999, 1011 f.; NVwZ 2003, 358, 360. Aber demgegenüber zur *Plangenehmigung* BVerwGE 104, 367 ff.
983   BVerwG NVwZ 2003, 750; OVG Berlin-Brandenburg NVwZ-RR 2008, 770 f.; OVG Greifswald NuR 2003, 34, 35; VGH München NuR 2008, 593, 595; vgl. auch VGH Mannheim DÖV 1999, 165.
984   Ausf. *M. Gellermann*, NVwZ 2010, 73, 78; *T. Siegel*, DÖV 2012, 709, 715.
985   *J. Kerkmann*, in: Gärditz § 64 BNatSchG Rn. 8.
986   *G. Kleve*, in: Giesberts/Reinhardt § 64 BNatSchG Rn. 30; *M.-J. Seibert*, NVwZ 2013, 1040, 1041; vgl. OVG Koblenz 1.7.2015 – 8 C 10494/14, juris Rn. 50 ff.
987   EuGH Slg. 2011, I-3673; *S. Schlacke*, in: Gärditz § 2 UmwRG Rn. 2; *T. Siegel*, DÖV 2012, 709, 713; vgl. auch *A. Schwerdtfeger*, Der deutsche Verwaltungsrechtsschutz unter dem Einfluss der Aarhus-Konvention, 2010, 45.

Pläne und Programme i.S.d. § 2 Abs. 5 UVPG. Über die nach § 1 Abs. 1 S. 1 Nr. 1–2 b UmwRG bestehenden Rechtsbehelfe hinaus wird der Verbandsrechtsschutz auch auf Verwaltungsakte und öffentlich-rechtliche Verträge erweitert, durch die Vorhaben unter Anwendung umweltbezogener Vorschriften zugelassen werden (§ 1 Abs. 1 S. 1 Nr. 5 UmwRG). Auch soll die Klagebefugnis aus § 2 Abs. 1 i.V.m. § 1 Abs. 1 UmwRG gegen Vorhaben bestehen, vor deren Durchführung eine Planfeststellung oder Plangenehmigung unterlassen wurde (BVerwG NVwZ 2017, 1634, 1635). Die Verbandsklage soll ferner gegen Überwachungs- und Aufsichtsmaßnahmen zur Umsetzung oder Durchführung (§ 1 Abs. 1 S. 1 Nr. 6 UmwRG) eröffnet werden.[988] Die Klagebefugnis fehlt aber für ein Normenkontrollverfahren gegen einen Bebauungsplan, sofern dieser keine Durchführung einer UVP voraussetzt (vgl. OVG Magdeburg 8.1.2015 – 2 R 94/14, juris Rn. 8 ff.). Ob die Zulassung des vorzeitigen Beginns der Errichtung einer Anlage gem. § 8 a BImSchG eine Entscheidung gem. § 1 Abs. 1 S. 1 UmwRG darstellt, ist umstr.[989] Sofern ein anerkannter Umweltverband allerdings eine eigene Betroffenheit geltend machen kann, kommt es auf die Voraussetzungen des § 2 UmwRG nicht mehr an (BVerwGE 149, 31, 34 f.; s.a. BVerwGE 150, 294, 296).

48 a. Vereine. Vereine sind dazu klagebefugt, ein von dem Bundesministerium des Innern erlassenes Vereinsverbot anzugreifen (BVerwG NVwZ 2014, 1573, 1574).   **477c**

49. Versicherte. Das BVerwG hat Versicherten eine Klagebefugnis abgesprochen zur Anfechtung von **478** Genehmigungen der Prämienerhöhung eines privaten *Krankenversicherers* (BVerwGE 30, 135 ff.) und der Änderung eines Unternehmenstarifs in der *Kraftfahrzeug-Haftpflichtversicherung*[990] sowie von *Tarifgenehmigungen* allgemein (BVerwG VersR 1996, 1133), die jeweils durch das zuständige Bundesaufsichtsamt erteilt worden waren; nach Auffassung des BVerwG gestalteten die Genehmigungen nicht die Rechtsverhältnisse der Versicherten zu den Versicherungsunternehmen. Die Vorschriften über Tarifgenehmigungen dienten allein dem öffentlichen Interesse daran, die Leistungsfähigkeit des Versicherungsunternehmens hinsichtlich der gegenüber den Versicherten eingegangenen Verpflichtungen jederzeit zu gewährleisten, und seien nicht drittschützend in Bezug auf den einzelnen Versicherungsnehmer (BVerwG VersR 1996, 1133). Die Tatsache, dass sich das BVerwG in seinem die Kraftfahrzeug-Haftpflichtversicherung betreffenden Urteil für die Verneinung der Frage nach möglichen Rechtsverletzungen zu einer Begründung veranlasst gesehen hat, die in ihrer Ausführlichkeit der Prüfung der *Begründetheit* der Klage angemessen gewesen wäre, ist jedoch ein Hinweis darauf, dass eben *nicht „offensichtlich* und *eindeutig* nach *keiner* Betrachtungsweise die von der Klägerin behaupteten Rechte bestehen oder ihr zustehen" konnten (zu dieser [sinngemäß] vielfach verwandten Formel → Rn. 380). In Bezug auf die Anfechtung der durch das Bundesaufsichtsamt für das Versicherungswesen erteilten Genehmigung der *Übertragung eines Versicherungsbestandes* nach § 14 VAG hat das BVerwG zu Recht die Klagebefugnis eines Versicherten bejaht: Diesem ist durch die Genehmigung eine andere Versicherungsgesellschaft als Vertragspartnerin aufgezwungen worden; da die Bestandsübertragung nicht das gesamte Vermögen der übertragenden Gesellschaft zum Gegenstand hatte, ließ sich eine Verletzung des Versicherten in seinem Recht auf Beteiligung an den Überschüssen seiner Vertragspartnerin nicht ausschließen (BVerwGE 95, 25, 27).

50. Vertretungsberechtigte eines Heimbetreibers. Der Vertretungsberechtigte eines Heimbetreibers ist **479** zur Anfechtung der an den Heimbetreiber gerichteten Untersagung des Betriebs eines Heims i.S.d. § 1 HeimG befugt, wenn seine heimrechtliche Unzuverlässigkeit in der Verfügung bejaht worden ist; in diesem Falle ist es möglich, dass der Vertretungsberechtigte mittelbar in seinem Grundrecht auf freie Wahl des Berufs und des Arbeitsplatzes nach Art. 12 Abs. 1 GG verletzt ist[991] (zum Grundrechtsschutz gegen sog. *mittelbare* Beeinträchtigungen → Rn. 395 ff.).

51. Waldeigentümer. Die Klagebefugnis von Waldeigentümern für Anfechtungsklagen gegen die Auf- **480** stellung oder Änderung eines ihr jeweiliges Waldgebiet betreffenden *Abschussplanes* ergibt sich aus § 21 Abs. 1 BJagdG; dessen Entscheidungsprogramm dient nicht nur den öffentlichen Interessen, son-

---

988 Hierzu näher *S. Schlacke*, NVwZ 2017, 905, 907 f.
989 Bejahend OVG Koblenz NVwZ-RR 2016, 576; abl. hingegen VG Karlsruhe 12.8.2009 – 4 K 1648/09, juris Rn. 3 ff.
990 BVerwGE 75, 147 ff. Das BVerfG hat durch Kammerbeschluss (NJW 1990, 2249) einen Verstoß des bundesverwaltungsgerichtlichen Urteils gegen Art. 19 Abs. 4 GG verneint.
991 OVG Koblenz NVwZ 1987, 425.

dern auch den Individualinteressen der Kläger als Waldeigentümer und vermittelt ihnen ein subjektiv-öffentliches Recht, wie die Auslegung des § 21 Abs. 1 BJagdG am Maßstab von Art. 14 GG ergibt (BVerwGE 98, 118, 120 ff.; vgl. auch bereits VGH München BayVBl 1994, 406 f.). Dieses subjektiv-öffentliche Recht erstreckt sich aber nicht auf die Festsetzung der Abschusspläne benachbarter Jagd-bezirke, auch wenn die Gefahr besteht, dass der Wildbestand im eigenen Jagdbezirk hierdurch sinkt (VGH Kassel NVwZ-RR 2006, 436 f.).

481   nicht besetzt

482   **52. Wohnrechtsinhaber.** Ebenso wenig wie obligatorische Rechte an einem Grundstück (abgesehen von der Landpacht in Ausnahmefällen; → Rn. 464) verschafft ein *Dauerwohnrecht* seinem Inhaber eine dem Grundstückseigentümer vergleichbare Rechtsposition und die damit verbundenen Klagebefugnisse (→ Rn. 434 ff.) gegen Bau- und Planungsvorhaben. Dies gilt nach der Rspr. auch, wenn das Wohnrecht (etwa durch eine beschränkt persönliche Dienstbarkeit) *dinglich* bestellt oder gesichert ist (BVerwG NJW 1994, 1233, 1234; OVG Lüneburg ZMR 1999, 729 f.; OVG Saarlouis BauR 2004, 821 f.). Erst recht scheidet eine Klagebefugnis aus zur Anfechtung einer Baugenehmigung an den *Eigentümer* für ein Vorhaben auf dem Grundstück selbst, das mit dem Dauerwohnrecht belastet ist (VGH München 9.10.1992 – 26 B 92.2482, juris Rn. 12 f.).

483   **53. Wohnungseigentümer.** Nach der Rspr. sind *Wohnungseigentümer* nicht zur Anfechtung von Genehmigungen befugt, mit denen der Eigentümergemeinschaft[992] oder einem anderen Wohnungseigentümer oder einem der Wohnungseigentümergemeinschaft nicht angehörenden Dritten (BVerwG NVwZ 1990, 655 f.; OVG Berlin NJW 1994, 2717 f.) bauliche Maßnahmen am gemeinschaftlichen Eigentum der Wohnungseigentümer oder etwa das Fällen eines Baumes (VG Düsseldorf NVwZ 2002, 116, 117) gestattet werden. Einem Wohnungseigentümer fehlt regelmäßig auch die Klagebefugnis zur Erhebung einer Anfechtungsklage gegen die einem anderen Miteigentümer für dessen Wohnung erteilte Nutzungsänderungsgenehmigung (BVerwG DVBl 1989, 356 f.). Allgemein bestehen keine öffentlich-rechtlichen Nachbarschutzansprüche innerhalb der Gemeinschaft der Miteigentümer desselben Grundstücks; dies gilt auch gegenüber Störungen, die ein nicht zur Eigentümergemeinschaft gehörender *Dritter* bei der baulichen Nutzung des gemeinschaftlichen Grundstücks verursacht (BVerwG DVBl 1998, 893 f.). Ein einzelner Wohnungseigentümer ist auch nicht befugt, einen öffentlich-rechtlichen *Folgenbeseitigungsanspruch* allein gerichtlich geltend zu machen (VGH München NVwZ 2004, 629 f.). Das Wohnungseigentum ist nämlich als „Sondereigentum an einer Wohnung in Verbindung mit dem Miteigentumsanteil an dem gemeinschaftlichen Eigentum, zu dem es gehört" (§ 1 Abs. 2 WEG), eine besondere Form des Miteigentums i.S.v. § 1008 BGB; der Sondereigentümer ist als Inhaber dieses nach den Bestimmungen des WEG besonders ausgestalteten Miteigentumsrechts in die Gemeinschaft der Eigentümer eingebunden, sodass die für die öffentlich-rechtliche Nachbarklage kennzeichnende „Dreiecksbeziehung" (vgl. → Rn. 134, 436) nicht gegeben ist.[993] Zur Lösung von Konflikten zwischen Sondereigentümer und Eigentümergemeinschaft sowie zwischen einzelnen Sondereigentümern kann Rechtsschutz nach den speziellen Regelungen des WEG – insbes. gem. § 43 WEG – erlangt werden.[994] Dem einzelnen Wohnungseigentümer fehlt die Klagebefugnis auch bzgl. einer Verpflichtungsklage auf baupolizeiliches Einschreiten gegen eine bestimmte Art der Nutzung des Sondereigentums durch einen Mieter; weil der Mieter das Recht auf die Nutzung aus einer vertraglichen Beziehung zu einem oder mehreren Miteigentümern ableitet, kann der Wohnungseigentümer auch in diesem Falle Rechtsschutz nach den speziellen Vorschriften des Wohnungseigentumsgesetzes erlangen (VGH Mannheim DÖV 1991, 896). Ferner ist der einzelne Wohnungseigentümer nicht zur Abwehr einer Ordnungsverfügung an die Wohnungseigentümergemeinschaft klagebefugt (OVG Greifswald NVwZ-RR 2016, 896). Gegen rechtswidrige Eingriffe in sein Miteigentum durch einen der Wohnungseigentümergemeinschaft nicht angehörenden Dritten, der die ihm erteilte Genehmigung baulicher Maßnahmen am gemeinschaftlichen Eigentum der Wohnungseigentümer verwirklicht, kann sich

---

992   BVerwG NJW 1988, 3279 f.; VGH Mannheim NJW 1985, 990; VG Hamburg ZMR 2004, 547 f.
993   BVerwG NJW 1988, 3279 f.; DVBl 1998, 893, 894; ferner BVerwG DVBl 1989, 356, 357; VGH Mannheim NJW 1985, 990. Vgl. auch BVerwG NJW 1988, 2056 zum Fehlen der Klagebefugnis von Miteigentümern eines Grundstücks zur Anfechtung der einem anderen Miteigentümer erteilten Teilungsgenehmigung.
994   Vgl. BVerwG NJW 1988, 3279, 3280; DVBl 1989, 356, 357; NVwZ 1990, 655; DVBl 1998, 893, 894; OVG Berlin NJW 1994, 2717 f.; VGH München NVwZ 2004, 629 f.

der einzelne Wohnungseigentümer mit Mitteln des bürgerlichen Rechts zur Wehr setzen (BVerwG NVwZ 1990, 655, 656; DVBl 1998, 893 ff.). Dagegen sind Wohnungseigentümer zur Anfechtung der einem außerhalb der Eigentümergemeinschaft stehenden Dritten für ein *Nachbargrundstück* erteilten Baugenehmigung klagebefugt, wenn sie jeweils eine Verletzung ihres Sondereigentums an der Wohnung und ihres Miteigentumsanteils an dem Grundstück geltend machen (OVG Berlin UPR 1995, 73 f.; VGH München NVwZ 2013, 1622, 1623; NVwZ-RR 2016, 249). Die Klagebefugnis eines Wohnungseigentümers ist ferner bei unwesentlichen Änderungen von Hochspannungsleitungen i.S.d. § 43 f EnWG bejaht worden, wenn durch die Errichtung eines Kabelendmastes die bauordnungsrechtlich notwendigen Abstandsflächen nicht gewahrt werden; § 43 f S. 2 Nr. 3 EnWG hat insoweit drittschützende Wirkung (BVerwG NVwZ-RR 2017, 967 f.).

§ 43 [Feststellungsklage][1]

(1) Durch Klage kann die Feststellung des Bestehens oder Nichtbestehens eines Rechtsverhältnisses oder der Nichtigkeit eines Verwaltungsakts begehrt werden, wenn der Kläger ein berechtigtes Interesse an der baldigen Feststellung hat (Feststellungsklage).

(2) [1]Die Feststellung kann nicht begehrt werden, soweit der Kläger seine Rechte durch Gestaltungs- oder Leistungsklage verfolgen kann oder hätte verfolgen können. [2]Dies gilt nicht, wenn die Feststellung der Nichtigkeit eines Verwaltungsakts begehrt wird.

Schrifttum

1. Monographien und Beiträge in Sammelwerken: *G. Christonakis,* Individualisierter Drittfeststellungsrechtsschutz im Verwaltungsrechtsstreit, 2003; *K. Kares,* Das Rechtsverhältnis i.S.v. § 43 I Alt. 1 VwGO, 2011; *F. Knöpfle,* Feststellungsinteresse und Klagebefugnis bei verwaltungsprozessualen Feststellungsklagen, in: Wege und Verfahren des Verfassungslebens. FS Lerche, 1993, 771; *H. H. Rupp,* Grundfragen der heutigen Verwaltungsrechtslehre – Verwaltungsnorm und Verwaltungsrechtsverhältnis, [2]1991; *W.-R. Schenke,* Die Fortsetzungsfeststellungsklage, in: FS Menger, 1985, 460; *W. Selb,* Die verwaltungsgerichtliche Feststellungsklage, 1998; *H. Siemer,* Normenkontrolle durch Feststellungsklage?, 1971; *ders.,* Rechtsschutz im Spannungsfeld zwischen Normenkontrolle und Feststellungsklage, FS Menger, 1985, 501; *C. Trzaskalik,* Die Rechtsschutzzone der Feststellungsklage im Zivil- und Verwaltungsprozeß, 1978.

2. Beiträge in Zeitschriften: *I. Becker,* Das „berechtigte Interesse" bei den Feststellungsklagen der VwGO, MDR 1972, 920; *W. Bergmann,* Das Rechtsschutzbedürfnis bei der verwaltungsgerichtlichen Feststellungsklage, VerwArch 49 (1958), 333; *T. v. Danwitz,* Zu Funktion und Bedeutung der Rechtsverhältnislehre, DV 1997, 339; *A. Decker,* Die Fortsetzungsfeststellungsklage in der Situation der Verpflichtungsklage, JA 2016, 241; *A. Dickersbach,* Die verwaltungsgerichtliche Feststellungsklage im Lebensmittelrecht, GewArch 1989, 41; *H. Dreier,* Präventive Klagen gegen hoheitliches Handeln im Gewerberecht, NVwZ 1988, 1073; *H. Duken,* Feststellungsklage nach § 43 VwGO im Baurecht, NVwZ 1990, 443; *D. Ehlers,* Die Klagearten und besonderen Sachentscheidungsvoraussetzungen im Kommunalverfassungsstreitverfahren, NVwZ 1990, 105; *ders.,* Rechtsverhältnisse in der Leistungsverwaltung, DVBl 1986, 912; *ders.,* Verwaltungsgerichtliche Feststellungsklage, Jura 2007, 179; *T. Finger,* Existenzberechtigung der sog. erweiterten Fortsetzungsfeststellungsklage gemäß § 113 Abs. 1 S. 4 VwGO analog?, VR 2004, 145; *M.-E. Geis/O. Schmidt,* Grundfälle zur verwaltungsprozessualen Feststellungsklage, JuS 2012, 599; *A. Glaser,* Die nachträgliche Feststellungsklage, NJW 2009, 1043; *A.-P. Heinze/O. Sahan,* Der verbliebene Anwendungsbereich der Fortsetzungsfeststellungsklage nach § 113 I 4 VwGO, JA 2007, 805; *R. Klenke,* Zur so genannten Subsidiarität der Feststellungsklage (§ 43 Abs. 2 S. 1 VwGO), NWVBl 2003, 170; *M. Krumm,* Verwaltungsrechtsschutz gegen materielle Rechtsnormen, DVBl 2011, 1008; *P. Kunig,* Die Zulässigkeit verwaltungsgerichtlicher Feststellungsklagen, Jura 1997, 326; *C. L. Lässig,* Zulässigkeit der vorbeugenden Feststellungsklage bei drohendem Bußgeldbescheid, NVwZ 1988, 410; *H.-W. Laubinger,* Feststellungsklage und Klagebefugnis, VerwArch 82 (1991), 459; *S. Lenz/S. Staeglich,* Kein Rechtsschutz gegen EG-Verordnungen? Europäische Rechtsschutzdefizite und ihr Ausgleich durch die Feststellungsklage nach § 43 I VwGO, NVwZ 2004, 1421; *A v. Mutius,* Zur Subsidiarität der Feststellungsklage (Anm. zu BVerwGE 36, 179), VerwArch 63 (1972), 229; *L. Renck,* Verwaltungsakt und Feststellungsklage, JuS 1970, 113; *R. P. Schenke,* Neue Wege im Rechtsschutz gegen vorprozessual erledigte Verwaltungsakte?, NVwZ 2000, 1255; *ders.,* Die Neujustierung der Fortsetzungsfeststellungsklage, JuS 2007, 697; *W.-R. Schenke,* Vorbeugende Unterlassungs- und Feststellungsklage im Verwaltungsprozeß, AöR 93 (1970), 223; *ders.,* Rechtsprechungsübersicht zum Verwaltungsprozeßrecht – Teil 3, JZ 1996, 1103; *ders.,* Rechtsschutz gegen nichtige Verwaltungsakte, JuS 2016, 97; *ders.,* Rechtsschutz bei normativem Unrecht, NJW 2017, 1062; *ders./W. Roth,* Die verwaltungsgerichtliche Feststellung strafbewehrter verwaltungsrechtlicher Pflichten, WiVerw 1997, 81; *M. Skolik,* Die Rechtsprechung des Bundesverwaltungsgerichts zu § 43 Abs. 2 Satz 1 Verwaltungsgerichtsordnung, VerwArch 106 (2015), 378; *H. Sodan,* Der Anspruch auf Rechtsetzung und seine prozessuale Durchsetzbarkeit, NVwZ 2000, 601; *ders./S. Kluckert,* Die verwaltungsprozessuale Feststellungsfähigkeit von vergangenen und zukünftigen Rechtsverhältnissen, VerwArch 94 (2003), 3; *M. Wehr,* Abschied von der Fortsetzungsfeststellungsklage analog § 113 Abs. 1 Satz 4 VwGO, DVBl 2001, 785; *H. Wöckel,* Das Rechtsverhältnis im Sinne von § 43 I VwGO, JA 2015, 205.

---

[1] Für wertvolle und sachkundige Unterstützung bei der Kommentierung dankt der Verfasser seinem früheren Wissenschaftlichen Mitarbeiter Herrn Prof. Dr. *Sebastian Kluckert,* Bergische Universität Wuppertal.

I. Die Entstehungsgeschichte der Norm

1   Die Entstehung des § 43 geht auf § 42 des Entwurfs einer VwGO zurück, der von der Bundesregierung bereits in der 1. Wahlperiode des Deutschen Bundestages präsentiert (BT-Drs. 1/4278 Anl. 1), in der 2. Wahlperiode erneut eingebracht (BT-Drs. 2/462 Anl. 1) und schließlich in der 3. Wahlperiode nochmals dem Bundestag vorgelegt wurde (BT-Drs. 3/55 Anl. 1). § 42 Abs. 1 des Regierungsentwurfs stimmt wörtlich mit dem später verabschiedeten § 43 Abs. 1 überein. Der Rechtsausschuss des Deutschen Bundestages in der 3. Wahlperiode beschloss hinsichtlich des § 42 Abs. 2 des Gesetzentwurfs nur eine kleine redaktionelle Änderung: Der seit der 1. Wahlperiode unveränderte Formulierungsvorschlag der Bundesregierung *„Die Feststellungsklage ist ausgeschlossen, soweit ..."* wurde vom Rechtsausschuss durch die Formulierung *„Die Feststellung kann nicht begehrt werden, soweit ..."* ersetzt (BT-Drs. 3/1094 Anl. 1 S. 31). Diese Fassung ist als § 43 Abs. 2 in die am 21.1.1960 verkündete VwGO (BGBl I 17) eingegangen. Seitdem ist die Vorschrift unverändert.

2   Die Regelung über die verwaltungsgerichtliche Feststellungsklage war zwischen den am Gesetzgebungsverfahren beteiligten Verfassungsorganen unumstr.

Die Bundesregierung führte zur Begründung[2] an, dass die Feststellungsklage in Anlehnung an die bis- 3
herige Regelung der Verwaltungsgerichtsgesetze gestaltet sei. Im Gegensatz zu § 256 ZPO werde nur
auf ein „berechtigtes Interesse" an der baldigen Feststellung abgestellt, da die Frage, ob ein rechtliches
(so § 256 Abs. 1 ZPO) oder nur ein berechtigtes Interesse vorliege, in der Praxis zu erheblichen
Schwierigkeiten führe. Mit der Regelung zur Nichtigkeitsfeststellungsklage sollte ausdrücklich klargestellt werden, dass auch ein nichtiger Verwaltungsakt Gegenstand der Feststellungsklage sein kann.
Eine Nichtigkeitsfeststellung werde nämlich dem Wesen des nichtigen Verwaltungsakts gerecht, bei
dem eine gerichtliche Rechtsgestaltung nicht in Betracht komme. Da die Nichtigkeit aber häufig
schwer zu beurteilen sei, sollte weiterhin eine Anfechtungsklage nicht ausgeschlossen werden. In der
Subsidiaritätsklausel wurde mit Rücksicht auf damalige Zweifel klargestellt, dass eine Feststellungsklage auch dann ausgeschlossen ist, wenn eine Gestaltungs- oder Leistungsklage zwar nicht mehr erhoben werden kann, aber hätte erhoben werden können. Der Bundesrat hat in allen drei Wahlperioden zu § 42 des Regierungsentwurfs keine Stellungnahme abgegeben und Änderungswünsche nicht
geäußert.

Der Rechtsausschuss ging bei seinen Beratungen davon aus, dass der Begriff des Bestehens oder Nicht- 4
bestehens eines Rechtsverhältnisses noch von Rspr. und Rechtslehre zu entwickeln sei und die Vorschrift die Möglichkeit eröffnen müsse, diesen Begriff im öffentlichen Recht weiter und elastischer als
im bürgerlichen Recht auszulegen (BT-Drs. 3/1094, 5).

II. Feststellungsgegenstand

1. Rechtsverhältnis (allgemeine Feststellungsklage gem. § 43 Abs. 1 Alt. 1). a) Begriff. Gem. § 43 5
Abs. 1 kann durch Klage die Feststellung des Bestehens oder Nichtbestehens eines Rechtsverhältnisses
begehrt werden. Der Begriff des Rechtsverhältnisses ist sehr weit[3] (zur Funktion und Bedeutung der
Rechtsverhältnislehre → § 42 Rn. 390). In Rspr. und Lit. ist auch die Formulierung „feststellungsfähiges Rechtsverhältnis" geläufig, um die für die Anwendung des § 43 Abs. 1 relevante Rechtsbeziehung
zu charakterisieren und den Gegenstand der allgemeinen Feststellungsklage zu beschreiben. Sachlich
wird aber zwischen den Begriffen „Rechtsverhältnis" und „feststellungsfähiges Rechtsverhältnis" regelmäßig nicht unterschieden; beide werden synonym gebraucht (vgl. etwa BVerwGE 89, 327, 329 f.;
100, 262, 264).

Teilweise ist str., welche Umstände Elemente eines Rechtsverhältnisses sind. Einerseits ist es möglich, 6
das Rechtsverhältnis i.S.d. § 43 Abs. 1 denkbar weit zu verstehen und dann die Zulässigkeit der Klage
an anderen Stellen zu verengen (z.B. beim berechtigten Feststellungsinteresse). Andererseits könnte
man den Begriff des Rechtsverhältnisses eng auslegen; dies wäre jedoch hinsichtlich des Grundsatzes
der Einheit der Rechtsordnung[4] problematisch, weil das Rechtsverhältnis kein spezifisch verwaltungsrechtlicher, sondern ein von allen Gebieten der Rechtsordnung erfasster Begriff ist.[5]

aa) Definition. Nach herkömmlicher Definition sind unter einem Rechtsverhältnis i.S.d. § 43 Abs. 1 7
diejenigen rechtlichen Beziehungen zu verstehen, die sich aus einem konkreten Sachverhalt aufgrund
einer diesen Sachverhalt betreffenden öffentlich-rechtlichen Norm für das Verhältnis von natürlichen
oder juristischen Personen untereinander oder einer Person zu einer Sache ergeben. Ein Rechtsverhältnis liegt somit vor, wenn sich Rechtsbeziehungen verdichtet haben. Voraussetzung dafür ist das Vorliegen eines überschaubaren Sachverhalts, auf den eine (öffentlich-rechtliche) Norm angewandt werden
kann.[6] Nach Auffassung der Rspr. und von Teilen der Lit. setzt ein Rechtsverhältnis zusätzlich voraus,
dass sich zwischen den Beteiligten ein Meinungsstreit entwickelt hat, → Rn. 54 ff.

---

2 Wörtlich übereinstimmend: BT-Drs. 1/4278 Anl. 1 S. 35; BT-Drs. 2/462 Anl. 1 S. 33; BT-Drs. 3/55 Anl. 1 S. 32.
3 Ausf. zum Rechtsverhältnis i.S.v. § 43 Abs. 1 Alt. 1 K. Kares, Rechtsverhältnis, 2011. Zum Verwaltungsrechtsverhältnis: *Maurer* § 8 Rn. 17 ff.; *B. Remmert*, in: Ehlers/Pünder § 18. Vgl. ferner *T. v. Danwitz*, DV 1997, 339, 362.
4 Dazu näher *K. Engisch*, Die Einheit der Rechtsordnung, Neudruck 1987; *D. Felix*, Einheit der Rechtsordnung, 1998; *P.
   Kirchhof*, Unterschiedliche Rechtswidrigkeiten in einer einheitlichen Rechtsordnung, 1978, insbes. 8 f.; *H. Sodan*, JZ
   1999, 864 ff.
5 *H. Sodan/S. Kluckert*, VerwArch 94 (2003), 3, 4.
6 BVerwGE 149, 359, 364 f. m.w.N.; OVG Berlin-Brandenburg NVwZ-RR 2009, 914; OVG Münster NVwZ-RR 2003,
   376; VGH Kassel ESVGH 47, 161, 165; *A. Glaser*, in: Gärditz § 43 Rn. 36; *Hufen* § 18 Rn. 4, 11 m.w.N.; *M. Möstl*,
   in: Posser/Wolff § 43 Rn. 1, 5; *M. Wehr*, DVBl 2001, 785, 787; *Würtenberger* Rn. 400.

8　Die soeben genannte Definition ist jedoch insofern ungenau, als nach ihr ein *Rechtsverhältnis zwischen einer Person und einer Sache* in Betracht kommt. Rechtsbeziehungen können sich aber nur zwischen *Rechtssubjekten* entwickeln. Gemeint sind daher Rechtsbeziehungen zwischen einer Person und einem Dritten in Bezug auf eine Sache.[7]

9　**bb) Kennzeichnung durch subjektive Rechte und Pflichten.** Rechtsverhältnisse sind im Allgemeinen gekennzeichnet durch subjektive Rechte (→ § 42 Rn. 382 ff.) und ihnen korrespondierende Pflichten.[8] Als subjektives Recht kann in diesem Zusammenhang auch die auf einen konkreten Sachverhalt bezogene Rechtsmacht des Staates oder seiner Untergliederungen gegenüber dem Bürger bezeichnet werden.[9]

10　Vereinzelt wird in der Lit. darauf hingewiesen, dass es zur Bestimmung eines Rechtsverhältnisses entscheidend nur auf das Vorliegen eines subjektiven Rechts ankomme, dem immer eine Pflicht einer anderen Person entspreche, während einer Pflicht allein nicht zwangsläufig ein subjektives Recht zur Begründung eines Rechtsverhältnisses gegenüberstehe.[10] So bildet nämlich die Pflicht, die Gesetze zu befolgen und sie nicht zu übertreten, für sich allein kein Rechtsverhältnis.[11] Darüber hinaus dürfte dem Hinweis jedoch keine praktische Bedeutung zukommen. So lässt sich mit der Rspr. regelmäßig auch auf das Bestehen oder Nichtbestehen einer Pflicht abstellen.[12]

11　Ein Rechtsverhältnis kann sich in einer einzigen gegenüber einer anderen Person – dem Inhaber des subjektiven Rechts – bestehenden Pflicht erschöpfen (z.B. Pflicht zur Gewerbeanmeldung); es vermag jedoch auch ein ganzes *Bündel* von aufeinander bezogenen Rechten und Pflichten zu umfassen (z.B. Anstaltsbenutzungsverhältnisse, Staatsangehörigkeit, öffentlich-rechtlicher Vertrag). Nicht nur das gesamte Rechtsverhältnis, sondern auch ein *selbständiger Teil* und somit einzelne Rechte sowie Pflichten des Bündels wie z.B. das Bestehen einzelner vertraglicher Ansprüche bzw. Umfang und Inhalt einer konkreten Pflicht können Gegenstände des Feststellungsbegehrens sein. *Unselbständige Teile, Vorfragen* und *abstrakte Rechtsfragen* sind dagegen nicht feststellungsfähig[13] (→ Rn. 24 ff., 28 ff.). Insbes. bedarf es einer Abgrenzung zwischen Rechtsverhältnissen und nicht feststellungsfähigen Rechtsfragen (→ Rn. 43 f.).

12　**cc) Beteiligte/Außenwirkung.** Verwaltungsrechtsverhältnisse können zwischen Verwaltungsträgern und Bürgern, zwischen Verwaltungsträgern, zwischen Organen eines Verwaltungsträgers und ausnahmsweise zwischen Bürgern[14] entstehen. Die Beteiligten des Rechtsverhältnisses sind zu unterscheiden von den Beteiligten der allgemeinen Feststellungsklage. Eine diesbezügliche Personenkongruenz ist nicht erforderlich. Meist wird jedoch einem am Rechtsverhältnis nicht beteiligten Dritten ein berechtigtes Interesse an der gerichtlichen Feststellung fehlen.

13　Eine unmittelbare Außenwirkung ist nicht wesentliches Element des Rechtsverhältnisses i.S.v. § 43 Abs. 1.[15] Es ist heute anerkannt, dass auch *Innenrechtsverhältnisse* feststellungsfähig sein können, und zwar insbes. im Zusammenhang mit der Diskussion um den sog. Kommunalverfassungsstreit[16] (→ § 42 Rn. 229 ff., vor allem → Rn. 225).

14　**dd) Begründung.** Das Rechtsverhältnis ist gekennzeichnet durch subjektive Rechte und ihnen korrespondierende Pflichten. Zur Begründung eines Rechtsverhältnisses kommt daher jeder Tatbestand in Betracht, der ein subjektives Recht vermittelt, wobei dies rechtstechnisch auch durch Auferlegung einer Pflicht erfolgen kann. Ein Rechtsverhältnis i.S.d. § 43 Abs. 1 kann daher durch *Rechtsnormen*

7　*W.-R. Schenke*, JZ 1996, 1103, 1112; *Ule* § 32 II 4. Anders jedoch VGH Mannheim ESVGH 10, 138, 141 ff.

8　*Maurer* § 8 Rn. 17.

9　*Maurer* § 8 Rn. 2; *Schenke* Rn. 387; OVG Berlin-Brandenburg NVwZ-RR 2010, 795, 796. Vgl. aber dagegen *D. Ehlers*, DVBl 1986, 912, 915 f.

10　So *H. H. Rupp*, Grundfragen, ²1991, 162 f.; *Schenke* Rn. 382; *W. Selb*, Feststellungsklage, 1998, 22 f.

11　*Peine* Rn. 266.

12　S. etwa BVerwGE 100, 262, 264; VGH Kassel ESVGH 47, 161; *M. Happ*, in: Eyermann § 43 Rn. 13.

13　BVerwGE 36, 218, 225; 92, 172, 174; VGH Mannheim ESVGH 48, 81, 82.

14　Zum Verwaltungsrechtsverhältnis unter Privaten *H.-U. Erichsen*, in: ders., Allgemeines Verwaltungsrecht, ¹²2002, § 24 Rn. 9.

15　*M. Happ*, in: Eyermann § 43 Rn. 14; *J. Pietzcker*, in: Schoch/Schneider/Bier § 43 Rn. 26.

16　OVG Münster DVBl 2001, 1281; NVwZ-RR 2003, 376; VGH Kassel NVwZ-RR 2014, 563; VG Sigmaringen NVwZ-RR 2005, 428.

(z.B. betreffend Sozialhilfeanspruch, Zwangsmitgliedschaft in öffentlich-rechtlicher Körperschaft[17] (→ § 42 Rn. 461), Kompetenz einer Behörde zum Erlass eines Verwaltungsakts [OVG Berlin-Brandenburg NVwZ-RR 2010, 795, 796]), *Verwaltungsakt* (z.B. Gebührenbescheid, Subventionsbewilligung, Beamtenernennung, durch Widmung begründete Streupflicht [VG Karlsruhe NVwZ-RR 1999, 320]) oder *öffentlich-rechtlichen Vertrag* entstehen. Auch ist die Begründung durch (positiven oder negativen) *Realakt* möglich (z.B. Ausstrahlung einer Rundfunksendung [OVG Münster NJW 1997, 1176], Veröffentlichung einer Arzneimittel-Transparenzliste[18] (→ § 42 Rn. 183), Sichtbehinderung durch Polizeifahrzeug [VG München NVwZ 2000, 461], Einsatz verdeckter Ermittler [BVerwG NJW 1997, 2534; vgl. VGH Mannheim NVwZ-RR 2015, 26], Ausschluss von Pressekonferenz [VG Bremen NJW 1997, 2696], Gefährderanschreiben [VG Göttingen 27.1.2004 – 1 A 1014/02], polizeiliche Beobachtung eines Versammlungsteilnehmers [VG Berlin NVwZ 2010, 1442]), wobei genau genommen durch den Realakt gesetzlich vorgesehene Rechte – insbes. Grundrechte – aktualisiert werden.

b) Zeitlicher Bezug. Der Kläger kann „den Zeitpunkt selbst bestimmen, zu dem das Bestehen oder Nichtbestehen eines [...] Rechtsverhältnisses festgestellt werden soll" (BVerwG NVwZ-RR 2016, 323 [LS]). Heute ist anerkannt, dass gegenwärtige, vergangene und zukünftige Rechtsverhältnisse feststellungsfähig sind. 14a

aa) Gegenwärtiges Rechtsverhältnis. Feststellungsfähig i.S.v. § 43 Abs. 1 Alt. 1 ist ein gegenwärtiges Rechtsverhältnis. Ein *auflösend bedingtes* Rechtsverhältnis ist ein gegenwärtiges. Anerkannt ist ferner die Feststellungsfähigkeit von *aufschiebend bedingten* Rechtsverhältnissen; diese werden teilweise als gegenwärtige[19], teilweise als zukünftige (VG Köln 9.8.1989 – 4 K 3812/87, juris Rn. 34) Rechtsverhältnisse angesehen. 15

bb) Vergangenes Rechtsverhältnis. Nach einhelliger Auffassung ist auch ein vergangenes Rechtsverhältnis nach § 43 Abs. 1 feststellungsfähig.[20] Unter einem vergangenen Rechtsverhältnis sind solche Rechtsbeziehungen zu verstehen, die sich zum Zeitpunkt der gerichtlichen Entscheidung bereits erledigt haben.[21] Die Erledigung kann vor Klageerhebung oder erst während des laufenden Gerichtsverfahrens eintreten. 16

Die allgemeine Feststellungsklage des § 43 Abs. 1 kommt – bezogen auf vergangene Rechtsverhältnisse – insbes. in den Fällen in Betracht, in denen (1) nach Geltendmachung eines allgemeinen, d.h. nicht auf einen Verwaltungsakt gerichteten Leistungsanspruchs die Sach- oder Rechtslage sich insofern ändert, als auf die Leistung nunmehr kein Anspruch mehr besteht und die Erhebung oder Weiterverfolgung einer Leistungsklage ohne Aussicht auf Erfolg bleibt[22] oder (2) das erledigte Rechtsverhältnis durch Realakt begründet wurde[23]. Die allgemeine Feststellungsklage übernimmt damit im Bereich des hoheitlichen Handelns ohne Verwaltungsaktcharakter eine ähnliche Funktion wie die Fortsetzungsfeststellungsklage nach § 113 Abs. 1 S. 4[24] (zum Verhältnis der Feststellungsklage zur Fortsetzungsfeststellungsklage → Rn. 140 ff.). 17

---

17 BVerwGE 25, 151, 155 f. – gemeindlicher Wasserverband; BVerwG NJW 1983, 2208 – Industrie- und Handelskammer.

18 Vgl. BVerwGE 71, 183 ff.; *H. Sodan*, Kollegiale Funktionsträger als Verfassungsproblem, 1987, 245 ff.; *ders.*, DÖV 1987, 858 ff.

19 *H. v. Nicolai*, in: Redeker/v. Oertzen § 43 Rn. 8; *P. Wysk*, in: Wysk § 43 Rn. 13; vgl. BVerwGE 38, 346, 347 – im Zusammenhang mit aufschiebend bedingten Ansprüchen vermeidet das BVerwG den Begriff „zukünftiges Rechtsverhältnis".

20 BVerwGE 2, 229 (LS) zu § 52 MRVO 165; 80, 355, 365 f.; 92, 172, 174; BVerwG NJW 1997, 2534; OVG Münster NWVBl 1998, 149; VGH Mannheim NVwZ-RR 1994, 332; *A. Glaser*, NJW 2009, 1043, 1044; *M. Möstl*, in: Posser/Wolff § 43 Rn. 7; *W.-R. Schenke*, in: Kopp/Schenke § 43 Rn. 18; *Schmitt Glaeser/Horn* Rn. 330; *Ule* § 32 II 4.

21 *M. Happ*, in: Eyermann § 43 Rn. 18.

22 Vgl. BVerwGE 80, 355 (LS) – Erledigung des (vermeintlichen) Anspruchs einer Tarifvertragspartei auf Allgemeinverbindlicherklärung eines Tarifvertrags; OVG Münster DÖD 1995, 40, 41 – Anspruch auf Beteiligung bei der Vorbereitung allg. Regelungen für beamtenrechtliche Verhältnisse.

23 Vgl. BVerwG NJW 1997, 2534 – Einsatz verdeckter Ermittler; OVG Koblenz DVBl 2015, 583 – Übertragung von Übersichtsaufnahmen einer Versammlung zur Einsatzleitung; OVG Münster NJW 1997, 1176 – Ausstrahlung einer Fernsehsendung; VG München NVwZ 2000, 461 – Vorfahren eines Polizeibusses zur Verdeckung der Sicht auf eine Demonstration.

24 *Schenke* Rn. 405; *H. Sodan/S. Kluckert*, VerwArch 94 (2003), 3, 5 f.; vgl. auch OVG Koblenz NJW 2016, 2820, 2821; VGH Kassel NVwZ-RR 2011, 519, 520; VGH Mannheim NVwZ 2001, 574.

18   In Rspr. und Lit. heißt es, ein vergangenes Rechtsverhältnis könne nur dann zum Gegenstand einer verwaltungsgerichtlichen Feststellungsklage gemacht werden, wenn es über seine Beendigung hinaus *anhaltende Wirkungen* äußere.[25] Teilweise wird in der Lit. darauf hingewiesen, dass mit dieser Formulierung unklar bleibe, ob die anhaltenden Wirkungen ein Problem des Klagegegenstandes (Rechtsverhältnisses) oder des Feststellungsinteresses seien.[26] Auf der Grundlage einer Zuordnung zum Feststellungsinteresse werden anhaltende Wirkungen bei Wiederholungsgefahr, fortwirkender Diskriminierung, beabsichtigter Geltendmachung von Schadensersatz- oder Entschädigungsansprüchen oder bei sich typischerweise[27] kurzfristig erledigenden hoheitlichen Maßnahmen bejaht.[28]

19   Anhaltende Wirkungen sind jedoch keine Elemente vergangener Rechtsverhältnisse und damit des jeweiligen Klagegegenstandes. Sie berühren ausschließlich das berechtigte Feststellungsinteresse. Im Übrigen ist auch das Erfordernis anhaltender Wirkungen als notwendige Voraussetzung eines Feststellungsinteresses mittlerweile überholt (→ Rn. 98 ff.).

20   **cc) Zukünftiges Rechtsverhältnis.** Umstr. ist, ob auch ein zukünftiges Rechtsverhältnis i.R. der allgemeinen Feststellungsklage des § 43 Abs. 1 feststellungsfähig sein kann. Ein zukünftiges Rechtsverhältnis ist dadurch gekennzeichnet, dass nicht die tatbestandsmäßige Erfüllung einer Rechtsnorm behauptet wird, sondern dass ein in der Zukunft liegender Vorgang die Tatbestandsseite eines Rechtssatzes erfüllen und seine Rechtsfolge auslösen würde.[29] Zu unterscheiden ist ein zukünftiges Rechtsverhältnis von dem Gegenstand einer vorbeugenden Feststellungsklage (→ Rn. 104 ff.), bei welcher darüber gestritten wird, ob der Tatbestand einer Rechtsnorm – insbes. einer Ermächtigungsgrundlage – erfüllt ist. Hierzu gehören die Fälle, in denen die Behörde dem Betroffenen einen belastenden Verwaltungsakt (z.B. Untersagungsverfügung, Bußgeldbescheid) androht. Dieser Streit betrifft nämlich ein gegenwärtiges Rechtsverhältnis (die Handlungs-/Eingriffsbefugnis).

21   Die Feststellungsfähigkeit von zukünftigen Rechtsverhältnissen wird teilweise abgelehnt und ist in der Rspr. bisher nur vereinzelt (s. VGH Kassel DVBl 2016, 1399; VG Düsseldorf NVwZ 2002, 1269) ausdrücklich anerkannt worden. Zur Begründung wird ausgeführt, es fehle an der nötigen Konkretisierung; die Gerichte seien nicht dazu berufen, abstrakte Rechtsfragen zu beantworten.[30] Nach heute in der Lit. überwiegend vertretener Auffassung kann auch ein zukünftiges Rechtsverhältnis ein Feststellungsgegenstand sein.[31]

22   Der Wortlaut des § 43 Abs. 1 schließt die Einbeziehung zukünftiger Rechtsverhältnisse immerhin nicht aus. Auch aus der allgemeinen Anerkennung vergangener Rechtsverhältnisse folgt, dass die *Einbeziehung zukünftiger Rechtsbeziehungen* am Wortlaut nicht scheitern kann. Die Grenze zwischen einem konkreten Rechtsverhältnis und einer abstrakten Rechtsfrage liegt jedoch nicht – in einer zeitlichen Dimension – zwischen Gegenwart und Zukunft. Sie verläuft vielmehr dort, wo die Anwendung einer Rechtsnorm auf einen bestimmten Sachverhalt nicht mehr erkennbar ist.[32] Ein *bestimmter überschaubarer Sachverhalt* kann jedoch auch schon bei zukünftigen Rechtsverhältnissen vorliegen. Das ist immer dann der Fall, wenn sich die Regelungswirkung einer Norm schon vor ihrer tatbestandlichen Erfüllung entfaltet.[33] Solche Fallgestaltungen sind regelmäßig dadurch gekennzeichnet, dass die Verwirklichung eines konkreten Vorhabens oder geplanter längerfristiger Dispositionen von der verbindlichen

---

25   BVerwGE 2, 229 (LS) zu § 52 MRVO 165; 61, 164, 169; VGH Mannheim NVwZ 2006, 720, 722; *H. v. Nicolai,* in: Redeker/v. Oertzen § 43 Rn. 8; *Schmitt Glaeser/Horn* Rn. 330.

26   S. *W. Selb,* Feststellungsklage, 1998, 93.

27   OVG Bautzen LKV 2014, 365, 366; abl. hinsichtlich dieses Unterscheidungsmerkmals *A. Thiele,* DVBl 2015, 954, 955 f. Vgl. VGH Mannheim NVwZ-RR 2015, 26 f. zu verdeckten polizeilichen Maßnahmen, die sich nicht typischerweise kurzfristig erledigen, bei denen aber Rechtsschutz nicht vor Beendigung der Maßnahme in Anspruch genommen werden kann.

28   Vgl. *W.-R. Schenke,* in: Kopp/Schenke § 43 Rn. 25; vgl. auch OVG Münster NWVBl 1998, 149; *Ule* § 32 II 4.

29   *H. Siemer,* Normenkontrolle, 1971, 50; *ders.,* FS Menger, 1985, 501, 513.

30   OVG Münster DÖV 1971, 392, 393; nicht eindeutig abl. BVerwGE 14, 202, 203; *Eyermann/Fröhler* § 43 Rn. 5; *H. v. Nicolai,* in: Redeker/v. Oertzen, [14]2004, § 43 Rn. 8; *W. Schmitt Glaeser,* Verwaltungsprozeßrecht, [14]1997, Rn. 330; *Ule* § 32 II 4. Dagegen aber VG Gera ThürVBl 1998, 109 f.

31   *A. Dickersbach,* GewArch 1989, 41, 46; *D. Ehlers,* Jura 2007, 179, 187; *M. Happ,* in: Eyermann § 43 Rn. 18; *M. Möstl,* in: Posser/Wolff § 43 Rn. 8; *J. Pietzcker,* in: Schoch/Schneider/Bier § 43 Rn. 21; *Schenke* Rn. 405 f.; *Schmitt Glaeser/Horn* Rn. 330; *H. Sodan/S. Kluckert,* VerwArch 94 (2003), 3, 6 ff.; *Würtenberger* Rn. 404.

32   BVerwGE 16, 92, 93; 45, 224, 226; BVerwG NJW 1990, 1866; *W.-R. Schenke,* in: Kopp/Schenke § 43 Rn. 17 f.

33   *A. Dickersbach,* GewArch 1989, 41, 46; *H. Sodan/S. Kluckert,* VerwArch 94 (2003), 3, 7; *H. Siemer,* Normenkontrolle, 1971, 51.

Auslegung eines Rechtssatzes abhängt.[34] So kann für einen Unternehmer eine Klärung im Vorfeld sehr wichtig sein, ob ein bestimmtes Produkt, dessen Verkehrsfähigkeit zwischen ihm und der Behörde streitig ist, vertrieben werden darf, wenn er demnächst mit dessen Herstellung, Import, Vermarktung usw. beginnen möchte.[35] Der potenzielle Käufer eines bestimmten Grundstücks kann ein großes Interesse daran haben, feststellen zu lassen, als künftiger Eigentümer nicht sanierungsverantwortlich für künftig hervortretende Altlasten zu sein.[36] Sofern sich das Rechtsverhältnis aber nur aufgrund eines theoretischen, ausgedachten oder unwahrscheinlichen Sachverhaltes ergeben könnte, scheidet eine allgemeine Feststellungsklage aus (BVerwG NJW 1990, 1866). Nach § 121 entfaltet das Feststellungsurteil nur insoweit Rechtskraft, als der Sachverhalt eintritt, von dem das Gericht bei Entscheidungsfindung ausging.[37]

Für die Feststellungsfähigkeit von zukünftigen Rechtsverhältnissen spricht ferner, dass aufschiebend 23 bedingte Rechtsverhältnisse als Feststellungsgegenstände anerkannt sind (→ Rn. 15). Dabei fällt es leicht, jedes zukünftige Rechtsverhältnis als bedingtes aufzufassen, indem diejenigen Umstände, welche zur Entstehung des Rechtsverhältnisses führen würden, einfach als Bedingung anzusehen sind.[38] Das BVerwG bejahte in seiner Rspr. die Feststellungsfähigkeit zukünftiger Rechtsverhältnisse zwar nicht begrifflich, aber faktisch: Es erachtete z.B. eine allgemeine Feststellungsklage für zulässig, aufgrund derer „die Beteiligten [...] über den Umfang des Wiederbepflanzungsrechts für den Fall" stritten, „dass der Kläger *eines Tages* die auf den streitgegenständlichen Weinbergsflächen verbliebenen Rebstöcke entfernt" (BVerwGE 114, 226, 228 – Hervorhebung vom Verf.). Teilweise wird eine aufschiebende Bedingung sogar als rechtshemmender Tatbestand betrachtet, der das Rechtsverhältnis bis zum Bedingungseintritt gar nicht erst entstehen lässt.[39] Danach wäre das aufschiebend bedingte Rechtsverhältnis streng genommen ein Unterfall des zukünftigen Rechtsverhältnisses (vgl. auch VG Köln 9.8.1989 – 4 K 3812/87, juris Rn. 34). Insofern zeigt sich wiederum, dass der zeitliche Bezug kein taugliches Abgrenzungskriterium zur Bestimmung eines feststellungsfähigen Rechtsverhältnisses i.S.d. § 43 Abs. 1 Alt. 1 ist. Feststellungsfähig sind daher auch zukünftige Rechtsverhältnisse.[40]

c) Feststellungsfähige Teile von (umfassenden) Rechtsverhältnissen. Viele Rechte und Pflichten beste- 24 hen nicht isoliert, sondern sind Teile eines größeren *Bündels von Rechtsbeziehungen*, eines jeweils umfassenden Rechtsverhältnisses. So kann z.B. eine beamtenrechtliche Leistungspflicht Teil der Fürsorgepflicht des Dienstherrn sein, welche wiederum in das umfassende Beamtenverhältnis eingebettet ist. Umfassende Rechtsverhältnisse dieser Art, also durch ein großes Bündel von Rechten und Pflichten gekennzeichnete, sind insbes. das Beamtenverhältnis, die Mitgliedschaft in einer Körperschaft des öffentlichen Rechts, die Zugehörigkeit zu einem Gemeindeorgan und das durch einen öffentlich-rechtlichen Vertrag begründete Verhältnis der Vertragsparteien.

Rechtsverhältnis i.S.d. § 43 Abs. 1 ist zunächst das *umfassende* Rechtsverhältnis, sodass mit der allge- 25 meinen Feststellungsklage dessen Bestehen oder Nichtbestehen festgestellt werden kann. Die Beteiligten können also z.B. über das Bestehen des Beamtenverhältnisses oder den Abschluss eines wirksamen öffentlich-rechtlichen Vertrags streiten. Regelmäßig treten allerdings Meinungsverschiedenheiten nur hinsichtlich einzelner Berechtigungen oder Verpflichtungen auf. Insoweit sind etwa zu nennen die Pflicht des Richters zum Tragen einer Amtstracht (BVerwG DVBl 1983, 1110), die Verpflichtung des Dienstherrn zum Entfernen eines Schriftstücks aus der Personalakte (OVG Münster DÖV 1961, 270), Mitwirkungsrechte in einem Prüfungsausschuss (OVG Münster NVwZ 1986, 851, 852) oder das Recht, die Mitglieder der Vollversammlung einer Industrie- und Handelskammer zu wählen (BVerwGE 152, 204, 206 f.).

---

34 *J. Pietzcker*, in: Schoch/Schneider/Bier § 43 Rn. 21; *H. Siemer*, FS Menger, 1985, 501, 513.
35 *A. Dickersbach*, GewArch 1989, 41, 46.
36 VG Gera ThürVBl 1998, 109 – die Feststellung des zukünftigen Rechtsverhältnisses wird hier als „vorbeugende Feststellungsklage" bezeichnet.
37 *W. Selb*, Feststellungsklage, 1998, 97.
38 So auch *M. Möstl*, in: Posser/Wolff § 43 Rn. 8.
39 So *M. Wolf*, in: Soergel, Bürgerliches Gesetzbuch mit Einführungsgesetz und Nebengesetzen, Bd. 1, [12]1987, § 158 BGB Rn. 8. A.M. BGH NJW 2002, 2461, 2462 f. *R. Bork*, in: Staudinger Vorbem. §§ 158–163 (2015) Rn. 47 bzgl. Feststellungsklagen nach § 256 Abs. 1 ZPO.
40 *H. Sodan/S. Kluckert*, VerwArch 94 (2003), 3, 7 f.

26　Es besteht in Rspr. und Lit. Einigkeit darüber, dass *einzelne* Berechtigungen und Verpflichtungen aus einem umfassenden Rechtsverhältnis, die auch als *selbständige Teile* bezeichnet werden, feststellungsfähig sind.[41] Das Feststellungsbegehren kann sich auf eine einzelne Rechtsfolge beschränken, sodass auch das Bestehen einzelner Ansprüche bzw. Umfang und Inhalt einer konkreten Leistungspflicht jeweils zulässiger Gegenstand einer Feststellungsklage zu sein vermögen (VGH Mannheim ESVGH 48, 81, 82).

27　Gelegentlich finden sich in der Judikatur jedoch Formulierungen[42], die dahin missverstanden werden können, nur das Bündel selbst sei ein Rechtsverhältnis i.S.d. § 43 Abs. 1 und die Feststellungsfähigkeit seiner Teile hätte einen eigenständigen Erkenntniswert. Die sog. selbständigen feststellungsfähigen Teile von Rechtsverhältnissen sind aber selbst Rechtsverhältnisse i.S.d. § 43 Abs. 1. Dies ergibt sich daraus, dass schon ein einzelnes Recht (bzw. eine diesem korrespondierende Pflicht) ein Rechtsverhältnis begründet (→ Rn. 11).

28　**d) Nichtfeststellungsfähige Elemente bzw. Vorfragen eines Rechtsverhältnisses.** Im Gegensatz zu den selbständigen Teilen sind bloße Elemente oder Vorfragen eines Rechtsverhältnisses nicht feststellungsfähig (BVerwGE 24, 355, 358; 90, 220, 228; VGH Kassel ESVGH 21, 222, 223). Bloße Elemente eines Rechtsverhältnisses sind alle diejenigen Umstände, die für das Entstehen eines Rechts (oder einer diesem korrespondierenden Pflicht) Voraussetzung sind und für sich allein keine Rechte oder Pflichten begründen. Elemente sind somit insbes. die Tatbestandsmerkmale eines Rechtsverhältnisses (BVerwG NVwZ-RR 2004, 253, 254; OVG Münster NuR 2003, 706, 707). Wenn zu untersuchen ist, ob ein solches Element gegeben ist (z.B. ob ein Tatbestandsmerkmal einer Norm erfüllt ist), handelt es sich somit hinsichtlich des Rechtsverhältnisses zunächst um eine Vorfrage. Die Begriffe „Element", „Vorfrage" und „unselbständiger Teil" werden oft synonym gebraucht.

29　Anders als die hergebrachte Begrifflichkeit vermuten lässt, sind keine besonderen Abgrenzungskriterien zur Unterscheidung zwischen Elementen und selbständigen Teilen eines Rechtsverhältnisses erforderlich. Beide Begriffe stehen nämlich nicht auf derselben Stufe. Wie soeben bereits dargelegt wurde (→ Rn. 27), sind die selbständigen Teile schon für sich genommen Rechtsverhältnisse i.S.d. § 43 Abs. 1. Elemente eines Rechtsverhältnisses sind somit auch die Elemente eines sog. feststellungsfähigen Teils. Element und selbständiger Teil unterscheiden sich demnach darin, dass der jeweilige Betrachtungsgegenstand beim Element nur eine Rechtsentstehungsvoraussetzung und beim selbständigen Teil zumindest ein Recht selbst ist.

30　Zu differenzieren ist die Nichtfeststellungsfähigkeit der Vorfragen von der i.R. der Subsidiarität zu beachtenden Fallgestaltung, dass das Rechtsverhältnis selbst rechtliche Vorfrage eines anderweitigen Rechtsverhältnisses ist (→ Rn. 122 ff.).

31　**aa) Eigenschaften.** Regelmäßig sind *Eigenschaften einer Person* nur Vorfragen eines Rechtsverhältnisses, die also selbständig unmittelbar keine Rechte und Pflichten begründen. Solche Eigenschaften sind z.B. die Eignung oder Befähigung (für ein bestimmtes öffentliches Amt),[43] Zuverlässigkeit (hinsichtlich der Ausübung eines Gewerbes), Sachkunde (zum Umgang mit Waffen) und Geschäftsfähigkeit. Ausgenommen davon und somit feststellungsfähig sind diejenigen Eigenschaften, mit deren Vorliegen Statusrechte unmittelbar einhergehen: die Beamteneigenschaft, (deutsche) Staatsangehörigkeit[44], Eigenschaft als Statusdeutscher (Deutscher ohne deutsche Staatsangehörigkeit) i.S.v. Art. 116 Abs. 1 GG[45], Mitgliedschaft in einer Körperschaft des öffentlichen Rechts[46], Rechtsstellung als anerkannter Kriegsdienstverweigerer (BVerwGE 57, 321, 323) oder Eigenschaft als öffentlicher Weg (VGH Mannheim

---

41　Vgl. BVerwGE 36, 218, 225 f.; 92, 172, 174; 109, 74, 78 zur Fortsetzungsfeststellungsklage; BVerwGE 152, 204, 206 f.; OVG Münster DÖV 1961, 270; NWVBl 2004, 320, 321; VGH Kassel DÖV 1965, 857; VGH Mannheim ESVGH 48, 81, 82; DVBl 2001, 1280; M. *Happ*, in: Eyermann § 43 Rn. 20; M. *Möstl*, in: Posser/Wolff § 43 Rn. 2; W.-R. *Schenke*, in: Kopp/Schenke § 43 Rn. 12; *Schmitt Glaeser/Horn* Rn. 328; *Ule* § 32 II 4.

42　S. etwa BVerwGE 36, 218, 225: „Feststellungsfähig sind nicht nur das Rechtsverhältnis als Ganzes, sondern auch einzelne Berechtigungen und Verpflichtungen"; BVerwGE 109, 74, 78 zur Fortsetzungsfeststellungsklage; VGH Kassel DÖV 1965, 857.

43　BVerwG RiA 1988, 103, 104.

44　Kein feststellungsfähiges Rechtsverhältnis stellt hingegen das (Nicht-)Bestehen einer ausländischen Staatsangehörigkeit als Vorfrage in asyl- und ausländerrechtlichen Verfahren dar, vgl. P. *Wysk*, in: Wysk § 43 Rn. 33.

45　BVerwGE 90, 173; VGH Kassel ESVGH 49, 303 f. Zur umfassenden Bindungswirkung eines solchen Feststellungsurteils: BVerwG NVwZ 1993, 781. Ferner zum Feststellungsinteresse: BVerwG DÖV 2005, 481.

46　BVerwGE 25, 151, 156 – kommunaler Wasserverband; BVerwG NJW 1983, 2208 – Industrie- und Handelskammer.

DVBl 2012, 379). Die Eigenschaft stellt in diesen Fällen lediglich eine „abgekürzte Bezeichnung für ein Bündel von Berechtigungen und/oder Verpflichtungen"[47] dar.

Ebenso sind *Eigenschaften einer Sache* (z.B. die Bebaubarkeit eines Grundstücks [BVerwG BRS 32 **32** Nr. 149; VGH Kassel ESVGH 21, 222, 223], Arzneimitteleigenschaft eines Stoffes[48], Sonderabfalleigenschaft [OVG Koblenz NVwZ 1999, 676 – Andienungspflicht ist Feststellungsgegenstand], verunstaltenden Wirkung einer baulichen Anlage [OVG Berlin-Brandenburg NVwZ-RR 2010, 795, 796]) regelmäßig nur Vorfragen eines Rechtsverhältnisses, insbes. (Entstehungs-)Tatbestandsmerkmal eines Rechts oder einer Pflicht, sodass sie selbst nicht feststellungsfähig sind (OVG Münster NuR 2003, 706, 707).

Teilweise wird in der Lit. unter Hinweis auf Rspr. die Ansicht vertreten, Eigenschaften (von Personen **33** oder Sachen) seien abweichend vom soeben genannten Grundsatz feststellungsfähig, wenn „an deren Vorliegen das Bestehen von Rechten und Pflichten geknüpft" sei.[49] Diese Auffassung vermag nicht zu überzeugen. So ist bereits der Unterschied zwischen nicht-feststellungsfähigen Eigenschaften, die (nur) Voraussetzungen von Rechten und Pflichten sind, und feststellungsfähigen Eigenschaften, an deren Vorliegen das Bestehen von Rechten und Pflichten geknüpft ist, nicht ersichtlich. Die in Bezug genommene Judikatur lässt gar keine besonderen Eigenschaften erkennen; vielmehr beruhen die einschlägigen Entscheidungen auf einer großzügigen Auslegung oder Umdeutung des Klagebegehrens (→ Rn. 36). Entscheidend kam es den Gerichten insoweit auf die ein Rechtsverhältnis begründenden Rechte und Pflichten an, welche streitig waren.[50]

Im Schrifttum wird teilweise gefordert, Eigenschaften von Personen oder Sachen in den Kreis der fest- **34** stellungsfähigen Rechtsverhältnisse aufzunehmen; regelmäßig verberge sich nämlich hinter einem auf Feststellung einer Eigenschaft formulierten Antrag das Begehren auf Feststellung bestimmter Rechte und Pflichten, die davon abhingen.[51] Die Eigenschaft selbst ist jedoch kein Rechtsverhältnis. Soweit nach ihrer Formulierung auf Feststellung einer Eigenschaft gerichtete Anträge eigentlich die Feststellung eines Rechtsverhältnisses begehren, ist hinreichend Raum für eine Auslegung oder Umdeutung des Antrags (→ Rn. 36). Andernfalls würde das Problem nur in den Bereich des berechtigten Feststellungsinteresses verlagert (vgl. VGH Mannheim NVwZ 1999, 1242 f.).

bb) Qualifikation eines Vorgangs oder Handelns der Verwaltung. Schließlich ist die rechtliche Quali- **35** fikation eines Vorgangs oder Handelns der Verwaltung als rechtswidrig, schuldhaft, strafbar, Amtspflichtverletzung, fehlerhaft, unwirksam, nichtig etc. i.R. der allgemeinen Feststellungsklage nicht möglich.[52] Ausnahmsweise ist i.R. der Nichtigkeitsfeststellungsklage (§ 43 Abs. 1 Alt. 2) bzw. Fortsetzungsfeststellungsklage (§ 113 Abs. 1 S. 4) die Feststellung der Nichtigkeit bzw. Rechtswidrigkeit eines Verwaltungsakts statthaft.[53]

cc) Auslegung/Umdeutung des Feststellungsantrags. Problematisch ist es, wenn ein Feststellungsan- **36** trag sich vom Wortlaut her nur auf den materiellen Streitgegenstand bezieht, von dem die Beteiligten das Bestehen oder Nichtbestehen eines Rechtsverhältnisses als abhängig betrachten. Regelmäßig sind nur wenige Elemente eines Rechtsverhältnisses bzw. Merkmale seines Entstehungstatbestands streitig, welche somit eine Vorfrage des Rechtsverhältnisses bilden. So könnte ein ungenauer Antrag eben gerade darauf gerichtet sein, das Vorliegen oder Nichtvorliegen des umstrittenen Elements festzustellen und somit in der Sache eigentlich zu kurz greifen. Als Beispiele sind zu nennen: Anträge auf Feststellung, dass der Kläger kein Handwerker ist (BVerwGE 16, 92 f. – die Auslegung der Vorinstanz wurde

---

47 *W.-R. Schenke*, in: Kopp/Schenke § 43 Rn. 12; *H. Wöckel*, JA 2015, 205, 206.
48 BVerwGE 71, 318 f. – „Der Streit besteht über die Berechtigung des Beklagten, gegen die Klägerin vorzugehen."
49 *W.-R. Schenke*, in: Kopp/Schenke § 43 Rn. 13. Ebenso *H. v. Nicolai*, in: Redeker/v. Oertzen § 43 Rn. 3.
50 Vgl. OVG Münster OVGE 9, 32, 34; VGH Mannheim ESVGH 10, 138 – Streupflicht; VGH München DVBl 1960, 735, 736 – Streitgegenstand war das Recht, die Jagd auszuüben; BVerwG NVwZ 1987, 216, 217 – Streitgegenstand war der Inhalt der durch die erteilte Bescheinigung vermittelten Rechtsposition. Beispielhafte Formulierung bei OVG Koblenz NVwZ 1999, 676: „Die Kl. hat im Hinblick auf ihre geschäftlichen Betätigungsabsichten in der Zukunft ein berechtigtes Interesse an der Feststellung, ob die näher bezeichneten Werkstattrückstände der Andienungspflicht ... unterliegen oder nicht. Seinem Gegenstand nach bezieht sich das Feststellungsbegehren auf die rechtliche Qualifizierung des Ölfilter ...".
51 *J. Pietzcker*, in: Schoch/Schneider/Bier § 43 Rn. 16.
52 S. etwa VGH München 9.4.2003 – 24 B 02.646; *M. Happ*, in: Eyermann § 43 Rn. 16; *M. Möstl*, in: Posser/Wolff § 43 Rn. 4; *W.-R. Schenke*, in: Kopp/Schenke § 43 Rn. 13. Anders offenbar BVerwGE 109, 203, 209.
53 *M. Happ*, in: Eyermann § 43 Rn. 16.

korrigiert); dass ein bestimmter Stoff ein Arzneimittel darstellt;[54] dass ein Waldstück ein Eigenjagdbezirk ist (VGH München DVBl 1960, 735, 736). Regelmäßig wird sich jeweils hinter einem solchen Antrag erkennbar das Begehren verbergen, das Gericht möge das Bestehen oder Nichtbestehen von bestimmten Rechten oder Pflichten feststellen, die von dem ursprünglich ins Auge gefassten Element abhängen.[55] Eigentlicher Feststellungsgegenstand ist daher ein Rechtsverhältnis. In diesen Fällen wird es dem Gericht fast immer möglich sein, den Antrag nach dem erkennbaren Rechtsschutzbegehren des Klägers auszulegen oder umzudeuten. Dies ist gem. § 88 auch zulässig. Die Auslegung/Umdeutung des Feststellungsantrags sollte mit Rücksicht auf die Rechtsschutzgarantie des Art. 19 Abs. 4 GG eher großzügig erfolgen. Nur wenn das unselbständige Teil, Element oder die Vorfrage selbst eigentlicher Gegenstand des Rechtsstreits sein *soll*, ist die allgemeine Feststellungsklage unzulässig.

37   **e) Drittrechtsverhältnisse.** Das Rechtsverhältnis, dessen Feststellung der Kläger begehrt, muss nicht notwendig zwischen diesem und dem Beklagten, also den Beteiligten des Feststellungsprozesses, bestehen.[56] Gegenstand der Feststellungsklage kann zum einen ein *Rechtsverhältnis zwischen dem Beklagten und einem Dritten* sein. Ferner kommt auch ein *Rechtsverhältnis zwischen dem Kläger und einem Dritten* in Betracht, sodass der Beklagte nicht Beteiligter des Rechtsverhältnisses zu sein braucht, dessen Bestehen oder Nichtbestehen nach dem Willen des Klägers festgestellt werden soll (OVG Münster NWVBl 1993, 262, 263 f.). Vom Wortlaut des § 43 Abs. 1 ist auch ein *Rechtsverhältnis* erfasst, welches nur *zwischen Dritten* besteht.[57]

38   In solchen Konstellationen – insbes. wenn der Beklagte nicht einmal Beteiligter des der Feststellungsklage gegenständlich zugrunde liegenden Rechtsverhältnisses ist – müssen allerdings besonders hohe Anforderungen an die Zulässigkeit der Klage gestellt werden. Umstr. ist, welche Anforderungen die Zulässigkeit begrenzen sollen.

39   Rspr. und die überwiegende Auffassung in der Lit. fordern, dass von dem festzustellenden Rechtsverhältnis *auch eigene Rechte des Klägers abhängen*. Innerhalb dieses Ansatzes ist die dogmatische Begründung der Restriktion str. Diese soll sich nach einer Ansicht aus einer analogen Anwendung des § 42 Abs. 2 ergeben.[58] Nach a.A. ist das Erfordernis der Rechtsabhängigkeit nur eine besondere Ausgestaltung des berechtigten Feststellungsinteresses (so wohl BVerwG NVwZ 1985, 112, 113; VGH München NJW 1992, 929). Schließlich wird vertreten, eine solche Restriktion ergebe sich aus der Teleologie der Feststellungsklage, weil wegen der auf die Prozessbeteiligten beschränkten Bindungswirkung der gerichtlichen Entscheidung der Prozess nur dann eine Befriedungsfunktion aufweise, wenn Rechtsbeziehungen zwischen den Beteiligten zumindest präjudiziert würden.[59]

40   Eine analoge Anwendung des § 42 Abs. 2 auf die allgemeine Feststellungsklage ist jedoch abzulehnen, da eine regelungsbedürftige Gesetzeslücke nicht vorhanden ist (→ § 42 Rn. 374). Die Zulässigkeitskriterien einer Klageart sind nicht an den konkreten Fall anzupassen, sondern der Fall ist an feststehenden Zulässigkeitsvoraussetzungen zu messen. Abzulehnen sind überdies Versuche, durch die „Hintertür" eine Interessentenklage zur Verletztenklage zu mutieren, indem die Voraussetzungen des § 42 Abs. 2 einfach in das „berechtigte Interesse" transplantiert werden. Die Ausgestaltung der allgemeinen Feststellungsklage als Interessentenklage (zu diesem Begriff → § 42 Rn. 365) spricht ferner dagegen, dass die Voraussetzung der Betroffenheit in eigenen Rechten eine dem § 43 Abs. 1 immanente teleologische Schranke ist.

41   Allein das berechtigte Feststellungsinteresse vermittelt der allgemeinen Feststellungsklage also den subjektiven Bezug und grenzt diese ausreichend von der Popularklage ab. Die Anforderungen an ein berechtigtes Interesse sind in Fällen, in denen kein zwischen Kläger und Beklagtem bestehendes Rechtsverhältnis festgestellt werden soll, eben schwerer zu erfüllen: Der Kläger muss nachweisen, dass

---

54   BVerwGE 71, 318 f. – klarstellende Formulierung des Antrags machte Umdeutung wohl entbehrlich.

55   *D. Ehlers*, Jura 2007, 179, 182; *J. Pietzcker*, in: Schoch/Schneider/Bier § 43 Rn. 16; *W. Selb*, Feststellungsklage, 1998, 33 f.

56   BVerwGE 39, 247, 248; 50, 60, 62; 117, 93, 116; BVerwG NJW 1997, 3257 f.; OVG Münster DVBl 1993, 60, 61; VGH Mannheim VBlBW 1998, 101, 103; *H. v. Nicolai*, in: Redeker/v. Oertzen § 43 Rn. 10; *Schmitt Glaeser/Horn* Rn. 333. A.M. *J. Pietzcker*, in: Schoch/Schneider/Bier § 43 Rn. 22 ff.; *C. Trzaskalik*, Rechtsschutzzone, 1978, 156 ff. und 166 f.

57   *W.-R. Schenke*, in: Kopp/Schenke § 43 Rn. 16.

58   S. BVerwGE 100, 262, 271; OVG Münster DVBl 1993, 60, 61; *M. Happ*, in: Eyermann § 43 Rn. 22.

59   *Schenke* Rn. 409; vgl. auch *C. Trzaskalik*, Rechtsschutzzone, 1978, 156 f., der aber i.E. die Feststellungsfähigkeit von Drittrechtsverhältnissen ablehnt.

sein individuelles Feststellungsinteresse gerade gegenüber dem Beklagten besteht.[60] Gelingt ihm dieser Nachweis nicht, ist die Feststellungsklage unzulässig.

Zu prüfen ist, ob sich hinter einem der Formulierung nach auf die Feststellung eines Drittrechtsverhältnisses gerichteten Antrag eigentlich das Begehren auf Feststellung eines zwischen dem Kläger und dem Beklagten bestehenden Rechtsverhältnisses versteckt (vgl. BVerwGE 114, 356, 358 f.). Dann ist durch Auslegung oder Umdeutung des Antrags (zur Auslegung und Umdeutung des Antrags → Rn. 36) in erster Linie auf diese Rechtsbeziehung abzustellen, sofern nicht ausdrücklich gerade das Drittrechtsverhältnis Feststellungsgegenstand sein soll. Das berechtigte Interesse wird dann eher zu erkennen sein. 42

f) Konkreter und überschaubarer Sachverhalt. Ein problematisches Spannungsverhältnis bildet i.R. 43 der allgemeinen Feststellungsklage die *Abgrenzung zwischen einem feststellungsfähigen Rechtsverhältnis und einer bloßen, mehr oder weniger abstrakten Rechtsfrage.* Notwendig ist diese Abgrenzung, weil es nicht Aufgabe der Gerichte ist, ohne einen typischen Fallbezug Rechtsgutachten zu erstatten, Auskunft über die allgemeine Rechtslage zu geben oder über abstrakte Rechtsfragen zu entscheiden, sofern der Gesetzgeber nicht ausdrücklich die abstrakte Normenkontrolle vorgesehen hat. Fraglich kann daher nur sein, nach welchen Kriterien sich die Abgrenzung vornehmen lässt.

Rspr. und Lit. verlangen einen *konkreten und überschaubaren Sachverhalt* als Bezugsgegenstand des 44 Feststellungsbegehrens.[61] Ein derartiger Sachverhalt zeichnet sich dadurch aus, dass Rechtsfragen hinsichtlich eines Einzelfalls relevant werden und in Bezug auf diesen Fall entschieden werden können. Von einem Einzelfall lässt sich erst dann sprechen, wenn das dem Klagevortrag zugrunde gelegte *Geschehen zeitlich und örtlich festgelegt* ist und die *Beteiligten individualisiert* sind. Zu beachten ist, dass die Überschaubarkeit im Hinblick auf das dem Klagevortrag „zugrunde gelegte" Geschehen gegeben sein muss und es nicht darauf ankommt, ob der Klagevortrag selbst überschaubar ist. Es ist nicht möglich, der Feststellungsklage dadurch Einzelfallbezug zu verleihen, indem in der Klageschrift ein fiktives Geschehen konkret umrissen oder konkret geschildert wird. Kein konkreter Sachverhalt ist nämlich auch der erdachte oder nur als möglich vorgestellte, der nur bei einer vom regelmäßigen Verlauf der Dinge erheblich abweichenden Entwicklung eintreten kann.[62] Dies bedeutet allerdings nicht, dass der Sachverhalt in allen Einzelheiten festgelegt oder – insbes. bei zukünftigen Rechtsverhältnissen – unabänderlich sein muss. Bei nachrichtendienstlichen Maßnahmen kann der Bürger in Beweisnot geraten, da das BVerwG die bloße Möglichkeit einer tatsächlichen Betroffenheit auch in diesem Kontext nicht ausreichen lässt.[63]

Keine wesentlichen Unterschiede ergeben sich daraus, dass die Feststellungsklage auch auf das Nicht- 45 bestehen eines Rechtsverhältnisses gerichtet sein kann (*negative Feststellungsklage*), da es sich dabei nur um eine unterschiedliche Sichtweise in Bezug auf dasselbe Problem handelt. Der Klagegegner geht in Fällen einer negativen Feststellungsklage vom Bestehen des Rechtsverhältnisses aus (vgl. BVerwGE 77, 214, 215; BVerwG NJW 2004, 1815).

Das allgemeine Staat-Bürger-Verhältnis ist kein feststellungsfähiges Rechtsverhältnis i.S.d. § 43 Abs. 1, 46 enthält jedoch vielfältige Rechte und Pflichten, die „latent" zum Gegenstand eines Rechtsverhältnisses werden können.[64] Bestimmte Ereignisse können eine *Verdichtung der Beziehungen* bewirken und ein feststellungsfähiges *Rechtsverhältnis auf förmliche oder formlose Weise begründen*, welches die Merkmale des Einzelfalls aufweist. Die stärkste förmliche Verdichtung dürfte der Verwaltungsakt sein. Gerade für ihn sieht die VwGO in § 42 Abs. 1 spezielle Klagearten vor. Als formlose Verdichtung kommen Realakte in Betracht wie z.B. die Drohung der Behörde mit einer Strafanzeige, das Berühmen der Behörde, bestimmte belastende Maßnahmen erlassen zu dürfen, eine schriftliche Mitteilung mit dem Inhalt, dass die Versammlungseigenschaft verneint (BVerwGE 129, 42, 43) oder die Arzneimitteleigen-

---

60 Vgl. BVerwGE 117, 93, 116. Wie hier auch *R. Wahl/P. Schütz*, in: Schoch/Schneider/Bier § 42 Abs. 2 Rn. 29.

61 BVerwGE 149, 359, 364 f. m.w.N.; OVG Münster NVwZ-RR 2014, 923 f.; VGH Kassel NJW 1979, 997; *A. Glaser*, in: Gärditz § 43 Rn. 36; *P. Kunig*, Jura 1997, 326, 327; *B. Kienemund*, in: Brandt/Sachs M Rn. 107; *M. Möstl*, in: Posser/Wolff § 43 Rn. 5; *W.-R. Schenke*, in: Kopp/Schenke § 43 Rn. 17. A.M. *D. Ehlers*, Jura 2007, 179, 182 f.

62 BVerwGE 14, 235, 236; BVerwG NJW 1990, 1866; *A. Glaser*, in: Gärditz § 43 Rn. 36; *W.-R. Schenke*, in: Kopp/Schenke § 43 Rn. 17 f. A.M. *M. Happ*, in: Eyermann § 43 Rn. 21, der nur das berechtigte Interesse an einer baldigen Feststellung anzweifelt.

63 BVerwGE 149, 359 ff. Krit. *F. Hufen*, JuS 2015, 670, 672.

64 *Hufen* § 18 Rn. 11.

schaft eines Produkts bejaht wird (BVerwG NVwZ-RR 2015, 420, 422; OVG Münster NVwZ 2013, 1553 f.), sowie ruf- oder geschäftsschädigende Auskünfte und Warnungen (→ § 42 Rn. 183). Eine Verdichtung erfolgt ferner durch Rechts- oder Realakte, die mit einem Eingriff in ein Grundrecht einhergehen.[65]

47 Besondere Bedeutung gewinnt die Frage nach dem Vorliegen eines konkreten und überschaubaren Sachverhalts bei Feststellungsklagen als Mittel des *vorbeugenden Rechtsschutzes* (hierbei sind gegenwärtige Rechtsverhältnisse Feststellungsgegenstände) und bei der Feststellung von zukünftigen Rechtsverhältnissen; denn zur Ermittlung der Grenze zwischen Rechtsverhältnis und abstrakter Rechtsfrage ist nicht die zeitliche Dimension, sondern ein überschaubarer Sachverhalt als Grundlage eines Feststellungsbegehrens maßgebend (→ Rn. 21 f.).

48 Ein konkreter Sachverhalt ist gegeben, wenn die Behörde mit einem Bußgeldbescheid oder einer Strafanzeige für den Fall droht, dass ein bestimmtes Verhalten weiter ausgeübt wird, welches der Adressat der Drohung für rechtmäßig hält.[66] Ausreichend ist auch die Ankündigung, den Vorgang unter bestimmten Bedingungen an die Bußgeldstelle, Staats- oder Amtsanwaltschaft abzugeben (VGH Kassel GewArch 1986, 223, 224), bzw. die Drohung mit „den gesetzlich zulässigen Maßnahmen" (OVG Münster DVBl 1961, 885, 886). Eine Verdichtung liegt ferner vor, wenn konkrete Beanstandungen der Behörde vorliegen, die strafrechtlich bzw. ordnungswidrigkeitenrechtlich relevant sind, die Behörde jedoch vorerst auf Maßnahmen verzichtet (BVerwGE 16, 92, 93 f.; 71, 318, 319; VGH München VGHE N. F. 27, 75 f.); hier kann bereits die Kundgabe einer (vorläufigen) Rechtsauffassung ausreichen (BVerwG NVwZ-RR 2015, 420, 422; OVG Münster NVwZ 2013, 1553 f.). Ein Rechtsverhältnis ist hingegen regelmäßig *nicht* gegeben, wenn keine Beanstandung der Behörde vorliegt und diese keine Maßnahmen angedroht hat (BVerwGE 77, 207, 211) oder der Kläger im Vorfeld der Klageerhebung keine Anfragen oder Anträge an die Behörde gerichtet hat und erstmals mit der Erhebung der Klage ein Begehren geltend macht (BVerwG NVwZ-RR 2015, 420, 421). Denkbar ist es jedoch, dass durch das Vorbringen der Behörde im Prozess eine Konkretisierung eintreten kann (vgl. BVerwG NVwZ-RR 2015, 420, 421).

49 Die Drohung mit einem Bußgeldverfahren oder einer Strafanzeige gegen einen verantwortlichen Angestellten eines Unternehmens begründet gleichzeitig ein (zusätzliches) konkretes Rechtsverhältnis zum Unternehmen selbst.[67] Umgekehrt lässt auch ein Vorgehen gegen das Unternehmen ein Rechtsverhältnis zu dem verantwortlichen Angestellten entstehen (VGH Kassel GewArch 1986, 223, 224).

50 Ein Einzelfallbezug kann auch dann nicht verneint werden, wenn sich die Behörde bestimmter Rechte/Kompetenzen berühmt oder eine ihr gegenüber bestehende Pflicht des Bürgers behauptet. Insbes. gehören dazu die Fälle, in denen nach Ansicht der Behörde eine Tätigkeit (z.B. Gewerbeausübung) der behördlichen Erlaubnis bedarf.[68] Voraussetzung ist nach der Rspr. jedoch auch hier die Androhung einer Verwaltungsmaßnahme, zumindest eine konkrete Beanstandung (BVerwGE 16, 92, 93; 71, 318, 319; 77, 207, 212 f.; BVerwG NVwZ 2009, 1170, 1171). Sofern ein solches Aufgreifen des Falles durch die Behörde nicht vorliegt, soll eine verwaltungsgerichtliche Feststellungsklage nicht schon deshalb zulässig sein, weil die Rechtsfrage in einem Straf- oder Bußgeldverfahren erheblich zu sein vermag (BVerwGE 77, 207, 212 f.). So können sich erhebliche Probleme für denjenigen ergeben, der sich über den Umfang straf- oder bußgeldbewehrter verwaltungsrechtlicher Pflichten im Unklaren ist, wenn die Behörde sich nachhaltig weigert, Maßnahmen zu ergreifen, Beanstandungen vorzunehmen oder auch nur ihre Rechtsauffassung verbindlich zu äußern. Es ist dann davon auszugehen, dass die zuständige Behörde die Entstehung eines Rechtsverhältnisses nicht dauerhaft verhindern kann, indem

---

65 Vgl. BVerwG NJW 1997, 2534 (Einsatz verdeckter Ermittler); BVerwGE 136, 54, 58 (Erlass einer Rechtsverordnung über Mindestlohn); BVerwGE 137, 171, 172 f. (Erklärungen einer IHK); BVerwGE 141, 223, 224 f. (Hinweis einer Schulleiterin); BVerwGE 149, 359, 365 (Überwachung der Telekommunikation); OVG Münster NJW 1997, 1176 (Ausstrahlung einer Rundfunksendung); OVG Weimar NVwZ-RR 2011, 323 (verdeckte Ermittlungen eines Sozialdetektivs); VG Berlin NVwZ 2010, 1442 (polizeiliche Beobachtung eines Versammlungsteilnehmers); VG München NVwZ 2000, 461 (Sichtbehinderung durch Polizeifahrzeug).

66 BVerwGE 89, 327, 331; OVG Münster NVwZ-RR 1997, 264 (LS); 26.10.2010 – 13 A 929/10, juris Rn. 12; *C. L. Lässig*, NVwZ 1988, 410 f.

67 OVG Münster DB 1994, 1517; ZLR 1996, 603, 604 f.; *A. Dickersbach*, GewArch 1989, 41, 48 f.; *W.-R. Schenke*, in: Kopp/Schenke § 43 Rn. 24. A.M. hingegen BVerwGE 89, 327, 331; VGH Kassel ZLR 1994, 423, 428 ff.

68 Vgl. BVerwGE 14, 202, 203; 39, 247, 248; 77, 214, 215 f.; OVG Münster NVwZ-RR 2014, 796, 797; *H. Dreier*, NVwZ 1988, 1073, 1074 f.

sie sich weigert, hinsichtlich der ihren Aufgabenkreis betreffenden Rechtsfragen eine Meinung zu bilden und diese kundzutun.[69] In diesem Falle muss eine verwaltungsgerichtliche Klärung der Rechtsfragen möglich sein (→ Rn. 86). Die Entstehung eines Rechtsverhältnisses setzt nicht voraus, „dass zwischen Normadressat und normanwendender Behörde etwa schriftlich ausgetauschte Divergenzen offenkundig geworden sein müssten"; in diesem Zusammenhang kann auch nicht davon ausgegangen werden, dass eine Behörde tatenlos zusehen und von ihren Befugnissen keinen Gebrauch machen würde, wenn ein Normadressat unter Missachtung von gesetzlichen Bestimmungen, welche dem Aufgabenbereich dieser Behörde zuzuordnen sind, bspw. von ihm hergestellte Produkte in den Verkehr brächte (BVerwG NVwZ 2007, 1311, 1313 f.).

Bei *zukünftigen Rechtsverhältnissen* sind an das Erfordernis eines überschaubaren Sachverhalts keine 51
zu strengen Anforderungen zu stellen.[70] Ein erdachter Sachverhalt ist jedenfalls nicht deshalb gegeben, weil der in der Zukunft liegende, die Tatbestandsseite einer Rechtsnorm erfüllende und deren Rechtsfolge auslösende Vorgang nicht unabwendbar ist. Vielmehr ist bei einem in vielerlei Variationen vorkommenden Geschehen allein auf den im Regelfall eintretenden Sachverhalt abzustellen; denkbare atypische Umstände sind außer Betracht zu lassen.[71] Daher reicht es, wenn die Entstehung des Rechtsverhältnisses gewiss oder überwiegend wahrscheinlich ist.[72]

Fraglich ist, ob zwischen Erhebung der Feststellungsklage und Entstehung des Rechtsverhältnisses ein 52
enger zeitlicher Zusammenhang bestehen muss (z.B. ob hinsichtlich eines geplanten Vorhabens schon jetzt konkrete Dispositionen erforderlich sind, deren spätere Entwertung droht). Die zeitliche Ferne der Entstehung des Rechtsverhältnisses betrifft, sofern bei Abstellen auf den Regelfall die Entstehung dennoch gewiss oder überwiegend wahrscheinlich ist, nicht die Überschaubarkeit des Sachverhalts und damit nicht das Vorliegen eines feststellungsfähigen Rechtsverhältnisses. Relevant wird der zeitliche Zusammenhang jedoch beim Feststellungsinteresse (→ Rn. 102 f.).

Nach diesen Grundsätzen sind auch *aufschiebend bedingte oder betagte Ansprüche* feststellungsfähig. 53
Die von einer älteren Rspr. übernommene Formulierung, ein solcher Anspruch sei feststellungsfähig, wenn die den Anspruch begründenden Tatsachen vorlägen und lediglich der Eintritt der Bedingung noch ausstehe bzw. „wenn eine Verbindlichkeit noch nicht entstanden, aber für sie Grund gelegt" sei „in der Art, daß ihre Entstehung nur vom Eintritt weiterer Umstände oder vom Zeitablauf" abhänge (BVerwGE 38, 346, 347), dürfte heute nur insoweit eigenständige Bedeutung zukommen, als nach ihr auch die Feststellungsfähigkeit in Fällen einer wahrscheinlich nicht eintretenden Bedingung bejaht werden könnte. Dies sollte jedoch lediglich dann angenommen werden, wenn die Beteiligten ausdrücklich eine solche unwahrscheinliche Bedingung vereinbart und zum Gegenstand ihrer Beziehungen gemacht haben; denn in der ausdrücklichen Vereinbarung liegt dann bereits eine Verdichtung der Beziehungen.

g) Meinungsstreitigkeit als notwendige Voraussetzung eines Rechtsverhältnisses? In der Rspr.[73] und 54
teilweise in der Lit.[74] wird die Ansicht vertreten, konstitutives Merkmal eines Rechtsverhältnisses sei das Vorliegen eines Meinungsstreits zwischen den Beteiligten hinsichtlich bestimmter Rechte und Pflichten: „Rechtliche Beziehungen eines Beteiligten zu einem andern haben sich mithin erst dann zu einem bestimmten konkretisierten Rechtsverhältnis verdichtet, wenn die Anwendung einer bestimmten Norm des öffentlichen Rechts auf einen bereits überschaubaren Sachverhalt streitig ist" (BVerwGE 89, 327, 329).

---

69 Vgl. VGH München GewArch 2003, 260, wonach eine an die Behörde gerichtete Anfrage zur Rechtmäßigkeit des Automatenbetriebs ausreicht. Offen gelassen hingegen von *J. Pietzcker*, in: Schoch/Schneider/Bier § 43 Rn. 20.
70 *W.-R. Schenke*, in: Kopp/Schenke § 43 Rn. 18; vgl. auch *A. Dickersbach*, GewArch 1989, 41, 46; *H. Siemer*, FS Menger, 1985, 501, 513.
71 BVerwG NVwZ 1990, 1173 (LS); NJW 1990, 1866 – Eintritt eines vorzeitigen Versorgungsfalls innerhalb von vier Jahren bei 56-jährigem Beamten ist ein unregelmäßiger Verlauf.
72 *H. Sodan/S. Kluckert*, VerwArch 94 (2003), 3, 8.
73 BVerwGE 16, 92, 93; 38, 346, 347; 89, 327, 329; 100, 262, 265; OVG Münster NVwZ 2013, 1553; VGH Kassel ESVGH 47, 161, 165; VGH München 9.4.2003 – 24 B 02.646.
74 *P. Kunig*, Jura 1997, 326, 327; *Schmitt Glaeser/Horn* Rn. 329; wohl auch *A. Glaser*, in: Gärditz § 43 Rn. 40.

55   Diese Auffassung wird jedoch vom überwiegenden Teil des Schrifttums zu Recht abgelehnt.[75] Zwar trifft es zu, dass eine Feststellungsklage regelmäßig nicht zulässig sein kann, wenn zwischen den Beteiligten hinsichtlich des Feststellungsgegenstands gar keine Meinungsverschiedenheiten vorliegen (vgl. aber → Rn. 89, 50). In einem solchen Fall scheitert die Klage aber nicht etwa daran, dass sie sich nicht auf einen zulässigen Feststellungsgegenstand – nämlich ein Rechtsverhältnis – bezieht.[76] Es ist dann schlicht kein Bedürfnis für eine richterliche Entscheidung vorhanden. Ob ein Meinungsstreit vorliegt oder nicht, ist somit eine Frage des berechtigten Feststellungsinteresses.

56   Dieses Ergebnis wird auch dem Willen des historischen Gesetzgebers gerecht: Das Institut der Feststellungsklage im Zivilprozess war bei Schaffung der VwGO im Jahre 1960 schon lange vorhanden und dogmatisch ausgebaut. Das Erfordernis eines Streits zwischen den Parteien wird dort dem „rechtlichen Interesse" i.S.d. § 256 Abs. 1 ZPO zugeordnet.[77] Dem Willen des Gesetzgebers bei der Schaffung der VwGO entsprach es aber, das Rechtsverhältnis „im öffentlichen Recht weiter und elastischer als im bürgerlichen Recht auszulegen" (BT-Drs. 3/1094, 5).

57   **h) Feststellung eines Anspruchs auf Erlass einer untergesetzlichen Norm.** Mit der allgemeinen Feststellungsklage kann die Feststellung eines Anspruchs auf Erlass oder Änderung einer untergesetzlichen Norm, also einer Norm im Rang *unter* den Gesetzen im *formellen* Sinne, begehrt werden.[78]

58   **i) Überprüfung der Gültigkeit oder Unanwendbarkeit einer Norm.** Mit der allgemeinen Feststellungsklage (§ 43 Abs. 1 Alt. 1) kann die Gültigkeit oder Anwendbarkeit von parlamentsgesetzlichen[79] und untergesetzlichen[80] Normen im verwaltungsgerichtlichen Verfahren überprüft werden. Die Gültigkeit einer Norm selbst kann jedoch nur in Ausnahmefällen zum Gegenstand einer verwaltungsgerichtlichen Klage gemacht werden. Sofern es sich um ein Parlamentsgesetz handelt, ist für die unmittelbare Überprüfung der Verfassungsmäßigkeit eines Gesetzes wegen Vorliegens einer verfassungsrechtlichen Streitigkeit der Verwaltungsrechtsweg nicht eröffnet (→ § 40 Rn. 234). Bei untergesetzlichen Normen scheidet die allgemeine Feststellungsklage deshalb aus, weil die Gültigkeit oder Nichtigkeit einer Norm eine rechtliche Qualifizierung ist, die kein feststellungsfähiges Rechtsverhältnis i.S.d. § 43 Abs. 1 Alt. 1 darstellt (→ Rn. 35). Nur nach Maßgabe des § 47 können untergesetzliche Normen zulässigerweise selbst zum Streitgegenstand einer verwaltungsgerichtlichen Klage werden.

58a   Die allgemeine Feststellungsklage eröffnet jedoch die Möglichkeit, die Gültigkeit einer Norm dadurch im verwaltungsgerichtlichen Verfahren *inzident* überprüfen zu lassen, indem die Feststellung begehrt wird, „dass wegen Ungültigkeit oder Unanwendbarkeit einer Rechtsnorm kein Rechtsverhältnis zu dem anderen Beteiligten begründet ist" (BVerfG [K] NVwZ-RR 2016, 1, 2; BVerwG NVwZ 2007, 1311, 1312). I.R. der Feststellung des Bestehens oder Nichtbestehens eines Rechtsverhältnisses kann eine *Inzident*kontrolle der Gültigkeit einer gesetzlichen Norm erfolgen, selbst wenn die Normprüfung der eigentliche Zweck der Feststellungsklage ist[81] (→ § 42 Rn. 51; → § 47 Rn. 92). Gegenstand einer solchen Feststellungsklage ist allerdings nicht unmittelbar die gesetzliche Norm, sondern es sind die von deren Gültigkeit abhängigen Rechte und Pflichten.[82] Auf diesem Weg kann selbst die Gültigkeit von formellen Gesetzen und von Normen des Europäischen Unionsrechts zur gerichtlichen Überprü-

---

75   S. etwa *A. Dickersbach*, GewArch 1989, 41, 45; *D. Ehlers*, Jura 2007, 179, 182; *M. Happ*, in: Eyermann § 43 Rn. 25; *M. Möstl*, in: Posser/Wolff § 43 Rn. 5; *W.-R. Schenke/W. Roth*, WiVerw 1997, 81, 134 ff. m.w.N.; *H. Siemer*, FS Menger, 1985, 501, 509 f.

76   Das Bestehen von Rechten und Pflichten hängt nicht davon ab, ob ein anderer sie bestreitet oder auf sie recht- bzw. unrechtmäßig einwirkt.

77   S. etwa *A. Schönke/K. Kuchinke*, Zivilprozeßrecht, ⁹1969, 183 f.; *Baumbach/Lauterbach/Albers/Hartmann* § 256 Rn. 35.

78   VerfGH NRW NVwZ 2015, 368, 369; BVerwG NVwZ 2002, 1505 f. – Änderung einer Rechtsnorm; *A. Glaser*, in: Gärditz § 43 Rn. 25 f. S. dazu näher → § 42 Rn. 46 ff., insbes. → Rn. 49 f.; *H. Sodan*, NVwZ 2000, 601, 608 f. Vgl. andererseits jedoch BSGE 86, 223, 225.

79   Beispiele: Gültigkeit landesrechtlicher Bestimmungen über Weisungsbefugnisse eines Privaten gegenüber Beamten (BVerwGE 150, 366, 369, 375); Anwendbarkeit von § 29 Abs. 2 BJagdG (VGH München DVBl 2015, 448 f.); Anwendbarkeit von § 3 Abs. 1 NiSchG NRW auf E-Zigaretten (OVG Münster NVwZ-RR 2015, 211). Zum Rechtsschutz gegen untergesetzliche Normen *W.-R. Schenke*, NVwZ 2016, 720 ff.

80   Beispiele: Gültigkeit der Festlegung von Flugrouten durch Rechtsverordnung (BVerwGE 111, 276, 278 ff.; BVerwG NVwZ 2015, 656, 661); Gültigkeit von § 6 Abs. 4 S. 5 VerpackVO 2008 (BVerwGE 152, 1 ff.); Gültigkeit einer Rechtsverordnung über Ladenöffnungszeiten (OVG Münster NVwZ-RR 2016, 868).

81   Zum Verhältnis von §§ 43 und 47 auch BVerfGE 115, 81, 95 f.; BVerwGE 111, 276, 278 f.; 136, 54, 57 f.

82   *A. Glaser*, in: Gärditz § 43 Rn. 19; vgl. *W.-R. Schenke*, NVwZ 2016, 720 f.

fung gelangen. Bejaht ein Verwaltungsgericht die Unvereinbarkeit eines Parlamentsgesetzes mit dem GG, muss es das Verfahren aussetzen und die Entscheidung des BVerfG gem. Art. 100 Abs. 1 GG einholen (OVG Koblenz NVwZ 2008, 97). Im Falle von Zweifeln hinsichtlich der Gültigkeit von Unionsrecht hat das Verwaltungsgericht eine Vorabentscheidung des EuGH nach Art. 267 AEUV einzuholen.[83] Bei untergesetzlichen Normen liegt in einem solchen prozessualen Vorgehen auch keine Umgehung des § 47 (BVerwGE 136, 54, 57).

Im Regelfall eröffnet sich ein *Rechtsverhältnis zwischen Normadressat und Normanwender* (BVerwG NVwZ 2007, 1311, 1313; BVerwGE 136, 54, 59) wobei als Normanwender der Rechtsträger der Vollzugsbehörde zu verstehen ist. Dies gilt grds. auch für sog. „Self-executing"-Normen, d.h. solche, aus denen sich ohne verwaltungsmäßige Umsetzung bereits Rechte und Pflichten ergeben. „Auch bei solchen Normen können sich normbetroffene Personen und eine die Norm vollziehende Behörde gegenüberstehen, die die Regelungen konkretisiert oder individualisiert und Anordnungen für den Einzelfall aufgrund gesetzlicher Befugnisse trifft. In solchen Fällen muss die Feststellung eines konkreten streitigen Rechtsverhältnisses zwischen Normadressat und Normanwender geklärt werden und nicht eine Rechtsbeziehung zum Normgeber" (BVerwGE 136, 54, 59 f.). Im Regelfall ist auch die Überwachung der Befolgung von „Self-executing"-Normen durch die Normadressaten Behörden als Verwaltungsaufgabe anvertraut. Im Rahmen dieser Überwachungstätigkeit kann es insbes. durch ordnungsbehördliche Maßnahmen oder die Androhung bzw. Einleitung eines Bußgeld- oder Strafverfahrens zur Entstehung eines Rechtsverhältnisses i.S.d. § 43 Abs. 1 Alt. 1 kommen (vgl. → Rn. 43 ff.). Als einschlägige verwaltungsrechtliche Rechtsverhältnisse, deren Bestehen oder Nichtbestehen von der Gültigkeit einer Norm abhängen können, sind hier vor allem die Eingriffsbefugnis der Behörde oder die Berechtigung des Bürgers, entgegen der (für ungültig erachteten) Norm zu handeln, zu nennen.

58b

Im Regelfall „besteht kein *Rechtsverhältnis zwischen Normadressat und Normgeber*, da letzterer an der Umsetzung der Norm gegenüber dem Adressaten nicht beteiligt ist" (BVerwG NVwZ 2007, 1311, 1313 – Hervorhebung vom Verf.). Dies gilt vor allem dann, wenn die inzident streitige Norm durch den Bundesgesetzgeber erlassen wurde, aber von Landesbehörden zu vollziehen ist (Art. 30, 83 ff. GG), sodass ggf. das verklagte Land eine nicht von ihm erlassene Norm im Verwaltungsprozess zu verteidigen hat. Ausnahmsweise kann aber eine allgemeine Feststellungsklage gegen den Normgeber in Betracht kommen. Über „den Ausnahmefall der zulässigen Normerlassklagen hinaus" ist eine Feststellungsklage gegen den Normgeber zulässig, „wenn mangels administrativen Vollzugs kein konkretes Rechtsverhältnis zwischen Normanwender und Normadressat begründet, die Rechtsbeeinträchtigung bereits unmittelbar durch die Norm bewirkt wird und effektiver Rechtsschutz nur im Rechtsverhältnis zwischen Normgeber und Normadressat gewährt werden kann" (BVerwGE 136, 54, 59).[84] Dies kann bspw. dann der Fall sein, wenn sich eine öffentlich-rechtliche Norm im Privatrechtsverkehr auswirkt und eine Konkretisierung oder Individualisierung durch Maßnahmen des Verwaltungsvollzugs nicht vorgesehen ist. Bspw. hat das BVerwG eine allgemeine Feststellungsklage gegen den Bund für zulässig erachtet, mit welcher die Gültigkeit einer Rechtsverordnung des Bundes inzident überprüft werden sollte, die tarifvertraglich vereinbarte Mindestlöhne in der Briefdienstleistungsbranche auf alle nicht an den Tarifvertrag gebundenen Arbeitgeber und Arbeitnehmer erstreckte; die klagenden Unternehmen mussten sich auch nicht mit Blick auf die Subsidiarität der allgemeinen Feststellungsklage (§ 43 Abs. 2 S. 1) darauf verweisen lassen, die Frage der Lohnhöhe vor den Arbeitsgerichten mittels Verteidigung gegen Leistungsklagen der Arbeitnehmer auf Lohnzahlung klären zu lassen, weil die Feststellungsklage effektiveren Rechtsschutz bietet.[85] Fehlt ein Verwaltungsvollzug, wird das streitgegenständliche Rechtsverhältnis vor allem durch die Grundrechte der Normadressaten konkretisiert. Das BVerwG lässt hier die Feststellung zu, dass eine Norm subjektiv-öffentliche Rechte (z.B. Grundrechte) verletzt (vgl. BVerwGE 136, 54, 57). Die Rechtsverletzung stellt jedoch selbst kein Rechtsverhältnis i.S.d. § 43 Abs. 1 Alt. 1 dar (vgl. → Rn. 35). Richtigerweise bezieht sich ein derart formuliertes Klagebegehren darauf, die fehlende Berechtigung des Normgebers zum Erlass der Rechtsnorm feststellen zu lassen.

58c

---

83 Vgl. *D. Ehlers*, Jura 2007, 179, 181, 185.
84 Zust. *W.-R. Schenke*, NVwZ 2016, 720, 725; *ders.*, NJW 2017, 1063, 1064 m.w.N.
85 BVerwGE 136, 54, 56 ff., 63 ff. I.E. ebenso *M. Krumm*, DVBl 2011, 1008, 1010 ff. A.A. *C. Latzel/S. Serr*, ZFA 2011, 391, 410 ff.

59   **j) Feststellungsklage zur Abwehr drohender Normsetzung.** Statthaft kann auch eine Klage nach § 43 Abs. 1 auf Feststellung sein, dass die Exekutive zu einer bestimmten Normsetzung nicht berechtigt ist (→ § 42 Rn. 60). Nach Auffassung des BVerwG gewährt das materielle Recht jedoch nur „in seltenen Ausnahmefällen" einen entsprechenden Unterlassungsanspruch mit der Folge, dass deshalb auch in Bezug auf die Feststellungsklage „nur in seltenen Ausnahmefällen ein der verwaltungsgerichtlichen Feststellung zugängliches Rechtsverhältnis gegeben ist" (BVerwGE 54, 211, 215).

60   **2. Nichtigkeitsfeststellungsklage (§ 43 Abs. 1 Alt. 2). a) Feststellung der Nichtigkeit eines Verwaltungsakts.** Mit der in § 43 Abs. 1 Alt. 2 geregelten Form der Feststellungsklage kann die gerichtliche Feststellung der Nichtigkeit eines Verwaltungsakts begehrt werden. Da das allgemeine Verwaltungsrecht auch die Nichtigkeit von Teilen eines Verwaltungsakts kennt (vgl. § 44 Abs. 4 VwVfG), ist a maiore ad minus zu schließen, dass nach § 43 Abs. 1 Alt. 2 auch die Nichtigkeit von Teilen eines Verwaltungsakts festgestellt werden kann[86], sofern die Teilnichtigkeit nicht nach § 44 Abs. 4 VwVfG die Gesamtnichtigkeit zur Folge hat.

61   Die Nichtigkeit des Verwaltungsakts ist kein Rechtsverhältnis, sondern eine bloße rechtliche Qualifizierung eines verwaltungsmäßigen Vorgangs (→ Rn. 35). Daher könnte eine gerade auf Feststellung der Nichtigkeit gerichtete Klage als allgemeine Feststellungsklage gem. § 43 Abs. 1 Alt. 1 mangels zulässigen Feststellungsgegenstandes nicht statthaft sein (vgl. aber → Rn. 36 zur Auslegung und Umdeutung eines nach seiner Formulierung nicht auf ein Rechtsverhältnis als Feststellungsgegenstand gerichteten Antrags). Jedoch wäre es ohne Weiteres möglich, die Wirksamkeit eines Verwaltungsakts inzidenter mit einer solchen Feststellungsklage überprüfen zu lassen, indem die Feststellung darauf gerichtet wird, dass die durch den Verwaltungsakt begründeten Rechte und Pflichten bestehen oder nicht bestehen. Die Nichtigkeitsfeststellungsklage hat insofern nur eine ergänzende Funktion dahingehend, dass sie einen *besonderen Feststellungsgegenstand* aufweist.

62   Nicht statthaft ist die Feststellungsklage nach § 43 Abs. 1 zur *Feststellung der Rechtswidrigkeit* eines Verwaltungsakts. Dieses Ziel kann nur indirekt mit der Anfechtungs- oder Verpflichtungsklage (z.B. Klage auf Verpflichtung zur Rücknahme) bzw. direkt mit der Fortsetzungsfeststellungsklage (zum Verhältnis der Feststellungsklage zur Fortsetzungsfeststellungsklage → Rn. 140 ff.) erreicht werden.

63   Umstr. ist, ob mit der Nichtigkeitsfeststellungsklage über den Wortlaut des § 43 Abs. 1 Alt. 2 hinaus auch die *Wirksamkeit eines Verwaltungsakts* festgestellt werden kann. Dies wird teilweise deshalb bejaht, weil der durch einen Verwaltungsakt Begünstigte ebenso ein Interesse an der Feststellung der Wirksamkeit haben könne wie der durch einen Verwaltungsakt Belastete hinsichtlich der Nichtigkeitsfeststellung.[87] Der Wortlaut der Vorschrift spricht jedoch gegen eine solche Ausdehnung. Eine Analogie scheidet wegen Fehlens einer Gesetzeslücke aus, da die Wirksamkeit des Verwaltungsakts auch durch eine allgemeine Feststellungsklage überprüft werden kann, die auf Feststellung des Bestehens oder Nichtbestehens des durch den betreffenden Verwaltungsakt begründeten Rechtsverhältnisses gerichtet ist (zur Subsidiarität → Rn. 137). Überdies ist zu berücksichtigen, dass mit der Nichtigkeitsfeststellung gerade der dem nichtigen Verwaltungsakt anhaftende Rechtsschein beseitigt werden soll.[88]

64   Die Nichtigkeitsfeststellungsklage ist nur statthaft, wenn objektiv ein Verwaltungsakt vorliegt (entsprechend zur Anfechtungsklage → § 42 Rn. 18 und zur Verpflichtungsklage → § 42 Rn. 29). Ob der Verwaltungsakt tatsächlich nichtig ist, bedarf der Klärung i.R. der Prüfung der Begründetheit der Klage. Der Vortrag des Klägers muss jedoch auf einen Nichtigkeitsgrund schließen lassen. Im Falle eines Widerspruchsbescheids ist der ursprüngliche Verwaltungsakt in Gestalt des Widerspruchsbescheids maßgeblich.

65   Gegen einen infolge Bekanntgabefehlers nicht wirksam gewordenen Bescheid – einen sog. *„Nichtakt"* – soll nach zweifelhafter Ansicht des BVerwG nur mit der „einfachen" Feststellungsklage nach § 43 Abs. 1 Alt. 1 und nicht mit der Nichtigkeitsfeststellungsklage vorgegangen werden können; in einem solchen Fall sei ein höheres Rechtsschutzinteresse zu fordern, weil ein Nichtakt nicht in gleicher Weise einen Rechtsschein zulasten des Adressaten begründe.[89]

---

86   So i.E. auch *Schenke* Rn. 411.
87   S. *W.-R. Schenke*, in: Kopp/Schenke § 43 Rn. 7 b.
88   I.E. ebenso *Hufen* § 18 Rn. 30; *Schmitt Glaeser/Horn* Rn. 336; *Ule* § 32 II 4 b.
89   BVerwG NVwZ 1987, 330; VGH München NVwZ-RR 2013, 169, 170; zweifelnd *Hufen* § 18 Rn. 35. Vertiefend zu den einhergehenden materiellen und prozessualen Problemen *L. Münkler*, Der Nichtakt, 2015, 161 ff.

Vorbehaltlich besonderer Regelungen wie in § 126 Abs. 3 BRRG, § 54 Abs. 2 BeamtStG, § 126 Abs. 2 66
BBG ist die Nichtigkeitsfeststellungsklage an keine Frist gebunden, und sie setzt kein Vorverfahren
voraus.

b) Verhältnis der Nichtigkeitsfeststellungsklage zu anderen Klagearten. Ob ein Verwaltungsakt im 67
Einzelfall nichtig oder bloß rechtswidrig ist, lässt sich oftmals bei Klageerhebung aus Sicht des betroffenen Bürgers nicht sicher beurteilen. Zur Formulierung eines erfolgversprechenden Klagebegehrens
kommen folgende Möglichkeiten in Betracht: Nichtigkeitsfeststellungsklage, Anfechtungsklage mit
dem Ziel der gerichtlichen Aufhebung des angefochtenen Verwaltungsakts, Fortsetzungsfeststellungsklage, Verpflichtungsklage auf behördliche Feststellung der Nichtigkeit des betreffenden Verwaltungsakts durch (neuen) feststellenden Verwaltungsakt (§ 44 Abs. 5 VwVfG), Verpflichtungsklage auf behördliche Rücknahme des betreffenden Bescheids (§ 48 VwVfG). Klärungsbedürftig ist das Verhältnis
dieser prozessualen Möglichkeiten zueinander.

Obwohl die *„Aufhebung"* eines unwirksamen Verwaltungsakts durch Anfechtungsurteil gem. § 113 68
Abs. 1 S. 1 ausscheidet, ist eine *Anfechtungsklage* gegen einen *nichtigen Verwaltungsakt* nicht von
vornherein unzulässig, um dem Kläger nicht das Risiko einer unstatthaften Anfechtungsklage gegen
einen nicht bloß rechtswidrigen, sondern nichtigen Verwaltungsakt aufzubürden. Sobald im Prozess
die Nichtigkeit des Verwaltungsakts feststeht, muss der Kläger auf einen entsprechenden Hinweis des
Gerichtsvorsitzenden nach § 86 Abs. 3 zur Nichtigkeitsfeststellungsklage übergehen (→ § 42 Rn. 23).

Fraglich ist, ob i.R. der *Fortsetzungsfeststellungsklage* die *Feststellung der Rechtswidrigkeit eines erle-* 69
digten und nichtigen Verwaltungsakts begehrt werden kann. Zwar wird vielfach die Fortsetzungsfeststellungsklage als ein „Unterfall der Anfechtungsklage" angesehen (s. zu Nachw. → § 42 Rn. 66); dennoch gestaltet die Entscheidung des Gerichts nach § 113 Abs. 1 S. 4 nicht die Rechtslage. Die Fortsetzungsfeststellungsklage ist ebenso wie die Nichtigkeitsfeststellungsklage auf die Feststellung eines
Rechtszustands gerichtet. Der systematische Zusammenhang des § 113 Abs. 1 S. 4 macht jedoch deutlich, dass auch bei der Fortsetzungsfeststellungsklage ein *wirksamer* Verwaltungsakt vorausgesetzt
wird (vgl. → § 42 Rn. 66). Ein Fortsetzungsfeststellungsantrag kann im Falle der Nichtigkeit des Verwaltungsakts in einen Antrag auf Nichtigkeitsfeststellung nach § 43 Abs. 1 Alt. 2 umgedeutet werden.

Unzulässig ist eine *Verpflichtungsklage* auf *behördliche Feststellung der Nichtigkeit* des betreffenden 70
Verwaltungsakts durch (neuen) feststellenden Verwaltungsakt (§ 44 Abs. 5 VwVfG), da für ein solches
Begehren kein Rechtsschutzbedürfnis besteht. Das VG darf nach § 43 Abs. 1 Alt. 2 die Nichtigkeit
selbst feststellen und braucht daher nicht die Behörde zu einer Handlung zu verpflichten, die es ohne
Weiteres selbst vornehmen kann.[90]

Wenn eine Anfechtungsklage wegen Fristablaufs nicht mehr zulässig ist, bliebe dem Betroffenen die 71
Möglichkeit, eine behördliche Rücknahme (§ 48 VwVfG) des Verwaltungsakts anzustreben. Die Statthaftigkeit einer *Verpflichtungsklage* auf *Rücknahme eines nichtigen Verwaltungsakts* ist jedoch sehr
zweifelhaft.[91] Gegen die Zulässigkeit einer solchen Rücknahme spricht das Fehlen rechtlicher Existenz
des unwirksamen Verwaltungsakts; diesem Umstand trägt das Verwaltungsverfahrensrecht mit der
Regelung der *behördlichen* Feststellung eines nichtigen Verwaltungsakts in § 44 Abs. 5 VwVfG Rechnung.

III. Erfordernis einer Klagebefugnis?

Ob die in § 42 Abs. 2 geregelte Klagebefugnis für die Feststellungsklage des § 43 *entsprechend gilt*, ist 72
sehr umstr. Nach den bereits oben angestellten Überlegungen (→ § 42 Rn. 372 ff., insbes. → Rn. 374)
ist diese Frage zu verneinen. Es fehlt an einer *planwidrigen Gesetzeslücke*. Die Feststellungsklage ist in
§ 43 nicht als Verletzten-, sondern als Interessentenklage ausgestaltet. Das Feststellungsinteresse – und
nicht eine mögliche Rechtsverletzung – vermittelt hier den individuellen Bezug des Klägers zum Feststellungsbegehren.

---

90 Vgl. *W.-R. Schenke*, in: Kopp/Schenke § 43 Rn. 20; *Schmitt Glaeser/Horn* Rn. 342. A.M. hingegen BSG NVwZ 1989,
    902, 903; OVG Münster NVwZ-RR 1991, 331, 332.
91 Die Möglichkeit einer solchen Verpflichtungsklage wurde obiter dicta bejaht von BSG NVwZ 1989, 902, 903.

IV. Feststellungsinteresse

73   Da die in § 43 Abs. 2 S. 1 geregelte Subsidiarität bereits zur Statthaftigkeit der Klageart gehört und das Erfordernis einer Klagebefugnis i.S.d. § 42 Abs. 2 nicht besteht, ist das Vorliegen eines „berechtigten Interesses an der baldigen Feststellung" – vorbehaltlich spezialgesetzlicher Zusatzanforderungen[92] – die einzige *besondere Sachurteilsvoraussetzung* der Feststellungsklage. Es handelt sich bei dem Erfordernis des Feststellungsinteresses um eine *spezielle* Ausformung des allgemeinen Rechtsschutzbedürfnisses[93] (zum allgemeinen Rechtsschutzbedürfnis → § 42 Rn. 335 ff.). Es dient funktionell dazu, einen konkreten individuellen Bezug des Klägers zum Klagegegenstand anzuzeigen und somit die Erhebung einer Popularklage auszuschließen. Durch das (alleinige) Erfordernis des berechtigten Feststellungsinteresses wird die *Feststellungsklage als Interessentenklage* charakterisiert und insoweit von der Verletztenklage abgegrenzt (→ § 42 Rn. 374). Das Vorliegen des Feststellungsinteresses ist bei der Feststellungsklage vom Kläger nachzuweisen und vom Gericht gesondert festzustellen.[94] Das *allgemeine* Rechtsschutzbedürfnis, das bei anderen Klagearten ungeschriebene Prozessvoraussetzung ist, bedarf hingegen meist keiner besonderen Erwähnung; es fehlt nur bei Vorliegen spezifischer Umstände, die „das subjektive oder objektive Interesse an der Durchführung des Rechtsstreits entfallen lassen" (BVerwGE 81, 164, 165 f.; s.a. → § 42 Rn. 335).

74   Oftmals werden bei der Prüfung des Feststellungsinteresses Aspekte der Subsidiarität herangezogen, indem danach gefragt wird, ob andere Klagearten im Verhältnis zur Feststellungsklage vorrangig sind und das Feststellungsinteresse deshalb entfällt[95] (→ Rn. 93). Dagegen ist jedoch einzuwenden, dass die Subsidiarität nicht mit dem Feststellungsinteresse vermischt werden darf.

75   Im Gegensatz zu der in § 256 ZPO geregelten zivilrechtlichen Feststellungsklage wird im Verwaltungsprozess *kein „rechtliches Interesse"*, sondern nur ein „berechtigtes Interesse" verlangt. Der Begriff des berechtigten Interesses ist weitreichender als das rechtliche Interesse.[96] Der Gesetzgeber hat durch diese *bewusste Abstufung* zum Ausdruck gebracht, dass die Anforderungen an die Zulässigkeit der Feststellungsklage nach § 43 unterhalb der Klagebefugnis i.S.d. § 42 Abs. 2 und eines rechtlichen Interesses anzusiedeln sind; dadurch ist ein Rechtsmittel geschaffen, welches auch zur Wahrung wirtschaftlicher und ideeller Interessen dient.[97]

76   Wegen der damit verbundenen Qualifizierung der Feststellungsklage des § 43 als Interessentenklage ist es eben unzutreffend, die für Verletztenklagen vorgesehenen Elemente der *Klagebefugnis* i.S.d. § 42 Abs. 2 hier nun gleichsam zu Kriterien des Feststellungsinteresses zu verwandeln und i.E. den Unterschied zwischen (möglicher) Rechtsverletzung sowie berechtigtem Interesse einzuebnen. Verfehlt sind daher bspw. Formulierungen in der Rspr., vom festzustellenden Rechtsverhältnis müssten „in jedem Falle auch eigene Rechte des Klägers abhängen, damit diesem ein berechtigtes Interesse ... zugesprochen werden" könne (so BVerwG NVwZ 1995, 112, 113), und der Verwaltungsakt, dessen Nichtigkeit festgestellt werden solle, müsse die eigene Rechtsstellung des Klägers „zumindest berühren können"[98].

77   Nach allgemein anerkannter *Definition* umfasst das berechtigte Interesse i.S.v. § 43 Abs. 1 jedes nach vernünftigen Erwägungen durch die Sachlage gerechtfertigte schutzwürdige Interesse rechtlicher, wirtschaftlicher oder ideeller[99] (z.B. politischer, kultureller, religiöser [OVG Münster NJW 1997, 1176, 1177]) Natur.[100]

---

92   S. etwa § 126 Abs. 3 BRRG, § 54 Abs. 2 BeamtStG, § 126 Abs. 2 BBG wonach *für alle Klagen* der Beamten, Ruhestandsbeamten, früheren Beamten und der Hinterbliebenen aus dem Beamtenverhältnis ein Vorverfahren erforderlich ist.

93   BVerwG DÖV 1992, 265; BVerwGE 112, 253, 255; *D. Ehlers*, NVwZ 1990, 105, 111; *F. Knöpfle*, FS Lerche, 1993, 771, 779.

94   BVerwGE 53, 135, 137 f.; *F. Knöpfle*, FS Lerche, 1993, 771, 783 f.

95   S. etwa BVerwGE 92, 172, 174 ff.; *Ule* § 34 II.

96   BVerwG NJW 1982, 2205; OVG Münster NVwZ-RR 2016, 851, 852; *I. Becker*, MDR 1972, 920, 921.

97   *W. Bergmann*, VerwArch 49 (1958), 333, 334 f.; *Hufen* § 18 Rn. 13; *F. Knöpfle*, FS Lerche, 1993, 771, 777; vgl. auch *H.-W. Laubinger*, VerwArch 82 (1991), 459, 494.

98   BVerwG NJW 1982, 2205. Vgl. auch BVerwGE 74, 1, 4; BVerwG NVwZ 1991, 470, 471; OVG Koblenz AS 17, 211, 213; VGH München RdL 1981, 1 f.

99   Dies ist insbes. in Fällen tiefgreifender Grundrechtseingriffe zu bejahen: vgl. BVerfGE 96, 27, 40; BVerfG NJW 1999, 273; BVerwG NJW 1997, 2534; 3.2.1999 Buchholz 310 § 113 Abs. 1 VwGO Nr. 1 (S. 1).

100   BVerwGE 74, 1, 4; OVG Münster NVwZ-RR 2016, 443 m.w.N.; VGH Kassel NJW 1979, 997; *W. Bergmann*, VerwArch 49 (1958), 333, 335; *Schmitt Glaeser/Horn* Rn. 341.

Während sich wirtschaftliche Interessen nach ökonomischen Gesichtspunkten objektivieren lassen, 78
sind die Vorgänge, welche ein ideelles Interesse begründen, vornehmlich im *subjektiven* Bereich des
Betroffenen angesiedelt. Die Prüfung, ob ein anzuerkennendes ideelles Interesse vorliegt, kann daher
mitunter Schwierigkeiten bereiten.[101] Da die Schutzwürdigkeit eines (ideellen) Interesses nur über eine
normative Betrachtung zu ermitteln ist, muss sich die Bewertung an gesetzlichen Vorgaben orientieren.
Besondere Bedeutung kommt bei dieser Bewertung den Grundrechten zu. Je größer die Grundrechts-
bezogenheit eines ideellen Interesses ist, weil sich der dem Klagebegehren zugrunde liegende Sachverhalt einem grundrechtlich geschützten Lebensbereich zuordnen lässt, um so eher ist das Interesse
schutzwürdig.[102]

Das Feststellungsinteresse muss *gerade gegenüber dem Beklagten* bestehen (zu Drittrechtsverhältnissen 79
→ Rn. 41). Nicht ausreichend ist ein Feststellungsinteresse gegenüber dem Beigeladenen; eine unzulässige Klage kann nämlich nicht durch Beiladung zulässig werden.[103] Die wirtschaftlichen und ideellen
Interessen müssen hinreichend dem Kläger zuzuordnen sein.[104] Interessen der Allgemeinheit, welche
dem Kläger nicht persönlich zugeordnet werden können, vermögen also jeweils kein Feststellungsinteresse zu begründen.

Das berechtigte Feststellungsinteresse muss spätestens zum *Zeitpunkt der Entscheidung* des Gerichts 80
vorliegen, im Regelfall am Schluss der letzten mündlichen Verhandlung jeder Instanz; entfällt es während des Rechtsstreits, hat der Kläger den Rechtsstreit in der Hauptsache für erledigt zu erklären, um
eine Klageabweisung zu vermeiden.[105] Das Vorliegen des Feststellungsinteresses muss der Kläger dem
Gericht dartun und *nachweisen* (→ Rn. 73). Nicht ausreichend ist, dass lediglich Umstände vorgetragen werden, aus denen sich die Möglichkeit eines Feststellungsinteresses ergibt.

Hat das BVerfG eine *einstweilige Anordnung nach § 32 BVerfGG* erlassen und mit ihr – z.B. durch 81
Aussetzung eines durch Rechtsverordnung angeordneten Verbots der Herstellung eines bestimmten
Produkts – die Belastung des Klägers vorläufig beseitigt, entfällt das Feststellungsinteresse. Dieses
scheidet aufgrund der regelmäßigen Wiederholung der nach § 32 Abs. 6 BVerfGG befristeten einstweiligen Anordnung auch hinsichtlich einer Feststellung, die auf den nach Fristablauf liegenden Zeitraum bezogen ist (BVerwG DVBl 2000, 636, 637).

Nach Auffassung des BVerwG sind an das berechtigte Feststellungsinteresse i.S.v. § 43 Abs. 1 höhere 82
Anforderungen zu stellen als an das *berechtigte Interesse i.S.v. § 113 Abs. 1 S. 4* (→ § 113 Rn. 265 ff.);
zur Begründung wird ausgeführt, bei der Fortsetzungsfeststellungsklage sei angesichts der bereits erhobenen Anfechtungsklage Prozessaufwand betrieben worden, welcher bei Verneinung des Fortsetzungsfeststellungsinteresses entwertet würde.[106] Anders soll es aber sein, wenn eine *allgemeine Feststellungsklage im Prozess mit einer Fortsetzungsfeststellungsklage verbunden* wird. Dann seien an das
Feststellungsinteresse geringere Anforderungen zu stellen als bei einer isolierten Feststellungsklage
nach § 43 (BVerwGE 109, 74, 80). Dagegen wird in der Lit. die Ansicht vertreten, dass zwischen dem
berechtigten Feststellungsinteresse gem. § 43 Abs. 1 und demjenigen nach § 113 Abs. 1 S. 4 kein inhaltlicher Unterschied bestehe.[107]

Für das Feststellungsinteresse i.S.d. § 43 Abs. 1 bestehen jedenfalls *keine höheren Anforderungen* als 83
für das Fortsetzungsfeststellungsinteresse. Dafür spricht insbes., dass aufgrund der Verankerung des
Grundsatzes der Subsidiarität in § 43 Abs. 2 S. 1 prozessökonomische Erwägungen (→ Rn. 113) bei
der allgemeinen Feststellungsklage nicht mehr dem Feststellungsinteresse zuzuordnen sind, sondern

101 *F. Knöpfle*, FS Lerche, 1993, 771, 781.
102 Vgl. BVerfGE 96, 27, 39 f.; BVerfG NJW 1999, 273; BVerwG NJW 1997, 2534 f.; 30.4.1999 Buchholz 310 § 113
    Abs. 1 VwGO Nr. 6 (S. 13); OVG Münster NJW 1997, 1176, 1177.
103 BVerwG DÖV 1992, 265; NJW 1997, 3257 f. m.w.N.; VGH Mannheim DVBl 1966, 408, 409; NVwZ 1990, 680 f.;
    VGH München NJW 1992, 929, 930.
104 *Hufen* § 18 Rn. 13.
105 BVerwGE 106, 295, 299; BVerwG 30.4.1999 Buchholz 310 § 113 Abs. 1 VwGO Nr. 6 (S. 11 f.); *P. Kunig*, Jura
    1997, 326, 328.
106 S. BVerwGE 80, 355, 365 f.; 81, 226, 228; BVerwG NJW 1997, 2534; 3257, 3258; BVerwGE 109, 74, 80. Dagegen
    aber OVG Münster GewArch 2003, 418: „In Fällen, in denen mit der Feststellungsklage die Feststellung des Beste-
    hens oder Nichtbestehens eines vergangenen Rechtsverhältnisses begehrt wird, orientieren sich die rechtlichen Vor-
    aussetzungen für das Vorliegen eines berechtigten Interesses im Sinne des § 43 Abs. 1 VwGO an den Anforderungen
    zum berechtigten Interesse bei der Fortsetzungsfeststellungsklage im Sinne des § 113 Abs. 1 Satz 4 VwGO." So auch
    OVG Lüneburg 25.11.2010 – 12 LB 59/08, juris Rn. 39.
107 So *W.-R. Schenke*, in: Kopp/Schenke § 43 Rn. 23.

bereits der Statthaftigkeit. Im Übrigen legt bereits die in § 43 Abs. 1 und § 113 Abs. 1 S. 4 übereinstimmende Formulierung „berechtigtes Interesse" eine *einheitliche Auslegung* nahe.

84 Das Argument, es drohe bei der Fortsetzungsfeststellungsklage die Entwertung von Prozessaufwand, kann nicht zur Begründung dafür herangezogen werden, an das in § 43 Abs. 1 geregelte Feststellungsinteresse höhere inhaltliche Anforderungen zu stellen als an das *Fortsetzungs*feststellungsinteresse: Zum einen ist weiterhin (zur aktuellen Diskussion → Rn. 140 ff.) davon auszugehen, dass gem. § 113 Abs. 1 S. 4 *analog* eine Fortsetzungsfeststellungsklage auch dann erhoben werden kann, wenn sich der belastende Verwaltungsakt (bzw. das Verpflichtungsbegehren) schon *vor* Klageerhebung erledigt hat und somit dem Kläger kein Aufwand im Hinblick auf einen Anfechtungsprozess (bzw. Verpflichtungsprozess) entstanden ist (vgl. → § 42 Rn. 67 ff.; → § 113 Rn. 262, 263 f.). Ferner wird verkannt, dass die allgemeine Feststellungsklage im Bereich des hoheitlichen Handelns *ohne* Verwaltungsaktcharakter dieselbe Funktion übernimmt wie die Fortsetzungsfeststellungsklage. So kommt die allgemeine Feststellungsklage auch in Fällen in Betracht, in denen sich *nach* Geltendmachung einer allgemeinen Leistungsklage das Leistungsbegehren erledigt und demnach ebenso prozessualer Voraufwand betrieben wurde (→ § 42 Rn. 71). Der Umstand, als Kläger möglicherweise um die Früchte eines bisherigen Prozesses gebracht zu werden, kann – sofern er ausnahmsweise einmal nicht in die Subsidiarität fiele – in das Feststellungsinteresse einfließen und dort zu würdigen sein, ohne dass es darauf ankommt, ob eine Feststellungsklage gem. § 43 oder eine Fortsetzungsfeststellungsklage nach § 113 Abs. 1 S. 4 statthaft ist.[108]

85 **1. Feststellungsinteresse bei Strafverfahren/Bußgeldverfahren.** Mit der Einleitung eines Straf- oder Bußgeldverfahrens (im weiten Sinne) durch die Verwaltungsbehörde kann ein (gegenwärtiges) Rechtsverhältnis sowohl zu der unmittelbar betroffenen Person als auch zu dem Unternehmen, für welches diese Person tätig geworden ist, begründet werden.[109]

86 **a) Unmittelbar Betroffene.** Allgemein anerkannt ist, dass der von dem Verfahren unmittelbar Betroffene ein schutzwürdiges Interesse daran hat, die Klärung der verwaltungsrechtlichen Streitfrage nicht auf der Anklagebank zu erleben, sondern in einem verwaltungsgerichtlichen Verfahren herbeizuführen.[110] Ein solches Interesse besteht aus mehreren Gründen: (1) Von der Beantwortung der Streitfrage durch das entsprechende Fachgericht, d.h. das VG, dürfte ein erheblicher *Einfluss auf die Entscheidung des Strafgerichts* ausgehen. Umstr. ist jedoch, wie stark dieser Einfluss rechtlich ist. Teilweise wird dem verwaltungsgerichtlichen Feststellungsurteil Feststellungswirkung zuerkannt und die Auffassung vertreten, das Strafgericht müsse den Ausspruch dieses Urteils seiner eigenen Entscheidung zugrundelegen.[111] Die Rspr. verneint eine Bindung des Strafgerichts an die verwaltungsgerichtliche Bewertung und sieht einen *mittelbaren* Einfluss darin, dass sich das Strafgericht entweder einer dem Kläger günstigen fachspezifischen Bewertung anschließe oder dieser zumindest erhebliche Bedeutung für die Beurteilung der strafrechtlichen Schuldfrage zukomme.[112] (2) Angesichts der drohenden oder auch wiederholten Bestrafung/Ahndung seines Verhaltens ist dem Kläger daran gelegen, den Umfang seiner Rechte und Pflichten so schnell wie möglich zu klären; ihm ist es nicht zuzumuten, unter diesem Druck sein Verhalten einfach fortzusetzen oder weitere – möglicherweise unnötige – Dispositionen zu treffen. Das Strafgericht wird nämlich oftmals keine *Rechtsklarheit herstellen*, weil es, um die Beantwortung verwaltungsrechtlicher Fragen zu vermeiden, nur zur subjektiven Tatseite Stellung nimmt. Im Übrigen sollte die verbindliche Auslegung des Verwaltungsrechts nicht Aufgabe der ordentlichen Gerichte im Straf- bzw. Bußgeldverfahren sein.[113] (3) Schließlich kann für den Kläger aufgrund seiner

---

108 *Schenke* Rn. 579.
109 Das festzustellende Rechtsverhältnis kann in diesen Fällen aber nicht die Befugnis der Staatsanwaltschaft/Bußgeldbehörde sein, ein Verfahren gegen den Kläger einzuleiten und durchzuführen, sondern allein der verwaltungsrechtliche Streitgegenstand.
110 S. BVerwGE 4, 363, 364; BVerwG 13.1.1969 Buchholz 310 § 43 VwGO Nr. 31 (S. 2); OVG Münster ZLR 1996, 603, 605; NVwZ-RR 1997, 264; 2014, 923, 924; VGH Kassel NVwZ 1988, 445, 446; VGH Mannheim MedR 1992, 54, 57; *Hufen* § 18 Rn. 14; *C. L. Lässig*, NVwZ 1988, 410, 411; *W.-R. Schenke/W. Roth*, WiVerw 1997, 81, 144 ff.
111 So *A. Dickersbach*, GewArch 1989, 41, 48; *C. L. Lässig*, NVwZ 1988, 410, 412.
112 S. BVerwG 13.1.1969 Buchholz 310 § 43 VwGO Nr. 31 (S. 2 f.); OVG Münster NVwZ-RR 1997, 264; VGH Kassel NVwZ 1988, 445, 446. Aus dem Schrifttum etwa *W.-R. Schenke/W. Roth*, WiVerw 1997, 81, 110 ff., 119.
113 Vgl. *Schmitt Glaeser/Horn* Rn. 345.

Verwicklung in solche Verfahren die Gefahr einer Rufschädigung entstehen. Mit einem Freispruch durch das Strafgericht lässt sich diese Gefahr jedoch dann nicht ausräumen, wenn das Gericht zur Begründung auf subjektive Tatfragen ausweicht und/oder in dubio pro reo entscheidet.

b) Unternehmen des unmittelbar betroffenen Angestellten oder Geschäftsführers. Wenn gegen Angestellte oder Geschäftsführer von Unternehmen ein Straf- oder Bußgeldverfahren, welches in Zusammenhang mit ihrer Tätigkeit für das Unternehmen steht, eingeleitet wird oder diese Personen von der Einleitung bedroht sind, hat auch das Unternehmen selbst ein berechtigtes Interesse an einer baldigen Feststellung[114] (→ Rn. 49). Soweit ein für den Angestellten günstiges Feststellungsurteil Einfluss auf das diese Person betreffende Strafverfahren hat, ergibt sich das Interesse aus der Fürsorgepflicht des Unternehmens, den Angestellten zu entlasten. Auch hat das Unternehmen ein eigenes Interesse daran, Rechtsklarheit herzustellen und Rufschädigungen zu vermeiden. Überdies besitzt es in dem schwebenden Straf-/Bußgeldverfahren selbst keine Verteidigungsmöglichkeiten, obwohl der Ausgang für die unternehmerische Arbeit von erheblicher Bedeutung sein kann.[115] 87

c) Auswirkungen des Verfahrensstandes auf das Feststellungsinteresse. Fraglich ist, welche Auswirkungen der (Straf-/Bußgeld-)Verfahrensstand auf das Feststellungsinteresse hat. Unstr. ist das Feststellungsinteresse gegeben, wenn das Verfahren nach entsprechender Anwendung von § 262 Abs. 2 StPO *ausgesetzt* wurde. Das Feststellungsinteresse soll nach einer in der Rspr. vertretenen Auffassung entfallen, sofern keine Aussetzung erfolgt; dies spreche nämlich dafür, dass das Strafgericht die verwaltungsgerichtliche Entscheidung nicht berücksichtigen werde und im Übrigen aufgrund der langen Dauer des verwaltungsgerichtlichen Verfahrens auch nicht könne.[116] Eine solche Vermutung ist jedoch unzutreffend. Solange das Strafverfahren anhängig ist, besteht das Feststellungsinteresse. Der Hinweis auf die lange Verfahrensdauer verkennt, dass das Feststellungsinteresse zum Schluss der letzten mündlichen Verhandlung gegeben sein muss. Zweifelhaft ist, ob das Feststellungsinteresse auch *nach rechtskräftiger Verurteilung* bestehen bleibt.[117] Das dürfte dann anzunehmen sein, wenn die Gefahr einer abermaligen Bestrafung/Ahndung gegeben ist, weil ein schnelles Straf- bzw. gerichtliches Bußgeldverfahren das Bedürfnis nach fachgerichtlicher Klärung regelmäßig nicht beseitigt hat. 88

d) Feststellungsinteresse ohne Verfahrenseinleitung? Fraglich ist ferner, ob im Hinblick auf die schweren Konsequenzen eines straf- oder bußgeldbewehrten rechtswidrigen Verhaltens ein Feststellungsinteresse auch dann bejaht werden kann, wenn die *Behörde weder mit einem Straf- bzw. Bußgeldverfahren droht noch den Kläger einer Rechtsverletzung bezichtigt.* In einem solchen Fall könnte schon das Vorliegen eines konkreten Rechtsverhältnisses bestritten werden. Wie bereits dargelegt wurde (→ Rn. 50), kann die zuständige Behörde nicht dauerhaft die Entstehung eines Rechtsverhältnisses verhindern, indem sie sich hinsichtlich der ihren Aufgabenkreis betreffenden Fragen keine Meinung bildet. Das berechtigte Feststellungsinteresse ist dann zumindest bei *verwaltungsrechtsakzessorischer Strafbewehrung* gegeben.[118] Verwaltungsrechtliche Akzessorietät der Strafbewehrung ist insbes. kennzeichnend für das Umweltstrafrecht (vgl. §§ 324–330 d StGB). Bestraft wird nach einschlägigen Vorschriften, „wer unter Verletzung verwaltungsrechtlicher Pflichten"[119] oder „ohne die erforderliche Genehmigung oder entgegen einer vollziehbaren Untersagung"[120] bestimmte Handlungen vornimmt. Das Interesse des Klägers, sein Strafbarkeitsrisiko so gering wie möglich zu halten, ist als schutzwürdig anzuerkennen und somit berechtigt i.S.v. § 43 Abs. 1.[121] Dies gilt umso mehr, weil die Genehmigungsfä- 89

---

114 OVG Münster DB 1994, 1517; ZLR 1996, 603, 604 f.; *A. Dickersbach*, GewArch 1989, 41, 49; *W.-R. Schenke*, in: Kopp/Schenke § 43 Rn. 24. A.M. hingegen bei Bußgeldverfahren BVerwGE 89, 327, 331 f.; VGH Kassel ZLR 1994, 423, 428 ff.

115 *A. Dickersbach*, GewArch 1989, 41, 49.

116 So VG Frankfurt a. M. NVwZ 1988, 470. Dieses Gericht lehnt offenbar ein Feststellungsinteresse bei Strafverfahren wegen der umfassenden Prüfungskompetenz des Strafgerichts grds. ab.

117 Dafür: *A. Dickersbach*, GewArch 1989, 41, 49; *W.-R. Schenke*, in: Kopp/Schenke § 43 Rn. 24. Dagegen: *C. L. Lässig*, NVwZ 1988, 410, 412.

118 So auch *W.-R. Schenke*, in: Kopp/Schenke § 43 Rn. 24; *W.-R. Schenke/W. Roth*, WiVerw 1997, 81, 149 ff.

119 S. § 324 a StGB (Bodenverunreinigung), § 325 StGB (Luftverunreinigung), § 325 a StGB (Verursachung von Lärm, Erschütterungen und nichtionisierenden Strahlen).

120 S. § 327 StGB (Unerlaubtes Betreiben von Anlagen), § 328 StGB (Unerlaubter Umgang mit radioaktiven Stoffen und anderen gefährlichen Stoffen und Gütern).

121 Vgl. dazu die Strafrahmen der §§ 324 ff. StGB: regelmäßig Freiheitsstrafe bis zu fünf Jahren, im besonders schweren Fall (§ 330 StGB) Freiheitsstrafe von sechs Monaten bis zu zehn Jahren.

higkeit einer konkreten Umweltbeeinträchtigung keine tatbestandsausschließende oder rechtfertigende Wirkung haben soll und die Auswirkungen einer behördlichen Duldung auf die Strafbarkeit in der Strafrechtswissenschaft sehr umstr. sind.[122] Hat die Verwaltungsbehörde den Kläger aber einer Rechtsverletzung bezichtigt, ist es zur Bejahung des Feststellungsinteresses ausreichend, wenn allein die Möglichkeit besteht, sich strafbar zu machen oder eine Ordnungswidrigkeit zu begehen (vgl. VG Trier NVwZ-RR 2005, 33); ob die entsprechenden Verfolgungsbehörden bereits ein Verfahren eingeleitet haben, ist unbeachtlich.

90   **2. Feststellungsinteresse bei vergangenen Rechtsverhältnissen.** Das Feststellungsinteresse bei vergangenen Rechtsverhältnissen wurde bisher hauptsächlich unter dem Gesichtspunkt der anhaltenden abträglichen Wirkungen erörtert. Anhaltende Wirkungen werden bejaht bei Wiederholungsgefahr, fortdauernder Diskriminierung (Rehabilitationsinteresse) und im Falle der Absicht des Klägers, Amtshaftungs- oder Entschädigungsansprüche geltend zu machen, wobei hinsichtlich der letztgenannten Alternative besondere Einschränkungen prozessökonomischer Art existieren. In der jüngsten Rspr. wurde unter bestimmten Voraussetzungen der gewichtige Grundrechtseingriff ohne anhaltende Wirkungen als weiterer Grund für ein berechtigtes Interesse anerkannt. Diese Kriterien decken sich weitgehend mit denjenigen, die für die Fortsetzungsfeststellungsklage gem. § 113 Abs. 1 S. 4 entwickelt wurden (→ § 113 Rn. 267 ff.).

91   **a) Anhaltende (abträgliche) Wirkungen.** Ein Feststellungsinteresse wegen *Wiederholungsgefahr* setzt die hinreichend bestimmte Gefahr voraus, dass unter im Wesentlichen unveränderten tatsächlichen und rechtlichen Umständen eine gleichartige Entscheidung oder Maßnahme ergehen wird[123] (im Einzelnen zur Wiederholungsgefahr → § 113 Rn. 167 ff.). Dazu muss der Beklagte regelmäßig den Standpunkt vertreten, seine Verfahrensweise gebe zu keinen Beanstandungen Anlass (OVG Lüneburg RdL 1994, 216, 217).

92   Ein *Rehabilitationsinteresse* kann bestehen, wenn der Kläger von einer hoheitlichen Maßnahme betroffen wurde, von der eine fortwirkende diskriminierende Wirkung ausgeht, die ihn insbes. in seiner Persönlichkeit beeinträchtigt. Dies setzt regelmäßig eine Außenwirkung voraus (im Einzelnen → § 113 Rn. 273 ff.).

93   In Rspr. und Lit. ist anerkannt, dass die *Absicht des Klägers, in einem anderen Verfahren Ersatzansprüche gegen den Staat geltend zu machen*, ein Feststellungsinteresse begründen kann.[124] In solchen Fällen steht der angestrebte Feststellungsprozess in einem Spannungsverhältnis zu dem i.R. der ordentlichen Gerichtsbarkeit mit einer Leistungsklage zu betreibenden Amtshaftungs- bzw. Entschädigungsprozess. An sich müsste nämlich eine verwaltungsgerichtliche Feststellungsklage nach dem in § 43 Abs. 2 S. 1 verankerten Grundsatz der Subsidiarität hinter die Leistungsklage zurücktreten, weil das ordentliche Gericht das entsprechende öffentlich-rechtliche Rechtsverhältnis als Vorfrage des Amtshaftungs- bzw. Entschädigungsanspruchs selbst überprüfen und bewerten darf.[125] Daher wird ein Feststellungsinteresse nur unter besonderen Umständen bejaht, welche gleichzeitig bewirken, dass die Feststellungsklage ausnahmsweise nicht an § 43 Abs. 2 S. 1 scheitert. Genaugenommen werden dabei jedoch Aspekte des Feststellungsinteresses und der Subsidiarität vermischt. Dies liegt daran, dass die umständlichen Einschränkungen zur Fortsetzungsfeststellungsklage entwickelt wurden und dort mangels Subsidiaritätsklausel zwangsläufig nur beim Feststellungsinteresse erörtert werden konnten.[126] Nach der einschlägigen Rspr. ist Folgendes zu beachten:

94   Dem Kläger, der Schadensersatz oder Entschädigung vom Staat zu fordern beabsichtigt, ist es verwehrt, sogleich Sekundäransprüche i.R. der ordentlichen Gerichtsbarkeit durchzusetzen (Prinzip: dulde und liquidiere); er ist vielmehr zunächst gehalten, im Wege des Primärrechtsschutzes die Belastung durch eine verwaltungsgerichtliche Klage zu beseitigen (§ 839 Abs. 3 BGB). Verwaltungsgerichtlicher Rechtsschutz gegen Maßnahmen ohne Verwaltungsaktcharakter kann mit einer Leistungs- bzw. Fest-

---

122   *G. Heine/B. Hecker*, in: A. Schönke/H. Schröder, Strafgesetzbuch, ²⁹2014, Vorbem. §§ 324 ff. Rn. 19 f.; *K. Lackner/K. Kühl*, Strafgesetzbuch, ²⁸2014, § 324 Rn. 10 ff. m.w.N.
123   BVerwG DVBl 1994, 168 (LS 1); 21.10.1999 Buchholz 310 § 113 Abs. 1 VwGO Nr. 7 (S. 15); OVG Lüneburg NVwZ-RR 1998, 236.
124   S. etwa BVerwGE 92, 172, 175 f.; 100, 83, 91; 111, 306, 309 ff.; *Hufen* § 18 Rn. 47, 51; *W.-R. Schenke/R. P. Schenke*, in: Kopp/Schenke § 113 Rn. 136.
125   BVerwGE 81, 226, 227; VGH Kassel ESVGH 47, 161, 163; VGH Mannheim VBlBW 1995, 205, 206.
126   Vgl. *H. Sodan/S. Kluckert*, VerwArch 94 (2003), 3, 11.

stellungsklage begehrt werden.[127] Erledigt sich aber das gegenwärtige Rechtsverhältnis während des notwendigen Verwaltungsprozesses, besteht im Hinblick auf den betriebenen Aufwand ein *schutzwürdiges Interesse des Klägers daran, sich die „Früchte des bisherigen Prozesses"* dadurch *zu erhalten,* dass er ein Feststellungsurteil (hinsichtlich des nunmehr vergangenen Rechtsverhältnisses) erwirkt, welches zumindest präjudizielle Bedeutung für den nachfolgenden Zivilprozess hat.[128] Ein schutzwürdiges Interesse soll daher nur im Hinblick auf den bisherigen und notwendigen Prozessaufwand zur Abwehr der Belastung bestehen.

Hat sich der *Primärrechtsschutz schon vor Klageerhebung erledigt,* muss sogleich vor dem zuständigen Zivilgericht geklagt werden (vgl. BVerwGE 81, 226, 228). Unabhängig vom Zeitpunkt der Erledigung soll eine Feststellungsklage immer dann unzulässig sein, wenn die *Schadensersatzklage vor oder gleichzeitig mit dem Begehren nach primärem Rechtsschutz erhoben* worden ist (vgl. BVerwGE 111, 306, 309 f.). War im Zeitpunkt der Erledigung die dem primären Rechtsschutz dienende *Klage bereits erhoben, aber noch nicht begründet worden,* so kann der Kläger nicht um „die Früchte des bisherigen Prozesses" gebracht werden (BVerwG 22.1.1996 Buchholz 310 § 113 VwGO Nr. 282 [S. 18 f.]). 95

Es ist jedoch nochmals darauf hinzuweisen, dass die in den beiden vorstehenden Randnummern dargelegten Aspekte bei der allgemeinen Feststellungsklage die Subsidiarität (§ 43 Abs. 2 S. 1) betreffen (so nun zutreffend BVerwGE 111, 306, 308 ff.). Daher ist zur Bejahung des Feststellungsinteresses allein die Absicht ausreichend, Schadensersatz- oder Entschädigungsansprüche geltend zu machen. Sind die soeben dargestellten Voraussetzungen nicht gegeben, ist nämlich mangels Statthaftigkeit der Klageart gar kein Feststellungsinteresse zu prüfen (vgl. → Rn. 112). 96

Bei *offensichtlicher Aussichtslosigkeit* des Amtshaftungs- oder Entschädigungsprozesses fehlt ein Feststellungsinteresse. An das Vorliegen offensichtlicher Aussichtslosigkeit sind strenge Anforderungen zu stellen. Sie kann nur bejaht werden, „wenn ohne eine ins einzelne gehende Prüfung erkennbar ist, daß der behauptete Schadens- oder Entschädigungsanspruch unter keinem rechtlichen Gesichtspunkt bestehen kann" (BVerwG BayVBl 1988, 440, 441). Die bloße Wahrscheinlichkeit des Misserfolgs genügt nicht (BVerwGE 100, 83, 92). 97

b) Grundrechtseingriffe. Die ältere Rspr. machte das Feststellungsinteresse für vergangene Rechtsverhältnisse häufig von dem Vorliegen anhaltender – also sich in die Gegenwart fortsetzender – Wirkungen abhängig (→ Rn. 18 f.). Obwohl anhaltende Wirkungen nicht für alle Fälle abschließend zu beschreiben sind, beschränkte sich die Prüfung regelmäßig auf die oben dargestellten, ein Feststellungsinteresse begründenden drei Hauptkonstellationen (Wiederholungsgefahr, Diskriminierung/Rehabilitation, Schadensersatz/Entschädigung). War das Feststellungsinteresse nicht aus diesen Konstellationen abzuleiten, wurde die Klage wegen prozessualer Überholung als unzulässig abgewiesen.[129] Vereinzelt wurde aber darauf hingewiesen, dass insbes. Eingriffe in den grundrechtlich geschützten Bereich, verbunden mit dem Anspruch auf effektiven Rechtsschutz aus Art. 19 Abs. 4 GG, im Einzelfall auch die Bejahung des Feststellungsinteresses ohne Rücksicht darauf, ob abträgliche Nachwirkungen fortbestehen, erfordern können (so BVerwGE 61, 164, 166). Durchgesetzt hatte sich diese Betrachtungsweise jedoch lange nicht; sie wurde teilweise ausdrücklich abgelehnt.[130] Regelmäßig wurde i.R. der Erörterungen zur Zulässigkeit der Klage der Sachverhalt nur auf anhaltende Wirkungen überprüft.[131] 98

Gegen diese Tendenz zur Beschneidung des Rechtsschutzes hat das BVerfG in einer Entscheidung aus dem Jahre 1997 zutreffend ausgeführt: „Mit dem Gebot, effektiven Rechtsschutz zu gewährleisten, ist es zwar grundsätzlich vereinbar, wenn die Gerichte ein Rechtsschutzinteresse nur solange als gegeben ansehen, als ein gerichtliches Verfahren dazu dienen kann, eine gegenwärtige Beschwer auszuräumen, einer Wiederholungsgefahr zu begegnen oder eine fortwirkende Beeinträchtigung durch einen an sich beendeten Eingriff zu beseitigen. Darüber hinaus ist ein Rechtsschutzinteresse aber auch in Fällen tiefgreifender Grundrechtseingriffe gegeben, in denen die direkte Belastung durch den angegriffenen Hoheitsakt sich nach dem typischen Verfahrensablauf auf eine Zeitspanne beschränkt, in welcher der Be- 99

---

127 Vgl. BVerwGE 100, 83, 91; in Bezug speziell auf eine Feststellungsklage: BVerwGE 92, 172, 176.
128 Vgl. BVerwGE 92, 172, 175 f.; 111, 306, 309 f.
129 Vgl. die Beispielsfälle bei *H. Sodan/S. Kluckert,* VerwArch 94 (2003), 3, 11 f.
130 S. VGH München BayVBl 1998, 406 – Parteitagsverbot: ausdrückl. abgelehnt auch bei schwerwiegenden Grundrechtseingriffen (aufgehoben durch BVerwG NVwZ 1999, 991); NVwZ-RR 1999, 378 – Ausschluss eines Schülers von Klassenfahrt. Vgl. auch *Hufen* § 18 Rn. 52.
131 Vgl. z.B. BVerwG DVBl 1994, 168 f.; VGH Mannheim NVwZ 1993, 75; VGH München NVwZ-RR 1999, 378.

troffene die gerichtliche Entscheidung in der von der Prozeßordnung gegebenen Instanz kaum erlangen kann. Effektiver Grundrechtsschutz gebietet es in diesen Fällen, daß der Betroffene Gelegenheit erhält, die Berechtigung des schwerwiegenden − wenn auch tatsächlich nicht mehr fortwirkenden − Grundrechtseingriffs gerichtlich klären zu lassen. Das Bundesverfassungsgericht geht daher in solchen Fällen bei der Verfassungsbeschwerde in st. Rspr. vom Fortbestand eines Rechtsschutzinteresses aus".[132] Unmittelbar vor dieser Entscheidung des BVerfG machte sich der 1. Senat des BVerwG die auf Art. 19 Abs. 4 GG gestützte Argumentation zu eigen[133]; in der Folgezeit erkannte er diese neue Fallgruppe ausdrücklich in weiteren Entscheidungen an[134].

100   Der Grundrechtseingriff ohne fortwirkende Beeinträchtigung stellt mittlerweile eine eigenständige, ein berechtigtes Feststellungsinteresse begründende Fallgruppe dar, die *neben* den klassischen Konstellationen mit anhaltenden Wirkungen steht.[135] Verfehlt ist die in einem Teil der verwaltungsgerichtlichen Judikatur festzustellende Tendenz, jene Fallgruppe unter Berufung auf die Rspr. des BVerfG in der Praxis mit der Begründung leerlaufen zu lassen, die konkreten Umstände ließen keinen *tiefgreifenden* Grundrechtseingriff erkennen[136], und auf Freiheitsbeschränkungen, polizeiliche Misshandlungen, Telefonüberwachung oder Hausdurchsuchungen zu beschränken (vgl. BVerwG 3.2.1999 Buchholz 310 § 113 Abs. 1 VwGO Nr. 1 [S. 2]). Zweifelhaft ist bereits, ob das BVerfG ein Rechtsschutzinteresse wirklich *nur* für *tiefgreifende Grundrechtseingriffe* anerkennen will oder nicht vielmehr *jedenfalls für solche Fälle*. Ferner ist zu beachten, dass dieses Gericht ausdrücklich vom Fortbestand eines Rechtsschutzinteresses *„bei der Verfassungsbeschwerde"* ausgeht. Die Anforderungen an das Bedürfnis, durch einen außerordentlichen Rechtsbehelf Rechtsschutz vor dem BVerfG zu erlangen, dürften jedoch höher sein als die Anforderungen an das Bedürfnis nach Rechtsschutz vor dem VG. Ein Feststellungsinteresse i.S.v. § 43 Abs. 1 ist daher auch bei einer Sicherstellung privater Videoaufnahmen von einem Polizeieinsatz oder bei einem polizeilichen Platzverweis gegeben.[137] Es besteht ferner bei dem Ausschluss eines Schülers von der Klassenfahrt, Parteitagsverboten und Versammlungsauflagen.

101   Andernfalls würden die meisten sich typischerweise kurzfristig erledigenden Verwaltungsmaßnahmen praktisch nie einer gerichtlichen Klärung zugeführt werden mit der Konsequenz, dass die Rechtsschutzgarantie des Art. 19 Abs. 4 GG leerliefe (*W.-R. Schenke*, FS Menger, 1985, 461, 470). Gerade gegenüber den sich häufig kurzfristig erledigenden Maßnahmen von Polizeivollzugsbeamten gibt es erhebliche Rechtsschutzprobleme zulasten des jeweils betroffenen Bürgers; diese ergeben sich insbes. aus der gesetzlichen Anordnung der sofortigen Vollziehbarkeit (§ 80 Abs. 2 S. 1 Nr. 2) und der Konstruktion der Rechtmäßigkeit der Vollstreckung von rechtswidrigen sofort-vollziehbaren Verwaltungsakten (z.B. § 6 Abs. 1 VwVG, § 55 Abs. 1 VwVG NW).[138] Solche Regelungen können mit Art. 19 Abs. 4 GG nur dann vereinbar sein, wenn dem betroffenen Bürger nicht auch noch eine nachträgliche verwaltungsgerichtliche Überprüfung versperrt wird. Andernfalls ergäbe sich die Konsequenz, dass eine größere Zahl von Amtswaltern bei der Ausübung von Staatsgewalt praktisch keiner gerichtlichen Kon-

---

132   BVerfGE 96, 27, 39 f. unter Verweis auf BVerfGE 81, 138, 140 f. Vgl. auch BVerfG NJW 1999, 273.

133   BVerwG NJW 1997, 2534 − Feststellungsinteresse bejaht für Einsatz eines verdeckten Ermittlers.

134   BVerwG 3.2.1999 Buchholz 310 § 113 Abs. 1 VwGO Nr. 1 (S. 1 f.) − Feststellungsinteresse jedoch verneint für vorübergehende Sicherstellung eines privaten Videofilms von einem Polizeieinsatz; 30.4.1999 Buchholz 310 § 113 Abs. 1 VwGO Nr. 6 (S. 13) − Feststellungsinteresse ebenfalls verneint für polizeilichen Platzverweis. Der 2. Senat des BVerwG überprüfte auch in jüngster Zeit ein Feststellungsinteresse nur im Hinblick auf Nachwirkungen: s. BVerwG NVwZ 2000, 574; 2.7.1998 − 2 B 130/97, insofern nicht in Buchholz 240 § 9 BBesG Nr. 9 abgedruckt. VGH München NVwZ-RR 1999, 378, vertrat auch *nach* der genannten bundesverfassungsgerichtlichen Judikatur die Auffassung, aus Art. 19 Abs. 4 GG lasse sich nicht ableiten, dass ein Rechtsschutzinteresse ohne abträgliche Nachwirkungen fortbestehen könne.

135   Vgl. BVerwGE 130, 180, 184 f.; OVG Weimar NVwZ-RR 2011, 323; VG Hamburg NordÖR 2002, 471; *M. Möstl*, in: Posser/Wolff § 43 Rn. 25 sowie ausf. *H. Sodan/S. Kluckert*, VerwArch 94 (2003), 3, 11 ff. m.w.N.

136   So etwa BVerwG 3.2.1999 Buchholz 310 § 113 Abs. 1 VwGO Nr. 1 (S. 2) und OVG Münster NJW 1999, 2202, 2203 − vorübergehende Sicherstellung eines privaten Videofilms von einem Polizeieinsatz; BVerwG 30.4.1999 Buchholz 310 § 113 Abs. 1 VwGO Nr. 6 (S. 13 f.) − polizeilicher Platzverweis; OVG Lüneburg NVwZ-RR 1998, 236, 237 − Untersagung eines Lautsprechereinsatzes auf einer Kundgebung; VGH München 3.11.1997 − 24 B 95.3713 (insoweit nicht in BayVBl 1998, 565 abgedruckt) − (rechtswidrige) Versammlungsauflage.

137   Vgl. *Schenke* Rn. 583 f.

138   Dies gilt jedenfalls dann, wenn auch im gestreckten Vollstreckungsverfahren zur Gewährleistung effektiver Gefahrenabwehr auf eine schriftliche Androhung und Fristsetzung verzichtet werden kann, vgl. *Maurer* § 20 Rn. 27 sowie § 63 Abs. 1 S. 5 VwVG NW.

trolle mehr unterläge.[139] Der Ansatz, das Feststellungsinteresse auf tiefgreifende Grundrechtseingriffe zu begrenzen, ist daher abzulehnen.[140] Gegen die hier vertretene Auffassung wird vorgebracht, sie führe zu einer Überlastung der Gerichte. Es handelt sich dabei jedoch um vage und nicht belegte Vermutungen. Bei geringfügigen Eingriffen dürfte das Interesse an einer gerichtlichen Klärung, die mit Zeitaufwand und Kosten verbunden ist, regelmäßig nicht allzu hoch sein. Im Übrigen ist Art. 19 Abs. 4 S. 1 GG nicht im Hinblick auf die gegenwärtige Bearbeitungskapazität und Ausstattung der Gerichte auszulegen; vielmehr sind umgekehrt die Gerichte so auszustatten, dass sie ihren durch die Verfassung übertragenen Aufgaben in angemessener Zeit nachkommen können.[141] So hat auch das BVerwG allein darauf abgestellt, dass sich „die unmittelbare Belastung durch den angegriffenen Hoheitsakt auf eine Zeitspanne beschränkt, in der die Entscheidung des Gerichts kaum zu erlangen ist" (BVerwGE 130, 180, 185).

3. Feststellungsinteresse bei zukünftigen Rechtsverhältnissen. Zukünftige Rechtsverhältnisse können 102 Gegenstand einer Feststellungsklage sein, wenn eine Norm schon vor ihrer tatbestandlichen Erfüllung Regelungswirkung entfaltet. Ähnlich wie bei vergangenen Rechtsverhältnissen kann auch hier aufgrund der zeitlichen Dimension zweifelhaft sein, wann ein berechtigtes Rechtsschutzinteresse vorliegt. Weil zukünftige Rechtsverhältnisse in der Rspr. bislang nur vereinzelt (VG Düsseldorf NVwZ 2002, 1269) als feststellungsfähig anerkannt sind, fehlt es auch an entsprechenden Fallgruppen[142] (→ Rn. 21). In der Lit. wird vorgeschlagen, das Feststellungsinteresse im Hinblick auf die Wahrscheinlichkeit der Rechtsentstehung zu untersuchen.[143] Wenn sich das Rechtsverhältnis nur aufgrund eines unwahrscheinlichen Sachverhalts ergeben würde, liegt jedoch mangels konkreten Sachverhalts gar kein feststellungsfähiges Rechtsverhältnis (Klagegegenstand) vor (→ Rn. 22). Das Feststellungsinteresse muss daher primär im Hinblick auf die *gegenwärtige Regelungswirkung* und den von ihr ausgehenden Druck auf den betroffenen Kläger untersucht werden. Ergänzend kann hier einmal die zeitliche Komponente des Feststellungsinteresses (*baldige* Feststellung) praktische Bedeutung erlangen.[144] Das berechtigte Interesse an der Feststellung ergibt sich vorwiegend aus dem Bedürfnis, schon jetzt wirtschaftliche Dispositionen treffen zu können.[145]

Im Einzelfall ist zunächst zu fragen, ob es dem Kläger zuzumuten ist, die Entstehung des Rechtsver- 103 hältnisses vor Einlegung eines Rechtsmittels abzuwarten, oder ob nachträglicher Rechtsschutz i.E. bedeutungslos wäre.[146] Dabei sind besonders der wirtschaftliche Wert, die Bedeutung und zeitliche Dimension eines konkreten Vorhabens oder geplanter Dispositionen zu berücksichtigen, denen im Falle einer späteren Klärung der Rechtslage die Gefahr einer Teil- oder Totalentwertung drohen.[147] Sofern dem Kläger ein Abwarten bis zur Entstehung des Rechtsverhältnisses nicht zumutbar ist, bleibt ergänzend zu untersuchen, ob der Kläger schon gegenwärtig Rechtsklarheit benötigt. Dies lässt sich verneinen, sofern die Entstehung des Rechtsverhältnisses erst in ferner Zukunft liegt und die gegenwärtige Regelungswirkung gering ist.

4. Vorbeugende Feststellungsklage. Fälle, in denen eine vorbeugende Feststellungsklage in Betracht 104 kommt, sind dadurch gekennzeichnet, dass eine belastende staatliche Maßnahme (wie etwa eine Untersagungsverfügung oder ein Realakt) bevorsteht, welche der Kläger durch die verwaltungsgerichtliche Feststellung, die Behörde sei dazu nicht berechtigt, abwehren möchte. Das festzustellende Rechtsverhältnis (das vermeintliche „Eingriffsrecht" gegenüber dem Kläger) wurde konkretisiert, indem sich

---

139 Der VGH München hält es wohl nicht zuletzt deshalb für angebracht, nach Verneinung der Zulässigkeit längere Ausführungen zur Begründetheit zu machen und diese dann auch noch zu bejahen, vgl. VGH München 3.11.1997 – 24 B 95.3713 (unvollständig in BayVBl 1998, 565 abgedruckt); 24.1.1997 – 24 B 94.1426 (insoweit nicht in BayVBl 1998, 406 abgedruckt).
140 Vgl. *D. Ehlers*, Jura 2007, 179, 187.
141 *H. Sodan/S. Kluckert*, VerwArch 94 (2003), 3, 14 f.
142 Vgl. aber BVerwGE 38, 346, 348 f. zum aufschiebend bedingten Rechtsverhältnis, wo das Feststellungsinteresse im Hinblick auf die „Notwendigkeit eventueller Dispositionen" anerkannt ist.
143 So *W. Selb*, Feststellungsklage, 1998, 147.
144 Vgl. *D. Ehlers*, Jura 2007, 179, 187.
145 Vgl. BVerwGE 38, 346, 348 f.; 114, 226, 227; BVerwG NVwZ 2004, 1131; NVwZ-RR 2004, 253, 254; *A. Dickersbach*, GewArch 1989, 41, 47; *H. Siemer*, FS Menger, 1985, 501, 513.
146 Vgl. BVerwG NVwZ 1986, 1011, 1012; VG Gera ThürVBl 1998, 109, 110 – in beiden Fällen wurde das Begehren vom Gericht als vorbeugende Feststellungsklage qualifiziert; *A. Dickersbach*, GewArch 1989, 41, 47.
147 *H. Sodan/S. Kluckert*, VerwArch 94 (2003), 3, 15 f. S. ferner VG Düsseldorf NVwZ 2002, 1269 sowie → Rn. 22.

die Behörde einer entsprechenden Handlungsbefugnis berühmte, z.B. ihr Vorgehen ankündigte bzw. mit der Maßnahme drohte. Vorbeugende Feststellungsklagen betreffen daher *gegenwärtige* Rechtsverhältnisse. Allerdings lässt sich eine ähnliche Interessenlage erkennen wie in den Fällen der Feststellungsklagen, die *zukünftige* Rechtsverhältnisse betreffen – mit dem Unterschied freilich, dass der Tatbestand einer Rechtsnorm in der erstgenannten Konstellation schon eingetreten sein soll, während dies mit einer Feststellungsklage betreffend ein zukünftiges Rechtsverhältnis gerade von vornherein verhindert werden soll. Besonders problematisch ist das Verhältnis der vorbeugenden Feststellungsklage zu anderen Klagearten vor dem Hintergrund der in § 43 Abs. 2 S. 1 festgelegten Subsidiarität. Als vorrangig kommt nämlich eine allgemeine Leistungsklage in Gestalt der Unterlassungsklage in Betracht: Während eine solche Klage auf Unterlassung *schlichten Verwaltungshandelns* prinzipiell statthaft ist (→ § 42 Rn. 53 ff.), lässt sich die Statthaftigkeit einer Klage auf Unterlassung eines bevorstehenden *Verwaltungsakts* jedoch nur ausnahmsweise bejahen (→ § 42 Rn. 57 ff.).

105 Für vorbeugende Feststellungsklagen verlangt die Rspr. ein entsprechend qualifiziertes, gerade auf die Inanspruchnahme eines vorbeugenden Rechtsschutzes gerichtetes Rechtsschutzinteresse. Ein solches bestehe nicht, wenn es dem Betroffenen – gerade auch im Hinblick auf die Inanspruchnahme vorläufigen Rechtsschutzes nach § 80 Abs. 5 und § 123 – zuzumuten sei, die Maßnahme abzuwarten und *nachträglichen* Rechtsschutz zu suchen.[148] Nachträglicher Rechtsschutz sei ausnahmsweise dann unzumutbar, wenn die Gefahr der Schaffung vollendeter Tatsachen durch die Maßnahme selbst bestehe, sodass ein nachträglicher Rechtsschutz i.E. bedeutungslos wäre (BVerwG NVwZ 1986, 1011, 1012), insbes. später nicht mehr ausräumbare Rechtsnachteile oder ein nicht wiedergutzumachender Schaden drohten[149] (→ § 42 Rn. 59).

106 Das maßgebliche Kriterium zur Bestimmung des Feststellungsinteresses ist somit die Zumutbarkeit weiteren Abwartens, nämlich des Abwartens auf die behördliche Entscheidung. Hier zeigt sich die deutliche Parallele zu den *zukünftigen Rechtsverhältnissen* – geht es doch beim diesbezüglichen Feststellungsinteresse primär um die Beantwortung der Frage, ob dem Kläger ein Abwarten der Entstehung eines Rechtsverhältnisses zumutbar ist. Ein Feststellungsinteresse kommt – sofern man eine vorbeugende Feststellungsklage nicht generell für unzulässig hält – gerade bei drohender Entwertung von wirtschaftlichen Dispositionen in Betracht, die hier nur nicht im Hinblick auf ein künftiges, sondern auf ein bereits laufendes Vorhaben[150] zusätzlich getätigt werden sollen. Das Zögern der Behörde kann in solchen Fällen zu lähmender Ungewissheit führen, die einen ordnungsgemäßen Geschäftsbetrieb hindert.[151]

107 Aus den bereits oben angestellten Überlegungen (→ Rn. 85 ff.) ergeben sich Besonderheiten für das Feststellungsinteresse in Bezug auf „vorbeugende Feststellungsklagen" bei (drohendem) Straf- oder Bußgeldverfahren, die perspektivisch ein anderes Rechtsverhältnis als die straf- oder ordnungswidrigkeitenrechtliche Eingriffsbefugnis betreffen.

108 **5. Feststellungsinteresse bei Nichtigkeitsfeststellungsklage.** „Ein nichtiger belastender Verwaltungsakt begründet in aller Regel einen Rechtsschein zu Lasten des Adressaten; deshalb ist regelmäßig das Rechtsschutzinteresse des Adressaten für eine Nichtigkeitsfeststellungsklage ohne Weiteres gegeben" (BVerwG NVwZ 1987, 330). Falls der Kläger nicht Adressat des Verwaltungsakts ist, muss er darlegen und nachweisen, dass gerade er gegenüber der beklagten Behörde ein berechtigtes Interesse an der begehrten Feststellung hat.

109 Umstr. ist, ob die Zulässigkeit einer Nichtigkeitsfeststellungsklage voraussetzt, dass der Kläger *vor* deren Erhebung einen *Antrag* auf Feststellung der Nichtigkeit des Verwaltungsakts gem. § 44 Abs. 5 VwVfG bei der zuständigen Behörde gestellt hat, welcher erfolglos geblieben ist, d.h. entweder von der Behörde überhaupt nicht beschieden oder abgelehnt worden ist. Zur Bejahung dieser Anforderung dient das Argument, ein berechtigtes Interesse könne nur dann angenommen werden, wenn zunächst der einfachere, nächstliegende und kostengünstigere Weg beschritten werde, der eben ein Antrag nach § 44 Abs. 5 VwVfG sei und nicht die gerichtliche Auseinandersetzung.[152] Dagegen lässt sich jedoch

---

148 BVerwGE 40, 323, 326; BVerwG NVwZ 1984, 168, 169; 1986, 1011, 1012; 1991, 580; 2008, 1011.
149 *M. Möstl,* in: Posser/Wolff § 43 Rn. 27; *W.-R. Schenke,* in: Kopp/Schenke § 43 Rn. 24 a. E.
150 Damit sind die gegebenen Umstände gemeint, die nach Ansicht der Behörde die Eingriffsbefugnis begründen.
151 *A. Dickersbach,* GewArch 1989, 41, 47.
152 Vgl. *Hufen* § 18 Rn. 32; *Meyer/Borgs* § 44 Rn. 30; *Schmitt Glaeser/Horn* Rn. 342; *Würtenberger* Rn. 420.

einwenden, dass damit de facto ein Vorverfahren Prozessvoraussetzung wäre, welches der Gesetzgeber aber für die Nichtigkeitsfeststellungsklage prinzipiell gerade nicht vorgesehen hat; mit der behördlichen Feststellung nach § 44 Abs. 5 VwVfG sollte dem Bürger ein zusätzlicher – nicht notwendig primärer – Rechtsbehelf gegeben werden.[153] Das Feststellungsinteresse entfällt daher nur dann, wenn der Kläger vor Erhebung der Feststellungsklage einen Antrag nach § 44 Abs. 5 VwVfG gestellt hat und eine angemessene Entscheidungsfrist noch nicht abgelaufen ist oder die Behörde die Nichtigkeitsfeststellung vorgenommen hat.[154]

Das Feststellungsinteresse kann auch bei der Nichtigkeitsfeststellungsklage entfallen, wenn der als 110 nichtig behauptete Verwaltungsakt für sich keine Gültigkeit mehr in Anspruch nimmt, weil er sich nach allgemeinen Grundsätzen *erledigt* hat, z.B. wegen Zeitablaufs (BVerwG NVwZ-RR 2000, 324). Dann muss das Feststellungsinteresse aus den oben dargelegten Kriterien für vergangene Rechtsverhältnisse entwickelt werden (→ Rn. 90 ff.).

6. Feststellungsklage der Behörde gegen einen Bürger. Umstr. ist das Feststellungsinteresse für eine 111 Feststellungsklage der Behörde gegen einen Bürger in den Fällen, in denen die Behörde hinsichtlich des streitigen Rechtsverhältnisses auch einen feststellenden Verwaltungsakt erlassen darf, den der Bürger dann anfechten müsste, wenn er mit der behördlichen Regelung nicht einverstanden ist. Teilweise wird das Feststellungsinteresse hier generell verneint; zur Begründung heißt es, es widerspreche „dem Wesen des Verwaltungsrechtsverhältnisses zwischen Staat und einzelnem ..., daß der Staat das Bestehen oder Nichtbestehen eines Rechtsverhältnisses durch eine gerichtliche Entscheidung feststellen" lasse[155]. Dagegen hält das BVerwG ein solches Feststellungsinteresse nicht für ausgeschlossen; dieses sei insbes. dann gegeben, wenn angesichts der Streitlage ohnehin mit einer gerichtlichen Auseinandersetzung zu rechnen sei.[156] Ob ein Feststellungsinteresse besteht, soll „nur unter Berücksichtigung der Eigenart des jeweils in Rede stehenden Rechtsverhältnisses bejaht oder verneint werden" können (BVerwGE 29, 166, 172). Nachvollziehbaren Kriterien, nach denen für den Einzelfall verlässlich zu ermitteln ist, welcher Eigenart ein Rechtsverhältnis hinsichtlich der Bejahung oder Verneinung des hier interessierenden Feststellungsinteresses ist, wurden bislang allerdings nicht entwickelt.

V. Subsidiarität der Feststellungsklage (§ 43 Abs. 2 S. 1)

Nach § 43 Abs. 2 S. 1 kann der Kläger die Feststellung nicht begehren, soweit er seine Rechte durch 112 Gestaltungs- oder Leistungsklage verfolgen kann oder hätte verfolgen können. Diese Einschränkung gilt nur für die auf die Feststellung des Bestehens oder Nichtbestehens eines Rechtsverhältnisses gerichtete Klage, während nach § 43 Abs. 2 S. 2 die *Nichtigkeitsfeststellungsklage* davon nicht betroffen ist. Somit kommt die erstgenannte Klage stets nur als subsidiäres Rechtsschutzmittel in Betracht. Der Grundsatz der Subsidiarität ist prüfungstechnisch bei der *Statthaftigkeit der Klageart* zu verorten[157] und ist – anders als im Zivilprozess und bei der Fortsetzungsfeststellungsklage – vom Feststellungsinteresse zu trennen; teilweise werden in Rspr. und Lit. jedoch Aspekte beider Punkte miteinander vermischt.[158]

1. Grundsatz. Die Subsidiaritätsregelung[159] in § 43 Abs. 2 S. 1 will eine unnötige Feststellungsklage 113 vermeiden, wenn dem Kläger für die Rechtsverfolgung eine andere sachnähere und effektivere Klageart zur Verfügung steht. Aus Gründen der *Prozessökonomie* soll der Rechtsschutz auf dasjenige Verfahren konzentriert werden, welches seinem Anliegen am wirkungsvollsten gerecht wird (Konzentrati-

---

153 OVG Münster NVwZ-RR 1991, 331, 332; *P. Kunig*, Jura 1997, 326, 328; *U. Ramsauer*, in: Kopp/Ramsauer § 44 Rn. 69; *M. Sachs*, in: Stelkens/Bonk/Sachs § 44 Rn. 199; *Schenke* Rn. 576. So auch BFHE 220, 208, 211 f. zu § 41 Abs. 2 FGO, § 125 Abs. 5 AO.

154 *Schenke* Rn. 577.

155 So *Ule* § 34 II; vgl. auch *Hufen* § 18 Rn. 16.

156 BVerwGE 28, 153, 154 f.; 29, 166, 172; BVerwG NVwZ 2015, 1215, 1216 (insofern nicht abgedruckt in BVerwGE 152, 1). Zum entsprechenden Problem bei der allg. Leistungsklage → § 42 Rn. 52.

157 Vgl. *Hufen* § 18 Rn. 5; *P. Kunig*, Jura 1997, 326, 327 f.; *M. Möstl*, in: Posser/Wolff § 43 Rn. 12; *H. Sodan/ S. Kluckert*, VerwArch 94 (2003), 3, 17.

158 Vgl. BVerwGE 92, 172, 174 ff.; *Ule* § 34 II.

159 Nach *M. Skolik*, VerwArch 106 (2015), 378, 388 sind Gestaltungs- und Leistungsklagen nicht subsidiär gegenüber einer allg. Feststellungsklage, sondern speziell.

onsziel).[160] Das Feststellungsurteil wirkt weder rechtsgestaltend, noch ist es vollstreckbar; daher bleibt die mit einer Feststellungsklage zu erreichende Schutzwirkung regelmäßig hinter Gestaltungs- und Leistungsklage zurück. Zöge der Beklagte nämlich nicht freiwillig die aus der gerichtlichen Feststellung erwachsenden Konsequenzen, müsste der Kläger erneut klagen, um dann endlich eine unmittelbare gerichtliche Umgestaltung der Rechtslage zu bewirken oder einen vollstreckbaren Titel zu erlangen.

114 Die Regelung des § 43 Abs. 2 S. 1 ist eine *spezielle Ausgestaltung des allgemeinen Rechtsschutzbedürfnisses*[161] (zum allgemeinen Rechtsschutzbedürfnis → § 42 Rn. 335 ff.). Für die zivilprozessuale Feststellungsklage existiert in § 256 ZPO keine entsprechende Bestimmung zur Statthaftigkeit. Trotzdem sind auch insoweit die Prozessökonomie und das Konzentrationsziel wichtige Aspekte der Zulässigkeitsprüfung; mangels einer ausdrücklichen Regelung wird die Subsidiarität daher dem Feststellungsinteresse zugeordnet.[162] Ebenso muss bei der Fortsetzungsfeststellungsklage die Subsidiarität i.R. des Feststellungsinteresses beachtet werden, da auch hier eine entsprechende Festlegung fehlt. Aufgrund der ausdrücklichen Regelung des § 43 sind aber eben bei der auf die Feststellung des Bestehens oder Nichtbestehens eines Rechtsverhältnisses gerichteten Klage Subsidiarität und Feststellungsinteresse dogmatisch zu trennen.

115 Keineswegs dient die Subsidiaritätsvorschrift des § 43 Abs. 2 S. 1 allein dazu, das Verhältnis der Klagearten des Verwaltungsprozesses zu ordnen. Der prozessökonomische Gedanke, unnötige Feststellungsklagen zu vermeiden, gilt auch dann, wenn eine Gestaltungs- oder Leistungsklage vor einem Gericht eines anderen Gerichtszweigs anhängig zu machen wäre, und ist somit *rechtswegübergreifend*; die verschiedenen Rechtswege sind nämlich untereinander prinzipiell gleichwertig.[163]

116 Bei der (rechtswegübergreifenden) Ermittlung der vorrangigen Klage kommt es nicht darauf an, ob diese Klage auch noch im Übrigen zulässig ist; maßgebend ist allein, ob die Klage zur Erreichung des Rechtsschutzziels des Klägers statthaft ist.[164] Wurde z.B. die für Anfechtungs- und Verpflichtungsklage geltende Widerspruchs- oder Klagefrist versäumt, folgt aus der eingetretenen Unzulässigkeit der Gestaltungs- bzw. Leistungsklage nicht, dass nunmehr eine Klage mit dem Ziel der Feststellung, die Behörde sei zum Erlass des Verwaltungsakts nicht berechtigt gewesen bzw. hätte einen solchen erlassen müssen, statthaft wird. Statthafte, aber im Übrigen unzulässige Klageart bleibt in diesem Fall vielmehr die Anfechtungs- bzw. Verpflichtungsklage.

117 Eine einmal erhobene Feststellungsklage bleibt zulässig, wenn erst *nachträglich* die Möglichkeit einer Gestaltungs- oder Leistungsklage entsteht.[165] Dann kann nämlich das prozessökonomische Ziel des § 43 Abs. 2 S. 1, den Rechtsschutz auf *ein* Verfahren zu konzentrieren, nicht mehr erreicht werden. Eine Ausnahme lässt sich für den Fall bejahen, dass die Feststellungsklage zwar erhoben, jedoch bisher nicht einmal begründet wurde.[166] Eine Feststellungsklage zur Vorbereitung eines zivilgerichtlichen Schadensersatz- oder Entschädigungsprozesses ist unter den oben dargestellten (→ Rn. 93 ff.), nach richtiger Ansicht die Subsidiarität betreffenden Umständen (kurz: Erledigung des Primärrechtsschutzes nach Klageerhebung) statthaft (BVerwGE 111, 306, 309 ff.). Eine Feststellungsklage, welche wegen der Möglichkeit zur Leistungs- oder Gestaltungsklage zum Zeitpunkt der Klageerhebung unstatthaft war, wird aber statthaft, wenn diese Möglichkeit zum *Zeitpunkt der letzten mündlichen Verhandlung* nachträglich weggefallen ist (BVerwGE 129, 199, 203 f.).

118 „Die Frage, ob ein Klageantrag zulässig ist, ist zum Zwecke der Vermeidung einer *Überraschungsentscheidung* vom Gericht grds. in der mündlichen Verhandlung fallbezogen zu erörtern, wenn es hierauf

---

160 BVerwG NVwZ-RR 1998, 302, 303; BVerwGE 111, 306, 308 f.; 121, 152, 156; OVG Koblenz OVGE 12, 301, 302 f.

161 *Hufen* § 18 Rn. 5; *M. Möstl*, in: Posser/Wolff § 43 Rn. 12.

162 Vgl. etwa *Baumbach/Lauterbach/Albers/Hartmann* § 256 Rn. 35, 77 m.w.N.

163 BVerwG NJW 1986, 1826, 1829; NVwZ 1987, 216, 217; BVerwGE 111, 306, 308 f.; OVG Berlin-Brandenburg OVGE 29, 237, 248; VGH Mannheim VBlBW 1995, 205, 206; VG Köln NWVBl 1990, 128, 129.

164 *Schmitt Glaeser/Horn* Rn. 337.

165 Vgl. BVerwGE 54, 177, 179; BVerwG NVwZ 2007, 1310, 1312; *M. Happ*, in: Eyermann § 43 Rn. 40; offen gelassen vom VGH Mannheim, NVwZ-RR 2003, 142, 143.

166 Diese Einschränkung macht die Rspr. bei der Fortsetzungsfeststellungsklage i.R. des Feststellungsinteresses, wenn es um den Vorrang eines zivilgerichtlichen Schadensersatz- oder Entschädigungsprozesses geht, vgl. BVerwG 22.1.1996 Buchholz 310 § 113 VwGO Nr. 282 (S. 18 f.). Bei der Feststellungsklage gem. § 43 Abs. 1 Alt. 1 wird sie wohl eher der – hier eigenständigen – Subsidiarität zuzurechnen sein.

seine Entscheidung stützen will und das Vorbringen der Beteiligten diese Frage bislang nicht umfasst hat" (BVerwG NVwZ-RR 2000, 396 [LS] – Hervorhebung vom Verf.).

2. Ausnahmen. a) Feststellungsklage gegen einen Verwaltungsträger. Nach der Rspr. soll der Grund- 119
satz der Subsidiarität der Statthaftigkeit einer Feststellungsklage gegen einen Verwaltungsträger nicht entgegenstehen, wenn der Kläger gleichwohl eine (allgemeine) Leistungsklage gegen diesen Verwaltungsträger erheben könnte, um seine Rechtsschutzinteressen zu verfolgen. Der Gedanke der prozessökonomischen Erledigung des Rechtsstreits greife nämlich nicht durch, weil die (allgemeine) Leistungsklage hier nicht effektiver sei als eine Feststellungsklage; von dem beklagten Verwaltungsträger (bzw. seiner beklagten Behörde) sei angesichts der verfassungsmäßig verankerten Bindung an Recht und Gesetz die *Respektierung von Gerichtsurteilen* auch ohne dahinterstehenden Vollstreckungsdruck zu erwarten.[167]

Diese Ausnahme wurde aus der vom RG (RGZ 92, 1, 8; 129, 31, 34) begründeten und vom BGH 120
(BGHZ 28, 123, 126; BGH NJW 1984, 1118, 1119) fortgeführten Rspr. zur Feststellungsklage im Zivilprozess nach § 256 ZPO entwickelt[168]; dort werden allerdings prozessökonomische Erwägungen mangels einer ausdrücklichen Subsidiaritätsregelung i.R. des Feststellungsinteresses relevant. Die Anerkennung der genannten Ausnahme war zunächst davon geleitet, einen Gleichlauf zwischen Zivil- und Verwaltungsprozess herzustellen. Zur methodischen Absicherung dieses Ergebnisses hat die Rspr. den Anwendungsbereich des § 43 Abs. 2 S. 1 *teleologisch reduziert*. Die Subsidiariätsklausel soll nur in den Fällen eingreifen, in denen ohne ihre Beachtung die für Anfechtungs- und Verpflichtungsklagen geltenden Sonderregeln (insbes. §§ 68 ff. betreffend das Erfordernis der Durchführung eines Vorverfahrens, die Widerspruchsfrist und Klagefrist) unterlaufen würden.[169] Eine solche *Umgehung* wird allerdings verneint, sofern der Feststellungsklage ebenfalls ein Vorverfahren vorausgehen muss und sie fristgebunden ist. So ordnen § 126 Abs. 3 BRRG, § 54 Abs. 2 BeamtStG, § 126 Abs. 2 BBG für Feststellungsklagen der Beamten, Ruhestandsbeamten, früheren Beamten und der Hinterbliebenen aus dem Beamtenverhältnis die Geltung der besonderen Zulässigkeitsvoraussetzungen der §§ 68 ff. an (zum Hinweis auf diese Vorschrift in der Rspr. zur Statthaftigkeit von Feststellungsklagen → § 42 Rn. 143, 149). Umgekehrt drohe auch dann keine Umgehung, wenn ein zur Feststellung gestellter Leistungsanspruch mit einer nicht fristgebundenen allgemeinen Leistungsklage (→ § 42 Rn. 64) geltend gemacht werden könne (BVerwGE 36, 179, 182).

Gegen die soeben genannte Rspr. lassen sich jedoch erhebliche Einwände erheben. Diese Judikatur wi- 121
derspricht dem eindeutigen Wortlaut der VwGO; überdies sind die Voraussetzungen für eine teleologische Reduktion nicht gegeben. Zunächst ist zu beachten, dass die übernommene zivilgerichtliche Rspr. zu § 256 Abs. 1 ZPO in Bezug auf das zivilprozessuale *Feststellungsinteresse* („rechtliches Interesse") entwickelt wurde; die ZPO enthält nämlich eine dem § 43 Abs. 2 S. 1 entsprechende Vorschrift nicht. Während das „rechtliche Interesse" ein weiter und unbestimmter Rechtsbegriff ist, der für vielfältige Erwägungen offensteht, ist die Subsidiaritätsklausel im Gesetz selbst fest umrissen, ohne dass für die von der Rspr. zugelassene Öffnung auch nur ein grammatischer Anhaltspunkt besteht. Die teleologische Reduktion vermag ebenfalls nicht zu überzeugen. Zum einen ist die Reduzierung der Vorschrift auf den Zweck, die Umgehung der für Anfechtungs- und Verpflichtungsklage geltenden Sondervorschriften zu vermeiden, zu eng. Dem widerspricht bereits die rechtswegübergreifende Wirkung der Subsidiaritätsklausel; ferner ist zu bedenken, dass der Gesetzgeber – wie durch § 126 Abs. 3 BRRG, § 54 Abs. 2 BeamtStG, § 126 Abs. 2 BBG geschehen – für bestimmte allgemeine Leistungsklagen durch spezialgesetzliche Anordnung Klagefristen einführt. Zum anderen findet sich in der VwGO kein Anhaltspunkt dafür, ein an Recht und Gesetz gebundener Verwaltungsträger werde sich auch ohne Vollstreckungsdruck an ein Gerichtsurteil halten. Ganz im Gegenteil: § 172 regelt sogar Vollstre-

---

167 S. etwa BVerwGE 36, 179, 182 m. Anm. v. *A. v. Mutius*, VerwArch 63 (1972), 229, 230 ff.; BVerwGE 114, 61, 63; 137, 171, 172 f.; OVG Münster NWVBl 1998, 149; VGH Mannheim DVBl 2000, 820, 821; vgl. auch bereits BVerwG DÖV 1957, 426, 427 zu § 52 MRVO 165. So auch in der Lit. *A. Glaser*, in: Gärditz § 43 Rn. 76. A.M. VG Stuttgart 26.4.2004 – 4 K 244/04.
168 BVerwGE 36, 179, 181 f. m.Anm. v. *A. v. Mutius*, VerwArch 63 (1972), 229, 230 ff. S.a. bereits BVerwG DÖV 1957, 426, 427 zu § 52 MRVO 165.
169 BVerwGE 36, 179, 181 f.; 40, 323, 327 f.; 51, 69, 75; 77, 207, 211; BVerwG NJW 1997, 2534, 2535; NVwZ-RR 1998, 302, 303; OVG Magdeburg DVBl 2000, 1362; VGH Kassel NuR 1992, 241 (LS 3); VG Karlsruhe NVwZ-RR 1999, 320.

ckungsmaßnahmen gegen eine Behörde. Da im Verwaltungsprozess fast ausschließlich Hoheitsträger Beklagte sind, nähme im Übrigen die Geltungsreduktion der Subsidiaritätsvorschrift praktisch den Anwendungsbereich. Nach allem ist § 43 Abs. 2 S. 1 uneingeschränkt bei Klagen gegen Verwaltungsträger anzuwenden.[170]

122 **b) Effektivität des Rechtsschutzes.** Der Grundsatz der Subsidiarität steht einer Feststellungsklage nicht entgegen, wenn diese den effektiveren Rechtsschutz bietet (vgl. BVerwGE 121, 152, 156; 152, 1, 2 f.; BVerwG NVwZ 2008, 697, 698). Kann die zwischen den Beteiligten streitige Frage sachgerecht und in voller Übereinstimmung mit ihrem Rechtsschutzinteresse durch Feststellungsurteil geklärt werden, verbietet es sich, den Kläger auf eine Gestaltungs- oder Leistungsklage zu verweisen, in deren Rahmen das zur Feststellung gestellte Rechtsverhältnis nur bloße *Vorfrage* wäre und die weiteren Elemente des geltend zu machenden Anspruchs lediglich untergeordnete Bedeutung hätten.[171] Ist der durch eine Feststellungsklage vermittelte Rechtsschutz gegenüber den anderen Verfahren nur gleich wirksam, bleibt es bei der Verdrängung der Feststellungsklage (BVerwGE 32, 333, 335; BVerwG NVwZ-RR 1998, 302, 303).

123 Der Kläger braucht somit nicht den Kern seines Anliegens als bloße Vorfrage eines im Wege einer Gestaltungs- oder Leistungsklage zu verfolgenden Rechts klären zu lassen. Die geringere Wirksamkeit eines solchen Vorgehens ergibt sich schon daraus, dass es fraglich sein kann, ob die Vorfrage überhaupt entscheidungserheblich wird (vgl. OVG Münster NVwZ-RR 2016, 851, 852). Möglicherweise wird das Gericht zu dem streitigen Rechtsverhältnis gar nicht Stellung nehmen. In jedem Fall wären die Beteiligten gezwungen, ihren Rechtsstreit auf weitere Punkte zu erstrecken. Das BVerwG formuliert, es entspreche „eher dem Gebot der Gewährung effektiven Rechtsschutzes, die erstrebten Feststellungen in der Urteilsformel zum Ausdruck zu bringen, als sie in den Gründen eines auf eine allgemeine Leistungsklage ergehenden Urteils zu verstecken" (BVerwG NVwZ 2016, 1579 f.).

124 *Beispiele:* So kann die Feststellungsklage effektiver sein, wenn die Beteiligten i.R. eines Dauerschuldverhältnisses über eine jährlich anfallende variable Zahlungspflicht streiten, weil (1) es nicht auszuschließen ist, dass eine auf ein bestimmtes Jahr bezogene Leistungsklage ohne Erfolg bleibt, ohne dass dazu eine Klärung der grundsätzlichen Streitfrage erforderlich war, und (2) ein auf ein Jahr bezogenes Leistungsurteil den Kläger nicht davon befreien würde, ggf. für jedes einzelne Folgejahr einen weiteren Rechtsstreit zu führen.[172] Entsprechendes gilt für die Frage der Anwendbarkeit einer Norm im Zusammenhang mit wiederkehrenden Wildschadensersatzforderungen (VGH München DVBl 2015, 448 f.). Wer seine Berechtigung feststellen lassen will, eine bestimmte Leistung kostenlos in Anspruch nehmen zu dürfen, muss sich nicht auf eine Leistungsklage verweisen lassen, mit welcher er die Zurückerstattung gezahlter Entgelte/Gebühren verlangen könnte.[173] Wer eine Feststellungsklage erhebt, mit welcher nachträglich die Berechtigung der Behörde zum Einsatz eines verdeckten Ermittlers geklärt werden soll, muss nicht vorrangig einen Leistungsanspruch auf Löschung rechtswidrig erlangter Daten durchsetzen. Mit der nicht tenorierten Entscheidung über die Vorfrage der Rechtmäßigkeit des Einsatzes könnte dem Kläger auch keine Genugtuung als Kompensation für den rechtswidrigen Grundrechtseingriff verschafft werden (BVerwG NJW 1997, 2534, 2535). Im Falle von Statusrechten ist eine Feststellungsklage statthaft, wenn der Kläger das Bestehen des gesamten Rechtsverhältnisses bestreitet (z.B. wenn er behauptet, überhaupt nicht Mitglied einer öffentlich-rechtlichen Körperschaft zu sein). Einem Verfahren, das nur eine einzelne Berechtigung oder Verpflichtung aus diesem umfassenden Rechtsverhältnis klären soll (z.B. Anfechtung eines Beitragsbescheids), gebührt kein Vorrang.[174]

---

170 I.E. ebenso: VG Stuttgart 26.4.2004 – 4 K 244/04; *M. Happ*, in: Eyermann § 43 Rn. 43; *Hufen* § 18 Rn. 6; *R. Klenke*, NWVBl 2003, 170 ff.; *P. Kunig*, Jura 1997, 326, 328; *A. v. Mutius*, VerwArch 63 (1972), 229, 230 ff.; *W.-R. Schenke*, AöR 93 (1970), 223, 255; *W.-R. Schenke*, in: Kopp/Schenke § 43 Rn. 28; *Schmitt Glaeser/Horn* Rn. 337; *M. Skolik*, VerwArch 106 (2015), 378, 390 ff.; *Würtenberger* Rn. 416.

171 BVerwG NJW 1997, 2534, 2535. Ebenso BVerwGE 37, 243, 247; BVerwG NVwZ-RR 1998, 302, 303; BVerwGE 152, 1, 2 f.; OVG Koblenz OVGE 12, 301, 302 ff.; OVG Münster 26.11.2003 – 11 A 251/01; VG Karlsruhe NVwZ-RR 1999, 320; VG Köln NWVBl 1990, 128, 129; VG Meiningen NVwZ-RR 1999, 220, 221.

172 BVerwG NVwZ-RR 1998, 302, 303 – Verlustausgleichspflicht aus einem öffentlich-rechtlichen Vertrag.

173 BVerwGE 37, 243, 247; VG Köln NWVBl 1990, 128, 129 – Personenbeförderung von Schwerbehinderten.

174 BVerwGE 25, 151, 156 – gemeindlicher Wasserverband; BVerwG NJW 1983, 2208 – Industrie- und Handelskammer.

3. Besonderheiten im Verhältnis der Feststellungsklage zur allgemeinen Leistungsklage. a) Erforder- 125
nis der Bestimmtheit des Leistungsantrags. Eine allgemeine Leistungsklage (im Einzelnen → § 42
Rn. 39 ff.) kann nur dann Erfolg haben, wenn es dem Kläger möglich ist, einen hinreichend bestimmten und vollstreckbaren Leistungsantrag zu stellen. Kann der Kläger z.B. die Anspruchshöhe noch
nicht beziffern oder die genaue Leistung im Hinblick auf eine erst künftige Konkretisierung beschreiben, steht es ihm offen, den Anspruchsgrund feststellen zu lassen (VGH Mannheim DVBl 2000, 820,
821; vgl. auch VG Bremen NJW 1997, 2696, 2697). Ist nur die konkrete Anspruchshöhe streitig,
nicht dagegen der Anspruchsgrund, reicht die Feststellung der grundsätzlichen Leistungspflicht nicht
aus (VG Augsburg 28.9.2004 – Au 3 K 04.854). Ein bestimmter Leistungsantrag ist jedoch nicht deshalb ausgeschlossen, weil Streit über die Berechnungsmethoden besteht (OVG Koblenz OVGE 12,
301, 304). Soll die Feststellungsklage nur der Vorbereitung eines Amtshaftungsprozesses durch Klärung einer Vorfrage (Rechtmäßigkeit der staatlichen Maßnahme) dienen, scheitert sie auch nach Ansicht der Rspr. am Subsidiaritätsgrundsatz (BVerwGE 149, 194, 198), sofern sich nicht ein primäres
Rechtsschutzbegehren erledigt hat (→ Rn. 93 ff.)

b) Vorbeugende Feststellungsklage und Unterlassungsklage. Unter einer vorbeugenden Feststellungs- 126
klage ist eine Klage zu verstehen, mit welcher der Kläger die Feststellung begehrt, die Verwaltung sei
zur Vornahme einer bestimmten Handlung (Erlass eines Verwaltungsakts, Realakt) nicht berechtigt[175]
(→ Rn. 104). Obwohl in Fällen der vorbeugenden Feststellungsklage eine *allgemeine Leistungsklage
in Gestalt der Unterlassungsklage* (zur Unterlassungsklage → § 42 Rn. 53 ff.) statthaft sein kann, wird
dem Kläger in der Rspr. ein Wahlrecht zwischen beiden Klagearten zuerkannt[176]. Dieses *Wahlrecht*
beruht auf der – unzutreffenden (→ Rn. 121) – Ansicht, § 43 Abs. 2 S. 1 stehe der Statthaftigkeit einer
Feststellungsklage nicht entgegen, wenn diese sich gegen einen Verwaltungsträger richte und keine
Umgehung der für Anfechtungs- sowie Verpflichtungsklage geltenden Sonderregelungen drohe.
Entgegen der Rspr. muss jedoch eine *vorbeugende Feststellungsklage zurücktreten*, wenn eine Unter- 127
lassungsklage statthaft ist, weil § 43 Abs. 2 S. 1 bei Klagen gegen Verwaltungsträger uneingeschränkt
anzuwenden ist. Regelmäßig erweist sich daher eine vorbeugende Feststellungsklage als unstatthaft.[177]
Zweifelhaft ist, ob für die vorbeugende Feststellungsklage in Fällen, in denen die drohende Maßnahme gegen eine andere Person gerichtet ist und nicht die Rechte des Klägers verletzen würde, ein Anwendungsbereich verbleibt; ein Drittrechtsverhältnis wäre dann Feststellungsgegenstand.[178] Es könnte
sich nämlich um eine Umgehung des für die allgemeine Leistungsklage in entsprechender Anwendung
von § 42 Abs. 2 geltenden Erfordernisses der Klagebefugnis (zu dieser Analogie → § 42 Rn. 371) handeln, wenn bei fehlender eigener (möglicher) Rechtsverletzung einfach auf das Drittrechtsverhältnis
abgestellt wird, um wenigstens eine Feststellung unter der geringeren Voraussetzung des Feststellungsinteresses zu erreichen.
„Vorbeugende Feststellungsklagen" bei drohendem *Straf- bzw. Bußgeldverfahren* betreffen nicht die 128
Berechtigung der Verfolgungsbehörde (Staatsanwaltschaft/Bußgeldbehörde) zur Durchführung eines
Verfahrens, sondern allein den verwaltungsrechtlichen Streitgegenstand (z.B. eine bestimmte Handlungspflicht des Bürgers). Im Übrigen gibt es im Strafprozessrecht oder Ordnungswidrigkeitenrecht
auch keinen Anspruch des Bürgers auf Unterlassung der Einleitung eines Verfahrens.
Nach der hier verwandten Terminologie beziehen sich vorbeugende Feststellungsklagen auf *gegenwär-* 129
tige Rechtsverhältnisse. In Rspr. und Lit. wird teilweise auch das Begehren, ein *zukünftiges Rechtsver-*
hältnis feststellen zu lassen, als vorbeugende Feststellungsklage bezeichnet (BVerwG NVwZ 1986,
1011, 1012; VG Gera ThürVBl 1998, 109, 110). Demgegenüber ist jedoch anzumerken, dass eine solche „unechte" vorbeugende Feststellungsklage nicht von der Subsidiarität erfasst wird, weil ein zukünftiges Rechtsverhältnis kein Gegenstand einer Unterlassungsklage sein kann.[179]

c) Klage auf Normerlass. Die allgemeine Leistungsklage ist zur Durchsetzung eines Anspruchs auf Er- 130
lass einer untergesetzlichen Norm, also einer Norm im Range *unter* den Gesetzen im formellen Sinne,

---

175 *W.-R. Schenke*, AöR 92 (1970), 223, 226.
176 BVerwGE 40, 323, 327; 77, 214, 216; BVerwG NVwZ 1991, 580; OVG Münster RdL 1981, 193. So auch *A. Gla-
      ser*, in: Gärditz § 43 Rn. 79 f.
177 *Hufen* § 18 Rn. 22; *W.-R. Schenke*, in: Kopp/Schenke § 43 Rn. 24 a. E.; *Würtenberger* Rn. 485.
178 So *W.-R. Schenke*, AöR 92 (1970), 223, 256; *W. Selb*, Feststellungsklage, 1998, 174.
179 *Schenke* Rn. 421 a.

nicht statthaft; daher kann ohne Verletzung der Subsidiaritätsklausel des § 43 Abs. 2 S. 1 insoweit auf die allgemeine Feststellungsklage zurückgegriffen werden (→ § 42 Rn. 49).[180]

131 **4. Besonderheiten im Verhältnis der Feststellungsklage zur Verpflichtungsklage. a) Genehmigungsfreie Betätigung.** Ist der Kläger der Auffassung, eine von ihm ausgeübte Betätigung oder ein konkretes Vorhaben bedürfe keiner behördlichen Genehmigung, so steht § 43 Abs. 2 S. 1 einer Klage auf *Feststellung der Erlaubnisfreiheit* nicht entgegen, weil vom Rechtsstandpunkt des Klägers eine auf Erlaubniserteilung gerichtete Verpflichtungsklage nach § 42 Abs. 1 Alt. 2 nicht infrage kommt.[181] Mit Erhebung der Verpflichtungsklage müsste er seinen Rechtsstandpunkt aufgeben und überdies noch die Prozesskosten tragen, sofern das Gericht ebenfalls die Betätigung oder das Vorhaben für erlaubnisfrei hielte und somit die Verpflichtungsklage mangels Erteilungsanspruchs abweisen würde.[182]

132 **b) Feststellender Verwaltungsakt.** Ein feststellender Verwaltungsakt stellt ein Rechtsverhältnis oder einzelne sich daraus ergebenden Rechte und Pflichten für den Bürger verbindlich sowie in einer der Rechtsbeständigkeit fähigen Weise fest.[183] Eine Feststellungsklage wäre unstatthaft, wenn der Kläger durch eine Verpflichtungsklage den Erlass eines feststellenden Verwaltungsakts erzwingen könnte (VG Hamburg 12.5.2009 – 15 K 2995/08, juris Rn. 22). Hierbei ist jedoch zu beachten, dass eine Feststellung durch das Gericht selbst wohl effektiver ist als die Verpflichtung der Behörde zur Feststellung durch das Gericht (→ Rn. 122 ff. zur Durchbrechung des Subsidiaritätsgrundsatzes aus Gründen der Effektivität des Rechtsschutzes sowie → Rn. 70 zur ähnlichen Konstellation bei der Nichtigkeitsfeststellung). Ansonsten setzt eine Verpflichtungsklage voraus, dass erstens die Behörde überhaupt zum Erlass eines feststellenden Verwaltungsakts berechtigt ist und zweitens der Bürger darauf einen Anspruch hat.

133 Hinsichtlich der behördlichen *Berechtigung* ist umstr., ob der Erlass eines feststellenden Verwaltungsakts eine *Ermächtigungsgrundlage* voraussetzt.[184] Str. ist dabei die Reichweite des Vorbehalts des Gesetzes. Teilweise wird die Auffassung vertreten, Feststellungsbescheide bedürften keiner gesetzlichen Grundlage, weil sie nicht in die Rechte des Betroffenen eingriffen, sondern nur rechtliche Folgerungen konkretisierten, die sich schon aus den Gesetzen selbst ergäben; sie würden somit nur ohnehin bestehende Verpflichtungen auferlegen.[185] Die Gegenansicht verlangt stets eine Ermächtigungsgrundlage (OVG Münster BBauBl 1983, 399, 400; VGH München DVBl 1977, 108 [LS 1]). Nach der Rspr. des BVerwG bedürfen feststellende Verwaltungsakte „jedenfalls dann einer gesetzlichen Grundlage, wenn ihr Inhalt etwas als Rechtens feststellt, was der Betroffene erklärtermaßen für nicht Rechtens hält" (BVerwGE 72, 265 [LS]; vgl. ferner BVerwGE 114, 226, 227 f.). Teilweise wird eine Ermächtigungsgrundlage nur für belastende Feststellungen gefordert.[186] Da der Bürger doch wohl immer eine ihn begünstigende Feststellung erreichen möchte, würde nur diejenige Auffassung, der zufolge für jeden feststellenden Verwaltungsakt eine gesetzliche Ermächtigung erforderlich ist, an dieser Stelle eine Verpflichtungsklage ausschließen können, sofern keine Ermächtigung vorhanden ist.

134 Ist man der Ansicht, die Behörde sei zum Erlass eines feststellenden Verwaltungsakts berechtigt, weil entweder eine Ermächtigungsgrundlage vorhanden ist oder – insbes. für begünstigende Feststellungen – man eine solche nicht für erforderlich hält, kann eine Verpflichtungsklage lediglich dann in Betracht kommen, wenn der Kläger auch einen *Anspruch* auf die begehrte Feststellung hat (VGH Kassel ESVGH 49, 303, 306).

135 Sofern ausnahmsweise das Gesetz eine Ermächtigung enthält, ist durch Auslegung zu ermitteln, ob das Gesetz dem Bürger einen Feststellungsanspruch einräumt oder die Feststellung nicht vielmehr im Ermessen der Behörde steht. Bleiben dabei Zweifel offen, ist aus Gründen der Prozessökonomie[187] die

---

180 A.A. F. *Hufen*, FS Würtenberger, 2013, 873, 878 f.
181 BVerwGE 39, 247, 249; 144, 211, 213 f.; OVG Koblenz NVwZ 2016, 1267; OVG Münster ZfW 1979, 169, 171; NVwZ 2013, 1553, 1555; *H. Duken*, NVwZ 1990, 443, 444.
182 *H. Duken*, NVwZ 1990, 443, 444.
183 *U. Ramsauer*, in: Kopp/Ramsauer § 35 Rn. 92.
184 Vgl. *H. Dreier*, NVwZ 1988, 1073, 1077 f.
185 So *F. Kopp*, GewArch 1986, 41, 44 f.
186 So *H.-G. Henneke*, in: Knack/Henneke § 35 Rn. 136 und Vorbem. § 35 Rn. 76; *U. Ramsauer*, in: Kopp/Ramsauer § 35 Rn. 24.
187 Es ist prozessökonomisch unsinnig, wenn der Kläger und das Gericht größeren Aufwand zur Klärung des Rechtsanspruchs betreiben müssten, nur um zu klären, ob das Gericht selbst oder die Behörde die Feststellung treffen muss.

Feststellungsklage statthaft. Wenn eine gesetzliche Ermächtigungsgrundlage für die behördliche Feststellung fehlt, ist ein Feststellungsanspruch nicht gegeben.[188] Die Ansicht, der Bürger habe unter den gleichen Voraussetzungen einen Anspruch gegenüber der zuständigen Behörde auf einen Feststellungsbescheid, unter denen ihm nach § 43 ein Anspruch auf Erlass eines Feststellungsurteils zustehe,[189] ist abzulehnen; denn sie würde jedenfalls im Bürger-Staat-Verhältnis zu einem völligen Ausschluss der allgemeinen Feststellungsklage führen.

5. Besonderheiten im Verhältnis der Feststellungsklage zur Anfechtungsklage. Die Feststellungsklage 136 bleibt trotz Vorliegens eines Verwaltungsakts statthaft, wenn der Kläger sein Rechtsschutzbegehren durch eine Anfechtungsklage nicht verfolgen kann oder wenn sich durch eine Feststellungsklage eine Vielzahl potenzieller Anfechtungsprozesse vermeiden lässt (BVerwGE 121, 152, 156).

Eine Anfechtungsklage kommt nicht in Betracht, wenn der Bürger die *Wirksamkeit des Verwaltungs-* 137 *akts* bestreitet: Die Frage, ob sich ein Verwaltungsakt *erledigt* hat – z.B. ob eine durch Verwaltungsakt begründete Leistungspflicht durch Erfüllung erloschen ist – kann daher mit einer allgemeinen Feststellungsklage geklärt werden (OVG Bautzen LKV 2013, 508). Ebenso ist eine Feststellungsklage statthaft, wenn nach Ansicht des Klägers ein Verwaltungsakt ihm gegenüber mangels *Bekanntgabe* gar keine Wirkung entfaltet hat („Nichtakt").[190] Die Feststellung soll in diesem Fall nach Ansicht des BVerwG nur mit der allgemeinen Feststellungsklage begehrt werden können, nicht dagegen mit der Nichtigkeitsfeststellungsklage (BVerwG NVwZ 1987, 330; → Rn. 65). Ferner lässt sich mit der allgemeinen Feststellungsklage klären, ob der Kläger als *Rechtsnachfolger* in die Rechte oder Pflichten aus einem Verwaltungsakt eingetreten ist.[191]

Eine Anfechtungsklage scheidet aus, wenn allein über *Inhalt, Auslegung* und *Reichweite* eines Verwaltungsakts Streit entsteht, ohne dass der Kläger den Verwaltungsakt – z.B. mangels Bestimmtheit – für rechtswidrig oder nichtig hält. Mit der allgemeinen Feststellungsklage kann dann eine gerichtliche Klärung herbeigeführt werden (BVerwG NJW 2004, 1815; OVG Lüneburg NdsVBl 2003, 265, 266).

Unstatthaft ist dagegen die Feststellung der behördlichen Berechtigung/Nichtberechtigung zum Erlass 139 des Verwaltungsakts oder die Feststellung der behördlichen Verpflichtung zum Erlass eines Verwaltungsakts, da für diese Rechtsschutzbegehren allein Anfechtungs- bzw. Verpflichtungsklage statthaft sind.

6. Verhältnis der Feststellungsklage zur Fortsetzungsfeststellungsklage. Über Jahrzehnte entsprach es 140 der ganz überwiegenden Auffassung in Rspr. und Lit., dass gem. § 113 Abs. 1 S. 4 *analog* eine Fortsetzungsfeststellungsklage auch dann erhoben werden kann, wenn sich der belastende Verwaltungsakt (bzw. das Verpflichtungsbegehren) schon *vor* Klageerhebung erledigt hat (→ § 42 Rn. 67 ff.; → § 113 Rn. 262) mit der Folge, dass ein Rückgriff auf die allgemeine Feststellungsklage des § 43 Abs. 1 ausscheidet. Zweifel an dieser Systematik äußerte der 6. Senat des BVerwG in einem Urteil vom 14.7.1999 (BVerwGE 109, 203, 209).

Ein „Abschied" von der Fortsetzungsfeststellungsklage analog § 113 Abs. 1 S. 4[192] wäre jedoch ver- 141 fehlt. Die VwGO enthält eigenständige Regelungen, soweit es um ein Rechtsverhältnis aufgrund eines Verwaltungsakts geht. So ist z.B. für die Feststellung der Nichtigkeit eines Verwaltungsakts und damit für einen Fall, in dem eine Gestaltung wegen Fehlens eines wirksamen Verwaltungsakts ausscheidet, in § 43 Abs. 1 Alt. 2 eine spezifische Form der Feststellungsklage vorgesehen. Parallel dazu findet sich in § 113 Abs. 1 S. 4 eine besondere Feststellungsklage für den Fall der Rechtswidrigkeit eines erledigten Verwaltungsakts, bei dem es ebenfalls nichts mehr zu gestalten gibt. Auf beide Vorschriften hätte der Gesetzgeber auch verzichten können, weil sie dann ohne Weiteres der allgemeinen Feststellungsklage

---

188 So auch *U. Stelkens*, in: Stelkens/Bonk/Sachs § 35 Rn. 220.
189 *F. Kopp*, GewArch 1986, 41, 45.
190 Ebenso *L. Münkler*, Der Nichtakt, 2015, 163 f. m. ausf. Begründung.
191 *W.-R. Schenke*, in: Kopp/Schenke § 43 Rn. 26 a. E.
192 Dafür: *T. Finger*, VR 2004, 145, 148 ff. und *F. Weber*, BayVBl 2003, 488, 493 f., die eine Nichtigkeitsfeststellungsklage gem. § 43 Abs. 1 Alt. 2 *analog* befürworten; *A. Glaser*, NJW 2009, 1043 ff.; *M. Wehr*, DVBl 2001, 785, 787 ff.; dagegen: *A.-P. Heinze/O. Sahan*, JA 2007, 805, 807 ff.; *M. Möstl*, in: Posser/Wolff § 43 Rn. 24; *R. P. Schenke*, NVwZ 2000, 1255, 1257 f.; *ders.*, JuS 2007, 697, 699 f.; *W.-R. Schenke/R. P. Schenke*, in: Kopp/Schenke § 113 Rn. 99; *F. Schoch*, Jura 2001, 628, 632; *H. Sodan/S. Kluckert*, VerwArch 94 (2003), 3, 19 ff. Zur früheren Kritik an der Analogie zu § 113 Abs. 1 S. 4 *M. Gerhardt*, in: Schoch/Schneider/Bier § 113 Rn. 99; *J. Pietzcker*, in: Schoch/Schneider/Bier § 42 Abs. 1 Rn. 86; *L. Renck*, JuS 1970, 113, 114 ff.

gem. § 43 Abs. 1 Alt. 1 unterfielen. Stattdessen hat er jedoch hinsichtlich eines nichtigen bzw. erledigten rechtswidrigen Verwaltungsakts dem Gericht einen Entscheidungstenor ermöglicht, der auf die Feststellung des *Rechtszustands* (ein Rechtszustand ist nämlich selbst kein Rechtsverhältnis und infolgedessen nicht feststellungsfähig i.R.d. § 43 Abs. 1 Alt. 1, → Rn. 31 ff., insbes. → Rn. 35) gerichtet ist und damit das Verwaltungsunrecht deutlicher kennzeichnet. Es ist daher folgerichtig, auch die Fälle einer Erledigung *vor* Klageerhebung in entsprechender Anwendung von § 113 Abs. 1 S. 4 zu behandeln und somit nicht auf die allgemeine Feststellungsklage des § 43 Abs. 1 Alt. 1 zurückzugreifen. Denn es kann für die Wahl der statthaften Klageart nicht entscheidend darauf ankommen, ob sich der Verwaltungsakt etwa kurz vor oder kurz nach Klageerhebung erledigt hat, wenn im Übrigen die Umstände des konkreten Falls identisch sind. Das Bedürfnis, die *Rechtswidrigkeit* des Verwaltungsakts festzustellen, ist nicht von dem Erledigungszeitpunkt abhängig.

142   Daher haben die Zweifel des 6. Senats des BVerwG in seinem Urteil vom 14.7.1999, ob bei einer nicht von vornherein als Anfechtungs- oder Verpflichtungsklage erhobenen Klage auf Feststellung der Rechtswidrigkeit eines Verwaltungsakts eine analoge Anwendung von § 113 Abs. 1 S. 4 möglich ist, zu Recht keine Aufgabe der ständigen Judikatur bewirkt. Das BVerwG befürwortet weiterhin in Fällen, in denen sich das Anfechtungs- oder Verpflichtungsbegehren vor Klageerhebung erledigt hat, die Statthaftigkeit der Fortsetzungsfeststellungsklage.[193]

§ 44   [Objektive Klagenhäufung]

Mehrere Klagebegehren können vom Kläger in einer Klage zusammen verfolgt werden, wenn sie sich gegen denselben Beklagten richten, im Zusammenhang stehen und dasselbe Gericht zuständig ist.

Schrifttum

1. Monographien und Beiträge in Sammelwerken: *H. Behrends,* Die Anspruchshäufung im Zivilprozeß, 1935; *K. Brandhuber,* Konnexität bei Haupt- und Hilfsantrag, 1987; *H. Brox,* Zur Problematik von Haupt- und Hilfsanspruch, in: Recht im Wandel. FS 150 Jahre Carl-Heymanns-Verlag, 1965, 121; *H.-J. Kion,* Eventualverhältnisse im Zivilprozeß, 1971.

2. Beiträge in Zeitschriften: *U. Battis/A. Ingold,* Der Umweltinformationsanspruch im Planfeststellungsverfahren – zugleich Anmerkungen zu VGH Kassel, Beschl. v. 4. Januar 2006, AZ: 12 Q 2828/05, DVBl 2006, 463, DVBl 2006, 735; *M. Beckmann,* Zur Wahl des Beklagten beim Folgenbeseitigungsanspruch im Sinne von § 113 Abs. 1 Satz 2 VwGO, DVBl 1994, 1342; *Bucerius,* Eventuell verbundene Anträge, ZZP 37 (1908), 193; *G. Fleischmann,* Sachliche Zuständigkeit bei Haupt- und Hilfsantrag, NJW 1993, 506; *A. Gagel,* Eventualanträge und Widerklagen gegenüber dem Prozeßgegner und Drittbeteiligten, SGb 1989, 405; *S. A. Hecht/M. Gräfe/C. Jehke,* Rechtsschutz im Enforcement-Verfahren, DB 2008, 1251; *R. Kintz,* Aus der Praxis: Haupt- und Hilfsantrag im Verwaltungsprozess oder: Der steinige Weg zu schwarzen Ziegeln, JuS 2007, 639; *P. Kummer,* Der Antrag im sozialgerichtlichen Verfahren, DAngVers 1984, 308 und 346; *Lämmert,* Begriff und Zulässigkeit der eventuellen Klageverbindung, ZZP 16 (1891), 428; *V. Maidorn,* Der automatisierte Kontenabruf – Rechtsschutz gegen einen Realakt, NJW 2006, 3752; *W. Merle,* Zur eventuellen Klagenhäufung, ZZP 83 (1970), 436; *H. Müller,* Sammel-Rechtsbehelfe, DVBl 1956, 639; *Petersen,* Über eventuelle Klagebegehren und Rechtsmittel, sowie die eventuelle Verbindung von mehreren Klagegründen, ZZP 16 (1891), 493; *P. M. Rütter,* Die „uneigentliche" Eventualklagehäufung, VersR 1989, 1241; *I. Saenger,* Klagenhäufung und alternative Klagebegründung, MDR 1994, 860; *J. Vahle,* Die Kostenentscheidung im verwaltungsrechtlichen Widerspruchsverfahren, DVP 2006, 189.

I. Entstehung

1   § 44 stimmt wörtlich mit der Regelung in § 43 des Entwurfs einer VwGO überein, der von der Bundesregierung bereits in der 1. Wahlperiode des Deutschen Bundestages präsentiert (BT-Drs. 1/4278 Anl. 1), in der 2. Wahlperiode erneut eingebracht (BT-Drs. 2/462 Anl. 1) und schließlich in der 3. Wahlperiode nochmals dem Bundestag vorgelegt worden ist (BT-Drs. 3/55 Anl. 1), und wurde seit Inkrafttreten der VwGO nicht geändert. Diese Vorschrift war ausweislich der veröffentlichten Gesetzesmaterialien im Gesetzgebungsverfahren nicht umstr. Anders als § 44 hatte § 45 des von der Vereinigung der Präsidenten der Verwaltungsgerichte des Bundesgebiets in Zusammenarbeit mit der Arbeitsgemeinschaft der Innenministerien der Länder der Bundesrepublik aufgestellten Entwurfs einer Bundesverwaltungsgerichtsordnung (abgedruckt nach DVBl 1951, 568) die Klagebegehren, die ein Kläger

---

193   S. BVerwG 25.7.2007 – 6 C 39/06, juris Rn. 6, 23 – insofern nicht in BVerwGE 129, 142 abgedruckt; BVerwG NJW 2009, 98 (6. Senat): „In der Rechtsprechung des BVerwG ist geklärt, dass § 113 I 4 VwGO in den Fällen der Erledigung eines Verwaltungsakts vor Klageerhebung [...] entsprechende Anwendung findet" – insofern nicht in BVerwGE 131, 216 abgedruckt. Wiederum offengelassen in BVerwGE 143, 74, 76 (6. Senat). Vertiefend zur Fortsetzungsfeststellungsklage in der Verpflichtungsklagesituation *A. Decker,* JA 2016, 241 ff.

in einer Klage zusammen verfolgen können sollte, durch Nennung der entsprechenden Vorschriften (§§ 41–44) einzeln aufgezählt: Es handelte sich um die Anfechtungs-, Verpflichtungs-, Leistungs- und Feststellungsklage (zum System von Verfahrensarten nach der späteren VwGO → § 42 Rn. 10 ff.). Die Voraussetzungen für die Verbindung der Klagebegehren waren in diesem Entwurf dieselben wie in § 44.

II. Objektive und subjektive Klagenhäufung

Bereits in der Begründung der Bundesregierung zu § 43 des Entwurfs einer VwGO ist die Regelung als 2 „objektive Klagenhäufung" bezeichnet, die der Vorschrift in § 260 ZPO „nachgebildet", aber auf Klagebegehren beschränkt sei, die miteinander im Zusammenhang stünden; auf diese Weise werde „es ermöglicht, mehrere zusammenhängende Ansprüche in einem Verfahren zu erledigen" (BT-Drs. 3/55 Anl. 1 S. 32). § 44 dient damit als ein „praktikables Instrument umfassender Streitbereinigung" (VGH Mannheim NVwZ 1985, 351) der Prozessökonomie[1] und wirkt der Gefahr widersprechender Entscheidungen bzgl. desselben Sachkomplexes entgegen[2]. Die in dieser Norm enthaltene Formulierung „*können* [...] *zusammen verfolgt werden*" bringt deutlich zum Ausdruck, dass der Kläger zur Verbindung der Klagebegehren nicht verpflichtet ist. Die objektive Klagenhäufung ist also in das Ermessen des Klägers gestellt.[3] Dieser kann auch *nach* der durch die Erhebung der Klage gem. § 90 S. 1 begründeten Rechtshängigkeit noch weitere Klagebegehren in das Verfahren einbeziehen; dabei handelt es sich jedoch grds. um eine Klageänderung nach § 91 (vgl. etwa OVG Saarlouis AS 19, 282, 284), es sei denn, dass eine Zwischenfeststellungsklage gem. § 173 VwGO i.V.m. § 256 Abs. 2 ZPO (→ § 42 Rn. 74) erhoben[4] oder ein Folgenbeseitigungsanspruch nach § 113 Abs. 1 S. 2 und 3 geltend gemacht wird[5]. Die in § 44 geregelte objektive Klagenhäufung stellt eine Verbindung mehrerer selbständiger, im Zusammenhang stehender prozessualer Ansprüche eines Klägers gegen denselben Beklagten i.R. desselben Verfahrens vor demselben sachlich und örtlich zuständigen Gericht dar.[6] Davon unterscheidet sich die *subjektive* Klagenhäufung dadurch, dass in einem Verfahren mehrere Personen (als Streitgenossen) gemeinschaftlich klagen oder verklagt werden.[7] Ihre Zulässigkeit im Verwaltungsprozess bemisst sich nach § 64 VwGO i.V.m. einer entsprechenden Anwendung der Vorschriften der §§ 59–63 ZPO über die Streitgenossenschaft. Objektive und subjektive Klagenhäufung schließen sich nicht aus, sondern können kumulativ auftreten.[8]

III. Arten objektiver Klagenhäufung

Folgende Arten objektiver Klagenhäufung können unterschieden werden: 3

1. Kumulative Klagenhäufung. Eine kumulative Klagenhäufung liegt vor, wenn *mehrere* prozessuale 4 Ansprüche nebeneinander geltend gemacht werden.[9]

2. „Eigentliche" eventuale Klagenhäufung. Die „eigentliche" eventuale Klagenhäufung ist dadurch 5 gekennzeichnet, dass der Kläger neben dem Hauptantrag für den Fall, dass der Hauptantrag wegen Unzulässigkeit oder Unbegründetheit keinen Erfolg hat, einen Eventualantrag (Hilfsantrag) stellt.[10]

---

1 S. BVerwG DÖV 1965, 350; vgl. auch bereits aus der Zeit vor der Geltung der VwGO VGH Stuttgart ESVGH 3, 86, 89.
2 Vgl. zu § 260 ZPO E. *Becker-Eberhard*, in: MüKoZPO § 260 Rn. 2; *I. Saenger*, MDR 1994, 860.
3 *Klinger* § 44 Anm. B 2; *Koehler* § 44 Anm. V 2; *W.-R. Schenke*, in: Kopp/Schenke § 44 Rn. 1, 3; *Schunck/De Clerck* § 44 Anm. 3 a.
4 H. v. *Nicolai*, in: Redeker/v. Oertzen § 44 Rn. 2; K. *Rennert*, in: Eyermann § 44 Rn. 3, 5.
5 *W.-R. Schenke*, in: Kopp/Schenke § 44 Rn. 3 Fn. 4.
6 *Schmitt Glaeser/Horn* Rn. 398; vgl. auch H. *Müller*, DVBl 1956, 639, 640; P. *Kummer*, DAngVers 1984, 308, 346.
7 BFHE 95, 512, 513; E. *Becker-Eberhard*, in: MüKoZPO § 260 Rn. 7; R. *Bork*, in: Stein/Jonas Vorbem § 59 Rn. 1; K. *Brandhuber*, Konnexität, 1987, 3; *Baumbach/Lauterbach/Albers/Hartmann* Übers § 59 Rn. 4; *Schenke* Rn. 73 und 474 a; H.-J. *Schultes*, in: MüKoZPO § 59 Rn. 3; *Schmitt Glaeser/Horn* Rn. 400.
8 VG Hannover 9.2.2016 – 1 A 12763/14, juris Rn. 56; H. A. *Wolff*, in: Posser/Wolff § 44 Rn. 9.1.
9 E. *Becker-Eberhard*, in: MüKoZPO § 260 Rn. 8; H. *Behrends*, Anspruchshäufung, 1935, 24 ff.; *Büchner/Schlotterbeck* Rn. 391; *W.-R. Schenke*, in: Kopp/Schenke § 44 Rn. 1; *Rosenberg/Schwab/Gottwald* § 96 Rn. 19; *I. Saenger*, MDR 1994, 860, 861; *Schenke* Rn. 77; *Schmitt Glaeser/Horn* Rn. 398.
10 VGH Mannheim NVwZ 1985, 351; K. *Brandhuber*, Konnexität, 1987, 5; W. *Merle*, ZZP 83 (1970), 436; *Schmitt Glaeser/Horn* Rn. 398; vgl. auch bereits H. *Behrends*, Anspruchshäufung, 1935, 30 ff.; *Bucerius*, ZZP 37 (1908), 193 ff.; *Lämmert*, ZZP 16 (1891), 428 ff.; *Petersen*, ZZP 16 (1891), 493 ff.

Der Hauptantrag wird also ohne Bedingung gestellt, während die Rechtshängigkeit des Hilfsantrags unter der auflösenden Bedingung der rechtskräftigen Zuerkennung des Hauptanspruchs erfolgt[11] und mit Eintritt dieser Bedingung rückwirkend entfällt[12]. Die Bedingung ist daher „ein innerprozessuales Ereignis, das der Einflussnahme des Klägers entzogen ist, so dass von außen keine Unsicherheit in den Prozess getragen wird".[13] Ob das Gericht sich mit dem Hilfsantrag nur bei voller Abweisung des Hauptantrags oder auch bei dessen teilweiser Stattgabe zu befassen hat, unterliegt der Disposition des Klägers. Trifft dieser für den Fall der Teilstattgabe keine ausdrückliche Bestimmung, so ist sein Antrag dem Rechtsschutzziel entsprechend sachdienlich auszulegen (BVerwGE 129, 367, 379). Von der eventualen Klagenhäufung zu unterscheiden ist die *alternative* Klagenverbindung, bei welcher der Kläger den einen *oder* den anderen Anspruch geltend macht; sie ist grds. wegen nicht hinreichender Bestimmtheit des Gegenstandes des Klagebegehrens (vgl. § 82 Abs. 1 S. 1) unzulässig und kann ggf. in eine eventuale Klagenhäufung umzudeuten sein.[14]

6　**3. „Uneigentliche" Eventualhäufung.** Von einer „uneigentlichen" Eventualhäufung wird gesprochen, wenn ein weiteres Begehren für den Fall erhoben wird, dass der erste Antrag durchdringt; die Rechtshängigkeit des Hilfsantrags ist dann auflösend bedingt durch den Misserfolg des Hauptantrags.[15] Insoweit kann nach § 173 VwGO die „auf prozessökonomischen Erwägungen beruhende" Regelung der Stufenklage in § 254 ZPO im Verwaltungsprozess entsprechend angewandt werden.[16] So ist es etwa möglich, einen Antrag auf Verpflichtung der Behörde zur Folgenbeseitigung vom Erfolg des Antrags auf Aufhebung des angefochtenen Verwaltungsakts abhängig zu machen[17].[18] Bei einer derartigen Stufenklage fällt in der *Berufungsinstanz* auch der Hilfsantrag „automatisch" an, ohne dass es eines auf ihn bezogenen gesonderten Zulassungsantrages oder -grundes bedarf (OVG Münster NVwZ-RR 2003, 532).

6a　**4. Sukzessive Klagenhäufung.** Bei Einführung eines weiteren Klagebegehrens während des Prozesses wird von einer sukzessiven Klagenhäufung gesprochen.[19] Eine solche ist zulässig, wird jedoch als Klageänderung angesehen[20] und muss deshalb die Voraussetzungen des § 91 (→ § 91 Rn. 41 ff.) erfüllen.

IV. Voraussetzungen für die Zulässigkeit einer objektiven Klagenhäufung

7　Folgende Voraussetzungen müssen nach § 44 für die Zulässigkeit einer objektiven Klagenhäufung (nicht der Klagebegehren als solcher, für welche jeweils die einschlägigen Zulässigkeitsanforderungen gelten[21]) erfüllt sein:

11　BVerwG DVBl 1980, 597; BVerwGE 104, 260, 263; *K. Rennert*, in: Eyermann § 44 Rn. 5; vgl. auch RGZ 144, 71, 72 ff.; VGH Kassel DÖV 1983, 777, 778; *A. Gagel*, SGb 1989, 405, 408; zum Begriff und Wesen des Eventualverhältnisses näher *H.-J. Kion*, Eventualverhältnisse, 1971, 17 ff.

12　BGHZ 21, 13, 16; BGH NJW 1968, 692, 693; *E. Becker-Eberhard*, in: MüKoZPO § 260 Rn. 10; *Rosenberg/Schwab/Gottwald* § 97 Rn. 20; *I. Saenger*, MDR 1994, 860, 861.

13　*E. Becker-Eberhard*, in: MüKoZPO § 260 Rn. 11; vgl. auch *A. Gagel*, SGb 1989, 405, 408; *P. Kummer*, DAngVers 1984, 346, 347; *I. Saenger*, MDR 1994, 860, 861.

14　*H. Geiger*, in: Eyermann § 82 Rn. 11; vgl. ferner *H. v. Nicolai*, in: Redeker/v. Oertzen § 44 Rn. 1; *Schenke* Rn. 75; *Schmitt Glaeser/Horn* Rn. 398; *Schunck/De Clerck* § 44 Anm. 2 b; zu Fällen, in denen im Zivilprozess eine alternative Klagenhäufung zulässig ist, *E. Becker-Eberhard*, in: MüKoZPO § 260 Rn. 22 ff.; *Rosenberg/Schwab/Gottwald* § 97 Rn. 24; *I. Saenger*, MDR 1994, 860, 862.

15　OVG Münster NVwZ-RR 2003, 532; VGH Mannheim NVwZ 1985, 351; vgl. auch RGZ 144, 71, 73; *W. Merle*, ZZP 83 (1970), 436 f.; *K. Reichold*, in: Thomas/Putzo § 260 Rn. 8; *P. M. Rütter*, VersR 1989, 1241 ff.

16　Vgl. OVG Münster NVwZ-RR 2003, 532; noch vor Inkrafttreten der VwGO OVG Hamburg DVBl 1960, 178, 179; *Schmitt Glaeser/Horn* Rn. 398 mit Fn. 1; s. ferner VGH Mannheim VBlBW 1983, 274, 276; *Büchner/Schlotterbeck* Rn. 393; *Hufen* § 13 Rn. 13; *H. v. Nicolai*, in: Redeker/v. Oertzen § 44 Rn. 1. Ausf. *J. Nolte*, Die Eigenart des verwaltungsgerichtlichen Rechtsschutzes, 2015, 421 ff. Abl. dagegen zur stufenweisen Verbindung zweier Verpflichtungsklagen VGH Kassel DVBl 1981, 1069, 1070.

17　*K. Rennert*, in: Eyermann § 44 Rn. 5.

18　Vgl. auch § 113 Abs. 1 S. 2 und 3.

19　BVerwG 13.8.2004 – 7 B 68/04, BeckRS 2004, 25046; OVG Koblenz BeckRS 2016, 49682 Rn. 23 f.

20　BVerwG 13.8.2004 – 7 B 68/04, BeckRS 2004, 25046; OVG Koblenz BeckRS 2016, 49682 Rn. 23 f.; *J. Pietzcker*, in: Schoch/Schneider/Bier § 44 Rn. 12.

21　Dazu BVerwG DÖV 1965, 350: „Die Zulässigkeit der Häufung von Klagen verschiedener Klagebegehren zwingt allerdings dazu, Zulässigkeit und Begründetheit jedes Klagebegehrens selbständig zu prüfen."

1. Gesonderte Klagebegehren. Erforderlich ist zunächst, dass gesonderte Klagebegehren vorliegen. 8
Ob dies der Fall ist, beurteilt sich nach dem *Streitgegenstand*.[22] Nur ein *einziges* Klagebegehren und
keine Klagenhäufung ist gegeben, wenn *derselbe* Anspruch auf mehrere rechtliche Gesichtspunkte
oder Sachverhalte gestützt wird.[23] Das BVerwG hat für das Fernstraßenrecht eine Verbindung von
Klagen gegen einen festgestellten und noch nicht abschließend ausgeführten Planfeststellungsbeschluss
sowie gegen einen Ergänzungsplanfeststellungsbeschluss nach § 44 mit der Begründung als unzulässig
angesehen, Klagegegenstand könne allein der ursprüngliche Planfeststellungsbeschluss in der Gestalt
sein, die er durch den ergänzenden Planfeststellungsbeschluss gefunden habe (BVerwGE 61, 307,
308 f.).

2. Klagebegehren desselben Klägers gegen denselben Beklagten. Ferner müssen sich die Klagebegeh- 9
ren desselben Klägers gegen denselben Beklagten richten. Notwendig ist dabei aber nur eine „prozessuale Identität" und nicht, dass auch materiell dieselbe Person berechtigt oder verpflichtet ist; eine objektive Klagenhäufung ist also auch dann zulässig, wenn der Kläger einen Anspruch aus eigenem
Recht gegen den Beklagten mit einem Anspruch aus fremdem Recht aufgrund einer gem. § 42 Abs. 2
Hs. 1 zugelassenen „gesetzlichen Prozessstandschaft" (→ § 42 Rn. 477) verbindet.[24] Regelungen zum
Klagegegner enthält § 78. Der Beklagte seinerseits kann unter den Voraussetzungen des § 89 *Widerklage* erheben und infolgedessen das damit geltend gemachte Klagebegehren in demselben Verfahren
verfolgen.

3. Zusammenhang der Klagebegehren. Weiterhin muss ein Zusammenhang der Klagebegehren beste- 10
hen. Nach dem Wortlaut ist ein *rechtlicher* Zusammenhang wie etwa im Falle einer Klage auf Aufhebung eines Verwaltungsakts und Folgenbeseitigung (vgl. § 113 Abs. 1 S. 2 und 3) nicht erforderlich;
ein tatsächlicher Zusammenhang ist auch dann gegeben, „wenn die unterschiedlichen Ansprüche sei
es dem Entstehungsgrund, sei es der erstrebten Wirkung nach einem einheitlichen Lebensvorgang zuzurechnen sind".[25] Der Begründung der Bundesregierung zu § 43 des Entwurfs einer VwGO zufolge
sollte mit der Anforderung eines Zusammenhangs zwischen den Klagebegehren deutlich gemacht werden, dass „Anfechtungs-(Verpflichtungs-)Klagen mit sonstigen Klagen verbunden werden können",
„was nach den bisherigen Regelungen zumindest bestritten" gewesen sei; mit dieser Vorschrift werde
„nicht argumento e contrario die Verbindung anderer Klagebegehren ausgeschlossen", deren Zulässigkeitsprüfung „vielmehr der Rechtsprechung überlassen bleiben" sollte (BT-Drs. 3/55 Anl. 1 S. 32).
Von der Möglichkeit der Verbindung eines Anfechtungs- und eines Leistungsbegehrens in einer Klage
nach § 44 gehen § 113 Abs. 1 S. 2 und 3 speziell im Hinblick auf die Geltendmachung des Folgenbeseitigungsanspruchs[26] sowie § 113 Abs. 4 aus, der bestimmt, dass – sofern neben der Aufhebung eines
Verwaltungsakts eine Leistung verlangt werden kann – im gleichen Verfahren auch die Verurteilung
zur Leistung zulässig ist (vgl. VGH Kassel VerwRspr 20, 760; VGH München BayVGH [N. F.] 35,
142, 144). Da § 44 die zusammen verfolgbaren Klagebegehren nicht eingrenzt, muss davon ausgegangen werden, dass „die Verbindung von Klagebegehren jeglicher Art"[27] (zum System von Verfahrensarten im Verwaltungsprozess → § 42 Rn. 10 ff.) prinzipiell zulässig ist. So kann etwa eine Verpflichtungsklage auf Erteilung der beantragten Baugenehmigung in einer Klage zusammen mit einer Anfechtungsklage gegen eine Abbruchverfügung verfolgt werden, wenn sich die Klagebegehren gegen denselben Beklagten richten.[28] Die Verpflichtungsklage auf Erteilung einer Erlaubnis zum Betrieb einer
Spielbank kann mit der Anfechtungsklage gegen die einem anderen Bewerber erteilte Erlaubnis ver-

22 *W.-R. Schenke*, in: Kopp/Schenke § 44 Rn. 2.
23 Vgl. BGHZ 9, 22, 26 f.; BVerwG 3.5.2016 – 7 C 13/15, juris Rn. 2; OVG Koblenz BeckRS 2016, 49682 Rn. 23 f.;
   Hufen § 13 Rn. 13; *Klinger* § 44 Anm. B 1; *K. Reichold*, in: Thomas/Putzo § 260 Rn. 5; *K. Rennert*, in: Eyermann
   § 44 Rn. 4; *Rosenberg/Schwab/Gottwald* § 97 Rn. 3; *Schunck/De Clerck* § 44 Anm. 2 a.
24 *H. v. Nicolai*, in: Redeker/v. Oertzen § 44 Rn. 2; *K. Rennert*, in: Eyermann § 44 Rn. 8.
25 *K. Rennert*, in: Eyermann § 44 Rn. 9; s.a. *Büchner/Schlotterbeck* Rn. 389; *Klinger* § 44 Anm. B 2; *P. Kummer*, DAng-
   Vers 1984, 346, 347; *H. v. Nicolai*, in: Redeker/v. Oertzen § 44 Rn. 3; *W.-R. Schenke*, in: Kopp/Schenke § 44 Rn. 5;
   Schmitt Glaeser/Horn Rn. 398; *Schunck/De Clerck* § 44 Anm. 2 d; *Ule* § 21 I. Dies gilt etwa, wenn Verpflichtungsklagen auf Genehmigung einer Tanzveranstaltung und auf Verkürzung der Sperrzeit (→ § 42 Rn. 197) wegen dieser Tanzveranstaltung zusammen verfolgt werden.
26 Zur Erfüllung der Voraussetzungen des § 44 *M. Beckmann*, DVBl 1994, 1342, 1344; vgl. auch BVerwG DÖV 1964,
   712, 713.
27 So *Klinger* § 44 Anm. B 3.
28 *Büchner/Schlotterbeck* Rn. 387.

bunden werden, sofern die Erteilung nur einer einzigen Erlaubnis in Betracht kommt (BVerwG DVBl 1995, 47). Nach § 44 können auch Anfechtungsklagen[29] oder allgemeine Leistungsklagen[30] (zu diesen → § 42 Rn. 39 ff.) jeweils mit Feststellungsklagen i.S.v. § 43 verbunden werden.

11   Der VGH Mannheim hat in *analoger* Anwendung von § 44 eine „objektive Antragshäufung" in Bezug auf die Verbindung zweier Normenkontrollanträge gem. § 47 bejaht, die als Haupt- und Hilfsantrag in einer „uneigentlichen" Eventualhäufung (→ Rn. 6) das gleiche Ziel der Nichtigerklärung von Bebauungsplänen verfolgt, im Wesentlichen das gleiche Gebiet und überdies ähnliche planerische Festsetzungen aufgewiesen haben (VGH Mannheim NVwZ 1985, 351). Die Verbindung eines Klageverfahrens mit einem Normenkontrollverfahren ist allerdings unzulässig, weil andernfalls „völlig unterschiedlich strukturierte Verfahren miteinander verknüpft" würden.[31] Insoweit ist vor allem zu berücksichtigen, dass das OVG im Verfahren nach § 47 erstinstanzlich eine *prinzipale abstrakte* Normenkontrolle vornimmt (→ § 42 Rn. 75; → § 47 Rn. 5), während es in einem Berufungsverfahren auf eine Klage hin nur zu einer *inzidenten* Normenkontrolle und damit zu einer Entscheidung über die Gültigkeit der Norm ohne Rechtskraftwirkung lediglich in den Gründen befugt ist (OVG Berlin OVGE Bln 17, 216 f.).

12   **4. Zuständigkeit desselben Gerichts.** Schließlich ist für eine objektive Klagenhäufung nach § 44 die Zuständigkeit desselben Gerichts erforderlich. Damit ist gemeint, dass dasselbe Gericht sowohl *sachlich* als auch *örtlich* für alle Klagebegehren zuständig sein muss.[32] Regelungen der sachlichen und örtlichen Zuständigkeit im Verwaltungsprozess enthalten die §§ 45 ff. Die erstinstanzliche Zuständigkeit des Verwaltungsgerichts für die Erhebung einer Anfechtungsklage darf nicht dadurch umgangen werden, dass ein erst in der Berufungsinstanz erhobenes Klagebegehren auf Aufhebung eines weiteren Verwaltungsakts mit der bereits in der ersten Instanz verfolgten Anfechtungsklage nach § 44 verbunden wird (BVerwG DÖV 1972, 757, 759). Kommt aufgrund der objektiven Klagenhäufung die örtliche Zuständigkeit *verschiedener* Gerichte in Betracht, ist aber wegen des engen Zusammenhangs der Klagebegehren eine einheitliche Entscheidung notwendig, so wird das zuständige Gericht innerhalb der Verwaltungsgerichtsbarkeit gem. § 53 Abs. 1 Nr. 3 durch das nächsthöhere Gericht bestimmt (OVG Lüneburg NVwZ-RR 2003, 698).

V. Rechtsfolgen

13   Folgende Rechtsfolgen sind in Bezug auf eine objektive Klagenhäufung zu beachten:

14   **1. Zulässigkeit der objektiven Klagenhäufung.** Im Falle der Zulässigkeit der objektiven Klagenhäufung kann das Gericht über sämtliche Klagebegehren *gemeinsam* verhandeln und entscheiden; es darf jedoch trotz der Zulässigkeit der objektiven Klagenhäufung auch gem. § 93 S. 2 anordnen, dass die in einer Klage zusammen verfolgten Ansprüche in getrennten Verfahren verhandelt und entschieden werden, oder über einzelne Ansprüche durch Teilurteil nach § 110 vorweg entscheiden.[33] Der Beschluss über die Trennung und der Erlass eines Teilurteils haben jeweils nach pflichtgemäßem Ermessen des Gerichts zu erfolgen (vgl. OVG Münster OVGE 28, 250, 251). Eine Trennung scheidet freilich prinzipiell bei einer eventualen Klagenhäufung aus, weil der Eventualantrag von der Entscheidung über den Hauptantrag abhängt.[34] Zulässig ist jedoch ein Teilurteil nach § 110, mit dem das Gericht zunächst den Hauptantrag abweist, ohne der Entscheidung über den Hilfsantrag sachlich vorzugreifen, weil die Entscheidung über den Hauptantrag nicht von derjenigen über den Hilfsantrag abhängt; daraus ent-

---

29   BVerwG DÖV 1965, 350. Vgl. zur Zulässigkeit der Verbindung von Anfechtungs- und Feststellungsklage im Wege der Stellung eines Haupt- und Hilfsantrags aus der Zeit vor der Geltung der VwGO einerseits bejahend VGH Stuttgart ESVGH 3, 86, 89 und andererseits verneinend VGH München BayVGH (N. F.) 7, 71, 72.

30   VGH München BayVBl 1986, 60.

31   VGH Mannheim VBlBW 1992, 259, 260; i.E. – freilich ohne Begründung – auch bereits VGH Mannheim VBlBW 1980, 23, 24. Dagegen sieht *Hufen* § 13 Rn. 14 „keine grundsätzlichen Bedenken" gegen die Verbindung von Normenkontrollantrag und Klageverfahren.

32   *Büchner/Schlotterbeck* Rn. 390; *Klinger* § 44 Anm. B 2; *K. Rennert*, in: Eyermann § 44 Rn. 10; *W.-R. Schenke*, in: Kopp/Schenke § 44 Rn. 6; *Schunck/De Clerck* § 44 Anm. 2 c; ferner BVerwG 7.5.1981 Buchholz 310 § 53 VwGO Nr. 12.

33   *Hufen* § 13 Rn. 15; *H. v. Nicolai*, in: Redeker/v. Oertzen § 44 Rn. 4; *K. Rennert*, in: Eyermann § 44 Rn. 12; *W.-R. Schenke*, in: Kopp/Schenke § 44 Rn. 8; *Schmitt Glaeser/Horn* Rn. 399; *Schunck/De Clerck* § 44 Anm. 3 a.

34   Vgl. VGH München BayVBl 1979, 187; *K. Rennert*, in: Eyermann § 44 Rn. 11, § 93 Rn. 8.

steht der „praktische Vorteil, daß, falls erst in einer Rechtsmittelinstanz dem Hauptantrag stattgegeben wird, der unteren Instanz die dann i.E. überflüssige Befassung mit dem Hilfsantrag erspart wird".[35] Der Hauptantrag darf jedoch nur dann durch Teilurteil abgewiesen und der Hilfsantrag dem Schlussverfahren überlassen werden, wenn Haupt- und Hilfsantrag nicht der Sache nach auf das gleiche Ziel gerichtet sind, d.h. wenn dem Hilfsantrag auch bei rechtskräftiger Abweisung des Hauptantrags noch entsprochen werden könnte (BVerwGE 98, 339, 342). Bei einer eventualen Klagenhäufung darf das Gericht ausnahmsweise von der vom Kläger durch die Bezeichnung von Haupt- und Hilfsantrag gewählten Reihenfolge abweichen und zuerst über den Hilfsantrag entscheiden, wenn neben einer auf Aufhebung eines rechtswidrigen Verwaltungsakts gerichteten Anfechtungsklage nach § 42 Abs. 1 Alt. 1 hilfsweise eine Klage auf Feststellung der Nichtigkeit des Verwaltungsakts gem. § 43 erhoben wird, weil dieser Antrag der weiter gehende ist[36] (zur Anfechtbarkeit eines nichtigen Verwaltungsakts → § 42 Rn. 23). Wenn das Gericht einen der im Wege der objektiven Klagenhäufung geltend gemachten Ansprüche bei der Entscheidung ganz oder teilweise übergangen hat, ist gem. § 120 Abs. 1 das Urteil auf Antrag durch nachträgliche Entscheidung zu ergänzen; die Entscheidung muss binnen zwei Wochen nach Zustellung des Urteils beantragt werden (§ 120 Abs. 2). Hat das Gericht in diesem Fall kein Teilurteil gem. § 110, sondern (wegen Übergehens des einen Begehrens insoweit verfahrensfehlerhaft) ein Vollendurteil erlassen, so beschränkt sich die *Bindungswirkung des § 17 a Abs. 5 GVG* allein auf das entschiedene Begehren; auch § 17 Abs. 2 S. 1 GVG steht hinsichtlich des „übersehenen" Klagebegehrens einer Rechtswegverweisung durch das Rechtsmittelgericht im Wege des sog. Vorabverfahrens gem. § 17a Abs. 2 GVG nicht entgegen (VGH Kassel ESVGH 48, 237 [LS]).

Hatte der Kläger bei einer *eventualen* Klagenhäufung in der ersten Instanz mit seinem Hauptantrag   15
Erfolg, muss das *Berufungsgericht* auch über den Hilfsantrag entscheiden, wenn es die vorinstanzliche Entscheidung aufhebt und die darin für begründet erachtete Klage abweist; eine hilfsweise Anschlussberufung des Klägers ist also nicht erforderlich, um den Hilfsanspruch zum Gegenstand des Berufungsverfahrens zu machen.[37] Hatte der Kläger hingegen in der ersten Instanz nicht mit seinem Haupt-, sondern lediglich mit seinem Hilfsantrag Erfolg, wird der Hauptanspruch nur dann Gegenstand des Berufungsverfahrens, wenn der Kläger selbst Berufung oder Anschlussberufung nach § 127 einlegt.[38] Der Berufung eines Klägers, der seinen in der ersten Instanz erfolglos gebliebenen Hauptantrag weiterverfolgt, steht nicht die Rechtskraft der Entscheidung entgegen, mit der das Verwaltungsgericht dem Hilfsantrag des Klägers stattgegeben hat (BVerwG DVBl 1980, 597).

Für die *Revisionsinstanz* gilt, dass auch dann über den Hilfsantrag zu entscheiden ist, wenn der Be-   16
klagte gegen das dem Hauptantrag stattgebende erstinstanzliche Urteil eine erfolglos gebliebene Berufung sowie anschließend Revision eingelegt hat und nun das BVerwG durch eine Entscheidung in der Sache selbst nach § 144 Abs. 3 S. 1 Nr. 1 den Hauptantrag abweisen will; verweist es gem. § 144 Abs. 3 S. 1 Nr. 2 die Sache zur anderweitigen Verhandlung und Entscheidung zurück, muss das Berufungsgericht über Haupt- und Hilfsantrag entscheiden; dies gilt ferner, wenn die Zurückverweisung durch das BVerwG in einer Sache erfolgt, die in der Berufungsinstanz in Bezug auf Haupt- und Hilfsantrag erfolglos geblieben war.[39] Hat das Berufungsgericht nur dem Hilfsantrag stattgegeben und hält das BVerwG auf die Revision des Klägers hin den Hauptantrag für begründet, ohne dass es dazu einer

35 So BGHZ 56, 79, 80 f. für den Zivilprozess; vgl. ferner BGH NJW 1995, 2361; RGZ 102, 174, 176; *H. Brox*, FS Heymanns Verlag, 1965, 121, 128 f.; *W.-R. Schenke*, in: Kopp/Schenke § 44 Rn. 8. A.M. RG JW 1938, 891; *Schunck/De Clerck* § 44 Anm. 3 b.

36 *H. v. Nicolai*, in: Redeker/v. Oertzen § 44 Rn. 5; *K. Rennert*, in: Eyermann § 44 Rn. 12; vgl. auch *Schunck/De Clerck* § 44 Anm. 3 b. Zu einem Fall, in dem „die Kläger ihr anfänglich mit einer Anfechtungsklage geltend gemachtes Aufhebungs- und Änderungsbegehren in der mündlichen Verhandlung [...] in erster Linie auf die Feststellung der Nichtigkeit der beanstandeten Planfeststellung ausgerichtet" und ihr „Aufhebungsbegehren ausdrücklich nur hilfsweise gestellt" haben, BVerwGE 74, 1, 3.

37 BVerwG 14.3.1997 – 9 B 53.97; BVerwGE 104, 260, 263 f.; BVerwG 14.10.1997 – 9 B 676/97; 5.4.2012 – 4 B 45/11. Vgl. auch RGZ 77, 120, 121 ff.; 105, 236, 242; BGH NJW 1952, 184 (LS); BGHZ 41, 38, 39 f.; BGH NJW 1992, 117; *A. Gagel*, SGb 1989, 405, 408; *P. Kummer*, DAngVers 1984, 346, 349; *H. v. Nicolai*, in: Redeker/v. Oertzen § 44 Rn. 5; *Schunck/De Clerck* § 44 Anm. 3 b. A.M. *Rosenberg/Schwab/Gottwald* § 97 Rn. 38 ff.

38 *A. Gagel*, SGb 1989, 405, 409; *P. Kummer*, DAngVers 1984, 346, 349; *H. v. Nicolai*, in: Redeker/v. Oertzen § 44 Rn. 5; ferner BGHZ 41, 38, 41 f.; *Baumbach/Lauterbach/Albers/Hartmann* § 260 Rn. 22; *Rosenberg/Schwab/Gottwald* § 97 Rn. 39; *Schunck/De Clerck* § 44 Anm. 3 b. Vgl. in diesem Zusammenhang auch OVG Hamburg HmbJVBl 1985, 183, 184.

39 Vgl. *A. Gagel*, SGb 1989, 405, 409; *P. Kummer*, DAngVers 1984, 346, 349 f.

weiteren Tatsachenfeststellung bedarf, wird das Berufungsurteil durch Stattgabe des Hauptantrags im Wege einer Entscheidung in der Sache selbst nach § 144 Abs. 3 S. 1 Nr. 1 abgeändert mit der Konsequenz, dass die Rechtshängigkeit des Hilfsantrags rückwirkend erlischt; sind noch Tatsachenfeststellungen erforderlich, hebt das BVerwG die Entscheidung des Berufungsgerichts über den Hauptantrag auf, und es verweist gem. § 144 Abs. 3 S. 1 Nr. 2 die Sache zur anderweitigen Verhandlung und Entscheidung zurück[40]. Die Revision kann auf einen von mehreren selbständigen Streitgegenständen einer Klage begrenzt werden, wobei sich der Streitgegenstand aus der erstrebten, im Klageantrag umschriebenen Rechtsfolge und dem Klagegrund ergibt (BVerwG DVBl 2012, 761).

17   **2. Unzulässigkeit der objektiven Klagenhäufung.** Die Unzulässigkeit der objektiven Klagenhäufung hat das Gericht *von Amts wegen* zu beachten.[41] Es darf die Klagen nicht als unzulässig abweisen, wenn lediglich die Zusammenfassung der Klagebegehren mit § 44 unvereinbar ist und die Klagen als solche nach ihrer Trennung zulässig sind; es *muss* dann die Verfahren nach § 93 trennen.[42] Eine solche Trennung scheidet im Falle eines unzulässigen Eventualantrags aus, weil dieser vom Schicksal des Hauptantrages abhängig ist. Der Eventualantrag ist als unzulässig abzuweisen, wenn er in keinem Zusammenhang mit dem Hauptantrag steht.[43]

18   Ist die objektive Klagenhäufung unzulässig, weil sich die Klagebegehren nicht gegen denselben Beklagten richten, liegt eine *subjektive* Klagenhäufung (→ Rn. 2) vor, die nach § 64 VwGO i.V.m. den §§ 59–63 ZPO zulässig sein kann, etwa bei einem inneren Zusammenhang in Form einer verbindenden Klammer auf Beklagtenseite[44]. Unzulässig ist allerdings die *eventuale* subjektive Klagenhäufung, bei der die Klage hilfsweise gegen einen anderen Beklagten unter der aufschiebenden Bedingung erhoben wird, dass die Klage gegen den primär Beklagten keinen Erfolg hat: In diesem Falle bleibt nämlich unklar, ob überhaupt ein Verfahren gegen den bedingt Beteiligten anhängig ist; ein derartiger „Prozess auf Probe" ist dem bedingt Beklagten mit Rücksicht auf den rechtsstaatlichen Grundsatz der Rechtssicherheit nicht zuzumuten.[45]

19   Ist bei einer *kumulativen* Klagenhäufung (→ Rn. 4) das angerufene Gericht für einen geltend gemachten Anspruch sachlich oder örtlich unzuständig, hat es insoweit die Klage gem. § 83 VwGO i.V.m. § 17a Abs. 2 S. 1 GVG an das zuständige Gericht zu verweisen. Bei einer *eventualen* Klagenhäufung ist wie folgt zu differenzieren: Hat das Gericht wegen Unzuständigkeit den Hauptantrag an ein anderes Gericht verwiesen, darf es über den Hilfsantrag nicht mehr entscheiden, soweit dieser nur für den Fall gestellt worden ist, dass der Hauptantrag erfolglos bleiben würde, weil eben dies aufgrund der Verweisung noch nicht feststeht; lehnt das zuständige Gericht den Hauptantrag ab, muss es ggf. den Hilfsantrag auf einen entsprechenden Verweisungsantrag des Klägers hin an das von diesem ursprünglich angerufene Gericht zurückverweisen (vgl. BVerwG DVBl 1987, 239, 240). Ist das Gericht hingegen nur für den Hilfsantrag unzuständig, entscheidet es über diesen nicht mehr, wenn der Hauptanspruch begründet ist.[46] Wird die mit dem Hauptantrag verfolgte Klage jedoch wegen Unzulässigkeit oder Unbegründetheit abgewiesen, ist der Hilfsantrag an das zuständige Gericht zu verweisen; der nach § 83 VwGO für die sachliche und örtliche Zuständigkeit im Verwaltungsprozess entsprechend geltende § 17 Abs. 2 S. 1 GVG, wonach das Gericht des zulässigen Rechtsweges den Rechtsstreit unter allen in Betracht kommenden rechtlichen Gesichtspunkten entscheidet, bezieht sich „nur auf zuständigkeitsfremde Klagegründe, d.h. auf Fälle, in denen ein prozessualer Anspruch zugleich auf eine Rechtsgrundlage gestützt wird, für die ein anderer Rechtsweg gegeben ist, nicht aber auch auf Fälle

---

40   Vgl. zum Zivilprozess *Rosenberg/Schwab/Gottwald* § 97 Rn. 40.
41   *Klinger* § 44 Anm. C 2; *Koehler* § 44 Anm. V 2; *Schmitt Glaeser/Horn* Rn. 399.
42   *Büchner/Schlotterbeck* Rn. 389; *K. Rennert*, in: Eyermann § 44 Rn. 11; *W.-R. Schenke*, in: Kopp/Schenke § 44 Rn. 5, 8; *Schunck/De Clerck* § 44 Anm. 3 d.
43   Vgl. VGH München BayVBl 1978, 305, 308; *H. v. Nicolai*, in: Redeker/v. Oertzen § 44 Rn. 3.
44   VG Hannover 9.2.2016 – 1 A 12763/14, juris Rn. 56; *H. A. Wolff*, in: Posser/Wolff § 44 Rn. 9.1.
45   Vgl. VerfGH RhPf DVBl 1985, 347, 348; VGH Kassel DÖV 1983, 777, 778; *R. Bork*, in: Stein/Jonas Vorbem § 59 Rn. 5; *H.-J. Kion*, Eventualverhältnisse, 1971, 82 f.; ferner BGH WM 1989, 997 f.; LG Berlin NJW 1958, 833 f. m. zust. Anm. *J. Habscheid*; *Rosenberg/Schwab/Gottwald* § 65 Rn. 34.
46   Vgl. *K. Rennert*, in: Eyermann § 44 Rn. 11.

einer Klagenhäufung gem. § 44 VwGO, in denen mehrere selbständige Ansprüche prozessual gemeinsam geltend gemacht werden".[47]

§ 44 a [Rechtsbehelfe gegen behördliche Verfahrenshandlungen]

[1]Rechtsbehelfe gegen behördliche Verfahrenshandlungen können nur gleichzeitig mit den gegen die Sachentscheidung zulässigen Rechtsbehelfen geltend gemacht werden. [2]Dies gilt nicht, wenn behördliche Verfahrenshandlungen vollstreckt werden können oder gegen einen Nichtbeteiligten ergehen.

Schrifttum

1. Monographien und Beiträge in Sammelwerken: *K. A. Bettermann*, Die Anfechtung von Verwaltungsakten wegen Verfahrensfehlern, in: Hamburg, Deutschland, Europa – Beiträge zum deutschen und europäischen Verfassungs-, Verwaltungs- und Wirtschaftsrecht. FS für Hans-Peter Ipsen, 1977, 271; *P. Beuscher*, Der Rechtsschutz gegen Verfahrenshandlungen während des Verwaltungsverfahrens, 1988; *A. Bey*, Begleitende Verwaltungskontrolle. Zur gerichtlichen Durchsetzung subjektiver Verfahrensrechte, 1994; *W. Blümel*, Grundrechtsschutz durch Verfahrensgestaltung, in: Frühzeitige Bürgerbeteiligung bei Planungen, 1982, 23; *R. Breuer*, Verfahrens- und Formfehler der Planfeststellung für raum- und umweltrelevante Großvorhaben, in: Bürger – Richter – Staat. FS für Horst Sendler, 1991, 357; *W. Cloosters*, Der Rechtsschutz Dritter gegen Verfahrensfehler im immissionsschutzrechtlichen Genehmigungsverfahren, 1986; *E. Denninger*, Staatliche Hilfe zur Grundrechtsausübung durch Verfahren, Organisation und Finanzierung, in: HdbStR V, 1992, § 13; *M. Deppen*, Beteiligungsrechte des Bürgers im Planfeststellungsverfahren auf der Grundlage des Verwaltungsverfahrensgesetzes, 1982; *M. Eichberger*, Die Einschränkung des Rechtsschutzes gegen behördliche Verfahrenshandlungen, 1986; *H.-U. Erichsen/A. Scherzberg*, Zur Umsetzung der Richtlinie über den freien Zugang zu Informationen über die Umwelt, 1992; *F. Geist-Schell*, Verfahrensfehler und Schutznormtheorie, 1988; *J. Held*, Der Grundrechtsbezug des Verwaltungsverfahrens, 1984; *H. Hill*, Das fehlerhafte Verfahren und seine Folgen im Verwaltungsrecht, 1986; *W. Hoffmann-Riem*, Selbstbindungen der Verwaltung, VVDStRL 40 (1982), 187; *F. Hufen/T. Siegel*, Fehler im Verwaltungsverfahren, [5]2013; *N. Kazele*, Interessenkollision und Befangenheit im Verwaltungsrecht, 1990; *W. Knippel*, Rechtsfolgen fehlerhafter Anhörung im Verwaltungsverfahren, 1987; *G. Lübbe-Wolff*, Stufen des Grundrechtsschutzes gegen Verfahrensverstöße, in: Grundrechtsschutz im nationalen und internationalen Recht. FS für Werner von Simson, 1983, 137; *A. v. Mutius*, Gerichtsverfahren und Verwaltungsverfahren, in: FS Menger, 1985, 575; *J. Pietzcker*, Verwaltungsverfahren zwischen Verwaltungseffizienz und Rechtsschutzauftrag, VVDStRL 41 (1983), 193; *S. Salis*, Gestufte Verwaltungsverfahren im Umweltrecht, 1991; *W. C. Schmel*, Massenverfahren vor den Verwaltungsbehörden und den Verwaltungsgerichten, 1982; *E. Schmidt-Aßmann*, Der Verfahrensgedanke in der Dogmatik des öffentlichen Rechts, in: Lerche/Schmitt Glaeser/Schmidt-Aßmann, Verfahren als staats- und verwaltungsrechtliche Kategorie, 1984, 1; *D. Sellner*, Ausbau des Individualschutzes gegen Umweltbelastungen als Aufgabe des bürgerlichen und des öffentlichen Rechts, Verhandlungen des 56. DJT 1986, Band II (Sitzungsberichte), Teil L; *R. Wahl*, Verwaltungsverfahren zwischen Verwaltungseffizienz und Rechtsschutzauftrag, VVDStRL 41 (1983), 151.

2. Beiträge in Zeitschriften: *Th. v. Danwitz*, Zum Anspruch auf Durchführung des „richtigen" Verwaltungsverfahrens, DVBl 1993, 422; *K.-P. Dolde*, Zur Beteiligung der Naturschutzverbände im Planfeststellungsverfahren, NVwZ 1991, 960; *R. Engel*, Der freie Zugang zu Umweltinformationen nach der Informationsrichtlinie der EG und der Schutz von Rechten Dritter, NVwZ 1992, 111; *D. Grimm*, Verfahrensfehler als Grundrechtsverstöße, NVwZ 1985, 865; *K. Grünning/M. Ludovisy*, Der Rechtscharakter der MPU-Anordnung, DAR 1993, 53; *A. Herbert*, § 29 Abs. 1 BNatSchG: Verfahrensbeteiligung als „formelles" oder „materielles" Recht, NuR 1994, 219; *H. Hill*, Rechtsbehelfe gegen behördliche Verfahrenshandlungen (§ 44 a VwGO), Jura 1985, 61; *F. Hufen*, Heilung und Unbeachtlichkeit grundrechtsrelevanter Verfahrensfehler?, NJW 1982, 2160; *R. Keller*, Das Akteneinsichtsrecht der Strafgefangenen, NStZ 1982, 17; *K.-G. Kösling*, § 21 VwVfG und der Rechtsschutz der Betroffenen, NVwZ 1994, 455; *R. M. Krüger*, Nochmals: Zur Beteiligung der Naturschutzverbände im Planfeststellungsverfahren, NVwZ 1992, 552; *H.-W. Laubinger*, Grundrechtsschutz durch Gestaltung des Verwaltungsverfahrens, VerwArch 73 (1982), 60; *M. Möstl*, § 44 a VwGO und der Rechtsschutz gegen die Ersetzung des gemeindlichen Einvernehmens (§ 36 Abs. 2 Satz 3 BauGB i.V.m. Art. 74 BayBO), BayVBl 2003, 225; *A. v. Mutius*, Grundrechtsschutz contra Verwaltungseffizienz im Verwaltungsverfahren?, NJW 1982, 2150; *F. Ossenbühl*, Verwaltungsverfahren zwischen Verwaltungseffizienz und Rechtsschutzauftrag, NVwZ 1982, 465; *M. Pagenkopf*, Verringerung des Rechtsschutzes gegen behördliche Verfahrenshandlungen?, NJW 1979, 2382; *M. Preussner*, Das Recht der Akteneinsicht im Verwaltungsverfahren, VBlBW 1982, 1; *U. Ramcke*, Zu § 44 a VwGO als weiterhin unmittelbar geltendes Recht, DÖV 2000, 69; *K. Redeker*, Grundgesetzliche Teilhabe – Bemerkungen zu einem status activus processualis, NJW 1980, 1593; *W. Roth*, Versehentliche Gesetzesreform? Zur Fortgeltung des § 44 a VwGO trotz seiner irrtümlichen Aufhebung durch den Gesetzgeber, NVwZ 1999, 155; *A. Roßnagel*, Verfahrensfehler ohne Sanktion, JuS 1994, 927; *W.-R. Schenke*, Das Verwaltungsverfahren zwischen Verwaltungseffizienz und Rechtsschutzauftrag, VBlBW 1982, 313; *ders.*, Der fehlerhafte Verwaltungsakt gem. § 46 VwVfG, DÖV 1986, 305; *W. Schmidt*, Gerichtlicher Rechtsschutz im Verwaltungsverfahren, JuS 1982, 745; *D. Sellner*, Kontrolle immissionsschutzrechtlicher und atomrechtlicher Entscheidungen im Verwaltungsgerichtsprozess, BauR 1980, 391; *J. Steike*, Akteneinsicht bei der Prüfungsanfechtung, NVwZ 2001, 868; *R. Steinberg*, Komplexe Verwaltungsverfahren zwischen Verwaltungseffizienz und Rechtsschutzauftrag, DÖV 1982, 619; *P. Stelkens*, Verfahrenshandlungen i. S. des § 44 a VwGO, NJW 1982, 1137; *K.-H. Tannen*, Rechtsbehelfsfähige Verwaltungsakte der Rentenversicherungsträger während des laufenden Verwaltungsverfahrens?, DRV 1988, 149; *P. Tiedemann*, Reform aus Versehen? – Zur Streichung des § 44 a VwGO, NJW 1998, 3475.

---

47 VGH Mannheim NJW 1993, 3344 (bzgl. der Geltendmachung eines Anspruchs auf Folgenbeseitigung und hilfsweise eines Anspruchs auf Schadensersatz wegen Amtspflichtverletzung in einer gemeinsamen Klage beim Verwaltungsgericht); vgl. auch BGH NJW 1993, 3326, 3328; *W.-R. Schenke*, in: Kopp/Schenke § 44 Rn. 6, 8.

I. Entstehung und Entwicklung

1 Der durch § 97 Nr. 2 des Bundes-VwVfG vom 25.5.1976 (BGBl I 1253) in die VwGO eingefügte § 44 a fand sich bereits wortlautgleich in § 82 Nr. 2 MEVwVfG 1963 und ist seit seinem Inkrafttreten am 1.1.1977 nicht geändert worden. Die Vorschrift ist nicht dadurch beseitigt worden, dass § 97 VwVfG durch Art. 1 Nr. 7 des 2. VwVfGÄndG[1] aufgehoben worden ist. Angesichts der Streichung des § 97 VwVfG wurde z.T. vertreten, hiermit sei – wenn auch möglicherweise ungewollt – § 44 a aufgehoben worden.[2] Nach der zutr. Auffassung des BVerwG gehört jedoch § 44 a nach wie vor zum geltenden Recht, da der Gesetzgeber mit der Aufhebung des § 97 VwVfG die materielle Rechtslage nicht ändern wollte. Sein Wille ging allein dahin, das VwVfG zu bereinigen. Da im Jahre 1991 eine den § 44 a einschließende Neubekanntmachung der VwGO erfolgte, ist die Herausnahme des § 97 VwVfG aus dem Bestand der verwaltungsverfahrensrechtlichen Vorschriften für die Geltung des § 44 a unerheblich (BVerwG NJW 1999, 1729, 1730).

II. Bedeutung der Norm

2 Der durch § 44 a S. 1 postulierte Vorrang der Verfahrensökonomie vor der diskursiven Richtigkeitsgewähr durch Verfahren, von welchem S. 2 nur zwei – in der Reichweite begrenzte (→ Rn. 60 ff.) – Ausnahmen zulässt, darf als Anachronismus bezeichnet werden. Die mit der Regelung des § 44 a inten-

---

1 Zweites Gesetz zur Änderung verfahrensrechtlicher Vorschriften vom 6.8.1998, BGBl I 2022.
2 *P. Tiedemann*, NJW 1998, 3475 f. A.M. *W. Roth*, NVwZ 1999, 155 ff.

dierte Unterbindung von gerichtlichen Auseinandersetzungen über Verfahrensfehler außerhalb von einer Kontrolle der eigentlichen Sachentscheidung durch die Verwaltungsgerichte (BT-Drs. 7/910, 97) führt zu einer Überordnung der Betonung der Effektivität des Verwaltungshandelns über eine Stabilisierung der Steuerungsleistung des Verfahrens durch gerichtliche Kontrolle.[3] Zwar ist Verwaltungsverfahrensrecht vom Ausgangspunkt her nicht auf Kontrollierbarkeit, sondern auf Handlungssteuerung hin angelegt, ist also Handlungsrecht der Verwaltung.[4] Doch ändert dies nichts daran, dass das Verwaltungsverfahren als sozialer Interaktionsprozess in der Zeit einmalig und ex post nur beschränkt reproduzierbar ist. Darüber hinaus ist es notwendige Schaltstelle für die soziale Realität des materiellen Verwaltungsrechts. Dessen weitgehende Vollzugsabhängigkeit macht seine reale Wirkungsmächtigkeit von Transformationsakten der Verwaltung abhängig,[5] die das Verwaltungsverfahren als Verwirklichungsmodus des Verwaltungsrechts kennzeichnen.[6] Verwaltungsverfahrensrecht hat daher Entscheidungsverfahren zu konstituieren und Kommunikationsarenen zu organisieren.[7] Einer solchermaßen verstärkten Prozeduralisierung muss eine wirksame gerichtliche Verfahrenskontrolle korrespondieren. Die durch verfahrensrechtliche Rahmensetzung sicherzustellende, integrierende und konfliktlösende, rechtsschöpfende Ausgestaltung des Verwaltungsverfahrens zur akzeptanzfähigen Optimierung der Entscheidung innerhalb des rechtlichen Gestaltungsspielraums[8] muss einforderbar sein. Subjektivrechtlich unterfütterte Verfahrenspositionen bedürfen der Erweiterung und müssen prozessual durchgesetzt werden können.[9]

1. Normzwecke. Nach der Gesetzesbegründung soll § 44 a die Effektivität der Verwaltungskontrolle 3 i.S. einer prozesswirtschaftlichen Zusammenfassung zusammengehöriger Verwaltungsvorgänge dadurch erhöhen, dass die Rechtmäßigkeit des Verfahrens, in dem eine sachliche Entscheidung ergangen ist, nur im Zusammenhang mit der Sachentscheidung nachgeprüft werden kann (Begründung des Entwurfs eines VwVfG, BT-Drs. 7/910, 97). § 44 a soll in erster Linie einer Verfahrensverzögerung entgegenwirken und unter den Gesichtspunkten der Verwaltungseffektivität- bzw. -ökonomie das Verwaltungsverfahren vor möglichen Erschwerungen schützen. Hierdurch soll Gewähr für das zügige Erreichen des Verfahrensziels getragen werden.[10]

Darüber hinaus soll durch den Ausschluss einer isolierten Angreifbarkeit unselbständiger Verfahrens- 4 handlungen die gerichtliche Auseinandersetzung auf die Entscheidung in der Sache selbst konzentriert und eine – vermeintlich – unnötige oder eventuell mehrfache Inanspruchnahme gerichtlichen Rechtsschutzes in derselben Sache vermieden werden.[11] Denn zum Zeitpunkt der fraglichen Verfahrenshandlung steht noch nicht fest, ob und inwieweit diese Auswirkungen auf die Sachentscheidung hat.[12] Entspricht diese bspw. dem von dem Betroffenen gestellten Antrag, so führt auch ein eventueller Verfahrensfehler zu keiner Beschwer in der Sache. Dass verfahrensrechtliche Positionen einen eigenständigen

---

3 Vgl. *P. Beuscher*, Rechtsschutz, 1988, 28; *E. Gurlit*, Die Verwaltungsöffentlichkeit im Umweltrecht, 1989, 197.
4 *R. Wahl*, VVDStRL 41 (1983), 151, 156
5 *R. Wahl*, in: Blümel, Die Vereinheitlichung des Verwaltungsverfahrensrechts, 1984, 19, 41.
6 *R. Wahl*, VVDStRL 41 (1983), 151, 153 f.
7 Vgl. *K. Eder*, in: Grimm, Wachsende Staatsaufgaben – sinkende Steuerungsfähigkeit des Rechts, 1990, 155, 156; *E. Hagenah*, in: Grimm, Staatsaufgaben, 1994, 487, 492.
8 So zutr. *T. Würtenberger*, VVDStRL 58 (1999), 139, 166 f.
9 *A. Voßkuhle*, in: Hoffmann-Riem/Schmidt-Aßmann, Verwaltungsrecht in der Informationsgesellschaft, 2000, 349, 402; *J. Ziekow*, in: Hoffmann-Riem/Schmidt-Aßmann, Verwaltungsverfahren und Verwaltungsverfahrensgesetz, 2002, 349, 384.
10 BVerwG Buchholz 310 § 44 a Nr. 1; NJW 1982, 120; NVwZ-RR 1997, 663; BSG NVwZ 1989, 901, 902; OVG Münster DÖV 1980, 222; DVBl 2000, 572, 573; OVG Saarlouis NVwZ-RR 2013, 975, 976; VGH Mannheim VersR 1985, 373, 374; VGH München BayVBl 1988, 660, 661; NVwZ 1988, 742; BayVBl 1989, 343, 344; NJW 1989, 2491; VG Gießen NVwZ-RR 2004, 177; *U. Di Fabio*, Risikoentscheidungen im Rechtsstaat, 1994, 384; 1; *A. v. Mutius*, FS Menger, 1985, 575, 597; *F. Ossenbühl*, NVwZ 1982, 465, 470; *P. Stelkens*, in: Schoch/Schneider/Bier § 44 a Rn. 3.
11 BVerwG NVwZ 2009, 1558, 1560; OVG Koblenz 23.1.2003 – 2 B 11956/02; OVG Münster DVBl 2000, 572, 573; OVG Saarlouis NVwZ-RR 2013, 975, 976; VGH Mannheim NVwZ-RR 1990, 369, 370; *H. Geiger*, in: Eyermann § 44 a Rn. 1.
12 *Kopp/Schenke* § 44 a Rn. 1. I.E. ebenso BVerwG NJW 1982, 120; OVG Münster DÖV 1980, 222; VGH München NVwZ 1987, 613, 614; 1988, 742; VG Berlin NVwZ 1982, 576, 577; VG Oldenburg DÖV 1993, 439; *R. Engel*, NVwZ 1994, 111, 113; *K.-G. Meyer-Teschendorf*, ZBR 1979, 261, 269; *A. v. Mutius*, FS Menger, 1985, 575, 597; *M. Pagenkopf*, NJW 1979, 2382.

Gewährleistungsgehalt haben, wird mit dieser ganz überwiegend vorgenommenen Zweckzuweisung allerdings geleugnet.

5   § 44 a ordnet an, dass den Gerichten der Verwaltungsgerichtsbarkeit nur der nachträgliche und kein verfahrensbegleitender Rechtsschutz obliegt (VGH München NVwZ 1989, 1179, 1180). Allerdings handelt es sich dabei um eine konstitutive Anordnung und keineswegs um eine positivrechtliche Ausformung eines allgemeinen Grundsatzes.[13] Einen solchen allgemeinen Grundsatz, dass verwaltungsgerichtlicher Rechtsschutz notwendigerweise ein repressiver ist, gibt es nicht. Die VwGO kennt ein abgestuftes System von Reaktionen auf Gefährdungen und Verletzungen subjektiv-rechtlicher Positionen. Hierzu gehört der vorläufige wie der vorbeugende Rechtsschutz. Beide sind i.d.R. verfahrensbegleitend, beziehen ihre Rechtfertigung allerdings aus dem Schutz des durch die Sachentscheidung bedrohten subjektiven öffentlichen Rechts. Demgegenüber ist der Rechtsschutz gegen die Verletzung von Verfahrensrechten weder vorbeugend noch vorläufig, sondern repressiver Rechtsschutz. Er setzt nämlich erst dann ein, wenn die Verletzung eines subjektiven Verfahrensrechts bereits erfolgt ist. Dies entspricht dem Rechtsschutzmodell, wie es der VwGO – mit Ausnahme des § 44 a – zugrunde liegt. § 44 a widerspricht diesem Modell, indem er den Rechtsschutz über den Zeitpunkt der Rechtsverletzung hinaus bis nach dem Erlass der Sachentscheidung verschiebt.[14]

6   **2. Anwendungsbereich.** Der Anwendungsbereich des § 44 a erfasst alle behördlichen Verfahrenshandlungen (→ Rn. 37 ff.), gegen die Rechtsbehelfe möglich sind. Voraussetzung ist, dass gegen die Sachentscheidung, deren Erlass durch die betreffende Verfahrenshandlung vorbereitet wird, der Rechtsweg zu den Verwaltungsgerichten i.S.v. § 40 eröffnet wäre.[15] Spätestens die Aufhebung des § 97 VwVfG (→ Rn. 1) hat deutlich gemacht, dass es für die Bestimmung des Anwendungsbereichs des § 44 a nicht darauf ankommt, ob die betreffende (Verfahrens-)Handlung in den Anwendungsbereich des VwVfG i.S.v. §§ 1, 2 VwVfG fällt. Ebenso wenig wie es zur Anwendbarkeit des § 44 a führt, wenn die Verfahrenshandlung in den Anwendungsbereich des VwVfG fällt, gegen die Sachentscheidung aber der Verwaltungsrechtsweg nicht eröffnet wäre, schließt es umgekehrt das Eingreifen des § 44 a aus, dass eine Streitigkeit um die Sachentscheidung unter § 40, nicht aber die §§ 1, 2 VwVfG fällt. In welcher Form Rechtsschutz gegen die Sachentscheidung in Betracht kommt, ist für den Anwendungsbereich des § 44 a unerheblich (→ Rn. 19 ff.).

7   Wie bereits ausgeführt ist § 44 a nicht Ausdruck eines allgemeinen Rechtsgrundsatzes, sondern wirkt konstitutiv (→ Rn. 5).[16] Der Ausschluss selbständigen gerichtlichen Rechtsschutzes gegen die Verletzung subjektiver Verfahrensrechte ist nicht Grundsatz, sondern Ausnahme.[17] Eine entsprechende Anwendung der Norm außerhalb des Verwaltungsprozesses, etwa im finanz- oder im sozialgerichtlichen Verfahren, kommt nicht in Betracht.[18]

8   **3. Zusammenhang der Abschirmung des Verfahrensrechts.** § 44 a steht in einem zwar nicht inhaltlichen, wohl aber konzeptionellen Zusammenhang mit Regelungen wie § 45, § 46 oder § 75 Abs. 1 a S. 2 VwVfG. Nach § 45 VwVfG können Verfahrens- und Formfehler bis zum Abschluss der letzten Tatsacheninstanz eines verwaltungsgerichtlichen Verfahrens geheilt werden. § 46 VwVfG ordnet die Aufrechterhaltung eines Verwaltungsakts an, obwohl er gegen Rechtsvorschriften verstößt. Die Nichtaufhebbarkeit eines Verwaltungsakts wegen der Verletzung von Vorschriften über das Verfahren, die Form und die örtliche Zuständigkeit kommt nur in Betracht, wenn offensichtlich ist, dass der Verstoß die Entscheidung in der Sache nicht beeinflusst hat. Im Unterschied zur früheren Rechtslage ist nicht danach zu fragen, ob keine andere Entscheidung in der Sache hätte ergehen können, sondern danach,

---

13 A.M. *Kopp/Schenke* § 44 a Rn. 1.

14 Vgl. *M. Eichberger*, Einschränkung, 1986, 225.

15 *N. Kazele*, Interessenkollisionen, 1990, 332; *H.-J. v. Oertzen*, in: Redeker/v. Oertzen § 44 a Rn. 2.

16 A.M. BVerwG BayVBl 1978, 444; VGH München BayVBl 1978, 763, 764; VG Kassel NVwZ 1985, 217; VG Köln NJW 1978, 1397; BFH NVwZ 1999, 1379, 1380; BSG NVwZ 1989, 901, 902; *H. J. Becker*, RiA 1977, 9, 11; *H. Geiger*, in: Eyermann § 44 a Rn. 2; *W. Schmidt*, JuS 1982, 745, 748.

17 *P. Beuscher*, Rechtsschutz, 1988, 46; *M. Deppen*, Beteiligungsrechte, 1982, 236; *M. Eichberger*, Einschränkung, 1986, 58; *N. Kazele*, Interessenkollisionen, 1990, 332; *M. Pagenkopf*, NJW 1979, 2382, 2383. A.M. BVerwG BayVBl 1978, 444, 445; VG Kassel NVwZ 1985, 217; *W. Schmidt*, JuS 1982, 745, 747 f.; OVG Brem NJW 1976, 770; VGH München BayVBl 1978, 763, 764; VG Köln NJW 1978, 1397.

18 A.M. BSG NVwZ 1989, 901, 902; BB 1993, 1443, 1444; LSG BW 9.8.2007 – L 7 AS 874/07; BayLSG 14.12.2005 – L 3 U 429/05; FG München EFG 1978, 558; FG Bln EFG 1985, 131; *H. Geiger*, in: Eyermann § 44 a Rn. 2; *Kopp/Schenke* § 44 a Rn. 3; *P. Stelkens*, in: Schoch/Scheider/Bier § 44 a Rn. 7.

ob sich der jeweilige Fehler auf die Entscheidung ausgewirkt haben kann.[19] Nach wie vor gilt, dass bei gebundenen Verwaltungsakten eine Aufhebung ausscheidet (BVerwG 6.8.1998 – 9 B 773/97). Bei Abwägungs- und Ermessensentscheidungen ist dagegen zu prüfen, ob ein Einfluss des Verfahrensfehlers auf das Entscheidungsergebnis ausgeschlossen werden kann (OVG Bautzen SächsVBl 1997, 60, 63). Eindeutig zu bejahen ist dies bei einer Ermessensreduzierung auf Null (BVerwG Buchholz 402.25 § 11 AsylVfG Nr. 3). Nach der Rspr. ist bei der Ermittlung des Kausalzusammenhangs zwischen dem Fehler und dem Abwägungsergebnis nicht auf eine abstrakte Möglichkeit eines anderen denkbaren Abwägungsergebnisses abzustellen. Zu prüfen ist vielmehr, ob nach den Umständen des jeweiligen Falles die konkrete Möglichkeit besteht, dass die Entscheidung ohne den angenommenen Verfahrensmangel anders ausgefallen wäre.[20] § 75 Abs. 1 a S. 2 VwVfG ermöglicht zwar dem Wortlaut nach nur eine Behebung von Mängeln bei der *Abwägung* durch ein ergänzendes Verfahren. Doch ist weitgehend anerkannt, dass die Vorschrift auch bei nicht von §§ 45, 46 VwVfG erfassten Verfahrens- und Formfehlern zur Anwendung kommt.[21]

Konsequenz dieser Gesamtschau von Regelungen des VwVfG mit § 44 a ist eine weitgehende Abschirmung von Verfahrensfehlern gegen eine gerichtliche Sanktionierung. Sinnfälliger Ausdruck dieser Tendenz ist die verbreitete Rede von der „dienenden Funktion" des Verfahrensrechts (vgl. nur VGH Mannheim NVwZ 1986, 663, 664). Eine solche Entwertung des Verfahrensrechts ist nicht nur mit sich wandelnden Vorstellungen von der Steuerung von Verwaltungshandeln kaum in Einklang zu bringen,[22] sondern wird sich auch vor inter- und supranationalem Recht kaum durchhalten lassen.[23] 9

4. Bedeutung des § 44 a im Verwaltungsprozess. Die Bedeutung des § 44 a im Verwaltungsprozess ist 10 in mehrerlei Richtungen zu bestimmen. Zum einen geht es um das Verhältnis zwischen reiner Verfahrenskontrolle und Überprüfung der Sachentscheidung, zum anderen um das Verhältnis zur Klagebefugnis und zum Dritten um die Verortung des § 44 a S. 1 gegenüber der Sachentscheidungsvoraussetzung des allgemeinen Rechtsschutzbedürfnisses.

a) Ausschließliche Inzidentkontrolle von Verfahrensfehlern. I.S. einer ausschließlichen Inzidentkon- 11 trolle von Verfahrensfehlern ordnet § 44 a S. 1 an, dass Rechtsbehelfe gegen behördliche Verfahrenshandlungen nur *gleichzeitig* mit den gegen die Sachentscheidung zulässigen Rechtsbehelfen geltend gemacht werden können. Da diese Gleichzeitigkeit nicht i.S.d. zeitlich parallelen Einlegung eines Rechtsbehelfs gegen die Verfahrenshandlung und eines weiteren Rechtsbehelfs gegen die Sachentscheidung verstanden werden darf, verweist § 44 a S. 1 die Rüge von Verfahrensverstößen auf die Rolle einer Begründung des Angriffs auf die Sachentscheidung.[24] Der Rechtsbehelf ist daher allein gegen die Sachentscheidung zu richten, Verfahrensfehler werden in dem so abgesteckten Rahmen lediglich inzident kontrolliert. Da die Überprüfung der Rechtmäßigkeit der angegriffenen Sachentscheidung sich von Amts wegen auf die Verfahrensrichtigkeit zu erstrecken hat, ist eine ausdrückliche Rüge durch den Rechtsbehelfsführer nicht notwendig.[25] Dies gilt sowohl während des Verwaltungsverfahrens als auch im Prozess.[26] Eine Rügepräklusion kann nur unter besonderen Umständen angenommen werden, bspw. kraft ausdrücklicher gesetzlicher Anordnung oder unter dem Gesichtspunkt der Verwirkung.

Die Reichweite der materiellen Rechtskraft der einen Verwaltungsakt wegen eines Verfahrensfehlers 12 aufhebenden verwaltungsgerichtlichen Entscheidung bemisst sich nach § 121. Da das Vorliegen oder Nichtvorliegen eines Verfahrensrechtsverstoßes nicht tenoriert wird, erwachsen die diesbezüglichen Entscheidungsgründe nur insoweit in Rechtskraft wie die Entscheidungsgründe zur Auslegung der Urteilsformel heranzuziehen sind (→ § 121 Rn. 61 ff.). In diesem Umfang ist die Behörde beim Neuerlass

---

19 *Kopp/Ramsauer* § 46 Rn. 25.
20 BVerwG Buchholz 407.4 § 19 FStrG Nr. 6; DVBl 1998, 1184, 1185; OVG Bautzen SächsVBl 1997, 60, 63.
21 *H. Fischer*, in: Ziekow, Handbuch des Fachplanungsrechts, ²2014, S. 129, Rn. 227.
22 Dazu *J. Ziekow*, in: Hoffmann-Riem/Schmidt-Aßmann, Verwaltungsverfahren und Verwaltungsverfahrensgesetz, 2002, 349, 376 ff.
23 *J. Ziekow*, NVwZ 2005, 263 ff.
24 So zutr. *M. Eichberger*, Einschränkung, 1986, 85; ebenso die überwiegende Meinung, vgl. VGH Mannheim Die Justiz 1984, 316; *M. Deppen*, Beteiligungsrechte, 1982, 246; *H. Geiger*, in: Eyermann § 44 a Rn. 11; *Kopp/Schenke* § 44 a Rn. 7; *F. J. Schumacher*, DÖV 1982, 806, 807.
25 *Kopp/Schenke* § 44 a Rn. 7.
26 *M. Eichberger*, Einschränkung, 1986, 85.

eines (auch) wegen eines Verfahrensfehlers aufgehobenen Verwaltungsakts an die Bewertung der Verfahrensfrage durch das Gericht gebunden (→ § 121 Rn. 72).[27]

13 **b) Spezielle Ausprägung des allgemeinen Rechtsschutzbedürfnisses.** Zunächst ist darauf hinzuweisen, dass § 44 a in keinem spezifischen Zusammenhang zu der nach § 42 Abs. 2 erforderlichen Klagebefugnis steht. Weder setzt § 44 a S. 1 gerade die Berührung eines subjektiven Rechts durch die betreffende Verfahrenshandlung voraus[28] noch ist die Vorschrift umgekehrt nur dann heranzuziehen, wenn die Klagebefugnis mangels eines subjektiven öffentlichen Rechts fehlt.[29] Zutr. geht daher die wohl überwiegende Mehrheit der Lit.[30] davon aus, dass die Heranziehung des § 44 a S. 1 von der Frage der Klagebefugnis *unabhängig* ist. Nur dies garantiert die Entwicklung einer weitgehend einheitlichen Rechtspraxis in der Frage der Zulässigkeit von Verfahrensrechtsbehelfen, was mit der Regelung des § 44 a gerade angestrebt wird (→ Rn. 20).

14 Entgegen der Auffassung des BVerwG (BVerwG NJW 1982, 120) handelt es sich bei § 44 a S. 1 um eine spezielle Ausprägung des fehlenden allgemeinen Rechtsschutzbedürfnisses.[31] In der Formulierung des BVerwG erkennt „die Rechtsordnung immer dann, wenn sie ein materielles Recht gewährt, in aller Regel auch das Interesse dessen, der sich als der Inhaber dieses Rechts sieht, am gerichtlichen Schutz dieses Rechts" an; etwas anderes gilt nur dann, wenn besondere Umstände vorliegen, die „das subjektive oder objektive Interesse an der Durchführung des Rechtsstreits entfallen lassen" (BVerwGE 81, 164, 165 f. Zum allgemeinen Rechtsschutzbedürfnis → § 42 Rn. 335 ff.). Im Falle des § 44 a S. 1 sind die Gründe, die das mangelnde objektive Interesse an der Durchführung des Rechtsstreits begründen, klar definiert: Rechtsbehelfe, die zu einer Verlängerung des Verwaltungsverfahrens und zu einer Vervielfachung der Rechtsbehelfsverfahren führen (→ Rn. 3 f.), sind als dysfunktionale Inanspruchnahme prozessualer Rechte zu bewerten. Hiergegen kann nicht eingewandt werden, dass sich die von § 44 a S. 1 erfassten Rechtsbehelfe nicht generell als missbräuchliche Nutzung prozessualer Rechte i.S. eines Verstoßes gegen Treu und Glauben qualifizieren ließen. Die Sachentscheidungsvoraussetzung des allgemeinen Rechtsschutzbedürfnisses knüpft nicht an subjektive Motive des Rechtsbehelfsführers an, sondern soll einen *institutionellen* Missbrauch prozessualer Rechte verhindern.[32]

15 Ebenso wenig verfängt der Einwand, dass § 44 a S. 1 nicht identisch die Ergebnisse abbildet, die sich unter Rekurs auf das allgemeine Rechtsschutzbedürfnis erzielen ließen.[33] Ob sich der durch § 44 a S. 1 bewirkte Ausschluss von Verfahrensrechtsbehelfen in jedem Einzelfall einer der zur Konkretisierung des allgemeinen Rechtsschutzbedürfnisses entwickelten Fallgruppen (→ § 42 Rn. 347 ff.) zuordnen lässt oder nicht, ist für die systematische Zuordnung des Regelungsgehalts des § 44 a S. 1 unerheblich.[34] Dass ein Rückgriff auf die Sachentscheidungsvoraussetzung des *allgemeinen* Rechtsschutzbedürfnisses insoweit nicht mehr möglich ist, wie der Gesetzgeber Aspekte dieser Sachentscheidungsvoraussetzung normativ verselbständigt hat, ist anerkannt. Dies gilt bspw. für das nach § 43 Abs. 1 erforderliche Feststellungsinteresse (→ § 43 Rn. 73 ff.) oder die Antragsbefugnis im Normenkontrollverfahren nach § 47 Abs. 2 S. 1 (eingehend zum Verhältnis zwischen Antragsbefugnis und allgemeinem Rechtsschutzbedürfnis → § 47 Rn. 128 ff.). I.R. dieser verselbständigten Kategorien zu prüfende Umstände sind „verbraucht" und können zur Prüfung des allgemeinen Rechtsschutzbedürfnisses nicht mehr herangezogen werden. In *diesem* Sinne handelt es sich bei § 44 a um eine eigenständig zu prüfende Sachentscheidungsvoraussetzung.[35] Ihre Voraussetzungen müssen zum Zeitpunkt der gerichtlichen Entscheidung vorliegen (BVerwGE 115, 373, 379).

---

27 M. *Eichberger*, Einschränkung, 1986, 88.
28 So aber H. *Plagemann*, NJW 1978, 2261, 2262.
29 Vgl. aber F. *Geist-Schell*, Verfahrensfehler, 1988, 155; R. *Krüger*, NVwZ 1992, 552, 553; K. *Redeker*, NJW 1980, 1593, 1597; W. C. *Schmel*, Massenverfahren, 1982, 91.
30 M. *Eichberger*, Einschränkung, 1986, 103 ff.; P. *Stelkens*, in: Schoch/Schneider/Bier § 44 a Rn. 24.
31 FG München EFG 1978, 558; FG Bln EFG 1985, 131; SG Kiel NVwZ-RR 1992, 672; U. *Di Fabio*, Risikoentscheidungen im Rechtsstaat, 1994, 385; W. *Schmidt*, JuS 1982, 745, 747 f.; E. *Schmidt-Aßmann*, in: Maunz/Dürig Art. 19 Abs. 4 Rn. 246; G. *Schwerdtfeger*, Pluralistische Arzneimittelbeurteilung, 1988, 81 f.
32 H.-C. *Bock*, Das Rechtsschutzbedürfnis im Verwaltungsprozeß, 1971, 31 ff.
33 So aber *Kopp/Schenke* § 44 a Rn. 1.
34 A.M. M. *Eichberger*, Einschränkung, 1986, 110 ff.
35 Vgl. OVG Münster 7.2.1986 – 11 A 663/85; M. *Eichberger*, Einschränkung, 1986, 263.

5. Verfassungsrechtliche Vorgaben für die Anwendung. Mit Blick auf das Verfassungsrecht ergeben 16
sich für die Anwendung des § 44 a v.a. zwei Berührungspunkte, die interpretationsleitend sein können,
nämlich zum einen der Aspekt des Grundrechtsschutzes durch Verfahren und zum anderen die durch
Art. 19 Abs. 4 GG verbürgte Gewährleistung effektiven Rechtsschutzes. Den im Einzelnen nach wie
vor umstrittenen Grundlagen und Ausgestaltungen des Grundrechtsschutzes durch und im Verfahren
kann hier nicht nachgegangen werden. Objektiv folgt aus dem einzelnen Grundrecht eine Pflicht des
Gesetzgebers zu einer effektiven, Grundrechtsschutz gewährleistenden Bereitstellung einer Verfahrensgestaltung (BVerfGE 53, 30, 65 f.; 73, 280, 296; 84, 59, 72). Ein selbständig durchsetzbarer Anspruch
auf Einrichtung eines solchen Verfahrens besteht jedoch nicht. Das BVerfG betont insoweit die „Komplementärfunktion des Verfahrens für die Durchsetzung des materiellen Rechts" (BVerfGE 73, 280,
296). Der Verfahrensgedanke ist dem aus dem jeweiligen Grundrecht fließenden Abwehrrecht streng
akzessorisch. Die Grundrechtsbindung von Behörde und Gericht äußert sich zunächst in der Pflicht zu
einer dem Gedanken der Grundrechtseffektivität zur Durchsetzung verhelfenden Auslegung bestehenden Verfahrensrechts. Wird diese Interpretation dem grundrechtlichen Schutzgebot, in dessen Umsetzung die Verfahrensvorschrift gesetzt wurde, nicht gerecht, so liegt ein einen Abwehranspruch auslö-
sender Eingriff in den Schutzbereich des betreffenden Grundrechts vor, sofern die fehlerhafte Verfah-
rensanwendung von Einfluss auf die grundrechtlich geschützte Position des Grundrechtsberechtigten
gewesen ist (BVerfGE 53, 30, 65 f.; 73, 280, 299; 84, 34, 46 ff.; 84, 59, 73 ff.). Was durch das jeweilige Grundrecht insoweit geboten ist, bestimmt sich nach der Art und Intensität des Grundrechtseingriffs sowie der Effektivität nachträglichen gerichtlichen Rechtsschutzes: „Ob und inwieweit Garanti-
en für das Verwaltungsverfahren grundrechtlich gefordert sind, richtet sich zum einen nach Art und
Intensität des Grundrechtseingriffs, zum anderen danach, inwieweit der Grundrechtsschutz durch die
nachträgliche Kontrolle der Gerichte gewährleistet ist" (BVerfGE 84, 34, 46). Die verfahrensrechtliche
Dimension der Grundrechte gebietet daher eine Auslegung des § 44 a, die Rechtsschutz gegen Verfahrenshandlungen immer dann gewährt, wenn eine nachträgliche Kontrolle der Sachentscheidung insoweit keinen hinreichenden Grundrechtsschutz zu gewähren vermag.

Das Gebot der Gewährung effektiven Rechtsschutzes nach Art. 19 Abs. 4 GG erweitert diesen Anwen- 17
dungsgrundsatz auf einfachgesetzlich gewährleistete Verfahrensrechte. Auch als subjektive öffentliche
Rechte gefasste Verfahrenspositionen unterfallen Art. 19 Abs. 4 GG.[36] Diese Verfassungsnorm gebietet
daher, auch Verletzungen subjektiver Verfahrensrechte vor Gericht rügen zu können. Gleiches gilt für
die Verletzung solcher materieller Rechtspositionen durch Verfahrenshandlungen, welche nicht mit
der durch die abschließende Sachentscheidung berührten materiellen Rechtsposition identisch sind. Insoweit sind die in § 44 a S. 2 genannten Fallgruppen der Vollstreckbarkeit behördlicher Verfahrenshandlungen und des Ergehens der Verfahrenshandlung gegen einen Nichtbeteiligten nur beispielhaft
zu verstehen. Verletzt eine Verfahrenshandlung andere materielle subjektive Rechte als die von der
Sachentscheidung berührten, und enthält insoweit eine selbständige Beschwer, so muss die Verfahrenshandlung isoliert angegriffen werden können (OVG Münster ZBR 2015, 428, 429; VGH Kassel
NVwZ-RR 1995, 47, 48). Denn hier hilft die Angreifbarkeit der verfahrensabschließenden Entscheidung dem Betroffenen nicht weiter. Entstünden ihm ohne eigenständigen Verfahrensrechtsschutz
schwere und unzumutbare, anders nicht abwendbare Nachteile, zu deren nachträglicher Beseitigung
die gerichtliche Entscheidung betr. die Rechtmäßigkeit der behördlichen Sachentscheidung nicht mehr
in der Lage wäre, so muss es bei der Angreifbarkeit der Verfahrenshandlung bleiben.[37] Entsprechendes gilt für isolierte Verfahrensrechte, deren Verletzung nicht durch den Angriff auf die Sachentscheidung erfasst werden kann. Zusammengefasst gestattet Art. 19 Abs. 4 GG den Ausschluss einer selbständigen Durchsetzung einer durch eine behördliche Verfahrenshandlung beeinträchtigten subjektiv-
rechtlichen Position immer – aber auch nur – dann, wenn der Betreffende effektiven verwaltungsgerichtlichen Rechtsschutz gegen den verfahrensabschließenden Akt in Anspruch nehmen kann
(BVerwG NVwZ-RR 1997, 663, 664; NJW 1999, 1729). Umgekehrt muss verfahrenshandlungsbezogener Rechtsschutz immer dann möglich sein, wenn die Verfahrenshandlung zu Rechtsverletzungen

---

36 *M. Ibler*, in: Friauf/Höfling, 2016, GG Art. 19 IV Rn. 135 m.w.N.
37 BVerfG NJW 1991, 415, 416; BVerwGE 145, 102, 105; HmbOVG 22.5.2002 – 3 Bs 71/02; OVG Koblenz ZBR
1990, 224, 225; OVG Münster ZBR 2015, 428, 429; NVwZ-RR 2017, 27; VGH Mannheim 2016, 472.

führt, die i.R. des Angriffs auf die Sachentscheidung nicht mehr restituiert werden können.[38] Außer Betracht zu bleiben hat für die Anwendung des § 44 a das Problem der Korrigierbarkeit des Fehlers durch das Gericht. Führen § 46 VwVfG oder entsprechende Normen des jeweiligen Fachrechts dazu, dass das Gericht trotz des Vorliegens einer Rechtsverletzung einen Aufhebungsanspruch verneinen muss, so lässt sich hieraus nicht die Unanwendbarkeit des § 44 a S. 1 ableiten (BVerwG NJW 1982, 120).

III. Ausschluss von Rechtsbehelfen gegen Verfahrenshandlungen durch S. 1

18　Das Verhältnis der beiden Sätze des § 44 a zueinander ist das der Regel zur Ausnahme: § 44 a S. 1 enthält den Regeltatbestand, nach dem Rechtsbehelfe gegen behördliche Verfahrenshandlungen grds. nur gleichzeitig mit den gegen die Sachentscheidung zulässigen Rechtsbehelfen geltend gemacht werden können. Von dieser Regel bestimmt Satz 2 zwei Ausnahmen, nämlich die Vollstreckbarkeit behördlicher Verfahrenshandlungen oder deren Ergehen gegen einen Nichtbeteiligten. Darüber hinaus verlangt Art. 19 Abs. 4 GG eine Auslegung des § 44 a S. 2, welche einen selbständigen Rechtsschutz gegen eine Verfahrenshandlung immer dann ermöglicht, wenn die Verfahrenshandlung zu Rechtsverletzungen führt, die i.R. des Angriffs auf die Sachentscheidung nicht mehr restituiert werden können (→ Rn. 17). Nach seiner Struktur enthält der § 44 a S. 1 folgendes Prüfungsprogramm: In Rede stehen muss 1.) ein Rechtsbehelf (→ Rn. 19 ff.) gegen 2.) eine behördliche Verfahrenshandlung (→ Rn. 22 ff.), welcher 3.) i.R. eines Angriffs gegen die Sachentscheidung geltend gemacht werden kann (→ Rn. 25).

19　**1. Rechtsbehelfe.** Allein Rechtsbehelfe gegen behördliche Verfahrenshandlungen sind Regelungsgegenstand des § 44 a. Ob und inwieweit die in der Vorschrift gleichfalls erwähnten Rechtsbehelfe gegen die Sachentscheidung zulässig sind, bestimmt sich nicht nach § 44 a, sondern den übrigen Vorschriften der VwGO. Bei dem Rechtsbehelf gegen die Verfahrenshandlung kann es sich nur um einen förmlichen, in der VwGO als solchen vorgesehenen Rechtsbehelf handeln (OVG Bautzen NVwZ-RR 1999, 209). Gegenvorstellungen, außerordentliche Beschwerden, Petitionen, Aufsichtsbeschwerden und andere formlose Rechtsbehelfe unterfallen nicht § 44 a.[39]

20　Zwar regelt § 44 a die Zulässigkeit von Rechtsbehelfen *gegen* Verfahrenshandlungen, jedoch kann daraus nicht geschlossen werden, dass allein Anfechtungsbegehren in Gestalt von Widerspruch, Anfechtungsklage oder vorläufigem Rechtsschutz nach § 80 Abs. 5 erfasst sind.[40] Soll § 44 a S. 1 Verzögerungen des Abschlusses eines Verwaltungsverfahrens durch Streitigkeiten über die Rechtmäßigkeit von Verfahrenshandlungen verhindern (→ Rn. 3), so gilt dieses Ziel unabhängig von der Form, in der solche Streitigkeiten ausgetragen werden können. Häufig wird es nicht darum gehen, dass vorgenommene Verfahrenshandlungen beseitigt, sondern dass begehrte Verfahrenshandlungen vorgenommen werden. „Rechtsbehelf" i.S.d. § 44 a S. 1 kann daher jede in der VwGO vorgesehene Rechtsschutzmöglichkeit sein, in der Streitigkeiten um die Rechtmäßigkeit von Vornahme oder Nichtvornahme behördlicher Verfahrenshandlungen ausgetragen werden können, seien es Verpflichtungs-,[41] Leistungs-,[42] Unterlassungs- (OVG Koblenz NVwZ-RR 1998, 445; VGH München NVwZ 1988, 742, 743) oder Fest-

---

38　Vgl. BVerwG NJW 2012, 792, 793; VGH München NVwZ-RR 2001, 373, 374; *J. Ziekow/T. Siegel*, Anerkannte Naturschutzverbände als „Anwälte der Natur", 2000, 107.

39　*W. Cloosters*, Rechtsschutz, 1986, 72 f.; *Kopp/Schenke* § 44 a Rn. 3.

40　BVerwG Buchholz 310 § 44 a Nr. 4 und Nr. 5; BVerwGE 115, 373, 377; BVerwG NVwZ-RR 1997, 663; OVG Bautzen NVwZ-RR 1999, 209; OVG Koblenz NuR 1987, 185; UPR 1988, 309, 310; OVG Lüneburg UPR 1994, 349; VGH München DÖV 1986, 209, 210; NVwZ 1987, 613, 614; NJW 1989, 2491; NVwZ 1990, 775, 777; BayVBl 1990, 279, 280; DAR 1992, 34; VG Köln NJW 1978, 1397; VG Oldenburg DÖV 1993, 439; *H. Bartels*, Die Anhörung Beteiligter im Verwaltungsverfahren, 1985, 137; *W. Cloosters*, Rechtsschutz, 1986, 69 f.; *M. Eichberger*, Einschränkung, 1986, 195 f.; *H. Hill*, Jura 1985, 61, 63; *ders.*, Verfahren, 1986, 47 f.; *W. Knippel*, Rechtsfolgen, 1987, 188 ff.; *Kopp/Schenke* § 44 a Rn. 4; *K.-G. Meyer-Teschendorf*, ZBR 1979, 261, 269; *M. Pagenkopf*, NJW 1979, 2382; *J. Pietzcker*, VVDStRL 41 (1983), 193, 226 Fn. 137. A.M. *J. H. Burmeister/G. Winter*, in: Öffentlichkeit von Umweltinformationen, 1990, 87, 120 f.; *A. Herbert*, NuR 1994, 218, 224; *R. Krüger*, NVwZ 1992, 552, 553; *W. Schmidt*, JuS 1982, 745, 747.

41　BVerwGE 115, 373, 377; BVerwG NVwZ-RR 1997, 663; OVG Koblenz DVBl 1987, 1027, 1028; UPR 1988, 309, 310; VGH München NVwZ 1987, 613, 614; DAR 1992, 34; VG Köln NJW 1978, 1397.

42　BVerwGE 115, 373, 377; BVerwG NJW 1982, 120; OVG Koblenz NVwZ-RR 1998, 445; NJW 1989, 2491; OVG Münster 1.4.2016 – 19 B 1392/15, juris Rn. 8; VGH München NVwZ 1988, 742, 743; 1989, 1179, 1180; 1989, 2491; 1990, 775, 777.

stellungs-[43] einschließlich der Fortsetzungsfeststellungsbegehren[44] oder einstweiliger Rechtsschutz nach § 123.[45] Kein § 44 a S. 1 unterfallender Rechtsbehelf ist hingegen die Inanspruchnahme *vorbeugenden* Rechtsschutzes, soweit sie sich gegen das Ergehen einer Sachentscheidung richtet.[46] Anderes gilt für die Inanspruchnahme vorbeugenden Rechtsschutzes gegen Verfahrenshandlungen in etwaigen zukünftigen Verwaltungsverfahren (OVG Münster DVBl 2000, 572, 573 f.).

Nach der durch § 44 a S. 1 getroffenen Wertung haftet regelmäßig jedem ohne die Geltung der Regelung des § 44 a S. 1 zulässigen selbständigen Rechtsbehelf gegen eine behördliche Verfahrenshandlung die Eignung zur Verzögerung des Verwaltungsverfahrens an. Es handelt sich insoweit auch nicht um eine widerlegliche Vermutung, sondern um eine durch den Gesetzgeber generalisierend vorgenommene Bewertung. Allerdings ist zu beachten, dass Art. 19 Abs. 4 GG den Ausschluss einer selbständigen Durchsetzung einer durch eine behördliche Verfahrenshandlung beeinträchtigten subjektivrechtlichen Position nur gestattet, wenn der Betreffende effektiven verwaltungsgerichtlichen Rechtsschutz gegen den verfahrensabschließenden Akt in Anspruch nehmen kann (→ Rn. 17). Steht ein solcher Rechtsschutz in absehbarer Zeit nicht zur Verfügung, weil bspw. die Behörde zu erkennen gegeben hat, dass sie das Verfahren zunächst nicht abzuschließen beabsichtigt, so müssen verfahrensrechtliche Positionen in diesem „hängenden" Verfahren selbständig durchsetzbar sein.[47] 21

2. Behördliche Verfahrenshandlungen. § 44 a S. 1 bezieht sich nur auf solche Rechtsbehelfe, die sich gegen behördliche Verfahrenshandlungen richten. Insbes. ist die Vorschrift kein allgemeines Instrument zur Sanktionierung – vermeintlicher – Verzögerungen von Verwaltungsverfahren durch die Einlegung von Rechtsbehelfen. Ihre entsprechende Anwendung außerhalb ihres unmittelbaren Anwendungsbereichs ist ausgeschlossen (→ Rn. 7). Daher bedarf es einer sorgfältigen Abgrenzung des Kreises der S. 1 unterfallenden behördlichen Verfahrenshandlungen. Zerlegt man diesen Begriff in seine Kernelemente, so handelt es sich um Handlungen, die von einer Behörde in einem Verwaltungsverfahren vorgenommen werden. 22

a) **Begriff der Behörde.** Für den Begriff der Behörde kann auf § 1 Abs. 4 VwVfG rekurriert werden, sodass das Handeln jeder Stelle in Betracht kommt, die Aufgaben der öffentlichen Verwaltung wahrnimmt. Erfasst wird jede organisatorisch selbständige Einheit eines Verwaltungsträgers, die nach außen in Erscheinung tritt und Angelegenheiten der Verwaltung im materiellen Sinne wahrnimmt. Hierunter fallen auch Verfassungs- und Gerichtsorgane, soweit sie im Einzelfall Aufgaben der öffentlichen Verwaltung wahrnehmen. Behörde ist ebenso der Beliehene im Unterschied zum bloßen Verwaltungshelfer. Zwar können Behörden i.S.v. § 1 Abs. 4 VwVfG auch privatrechtlich handelnde Stellen ohne Rücksicht darauf sein, ob sie einem öffentlich-rechtlich oder einem privatrechtlich organisierten Verwaltungsträger angehören. Doch fällt deren privatrechtliche Tätigkeit aus dem Anwendungsbereich des § 44 a heraus. 23

b) **Verwaltungsverfahren.** Da § 44 a S. 1 das Verwaltungsverfahren vor der Verzögerung durch die Einlegung von verfahrenshandlungsbezogenen Rechtsbehelfen bewahren will (→ Rn. 3), kommen als der Vorschrift unterfallende Verwaltungsverfahren alle Verfahren in Betracht, gegen deren abschlie- 24

---

43 BVerwG Buchholz 310 § 44 a Nr. 5; OVG Koblenz NVwZ-RR 1998, 445; VGH München NVwZ 1988, 742; BayVBl 1990, 279, 280.

44 OVG Koblenz DVBl 1987, 1027, 1028; NuR 1987, 185; OVG Lüneburg UPR 1994, 349; VGH München BayVBl 1989, 343, 344; VG Berlin NVwZ 1982, 576, 577.

45 BVerwG NJW 1979, 177; NVwZ-RR 1997, 663; 1999, 208, 209; 2000, 760; OVG Bautzen 12.5.2000 – 3 BS 79/00; OVG Brem NVwZ-RR 1990, 41; HmbOVG 22.5.2002 – 2 Bs 71/02; OVG Lüneburg NVwZ-RR 2013, 988; OVG Münster 1.4.2016 – 19 B 1392/15, juris Rn 5; OVG Saarlouis NVwZ-RR 1992, 382, 384; VGH Kassel ZfWG 2014, 239; 241; VGH Mannheim Die Justiz 1980, 365; BWVPr 1986, 163, 164; VGH München BayVBl 1978, 763, 764; 1980, 376; 2010, 115; NVwZ 1988, 742, 743; 1988, 1054; DAR 1992, 34; *P. Beuscher*, Rechtsschutz, 1988, 38; *W. Cloosters*, Rechtsschutz, 1986, 71 f.; *M. Eichberger*, Einschränkung, 1986, 198 f.; *H. Günther*, NVwZ 1986, 697, 702; *J. Held*, Grundrechtsbezug, 1984, 205; *H. Hill*, Verfahren, 1986, 48; *W. Knippel*, Rechtsfolgen, 1987, 187, 197 f.

46 HmbOVG 22.5.2002 – 3 Bs 71/02; VGH München NVwZ-RR 2001, 373, 374; *W.-R. Schenke*, VBlBW 1982, 313, 325.

47 Vgl. für das i.R. eines Unterbringungsverfahrens, das die Behörde aufgrund von Hinweisen Dritter eingeleitet hat und in dem sie bis auf weiteres keine weiteren Schritte mehr zu unternehmen gedenkt, beantragte Akteneinsichtsrecht VGH München NVwZ 1990, 775, 777.

ßende Entscheidung der Verwaltungsrechtsweg eröffnet wäre.[48] Gründe, die zu einer Beschränkung des Verfahrensbegriffs des § 44 a auf den engsten Begriff des § 9 VwVfG zwängen,[49] sind nicht ersichtlich, auch wenn Verwaltungsverfahren i.S.d. § 9 VwVfG den Hauptanwendungsfall bilden werden. Zugrunde zu legen ist vielmehr der Begriff des Verwaltungsverfahrens in materiellem Sinne. Danach sind Verwaltungsverfahren solche Verfahren, die auf die Hervorbringung einer administrativen Entscheidung – eben der Sachentscheidung i.S.v. § 44 a S. 1 – gerichtet sind.[50] Erfasst werden neben öffentlich-rechtlichen Verträgen auch andere administrative Verfahrensziele mit öffentlich-rechtlichem Charakter wie etwa die Setzung von Normen.

25   **aa) Verfahrenshandlung und Sachentscheidung.**   **aaa) Zusammenhang zwischen Verfahren i.S.v. § 44 a S. 1 und Sachentscheidung.** Der Zusammenhang zwischen Verfahren i.S.v. § 44 a S. 1 und Sachentscheidung stellt sich so dar, dass das Vorliegen eines behördlichen Verfahrens nur davon abhängig ist, dass eine Sachentscheidung i.S.v. § 44 a S. 1 getroffen werden soll, nicht aber davon, welche Form diese Sachentscheidung hat. Der Begriff der Sachentscheidung wird von § 44 a ersichtlich nur als Gegenbegriff zum Begriff der behördlichen Verfahrenshandlung, nicht als Selektionskriterium unter verschiedenen Handlungsformen der Verwaltung gebraucht. Als ein solcher Gegenbegriff zur behördlichen Verfahrenshandlung, gegen die § 44 a S. 1 selbständigen Rechtsschutz ausschließt, bezeichnet der Begriff der Sachentscheidung diejenige Zäsur in der Zeit, die das zu dieser Zäsur hinführende behördliche Handeln zu einem (vorläufigen) Abschluss bringt. Notwendig ist allerdings eine Entscheidung über den materiellen Gegenstand des Verfahrens. Eine anderweitige Beendigung des Verfahrens, z.B. durch Erledigung, Antragsrücknahme oder behördliche Entscheidung reicht insoweit nicht aus. Mangels Vorliegens einer Sachentscheidung greift § 44 a S. 1 in diesen Fällen nicht ein, sodass ein isolierter Verfahrensrechtsschutz möglich bleibt.[51]

26   **bbb) Bestehen einer Rechtsschutzmöglichkeit gegen die Sachentscheidung.** Denn nur das Bestehen einer Rechtsschutzmöglichkeit gegen die Sachentscheidung lässt den durch § 44 a S. 1 angeordneten Ausschluss vor Art. 19 Abs. 4 GG bestehen (→ Rn. 16 f.). Die Eröffnung von verwaltungsgerichtlichem Rechtsschutz in einem auch die Kontrolle der Verfahrensrechtmäßigkeit umgreifenden Umfang ist begrifflicher Bestandteil des Vorliegens einer Sachentscheidung i.S.v. § 44 a S. 1:[52] *Gleichzeitig* mit den gegen die Sachentscheidung zulässigen Rechtsbehelfen können Rechtsbehelfe gegen behördliche Verfahrenshandlungen nur dann geltend gemacht werden, wenn gegen die Sachentscheidung überhaupt ein Rechtsbehelf der von § 44 a S. 1 erfassten Art (→ Rn. 19 ff.) zur Verfügung steht. Fehlt dem durch die Verfahrenshandlung Betroffenen schon die abstrakte Möglichkeit, die Sachentscheidung gerichtlich überprüfen zu lassen, so ist § 44 a S. 1 nicht anwendbar.[53] Hingegen kommt es nicht darauf an, ob in concreto ein Rechtsbehelf gerade des von der Verfahrenshandlung Betroffenen zulässig wäre. Die in § 44 a S. 2 Alt. 2 vorgesehene Ausnahme von der Anwendung des § 44 a S. 1, dass Verfahrenshandlungen gegen einen Nichtbeteiligten ergehen, beruht gerade auf dem Umstand, dass dem Nichtbeteiligten gegen die ihn nicht betreffende Sachentscheidung kein zulässiger Rechtsbehelf zu Gebote steht. Würden unzulässige Rechtsbehelfe von vornherein nicht von § 44 a S. 1 erfasst, so wäre diese Ausnahme überflüssig.

27   **bb) Reichweite des Verfahrensbegriffs des § 44 a S. 1.** Ebenso wenig wie der Verfahrensbegriff des § 9 VwVfG maßgeblich für die Bestimmung des Anwendungsbereichs des § 44 a S. 1 ist, so wenig kommt es darauf an, ob die betreffende Verfahrenshandlung in den Anwendungsbereich des VwVfG i.S.v. §§ 1, 2 VwVfG fällt. Maßgebend ist allein, ob das Verfahren ein solches ist, gegen dessen abschließende Sachentscheidung der Verwaltungsrechtsweg eröffnet wäre (→ Rn. 6). Demzufolge wird von § 44 a S. 1 nur die öffentlich-rechtliche Tätigkeit der Verwaltung erfasst.

---

48 *M. Eichberger*, Einschränkung, 1986, 147 ff.; *H. Geiger*, in: Eyermann § 44 a Rn. 4; *H.-J. v. Oertzen*, in: Redeker/v. Oertzen § 44 a Rn. 2; *P. Stelkens*, in: Schoch/Schneider/Bier § 44 a Rn. 6.

49 So BVerwG NJW 1982, 120; *W. Knippel*, Rechtsfolgen, 1987, 186; *G. Schwerdtfeger*, Pluralistische Arzneimittelbeurteilung, 1988, 83.

50 *J. Ziekow/T. Siegel*, ZfBR 2004, 30, 31.

51 *M. Eichberger*, Einschränkung, 1986, 94.

52 Vgl. *H. Hill*, Verfahren, 1986, 47.

53 Vgl. *P. Beuscher*, Rechtsschutz, 1988, 41; *K.-P. Dolde*, NVwZ 1991, 960, 962 Fn. 20; *H. Hill*, Verfahren, 1986, 53.

aaa) Verwaltungsaktsgerichtetete Verwaltungsverfahren. Der Verfahrensbegriff des §44a S. 1 um- 28
schließt jedenfalls alle Verwaltungsverfahren i.S.v. §9 VwVfG, die auf den Erlass eines Verwaltungsakts gerichtet sind. Jedes mit dem Erlass eines Verwaltungsakts abschließende Verfahren unterfällt
§44a S. 1, auch das Planfeststellungsverfahren (BVerwG NVwZ-RR 1997, 663; 1999, 208, 209;
2000, 760). Ob der Erlass des Verwaltungsakts das Verfahren insgesamt oder nur einen Teil desselben
abschließt, ist unerheblich, sodass vorläufige Verwaltungsakte, Vorbescheide oder Teilgenehmigungen
Sachentscheidungen sind und das zu ihnen führende Verfahren von §44a S. 1 erfasst wird.

bbb) Vertragsgerichtete Verwaltungsverfahren. Gegen die Einbeziehung der auf den Abschluss eines 29
öffentlich-rechtlichen Vertrages gerichteten Verfahren kann nicht eingewandt werden, der in §44a
verwendete Begriff der Sachentscheidung erfasse nur einseitige behördliche Entscheidungen.[54] Der Begriff der Sachentscheidung wird von §44a ersichtlich nur als Gegenbegriff zum Begriff der behördlichen Verfahrenshandlung gebraucht, nicht als Selektionskriterium unter verschiedenen Handlungsformen der Verwaltung. Ebenso wenig verfängt der Hinweis auf den Sinn und Zweck der Norm: Da der
Vertragsschluss gegen den Willen des Bürgers nicht erzwungen werden könne, werde der Bürger bei
Vorliegen eines Verfahrensrechtsverstoßes den Vertrag nicht erst abschließen, um ihn anschließend unter Hinweis auf den Verfahrensrechtsverstoß wieder anzugreifen.[55] Dem ist entgegenzuhalten, dass
zahlreiche vertraglich mögliche Lösungen für Behörde und Privaten bei einseitigem Vorgehen der Behörde eben gerade nicht erzielbar wären. Hierfür bedarf es nicht einmal des Hinweises auf die besonderen Möglichkeiten des Vergleichsvertrages nach §55 VwVfG. Selbst bei Uneinigkeit über den Bestand und den Umfang einzelner verfahrensrechtlicher Positionen werden die Parteien deshalb nicht
ohne Weiteres vom Vertragsschluss ablassen. Ganz im Gegenteil gebōte es die durch §59 VwVfG bewirkte erhöhte Fehlerimmunisierung des öffentlich-rechtlichen Vertrages, Verfahrensfragen vor Abschluss des Vertrages zu klären. Dies zu verhindern ist Zweck des §44a S. 1, der deshalb auch für
vertragsgerichtete Verwaltungsverfahren gilt.[56]

ccc) Rechtsetzungsverfahren. Von dem in §44a S. 1 verwendeten Verfahrensbegriff werden auch 30
Vorbereitungshandlungen in administrativen Rechtsetzungsverfahren erfasst, ist doch „Sachentscheidung" i.S.v. §44a S. 1 auch der Erlass einer Rechtsverordnung oder Satzung.[57] Das Wort „Sachentscheidung" gibt aus den oben genannten Gründen (→ Rn. 29) zur Ausgrenzung von Rechtsetzungsverfahren nichts her.[58] Entsprechendes gilt für zum Erlass von Verwaltungsvorschriften führende Verfahren,[59] soweit die Verwaltungsvorschriften Gegenstand der verwaltungsgerichtlichen Kontrolle sein
können.[60]

ddd) Mit einem Realakt endende Verfahren. Mit einem Realakt endende Verfahren sind ebenso we- 31
nig von vornherein dem Anwendungsbereich des §44a S. 1 entzogen.[61] Beispiele sind Verfahren von
Polizei- oder Ordnungsbehörden, die mit der Anwendung von Verwaltungsvollstreckungsmaßnahmen
im Wege der unmittelbaren Ausführung bzw. des Sofortvollzugs ohne den vorhergehenden Erlass eines
vollstreckbaren Verwaltungsakts abgeschlossen werden.[62] Gerade diese besonders zu beschleunigen-
den Verfahren dem Anwendungsbereich des §44a S. 1 zu entziehen, wäre widersinnig. Hiergegen

---

54 So aber *Kopp/Schenke* §44a Rn. 3; *P. Stelkens*, in: Schoch/Schneider/Bier §44a Rn. 10. Ebenso *P. Beuscher*, Rechtsschutz, 1988, 29 f.; *M. Eichberger*, Einschränkung, 1986, 173; *W. Schmidt*, JuS 1982, 745.
55 So *Kopp/Schenke* §44a Rn. 3; *P. Stelkens*, in: Schoch/Schneider/Bier §44a Rn. 10; *M. Eichberger*, Einschränkung,
1986, 173; *N. Kazele*, Interessenkollision, 1990, 332.
56 *U. Di Fabio*, Risikoentscheidungen im Rechtsstaat, 1994, 385; *H. Geiger*, in: Eyermann §44a Rn. 10; *A. v. Mutius*,
FS Menger, 1985, 575, 597.
57 VG Augsburg 18.4.2007 – Au 4 K 06.1426; VG München, 12.5.2006 – M 1 E 06.1506 (für Bebauungspläne); *P. Beuscher*, Rechtsschutz, 1988, 31 f.; *M. Eichberger*, Einschränkung, 1986, 151 f.; *H. Hill*, Verfahren, 1986, 46 f.; *F. Kopp*,
DÖV 1980, 504, 509 f. A.M. *H.-J. v. Oertzen*, in: Redeker/v. Oertzen §44a Rn. 2; *P. Stelkens*, in: Schoch/Schneider/
Bier §44a Rn. 12.
58 A.M. *Kopp/Schenke*, §44a Rn. 3; *P. Stelkens*, in: Schoch/Schneider/Bier §44a Rn. 12.
59 Für analoge Anwendung VG Köln, 28.3.1990 – 9 K 1611/88, ESzA §25 AMG Nr. 4. A.M. *U. di Fabio*, Risikoentscheidungen im Rechtsstaat, 1994, 385 ff.
60 Zur Qualität von Verwaltungsvorschriften als Rechtsvorschriften i.S.v. §47 Abs. 1 Nr. 2 §47 Rn. 124 ff.
61 *H. Günther*, NVwZ 1986, 697, 702. A.M. *M. Eichberger*, Einschränkung, 1986, 173; *J. Siebelt*, NVwZ 1992, 645,
648; *Kopp/Schenke* §44a Rn. 3; *P. Stelkens*, in: Schoch/Schneider/Bier §44a Rn. 11.
62 Insoweit besteht auch keine Fiktion, dass der zu vollstreckende Verwaltungsakt, die Androhung des Zwangsmittels,
die Fristsetzung sowie die Festsetzung und Anwendung des Zwangsmittels in einem Akt zusammenfallen, *W.-R.
Schenke*, Polizei- und Ordnungsrecht, ⁹2016, §24, Rn. 36 m.w.N.

lässt sich auch nicht wortlautbezogen argumentieren, der in § 44 a S. 1 verwendete Begriff der Sachentscheidung verlange eine final auf eine Rechtsfolge gerichtete Willenserklärung.[63] § 44 a S. 1 verwendet den Begriff der Sachentscheidung lediglich als Gegenbegriff zu dem der behördlichen Verfahrenshandlung (→ Rn. 29). Wird ein Verfahren durch einen Realakt abgeschlossen, so ist dieser „Sachentscheidung" i.S.v. § 44 a S. 1. Voraussetzung ist allerdings, dass gegen diesen Realakt Rechtsschutz in Anspruch genommen und in diesem Zusammenhang auch die Rechtmäßigkeit des zum Erlass des Realakts führenden Verfahrens überprüft werden kann.

32   **eee) Vorverfahren.** Auch das Vorverfahren i.S.d. §§ 68 ff. ist Verwaltungsverfahren i.S.v. § 44 a S. 1. Zwar wird das Vorverfahren selbst mit einem Rechtsbehelf gegen eine Sachentscheidung, dem gegen einen Verwaltungsakt gerichteten Widerspruch, eingeleitet, unterfällt jedoch dem engen Verfahrensbegriff des § 9 VwVfG und damit auch § 44 a S. 1.[64]

33   **fff) Weitere Verfahren.** Weitere Verfahren, die unter § 44 a S. 1 fallen, sind u.a. solche, die zum Erlass einer Zusicherung i.S.v. § 38 VwVfG oder einer beamtenrechtlichen Umsetzung[65] führen. Für die Abgrenzung wesentlich ist v.a., ob es sich noch um eine behördliche Verfahrenshandlung oder schon um eine Sachentscheidung handelt (zur Abgrenzung → Rn. 41 f.).

34   **cc) Bestimmung von Beginn und Ende des Verfahrens.** Für die Bestimmung von Beginn und Ende des Verfahrens ist von der Zielrichtung des § 44 a S. 1 auszugehen, den Rechtsschutz gegen behördliche Verfahrenshandlungen mit dem gegen die Sachentscheidung zusammenzufassen.

35   **aaa) Ende des Zeitraums.** Das Ende des Zeitraums, in dem von § 44 a S. 1 erfasste behördliche Verfahrenshandlungen ergehen können, wird durch das Ergehen der Sachentscheidung bezeichnet. Dabei handelt es sich um den Zeitpunkt, ab dem der potenzielle Rechtsbehelfsführer erstmals Rechtsbehelfe gegen die Sachentscheidung erheben könnte. Der genaue Zeitpunkt ist von der Form der Sachentscheidung abhängig. Während für den Realakt auf seine tatsächliche Vornahme und für den öffentlich-rechtlichen Vertrag auf den Zeitpunkt des Vertragsschlusses abzustellen ist, ist für den Verwaltungsakt gem. § 43 Abs. 1 VwVfG der Zeitpunkt der wirksamen Bekanntgabe (nicht der Eintritt der Unanfechtbarkeit) maßgebend. Maßnahmen zur Zustellung des Verwaltungsakts erfolgen deshalb noch während des Verfahrens i.S.v. § 44 a S. 1 (VG Aachen 27.4.2007 – 2 K 1823/05) – weshalb die gerichtliche Verfolgung des Antrags, Zustellungen künftig an einem bestimmten Ort zu bewirken, nach § 44 a S. 1 unzulässig ist (VG Würzburg GewArch 1996, 278 f.) – ebenso die Begründung des Verwaltungsakts.[66] Nach der Bekanntgabe liegende Maßnahmen, etwa die Einsicht in eine Prüfungsakte nach bestandener Prüfung (VG Berlin NVwZ 1982, 576) oder in eine Baugenehmigungsakte durch den Nachbarn nach erteilter Baugenehmigung (OVG Münster NJW 1989, 544) liegen nicht mehr innerhalb des von § 44 a S. 1 erfassten Zeitraums. Für Rechtsnormen ist in aller Regel der Zeitpunkt ihrer Verkündung ausschlaggebend (→ § 47 Rn. 65).

36   **bbb) Verfahrensbeginn.** Ebenso bestimmt sich der Verfahrensbeginn, ab dem § 44 a S. 1 unterfallende Verfahrenshandlungen angenommen werden können, nach den Besonderheiten des jeweiligen Verfahrens. Mit Blick darauf, dass § 44 a S. 1 die isolierte Durchsetzung subjektiver Verfahrensrechte während des Verfahrens ausschließt, wird man allerdings die Entfaltung einer behördlichen Tätigkeit zu fordern haben, die überhaupt geeignet ist, die Rechtssphäre des Bürgers zu berühren. Für verwaltungsakts- oder vertragsbezogene Verfahren ist dies die Eröffnung eines Verwaltungsverfahrens i.S.v. § 9 VwVfG, für Planfeststellungsverfahren der Zeitpunkt der Einreichung des Plans bei der Anhörungsbehörde (§ 73 Abs. 1 VwVfG); das Planaufstellungsverfahren gehört noch nicht zum Verfahren.[67] Das Verfahren zur Aufstellung von Bauleitplänen wird durch den Aufstellungsbeschluss eingeleitet (§ 2 Abs. 1 S. 2 BauGB).

---

63 I.d.S. aber *P. Stelkens*, in: Schoch/Schneider/Bier § 44 a Rn. 11.
64 OVG Münster AgrarR 1986, 183, 184; VG Saarlouis NVwZ 1987, 730; *Kopp/Schenke* § 44 a Rn. 3; *F. Hufen/T. Siegel*, Fehler, ⁵2013, Rn. 998.
65 *H. Günther*, NVwZ 1986, 697, 702 f.
66 Vgl. BVerwG NVwZ 1993, 677, 681 (neue Begründung der Prüfungsentscheidung als unselbständige Verfahrenshandlung i.S.d. § 44 a).
67 Dazu *J.-W. Kirchberg*, in: Ziekow, Handbuch des Fachplanungsrechts, ²2014, S. 14, Rn. 23.

c) Vorliegen einer Verfahrenshandlung. § 44 a S. 1 gilt nur für behördliche Verfahrenshandlungen, 37 d.h. solche Handlungen einer Behörde, die innerhalb eines konkreten laufenden Verfahrens im darge-stellten Sinne (→ Rn. 27 ff.) vorgenommen werden.[68] Neben oder unabhängig von einem solchen kon-kreten Verfahrenskontext vorgenommene behördliche Handlungen werden von § 44 a S. 1 nicht er-fasst. Beispiele für solche verfahrensexternen Behördenhandlungen sind die Ablehnung von Begehren, Akten zu vernichten,[69] Auskunft über den Halter eines Kraftfahrzeugs (BVerwG NJW 1986, 2329, 2331) oder die Person eines behördlichen Informanten (VG Gießen NVwZ 1992, 401) zu geben sowie Akteneinsicht zu gewähren, um die Chancen einer Antragstellung abschätzen zu können (OVG Müns-ter DÖV 1980, 222).

aa) Form der Verfahrenshandlung. Die Form der Verfahrenshandlung ist für die Eröffnung des An- 38 wendungsbereichs des § 44 a S. 1 unerheblich (BVerwG 22.9.2016 – 2 C 16/15, juris Rn. 19; OVG Bautzen NVwZ-RR 1999, 209). Eine Außenwirkung der konkret in Rede stehenden Handlung ist nicht erforderlich. Zwar muss das Verfahren, innerhalb dessen die Handlung vorgenommen wird, grds. geeignet sein, die Rechtssphäre des Bürgers zu berühren. Doch erfasst § 44 a S. 1 innerhalb eines solchermaßen gekennzeichneten Verfahrens alle Verfahrenshandlungen. Für eine begriffliche Ausgren-zung von Verfahrenshandlungen ohne Außenwirkung besteht kein Bedürfnis. Zwar wären isolierte Verfahrensrechtsbehelfe gegen solche nur verwaltungsintern wirkenden Verfahrenshandlungen man-gels der nach § 42 Abs. 2 erforderlichen Klagebefugnis ohnehin unzulässig. Jedoch ist das Vorliegen der Voraussetzungen des § 44 a S. 1 unabhängig von denen des § 42 Abs. 2 zu prüfen (→ Rn. 13). Die Anwendung des § 44 a S. 1 ist daher nicht auf Verfahrenshandlungen in der Form eines Verwaltungs-akts beschränkt.[70] Der sonst mögliche isolierte Rechtsschutz gegen Verfahrenshandlungen, die nicht in der Form eines Verwaltungsakts getroffen worden sind, liefe dem Beschleunigungszweck des § 44 a S. 1 (→ Rn. 3) zuwider.

Umgekehrt schließt es das Vorliegen eines Verwaltungsakts auch nicht aus, ihn als § 44 a S. 1 unterfal- 39 lende Verfahrenshandlung einzuordnen.[71] Die selbständige Anfechtbarkeit ist kein Wesensmerkmal des Verwaltungsakts, dessen begriffliche Voraussetzungen sich allein aus § 35 VwVfG ergeben. Aller-dings gilt für Verfahrens-Verwaltungsakte wegen § 44 a S. 1 die Besonderheit, dass Bundesbehörden nicht gem. § 59 über den Rechtsbehelf, der gegen den Verwaltungsakt gegeben ist, über die Stelle, bei der der Rechtsbehelf einzulegen ist, und über die Frist belehren müssen. Denn ein Rechtsbehelf gerade gegen den Verfahrens-Verwaltungsakt wird durch § 44 a S. 1 ausgeschlossen; eine Belehrung, gegen den Verfahrens-Verwaltungsakt gleichzeitig mit Rechtsbehelfen gegen die Sachentscheidung vorgehen zu können, ist weder in § 59 noch in § 44 a vorgesehen. Entsprechendes gilt für den Lauf von Fristen zur Einlegung eines Rechtsbehelfs gegen einen Verfahrens-Verwaltungsakt nach den §§ 58 Abs. 2, 70 oder 74: Es wäre widersinnig, Rechtsbehelfsfristen laufen zu lassen, wenn § 44 a S. 1 die Einlegung ei-nes solchen Rechtsbehelfs gerade ausschließt.[72] Ebenso wenig führt der Erlass der Sachentscheidung dazu, dass ab diesem Zeitpunkt die Rechtsbehelfsfristen gegen Verfahrens-Verwaltungsakte zu laufen beginnen würden.[73] § 44 a S. 1 führt zu einer bloßen Inzidentkontrolle von Verfahrens-Verwaltungsak-ten i.R. des Angriffs auf die Sachentscheidung (→ Rn. 11).[74] Der Umstand, dass die Unrechtmäßigkeit der Verfahrensgestaltung nicht ausdrücklich gerügt zu werden braucht, macht deutlich, dass ein Rechtsbehelf gegen den Verfahrens-Verwaltungsakt, der selbständig verfristet werden könnte, über-haupt nicht zur Verfügung steht. Verfahrens-Verwaltungsakte können mithin nicht in Bestandskraft erwachsen.[75]

---

68 BVerwG NJW 1979, 177, 1982, 120; DVBl 1984, 53; OVG Münster DÖV 1980, 222; DVBl 1980, 964, 965; VGH München NVwZ 1987, 613, 614; 1988, 742; VG Gießen NVwZ 1992, 401.
69 P. Beuscher, Rechtsschutz, 1988, 34.
70 BVerwG 22.9.2016 – 2 C 16/15, juris Rn. 19; VGH München NVwZ 1998, 1054; P. Stelkens, in: Schoch/Schneider/Bier § 44 a Rn. 15. A.M. C. Brodersen, JuS 1979, 147; W. Schmidt, JuS 1982, 745.
71 BVerwG NVwZ 2009, 1558, 1560; BVerwG 22.9.2016 – 2 C 16/15, juris Rn. 19; OVG Koblenz NuR 1987, 185; ZBR 1990, 224; OVG Lüneburg UPR 1994, 349; VGH Mannheim VBlBW 1982, 265, 266; VGH München NVwZ 1988, 1054; F. Hufen/T, Siegel, Fehler, ⁵2013, Rn. 998.
72 Vgl. M. Eichberger, Einschränkung, 1986, 91; H.-J. v. Oertzen, in: Redeker/v. Oertzen § 44 a Rn. 4.
73 A.M. P. Stelkens, in: Schoch/Schneider/Bier § 44 a Rn. 23; ders., NuR 1982, 10, 13.
74 BVerwG NVwZ 2009, 1558, 1561.
75 M. Eichberger, Einschränkung, 1986, 92.

40   **bb) Auf die Sachentscheidung bezogene Handlungen.** Verfahrenshandlungen i.S.v. § 44 a S. 1 sind nur die auf die Sachentscheidung bezogenen Handlungen der Behörde. Soll § 44 a S. 1 Gewähr für das zügige Erreichen des Verfahrensziels tragen (→ Rn. 3), so erfasst die Vorschrift von vornherein nur solche behördlichen Handlungen, die das zum Erlass der Sachentscheidung führende Verfahren fördern können.[76] Handlungen der Behörde, die bspw. das Verfahren zulasten des Bürgers verzögern sollen, fallen nicht unter § 44 a S. 1. Allerdings kommt es nicht darauf an, auf wessen Veranlassung die fragliche Maßnahme zurückgeht. Dem Wortlaut des § 44 a S. 1, dass isolierte Rechtsbehelfe *gegen* behördliche Verfahrenshandlungen ausgeschlossen werden, kann ebenso wenig wie dem Zweck der Vorschrift entnommen werden, dass sie Verfahrensmaßnahmen nicht erfasst, durch die ein Antrag eines Beteiligten auf Vornahme der Maßnahme zurückgewiesen wird.[77] Zwar ist es zutr., dass die Behörde in aller Regel das Verwaltungsverfahren auch weiterführen könnte, wenn gleichzeitig vor den Verwaltungsgerichten mit dem Beteiligten um die von ihm beantragte Verfahrensmaßnahme gestritten wird, sodass eine nennenswerte Verzögerung des Verwaltungsverfahrens möglicherweise nicht einträte.[78] Doch bezweckt § 44 a S. 1 darüber hinaus eine Konzentration des Rechtsschutzes auf die Auseinandersetzungen um die Entscheidung in der Sache selbst (→ Rn. 4). Diesem Zweck liefe es zuwider, wenn Beteiligte gegen die Ablehnung jedes Antrags auf Vornahme einer Verfahrenshandlung isolierten Rechtsschutz in Anspruch nehmen könnten. Ob die Behörde mit der Ablehnung des Antrags gerade eine Verfahrensverzögerung bewirkt oder nicht, ist insoweit unerheblich (a.M. OVG Koblenz NJW 1997, 2342).

41   Sind Verfahrenshandlungen i.S.v. § 44 a S. 1 auf die Sachentscheidung bezogen, so sind sie doch von dieser zu unterscheiden. Die notwendige Abgrenzung kann nicht anhand des Inhalts der betreffenden behördlichen Maßnahmen vorgenommen werden,[79] sondern muss sich an den Zwecken des § 44 a S. 1 (zu ihnen → Rn. 3 f.) orientieren. Wesentlich für die Verfahrenshandlung ist danach ihr im Verhältnis zur Sachentscheidung vorbereitender Charakter: Die Verfahrenshandlung i.S.v. § 44 a S. 1 trifft nicht – auch nicht teilweise – die verfahrensabschließende Entscheidung in der Sache, sondern stellt ein Element bereit, um die Sachentscheidung treffen zu können (OVG Koblenz NVwZ-RR 1998, 445). Die Verfahrensrechtmäßigkeit der Sachentscheidung konstituiert sich gerade aus der Rechtmäßigkeit sämtlicher behördlicher Verfahrenshandlungen. Nur dann kann die von § 44 a S. 1 bezweckte Konzentrationswirkung eingreifen und eine Inzidentkontrolle der Verfahrensrechtmäßigkeit i.R.d. Angriffs auf die Sachentscheidung herbeiführen. Zentrales Abgrenzungsmerkmal ist der Charakter der von der behördlichen Maßnahme betroffenen subjektiven Rechte: Handelt es sich um einen Eingriff in materielle Rechtspositionen, so liegt eine Sachentscheidung und keine Verfahrenshandlung vor (BVerwG 22.9.2016 – 2 C 16/15, juris Rn. 19).

42   Ein Antrag auf Gewährung von Akteneinsicht kann z.B. sowohl auf eine Verfahrenshandlung als auch auf eine Sachentscheidung gerichtet sein. Im ersten Fall handelt es sich um die (vorbereitende) Akteneinsicht nach § 29 VwVfG i.R. eines auf den Erlass einer anderen Sachentscheidung gerichteten Verwaltungsverfahrens, im zweiten um den Antrag auf isolierte Akteneinsicht außerhalb eines laufenden Verwaltungsverfahrens. Hier beendet die Gewährung der Akteneinsicht das Verfahren. Solche und ähnliche verfahrensabschließenden Entscheidungen sind Sachentscheidungen, keine behördlichen Verfahrenshandlungen (→ Rn. 47 f.).[80] Gleiches gilt für andere Handlungen, die das konkrete Verwaltungsverfahren nicht bloß fördern, sondern es – und sei es auch nur partiell – abschließen. Als Faustregel wird man auf die in § 146 Abs. 2 getroffene Differenzierung zurückgreifen können,[81] der für den Verwaltungsprozess einen ähnlichen Zweck erfüllt wie § 44 a für das Verwaltungsverfahren: § 146 Abs. 2 dient durch den Ausschluss der Beschwerde gegen die dort genannten Entscheidungen des Gerichts der Vermeidung von Verfahrensverzögerungen durch Konzentration auf den Rechtsbehelf gegen

---

76   BVerwG NVwZ 2009, 1558, 1560; BVerwG 20.10.2016 – 2 A 2/14, juris Rn. 14; OVG Bautzen NVwZ-RR 1999, 209; OVG Münster DVBl 2000, 572, 573.

77   Ebenso, jedoch zumeist ohne nähere Begründung, BVerwG NJW 1979, 177; 1982, 120; OVG Münster DÖV 1980, 222; DVBl 1980, 964, 965; VGH Mannheim Die Justiz 1980, 365; VGH München BayVBl 1978, 763; 1980, 376; VG Köln NJW 1978, 1397; InfAuslR 1981, 111; VG Oldenburg DÖV 1993, 439; *P. Beuscher*, Rechtsschutz, 1988, 36 ff.; *M. Eichberger*, Einschränkung, 1986, 144. A.M. *J. H. Burmeister/G. Winter*, in: Öffentlichkeit von Umweltinformationen, 1990, 87, 120 f.; *W. Schmidt*, JuS 1982, 745, 747.

78   So *J. H. Burmeister/G. Winter*, in: Öffentlichkeit von Umweltinformationen, 1990, 87, 121.

79   Vgl. auch *M. Eichberger*, Einschränkung, 1986, 138 f.

80   OVG Lüneburg UPR 1994, 349; *P. Beuscher*, Rechtsschutz, 1988, 34.

81   *Kopp/Schenke* § 44 a Rn. 5.

die Schlussentscheidung (→ § 146 Rn. 20). Hierunter fallen insbes. solche Handlungen, die allein den Fortgang und Ablauf des Verfahrens betreffen (→ § 146 Rn. 21).

d) Einzelfälle. Der Kreis möglicher Einzelfälle, in denen eine behördliche Verfahrenshandlung i.S.v. 43 § 44 a S. 1 vorliegt, kann hier nicht abschließend beschrieben werden. Für die Bewertung im Einzelfall ist zusätzlich noch in Betracht zu ziehen, ob ein die Anwendung des S. 1 trotz Vorliegens einer behördlichen Verfahrenshandlung ausschließender Ausnahmefall nach § 44 a S. 2 (→ Rn. 60 ff.) gegeben ist.

aa) Den äußeren Ablauf des Verfahrens betreffende behördliche Maßnahmen. Die den äußeren Ab- 44 lauf des Verfahrens betreffenden behördlichen Maßnahmen sind regelmäßig behördliche Verfahrenshandlungen. Dies gilt bspw. für die Einleitung eines Verwaltungsverfahrens nach § 22 VwVfG[82] (so dass eine Klage auf Anberaumung eines Termins zur Stellung eines verfahrenseinleitenden Antrags ebenso unzulässig ist, VG Aachen 14.3.2016 – 4 L 40/16.A, juris Rn. 9) oder eines anderen von § 44 a S. 1 erfassten Verfahrens, z.B. eines Raumordnungsverfahrens (VGH München DÖV 1986, 209, 210) oder eines Verfahrens zur Ausschreibung einer Professorenstelle (OVG Bautzen NVwZ-RR 1999, 209), nicht aber für die behördliche Weigerung, nach § 22 S. 2 Nr. 1 VwVfG tätig zu werden oder einen Antrag auf Einleitung eines Verfahrens, z.B. einen Asylantrag (a.M. VGH München BayVBl 1980, 376; DVBl 1980, 196) oder einen Antrag auf Anerkennung als Kriegsdienstverweigerer (a.M. VG Kassel NVwZ 1985, 217) entgegenzunehmen. Hier steht das Nichtergehen einer behördlichen Sachentscheidung fest, sodass § 44 a S. 1 einem auf Einleitung des Verwaltungsverfahrens gerichteten Rechtsbehelf nicht entgegensteht.[83] Gleiches gilt für die Einstellung des Verfahrens, die anzugreifen nicht durch § 44 a S. 1 ausgeschlossen wird (OVG Bautzen NVwZ-RR 1999, 209). Behördliche Verfahrenshandlung ist jedoch die Entscheidung über die Fortführung des Verfahrens gem. § 3 Abs. 3 VwVfG nach Änderung der örtlichen Zuständigkeit (BVerwGE 71, 63, 72), die Bestimmung der zuständigen Behörde nach § 3 Abs. 2 VwVfG oder anderen Vorschriften, die Entscheidung darüber, welches konkurrierende Anträge betreffende Verfahren zurückgestellt werden soll (VG Augsburg 3.3.2008 – Au 7 K 06.111) oder die Anordnung der einzelnen Verfahrensschritte des Planfeststellungsverfahrens,[84] bspw. des Inhalts des Protokolls eines Erörterungstermins (VG Aachen 20.4.2007 – 6 K 172/07) oder der Ablehnung der Durchführung eines Planfeststellungsverfahrens zur Vorbereitung der Erteilung einer Befreiung, die insoweit die verfahrensabschließende Entscheidung darstellt (OVG Bautzen 19.1.2016 – 4 C 17/14, juris Rn. 24). Die Entscheidung, eine Umweltverträglichkeitsprüfung durchzuführen oder nicht durchzuführen, ist ebenso eine Verfahrenshandlung i.S.v. § 44 a S. 1[85] wie die Festlegung der zur Durchführung der UVP erforderlichen Schritte, z.B. die Festlegung des Untersuchungsrahmens nach § 15 UVPG. Daran hat auch § 4 UmwRG nichts geändert, nach dem u.a. das Unterlassen einer erforderlichen UVP ein zur Aufhebung der Zulassungsentscheidung führender Verfahrensfehler ist. Denn nach § 1 Abs. 1 S. 3 Nr. 1 UmRG bleibt § 44 a unberührt.

Behördliche Verfahrenshandlung ist ebenso die Festsetzung oder Verlängerung von Verfahrensfristen, 44a die Festlegung oder Aufhebung von Terminen sowie die Wiedereinsetzung in den vorigen Stand bei Fristversäumnis nach den §§ 32 VwVfG, 70 Abs. 2 i.V.m. 60 Abs. 1–4.[86] Die Wiedereinsetzung ist keine selbständig anfechtbare Sachentscheidung, sondern lediglich Element der Verfahrensrichtigkeit der eigentlichen Sachentscheidung (→ Rn. 41). Unabhängig davon, ob die Behörde über den Wiedereinsetzungsantrag gesondert oder zusammen mit der Sachentscheidung befindet, wird die Entscheidung über die Wiedereinsetzung nur i.R. einer Kontrolle der Sachentscheidung überprüft.

---

82 *P. Beuscher*, Rechtsschutz, 1988, 32; *H.-J. v. Oertzen*, in: Redeker/v. Oertzen § 44 a Rn. 3. Für ein kulturgutschutzrechtliches Eintragungsverfahren auch VGH München NVwZ 1988, 742, 743.

83 *P. Beuscher*, Rechtsschutz, 1988, 34; *W. Schmidt*, JuS 1982, 745, 746. A.M. VGH München DVBl 1980, 196; NVwZ-RR 2001, 373 (für ein immissionsschutzrechtliches Genehmigungsverfahren); VG Kassel NVwZ 1985, 217; *Kopp/Schenke* § 44 a Rn. 5.

84 BVerwG NVwZ-RR 1997, 663; OVG Bautzen 19.1.2016 – 4 C 17/14, juris Rn. 26; *P. Schütz*, in: Ziekow, Handbuch des Fachplanungsrechts, ²2014, S. 234, Rn. 7.

85 *M. Beckmann*, DVBl 1991, 358, 362; *W. Erbguth/A. Schink*, Gesetz über die Umweltverträglichkeitsprüfung, ²1996, Einl. Rn. 115; *Kopp/Schenke* § 44 a Rn. 5.

86 Für *Verfahrenshandlung* etwa VGH Mannheim (9. Senat) DÖV 1981, 228, 229; *P. Beuscher*, Rechtsschutz, 1988, 32; *K. Ritgen*, in: Knack/Henneke § 32 Rn. 72; *M. Eichberger*, Einschränkung, 1986, 180 ff.; *Becker*, in: Obermayer § 32 Rn. 45; *Kopp/Ramsauer* § 32 Rn. 63; *D. Kallerhoff*, in: Stelkens/Bonk/Sachs § 32 Rn. 45. *Dagegen* bzw. für selbständigen Rechtsschutz etwa VGH Mannheim (5. Senat) DVBl 1982, 206, 207; *A. Ganter*, VBlBW 1984, 402, 404 f.

45   Noch zum Verfahren i.S.v. § 44 a S. 1 gehören Maßnahmen, die zur Herbeiführung der Wirksamkeit der Sachentscheidung erforderlich sind, z.B. die Zustellung von Verwaltungsakten oder die Verkündung von Rechtsvorschriften (→ Rn. 35). Gleiches gilt für die Begründung[87] und die schriftliche Bestätigung eines mündlich ergangenen Verwaltungsakts[88] sowie die Anordnung der Vollstreckung wegen Geldforderungen nach § 3 VwVG. Hingegen sind die Schritte des Verfahrens zur Vollstreckung von Handlungen, Duldungen und Unterlassungen, also auch die Androhung, Sachentscheidungen, keine behördlichen Verfahrenshandlungen. Entsprechend zu bewerten ist die Entscheidung über das Wiederaufgreifen des Verfahrens, sei es nach § 51 VwVfG, sei es nach §§ 48, 49 VwVfG (VG Hamburg 12.10.2016 – 9 K 908/16, juris Rn. 15). Die Entscheidung, ein bestandskräftig abgeschlossenes Verwaltungsverfahren wiederaufzugreifen oder nicht wiederaufzugreifen, ist eine den über das „Ob" des Wiederaufgreifens entscheidenden Verfahrensabschnitt abschließende Sachentscheidung, keine behördliche Verfahrenshandlung. Nicht anders einzuordnen ist die auf die Voraussetzungen des § 51 Abs. 1–3 VwVfG rekurrierende Entscheidung über die Durchführung eines weiteren Asylverfahrens bei Vorliegen eines Folgeantrags nach § 71 Abs. 1 AsylVfG (VG Freiburg NVwZ 1995, 197). Ebenso wenig behördliche Verfahrenshandlung, sondern Teil der Sachentscheidung sind Nebenbestimmungen wie die mit einer Sachentscheidung verbundene Auflage (für die Auflage OVG Koblenz NJW 1990, 1194, 1195).

46   **bb) Informationsbezogene Maßnahmen.** Informationsbezogene Maßnahmen, die behördliche Verfahrenshandlungen i.S.v. § 44 a S. 1 darstellen, sind u.a. Entscheidungen über die Durchführung oder Ablehnung einer Anhörung nach § 28 VwVfG,[89] § 25 AsylVfG (VGH Kassel 26.3.1991 – 12 TG 2541/90 [noch zu § 12 AsylVfG a.F.]) oder anderen Vorschriften,[90] über die Einvernahme von Zeugen (VGH München 4.4.2005 – 3 CE 05.467), über die Erteilung einer Beratung oder Auskunft nach § 25 VwVfG[91] oder einer Information nach anderen Vorschriften (z.B. § 15 Abs. 1 S. 3 UVPG, § 2 Abs. 2 S. 1, § 2 a Abs. 1 S. 5 9. BImSchV), über die Gewährung von Akteneinsicht im anhängigen Verwaltungsverfahren nach § 29 Abs. 1 VwVfG, § 72 Abs. 1 VwVfG, § 10 a 9. BImSchV oder anderen verfahrensrechtlichen Vorschriften,[92] die Beiziehung von Akten (VG Oldenburg DÖV 1993, 439, 440), die Übersendung von Behördenakten an einen Beteiligten oder seinen Verfahrensbevollmächtigten (BVerwG NJW 1982, 120; OVG Magdeburg 30.7.2007 – 2 M 189/07) oder an eine andere Behörde oder Stelle (BVerwG Buchholz 310 § 44 a Nr. 3; VG Oldenburg DÖV 1993, 439 f.) oder an einen zusätzlichen Gutachter, der von dem Beteiligten benannt wird (VGH München DAR 1992, 34), sowie über die Erlaubnis zur Fertigung von Ablichtungen von Akten (OVG Koblenz DÖD 2000, 140; VGH München NVwZ 1987, 613, 614) und über die Teilnahme und das Stellen von Fragen im förmlichen Verwaltungsverfahren nach § 66 Abs. 2 VwVfG.[93]

47   Allerdings gilt dies nur, soweit es sich dabei um verfahrensabhängige Informationsbegehren handelt. Die Entscheidungen über Informationsrechte, die selbständig außerhalb eines Verfahrens geltend gemacht werden und nicht der Vorbereitung einer anderen Sachentscheidung dienen, sind eigenständige Sachentscheidungen (VGH Mannheim NVwZ 2016, 472, 473). Vorgelagerte Informationsbegehren, die vor Beginn des Verfahrens erhoben werden, wie z.B. ein Begehren auf Auskunft über noch verfügbare Termine zur Anmietung einer Stadthalle (a.M. VGH München NJW 1989, 2491) oder auf Akteneinsicht zur Eruierung der Chancen eines Genehmigungsantrags,[94] sind ebenso wenig behördliche Verfahrenshandlungen i.S.v. § 44 a S. 1 wie lediglich gelegentlich eines anhängigen Verwaltungsverfahrens formulierte Informationswünsche, wie z.B. auf Bekanntgabe eines Informanten durch die Führerscheinstelle gegenüber dem aufgrund der Information von einem Verfahren zur Entziehung der Fahrerlaubnis Betroffenen (VG Gießen NVwZ 1992, 401) oder auf Auskunft über den Halter eines Kraft-

---

87   VGH Kassel UPR 2006, 201. Vgl. BVerwG NVwZ 1993, 677, 681 (neue Begründung der Prüfungsentscheidung als unselbständige Verfahrenshandlung i.S.d. § 44 a). A.M. *P. Beuscher*, Rechtsschutz, 1988, 35.

88   A.M. OVG Brem 13.11.1986 – 2 BA 2/86, LS 2, das § 44 a S. 1 hier jedenfalls analog heranziehen will.

89   OVG Münster 17.2.1986 – 11 A 663/85; *W. Knippel*, Rechtsfolgen, 1987, 185 ff.

90   Für die Ablehnung der Beteiligung einer Behörde am planfeststellungsrechtlichen Anhörungsverfahren BVerwG NVwZ-RR 1999, 208, 209.

91   *Hönig*, in: Obermayer § 25 Rn. 83.

92   BVerwG NJW 1979, 177; BVerwGE 145, 102, 105; BVerwG 22.9.2016 – 2 C 16/15, juris Rn. 20 f.; VGH München BayVBl 1978, 763, 764; NVwZ 1987, 613, 614; 1990, 775; OVG Münster ZBR 2015, 428, 429.

93   *Kopp/Ramsauer* VwVfG § 66 Rn. 10.

94   *P. Beuscher*, Rechtsschutz, 1988, 34.

fahrzeugs (BVerwG NJW 1986, 2329 und 2331). Gleiches gilt für Informationsbegehren nach Erlass der Sachentscheidung (BVerwG DVBl 1984, 53), bspw. auf Akteneinsicht zur Vorbereitung einer Konkurrentenklage, nach erfolgter Prüfungsentscheidung[95] oder nach Ende des Unterbringungsverfahrens (VGH Mannheim VersR 1985, 373, 374).

Sind schon Entscheidungen über verfahrensvor- oder -nachgelagerte Informationsbegehren keine behördlichen Verfahrenshandlungen i.S.v. §44a S. 1, so trifft dies umso mehr auch auf ohne Bezug zu einem Verfahren gestellte Informationsbegehren zu. Bsp. ist der Umweltinformationsanspruch nach § 4 UIG. § 5 Abs. 2 S. 1 UIG schreibt ausdrücklich vor, dass bei fehlendem Anspruch ein gesonderter Ablehnungsbescheid zu erteilen ist. Dies weist darauf hin, dass die Entscheidung über den Umweltinformationsanspruch auch dann Sachentscheidung ist, wenn der Anspruch gelegentlich eines laufenden Verwaltungsverfahrens geltend gemacht wird.[96] I.E. ebenso zu bewerten sind andere verfahrensunabhängig geltend gemachte Informationsansprüche, bspw. nach den Informationsfreiheitsgesetzen der Länder,[97] auf Gewährung von Akteneinsicht zwecks zivil- oder strafrechtlicher Verfolgung einer Ehrverletzung (OVG Münster DÖV 1980, 222), von Einsicht in die Untersuchungsakten des Luftfahrt-Bundesamtes über den Ablauf eines Flugzeugabsturzes durch Absturzgeschädigte (vgl. VG Braunschweig NJW 1987, 459), auf Einsicht in das Wasserbuch (§ 37 WHG) nach den einschlägigen landesrechtlichen Vorschriften oder auf Einsicht des Beamten in seine Personalakte und andere Akten (§ 110 BBG). 48

Kein selbständiges Informationsrecht, das durch eine Sachentscheidung und nicht durch eine behördliche Verfahrenshandlung i.S.v. §44a S. 1 beschieden wird, ist das Einsichts- und Stellungnahmerecht anerkannter Naturschutzverbände nach § 63 Abs. 1 BNatSchG und den einschlägigen landesrechtlichen Vorschriften. Die Vorschrift setzt voraus, dass die Verfahren zum Erlass der dort genannten Sachentscheidungen bereits begonnen haben. Es handelt sich also um ein verfahrensabhängiges Einsichts- und Stellungnahmerecht, das §44a S. 1 unterfällt.[98] Nach der Neuregelung des Rechts der naturschutzrechtlichen Vereinsklage stehen dem anerkannten Verein heute nach § 64 BNatschG Rechtsbehelfe gegen die Sachentscheidung zur Verfügung, sodass die Ausschlusswirkung des §44a S. 1 eingreift.[99] 49

cc) **Personelle Seite des Verfahrens.** Die personelle Seite des Verfahrens betreffende behördliche Verfahrenshandlungen sind etwa behördliche Entscheidungen zum Ausschluss eines Amtsträgers wegen Befangenheit (zur Befangenheit im Prüfungsrecht → Rn. 74),[100] wobei für die Ablehnung von Mitgliedern von Ausschüssen nach § 71 Abs. 3 VwVfG nichts anderes gilt,[101] über die Hinzuziehung zum Verfahren nach § 13 Abs. 2 VwVfG (OVG Koblenz NVwZ 1988, 76) oder eines Einwenders zum immissionsschutzrechtlichen Genehmigungsverfahren (OVG Koblenz DVBl 1987, 1027), die Bestimmung des das Verfahren führenden Amtsträgers,[102] die Zurückweisung eines Bevollmächtigten im Verhältnis zum vertretenen Beteiligten (SG Kiel NVwZ-RR 1992, 672)[103] – nicht aber im Verhältnis zum Zurückgewiesenen (→ Rn. 66) –, die Aufforderung nach § 17 Abs. 4 oder § 18 Abs. 1 VwVfG, einen gemeinsamen Vertreter zu bestellen,[104] – nicht aber die Bestellung eines solchen Vertreters von Amts wegen,[105] für deren Anfechtung es jedoch sowohl Vertreter als auch Vertretenem wegen der Möglichkeit, sich der Vertretung zu entziehen, am Rechtsschutzbedürfnis fehlt[106] –, nicht das Verlangen nach 50

---

95 VG Berlin NVwZ 1982, 576, 577; i. E. auch *J. Steike*, NVwZ 2001, 868, 872; *W. Zimmerling/R. Brehm*, NVwZ 2004, 651, 656.
96 *R. Röger*, NuR 1994, 125, 126.
97 *W. Zimmerling/R. Brehm*, NVwZ 2004, 651, 656.
98 Zu § 29 Abs. 1 BNatSchG a.F. *J. Ziekow/T. Siegel*, Anerkannte Naturschutzverbände als „Anwälte der Natur", 2000, 106 f. Insoweit hat sich die Rechtslage nicht geändert, *Kopp/Schenke* § 44 a Rn. 9.
99 *Kopp/Schenke* § 44 a Rn. 9.
100 BVerwG Buchholz 11 Art. 33 Abs. 2 GG Nr. 33; OVG Münster AgrarR 1986, 183, 184; DVBl 2000, 572 573; OVG Schleswig NVwZ-RR 1993, 395, 396; VGH München 6.12.1989 – 8 B 87.3176; VG Hannover NVwZ 1986, 960.
101 *Kopp/Ramsauer* § 71 Rn. 23; *R. Seegmüller*, in: Obermayer § 71 Rn. 57; A.M. *N. Kazele*, Interessenkollision, 1990, 333.
102 *P. Beuscher*, Rechtsschutz, 1988, 32; *Kopp/Schenke* § 44 a Rn. 5.
103 *Hönig*, in: Obermayer § 14 Rn. 93.
104 *Ziekow* § 18 Rn. 5.
105 A.M. *W. C. Schmel*, Massenverfahren, 1982, 89.
106 *Ziekow* § 17 Rn. 9, § 18 Rn. 6.

§ 15 VwVfG, einen Empfangsbevollmächtigten zu bestellen, das § 44 a S. 2 unterfällt,[107] oder die einem Rechtsanwalt als Verfahrensbevollmächtigtem auferlegte Pflicht, sich einer Leibeskontrolle zu unterziehen (OVG Koblenz NVwZ 1989, 1178, 1179).

51 **dd) Die Sachentscheidung inhaltlich vorbereitende Maßnahmen.** Die Sachentscheidung inhaltlich vorbereitende Maßnahmen sind ebenfalls behördliche Verfahrenshandlungen i.S.v. § 44 a S. 1. Hierunter fallen bspw. die Aufforderung zur Vervollständigung der Antragsunterlagen in einem Genehmigungsverfahren (OVG Lüneburg NVwZ-RR 2013, 988), Entscheidungen nach § 26 VwVfG über die einzusetzenden Beweismittel, die Anordnung einer amtsärztlichen Untersuchung,[108] einer medizinisch-psychologischen Begutachtung der Kraftfahrtauglichkeit[109] oder der Beibringung eines fachärztlichen Gutachtens im Fahrerlaubnisentziehungsverfahren[110] sowie die Entscheidung über den Umfang der i.R. einer solchen Begutachtung zur Verfügung zu stellenden Unterlagen (VGH Mannheim Die Justiz 1980, 365 f.), die Ablehnung des Antrags auf Anordnung einer amtsärztlichen Untersuchung (VG Lüneburg 2.7.2003 – 6 B 120/03), die Anordnung einer polizeiärztlichen Untersuchung zur Feststellung des Vorliegens einer Kriegstraumatisierung (VG Berlin NVwZ 2001, 232), die Aufforderung, ein ärztliches oder psychologisches Zeugnis über die waffen- und sprengstoffrechtliche Eignung vorzulegen (VGH Kassel 22.11.2016 – 4 B 2306/16, juris Rn. 12; VG Freiburg NVwZ-RR 2012, 308, 309), die Anforderung eines Gutachtens zum Nachweis der Zuverlässigkeit als Luftfahrzeugführer (OVG Lüneburg 15.8.2013 – 7 LA 88/11, juris Rn. 7), Entscheidungen über die Hinzuziehung von Sachverständigen nach § 20 S. 1 AtomG (VGH Kassel NVwZ 1992, 391; VG Oldenburg DÖV 1993, 439, 440), die Person des Sachverständigen oder die Art des zu erstattenden Sachverständigengutachtens,[111] die Einholung einer gutachtlichen Stellungnahme der Ausbildungsstätte nach § 48 Abs. 3 BAföG, rechts- und fachaufsichtliche Genehmigungen, die zum Erlass der Sachentscheidung erforderlich sind,[112] oder die Meldung von FFH-Gebieten an das zuständige Bundesministerium (VG Frankfurt/M. NVwZ 2001, 1188, 1190).

52 **aaa) Behördliche Mitwirkungshandlungen zum Erlass der Sachentscheidung.** Entsprechendes gilt für andere behördliche Mitwirkungshandlungen zum Erlass der Sachentscheidung durch eine andere Behörde als die verfahrensführende (BVerwG DÖV 1994, 652, 653; VGH München 27.9.2005 – 3 CE 05.2031). Sie sind nicht selbst ein Verfahren abschließende Sachentscheidungen, sondern aus verschiedenen Gründen und in verschiedenen Formen angeordnete Verfahreneinbeziehungen von Behörden als Elemente der eigentlichen Sachentscheidung.[113] Ihre Rechtmäßigkeit ist Voraussetzung für die Rechtmäßigkeit der Sachentscheidung. Ob die verfahrensinternen Mitwirkungshandlungen die Qualität eines Verwaltungsakts haben, ist demgegenüber unerheblich (→ Rn. 38 f.). Typisches Bsp. ist die Erteilung oder Versagung des gemeindlichen Einvernehmens nach § 36 BauGB, das nach § 44 a S. 1 nicht Gegenstand von Rechtsbehelfen sein kann.[114] I.E. dasselbe gilt für das Einvernehmen der Ausländerbehörde, die die Maßnahme angeordnet hat, für Änderungen der Maßnahme durch eine andere Ausländerbehörde nach § 72 Abs. 3 S. 1 AufenthG (OVG Bautzen 12.5.2000 – 3 BS 79/00).

53 **bbb) Teilregelungen innerhalb gestufter Verfahren.** Teilregelungen innerhalb gestufter Verfahren sind von den lediglich verfahrensintern wirkenden Mitwirkungshandlungen zu unterscheiden. Dies gilt zunächst für solche behördlichen Entscheidungen, die zur Reduktion von Komplexität Teile der Sachentscheidung abschichten, sei es in horizontaler Hinsicht, sei es in vertikaler Hinsicht. Dabei sind die einzelnen Entscheidungen der selbstständigen Bestandskraft fähig und unterliegen für sich genommen der

---

107   *Kopp/Ramsauer* § 15 Rn. 2 a.
108   BVerwG NVwZ-RR 1993, 252; OVG Koblenz AS 30, 255, 257; OVG Lüneburg 23.4.2015 – 8 PA 75/15, juris Rn. 4 f.; VGH München 28.11.2005 – 9 ZB 05.37.
109   OVG Magdeburg 14.9.2007 – 1 O 190/07; OVG Schleswig 11.4.2014 – 2 MB 11/14, juris Rn. 2; VG Cottbus 7.8.2015 – 1 L 261/15, juris Rn. 6.
110   HmbOVG 22.5.2002 – 3 Bs 71/02; VG München 12.2.2001 – M 6 b S 01.213.
111   VGH Mannheim Die Justiz 1980, 365; VGH München NVwZ 1988, 1054; 1989, 1179, 1180.
112   *F. Kopp*, DÖV 1980, 504, 509.
113   Dazu *T. Siegel*, Die Verfahrensbeteiligung von Behörden und anderen Trägern öffentlicher Belange, 2001; *J. Ziekow/T. Siegel*, Gesetzliche Regelungen der Verfahrenskooperation von Behörden und anderen Trägern öffentlicher Belange, 2001.
114   Vgl. VGH München 30.4.2009 – 7 CE 09.661; Gleiches gilt für die Ersetzung des gemeindlichen Einvernehmens, *M. Möstl*, BayVBl 2003, 225 ff.

Anfechtung (BVerwG NVwZ 2009, 1558, 1561). Die in verschiedenen Fachrechten vorgesehenen Vorbescheide sind daher ebenso wenig behördliche Verfahrenshandlungen i.S.v. § 44 a S. 1, sondern Sachentscheidungen, die selbständig Gegenstand von Rechtsbehelfen sein können, wie Teilgenehmigungen.[115] Entsprechendes gilt für den sog. vorläufigen Verwaltungsakt, durch den eine Behörde eine Regelung trifft, die unter dem Vorbehalt des Erlasses einer neuen, „überholenden" Regelung nach abschließender Sachverhaltsermittlung steht.[116]

ccc) Vorentscheidungen i.R. der vorhabenbezogenen Fachplanung. Anders zu beurteilen sind hingegen die verschiedenen Vorentscheidungen i.R. der vorhabenbezogenen Fachplanung. Die zur Planrechtfertigung getroffene Bedarfsfestlegung ist selbst dann keine Sachentscheidung, wenn sie in gesetzlicher Form getroffen worden ist.[117] Sie determiniert die Abwägungsentscheidung als Sachentscheidung nicht materiell, sondern kann in der Abwägung überwunden werden.[118] I.E. ebenso zu bewerten ist die Linienbestimmung, die weder eine formale noch eine materielle Rechtmäßigkeitsvoraussetzung der Planfeststellung ist.[119] Hier kommt es weder auf den in die Zwischenentscheidung investierten noch den zu ihrer Rückabwicklung erforderlichen Verwaltungsaufwand an, selbst wenn dieser zu einer faktischen Bindungswirkung der Zwischen- für die Endentscheidung führen könnte.[120] Ein selbständiger Rechtsschutz gegen die Linienbestimmung ist nach § 44 a S. 1 nicht möglich (BVerwGE 48, 56; 62, 342, 343 f.). 54

Sachentscheidung ist hingegen die Flugplatzgenehmigung nach § 6 LuftVG, die abschließende Entscheidung über die luftverkehrsrechtliche Zulassung eines Vorhabens ist. Sie unterfällt nicht § 44 a S. 1 und kann selbständig angegriffen und erstritten werden.[121] I.E. nichts anderes gilt für den Bezeichnungsbeschluss nach § 1 Abs. 3 LBG.[122] 55

ee) Amtshilfe. Ersuchen um Amtshilfe nach § 4 Abs. 1 VwVfG oder entsprechenden Vorschriften sind ebenso als Verfahrenshandlungen einzuordnen wie Maßnahmen der ersuchten Behörde i.R. der Amtshilfe.[123] Bei Leistungen i.R. der Amtshilfe handelt es sich um Handlungen im Innenverhältnis zwischen den Behörden. Auch § 7 Abs. 2 VwVfG regelt in Anknüpfung an § 7 Abs. 1 VwVfG nur die Verantwortungsbereiche der Behörden untereinander. Angegriffen werden kann durch den Bürger lediglich die Maßnahme der ersuchenden Behörde, die diese gegenüber dem Bürger vornimmt (VGH München NVwZ 1987, 613, 614). Eine Ausnahme gilt nur dann, wenn die ersuchte Behörde aufgrund des Ersuchens unmittelbar gegenüber dem Bürger tätig wird. Eine solche Maßnahme fällt ebenso unter § 44 a S. 2 wie die Vornahme selbständig vollstreckbarer Verfahrenshandlungen durch die ersuchende Behörde unter Nutzung der Amtshilfeleistung; im letzteren Fall kann gegen die vollstreckbare Handlung der ersuchenden Behörde vorgegangen werden.[124] 56

ff) Verfahrenshandlungen im Beamtenrecht. Behördliche Verfahrenshandlungen im Beamtenrecht sind sind nicht die dem konkreten Stellenbesetzungsverfahren vorausgehenden Handlungen wie die Aufgabenbeschreibung und die Dienstpostenbewertung (BVerwG 20.10.2016 – 2 A 2/14, juris Rn. 14), ebenso die Ausschreibung einer Stelle (VGH Mannheim VBlBW 2014, 379. A. M. OVG Bautzen NVwZ-RR 1999, 209, 210), wohl aber Handlungen in Verfahren zur Besetzung einer Beamtenstelle, also Stellenausschreibung, Bewerberermittlungs- und Bewerberauswahlverfahren, soweit es 57

---

115 Vgl. nur *Hans D. Jarass*, Bundes-Immissionsschutzgesetz, [11]2015, § 8 Rn. 34 f., § 9 Rn. 21 f.

116 Zur Einordnung als Sachentscheidung ausf. *K. Kemper*, Der vorläufige Verwaltungsakt, 1990, 219 ff.; vgl. auch *P. Tiedemann*, DÖV 1981, 786, 791.

117 Zur Planrechtfertigung *G. Manssen*, in: Ziekow, Flughafenplanung, Planfeststellungsverfahren, Anforderungen an die Planungsentscheidung, 2002, 307 ff.; *J. Ziekow*, in: ders., Handbuch des Fachplanungsrechts, [2]2014, S. 171 ff, Rn. 1 ff.

118 *J. Ziekow*, in: ders., Handbuch des Fachplanungsrechts, [2]2014, S. 173, Rn. 6.

119 *J. Ziekow*, in: ders., Handbuch des Fachplanungsrechts, [2]2014, S. 158, Rn. 11 m.w.N.

120 Vgl. aber *S. Salis*, Verwaltungsverfahren, 1991, 251, 283.

121 *P. Wysk*, in: Ziekow, Handbuch des Fachplanungsrechts, [2]2014, S. 522, Rn. 209.

122 I.E. ebenso *M. Eichberger*, Einschränkung, 1986, 188 Fn. 80.

123 So auch überwiegende Ansicht, vgl. BVerwG Buchholz 310 § 44 a Nr. 3; VGH Mannheim Die Justiz 1982, 102; VGH München NVwZ 1987, 613, 614; 1988, 742; BayVBl 1990, 279, 280; *H. J. Bonk/H. Schmitz*, in: Stelkens/Bonk/Sachs § 7 Rn. 9; *K.-G. Meyer-Teschendorf*, ZBR 1979, 261, 269. A.M. soweit ersichtlich nur *M. Eichberger*, Einschränkung, 1986, 169.

124 *Ziekow* § 7 Rn. 5 f.

sich nicht um ein gestuftes Verfahren handelt,[125] der Abbruch des Berufungsverfahrens für eine Hochschullehrstelle (OVG Brem NVwZ-RR 2011, 767), die Mitteilung nach § 44 Abs. 1 BBG (oder den entsprechenden landesrechtlichen Vorschriften) an den Beamten, dass seine Versetzung in den Ruhestand wegen Dienstunfähigkeit beabsichtigt sei (BVerwG Buchholz 237.7 § 47 Nr. 3), die Anordnung einer ärztlichen Untersuchung zur Feststellung der Dienstfähigkeit[126] oder der erneuten Berufung bei Wiederherstellung der Dienstfähigkeit[127] sowie die Aufforderung an einen in den einstweiligen Ruhestand versetzten Beamten (BVerwG NVwZ 1985, 416, 417) oder einen wegen Dienstunfähigkeit in den Ruhestand versetzten, jedoch wieder dienstfähig gewordenen Soldaten (VGH Mannheim BWVPr 1986, 163, 164), unter erneuter Berufung die Ernennungsurkunde entgegenzunehmen und den Dienst wieder aufzunehmen.

58   **gg) Schul- und prüfungsrechtliche Verfahrenshandlungen.** Schul- und prüfungsrechtliche Verfahrenshandlungen sind z.B. die Festsetzung einer schulischen Einzelnote,[128] die Ladung zur Prüfung,[129] die an den Prüfungskandidaten gerichtete Aufforderung zur Vorlage eines amts- oder vertrauensärztlichen Attestes, um eine krankheitsbedingte Prüfungsunfähigkeit nachzuweisen (BVerwG NVwZ-RR 1993, 252), die Erstellung eines amtsärztlichen Gutachtens zur Vorlage bei der Prüfungsbehörde,[130] die Feststellung des Bestehens eines sonderpädagogischen Förderungsbedarfs (OVG Münster NWVBl 2007, 62), die Zurückweisung der Rüge der Befangenheit eines Prüfers (aber → Rn. 74), das Verbot, bei einer Aufsichtsarbeit bestimmte Hilfsmittel zu benutzen (VGH Mannheim NVwZ 1983, 565, 567), eine Ablehnung der Verlängerung der Bearbeitungszeit wegen einer Schreibbehinderung (VGH Mannheim Die Justiz 1984, 316) oder die Annullierung einer Aufsichtsarbeit wegen Täuschungsversuchs unter Anordnung einer erneuten Anfertigung (a.M. VG Köln NJW 1988, 2634, 2635. Aber → Rn. 74).

59   **3. Folgen der Anwendung des § 44 a S. 1.** Wie bereits erwähnt (→ Rn. 11) bedeutet die Anordnung des § 44 a S. 1, dass Rechtsbehelfe gegen behördliche Verfahrenshandlungen nur *gleichzeitig* mit den gegen die Sachentscheidung zulässigen Rechtsbehelfen geltend gemacht werden können, nicht, dass zeitlich parallele Rechtsbehelfe zum einen gegen die Verfahrenshandlung und zum anderen gegen die Sachentscheidung einzulegen sind.[131] § 44 a S. 1 führt vielmehr dazu, dass der Rechtsbehelf allein gegen die Sachentscheidung zu richten ist und Verfahrensfehler in dem dadurch abgesteckten Rahmen lediglich inzident kontrolliert werden.[132] Ein isolierter Rechtsschutz gegen behördliche Verfahrenshandlungen ist daher nicht nur während des laufenden Verfahrens, sondern auch dann noch ausgeschlossen, wenn die Sachentscheidung bereits ergangen ist.[133] Ein gleichwohl mit Blick auf eine Verfahrenshandlung isoliert erhobener Rechtsbehelf ist unzulässig (OVG Lüneburg NVwZ-RR 2013, 988).

IV. Ausnahmetatbestände

60   Nach § 44 a S. 2 gilt der durch S. 1 statuierte Ausschluss von Rechtsbehelfen gegen behördliche Verfahrenshandlungen nicht, wenn behördliche Verfahrenshandlungen vollstreckt werden können oder gegen einen Nichtbeteiligten ergehen. Doch sind diese beiden Fälle nur als Beispiel zu verstehen. Sowohl die verfahrensrechtliche Dimension der Grundrechte als auch Art. 19 Abs. 4 GG drängen auf eine verfassungskonforme Erweiterung des § 44 a S. 2, die Rechtsschutz gegen Verfahrenshandlungen für alle die Fälle zulässt, in denen die Verfahrenshandlung zu i.R. des Angriffs auf die Sachentscheidung nicht mehr restituierbaren Rechtseinbußen führt (→ Rn. 16 f.).

---

125   OVG Saarlouis NVwZ-RR 2013, 975, 976; VGH München, 30.4.2009 – 7 CE 09.661; 4.12.2012 – 7 ZB 12.1816.
126   OVG Lüneburg NVwZ 1990, 1194; VGH Kassel NVwZ-RR 1995, 47, 48. A.M. OVG Koblenz DÖD 2015, 191, 192.
127   VGH Kassel NVwZ-RR 1995, 47, 48; offen gelassen von VGH München NVwZ-RR 2000, 35.
128   A.M. *M. Eichberger*, Einschränkung, 1986, 170.
129   VGH München BayVBl 1989, 343, 344; VGH Mannheim 10.2.1981 – 9 S 92/81.
130   VGH Mannheim Die Justiz 1982, 102; VGH München 26.1.2004 – 7 B 03.1827.
131   So aber *P. Beuscher*, Rechtsschutz, 1988, 47.
132   OVG Münster DVBl 2000, 572, 573; VGH Mannheim Die Justiz 1984, 316; *W.-R. Schenke*, DÖV 1986, 305, 313 Fn. 53; *F. J. Schumacher*, DÖV 1982, 806, 807
133   OVG Münster DVBl 2000, 572, 573; VGH München NVwZ 1987, 613, 614; 26.7.2007 – 7 C 07.1764.

Ziekow

1. Verfahrenshandlungen, die vollstreckt werden können. Verfahrenshandlungen, die vollstreckt wer- 61
den können, sind dem Anwendungsbereich des § 44 a S. 1 entzogen, weil durch die Vollstreckung „bis
zur Sachentscheidung bereits ein irreparabler Zustand geschaffen werden" könnte (BT-Drs. 7/910,
97). Weshalb § 44 a S. 2 mit dem Begriff der Vollstreckbarkeit an die Begrifflichkeit der Verwaltungsvollstreckungsgesetze des Bundes und der Länder anknüpfen sollte,[134] sodass vollstreckbar nur Verfahrenshandlungen in der Form eines Verwaltungsaktes sein könnten, ist nicht ersichtlich. Vollstreckbar ist eine Verfahrenshandlung vielmehr schon dann, wenn auf die Befolgung mittels Disziplinarrechts hingewirkt werden kann, ist es doch dem Betroffenen nicht zumutbar, sich der Gefahr disziplinarrechtlicher Sanktionen auszusetzen.[135] Können behördliche Verfahrenshandlungen i.S.d. § 44 a S. 1
auch solche Maßnahmen sein, die nicht in der Form eines Verwaltungsakts ergehen (→ Rn. 38), so
kann es für die Anwendung des § 44 a S. 2 Alt. 1 nur darauf ankommen, ob durch eine zwangsweise
Durchsetzung einer Maßnahme ein irreparabler Zustand entstehen kann (VGH München NVwZ-RR
2010, 677, 679). Der Wortlaut des § 44 a S. 2, nach dem ausschlaggebend ist, dass Verfahrenshandlungen vollstreckt werden *können*, weist darauf hin, dass ausschlaggebend nicht das Vorliegen der
rechtlichen Voraussetzungen für eine zwangsweise Durchsetzung im Einzelfall ist. Ausreichend ist vielmehr, dass eine solche zwangsweise Durchsetzung generell vorgesehen ist und die Behörde vom Vorliegen der Voraussetzungen ausgeht.[136] Ist eine ursprünglich bestehende Vollstreckbarkeit vor der gerichtlichen Entscheidung entfallen, so greift § 44 a S. 2 nicht ein (BVerwGE 115, 373, 379 f.). Etwas
anderes gilt nur dann, wenn die Maßnahme trotz ihrer Erledigung wegen Wiederholungsgefahr oder
einer von ihr ausgehenden nachwirkenden Diskriminierung bzw. erheblichen Beeinträchtigung fortwirkenden Klärungsbedarf auslöste (BVerwGE 115, 373, 380).

Beispiele vollstreckbarer Verfahrenshandlungen i.S.v. § 44 a S. 2 Alt. 1 sind eine bei einem Beteiligten 62
zu Beweiszwecken durchgeführte Beschlagnahme,[137] die Anordnung, einem von der Behörde zugezogenen Sachverständigen das Betreten eines Grundstücks zu ermöglichen (VGH Kassel NVwZ 1992,
391) oder die Aufforderung an einen Beamten, sich einer ärztlichen Untersuchung zu unterziehen
(OVG Bautzen SächsVBl 2010, 271).

2. Verfahrenshandlungen gegen Nichtbeteiligte. Ausweislich des § 44 a S. 2 Alt. 2 sind auch Verfah- 63
renshandlungen gegen Nichtbeteiligte von der Anwendung des § 44 a S. 1 ausgenommen. Da „Nichtbeteiligte durch die Entscheidung in der Sache regelmäßig nicht betroffen werden und ihnen somit gegen diese Entscheidung ein Rechtsbehelf nicht zusteht" (BT-Drs. 7/910, 97), würde ihr Anspruch auf
effektiven Rechtsschutz aus Art. 19 Abs. 4 GG verkürzt, wenn § 44 a S. 1 ihnen die Möglichkeit der
Einlegung eines (isolierten) Rechtsbehelfs gegen die Verfahrenshandlung nehmen würde.[138] *Gegen*
einen Nichtbeteiligten ergeht eine Verfahrenshandlung daher schon dann, wenn sie die Rechtssphäre
des Nichtbeteiligten berührt; eine Finalität des Handelns der Behörde ist nicht erforderlich.[139]

a) Beteiligte i.S.d. § 13 Abs. 1 VwVfG. Beteiligte i.S.d. § 13 Abs. 1 VwVfG sind von vornherein keine 64
Nichtbeteiligten i.S.v. § 44 a S. 2 Alt. 2. Hierfür mag es dahinstehen, ob sich der Beteiligtenbegriff des
§ 44 a S. 2 tatsächlich an den des § 13 Abs. 1 VwVfG anlehnt.[140] Ausschlaggebend ist vielmehr der
dem § 13 VwVfG zugrunde liegende Gedanke, eine formelle (Beteiligungs-)Position einzuräumen, um
materielle Rechte durchsetzen zu können.[141] Wegen dieser potenziellen Rechtsbetroffenheit steht dem
Beteiligten i.S.d. § 13 VwVfG typischerweise ein Rechtsbehelf gegen die Sachentscheidung zu Gebote,
sodass § 44 a S. 1 eingreift. „Beteiligter" ist daher derjenige, dem wegen seiner Sachbetroffenheit ein
Angriff auf die Sachentscheidung zu Gebote steht (OVG Bautzen 19.1.2016 – 4 C 17/14, juris
Rn. 31). Ob für den Rechtsbehelf im Einzelfall dann tatsächlich die Sachentscheidungsvoraussetzun-

---

134 So aber *W. Cloosters*, Rechtsschutz, 1986, 74; *M. Eichberger*, Einschränkung, 1986, 202 f.
135 Vgl. OVG Bautzen SächsVBl 2010, 271; OVG Münster NVwZ-RR 2013, 198, 199; OVG Saarlouis NVwZ-RR
      2013, 477, 478; VGH München 1.9.2015 – 3 CE 15.1274, juris Rn. 28; 23.2.2015 – 3 CE 15.172, juris Rn. 14.
136 *P. Stelkens*, in: Schoch/Schneider/Bier § 44 a Rn. 26.
137 *Kopp/Schenke* § 44 a Rn. 8.
138 *P. Beuscher*, Rechtsschutz, 1988, 49; *H. Hill*, Verfahren, 1986, 48.
139 VG Berlin DVBl 1983, 283; *M. Eichberger*, Einschränkung, 1986, 204.
140 So *W. Cloosters*, Rechtsschutz, 1986, 42; *M. Deppen*, Beteiligungsrechte, 1982, 239; *M. Eichberger*, Einschränkung,
      1986, 204; *H. D. Jarass*, Umweltverträglichkeitsprüfung bei Industrievorhaben, 1987, 102; *H.-J. v. Oertzen*, in: Re-
      deker/v. Oertzen § 44 a Rn. 5.
141 *Ziekow* 13 Rn. 2.

gen vorliegen, ist für die Anwendung des § 44 a S. 1 ohne Bedeutung (→ Rn. 26). Weder Antragsteller und Antragsgegner (§ 13 Abs. 1 Nr. 1 VwVfG) noch diejenigen, an die die Behörde den Verwaltungsakt richten will oder gerichtet hat (§ 13 Abs. 1 Nr. 2 VwVfG) oder mit denen sie einen öffentlich-rechtlichen Vertrag schließen will oder geschlossen hat (§ 13 Abs. 1 Nr. 3 VwVfG) noch die nach § 13 Abs. 2 VwVfG von der Behörde zu dem Verfahren Hinzugezogenen (§ 13 Abs. 1 Nr. 4 VwVfG) sind daher Nichtbeteiligte i.S.v. § 44 a S. 2 Alt. 2. Anderes gilt für die nach § 13 Abs. 3 VwVfG lediglich Anzuhörenden, bei denen es gerade an einer Berührung ihrer Rechtssphäre durch die Sachentscheidung fehlt.[142]

65   Zu beachten ist, dass derjenige, der nach § 13 Abs. 2 VwVfG fakultativ als Beteiligter hinzugezogen werden kann oder obligatorisch hinzugezogen werden muss, zum Beteiligten konstitutiv erst durch die Hinzuziehungsanordnung wird. Lehnt die Behörde die Hinzuziehung ab, so ist der Betreffende weiter Nichtbeteiligter i.S.d. § 44 a S. 2 und kann gegen die Ablehnung isoliert gerichtlich vorgehen.[143] Ebenso kann der Hinzugezogene gegen die Hinzuziehung isoliert Rechtsbehelfe einlegen und ihre Aufhebung verlangen, wenn er der Auffassung ist, dass die Voraussetzungen der Hinzuziehung nicht oder nicht mehr vorliegen (BVerwG NVwZ 2000, 1179, 1180; VGH Kassel NVwZ 2000, 828). Die übrigen Beteiligten können gegen die Hinzuziehung nur mit Rechtsbehelfen gegen die Sachentscheidung vorgehen (§ 44 a S. 1).[144] Die bloße Möglichkeit, nach § 13 Abs. 2 S. 1 VwVfG die Hinzuziehung zu beantragen, reicht zur Begründung der Beteiligteneigenschaft nicht aus (a.M. VGH München NVwZ-RR 2001, 373, 374).

66   § 44 a S. 2 Alt. 2 unterfallende Nichtbeteiligte sind u.a. Zeugen und Sachverständige, Bevollmächtigte und Beistände i.S.v. § 14 VwVfG, nach § 16 VwVfG bestellte Vertreter und ohne Beteiligtenstellung im Verfahren Anzuhörende (§ 13 Abs. 3 VwVfG). Die Zurückweisung eines Bevollmächtigten oder Beistandes kann daher vom Zurückgewiesenen gesondert angefochten werden.[145]

67   **b) Beteiligung nach anderen Vorschriften.** Auch eine Beteiligung nach anderen Vorschriften als nach § 13 Abs. 1 VwVfG schließt die Anwendung des § 44 a S. 2 Alt. 2 aus. Maßgebend für die Bewertung muss der Zweck des § 44 a sein, eine isolierte Geltendmachung von Rechtsbehelfen gegen Verfahrenshandlungen dann (aber auch nur dann) auszuschließen, wenn der Betreffende i.R. eines Rechtsbehelfs gegen die Sachentscheidung den Verfahrensfehler rügen kann (→ Rn. 3 ff.; VGH München NVwZ-RR 2001, 373; 30.4.2009 – 7 CE 09.661). Von diesem Ausgangspunkt aus kann Nichtbeteiligter i.S.v. § 44 a S. 2 Alt. 2 nur derjenige sein, dessen materielle Rechte nicht potenziell durch die Sachentscheidung berührt werden können, sodass ihm – jedenfalls im Allgemeinen – ein Rechtsbehelf gegen die Sachentscheidung zur Verfügung stünde.

68   Hinsichtlich der Beteiligtenstellung von Einwendern im Planfeststellungsverfahren und anderen Verfahren mit Öffentlichkeitsbeteiligung ist zwischen den sog. Betroffenen-Einwendern und den sog. Jedermann-Einwendern zu unterscheiden. Der Betroffenen-Einwender kann regelmäßig eine Betroffenheit in seinen Rechten durch die Sachentscheidung geltend machen, sodass ihm gegen die Sachentscheidung Rechtsbehelfe zu Gebote stehen. Er ist deshalb nicht Nichtbeteiligter i.S.v. § 44 a S. 2 Alt. 2, sondern unterfällt § 44 a S. 1.[146] Anderes gilt für den Jedermann-Einwender: Mangels Betroffenheit in eigenen Rechten stehen ihm Rechtsbehelfe gegen die Verfahrensentscheidung nicht zur Verfügung. Er ist Nichtbeteiligter i.S.v. § 44 a S. 2 Alt. 2 und kann gegen die Verfahrenshandlungen isoliert vorgehen.[147] Beteiligter ist hingegen derjenige, der unter Berufung auf eine drittschützende Norm die Sachentscheidung zulässigerweise wird anfechten können (OVG Bautzen 19.1.2016 – 4 C 17/14, juris Rn. 31; VGH München NVwZ-RR 2001, 373).

69   **c) Selbständige Verfahrensrechte.** Diejenigen, die selbständige Verfahrensrechte geltend machen können, sind nicht von vornherein als Nichtbeteiligte i.S.v. § 44 a S. 2 anzusehen. Selbständige Verfahrensrechte sind solche subjektivrechtlichen Positionen im Verfahren, die ihrem Inhaber ohne Rücksicht auf

---

142   *Ziekow* § 13 Rn. 19.
143   VG Berlin DVBl 1984, 1186, 1187; *Kopp/Ramsauer* VwVfG § 13 Rn. 38. A.M. *H. J. Bonk/H. Schmitz*, in: Stelkens/Bonk/Sachs § 13 Rn. 39.
144   *Ziekow* § 13 Rn. 13.
145   *Ziekow* § 14 Rn. 13.
146   BVerwG NVwZ-RR 1997, 663, 664; 1999, 208, 209; OVG Koblenz NVwZ 1988, 76; VGH München NVwZ 1988, 1054.
147   *Kopp/Schenke* § 44 a Rn. 11. A.M. VGH München NVwZ 1988, 1054; *H. Geiger*, in: Eyermann § 44 a Rn. 14.

eine Rechtsbetroffenheit durch die verfahrensabschließende Sachentscheidung zustehen. Hinsichtlich der Anwendbarkeit des §44a S.2 Alt.2 ist zwischen absoluten und sonstigen selbständigen Verfahrensrechten zu unterscheiden.

Für die Annahme eines *absoluten Verfahrensrechts* muss sich aus dem „Regelungsgehalt (der Verfah- 70 rensvorschrift) ergeben, dass die Regelung des Verwaltungsverfahrens mit einer eigenen Schutzfunktion zugunsten einzelner ausgestattet ist, und zwar in der Weise, dass der Begünstigte unter Berufung allein auf einen ihn betreffenden Verfahrensmangel, d.h. ohne Rücksicht auf das Entscheidungsergebnis in der Sache, die Aufhebung einer... behördlichen Entscheidung soll durchsetzen können".[148] In diesen Fällen steht dem Inhaber des absoluten Verfahrensrechts mithin ein Rechtsbehelf gegen die Sachentscheidung zur Verfügung, sodass §44a S.2 nicht anwendbar ist. Es bleibt beim Ausschluss isolierter Rechtsbehelfe gegen behördliche Verfahrenshandlungen durch §44a S.1.

Beispiele solcher absoluter Verfahrensrechte sind die Beteiligung einer Gemeinde im luftverkehrsrecht- 71 lichen Genehmigungsverfahren (BVerwGE 81, 95, 106; BVerwG NJW 1992, 256, 257), das Einvernehmen der Gemeinde nach §36 BauGB (BVerwG NVwZ-RR 1989, 6) und die Stellungnahme Drittbetroffener hinsichtlich des atomrechtlichen Genehmigungserfordernisses als solchem (BVerwGE 85, 54, 55f.). Strukturell sind diese absoluten Verfahrensrechte den Verfahrensrechten der Beteiligten i.S.d. §13 VwVfG vergleichbar: Hinter den absoluten Verfahrensrechten stehen jeweils materielle Rechtspositionen, die mit anderen materiellen Normprägungen, insbes. denen der Beteiligten i.S.v. §13 VwVfG, zu einem mehrpoligen Gesamtrechtsverhältnis zusammengefasst werden.[149] Auch insoweit ist die Einordnung der Inhaber absoluter Verfahrensrechte als „Beteiligte" daher zutr. Weder nach §29 BNatSchG a.F. noch nach §63 Abs.1 BNatSchG n.F. oder den einschlägigen landesrechtlichen Vorschriften sind die Einsichts- und Stellungnahmerechte anerkannter Naturschutzvereine absolute Verfahrensrechte.[150]

Andere selbständige Verfahrensrechte liegen vor, wenn gesetzliche Regelungen ein subjektives Recht 72 auf Mitwirkung in einem Verfahren einräumen, ohne dass damit die Stellung als Beteiligter verbunden wäre. Hier besteht keine Möglichkeit des Rechtsinhabers, einen Rechtsbehelf gegen die Sachentscheidung einzulegen, sodass er Nichtbeteiligter i.S.v. §44a S.2 Alt.2 ist. Wichtigstes Bsp. war das Partizipationsrecht anerkannter Naturschutzverbände nach §29 Abs.1 BNatSchG a.F.[151]

3. Verfassungsrechtlich gebotene weitere Ausnahmen von §44a S.1. Wie ausgeführt, gestattet 73 Art.19 Abs.4 GG den Ausschluss einer selbständigen Durchsetzung einer durch eine behördliche Verfahrenshandlung betroffenen Rechtsposition nur dann, wenn der Betreffende effektiven verwaltungsgerichtlichen Rechtsschutz gegen den verfahrensabschließenden Akt in Anspruch nehmen kann. Umgekehrt muss verfahrenshandlungsbezogener Rechtsschutz immer dann möglich sein, wenn die Verfahrenshandlung zu Rechtsverletzungen führt, die i.R. des Angriffs auf die Sachentscheidung nicht mehr restituiert werden können (→ Rn.16f.). Die beiden in §44a S.2 genannten Fallgruppen sind insoweit nur Beispiele für die durch Art.19 Abs.4 GG gebotenen Ausnahmen von der Anwendung des §44a S.1. In verfassungskonformer Auslegung des S.2 ist eine weitere Ausnahme für diejenigen Fälle zu machen, in denen durch eine behördliche Verfahrenshandlung selbständig ein materielles Recht des Verfahrensbeteiligten betroffen wird und sich daraus evtl. ergebende Verletzungsfolgen durch Rechtsbehelfe gegen die Sachentscheidung nicht mehr beseitigt werden können.[152]

Beispiele für derartige irreversible Verletzungen materieller Rechtspositionen durch Verfahrensmaß- 74 nahmen sind die Ladung zu einer Prüfung, wenn das Nichterscheinen zum festgesetzten Termin die

---

148 BVerwGE 22, 342, 347; 41, 58, 64f.; 56, 110, 137; 81, 95, 106; BVerwG NJW 1981, 239, 240; NVwZ-RR 1989, 6; NVwZ 1990, 967; DVBl 1998, 334, 336.
149 Im Einzelnen *J. Ziekow/T. Siegel*, Anerkannte Naturschutzverbände als „Anwälte der Natur", 2000, 115f.
150 Zu §29 Abs.1 BNatSchG a.F. *J. Ziekow/T. Siegel*, Anerkannte Naturschutzverbände als „Anwälte der Natur", 2000, 114ff.
151 Eingehend *J. Ziekow/T. Siegel*, Anerkannte Naturschutzverbände als „Anwälte der Natur", 2000, 95ff. m.w.N.
152 BVerwG NVwZ-RR 2000, 760; OVG Bautzen NVwZ-RR 1999, 209, 210; OVG Koblenz NuR 1987, 185; ZBR 1990, 224f.; OVG Münster NVwZ-RR 2011, 65; VG Hannover NVwZ 1986, 960; VG Köln NJW 1978, 1397; VG Saarlouis NVwZ 1987, 730, 731; *U. Di Fabio*, Risikoentscheidungen im Rechtsstaat, 1994, 386; *R. Keller*, NStZ 1982, 17, 21. I.E. ebenso – allerdings auf der Grundlage einer einschränkenden Auslegung des §44a S.1 – BVerwG NJW 2012, 792, 793; OVG Münster ZMR 1989, 394, 396; *W. Schmidt*, JuS 1982, 745, 747; *A. v. Mutius*, FS Menger, 1985, 575, 597.

Konsequenz zeigt, dass die Prüfung als nicht bestanden gilt,[153] die Ablehnung der Rüge der Befangenheit eines Prüfers,[154] weil eine auf die Befangenheit gestützte Anfechtung der Prüfungsentscheidung nicht zu einer Korrektur der Prüfungsentscheidung, sondern nur zu einem neuen Prüfungsverfahren führen kann, die Annullierung einer Aufsichtsarbeit wegen Täuschungsversuchs unter Anordnung einer erneuten Anfertigung (VG Köln NJW 1988, 2634, 2635), die Aufforderung zur Bestellung eines Empfangsbevollmächtigten nach § 15 VwVfG wegen der damit für den Beteiligten ggf. verbundenen eigenständigen Belastungen,[155] die Abgabe eines Berufungsvorschlags durch die Hochschule, wenn zu befürchten ist, dass die die Berufung durchführende Stelle sich für an den Vorschlag gebunden hält, sodass Rechtsschutz gegen die Ernennung zu spät käme (VGH München NVwZ-RR 1999, 641, 642), unmittelbar zu einer Rechtsbeeinträchtigung beim Bürger führende Amtshilfemaßnahmen der ersuchten Behörde,[156] z.B. durch eine Weitergabe personenbezogener Daten an die ersuchende Behörde (BezG Schwerin DtZ 1992, 398, 399), die Durchführung von Wohnungsdurchsuchungen,[157] Verletzungen des allgemeinen Persönlichkeitsrechts durch die Auswertung privater Unterlagen oder die Anordnung einer selbständig belastenden ärztlichen Untersuchung,[158] bspw. einer medizinisch-psychologischen Untersuchung zur Vorbereitung der Entziehung der Fahrerlaubnis, wenn das Gutachten zu dem Schluss kommt, dass die Voraussetzungen für belastende Maßnahmen nicht vorliegen (VG Hamburg NJW 2002, 2730, 2731), oder Beeinträchtigungen des Rechts auf informationelle Selbstbestimmung[159] oder eines rechtlich gewährten Geheimnisschutzes bzw. eines Betriebs- oder Geschäftsgeheimnisses.[160]

§ 45 [Sachliche Zuständigkeit]

Das Verwaltungsgericht entscheidet im ersten Rechtszug über alle Streitigkeiten, für die der Verwaltungsrechtsweg offensteht.

Schrifttum

1. Monographien und Beiträge in Sammelwerken: *K. A. Bettermann,* Die Unabhängigkeit der Gerichte und der gesetzliche Richter, in: Die Grundrechte, Bd. III/2, 1959, 523; *N. Doerner,* Die Prüfung von Rechtsweg- und Zuständigkeitsvoraussetzungen, 1968; *U. Reichl,* Probleme des gesetzlichen Richters in der Verwaltungsgerichtsbarkeit, 1994.

2. Beiträge in Zeitschriften: *Hamann,* Kann die Zuständigkeit des Verwaltungsgerichts durch Parteivereinbarung begründet werden?, DVBl 1951, 156; *K. Peters,* Vereinbarungen über die Zuständigkeit im verwaltungsgerichtlichen Verfahren?, DÖV 1967, 407.

I. Entstehung

1   Ihre Entstehung verdankt die unterdessen zur Selbstverständlichkeit gewordene Norm dem Umstand, dass nach den früheren Verwaltungsgerichtsgesetzen für Bayern, Bremen, Rheinland-Pfalz und Württemberg-Baden das OVG zuständig war für Anfechtungsklagen gegen von obersten Landesbehörden erlassene Verwaltungsakte. Um die damit eingetretene Belastung der OVG mit einer Vielzahl von Verfahren zu beseitigen, enthielt bereits der erste Regierungsentwurf einer VwGO (BT-Drs. 2/462 Anl. 1) in seinem § 44 den heutigen Wortlaut. Seit Inkrafttreten der VwGO ist die Vorschrift nicht geändert worden.

---

153   *Kopp/Schenke* § 44 a Rn. 9; *W. Zimmerling/R. Brehm,* NVwZ 2004, 651, 656. A.M. VGH München BayVBl 1989, 343.

154   *Kopp/Schenke* § 44 a Rn. 9; *M. Pagenkopf,* NJW 1979, 2382, 2383; ebenso *P. Beuscher,* Rechtsschutz, 1988, 51; *W. Zimmerling/R. Brehm,* NVwZ 2004, 651, 655 f.

155   *Kopp/Ramsauer* § 15 Rn. 2 a.

156   VGH München NVwZ 1987, 613, 614; *Ziekow* § 7 Rn. 6.

157   *P. Stelkens,* in: Schoch/Schneider/Bier § 44 a Rn. 29.

158   OVG Koblenz ZBR 1990, 224, 225; DÖD 2015, 191, 192; VGH Kassel NVwZ-RR 1995, 47, 48; VGH Mannheim DVBl 1988, 358; VGH München 1.9.2015 – 3 CE 15.1274, juris Rn. 28; 23.2.2015 – 3 CE 15.172, juris Rn. 14.

159   BVerwG NVwZ-RR 2000, 760; OVG Greifswald NJ 1995, 499, 500; *P. Schoenemann,* DVBl 1988, 520, 524.

160   *Kopp/Schenke* § 44 a Rn. 10; *A. Roßnagel,* JuS 1994, 927, 931; *P. Kunkel,* VBlBW 1992, 47, 49 f.

II. Die Zuständigkeitsordnung

Regelungsgegenstand des $\S\,45$ ist die sachliche Zuständigkeit des VG. Die Zuständigkeitsordnung be- 2
antwortet die Frage, welches von mehreren Gerichten desselben Rechtsweges zur Entscheidung einer
konkreten Streitigkeit berufen ist. Die Feststellung der Zuständigkeit eines Gerichts ist mithin von der
der Zulässigkeit des Rechtswegs zu unterscheiden, welche für die Verwaltungsgerichtsbarkeit in $\S\,40$
geregelt ist. Dabei geht die Untersuchung der Zulässigkeit des Rechtswegs der Bestimmung des zuständigen Gerichts logisch voraus.[1] Hiergegen kann nicht eingewandt werden, dass bei dieser Prüfungsreihenfolge ein unzuständiges Gericht ein abweisendes Prozessurteil erlassen könnte. Denn bereits der zweite Hs. des $\S\,45$ verdeutlicht, dass eine Prüfung der Zuständigkeit nur für Streitigkeiten in
Betracht kommt, für die der Verwaltungsrechtsweg offen steht. Darüber hinaus kann eine Zuständigkeit definitionsgemäß nur festgestellt werden, wenn konkretisiert wurde, welchem Rechtsweg die potenziell konkurrierenden mehreren Gerichte zugehören. Kein Regelungsgegenstand der Zuständigkeitsordnung ist die Abgrenzung der Befugnisse der Binnengliederungen der Gerichte, also der Kammern und Senate, untereinander. Sie wird durch die Geschäftsverteilungspläne vorgenommen ($\rightarrow \S\,4$
Rn. 45 ff.).

In Abhängigkeit von dem Anknüpfungspunkt, der die Auswahl des zuständigen Gerichts unter den 3
mehreren Gerichten eines Rechtswegs bestimmt, lassen sich die *sachliche*, die *funktionelle und* die *örtliche Zuständigkeit* trennen. Die die sachliche Zuständigkeit regelnden Vorschriften beantworten die
Frage, welches Gericht zur erstinstanzlichen Entscheidung einer ihrem sachlichen Gehalt nach bestimmten Streitigkeit berufen ist. Die Notwendigkeit einer Regelung der sachlichen Zuständigkeit besteht also nur dann, wenn der betreffende Rechtsweg mehrinstanzlich ausgestaltet ist.

Der Begriff der funktionellen Zuständigkeit ist umstritten: Überwiegend wird sie verstanden als Erfas- 4
sung der Art der Tätigkeit des Gerichts in seiner Funktion als erstinstanzliches oder Rechtsmittelgericht (sog. instanzielle Zuständigkeit), als Vollstreckungsgericht oder als Gericht der Hauptsache oder
im Verfahren des vorläufigen Rechtsschutzes.[2] Andere kennen die funktionelle Zuständigkeit nicht als
eigenständige Kategorie[3] oder reduzieren sie auf die instanzielle Zuständigkeit.[4] Eine über den bloßen
Erkenntniswert hinausgehende Bedeutung besitzt die dem Zivilprozessrecht entlehnte Figur der funktionellen Zuständigkeit im Verwaltungsprozess nur in ihrer Deutung als instanzielle Zuständigkeit.
Die daneben als weitere Beispiele für die funktionelle Zuständigkeit erwähnten Zuweisungen an das
Gericht der Hauptsache ($\S\S\,80$ Abs. 5 S. 1, 123 Abs. 2), an das über die versäumte Rechtshandlung
befindende Gericht ($\S\,60$ Abs. 4) oder an das Gericht des ersten Rechtszuges ($\S\,167$ Abs. 1 S. 2) sind
als *akzessorische Zuständigkeiten* zu bezeichnende Befugnisse, deren Inhalte von der sachlichen und
der funktionellen – i.S.v. instanziellen – Zuständigkeit bestimmt werden. Die dem weiter gehenden
Verständnis der funktionellen Zuständigkeit im Zivilprozessrecht zukommende Aufgabe, die unzulässigen Vereinbarungen über die funktionelle Zuständigkeit von den eingeschränkt zulässigen Vereinbarungen über die sachliche Zuständigkeit abzugrenzen,[5] braucht im Verwaltungsprozessrecht nicht geleistet zu werden, das keine Form von zulässigen Zuständigkeitsvereinbarungen kennt ($\rightarrow$ Rn. 10).

Erlaubt die Auswahl unter den Gesichtspunkten der sachlichen und der funktionellen Zuständigkeit 5
noch nicht die Ermittlung eines einzigen Gerichts, das zur Entscheidung im konkreten Fall berufen ist,
sind mithin mehrere Gerichte sachlich und funktionell zuständig, so bedarf es eines weiteren Abgrenzungskriteriums. Dieses besteht in Gestalt der örtlichen Zuständigkeit, die an lokale Bindungen des
Streitgegenstandes oder der Beteiligten anknüpft. Führt dagegen die Prüfung von sachlicher und funktioneller Zuständigkeit dazu, dass nur ein Gericht zuständig sein kann, so ist eine Untersuchung der
örtlichen Zuständigkeit nicht nur überflüssig, sondern ausgeschlossen. Dies gilt etwa für die Zuständigkeit des BVerwG nach den $\S\S\,49, 50$, nicht aber für ein sachlich und funktionell zuständiges OVG.
Der Umstand, dass ein OVG für mindestens ein Bundesland Recht spricht, verhindert nicht, dass

---

1 BVerfG (K) 18.7.2013 – 1 BvR 746/13, juris Rn. 24; *Hufen* $\S\,10$ Rn. 4; *Schenke* Rn. 65; *H. Geiger*, in: Eyermann $\S\,45$
  Rn. 4. A.M. *H.-J. v. Oertzen*, in: Redeker/v. Oertzen $\S\,45$ Rn. 1; *H. H. Rupp*, JuS 1966, 109.
2 *H. Geiger*, in: Eyermann $\S\,45$ Rn. 2.
3 Vgl. *Schmitt Glaeser/Horn* Rn. 77 ff.
4 *Pietzner/Ronellenfitsch* $\S\,6$ Rn. 204.
5 Vgl. *Wolfgang Grunsky/Florian Jacoby*, Zivilprozessrecht, [15]2016, Rn. 67.

bspw. durch raumbedeutsame Planungen i.S.d. § 48 Abs. 1, die länderübergreifende Vorhaben verwirklichen sollen, die Zuständigkeitsbereiche mehrerer OVG berührt werden.

III. Grundsatz des gesetzlichen Richters

6 Der in Art. 101 Abs. 1 S. 2 GG niedergelegte Grundsatz des gesetzlichen Richters prägt Errichtung, Ausgestaltung und Anwendung der Zuständigkeitsordnung. Er verlangt insbes. auch eine dem Vorbehalt des Gesetzes genügende Bestimmung gerichtlicher Zuständigkeiten, formuliert das Prinzip gesetzlicher Zuständigkeitsordnung.[6] In den Worten des BVerfG muss sich der für den Einzelfall zuständige Richter möglichst eindeutig aus einer allgemeinen Norm ergeben.[7] D.h. zunächst, dass die „fundamentalen Zuständigkeitsregeln" der Gestaltung durch ein förmliches Gesetz bedürfen (BVerfGE 19, 52, 60). Gemeint ist damit in jedem Falle die Zuständigkeitsordnung im hier beschriebenen Sinne, als die sachliche, funktionelle und örtliche Zuständigkeit. Die weitere (gerichtsinterne) Befugniszuweisung darf der Regelung durch Geschäftsverteilungsplan überlassen werden (vgl. nur BVerfGE 19, 52, 59 f.; 22, 254, 259; 25, 336, 346; 95, 322, 328).

7 Die die gesetzliche Ausgestaltung der Zuständigkeitsordnung bestimmenden Grundsätze beherrschen auch ihre Handhabung. Die Gerichte sind an die Zuständigkeitsregelungen gebunden, dürfen sich nicht über sie hinwegsetzen und haben von sich aus über deren Einhaltung zu wachen, sodass jedes Gericht seine Zuständigkeit von Amts wegen zu prüfen hat (BVerfGE 40, 356, 361). Die Auslegung der Zuständigkeitsnormen ist restriktiv zu handhaben, eine richterliche Rechtsfortbildung auf seltenste und zwingend gebotene Ausnahmen zu beschränken.[8]

IV. Zuständigkeit der VG

8 Für die Zuständigkeit der VG nach § 45 ergeben die vom Prinzip des gesetzlichen Richters formulierten Auslegungsvorgaben, dass für alle verwaltungsrechtlichen Streitigkeiten grds. das VG erstinstanzlich zuständig ist (vgl. etwa VGH Kassel ESVGH 39, 139), sofern nicht durch Bundesgesetz oder aufgrund eines solchen Gesetzes zweifelsfrei eine andere Zuständigkeit begründet ist. Ausnahmen von diesem Grundsatz müssen genau bestimmt und im Einzelnen aufgezählt sein (Begründung zu § 44 des Regierungsentwurfs einer VwGO, BT-Drs. 3/55 Anl. 1); sie sind eng auszulegen und keiner ausdehnenden oder analogen Anwendung zugänglich (BVerwG NJW 1977, 1789, 1790; VGH Mannheim DVBl 1986, 1282, 1283). Die OVG und das BVerwG sind nicht in dem Sinne bedeutender, dass für ihre sachliche Zuständigkeit in übergreifenden und brisanten Fragen eine Vermutung streiten würde.[9] Der Bezug auf ein technisches Großvorhaben allein begründet noch nicht die Zuständigkeit des OVG nach § 48, eine Beteiligung des Bundes macht eine Streitigkeit nicht zwangsläufig zu einem Fall des § 50. Verfahren, die eine besondere Fachkunde voraussetzen und die für die Wahrung des Rechtsfriedens von besonderer Bedeutung sind, sind nicht schon als solche bei den OVG zusammengefasst (BVerwG NVwZ 1988, 913, 915). So wurden vor der Novellierung des § 48 Abs. 1 im Jahre 1990 die VG als sachlich zuständig angesehen für Streitigkeiten über den Abbau von Kernkraftwerken (BVerwG NVwZ 1988, 913; VGH München DVBl 1988, 544), betreffend die Beförderung radioaktiver Stoffe (VGH Kassel ESVGH 39, 139) oder über Planfeststellungsverfahren für die wesentliche Änderung einer Abfallbeseitigungsanlage für Sonderabfälle (VGH Mannheim DVBl 1986, 1282).

9 **1. Ausnahmen.** Ausnahmen von der Regelzuständigkeit des VG enthalten § 48 sowie Spezialgesetze zugunsten des OVG und § 50 sowie Spezialgesetze zugunsten des BVerwG (zu den spezialgesetzlichen Zuständigkeiten → § 48 Rn. 36 ff.; → § 50 Rn. 18 ff.). Keine von § 45 abweichende Regelung der sachlichen Zuständigkeit birgt § 47.[10] Zwar erklärt § 47 das OVG zur Kontrolle der in § 47 Abs. 1 genannten Normen für erstinstanzlich zuständig, jedoch würde eine Einordnung als Abweichung von § 45 dazu führen, dass für alle nicht von § 47 Abs. 1 Nr. 1 und 2 und keinem verfassungsgerichtlichen

---

6 K. A. *Bettermann*, Die Grundrechte III/2, 1959, 523, 544 f., 558; *P. Kunig*, in: v. Münch/Kunig II Art. 101 Rn. 16.
7 St. Rspr., vgl. nur BVerfGE 6, 45, 50 f.; 63, 77, 79; 95, 322, 328 ff. Ebenso *D. Leuze*, in: Friauf/Höfling GG Art. 101 Rn. 6.
8 Vgl. *T. Maunz*, in: Maunz/Dürig Art. 101 Rn. 50.
9 Zu diesem Problemkreis auch *H. Sendler*, DVBl 1982, 157, 162 f.
10 A.M. *Kopp/Schenke* § 45 Rn. 3; *Schenke* Rn. 439.

Verwerfungsmonopol erfassten Vorschriften das VG entsprechend seiner Regelzuständigkeit nach §45 zur *prinzipalen* – nicht nur inzidenten – Normenkontrolle in erster Instanz berufen wäre. Zutr. ist es daher, die Zuweisung der prinzipalen Normenkontrolle in die Zuständigkeit des OVG als abschließende Sonderregelung dieser Verfahrensart zu verstehen, die nicht dem von der grundsätzlichen Zuständigkeit des VG beherrschten Regel-Ausnahme-Mechanismus unterfällt (→ §47 Rn. 4, 8). Überhaupt keine Regelung der sachlichen Zuständigkeit und damit keine Ausnahme zu §45 enthält §193, der mit ausschließlicher Bedeutung für Schleswig-Holstein das Fortbestehen einer dem OVG übertragenen Zuständigkeit zur Entscheidung von Verfassungsstreitigkeiten innerhalb des Landes regelt. Die Vorschrift ist vielmehr als Ausnahme zur Beschränkung des Rechtswegs zu den VG auf nichtverfassungsrechtliche Streitigkeiten zu verstehen.

2. Vereinbarungen der Beteiligten. Vereinbarungen der Beteiligten über die Zuständigkeit der VG 10 sind schlechthin unzulässig. Dem Prorogationsverbot unterfallen die sachliche und die funktionelle wie die örtliche Zuständigkeit.[11] Dies folgt allerdings weder aus der öffentlich-rechtlichen Natur der Streitigkeiten noch aus der den Verwaltungsprozess beherrschenden Untersuchungsmaxime.[12] Zu erinnern ist nur an den Zuständigkeitsvereinbarungen in einem öffentlich-rechtliche Rechte und Pflichten betreffenden und unter dem Untersuchungsgrundsatz (§88 AO) stehenden Verfahren ausdrücklich zulassenden §27 AO. Aus der Entstehungsgeschichte der VwGO lässt sich gegen die Zulässigkeit der Prorogation nichts entnehmen: Die in §53 des Präsidentenentwurfs[13] vorgesehene Erklärung der Unbeachtlichkeit von Zuständigkeitsvereinbarungen wurde vom Regierungsentwurf mit der Begründung nicht übernommen, die Entwicklung von Grundsätzen über die Zulässigkeit oder Nichtzulässigkeit von Zuständigkeitsvereinbarungen solle der Rspr. überlassen bleiben (BT-Drs. 2/462 Begründung zu §54). Es handelt sich daher um eine petitio principii, wenn ausgeführt wird, wegen des vor Erlass der VwGO überwiegend vertretenen Prorogationsverbots wäre eine ausdrückliche Zulassung von Zuständigkeitsvereinbarungen erforderlich gewesen, die nicht in einer von §173 VwGO vermittelten Anwendbarkeit der §§ 38 ff. ZPO bestehen könne, da das diesbezügliche Schweigen der VwGO abschließend sei (VG Stuttgart NJW 1967, 411).

Auf der Grundlage der Verweisungsnorm des §173 VwGO spricht daher nichts gegen eine entsprechende Anwendbarkeit der §§ 38–40 ZPO im Verwaltungsprozess.[14] Die Problematik konzentriert 11 sich dann auf §40 Abs. 2 S. 1 Nr. 2 ZPO, der Zuständigkeitsvereinbarungen für unzulässig erklärt, wenn für die Klage ein ausschließlicher Gerichtsstand begründet ist. Sieht man von der immer ausschließlichen funktionellen Zuständigkeit[15] ab, so besteht bei der Anwendung des §40 Abs. 2 S. 1 Nr. 2 ZPO im Verwaltungsprozess die Schwierigkeit, dass die VwGO anders als die ZPO (vgl. §§ 24, 29 a, 32 a ZPO) den Begriff der ausschließlichen Zuständigkeit nicht verwendet. Da §40 ZPO über §173 VwGO nur entsprechend anzuwenden ist, kann für die Annahme einer ausschließlichen verwaltungsgerichtlichen Zuständigkeit anders als im Zivilprozessrecht nicht gefordert werden, dass das Gesetz die Ausschließlichkeit ausdrücklich anordnet. Die Ausschließlichkeitsanordnung kann den verwaltungsprozessualen Normen nur durch Auslegung entnommen werden. Dabei ergibt sich, dass die Zuweisung der sachlichen Zuständigkeit jeweils allein an VG, OVG oder BVerwG erfolgen soll und somit Ausschließlichkeit beansprucht. Gleiches gilt für die Regelung der örtlichen Zuständigkeit durch §52, die das Anwendungsverhältnis der einzelnen Gerichtsstände untereinander exakt festlegt. §53 Abs. 1 Nr. 3, der die Konstellation mehrerer örtlich zuständiger Gerichte in Betracht zieht, betrifft nur den Fall der Zuständigkeitsmehrheit aus tatsächlichen Gründen (→ §53 Rn. 13 ff.). Als Ergebnis bleibt festzuhalten, dass die von der VwGO statuierten Zuständigkeiten ausschließliche und deshalb gem. §173 VwGO i.V.m. §40 Abs. 2 S. 1 Nr. 2 ZPO einer Vereinbarung der Beteiligten entzogen sind.

3. Sonderregelungen. Sachlich zuständig sind die VG weiterhin laut §190 Abs. 1 Nr. 5 VwGO i.V.m. 12 §§ 83, 106 BPersVG in Personalvertretungssachen sowie in den Fällen, in denen ihnen auf der Grund-

---

11 Mittlerweile wohl einhellige Meinung, vgl. nur VG Stuttgart NJW 1967, 411; *Bosch/Schmidt* Rn. 305; *K. Peters*, DÖV 1967, 407; *Schenke* Rn. 438.
12 So aber *K. Peters*, DÖV 1967, 407, 410 ff.; *H.-J. v. Oertzen*, in: Redeker/v. Oertzen §52 Rn. 2.
13 Entwurf einer Bundesverwaltungsgerichtsordnung, aufgestellt von der Vereinigung der Präsidenten der Verwaltungsgerichte, DVBl 1951, nach 568.
14 Vgl. *Hamann*, DVBl 1951, 156, 157.
15 Vgl. nur *Eberhard Schilken*, Zivilprozessrecht, [7]2014, Rn. 294.

lage des § 187 Abs. 1 Alt. 1 und 2 in Erweiterung der Rechtswegklausel des § 40 landesrechtlich Aufgaben der Disziplinargerichtsbarkeit und der Schiedsgerichtsbarkeit bei Vermögensauseinandersetzungen öffentlich-rechtlicher Verbände übertragen werden. Keine Erweiterung der sachlichen Zuständigkeit der VG bringt die Ermächtigung der Länder durch § 187 Abs. 1 Var. 3, den Gerichten der Verwaltungsgerichtsbarkeit Berufsgerichte anzugliedern, mit sich,[16] können doch diese Berufsgerichte nicht zu unselbständigen Bestandteilen der VG gemacht werden (→ § 187 Rn. 28).

V. Prüfung der Zuständigkeit

13   Dass das VG seine eigene sachliche, funktionelle und örtliche Zuständigkeit von Amts wegen zu prüfen hat, ergibt sich nicht allein aus dem Charakter der Zuständigkeit als Sachentscheidungsvoraussetzung, sondern bereits aus dem Prinzip des gesetzlichen Richters (BVerfGE 40, 356, 361). Hält sich das VG für unzuständig, so verweist es den Rechtsstreit nach Ausspruch seiner Unzuständigkeit an das zuständige Gericht (§ 83 VwGO i.V.m. § 17a Abs. 2 S. 1 GVG). Nach § 83 VwGO i.V.m. § 17a Abs. 5 GVG prüft das Gericht, das über ein Rechtsmittel gegen eine Entscheidung in der Hauptsache entscheidet, nicht, ob das Gericht, das die angefochtene Entscheidung erlassen hat, sachlich und örtlich zuständig war.

§ 46   [Instanzielle Zuständigkeit des Oberverwaltungsgerichts]

Das Oberverwaltungsgericht entscheidet über das Rechtsmittel

1. der Berufung gegen Urteile des Verwaltungsgerichts und
2. der Beschwerde gegen andere Entscheidungen des Verwaltungsgerichts.

Schrifttum

H. Kalkbrenner, Verwaltungsgerichtshöfe als Bagatellgerichte?, DVBl 1971, 92; *W. B. Maetzel,* Instanzverkürzungen im Verwaltungsprozeß?, DÖV 1977, 626; *J. Martens,* Der Instanzenzug in der Verwaltungsgerichtsbarkeit, DÖV 1969, 313; *R. Naumann,* Die Instanzen der Verwaltungsgerichtsbarkeit, DÖV 1969, 608; *H. Sendler,* Zum Instanzenzug in der Verwaltungsgerichtsbarkeit, DVBl 1982, 157.

1   Der Wortlaut des § 46 ist seit Erlass der VwGO nur durch die Streichung der die frühere Revision gegen Urteile des VG nach § 145 betreffende Nr. 3[1] geändert worden. Die Norm betrifft die funktionelle Zuständigkeit (zum Begriff → § 45 Rn. 4) des OVG und hatte ursprünglich die Bedeutung, die Stellung des OVG als Rechtsmittelgericht hervorzuheben (Begründung des Regierungsentwurfs einer VwGO, BT-Drs. 2/462 Anl. 1 zu § 45). Durch die Ausdehnung der erstinstanzlichen Zuständigkeit des OVG in § 48 Abs. 1 und die Zurückdrängung der Zulässigkeit der Berufung ist jene Zielsetzung jedoch weitgehend zurückgenommen worden.

2   Verfassungsrechtlicher Ausgangspunkt zur Beurteilung dieser Verschiebungen ist das in Art. 19 Abs. 4 GG niedergelegte Gebot effektiven Rechtsschutzes. Ganz überwiegend wird zu Recht davon ausgegangen, dass Art. 19 Abs. 4 GG Schutz *durch* den Richter, nicht *gegen* ihn gewährleistet, mithin keinen Instanzenzug garantiert.[2] Die zur Begründung der Gegenauffassung vorgetragene These, Art. 19 Abs. 4 GG habe den „Rechtsweg" in seiner überkommenen mehrstufigen Ausformung in Bezug genommen,[3] verfängt jedenfalls für den Bereich der Verwaltungsgerichtsbarkeit nicht. Die dem § 46 zugrunde gelegte Möglichkeit, alle Entscheidungen des VG zur Überprüfung durch das OVG zu stellen, ist daher durch das GG nicht geboten.[4] Da ein Qualitätsunterschied zwischen den Entscheidungen der OVG und denen der VG nicht von vornherein besteht,[5] stehen zwei von der Entscheidung des § 46 wegführende Wege zur Beschneidung der Hypertrophien des Rechtsschutzsystems[6] grds. gleichwertig

---

16   A.M. *H.-J. v. Oertzen,* in: Redeker/v. Oertzen § 45 Rn. 1.
1   Aufgehoben durch das RmBereinVpG vom 20.12.2001, BGBl I 3987.
2   St. Rspr., vgl. nur BVerfGE 4, 74, 94 f.; 8, 174, 181; 65, 76, 90; 74, 358, 377; ebenso *W.-R. Schenke,* Die Rechtsschutzgarantie des Art. 19 Abs. 4 GG, 1982, Rn. 54.
3   *D. Lorenz,* FS Menger, 1985, 143, 153 f.
4   Zum Konzept eines auf die Überprüfung der „Rechtsfrage" beschränkten, aus Art. 19 Abs. 4 GG abgeleiteten „sekundären Kontrollanspruchs" *A. Voßkuhle,* Rechtsschutz gegen den Richter, 1993, 298 ff.
5   A. M. *J. Martens,* DÖV 1969, 313, 317.
6   So *H. Sendler,* DVBl 1982, 157, 164.

nebeneinander: Zum einen können erstinstanzliche Zuständigkeiten von den VG zu den OVG verlagert werden, zum anderen kann die Stellung der VG als Tatsacheninstanz durch Beschränkung der Rechtsmittel gestärkt werden.[7]

Beide Wege wurden im Zuge der Reformierung des Verwaltungsprozessrechts beschritten. Neben die　3 Sonderregelungen für die erstinstanzliche Zuständigkeit des OVG in Vereinsverbotssachen (nunmehr § 48 Abs. 2) und in Flurbereinigungssachen nach § 190 Abs. 1 Nr. 4 VwGO i.V.m. §§ 138 ff. FlurbG trat die zunächst durch Art. 2 § 9 VGFGEntlG eingeführte und durch das Vierte Änderungsgesetz[8] in § 48 Abs. 1 übernommene Einsetzung des OVG als einzige Tatsacheninstanz in Verfahren, die bestimmte bedeutsame Vorhaben betreffen. Andererseits wurde der bereits bei Erlass der VwGO fortgeschriebene Ausschluss der Berufung gegen Urteile und der Beschwerde gegen andere Entscheidungen der VG nach § 190 Abs. 1 Nr. 1 VwGO i.V.m. § 339 Abs. 1 LAG erweitert u.a. durch die entsprechenden Regelungen des § 34 S. 1 WPflG, § 75 S. 1 ZDG und § 10 Abs. 2 S. 1 KDVG sowie § 78 Abs. 1 AsylVfG. Nur beschränkt zulässig ist die Berufung spezialgesetzlich gem. § 78 Abs. 2 AsylVfG sowie nach der allgemeinen Regelung des § 124.

Die genannten Vorschriften bezeichnen gleichsam die Verlustliste des § 46, der zwar nie die allgemeine　4 Zuständigkeit des OVG erschöpfend geregelt, sondern lediglich die nach den §§ 124 ff. und 146 ff. ohnehin gegebenen funktionellen Zuständigkeiten des OVG zusammengefasst hat, heute jedoch selbst dieser Hinweisfunktion weitgehend entkleidet ist.

Neben den bereits erwähnten bestehen Zuständigkeiten des OVG für die Amtsentbindung eines ehren-　5 amtlichen Richters nach § 24 Abs. 3, die prinzipale Normenkontrolle nach § 47, die Bestimmung des zuständigen VG nach § 53 Abs. 1, die Entscheidungen über die Ablehnung eines dem VG angehörenden Richters bei Beschlussunfähigkeit durch das Ausscheiden dieses Richters gem. § 54 Abs. 1 VwGO i.V.m. § 45 Abs. 3 ZPO, über die Rechtmäßigkeit der Vorlageverweigerung nach § 99 Abs. 2 und über die Beschwerden nach § 190 Abs. 1 Nr. 5 VwGO i.V.m. §§ 83 Abs. 2 PersVG, 87 Abs. 1 ArbGG, sowie als Verfassungsgericht unter den Voraussetzungen des § 193.

§ 47 [Sachliche Zuständigkeit des Oberverwaltungsgerichts bei der Normenkontrolle]

(1) Das Oberverwaltungsgericht entscheidet im Rahmen seiner Gerichtsbarkeit auf Antrag über die Gültigkeit

1. von Satzungen, die nach den Vorschriften des Baugesetzbuchs erlassen worden sind, sowie von Rechtsverordnungen auf Grund des § 246 Abs. 2 des Baugesetzbuchs,

2. von anderen im Rang unter dem Landesgesetz stehenden Rechtsvorschriften, sofern das Landesrecht dies bestimmt.

(2) ¹Den Antrag kann jede natürliche oder juristische Person, die geltend macht, durch die Rechtsvorschrift oder deren Anwendung in ihren Rechten verletzt zu sein oder in absehbarer Zeit verletzt zu werden, sowie jede Behörde innerhalb eines Jahres nach Bekanntmachung der Rechtsvorschrift stellen. ²Er ist gegen die Körperschaft, Anstalt oder Stiftung zu richten, welche die Rechtsvorschrift erlassen hat. ³Das Oberverwaltungsgericht kann dem Land und anderen juristischen Personen des öffentlichen Rechts, deren Zuständigkeit durch die Rechtsvorschrift berührt wird, Gelegenheit zur Äußerung binnen einer zu bestimmenden Frist geben. ⁴§ 65 Abs. 1 und 4 und § 66 sind entsprechend anzuwenden.

(3) Das Oberverwaltungsgericht prüft die Vereinbarkeit der Rechtsvorschrift mit Landesrecht nicht, soweit gesetzlich vorgesehen ist, daß die Rechtsvorschrift ausschließlich durch das Verfassungsgericht eines Landes nachprüfbar ist.

(4) Ist ein Verfahren zur Überprüfung der Gültigkeit der Rechtsvorschrift bei einem Verfassungsgericht anhängig, so kann das Oberverwaltungsgericht anordnen, daß die Verhandlung bis zur Erledigung des Verfahrens vor dem Verfassungsgericht auszusetzen sei.

---

7 Vgl. etwa *J. Martens*, DÖV 1969, 313, 317, einerseits und *R. Naumann*, DÖV 1969, 608, 610 f., andererseits.
8 Gesetz zur Neuregelung des verwaltungsgerichtlichen Verfahrens vom 17.12.1990, BGBl I 2809.

(5) ¹Das Oberverwaltungsgericht entscheidet durch Urteil oder, wenn es eine mündliche Verhandlung nicht für erforderlich hält, durch Beschluß. ²Kommt das Oberverwaltungsgericht zu der Überzeugung, daß die Rechtsvorschrift ungültig ist, so erklärt es sie für unwirksam; in diesem Fall ist die Entscheidung allgemein verbindlich und die Entscheidungsformel vom Antragsgegner ebenso zu veröffentlichen wie die Rechtsvorschrift bekanntzumachen wäre. ³Für die Wirkung der Entscheidung gilt § 183 entsprechend.

(6) Das Gericht kann auf Antrag eine einstweilige Anordnung erlassen, wenn dies zur Abwehr schwerer Nachteile oder aus anderen wichtigen Gründen dringend geboten ist.

Schrifttum

1. Allgemeines

a) Monographien und Beiträge in Sammelwerken: *W. Besler*, Die Probleme der verwaltungsgerichtlichen Normenkontrolle, 1981; *A. v. Campenhausen*, Normenkontrollverfahren und öffentliches Interesse, in: Festgabe für Theodor Maunz, 1971, 27; *O.-R. von Engelhardt*, Der Rechtsschutz gegen Rechtsnormen, 1971; *F. Elias*, Abgrenzungsprobleme bei der verwaltungsgerichtlichen Normenkontrolle nach § 47 VwGO, 1968; *P. Hahn*, Verwaltungsgerichtlicher Schutz gegen Rechtssätze der Verwaltung, 2004; *H. Koch*, Prozeßführung im öffentlichen Interesse, 1983; *W. Krebs*, Subjektiver Rechtsschutz und objektive Rechtskontrolle, in: FS Menger, 1985, 191; *H.-K. von Kupsch*, Die Bedeutung des § 40 VwGO für die verwaltungsgerichtliche Normenkontrolle, 1965; *H. Maurer*, Rechtsschutz gegen Rechtsnormen, in: Tübinger FS für Eduard Kern, 1968, 275; *F. Mayer*, Das Normenkontrollverfahren der Verwaltungsgerichtsbarkeit, in: GS Michelakis, 1973, 455; *K. Meyer*, Die verwaltungsgerichtliche Normenkontrolle, in: Zehn Jahre Verwaltungsgerichtsordnung, 1970, 161; *K. Obermayer*, Die verwaltungsgerichtliche Normenkontrolle, in: Zehn Jahre Verwaltungsgerichtsordnung, 1970, 142; *H.-J. Papier*, Normenkontrolle (§ 47 VwGO), in: FS Menger, 1985, 517; *M. Quaas/K. Müller*, Normenkontrolle und Bebauungsplan, 1986; *L. Renck*, Untersuchungen zur Gesetzgebungsbefugnis auf dem Gebiete des Normenkontrollrechts, 1964; *E. Scharmer*, Bebauungspläne in der Normenkontrolle, 1988; *W.-R. Schenke*, Rechtsschutz bei normativem Unrecht, 1979; *O. Schlichter*, Das verwaltungsgerichtliche Normenkontrollverfahren im vereinten Deutschland, in: FS Redeker, 1993, 357; *J. R. Schmidt*, Der Rechtscharakter der richterlichen Normenkontrolle, 1968; *X. Schoen*, Die Normenprüfung durch den Verwaltungsgerichtshof, in: Forschungen und Berichte aus dem öffentlichen Recht. GS Jellinek, 1955, 407; *H. Siemer*, Normenkontrolle durch Feststellungsklage?, 1971; *ders.*, Rechtsschutz im Spannungsfeld zwischen Normenkontrolle und Feststellungsklage, in: FS Menger, 1985, 501; *W. Skouris*, Verletztenklagen und Interessentenklagen im Verwaltungsprozeß, 1979; *K. Stern*, Zur verwaltungsgerichtlichen Normenkontrolle, in: Verfassung, Verwaltung, Finanzkontrolle. FS für Hans Schäfer, 1975, 59; *K. Wolfram*, Die verwaltungsgerichtliche Normenkontrolle nach § 47 VwGO, 1967.

b) Beiträge in Zeitschriften: *N. Achterberg*, Probleme des verwaltungsgerichtlichen Normenkontrollverfahrens, VerwArch 72 (1981), 163; *W. Berg*, Alte und neue Fragen zur verwaltungsgerichtlichen Normenkontrolle, DÖV 1981, 889; *W. Bergmann*, Zwischenbilanz zur verwaltungsgerichtlichen abstrakten Normenkontrolle, VerwArch 51 (1960), 36; *K. A. Bettermann*, Zur Verfassungsbeschwerde gegen Gesetze und zum Rechtsschutz des Bürgers gegen Rechtsetzungsakte der öffentlichen Gewalt, AöR 86 (1961), 129; *ders.*, Richterliche Normenkontrolle als negative Gesetzgebung?, DVBl 1982, 91; *H. Bickel*, Erfahrungen mit der verwaltungsgerichtlichen Normenkontrolle, NJW 1985, 2441; *D. Birk*, Rechtsschutz gegen die gemeindliche Bauleitplanung, BayVBl 1976, 744; *W. Blümel*, Planung und Verwaltungsgerichtsbarkeit, DVBl 1975, 695; *H.-J. Dagefördé*, Zum Rechtsschutz gegen Bebauungspläne im Normenkontrollverfahren vor dem OVG, GE 1980, 715; *ders.*, Prinzipale und inzidente Kontrolle desselben Bebauungsplanes, VerwArch 79 (1988), 123; *E. Eyermann*, Der Weg der verwaltungsgerichtlichen Normenkontrolle, UPR 1987, 361; *D. Hahn*, Normenkontrolle von Satzungen nach dem Bundesbaugesetz, JuS 1983, 678; *J. Ipsen*, Die prinzipale Normenkontrolle von Bebauungsplänen, Verw. 20 (1987), 477; *H. Jäde*, Bauleitplanung, Fachplanung und Normenkontrollverfahren, BayVBl 1988, 385; *ders.*, Die Veränderungssperre in der prinzipalen verwaltungsgerichtlichen Normenkontrolle, ZfBR 2011, 115; *R. Kintz*, Die Normenkontrolle nach § 47 VwGO, JuS 2000, 1099; *H.-G. König*, Die Prüfung des Normenkontrollantrags nach § 47 VwGO vor dem OVG (VGH), DVBl 1963, 81; *J. Kohl*, Normenkontrolle von Bebauungsplänen, VBlBW 1986, 232; *ders.*, Leitfaden für die Normenkontrolle von Bebauungsplänen, JuS 1993, 320, 499; *C. Konrad*, Die Normenkontrolle nach § 47 VwGO, JA 1999, 331; *M. Löhnig*, Rechtsschutz gegen Bauleitpläne nach § 47 VwGO n. F., JuS 1998, 315; *Mang*, Bebauungsplan und Normenkontrolle, BayVBl 1961, 273; *Meyer-Ladewig*, Die Normenkontrolle von Satzungen nach dem Bundesbaugesetz und dem Städtebauförderungsgesetz in neuem Gewande, BBauBl 1977, 215; *F. Müller*, Rechtsschutz und objektive Rechtskontrolle, BaWüVBl 1968, 65; *H. Müller*, Zur Normenkontrolle durch die OVG, DÖV 1965, 759; *A. v. Mutius*, Rechtsschutz im Baurecht, Jura 1989, 297; *F. Otto*, Neue gesetzliche Regelung zur Überprüfung von Bebauungsplänen, DVP 1997, 323; *S. Paetow*, Erfahrungen mit der verwaltungsgerichtlichen Normenkontrolle, NVwZ 1985, 309; *J.-C. Pielow*, Neuere Entwicklungen beim „prinzipalen" Rechtsschutz gegenüber untergesetzlichen Normen, Verw 32 (1999), 445; *E. Rasch*, Normenkontrolle und Bebauungspläne, BauR 1977, 147; *ders.*, Die Rechtsprechung zur Normenkontrolle von Bebauungsplänen nach § 47 VwGO seit dem Jahre 1981, BauR 1985, 247; *K. Redeker*, Einführung des Normenkontrollverfahrens in Nordrhein-Westfalen?, NJW 1974, 1648; *L. Renck*, Die verfahrensrechtlichen Möglichkeiten eines Rechtsschutzes bei Rechtsverletzungen unmittelbar durch Rechtsvorschriften, DÖV 1964, 651; *ders.*, Verwaltungsgerichtlicher Rechtsschutz gegen Rechtsnormen, JuS 1966, 273; *ders.*, Die verwaltungsgerichtliche Normenkontrolle, JA 1971, 795; *ders.*, Zur Dogmatik der verwaltungsgerichtlichen Normenkontrolle, BayVBl 1979, 225, 262; *ders.*, Probleme der verwaltungsgerichtlichen Normenkontrolle, NJW 1980, 1022; *ders.*, Verwaltungsgerichtliche Normenkontrolle: Rechtsschutz- oder Rechtsbeanstandungsverfahren?, BayVBl 1985, 263; *ders.*, Gesetzgebungsbefugnis und verwaltungsgerichtliche Normenkontrolle, DÖV 1996, 409; *E.-H. Ritter*, Grenzen der verwaltungsgerichtlichen Normenkontrolle, DÖV 1976, 802; *E. Röper*, Ehrenamtliche Richter bei Normenkontrollverfahren gem. § 47 VwGO, DRiZ 1978, 16; *K. Schenk/J. Meyer-Ladewig*, Die verwaltungsgerichtliche Normenkontrolle, DVBl 1976, 198; *W.-R. Schenke*, Rechtsschutz gegen Normen, JuS 1981, 81; *ders.*, Altes und Neues zum Rechtsschutz gegen untergesetzliche Normen, NVwZ 2016, 720; *W. Schmitt Glaeser/O. Tschira*, Die verwaltungsgerichtliche Normenkontrolle, BayVBl 1970, 160, 203; *K. Sojka*, Zur richterlichen Normenkontrolle nach § 47 VwGO, MDR 1974, 448; *B. Stüer*, Erfahrungen mit der verwaltungsgerichtlichen Normenkontrolle, DVBl 1985, 469; *ders.*, BauNVO-Normenkontrolle, DVBl 2004, 83; *O. Tschira*, Die Normenkontrolle nach § 47 VwGO, BayBgm 1960, 246; *R. Wiese*, Novellierung des Normenkontrollverfahrens nach § 47 VwGO, Der Städtetag 1976, 624; *M. Vollmer*, Bebauungspläne in der Normenkontrolle, BWGZ 2003, 776; *J. Ziekow*, Abschied von der verwaltungsgerichtlichen Normenkontrolle von Bebauungsplänen?, BauR 2007, 1169; *W. Zimmerling*, Die Anhörung der Standortgemeinde einer Abfallentsorgungsanlage bei der Aufstellung eines Abfallentsorgungsplans, NVwZ 1992, 122.

2. Gegenstand der Normenkontrolle (§ 47 Abs. 1)

a) Monographien und Beiträge in Sammelwerken: *H.-J. Birk*, „Rechtsvorschrift" und „Nachteil" als Verfahrensvoraussetzungen der verwaltungsgerichtlichen Normenkontrolle (§ 47 VwGO), 1972; *S. Borchardt*, Rechtsschutz Drittbetroffener bei vorgezogenen Baugenehmigungen gem. § 33 BauGB, 1999; *M.-E. Geis*, Die Feststellungsklage als Normenkontrolle zwischen suchender Dialektik und dogmatischer Konsistenz, in: FS Schenke, 2011, 709; *W. Hoppe*, Planung und Pläne in der verwaltungsgerichtlichen Kontrolle, in: FS Menger, 1985, 747; *ders.*, Plädoyer für eine verwaltungsgerichtliche Normenkontrolle von Gebietsentwicklungsplänen in Nordrhein-Westfalen, in: FS Redeker, 1993, 377; *ders.*, „Ziele" und „Grundsätze" der Raumordnung und Landesplanung in normtheoretischer Sicht, in: Beiträge zur Rechtswissenschaft. FS für Walter Stree und Johannes Wessels, 1993, 1153; *F. Hufen*, Von der „heimlichen Normenkontrolle" zur umfassenden Gerichtskontrolle exekutiver Normsetzung, in: FS Schenke, 2011, 803; *M. Kment*, Rechtsschutz im Hinblick auf Raumordnungspläne, 2002; *N. Korte*, Rechtsschutz gegen normauslösende Bekanntgaben, 2004; *Ch. Kuntz*, Der Rechtsschutz gegen unmittelbar wirkende Rechtsverordnungen des Bundes, 2001; *T. Lapp*, Vorbeugender Rechtsschutz gegen Normen, 1994; *G. Loh*, Die vorweggenommene Normenkontrolle im Verfassungs- und Verwaltungsrecht, 1973; *M. Marquardt*, Die Rechtsnatur präsidialer Geschäftsverteilungspläne gem. § 21e GVG und der Rechtsschutz des Richters, 1998.

b) Beiträge in Zeitschriften: *E. Allesch*, Art. 5 Satz 2 AGVwGO n. F. verfassungsrechtlich unbedenklich, BayVBl 1996, 331; *M. Beckmann*, Die gerichtliche Überprüfung von Verwaltungsvorschriften im Wege der verwaltungsgerichtlichen Normenkontrolle, DVBl 1987, 611; *W. Blümel*, Rechtsschutz gegen Raumordnungspläne, VerwArch 84 (1993), 123; *U. Böttger/M. Broosch*, Zur prinzipalen Normenkontrolle von regionalen Raumordnungsplänen, UPR 2002, 420; *J. Bringewat*, Normenkontrolle von Darstellungen eines Flächennutzungsplans im Anwendungsbereich von § 35 III 3 BauGB, NVwZ 2013, 984; *C. Brüning*, Verwaltungsgerichtliche Kontrolle qualifizierter Mietspiegel, NZM 2003, 921; *A. Dazert*, Statthaftigkeit der Normenkontrollklage gegen Darstellungen von Konzentrationszonen für Windenergie im Flächennutzungsplan, BauR 2007, 657; *F. Drettmann*, Die Vereinbarkeit des Erlasses von Bebauungsplänen in Gesetzesform mit der Rechtsweggarantie des Art. 19 Abs. 4 GG, BauR 1985, 21; *W. Frenz*, Der Rechtsschutz gegen unmittelbar beeinträchtigende Normen, BayVBl 1993, 483; *M. Frey*, Aktuelle Fragestellungen bei der Normenkontrolle gegen Windkraft-Flächennutzungspläne, NVwZ 2013, 1184; *F. Grünebaum*, Normenkontrolle bei außer Kraft getretener Norm, DVP 2005, 372; *J. Held*, Flächennutzungspläne, LKRZ 2008, 367; *C. Herrmann*, Rechtsschutz gegen Flächennutzungspläne im System des Verwaltungsprozessrechts, NVwZ 2009, 1185; *R. Hendler*, Verwaltungsgerichtliche Normenkontrolle Privater gegen Raumordnungs- und Flächennutzungspläne, NuR 2004, 485; *W. Hofmann*, Normenkontrolle bei ortskirchlichen Satzungen, BayVBl 1963, 345; *H. Jäde*, Prinzipale Normenkontrolle planreifer Bebauungspläne?, BayVBl 1985, 225; *ders.*, Nochmals: Prinzipale Normenkontrolle planreifer Bebauungspläne?, BayVBl 2003, 449; *C. Jeromin*, Normenkontrolle gegen Flächennutzungspläne, NVwZ 2006, 1374; *M. Jörgensen*, Rechtsschutz gegen Abfallentsorgungspläne, BayVBl 1992, 353; *J. Kerkmann*, Rechtsschutz gegen ausgewiesene „FFH-Gebiete", BauR 2006, 794; *M. Kment*, Unmittelbarer Rechtsschutz Privater gegen Ziele der Raumordnung und Flächennutzungspläne im Rahmen des § 35 III BauGB, NVwZ 2003, 1047; *ders.*, Die unmittelbare Außenwirkung des Flächennutzungsplans, NVwZ 2004, 314; *A. v. Komorowski*, Normenkontrolle bei außer Kraft getretener Veränderungssperre, UPR 2003, 175; *ders.*, Normenkontrolle bei außer Kraft getretener Norm, SächsVBl 2003, 33; *S. Kreiner*, Parlamentsgesetzlich geändertes Verordnungsrecht und gerichtliche Normenkontrolle, BayVBl 2005, 106; *M. Krumm*, Verwaltungsrechtsschutz gegen materielle Rechtsnormen, DVBl 2011, 1008; *W. Kuhla*, Die Veränderungssperre in der Normenkontrolle, NVwZ 1988, 1084; *A. Leisner*, Verwaltungsgesetzgebung durch Erlasse, JZ 2002, 219; *F. Ossenbühl*, Ministerialerlasse als Gegenstand der verwaltungsgerichtlichen Normenkontrolle, DVBl 1969, 526; *H.-J. Pabst*, Funktionslose Bebauungspläne als Gegenstand der Normenkontrolle, ZfBR 1999, 244; *L. Renck*, Geschäftsverteilungsplan und Normenkontrolle, NJW 1984, 2928; *ders.*, Zur Dogmatik des Rechtsschutzes unmittelbar gegen Normen, BayVBl 1994, 457; *S. Sauer*, Rechtsnatur und Bindungswirkung von Zielen der Raumordnung und Landesplanung, VBlBW 1995, 465; *A. Scheidler*, Flächennutzungspläne, DÖV 2008, 766; *ders.*, Normenkontrollklage gegen Flächennutzungspläne, DVP 2007, 503; *W.-R. Schenke*, Der Rechtsschutz des Bürgers gegen Verwaltungsvorschriften, DÖV 1979, 622; *ders.*, Rechtsschutz gegen Flächennutzungspläne, NVwZ 2007, 134; *R. Schwartmann*, Die Überprüfung funktionsloser Bebauungspläne im Wege der Normenkontrolle, UPR 1999, 214; *B. Stüer*, Der Flächennutzungsplan als Gegenstand der Rechtsprechung und des Rechtsschutzes, Städte- und Gemeinderat 1979, 109; *ders.*, Normenkontrolle von Bauleitplänen – Der Flächennutzungsplan auf Wanderschaft zur Rechtsnorm, BauR 2007, 1495; *A. Uhle*, Verwaltungsgerichtliche Normenkontrolle von Gesetzesrecht?, DVBl 2004, 1272; *C. Weidemann*, Regionale Raumordnungspläne als Gegenstand der verwaltungsgerichtlichen Normenkontrolle, DVBl 1984, 767.

3. Antrag auf Normerlass

a) Monographien und Beiträge in Sammelwerken: *H. v. Barby*, Verwaltungsgerichtliche Klagen auf Rechtsetzung?, 1973; *M. Eisele*, Subjektive öffentliche Rechte auf Normerlaß, 1999; *W. Gleixner*, Die Normerlaßklage, 1993; *M. Henrichs*, Das subjektive öffentliche Recht auf Erlaß einer untergesetzlichen Norm und seine Durchsetzbarkeit, 1998; *K. Westbomke*, Der Anspruch auf Erlaß von Rechtsverordnungen und Satzungen, 1976.

b) Beiträge in Zeitschriften: *P. Axer*, Normenkontrolle und Normenerlaßklage in der Sozialgerichtsbarkeit, NZS 1997, 10; *H. v. Barby*, Der Anspruch auf Erlaß einer Rechtsverordnung, NJW 1989, 80; *H. Duken*, Normerlaßklage und fortgesetzte Normenlaßklage, NVwZ 1993, 546; *F. Grünebaum*, Antrag auf Normergänzung im Normenkontrollverfahren?, BayVBl 2005, 11; *A. Hartmann*, Zum Anspruch auf Erlaß untergesetzlicher Normen im öffentlichen Recht, DÖV 1991, 62; *F. Köller/H. Haller*, Prozessuale Durchsetzbarkeit eines Anspruchs auf Rechtsetzung, JuS 2004, 189; *O. Reidt*, Der Rechtsanspruch auf Erlass von untergesetzlichen Normen, DVBl 2000, 602; *L. Renck*, Die Normerlaßklage, JuS 1982, 338; *G. Robbers*, Anspruch auf Normerlaß, JuS 1988, 949; *W.-R. Schenke*, Rechtsschutz gegen das Unterlassen von Rechtsnormen, VerwArch 82 (1991), 307; *H. Sodan*, Der Anspruch auf Rechtsetzung und seine prozessuale Durchsetzbarkeit, NVwZ 2000, 601; *T. Würtenberger*, Die Normerlaßklage als funktionsgerechte Fortbildung verwaltungsprozessualen Rechtsschutzes, AöR 105 (1980), 370.

4. Antragsvoraussetzungen, Beteiligte (§ 47 Abs. 2)

a) Monographien und Beiträge in Sammelwerken: *A. Braun*, Antragsbefugnis und Antragserfordernisse sowie die Vorbehaltsklausel zugunsten der Landesverfassungsgerichte im verwaltungsgerichtlichen Normenkontrollverfahren (§ 47 Abs. 2, Abs. 3 VwGO), 1982; *H. Dürr*, Die Antragsbefugnis bei der Normenkontrolle von Bebauungsplänen, 1987; *D. Ehlers*, Die Befugnis natürlicher und juristischer Personen zur Beantragung einer verwaltungsgerichtlichen Normenkontrolle, in: Planung. FS für Werner Hoppe zum 70. Geb., 2000, 1041; *A. Guckelberger*, Die Präklusionsregelung des § 47 Abs. 2 a VwGO bei der Normenkontrolle, in: FS Schenke, 2011, 759; *H. Heeren*, Die Antragsbefugnis im Normenkontrollverfahren bei Bebauungsplänen, in: Planung und Plankontrolle. Otto Schlichter zum 65. Geb., 1995, 557; *C. Herr*, Die „neue" Antragsbefugnis im Normenkontrollverfahren nach § 47 II VwGO, 2003; *B.-F. Hoffmann*, Die Antragsbefugnis bei der Normenkontrolle im Normenkontrollverfahren nach § 47 VwGO, 1974; *H. Kapsreiter*, Der Begriff des Nachteils als Zulässigkeitsvoraussetzung des Antrags natürlicher und juristischer Personen nach § 47 VwGO, 1986; *F. O. Kopp*, Die Beteiligung im verwaltungsgerichtlichen Normenkontrollverfahren, in: FS Bay. VGH, 1979, 205; *E. Rasch*, Der Begriff des Nachteils und das Rechtsschutzbedürfnis bei Anträgen auf Normenkontrolle, in: FS für Konrad Gelzer, 1991, 325; *P. Schütz*, Die Antragsbefugnis bei der Normenkontrolle von Bebauungsplänen nach dem 6. VwGOÄndG, 2000; *S. Schweitzer*, Die Befristung prinzipaler Normenkontrollverfahren im Anwendungsbereich des Art. 19 Abs. 4 GG, 2007.

b) Beiträge in Zeitschriften: *C. Bamberger*, Die Beiladung im verwaltungsgerichtlichen Normenkontrollverfahren, NVwZ 2002, 556; *M. Beckmann/A. Kleefisch*, Nachteil oder Rechtsverletzung als Zulässigkeitsvoraussetzung in anhängigen Normenkontrollverfahren?, NVwZ 1997, 1193; *W. Blümel*, Zur Verwirkung des Antragsrechts im Normenkontrollverfahren nach § 47 VwGO, VerwArch 74 (1983), 153; *C.-D. Bracher*, Die Anhörung Dritter im Normenkontrollverfahren gegen Bebauungspläne, DVBl 2000, 165; *ders.*, Die Beiladung im Normenkontrollverfahren gegen Bebauungspläne, DVBl 2002, 309; *A. Braun*, Antragsbefugnis und Antragserfordernisse im verwaltungsgerichtlichen Normenkontrollverfahren, BayVBl 1983, 577; *K. Dienes*, Beiladung im Normenkontrollverfahren gem. § 47 VwGO, DVBl 1980, 672; *H. Dürr*, Der Begriff des Nachteils bei der Normenkontrolle von Bebauungsplänen, DÖV 1990, 136; *ders.*, Die Entwicklung der Rechtsprechung zur Antragsbefugnis bei der Normenkontrolle von Bebauungsplänen, NVwZ 1996, 105; *C. Feinäugle*, Die Festlegung von Zielen der Raumordnung als Grundlage der Antragsbefugnis nach § 47 Absatz 2 Satz 1 VwGO, VBlBW 2016, 186; *H. Grabe*, Antragsfrist bei Normenkontrollen nach § 47 VwGO aus § 93 II BVerfGG, NVwZ 1992, 954; *P. Gril*, Verwaltungsgerichtliche Normenkontrolle bei identischem Inhalt von Satzung und Gesetz, JuS 1999, 442; *J. Grooterhorst/S. Lascho*, Der Schutz gewerblicher Interessen im Normenkontrollverfahren gegen Bebauungspläne, UPR 1995, 332; *W. Groß*, Die Antragsbefugnis bei der Normenkontrolle von Bebauungsplänen, DVBl 1989, 1076; *K. M. Groth*, Die Auswirkungen der erweiterten Klagebefugnis nach § 47 Abs. 2 VwGO auf den baurechtlichen Nachbarschutz, DVBl 1979, 179; *H. Grziwotz*, Die Antragsbefugnis einer Gemeinde im verwaltungsgerichtlichen Normenkontrollverfahren, DVBl 1988, 768; *B. Hildebrandt/M. Hecker*, Beiladung in der baurechtlichen Normenkontrolle, NVwZ 2001, 1007; *J. Hüttenbrink*, Das Recht auf fehlerfreie Abwägung als subjektiv-öffentliches Recht i. S. der Antragsbefugnis gem. § 47 Abs. 2 VwGO n. F., DVBl 1997, 1253; *M. Kment*, Unmittelbarer Rechtsschutz von Gemeinden gegen Raumordnungspläne, DÖV 2003, 349; *A. v. Komorowski*, Beiladung im Normenkontrollverfahren, NVwZ 2003, 1458; *ders.*, Europarechtskonforme Beiladungspraxis im Normenkontrollverfahren, BayVBl 2003, 360; *W. Krebs*, Antragsbefugnis und Rechtsschutzinteresse im verwaltungsgerichtlichen Normenkontrollverfahren, VerwArch 69 (1978), 323; *B. Linke*, Die Antragsbefugnis bei der Normenkontrolle von Bebauungsplänen, BauR 1990, 529; *M. Löhnig*, Probleme im Rahmen der Neufassung des § 47 Abs. 2 VwGO, BayVBl 1997, 274; *W. Löwer*, Die Antragsbefugnis im verwaltungsprozessualen Normenkontrollverfahren, NJW 1979, 1265; *M. Maslaton*, Das „Windschöpfungsrecht" nach § 3 EEG als Antragsbefugnis im Sinne von § 47 Abs. 1 Nr. 2 VwGO, ZNER 2002, 108; *S. Muckel*, Die fehlgeschlagene Einschränkung der Antragsbefugnis bei der Normenkontrolle von Bebauungsplänen, NVwZ 1999, 963; *F. Müller*, Zur Problematik der Antragsbefugnis der Diözesen im verwaltungsgerichtlichen Normenkontrollverfahren, DÖV 1968, 627; *A. v. Mutius*, Sind Gerichte im verwaltungsgerichtlichen Normenkontrollverfahren antragsbefugt?, VerwArch 64 (1973), 95; *W. Mößle*, Die Antragsbefugnis im Normenkontrollverfahren nach § 47 VwGO, BayVBl 1976, 609; *O. Philipp*, Zum Normenkontrollantrag von Nachbargemeinden unter besonderer Berücksichtigung von Einzelhandelsvorhaben, DVBl 2016, 821; *L. Renck*, Die Antragsbefugnis der Gerichte in verwaltungsgerichtlichen Normenkontrollverfahren, BaWüVBl 1964, 150; *ders.*, Standortsicherung durch Normenkontrolle?, ZRP 1997, 48; *ders.*, Standortsicherung durch Normenkontrolle?, ZRP 1997, 48; *M. Ronellenfitsch*, Die Beteiligung Dritter im Normenkontrollverfahren nach § 47 VwGO, VerwArch 74 (1983), 281; *M. Sauthoff*, Die „neue" Normenkontrolle von Satzungen nach dem BauGB seit dem 1.1.1997, insb.: Zum Anspruch auf fehlerfreie Abwägungsentscheidung im Bauplanungsrecht, BauR 1997, 721; *W.-R. Schenke*, Die Antragsbefugnis natürlicher und juristischer Personen im Normenkontrollverfahren gem. § 47 Abs. 2 Satz 1, 1. Alt. n. F. VwGO, VerwArch 90 (1999), 301; *ders.*, Antragsbefristung einer Normenkontrolle gem. § 47 II 1 VwGO auch bei nachträglich eingetretener Rechtswidrigkeit der Norm, NvwZ 2014, 341; *W. Schmitz-Rode*, Das Normenkontrollverfahren (§ 47 VwGO) nach der 6. VwGO-Novelle, NJW 1998, 415; *P. Schütz*, Das „Recht auf gerechte Abwägung" im Bauplanungsrecht, NVwZ 1999, 929; *W. Skouris*, Die Legitimation zur Anfechtung von Bebauungsplänen, DVBl 1980, 315; *J. Spinner*, Der Verbandsklage gegen Bebauungspläne aufgrund des Umwelt-Rechtsbehelfsgesetzes, NuR 2011, 335; *R. Staudacher*, Verwaltungsgerichtliche Normenkontrolle und In-Sich-Prozeß, JZ 1985, 969; *B. Stüer*, Antragsbefugnis im Normenkontrollverfahren: Stürzt die Abwägungs- und Rechtsschutzpyramide ein?, BauR 1999, 1221; *T. Troidl*, Der funktionslose Bebauungsplan in der Normenkontrolle: Führt die einjährige Antragsfrist (§ 47 Abs. 2 Satz 1 VwGO) zur Funktionslosigkeit der Prinzipalkontrolle?, BauR 2010, 1511; *U. Wollenteit*, Antragsberechtigung bei der Normenkontrolle von Flächennutzungsplänen, NVwZ 2008, 1281; *J. Ziekow*, Die Antragsbefugnis Gewerbetreibender im Verfahren der verwaltungsgerichtlichen Normenkontrolle von Bebauungsplänen, GewArch 1990, 387; *ders.*, Die Zulässigkeit von Konkurrentenanträgen bei der Normenkontrolle von Bebauungsplänen, NVwZ 1991, 345.

5. Prüfungsmaßstab, Verhältnis zur verfassungsgerichtlichen Normenkontrolle (§ 47 Abs. 3 und 4)

a) Monographien und Beiträge in Sammelwerken: *K. A. Bettermann*, Das Verhältnis der verfassungsgerichtlichen zur oberverwaltungsgerichtlichen Normenkontrolle, in: Landesverfassungsgerichtsbarkeit, Teilbd. II, 1983, 467; *H. Guthardt-Schulz*, Die Begrenzung der verwaltungsgerichtlichen Normenkontrolle durch die Verfassungsgerichtsbarkeit, 1969; *W.r Kamp*, Das Verhältnis von verfassungsgerichtlichen und verwaltungsgerichtlichen Normenkontrollverfahren, 1992; *F. Knöpfle*, Die Bedeutung der Vorbehaltsklausel des § 47 Abs. 3 VwGO für das Normenkontrollverfahren vor dem Bayerischen Verwaltungsgerichtshof, in: FS Bay. VGH, 1979, 187; *W. Lossos*, Zur Abgrenzung der Normenkontrolle des Bayerischen Verfassungsgerichtshofs und des Bayerischen Verwaltungsgerichtshofs, in: FS Bay. VGH, 1979, 1; *J. Rozek*, Verwaltungsgerichtliche Normenkontrolle und Gebot der Rechtswegerschöpfung, in: FS zum 100jährigen Jubiläum des Sächsischen Oberverwaltungsgerichts, 2002, 385; *H.-W. Schrickel*, Die Verfassungsbeschwerde gegen unterstaatliches Recht in ihrem Verhältnis zur verwaltungsgerichtlichen Normenkontrolle, 1972; *R. Wilken*, Der Prüfungsmaßstab im verwaltungsgerichtlichen Normenkontrollverfahren, 1967.

b) Beiträge in Zeitschriften: *O. Bachof*, Bundesrecht als Maßstabsrecht im verwaltungsgerichtlichen Normenkontrollverfahren?, DÖV 1964, 9; *D. Birk*, Die neugefaßte Vorbehaltsklausel in § 47 VwGO, DVBl 1978, 161; *C. v. Coelln*, Landesverfassungsbeschwerde nach bundesgerichtlich abgeschlossener Normenkontrolle? Ja!, BayVBl 2002, 358; *T. Dünchheim*, Die Einwirkungen des Europarechts auf die verwaltungsprozessuale Normabwehr-, Normerlaß- und Normergänzungsklage, DÖV 2004, 137; *U. Engels*, Verfassungsrecht als Prüfungsmaßstab im Normenkontrollverfahren nach § 47 VwGO?, BayVBl 1970, 321; *C. Gröpl*, Fristenkollisionen zwischen verwaltungsgerichtlichem Normenkontrollverfahren und Verfassungsbeschwerde?, NVwZ 1999, 967; *R. Herzog*, Verfassungsgerichtliche und verwaltungsgerichtliche Normenkontrolle, BayVBl 1961, 368; *C. Jeremias*, Beachtlichkeit von Gemeinschaftsrecht im Rahmen der prinzipalen Normenkontrolle nach § 47 VwGO, NVwZ 2014, 495; *K. Obermayer*, Verfassungsrechtliche Aspekte der verwaltungsgerichtlichen Normenkontrolle, DVBl 1965, 625; *E. Pache/F. Burmeister*, Gemeinschaftsrecht im verwaltungsgerichtlichen Normenkontrollverfahren, NVwZ 1996, 979; *C. Pestalozza*, Die Verwaltungsgerichtsbarkeit im Grenzbereich zur Verfassungsgerichtsbarkeit, NJW 1978, 1782; *L. Renck*, Bundesrecht als Maßstabsrecht im verwaltungsgerichtlichen Normenkontrollverfahren?, DÖV 1964, 1; *M. Renck-Laufke*, Landesverfassungsbeschwerde nach bundesgerichtlich abgeschlossener Normenkontrolle?, BayVBl 2001, 488; *J. Rinze*, Europarecht als Prüfungsmaßstab im Rahmen der Normenkontrolle nach § 47 VwGO, NVwZ 1996, 458; *M. Sachs*, § 47 Abs. 3 VwGO und dem GG inhaltsgleiches Landesverfassungsrecht, BayVBl 1982, 396; *W.-R. Schenke*, Verwaltungsgerichtliche Normenkontrolle und Landesverfassungsgerichtsbarkeit, NJW 1978, 671; *W.-E. Sommer*, Vorlagepflicht des OVG an den EuGH im verwaltungsgerichtlichen Normenkontrollverfahren, NVwZ 1996, 135; *W. Vehsel/J. Hammann*, Verwaltungsgerichtliche Normenkontrolle und Verfassungsbeschwerde, Der Gemeindetag 1976, 62; *R. Wieczorek*, Verfassungsrecht als Prüfungsmaßstab im Normenkontrollverfahren nach § 47 VwGO?, BayVBl 1970, 320; *R. Wilken*, Rechtsschutz gegen Normen und verwaltungsgerichtliche Normenkontrolle, DVBl 1969, 532; *H. Wolff*, Die Subsidiarität des § 47 Abs. 3 VwGO aus bayerischer Sicht, BayVBl 2003, 321.

6. Normenkontrollentscheidung (§ 47 Abs. 5)

a) Monographien und Beiträge in Sammelwerken: *P. Baumeister*, Das Rechtswidrigwerden von Normen, 1996; *T. Gerhard*, Die Rechtsfolgen prinzipaler Normenkontrollen für Verwaltungsakte. § 79 Abs. 2 BVerfGG und § 183 VwGO, 2008; *ders.*, Das Verbot der Vollstreckung von Verwaltungsakten als Rechtsfolge prinzipaler Normenkontrollen, in: FS Schenke, 2011, 721; *D. Heckmann*, Geltungskraft und Geltungsverlust von Rechtsnormen, 1997; *R. Käß*, Inhalt und Grenzen des Grundsatzes der Planerhaltung, 2002; *L. Kintrup*, Teilnichtigkeit von Rechtsnormen, 1999; *S. Rude*, Planreparatur, 2000; *J. Schmidt/A. Lange*, Die Sachentscheidung im verwaltungsgerichtlichen Normenkontrollverfahren, in: FS für Otto Mühl, 1981, 595; *H. Sendler*, Plan- und Normerhaltung vor Gericht, in: Planung. FS für Werner Hoppe zum 70. Geb., 2000, 1011; *H. Steinwede*, Planerhaltung im Städtebaurecht durch Gesetz und richterliche Rechtsfortbildung, 2003; *D. Wilke*, Teilnichtigkeit von Bebauungsplänen, in: Planung und Plankontrolle. Otto Schlichter zum 65. Geb., 1995, 567.

b) Beiträge in Zeitschriften: *K. Becker*, Die antragsunabhängige Teilnichtigkeit wegen „untrennbaren Regelungszusammenhanges" in der Bebauungsplankontrolle nach § 47 VwGO, BauR 1980, 195; *C. Bickenbach*, § 47 V 2 VwGO n.F. und die Unwirksamkeit von Rechtsvorschriften, NVwZ 2006, 178; *S. Burger*, Die administrative Nichtanwendung unionsrechtswidriger Normen, DVBl 2011, 985; *K.-P. Dolde*, Das ergänzende Verfahren nach § 215a I BauGB als Instrument der Planerhaltung, NVwZ 2001, 976; *A. Gern*, Teilnichtigkeit von Gesetzen und Satzungen, NVwZ 1987, 851; *F. Grünebaum*, Teilablehnung eines Normenkontrollantrages bei Unwirksamkeitserklärung nach § 47 V 4 VwGO?, DVP 2004, 50; *ders.*, Nichtigerklärung im Normenkontrollverfahren über einen Antrag auf Teilnichtigerklärung hinaus?, DVP 2005, 456; *W. Hoppe/P. Henke*, Der Grundsatz der Planerhaltung im neuen Städtebaurecht, DVBl 1997, 1407; *J. Hüttenbrink*, „Grundsatz der Planerhaltung – Leitmotiv für Neuerungen bei der Normenkontrolle, § 47 VwGO", BauR 1999, 351; *H. Jäde*, Die „Aufhebung" nichtiger Bebauungspläne, BayVBl 1988, 5; *S. Jung*, Umfang der Prüfungspflicht des Normenkontrollgerichts zur Entscheidung gem. § 47 Abs. 5 Satz 4 VwGO, BauR 2002, 1638; *H. Kehrbusch*, Rechtsfolgen der Nichtigerklärung von Bebauungsplänen im verwaltungsgerichtlichen Normenkontrollverfahren gem. § 47 VwGO, BlGBW 1981, 121; *H. H. Klein*, Der Umfang der Entscheidungsbefugnis der Oberverwaltungsgerichte im Normenkontrollverfahren nach § 47 VwGO, NJW 1961, 1612; *C. Lenz/D. Klose*, Der menschenrechtliche Anspruch auf mündliche Verhandlung über Normenkontrollanträge, NVwZ 2000, 1004; *M. Quaas*, Zur Prüfungspflicht im Normenkontrollverfahren über Bebauungsplänen, VBlBW 2002, 289; *W. Rieger*, Bedeutung und Rechtsfolgen der Regelung in § 215a Abs. 1 BauGB über das ergänzende Verfahren zur Behebung von Satzungsmängeln, UPR 2003, 161; *ders.*, Nochmals: § 47 V 2 VwGO a.F. und die Unwirksamkeit von Rechtsvorschriften, NVwZ 2006, 1027; *E. Röper*, Nichtigkeit und Teilnichtigkeit kommunaler Beschlüsse und Normen, NVwZ 1982, 298; *M. Schaber*, Unbeachtlichkeit und Heilung von Fehlern bei Bauleitplänen und anderen städtebaulichen Satzungen nach dem Bau- und Raumordnungsgesetz 1998, VBlBW 1998, 161; *J. Schmidt*, Möglichkeiten und Grenzen der Heilung von Satzungen nach § 215a BauGB, NVwZ 2000, 977; *S. Tysper*, Zur Rechtsfigur der Funktionslosigkeit von Bebauungsplänen als bauplanungsrechtliches Paradigma für die Derogation von Normen, BauR 2001, 349.

7. Einstweilige Anordnung (§ 47 Abs. 6)

a) Monographien und Beiträge in Sammelwerken: *J. Eckert*, Die einstweilige Anordnung im Verfahren der verwaltungsgerichtlichen Normenkontrolle nach § 47 VwGO, 1971; *K. Engelken*, Einstweilige Regelungen im verwaltungsgerichtlichen Normenkontrollverfahren nach § 47 VwGO, 1971; *I. König-Ouvrier*, Die Zulässigkeit einstweiliger Anordnungen im verwaltungsgerichtlichen Normenkontrollverfahren, 1977; *F. Schoch*, Vorläufiger Rechtsschutz und Risikoverteilung im Verwaltungsrecht, 1988, 453–508.

b) Beiträge in Zeitschriften: *F. Czermak*, Vorläufiger Rechtsschutz „im" Normenkontrollverfahren?, BayVBl 1974, 612; *K. Engelken*, Einstweilige Anordnungen nach § 123 VwGO im verwaltungsgerichtlichen Normenkontrollverfahren (§ 47 VwGO)?, DÖV 1971, 331; *H.-U. Erichsen/A. Scherzberg*, Die einstweilige Anordnung im Verfahren der verwaltungsgerichtlichen Normenkontrolle (§ 47 Abs. 7 VwGO), DVBl 1987, 168; *H. Grave*, Vorläufiger Rechtsschutz gem. § 47 Abs. 7 VwGO, BauR 1981, 157; *G. Haurand*, Einstweiliger Rechtsschutz im Verfahren der abstrakten Normenkontrolle, DVP 2001, 386 und 2002, 163; *H. Jäde*, Rechtsschutzaspekte der einstweiligen Anordnung im verwaltungsgerichtlichen Normenkontrollverfahren gegen Bebauungspläne, UPR 2009, 41; *ders.*, Zur Bindungswirkung der einstweiligen Anordnung im Normenkontrollverfahren gegen Bebauungspläne, ZfBR 2012, 538; *U. Karpen*, Einstweiliger Rechtsschutz des Nachbarn im Baurecht, NJW 1986, 881; *J. Kerkmann*, Die einstweilige Anordnung gegen Bebauungspläne, BauR 2011, 1921; *H. Klein/H.-W. Kupfer*, Die einstweilige Anordnung im verwaltungsgerichtlichen Normenkontrollverfahren gegen Hochschulsatzungen, DÖV 1970, 73; *E. Klotz*, Normenkontrolle nach § 47 VwGO und einstweilige Anordnung, DÖV 1966, 186; *H.-J. Krieger*, Vorläufiger Rechtsschutz gegen Gesamtplanungen, NuR 1983, 257; *W.-R. Schenke*, Die einstweilige Anordnung i.V.m. der verwaltungsgerichtlichen Normenkontrolle (§ 47 Abs. 7 VwGO), DVBl 1979, 169; *R. Zuck*, Die einstweilige Anordnung im Normenkontrollverfahren nach § 47 Abs. 7 VwGO, DÖV 1977, 848.

I. Die Entwicklung des Normbestands

1 **1. Entstehung des § 47.** § 25 der in den der amerikanischen Besatzungszone angehörenden Ländern Bayern, Bremen, Hessen und Württemberg-Baden geltenden Verwaltungsgerichtsgesetze (VGG) aus den Jahren 1946 und 1947 bestimmte:

„(1) Im Rahmen der sachlichen Zuständigkeit der Verwaltungsgerichte entscheidet der Verwaltungsgerichtshof auf Antrag durch Beschluss über die Gültigkeit einer Verordnung oder einer sonstigen, im Range unter dem Gesetz stehenden Rechtsvorschrift. Den Antrag kann eine Behörde sowie jedermann stellen, der durch Anwendung der Rechtsvorschrift in absehbarer Zeit eine Benachteiligung zu gewärtigen hat.

(2) Die Entscheidung ist allgemein verbindlich. Sie ist öffentlich bekanntzumachen."

Die übrigen Länder kannten keine verwaltungsgerichtliche Normenkontrolle. Der 1951 veröffentlichte sog. Präsidentenentwurf[1] lehnte sich in seinem § 47 an das Vorbild des § 25 VGG an, strich jedoch das Antragsrecht von Behörden und enthielt einen Vorbehalt für abweichende Regelungen durch die Landesgesetzgebung. Über die Gültigkeit landesrechtlicher Vorschriften sollte das OVG (§ 47), über die bundesrechtlicher Normen das BVerwG entscheiden (§ 49).

2 § 46 des Regierungsentwurfs einer VwGO (BT-Drs. 3/55 Anl. 1) sah nicht die bundesrechtliche Geltung mit landesrechtlichem Abweichungsvorbehalt vor, sondern wollte die Einführung den Ländern überlassen; Grund hierfür war die vor Erlass der VwGO bestehende weitgehende Rechtszersplitterung (Begründung des Regierungsentwurfs einer VwGO, BT-Drs. 3/55 Anl. 1 zu § 46). Der vom Bundesrat vorgeschlagenen und mit der Verletzung des eine Allgemeinverbindlichkeit der Entscheidung ausschließenden Grundsatzes der Gleichwertigkeit der Gerichtszweige sowie der durch die bloß fakultative Einführung im Bundesgebiet entstehenden unerwünschten Uneinheitlichkeit begründeten Streichung der Bestimmungen über das Normenkontrollverfahren[2] trat die Bundesregierung unter Hinweis darauf entgegen, es bestehe kein zwingender Grund dafür, den bis dahin unter dem § 25 VGG lebenden Ländern die Möglichkeit der abstrakten Normenkontrolle zu nehmen.[3]

3 **2. Änderungen.** Von der durch § 47 in seiner ursprünglichen Fassung eröffneten Möglichkeit, die Normenkontrolle durch das OVG einzuführen, machten nur die Länder Baden-Württemberg, Bayern, Bremen, Hessen und Schleswig-Holstein Gebrauch. Um die dadurch eingetretenen Unterschiede im

---

1 Entwurf einer Bundesverwaltungsgerichtsordnung, aufgestellt von der Vereinigung der Präsidenten der Verwaltungsgerichte, DVBl 1951, nach 568.
2 Stellungnahme des Bundesrates zum Entwurf einer VwGO, BT-Drs. 3/55 Anl. 2 sub 30 a.
3 Stellungnahme der Bundesregierung zu den Änderungsvorschlägen des Bundesrates, BT-Drs. 3/55 Anl. 3 zu § 46.

Rechtsschutz zumindest auf dem besonders wichtigen Gebiet der Satzungen nach dem damaligen Bundesbaugesetz und Städtebauförderungsgesetz zu beseitigen,[4] führte das Gesetz zur Änderung verwaltungsprozessualer Vorschriften vom 24.8.1976 (BGBl I 2437) in § 47 Abs. 1 Nr. 1 bundeseinheitlich das Normenkontrollverfahren gegen nach den Vorschriften des BBauG und des StBauFG erlassene Satzungen und entsprechende Rechtsverordnungen ein. Nachdem auf Vorschlag des Bundesrates die Vorlage bei grundsätzlicher Bedeutung der Rechtssache in § 47 Abs. 5 S. 1 Nr. 1 a.F. und die Möglichkeit der Entscheidung durch Beschluss (§ 47 Abs. 6 S. 1 jetzt: Abs. 5) in den Entwurf aufgenommen worden waren (vgl. die Stellungnahme des Bundesrates, BT-Drs. 7/4324 Anl. 2 sub 1 und 2), gab das Änderungsgesetz 1976 den Abs. 1–6 und 8 (zunächst: Abs. 7) ihre bis zum 31.12.1996 gültige Fassung. Die seit längerem geforderte Nichtvorlagebeschwerde[5] wurde durch Art. 2 Nr. 9 des Gesetzes über das Baugesetzbuch vom 8.12.1986 (BGBl I 2191) als Abs. 7 in den § 47 eingefügt und der Wortlaut des § 47 Abs. 1 Nr. 1 dem BauGB angepasst. Das Gesetz zur Neuregelung des verwaltungsgerichtlichen Verfahrens vom 17.12.1990 (Viertes Gesetz zur Änderung der VwGO, BGBl I 2809) und das Fünfte Gesetz zur Änderung des Gesetzes über das BVerfG vom 2.8.1993 (BGBl I 1442) betrafen das später aufgehobene Verfahren der Vorlage an das BVerwG und die entsprechende Nichtvorlagebeschwerde. Art. 1 Nr. 2 des Sechsten Gesetzes zur Änderung der VwGO vom 1.11.1996 (BGBl I 1626) ersetzte das Nachteilserfordernis in § 47 Abs. 2 S. 1 durch die Voraussetzung der Geltendmachung einer Rechtsverletzung und führte die zweijährige Antragsfrist ein. Die früheren Abs. 5 und 7 des § 47 wurden aufgehoben, die bisherigen Abs. 6 und 8 zu den Abs. 5 und 6. § 47 Abs. 5 S. 4, der für Vorschriften i.S.v. § 47 Abs. 1 Nr. 2 die Unwirksamerklärung bis zur Behebung der festgestellten Mängel der Vorschrift in einem ergänzenden Verfahren nach dem damaligen § 215 a BauGB vorsah, wurde durch Art. 8 des Gesetzes zur Änderung des Baugesetzbuchs und zur Neuregelung des Rechts der Raumordnung vom 18.8.1997 (BGBl I 2081) angefügt und durch Art. 4 des Gesetzes zur Anpassung des Baugesetzbuchs an EU-Richtlinien vom 24.6.2004 (BGBl I 1359) wieder aufgehoben. In Reaktion auf ein obiter dictum des BVerfG (BVerfG DVBl 2000, 1842, 1843 f.) wurde der die Möglichkeit einer einfachen Beiladung vorsehende Satz 4 in § 47 Abs. 2 durch das RmBereinVpG vom 20.12.2001 (BGBl I 3987) aufgenommen. Art. 4 des Gesetzes zur Anpassung des Baugesetzbuchs an EU-Richtlinien vom 24.6.2004 (BGBl I 1359) ersetzte die bis dahin in § 47 Abs. 5 S. 2 vorgesehene *Nichtig*erklärung der Vorschrift durch das OVG durch die Unwirksamerklärung. Durch Art. 3 des Gesetzes zur Erleichterung von Planungsvorhaben für die Innenentwicklung der Städte vom 21.12.2006 (BGBl I 3316) wurde zum einen die Antragsfrist des § 47 Abs. 2 S. 1 von zwei Jahren auf ein Jahr verkürzt und zum anderen die Präklusionsregelung des Abs. 2 a eingeführt. Letztere wurde wieder aufgehoben durch Art. 5 des Gesetzes zur Anpassung des Umwelt-Rechtsbehelfsgesetzes und anderer Vorschriften an europa- und völkerrechtliche Vorgaben vom 29.5.2017 (BGBl I 1298), weil die Einwendungspräklusion des früheren § 47 Abs. 2 a als mit europäischem Umweltrecht nicht vereinbar angesehen wurde (BT-Drs. 18/9526, 51).

II. Die Grundlagen des Normenkontrollverfahrens

Trotz der Neufassungen, die der § 47 seit Inkrafttreten der VwGO erfahren hat, ist die Vorschrift noch immer eine der problematischsten und vom Grundsätzlichen bis ins Detail umstrittensten Normen über das verwaltungsgerichtliche Verfahren. Dass auch der Gesetzgeber Schwierigkeiten mit der systematischen Erfassung der oberverwaltungsgerichtlichen Normenkontrolle hatte, zeigt die Einordnung der Norm unter die Zuständigkeitsvorschriften der §§ 45–53. Bereits ohne nähere Betrachtung der Funktion des § 47 wird deutlich, dass die Norm nicht wie etwa die §§ 48 und 50 eine bloße Ausnahme vom Prinzip des § 45 enthält.[6] Die gegenteilige Auffassung würde nämlich dazu führen, dass über alle nicht von § 47 Abs. 1 Nr. 1 und 2 erfassten Normen das VG nach § 45 – vorbehaltlich eines verfassungsgerichtlichen Verwerfungsmonopols – in *prinzipaler* Normenkontrolle entscheiden würde. Die weitreichenden praktischen Auswirkungen einer praktikablen Theorie des verwaltungsgerichtlichen Normenkontrollverfahrens werden schon an diesem Bsp. deutlich.

4

---

4   Vgl. die Begründung des Regierungsentwurfs eines Gesetzes zur Änderung verwaltungsprozessualer Vorschriften, BT-Drs. 7/4324 Anl. 1 S. 6 f.
5   Vgl. nur *R. Stich*, DVBl 1982, 173.
6   A.M. *Kopp/Schenke* § 45 Rn. 3; *Schenke* Rn. 439; *Schunck/De Clerck* § 45 Anm. 2 b.

5 Die Befassung mit dem Normenkontrollverfahren setzt Klarheit über die verwendete Begrifflichkeit voraus. Begriffspaare bilden die Termini abstrakte und konkrete Normenkontrolle einserseits und prinzipale und inzidente Normenkontrolle andererseits.[7] Die Unterscheidung zwischen prinzipaler und inzidenter Normenkontrolle knüpft an die Art der Entscheidung über die Norm an: Erfolgt eine ausdrückliche Entscheidung über die Rechtmäßigkeit oder Gültigkeit einer Norm, gleichsam in der Hauptsache, so liegt eine prinzipale Normenkontrolle vor. Wird die Frage nach der Rechtmäßigkeit oder Gültigkeit einer Norm nicht ausdrücklich, sondern nur als Vorfrage zur Lösung eines anderen Problems beantwortet, so handelt es sich um eine inzidente Normenkontrolle. Anknüpfungspunkt für die Differenzierung in abstrakte und konkrete Normenkontrolle als Varianten der prinzipalen Normenkontrolle ist dagegen der Anlass des Verfahrens: Bei der konkreten Normenkontrolle wird eine zunächst nur als Vorfrage für die Entscheidung eines einzelnen Rechtsstreits erforderliche Überprüfung der Rechtmäßigkeit einer Norm aus dem konkreten Verfahren herausgelöst und zu einer prinzipalen Normenkontrolle verselbständigt. Die abstrakte Normenkontrolle führt ohne Bezug auf einen Rechtsanwendungsfall unmittelbar zur ausdrücklichen Normentscheidung. Unter Zugrundelegung dieser Terminologie enthält § 47 einen Fall der prinzipalen abstrakten Normenkontrolle.

6 **1. Verfassungsrechtliche Qualifikation.** Die verfassungsrechtliche Qualifikation der prinzipalen abstrakten Normenkontrolle durch das OVG hat sich dem Problem einer Typologisierung der Normenkontrolle am Maßstab des Verfassungsrechts zu stellen.

7 **a) Funktionale Zuordnung.** In Art. 1 Abs. 1 sowie 20 Abs. 2 S. 2 und Abs. 3 benennt das GG als staatliche Funktionen die Gesetzgebung, die vollziehende Gewalt und die Rspr. Die Zuordnung der Normenkontrolle zur Funktion der Rspr. wird mit beachtlichen Argumenten unter Hinweis darauf bestritten, dass es sich materiell um eine negative Rechtsetzung handele.[8] Sieht man von der bestrittenen und wenig tragfähigen These einer konstitutiven und nicht lediglich deklaratorischen Wirkung einer prinzipalen Normverwerfungsentscheidung[9] ab, so bleibt als Begründung dieser Auffassung die Feststellung, die Beseitigung einer Rechtsnorm wirke in gleicher Weise abstrakt-generell sozialgestaltend wie ihr Erlass.[10] Dass in die richterliche Normenkontrolle Elemente der Rechtsetzung eingehen, lässt sich i.E. kaum leugnen.[11] Nichtsdestoweniger bleibt die Verwerfungsentscheidung im Normenkontrollverfahren ein Akt, der von einem Gericht i.S.d. Art. 92 GG in den Formen eines justiziellen Verfahrens vollzogen wird. Das entscheidende Kriterium der Normenkontrolle ist ihre Ausübung durch ein Organ der Rspr. Demgegenüber ist der allgemein verbindliche Nichtigkeitsausspruch die bloße Folge einer rechtsprechenden Tätigkeit, eine Komplementärfunktion, die für die funktionelle Zuordnung nicht prägend werden kann.[12] Auch die prinzipale Normenkontrolle ist daher der Rspr., nicht der Rechtsetzung zuzurechnen.[13]

8 **b) Zuordnung zu einer Gerichtsbarkeit.** Die Zuordnung zu einer Gerichtsbarkeit nach materiellen Gesichtspunkten wird bereits durch die Einordnung als Rspr. im materiellen Sinne indiziert. Schon die Begründung des Regierungsentwurfs einer VwGO hob hervor, dass „die Normenkontrolle ihrem Wesen nach an sich zur Verfassungsgerichtsbarkeit" gehöre (BT-Drs. 3/55, 33 zu § 46). In der Tat spricht das rechtsetzende, wenngleich nur komplementäre Element der prinzipalen Normenkontrolle (→ Rn. 7) dafür, eine verbindliche Normverwerfung nicht als Verwaltungsgerichtsbarkeit i.S.d. Art. 95 Abs. 1 GG zu verstehen. Dementsprechend hat das BVerwG darauf hingewiesen, dass die prinzipale Normenkontrolle nicht jeder Verwaltungsgerichtsbarkeit eigen sei (BVerwG DÖV 1965, 169). Würde

---

7 Dazu und zum Folgenden etwa *W. Besler*, Probleme, 1981, 5 ff.; *K. A. Bettermann*, ZZP 72 (1959), 32, 34 f.; *A. Braun*, Antragsbefugnis, 1982, 7 f.; *L. Renck*, BayVBl 1979, 225, 230 f.

8 VGH Kassel ESVGH 14, 189, 190 f.; NJW 1967, 798, 799; ESVGH 23, 122, 123; VGH München BayVGH (N. F.) 25, 27, 35; *N. Achterberg*, Probleme der Funktionenlehre, 1970, 143 ff.; *H.-G. König*, DVBl 1963, 81; *K. Obermayer*, DVBl 1965, 625, 631.

9 *N. Achterberg*, Probleme der Funktionenlehre, 1970, 144 ff.

10 *N. Achterberg*, Probleme der Funktionenlehre, 1970, 148.

11 *Dederer*, in: Maunz/Dürig Art. 100 Rn. 14 m.w.N.

12 *Dederer*, in: Maunz/Dürig Art. 100 Rn. 18.

13 *W. Besler*, Probleme, 1981, 125; *K. A. Bettermann*, DVBl 1982, 91; *A. Braun*, Antragsbefugnis, 1982, 13; *H.-K. v. Kupsch*, Bedeutung, 1965, 62; *K. Meyer*, Zehn Jahre Verwaltungsgerichtsordnung, 1970, 161, 167; *M. Quaas/K. Müller*, Normenkontrolle, 1986, Rn. 10; *L. Renck*, BayVBl 1979, 225, 226; *ders.*, NJW 1980, 1022, 1024; *J. Schmidt*, Rechtscharakter, 1968, 155 ff.; *K. Wolfram*, Normenkontrolle, 1967, 27 ff.

man diese Frage anders beurteilen, so müsste § 47 als Regelung der sachlichen Zuständigkeit des OVG verstanden werden,[14] mit der bereits geschilderten Konsequenz einer Auffangzuständigkeit der VG zur prinzipalen Normenkontrolle nach § 45 (→ Rn. 4 m.w.N.). Diese Folgerung wird jedoch von den Verfechtern einer Zuordnung der Normenkontrolle zur Verwaltungsgerichtsbarkeit[15] inkonsequenterweise gerade nicht gezogen, sondern § 47 ausdrücklich als abschließende Sonderregelung qualifiziert.[16]

Die Auffassung, die Normenkontrolle nach § 47 sei materiell Verfassungsgerichtsbarkeit,[17] hat insbes. **9** ihre systematische Folgerichtigkeit für sich. Sie vermag zu erklären, weshalb der § 47 in den Abschnitt „Verwaltungsrechtsweg und Zuständigkeit" aufgenommen wurde, obwohl er keine von § 45 abweichende Regelung der sachlichen Zuständigkeit beinhaltet: Ist nämlich die Normenkontrolle materiell Verfassungsgerichtsbarkeit, so ist sie eine Ausnahmebestimmung zum Ausschluss verfassungsrechtlicher Streitigkeiten aus dem Verwaltungsrechtsweg durch § 40 Abs. 1 S. 1. Die in den Worten „im Rahmen seiner Gerichtsbarkeit" des § 47 Abs. 1 enthaltene Einschränkung ist dann kein überflüssiger Verweis auf § 40 Abs. 1 S. 1, sondern eigenständig zu interpretieren (→ Rn. 39 ff.). Die vom BVerfG gegen die eigene Behauptung, nur die prinzipale Normenkontrolle eines förmlichen Gesetzes sei Verfassungsgerichtsbarkeit (BVerfGE 70, 35, 55), und den ausdrücklichen Wortlaut des § 47 Abs. 1 Nr. 1 ausgesprochene Einbeziehung von in Gesetzesform festgestellten Bebauungsplänen in die oberverwaltungsgerichtliche Normenkontrolle (BVerfGE 70, 35, 56 ff.) wäre nicht zwangsläufig als „Systembruch im Bereich des Verwaltungsprozessrechts" (Sondervotum des Richters *Steinberger* zu BVerfGE 70, 35, BVerfGE 70, 59, 65) zu qualifizieren, sondern könnte durch eine teleologische Auslegung des § 47 Abs. 1 Nr. 1 geleistet werden (→ Rn. 82 ff.).

Schließlich wird die Ordnung des Verhältnisses zwischen oberverwaltungsgerichtlicher und landesver- **10** fassungsgerichtlicher Normenkontrolle durch § 47 Abs. 3 ohne Weiteres transparent, nämlich als kompetentieller Vorbehalt zugunsten der Landesgesetzgebung. Die Kontrolle derselben Norm kann nicht materielle Verwaltungsgerichtsbarkeit sein, wenn sie durch das OVG durchgeführt wird, und materielle Verfassungsgerichtsbarkeit, wenn sie durch ein Landesverfassungsgericht erfolgt. Da eine Zuordnung der Normenkontrolle nach § 47 zur materiellen Verwaltungsgerichtsbarkeit dazu führen würde, dass die Kompetenzen des Landesgesetzgebers außerhalb der in diesem Falle als Ermächtigung zu verstehenden Klausel ausschließlicher landesverfassungsgerichtlicher Zuständigkeit nach § 47 Abs. 3 gesperrt wären, liegt es im Interesse der Zulassung einer konkurrierenden Zuständigkeit der Landesverfassungsgerichte (BayVerfGH NJW 1984, 226) und damit der durch Art. 30 und 70 GG vorgezeichneten grundsätzlichen Länderzuständigkeit, die Normenkontrolle als materielle Verfassungsgerichtsbarkeit zu begreifen. Es geht mithin bei der Qualifikation der verwaltungsgerichtlichen Normenkontrolle als materieller Verfassungsgerichtsbarkeit nicht darum – um die vielzitierten, jedoch in anderem Zusammenhang geäußerten und häufig missverstandenen Worte *Otto Bachof*s aufzugreifen –, durch die Einordnung der „Parkverbote als Domäne der Verfassungsgerichte... Unfug" zu treiben;[18] geleistet werden soll vielmehr die systemgerechte Erfassung des § 47 im Zusammenspiel von Verfassungs- und Verwaltungsprozessrecht.

2. Verfassungsrechtliche Einschränkungen. Verfassungsrechtliche Einschränkungen lassen sich aus **11** der Einstufung der oberverwaltungsgerichtlichen Normenkontrolle als materielle Verfassungsgerichtsbarkeit nicht herleiten.

---

14 So nachdrückl. *H.-K. v. Kupsch*, Bedeutung, 1965, 70 f.
15 *W. Besler*, Probleme, 1981, 130 ff.; *K. A. Bettermann*, AöR 86 (1961), 129, 157; *A. Braun*, Antragsbefugnis, 1982, 15 f.; *O.-R. v. Engelhardt*, Rechtsschutz, 1971, 198; *C. Kuntz*, Rechtsschutz, 2001, S. 86 ff.; *H.-K. v. Kupsch*, Bedeutung, 1965, 95 ff.; *H. Maurer*, FS Kern, 1968, 275, 292; *K. Meyer*, Zehn Jahre Verwaltungsgerichtsordnung, 1970, 161, 174 (mit einer Ausnahme für Verordnungen der Landesregierung); *K. Obermayer*, DVBl 1965, 625, 628; *ders.*, Zehn Jahre Verwaltungsgerichtsordnung, 1970, 142, 146; *H. Schäfer*, in: Staatsbürger und Staatsgewalt, Bd. 1, 1963, 159, 176; *R. Wilken*, Prüfungsmaßstab, 1967, 21; wohl auch BVerwGE 80, 355, 358 f.
16 *H.-K. v. Kupsch*, Bedeutung, 1965, 123.
17 OVG Münster OVGE 23, 159, 161; VGH Kassel ESVGH 23, 122, 124; *W. Bergmann*, VerwArch 51 (1960), 36, 39; *H. Guthardt-Schulz*, Begrenzung, 1969, 73; *Koehler* § 47 Anm. II 1; *Ch.-F. Menger*, Landesrecht vor Bundesgerichten, 1962, 29; *ders.*, JZ 1965, 720, 722; *H. Müller*, DÖV 1965, 759; *L. Renck*, BayVBl 1979, 262, 263; *W.-R. Schenke*, NJW 1978, 671, 673 ff.; *ders.*, Rechtsschutz, 1979, 264 ff.; *ders.*, VerwArch 82 (1991), 307, 342 ff.; *K. Wolfram*, Normenkontrolle, 1967, 29 ff.
18 *O. Bachof*, AöR 86 (1961), 186, 193.

12 **a) Gesetzgebungskompetenz des Bundes.** Die Gesetzgebungskompetenz des Bundes ergibt sich aus der konkurrierenden Zuständigkeit für das gerichtliche Verfahren nach Art. 74 Abs. 1 Nr. 1 GG.[19] Der Umstand, dass es sich bei der prinzipalen Normenkontrolle um materielle Verfassungsgerichtsbarkeit handelt, ändert nichts daran, dass auch ein Normenkontrollverfahren ein gerichtliches Verfahren i.S.v. Art. 74 Abs. 1 Nr. 1 GG ist (BVerwGE 64, 77, 79).[20] Seine grundsätzliche Regelungskompetenz aus Art. 74 Abs. 1 Nr. 1 GG belässt dem Bundesgesetzgeber die Möglichkeit, ein Verfahren formal abweichend von seinem materiellen Gehalt zu klassifizieren, mithin ein materiell verfassungsgerichtliches Verfahren der Verwaltungsgerichtsbarkeit zuzuweisen.[21] Ein Eingriff in die Kompetenz der Länder für die Normierung der Landesverfassungsgerichtsbarkeit und eine daraus abzuleitende Verfassungswidrigkeit des § 47[22] kommt von vornherein nicht in Betracht, weil konkurrierende Zuständigkeiten der Landesverfassungsgerichte nicht berührt werden (BayVerfGH NJW 1984, 226) und deren ausschließliche Zuständigkeit durch § 47 Abs. 3 gewahrt bleibt.

13 **b) Verhältnis zu Art. 93 Abs. 1 Nr. 2 GG.** Wer das Verhältnis zu Art. 93 Abs. 1 Nr. 2 GG durch die Neufassung der Vorbehaltsklausel des § 47 Abs. 3 als gesichert und den zu § 47 S. 1 letzter Hs. a.F. geführten Streit zwischen der sog. abstrakten und der sog. konkreten Betrachtungsweise erledigt glaubt,[23] verkürzt die Problematik.[24] Lediglich die Frage nach dem Prüfungsmaßstab in Normenkontrollverfahren nach § 47 ist nunmehr eindeutig i.S.d. Einbeziehung von Bundesrecht einschließlich des Bundesverfassungsrechts beantwortet (→ Rn. 334). Da Art. 93 Abs. 1 Nr. 2 GG die abstrakte Normenkontrolle durch das BVerfG nicht nur für Bundesrecht am Maßstab des Grundgesetzes, sondern auch für Landesrecht jeder Stufe[25] am Maßstab des Grundgesetzes oder sonstigen Bundesrechts vorsieht, ist der Prüfungsgegenstand dieses Verfahrens teilidentisch mit dem der Normenkontrolle durch das BVerfG.

14 Die absolut h.M. beruhigt sich ob des Konkurrenzverhältnisses zwischen § 47 und Art. 93 Abs. 1 Nr. 2 GG mit der Bemerkung, Art. 93 Abs. 1 Nr. 2 GG entfalte keine exklusive Wirkung.[26] Sieht man von der unhaltbaren These ab, wegen der geringeren Bedeutung des Prüfungsgegenstandes sei eine konkurrierende Zuständigkeit des OVG zu akzeptieren,[27] so wird zur Begründung jener Auffassung insbes. angeführt, aus dem Vorbehalt zugunsten der Landesverfassungsgerichtsbarkeit in § 47 Abs. 3 lasse sich der Umkehrschluss ziehen, ein Vorbehalt zugunsten der dort nicht erwähnten Bundesverfassungsgerichtsbarkeit bestehe nicht.[28] Dem ist bereits entgegenzuhalten, dass eine nach Art. 93 Abs. 1 Nr. 2 GG bestehende Exklusivität bundesverfassungsgerichtlicher Normenkontrolle nicht durch einfaches Gesetzesrecht beseitigt werden könnte. Überwiegend wird die Ansicht von der neben der verfassungsgerichtlichen bestehenden Normenkontrollzuständigkeit des OVG mit dem unterschiedlichen Kreis möglicher Antragsteller nach Art. 93 Abs. 1 Nr. 2 GG einerseits und § 47 Abs. 2 S. 1 andererseits gerechtfertigt.[29] Zwar ist dieser Auffassung i.E. weitgehend zuzustimmen, jedoch verwechselt sie Begründung und Resultat: Entweder die abstrakte Normenkontrolle vor dem BVerfG und vor dem OVG bestehen uneingeschränkt nebeneinander; dann kommt es auf die Verschiedenheit potenzieller Antragsteller nicht an. Oder Art. 93 Abs. 1 Nr. 2 GG entfaltet eine Ausschlusswirkung zugunsten des BVerfG;

19 Begründung des Regierungsentwurfs eines Gesetzes zur Änderung verwaltungsprozessualer Vorschriften, BT-Drs. 7/4324, 6; BVerwGE 64, 77, 78 f.; *K. A. Bettermann*, Landesverfassungsgerichtsbarkeit II, 1983, 467, 475; *A. Braun*, Antragsbefugnis, 1982, 21; *F. Elias*, Abgrenzungsprobleme, 1968, 5; *H.-K. v. Kupsch*, Bedeutung, 1965, 122; *M. Quaas/K. Müller*, Normenkontrolle, 1986, Rn. 12; *R. Wilken*, Prüfungsmaßstab, 1967, 20.

20 *M. Quaas/K. Müller*, Normenkontrolle, 1986, Rn. 12.

21 *M. Quaas/K. Müller*, Normenkontrolle, 1986, Rn. 12. A.M. wohl *R. Wilken*, Prüfungsmaßstab, 1967, 20.

22 So *L. Renck*, Untersuchungen, 1964, 108 ff.; *ders.*, BayVBl 1979, 262, 266 f.; *ders.*, NJW 1980, 1022, 1026; *W.-R. Schenke*, NJW 1978, 671, 675; *ders.*, Rechtsschutz, 1979, 274 f.

23 So etwa *W. Besler*, Probleme, 1981, 111.

24 Schon *C. Pestalozza*, NJW 1978, 1782, 1786.

25 *T. Maunz*, in: Maunz/Dürig Art. 93 Rn. 24.

26 Begründung des Regierungsentwurfs eines Gesetzes zur Änderung verwaltungsprozessualer Vorschriften, BT-Drs. 7/4324, 10; BVerwGE 64, 77, 79; *W. Besler*, Probleme, 1981, 111 f.; *K. A. Bettermann*, Landesverfassungsgerichtsbarkeit II, 1983, 467, 476; *A. Braun*, Antragsbefugnis, 1982, 249; *M. Quaas/K. Müller*, Normenkontrolle, 1986, Rn. 13; *W.-R. Schenke*, Rechtsschutz, 1979, 276 f.

27 So *Schunck/De Clerck* § 47 Anm. 4 b aa.

28 So *A. Braun*, Antragsbefugnis, 1982, 249; *F. Knöpfle*, FS Bay. VGH, 1979, 187, 193.

29 BVerwGE 64, 77, 79; *K. A. Bettermann*, Landesverfassungsgerichtsbarkeit II, 1983, 467, 476.

dann erlangt die Unterschiedlichkeit des Kreises der Antragsteller erst bei der Bestimmung der Reichweite der Exklusivität Bedeutung.

Nach der hier vertretenen Auffassung von der Normenkontrolle nach § 47 als Ausschnitt materieller 15 Verfassungsgerichtsbarkeit muss jene auf die nicht formell der Verfassungsgerichtsbarkeit zugewiesenen Fälle begrenzt bleiben. Darüber hinaus bleibt die h.M. die Begründung dafür schuldig, weshalb Art. 93 Abs. 1 Nr. 2 GG mit seiner Funktion der Sicherung der Verfassung[30] keine Exklusivwirkung entfalten soll. Dass Art. 93 Abs. 1 Nr. 2 GG die abschließende Entscheidungskompetenz des BVerfG sichern soll, erkennt auch das BVerwG als Hauptvertreter der h.M. an, wenn es darauf hinweist, dass im Falle der Erklärung der Unvereinbarkeit einer landesrechtlichen Rechtsverordnung mit Bundesrecht durch das OVG der betreffenden Landesregierung noch die Möglichkeit bleibe, gem. § 76 Abs. 1 Nr. 2 BVerfGG einen Antrag nach Art. 93 Abs. 1 Nr. 2 GG zu stellen (BVerwGE 64, 77, 79). Dieser Versuch einer Rückversicherung gegenüber der eigenen dogmatischen Konstruktion kann nur aus einem offensichtlichen Unbehagen des BVerwG erklärt werden, ist doch der Hinweis auf § 76 Abs. 1 Nr. 2 BVerfGG schlicht falsch: Die Nichtigerklärung einer Norm ist keine Nichtanwendung i.S.v. § 76 Abs. 1 Nr. 2 BVerfGG, eine gem. § 47 Abs. 5 S. 2 mit allgemeinverbindlicher Wirkung für nichtig erklärte Rechtsvorschrift kein möglicher Gegenstand verfassungsgerichtlicher Normenkontrolle mehr.[31] Auch nach der Neufassung der Vorbehaltsklausel in § 47 Abs. 3 schließt also das abstrakte Normenkontrollverfahren vor dem BVerfG nach Art. 93 Abs. 1 Nr. 2 GG die oberverwaltungsgerichtliche Normenkontrolle nach § 47 aus. Zur Bestimmung der Reichweite des Ausschlusses bleiben die in der Rspr. zur Frage des nach § 47 a.F. zulässigen Prüfungsmaßstabs herausgearbeiteten Unterschiede zwischen abstrakter und konkreter Betrachtungsweise aktuell.[32]

aa) Abstrakte Betrachtungsweise. Die abstrakte Betrachtungsweise greift insbes. zurück auf die Be- 16 gründung des Regierungsentwurfs einer VwGO, in welcher ausgeführt wird (BT-Drs. 3/55 Anl. 1 zu § 46): „Ausgenommen von der Normenkontrolle durch die Oberverwaltungsgerichte müssen einmal die Fälle werden, für die nach dem GG (Artikel 93)... das Bundesverfassungsgericht zuständig ist. Dabei liegt der Vorrang des Bundesverfassungsgerichts auch dann vor, wenn der Antrag nur von bestimmten Verfassungsorganen gestellt werden kann." In Anknüpfung daran erklärt die abstrakte Betrachtungsweise die Kontrolle einer Norm nach § 47 bereits dann für ausgeschlossen, wenn sie auch nur von einem von Art. 93 Abs. 1 Nr. 2 GG erfassten potenziellen Antragsteller einer Überprüfung durch das BVerfG zugeführt werden könnte.[33] Zur Begründung wird insbes. darauf verwiesen, dass Art. 93 Abs. 1 Nr. 2 GG eine umfassende ausschließliche Zuständigkeit des BVerfG zur abstrakten Normenkontrolle begründe, in welche das OVG nicht eingreifen dürfe (OVG Brem DVBl 1960, 809, 810; NJW 1970, 877, 878).[34] Diese Zuständigkeit des BVerfG zur einheitlichen Auslegung des Bundesrechts werde jedoch durch eine Kompetenz der OVGe zur allgemeinverbindlichen Nichtigerklärung beeinträchtigt, da die oberverwaltungsgerichtliche Nichtigerklärung einer Norm diese der Prüfung durch das BVerfG entziehe.[35] Überdies dürfe die Beschränkung des Antragsrechts auf die in Art. 93 Abs. 1 Nr. 2 GG genannten Verfassungsorgane nicht dadurch umgangen werden, dass ein gleiches Verfahren mit anderen Antragstellern eingeführt werde.[36]

bb) Konkrete Betrachtungsweise. Die konkrete Betrachtungsweise[37] sucht in Anbetracht der von der 17 abstrakten Betrachtungsweise zu ziehenden Konsequenz der faktischen Unanwendbarkeit des § 47

---

30 Vgl. nur BVerfGE 1, 184, 195 f.; 68, 346, 351; *G. Babel*, Probleme der abstrakten Normenkontrolle, 1965, 9 ff.; *A. v. Mutius*, Jura 1987, 534, 536; *H. Söhn*, FG BVerfG, Bd. I, 1976, 292, 294 f.

31 Vgl. *W. Besler*, Probleme, 1981, 112 f.; *K. A. Bettermann*, Landesverfassungsgerichtsbarkeit II, 1983, 467, 523; *K. Obermayer*, DVBl 1965, 625, 631.

32 Vgl. auch *C. Pestalozza*, NJW 1978, 1782, 1786.

33 OVG Brem DVBl 1960, 809, 810; NJW 1970, 877, 878; VGH Mannheim ESVGH 11, 27, 30; 11, 115, 121; 11, 32, 34; BaWüVBl 1962, 89, 90; *W. Bergmann*, DÖV 1961, 266; *K. A. Bettermann*, AöR 86 (1961), 129, 164, 171 f.; *R. Herzog*, BayVBl 1961, 368, 369; *C. Pestalozza*, NJW 1978, 1782, 1786; *L. Renck*, DÖV 1964, 1, 6; *ders.*, NJW 1980, 1022, 1026; *H. Schäfer*, in: Staatsbürger und Staatsgewalt, Bd. 1, 1963, 159, 180.

34 *L. Renck*, DÖV 1964, 1, 5.

35 OVG Brem DVBl 1960, 809, 810; NJW 1970, 877, 878; VGH Mannheim ESVGH 11, 32, 34.

36 *L. Renck*, DÖV 1964, 1, 4; *ders.*, NJW 1980, 1022, 1026.

37 OVG Lüneburg OVGE 25, 506, 508 f.; VGH Kassel ESVGH 17, 111, 112 ff.; NJW 1967, 266, 267 ff.; ESVGH 23, 177, 179; 25, 59, 66; VGH Mannheim ESVGH 13, 66, 68 f.; 13, 71, 72 f.; BaWüVBl 1964, 155; ESVGH 15, 51, 52; 15, 117, 120 f.; 18, 38, 39; VerwRspr 20, 158, 160; DWW 1971, 64; ESVGH 22, 59, 61; VGH München VerwRspr

nach Wegen, das Verhältnis zwischen Art. 93 Abs. 1 Nr. 2 GG und § 47 in einer Weise zu interpretieren, die die gebotene Geltungserhaltung des § 47 ermöglicht. Sie wird in erster Linie begründet mit einer andernfalls eintretenden Gefährdung eines effektiven Rechtsschutzes[38] und der Wesensverschiedenheit des rein objektiven Kontrollverfahrens nach Art. 93 Abs. 1 Nr. 2 GG von dem Verfahren nach § 47, welches auch dem Individualrechtsschutz diene.[39] Der entscheidende Gesichtspunkt aber, der für die konkrete Betrachtungsweise spricht, ist die Beschränkung des Antragsrechts nach Art. 93 Abs. 1 Nr. 2 GG auf die Bundesregierung, die Landesregierungen und ein Drittel der Mitglieder des Bundestages. Diese Aufzählung der Antragsbefugten ist abschließend[40] und erfasst bezeichnenderweise gerade nicht bspw. den Bundespräsidenten als tagespolitisch weitgehend unbeteiligtes Staatsoberhaupt einerseits oder kleinere Bundestagsminoritäten oder die Landtage andererseits. Damit soll erreicht werden, dass einerseits die oft verschiedenen politischen Interessen der potenziellen Antragsteller eine Impulswirkung für die Antragstellung entfalten,[41] andererseits aber nur besonders hervorgehobene und der Allgemeinheit besonders verpflichtete Antragsbefugte ihr Antragsrecht verantwortungsbewusst handhaben. Die Regelung der Antragsbefugnis in Art. 93 Abs. 1 Nr. 2 GG ist insoweit eng mit dem verfassungsrechtlichen und verfassungspolitischen Gehalt der einschlägigen Streitigkeiten verknüpft.[42] Die Auswahl der Antragsteller in Art. 93 Abs. 1 Nr. 2 GG soll dafür Sorge tragen, dass nur allgemein bedeutsame Normen, insbes. von politischem Gewicht, zur Kontrolle durch das BVerfG gestellt werden.[43] Da die in § 47 Abs. 1 genannten Rechtsvorschriften dieses Gewicht i.d.R. nicht erreichen, kann nach dem Zweck des Art. 93 Abs. 1 Nr. 2 GG von einer Umgehung der limitierten Antragsbefugnis nur gesprochen werden, wenn einer der verfassungsprozessual Antragsberechtigten die Normenkontrolle nach § 47 vorziehen würde.

18 Gestützt wird diese Interpretation durch die Maßgeblichkeit der Effektivität einer Verfassungsnorm (vgl. nur BVerfGE 83, 60, 72). Entscheidend ist nicht die formale Abgrenzung, sondern die tatsächliche Wirkung eines Regelungszusammenhangs. Unter dieser Vorgabe kann die Zuständigkeit des BVerfG zur verbindlichen Entscheidung über die Integrität der Bundesrechtsordnung durch die Normenkontrolle nach § 47 nicht beeinträchtigt werden: Erklärt das OVG eine Norm mit allgemeinverbindlicher Wirkung nach § 47 Abs. 5 S. 2 für unwirksam, so existiert keine Vorschrift mehr, die die Bundesrechtsordnung antasten könnte und eine „Klärung der verfassungsrechtlichen Lage" (BVerfGE 1, 396, 413) durch das BVerfG erforderlich machen würde. Erfolgt hingegen keine Unwirksamerklärung durch das OVG, so ist das BVerfG mangels Allgemeinverbindlichkeit der oberverwaltungsgerichtlichen Entscheidung an einer späteren Nichtigerklärung der Norm nicht gehindert.[44]

19 Zusammenfassend ergibt sich, dass die Reichweite der Ausschlusswirkung des Art. 93 Abs. 1 Nr. 2 GG gegenüber der Normenkontrolle nach § 47 nach der konkreten Betrachtungsweise zu bestimmen ist. Dies bedeutet, dass die Normenkontrolle durch das OVG nur dann ausgeschlossen ist, wenn derselbe Antragsteller gegen dieselbe Norm ein Normenkontrollverfahren nach Art. 93 Abs. 1 Nr. 2 GG vor dem BVerfG beantragen könnte. Von vornherein unbeeinträchtigt bleibt mithin das oberverwaltungsgerichtliche Normenkontrollverfahren auf Antrag natürlicher und juristischer Personen gem.

14, 321, 326; 15, 596, 604 f.; *O. Bachof*, DÖV 1964, 9, 10 ff.; *F. Elias*, Abgrenzungsprobleme, 1968, 80 ff.; *H. Keil*, DVBl 1969, 529, 530; *H. Guthardt-Schulz*, Begrenzung, 1969, 46 ff.; *H.-G. König*, DVBl 1963, 81, 84; *Mang*, BayVBl 1961, 273, 274; *K. Meyer*, Zehn Jahre Verwaltungsgerichtsordnung, 1970, 161, 162; *K. Obermayer*, DVBl 1965, 625, 629; *W. Schmitt Glaeser/O. Tschira*, BayVBl 1970, 160, 163; *K. Wolfram*, Normenkontrolle, 1967, 139.

38 VGH Kassel ESVGH 17, 111, 113 f.; NJW 1967, 266, 268; *F. Elias*, Abgrenzungsprobleme, 1968, 80; *H. Keil*, DVBl 1969, 529, 530.

39 OVG Lüneburg OVGE 25, 506, 508; VGH Kassel ESVGH 17, 111, 113 f.; NJW 1967, 266, 267 f.; ESVGH 23, 177, 179; VGH Mannheim ESVGH 13, 71, 72; VGH München VerwRspr 15, 596, 604; *H. Guthardt-Schulz*, Begrenzung, 1969, 46; *W. Schmitt Glaeser/O. Tschira*, BayVBl 1970, 160, 163; *K. Wolfram*, Normenkontrolle, 1967, 116 f.; vgl. auch *R. Herzog*, BayVBl 1961, 368, 371.

40 BVerfGE 1, 184, 196; 21, 52, 53 f.; 68, 346, 349.

41 Vgl. *H. Söhn*, FG BVerfG, Bd. 1, 1976, 292, 298 f.

42 Vgl. BVerfGE 21, 52, 53; *H. Söhn*, FG BVerfG, Bd. 1, 1976, 292, 297.

43 BVerfGE 1, 184, 197; VGH Mannheim ESVGH 13, 66, 68; BaWüVBl 1964, 155; *G. Babel*, Probleme der abstrakten Normenkontrolle, 1965, 57; *O. Bachof*, DÖV 1964, 9, 12; *H. Söhn*, FG BVerfG, Bd. 1, 1976, 292, 298; *R. Wilken*, Prüfungsmaßstab, 1967, 76; *K. Wolfram*, Normenkontrolle, 1967, 116.

44 Ebenso VGH Kassel ESVGH 17, 111, 114; NJW 1967, 266, 268; VGH Mannheim ESVGH 13, 66, 68; VGH München VerwRspr 15, 596, 607; *W. Kamp*, Verhältnis, 1992, 184 f.; *Mang*, BayVBl 1961, 273, 274; *K. Obermayer*, DVBl 1965, 625, 631; *R. Wilken*, Prüfungsmaßstab, 1967, 64; *K. Wolfram*, Normenkontrolle, 1967, 118; vgl. auch *R. Herzog*, BayVBl 1961, 368, 370.

§ 47 Abs. 2 S. 1 Alt. 1.[45] Gleiches gilt i.d.R. für den Behördenantrag nach § 47 Abs. 2 S. 1 Alt. 2,[46] wobei die eventuelle Möglichkeit, verwaltungsintern einen Normenkontrollantrag durch die jeweilige Regierung nach Art. 93 Abs. 1 Nr. 2 GG herbeizuführen, außer Betracht zu bleiben hat. Lediglich die Bundesregierung, die Landesregierungen und ein Drittel der Mitglieder des Bundestages – sofern diese Stellen überhaupt unter den Behördenbegriff des § 47 Abs. 2 S. 1 Alt. 2 gefasst werden können – sind als Antragsteller im oberverwaltungsgerichtlichen Normenkontrollverfahren exkludiert, soweit sie die Vereinbarkeit von Landesrecht mit dem GG oder sonstigem Bundesrecht zur Prüfung stellen wollen. Hingegen wird es einer Landesregierung durch Art. 93 Abs. 1 Nr. 2 GG nicht verwehrt, im Verfahren nach § 47 die Unvereinbarkeit von Landesrecht mit Landesrecht zu rügen; in diesem speziellen Fall ist das OVG auch nach der Neufassung der Vorbehaltsklausel im Prüfungsmaßstab beschränkt.

c) **Verfassungsbeschwerdeverfahren nach Art. 93 Abs. 1 Nr. 4 a GG.** Das Verfassungsbeschwerdeverfahren nach Art. 93 Abs. 1 Nr. 4 a GG entfaltet gegenüber dem Normenkontrollverfahren nach § 47 keinerlei beschränkende Wirkung, ist vielmehr seinerseits erst zulässig, wenn die oberverwaltungsgerichtliche Normenkontrolle als Rechtsweg i.S.v. § 90 Abs. 2 S. 1 BVerfGG durchgeführt worden ist.[47] Die zur Begründung der Gegenauffassung[48] vorgetragenen Argumente vermögen nicht zu überzeugen: Dass bei der abstrakten Normenkontrolle nach Art. 93 Abs. 1 Nr. 2 GG keine Rechtswegerschöpfung vorgesehen ist, ist schon wegen der Unterschiedlichkeit des Kreises der Antragsbefugten kein Grund, bei der Rechtssatzverfassungsbeschwerde nicht anders zu verfahren (a.M. VGH Kassel ESVGH 23, 177, 180 f.). Die Befürchtung, dass durch die Qualifizierung der Normenkontrolle nach § 47 als Rechtsweg i.S.d. § 90 Abs. 2 S. 1 BVerfGG die für die Rechtssatzverfassungsbeschwerde geltende Jahresfrist des § 93 Abs. 3 BVerfGG dadurch umgangen werden könne, dass erst die Normenkontrollentscheidung des OVG den Fristbeginn bestimmt,[49] ist nach der Rspr. des BVerfG unbegründet. Denn das BVerfG geht davon aus, dass das Verfahren nach § 47 binnen eines Jahres seit dem Inkrafttreten der Rechtsnorm eingeleitet werden muss, um die Möglichkeit der Verfassungsbeschwerde offenzuhalten;[50] mit der Normenkontrollentscheidung des OVG beginne dann die Jahresfrist des § 93 Abs. 3 BVerfGG erneut zu laufen (BVerfGE 76, 107, 115 f.). Nicht zu überzeugen vermag die vom BVerfG nach Erlass der oberverwaltungsgerichtlichen Normenkontrollentscheidung eingesetzte zweite Jahresfrist nach § 93 Abs. 3 BVerfGG. Für die Verfassungsbeschwerde gegen die Entscheidung des OVG gilt die Monatsfrist des § 93 Abs. 1 BVerfGG,[51] zumal dem Erfordernis des § 93 Abs. 3 BVerfGG bereits durch die Jahresfrist zur Erhebung des Normenkontrollantrags genügt wurde.

20

d) **Verfahren der konkreten Normenkontrolle nach Art. 100 Abs. 1 GG.** Im Verfahren der konkreten Normenkontrolle nach Art. 100 Abs. 1 GG sind grds. nur förmliche nachkonstitutionelle Gesetze dem Verwerfungsmonopol des BVerfG vorbehalten (st. Rspr., BVerfGE 1, 184, 189 ff.; 70, 35, 57), wohingegen Prüfungsgegenstand des Normenkontrollverfahrens nach § 47 nur untergesetzliche Normen sein können. Eine Konkurrenz der beiden Verfahren ist daher von vornherein ausgeschlossen.[52] Seitdem das BVerfG die sog. satzungsvertretenden Gesetze, insbes. die in der Form eines förmlichen Gesetzes

21

---

45 *F. Elias,* Abgrenzungsprobleme, 1968, 88.
46 Vgl. *H. Guthardt-Schulz,* Begrenzung, 1969, 48 f.; *R. Herzog,* BayVBl 1961, 368, 371; *K. Meyer,* Zehn Jahre Verwaltungsgerichtsordnung, 1970, 161, 162; *R. Wilken,* Prüfungsmaßstab, 1967, 73 f.; *ders.,* DVBl 1969, 532, 539.
47 Begründung des Regierungsentwurfs eines Gesetzes zur Änderung verwaltungsprozessualer Vorschriften, BT-Drs. 7/4324, 10; BVerfGE 70, 35, 54; 76, 107, 114 f.; BVerfG DVBl 1993, 649; BayVBl 1993, 656; VGH Mannheim ESVGH 15, 117, 121; 18, 38, 39; 19, 18, 19 f.; 22, 59, 62; *N. Achterberg,* VerwArch 72 (1981), 163, 166 f.; *O. Bachof,* NJW 1968, 1065, 1066; *W. Besler,* Probleme, 1981, 115 f.; *K. A. Bettermann,* Landesverfassungsgerichtsbarkeit II, 1983, 467, 524 f.; *H. Guthardt-Schulz,* Begrenzung, 1969, 91 ff.; *F. Knöpfle,* FS Bay. VGH, 1979, 187, 194; *K. Obermayer,* Zehn Jahre Verwaltungsgerichtsordnung, 1970, 142, 154; *H.-J. Papier,* FS Menger, 1985, 517, 520 f.; *K. Schenk,* DVBl 1976, 198, 203; *H.-W. Schrickel,* Verfassungsbeschwerde, 1972, 156 f.
48 VGH Kassel ESVGH 23, 177, 180 f.; 24, 45, 55; 25, 59, 66; 25, 209, 212 f.; DVBl 1975, 909, 910; VGH München VerwRspr 14, 321, 327; *K. A. Bettermann,* AöR 86 (1961), 129, 172; *A. Braun,* Antragsbefugnis, 1982, 256 ff.; *F. Elias,* Abgrenzungsprobleme, 1968, 95.
49 So *A. Braun,* Antragsbefugnis, 1982, 256 ff.
50 BVerfGE 76, 107, 115 f.; BVerfG NVwZ 1992, 972; DVBl 1993, 649; BayVBl 1993, 656.
51 Begründung des Regierungsentwurfs eines Gesetzes zur Änderung verwaltungsprozessualer Vorschriften, BT-Drs. 7/4324, 10; *C. Gröpl,* NVwZ 1999, 967, 968; *K. Obermayer,* Zehn Jahre Verwaltungsgerichtsordnung, 1970, 142, 154; *M. Quaas/K. Müller,* Normenkontrolle, 1986, Rn. 49.
52 *K. A. Bettermann,* Landesverfassungsgerichtsbarkeit II, 1983, 467, 477 f.; *F. Elias,* Abgrenzungsprobleme, 1968, 88 f.; *W. Kamp,* Verhältnis, 1992, 75 f.

ergehenden hamburgischen Bebauungspläne, als Prüfungsgegenstand dem Verfahren nach § 47 unterstellt und aus dem verfassungsgerichtlichen Verwerfungsmonopol nach Art. 100 Abs. 1 GG ausgeschlossen hat (im Einzelnen → Rn. 81 ff.),[53] gilt dies uneingeschränkt. Da Art. 100 Abs. 1 GG auch für das Verfahren nach § 47 gilt, hat das OVG nach Art. 100 Abs. 1 GG zu verfahren, wenn es ein förmliches Gesetz, auf dessen Gültigkeit es bei der Normenkontrollentscheidung ankommt, für verfassungswidrig hält.[54] Zu denken ist insbes. an Gesetze, die den Prüfungsmaßstab für die Kontrolle einer Norm i.S.v. § 47 Abs. 1 bilden oder zu deren Erlass ermächtigen.

22 **3. Bedeutung als Verfahrensart.** Ihre Bedeutung als Verfahrensart erhält die Normenkontrolle nach § 47 vornehmlich durch ihren von den übrigen im Verwaltungsprozessrecht vorgesehenen Verfahrensarten abweichenden Charakter. Während alle anderen Verfahrensarten unzweifelhaft dem Individualrechtsschutz dienen und durch die Rechtsschutzgarantie des Art. 19 Abs. 4 GG geboten sind,[55] bleibt dies für das Normenkontrollverfahren umstr.

23 **a) Rechtsschutzgarantie des Art. 19 Abs. 4 GG.** Die Rechtsschutzgarantie des Art. 19 Abs. 4 GG erfasst nach dem Wortlaut der Verfassung alle Rechtsverletzungen durch die öffentliche Gewalt. Das Problem, ob der Erlass untergesetzlicher Rechtsnormen ein Akt öffentlicher Gewalt i.S.v. Art. 19 Abs. 4 GG ist, ist mittlerweile geklärt. Das BVerfG, das die Einbeziehung förmlicher Gesetze in die Rechtsschutzgarantie ablehnt,[56] hat klargestellt, dass der Rechtsschutz gegen Rechtsverordnungen und Satzungen von Art. 19 Abs. 4 GG umfasst wird.[57]

24 Aus der Erfassung der Normsetzung durch Art. 19 Abs. 4 GG darf nicht der Schluss gezogen werden, dass damit eine prinzipale Kontrolle untergesetzlicher Normen gefordert würde. Über die Form des Rechtsschutzes gegen Rechtsverletzungen trifft Art. 19 Abs. 4 GG keine Aussage.[58] Entscheidend ist allein, dass eine wirksame und rechtzeitige Abwendung der durch die Norm hervorgerufenen Rechtsverletzung gelingen kann.[59] Art. 19 Abs. 4 GG gewährleistet „nicht einen *bestimmten* Rechtsweg, also eine dem Charakter der beanstandeten Maßnahme der öffentlichen Gewalt jeweils angepasste Verfahrensart. Vielmehr wird dem einzelnen Bürger durch dieses Grundrecht lediglich garantiert, dass ihn beeinträchtigende hoheitliche Maßnahmen in *irgendeinem* gerichtlichen Verfahren überprüft werden können."[60] Es reicht aus, wenn der durch eine Norm nachteilig Betroffene deren Anwendung angreifen und damit ihre Inzidentkontrolle herbeiführen kann. Weder eine prinzipale Normenkontrolle im Allgemeinen noch § 47 im Besonderen sind durch Art. 19 Abs. 4 GG geboten.[61] Soweit eine inzidente Prüfung nicht zur Beseitigung der Grundrechtsverletzung führt, kann eine Überprüfung der Rechtmäßigkeit untergesetzlicher Rechtsnormen mit Hilfe der Feststellungsklage nach § 43 herbeigeführt werden (BVerfG NVwZ 2006, 922, 923). Andererseits steht die Gewährleistung des Gerichtsschutzes als Individualrechtsschutz der Übertragung weiter gehender Zuständigkeiten auf die Gerichte nicht entgegen.[62]

---

53 BVerfGE 70, 35, 57; anders etwa *K. A. Bettermann*, Landesverfassungsgerichtsbarkeit II, 1983, 467, 507.

54 VGH Mannheim ESVGH 11, 36, 37; *K. A. Bettermann*, Landesverfassungsgerichtsbarkeit II, 1983, 467, 478; *F. Elias*, Abgrenzungsprobleme, 1968, 88 f.; *R. Herzog*, BayVBl 1961, 368, 372.

55 Vgl. nur *W.-R. Schenke*, Die Rechtsschutzgarantie des Art. 19 Abs. 4 GG, 1982, Rn. 190 ff.

56 BVerfGE 24, 33, 49 ff.; 24, 367, 401; 31, 364, 368; 45, 297, 334; 70, 35, 56 f.; 95, 1, 22.

57 BVerfG NVwZ 2006, 922, 923. Ebenso etwa BVerwGE 80, 355, 361; 111, 276, 278 f.

58 *W. Besler*, Probleme, 1981, 55; *K. A. Bettermann*, AöR 86 (1961), 129, 160; *M. Sachs*, in: Sachs Art. 19 Rn. 138; *H. Maurer*, FS Kern, 1968, 275, 277; *L. Renck*, JuS 1966, 273, 274 f.; *W.-R. Schenke*, Die Rechtsschutzgarantie des Art. 19 Abs. 4 GG, 1982, Rn. 156.

59 *H.-J. Papier*, ²HdbStR VI § 154 Rn. 28.

60 BVerfGE 31, 364, 368 (Hervorhebungen im Original); krit. zu dieser Entscheidung *A. v. Mutius*, VerwArch 63 (1972), 207.

61 BVerfGE 31, 364, 369 f.; BVerfG NVwZ 2006, 922, 923; BVerwG DÖV 1965, 169; BVerwGE 68, 12, 14; 69, 30, 33; BVerwG NVwZ 2016, 938, 940; OVG Bautzen NVwZ 1998, 527, 528; OVG Brem NJW 1970, 877, 879; OVG Koblenz NVwZ-RR 2009, 140 f.; OVG Münster NWVBl 1994, 299, 300; VGH München NVwZ-RR 2000, 469, 470; *K. A. Bettermann*, AöR 86 (1961), 129, 159 f.; *A. Braun*, Antragsbefugnis, 1982, 79 f.; *J. Eckert*, Anordnung, 1971, 152; *H. Kapsreiter*, Begriff, 1986, 41; *M. Sachs*, in: Sachs Art. 19 Rn. 123; *J. Kuffer*, Die Normsetzung als Ausübung öffentlicher Gewalt i.S.v. Art. 19 Abs. 4 GG, 1976, 100; *H. Maurer*, FS Kern, 1968, 275, 297; *H.-J. Papier*, FS Menger, 1985, 517, 518. A.M. *O.-R. v. Engelhardt*, Rechtsschutz, 1971, 152; *F. Mayer*, in: Um Recht und Freiheit. FS Heydte, 1977, 1067, 1075 u. 1078; für unmittelbar wirkende Normen auch *W. Frenz*, BayVBl 1993, 483, 489 ff.; *D. Lorenz*, FS Menger, 1985, 143, 151, sowie *K. Obermayer*, DVBl 1965, 625, 632 und *ders.*, Zehn Jahre Verwaltungsgerichtsordnung, 1970, 142, 157.

62 *H.-J. Papier*, ²HdbStR VI § 154 Rn. 2.

b) Zweck der Normenkontrolle nach § 47. Der Zweck der Normenkontrolle nach § 47 besteht nach 25
der Begründung des Regierungsentwurfs einer VwGO „darin, durch eine einzige Entscheidung eine
Reihe von Einzelklagen zu vermeiden und dadurch die Verwaltungsgerichte zu entlasten." (BT-Drs.
3/55 Anl. 1 zu § 46) „Die Normenkontrolle dient der Rechtsklarheit und der ökonomischen Gestaltung des Prozessrechts, da sie zahlreichen Einzelprozessen vorbeugt."[63] Diese Funktion der Normenkontrolle, Einzelklagen zu bündeln, um durch die frühzeitige und allgemeinverbindliche Feststellung
der Unwirksamkeit eine mögliche Rechtsunsicherheit durch divergierende Inzidententscheidungen zu
vermeiden und durch die ökonomische Verfahrensgestaltung die Verwaltungsgerichtsbarkeit zu entlasten, ist allgemein anerkannt.[64] Nach der Einführung der Antragsfrist in § 47 Abs. 2 S. 1 kann die Normenkontrolle ihrem Bündelungszweck nurmehr auf zurückgezogener Linie gerecht werden. Nach Ablauf der Antragsfrist können sich insbes. bei der Überprüfung der Rechtmäßigkeit von Bebauungsplänen voneinander abweichende Inzidententscheidungen der VG häufen.[65] Die mit einer inter omnes
wirkenden Normverwerfungsentscheidung (zu dieser Wirkung → Rn. 364 ff.) erzielbare Rechtssicherheit wird durch die Befristung des Antragsrechts zurückgenommen. Gleichwohl ist kein Anhaltspunkt
dafür ersichtlich, dass der Gesetzgeber das Normenkontrollverfahren seiner tradierten Zweckbestimmung entheben wollte. Das Schwergewicht liegt nun nicht mehr auf der Bündelungsfunktion als solcher, sondern auf der möglichst *frühzeitigen* Herbeiführung einer allgemeinverbindlichen Entscheidung. Die Normenkontrolle soll zwar weiterhin Einzelklagen bündeln, jedoch nur dann, wenn damit
tatsächlich ein (vordergründiger) Beschleunigungseffekt erzielt werden kann.

aa) Verhältnis zur Inzidentkontrolle. Im Verhältnis zur Inzidentkontrolle wäre es nur auf den ersten 26
Blick konsequent, zur Gewährleistung dieser Bündelungsfunktion ein Nebeneinander von Normen-
kontroll- und Einzelrechtsschutzverfahren wie Anfechtungs- und Verpflichtungsklage ausschließen zu
wollen. Einerseits nämlich kann es etwa dem von einem belastenden Verwaltungsakt Betroffenen
nicht erspart werden, nach eingelegtem Widerspruch Anfechtungsklage zu erheben, will er sich nicht
mit den Folgen der Unanfechtbarkeit konfrontiert sehen. Die Möglichkeit, ein Normenkontrollverfahren einzuleiten, ersetzt nicht die Erhebung der Anfechtungsklage (BVerwGE 56, 172, 177 f.). Andererseits verschließt die Klageerhebung in einem Einzelrechtsschutzverfahren nicht den Zugang zum Normenkontrollverfahren, würde doch sonst der Bündelungszweck der Normenkontrolle nicht erreicht
werden können (Begründung des Regierungsentwurfs einer VwGO, BT-Drs. 3/55 Anl. 1 zu § 46). Es
ist daher im Grundsatz akzeptiert, dass das Normenkontrollverfahren nach § 47 gegenüber der Klage
ein aliud ist und sie weder ausschließt noch von ihr ausgeschlossen wird.[66] Dies gilt in allen Konstellationen des Zusammentreffens von Klage und Normenkontrolle, sei es, dass die Klage vor oder nach
Durchführung des Normenkontrollverfahrens erhoben wird, sei es, dass beide Verfahren parallel laufen. Dabei ist das Nebeneinander von prinzipaler Normenkontrolle und Inzidentprüfung nicht auf
verwaltungsgerichtliche Klagen beschränkt, sondern erstreckt sich ebenso auf die in einem anderen
Rechtsweg erhobenen Klagen.[67]

Der Zweck der Normenkontrolle, eine Vielzahl von Einzelklagen in einem Verfahren zu bündeln, und 27
die fehlende wechselseitige Ausschlusswirkung von Normenkontrollverfahren und Klage dürfen allerdings nicht verwischen, dass es sich um voneinander unabhängige Verfahren handelt. Ein Harmonisierungszwang besteht nicht. Problematisch ist etwa der Versuch, die für die Zulässigkeit des Normen-

---

63 Bericht des Rechtsausschusses über den Entwurf einer VwGO, BT-Drs. 3/1094 zu § 46; ähnl. der Regierungsentwurf
eines Gesetzes zur Änderung verwaltungsprozessualer Vorschriften, BT-Drs. 7/4324 Anl. 1 S. 6.
64 BVerwGE 56, 172, 178; 80, 355, 363; 81, 128, 137; BVerwG NVwZ 1988, 1119, 1120; OVG Brem NJW 1986,
2335; OVG Lüneburg OVGE 35, 439, 440; *VGH München BayVBl 2017, 125, 130; M. Quaas/K. Müller*, Normenkontrolle, 1986, Rn. 16 ff.; *E.-H. Ritter*, DÖV 1976, 802.
65 *L. Renck*, ZRP 1997, 48, 49.
66 BVerwGE 58, 299, 301; 81, 128, 138; NVwZ 2010, 1300, 1302; OVG Bln OVGE Bln 15, 244, 246 f.; NVwZ 1982,
442; OVG Frankfurt/O. NVwZ-RR 1998, 57; OVG Schleswig NordÖR 2000, 465; VGH Kassel DVBl 1975, 909,
911; VGH Mannheim ESVGH 11, 128, 129; BaWüVBl 1963, 76, 77; VGH München BayVBl 1983, 723, 724; *H.
Dürr*, Antragsbefugnis, 1987, 23; *F. Elias*, Abgrenzungsprobleme, 1968, 177 f.; *O.-R. v. Engelhardt*, Rechtsschutz,
1971, 264 ff.; *E. Rasch*, BauR 1977, 147, 154. Vgl. aber VGH München DÖV 1979, 219, der die Klagebefugnis zur
Anfechtung eines Planfeststellungsbeschlusses verneint, weil ein Bebauungsplan mit gleichem Inhalt zur Überprüfung
in einem Normenkontrollverfahren gestellt werden könnte; dagegen treffend *W. Berg*, DÖV 1981, 889, 894.
67 Für die Zulässigkeit der Normenkontrolle neben der Inzidentkontrolle durch Gerichte anderer Gerichtszweige, sofern
die betreffende Norm jedenfalls auch in den der Verwaltungsgerichtsbarkeit unterliegenden Gebieten von Bedeutung
ist, OVG Lüneburg OVGE 35, 395.

kontrollantrags zu erfüllende Voraussetzung des Rechtsschutzbedürfnisses zur Begründung eines (partiellen) Vorrangs des Einzelrechtsschutzverfahrens zu instrumentalisieren. Die Behauptung, neben einer Anfechtungsklage gegen den die fragliche Norm vollziehenden Akt bestehe in keinem Falle mehr ein Rechtsschutzbedürfnis für eine Normenkontrolle nach § 47,[68] übersieht völlig, dass mit dieser Bestimmung des Verhältnisses von Anfechtungsklage und Normenkontrolle die Letztere ihrer Bündelungsfunktion nicht mehr gerecht werden kann. Die Inzidentkontrolle derselben Vorschrift in einem Klageverfahren schließt das Rechtsschutzbedürfnis für ein Normenkontrollverfahren nicht aus.[69] Nimmt man die Feststellung des BVerwG ernst und behandelt die Normenkontrolle wirklich als aliud gegenüber der Klage, so kann der Eintritt der Bestandskraft eines Normvollzugsaktes nur auf zurückgezogener Linie die Zulässigkeit eines Normenkontrollantrags ausschließen (eingehend → Rn. 137 ff., 195 ff.).[70] Dies wird deutlich in der Konstellation, dass derselbe Betroffene binnen der Frist des § 74 einen Normvollzugsakt mit der Anfechtungsklage und die Norm selbst im Normenkontrollverfahren angreift: Würde die Anfechtungsklage rechtskräftig abgewiesen bevor eine Normenkontrollentscheidung ergehen könnte, so könnte der Betroffene wegen § 47 Abs. 5 S. 3 i.V.m. § 183 seine Rechtsposition durch die Unwirksamerklärung der Norm nicht in jedem Falle verbessern. In Konsequenz dessen könnte der Antrag auf prinzipale Normenkontrolle mangels Rechtsschutzbedürfnisses abgewiesen werden. Eine derartige Abhängigkeit der Zulässigkeit eines Normenkontrollantrags von den prozessualen Zufälligkeiten eines parallelen Inzidentprüfungsverfahrens würde der mit der Normenkontrolle bezweckten ökonomischen Gestaltung des Prozessrechts jedoch geradezu zuwiderlaufen.

28   Die Möglichkeit einer Entscheidung im Einzelrechtsschutzverfahren *vor* einer Entscheidung in einem parallel laufenden Normenkontrollverfahren besteht insbes. deshalb, weil das über den Normvollzugsakt entscheidende Gericht nicht *verpflichtet* ist, das Verfahren bis zur Entscheidung des OVG über die Wirksamkeit der Norm auszusetzen (BVerwG NVwZ-RR 2001, 483). Die Entscheidung über die Wirksamkeit einer Norm nach § 47 ist zwar keine solche über das Bestehen oder Nichtbestehen eines Rechtsverhältnisses i.S.d. § 94 VwGO, § 148 ZPO, jedoch sind diese Regelungen analog anzuwenden, wenn gleichzeitig mit einem Verfahren, in dem es als Vorfrage auf die Gültigkeit einer Norm ankommt, ein prinzipales Normenkontrollverfahren gegen dieselbe Norm vor dem OVG anhängig ist. Methodisch zu rechtfertigen ist diese Analogie aus dem den § 94 VwGO, § 148 ZPO zugrunde liegenden Gedanken der Prozessökonomie, der gerade auch den Zweck des § 47 bestimmt.[71] Die umgekehrte Entscheidung, das Normenkontrollverfahren bis zur Entscheidung in einem zur Inzidentprüfung führenden Einzelrechtsschutzverfahren gem. § 94 auszusetzen, ist nicht möglich, weil dadurch das den §§ 47 und 94 gemeinsame prozessökonomische Prinzip nicht verwirklicht werden könnte.[72] Auch ein rechtskräftiges Urteil, das auf der inzidenten Bejahung der Gültigkeit einer Norm beruht, hindert das OVG nicht, dieselbe Norm in einem Verfahren nach § 47 für unwirksam zu erklären (BVerwG BauR 1992, 187).

29   Ein Normenkontrollverfahren kann mit einem Klageverfahren weder nach § 44 noch nach § 93 verbunden werden (→ § 44 Rn. 11).[73] Ob mit einer bei dem VG erhobenen Klage in Wirklichkeit ein prinzipales Normenkontrollverfahren erreicht werden sollte oder ob mit einem beim OVG gestellten Normenkontrollantrag ein Klageverfahren gemeint war, ist durch Auslegung des Klage- bzw. Antragsvorbringens zu ermitteln.[74] Ergibt die Auslegung *eindeutig*, dass die erhobene Klage als Normenkontrollantrag oder umgekehrt der Normenkontrollantrag als Klage zu verstehen ist, so ist gem. § 83 S. 1 VwGO i.V.m. § 17a Abs. 2 GVG von Amts wegen vom VG an das OVG bzw. umgekehrt vom OVG

---

68 So *O.-R. v. Engelhardt*, Rechtsschutz, 1971, 279.
69 OVG Bln OVGE Bln 15, 244, 247; OVG Lüneburg NVwZ-RR 2001, 600, 601; *M. Quaas/K. Müller*, Normenkontrolle, 1986, Rn. 189.
70 *H. Dürr*, Antragsbefugnis, 1987, 22 ff.
71 BVerwG NVwZ-RR 2001, 483; BGH – III ZR 27/77, vgl. OVG Lüneburg OVGE 35, 395, 396; OVG Brem NJW 1986, 2335; VGH Mannheim VBlBW 1993, 10; *H.-J. Dageförde*, VerwArch 79 (1988), 123, 140 f.; *O.-R. v. Engelhardt*, Rechtsschutz, 1971, 289; *J. Frowein*, NJW 1962, 1091, 1093; *E. Rasch*, BauR 1977, 147, 154; *W. Skouris*, NJW 1975, 713, 715 f.; § 94 Rn. 27. A.M. VGH Kassel RdL 1978, 193, 194; VGH Mannheim BaWüVBl 1967, 13; *C.-F. Menger/H.-U. Erichsen*, VerwArch 58 (1967), 375, 389.
72 *H.-J. Dageförde*, VerwArch 79 (1988), 123, 143 f. A.M. *Schunck/De Clerck* § 47 Anm. 7 a.
73 OVG Bln UPR 1987, 279-LS; VGH Mannheim VBlBW 1980, 23, 24; 1992, 259, 260.
74 *H.-J. Dageförde*, VerwArch 79 (1988), 123, 130.

an das zuständige VG zu verweisen.[75] Da § 47 keine Regelung der sachlichen Zuständigkeit i.S.d. §§ 45, 48 und 50 trifft (→ Rn. 8), ist § 83 zwar nicht unmittelbar anwendbar. Jedoch verlangt der Zweck des § 83, Zuständigkeitsstreitigkeiten „im Interesse der Beschleunigung und Vereinfachung des Verfahrens sowie zur Kostenersparnis" abzukürzen,[76] seine analoge Anwendung. Dies gilt allerdings nur für den Fall, dass das Begehren des Klägers bzw. Antragstellers so eindeutig ausgelegt werden kann, dass von einem bloßen Zuständigkeitsirrtum auszugehen ist. Eine über eine bloße Auslegung hinausgehende Umdeutung einer Klage in einen Normenkontrollantrag und umgekehrt mit anschließender Verweisung ist unzulässig.[77] Allein auf diese Konstellation beziehen sich i.d.R. auch die Vertreter der eine Verweisung nach § 83 ablehnenden Auffassung (VGH Kassel ESVGH 14, 189, 190 f.; VGH München NJW 1982, 1474). Wegen der ganz unterschiedlichen Wirkungen der Entscheidungen im Klage- und im Normenkontrollverfahren geht es nicht an, einen nicht eindeutig gewollten prozessualen Weg zu bestimmen.[78] Aus dem gleichen Grunde ist die Ersetzung einer ursprünglich erhobenen Klage durch einen Normenkontrollantrag und umgekehrt keine nach § 91 mögliche Klageänderung.[79]

bb) Rechtsschutzfunktion. Eine Rechtsschutzfunktion ist der Normenkontrolle zusätzlich zu der beschriebenen Bündelungsfunktion bereits durch den Hinweis in der Begründung des Regierungsentwurfs einer VwGO, „die Normenkontrolle (bezwecke) ihrem Sinne nach in erster Linie den Rechtsschutz des einzelnen" (BT-Drs. 3/55 Anl. 1 S. 33 zu § 46), beigelegt worden. Die in der Rspr. immer wieder hervorgehobene komplementäre Rechtsschutzfunktion[80] wirft dadurch, dass sie die Normenkontrolle in die Nähe der Individualrechtsschutzverfahren rückt, eine Fülle von Problemen auf. Sie ist insbes. Ansatzpunkt für die noch immer anhaltende Diskussion über den Charakter der Normenkontrolle als Rechtsschutz- und/oder Rechtsbeanstandungsverfahren. 30

c) Wesen des Normenkontrollverfahrens. Erörterungen über das Wesen des Normenkontrollverfahrens finden sich im Zusammenhang fast aller Einzelprobleme des § 47. Terminologisch werden die Pole der Auffassungsunterschiede mit den Begriffen Rechtsbeanstandungsverfahren einerseits und Rechtsschutzverfahren andererseits bezeichnet. Unter Rechtsbeanstandung zu verstehen ist die objektive Rechtskontrolle, deren Aufgabe in der Bewahrung der Rechtsordnung als solcher liegt. Mit der Rechtsordnung insgesamt werden zwar auch die subjektiven Rechte der Einzelnen gewahrt, was jedoch nicht primäres Ziel, sondern bloße – wenn auch erwünschte – Folge des objektiven Beanstandungsverfahrens ist.[81] Hauptbeispiel eines rein objektiven Kontrollverfahrens ist die abstrakte Normenkontrolle nach Art. 93 Abs. 1 Nr. 2 GG.[82] Zweck eines Rechtsschutzverfahrens ist dagegen die Wahrung und gerichtliche Durchsetzung subjektiver Rechte. Hierbei wird zwar ebenfalls objektive Rechtskontrolle geleistet, die nunmehr aber ihrerseits lediglich erwünschte Folge des Verfahrens ist.[83] Als Beispiele zu nennen sind sämtliche in der VwGO vorgesehenen Klageverfahren. 31

aa) Rechtsprechung des BVerwG. Die Rspr. des BVerwG zum Charakter des Normenkontrollverfahrens nach § 47 darf als wenig konsequent bezeichnet werden. Zunächst ging das Gericht davon aus, dass eine Rechtsschutzverbesserung nur *durch* die Vermeidung von Rechtsunsicherheit durch divergierende Einzelentscheidungen erreicht werde (BVerwGE 56, 172, 178). Dieser Standpunkt ist in späte- 32

---

75 VGH Kassel ESVGH 19, 214, 216; VG Freiburg NJW 1973, 76; *A. Braun,* Antragsbefugnis, 1982, 214 f.; *H.-J. Dageförde,* VerwArch 79 (1988), 123, 129 ff.; *O.-R. v. Engelhardt,* Rechtsschutz, 1971, 239; *D. Hahn,* JuS 1983, 678, 679; *M. Quaas/K. Müller,* Normenkontrolle, 1986, Rn. 110; *K. Schenk,* DVBl 1976, 198, 203; vgl. auch VGH München BayVGH (N. F.) 16, 55, 57.

76 Vgl. die Begründung des Regierungsentwurfs eines Gesetzes zur Neuregelung des verwaltungsgerichtlichen Verfahrens, BT-Drs. 11/7030 Anl. 1 S. 37.

77 VGH Kassel ESVGH 14, 189, 190 f.; 19, 215, 216; VGH München NJW 1982, 1474; *H.-J. Dageförde,* VerwArch 79 (1988), 123, 130; *D. Hahn,* JuS 1983, 678, 679; *M. Quaas/K. Müller,* Normenkontrolle, 1986, Rn. 109; *K. Schenk,* DVBl 1976, 198, 203. A.M. *A. Braun,* Antragsbefugnis, 1982, 212 ff.; *O.-R. v. Engelhardt,* Rechtsschutz, 1971, 239; *E. Rasch,* BauR 1977, 147, 148.

78 VGH München NJW 1982, 1474; *M. Quaas/K. Müller,* Normenkontrolle, 1986, Rn. 109.

79 VGH Kassel ESVGH 23, 122, 123 f.; *H.-J. Dageförde,* VerwArch 79 (1988), 123, 130 f.

80 Vgl. nur BVerwGE 56, 172, 178; 68, 12, 16; 80, 355, 363; 81, 128, 137; NVwZ 1988, 1119, 1120; OVG Brem NJW 1986, 2335; OVG Lüneburg OVGE 35, 439, 440.

81 Vgl. *W. Krebs,* FS Menger, 1985, 191, 192 f.

82 St. Rspr., vgl. nur BVerfGE 1, 208, 219; 68, 348, 351; 83, 37, 49; 101, 158, 213; *W. Heun,* in: FS 50 Jahre Bundesverfassungsgericht, 2001, Bd. 1, 615, 619 f.; *K. Schlaich/S. Korioth,* Das Bundesverfassungsgericht, [10]2015, Rn. 123; *H. Söhn,* FG BVerfG, Bd. 1, 1976, 292, 295 f.

83 Vgl. *W. Krebs,* FS Menger, 1985, 191, 193 f.

ren Entscheidungen wiederholt (BVerwGE 80, 355, 363) und mehrmals dahingehend präzisiert worden, es handele sich bei der Normenkontrolle um kein Klageverfahren zur Abwehr individueller Rechtsverletzungen, sondern um die Prüfung der Gültigkeit von Rechtsnormen, um ein objektives Rechtsbeanstandungsverfahren (BVerwGE 65, 131, 136; BVerwG DÖV 1992, 68, 69 f.; NVwZ-RR 1994, 235). In einer anderen Linie von Entscheidungen wurde der Normenkontrolle, jedenfalls soweit sie sich auf Antrag natürlicher oder juristischer Personen insbes. gegen Bebauungspläne richtet, auch ein Element des Individualrechtsschutzes zuerkannt, das neben der Beanstandungsfunktion stehen soll.[84] Die Beliebigkeit der vom Gericht vertretenen Auffassungen und damit begründbaren Ergebnisse ist offensichtlich. Insbes. die in der Rspr. angelegte Differenzierung des Verfahrenscharakters in Abhängigkeit vom jeweiligen Verfahrensgegenstand und Antragsteller (BVerwGE 68, 12, 14; 78, 85, 91) löst die prozessualen Konturen des § 47 weitgehend auf.

33 Möglicherweise zur Verminderung der hierdurch hervorgerufenen Rechtsunsicherheit bemüht sich das BVerwG in neuerer Zeit um dogmatische Präzisierung. Das Normenkontrollverfahren wird als Kombination aus subjektivem Rechtsschutz- und objektivem Prüfungsverfahren beschrieben, wobei diese Prämisse nicht begründet wird.[85] Die erforderliche subjektive Betroffenheit sei als eine Zulässigkeitsvoraussetzung in Form der Antragsbefugnis nach § 47 Abs. 2 S. 1, des Rechtsschutzbedürfnisses und der Dispositionsbefugnis des Antragstellers über seinen Antrag ausgestaltet (BVerwG DVBl 1992, 37, 39). Seien diese prozessualen Voraussetzungen erfüllt, so dürfe das Gericht in die materielle Prüfung der angegriffenen Vorschrift eintreten. Da es im Normenkontrollverfahren für die Antragsbefugnis i.S.v. § 47 Abs. 2 S. 1 an einer Vorschrift fehle, die wie § 113 Abs. 1 S. 1 und Abs. 5 S. 1 im Verhältnis zu § 42 Abs. 2 einen Zusammenhang zwischen Zulässigkeit und Begründetheit schaffe, sei die subjektive Betroffenheit des Antragstellers für die Prüfung der Norm ohne Bedeutung. Die eigentliche Normprüfung sei daher objektive Rechtskontrolle, die die zur Antragstellung erforderliche individuelle Betroffenheit zur Klärung der „wahren" Rechtslage im Allgemeininteresse durch eine allgemeinverbindliche Entscheidung nutze (BVerwG DVBl 1992, 37, 39; NuR 2001, 457; vgl. bereits BVerwGE 82, 225, 233). Die Problematik dieses Versuchs, Rechtsschutz- und Rechtsbeanstandungselemente im Normenkontrollverfahren durch Zuweisung an die Zulässigkeitsprüfung einerseits und die Begründetheitsprüfung andererseits zu kombinieren, besteht darin, dass die Behauptung des Rechtsschutzcharakters der Normenkontrolle jeder Begründung entbehrt. Dieselben Zulässigkeitsvoraussetzungen, die als Ausformung der „erforderlichen subjektiven Betroffenheit" zur Zuweisung des Rechtsschutzelements an die Stufe der Zulässigkeitsprüfung herangezogen werden, verwendet das BVerwG an anderer Stelle dazu, um die Existenz des Rechtsschutzelements selbst überhaupt erst zu begründen (BVerwGE 82, 225, 230 f.). Die Bezeichnung als Zirkelschluss liegt jedenfalls nicht fern.

34 **bb) Kombination von Rechtsschutz- und Rechtsbeanstandungsverfahren.** Als Kombination von Rechtsschutz- und Rechtsbeanstandungsverfahren wird die Normenkontrolle nach § 47 auch von der in Rspr. und Lehre überwiegenden Auffassung eingeordnet.[86] Über den eigentlichen Gehalt der Kombinationsthese besteht weitgehend Uneinigkeit. Teilweise wird die Zusammenfassung der beiden Ver-

---

84 BVerwGE 64, 77, 79; 68, 12, 14; 69, 30, 33; 78, 85, 91; 82, 225, 230; BVerwG NVwZ 1988, 1119, 1120; 1990, 554, 555; DVBl 1992, 36, 37.

85 BVerwG DVBl 1992, 37, 38 f.; ZfBR 1992, 185, 186; NuR 2001, 457; NVwZ 2008, 899, 900.

86 Begründung des Regierungsentwurfs eines Gesetzes zur Änderung verwaltungsprozessualer Vorschriften, BT-Drs. 7/4324 Anl. 1 S. 12; OVG Bln BauR 1980, 536, 537 f.; OVGE Bln 15, 244, 246; DVBl 1982, 362, 363; DÖV 1983, 644; OVG Lüneburg BBauBl 1980, 332; OVGE 35, 439, 440; OVG Münster BauR 1981, 544, 545; 1998, 294; OVG Saarlouis BRS 42, 90; VGH Kassel NJW 1967, 266, 267 f.; ESVGH 23, 122, 125; 25, 209, 211; DVBl 1975, 909; VGH Mannheim NVwZ 1983, 163; NJW 1987, 1350, 1351; VBlBW 1988, 297, 298; 1989, 139, 140; 1993, 375; NVwZ-RR 1994, 325, 326; VGH München BayVGH (N. F.) 23, 145, 146; 24, 126, 127; 25, 71, 75; BayVBl 1976, 725; 1979, 696, 697; 1983, 698, 699; 1984, 370, 371; N. *Achterberg*, VerwArch 72 (1981), 163, 174; O. *Bachof*, DÖV 1964, 9, 11; *ders.*, NJW 1968, 1065, 1067; W. *Berg*, DÖV 1981, 889, 892 f.; W. *Besler*, Probleme, 1981, 67 ff.; K. A. *Bettermann*, Landesverfassungsgerichtsbarkeit II, 1983, 467, 472; W. *Brohm*, NJW 1981, 1689, 1691; H. *Dürr*, Antragsbefugnis, 1987, 19 ff.; J. *Eckert*, Anordnung, 1971, 124 ff.; F. *Elias*, Abgrenzungsprobleme, 1968, 82; J. *Schmidt*, in: Eyermann § 47 Rn. 5; W. *Groß*, DVBl 1989, 1076, 1079; H. *Guthardt-Schulz*, Begrenzung, 1969, 45 f.; D. *Hahn*, JuS 1983, 678, 682; B.-F. *Hoffmann*, Antragsbefugnis, 1974, 60; *Hufen* § 19 Rn. 4; U. *Karpen*, NJW 1986, 881, 882; H. H. *Klein*/H.-W. *Kupfer*, DÖV 1970, 73, 75; E. *Klotz*, DÖV 1966, 186, 187; I. *König-Ouvrier*, Zulässigkeit, 1977, 112; *Kopp/Schenke* § 47 Rn. 3; H.-K. v. *Kupsch*, Bedeutung, 1965, 80; H. *Maurer*, FS Kern, 1968, 275, 288 ff.; K. *Meyer*, Zehn Jahre Verwaltungsgerichtsordnung, 1970, 161, 167; J. *Meyer-Ladewig*, DVBl 1976, 204, 206; W. *Mößle*, BayVBl 1976, 609, 613; F. *Müller*, BaWüBl 1968, 65, 68; A. v. *Mutius*, Jura 1989, 297, 298; S. *Paetow*, NVwZ 1985, 309, 311; H.-J. *Papier*, FS Menger, 1985, 517, 521 f.; M. *Redeker*, in: Redeker/v. Oertzen § 47 Rn. 1; E.

fahrenszwecke in der Weise verstanden, dass § 47 zwei voneinander strikt zu unterscheidende Verfahren enthalte, ein reines Rechtsschutzverfahren auf Antrag natürlicher oder juristischer Personen und ein reines Beanstandungsverfahren auf Antrag von Behörden.[87] Von anderer Seite wird ebenfalls angenommen, dass ein auf Antrag einer Behörde eingeleitetes Verfahren nach § 47 ein solches der objektiven Rechtskontrolle sei,[88] dem Normenkontrollverfahren auf Antrag einer natürlichen oder juristischen Person jedoch der Charakter eines kombinierten Rechtsschutz-/Rechtsbeanstandungsverfahrens zugemessen.[89] Wieder andere wollen den Doppelcharakter auch auf die von einer Behörde beantragte Normenkontrolle erstrecken.[90] Weitere Meinungsunterschiede bestehen hinsichtlich des Verhältnisses der kombinierten Verfahrenszwecke untereinander. Vertreten werden alle denkbaren Lösungen, von der primären Rechtsschutzfunktion des Verfahrens[91] über die absolute Gleichwertigkeit beider Verfahrenszwecke[92] bis zum Überwiegen des Elements der objektiven Rechtskontrolle.[93]

Gemeinsame Grundlage der verschiedenen Varianten der Kombinationsthese ist die Behauptung, dass 35 jedenfalls dem auf Antrag natürlicher oder juristischer Personen durchgeführten Normenkontrollverfahren zumindest auch eine Rechtsschutzfunktion eigen sei. Zur Begründung angeführt werden insbes. die in § 47 Abs. 2 S. 1 statuierte Antragsbefugnis, die ein Element subjektiver Betroffenheit in das Verfahren hineinbringe,[94] die Möglichkeit zur Antragstellung für den einzelnen Bürger (VGH Kassel ESVGH 23, 122, 125; 25, 209, 211; DVBl 1975, 909), die in § 47 Abs. 2 S. 2 festgelegte Ausgestaltung als kontradiktorisches Verfahren[95] sowie die zwar an § 32 BVerfGG angelehnte, jedoch anders als diese Norm nicht nur das Interesse der Allgemeinheit berücksichtigende Regelung des Erlasses einer einstweiligen Anordnung in § 47 Abs. 6.[96]

Ohne zunächst auf die Richtigkeit dieser Annahmen eingehen zu müssen, setzt sich die Kombinations- 36 these von vornherein dem Einwand der Beliebigkeit ihrer Ergebnisse aus. Das Verhältnis der kombinierten Zwecke zueinander muss als ungeklärt bezeichnet werden. Dann aber geht es nicht an, je nach dem erwünschten Ergebnis den einen Verfahrenszweck zulasten des anderen zu akzentuieren.[97]

cc) **Normenkontrolle als objektives Beanstandungsverfahren.** Die Bestimmung der Normenkontrolle 37 als objektives Beanstandungsverfahren[98] vermeidet die methodischen Unzuträglichkeiten der Kombinationsthese und führt zu berechenbaren Ergebnissen. Dass das Normenkontrollverfahren vor dem

---

H. Ritter, DÖV 1976, 802; *M. Ronellenfitsch*, VerwArch 74 (1983), 281, 287; *W.-R. Schenke*, Rechtsschutz, 1979, 258 f.; *ders.*, DVBl 1979, 169; *B. Stüer*, DVBl 1985, 469, 474; *R. Wilken*, Prüfungsmaßstab, 1967, 66 f.; *ders.*, DVBl 1969, 532, 534; *K. Wolfram*, Normenkontrolle, 1967, 43 f.

87 OVG Brem BRS 33, 57, 58; OVG Lüneburg OVGE 26, 366, 367; DVBl 1978, 176; *O.-R. v. Engelhardt*, Rechtsschutz, 1971, 195; *K. Obermayer*, Zehn Jahre Verwaltungsgerichtsordnung, 1970, 142, 156.

88 *K. A. Bettermann*, Landesverfassungsgerichtsbarkeit II, 1983, 467, 472; *R. Staudacher*, JZ 1985, 969, 971.

89 *J. Eckert*, Anordnung, 1971, 124 ff., 127 ff.; *F. Elias*, Abgrenzungsprobleme, 1968, 82; *H. Guthardt-Schulz*, Begrenzung, 1969, 45 f.; *K. Meyer*, Zehn Jahre Verwaltungsgerichtsordnung, 1970, 161, 167; *F. Müller*, BaWüVBl 1968, 65, 68; *W.-R. Schenke*, Rechtsschutz, 1979, 258 f.

90 *N. Achterberg*, VerwArch 72 (1981), 163, 178.

91 VGH Mannheim VBlBW 1988, 297, 298; VGH München BayVGH (N. F.) 23, 145, 146; 24, 126, 127; 25, 71, 75; BayVBl 1979, 696, 697; *W. Brohm*, NJW 1981, 1689, 1691; *F. Elias*, Abgrenzungsprobleme, 1968, 82; *H. Guthardt-Schulz*, Begrenzung, 1969, 45 f.; *W. Groß*, DVBl 1989, 1076, 1079; *H.-K. v. Kupsch*, Bedeutung, 1965, 80; *M. Ronellenfitsch*, VerwArch 74 (1983), 281, 287.

92 *Hufen* § 19 Rn. 4.

93 OVG Bln OVGE Bln 15, 244, 246; DÖV 1983, 644; VGH München BayVBl 1983, 698, 699; 1984, 370, 371; 2001, 175; *E. Klotz*, DÖV 1966, 186, 187; *H. Maurer*, FS Kern, 1968, 275, 288 ff.

94 VGH Kassel NJW 1967, 266, 267 f.; ESVGH 23, 122, 125; 25, 209, 211; DVBl 1975, 909; *W. Besler*, Probleme, 1981, 76; *W. Brohm*, NJW 1981, 1689, 1691; *J. Schmidt*, in: Eyermann § 47 Rn. 5; *R. Wilken*, DVBl 1969, 532, 534; *K. Wolfram*, Normenkontrolle, 1967, 43 f.

95 *N. Achterberg*, VerwArch 72 (1981), 163, 174; *W. Besler*, Probleme, 1981, 79 f.

96 *W. Besler*, Probleme, 1981, 77 f.

97 *A. Braun*, Antragsbefugnis, 1982, 49 f.; *H. Kapsreiter*, Begriff, 1986, 56 f.; *J. Ziekow*, GewArch 1990, 387.

98 So für § 47 a.F. StGH Brem DVBl 1977, 617; OVG Koblenz AS 15, 348, 350; 15, 450, 451; NJW 1982, 1170; AS 18, 159, 160; 18, 274, 277; OVG Lüneburg OVGE 17, 343, 344; VGH Kassel NJW 1967, 798, 799; VGH München BayVBl 1986, 497, 498 f.; *G. Babel*, Probleme der abstrakten Normenkontrolle, 1965, 28; *H. Bickel*, NJW 1977, 1934; *ders.*, NJW 1985, 2441, 2445; *H.-Ch. Bock*, Das Rechtsschutzbedürfnis im Verwaltungsprozess, 1971, 58; *A. Braun*, Antragsbefugnis, 1982, 85; *ders.*, BayVBl 1983, 577, 579; *K. Engelken*, Regelungen, 1971, 70; *M. Jörgensen*, BayVBl 1992, 353; *H. Koch*, Prozessführung, 1983, 195 f.; *W. Krebs*, VerwArch 69 (1978), 323, 327 f.; *ders.*, FS Menger, 1985, 191, 198; *W. Kuhla*, NVwZ 1988, 1084, 1085; *W. Löwer*, NJW 1979, 1265, 1269; *M. Quaas/K. Müller*, Normenkontrolle, 1986, Rn. 26; *L. Renck*, BayVBl 1979, 225, 227; *ders.*, NJW 1980, 1022, 1025; *ders.*, BayVBl 1985, 263; *H. Siemer*, Normenkontrolle, 1971, 15; *J. Ziekow*, Verw. 27 (1994), 461, 466; *W. Zimmerling*, NVwZ 1992, 122, 124.

OVG überhaupt ein Verfahren der objektiven Rechtskontrolle ist, kann in Anbetracht der fehlenden Maßgeblichkeit einer Rechtsverletzung für die Begründetheit des Antrags und der Allgemeinverbindlichkeit der Entscheidung nach § 47 Abs. 5 S. 2 Hs. 2 schlechterdings nicht bestritten werden. Entgegen der Auffassung des BVerwG (→ Rn. 32 f.) beschränkt sich diese Funktion als Beanstandungsverfahren nicht auf die Stufe der Begründetheitsprüfung, sondern erfasst das gesamte Verfahren. Ein Schutz subjektiver Rechte ist allenfalls ein Reflex der primären Funktion der objektiven Kontrolle.[99]

38   Die zur Einführung eines Rechtsschutzelements in das Normenkontrollverfahren vorgetragenen Begründungen (→ Rn. 35) überzeugen nicht: Auch nach der Ersetzung des Nachteilserfordernisses in § 47 Abs. 2 S. 1 durch die Notwendigkeit der Geltendmachung einer Rechtsverletzung ist die subjektive Betroffenheit des Antragstellers für die materielle Normprüfung ohne Bedeutung, ist also die eigentliche Normprüfung objektive Rechtskontrolle. Die Durchsetzung subjektiver Rechte ist nicht Ziel und nicht einmal notwendiges Ergebnis des Normenkontrollverfahrens, sondern allenfalls ein Reflex der primären Funktion der objektiven Kontrolle. Wie das frühere Nachteilserfordernis hat die Notwendigkeit der Geltendmachung einer Rechtsverletzung allein die Aufgabe, Popularanträge auszuschließen und den Kreis der zum Anstoß des Verfahrens in Betracht kommenden Antragsteller sachgerecht zu bestimmen.[100] Die Auswahl der zur Einleitung eines abstrakten Normenkontrollverfahrens nach Art. 93 Abs. 1 Nr. 2 GG Berechtigten folgt dem gleichen Prinzip (→ Rn. 17). Die Novellierung hat den Kreis potenzieller Antragsteller nur enger gezogen, ohne dass dadurch der Antrag auf Einleitung eines Normenkontrollverfahrens etwas anderes als ein Anstoß zur Einleitung einer objektiven Rechtskontrolle geworden wäre.[101] Die Eröffnung der Normenkontrolle für den einzelnen Bürger spricht ebenso wenig für einen Rechtsschutzcharakter, da bspw. auch das Popularklageverfahren nach Art. 98 S. 4 der Bayerischen Verfassung als objektives Beanstandungsverfahren[102] durch jede natürliche oder juristische Person eingeleitet werden kann.[103] Gleiches gilt für die Konzeption der Normenkontrolle als kontradiktorisches Verfahren, ist doch etwa die Verfassungsbeschwerde nach Art. 93 Abs. 1 Nr. 4a GG, die eindeutig dem Schutz subjektiver Rechte dient, gerade nicht kontradiktorisch ausgestaltet. Schließlich zeigt § 32 BVerfGG, dass der friedens- und entscheidungssichernde Zweck der einstweiligen Anordnung auch in einem objektiven Verfahren verwirklicht werden kann.[104]

38a   **d) Verhältnis zum Unionsrecht.** Das Verhältnis zum Unionsrecht ist zunächst dadurch bestimmt, dass eine prinzipale Normenkontrolle unionsrechtlich nicht gefordert ist. Das Unionsrecht gebietet nicht die Einführung eines Rechtsbehelfs, der mit dem Hauptantrag auf die Prüfung der Vereinbarkeit einer nationalen Rechtsvorschrift mit Unionsrecht gerichtet ist. Insoweit genügt die Möglichkeit der Herbeiführung einer Inzidentprüfung (EuGH EuZW 2007, 247 Rn. 36 ff.). Die nach § 47 Abs. 2 S. 1 erforderliche Antragsbefugnis kann auch auf eine mögliche Verletzung EU-rechtlich geschützter individueller Rechte gestützt werden. I.R. der Prüfung der Begründetheit des Normenkontrollantrags ist auch das Unionsrecht als Prüfungsmaßstab heranzuziehen (→ Rn. 353 a).

III.   Das OVG als Normenkontrollgericht

39   **1. Entscheidung „im Rahmen seiner Gerichtsbarkeit".** Eine Entscheidung „im Rahmen seiner Gerichtsbarkeit" kann das OVG nur treffen, wenn es sich in den Grenzen des verfassungsrechtlich Vorgegebenen bewegt. Es sei daran erinnert, dass die Normenkontrolle nach § 47 materiell der Verfassungsgerichtsbarkeit zuzuordnen ist. § 47 trifft keine von § 45 abweichende Regelung der sachlichen Zuständigkeit, sondern enthält eine Ausnahmebestimmung zum Ausschluss verfassungsrechtlicher Streitigkeiten aus dem Verwaltungsrechtsweg durch § 40 Abs. 1 S. 1 (→ Rn. 8 f.). Selbst wenn man dieser Auffassung nicht folgt, so kann „im Rahmen seiner Gerichtsbarkeit" jedenfalls nicht gleichzusetzen sein mit „im Rahmen seiner sachlichen Zuständigkeit".[105] Andernfalls würde § 47 Abs. 1 auf sich

---

99   *W. Löwer*, NJW 1979, 1265, 1269.
100   Für das Nachteilserfordernis nach § 47 Abs. 2 S. 1 a.F. *G. Babel*, Probleme der abstrakten Normenkontrolle, 1965, 28; *H. Koch*, Prozessführung, 1983, 195 f.; *L. Renck*, BayVBl 1979, 225, 227; *ders.*, NJW 1980, 1022, 1025.
101   *W. Schmitz-Rode*, NJW 1998, 415.
102   *H. Domcke*, in: Landesverfassungsgerichtsbarkeit, Teilbd. II, 1983, 231, 245.
103   *H. A. Wolff*, in: Lindner/Möstl/Wolff, Verfassung des Freistaates Bayern, 2009, Art. 98 Rn. 14.
104   *A. Braun*, Antragsbefugnis, 1982, 75 f.
105   So aber die Begründung des Regierungsentwurfs eines Gesetzes zur Änderung verwaltungsprozessualer Vorschriften, BT-Drs. 7/4324 Anl. 1 S. 8.

selbst verweisen, wird doch eine Zuständigkeit des OVG zur Normenkontrolle erst durch § 47 Abs. 1 begründet.

Die Begründung des Regierungsentwurfs einer VwGO führt zur Bedeutung der Gerichtsbarkeitsklausel aus: „Es ist sachlich nicht vertretbar, dass die Oberverwaltungsgerichte... andere Gerichte für Streitigkeiten präjudizieren, zu deren Entscheidung im Einzelfall letztere ausschließlich zuständig sind. Eine derartige Überordnung der Oberverwaltungsgerichte liefe dem Grundsatz der Gleichwertigkeit der einzelnen Zweige der Gerichtsbarkeit zuwider und störte das gegenseitige Verhältnis.... 'Im Rahmen seiner Gerichtsbarkeit' bedeutet daher, dass die Verwaltungsgerichte für Normenkontrolle soweit zuständig sind, als sie Streitigkeiten um die zu kontrollierende Norm im Einzelfall zu entscheiden haben." (BT-Drs. 3/55 Anl. 1 S. 33 zu § 46) Gestützt wird diese historische Interpretation durch teleologische Erwägungen. Besteht der Zweck der Normenkontrolle gerade in ihrer Bündelungsfunktion, also in dem Ziel, durch eine einzige Entscheidung eine Reihe von Einzelklagen zu vermeiden und dadurch die *Verwaltungsgerichte* zu entlasten (→ Rn. 25), so würde dieser Zweck verfehlt, wenn die Normenkontrollentscheidung keine die Verwaltungsgerichte entlastende Bündelung von Einzelverfahren herbeiführen kann, weil diese Verfahren nicht im Verwaltungsrechtsweg durchgeführt werden können. **40**

a) Begriffsbestimmung. Eine Entscheidung i.R. der Gerichtsbarkeit des OVG im Verständnis des § 47 Abs. 1 liegt nach allgemeiner Auffassung vor, wenn die Anwendung der zur Kontrolle gestellten Norm zu öffentlich-rechtlichen Streitigkeiten führen kann, deren Entscheidung nicht einem Gericht einer anderen Gerichtsbarkeit zugewiesen ist.[106] Allerdings ist diese Formulierung insofern missverständlich, als es für das Vorliegen einer öffentlich-rechtlichen Streitigkeit nach § 40 Abs. 1 S. 1 darauf ankommt, dass die das Rechtsverhältnis prägende Norm ihrerseits dem öffentlichen Recht zuzuordnen sein muss (→ § 40 Rn. 265 ff.). Die Gerichtsbarkeitsklausel des § 47 Abs. 1 verlangt daher, dass der zu kontrollierende Rechtssatz dem öffentlichen Recht angehört und seine Anwendung nicht einem Gericht einer anderen Gerichtsbarkeit vorbehalten ist.[107] Eine sich auf den Wortlaut des § 47 Abs. 2 S. 1, der zwischen der Rechtsverletzung durch die Rechtsvorschrift oder deren Anwendung differenziert, stützende Unterscheidung zwischen vollzugsfähigen und nichtvollzugsfähigen Normen ist danach nicht geboten.[108] Die Regelung der Antragsbefugnis in § 47 Abs. 2 S. 1 ist für die Auslegung der Gerichtsbarkeitsklausel des § 47 Abs. 1 ohne Bedeutung. **41**

Keine Bedeutung für die Bestimmung der Gerichtsbarkeit des OVG nach § 47 Abs. 1 hat das in § 40 Abs. 1 S. 1 enthaltene Merkmal „nichtverfassungsrechtlicher Art."[109] Da die prinzipale Normenkontrolle nach § 47 materielle Verfassungsgerichtsbarkeit ist, statuiert § 47 gerade eine Ausnahme vom Ausschluss verfassungsrechtlicher Streitigkeiten aus dem Verwaltungsrechtsweg (→ Rn. 8 f.). Die Abgrenzung zur Bundesverfassungsgerichtsbarkeit wird durch das GG, die zur Landesverfassungsgerichtsbarkeit durch § 47 Abs. 3 geleistet. **42**

b) Reichweite der Gerichtsbarkeitsklausel. Die Bestimmung der Reichweite der Gerichtsbarkeitsklausel hat eine Fülle von Problemen aufgeworfen. Für ihre Lösung entscheidend ist der Ausgangspunkt, dass es allein auf die *Anwendbarkeit* der konkret zur Prüfung gestellten Norm durch die Gerichte der allgemeinen Verwaltungsgerichtsbarkeit ankommt. Unerheblich ist daher der Charakter der Ermächtigungsnorm, auf die sich die untergesetzliche Vorschrift stützt.[110] Außer Betracht zu bleiben hat ebenso der Umstand, dass die Norm auch von Gerichten anderer Fachgerichtsbarkeiten anzuwenden ist, so- **43**

---

106 OVG Brem DVBl 1960, 809, 810; OVG Greifswald NordÖR 2015, 559, 560; OVG Lüneburg OVGE 35, 395, 396; NVwZ 1987, 708, 709 f.; OVG Magdeburg NVwZ-RR 2013, 201, 202; OVG Weimar NJW 2003, 1339; VGH Kassel ESVGH 19, 196, 198; 24, 45, 53; DVBl 1978, 174; HessVGRspr 1979, 57, 59; ESVGH 41, 141, 142; 8.5.2001 – 10 N 399/88; VGH Mannheim ESVGH 9, 200, 201 f.; 11, 27, 28; 11, 32; 15, 117, 119 f.; VerwRspr 20, 158, 159; ESVGH 19, 123, 125; DWW 1971, 65; VerwRspr 22, 811, 812; ESVGH 22, 59, 61; BWVP 1974, 36; ESVGH 25, 203, 206; 33, 268, 269; GewArch 1986, 28; ESVGH 39, 121, 122; VBlBW 2005, 234, 235; VGH München VerwRspr 14, 321, 323; 15, 596, 598 f.; BayVGH (N. F.) 16, 31, 33; 16, 53, 54; 23, 91, 92; 25, 102, 103; 32, 57, 58; BayVBl 1983, 272; 1986, 86, 87; NVwZ 1996, 483.
107 Vgl. *K. Obermayer*, Zehn Jahre Verwaltungsgerichtsordnung, 1970, 142, 149 f.
108 A.M. *W. Besler*, Probleme, 1981, 83 f.
109 *K. A. Bettermann*, Landesverfassungsgerichtsbarkeit II, 1983, 467, 490. A.M. VGH Kassel ESVGH 41, 141, 142 f.; *F. Elias*, Abgrenzungsprobleme, 1968, 125; *K. Wolfram*, Normenkontrolle, 1967, 50.
110 *K. Obermayer*, Zehn Jahre Verwaltungsgerichtsordnung, 1970, 142, 150. A.M. VGH Mannheim ESVGH 19, 14, 16.

lange deren Anwendungszuständigkeit keine ausschließliche ist. Unter dieser Maßgabe ist es belanglos, in welcher Gerichtsbarkeit sich die Normenkontrollentscheidung im Einzelfall auswirkt (OVG Lüneburg OVGE 35, 395, 397 f.). Die angegriffene Norm braucht selbst nicht zur Ergreifung von Maßnahmen zu ermächtigen, die Gegenstand eines verwaltungsgerichtlichen Verfahrens sein können. Es genügt, dass das Polizei- und Ordnungsrecht das Instrumentarium zur Durchsetzung der Norm bereitstellt (vgl. OVG Bautzen SächsVBl 1999, 159; VGH München BayVGH [n.F.] 25, 102, 104). Dementsprechend reicht es aus, dass sich bei den Verwaltungsgerichten Rechtsstreitigkeiten ergeben können, in denen die Rechtswirksamkeit der Rechtsvorschrift inzident zu prüfen ist.[111] Die für die Gegenauffassung gegebene Begründung, damit könnten unter Umständen sogar zivilrechtliche Rechtssätze einem Normenkontrollverfahren nach § 47 unterworfen werden,[112] verkennt, dass eine Vorschrift des Zivilrechts nicht dem öffentlichen Recht angehört und deshalb niemals Gegenstand eines oberverwaltungsgerichtlichen Normenkontrollverfahrens sein kann.

44　　Schwierigkeiten kann insbes. die Kontrolle von Vorschriften bereiten, die im Zusammenhang mit eindeutig einer prinzipalen Prüfung durch das OVG entzogenen Normen stehen. Als Grundsatz gilt hier, dass ein solcher Zusammenhang die Überprüfung solcher Normen nicht ausschließt, die von den der verwaltungsgerichtlichen Anwendbarkeit verschlossenen Rechtssätzen abtrennbar sind und selbständig von den VG angewendet werden können. So ist es im Allgemeinen unschädlich, wenn die Befolgung einer Vorschrift durch eine Straf- oder Bußgeldbestimmung gesichert werden soll.[113] Sofern der Zusammenhang mit der Sanktionsnorm nicht so eng ist, dass die zur Kontrolle gestellte Rechtsvorschrift nicht mehr als den gesetzlichen Tatbestand der Strafbestimmung enthält und keinerlei eigenständige Anwendungsmöglichkeiten für die Verwaltungsgerichte offenlässt (VGH Mannheim ESVGH 19, 14, 16), ist der Rahmen der Gerichtsbarkeit des OVG nicht überschritten. Umgekehrt kann der Zusammenhang mit eindeutig der Normenkontrolle nach § 47 unterliegenden Rechtssätzen nicht dazu führen, dass die ausschließlich der Anwendung durch eine andere Gerichtsbarkeit vorbehaltenen Vorschriften in die Überprüfung durch das OVG einbezogen werden.[114] Insbes. Sanktionsnormen können vom OVG in keinem Falle kontrolliert werden.[115]

45　　**c) Einzelfälle.** Als Einzelfälle, die Anlass zu Zweifeln hinsichtlich der Gerichtsbarkeit des OVG nach § 47 Abs. 1 gaben, sind insbes. zu nennen:

46　　**aa) Allgemeinverbindlicherklärung.** Die Allgemeinverbindlicherklärung eines Tarifvertrags nach § 5 TVG ist im Normenkontrollverfahren nach § 47 überprüfbar.[116] Sie ist ein dem öffentlichen Recht zuzuordnender Rechtsetzungsakt im Range unter einem Landesgesetz (BVerwGE 80, 355, 357 f.). Maßgebend hierfür ist das einschlägige Landesrecht. Allgemeinverbindlicherklärungen durch das Bundesministerium für Arbeit und Soziales sind nicht mit der Normenkontrolle angreifbar.[117] Die Anwendung ist – anders als die des Tarifvertrags selbst – nicht nach §§ 2, 2a ArbGG den Arbeitsgerichten vorbehalten ist (ferner → § 42 Rn. 305).[118]

47　　**bb) Aufhebung einer Vorschrift.** Die normative Aufhebung einer Vorschrift, die den Voraussetzungen des § 47 Abs. 1 genügt, kann ihrerseits vom OVG kontrolliert werden (VGH Kassel DÖV 1984, 685).

48　　**cc) Badeordnung.** Eine Badeordnung eines als kommunale Einrichtung betriebenen Schwimmbades unterliegt hinsichtlich der Zulassungsregelungen auch dann der Normenkontrolle, wenn die Benutzung privatrechtlich ausgestaltet ist (VGH Mannheim ESVGH 25, 203; DÖV 1978, 569).

111　BVerwG 18.4.2013 – 5 CN 1.12. A.M. VGH Mannheim, 14.12.2011 – 3 S 2611/09.

112　*Kopp/Schenke* § 47 Rn. 20; vgl. ähnl. für Ordnungswidrigkeitenvorschriften OVG Bautzen SächsVBl 1999, 159.

113　VGH Mannheim ESVGH 33, 268, 269; VGH München VerwRspr 14, 321, 323; 15, 596, 598 f.; *H.-G. König*, DVBl 1963, 81, 84; *F. Mayer*, GS Michelakis, 1973, 455, 465; *K. Obermayer*, Zehn Jahre Verwaltungsgerichtsordnung, 1970, 142, 151; *K. Schenk*, DVBl 1976, 198, 199.

114　VGH Mannheim ESVGH 33, 268, 269; NVwZ 1992, 1105, 1106; *H.-G. König*, DVBl 1963, 81, 84; *K. Schenk*, DVBl 1976, 198, 199; *K. Wolfram*, Normenkontrolle, 1967, 51 ff.

115　BVerwG NVwZ 2005, 695, 696; OVG Bautzen LKV 2002, 577, 578 f.; OVG Bln 29.9.2015 – 9 A 7/14, juris Rn. 54; OVG Schleswig NordÖR 2002, 453; VGH Mannheim ESVGH 28, 241, 243; 33, 268, 269; NVwZ 1988, 168; NVwZ-RR 1992, 418; NVwZ 1992, 1105, 1106; DVBl 1993, 778, 779; NVwZ-RR 2000, 772; NuR 2004, 171; 2.3.2004 – 10 S 15/03; VGH München BayVBl 1979, 176; NVwZ-RR 2006, 417, 418.

116　A.M. *F. Elias*, Abgrenzungsprobleme, 1968, 137 ff.

117　*M. Krumm*, DVBl 2011, 1008, 1010.

118　Für die parallele Konstellation des Anspruchs auf Allgemeinverbindlicherklärung BVerwGE 80, 355, 359.

dd) Bebauungspläne. Die Entscheidung über die Gültigkeit von Bebauungsplänen hält sich immer 49 i.R. der Gerichtsbarkeit des OVG, selbst wenn sie sich im Einzelfall nur in einem vor einem Gericht einer anderen Gerichtsbarkeit geführten Verfahren auswirken soll (OVG Lüneburg OVGE 35, 395).[119]

ee) Entgeltsatzungen. Werden Entgelte für die Inanspruchnahme öffentlicher Leistungen nicht durch 50 die Erhebung von Gebühren, sondern als privatrechtliche Entgelte durch Rechnung geltend gemacht, so fällt die Kontrolle der Entgeltsatzungen nicht in die Zuständigkeit der Verwaltungsgerichtsbarkeit (OVG Magdeburg NVwZ-RR 2013, 201, 202).

ff) Gerichtsorganisation. Der Gerichtsorganisation dienende Regelungen können nicht Gegenstand 51 der oberverwaltungsgerichtlichen Normenkontrolle sein, wenn sie die Gerichte anderer Gerichtsbarkeiten betreffen.[120] Dies gilt nicht nur für die Festlegung von örtlichen Zuständigkeiten,[121] sondern ebenso für Geschäftsverteilungspläne (VGH München BayVGH [N. F.] 32, 57, 58. A.M. wohl OVG Greifswald NordÖR 2015, 559, 560). Dabei kommt es nicht darauf an, ob der Antragsteller außerhalb der Gerichtsorganisation steht oder ein von dem Geschäftsverteilungsplan betroffener Richter ist.[122] Denn die Einstellung einer Norm in den Rahmen der Gerichtsbarkeit des OVG ist unabhängig von der Person des konkreten Antragstellers. Aus der vom BVerwG dem von einem Geschäftsverteilungsplan betroffenen Richter zugebilligten Möglichkeit einer Feststellungsklage (BVerwGE 50, 11) ergibt sich nichts anderes. Der Zweck der Gerichtsbarkeitsklausel des § 47 Abs. 1, eine Überordnung des OVG über die Gerichte anderer Gerichtsbarkeiten auszuschließen (→ Rn. 40), verbietet es, die interne Organisation dieser Gerichte der prinzipalen Kontrolle durch das OVG zu unterwerfen. Da dieser Gesichtspunkt bei den Geschäftsverteilungsplänen der VG nicht zum Tragen kommt, führt hier die vom BVerwG zugelassene Feststellungsklage dazu, dass die Gerichtsbarkeitsklausel einer Normenkontrolle durch das OVG nicht entgegensteht (zum Rechtsnormcharakter des Geschäftsverteilungsplans → Rn. 112).

gg) Geschäftsordnungen. Die Kontrolle der Geschäftsordnungen aller – auch oberster – Landesorgane und kommunalen Vertretungsorgane wird von der Gerichtsbarkeit des OVG umfasst,[123] sofern 52 man das Geschäftsordnungsrecht von Verfassungsorganen mit dem BVerfG systemwidrig als untergesetzliches Recht qualifiziert.[124]

hh) Von den Kirchen gesetztes Recht. Die Frage, inwieweit von den Kirchen gesetztes Recht einer 53 Normenkontrolle nach § 47 zugeführt werden kann, ist nach den allgemeinen Grundsätzen des Verhältnisses der staatlichen Gerichtsbarkeit zu Akten der Religionsgemeinschaften zu beurteilen (→ § 40 Rn. 467 ff.). Entscheidend ist, ob sich die Wirkungen des Rechtssatzes auf den innerkirchlichen Bereich beschränken oder in den staatlichen Bereich hineinreichen.[125] Bewegt sich die kirchliche Rechtsvorschrift im Bereich der Erfüllung öffentlicher Aufgaben, so unterliegt sie der Gerichtsbarkeit der VG.[126] Dies gilt etwa für Friedhofsordnungen kirchlicher Friedhöfe[127] oder die Ordnung des von einer Kirche betriebenen Kindergartens, der allgemein zugänglich ist (OVG Lüneburg NVwZ 1987, 708, 709). Nicht der Normenkontrolle durch das OVG zugänglich ist hingegen eine kirchliche Mitarbeitervertretungsordnung (VGH München DÖV 1998, 977).

---

119 *M. Quaas/K. Müller*, Normenkontrolle, 1986, Rn. 55.
120 *B. Stüer*, DVBl 1985, 469, 474. A.M. OVG Greifswald NordÖR 2015, 559, 560.
121 Vgl. VGH Kassel DVBl 1978, 174 für eine Verordnung, die die Zuständigkeit eines Amtsgerichts in Familiensachen festlegt; VGH München BayVGH (N. F.) 23, 91 für eine Verordnung über die Zuständigkeit der Amtsgerichte in Steuerstrafsachen.
122 A.M. VGH München BayVGH (N. F.) 32, 57, 58; *M. Quaas/K. Müller*, Normenkontrolle, 1986, Rn. 55.
123 A.M. *F. Elias*, Abgrenzungsprobleme, 1968, 126 ff.; *K. Obermayer*, Zehn Jahre Verwaltungsgerichtsordnung, 1970, 142, 150.
124 Vgl. BVerfGE 1, 144, 148; *H.-P. Schneider*, in: FS 50 Jahre Bundesverfassungsgericht, 2001, Bd. 2, 627, 635. A.M. etwa *N. Achterberg*, Parlamentsrecht, 1984, 327 f.; *J. Ziekow*, JuS 1991, 28, 29.
125 Vgl. BVerwGE 68, 62, 63 ff. m.w.N.; OVG Lüneburg NVwZ 1987, 708, 709; *G. Meier*, Die Entscheidung kirchlicher Angelegenheiten durch staatliche Gerichte, DVBl 1967, 703, 708. A.M. *F. Elias*, Abgrenzungsprobleme, 1968, 161; *W. Hofmann*, BayVBl 1963, 345, 346.
126 OVG Lüneburg NVwZ 1987, 708, 709; *K. Obermayer*, Zehn Jahre Verwaltungsgerichtsordnung, 1970, 142, 152 f. A.M. *K.-H. Kästner*, Staatliche Justizhoheit und religiöse Freiheit, 1991, 233 ff.
127 OVG Lüneburg NVwZ 1995, 809; *F. Elias*, Abgrenzungsprobleme, 1968, 164; *K.-H. Kästner*, Staatliche Justizhoheit und religiöse Freiheit, 1991, 235; *K. Obermayer*, Zehn Jahre Verwaltungsgerichtsordnung, 1970, 142, 153. A.M. VGH München BayVGH (N. F.) 16, 53, 54 f.; *W. Hofmann*, BayVBl 1963, 345, 346 f.

54   **ii) Mietrechtliche Regelungen.** Mietrechtliche Regelungen unterfallen regelmäßig nicht der Gerichtsbarkeit des OVG. Dies gilt bspw. für eine auf § 577a BGB gestützte Kündigungssperrfristverordnung (VGH Mannheim 25.6.2003 – 4 S 1999/02). Auch kommunale Mietspiegel können lediglich Auswirkungen für eine Vielzahl von *zivilrechtlichen* Streitigkeiten entfalten und unterliegen deshalb nicht der Normenkontrolle nach § 47.[128] Gleiches gilt für eine auf der Grundlage des § 32 Abs. 3 S. 3 und 5 LWoFG BW erlassene gemeindliche Satzung über die Festlegung der höchstzulässigen Miete für öffentlich geförderten Wohnraum (VGH Mannheim 14.12.2011 – 3 S 2611/09).

55   **jj) Mitteilungen in Strafsachen.** Die Anwendung der Anordnung über Mitteilungen in Strafsachen (MiStra) und der Richtlinien für das Straf- und Bußgeldverfahren ist ausschließlich den ordentlichen Gerichten vorbehalten; eine Normenkontrolle durch das OVG ist nach § 47 Abs. 1 ausgeschlossen (VGH Mannheim ESVGH 39, 121).

56   **kk) Tätigkeit der Notare.** Eine die Tätigkeit der Notare regelnde Verordnung ist nach § 111 Abs. 1 BNotO durch das OLG anzuwenden, sodass eine Normenkontrolle nach § 47 nicht in Betracht kommt (OVG Brem NJW 1978, 966).

57   **ll) Polizeiverordnungen.** Polizeiverordnungen, die eine Rechtsgrundlage ordnungsbehördlichen Handelns darstellen, sind auch dann durch das OVG kontrollierbar, wenn sie eine Bewehrungsvorschrift enthalten (VGH Mannheim ESVGH 33, 268, 269; NVwZ-RR 1992, 418; VBlBW 2001, 142; → Rn. 44).

58   **mm) Straf- und Bußgeldbestimmungen.** Sanktionsnormen wie Straf- und Bußgeldbestimmungen können durch das OVG nicht kontrolliert werden (→ Rn. 44).

59   **nn) Sperrbezirksverordnungen.** Nicht mehr umstr. ist die Einstellung von Sperrbezirksverordnungen, die Verbotszonen für die Ausübung der Prostitution festsetzen, in die Gerichtsbarkeit des OVG i.S.d. § 47 Abs. 1. Die ganz überwiegende Auffassung geht zu Recht davon aus, dass Sperrbezirksverordnungen auch Rechtsgrundlage präventiver Maßnahmen der Ordnungsbehörden und damit Gegenstand der abstrakten Normenkontrolle sein können.[129] Die früher vom VGH Mannheim vertretene Gegenauffassung[130] verkennt, dass es für die Unterwerfung eines untergesetzlichen Rechtssatzes unter die Gerichtsbarkeit des OVG nach § 47 Abs. 1 auf den Charakter der Ermächtigungsnorm nicht ankommt (→ Rn. 43).

60   **oo) Form der Verkündung von Bekanntmachungen.** Eine die Form der Verkündung von Bekanntmachungen der Gemeindeverwaltung regelnde Satzung ist dem öffentlichen Recht zuzuordnen und ihre Anwendung den Verwaltungsgerichten nicht entzogen (dies verkennt VGH Mannheim ESVGH 9, 200, 202). Die Gerichtsbarkeitsklausel des § 47 Abs. 1 steht daher ihrer prinzipalen Kontrolle nicht entgegen (a.M. VGH Mannheim ESVGH 9, 200).

61   **d) Verweisung.** Eine Verweisung nach § 173 VwGO i.V.m. § 17a Abs. 2 GVG an das zuständige Gericht des zulässigen Rechtswegs hat zu erfolgen, wenn die Kontrolle der angegriffenen Norm nicht i.R. der Gerichtsbarkeit des OVG liegen würde.[131] Entsprechend hat auch eine Vorabentscheidung nach § 17a Abs. 3 GVG zu erfolgen, wenn eine Partei dies beantragt (a.M. OVG Bautzen 19.1.2009 – 4 D 2/06). Dem kann nicht entgegengehalten werden, dass andere Rechtswege eine prinzipale Normenkontrolle nicht kennen (so aber OVG Koblenz 20.10.2000 – 11 C 11303/00). Das Gericht des anderen Rechtswegs hat den Normenkontrollantrag entsprechend als Antrag auf inzidente Normenkontrolle auszulegen.

---

128   I.E. ebenso BVerwGE 100, 262, 264 ff.; *C. Brüning*, NZM 2003, 921, 922, allerdings mit Blick auf den fehlenden Rechtsnormcharakter des Mietspiegels.

129   OVG Bautzen SächsVBl 1999, 159; VGH Kassel NJW 1981, 779; HessVGRspr 1983, 65, 66; NJW 1984, 505, 506; NVwZ-RR 2004, 470; VGH Mannheim ESVGH 28, 241, 242 f.; VGH München BayVGH (N. F.) 25, 102, 103 f.; GewArch 1981, 350; BayVBl 1986, 48; *W. Besler*, Probleme, 1981, 94.

130   VGH Mannheim ESVGH 19, 14; ebenso *M. Quaas/K. Müller*, Normenkontrolle, 1986, Rn. 55.

131   OVG Weimar NJW 2003, 1339. A.M. OVG Bautzen, 19.1.2009 – 4 D 2/06; OVG Frankfurt/O. 29.6.2000 – 4 D 35/98.NE.

2. Örtliche Zuständigkeit. Für die örtliche Zuständigkeit des OVG in Normenkontrollverfahren gel- 62
ten die allgemeinen Regelungen der §§ 52 und 53.[132] Probleme können sich nur dann ergeben, wenn
der räumliche Geltungsbereich der beanstandeten Norm die Gerichtsbezirke mehrerer OVG berührt.
Von vornherein außer Betracht zu bleiben haben die Nr. 2 und 3 des § 52, die ausdrücklich nur für
Anfechtungs- und Verpflichtungsklagen gelten. Aus § 52 Nr. 3 S. 2 lässt sich auch nicht die Wertungs-
regel entnehmen, dass im Falle eines Beseitigungsverlangens, das gegen einen für mehrere Gerichtsbe-
zirke geltenden Rechtsakt gerichtet ist, das Gericht zuständig ist, in dessen Bezirk der Beschwerte – im
Falle des § 47 der Antragsteller – seinen Sitz oder Wohnsitz hat. Denn während § 52 Nr. 3 S. 2 der
Entlastung der Verwaltungsgerichte durch Dekonzentration dient, verfolgt § 47 den umgekehrten
Zweck der Entlastung durch Bündelung. Diese Bündelungsfunktion des Normenkontrollverfahrens
spricht auch dafür, die örtliche Zuständigkeit des OVG nicht für einzelne Teile der angefochtenen
Norm unterschiedlich zu bestimmen (a.M. VGH München NVwZ-RR 1991, 332). Eine interlokal
geltende Rechtsnorm kann deshalb das Merkmal der Ortsgebundenheit i.S.v. § 52 Nr. 1 nicht ausfüllen (a.M. VGH München NVwZ-RR 1991, 332). Sachgerecht ist allein die Anwendung der Auffangzuständigkeit aus § 52 Nr. 5, die dazu führt, dass der Sitz des Normgebers das örtlich zuständige OVG
bestimmt. Für diese Auffassung spricht insbes., dass sie die Anwendung des beim Normerlass zu beachtenden Verfahrensrechts durch das OVG eines anderen Landes verhindert. Eine entsprechende spezialgesetzliche Regelung enthält § 7 Abs. 2 S. 3 UmwRG für die Normenkontrolle von Plänen und
Programmen i.S.v. § 7 Abs. 2 S. 1 i.V.m. § 1 Abs. 1 S. 1 Nr. 4 UmwRG (→ Rn. 69a). Für die Fälle der
Normenkontrolle von „länderübergreifenden" Plänen oder Programmen, d.h. solchen, deren inhaltlicher Gestaltungsbereich sich auf das Gebiet von mindestens zwei (Bundes-)Ländern erstreckt, ist ausweislich § 7 Abs. 2 S. 3 UmwRG das OVG örtlich zuständig, in dessen Bezirk die Behörde, die die Entscheidung über die Annahme des Plans oder Programms getroffen hat, ihren Sitz hat.

IV. Der Prüfungsgegenstand

Um ein tauglicher Gegenstand einer abstrakten Normenkontrolle durch das OVG zu sein, muss es sich 63
bei dem betreffenden Rechtssatz um eine der in § 47 Abs. 1 Nr. 1 und Nr. 2 genannten Vorschriften
handeln. Gemeinsam sind beiden Alternativen des § 47 Abs. 1 die an den Grad der Verwirklichung
der Rechtsnorm zu stellenden Anforderungen.

1. Existenz einer kontrollfähigen Rechtsnorm. Die Existenz einer kontrollfähigen Rechtsnorm ist für 64
ein Normenkontrollverfahren begriffsnotwendig. Erfüllt ist diese Voraussetzung in jedem Falle, wenn
die zur Kontrolle gestellte Rechtsvorschrift *zum Zeitpunkt der Entscheidung* des OVG bereits in und
noch nicht außer Kraft getreten ist (zum maßgeblichen Zeitpunkt VGH Kassel NJW 1970, 1619).
Wird die Ermächtigungsgrundlage einer Rechtsverordnung aufgehoben, so hat dies keine Auswirkungen auf deren Wirksamkeit; ein Normenkontrollverfahren ist weiterhin möglich (OVG Bautzen
27.1.2011 – 3 C 2/09). Keineswegs ist ein vor Verkündung der Norm gestellter Normenkontrollantrag ohne die Möglichkeit einer Heilung unzulässig (A.M. OVG Bautzen NVwZ 1998, 527; OVG Lüneburg ZfBR 2008, 682, 683). Es handelt sich nicht um einen unter die Bedingungen der Bekanntmachung der Norm gestellten Antrag (so aber OVG Bautzen NVwZ 1998, 527; OVG Lüneburg ZfBR
2008, 682, 683), sondern um einen unbedingten Antrag, mit dem der Antragsteller das Kostenrisiko
übernimmt, dass die Vorschrift nicht bis zur Entscheidung des Gerichts bekannt gemacht wird. Ebenso wenig steht die Antragsfrist des § 47 Abs. 2 S. 1 einer Antragstellung vor Bekanntmachung entgegen (a.M. OVG Lüneburg ZfBR 2008, 682, 683). Der Umstand, dass eine Versäumung der Antragsfrist keiner Wiedereinsetzung zugänglich ist (→ Rn. 292), schließt eine Antragstellung *vor* dem für den
Lauf der Antragsfrist maßgeblichen Zeitpunkt nicht aus. Maßgebend ist nach allgemeinen Grundsätzen der Zeitpunkt der letzten mündlichen Verhandlung. Dementsprechend hält die Rspr. die Änderung
eines zunächst unzulässigen Normenkontrollantrags, welche zur Zulässigkeit des Antrags führt, für
sachdienlich (OVG Bautzen 11.10.2006 – 5 D 24/04).

---

132 VGH München NVwZ-RR 1991, 332. A.M. *K. A. Bettermann*, Landesverfassungsgerichtsbarkeit II, 1983, 467,
495. Für ausgeschlossen hält Abgrenzungsprobleme der örtlichen Zuständigkeit *Hufen* § 19 Rn. 6. Zur Zuständigkeit von Fachsenaten innerhalb des Gerichts BVerwG DÖV 1981, 32.

65 **a) Normenkontrolle vor Inkrafttreten der Norm.** Für die Zulässigkeit einer Normenkontrolle vor Inkrafttreten der Norm entscheidend ist, dass die Tätigkeit aller am Rechtsetzungsverfahren Beteiligten
aus ihrer Sicht abgeschlossen ist, die Norm also aus der Sicht des Normgebers bereits formelle Geltung beansprucht.[133] Dies ist erst dann der Fall, wenn der Norminhalt unverrückbar feststeht, mithin
in aller Regel erst nach Verkündung der Norm.[134] Auf die Wirksamkeit der Verkündung oder Bekanntmachung kommt es dabei nicht an (BVerwG BauR 2002, 445, 446; NVwZ 2004, 620). Ein
Normenkontrollantrag ist auch dann statthaft, wenn gerade darüber gestritten wird, ob die Norm formell rechtsgültig erlassen worden ist (BVerwG NVwZ 2004, 620; 2004, 1122). Auch wenn die Vorschrift nicht bereits mit ihrer Verkündung in Kraft tritt, kann sie ab diesem Zeitpunkt zum Gegenstand eines Normenkontrollverfahrens gemacht werden.[135] Vor der Verkündung existiert nur ein Nor-
menentwurf, der erst noch Recht werden soll, es aber noch nicht ist und deshalb keiner prinzipalen
Kontrolle unterzogen werden kann: Im prinzipalen Normenkontrollverfahren nach § 47 sind Anträge
auf *vorbeugende Normenkontrolle*, die das Inkrafttreten einer bereits entworfenen Norm verhindern
sollen, und auf eine weiter gehende *Normunterlassung* unzulässig.[136]

66 Da die Rechtsschutzgarantie des Art. 19 Abs. 4 GG zwar auch effektiven Rechtsschutz gegen den Erlass untergesetzlicher Rechtsnormen gebietet und die Einführung der abstrakten Normenkontrolle
nach § 47 zwar nicht fordert, jedoch durch sie konkretisiert wird, kann die Normunterlassung ebenso
wenig in einer anderen der von der VwGO zur Verfügung gestellten Verfahrensarten *erzwungen* werden.[137] Ist eine unmittelbar auf die Feststellung der Ungültigkeit einer Rechtsnorm gerichtete *Feststellungsklage nach § 43* unzulässig und kommt lediglich eine Inzidentprüfung i.R. der Feststellung des
Bestehens oder Nichtbestehens eines Rechtsverhältnisses in Betracht, auch wenn die Normprüfung der
eigentliche Zweck der Feststellungsklage ist,[138] so wird eine gegen die Normsetzung gerichtete vorbeugende Feststellungsklage nur in seltenen Ausnahmefällen zulässig sein können.[139]

67 Die Überprüfung von Bebauungsplänen unterliegt hinsichtlich des Eintritts der Kontrollierbarkeit keinen anderen Grundsätzen. Die Zulässigkeit von Vorhaben während der Planaufstellung nach § 33
BauGB kann nicht dazu führen, dass der Bebauungsplanentwurf nach Eintritt der in jener Vorschrift
beschriebenen Planreife zum Gegenstand eines Normenkontrollverfahrens nach § 47 gemacht werden
kann.[140] Dass der planreife Planentwurf selbst noch keine Norm ist, zeigt § 33 Abs. 1 Nr. 3 BauGB,
wonach verbindlich auch für das vorgreiflich genehmigte Vorhaben der spätere Bebauungsplan als
Rechtsnorm ist: Nicht der Plangeber ist an den Planentwurf gebunden, sondern der Vorhabenträger ist
ggf. zur normkonformen Anpassung seines Vorhabens gehalten (VGH Mannheim ESVGH 12, 152,
154). Ein Bebauungsplan ist daher erst mit Bekanntmachung einer Normenkontrolle durch das OVG
zugänglich (VGH München 27.9.2016 – 9 NE 16.1229, juris Rn. 12). Ausreichender Rechtsschutz

---

133 BVerwG ZfBR 1992, 238, 239; BauR 2002, 445, 446; OVG Greifswald NordÖR 2000, 37; OVG Münster
     28.7.2015 – 7 D 37/15.NE, juris Rn. 17; VGH München 27.9.2016 – 9 NE 16.1229, juris Rn. 12.
134 BVerfGE 1, 396, 410; BVerwG BauR 2002, 445, 446; OVG Bautzen NVwZ 1998, 527; VGH Kassel BauR 1982,
     135; HessVGRspr 1989, 25.
135 OVG Bautzen NVwZ 1998, 527; VGH Kassel BauR 1982, 135; VGH Mannheim NJW 1976, 1706; VGH München
     BayVBl 1986, 497, 498; *A. Braun*, Antragsbefugnis, 1982, 210; *M. Quaas/K. Müller*, Normenkontrolle, 1986;
     Schenke Rn. 877.
136 BVerwG DVBl 1963, 1122, 1123; ZfBR 1992, 238; OVG Lüneburg ZfBR 2008, 682; VGH Kassel BauR 1982, 135,
     137; VGH Mannheim ESVGH 12, 152, 153; BaWüVBl 1968, 159; VGH München DVBl 1975, 665; BayVBl 1986,
     497, 498; 1999, 760; NVwZ-RR 2000, 469, 470; VGH München 27.9.2016 – 9 NE 16.1229, juris Rn. 12; *W. Bes-
     ler*, Probleme, 1981, 227; *G. Loh*, Normenkontrolle, 1973, 111; *H.-J. Papier*, FS Menger, 1985, 517, 529. A.M. *U.
     Karpen*, NJW 1986, 881, 884 f.; *W.-R. Schenke*, Rechtsschutz, 1979, 293.
137 BVerwG DVBl 1963, 1122, 1123; OVG Münster OVGE 23, 159, 165; VGH Mannheim BaWüVBl 1968, 159; VGH
     München BayVBl 1975, 420, 421; DVBl 1975, 665; *D. Birk*, BayVBl 1976, 744, 749. Für die Zulässigkeit einer vor-
     beugenden Unterlassungsklage dagegen VGH München BayVBl 1976, 112; 1978, 438, 439; *Hufen* § 16 Rn. 11; *H.-
     J. Papier*, FS Menger, 1985, 517, 534.
138 BVerwG DÖV 1965, 169; NJW 1983, 2208; DVBl 1993, 886; OVG Münster OVGE 23, 159, 161 f.; *H. Siemer*,
     Normenkontrolle, 1971, 58 f. A.M. *W. Besler*, Probleme, 1981, 58 ff.: Antrag auf Feststellung der Ungültigkeit einer
     Norm.
139 Vgl. BVerwGE 40, 323, 325 ff.; 54, 211, 215; OVG Lüneburg NordÖR 2016, 461.
140 BVerwG BauR 2002, 445, 446; OVG Bautzen NVwZ 1998, 527; OVG Greifswald NordÖR 2000, 37, 38; VGH
     Kassel BauR 1982, 135, 136; VGH Mannheim ESVGH 12, 152, 154 f.; VGH München BayVBl 1986, 497, 498 f.;
     1999, 760; NVwZ-RR 2000, 469, 470; vgl. auch VGH München 27.9.2016 – 9 NE 16.1229, juris Rn. 14. Zu
     Recht auch gegen eine analoge Anwendung des § 47 S. *Borchardt*, Rechtsschutz, 1999, 202 ff. A.M. *H. Jäde*, BayVBl
     1985, 225, 226 f.

i.S.d. Art. 19 Abs. 4 GG wird durch die Möglichkeit gewährt, gegen die auf der Grundlage des § 33 BauGB erteilten Genehmigungen im Klagewege vorzugehen und erforderlichenfalls einstweiligen Rechtsschutz nach den §§ 80, 80 a und 123 zu erlangen.[141]

b) Antrag auf Normerlass. Ebenso unzulässig ist – vorbehaltlich spezialgesetzlicher Regelungen 68 (→ Rn. 69 a) – ein Antrag auf Normerlass, der im Wege einer analogen Anwendung des § 47 ein prinzipales Verfahren einleiten soll.[142] Da die Einführung des Normenkontrollverfahrens nicht durch die Rechtsschutzgarantie des Art. 19 Abs. 4 GG geboten ist (→ Rn. 24), kann verfassungsrechtlich gefordert auch kein prinzipales Normerlassverfahren sein, weshalb keine für einen Analogieschluss vorauszusetzende systemwidrige Lücke vorliegt. Das bedeutet allerdings nicht, dass gegen das rechtswidrige Unterlassen einer Rechtsetzung kein Rechtsschutz erlangt werden kann. Die Gewährleistung des Art. 19 Abs. 4 GG umfasst jedenfalls den Schutz gegen den Nichterlass untergesetzlicher Normen.[143] Das Verwaltungsprozessrecht muss daher eine Verfahrensart zur Verfügung stellen, mit welcher ein nach materiellem Recht bestehender – wenngleich nur ausnahmsweise möglicher – Normerlassanspruch[144] verfolgt werden kann.[145] Die allgemeine Leistungsklage steht hierfür nicht zur Verfügung,[146] würde sie doch zu einem mit dem Gewaltenteilungsgrundsatz nur schwer in Einklang zu bringenden kondemnierenden Urteil führen (BVerwG NVwZ 1990, 162, 163).[147]

Allein zulässig kann eine Feststellungsklage nach § 43 Abs. 1 sein.[148] Zum einen ist das Verfahren zur 69 Kontrolle einer bereits erlassenen Norm nach § 47 als Sonderfall der Feststellungsklage ausgestaltet (BVerwGE 68, 306, 310), sodass es sachgerecht erscheint, für den Normerlass als actus contrarius der Normenkontrolle das nächststehende Verfahren zu wählen. Zum anderen bringt ein Feststellungsurteil den geringstmöglichen Eingriff in die Entscheidungsfreiheit der rechtsetzenden Organe mit sich (BVerwG NVwZ 1990, 162, 163). Zuständig ist nach der eindeutigen Regelung des § 45 das VG, sodass mangels Regelungslücke für eine Analogie zu § 47 kein Raum bleibt.[149] Wegen des mit der Feststellungsklage gewährten ausreichenden Rechtsschutzes besteht kein Bedürfnis zur Entwicklung von Klagearten sui generis.[150]

Etwas anderes könnte aber evtl. teilweise für Pläne und Programme i.S.v. § 1 Abs. 1 S. 1 Nr. 4 69a UmwRG gelten. Hierunter fallen auch einzelne Pläne, die in der Form einer Rechtsnorm erlassen wer-

---

141 OVG Bautzen NVwZ 1998, 527, 528; OVG Lüneburg ZfBR 2008, 682; VGH Mannheim ESVGH 12, 152, 155; VGH München BayVBl 1986, 497, 498 f.; VG Berlin NJW 1977, 2287; vgl. auch NJW 1978, 1822.

142 BVerwGE 80, 355, 363; BVerwG NVwZ 1990, 162, 163; NVwZ-RR 2010, 578; OVG Bln BauR 1980, 536, 537; OVG Lüneburg ZUR 2013, 231, 232; VGH Kassel DÖV 1992, 121; GewArch 1992, 395, 396; VGH Mannheim VBlBW 2004, 60, 62; VGH München 10.5.2006 – 9 N 03.389; *H. Duken*, NVwZ 1993, 546, 547; *M. Eisele*, Subjektive öffentliche Rechte, 1999, 210 f.; *W. Gleixner*, Normerlassklage, 1993, 23; *A. Hartmann*, DÖV 1991, 62, 67; *H.-J. Papier*, FS Menger, 1985, 517, 533; *G. Robbers*, JuS 1988, 949, 951 f.; *W.-R. Schenke*, Rechtsschutz, 1979, 336 f.; *ders.*, VerwArch 83 (1991), 307, 352; *K. Westbomke*, Anspruch, 1976, 128 ff.; *T. Würtenberger*, AöR 105 (1980), 370, 388 f. A.M. VGH München BayVBl 1980, 209, 211.

143 BVerwGE 80, 355, 361; BVerwG NVwZ 1990, 162, 163; DÖV 2003, 123, 124; VGH Kassel GewArch 1993, 252, 253; *Stefan Queng*, Der Anspruch auf Normerlass, 1998, 63; *Wolf-Rüdiger Schenke*, Die Rechtsschutzgarantie des Art. 19 Abs. 4 GG, 1982, Rn. 272.

144 Zur Problematik *O. Reidt*, DVBl 2000, 602; *H. Sodan*, NVwZ 2000, 601; *K. Westbomke*, Anspruch, 1976, 19 ff.; für Bebauungspläne *Christian Fackler*, Verfassungs- und verwaltungsrechtliche Aspekte eines Individualanspruchs auf Bauleitplanung, 1989.

145 A.M. BVerwGE 13, 328, 329 – aufgegeben in BVerwGE 80, 355, 359 f.; OVG Koblenz NJW 1988, 1684; VGH Kassel GewArch 1992, 395, 396; *J. Schmidt*, in: Eyermann § 47 Rn. 19; *A. Hartmann*, DÖV 1991, 62, 67.

146 § 42 Rn. 49; *A. Hartmann*, DÖV 1991, 62, 65; *G. Robbers*, JuS 1988, 949, 952; *T. Würtenberger*, AöR 105 (1980), 370, 385. A.M. VGH Mannheim VBlBW 2000, 317, 318; VGH München BayVBl 1981, 499, 503; *H. v. Barby*, Klagen, 1973, 128 ff.; *H. Duken*, NVwZ 1993, 546, 547 f.; *M. Eisele*, Subjektive öffentliche Rechte, 1999, 211 f.; *W. Gleixner*, Normerlassklage, 1993, 26; *H.-J. Papier*, FS Menger, 1985, 517, 533; *K. Westbomke*, Anspruch, 1976, 132 ff.

147 *H. Sodan*, NVwZ 2000, 601, 609.

148 § 42 Rn. 49; BVerwGE 80, 355, 365; BVerwG NVwZ 1990, 162, 163; NVwZ-RR 2010, 578; DÖV 2003, 123, 124; OVG Münster NVwZ-RR 1995, 105; VGH Mannheim VBlBW 2004, 60, 62; *G. Robbers*, JuS 1988, 949, 952; für Zulässigkeit auch *H. v. Barby*, Klagen, 1973, 144 ff.; *W. Gleixner*, Normerlassklage, 1993, 30; einschränkend *K. Westbomke*, Anspruch, 1976, 135 ff. Für Unzulässigkeit dagegen *A. Hartmann*, DÖV 1991, 62, 66; *W.-R. Schenke*, VerwArch 82 (1991), 307, 347 ff.; *T. Würtenberger*, AöR 105 (1980), 370, 388.

149 Vgl. OVG Lüneburg NVwZ-RR 1994, 547, 548; *L. Renck*, JuS 1982, 338, 342. A.M. *R. Bartlsperger*, DVBl 1967, 360, 373; *T. Würtenberger*, BayVBl 1980, 662, 663.

150 Ebenso § 42 Rn. 13, 50. A.M. etwa *K. Obermayer*, DVBl 1965, 625, 633: Normverpflichtungsklage analog § 42 Abs. 2; *T. Würtenberger*, AöR 105 (1980), 370, 389 ff.: Normerlassklage sui generis.

den, insbes. Bebauungspläne nach § 10 BauGB (§ 1 Abs. 1 S. 1 Nr. 4 UmwRG i.V.m. § 2 Abs. 7 UVPG i.V.m. Anl. 5 Nr. 1.8 zum UVPG). Gem. § 7 Abs. 2 S. 1 und 2 UmwRG ist § 47 entsprechend u.a. auf im Verwaltungsrechtsweg gestellte Anträge auf Erlass eines der von § 1 Abs. 1 S. 1 Nr. 4 UmwRG erfassten Pläne und Programme anzuwenden. Diese entsprechende Anwendung des § 47 ist subsidiär, wenn eine Gestaltungs- oder Leistungsklage oder ein Antrag nach § 47 Abs. 1 statthaft ist (§ 7 Abs. 2 S. 2 UmwRG). Wegen dieser Subsidiarität ist § 47 nicht entsprechend auf Anträge auf den Erlass von Plänen und Programmen, die nicht in Rechtssatzform ergehen, anzuwenden. Denn ein derartiges Begehren kann mit der allgemeinen Leistungsklage verfolgt werden (BVerwG 5.9.2013 – 7 C 21.12, juris Rn. 18). Anderes gilt jedoch – wie ausgeführt (→ Rn. 68) – für Pläne, insbes. Bauleitpläne, in der Form einer Rechtsnorm. Deren Erlass kann weder mit der allgemeinen Leistungsklage noch mit einem Antrag nach § 47 Abs. 1 verfolgt werden. Die einzig zulässige (→ Rn. 69) Feststellungklage ist keine Gestaltungsklage i.S.v. § 7 Abs. 2 S. 2 UmwRG. Daher wäre systematisch konsequent eine Normerlassklage für einer Strategischen Umweltprüfung unterliegende Pläne mit Rechtsnormcharakter gem. § 7 Abs. 2 S. 2 UmwRG in entsprechender Anwendung des § 47 Abs. 1 zu verfolgen. Allerdings wäre ein solcher Antrag zwar statthaft, aber wegen des fehlenden Anspruchs auf Erlass eines Bebauungsplans (§ 1 Abs. 3 S. 2 BauGB) offensichtlich unbegründet, so dass es an der nach § 47 Abs. 2 S. 1 erforderlichen Antragsbefugnis fehlen dürfte. Der von § 7 Abs. 2 S. 1 und 2 UmwRG gemeinte Normerlassanspruch kann sich von vornherein nur auf solche Pläne und Programme beziehen, deren Zielsetzung spezifisch der Umweltschutz ist (BT-Drs. 18/9526, 35), nicht aber Bauleitpläne.

70   **c) Antrag auf Normergänzung.** Der Antrag auf Normergänzung, der sich darauf richtet, einen von einer bereits existenten Rechtsvorschrift nicht berücksichtigten Sachverhalt in den Geltungsbereich der Norm einzubeziehen, ist anders als der Normerlassantrag im Normenkontrollverfahren nach § 47 zulässig.[151] Es kann nicht Sinn der Tenorierungsvorschrift des § 47 Abs. 5 S. 2 sein, eine Vorschrift, die im Übrigen rechtmäßig ist, nur deshalb insgesamt für unwirksam zu erklären, weil der Normgeber pflichtwidrig den Regelungsbereich des Rechtssatzes zu eng gefasst hat.[152] In analoger Anwendung des § 47 Abs. 5 S. 2 ist daher die Feststellung möglich, dass der Normgeber durch sein teilweises Unterlassen gegen höherrangiges Recht verstoßen habe.[153] Eine Normausdehnung durch das OVG selbst ist dagegen wegen des Grundsatzes der Gewaltenteilung nicht möglich (VGH Mannheim VBlBW 1981, 114, 115; UPR 1991, 394).

71   **d) Antrag auf Kontrolle einer außer Kraft getretenen Rechtsnorm.** Ein Antrag auf Kontrolle einer außer Kraft getretenen Rechtsnorm ist nur in engen Grenzen zulässig.[154] § 47 Abs. 5 S. 2 kennt nur den Fall der Unwirksamerklärung einer noch *geltenden* Rechtsvorschrift. Ein der Fortsetzungsfeststellungsklage nach § 113 Abs. 1 S. 4 ähnliches Institut fehlt gerade. Da § 113 Abs. 1 S. 4 v.a. den Rechtsschutzinteressen des Klägers Rechnung tragen soll (→ § 113 Rn. 241), die Normenkontrolle nach § 47 hingegen ein objektives Beanstandungsverfahren darstellt (→ Rn. 37 f.), ist die zuweilen vorgeschlagene Analogie zu § 113 Abs. 1 S. 4[155] nicht möglich (→ § 113 Rn. 320; OVG Bln DÖV 1983, 644; OVG Koblenz AS 15, 348, 350). Anders als i.R. des § 113 Abs. 1 S. 4 können die Gesichtspunkte der Wiederholungsgefahr, des Rehabilitationsinteresses oder der Vorbereitung eines Schadensersatzprozesses einen Antrag auf Kontrolle einer außer Kraft getretenen Rechtsnorm nicht tragen.[156]

---

151   BVerwGE 64, 77, 81; OVG Bln NVwZ 1983, 416, 418; OVG Frankfurt/O. LKV 1998, 274; VGH Kassel DVBl 1978, 175; VGH Mannheim DVBl 1979, 916, 923; VGH München BayVGH (N. F.) 27, 108; BayVBl 1980, 209, 211; 1982, 726, 727; NVwZ 1985, 502, 504; BayVBl 2003, 433, 434; *H.-U. Erichsen/ A. Scherzberg,* DVBl 1987, 168, 169; *A. Hartmann,* DÖV 1991, 62, 67; *W.-R. Schenke,* Rechtsschutz, 1979, 337 – anders jetzt *ders.,* VerwArch 82 (1991), 307, 352; *H. Sodan,* NVwZ 2000, 601, 608. A.M. OVG Lüneburg NVwZ-RR 1994, 547; OVG Magdeburg 3.7.2006 – 3 R 120/06; VGH Kassel NJW 1983, 2895; *M. Henrichs,* Das subjektive öffentliche Recht, 1998, S. 184 ff.

152   OVG Bln NVwZ 1983, 416, 418; VGH München BayVBl 2003, 433, 434. Die Auffassung des OVG Lüneburg NVwZ-RR 1994, 547, eine Norm könne nicht gerade wegen ihrer Lückenhaftigkeit für nichtig erklärt werden, ist unzutr.

153   BVerwGE 64, 77, 81; OVG Bln NVwZ 1983, 416, 418; VGH Kassel DVBl 1978, 175; VGH Mannheim DVBl 1979, 916, 923.

154   Für ausnahmslose Unzulässigkeit *D. Hahn,* JuS 1983, 678, 679.

155   *W. Besler,* Probleme, 1981, 219; *M. Quaas/K. Müller,* Normenkontrolle, 1986, Rn. 233; *K. Schenk,* DVBl 1976, 198, 201; *Schenke* Rn. 877.

156   OVG Bln DÖV 1983, 644; OVG Koblenz AS 15, 348, 350. A.M. BVerwG BauR 2005, 1761; OVG Bautzen Sächs-VBl 2008, 272, 273; OVG Brem NordÖR 1999, 33, 34; OVG Greifswald 22.2.2001 – 4 K 40/99; OVG Koblenz

Zulässig kann ein auf die Überprüfung einer außer Kraft getretenen Bestimmung gerichteter Antrag 72 nur sein, wenn der Bündelungszweck des Normenkontrollverfahrens noch erreicht werden kann. Entscheidend ist daher, dass die aufgehobene Rechtsvorschrift noch Rechtswirkungen zu äußern vermag, weil in der Vergangenheit liegende Sachverhalte noch nach dieser Norm zu entscheiden sind.[157] Von diesem Grundsatz kann auch keine Ausnahme für den Fall gemacht werden, dass sich der Antrag nicht von vornherein auf eine außer Kraft getretene Rechtsvorschrift bezieht, sondern die Norm während der Anhängigkeit eines zulässigen Normenkontrollantrags außer Kraft tritt. Das BVerwG vertritt für diese Konstellation die Auffassung, das Außerkrafttreten der Norm allein lasse den zulässig gestellten Normenkontrollantrag nicht ohne Weiteres zu einem unzulässigen Antrag werden, wenn dem Erfordernis der Antragsbefugnis des § 47 Abs. 2 S. 1 genügt sei. Hinzukommen müsse allerdings ein berechtigtes Interesse des Antragstellers an der Feststellung, dass die Norm ungültig war. Ein solches liege insbes. dann vor, wenn die begehrte Feststellung präjudizielle Wirkung für in Aussicht genommene Entschädigungs- oder Schadensersatzansprüche haben könnte.[158] Diese Ansicht verkennt, dass das Vorliegen der Antragsbefugnis i.S.v. § 47 Abs. 2 S. 1 nicht die einzige Zulässigkeitsvoraussetzung eines Normenkontrollantrags ist. Die Erfüllung der Zulässigkeitsvoraussetzung „Geltendmachung einer Rechtsverletzung" entbindet nicht von der Erfüllung der Zulässigkeitsvoraussetzung „Rechtsnorm".[159] Sofern der Antragsteller seinen Antrag auf die begehrte Feststellung umstellt, dass die angegriffene Rechtsnorm ungültig war, ist mithin auch in dieser Fallgestaltung der Antrag nur zulässig, wenn die aufgehobene Rechtsvorschrift noch Rechtswirkungen zu äußern vermag (VGH Mannheim NVwZ-RR 2000, 51, 52). Aus diesem Grund kann der Normenkontrollantrag gegen die außer Kraft getretene Rechtsnorm auch nicht wegen des Bestehens einer „Wiederholungsgefahr" zulässig sein (so aber BVerwG NVwZ 2016, 689, 691). Dass die außer Kraft getretene Norm möglicherweise eine „Pilotfunktion" für künftige ähnliche Vorschriften haben könnte (hierauf abstellend BVerwG NVwZ 2016, 689, 691), ändert nichts daran, dass Rechtswirkungen erst von diesen eventuellen künftigen Vorschriften ausgehen werden. Denn ein zusätzliches Feststellungsinteresse des Antragstellers ist weder erforderlich noch hilft es über das Fehlen der Sachentscheidungsvoraussetzung „Rechtsnorm" hinweg.

Außer Kraft getreten i.S.d. Beseitigung der Eigenschaft als tauglicher Kontrollgegenstand ist eine 73 Rechtsvorschrift nur dann, wenn ihre äußere Wirksamkeit formell beendet ist, sei es, dass sie von vornherein nur befristet gegolten hat, sei es, dass sie aufgehoben worden ist. Kommt es dagegen auf die Frage an, ob die Vorschrift durch Mängel der inneren Wirksamkeit nichtig geworden ist, etwa ein Bebauungsplan wegen Funktionslosigkeit keine Geltung mehr beanspruchen kann, so bleibt die Norm zur Beantwortung dieser Frage im Normenkontrollverfahren überprüfbar.[160] Dabei tritt eine Festsetzung eines Bebauungsplans wegen Funktionslosigkeit außer Kraft, wenn und soweit die Verhältnisse, auf die sie sich bezieht, in der tatsächlichen Entwicklung einen Zustand erreicht haben, der eine Verwirklichung der Festsetzung auf unabsehbare Zeit ausschließt, und wenn diese Tatsache so offensichtlich ist, dass ein in ihre Fortgeltung gesetztes Vertrauen keinen Schutz verdient.[161] Maßgebend ist der Eintritt nachträglicher tatsächlicher Veränderungen, die der Planverwirklichung objektiv entgegenstehen. Die bloße Aufgabe oder Änderung der gemeindlichen Planungsabsichten reicht insoweit nicht aus (VGH Mannheim NuR 2000, 329, 330). Entscheidend ist, ob die jeweilige Festsetzung noch einen sinnvollen Beitrag zur städtebaulichen Ordnung leisten kann. Die einer Festsetzung zugrunde liegende

6.12.2012 – 7 C 10749/12; OVG Lüneburg NdsVBl 1997, 179; BauR 2002, 594, 595; OVG Lüneburg 28.1.2010 – 12 KN 65/07; OVG Münster NuR 2005, 546; OVG Weimar 22.9.2016 – 3 N 182/16, juris Rn. 37; VGH München BayVGH (N. F.) 16, 55, 58; *Kopp/Schenke* § 47 Rn. 90; bzgl. künftiger Schadensersatzprozesse wegen Veränderungssperren bejahend *H. Jäde*, ZfBR 2011, 115, 119.

157 BVerwGE 56, 172, 176; BVerwG ZfBR 1993, 195; OVG Bautzen 19.1.2009 – 4 D 2/06; OVG Koblenz AS 15, 348, 349; OVG Lüneburg NuR 2001, 167; NVwZ-RR 2006, 817; OVG Weimar 22.9.2016 – 3 N 182/16, juris Rn. 37; VGH Kassel ESVGH 23, 177, 183; HessVGRspr 1990, 36, 37; VGH Mannheim NuR 2000, 329, 330; VBlBW 2004, 60.

158 BVerwGE 68, 12, 14 f.; BVerwG NVwZ 2004, 1122; VGH Kassel ESVGH 25, 59, 62 f.; VGH München 26.5.2009 – 1 N 08.2636.

159 Krit. auch *H.-J. Papier*, FS Menger, 1985, 517, 530.

160 BVerwGE 108, 71, 72 ff.; VGH München NVwZ-RR 2007, 776; OVG Bln UPR 1992, 357, 358. A.M. OVG Münster 30.6.1997 – 10 a D 93/94.NE.

161 BVerwGE 54, 5, 11; 108, 71, 76; BVerwG UPR 2000, 229; VGH Mannheim NuR 2000, 329, 330; VBlBW 2002, 200, 202.

Planungskonzeption wird nicht schon dann sinnlos, wenn sie nicht mehr überall im Plangebiet umgesetzt werden kann.[162]

74   Von der prinzipalen Überprüfung einer außer Kraft getretenen Rechtsnorm zu unterscheiden ist die Kontrolle derjenigen Norm, mit der eine Rechtsvorschrift i.S.v. § 47 Abs. 1 aufgehoben wird. Sofern die übrigen Voraussetzungen des § 47 erfüllt sind, insbes. die von § 47 Abs. 2 S. 1 geforderte Rechtsverletzung gerade durch die Aufhebungsvorschrift oder deren Anwendung hervorgerufen wird, ist ein diesbezüglicher Normenkontrollantrag zulässig.[163]

75   **2. Rechtsvorschriften i.S.d. § 47 Abs. 1 Nr. 1.**   Rechtsvorschriften i.S.d. § 47 Abs. 1 Nr. 1, also nach den Vorschriften des BauGB erlassene Satzungen sowie Rechtsverordnungen aufgrund des § 246 Abs. 2 BauGB, sind als taugliche Prüfungsgegenstände ausdrücklich benannt. Eine nach den Vorschriften des BauGB erlassene Satzung i.S.v. § 47 Abs. 1 Nr. 1 liegt vor, wenn das BauGB für eine Festlegung die Form der Satzung ausdrücklich vorschreibt. Damit sind zum einen Festlegungen, die entgegen den Vorgaben des BauGB nicht als Satzung ergehen, in den Kreis der nach § 47 Abs. 1 Nr. 1 prüfungsfähigen Normen eingestellt.[164] Zum anderen scheiden die weiteren im BauGB vorgesehenen Entscheidungsformen, bspw. Beschlüsse, auch dann als taugliche Prüfungsgegenstände aus, wenn sie in Form einer Satzung ergehen sollten. Die Qualifikation als Satzung, die nach den Vorschriften des BauGB erlassen worden ist, ist daher formal zu bestimmen.

76   **a) Bebauungspläne.**   Der laut § 10 BauGB in die Form der gemeindlichen Satzung zu kleidende Bebauungsplan stellt den in der Praxis wichtigsten Fall der Normenkontrolle durch das OVG dar. Für den Zeitpunkt des Eintritts der Kontrollfähigkeit eines Bebauungsplans gelten die allgemeinen Grundsätze, sodass der i.S.d. § 33 BauGB planreife Planentwurf als Prüfungsgegenstand ausscheidet (→ Rn. 67).

77   Zu dem Problem, ob die *auf Landesrecht beruhenden Regelungen*, die gem. § 9 Abs. 4 BauGB als Festsetzungen in den Bebauungsplan aufgenommen werden, der Normenkontrolle unterliegen, vertritt das OVG des Saarlandes die These, trotz ihrer Aufnahme als Festsetzungen in den Bebauungsplan gründeten die von § 9 Abs. 4 BauGB erfassten Regelungen weiterhin im Landesrecht, weshalb sie nicht nach § 47 überprüft werden könnten (OVG Saarlouis AS 17, 143, 146 f.). Hiergegen ist zu Recht darauf hingewiesen worden, dass die auf der Grundlage des § 9 Abs. 4 BauGB im Bebauungsplan getroffenen Festsetzungen Teil einer einheitlichen Satzung sind, die formelle Betrachtungsweise mithin zur Anwendbarkeit des § 47 Abs. 1 Nr. 1 führt.[165] Etwas anderes gilt für die nach anderen gesetzlichen Vorschriften getroffenen Festsetzungen sowie Denkmäler nach Landesrecht, die nach § 9 Abs. 6 BauGB lediglich nachrichtlich in den Bebauungsplan übernommen werden und daher keine Festsetzungen im Bebauungsplan selbst sind. Entsprechend zu bewerten ist die nachrichtliche Übernahme festgesetzter Überschwemmungsgebiete nach § 9 Abs. 6 a S. 1 BauGB. Für den bloßen Vermerk noch nicht festgesetzter Überschwemmungsgebiete oder überschwemmungsgefährdeter Gebiete im Bebauungsplan gem. § 9 Abs. 6 a S. 2 BauGB kann nichts anderes gelten. Ebenso wenig wird eine auf das Bauordnungsrecht eines Landes gestützte Satzung über örtliche Bauvorschriften dadurch zu einer nach den Vorschriften des Baugesetzbuchs erlassenen Satzung i.S.v. § 47 Abs. 1 Nr. 1, dass sie in einen Bebauungsplan aufgenommene gestalterische Festsetzungen außer Kraft setzen soll (OVG Münster BauR 1991, 48).

78   Die *Änderung, Ergänzung oder Aufhebung eines Bebauungsplanes* erfolgt nach § 1 Abs. 8 BauGB i.V.m. § 10 BauGB ebenfalls durch Satzung und unterfällt damit § 47 Abs. 1 Nr. 1 (→ Rn. 75).[166] Außerhalb des in § 1 Abs. 8 BauGB vorgeschriebenen Aufhebungsverfahrens haben weder Verwaltung

---

162 BVerwG NVwZ-RR 1997, 512; 1998, 415, 416; BVerwGE 108, 71, 76; BVerwG UPR 2000, 229; *T. Troidl*, BauR 2010, 1511, 1513.

163 Vgl. OVG Münster BRS 50, 113; 4.11.2002 – 7 a D 141/90.NE; OVG Schleswig NVwZ 1998, 301; VGH Kassel DÖV 1984, 685; VGH Mannheim NVwZ-RR 1998, 423, 424; VGH München BayVBl 2017, 125, 126.

164 A.M. *Hufen* § 19 Rn. 12.

165 OVG Münster OVGE 36, 287; ebenso VGH München BRS 48, 263, 264; BayVBl 1999, 340; *K. Gelzer*, FS Redeker, 1993, 395, 402 f.; *G. Manssen*, BauR 1991, 697, 700; *M. Quaas/K. Müller*, Normenkontrolle, 1986, Rn. 78; *B. Stüer*, DVBl 1985, 469, 473 f.

166 BVerwG NVwZ 1997, 896; OVG Lüneburg NVwZ 1995, 911, 912; OVG Münster BRS 50, 113, 114; 4.11.2002 – 7 a D 141/00.NE.

noch Gemeinde die Möglichkeit zur Beseitigung eines Bebauungsplanes.[167] Solange der Bebauungsplan nicht durch eine Satzung oder eine Normenkontrollentscheidung beseitigt worden ist, ist er rechtsverbindlich. Ein die Ungültigkeit eines Bebauungsplans feststellender Beschluss eines Gemeinderats oder einer sonstigen Stelle stellt lediglich die unverbindliche Bekundung einer Rechtsauffassung dar, welche von § 47 Abs. 1 Nr. 1 nicht erfasst wird (VGH Kassel ESVGH 37, 123).[168]

b) Weitere Satzungen. Weitere Satzungen, die nach den Vorschriften des BauGB erlassen werden, 79 sind die Veränderungssperre (§ 16 Abs. 1 BauGB),[169] Satzungen zur Bestimmung eines Genehmigungsvorbehalts nach § 22 Abs. 1 BauGB, Satzungen zur Begründung des Vorkaufsrechts (§ 25 BauGB), Satzungen zur Bestimmung des Innenbereichs (§ 34 Abs. 4 BauGB),[170] Außenbereichssatzungen nach § 35 Abs. 6 BauGB, Erschließungsbeitragssatzungen (§ 132 BauGB), Satzungen über naturschutzrechtliche Ausgleichsmaßnahmen (§ 135 c BauGB), Sanierungssatzungen (§ 142 BauGB) – die auch durch Satzung aufzuheben sind (§ 162 Abs. 2 BauGB) –, Entwicklungssatzungen (§ 165 Abs. 6 BauGB), Satzungen zur Sicherung der Durchführung von Stadtumbaumaßnahmen (§ 171 d Abs. 1 BauGB), Erhaltungssatzungen (§ 172 BauGB) sowie Satzungen über die Verfassung von Planungsverbänden nach § 205 BauGB. Die Regelung des § 47 Abs. 1 ist abschließend. Eine analoge Anwendung auf andere bundesrechtliche Verordnungen oder Satzungen verbietet sich.[171]

c) Flächennutzungspläne. Da Flächennutzungspläne gem. §§ 5, 6 BauGB nicht als Satzungen be- 79a schlossen werden, konnten sie nach der älteren Rspr. des BVerwG (BVerwG NVwZ 1991, 262) nicht nach § 47 Abs. 1 Nr. 1 überprüft werden. Daran ist entgegen der durch das Urteil des BVerwG vom 26.4.2007 (NVwZ 2007, 1081) begründeten neueren Rspr. festzuhalten: Nach Auffassung des BVerwG besteht für Flächennutzungspläne, die Konzentrationszonen für Vorhaben i.S.v. § 35 Abs. 1 Nr. 2-6 BauGB festlegen, wegen der durch § 35 Abs. 3 S. 3 BauGB angeordneten Wirkungen eine planwidrige Regelungslücke, die eine analoge Anwendung des § 47 Abs. 1 Nr. 1 erforderlich mache. Die durch § 35 Abs. 3 S. 3 BauGB den Darstellungen des Flächennutzungsplans beigelegten Rechtswirkungen kämen der Bindungskraft von Festsetzungen eines Bebauungsplans gleich, sodass der Zweck des § 47 Abs. 1 Nr. 1, einen bundeseinheitlich ausgestalteten Rechtsschutz gegen einschneidend in die Rechtsstellung des Planbetroffenen eingreifende planerische Festlegungen zu schaffen, eine analoge Anwendung des Abs. 1 Nr. 1 auf Darstellungen im Flächennutzungsplan, die in den Anwendungsbereich des § 35 Abs. 3 S. 3 BauGB fallen, gebiete. Wie ein Bebauungsplan müssten sie dem Gewährleistungsgehalt des Art. 14 Abs. 1 S. 1 GG genügen und den Gleichheitssatz sowie das Verhältnismäßigkeitsprinzip wahren. Diese Wirkungen würden unmittelbar mit Erlass des Flächennutzungsplans eintreten und zwar unabhängig davon, ob ein Grundstückseigentümer oder ein in anderer Weise Berechtigter beabsichtigt, eine Baugenehmigung oder eine Planfeststellung zu beantragen. § 47 Abs. 1 Nr. 1 stehe diesem Analogieschluss nicht entgegen.[172] Die weitere Frage, ob die Eröffnung der Normenkontrolle auch für weitere (positive) Darstellungen des Flächennutzungsplanes zu erstrecken ist, die eine hinreichend konkrete Festlegung hinsichtlich zukünftiger Nutzungen enthalten und damit bestimmten Vorhaben als öffentlicher Belang entgegenstehen könnten, wäre auf dieser Grundlage zu verneinen.[173] Methodisch wird man diesem Ansatz nicht folgen können. Dass die von § 35 Abs. 3 S. 3 BauGB er- 79b fassten Darstellungen in Flächennutzungsplänen Rechtsnormen sind, die nach Maßgabe landesrechtlicher Vorschriften gem. § 47 Abs. 1 Nr. 2 Gegenstand der Normenkontrolle sein können, ist eindeutig (→ Rn. 118 a). Von Bedeutung ist eine analoge Anwendung des § 47 Abs. 1 Nr. 1 daher von vornhe-

---

167 BVerwG BauR 1987, 171, 172 f.; OVG Münster NuR 1983, 202; VGH München BayVGH (N. F.) 35, 111; *Gunther Herr*, Behördliche Verwerfung von Bebauungsplänen, 2003, 202 f.; *D. Jung*, NVwZ 1985, 790, 794 f.; *Günter Spiri*, Die Verwerfung von Bebauungsplänen durch Verwaltung und Gemeinde, 1986, 116; *R. Volhard*, NVwZ 1986, 105; *H. Wohlgemuth*, BauR 1981, 213. A.M. BGHZ 84, 292, 296; *K.-P. Dolde*, BauR 1978, 153; *H. Jäde*, BayVBl 1988, 5, 6 ff.; *W. Klapdor*, BauR 1982, 409.
168 *R. Volhard*, NVwZ 1986, 105.
169 Dazu *W. Kuhla*, NVwZ 1988, 1084.
170 Vgl. OVG Bautzen SächsVBl 2001, 79; OVG Greifswald LKV 1999, 68; VGH München 26.1.2009 – 2 N 08.124.
171 *M.-E. Geis*, FS Schenke, 709, 711; *F. Hufen*, FS Schenke, 803, 808.
172 BVerwG NVwZ 2007, 1081, 1082; ZfBR 2009, 156; BVerwGE 146, 40 Rn. 11 ff. So schon *W.-R. Schenke*, NVwZ 2007, 134, 140 f. Zust. etwa OVG Koblenz BauR 2008, 1101, 1102; OVG Lüneburg 23.6.2016 – 12 KN 64/14, juris Rn. 59; *J. Held*, LKRZ 2008, 367, 370 f.; *A. Scheidler*, DÖV 2008, 766; *U. Wollenteit*, NVwZ 2008, 1281, 1283.
173 BVerwGE 146, 40 Rn. 15 ff.; OVG Lüneburg 23.6.2016 – 12 KN 64/14, juris Rn. 59.

rein nur in den drei Ländern Berlin, Hamburg und Nordrhein-Westfalen. Allerdings besteht insoweit gerade keine *planwidrige* Regelungslücke. Fälle, die nicht unter den an die formale Rechtsnormqualität anknüpfenden § 47 Abs. 1 Nr. 1 (→ Rn. 75) fallen, werden von § 47 Abs. 1 Nr. 2 erfasst. Wenn – wie es das BVerwG meint – § 47 Abs. 1 Nr. 1 es gebieten soll, „dass der Rechtsschutz Betroffener im Anwendungsbereich von § 35 III 3 BauGB bundeseinheitlich ausgestaltet ist" (so BVerwG NVwZ 1081, 1082), so wäre es geboten, auch Ziele der Raumordnung § 47 Abs. 1 Nr. 1 zu unterstellen. Insoweit nimmt die Rspr. jedoch zutr. Weise eine Zuordnung zu § 47 Abs. 1 Nr. 2 vor (→ Rn. 119). Eine Aufspaltung danach, dass die Aufstellung von Flächennutzungsplänen im BauGB geregelt ist, die Aufstellung von Raumordnungsplänen jedoch nicht, wirkt gekünstelt. Vielmehr wäre nach dem Ansatz des BVerwG hier darauf abzustellen, dass der Eingriff in die Rechtsstellung Planbetroffener gerade durch eine im BauGB verortete Vorschrift (§ 35 Abs. 3 S. 3 BauGB) vermittelt wird. Weshalb insoweit keine bundesweit einheitliche Behandlung erfolgen soll, ist kaum begründbar. Soll die vom Gesetzgeber getroffene klare Abgrenzung zwischen Abs. 1 Nr. 1 und Nr. 2 nicht unterlaufen werden, so muss es dabei bleiben, dass auch § 35 Abs. 3 S. 3 BauGB unterfallende Darstellungen in Flächennutzungsplänen nur nach § 47 Abs. 1 Nr. 2 (→ Rn. 118 a), nicht aber nach § 47 Abs. 1 Nr. 1 der Normenkontrolle zugänglich sind.

80   **d) Rechtsverordnungen aufgrund des § 246 Abs. 2 BauGB.** Rechtsverordnungen aufgrund des § 246 Abs. 2 BauGB sind laut § 47 Abs. 1 Nr. 1 den nach den Vorschriften des BauGB erlassenen Satzungen gleichgestellt. Gem. § 246 Abs. 2 BauGB bestimmen die Länder Berlin und Hamburg, welche Form der Rechtsetzung an die Stelle der im BauGB vorgesehenen Satzungen tritt. Das Land Bremen kann eine solche Bestimmung treffen. Damit soll der spezifischen Verwaltungsstruktur der Stadtstaaten Rechnung getragen werden, von denen Berlin und Hamburg keine kommunalen Selbstverwaltungskörperschaften wie die Flächenstaaten, sondern Bezirke ohne eigene Satzungsgewalt kennen. Während Bremen die durch § 246 Abs. 2 S. 2 BauGB eröffnete Möglichkeit zu einer abweichenden Regelung bislang nicht genutzt hat, dort also die im BauGB vorgesehene Regelung durch Satzung praktiziert wird, treten in Berlin und Hamburg an die Stelle der Satzungen Rechtsverordnungen oder Landesgesetze.

81   V.a. in Hamburg treten in Teilbereichen *formelle Landesgesetze* an die Stelle der im BauGB vorgesehenen Satzungen. Diese Gesetze werden vom Wortlaut des § 47 Abs. 1 Nr. 1, der nur von „Rechtsverordnungen aufgrund des § 246 Abs. 2 des Baugesetzbuchs" spricht, nicht erfasst. Zwar schreibt § 246 Abs. 2 BauGB den genannten Stadtstaaten nicht den Erlass von Rechtsverordnungen anstelle der Satzungen vor, sondern lässt ihnen die Wahl der Form der Rechtsetzung gerade offen. Von einem Redaktionsversehen bei der Formulierung des § 47 Abs. 1 Nr. 1 dergestalt, dass anstelle von „Rechtsverordnungen" etwa „Rechtsvorschriften aufgrund des § 246 Abs. 2 BauGB" gemeint wären, kann jedoch nicht ausgegangen werden. Denn § 47 Abs. 1 Nr. 2 lässt die Normenkontrolle „von *anderen* im Rang unter dem Landesgesetz stehenden Rechtsvorschriften" zu, womit deutlich wird, dass die in § 47 Abs. 1 Nr. 1 genannten Normen ebenfalls im Rang unter einem Landesgesetz stehen.

82   Andererseits ist zu beachten, dass die von § 47 Abs. 1 Nr. 1 in Bezug genommene Vorschrift des § 246 Abs. 2 BauGB lediglich eine technische Regelung zur Anpassung der im BauGB vorgesehenen Rechtsformen an die Besonderheiten der Stadtstaaten darstellt. Wenn diesen durch § 246 Abs. 2 BauGB die Möglichkeit offengehalten wird, anstelle der Satzungen formelle Landesgesetze zu erlassen, so soll damit den Vorgaben der jeweiligen Landesverfassungen Rechnung getragen, nicht jedoch die gerichtliche Kontrolldichte eingeschränkt werden. Es handelt sich mithin bei den durch § 246 Abs. 2 BauGB zugelassenen formellen Landesgesetzen um sog. satzungsvertretende Gesetze (BVerfGE 70, 35, 58), die nur deshalb keine Aufnahme in § 47 Abs. 1 Nr. 1 gefunden haben, weil der Gesetzgeber die Verwerfung formeller Gesetze für die – einem Fachgericht entzogene – Ausübung von Verfassungsgerichtsbarkeit hielt und sich als durch das Verwerfungsmonopol des BVerfG nach Art. 100 Abs. 1 GG gebunden ansah.[174]

83   Diese Annahmen erweisen sich allerdings als irrig: Auch bei der prinzipalen Kontrolle unterlandesgesetzlicher Normen durch das OVG handelt es sich um die Ausübung materieller Verfassungsgerichtsbarkeit, die zur Gerichtsbarkeit des BVerfG durch das GG, zur Gerichtsbarkeit der Landesverfas-

---

174 Begründung des Regierungsentwurfs eines Gesetzes zur Änderung verwaltungsprozessualer Vorschriften, BT-Drs. 7/4324 Anl. 1 S. 10.

sungsgerichte durch § 47 Abs. 3 abgegrenzt wird (→ Rn. 9 f., 42). Dass bei der Kontrolle eines satzungsvertretenden Gesetzes anstelle einer Satzung oder einer Rechtsverordnung ein formelles Landesgesetz Prüfungsgegenstand ist, bedeutet also keinen Systembruch. Soll das Normenkontrollverfahren seinem Bündelungszweck (→ Rn. 25) gerecht werden, so muss § 47 Abs. 1 Nr. 1 erweiternd dahingehend ausgelegt werden, dass auch die nach dem BauGB grds. in die Form der Satzung zu kleidenden und nur wegen verwaltungstechnischer Besonderheiten als Gesetz ergehenden Regelungen erfasst werden. Konsequenterweise ist umgekehrt Art. 100 Abs. 1 GG einschränkend auszulegen, sodass das bundesverfassungsgerichtliche Verwerfungsmonopol für derartige satzungsvertretende Gesetze nicht gilt (BVerfGE 70, 35, 57 f.).

Für den Fall der hamburgischen Bebauungsplangesetze kommt das BVerfG zu demselben Ergebnis, 84 wenngleich mit anderer Begründung. Nach Ansicht des Gerichts stellt sich für den von einem Bebauungsplan betroffenen Bürger die Wahl der Gesetzesform als eher zufällig dar. Es sei nicht sachgerecht i.S.d. Art. 3 Abs. 1 GG, dass in demselben Bundesland der Rechtsschutz gegen bestimmte Bebauungspläne eröffnet, gegen andere dagegen verschlossen sei (BVerfGE 70, 35, 56 f.). Die Problematik dieser Argumentation, insbes. der Umstand, dass der vom BVerfG angenommene Gleichheitsverstoß auf der Ebene des hamburgischen Rechts und nicht des § 47 Abs. 1 Nr. 1 anzusiedeln wäre,[175] ist in der Lit. wiederholt hervorgehoben worden.[176] An der Richtigkeit der Interpretation, dass alle auf § 246 Abs. 2 BauGB fußenden satzungsvertretenden Gesetze, mithin nicht nur die Bebauungsplangesetze der Freien und Hansestadt Hamburg, tauglicher Prüfungsgegenstand i.S.v. § 47 Abs. 1 Nr. 1 sind, ändert dies nichts.

3. Andere Vorschriften im Rang unter dem Landesgesetz. Andere Vorschriften im Rang unter dem 85 Landesgesetz können nach § 47 Abs. 1 Nr. 2 zur Kontrolle durch das OVG gestellt werden, sofern das Landesrecht dies bestimmt. Bedeutung erlangen die in § 47 Abs. 1 Nr. 2 für einen zulässigen Kontrollgegenstand aufgestellten Voraussetzungen erst dann, wenn der Landesgesetzgeber von der Ermächtigung Gebrauch gemacht hat.

a) Fakultative Einführung. Es steht den Bundesländern frei, ob und inwieweit sie für Rechtsvorschrif- 86 ten i.S.v. § 47 Abs. 1 Nr. 2 die prinzipale Normenkontrolle durch das OVG einführen wollen. Die Länder haben nach ihrer Einschätzung über den Nutzen einer Kontrolle von Normen im Rang unter dem Landesgesetz zu entscheiden. In Anbetracht der einhellig hervorgehobenen Vorteile des Normenkontrollverfahrens erstaunt es allerdings, dass noch immer nicht alle Bundesländer die durch § 47 Abs. 1 Nr. 2 eröffnete Möglichkeit genutzt haben. Die Rechtsschutzgarantie des Art. 19 Abs. 4 GG verpflichtet nicht zur Einrichtung einer prinzipalen Normenkontrolle für alle untergesetzlichen Vorschriften des Landesrechts (→ Rn. 24). Ebenso wenig verstößt die von § 47 Abs. 1 Nr. 2 zugelassene Nichteinführung der Normenkontrolle in einem Bundesland bei gleichzeitiger Einführung in einem anderen gegen den allgemeinen Gleichheitssatz des Art. 3 Abs. 1 GG oder sonstiges Verfassungsrecht.[177]

§ 47 Abs. 1 Nr. 2 fordert von den Ländern keine exklusive Entscheidung dahingehend, die Normen- 87 kontrolle entweder überhaupt nicht oder aber für alle Rechtsvorschriften im Rang unter dem Landesgesetz zuzulassen. Möglich ist auch die Beschränkung des Prüfungsgegenstandes auf einen bestimmten Vorschriftentypus oder der Ausschluss einzelner Arten von Normen aus der im Übrigen generellen Einführung.[178] Die der Normenkontrolle unterstellten bzw. von ihr ausgenommenen Vorschriften müssen in diesem Fall so genau bezeichnet werden, dass ihre Abgrenzung von anderen Bestimmungen ohne Weiteres möglich ist. Ein Bsp. bietet § 4 Abs. 1 S. 2 AGVwGO RP, wonach die Zulassung der Normenkontrolle für jede im Rang unter dem Landesgesetz stehende Rechtsvorschrift nicht gilt für Rechtsverordnungen, die Handlungen eines Verfassungsorgans i.S.d. Art. 130 Abs. 1 VerfRP sind. Zu diesen Handlungen zählen nicht nur Rechtsverordnungen der Landesregierung oder eines Ministers i.R. einer Ressortverantwortung, sondern auch Verwaltungsvorschriften und alle sonstigen Akte, die

---

175 R. *Kosmider*, JuS 1988, 447, 451.
176 Krit. *H. Goerlich*, DÖV 1985, 945, 946; *ders.*, „Formenmißbrauch" und Kompetenzverständnis, 1987, 66 ff.; R. *Kosmider*, JuS 1988, 447, 448 ff.; *W.-R. Schenke*, DVBl 1985, 1367, 1368 ff.; Sondervotum des Richters *Steinberger*, BVerfGE 70, 59, 61 ff.; vgl. auch schon F. *Drettmann*, BauR 1985, 21, 24 ff.
177 BVerwG NVwZ-RR 1991, 54, 55; 7.4.1997 – 2 BN 1/97; NVwZ 2016, 938, 940; VGH Mannheim ESVGH 17, 118; OVG Bln UPR 1987, 279; 20.10.2000 – 2 A 8.99.
178 Vgl. BVerwG NVwZ-RR 1991, 54, 55; 7.4.1997 – 2 BN 1/97; OVG Koblenz AS 29, 9, 10.

diese Organe als solche vornehmen (vgl. VerfGH RhPf AS 2, 245, 252 f.; 19, 121, 122). Hat eines dieser Verfassungsorgane, etwa ein Landesminister, eine Rechtsverordnung erlassen, so liegt eine durch § 4 Abs. 1 S. 2 AGVwGO RP der Normenkontrolle entzogene Handlung eines Verfassungsorgans vor, ohne dass es auf den Inhalt der Verordnung ankommt. Die Alternative einer Einordnung als Akt der Exekutive scheidet aus.

88   Art. 5 S. 1 AGVwGO Bay sieht vor, dass der VGH auf Antrag über die Gültigkeit von im Rang unter dem Landesgesetz stehenden Rechtsvorschriften entscheidet. Dies gilt allerdings nicht uneingeschränkt für die Normenkontrolle von Satzungen nach Art. 6 Abs. 7, Art. 81 Abs. 1 BayBauO. Ausweislich des Art. 5 S. 2 AGVwGO Bay entscheidet der VGH über diese Satzungen nur, wenn erstens der Antrag von einer Behörde gestellt wird und zweitens die Rechtssache grundsätzliche Bedeutung hat. Diese Sondervorschrift gilt nur für örtliche Bauvorschriften, die durch eine selbständige Satzung ergehen, nicht aber für nach § 9 Abs. 4 BauGB in den Bebauungsplan als Festsetzungen aufgenommene Regelungen (VGH München BayVBl 1999, 340).

89   Weiter haben von der Ermächtigung des § 47 Abs. 1 Nr. 2 Gebrauch gemacht die Länder Baden-Württemberg (§ 4 AGVwGO BW), Brandenburg (§ 4 Abs. 1 BbgVwGG), Bremen (Art. 7 Abs. 1 AGVwGO Brem), Hessen (§ 15 Abs. 1 HessAGVwGO), Mecklenburg-Vorpommern (§ 13 AGGerStrG M-V), Niedersachsen (§ 7 NdsVwGO), Saarland (§ 18 SaarlAGVwGO), Sachsen (§ 24 Abs. 1 SächsJG), Sachsen-Anhalt (§ 10 AGVwGO LSA), Schleswig-Holstein (§ 5 AGVwGO SH) und Thüringen (§ 4 ThürAGVwGO). In diesen Bundesländern bestehen keine Einschränkungen des in § 47 Abs. 1 Nr. 2 beschriebenen Prüfungsgegenstandes.

90   Da die Normenkontrolle nach § 47 Abs. 1 Nr. 2 nur nach Maßgabe des Landesrechts eröffnet ist, sind die in den einschlägigen Landesgesetzen zur Beschreibung des zulässigen Prüfungsgegenstandes verwendeten Begriffe solche des Landesrechts. Ihre Auslegung obliegt daher dem jeweils zuständigen OVG (BVerwG NVwZ-RR 1991, 54, 55). Allerdings beziehen sich die Ausführungsgesetze der genannten Länder sämtlich auf im Range unter dem Landesgesetz stehende Rechtsvorschriften und verweisen damit auf die bundesrechtliche Begrifflichkeit des § 47 Abs. 1 Nr. 2. Die Übernahme der in § 47 Abs. 1 Nr. 2 vorgenommenen Kennzeichnung des Prüfungsgegenstandes verändert deren Charakter als Bundesrecht nicht (BVerwG NVwZ 1991, 262, 263). Ausschließlich landesrechtlicher Natur bleiben hingegen die weiteren in den einschlägigen Landesgesetzen verwendeten Begriffe, die wie etwa § 4 Abs. 1 S. 2 AGVwGO RP einer Beschränkung der zulässigen Prüfungsgegenstände dienen (BVerwG NVwZ-RR 1991, 54, 55).

91   Die Ermächtigung des Landesgesetzgebers durch § 47 Abs. 1 Nr. 2 bezieht sich nur auf die Eröffnung des Normenkontrollverfahrens als solche, nicht aber auf die Ausgestaltung des Verfahrens. Das Verfahren ist abschließend bundesrechtlich geregelt, Raum für landesrechtliche Abweichungen besteht nicht.[179]

92   In den Bundesländern, die das Normenkontrollverfahren gegen unterlandesgesetzliche Rechtsvorschriften nicht eingeführt haben, bleibt es für diesen Bereich bei den von den übrigen verwaltungsgerichtlichen Verfahrensarten eröffneten Möglichkeiten. Art. 19 Abs. 4 GG verlangt effektiven Rechtsschutz auch gegen den Erlass untergesetzlicher Normen. Diesen Anforderungen genügt es, wenn der durch eine Norm nachteilig Betroffene deren Anwendung angreifen und damit ihre Inzidentkontrolle herbeiführen kann (→ Rn. 23 f.). Ein unmittelbar gegen die Norm selbst gerichteter Angriff ist unzulässig. Für die Feststellungsklage nach § 43 gilt nichts anderes: Eine unmittelbar auf die Feststellung der Ungültigkeit einer Rechtsnorm gerichtete Feststellungsklage erfüllt nicht die Zulässigkeitsvoraussetzungen des § 43. Nicht ausgeschlossen ist hingegen eine Inzidentprüfung i.R. der Feststellung des Bestehens oder Nichtbestehens eines Rechtsverhältnisses, selbst wenn die Normprüfung der eigentliche Zweck der Feststellungsklage ist.[180] Die Entwicklung weiterer Verfahrensarten zum Schutz gegen untergesetzliche Rechtsnormen ist durch Art. 19 Abs. 4 GG nicht geboten. Eine analoge Anwendung des § 47 auf die Fälle, in denen der Landesgesetzgeber das Normenkontrollverfahren nicht eingeführt

---

179   VGH München VerwRspr 14, 321, 322; *W.-R. Schenke*, Rechtsschutz, 1979, 262. A.M. zu § 47 a.F. VGH Mannheim ESVGH 17, 118, 120; VGH München BayVGH (N. F.) 25, 27, 28 f.
180   BVerwG DÖV 1965, 169; NJW 1983, 2208; BVerwGE 111, 276, 278 f.; OVG Bln OVGE Bln 11, 65, 67; OVG Münster OVGE 23, 159, 161 f.; *W. Peters*, NVwZ 1999, 506; *H. Siemer*, Normenkontrolle, 1971, 58 f.; A.M. *W. Besler*, Probleme, 1981, 58 ff.; *L. Renck*, DÖV 1964, 651, 655 f.; *ders.*, JuS 1966, 273, 278 f.: Antrag auf Feststellung der Ungültigkeit einer Norm.

hat,[181] scheitert am ausdrücklichen Wortlaut des § 47 Abs. 1 Nr. 2. Für die Konstruktion einer, eine Rechtsverletzung durch die Norm voraussetzenden, Feststellungsklage eigener Art[182] oder eine Klage auf Feststellung, dass die Rechtsvorschrift den Kläger in seinen Rechten verletzt,[183] besteht kein Bedürfnis.

b) Begriff der Rechtsvorschrift. Der Begriff der Rechtsvorschrift i.S.v. § 47 Abs. 1 Nr. 2 ist noch nicht 93 abschließend geklärt. Die Ansätze könnten unterschiedlicher kaum sein. Eine Begründung für die präsentierten Ergebnisse wird selten gegeben. Sofern nicht unter Verzicht auf eine allgemeine Begriffsbestimmung die von § 47 Abs. 1 Nr. 2 erfassten Vorschriften erläuternd aufgezählt werden, wird häufig zur Definition ohne nähere Erklärung auf Termini wie „Rechtsnorm" oder „Rechtssatz" zurückgegriffen (vgl. nur VGH Kassel ESVGH 24, 45, 48), welche selbst hinsichtlich ihres Inhalts durchaus nicht unumstr. sind.

aa) Formale Betrachtungsweise. Eine rein formale Betrachtungsweise vertritt das OVG Lüneburg. Da 94 die in § 47 Abs. 5 S. 2 in Gestalt der Nichtigerklärung und Veröffentlichungspflicht vorgesehenen Besonderheiten der Normenkontrollentscheidung auf die Wirkung und den Erlass, mithin den formellen Bestand einer normativen Regelung bezogen seien, beschränke sich die Überprüfung auf Hoheitsakte mit förmlichem Normcharakter. Auf die materielle Charakterisierung als abstrakt-generelle Regelung komme es nicht an. Entscheidend sei allein, dass der betreffende Akt als Rechtssatz in Kraft gesetzt worden sei und als solcher in der Rechtsordnung anerkannt werde.[184]

bb) Materielle Kriterien. Auf materielle Kriterien stellt hingegen die ganz überwiegende Rspr. der 95 OVG und die Lit. ab. Ausschlaggebend sei ausschließlich der Inhalt, nicht die äußere Form des Hoheitsaktes.[185] Rechtsvorschriften i.S.d. § 47 Abs. 1 Nr. 2 seien alle materiellen Rechtssätze, also alle abstrakten und generellen Anordnungen, die auf unbestimmte Dauer gelten und eine nach außen verbindliche Regelung enthalten.[186] Eine Bestimmung sei Rechtsvorschrift, wenn sie die Rechtssphäre der von ihr Betroffenen berühre (VGH Mannheim BaWüVBl 1962, 89, 90; VGH München BayVGH [N. F.] 24, 117, 118). Sofern überhaupt eine Begründung für diese Auffassung gegeben wird, wird darauf verwiesen, zur Vermeidung von unbefriedigenden Abgrenzungskriterien sei es angezeigt, „den Begriff der Rechtsvorschrift... rechtstheoretisch zu verstehen".[187]

cc) Kombination formeller und materieller Gesichtspunkte. Eine Kombination formeller und materieller Gesichtspunkte verwendet v.a. der BayVGH: Entscheidend sei zunächst die inhaltliche Qualifikation der angegriffenen Bestimmung als Rechtsvorschrift i.S. einer abstrakt-generellen Regelung für einen unbestimmten Adressatenkreis. Sei danach eine Zuordnung nicht eindeutig möglich, so komme es auf die formelle Ausgestaltung der angegriffenen hoheitlichen Maßnahme an.[188] Vertreten wird vom BayVGH aber auch der umgekehrte Ansatz, nach welchem primär ausschlaggebend die äußere Form ist (VGH München BayVBl 2001, 238), wobei in der Lit. bei deren Mehrdeutigkeit zusätzlich die materielle Ausgestaltung herangezogen wird.[189]

dd) Rechtsprechung des BVerwG. In der Rspr. des BVerwG sind die Kriterien, anhand derer das Vor- 97 liegen einer Rechtsvorschrift i.S.v. § 47 Abs. 1 Nr. 2 zu bestimmen ist, bislang nicht abschließend defi-

181 So *K. Obermayer*, DVBl 1965, 625, 632; *ders.*, Zehn Jahre Verwaltungsgerichtsordnung, 1970, 142, 158.
182 So *H. Maurer*, FS Kern, 1968, 275, 305 ff.
183 So *R. Wilken*, DVBl 1969, 532, 535.
184 OVG Lüneburg NJW 1984, 627; ebenso OVG Greifswald NVwZ-RR 2000, 780; *M. Quaas/K. Müller*, Normenkontrolle, 1986, Rn. 88.
185 VGH Mannheim BaWüVBl 1962, 89, 90; ESVGH 20, 10, 11; 22, 166, 168; 23, 90, 91; 25, 203, 206; NVwZ 1986, 855; NuR 1999, 329, 330; VBlBW 2003, 119; *Schenke* Rn. 880.
186 OVG Schleswig NuR 2000, 589, 590; VGH Kassel ESVGH 24, 45, 48; VGH Mannheim ESVGH 9, 203, 206; 22, 166, 168; 23, 90, 92; BaWüVBl 1973, 58, 59; ESVGH 24, 27, 30; 25, 203, 206; VGH München 18.8.2010 – 9 NE 10.1887; 15.3.2003 – 12 N 02.1480; *A. Braun*, Antragsbefugnis, 1982, 27; *M. Ibler*, DVBl 1989, 639, 642; *H.-G. König*, DVBl 1963, 81, 83; *K. Obermayer*, Zehn Jahre Verwaltungsgerichtsordnung, 1970, 142, 146 f.; *K. Schenk*, DVBl 1976, 198, 200; *K. Wolfram*, Normenkontrolle, 1967, 57 ff.
187 So *H.-J. Birk*, „Rechtsvorschrift", 1972, 71.
188 VGH München BayVGH (N. F.) 27, 108; 30, 26, 28; BayVBl 1980, 209, 210; vgl. auch BayVGH (N. F.) 25, 71, 76 f.; 35, 127, 128.
189 *H. Bickel*, NJW 1985, 2441, 2446; *W. Hoppe*, FS Menger, 1985, 747, 757; *J. Schmidt*, in: Eyermann § 47 Rn. 26; vgl. OVG Brem DÖV 1991, 893.

niert worden.[190] Als Leitlinie darf aber festgehalten werden, dass jedenfalls Regelungen mit förmlichem Normcharakter von § 47 Abs. 1 Nr. 2 erfasst werden, selbst wenn sie nicht alle Voraussetzungen eines materiellen Normbegriffs erfüllen (BVerwGE 81, 128, 131; BVerwG UPR 2004, 179). Für den Regelfall geht das Gericht allerdings davon aus, dass den unter § 47 Abs. 1 Nr. 2 fallenden Rechtsvorschriften im formellen Sinne auch materiell der Rechtssatzcharakter zu eigen ist (BVerwG NVwZ 1988, 1119, 1120). Daraus wird gefolgert, dass den förmlichen Rechtsvorschriften die Rechtssätze im materiellen Sinne zumindest gleichzustellen seien (BVerwG NVwZ 1988, 1119, 1120). Der materielle Rechtssatzbegriff soll dabei „jedenfalls... eine (abstrakt-generelle) Regelung mit dem Anspruch auf Verbindlichkeit" fordern (BVerwG NVwZ 1991, 262, 263; ebenso BVerwG NVwZ 1988, 1119, 1120). Auf die von den Verfechtern der Maßgeblichkeit von materiellen Kriterien verlangte Außenverbindlichkeit der Regelung (→ Rn. 95) könne verzichtet werden, wenn sich aus der Anwendung des Rechtssatzes im Wege des Einzelrechtsschutzes verfolgbare Rechte ergeben können. Ob über diesen Fall hinaus die Außenverbindlichkeit als Element einer inhaltlichen Bestimmung des Terminus „Rechtsvorschrift" entbehrlich ist, ließ das BVerwG zunächst dahinstehen (BVerwG NVwZ 1988, 1119, 1120; DVBl 1994, 430). Mittlerweile ist jedoch wohl davon auszugehen, dass das Gericht den Außenwirksamkeitsanspruch der Regelung für notwendig hält (vgl. BVerwG UPR 2004, 179, 180). Seine dargelegten Ausführungen lassen das Bemühen erkennen, den Anwendungsbereich des § 47 Abs. 1 Nr. 2 möglichst weit zu fassen. Die Einordnung eines Hoheitsaktes als Rechtsvorschrift i.S.v. § 47 Abs. 1 Nr. 2 kann mithin erst dann abgelehnt werden, wenn sowohl der Charakter als Rechtssatz im formellen als auch der als Rechtssatz im materiellen Sinne verneint worden sind (BVerwG NVwZ 1991, 262, 263). Dabei genügt es, wenn die vom Antragsteller angegriffene Einzelregelung Rechtsnormcharakter i.S.v. § 47 Abs. 1 Nr. 2 aufweist. Welche rechtliche Qualität die übrigen Regelungen des Normzusammenhangs aufweisen, ist demgegenüber unerheblich (BVerwG UPR 2004, 179, 180).

98   **ee) Auslegung des § 47.** Die Auslegung des § 47, nicht die begründungslose Behauptung der Identität mit anderen Begriffen, hat die Ausfüllung des in § 47 Abs. 1 Nr. 2 verwendeten Terminus „Rechtsvorschrift" zu leiten. Selbst wenn man zur Definition auf Begriffe wie „Rechtsnorm" oder „Rechtssatz" zurückgreift, ist damit nichts gewonnen. Ein rechtstheoretischer Begriff der Rechtsnorm oder des Rechtssatzes ist notwendig so allgemein, dass er den Aufgaben, die der das Merkmal der Rechtsvorschrift enthaltenden Gesetzesbestimmung gestellt sind, nicht gerecht werden kann. Insbes. lässt sich allein „rechtstheoretisch" eine materielle Anreicherung des Ausdrucks „Rechtsvorschrift" in § 47 Abs. 1 Nr. 2 nicht begründen (dagegen die in → Rn. 95 dargestellte Auffassung). Wegen der Heterogenität der vorhandenen Rechtssätze kann dem Inhalt des konkreten Rechtssatzbegriffs nur durch eine Untersuchung seines Anwendungszusammenhanges Rechnung getragen werden.

99   Dass § 47 Abs. 1 Nr. 2 von *anderen* im Rang unter dem Landesgesetz stehenden Rechtsvorschriften spricht, legt es nahe, sich an den zu § 47 Abs. 1 Nr. 1 entwickelten Grundsätzen zu orientieren. Da eine nach den Vorschriften des BauGB erlassene Satzung nur vorliegt, wenn das BauGB für eine Festlegung die Form der Satzung ausdrücklich vorschreibt, § 47 Abs. 1 Nr. 1 mithin formal zu interpretieren ist (→ Rn. 75), sind jedenfalls alle Regelungen, für die gesetzlich die Form einer Rechtsvorschrift vorgesehen ist, unter § 47 Abs. 1 Nr. 2 zu fassen. Dafür spricht auch § 47 Abs. 5 S. 2 Hs. 2, wonach die Entscheidungsformel ebenso zu veröffentlichen ist wie die Rechtsvorschrift bekanntzumachen wäre. Die Bekanntmachung an die Allgemeinheit aber ist ein Charakteristikum einer Rechtsvorschrift im formellen Sinne. Nach diesen Vorgaben unterfallen § 47 Abs. 1 Nr. 2 alle Regelungen, die in der gesetzlich vorgeschriebenen Form als Rechtsvorschrift erlassen, insbes. bekanntgemacht, werden oder die entgegen einer solchen gesetzlichen Formbestimmung nicht als Rechtsvorschrift bekanntgemacht werden (*Rechtsvorschrift per Formzwang*).[191] Die Geltung des § 47 Abs. 1 Nr. 2 für den letztgenannten Typus des formdivergenten Hoheitsaktes ergibt sich aus dem in § 47 Abs. 5 S. 2 Hs. 2 gebrauchten Konjunktiv („wäre"), der gerade die Fälle der oberverwaltungsgerichtlichen Normenkontrolle unterstellen will, in der eine als Rechtsvorschrift zu erlassende Regelung dieser Form nicht entspricht.

---

190   Ausdrückl. offen gelassen von BVerwG NVwZ 1991, 262, 263; ohne definitorische Festlegung auch BVerwG UPR 2004, 179.
191   OVG Greifswald NVwZ-RR 2000, 780.

Ist durch ein Gesetz eine Regelung durch förmliche Rechtsvorschrift vorgeschrieben, kommt es also 100 auf den materiellen Inhalt des Hoheitsaktes nicht an.[192] Grds. steht es dem Gesetzgeber frei, auch für Hoheitsakte, die sich ihrem materiellen Gehalt nach als Einzelakte darstellen, die Form als Rechtsvorschrift vorzugeben. Problematisch sind lediglich die Konstellationen, in denen gesetzlich die Handlungsform als Einzelakt, insbes. als Verwaltungsakt, verlangt wird, der Hoheitsakt jedoch in der Form einer Rechtsvorschrift ergeht, oder eine Form gesetzlich nicht bestimmt ist, die betreffende förmliche Rechtsvorschrift sich aber nach – wie auch immer gefassten – inhaltlichen Kriterien nicht als Rechtssatz begreifen lässt. Fasst man diese Fallgruppen zusammen, so konzentriert sich das Problem in der Frage, ob bereits die Form einer Rechtsvorschrift den Hoheitsakt zu einer Rechtsvorschrift i.S.v. § 47 Abs. 1 Nr. 2 macht. Da Aufgabe der prinzipalen Normenkontrolle als objektivem Beanstandungsverfahren die Bewahrung der Rechtsordnung als solcher ist (→ Rn. 31, 37), dient es auch zur Beseitigung des rechtsordnungswidrigen Scheins einer Rechtsvorschrift. Die Veröffentlichung der Unwirksamkeiterklärung nach § 47 Abs. 5 S. 2 als actus contrarius der Bekanntmachung, durch die der Schein gesetzt wurde, ist insoweit die adäquate Reaktionsform. Rechtsvorschrift im Verständnis des § 47 Abs. 1 Nr. 2 ist also weiterhin jede *Rechtsvorschrift per Form.*[193]

Die eigentlichen Schwierigkeiten des Begriffs „Rechtsvorschrift" liegen in einer anderen Variante der 101 Form-Inhalt-Divergenz. Ist für eine bestimmte Maßnahme nicht das Handeln in der Form einer Rechtsvorschrift gesetzlich vorgeschrieben und ergeht der Hoheitsakt nicht in der Gestalt einer förmlichen Rechtsvorschrift, sondern in einer anderen eindeutig zuordenbaren Handlungsform, etwa als Verwaltungsakt, oder in einem nicht ohne Weiteres typisierbaren Ausdruck der Freiheit der Formenauswahl, so stellt sich das Problem, ob ein derartiger, formal nichtnormativer Hoheitsakt anhand inhaltlicher Maßstäbe als Rechtsvorschrift i.S.v. § 47 Abs. 1 Nr. 2 qualifiziert werden darf. Für die Zulässigkeit einer solchen materiellen Qualifikation spricht zunächst die Fassung des § 47 Abs. 5 S. 2 Hs. 2, der mit der Formulierung „wie die Rechtsvorschrift bekanntzumachen wäre" auch den Fall einer Rechtsvorschrift erfasst, die gerade nicht den formalen Kriterien einer Rechtsvorschrift genügt und deshalb nur inhaltlich als solche identifiziert werden kann. Des Weiteren ist auf den Zweck des Normenkontrollverfahrens zu rekurrieren, Einzelklagen zu bündeln, um durch die frühzeitige und allgemeinverbindliche Feststellung der Unwirksamkeit eine mögliche Rechtsunsicherheit durch divergierende Inzidententscheidungen zu vermeiden (→ Rn. 25). Um dieser Bündelungsfunktion gerecht werden zu können, muss das Normenkontrollverfahren alle Hoheitsakte erfassen, die wegen ihres materiell normativen Inhalts eine Vielzahl von Einzelstreitigkeiten hervorbringen können[194] (*Rechtsvorschrift per Inhalt*).

Mit der Zulassung einer Rechtsvorschrift per Inhalt ist noch nicht darüber entschieden, welchen mate- 102 riellen Anforderungen ein Hoheitsakt genügen muss, um Rechtsvorschrift i.S.v. § 47 Abs. 1 Nr. 2 zu sein. Zieht man wiederum die Bündelungsfunktion der Normenkontrolle heran, so ergibt sich, dass eine Mehrzahl von Einzelstreitigkeiten nur auf der Grundlage einer abstrakt-generellen Regelung entstehen kann. Die denkbare Ausnahme einer konkret-generellen Regelung ist durch § 35 S. 2 VwVfG ausdrücklich als Allgemeinverfügung und damit als Verwaltungsakt gekennzeichnet worden. Zusätzlich ist in jedem Falle erforderlich, dass der Hoheitsakt für sich den Anspruch auf Verbindlichkeit erhebt. Eine sich selbst erkennbar keine Verbindlichkeit beilegende Maßnahme kann kaum eine Vielzahl von Streitigkeiten hervorrufen. Dagegen ist das von den Verfechtern einer materiellen Betrachtungsweise aufgestellte Kriterium der Außenverbindlichkeit nicht nur verzichtbar, sondern es beeinträchtigt sogar die Tauglichkeit des Normenkontrollverfahrens zur Erfüllung seines Bündelungszwecks. Entscheidend ist allein, ob eine abstrakt-generelle Regelung mit Anspruch auf Verbindlichkeit zu einer Vielzahl von Einzelstreitigkeiten führen kann. Kann sie dies nicht, weil sie als Regelung des sog. Innenrechtskreises keine im Verwaltungsrechtsweg verfolgbaren Rechte verleiht, so trägt die Bündelungsfunktion keine Inhaltsbestimmung als Rechtsvorschrift. Kann eine Regelung aber eine Grundlage für eine Mehrzahl von Einzelklagen darstellen, so kommt es nicht darauf an, ob sie dem Innen- oder dem Außenrechtskreis zuzuordnen ist.

---

192 OVG Lüneburg NJW 1976, 2281, 2282; VGH Kassel HessVGRspr 1979, 57, 58; VGH München BayVBl 1983, 723, 724.
193 I.E. auch VGH Mannheim NVwZ-RR 2005, 243, 244; *N. Achterberg*, VerwArch 72 (1981), 163, 171.
194 I.E. ebenso *N. Achterberg*, VerwArch 72 (1981), 163, 171. A.M. etwa die Nachw. zu → Rn. 94.

103   **ff) Definition.** Der Versuch einer Definition der Rechtsvorschriften i.S.v. § 47 Abs. 1 Nr. 2, welcher die dargestellte Auslegung des § 47 zusammenfasst, könnte lauten: *Rechtsvorschriften i.S.d. § 47 Abs. 1 Nr. 2 sind Hoheitsakte, die in die Form einer Rechtsvorschrift gekleidet sind oder für die diese Form gesetzlich vorgeschrieben ist oder die, ohne förmliche Rechtsvorschrift zu sein, als abstrakt-generelle Regelungen mit dem Anspruch auf Verbindlichkeit zu einer Vielzahl von Einzelstreitigkeiten führen können.* I.E. bestätigt diese Definition weitgehend die Tendenz, die der Rspr. des BVerwG zu entnehmen ist (→ Rn. 97).

104   **c) Merkmal des unterlandesgesetzlichen Ranges.** Das Merkmal des unterlandesgesetzlichen Ranges der angegriffenen Rechtsvorschrift, welches § 47 Abs. 1 Nr. 2 verwendet, ist problematischer als häufig angenommen. Aus der Formulierung des Gesetzes, dass der Prüfungsgegenstand im Rang unter dem *Landes*gesetz stehen muss, lässt sich zunächst eindeutig entnehmen, dass Bundesrecht gleich welcher Stufe nicht zur prinzipalen Normenkontrolle durch das OVG gestellt werden kann. Die in § 49 des Präsidentenentwurfs einer Bundesverwaltungsgerichtsordnung (DVBl 1951, nach 568) vorgeschlagene Normenkontrolle bundesrechtlicher Verordnungen und sonstiger im Rang unter dem Bundesgesetz stehender Rechtsvorschriften durch das BVerwG wurde nicht verwirklicht, weil die Normenkontrollaufgaben des BVerfG hierfür wenig Raum ließen.[195] Die Zugehörigkeit einer Vorschrift zum Landesrecht richtet sich danach, wer die Norm gesetzt hat. Ist die Vorschrift vom Organ eines Landes erlassen worden, so gehört sie auch dann dem Landesrecht dieses Landes an, wenn sie auf einer bundesrechtlichen oder einer Ermächtigung auch des Landesrechts eines weiteren Landes beruht[196] oder eine internationale Vereinbarung umsetzt (VGH Mannheim UPR 1985, 34). Ungeschrieben ist die Voraussetzung, dass die Norm von Stellen desjenigen Landes erlassen sein muss, für das das OVG zuständig ist (BVerwG NVwZ 2016, 938, 939). Denn das OVG als Gericht eines Landes (§ 2) kann nicht Hoheitsakte eines anderen Bundeslandes für nichtig erklären (zur örtlichen Zuständigkeit → Rn. 62).

105   **aa) Zuordnung vorkonstitutionellen Rechts.** Die Zuordnung vorkonstitutionellen Rechts zum Bundes- oder Landesrecht richtet sich nach den Art. 124 und 125 GG. Gem. Art. 124 GG wird Gegenstände der ausschließlichen Bundesgesetzgebung betreffendes Recht innerhalb seines Geltungsbereichs Bundesrecht. Für Gegenstände der konkurrierenden Gesetzgebung des Bundes betreffendes Recht gilt dies laut Art. 125 GG nur, wenn es entweder innerhalb einer oder mehrerer Besatzungszonen einheitlich gegolten hat oder es nach dem 8.5.1945 früheres Reichsrecht abgeändert hat. Die Zugehörigkeit einer Vorschrift zum früheren Reichsrecht allein führt also nicht zu ihrer Qualifikation als Bundesrecht. Zu beachten ist, dass nach Art. 126 GG Meinungsverschiedenheiten über das Fortgelten von Recht als Bundesrecht das BVerfG entscheidet.

106   **bb) Formen des Landesrechts.** Eine Begrenzung der Formen des Landesrechts, die von § 47 Abs. 1 Nr. 2 erfasst werden, ergibt sich bereits aus dem Wortlaut der Bestimmung. Normen des Landesverfassungsrechts und förmliche Landesgesetze sind der verwaltungsgerichtlichen Normenkontrolle entzogen. Eine Ausnahme ist wie i.R. des § 47 Abs. 1 Nr. 1 für satzungsvertretende Gesetze zu machen (→ Rn. 82 ff.). Entsprechendes wird für gleichsam verordnungsvertretende Gesetze zu gelten haben. Wird eine Verordnung oder andere untergesetzliche Norm durch ein förmliches Gesetz abgeändert, so steht sie bzgl. ihres durch das Gesetz aufgegriffenen Teils nicht mehr im Rang unter dem Landesgesetz (vgl. VGH München BayVBl 1983, 564). Die von dem Gesetz nicht berührten Bestimmungen der Rechtsvorschrift auf unterlandesgesetzlicher Stufe verharren allerdings in diesem Rang (VGH München BayVGH [N. F.] 35, 127, 128 f.). Anderes gilt aber, wenn das die Verordnung ändernde Gesetz eine sog. „Entsteinerungsklausel" enthält, die die Rückkehr zum einheitlichen Verordnungsrang anordnet. In diesem Fall gibt der Gesetzgeber zu erkennen, dass er die Verordnung i.R. eines umfassenderen Gesetzgebungswerks allein aus Praktikabilitätsgründen abändert, jedoch nichts an ihrem Verordnungsrang ändern will (BVerwGE 117, 313, 317 ff. A.M. VGH München NJW 2001, 2905, 2906 f.). Soweit umgekehrt sog. gesetzesvertretende Verordnungen als Landesrecht fortgelten, stehen

---

195   Begründung des Regierungsentwurfs einer VwGO, BT-Drs. 3/55 Anl. 1 S. 33.
196   BVerfGE 18, 407, 414 ff.; BVerwGE 54, 54, 56; BVerwG NVwZ 2016, 938, 940; VGH Kassel HessVGRspr 1978, 17, 20; 1983, 65, 66; VGH Mannheim ESVGH 11, 32; NJW 1963, 1687; ESVGH 15, 117, 119; 19, 123, 124 f.; 19, 14, 15; 21, 41, 42; VGH München VerwRspr 14, 321, 323; 15, 596, 598; BayVGH (N. F.) 16, 31, 32 f.; DVBl 1965, 294; BayVGH (N. F.) 25, 27, 28; *H.-J. Birk*, „Rechtsvorschrift", 1972, 7 f.; *F. Mayer*, GS Michelakis, 1973, 455, 464.

sie den formellen Gesetzen im Rang gleich und können deshalb nicht nach § 47 Abs. 1 Nr. 2 kontrolliert werden.[197] Ihren Charakter als untergesetzliche Norm verliert eine Rechtsverordnung nicht dadurch, dass sie wie nach Art. 9 Abs. 2 S. 2 BV der vorherigen Zustimmung des Parlaments bedarf (VGH München BayVGH [N. F.] 25, 71, 77; 30, 26, 29; BayVBl 1983, 723).

cc) Qualifizierung des autonomen Satzungsrechts. Die Qualifizierung des autonomen Satzungsrechts 107 öffentlich-rechtlicher Körperschaften, Anstalten und Stiftungen stößt noch immer auf Schwierigkeiten. So wird die Auffassung vertreten, Bundes- und Landesrecht jeder Stufe gehe allem autonomen Recht vor, weil sich die Autonomie aus der staatlichen Rechtssetzungsgewalt ableite.[198] Deshalb stünden alle autonomen Satzungen im Rang unter dem Landesgesetz und seien nach § 47 Abs. 1 Nr. 2 kontrollierbar.[199] In der Konsequenz dieses Standpunkts läge es, dass das autonom gesetzte Recht einer auf Bundesebene organisierten juristischen Person des öffentlichen Rechts, über die Bundesorgane die Aufsicht führen, zur Überprüfung durch das OVG gestellt werden könnte. Hiergegen ist zu erinnern, dass die Begrenzung des Prüfungsgegenstandes der Normenkontrolle auf Rechtsvorschriften im Rang unter dem Landesgesetz gerade verhindern soll, dass das Gericht eines Landes eine von einem Kompetenzträger erlassene Norm für nichtig erklären kann, dessen Zuständigkeit über das Gebiet des Landes hinausreicht. Deshalb ist nur solches autonome Recht eine unterlandesgesetzliche Rechtsvorschrift i.S.v. § 47 Abs. 1 Nr. 2, welches von einer dem Bereich des betreffenden Landes eingegliederten juristischen Person des öffentlichen Rechts gesetzt wurde.[200] Entscheidend ist, dass die juristische Person der Aufsicht von Organen des Landes unterliegt.

d) Einzelfälle. aa) Allgemeinverfügungen. Allgemeinverfügungen i.S.d. § 35 S. 2 VwVfG sind man- 108 gels Abstraktheit der Regelung keine Rechtsvorschriften, es sei denn, sie sind Rechtsvorschriften per Form oder Formzwang (OVG Greifswald NVwZ-RR 2000, 780, 781). Nach mittlerweile absolut herrschender Meinung stellen Verkehrszeichen keine Rechtsnormen, sondern Allgemeinverfügungen dar.[201]

bb) Anstaltsordnungen und Benutzungsordnungen. Anstaltsordnungen und Benutzungsordnungen 109 öffentlicher Einrichtungen ohne förmlichen Rechtsnormcharakter erfüllen alle Merkmale der Definition der Rechtsvorschrift (VGH Mannheim BaWüVBl 1962, 89).[202] Als Beispiele zu nennen sind kommunale Friedhofsordnungen,[203] Badeordnungen für als kommunale Einrichtungen betriebene Bäder (VGH Mannheim ESVGH 25, 203) oder eine Archivsatzung (VGH München BayVBl 1985, 366). Eine nicht als Rechtsvorschrift anzusehende Allgemeinverfügung kann allerdings in der Einschränkung des widmungsgemäßen Gebrauchs der öffentlichen Einrichtung liegen (VGH Mannheim NVwZ-RR 2012, 939, 941 f.).

cc) Bundesrecht. Bundesrecht kann nicht durch das OVG prinzipal kontrolliert werden.[204] 110

dd) Geschäftsordnungen. Die Einordnung von Geschäftsordnungen als Rechtsvorschriften hängt al- 111 lein davon ab, ob sie zu einer Vielzahl von Einzelstreitigkeiten führen können. Die Eigenschaft als abstrakt-generelle Regelungen mit dem Anspruch auf Verbindlichkeit kann den Geschäftsordnungen nicht abgesprochen werden; auf die Außenverbindlichkeit der Regelung kommt es nicht an (→ Rn. 102). Da die innerorganisatorische Rechtsstellung der Mitglieder von kommunalen Vertretungsorganen im Verwaltungsrechtsweg durchgesetzt werden kann (→ § 42 Rn. 229 ff.), sind die Geschäftsordnungen dieser Organe, etwa eines Gemeinderats oder Kreistags oder auch einer Regional-

---

197 *F. Elias*, Abgrenzungsprobleme, 1968, 59.

198 So *D. Ehlers*, Ehlers/Pünder § 2 Rn. 59

199 *Klaus Stern*, Das Staatsrecht der Bundesrepublik Deutschland, Bd. I, ²1984, § 19 III 7 f.

200 Vgl. OVG Lüneburg NVwZ 1987, 708, 709; *H.-J. Birk*, „Rechtsvorschrift", 1972, 8.

201 Vgl. nur § 42 Rn. 295; BVerwGE 92, 32, 34; 97, 323, 326; BVerwG DVBl 2004, 518. A.M. noch VGH Mannheim ESVGH 11, 32; 15, 117, 118 f.; *K. Wolfram*, Normenkontrolle, 1967, 60 ff.

202 *B. Stüer*, DVBl 1985, 469, 473.

203 VGH Kassel ESVGH 25, 209; NVwZ 1988, 847; VGH Mannheim ESVGH 9, 203, 205 f.; VGH München BayVGH (N. F.) 23, 145.

204 Auch eine analoge Anwendung von § 47 Abs. 1 Nr. 2 kommt nicht in Betracht, *C. Kuntz*, Rechtsschutz, 2001, 104 ff.

versammlung, kontrollfähige Rechtsvorschriften.[205] Die Erstreckung des § 47 Abs. 1 Nr. 2 auf andere Geschäftsordnungen, insbes. die oberster Landesorgane, wird dagegen in aller Regel an der fehlenden Wehrfähigkeit der innerorganschaftlichen Positionen im Verwaltungsrechtsweg scheitern (→ Rn. 52).

112   **ee) Geschäftsverteilungspläne der Gerichte.** Die Frage, ob die Geschäftsverteilungspläne der Gerichte Rechtsvorschriften im Rang unter dem Landesgesetz sind, stellt sich nur für die Verteilung der Geschäfte in der Verwaltungsgerichtsbarkeit. Die Kontrolle der Geschäftsverteilungspläne der Gerichte anderer Gerichtszweige hält sich nicht i.R. der Gerichtsbarkeit des OVG (→ Rn. 51). Für die verwaltungsgerichtlichen Geschäftsverteilungspläne aber gilt, dass die in Art. 101 Abs. 1 S. 2 GG niedergelegte Garantie des gesetzlichen Richters abstrakt-generelle Regelungen mit dem Anspruch auf Verbindlichkeit gerade fordert (→ Rn. 46). Da Fehler des Geschäftsverteilungsplans zu zahlreichen, auf diesen Mangel gestützten Rechtsbehelfen führen können, ist der Geschäftsverteilungsplan eine Rechtsvorschrift der in § 47 Abs. 1 Nr. 2 beschriebenen Art.[206]

113   **ff) Gewohnheitsrecht.** Die Überprüfbarkeit von Gewohnheitsrecht im Verfahren nach § 47 ist höchst umstr., wenngleich – soweit ersichtlich – noch nicht in der Praxis relevant geworden. Der Versuch, in der Lit. eine dominierende Linie zu ermitteln, führt zu der Auffassung, die (überörtliches) Gewohnheitsrecht als dem förmlichen Gesetz ranggleich dem Anwendungsbereich des § 47 Abs. 1 Nr. 2 entzogen wissen will, wohingegen das sog. abgeleitete Gewohnheitsrecht, insbes. die örtliche Observanz, welches sich kraft gesetzlicher Ermächtigung entwickelt, als Rechtsvorschrift im Rang unter dem Landesgesetz verstanden wird.[207] Dem wird von anderer Seite entgegengehalten, Gewohnheitsrecht entwickle sich gerade ohne gesetzliche Grundlage und Ermächtigung. Ausschlaggebend für die Überprüfbarkeit von Gewohnheitsrecht sei vielmehr, ob dieses in räumlich-funktionaler Betrachtung eine Regelung enthalte, die bei einer Normierung durch förmliche Rechtsvorschriften gemeinhin durch unterlandesgesetzlichen Rechtssatz getroffen werde.[208] Abgesehen von der Frage nach der Tragfähigkeit derartiger Unterscheidungen bleibt darauf hinzuweisen, dass § 47 Abs. 5 S. 2 Hs. 2 zumindest eine bekanntmachungsfähige Rechtsvorschrift voraussetzt. Unter den Begriff der Rechtsvorschrift im Rang unter dem Landesgesetz fällt mithin nur geschriebenes Recht, nicht aber Gewohnheitsrecht gleich welchen Geltungsbereichs.[209]

114   **gg) Kirchliches Recht.** Kirchliches Recht steht, soweit es der Gerichtsbarkeit der VG unterliegt (→ Rn. 53), im Rang unter dem Landesgesetz.[210] Beispiele sind Friedhofsordnungen kirchlicher Friedhöfe[211] oder Beitragsordnungen für von der Kirche betriebene, jedoch allgemein zugängliche Kindergärten.[212]

115   **hh) Landesgesetze.** Förmliche Landesgesetze mit Ausnahme von satzungsvertretenden Gesetzen, Bestimmungen der Landesverfassungen und fortgeltende gesetzesvertretende Verordnungen werden von § 47 Abs. 1 Nr. 2 nicht erfasst (→ Rn. 106).

116   **ii) Organisationsakte.** Organisationsakte sind in jedem Fall unterlandesgesetzliche Rechtsvorschriften per Form, wenn sie als förmliche Rechtsnormen, insbes. als Rechtsverordnungen, erlassen werden. Zu nennen sind etwa Verordnungen zur kommunalen Neugliederung (VGH München BayVGH [N. F.] 25, 71; 35, 127; BayVBl 1978, 276; 1983, 179, 180), zur Bestimmung der Namen der Landkreise und

---

205   BVerwG NVwZ 1988, 1119; OVG Bautzen 29.9.2010 – 4 C 8/09; OVG Lüneburg NVwZ-RR 2000, 314; OVG Saarlouis 17.09.2015 – 2 C 29/15, juris Rn. 37; VGH Kassel LKRZ 2007, 262, 263; VGH Mannheim VBlBW 2003, 119; VGH München BayVBl 1994, 530; NVwZ-RR 2007, 405. A.M. VGH Mannheim ESVGH 22, 180, 181; *M. Redeker*, in: Redeker/v. Oertzen § 47 Rn. 13. Offen gelassen von VGH Mannheim ESVGH 18, 16, 17.

206   Vgl. BayVerfGH NJW 1978, 1515; *L. Renck*, NJW 1984, 2928. A.M. OVG Lüneburg NJW 1984, 627; *Hufen* § 19 Rn. 14.

207   *F. Elias*, Abgrenzungsprobleme, 1968, 60 ff.; *M. Redeker*, in: Redeker/v. Oertzen § 47 Rn. 11 u. 15; *H.-W. Schrickel*, Verfassungsbeschwerde, 1972, 37; *Schunck/De Clerck* § 47 Anm. 2 b; *B. Stüer*, DVBl 1985, 469, 473; *K. Wolfram*, Normenkontrolle, 1967, 91 ff.

208   *Obermayer*, Grundzüge § 35 II 1 b (2).

209   *Hufen* § 19 Rn. 14; *F. Mayer*, GS Michelakis, 1973, 455, 464; *W.-R. Schenke*, Rechtsschutz, 1979, 260 f.; *Schenke* Rn. 879.

210   *K. Obermayer*, Zehn Jahre Verwaltungsgerichtsordnung, 1970, 142, 153.

211   *F. Elias*, Abgrenzungsprobleme, 1968, 164; *K. Obermayer*, Zehn Jahre Verwaltungsgerichtsordnung, 1970, 142, 153. A.M. VGH München BayVGH (N. F.) 16, 53, 54 f.; *W. Hofmann*, BayVBl 1963, 345, 346 f.

212   OVG Lüneburg NVwZ 1987, 708, 709. A.M. *K.-H. Kästner*, Staatliche Justizhoheit und religiöse Freiheit, 1991, 234.

der Sitze der Kreisverwaltungen (VGH München BayVBl 1975, 114) oder über die Änderung von Grenzen von Regierungsbezirken, Landkreisen und kreisfreien Städten (VGH München BayVGH [N. F.] 30, 26, 28), über die Aufhebung von Grundbuchämtern (VGH Mannheim VBlBW 2005, 234, 235), die Errichtung von Volksschulen (VGH München BayVGH [N. F.] 24, 117), die Volksschulgliederung in einem Landkreis (VGH München BayVGH [N. F.] 24, 126) oder die Einteilung von Schulsprengeln (VGH München BayVBl 1983, 272) bzw. Satzungen über die Festlegung von Schuleinzugsbereichen (OVG Greifswald NordÖR 2004, 80). Gleiches gilt für *Zuständigkeitsregelungen*, soweit sie durch Verordnung getroffen werden.[213] Weitere Beispiele sind förmliche Normierungen, die die Struktur von Verwaltungseinheiten und die Stellung der ihnen eingegliederten oder einzugliedernden Personen betreffen, so eine Verordnung zur Einführung von Orientierungsstufen (OVG Lüneburg DVBl 1979, 194), eine Verordnung über die Übergänge innerhalb der allgemeinbildenden Schulen (VGH Kassel ESVGH 38, 273), die Satzung über die Verfassung einer Universität (vgl. VGH Kassel DÖV 1970, 99; 1970, 100; VGH Mannheim NJW 1969, 2253), eine Verordnung über die Einführung einer Regelstudienzeit (VGH Mannheim NJW 1976, 1706), über die Neuordnung von Studiengängen (OVG Lüneburg NVwZ-RR 2000, 504), über die Lehrverpflichtung der Hochschullehrer,[214] über die Arbeitszeit der Beamten (VGH Kassel HessVGRspr 1978, 22), über die Kapazitätsfestsetzung von Studienplätzen,[215] über Studiengebühren (VGH Mannheim NJW 1972, 887), eine Ausbildungs- und Prüfungsordnung für Juristen (VGH Mannheim VBlBW 1987, 185) oder eine in die Form der Universitätssatzung gekleidete Studienordnung (VGH Kassel NVwZ-RR 1991, 80; 20.12.2016 – 10 C 1608/15.N, juris Rn. 14) oder Prüfungsordnung (OVG Koblenz, 10.2.2016 – 10 C 10948/15, juris Rn. 12).

Studien- und Prüfungsordnungen sind für Lehrende und Lernende auch dann verbindlich, wenn sie 117 keine förmliche Rechtsvorschrift darstellen und daher Rechtsvorschriften per Inhalt.[216] Gleiches gilt für Lehr- und Bildungspläne sowie allgemeine Lehrstundentafeln im Schulwesen (VGH Mannheim NVwZ 1986, 855; VBlBW 2003, 384). Studienpläne dagegen enthalten i.d.R. nur unverbindliche Empfehlungen (VGH Mannheim 24.4.1981 – 9 S 621/81) und sind nur dann Rechtsvorschriften i.S.v. § 47 Abs. 1 Nr. 2, wenn Inhalt, Umfang und Gliederung der Ausbildung sich nach diesem Studienplan richten.[217] Für den Rechtsnormcharakter anderer nichtförmlicher Organisationsakte ist nicht entscheidend, ob ihnen Außenwirkung zukommt oder nicht (so aber VGH Mannheim ESVGH 22, 166), sondern dass sie als abstrakt-generelle Regelungen mit dem Anspruch auf Verbindlichkeit zu einer Vielzahl von Einzelstreitigkeiten führen können. Dies ist anzunehmen für Erlasse des Kultusministeriums über die Verfassung einer staatlichen Akademie (VGH Mannheim ESVGH 24, 27), über die Festsetzung der wöchentlichen Pflichtstundenzahl der Lehrer (VGH Mannheim ESVGH 23, 90, 91 f.) und über die Beseitigung eines Schultyps und Verwirklichung eines anderen (offen gelassen von VGH Mannheim ESVGH 17, 177, 178).

jj) **Pläne und Programme.** Noch immer äußerst umstr. ist die typologische Zuordnung von Plänen 118 und Programmen. Für die Anwendbarkeit des § 47 Abs. 1 Nr. 2 gilt jedenfalls, dass in der Form einer Rechtsverordnung oder Satzung beschlossene oder bestätigte Pläne unterlandesgesetzliche Rechtsvorschriften sind.[218] Die Qualifizierung von Plänen ohne förmlichen Rechtsnormcharakter als Rechtsvorschriften hängt davon ab, dass die Voraussetzung des Anspruchs auf Verbindlichkeit erfüllt ist (OVG Weimar 20.6.2016 – 1 EN 311/16, juris Rn. 25 ff.). Dabei muss der Plan aus sich selbst heraus diesen

---

213 BVerwGE 58, 179; 58, 344; OVG Bln 3.5.2016 – 12 A 1.13, juris Rn. 20; OVG Greifswald 2.6.2015 – 2 K 13/15, juris Rn. 50; VGH Kassel HessVGRspr 1979, 57, 58; VGH Mannheim 19.5.2003 – 4 S 1661/01; VGH München BayVBl 1992, 371.

214 OVG Brem 25.2.1997 – 1 N 2/96; VGH Kassel DVBl 1977, 737, 738; ESVGH 31, 1.

215 BVerwGE 64, 77; VGH Kassel DVBl 1978, 175; VGH Mannheim DVBl 1979, 916, 917 ff.; ESVGH 33, 215, 216.

216 BVerwG NVwZ 1991, 1082 für eine Studienordnung für einen Teilstudiengang an einer Universität; VGH Kassel ESVGH 24, 45, 50 für eine Prüfungsordnung für die Vollzugspolizei; VGH Mannheim NVwZ 1986, 855; 24.4.1981 – 9 S 621/81.

217 VGH Mannheim NVwZ 1986, 855 für den Studienplan von Landesministerien betreffend die fachwissenschaftliche Ausbildung im gehobenen Verwaltungsdienst.

218 BVerwGE 81, 128; 81, 139 – Teilabfallbeseitigungsplan; BVerwG DVBl 1991, 399 – Abfallentsorgungsplan; OVG Bln LKV 2016, 270 – Raumordnungsplan; OVG Brem DVBl 1988, 546 – Entsorgungsplan; OVG Greifswald NuR 2002, 611: regionales Raumordnungsprogramm; VGH Kassel NuR 2003, 119: Landesentwicklungsplan; VGH München BayVBl 1975, 168 – Teilabschnitt „Bestimmung der zentralen Orte" des Landesentwicklungsprogramms; VGH Mannheim NuR 2007, 567 – Regionalplan.

Anspruch erheben. Die Vermittlung anderer Normen, die an die Darstellung des Plans als Tatsachen rechtliche Wirkungen knüpfen, reicht nicht aus.[219]

118a   **aaa) Flächennutzungspläne.** Illustrierend sei § 35 Abs. 3 BauGB herangezogen, wonach eine Beeinträchtigung öffentlicher Belange durch Vorhaben im Außenbereich insbes. vorliegt, wenn das Vorhaben den Darstellungen des Flächennutzungsplans widerspricht (§ 35 Abs. 3 S. 1 Nr. 1 BauGB), und das Vorhaben den Zielen der Raumordnung nicht widersprechen darf (§ 35 Abs. 3 S. 2 BauGB). Diese Anknüpfung allein macht den Flächennutzungsplan noch nicht zur Rechtsvorschrift.[220] Zweifel sind auch mit Blick auf § 35 Abs. 3 S. 3 BauGB anzumelden. Zwar ist es zutr., dass „die Darstellungen des Flächennutzungsplans unter den dort genannten Voraussetzungen unmittelbar auf die Vorhabenzulassung durchschlagen" (so BVerwG NVwZ 2004, 614, 617). Hieraus ergibt sich jedoch nicht zwingend, dass gegen die Ausweisung von Konzentrationsflächen die Normenkontrolle eröffnet sein müsste (a.M. BVerwG NVwZ 2007, 1081, 1082). Wegen des Vorbehalts des Entgegenstehens nur „in der Regel" eröffnet § 35 Abs. 3 S. 3 BauGB eine Abwägung,[221] die der Einordnung des Flächennutzungsplans als Anspruch auf Verbindlichkeit erhebende Rechtsvorschrift entgegensteht.[222] Den Anspruch auf Verbindlichkeit erhebt ein Plan noch nicht dadurch, dass er wie der Flächennutzungsplan nach § 7 S. 1 und § 8 Abs. 2 S. 1 BauGB Bindungswirkung für weitere, teilweise verbindliche Planungen entfaltet. Denn insoweit ist nur die in dem (Flächennutzungs-)Plan dargestellte Grundkonzeption planerisch fortzuentwickeln (BVerwG NVwZ 1991, 262, 263). Allerdings ist zu beachten, dass die Neuregelung des Rechts der Flächennutzungsplanung durch das Gesetz zur Anpassung des Baugesetzbuchs an EU-Richtlinien vom 24.6.2004 (BGBl I 1359) eine beträchtliche Aufwertung des Steuerungspotentials des Flächennutzungsplans gebracht hat. Eingeführt wurde bspw. das Instrument des Teilflächennutzungsplans (§ 5 Abs. 2 b BauGB). Ein solcher Teilflächennutzungsplan bezieht sich nicht mehr wie der tradierte Flächennutzungsplan auf das gesamte Gemeindegebiet, sondern nur auf einen Teil davon. Sein Inhalt besteht lediglich darin, die Zulässigkeit bestimmter privilegierter Außenbereichsvorhaben an bestimmten Stellen des Gemeindegebiets auszuschließen (BT-Drs. 15/2996, 64 f.). Es handelt sich der Sache nach um eine vorhabenbezogene Negativplanung. Zu erwähnen ist weiter die bisher nur für die Zeit der Aufstellung von Bebauungsplänen mögliche Zurückstellung von Baugesuchen (§ 15 Abs. 3 BauGB). Diese der Erhöhung der Steuerungsmöglichkeiten durch Flächennutzungsplanung geschuldete Außenwendung rechtfertigt es durchaus, den Flächennutzungsplan in einer Gesamtbetrachtung als Rechtsnorm einzustufen, die § 47 Abs. 1 Nr. 2 unterfällt.[223] Daher ist ein Flächennutzungsplan in seiner Gesamtheit Rechtsnorm i.S.v. § 47 Abs. 1 Nr. 2 und eine Normenkontrolle nicht auf die Ausschlusswirkung nach § 35 Abs. 3 S. 3 BauGB beschränkt (a.M. BVerwGE 146, 40 Rn. 15 ff.; OVG Koblenz 4.9.2015 – 8 C 10384/15, juris Rn. 15). Hingegen ist § 47 Abs. 1 Nr. 1 auf Flächennutzungspläne nicht anwendbar (→ Rn. 79 a).

119   **bbb) Raumordnungspläne.** Ebenso wenig überzeugt die Rspr. des BVerwG zur Rechtsnormqualität der Ziele der Raumordnung[224] i.S.v. § 3 Nr. 2 ROG vollständig. Gestützt hat sich das BVerwG in erster Linie auf folgende Überlegungen: Erstens handele es sich bei den Zielen der Raumordnung um landesplanerische Letztentscheidungen, die bereits auf einer abschließenden Abwägung beruhten; i.d.S. sei die Rechtsbindung strikt. Zweitens würden die Ziele der Raumordnung Außenwirkung entfalten. Denn die Pflicht, die Ziele zu beachten, gelte nicht nur für nachgeordnete Behörden des Planungsträgers, d.h. innerhalb der Behördenhierarchie, sondern auch bspw. für die Gemeinden als selbständige Körperschaften des öffentlichen Rechts. Darüber hinaus erfasse die Beachtenspflicht sogar bestimmte

---

219   BVerwG NVwZ 1991, 262, 263. A.M. VGH München NVwZ 1985, 502, 504; NVwZ-RR 1991, 332.
220   BVerwG NVwZ 1991, 262, 263; VGH Kassel BRS 22, 28; *E. Rasch*, BauR 1977, 147; *B. Stüer*, Städte- und Gemeinderat 1979, 109, 114.
221   *Spieß*, in: Jäde/Dirnberger/Weiss, Baugesetzbuch, ⁸2016, § 35 Rn. 263 ff.
222   *A. Dazert*, BauR 2007, 657, 659; *B. Stüer/E. Stüer*, NuR 2004, 341, 347. A.M. BVerwG NVwZ 2007, 1081, 1082.
223   *C. Jeromin*, NVwZ 2006, 1374, 1375 f.; *C. Herrmann*, NVwZ 2009, 1185, 1190. A.M. für andere Inhalte des Flächennutzungsplans als die Festlegung von Konzentrationszonen *A. Scheidler*, DÖV 2008, 766, 770.
224   So i.E. BVerwG NuR 2002, 548, 550; NVwZ 2004, 614 ff.; OVG Münster ZfBR 2010, 167, 168; OVG Lüneburg 28.1.2010 – 12 KN 65/07; OVG Saarlouis NVwZ-RR 2006, 771; VGH Kassel 17.3.2011 – 4 C 883/10.N, juris Rn. 25; 25.6.2015 – 4 C 1948/12.N, juris Rn. 13; VGH Mannheim VBlBW 2005, 473; VGH München BayVBl 2004, 272, 273; *U. Böttger/M. Broosch*, UPR 2002, 420, 421 f.; *Ch. Heitsch*, NuR 2004, 20, 24. A.M. VGH Kassel NuR 2003, 115, 116 ff. Anderes gilt nach Ansicht des VGH Kassel NVwZ 2010, 1165, 1166 auch für die Abweichung von Zielen im Regionalplan.

Personen des Privatrechts. Drittens würden Ziele der Raumordnung rechtliche Wirkungen gegenüber geplanten Bauvorhaben im Außenbereich entfalten. Die Vorschriften des § 35 Abs. 3 S. 2 und 3 BauGB würden den Zielen der Raumordnung rechtliche Wirkungen auch gegenüber Privaten verleihen (BVerwG NVwZ 2004, 614, 616). Entsprechend versagt das BVerwG den Grundsätzen der Raumordnung die Rechtsnormqualität, soweit sie nicht förmlich als Rechtsverordnung oder Satzung beschlossen oder für verbindlich erklärt worden sind.[225] Eine Unvereinbarkeit mit europäischem Recht wird darin nicht gesehen (OVG Magdeburg ZfBR 2009, 271, 271).

Dieser Rspr. lässt sich erstens entgegenhalten, dass ein Raumordnungsziel nicht auf einer abschließenden Vollabwägung beruht, sondern immer nur einzelne Belange abgewogen werden, die für die Regionalplanung relevant sind. Alle weiteren Belange müssen auf anderen Planungsstufen oder bei der Zulassung des Vorhabens berücksichtigt werden.[226] Zweitens kennt sogar das GG in Art. 84 Abs. 2, Art. 85 Abs. 2 S. 1 GG in Gestalt der von der Bundesregierung erlassenen, aber die Verwaltungen der Länder bindenden allgemeinen Verwaltungsvorschriften Akte mit verwaltungsinterner Wirkung, die sich nicht in der Behördenhierarchie desselben Rechtsträgers halten. Dabei handelt es sich nicht um der Normenkontrolle zugängliche Rechtsvorschriften. Die Bindung Privater durch Ziele der Raumordnung soll lediglich verhindern, dass sich der Staat durch formale oder funktionale Privatisierung von Planungs- oder Zulassungsaufgaben seiner Pflicht zur Beachtung der Raumordnungsziele entziehen kann.[227] Dementsprechend betont § 4 Abs. 1 S. 2 ROG ausdrücklich, dass die Beachtenspflicht nur dann gilt, wenn die Privaten öffentliche Aufgaben wahrnehmen. Drittens formuliert ein Ziel der Raumordnung lediglich einen öffentlichen Belang, der in der Entscheidung über die Vorhabenzulassung mit einem besonderen Gewicht zu berücksichtigen ist. Gleichwohl wird man die Qualität von Planungsakten der Raumordnung als Rechtsvorschriften i.S.v. § 47 Abs. 1 insgesamt bejahen müssen. So schreibt § 35 Abs. 1 Nr. 1 i.V.m. Anl. 5 Nr. 1.5 UVPG vor, dass Raumordnungspläne einer Strategischen Umweltprüfung zu unterziehen sind. Der Zulassungsbezug dieser Umweltprüfung wird durch die Möglichkeit einer ebenenspezifisch abgeschichteten Prüfung hervorgehoben: Ist der Raumordnungsplan einer Strategischen Umweltprüfung unterzogen worden, so kann die Umweltverträglichkeitsprüfung in einem nachfolgenden Verfahren, das die Zulassung eines Vorhabens zum Gegenstand hat, auf zusätzliche oder andere erhebliche Umweltauswirkungen des Vorhabens beschränkt werden (§ 39 UVPG). Bedenkt man, dass die Umweltverträglichkeitsprüfung Bestandteil des Zulassungsverfahrens ist (§ 4 UVPG), so wird dieser Teil des Zulassungsverfahrens also schon auf der Stufe der Raumordnungsplanung abgearbeitet. Der Raumordnungsplan enthält dadurch eine strukturelle Außengerichtetheit, wie sie Rechtsvorschriften zu eigen ist. Raumordnungspläne sind daher insgesamt als Rechtsvorschriften i.S.v. § 47 Abs. 1 Nr. 2 anzusehen.[228]

kk) Rechtsverordnungen. Förmliche Rechtsverordnungen sind immer unterlandesgesetzliche Rechtsvorschriften per Form. Welche Stelle innerhalb der Landesverwaltung die Verordnung erlässt, ist unerheblich. In Betracht kommen etwa Verordnungen der Landesregierung,[229] eines einzelnen Ministers bzw. Ministeriums,[230] einer Landesanstalt (VGH Mannheim VBlBW 1993, 55), einer Bezirksregierung,[231] eines Regierungspräsidiums (VGH Mannheim RdL 1993, 160; NuR 1993, 139; 1993, 323;

Randziffern: 119a, 120

---

225 BVerwG NVwZ 2009, 1226; vgl. auch OVG Magdeburg ZfBR 2009, 271; VGH Kassel 17.3.2011 – 4 C 883/10.N; ZfBR 2011, 484.

226 *R. Hendler*, in: Ziekow, Beschränkung des Flughafenbetriebs – Planfeststellungsverfahren – Raumordnungsrecht, 2004, 153, 160 ff.

227 *W. Hoppe*, in: Blümel, Straßenplanungen und Gesamtplanungen, 1998, 1, 5.

228 I.E. ebenso OVG Lüneburg ZfBR 1986, 287; VGH München BayVBl 1982, 726; NVwZ 1985, 502, 504; NVwZ-RR 1991, 332; *W. Blümel*, VerwArch 84 (1993), 123, 134 f.; *J. Grooterhorst*, NuR 1986, 276, 280 f.; *H. Höhnberg*, BayVBl 1982, 722, 725 f.; *W. Hoppe*, FS Menger, 1985, 747, 759 f.; *ders.*, FS Redeker, 1993, 377, 390 f.; *R. Hosch*, WiVerw 1977, 36, 41 f.; *M. Jörgensen*, BayVBl 1992, 353, 355; *M. Kment*, Rechtsschutz, 2002, 242; *ders.*, DÖV 2003, 349, 350; *R.-P. Löhr*, DVBl 1980, 13; *C. Weidemann*, DVBl 1984, 767, 769 ff. A.M. OVG Lüneburg DVBl 1973, 151 m. zust. Anm. *E. Körting*, DVBl 1973, 457; *U. Böttger/M. Broosch*, UPR 2002, 420, 421 f.; *W. Erbguth*, DVBl 1981, 557, 562; *M. Quaas/K. Müller*, Normenkontrolle, 1986, Rn. 89; *G. Zoubek*, BayVBl 1982, 135, 138.

229 OVG Bautzen NJW 1999, 2539; VGH Kassel 8.9.2001 – 10 N 399/88; VGH Mannheim ESVGH 19, 123; NJW 1963, 1687; VGH München BayVBl 1977, 433; NVwZ 1996, 483; NVwZ-RR 1999, 15; NuR 2000, 278.

230 VGH Mannheim ESVGH 11, 27; NVwZ-RR 1992, 418; NVwZ 1992, 1105; VBlBW 2001, 223.

231 OVG Lüneburg RdL 1994, 220; VGH Kassel NJW 1981, 779; VGH Mannheim ESVGH 19, 14; VGH München BayVGH (N. F.) 24, 117; 35, 127; BayVBl 1992, 371.

1999, 514) oder einer lokalen Behörde.[232] Lediglich fortgeltende gesetzesvertretende Verordnungen unterfallen nicht § 47 Abs. 1 Nr. 2. Ebenso wenig kommt es auf den Erlass der Verordnung aufgrund bundesgesetzlicher Emächtigung, als Polizeiverordnung oder sonst auf ihren Inhalt an. Dementsprechend weit gespannt ist der Bogen von der Rspr. kontrollierter Verordnungen. Er reicht von Verordnungen zur Ausführung des FStrG (VGH Mannheim NVwZ 1988, 842), zum Vollzug des LSchlG,[233] über das Offenhalten von Verkaufsstellen aus bestimmten Anlässen (OVG Weimar NVwZ-RR 2016, 872), zur Durchführung des WeinWiG (VGH Mannheim AgrarR 1983, 287) oder des § 126 Abs. 3 BRRG (BVerwG NVwZ 1989, 554), zur Erhebung der Abgabe für den Stabilisierungsfonds für Wein (VGH Mannheim ESVGH 19, 123), zur Festsetzung von Pauschbeträgen für die Kosten bestimmter ärztlicher Untersuchungen (VGH Mannheim NJW 1963, 1687), über die Abgabe von Druckwerken (VGH Kassel ESVGH 42, 62), über einen Nutzungsplan für Rundfunkfrequenzen (VGH Mannheim VBlBW 1993, 55), über die Andienung von Sonderabfällen (BVerwG NVwZ 1999, 1225), zur Übertragung von Aufgaben der Abfallbeseitigung auf Gemeinden (VGH München BayVBl 1980, 209), Smogverordnungen (BVerwG DÖV 1992, 883), Verordnungen zur Kennzeichnung von Reitpferden (BVerwGE 85, 332; VGH München BayVBl 1992, 112, 113), betreffend verschreibungspflichtige Arzneimittel (OVG Brem DÖV 1961, 264) oder die Gebühren bei der Fleischbeschau (OVG Lüneburg OVGE 18, 475) über Landschaftsschutz-,[234] Naturschutz-[235] und Baumschutzverordnungen (VGH München BayVBl 1985, 435; 1985, 437), Verordnungen über einen Nationalpark (OVG Lüneburg ZUR 1999, 156; VGH München NuR 2000, 278) oder über die Verkleinerung eines Landschaftsschutzgebiets (OVG Bautzen SächsVBl 1994, 206), die Entlassung von Gemeindeflächen aus dem Landschaftsschutz (OVG Lüneburg NuR 1983, 35), zur Festsetzung eines Wasserschutzgebiets[236] oder Feststellung eines Überschwemmungsgebiets (OVG Koblenz NuR 2004, 189), zur Vermeidung von Schäden durch Vögel (VGH Mannheim VBlBW 1988, 297), über das Aussetzen von Wildenten und Fasanen (OVG Schleswig RdL 1993, 218) oder über die Festsetzung von Jagdzeiten für Habichte (vgl. OVG Schleswig NVwZ 1998, 301), betreffend die Ausübung des Gemeingebrauchs an einem Gewässer,[237] die Festsetzung der Grenzen eines Deichbandes (OVG Lüneburg RdL 1994, 220), die Bodenseeschifffahrtsordnung (VGH Mannheim UPR 1985, 94) und eine naturschutzrechtliche Sicherstellungsanordnung in einer Rechtsverordnung (VGH Kassel UPR 1986, 280) bis hin zu Arbeitszeitverordnungen,[238] Beihilfeverordnungen,[239] polizei- und ordnungsbehördlichen Verordnungen,[240] bspw. über die Haltung gefährlicher Hunde,[241] Kehrordnungen (VGH Kassel ESVGH 19, 198), viehseuchenpolizeilichen Verordnungen (OVG Koblenz AS 18, 274; VGH Mannheim ESVGH 11, 115), Sperrbezirksverordnungen,[242] eine Verordnung über die Verkürzung der gaststättenrechtlichen Sperrzeit (VGH Mannheim NVwZ-RR 2005, 244), Verordnungen zur Regelung der Nutzungszeiten in Biergärten

232 OVG Lüneburg NuR 1993, 38 – Gemeinderat; VGH Kassel HessVGRspr 1990, 36 – Magistrat; VGH Mannheim ESVGH 33, 268 – Stadtverwaltung; VGH Mannheim VBlBW 1998, 174; 2001, 142; VGH München NJW 1985, 1180 – Gemeinde; OVG Brem RdL 1993, 300; VGH Mannheim NVwZ 1988, 168 – Ortspolizeibehörde; VGH Mannheim ESVGH 21, 41; DVBl 1983, 638; VBlBW 1992, 258; NVwZ-RR 2000, 770; VGH München DVBl 1978, 113; BayVBl 1985, 435; RdL 1994, 217; NVwZ-RR 1997, 609; BayVBl 2003, 146 – Landratsamt; VGH München BayVBl 1986, 81 – Landkreis.

233 OVG Bautzen NJW 1999, 2539; OVG Brem NordÖR 1999, 33; VGH Mannheim GewArch 1999, 172; VGH München NJW 1985, 1180; BayVBl 2002, 277.

234 BVerwG NVwZ 1988, 728; OVG Lüneburg OVGE 22, 433; UPR 1988, 112; OVG Greifswald NuR 1999, 700; VGH Kassel NuR 1998, 253; VGH Mannheim ESVGH 11, 128; BauR 1983, 341; NuR 1992, 186; 1993, 323; VBlBW 1997, 103; 1997, 225; 1998, 381, 382; NuR 2000, 267; VGH München BayVBl 1986, 81.

235 OVG Lüneburg NuR 1992, 244; OVG Saarlouis RdL 1993, 221; VGH Kassel AgrarR 1981, 83; RdL 1986, 48; VGH Mannheim RdL 1993, 160; NuR 1993, 139; 1999, 514.

236 OVG Koblenz AgrarR 1986, 328; OVG Saarlouis NVwZ 1994, 1029; VGH Mannheim ESVGH 21, 41; DVBl 1983, 638; NuR 1999, 1249; VGH München NVwZ-RR 1997, 609; BayVBl 2003, 146.

237 OVG Koblenz NuR 2002, 166; VGH Mannheim VBlBW 1998, 174; VGH München DVBl 1978, 113.

238 OVG Lüneburg 9.6.2015 – 5 KN 148/14, juris; OVG Weimar 8.11.2016 – 2 N 383/12, juris.

239 BVerwGE 72, 122; OVG Brem NJW 1986, 2335; VGH Mannheim ESVGH 22, 59; DVBl 1983, 511.

240 OVG Brem RdL 1993, 300; OVG Lüneburg NuR 1993, 38; OVG Münster OVGE 23, 159; OVG Saarlouis DÖV 1992, 1019; VGH Mannheim NVwZ-RR 1992, 418; NuR 1999, 221; NVwZ 2000, 457.

241 BVerwG Buchholz 402.41 Allgemeines Polizeirecht Nr. 73; OVG Brem 3.11.2000 – 1 B 349/00; OVG Frankfurt/O. NVwZ 2001, 223; 20.6.2002 – 4 D 89/00.NE; OVG Greifswald NVwZ-RR 2001, 752; VGH Kassel NVwZ 2000, 1438; VGH Mannheim NuR 1999, 695; VBlBW 2001, 223; VGH München 25.3.1996 – 24 N 92.2883.

242 OVG Koblenz KommJur 2016, 351; VGH Kassel NJW 1981, 779; NVwZ-RR 1993, 294; 2004, 470; VGH Mannheim ESVGH 19, 14, 15; 28, 241, 242; VGH München BayVGH (N. F.) 25, 102, 103; GewArch 1981, 350.

(VGH München NVwZ 1996, 483) oder zur Bekämpfung der Bettelei in einer Stadt (VGH Mannheim ESVGH 33, 268), betreffend die Benutzung von Baggerseen (VGH Mannheim NVwZ 1988, 168), die Öffnungszeiten von gastronomischen Einrichtungen in einem Nationalpark (OVG Magdeburg Nur 2004, 194) oder den Verkehr mit Lebensmitteln in einer Stadt (BVerwGE 87, 304), Zweckentfremdungsverordnungen (VGH Kassel HessVGRspr 1978, 17, 20; NJW 1980, 2723), Apothekenbetriebsordnungen (VGH Mannheim ESVGH 11, 27), Taxitariffordnungen (VGH München BayVBl 2001, 313) und Verordnungen zur Festsetzung der Beförderungsentgelte für Krankentransporte (VGH Kassel HessVGRspr 1990, 36, 37) oder über Benutzungsgebühren für Flüchtlingsunterkünfte (VGH München BayVBl 1992, 559).

ll) **Satzungen.** Satzungen, die eine juristische Person des öffentlichen Rechts erlässt, werden von §47 Abs. 1 Nr. 2 erfasst (vgl. OVG Lüneburg OVGE 35, 394). Hauptbeispiele sind die Satzungen kommunaler Selbstverwaltungskörperschaften, bspw. die Hauptsatzung einer Gemeinde (VGH Mannheim ESVGH 19, 18; BaWüVBl 1973, 58; NVwZ-RR 2000, 529), die Haushaltssatzung,[243] eine Ortsbausatzung (VGH Mannheim ESVGH 11, 36), Abwassersatzungen,[244] Satzungen über öffentliche Entwässerungsanlagen (VGH München 29.6.2011 – 4 N 10.2009), Wassergebührensatzungen (VGH Kassel ESVGH 20, 46), Satzungen über Straßenreinigung und Müllabfuhr (VGH Kassel ESVGH 23, 122; NVwZ-RR 1993, 426; NVwZ-RR 1998, 131), Abfallwirtschaftssatzungen (VGH Mannheim NVwZ-RR 2000, 51, 52; 2004, 286; 2.3.2004 – 10 S 15/03), über die Entsorgung von Gewerbeabfällen (VGH München NVwZ 1992, 1004), über Fernheizung (VGH Kassel ESVGH 25, 59; VGH Mannheim ESVGH 23, 21), über Kiesgruben (VGH Kassel ESVGH 17, 111), über die Benutzung eines Sees (OVG Schleswig NVwZ 1992, 692), über die Ausweisung eines Gebiets als geschützten Landschaftsbestandteil (OVG Lüneburg RdL 1994, 249), über die Benutzung von Kinderspielplätzen (VGH München NVwZ-RR 1999, 265), Friedhofssatzungen (OVG Koblenz NVwZ-RR 2011, 952, 953) bzw. Satzungen über die Gestaltung von Grabstätten auf Friedhöfen (VGH Mannheim NVwZ-RR 2016, 945), Anschlagtafeln der Gemeinde (VGH Mannheim VBlBW 1998, 349) oder von Obdachlosen- und Asylbewerberunterkünften (VGH Mannheim NVwZ-RR 1994, 325), Abgaben- und Gebührensatzungen,[245] Spiel- (VGH Kassel NVwZ 1989, 585) oder Speiseeissteuersatzungen (VGH München VerwRspr 15, 596), Vergnügungssteuersatzungen (OVG Schleswig NVwZ 1999, 1371), Hundesteuersatzungen (VGH Mannheim VBlBW 2002, 210), eine Hafenordnung (VGH Mannheim NuR 1999, 329), eine Kindergartenordnung (VGH Kassel DVBl 1977, 216), eine Satzung über Benutzungsgebühren für Kindertagesstätten[246] oder eine Satzung zur Erstreckung des Ortsrechts auf eingemeindete Teile (VGH Kassel DVBl 1975, 909). Als von anderen juristischen Personen gesetztes Recht zu nennen sind unter anderem Satzungen von Sparkassen (OVG Magdeburg 29.6.2006 – 4 K 431/04), Universitätssatzungen (VGH Kassel DÖV 1970, 99; 1970, 100; NVwZ-RR 1991, 80), eine Börsenordnung (VGH Kassel DÖV 1998, 343), die Satzung über die Wahl eines Organs eines Wasser- und Bodenverbandes (OVG Brem NVwZ-RR 1992, 154), eine Satzung über die Nutzung von Hörfunkfrequenzen (VGH München DVBl 2000, 709) oder von Kabelanlagen zur Weiterverbreitung von Rundfunkprogrammen und Mediendiensten (VGH München 3.8.2000 – 7 N 99.3473), die Satzung einer Versorgungsanstalt für Ärzte (VGH Mannheim ESVGH 18, 38), die Satzung eines Versorgungswerkes der Rechtsanwälte (OVG Koblenz NZA-RR 2012, 200, 201; VGH Mannheim NJW 1987, 1350), die von den Handwerkskammern erlassenen Meisterprüfungsordnungen (VGH München BayVGH [N. F.] 16, 31) und Vorschriften über überbetriebliche Ausbildungsmaßnahmen (VGH Mannheim GewArch 1986, 28), die Berufsordnungen von Ärztekammern,[247] Architektenkammern (VGH München BayVBl 1986, 86) oder Apothekerkammern (BVerwGE 89, 30; VGH Mannheim VBlBW 1989, 139; 1992, 333; 1994, 361) sowie die Beitragssatzungen dieser Kammern (VGH Mannheim 26.6.1998 – 2 S

243 OVG Frankfurt/O. NVwZ-RR 1998, 57; OVG Koblenz DVBl 1993, 894; 1999, 846; VGH Kassel HessVGRspr 1979, 19, 20; NVwZ 1996, 481; VGH Mannheim ESVGH 15, 193.
244 BVerwGE 68, 36; OVG Bautzen SächsVBl 1999, 33; LKV 2002, 577; OVG Lüneburg OVGE 17, 343; VGH Kassel ESVGH 19, 214; 23, 177; VGH München BayVBl (N. F.) 16, 55; NVwZ-RR 2001, 183.
245 BVerwGE 56, 172; OVG Bautzen LKV 1994, 369; OVG Greifswald 7.11.1996 – 4 K 11/96; VGH Kassel VerwRspr 18, 874; VGH Mannheim VBlBW 1982, 131; VGH München BayVBl 1994, 565; NVwZ-RR 2001, 120; 2001, 188.
246 OVG Brem NVwZ-RR 1999, 64; VGH Mannheim NVwZ 1994, 194; VGH Kassel NVwZ-RR 2000, 55.
247 OVG Schleswig 22.8.2003 – 3 KN 1/02; VGH Kassel NJW 1994, 812; VGH Mannheim NVwZ 1998, 643; VBlBW 2002, 309.

1605/97). Dem nicht gleichgestellt werden können für die Nutzer von Einrichtungen, die von Privaten betrieben werden, getroffene Regelungen wie Beitragsordnungen, die nicht von einer juristischen Person des öffentlichen Rechts in der Form einer Rechtsnorm erlassen, sondern zwischen dem privaten Betreiber und einer juristischen Person des öffentlichen Rechts in einem öffentlich-rechtlichen Vertrag vereinbart worden sind (OVG Schleswig 16.12.2015 – 3 KN 2/15, juris Rn. 27 f.).

122   **mm) Rechtsetzende Vereinbarungen.** Die sog. rechtsetzenden Vereinbarungen, bei denen den Vereinbarungen bestimmter Beteiligter über bestimmte Gegenstände gesetzlich rechtssatzmäßige Verbindlichkeit beigelegt wird,[248] sind zwar praktisch bedeutungslos, werden jedoch traditionell als Rechtsvorschriften i.S.d. § 47 Abs. 1 Nr. 2 genannt.

123   **nn) Verträge.** Verträge zwischen den Bundesländern oder ihren Organen, die in allen Ländern durch gleich lautende Rechtsverordnungen umgesetzt werden, ändern nichts am unterlandesgesetzlichen Charakter dieser Verordnungen.[249]

124   **oo) Verwaltungsvorschriften.** Lange Zeit herrschend war die Auffassung, die in den Verwaltungsvorschriften den Gegensatz schlechthin zu den Rechtsvorschriften i.S.v. § 47 Abs. 1 Nr. 2 sah. Begründet wurde diese These mit der fehlenden Außenwirkung der Verwaltungsvorschriften, die bloße Verwaltungsinterna seien.[250] Gegen diese Generalisierung hat sich schon früh *Ossenbühl* mit der Forderung gewandt, die nach Inhalt und Funktion die allgemeine Rechtsordnung ergänzenden Verwaltungsvorschriften der prinzipalen Normenkontrolle zu unterstellen. Eine solche normergänzende Verwaltungsvorschrift liege vor, wenn sie eine gesetzliche Regelung im Außenverhältnis vervollständige. Norminterpretierenden Verwaltungsvorschriften und Ermessensrichtlinien hingegen fehle diese Ergänzungsfunktion.[251] Im Schrifttum wurde der Ansatz *Ossenbühls* des Öfteren aufgegriffen, ohne dass sich eine einheitliche Gegenposition zur h.M. gebildet hätte. Vertreten werden die Erfassung aller Verwaltungsvorschriften, sofern sie nur abstrakt-generelle Anordnungen enthalten,[252] von administrativem Ergänzungsrecht im autonomen, gesetzesungebundenen Gestaltungsbereich der Verwaltung[253] und nur von Verwaltungsvorschriften, die eine strikte Bindung im Außenverhältnis Staat-Bürger entfalten.[254]

125   Von den OVG ist insbes. das OVG Bremen der These *Ossenbühls* gefolgt und hat Verwaltungsvorschriften als Rechtsvorschriften eingeordnet, wenn sie als administratives Ergänzungsrecht mit einem generellen Inhalt Rechte oder Pflichten des einzelnen konkretisieren und nach außen die Gestalt objektiv anwendbaren Rechts annehmen. Gemeint seien insbes. die ein Gesetz durch Ausfüllung einer Regelungslücke erst vollziehbar machenden und damit unmittelbar außenwirksamen Zuständigkeitsvorschriften und Verfahrensregelungen. Enthalte aber ein Gesetz nur Zielvorstellungen oder regele es nur die wesentlichen Fragen einer Materie selbst, so könne auch normkonkretisierenden Verwaltungsvorschriften Rechtssatzcharakter zukommen.[255] Das BVerwG erkennt jedenfalls solchen Verwaltungsvorschriften die Eigenschaft einer Rechtsvorschrift i.S.v. § 47 Abs. 1 Nr. 2 zu, die als abstrakt-generelle Regelungen rechtlich verbindlich Außenwirkung gegenüber dem Bürger entfalten und auf diese Weise dessen subjektive öffentliche Rechte unmittelbar berühren.[256]

126   Zur Lösung des Problems beitragen können keine rechtstheoretischen Erwägungen über das Wesen der Verwaltungsvorschriften oder die Überwindung der Impermeabilitätslehre, sondern allein die An-

---

248   Vgl. OVG Lüneburg NJW 1984, 627; *K. Schenk*, DVBl 1976, 198, 199; *B. Stüer*, DVBl 1985, 469, 473.

249   Vgl. OVG Lüneburg NdsVBl 1998, 265, 266; VGH Mannheim VBlBW 1981, 114; s.a. *F. Elias*, Abgrenzungsprobleme, 1968, 63 ff.

250   OVG Magdeburg LKV 2015, 476; VGH Kassel ESVGH 24, 45, 48; DÖV 1992, 121, 122; VGH Mannheim ESVGH 18, 23, 29 f.; 20, 10; 22, 166; 22, 180, 181; *N. Achterberg*, VerwArch 72 (1981), 163, 170; *J. Schmidt*, in: Eyermann § 47 Rn. 31; *Hufen* § 19 Rn. 14; *H.-G. König*, DVBl 1963, 81, 83; *K. Obermayer*, Zehn Jahre Verwaltungsgerichtsordnung, 1970, 142, 147; *M. Quaas/K. Müller*, Normenkontrolle, 1986, Rn. 86; *L. Renck*, JA 1971, 795, 798; *K. Wolfram*, Normenkontrolle, 1967, 80 f.

251   *F. Ossenbühl*, DVBl 1969, 526, 528 f.

252   *H.-J. Birk*, „Rechtsvorschrift", 1972, 89.

253   *M. Beckmann*, DVBl 1987, 611.

254   *W.-R. Schenke*, DÖV 1979, 622, 626.

255   OVG Brem NVwZ-RR 1992, 665, 666 – Beschluss der Landesregierung zur Festsetzung der Höhe der Regelsätze in der Sozialhilfe.

256   BVerwG DVBl 1994, 430 für die Festsetzung von Sozialhilferegelsätzen durch Runderlass der zuständigen Landesbehörde; BVerwG NVwZ 2005, 602, 603, für die Pauschalierung von Sozialhilfeleistungen; ebenso VGH Mannheim, 15.5.2003 – 12 N 02.1480.

wendung des aus der Auslegung des § 47 gewonnenen Begriffs der Rechtsvorschrift (zur Definition des Begriffs „Rechtsvorschrift" → Rn. 103). Danach muss es sich zunächst um abstrakt-generelle Regelungen handeln; Anordnungen und Anweisungen im Einzelfall werden nicht erfasst. Des Weiteren muss die Verwaltungsvorschrift mit dem Anspruch auf Verbindlichkeit ausgestattet sein, wobei es ausreicht, dass dieser Anspruch nur gegenüber den der erlassenden Stelle nachgeordneten Amtswaltern erhoben wird; eine Außenverbindlichkeit gegenüber außerhalb der Verwaltung stehenden Rechtssubjekten ist nicht erforderlich. Unverbindliche Erläuterungen oder Hinweise können somit keine Rechtsvorschriften sein. Die diesen Anforderungen genügenden Verwaltungsvorschriften und die in diesem Zusammenhang gleich zu behandelnden generellen *Regelungen in besonderen Pflichtenverhältnissen* haben sich der schließlich entscheidenden Untersuchung zu unterziehen, ob sie die Grundlage für eine Vielzahl von Einzelstreitigkeiten sein können. Denkbar sind solche Streitigkeiten entweder auf Betreiben anderer Stellen der Verwaltung, insbes. einzelner Amtswalter, oder auf Betreiben von Bürgern. Im ersteren Fall sind die angegriffenen Regelungen Rechtsvorschriften i.S.v. § 47 Abs. 1 Nr. 2, wenn sie die persönliche Rechtsstellung des Beamten betreffen.[257] Im Verhältnis nach außen gilt, dass die sog. norminterpretierenden Verwaltungsvorschriften generell nicht Grundlage, sondern nur Anlass von Streitigkeiten sein können. Die Grundlage der Einzelstreitigkeiten bildet hier die interpretierte Rechtsnorm selbst, sodass dieser Typus von Verwaltungsvorschriften aus dem Anwendungsbereich des § 47 Abs. 1 Nr. 2 ausscheidet.[258] Hingegen setzen normkonkretisierende bzw. normergänzende Verwaltungsvorschriften, die einen gesetzlich vorgegebenen Regelungsgegenstand näher bestimmen, selbst Recht und können damit zu einer vom Gesetz unabhängigen Grundlage von Einzelstreitigkeiten werden (a.M. BVerwGE 100, 262, 270).[259]

Besonders problematisch ist die Einordnung sog. ermessenslenkender Verwaltungsvorschriften. Zwar ist es zutr., sie grds. nur als von der Verwaltung im Voraus bekanntgegebene Verwaltungspraxis zu verstehen (so VGH Kassel DÖV 1992, 121, 122). Doch ist zu bedenken, dass die gesetzliche Einräumung des Ermessens der Verwaltung autonome Gestaltungsspielräume eröffnet, die nur in den Grenzen des § 114 gerichtlich überprüft werden können. Hält sich die Verwaltung an die von der Ermessensrichtlinie gemachten Vorgaben, wovon wegen der Bindungswirkung im Innenverhältnis auszugehen ist, so regelt die Verwaltungsvorschrift autonom einen gesetzlich dem Verwaltungshandeln überwiesenen Bereich. Diesem Ansatz lässt sich nicht entgegenhalten, dass Grundlage für eventuelle Einzelstreitigkeiten nicht die Verwaltungsvorschrift, sondern das ihr außenwirksame Verbindlichkeit verleihende Gleichbehandlungsgebot des Art. 3 Abs. 1 GG sei. Beruht nämlich die Ermessensrichtlinie auf i.R. des § 114 relevanten Ermessensfehlern, so sind alle in ihrer Befolgung ergehenden Einzelakte ermessensfehlerhaft. Grundlage einer Vielzahl von Einzelstreitigkeiten ist in diesem Falle also die ermessenslenkende Verwaltungsvorschrift selbst, die deshalb Rechtsvorschrift i.S.v. § 47 Abs. 1 Nr. 2 sein kann.[260]

127

4. Pläne und Programme ohne Rechtsnormcharakter. § 47 Abs. 1 ist ausweislich des § 7 Abs. 2 S. 2 UmwRG entsprechend anzuwenden auf Rechtsbehelfe gegen Entscheidungen nach § 1 Abs. 1 S. 1 Nr. 4 UmwRG.[261] Bei diesen Entscheidungen handelt es sich um Pläne und Programme i.S.v. § 2 Abs. 7 UVPG (bzw. der korrepondierenden Vorschriften des Landesrechts), für die gem. Anl. 5 zum UVPG eine Pflicht zur Durchführung einer Strategischen Umweltprüfung bestehen kann. Sofern diese Pläne Rechtsnomen i.S.v. § 47 Abs. 1 sind, bleibt es bei der Statthaftigkeit der Normenkontrolle durch das OVG in unmittelbarer Anwendung des § 47. In Form eines Parlamentsgesetzes erlassene Pläne und

127a

---

257 VGH Kassel DVBl 1977, 737, 738; VGH Mannheim, 19.3.2003 – 4 S 2074/01; 19.5.2003 – 4 S 1661/01. Vgl. VGH Mannheim BaWüVBl 1962, 89 – Anordnung über die Gewährung von Unterhaltszuschüssen an Beamte; VBlBW 1992, 350, 351; NVwZ-RR 1998, 49, 50 – Arbeitszeit der Lehrer. A.M. für die Anordnung der Prüfung disziplinarrechtlicher Maßnahmen gegenüber Bediensteten, die einer bestimmten politischen Partei angehören, VGH München BayVBl 1997, 692.

258 BVerwGE 100, 262, 270; OVG Schleswig NuR 2000, 589, 590. I.E. auch VGH Mannheim ESVGH 20, 10; BaWüVBl 1973, 58.

259 *P. Hahn*, Schutz, 2004, 44.

260 OVG Saarlouis, 15.10.2001 – 1 U1/01 für eine Subventionsrichtlinie. A.M. OVG Schleswig NuR 2000, 589, 590; *P. Hahn*, Schutz, 2004, 45. Abl. zur Normativität von Ermessensrichtlinien – allerdings in anderem Zusammenhang – BVerwGE 58, 45, 49 ff.

261 Zu dieser Regelung *A. Guckelberger*, Deutsches Verwaltungsprozessrecht unter unionsrechtlichem Anpassungsdruck, 2017, S. 37 ff.

Programme unterliegen auch im Falle ihrer SUP-Pflichtigkeit nicht der prinzipalen Kontrolle durch das OVG (§ 1 Abs. 1 S. 1 Hs. 2 Nr. 4 UmwRG). Ergeht der Plan oder das Programm als Verwaltungsakt, so ist die Anfechtungsklage statthaft, die gem. § 7 Abs. 2 S. 2 UmwRG als Gestaltungsklage einem Rückgriff auf eine entsprechende Anwendung des § 47 vorgeht. Eigenständige Bedeutung hat § 7 Abs. 2 S. 2 UmwRG für solche Pläne und Programme i.S.v. § 1 Abs. 1 S. 1 Nr. 4 UmwRG i.V.m. § 2 Abs. 7 UVPG, Anl. 5 zum UVPG, die weder die Form einer Rechtsnorm noch die eines Verwaltungsakts haben. In diesen Fällen ist für einen kassatorischen Antrag auf Überprüfung der Rechtmäßigkeit des Plans oder des Programms § 47 entsprechend anzuwenden. § 7 Abs. 2 S. 2 UmwRG hilft nur über die Nichterfüllung der Voraussetzungen des § 47 Abs. 1 hinweg. Alle anderen Anforderungen an die Zulässigkeit eines Antrags nach § 47 müssen erfüllt sein. Eine durch eine Vereinigung i.S.v. § 3 UmwRG veranlasste Prüfung eines Plans oder Programms ist auf die ordnungsgemäße Anwendung von umweltbezogenen Rechtsvorschriften i.S.v. § 1 Abs. 4 UmwRG beschränkt (BT-Drs. 18/9526, 43).

V. Das Rechtsschutzbedürfnis

128   Da das allgemeine Rechtsschutzinteresse in jedem verwaltungsgerichtlichen Verfahren gegeben sein muss (→ § 42 Rn. 335), muss es auch im Normenkontrollverfahren vorliegen,[262] obwohl es zusätzlich besonders in Gestalt der Antragsbefugnis (§ 47 Abs. 2 S. 1) ausgeformt ist. Der Charakter des Normenkontrollverfahrens als objektives Beanstandungsverfahren (→ Rn. 37 f.) steht dem nicht entgegen. Der hinter dem Erfordernis des Rechtsschutzinteresses stehende Gedanke des Verbots institutionellen Missbrauchs prozessualer Rechte[263] ist unabhängig vom Verfahrenscharakter. Der Vorschlag, im objektiven Verfahren zur Vermeidung von Anklängen an Rechtsschutzgesichtspunkte statt des Begriffs des Rechtsschutzbedürfnisses oder -interesses den des Sachentscheidungsbedürfnisses[264] oder des Kontrollbedürfnisses[265] zu wählen, hat die dogmatische Präzision dieser Unterscheidung für sich. Dennoch soll hier am Terminus „Rechtsschutzinteresse" festgehalten werden, um die übergreifende Geltung des verwaltungsprozessualen Prinzips begrifflich zu verdeutlichen.

129   **1. BVerwG und h.M.** Das BVerwG und mit ihm die ganz h.M. erfassen das Rechtsschutzinteresse mit einer Negativdefinition: „Für einen Normenkontrollantrag fehlt das Rechtsschutzinteresse, wenn der Antragsteller seine (subjektive) Rechtsstellung mit der begehrten gerichtlichen Entscheidung nicht verbessern kann und die Inanspruchnahme des Gerichts deshalb für ihn nutzlos erscheint. Das ist der Fall, wenn der Antrag, selbst wenn er (im Übrigen) zulässig und begründet wäre, dem Antragsteller keinen Nutzen bringen könnte... (oder) wenn es einen anderen, einfacheren Weg zu dem erstrebten Ziel gibt."[266] Dabei müsse die geschilderte Verbesserung für den Antragsteller nicht mit Gewissheit eintreten, sondern nur als nicht ganz fernliegende Möglichkeit erscheinen (BVerwG UPR 1993, 306, 307; OVG Lüneburg BauR 1991, 170, 171). Es soll ausreichen, dass die gerichtliche Entscheidung für den Antragsteller ggf. von Nutzen sein kann, sodass bspw. nicht baurechtlich vollständig geprüft wer-

---

262   BVerwGE 64, 77, 80; 78, 85, 91; 82, 225, 231; BVerwG NVwZ 1989, 653; BauR 1992, 187, 188; UPR 1993, 306; OVG Bln BauR 1980, 536, 537 f.; OVGE Bln 15, 244, 246; NVwZ 1982, 442; UPR 1988, 462, 463; OVG Lüneburg BBauBl 1980, 332; OVGE 35, 439, 440; NVwZ 1982, 254; NuR 1989, 45, 46; BauR 1991, 170, 171; OVG Saarlouis AS 17, 388; 19, 157, 159; 19, 290, 294; VGH Kassel ESVGH 19, 149; 25, 59, 62; NJW 1981, 779; HessVGRspr 1992, 74, 76; VGH Mannheim NVwZ 1983, 163; DÖV 1982, 993, 994; NVwZ 1984, 44; VBlBW 1987, 333, 334; NJW 1987, 1350, 1351; ESVGH 40, 90, 93; VGH München BayVBl 1972, 443, 444; 1980, 292, 294; 1986, 81, 82; NVwZ 1988, 546, 548; N. Achterberg, VerwArch 72 (1981), 163, 177; H.-Ch. Bock, Das Rechtsschutzbedürfnis im Verwaltungsprozess, 1971, 216 f.; H.-J. Dageförde, GE 1980, 715, 719; O.-R. v. Engelhardt, Rechtsschutz, 1971, 230; D. Hahn, JuS 1983, 678, 682; B.-F. Hoffmann, Antragsbefugnis, 1974, 91; W. Hoppe, FS Menger, 1985, 747, 762; H.-J. Papier, FS Menger, 1985, 517, 525; M. Quaas/K. Müller, Normenkontrolle, 1986, Rn. 185; K. Schenk, DVBl 1976, 198, 201; B. Stüer, DVBl 1985, 469, 477; K. Wolfram, Normenkontrolle, 1967, 148; J. Ziekow, GewArch 1990, 387.
263   H.-Ch. Bock, Das Rechtsschutzbedürfnis im Verwaltungsprozess, 1971, 31 ff.; A. Braun, Antragsbefugnis, 1982, 95; W. Krebs, VerwArch 69 (1978), 323, 330.
264   H.-Ch. Bock, Das Rechtsschutzbedürfnis im Verwaltungsprozess, 1971, 62.
265   A. Braun, Antragsbefugnis, 1982, 99.
266   BVerwG BauR 1992, 187, 188; ebenso BVerwGE 78, 85, 91; 82, 225, 231; BVerwG NVwZ 1989, 653; UPR 1993, 306; BauR 2002, 1524, 1525; ZfBR 2009, 156 f.; OVG Bln BauR 1980, 536, 537; OVG Koblenz NVwZ-RR 2009, 711; OVG Lüneburg NuR 1989, 45, 46; BRS 49, 95, 96; NVwZ-RR 2005, 691, 692; OVG Münster NWVBl 1998, 236; 2004, 98, 99; VGH Mannheim NVwZ 1983, 163; NJW 1987, 1350, 1351; VGH München NVwZ 1988, 546, 548; A. v. Mutius, Jura 1989, 297, 298; E. Rasch, FS K. Gelzer, 1991, 325, 328; M. Redeker, in: Redeker/v. Oertzen § 47 Rn. 24; Schenke Rn. 901. Vgl. dazu ferner § 42 Rn. 342 ff.

den muss, ob der Antragsteller bei Unwirksamkeit des angegriffenen Bebauungsplans sein Bauvorhaben überhaupt verwirklichen kann (OVG Münster NWVBl 1998, 236; 2004, 98, 99; vgl. BVerwG NVwZ 1998, 732, 733). Denn bei Aufhebung des angegriffenen Bebauungsplans bestehe grds. die Möglichkeit, dass die Gemeinde einen neuen Bebauungsplan aufstellt und dabei den Bauwünschen des Antragstellers Rechnung tragen wird (VGH Mannheim ZfBR 2012, 784, 785). Dies gilt jedenfalls dann, wenn das Verhalten des Normgebers in der Vergangenheit die Prognose rechtfertigt, er werde unabhängig davon, ob er hierzu rechtlich verpflichtet ist oder nicht, bei Erfolg des Normenkontrollantrags eine Neuregelung treffen, die für den Ast. möglicherweise günstiger ist (VGH Mannheim NVwZ-RR 2012, 939, 940). Dementsprechend soll es auch nicht darauf ankommen, ob eine Klage auf Erteilung einer Baugenehmigung für ein Vorhaben im Bereich des Bebauungsplans bereits rechtskräftig abgewiesen worden ist (OVG Bautzen 9.12.2011 – 1 C 23/08). Auch eine nicht rechtliche, sondern rein tatsächliche Vorteilhaftigkeit der begehrten Unwirksamerklärung für den Antragsteller genügt (BVerwG BauR 2002, 1524, 1525).

Obwohl mit der von der h.M. geprägten Formel das prozessrechtlich eigentlich als Ausnahme gedachte Fehlen des allgemeinen Rechtsschutzinteresses in eine Filterfunktion hineingewachsen ist, die der der für diesen Zweck vorgesehenen Antragsbefugnis immer näher kommt, ist diese Position bisher nahezu unumstr. geblieben. Dies erstaunt umso mehr, als sie an einer derartigen Fülle von Unzulänglichkeiten leidet, dass sie als unvertretbar bezeichnet werden muss. Zur Aufzeigung dieser Mängel bedarf es nicht einmal des Rückgriffs auf das umstr. Problem des Rechtsschutz- und/oder Rechtsbeanstandungscharakters des Normenkontrollverfahrens.   130

2. Kritik. Die Kritik hat zunächst darauf hinzuweisen, dass die h.M. den Ausgangspunkt akzeptiert,   131
dass das Erfordernis der Antragsbefugnis des § 47 Abs. 2 S. 1 nichts anderes als eine gesetzliche Konkretisierung des allgemeinen Rechtsschutzinteresses ist.[267] Daraus ist zwar nicht zu folgern, dass mit der Geltendmachung einer Rechtsverletzung immer gleichzeitig das allgemeine Rechtsschutzinteresse gegeben ist. Jedoch ist zumindest die Entscheidung des Gesetzgebers zu achten, der die Antragsbefugnis als besondere Form des Rechtsschutzbedürfnisses verselbständigt hat. Die inhaltlichen Anforderungen an Antragsbefugnis und allgemeines Rechtsschutzinteresse sind voneinander strikt zu trennen.[268] Umstände, die i.R. des § 47 Abs. 2 S. 1 zu berücksichtigen sind, können zur Prüfung des Rechtsschutzinteresses nicht mehr herangezogen werden. An diese allgemeinen prozessrechtlichen Vorgaben hält sich die h.M. nicht, wenn sie für das Vorliegen des Rechtsschutzinteresses fordert, dass durch die Feststellung der Nichtigkeit der angegriffenen Rechtsvorschrift die Behebbarkeit der Rechtsbeeinträchtigung zumindest möglich wird.[269] Die die Beeinträchtigung begründenden Umstände, die durch die Prüfung der Antragsbefugnis „verbraucht" worden sind, erhalten dadurch i.R. der Prüfung des Rechtsschutzinteresses eine wesentlich weiterreichende Bedeutung, als sie vom Gesetz in § 47 Abs. 2 S. 1 zugelassen worden ist.

Gegen die h.M. spricht weiterhin ein Vergleich von § 47 Abs. 2 S. 1/Abs. 5 S. 2 einerseits und §§ 42   132
Abs. 2/113 Abs. 1 S. 1 bzw. Abs. 5 S. 1 andererseits. Bei der Anfechtungs- bzw. Verpflichtungsklage korrespondiert der Behauptung der Rechtsverletzung i.R. der Zulässigkeitsprüfung nach § 42 Abs. 2 die Feststellung der Rechtsverletzung i.R. der Begründetheitsprüfung nach § 113 Abs. 1 S. 1 bzw. Abs. 5 S. 1. Diese Interdependenz von Zulässigkeit und Begründetheit des Antrags ist dem Normenkontrollverfahren fremd. § 47 Abs. 2 S. 1 verlangt für die Zulässigkeit des Antrags die Geltendmachung einer Rechtsverletzung, ohne dass dieses Erfordernis eine Entsprechung i.R. der Begründetheitsprüfung hätte. Nach § 47 Abs. 5 S. 2 ist die Rechtsvorschrift für nichtig zu erklären, wenn sie ungültig, d.h. objektiv fehlerhaft ist. Für die Nichtigerklärung spielt die Rechtsbeeinträchtigung des Antragstellers keine Rolle. Auch diese Entscheidung des Gesetzgebers aber wird von der h.M. ignoriert. Indem sie verlangt, dass die Rechtsbeeinträchtigung zumindest behebbar sein muss, bringt sie auf der Stufe der Zulässigkeitsprüfung ein Element ins Spiel, welches der Gesetzgeber auf der Stufe der Begründetheitsprüfung bewusst eliminiert hat.

---

267 Vgl. nur BVerwGE 56, 172, 175; *M. Quaas/ K. Müller,* Normenkontrolle, 1986, Rn. 133.
268 *N. Achterberg,* VerwArch 72 (1981), 163, 177.
269 Vgl. nur OVG Bln BauR 1980, 536, 537; OVG Lüneburg BBauBl 1980, 332; OVGE 35, 439, 440; VGH Mannheim DÖV 1982, 993, 994; NVwZ 1984, 44; *Kopp/Schenke* § 47 Rn. 89.

133   Schließlich führt die h.M. die prozessökonomische Zielsetzung des Normenkontrollverfahrens ad absurdum, wenn sie zur Beantwortung der Frage, ob die Rechtsbeeinträchtigung durch die Unwirksamerklärung der Norm behoben werden kann, nicht selten seitenlang den ohne die angegriffene Rechtsvorschrift bestehenden Rechtszustand erörtert. Gegen diese Tendenz hat der BayVGH mit der erforderlichen Deutlichkeit Stellung bezogen: „Ihre Verwirklichung würde die Zulässigkeitsprüfung von Normenkontrollanträgen... in unangemessener Weise überlasten... Allein zur Ermittlung der Zulässigkeit des Normenkontrollantrags wäre seitens des Gerichts eine umfangreiche materiell-rechtliche Inzidentprüfung veranlasst... Das wäre wenig sach- und systemgerecht und bedeutete eine wesentliche Verfahrenserschwerung." (VGH München NVwZ 1988, 546, 548).[270]

134   Mit der Ablehnung der h.M. nicht einher geht die Behauptung, dass die von ihr unter der Überschrift „Rechtsschutzinteresse" erörterten Probleme i.R. des § 47 rechtlich irrelevant wären. Fast alle Sachfragen können bei der Prüfung der Antragsbefugnis nach § 47 Abs. 2 S. 1 einer befriedigenden Lösung zugeführt werden. Das Rechtsschutzinteresse darf nicht der Nebenweg zur Umgehung einer sorgfältigen Subsumtion unter die vermeintlich so schwierige Norm des § 47 Abs. 2 S. 1 sein. Zur Illustration dieses Plädoyers für methodische Disziplin sei ein Urteil des OVG Lüneburg erwähnt, das einen Normenkontrollantrag gegen eine Veränderungssperre zum Gegenstand hatte (OVG Lüneburg NuR 1989, 45). Nachdem das Gericht feststellte, dass dem Antragsteller durch das mit der Veränderungssperre verhängte Bauverbot ein Nachteil i.S.v. § 47 Abs. 2 S. 1 a.F. entstanden sei, lehnte es das Rechtsschutzinteresse mit der Begründung ab, das vom Antragsteller verfolgte Vorhaben habe auch bei Nichtigerklärung der Veränderungssperre keine Aussicht auf Verwirklichung. Dies aber ist ein Problembereich, der in § 47 Abs. 2 S. 1 mit der Voraussetzung, dass die Beeinträchtigung gerade *durch* die Rechtsvorschrift oder deren Anwendung eingetreten oder zu erwarten sein muss, eine ausdrückliche Regelung gefunden hat.

135   **3. Versuch einer Inhaltsbestimmung.** Der Versuch einer Inhaltsbestimmung des im Normenkontrollverfahren vorauszusetzenden allgemeinen Rechtsschutzinteresses hat von dem diesem Institut zugrunde liegenden Gedanken des Verbots institutionellen Missbrauchs prozessualer Rechte auszugehen. Entscheidend ist der Missbrauch einer konkreten prozessualen Befugnis, sodass der Inhalt des Rechtsschutzinteresses in Abhängigkeit vom Zweck des speziellen Verfahrens zu ermitteln ist.[271] Der Zweck der Normenkontrolle besteht darin, durch eine einzige Entscheidung eine Vielzahl von Einzelklagen zu vermeiden (→ Rn. 25). Ist dieser Zweck durch die begehrte Normenkontrollentscheidung nicht oder ist er in anderer Weise einfacher zu erreichen, so wird die im Übrigen gegebene Befugnis zur Einleitung eines Normenkontrollverfahrens missbraucht. Auf eine mögliche Verbesserung der Position des Antragstellers durch die Unwirksamerklärung der Rechtsvorschrift kommt es nicht an. Das Fehlen des Rechtsschutzbedürfnisses ist daher nur in seltenen Ausnahmefällen denkbar. Einfacher als durch die diesem Zweck verpflichtete Normenkontrolle wird der Bündelungszweck im Regelfall nicht zu erreichen sein; eine Ausnahme ist erwägenswert, wenn der Antragsteller selbst die Möglichkeit hat, eine Aufhebung der Norm durch die zuständigen Stellen mit hinreichender Sicherheit herbeizuführen. Nicht erreichbar dürfte der Bündelungszweck nur in den Fällen sein, in denen eine förmliche Rechtsvorschrift als Einzelfallnorm Wirkungen nur für den Antragsteller zeitigt oder in denen die Normenkontrollentscheidung keine Veränderung der objektiven Rechtslage herbeiführen kann, etwa weil die unterlandesgesetzliche Rechtsvorschrift den Text eines förmlichen Gesetzes wörtlich wiederholt, dessen Verfassungsmäßigkeit feststeht.[272]

136   **4. Fallgruppen.** In der Praxis hat sich eine Reihe von Fallgruppen herausgebildet, in denen die Rspr. differenzierte Kriterien zur Prüfung des Rechtsschutzinteresses entwickelt hat. Im Folgenden werden diese Fallgruppen zunächst einzeln dargestellt und, wo es geboten erscheint, unter Zugrundelegung des herrschenden Verständnisses des Rechtsschutzinteresses (d.h. systemimmanent) krit. kommentiert. Anschließend wird darauf hingewiesen, wie die jeweilige Fallgruppe nach der hier vertretenen Auffassung von der Systematik des § 47 zu behandeln ist.

---

270   Abl. *H. Jäde*, BayVBl 1988, 385, 389.

271   *Schmitt Glaeser/Horn* Rn. 118; vgl. auch *H.-C. Bock*, Das Rechtsschutzbedürfnis im Verwaltungsprozess, 1971, 118 ff.

272   Vgl. VGH Mannheim NJW 1987, 1350, 1351; VBlBW 1989, 139, 140; 1993, 375; 1994, 361; VGH München BayVBl 1994, 272; Rn. 195.

a) Kontrolle der Norm bei bestandskräftigem Normvollzugsakt. Der Antrag auf Kontrolle der Norm 137 bei bestandskräftigem Normvollzugsakt ist die wichtigste Konstellation, in der das Rechtsschutzinteresse problematisiert wird. Nach einer in der Rspr. der OVG und in der Lit. vertretenen Auffassung fehlt einem Antragsteller, der eine aufgrund des angegriffenen Bebauungsplans erlassene, ihn belastende Baugenehmigung hat unanfechtbar werden lassen, schlechthin das Rechtsschutzbedürfnis für einen gegen den Bebauungsplan gerichteten Normenkontrollantrag.[273] Dies soll auch dann gelten, wenn die Nachbarklage eines Dritten noch anhängig ist und der Antragsteller mit diesem die Abrede getroffen hat, dass der Dritte seine Nachbarklage nicht ohne die Einwilligung des Antragstellers zurücknehmen wird (OVG Lüneburg 25.10.2010 – 1 KN 343/07). Selbst dann sei das Rechtsschutzbedürfnis zu verneinen, wenn die Baugenehmigung erst im Laufe des Normenkontrollverfahrens unanfechtbar geworden ist. Begründet wird diese Ansicht mit der Verhinderung des Unterlaufens der Bestimmungen über die Bestandskraft von Verwaltungsakten (VGH Mannheim VBlBW 1987, 333, 335). Auch vom Standpunkt der h.M. aus kann der dargestellten Auffassung in ihrer Rigorosität nicht gefolgt werden. Zum einen ist nicht jeder zur Stellung eines Normenkontrollantrags gegen einen Bebauungsplan Befugte rechtlich überhaupt in der Lage, den Eintritt der Bestandskraft einer Baugenehmigung zu verhindern. So wird obligatorisch Berechtigten wie Mietern, Pächtern etc. baurechtlicher Drittschutz gegen ein Vorhaben versagt (→ § 42 Rn. 456, 464),[274] wohingegen sie im Normenkontrollverfahren antragsbefugt sein können (OVG Lüneburg NVwZ 1982, 254). Zum anderen wurde bereits eingehend darauf hingewiesen, dass die Normenkontrolle gegenüber der Klage ein aliud darstellt und daher der vom Verlauf des Normenkontrollverfahrens unabhängige Eintritt der Bestandskraft eines Normvollzugsakts die Zulässigkeit des Normenkontrollantrags nicht berührt (→ Rn. 27). Dass der hier kritisierten Auffassung diese Zusammenhänge verborgen geblieben sind, zeigt sich in der folgenden Aussage: „Das drohende Bestandskräftigwerden ihn belastender Vollzugsakte soll den Betroffenen dazu veranlassen, das Verfahren nach § 47 VwGO möglichst frühzeitig in Gang zu setzen." (VGH Mannheim VBlBW 1987, 333, 335) Wie das Ingangsetzen des Normenkontrollverfahrens das Bestandskräftigwerden von Verwaltungsakten verhindern soll, bleibt unerfindlich.

Das BVerwG und mit ihm der überwiegende Teil der h.M. behandeln das Problem differenzierter. 138 Auch wenn eine Baugenehmigung, die zur Verwirklichung einer mit dem Normenkontrollantrag angegriffenen Festsetzung eines Bebauungsplans erteilt wurde, unanfechtbar geworden ist, komme es für das Vorliegen des Rechtsschutzinteresses auf die Verbesserungsfähigkeit der Rechtsstellung des Antragstellers im Einzelfall an (BVerwGE 78, 85, 91; BVerwG NVwZ 1989, 653; NuR 1999, 576). Sei bspw. die unanfechtbar gewordene Baugenehmigung vom Bauherrn noch nicht ausgenutzt worden, so nehme zwar die Unwirksamerklärung des Bebauungsplans der Baugenehmigung gem. § 47 Abs. 5 S. 3 i.V.m. § 183 nicht die Bestandskraft. Jedoch erlösche nach den Bauordnungen der Länder die nicht innerhalb einer bestimmten Frist ausgenutzte Baugenehmigung, womit es möglich werde, dass ein neuer Bauantrag nach Unwirksamerklärung des Bebauungsplans anhand der dann maßgebenden Vorschriften anders zu beurteilen sei (BVerwGE 78, 85, 92). Zum Vorliegen des Rechtsschutzinteresses führe es auch, dass der Bauherr bei einer Nichtigerklärung des Bebauungsplans auf eine Verwirklichung seines Vorhabens verzichte (so im Fall OVG Lüneburg NVwZ 1982, 254), dass der Bebauungsplan bislang nicht hinsichtlich der vom Antragsteller zentral angegriffenen, sondern lediglich in marginalen Festsetzungen ausgenutzt worden sei und der Antragsteller daher sein Rechtsschutzziel noch erreichen könne (OVG Schleswig 25.1.017 – 1 MR 5/16, juris Rn. 13), dass neben den bestandskräftigen noch weitere baurechtliche Genehmigungen zur Errichtung einer baulichen Anlage erforderlich seien (VGH München NVwZ 1988, 546, 548), dass bei antragsgemäßer Nichtigerklärung des Bebauungsplans eine für den Antragsteller günstigere Neuplanung durch die Gemeinde als möglich erscheint (OVG Schleswig 25.1.2017 – 1 MR 5/16, juris Rn. 13) oder dass die Nichtigerklärung des Bebauungsplans die Position des Antragstellers bzgl. weiterer von ihm einzuholender Genehmigungen verbessern würde (OVG Koblenz NuR 1994, 44; OVG München NWVBl 1993, 425, 426). Sei umgekehrt die angegriffene Festsetzung durch genehmigte Maßnahmen vollständig verwirklicht, so könne

---

273 OVG Koblenz NJOZ 2011, 735, 737; OVG Münster NWVBl 2004, 98, 99; OVG Schleswig NordÖR 2003, 19, 20; VGH Mannheim VBlBW 1987, 333, 335; *N. Achterberg*, VerwArch 72 (1981), 163, 178; *E. Rasch*, FS K. Gelzer, 1991, 325, 328; *B. Stüer*, DVBl 1985, 469, 478.
274 *J. Ziekow*, NVwZ 1989, 231, 232 ff. m.w.N.

der Antragsteller seine Rechtsstellung durch eine Nichtigerklärung des Bebauungsplans nicht mehr verbessern.[275] Sofern nicht besondere Umstände gegeben seien, liege ein Anspruch des Antragstellers nach Feststellung der Ungültigkeit des Plans auf ermessensfehlerfreie Entscheidung der Behörde über ein Wiederaufgreifen des Verfahrens oder eine Rücknahme der unanfechtbaren und ausgenutzten Baugenehmigung – anders als bei der nur unanfechtbaren, aber noch nicht ausgenutzten Baugenehmigung[276] – wegen des zugunsten des Bauherrn eingreifenden Vertrauensschutzes fern.[277] Dies gelte allerdings nicht, wenn die Planfestsetzung – ohne von einer Genehmigung gedeckt zu sein – schlicht durchgeführt wurde und die Verwirklichungsmaßnahme damit nicht irrevisibel ist (OVG Saarlouis AS 19, 157, 159). In diesem Fall bestehe das Rechtsschutzinteresse für den Normenkontrollantrag nur dann nicht, wenn die beabsichtigte weitere Rechtsverfolgung gegen die verwirklichte Festsetzung offensichtlich aussichtslos ist (BVerwG NVwZ 1989, 653; OVG Bln OVGE Bln 15, 244, 248).

139　Die für die Verwirklichung von Festsetzungen eines angegriffenen Bebauungsplans durch Bauvorhaben entwickelten Grundsätze werden für sonstige Normverwirklichungsakte entsprechend herangezogen. Ist der Nachteil des Antragstellers nur durch eine Änderung des unanfechtbaren Umlegungsplans zu beseitigen, so soll für einen Normenkontrollantrag gegen den zugrunde liegenden Bebauungsplan das Rechtsschutzinteresse fehlen, wenn die Nichtigerklärung des Bebauungsplans den Umlegungsplan weder nichtig mache noch die Voraussetzungen für dessen Änderung nach § 73 BauGB schaffe (VGH Mannheim NVwZ 1983, 163; OVG Lüneburg BauR 1982, 351, 352). Allerdings geht das BVerwG davon aus, dass der Zweck der Umlegung ohne gültigen Bebauungsplan im Regelfall nicht erreicht werden könne, sodass bei einer Nichtigerklärung des Bebauungsplans ein auf eine entsprechende Anwendung des § 73 BauGB gestützter Anspruch auf Änderung des Umlegungsplans bestehe. Allein die Unanfechtbarkeit des Umlegungsplans schließe daher das Rechtsschutzinteresse für einen Normenkontrollantrag gegen den Bebauungsplan nicht aus (BVerwG DVBl 1993, 651). Ebenso wenig sei das Rechtsschutzinteresse gegeben, wenn dem Antragsteller das Eigentum an dem vom angegriffenen Bebauungsplan betroffenen Grundstück durch unanfechtbaren Enteignungsbeschluss entzogen und dessen Ausführung angeordnet wurde (OVG Saarlouis AS 17, 388). Gleiches gelte für einen Antrag auf Kontrolle einer Gebührenordnung, wenn die auf deren Grundlage ergangenen Heranziehungsbescheide unanfechtbar geworden sind (VGH Kassel ESVGH 19, 149),[278] oder auf Kontrolle eines Bebauungsplans bei Vorliegen eines bestandskräftigen immissionsschutzrechtlichen Standortvorbescheids (OVG Lüneburg OVGE 35, 439).

140　Nach der oben gegebenen Begriffsbestimmung kann in all den genannten Fällen des Normenkontrollantrags bei unanfechtbarem Normverwirklichungsakt am Vorliegen des Rechtsschutzbedürfnisses nicht gezweifelt werden. Dogmatisch zutr. ist dieser Problembereich bei der Frage zu behandeln, ob die Rechtsverletzung nach § 47 Abs. 2 S. 1 gerade *durch* die Rechtsvorschrift oder deren Anwendung eintritt.[279] Es kann an dieser Stelle nur darauf hingewiesen werden, dass die von dem genannten Merkmal geforderte Kausalitätsbeziehung zwischen Norm und Rechtsverletzung durch den Eintritt der Bestandskraft eines Normvollzugsaktes allein nicht infrage gestellt wird (eingehend → Rn. 195 ff.).

141　**b) Herbeiführung einer Inzidentkontrolle.** Dass die Herbeiführung einer Inzidentkontrolle durch Erhebung einer Klage das Rechtsschutzinteresse für einen Normenkontrollantrag nicht beeinträchtigt, wurde bereits dargestellt (→ Rn. 26). Das Normenkontrollverfahren nach § 47 ist gegenüber der Klage ein aliud und schließt sie weder aus noch wird es von ihr ausgeschlossen.[280] Dies gilt für alle Kon-

---

275　BVerwGE 78, 85, 92; OVG Bln BauR 1980, 536, 538; OVG Lüneburg BBauBl 1980, 332; 26.5.2008 – 1 KN 37/08; VGH Mannheim BauR 2008, 634, 635.

276　Vgl. VGH München BauR 2002, 1378, 1379; *H. Dürr*, Antragsbefugnis, 1987, 24; *W. Hoppe*, FS Menger, 1985, 747, 762; *H.-J. Papier*, FS Menger, 1985, 517, 526.

277　BVerwGE 78, 85, 92; VGH Mannheim NVwZ-RR 1990, 123, 124; *A. v. Mutius*, Jura 1989, 297, 299; *Schenke* Rn. 906. A.M. für einen Ausnahmefall VGH Mannheim NVwZ 1984, 44.

278　I.E. wie hier dagegen *Schenke* Rn. 905

279　So richtig OVG Koblenz NJW 1982, 1170; Erwägungen in diese Richtung auch bei VGH München NVwZ 1988, 546, 548.

280　BVerwGE 58, 299, 301; 81, 128, 138; VGH Kassel DVBl 1975, 909, 911; VGH Mannheim ESVGH 11, 128, 129; BaWüVBl 1963, 76, 77; *H. Dürr*, Antragsbefugnis, 1987, 23; *F. Elias*, Abgrenzungsprobleme, 1968, 177 f.

stellationen des Zusammentreffens von Klage und Normenkontrolle, sei es, dass beide Verfahren parallel laufen, sei es, dass die Klage bereits erhoben worden ist oder erst noch erhoben werden soll.[281]

c) Weitere Fälle. Weitere Fälle, die Anlass zur Prüfung des allgemeinen Rechtsschutzinteresses gaben, 142 waren die Erklärung des Antragsgegners, auf die Verwirklichung der Norm verzichten zu wollen,[282] oder eines Dritten, den Antragsteller bei der Nutzung der durch die angegriffene Norm eröffneten Möglichkeiten nicht belasten zu wollen,[283] die nicht unzweifelhaft ausgeschlossene Möglichkeit des Erlasses einer die Interessen des Antragstellers berücksichtigenden Norm bei Nichtigerklärung der angegriffenen Rechtsvorschrift,[284] wobei die Erklärung des Normgebers, die Interessen des Antragstellers auch bei einem Neuerlass nicht berücksichtigen zu wollen, allein zur Verneinung des Rechtsschutzbedürfnisses nicht ausreicht (BVerwG NVwZ 1998, 613, 614), die Betreibung des Normenkontrollverfahrens ausschließlich zur Vorbereitung eines Amtshaftungsprozesses (VGH Mannheim BRS 50, 116, 117: Rechtsschutzinteresse verneint), faktische Einwirkungen aus dem im Geltungsbereich der fraglichen Norm liegenden Gebiet auf das sich außerhalb desselben befindende Grundeigentum des Antragstellers (VGH Kassel NJW 1981, 779: Rechtsschutzinteresse bejaht), die Verschlechterung der Position des Antragstellers bei Nichtigerklärung der angegriffenen Vorschrift (OVG Lüneburg NordÖR 2003, 74: Rechtsschutzinteresse verneint), die Unzulässigkeit des vom Antragsteller verfolgten Vorhabens auch bei Nichtigerklärung der Vorschrift,[285] es sei denn, dass es aufgrund nicht vollkommen auszuschließender Änderungen rechtlicher oder tatsächlicher Art als vorstellbar erscheint, dass das Vorhaben – etwa im Außenbereich – in Zukunft zulässig werden könnte[286] oder dass die Gemeinde nach Nichtigerklärung zu einer für den Antragsteller günstigeren Bewertung komme könnte (OVG Münster BauR 2017, 676, 677) oder dass sich die Unzulässigkeit im Falle der Nichtigerklärung aus einer anderen oder wiederauflebenden Norm ergeben würde und der Antragsteller diese ebenfalls zum Gegenstand eines Normenkontrollverfahrens machen könnte,[287] das Wiederaufleben einer dieselben vom Antragsteller gerügten Beeinträchtigungen zulassenden Norm bei Nichtigerklärung der angegriffenen Vorschrift, es sei denn, mit einer Realisierung des Inhalts der früheren Norm ist aus tatsächlichen Gründen nicht mehr zu rechnen,[288] Verhandlungen über den Verkauf des überplanten Grundstücks (OVG Lüneburg BRS 49, 95, 96 f.: Rechtsschutzinteresse bejaht), der Angriff auf den Antragsteller nicht berührende Teile der Norm, deren Abtrennbarkeit von den ihn benachteiligenden Teilen für den Antragsteller erkennbar war,[289] das Unterlassen einer Behörde, im Normaufstellungsverfahren mittels einer landesplanerischen Untersagungsverfügung den Erlass des Bebauungsplans zu verhindern (OVG Greifswald 29.3.2010 – 3 K 27/07) sowie die Änderung des Bebauungsplans im vereinfachten Verfahren während des anhängigen Normenkontrollantrags (OVG Koblenz NJOZ 2011, 735, 737: Rechtsschutzbedürfnis bejaht).

Während die bei diesen Prüfungen jeweils erzielten Ergebnisse vom Standpunkt der h.M. aus konse- 143 quent anmuten, berühren nach der hier vertretenen Auffassung die aufgeworfenen Fragen das allgemeine Rechtsschutzinteresse nicht. Es handelt sich durchweg um Probleme, deren Erörterung i.R. der Antragsbefugnis nach § 47 Abs. 2 S. 1 zu erfolgen hat. So könnten die erwähnte Verzichtserklärung

---

281 BVerwGE 68, 12, 16; BVerwG BauR 1992, 342, 343; OVG Bln OVGE Bln 15, 244, 246 f.; NVwZ 1982, 442; UPR 1988, 462, 463; OVGE Bln 18, 140, 141; OVG Frankfurt/O. NVwZ-RR 1998, 57; VGH München BayVBl 1972, 443, 444; 1986, 81, 82; *H.-J. Dageförde*, VerwArch 79 (1988), 123, 135 f.; *M. Quaas/K. Müller*, Normenkontrolle, 1986, Rn. 189.
282 VGH München BayVBl 1980, 292, 294; NVwZ 1992, 1004, 1005: Rechtsschutzinteresse bejaht.
283 Falsch VGH Mannheim VBlBW 2001, 192, 193, der das Rechtsschutzinteresse verneint hat.
284 BVerwG UPR 1993, 306; NVwZ 1998, 613, 614; BVerwGE 114, 301, 307; BauR 2002, 1524, 1525; OVG Lüneburg BauR 2002, 732, 734; OVG Münster NWVBl 2004, 98, 99; VGH Mannheim ESVGH 40, 90, 93; BRS 65, 274, 276: Rechtsschutzinteresse bejaht.
285 BVerwG ZfBR 2008, 681; OVG Lüneburg, Die Gemeinde 1984, 233, 234; NuR 1989, 45, 46 ff.; OVG Münster BauR 2017, 676, 677; VGH Kassel NVwZ-RR 2005, 686, 687; VGH Mannheim DÖV 1982, 993; NuR 1993, 323, 324; NVwZ 2000, 457: Rechtsschutzinteresse verneint.
286 BVerwG RdL 1993, 220, 221: Rechtsschutzinteresse bejaht; vgl. auch OVG Münster NWVBl 1999, 463, 464; VGH Mannheim NVwZ-RR 2010, 960, 962.
287 VGH Mannheim NuR 1993, 323, 324; UPR 1993, 354; VBlBW 1993, 434; NVwZ-RR 2000, 772, 773: Rechtsschutzinteresse bejaht. Vgl. BVerwG NuR 2002, 548, 549.
288 BVerwG BauR 2002, 1524, 1525: Bei die Realisierung verhindernden tatsächlichen Gründen Rechtsschutzinteresse bejaht.
289 BVerwGE 88, 268, 270; BVerwG NVwZ 2008, 899, 900; OVG Schleswig NordÖR 2003, 246, 247: Rechtsschutzinteresse verneint.

des Antragsgegners oder die fehlende Erfassung des Eigentums des Antragstellers vom örtlichen Geltungsbereich der Norm die Möglichkeit zur Geltendmachung einer Rechtsverletzung, die alternative Unzulässigkeit bei Nichtigerklärung die Kausalitätsbeziehung zwischen Norm und Rechtsverletzung infrage stellen; das Problem des geplanten Verkaufs des fraglichen Grundstücks gehört dem Fragenkreis der Verwirkung des Antragsrechts zu.

VI. Die Antragsbefugnis nach § 47 Abs. 2 S. 1 Alt. 1

144   Die Antragsbefugnis natürlicher und juristischer Personen setzt voraus, dass der Antragsteller geltend machen kann, durch die Rechtsvorschrift oder deren Anwendung in seinen Rechten verletzt zu sein oder in absehbarer Zeit verletzt zu werden. Für das beeinträchtigte Recht soll nach den im Gesetzgebungsverfahren geäußerten Vorstellungen inhaltlich die Anlehnung an die für die Klagebefugnis geltende Regelung des § 42 Abs. 2 gesucht werden.[290] Ausgangspunkt ist daher die Forderung, dass auch für die Antragsbefugnis nach § 47 Abs. 2 S. 1 n.F. die Verletzung eines subjektiven öffentlichen Rechts geltend gemacht werden muss.[291]

145   **1. Das Nachteilserfordernis nach § 47 Abs. 2 S. 1 a.F.**   Die Rspr. des BVerwG zu § 47 Abs. 2 S. 1 a.F. ging davon aus, dass ein zur Antragstellung im Normenkontrollverfahren berechtigender Nachteil immer dann vorlag, wenn der Antragsteller durch die angegriffene Norm in seinen rechtlich geschützten Interessen beeinträchtigt wurde.[292] Ausgeschlossen bleiben sollten in jedem Falle Beeinträchtigungen rein wirtschaftlicher oder ideeller Interessen.[293]

146   Aus diesen Vorgaben leitete das BVerwG die folgende Definition des Nachteils ab: „Ein die Befugnis zur Einleitung eines Normenkontrollverfahrens begründender Nachteil i.S.d. § 47 Abs. 2 Satz 1 VwGO ist gegeben, wenn der Antragsteller durch die zu kontrollierende Rechtsvorschrift oder durch deren Anwendung negativ, d.h. verletzend, in einem Interesse betroffen wird bzw. in absehbarer Zeit betroffen werden kann, das bei der Entscheidung über den Erlass oder den Inhalt dieser Rechtsvorschrift als privates Interesse des Antragstellers (oder eines Rechtsvorgängers) berücksichtigt werden mußte." (BVerwGE 59, 87, 99) Es sei sachgerecht und einleuchtend, dass die jeweilige rechtliche Fachregelung diejenigen Rechtspositionen bestimme, die bei der Normsetzung in die Abwägung einzugehen haben und deren nachteilige Berührung deshalb die Antragsbefugnis rechtfertige (BVerwGE 59, 87, 100).

147   Bei der Stellung eines Normenkontrollantrags gegen einen Bebauungsplan sollte für die Annahme eines Nachteils mithin entscheidend sein, dass das betroffene Interesse zum bei der Planaufstellung zu berücksichtigenden notwendigen Abwägungsmaterial gehöre. Dieses beschränke sich nicht auf subjektive öffentliche Rechte, sondern erfasse „alle privaten Belange, die nach Lage der Dinge in die Abwägung eingestellt werden müssen... Das sind alle (privaten) Belange, von denen bei der Entscheidung über den Plan mit hinreichender Wahrscheinlichkeit absehbar ist, dass sie als nicht geringwertige und auch schutzwürdige Interessen bestimmter Personen von dem Plan in mehr als geringfügiger Weise betroffen werden." (BVerwGE 59, 87, 104) Schutzunwürdig seien dabei nicht nur makelbehaftete, sondern auch solche Interessen, deren Träger sich vernünftigerweise darauf einstellen müsse, dass „so etwas geschieht" (BVerwGE 59, 87, 102 f.). Die Absehbarkeit bzw. Erkennbarkeit der Abwägungsbeachtlichkeit liege nur vor, wenn die planende Stelle die individuelle Betroffenheit kannte oder diese sich ihr aufdrängen musste (BVerwGE 59, 87, 104). Die Vernachlässigung von Gesichtspunkten, die allein als öffentliche Belange in die planerische Abwägung einzubeziehen sind, konnte keinen Nachteil i.S.v. § 47 Abs. 2 S. 1 a.F. begründen (BVerwGE 81, 139, 148).

---

290   Begründung des Bundesratsentwurfs eines Gesetzes zur Änderung der VwGO, BT-Drs. 13/1433, 9; Begründung des Regierungsentwurfs eines 6. VwGOÄndG, BT-Drs. 13/3993, 10.

291   OVG Münster NVwZ 1997, 694, 695; NWVBl 1997, 346, 347; NVwZ 1997, 1002, 1003; *Hufen* § 19 Rn. 20; *M. Redeker*, in: Redeker/v. Oertzen § 47 Rn. 28; *L. Renck*, ZRP 1997, 48, 49; *W.-R. Schenke*, NJW 1997, 81, 82.

292   BVerwGE 56, 172, 175; 64, 77, 80; 81, 307, 311 f.; BVerwG NVwZ 1988, 728, 729; 1991, 1082; BVerwGE 88, 268, 270.

293   OVG Bln NVwZ-RR 1991, 289; OVG Brem BRS 33, 57, 59; NVwZ-RR 1992, 665, 667; VGH Kassel NJW 1971, 2005; ESVGH 23, 177, 182; VGH München BayVGH (N. F.) 16, 31, 34; 23, 145, 146; 30, 26, 29; DVBl 1978, 965, 966; BayVBl 1980, 292, 294; NVwZ 1985, 502, 504; NJW 1985, 1180.

2. Ableitung eines subjektiven öffentlichen Rechts. Für die Ableitung eines subjektiven öffentlichen 148 Rechts, die für die Begründung der Antragsbefugnis nach § 47 Abs. 2 S. 1 n.F. erforderlich ist, kommt es nach der zu § 42 Abs. 2 vertrauten Fassung der Schutznormlehre darauf an, ob der infrage stehende Rechtssatz nicht nur den Interessen der Allgemeinheit, sondern – zumindest auch – den Individualinteressen des Klägers derart zu dienen bestimmt ist, dass die Träger der Individualinteressen die Einhaltung des Rechtssatzes beanspruchen können (→ § 42 Rn. 388 m.w.N.). Wie nach § 42 Abs. 2 (→ § 42 Rn. 391 f.) und nach § 47 Abs. 2 S. 1 a.F. (BVerwGE 59, 87, 97 f.) ist maßgebend das insoweit einschlägige materielle Recht.[294] Gleichwohl darf nicht übersehen werden, dass die Ermittlung eines subjektiven öffentlichen Rechts in den von § 42 Abs. 2 gemeinten Individualrechtsschutzverfahren und dem prinzipalen Normenkontrollverfahren nach § 47 nicht demselben Ableitungszusammenhang folgt.[295]

Bei den Klagen, für die die Sachentscheidungsvoraussetzung der Klagebefugnis i.S.v. § 42 Abs. 2 gilt, 149 steht die Abwehr einer den Kläger in seinen Rechten verletzenden konkret-individuellen (oder: -generellen) Maßnahme in Rede. Zwischen den Parteien besteht ein rechtsnormgestaltetes Rechtsverhältnis, das durch die betreffende Maßnahme konkretisiert oder gestaltet wird. Als Rechtssatz, aus dem ein subjektives öffentliches Recht entnommen werden kann, steht mithin primär die rechtsverhältnisprägende Norm zur Verfügung. Erst wenn diese Vorschrift höherrangige Berechtigungen, insbes. aus den Grundrechten, verfehlt, kann unmittelbar auf die Grundrechte zurückgegriffen werden (→ § 42 Rn. 392 ff.). Das Prüfungsprogramm beschränkt sich im Wesentlichen auf die Frage, ob sich aus der rechtsverhältnisgestaltenden Primärnorm ein Anspruch auf Aufhebung oder Erlass der in Streit stehenden Maßnahme ergibt und – wenn dies nicht der Fall ist –, ob sich ein solcher Anspruch aus höherrangigem Recht entnehmen lässt. Für die Feststellung einer Rechts*verletzung* charakteristisch ist die Vorher-/Nachher-Betrachtung: Hat der Erlass der fraglichen Maßnahme die Rechtsposition des Klägers verschlechtert bzw. würde sich seine Rechtsposition durch den Erlass verbessern?

Auf die Geltendmachung einer Rechtsverletzung durch eine Norm, deren Unwirksamerklärung im 150 prinzipalen Normenkontrollverfahren ohne Rücksicht auf die behauptete Rechtsverletzung des Antragstellers erfolgt (→ Rn. 354), kann das zu § 42 Abs. 2 entwickelte Ableitungsprogramm nicht ohne Weiteres übertragen werden. Als abstrakt-genereller Rechtsakt wird die Norm nicht in Konkretisierung eines zwischen Antragsteller und Antragsgegner bestehenden Rechtsverhältnisses erlassen, sondern gestaltet das Rechtsverhältnis vielmehr meist erst selbst. Normsetzung ist gerade nicht primär Normvollzug, sondern Normgestaltung. Anders als bei der Klagebefugnis nach § 42 Abs. 2 kommt mithin bei der Antragsbefugnis nach § 47 Abs. 2 S. 1 auch der angegriffene Akt selbst als Grundlage berücksichtigungsfähiger Rechtspositionen in Betracht. Schon deshalb ist die für § 42 Abs. 2 maßgebende Vorher-/Nachher-Betrachtung (→ Rn. 149) bei der Ermittlung der Antragsbefugnis nur bei bestimmten Normtypen möglich.

a) Maßgeblichkeit des materiellen Rechts. Mit der Postulierung der Maßgeblichkeit des materiellen 151 Rechts ist für die Ableitung der die Antragsbefugnis begründenden Position nichts gewonnen, solange nicht erstens festgelegt wird, wie weit der Bereich der einschlägigen materiell-rechtlichen Regelungen zu fassen ist, und nicht zweitens Rechenschaft darüber abgelegt wird, anhand welcher Kriterien sich eine solche Position aus jenen Regelungen ableiten lassen muss. Hat die Zulässigkeitsvoraussetzung der Antragsbefugnis nur die Aufgabe, den Verfahrensanstoß den in einem besonderen Näheverhältnis zu der angegriffenen Norm stehenden Betroffenen zu überantworten,[296] so verengt sich der Kreis der Vorschriften, die ein berücksichtigungsfähiges Interesse enthalten können, auf die zur Kontrolle gestellte Norm selbst und die mit ihr in einem Zusammenhang stehenden Rechtsvorschriften. Vermittelt wird ein solcher Zusammenhang nicht durch die Eigenschaft der Vorschriften als Prüfungsmaßstab für die angegriffene Norm (a.M. VGH München BayVGH [N. F.] 30, 26, 29 m.w.N.; DVBl 1978, 113, 114), würde eine derartige Ableitung doch Ursache und Wirkung verwechseln. Denn im Normenkontrollverfahren ist die zur Kontrolle gestellte Vorschrift am höherrangigen Recht schlechthin zu messen, sodass potenzieller Prüfungsmaßstab die Verfassung sowie alle förmlichen Gesetze sind. Die aktuell als Prüfungsmaßstab in Betracht kommenden Regelungen aber werden einerseits aus der Weite des

---

294 OVG Münster NVwZ 1997, 694, 695; 1997, 1002, 1003; M. *Sauthoff*, BauR 1997, 721, 731.
295 Zutr. *Panzer*, in: Schoch/Schneider/Bier § 47 Rn. 41
296 Zur Anstoßfunktion H. *Koch*, Prozessführung, 1983, 195; W. *Löwer*, NJW 1979, 1265, 1268.

normativen Materials gerade dadurch konkretisiert, dass sie sich ihrerseits mit den von der inkriminierten Norm betroffenen Interessen befassen, oder sind andererseits das Rechtsetzungsverfahren regelnde Vorschriften, die überhaupt kein individuelles Interesse enthalten können.

152   Der genannte Zusammenhang kann nur für solche Bestimmungen bestehen, die der Normgeber bei der Regelung des sachlichen Gegenstandes konkret zu berücksichtigen hatte. Dabei ist zu beachten, dass die Prüfung der Begründetheit des Normenkontrollantrags nicht vorweggenommen wird. Es kommt mithin nicht darauf an, ob der Normgeber letztendlich rechtlich zur Beachtung bestimmter Vorschriften gehalten war. Entscheidend ist vielmehr, welche Bestimmungen bei der Normierung des betreffenden fachlichen Komplexes ins Blickfeld der rechtsetzenden Stelle treten mussten (VGH München NVwZ-RR 1999, 265). Anzulegen ist der objektive Maßstab einer sorgfältig handelnden Fachbehörde, sodass es nicht darauf ankommt, ob die jeweilige Bestimmung dem Normgeber bekannt oder zum Zeitpunkt des Normerlasses überhaupt schon existent war. Ausschlaggebend ist insoweit der tatsächliche Normbestand zum Zeitpunkt der Entscheidung des OVG.

153   Zu den Vorschriften, die berücksichtigungsfähige Interessen enthalten können, zählen danach neben der angegriffenen Norm insbes. das GG, die Ermächtigungsgrundlage der untergesetzlichen Rechtsvorschrift sowie alles über- und gleichgeordnete Fachrecht, aber auch vertragliche Regelungen zwischen dem Normgeber und dem Antragsteller – nicht aber zwischen anderen Beteiligten –, welche den sachlichen Gegenstand der zu kontrollierenden Vorschrift betreffen.[297]

154   **b) Bedeutung des Regelungsbereichs der angegriffenen Norm.**   Die Bedeutung des Regelungsbereichs der angegriffenen Norm kann nicht in der Forderung bestehen, dass nur solche Positionen für die Antragsbefugnis zu berücksichtigen sein sollen, deren Beeinträchtigung zur Unwirksamkeit der Vorschrift führen kann.[298] Da es für die Begründetheit des Normenkontrollantrags gem. § 47 Abs. 5 nur auf den Verstoß gegen höherrangiges Recht, nicht aber die Verletzung gerade von Rechten des Antragstellers ankommt (→ Rn. 354), kann eine solche Verknüpfung erst recht nicht i.R. der Zulässigkeitsprüfung vorgenommen werden.

155   Hinter jener Forderung steht allerdings der zutr. Gedanke, dass der Antragsteller zwar nicht Adressat der angegriffenen Norm sein muss,[299] jedoch Beeinträchtigungen, die durch die Norm in ganz anderen als den von ihr erfassten Lebensbereichen hervorgerufen werden, keine nach § 47 Abs. 2 S. 1 beachtliche Rechtsverletzung begründen können. Zahlreiche Rechtsvorschriften verändern Rahmenbedingungen, die über eine mehr oder minder lange Kette von durch die Veränderung ausgelösten Reaktionen an einer beliebigen Stelle zu einer negativen Betroffenheit führen können. Erforderlich ist daher, dass der Regelungsgegenstand der angegriffenen Norm und das betroffene Interesse in demselben sachlichen Kontext stehen, sodass das konkrete Interesse aus der Regelung individualisierbar wird.

156   **c) Verletzungsfähige subjektive Rechte.**   Für die Beantwortung der Frage, anhand welcher Kriterien die Ableitung einer die Antragsbefugnis verleihenden Position aus den in dieser Weise festgestellten materiell-rechtlichen Regelungen zu erfolgen hat, kommt es darauf an, ob die betreffende Rechtsnorm nicht lediglich dem öffentlichen Interesse, sondern zumindest auch dem Individualinteresse des Antragstellers zu dienen bestimmt ist. Der Antragsteller muss geltend machen können, gerade in einem *rechtlich geschützten Interesse* betroffen zu sein (BVerwGE 117, 209, 213; OVG Weimar NVwZ-RR 2001, 186). Da das BVerwG Schwierigkeiten bei der Abgrenzung der Antragsbefugnis nach § 47 Abs. 2 S. 1 a.F. praktisch nur bei Bebauungsplänen sah (BVerwGE 59, 87, 97), mag es zur Klärung des Problems hilfreich sein, nach verschiedenen Normtypen zu differenzieren. In jedem Fall kann festgehalten werden, dass jedenfalls in den Fällen, in denen bereits früher die Voraussetzungen des Vorliegens eines Nachteils nicht erfüllt waren, auch eine Rechtsverletzung i.S.v. § 47 Abs. 2 S. 1 n.F. nicht angenommen werden kann.[300] Im Übrigen ist nach der Normstruktur zu unterscheiden.

---

297   Vgl. VGH Kassel ESVGH 35, 148, 149 f. für die Verletzung einer vertraglichen Zusage der Gemeinde, dem Grundstück des Antragstellers benachbarte Flächen nicht als Bauland auszuweisen.

298   A.M. *A. Braun,* BayVBl 1983, 577, 580; *H. Dürr,* Antragsbefugnis, 1987, 55; *H. Kapsreiter,* Begriff, 1986, 106; *M. Quaas/K. Müller,* Normenkontrolle, 1986, Rn. 162.

299   *H.-U. Erichsen/A. Scherzberg,* DVBl 1987, 168, 171; *K. Schenk,* DVBl 1976, 198, 200 f. A.M. VGH Mannheim RdL 1977, 134, 135.

300   *M. Sauthoff,* BauR 1997, 721, 741; *Schenke* Rn. 890–891.

aa) Andere Normen als Bebauungspläne. Für andere Normen als Bebauungspläne ist der Rückgriff 157
auf die zur Auslegung des Nachteilsbegriffs nach § 47 Abs. 2 S. 1 a.F. ausgeformten Leitlinien unproblematisch zulässig. Wenn das BVerwG zur früheren Fassung der Antragsbefugnis ausgeführt hat, bei *durch belastende Verwaltungsakte umzusetzenden Regelungen* sei für alle diejenigen ein Nachteil gegeben, die mit dem Erlass eines gegen sie gerichteten belastenden Verwaltungsakts rechnen müssten (BVerwGE 59, 87, 97), so ist dies schon wegen des lückenlosen Grundrechtsschutzes in vollem Umfang auf die Annahme einer Rechtsverletzung i.S.v. § 47 Abs. 2 S. 1 n.F. übertragbar. Ist der Antragsteller Adressat eines Gebots oder eines Verbots, einer Handlungs- oder Unterlassungspflicht, so kann er sich zumindest auf sein Grundrecht aus Art. 2 Abs. 1 GG berufen.[301] Wird ein bestehendes Recht durch die angegriffene Vorschrift beschränkt, so ist es zumindest nicht von vornherein ausgeschlossen, dass derjenige, demgegenüber sich die Vorschrift beschränkend auswirkt, in seinen Rechten (jedenfalls aus Art. 2 Abs. 1 GG) verletzt wird, wenn er die Rechtswidrigkeit der beschränkenden Regelung behauptet.

Werden mit dem Normenkontrollantrag Regelungen angegriffen, die nicht oder jedenfalls nicht gegen- 158
über dem Antragsteller durch belastenden Verwaltungsakt umzusetzen sind, so muss sich der Antragsteller auf die mögliche Verletzung einer Norm berufen können, die zumindest auch dem rechtlichen Schutz seiner Interessen zu dienen bestimmt ist (VGH München NVwZ-RR 1999, 265). Hierfür sind die Grundsätze der Schutznormlehre heranzuziehen (→ § 42 Rn. 386 ff.). Das als verletzt geltend gemachte Recht kann sich auch aus den Grundrechten als Freiheitsrechten ergeben. Hierzu zählt auch die durch Art. 2 Abs. 1 GG gewährleistete allgemeine Handlungsfreiheit (BVerwG NVwZ 2000, 1296; OVG Lüneburg NVwZ-RR 2004, 337). Um nicht die Grenze zum unzulässigen Popularantrag zu überschreiten, ist allerdings darauf zu achten, dass bei einem auf eine Verletzung des Art. 2 Abs. 1 GG gestützten Normenkontrollantrag der Antragsteller Adressat der angegriffenen Norm sein muss (BVerwG NVwZ 2000, 1296, 1297). Bspw. muss der Antragsteller bei einem Normenkontrollantrag gegen ein durch Landschaftsschutzverordnung statuiertes Reitverbot in dem betreffenden Gebiet schon vorher den Reitsport ausgeübt haben (BVerwG NVwZ 2000, 1296, 1297). Sonst könnte jede beliebige Person mit der Behauptung, in dem Landschaftsschutzgebiet reiten zu wollen, zulässigerweise einen Normenkontrollantrag stellen. Entsprechend hat der Antragsteller nur dann die aus Art. 2 Abs. 1 GG abgeleitete Antragsbefugnis gegen die Aufhebung der Bademöglichkeit in einem See, wenn er diesen schon vorher zum Baden genutzt hat (OVG Lüneburg NuR 2002, 561, 562). Entsprechendes gilt für die Aufhebung der Möglichkeit, einen Wasserlauf mit Wasserfahrzeugen zu befahren (OVG Lüneburg NVwZ-RR 2004, 337). Nicht zur Begründung der Antragsbefugnis herangezogen werden kann der allgemeine Gleichheitssatz des Art. 3 Abs. 1 GG. Denn das die Popularklage ausschließende Erfordernis der Antragsbefugnis nach § 47 Abs. 2 S. 1 würde unterlaufen, könnte jede Person allein unter Berufung auf eine normativ veranlasste Ungleichbehandlung ein Normenkontrollverfahren auslösen.[302]

Ebenso wenig ist durch die Novellierung des § 47 Abs. 2 S. 1 eine Änderung für die Zulässigkeit von 159
Anträgen auf Normenkontrolle von anderen *Planungsnormen* als Bebauungsplänen eingetreten (im Einzelnen → Rn. 235 ff.).[303] Grund ist das von der Rspr. anerkannte Recht auf gerechte Abwägung. Das fachplanungsrechtliche Abwägungsgebot verlangt, mit den von der Planung berührten öffentlichen und privaten Belangen auch die rechtlichen und tatsächlichen Interessen des von der Planung nachteilig Betroffenen gegeneinander und untereinander gerecht abzuwägen (vgl. nur BVerwGE 48, 56, 63 ff.). Entsprechend besteht ein subjektives öffentliches Recht des von einer Planung in eigenen Belangen Betroffenen auf eine gerechte Abwägung seiner eigenen Belange mit entgegenstehenden anderen Belangen (BVerwGE 48, 56, 66). Werden private Belange nicht in der durch das Abwägungsgebot geforderten Weise berücksichtigt, so ist anerkannt, dass der Träger der Belange insoweit zu einem den Anforderungen des § 42 Abs. 2 genügenden Angriff auf den Planungsakt befugt ist.[304] Antragsbe-

---

301 BVerwG NVwZ 2000, 1296 für ein durch Landschaftsschutzverordnung angeordnetes Reitverbot; VGH Mannheim VBlBW 1997, 344 für die in einer Abfallwirtschaftssatzung statuierte Überlassungspflicht; VBlBW 2001, 223 für die in einer Polizeiverordnung über das Halten gefährlicher Hunde statuierten Pflichten.
302 OVG Bautzen NJW 1999, 2539, 2540. A.M. VGH Kassel 8.5.2001 – 10 N 399/98; VGH Mannheim VBlBW 2002, 255.
303 *U. Numberger/T. Schönfeld*, UPR 1997, 89.
304 *P. Schütz*, in: Ziekow, Handbuch des Fachplanungsrechts, ²2014, S. 239, Rn. 26 f.

fugt sind dabei auch die an einem Grundstück bloß obligatorisch Berechtigten wie Mieter oder Pächter (OVG Lüneburg NJOZ 2012, 353, 355). Die vom BVerwG angenommene Grundstücksbezogenheit des Bebauungsrechts und des raumbedeutsamen Fachplanungsrechts mit der Folge einer Repräsentation der in einem Nutzungskonflikt befindlichen Grundstücke allein durch die Eigentümer (BVerwG NVwZ 1983, 672; 1991, 566, 567; NJW 1994, 1233, 1234; NVwZ 1996, 389) überzeugt für das Fachplanungsrecht nicht. Der für den Repräsentationsgedanken im Bauplanungsrecht prägende kompetenzielle Gesichtspunkt[305] verfängt im Fachplanungsrecht nicht. Es ist deshalb kein Grund ersichtlich, an einem Grundstück obligatorisch Berechtigten die die Antragsbefugnis verleihende Berufung auf das Abwägungsgebot von vornherein zu versagen.[306]

160 **bb) Bebauungspläne.** Dass für die Kontrolle von Bebauungsplänen nach der Novellierung ebenfalls auf die zur Antragsbefugnis nach § 47 Abs. 2 S. 1 a.F. entwickelten Grundsätze zurückgegriffen werden kann, kann als geklärt angesehen werden. Bei der Stellung eines Normenkontrollantrags gegen einen Bebauungsplan war ein Nachteil i.S.v. § 47 Abs. 2 S. 1 a.F. anzunehmen, wenn das betroffene Interesse zum bei der Planaufstellung zu berücksichtigenden notwendigen Abwägungsmaterial gehört. Dieses beschränkt sich nicht auf subjektive öffentliche Rechte, sondern erfasst alle privaten Belange, die nach Lage der Dinge in die Abwägung eingestellt werden müssen (BVerwGE 59, 87, 104). Ist das in den Abwägungsvorgang einzustellende Interesse ein subjektives öffentliches Recht, so verliert es diese Eigenschaft nicht durch die Abwägung gegen andere Belange. Auch nach der Neufassung der Antragsbefugnis können sich mithin zunächst alle diejenigen von einem Bebauungsplan Betroffenen auf ein „Recht" i.S.v. § 47 Abs. 2 S. 1 berufen, deren Betroffenheit sich auf ein subjektives öffentliches Recht bezieht.[307] Entscheidend ist jedoch die Frage, ob sich die Antragsbefugnis nach § 47 Abs. 2 S. 1 auf die Geltendmachung von subjektiven öffentlichen Rechten Planbetroffener beschränkt oder sich auch auf abwägungserhebliche Belange unterhalb der Ebene eines subjektiven öffentlichen Rechts stützen lässt.

161 nicht besetzt

162 nicht besetzt

163 Behauptet wurde die Reduzierung der Antragsbefugnis gem. § 47 Abs. 2 S. 1 auf die Fälle, in denen der Bebauungsplan Festsetzungen trifft, die sich auf subjektive Rechte des Antragstellers auswirken können, v.a. vom OVG Münster.[308] Die Berufung auf solche privaten Belange, die zwar bei der Aufstellung eines Bebauungsplans abwägend zu berücksichtigen, jedoch nicht Teil einer Rechtsposition des Antragstellers sind, genüge nicht. Ein subjektives Recht auf Durchführung eines fehlerfreien Bebauungsplanverfahrens sei dem BauGB fremd (OVG Münster NVwZ 1997, 694, 695; 1997, 1002, 1003). Der Ausschluss eines Anspruchs auf die Aufstellung von Bauleitplänen (§ 1 Abs. 3 S. 2 BauGB) schließe erst recht einen Anspruch auf Durchführung einzelner Verfahrensschritte aus, die lediglich Bestandteil des Planaufstellungsverfahrens sind. Aus dem Abwägungsgebot (§ 1 Abs. 7 BauGB) lasse sich nichts anderes entnehmen. Zum Schutz der in die Abwägung einzustellenden privaten Belange sei die Feststellung der Nichtigkeit eines abwägungsfehlerhaften Bebauungsplans nicht notwendig, da die Frage der Rechtsgültigkeit des Bebauungsplans in allen Verfahren, in denen es auf diese Frage ankommt, von den Verwaltungsgerichten inzident geprüft werden müsse.

164 Dass sich die Bedeutung eines Rechts auf gerechte Abwägung in der systemfremden Eröffnung vorbeugenden Rechtsschutzes gegen rechtsetzende Maßnahmen erschöpfen würde, lässt sich spätestens seit der Novellierung des § 47 Abs. 2 S. 1 nicht mehr behaupten.[309] Anders als eingreifende Maßnahmen im Anwendungsbereich des § 42 Abs. 2 sind Planungsnormen keinem Vorher-/Nachher-Vergleich des Zustands ohne und mit der angegriffenen Maßnahme zugänglich, sondern Akte komplexer Interessenintegration, in der sich eine Normbetroffenheit in einer nicht an den Erfordernissen des Abwä-

---

305 *J. Ziekow,* NVwZ 1989, 231, 232.
306 BVerwG NVwZ 1998, 504; VGH München NVwZ 1997, 1016.
307 BVerwG BauR 1997, 972, 973; OVG Münster NVwZ 1997, 697, 698; NWVBl 1997, 346, 347; 1997, 470.
308 OVG Münster NVwZ 1997, 694, 695; 1997, 697, 698; NWVBl 1997, 346, 347; 1997, 470; NVwZ 1997, 1002, 1003; NWVBl 1998, 27, 29. Das OVG hat diese Rspr. mittlerweile aufgegeben, OVG Münster NWVBl 2000, 462, 463; BauR 2001, 85; NWVBl 2001, 185.
309 *H. Dürr,* NVwZ 1996, 105, 109.

gungsgebots orientierten Berücksichtigung eigener Belange kristallisiert.[310] Für private Belange unterhalb der Ebene des subjektiven öffentlichen Rechts hängt deshalb die Erlangung gerichtlichen Rechtsschutzes gegen einen fehlerhaften Abwägungsvorgang überhaupt – auch im Wege der Inzidentkontrolle – von der Anerkennung eines subjektiven Rechts auf fehlerfreie Abwägung ab.[311] Die materiellrechtlich möglicherweise gegebene Unwirksamkeit eines Bebauungsplans hilft demjenigen nichts, der sich auf sie nicht vor Gericht berufen kann. Die Bedeutung eines Anspruchs auf Abwägung geht mithin weit über die Möglichkeit vorbeugenden Rechtsschutzes gegen rechtssetzende Maßnahmen hinaus. Die in § 1 Abs. 3 S. 2 BauGB enthaltene Negation eines Anspruchs auf die Aufstellung von Bauleitplänen betrifft im Übrigen das Recht auf gerechte Abwägung nicht. Dieses Recht beinhaltet keinen selbständig durchsetzbaren Anspruch auf Durchführung einzelner Verfahrensschritte, sondern einen Anspruch darauf, dass in einem bereits durch Erlass eines Bebauungsplans abgeschlossenen Bauplanungsverfahren die eigenen Belange gerecht abgewogen worden sind.[312]

Dementsprechend hat schon im Jahre 1994 der 4. Senat des BVerwG zutreffenderweise das aus dem   165
Abwägungsgebot fließende „subjektive Recht aller Planbetroffenen… auf eine gerechte Berücksichtigung ihrer Interessen im Rahmen einer (Bauleit-)Planung" anerkannt (BVerwG NVwZ 1995, 598). Die ganz überwiegende Auffassung hat dieses *Recht auf gerechte Abwägung* mittlerweile angenommen.[313] Die Neufassung des § 47 Abs. 2 S. 1 hat also i.E. nichts an den Anforderungen an die Antragsbefugnis für die Normenkontrolle von Bebauungsplänen geändert.

Für Bebauungspläne beruht der zutreffende Rückgriff auf die als Bestandteil des notwendigen Abwä-   166
gungsmaterials in der Abwägung zu berücksichtigenden privaten Interessen zur Bestimmung der Reichweite des Rechts auf gerechte Abwägung auf der Erkenntnis, dass der Bebauungsplan als konkret-individuelle Regelung die betroffenen Belange zu einem gerechten Ausgleich zu bringen hat.[314] Dementsprechend muss ein Antragsteller lediglich geltend machen, das Planungsergebnis sei nicht hinreichend abgewogen, nicht aber, die Gemeinde sei zu einem anderen Abwägungsergebnis verpflichtet gewesen (BVerwG ZfBR 2011, 566 f.). Ist ein Interesse nicht in den Ausgleichsvorgang einzustellen, weil es den konkretisierten Bezugsrahmen überschreitet, so fehlt es an der Erkennbarkeit des Interesses für den Plangeber. Allerdings endet der Bezugsrahmen nicht an den Grenzen des überplanten Gebiets. Es reicht aus, wenn ein außerhalb des Plangebiets lokalisiertes Interesse eine derart konkret-individualisierbare räumliche Beziehung zu der durch den Plan geschaffenen Ordnung aufweist, dass es in den Ausgleich eingebracht werden musste.[315] Dies ist insbes. der Fall, wenn sich die nachteiligen Auswirkungen der Planung über das eigentliche Plangebiet hinaus erstrecken,[316] etwa für außerhalb des Geltungsbereichs des Bebauungsplans liegende Grundstücke Immissionen durch eine nach dem Plan zulässige Anlage zu erwarten sind.[317]

Die planende Gemeinde kann allerdings regelmäßig solche Betroffenheiten unberücksichtigt lassen,   166a
die sich unmittelbar erst in anderen, regelmäßig späteren Planungen mit anderem Geltungsbereich realisieren, ist doch die Abwägung der betroffenen Eigentümerbelange dann erst in diesem Stadium vorzunehmen. Die Effektivität von Abwägungsanspruch und der Rechtsschutz des Betroffenen können jedoch Ausnahmen gebieten, nämlich zum einen, wenn die Betroffenheit im späteren Plangebiet zwangsläufige Folge der vorausgehenden Planung ist. In diesem Fall fordert der Grundsatz hinreichen-

---

310 VGH München BayVBl 1997, 591, 593; *Panzer*, in: Schoch/Schneider/Bier § 47 Rn. 41.
311 *M. Sauthoff*, BauR 1997, 721, 732; *W.-R. Schenke*, DVBl 1997, 853, 854
312 Vgl. VGH Mannheim VBlBW 1997, 426, 427; VGH München BayVBl 1997, 591, 593; *J. Hüttenbrink*, DVBl 1997, 1253, 1256 f.; *M. Sauthoff*, BauR 1997, 721, 734.
313 BVerwGE 107, 215, 220 ff.; BVerwG BauR 2000, 690, 691; 2000, 848, 851; NVwZ 2000, 1413, 1414; 2004, 1120; 20.7.2011 – 4 BN 22.11; BauR 2013, 753, 754; OVG Lüneburg BauR 2004, 57; OVG Münster NWVBl 2000, 462, 463; BauR 2001, 85; NWVBl 2001, 185; ZfBR 2008, 690, 691; VGH Kassel NVwZ-RR 2013, 349; VGH Mannheim VBlBW 1997, 426, 427; NVwZ 2000, 1187; VGH München BayVBl 1997, 591, 593; *H. Dürr*, NVwZ 1996, 105, 109; *C. Herr*, Antragsbefugnis, 2003, 124; *J. Hüttenbrink*, DVBl 1997, 1253, 1255 ff.; *M. Sauthoff*, BauR 1997, 721, 731 ff.; *W.-R. Schenke*, DVBl 1997, 853, 854. Krit. *P. Schütz*, Antragsbefugnis, 2000, 219 ff.
314 Vgl. BVerwGE 50, 114, 119.
315 BVerwG UPR 1991, 274, 275; OVG Brem BRS 33, 57, 59; OVG Koblenz BauR 1991, 45; OVG Lüneburg DÖV 1971, 242; DVBl 1978, 176, 177; VGH Kassel NVwZ 1987, 514; *H.-J. Dageförde*, GE 1980, 715, 719; *W. Hoppe*, FS Menger, 1985, 747, 761. A.M. VGH München BayVGH (N. F.) 26, 34, 36 f.
316 BVerwG NVwZ 2012, 185, 187; OVG Bln BauR 1980, 536; NVwZ-RR 1991, 289; VGH Kassel NJW 1967, 266, 267; VGH Mannheim ESVGH 17, 101, 102; VerwRspr 20, 158, 159; VGH München BayVBl 1975, 504, 505; 1975, 558; 1980, 292, 294.
317 *H. Dürr*, Antragsbefugnis, 1987, 79; *B. Linke*, BauR 1990, 529, 532 f.

der Konfliktbewältigung, dass jene Betroffenheiten bereits in die Abwägung über die vorangegangene Planung einbezogen werden, weil der Betroffenheit später nicht mehr wirksam begegnet werden kann. Dann aber muss dem Betroffenen insoweit auch die Antragsbefugnis zustehen. Zum anderen ist eine Ausnahme erforderlich, wenn die spätere Betroffenheit zwar nicht zwangsläufig, jedoch als Folge des planerischen, der Baugebietsausweisung zu Grunde liegenden und eine planerische Selbstbindung der Gemeinde erzeugenden Konzepts der Gemeinde eintritt. Hierfür reicht allerdings eine bloße – etwa im Flächennutzungsplan zum Ausdruck kommende – Planungspräferenz der Gemeinde nicht aus. Anderes gilt im Falle des Bestehens eines engen konzeptionellen Zusammenhangs zwischen den Planungsbereichen, auf den die Gemeinde erkennbar abstellt und der Grundlage ihrer Abwägung im vorausgehenden Planungsgebiet ist, weil sie aus Sicht der Gemeinde bestimmte Festsetzungen in einem anderen Planbereich voraussetzt. In diesem Fall kommt dem später Betroffenen eine entsprechende Antragsbefugnis zu (zum Ganzen BVerwG NVwZ 2012, 185, 186 f.)

167   Nicht zu rechtfertigen sind hingegen die vom BVerwG vorgenommenen Einschränkungen der Abwägungserheblichkeit.[318] Nachdem nämlich das Gericht darauf hingewiesen hat, dass das relevante Abwägungsmaterial die Grenze des als subjektives öffentliches Recht Geschützten überschreitet und bspw. die Interessen bloß obligatorisch an einem Grundstück Berechtigter, Erweiterungsinteressen eines vorhandenen Gewerbebetriebes, Interessen von Gewerbetreibenden an der Erhaltung und Nutzung von Erwerbschancen sowie die Interessen von Anliegern an der Aufrechterhaltung einer gegebenen Verkehrslage umfasst (BVerwGE 59, 87, 101 f.), scheidet es diejenigen Interessen wieder aus, die es als objektiv geringwertig oder nicht schutzwürdig ansieht.

168   Konkretisiert wurde der Topos der Schutzwürdigkeit zunächst nahezu ausschließlich für Markt- und Erwerbschancen. Die Schutzwürdigkeit fehle, wenn sich der Träger des betroffenen Interesses „vernünftigerweise" darauf einstellen müsse, dass „so etwas geschieht". Es liege in der Natur der Sache, dass planerische Festsetzungen auf Markt- und Erwerbschancen Einfluss nähmen, nämlich in der einen Richtung Chancen eröffneten und in der anderen Richtung Chancen beseitigten, wobei Unterschiede lediglich in der mehr oder weniger zutage tretenden Greifbarkeit dieser Einflüsse bestünden. Zu verlangen, dass die jeweiligen konkreten Konstellationen bei der Abwägung in Rechnung zu stellen seien, hieße die Planung zu überfordern (BVerwGE 59, 87, 102 f.). Etwas anderes könne nur gelten, wenn besondere Umstände die Berücksichtigung gerade privater Erwerbsinteressen Einzelner nahelegten (BVerwG NVwZ 1990, 555). Die neuere Rspr. des BVerwG hat das Kriterium der Schutzwürdigkeit dahingehend präzisiert, dass damit Interessen als nicht berücksichtigungsfähig ausgeschlossen würden, die entweder von der Rechtsordnung an sich missbilligt werden oder gegenüber denen sich das Städtebaurecht bewusst neutral verhalten will, wie es etwa für Wettbewerbsinteressen zutreffe (BVerwG NVwZ 1994, 683).

169   Die Problematik dieser Argumentation besteht darin, dass sie ein ausdrücklich als berücksichtigungsfähig eingestuftes Interesse willkürlich aus dem Abwägungsmaterial eliminiert. Ein überzeugender Grund, andere Lebensumstände wie die Interessen, nicht durch eine Steigerung des Verkehrsaufkommens, welche durch Änderungen der Verkehrskonzeption außerhalb der betroffenen Straße eintritt[319] spielende Kinder,[320] die Folgen der Parkplatzsituation in einem benachbarten Gebiet (Antragsbefugnis bejaht durch VGH München BayVBl 1983, 371) oder zusätzliche Stellplätze (Antragsbefugnis bejaht durch OVG Saarlouis AS 18, 339, 341) belästigt zu werden oder eines ausgeübten Gemeingebrauchs verlustig zu gehen,[321] als in ihrem Bestand gewisser und damit schutzwürdiger anzusehen als die bestehende Nutzung von Erwerbschancen, ist nicht ersichtlich. Das in allen diesen Fällen in gleicher Weise bestehende Problem, die relevante Schwelle der greifbaren Beeinträchtigung zu bestimmen, darf nicht dazu führen, einen gesamten Interessenkomplex a limine auszuscheiden. Auf rechtswidrige Behinderungen seines Gewerbebetriebes kann und muss der Gewerbetreibende sich nicht einrichten. Es ist „vernünftigerweise" nicht einsichtig, einen Gewerbetreibenden mit der eventuellen Zerstörung seiner wirtschaftlichen Existenz durch einen rechtswidrigen Bebauungsplan zu konfrontieren, indem

---

318 Vgl. Rn. 147. Zur Geltung dieser Einschränkungen auch unter § 47 Abs. 2 S. 1 n.F. BVerwG NVwZ 2004, 1120, 1121; 20.7.2011 – 4 BN 22.11. Krit. zur Auffassung des BVerwG auch *W. Brohm*, NJW 1981, 1689; *H. Dürr*, Antragsbefugnis, 1987, 46 ff.; *W. Groß*, DVBl 1989, 1076, 1078; *J. Ipsen*, Verw. 20 (1987), 477, 479.

319 Antragsbefugnis bejaht durch OVG Saarlouis AS 17, 143, 150; OVG Lüneburg BRS 48, 73, 75 f.

320 Antragsbefugnis bejaht durch OVG Bln NVwZ-RR 1991, 289; OVG Saarlouis AS 19, 157, 158.

321 Antragsbefugnis bejaht durch VGH Mannheim NVwZ 1988, 168; VGH München DVBl 1978, 113.

man ihm die Möglichkeit nimmt, sich mit einem Normenkontrollantrag zur Wehr zu setzen. Eine dem „die Wirtschaftsordnung in diesem Lande beherrschenden Grundsatz der freien wirtschaftlichen Betätigung" *zuwider*laufende Festschreibung einer Wettbewerbssituation (so OVG Münster OVGE 33, 78, 82) durch die Einräumung der Antragsbefugnis ist nicht möglich, gewährleistet diese doch, dass die Wettbewerbsfreiheit gerade ausschließlich mit rechtmäßigen Mitteln durchgesetzt werden darf.[322]

Insbes. bei der Beeinträchtigung wirtschaftlicher Interessen durch die angegriffene Norm geht die zu § 47 Abs. 2 S. 1 ergangene Rspr. von einem überholten finalen Verständnis der an Art. 12 Abs. 1 GG zu messenden Berufsausübungsregelung aus. Das BVerfG weist in seiner neueren Rspr. darauf hin, dass der Umstand, dass ein Verbot keine bestimmte berufsregelnde Tendenz enthält, dessen Überprüfung am Maßstab des Art. 12 Abs. 1 GG nicht ausschließt. Der durch dieses Grundrecht gesicherte Freiheitsraum wird vielmehr ebenso durch Vorschriften ohne berufsregelnde Zielsetzung berührt, wenn sie infolge ihrer tatsächlichen Auswirkungen geeignet sind, die Berufsfreiheit zu beeinträchtigen (BVerfGE 61, 291, 308). Es ist nicht ersichtlich, weshalb bspw. der Verwendungsausschluss bestimmter Materialien durch planungsrechtliche Normen[323] grds. anders zu beurteilen sein sollte als das in die Freiheit der Berufsausübung des Tierpräparators eingreifende Besitz-, Verarbeitungs- und Vertriebsverbot für geschützte Vögel (BVerfGE 61, 291, 311), die die freie unternehmerische Betätigung des Arzneimittelherstellers schmälernde Veröffentlichung von Arzneimitteltransparenzlisten (BVerwGE 71, 183, 189 ff.) oder die in die Berufsfreiheit eines Weinabfüllers eingreifende Veröffentlichung einer Liste der mit unerlaubten Zusätzen versehenen Weine (BVerwGE 87, 37). Wäre die Veröffentlichung dieser Listen in die Form einer Rechtsverordnung gekleidet worden, so hätte die Antragsbefugnis der betreffenden Unternehmer im Normenkontrollverfahren bejaht werden müssen. Dies zeigt, dass die These der h.M., wonach die Beeinträchtigung wirtschaftlicher Interessen keine Rechtsverletzung i.S.v. § 47 Abs. 2 S. 1 begründen kann, in dieser Allgemeinheit nicht zutrifft. 170

Ein *Recht*, dessen Verletzung durch einen Bebauungsplan oder dessen Anwendung i.S.d. § 47 Abs. 2 S. 1 geltend gemacht werden muss, kann demnach *in Form eines subjektiven öffentlichen Rechts des Antragstellers, das durch Festsetzungen des Bebauungsplans betroffen wird, oder in Form des subjektiven Rechts auf fehlerfreie Abwägung eigener Belange des Antragstellers bestehen. Das Recht auf gerechte Abwägung umgreift alle Interessen, die zu dem bei der Planaufstellung zu berücksichtigenden notwendigen Abwägungsmaterial gehören, also alle privaten Belange, die nach Lage der Dinge in die Abwägung eingestellt werden müssen.* 171

Hinsichtlich des *Zeitpunkts*, der für den Bestand der möglicherweise verletzten Rechte maßgeblich ist, ist der Zeitpunkt der gerichtlichen Normenkontrollentscheidung ausschlaggebend. Dagegen hatte das BVerwG zunächst die Sach- und Rechtslage im Zeitpunkt der Beschlussfassung über – pars pro toto – den Bebauungsplan für maßgeblich erklärt. Spätere Veränderungen sollten nur dann berücksichtigt werden können, wenn sie eine Prüfungspflicht der Gemeinde hinsichtlich einer neuen Abwägung begründeten.[324] An dieser Auffassung hält die Rspr. offensichtlich nicht fest.[325] So hat das BVerwG einem Mieter die Antragsbefugnis zuerkannt, der erst nach dem Inkrafttreten des Bebauungsplans Räume im Planbereich gemietet hatte und darin eine Geschäftstätigkeit ausübte, die vorher und auch zum Zeitpunkt des Planbeschlusses dort nicht stattfand (BVerwG NVwZ 1989, 553, 554). Der Hessische VGH erkannte die Antragsbefugnis bei nachträglichen Veränderungen an, die die den Antragsteller an der gewünschten baulichen Nutzung hindernden Festsetzungen des Bebauungsplans hatten funktionslos werden lassen (VGH Kassel ESVGH 31, 272, 273). Eine Berücksichtigung erst nach dem Normerlass entstandener Interessen des Antragstellers tritt also nicht nur dann ein, wenn ein entsprechendes Interesse des Rechtsvorgängers bei der Normgebung berücksichtigt werden musste.[326] Mittlerweile erkennt das BVerwG für die Geltendmachung einer Verletzung subjektiver Rechte generell an, dass es nicht auf die Erkennbarkeit zum Zeitpunkt des Normerlasses, sondern auf den Bestand zum 172

---

322 Krit. zur Ausscheidung von Markt- und Erwerbschancen unter dem Topos der Schutzwürdigkeit auch *J. Ipsen*, Verw 20 (1987), 477, 479 f.

323 Antragsbefugnis verneint durch OVG Münster NJW 1982, 1171; VGH München BayVBl 1979, 753, 754; 1980, 537, 538; *H. Dürr*, Antragsbefugnis, 1987, 90 f.; *M. Quaas/K. Müller*, Normenkontrolle, 1986, Rn. 170; *B. Stüer*, DVBl 1985, 469, 476.

324 BVerwGE 59, 87, 104; so noch OVG Koblenz NVwZ 1983, 617, 618; OVG Münster BRS 46, 78, 79.

325 Krit. zu dieser Auffassung etwa VGH Mannheim NVwZ 1987, 1088; *H. Dürr*, Antragsbefugnis, 1987, 61; *W. Groß*, DVBl 1989, 1076, 1078; *H.-J. Papier*, FS Menger, 1985, 517, 524.

326 A.M. OVG Saarlouis AS 19, 157, 158; *H. Dürr*, Antragsbefugnis, 1987, 94 f.; *B. Linke*, BauR 1990, 529, 535.

Zeitpunkt der gerichtlichen Entscheidung ankommt. Für unterhalb dieser Ebene verbleibende in der Abwägung zu berücksichtigende Belange sind allerdings weiterhin das Vorliegen und die Erkennbarkeit zurzeit der Fassung des Normbeschlusses maßgebend (BVerwG GewArch 1993, 212, 213; UPR 1994, 308). Hingegen ist es unerheblich, ob der zu berücksichtigende Belang zum Zeitpunkt der Abwägung gerade ein solcher des Antragstellers des späteren Normenkontrollverfahrens war oder ob dieser Belang dem Antragsteller erst später, insbes. durch Einzel- oder Gesamtrechtsnachfolge, zugeordnet worden ist (BVerwG BauR 2002, 1199, 1200; OVG Lüneburg BauR 2002, 732, 734).

173   **3. Erfordernis der bereits erlittenen oder in absehbarer Zeit zu erwartenden Rechtsverletzung.** Das Erfordernis der bereits erlittenen oder in absehbarer Zeit zu erwartenden Rechtsverletzung enthält Anforderungen an die Intensität der Betroffenheit, die Person des Verletzten, die zeitliche Nähe und die Wahrscheinlichkeit der Rechtsbeeinträchtigung.

174   **a) Beeinträchtigungsintensität.** Die Beeinträchtigungsintensität muss zumindest eine Schwelle erreichen, ab der die Norm für den Antragsteller in einer für das Gericht nachvollziehbaren Weise lästig wird. Der Grad der Interessenbeeinträchtigung muss mithin die Bagatellgrenze überschreiten.[327] In der Lit. wird hierfür der Begriff der Spürbarkeit der Interessenbeeinträchtigung verwendet.[328] Sachlich dasselbe meint das BVerwG, wenn es objektiv geringwertigen Interessen die Berücksichtigungsfähigkeit abspricht (BVerwGE 59, 87, 102; BVerwG NJW 1992, 2844). Wann die notwendige Beeinträchtigungsintensität erreicht ist, lässt sich nicht einheitlich, sondern nur in Ansehung der Gegebenheiten des konkreten Einzelfalles entscheiden (BVerwG NJW 1992, 2844). Nicht ausreichend ist in jedem Fall das Verlangen, dass durch die angegriffene Norm erreichte Verminderungen einer bestehenden Beeinträchtigung weiter reduziert werden (VGH Mannheim VBlBW 1999, 460, 461).

175   Beispiele für die erforderliche Intensität nicht erreichende Beeinträchtigungen sind das Interesse, am Strand spazieren und baden gehen zu können (BVerwG BauR 2008, 483, 484), die Pflicht des Antragstellers, gerade am Jahresende die entnommene Wassermenge abzulesen und aufzuzeichnen und die Aufzeichnung 10 Jahre lang aufzubewahren (VGH Mannheim ESVGH 40, 148-LS), die bloße Verschlechterung des allgemeinen Wohnklimas (VGH Mannheim BauR 1982, 347, 348), die Behinderung des Lieferverkehrs für einen Gewerbebetrieb durch ein erhöhtes Verkehrsaufkommen (VGH Mannheim VBlBW 1982, 229, 231), die Anlage einer Wendeplatte in einer bereits vorhandenen Straße in mindestens 12 Meter Entfernung vom Grundstück des Antragstellers (VGH Mannheim VBlBW 1982, 229, 231), die durch eine Änderung der Erschließungssituation des Grundstücks des Antragstellers begründete Notwendigkeit, beim Verlassen des Grundstücks mit einem Fahrzeug verstärkte Rangiermanöver ausführen zu müssen (VGH Mannheim 11.2.2000 – 3 S 422/99), die Zulassung von nichtlandwirtschaftlichem Verkehr auf einem bislang dem landwirtschaftlichen Verkehr vorbehaltenen Wirtschaftsweg (OVG Koblenz ZfBR 2007, 52, 53), die Steigerung des von einer größeren Straße ausgehenden Verkehrslärms durch das von wenigen zusätzlichen Wohneinheiten ausgehende Verkehrsaufkommen (VGH Mannheim 10.3.1981 – 5 S 209/80), nicht aber die Belastung eines gemieteten Grundstücks mit einem öffentlichen Gehrecht (a.M. VGH Mannheim VBlBW 1982, 229, 231).

176   **b) Individualinteresse des Antragstellers.** Immer muss es sich um ein eigenes rechtlich geschütztes Interesse des Antragstellers handeln, welches durch die Norm oder deren Anwendung verletzt wird. Fremde Interessen, Interessen der Allgemeinheit oder öffentliche Belange können nicht zur Begründung der Antragsbefugnis herangezogen werden.[329] Dementsprechend kann ein Gesellschafter einer BGB-Gesellschaft, die Eigentümerin eines Grundstücks im Planbereich ist, eine Antragsbefugnis aus eigenem Recht grds. nicht geltend machen – und zwar auch dann nicht, wenn der Gesellschafter im eigenen Namen fristgerecht einen Antrag erhebt und die übrigen Gesellschafter, innerhalb oder außerhalb der Frist, diesem Antrag im eigenen Namen beitreten (BVerwG ZfBR 2010, 583). Anderes gilt, wenn dem antragstellenden Gesellschafter von der Gesellschaft vertraglich Nutzungsrechte am Eigentum der Gesellschaft übertragen wurden. Dann verleiht dieses Nutzungsrecht dem Gesellschafter die

---

327   A.M. *H.-J. Birk*, „Rechtsvorschrift", 1972, 146.
328   *H. Dürr*, Antragsbefugnis, 1987, 53 f.
329   BVerwGE 81, 139, 148; BVerwG NVwZ 1991, 778, 779; OVG Bautzen SächsVBl 2007, 233; OVG Bln NVwZ 1997, 1222; HmbOVG BauR 1987, 657, 658; OVG Lüneburg OVGE 26, 366, 369 f.; OVG Münster NWVBl 1994, 300, 302; VGH Mannheim NuR 1992, 234, 235; NVwZ-RR 1998, 421; *H. Dürr*, Antragsbefugnis, 1987, 51; *W. Groß*, DVBl 1989, 1076, 1080.

Antragsbefugnis (BVerwG ZfBR 2010, 583). Einen altruistischen Normenkontrollantrag sieht § 47 Abs. 2 S. 1 nicht vor (OVG Bautzen SächsVBl 1994, 206, 207). Träger öffentlicher Belange können diese Belange daher nur i.R. der Antragstellung als Behörde geltend machen (VGH Mannheim NVwZ-RR 1998, 423, 424. Zum Behördenantrag → Rn. 264 ff.).
Wo die Grenze zwischen eigenen und anderen Interessen verläuft, ist im Einzelfall allerdings durchaus nicht immer eindeutig.

Die Rspr. des BVerwG ist nicht frei von Widersprüchen. So hat das Gericht in einer Entscheidung, die **177** die Normenkontrolle einer Fortschreibung eines für verbindlich erklärten Teilabfallbeseitigungsplans für Anlagen zur Lagerung oder Behandlung von Autowracks oder Altreifen durch die Festlegung des Standorts für eine weitere Anlage dieser Art auf Antrag des Betreibers der Erstanlage betraf, die angemessene Gewinnerwartung derartiger Betriebe wegen der sonst möglichen Gefährdung der ordnungsgemäßen Lagerung oder Behandlung von Autowracks zu einem in die planerische Abwägung einzubeziehenden Belang erklärt. Dabei handele es sich jedoch um einen ausschließlich öffentlichen Belang, dem kein Anspruch der Anlagenbetreiber korrespondiere, die Abwägung auch zu ihrem individuellen Schutz vor wirtschaftlicher Beeinträchtigung vorzunehmen (BVerwGE 81, 139, 147 f.). Ähnlich erachtete das Gericht bei der Ausweisung eines Sondergebiets für einen großflächigen Einzelhandelsbetrieb außerhalb der Stadt durch einen Bebauungsplan die dadurch möglicherweise eintretende Verödung der innerstädtischen Geschäftsstraßen für einen abwägungserheblichen öffentlichen Belang, dem aber kein Anspruch in der Innenstadt ansässiger Gewerbetreibender auf Aufrechterhaltung der bisherigen Geschäftssituation entspreche (BVerwG NVwZ 1990, 555).

In einer späteren Entscheidung hingegen führte das Gericht richtigerweise aus, dass die planungsrecht- **178** lichen Vorschriften über die Erschließung zwar nur dem allgemeinen Interesse und nicht dem individuellen Interesse des einzelnen Bauwilligen dienen. Dies aber ist für die Berücksichtigung des Erschließungsinteresses des Bauwilligen bei der planerischen Abwägung auch nicht erforderlich, beschränken sich doch die als Abwägungsmaterial beachtlichen privaten Interessen nicht auf subjektive öffentliche Rechte (BVerwG BauR 1992, 187).

c) Eintritt einer Rechtsverletzung in zeitlicher Hinsicht. Hinsichtlich des Eintritts einer Rechtsverlet- **179** zung in zeitlicher Hinsicht hat der Antragsteller durch die Rechtsvorschrift oder deren Anwendung eine Rechtsbeeinträchtigung *erlitten*, wenn die negative Betroffenheit seiner Interessen schon eingetreten ist. Ob die Beeinträchtigung noch beseitigt werden kann, ist unerheblich (VGH Mannheim NVwZ-RR 1994, 325, 326. Eingehend → Rn. 195 ff.). Die Formulierung bestätigt insbes., dass sich Anfechtungs- bzw. Verpflichtungsklage und Normenkontrolle nicht ausschließen (→ Rn. 26).

In absehbarer Zeit ist eine Rechtsverletzung nur zu erwarten, wenn die von der Norm zu der Interes- **180** senbeeinträchtigung führende Entwicklung nach dem Inhalt der jeweiligen Norm hinreichend wahrscheinlich ist (BVerwG DVBl 1994, 217, 218), also bereits in Gang gesetzt oder konkret ins Auge gefasst wurde oder zumindest bei realistischer Betrachtung der Entwicklungsmöglichkeiten naheliegt.[330] Es kommt darauf an, ob sich ein vorsichtig und vernünftig handelnder Betroffener zu dem betreffenden Zeitpunkt zur Antragstellung entschließen würde.[331] Ob sich der Antragsteller der Beeinträchtigung durch freie Entscheidung entziehen kann, ist unerheblich (a.M. VGH Mannheim NJW 1963, 1687, 1688). Das Merkmal der Beeinträchtigungserwartung in absehbarer Zeit enthält mithin für eine erst in Zukunft eintretende Beeinträchtigung eine Kombination von Anforderungen an die Wahrscheinlichkeit und die zeitliche Nähe des Beeinträchtigungseintritts. Sowohl die Wahrscheinlichkeit als auch die zeitliche Nähe müssen daher zur vollen Überzeugung des Gerichts feststehen. Es reicht nicht aus, dass nur eine mehr oder weniger entfernte Möglichkeit des Beeinträchtigungseintritts besteht oder dessen Zeitpunkt noch völlig offen ist (VGH Mannheim NVwZ-RR 2016, 945 Rn. 19). Ergibt sich aber die Möglichkeit eines Beeinträchtigungseintritts mit hinreichender Wahrscheinlichkeit, so ist eine Rechtsverletzung auch dann in absehbarer Zeit zu erwarten, wenn sie sich wegen der von dem Antragsteller zur Verwirklichung einer beabsichtigten Nutzung, die durch die angegriffene Rechtsvorschrift ausgeschlossen wird, erst in 15 Jahren aktualisiert (BVerwG BauR 2001, 1243, 1245).

---

330 Vgl. OVG Lüneburg BRS 40, 83, 85; VGH Kassel DVBl 1977, 216, 217; UPR 1988, 157, 158.
331 VGH Kassel NJW 1981, 779; VGH Mannheim NVwZ 1990, 982; NVwZ-RR 2016, 945 Rn. 19; *K. Schenk*, DVBl 1976, 198, 201; *B. Stüer*, DVBl 1985, 469, 475.

181   Die Abgrenzung der unmittelbar durch die Norm herbeigeführten Rechtsverletzung von der erst vermittels eines weiteren Rechtsaktes eintretenden wird von der Voraussetzung der in absehbarer Zeit zu erwartenden Rechtsverletzung hingegen nicht geleistet. Diesen Problembereich behandelt das Merkmal der „durch die Rechtsvorschrift oder deren Anwendung" hervorgerufenen Rechtsverletzung.

182   **d) Rechtsverletzung durch die Rechtsvorschrift oder deren Anwendung.**   Hervorgerufen werden muss die Rechtsverletzung durch die Rechtsvorschrift oder deren Anwendung. Diese Voraussetzung enthält eine Kombination von Merkmalen, nämlich zum einen die Ableitung der Beeinträchtigung aus der angegriffenen Norm oder aus der Anwendung der Norm und zum anderen eine Kausalitätsbeziehung zwischen Norm und Rechtsverletzung. Die zur Auslegung dieses Merkmals entwickelten Grundsätze behalten auch nach der Änderung des § 47 Abs. 2 S. 1 ihre Gültigkeit.[332] Da die Rechtsverletzung durch die Rechtsvorschrift selbst bzw. deren Anwendung erfolgen muss, ist für die Frage des Vorliegens einer relevanten Rechtsverkürzung nicht das Normsetzungsverfahren, sondern die Norm selbst maßgebend. Verkürzungen einer rein verfahrensrechtlichen Position können die Antragsbefugnis nicht begründen.[333]

183   **aa) Beeinträchtigungsableitung aus der Norm selbst.**   Eine Beeinträchtigungsableitung aus der Norm selbst liegt vor, wenn der Eintritt der Rechtsverletzung keines weiteren Umsetzungsaktes mehr bedarf. Dies ist der Fall, wenn der Vorschrift unmittelbare Wirkung zukommt oder ihr Inhalt in einem Einzelakt besteht.[334] Selbständige Bedeutung hat dieses Merkmal in aller Regel nur für die Alternative der bereits eingetretenen Rechtsverletzung. Durch die Norm selbst wird eine Rechtsverletzung in absehbarer Zeit nur zu erwarten sein können, wenn der Eintritt der beeinträchtigenden Wirkung noch nicht durch das Inkrafttreten erfolgt, sondern für einen späteren Zeitpunkt festgesetzt ist.

184   **bb) Anwendung der angegriffenen Vorschrift.**   Eine Anwendung der angegriffenen Vorschrift i.S.v. § 47 Abs. 2 S. 1 umfasst jeden Akt, der der Verwirklichung des Regelungsgehalts der Norm dient. Gemeint sind auf der Grundlage der betreffenden Bestimmung ergehende Ge- und Verbote, Realakte sowie Sanktionsakte, zur Verwirklichung des Regelungsziels erforderliche weitere Normen, aber auch private Verhaltensweisen, deren Ob und Wie durch die Vorschrift bestimmt werden. So werden Bebauungspläne im Verständnis des § 47 Abs. 2 S. 1 angewendet durch die Errichtung und Nutzung der im Bebauungsplan vorgesehenen oder zugelassenen Vorhaben.[335]

185   **cc) Kausalitätsbeziehung zwischen Norm und Rechtsverletzung.**   Eine Kausalitätsbeziehung zwischen Norm und Rechtsverletzung verlangt § 47 Abs. 2 S. 1 durch das Erfordernis, dass die Beeinträchtigung gerade *durch* die Rechtsvorschrift oder deren Anwendung hervorgerufen werden muss. Es genügt nicht, dass die angegriffene Rechtsnorm Rahmenbedingungen setzt, die die Entstehung einer Rechtsverletzung begünstigen. Nicht jede Ursache, die als condicio sine qua non in einer beliebig langen Kette von Ereignissen äquivalent kausal den Eintritt einer Rechtsverletzung beeinflusst hat, ist beeinträchtigungsbegründend im Verständnis des § 47 Abs. 2 S. 1.[336] Insoweit besteht Einigkeit. Umstr. ist dagegen, welche Qualität die Beziehung zwischen angegriffener Vorschrift und Beeinträchtigung erreichen muss, um den Anforderungen des § 47 Abs. 2 S. 1 zu genügen.

186   Die herrschende Literaturauffassung und teilweise auch die Rspr. der OVG gehen davon aus, dass der Inhalt der Norm unmittelbar eine bestimmte Regelung der Position des Antragstellers bewirken muss (VGH Mannheim VBlBW 1986, 426).[337] Entscheidend sei die Abgrenzung zwischen unmittelbaren und bloß mittelbaren Beeinträchtigungen.[338] Werde die Beziehung zwischen Norm und Rechtsverletzung erst durch eine Beeinträchtigung fremder Interessen oder sonstige Folgen der Realisierung der Normwirkung vermittelt, so könne von einer Unmittelbarkeit der Beeinträchtigung nicht gesprochen

---

332   *M. Sauthoff*, BauR 1997, 721, 737 f. A.M. OVG Münster NVwZ 1997, 694, 697.

333   OVG Lüneburg BRS 39, 74, 76; *M. Quaas/K. Müller*, Normenkontrolle, 1986, Rn. 169. A.M. OVG Bautzen Sächs-VBl 1994, 206, 207; VGH Kassel ESVGH 38, 162, 163 f.; UPR 1988, 354 für Mitwirkungs- und Beteiligungsrechte nach § 29 Abs. 1 BNatSchG a.F.; hiergegen zutr. VGH Mannheim 4.2.1988 – 5 S 9/88, zit. nach VGH Kassel NVwZ 1988, 1150; VGH Mannheim VBlBW 1988, 297, 298.

334   *Schmitt Glaeser/Horn* Rn. 424.

335   *H. Dürr*, Antragsbefugnis, 1987, 67.

336   BVerwG UPR 1991, 274, 275; OVG Münster NWVBl 2000, 462, 463; VGH Mannheim 19.12.2006 – 5 S 2617/05.

337   *H. Dürr*, Antragsbefugnis, 1987, 50.

338   OVG Brem BRS 33, 57, 60; OVG Lüneburg UPR 1988, 112, 113; VGH Mannheim BaWüVBl 1968, 46; VGH München BayVBl 1979, 753, 754; GewArch 1981, 351.

werden (VGH München GewArch 1981, 351).[339] An einer solchen Unmittelbarkeitsbeziehung soll es bspw. fehlen, wenn der Pächter eines bordellartigen Clubs durch die Einbeziehung des Grundstücks in eine Sperrbezirksverordnung wirtschaftliche Einbußen in Gestalt des Ausbleibens von Prostituierten als Mietern und ihrer Kunden als Gästen des Gastwirtschaftsbetriebs erleidet (VGH München GewArch 1981, 351).

Demgegenüber stellt das BVerwG darauf ab, „ob sich die als Nachteil angeführte Beeinträchtigung 187 subjektiver privater Interessen der angegriffenen Norm tatsächlich und rechtlich zuordnen lässt".[340] Die Entwicklung von der inkriminierten Vorschrift zu der als Beeinträchtigung geltend gemachten Betroffenheit müsse eine konkrete Wahrscheinlichkeit für sich haben.[341] So genüge ein Antragsteller den Anforderungen nicht, wenn er eine Rechtsverletzung aus § 1 Abs. 6 BauGB mit dem Argument geltend mache, dass auf dem Nachbargrundstück eine Einrichtung mit psychisch Kranken errichtet werde und mit sexuellen Übergriffen oder anderen Grenzverletzungen gerechnet werden *könnte*. Die geforderte Wahrscheinlichkeit bestehe vielmehr nur dann, wenn belastbare Anhaltspunkte dafür vorgebracht würden, dass die psychisch Kranken typischerweise in stärkerem Umfang als andere Menschen zu derartigen Übergriffen neigen (BVerwG ZfBR 2012, 258, 259. A.M. OVG Koblenz ZfBR 2011, 479, 480). Darüber hinaus dürfe die Norm nicht mehr oder weniger zufälliger Auslöser für einen anderen selbständigen Akt sein, der jedenfalls deutlich überwiegend die Rechtsverletzung hervorrufe. Dies sei etwa der Fall, wenn eine negative Betroffenheit erst durch die Reaktion eines anderen durch die Norm Beeinträchtigten auf diese Beeinträchtigung erzeugt werde. Gleiches gelte, wenn die angegriffene Rechtsvorschrift den Erlass einer weiteren Norm oder einer anderweitigen behördlichen Maßnahme veranlasst habe, die sich sodann ihrerseits beeinträchtigend auf geschützte Interessen des Betroffenen auswirke (BVerwG UPR 1991, 274, 275). Eine Ausnahme hiervon sei allerdings anzuerkennen, wenn die zur Kontrolle gestellte Norm und die weitere Norm oder Maßnahme in einem rechtlich geordneten Zusammenwirken zur Erreichung eines bestimmten Ziels stehen (BVerwG UPR 1991, 274, 275), nämlich die Erstnorm notwendige Voraussetzung für den Erlass der die Beeinträchtigung schließlich herbeiführenden Zweitnorm sei und zwischen ihr und der beeinträchtigenden Folgenorm ein nicht nur theoretischer, sondern handgreiflich-praktischer Zusammenhang bestehe.[342] Dies sei etwa der Fall, wenn die von dem Antragsteller geltend gemachte Beeinträchtigung subjektiver privater Interessen zwar endgültig erst durch einen nachfolgenden eigenständigen Rechtsakt eintrete, dieser Rechtsakt jedoch in der von dem Antragsteller angegriffenen Norm bereits als von dem Normgeber geplante Folgemaßnahme angelegt sei (OVG Magdeburg ZfBR 2010, 799, 800).

Besonderheiten sollen nach Auffassung des BVerwG bei der Normenkontrolle von Bebauungsplänen 188 gelten. Sofern der Plangeber zulässigerweise Möglichkeiten zur Lösung planerisch bewältigungsbedürftiger Konflikte außerhalb der in einem Bebauungsplan zulässigen Festsetzungen berücksichtige und der Einsatz eines solchen flankierenden Instrumentariums beim Inkraftsetzen des Bebauungsplans entweder schon ins Auge gefasst oder mit konkreter Wahrscheinlichkeit zu erwarten sei, so aktualisiere die begleitende Maßnahme lediglich die potenziellen, schon im Bebauungsplan angelegten Beeinträchtigungen. Die Rechtsverletzung werde in diesem Fall durch den angegriffenen Bebauungsplan selbst herbeigeführt (BVerwG UPR 1991, 274, 275 f.; DVBl 1992, 1437; NVwZ 1997, 682).

Im Grundsatz ist dem Ansatz des BVerwG zuzustimmen. Auch das Erfordernis, dass die Rechtsverletzung 189 *durch* die Rechtsvorschrift oder deren Anwendung hervorgerufen sein muss, ist unter Berücksichtigung des Bündelungszwecks der Normenkontrolle (→ Rn. 25) auszufüllen. Eine Vielzahl potenziell divergenter Inzidentprüfungen kann aber nur eine Norm erfahren, der die in Rede stehenden Beeinträchtigungen zuzuordnen sind. Hierfür genügt die vom BVerwG herangezogene konkrete Wahrscheinlichkeit der Entwicklung von der Vorschrift zu der Beeinträchtigung. Eine weiter gehende Un-

---

339 *H. Dürr*, Antragsbefugnis, 1987, 50.

340 BVerwG UPR 1991, 274, 275; DVBl 1992, 1437; NVwZ 1997, 682; ZfBR 2012, 258, 259; BVerwGE 108, 182, 184. Ebenso OVG Greifswald NordÖR 2004, 155, 156; OVG Lüneburg NVwZ-RR 2001, 584; OVG Magdeburg NuR 2004, 194; 14.7.2015 – 3 K 236/13, juris Rn. 97; VGH Mannheim 19.12.2006 – 5 S 2617/05.

341 BVerwG UPR 1991, 274, 275; NVwZ 1997, 682; BVerwGE 108, 182, 184; OVG Magdeburg ZfBR 2010, 799, 800.

342 BVerwG NVwZ 1988, 728, 729 f.; i.E. ebenso OVG Lüneburg NVwZ 1994, 508; VGH München BayVBl 1986, 81, 82; *J. Ziekow*, GewArch 1990, 387, 387 f. A.M. OVG Lüneburg UPR 1988, 112, 113; für die Konstellation der Aufhebung einer Landschaftsschutzverordnung zur Ermöglichung einer bestimmten Bauleitplanung auch BVerwG UPR 2004, 183, 184.

mittelbarkeitsprüfung läuft der prozessökonomischen Zweckbestimmung der Normenkontrolle zuwider. Soweit das BVerwG allerdings generell die Zuordnung der negativen Betroffenheit zur angegriffenen Vorschrift verneinen will, wenn die Beeinträchtigung des Antragstellers erst durch die normbedingte Reaktion eines vom Antragsteller verschiedenen Normbetroffenen oder einen weiteren hoheitlichen Akt herbeigeführt wird, kann dem nicht gefolgt werden. Ausschlaggebend kann nur die konkrete Wahrscheinlichkeit der Beeinträchtigungsverursachung durch die Norm sein. Denn bei strikter Anwendung der vom BVerwG formulierten Grundsätze müssten andernfalls Anträge auf die Kontrolle von Bebauungsplänen mangels Zurechenbarkeit der Rechtsverletzung zur Norm nahezu ausnahmslos unzulässig sein, entfalten doch die Festsetzungen eines Bebauungsplans ihre beeinträchtigende Wirkung regelmäßig erst vermittels weiterer Akte, etwa die Erteilung von Baugenehmigungen etc.

190   Für die Antragsbefugnis bei der Normenkontrolle von Bebauungsplänen kann es daher in aller Regel nur darauf ankommen, dass der Bebauungsplan die rechtlichen Voraussetzungen für die Beeinträchtigung der Interessen des Antragstellers schafft (vgl. OVG Saarlouis AS 16, 426, 428. A.M. VGH Kassel UPR 1991, 156). Dies erkennt das Gericht selbst an, wenn es die Zuordnung für die Fälle der notwendigen Erstnorm und der den Bebauungsplan ergänzenden Maßnahme bejaht. Ist daher – wie im Bsp. des Ertragsverlustes durch eine Sperrbezirksverordnung (→ Rn. 186) – beim Erlass der Norm konkret absehbar, dass der durch die Norm betroffene Dritte in der den Antragsteller beeinträchtigenden Weise reagieren wird, so ist die Rechtsverletzung des Antragstellers der angegriffenen Norm zuzuordnen.[343] Dies gilt bspw. für die Zulassung verlängerter Ladenöffnungszeiten. Der Umstand, dass die Betroffenheit der Arbeitnehmer hier noch von einer entsprechenden Entschließung des Ladeninhabers zur Nutzung der ihm eröffneten Möglichkeit abhängt, ändert nichts daran, dass jene Betroffenheit der entsprechenden Norm zuzuordnen ist.[344] Gleiches gilt für die Beeinträchtigungshervorrufung durch andere hoheitliche Akte, wenn die zur Kontrolle gestellte Rechtsvorschrift von vornherein auf die Ergänzung durch derartige Akte angelegt war (vgl. VGH Kassel ESVGH 19, 196, 198). Lässt sich das Ob und das Wie derartiger Akte, insbes. normativer Natur, jedoch nicht mit einer hinreichenden Wahrscheinlichkeit prognostizieren, so fehlt es an der Möglichkeit der Zuordnung der Rechtsverletzung zur Erstnorm (OVG Lüneburg DVBl 1994, 296, 297; VGH Mannheim NuR 2000, 267, 269). Dies gilt insbes. dann, wenn die angegriffene Norm nicht mehr als ein Auslöser für die Möglichkeit des Erlasses einer evtl. beeinträchtigenden Zweitnorm ist (VGH Mannheim NuR 2000, 267, 269). In der umgekehrten Konstellation, dass die beeinträchtigungsverursachende Regelung der angegriffenen Norm auf den notwendigen – aber nicht zwingend verbindlichen – Vorgaben eines anderen hoheitlichen Aktes beruht, ist die Zuordnung der Rechtsverletzung zur Norm nicht beeinträchtigt (i.E. OVG Münster UPR 1989, 455), wobei angegriffen werden nicht nur die Zweit-, sondern auch die Erstnorm kann (a.M. VGH Kassel NVwZ-RR 1993, 426).

191   Weist bspw. ein Bebauungsplan eine Fläche für eine Anlage aus, die noch einer immissionsschutzrechtlichen Genehmigung bedarf, so tritt – bei einer zu erwartenden Beeinträchtigung des Antragstellers durch die Anlage – die Rechtsverletzung bereits durch den Bebauungsplan ein.[345] Dasselbe Ergebnis gilt für die Aufhebung einer Landschaftsschutzverordnung, die gerade die den Antragsteller schließlich beeinträchtigende Bauleitplanung ermöglichen soll (a.M. OVG Schleswig NuR 2000, 477, 478), sowie für einen gegenüber den Entsorgungspflichtigen für verbindlich erklärten Abfallentsorgungsplan im Verhältnis zum nachfolgenden Planfeststellungsbeschluss; auf die Frage, ob die Interessen des möglicherweise von Immissionen betroffenen Antragstellers durch den Entsorgungsplan für das Planfeststellungsverfahren verkürzt werden oder nicht, kommt es nicht an (a.M. OVG Brem DVBl 1988, 546, 547 f.). Anders ist die Gestaltung zu beurteilen, dass der den Antragsteller selbst nicht beeinträchtigende angegriffene Bebauungsplan nicht zwingend, sondern nur möglicherweise eine ergänzende Bauleitplanung nach sich zieht, die für den Antragsteller nachteilig ist (OVG Brem BRS 33, 57, 60 f.; VGH Mannheim NVwZ-RR 1991, 178). Ebenso wenig eine Rechtsverletzung *durch* den angefochtenen Bebauungsplan erleidet ein Grundstückseigentümer, wenn die Beeinträchtigung seiner abwägungsrelevanten Belange bereits durch den ursprünglichen Bebauungsplan hervorgerufen wurde und die nun-

---

343 Vgl. auch *H. Dürr*, Antragsbefugnis, 1987, 68.
344 BVerwGE 108, 182, 184; VGH Mannheim VBlBW 2001, 192, 193; VGH München BayVBl 2002, 277, 278.
345 OVG Bln NVwZ 1982, 442, 443; 1984, 188, 189. A.M. OVG Lüneburg OVGE 35, 439, 445 f.; VGH Kassel RdL 1984, 193, 194; *B. Linke*, BauR 1990, 529, 533.

mehr angegriffene Planänderung keine eigenständige Berührung der schutzwürdigen Belange hervorruft (BVerwG BRS 79 Nr. 63), etwa der angegriffene Plan lediglich deklaratorisch bestätigt, dass die Eigenschaft des Grundstücks als Bauland bereits durch einen früheren Bebauungsplan beseitigt worden ist (VGH Mannheim DWW 1971, 64). Dasselbe Ergebnis gilt für einen Gewerbetreibenden, der geltend macht, durch den Bebauungsplan entstünden der Gemeinde hohe Erschließungskosten, die letztlich zu einer Erhöhung der Gewerbesteuer führen würden (VGH Mannheim BaWüVBl 1968, 46). Die Antragsbefugnis gegen einen Bebauungsplan kann nicht darauf gestützt werden, dass ein Raumordnungsplan für das Grundeigentum des Antragstellers relevante Planungen enthält und der Bebauungsplan nicht gem. § 1 Abs. 4 BauGB den Zielen der Raumordnung angepasst wurde. Denn aus der Anpassungspflicht des § 1 Abs. 4 BauGB lässt sich kein subjektives öffentliches Recht und damit auch keine Antragsbefugnis nach § 47 Abs. 2 S. 1 ableiten (BVerwG ZfBR 2017, 64, 65). 191a

Bei methodisch richtiger Betrachtung sind bestimmte Fallgruppen, die die h.M. dem Problemkreis des Rechtsschutzbedürfnisses zuordnet, i.R. der Beziehung zwischen Norm und Rechtsverletzung zu behandeln. Gemeint sind die Konstellationen, in denen das vom Antragsteller verfolgte Vorhaben auch bei Unwirksamerklärung der angegriffenen Vorschrift keine Aussicht auf Verwirklichung hat (→ Rn. 142), und des Normenkontrollantrags bei Vorliegen eines unanfechtbaren Normverwirklichungsakts (→ Rn. 137). 192

aaa) Aussichtslosigkeit der Interessenverwirklichung auch bei Unwirksamerklärung der Norm. In der Fallgruppe der Aussichtslosigkeit der Interessenverwirklichung auch bei Unwirksamerklärung der Norm kann an der Erfüllung der Kausalitätsvoraussetzungen nicht gezweifelt werden.[346] Entscheidend ist allein, dass das Vorhaben des Antragstellers auf der Grundlage der zur Kontrolle gestellten Rechtsvorschrift zum Scheitern verurteilt ist. Es kommt nur auf das tatsächliche Vorliegen der Beziehung zwischen angegriffener Norm und Rechtsverletzung an, hypothetische Kausalverläufe haben außer Betracht zu bleiben. Das BVerwG bestätigt diese Auffassung, wenn es bemerkt, für das Vorliegen einer Rechtsverletzung könne nicht die Feststellung gefordert werden, dass eine Neufassung der beanstandeten Vorschrift i.S.d. Rechtsauffassung des Normenkontrollgerichts zu einem dem Antragsteller günstigeren Ergebnis führen werde (BVerwGE 64, 77, 80). Voraussetzung ist allerdings, dass die betreffende Norm für den Antragsteller überhaupt eine Wirkung entfaltet. Ist das geltend gemachte Interesse des Antragstellers nicht nach der angefochtenen Vorschrift, sondern bei deren Nichtigkeit wie Gültigkeit gleichermaßen nach ein und derselben anderen Norm zu beurteilen, so kann eine Rechtsverletzung durch die zur Kontrolle gestellte Bestimmung nicht hervorgerufen werden (VGH Mannheim VBlBW 1989, 180; UPR 1991, 394). 193

Anderes gilt aber für die sog. gesetzeswiederholenden untergesetzlichen Vorschriften. Hier kann die Kausalität zwischen der untergesetzlichen Vorschrift und der Rechtsverletzung nicht a limine mit der Begründung in Abrede gestellt werden, bei Nichtigerklärung der Vorschrift ergebe sich die den Antragsteller belastende Rechtsfolge unmittelbar aus einer formell-gesetzlichen Regelung, die von der angegriffenen untergesetzlichen Vorschrift lediglich inhaltsgleich wiederholt werde.[347] Hierfür bedarf es vielmehr einer Überprüfung der Verfassungsmäßigkeit der Gesetzesbestimmung durch das Normenkontrollgericht. Kommt es dabei zu dem Ergebnis, dass das Gesetz verfassungsgemäß ist, so ergibt sich die dem Antragsteller entstehende Belastung in der Tat aus dem Gesetz selbst; eine Kausalitätsbeziehung zwischen untergesetzlicher Vorschrift und Rechtsverletzung besteht in diesem Fall nicht. Führt die Prüfung des OVG allerdings zu der Überzeugung von der Verfassungswidrigkeit des Gesetzes, so kann der Normenkontrollantrag nicht als unzulässig abgewiesen werden. Da es auf die Frage der Verfassungsmäßigkeit des Gesetzes vielmehr für die Zulässigkeit des Normenkontrollantrags entscheidend ankommt, hat das OVG das Verfahren auszusetzen und gem. Art. 100 Abs. 1 GG die Entscheidung des BVerfG bzw. des betreffenden Landesverfassungsgerichts einzuholen. Keineswegs gilt die Vorlagepflicht nach Art. 100 Abs. 1 GG nur dann, wenn das fragliche Gesetz nicht Prüfungsgegenstand, sondern Prüfungsmaßstab ist, die untergesetzliche Rechtsvorschrift also am Maßstab dieses Gesetzes zu überprüfen wäre (so aber BVerwG NuR 2002, 548, 549; VGH Mannheim NVwZ 1998, 194

---

346 A.M. VGH Kassel DVBl 1977, 737, 738; BRS 39, 86, 89; UPR 1991, 160; VGH Mannheim BauR 1979, 219; UPR 1991, 75; vgl. auch VGH Kassel DÖV 1986, 577; VGH Mannheim ESVGH 18, 16, 18 f.

347 So aber BVerwG NuR 2002, 548, 549; VGH Mannheim ESVGH 46, 275, 276 f.; NVwZ 1998, 643. Wie hier *P. Gril*, JuS 1999, 442, 443.

643, 644). Ausreichend ist vielmehr eine mittelbare Entscheidungserheblichkeit des Gesetzes dergestalt, dass seine verfassungsrechtliche Bewertung zugleich über die Verfassungsmäßigkeit der unmittelbar angegriffenen Norm entscheidet (BVerfGE 75, 166, 175.).[348] Bei gesetzeswiederholendem untergesetzlichem Recht ist sogar zu fragen, ob nicht dieses selbst der Vorlagepflicht unterliegt, da die Erklärung seiner Nichtigkeit durch ein Fachgericht die Autorität des parlamentarischen Gesetzgebers infrage stellen würde.[349]

195   **bbb) Normenkontrollantrag bei unanfechtbarem Normverwirklichungsakt.** Für die Fallgruppe des Normenkontrollantrags bei unanfechtbarem Normverwirklichungsakt hat das BVerwG ausgeführt, dass die dem Antragsteller drohende Vollstreckung aus einem Verwaltungsakt, dem die angegriffene Rechtsvorschrift zugrunde liegt, keine Beeinträchtigung sei, die durch die Anwendung der Norm herbeigeführt werde. Die Rechtsverletzung erleide der Betroffene vielmehr erst durch die im Verwaltungsvollstreckungsrecht begründete Vollstreckbarkeit des unanfechtbaren Bescheides (BVerwGE 56, 172, 177). In der Rspr. der OVG und im Schrifttum wird diese Auffassung ganz überwiegend geteilt (OVG Koblenz NJW 1982, 1170; VGH München BayVBl 2000, 438; 10.5.2006 – 9 N 03.389) und auf unanfechtbare Akte zur Realisierung der Festsetzungen eines Bebauungsplans erstreckt.[350] Seine hiervon abweichende Ansicht begründet das rheinland-pfälzische OVG damit, dass die Festsetzungen eines Bebauungsplans auf Dauer fortwirkende Elemente enthalten würden (OVG Koblenz NJW 1982, 1170).

196   Die h.M. findet erstens in § 47 Abs. 2 S. 1 keine Stütze. Der Gesetzestext geht nur von der Maßgeblichkeit der durch die angegriffene Vorschrift einmal erlittenen Beeinträchtigung aus. Eine Unterscheidung danach, ob die Beeinträchtigung noch zu beseitigen ist oder nicht, ist nicht vorgesehen. Die Annahme, eine bereits vorhandene Beeinträchtigung entfalle dadurch, dass ihr Vorhandensein nicht mehr infrage gestellt werden könne, genügt nicht den Gesetzen der Logik.

197   Zweitens gerät die h.M. mit ihrer eigenen These in Widerspruch, das Normenkontrollverfahren sei im Verhältnis zur Einzelklage ein aliud und werde von dieser weder ausgeschlossen noch schließe es sie aus (→ Rn. 26). Denn mit der Leugnung des Zuordnungszusammenhanges zwischen unanfechtbarem Normverwirklichungsakt und angegriffener Norm verlangt sie nicht nur, dass neben oder vor dem Normenkontrollverfahren Anfechtungs- oder Verpflichtungsklage erhoben wird, sondern darüber hinausgehend sogar, dass eine die Einzelklage abweisende Entscheidung noch nicht rechtskräftig geworden ist. Von den zeitlichen Unwägbarkeiten eines parallelen Individualrechtsschutzverfahrens aber kann die Zulässigkeit eines Normenkontrollantrags nicht abhängen.

198   Drittens kann die Befürchtung nicht geteilt werden, dass durch die Zulässigkeit eines Normenkontrollantrags nach Eintritt der Unanfechtbarkeit eines Normvollzugsaktes die Vorschriften über die Bestandskraft von Verwaltungsakten unterlaufen würden (VGH Mannheim VBlBW 1987, 333, 335 zur Frage des Rechtsschutzbedürfnisses). Für die Wirkung der Entscheidung verweist § 47 Abs. 5 S. 3 auf § 183. Danach bleiben bei einer Unwirksamerklärung einer Rechtsvorschrift durch das OVG die nicht mehr anfechtbaren Entscheidungen der Verwaltungsgerichtsbarkeit, die auf der für nichtig erklärten Norm beruhen, unberührt. Nach der absolut überwiegenden Auffassung gelten diese Grundsätze entsprechend für Verwaltungsakte. Lediglich eine noch nicht durchgeführte Vollstreckung des Verwaltungsaktes wird unzulässig (→ Rn. 380 ff.).[351] Die Auslegung des § 47 Abs. 2 S. 1 kann aber nicht den Zweck haben, die Vollstreckbarkeit von Verwaltungsakten zu sichern.

199   **dd) Beeinträchtigung nur durch einzelne Teile der Norm.** Wird die Beeinträchtigung nur durch einzelne Teile der Norm, etwa bestimmte Festsetzungen eines Bebauungsplans, hervorgerufen, so tendiert die Rspr. dazu, die Antragsbefugnis auf diese Teile zu beschränken, wenn die Norm insoweit teilbar ist.[352] Für die Teilbarkeit von Bebauungsplänen soll es dabei nicht auf die Abtrennbarkeit der den Antragsteller beeinträchtigenden Festsetzungen, sondern darauf ankommen, ob bei unterstellter Unwirk-

---

348   Wie hier *P. Gril*, JuS 1999, 442, 443.

349   So *J.-R. Sieckmann*, in: v. Mangoldt/Klein/Starck, Das Bonner GG, Bd. 3, ⁶2010, Art. 100 Rn. 45.

350   OVG Lüneburg BauR 1982, 351; VGH Kassel HessVGRspr 1992, 65, 66; VGH Mannheim VBlBW 1987, 333, 334 f.

351   Für VGH München BayVBl 1993, 403, 404 genügt dies zur Bejahung der Antragsbefugnis; der Antrag ist darüber hinaus aber auch nach Vollstreckung zulässig.

352   BVerwG NVwZ 1991, 778, 780; 2005, 695, 696; OVG Lüneburg NJW 1976, 2281, 2285; OVG Schleswig NVwZ 1994, 916, 917; VGH Mannheim BauR 1982, 347; NVwZ 1994, 194, 195; BauR 2016, 2073, 2075; VGH München UPR 1990, 193.

samkeit der betreffenden Festsetzung der restliche Teil des Bebauungsplans Bestand haben kann.[353] Diese Tendenz ist mit der Systematik des § 47 jedenfalls nicht zu vereinbaren. Hat der Antragsteller eine Rechtsverletzung durch die Rechtsvorschrift oder deren Anwendung erlitten, so ist sein gegen die Rechtsvorschrift gerichteter Antrag in vollem Umfange zulässig. Von einer Rechtsverletzung durch Teile der Rechtsvorschrift spricht § 47 Abs. 2 S. 1 nicht. Dies entspricht der Anstoßfunktion der Voraussetzung der Antragsbefugnis. Inwieweit die Vorschrift dann für unwirksam zu erklären ist, ist in der Begründetheitsprüfung zu entscheiden, deren Umfang der Zulässigkeitsprüfung anders als nach §§ 42 Abs. 2, 113 Abs. 1 S. 1, Abs. 5 S. 1 gerade nicht korreliert.

In anderen Entscheidungen hat denn auch das BVerwG dieses zwingende Ergebnis bestätigt: Richtet **200** der Antragsteller seine Angriffe sowohl gegen ihn benachteiligende Teile der Rechtsvorschrift oder des Bebauungsplans als auch gegen die Rechtsvorschrift oder den Bebauungsplan im Übrigen, so ist sein Antrag grds. insgesamt zulässig; damit hat es – unabhängig von der Reichweite der später ergehenden Entscheidung in der Sache – für den weiteren Verlauf des Verfahrens sein Bewenden.[354] Etwas anders kann lediglich in solchen Ausnahmefällen gelten, in denen der Antragsteller auch solche ihn nicht berührenden Teile des Plans angreift, die schon bei einer a limine-Prüfung offensichtlich und auch für den Antragsteller erkennbar abtrennbare und selbständig „lebensfähig" sind (OVG Lüneburg ZfBR 2009, 262, 265). Das Normenkontrollgericht ist freilich nicht gehindert, Überlegungen zur Teilnichtigkeit des angegriffenen Bebauungsplans an den Beginn seiner materiellen Prüfung zu stellen und dadurch den Umfang seiner Kontrolle sachgerecht zu begrenzen (BVerwGE 88, 268, 272 ff.).

4. Geltendmachung der Verletzung des Rechts. Das Kriterium der Geltendmachung der Verletzung **201** des Rechts ist in Anlehnung an das Erfordernis der Klagebefugnis nach § 42 Abs. 2 entwickelt worden. Während nach § 47 Abs. 2 S. 1 a.F. das Vorliegen des die Antragsbefugnis begründenden Nachteils zur vollen Überzeugung des Gerichts feststehen musste,[355] genügt nunmehr die bloße Geltendmachung der Rechtsverletzung. In Anbetracht dessen, dass sich die Anforderungen an die geschützte Position, deren Verletzung geltend gemacht werden muss, durch die Neufassung des § 47 Abs. 2 S. 1 nicht geändert haben (→ Rn. 157, 160), würde die Novellierung entgegen der Absicht des Gesetzgebers zu einer Herabsetzung der Hürden für die Antragsbefugnis im Normenkontrollverfahren führen.[356] Die gesetzgeberische Fehlleistung als solche muss nicht zwangsläufig ein Bemühen von Praxis und Wissenschaft nach sich ziehen, den im Gesetzgebungsverfahren geäußerten Vorstellungen wenigstens ansatzweise Rechnung zu tragen. Jedoch sprechen auch methodische Überlegungen dafür, sich dem Gehalt der von § 47 Abs. 2 S. 1 verlangten Geltendmachung abweichend von § 42 Abs. 2 zu nähern.

a) Geltendmachung der Verletzung eigener Rechte. Der dem Entwurf des 6. VwGOÄndG gegebenen **202** Begründung würde es am ehesten entsprechen, die Antragsbefugnis nach § 47 Abs. 2 S. 1 parallel zur Klagebefugnis gem. § 42 Abs. 2 zu interpretieren.[357] Nach der zu § 42 Abs. 2 entwickelten Möglichkeitstheorie ist eine Klage nur dann unzulässig, wenn offensichtlich und eindeutig nach keiner Betrachtungsweise die vom Kläger behaupteten Rechte bestehen oder ihm zustehen können (→ § 42 Rn. 380 m.w.N.). Positiv gewendet muss der Kläger hinreichend substantiiert Tatsachen vortragen, die es zumindest als möglich erscheinen lassen, dass er durch den angegriffenen Akt in einer eigenen rechtlich geschützten Position beeinträchtigt wird (BVerwG ZfBR 2012, 258; NVwZ 2012, 185, 186).[358] Nach der Rspr. des BVerwG dürfen an die Geltendmachung einer Rechtsverletzung i.R. des § 47 Abs. 2 S. 1 keine höheren Anforderungen als für die Klagebefugnis nach § 42 Abs. 2 gestellt wer-

---

353 BVerwG NVwZ 1991, 778, 780; 2005, 695, 696; VGH Mannheim VBlBW 1992, 19; BauR 2016, 2073, 2075.

354 BVerwGE 82, 225, 234 f.; zust. OVG Magdeburg LKV 1994, 220; VGH Mannheim NVwZ 1992, 1105, 1106; nach BVerwG NVwZ 2010, 1246, 1248 darf der Normenkontrollantrag zumindest *grundsätzlich* nicht als teilweise unzulässig verworfen werden, weil der Bebauungsplan nur für teilweise nichtig zu erklären ist.

355 OVG Brem NVwZ-RR 1992, 665, 666; OVG Koblenz AS 15, 144, 145; OVG Lüneburg UPR 1983, 205, 206; VGH Kassel HessVGRspr 1979, 57, 58; NVwZ-RR 1991, 80, 81; VGH München BayVGH (N. F.) 26, 34, 36; 30, 26, 29; BayVBl 1980, 292, 294; *A. Braun*, Antragsbefugnis, 1982, 207 f.; *H. Dürr*, Antragsbefugnis, 1987, 28 f.

356 Vgl. *H. Dürr*, NVwZ 1996, 105, 109.

357 Begründung des Bundesratsentwurfs eines Gesetzes zur Änderung der VwGO, BT-Drs. 13/1433, 9; Begründung des Regierungsentwurfs eines 6. VwGOÄndG, BT-Drs. 13/3993, 10.

358 *Kopp/Schenke* § 42 Rn. 175 m.w.N.

den.[359] Dementsprechend wird auch für die Geltendmachung einer Rechtsverletzung i.S.v. § 47 Abs. 2 S. 1 gefordert, der Antragsteller müsse hinreichend substantiiert Tatsachen vortragen, die es zumindest als möglich erscheinen lassen, dass er durch die angegriffene Norm in eigenen rechtlich geschützten Positionen verletzt wird.[360] Geht es um eine Verletzung des Rechts auf gerechte Abwägung (→ Rn. 160 ff.), so muss der Antragsteller einen eigenen Belang als möglicherweise fehlerhaft abgewogen benennen, der für die Abwägung zu beachten war.[361] Die Antragsbefugnis kann danach nur dann verneint werden, wenn eine Rechtsverletzung offensichtlich und eindeutig nach jeder Betrachtungsweise ausscheidet (BVerwGE 107, 215, 217; 117, 209, 211; OVG Münster BauR 2017, 666, 667), die Möglichkeit einer Rechtsverletzung bspw. nur theoretischer Natur und eine bloße Behauptung ist (BVerwG BauR 2013, 753, 754).

202a   Die prozessuale Handhabung des § 47 Abs. 2 S. 1 darf nicht dazu führen, die an sich gebotene Sachprüfung als Frage der Zulässigkeit des Antrags zu behandeln (BVerwGE 117, 209, 211). Dementsprechend darf zur Prüfung der Antragsbefugnis weder der gesamte Prozessstoff ausgewertet werden noch die Prüfung in Umfang und Intensität einer Begründetheitsprüfung gleichkommen (BVerwG 10.7.2012 – 4 BN 16.12, juris Rn. 3; ZfBR 2011, 566, 567; OVG Münster BauR 2017, 666, 667). Insbes. darf das Gericht für die Entscheidung über die Antragsbefugnis den Sachverhalt nicht von sich aus weiter aufklären. Andererseits muss es Vorbringen des Antragsgegners, das die maßgeblichen Tatsachenbehauptungen des Antragstellers als offensichtlich unrichtig erweist, nicht ausblenden, sondern kann die Entscheidung über die Antragsbefugnis auf der Grundlage des wechselseitigen Schriftverkehrs treffen (BVerwG 10.7.2012 – 4 BN 16.12, juris Rn. 3). Ebenso wenig ist i.R. des § 47 Abs. 2 S. 1 zu prüfen, ob das in Anspruch genommene subjektive Recht des Antragstellers tatsächlich besteht (a.M. VGH Mannheim 17.12.2002 – 9 S 2738/01, DÖV 2004, 755). Die bloße Möglichkeit reicht auch insoweit aus.

203   Demgegenüber ist zu Recht darauf hingewiesen worden, dass eine nicht modifizierte Übertragung der zu § 42 Abs. 2 entwickelten Grundsätze auf § 47 Abs. 2 S. 1 an dem divergierenden funktionalen Zusammenhang der beiden Vorschriften scheitern muss.[362] In Form der Sachentscheidungsvoraussetzung der Klagebefugnis nach § 42 Abs. 2 ist zwar ein Element der Begründetheitsprüfung zur Zulässigkeitsvoraussetzung erklärt worden, jedoch wird die Frage des tatsächlichen Bestehens der in Anspruch genommenen Rechtsposition und ihrer Verletzung erst i.R. der Prüfung der Begründetheit der Klage endgültig beantwortet. Diese in §§ 42 Abs. 2, 113 Abs. 1 S. 1, Abs. 5 S. 1 angelegte Entsprechung von Zulässigkeit und Begründetheit ist § 47 fremd. Die nach § 47 Abs. 5 gebotene Normgültigkeitsprüfung orientiert sich nicht an einem verletzten Recht des Antragstellers, sondern am höherrangigen objektiven Recht schlechthin.[363] Das tatsächliche Bestehen des i.R. der Antragsbefugnis geltend gemachten Rechts und das wirkliche Vorliegen einer Verletzung des Rechts werden im Normenkontrollverfahren mithin nicht notwendigerweise überprüft. Ihrer Selektionsaufgabe, Popularanträge auszuschließen und den Kreis der zum Anstoß des Verfahrens in Betracht kommenden Antragsteller sachgerecht zu bestimmen (→ Rn. 38), kann die Antragsbefugnis auf dem Boden der Möglichkeitstheorie kaum gerecht werden.

204   Eine denkbare Alternative wäre der Rückgriff auf die zu § 42 Abs. 2 entwickelte sog. Schlüssigkeitstheorie. Nach ihr verlangt die Klagebefugnis die schlüssige Behauptung des Klägers, dass er durch den Verwaltungsakt in seinen Rechten verletzt werde, falls sich der Verwaltungsakt als objektiv rechtswidrig erweist. Die Antragsbefugnis nach § 47 Abs. 2 S. 1 könnte demnach nur bejaht werden, wenn eine Rechtsverletzung des Antragstellers durch die angegriffene Norm oder ihre Anwendung feststeht. Ein

---

359   BVerwGE 107, 215, 217; BVerwG NVwZ 1999, 987, 988; 2000, 197; 2000, 1296; UPR 2004, 182. Ebenso OVG Lüneburg 17.11.2011 – 1 KN 71/08; OVG Münster BauR 2017, 666, 667; OVG Weimar NVwZ-RR 2003, 186; VGH Kassel BauR 2016, 1861, 1862; VGH Mannheim VBlBW 1999, 460; NuR 2000, 267, 268; NVwZ 2000, 1187; NVwZ-RR 2000, 770.

360   BVerwGE 108, 182, 184; BVerwG NVwZ 1998, 732; 2000, 1296; 2004, 1120; BauR 2012, 1771; 2013, 753; NVwZ 2016, 864; OVG Münster NVwZ 1997, 694, 695; 1997, 697, 698; NWVBl 1997, 346, 347; 1998, 27, 28; BauR 2017, 666, 667; VGH Mannheim VBlBW 1997, 305, 306; NVwZ 1997, 1025; VBlBW 1999, 460; NuR 2000, 267, 268; NVwZ-RR 2000, 770.

361   BVerwGE 107, 215, 219; BVerwG NVwZ 1999, 987, 988; 2000, 197; BauR 2013, 753, 754; OVG Lüneburg BauR 2002, 732, 733; VGH Kassel NVwZ-RR 2004, 635; VGH Mannheim VBlBW 1999, 460; NVwZ 2000, 1187.

362   M. Sauthoff, BauR 1997, 721, 739 f.; W.-R. Schenke, NJW 1997, 81, 82.

363   J. Hüttenbrink, DVBl 1997, 1253, 1257; M. Löhnig, BayVBl 1997, 274.

erfolgreicher Normenkontrollantrag würde immer eine Verletzung von subjektiven Rechten des Antragstellers voraussetzen. Die durch die Neufassung des §47 nicht angetastete objektive Kontrolle der Rechtmäßigkeit der Norm nach §47 Abs. 5, welcher der in §113 Abs. 1 S. 1, Abs. 5 S. 1 enthaltene Bezug auf eine Rechtsverletzung gerade fehlt (→ Rn. 354), würde damit auf der Stufe der Zulässigkeit des Antrags unzulässigerweise auf ein reines Rechtsschutzverfahren verengt.[364] Darüber hinaus sprechen gegen eine Anwendung der Schlüssigkeitstheorie i.R. des §47 Abs. 2 S. 1 die zur Ablehnung ihrer Heranziehung für die Auslegung des §42 Abs. 2 vorgetragenen Gründe (→ §42 Rn. 378) sowie das erklärte Ziel des Gesetzgebers, eine Anpassung der Antrags- an die Klagebefugnis zu erreichen (→ Rn. 144).[365]

Als Lösungsmöglichkeit bietet sich die Entwicklung einer *modifizierten Möglichkeitstheorie* an. Dabei   205 wirkt die Modifizierung in Richtung auf eine im Vergleich mit §42 Abs. 2 gesteigerte Konkretisierungs- und Substantiierungslast des Antragstellers.[366] Die Geltendmachung einer Rechtsverletzung i.S.v. §47 Abs. 2 S. 1 verlangt von dem Antragsteller die konkrete und substantiierte Darlegung der Möglichkeit, dass die angegriffene Norm an einem für ihre Rechtsgültigkeit beachtlichen Fehler leidet und der Antragsteller dadurch in einem subjektiven öffentlichen Recht verletzt wird.[367] In der Wendung der gebräuchlichen Negativformel darf es *nicht von vornherein und nach jeder denkbaren Betrachtungsweise ausgeschlossen sein, dass dem Antragsteller das in Anspruch genommene Recht zusteht und der vorgetragene Mangel zur Nichtigkeit der Rechtsvorschrift führen kann.* Für den Antrag auf Normenkontrolle eines Bebauungsplans ist ein Vortrag des Antragstellers erforderlich, der den Anforderungen des §215 Abs. 1 BauGB genügt (VGH München BayVBl 1997, 591, 593). Ist es danach offensichtlich, dass der geltend gemachte Fehler nach §§214, 215 BauGB unbeachtlich ist, so ist die Geltendmachung nach §47 Abs. 2 S. 1 nicht gelungen.[368]

b) Antragsbefugnis von Umweltvereinigungen. Abweichend von §47 Abs. 2 S. 1 müssen nach §3   205a UmwRG anerkannte Umweltschutzvereinigungen nicht geltend machen, durch die Rechtsvorschrift oder deren Anwendung in *eigenen* Rechten verletzt zu sein. Ausweislich des §1 Abs. 1 S. 1 Nr. 4 UmwRG i.V.m. §2 Abs. 7 UVPG, Anl. 5 zum UVPG gelten die besonderen Vorschriften des §2 UmwRG für die Zulässigkeit und Begründetheit von Rechtsbehelfen solcher Vereinigungen u.a. für Rechtsbehelfe gegen Bebauungspläne nach §10 BauGB (§1 Abs. 1 S. 1 Nr. 4 UmwRG i.V.m. §2 Abs. 7 UVPG i.V.m. Anl. 5 Nr. 1.8 zum UVPG). Für die Zulässigkeit des einer Vereinigung damit zur Verfügung stehenden Rechtsbehelfs der prinzipalen Normenkontrolle nach §47 gegen einen Bebauungsplan genügt es für eine Antragsbefugnis aufgrund §2 Abs. 1 S. 1 Nr. 1 UmwRG, wenn die Vereinigung geltend macht, dass der Bebauungsplan Rechtsvorschriften i.S.v. §1 Abs. 4 UmwRG, die für die Entscheidung von Bedeutung sein können, widerspricht und darüber hinaus umweltbezogene Rechtsvorschriften verletzt (§2 Abs. 2 S. 2 UmwRG). Während das Kriterium der umweltbezogenen Rechtsvorschriften keine trennscharfe Abgrenzung des Kreises der in Betracht zu ziehenden Normen ermöglicht,[369] reduziert das Erfordernis der Entscheidungsrelevanz der als verletzt gerügten Rechtsvorschriften den Prüfungsmaßstab. Wenngleich es um die Bedeutung der Rechtsvorschrift für die angegriffene *Entscheidung* und nicht für deren Aufhebbarkeit geht, besteht kein Grund, alle und jede Vorschrift für entscheidungsrelevant zu erklären, mit der im Zuge der Vorbereitung und des Erlasses des Bebauungsplans gearbeitet worden ist. §2 Abs. 1 Nr. 1 und Abs. 5 S. 1 Nr. 1 UmwRG stellen nicht auf die Bedeutung für den Erlass der Entscheidung, sondern auf die Bedeutung für die Entscheidung selbst ab. Kann eine Normverletzung nicht zur Rechtswidrigkeit des Bebauungsplans führen, so ist die betreffende Rechtsvorschrift nicht entscheidungsrelevant. Des Weiteren setzt die Zulässigkeit eines Normenkontrollantrags nach §2 Abs. 1 Nr. 2 und 3 UmwRG voraus, dass die Vereinigung geltend macht, durch den Bebauungsplan in ihrem satzungsgemäßen Aufgabenbereich der Förderung der Ziele des Umweltschutzes berührt zu sein, sowie dass eine Berechtigung der Vereinigung zur Beteiligung

---

364 *M. Sauthoff*, BauR 1997, 721, 740.
365 *M. Sauthoff*, BauR 1997, 721, 740.
366 VGH München BayVBl 1997, 591, 593; *J. Hüttenbrink*, DVBl 1997, 1253, 1257; *M. Sauthoff*, BauR 1997, 721, 740.
367 VGH München BayVBl 1997, 591, 593; 12.1.1998 – 2 N 4/97; *C. Herr*, Antragsbefugnis, 2003, 140; *P. Schütz*, Antragsbefugnis, 2000, 277.
368 *M. Sauthoff*, BauR 1997, 721, 740.
369 Im Einzelnen *J. Ziekow*, NVwZ 2007, 259, 262.

in einem Verfahren zur Aufstellung etc. eines Bebauungsplans bestand und die Vereinigung sich in der Sache geäußert hat oder ihr entgegen den geltenden Rechtsvorschriften keine Gelegenheit zur Äußerung gegeben worden ist.

206   **5. Einzelfälle.** Die Darstellung von Einzelfällen, in denen die Antragsbefugnis bejaht oder verneint wurde, muss in Anbetracht der Fülle möglicher Konstellationen notwendig selektiv geraten. Im Folgenden wird versucht, das Material in typologischen Fallgruppen zusammenzufassen.

207   **a) Bebauungspläne. aa) Anträge von Grundeigentümern im Plangebiet.** Bebauungspläne können nicht von jedem Eigentümer angegriffen werden, dessen Grundstück im Plangebiet liegt.[370] Zwar soll der Bebauungsplan die betroffenen Belange zu einem gerechten Ausgleich bringen, jedoch ist es denkbar, dass die planerischen Festsetzungen für einen Planbetroffenen nur Vorteile bringen.[371] Eine durch den Bebauungsplan oder dessen Anwendung hervorgebrachte Beeinträchtigung ist für den Eigentümer eines Grundstücks im Plangebiet aber immer gegeben, soweit der Bebauungsplan die planungsrechtliche Situation zulasten des Eigentümers verändert,[372] also der Antragsteller nur bei Unwirksamerklärung des Bebauungsplans einen Genehmigungsanspruch durchsetzen könnte (OVG Saarlouis AS 17, 143), die planerischen Festsetzungen über Art oder Maß der baulichen Nutzung seines Grundstücks zu seinen Ungunsten verändert werden,[373] bspw. die seine Interessen als Nachbar schützende Ausweisung als Reines Wohngebiet aufgehoben wird (OVG Münster 4.11.2002 – 7 a D 141/00.NE), oder ihm der Entzug seines Grundstücks oder von Teilflächen desselben durch Enteignung oder durch positive planerische Festsetzungen droht.[374] Entscheidend ist, dass der Eigentümer sein Grundstück nicht in der von ihm gewünschten Weise nutzen kann,[375] bspw. eine gewerbliche Nutzbarkeit eingeschränkt wird (BVerwG BauR 1997, 972, 973). In diesem Falle kommt es nicht darauf an, dass die Festsetzungen des Bebauungsplans zu einer Wertsteigerung des Grundstücks führen (BVerwGE 91, 318, 320 f. A.M. VGH Mannheim DÖV 1982, 993). Wird etwa durch die Ausweisung eines Grundstücks zu Wohnzwecken eine vom Antragsteller beabsichtigte Tierhaltung ausgeschlossen, so ist die Antragsbefugnis gegeben (VGH Kassel BRS 32, 56, 57). Gleiches gilt, wenn ein bisheriges Außenbereichsgrundstück überplant und dadurch bebaubar wird, der Eigentümer jedoch keine Bebauung wünscht. Hier begründet die Möglichkeit des Erlasses eines Baugebots nach § 176 BauGB die Antragsbefugnis (VGH Mannheim VBlBW 2001, 59). Keine Rechtsverletzung *durch* den angefochtenen Bebauungsplan erleidet ein Grundstückseigentümer, wenn der Plan lediglich deklaratorisch bestätigt, dass die Eigenschaft des Grundstücks als Bauland bereits durch einen früheren Bebauungsplan beseitigt worden ist (VGH Mannheim DWW 1971, 64). Ebenfalls genügt es nicht, wenn der allein verfügungsberechtigte Grundstückseigentümer lediglich geltend macht, er habe auf die bisherige Planungskonzeption der Gemeinde vertraut, an der Ortsrandlage keine weitere Bebauung zuzulassen. Denn als allein Verfügungsberechtigter braucht er eine unerwünschte Bebauung auf seinem Grundstück nicht zu befürchten (BVerwG 19.11.2012 – 4 BN 15.12).

208   **aaa) Vereitelung von Nutzungsabsichten.** Bei einem vom Antragsteller ohne konkrete Angaben nur behaupteten bestimmten Nutzungswunsch ist allerdings besonders zu beachten, dass die Realisierung der Nutzungsabsicht substantiiert geltend gemacht werden muss (→ Rn. 205). So ist eine zeitlich vage angekündigte Absicht einer Betriebserweiterung, die erkennbar in keiner Weise konkretisiert wurde, insbes. nicht durch die Einleitung der zu ihrer Umsetzung notwendigen Genehmigungsverfahren, nicht ausreichend (OVG Saarlouis, 12.12.2012 – 2 C 320/11). Liegt eine substantiierte Geltendmachung

---

370   OVG Lüneburg BauR 2001, 1385; OVG Koblenz 18.6.2003 – 8 C 12003/02; VBlBW 1999, 96. A.M. BVerwG NVwZ-RR 1998, 416, 417; BauR 1998, 289; 2002, 1199; 2002, 1524; OVG Münster NWVBl 1998, 236; BauR 2000, 1024, 1025; VGH Mannheim DWW 1971, 65; VerwRspr 22, 811, 812; NVwZ-RR 1998, 63; VBlBW 2008, 24; wohl auch BVerwGE 91, 318, 319.

371   Vgl. OVG Münster BRS 63, 276, das diese Frage aber der Prüfung des Rechtsschutzbedürfnisses zuordnet.

372   BVerwG DVBl 1992, 1441; NVwZ-RR 1998, 732; 2000, 1413; OVG Münster NWVBl 1993, 386, 387; VGH Kassel BRS 32, 56, 57; *M. Quaas/K. Müller*, Normenkontrolle, 1986, Rn. 166.

373   OVG Brem BauR 2016, 2072; OVG Münster 13.2.1997 – 7 a D 107/94.NE; 27.8.2015 – 2 D 41/14.NE, juris Rn. 28; VGH Mannheim VBlBW 1997, 305, 306.

374   OVG Bln OVGE Bln 15, 244, 245; UPR 1987, 446; OVG Lüneburg RdL 1988, 107; OVG Saarlouis BRS 42, 90; VGH Kassel HessVGRspr 1991, 65, 67; 1992, 81, 82; VGH Mannheim NVwZ 1990, 588.

375   Vgl. BVerwG NVwZ 1989, 553; BVerwGE 91, 318, 320 f.; BVerwG UPR 1993, 306; HmbOVG NuR 1991, 239, 240. A.M. VGH Kassel HessVGRspr 1991, 65, 67: Bioanbau.

vor, so kommt es nicht darauf an, ob die die Realisierung dieser Absicht verhindernde Festsetzung des Bebauungsplans der tatsächlichen, nach §§ 34, 35 BauGB zulässigen Nutzung des Grundstücks zum Zeitpunkt der Planaufstellung entspricht. Die Festschreibung dieser Nutzung bringt dem Antragsteller nicht lediglich einen Vorteil, wenn dadurch andere, nach §§ 34, 35 BauGB ebenfalls zulässige potenzielle Nutzungen für die Zukunft ausgeschlossen werden (VGH Mannheim ZfBR 2012, 784); dabei muss die Absicht zur Nutzungsänderung nicht bereits bei Planaufstellung vorhanden sein, sondern kann auch erst von einem Rechtsnachfolger des Grundstückseigentümers gefasst werden.[376] Dementsprechend ist es unerheblich, ob der Antragsteller seinen Nutzungswunsch im Planungsverfahren verlautbart hat (a.M. VGH München BayVBl 1993, 277). Eine Festsetzung der Zulässigkeit einer bestimmten gewerblichen Nutzung, die der Antragsteller für sein Grundstück konkret geplant hatte, auf einem anderen Grundstück, so dass das Grundstück des Antragstellers mit Blick auf diese Nutzungsmöglichkeit faktisch entwertet wird, begründet die Antragsbefugnis (a.M. VGH München 14.7.2016 – 2 N 15.472, juris Rn. 20).

bbb) Einzelne Festsetzungen für das Grundstück des Antragstellers. Beispiele, in denen die Antragsbefugnis wegen Überplanung des Grundstücks des Antragstellers zu bejahen ist, sind der Ausschluss der Bebaubarkeit eines Grundstücks, selbst wenn es sich dabei um ein Außenbereichsgrundstück handelt (BVerwG RdL 1993, 220, 221), die Beschränkung einer bisher nach § 34 BauGB zulässigen Bebaubarkeit (VGH München BauR 2002, 1378, 1379; NuR 2003, 753; VGH Mannheim 24.3.2011 – 5 S 746/10), die Festsetzung einer Grünfläche,[377] eines Friedhofs (OVG Saarlouis, 28.1.1997 – 2 N 2/96), von Flächen für Dauerkleingärten[378] oder einer Verkehrsfläche bzw. Straße[379] auf dem Grundstück des Antragstellers, die Durchschneidung eines vorhandenen Baubestandes oder die Verhinderung von dessen Erweiterung durch eine festgesetzte Baugrenze (BVerwG NVwZ 1998, 732, 733; OVG Münster BauR 1991, 47; NWVBl 1993, 425), die Ausweisung eines Tankstellengrundstücks als allgemeines Wohngebiet (OVG Saarlouis AS 16, 426, 428) oder eines als Erweiterungsfläche für einen kirchlichen Friedhof vorgesehenen Grundstücks zur allgemeinen Wohnnutzung (OVG Brem ZfBR 1981, 194), die Festsetzung eines Kerngebietes für das betreffende Grundstück (BVerwGE 82, 225, 231), die Herabstufung eines Industriegebiets in ein Gewerbegebiet (OVG Bautzen SächsVBl 1999, 134, 135), die Herausnahme eines bisher als Gewerbegebiet ausgewiesenen Grundstücks aus dem Geltungsbereich eines Bebauungsplans (VGH München 1.3.2004 – 14 N 02.596), der Ausschluss seiner Nutzung als Vergnügungsstätte (VGH München GewArch 1993, 258) oder dessen Belastung mit einem Geh-, Fahr- und Leitungsrecht,[380] die Festsetzung des Verbots, im Plangebiet bestimmte Brennstoffe zu verwenden[381] sowie die Festsetzung von Beschränkungen betr. von der Nutzung des Grundstücks des Antragstellers ausgehender schädlicher Umwelteinwirkungen (VGH Mannheim 7.1.1998 – 8 S 1337/97). Gleiches gilt für die Festsetzung einer Geschossflächenzahl und eines Dachneigungswinkels (VGH München BayVBl 1999, 340). Der drohende Entzug eines Grundstücks im Umlegungsverfahren begründet immer die Antragsbefugnis, ohne dass es auf die Qualität der für die Zuteilung zur Verfügung stehenden Grundstücke ankäme (a.M. VGH Mannheim BauR 1982, 160, 161).

ccc) Bedeutung der Planungssituation. Eine Rechtsverletzung i.S.v. § 47 Abs. 2 S. 1 kann weiterhin darin bestehen, dass durch nachträgliche Veränderungen diejenigen Festsetzungen eines Bebauungsplans funktionslos werden, die den Antragsteller an der gewünschten baulichen Nutzung hindern (VGH Kassel ESVGH 31, 272, 273), oder dass eine Gemeinde eine vertraglich gegebene Zusage verletzt, dem Grundstück des Antragstellers benachbarte Flächen nicht als Bauland auszuweisen (VGH Kassel ESVGH 35, 148, 149 f.). Die Antragsbefugnis liegt aber nicht vor, wenn der angegriffene Bebauungsplan selbst den Antragsteller nicht beeinträchtigt, sondern nur möglicherweise eine für den

209

210

---

376 BVerwG GewArch 1993, 212, 213: Nachteil sogar bei Antragstellung erst 20 Jahre nach Inkrafttreten des Bebauungsplans. Aber zur Antragsfrist → Rn. 287 ff.

377 OVG Bln UPR 1988, 462; VGH Kassel NVwZ 1993, 906, 907; VGH Mannheim BauR 1983, 550; VBlBW 1993, 177; VGH München UPR 1990, 193.

378 HmbOVG AgrarR 1994, 168; OVG Münster NWVBl 1993, 229; NVwZ-RR 1997, 598, 599.

379 Vgl. OVG Münster BauR 1980, 531; NWVBl 1994, 224; 23.12.1997 – 10 a D 63/94.NE; VGH Mannheim BauR 2000, 1707, 1708.

380 OVG Bln 22.5.2003 – 6 A 12.03; OVG Münster NWVBl 1997, 215; OVG Saarlouis 15.5.2001 – 2 N 10/99; VGH Mannheim BauR 1983, 549.

381 OVG Lüneburg NVwZ-RR 2003, 174; OVG Münster NVwZ-RR 1999, 110; VGH Mannheim VBlBW 1998, 219.

Antragsteller nachteilige ergänzende Bauleitplanung nach sich zieht (OVG Brem BRS 33, 57, 60 f.; VGH Mannheim NVwZ-RR 1991, 178), oder eine vom Antragsteller bisher schon im Widerspruch zu planungsrechtlichen Vorschriften ausgeübte Nutzung durch den Bebauungsplan beeinträchtigt wird (VGH Mannheim NVwZ 1987, 1103; 1990, 982). Allerdings gilt nicht etwa ein Prinzip der Beeinträchtigungskompensation dergestalt, dass einem Antragsteller, von dessen Grundstück Beeinträchtigungen derselben Art ausgehen, wie er sie nunmehr durch die planerischen Festsetzungen selbst zu erwarten hat, die Antragsbefugnis abzusprechen wäre (a.M. VGH Kassel NVwZ 1987, 514).

211 **ddd) Angreifbarkeit von Festsetzungen auf anderen Grundstücken.** Die Antragsbefugnis ist auch gegeben, wenn ein Bebauungsplan nur eine unzureichende, zu Belastungen des Antragstellers führende Erschließung eines Grundstücks vorsieht[382] oder den Anschluss des betreffenden Grundstücks an Straßenanlagen nur unter erheblichen Erschwernissen ermöglicht (OVG Münster NWVBl 1997, 346, 347). Zu verneinen ist eine Antragsbefugnis umgekehrt, wenn offensichtlich die erforderliche Erschließung des Baugrundstücks nicht gegeben ist und die fragliche Rechtsnorm sich deshalb nicht nachteilig auf eine Rechtsposition des Antragstellers auswirken kann (OVG Lüneburg 28.1.2010 – 12 KN 65/07). Ob sich eine Antragsbefugnis aus den Festsetzungen ergibt, die zu einer Erschließungs- oder Ausbaubeitragspflicht führen, wird unterschiedlich beurteilt.[383] Zwar gewährt das Baugesetzbuch keinen Anspruch auf den Fortbestand eines Bebauungsplans und schließt Änderungen des Plans nicht aus. Jedoch zählen die Interessen der Nachbarn an der Aufrechterhaltung des bestehenden Zustandes zum notwendigen Abwägungsmaterial, wenn Nachbargrundstücke aufgrund der Planänderung in anderer Weise als bisher genutzt werden dürfen (VGH Mannheim 6.5.2011 – 5 S 1670/09). Dies führt zu einer Antragsbefugnis, wenn die Nutzung des Grundstücks des Antragstellers mehr als nur unwesentlich beeinträchtigt wird.[384] Dies ist etwa der Fall bei einem Bebauungsplan, der bisher vorhandene Zuwegungen zum Grundstück des Antragstellers unterbindet (VGH Kassel BauR 2016, 1861, 1863), Spiel-, Sport- oder Bolzplätze,[385] eine Sporthalle (VGH Kassel NVwZ-RR 1993, 156), ein Kaufhaus (OVG Münster OVGE 35, 191, 194), ein Gewerbegebiet,[386] ein Sondergebiet für einen Lebensmittelmarkt (OVG Münster 17.2.2003 – 10 a B 1523/02), einen Friedhof oder einen sog. Ruheforst (neben einer geplanten Hotelnutzung, BVerwG ZfBR 2017, 154, 155) oder Hochhäuser (VGH Mannheim ESVGH 17, 101, 102) neben dem Grundstück des Antragstellers zulässt, die Baulinie gegenüber- oder hinterliegender Grundstücke in Richtung auf das Grundstück des Antragstellers verschiebt (BVerwG DVBl 1992, 1441, 1442; VGH München BayVBl 1980, 292, 294), die Errichtung von Bauwerken unmittelbar an der Grundstücksgrenze[387] oder eine hohe Ausnutzbarkeit des Nachbargrundstücks (BVerwG BauR 2000, 690, 691) ermöglicht, die Abstandsflächen verkürzt (VGH München BayVBl 1993, 656, 657) oder nachbarschützende Festsetzungen aufhebt (OVG Münster NWVBl 1997, 470), ein bisher als Grünfläche ausgewiesenes Nachbargrundstück einer Bebauung zuführt, die eine doppelt so hohe bauliche Ausnutzbarkeit zulässt, wie sie für die umliegenden Grundstücke gilt (BVerwG GewArch 1993, 214), bzw. allgemein eine im Vergleich zur Umgebung verdichtete Bebauung zulässt (VGH Mannheim VBlBW 1994, 198), rückwärtig angrenzende Flächen entgegen dem Interesse an Wohnruhe und Erholung nicht mehr freigehalten werden sollen (OVG Lüneburg 15.4.2008 – 1 MN 58/08) oder Festsetzungen enthält, deren Verwirklichung im Bauordnungsrecht wurzelnde Konflikte mit sich bringt (OVG Münster UPR 1991, 392; VGH München DVBl 1965, 295).

212 Die Beeinträchtigung des Interesses von Anliegern einer Straße, von erhöhten Lärm- und Abgasimmissionen durch Zunahme des Kraftfahrzeugverkehrs in dieser Straße verschont zu bleiben, begründet die

---

382 BVerwG BauR 1992, 182; NuR 2001, 457; OVG Münster OVGE 36, 213, 215; VGH Mannheim ESVGH 40, 90, 91 f.

383 Dafür VGH München BayVBl 1985, 690; BauR 1989, 309, 310. Dagegen OVG Lüneburg BauR 1982, 351, 352. Nach OVG Koblenz 9.11.2011 – 1 C 10021/11 – besteht eine Antragsbefugnis etwa dann, wenn ein Antragsteller sich dagegen wendet, dass einzelne Grundstücke ohne rechtfertigenden Grund aus dem Kreis der beitragspflichtigen Baugrundstücke herausgenommen werden und dadurch ein rechtlich geschütztes, in die Abwägung einzustellendes Interesse des Antragstellers betroffen ist.

384 OVG Lüneburg NVwZ-RR 2005, 9; OVG Schleswig NuR 2002, 761; VGH Mannheim 13.2.2004 – 3 S 2548/02.

385 BVerwGE 78, 85, 91; OVG Bln NVwZ-RR 1991, 289; OVG Koblenz ZfBR 1980, 154; OVG Lüneburg ZfBR 1980, 202; OVG Saarlouis AS 19, 157, 158. A.M. für einen Spielplatz VGH Mannheim VBlBW 1986, 387.

386 OVG Münster NWVBl 1994, 221, 222; VGH Kassel NVwZ-RR 2004, 732; VGH Mannheim NVwZ 1992, 802.

387 OVG Münster NWVBl 1993, 386, 387; VGH Kassel NJW 1967, 266, 267; HessVGRspr 1992, 65, 66.

Antragsbefugnis.[388] Dies gilt auch dann, wenn die durch den Bebauungsplan zugelassenen Immissionen die auf dem Grundstück des Antragstellers im Einklang mit dem Bebauungsplan künftig vorgesehene Bebauung faktisch nicht unerheblich erschwert (OVG Lüneburg BauR 2002, 732, 733). Voraussetzung ist, dass der Verkehrslärm mehr als nur geringfügig ist oder sich nicht nur unwesentlich auf das Nachbargrundstück auswirkt (BVerwG 20.7.2011 – 4 BN 22.11; BRS 83 Nr. 49). Die hierfür durchzuführende Beurteilung lässt sich nicht anhand fester Maßstäbe oder durch bloße Subsumtion vornehmen. Insoweit kann eine für das menschliche Ohr kaum wahrnehmbare Lärmzunahme zum Abwägungsmaterial gehören,[389] umgekehrt muss aber eine hörbare Lärmerhöhung nichts stets als Abwägungsposten zu berücksichtigen sein. Geboten ist eine wertende Betrachtung der konkreten Verhältnisse unter Berücksichtigung von Vorbelastung und Schutzwürdigkeit des jeweiligen Gebiets (VGH Mannheim 12.10.2010 – 3 S 1873/09; 12.6.2012 – 8 S 1337/10). Der Grund der Verkehrszunahme ist unbeachtlich; in Betracht kommen unter anderem ein Ausbau der betreffenden Straße selbst,[390] der Bau einer besonders attraktiven Anlage, die einen hohen Zugangsverkehr nach sich zieht (OVG Bln NuR 2016, 190), eine Änderung der anderweitigen Verkehrsführung, welche die Straße zu einem besonders attraktiven Verbindungsweg macht,[391] die Ausweisung von zusätzlichen Garagen und Stellplätzen (OVG Saarlouis AS 18, 339, 341; VGH Kassel BRS 27, 290, 293) – nicht aber das Fehlen von objektiv-rechtlich erforderlichen Stellplätzen (VGH München 8.2.2017 – 15 NE 16.2226, juris Rn. 17), der Bau eines öffentlichen Parkplatzes (VGH Mannheim 13.2.2004 – 3 S 2548/02) oder eines solchen für ein Gemeindezentrum (VGH München BayVBl 1983, 371) oder einen Einzelhandelsbetrieb (OVG Münster NVwZ-RR 2006, 94) oder einer Großgarage für Behördenbedienstete (VGH Mannheim NJW 1977, 1212) oder die Ausweisung der Straße als Erschließungsstraße für ein Neubaugebiet.[392]

Für die Antragsbefugnis kommt es nicht darauf an, ob das Vertrauen des Antragstellers auf den Fortbestand einer bestimmten Verkehrslage noch als schutzwürdiges Interesse angesehen werden kann (so aber VGH Mannheim NVwZ 2000, 1187; 12.6.2012 – 8 S 1337/10). Dass sich eine Zunahme des den Antragsteller beeinträchtigenden Verkehrs aus einer Planung an anderen Straßenabschnitten ergibt, genügt, sofern ein eindeutiger Zurechnungszusammenhang zwischen dieser Planung und der für den Antragsteller zu erwartenden Steigerung der Verkehrsimmissionen besteht (OVG Lüneburg 25.1.2017 – 1 KN 151/15, juris Rn. 90; VGH München NVwZ-RR 2007, 161, 162; a.M. VGH Mannheim NVwZ 2000, 1187). Eine darüber hinausgehende „spezifisch planbedingte" Veränderung der Verkehrssituation ist nicht erforderlich (a.M. VGH Mannheim NVwZ 2000, 1187). Die bloß hypothetische Möglichkeit gesteigerter Immissionen genügt allerdings nicht, vielmehr müssen sie *aufgrund der Festsetzungen des Bebauungsplans* mit zureichender Sicherheit zu erwarten sein (vgl. BVerwG BRS 60, 168, 171). Insoweit reicht es aber für die Bejahung der Antragsbefugnis aus, dass der Antragsteller ein Schall- und Verkehrsgutachten, das eine Zunahme der Verkehrslärmbelastung ausschließt, substanziiert in Frage stellt (VGH Mannheim NVwZ-RR 2007, 455). Die Anlage einer Wendeplatte in einer bereits vorhandenen Straße in mindestens 12 Meter Entfernung vom Grundstück des Antragstellers überschreitet allerdings nicht die Bagatellgrenze (VGH Mannheim VBlBW 1982, 229, 231). Für deren Bestimmung sind auch bestehende Lärmvorbelastungen zu berücksichtigen (BVerwG BauR 2000, 848, 850). Keine Antragsbefugnis besteht deshalb bei der Steigerung des von einer größeren Straße ausgehenden Verkehrslärms durch das von wenigen zusätzlichen Wohneinheiten

212a

---

388 BVerwG NJW 1992, 2844; NVwZ 1994, 683; 2000, 197; BVerwGE 110, 193, 196; BVerwG NuR 2001, 457; BauR 2002, 1199, 1200; OVG Bln OVGE Bln 15, 244, 245; UPR 1988, 462, 463; OVG Lüneburg BRS 48, 73, 75 f.; OVG Münster NVwZ 1997, 698; OVG Saarlouis AS 17, 143, 150; 18, 339, 341; VGH Kassel UPR 1992, 360; 12.6.2003 – 3 N 453/02; VGH Mannheim VBlBW 2000, 394, 395; H. Dürr, Antragsbefugnis, 1987, 86; einschränkend VGH München BayVBl 1997, 591, 593: nur bei unzumutbaren Beeinträchtigungen. A.M. VGH Kassel NJW 1971, 2005, 2006; VGH Mannheim VBlBW 1982, 197, 198; NVwZ 2000, 1187.

389 BVerwG NVwZ 1994, 683; VGH Mannheim NVwZ 1994, 697, 698; NuR 1994, 354; 14.5.1997 – 3 S 1682/96; VGH München BayVBl 2005, 465, 466. A.M. H. Dürr, Rechtliche Aspekte der Verkehrsberuhigung von Innenstädten, VBlBW 1993, 361, 369.

390 HmbOVG BauR 1987, 657, 658; OVG Saarlouis AS 17, 143, 150; VGH München BayVBl 1992, 726.

391 OVG Münster NVwZ-RR 1997, 686, 687; OVG Saarlouis AS 17, 143, 150. A.M. OVG Lüneburg BRS 44, 80, 81.

392 BVerwG NVwZ 1994, 683; OVG Brem ZfBR 1981, 97; OVG Lüneburg 25.1.2017 – 1 KN 151/15, juris Rn. 90; OVG Saarlouis AS 19, 290, 292; VGH Kassel HessVGRspr 1992, 92, 94; VGH Mannheim 12.10.2010 – 3 S 1873/09. A.M. OVG Münster BRS 46, 78, 79 f.

ausgehende Verkehrsaufkommen.[393] Nicht antragsbefugnisbegründend ist in jedem Fall das Verlangen, dass die durch den angegriffenen Bebauungsplan bewirkte Verminderung bereits vorhandener Verkehrsimmissionen weiter reduziert wird (VGH Mannheim VBlBW 1999, 460, 461).

213 Die durch eine sachgerechte Anlage des Golfplatzes auszuschließende Gefahr des Abirrens von Golfbällen (OVG Münster NWVBl 1994, 300, 301) oder das statistisch äußerst geringe Störfallrisiko eines Kernkraftwerks erfüllen diese Voraussetzungen nicht,[394] wohl aber die für die im Einwirkungsbereich einer durch Bebauungsplan festgesetzten nuklearen Anlage lebenden Bewohner eintretende künstliche Strahlenbelastung, selbst wenn diese unter den Dosisgrenzwerten bleibt (OVG Lüneburg UPR 1983, 205, 206), sowie die vom Abfließen von Niederschlagswasser auf das Grundstück des Antragstellers ausgehenden Gefahren (BVerwG NVwZ 2016, 864, 865).

214 **eee) Verlust von Lagevorteilen.** Der Verlust von Lagevorteilen begründet i.d.R. keine Antragsbefugnis, so bei einer Verschlechterung des allgemeinen Wohnklimas (VGH Mannheim BauR 1982, 347, 348; vgl. aber BauR 1983, 433), dem Verlust von tatsächlichen Lagevorteilen (VGH Mannheim NuR 1992, 234, 235), etwa einer Ortsrandlage (VGH Mannheim VBlBW 2000, 482), einer Beeinträchtigung von Natur oder Landschaft,[395] der Zulassung einer Mobilfunkanlage (VGH München 16.5.2013 – 2 N 12.260, juris Rn. 44), der Schaffung von Einsichtsmöglichkeiten in die Wohnung des Antragstellers.[396] Dass die Beeinträchtigung des Interesses an der Erhaltung einer bestimmten Aussicht vom Grundstück des Antragstellers aus generell keine relevante Beeinträchtigung darstellen kann, ist unzutr.[397] Abzustellen ist vielmehr auf die Umstände des Einzelfalls. Musste das Interesse am Fortbestand der Aussichtslage für den Plangeber erkennbar sein, so ist dieser private Belang in der Abwägung zu berücksichtigen. Dies ist etwa der Fall, wenn die bisherigen Festsetzungen des Bebauungsplans („Flachdach") der Erhaltung der freien Aussicht dienten[398] oder die Aussichtslage – wie der Blick auf einen See – besonders hervorgehoben war.[399] Anders werden bspw. die Blickverhältnisse in einer Großstadt zu beurteilen sein. Antragsbefugnisbegründend wirken die von der Drehbewegung der Rotoren ausgehenden optischen Einwirkungen von Windkraftanlagen (OVG Koblenz BauR 2002, 1205, 1206). Anderes gilt für die Beeinträchtigung der optischen Wirkung eines Baudenkmals (OVG Lüneburg BauR 2004, 57) oder der Attraktivität der Fassade eines Geschäftshauses (VGH Mannheim 11.12.2000 – 8 S 779/00). Sind die Kosten für die Errichtung eines Gebäudes auf dem von dem angegriffenen Bebauungsplan als Bauland ausgewiesenen Grundstück aufgrund der Bodenbeschaffenheit wesentlich höher als vom Antragsteller erwartet, so wird dieser Umstand nicht *durch* den Bebauungsplan hervorgerufen (VGH Mannheim BRS 50, 116).

215 **bb) Andere Antragsteller als Grundstückseigentümer im Plangebiet.** Andere Antragsteller als Grundstückseigentümer im Plangebiet sind nicht von vornherein ausgeschlossen, beschränkt sich doch die Antragsbefugnis bei der Normenkontrolle von Bebauungsplänen nicht auf die Eigentümer von Grundstücken im Plangebiet. Eine relevante Beeinträchtigung können auch die Eigentümer von Grundstücken erleiden, die nicht im Geltungsbereich des Bebauungsplans liegen, soweit sich die nachteiligen Auswirkungen der Planung über das eigentliche Plangebiet hinaus erstrecken.[400] Ausschlaggebend ist, dass der Antragsteller Tatsachen vorträgt, die es als nicht gänzlich ausgeschlossen erscheinen lassen,

---

393 VGH Mannheim 10.3.1981 – 5 S 209/80; vgl. auch VGH Mannheim NVwZ 2000, 1187 für eine Kreisstraße.

394 A.M. OVG Lüneburg UPR 1983, 205, 206; VGH München NVwZ 1988, 546, 547; krit. dazu *H. Jäde*, BayVBl 1988, 385.

395 HmbOVG NuR 1991, 239, 240; OVG Lüneburg OVGE 26, 366, 369 f.; VGH Mannheim NVwZ 1990, 982, 983; NuR 1992, 234, 235.

396 VGH Kassel NJW 1971, 2005, 2006; BRS 27, 290, 291; VGH Mannheim BauR 1991, 172, 173.

397 OVG Lüneburg BauR 1991, 173; VGH Mannheim 12.11.1985 – 8 S 1229/85, zit. nach *H. Dürr*, Antragsbefugnis, 1987, 83; *H. Dürr*, Antragsbefugnis, 1987, 84. A.M. OVG Schleswig NuR 2006, 467, 469; VGH Kassel NVwZ 1987, 514; VGH Mannheim VBlBW 1981, 357, 358; BauR 1991, 172, 173; 1992, 591.

398 OVG Lüneburg BRS 47, 43, 44; VGH Mannheim VBlBW 1988, 72; 1991, 25; NuR 1993, 320, 321; VBlBW 2000, 482, 483.

399 OVG Lüneburg BRS 47, 43, 44 f.; OVG Schleswig NuR 2002, 761; VGH Mannheim NVwZ-RR 1991, 178, 179; VBlBW 2000, 482, 483; VGH München BayVBl 1993, 721, 722; 16.6.2006 – 1 N 04.2804. A.M. OVG Münster BRS 46, 78, 79.

400 BVerwG UPR 1991, 274, 274 f.; DÖV 1992, 68, 69; ZfBR 2008, 681; OVG Bln BauR 1980, 536; NVwZ-RR 1991, 289; OVG Brem BRS 33, 57, 59; OVG Lüneburg BRS 23, 49, 50 f.; DÖV 1971, 242; OVGE 27, 478, 481 f.; DVBl 1978, 176, 177; VGH Kassel NJW 1967, 266, 267; NVwZ 1987, 514; VGH Mannheim ESVGH 17, 101, 102; VerwRspr 20, 158, 159; DWW 1971, 64; NVwZ 1994, 697; VBlBW 1997, 426, 427; NVwZ 2000, 1187; VGH

dass seine Belange in der Abwägung fehlerhaft behandelt worden sind (OVG Münster BauR 2017, 666, 667; 2017, 833, 834). Zu denken ist etwa an eine Nutzungsmöglichkeit, die den Antragsteller in nicht nur unbedeutender Weise beeinträchtigt (OVG Magdeburg ZfBR 2010, 799), an Immissionen durch eine nach dem Bebauungsplan zulässige Anlage[401] – auch durch die Baustelle zur Errichtung der Anlage (a.M. BVerwG BauR 1999, 878, 879) –, auch wenn diese noch der immissionsschutzrechtlichen Genehmigung bedarf,[402] die Beschränkung der Zugänglichkeit eines außerhalb des Plangebietes liegenden Grundstücks durch den Bebauungsplan (OVG Koblenz NVwZ-RR 1992, 342) oder die Gefahr einer Überschwemmung des Grundstücks des Antragstellers bei Verwirklichung der Festsetzungen (OVG Koblenz BauR 1991, 45; OVG Münster BauR 2017, 666, 667). Einen Automatismus dergestalt, dass derjenige Antragsteller außerhalb des Plangebiets, der gegen eine auf der Grundlage des angegriffenen Bebauungsplans genehmigte Nachbarbebauung nach seiner Behauptung klagebefugt wäre, immer auch die Antragsbefugnis nach § 47 Abs. 2 S. 1 besitzt, existiert nicht (VGH Mannheim NVwZ-RR 1998, 420). Maßgebend sind vielmehr die Umstände des Einzelfalls. Sofern der Antragsteller ausnahmsweise geltend machen kann, dass sein Grundstück zu Unrecht nicht in den Geltungsbereich eines Bebauungsplans einbezogen worden ist, besitzt er insoweit die Antragsbefugnis.[403] Insoweit fehlt es ihm auch nicht am Rechtsschutzbedürfnis (a.M. OVG Koblenz 7.8.2002 – 8 C 10700/02). Voraussetzung ist, dass der Bebauungsplan oder seine Ausführung mehr als nur geringfügige nachteilige Auswirkungen auf das Grundstück und seine Nutzung haben kann.[404] Unter welchen Voraussetzungen planungsbedingte Folgen mehr als nur geringfügig sind, hängt nicht nur von der räumlichen Distanz zwischen dem Grundstück des Antragstellers und dem Plangebiet, sondern auch davon ab, welche Anlagen im Plangebiet zulässig sind und welche Auswirkungen von ihnen ausgehen (OVG Lüneburg 25.10.2010 – 1 KN 343/07). Das bloße Interesse des Eigentümers, dass das Plangebiet auf sein Grundstück ausgedehnt wird, muss von der Gemeinde nicht in die Abwägung eingestellt werden (BVerwG NVwZ 2004, 1120, 1121; ZfBR 2007, 685). Eine Ausnahme gilt insoweit, wenn Anhaltspunkte für eine willkürliche Nichteinbeziehung des Grundstücks vorliegen (VGH Mannheim UPR 2006, 356). Antragsteller, deren Kindern durch die Realisierung der angegriffenen Planung die Möglichkeit zum Spiel auf einer bisher als Kinderspielplatz festgesetzten, dem Grundstück der Antragsteller gegenüberliegenden Fläche genommen würde, sind auch dann antragsbefugt, wenn ihr Grundstück außerhalb des Plangebiets liegt (OVG Koblenz BauR 2008, 790, 791).

aaa) Obligatorisch an einem Grundstück Berechtigte. Während obligatorisch an einem Grundstück 216 Berechtigte wie Mieter und Pächter grds. keine planungsrechtliche Nachbarklage erheben können (→ § 42 Rn. 447, 456, 464),[405] sind sie hinsichtlich der Antragsbefugnis Grundstückseigentümern zwar nicht gleichgestellt (BVerwG ZfBR 2017, 64), jedoch bei einer Beeinträchtigung ihrer abwägungserheblichen Belange im Normenkontrollverfahren antragsbefugt.[406] Dies gilt auch dann, wenn sie das Grundstück erst nach Planerlass gemietet oder gepachtet haben (BVerwG NVwZ 1989, 553; OVG Koblenz NuR 2008, 419, 420). Zwar muss es sich um originäre und spezifische Interessen gerade des obligatorisch Berechtigten handeln,[407] ohne dass damit jedoch Interessen, die wie die Nutzbar-

---

München BayVBl 1975, 504, 505; 1975, 558; 1980, 292, 294; 1983, 51; *W. Hoppe*, FS Menger, 1985, 747, 761. Vgl. aber VGH München BayVGH (N. F.) 26, 34, 36 f.

401 OVG Lüneburg BRS 48, 83, 84; VGH Kassel NVwZ-RR 1993, 156; NVwZ 2000, 1187; *H. Dürr*, Antragsbefugnis, 1987, 79; *B. Linke*, BauR 1990, 529, 532 f.

402 OVG Bln NVwZ 1982, 442, 443; 1984, 188, 189. A.M. OVG Lüneburg OVGE 35, 439, 445 f.; VGH Kassel RdL 1984, 193, 194; *B. Linke*, BauR 1990, 529, 533. → Rn. 191.

403 BVerwG NVwZ 2004, 1120, 1121; OVG Lüneburg NuR 2003, 705. A.M. OVG Saarlouis BRS 47, 83, 86; VGH Mannheim BauR 1979, 219; NVwZ-RR 1990, 123, 124.

404 BVerwG NVwZ 2004, 1120, 1121; OVG Lüneburg 25.10.2010 – 1 KN 343/07; NuR 2012, 354; OVG Münster BauR 2013, 917, 918; OVG Saarlouis ZfBR 2009, 366, 367.

405 *J. Ziekow*, NVwZ 1989, 231, 232 ff. m.w.N.

406 BVerwGE 59, 87, 101; BVerwG NVwZ 1989, 553; BVerwGE 110, 36, 39; NVwZ 2008, 899; OVG Bln NVwZ 1982, 442; OVG Lüneburg NVwZ 1982, 254; NuR 2005, 595; OVG Münster NWVBl 1993, 425, 426; BauR 2001, 185; OVG Saarlouis 15.5.2001 – 2 N 10/99; VGH Kassel ESVGH 17, 111, 112; HessVGRspr 1992, 74, 75; VGH Mannheim NVwZ 1989, 78; VBlBW 2008, 445, 446; *C. Herr*, Antragsbefugnis, 2003, 130 ff.; A.M. OVG Lüneburg DWW 1998, 183; OVG Münster NVwZ 1997, 1002, 1003; NWVBl 1998, 27, 28; VGH München BayVBl 1979, 696, 697.

407 *B. Linke*, BauR 1990, 529, 534.

keit des Grundstücks auch Interessen des Eigentümers sind, ausgeschlossen würden.[408] Ebenso wenig wird die Berücksichtigungsfähigkeit von Belangen obligatorisch Berechtigter beschränkt durch die Belange des Eigentümers (a.M. VGH Kassel UPR 1991, 156). Neben der Nutzbarkeitseinschränkung, bspw. durch die Belastung des gemieteten Grundstücks mit einem öffentlichen Gehrecht (a.M. VGH Mannheim VBlBW 1982, 229, 231), die Ausweisung des bisher landwirtschaftlich genutzten und deshalb nach § 35 Abs. 1 Nr. 1 BauGB privilegierten Pachtgrundstücks für eine andere Nutzungsart (BVerwGE 110, 36, 38; OVG Koblenz ZfBR 2016, 484, 485) oder die förmliche Festlegung des städtebaulichen Entwicklungsbereichs nach § 165 Abs. 3 BauGB (OVG Münster 18.12.2008 – 10 D 104/06.NE) sind wichtigstes Bsp. die Mietern von einer bauplanungsrechtlich zugelassenen Anlage drohenden Immissionen.[409] Hierzu können – in Abhängigkeit von den Umständen des Einzelfalls – auch diejenigen Immissionen gehören, die während des Baus der Anlage entstehen.[410] Dass der Eigentümer das Grundstück verpachtet hat, schmälert seine eigene Antragsbefugnis nicht (OVG Münster BauR 2006, 1428).

217   **bbb) An dem Grundstück dinglich Berechtigte.** Unter denselben Voraussetzungen sind auch an dem Grundstück dinglich Berechtigte wie Miteigentümer (VGH Mannheim ESVGH 16, 21; VGH München BayVBl 1975, 558), Nießbraucher, Erbbauberechtigte oder Wohnungseigentümer[411] – wobei bei gemeinschaftlichem Eigentum die Antragstellung nur im Namen der Wohneigentümergemeinschaft und nicht des einzelnen Wohneigentümers zulässig ist (VGH Mannheim 28.12.2016 – 8 S 2442/14, juris Rn. 34), sowie Inhaber eines Grundpfandrechts[412] antragsbefugt, ohne dass dem ein Verlust der Antragsbefugnis des Eigentümers korrespondieren würde.[413] Minimalvoraussetzung für die Antragsbefugnis des Erwerbers eines Grundstücks ist die Eintragung einer Auflassungsvormerkung.[414] Der mit der Einräumung des Besitzes verbundene Übergang von Nutzungen und Lasten ist dagegen nicht erforderlich,[415] da die Antragsbefugnis – anders als die planungsrechtliche Nachbarklage[416] – gerade nicht eine dem Grundstückseigentümer vergleichbare Position verlangt. Umgekehrt reicht der Übergang von Besitz, Nutzungen und Lasten auch dann nicht aus, wenn bereits ein Antrag auf Eigentumsumschreibung gestellt ist (a.M. BVerwG BauR 2002, 1199). Soweit die Bebaubarkeit des Grundstücks mit dem zur Genehmigung gestellten Vorhaben beschränkt wird, ist weiterhin ein Bauherr antragsbefugt, der nicht Eigentümer des Grundstücks ist.[417] Kein die Antragsbefugnis verleihender abwägungserheblicher Belang ist hingegen die Position als Mitglied einer Wohnungsbaugenossenschaft (OVG Frankfurt/O. 31.8.1998 – 3 D 4/97.NE) oder der Umstand, dass das überplante Grundstück einen der Nacherbfolge unterliegenden Nachlassgegenstand darstellt (BVerwG BauR 1998, 289; OVG Münster NWVBl 1998, 27, 29).

218   **cc) Wirtschaftliche Interessen.** Wirtschaftliche Interessen können durch die Festsetzungen eines Bebauungsplans in vielfältiger Weise berührt werden. Soweit das Interesse als individualisierter Belang des Antragstellers für den Plangeber erkennbar war, kann die Beeinträchtigung wirtschaftlicher Interessen eine Rechtsverletzung hervorbringen (→ Rn. 167 ff.). Dies gilt auch für eine Beeinträchtigung des durch Art. 14 Abs. 1 GG geschützten Rechts am eingerichteten und ausgeübten Gewerbebetrieb

---

408   BVerwG NVwZ 1989, 553, 554; *W. Hoppe*, FS Menger, 1985, 747, 761. A.M. *H. Dürr*, Antragsbefugnis, 1987, 91 ff.

409   Vgl. OVG Bln NVwZ 1982, 442; OVG Saarlouis 15.5.2001 – 2 N 10/99.

410   Vgl. für das Fachplanungsrecht *I. Barner*, in: Ziekow, Flughafenplanung, Planfeststellungsverfahren, Anforderungen an die Planungsentscheidung, 2002, 373 ff. A.M. OVG Bln BRS 60, 185, 186 f.

411   BVerwG BauR 1998, 289; OVG Münster NWVBl 2000, 462, 463; VGH München 25.3.1998 – 2 N 94.329; *H. Dürr*, Antragsbefugnis, 1987, 98.

412   Sie sind sogar klagebefugt nach § 42 Abs. 2, *J. Ziekow*, NVwZ 1989, 231, 232 m.w.N. A.M. *H. Dürr*, Antragsbefugnis, 1987, 99; *B. Linke*, BauR 1990, 529, 535.

413   Vgl. OVG Saarlouis AS 16, 93, 99 f. für eine besondere Konstellation von Miteigentümern. A.M. *H. Dürr*, Antragsbefugnis, 1987, 98.

414   Vgl. OVG Bln 18.7.2016 – 2 A 13.14, juris Rn. 27; OVG Frankfurt/O. 30.4.1997 – 3 D 29/95; OVG Koblenz NVwZ 1983, 617 f.; OVG Münster NWVBl 2000, 462, 463; VGH Kassel BRS 39, 86, 87; VGH Mannheim VBlBW 1999, 174, 175.

415   Vgl. *M. Quaas/K. Müller*, Normenkontrolle, 1986, Rn. 168. A.M. BVerwG ZfBR 2002, 493; OVG Münster NWVBl 2000, 462, 463; *H. Dürr*, Antragsbefugnis, 1987, 95; *B. Linke*, BauR 1990, 529, 534 f.

416   Vgl. *J. Ziekow*, NVwZ 1989, 231, 232 m.w.N.

417   BVerwG UPR 1994, 308, 309; OVG Frankfurt/O. NVwZ-RR 2005, 386; VGH Kassel BRS 39, 86, 88; VGH München NVwZ 1997, 1016; *H. Dürr*, Antragsbefugnis, 1987, 97.

(VGH Mannheim VBlBW 2008, 445, 446). Die voraussichtliche Verminderung des Verkehrswerts eines außerhalb des Plangebiets gelegenen Grundstücks durch den angegriffenen Bebauungsplan verleiht nicht die Antragsbefugnis (BVerwG NVwZ 1995, 895; OVG Greifswald LKV 1998, 408).

aaa) Heranrücken einer Wohnbebauung. Unstr. ist, dass durch die planerische Zulassung des Heran- 219
rückens einer Wohnbebauung oder anderen schutzbedürftigen Bebauung der Betreiber eines emittierenden landwirtschaftlichen oder gewerblichen Betriebes eine die Antragsbefugnis verleihende Beeinträchtigung erleidet.[418] Sein Interesse, den Betrieb ohne immissionsschutzrechtliche Beschränkungen im bisherigen Umfang weiterführen zu können, muss sich dem Plangeber bei der Zusammenstellung des Abwägungsmaterials förmlich aufdrängen. Ob sich im Nahbereich des emittierenden Betriebes bereits Wohnhäuser befinden, ist unbeachtlich, wenn sich die Situation für den Betreiber weiter verschlechtert (OVG Lüneburg UPR 1988, 310, 311; VGH Mannheim VBlBW 1980, 24, 26). Bringen die Festsetzungen des Bebauungsplans hingegen keine neuen Beeinträchtigungen für das Betriebsinteresse mit sich, so liegt die Antragsbefugnis nicht vor (OVG Münster 27.2.1997 – 7a D 93/95.NE; VGH Kassel UPR 1988, 157, 158). In das Abwägungsmaterial einzubeziehen sind ebenfalls die konkreten Erweiterungsinteressen eines vorhandenen Gewerbebetriebs.[419] Nicht ausreichend sind insoweit aber noch unklare Erweiterungsabsichten des Antragstellers, die für die Gemeinde nicht erkennbar sein konnten (OVG Münster BauR 2001, 85, 87).

bbb) Planbedingte Änderung der Verkehrssituation. Wirtschaftliche Einbußen können sich auch 220
durch eine planbedingte Änderung der Verkehrssituation ergeben. Das BVerwG hat hervorgehoben, dass die Interessen von Anliegern an der Aufrechterhaltung einer gegebenen Verkehrslage bei der planerischen Abwägung berücksichtigungsfähig seien (BVerwGE 59, 87, 102). Dies gilt wegen der objektiven Geringwertigkeit der betroffenen Interessen jedoch nicht für eine geringfügige Verlängerung von Fahrzeiten,[420] etwa das Interesse eines Kaufhausbetreibers, nicht durch die planerische Ausweisung eines Fußgängerdurchgangs neben dem Kaufhaus zu einer Vermischung der für die Belieferung des Kaufhauses erforderlichen Güterbewegungen mit dem Fußgängerverkehr gezwungen zu werden (a.M. OVG Brem BRS 44, 30), die Behinderung des Lieferverkehrs für einen Gewerbebetrieb durch ein erhöhtes Verkehrsaufkommen (VGH Mannheim VBlBW 1982, 229, 231) oder die Beeinträchtigung des gelegentlichen Viehtriebs eines landwirtschaftlichen Betriebs durch den Anliegerverkehr eines geplanten Wohngebiets (a.M. OVG Lüneburg RdL 1988, 79, 80). Andererseits muss das Interesse eines Unternehmers, nicht durch eine Änderung der Verkehrsplanung an der bislang möglichen Zufahrt mit Sattelschleppern zu dem Fabrikgrundstück gehindert zu werden, wegen der damit verbundenen Unmöglichkeit der Betriebsfortführung in der bisherigen Form abwägungsrelevant sein.[421] Gleiches gilt für die Gefahr, dass infolge der Ausweisung von Baugebieten die bislang mögliche nächtliche Anfahrt eines Gewerbebetriebs mit Lastkraftwagen eingeschränkt wird (VGH Mannheim ESVGH 40, 236).

Bei der Bewertung dieser Fallgruppe ist immer zu beachten, dass eine negative Betroffenheit des An- 221
tragstellers unmittelbar durch den Bebauungsplan mit seinem konkret-individuellen Bezugsrahmen gegeben sein muss. Führt etwa eine auf die geänderte Verkehrsführung zurückgehende Bevorzugung der neuen Strecken dazu, dass die an abseits des Plangebiets liegende Verkehrswege angebundenen Gewerbetreibenden durch den Rückgang des Verkehrsflusses Umsatzeinbußen erleiden, so ist dieses den planerischen Bezugsrahmen überschreitende Interesse bei der Planungsentscheidung nicht zu berücksichtigen. Anderes gilt für das Interesse von den im Planbereich ansässigen Gewerbetreibenden, die wie

---

418 BVerwG UPR 1991, 274; BauR 2002, 1524; ZfBR 2014, 377; OVG Bautzen SächsVBl 1999, 134, 135; OVG Koblenz NJW 1982, 1170, 1171; UPR 1985, 31; NuR 1994, 44; OVG Lüneburg BRS 40, 83, 84; UPR 1988, 310, 311; OVG Münster OVGE 35, 257, 259; NWVBl 1993, 425; BauR 2001, 85; NWVBl 2001, 185; ZfBR 2008, 690, 691 f.; OVG Saarlouis AS 16, 93, 96 ff.; VGH Kassel RdL 1980, 63, 64; UPR 1989, 194, 195; NVwZ-RR 2002, 830; 2003, 417; VGH Mannheim ESVGH 24, 90; NJW 1977, 1212; VBlBW 1992, 303; NuR 2006, 104; VGH München BayVBl 1983, 51; RdL 1993, 248; 31.1.2017 – 1 NE 16.2191, juris Rn. 7; *J. Ziekow,* GewArch 1990, 387, 390.
419 BVerwGE 59, 87, 101; BVerwG NVwZ 2008, 899; OVG Lüneburg BRS 40, 83, 84; OVG Münster NWVBl 1993, 29, 30; BauR 2001, 85; VGH Kassel RdL 1984, 332, 333 f.; UPR 1988, 157; VGH Mannheim ESVGH 21, 41, 43; VGH München BayVBl 1983, 369; 9.2.1998 – 15 N 97.3241. Zur Erkennbarkeit für den Plangeber OVG Saarlouis BRS 48, 79, 82.
420 *H. Dürr,* VBlBW 1993, 361, 369.
421 I.E. ebenso *B. Linke,* BauR 1990, 529, 534. A.M. VGH Mannheim 29.11.1983 – 5 S 2728/82, zit. nach *H. Dürr,* Antragsbefugnis, 1987, 86.

Tankstellen auf die aus einem hohen Verkehrsaufkommen resultierende Kundschaft angewiesen sind. Hier kann es keinem Zweifel unterliegen, dass die bei einer Umwandlung der bisherigen Hauptverkehrs- in eine verödete Seitenstraße eintretenden Umsatzverluste eine die Antragsbefugnis verleihende Beeinträchtigung darstellen.[422] Entsprechend werden Souvenirläden u.ä. an touristisch stark frequentierten Straßen sowie Lebensmittelgroßmärkte an Ausfallstraßen zu erfassen sein. Einzelhandelsgeschäfte und Kaufhäuser im innerstädtischen Bereich dagegen werden durch eine Änderung der Verkehrsführung nicht ohne Weiteres in der erforderlichen Weise betroffen. Wird bspw. vor dem Gewerbebetrieb eine Fußgängerzone eingerichtet, so ist zu unterscheiden, ob das Unternehmen – wie ein SB-Markt – auf Zufahrtsmöglichkeiten für die Kundschaft angewiesen ist oder ob dieser Aspekt – wie bei einem Buch- oder einem Blumenladen – nachrangig ist.[423] Allerdings kann es bei der Beseitigung von Parkplätzen, die erkennbar der Benutzung durch die Kundschaft eines bestimmten Betriebes zugeordnet sind, auf den Charakter des Betriebes nicht ankommen. In dieser Gestaltung ist das Interesse des Gewerbetreibenden am Erhalt des Parkraumes greifbar und in die Abwägung einzustellen (a.M. OVG Koblenz BRS 36, 79, 81).

222   **ccc) Festsetzung oder Ausschluss der Verwendung bestimmter Materialien.** Charakteristikum der dritten Fallgruppe sind Planfestsetzungen, die nur mittels der Verwendung anderer als der vom antragstellenden Gewerbetreibenden hergestellten Materialien zu realisieren sind und dadurch dessen Absatzchancen schmälern. Als Bsp. diene ein zur Entscheidung des BayVGH gestellter Sachverhalt, in welchem der von einem u.a. das Plangebiet beliefernden Hersteller von Betondachsteinen angegriffene Bebauungsplan für bestimmte Sondergebiete die textliche Festsetzung „Dachdeckung:... Tonziegel naturrot" enthielt. Das Gericht hielt den Dachsteinhersteller nicht für antragsbefugt, da er durch den Bebauungsplan keinen unmittelbaren, sondern lediglich einen mittelbaren Nachteil dergestalt erleide, dass die Bauwerber die von ihnen benötigten Dachziegel nicht bei dem Antragsteller kauften. Eine den Schutzbereich des Art. 12 Abs. 1 GG betreffende Berufsausübungsregelung liege wegen der rein faktischen Einengung der Tätigkeit nicht vor und sei nur denkbar, wenn der Ausschluss der vom Antragsteller hergestellten Materialien derart weiträumig erfolge, dass die Erzeugung dieses Produkts praktisch sinnlos werden würde (VGH München BayVBl 1979, 753, 754). Wegen der Abweichung von einem Beschluss des Hessischen VGH, der die Antragsbefugnis eines mit seinen Dachdeckungsmaterialien durch Bebauungsplan ausgeschlossenen Unternehmers mit der Begründung bejaht hatte, die Festsetzung verletze den Gewerbetreibenden in seiner grundrechtlich geschützten Wettbewerbsfreiheit (VGH Kassel VerwRspr 25, 952, 953 f.), sah sich der BayVGH zur Vorlage der Sache an das BVerwG veranlasst.

223   Aus den Andeutungen, den durch die Festsetzung eines Campingplatzes anstatt eines Ferienhausgebiets berührten Interessen der Baustoffhersteller oder den durch die Anordnung von Bindungen für Bepflanzungen betroffenen Belangen von Gartenbaubetrieben fehle die Schutzwürdigkeit (BVerwGE 59, 87, 103), lässt sich wohl die Neigung des BVerwG entnehmen, die Antragsbefugnis der Baustoffhersteller abzulehnen.[424] In seiner abschließenden Entscheidung jedenfalls verneinte der BayVGH die Antragsbefugnis des Dachsteinherstellers und wies ergänzend darauf hin, dass durch die angegriffene Regelung nicht wie erforderlich ein Individualinteresse, sondern das Gruppeninteresse aller Hersteller von Betondachsteinen betroffen sei. Etwas anderes könne nur gelten, wenn sich die negativen Auswirkungen allein bei eindeutig individualisierbaren Gruppenmitgliedern einstellen könnten (VGH München BayVBl 1980, 537, 538).

224   Zum gleichen Ergebnis kam das OVG Münster, das einem Brennstoffeinzelhändler die Antragsbefugnis gegen einen Bebauungsplan absprach, durch den in einem Neubaugebiet die Verwendung von Stoffen wie Kohle und Öl für die Beheizung der im Bebauungsplan ausgewiesenen Gebäude ausgeschlossen wurde. Da das Betriebsgrundstück des Antragstellers über vier Kilometer vom Plangebiet entfernt lag, dränge sich der Händler nicht als etwaiger Lieferant für den Planbereich auf, womit sich sein Interesse als nicht schutzwürdige Hoffnung auf die Verbesserung von Marktchancen darstelle. Eine andere Beurteilung sei allerdings denkbar, wenn derartige Verwendungsausschlüsse für bereits

---

422   *H. Dürr*, Antragsbefugnis, 1987, 87 f.; *ders.*, VBlBW 1993, 361, 369.
423   *J. Ziekow*, GewArch 1990, 387, 391.
424   *W. Skouris*, DVBl 1980, 315, 318.

bebaute Gebiete festgesetzt würden (OVG Münster NJW 1982, 1171). In der Lit. wird diesen Ergebnissen weithin zugestimmt.[425]

Zutr. an der h.A. ist nur, dass dem von Art. 14 GG eigentumsrechtlich geschützten Bestand des Gewer- 225 bebetriebes bloße Chancen nicht zugerechnet werden (BVerfGE 51, 193, 222). Dagegen wurde bereits auf die Unhaltbarkeit der These hingewiesen, das Grundrecht der ausgeschlossenen Unternehmer aus Art. 12 Abs. 1 GG könne durch Festsetzungen dieser Art nicht berührt werden (→ Rn. 170). Dies trifft in jedem Fall für die vom BayVGH beurteilte Konstellation zu, dass sich das bisherige Absatzgebiet des Unternehmers und der Planbereich zumindest teilweise decken. Es gilt aber gleichfalls für die vom OVG Münster entschiedene Gestaltung, wenn ein bisher unbebautes Gebiet überplant wird und der dabei festgesetzte Verwendungsausschluss zulasten bestimmter Unternehmen geht (vgl. zu diesem Kriterium BVerwGE 71, 183, 193). Dabei kommt es nicht darauf an, ob sich der Antragsteller wegen einer besonderen Nähe zum Plangebiet als zukünftiger Lieferant geradezu aufdrängt. Entscheidend ist allein, ob die Feststellung möglich ist, dass dem individualisierten Anbieter der Planbereich als (potenzieller) Markt entzogen wird. Insofern ist auf die Besonderheiten der jeweiligen Branche und den Einzelfall abzustellen.

Trotz fehlenden räumlichen Bezugs zum Planbereich wird etwa ein Unternehmer, der aus steuerlichen 226 Rücksichten in Mecklenburg-Vorpommern ortstypische Bauteile für ein begrenztes Gebiet in Baden-Württemberg produziert, durch einen die Verwendung dieser Materialien ausschließenden Bebauungsplan einer oberrheinischen Gemeinde in seiner Berufsausübungsfreiheit betroffen. Ist allerdings ein konkret-individueller Bezug des Anbieters zu dem betreffenden Planbereich wie bei national oder international strukturierten Märkten nicht konstatierbar, so ist der Schutzbereich des Art. 12 Abs. 1 GG nicht eröffnet. Ebenso wenig kommt Art. 12 Abs. 1 GG in den vom BVerwG dargestellten Fällen der Nutzung einer von mehreren denkbaren Planungsvarianten zum Tragen, welche faktisch die Hersteller solcher Materialien, die nur in einer nicht gewählten Planungsmöglichkeit hätten Verwendung finden können, gegenüber den Produzenten plankonform verwendbarer Teile benachteiligt. Hier ist die Zurücksetzung eines unübersehbaren Kreises verschiedenster Produzenten ein bloßer Reflex der positiven Planungsentscheidung, welche keinen grundrechtlichen Schutz beanspruchen kann (vgl. zu diesem Kriterium BVerwGE 71, 183, 193).

ddd) Konkurrentenantrag. Als Konkurrentenantrag könnte man zusammenfassend die Situation be- 227 zeichnen, dass sich ein Umsatzeinbußen befürchtender Unternehmer gegen einen Bebauungsplan wendet, der ein Gebiet zur Ansiedlung eines Konkurrenzbetriebes festsetzt.[426] Bereits aus den Andeutungen des BVerwG in seinem Grundsatzbeschluss vom 9.11.1979, den Interessen bereits vorhandener Betriebe fehle gegenüber der durch die Festsetzung eines Mischgebiets ermöglichten Errichtung von weiteren Betrieben des Beherbergungsgewerbes die Schutzwürdigkeit (BVerwGE 59, 87, 103), musste man schließen, dass das Gericht einen Konkurrentenantrag jedenfalls im Regelfall für unzulässig erachtet.[427] In späteren Entscheidungen hat das BVerwG diese Einschätzung bestätigt und ausgeführt, dass der einzelne Gewerbetreibende weder einen Anspruch darauf habe, dass sich eine vorhandene Wettbewerbssituation nicht verschlechtert, noch sei sein dahin gehendes Interesse schutzwürdig, weil er mit neuer Konkurrenz ständig rechnen müsse. Das Bauplanungsrecht verhalte sich gegenüber solchen Interessen neutral (BVerwG NVwZ 1997, 683). Eine Ausnahme gilt danach lediglich für besonders gelagerte Einzelfälle, in denen eine Berücksichtigung gerade der privaten Interessen eines Einzelbetriebs naheliegt (BVerwG NVwZ 1990, 555). Die einhellige Rspr. der OVG und der weitaus überwiegende Teil der Lit. lehnen eine aus der planerischen Ausweisung eines Gebietes fließende Antragsbefugnis mit der Begründung ab, der Ausgleich ökonomischer Interessen sei bei der Planung nicht vorzunehmen.[428]

---

425 *H. Dürr*, Antragsbefugnis, 1987, 90 f.; *Kopp/Schenke* § 47 Rn. 74; *B. Linke*, BauR 1990, 529, 534; *M. Quaas/K. Müller*, Normenkontrolle, 1986, Rn. 170; *J. Schmidt*, in: Eyermann § 47 Rn. 49; *B. Stüer*, DVBl 1985, 469, 476.
426 Dazu *J. Ziekow*, NVwZ 1991, 345.
427 A.M. *G. Frank*, NVwZ 1987, 369, 373; *W. Skouris*, DVBl 1980, 315, 318.
428 OVG Bautzen DÖV 1998, 164; OVG Brem BauR 2016, 2072; OVG Koblenz BRS 36, 79, 80 f.; OVG Lüneburg BauR 2007, 1840, 1841; OVG Münster OVGE 33, 78, 81 ff.; VGH Kassel BauR 1971, 108, 109; VGH Mannheim VBlBW 1982, 229, 230; *M. Beckmann*, VR 1990, 152, 155 f.; *H. Dürr*, Antragsbefugnis, 1987, 90; *Kopp/Schenke* § 47 Rn. 74; *B. Linke*, BauR 1990, 529, 534; *M. Quaas/K. Müller*, Normenkontrolle, 1986, Rn. 170; *B. Stüer*, DVBl 1985, 469, 476.

228   Das Interesse an Konkurrenzfreiheit genießt grundrechtlichen Schutz weder nach Art. 12 Abs. 1 GG noch nach Art. 14 Abs. 1 GG (BVerwGE 71, 183, 193). Die Frage, ob es eine die Antragsbefugnis verleihende Beeinträchtigung begründen kann, ist zwar im Grundsatz zu bejahen,[429] abschließend jedoch nur im Einzelfall zu beantworten. Entscheidend ist, ob die Beeinträchtigung der Erwerbsmöglichkeiten des Unternehmers dem Plangeber erkennbar ist. Unter Berücksichtigung dessen, dass die wirtschaftlichen Einbußen des Antragstellers unmittelbar durch den Bebauungsplan eingetreten oder zu erwarten sein müssen, kann die bloße Festsetzung eines Baugebiets i.S.d. BauNVO nur dann zu einer Rechtsverletzung führen, wenn sich die Ansiedlung eines Konkurrenzbetriebes bereits mit hinreichender Sicherheit abzeichnet. Solange der Plangeber nicht vom eingrenzenden Instrumentarium des § 1 Abs. 4-9 BauNVO Gebrauch macht, wird sich diese Feststellung – anders als bei der Festsetzung eines Sondergebietes nach § 11 Abs. 3 BauNVO – etwa für Misch- oder Kerngebiete (§§ 6, 7 BauNVO) nicht ohne Weiteres treffen lassen. Die hypothetische Möglichkeit einer Konkurrentenansiedlung genügt nicht.

229   Steht die Eröffnung eines Konkurrenzbetriebes fest, so ist damit noch keine Rechtsverletzung i.S.v. § 47 Abs. 2 S. 1 geltend gemacht. Es muss vielmehr deutlich werden, dass gerade der neue Betrieb einen mehr als nur geringfügigen Rückgang des Umsatzes des Antragstellers herbeiführt. Sind bspw. zur örtlichen Versorgung einer in sich geschlossenen Siedlungseinheit bereits 10 Bäckereibetriebe vorhanden und wird in der Nachbarschaft planungsrechtlich die Errichtung einer weiteren Bäckerei ermöglicht, so wird der Ursachenzusammenhang zwischen Bebauungsplan und eventuellen Umsatzverlusten kaum zu verifizieren sein. Von Bedeutung sind insoweit die Art des Gewerbebetriebes, die bereits bestehenden Konkurrenzverhältnisse und die örtlichen Gegebenheiten. In Siedlungsgebieten mit niedriger Bevölkerungszahl und -dichte sowie entspannter Konkurrenzsituation wird beim Hinzutreten eines Betriebes gleicher Branche selbst bei größerer räumlicher Distanz eher eine relevante Beeinträchtigung feststellbar sein als in Großstädten mit entgegengesetzten Gegebenheiten. Schließlich bleibt der konkret-individuelle Bezugsrahmen des Bebauungsplans zu beachten, welcher die Einbeziehung von den Plankontext verlassenden Konkurrenzbeziehungen in das berücksichtigungsfähige Interessenmaterial verhindert. Erwächst etwa einem lokalen Monopolinhaber am anderen Ende eines durch eine Vielzahl von Bebauungsplänen überplanten großräumigen Gemeindegebiets planbedingt eine Konkurrenz, so ist der der Berücksichtigung der Beeinträchtigung gebietende Bezugsrahmen überschritten.[430]

230   Drei Beispiele aus der Rspr. machen die Spannbreite des Problems anschaulich. In einem vom VGH Mannheim entschiedenen Fall wandte sich der Inhaber einer außerhalb der Innenstadt liegenden Apotheke gegen einen den Altstadtbereich der Stadt Tübingen als Kerngebiet ausweisenden Bebauungsplan mit der Begründung, er müsse mit der Eröffnung einer Apotheke in dem ermöglichten Einkaufszentrum rechnen, was bei dem Überangebot an Apotheken in Tübingen seine Existenz bedrohen würde. I.E. zutr. hat das Gericht die Antragsbefugnis verneint (VGH Mannheim VBlBW 1982, 229). Eine unmittelbar durch den Bebauungsplan drohende, mehr als geringfügige Beeinträchtigung ist in Anbetracht der nur vagen Möglichkeit der Errichtung einer neuen Apotheke, der bereits bestehenden intensiven Konkurrenz und der räumlichen Entfernung zum eventuellen weiteren Konkurrenten nicht feststellbar.

231   Zu Unrecht hingegen hat das OVG Koblenz die Antragsbefugnis des Betreibers des einzigen Kaufhauses in einer Stadt mit 27 000 Einwohnern verneint, welcher einen ein Kerngebiet mit u.a. einem Großwarenhaus in unmittelbarer Nachbarschaft des Antragstellers festsetzenden Bebauungsplan angriff (OVG Koblenz BRS 36, 79). Die zu einer unmittelbaren Beeinträchtigung durch den Plan führende negative wirtschaftliche Betroffenheit des Antragstellers musste für den Plangeber nicht nur greifbar, sondern im eigentlichen Sinne des Wortes geradezu erdrückend deutlich sein.

232   Zwischen diesen beiden Polen liegt die Konstellation, dass außerhalb des innerstädtischen Bereichs insbes. durch Sondergebietsfestsetzungen nach § 11 BauNVO Einkaufszentren und großflächige Handelsbetriebe zugelassen werden. Die Rspr. hält Normenkontrollanträge innerstädtischer Gewerbetreibender mangels Antragsbefugnis für unzulässig).[431] Dem wird man zwar häufig i.E. zustimmen können, jedoch bedarf das Problem einer differenzierten Behandlung. Allein die Behauptung, die Errich-

---

429   *H. Koch*, Prozessführung, 1983, 195; *W. Skouris*, Verletztenklagen, 1979, 271.
430   *J. Ziekow*, GewArch 1990, 387, 393.
431   BVerwG NVwZ 1990, 555; 1997, 683; OVG Lüneburg BauR 2007, 1840, 1841; OVG Münster OVGE 33, 78, 81 ff.

tung eines derartigen Unternehmens führe zu einer Verödung der Innenstadt, kann jedenfalls eine Rechtsbeeinträchtigung nicht konstituieren.[432] Die Zuordnung von die Geringfügigkeitsschwelle überschreitenden ökonomischen Nachteilen jedes einzelnen innerstädtischen Gewerbetreibenden zu einem mehrere Kilometer entfernt geplanten großflächigen Einzelhandelsbetrieb ist kaum möglich. Entscheidend ist die konkrete jeweilige Branchenstruktur und die daraus resultierende Versorgungs- und Konkurrenzsituation. Die bspw. einem über die unmittelbare Nachbarschaftsversorgung hinausgehenden spezialisierten Monopolbetrieb wie dem einzigen Möbelhaus in der Stadt durch die Ansiedlung eines großflächigen SB-Möbelhauses entstehenden Einbußen sind für den Plangeber offensichtlich. Allerdings muss sich die berücksichtigungsfähige Konkurrenzbeziehung innerhalb des konkret-individuellen Plankontextes halten, sodass mit wachsender Entfernung der Sondergebietsfestsetzung vom jeweiligen innerstädtischen Bereich dieser räumliche Bezug schwindet.[433] Antragsbefugt ist auch ein Grundstückseigentümer, dessen Absicht, in der betreffenden Gemeinde einen großflächigen Einzelhandelsbetrieb zu errichten, durch die Ausweisung eines entsprechenden Sondergebiets auf dem Grundstück eines anderen Eigentümers vereitelt wird (OVG Lüneburg BauR 2001, 1385).

eee) Weitere wirtschaftliche Positionen. Keine Beeinträchtigung *durch* den Bebauungsplan erleiden 233
die von der planbedingten Betriebseinschränkung im weiteren Betroffenen wie die Kunden oder die Arbeitnehmer des betroffenen Unternehmens, die möglicherweise ihren Arbeitsplatz verlieren, oder Lieferanten, denen eine Absatzmöglichkeit verloren geht.[434] Gleiches gilt für einen Gewerbetreibenden, der befürchtet, durch den Bebauungsplan entstünden der Gemeinde hohe Erschließungskosten, die letztlich zu einer Erhöhung der Gewerbesteuer führen würden (VGH Mannheim BaWüVBl 1968, 46). Antragsbefugt ist hingegen der Eigentümer eines Schlosses, dessen Sanierungs- und Verwertungspläne durch die Festsetzung eines heranrückenden Industriegebiets vereitelt werden (OVG Frankfurt/O. LKV 1997, 217).

dd) Antragsbefugnis von Gemeinden. Die Antragsbefugnis von Gemeinden gegen den Bebauungsplan 234
einer Nachbargemeinde setzt voraus, dass durch den Plan die Planungshoheit der antragstellenden Gemeinde beeinträchtigt wird (OVG Lüneburg BauR 1991, 170, 171).[435] Zu denken ist etwa an eine Vernachlässigung des Abstimmungsgebots des § 2 Abs. 2 BauGB,[436] welche nicht notwendig zu einem Konflikt mit einer hinreichend konkreten Planung der die Plankontrolle begehrenden Gemeinde führen muss.[437] Ausreichend ist vielmehr, dass unmittelbare Auswirkungen gewichtiger Art auf die städtebauliche Ordnung und Entwicklung der Nachbargemeinde durch den angegriffenen Bebauungsplan in Betracht kommen,[438] die einen Zwang zur planerischen Reaktion der betroffenen Nachbargemeinde auslösen (VGH Mannheim NJW 1977, 1465, 1466). In die Abwägung einzubeziehen sind dabei nicht nur vorhandene Nutzungen auf dem Gebiet der Nachbargemeinde, sondern auch die von der Nachbargemeinde geplante weitere Entwicklung in diesen Bereichen (OVG Münster BauR 2017, 55, 56). Ausdrücklich geregelt ist die Möglichkeit der Gemeinde, sich auf die Auswirkungen des angefochtenen Bebauungsplans auf ihre zentralen Versorgungsbereiche zu berufen (§ 2 Abs. 2 S. 2 Alt. 2 BauGB), was ihr die Antragsbefugnis verleiht (VGH Mannheim NVwZ-RR 2008, 369, 370 f.; 21.9.2010 – 3 S 324/08). Das bloße Unterbleiben der Beteiligung der Nachbargemeinde am Planaufstellungsverfahren oder ein Widerspruch des angefochtenen Bebauungsplans zu den Zielen der Raumordnung und Landesplanung kann eine von der Beeinträchtigung der Planungshoheit unabhängige

---

432 A.M. *G. Frank,* NVwZ 1987, 369, 371.
433 *J. Ziekow,* NVwZ 1991, 345, 346.
434 *H. Dürr,* DÖV 1990, 136, 140.
435 *B. Stüer,* DVBl 1985, 469, 476.
436 BVerwG UPR 1994, 307, 308; OVG Bautzen SächsVBl 1993, 255, 256; 1994, 180, 181; OVG Greifswald NordÖR 1999, 461; OVG Koblenz NuR 2003, 373, 374; NVwZ-RR 2009, 711; OVG Lüneburg NuR 2001, 294, 295; OVG Münster BauR 2017, 55, 56; OVG Saarlouis KommJur 2016, 194, 195; OVG Weimar DÖV 2003, 636; VGH Mannheim VBlBW 1994, 353; 2000, 479, 480; VGH München BayVBl 1994, 495; 1999, 760; BauR 1999, 1140, 1141; BayVBl 2000, 273, 274; 2001, 175; *H.-U. Stühler,* VBlBW 1999, 206, 208 f.
437 OVG Koblenz NuR 2002, 420, 421; VGH Mannheim NVwZ-RR 2008, 369, 370; VGH München BauR 1999, 1140, 1141; BayVBl 2000, 273, 274. A.M. OVG Bautzen SächsVBl 1993, 255, 256; OVG Koblenz BauR 1993, 204, 205; VGH Mannheim NVwZ 1987, 1088, 1089.
438 OVG Koblenz NuR 2002, 420; 2003, 373, 374; OVG Lüneburg NVwZ-RR 2006, 246, 247; OVG Münster BauR 2017, 55, 56; OVG Saarlouis KommJur 2016, 194, 195; OVG Weimar DÖV 2003, 636; VGH Kassel NVwZ-RR 2005, 307, 308; VGH München UPR 1998, 467.

Rechtsverletzung nicht begründen.[439] Eine Ausnahme gilt für die Zuweisung von Funktionen an die Gemeinde durch Ziele der Raumordnung (§ 2 Abs. 2 S. 2 Alt. 1 BauGB), insbes. die Zuordnung unterschiedlicher Zentralitätsstufen und die damit verbundenen Ziele, auf die sich die Gemeinde auch zur Begründung der Antragsbefugnis berufen kann (OVG Bln 1.12.2016 – 10 A 15.12, juris Rn. 35; VGH Mannheim NVwZ-RR 2008, 369, 370; 21.9.2010 – 3 S 324/08). Nicht dem interkommunalen Abstimmungsgebot unterfallen und damit keine Antragsbefugnis begründen können bloße Lagevorteile der Nachbargemeinde wie besonders attraktive Blickachsen, es sei denn, dass mit diesen Lagevorteilen besondere Nutzungsvorteile bspw. touristischer Art verbunden sind (OVG Lüneburg BauR 2017, 506, 508).

234a Neben dem „qualifizierten" Abwägungsgebot des § 2 Abs. 2 BauGB sind die Belange der Nachbargemeinde aber auch auf der Ebene der „einfachen" Abwägung nach § 1 Abs. 7 BauGB zu beachten (VGH Mannheim 21.9.2010 – 3 S 324/08). So kann sich die Antragsbefugnis einer rheinland-pfälzischen Verbandsgemeinde gegen den Bebauungsplan einer ihrer Ortsgemeinden daraus ergeben, dass ihre Selbstverwaltungsaufgaben oder ihr einfach-gesetzlich begründetes Eigentum als abwägungserhebliche Belange bei der Planungsentscheidung der Ortsgemeinde keine hinreichende Berücksichtigung gefunden haben (OVG Koblenz 24.3.2010 – 8 C 11202/09).

234b Beispiele, in denen die Antragsbefugnis der Nachbargemeinde bejaht wurde, sind die Festsetzung eines Sondergebiets für einen Großverbrauchermarkt oder großflächigen Einzelhandel im Bebauungsplan einer in der Nähe gelegenen Gemeinde,[440] ohne dass die Gemeindegebiete unmittelbar aneinander angrenzen müssen (VGH München UPR 1998, 467; BayVBl 2000, 273, 274; 2001, 175), die Ausweisung eines Gewerbegebiets für Einzelhandelsbetriebe unmittelbar an der Grenze zur Nachbargemeinde und mit verkehrsmäßiger Anbindung an diese (BezG Magdeburg LKV 1992, 308) – wohingegen die Ausweisung eines Gewerbe- oder Industriegebiets ohne Einzelhandelsbezug als die nachbargemeindlichen Belange nicht berührend angesehen wird (OVG Lüneburg BauR 2017, 506, 507) –, die Festsetzung eines Misch- und Gewerbegebiets gegenüber einem von der Nachbargemeinde ausgewiesenen reinen Wohngebiet (OVG Lüneburg BauR 1991, 170, 171), die durch den angegriffenen Bebauungsplan bedingte, städtebaulich bewältigungsbedürftige Zunahme von Straßenverkehr (OVG Lüneburg BauR 2017, 506, 508), die Festsetzung eines „Windparks" mit hohen Windkraftanlagen in der Nähe der antragstellenden Gemeinde (OVG Koblenz NuR 2003, 373, 374; OVG Lüneburg NuR 2001, 294, 295) oder die im Bebauungsplan der Nachbargemeinde vorgesehene Ansiedlung einer Tankstelle, die nur über Einfädelspuren auf dem Gebiet der Antragstellerin erreicht werden könnte (VGH München 28.6.2011 – 15 N 08.3388).

235 **b) Andere Planungsnormen.** Für andere Planungsnormen und die Aufhebung von Bebauungsplänen (OVG Münster BRS 50, 113, 114) können die bei der Antragsbefugnis von Bebauungsplänen aufgestellten Grundsätze entsprechend herangezogen werden, soweit nicht die Besonderheiten des jeweiligen Fachplanungsrechts dem entgegenstehen.

236 **aa) Abfallbeseitigungsplan.** Durch einen für verbindlich erklärten Abfallbeseitigungsplan kann ein Grundstückseigentümer eine relevante Beeinträchtigung erleiden, wenn von der Abfallbeseitigungsanlage schädliche Umwelteinwirkungen auf sein Grundstück zu erwarten sind.[441] Dabei muss der Standort der Anlage im Plan räumlich zumindest so eingegrenzt festgelegt sein, dass von jedem Standort, der innerhalb des festgelegten Bereichs in Betracht kommt, konkretisierbare nachteilige Wirkungen auf das Grundstück des Antragstellers ausgehen können (BVerwG DVBl 1991, 399).[442] Da die objektiv gegebenen Auswirkungen der Anlage die Antragsbefugnis nicht begründen können, müssen die Festlegungen des Planes zu dem Standort, ggf. in Kombination mit verbindlichen Festlegungen z.B. über die Art der Abfälle, Größe und Kapazität der Anlage oder die anzuwendende Beseitigungstechnik, darüber hinaus so konkretisiert sein, dass das betroffene Interesse des Antragstellers individuali-

439 OVG Lüneburg BRS 39, 74, 76 f.; VGH Mannheim NVwZ 1987, 1088, 1089.
440 BVerwG UPR 1994, 307, 308; OVG Koblenz BRS 40, 80, 81; OVG Lüneburg BauR 2007, 342, 343 f.; OVG Magdeburg LKV 1994, 220; VGH Mannheim NJW 1977, 1465, 1466; NVwZ-RR 2008, 369, 370; VBlBW 2000, 479, 480; VGH München BayVBl 2001, 175; vgl. aber OVG Lüneburg BRS 39, 74, 75 ff.
441 BVerwGE 81, 128, 130; BVerwG DVBl 1991, 399. Zum Verhältnis zum nachfolgenden Planfeststellungsverfahren OVG Brem DVBl 1988, 546, 547 f. und → Rn. 191.
442 Ebenso M. Jörgensen, BayVBl 1992, 353, 354.

sierbar ist.[443] Ebenso erleidet der Betreiber einer vorhandenen Abfallbeseitigungsanlage eine relevante Beeinträchtigung, wenn der der diese Anlage festlegende Abfallbeseitigungsplan durch die Festlegung des Standorts für eine weitere Anlage dieser Art fortgeschrieben wird (a.M. BVerwGE 81, 139, 144 ff.).

bb) Innenbereichssatzungen. Auch die Antragsbefugnis bei der Normenkontrolle von Innenbereichs- 237 satzungen nach § 34 Abs. 4 BauGB folgt den für Bebauungspläne entwickelten Grundsätzen.[444] Dies gilt sowohl für die Eigentümer, deren Grundstücke durch die Klarstellungssatzung teilweise dem Innen- und teilweise dem Außenbereich zugewiesen werden (OVG Bautzen SächsVBl 2001, 15), als auch Eigentümer von Grundstücken, die von der Klarstellungssatzung nicht erfasst sind, jedoch an deren Bereich angrenzen.[445] Dem steht wegen der Bindungswirkung der Klarstellungssatzung bei der Erteilung von Baugenehmigungen auch nicht deren nur deklaratorische Wirkung entgegen (OVG Bautzen SächsVBl 2001, 79, 80; OVG Koblenz NVwZ-RR 2012, 289). Durch eine *Ergänzungssatzung* i.S.v. § 34 Abs. 4 S. 1 Nr. 3 BauGB erleidet der Inhaber eines emittierenden Betriebes eine relevante Beeinträchtigung, wenn durch die Einbeziehung bisheriger Außenbereichsgrundstücke in den Geltungsbereich der Satzung das Heranrücken der Bebauung an diesen Betrieb erleichtert und dadurch die Gefahr nachträglicher Umweltschutzauflagen erhöht wird (OVG Saarlouis NVwZ 1982, 125). Gleichfalls eine Rechtsverletzung bedeutet es, wenn die Frage der Erschließung des durch die Ergänzungssatzung entstehenden Baulands nicht geklärt ist (VGH München UPR 1987, 199). Nicht i.S.d. § 47 Abs. 2 S. 1 benachteiligungsfähig ist hingegen das Interesse an der Erhaltung der Außenbereichslage.[446]

cc) Erhaltungssatzung. Durch eine Erhaltungssatzung haben die Eigentümer bebauter Grundstücke, 238 die im Geltungsbereich der Satzung liegen, eine relevante Beeinträchtigung in Gestalt eines Veränderungsverbots zu erwarten (OVG Lüneburg BauR 1983, 436. A.M. OVG Greifswald UPR 2001, 233, 234).

dd) Sanierungssatzung. Eine Sanierungssatzung begründet für die betroffenen Grundstückseigentü- 239 mer – nicht jedoch für Inhaber bloßer Grundpfandrechte (VGH Mannheim 16.11.2016 – 3 S 174/15, juris Rn. 25) – Rechtsnachteile durch die Genehmigungsvorbehalte des § 144 BauGB (OVG Lüneburg ZfBR 1980, 97; VGH Mannheim BauR 2017, 520).

ee) Satzung zur Sicherung von Gebieten mit Fremdenverkehrsfunktionen. Eine Satzung zur Sicherung 240 von Gebieten mit Fremdenverkehrsfunktionen ruft eine Rechtsverletzung für einen Antragsteller hervor, der kein wohnungseigentumsrechtliches Teileigentum mehr begründen kann (VGH Mannhein ZfBR 1993, 241).

ff) Entwicklungsbereichssatzung. Gegen eine Entwicklungsbereichssatzung besitzen wegen der Mög- 241 lichkeit der Enteignung ohne Bebauungsplan die Eigentümer von einbezogenen Grundstücken die Antragsbefugnis.[447] Gleiches gilt für die Käufer von Grundstücken, wenn wegen der Genehmigungspflicht für rechtsgeschäftliche Veräußerungen von Grundstücken der Eigentumserwerb nicht stattfinden kann (OVG Bln OVGE Bln 22, 199, 200 f.).

gg) Veränderungssperre. Gegen die Festsetzung einer Veränderungssperre sind die Eigentümer der 241a Grundstücke in deren Geltungsbereich,[448] der Inhaber eines Gewerbebetriebs, der eine Erweiterung auf von der Veränderungssperre betroffene Grundstücke – unabhängig von deren eigentumsrechtlicher Zuordnung – plant (OVG Weimar BauR 2002, 917, 918; VGH München BayVBl 1997, 525, 526), und weitere Bauantragsteller ohne die Rechtsstellung des Grundstückseigentümers (OVG Weimar UPR 2002, 158; VGH Mannheim NVwZ-RR 2006, 170, 171) – und zwar sogar dann, wenn ein Antrag noch nicht gestellt, aber schlüssig dargelegt wurde, dass ein solcher Antrag in absehbarer

---

443 BVerwGE 81, 128, 130; BVerwG DVBl 1991, 399; dazu auch *C. Weidemann*, NVwZ 1989, 1033.
444 Für die Ergänzungssatzung OVG Magdeburg ZfBR 2010, 799, 800. Für die Entwicklungssatzung VGH Kassel NVwZ-RR 2010, 835, 836. Für die Klarstellungssatzung BVerwG NVwZ 2011, 438, 440; OVG Bln NVwZ-RR 2012, 152, 153; OVG Koblenz NVwZ-RR 2012, 289 f.
445 OVG Bautzen SächsVBl 2001, 79, 80. A.M. für Eigentümer, deren Grundstücke außerhalb des Satzungsbereichs liegen, OVG Greifswald LKV 1999, 68.
446 VGH Mannheim NuR 1993, 320, 321; VGH München UPR 1993, 116. A.M. VGH München BayVBl 1993, 624, 625.
447 OVG Lüneburg BauR 1997, 620, 621; VGH Mannheim 7.11.2000 – 3 S 3157/98.
448 OVG Bln OVGE Bln 18, 140, 141; OVG Koblenz 23.11.2016 – 8 C 10662/16, juris Rn. 20; OVG Magdeburg ZNER 2002, 247; VGH München BauR 2000, 1716; *H. Jäde*, ZfBR 2011, 115, 116.

Zeit in Betracht komme[449] – sowie zukünftige Mieter oder anderweitige Nutzer eines Grundstücks, wenn die Wirksamkeit oder Ausnutzung des mit dem Grundstückseigentümer abgeschlossenen Nutzungsvertrags hinsichtlich einer beabsichtigten wirtschaftlichen Nutzung durch die Veränderungssperre verhindert wird,[450] nicht aber Plannachbarn,[451] antragsbefugt.

241b   **hh) Flächennutzungspläne.** Die Antragsbefugnis für die Normenkontrolle von Flächennutzungsplänen besteht insbes. dann, wenn der Antragsteller geltend machen kann, dass seine Belange in der Abwägung nicht ordnungsgemäß berücksichtigt wurden. Ein Bsp. ist der Antrag eines Unternehmens gegen die Darstellung von Konzentrationsflächen für Windkraftanlagen in einem Flächennutzungsplan, wenn das Unternehmen plante, Windenergieanlagen gerade auch außerhalb der dargestellten Sonderbauflächen bzw. – umgekehrt – in Ausschlusszonen zu errichten (OVG Bln NVwZ-RR 2008, 231; OVG Lüneburg ZUR 2013, 231, 232; BauR 2016, 1866). Entsprechendes gilt für die Festsetzung von Konzentrationsflächen für andere Vorhaben (OVG Koblenz BauR 2008, 1101, 1102: Kiesabbau). Eine Antragsbefugnis gegen Änderungen bzw. Erweiterungen bereits ausgewiesener Konzentrationszonen für Windenergieanlagen ergibt sich nicht nur für Vorhabenträger. Auch Plannachbarn steht eine Antragsbefugnis zu, wenn sie von der aufgrund der bisherigen Plansituation gegebenen Ausschlusswirkung begünstigt und durch die Änderung in abwägungsrelevanten Belangen betroffen werden (OVG Lüneburg ZfBR 2009, 262).[452]

242   **ii) Raumordnungspläne.** Gegen Raumordnungspläne sind Gemeinden antragsbefugt, soweit ihre Planungshoheit durch den überörtlichen Plan beeinträchtigt wird.[453] Beispiele sind die Versagung eines bestimmten Zentralitätsgrades in einem Landesentwicklungsprogramm (OVG Bln LKV 2016, 270, 271; VGH München BayVGH [N. F.] 27, 108, 109; NVwZ 1985, 502, 504) und die Aufnahme des Ziels in ein Landesentwicklungsprogramm, die Trasse einer Autobahn über das Gebiet der Gemeinde zu führen (BVerwG BayVBl 2003, 437, 440 [insoweit in BVerwGE 117, 313 nicht abgedruckt]), sowie andere Ziele der Raumordnung (VGH Kassel NVwZ-RR 2005, 11, 12). Im Übrigen gelten für die Antragsbefugnis für einen Normenkontrollantrag gegen einen Raumordnungsplan die gleichen Grundsätze wie bei Bebauungsplänen. Der Antragsteller muss daher geltend machen, durch Regelungen des Plans in seinem Recht auf ordnungsgemäße Abwägung seiner Belange verletzt zu sein (BVerwG NVwZ 2007, 229). Im Regelfall werden einzelne Bürger wegen der auf dieser Stufe fehlenden Individualisierbarkeit der betroffenen Interessen gegen einen Raumordnungsplan nicht antragsbefugt sein. Dies gilt auch gegenüber Zielen der Raumordnung.[454] Soweit allerdings private Belange bei der Abwägung über einen Raumordnungsplan zu berücksichtigen sind, ist eine Antragsbefugnis des Trägers der betreffenden Belange gegeben (BVerwG NVwZ 2007, 229, 230). Dabei ist zu berücksichtigen, dass die Abwägungsprozesse bei raumordnerischen Zielen regelmäßig grobmaschiger und die Ermittlung der berührten Belange dementsprechend nicht so tiefenscharf wie bei Bebauungsplänen sind. Daher reicht bei der Abwägung eine pauschalierende Berücksichtigung betroffener privater Belange regelmäßig aus. Anderes gilt für individuelle Betroffenheiten, die auf der Ebene der Regionalplanung erkennbar und von Bedeutung sind. Es genügt daher, wenn der Antragsteller einen eigenen Belang als verletzt benennt, der für die Abwägung überhaupt zu beachten war (OVG Magdeburg ZfBR 2010, 167, 168). Dies kann etwa der Fall sein, wenn der Antragsteller die ernsthafte Absicht darlegt, eine Genehmigung für die Errichtung von Windenergieanlagen auf einer Fläche zu beantragen, die nach

---

449   *H. Jäde*, ZfBR 2011, 115, 117.
450   BVerwG 19.2.2004 – 4 CN 13/03; OVG Münster BauR 2003, 1696, 1697; VGH Kassel HessVGRspr 1992, 74, 76; NuR 2003, 434; VGH Kassel NVwZ-RR 2005, 312, 313. Vgl. auch VGH Mannheim VBlBW 1998, 310 für den Vormerkungsberechtigten; zum Überblick *H. Jäde*, ZfBR 2011, 115, 117.
451   *H. Jäde*, ZfBR 2011, 115.
452   Vgl. auch *U. Wollenteit*, NVwZ 2008, 1281, 1283. A.M. *C. Herrmann*, NVwZ 2009, 1185, 1187.
453   BVerwG BayVBl 2003, 437, 440; OVG Bautzen SächsVBl 2007, 188; OVG Bln LKV 2016, 270, 271; OVG Greifswald NuR 2002, 558, 559; VGH Kassel NVwZ-RR 2006, 670; VGH Mannheim VBlBW 2001, 266, 267; VGH München BayVGH (N. F.) 27, 108, 109; BayVBl 1982, 726, 727; 1983, 723, 724; NVwZ 1985, 502, 504; GewArch 2006, 346.
454   BVerwG BayVBl 2003, 437, 440 (insoweit in BVerwGE 117, 313 nicht abgedruckt); OVG Saarlouis NVwZ-RR 2006, 771, 772. A.M. OVG Lüneburg NVwZ-RR 2005, 162; VGH München BayVBl 2004, 272, 273f.; *U. Böttger/M. Broosch*, UPR 2002, 420, 424ff.; *Ch. Heitsch*, NuR 2004, 20, 25.

den Zielen des angegriffenen Raumordnungsplans zu den Ausschlussgebieten für Windenergienutzung nach § 35 Abs. 3 S. 3 BauGB gehört[455] oder er eine solche Genehmigung bereits beantragt hat.[456]

jj) Naturschutzverordnungen. Auch Naturschutzverordnungen zur Festsetzung von Naturschutzgebieten beruhen auf einer ein Recht auf gerechte Abwägung begründenden Abwägung der betroffenen Belange.[457] Gleiches gilt für Landschaftsschutzverordnungen. Verordnungen der genannten Art können von allen Grundstückseigentümern angegriffen werden, für deren Grundstücke Nutzungseinschränkungen festgesetzt werden.[458] Dabei reicht es aus, wenn der Antragsteller die beabsichtigte Nutzung, bspw. den Abbau von Bodenschätzen, ernsthaft darlegen kann (BVerwG BauR 2001, 1243, 1244). Nicht ausreichend sind hingegen voraussichtliche Wertminderungen von Grundstücken, die aus der Aufhebung einer Landschaftsverordnung entstehen sollen, die an die Grundstücke der Antragsteller angrenzende Grundstücke betrifft (VGH Mannheim NuR 2000, 267, 268). Gleiches gilt, wenn die aufgehobenen Festsetzungen das Grundstück des Antragstellers betrafen.[459] Ebenfalls nicht genügend ist es, wenn der Antragsteller als Eigentümer eines in einem Naturschutzgebiet gelegenen Grundstücks gegen eine Rechtsvorschrift vorgeht, die das Klettern auf Felsen von naturschutzrechtlichen Verboten freistellt, ohne dabei dem Eigentümer korrespondierende Duldungspflichten aufzuerlegen (OVG Lüneburg 2.11.2010 – 4 KN 230/09). Antragsbefugt ist auch ein Jagdpächter, dessen Möglichkeiten der Jagdausübung durch die Naturschutzverordnung beschränkt werden (VGH München BayVBl 1996, 501, 502). Eine Gemeinde kann einen Normenkontrollantrag gegen eine Naturschutzverordnung auf eine mögliche Verletzung ihres Selbstverwaltungsrechts stützen.[460] Sofern sich aus dem bisherigen Vorgehen der Gemeinde ihr Wille entnehmen lässt, ggf. im Widerspruch zum Inhalt der Naturschutzverordnung stehende bauleitplanerische Darstellungen oder Festsetzungen treffen zu wollen, kann ihr die Antragsbefugnis nicht abgesprochen werden.[461] Will sich die Gemeinde zur Begründung der Antragsbefugnis auf ihr Eigentum an im Geltungsbereich der Verordnung gelegenen Grundstücken stützen, so muss sie konkret eine Beeinträchtigung ihrer Eigentümerstellung aus § 903 BGB darlegen, da sie sich auf Art. 14 GG nicht berufen kann.[462]

c) Weitere Rechtsvorschriften. Die Möglichkeiten der Rechtsverletzung durch weitere Rechtsvorschriften sind unübersehbar.

aa) Beiträge, Abgaben, Gebühren oder Steuern. Die Entstehung oder Steigerung einer Beitrags-, Abgaben-, Gebühren- oder Steuerpflicht begründet immer eine Rechtsverletzung.[463] Hierbei kommt es nicht darauf an, ob der Antragsteller rechtlich Gebührenschuldner ist, wenn er trotz Hinweises auf seine fehlende Schuldnereigenschaft tatsächlich laufend als Gebührenschuldner herangezogen wird (OVG Bautzen SächsVBl 1999, 33). Nicht ausreichend ist allerdings der Wunsch des Antragstellers, für den Fall der Aufnahme einer bisher nicht ausgeübten Tätigkeit niedrigere als die in der angegriffe-

243

244

245

---

455 OVG Bautzen 1.7.2011 – 1 C 25/08; OVG Bln 24.2.2011 – 2 A 2.09; OVG Magdeburg NuR 2016, 491, 492; VGH Kassel 17.3.2011 – 4 C 883/10.N; ZfBR 2011, 484.

456 OVG Bautzen 19.7.2012 – 1 C 40/11; OVG Lüneburg, 12.12.2012 – 12 KN 311/10; ZfBR 2009, 150, 151; ZfBR 2011, 488; VGH Mannheim VBlBW 2005, 47.

457 OVG Bautzen 12.4.2000 – 1 D 560/98; *U. Marzik*, in: Marzik/Wilrich, Bundesnaturschutzgesetz, 2004, § 22 Rn. 30 m.w.N. Ausdrückl. offenlassend, ob sich hieraus ein Recht auf gerechte Abwägung ergibt, BVerwG UPR 2000, 182, 183; für Landschaftsschutzgebietsverordnungen vgl. VGH München KommJur 2011, 437, 438.

458 Gleiches gilt für Landschaftsschutz- und Nationalparkverordnungen; vgl. BVerwG BauR 2001, 1243; OVG Bautzen NuR 2001, 283, 284; OVG Lüneburg ZUR 1999, 156; NVwZ-RR 2004, 340, 341; OVG Saarlouis NVwZ-RR 2007, 582; OVG Schleswig 31.1.1977 – 1 K 7/95; VGH Kassel RdL 1986, 48, 49; VGH Kassel NVwZ-RR 2005, 800; VGH Mannheim ESVGH 11, 128, 129; BauR 1992, 368; NuR 1992, 332; VBlBW 1992, 258; NVwZ 1992, 995, 996; VBlBW 1997, 103; 1998, 381, 382; NuR 1999, 514; NVwZ-RR 1999, 496; 2000, 277; 2000, 772; VGH München BayVGH (N. F.) 20, 88; NVwZ-RR 1997, 609; KommJur 2011, 437, 438.

459 BVerwG UPR 2004, 182; OVG Schleswig NuR 2000, 477; VGH Mannheim NVwZ-RR 2000, 770.

460 BVerwGE 114, 301, 304; OVG Bautzen NuR 2001, 283, 284 f.; OVG Lüneburg NuR 2004, 52; für eine Wasserschutzgebietsfestsetzung auch VGH München BayVBl 2003, 146.

461 BVerwGE 114, 301, 306; für eine Wasserschutzgebietsausweisung auch VGH München 8.3.1996 – 22 N 95.-3073.

462 OVG Bautzen NuR 2001, 283, 284; für eine Wasserschutzgebietsausweisung auch VGH Mannheim NVwZ 1999, 1249, 1250; VGH München BayVBl 2003, 146.

463 OVG Bautzen LKV 1994, 369; SächsVBl 1999, 33; OVG Frankfurt/O. LKV 1997, 454, 455; OVG Greifswald 7.11.1996 – 4 K 11/96; OVG Weimar LKV 2002, 534; VGH Kassel ESVGH 19, 196, 198; 20, 46, 47; 23, 177, 182; DVBl 1975, 909, 911; 1977, 216, 217; HessVGRspr 1979, 19, 20; NVwZ 1989, 585; NVwZ-RR 1998, 131; 2000, 243; 2006, 448; VGH Mannheim ESVGH 15, 193, 194; NVwZ 1994, 194, 195; NVwZ-RR 2000, 51, 52; 7.10.2002 – 2 S 2643/01; VGH München VerwRspr 15, 596, 598; BayVBl 1994, 565.

nen Rechtsvorschrift vorgesehenen Gebühren bezahlen zu müssen (OVG Bautzen NVwZ-RR 1999, 676). Gleiches gilt für den Erlass einer *Erschließungsbeitragssatzung* für diejenigen, die mit dem Erlass eines sie belastenden Verwaltungsakts rechnen müssen oder die zivilrechtlich zur Übernahme einer Abgabe verpflichtet sind.[464] Ist der Antragsteller von der Steigerung des Beitrags für den Besuch von kommunalen Kindertagesstätten nicht unmittelbar betroffen, weil sein Kind die Kindertagesstätte eines freien Trägers besucht, so ist er gleichwohl gegen die gemeindliche Änderungssatzung antragsbefugt, wenn sich die Entgelte für den Besuch nicht-kommunaler Kindertagesstätten an den Beitragssätzen für die kommunal betriebenen orientieren müssen (OVG Brem 22.10.2014 – 2 D 106/13, juris Rn. 40 f.).

246　**bb) Anschluss- und Benutzungszwang.** Die Festsetzung eines Anschluss- und Benutzungszwangs[465] und umgekehrt die *Beschränkung von Anschlussmöglichkeiten* an öffentliche Ver- oder Entsorgungseinrichtungen (VGH München BayVBl 1983, 336, 337) führt zur Antragsbefugnis des Betroffenen. Gleiches gilt für einen überlassungspflichtigen Inhaber einer Eigentumswohnung hinsichtlich einer den Entsorgungsmodus regelnden Abfallwirtschaftssatzung (VGH Mannheim NVwZ 1997, 1025).

247　**cc) Ge- oder Verbote.** Normen, die gegenüber dem Antragsteller Ge- oder Verbote statuieren, begründen die Antragsbefugnis.[466] Die Art der ge- oder verbotenen Tätigkeit ist dabei gleichgültig. Auch das Verbot des Bettelns oder des Alkoholgenusses kann einen Antragsteller möglicherweise in seinen Rechten verletzen, der im örtlichen Geltungsbereich der angegriffenen Rechtsvorschrift in der Vergangenheit bereits gebettelt oder Alkohol getrunken hat (VGH Mannheim NuR 1999, 221, 222; OVG Schleswig NordÖR 1999, 381). Dies gilt insbes. auch für *sanktionsbewehrte Normen*, gegen die der Antragsteller bereits verstoßen hat oder mit hinreichender Wahrscheinlichkeit, bspw. im Zuge seiner beruflichen Tätigkeit, verstoßen wird.[467]

248　**dd) Regelung wirtschaftlicher Interessen.** Die Regelung wirtschaftlicher Interessen ruft eine relevante Beeinträchtigung hervor, z.B. für ein Unternehmen, dessen Betriebs- und Geschäftsgeheimnisse durch den Vollzug der Vorschrift offenbar zu werden drohen (OVG Lüneburg NdsVBl 1998, 16, 17), einen privaten Schulträger durch die Beschränkung der Erstattungsansprüche für die Schülerbeförderungskosten (VGH Mannheim DVBl 1997, 1184), einen Teilnehmer eines Flurbereinigungsverfahrens durch den Entzug des durch die Flurbereinigung erlangten Erschließungsvorteils (BVerwGE 117, 209, 213), Grabmalhersteller und Steinmetze durch den Ausschluss bestimmter Materialien von der Grabmalherstellung[468] – nicht aber die Festlegung einer Größe für Grabmäler – (VGH Mannheim NVwZ-RR 2016, 945 f.; VGH München BayVGH [N. F.] 23, 145, 146) –, Bestattungsunternehmer durch die Regelung der gewerblichen Betätigung auf Friedhöfen (VGH Mannheim VBlBW 2007, 353, 354), den Betreiber einer Gaststätte durch eine Verlängerung der Sperrzeit (VGH München 17.6.2008 – 22 N 06.3069 u.a.), für den Eigentümer einer Wohnanlage durch das Verbot der bisher von ihm benutzten Mülleimer (VGH München BayVBl 1982, 626) oder einen Bootseigentümer durch den Ausschluss des bisher zulässigen Bootsmotors (VGH Mannheim UPR 1985, 94), einen Gewerbetreibenden durch die Verpflichtung, seinen Betrieb den Vorgaben einer Betriebsordnung anzupassen (VGH Mannheim ESVGH 11, 27, 28), einen Landwirt durch das Verbot der Unkrautbekämpfung (OVG Lüneburg RdL 1994, 249) oder des Übergangs zu einer anderen agrarischen Bewirtschaftungsform (VGH Mannheim NuR 1993, 139) bzw. einen Forstwirt oder Eigentümer eines Waldes durch das Verbot des Einsatzes von chemischen Mitteln (OVG Saarlouis RdL 1993, 221, 222) oder der Bekämpfung von den Baumbestand bedrohenden Borkenkäfern (VGH München NuR 2000, 278), für den Betreiber eines Chemikalienbetriebs durch die Einbeziehung des Betriebsgrundstücks in ein Wasserschutzgebiet (OVG Saarlouis NVwZ 1994, 1029) bzw. den Nutzer von Bodenschätzen durch den Ausschluss dieser Nutzung (VGH Kassel AgrarR 1981, 83), und das Mitglied einer Handwerkskammer durch Vorschriften über überbetriebliche Ausbildungsmaßnahmen in Gestalt einer Freistellungs- und Kostentragungspflicht

---

464　*D. Hahn*, JuS 1983, 678, 681; *M. Quaas/K. Müller*, Normenkontrolle, 1986, Rn. 164.
465　OVG Bautzen 3.6.2003 – 4 D 373/99; VGH Kassel ESVGH 25, 59, 62; NVwZ 1988, 847, 848; VGH München BayVBl 1979, 176.
466　OVG Bautzen SächsVBl 2001, 238, 239, für die Antragsbefugnis einer Marktbeschickerin betr. die in einer Handelsmarktsatzung enthaltenen Ge- und Verbote.
467　OVG Lüneburg NuR 2001, 167, 168; VGH Mannheim ESVGH 33, 268, 269 f.; VGH München BayVBl 1985, 437.
468　VGH Mannheim ESVGH 9, 203, 206 f. A.M. *Panzer*, in: Schoch/Schneider/Bier § 47 Rn. 74.

(VGH Mannheim GewArch 1986, 28, 29), hingegen nicht für den Betreiber einer privaten Handwerksschule, wenn durch eine Änderung der Meisterprüfungsordnung weniger Kursteilnehmer zu erwarten sind (VGH München BayVGH [N. F.] 16, 31, 34 ff.).

Durch eine Sperrbezirksverordnung erleiden neben den Prostituierten,[469] den potenziellen Freiern 249 (VGH Mannheim VBlBW 2001, 142) und den Betreibern von Dirnenwohnheimen und Bordellen[470] auch die Eigentümer von Grundstücken eine Rechtsverletzung, wenn durch die Prägung des Charakters der Umgegend die gewünschten Mieter ausbleiben (VGH Kassel NJW 1981, 779) oder sich nachteilige Auswirkungen auf den Geschäftsbetrieb wegen einer Minderung des Ansehens des Unternehmensstandorts ergeben können (OVG Koblenz KommJur 2016, 351, 352; VGH Kassel NVwZ-RR 2004, 470). Ebenfalls eine Rechtsverletzung stellt die Beschneidung von Verdienstmöglichkeiten durch die Reduzierung der einer Entsorgungsanlage zugewiesenen Abfälle (BVerwG NVwZ 1999, 1225, 1226) oder die Einschränkung der Möglichkeit, Abfälle im Ausland kostengünstiger zu verbrennen (BVerwG NuR 2000, 41), durch die Einführung pauschalierter Sätze (VGH Mannheim NJW 1963, 1687, 1688), die Beschränkung von Werbemöglichkeiten (VGH Mannheim VBlBW 1994, 361, 362), die Erlaubnis für geringer qualifizierte Konkurrenten des Antragstellers, mit der Qualifikation des Antragstellers zu verwechselnde Bezeichnungen zu führen,[471] die normative Erhöhung vertraglich vereinbarter Entgelte (VGH Kassel HessVGRspr 1990, 36, 37) oder der Ausschluss der Erstattung von Kosten für Pflichtexemplare (VGH Kassel ESVGH 42, 62, 63) dar. Keine Rechtsverletzung tritt auch durch die voraussichtliche Wertminderung von Grundstücken ein, die den Eigentümern durch den Verlust von Lagevorteilen droht, die durch die Aufhebung einer benachbarte Grundstücke betreffenden Landschaftsschutzverordnung (VGH Mannheim NuR 2000, 267, 268) oder in anderer Weise eintreten können (VGH München 8.2.2017 – 15 NE 16.2226, juris Rn. 24). Dies gilt auch, wenn die aufgehobenen Festsetzungen das Grundstück des Antragstellers betrafen (OVG Schleswig NuR 2000, 477; VGH Mannheim NVwZ-RR 2000, 770).

Antragsbefugt gegen eine **Satzung über ein besonderes Vorkaufsrecht** nach § 25 Abs. 1 S. 1 Nr. 2 249a BauGB sind die am Kaufvertrag beteiligten Personen, also der Grundstückseigentümer und dessen Vertragspartner, schafft doch die Gemeinde mit der Satzung die rechtliche Grundlage, um in das Privatrechtsverhältnis eingreifen zu dürfen. Daher ist eine Antragsbefugis wegen der Möglichkeit, dass den Vertragsparteien ein neuer, selbständiger Vertrag aufgezwungen wird, gegeben (VGH München 26.1.2009 – 2 N 08.124).

Bei der Antragsbefugnis gegen ladenschlussrechtliche Regelungen ist zu unterscheiden: Mangels Indi- 249b vidualisierbarkeit seines Interesses ist ein mehrere Kilometer entfernt ansässiger Konkurrent nicht antragsbefugt gegen eine ladenschlussrechtliche Ausnahmeregelung.[472] Anders zu beurteilen sind jedoch Ausnahmeregelungen, die die Existenz von ihr nicht profitierender Ladeninhaber gefährden können (OVG Bautzen NJW 1999, 2539, 2540). Antragsbefugt gegen eine durch die angegriffene Norm ermöglichte Verlängerung von Ladenöffnungszeiten sind auch die Arbeitnehmer von in dem betroffenen Gebiet liegenden Ladengeschäften.[473] Hingegen kann sich ein Ladeninhaber nicht gegen eine Verordnung wenden, die ihm selbst längere Ladenöffnungszeiten ermöglicht (OVG Lüneburg NVwZ-RR 2001, 736, 737). Mit Blick darauf, dass die Ausgestaltung des ladenschutzrechtlichen Schutzes des Sonntags auch dazu dient, den Gewerkschaften eine gemeinschaftliche Organisierung der Interessenvertretung zu ermöglichen, sind insoweit auch Gewerkschaften gegen Normen zur zeitweisen Freigabe des Sonntagsverkaufsverbots antragsbefugt (BVerwG NVwZ 2016, 689, 690; OVG Weimar NVwZ-RR 2016, 872; VGH Mannheim VBlBW 2017, 165). Eine evangelische Landeskirche, die sich auf die in einem, in den Rang eines Landesgesetzes erhobenen Vertrag enthaltene Gewährleistung des Schut-

---

469 OVG Bautzen SächsVBl 1999, 159, 160; VGH München BayVGH (N. F.) 25, 102, 104 f.; BayVBl 1986, 48, 49.

470 VGH Kassel HessVGRspr 1983, 65, 67; NVwZ-RR 1993, 294, 295; vgl. VGH Mannheim ESVGH 28, 241, 243. A.M. VGH München GewArch 1981, 351: keine Unmittelbarkeitsbeziehung zwischen Norm und Rechtsverletzung, → Rn. 186.

471 OVG Schleswig 22.8.2003 – 3 KN 1/02; VGH Mannheim VBlBW 2002, 309, 310.

472 OVG Lüneburg NVwZ-RR 2001, 584: 5 km; VGH München NJW 1985, 1180: 30 km. A.M. OVG Brem NVwZ 2000, 873, 874.

473 BVerwGE 108, 182, 183 f.; OVG Brem NordÖR 1999, 33, 34; NVwZ-RR 2005, 814, 815; OVG Koblenz DÖV 1998, 694; OVG Weimar NVwZ-RR 2001, 234; VGH Mannheim VBlBW 2001, 192, 193; VGH München GewArch 1999, 170, 171; BayVBl 2002, 277, 278.

zes des Sonntags berufen kann, ist gegen eine Verordnung antragsbefugt, die das Offenhalten von Verkaufsstellen am Sonntag ermöglicht (OVG Bautzen SächsVBl 2008, 272, 273).

250   **ee) Zuständigkeitsregelungen und andere organisationsbezogene Maßnahmen.** Durch Zuständigkeitsregelungen und andere organisationsbezogene Maßnahmen kann der einzelne Bürger nur in Ausnahmefällen eine relevante Beeinträchtigung erleiden (abl. etwa VGH Mannheim NVwZ 1988, 842; VGH München BayVBl 1975, 114, 115). So kann sich ein von dem Zweckverband zur Zahlung von Abwassergebühren in Anspruch genommener Grundstückseigentümer nicht gegen die Gründungssatzung eines Abwasserzweckverbandes wenden (OVG Weimar ThürVBl 1999, 212, 213 ff.). Aus Regelungen über die Veröffentlichung von Rechtsvorschriften kann eine Rechtsverletzung nicht abgeleitet werden (OVG Lüneburg OVGE 35, 394; OVG Weimar ThürVBl 1999, 212, 215). Einer jener Ausnahmefälle liegt bspw. vor für die Eltern schulpflichtiger Kinder, wenn ihnen die Möglichkeit genommen wird, ihr Kind einen bestimmten Schultyp besuchen zu lassen (OVG Lüneburg DVBl 1979, 194, 195), ihnen gegenüber eine verbindliche Beurteilung der Eignung ihres Kindes zum Besuch einer weiterführenden Schule vorgeschrieben wird (VGH Kassel ESVGH 38, 273, 274) oder wenn die Schulsprengeleinteilung geändert wird (VGH München BayVBl 1981, 719, 720; 1983, 272). Gegen eine Änderung des Einzugsbereichs einer Schule ist auch der Schulträger antragsbefugt (OVG Greifswald NordÖR 2004, 80). Entsprechend ist die Zuordnung einer kommunalen Körperschaft zum Einzugsbereich einer bestimmten Tierkörperbeseitigungsanstalt zu beurteilen, wenn der Körperschaft gesetzlich die Beseitigungspflicht als Pflichtaufgabe des eigenen Wirkungskreises zugeordnet ist (VGH München BayVBl 1992, 371, 372). Die Antragsbefugnis gegen die Aufhebung eines Gerichts besitzen die Bediensteten des Gerichts, nicht aber die Bürger des bisherigen Gerichtsorts oder Rechtsanwälte (VGH München NJW 2005, 3737, 3738).

251   Eine Rechtsverletzung besteht schließlich in der Verletzung des Grundsatzes der gleichen Wahl bei einer Gemeinderatswahl (VGH Mannheim ESVGH 19, 18, 21; BaWüVBl 1973, 58), in der die Mitwirkungsmöglichkeiten der Mitglieder eines kommunalen Vertretungsorgans verkürzenden Regelung einer Geschäftsordnung des Organs (OVG Lüneburg NVwZ-RR 2000, 314), nicht aber in der durch eine organisatorische Regelung der Rechte einer Gemeindevertretung eintretenden „Aushöhlung des Rechts auf demokratische Teilhabe" für den einzelnen Gemeindebürger (a.M. OVG Koblenz 14.11.2001 – 7 C 10819/01). Ebenso wenig ist eine Bürgerinitiative gegen die zur Durchführung eines Bürgerentscheids erlassene Abstimmungsordnung antragsbefugt (OVG Lüneburg NdsVBl 1998, 96, 97). Die Antragsbefugnis kann weiterhin vorliegen bei der Veränderung der Stimmenverteilung im Vertretungsorgan eines Zweckverbandes für die Mitglieder des Zweckverbandes, deren Stimmenanteil reduziert wird (OVG Weimar 2.7.2015 – 4 N 411/12, juris Rn. 42), der Beseitigung der Möglichkeit zu einem Zusammenschluss zu einer Fraktion im Gemeinderat mit den damit verbundenen Rechten für die betroffenen Gemeinderatsmitglieder (VGH Mannheim VBlBW 2003, 119), der Festsetzung der Fraktionsmindeststärke durch die Geschäftsordnung eines Kreistags (VGH Kassel LKRZ 2007, 262, 263), der Beschränkung der Entschädigung für die ehrenamtliche Tätigkeit als Mitglied des Gemeinderats (VGH München BayVBl 2008, 665), einer Einschränkung der Zuständigkeiten eines Bürgermeisters durch den Gemeinderat (VGH München NVwZ-RR 2007, 405, 407), der Verringerung der Zuständigkeiten eines Referenten durch eine Änderung der Geschäftsordnung (VGH München BayVBl 1994, 530), dem Entzug der Möglichkeit zur selbständigen Erstattung von Gutachten durch eine dienstrechtliche Regelung (VGH Kassel HessVGRspr 1979, 57, 58 f.), in der aufsichtsbehördlichen Änderung der Satzung für eine Körperschaft des öffentlichen Rechts (OVG Brem NVwZ-RR 1992, 154), nicht aber – wegen der Geringfügigkeit des betroffenen Interesses – für die Bewohner einer Stadt durch einen Bademützenzwang für das städtische Hallenbad (a.M. VGH Mannheim ESVGH 25, 203, 207). *Beamte* können sich allgemein nicht auf die von einer Norm hervorgerufenen Vollzugsschwierigkeiten berufen (VGH München BayVBl 1982, 562). Insoweit kommt allenfalls ein Antrag der Behörde, der der Beamte zugeordnet ist, in Betracht (→ Rn. 264 ff.). Ebenso wenig ist ein Beamter antragsbefugt, wenn er sein Amt im statusrechtlichen Sinne dadurch verliert, dass aufgrund einer gesetzlichen Regelung seine Anstellungskörperschaft aufgehoben wird (OVG Greifswald NordÖR 2016, 418). Beamte besitzen aber die Antragsbefugnis gegen eine Arbeitszeitverordnung, die für sie eine Verschlechterung der bisherigen Bedingungen mit sich bringt (VGH München

21.12.2001 – 3 N 01.900), bspw. die Regelstundenzahl für Lehrer erhöht (OVG Lüneburg 9.6.2015 – 5 KN 148/14, juris Rn. 31).

ff) Kommunale Körperschaften. Die Gemeinde ist als Mitglied im Schulverband antragsbefugt, wenn 252 die Schulsprengeleinteilung geändert wird, weil sie Auswirkungen auf die Umlagepflicht zur Deckung des Schulaufwandes zu gewärtigen hat (VGH München BayVBl 1983, 272; 2007, 211, 212). Aus dem gleichen Grunde liegt eine Rechtsverletzung bereits in der Begründung der Mitgliedschaft einer Gemeinde im Schulverband (VGH München BayVGH [N. F.] 24, 117, 118). Allerdings kann nicht jeder Verwaltungsaufwand, den eine Gemeinde zur Durchführung der ihr durch die angefochtene staatliche Verordnung übertragenen Aufgaben zu erbringen hat, die Antragsbefugnis i.S.v. § 47 Abs. 2 S. 1 begründen (a.M. VGH Mannheim ESVGH 19, 123, 127; VBlBW 2005, 234, 235). Vorauszusetzen ist vielmehr die Verursachung eines das gewöhnliche Maß übersteigenden Verwaltungsaufwandes, der die besondere Belastung der Gemeinde für den Normgeber erkennbar macht. Anderes gilt, wenn durch die Regelung Aufgaben auf die kommunale Körperschaft verlagert werden und diese Verlagerung konnexitätsrelevant sein könnte; in diesem Fall besteht die Antragsbefugnis der von der Aufgabenübertragung betroffenen Selbstverwaltungskörperschaft (OVG Bln 3.5.2016 – 12 A 1.13, juris Rn. 20). Eine relevante Beeinträchtigung entsteht einer Gemeinde weiterhin durch den Entzug eigener Mittel durch Festsetzung der Kreisumlagesätze in der Haushaltssatzung des Kreises,[474] die Einbeziehung in eine Verwaltungsgemeinschaft (VGH München BayVGH [N. F.] 35, 127, 129), durch Eingriffe in ihren Gebietsbestand (VGH München BayVBl 1983, 179, 180) und durch die Zuordnung ihres Gebiets zu einem bestimmten Landkreis (VGH München BayVBl 1977, 433, 434), nicht aber durch die Nichtbeachtung von Grundsätzen der Raumordnung in einer staatlichen Verordnung oder die Bestimmung einer anderen Gemeinde zum Sitz der Kreisverwaltung (VGH München BayVBl 1975, 114, 115) oder die Notwendigkeit, die Arbeitszeit ihrer Beamten gleichmäßig auf die Arbeitstage zu verteilen (a.M. VGH Kassel HessVGRspr 1978, 22, 23). Ebenso wenig ist die Gemeinde durch die Aufhebung einer Wasserschutzverordnung in ihren Rechten verletzt, wenn die in ihrem Gebiet liegenden Brunnen ausschließlich für Brauchwasser genutzt werden (VGH Mannheim NVwZ-RR 1998, 423, 424).

gg) Beschränkung bestehender oder konkret beabsichtiger Nutzungen. Eine Beschränkung bestehen- 253 der oder konkret beabsichtiger Nutzungen begründet regelmäßig die Antragsbefugnis. Dies gilt z.B. hinsichtlich der Begrenzung der Öffnungszeiten einer dem Antragsteller gehörenden Gaststätte (OVG Magdeburg NuR 2004, 194) oder der Nutzungsdauer an Grabstätten (OVG Lüneburg NVwZ 1995, 809; VGH Kassel ESVGH 25, 209, 214), des grundsätzlichen Verbots von Erdbestattungen (OVG Koblenz NVwZ-RR 2011, 952, 953), hinsichtlich der Festsetzung von Material und Farbe der Dacheindeckung von Häusern durch eine *Gestaltungssatzung* (OVG Lüneburg NdsVBl 1994, 16), der *Einschränkung der Grundstücksnutzung* durch eine Wasser-, Landschafts-, Naturschutz- oder Nationalparkverordnung[475] bzw. umgekehrt hinsichtlich der Aufhebung der Festsetzung eines Wasserschutzgebietes durch Verordnung für den Inhaber einer wasserrechtlichen Bewilligung oder Erlaubnis zur Grundwasserentnahme (VGH Mannheim NVwZ-RR 1998, 423, 424; NuR 1998, 326), des Erlasses einer Sondernutzungssatzung, die die weitere Erteilung einer Sondernutzungserlaubnis an den Antragsteller ausschließt (OVG Weimar ThürVBl 2001, 109) oder des *Verbots der Zweckentfremdung von Wohnraum*, für Eigentümer und Mieter von Wohnraum (VGH Kassel HessVGRspr 1978, 17, 20), der Beschränkung jagdrechtlicher Befugnisse,[476] des Entzugs eines einmal begründeten (auch eines wasserrechtlichen) *Gemeingebrauchs*,[477] des Verbots, in dem durch Landschaftsschutzverordnung bezeichneten Gebiet wie bisher den Reitsport auszuüben (BVerwG NVwZ 2000, 1296), oder der Beschränkung

---

474 OVG Frankfurt/O. NVwZ-RR 1998, 57; VGH Kassel NVwZ 1996, 481; zur notwendigen Substantiierung OVG Koblenz DVBl 1998, 846, 847.

475 BVerwG BauR 2001, 1243; OVG Bautzen NuR 2001, 283, 284; OVG Lüneburg ZUR 1999, 156; OVG Schleswig 31.1.1997 – 1 K 7/95; VGH Kassel RdL 1986, 48, 49; VGH Mannheim ESVGH 11, 128, 129; BauR 1992, 368; NuR 1992, 332; VBlBW 1992, 258; NVwZ 1992, 995, 996; VBlBW 1997, 103; 1998, 381, 382; NuR 1999, 514; NVwZ-RR 1999, 496; 2000, 277; 2000, 772; VGH München BayVGH (N. F.) 20, 88; NVwZ-RR 1997, 609.

476 OVG Schleswig NVwZ 1998, 301; VGH Mannheim RdL 1993, 160; VGH München BayVBl 1996, 501, 502.

477 OVG Koblenz NuR 2002, 166, 167; VGH Mannheim RdL 1983, 192; NVwZ 1988, 168; VBlBW 1998, 174; 2001, 324, 325; VGH München DVBl 1978, 113. A.M. für einen wasserrechtlichen Gemeingebrauch OVG Lüneburg NuR 2002, 561, 562.

eines Anspruchs auf Benutzung einer öffentlichen Einrichtung (VGH München BayVBl 1985, 366), worunter auch die Nutzung von Anschlagtafeln der Gemeinde zur Anbringung von Meinungsäußerungen fällt (VGH Mannheim VBlBW 1998, 349, 350). Zu verneinen ist die Möglichkeit einer Rechtsverletzung, wenn ein Grundstückseigentümer geltend macht, dass ihm wegen eines nach seiner Auffassung unzutreffend zu klein bemessenen Überschwemmungsgebiets dessen rechtliche Wirkungen in Gestalt von Nutzungsbeschränkungen für Nachbargrundstücke zu Unrecht vorenthalten werden (in der Tendenz ebenso OVG Lüneburg 11.3.2010 – 13 MN 115/09 m.w.N.).

254　**hh) Immissionen.** Immissionen, die der Anwendung der angegriffenen Rechtsvorschrift zuzuordnen sind und den Antragsteller mehr als nur unerheblich beeinträchtigen, sind zur Geltendmachung einer Rechtsverletzung geeignet. Dies gilt z.B. für die durch die angegriffene Verordnung über die Sperrzeiten oder die Nutzungszeiten von Biergärten ermöglichten längeren Öffnungszeiten hinsichtlich des der betreffenden Gaststätte zuzurechnenden Zufahrts-, Park- und Abfahrtverkehrs sowie der Betriebsgeräusche selbst.[478] Gegen eine ihn an und für sich begünstigende Sperrzeitverlängerung ist ein Anwohner einer Gaststätte antragsbefugt, wenn er rügt, dass auch diese Regelung mit höherrangigem Immissionsschutzrecht unvereinbar ist (OVG Weimar ThürVBl 2004, 38, 40). Zur Antragsbefugnis des Gastwirts gegen eine Sperrzeitverlängerung → Rn. 248. Auch die von der Benutzung eines Spiel- und Bolzplatzes ausgehenden Immissionen sind i.d.S. der die Benutzung dieses Platzes regelnden Satzung zuzuordnen (a.M. VGH München NVwZ-RR 1999, 265).

255　**ii) Auferlegung von Kennzeichnungs- und anderen Pflichten.** Die Auferlegung von Kennzeichnungs- und anderen Pflichten,[479] etwa der Pflicht zur Gestattung des Betretens eines Grundstücks (VGH München BayVBl 1994, 272), der Abwasserbeseitigungspflicht (OVG Lüneburg NdsVBl 1999, 11), der Straßenreinigungspflicht (OVG Lüneburg NVwZ-RR 2007, 422; OVG Schleswig NordÖR 2000, 465, 466), einer Prüfpflicht für bestimmte technische Anlagen (VGH Kassel GewArch 2007, 45), einer Pflicht zur Andienung und Zuführung von Sonderabfällen,[480] oder der Pflicht zur Einholung einer Erlaubnis für die Hundehaltung bzw. die Anordnung eines Leinen- und Maulkorbzwangs für Hunde,[481] begründet die Antragsbefugnis. Wegen der nicht die erforderliche Intensität (→ Rn. 174 f.) erreichenden Beeinträchtigung gilt Gleiches allerdings nicht für die Pflicht, gerade am Jahresende die entnommene Wassermenge abzulesen und aufzuzeichnen und die Aufzeichnung 10 Jahre lang aufzubewahren (VGH Mannheim ESVGH 40, 148).

256　**jj) Schul- und Hochschulrecht.** Vom Vorliegen der Antragsbefugnis ist auszugehen bei dem Scheitern der Studienbewerbung des Antragstellers an den aufgrund der angegriffenen *Kapazitätsverordnung* festgesetzten Zulassungszahlen (BVerwGE 64, 77, 80; VGH Mannheim ESVGH 33, 215, 216 f.), einer die Position des antragstellenden Studierenden verschlechternden Neufassung einer Studienordnung (VGH Kassel 20.12.2016 – 10 C 1620/15.N, juris Rn. 30), einer Neuregelung der gymnasialen Oberstufe für die Schüler von Gymnasien (VGH Mannheim VBlBW 2004, 220), einer Regelung der zulässigen Fehlzeiten für alle Schüler des betreffenden Schultyps (VGH München BayVBl 1982, 562), einer Erhöhung der Lehrverpflichtung von Hochschullehrern (OVG Brem 25.2.1997 – 1 N 2/96; VGH Mannheim VBlBW 2006, 464) sowie der Beeinträchtigung der Mitwirkung von Hochschullehrern an der Gestaltung des Studiums (VGH Mannheim NVwZ 1986, 855). Eine Universität ist gegenüber einer staatlichen Verordnung antragsbefugt, die bisher an der betroffenen Universität angebotene Studiengänge aufhebt (OVG Lüneburg NVwZ-RR 2000, 504). Keine relevante Beeinträchtigung erleiden Hochschullehrer durch eine Studienordnung, die für die Vergabe von Leistungsnachweisen andere Kontrollen vorschreibt als sie der Antragsteller bislang verwendet hat (BVerwG NVwZ 1991, 1082; VGH Kassel NVwZ-RR 1991, 80, 81 f.), oder durch eine Studien- und Prüfungsordnung, die die be-

---

478　OVG Weimar ThürVBl 2004, 38, 40; VGH Mannheim NVwZ-RR 2005, 243, 244; VGH München NVwZ 1996, 483, 484; NVwZ-RR 1999, 15, 16.

479　VGH Kassel NVwZ 1992, 804; VGH Mannheim NVwZ-RR 1992, 418; VGH München BayVBl 1992, 112, 113; NVwZ 1992, 1004, 1005.

480　OVG Frankfurt/O. NVwZ 1997, 604; VGH Mannheim 24.11.1997 – 10 S 3287/96.

481　OVG Brem RdL 1993, 300, 301; 3.11.2000 – 1 B 349/00; OVG Frankfurt/O. NVwZ 2001, 223, 224; 20.6.2002 – 4 D 89/00.NE; OVG Lüneburg NuR 1993, 38; NVwZ-RR 2001, 742, 743; OVG Saarlouis DÖV 1992, 1019; VGH Mannheim NVwZ 1992, 1105, 1106; VBlBW 2001, 223; 2002, 423 – auch zu anderen Vorschriften betreffend die Haltung von gefährlichen Hunden; VGH München 25.3.1996 – 24 N 92.2883.

stehenden Leistungsanforderungen an die Studierenden verändert (BVerwG NVwZ-RR 2006, 36), und Professoren einer Fachhochschule für öffentliche Verwaltung durch Rechtsvorschriften über die Rechtsfähigkeit der Fachhochschule und die Rechtsstellung des Rektors und Prorektors sowie des Fachbereichsleiters (VGH Mannheim NVwZ 1986, 855). Eine als juristische Person des öffentlichen Rechts verfasste Studierendenschaft kann durch Vorschriften einer Studien- oder Prüfungsordnung, die Einzelheiten der Studienorganisation regeln (VGH Kassel 20.12.2016 – 10 C 1608/15.N, juris Rn. 19 f.), z.B. die Anmeldefristen zur Wiederholung eines Praktikums betreffen, nicht in einer die Antragsbefugnis verleihenden Weise in ihrer Rechtsstellung berührt sein (BVerwG 3.1.2017 – 6 BN 2/16, juris Rn. 7 f.). Ebenso wenig die notwendige Antragsbefugnis besitzt der Betreiber einer Privatschule gegenüber den Vorschriften über die Abiturprüfung für Schulfremde in einer staatlichen Abiturverordnung (VGH Mannheim DÖV 2003, 731).

kk) Verfahrensfehler. Da die Rechtsverletzung durch die Norm selbst bzw. deren Anwendung und 257 nicht durch das zu ihrem Erlass führende Verfahren hervorgerufen sein muss, begründen Verkürzungen einer verfahrensrechtlichen Position selbst dann nicht die Antragsbefugnis, wenn es sich um sog. absolute Verfahrensrechte[482] handelt.[483] Anders zu beurteilen ist das Recht eines Beamten auf verfahrensfehlerfreie Beurteilung (VGH Mannheim 19.5.2003 – 4 S 1661/01).

VII. Das Verfahren

Die Regelung des äußeren Verfahrensablaufs der Normenkontrolle ist dadurch gekennzeichnet, dass 258 teilweise die allgemeinen verwaltungsprozessualen Regelungen anzuwenden sind, teilweise aber § 47 Sonderbestimmungen enthält. Das Problem der Entflechtung dieser Gemengelage stellt sich in verschiedenen Bereichen, die getrennt voneinander zu betrachten sind. Als allgemeine Leitlinie kann aber gelten, dass auch im Normenkontrollverfahren die übrigen Vorschriften der VwGO heranzuziehen sind, soweit sie ihrem Gegenstand und Zweck nach dafür geeignet sind.

1. Beteiligte. a) Antragsteller. Den Kreis der in Betracht kommenden Antragsteller beschreibt § 47 259 Abs. 2 S. 1 mit den Begriffen der natürlichen oder juristischen Person und dem der Behörde. Für alle in Betracht kommenden Antragsteller bemisst sich die Prozessfähigkeit nach § 62.[484] Für die Prozessführungsbefugnis gelten die allgemeinen Grundsätze (→ § 62 Rn. 7 ff.). Beruht die Antragsbefugnis auf dem Eigentum des Antragstellers an dem überplanten Grundstück, so hat die Veräußerung des Grundstücks gem. § 173 VwGO i.V.m. § 265 Abs. 2 S. 1 ZPO keinen Einfluss auf die (fortbestehende) Prozessführungsbefugnis des früheren Eigentümers.[485] Aus § 265 Abs. 2 S. 2 ZPO lässt sich entnehmen, dass dies auch dann gilt, wenn der Rechtsnachfolger das Verfahren fortführen will (OVG Bln NVwZ 1997, 506; offen gelassen von BVerwG DÖV 2002, 128), der Antragsgegner aber widerspricht. Nach Veräußerung des Grundstücks sind die die Antragsbefugnis begründenden Abwehrinteressen allerdings nur aus Sicht der Rechtsnachfolger zu beurteilen.[486] Wird das Grundstück allerdings vor Stellung des Normenkontrollantrags veräußert, so fehlt dem früheren Grundstückseigentümer die Antragsbefugnis (OVG Schleswig 18.7.2002 – 1 K 16/01).

aa) Natürliche und juristische Personen. Natürliche und juristische Personen werden in § 47 Abs. 2 260 S. 1 als mögliche Antragsteller ausdrücklich genannt. Während der Begriff der natürlichen Person keiner Erläuterung bedarf und nur zu fordern ist, dass die geltend gemachte Rechtsverletzung eine eigene dieser Person ist, wirft die Antragsbefugnis juristischer Personen einige Probleme auf.

---

482 Dazu BVerwGE 87, 62, 69 ff.; 105, 348, 353 f.; 116, 175, 185; *J. Ziekow*, VerwArch 91 (2000), 483, 500 ff.

483 OVG Lüneburg BRS 39, 74, 76; *M. Quaas/K. Müller*, Normenkontrolle, 1986, Rn. 169. A.M. OVG Bautzen Sächs-VBl 1994, 206, 207; OVG Lüneburg NVwZ 1999, 1241; VGH Kassel ESVGH 38, 162, 163 f.; UPR 1988, 354; NuR 1999, 398, 399; für Mitwirkungs- und Beteiligungsrechte von Naturschutzverbänden; hiergegen zutr. VGH Mannheim 4.2.1988 – 5 S 9/88, zit. nach VGH Kassel NVwZ 1988, 1150; VGH Mannheim VBlBW 1988, 297, 298.

484 A.M. *H.-J. Birk*, „Rechtsvorschrift", 1972, 157

485 BVerwG DÖV 2002, 128; OVG Bautzen 9.12.2011 – 1 C 23/08; OVG Bln NVwZ 1997, 506; OVG Lüneburg NuR 2002, 237, 238; VGH Mannheim 12.6.2012 – 8 S 1337/10; VGH München 23.8.2002 – 15 N 99.1340. A.M. VGH München 16.4.2008 – 2 N 06.865.

486 VGH Mannheim 5.6.2012 – 3 S 724/11; VGH Mannheim 15.11.2011 – 8 S 1044/09 erörtert dies i.R.d. Rechtsschutzbedürfnisses. Zum maßgeblichen Zeitpunkt → § 47 Rn. 172.

261   Als Antragsteller können nach dem Wortlaut des § 47 Abs. 2 S. 1 nur natürliche und juristische Personen sowie Behörden verfahrensbeteiligt sein. Dies entspricht der Regelung der Beteiligtenfähigkeit in § 61 Nr. 1 und 3. Anders als § 61 Nr. 2 erklärt § 47 Abs. 2 S. 1 Vereinigungen, soweit ihnen ein Recht zustehen kann, nicht für beteiligungsfähig. Als bloßes Redaktionsversehen lässt sich diese Abweichung jedenfalls nicht mit dem Hinweis darauf begründen, es sei kein vernünftiger Grund dafür ersichtlich, dass § 47 Abs. 2 S. 1 die Frage der Beteiligtenfähigkeit anders als in § 61 habe regeln wollen. Denn mit der in § 47 Abs. 2 S. 1 getroffenen Entscheidung, Behörden anders als nach § 61 Nr. 3 nicht nur für beteiligtenfähig zu erklären, soweit das Landesrecht dies bestimmt, ist der Gesetzgeber offensichtlich bewusst einen anderen Weg gegangen. Dennoch sind auch im Normenkontrollverfahren Vereinigungen beteiligungsfähig, soweit ihnen ein Recht zustehen kann.[487] Hierfür spricht schon der Bündelungszweck der Normenkontrolle (→ Rn. 25). Wenn derartige Vereinigungen laut § 61 Nr. 2 Individualrechtsschutzverfahren einleiten können, kann eine Vielzahl solcher Einzelklagen nur vermieden werden, wenn die Vereinigungen im Normenkontrollverfahren ebenfalls beteiligungsfähig sind. Beispiele für Vereinigungen in Sinne von § 61 Nr. 2 sind Fraktionen einer Stadtverordnetenversammlung im Normenkontrollverfahren gegen eine die Sitzverteilung regelnde Satzung,[488] BGB-Gesellschaften[489] – wenn es bspw. um ihr durch den angegriffenen Bebauungsplan betroffenes, aus dem Gesellschaftsvertrag folgendes Interesse an einer gemeinsamen Grundstücksbewirtschaftung (durch die Gesellschafter) geht (VGH Mannheim ZfBR 2012, 590), OHG (VGH Kassel DÖV 1986, 577; VGH München 4.3.1997 – 9 N 96.1178) und KG (VGH Kassel HessVGRspr 1978, 17, 20; VGH Mannheim NJW 1977, 1212), Fachbereiche einer Universität (VGH Kassel NVwZ-RR 1991, 80. Im Einzelnen → § 61 Rn. 30 ff.) sowie eine Wohnungseigentümergemeinschaft aufgrund von §§ 10 Abs. 6, 21 WEG (OVG Münster ZfBR 2012, 684).

262   Die juristische Person braucht keine solche des privaten Rechts zu sein, vielmehr kommen als Antragsteller im Normenkontrollverfahren auch juristische Personen des öffentlichen Rechts in Betracht.[490] Dass die juristische Person dem Hoheitsbereich desselben Bundeslandes wie der Normgeber zuzuordnen ist, ist nicht erforderlich.[491] Sofern sie durch die angegriffene Rechtsvorschrift eine Rechtsverletzung erleiden, können juristische Personen des öffentlichen Rechts eines anderen Landes oder des Bundes einen zulässigen Normenkontrollantrag stellen. Ist die juristische Person des öffentlichen Rechts gleichzeitig Behörde i.S.v. § 47 Abs. 2 S. 1 Alt. 2, so stehen wegen der unterschiedlichen Zulässigkeitsvoraussetzungen die beiden Alternativen der Ableitung der Antragsbefugnis gleichberechtigt nebeneinander.[492] Wird die juristische Person, bspw. eine Gemeinde, durch die angegriffene Norm aufgelöst, so ist die juristische Person dennoch zur Stellung eines Normenkontrollantrags gegen diese Vorschrift befugt (VGH München BayVGH [N. F.] 30, 26, 29).

263   Das als die Antragsbefugnis begründend geltend gemachte beeinträchtigte Interesse muss ein solches gerade der juristischen Person oder anderen Vereinigung als solcher sein.[493] Die Geltendmachung einer Beeinträchtigung der Interessen ihrer Mitglieder im Normenkontrollverfahren ist der juristischen Person verwehrt.[494] Daran ändert sich auch dann nichts, wenn die Interessen der Mitglieder in der Verfassung der juristischen Person zu deren eigenen Interessen erklärt werden.[495] Das dem § 47 Abs. 2 S. 1 zugrunde liegende Ziel des Ausschlusses von Popularanträgen würde verfehlt, wenn schon der

487   VGH Kassel HessVGRspr 1978, 17, 20; NVwZ 1988, 847, 848; NVwZ-RR 1991, 80, 81; VGH München BayVBl 1981, 719, 720; 4.3.1997 – 9 N 96.1178; N. Achterberg, VerwArch 72 (1981), 163, 175; H.-J. Birk, „Rechtsvorschrift", 1972, 162; H. Dürr, Antragsbefugnis, 1987, 102; D. Hahn, JuS 1983, 678, 680; M. Quaas/K. Müller, Normenkontrolle, 1986, Rn. 121. A.M. VGH Mannheim ESVGH 24, 27, 28; A. Braun, Antragsbefugnis, 1982, 202 f.

488   VGH Kassel 14.3.1978 – II N 8/77, zit. nach N. Achterberg, VerwArch 72 (1981), 163, 173.

489   BVerwG ZfBR 2010, 583; OVG Bautzen SächsVBl 2003, 84, 86; VGH Mannheim NVwZ-RR 2006, 522, 523; VGH München BayVBl 2007, 655.

490   VGH Mannheim ESVGH 19, 123, 127; W. Besler, Probleme, 1981, 175; H.-J. Birk, „Rechtsvorschrift", 1972, 162; A. Braun, Antragsbefugnis, 1982, 173.

491   N. Achterberg, VerwArch 72 (1981), 163, 173.

492   H. Kapsreiter, Begriff, 1986, 118.

493   OVG Münster NJW 1982, 1171; VGH Kassel ESVGH 24, 45, 53; VGH Mannheim ESVGH 17, 177, 179; H. Kapsreiter, Begriff, 1986, 119.

494   OVG Münster OVGE 33, 78, 83; VGH Kassel ESVGH 24, 45, 53; VGH Mannheim ESVGH 17, 177, 180; NJW 1972, 1101; H.-J. Birk, „Rechtsvorschrift", 1972, 162 f.; B.-F. Hoffmann, Antragsbefugnis, 1974, 89.

495   OVG Münster NJW 1982, 1171; VGH Mannheim NJW 1972, 1101; H.-J. Birk, „Rechtsvorschrift", 1972, 163; A. Braun, Antragsbefugnis, 1982, 174 f.; H. Dürr, Antragsbefugnis, 1987, 103; B.-F. Hoffmann, Antragsbefugnis, 1974, 90. A.M. W. Skouris, Verletztenklagen, 1979, 270.

Zweck des Zusammenschlusses von Menschen zu einer Vereinigung genügen würde, um die Antragsbefugnis zu begründen (BVerwG NVwZ 1991, 778, 779). Eine Kirchengemeinde kann daher auch auf der Grundlage ihrer seelsorgerischen Aufgabenstellung nicht die Beeinträchtigung der Gesundheit ihrer Gemeindemitglieder rügen (BVerwG NVwZ 1991, 778, 779; vgl. aber OVG Münster OVGE 36, 213, 215). Entsprechendes gilt für die Festsetzung der Wahrung von Allgemeininteressen als Vereinigungszweck (OVG Lüneburg OVGE 26, 366, 370). Soweit nicht – wie für nach § 3 UmwRG anerkannte Umweltschutzvereinigungen (→ Rn. 205 a) – bundesrechtliche Sonderregelungen bestehen, sind daher auch altruistische Normenkontrollanträge, die von Naturschutz- und ähnlichen Verbänden erhoben werden, unzulässig.[496] Umgekehrt ist es aber möglich, dass eine die juristische Person treffende Rechtsbeeinträchtigung gleichzeitig einem Mitglied derselben die Antragsbefugnis verleiht.[497]

bb) Behörden. Behörden sind anders als nach § 61 Nr. 3 nicht nur dann antragsberechtigt, wenn das Landesrecht dies bestimmt (a.M. VGH Kassel HessVGRspr 1994, 57, 59; ESVGH 49, 307, 308). Die Aufnahme ihrer Antragsberechtigung war im Gesetzgebungsverfahren nicht unumstr. Der Regierungsentwurf einer VwGO sah sie nicht vor und führte zur Begründung aus: „Das in § 25 südd.VGG enthaltene Antragsrecht der Behörde... müsste auch zu staatsrechtlichen Schwierigkeiten... führen, insbes. dann, wenn die unterstellte Behörde etwa die von der übergeordneten Behörde erlassene Verordnung vor die Gerichte bringen will. Hält eine Verwaltungsbehörde eine Verordnung für rechtswidrig, so mag sie auf dem Dienstweg vorstellig werden. Ggf. ist die Frage im Schoße der Staatsregierung zu klären." (BT-Drs. 3/55 Anl. 1 S. 33) Der Rechtsausschuss teilte diese Bedenken nicht und fügte das Antragsrecht der Behörden wieder ein (schriftlicher Bericht des Rechtsausschusses, BT-Drs. 3/1094, 6). Hintergrund war der Gedanke, dass in bestimmten Fallgestaltungen „eine Behörde eher als ein betroffener Bürger bereit sein könnte, die im allgemeinen Interesse liegende Klärung von Streitfragen durch ein Normenkontrollverfahren herbeizuführen".[498]   264

aaa) Begriff der Behörde. Nicht abschließend geklärt ist, was unter einer „Behörde" i.S.v. § 47 Abs. 2 S. 1 zu verstehen ist. Zwar gilt die Begriffsbestimmung des § 1 Abs. 4 VwVfG nicht unmittelbar, jedoch wird sie ganz überwiegend entsprechend herangezogen.[499] Dies erscheint insoweit berechtigt, als nach dem Wortlaut des Gesetzes antragsberechtigt *jede* Behörde sein soll, rein begriffliche Begrenzungen also weitestmöglich zu vermeiden sind. Wie § 1 Abs. 4 VwVfG liegt auch § 47 Abs. 2 S. 1 ein funktionales Verständnis der Behörde zugrunde, wird sie doch in der Funktion des Anstoßgebers im Normenkontrollverfahren erfasst. Behörde i.S.v. § 47 Abs. 2 S. 1 sind daher auch Körperschaften des öffentlichen Rechts, deren Organe öffentlich-rechtliche Verwaltungstätigkeit ausüben (OVG Schleswig NordÖR 2000, 304, 305).   265

Behörde ist daher grds. jede Stelle, die Aufgaben der öffentlichen Verwaltung wahrnimmt, unabhängig davon, welchem Rechtsträger sie zuzuordnen ist.[500] Sie kann daher demselben Bundesland wie der Normgeber oder aber einem anderen Land oder dem Bund eingegliedert sein.[501] Soll eine Behörde den gesetzgeberischen Vorstellungen genügen und eher als ein betroffener Bürger zur Einleitung eines Normenkontrollverfahrens bereit sein, so wird ein besonders qualifiziertes Verhältnis der Behörde zu der betreffenden Norm vorausgesetzt. Die Inhaltsbestimmung dieses Verhältnisses ist mithin eine Frage der sachgerechten Eingrenzung des Behördenbegriffs, nicht des Rechtsschutzbedürfnisses.[502] Ein sol-   266

---

496 Zur Unzulässigkeit einer landesrechtlichen Einführung eines altruistischen Normenkontrollantrags OVG Bln NuR 2006, 664, 665.

497 Vgl. VGH Mannheim NJW 1977, 1212 für das Verhältnis zwischen Kommanditgesellschaft und persönlich haftendem Gesellschafter. A.M. VGH Kassel HessVGRspr 1979, 19, 20.

498 Regierungsentwurf eines Gesetzes zur Änderung verwaltungsprozessualer Vorschriften, BT-Drs. 7/4324 Anl. 1 S. 11.

499 BVerwGE 81, 307, 309; OVG Greifswald NordÖR 2015, 559, 561; OVG Münster NVwZ-RR 2009, 798; VGH München BayVBl 1993, 626; *A. Braun*, Antragsbefugnis, 1982, 180 ff.; *H. Dürr*, Antragsbefugnis, 1987, 112; *H. Grziwotz*, DVBl 1988, 768; *F. O. Kopp*, FS Bay. VGH, 1979, 205, 206.

500 *N. Achterberg*, VerwArch 72 (1981)], 163, 173.

501 *A. Braun*, Antragsbefugnis, 1982, 188; *H. Dürr*, Antragsbefugnis, 1987, 112; *F. O. Kopp*, FS Bay. VGH, 1979, 205, 210; *M. Quaas/K. Müller*, Normenkontrolle, 1986, Rn. 178; *L. Renck*, JA 1971, 795, 800. A.M. *F. Mayer*, GS Michelakis, 1973, 455, 469.

502 *E. Rasch*, FS Gelzer, 1991, 325, 330. A.M. OVG Bautzen NuR 2001, 283, 285; OVG Koblenz 12.2.2016 – 10 C 10948/15, juris Rn. 18; VGH Kassel 20.12.2016 – 10 C 1608/15.N, juris Rn. 25; VGH Mannheim NJW 1977, 1469, 1470; VGH München BayVBl 1975, 114, 115; *H.-Ch. Bock*, Das Rechtsschutzbedürfnis im Verwaltungsprozess, 1971, 224; *A. Braun*, Antragsbefugnis, 1982, 192 f.; *D. Hahn*, JuS 1983, 678, 681; *Schenke* Rn. 912; *J. Schmidt*, in: Eyermann § 47 Rn. 81.

ches Verhältnis liegt nicht erst dann vor, wenn die antragstellende Behörde mit der Anwendung der angegriffenen Rechtsvorschrift befasst ist, sie zu vollziehen hat,[503] sondern schon dann, wenn die Norm im örtlichen Zuständigkeitsbereich der Behörde gilt und von ihr bei der Wahrnehmung ihrer Aufgaben zu beachten ist.[504] So ist bspw. die Verwaltung einer Gemeinde als Behörde zwar gegen eine Natur- oder Landschaftsschutzverordnung (OVG Bautzen SächsVBl 2007, 233, 234; VGH Mannheim DÖV 1985, 161. A.M. OVG Bautzen NuR 2001, 283, 285 f.), eine Wasserschutzgebietsausweisung (VGH Mannheim NVwZ 1999, 1249, 1250), die Festsetzung eines Überschwemmungsgebiets (OVG Koblenz NuR 2004, 189, 190) oder gegen für die Gemeinde verbindliche überörtliche Planungsvorschriften – insbes. Raumordnungspläne (VGH Mannheim NVwZ-RR 2006, 232) antragsbefugt. Nicht als Behörde antragsberechtigt ist eine Gemeinde gegen den Bebauungsplan einer Nachbargemeinde[505] bzw. eine Verbandsgemeinde gegen den Bebauungsplan einer ihrer Ortsgemeinden (OVG Koblenz 24.3.2010 – 8 C 11202/09); insoweit bleibt die Gemeinde auf die Antragsbefugnis als juristische Person verwiesen (→ Rn. 234). Steht eine Behörde in dem genannten Verhältnis zu der angegriffenen Norm, so kann sie an der Stellung eines Normenkontrollantrags nicht mit Wirkung für das Gericht durch Weisungen einer übergeordneten Stelle gehindert werden.[506] Da jenes Verhältnis für jede Behörde gesondert zu prüfen ist, können auch mehrere Behörden desselben Rechtsträgers gleichzeitig Normenkontrollen derselben Rechtsvorschrift beantragen (OVG Schleswig 17.2.2006 – 1 KN 2/06).

267   **bbb) Die Behördeneigenschaft von Gerichten.** Die Frage, ob Gerichte in ihrer Eigenschaft als rechtsprechende Spruchkörper zur Stellung eines Normenkontrollantrags berechtigt sind, ist zu verneinen.[507] In ihrer originären judikativen Funktion sind Gerichte keine Stellen, die Aufgaben der öffentlichen Verwaltung wahrnehmen.[508] Eine analoge Anwendung des § 47 Abs. 2 S. 1 auf Gerichte kommt nicht in Betracht.[509] Der Hinweis *Achterberg*s auf die Gleichheit der Interessenlage, da auch das gerichtliche Handeln von Rechtsverordnungen determiniert werden könne, verfängt nicht. Die zweite Voraussetzung eines Analogieschlusses, die Übertragbarkeit des Normprinzips,[510] mag zwar gegeben sein, kann doch gerade die Stellung von Normenkontrollanträgen durch die mit der Inzidentprüfung in Individualrechtsschutzverfahren befassten Gerichte dazu beitragen, voneinander abweichende Inzidentprüfungsentscheidungen zu vermeiden. Jedoch fehlt es bereits an der Grundlage jeder Analogie, einer planwidrigen Unvollständigkeit der Rechtsordnung.[511] Die Fälle der Vorlage eines Gerichts an ein anderes, sei es desselben oder eines anderen Gerichtszweigs, sind vom Gesetzgeber ausdrücklich und eingehend geregelt worden.[512] Es kann nicht davon ausgegangen werden, dass hiervon im Falle

503 A.M. OVG Brem DVBl 1980, 369; OVG Koblenz AS 15, 450, 451; BauR 1993, 204, 205; VGH Mannheim NJW 1977, 1469, 1470; VBlBW 1994, 353; VGH München BayVBl 1975, 114, 115; BayVGH (N. F.) 35, 111; *W. Besler*, Probleme, 1981, 206 f.; *H.-J. Birk*, „Rechtsvorschrift", 1972, 155; *A. Braun*, Antragsbefugnis, 1982, 193; *H.-U. Erichsen/A. Scherzberg*, DVBl 1987, 168, 172; *B.-F. Hoffmann*, Antragsbefugnis, 1974, 111; *Hufen* § 19 Rn. 33; *M. Quaas/K. Müller*, Normenkontrolle, 1986, Rn. 183.
504 Vgl. BVerwGE 81, 307, 310; BVerwG NuR 1991, 68; OVG Bln NJOZ 2011, 184, 185; OVG Bautzen NuR 2001, 283, 285; OVG Frankfurt/O. LKV 1998, 274; OVG Koblenz NuR 2004, 189, 190; 12.2.2016 – 10 C 10948/15, juris Rn. 18; OVG Lüneburg NuR 2005, 411; OVG Münster NVwZ-RR 2009, 798; OVG Schleswig NordÖR 2000, 304, 305; VGH Kassel NuR 1998, 153; 20.12.2016 – 10 C 1608/15.N, juris Rn. 25; VGH Mannheim NVwZ 1999, 1249, 1250; NVwZ-RR 2008, 232; *W. Zimmerling*, NVwZ 1992, 122, 124.
505 BVerwGE 81, 307, 310; OVG Koblenz BauR 1993, 204, 205; VGH Kassel HessVGRspr 1991, 1; VGH Mannheim NVwZ 1987, 1088; VBlBW 1994, 353.
506 *W. Besler*, Probleme, 1981, 209; *B.-F. Hoffmann*, Antragsbefugnis, 1974, 113 ff.; *K. Wolfram*, Normenkontrolle, 1967, 154. A.M. *A. Braun*, Antragsbefugnis, 1982, 190; *M. Redeker*, in: Redeker/v. Oertzen § 47 Rn. 34; *R. Staudacher*, JZ 1985, 969, 972 f.
507 OVG Greifswald NordÖR 2015, 559, 561; VGH Kassel NJW 1967, 798; VGH Mannheim ESVGH 12, 85; VGH München BayVGH (N. F.) 25, 27; NJW 1982, 1474; *W. Besler*, Probleme, 1981, 211; *A. Braun*, Antragsbefugnis, 1982, 186; *H. Dürr*, Antragsbefugnis, 1987, 112; *H.-U. Erichsen/A. Scherzberg*, DVBl 1987, 168, 171; *B.-F. Hoffmann*, Antragsbefugnis, 1974, 105 ff.; *Hufen* § 19 Rn. 9. A.M. *E. Eyermann*, DVBl 1963, 401; *H.-G. König*, DVBl 1963, 81, 82; *A. v. Mutius*, VerwArch 64 (1973), 95; *L. Renck*, BaWüVBl 1964, 150; *ders.*, JA 1971, 795, 800; *K. Wolfram*, Normenkontrolle, 1967, 150 ff.
508 *W. Besler*, Probleme, 1981, 210.
509 A.M. *N. Achterberg*, VerwArch 72 (1981), 163, 174.
510 *Karl Larenz*, Methodenlehre der Rechtswissenschaft, ⁶1991, 381 ff.
511 Zu dieser Voraussetzung *Karl Larenz*, Methodenlehre der Rechtswissenschaft, ⁶1991, 373.
512 Vgl. nur Art. 100 GG, §§ 80–85 BVerfGG, §§ 50 Abs. 3, § 132 GVG, die Bestimmungen des RsprEinhG, § 11 FGO u.a.

des § 47 Abs. 2 S. 1 abgegangen werden sollte (VGH Kassel NJW 1967, 798, 799; VGH München BayVGH [N. F.] 25, 27, 37).

Darüber hinaus stellen die gesetzlich normierten Verfahren dem Gericht die Vorlage nicht frei, sondern enthalten eine an bestimmte Voraussetzungen geknüpfte Vorlagepflicht. Nach § 47 Abs. 2 S. 1 hingegen ist es dem Ermessen der Behörde überantwortet, einen Normenkontrollantrag zu stellen. Damit bliebe insbes. die Frage nach dem Verhältnis einer Vorlage des Gerichts des Individualrechtsschutzverfahrens zu einer Antragstellung durch einen Beteiligten dieses Verfahrens unbeantwortet. Nicht zu vermeiden wäre weiterhin, dass die Senate des OVG i.R. der Geschäftsverteilung bei sich selbst Normenkontrollanträge stellen könnten, mithin gleichzeitig Antragsteller und Normenkontrollgericht wären.[513] Diese unbefriedigenden Ergebnisse zeigen, dass die Frage der Antragsberechtigung der Gerichte vom Gesetzgeber bewusst negativ entschieden worden ist. Sofern die Gerichte dagegen i.R. der Gerichtsverwaltung administrative Aufgaben wahrnehmen, steht ihrer Antragsberechtigung als Behörde nichts entgegen.[514]

268

ccc) **Rechtsschutzbedürfnis von Behörden.** Da das beim Behördenantrag häufig als Klarstellungs- oder Kontrollinteresse bezeichnete allgemeine Rechtsschutzbedürfnis auch in einem objektiven Beanstandungsverfahren vorliegen muss (→ Rn. 128), ist die einen Normenkontrollantrag stellende Behörde von dieser Verfahrensvoraussetzung nicht entbunden.[515] Vielmehr wird die Frage des Rechtsschutzbedürfnisses gerade beim Behördenantrag aktuell. Kann nämlich die Behörde auf andere Weise als durch eine prinzipale Normenkontrolle die Beseitigung der Norm erreichen, diese bspw. selber aufheben[516] oder ihre Aufhebung durch eine andere dazu befähigte Stelle anregen (OVG Koblenz AS 15, 450, 452), so fehlt einem Normenkontrollantrag der Behörde das Rechtsschutzbedürfnis. Ist aber die Anregung erfolglos geblieben oder verspricht sie von vornherein keinen Erfolg, so kann das Rechtsschutzbedürfnis nicht infrage gestellt werden. Entsprechendes gilt für den Fall, dass es der antragstellenden Behörde im Normaufstellungsverfahren rechtlich möglich gewesen wäre, den Erlass der Norm zu verhindern. Denn das Unterlassen einer Eingriffsmaßnahme bedeutet grds. nicht den Verzicht auf die Möglichkeit der Inanspruchnahme der gerichtlichen Normenkontrolle. Das Nichtergreifen einer Verhinderungsmaßnahme kann z.B. auf berechtigten Erwartung der dazu befugten Behörde beruhen, der potentielle Normgeber werde aufgrund eigener Entscheidungsgewalt vom Normerlass absehen (OVG Greifswald 29.3.2010 – 3 K 27/07). Aus den genannten Gründen ist es für das Vorliegen des Rechtsschutzbedürfnisses notwendige, aber nicht hinreichende Bedingung, dass die antragstellende Behörde die angegriffene Rechtsvorschrift zu vollziehen oder zumindest bei der Wahrnehmung ihrer Aufgaben zu beachten hat.[517] Zusätzlich erforderlich ist vielmehr, dass die Behörde nicht selbst die Aufhebung der Vorschrift durchführen oder veranlassen kann.

269

Für die Normenkontrolle von Bebauungsplänen ist zu beachten, dass weder die Gemeinde noch die höhere Verwaltungsbehörde die Möglichkeit zu einseitiger Beseitigung des Bebauungsplans hat (→ Rn. 78 m.w.N.). Die höhere Verwaltungsbehörde kann daher die Kontrolle eines von ihr genehmigten Bebauungsplans beantragen, wenn sie den Bebauungsplan in unterschiedlicher Weise, etwa als Widerspruchs- oder als Fachaufsichtsbehörde, zu beachten hat.[518] Dagegen kann das Beschlussorgan einer Gemeinde einen von ihm beschlossenen Bebauungsplan, den es nunmehr für rechtswidrig hält,

270

513 Vgl. *B.-F. Hoffmann*, Antragsbefugnis, 1974, 106 f.
514 OVG Greifswald NordÖR 2015, 559, *561*; *W. Besler*, Probleme, 1981, 212; *A. Braun*, Antragsbefugnis, 1982, 187.
515 BVerwGE 81, 307, 310; OVG Brem DVBl 1980, 369; OVG Lüneburg DVBl 1973, 151, 152; VGH Mannheim NJW 1977, 1469, 1470; *W. Besler*, Probleme, 1981, 213; *H.-U. Erichsen/A. Scherzberg*, DVBl 1987, 168, 172; *B.-F. Hoffmann*, Antragsbefugnis, 1974, 116 f.; *W. Krebs*, VerwArch 69 (1978), 323, 330; *E. Rasch*, BauR 1977, 147, 150; *R. Staudacher*, JZ 1985, 969, 972. A.M. *E. Rasch*, FS Gelzer, 1991, 325, 329.
516 Vgl. BVerwGE 81, 307, 310; OVG Frankfurt/O. LKV 1998, 274, 275; OVG Lüneburg UPR 1998, 357; VGH Mannheim NJW 1977, 1469, 1470; *N. Achterberg*, VerwArch 72 (1981), 163, 178 f.; *A. Braun*, Antragsbefugnis, 1982, 195 ff.; *B. Stüer*, DVBl 1985, 469, 478. A.M. *F. O. Kopp*, FS Bay. VGH, 1979, 205, 212; *M. Quaas/K. Müller*, Normenkontrolle, 1986, Rn. 183; *L. Renck*, JA 1971, 795, 800.
517 A. M. OVG Koblenz 12.2.2016 – 10 C 10948/15, juris Rn. 18; VGH Kassel 20.12.2016 – 10 C 1608/15.N, juris Rn. 25: hinreichende Bedingung.
518 BVerwG NuR 1991, 68; OVG Greifswald 29.3.2010 – 3 K 27/07; OVG Münster BauR 2005, 1577, 1578; VGH München BayVGH (N. F.) 35, 111; BayVBl 1993, 626; *R. Engel*, NVwZ 2000, 1258, 1260.

nicht zur Überprüfung durch das OVG stellen, da es die Aufhebung nach § 1 Abs. 8 i.V.m. § 10 BauGB selbst beschließen kann.[519] Anderes gilt wiederum für die Gemeindeverwaltung.[520]

271　Die Forderung des Rechtsschutzbedürfnisses für einen Behördenantrag darf allerdings nicht dazu führen, dass auch Behörden eine Rechtsverletzung i.S.v. § 47 Abs. 2 S. 1 Alt. 1 geltend machen müssen. Für die Antragsberechtigung einer Gemeinde als Behörde kommt es daher nicht darauf an, ob die angegriffene Rechtsnorm die Planungshoheit der Gemeinde beeinträchtigt (VGH Kassel UPR 1986, 280. A.M. OVG Lüneburg NuR 1983, 35).

272　**b) Antragsgegner.**　Antragsgegner ist laut § 47 Abs. 2 S. 2 diejenige Körperschaft, Anstalt oder Stiftung, welche die angefochtene Rechtsvorschrift erlassen hat. Es gilt wie nach § 78 Abs. 1 Nr. 1 Hs. 1 das Rechtsträgerprinzip,[521] weshalb eine bloß teilrechtsfähige Vereinigung i.S.v. § 61 Nr. 2 nicht Antragsgegner im Normenkontrollverfahren sein kann (a.M. VGH Kassel NVwZ-RR 1991, 80, 81). Anders als nach § 78 Abs. 1 Nr. 1 Hs. 2 genügt zur Bezeichnung des Antragsgegners jedoch nicht die Bezeichnung der normsetzenden Behörde. Ebenso wenig besteht die in § 78 Abs. 1 Nr. 2 vorgesehene Möglichkeit der landesrechtlichen Bestimmung der Behörde als Antragsgegner. Wird die zur Kontrolle gestellte Norm aufgrund gesetzlicher Bestimmungen von einer Körperschaft, etwa dem Land, *für* eine andere Körperschaft bzw. Anstalt oder Stiftung erlassen, so ist nach der ausdrücklichen Regelung des § 47 Abs. 2 S. 2 die die Norm tatsächlich erlassende (erstgenannte) Körperschaft Antragsgegner.[522] Entscheidend ist die Bestimmungsbefugnis über den Inhalt der Norm. Die kontradiktorische Ausgestaltung des Normenkontrollverfahrens soll gerade dazu dienen, die aus dem Normverwerfungsinteresse des Antragstellers und dem Normverteidigungsvorbringen des für die Rechtsetzung Verantwortlichen fließenden Argumente für die Entscheidung fruchtbar zu machen. Die Erteilung einer zur Herbeiführung der Verbindlichkeit der Vorschrift erforderlichen Genehmigung beinhaltet nicht die Übernahme dieser Verantwortung, sodass der Rechtsträger der Genehmigungsbehörde nicht Antragsgegner wird (VGH München NVwZ 1985, 502, 504).

273　Bei einer Normenkontrolle im Innenrechtsstreit, bspw. auf Antrag des Mitglieds eines kommunalen Vertretungsorgans gegen Bestimmungen der Geschäftsordnung dieses Vertretungsorgans, ist Antragsgegner nicht die kommunale Gebietskörperschaft, sondern das Vertretungsorgan, das diese Geschäftsordnung erlassen hat (VGH Kassel NVwZ 2007, 107, 108; LKRZ 2007, 262, 263. A.M. OVG Bautzen 29.9.2010 – 4 C 8/09 m.w.N.). Hat nach dem Erlass der angegriffenen Vorschrift die Befugnis zur Disposition über diese Norm gewechselt, sei es, dass für den Erlass derartiger Normen eine andere Zuständigkeit begründet wurde, sei es, dass eine andere Körperschaft, Anstalt oder Stiftung Rechtsnachfolger des normsetzenden Rechtsträgers geworden ist, so ist Antragsgegner die nunmehr dispositionsbefugte Körperschaft etc.[523] Nur sie kann der Veröffentlichungspflicht des § 47 Abs. 5 S. 2 Hs. 2 genügen. Da es sich bei der Normenkontrolle anders als bei den anderen Verfahrensarten der VwGO um ein objektives Beanstandungsverfahren handelt, gelten die für den Zuständigkeitswechsel nach Erlass des angegriffenen Akts entwickelten allgemeinen Grundsätze nicht.

274　**c) Weitere Verfahrensteilnehmer.**　Weitere Verfahrensteilnehmer sind unter den Voraussetzungen des § 36 der *VoI*, der gem. § 63 Nr. 4 Beteiligter ist, sowie die *Äußerungsberechtigten* nach § 47 Abs. 2 S. 3, die allerdings keine förmlichen Beteiligten i.S.d. § 63 sind (→ § 63 Rn. 17).[524] Äußerungsberechtigt sind das Land und andere juristische Personen des öffentlichen Rechts, deren Zuständigkeit durch die Rechtsvorschrift berührt wird. Mit *„dem* Land" ist dasjenige Bundesland gemeint, in dem der Normgeber seinen Sitz hat und dessen OVG daher örtlich zuständig ist (→ Rn. 62). Des Weiteren kön-

---

519　A.M. *Gunther Herr,* Behördliche Verwerfung von Bebauungsplänen, 2003, 83 ff.
520　Für eine Beitragssatzung OVG Saarlouis AS 29, 175, 177 ff. Eingehend *H. Dürr,* Antragsbefugnis, 1987, 117 ff.; *E. Rasch,* FS Gelzer, 1991, 325, 331; *R. Staudacher,* JZ 1985, 969, 973 ff. A.M. VGH München BayVBl 1993, 626; *A. v. Mutius/H. Hill,* Die Behandlung fehlerhafter Bebauungspläne durch die Gemeinden, 1983, 63; *M. Pagenkopf,* BauR 1979, 1, 14: unzulässiger Insichprozess.
521　VGH Mannheim VBlBW 2003, 119; *A. Braun,* Antragsbefugnis, 1982, 222; *M. Quaas/K. Müller,* Normenkontrolle, 1986, Rn. 123.
522　A.M. *J. Schmidt,* in: Eyermann § 47 Rn. 60.
523　OVG Lüneburg SchlHA 1980, 214, 215; NuR 2006, 128, 129; NVwZ-RR 2008, 602; 2.11.2010 – 4 KN 230/09; VGH Mannheim VBlBW 1993, 471.
524　BVerwGE 65, 131, 134; BVerwG NVwZ 1991, 871, 872; NVwZ-RR 1994, 235; OVG Bln DVBl 1982, 362, 363; *A. Braun,* Antragsbefugnis, 1982, 226; *M. Quaas/K. Müller,* Normenkontrolle, 1986, Rn. 125.

nen nach der Begründung des Regierungsentwurfs eines Gesetzes zur Änderung verwaltungsprozessualer Vorschriften „insbes. juristische Personen in Betracht kommen, die beim Erlass der Rechtsvorschrift mitgewirkt haben oder sie anwenden müssen" (BT-Drs. 7/4324 Anl. 1 S. 11). Die Mitwirkung beim Normerlass und die Anwendung der Norm sind mithin nur Beispiele für äußerungsberechtigte juristische Personen, ohne deren Kreis abschließend zu begrenzen.[525] Entscheidend für die Zuerkennung der Äußerungsberechtigung ist vielmehr der Zweck dieses Instituts, dem Gericht eine bessere Sachaufklärung durch Einholung von Stellungnahmen aller am Schicksal der Norm Interessierten zu ermöglichen (BVerwGE 65, 131, 138). Allerdings wird man nach der Einfügung der Möglichkeit einer Beiladung in § 47 Abs. 2 S. 4 (→ Rn. 276 ff.) nicht mehr in entsprechender Anwendung des § 47 Abs. 2 S. 3 den Kreis der Äußerungsberechtigten über die juristischen Personen des öffentlichen Rechts hinaus auf alle Personen ausdehnen können, die durch die Normenkontrollentscheidung in Rechten oder rechtlichen Interessen berührt werden (so noch BVerwGE 65, 131, 138).[526]

Nach dem Wortlaut des § 47 Abs. 2 S. 3 *kann* das OVG dem Äußerungsberechtigten Gelegenheit zur Äußerung binnen einer zu bestimmenden Frist geben. Grds. steht es also im Ermessen des Gerichts, ob und wie es eine Gelegenheit zur Äußerung einräumt. So kann es die Äußerungsberechtigung auf die Stellungnahme zu einzelnen Sachpunkten beschränken. Bereits die Anlehnung der Vorschrift an § 77 BVerfGG (BT-Drs. 7/4324 Anl. 1 S. 11), der eine Anhörungspflicht enthält, macht jedoch deutlich, dass dieses Ermessen nicht unbeschränkt bestehen kann. Erscheint eine Erfüllung der gerichtlichen Sachaufklärungspflicht nicht oder nur erschwert möglich, wenn nicht die Stellungnahme eines bestimmten Äußerungsberechtigten eingeholt wird, so verdichtet sich das Ermessen zu einer objektiv-rechtlichen Anhörungspflicht (BVerwGE 65, 131, 138). Selbst im Falle einer solchen Anhörungspflicht korrespondiert dieser allerdings kein subjektives Anhörungsrecht der betreffenden Äußerungsberechtigten (BVerwGE 65, 131, 139). Nicht ausgeschlossen ist jedoch, dass sich ein derartiges Anhörungsrecht aus anderen Vorschriften, insbes. den Grundrechten, ableiten lässt (BayVerfGH BayVBl 1984, 109, 110 f.).   275

d) Beigeladene. Vor der Anfügung des § 47 Abs. 2 S. 4 durch das RmBereinVpG vom 20.12.2001   276
(BGBl I 3987) ging die ganz überwiegende Auffassung davon aus, dass eine *Beiladung* nach § 65 im Normenkontrollverfahren nicht möglich war.[527] Dieser Bewertung trat die 1. Kammer des 1. Senats des BVerfG in einem obiter dictum entgegen (BVerfG DVBl 2000, 1842, 1843 f.). Der sich unmittelbar aus dem materiellen Grundrecht des Art. 14 Abs. 1 S. 1 GG ergebende Anspruch auf effektiven Rechtsschutz umschließe für einen privaten Grundstückseigentümer, dem eine Nichtigerklärung des Bebauungsplans zum Nachteil gereichen würde, das Recht, im gerichtlichen Verfahren geltend zu machen, dass der angefochtene Bebauungsplan gültiges Recht sei (BVerfG DVBl 2000, 1842, 1843).

Ungeachtet der teilweise deutlichen Kritik an dieser Entscheidung[528] hat der Gesetzgeber den Beschluss zum Anlass der Einfügung des § 47 Abs. 2 S. 4 genommen. Trotz der beschränkten Reichweite der Ausführungen des BVerfG für Eigentümer von Grundstücken in dem durch den angegriffenen Bebauungsplan überplanten Gebiet gilt die Vorschrift für alle Rechtsvorschriften i.S.v. § 47 Abs. 1. Sie ordnet die entsprechende Anwendung von § 65 Abs. 1 und 4 sowie von § 66, nicht aber von § 65 Abs. 2 und 3 an. Wie in der Begründung des Regierungsentwurfs ausdrücklich ausgeführt, kommt eine notwendige Beiladung im Normenkontrollverfahren nicht in Betracht.[529] In Anbetracht dieser eindeutigen Entscheidung des Gesetzgebers ist eine analoge Anwendung des § 65 Abs. 3 ausgeschlossen.[530] Anwendbar sind aber die allgemeinen Vorschriften über Massenverfahren in §§ 56 a, 67 a.[531]   277

Für die Anwendung der §§ 47 Abs. 2 S. 4, 65 Abs. 1 ist zu beachten, dass § 65 Abs. 1 die einfache Beiladung von Amts wegen oder auf Antrag in das Ermessen des Gerichts stellt, wenn die rechtlichen In-   278

---

525 A.M. *A. Braun*, Antragsbefugnis, 1982, 226.
526 Ebenso *B. Stüer*, DVBl 1985, 469, 479.
527 BVerwGE 65, 131, 133 ff.; BVerwG NVwZ-RR 1994, 235; OVG Lüneburg OVGE 25, 501, 502 ff.; BauR 1981, 244; VGH Kassel DÖV 1993, 874; VGH Mannheim ESVGH 19, 151; 24, 27, 30; BauR 1982, 139; VGH München BayVBl 1980, 116, 117.
528 Vgl. *J. Schmidt*, VerwArch 92 (2001), 443, 457 ff.
529 Begründung des Entwurfs eines Gesetzes zur Bereinigung des Rechtsmittelrechts im Verwaltungsprozess, BT-Drs. 14/6393, 9.
530 *K. Lotz*, BayVBl 2002, 353, 355. A.M. *C.-D. Bracher*, DVBl 2002, 309, 312; *A. v. Komorowski*, NVwZ 2003, 1458, 1459.
531 *C.-D. Bracher*, DVBl 2002, 309, 313; *A. v. Komorowski*, NVwZ 2003, 1458.

teressen der Betreffenden durch die Entscheidung berührt werden. Eine Berührung rechtlicher Interessen i.S.v. §§ 47 Abs. 2 S. 4, 65 Abs. 1 liegt nur dann vor, wenn die Unwirksamerklärung der Norm zu einer Beeinträchtigung der rechtlichen Interessen der Betreffenden führt (zum Begriff der rechtlichen Interessen → § 65 Rn. 78 ff.). Die Beiladung kann nur das Interesse an einer Verteidigung des Normbestands berücksichtigen. Ein Interesse an einer Unwirksamerklärung der Norm muss der Dritte durch einen eigenen Normenkontrollantrag nach § 47 Abs. 2 S. 1 geltend machen. Nicht ausreichend ist der Wunsch, faktische Begünstigungen, die von der Norm ausgehen, aufrechtzuerhalten. Die Unwirksamerklärung muss einen rechtlichen Vorteil beseitigen. Deshalb können nicht alle Normbetroffenen nach §§ 47 Abs. 2 S. 4, 65 Abs. 1 beigeladen werden. Zwar bestimmt ein Bebauungsplan Inhalt und Schranken des Grundeigentums aller Planbetroffenen. Doch scheiden dann, wenn nur eine bloße Teilunwirksamerklärung des Bebauungsplans in Betracht kommt, von vornherein alle diejenigen Planbetroffenen als nicht beiladungsfähig aus, deren Grundstücke nicht in dem von dem betroffenen Planteil erfassten Bereich liegen.

279   Das Gericht kann sein Ermessen zur Beiladung nicht dahingehend ausüben, von einer Beiladung absehen und stattdessen Gelegenheit zur Äußerung nach § 47 Abs. 2 S. 3 zu geben.[532] Wenn die Voraussetzungen einer Beiladung vorliegen, muss der in Betracht kommende Personenkreis von der Möglichkeit der Stellung eines Beiladungsantrags informiert werden. Eine Beiladung von Amts wegen ist grds. nicht erforderlich.[533] Eine Pflicht zur Beiladung besteht nur dann, wenn sich das Ermessen des Gerichts im Hinblick auf die grundrechtlich geschützten Rechtspositionen so verdichtet, dass eine Beiladung zwingend wird.[534] Dies wird i.d.R. bei der Normenkontrolle von vorhabenbezogenen Bebauungsplänen hinsichtlich der Beiladung des Vorhabenträgers der Fall sein (BVerwG BRS 65, 288, 289). Umgekehrt ist eine Beiladung von vornherein nicht in Betracht zu ziehen, wenn der Normenkontrollantrag offensichtlich unzulässig oder unbegründet ist, sodass eine Beiladung nichts zur Verteidigung des Gültigkeitsanspruchs der angegriffenen Rechtsvorschrift beizutragen vermag.[535] Im Übrigen kommen als Gesichtspunkte, die in der Ermessensausübung des Gerichts zu berücksichtigen sind, v.a. die Zahl potenzieller Beizuladender (OVG Lüneburg NVwZ-RR 2002, 786)[536] sowie die Intensität der Beeinträchtigung der in Rede stehenden rechtlichen Interessen (VGH München BayVBl 2004, 180) in Betracht.

280   **2. Verfahrensablauf bis zur Entscheidung.** Für den Verfahrensablauf bis zur Entscheidung gelten die allgemeinen Vorschriften der §§ 54 ff., soweit nicht § 47 ausdrücklich oder dem Sinne nach eine andere Regelung trifft.[537] Die in § 48 des Regierungsentwurfs einer VwGO (BT-Drs. 3/55 Anl. 1) enthaltene Inbezugnahme, nach der „für das Verfahren vor dem OVG nach den §§ 46 (Normenkontrolle) und 47... die Vorschriften über das Verfahren vor dem Verwaltungsgericht entsprechend" gelten sollten, wurde wegen der rein deklaratorischen Bedeutung einer solchen Verweisung gestrichen.[538]

281   **a) Antrag.** Laut § 47 Abs. 1 wird das OVG nur auf Antrag tätig. Eine Normenkontrolle von Amts wegen ist ausgeschlossen.

282   **aa) Anforderungen an den Antrag.** Unter den Anforderungen an den Antrag ist zunächst das Schriftformerfordernis des § 81 Abs. 1 S. 1 zu nennen. Eine Antragstellung zur Niederschrift des Urkundsbeamten der Geschäftsstelle ist unzulässig.[539] Der Antragsteller muss sich nach § 67 vertreten lassen. Nach dem entsprechend anzuwendenden § 82 Abs. 1 S. 1 muss der Antrag den Antragsteller, den Antragsgegner und die angegriffene Rechtsvorschrift bezeichnen. Es reicht aus, wenn sich Antragsgegner und zur Kontrolle gestellte Norm aus dem gesamten Vorbringen entnehmen lassen (VGH Kassel

---

532   *C.-D. Bracher*, DVBl 2002, 309, 311.
533   *C.-D. Bracher*, DVBl 2002, 309, 312.
534   Begründung des Entwurfs eines Gesetzes zur Bereinigung des Rechtsmittelrechts im Verwaltungsprozess, BT-Drs. 14/6393, 9.
535   *A. v. Komorowski*, NVwZ 2003, 1458, 1462.
536   *Kopp/Schenke* § 47 Rn. 42 a.
537   BVerwGE 65, 131, 134; 66, 233, 234 f.; OVG Greifswald NVwZ-RR 2005, 596, 597; OVG Lüneburg OVGE 25, 501, 502; OVG Münster NVwZ-RR 1996, 623; *D. Hahn*, JuS 1983, 678, 679 f.
538   Vgl. den Bericht des Rechtsausschusses, BT-Drs. 3/1094, 6 und die Begründung des Regierungsentwurfs eines Gesetzes zur Änderung verwaltungsprozessualer Vorschriften, BT-Drs. 7/4324 Anl. 1 S. 12.
539   VGH Mannheim 26.9.1997 – 4 S 695/97; *M. Quaas/K. Müller*, Normenkontrolle, 1986, Rn. 98.

ESVGH 23, 177, 182).[540] Keinesfalls ist vom Antragsteller zu verlangen, dass er die einzelnen Bestimmungen einer Vorschrift, gegen welche er sich wenden will, genau bezeichnen (a.M. VGH Kassel ESVGH 23, 122, 127) oder das Datum des Inkrafttretens der Norm nennen muss.[541] Ggf. ist das sachdienliche Angriffsziel durch Auslegung zu ermitteln (BVerwG NVwZ 1997, 896). Dies gilt auch dann, wenn die angegriffene Rechtsvorschrift während des Normenkontrollverfahrens geändert wird und unklar ist, auf welche Fassung sich der Antrag bezieht (BVerwG NVwZ 1997, 896).

Nach § 82 Abs. 1 S. 2 soll die Antragsschrift einen bestimmten Antrag enthalten. Der Wortlaut des § 47 Abs. 1 lässt auch die Möglichkeit eines auf Feststellung der Gültigkeit einer Rechtsvorschrift gerichteten Antrags zu. Doch entspräche einem solchen Antrag keine Tenorierungsbefugnis des Gerichts, das nach § 47 Abs. 5 S. 2 allein die Nichtigkeit der Vorschrift aussprechen kann. Ein Antrag auf Gültigkeitserklärung müsste daher immer jedenfalls als unbegründet zurückgewiesen werden. Unter dem Gesichtspunkt des Missbrauchs judikativer Kapazitäten ist deshalb ein Antrag auf Gültigkeitsfeststellung bereits als unzulässig zu behandeln.[542] Gleiches gilt für einen Antrag, den Normgeber zur Änderung der betreffenden Norm zu verpflichten (VGH Mannheim NVwZ-RR 2000, 529; VBlBW 2000, 474). Zulässig ist nur ein Antrag, der das Bestreben erkennen lässt, die bezeichnete Norm für unwirksam erklären zu lassen.[543] Eine Antragsänderung ist unter den Voraussetzungen des § 91 zulässig. Dabei ist die Änderung u.a. sachdienlich, wenn sie zur Zulässigkeit eines zuvor unzulässigen Antrags führt (OVG Bautzen 11.10.2006 – 5 D 24/04).   283

aaa) „Überschießender" Antrag. Der Antragsteller ist nicht gehalten, seinen Antrag auf diejenigen   284
Teile der Norm zu beschränken, die ihn möglicherweise in seinen Rechten verletzen (so aber OVG Lüneburg NdsVBl 1999, 11). Es entspricht der Anstoßfunktion des Erfordernisses der Antragsbefugnis (→ Rn. 151), dass auf einen zulässigen Antrag hin die gesamte Rechtsvorschrift zur Überprüfung gestellt wird. Eine Beschränkung der Antragsbefugnis, „soweit" der Antragsteller in seinen Rechten möglicherweise verletzt ist, enthält § 47 Abs. 2 S. 1 gerade nicht. Die für die Begründetheitsprüfung im Gegensatz zu § 113 Abs. 1 S. 1 gerade nicht vorgesehene Beschränkung auf die Überprüfung des Vorliegens einer Rechtsverletzung kann nicht über den Umweg der Zulässigkeitsprüfung wieder eingeführt werden. Ein auch solche Normteile, die den Antragsteller nicht in seinen Rechten verletzen können, angreifender Normenkontrollantrag kann daher nicht insoweit als unzulässig zurückgewiesen werden (BVerwG NVwZ 2008, 899. A.M. OVG Lüneburg NdsVBl 1999, 11), auch nicht wegen fehlenden Rechtsschutzbedürfnisses.[544] Die Teilbarkeit der Norm ist ein i.R. der Begründetheitsprüfung abzuarbeitendes Problem (→ Rn. 285).

bbb) Beschränkung des Antrags auf Teile der Norm. Eine Beschränkung des Antrags in Form der Be-   285
anstandung lediglich einzelner Teile der Rechtsvorschrift ist immer zulässig.[545] Auch im Normenkontrollverfahren gilt die Dispositionsmaxime[546] und damit das in § 88 niedergelegte Prinzip des ne ultra petita.[547] Allerdings hat dieses Prinzip nur Bedeutung, wenn der durch den Antrag allein angegriffene Teil der Norm abtrennbar ist, d.h. die übrigen Teile der Vorschrift auch ohne jenen Bestand haben können. Ist dies nicht der Fall, so ist die Vorschrift insgesamt oder in weiteren Teilen für nichtig zu erklären, wenn der antragsgemäß für nichtig zu erklärende Teil mit den anderen, nicht angegriffenen Teilen der Norm in einem untrennbaren Zusammenhang steht.[548] Die Frage der Teilbarkeit der ange-

---

540 A. *Braun*, Antragsbefugnis, 1982, 210
541 A.M. M. *Quaas/K. Müller*, Normenkontrolle, 1986, Rn. 102
542 M. *Quaas/K. Müller*, Normenkontrolle, 1986, Rn. 105
543 A. *Braun*, Antragsbefugnis, 1982, 205 ff. A.M. K. A. *Bettermann*, Landesverfassungsgerichtsbarkeit II, 1983, 467, 472.
544 A.M. OVG Münster 22.4.1999 – 10 a D 138/98.NE; DVBl 2007, 317; OVG Saarlouis 28.1.1997 – 2 N 2/96.
545 Vgl. BVerwGE 82, 225, 232; OVG Münster NVwZ-RR 1999, 110; VGH Kassel ESVGH 31, 272, 273; VGH München VerwRspr 14, 321, 328; *O.-R. v. Engelhardt*, Rechtsschutz, 1971, 225; *B. Stüer*, DVBl 1985, 469, 479; M. *Uechtritz*, DVBl 1993, 181, 187.
546 BVerwGE 82, 225, 232; BVerwG DVBl 1992, 37, 39; OVG Münster BauR 1998, 294; VGH Kassel DVBl 1975, 909, 911; *O.-R. v. Engelhardt*, Rechtsschutz, 1971, 235.
547 Vgl. BVerwG NVwZ 2005, 695, 696; OVG Münster BauR 1998, 294. A.M. VGH Mannheim DVBl 1985, 130, 131.
548 BVerwG DVBl 1992, 37, 39 f.; OVG Lüneburg NVwZ-RR 2014, 25, 26; OVG Münster NVwZ-RR 1999, 110; VGH Kassel ESVGH 31, 272, 273 f.; VGH Mannheim NVwZ-RR 2000, 529, 530.

griffenen Vorschrift ist mithin i.R. der Begründetheitsprüfung zu beantworten,[549] sodass ein trotz Unteilbarkeit der Vorschrift beschränkter Antrag nicht unzulässig ist.[550] Ob sich der Antrag gegen die gesamte Rechtsvorschrift oder nur gegen Teile derselben richtet, ist dem Antrag durch Auslegung unter Berücksichtigung der Antragsbegründung zu entnehmen (BVerwGE 82, 225, 234). Hinsichtlich der als Prüfungsmaßstab heranzuziehenden Bestimmungen ist eine Bindung des Gerichts durch den Antrag nicht möglich.[551]

286   **ccc) Klagehäufungen.**   Klagehäufungen sind zwar grds. zulässig, jedoch sind die Besonderheiten des Normenkontrollverfahrens zu beachten. So ist eine subjektive Klagehäufung i.S.d. § 64 VwGO i.V.m. §§ 59, 60 ZPO zwar auf Seiten des Antragstellers zulässig (VGH Kassel HessVGRspr 1978, 17, 20), jedoch auf Seiten des Antragsgegners wegen der ausdrücklichen Regelung des § 47 Abs. 2 S. 2 nicht möglich (a.M. wohl VGH Mannheim ESVGH 24, 27, 31). Eine objektive Klagehäufung gem. § 44 in Form der Verbindung eines Normenkontrollantrags mit einer Klage im Individualrechtsschutzverfahren ist unzulässig (→ Rn. 29; → § 44 Rn. 11). Mehrere Normenkontrollanträge können dagegen unter den Voraussetzungen des § 44 zusammen verfolgt werden, wobei sich der notwendige Zusammenhang aus einer rechtlichen Verbindung der angegriffenen Normen in Gestalt der aufeinander aufbauenden oder sich in anderer Weise zu einer einheitlichen Regelung zusammenfügenden Vorschriften bestehen oder rein tatsächlicher Art sein kann, wenn die nebeneinander zur Kontrolle gestellten Vorschriften den gleichen Lebenssachverhalt betreffen. Die objektive Klagehäufung kann auch eine eventuelle sein, wenn die mit dem Hilfsantrag zur Kontrolle gestellte Norm nur bei einem Scheitern oder einem Erfolg des Hauptantrags überprüft werden soll (BVerwG DVBl 1992, 37, 39; VGH Mannheim NVwZ 1985, 351). Ein Bsp. für die zweite Konstellation ist das Wiederaufleben der den Antragsteller gleichfalls benachteiligenden lex prior bei Unwirksamerklärung der lex posterior,[552] sofern sich Haupt- und Hilfsantrag gegen denselben Antragsgegner richten (VGH Mannheim NuR 1993, 323, 324).

287   **bb) Antragsfrist.**   Eine Antragsfrist von zwei Jahren ab Bekanntmachung der Rechtsvorschrift wurde durch Art. 1 Nr. 2 6. VwGOÄndG in den § 47 Abs. 2 S. 1 eingefügt. Nach § 47 a.F. war die Stellung eines Normenkontrollantrags unbefristet möglich. Der Bundesratsentwurf eines Gesetzes zur Änderung der VwGO schlug die Einführung einer Fünfjahresfrist für den Normenkontrollantrag vor, da durch die Angreifbarkeit seit langem praktizierter Normen mit einem Antrag auf prinzipale Normenkontrolle die Rechtssicherheit beeinträchtigt werde. Denn eine für nichtig erklärte Vorschrift würde als Rechtsgrundlage auch für solche Verwaltungsakte entfallen, die bereits erlassen, jedoch noch nicht bestandskräftig sind. Die Befugnis der VG zur Inzidentkontrolle von Normen werde nicht berührt.[553] Eine kürzere Frist von nur einem Jahr würde das Antragsrecht weitgehend obsolet machen, weil in so kurzer Zeit die Auswirkungen der Norm von den Betroffenen nicht übersehen werden könnten oder die Satzungen sogar rückwirkend in Kraft gesetzt würden. Durch die damit entfallende Bündelungswirkung der Normenkontrolle bestehe die Gefahr einer Vielzahl divergierender Inzidentscheidungen.[554] Trotz dieser weiterhin zutr. Bedenken wurde durch Art. 3 des Gesetzes zur Erleichterung von Planungsvorhaben für die Innenentwicklung der Städte vom 21.12.2006 (BGBl I 3316) die Antragsfrist von zwei Jahren auf ein Jahr verkürzt, um „eine zügige Herstellung von Rechtssicherheit" zu gewährleisten.[555]

288   Entgegen den durch die Syntax des § 47 Abs. 2 S. 1 begründeten Zweifeln gilt die Antragsfrist nicht allein für den von einer Behörde gestellten Normenkontrollantrag, sondern ebenso für Anträge natürlicher und juristischer Personen. Dass die Befristung des Antragsrechts das im Gesetzgebungsverfahren formulierte Ziel einer Verbesserung der Rechtssicherheit nicht nur verfehlt, sondern geradezu konter-

---

549   OVG Lüneburg 25.7.2002 – 1 KN 295/01; NVwZ-RR 2014, 25, 26; VGH München VerwRspr 14, 321, 328; Rn. 196 f.

550   A.M. OVG Bln OVGE Bln 18, 140, 141; OVG Saarlouis AS 19, 157, 159 f.; 12.6.2008 – 2 C 469/07.

551   *M. Quaas/K. Müller*, Normenkontrolle, 1986, Rn. 102; *L. Renck*, JA 1971, 795, 801. A.M. VGH Kassel ESVGH 23, 122, 128.

552   VGH Mannheim NVwZ 1985, 351; VBlBW 1993, 434; NuR 2003, 423, 424; *M. Quaas/K. Müller*, Normenkontrolle, 1986, Rn. 108.

553   Begründung des Bundesratsentwurfs eines Gesetzes zur Änderung der VwGO, BT-Drs. 13/1433, 9 f.

554   Stellungnahme des Bundesrates zum Regierungsentwurf eines 6. VwGOÄndG, BT-Drs. 13/3993 Anl. 2 S. 16 f.

555   Regierungsentwurf eines Gesetzes zur Erleichterung von Planungsvorhaben für die Innenentwicklung der Städte, BR-Drs. 558/06, 37.

kariert, ist bereits festgestellt worden (→ Rn. 25). Verfassungsrechtliche Bedenken gegen die Einführung der Antragsfrist bestehen nicht.[556] Weder für Bebauungspläne noch für andere Normen, die Begünstigungen und Belastungen unauflöslich integrieren, ist die Einführung oder Beibehaltung einer prinzipalen Normenkontrolle durch Art. 19 Abs. 4 GG geboten. Ausreichender Rechtsschutz wird durch die von der Einführung der Antragsfrist nicht geschmälerte Möglichkeit der Herbeiführung einer Inzidentkontrolle gewährleistet (→ Rn. 24).[557]

Der Lauf der Jahresfrist des § 47 Abs. 2 S. 1 beginnt mit der *Bekanntmachung der Rechtsvorschrift*. 289
Entscheidend ist der Zeitpunkt, zu dem die Vorschrift als Rechtsnorm mit *formellem Geltungsanspruch* veröffentlicht worden ist.[558] Dies entspricht den bereits aus § 47 Abs. 1 folgenden Anforderungen an die Existenz einer kontrollfähigen Rechtsnorm (→ Rn. 65). Nicht erforderlich ist, dass die Bekanntmachung nach dem Maßstab der einschlägigen Bestimmungen fehlerfrei erfolgt ist.[559] Auf ein wirksames Inkrafttreten der zur Kontrolle gestellten Norm kommt es nicht an.[560] Notwendig ist lediglich die Vornahme einer Handlung seitens des Normgebers, die potenziell Antragsbefugten die Möglichkeit der Kenntnisnahme vom Geltungsanspruch der Norm verschafft.[561] Umgekehrt führt eine nach dem materiellen Recht, bspw. § 214 Abs. 4 BauGB, zulässige *rückwirkende Inkraftsetzung* einer Vorschrift nicht dazu, dass die Frist ab dem als Zeitpunkt des Inkrafttretens bestimmten Termin zu laufen beginnt. Auch insoweit kommt es auf den Zeitpunkt der Bekanntmachung des rückwirkenden Geltungsanspruchs an.[562] In Anlehnung an die Rspr. des BVerfG zu § 93 Abs. 3 BVerfGG (BVerfG NJW 1988, 1651) findet die Jahresfrist ausnahmsweise keine Anwendung, wenn die angegriffene Norm die möglichen Beeinträchtigung der Rechte des Betroffenen in keiner Weise erkennen lässt und die Durchführungsmaßnahmen nicht mit Aussicht auf Erfolg vor deutschen Gerichten angegriffen werden können (offen gelassen von VGH München 17.11.2009 – 1 N 08.2796).

Eine konstitutive Neufassung der Vorschrift setzt den Fristlauf erneut in Gang (BVerwG NJOZ 2011, 289a
1687, 1688), und zwar auch dann, wenn die frühere Fassung denselben von dem Antragsteller gerügten Fehler aufwies. Dasselbe gilt für eine klarstellende Änderung ausnahmsweise dann, wenn damit eine Rechtsunsicherheit behoben und die Rechtslage eindeutiger und präziser zum Ausdruck gebracht werden soll (BVerwG NVwZ-RR 2010, 578, 579). Kein neuer Fristlauf erfolgt, wenn es sich lediglich um eine definitorische Klarstellung dessen handelt, was vom Gesetzgeber ursprünglich gewollt war,[563] oder nur ein formeller Bekanntmachungsfehler behoben wird (OVG Bautzen 20.3.2014 – 1 C 11/10, juris Rn. 29; VGH Kassel 23.4.2015 – 4 C 567/13.N, juris Rn. 51). Allerdings wird in diesem Fällen nicht die Antragsfrist für frühere Fassungen der Norm erneut in Gang gesetzt (VGH Mannheim VBlBW 2000, 479, 480). Bloße Änderungen der Norm lösen nicht einen erneuten Fristlauf für die nicht geänderten Teile der Vorschrift aus.[564] Etwas anderes gilt dann, wenn die angegriffenen Änderungen eine zusätzliche Beschwer durch die für sich genommen nicht mehr angreifbaren Vorschriften

---

556 *W. Schmitz-Rode*, NJW 1998, 415, 416. Für Nr. 1 RMBeschrG BVerwG LKV 1996, 336, 337; OVG Frankfurt/O. LKV 1996, 208, 209.

557 BVerwG LKV 1996, 336, 337; 8.4.2003 – B 23/03; ZfBR 2007, 149, 150; OVG Frankfurt/O. LKV 1996, 208, 209; VGH Mannheim VBlBW 1999, 343, 344; 2000, 479, 480; VGH München NuR 2001, 402, 407; BayVBl 2002, 766. A.M. *W.-R. Schenke*, NJW 1997, 81, 84 f.

558 BVerwG LKV 1996, 336, 337; BRS 71 Nr. 47 S. 232; OVG Frankfurt/O. LKV 1996, 208, 209; OVG Münster NWVBl 2007, 305, 306; OVG Weimar ThürVBl 1997, 230, 231; VGH Kassel 23.4.2015 – 4 C 567/13.N, juris Rn. 51; VGH München 17.11.2009 – 1 N 08.2796.

559 BVerwG LKV 1996, 336, 337; NVwZ 2004, 1122, 1123; OVG Bautzen 20.3.2014 – 1 C 11/10, juris Rn. 29; OVG Frankfurt/O. LKV 1996, 208, 209; OVG Münster NWVBl 2007, 305, 306; OVG Saarlouis 24.11.2016 – 2 C 162/16, juris Rn. 4; VGH Kassel 23.4.2015 – 4 C 567/13.N, juris Rn. 51.

560 BVerwG LKV 1996, 336, 337; OVG Frankfurt/O. LKV 1996, 208, 209; OVG Weimar ThürVBl 1997, 230, 231; VGH Kassel 23.4.2015 – 4 C 567/13.N, juris Rn. 51.

561 BVerwG LKV 1996, 336, 337; NVwZ 2004, 1122, 1123; OVG Saarlouis 24.11.2016 – 2 C 162/16, juris Rn. 4; OVG Weimar ThürVBl 1997, 230, 231; VGH Kassel 23.4.2015 – 4 C 567/13.N, juris Rn. 51.

562 Gegenäußerung der Bundesregierung zur Stellungnahme des Bundesrates zum Regierungsentwurf eines Gesetzes zur Änderung des BauGB, BT-Drs. 13/6392 Anl. 3 S. 142. Für Nr. 1 RMBeschrG OVG Bautzen SächsVBl 1997, 56.

563 Vgl. StGH Hess NVwZ-RR 1993, 654, 656; OVG Bautzen 27.1.2011 – 3 C 2/09; OVG Frankfurt/O. LKV 2003, 89, 90 f.; VGH Mannheim VBlBW 2002, 255, 256. Allg. einen neuen Fristbeginn ablehnend OVG Münster NWVBl 2007, 305, 306; VGH Mannheim 15.12.2009 – 10 S 3348/08; VGH München NVwZ-RR 2006, 286; 2006, 417, 418.

564 BVerwG NVwZ 2004, 620; BVerwGE 151, 192, 193; OVG Koblenz 18.6.2003 – 8 C 12003/02; OVG Münster BauR 2007, 525, 526; OVG Weimar ThürVBl. 2016, 116; VGH Mannheim 17.10.2002 – 1 S 2114/99; VGH München BayVBl 2002, 531; NVwZ-RR 2006, 417, 418; 17.11.2009 – 1 N 08.2796.

bewirken, indem sie etwa deren Anwendungsbereich oder materiellen Gehalt modifizieren (VGH Mannheim 12.12.2012 – 9 S 2933/11). Die bloße Verlängerung der Geltungsdauer einer Rechtsnorm kann zu einer Normenkontrolle auch der verlängerten Rechtsnorm führen, selbst wenn die Antragsfrist für einen Normenkontrollantrag gegen die Norm bereits abgelaufen ist. Dies ist zum einen dann der Fall, wenn die Verlängerung zu einer Ausweitung der Belastungswirkung der verlängerten Norm, bspw. durch Einbeziehung eines zusätzlichen Personenkreises, der von der Regelung betroffen ist, führt (BVerwGE 151, 192, 193 f.). Gleiches gilt – zum anderen – für die Verlängerung der Geltung einer Norm, die zwar selbst keinen materiellen Regelungsinhalt hat, jedoch mit der verlängerten Norm – aufgrund einer vorzunehmenden Abwägung – inhaltlich eine untrennbare Einheit bildet (OVG Lüneburg BauR 2017, 62 f.). Wird durch die Aufhebung einer Rechtsnorm eine frühere Rechtsvorschrift, die durch die erstgenannte Rechtsnorm aufgehoben worden war, erneut wirksam, so setzt dies keine neue Antragsfrist gegen die zweitgenannte Rechtsvorschrift in Lauf. Maßgebend für die Berechnung der Antragsfrist bleibt vielmehr der Zeitpunkt der Bekanntmachung dieser Rechtsvorschrift (VGH Kassel 27.9.2006 – 5 N 1086/06). Ob die die Antragsbefugnis verleihende Rechtsverletzung schon zum Zeitpunkt der Bekanntmachung der Norm geltend gemacht werden konnte oder erst später eingetreten ist, ist für den Beginn des Fristlaufs unerheblich.

290   Wollte man für die Normenkontrolle von Bebauungsplänen wegen deren Funktionslosigkeit (→ Rn. 73) oder von anderen Normen wegen deren nachträglichen Rechtswidrigwerdens ebenfalls auf den Zeitpunkt der Bekanntmachung als maßgebend für den Lauf der Antragsfrist abstellen,[565] so würde dies dazu führen, dass funktionslose Bebauungspläne und rechtswidrig gewordene Normen einer prinzipalen Normenkontrolle weitgehend entzogen würden. Denn die zum Eintritt der Funktionslosigkeit führenden tatsächlichen Veränderungen werden sich im Regelfall kaum innerhalb der Antragsfrist von einem Jahr realisieren (hierauf weisen BVerwGE 108, 71, 75; VGH Mannheim NuR 2000, 329, 330, hin). Man wird sich auch nicht damit behelfen können, für den Beginn des Fristlaufs auf den Zeitpunkt des Funktionsloswerdens des Bebauungsplans bzw. des Rechtswidrigwerdens der Norm abzustellen, wenn der Zeitpunkt fixiert werden kann.[566] Denn das Funktionsloswerden ist in aller Regel kein kalendarisch fixierbares einmaliges Ereignis, sondern ein Prozess, dessen Analyse dem Normbetroffenen nicht zumutbar ist. Das Interesse am wirkungsvollen effektiven Rechtsschutz und an der Rechtssicherheit wären bei dieser Auslegung gefährdet (VGH Mannheim NVwZ-RR 2010, 960, 962). Worin der Sinn bestehen soll, jedenfalls für Bebauungspläne festzustellen, „dass der Eintritt der Funktionslosigkeit eines Bebauungsplans mit einem Normenkontrollantrag nach § 47 VwGO in aller Regel nicht geltend gemacht werden kann", um anschließend „im Interesse der 'prozessual sachgerechten Ausstattung' der Rechtsfigur" die Befristung deren Anwendbarkeit festzustellen, obwohl „sich der Zeitpunkt, zu dem die tatsächlichen Verhältnisse einen Zustand erreicht haben, der eine Verwirklichung der Festsetzungen eines Bebauungsplans auf unabsehbare Zeit ausschließt, regelmäßig nicht mit der notwendigen Genauigkeit fixieren lässt",[567] ist unerfindlich. Vielmehr ist in diesen Fällen auf das Erfordernis der Einhaltung der Antragsfrist zu verzichten.[568]

291   Für Altvorschriften bestimmt § 195 Abs. 7:
„Für Rechtsvorschriften im Sinne des § 47, die vor dem 1. Januar 2007 bekannt gemacht worden sind, gilt die Frist des § 47 Abs. 2 in der bis zum Ablauf des 31. Dezember 2006 geltenden Fassung" (→ § 195 Rn. 1 f.).

292   Für den Lauf der Frist gelten die allgemeinen Bestimmungen des § 57. Eine Rechtsbehelfsbelehrung i.S.d. § 58 Abs. 1 ist nicht erforderlich.[569] Eine *Wiedereinsetzung in den vorigen Stand* nach § 60 wegen einer unverschuldeten Versäumung der Frist zur Stellung des Normenkontrollantrags ist nicht

---

565   So OVG Lüneburg BauR 2005, 523, 524; VGH Mannheim 17.10.2002 – 1 S 2114/99. Offen gelassen von BVerwGE 108, 71, 75.

566   So aber BVerwG NVwZ 2016, 1481; OVG Bautzen 28.12.2015 – 1 C 30/14, juris Rn. 20; VGH Mannheim NVwZ-RR 2010, 960, 962; *S. Bier*, UPR 2004, 335, 339.

567   So BVerwG 2016, 1481, 1482 f.

568   Ebenso OVG Bln BRS 65, 402, 403; OVG Lüneburg NdsVBl 2003, 205, 206; VGH Mannheim NVwZ-RR 2010, 960, 961; VGH München NVwZ-RR 2005, 776, 777; 24.5.2012 – 2 N 10.2781; *T. Troidl*, BauR 2010, 1511, 1520; offen gelassen von BGH NVwZ 2010, 1444, 1446.

569   BVerwG Buchholz 310 § 47 VwGO Nr. 145; OVG Münster 11.9.2000 – 7 a D 14/99.NE.

möglich.[570] Der Zweck des § 60 ist von der Forderung materieller Gerechtigkeit zur Gewährung von Individualrechtsschutz bestimmt. Für die Normenkontrolle als einem objektiven Beanstandungsverfahren kann dieser Zweck daher nicht zum Tragen kommen. Darüber hinaus bleibt die Möglichkeit, auch nach Ablauf der Antragsfrist eine Inzidentüberprüfung der Norm herbeizuführen, unberührt. Überdies stellt die Antragsfrist des § 47 Abs. 2 S. 1 eine Ausschlussfrist dar, die auf der Wertung des Gesetzgebers beruht, aus Gründen der Rechtssicherheit sollten seit längerem angewendete Normen der Nichtigerklärung mit inter omnes-Wirkung entzogen werden.[571] Dies gilt auch dann, wenn ein Antragsteller aus wirtschaftlichen Gründen nicht in der Lage war, sich zur Erhebung einer Normenkontrollklage durch einen Rechtsanwalt vertreten zu lassen und das zur Herbeiführung einer anwaltlichen Vertretung erforderliche Verfahren auf Bewilligung von Prozesskostenhilfe zur Versäumung der Antragsfrist führte.[572] Zur Wahrung der Frist des § 47 Abs. 2 S. 1 genügt es, dass der Antrag auf Normenkontrolle innerhalb der Antragsfrist beim OVG eingegangen ist. Die Begründung des Antrags kann auch noch nach Fristablauf nachgereicht werden (VGH Mannheim 25.10.1999 – 8 S 3286/98).

Die Einführung der Antragsfrist für die Stellung des Normenkontrollantrags hat nichts daran geändert, dass das Verfahren nach § 47 binnen eines Jahres seit dem Inkrafttreten der Rechtsnorm eingeleitet werden muss, um die nach § 93 Abs. 3 BVerfGG für die Rechtssatzverfassungsbeschwerde bestehende Jahresfrist zu wahren (zur Rechtssatzverfassungsbeschwerde → Rn. 20).[573] Durch § 47 Abs. 2 S. 1 werden für andere Verfahren bestehende Fristbestimmungen nicht berührt. Ebenso wenig von der Einführung der Antragsfrist betroffen ist die sich schon bisher nur in Ausnahmefällen realisierende Möglichkeit einer Verwirkung des Antragsrechts (zur Verwirkung des Antragsrechts → Rn. 294 ff.).[574]

cc) **Verwirkung des Antragsrechts.** Eine Verwirkung des Antragsrechts im Normenkontrollverfahren ist möglich,[575] ebenso der Verzicht auf die Stellung eines Normenkontrollantrags (OVG Bautzen SächsVBl 1999, 134, 135; VGH Mannheim NVwZ-RR 2007, 455), wobei der Verzicht gerade gegenüber dem (späteren) Antragsgegner, nicht gegenüber einem Dritten erklärt werden muss (VGH Kassel BauR 1986, 182). Der Rechtsgedanke der Verwirkung fließt aus dem Rechtsstaatsprinzip in Gestalt des Grundsatzes materieller Gerechtigkeit.[576] Daher können alle prozessualen Befugnisse verwirkt werden, ohne dass es darauf ankommt, ob sie dem Schutz subjektiver Rechte dienen oder in einem objektiven Beanstandungsverfahren bestehen.[577] Nach den allgemeinen Regeln der Verwirkung vermag allein das Verstreichenlassen eines längeren Zeitraums die Verwirkung nicht herbeizuführen (BVerfGE 32, 305, 308 f.; BVerwGE 44, 339, 343; OVG Lüneburg BRS 48, 73, 74). Zu der unterlassenen Nutzung der prozessualen Befugnis über einen längeren Zeitraum hinzutreten muss als Vertrauensgrundlage vielmehr ein bestimmtes Verhalten des Berechtigten dergestalt, dass er unter Verhältnissen untätig bleibt, unter denen vernünftigerweise Schritte zur Rechtswahrung zu erwarten sind (BVerfGE 32, 305, 308 f.; BVerwGE 44, 339, 343 f.; 78, 85, 88). Entscheidend ist, ob sich der Antrag-

293

294

---

570 OVG Münster NVwZ-RR 2005, 290; ZfBR 2012, 463, 467; OVG Schleswig NordÖR 2001, 29; *R. Kintz*, JuS 2000, 1099, 1102; *Schenke* Rn. 912 b; wohl auch OVG Frankfurt/O. LKV 1996, 208, 210; VGH München 17.11.2009 – 1 N 08.2796. A.M. BVerwG NVwZ-RR 2013, 387, 388; *A. v. Komorowski/D. Kupfer*, VBlBW 2003, 100, 103.

571 OVG Münster NVwZ-RR 2005, 290; OVG Bln-Bbg NVwZ-RR 2013, 294; wohl auch OVG Frankfurt/O. LKV 1996, 208, 210.

572 OVG Bln-Bbg NVwZ-RR 2013, 294; VGH Mannheim 12.12.2012 – 9 S 2933/11; VGH München 17.11.2009 – 1 N 08.2796. A. M. BVerwG NVwZ-RR 2013, 387, 388.

573 *M. Redeker*, in: Redeker/v. Oertzen § 47 Rn. 27; *M. Sauthoff*, BauR 1997, 721, 743. A.M. *Panzer*, in: Schoch/Schneider/Bier § 47 Rn. 37; *C. Gröpl*, NVwZ 1999, 967; *M. Löhnig*, BayVBl 1997, 274, 275; *J. Rozek*, FS Sächsisches OVG, 2002, 385, 390 f.

574 Zweifelnd *M. Redeker*, in: Redeker/v. Oertzen § 47 Rn. 29 a.

575 BVerwG NVwZ 1990, 554, 555; BauR 1992, 187, 188; NVwZ 2004, 1122, 1123; OVG Koblenz AS 18, 159, 160; OVG Lüneburg BRS 44, 80, 83; 48, 73, 74; OVG Münster NVwZ-RR 1996, 623, 624; 11.1.2001 – 7 a D 76/98.NE; VGH München NuR 2001, 402, 403; *W. Blümel*, VerwArch 74 (1983), 153, 166; *A. Braun*, Antragsbefugnis, 1982, 209; *H.-J. Dagefördе*, VerwArch 79 (1988), 123, 137. A.M. VGH Mannheim ESVGH 18, 16, 17; *K. Schenk*, DVBl 1976, 198, 203.

576 *W.-R. Schenke*, Die Rechtsschutzgarantie des Art. 19 Abs. 4 GG, 1982, Rn. 68.

577 OVG Koblenz AS 18, 159, 160; *W. Blümel*, VerwArch 74 (1983), 153, 169; *A. Braun*, Antragsbefugnis, 1982, 209; *W. Zimmerling*, NVwZ 1992, 122, 124. Für die Abhängigkeit vom Rechtsschutzzweck der Normenkontrolle dagegen BVerwG NVwZ 1990, 554, 555.

steller durch die verspätete Geltendmachung seines Antragsrechts zu diesem früheren Verhalten in einen mit Treu und Glauben unvereinbaren Widerspruch setzt.[578]

295   Eine Verwirkung des Antragsrechts tritt nicht schon dann ein, wenn nach der Rspr. zur baurechtlichen Nachbarklage das Klagerecht verwirkt wäre,[579] wenn der Antragsteller ein Anerkenntnis nach § 33 Abs. 1 Nr. 3 BauGB abgegeben hat (VGH Mannheim NuR 1983, 234) oder wenn der Antragsteller einen Bebauungsplan angreift, obwohl ihm beim Erwerb des betreffenden Grundstücks die planbedingten Belastungen bekannt waren (BVerwG NVwZ 1989, 653, 654. A.M. OVG Münster BauR 2007, 525, 527). Denn aus der bloßen Kenntnis und Weiterführung der tatsächlichen Verhältnisse ist nicht auf ihre Billigung zu schließen (BVerwG NVwZ 1989, 653, 654; GewArch 1993, 212, 213). Ebenso wenig ist von einer Verwirkung des Antragsrechts auszugehen, wenn der Antragsteller im Vertrauen auf die Festsetzungen des Bebauungsplans von einer ausreichenden Erschließung seines Grundstücks ausgeht und eine ihm erteilte Baugenehmigung verwirklicht, anschließend jedoch erkennt, dass die Erschließung nicht ausreicht und nunmehr den Bebauungsplan angreift (BVerwG BauR 1992, 187, 189). Anders können jedoch die Konstellationen zu beurteilen sein, dass der Antragsteller in Kenntnis der für ihn ungünstigen Festsetzungen des Bebauungsplans zunächst die für ihn günstigen ausnutzt und sich erst dann gegen die für ihn ungünstigen Festsetzungen wendet,[580] etwa wenn sich der Antragsteller auf der Grundlage eines Bebauungsplans Genehmigungen erteilen lässt und erst viel später für ihn ungünstige Ausnutzungen des Bebauungsplans verhindern will (VGH München 24.5.2012 – 2 N 10.2781), oder dass der Antragsteller selbst den Anlass für die nunmehr angegriffene Planung gegeben hat (OVG Münster NVwZ-RR 2006, 848), oder dass er der Verwirklichung der Vorhaben, aus der er seine Antragsbefugnis ableitet, vertraglich zugestimmt und auf Rechtsbehelfe ausdrücklich verzichtet hat (OVG Münster 11.1.2001 – 7 a D 76/98.NE). Der Verkauf von Parzellen, die erst durch die Festsetzungen des angegriffenen Bebauungsplans zu Bauland wurden oder zur Realisierung des Bebauungsplans benötigt werden, bedeutet i.d.S. noch kein Ausnutzen jener Festsetzungen (OVG Lüneburg NVwZ-RR 2009, 830, 831; VGH München RdL 1993, 248), ebenso wenig das bloße Beantragen einer Baugenehmigung (VGH Mannheim VBlBW 1999, 136, 137). Die Rspr. des BVerwG, dass eine Verwirkung des Antragsrechts nicht dadurch eintritt, dass der Antragsteller seine privaten Interessen im Verfahren der Aufstellung eines Bebauungsplans nicht geltend gemacht hat (BVerwG GewArch 1983, 212, 213), ist vom Gesetzgeber durch die Einfügung des § 47 Abs. 2 a teilweise korrigiert worden. Im Übrigen aber geht der Antragsteller weder seiner Antragsbefugnis noch seines Rechtsschutzinteresses verlustig, wenn er seine Interessen nicht in das Normaufstellungsverfahren eingebracht hat (OVG Saarlouis NVwZ-RR 2007, 582). Hat eine Nachbargemeinde i.R. der Beteiligung von Trägern öffentlicher Belange nach § 4 Abs. 1 BauGB sich nicht zu Festsetzungen geäußert, die sie jetzt beanstandet, so ist das bloße Schweigen nicht geeignet, einen Vertrauenstatbestand zu begründen (VGH München 28.6.2011 – 15 N 08.3388).

296   Auch das Antragsrecht der Behörden nach § 47 Abs. 2 S. 1 Alt. 2 unterliegt der Verwirkung.[581] Der Grundsatz der Gesetzmäßigkeit der Verwaltung schließt die Verwirkung des behördlichen Antragsrechts zwar nicht prinzipiell aus (a.M. VGH München BayVGH [N. F.] 35, 111, 115; BayVBl 1993, 626, 627), beschränkt sie jedoch auf besonders gelagerte Ausnahmefälle. Insbes. für die Verwirkung des behördlichen Antragsrechts ist von Bedeutung, dass auch ein öffentliches Interesse an der Erhaltung des Rechtsfriedens die Ausübung prozessualer Befugnisse nach langer Zeit unzulässig machen kann (BVerfGE 32, 305, 309).

297   **b) Weiteres Verfahren.** Für das weitere Verfahren ist festzuhalten, dass mit der Stellung eines den Anforderungen des § 82 entsprechenden Antrags das Normenkontrollverfahren bei dem OVG anhängig wird.[582] Da ein Normenkontrollantrag weder Widerspruch noch Klage i.S.v. § 80 ist, kommt ihm kein

---

578   BVerwG NVwZ 1989, 653, 654; 1990, 554, 555; BauR 1992, 187, 188; NVwZ 2004, 1122, 1123; OVG Münster NVwZ-RR 1996, 623, 624; VGH München NuR 2001, 402, 403.

579   *H. Dürr*, Antragsbefugnis, 1987, 105 ff.

580   BVerwG BauR 1992, 187, 188; OVG Lüneburg BRS 44, 80, 83; OVG Münster NVwZ-RR 2006, 848. Auch hier ist aber die Feststellung des Vorwurfs eines rechtsmissbräuchlichen Verhaltens im Einzelfall erforderlich, OVG Lüneburg 30.5.1997 – 6 K 7701/94; vgl. auch VGH München BRS 63, 380.

581   *B. Stüer*, DVBl 1985, 469, 479; *W. Zimmerling*, NVwZ 1992, 122, 125. A.M. *Kopp/Schenke* § 47 Rn. 87; *E. Rasch*, FS Gelzer, 1991, 325, 332.

582   *A. Braun*, Antragsbefugnis, 1982, 217; *M. Quaas/K. Müller*, Normenkontrolle, 1986, Rn. 103.

Suspensiveffekt zu.[583] Eine vorläufige Verhinderung des Normvollzugs ist nur im Wege einer einstweiligen Anordnung nach § 47 Abs. 6 möglich (→ Rn. 384 ff.).

Ergibt die Auslegung eindeutig, dass eine erhobene Klage als Normenkontrollantrag oder umgekehrt ein Normenkontrollantrag als Klage zu verstehen ist, so ist gem. § 83 S. 1 VwGO i.V.m. § 17a Abs. 2 GVG von Amts wegen vom VG an das OVG bzw. umgekehrt vom OVG an das zuständige VG zu verweisen. Dies gilt allerdings nur für den Fall, dass das Begehren des Klägers bzw. Antragstellers so eindeutig ausgelegt werden kann, dass von einem bloßen Zuständigkeitsirrtum auszugehen ist. Eine über eine bloße Auslegung hinausgehende Umdeutung einer Klage in einen Normenkontrollantrag und umgekehrt mit anschließender Verweisung ist unzulässig (eingehend → Rn. 29). **298**

aa) Rücknahme des Antrags. Einer ganz oder teilweisen Rücknahme des Antrags steht unter der Geltung der Dispositionsmaxime nichts entgegen (§ 92 Abs. 1 S. 1).[584] Das Gericht hat dann das Verfahren in entsprechender Anwendung des § 92 Abs. 3 einzustellen.[585] Dies gilt in jeder Verfahrenslage (BVerwG DVBl 1992, 37, 39). Allerdings bedarf die Zurücknahme nach Stellung der Anträge in der mündlichen Verhandlung oder – wenn eine solche nicht stattgefunden hat – nach Erlass des Normenkontrollbeschlusses in entsprechender Anwendung des § 92 Abs. 1 S. 2 der Einwilligung des Antragsgegners (bzw. des VÖI) (→ § 92 Rn. 21, 35 ff.).[586] Die Kostenentscheidung erfolgt nach §§ 92 Abs. 3 i.V.m. 155 Abs. 2.[587] Wegen der Geltung der Dispositionsmaxime ist nach Antragsrücknahme anders als im abstrakten Normenkontrollverfahren nach Art. 93 Abs. 1 Nr. 2 GG auch bei Vorliegen eines öffentlichen Interesses an der Fortführung (vgl. BVerfGE 1, 396, 414; 8, 183, 184; 25, 308, 309; 76, 99; 77, 345; 79, 255) eine Fortsetzung des Verfahrens nicht möglich.[588] **299**

bb) Erledigung der Hauptsache. Hinsichtlich des Problems der Erledigung der Hauptsache sind die Fälle der übereinstimmenden und der einseitigen Erledigungserklärung zu unterscheiden. Die übereinstimmende Erklärung von Antragsteller und Antragsgegner, dass die Hauptsache erledigt ist, ist für das Gericht bindend. Es hat das Normenkontrollverfahren entsprechend § 92 Abs. 3 einzustellen und nach § 161 Abs. 2 nur noch über die Kosten zu entscheiden,[589] selbst wenn es selbst die Hauptsache nicht für erledigt hält. Auch wenn es sich beim Normenkontrollverfahren nach § 47 um ein objektives Beanstandungsverfahren handelt, ändert dies nichts an der Geltung der Dispositionsmaxime. Die Prüfung, ob aufgrund der Norm in Zukunft Individualrechtsschutzverfahren auslösende Einzelmaßnahmen erlassen werden können und Anzeichen für eine mögliche Rechtswidrigkeit der Norm sprechen, ist dem OVG nach der übereinstimmenden Erledigungserklärung verwehrt.[590] **300**

Erklärt nur der Antragsteller die Hauptsache für erledigt, so hat das Gericht über diesen als sachdienliche Antragsänderung zulässigen Antrag auf Feststellung der Hauptsacheerledigung zu entscheiden.[591] Für diese Entscheidung gelten die allgemeinen Grundsätze (→ § 161 Rn. 113 ff.). Kommt das Gericht zu dem Ergebnis, dass die Hauptsache erledigt ist, so spricht es dies in einem Urteil oder Beschluss entsprechend § 47 Abs. 5 S. 1 aus.[592] Im Falle des Fehlens eines erledigenden Ereignisses ist der Antrag auf Feststellung der Erledigung zurückzuweisen. Über den ursprünglichen Normenkontrollantrag kann nach der Antragsänderung nicht mehr – auch nicht negativ – entschieden werden,[593] es sei denn, der Antragsteller hat einen entsprechenden Hilfsantrag gestellt (VGH München BayVBl 1986, 86, 87). **301**

583 *A. Braun*, Antragsbefugnis, 1982, 218 f.; *E. Rasch*, BauR 1977, 147, 148; *K. Wolfram*, Normenkontrolle, 1967, 157 f.
584 BVerwGE 82, 225, 232; VGH Kassel NVwZ-RR 2005, 686.
585 BVerwG NVwZ 1991, 60; NVwZ-RR 1991, 53, 54; *H.-J. Birk*, „Rechtsvorschrift", 1972, 160; *O.-R. v. Engelhardt*, Rechtsschutz, 1971, 237.
586 BVerwG NVwZ 1991, 60; VGH Kassel NVwZ-RR 2005, 686.
587 *M. Quaas/K. Müller*, Normenkontrolle, 1986, Rn. 112.
588 A.M. *L. Renck*, BaWüVBl 1964, 150, 152.
589 BVerwG NVwZ-RR 1991, 53, 54; OVG Bautzen NuR 2004, 812; OVG Brem DÖV 1965, 209; VGH Kassel HessVGRspr 1990, 36, 37; VGH München BayVBl 1972, 443, 444.
590 A.M. *H.-J. Birk*, „Rechtsvorschrift", 1972, 160.
591 BVerwG NVwZ-RR 2002, 152; VGH München BayVBl 1986, 86, 87; *M. Quaas/K. Müller*, Normenkontrolle, 1986, Rn. 115.
592 *O.-R. v. Engelhardt*, Rechtsschutz, 1971, 236.
593 Vgl. *J. Ziekow*, JZ 1999, 90, 92 f. A.M. *O.-R. v. Engelhardt*, Rechtsschutz, 1971, 236; *M. Quaas/K. Müller*, Normenkontrolle, 1986, Rn. 115.

302   Tritt die angegriffene Rechtsvorschrift während der Anhängigkeit eines zulässigen Normenkontrollantrags außer Kraft, so ist der Antrag nach Umstellung auf das Feststellungsbegehren, dass die Vorschrift ungültig war, nur zulässig, wenn die aufgehobene Norm noch Rechtswirkungen zu äußern vermag (→ Rn. 72).

303   **cc) Vergleich und Anerkenntnisurteil.** Ein Vergleich ist unter den Voraussetzungen des § 106 auch im Normenkontrollverfahren zulässig.[594] Entscheidend ist dabei, ob der Antragsgegner noch über die angegriffene Norm in vollem Umfang, also ohne die Mitwirkung anderer Stellen, verfügen kann. Ein Anerkenntnisurteil im Normenkontrollverfahren ist dagegen unzulässig, da eine Verständigung über die Wirksamkeit der Satzung durch die Beteiligten eines Normenkontrollverfahrens nicht zulässigerweise herbeigeführt werden kann (OVG Koblenz ZfBR 2012, 163).

VIII.   Prüfungsmaßstab und Verhältnis zur Landesverfassungsgerichtsbarkeit

304   Nach § 47 Abs. 3 prüft das OVG die Vereinbarkeit der angegriffenen Rechtsvorschrift mit Landesrecht nicht, soweit gesetzlich vorgesehen ist, dass die Rechtsvorschrift ausschließlich durch das Verfassungsgericht eines Landes nachprüfbar ist. Die Auslegung und Reichweite dieser Klausel sind noch immer umstr. Pointiert formuliert herrscht bereits Streit darüber, ob Anlass zum Streiten besteht. Verstehen lassen sich die Schwierigkeiten nur auf dem Hintergrund der zum verfassungsgerichtlichen Vorbehalt in § 47 S. 1 a.F. geführten Auseinandersetzung.

305   **1. Vorbehaltsklausel des § 47 S. 1 a.F.** Nach der Vorbehaltsklausel des § 47 S. 1 a.F. konnte das OVG nur entscheiden, „soweit nicht gesetzlich vorgesehen ist, dass die Rechtsvorschrift durch ein Verfassungsgericht nachprüfbar ist". Die Klausel betraf also gleichermaßen das Verhältnis zur Bundes- wie zur Landesverfassungsgerichtsbarkeit. Da die sich für das Normenkontrollverfahren aus den Entscheidungszuständigkeiten des BVerfG ergebenden Einschränkungen bereits behandelt wurden (→ Rn. 13 ff.), ist hier nur noch die Abgrenzung zur Landesverfassungsgerichtsbarkeit von Belang. Es sei „mit Ausnahme der Frage nach der Vereinbarkeit mit dem GG und dem Bundesrecht ... v.a. Sache der Länder, wie sie die Prüfung des Landesrechts auf seine Gesetzmäßigkeit gestalten wollen ..., sodass es nicht angezeigt... (erschien), bestehende Zuständigkeiten der Verfassungsgerichte und Staatsgerichtshöfe zu beseitigen" (Begründung des Regierungsentwurfs einer VwGO, BT-Drs. 3/55 An. 1 S. 33). Dabei ging man davon aus, „dass eine Normenkontrolle durch das OVG auch dann ausgeschlossen ist, wenn nur qualifizierte Antragsteller ein Normenkontrollverfahren bei dem Verfassungsgericht des Landes beantragen können" (schriftlicher Bericht des Rechtsausschusses, BT-Drs. 3/1094, 6). Obwohl hiermit deutlich der gesetzgeberische Wille zum Ausdruck gebracht worden war, dass jede gesetzlich verankerte Normenkontrollzuständigkeit eines Landesverfassungsgerichts bereits durch ihre bloße Existenz ein Normenkontrollverfahren nach § 47 ausschließen sollte, setzte eine Diskussion darüber ein, ob die Vorbehaltsklausel einer abstrakten oder einer konkreten Betrachtungsweise zu unterwerfen sei.

306   **a) Abstrakte Betrachtungsweise.** Die abstrakte Betrachtungsweise ging davon aus, dass die Zuständigkeit eines Landesverfassungsgerichts zur Normenkontrolle die Kontrollbefugnis des OVG unabhängig vom Kreis der zur Einleitung des verfassungsgerichtlichen Normenkontrollverfahrens Berechtigten ausschloss.[595] Allerdings sollte dieser Ausschluss nur so weit reichen, wie eine Prüfungszuständigkeit des Landesverfassungsgerichts rechtlich bestand (OVG Brem DVBl 1960, 809, 811).[596] War bspw. das Landesverfassungsgericht auf eine Prüfung der angegriffenen Normen am Maßstab der Landesverfassung beschränkt, so wurde dem OVG eine Kontrolle am Maßstab des sonstigen Landesrechts nicht verwehrt (OVG Brem DVBl 1960, 809, 811).

307   **b) Konkrete Betrachtungsweise.** Für die Verfechter der konkreten Betrachtungsweise war die Normenkontrolle durch das OVG nur dann ausgeschlossen, wenn der Antragsteller selbst dieselbe Norm

---

594   O.-R. v. *Engelhardt*, Rechtsschutz, 1971, 287 f.; *E. Rasch*, BauR 1977, 147, 153.
595   OVG Brem DVBl 1960, 809, 811; vgl. NJW 1970, 877; VGH Mannheim ESVGH 11, 27, 29 f.; 11, 115, 121; 11, 32, 34; BaWüVBl 1962, 89, 90; *Klinger* § 47 Anm. B 6.
596   *R. Herzog*, BayVBl 1961, 368, 369.

zur Kontrolle durch ein Landesverfassungsgericht stellen konnte.[597] Sofern diese Auffassung nicht lediglich auf einem „Bekenntnis" beruhte,[598] wurde zur Begründung insbes. darauf hingewiesen, dass nur die konkrete Betrachtungsweise dem Bündelungszweck der Normenkontrolle gerecht werden könne.[599]

Innerhalb der konkreten Betrachtungsweise war wiederum umstr., ob die Möglichkeit der Herbeiführung einer verfassungsgerichtlichen Normenkontrolle durch denselben Antragsteller die Zulässigkeit des Normenkontrollantrags nach §47 insgesamt (vgl. VGH Mannheim ESVGH 18, 38, 39)[600] oder hinsichtlich der dem Landesverfassungsgericht zu Gebote stehenden Prüfungsmaßstäbe (VGH Kassel ESVGH 24, 45, 46 f.; HessVGRspr 1978, 22, 23) ausschloss oder nur die Prüfungs- und Entscheidungsmöglichkeiten des OVG beschränkte.[601] Am weitesten ging die Interpretation der Vorbehaltsklausel als Zulässigkeitsvoraussetzung, der bereits genügt sein sollte, wenn neben den verfassungsgerichtlichen noch andere Prüfungsmaßstäbe heranzuziehen waren; durch einen danach zulässigen Antrag sollte dem OVG eine voll umfängliche Prüfung der Norm auch am Maßstab des Landesverfassungsrechts eröffnet werden.[602]

2. Neufassung der Vorbehaltsklausel in §47 Abs. 3. Durch die Neufassung der Vorbehaltsklausel in §47 Abs. 3 sollten „die geschilderten Streitfragen... i.S.d. konkreten Betrachtungsweise entschieden" werden.[603] Das Problem der Anwendung des §47 Abs. 3 besteht im Wesentlichen darin, dass die gute Absicht des Gesetzgebers keinerlei Niederschlag im Wortlaut der Vorschrift gefunden hat. Zwar war für §47 S.1 a.F. und ist für das Verhältnis zur Bundesverfassungsgerichtsbarkeit der konkreten Betrachtungsweise der Vorzug zu geben (→ Rn. 17 ff.), doch scheint deren Bedeutung i.R. der neugefassten Vorbehaltsklausel fraglich. Nichtsdestoweniger feiert die Kontroverse um die abstrakte oder konkrete Betrachtungsweise der Vorbehaltsklausel unter der Geltung des §47 Abs. 3 „fröhliche Auferstehung".[604]

a) Anwendungsbereich. Zum Anwendungsbereich des §47 Abs. 3 lässt sich nicht die Auffassung vertreten, wegen der bundesrechtlichen Begründung der umfassenden Kontrollzuständigkeit des OVG für Satzungen i.S.v. §47 Abs. 1 Nr. 1 beziehe sich die Vorbehaltsklausel nur auf die von §47 Abs. 1 Nr. 2 erfassten Rechtsvorschriften. Dass die Frage praktisch bedeutungslos wäre, weil Landesverfassungsrecht für die Pläne des §47 Abs. 1 Nr. 1 kaum einschlägig sein könne, lässt sich schwerlich behaupten.[605] Der BayVerfGH jedenfalls prüft im Popularklageverfahren nach Art. 98 S. 4 BV Bebauungspläne am Maßstab des Bayerischen Verfassungsrechts (vgl. nur BayVerfGH NJW 1984, 226; BayVBl 2016, 743, 745; 2017, 153).

Der Gedanke, dass §47 Abs. 1 Nr. 1 bundesrechtlich eine ausschließliche Zuständigkeit der OVG zur Kontrolle der dort genannten Normen festsetze, findet in der Stellung des Normenkontrollverfahrens und der Systematik des §47 keine Stütze. Da §47 Abs. 3 einen kompetentiellen Vorbehalt zugunsten der Landesgesetzgebung zur Wahrung der grundsätzlichen Länderzuständigkeit enthält, also gleichsam das Ventil zur Verhinderung eines zentralstaatlichen Überdrucks bei der Inanspruchnahme von Gesetzgebungskompetenzen bildet (→ Rn. 9 ff.), würde ein Ausschluss der von §47 Abs. 1 Nr. 1 erfassten Normen aus dem Anwendungsbereich der Vorbehaltsklausel dieser ihren verfassungsrechtlich

597 StGH Hess ESVGH 21, 1, 8; OVG Lüneburg OVGE 25, 506, 508 f.; VGH Kassel ESVGH 17, 111, 112 ff.; NJW 1967, 266, 267 ff.; ESVGH 19, 196, 200; 23, 122, 125; 23, 177, 179 f.; 24, 45, 55; 25, 59, 66; 25, 209, 211; DVBl 1975, 909; 1977, 216, 217; VGH Mannheim ESVGH 13, 66, 67 ff.; 13, 71, 72 f.; BaWüVBl 1964, 155; ESVGH 15, 51; 15, 117, 120; 18, 38, 39; VerwRspr 20, 158, 160; ESVGH 19, 123, 125; 19, 18, 19; 22, 59, 61; VGH München VerwRspr 14, 321, 325 f.; 15, 596, 605.

598 So F. Elias, Abgrenzungsprobleme, 1968, 82.

599 OVG Lüneburg OVGE 25, 506, 509; VGH Kassel ESVGH 17, 111, 114; NJW 1967, 266, 268.

600 K. Obermayer, DVBl 1965, 625, 629.

601 So StGH Hess ESVGH 21, 1, 9; OVG Lüneburg OVGE 18, 475, 476; VGH Kassel ESVGH 19, 214, 217; 19, 196, 204 f.; 20, 46, 48; 25, 59, 64; VGH München VerwRspr 14, 321, 326 f.; H.-G. König, DVBl 1963, 81, 82.

602 OVG Lüneburg OVGE 22, 433, 440; dagegen dezidiert VGH München BayVBl 1971, 111.

603 Begründung des Regierungsentwurfs eines Gesetzes zur Änderung verwaltungsprozessualer Vorschriften, BT-Drs. 7/4324 Anl. 1 S. 9.

604 W.-R. Schenke, NJW 1978, 671, 672. Für die abstrakte Betrachtungsweise W. Berg, DÖV 1981, 889, 891; P. Hahn, Schutz, 2004, 49 ff.; Kopp/Schenke §47 Rn. 103; C. Pestalozza, NJW 1978, 1782, 1786; M. Redeker, in: Redeker/v. Oertzen §47 Rn. 8; W.-R. Schenke, Rechtsschutz, 1979, 280 ff. Für die konkrete Betrachtungsweise VGH München DVBl 1978, 965, 966; D. Birk, DVBl 1978, 161, 165 f.; B. Stüer, DVBl 1985, 469, 478.

605 A.M. K. A. Bettermann, Landesverfassungsgerichtsbarkeit II, 1983, 467, 504 f.

gebotenen Bezugsrahmen beschneiden.[606] Überdies ist eine Differenzierung zwischen den Rechtsvorschriften nach § 47 Abs. 1 Nr. 1 und denen nach § 47 Abs. 1 Nr. 2 in Wortlaut und Stellung des § 47 Abs. 3 nicht angelegt. § 47 Abs. 3 bildet gegenüber § 47 Abs. 1 einen eigenständigen Absatz, der gerade nicht in § 47 Abs. 1 Nr. 2 integriert worden ist.[607] Der in § 47 Abs. 3 verwendete Terminus „Rechtsvorschrift" bezieht sich wie der gleichnamige Begriff in § 47 Abs. 2 und Abs. 5 auf alle Rechtsvorschriften i.S.v. § 47 Abs. 1, nicht nur auf die i.S.v. § 47 Abs. 1 Nr. 2. Es ist daher festzuhalten, dass die Vorbehaltsklausel einheitlich für alle Rechtsvorschriften nach § 47 Abs. 1 gilt.[608]

312   **b) Ausschließlichkeit der Kontrollzuständigkeit des Landesverfassungsgerichts.**   Nur die Ausschließlichkeit der Kontrollzuständigkeit des Landesverfassungsgerichts löst die Anwendung des § 47 Abs. 3 aus. Die Deutung des § 47 Abs. 3 als kompetentiellen Vorbehalt zugunsten der Landesgesetzgebung (→ Rn. 10) bedingt die volle Entscheidungsbefugnis des Landesgesetzgebers über die Reichweite landesverfassungsgerichtlicher Zuständigkeiten. Es steht ihm frei, jegliche Kontrolle aller landesrechtlichen Normen durch das Landesverfassungsgericht für exklusiv zu erklären, nur für einzelne verfassungsgerichtliche Kontrollverfahren oder nur für bestimmte Normtypen die Ausschließlichkeit vorzusehen oder die Konkurrenz von landesverfassungsgerichtlicher und oberverwaltungsgerichtlicher Normenkontrolle überhaupt nicht zu beschränken. Wegen dieser Vielzahl von Möglichkeiten des Landesgesetzgebers, das Verhältnis der Normenkontrolle durch das OVG zu der durch das Landesverfassungsgericht zu bestimmen, muss die Ausschließlichkeit der landesverfassungsgerichtlichen Kontrollzuständigkeit aus der gesetzlichen Regelung eindeutig hervorgehen.[609] Dabei muss die Exklusivität der verfassungsgerichtlichen Normprüfung nicht ausdrücklich angeordnet sein; es genügt, wenn ein dahingehender Wille des Landesgesetzgebers aus dem Regelungszusammenhang mit Sicherheit zu entnehmen ist.[610] Nicht ausreichend hingegen ist die Begründung einer Zuständigkeit des Landesverfassungsgerichts zur Normenkontrolle als solcher.[611] Denn dadurch wird das Konkurrenzverhältnis zwischen verfassungs- und oberverwaltungsgerichtlicher Kontrolle erst geschaffen, nicht aber gelöst.

313   Entgegen dem Wortlaut des § 47 Abs. 3 kann sich die Ausschließlichkeit der landesverfassungsgerichtlichen Kompetenz nicht schon auf die *Prüfung* der fraglichen Norm, sondern nur auf ihre *Verwerfung* in einem *prinzipalen* Normenkontrollverfahren beziehen.[612] Das richterliche Prüfungsrecht und die ihm korrespondierende Prüfungspflicht sind verfassungsrechtlich geboten und können durch § 47 Abs. 3 nicht ausgeschlossen werden.[613] Ausschlaggebend ist mithin, ob dem Landesverfassungsgericht landesgesetzlich ein Verwerfungsmonopol eingeräumt wird. Ist dies der Fall, so erstreckt sich das Monopol auch auf die bloße Unvereinbarkeitserklärung (StGH Hess ESVGH 42, 1).

314   Eine ausschließliche Verwerfungszuständigkeit i.S.v. § 47 Abs. 3 wird nicht begründet, wenn Gerichte, die eine Vorschrift des untergesetzlichen Landesrechts für gegen die Landesverfassung verstoßend erachten, zur Vorlage an das Landesverfassungsgericht verpflichtet werden.[614] Eine solche Vorlagepflicht

606   Vgl. *F. Knöpfle*, FS Bay. VGH, 1979, 187, 191 f.
607   *W. Besler*, Probleme, 1981, 101; *A. Braun*, Antragsbefugnis, 1982, 234; *W.-R. Schenke*, NJW 1978, 671, 672.
608   *W. Besler*, Probleme, 1981, 100 f.; *K. A. Bettermann*, Landesverfassungsgerichtsbarkeit II, 1983, 467, 504; *D. Birk*, DVBl 1978, 161, 162; *A. Braun*, Antragsbefugnis, 1982, 234 ff.; *F. Knöpfle*, FS Bay. VGH, 1979, 187, 192; *W. Lossos*, FS Bay. VGH 1979, 1, 7; *W.-R. Schenke*, NJW 1978, 671, 672 f.; *M. Quaas/K. Müller*, Normenkontrolle, 1986, Rn. 59.
609   *N. Achterberg*, VerwArch 72 (1981), 163, 168; *W. Besler*, Probleme, 1981, 104; *D. Birk*, DVBl 1978, 161, 162 f.; *A. Braun*, Antragsbefugnis, 1982, 243 f.; *M. Quaas/K. Müller*, Normenkontrolle, 1986, Rn. 60.
610   *F. Knöpfle*, FS Bay. VGH, 1979, 187, 195.
611   *D. Birk*, DVBl 1978, 161, 163; *A. Braun*, Antragsbefugnis, 1982, 244; *M. Quaas/ K. Müller*, Normenkontrolle, 1986, Rn. 60.
612   Sondervoten zu BayVerfGH BayVGH (N. F.) 37 II, 35, a.a.O. 39 f.; *K. A. Bettermann*, Landesverfassungsgerichtsbarkeit II, 1983, 467, 494; *M. Quaas/K. Müller*, Normenkontrolle, 1986, Rn. 61; *H. A. Wolff*, BayVBl 2003, 321. A.M. BayVerfGH BayVGH (N. F.) 37 II, 35, 37 f.; NVwZ-RR 2012, 50, 51; *M. Renck-Laufke*, BayVBl 2001, 488, 489.
613   *K. A. Bettermann*, Landesverfassungsgerichtsbarkeit II, 1983, 467, 494.
614   StGH Hess ESVGH 21, 1, 8 f.; *W.-R. Schenke*, NJW 1978, 671, 678. A.M. *K. A. Bettermann*, Landesverfassungsgerichtsbarkeit II, 1983, 467, 502 ff.; *A. Braun*, Antragsbefugnis, 1982, 262 ff.; *C. Pestalozza*, NJW 1978, 1782, 1787.

kennen die Länder Bayern,[615] Hamburg[616] und Hessen,[617] nicht aber Berlin nach § 46 VerfGHG Bln.[618] Voraussetzung ist in Anlehnung an Art. 100 Abs. 1 GG stets, dass es auf die Gültigkeit der Rechtsvorschrift bei einer Entscheidung ankommt. Die Argumentation, auf die Gültigkeit der angegriffenen Norm komme es bei einer Entscheidung nach § 47 immer an, sodass das OVG wegen eines Verstoßes der Vorschrift gegen die Landesverfassung zur Vorlage verpflichtet sei,[619] geht fehl. Das Vorlageverfahren ist nur auf den Fall zugeschnitten, dass die Landesverfassungswidrigkeit einer Vorschrift Vorfrage einer gerichtlichen Entscheidung ist, und kann nicht einschlägig sein, wenn die Gültigkeit der Norm selbst Gegenstand der Entscheidung des Gerichts ist.[620] Hält allerdings das OVG bspw. den dem Landesrecht zugehörenden Prüfungsmaßstab für die im Normenkontrollverfahren nach § 47 angegriffene Norm für landesverfassungswidrig, so ist es wegen dieser Frage zur Vorlage an das Landesverfassungsgericht verpflichtet.

aa) Untersuchung des Rechts der einzelnen Bundesländer. Nur eine Untersuchung des Rechts der einzelnen Bundesländer kann ergeben, in welchen Fällen ausschließliche Entscheidungszuständigkeiten der betreffenden Landesverfassungsgerichte vorliegen. 315

In *Baden-Württemberg* besteht eine Konkurrenz der Zuständigkeit des StGH zu der des VGH allein 316 für die Entscheidung des StGH bei Zweifeln oder Meinungsverschiedenheiten über die Vereinbarkeit von Landesrecht mit der Verfassung auf Antrag eines Viertels der Mitglieder des Landtags oder der Regierung (Art. 68 Abs. 1 S. 2 Nr. 2, Abs. 2 Nr. 2 VerfBW, § 8 Abs. 1 Nr. 2 StGHG BW). Die fehlende Ausschließlichkeit dieser Zuständigkeit ergibt sich aus § 49 Abs. 1 StGHG BW, der gerade von einer Konkurrenz beider Normenkontrollen ausgeht (VGH Mannheim 28.1.2016 – 2 S 2067/14, juris Rn. 15). Danach muss nämlich der VGH auf Verlangen des StGH sein Verfahren bis zur Erledigung des Verfahrens vor dem StGH aussetzen, wenn wegen einer Verordnung oder einer sonstigen im Range unter dem Gesetz stehenden Rechtsvorschrift ein Normenkontrollverfahren nach Art. 68 Abs. 1 S. 2 Nr. 2 VerfBW und ein Verfahren vor dem VGH anhängig ist. Die übrigen Normenkontrollzuständigkeiten des StGH betreffen ausschließlich förmliche Landesgesetze. Wie sich aus dem fehlenden Verweis auf den § 49 StGHG BW in § 54 StGHG BW ergibt, gilt dies auch für die kommunalrechtliche Normenkontrolle nach Art. 76 VerfBW, § 8 Abs. 1 Nr. 8 StGHG BW, die nur gegen förmliche Landesgesetze zulässig ist.[621]

Für *Bayern* geht die noch immer h.M. davon aus, dass für das Popularklageverfahren nach Art. 98 317 S. 4 BV eine ausschließliche Prüfungs- und Verwerfungskompetenz des VerfGH am Maßstab der Grundrechtsnormen der Bayerischen Verfassung begründet sei, welche über § 47 Abs. 3 dem VGH eine Prüfung an diesem Maßstab entziehe.[622] Nach Art. 98 S. 4 BV hat der VerfGH Gesetze und Verordnungen für nichtig zu erklären, die ein Grundrecht verfassungswidrig einschränken. Art. 55 Abs. 1 S. 1 VfGHG Bay bestimmt dazu: „Die Verfassungswidrigkeit einer Rechtsvorschrift des bayerischen Landesrechts kann jedermann durch Beschwerde beim Verfassungsgerichtshof geltend machen." Un-

---

615 Art. 50 Abs. 1 VfGHG Bay.: „Hält ein Gericht eine Rechtsvorschrift des bayerischen Landesrechts, die für die Entscheidung eines bei ihm anhängigen Verfahrens erheblich ist, für verfassungswidrig, so hat es das Verfahren auszusetzen und die Entscheidung des Verfassungsgerichtshofs herbeizuführen."

616 § 44 Abs. 1 VfGGHamb: „Hält ein Gericht ein hamburgisches Gesetz oder eine im Rahmen eines solchen Gesetzes ergangene Rechtsverordnung, auf deren Gültigkeit es bei der Entscheidung ankommt, für verfassungswidrig, so hat es das Verfahren auszusetzen und unmittelbar die Entscheidung des Verfassungsgerichts einzuholen."

617 Art. 133 Abs. 1 HV: „Hält ein Gericht ein Gesetz oder eine Rechtsverordnung, auf deren Gültigkeit es bei einer Entscheidung ankommt, für verfassungswidrig, so teilt es seine Bedenken auf dem Dienstwege dem Präsidenten des höchsten ihm übergeordneten Gerichts mit. Dieser führt eine Entscheidung des Staatsgerichtshofes herbei."

618 A.M. *S. Wille*, Der Berliner Verfassungsgerichtshof, 1993, 195 ff.

619 So *A. Braun*, Antragsbefugnis, 1982, 263; *W. Kamp*, Verhältnis, 1992, 67 f.; *F. Knöpfle*, FS Bay. VGH, 1979, 187, 201; *Kopp/Schenke* § 47 Rn. 107.

620 StGH Hess ESVGH 21, 1, 9; VGH Kassel ESVGH 19, 196, 203; 31, 1, 2; 41, 141, 145. A.M. *Kopp/Schenke* § 47 Rn. 107.

621 A.M. VGH Mannheim 12.3.1984 – 9 S 164/83, zit. nach *M. Quaas/ K. Müller*, Normenkontrolle, 1986, S. 30 Fn. 27.

622 BVerfG BayVBl 1993, 656; BayVerfGH BayVGH (N. F.) 30 II, 40, 43; BayVBl 1984, 235, 236; BayVGH (N. F.) 37 II, 35, 36 f.; VGH München DVBl 1978, 113, 114; GewArch 1981, 350; BayVBl 1983, 179, 180; BayVGH (N. F.) 35, 127, 129; BayVBl 1983, 272; 1985, 437; *Kopp/Schenke* § 47 Rn. 103; *W. Lossos*, FS Bay. VGH, 1979, 1, 4; *C. Pestalozza*, NJW 1978, 1782, 1787; *L. Renck*, BayVBl 1985, 263, 264; *M. Renck-Laufke*, BayVBl 2001, 488, 489; *W.-R. Schenke*, NJW 1978, 671, 679; *B. Stüer*, DVBl 1985, 469, 478. Weiter gehend *H. A. Wolff*, BayVBl 2003, 321, 325: ausschließliche Prüfungskompetenz hinsichtlich des gesamten bayerischen Verfassungsrechts.

ter Rechtsvorschriften i.d.S. begreift der BayVerfGH unter anderem auch Bebauungspläne.[623] Sofern die These von der Ausschließlichkeitswirkung des Art. 98 S. 4 BV überhaupt begründet wird, wird darauf hingewiesen, dass die abstrakte Normenkontrolle grds. den Verfassungsgerichten vorbehalten sei und § 47 Abs. 3 die Abgrenzung der Sonderzuständigkeit des § 47 bezwecke (BayVerfGH BayVGH [N. F.] 37 II, 35, 37 f.). Diese Argumentation wird dem in § 47 Abs. 3 aufgestellten Erfordernis der Ausschließlichkeit der landesverfassungsgerichtlichen Kompetenz nicht gerecht, lässt sie sich doch auf alle Zuständigkeiten eines Landesverfassungsgerichts zur abstrakten Normenkontrolle beziehen und führt damit i.E. dazu, dass bereits die bloße Begründung einer landesverfassungsgerichtlichen Zuständigkeit die Normenkontrolle durch das OVG ausschließen soll. Weder aus der Bayerischen Verfassung noch aus einem anderen Landesgesetz lassen sich Anhaltspunkte für eine ausschließliche Verwerfungskompetenz des VerfGH im Popularklageverfahren entnehmen.[624] Weitere Zuständigkeitskonkurrenzen zwischen VerfGH und VGH bestehen in Bayern nicht.

318   Die in *Berlin* nach Art. 84 Abs. 2 Nr. 2 VvB, §§ 14 Nr. 4, 43 ff. VerfGHG Bln bestehende Zuständigkeit des VerfGH zur Entscheidung bei Meinungsverschiedenheiten oder Zweifeln über die förmliche oder sachliche Vereinbarkeit von Landesrecht mit der Verfassung von Berlin auf Antrag des Senats oder eines Viertels der Mitglieder des Abgeordnetenhauses ist keine ausschließliche.[625]

319   Ebenso wenig Ausschließlichkeit beansprucht in *Brandenburg*[626] die Zuständigkeit des Verfassungsgerichts zur Entscheidung bei Meinungsverschiedenheiten oder Zweifeln über die förmliche und sachliche Vereinbarkeit von Landesrecht mit der Verfassung auf Antrag der Landesregierung oder eines Fünftels der Mitglieder des Landtags nach Art. 113 Nr. 2 VerfLBbg, §§ 12 Nr. 2, 39 ff. VerfGGBbg. Die kommunale Verfassungsbeschwerde nach Art. 100 VerfLBbg, § 51 VerfGGBbg kann sich nur gegen förmliche Landesgesetze richten.

320   Die Landesverfassung der Freien Hansestadt *Bremen* enthält in Art. 140 folgende generalklauselartige Norm: „Der Staatsgerichtshof ist zuständig für die Entscheidung von Zweifelsfragen über die Auslegung der Verfassung und andere staatsrechtliche Fragen, die ihm der Senat, die Bürgerschaft oder ein Fünftel der gesetzlichen Mitgliederzahl der Bürgerschaft oder eine öffentlich-rechtliche Körperschaft des Landes Bremen vorlegt". Nach Auffassung des StGH beinhaltet diese Regelung seine Befugnis zur Kontrolle bremischen Landesrechts jeder Stufe, also auch von Rechtsverordnungen und Satzungen.[627] Um eine ausschließliche Zuständigkeit i.S.v. § 47 Abs. 3 handelt es sich dabei nicht.

321   Dass in *Hamburg* die Zuständigkeit des Verfassungsgerichts zur Entscheidung auf Antrag des Senats oder eines Fünftels der Abgeordneten der Bürgerschaft über Meinungsverschiedenheiten oder Zweifel, welche über die Vereinbarkeit von Landesrecht mit der Verfassung oder von abgeleitetem Landesrecht mit den Landesgesetzen bestehen (Art. 65 Abs. 3 Nr. 3 HmbVerf, §§ 3, 14 Nr. 3, 40 ff. VfGGHamb), als ausschließliche begründet ist, ist nicht ersichtlich.[628]

322   *Hessen* kennt eine ausschließliche Entscheidungskompetenz des Landesverfassungsgerichts in Art. 132 HV,[629] der lautet: „Nur der Staatsgerichtshof trifft die Entscheidung darüber, ob ein Gesetz oder eine Rechtsverordnung mit der Verfassung in Widerspruch steht." Rechtsverordnungen i.S.d. Art. 132 HV sind generelle abstrakte Rechtssätze, die nicht im förmlichen Gesetzgebungsverfahren entstehen, aber dennoch allgemeinverbindlich sind, d.h. sich mit Außenwirkung berechtigend und verpflichtend an den Bürger wenden (StGH Hess ESVGH 21, 1, 11 f.). Allerdings ergibt sich aus der Erstreckung der schon in Art. 131 Abs. 1 HV enthaltenen Kontrollzuständigkeit für Gesetze auf Rechtsverordnungen durch Art. 132, dass nicht jede beliebige Rechtsverordnung jedes beliebigen Normgebers der aus-

---

623 BayVerfGH NJW 1984, 226; NVwZ 1989, 142; BayVBl 2016, 743.
624 *W. Besler*, Probleme, 1981, 105; *K. A. Bettermann*, Landesverfassungsgerichtsbarkeit II, 1983, 467, 500; *D. Birk*, DVBl 1978, 161, 163; *A. Braun*, Antragsbefugnis, 1982, 261. Zweifelnd jetzt auch BayVerfGH BayVBl 2002, 492, 493.
625 *S. Wille*, Der Berliner Verfassungsgerichtshof, 1993, 186 f.
626 Vgl. *C. Pestalozza*, DVBl 1993, 1063.
627 Brem.StGHE 1980–87, 19, 27; *Claudia Koch*, Die Landesverfassungsgerichtsbarkeit der Freien Hansestadt Bremen, 1981, 90; *G. Ulsamer*, in: Landesverfassungsgerichtsbarkeit, Teilbd. II, 1983, 43, 63. § 24 BremStGHG regelt die Frage der Normenkontrolle nicht.
628 A.M. *Stephan Schläfereit*, Verfassungsgerichtsbarkeit in der Freien und Hansestadt Hamburg, 1991, 81.
629 VGH Kassel ESVGH 24, 45, 56; 41, 141, 144; *N. Achterberg*, VerwArch 72 (1981), 163, 168; *W. Besler*, Probleme, 1981, 106; *D. Birk*, DVBl 1978, 161, 163; *M. Quaas/K. Müller*, Normenkontrolle, 1986, Rn. 62; *W.-R. Schenke*, NJW 1978, 671, 677.

schließlichen Entscheidungsbefugnis des StGH unterliegt.[630] In Betracht kommen nur die in Art. 118 HV genannten gesetzesvertretenden Verordnungen der Landesregierung sowie die in Art. 107 HV angesprochenen Ausführungsverordnungen der Landesregierung oder eines einzelnen Ministers,[631] nicht aber Verwaltungsvorschriften (StGH Hess ESVGH 20, 217, 218 ff.; 21, 1, 11 ff.), die von einer juristischen Person des öffentlichen Rechts gesetzten Normen wie kommunale Satzungen (StGH Hess ESVGH 20, 217, 222; VGH Kassel ESVGH 25, 59, 67) oder Rechtsverordnungen unterhalb der Landesebene wie Rechtsverordnungen von Regierungspräsidenten oder lokale Polizeiverordnungen (VGH Kassel ESVGH 19, 196, 202). Eine Ausnahme kann nur für Verordnungen gemacht werden, die eine sachnahe staatliche Behörde aufgrund einer von der Landesregierung mit Ermächtigung des Gesetzgebers vorgenommenen Delegation erlassen hat (StGH Hess StAnz 1970, 531).

Für *Mecklenburg-Vorpommern* ist die Zuständigkeit des Landesverfassungsgerichts für die Entscheidung bei Meinungsverschiedenheiten oder Zweifeln über die förmliche oder sachliche Vereinbarkeit von Landesrecht mit der Landesverfassung auf Antrag der Landesregierung oder eines Drittels der Mitglieder des Landtages durch Art. 53 Nr. 2 VerfM-V, §§ 11 Abs. 1 Nr. 2, 40 ff. LVerfGG MV begründet, ohne dass es sich dabei um eine ausschließliche handeln würde.   323

In *Niedersachsen* ist die von Art. 54 Nr. 3 NdsVerf, §§ 8 Nr. 8, 33 f. NdsStGHG eröffnete Zuständigkeit des StGH zur Entscheidung bei Meinungsverschiedenheiten oder Zweifeln über die förmliche oder sachliche Vereinbarkeit von Landesrecht mit der Verfassung auf Antrag der Landesregierung oder eines Fünftels der Mitglieder des Landtages keine ausschließliche.   324

Nordrhein-Westfalen kennt die Zuständigkeiten seines VerfGH zur Entscheidung bei Meinungsverschiedenheiten oder Zweifeln über die Vereinbarkeit von Landesrecht mit der Verfassung auf Antrag der Landesregierung oder eines Drittels der Mitglieder des Landtags (Art. 75 Nr. 3 VerfNRW, §§ 12 Nr. 6, 47 ff. VGHG NW) sowie über Verfassungsbeschwerden von Gemeinden und Gemeindeverbänden gegen das Recht der Selbstverwaltung verletzendes Landesrecht (Art. 75 Nr. 4 VerfNRW, §§ 12 Nr. 8, 52 VGHG NW); sie sind keine ausschließlichen.   325

Nach Art. 130 Abs. 1 der Verfassung für *Rheinland-Pfalz* können „die Landesregierung, der Landtag und jede Landtagsfraktion... eine Entscheidung des Verfassungsgerichtshofs darüber beantragen, ob ein Gesetz oder die sonstige Handlung eines Verfassungsorgans... verfassungswidrig ist". Zwar ist damit auch die Kontrolle einer untergesetzlichen „Rechts- oder Verwaltungsvorschrift" (§ 23 Abs. 4 S. 3 VfGHG RP) durch den VerfGH möglich,[632] jedoch besteht keine konkurrierende Zuständigkeit des OVG, da § 4 Abs. 1 S. 2 AGVwGO RP „Rechtsverordnungen, die Handlungen eines Verfassungsorgans i.S.d. Artikels 130 Abs. 1 der Verfassung für Rheinland-Pfalz sind", von der Einführung der Normenkontrolle nach § 47 Abs. 1 Nr. 2 ausnimmt (→ Rn. 87).[633] Im Übrigen ist die Zuständigkeit des VerfGH aus Art. 130 Art. 1 VerfRP keine ausschließliche.   326

Der Zuständigkeit des VerfGH des *Saarlands* zur Entscheidung bei Meinungsverschiedenheiten oder Zweifeln über die Vereinbarkeit von Landesrecht mit der Verfassung auf Antrag der Landesregierung oder mindestens eines Drittels der Mitglieder des Landtags gem. Art. 97 Nr. 2 SVerf, §§ 9 Nr. 6, 43 ff. VGHGSaar ist keine Ausschließlichkeit beigelegt.   327

Keine ausschließliche Zuständigkeit hat auch der VerfGH *Sachsens* hinsichtlich der Entscheidung bei Zweifeln oder Meinungsverschiedenheiten über die Vereinbarkeit von Landesrecht mit der Landesverfassung auf Antrag eines Viertels der Mitglieder des Landtages oder auf Antrag der Staatsregierung (Art. 81 Abs. 1 Nr. 2 SächsVerf, §§ 7 Nr. 2, 21 ff. SächsVerfGHG).[634]   328

Gleiches gilt in *Sachsen-Anhalt* für die Zuständigkeit des Landesverfassungsgerichts zur Entscheidung bei Meinungsverschiedenheiten oder Zweifeln über die förmliche oder sachliche Vereinbarkeit von Landesrecht mit der Verfassung auf Antrag eines Viertels der Mitglieder des Landtages oder auf Antrag der Landesregierung nach Art. 75 Nr. 3 VerfLSA, §§ 2 Nr. 4, 39 ff. LVerfGG LSA. Die kommunale   329

---

630 *Pestalozza* § 27 Rn. 13.
631 StGH Hess ESVGH 20, 217, 222; 21, 1, 14; VGH Kassel ESVGH 19, 196, 202; 24, 45, 56; 41, 141, 144; 24.11.2006 – 7 N 1420/05.
632 VerfGH RhPf AS 2, 245, 252 f.; 19, 121, 122; *Ulrich Hensgen*, Organisation, Zuständigkeiten und Verfahren des Verfassungsgerichtshofs von Rheinland-Pfalz, 1986, 86 ff.
633 *K. A. Bettermann*, Landesverfassungsgerichtsbarkeit II, 1983, 467, 482.
634 S.a. *C. Pestalozza*, LKV 1993, 254.

Verfassungsbeschwerde gem. Art. 75 Nr. 7 VerfLSA kann sich nur gegen ein förmliches Landesgesetz richten.

330   In *Schleswig-Holstein* entscheidet das Landesverfassungsgericht gem. § 3 Nr. 2 LVerfGG SchlH bei Meinungsverschiedenheiten oder Zweifeln über die förmliche oder sachliche Vereinbarkeit von Landesrecht mit der Landesverfassung. Die Antragstellung kann nur durch die Landesregierung, ein Drittel der Mitglieder des Landtags, zwei Fraktionen oder eine Fraktion gemeinsam mit den Abgeordneten, denen die Rechte einer Fraktion zustehen, erfolgen (§ 39 LVerfGG SchlH). Wenngleich § 42 LVerfGG SchlH von der Nichtigerklärung des „Gesetzes" spricht, wird man davon ausgehen müssen, dass auch untergesetzliches Landesrecht einer abstrakten Normenkontrolle durch das Landesverfassungsgericht zugeführt werden kann. Eine ausschließliche Zuständigkeit ist damit nicht verbunden.

331   In *Thüringen* ist der VerfGH gem. Art. 80 Abs. 1 Nr. 4 ThürVerf, §§ 11 Nr. 4, 42 ff. ThürVerfGHG unter anderem zuständig zur Entscheidung bei Meinungsverschiedenheiten oder Zweifeln über die förmliche oder sachliche Vereinbarkeit von Landesrecht mit der Landesverfassung auf Antrag eines Fünftels der Mitglieder des Landtags, einer Landtagsfraktion oder der Landesregierung. Dabei handelt es sich um keine ausschließliche Zuständigkeit.

332   **bb) Wirkung der Ausschließlichkeit.** Von der Wirkung der Ausschließlichkeit einer landesverfassungsgerichtlichen Zuständigkeit handelt § 47 Abs. 3, wenn er anordnet, dass die Kompetenz des OVG nur ausgeschlossen ist, *soweit* der Vorbehalt zugunsten des Landesverfassungsgerichts reicht. Auch die landesgesetzlich vorgesehene ausschließliche Entscheidungszuständigkeit des Landesverfassungsgerichts entzieht die betreffende Rechtsvorschrift nicht zwingend der Kontrolle durch das OVG. Ein vollständiger Ausschluss einer oberverwaltungsgerichtlichen Entscheidung tritt nur ein, wenn der Vorbehalt dem OVG jede Möglichkeit einer eigenständigen Kontrolle nimmt. Dies ist dann der Fall, wenn eine Kontrolle der Norm ausschließlich am Maßstab des Landesrechts in Betracht kommt und dieser Prüfungsmaßstab dem Landesverfassungsgericht vorbehalten ist. Denn § 47 Abs. 3 betrifft allein die Frage des dem OVG zur Verfügung stehenden *Prüfungsmaßstabs*, wie sich aus den Worten „prüft die Vereinbarkeit der Rechtsvorschrift mit Landesrecht nicht" ergibt. Ist aber ein bestimmter Prüfungsmaßstab dem Landesverfassungsgericht *ausschließlich* vorbehalten, so ist wegen der Funktion des § 47 Abs. 3 als kompetentiellem Vorbehalt zugunsten der Landesgesetzgebung (→ Rn. 10) die Normenkontrolle aufgrund des *insoweit* nicht eingreifenden § 47 von vornherein nicht eröffnet. Das vorbehaltene Maßstabsrecht steht dem OVG schlechterdings nicht zur Verfügung.[635] Ob und inwieweit § 47 Abs. 3 dem OVG einen Prüfungsmaßstab entzieht, ist daher schon als Sachentscheidungsvoraussetzung und nicht erst bei der Beurteilung der Begründetheit des Normenkontrollantrags zu prüfen.[636] Die nach § 47 Abs. 2 S. 1 erforderliche Rechtsbeeinträchtigung kann sich deshalb nicht aus einer Verletzung vorbehaltenen Rechts ergeben.[637]

333   Hingegen muss ein Antrag, der die Unvereinbarkeit der angegriffenen Norm mit einem vorbehaltenen Prüfungsmaßstab rügt, nicht in diesem Umfang als unzulässig zurückgewiesen werden, ist doch die Angabe eines Maßstabsrechts für das OVG ohne Bedeutung (→ Rn. 285. A.M. VGH München DVBl 1978, 113, 114). Eine Zurückweisung eines Normenkontrollantrags als unzulässig ist nur dann geboten, wenn dem OVG wegen der Wirkung der Vorbehaltsklausel überhaupt kein Maßstabsrecht mehr verbleibt (vgl. VGH Kassel ESVGH 41, 141, 145). Da es nach der neugefassten Vorbehaltsklausel nurmehr auf die Ausschließlichkeit des Vorbehalts und dessen Reichweite bzgl. des entzogenen Prüfungsmaßstabs ankommt, ist ein Anknüpfungspunkt für die Fortsetzung des Streits um abstrakte oder konkrete Betrachtungsweise nicht ersichtlich.[638]

334   **3. Prüfungsmaßstab.** Als Prüfungsmaßstab für die Beurteilung der Gültigkeit der angegriffenen Rechtsvorschrift steht dem OVG grds. höherrangiges Recht jeder Stufe zur Verfügung, also Bundesver-

---

635   *H. A. Wolff*, BayVBl 2003, 321, 322.
636   VGH Kassel ESVGH 42, 62, 63; *N. Achterberg*, VerwArch 72 (1981), 163, 168; *W. Besler*, Probleme, 1981, 118 ff.; *M. Quaas/K. Müller*, Normenkontrolle, 1986, Rn. 64. A.M. *A. Braun*, Antragsbefugnis, 1982, 238 ff.; *ders.*, BayVBl 1983, 577, 582; *W.-R. Schenke*, NJW 1978, 671, 676.
637   *N. Achterberg*, VerwArch 72 (1981), 163, 168; *W. Besler*, Probleme, 1981, 120. A.M. *A. Braun*, Antragsbefugnis, 1982, 241; *ders.*, BayVBl 1983, 577, 581.
638   *N. Achterberg*, VerwArch 72 (1981), 163, 167; *W. Besler*, Probleme, 1981, 104; *K. A. Bettermann*, Landesverfassungsgerichtsbarkeit II, 1983, 467, 498; *A. Braun*, Antragsbefugnis, 1982, 247; *H.-J. Papier*, FS Menger, 1985, 517, 521; *M. Quaas/ K. Müller*, Normenkontrolle, 1986, Rn. 66; *J. Schmidt/A. Lange*, FS Mühl, 1981, 595, 607.

fassungsrecht, einfaches Bundesrecht, Landesverfassungsrecht und einfaches Landesrecht.[639] Von diesem Grundsatz gibt es derzeit nur zwei Ausnahmen: Bei einem Antrag der Bundesregierung oder einer Landesregierung, der den Voraussetzungen des § 47 Abs. 2 S. 1 Alt. 2 genügt, kann das OVG wegen Art. 93 Abs. 1 Nr. 2 GG die Norm nur am Maßstab des Landesrechts messen (→ Rn. 19). Dem Hessischen VGH ist bei der Kontrolle von Rechtsverordnungen i.S.v. Art. 132 nur HV das Landesverfassungsrecht als Prüfungsmaßstab entzogen.[640] Inhaltsgleiches Bundesverfassungsrecht, insbes. den landesrechtlichen parallele Grundrechte, wird vom Entzug der Landesverfassung als Prüfungsmaßstab nicht betroffen.[641]

4. Neben- und Nacheinander von verfassungs- und verwaltungsgerichtlicher Normenkontrolle. Das 335
Neben- und Nacheinander von verfassungs- und verwaltungsgerichtlicher Normenkontrolle bereitet Probleme, die durch § 47 Abs. 4 nur teilweise gelöst sind.

a) Aussetzung der Verhandlung nach § 47 Abs. 4. Die Aussetzung der Verhandlung nach § 47 Abs. 4 336
bis zur Erledigung des Verfahrens vor dem Verfassungsgericht kann das OVG anordnen, wenn ein Verfahren zur Überprüfung der Gültigkeit der Rechtsvorschrift bei einem Verfassungsgericht anhängig ist. Die Regelung bestätigt, dass mit Ausnahme der Fälle des § 47 Abs. 3 verfassungs- und verwaltungsgerichtliche Normenkontrolle konkurrieren können. Verfassungsgericht i.S.d. § 47 Abs. 4 ist jedes Verfassungsgericht, also nicht nur die Landesverfassungsgerichte, sondern auch das BVerfG.[642] Die zur Begründung der gegenteiligen Auffassung vorgetragene Behauptung, untergesetzliche landesrechtliche Normen unterlägen nicht der Prüfungskompetenz des BVerfG[643] geht fehl. Laut Art. 93 Abs. 1 Nr. 2 GG entscheidet das BVerfG unter anderem über die Vereinbarkeit von Landesrecht mit Bundesrecht, wobei Prüfungsgegenstand Landesrecht jeder Stufe sein kann.[644]

aa) Voraussetzungen der Aussetzung. Zur Bestimmung der Voraussetzungen der Aussetzung ist vom 337
Zweck des § 47 Abs. 4 auszugehen, welcher ein doppelter ist: Zum einen soll aus Gründen der Rechtssicherheit die Gefahr divergierender Entscheidungen eines Verfassungsgerichts und eines OVG bei der Kontrolle derselben Norm vermindert werden. Zum anderen soll der Prozessökonomie, der § 47 besonders verpflichtet ist (→ Rn. 25), dadurch Rechnung getragen werden, dass aus Sicht des Verfahrensziels parallele Fragen nicht gleichzeitig von zwei Gerichten behandelt werden und nach verfassungsgerichtlicher die zuvor getroffene oberverwaltungsgerichtliche Entscheidung nicht zum Gegenstand einer Verfassungsbeschwerde gemacht, das Verfassungsgericht mithin nicht zweimal mit der Sache befasst wird.[645] Hinreichende, aber auch notwendige Bedingung ist daher nur, dass gleichzeitig mit dem Verfahren nach § 47 ein Verfahren zur Überprüfung *derselben* Rechtsvorschrift bei einem Verfassungsgericht anhängig ist.[646] Die verfassungsgerichtliche Kontrolle einer inhaltsgleichen Parallelnorm reicht nicht aus.[647] Das OVG kann sich bei der Prüfung der Voraussetzungen des § 47 Abs. 4 deshalb auf die Anhängigkeit von Verfahren beim Verfassungsgericht desselben Bundeslandes oder beim BVerfG beschränken.

Eine Identität der Verfahrensbeteiligten, insbes. der Antragsteller, ist hingegen nicht erforderlich.[648] 338
Ebenso unerheblich ist der Typus des verfassungsgerichtlichen Verfahrens, solange es sich um eine prinzipale Normenkontrolle handelt. Entgegen dem Wortlaut des § 47 Abs. 4, jedoch seinem Sinn entsprechend, kommt es nicht darauf an, ob die das Verfahren des Verfassungsgerichts abschließende Entscheidung auf Gültigkeit bzw. Ungültigkeit der Rechtsvorschrift oder ihre Vereinbarkeit bzw. Un-

---

639 *A. Braun*, Antragsbefugnis, 1982, 248 ff., 264 ff.; *F. Knöpfle*, FS Bay. VGH, 1979, 187, 193 ff.; *H.-J. Papier*, FS Menger, 1985, 517, 520; *M. Quaas/K. Müller*, Normenkontrolle, 1986, Rn. 92 f.
640 StGH Hess 21, 1, 8; VGH Kassel ESVGH 31, 1; 24.11.2006 – 7 N 1420/05.
641 VGH Kassel ESVGH 38, 273, 274 f.; 42, 62, 63; *M. Sachs*, BayVBl 1982, 396, 397 ff. A.M. VGH Kassel ESVGH 31, 1; wohl auch *W. Lossos*, FS Bay. VGH, 1979, 1, 9.
642 *W. Besler*, Probleme, 1981, 269 f.
643 *M. Redeker*, in: Redeker/v. Oertzen § 47 Rn. 41.
644 Vgl. nur *H. Söhn*, FG BVerfG, Bd. 1, 1976, 292, 312 f.
645 *N. Achterberg*, VerwArch 72 (1981), 163, 179; *W. Besler*, Probleme, 1981, 267; *M. Quaas/K. Müller*, Normenkontrolle, 1986, Rn. 201.
646 *W. Besler*, Probleme, 1981, 267 f.; *M. Quaas/K. Müller*, Normenkontrolle, 1986, Rn. 203.
647 *M. Quaas/K. Müller*, Normenkontrolle, 1986, Rn. 203. A.M. wohl *N. Achterberg*, VerwArch 72 (1981), 163, 180 mit Fn. 56.
648 *N. Achterberg*, VerwArch 72 (1981), 163, 180; *W. Besler*, Probleme, 1981, 267.

vereinbarkeit mit höherrangigem Recht lautet.[649] Im Falle der ausschließlichen Zuständigkeit eines Landesverfassungsgerichts i.S.v. § 47 Abs. 3 ist eine Aussetzung nur denkbar, wenn dem OVG neben den entzogenen noch weitere Prüfungsmaßstäbe zur Verfügung stehen; sonst ist der Normenkontrollantrag bereits unzulässig (→ Rn. 332 f.).

339　Der Zeitpunkt, ab dem das Verfahren vor dem Verfassungsgericht anhängig ist, bestimmt sich nach der für das jeweilige Verfassungsgericht geltenden Verfahrensordnung. Eine analoge Anwendung des § 47 Abs. 4 auf die Konstellation, dass das Verfahren vor dem Verfassungsgericht zwar noch nicht anhängig, für die nächste Zeit aber mit hinreichender Sicherheit zu erwarten ist, ist nicht möglich.[650] Die für eine solche Analogie gegebene Begründung, der Normzweck des § 47 Abs. 4 umfasse auch das bevorstehende verfassungsgerichtliche Verfahren,[651] verkennt, dass ohne eine planwidrige Lücke der Rechtsordnung eine Analogie schlechthin unzulässig ist. Mit der Formulierung „*ist* anhängig" hat der Gesetzgeber positiv wie negativ explizit entschieden, dass maßgebend für die Möglichkeit der Verfahrensaussetzung der Zeitpunkt der Anhängigkeit des Verfahrens bei dem Verfassungsgericht ist. Der weitere Vorschlag zur Ausräumung von Unsicherheitsfaktoren in der Praxis, das OVG könne dem Antragsteller aufgeben, das Verfahren innerhalb einer bestimmten Frist beim Verfassungsgericht anhängig zu machen,[652] führt die ratio des § 47 Abs. 4, eine Verfahrensdoppelung soweit wie möglich zu vermeiden, geradezu ad absurdum.

340　**bb) Entscheidung über die Aussetzung.** Die Entscheidung über die Aussetzung ist eine Ermessensentscheidung des OVG, wie sich aus dem Wort „kann" ergibt. Die Begründung des Regierungsentwurfs eines Gesetzes zur Änderung verwaltungsprozessualer Vorschriften führt dazu aus: „Die Entscheidung darüber (sc. die Aussetzung) soll in seinem (sc. des OVG) Ermessen stehen; sie kann je nach Lage des Einzelfalles auch unzweckmäßig sein." (BT-Drs. 7/4324 Anl. 1 S. 11) Eine Ermessensreduzierung, die § 47 Abs. 4 für den Regelfall zu einer „Mussvorschrift" machen würde, ergibt sich nicht bereits aus den Gesichtspunkten der Rechtssicherheit und des Rechtsfriedens.[653] Denn diese Aspekte motivieren die gesetzgeberische Entscheidung zur Einführung der Aussetzungsmöglichkeit als solche, welche gerade in Gestalt einer Ermessenseinräumung getroffen worden ist; eine Ermessensreduzierung als Regelfall aber würde diese Wahl des Gesetzgebers konterkarieren. Wegen des Vorrangs der bundesrechtlichen Regelung des § 47 Abs. 4 können landesrechtliche Normen[654] das Ermessen des OVG nicht binden.[655]

341　Die Aussetzungsentscheidung ist auf der Grundlage einer Abwägung der für und der gegen die Aussetzung sprechenden Gesichtspunkte zu treffen. Für die Aussetzung spricht es, wenn sich die Ungültigkeit der angegriffenen Rechtsvorschrift nur aus solchen Normen ergeben kann, die dem Verfassungsgericht als Prüfungsmaßstab zur Verfügung stehen, wenn das Verfahren vor dem Verfassungsgericht wesentlich weiter fortgeschritten ist als das vor dem OVG oder wenn sich Rechtsprechungsdivergenzen und Folgeverfahren durch die Aussetzung voraussichtlich vermeiden lassen.[656] Gegen eine Aussetzung ist in die Abwägung einzustellen, dass das OVG eine Nichtigerklärung anhand eines dem Verfassungsgericht nicht offenstehenden Prüfungsmaßstabes in Betracht zieht, dass eine Entscheidung durch das OVG gegenüber der des Verfassungsgerichts einen beträchtlichen Zeitgewinn bedeuten würde oder

---

649　*K. A. Bettermann*, Landesverfassungsgerichtsbarkeit II, 1983, 467, 515.

650　*M. Quaas/K. Müller*, Normenkontrolle, 1986, Rn. 205. A.M. *N. Achterberg*, VerwArch 72 (1981), 163, 180; *W. Besler*, Probleme, 1981, 272; *Kopp/Schenke* § 47 Rn. 108.

651　*N. Achterberg*, VerwArch 72 (1981), 163, 180.

652　So *W. Besler*, Probleme, 1981, 272.

653　*W. Besler*, Probleme, 1981, 275; *M. Quaas/K. Müller*, Normenkontrolle, 1986, Rn. 202. A.M. *J. Schmidt*, in: Eyermann § 47 Rn. 85.

654　Vgl. § 49 Abs. 1 StGHG BW: „Ist wegen einer Verordnung oder einer sonstigen im Range unter dem Gesetz stehenden Rechtsvorschrift ein Normenkontrollverfahren nach Art. 68 Abs. 1 Nr. 2 der Verfassung und ein Verfahren vor dem Verwaltungsgerichtshof anhängig, so muss der Verwaltungsgerichtshof auf Verlangen des Verfassungsgerichtshofs sein Verfahren bis zur Erledigung des Verfahrens vor dem Verfassungsgerichtshof aussetzen. Stellt der Verfassungsgerichtshof ein solches Verlangen nicht, so kann der Verwaltungsgerichtshof sein Verfahren mit Zustimmung des Verfassungsgerichtshofs aussetzen. Der Verwaltungsgerichtshof unterrichtet den Verfassungsgerichtshof, wenn bei ihm ein Normenkontrollverfahren anhängig wird."

655　*K. A. Bettermann*, Landesverfassungsgerichtsbarkeit II, 1983, 467, 518 f.

656　*K. A. Bettermann*, Landesverfassungsgerichtsbarkeit II, 1983, 467, 517 f.; vgl. auch *N. Achterberg*, VerwArch 72 (1981), 163, 179. Dagegen sieht *Sebastian Wille*, Der Berliner Verfassungsgerichtshof, 1993, 189, das Aussetzungsermessen auf Null reduziert, wenn die Nichtigerklärung wegen eines Verfassungsverstoßes erfolgen soll.

dass der das verfassungsgerichtliche Verfahren einleitende Antrag offensichtlich unzulässig ist.[657] Eine Ermessensreduzierung auf Null in Richtung eines Unterbleibens der Aussetzung tritt ein, wenn das Verfassungsgericht bereits seinerseits das Verfahren bis zur Entscheidung des OVG ausgesetzt hat[658] oder die Zulässigkeit des verfassungsgerichtlichen Verfahrens, etwa in Gestalt der Voraussetzung der Rechtswegerschöpfung, von der Durchführung des Normenkontrollverfahrens vor dem OVG abhängt.[659] Überhaupt keine Ermessensentscheidung nach § 47 Abs. 4 hat das OVG zu treffen, wenn der Normenkontrollantrag unzulässig ist und aus diesem Grunde der Abweisung verfallen muss.[660]

cc) Aussetzung durch Beschluss. Dass die Aussetzung durch Beschluss erfolgt, ist anerkannt.[661] Wegen § 152 Abs. 1 ist eine Beschwerde zum BVerwG nicht möglich. Die Wirkung der Aussetzung besteht darin, dass die Entscheidung des OVG von der Entscheidung des Verfassungsgerichts abhängt, soweit diese reicht. Erklärt das Verfassungsgericht die angegriffene Rechtsvorschrift für nichtig, so entfällt der Prüfungsgegenstand und das Verfahren vor dem OVG ist erledigt. Im Falle einer Vereinbarkeits- oder Unvereinbarkeitserklärung durch das Verfassungsgericht sehen die verfassungsprozessualen Regelungen eine Allgemeinverbindlichkeit oder Gesetzeskraft der Entscheidung vor,[662] die auch das OVG bindet. Die Vereinbarkeits- bzw. Unvereinbarkeitserklärung bindet das OVG allerdings nur soweit, wie die Prüfung durch das Verfassungsgericht reicht. Es ist dem OVG nicht verwehrt, die vom Verfassungsgericht für mit den ihm zur Verfügung stehenden Prüfungsmaßstäben vereinbar erklärte Rechtsvorschrift am Maßstab anderer Normen für unwirksam zu erklären.[663] Im Verhältnis zur Aussetzung nach § 94 ist § 47 Abs. 4 nicht lex specialis;[664] die Konstellation des § 47 Abs. 4 wird vielmehr von § 94 überhaupt nicht erfasst, sodass beide Regelungen bei Erfüllung ihrer Voraussetzungen nebeneinander anwendbar sind.[665]

b) Nacheinander der Verfahren. Das Nacheinander der Verfahren vor Verfassungsgericht und OVG 343 wirft keine Probleme auf, wenn in dem zuerst geführten Verfahren die Rechtsvorschrift für nichtig erklärt worden ist. Diese Entscheidung hat Gesetzeskraft (Nachw. bei → Rn. 342) bzw. ist allgemeinverbindlich (§ 47 Abs. 5 S. 2 Hs. 2). Ein zweites Normenkontrollverfahren ist mangels eines existenten Prüfungsgegenstands unzulässig.[666] Die Auffassung des StGH des Landes Hessen, die Nichtigerklärung durch das OVG sei gegenüber einer nachfolgenden Entscheidung eines Verfassungsgerichtshofs im abstrakten Normenkontrollverfahren relativ unwirksam (StGH Hess ESVGH 21, 1, 17f.), ist mit § 47 Abs. 5 S. 2 Hs. 2 schlechterdings unvereinbar (BayVerfGH 6.12.2010 – Vf. 2-VII-09).[667] Anderes muss aber dann gelten, wenn die normverwerfende Entscheidung des OVG zunächst beseitigt wird. Die Allgemeinverbindlichkeit der Entscheidung stellt die Normenkontrolle nach § 47 nicht außerhalb des verfassungsgerichtlichen Rechtsschutzes. Wie jede andere gerichtliche Entscheidung kann auch die des OVG mit der Urteilsverfassungsbeschwerde angegriffen werden.[668] Hebt das Verfassungsgericht auf die Verfassungsbeschwerde die oberverwaltungsgerichtliche Entscheidung auf, so existiert keine Nichtigerklärung mehr, der Allgemeinverbindlichkeit zukommen könnte. Das Verfassungsgericht kann die Norm nunmehr mit den ihm offenstehenden Prüfungsmaßstäben für vereinbar erklären.[669]

657 *K. A. Bettermann*, Landesverfassungsgerichtsbarkeit II, 1983, 467, 517 f.; vgl. auch *N. Achterberg*, VerwArch 72 (1981), 163, 179. Zur Bedeutung des Zeitgewinns VGH Mannheim VBlBW 1994, 361.
658 *W. Besler*, Probleme, 1981, 275; *M. Quaas/K. Müller*, Normenkontrolle, 1986, Rn. 204. Vgl. nur §§ 33 Abs. 1 BVerfGG, 49 Abs. 2 i.V.m. 26 StGHG BW, 32 Abs. 1 VerfGHG Bln, 36 VfGGHamb, 31 Abs. 1 LVerfGG MV, 12 Abs. 1 NdsStGHG i.V.m. 33 Abs. 1 BVerfGG, 28 VerfGHG NRW, 25 Abs. 1 VGHG Saarl, 27 Abs. 1 ThürVerfGHG.
659 *N. Achterberg*, VerwArch 72 (1981), 163, 180; *W. Besler*, Probleme, 1981, 275. Zur Rechtswegqualität des Normenkontrollverfahrens Rn. 20.
660 *W. Besler*, Probleme, 1981, 275; *K. A. Bettermann*, Landesverfassungsgerichtsbarkeit II, 1983, 467, 518.
661 Vgl. nur *M. Quaas/K. Müller*, Normenkontrolle, 1986, Rn. 199.
662 §§ 31 BVerfGG, 23 StGHG BW, Art. 29 Abs. 1 VfGHG Bay, §§ 30 VerfGHG Bln, 29 VerfGGBbg, 11 Abs. 1, 2 BremStGHG, 15 Abs. 1 VfGGHamb, 40 Abs. 1, 2 HessStGHG, 29 LVerfGG MV, 19 NdsStGHG, Art. 136 VerfRP, §§ 10 VGHG Saarl, 14 SächsVerfGHG, 30 LVerfGG LSA, 25 ThürVerfGHG.
663 *K. A. Bettermann*, Landesverfassungsgerichtsbarkeit II, 1983, 467, 515 f.
664 A.M. *W. Besler*, Probleme, 1981, 266; *M. Quaas/K. Müller*, Normenkontrolle, 1986, Rn. 207; *M. Redeker*, in: Redeker/v. Oertzen § 47 Rn. 41.
665 *K. A. Bettermann*, Landesverfassungsgerichtsbarkeit II, 1983, 467, 516.
666 Vgl. *W. Besler*, Probleme, 1981, 112 f.; *K. A. Bettermann*, Landesverfassungsgerichtsbarkeit II, 1983, 467, 521, 523; *W. Kamp*, Verhältnis, 1992, 184; *W. Lossos*, FS Bay. VGH, 1979, 1, 9.
667 *K. A. Bettermann*, Landesverfassungsgerichtsbarkeit II, 1983, 467, 520.
668 *K. A. Bettermann*, Landesverfassungsgerichtsbarkeit II, 1983, 467, 528.
669 BVerfGE 69, 112, 119; StGH Hess ESVGH 21, 1, 4. A.M. *W. Lossos*, FS Bay. VGH, 1979, 1, 10.

344   Hat das Verfassungsgericht die angegriffene Rechtsvorschrift für mit dem ihm zur Verfügung stehenden Prüfungsmaßstab vereinbar erklärt, so entfaltet diese Entscheidung Bindungswirkung (Nachw. bei → Rn. 342) für das OVG dergestalt, dass es die Norm nicht mehr an dem vom Verfassungsgericht angelegten Prüfungsmaßstab messen darf; eine Überprüfung der Rechtsvorschrift anhand eines anderen Prüfungsmaßstabs ist ihm nicht verwehrt.[670] Die materielle Rechtskraft der verfassungsgerichtlichen Entscheidung reicht insoweit nicht weiter.[671]

345   Die Zurückweisung des Normenkontrollantrags durch das OVG hat für ein nachfolgendes verfassungsgerichtliches Verfahren keinerlei Bedeutung.[672] Auf die Frage der materiellen Rechtskraft der ablehnenden Entscheidung des OVG kommt es dabei nicht an (zur Rechtskraft → Rn. 367 ff.).[673] Soweit andere Beteiligte als im Verfahren nach § 47 eine verfassungsgerichtliche Kontrolle der Norm begehren, greift der Einwand der Rechtskraft nicht ein. Aber auch dieselben Beteiligten hindert die oberverwaltungsgerichtliche Entscheidung nicht an der Einleitung eines verfassungsgerichtlichen Normenkontrollverfahrens (so ausdrücklich BVerfGE 76, 107, 115). Dies ergibt sich aus dem Grundsatz der Zuständigkeit der Verfassungsgerichte zur letztverbindlichen Auslegung des Verfassungsrechts (BVerfGE 69, 112, 118) und wird durch das Erfordernis der Rechtswegerschöpfung nach § 90 Abs. 2 S. 1 BVerfGG bestätigt: Ist der Rechtsweg erschöpft, so entfaltet die letztinstanzliche Entscheidung formelle und materielle Rechtskraftwirkung. Würde nun die materielle Rechtskraft einer fachgerichtlichen Entscheidung der Zulässigkeit einer Verfassungsbeschwerde derselben Beteiligten entgegenstehen, so würde § 90 Abs. 2 S. 1 BVerfGG zur Abschaffung der Verfassungsbeschwerde für den Regelfall führen.

346   **5. Vorlagepflichten des OVG.** Von der Aussetzung nach Abs. 4 sind Vorlagepflichten des OVG zu unterscheiden, die nach Verfassungs- oder Unionsrecht bestehen. Kommt das OVG bei der Prüfung von Zulässigkeit und Begründetheit des Normenkontrollantrags zu dem Ergebnis, dass ein formelles Gesetz, auf dessen Gültigkeit es bei der Entscheidung ankommt, gegen Verfassungsrecht bzw. – wenn es sich um ein Landesgesetz handelt – gegen ein Bundesgesetz verstößt, so ist das Verfahren nach Art. 100 Abs. 1 GG auszusetzen und die Entscheidung des BVerfG bzw. des Landesverfassungsgerichts einzuholen. Soweit das Landesrecht eine Pflicht zur Vorlage an das Landesverfassungsgericht auch für untergesetzliches Landesrecht statuiert, gilt diese Pflicht nicht für die angegriffene Norm selbst (→ Rn. 314). Hält das OVG die zur Normenkontrolle gestellte Vorschrift oder eine andere entscheidungsrelevante Norm für EU-rechtswidrig, so kann es die entsprechende Frage gem. Art. 267 Abs. 2 AEUV dem EuGH zur Entscheidung vorlegen. Das BVerwG ist zu dieser Vorlage verpflichtet (Art. 267 Abs. 3 AEUV).[674]

IX. Die Normenkontrollentscheidung

347   In welcher Form und mit welcher Wirkung das OVG in der Hauptsache über den Normenkontrollantrag entscheidet, regelt § 47 Abs. 5. Da die Vorschrift insoweit unvollständig ist, ist ergänzend in weitem Umfang auf die allgemeinen Vorschriften zurückzugreifen.

348   **1. Form der Entscheidung.** Die Form der Entscheidung als Urteil oder Beschluss ist durch § 47 Abs. 5 S. 1 dem Ermessen des OVG anheimgestellt. Einzige Voraussetzung der Entscheidung durch Beschluss ist, dass das Gericht eine mündliche Verhandlung nicht für erforderlich hält. Die nach § 47 S. 3 a.F. obligatorische Beschlussform ging auf die Beratungen des Rechtsausschusses zurück (vgl. den schriftlichen Bericht des Rechtsausschusses, BT-Drs. 3/1094), wohingegen der Regierungsentwurf die Entscheidung durch Urteil vorgesehen hatte, weil „die Mitwirkung aller fünf Richter des Senats... unbedingt erforderlich" erschien (Begründung des Regierungsentwurfs einer VwGO, BT-Drs. 3/55 Anl. 1 S. 33 f.). Aus dem gleichen Grunde, „um der Bedeutung des Normenkontrollverfahrens" hinsichtlich

---

670   *K. A. Bettermann*, Landesverfassungsgerichtsbarkeit II, 1983, 467, 521 ff.; *W. Kamp*, Verhältnis, 1992, 171.

671   Dazu *H. Kube*, DÖV 2002, 737 ff.; *H. Schulze-Fielitz*, in: FS 50 Jahre Bundesverfassungsgericht, 2001, Bd. 1, 385 ff.; *K. Vogel*, in: FG BVerfG, Bd. 1, 1976, 568, 604 ff.; *Norbert Wischermann*, Rechtskraft und Bindungswirkung verfassungsgerichtlicher Entscheidungen, 1979, 38 ff.; *J. Ziekow*, Jura 1995, 522 ff.

672   BVerfGE 69, 112, 118 f.; 76, 107, 114 f.; BayVerfGH BayVGH (N. F.) 30 II, 40, 43.

673   A.M. *K. A. Bettermann*, Landesverfassungsgerichtsbarkeit II, 1983, 467, 523 ff.

674   BVerwG NVwZ 1997, 178; NuR 2000, 41, 42 f.; *W.-E. Sommer*, NVwZ 1996, 135.

der „Besetzung des Spruchkörpers" Rechnung tragen zu können,[675] sah § 47 Abs. 6 S. 1 des Regierungsentwurfs eines Gesetzes zur Änderung verwaltungsprozessualer Vorschriften (BT-Drs. 7/4324) wiederum die Entscheidung nur durch Urteil vor. Die heutige Fassung des § 47 Abs. 5 S. 1 geht auf die Stellungnahme des Bundesrates zurück, welche zur Begründung ausführt: „Es besteht ... keineswegs bei allen Normenkontrollsachen ein Bedürfnis für die Durchführung einer mündlichen Verhandlung. Insbes. in den Fällen offensichtlich unzulässiger oder unbegründeter Anträge ist eine mündliche Verhandlung nicht geboten. (Die durch die Urteilsform vorgeschriebene mündliche Verhandlung) ... wäre eine unangemessene Belastung des Gerichts und liefe damit dem Gebot der Verfahrensbeschleunigung zuwider." (BT-Drs. 7/4324 Anl. 2 S. 16)

Dem Bestreben des Gesetzgebers, dass auch die in der Form von Beschlüssen ergehenden Normenkontrollentscheidungen in voller Senatsbesetzung zu treffen sind, wird das BVerwG gerecht, wenn es für Beschlüsse nach § 47 Abs. 5 S. 1 dieselbe Besetzung der Richterbank verlangt wie für Urteile. Anders als in anderen verwaltungsgerichtlichen Verfahren (§ 122) unterscheiden sich die Wirkungen der das Normenkontrollverfahren abschließenden Urteile und Beschlüsse nicht. Die Begründung beider Entscheidungsformen unterliegt deshalb denselben Anforderungen (BVerwGE 72, 122, 124 f.). Als Besetzung sind in den Ausführungsgesetzen der Länder entweder fünf Richter[676] oder drei Richter und zwei ehrenamtliche Richter[677] vorgesehen. Im Saarland und in Thüringen verbleibt es bei der Besetzung mit drei Richtern (§ 9 Abs. 3 Hs. 1), ebenso in Rheinland-Pfalz gem. § 2 Abs. 2 AGVwGO RP. 349

Zwar ist nach der Formulierung des § 47 Abs. 5 S. 1 und den angeführten Gesetzesmaterialien die Entscheidung nach mündlicher Verhandlung durch Urteil die Regel und die Entscheidung durch Beschluss die Ausnahme (BVerwG NVwZ 1982, 245; BVerwGE 81, 139, 142; BVerwG DÖV 1992, 883), jedoch bleibt es dem Ermessen des OVG überantwortet, welche Entscheidungsform es wählen will.[678] Wegen der Gleichwertigkeit dieser Formen (VGH München BayVBl 1980, 116, 117) braucht das OVG die Beteiligten nicht anzuhören, wenn es durch Beschluss entscheiden will (BVerwG DÖV 1992, 883; NuR 2001, 457; OVG Münster BauR 1998, 294, 295). Ein entsprechender Hinweis ist allerdings geboten, wenn die Beteiligten durch eine Entscheidung ohne mündliche Verhandlung überrascht würden, sie bspw. erkennbar mit einer mündlichen Verhandlung rechnen oder sich ausdrücklich weiteres Vorbringen vorbehalten haben (BVerwG NVwZ 1989, 245). Weitere Wirkungen hat ein Verlangen der Beteiligten auf Durchführung einer mündlichen Verhandlung für das Gericht nicht (BVerwG GewArch 1993, 212, 214; Buchholz 406.11 § 215 BauGB Nr. 17). Nach durchgeführter mündlicher Verhandlung kann das OVG selbst dann nicht mehr in das Beschlussverfahren übergehen, wenn die Beteiligten nach Schließung der mündlichen Verhandlung auf Aufforderung des Gerichts erneut zur Sache vortragen (BVerwGE 81, 139, 142 f.). Hingegen tritt eine verfahrensrechtliche Bindung des Gerichts durch die bloße Ladung der Beteiligten zur mündlichen Verhandlung nicht ein (BVerwG Buchholz 406.11 § 215 BauGB Nr. 17). 350

Allerdings ist das OVG verpflichtet, bei seiner Ermessensentscheidung über die Durchführung einer mündlichen Verhandlung die durch Art. 6 Abs. 1 S. 1 EMRK gesetzten Leitlinien vorrangig zu beachten. Die deutsche Fassung des Art. 6 Abs. 1 S. 1 EMRK lautet: „Jede Person hat ein Recht darauf, daß über Streitigkeiten in bezug auf ihre zivilrechtlichen Ansprüche und Verpflichtungen oder über eine gegen sie erhobene strafrechtliche Anklage von einem unabhängigen und unparteiischen, auf Gesetz beruhenden Gericht in einem fairen Verfahren, öffentlich und innerhalb angemessener Frist verhandelt wird." 351

Eine Verletzung des Art. 6 Abs. 1 S. 1 EMRK kommt in Betracht, wenn eine Rechtsposition eines Grundeigentümers unmittelbar betroffen ist (BVerwG DÖV 2002, 81 m.w.N.). Da die Festsetzungen eines Bebauungsplans Inhalt und Schranken des Eigentums unmittelbar bestimmen, darf über einen

---

675 Begründung des Regierungsentwurfs eines Gesetzes zur Änderung verwaltungsprozessualer Vorschriften, BT-Drs. 7/4324 Anl. 1 S. 11.

676 § 4 AGVwGO BW, § 109 Abs. 1 JustG NRW, § 13 Hs. 2 AGGerStrG M-V, § 24 Abs. 2 SächsJG. Abweichend zu § 5 AGVwGO BW aber VGH Mannheim ESVGH 11, 132.

677 § 2 S. 1 AGVwGO Bln, § 4 Abs. 3 BbgVwGG, Art. 2 Abs. 2 S. 1 AGVwGO Brem, § 3 S. 1 AGVwGO Hamb, § 17 Abs. 1 HessAGVwGO, § 76 Abs. 1 NJG, § 4 AGVwGO LSA, § 3 AGVwGO SH. Abl. zur Beteiligung von ehrenamtlichen Richtern E. Röper, DRiZ 1978, 16.

678 Stellungnahme des Bundesrates zum Regierungsentwurf eines Gesetzes zur Änderung verwaltungsprozessualer Vorschriften, BT-Drs. 7/4324 Anl. 2 S.16; BVerwG NVwZ 1989, 245; BVerwGE 81, 139, 143; BVerwG GewArch 1993, 212, 214; Buchholz 406.11 § 215 BauGB Nr. 17.

Normenkontrollantrag, mit dem sich der Eigentümer eines im Plangebiet gelegenen Grundstücks gegen eine unmittelbar sein Grundstück betreffende Festsetzung wendet, grds. nur aufgrund mündlicher Verhandlung entschieden werden.[679] Gleiches gilt nicht ohne Weiteres für den Eigentümer eines außerhalb des Plangebiets gelegenen Grundstücks. Hier kommt es vielmehr darauf an, ob bereits der Bebauungsplan unmittelbar auf das Grundeigentum einwirkt oder ob der Antragsteller nur tatsächliche Beeinträchtigungen durch Vorhaben anderer Grundeigentümer geltend macht, für die das Baurecht für den Einzelfall Korrekturmöglichkeiten wie § 15 Abs. 1 BauNVO vorhält (BVerwG DÖV 2002, 81, 82; VGH Kassel NVwZ-RR 2004, 635). Eine entsprechende Abgrenzung ist für Normen i.S.v. § 47 Abs. 1 Nr. 2 vorzunehmen.[680] Für die Normenkontrolle von Rechtsvorschriften, die wie Abgabensatzungen lediglich auf die Begründung von Geldleistungspflichten bezogen sind, fordert Art. 6 EMRK nicht die Durchführung einer mündlichen Verhandlung (OVG Magdeburg NVwZ 2010, 396; VGH Mannheim ESVGH 53, 69, 70).

352   Für die Entscheidung durch Beschluss kommen im Einklang mit den Gesetzesmaterialien insbes. die Fälle offensichtlicher Unzulässigkeit (vgl. BVerwGE 110, 203, 215) oder Unbegründetheit (→ Rn. 348) sowie des Fehlens tatsächlicher und rechtlicher Schwierigkeiten in Betracht. Der übereinstimmende Verzicht der Beteiligten auf mündliche Verhandlung nach § 101 Abs. 2 entbindet das OVG nicht von der Pflicht, sein Ermessen sachgerecht auszuüben.[681] Eine Entscheidung durch Gerichtsbescheid nach § 84 ist ausgeschlossen. § 87 a findet jedoch Anwendung (BezG Dresden NVwZ 1992, 990).

353   **2. Begründetheit des Normenkontrollantrags. a) Allgemeine Grundsätze.** Die Begründetheit des Normenkontrollantrags ist laut § 47 Abs. 5 S. 2 Hs. 1 gegeben, wenn die angegriffene Rechtsvorschrift nach der Überzeugung des OVG ungültig ist, also gegen höherrangiges Recht verstößt. Ob sich die Rechtswidrigkeit der Norm aus einer Verletzung von Verfahrensvorschriften oder des materiellen Rechts ergibt, ist unerheblich (zu den verfassungsrechtlichen Prüfungsmaßstäben → Rn. 334). Grds. kommt es für die Prüfung der Gültigkeit untergesetzlicher Normen allein auf das Ergebnis des Rechtsetzungsakts an. Die Motive und Gewichtungen, die der Normgeber im Verfahren des Normerlasses erwogen hat, entziehen sich der gerichtlichen Kontrolle. Etwas anderes gilt nur dann, wenn der Normgeber – wie bei Bebauungsplänen und anderen Plannormen – gesetzlich an besondere Abwägungsdirektiven gebunden ist (BVerwG NVwZ 2006, 1068, 1069; DÖV 2007, 560).

353a   Prüfungsmaßstab ist auch das Recht der EU, das von allen Staatsorganen der Mitgliedstaaten zu beachten ist.[682] Der Einwand, dieses Recht sei kein Recht der Bundesrepublik Deutschland, sondern eine eigenständige Rechtsordnung,[683] greift deshalb nicht durch. Ebenso wenig verfängt der Hinweis darauf, dass eine Kollision von nationalem Recht mit EU-Recht nicht zur Nichtigkeit des mitgliedstaatlichen Rechtssatzes, sondern nur seiner Unanwendbarkeit im Einzelfall[684] führt. Zwar ist deshalb die in § 47 Abs. 5 S. 2 vorgesehene Unwirksamerklärung wegen eines Unionsrechtsverstoßes nicht möglich (darauf stellen ab VGH München BayVBl 1996, 243).[685] Doch ist in diesen Fällen eine Tenorierung zulässig, die die angegriffene Vorschrift für mit Unionsrecht unvereinbar erklärt (→ Rn. 357).

354   Anders als nach § 113 Abs. 1 S. 1, Abs. 5 S. 1 kommt es nicht darauf an, dass die Rechtswidrigkeit der Vorschrift die Rechtsverletzung i.S.v. § 47 Abs. 2 S. 1 hervorruft. Die Unwirksamerklärung der Norm

679   BVerwGE 110, 203, 208 ff.; BVerwG DÖV 2002, 81, 82; NVwZ 2007, 696, 697; VGH Kassel NVwZ-RR 2004, 635. Zust. *C. Lenz/D. Klose*, NVwZ 2000, 1004.

680   Für einen Normenkontrollantrag gegen ein Ziel der Raumordnung BVerwG BayVBl 2003, 437, 439 f. (insoweit in BVerwGE 117, 313 nicht abgedruckt).

681   A.M. *M. Quaas/K. Müller*, Normenkontrolle, 1986, Rn. 197, 198.

682   BVerwG NVwZ-RR 1995, 358, 359; NuR 2000, 41, 42; BayVBl 2002, 770; OVG Weimar 17.8.1999 – 2 N 447/96; GewArch 1996, 233, 237 f.; VGH Mannheim VBlBW 1992, 333, 335; 1994, 361, 363 f.; *T. Dünchheim*, DÖV 2004, 137, 138 ff.; *S. Huber*, BayVBl 1998, 584, 589; *E. Pache/F. Burmeister*, NVwZ 1996, 979; *J.-C. Pielow*, Verw 32 (1999), 445, 475; *S. Schmahl*, DÖV 1999, 852, 856 f. Zur Pflicht der Beachtung des EU-Rechts EuGH Slg. 1999 I-2517, 2538 f.; *Thomas von Danwitz*, Verwaltungsrechtliches System und Europäische Integration, 1996, 209.

683   So *J. Schmidt*, in: Eyermann § 47 Rn. 38.

684   S. nur *M. Niedobitek*, VerwArch 92 (2001), 58, 61 f.; *W. Schroeder*, in: Streinz, EUV/AEUV, ²2012, Art. 288 AEUV Rn. 42.

685   *J. Rinze*, NVwZ 1996, 458, 459.

erfolgt unabhängig von einer subjektiven Betroffenheit des Antragstellers.[686] Das Normenkontrollgericht ist nicht verpflichtet, sämtlichen vom Antragsteller gerügten oder sich sonst aufdrängenden eventuellen Mängeln der angegriffenen Norm nachzugehen. Es kann sich auch auf die Prüfung *eines* die Unwirksamerklärung tragenden Mangels beschränken (BVerwGE 117, 239, 240 f.; BVerwG BauR 2002, 284, 286).

b) Normenkontrollanträge von Umweltschutzvereinigungen. Nach § 2 Abs. 4 S. 1 Nr. 2 UmwRG sind 354a Rechtsbehelfe von Umweltvereinigungen u.a. gegen Bebauungspläne nur begründet, soweit der Bebauungsplan gegen umweltbezogene Rechtsvorschriften i.S.v. § 1 Abs. 4 UmwRG verstößt, die für den Bebauungsplan von Bedeutung sind, und der Verstoß Belange des Umweltschutzes berührt, die zu den Zielen gehören, die die Vereinigung nach ihrer Satzung fördert.

c) Unwirksamerklärung. Dass der Unwirksamerklärung der angegriffenen Rechtsvorschrift eine rein 355 deklaratorische Wirkung zukommt, ergibt sich bereits aus dem Wortlaut des § 47 Abs. 5 S. 2 Hs. 1, wonach die Unwirksamerklärung im Falle der Überzeugung des OVG erfolgt, „dass die Rechtsvorschrift ungültig *ist*". Das OVG spricht nur die Unwirksamkeit aus, die ipso iure vorhanden ist.[687] Im Verfahren nach § 47 gilt insoweit nicht anderes als für die Normenkontrolle durch das BVerfG.[688] Bis zur Einführung der obligatorischen Unwirksamerklärung in § 47 Abs. 5 S. 2 durch das Gesetz zur Anpassung des BauGB an EU-Richtlinien vom 24.6.2004 (BGBl I 1359) war grds. die Nichtigerklärung der ungültigen Vorschrift vorgesehen. Lediglich in den dem aufgehobenen § 215 a BauGB unterfallenden Satzungen nach dem BauGB, deren Mängel einer Heilung im ergänzenden Verfahren zugänglich waren, konnte nach § 47 Abs. 5 S. 4 a.F. die Unwirksamerklärung erfolgen. Ausweislich der vom Änderungsgesetzgeber gegebenen Begründung betrifft die Änderung lediglich die Tenorierung durch das OVG. Materielle Änderungen sollten damit nicht verbunden sein.[689] Die Ersetzung der „Nichtigkeit" durch die „Unwirksamkeit" soll lediglich deutlich machen, dass die Entscheidung des OVG allein das Ergebnis des Normsetzungsverfahrens, die erlassene Rechtsvorschrift, nicht aber das Verfahren als solches betrifft. Eine verfahrensfehlerhaft erlassene Vorschrift kann deshalb grds. durch Wiederholung des Verfahrens ab dem Punkt, an dem der Fehler erfolgt ist, geheilt werden.[690] Die Zulässigkeit einer solchen Heilung ist allerdings eine Frage des materiellen Rechts. Kennt dieses keine Möglichkeit der Fehlerbehebung, so bleibt es dabei – wie § 47 Abs. 5 S. 2 es formuliert –, dass die Vorschrift *ungültig* ist. Sie ist dauerhaft unwirksam. Schon zu § 47 Abs. 5 S. 4 a.F., § 215 a Abs. 1 BauGB a.F. hatte das BVerwG zu Recht betont, dass ohne das Bestehen oder die Nutzung der Möglichkeit einer Heilung der fehlerhaften Vorschrift die Folgen der Unwirksamerklärung hinsichtlich der Anwendbarkeit der Vorschrift denen der Nichtigerklärung gleichen (BVerwG UPR 2004, 115, 118). Es steht dann mit Wirkung gegenüber jedermann fest, dass die angegriffene Vorschrift zu keinem Zeitpunkt Bestandteil der Rechtsordnung war (BVerwG BauR 2002, 284, 285). Einschlägige materiell-rechtliche Heilungsvorschrift ist v.a. § 214 Abs. 4 BauGB (→ Rn. 375 f.).

Die Unwirksamerklärung nach § 47 Abs. 5 S. 2 Hs. 1 erfolgt grds. mit Wirkung ex tunc: Ungültig ist 356 die Vorschrift ab dem Zeitpunkt, in dem das die Ungültigkeit herbeiführende Ereignis eingetreten ist.[691] Bei anfänglichen Gültigkeitsmängeln ist dies der Zeitpunkt des Normerlasses, bei später entstandenen Ungültigkeitsgründen, bspw. dem Erlass einer derogierenden lex posterior oder dem Außerkrafttreten eines Bebauungsplans wegen Funktionslosigkeit, deren Entstehungszeitpunkt (VGH München BayVBl 1982, 726, 730).

---

686   BVerwGE 82, 225, 233; BVerwG DVBl 1992, 37, 39; NVwZ 2008, 899, 900; OVG Bln NVwZ 1982, 442, 443; OVG Koblenz AS 18, 274, 277; VGH Kassel ESVGH 24, 45, 53; NVwZ 2007, 223; *B. Stüer*, DVBl 1985, 469, 480. A.M. *B. Linke*, BauR 1990, 529, 535.

687   OVG Bln UPR 1992, 357, 358; OVG Lüneburg NVwZ 1984, 595, 596; OVG Münster NVwZ 1990, 578, 579; *Meyer-Ladewig*, DVBl 1976, 204, 209; *M. Quaas/K. Müller*, Normenkontrolle, 1986, Rn. 223; *L. Renck*, BayVBl 1979, 225, 230. A.M. *N. Achterberg*, VerwArch 72 (1981), 163, 183; *W. Besler*, Probleme, 1981, 291 f.

688   Vgl. nur *W. Löwer*, HdbStR II § 56 Rn. 100 m.w.N.

689   Begründung des Regierungsentwurfs eines Gesetzes zur Anpassung des BauGB an EU-Richtlinien, BT-Drs. 15/2250, 74.

690   Bundesministerium für Verkehr, Bau- und Wohnungswesen (Hrsg.), Novellierung des Baugesetzbuchs – Bericht der Unabhängigen Expertenkommission, 2002, Rn. 147.

691   *H.-J. Dagefoerde*, VerwArch 79 (1988), 123, 151; *Hufen* § 38 Rn. 50; *M. Quaas/K. Müller*, Normenkontrolle, 1986, Rn. 224; *E. Rasch*, BauR 1977, 147, 153; *W.-R. Schenke*, Rechtsschutz, 1979, 293.

357 **aa) Abweichende Tenorierung.** Wie im verfassungsgerichtlichen Normenkontrollverfahren[692] ist auch nach § 47 Abs. 5 eine abweichende Fassung der Entscheidungsformel möglich. So kann die angegriffene Norm nur für mit höherrangigem Recht unvereinbar oder für nichtig mit Wirkung ex nunc bzw. einem späteren Zeitpunkt erklärt werden.[693] Da sich ein solcher Ausspruch über den Wortlaut des § 47 Abs. 5 S. 2 Hs. 1 hinwegsetzt, ist er nur in eng begrenzten Ausnahmefällen zulässig,[694] nämlich dann, wenn Verfassungsrecht auf eine derartige Tenorierung drängt. In Betracht kommen etwa Gesichtspunkte der Rechtssicherheit, wenn die Unwirksamerklärung zu einem unerträglichen Zustand der Regelungslosigkeit führen würde (OVG Lüneburg NVwZ 2001, 742, 749), einen Notstand zur Folge hätte (offen gelassen von BVerwG 9.6.2010 – 9 CN 1.09; VGH Kassel 6.10.2010 – 5 A 2593/09.Z) oder der Gewaltenteilung, insbes. im Falle der nicht durch das Gericht vorzunehmenden Ausdehnung einer Begünstigung auf gleichheitswidrig Ausgeschlossene.[695] Eine bloße Unanwendbarkeitserklärung erfolgt auch bei Verstößen der angegriffenen Rechtsvorschrift gegen Unionsrecht,[696] da ein solcher Verstoß lediglich zum Anwendungsvorrang des Unionsrechts, nicht zur Nichtigkeit der mitgliedstaatlichen Rechtsvorschrift führt (→ Rn. 353 a). Sofern die Unanwendbarkeit nur in Sachverhalten mit EU-Rechtsbezug besteht, ist dies entsprechend zu tenorieren.[697] In jedem Falle unzulässig ist hingegen eine relative Unwirksamkeitserklärung nur mit Wirkung gegenüber dem Antragsteller.[698] Ebenso wenig möglich ist der Ausspruch, den Antragsgegner zur Änderung der betreffenden Norm zu verpflichten (VGH Mannheim NVwZ-RR 2000, 529; VBlBW 2000, 474).

358 **bb) Teilunwirksamerklärung.** § 47 Abs. 5 S. 2 Hs. 1 fordert keine Unwirksamerklärung der gesamten Rechtsvorschrift; grds. kann sich das OVG auf eine *Teilunwirksamerklärung* beschränken. Wie bereits ausgeführt steht es dem Antragsteller frei, nur einzelne Teile der Rechtsvorschrift anzugreifen (→ Rn. 285). Allerdings gilt der Grundsatz ne ultra petita (§ 88) nur dann, wenn der durch den Antrag allein beanstandete Teil der Norm abtrennbar ist. Ist dies nicht der Fall, so ist die Vorschrift insgesamt oder in weiteren Teilen für unwirksam zu erklären, wenn der antragsgemäß für unwirksam zu erklärende Teil mit den anderen, nicht angegriffenen Teilen der Norm in einem untrennbaren Zusammenhang steht.[699] Denn dann ist der Antrag auf Feststellung der Teilunwirksamkeit nach §§ 88, 86 Abs. 3 nicht sachdienlich (BVerwG NVwZ 2013, 227, 229 f.). Dies gilt auch dann, wenn dadurch Teile der Norm für unwirksam zu erklären sind, mit deren Inhalt der Antragsteller einverstanden ist oder die ihn sogar begünstigen (OVG Münster BauR 1998, 294, 295). Für eine hierüber hinausgehende analoge Anwendung des § 78 S. 2 BVerfGG, wonach das BVerfG weitere Bestimmungen eines für mit höherrangigem Recht für unvereinbar erkannten Gesetzes gleichfalls für nichtig erklären kann, wenn sie aus denselben Gründen mit dem GG oder sonstigem Bundesrecht unvereinbar sind, ist mangels Regelungslücke kein Raum.[700]

359 Ein die Teilunwirksamerklärung hindernder untrennbarer Regelungszusammenhang ist gegeben, wenn sich aus dem objektiven Sinn der Norm ergibt, dass die übrigen Bestimmungen, die mit höherrangigem Recht vereinbar sind, keine selbständige Bedeutung haben, ferner dann, wenn die rechtswidrige Vorschrift Teil einer Gesamtregelung ist, die ihren Sinn und ihre Rechtfertigung verlöre, nähme man

---

692 Vgl. *W. Löwer*, HdbStR II § 56 Rn. 104 ff. m.w.N.
693 OVG Bln UPR 1992, 357, 358; OVG Frankfurt/O. LKV 1998, 274; OVG Lüneburg NVwZ-RR 2001, 742, 749; VGH Mannheim DVBl 1979, 916, 923; *N. Achterberg*, VerwArch 72 (1981), 163, 183; *J. Meyer-Ladewig*, DVBl 1976, 204, 209; *W.-R. Schenke*, Rechtsschutz, 1979, 294; *J. Schmidt/A. Lange*, FS Mühl, 1981, 595, 605 ff. A.M. *M. Quaas/K. Müller*, Normenkontrolle, 1986, Rn. 225 ff; VGH Kassel 6.10.2010 – 5 A 2593/09. Z.
694 Vgl. BVerwG DVBl 1992, 37, 40 und BVerwG, 9.6.2010 – 9 CN 1.09, wo die Zulässigkeit derartiger Tenorierungen allerdings offen gelassen wird.
695 *J. Schmidt/A. Lange*, FS Mühl, 1981, 595, 606 f.
696 BVerwG BayVBl 2002, 770; OVG Weimar 17.8.1999 – 2 N 447/98; *E. Pache/F. Burmeister*, NVwZ 1996, 979, 981; *S. Schmahl*, DÖV 1999, 852, 856 f.; *Kopp/Schenke* § 47 Rn. 99; *S. Burger*, DVBl 2011, 985, 986. A.M. VGH München BayVBl 1996, 240, 243; *J. Rinze*, NVwZ 1996, 458.
697 *T. Dünchheim*, DÖV 2004, 137, 142.
698 BVerwG NuR 2002, 548, 552; VGH Kassel DÖV 1998, 343, 344; VGH Mannheim VBlBW 1992, 259.
699 BVerwG DVBl 1992, 37, 39; ZfBR 1993, 238, 239; NuR 2003, 352, 353; OVG Bautzen NVwZ-RR 2011, 105, 106; OVG Bln NVwZ-RR 2012, 152, 154; OVG Brem BauR 1980, 240, 242; OVG Lüneburg NVwZ-RR 2014, 25, 26; OVG Münster OVGE 34, 273, 274 f.; BauR 1980, 238; OVG Saarlouis AS 19, 290, 296 f.; VGH Kassel DVBl 1977, 216, 219; ESVGH 31, 272, 273 f.; VGH Mannheim ESVGH 13, 71, 78; VGH München BayVBl 1993, 656, 658; *K. D. Becker*, BauR 1980, 195, 198.
700 *K. Wolfram*, Normenkontrolle, 1967, 142 f.; A.M. *F. Elias*, Abgrenzungsprobleme, 1968, 173 ff.

einen ihrer Bestandteile heraus (BVerfGE 8, 274, 301; OVG Saarlouis NVwZ 1994, 1029, 1033). Diese Grundsätze gelten auch im Verhältnis zwischen der mit dem Normenkontrollantrag angegriffenen Änderungsnorm und der Ursprungsvorschrift. So ist die Gültigkeitsprüfung auch auf die – vom Antragsteller nicht beanstandete – Ursprungsvorschrift zu erstrecken, wenn zwischen Änderungs- und Ursprungsnorm ein untrennbarer Regelungszusammenhang besteht (BVerwG BauR 2017, 62; OVG Münster BauR 1998, 294). Die Besonderheiten der jeweiligen Gesamtregelung sind zu berücksichtigen. So gilt für Haftungsbeschränkungen in kommunalen Satzungen das Verbot geltungserhaltender Reduktion, das zu einer Gesamtnichtigkeit der einschlägigen Regelungen führt.[701]

Bei Bebauungsplänen ist darauf abzustellen, ob der gültige Teil des Planes für sich betrachtet noch **360** eine den Anforderungen des § 1 BauGB gerecht werdende sinnvolle städtebauliche Ordnung bewirken kann und ob die Gemeinde nach ihrem im Planungsverfahren zum Ausdruck gekommenen Willen im Zweifel auch einen Plan dieses eingeschränkten Inhalts beschlossen hätte.[702] Greift der Antragsteller bspw. ein in einem Bebauungsplan festgesetztes Verwendungsverbot nur für einen Teil des Plangebiets an, so kommt es darauf an, ob das Verwendungsverbot bei einer teilweisen Unwirksamerklärung noch sinnvoll fortbestehen kann und ob es für die übrigen Teile seines Geltungsbereichs festgesetzt worden wäre, wenn seine Unwirksamkeit für ein Teilgebiet erkannt worden wäre (BVerwG NVwZ 1989, 664, 666).

Ein Fehler im Normsetzungsverfahren führt i.d.R. zur Unwirksamkeit der gesamten Rechtsvor- **361** schrift.[703] Beim Vorliegen eines Verfahrensfehlers kommt es nicht darauf an, ob sich der Antrag nur auf einen materiell abtrennbaren Teil der Norm bezieht (a.M. OVG Münster OVGE 34, 273, 278). Eine Ausnahme ist denkbar, wenn der Verfahrensfehler nur einen bestimmten Normteil betrifft und dadurch ein Einfluss dieses Fehlers auf die übrigen Normteile ausgeschlossen ist (BVerwGE 82, 225, 228; BVerwG ZfBR 1993, 238, 240). Zu denken ist dabei etwa an den Fall nachträglicher Änderungen eines Bebauungsplans zwischen seiner Aufstellung und seinem Inkrafttreten, in welchem es naheliegt, dass sich ein in diesem Verfahrensabschnitt unterlaufener Fehler nur auf das Ergebnis dieses Verfahrensteils ausgewirkt hat (BVerwGE 82, 225, 228 f.).

Umgekehrt kann das OVG hinter einem auf Unwirksamerklärung der gesamten angegriffenen Rechts- **362** vorschrift gerichteten Antrag zurückbleiben, wenn der festgestellte Mangel nur einen Teil der Vorschrift erfasst. Die Unwirksamerklärung reicht nur soweit wie der Regelungszusammenhang des ungültigen Normteils.[704] Sie hat auch dann zu erfolgen, wenn sich die zur Begründung der Antragsbefugnis nach § 47 Abs. 2 S. 1 geltend gemachte Rechtsverletzung nicht aus diesem Regelungszusammenhang, sondern anderen Normteilen ergibt.[705] Die Normgültigkeitsprüfung nach § 47 Abs. 5 dient nicht der Beseitigung der Rechtsbeeinträchtigung.

d) Wirkung der Normenkontrollentscheidung. Hinsichtlich der Wirkung der Normenkontrollent- **363** scheidung ist zunächst danach zu unterscheiden, ob das OVG die Rechtsvorschrift für unwirksam erklärt hat oder nicht.

aa) Allgemeinverbindlichkeit. Die Allgemeinverbindlichkeit der Entscheidung tritt laut § 47 Abs. 5 **364** S. 2 Hs. 2 im Falle der Unwirksamerklärung der angegriffenen Vorschrift ein. Rechtskräftige Urteile der Gerichte der Verwaltungsgerichtsbarkeit binden nach § 121 nur die an dem konkreten Verfahren Beteiligten. Die Bindungswirkung des § 121 gilt auch für stattgebende Normenkontrollentscheidungen (BVerwG BauR 2000, 690, 692; 2002, 284, 287; VGH Mannheim VBlBW 1998, 222, 223). Die Rechtskraft ist Voraussetzung der Allgemeinverbindlichkeit (BVerwG NVwZ-RR 2001, 483). Die Allgemeinverbindlichkeit erweitert diese Bindungswirkung auf nicht an dem betreffenden Normenkontrollverfahren beteiligte Dritte; für keinen Bürger, für kein Staatsorgan, keine Behörde und kein Ge-

---

701 *M. Heintzen*, NVwZ 1992, 857, 858 f.
702 BVerwGE 82, 225, 230; BVerwG ZfBR 1993, 238, 239; NVwZ 1994, 684, 685; NuR 2001, 457, 458; 2002, 352, 353; NVwZ 2008, 899, 900; NVwZ 2013, 227, 230; ZfBR 2016, 789, 790; VGH Kassel 17.3.2011 – 4 C 883/10.N; VGH Mannheim UPR 2000, 238; VGH München NVwZ-RR 2007, 79, 81.
703 BVerwGE 82, 225, 228; BVerwG ZfBR 1993, 238, 240; NuR 2002, 548, 551 f.; VGH Kassel HessVGRspr 1990, 36, 37; VGH Mannheim ESVGH 17, 118, 122; *K. Wolfram*, Normenkontrolle, 1967, 142; vgl. VGH München BayVBl 1985, 437.
704 *K. D. Becker*, BauR 1980, 195, 198; *D. Hahn*, JuS 1983, 678, 683.
705 BVerwGE 82, 225, 233; BVerwG DVBl 1992, 37, 39; NVwZ 2008, 899, 900; → Rn. 199 f. A.M. *M. Quaas/K. Müller*, Normenkontrolle, 1986, Rn. 231.

richt des Bundes und der Länder ist die vom OVG für unwirksam erklärte Norm mehr existent; in Erscheinung treten kann sie nur dann noch einmal, wenn ihre Fehlerhaftigkeit nach materiellem Recht geheilt werden kann. Dies gilt auch für die Gerichte der Verfassungsgerichtsbarkeit (→ Rn. 343).[706] I.d.S. entfaltet die allgemein verbindliche Normenkontrollentscheidung eine normative Wirkung (BVerwGE 68, 12, 15). Die für nichtig erklärte Rechtsnorm ist „aus der Rechtsordnung eliminiert" (OVG Münster NVwZ-RR 1991, 138).

365   Durch die Allgemeinverbindlichkeit der Normenkontrollentscheidung ist der Normgeber, der die für unwirksam erklärte Rechtsvorschrift erlassen hat, gehindert, eine Rechtsvorschrift gleichen Inhalts erneut zu erlassen.[707] Die vom BVerfG zu § 31 BVerfGG entwickelte Auffassung, eine normverwerfende Entscheidung hindere den Gesetzgeber nicht am Beschluss einer inhaltsgleichen Neuregelung (BVerfGE 77, 84, 103 f.), beruht auf demokratietheoretischen Überlegungen zum Verhältnis zwischen demokratisch legitimiertem Gesetzgeber und Verfassungsgerichtsbarkeit und ist auf das verwaltungsgerichtliche Normenkontrollverfahren nicht übertragbar.[708] Etwas anderes gilt nur dann, wenn sich die Sach- und Rechtslage geändert hat, insbes. die zu der Unwirksamerklärung führenden Gültigkeitsmängel zwischenzeitlich behoben worden sind, bspw. eine fehlende Ermächtigungsgrundlage erlassen oder präzisiert worden ist, das beim Erlass der verworfenen Vorschrift falsch besetzte Normsetzungsorgan nunmehr in vorschriftsmäßiger Besetzung beschließt oder eine beanstandete Verkündung fehlerfrei wiederholt wird.[709]

366   Schwierigkeiten bereitet das Problem, ob das *Normwiederholungsverbot* sich in Gestalt eines Nachahmungsverbots auch auf andere Normgeber als den Antragsgegner i.S.v. § 47 Abs. 2 S. 2 erstreckt, es mithin die Allgemeinverbindlichkeit der Unwirksamerklärung allen Körperschaften, Anstalten oder Stiftungen verbietet, eine gleichartige Vorschrift zu erlassen. Zunächst ist festzustellen, dass eine solche Verbindlichkeit der Normenkontrollentscheidung nur gegenüber noch zu erlassenden, nicht aber bereits bestehenden Parallelnormen gelten könnte.[710] Die überwiegenden Gründe sprechen allerdings gegen die Annahme eines Nachahmungsverbots im genannten Sinne.[711] Selbst wenn verfassungsgerichtliche Entscheidungen ein Nachahmungsverbot bewirken sollten, so ist dem Verwaltungsprozessrecht eine generelle Bindungsnorm wie § 31 Abs. 1 BVerfGG fremd. Anders als die abstrakte Normenkontrolle nach Art. 93 Abs. 1 Nr. 2 GG, §§ 13 Nr. 6, 76 ff. BVerfGG ist das Verfahren vor dem OVG ausweislich des § 47 Abs. 2 S. 2 kontradiktorisch ausgestaltet, d.h. auf einen konkreten Normsetzer bezogen. Die Entscheidungsformel des BVerfG ist laut § 31 Abs. 2 S. 3 BVerfGG auch dann im *Bundes*gesetzblatt zu veröffentlichen, wenn Gegenstand der Entscheidung ein *Landes*gesetz war. Hingegen ist im Falle der vom OVG für unwirksam erklärten Vorschrift gem. § 47 Abs. 5 S. 2 Hs. 2 die Entscheidungsformel gerade durch den Antragsgegner und ebenso zu veröffentlichen, wie die Rechtsvorschrift bekanntzumachen wäre.

367   **bb) Bindungswirkung antragsablehnender Entscheidungen.** Zur Bindungswirkung antragsablehnender Entscheidungen ist zu bemerken, dass das OVG entgegen dem Wortlaut des § 47 Abs. 1 im Normenkontrollverfahren nicht über die „Gültigkeit" der angegriffenen Rechtsvorschrift entscheidet. Den Ausspruch der Gültigkeit der vom Antragsteller beanstandeten Norm kann eine Entscheidung nach § 47 Abs. 5 nicht enthalten.[712] Die in § 47 Abs. 3 S. 2 des Präsidentenentwurfs einer Bundesverwaltungsgerichtsordnung (DVBl 1951, nach 568) vorgeschlagene Allgemeinverbindlichkeit auch gültigkeitsbejahender Entscheidungen wurde nicht verwirklicht, da „die allgemeine Verbindlichkeit einer positiven Entscheidung... immer unter dem Vorbehalt einer anderen verfassungsgerichtlichen Entschei-

---

706   *M. Bauer*, BayVBl 1984, 238.
707   BVerfGE 69, 112, 116; BayVerfGH BayVBl 1984, 235, 236; BVerwG BauR 2000, 690, 692; 2002, 284, 287; VGH Mannheim ESVGH 29, 1; VBlBW 1998, 222, 223; VGH München 24.7.2007 – 1 N 06.2083.
708   BVerwG BauR 2000, 690, 692; VGH Mannheim VBlBW 1998, 222, 223. A.M. wohl VGH Kassel NVwZ-RR 1993, 294, 296.
709   Vgl. BVerwG BauR 2000, 690, 692; VGH Mannheim BaWüVBl 1973, 89, 90; ESVGH 29, 1; VBlBW 1998, 222, 223.
710   Vgl. für das verfassungsgerichtliche Verfahren *Pestalozza* § 20 Rn. 85 f.
711   *H.-H. Gotzen*, VR 1999, 389, 390
712   VGH Mannheim VBlBW 1980, 23; *N. Achterberg*, VerwArch 72 (1981), 163, 183; *M. Quaas/K. Müller*, Normenkontrolle, 1986, Rn. 234. A.M. *K. A. Bettermann*, Landesverfassungsgerichtsbarkeit II, 1983, 467, 474.

dung stehen" würde.[713] Hält das OVG die Vorschrift für gültig, so ist der Normenkontrollantrag als unbegründet zurückzuweisen.[714] Die Gültigkeit der Norm ist damit nicht allgemein verbindlich festgestellt.[715] Ein anderer Antragsteller ist nicht daran gehindert, die Vorschrift einer erneuten Überprüfung zuzuführen (BVerwGE 65, 131, 137; VGH München NuR 2001, 402, 404). Ebenso wenig wird die Rechtswidrigkeit einer anderen Auslegung allgemein verbindlich festgestellt, wenn das OVG die Norm nur in einer bestimmten Auslegung als rechtswirksam ansieht.[716]

Die den Normenkontrollantrag rechtskräftig ablehnende Entscheidung entfaltet jedoch Bindungs-, al- 368 so materielle Rechtskraftwirkung entsprechend § 121 Nr. 1 zwischen den Beteiligten und ihren Rechtsnachfolgern, *soweit* über den durch den Antrag bezeichneten Streitgegenstand entschieden worden ist.[717] Eine Zurückweisung des Antrags als unzulässig stellt mithin nur für die Beteiligten bindend fest, dass das OVG an einer Sachentscheidung aus prozessualen Gründen gehindert ist. Eine Inzidentprüfung derselben Norm in einem anderen Verfahren zwischen denselben Beteiligten ist damit ebenso wenig ausgeschlossen wie ein erneuter Antrag desselben Antragstellers auf Kontrolle derselben Norm nach Beseitigung des Zulässigkeitshindernisses.[718]

Wird der Normkontrollantrag hingegen als unbegründet zurückgewiesen, so steht die Gültigkeit der 369 angegriffenen Rechtsvorschrift zwischen den Beteiligten rechtskräftig fest (BVerwGE 68, 306, 309 f.). Sie können weder in einem erneuten Normenkontrollverfahren noch in einem anderen Verfahren zwischen denselben Beteiligten die Gültigkeit der Vorschrift anzweifeln (BVerwG NVwZ-RR 1991, 54).[719] Die Gerichte der Verwaltungsgerichtsbarkeit und anderer Gerichtsbarkeiten sind in einem Verfahren zwischen den Beteiligten des rechtskräftig abgeschlossenen Normenkontrollverfahrens an die Rechtskraftwirkung der gültigkeitsbejahenden Normenkontrollentscheidung hinsichtlich der Normgültigkeit als Vorfrage gebunden.[720]

Ein erneuter Antrag desselben Antragstellers auf Kontrolle derselben Norm durch das OVG ist nur zu- 370 lässig, wenn sich *nach* Erlass der ersten Normenkontrollentscheidung die Sach- oder Rechtslage geändert hat.[721] Dies ist etwa der Fall, wenn ein zunächst als gültig erachteter Bebauungsplan inzwischen wegen Funktionslosigkeit unwirksam geworden ist.[722] Gründe, die zum Zeitpunkt des Erlasses der ersten Entscheidung bereits vorlagen und in dem früheren Verfahren lediglich nicht behandelt worden sind, können in einem zweiten Normenkontrollverfahren nicht geltend gemacht werden (BVerwG NVwZ-RR 1991, 54). Liegt eine Änderung der Sach- oder Rechtslage vor, so entfällt *insoweit* die Rechtskraft der abweisenden Normenkontrollentscheidung. Eine Wiederaufnahme nach § 153 Abs. 1 VwGO, §§ 578 ff. ZPO ist nicht statthaft.[723]

Da bei einer Inzidentprüfung einer Norm in einem Individualrechtsschutzverfahren die Bejahung oder 371 Verneinung der Gültigkeit der Vorschrift nicht an der Rechtskraft teilnimmt, ist das OVG in einem mit denselben Beteiligten durchgeführten Normenkontrollverfahren nicht durch § 121 an einer abweichenden Beurteilung der Gültigkeit der Norm gehindert (BVerwG BauR 1992, 342).[724] Ebenso wenig

---

713 Begründung des Regierungsentwurfs eines Gesetzes zur Änderung verwaltungsprozessualer Vorschriften, BT-Drs. 7/4324 Anl. 1 S. 12.
714 *N. Achterberg*, VerwArch 72 (1981), 163, 182; *M. Quaas/K. Müller*, Normenkontrolle, 1986, Rn. 234.
715 VGH Mannheim VBlBW 1980, 23; *O.-R. v. Engelhardt*, Rechtsschutz, 1971, 241; *H.-G. König*, DVBl 1963, 81, 86; *M. Quaas/K. Müller*, Normenkontrolle, 1986, Rn. 235. A.M. für die Entscheidung auf Antrag einer Behörde *K. A. Bettermann*, Landesverfassungsgerichtsbarkeit II, 1983, 467, 474; *H.-J. Dageförde*, VerwArch 79 (1988), 123, 157 f.
716 *Hufen* § 38 Rn. 54. A.M. *Schenke* Rn. 922 a.
717 BVerwGE 68, 306, 307; BVerwG NVwZ-RR 1991, 54; 1994, 236; OVG Bautzen 27.9.2007 – 3 BS 100/07; OVG Koblenz AS 18, 274, 275 f.; OLG Hamm NVwZ 1999, 804, 805. A.M. BVerwGE 65, 131, 136; VGH Mannheim ESVGH 13, 79, 80.
718 *M. Quaas/K. Müller*, Normenkontrolle, 1986, Rn. 236 f.
719 *H.-J. Dageförde*, VerwArch 79 (1988), 123, 155.
720 BGHZ 77, 338, 341 f.; BGH UPR 2002, 104; NVwZ 2010, 1444, 1445; BVerwGE 68, 12, 15; 68, 306, 309; OVG Koblenz AS 18, 274, 276 f.; OLG Hamm NVwZ 1999, 804, 805; *M. Quaas/K. Müller*, Normenkontrolle, 1986, Rn. 241 f. A.M. *E. Rasch*, BauR 1977, 147, 154; *G. Ulsamer*, NJW 1968, 2042, 2043.
721 BGH NVwZ 2010, 1444, 1446; BVerwG NVwZ-RR 1991, 54; 1994, 236; OVG Koblenz AS 18, 274, 278; VGH Mannheim DVBl 1983, 638, 642; *H.-J. Dageförde*, VerwArch 79 (1988), 123, 155.
722 *T. Troidl*, BauR 2010, 1511, 1515.
723 VGH Mannheim ESVGH 13, 79, 80; *K. Schenk*, DVBl 1976, 198, 204. A.M. OVG Saarlouis 25.2.1998 – 8 S 1/97; *Kopp/Schenke* § 153 Rn. 5.
724 *H.-J. Dageförde*, VerwArch 79 (1988), 123, 148 ff.

ist nach Einstellung eines Normenkontrollverfahrens nach übereinstimmender Erledigungserklärung ein erneuter Normenkontrollantrag desselben Antragstellers ausgeschlossen (OVG Bln DÖV 1986, 1067).

372   **e) Tenorierung in Abhängigkeit vom Bestehen einer Heilungsmöglichkeit.** Aufgrund des eindeutigen Wortlauts des § 47 Abs. 5 erklärt das Normenkontrollgericht im Fall der Stattgabe die Rechtsvorschrift stets für „unwirksam". Raum für eine Ergänzung des Tenors über die Feststellung der Unwirksamkeit hinaus ergibt sich aus der Norm nicht. Es besteht zwar ein Recht, aber keine Pflicht des Normenkontrollgerichts, in den Entscheidungsgründen darzulegen, ob Satzungsmängel, auf die das Normenkontrollgericht die Unwirksamkeit stützt, einer Heilung im ergänzenden Verfahren zugänglich sind.

372a   Ob nach materiellem Recht eine Möglichkeit zur Heilung der fehlerhaften Vorschrift besteht oder nicht, ist vom OVG selbständig zu prüfen.[725] Für das vom Gericht abzuarbeitende Prüfprogramm kann auf die von der Rspr. zu § 47 Abs. 5 S. 4 a.F. erarbeiteten Grundsätze zurückgegriffen werden. Das OVG hat zunächst eine vollumfängliche Prüfung der Begründetheit des Normenkontrollantrags durchzuführen. Kommt es dabei zu dem Ergebnis, dass Mängel einer Rechtsvorschrift i.S.v. § 47 Abs. 1 Nr. 1 vorliegen, die ungeachtet einer materiellrechtlich bestehenden Heilungsmöglichkeit zur Unwirksamkeit der Vorschrift führen würden, so hat das Normenkontrollgericht weiter zu prüfen, ob diese Mängel nach den einschlägigen Regelungen geheilt werden können. Ist dies nicht der Fall, so ist die angegriffene Norm nach § 47 Abs. 5 S. 2 für unwirksam ohne die Möglichkeit einer Heilung zu erklären.[726] Dies gilt auch in der Konstellation, dass neben behebbaren zusätzlich nicht behebbare Mängel vorliegen.[727] Führt die Behebbarkeitsprüfung hingegen zu einem positiven Ergebnis, so erklärt das OVG die Vorschrift für unwirksam mit der Möglichkeit der Heilung. Diese Differenzierung in der Tenorierung ist unverzichtbar. Zum einen soll die Pflicht, die Veröffentlichung der Entscheidungsformel in derselben Weise wie die Bekanntmachung der Rechtsvorschrift vorzunehmen (§ 47 Abs. 5 S. 2 Hs. 2), jedermann eine sichere Kenntnis vom Schicksal der angegriffenen Norm verschaffen (→ Rn. 378). Solange die Mängel der für unwirksam erklärten Rechtsvorschrift geheilt werden können, ist sie nur schwebend unwirksam. In diesem Fall müssen daher alle Normbetroffenen damit rechnen, dass die Norm – ggf. sogar rückwirkend (§ 214 Abs. 4 BauGB) – wieder Geltung erlangt. Besteht hingegen keine Heilungsmöglichkeit, so kann sich jedermann auf die dauerhafte Unwirksamkeit und das Eingreifen des Normwiederholungsverbots (→ Rn. 366) verlassen. Zum anderen ist eine differenzierte Tenorierung erforderlich, um die Reichweite der Bindungswirkung der Entscheidung des OVG zwischen den Beteiligten festzulegen. So entfaltet die Unwirksamerklärung mit Heilungsmöglichkeit zwischen den Beteiligten keine Bindungswirkung dergestalt, dass damit feststeht, dass die angegriffene Vorschrift nur unter den vom OVG festgestellten Mängeln leidet und nach deren Behebung gültig ist. Vielmehr kann der Antragsteller nach Durchführung des ergänzenden Verfahrens erneut Normenkontrollantrag stellen.[728] Hingegen bindet die Erklärung der Unwirksamkeit der Rechtsvorschrift ohne die Möglichkeit der Heilung die Beteiligten und entfaltet Allgemeinverbindlichkeit auch hinsichtlich der Verneinung der Heilungsmöglichkeit (VGH München 24.7.2007 – 1 N 06.2083).

373   Würde die Prüfung des Gerichts ohne die materiell-rechtliche Heilungsregelung zu einer bloßen Teilunwirksamerklärung führen, so beschränkt sich die Tenorierung der Unwirksamkeit mit Heilungsmöglichkeit auf diesen Teil (VGH Mannheim UPR 2000, 238 zu § 47 Abs. 5 S. 4 a.F.). Steht fest, dass alle in Betracht kommenden Mängel in einem ergänzenden Verfahren behebbar wären, so kann sich das Gericht auf die Feststellung des Vorliegens eines Mangels beschränken und die Norm für unwirksam mit Heilungsmöglichkeit erklären. Die übrigen möglichen Mängel brauchen dann nicht geprüft zu werden (BVerwG BauR 2002, 284, 286 f.; VGH München NuR 2003, 753, 755). Da der Antragsteller auch bei einer solchen Tenorierung erfolgreich einen Fehler des Bebauungsplans gerügt hat, muss sein Antrag selbst dann nicht teilweise zurückgewiesen werden, wenn er sich weiter gehend auf die Unwirksamerklärung ohne Heilungsmöglichkeit der Vorschrift richtete.[729]

---

725   A.M. BVerwG ZfBR 2012, 36, 37: Recht, aber keine Pflicht des OVG zur Prüfung der Heilungsmöglichkeit.
726   *S. Jung*, BauR 2002, 1638, 1639 ff.; *R. Käß*, Inhalt und Grenzen, 2002, 245.
727   *M. Quaas*, VBlBW 2002, 289, 291. A.M. *W. Rieger*, UPR 2003, 161, 165.
728   BVerwGE 117, 239, 241; BVerwG BauR 2002, 284, 287; UPR 2004, 115, 118 für § 47 Abs. 5 S. 4 a.F.
729   Zu § 47 Abs. 5 S. 4 a.F. VGH München BayVBl 2002, 761. A.M. *F. Grünebaum*, DVP 2004, 50, 56.

Beim Bestehen einer materiell-rechtlichen Heilungsmöglichkeit entfaltet die Vorschrift bis zur Behebung der Mängel keine Rechtswirkungen. Der Ausspruch der Nichtwirksamkeit wirkt nicht gestaltend, sondern nur deklaratorisch. Bis zur Behebung der Mängel ist die Rechtsnorm *schwebend unwirksam*.[730] Wird das ergänzende Verfahren nicht durchgeführt, so bleibt es bei der Unwirksamkeit. Die Folgen für die Anwendbarkeit der Vorschrift gleichen in diesem Fall denen der Nichtigerklärung nach § 47 Abs 5 S. 2 a.F. (BVerwG UPR 2004, 115, 118). Es steht mit Wirkung gegenüber jedermann fest, dass die angegriffene Vorschrift zu keinem Zeitpunkt Bestandteil der Rechtsordnung war (BVerwG BauR 2002, 284, 285). Das aus der Allgemeinverbindlichkeit abzuleitende Normwiederholungsverbot greift hinsichtlich der zur Unwirksamkeitserklärung mit Heilungsmöglichkeit führenden Mängel nicht ein (→ Rn. 365). **374**

f) Das ergänzende Verfahren nach § 214 Abs. 4 BauGB. Das ergänzende Verfahren nach § 214 Abs. 4 **375** BauGB für Vorschriften i.S.v. § 47 Abs. 1 Nr. 1 ist der wichtigste Fall, in dem das OVG eine Unwirksamkeit mit Heilungsmöglichkeit ausspricht. Nach dieser Vorschrift kann eine nach dem BauGB erlassene Satzung durch ein ergänzendes Verfahren zur Behebung von Fehlern auch rückwirkend in Kraft gesetzt werden. § 214 Abs. 4 BauGB enthält keine Unterscheidung nach der Art der einer Heilung zugänglichen Fehler. Erfasst sind daher sowohl Verfahrens- und Formfehler als auch materielle Mängel des Bebauungsplans,[731] und zwar sowohl solche nach Bundesrecht als auch solche nach Landesrecht (BVerwGE 110, 118, 123).[732] Zur Vermeidung der Nichtigkeit kann die Gemeinde die Planung auch inhaltlich ändern (BVerwG NVwZ 2000, 1053; VGH München BauR 1999, 1140, 1145). Dabei braucht die Behebbarkeit des Fehlers in dem ergänzenden Verfahren nicht festzustehen; die nicht auszuschließende Möglichkeit der Fehlerbehebung reicht aus.[733] Selbst wenn die Beseitigung des Mangels nicht durch die Gemeinde, sondern nur durch eine andere Stelle der Verwaltung erfolgen kann, kommt ein ergänzendes Verfahren nach § 214 Abs. 4 BauGB in Betracht (BVerwG UPR 2004, 115, 117; VGH München NuR 2003, 753, 755). Dies ist etwa der Fall, wenn der Mangel in einem Widerspruch des angegriffenen Bebauungsplans zu einer Landschaftsschutzverordnung besteht und die zuständige Stelle eine zur Fehlerbeseitigung führende Änderung der Landschaftsschutzverordnung in Aussicht gestellt hat (VGH München NuR 2003, 753, 755), oder ein Verstoß gegen das Zielanpassungsgebot des § 1 Abs. 4 BauGB vorliegt, der nur durch ein raumordnungsrechtliches Zielabweichungsverfahren beseitigt werden kann (BVerwG UPR 2004, 115, 117). Verschlossen ist das ergänzende Verfahren nach § 214 Abs. 4 BauGB allerdings, wenn der Fehler so schwer wiegt, dass er den Kern der Abwägungsentscheidung betrifft und damit die Planung als Ganzes von vornherein infrage stellt oder die Grundzüge der Planung berührt.[734] Bei materiell-rechtlichen Fehlern macht das Erfordernis der Einheitlichkeit der Planungsentscheidung die Durchführung des ergänzenden Verfahrens zu einer im Einzelfall rechtfertigungsbedürftigen Ausnahme. § 214 Abs. 4 BauGB ist vielmehr auf die punktuelle Nachbesserung im Übrigen intakter Gesamtplanungen zugeschnitten.[735] Einzelne Abwägungsfehler können allerdings regelmäßig in einem ergänzenden Verfahren behoben werden (BVerwGE 110, 118, 125 f.).

nicht besetzt **376**

nicht besetzt **377**

3. Veröffentlichung der Entscheidungsformel. Die Veröffentlichung der Entscheidungsformel hat im **378** Falle der Unwirksamerklärung der Rechtsvorschrift laut § 47 Abs. 5 S. 2 Hs. 2 in der Weise zu erfolgen wie die Rechtsvorschrift bekanntzumachen wäre. Sie ist actus contrarius zur Verkündung der Norm und soll eine sichere Kenntnisnahme von der Beseitigung des Scheins einer geltenden Rechtsvorschrift ermöglichen (OVG Münster NVwZ-RR 1991, 138). Daher tritt die Allgemeinverbindlichkeit

---

730 Stellungnahme des Bundesrates zum Regierungsentwurf eines Gesetzes zur Änderung des BauGB, BT-Drs. 13/6392 Anl. 2 S. 128.
731 BVerwG UPR 2004, 115, 117; OVG Koblenz NVwZ-RR 2000, 103, 104; VGH München BauR 1999, 1140, 1145.
732 S. *Rude*, Planreparatur, 2000, 111 ff.
733 BVerwG BayVBl 1999, 766; UPR 2004, 115, 118; enger VGH München BauR 1999, 1140, 1145: konkrete Möglichkeit.
734 BVerwG NVwZ 2000, 1053; UPR 2004, 115, 117; OVG Münster NWVBl 2001, 185, 189; VGH München BauR 1999, 1140, 1145.
735 VGH München BauR 1999, 1140, 1145; 1.3.2004 – 14 N 02.596; vgl. BVerwG UPR 2004, 115, 117; OVG Koblenz NuR 2003, 373, 374.

der Entscheidung erst mit der Veröffentlichung ein,[736] wirkt dann aber auf den Eintritt der Rechtskraft der Entscheidung zurück, da sonst der Antragsgegner über den Zeitpunkt des Eintritts der Allgemeinverbindlichkeit verfügen könnte.[737] Nach dem Wortlaut des § 47 Abs. 5 S. 2 Hs. 2 erstreckt sich das Gebot zur *Veröffentlichung der Entscheidungsformel* nur auf die Unwirksamerklärung als solche. Da jedoch eine Rechtsvorschrift, die unter behebbaren Mängeln litt, mit der Behebung der Mängel erstmals die vollen Rechtswirkungen entfaltet, ist schon aus Gründen der Rechtsklarheit die Bekanntmachung der Beendigung des Schwebezustandes erforderlich. Der Abschluss des ergänzenden Verfahrens nach § 214 Abs. 4 BauGB ist deshalb nach § 47 Abs. 5 S. 2 Hs. 2 ebenfalls so zu veröffentlichen wie die Rechtsvorschrift bekanntzumachen wäre, sofern eine solche Veröffentlichung nicht schon nach anderen Regelungen geboten ist.[738] Erst ab dem Zeitpunkt dieser Veröffentlichung läuft daher die Jahresfrist des § 47 Abs. 2 S. 1.[739]

379   Die Wahl des Konjunktivs („wäre") weist darauf hin, dass für die Veröffentlichung der Entscheidungsformel diejenige Form der Bekanntmachung maßgebend ist, die für die für unwirksam erklärte Rechtsvorschrift nunmehr gilt. Ob die Vorschrift überhaupt oder in welcher Weise sie früher bekanntgemacht worden ist, ist demgegenüber unbeachtlich. Verweigert der Antragsgegner die Veröffentlichung, so besteht für eine analoge Anwendung des § 172 zum Zwecke der Vollstreckung kein Bedürfnis.[740] Die Vollstreckung erfolgt vielmehr unmittelbar nach § 167 Abs. 1 S. 1 VwGO i.V.m. § 888 Abs. 1 ZPO. Die Veröffentlichung ersetzt nicht die nach § 116 Abs. 1 S. 2 bzw. Abs. 3 gebotene Zustellung des Urteils bzw. Beschlusses an die Beteiligten.

380   **4. Wirkung der Entscheidung nach § 47 Abs. 5 S. 3.**   Die zur Bestimmung der Wirkung der Entscheidung nach § 47 Abs. 5 S. 3 gebotene entsprechende Heranziehung des § 183 besagt, dass bei einer Unwirksamerklärung der angegriffenen Rechtsvorschrift durch das OVG die nicht mehr anfechtbaren Entscheidungen der Gerichte der Verwaltungsgerichtsbarkeit, die auf der für unwirksam erklärten Norm beruhen, unberührt bleiben (§ 183 S. 1). Die Vollstreckung aus einer solchen Entscheidung ist jedoch unzulässig (§ 183 S. 2), § 767 ZPO gilt entsprechend (§ 183 S. 3). Der § 79 Abs. 2 BVerfGG nachgebildete § 183 ist entsprechend auf unanfechtbare Verwaltungsakte anzuwenden, ist doch der mit § 183 angestrebte Ausgleich zwischen den Grundsätzen der Rechtssicherheit einerseits und des Vollstreckungsschutzes andererseits hier in gleicher Weise zu leisten.[741] Unter einer Vollstreckung i.S.v. §§ 47 Abs. 5 S. 3, 183 S. 2 ist daher auch das Gebrauchmachen von einer Baugenehmigung durch einen privaten Bauherrn zu verstehen (a.M. VGH Mannheim DÖV 1997, 556, 557).[742] Unberührt bleiben nur unanfechtbare Verwaltungsakte; noch nicht bestandskräftige Verwaltungsakte, die auf der für unwirksam erklärten Norm beruhen, *können* hingegen auch bei drittbegünstigender Wirkung nach § 48 VwVfG aufgehoben werden.[743] Verwaltungsakte *beruhen* dann auf der rechtswidrigen Norm, wenn die den Verwaltungsakt erlassende Behörde bei der gebotenen Nichtanwendung dieser Norm nicht zwingend zu einer identischen Entscheidung gekommen wäre.[744]

381   Erfolgt eine von der Unwirksamkeitserklärung abweichende Tenorierung (→ Rn. 357), so gilt die Vorschrift des § 183 in Anlehnung an die Rspr. des BVerfG zu der Parallelnorm des § 79 Abs. 2 BVerfGG entsprechend.[745] Die Unwirksamerklärung einer Norm ist keine nachträgliche Änderung der Rechtslage i.S.v. § 51 Abs. 1 Nr. 1 VwVfG, die zu einem Wiederaufgreifen des durch bestandskräftige Norm-

736   *E. Rasch*, BauR 1977, 147, 153; *M. Quaas/K. Müller*, Normenkontrolle, 1986, Rn. 228. A.M. OVG Münster BauR 2001, 1399, 1401; VGH Mannheim NuR 2002, 302.
737   *M. Quaas/K. Müller*, Normenkontrolle, 1986, Rn. 228.
738   Stellungnahme des Bundesrates zum Regierungsentwurf eines Gesetzes zur Änderung des BauGB, BT-Drs. 13/6392 Anl. 2 S. 128.
739   Gegenäußerung der Bundesregierung zur Stellungnahme des Bundesrates, BT-Drs. 13/6392 Anl. 3 S. 142.
740   A.M. *M. Quaas/K. Müller*, Normenkontrolle, 1986, Rn. 228; *M. Redeker*, in: Redeker/v. Oertzen § 47 Rn. 43.
741   Begründung des Regierungsentwurfs eines Gesetzes zur Änderung verwaltungsprozessualer Vorschriften, BT-Drs. 7/4324 Anl. 1 S. 12; BVerwGE 56, 172, 176; BVerwG DVBl 1993, 651; *I. Kraft*, UPR 1988, 288, 295. A.M. *Hufen* § 38 Rn. 52.
742   *T. Gerhard*, FS Schenke, 721, 730.
743   *M. Quaas/K. Müller*, Normenkontrolle, 1986, Rn. 410. A.M. *J. Schmidt*, in: Eyermann § 47 Rn. 104; *H. Kerbusch*, BlGBW 1981, 121, 123; *M. Redeker*, in: Redeker/v. Oertzen § 47 Rn. 46; *K. Schenk*, DVBl 1976, 198, 204: Rechtspflicht der Behörde zur Aufhebung.
744   *T. Gerhard*, Rechtsfolgen, 2008, 98.
745   *T. Gerhard*, Rechtsfolgen, 2008, 79.

vollzugsakte abgeschlossenen Verwaltungsverfahrens verpflichten würde.[746] Die in § 47 Abs. 5 S. 3 i.V.m. § 183 S. 1 getroffene Entscheidung für die Aufrechterhaltung der Bestandskraft wäre sinnlos, wenn in jedem Falle ein Wiederaufgreifensgrund bestehen würde.[747] Darüber hinaus stellt die normverwerfende Entscheidung nur die ipso iure gegebene Unwirksamkeit deklaratorisch fest (→ Rn. 355), sodass keine *nachträgliche* Änderung der Rechtslage vorliegt (OVG Lüneburg NVwZ 1984, 595, 596; OVG Münster NVwZ 1990, 578, 579).

Da ein Normenkontrollantrag keinen Suspensiveffekt entfaltet (→ Rn. 297), tritt die Unzulässigkeit 382 der Vollstreckung eines unanfechtbaren Normvollzugsakts entsprechend §§ 47 Abs. 5 S. 3, 183 S. 2 nicht schon mit der Einleitung des Normenkontrollverfahrens, sondern erst mit der normverwerfenden Entscheidung des OVG ein (BVerwGE 56, 172, 179). Die in §§ 47 Abs. 5 S. 3, 183 S. 2 getroffene Entscheidung darf nicht dadurch unterlaufen werden, dass ein trotz Vorliegens eines unanfechtbaren Normvollzugsakts gestellter Normenkontrollantrag bereits generell als unzulässig angesehen wird (→ Rn. 137 ff., 195 ff.).

5. Kosten. Über die Kosten des Normenkontrollverfahrens entscheidet das OVG nach den allgemei- 383 nen Regeln der §§ 154 ff.[748] Dabei ist zu beachten, dass auch bei einer bloßen Teilnichtigerklärung der in vollem Umfange angegriffenen Norm der Antragsteller erfolgreich einen Fehler der Vorschrift gerügt hat und deshalb von der Kostenlast freigestellt sein muss.[749] Voraussetzung ist allerdings, dass das Grundstück des Antragstellers in dem für unwirksam zu erklärenden Teil des Bebauungsplans liegt. Denn die Privilegierung des Antragstellers bei der Kostenverteilung beruht auf dem Ansatz, dass von ihm Überlegungen zu einer eventuellen Teilnichtigkeit des Bebauungsplans nicht erwartet werden können und es ihm deshalb ohne Nachteile möglich sein muss, den gesamten Bebauungsplan anzugreifen (BVerwG NVwZ 2008, 902, 905). Ist dies nicht der Fall, so hat der Antragsteller zwar den überwiegenden Teil der Verfahrenskosten zu tragen; § 155 Abs. 1 S. 3 kommt jedoch nicht zur Anwendung (BVerwG NVwZ 2008, 902, 905). Gleiches gilt im Falle einer Unwirksamerklärung mit Heilungsmöglichkeit anstelle der begehrten Unwirksamerklärung ohne Heilungsmöglichkeit.[750] Wird die Kostenentscheidung übergangen, so ist auf Antrag eine Ergänzung der Normenkontrollentscheidung nach § 120 Abs. 1 vorzunehmen (VGH München BayVBl 1980, 116, 117).

X. Einstweilige Anordnung

Nach § 47 Abs. 6 kann das OVG auf Antrag eine einstweilige Anordnung erlassen, wenn dies zur Ab- 384 wehr schwerer Nachteile oder aus anderen wichtigen Gründen dringend geboten ist. Vorbild für die Fassung des § 47 Abs. 6 war § 32 BVerfGG.[751] Es darf allerdings nicht übersehen werden, dass sich die beiden Vorschriften in wichtigen Einzelheiten deutlich voneinander unterscheiden, sodass sich eine pauschale Übertragung der Rspr. des BVerfG zu § 32 BVerfGG auf die Anwendung des § 47 Abs. 6 verbietet.[752] § 47 Abs. 6 muss als abschließende Regelung verstanden werden, die ebenso wenig generell durch die Bestimmungen des § 123 ergänzt wird.[753] Lediglich dann, wenn die Interpretation des

---

746 VGH Kassel NJW 1980, 2723; *I. Kraft*, UPR 1988, 288, 295; *H. Kerbusch*, BlGBW 1981, 121, 123. A.M. *M. Redeker*, in: Redeker/v. Oertzen § 47 Rn. 46.

747 *I. Kraft*, UPR 1988, 288, 295; *H. Kerbusch*, BlGBW 1981, 121, 123. Für einen Anspruch auf fehlerfreie Ermessensausübung über das Wiederaufgreifen OVG Greifswald LKV 2003, 32, 33.

748 Vgl. Begründung des Regierungsentwurfs eines Gesetzes zur Änderung verwaltungsprozessualer Vorschriften, BT-Drs. 7/4324 Anl. 1 S. 12; BVerwG NVwZ-RR 1991, 53, 54; VGH Kassel HessVGRspr 1989, 25, 27; *O.-R. v. Engelhardt*, Rechtsschutz, 1971, 242 f. Für nur analoge Anwendung OVG Brem DÖV 1965, 209, 210. A.M. *K. Sojka*, MDR 1974, 448, 452: Kostenfreiheit.

749 BVerwGE 88, 268, 272; BVerwG NVwZ 1997, 896, 898; 2008, 899. Einschränkend VGH Mannheim 28.6.1996 – 8 S 1431/96.

750 OVG Saarlouis 30.11.1999 – 2 N 3/98; VGH Kassel NuR 2003, 299, 304; VGH Mannheim VBlBW 2002, 304, 306; *F. Grünebaum*, DVP 2004, 50, 56.

751 Begründung des Regierungsentwurfs eines Gesetzes zur Änderung verwaltungsprozessualer Vorschriften, BT-Drs. 7/4324 Anl. 1 S. 12.

752 *W. Besler*, Probleme, 1981, 244 ff.; *R. Zuck*, DÖV 1977, 848, 849. A.M. OVG Brem 3.11.2000 – 1 B 349/00; OVG Lüneburg DVBl 1979, 194, 195; VGH Mannheim NVwZ-RR 1992, 418; *M. Quaas/K. Müller*, Normenkontrolle, 1986, Rn. 248.

753 *W. Besler*, Probleme, 1981, 247 f.; *R. Zuck*, DÖV 1977, 848, 850. A.M. OVG Lüneburg NVwZ 1984, 185; OVG Münster BauR 1991, 47; VGH Kassel HessVGRspr 1991, 1, 2; VGH Mannheim VBlBW 1987, 185; *J. Kerkmann*, BauR 2011, 1921, 1927.

§ 47 Abs. 6 unter Heranziehung der Grundsätze des Normenkontrollverfahrens keine zureichende Problembewältigung eröffnet, kommen Analogien zu § 32 BVerfGG oder § 123 in Betracht.

385   **1. Zulässigkeit.** Für die Zulässigkeit des Erlasses einer einstweiligen Anordnung gilt, dass selbst dann, wenn das Normenkontrollverfahren in der Hauptsache bereits anhängig ist, das OVG nicht wie das BVerfG nach § 32 BVerfGG von Amts wegen,[754] sondern ausweislich des Wortlauts des § 47 Abs. 6 nur auf Antrag eine einstweilige Anordnung erlassen kann. Für die Form des Antrags gelten die §§ 81 und 82 entsprechend,[755] sein zulässiger Inhalt richtet sich nach den dem OVG zur Verfügung stehenden Entscheidungsvarianten (→ Rn. 403 ff.). Soweit der Antrag hierüber hinausgeht, ist er unzulässig (VGH Mannheim NVwZ-RR 2000, 529).

386   Die Zulässigkeit eines Antrags auf Erlass einer einstweiligen Anordnung setzt nicht voraus, dass das Normenkontrollverfahren in der Hauptsache bereits anhängig ist.[756] Zur Begründung ist auf die in § 123 Abs. 1 S. 1 VwGO, § 32 BVerfGG zum Ausdruck gekommenen allgemeinen Grundsätze des einstweiligen Rechtsschutzes hinzuweisen.[757] Auf Antrag des Antragsgegners kann das Gericht aber nach § 173 VwGO i.V.m. §§ 936, 926 ZPO eine Frist zur Einreichung des Normenkontrollantrags in der Hauptsache setzen.[758]

387   Erforderlich ist weiterhin, dass ein von demselben Antragsteller gestellter Normenkontrollantrag bei summarischer Prüfung zulässig wäre.[759] Auch der Antrag nach § 47 Abs. 6 kann sich daher nur gegen eine bereits erlassene Rechtsvorschrift i.S.v. § 47 Abs. 1 richten; eine vorbeugende Normenkontrolle oder der vorläufige Erlass bzw. die einstweilige Ergänzung einer Norm können im Wege der einstweiligen Anordnung nicht erreicht werden,[760] selbst wenn ansonsten eine „nicht wiedergutzumachende Rechtsschutzlücke" entstehen würde (a.M. OVG Schleswig NVwZ 1994, 916, 917). Steht allerdings der Norminhalt bereits unverrückbar fest, was aber in aller Regel die Verkündung der Vorschrift voraussetzt, so ist auch ein auf Aussetzung des Inkrafttretens gerichteter Antrag zulässig. Ab Satzungsbeschluss, also noch vor Inkrafttreten, ist vorläufiger Rechtsschutz nicht nach § 123, sondern allein nach § 47 Abs. 6 zu suchen.[761] Ebenso Voraussetzung ist das Bestehen der Antragsbefugnis nach § 47 Abs. 2 S. 1.[762]

388   Der Antragsgegner für einen Antrag nach § 47 Abs. 6 bestimmt sich nach § 47 Abs. 2 S. 2, kann also nur diejenige juristische Person des öffentlichen Rechts sein, die die angefochtene Rechtsvorschrift erlassen hat. Gegen eine Behörde, die auf der Grundlage der Norm einen Vollzugsakt gesetzt hat oder noch setzen kann, kann der Antrag nicht gerichtet werden.[763] Ein Bedürfnis für eine Abweichung von § 47 Abs. 2 S. 2 besteht wegen der Allgemeinbeachtlichkeit der einstweiligen Anordnung (→ Rn. 404)

---

754   Vgl. BVerfGE 1, 74, 75; 1, 281, 283; 42, 103, 119 f.
755   *H.-U. Erichsen/A. Scherzberg*, DVBl 1987, 168.
756   OVG Bln 6.5.2016 – 10 S 16.15, juris Rn. 39; OVG Münster BauR 1991, 47; OVG Weimar NVwZ-RR 2016, 872 Rn. 10; VGH Mannheim VBlBW 1987, 185; 2017, 165; VGH München BayVBl 1986, 497, 499; 1992, 245; *H.-U. Erichsen/A. Scherzberg*, DVBl 1987, 168, 171; *H.-J. Papier*, FS Menger, 1985, 517, 531. A.M. *W. Besler*, Probleme, 1981, 236 ff.; *R. Zuck*, DÖV 1977, 848, 850.
757   Zur Zulässigkeit einer Anordnung nach § 32 BVerfGG vor Anhängigkeit des Hauptsacheverfahrens vgl. nur BVerfGE 71, 350, 352.
758   *J. Grooterhorst*, DVBl 1989, 1176, 1180.
759   OVG Bln LKV 2016, 270, 271; OVG Münster OVGE 33, 84, 85; DVBl 1979, 193; BauR 1991, 47; VGH Kassel HessVGRspr 1979, 92; VGH München DVBl 1978, 113, 114; GewArch 1981, 351; BauR 1999, 1275; *M. Quaas/K. Müller*, Normenkontrolle, 1986, Rn. 256. Einschränkend *D. Hahn*, JuS 1983, 678, 683.
760   VGH Kassel BauR 1982, 135, 136 f.; GewArch 1992, 395, 396; VGH Mannheim VBlBW 1981, 114, 115; VGH München BayVBl 1978, 438, 439; 1999, 760; NVwZ-RR 2000, 469, 470; *N. Achterberg*, VerwArch 72 (1981), 163, 183; *H.-U. Erichsen/A. Scherzberg*, DVBl 1987, 168, 169; *H.-J. Papier*, FS Menger, 1985, 517, 529. → Rn. 65 ff.
761   *M. Uechtritz*, DVBl 1993, 181, 187 f. A.M. *P. Runkel*, LKV 1993, 78, 82: Bis Inkrafttreten § 123.
762   OVG Brem NVwZ-RR 1992, 154; HmbOVG BauR 1987, 657, 658; OVG Lüneburg DVBl 1979, 194, 195; BRS 39, 93, 94; OVG Münster OVGE 33, 78, 79; DVBl 1979, 193; OVGE 35, 191, 193; BauR 1981, 544, 546; 1991, 47; VGH Kassel HessVGRspr 1979, 92, 93; ESVGH 38, 162, 163; HessVGRspr 1991, 65, 67; NVwZ-RR 2000, 655; VGH Mannheim NJW 1977, 1212; VBlBW 1982, 131; *A. Braun*, Antragsbefugnis, 1982, 203; *A. Guckelberger*, FS Schenke, 759, 762.
763   VGH Kassel DÖV 1983, 773; HessVGRspr 1991, 1, 2; *N. Achterberg*, VerwArch 72 (1981), 163, 184; *W. Besler*, Probleme, 1981, 243; *A. Braun*, Antragsbefugnis, 1982, 224; *H. Dürr*, Antragsbefugnis, 1987, 139; *H.-U. Erichsen/ A. Scherzberg*, DVBl 1987, 168, 172; *J. Grooterhorst*, DVBl 1989, 1176, 1179; *F. O. Kopp*, FS Bay. VGH, 1979, 205, 214; *H.-J. Papier*, FS Menger, 1985, 517, 531; *M. Quaas/K. Müller*, Normenkontrolle, 1986, Rn. 254; *W.-R. Schenke*, DVBl 1979, 169, 171. A.M. VGH Mannheim NJW 1977, 1212; *F. Grave*, BauR 1981, 157, 163.

nicht. Mit dem Normvollzug befasste Behörden können in entsprechender Anwendung des § 47 Abs. 2 S. 3 angehört werden. Einer Übernahme der vom BVerfG zu § 32 BVerfGG entwickelten Grundsätze der „Sachverhaltsbeteiligung" (vgl. nur BVerfGE 8, 42) bedarf es nicht.[764]

2. Verfahren. Zuständig für das Verfahren nach § 47 Abs. 6 und den Erlass einer einstweiligen Anordnung ist nur das OVG. Das BVerwG ist auch im Verfahren der Revision gegen eine Normenkontrollentscheidung (→ Rn. 411 ff.) nicht zum Erlass einer einstweiligen Anordnung zuständig (a.M. BVerwG NVwZ 1998, 1065).   389

Ebenso wie im Hauptsacheverfahren gem. § 47 Abs. 5 S. 1 kann das OVG über den Erlass einer einstweiligen Anordnung nach seinem Ermessen mit oder ohne mündliche Verhandlung entscheiden.[765] Die Entscheidung nach § 47 Abs. 6 ergeht ausnahmslos in der Form eines Beschlusses (vgl. § 123 Abs. 4)[766] und zwar gem. § 9 Abs. 3 in der Besetzung von drei Richtern. Dies gilt zumindest in den Bundesländern, die in den entsprechenden Ausführungsgesetzen zur VwGO eine Entscheidung des VGH/OVG in der Besetzung von fünf Richtern über die *Gültigkeit* von Rechtsvorschriften vorsehen. Denn die Außervollzugsetzung im Verfahren nach § 47 Abs. 6 hat nicht einen Ausspruch über die Gültigkeit der Norm zum Gegenstand (VGH Mannheim 15.12.2008 – GRS 1/08. A.M. VGH Mannheim VBlBW 2002, 309). §§ 123 Abs. 2 S. 3, 80 Abs. 3, die in dringenden Fällen die Entscheidung durch den Vorsitzenden zulassen, sind nicht anwendbar.[767]   390

Da dem Antrag nach § 47 Abs. 6 kein Suspensiveffekt zukommt,[768] muss der Antragsteller gegen Normvollzugsakte ggf. gleichzeitig nach den §§ 80, 80 a, 123 vorgehen. Diese beiden Rechtsschutzmöglichkeiten schließen sich nicht aus, sondern stehen gleichberechtigt nebeneinander[769] (zur h.M. aber → Rn. 399).   391

Eine nach § 47 Abs. 6 erlassene einstweilige Anordnung kann analog § 80 Abs. 7 nach den Maßstäben des § 47 Abs. 6 abgeändert werden (BVerwG BauR 2015, 968, 969; OVG Greifswald 31.7.2007 – 3 M 15/07; VGH München, 9.5.2005 – 26 NE 04.2630).   391a

3. Begründetheit. Die Begründetheit eines Antrags auf Erlass einer einstweiligen Anordnung ist gegeben, wenn die Anordnung zur Abwehr schwerer Nachteile oder aus anderen wichtigen Gründen dringend geboten ist.   392

a) Schwerer Nachteil. Der abzuwehrende schwere Nachteil muss nicht speziell dem Antragsteller drohen. Entsprechend der Anlehnung an § 32 BVerfGG können die abzuwehrenden Nachteile auch solche sein, die anderen Personen als dem Antragsteller drohen.[770] Notwendig ist aber eine individualbezogene Prägung (OVG Münster NWVBl 1997, 215, 216; 21.1.2000 – 10 a B 1390/99.NE). Der bloße Normvollzug vermag keinen schweren Nachteil zu begründen (OVG Münster 25.1.2008 – 7 B 1743/07.NE).   393

b) „Andere wichtige Gründe". Für das Merkmal der „anderen wichtigen Gründe" verbleiben, wenn man den Begriff des „schweren Nachteils" individualbezogen auffasst, Beeinträchtigungen von Interessen der Allgemeinheit.[771] Sie müssen von einem dem schweren Nachteil vergleichbaren Gewicht sein.[772] Die bloße Schaffung irreversibler Tatsachen genügt zur Ausfüllung dieses Merkmals nicht,[773] sonst würde bereits der drohende Normvollzug allein immer schon die Begründetheit des Antrags auf Erlass einer einstweiligen Anordnung ergeben. Da allerdings der „schwere Nachteil" nach dem Wort-   394

---

764 *F. Schoch*, Rechtsschutz, 1988, 471 ff. A.M. OVG Koblenz NVwZ 1984, 43, 44; *M. Quaas/K. Müller*, Normenkontrolle, 1986, Rn. 254; *W.-R. Schenke*, DVBl 1979, 169, 172.

765 *M. Dombert*, in: Finkelnburg/Dombert/Külpmann Rn. 606 (⁷2017); *E. Rasch*, BauR 1977, 147, 151.

766 *M. Dombert*, in: Finkelnburg/Dombert/Külpmann Rn. 607.

767 *J. Grooterhorst*, DVBl 1989, 1176, 1182.

768 *W. Besler*, Probleme, 1981, 263 f.

769 HmbOVG 12.2.2010 – 2 Es 2/09.N; VGH München NVwZ-RR 2013, 392; *H. Jäde*, UPR 2009, 41, 42 m.w.N.; *J. Kerkmann*, BauR 2011, 1921, 1922.

770 A.M. OVG Saarlouis NJOZ 2013, 742, 747; OVG Schleswig NVwZ 2012, 771, 773; *H. Jäde*, UPR 2009, 41, 47.

771 OVG Münster OVGE 35, 191, 196; *H.-U. Erichsen/A. Scherzberg*, DVBl 1987, 168, 174 f.; *M. Dombert*, in: Finkelnburg/Dombert/Külpmann Rn. 603 f. A.M. OVG Lüneburg ZfBR 2012, 470; OVG Münster ZfBR 2007, 574; *U. Karpen*, NJW 1986, 881, 886.

772 OVG Greifswald LKV 1998, 408; OVG Lüneburg NVwZ 1999, 1241; NJW 2004, 1340, 1341; BauR 2016, 1726; OVG Münster NWVBl 1997, 215, 216; OVG Schleswig NuR 2002, 761, 762.

773 A.M. OVG Lüneburg BRS 48, 73, 75; OVG Münster NJW 1980, 1013, 1014; VGH Kassel HessVGRspr 1991, 65, 69; VGH München GewArch 1981, 350. Einschränkend OVG Münster VR 1984, 219, 220.

laut des § 47 Abs. 6 nur einen Unterfall der „anderen wichtigen Gründe" darstellt, die alle übrigen denkbaren Erlassgründe umfassen, ist eine begriffliche Differenzierung von „schwerem Nachteil" und „anderen wichtigen Gründen" zwar i.S.d. Normtextes, jedoch nicht zwingend geboten.[774]

395 c) **Folgenabwägung.** Vielmehr bestimmen zunächst die Erfolgsaussichten eines Normenkontrollantrags in der Hauptsache darüber, ob der Erlass einer einstweiligen Anordnung geboten ist:[775]

■ Sofern ein Normenkontrollantrag in der Hauptsache voraussichtlich unzulässig oder unbegründet sein wird, ist der Erlass einer einstweiligen Anordnung zur Abwehr schwerer Nachteile oder aus anderen wichtigen Gründen *nicht* dringend geboten.[776]

■ Ist hingegen von der Zulässigkeit und (voraussichtlichen) Begründetheit eines Normenkontrollantrags in der Hauptsache auszugehen, so ist damit noch nicht festgestellt, dass der Erlass einer einstweiligen Anordnung zur Abwehr schwerer Nachteile etc. dringend geboten ist.[777] Dies kann nur dann angenommen werden, wenn durch das Unterlassen der Außervollzugsetzung der Norm bis zur Entscheidung in der Hauptsache für den Antragsteller und/oder Dritte und/oder die Allgemeinheit irreversible Schäden drohen.[778] Die bloße Perpetuierung einer bereits bestehenden Beeinträchtigung genügt insoweit nicht.[779]

■ Ist der Ausgang eines Normenkontrollverfahrens in der Hauptsache offen, so ist eine Folgenabwägung vorzunehmen: Abzuwägen sind die Folgen, die ohne das Ergehen einer einstweiligen Anordnung eintreten würden, wenn der Normenkontrollantrag in der Hauptsache aber Erfolg hätte, gegen die Folgen, die sich aus dem Erlass der einstweiligen Anordnung ergeben würden, ohne dass die Normenkontrolle zu einer Nichtigerklärung führen würde.[780] Dabei müssen die Aspekte, die für den Erlass einer einstweiligen Anordnung sprechen, die dagegen sprechenden Gesichtspunkte deutlich überwiegen.[781] Die Abwägung hat umfassend alle betroffenen Interessen zu berücksichtigen.[782] Gegen den Erlass einer einstweiligen Anordnung sprechen bspw. die andernfalls eintretende empfindliche und nachhaltige Störung einer geordneten Verwaltungstätigkeit (OVG Lüneburg BRS 38, 129, 134) oder ein sonst entstehender längerer Zeitraum ohne demokratisch legitimierte Organe (VGH München BayVBl 1978, 276, 277).

396 d) **Dringendes Gebotensein.** Das dringende Gebotensein der einstweiligen Anordnung fließt ebenfalls in die Abwägung ein und bedarf keiner gesonderten Prüfung.[783] Wegen der über den Einzelfall des

---

774 A.M. *A. Braun*, Antragsbefugnis, 1982, 221.

775 Zum Folgenden BVerwG BauR 2015, 968, 969; BRS 83 Nr. 58; VGH Mannheim VBlBW 2017, 165.

776 OVG Bautzen SächsVBl 1994, 206, 207; NVwZ 2002, 615; OVG Brem NVwZ-RR 1992, 154, 155; OVG Greifswald LKV 1998, 408; OVG Lüneburg NVwZ 1999, 1241; NuR 2013, 354, 355; OVG Münster NJW 1980, 1013, 1014; BauR 1981, 544, 546; NVwZ 1997, 923, 924; NWVBl 1997, 470; OVG Weimar 17.8.2011 – 3 EN 1514/10; VGH Kassel HessVGRspr 1979, 92, 93; VGH Mannheim NJW 1977, 1212; VBlBW 1982, 131; VGH München BayVBl 1980, 209, 211; 1992, 726, 727; *J. Kerkmann*, BauR 2011, 1921, 1926 f.

777 VGH Kassel HessVGRspr 1991, 65, 68; NVwZ-RR 2000, 655, 656; VGH München BayVBl 1980, 209, 211; 1992, 726, 727; *W. Besler*, Probleme, 1981, 253; *H.-U. Erichsen/A. Scherzberg*, DVBl 1987, 168, 175; *H.-J. Papier*, FS Menger, 1985, 517, 532. A.M. OVG Bautzen NVwZ-RR 2011, 105, 106; OVG Bln NVwZ-RR 2010, 965, 966; OVG Brem NVwZ-RR 2005, 814, 815; OVG Frankfurt/O. NVwZ-RR 2005, 386, 387; OVG Lüneburg BRS 38, 129, 131; 39, 93, 95; BauR 2001, 1385, 1386; 2002, 447, 448; NJW 2004, 1340, 1341; OVG Münster OVGE 33, 84, 88; DVBl 1979, 193, 194; BauR 1979, 208, 209; OVGE 35, 191, 194; BauR 1981, 544, 546; NVwZ 1997, 923, 924; NWVBl 1997, 470; OVG Weimar NVwZ-RR 2001, 234; VGH Kassel LKRZ 2012, 156; VGH Mannheim NJW 1997, 1212; VBlBW 1982, 131; NVwZ-RR 1992, 418; GewArch 1999, 172, 173; *W.-R. Schenke*, DVBl 1979, 169, 173; *H. Jäde*, UPR 2009, 41, 46.

778 OVG Bautzen SächsVBl 1997, 29; HmbOVG 12.2.2010 – 2 Es 2/09.N; OVG Magdeburg ZNER 2002, 247; VGH München BauR 2002, 1278, 1279; VGH Kassel NVwZ-RR 2000, 655, 656, der zusätzlich fordert, dass die vollendeten Tatsachen gerade durch den Vollzug nichtiger Festsetzungen des Bebauungsplans geschaffen werden.

779 A.M. *W. Besler*, Probleme, 1981, 253.

780 OVG Bln OVGE Bln 19, 113, 114; NVwZ-RR 2008, 231; OVG Brem NVwZ-RR 1992, 154, 155; OVG Frankfurt/O. NVwZ 2001, 223, 224; NVwZ-RR 2005, 386, 387; OVG Lüneburg DVBl 1979, 194, 195; BRS 38, 129, 132; 39, 93, 95; OVG Münster OVGE 33, 84, 88; DVBl 1979, 193, 194; BauR 1979, 208, 209; NJW 1980, 1013, 1014; BauR 1991, 47; NWVBl 1993, 29; 1994, 224; 1994, 171, 172; NVwZ 1997, 923, 924; OVG Saarlouis BRS 42, 94, 95; VGH Kassel HessVGRspr 1991, 65, 68; VGH Mannheim NJW 1977, 1212; VBlBW 1982, 131; NVwZ-RR 1992, 418; 1998, 421; 2000, 529, 530; VBlBW 2001, 223, 224; 2002, 309, 311; VGH München DVBl 1978, 113, 114; BayVBl 1978, 276, 277; 1980, 209, 211; GewArch 1981, 350; BayVBl 1986, 48, 49.

781 BVerwG BauR 2015, 968, 969; BRS 83 Nr. 58.

782 OVG Münster OVGE 35, 191, 195 f.; BauR 1981, 544, 547; VGH München BayVBl 1992, 726, 727.

783 *W. Besler*, Probleme, 1981, 255.

Antragstellers hinausreichenden Wirkungen einer einstweiligen Anordnung nach § 47 Abs. 6 ist jedoch darauf zu achten, dass die Anordnung wirklich „*dringend* geboten" ist, also eine Ausnahmeregelung darstellt. Maßgebend ist, ob Rechte oder rechtlich geschützte Interessen in ganz besonderem Maße beeinträchtigt oder dem Betroffenen außergewöhnliche Opfer abverlangt werden.[784] Begründet ist der Antrag, wenn ein Erfolg des Normenkontrollantrags absehbar ist und bei einem Vollzug der angegriffenen Norm vollendete Tatsachen geschaffen werden, die nicht oder nur unter ganz erheblichen Schwierigkeiten wieder rückgängig zu machen wären.[785] Bei der Prüfung der Erlassvoraussetzungen in der Interessenabwägung ist daher ein strengerer Maßstab anzulegen als im Anordnungsverfahren nach § 123.[786] Die für den Erlass der einstweiligen Anordnung sprechenden Interessen müssen also die gegenläufigen Interessen *deutlich* überwiegen,[787] nämlich so schwer wiegen, dass sie den Erlass einer einstweiligen Anordnung als unabweisbar erscheinen lassen.[788] Denn für die Durchsetzbarkeit der Norm streiten die demokratische Legitimation der Mitglieder der Organe, die den Normerlass beschlossen haben, sowie im Fall von Bebauungsplänen die von Art. 28 Abs. 2 GG geschützte Planungshoheit der Gemeinden (OVG Saarlouis BauR 2017, 689, 690).

Nicht dringend geboten ist eine einstweilige Anordnung, wenn Maßnahmen zum Vollzug der angegriffenen Norm bis zur Normenkontrollentscheidung in der Hauptsache mit hinreichender Sicherheit nicht zu erwarten sind[789] oder der vom Antragsteller geltend gemachte schwere Nachteil durch den Erlass der einstweiligen Anordnung nicht abgewendet werden kann (OVG Münster NVwZ 1988, 74). Denn bereits aus dem Wortlaut des § 47 Abs. 6 ergibt sich, dass der Erlass der einstweiligen Anordnung zur *Abwehr* des schweren Nachteils dringend geboten sein muss. Insoweit gilt etwas anderes als im Normenkontrollverfahren zur Hauptsache, in welchem es für die Nichtigerklärung nach § 47 Abs. 5 S. 2 nicht darauf ankommt, ob damit die Rechtsbeeinträchtigung i.S.v. § 47 Abs. 2 S. 1 beseitigt wird (→ Rn. 354). Eine einstweilige Anordnung kann daher nicht ergehen, wenn sie nur Beeinträchtigungen abwehren kann, die keinen berücksichtigungsfähigen schweren Nachteil konstituieren (vgl. OVG Münster BauR 1991, 47). Der Umstand, dass die Festsetzungen eines Bebauungsplans bereits durch noch nicht bestandskräftige Baugenehmigungen ausgenutzt worden sind, steht dem Erlass einer einstweiligen Anordnung nicht entgegen (a.M. OVG Lüneburg NVwZ-RR 2005, 691, 692). Denn in diesem Fall kann nach § 47 Abs. 6 eine Aussetzung der Vollstreckung von Normvollzugsakten erfolgen (→ Rn. 405), sodass die Rechtsstellung des Antragstellers durch den Erlass der einstweiligen Anordnung verbessert würde. Anderes gilt aber, wenn die genehmigten Bauten bereits errichtet worden sind. Nicht dringend geboten ist der Erlass einer einstweiligen Anordnung auch dann, wenn die Gemeinde den nicht Belange des Antragstellers betreffenden Mangel des Bebauungsplans in einem ergänzenden Verfahren nachbessern kann und damit zu rechnen ist, dass eine solche Mangelbehebung erfolgen wird (OVG Lüneburg ZfBR 2012, 470, 473. A.M. noch OVG Lüneburg 15.4.2008 – 1 MN 58/08).

Da der Begriff des schweren Nachteils nach § 47 Abs. 6 individualbezogen ist und die einstweilige Anordnung gerade der Abwehr dieses Nachteils dienen muss, ist ihr Erlass anders als nach § 32 Abs. 1 BVerfGG nicht nur dann dringend geboten, wenn Nachteile für die Allgemeinheit verhütet werden können.[790] Die Abwendung eines gerade dem Antragsteller drohenden schweren Nachteils ist hinreichende, aber auch notwendige Bedingung. Auf die Beeinträchtigung allein öffentlicher Interessen kann der Erlass einer einstweiligen Anordnung daher nicht gestützt werden (OVG Saarlouis KommJur 2016, 194, 198; VGH Mannheim NVwZ-RR 1998, 421).

397

398

---

784 OVG Bln NVwZ-RR 2010, 965, 966; HmbOVG 12.2.2010 – 2 Es 2/09.N.
785 HmbOVG 12.2.2010 – 2 Es 2/09.N.; VGH München NVwZ-RR 2013, 392.
786 BVerwG NVwZ 1998, 1065; OVG Bautzen NVwZ-RR 2011, 105, 106; OVG Brem NVwZ-RR 1992, 154; HmbOVG 12.2.2010 – 2 Es 2/09.N; OVG Lüneburg NVwZ-RR 2014, 25, 26; OVG Münster NWVBl 1997, 215; NVwZ-RR 2006, 94; ZfBR 2008, 280, 281; OVG Saarlouis DÖV 1992, 1019; NJOZ 2013, 742, 744; KommJur 2016, 194, 195; VGH Kassel NVwZ-RR 2000, 655, 656; NVwZ 2000, 1438; VGH München NVwZ-RR 2010, 44.
787 VGH Mannheim GewArch 1994, 207; VGH München BayVBl 1980, 209, 212; *R. Zuck*, DÖV 1977, 848, 850.
788 OVG Bln NVwZ-RR 2010, 965, 966; OVG Lüneburg NuR 2013, 354, 355; NVwZ-RR 2014, 25, 26; VGH Mannheim BauR 2016, 2073, 2076; VGH München NVwZ 2010, 268, 269.
789 VGH München 27.4.2006 – 26 NE 06.888; vgl. OVG Münster BauR 1981, 544, 545 f.; *M. Quaas/K. Müller*, Normenkontrolle, 1986, Rn. 258 und *B. Stüer*, DVBl 1985, 469, 480, die das Problem allerdings unzutr. als Frage des Rechtsschutzbedürfnisses behandeln.
790 *Meyer-Ladewig*, BBauBl 1977, 215, 218. A.M. VGH München BayVBl 1986, 48, 49.

399   Die h.M. geht davon aus, dass der Erlass einer einstweiligen Anordnung dann nicht dringend geboten ist, wenn für den Antragsteller die Möglichkeit der Rechtsschutzerlangung durch Anfechtung eines Normvollzugsakts oder nach den §§ 80, 80 a 123 besteht.[791] Der zur Begründung gegebene Hinweis, dass § 47 Abs. 6 für die Gewährung einstweiligen Rechtsschutzes höhere Anforderungen als die §§ 80, 80 a, 123 stelle (OVG Münster OVGE 33, 229, 230),[792] überzeugt nicht. Erkennt man, dass das Problem zutr. i.R. des Rechtsschutzbedürfnisses zu behandeln ist, so stehen zur einfacheren Erreichung des auch § 47 Abs. 6 zugrunde liegenden Bündelungszwecks der Normenkontrolle keine anderen Verfahren des einstweiligen Rechtsschutzes zur Verfügung.[793] Für das Verhältnis von § 47 Abs. 6 zu den Verfahren des vorläufigen Individualrechtsschutzes gilt nichts anderes als für das Verhältnis des Normenkontrollverfahrens zu den Einzelklagen allgemein.[794] Dem versucht die h.M. zumindest teilweise Rechnung zu tragen, wenn die Verweisung auf den vorläufigen Rechtsschutz nach den §§ 80, 80 a, 123 den Antragsteller zu einer Vielzahl von Rechtsschutzverfahren zwingen würde[795] oder dem Antragsteller in den Verfahren nach §§ 80, 80 a, 123 die Antragsberechtigung fehlen würde.[796] In diesen Fällen soll dem Erlass einer einstweiligen Anordnung nach § 47 Abs. 6 nichts entgegenstehen.[797]

400   **e) Einzelfälle.** Einzelfälle, in denen der Antrag auf Erlass einer einstweiligen Anordnung als begründet angesehen wurde, sind für den Antragsteller unzumutbare Beeinträchtigungen,[798] bspw. von Lärmimmissionen von mehr als durchschnittlich 70 dB(A) in einem Wohngebiet (HmbOVG BauR 1987, 657, 660; s.a. VGH München NVwZ-RR 2003, 176), oder außergewöhnliche Opfer.[799] Begründet ist der Antrag auch, wenn aufgrund des angegriffenen Bebauungsplans vollendete Tatsachen geschaffen werden, die für den Antragsteller von einigem Gewicht sind,[800] z.B. lärmemittierende Vorhaben in der Nähe des Grundstücks des Antragstellers verwirklicht (OVG Münster NWVBl 2004, 148, 151; NVwZ-RR 2006, 94, 96) oder größere Verkehrsströme vor dem Grundstück des Antragstellers entlang geführt werden (OVG Münster 26.3.1999 – 10 a B 1669/98.NE) bzw. eine große Zahl genehmigungsfreier Bauvorhaben errichtet zu werden droht und sich hierdurch der Charakter des Plangebiets zulasten des Antragstellers vollständig verändern würde (OVG Münster NVwZ 1997, 923, 924) oder ein stark emittierender Betrieb in seiner Fortführung durch die Gefahr einer tatsächlichen Verwirklichung einer heranrückenden Wohnbebauung gefährdet wird (OVG Münster BauR 2004, 290; 2006, 1428, 1429). Gleiches gilt, wenn durch die Verwirklichung der Festsetzungen des

---

791   OVG Lüneburg NVwZ 2000, 1440, 1441; OVG Bautzen NVwZ 2002, 615, 616; OVG Münster OVGE 33, 84, 88 f.; 33, 229, 230; BauR 1979, 208, 210; OVG Saarlouis BRS 38, 127; VGH Kassel NVwZ-RR 2000, 655, 656; VGH Mannheim NJW 1981, 1799; VBlBW 1982, 131; DÖV 1997, 556, 557; DÖV 1997, 1056; VGH München BayVBl 1996, 731; NJW 1997, 1385; UPR 1998, 467, 468; NVwZ-RR 2010, 44; *H. Dürr*, Antragsbefugnis, 1987, 130 f.; *J. Schmidt*, in: Eyermann § 47 Rn. 107; *Hufen* § 34 Rn. 8; *H.-J. Papier*, FS Menger, 1985, 517, 531. Vgl. aber VGH Kassel HessVGRspr 1991, 65, 70.

792   *H. Dürr*, Antragsbefugnis, 1987, 130 f.

793   *H.-U. Erichsen/A. Scherzberg*, DVBl 1987, 168, 172 f. I.E. ebenso OVG Lüneburg BauR 2002, 447; BRS 65, 187, 199 f., OVG Münster BauR 2006, 1696; OVG Schleswig ZKF 2000, 206, 207; VGH Kassel DVBl 1989, 887; VGH München BauR 1999, 1275, 1276; NVwZ-RR 2006, 761; *N. Achterberg*, VerwArch 72 (1981), 163, 183 f.; *W. Besler*, Probleme, 1981, 256. Zum Rechtsschutzbedürfnis im Normenkontrollverfahren Rn. 128 ff.; zum Bündelungszweck Rn. 25.

794   HmbOVG 12.2.2010 – 2 Es 2/09.N; OVG Lüneburg BauR 2002, 447, 448; NVwZ-RR 2016, 10; OVG Magdeburg 22.11.2016 – 2 R 86/16, juris Rn. 26; OVG Münster BauR 2006, 1696; 10.4.2015 – 2 B 177/15.NE, juris Rn. 22; VGH München BauR 1999, 1275, 1276; NVwZ-RR 2013, 392; *F. Schoch*, Rechtsschutz, 1988, 478. → Rn. 26 ff.

795   OVG Bautzen SächsVBl 1997, 29; OVG Lüneburg BRS 39, 93, 94; OVG Münster OVGE 35, 191, 193; NWVBl 1993, 29; OVG Saarlouis BRS 38, 127, 128; VGH Mannheim 4.1.1996 – 2 S 2890/95; *M. Quaas/K. Müller*, Normenkontrolle, 1986, Rn. 251. Vgl. für Zulässigkeit eines Antrags nach § 47 Abs. 6 bei einer Vielzahl den Antragsteller beeinträchtigender genehmigungsfreier Vorhaben auf der Grundlage des angegriffenen Bebauungsplans OVG Münster NVwZ 1997, 923, 924; für Unzulässigkeit bei nur einem drohenden genehmigungsfreien Vorhaben VGH Mannheim DÖV 1997, 1056. Anders wiederum VGH München BauR 2002, 1378, 1379: Zulässigkeit des Antrags nach § 47 Abs. 6 gerade wegen der Begrenzung des Kreises der Normbegünstigten.

796   OVG Münster DÖV 1980, 655-LS; OVG Saarlouis BRS 38, 127, 128; 42, 94, 95; *M. Quaas/K. Müller*, Normenkontrolle, 1986, Rn. 251. A.M. VGH Mannheim NJW 1977, 1212, 1213.

797   A.M. VGH Mannheim DÖV 1997, 556, 557: Keine einstweilige Anordnung bei Fehlen der nach § 80 Abs. 5 erforderlichen Antragsbefugnis.

798   HmbOVG BauR 1987, 657, 660; OVG Münster NWVBl 2006, 225, 226; VGH München DVBl 1978, 113, 114.

799   OVG Lüneburg BRS 48, 83, 84; NJW 2004, 1340, 1341; OVG Münster OVGE 33, 286, 287; VGH Kassel HessVGRspr 1991, 65, 68; NVwZ-RR 2000, 655, 656.

800   OVG Münster NWVBl 1997, 215, 216; 2004, 158, 151. A.M. OVG Lüneburg 21.2.2002 – 1 MN 4128/01: Hinzutreten muss hohe Erfolgswahrscheinlichkeit des Normenkontrollantrags.

Bebauungsplans Gefahren für Leib und Leben ausgelöst werden können (OVG Münster BauR 2003, 1182), wenn eine Satzung über eine Veränderungssperre aufgrund offensichtlich formeller Fehler unwirksam (OVG Bln NVwZ-RR 2010, 965, 967) oder ein Bebauungsplan wegen einer gerügten, fehlerhaften öffentlichen Bekanntmachung fehlerhaft ist (OVG Lüneburg ZfBR 2012, 470, 471). Die Außervollzugsetzung eines Bebauungsplans ist auch dann geboten, wenn sich auf Grund von Planungsmängeln das Ausmaß der offenkundigen Belastung Betroffener nicht feststellen lässt, aber voraussichtlich erhebliche Änderungen des Plankonzepts, ggf. bis hin zur Verlegung des Plangebiets, nötig werden (OVG Münster NVwZ-RR 2009, 799, 800). Die bloße Verletzung von subjektiven Rechten des Antragstellers reicht jedenfalls nicht aus (VGH Kassel HessVGRspr 1991, 65, 68. A.M. VGH Mannheim NJW 1977, 1212, 1213), erst recht nicht der zeitweise Verzicht auf die Ausübung eines Rechts (VGH München DVBl 1978, 113, 114).

Als unbegründet angesehen worden sind bspw. Anträge nach § 47 Abs. 6, die auf die Festsetzung von 401 Geh-, Fahr- und Leitungsrechten durch Bebauungsplan (OVG Münster NWVBl 1997, 215, 217), die Beschränkung einer bestehenden Aussichtslage durch die Verwirklichung des Bebauungsplans (OVG Schleswig NuR 2002, 761, 762), eine Verschattung des Grundstücks des Antragstellers an wenigen Stunden des Nachmittags (OVG Münster 21.1.2000 – 10 a B 1390/99.NE), einen voraussichtlichen Wertverlust des Grundstücks des Antragstellers (OVG Greifswald LKV 1998, 408), wenn sich ein betroffener Grundstücksnachbar gegen die Ausführung eines zunächst genehmigungsfreien Vorhabens zur Wehr setzt (VGH München NVwZ-RR 2010, 44), eine nicht wesentliche oder nur vorübergehende Erhöhung von Verkehrsimmissionen (OVG Schleswig NuR 2002, 761, 762; VGH Kassel NVwZ-RR 2000, 655, 656), die Auferlegung von Pflichten für Hundehalter (OVG Frankfurt/O. NVwZ 2001, 223, 226; VGH Mannheim VBlBW 2001, 223, 224 f.), den Ausschluss der beabsichtigten Nutzung durch den angegriffenen Bebauungsplan (OVG Lüneburg BauR 2001, 1385, 1386), eine Aufhebung der Verordnung über ein Überschwemmungsgebiet (OVG Lüneburg 11.3.2010 – 13 MN 115/09), die Freigabe von vier bis fünf Stunden zusätzlicher Ladenöffnungszeiten am Wochenende hinsichtlich der den Beschäftigten im Einzelhandel dadurch voraussichtlich entstehenden Zusatzbelastungen,[801] die Eröffnung der Möglichkeit für geringer qualifizierte Konkurrenten des Antragstellers, mit seiner Qualifikation verwechslungsfähige Bezeichnungen zu führen (VGH Mannheim VBlBW 2002, 309, 311), die Verkürzung einer Ausschlussfrist für die Einreichung von Anträgen auf Zulassung zum Studium (VGH Kassel LKRZ 2012, 156, 158), die Beschränkung der Möglichkeit zum Rundfunk- und Fernsehempfang und zur Nutzung eines Mobiltelefons, (OVG Münster BRS 60, 231, 233 ff.), eine Gewinnspielsatzung zum Schutz der Teilnehmer von Gewinnspielen, sofern nicht deren Anwendung bis zur Hauptsacheentscheidung mit hoher Wahrscheinlichkeit besonders gravierende und irreversible Folgen für den Sendebetrieb der betroffenen Unternehmen zur Folge hätte (VGH München NVwZ 2010, 268, 269), die Erhebung von Steuern bezüglich Übernachtungen in Beherbergungsbetrieben (OVG Schleswig NVwZ 2012, 771; OVG Weimar 17.8.2011 – 3 EN 1514/10) oder die Pflicht zur Zahlung von Abgaben bis zur Entscheidung über den Normenkontrollantrag in der Hauptsache (OVG Schleswig ZKF 2000, 206, 208) gestützt wurden.

4. Erlass der Anordnung. Ob der Erlass der Anordnung geboten ist, ergibt sich aus der Interessenab- 402 wägung. Kommt das OVG nach Abwägung der Interessen zu dem Ergebnis, dass die überwiegenden Gesichtspunkte den Erlass der einstweiligen Anordnung dringend gebieten, so muss es die Anordnung erlassen. Da die Interessenabwägung umfassend zu sein hat, sind weitere Ermessenserwägungen hinsichtlich des „Ob" der Anordnung nicht mehr möglich.[802]

a) Inhalt. Als Inhalt der einstweiligen Anordnung kommt nur eine vorläufige Aussetzung des Voll- 403 zugs der angefochtenen Rechtsvorschrift bis zur Entscheidung in der Hauptsache in Betracht,[803] da eine vorläufige Unwirksamerklärung der Vorschrift nicht möglich ist.[804] Ebenso wie in der Hauptsa-

801 OVG Lüneburg NVwZ-RR 2005, 172, 173; VGH Kassel NVwZ-RR 2002, 28, 29; VGH Mannheim GewArch 1999, 172, 173.
802 H.-U. Erichsen/A. Scherzberg, DVBl 1987, 168, 176; Clemens Krämer, Vorläufiger Rechtsschutz in VwGO-Verfahren, 1998, § 47 Rn. 61; W.-R. Schenke, DVBl 1979, 169, 172.
803 OVG Koblenz NVwZ 1984, 43; VGH Mannheim VBlBW 1981, 114, 115; NVwZ-RR 2000, 529; H.-J. Papier, FS Menger, 1985, 517, 532.
804 H.-U. Erichsen/A. Scherzberg, DVBl 1987, 168, 176; E. Rasch, BauR 1977, 147, 151. Vgl. aber H.-J. Krieger, NuR 1983, 257, 260.

che (→ Rn. 68, 70) kann eine Verpflichtung auf Änderung oder Schaffung einer Norm nicht begehrt werden (OVG Lüneburg NuR 2013, 354, 355). Bis zur abschließenden Normenkontrollentscheidung dürfen aus der Norm keine Folgerungen gezogen, darf sie nicht angewendet werden; sie ist zu behandeln als existiere sie derzeit nicht (VGH München BayVBl 1984, 370). Eine Tenorierung, den Normgeber zu einer Änderung der Vorschrift zu verpflichten, ist nicht möglich (VGH Mannheim NVwZ-RR 2000, 529). Da die einstweilige Anordnung lediglich die Funktion hat, die Offenheit der Entscheidungssituation bis zum Erlass einer Entscheidung nach § 47 Abs. 5 zu sichern, darf sie i.d.R. nicht über das hinausgehen, was in der Hauptsache begehrt wird (VGH Mannheim NVwZ-RR 2000, 529, 530). Eine Ausnahme wird aber zu gelten haben, wenn anders der Sicherungsfunktion der einstweiligen Anordnung nicht genügt werden kann.

403a   Ein sog. Schiebe- oder Hängebeschluss ist als eine vorläufige Entscheidung zur Überbrückung des Zeitraums zwischen Eilantrag und endgültiger Entscheidung über den Eilantrag anerkannt, wenn der Eilantrag nicht offensichtlich aussichtslos ist und wenn wegen unmittelbar drohenden Eintritts von Nachteilen auf andere Weise dem Antragsteller effektiver Rechtsschutz nach Art. 19 Abs. 4 GG nicht gewährt werden kann (→ § 123 Rn. 120). Das OVG Lüneburg verlangt i.R. des § 47 Abs. 6 daher, dass bei Fortführung begonnener Umsetzungsmaßnahmen Rechte oder Interessen des Antragstellers irreversibel berührt zu werden drohen, dieser alles unternommen haben muss, um dem Gericht die Chance zu rechtzeitiger Entscheidung zu erhalten, und nach derzeitigem Erkenntnisstand eine hohe Wahrscheinlichkeit für einen Erfolg des Eilantrags sprechen muss (OVG Lüneburg NJOZ 2009, 1230, 1232 f.).

404   Die Wirkungen der einstweiligen Anordnung sind normbezogen, mithin nicht auf das Verhältnis zwischen Antragsteller und Antragsgegner beschränkt. Die vorläufige Außervollzugsetzung einer Norm ist allgemeinbeachtlich.[805] Es steht auch nicht im Ermessen des OVG, eine Aussetzung nur individuell in Bezug auf den Antragsteller vorzunehmen.[806] Eine derartige Individualaussetzung in einem prinzipalen Normenkontrollverfahren wäre systemfremd.[807]

405   Möglich sind hingegen Anordnungen, die den Normvollzug nur in einer bestimmten Weise zulassen oder die *Vollstreckung von Normvollzugsakten* aussetzen,[808] allerdings auch hier nur allgemein und nicht im Einzelfall. Das Verbot der Vollstreckung von Normvollzugsakten nach § 47 Abs. 5 S. 3 i.V.m. § 183 S. 2 wird ipso iure nur durch die Hauptsachenentscheidung, nicht eine einstweilige Anordnung ausgelöst (zum Vollstreckungsverbot → Rn. 380).[809] Wegen der in §§ 47 Abs. 5 S. 3, 183 S. 2 vorgeschriebenen Wirkung der Hauptsachenentscheidung kann der Zulässigkeit eines vorläufigen Verbots der Vollstreckung von Normvollzugsakten nicht entgegengehalten werden, ein entsprechender Ausspruch könne im Hauptsacheverfahren nicht erfolgen:[810] Das Vollstreckungsverbot ist gesetzlicher Bestandteil der Normenkontrollentscheidung. Zu beachten ist aber, dass durch den Erlass einer einstweiligen Anordnung nach § 47 Abs. 6 entsprechend §§ 47 Abs. 5 S. 3, 183 S. 1 der *Bestand bereits ergangener Normvollzugsakte* nicht berührt wird.[811] Gegen sie ist einstweiliger Rechtsschutz nach den

---

805   VGH Kassel HessVGRspr 1991,1, 2; *N. Achterberg*, VerwArch 72 (1981), 163, 184; *W. Besler*, Probleme, 1981, 258 ff.

806   OVG Lüneburg BRS 38, 129, 133; OVG Schleswig ZKF 2000, 206, 207; VGH Mannheim VBlBW 1981, 114, 115; *A. Braun*, Antragsbefugnis, 1982, 224; *H.-J. Papier*, FS Menger, 1985, 517, 532; *E. Rasch*, BauR 1977, 147, 151; *F. Schoch*, Rechtsschutz, 1988, 499 ff. A.M. *H. Dürr*, Antragsbefugnis, 1987, 137 ff.; *H.-U. Erichsen/A. Scherzberg*, DVBl 1987, 168, 177 f.; *F. Grave*, BauR 1981, 157, 162 f.; *U. Karpen*, NJW 1986, 881, 888; *Clemens Krämer*, Vorläufiger Rechtsschutz in VwGO-Verfahren, 1998, § 47 Rn. 67; *C. Pestalozza*, NJW 1978, 1782, 1787; *M. Quaas/K. Müller*, Normenkontrolle, 1986, Rn. 263; *W.-R. Schenke*, Rechtsschutz, 1979, 349 ff.; *R. Zuck*, DÖV 1977, 848, 852.

807   *Schmitt Glaeser/Horn* Rn. 453; vgl. schon OVG Lüneburg OVGE 17, 343, 344 f.

808   OVG Schleswig 8.8.2001 – 1 M 27/01; *H.-U. Erichsen/A. Scherzberg*, DVBl 1987, 168, 177. A.M. OVG Lüneburg NJOZ 2009, 1230, 1231; OVG Münster OVGE 33, 76, 77 f.; BauR 2001, 1399, 1401; VGH Kassel HessVGRspr 1991, 1, 2; VGH München BayVBl 1983, 698, 699; 1992, 245; *M. Dombert*, in: Finkelnburg/Dombert/Külpmann Rn. 612; *Clemens Krämer*, Vorläufiger Rechtsschutz in VwGO-Verfahren, 1998, § 47 Rn. 66; *H.-J. Papier*, FS Menger, 1985, 517, 532.

809   A.M. *D. Hahn*, JuS 1983, 678, 684.

810   So aber OVG Münster OVGE 33, 76, 77 f.; VGH Kassel HessVGRspr 1991, 1, 2; *E. Rasch*, BauR 1977, 147, 152; *W.-R. Schenke*, DVBl 1979, 169, 175.

811   OVG Koblenz NVwZ 1984, 43; OVG Münster OVGE 33, 76, 77; NVwZ 1988, 74; NWVBl 1993, 29; 1994, 299; NVwZ 1997, 1066; VGH München BayVBl 1983, 698, 699; 1992, 245; *H. Dürr*, Antragsbefugnis, 1987, 131; *U. Karpen*, NJW 1986, 881, 888.

§§ 80, 80 a, 123 zu suchen (OVG Lüneburg NJOZ 2009, 1230, 1231; OVG Münster 10.4.2015 – 2 B 177.15.NE, juris Rn. 18). Dies gilt sowohl für eine erteilte Baugenehmigung als auch einen planungs-rechtlichen Bauvorbescheid (OVG Münster NVwZ 1997, 1066).

Entsprechend der Normenkontrollentscheidung in der Hauptsache kann die Außervollzugsetzung auf einen abtrennbaren Teil der Rechtsvorschrift beschränkt werden.[812] Zur Gewährleistung der Rechtssi-cherheit kann das OVG anordnen, dass die vorläufige Außervollzugsetzung der Norm entsprechend § 47 Abs. 5 S. 2 Hs. 2 vom Antragsgegner bekanntzumachen ist.[813] **406**

b) Vorwegnahme der Hauptsache. Eine Vorwegnahme der Hauptsache darf durch den Erlass einer einstweiligen Anordnung nach § 47 Abs. 6 ebenso wenig erfolgen wie durch die Gewährung einstwei-liger Rechtsschutzes nach den §§ 80, 80 a, 123.[814] Allerdings ist die im Bereich des § 123 gebräuchli-che Formel, dem Antragsteller dürfe durch die einstweilige Anordnung nicht schon in vollem Umfange dasjenige gewährt werden, was er im Verfahren zur Hauptsache erstreiten könne (→ § 123 Rn. 102), für § 47 Abs. 6 wenig brauchbar.[815] Zum einen ist das Normenkontrollverfahren nach § 47 ein objek-tives Beanstandungsverfahren, in welchem dem Antragsteller nichts gewährt wird, sondern unterlan-desgesetzliche Normen am Maßstab höherrangigen Rechts auf ihre Gültigkeit geprüft werden (→ Rn. 37 f.). Zum anderen kann nach § 47 Abs. 6 nur die Außervollzugsetzung, nicht aber wie in der Hauptsache die Unwirksamerklärung der angegriffenen Rechtsvorschrift erreicht werden. Eine Vor-wegnahme der Hauptsache wäre daher nur denkbar, wenn bereits durch die bloße Außervollzugset-zung der Regelungsgehalt der Norm erschöpft würde. Als Bsp. zu nennen wären nur befristet geltende Vorschriften. **407**

Der gegen die hier vertretene Auffassung erhobene Vorwurf der unzulässigen isolierten Betrachtungs-weise[816] geht fehl. Die subjektive Zielsetzung des Antragstellers vermag die zur Frage der Vorwegnah-me der Hauptsache zu vergleichenden Entscheidungswirkungen nicht zu erweitern. Erstrebt der An-tragsteller etwa die Beseitigung einer Norm, weil er in diesem Falle einen Anspruch auf Erteilung einer Genehmigung hat, so würde ihm zwar bereits die Außervollzugsetzung der angegriffenen Rechtsvor-schrift die gewünschte Position verschaffen.[817] Dies ändert jedoch nichts daran, dass damit die Nor-menkontrollentscheidung in der Hauptsache nicht vorweggenommen wird. Allerdings ist das OVG verpflichtet, die durch den Erlass einer einstweiligen Anordnung mögliche Schaffung irreversibler Zu-stände, die der nicht als ungültig feststehenden Norm zuwiderlaufen, in seiner Abwägung zu berück-sichtigen. **408**

c) Folgen. Zu den Folgen, die sich aus dem Beschluss des OVG über den Erlass einer einstweiligen Anordnung ergeben, ist zu bemerken, dass ein Rechtsmittel gegen die Entscheidung nicht gegeben ist (§ 152 Abs. 1). Eine Schadensersatzpflicht des Antragstellers analog § 123 Abs. 3 VwGO i.V.m. § 945 ZPO scheidet aus, da wegen der unterschiedlichen Wirkungen der einstweiligen Anordnungen nach § 47 Abs. 6 einerseits und § 123 andererseits eine analogiefähige Vergleichbarkeit der Tatbestände nicht gegeben ist.[818] Bei einer Änderung der zum Erlass der einstweiligen Anordnung führenden Um-stände kann das Gericht von Amts wegen oder auf Antrag seine Entscheidung abändern.[819] Die einst-weilige Anordnung wird durch die Bekanntmachung eines erneuten Satzungsbeschlusses, mit der ein ergänzendes Verfahren nach § 214 Abs. 4 BauGB abgeschlossen wird, nicht gegenstandslos, da sich die Bindungswirkung der gerichtlichen Eilentscheidung auch auf die geänderte Fassung des Bebau-ungsplans erstreckt. Will die Gemeinde erreichen, dass der Bebauungsplan vollzogen werden kann, **409**

---

812 OVG Lüneburg BRS 39, 93, 96; OVG Münster VR 1984, 219, 220; VGH Kassel HessVGRspr 1991, 65, 70. Vgl. Rn. 358 ff.

813 *W.-R. Schenke*, DVBl 1979, 169, 176.

814 OVG Münster OVGE 33, 76 f.; VGH Kassel HessVGRspr 1991, 1, 2; *H. Dürr*, Antragsbefugnis, 1987, 135; *M. Quaas/K. Müller*, Normenkontrolle, 1986, Rn. 262; *R. Zuck*, DÖV 1977, 848, 852.

815 A.M. *H. Dürr*, Antragsbefugnis, 1987, 135.

816 So *H. Dürr*, Antragsbefugnis, 1987, 135.

817 Dies hält *H. Dürr*, Antragsbefugnis, 1987, 135 für entscheidend.

818 *M. Dombert*, in: Finkelnburg/Dombert/Külpmann Rn. 624.

819 OVG Lüneburg NVwZ 1984, 185; DÖV 1997, 923; BauR 2001, 1717, 1718; OVG Münster NVwZ-RR 1999, 473, 474; OVG Schleswig NVwZ-RR 2003, 774; *J. Grooterhorst*, DVBl 1989, 1176, 1180.

muss sie einen Antrag auf Abänderung nach § 80 Abs. 7 S. 2 analog (→ Rn. 391 a) stellen.[820] Die Kosten des Abänderungsverfahrens sind dem Normgeber aufzuerlegen (a.M. OVG Lüneburg BauR 2001, 1717, 1718 f.). Sowohl der Mangel der Rechtsvorschrift als auch die Durchführung des ergänzenden Verfahrens sind allein dem Normgeber zuzurechnen, sodass § 155 Abs. 4 zumindest entsprechend anzuwenden ist.

410 Grds. hat eine einstweilige Anordnung nach § 47 Abs. 6 keinen vollstreckungsfähigen Inhalt (VGH München BayVBl 1984, 370).[821] Etwas anderes muss aber dann gelten, wenn ein vorläufiges Verbot der Vollstreckung von Normvollzugsakten angeordnet wurde. Mit Beendigung des Hauptsacheverfahrens verliert die einstweilige Anordnung ihre Wirkung, unabhängig davon, ob die Beendigung durch eine Unwirksamerklärung der Norm, eine Zurückweisung des Antrags, eine Einstellung des Verfahrens nach Rücknahme des Antrags oder auf andere Weise erfolgt ist (VGH München BayVBl 1992, 245).

XI. Rechtsmittel

411 Als Rechtsmittel gegen die Normenkontrollentscheidung des OVG statthaft ist nunmehr die Revision, und zwar gem. § 132 Abs. 1 auch dann, wenn das OVG nach § 47 Abs. 5 S. 1 durch Beschluss entschieden hat. Für das *Revisionsverfahren* gelten uneingeschränkt die Regelungen der §§ 132 ff. Die Revision bedarf deshalb der Zulassung durch das OVG oder – auf Beschwerde gegen die Nichtzulassung – durch das BVerwG (§ 132 Abs. 1). Rechtsmittelberechtigt sind nur die Verfahrensbeteiligten im strengen Sinne des § 63, also Antragsteller, Antragsgegner, Beigeladene und der VöI, nicht aber Äußerungsberechtigte i.S.v. § 47 Abs. 2 S. 3. Zu beachten ist, dass eine Beschwer des Beschwerdeführers der Nichtzulassungsbeschwerde durch die angefochtene Normenkontrollentscheidung erforderlich ist. Eine Beschwer liegt auch dann vor, wenn der Rechtsmittelführer das Ziel verfolgt, dass die angegriffene Norm entgegen der Entscheidung des OVG nicht nur für unwirksam mit Heilungsmöglichkeit, sondern weiter gehend für unwirksam ohne Heilungsmöglichkeit erklärt wird (vgl. BVerwGE 117, 239, 240; BVerwG BauR 2003, 1688; UPR 2004, 115). Hingegen ist der Antragsteller durch die die Unwirksamkeit der Norm feststellende Normenkontrollentscheidung nicht deshalb beschwert, weil das OVG weitere vom Antragsteller gerügte Mängel der Norm nicht festgestellt hat (BVerwGE 117, 239, 241; BVerwG BauR 2003, 1688, 1689).

412 Die *Begründung der Nichtzulassungsbeschwerde* hat innerhalb von zwei Monaten nach Zustellung der vollständigen Normenkontrollentscheidung zu erfolgen (§ 133 Abs. 3 S. 1). Laut § 133 Abs. 3 S. 3 muss in der Begründung die grundsätzliche Bedeutung der Rechtssache dargelegt oder die Entscheidung, von der das Urteil bzw. der Beschluss abweicht oder der Verfahrensmangel bezeichnet werden. Eine die Nichtzulassung der Revision wegen *grundsätzlicher Bedeutung der Rechtssache* i.S.v. § 132 Abs. 2 Nr. 1 rügende Beschwerde hat eine entscheidungserhebliche konkrete Rechtsfrage von allgemeiner, d.h. über die Entscheidung des Einzelfalls hinausreichender, Bedeutung zu bezeichnen, die im Interesse der Einheitlichkeit der Rspr. oder der Weiterentwicklung des Rechts höchstrichterlicher Klärung bedarf (BVerwG 7.4.1997 – 2 BN 1/97).

413 Bei der *Revision wegen Divergenz* nach § 132 Abs. 2 Nr. 2 hat der Beschwerdeführer die Entscheidung, von der die angefochtene Normenkontrollentscheidung abweicht, nach Datum und Aktenzeichen oder Fundstelle genau zu benennen und darüber hinaus darzulegen, mit welchen sachlich-rechtlichen Ausführungen in ihren tragenden Gründen die angefochtene Normenkontrollentscheidung von den tragenden Gründen in der benannten Entscheidung eines der in § 132 Abs. 2 Nr. 2 aufgezählten Gerichte abgewichen sein soll. Die angeblich widersprüchlichen abstrakten Rechtssätze müssen herausgearbeitet und einander gegenübergestellt werden. Eine Zulassung der Revision wegen grundsätzlicher Bedeutung oder Divergenz kann nur für solche Rechtsfragen in Betracht kommen, die für die Normenkontrollentscheidung des OVG entscheidungserheblich waren.[822] Die Entscheidungserheblich-

---

820 OVG Lüneburg BauR 2001, 1717, 1718; VGH München NVwZ-RR 2012, 883, 884; *J. Kerkmann*, BauR 2011, 1921, 1925. A.M. *H. Jäde*, ZfBR 2012, 538, der darauf abstellt, ob die erneute Bekanntmachung des Bebauungsplans nach Durchführung des ergänzenden Verfahrens einen erneuten Fristlauf nach § 47 Abs. 2 in Gang setzt.

821 *F. Schoch*, Rechtsschutz, 1988, 506 f.

822 Für die Revisionszulassung wegen grds. Bedeutung BVerwG 7.4.1997 – 2 BN 1/97, und wegen Divergenz BVerwG Buchholz 310 § 133 (n. F.) Nr. 18.

keit muss vom Beschwerdeführer substantiiert dargelegt werden. Ist die Normenkontrollentscheidung auf mehrere selbständig tragende Begründungen gestützt, so muss ein Zulassungsgrund für jede dieser Begründungen geltend gemacht werden (→ §133 Rn. 63; BVerwG NVwZ-RR 1998, 416, 417). Etwas anderes gilt aber, wenn das Normenkontrollgericht zwei alternative, selbständig nicht tragende Begründungsteile gewählt hat. Dann genügt es, einen Begründungsteil anzugreifen, weil dann nicht mehr gesichert ist, dass der andere Teil die Entscheidung trägt. Wie von der Rspr. für §47 Abs. 7 S. 3 a.F. angenommen, kann auch i.R. des §133 Abs. 3 S. 3 eine unzulässige Divergenzrüge bei Vorliegen der Voraussetzungen als Grundsatzrüge[823] und eine unzulässige Grundsatzrüge als Divergenzrüge[824] Erfolg haben.

Will der Beschwerdeführer die Nichtzulassung der Revision wegen eines *Verfahrensmangels* i.S.v. 414
§132 Abs. 2 Nr. 3 rügen, so muss er den Mangel und die ihn begründenden Tatsachen im Einzelnen bezeichnen (BVerwG NJW 1962, 1268). Ob der Verfahrensmangel, wie in §132 Abs. 2 Nr. 3 gefordert, tatsächlich vorliegt, ist ggf. durch Beweiserhebung zu klären. Weiterhin hat der Beschwerdeführer darzulegen, dass die Normenkontrollentscheidung jedenfalls auf dem Verfahrensfehler beruhen kann (BVerwGE 13, 338, 339 ff.; BVerwG NVwZ 1982, 434). Es muss zumindest möglich sein, dass ohne den Verfahrensverstoß eine dem Beschwerdeführer günstigere Entscheidung in der Sache ergangen wäre (BVerwGE 14, 342, 346 f.; BVerwG Buchholz 310 §132 Nr. 68, 78).

Liegen die Voraussetzungen des §132 Abs. 2 vor, so muss das OVG die Revision durch einen abhel- 415
fenden Beschluss zulassen. Unterlässt das OVG dieses, so legt es die Beschwerde dem BVerwG vor, das über die Zulassung durch Beschluss zu entscheiden hat (§133 Abs. 5 S. 1). Lehnt das BVerwG die Beschwerde ab, so wird die Normenkontrollentscheidung mit der Ablehnung rechtskräftig (§133 Abs. 5 S. 3). Gibt das BVerwG der Beschwerde statt, so kann es bei Vorliegen eines Verfahrensmangels die angefochtene Entscheidung nach §133 Abs. 6 aufheben und den Rechtsstreit zur anderweitigen Verhandlung und Entscheidung zurückverweisen. Andernfalls wird das Beschwerdeverfahren als Revisionsverfahren fortgesetzt, ohne dass es der Einlegung einer Revision durch den Beschwerdeführer bedarf (§139 Abs. 2 S. 1). Eine Begründung der Revision ist gleichwohl erforderlich (§139 Abs. 3). Anders als nach §47 Abs. 7 S. 5, Abs. 5 S. 3 a.F. entscheidet das BVerwG bei der Revision gegen Normenkontrollentscheidungen nicht mehr nur über die aufgeworfene Rechtsfrage ohne Möglichkeit der Entscheidung in der Sache, sondern ist in seiner Prüfung nur durch den durch §137 gezogenen Rahmen und in seinen Entscheidungsmöglichkeiten lediglich durch §144 beschränkt.

§48 [Weitere sachliche Zuständigkeit des Oberverwaltungsgerichts]

(1) [1]Das Oberverwaltungsgericht entscheidet im ersten Rechtszug über sämtliche Streitigkeiten, die betreffen

1. die Errichtung, den Betrieb, die sonstige Innehabung, die Veränderung, die Stillegung, den sicheren Einschluß und den Abbau von Anlagen im Sinne der §§7 und 9a Abs. 3 des Atomgesetzes,

2. die Bearbeitung, Verarbeitung und sonstige Verwendung von Kernbrennstoffen außerhalb von Anlagen der in §7 des Atomgesetzes bezeichneten Art (§9 des Atomgesetzes) und die wesentliche Abweichung oder die wesentliche Veränderung im Sinne des §9 Abs. 1 Satz 2 des Atomgesetzes sowie die Aufbewahrung von Kernbrennstoffen außerhalb der staatlichen Verwahrung (§6 des Atomgesetzes),

3. die Errichtung, den Betrieb und die Änderung von Kraftwerken mit Feuerungsanlagen für feste, flüssige und gasförmige Brennstoffe mit einer Feuerungswärmeleistung von mehr als dreihundert Megawatt,

4. Planfeststellungsverfahren gemäß §43 des Energiewirtschaftsgesetzes, soweit nicht die Zuständigkeit des Bundesverwaltungsgerichts nach §50 Absatz 1 Nummer 6 begründet ist,

4a. Planfeststellungsverfahren für die Errichtung, den Betrieb und die Änderung von Einrichtungen nach §45 Absatz 1 des Windenergie-auf-See-Gesetzes,

---

823 Für §47 Abs. 7 S. 3 a.F. BVerwG DVBl 1992, 1441; NWVBl 1993, 456, 457. Für §133 Abs. 3 S. 3 BVerwGE 24, 91.
824 Für §47 Abs. 7 S. 3 a.F. BVerwG RdL 1993, 220, 221. Für §133 Abs. 3 S. 3 BVerwG DVBl 1961, 382.

5.   Verfahren für die Errichtung, den Betrieb und die wesentliche Änderung von ortsfesten Anlagen zur Verbrennung oder thermischen Zersetzung von Abfällen mit einer jährlichen Durchsatzleistung (effektive Leistung) von mehr als einhunderttausend Tonnen und von ortsfesten Anlagen, in denen ganz oder teilweise Abfälle im Sinne des § 48 des Kreislaufwirtschaftsgesetzes gelagert oder abgelagert werden,

6.   das Anlegen, die Erweiterung oder Änderung und den Betrieb von Verkehrsflughäfen und von Verkehrslandeplätzen mit beschränktem Bauschutzbereich,

7.   Planfeststellungsverfahren für den Bau oder die Änderung der Strecken von Straßenbahnen, Magnetschwebebahnen und von öffentlichen Eisenbahnen sowie für den Bau oder die Änderung von Rangier- und Containerbahnhöfen,

8.   Planfeststellungsverfahren für den Bau oder die Änderung von Bundesfernstraßen,

9.   Planfeststellungsverfahren für den Neubau oder den Ausbau von Bundeswasserstraßen und

10.   Planfeststellungsverfahren für Maßnahmen des öffentlichen Küsten- oder Hochwasserschutzes.

[2]Satz 1 gilt auch für Streitigkeiten über Genehmigungen, die anstelle einer Planfeststellung erteilt werden, sowie für Streitigkeiten über sämtliche für das Vorhaben erforderlichen Genehmigungen und Erlaubnisse, auch soweit sie Nebeneinrichtungen betreffen, die mit ihm in einem räumlichen und betrieblichen Zusammenhang stehen. [3]Die Länder können durch Gesetz vorschreiben, daß über Streitigkeiten, die Besitzeinweisungen in den Fällen des Satzes 1 betreffen, das Oberverwaltungsgericht im ersten Rechtszug entscheidet.

(2) Das Oberverwaltungsgericht entscheidet im ersten Rechtszug ferner über Klagen gegen die von einer obersten Landesbehörde nach § 3 Abs. 2 Nr. 1 des Vereinsgesetzes ausgesprochenen Vereinsverbote und nach § 8 Abs. 2 Satz 1 des Vereinsgesetzes erlassenen Verfügungen.

Schrifttum

J. Meyer-Ladewig, Das Gesetz zur Beschleunigung verwaltungsgerichtlicher und finanzgerichtlicher Verfahren, NJW 1985, 1985; *H.-J. v. Oertzen*, Zur erstinstanzlichen Zuständigkeit des OVG nach dem Beschleunigungsgesetz, DÖV 1985, 749; *M. Pagenkopf*, Abschied von der Instanzenseligkeit?, DVBl 1985, 981; *A. Scheidler*, Die erstinstanzlichen Zuständigkeiten der Oberverwaltungsgerichte und des Bundesverwaltungsgerichts für Verkehrsinfrastrukturvorhaben, UPR 2011, 379; *ders.*, Die erstinstanzliche Zuständigkeit der Oberverwaltungsgerichte für Anlagen der Energieversorgung, RdE 2011, 165; *ders.*, Die erstinstanzliche Zuständigkeit des Verwaltungsgerichtshofs Baden-Württemberg, VBlBW 2011, 338; *ders.*, Gerichtszuständigkeiten für Klagen gegen Vereinsverbote, NVwZ 2011, 1497; *H. Sendler*, Zum Instanzenzug in der Verwaltungsgerichtsbarkeit, DVBl 1982, 157; *C. Sening*, Erstinstanzliche Zuständigkeit der Oberverwaltungsgerichte für verwaltungsgerichtliche Klagen gegen Großvorhaben?, BayVBl 1983, 686; *M. Spieler*, Die Genehmigung von Hochspannungs-Gleichstromleitungen, NVwZ 2012, 1139; *C. H. Ule*, Erstinstanzliche Zuständigkeit des Oberverwaltungsgerichts für Rechtsstreitigkeiten über die Genehmigung von Großvorhaben?, WiVerw 1983, 23.

I. Entstehung und Entwicklung der Norm

1   Nach der ursprünglichen Fassung des § 48 entschied das OVG über den Antrag einer Landesregierung nach dem damaligen § 129 a StGB auf Feststellung, dass eine Vereinigung nach Art. 9 Abs. 2 GG verboten war. Seine bis Ende 1990 gültige Fassung erhielt der § 48 durch § 23 Nr. 1 des VereinsG vom 5.8.1964 (BGBl I 593), der die vorhandene Zuständigkeit an die neue Regelung des Verbotsverfahrens anpasste.[1] Mit Wirkung vom 1.1.1991 wurden die bisherigen Abs. 1 und 2 zu den Abs. 2 und 3 des § 48 in der damals gültigen Fassung. Art. 1 Nr. 5 des Gesetzes zur Neuregelung des verwaltungsgerichtlichen Verfahrens vom 17.12.1990 (BGBl I 2809) übernahm in den § 48 als Abs. 1 S. 1 mit ge-

---

1   Begründung des Regierungsentwurfs eines Vereinsgesetzes, BT-Drs. 4/430 zu § 19.

ringfügigen Änderungen den Katalog des Art. 2 § 9 Abs. 1 VGFGEntlG sowie die Erweiterung des Art. 2 § 9 Abs. 2 VGFGEntlG als § 48 Abs. 1 S. 2. Durch Art. 7 des Gesetzes zur Vereinfachung der Planungsverfahren für Verkehrswege vom 17.12.1993 (BGBl I 2123) wurde die Verfahrensbeschleunigung auf die Änderung bzw. den Ausbau der in § 48 Abs. 1 S. 1 Nr. 6, 7 und 9 genannten Verkehrswege und -anlagen erstreckt. § 48 Abs. 1 S. 1 Nr. 5 wurde durch Art. 9 des Gesetzes zu dem Übereinkommen vom 15.4.1994 zur Errichtung der Welthandelsorganisation und zur Änderung anderer Gesetze vom 30.8.1994 (BGBl II 1438) geändert, bevor die Vorschrift ihre ab 7.10.1996 gültige Fassung durch Art. 7 des Gesetzes zur Vermeidung, Verwertung und Beseitigung von Abfällen vom 27.9.1994 (BGBl I 2705) erhielt; Art. 7 Nr. 1 dieses Gesetzes wurde durch Art. 5 des 6. VwGOÄndG vom 1.11.1996 (BGBl I 1626) wieder gestrichen. Die Zuständigkeit für Streitigkeiten betreffend die Planfeststellung von Magnetschwebebahnen wurde durch Art. 2 Abs. 6 MBPlG in § 48 Abs. 1 S. 1 Nr. 7 eingefügt. Während die Änderung des § 48 Abs. 1 S. 1 Nr. 5 durch Art. 13 des Gesetzes zur Vereinfachung der abfallrechtlichen Überwachung vom 15.7.2006 (BGBl I 1619) eine Anpassung an die geänderte Fassung des § 41 KrW-/AbfG beinhaltete, beruhte die Herbeiführung der erstinstanzlichen Zuständigkeit des OVG für Planfeststellungsverfahren für die Errichtung und den Betrieb oder die Änderung von Hochspannungsfreileitungen mit einer Nennspannung von 110 kV oder mehr, Erd- und Seekabeln jeweils mit einer Nennspannung von 110 kV oder Gasversorgungsleitungen mit einem Durchmesser von mehr als 300 Millimeter sowie jeweils die Änderung ihrer Linienführung in Nr. 4 durch Art. 9 Nr. 1 des Gesetzes zur Beschleunigung von Planungsverfahren für Infrastrukturvorhaben vom 9.12.2006 (BGBl I 2833) auf dem Ziel, durch eine Beschleunigung des Ausbaus von Energieleitungen zu erreichen.[2] Das Gesetz zur Modernisierung von Verfahren im anwaltlichen und notariellen Berufsrecht vom 30.7.2009 (BGBl I 2449) änderte durch seinen Art. 5 Nr. 2 den § 48 Abs. 1 S. 1 Nr. 7 dahingehend ab, dass sich die Norm nicht mehr nur auf den Bau oder die *Änderung* neuer Strecken bezieht. Art. 3 Nr. 1 des Gesetzes zur Beschleunigung des Ausbaus der Höchstspannungsnetze vom 21.8.2009 (BGBl I 2870) bezog auch die Seekabel in den Anwendungsbereich des § 48 Abs. 1 S. 1 Nr. 4 ein. Der Verweis in § 48 Abs. 1 S. 1 Nr. 5 wurde durch Art. 5 Abs. 2 des Gesetzes zur Neuordnung des Kreislaufwirtschafts- und Abfallrechts vom 24.2.2012 (BGBl I 212) an das neue Kreislaufwirtschaftsgesetz angepasst. Die Bezugnahme in § 48 Abs. 1 S. 1 Nr. 4 auf § 43 EnWG und die Vorrangigkeit der Zuständigkeit des BVerwG nach § 50 Abs. 1 Nr. 6 wurden durch Art. 3 des Gesetzes zur Änderung von Bestimmungen des Rechts des Energieleitungsbaus vom 21.12.2015 (BGBl 2490) vorgenommen. Die ebenfalls durch dieses Gesetz in die Nr. 4 eingefügte Zuständigkeit des OVG für Streitigkeiten um bestimmte Anlagen nach der Seeanlagenverordnung wurde durch Art. 17 des Gesetzes zur Änderung der Bestimmungen zur Stromerzeugung aus Kraft-Wärme-Kopplung und zur Eigenversorgung vom 22.12.2016 (BGBl I 3106) wieder gestrichen. § 48 Abs. 1 S. 1 Nr. 4a wurde durch Art. 3 des Gesetzes zur Einführung von Ausschreibungen für Strom aus erneuerbaren Energien und zu weiteren Änderungen des Rechts der erneuerbaren Energien vom 13.10.2016 (BGBl I 2258), § 48 Abs. 1 S. 1 Nr. 10 durch Art. 4 des Hochwasserschutzgesetzes II vom 30.6.2017 (BGBl I 2193) eingefügt.

II. Die Zuständigkeit für Großvorhaben nach § 48 Abs. 1

Normstrukturell unterscheidet der – abschließende – Katalog des § 48 Abs. 1 zwischen anlagen- bzw. vorhabenbezogenen und verfahrensbezogenen Zuständigkeitszuweisungen (zusammenfassend VGH München NVwZ-RR 2013, 535). Die anlagenbezogenen Tatbestände der Nr. 1, 2, 3 und 6 setzen eine Streitigkeit über die Errichtung, den Betrieb, die Änderung etc. einer der aufgeführten Anlagen voraus. Die Form des behördlichen Handelns, das Auslöser der Streitigkeit ist, ist dabei unerheblich, sofern der Bezug zu einer der beschriebenen Anlagen gewahrt ist. Demgegenüber knüpfen die verfahrensbezogenen Zuständigkeitszuweisungen der Nrn. 4, 4 a, 5, 7, 8, 9 und 10 jeweils an die Durchführung eines der dort genannten Genehmigungsverfahren, überwiegend eines Planfeststellungsverfahrens, und eine aus diesem Verfahren herrührende Streitigkeit an (VGH München NVwZ-RR 2013, 535). Zu den Folgen dieser Unterscheidung s. die Kommentierungen zu den einzelnen Tatbeständen des § 48 Abs. 1.

2

---

2 Begründung des Regierungsentwurfs eines Gesetzes zur Beschleunigung von Planungsverfahren für Infrastrukturvorhaben, BT-Drs. 16/54, 41.

3   **1. Gründe.** Die Gründe für die Schaffung der sachlichen Zuständigkeit des OVG für Streitigkeiten über die katalogisierten Großvorhaben lagen v.a. in der mehrjährigen Dauer der Verfahren in zwei Tatsacheninstanzen. Die Beschleunigung der Verfahren wurde als geboten angesehen, um Planungssicherheit für die Verwaltung und die Investitionstätigkeit der Wirtschaft zu gewährleisten und den durch überlange Verfahren geminderten grundgesetzlich gebotenen Rechtsschutz der Bürger zu verbessern.[3] Da die aufgezählten Anlagen wegen ihrer besonderen rechtlichen, politischen oder wirtschaftlichen Bedeutung und regelmäßig überregionalen Auswirkungen Teil einer landesumfassenden politischen Planung seien, müssten sich trotz thematischer Kongruenz widersprechende Entscheidungen verschiedener VG eines Landes im Interesse von Rechtsfrieden und Rechtssicherheit vermieden werden.[4]

4   Obwohl wegen der durch das Entfallen einer Tatsacheninstanz reduzierten forensischen Artikulationsmöglichkeit Zweifel an der befriedenden Wirkung laut wurden,[5] wurde die Zuständigkeit beim OVG als dem obersten VG eines Landes konzentriert. Zur Rechtfertigung wurde darauf hingewiesen, dass in den in Rede stehenden Verfahren bereits in der ersten Instanz ganz überwiegend alle wesentlichen Gesichtspunkte tatsächlicher Art ausgeschöpft würden.[6] Anlässlich der Übernahme der Zuständigkeitsregelung in die VwGO wurde die dargestellte Gedankenführung bestätigt und die praktische Bewährung der Regelung betont.[7] Verfassungsrechtliche Bedenken gegen die Beschränkung auf eine Tatsacheninstanz obwalten nicht. Zum einen ist der Rechtszug zum BVerwG auch gegen Entscheidungen nach § 48 Abs. 1 eröffnet, zum anderen ist eine mehrinstanzliche Ausgestaltung des Verfahrens durch das GG nicht geboten (→ § 46 Rn. 2).

5   **2. Anlagen i.S.d. §§ 7 und 9 a Abs. 3 AtG.** Für Anlagen i.S.d. §§ 7 und 9 a Abs. 3 AtG ist die Zuständigkeit des OVG für die Errichtung, den Betrieb, die sonstige Innehabung, die Veränderung, die Stilllegung, den sicheren Einschluss und den Abbau vorgesehen. Von § 7 AtG erfasst wird jede ortsfeste oder ortsveränderliche Anlage zur Erzeugung oder zur Bearbeitung oder Verarbeitung oder zur Spaltung von Kernbrennstoffen oder zur Aufarbeitung bestrahlter Kernbrennstoffe. Anlagen nach § 9 a Abs. 3 AtG sind Landessammelstellen der Länder für die Zwischenlagerung der in ihrem Gebiet angefallenen radioaktiven Abfälle und Anlagen des Bundes zur Sicherstellung und zur Endlagerung radioaktiver Abfälle.

6   Wesentlich für das Verständnis des § 48 Abs. 1 S. 1 Nr. 1 ist dabei, dass die Vorschrift hinsichtlich der zuständigkeitsbegründenden Tatbestände terminologisch zwar an die in Bezug genommenen Bestimmungen des AtG und insoweit parallel zu interpretieren ist, in ihrem Anwendungsbereich jedoch nicht auf Streitigkeiten über die Erteilung oder Versagung der nach §§ 7 Abs. 1 und 5, 9 c AtG erforderlichen Genehmigung oder der nach § 9 b AtG notwendigen Planfeststellung beschränkt ist. Erfasst werden vielmehr „sämtliche Streitigkeiten", die sich auf eine der in § 48 Abs. 1 S. 1 Nr. 1 genannten Handlungen beziehen. Da § 48 Abs. 1 S. 1 Nr. 1 nicht an einen Genehmigungstatbestand anknüpft, geht seine Zuständigkeitszuweisung über den Kreis genehmigungspflichtiger Vorhaben nach dem AtG hinaus (VGH Kassel LKRZ 2008, 59, 60). So bedürfen die Stilllegung einer ortsveränderlichen Anlage, ihr sicherer Einschluss und ihr Abbau nach § 7 Abs. 5 i.V.m. Abs. 1 AtG keiner atomrechtlichen Genehmigung, unterfallen aber § 48 Abs. 1 S. 1 Nr. 1. Entsprechendes gilt für die Stilllegung etc. der Landessammelstellen bzw. Endlagerungsanlagen i.S.v. § 9 a Abs. 3 AtG, welche keiner Genehmigung nach § 9 c AtG bzw. Planfeststellung nach § 9 b AtG bedarf.

7   Aus demselben Grunde unerheblich ist die Form des behördlichen Handelns, das Auslöser der Streitigkeit ist, sofern der Bezug zu einer der in §§ 7, 9 a Abs. 3 AtG beschriebenen Anlagen gewahrt ist. In Betracht kommen unter anderem die Erteilung oder Versagung der Genehmigungen nach §§ 7, 9 c AtG, die Erteilung oder Versagung des Planfeststellungsbeschlusses oder einer Plangenehmigung nach

---

3   Begründung des Bundesratsentwurfs eines Gesetzes zur Änderung des VGFGEntlG, BT-Drs. 10/171 Anl. 1 S. 7; Bericht des Rechtsausschusses, BT-Drs. 10/3368, 7.

4   Begründung des Bundesratsentwurfs eines Gesetzes zur Änderung des VGFGEntlG, BT-Drs. 10/171 Anl. 1 S. 9; A. *Scheidler*, UPR 2011, 379, 380.

5   Vgl. *C. Sening*, BayVBl 1983, 686.

6   Begründung des Bundesratsentwurfs eines Gesetzes zur Änderung des VGFGEntlG, BT-Drs. 10/171 Anl. 1 S. 10; krit. zur rechtstatsächlichen Grundlage dieser Behauptung *C. H. Ule*, WiVerw 1983, 23, 35.

7   Begründung des Regierungsentwurfs des 4. VwGOÄndG, BT-Drs. 11/7030 Anl. 1 S. 22; krit. *F. Kopp*, NJW 1991, 521, 523.

§ 9 b AtG, der Erlass oder die Verweigerung eines Vorbescheids nach § 7 a AtG oder einer Teilgenehmigung nach § 18 AtVfV, die nachträgliche Auflagenbeifügung sowie Rücknahme und Widerruf nach § 17 Abs. 1 S. 3, Abs. 2-5 AtG oder die Erstreckung der Genehmigungen nach §§ 7, 9 AtG auf einen nach § 7 Abs. 1 StrlSchV genehmigungsbedürftigen Umgang mit radioaktiven Stoffen gem. § 7 Abs. 2 StrlSchV.[8] Bedenken muss es allerdings begegnen, alle aufsichtsbehördlichen Maßnahmen nach der StrlSchV[9] dem § 48 Abs. 1 S. 1 Nr. 1 zu unterstellen. Selbst wenn es sich dabei um eine Nebeneinrichtung i.S.v. § 48 Abs. 1 S. 2 Hs. 2 handeln sollte, ist laut § 48 Abs. 1 S. 2 Hs. 1 in jedem Falle Voraussetzung, dass die Genehmigung für das Vorhaben *erforderlich* ist. Die bloße Zweckdienlichkeit reicht ebenso wenig aus wie das Bestehen eines räumlichen und betrieblichen Zusammenhangs mit der Anlage. Sofern nicht besondere Umstände des Einzelfalles vorliegen, scheiden daher alle nicht mit den Genehmigungen nach §§ 7, 9 AtG verbundenen Behördenhandlungen nach der StrlSchV aus dem Anwendungsbereich des § 48 Abs. 1 S. 1 Nr. 1 aus.[10] Streitigkeiten i.S.v. § 48 Abs. 1 S. 1 Nr. 1 können schließlich noch behördliche Handlungen in Wahrnehmung der staatlichen Aufsicht nach § 19 AtG sein, sofern sie sich auf eines der Tatbestandsmerkmale des § 48 Abs. 1 S. 1 Nr. 1 beziehen. Dies gilt für Anordnungen nach § 19 Abs. 3 AtG (OVG Koblenz UPR 1989, 118; VGH Kassel RdE 1994, 145) ebenso wie für die sich auf von der Zuständigkeitszuweisung umfasste weitere Genehmigung beziehende Ausübung von Aufsichtsbefugnissen nach § 19 Abs. 4 AtG[11] und die Verwirklichung des Prüfungs- und Betretungsrechts nach § 19 Abs. 2 AtG.

„Sämtliche Streitigkeiten" i.S.v. § 48 Abs. 1 S. 1 Nr. 1 sind alle ein Tatbestandsmerkmal der Vorschrift **8** betreffenden Verfahren der Verwaltungsgerichtsbarkeit, unabhängig von der Form und den Beteiligten des Verfahrens. Zu nennen sind unter anderem Verpflichtungsklagen auf Erteilung der Genehmigung nach § 7 AtG, Anfechtungsklagen des Betreibers gegen aufsichtsbehördliche Maßnahmen nach § 19 AtG, Anfechtungsklagen Drittbetroffener gegen die Erteilung einer atomrechtlichen Genehmigung, Anträge auf Erlass einer einstweiligen Anordnung auf Einstellung aller vorbereitenden Maßnahmen vor Erteilung einer Errichtungsgenehmigung (VG Stade DÖV 1986, 617), Verpflichtungsklagen und Anträge nach § 123 auf Einschreiten nach § 19 Abs. 3 AtG (OVG Koblenz UPR 1989, 118; VGH Kassel RdE 1994, 145) sowie Verpflichtungsklagen auf Hinzuziehung als Verfahrensbeteiligte (OVG Koblenz AS 21, 209, 211). Nicht der Zuständigkeit des OVG unterfällt die Anfechtung eines isolierten Kostenbescheids, wenn das atomrechtliche Genehmigungsverfahren durch Rücknahme des Genehmigungsantrags beendet worden ist, da in diesem Fall die mit der Zuständigkeitsverlagerung verfolgten Zwecke nicht erreicht werden können (VGH Kassel UPR 1988, 116; zur gesetzgeberischen Zielsetzung → Rn. 3 f.). Anders zu beurteilen ist aber die Anfechtung der auf § 21 AtG gestützten Kostenbescheide für aufsichtsbehördliche Maßnahmen. Soweit der Hessische VGH zur Begründung seiner Ablehnung der oberverwaltungsgerichtlichen Zuständigkeit darauf hinweist, der Beschleunigungszweck des § 48 Abs. 1 S. 1 Nr. 1 werde durch die, die Verwirklichung des Großvorhabens nicht beeinträchtigende Beurteilung der Rechtmäßigkeit des Kostenbescheids nicht berührt (VGH Kassel RdE 1994, 105; 4.9.1996 – 5 A 1858/95), übersieht das Gericht, dass die Erreichung der § 48 Abs. 1 ebenfalls beigelegten Zielsetzung, durch die Beurteilung der Rechtmäßigkeit des Vorhabens durch nur ein Gericht Rechtsfrieden zu stiften (→ Rn. 3), auch durch voneinander abweichende Inzidentbeurteilungen verschiedener VG gefährdet werden kann.

Streitigkeiten über den Betrieb der Anlagen nach §§ 7, 9 a Abs. 3 AtG i.S.d. auf Dauer angelegten **9** funktionsmäßigen Nutzung der Anlage (VGH Kassel LKRZ 2008, 59, 61) sind gleichfalls solche über Betriebsveränderungen (Bericht des Rechtsausschusses, BT-Drs. 10/3368, 8). Der in Streit befindliche Vorgang muss nicht zu den Betriebsvorgängen der Anlage selbst gehören, es genügt, wenn er dem Betriebsablauf räumlich und organisatorisch zugeordnet ist (VGH Kassel RdE 1994, 145). Unter den Betrieb der Anlage fällt auch die Übertragung von Strommengen von einer Anlage auf die andere nach § 7 Abs. 1 b–d AtG (VGH Kassel LKRZ 2008, 59; VGH Mannheim DVBl 2008, 196, 197 f.). Während nach §§ 7 Abs. 1, 9 b Abs. 1 AtG nur *wesentliche* Veränderungen bzw. Änderungen die Genehmigungs- bzw. Feststellungsbedürftigkeit auslösen, gilt die Zuweisung des § 48 Abs. 1 S. 1 Nr. 1 für jegli-

---

8 *H.-J. v. Oertzen*, DÖV 1985, 749, 751.

9 So aber *Kopp/Schenke* § 48 Rn. 4; *A. Scheidler*, RdE 2011, 165, 168.

10 Vgl. auch VGH Kassel ESVGH 39, 139, 140 für Aufsichtsmaßnahmen hinsichtlich der Beförderung radioaktiver Stoffe.

11 *H.-J. v. Oertzen*, DÖV 1985, 749, 751.

che Veränderung. Damit soll erreicht werden, dass das OVG sachlich auch für die Frage zuständig ist, ob eine Veränderung eine wesentliche ist oder nicht.[12] Soweit die Genehmigung nach § 7 AtG gem. § 8 Abs. 2 AtG eine Genehmigung nach § 4 BImSchG einschließt, erfolgt die Zuständigkeitszuweisung an das OVG bereits nach § 48 Abs. 1 S. 1 Nr. 1, ohne dass es eines Rückgriffs auf die Klarstellung des § 48 Abs. 1 S. 2 bedarf. Dies gilt insbes. für den Kühlturm eines Kernkraftwerks,[13] soweit nicht eine gesonderte immissionsschutzrechtliche Genehmigung beantragt wird (so die Konstellation in OVG Koblenz AS 21, 209, 211). Nebeneinrichtung i.S.v. § 48 Abs. 1 S. 2 ist der die atomrechtliche Anlage umgebende Schutzzaun.[14] Andere für die Anlage i.S.v. § 48 Abs. 1 S. 1 Nr. 1 erforderliche Genehmigungen, bspw. baurechtlicher, gewerberechtlicher oder wasserrechtlicher Art, werden laut § 48 Abs. 1 S. 2 von der Zuweisung erfasst. Auf eine Konzentrationswirkung der Anlagengenehmigung kommt es nicht an. Deshalb ist das OVG auch für Streitigkeiten über die Zulässigkeit eines atomaren Endlagers i.S.v. § 9 a Abs. 3 AtG in berg- und tiefspeicherrechtlicher Hinsicht erstinstanzlich zuständig, obwohl § 9 b Abs. 5 Nr. 3 AtG diese Beurteilung von der Konzentrationswirkung des Planfeststellungsbeschlusses nach § 75 Abs. 1 VwVfG ausgenommen hat.

10 **3. Aufbewahrung und Verwendung von Kernbrennstoffen nach §§ 6 und 9 AtG.** Die Aufbewahrung und Verwendung von Kernbrennstoffen nach §§ 6 und 9 AtG löst bei Streitigkeiten über die gesetzlich benannten Handlungsformen die Zuständigkeit des OVG nach § 48 Abs. 1 S. 1 Nr. 2 aus. Wie § 48 Abs. 1 S. 1 Nr. 1 knüpft die Nr. 2 nicht an die Erteilung einer atomrechtlichen Genehmigung nach den §§ 6 und 9 AtG, sondern allein an die Erfüllung der tatbestandlichen Voraussetzungen an. Deren Begrifflichkeit ist mit der der §§ 6 Abs. 1, 9 Abs. 1 AtG vollständig identisch. Insbes. übernimmt § 48 Abs. 1 S. 1 Nr. 2 aus § 9 Abs. 1 S. 2 AtG die Termini wesentliche Abweichung und wesentliche Veränderung, sodass anders als nach § 48 Abs. 1 S. 1 Nr. 1 der Streit darüber, ob die Modifikation wesentlich ist oder nicht, nicht von der Zuständigkeitszuweisung erfasst wird. § 48 Abs. 1 S. 1 Nr. 2 enthält über die der §§ 6, 9 AtG hinaus keine weiteren Voraussetzungen, auch keine Festsetzung einer Mindestmenge des verwendeten Kernbrennstoffs.

11 Eingeschlossen in die Zuweisung sind zentrale Elemente des Kernbrennstoffkreislaufs, von der Uranbeschaffung und -anreicherung über die Herstellung von Brennelementen bis zur Entsorgung und Rückführung wiedergewonnener Kernbrennstoffe. Ausgenommen sind allerdings die Ein- und Ausfuhr, die Beförderung und die staatliche Verwahrung von Kernbrennstoffen nach den §§ 3, 4 und 5 AtG. Da der Wortlaut des § 48 Abs. 1 S. 1 Nr. 2 den Anwendungsbereich ausdrücklich dem Umgang mit *Kernbrennstoffen* vorbehält, ist der Umgang mit sonstigen radioaktiven Stoffen selbst dann nicht erfasst, wenn sich die Genehmigung nach den §§ 6 und 9 AtG gem. § 7 Abs. 2 StrlSchV auf diesen Umgang erstreckt.[15] Wegen der mangelnden Genehmigungsbezogenheit des § 48 Abs. 1 S. 1 Nr. 2 kommt es ebenso wenig darauf an, ob der Umgang mit dem Kernbrennstoff genehmigungsbedürftig oder gem. § 8 Abs. 1 StrlSchV genehmigungsfrei ist.[16] Andererseits gilt § 48 Abs. 1 S. 1 Nr. 2 für sämtliche Streitigkeiten über Erteilung oder Versagung der Genehmigung, deren Rücknahme oder Widerruf nach § 17 Abs. 2–5 AtG, nachträgliche Auflagen nach § 17 Abs. 1 S. 3 AtG, die umgangsbezogenen behördlichen Maßnahmen nach der StrlSchV sowie aufsichtsbehördliches Einschreiten nach § 19 AtG (BVerwG NVwZ 1995, 996, 997). Weitere für das Vorhaben erforderliche Erlaubnisse, etwa nach dem Immissionsschutz- oder dem Gewerberecht, sind nach der Klarstellung des § 48 Abs. 1 S. 2 in die Zuweisung einbezogen. Für die Erstreckung auf baurechtliche Genehmigungen kommt es darauf an, ob diese im Einzelfall nach ihrem überwiegenden Inhalt einen atomrechtsspezifischen Bezug zu den Genehmigungstatbeständen des AtG haben.[17]

12 **4. Kraftwerke.** Kraftwerke unterfallen hinsichtlich ihrer Errichtung, ihres Betriebs und ihrer Änderung dem § 48 Abs. 1 S. 1 Nr. 3, wenn sie mit Feuerungsanlagen für feste, flüssige und gasförmige Brennstoffe mit einer Feuerungswärmeleistung von mehr als dreihundert Megawatt arbeiten. Als Ab-

---

12 Begründung des Bundesratsentwurfs eines Gesetzes zur Änderung des VGFGEntlG, BT-Drs. 10/171 Anl. 1 S. 10.
13 Begründung des Bundesratsentwurfs eines Gesetzes zur Änderung des VGFGEntlG, BT-Drs. 10/171 Anl. 1 S. 10. A.M. *Kopp/Schenke* § 48 Rn. 13; *A. Scheidler*, RdE 2011, 165, 168.
14 *H.-J. v. Oertzen*, DÖV 1985, 749, 751.
15 A.M. *Kopp/Schenke* § 48 Rn. 5; *H.-J. v. Oertzen*, in: Redeker/v. Oertzen § 48 Rn. 16.
16 A.M. *Kopp/Schenke* § 48 Rn. 5; *H.-J. v. Oertzen*, in: Redeker/v. Oertzen § 48 Rn. 15.
17 *H.-J. v. Oertzen*, DÖV 1985, 749, 752.

grenzungsmerkmal gewählt wurde die Leistungsgrenze von 300 Megawatt, weil die Verordnung über Großfeuerungsanlagen besondere Anforderungen an Feuerungsanlagen mit einer höheren Leistung stellt.[18] Entsprechend sind Abgrenzungsprobleme bei der Frage, ob der Schwellenwert von 300 Megawatt bspw. durch eine Zusammenrechnung mehrerer Kraftwerksblöcke erreicht wird oder nicht, anhand des materiellen Immissionsschutzrechts zu lösen.[19] Eine Zusammenrechnung für die Erweiterung von Feuerungsanlagen ist vorgeschrieben in § 13 S. 2 13. BImSchV. Die Kumulationsregeln des § 1 Abs. 2–5 4. BImSchV sind mit der Maßgabe anzuwenden, dass an die Stelle der Genehmigungsbedürftigkeit die Zuständigkeitszuweisung nach § 48 Abs. 1 S. 1 Nr. 3 tritt und der für die Erlaubnispflichtigkeit maßgebende Wert der Feuerungswärmeleistung von 50 Megawatt nach Anhang 1.1 4.BImschV durch den Wert von 300 Megawatt zu ersetzen ist. Der Rekurs auf die Regelungen des materiellen Rechts enthebt das OVG nicht von der Verpflichtung, das Vorliegen der Voraussetzungen seiner sachlichen Zuständigkeit selbständig und von Amts wegen zu prüfen (→ § 45 Rn. 13). Das Gericht kann daher die Feststellungen der Behörde in einem vorangegangenen Verwaltungsverfahren nicht ungeprüft übernehmen.[20]

Wie § 48 Abs. 1 S. 1 Nr. 1 und 2 ist § 48 Abs. 1 S. 1 Nr. 3 anlagen- und nicht genehmigungsbezogen. 13 Die Reichweite der Anlagengenehmigung nach § 1 Abs. 2 4.BImSchV beeinflusst daher die Auslegung der prozessualen Zuweisungsvorschrift nicht. Nebeneinrichtungen nach § 1 Abs. 2 Nr. 2 4.BImSchV können mithin gem. § 48 Abs. 1 S. 2 in die Zuweisung einbezogen sein. Ob andere, die Anlage betreffende behördliche Entscheidungen von der Konzentrationswirkung nach § 13 BImSchG erfasst werden oder nicht, ist für die sachliche Zuständigkeit des OVG zur Entscheidung diesbezüglicher Streitigkeiten ohne Bedeutung. Für alle diese behördlichen Entscheidungen gilt die Klarstellung des § 48 Abs. 1 S. 2. Nichtsdestoweniger sind Streitigkeiten i.S.v. § 48 Abs. 1 S. 1 Nr. 3 auch alle solchen über die Genehmigung (§§ 4 und 10 BImSchG), über Teilgenehmigung (§ 8 BImSchG), Vorbescheid (§ 9 BImSchG), nachträgliche Anordnungen (§ 17 BImSchG), den Widerruf der Genehmigung (§ 21 BImSchG) sowie die Untersagung des Betriebs und die Stilllegung und Beseitigung der Anlage nach § 20 BImSchG.[21]

5. Planfeststellungsverfahren nach § 43 EnWG. Planfeststellungsverfahren nach § 43 EnWG sind Ge- 14 genstand des Zuweisungstatbestands des § 48 Abs. 1 S. 1 Nr. 4. Anders als die bis zum 16.12.2006 geltende frühere Fassung ist die Vorschrift nicht mehr anlagen-, sondern verfahrensbezogen. Voraussetzung für die Anwendbarkeit der Nr. 4 ist daher das Bestehen einer Streitigkeit entweder über ein bereits eingeleitetes Planfeststellungsverfahren oder über Vorarbeiten (§ 44 EnWG). Nicht erforderlich ist, dass das betreffende Vorhaben planfeststellungs*bedürftig* ist. Es reicht aus, wenn ein Planfeststellungsverfahren *zulässigerweise* durchgeführt wird. § 48 Abs. 1 S. 1 Nr. 4 erfasst also nicht nur die in § 43 S. 1 EnWG aufgezählten planfeststellungsbedürftigen Vorhaben, sondern auch die in § 43 S. 3 EnWG genannten, für den Betrieb von Energieleitungen notwendigen Anlagen, soweit sie in ein Planfeststellungsverfahren integriert werden sowie die fakultative Durchführung von Planfeststellungsverfahren für Erdkabel im Küstenbereich i.S.v. § 43 S. 5 EnWG und für Erdkabel nach § 43 S. 8 EnWG. Wie alle an die Durchführung eines Planfeststellungsverfahrens anknüpfenden Tatbestände des § 48 Abs. 1 S. 1 (→ Rn. 29) erfasst die Nr. 4 nicht – auch nicht über § 48 Abs. 1 S. 2 – Entscheidungen über das Absehen von Planfeststellung und Plangenehmigung (a.M. VGH Kassel 12.12.2016 – 6 C 1422.14T, juris Rn. 14 ff.).

Nr. 4 gilt nur für Streitigkeiten über Planfeststellungsverfahren, die unter § 43 EnWG fallen. Dies sind: 14a

■ *Hochspannungsfreileitungen*, d.h. oberirdische Elektrizitätsleitungen mit einer Nennspannung von 110 kV oder mehr (§ 43 S. 1 Nr. 1 EnWG). Die hiervon ausgenommenen Bahnstromfernleitungen unterliegen nach § 18 S. 1 AEG der eisenbahnrechtlichen Planfeststellung und damit der Zuständigkeitszuweisung nach § 48 Abs. 1 S. 1 Nr. 7. Ob es sich bei der Hochspannungsleitung um eine Fernleitung oder eine Leitung zur regionalen Verteilung handelt, ist ebenso wie für den Begriff der Gasversorgungsleitung i.S.v. § 43 S. 1 Nr. 2 EnWG unerheblich. Unter der Errichtung ist der Bau einer neuen Freileitung zu verstehen. Während nach früherem Recht mit der Freileitung errichtete

---

18 Bericht des Rechtsausschusses, BT-Drs. 10/3368, 8.
19 Bericht des Rechtsausschusses, BT-Drs. 10/3368, 8; *A. Scheidler*, VBlBW 2011, 338, 341.
20 A.M. *J. Meyer-Ladewig*, NJW 1985, 1985, 1988; *M. Pagenkopf*, DVBl 1985, 981, 983.
21 *A. Scheidler*, VBlBW 2011, 338, 341 m.w.N.

Schalt- und Umspannanlagen als Nebeneinrichtungen i.S.v. § 48 Abs. 1 S. 2 als ohne Weiteres § 48 Abs. 1 S. 1 Nr. 4 unterfallend anzusehen waren (VGH Mannheim DÖV 2000, 384), gilt dies seit der Bezugnahme der Vorschrift auf § 43 EnWG nicht mehr. Denn für derartige Anlagen besteht ausweislich des § 43 S. 3 EnWG ein Wahlrecht des Vorhabenträgers, ob diese Anlagen auf seinen Antrag hin in das Planfeststellungsverfahren integriert werden. Erfolgt dies nicht, so erstreckt sich die erstinstanzliche Zuständigkeit des OVG nicht auf Streitigkeiten um die Zulassung solcher Anlagen. Für das Vorliegen einer *Änderung der Leitung* ist ein Eingriff in den technischen Bestand der Leitung erforderlich, ohne dass es auf die Wesentlichkeit oder Unwesentlichkeit der Änderung ankäme. Eine Streitigkeit betr. ein Planfeststellungsverfahren für den *Betrieb* einer Leitung setzt voraus, dass der Betrieb nach § 43 Abs. 1 S. 1 EnWG selbständig planfeststellungsbedürftig ist. Erfasst sind hiervon nur Fälle, in denen eine über längere Zeit nicht mehr genutzte Leitung wieder in Betrieb genommen werden soll.[22] Nicht der Zuständigkeit des OVG unterfallen Streitigkeiten über einen Enteignungs- und Besitzeinweisungsbeschluss, der die dingliche Sicherung eines Leitungsrechts bzgl. einer bereits vorhandenen Freileitung anordnet (VGH Mannheim DÖV 2000, 384), oder über rein kostenrechtliche Fragen (OVG Schleswig NordÖR 2003, 301, 302).

- *Gasversorgungsleitungen* mit einem Durchmesser von mehr als 300 Millimeter (§ 43 S. 1 Nr. 2 EnWG).
- *Hochspannungsleitungen zur Netzanbindung von Windenergieanlagen auf See* im Küstenmeer als Seekabel und landeinwärts als Freileitung oder Erdkabel (§ 43 S. 1 Nr. 3 EnWG).
- *Grenzüberschreitende Gleichstrom-Hochspannungsleitungen*, die im Küstenmeer als Seekabel verlegt werden sollen sowie deren Fortführung landeinwärts als Freileitung oder Erdkabel (§ 43 S. 1 Nr. 4 EnWG).

14b   In ein Planfeststellungsverfahren einbezogen bzw. in einem solchen zugelassen werden *können* die Errichtung und der Betrieb sowie die Änderung eines Erdkabels für Hochspannungsleitungen mit einer Nennspannung von 110 kV im Küstenbereich von Nord- und Ostsee (§ 43 S. 5 EnWG) sowie – jeweils auf Antrag des Vorhabenträgers – die für den Betrieb von Energieleitungen notwendigen Anlagen (§ 43 S. 3 EnWG) sowie die Errichtung und der Betrieb sowie die Änderung eines Erdkabels mit einer Nennspannung von 110 kV sowie eines Erdkabels mit einer Nennspannung von 110 kV oder mehr zur Anbindung von Kraftwerken und Pumpspeicherkraftwerken an das Elektrizitätsversorgungsnetz (§ 43 S. 8 EnWG). Die Durchführung eines Planfeststellungsverfahrens liegt in diesen Fällen im pflichtgemäßen Ermessen der zuständigen Behörde.[23] Entscheidet sich diese gegen ein Planfeststellungsverfahren, so ist die erstinstanzliche Zuständigkeit des OVG nicht eröffnet. Allerdings wird man jedenfalls in den Fällen, in denen der Vorhabenträger die Durchführung eines Planfeststellungsverfahrens beantragt und die Behörde dies abgelehnt hat, eine Klage des Vorhabenträgers gegen diese Entscheidung § 48 Abs. 1 S. 1 Nr. 4 unterwerfen müssen. Handelt es sich um eine Streitigkeit über eine Planfeststellung nach dem Energieleitungsausbaugesetz oder dem Bundesbedarfsplangesetz und ist deshalb die erstinstanzliche Zuständigkeit des BVerwG nach § 50 Abs. 1 Nr. 6 eröffnet, so geht diese der Zuständigkeit des OVG nach § 48 Abs. 1 S. 1 Nr. 4 vor. Aus diesem Grund hat etwa § 43 S. 1 Nr. 5 EnWG für die Zuständigkeit des OVG keine Bedeutung.

14c   **6. Off-shore Windenergieanlagen.** Die durch Art. 3 des Gesetzes zur Einführung von Ausschreibungen für Strom aus erneuerbaren Energien und zu weiteren Änderungen des Rechts der erneuerbaren Energien vom 13.10.2016 (BGBl I 2258) eingefügte Nr. 4a ist ebenfalls verfahrensbezogen und bezieht Planfeststellungsverfahren für die Errichtung, den Betrieb und die Änderung von Einrichtungen nach § 45 Abs. 1 Windenergie-auf-See-Gesetz in die erstinstanzliche Zuständigkeit des OVG ein. Dabei handelt es sich gemäß § 45 Abs. 1 i.V.m. § 44 Abs. 1 Windenergie-auf-See-Gesetz um Windenergieanlagen auf See sowie Anlagen zur Übertragung von Strom aus solchen Windenergieanlagen auf See im Bereich der ausschließlichen Wirtschaftszone **oder** auf Hoher See, wenn der Unternehmenssitz des Vorhabenträgers im Bundesgebiet liegt.

15   **7. Abfallbeseitigungs- und Abfalllagerungsanlagen.** Die Abfallbeseitigungs- und Abfalllagerungsanlagen erfassende Vorschrift des § 48 Abs. 1 S. 1 Nr. 5 weist ebenfalls eine Divergenz zu den in Bezug ge-

---

22 G. *Hermes/Kupfer*, in: Britz/Hellermann/Hermes, EnWG, ³2015, § 43 Rn. 15.
23 W. *Durner*, in: Ziekow, Handbuch des Fachplanungsrechts, ²2014, Kap. 7 Rn. 11.

nommenen Vorschriften des materiellen Rechts auf. Nach § 35 Abs. 1 KrWG bedürfen Errichtung, Betrieb und wesentliche Änderung von ortsfesten Abfallbeseitigungsanlagen zur Lagerung oder Behandlung von Abfällen zur Beseitigung sowie die wesentliche Änderung des Betriebes einer solchen Anlage ausschließlich einer Genehmigung nach den Vorschriften des BImSchG, also nach § 10 BImSchG. § 48 Abs. 1 S. 1 Nr. 5 erfasst hingegen nur einen Ausschnitt dieser genehmigungsbedürftigen Tatbestände, nämlich die Errichtung, den Betrieb und die wesentliche Änderung von ortsfesten Anlagen zur Verbrennung oder thermischen Zersetzung von Abfällen mit einer jährlichen Durchsatzleistung von mehr als 100.000 Tonnen, nicht aber Abfallbeseitigungsanlagen mit einer geringeren Durchsatzleistung oder einer anderen Form der Abfallbeseitigung, zur Lagerung von Abfällen oder die wesentliche Änderung des Betriebs einer Anlage i.S.v. § 48 Abs. 1 S. 1 Nr. 5.

Neben den Genehmigungsverfahren für die Anlagen zur Verbrennung oder thermischen Zersetzung 16
von Abfällen gilt § 48 Abs. 1 S. 1 Nr. 5 noch für Planfeststellungsverfahren nach § 35 Abs. 2 KrWG sowie Genehmigungsverfahren nach § 10 BImSchG für die Errichtung, den Betrieb und die wesentliche Änderung von ortsfesten Anlagen, in denen ganz oder teilweise Abfälle i.S.d. § 48 KrWG gelagert oder abgelagert werden. Abfälle i.S.d. § 48 KrWG sind die durch Rechtsverordnung zu bestimmenden gefährlichen Abfälle. Werden sie in einer Abfallbeseitigungsanlage zur Endablagerung von Abfällen, also einer Deponie i.S.v. § 30 Abs. 1 S. 3 Nr. 2 KrWG, gelagert, so greift bereits § 35 Abs. 2 KrWG ein, der für die Errichtung und den Betrieb von Deponien sowie die wesentliche Änderung einer solchen Anlage oder ihres Betriebes die Planfeststellung vorschreibt. Selbständige Bedeutung hat die letzte Tatbestandsvariante des § 48 Abs. 1 S. 1 Nr. 5 mithin nur für die Lagerung von gefährlichen Abfällen in Anlagen, die keine Deponien sind. Auch soweit sich die Zuweisung auf Planfeststellungsverfahren nach § 35 Abs. 2 KrWG bezieht, wird die wesentliche Änderung des Betriebs der Anlage von § 48 Abs. 1 S. 1 Nr. 5 – anders als von der materiellrechtlichen Bestimmung – nicht umschlossen. Zur Vermeidung einer Aufspaltung der Zuständigkeit für Streitigkeiten über einen einheitlichen Antrag erfasst die Zuständigkeitszuweisung auch mehrteilige Vorhaben, bestehend aus der ortsfesten Anlage zur teilweisen Lagerung gefährlicher Abfälle und weiteren räumlich und betrieblich zusammenhängenden Einzelanlagen, sofern sie in einem einheitlichen Antrag zur Genehmigung gestellt und über diesen in einem einheitlichen förmlichen Genehmigungsverfahren entschieden wurde (OVG Münster 27.11.2009 – 8 B 1549/09.AK).

Anders als die Nr. 1–3 des § 48 Abs. 1 S. 1 ist die Nr. 5 nicht anlagen-, sondern genehmigungsverfah- 17
rensbezogen (VGH München NVwZ-RR 2013, 535). Die Anwendbarkeit der Zuweisung setzt daher die Durchführung eines Genehmigungsverfahrens nach § 35 Abs. 1 KrWG i.V.m. § 10 BImSchG oder eines Planfeststellungs- bzw. Plangenehmigungsverfahrens nach § 35 Abs. 2 und 3 KrWG voraus. Ist ein Planfeststellungs- oder Genehmigungsverfahren eingeleitet worden, so gilt die Zuweisung auch für die Zulassung vorzeitigen Beginns nach § 37 KrWG,[24] Planänderungen nach § 38 Abs. 1 KrWG i.V.m. § 76 Abs. 1 – nicht aber Abs. 2 – VwVfG und nachträgliche Auflagen nach § 36 Abs. 4 S. 3 KrWG vor Unanfechtbarkeit des Planfeststellungsbeschlusses. Wegen des fehlenden Verfahrensbezugs keine Anwendung findet § 48 Abs. 1 S. 1 Nr. 5 hingegen bei Streitigkeiten über Anordnungen nach § 39 KrWG, Überwachungsmaßnahmen nach § 47 KrWG, nachträgliche Anordnungen nach § 17 BImSchG[25] und Klagen gegen eine Zwangsgeldandrohung wegen Verstoßes gegen eine im Genehmigungsbescheid enthaltene Nebenbestimmung (VGH Mannheim NVwZ-RR 2013, 535). In Anbetracht der umfassenden Konzentrationswirkung des Planfeststellungsbeschlusses nach § 38 Abs. 1 KrWG i.V.m. § 75 Abs. 1 VwVfG ist die Zuweisung des § 48 Abs. 1 S. 1 Nr. 5 ohne Rücksicht auf § 48 Abs. 1 S. 2 abschließend. Soweit sich die Zuweisung auf ein Genehmigungsverfahren nach § 10 BImSchG bezieht, gilt sie auch für das vereinfachte Verfahren nach § 19 BImSchG. Zu beachten ist die begrenzte Konzentrationswirkung der Genehmigung gem. § 13 BImSchG.

8. Verkehrsflughäfen und Verkehrslandeplätze. Die sich auf Verkehrsflughäfen und Verkehrsflande- 18
plätze beziehende Zuweisung des § 48 Abs. 1 S. 1 Nr. 6 knüpft hinsichtlich der Begrifflichkeit an § 38 Abs. 2 Nr. 1 LuftVZO und § 49 Abs. 2 Nr. 1 LuftVZO an.[26] Während Verkehrsflughäfen bereits defi-

---

24 Für § 48 Abs. 1 S. 1 Nr. 5 a.F. Bericht des Rechtsausschusses, BT-Drs. 10/3368, 8; *M. Pagenkopf*, DVBl 1985, 981, 984.

25 VGH Mannheim NVwZ-RR 2000, 191; VGH München NVwZ-RR 2013, 535.

26 Vgl. für den Begriff des Flughafens VGH Mannheim NVwZ-RR 1994, 197; VBlBW 2000, 27, 28.

nitionsgemäß immer der Sicherung durch einen Bauschutzbereich nach § 12 LuftVG bedürfen (§ 38 Abs. 1 LuftVZO), ist dies bei Verkehrslandeplätzen gem. § 49 Abs. 1 LuftVZO nicht der Fall. Sie werden von der Zuweisung nur erfasst, wenn die Luftfahrtbehörde nach § 17 LuftVG einen beschränkten Bauschutzbereich angeordnet hat. Gemeinsam ist beiden Kategorien von Flugplätzen, dass ihre Anlage oder Änderung gem. § 8 LuftVG der Planfeststellung nach § 10 LuftVG bedürfen. Dennoch ist § 48 Abs. 1 S. 1 Nr. 6 nicht genehmigungs-, sondern anlagenbezogen (VGH Mannheim VBlBW 2000, 157; OVG Münster DVBl 2013, 1398, 1399). Die Zuweisung an das OVG gilt daher auch für Plangenehmigungsverfahren gem. § 8 Abs. 1 S. 10 LuftVG i.V.m. § 74 Abs. 6 VwVfG oder wenn die Behörde in Fällen unwesentlicher Bedeutung nach § 8 Abs. 1 S. 10 LuftVG i.V.m. § 74 Abs. 7 VwVfG von einer Planfeststellung oder -genehmigung abgesehen hat (VGH Mannheim NVwZ 1997, 594, 595; VBlBW 2000, 157), sowie für Streitigkeiten betreffend die Genehmigung für Anlage oder Betrieb eines Flughafens oder Landeplatzes nach § 6 Abs. 1 LuftVG, Genehmigungsänderungen und -ergänzungen nach § 6 Abs. 4 LuftVG, die Zulassung einer Abweichung von Zielen eines Regionalplans (VGH Kassel NVwZ-RR 2005, 683), den Widerruf von Genehmigungen nach § 6 LuftVG (OVG Bln 26.8.2005 – 12 A 1.05), die Gestattung von Vorarbeiten zur Vorbereitung des Genehmigungsantrags (§ 7 Abs. 1 LuftVG),[27] den Ausbauplan nach § 12 Abs. 1 LuftVG – nicht aber für die Zustimmung der Luftfahrtbehörden zu Bauwerken im Bauschutzbereich gem. § 12 Abs. 2–4 LuftVG[28] –, die Notwendigkeit der Anordnung eines beschränkten Bauschutzbereichs nach § 17 LuftVG, die Befreiung von den Verboten des Landschaftsschutzgebietes für die zur Herstellung der Hindernisfreiheit für den Instrumentenflugbetrieb (OVG Bln 30.10.2013 – 11 S 3.13, juris Rn. 13), die Eigensicherungspflichten des Flugplatzbetreibers nach § 8 LuftSiG (für § 8 Abs. 1 S. 1 Nr. 5 LuftSiG VGH Mannheim VBlBW 2005, 480), die Vergabe von Bodenabfertigungsdienstleistungen,[29] luftaufsichtsbehördliche Maßnahmen nach § 29 LuftVG, die Genehmigung der Benutzungsordnung (§ 43 Abs. 1 LuftVZO), die Abnahmeprüfung nach § 44 Abs. 1, 3 LuftVZO, die Bestellung einer sachkundigen Person für die Leitung des Verkehrs und Betriebs des Flughafens (§ 45 Abs. 4 S. 1 LuftVZO), die Pflichten des Unternehmers nach §§ 45 Abs. 1 und 46 Abs. 1 LuftVZO und die Bestellung eines Flugleiters gem. § 53 Abs. 3 LuftVZO.

19   Über § 48 Abs. 1 S. 2 in die sachliche Zuständigkeit des OVG nach § 48 Abs. 1 S. 1 Nr. 6 einbezogen ist auch die den Flugbetrieb unmittelbar ausgestaltende Festlegung von Flugrouten, insbes. der An- und Abflugwege (BVerwGE 111, 276, 277; VGH Mannheim NVwZ-RR 2003, 737, 738), die Festlegung von Regelungen für Instrumentenanflugverfahren (VGH Mannheim NVwZ-RR 2003, 737, 738) sowie die Durchführung von Sicherungsmaßnahmen der Flugsicherung (OVG Saarlouis AS 28, 190, 191), nicht aber eine Streitigkeit um die Kostentragung für derartige Sicherungsmaßnahmen (OVG Bautzen 11.8.2015 – 5 C 37/13, juris Rn. 1). Entsprechendes gilt unter anderem für die zur Errichtung der den Flughafen oder Landeplatz baulich konstituierenden Gebäude erforderlichen Baugenehmigungen. Von der Notwendigkeit zur Einholung der Baugenehmigungen entbindet auch nicht die Durchführung eines Planfeststellungsverfahrens, da die Konzentrationswirkung des Planfeststellungsbeschlusses gem. § 9 Abs. 1 LuftVG die Zuständigkeit der Baugenehmigungsbehörden unberührt lässt. Sofern sie baulich in das Gesamtvorhaben integriert sind, zählen zu jenen Bauwerken etwa Hallen, Werkstatt-, Passagierabfertigungs- und Zollabfertigungsgebäude, Parkplätze einschließlich Tankstellen, Restaurants, Ladenstraßen, Duty-free-Shops und Flughafenhotels.[30] Wird allerdings nachträglich für einen bereits in Betrieb befindlichen Flugplatz die Genehmigung eines separaten Restaurants oder Hotels beantragt, so findet § 48 Abs. 1 S. 1 Nr. 6, S. 2 keine Anwendung.

20   Erstinstanzlich zuständig ist das OVG weiterhin für Streitigkeiten über die Entscheidungen des Bundesministers für Verkehr hinsichtlich der Notwendigkeit eines Flugsicherungsbetriebsdienstes nach § 27d Abs. 1 LuftVG sowie der Vorhaltungsgestattung nach § 27d Abs. 4 LuftVG, nicht aber bspw. über die Genehmigung von Luftfahrtunternehmen (§ 20 LuftVG), die Erteilung von Berechtigungen zum Betreten von sicherheitsempfindlichen Bereichen eines Flughafens (OVG Bln 12.8.2005 – 12 A 54.05) oder die Genehmigung einer Entgeltordnung für einen Flughafen (VGH München NVwZ-RR 2014, 623). Verfahren betr. Streitigkeiten über eine Fluglärmschutzverordnung (BVerwG ZLW 2014,

---

27 VGH Kassel NuR 2003, 105, 106.
28 H.-J. v. Oertzen, DÖV 1985, 749, 754.
29 BVerwG NVwZ 2013, 507; HmbOVG 16.8.2013 – 1 Es 2/13, juris Rn. 9. A.M. VGH Mannheim, 26.6.2002 – 8 S 1242/02; VGH München, 8.12.2016 – 8 AS 16.40044, juris Rn. 5 ff.
30 H.-J. v. Oertzen, DÖV 1985, 749, 754.

653, 654; OVG Münster DVBl 2013, 1398) oder Ansprüche auf passive Schallschutzmaßnahmen oder Entschädigung nach den Vorschriften des FluglärmG oder anderen Vorschriften wegen der von dem Fluglärm ausgehenden Beeinträchtigungen unterliegen – anders als bei den genehmigungsbezogenen Tatbeständen des § 48 Abs. 1 S. 1 (→ Rn. 31) – der sachlichen Zuständigkeit des OVG (BVerwG ZLW 2014, 653, 655; VGH Kassel NVwZ-RR 2005, 805, 806; 2008, 88).

9. Bahnanlagen. Von der Zuweisung des § 48 Abs. 1 S. 1 Nr. 7 erfasste Bahnanlagen sind Strecken 21 von Straßenbahnen, von Magnetschwebebahnen und von öffentlichen Eisenbahnen sowie Rangier- und Containerbahnhöfen. Der Begriff der Straßenbahn weist zurück auf die Legaldefinition in § 4 Abs. 1 und 2 PBefG, sodass auch Hoch-, Untergrund-, Schwebe- und ähnliche Bahnen einbezogen sind.[31] Keine Beschreibung des Begriffs „Magnetschwebebahnen" enthält das Gesetz zur Regelung des Planungsverfahrens für Magnetschwebebahnen vom 23.11.1994 (BGBl I 3486); geeignete Abgrenzungskriterien sind anhand des betreffenden Projekts im Einzelfall zu entwickeln. Der Kreis der öffentlichen Einrichtungen oder privatrechtlich organisierten Unternehmen, der unter den Terminus „öffentliche Eisenbahnen" fällt, ist in § 3 Abs. 1 i.V.m. § 2 Abs. 1–3 AEG definiert.[32] Definitionsgemäß keine Eisenbahnen sind neben den von § 48 Abs. 1 S. 1 Nr. 7 selbständig aufgeführten Straßenbahnen bspw. Berg- und andere Bahnen besonderer Bauart (vgl. § 1 AEG). Bahnhöfe werden in ihren Erscheinungsformen als Rangier- und Containerbahnhöfe in § 48 Abs. 1 S. 1 Nr. 7 eigenständig genannt. Der Bau oder die Änderung anderer Bahnhöfe und Haltestellen ist bereits Teil des Baus oder der Änderung der Strecke i.S.v. § 48 Abs. 1 S. 1 Nr. 7[33] (vgl. § 12 Abs. 1 Nr. 2 lit. a PBefG).

Der in der Zuweisungsnorm verwendete Begriff der „Strecke" wird bahnrechtlich etwa in § 12 Abs. 1 22 Nr. 2 lit. a PBefG verwendet und meint die Führung der Bahnlinie zwischen zwei Punkten im Raum durch bauliche Anlagen.[34] Er ist inhaltsgleich mit dem in § 18 AEG verwendeten Begriff der „Betriebsanlagen", sodass auch sämtliche Nebenanlagen wie Bahnhöfe, Haltepunkte, Betriebsleit- und Sicherungssysteme sowie Bahnübergänge erfasst werden (BVerwG NVwZ 2009, 189, 190). Dass sich die Zuweisung sowohl auf die erstmalige Herstellung einer Strecke als auch auf ihre spätere Änderung und damit nicht nur auf die Änderung „neuer", sondern auch die Änderung aller Strecken von Straßenbahnen und öffentlichen Eisenbahnen[35] bezieht, ist durch die Änderung der Vorschrift durch Art. 5 Nr. 2 des Gesetzes zur Modernisierung von Verfahren im anwaltlichen und notariellen Berufsrecht vom 30.7.2009 (BGBl I 2449) ausdrücklich klargestellt worden. Dazu gehört auch die Aufhebung eines höhengleichen Bahnübergangs (BVerwG NVwZ 2009, 189). Zu beachten ist dabei allerdings, dass die Vorschrift genehmigungsverfahrens- und nicht anlagenbezogen ist (VGH Mannheim NVwZ 2011, 126). Voraussetzung ist mithin, dass die Streitigkeit sich auf ein bereits eingeleitetes Planfeststellungsverfahren bezieht. Für ein vorangehendes Raumordnungsverfahren betreffende Streitigkeiten ist nicht das OVG sachlich zuständig (VG Wiesbaden NVwZ-RR 1993, 7). Anderes muss aber für Streitigkeiten über die bereits einen unmittelbaren Bezug zum Planfeststellungsverfahren aufweisenden Vorarbeiten nach § 17 AEG, § 3 MBPlG und § 32 Abs. 1 Nr. 1 PBefG gelten.[36] Nach Einleitung des gem. § 18 AEG für den Bau und die Änderung der Betriebsanlagen von Eisenbahnen, laut § 1 Abs. 1 MBPlG für den Bau und die Änderung von Magnetschwebebahnstrecken einschließlich der für den Betrieb notwendigen Anlagen und nach § 28 Abs. 1 PBefG für den Bau, d.h. die Herstellung sowie wesentliche Änderungen oder Erweiterungen (vgl. § 28 Abs. 2 PBefG), von Betriebsanlagen für Straßenbahnen erforderlichen Planfeststellungsverfahrens ist die Zuständigkeit des OVG umfassend und umschließt bspw. auch Streitigkeiten über Veränderungssperren nach §§ 19 AEG, 4 MBPlG, 28 a PBefG oder vorzeitige Besitzeinweisungen nach §§ 21 AEG, 6 MBPlG, 29 a PBefG.

Wegen der ausdrücklichen Anknüpfung an das Planfeststellungsverfahren gilt § 48 Abs. 1 S. 1 Nr. 7 22a nicht für Streitigkeiten betreffend den Entfall der Planfeststellung in unwesentlichen Fällen gem. § 18 S. 3 AEG i.V.m. § 74 Abs. 7 VwVfG, § 1 Abs. 1 S. 3 MBPlG i.V.m. § 74 Abs. 7 VwVfG, 28 Abs. 2

---

31 Bericht des Rechtsausschusses, BT-Drs. 10/3368, 8; *M. Pagenkopf*, DVBl 1985, 981, 985.
32 Vgl. für die frühere Fassung des AEG *H.-J. v. Oertzen*, DÖV 1985, 749, 755.
33 *VGH Mannheim NVwZ-RR 2014, 634, 636*; *H.-J. v. Oertzen*, DÖV 1985, 749, 755.
34 BVerwG 16.7.2008 – 9 A 21.08.
35 So schon zur bisherigen Fassung der Vorschrift BVerwG 16.7.2008 – 9 A 21.08; OVG Koblenz DÖV 2002, 346; OVG Lüneburg NVwZ-RR 1998, 718; OVG Münster 18.9.1997 – 20 D 103/95.AK; VGH München BayVBl 2005, 563.
36 Vgl. VG Stuttgart NVwZ 2011, 1079; vgl. für die parallele Vorschrift des § 5 Abs. 1 VerkPBG BVerwG NVwZ 1994, 368.

PBefG, über den die Planfeststellung ersetzenden Bebauungsplan nach § 28 Abs. 3 S. 1 PBefG (VGH Mannheim NVwZ-RR 2001, 411; VG Stuttgart NVwZ 2011, 1079), die raumordnerische Beurteilung von Vorhaben (OVG Münster UPR 1996, 454), die weitere Ausführung der planfestgestellten Maßnahmen, soweit nicht um die Rechtmäßigkeit des Planfeststellungsbeschlusses selbst gestritten wird (VGH Mannheim NVwZ 2011, 126; VGH München NVwZ-RR 2017, 214, 215) sowie über die Freistellung von Bahnbetriebszwecken nach § 23 AEG (OVG Saarlouis LKRZ 2013, 247, 248). Anwendbar ist § 48 Abs. 1 S. 1 Nr. 7 hingegen, wenn über den Bestand des Ergebnisses eines Planfeststellungsverfahrens, also des Planfeststellungsbeschlusses, gestritten wird, und zwar auch dann, wenn dieser bereits unanfechtbar ist (OVG Münster UPR 2015, 10), so dass auch ein Verfahren über Rücknahme oder Widerruf eines Planfeststellungsbeschlusses der Nr. 7 unterfällt (A. M. OVG Saarlouis 19.3.2013 – 1 C 346/12). Entsprechendes gilt für Streitigkeiten über eine nach § 74 Abs. 3 VwVfG vorbehaltene Entscheidung (VGH Mannheim NVwZ-RR 2016, 771). Streitigkeiten über Plangenehmigungen nach § 18 S. 3 AEG i.V.m. § 74 Abs. 6 VwVfG, § 1 Abs. 1 S. 3 MBPlG i.V.m. § 74 Abs. 6 VwVfG, § 28 Abs. 1a PBefG sind über § 48 Abs. 1 S. 2 in den Geltungsbereich des § 48 Abs. 1 S. 1 Nr. 7 einbezogen (vgl. OVG Lüneburg NuR 2001, 338). Über § 48 Abs. 1 S. 2 erfasst § 48 Abs. 1 S. 1 Nr. 7 auch Nebeneinrichtungen wie eine dem Bahnverkehr dienende fernmeldetechnische Einrichtung (VGH München BayVBl 2005, 563). Hinsichtlich der Planfeststellungsverfahren betr. Straßenbahnen ist die erstinstanzliche Zuständigkeit des OVG exklusiv. Für Vorhaben nach dem AEG und dem MBPlG ist der Vorrang der Zuständigkeit des BVerwG nach § 50 Abs. 1 Nr. 6 zu beachten (→ § 50 Rn. 16 b f.).

23   **10. Bundesfernstraßen.** Die Einfügung des Begriffs Bundesfernstraßen in den § 48 Abs. 1 S. 1 Nr. 8 sollte an die Terminologie des FStrG anknüpfen (Bericht des Rechtsausschusses, BT-Drs. 11/8275, 32). Bundesfernstraßen i.S.d. Vorschrift sind daher gem. § 1 Abs. 2 FStrG Bundesautobahnen und Bundesstraßen mit den Ortsdurchfahrten. Wie § 48 Abs. 1 S. 1 Nr. 7 stellt § 48 Abs. 1 S. 1 Nr. 8 strikt auf das objektive Vorliegen eines Planfeststellungsverfahrens ab (VGH München DÖV 1991, 1027).[37] Bau und Änderung von Bundesfernstraßen sind nach § 17 FStrG planfeststellungsbedürftig. Hinsichtlich der Geltung der Zuweisung für Veränderungssperre (§ 9a FStrG), Vorarbeiten (§ 16a FStrG), Plangenehmigung (§ 17 S. 3 FStrG i.V.m. § 74 Abs. 6 VwVfG), Entfall von Planfeststellung und Plangenehmigung (§ 17 S. 3 FStrG i.V.m. § 74 Abs. 7 VwVfG), Ersetzung der Planfeststellung durch einen Bebauungsplan (§ 17b Abs. 2 FStrG) und vorzeitige Besitzeinweisung (§ 18f FStrG) ist auf die Ausführungen zur Planfeststellung für Straßenbahnen zu verweisen (→ Rn. 22 f.). Für eine auf die Feststellung der Planfeststellungsbedürftigkeit eines Vorhabens gerichtete Klage ist daher das OVG ebenso wenig erstinstanzlich zuständig[38] wie für eine Klage auf Durchführung einer im Planfeststellungsbeschluss vorgesehen Baumaßnahme (VG Freiburg UPR 2001, 400) oder für eine die Aufhebung eines Planfeststellungsbeschlusses nach § 77 VwVfG,[39] dessen Widerruf bzw. Rücknahme[40] oder Außerkrafttreten betreffende Klage (a.M. VGH Mannheim 26.9.2003 – 5 S 1599/02).[41] Zu beachten ist der von § 1 Abs. 4 FStrG gegebene weite Begriff der Bundesfernstraße. So zählen auch Lärmschutzanlagen (§ 1 Abs. 4 Nr. 1 FStrG), Verkehrszeichen (§ 1 Abs. 4 Nr. 3 FStrG), Straßenmeistereien, Gerätehöfe, Lager, Lagerplätze etc. (§ 1 Abs. 4 Nr. 4 FStrG) sowie Tankstellen, bewachte Parkplätze, Werkstätten und Raststätten an den Bundesautobahnen (§ 1 Abs. 4 Nr. 5 i.V.m. § 15 Abs. 1 FStrG) zu den Bundesfernstraßen und sind in das Planfeststellungsverfahren einbezogen. Fakultativ ist die Einbeziehung von Polizeistationen, Einrichtungen der Unfallhilfe, Hubschrauberlandeplätzen und Zollanlagen an Bundesfernstraßen i.S.v. § 17f FStrG in die Planfeststellung. Nur wenn diese Einbeziehung erfolgt ist, unterfallen Streitigkeiten betreffend den Bau oder die Änderung jener Anlagen dem § 48 Abs. 1 S. 1 Nr. 8.

24   *Keine* Planfeststellungsverfahren für den Bau oder die Änderung von Bundesfernstraßen i.S.v. § 17 FStrG, § 48 Abs. 1 S. 1 Nr. 8 betreffen Streitigkeiten über Widmung, Umstufung und Einziehung nach

---

37 *M. Pagenkopf*, DVBl 1985, 981, 986.
38 VG Gießen 14.3.2001 – 1 G 293/01. A.M. VGH Mannheim NVwZ-RR 2000, 87; VG Freiburg NVwZ-RR 1997, 144 für eine Unterlassungsklage wegen Planfeststellungsbedürftigkeit der Maßnahmen.
39 OVG Koblenz 30.10.2003 – 1 C 10611/03. A.M. VGH Mannheim 22.10.1996 – 5 S 1848/96; NVwZ-RR 2000, 87.
40 VGH München NVwZ-RR 2003, 156. A.M. VGH Mannheim NVwZ-RR 1997, 682; 26.9.2003 – 5 S 1599/02.
41 *A. Scheidler*, VBlBW 2011, 338, 339.

§ 2 FStrG, Zustimmungen der obersten Landesstraßenbaubehörden nach § 9 Abs. 2 FStrG, Schutz-maßnahmen nach § 11 FStrG, die besonderen kreuzungsrechtlichen Planfeststellungen nach §§ 12 Abs. 4, 12a Abs. 4 FStrG,[42] Schutzauflagen nach Unanfechtbarkeit des Planfeststellungsbeschlusses gem. § 75 Abs. 2 S. 2 VwVfG,[43] Maßnahmen zur Vollziehung eines unanfechtbaren Planfeststellungs-beschlusses (OVG Bln NVwZ-RR 1991, 448. A.M. VGH Mannheim NVwZ-RR 2000, 87) sowie über behördliche Vorplanungen zur Wahl einer Trassenführung (KreisG Gera-Stadt LKV 1993, 136). Auf die sich für § 48 Abs. 1 S. 1 Nr. 8 aus der Zuständigkeit des BVerwG nach § 50 Abs. 1 Nr. 6 erge-benden Konsequenzen ist bereits hingewiesen worden (→ Rn. 2).

11. Bundeswasserstraßen. Grund für die Einbeziehung aller Bundeswasserstraßen in die Zuweisungs- 25
norm des § 48 Abs. 1 S. 1 Nr. 9 ist die Rückkoppelung an das materielle Recht, das als Bundeswasser-straßen neben den Binnen- auch die Seewasserstraßen nennt (§ 1 Abs. 1 WaStrG) und für Ausbau und Neubau einheitlich eine Planfeststellung vorschreibt (§ 14 Abs. 1 WaStrG).[44] Landeswasserstraßen un-terfallen selbst dann nicht § 48 Abs. 1 S. 1 Nr. 9, wenn sie dem allgemeinen Verkehr dienen (vgl. HmbOVG NordÖR 2001, 26). Da zu den Bundeswasserstraßen laut § 1 Abs. 4 WaStrG unter ande-rem Schleusen, Schiffshebewerke, Wehre, Schutz-, Liege- und Bauhäfen, Talsperren, Speicherbecken, Ufergrundstücke, Bauhöfe und Werkstätten gehören, soweit sie im Eigentum des Bundes stehen, be-zieht sich die Planfeststellung nach § 14 Abs. 1 WaStrG auch auf diese Anlagen, erfolgt die Zuweisung mithin über § 48 Abs. 1 S. 1 Nr. 9, ohne dass auf § 48 Abs. 1 S. 2 zurückgegriffen werden müsste (a.M. Bericht des Rechtsausschusses, BT-Drs. 10/3368, 8).[45] Weiterhin zur sachlichen Zuständigkeit des OVG zählen Streitigkeiten über vorläufige Anordnungen nach § 14 Abs. 2 WaStrG, Veränderungs-sperren nach § 15 WaStrG, Duldungspflichten nach § 16 WaStrG, vorzeitige Besitzeinweisungen gem. § 20 WaStrG, Duldungspflichten nach § 40 WaStrG und über die in einen nicht vom Bund betriebenen Hafen einbezogenen Teile einer Bundeswasserstraße (vgl. § 45 Abs. 4 WaStrG). Immer erforderlich ist aber, dass das Planfeststellungsverfahren die Verkehrsfunktion der Bundeswasserstraße und nicht all-gemeine wasserwirtschaftliche Belange betrifft (VGH Mannheim 19.6.1998 – 8 S 602/98). Bezieht sich die Streitigkeit auf den Bau einer Landesstraße, der Folge des Baus einer Bundeswasserstraße ist, und wird das Planfeststellungsverfahren nach dem Landesstraßengesetz zusammen mit dem nach dem WaStrG gem. § 78 VwVfG als einheitliches Planfeststellungsverfahren nach den Vorschriften des Wa-StrG durchgeführt, so ist das OVG für diese Streitigkeit ebenfalls erstinstanzlich zuständig.[46] § 48 Abs. 1 S. 1 Nr. 9 greift über § 48 Abs. 1 S. 2 auch ein bei Streitigkeiten betreffend Plangenehmigungen nach § 14 Abs. 1 S. 4 WaStrG i.V.m. § 74 Abs. 6 VwVfG, nicht aber bei Entfallen der Planfeststellung gem. § 14 Abs. 1 S. 4 WaStrG i.V.m. § 74 Abs. 7 VwVfG oder für Klagen betr. die Planfeststellungsbe-dürftigkeit bestimmter Maßnahmen (a.M. VGH München NuR 2002, 94, 95) oder wegen vorbehalte-ner Schutzauflagen.[47]

Zu beachten ist, dass die erstinstanzliche Zuständigkeit des OVG nicht besteht, soweit eine sachliche 26
Zuständigkeit des BVerwG nach § 50 Abs. 1 Nr. 6 gegeben ist.

12. Hochwasserschutzanlagen und -maßnahmen. Der 2017 durch das Hochwasserschutzgesetz II 26a
eingefügte § 48 Abs. 1 S. 1 Nr. 10 gilt für Planfeststellungsverfahren für Maßnahmen des öffentlichen Küsten- oder Hochwasserschutzes. Derartige Maßnahmen sind u.a. Deich- und Dammbauten, gesteu-erte Flutpolder, Notentlastungsräume, Hochwasserrückhaltebecken, Talsperren und Maßnahmen zur Steigerung der natürlichen Retention durch Aufweitung von Flussräumen, d.h. nicht allein bauliche, sondern ebenso jede gewässerverändernde Maßnahme mit Auswirkungen des Ablaufs der Hochwas-serwelle, wie z.B. die Aufweitung von Flussräumen (BT-Drs. 18/10879, 34).

---

42 A.M. *Kopp/Schenke* § 48 Rn. 11; *H.-J. v. Oertzen*, in: Redeker/v. Oertzen § 48 Rn. 34; *A. Scheidler*, UPR 2011, 379, 382.
43 BVerwG NVwZ 2000, 1168, 1169; OVG Lüneburg NVwZ 2003, 1283; VGH Mannheim BWVP 1994, 91; VGH München DÖV 1991, 1027.
44 Stellungnahme des Bundesrates, BT-Drs. 12/4328 Anl. 2 S. 36; VGH Mannheim 19.6.1998 – 8 S 602/98.
45 *A. Scheidler*, VBlBW 2011, 338, 344.
46 VGH München BayVBl 1987, 82; ebenso für das Zusammentreffen von wasser- und luftrechtlichem Planfeststellungs-verfahren VG Hamburg NordÖR 2001, 24, 26.
47 BVerwG NVwZ 2000, 1168, 1169; VGH München NVwZ-RR 1999, 699; NuR 2002, 94; NVwZ-RR 2004, 698, 699.

27   **13. Umfang der Zuweisung.** Für den Umfang der Zuweisung enthält § 48 Abs. 1 S. 2 die Regelung, dass das OVG nach § 48 Abs. 1 S. 1 sachlich zuständig ist auch für Streitigkeiten über Genehmigungen, die anstelle einer Planfeststellung erteilt werden, sowie für Streitigkeiten über sämtliche für das Vorhaben erforderlichen Genehmigungen und Erlaubnisse, auch soweit sie Nebeneinrichtungen betreffen, die mit dem Vorhaben in einem räumlichen und betrieblichen Zusammenhang stehen. Weder aus dieser noch aus anderen Vorschriften lassen sich für das OVG Annexzuständigkeiten oder Zuständigkeiten kraft Sachzusammenhangs ableiten (VGH Mannheim NVwZ-RR 2000, 191). Als Ausnahme von der Regel des § 45 ist § 48 Abs. 1 vielmehr eng am Zweck der Zuweisung orientiert auszulegen (→ § 45 Rn. 8). Würde § 48 Abs. 1 S. 2 Alt. 2 tatsächlich eine eigenständige Zuweisungsvorschrift darstellen, so wäre ihre Unschärfe in der Tat bedenklich.[48] Wie sich jedoch bereits aus dem Wortlaut der Bestimmung ergibt, wirkt § 48 Abs. 1 S. 2 Alt. 2 als bloße Klarstellungsregelung zu den Katalogfällen des § 48 Abs. 1 S. 1; für die Praxis entstehende Abgrenzungsschwierigkeiten sollten durch die Verdeutlichung vermieden werden.[49] Bereits § 48 Abs. 1 S. 1 erstreckt sich auf *sämtliche* Streitigkeiten, die die aufgeführten Vorhaben betreffen.

28   Notwendig ist die Klarstellung v.a. deshalb, weil die Anknüpfung der Katalogtatbestände des § 48 Abs. 1 S. 1 an die Terminologie des einschlägigen materiellen Rechts die Gefahr einer Verengung der Zuweisung auf Streitigkeiten über Genehmigungsverfahren ausschließlich nach diesem Fachrecht mit sich bringt. Evident wird diese Gefahr im Falle der planfeststellungsbezogenen Katalogzuweisungen, wenn die Konzentrationswirkung des betreffenden Planfeststellungsbeschlusses einzelne Genehmigungen nicht einschließt. In diesem Falle verdeutlicht § 48 Abs. 1 S. 2 Alt. 2 das bereits aus § 48 Abs. 1 S. 1 Nr. 4–5, 7–10 folgende Ergebnis, dass sich die Zuweisung nicht auf Streitigkeiten über den Planfeststellungs*beschluss*, sondern auf solche über das Planfeststellungs*verfahren* bezieht. Bedeutsam ist ebenfalls die Klarstellung, dass Genehmigungen für Nebeneinrichtungen nur dann von § 48 Abs. 1 S. 1 erfasst werden, wenn die Nebeneinrichtungen in einem räumlichen und betrieblichen Zusammenhang mit dem Vorhaben stehen. Nebeneinrichtung ist dabei eine solche Anlage, die nicht unmittelbar den Betriebsvorgängen der in § 48 Abs. 1 S. 1 beschriebenen Vorhaben zuzuordnen, jedoch mit einer dienenden Funktion in das Gesamtvorhaben integriert und in dessen baulichem Kontext lokalisiert ist. Die Zuständigkeit des OVG besteht auch dann, wenn ausschließlich über die Nebeneinrichtung gestritten wird (BVerwG NVwZ 2009, 189, 190; OVG Koblenz NVwZ-RR 2011, 549, 550). Über den Kreis der in § 48 Abs. 1 S. 1 Nr. 4–5, 7–10, S. 2 beschriebenen Vorhaben hinaus erfolgt eine Ausdehnung der sachlichen Zuständigkeit des OVG, wenn das die Zuweisung auslösende Vorhaben mit einem anderen Vorhaben zusammentrifft, für das eine Planfeststellung vorgeschrieben ist. Findet in dieser Konstellation nach § 78 Abs. 1 VwVfG nur ein Planfeststellungsverfahren statt und richtet sich das gesamte Verfahren gem. § 78 Abs. 2 VwVfG nach den Vorschriften über das zugewiesene Planfeststellungsverfahren, so gilt die Zuweisung einheitlich für das zusammengefasste Verfahren. Ist allerdings das nichtzugewiesene Vorhaben bestimmend i.S.v. § 78 Abs. 2 VwVfG, so greift die Zuweisung an das OVG nicht ein.

29   § 48 Abs. 1 S. 2 Alt. 1 ordnet die Geltung des S. 1 auch für die anstelle einer Planfeststellung erteilte *Plangenehmigung* an. Nach § 74 Abs. 6 VwVfG kann anstelle und mit der Rechtswirkung einer Planfeststellung eine Plangenehmigung erteilt werden, wenn Rechte anderer nicht beeinträchtigt werden oder die Betroffenen sich mit der Inanspruchnahme ihres Eigentums oder eines anderen Rechts schriftlich einverstanden erklärt haben und mit den Trägern öffentlicher Belange, deren Aufgabenbereich berührt wird, das Benehmen hergestellt worden ist. Zahlreiche Vorschriften des Fachplanungsrechts, etwa § 35 Abs. 3 KrWG, § 9b Abs. 1 S. 3 AtG, § 17 S. 3 FStrG i.V.m. § 74 Abs. 6 S. 1 VwVfG, § 28 Abs. 1a PBefG, § 18 S. 3 AEG i.V.m. § 74 Abs. 6 S. 1 VwVfG oder § 14 Abs. 1 S. 4 WaStrG i.V.m. § 74 Abs. 6 S. 1 VwVfG enthalten ähnliche Bestimmungen oder verweisen auf § 74 Abs. 6 VwVfG. Bedeutung hat die Ergänzung des § 48 Abs. 1 S. 2 nur für die gerade an ein Plan*feststellungs*verfahren anknüpfenden Zuständigkeitszuweisungen nach § 48 Abs. 1 S. 1 Nr. 4, 7–9. Für diese Katalogtatbestände wirkt die Einbeziehung der Plangenehmigung nicht nur klarstellend,[50] sondern konstitutiv.

---

48   Vgl. *H.-J. v. Oertzen*, DÖV 1985, 749, 750.
49   Bericht des Rechtsausschusses, BT-Drs. 10/3368, 8; *M. Pagenkopf*, DVBl 1985, 981, 986.
50   So aber wohl die Begründung des Regierungsentwurfs eines Sechsten Gesetzes zur Änderung der VwGO, BT-Drs. 13/3993, 11.

Auch durch die Änderung des § 48 Abs. 1 S. 2 vom Katalog des § 48 Abs. 1 nicht erfasst sind die Fälle, in denen wie nach § 74 Abs. 7 VwVfG Planfeststellung und Plangenehmigung entfallen. Ebenso wenig ist das OVG erstinstanzlich zur Entscheidung des Streites berufen, ob die Voraussetzungen erfüllt sind, unter denen von Planfeststellung und Plangenehmigung abgesehen werden kann (a.M. VGH Kassel 12.12.2016 – 6 C 1422.14T, juris Rn. 14 ff.). Eine Ausnahme gilt allerdings für die anlagenbezogenen Katalogtatbestände, insbes. § 48 Abs. 1 S. 1 Nr. 6 (→ Rn. 18).

Sofern die Voraussetzungen eines Zuweisungstatbestands erfüllt sind, ist die erstinstanzliche Zuständigkeit des OVG für sämtliche Streitigkeiten, mithin für alle Verfahrensarten mit beliebigen Beteiligten gegeben. Einbezogen sind daher nicht nur Verpflichtungsklagen des Vorhabenträgers auf Erteilung einer Genehmigung oder Anfechtungsklagen zur Abwehr einer Auflage einschließlich des einschlägigen vorläufigen Rechtsschutzes nach §§ 80 Abs. 5, 123, sondern bspw. auch Feststellungsklagen betreffend die Auslegung eines öffentlich-rechtlichen Vertrages, Anfechtungsklagen betroffener Dritter gegen eine Genehmigung oder Verpflichtungsklagen auf behördliches Einschreiten einschließlich des vorläufigen Rechtsschutzes nach §§ 80a Abs. 3, 123 (OVG Münster 27.11.2009 – 8 B 1549/09.AK), Verpflichtungsklagen auf Hinzuziehung als Verfahrensbeteiligter (OVG Koblenz AS 21, 209, 211), die Vollstreckung vollstreckbarer Titel (§ 167 Abs. 1 S. 2). Für Streitigkeiten über die verwaltungsbehördliche Anforderung von Kosten ist das OVG zuständig, wenn die Kosten für eine materielle Entscheidung über eines der in § 48 Abs. 1 S. 1 beschriebenen Vorhaben erhoben werden.[51] Ist eine solche Entscheidung nicht getroffen worden oder bereits bestandskräftig und bezieht sich die Kostenerhebung nur auf Folgemaßnahmen, so kommt die Zuweisung nicht zur Anwendung (vgl. für einen isolierten Kostenbescheid VGH Kassel UPR 1988, 116). Streitigkeiten über Verfahrensfragen sind allgemein nur dann von der Zuweisung umfasst, wenn sie das zur Beurteilung der Rechtmäßigkeit des Vorhabens führende fachrechtliche Verfahren betreffen. Fragen, die wie die Durchsuchung von Rechtsanwälten vor dem Zutritt zu einem Erörterungstermin nur anlässlich eines Verfahrens auftreten und verfahrensunabhängige Rechtspositionen zum Gegenstand haben, fallen nicht hierunter (vgl. OVG Koblenz NVwZ 1989, 1178). Die gerichtliche Durchsetzung eines verfahrensunabhängig gewährten Informationsanspruchs, bspw. nach UIG oder IFG, unterfällt selbst dann nicht § 48 Abs. 1, wenn die begehrten Informationen gerade zur Vorbereitung einer von § 48 Abs. 1 erfassten Streitigkeit dienen sollen (vgl. für § 50 Abs. 1 Nr. 6 BVerwG NVwZ 2007, 1095, 1096. A.M. VGH Kassel NuR 2006, 239, 240).

In zeitlicher Hinsicht ergibt sich für die an die Durchführung eines Planfeststellungsverfahrens anknüpfenden Zuständigkeiten des OVG eine Grenze mit der Unanfechtbarkeit des Planfeststellungsbeschlusses. Streitigkeiten über nachträgliche Auflagen fallen ebenso wenig unter die Zuweisung (OVG Lüneburg NVwZ-RR 2007, 818; VGH Mannheim BWVP 1994, 91) wie solche über Maßnahmen der Vollziehung (OVG Bln NVwZ-RR 1991, 448). Maßnahmen vor Einleitung des Planfeststellungsverfahrens sind nicht generell in die Zuweisung einbezogen. Eine solche Einbeziehung kommt nur in Betracht, wenn die vorbereitenden Maßnahmen unmittelbar zur Einleitung des Planfeststellungsverfahrens erforderlich sind. Anderes gilt für die anlagenbezogenen Tatbestände wie § 48 Abs. 1 S. 1 Nr. 6 (→ Rn. 20).

Nach § 48 Abs. 1 S. 3 können die Länder durch Gesetz vorschreiben, dass über Streitigkeiten, die Besitzeinweisungen in den Fällen des § 48 Abs. 1 S. 1 betreffen, das OVG im ersten Rechtszug entscheidet. Von einer bundesrechtlichen Zuweisung dieser Streitigkeiten an das OVG wurde abgesehen, weil einige Bundesländer für Streitigkeiten über Besitzeinweisungen den Rechtsweg zu den ordentlichen Gerichten vorgesehen haben.[52] Ist die Besitzeinweisung bundesrechtlich geregelt und sieht den Rechtsweg zu den VG vor, so ist § 48 Abs. 1 S. 3 nicht anwendbar. In diesen Fällen ist bei Streitigkeiten über Besitzeinweisungen, soweit eine der katalogisierten Zuweisungen eingreift, das OVG bereits nach § 48 Abs. 1 S. 1 erstinstanzlich zuständig. Infolge der Einfügung des Instituts der vorzeitigen Besitzeinweisung in zahlreiche Fachplanungsgesetze des Bundes durch das Planungsvereinfachungsgesetz vom 17.12.1993 hat § 48 Abs. 1 S. 3 erheblich an Bedeutung verloren. Von der Ermächtigung Gebrauch gemacht haben Baden-Württemberg (§ 5 AGVwGO BW), Bayern (Art. 6 AGVwGO Bay), Brandenburg (§ 4 Abs. 2 BbgVwGG), Sachsen (§ 25 SächsJG), Sachsen-Anhalt (§ 11 AGVwGO LSA) und Thüringen (§ 5 ThürAGVwGO).

30

31

32

---

51 H.-J. v. Oertzen, DÖV 1985, 749, 750. A.M. VGH Kassel RdE 1994, 105; A. Scheidler, VBlBW 2011, 338, 339.
52 Begründung des Bundesratsentwurfs eines Gesetzes zur Änderung des VGFGEntlG, BT-Drs. 10/171 Anl. 1 S. 12.

III. Zuständigkeit in Vereinssachen nach § 48 Abs. 2

33   Nach § 48 Abs. 2 ist das OVG erstinstanzlich zuständig für die Entscheidung über Klagen gegen die von einer obersten Landesbehörde nach § 3 Abs. 2 Nr. 1 VereinsG ausgesprochenen Vereinsverbote und nach § 8 Abs. 2 S. 1 VereinsG erlassenen Verfügungen. Grund für die Übertragung der Zuständigkeit auf das OVG war die aus dem politischen Charakter und des Einflusses auf die Staatssicherheit resultierende erhebliche Bedeutung von Vereinsverboten, deren Bestand im Interesse von Staats- und Rechtssicherheit beschleunigt geklärt werden soll.[53] Der Erlass eines Vereinsverbots durch eine oberste Landesbehörde nach § 3 Abs. 2 Nr. 1 VereinsG setzt voraus, dass die erkennbare Organisation und Tätigkeit des Vereins oder Teilvereins sich auf das Gebiet des betreffenden Landes beschränken. Die Verfügung nach § 8 Abs. 2 S. 1 VereinsG enthält die Feststellung, dass eine Organisation Ersatzorganisation eines verbotenen Vereines ist. Zur Zuständigkeit des VG gehören dagegen Klagen gegen Vereinsverbote, die von einer gem. § 3 Abs. 2 Nr. 1 VereinsG nach Landesrecht bestimmten Behörde ausgesprochen worden sind, soweit nicht die nach § 8 Abs. 2 S. 1 VereinsG erlassenen Verfügungen Streitgegenstand sind.[54]

34   Erweitert wird die Zuweisung durch § 16 Abs. 2 VereinsG, wonach die Verbotsbehörde dem nach § 48 Abs. 2 (bzw. § 50 Abs. 1 Nr. 2) zuständigen Gericht ihre schriftlich oder elektronisch abgefasste und begründete Entscheidung über das Verbot einer Arbeitnehmer- oder Arbeitgebervereinigung zur nach § 16 Abs. 1 VereinsG erforderlichen Bestätigung der Rechtmäßigkeit vorlegt. Insoweit gilt die Zuweisung auch für den Erlass einstweiliger Anordnungen nach § 16 Abs. 4 VereinsG. Streitigkeiten über Einzelmaßnahmen zum Vollzug eines Vereinsverbots bzw. einer Feststellungsverfügung gem. § 5 Abs. 1 VereinsG unterfallen hingegen nicht der Zuweisung.[55] Für Anfechtungsklagen gegen Vollzugsmaßnahmen erwähnt § 6 Abs. 1 VereinsG die Zuständigkeit des VG ausdrücklich, ohne dass etwa für Feststellungsklagen etwas anderes gelten würde. Wird die Anordnung der Beschlagnahme und Einziehung des Vereinsvermögens gem. § 3 Abs. 1 S. 2 VereinsG mit dem Verbot verbunden, so erfasst die sachliche Zuständigkeit des OVG auch diese Anordnung.[56] Zur Begründung ist darauf hinzuweisen, dass die Zuständigkeit des OVG im Bestätigungsverfahren nach § 16 Abs. 1 und 2 VereinsG laut § 16 Abs. 4 VereinsG auch die Beschlagnahmeanordnung einbezieht, das Bestätigungsverfahren für Arbeitnehmer- und Arbeitgebervereinigungen aber lediglich ein Sonderfall des Vereinsverbots ist. Für das Verfahren vor dem OVG in Vereinsverbotssachen enthält das VereinsG teilweise Sondervorschriften. Das Zusammentreffen mehrerer Klagen in Vereinsverbotssachen regelt § 51.

IV. Zuständigkeit in Flurbereinigungssachen

35   § 138 Abs. 1 FlurbG schreibt für jedes Land die Einrichtung eines Senats für Flurbereinigung bei dem OVG als Flurbereinigungsgericht vor. Dabei handelt es sich um einen dem OVG eingegliederten Fachsenat, nicht um ein angegliedertes Sondergericht (BVerwG NJW 1970, 2042, 2043). Für die erstinstanzliche Zuständigkeit des OVG in Flurbereinigungssachen bestimmt § 140 S. 1 FlurbG: „Das Flurbereinigungsgericht entscheidet über die Anfechtung von Verwaltungsakten, die im Vollzug dieses Gesetzes ergehen, über die Verurteilung zum Erlass eines abgelehnten oder unterlassenen Verwaltungsaktes und über alle Streitigkeiten, die durch ein Flurbereinigungsverfahren hervorgerufen werden und vor Eintritt der Unanfechtbarkeit der Schlussfeststellung anhängig geworden sind, soweit hierfür der Verwaltungsrechtsweg gegeben ist."
Für das Verfahren gelten laut § 138 Abs. 1 S. 2 FlurbG grds. die Vorschriften der VwGO, soweit die §§ 139–148 FlurbG und – über § 140 S. 2 FlurbG – die §§ 118–128 FlurbG nichts Abweichendes bestimmen.

---

53   Begründung des Regierungsentwurfs eines Vereinsgesetzes, BT-Drs. 4/430 Anl. 1 S. 25.
54   *A. Scheidler*, NVwZ 2011, 1497, 1499
55   Begründung des Regierungsentwurfs eines Vereinsgesetzes, BT-Drs. 4/430 Anl. 1 S. 25; für § 50 Abs. 1 Nr. 2 auch BVerwG NVwZ 2016, 579, 580.
56   VGH Mannheim NJW 1970, 2077. A.M. *H.-J. v. Oertzen*, in: Redeker/v. Oertzen § 48 Rn. 43.

V. Zuständigkeit nach dem StUG

Eine besondere Zuständigkeit des OVG zur abschließenden Entscheidung bestimmter Streitigkeiten 36
über Unterlagen des Ministeriums für Staatssicherheit der ehemaligen DDR i.S.v. § 6 Abs. 1 und
Abs. 2 StUG statuiert § 31 Abs. 1 StUG:

„Lehnt der Bundesbeauftragte ein Ersuchen einer Behörde um Mitteilung, Einsichtnahme oder Herausgabe ab, entscheidet über die Rechtmäßigkeit dieser Ablehnung auf Antrag der betroffenen Behörde das Oberverwaltungsgericht nach mündlicher Verhandlung durch Beschluß. Der Beschluß ist unanfechtbar. Ein Vorverfahren findet nicht statt. Zuständig ist das Oberverwaltungsgericht, in dessen Bezirk der Bundesbeauftragte seinen Sitz hat."

Voraussetzung für die Anwendbarkeit der Zuweisung ist ein nach § 19 Abs. 2 S. 1 StUG an den Bundesbeauftragten für die Unterlagen des Staatssicherheitsdienstes gerichtetes Ersuchen einer Behörde um Mitteilung, Einsichtnahme oder Herausgabe, das vom Bundesbeauftragten abschlägig beschieden worden ist. Nur die erfolglos ersuchende Behörde kann den Antrag auf Entscheidung nach § 31 Abs. 1 S. 1 StUG durch das OVG Bln stellen.

Das entscheidende Problem bei der Anwendung der Zuweisungsnorm besteht in der Bestimmung des 37
Begriffs der Behörde. Der Terminus „Behörde" wird im StUG im Übrigen nicht verwendet, vielmehr
differenziert das Gesetz lediglich zwischen öffentlichen und nicht-öffentlichen Stellen (vgl. § 19 Abs. 1
StUG). Für die Begriffsbestimmung verweist § 6 Abs. 9 S. 2 StUG auf § 2 BDSG. Gem. § 2 Abs. 1 und
Abs. 2 BDSG sind unter öffentlichen Stellen Behörden, Organe der Rechtspflege und andere öffentlich-rechtlich organisierte Einrichtungen des Bundes, der Länder und anderer juristischer Personen des öffentlichen Rechts zu verstehen. Nicht jede öffentliche Stelle ist mithin Behörde.[57] Maßgebend für den
Behördenbegriff ist § 1 Abs. 4 VwVfG, nicht § 11 Nr. 7 StGB.[58] Ungeachtet organisationsrechtlicher
Zweifel sollen „Behörde" i.S.v. § 31 Abs. 1 S. 1 StUG nach dem Willen des Gesetzgebers auch die
Staatsanwaltschaften sein (Bericht des Innenausschusses, BT-Drs. 12/1540, 62). Insoweit ist das Verfahren nach § 31 Abs. 1 S. 1 StUG abschließende Sonderregelung gegenüber einer Beschlagnahme von
Unterlagen nach strafprozessualen Vorschriften.[59] Keine antragsberechtigten Behörden sind hingegen
Gerichte und parlamentarische Untersuchungsausschüsse.[60] Soweit die ablehnende Entscheidung des
Bundesbeauftragten von einem anderen Antragsteller als einer Behörde angegriffen wird, bleibt es bei
der sachlichen Zuständigkeit des VGs nach § 45. Das Verfahren vor dem OVG richtet sich nach den
Vorschriften der VwGO, soweit § 31 StUG keine Sonderregelungen enthält.[61]

§ 49 [Instanzielle Zuständigkeit des Bundesverwaltungsgerichts]

Das Bundesverwaltungsgericht entscheidet über das Rechtsmittel

1. der Revision gegen Urteile des Oberverwaltungsgerichts nach § 132,
2. der Revision gegen Urteile des Verwaltungsgerichts nach §§ 134 und 135,
3. der Beschwerde nach § 99 Abs. 2 und § 133 Abs. 1 dieses Gesetzes sowie nach § 17 a Abs. 4 Satz 4
   des Gerichtsverfassungsgesetzes.

Der durch Art. 1 Nr. 6 des 4. VwGOÄndG vom 17.12.1990 (BGBl I 2809) und Art. 1 Nr. 4 des 1
6. VwGOÄndG vom 1.11.1996 (BGBl I 1626) geänderte § 49 bringt den Grundsatz zum Ausdruck,
dass das BVerwG grds. Rechtsmittelgericht ist. Der Verweis auf die einschlägigen Rechtsmittelvorschriften im Normtext hat zur Folge, dass das BVerwG nur bei Erfüllung der in jenen Vorschriften
aufgestellten Voraussetzungen funktionell zuständig ist. § 49 fasst diese Zuständigkeit nur (unvollständig) zusammen, erweitert sie jedoch nicht (vgl. BVerwGE 14, 138, 139). § 49 Nr. 1 betrifft die zulassungsbedürftige Revision gegen Urteile des OVG (§ 132), wobei auch die Revision gegen Beschlüsse
nach § 47 Abs. 5 S. 1 einbezogen ist. Die in § 49 Nr. 2 genannten Zuständigkeiten beziehen sich auf

57 A.M. *J. Weberling*, Stasi-Unterlagen-Gesetz, 1993, § 31 Rn. 2.
58 A.M. *D. Schmidt/E. Dörr*, Stasi-Unterlagen-Gesetz, 1993, § 31 Rn. 4.
59 KG 21.5.1992 – ER 15/92 – und 1.7.1992 – 10 Js 60/91 – 1 Ws 2/92, zit. nach *D. Schmidt/E. Dörr*, Stasi-Unterlagen-
   Gesetz, 1993, § 31 Rn. 4.
60 A.M. *D. Schmidt/E. Dörr*, Stasi-Unterlagen-Gesetz, 1993, § 31 Rn. 4.
61 *J. Weberling*, Stasi-Unterlagen-Gesetz, 1993, § 31 Rn. 1.

die Sprungrevision gegen Urteile des VG (§ 134) und die Revision gegen verwaltungsgerichtliche Urteile, wenn durch Bundesgesetz die Berufung ausgeschlossen ist (§ 135 S. 1). Die Fälle der nach § 152 Abs. 1 ausnahmsweise statthaften Beschwerde an das BVerwG gegen Entscheidungen des OVG nennt § 49 Nr. 3, nämlich die Beschwerde gegen den Beschluss des OVG über die Glaubhaftmachung des Vorliegens von Informationsverweigerungsgründen nach § 99 Abs. 2 S. 13, die Beschwerde gegen die Nichtzulassung der Revision nach § 133 Abs. 1 sowie die Beschwerde gegen den Beschluss des OVG über die Zulässigkeit des beschrittenen Rechtswegs und die Verweisung an das zuständige Gericht gem. § 17 a Abs. 4 S. 4 GVG.

2   Nicht in § 49 genannt sind die Zuständigkeiten des BVerwG zur Beschwerde gegen die Nichtzulassung der Revision bei Ausschluss der Berufung nach § 135 S. 2 und 3 sowie über die Rechtsbeschwerde, die Nichtzulassungsbeschwerde und die Sprungrechtsbeschwerde in Personalvertretungssachen nach § 190 Abs. 1 Nr. 5 VwGO, § 83 BPersVG, §§ 92 Abs. 1, 92 a, 96 a ArbGG. Als Rechtsmittelgericht ist das BVerwG zuständig für die Gewährung einstweiligen Rechtsschutzes nach §§ 80 Abs. 5, 80 a Abs. 3, nicht aber nach § 47 Abs. 6 und § 123 Abs. 1. Gericht der Hauptsache i.S.v. § 123 Abs. 2 ist das BVerwG, wenn es nach § 50 VwGO, § 13 Abs. 2 PatG, § 5 Abs. 1 VerkPBG oder § 158 Nr. 5 SGB IX erstinstanzlich zuständig ist. Weiter entscheidet das BVerwG zur Bestimmung des örtlich zuständigen Gerichts nach § 53 Abs. 1, wenn es das nächsthöhere gemeinsame Gericht ist, und nach § 53 Abs. 2, gem. § 99 Abs. 2 S. 2 über die Rechtmäßigkeit der Vorlageverweigerung einer obersten Bundesbehörde und bei nach § 50 gegebener erstinstanzlicher Zuständigkeit sowie über das Ablehnungsgesuch gegen einen Richter des OVG gem. § 54 Abs. 1 VwGO i.V.m. § 45 Abs. 3 ZPO im Falle der Beschlussunfähigkeit bei Ausscheiden des abgelehnten Richters.

§ 50 [Sachliche Zuständigkeit des Bundesverwaltungsgerichts]

(1) Das Bundesverwaltungsgericht entscheidet im ersten und letzten Rechtszug

1. über öffentlich-rechtliche Streitigkeiten nichtverfassungsrechtlicher Art zwischen dem Bund und den Ländern und zwischen verschiedenen Ländern,

2. über Klagen gegen die vom Bundesminister des Innern nach § 3 Abs. 2 Nr. 2 des Vereinsgesetzes ausgesprochenen Vereinsverbote und nach § 8 Abs. 2 Satz 1 des Vereinsgesetzes erlassenen Verfügungen,

3. über Streitigkeiten gegen Abschiebungsanordnungen nach § 58 a des Aufenthaltsgesetzes und ihre Vollziehung,

4. über Klagen, denen Vorgänge im Geschäftsbereich des Bundesnachrichtendienstes zugrunde liegen,

5. über Klagen gegen Maßnahmen und Entscheidungen nach § 44 a des Abgeordnetengesetzes, nach den Verhaltensregeln für Mitglieder des Deutschen Bundestages[1], nach § 6 b des Bundesministergesetzes und nach § 7 des Gesetzes über die Rechtsverhältnisse der Parlamentarischen Staatssekretäre in Verbindung mit § 6 b des Bundesministergesetzes,

6. über sämtliche Streitigkeiten, die Planfeststellungsverfahren und Plangenehmigungsverfahren für Vorhaben betreffen, die in dem Allgemeinen Eisenbahngesetz, dem Bundesfernstraßengesetz, dem Bundeswasserstraßengesetz, dem Energieleitungsausbaugesetz, dem Bundesbedarfsplangesetz oder dem Magnetschwebebahnplanungsgesetz bezeichnet sind.

(2) (weggefallen)

(3) Hält das Bundesverwaltungsgericht nach Absatz 1 Nr. 1 eine Streitigkeit für verfassungsrechtlich, so legt es die Sache dem Bundesverfassungsgericht zur Entscheidung vor.

Schrifttum

A. *Dittmann*, Rechtsweg und Rechtshängigkeit als Probleme des Länderstreites um Bonus und Malus, DVBl 1978, 244; P. *Kirchhof*, Die Gerichtszuständigkeit bei föderativen Streitigkeiten über die Auslegung einfacher Gesetze, DÖV 1972, 109; H. *Müller*, Bund und Land als Gegner vor dem Verwaltungsgericht, JR 1963, 215; S. *Paetow*, Erstinstanzliche Großverfahren vor dem BVerwG, NVwZ 2007, 36; K. *Rennert*, Erweiterte erstinstanzliche Zuständigkeiten des BVerwG im richterlichen Konkurrentenstreit, DVBl 2015, 481; M. *Sachs*, Die Vorlage an das Bundesverfassungsgericht bei Bund-Länder-Streitigkeiten, DÖV 1981, 707; A. *Scheidler*, Gerichtszuständigkeiten für Klagen gegen Vereinsverbote, NVwZ 2011, 1479; *ders.*, Die erstinstanzliche Zuständig-

---

1   S. Anl. 1 der Geschäftsordnung des Deutschen Bundestages.

keit des Bundesverwaltungsgerichts, DVBl 2011, 466; *M. Schmidt-Preuß*, Entscheidungen des Bundesverwaltungsgerichts in politisch brisanten Bereichen, in: Festgabe 50 Jahre Bundesverwaltungsgericht, 2003, 455; *D. Sellner*, Das Bundesverwaltungsgericht als erstinstanzliches Gericht in Bund-Länder-Streitigkeiten, in: FS Driehaus, 2005, 396; *U. Stelkens*, Positiver Kompetenzkonflikt zwischen BVerfG und BVerwG im Bund-Länder-Streit und Verwaltungshaftung nach Art. 104 a Abs. 5 Satz 1 Halbsatz 2 GG, DVBl 2000, 609; *J. Ziekow*, Die Entwicklung des Rechtsschutzes im Fachplanungsrecht nach der deutschen Einheit, Public Land Law Review 42 (2008), 245.

I. Entstehungsgeschichte

Der Regierungsentwurf einer VwGO (BT-Drs. 3/55) sah gegenüber der heutigen Fassung des § 50 1
Abs. 1 einen deutlich erweiterten Kreis erstinstanzlicher Zuständigkeiten des BVerwG vor, insbes. bei Streitigkeiten unter Beteiligung einer obersten Bundesbehörde auf bestimmten Gebieten. Für die Reduzierung des Katalogs waren rechtspolitische Erwägungen ausschlaggebend (Bericht des Rechtsausschusses, BT-Drs. 3/1094, 6). Geändert wurde die Vorschrift durch § 23 Nr. 2 des VereinsG vom 5.8.1964 (BGBl I 593), der § 50 Abs. 1 Nr. 2 an die Neuregelung des vereinsrechtlichen Verbotsverfahrens anpasste, durch Art. 1 Nr. 7 des 4. VwGOÄndG vom 17.12.1990 (BGBl I 2809), welcher die bis zu diesem Zeitpunkt in § 50 Abs. 1 Nr. 3, Abs. 2 enthaltenen Bestimmungen über die Zuständigkeit bei Klagen gegen den Bund auf Gebieten, die in die Zuständigkeit der diplomatischen und konsularischen Auslandsvertretungen fallen, wegen fehlender praktischer Relevanz[2] aufhob, sowie durch Art. 14 Nr. 3 des Gesetzes zur Neuordnung des Bundesdisziplinarrechts vom 9.7.2001 (BGBl I 1510) und Art. 1 Nr. 7 des RmBereinVpG vom 20.12.2001 (BGBl I 3987), welche die frühere Beschränkung der Zuweisungsnorm des § 50 Abs. 1 Nr. 4 auf Klagen gegen den Bund wegen *dienstrechtlicher* Vorgänge im Bereich des BND beseitigten. § 50 Abs. 1 Nr. 3 in der jetzigen Fassung wurde durch Art. 11 Nr. 23 des Gesetzes zur Steuerung und Begrenzung der Zuwanderung und zur Regelung des Aufenthalts und der Integration von Unionsbürgern und Ausländern vom 30.7.2004 (BGBl I 1950) eingefügt. Durch Art. 2 des 26. Gesetzes zur Änderung des Abgeordnetengesetzes vom 22.8.2005 (BGBl I 2482) wurde § 50 Abs. 1 Nr. 5 angefügt. § 50 Abs. 1 Nr. 6 wurde durch Art. 9 Nr. 2 des Gesetzes zur Beschleunigung von Planungsverfahren für Infrastrukturvorhaben vom 9.12.2006 (BGBl I 2833) und durch Art. 3 Nr. 2 des Gesetzes zur Beschleunigung des Ausbaus der Höchstspannungsnetze vom 21.8.2009 (BGBl I 2870) ergänzt. Die Zuständigkeit für Streitigkeiten über in dem Bundesbedarfsplangesetz bezeichnete Vorhaben wurde durch Art. 4 des Zweiten Gesetzes über Maßnahmen zur Beschleunigung des Netzausbaus Elektrizitätsnetze vom 23.7.2013 (BGBl I 2543) in § 50 Abs. 1 Nr. 6 verankert. Die derzeitige Fassung der Nr. 5 beruht auf Art. 3 des Gesetzes zur Änderung des Bundesministergesetzes und des Gesetzes über die Rechtsverhältnisse der Parlamentarischen Staatssekretäre vom 17.7.2015 (BGBl I 1322).

II. Ausnahmevorschrift

Als Ausnahmevorschrift, die dem BVerwG nur wenige Streitigkeiten zur erstinstanzlichen Entschei- 2
dung zuweist, welche über ein einzelnes Land hinausgreifen, ist § 50 verfassungsrechtlich nicht zu beanstanden (BVerfGE 8, 174; BVerwG NVwZ 2009, 302, 303). Wie § 48 folgt § 50 dem Enumerativprinzip, ohne spezialgesetzlich begründete erstinstanzliche Zuständigkeiten des BVerwG auszuschließen. Die Zuweisungstatbestände sind eng am Wortlaut auszulegen und einer erweiternden Auslegung oder gar einer Analogie nicht zugänglich.[3]

III. Bund-Länder- und Länder-Länder-Streitigkeiten

Bund-Länder- und Länder-Länder-Streitigkeiten sind nach § 50 Abs. 1 Nr. 1 der erstinstanzlichen Ent- 3
scheidung des BVerwG zugewiesen, wenn sie zwar öffentlich-rechtliche, jedoch nichtverfassungsrechtlicher Art sind. Da § 50 keine Regelung des Rechtswegs, sondern eine solche der sachlichen Zuständigkeit enthält, ist die Wiederholung der bereits von § 40 Abs. 1 S. 1 ausgesprochenen Beschränkung auf öffentlich-rechtliche Streitigkeiten nichtverfassungsrechtlicher Art gesetzessystematisch überflüs-

---

2 Begründung des Regierungsentwurfs eines Gesetzes zur Neuregelung des verwaltungsgerichtlichen Verfahrens, BT-Drs. 11/7030 Anl. 1 S. 22.
3 Vgl. BVerwG Buchholz 310 § 50 VwGO Nr. 1; NJW 1977, 1789, 1790; Buchholz 310 § 50 VwGO Nr. 11; BVerwGE 117, 244, 247; BVerwG NVwZ 2009, 302, 304; VGH München 5.12.2016 – 8 A 16.40019, juris Rn. 9.

sig. Beide Begriffe sind mit denen des § 40 Abs. 1 S. 1 identisch (zur Auslegung vgl. die Kommentierung zu § 40). Gleichwohl ist die Wiederholung in § 50 Abs. 1 Nr. 1 nicht ohne Sinn. Sie erinnert daran, dass wegen der besonderen Zuständigkeiten des BVerfG zur Entscheidung föderativer Streitigkeiten die Eröffnung des Verwaltungsrechtswegs in diesem Bereich besonders sorgfältig geprüft werden muss.

4   **1. Zuständigkeit des BVerfG.**   Die Zuständigkeit des BVerfG erstreckt sich nach Art. 93 Abs. 1 Nr. 3 GG auf die Entscheidung bei Meinungsverschiedenheiten über Rechte und Pflichten des Bundes und der Länder. Da Art. 93 Abs. 1 Nr. 3 GG voraussetzt, dass es sich um eine Verfassungsstreitigkeit handelt,[4] können die Zuständigkeiten nach Art. 93 Abs. 1 Nr. 3 GG und § 50 Abs. 1 Nr. 1 für öffentlich-rechtliche Streitigkeiten zwischen dem Bund einerseits und einem Land oder mehreren Ländern andererseits nicht kollidieren, sondern ergänzen sich. Art. 93 Abs. 1 Nr. 4 GG sieht die Entscheidung des BVerfG vor in anderen öffentlich-rechtlichen Streitigkeiten u.a. zwischen dem Bund und den Ländern oder zwischen verschiedenen Ländern, soweit nicht ein anderer Rechtsweg gegeben ist. Durch den mit dem Wort „andere" hergestellten Bezug auf Art. 93 Abs. 1 Nr. 3 GG werden verfassungsrechtliche Streitigkeiten zwischen Bund und Ländern aus dem Anwendungsbereich des Art. 93 Abs. 1 Nr. 4 GG herausgenommen. Die Vorschrift gilt daher u.a. für nichtverfassungsrechtliche Streitigkeiten zwischen Bund und Ländern oder zwischen verschiedenen Ländern und für verfassungsrechtliche Streitigkeiten zwischen verschiedenen Ländern. Wegen der Subsidiaritätsklausel am Ende des Art. 93 Abs. 1 Nr. 4 GG erfasst der Verfassungsrechtsweg seit dem Inkrafttreten der §§ 40 Abs. 1, 50 Abs. 1 Nr. 1 nur noch verfassungsrechtliche Streitigkeiten zwischen verschiedenen Ländern. Der vom BVerfG vor Erlass der VwGO unternommene Versuch, nur „verwaltungsrechtliche" Streitigkeiten dem Anwendungsbereich des Art. 93 Abs. 1 Nr. 4 GG zu entziehen und eine Zwischenebene staatsrechtlicher Streitigkeiten unterhalb der Verfassungsstreitigkeiten nach Art. 93 Abs. 1 Nr. 3 GG zu konstruieren (vgl. BVerfGE 3, 267, 279; 4, 250, 267), ist gescheitert.[5] Jedenfalls seit Einführung der verwaltungsgerichtlichen Generalklausel gibt es nur noch die eindeutige Alternative zwischen Streitigkeiten verfassungsrechtlicher und solchen nichtverfassungsrechtlicher Art. Kann eine Streitigkeit nicht positiv als verfassungsrechtliche klassifiziert werden, ist sie notwendig eine solche nichtverfassungsrechtlicher Art.

5   **2. Qualifikation einer Streitigkeit als verfassungsrechtliche.**   Für die Qualifikation einer Streitigkeit als verfassungsrechtliche kommt es nicht darauf an, ob die das streitige Rechtsverhältnis bestimmende Norm im Verfassungstext verankert ist oder für die Beurteilung der Streitigkeit auch Verfassungsrechtssätze heranzuziehen sind (zur Qualifikation einer Streitigkeit als (nicht)verfassungsrechtliche eingehend → § 40 Rn. 183 ff.).[6] Ebenso wenig darf auf die verfassungsrechtliche Größe der streitenden Parteien abgehoben werden (BVerfGE 42, 103, 112; BVerwGE 96, 45, 48; 109, 258, 260). Als konstitutive Glieder der durch die Verfassung geordneten föderalen Struktur sind Bund und Länder grds. verfassungsrechtliche Größen, die stets in einem verfassungsrechtlichen Verhältnis zueinander stehen. Allerdings müssen sie sich nicht in jedem Streitfall als verfassungsrechtliche Institutionen gegenüberstehen, nicht alle Ansprüche zwischen ihnen in diesem verfassungsrechtlichen Grundverhältnis gründen.[7] Zur Ermittlung der Rechtsnatur des Streits um die geltend gemachten Ansprüche ist vielmehr auf das dem Streit konkret zugrunde liegende Rechtsverhältnis abzustellen (BVerfGE 42, 103, 113; BVerfG NordÖR 2004, 64, 65). Maßgebend ist, ob das streitige Rechtsverhältnis entscheidend vom Verfassungsrecht oder dem einfachen Recht geprägt wird.[8] Betrifft der Streit die Rechte und Pflichten aus einem Staatsvertrag, so teilen die geltend gemachten Ansprüche grds. seine Rechtsnatur. Dabei ist zu beachten, dass aus einem nichtverfassungsrechtlichen Vertrag regelmäßig keine verfassungsrechtlichen Ansprüche entspringen, umgekehrt aber sich aus einem verfassungsrechtlichen Vertrag ausnahmsweise auch einmal verwaltungsrechtliche Ansprüche ergeben können, insbes. soweit es

---

4   BVerfGE 3, 52, 55; 4, 115, 122; 6, 309, 323; 41, 291, 303; BVerfG NordÖR 2004, 64.
5   Eingehend W. *Leisner*, FG BVerfG, 1. Bd., 1976, 260, 283 ff.
6   BVerfGE 12, 253; 29, 52, 53; BVerwG Buchholz 310 § 50 VwGO Nr. 6; BayVBl 1987, 23, 24; BVerwGE 109, 258, 260; 116, 92, 93.
7   BVerfGE 42, 103, 112 f.; 62, 295, 313; BVerfG NordÖR 2004, 64, 65; BVerwGE 96, 45, 48; 109, 258, 260.
8   BVerwGE 24, 272, 279; 50, 124, 130; BVerwG NVwZ 1998, 500; BVerwGE 107, 275, 278; 116, 234, 237; BVerwG DÖV 2007, 517.

den Vollzug der Vereinbarungen anbelangt (BVerfGE 22, 221, 230; 42, 103, 113; 62, 295, 315). Maßgebend für die Beurteilung ist nicht die vom Antragsteller bzw. Kläger behauptete Rechtsnatur des Rechtsverhältnisses und des daraus entspringenden Anspruchs, sondern die wirkliche Rechtsnatur des geltend gemachten Anspruchs (BVerfGE 42, 103, 110; 62, 295, 313; BVerfG NordÖR 2004, 64, 65). Geltend gemacht ist der Anspruch, der nach dem Antrag des Antragstellers so, wie er sich aus der beigegebenen Begründung ergibt, zum Gegenstand eines in Rechtskraft erwachsenden Ausspruchs des Gerichts werden soll (BVerfGE 42, 103, 110 f.). Setzen einfachgesetzliche oder staatsvertragliche Regelungen ein Gebot der Verfassung um, so sind Streitigkeiten über die Anwendung dieser Umsetzungsakte nur dann verfassungsrechtlicher Art, wenn das Verfassungsrecht keine andere als die gerade getroffene Regelung zulassen würde (BVerfGE 42, 103, 115; BVerwGE 50, 124, 131).

3. Einschränkung. Nicht jede Entscheidung über eine öffentlich-rechtliche Streitigkeit nichtverfassungsrechtlicher Art zwischen Bund und Ländern oder zwischen verschiedenen Ländern unterfällt der Zuweisung des § 50 Abs. 1 Nr. 1. Sinnvoll kann die Eininstanzlichkeit des Verfahrens nur dann gedeutet werden, wenn sich die Stellung der Beteiligten in allen wesentlichen streitbefangenen Punkten eindeutig von derjenigen eines Staatsbürgers im Allgemeinen unterscheidet (BVerwG Buchholz 310 § 50 VwGO Nr. 6; BVerwGE 117, 244, 245). Nach der vom BVerwG verwendeten Formel kann § 50 Abs. 1 Nr. 1 nur auf solche Streitigkeiten angewandt werden, die sich in ihrem Gegenstand einem Vergleich mit den landläufigen Verwaltungsstreitigkeiten entziehen.[9] Gefordert wird ein „föderativer Einschlag", eine unmittelbare Berührung der bundesstaatlichen Struktur.[10] Der Gegenstand des Verfahrens muss gerade durch die Eigenart der Bund-Länder-Beziehung geprägt sein (BVerwG BauR 2008, 1126). Notwendig ist deshalb erstens ein Streit zwischen dem Bund als solchem und einem Land als solchem, sodass nicht auf einer Seite eine bundes- oder landesunmittelbare juristische Person des öffentlichen Rechts oder ein nicht rechtsfähiges Sondervermögen, das unter eigenem Namen klagen und verklagt werden kann, Prozessbeteiligter sein kann (BVerwGE 117, 244, 245). Zweitens muss der Streit um Rechte und Pflichten aus einem Rechtsverhältnis gehen, das Bund und Länder oder verschiedene Länder einander als spezifisch bundesstaatliche Strukturelemente zuordnet. Dass der Rechtsstreit um die Abgrenzung der wechselseitigen Hoheitsbefugnisse geführt wird, ist nicht konstitutiv für die Eröffnung der Zuweisung (a.M. VGH Mannheim NJW 1969, 1365, 1366; wohl auch BVerwG NJW 1984, 817, 818). Allerdings ist das Vorliegen eines Rechtsstreits solchen Inhalts hinreichende Bedingung für die sachliche Zuständigkeit des BVerwG.[11] Die Voraussetzungen des § 50 Abs. 1 Nr. 1 sind daher erfüllt, wenn der Rechtsstreit durch die Auslegung von Normen geprägt wird, die Hoheitsbefugnisse des Bundes gegenüber den Vollzugsbehörden der Länder abgrenzen (BVerwG BauR 2008, 1126, 1127). Hierunter fällt immer die Klärung von Rechtsfragen, die sich aus einem zwischen den Beteiligten geschlossenen Staatsvertrag ergeben (BVerwGE 54, 29, 33; 60, 162, 174). Auf die Klageart kommt es nicht an, sodass § 50 Abs. 1 Nr. 1 nicht nur Feststellungsklagen, sondern insbes. auch Anfechtungsklagen erfasst.[12]

4. Einzelfälle. Einzelfälle, in denen die einziginstanzliche Zuständigkeit des BVerwG nach § 50 Abs. 1 Nr. 1 anzunehmen ist, sind Streitigkeiten über Rechte und Pflichten der Länder aus dem Staatsvertrag über die Vergabe von Studienplätzen,[13] über die auflösende Wirkung der Kündigung eines Rundfunkstaatsvertrages (BVerwGE 60, 162, 173 f.), über die Pflicht eines Landes aus einem Rundfunkstaatsvertrag auf Ergreifung rechtsaufsichtlicher Maßnahmen (BVerwGE 54, 29, 33) und über Regelungen eines Rundfunkstaatsvertrages über die Zuweisung von Frequenzen (BVerwGE 107, 275, 278 f.). Gleiches gilt für Streitigkeiten über die bauordnungsrechtliche Zustimmung eines Landes zu einer vom Bund unterhaltenen Schießanlage zu militärischen Zwecken nur unter Modifikationen (BVerwG Buch-

6

7

---

9 BVerwG Buchholz 310 § 50 VwGO Nr. 6; BayVBl 1980, 473, 474; NJW 1984, 817, 818; BayVBl 1987, 23, 24; BVerwGE 87, 169, 171; 96, 45, 49; 107, 275, 278; BVerwG BayVBl 2000, 601; NVwZ 2004, 1124; BauR 2008, 1126.

10 BVerwGE 109, 258, 261; BVerwG BayVBl 2000, 601; NVwZ 2004, 1124; VGH Mannheim NJW 1969, 1365.

11 BVerwG Buchholz 310 § 50 VwGO Nr. 6; BayVBl 1980, 473, 474; BVerwGE 96, 45, 49; 109, 258, 261; NVwZ 2004, 1124; DÖV 2007, 517, 518; BauR 2008, 1126.

12 BVerwG Buchholz 310 § 50 VwGO Nr. 6; VGH Mannheim NJW 1969, 1365, 1366. A.M. noch BVerwGE 28, 63, 64.

13 BVerfGE 42, 103, 113 ff.; BVerwGE 50, 124, 129 ff.; 50, 137, 139; BVerwG NVwZ 1988, 829; BVerwGE 80, 373, 376. Krit. A. Dittmann, DVBl 1978, 244, 246: verfassungsrechtliche Streitigkeit.

holz 310 § 50 VwGO Nr. 6; VGH Mannheim DÖV 1975, 757), über die Verfügung eines Landes, durch welche ein dem Bund gehörendes und zu Verteidigungszwecken genutztes Waldstück der Forsthoheit des Landes unterstellt wird (BVerwGE 29, 52, 53), über die Ordnungsverfügung eines Landes gegenüber der Bundeswehr, das Waschen umweltgefährdend verschmutzter Bundeswehrfahrzeuge zu unterlassen,[14] über die Nutzung des Eigentums des Bundes an Seewasserstraßen durch ein Land (BGH BGHR Zivilsachen VwGO § 50 Abs. 1 Nr. 1 Bundeswasserstrasse Nr. 2), etwa durch Sand- und Kiesabbau (BGH BGHR Zivilsachen VwGO § 50 Abs. 1 Nr. 1 Bundeswasserstrasse Nr. 1) oder für Hafenzwecke ohne Einverständnis des Bundes (BGHZ 69, 284, 293 ff.), oder über das Nutzungsentgelt für die Verpachtung einer dem Land gehörenden Wasserfläche durch den Bund (BVerwGE 87, 169, 171).

8   Weitere Beispiele für die Anwendbarkeit des § 50 Abs. 1 Nr. 1 sind Streitigkeiten über das Bestehen einer Vollzugskompetenz von Denkmalschutzbehörden der Länder im Bereich hoheitlich genutzter Schifffahrtsanlagen des Bundes (BVerwG BauR 2008, 1126), die Fischereirechte in bestimmten Kanälen (BVerwGE 35, 113), über die Zuständigkeit für den Feuerschutz im Mündungstrichter einer Bundeswasserstraße (BVerwG DÖV 1987, 868), über das Begehren eines Landes auf Erteilung von Aussagegenehmigungen für Mitglieder der Bundesregierung und Bundesbeamte vor einem Untersuchungsausschuss des Landesparlaments (BVerwGE 109, 258, 260 f.), über die Reichweite der Prüfungsbefugnis des BRH gegenüber Landesfinanzbehörden (BVerwGE 116, 92, 93) sowie über die Rechtmäßigkeit einer Weisung in der Bundesauftragsverwaltung, wenn sich die Bewertung der Rechtmäßigkeit allein nach einfachem Gesetzesrecht richtet, wohingegen es sich bei der Anlegung verfassungsrechtlicher Maßstäbe um eine verfassungsrechtliche Streitigkeit handelt.[15] Eine ausdrücklich auf Art. 85 Abs. 3 GG gestützte Weisung des Bundes besitzt immer verfassungsrechtliche Qualität (BVerwG NVwZ 1998, 500). Nicht der Zuweisung des § 50 Abs. 1 Nr. 1 unterworfen sind alle Streitigkeiten aus Staatsverträgen, die die Vereinigung zweier Staaten oder von Teilen derselben und die Regelung der sich daraus ergebenden Folgen zum Gegenstand haben (BVerfGE 22, 221, 229 ff.; 42, 345, 355: verfassungsrechtliche Streitigkeit).

9   Bei Streitigkeiten über die Gewährung finanzieller Leistungen ist danach zu differenzieren, ob es sich um von § 50 Abs. 1 Nr. 1 nicht gemeinte Erstattungsansprüche, die sich typischerweise im Staat-Bürger-Verhältnis ergeben, handelt wie das Begehren eines Landes auf Erstattung der Kosten für die Beseitigung von toten Fischen oder einer Öllache auf einer Bundeswasserstraße[16] oder ob nur in föderalen Rechtsverhältnissen auffindbare Ansprüche betroffen sind. Zu den letzteren gehören u.a. Schadensersatzansprüche des Bundes gegen ein Land wegen der Schädigung durch Landesbedienstete bei der Durchführung des Lastenausgleichs oder der Erstellung von Bauten des Bundes (BVerwGE 12, 253; BVerwG BayVBl 1980, 473, 474), Forderungen nach dem Lastentragungsgesetz (BVerwG DÖV 2007, 749), Regressansprüche des Landes gegen den Bund wegen einer Verletzung der Verkehrssicherungspflicht durch Bundesbedienstete gegenüber Dritten (BVerwG NJW 1976, 1468) und Streitigkeiten über Erstattungsansprüche eines Landes gegen den Bund wegen der Kosten der Kampfmittelräumung (BVerwG BayVBl 2000, 601; NVwZ 2004, 1125) oder der Aufwendungen des Landes für Maßnahmen zur Stützung des Schweinemarktes in Deutschland (BVerwGE 102, 119, 122) sowie über die Höhe der Finanzhilfen für Investitionen in Krankenhäuser (BVerwGE 65, 226), nicht aber über die Erstattung der Kriegsfolgelasten eines Landes durch den Bund (BVerwGE 24, 272, 279 f.: verfassungsrechtliche Streitigkeit). Auch Streitigkeiten zwischen Bund und Land um den Haftungsanspruch nach Art. 104 a Abs. 5 S. 1 GG können § 50 Abs. 1 Nr. 1 unterfallen (BVerwG BayVBl 1987, 23, 24). Dies gilt bspw. für die Inanspruchnahme eines Landes durch den Bund wegen des Ersatzes von Mehrkosten, die durch die Veruntreuung von Förderungsmitteln i.R. des Vollzugs des BAFöG entstanden sind. Denn der Kern dieses Streits betrifft Fragen des Vollzugs des einfachen Gesetzesrechts, auch wenn die betreffende Anspruchsgrundlage im GG verortet ist (BVerwGE 96, 45, 48 f.). Entsprechend zugewiesen sind andere auf Art. 104 a Abs. 5 S. 1 GG gestützte Ansprüche, die sich auf Rechtsverletzungen auf der Ebene des einfachen Rechts beziehen (BVerwGE 104, 29, 31). Anders zu beurteilen sind auf der Grundlage des Art. 104 a Abs. 5 S. 1 GG geltend gemachte Ansprüche, wenn die Haftungsfrage in

---

14   *H. Huba*, Jura 1991, 655, 656.
15   *L.-U. Pera*, NVwZ 1989, 1120, 1124; *H. Wagner*, DVBl 1987, 917, 923; *B. Zimmermann*, DVBl 1992, 93, 94 f. A.M. *K. Lange*, NJW 1987, 2459, 2461: Einheitlich nur BVerwG.
16   BVerwG NJW 1984, 817, 818; RdL 1986, 50. Anders aber für einen Anspruch auf Kostenerstattung betr. die Entsorgung von Bilgenöl auf einer Bundeswasserstrasse BVerwG NVwZ 2000, 433.

der verfassungsrechtlichen Ordnung des Verhältnisses zwischen Bund und Ländern wurzelt und bspw. die Verteilung der Finanzierungslast für gemeinschaftsrechtlich begründete Lasten betrifft (BVerwGE 116, 234, 237 ff.).

5. Vorlage der Sache an das BVerfG. Eine Vorlage der Sache an das BVerfG zur Entscheidung 10 schreibt § 50 Abs. 3 vor, wenn das BVerwG die Streitigkeit nach § 50 Abs. 1 Nr. 1 für eine verfassungsrechtliche hält. Da die Norm das Entscheidungsmonopol des BVerfG in verfassungsrechtlichen Streitigkeiten sichern soll, genügen Zweifel des BVerwG hinsichtlich der rechtlichen Natur der Streitigkeit nicht zur Auslösung der Vorlagepflicht. Vielmehr muss das Gericht positiv zu der Überzeugung kommen, dass eine verfassungsrechtliche Streitigkeit vorliegt (BVerwGE 50, 124, 129 f.). Wegen der schwierigen Grenzziehung der Verfahren nach § 50 Abs. 1 Nr. 1 zu den Zuständigkeiten des BVerfG und der im Verhältnis zur Verfassungsgerichtsbarkeit fehlenden Möglichkeit der Rechtswegverweisung (BVerfG NordÖR 2004, 64, 65)[17] sollen negative Kompetenzkonflikte zwischen BVerfG und BVerwG durch das Institut der Vorlagepflicht vermieden werden.[18] Es kann daher nicht darauf ankommen, ob zur Entscheidung der konkreten Streitigkeit ein Verfahren vor dem BVerfG zulässig wäre oder nicht (a.M. BVerwGE 24, 272, 280 f.). Denn die die Vorlage nach § 50 Abs. 3 aussprechende Zwischenentscheidung ändert nichts an der Anhängigkeit der Sache beim BVerwG, das für *diese* Entscheidung auch dann instanziell zuständig ist, wenn sich die Streitigkeit schließlich als verfassungsrechtliche erweist (BVerwG NVwZ 1998, 500; BVerwGE 116, 234, 236 f.).

Das BVerwG ist an die vom BVerfG als Zwischenentscheidung vorgenommene Qualifikation der Strei- 11 tigkeit als verfassungsrechtliche oder nichtverfassungsrechtliche gebunden.[19] Zwar enthält § 50 Abs. 3 anders als § 39 Abs. 2 S. 3 SGG keine ausdrückliche Anordnung der Bindungswirkung, jedoch wurde die entsprechende Formulierung in § 50 Abs. 3 S. 2 des Regierungsentwurfs einer VwGO (BT-Drs. 3/55 Anl. 1) als überflüssiger Hinweis gestrichen (vgl. den Bericht des Rechtsausschusses, BT-Drs. 3/1094, 6). Verneint das BVerfG den verfassungsrechtlichen Charakter der Streitigkeit, so hat das BVerwG das Verfahren auf der Grundlage dieser Rechtsauffassung fortzuführen (Bericht des Rechtsausschusses, BT-Drs. 3/1904, 6). Qualifiziert das BVerfG die Streitigkeit als eine verfassungsrechtliche, so erledigt sich hierdurch der Rechtsstreit vor dem BVerwG.[20] Das BVerfG geht nach der Bejahung der verfassungsrechtlichen Natur der Streitigkeit zur Prüfung weiterer Voraussetzungen einer verfassungsgerichtlichen Sachentscheidung und ggf. zu dieser selbst über (BVerfG NordÖR 2004, 64, 65).[21] Dementsprechend hat das BVerfG die nach § 50 Abs. 1 Nr. 1 erhobene Klage als Antrag nach § 68 BVerfGG bzw. § 71 BVerfGG weiterzuverfolgen und als unzulässig abzuweisen, wenn die Sachentscheidungsvoraussetzungen nicht vorliegen (BVerfG NordÖR 2004, 64, 65 f.). Dabei wird die Sechsmonatsfrist nach §§ 69, 71 Abs. 2, 64 Abs. 3 BVerfGG durch die innerhalb dieser Frist erhobene Klage zum BVerwG gewahrt (BVerfG NordÖR 2004, 64, 65 f.).

Das Zwischenverfahren nach § 50 Abs. 3 ist nicht vergleichbar mit dem Normenkontrollverfahren 12 nach Art. 100 Abs. 1 GG, sondern dient allein der letztverbindlichen Abgrenzung der Verfahren nach § 50 Abs. 1 Nr. 1 zu den verfassungsgerichtlichen Zuständigkeiten nach Art. 93 Abs. 1 Nr. 3 und 4 GG für verfassungsrechtliche Streitigkeiten. Für beide verfassungsgerichtlichen Verfahrensarten ist jedoch die Stellung eines verfahrenseinleitenden Antrags eines an dem Rechtsstreit Beteiligten erforderlich (vgl. §§ 68, 71 BVerfGG). Wegen dieser speziellen Zwecksetzung des § 50 Abs. 3 ist die Vorlage ausdrücklich nur für Streitigkeiten nach § 50 Abs. 1 Nr. 1 vorgesehen. In allen anderen Fällen, in denen das BVerwG sachlich oder instanziell zuständig ist, ist § 50 Abs. 3 nicht anwendbar.[22]

IV. Vereinsverbotssachen

In Vereinsverbotssachen entspricht die sachliche Zuständigkeit des BVerwG nach § 50 Abs. 1 Nr. 2 der 13 des OVG nach § 48 Abs. 2 mit der einzigen Abweichung, dass die angefochtene Verfügung wegen der über das Gebiet eines Landes hinaus reichenden Organisation oder Tätigkeit der Vereinigung vom

---

17 *Kissel/Mayer* § 17 Rn. 3.
18 Begründung zum Regierungsentwurf einer VwGO, BT-Drs. 3/55 Anl. 1 S. 35; BVerfG NordÖR 2004, 64, 65.
19 *Kopp/Schenke* § 50 Rn. 9, 10.
20 *Schunck/De Clerck* § 50 Anm. 2 a.
21 *M. Sachs*, DÖV 1981, 707, 710.
22 A.M. für das Revisionsverfahren *Schunck/De Clerck* § 50 Anm. 2 a; offen gelassen in BVerwGE 24, 272, 280.

Bundesminister des Innern erlassen sein muss (zu den Problemen im Einzelnen → § 48 Rn. 33 f.). Das Zusammentreffen mehrerer Klagen in Vereinsverbotssachen regelt § 51.

V. Streitigkeiten gegen Abschiebungsanordnungen

14   Die Zuständigkeit für Streitigkeiten gegen Abschiebungsanordnungen nach § 58 a AufenthG und ihre Vollziehung (§ 50 Abs. 1 Nr. 3) ist durch das Zuwanderungsgesetz vom 30.7.2004 (BGBl I 1950) neu aufgenommen worden. Nach der erst im Vermittlungsverfahren in den Entwurf des AufenthG eingefügten (Beschlussempfehlung des Vermittlungsausschusses, BT-Drs. 15/3479, 9 f.) § 58 a AufenthG kann die oberste Landesbehörde gegen einen Ausländer aufgrund einer auf Tatsachen gestützten Prognose zur Abwehr einer besonderen Gefahr für die Sicherheit der Bundesrepublik Deutschland oder einer terroristischen Gefahr ohne vorhergehende Ausweisung eine Abschiebungsanordnung erlassen (§ 58 a Abs. 1 S. 1 AufenthG). Sofern ein besonderes Interesse des Bundes besteht, kann das Bundesministerium des Innern die Übernahme der Zuständigkeit erklären. Unabhängig von der Zuständigkeitsfrage ist die Abschiebungsanordnung ein Verwaltungsakt, die von dem betroffenen Ausländer mit einer beim BVerwG zu erhebenden Anfechtungsklage angegriffen werden kann. Da die Abschiebungsanordnung kraft Gesetzes auch ohne Abschiebungsandrohung sofort vollziehbar ist (§ 58 a Abs. 1 S. 2 AufenthG), ist fristgebundener (§ 58 a Abs. 4 S. 2 AufenthG) vorläufiger Rechtsschutz nach § 80 Abs. 5 durch einen Antrag auf Anordnung der aufschiebenden Wirkung zu suchen; zuständig ist insoweit das BVerwG als Gericht der Hauptsache. Allerdings beschränkt sich die Zuweisung nach § 50 Abs. 1 Nr. 3 nicht auf die Anfechtung der Abschiebungsanordnung, sondern erfasst auch alle weiteren Streitigkeiten um die Anordnung und deren Vollziehung. Dies betrifft insbes. die Unzulässigkeit der Vollziehung nach § 58 a Abs. 3 AufenthG bei Vorliegen der Voraussetzungen für ein Abschiebungsverbot nach § 60 Abs. 1–8 AufenthG.

VI. Vorgänge im Geschäftsbereich des BND

15   Vorgänge im Geschäftsbereich des BND sind dem BVerwG nach den Änderungen des § 50 Abs. 1 Nr. 4 im Jahre 2001 (→ Rn. 1) nicht mehr nur für den engen Ausschnitt des Dienstrechts, sondern nunmehr aus Gründen des Geheimnisschutzes umfassend zur erstinstanzlichen Entscheidung zugewiesen (BVerwG NJW 2008, 2135, 2136; zur Verfassungsmäßigkeit BVerfG NVwZ 2008, 194). Die früheren Streitfragen, wann vom Vorliegen dienstrechtlicher Vorgänge im Geschäftsbereich des BND ausgegangen werden konnte, haben sich mit der Neufassung der Vorschrift erledigt. Soweit es sich um Beschäftigungsverhältnisse von Mitarbeitern des BND betreffende Klagen handelt, ist allerdings weiterhin § 40 zu beachten. Für arbeitsrechtliche Streitigkeiten von Arbeitern und Angestellten des BND ist das BVerwG daher auch weiterhin nicht zuständig (vgl. für § 50 Abs. 1 Nr. 4 a.F. BVerwG Buchholz 310 § 50 VwGO Nr. 19).[23] Anderes gilt aber, wenn in einem Arbeitsgerichtsprozess eines beim BND beschäftigten Angestellten der selbständige Auskunftsanspruch nach § 7 BNDG i.V.m. § 15 BVerfSchG geltend gemacht wird (BVerwG NJW 2008, 1398). Auch die Anfechtung der Wahl der Gleichstellungsbeauftragten beim BND unterfällt § 50 Abs. 1 Nr. 4 (BVerwG 27.6.2007 – 6 A 1/06). Der Umstand, dass die Zuweisung teleologisch dem Geheimnisschutz verpflichtet ist, führt in Anbetracht des Ausnahmecharakters der Vorschrift nicht zu ihrer Analogiefähigkeit, sondern zu einer einschränkenden Auslegung. Ist also der Geheimnisschutz durch dienstrechtliche Vorgänge im Geschäftsbereich anderer Nachrichtendienste, etwa des BfV oder des MAD, betroffen, so ist § 50 Abs. 1 Nr. 4 nicht anwendbar.[24] Unter § 50 Abs. 1 Nr. 4 fallen etwa Klagen betr. die Überwachung von Telefonanschlüssen durch den BND (BVerwG NJW 2008, 2135, 2136).

VII. Abgeordneten- und ministerrechtliche Klagen

16   Die Gesetzesmaterialien zum 26. Gesetz zur Änderung des Abgeordnetengesetzes vom 22.8.2005 (BGBl I 2482), durch das der – seinerzeit hierauf beschränkte – Klagen gegen Maßnahmen und Entscheidungen nach § 44 a AbgG und der Verhaltensregeln für Mitglieder des Deutschen Bundestages

---

23 Vgl. auch A. *Scheidler*, DVBl 2011, 466, 470 m.w.N.
24 BVerwG Buchholz 310 § 50 VwGO Nr. 1 und Nr. 11 (Bundesamt für Verfassungsschutz). A.M. *H.-J. v. Oertzen*, in: Redeker/v. Oertzen § 50 Rn. 4.

betreffende § 50 Abs. 1 Nr. 5 eingefügt wurde, enthielten keine Ausführungen zum Zweck der Begründung der erstinstanzlichen Zuständigkeit des BVerwG. Es dürfte aber davon auszugehen sein, dass diese Sonderzuweisung der besonderen – auch politischen – Bedeutung der einschlägigen Streitigkeiten Rechnung tragen soll. § 44 a AbgG regelt die Zulässigkeit von Tätigkeiten neben dem Mandat eines Bundestagsabgeordneten, die Unzulässigkeit der Annahme von Zuwendungen und anderen Vermögensvorteilen für die Ausübung des Mandats und deren Abführung an den Bundeshaushalt sowie die Verpflichtung zur Anzeige und Veröffentlichung von Tätigkeiten und Einkünften, die auf für die Ausübung des Mandats bedeutsame Interessenverknüpfungen hinweisen können. In § 44 a AbgG vorgesehene Maßnahmen und Entscheidungen, die von § 50 Abs. 1 Nr. 5 erfasst werden, sind die durch Verwaltungsakte des Präsidenten des Bundestages erfolgenden Geltendmachungen des Anspruchs auf Abführung unzulässiger Zuwendungen und Vermögensvorteile an den Bundeshaushalt (§ 44 a Abs. 3 S. 2 AbgG) sowie des wegen der Verletzung der Verpflichtung zur Anzeige bestimmter Tätigkeiten und Einkünfte durch das Präsidium festzusetzenden Ordnungsgeldes (§ 44 a Abs. 4 S. 3 AbgG). Wegen des in § 44 a Abs. 4 S. 2 und 3 AbgG ausdrücklich vorgesehenen gestuften Verfahrens ist die Festsetzung des Ordnungsgeldes durch das Präsidium keine selbständig angreifbare Maßnahme. In Anbetracht des Wortlauts des § 50 Abs. 1 Nr. 5 („Klagen *gegen*") unterfallen der Norm in erster Linie Anfechtungsklagen, darüber hinaus aber – bei entsprechendem Rechtsschutzinteresse – Feststellungs- und Unterlassungsklagen. Darüber hinaus gilt § 50 Abs. 1 Nr. 5 für Klagen gegen die in § 8 der Verhaltensregeln für Mitglieder des Deutschen Bundestages (Anl. 1 zur GO BT) vorgesehenen Maßnahmen. Bei diesen Maßnahmen handelt es sich im Wesentlichen um Auskunftsverlangen des Präsidenten gegenüber dem betreffenden Abgeordneten sowie die Feststellung eines Verstoßes gegen die Verhaltensregeln und die Festsetzung eines Ordnungsgeldes durch das Präsidium.

16a Der Anwendungsbereich des § 48 Abs. 1 S. 1 Nr. 5 ist durch Art. 3 des Gesetzes zur Änderung des Bundesministergesetzes und des Gesetzes über die Rechtsverhältnisse der Parlamentarischen Staatssekretäre vom 17.7.2015 (BGBl I 1322) auf Maßnahmen nach § 6 b des Bundesministergesetzes und nach § 7 ParlStG i.V.m. § 6 b BMinG erweitert worden. Dabei handelt es sich um die Zuständigkeit des BVerwG für Streitigkeiten über die Untersagung von Erwerbstätigkeiten oder sonstigen Beschäftigungen von früheren Bundesministern und Parlamentarischen Staatssekretären durch die Bundesregierung, welche für eine Dauer von bis zu 18 Monaten nach dem Ausscheiden aus dem Amt angeordnet werden kann. Die bisher schon bestehende Zuständigkeit des BVerwG für Maßnahmen nach § 44 a AbgG diente als Vorbild für diese Erweiterung (BT-Drs. 18/4630, 12). Die vom Bundesrat gerügte Verkürzung des Instanzenzugs (BT-Drs. 18/4630, 14 f.) wurde von der Bundesregierung mit der Begründung zurückgewiesen, dass „die Sicherstellung der staatlichen Integrität und Loyalität, mithin die Bewahrung bedeutender Güter eines demokratischen Rechtsstaats (,) … im Interesse einer einheitlichen Rechtsprechung auf diesem Gebiet – eine Konzentration des Rechtsschutzes beim BVerwG" rechtfertige (BT-Drs. 18/4630, 16).

VIII. Planfeststellungs- und Plangenehmigungsverfahren betreffende Streitigkeiten

16b Die Planfeststellungs- und Plangenehmigungsverfahren betreffende Streitigkeiten in den Katalog des § 50 einfügende Nr. 6 ist an die Stelle des früheren § 5 Abs. 1 VerkPBG getreten. Aus der Formulierung des BVerwG, der Gesetzgeber habe bei der Verlängerung der Geltung des VerkPBG die erstinstanzliche Zuständigkeit des BVerwG „noch als geeignetes Mittel ansehen (dürfen), um im Zuge der Verwirklichung der zum »Aufbau Ost« unabdingbaren Verkehrsinfrastrukturvorhaben Verzögerungen durch Rechtsmittel jedweder Art vorzubeugen" (BVerwG DVBl 2004, 649, 652), wird man nicht schließen können, dass das Gericht Zweifel an der Verfassungskonformität der in § 50 Abs. 1 Nr. 6 vorgenommenen Verstetigung seiner sachlichen Zuständigkeit hegt.

16c Der Kreis der Vorhaben, die unter § 50 Abs. 1 Nr. 6 fallende Streitigkeiten auslösen können, ist in den bezeichneten Fachgesetzen abschließend beschrieben. Weit über § 5 Abs. 1 i.V.m. § 1 Abs. 1 VerkPBG hinausgehend sind dies nicht mehr nur Vorhaben, die der Herstellung der deutschen Einheit dienen, sondern ebenso solche zur Einbindung der neuen Mitgliedstaaten in die EU, zur Verbesserung der Hinterlandanbindung der deutschen Seehäfen sowie mit einem sonstigen internationalen Bezug, einer besonderen Funktion zur Beseitigung schwerwiegender Verkehrsengpässe oder zur Einbindung von Elektrizität aus erneuerbaren Energiequellen, zum Ausschluss neuer Kraftwerke oder zur Vermeidung struktureller Engpässe im energiewirtschaftlichen Übertragungsnetz (§ 18 e Abs. 1 AEG, § 17 e Abs. 1 FStrG, § 14 e WaStrG, § 1 Energieleitungsausbaugesetz). Die erfassten Vorhaben sind enumerativ in einer Anlage zu der jeweiligen fachgesetzlichen Bestimmung aufgelistet. Lediglich im Recht der Magnetschwebebahnen ist das BVerwG erstinstanzlich für sämtliche Magnetschwebebahnstrecken zuständig (§ 2 d Abs. 1 i.V.m. § 1 Abs. 1 S. 1 MBPlG). Dies führt zu Kollisionen mit § 48 Abs. 1 S. 1 Nr. 7, wonach das OVG für sämtliche Streitigkeiten sachlich zuständig ist, die Planfeststellungsverfahren für den Bau oder die Änderung neuer Strecken von Magnetschwebebahnen betreffen. Ausweislich des § 2 d Abs. 1 MBPlG erstreckt sich die erstinstanzliche Zuständigkeit des BVerwG auf „Vorhaben nach § 1 Satz 1", womit wohl Vorhaben i.S.d. § 1 Abs. 1 S. 1 MBPlG gemeint sind. Dies sind ohne jede Einschränkung alle „Magnetschwebebahnstrecken einschließlich der für den Betrieb notwendigen Anlagen", deren Bau oder Änderung durch § 1 Abs. 1 S. 1 MBPlG für planfeststellungsbedürftig erklärt werden. Hinsichtlich des Baus oder der Änderung von Magnetschwebebahnen sind daher die Tatbestände von § 48 Abs. 1 S. 1 Nr. 7 und § 50 Abs. 1 Nr. 6 identisch. Dabei verdrängt § 50 Abs. 1 Nr. 6 nach dem Grundsatz lex posterior derogat legi priori § 48 Abs. 1 S. 1 Nr. 7 vollständig. Die übrigen Tatbestände des § 48 Abs. 1 S. 1 Nr. 7–9 treten hinter § 50 Abs. 1 Nr. 6 nur insoweit zurück, wie tatbestandliche Überschneidungen bestehen, nämlich hinsichtlich der in den Anlagen zu den Fachplanungsgesetzen aufgelisteten Vorhaben. Anders als nach § 5 Abs. 1, § 1 Abs. 1 VerkPBG besteht keine sachliche Zuständigkeit des BVerwG mehr für Streitigkeiten betr. den Bau oder die Änderung von Verkehrsflughäfen und Straßenbahnen.

16d   Aus den Zielen, durch die Verkürzung des gerichtlichen Verfahrens auf eine Instanz die Verwirklichung von Infrastrukturvorhaben mit überragender Bedeutung zu beschleunigen und durch die Konzentration der Streitsachen beim BVerwG divergierende Entscheidungen zu vermeiden (BVerwG NVwZ 2013, 1219), folgt die Notwendigkeit einer weiten Auslegung des Begriffs „betreffen". Erfasst werden alle Verwaltungsstreitverfahren, die einen unmittelbaren Bezug zu konkreten Planfeststellungs- oder Plangenehmigungsverfahren haben (BVerwG NVwZ 2007, 1095, 1096). Um unter § 50 Abs. 1 Nr. 6 zu fallen, muss eine Streitigkeit Teil der durch die Planfeststellung oder Plangenehmigung zu leistenden genehmigungsrechtlichen Bewältigung des Vorhabens sein (BVerwG 2007, 1095, 1096; NVwZ 2014, 367). Wird über mehrere selbständige Vorhaben nach § 78 Abs. 1 VwVfG in nur einem Planfeststellungsverfahren entschieden, so erstreckt sich die Zuständigkeit des BVerwG nach § 50 Abs. 1 Nr. 6 auf alle in die einheitliche Planfeststellung einbezogenen Vorhaben, auch wenn diese selbst nicht der erstinstanzlichen Zuständigkeit des BVerwG unterfallen. Voraussetzung ist, dass das von § 50 Abs. 1 Nr. 6 erfasste Vorhaben dasjenige ist, das einen größeren Kreis öffentlich-rechtlicher Beziehungen i.S.v. § 78 Abs. 2 VwVfG berührt (BVerwGE 147, 184, 187 f.).

16e   Weitere von § 50 Abs. 1 Nr. 6 erfasste Beispiele sind Streitigkeiten über die Vorbereitung der Planung und Baudurchführung vorbereitende Maßnahmen einschließlich der Vorbereitung einer erforderlichen Ausschreibung. Dies ergibt sich aus dem Zweck der Zuweisung der Zuständigkeit an das BVerwG, eine Beschleunigung der Durchführung der Vorhaben zu erreichen (BVerwG NVwZ 2013, 78, 79; BVerwG, 2.10.2014 – 9 VR 3/14, juris Rn. 2). Keineswegs erfasst ist jedoch das gesamte „Vorfeld" des Planfeststellungs- bzw. Plangenehmigungsverfahrens (a.M. BVerwG NVwZ 1994, 368, 369). Seine frühere Rspr., dass eine ein Planfeststellungs- oder Plangenehmigungsverfahren betreffende Streitigkeit nur vorliegen sollte, wenn um die Feststellungs- bzw. Genehmigungsbedürftigkeit des Vorhabens und die sich daraus für die Rechtmäßigkeit bereits realisierter Maßnahmen ergebenden Folgerungen gestritten wurde (BVerwG NVwZ 1994, 370; DVBl 2000, 1864), hat das BVerwG offenbar aufgegeben. Selbst wenn die genehmigungsrechtliche Bewältigung des Vorhabens nicht in Rede steht, soll es ausreichen, dass die betreffende Maßnahme der Durchführung des Planvorhabens dient und die erstinstanzliche Zuständigkeit des BVerwG diesbezüglich zu einer Beschleunigung führt (BVerwG NVwZ 2013, 78, 79). Insoweit ist es widersprüchlich, wenn das Gericht Streitigkeiten darüber, ob sich die Verwirklichung eines Vorhabens in den Grenzen des bestandskräftigen Planfeststellungbeschlusses hält, als „sich nicht auf die genehmigungsrechtliche Bewältigung des Vorhabens, sondern allein auf dessen Umsetzung" beziehend qualifiziert und aus diesem Grunde das Vorliegen der Voraussetzungen des § 50 Abs. 1 Nr. 6 verneint (BVerwG NVwZ 2013, 1219).

16f   § 50 Abs. 1 Nr. 6 unterfällt auch die Klärung, ob eine Planänderung ohne erneutes Planfeststellungsverfahren zugelassen werden durfte (BVerwG NVwZ 2014, 367). Das mit der erstinstanzlichen Zuständigkeit des BVerwG verfolgte Ziel einer Beschleunigung der Planungsverfahren steht jedoch nicht in Rede, wenn Ansprüche auf nachträgliche Schutzauflagen nach § 75 Abs. 2 S. 2-4 VwVfG geltend gemacht werden (BVerwG DVBl 2000, 1862, 1863; NVwZ 2013, 1219). Um keinen Streit um die Rechtmäßigkeit einer Planfeststellung handelt es sich auch, wenn er sich nicht auf der Planfeststellung vorausgehende Verfahrensfragen, sondern auf einen selbständigen Streitgegenstand bezieht. Dies ist bspw. bei der Geltendmachung eines Anspruchs auf freien Informationszugang nach den Umweltinformations- oder Informationsfreiheitsgesetzen der Fall, selbst wenn die dadurch erlangten Informationen in das Planfeststellungsverfahren eingebracht werden sollen (BVerwG NVwZ 2007, 1095, 1096).

IX. Verfahren

Das Verfahren vor dem BVerwG folgt den allgemeinen Vorschriften. Die Erhebung einer Widerklage **17** ist ebenso zulässig (BVerwGE 50, 137, 140; 116, 175, 186 f.) wie der Erlass einer einstweiligen Anordnung nach § 123 durch das BVerwG (BVerwGE 50, 124, 132; BVerwG NVwZ 1988, 828). Zu beachten ist, dass § 50 Abs. 1 in allen Zuweisungsvarianten nur für bestimmte Kläger und/oder Beklagte gilt. Nicht beschränkt ist die Beteiligungsfähigkeit hingegen für Beigeladene. Weil es bei der einzelinstanzlichen Zuständigkeit des BVerwG an einer Vorinstanz fehlt, deren Auslegung des Landesrechts für das BVerwG verbindlich sein könnte, hat das Gericht in Verfahren nach § 50 Abs. 1 auch etwa entscheidungserhebliches Landesrecht anzuwenden und auszulegen (BVerwG NJW 1985, 1655 – insoweit in BVerwGE 70, 310 nicht abgedruckt). Landesverfassungsrecht ist hiervon nicht ausgenommen (BVerwG DVBl 1993, 341, 343).

X. Spezialgesetzliche Vorschriften

Spezialgesetzliche Vorschriften außerhalb der VwGO sehen ebenfalls eine erst- und letztinstanzliche **18** Zuständigkeit des BVerwG vor.

1. Patentrecht. Für das Patentrecht bestimmt § 13 Abs. 2 PatG: „Für die Anfechtung einer Anord- **19** nung nach Absatz 1 ist das BVerwG zuständig, wenn sie von der Bundesregierung oder der zuständigen obersten Bundesbehörde getroffen ist."
Nach § 13 Abs. 1 S. 1 PatG kann die Bundesregierung anordnen, dass die Wirkung eines Patents insoweit nicht eintritt, wie die Erfindung im Interesse der öffentlichen Wohlfahrt benutzt werden soll. Gem. § 13 Abs. 1 S. 2 PatG erstreckt sich die Wirkung des Patents ferner nicht auf eine Benutzung der Erfindung, die im Interesse der Sicherheit des Bundes von der zuständigen obersten Bundesbehörde oder in deren Auftrag von einer nachgeordneten Stelle angeordnet wird.

2. Normenkontrollverfahren. Eine Zuständigkeit des BVerwG für Normenkontrollverfahren statuie- **20** ren das Gesetz über den Bau der „Südumfahrung Stendal" der Eisenbahnstrecke Berlin – Oebisfelde vom 29.10.1993 (BGBl I 1906) und das Gesetz über den Bau des Abschnitts Wismar West – Wismar Ost der Bundesautobahn A 20 Lübeck – Bundesgrenze (A 11) vom 2.3.1994 (BGBl I 734). Für das erstgenannte Gesetz bestimmt sein § 2 Abs. 3: „Über die Gültigkeit der Rechtsverordnungen nach Absatz 1 entscheidet auf Antrag das BVerwG im Rahmen seiner Gerichtsbarkeit. Auf das Verfahren finden die Vorschriften des § 47 der Verwaltungsgerichtsordnung entsprechende Anwendung."
Abgesehen von der bedeutungslosen Fortlassung der Worte „im Rahmen seiner Gerichtsbarkeit" ist § 2 Abs. 3 des zweitgenannten Gesetzes wortgleich. Rechtsverordnungen nach dem jeweiligen § 2 Abs. 1 der beiden Gesetze sind solche, die vom Bundesministerium für Verkehr, Bau- und Wohnungswesen unter Einhaltung der Grundzüge der Planung zur Änderung des Plans nach dem jeweiligen § 1 der Gesetze erlassen werden können, soweit nach Inkrafttreten des betreffenden Gesetzes Tatsachen bekannt werden, die der Ausführung des Vorhabens nach den getroffenen Festsetzungen entgegenstehen. Die Zulassung des Vorhabens selbst erfolgt entsprechend einem beigefügten Plan durch § 1 des jeweiligen Gesetzes selbst mit umfassender Konzentrationswirkung. Da es sich um ein förmliches Gesetz handelt, kann dieser Zulassungsakt nicht vor den Gerichten der Verwaltungsgerichtsbarkeit angefochten werden. In Betracht kommt insoweit allein eine Anrufung des BVerfG.

§ 51 [Aussetzung bei Verfahren über Vereinsverbote]

(1) Ist gemäß § 5 Abs. 2 des Vereinsgesetzes das Verbot des Gesamtvereins anstelle des Verbots eines Teilvereins zu vollziehen, so ist ein Verfahren über eine Klage dieses Teilvereins gegen das ihm gegenüber erlassene Verbot bis zum Erlaß der Entscheidung über eine Klage gegen das Verbot des Gesamtvereins auszusetzen.

(2) Eine Entscheidung des Bundesverwaltungsgerichts bindet im Falle des Absatzes 1 die Oberverwaltungsgerichte.

(3) Das Bundesverwaltungsgericht unterrichtet die Oberverwaltungsgerichte über die Klage eines Vereins nach § 50 Abs. 1 Nr. 2.

Schrifttum
A. Scheidler, Gerichtszuständigkeiten für Klagen gegen Vereinsverbote, NVwZ 2011, 1479.

I. Zweck

1   Der Zweck der in der heutigen Fassung durch § 23 Nr. 3 des VereinsG vom 5.8.1964 (BGBl I 593) eingeführten und durch Art. 1 Nr. 5 des 6. VwGOÄndG (vom 1.11.1996, BGBl I 1626) geänderten Vorschrift besteht in der Vermeidung widersprechender Entscheidungen beim Zusammentreffen mehrerer Klagen in Vereinsverbotssachen (Begründung des Regierungsentwurfs einer VwGO, BT-Drs. 3/55 Anl. 1 S. 35). Die prozessuale Kollisionsnorm soll eine einheitliche Entscheidung über das Verbot des Gesamtvereins und seiner Teilvereine sichern (Begründung des Regierungsentwurfs eines VereinsG, BT-Drs. 4/430, 25).

II. Zusammentreffen von Klagen gegen das Verbot eines Teil- und gegen das Verbot eines Gesamtvereins

2   Das Zusammentreffen von Klagen gegen das Verbot eines Teil- und gegen das Verbot eines Gesamtvereins regelt § 51 Abs. 1. Nach § 5 Abs. 2 VereinsG ist in dem Fall, dass dem Verbot eines Teilvereins, bevor es unanfechtbar geworden ist, ein den Teilverein einschließendes Verbot des Gesamtvereins folgt, von diesem Zeitpunkt an nur noch das Verbot des Gesamtvereins zu vollziehen. Die prozessrechtliche Konsequenz hieraus zieht § 51 Abs. 1, wonach die Rechtmäßigkeit der Vereinsverbote nur noch von dem zur Entscheidung der Klage gegen das Verbot des Gesamtvereins zuständigen Gericht beurteilt wird. Als zuständige Gerichte kommen gem. §§ 48 Abs. 2, 50 Abs. 1 Nr. 2 sowohl das OVG und das BVerwG als auch das VG in Betracht (→ § 48 Rn. 33; → § 50 Rn. 13). Zwar ist nach dem Wortlaut des § 51 Abs. 1 das VG nicht zur Aussetzung des Verfahrens verpflichtet. Da aber auch hier die Gefahr sich widersprechender Entscheidungen besteht, ist die Norm insoweit analog anzuwenden.[1] Voraussetzung für die Aussetzung ist, dass zum Zeitpunkt des Erlasses des Aussetzungsbeschlusses tatsächlich eine Klage gegen das Verbot des Gesamtvereins anhängig ist (OVGE Bln 10, 160 für die Aussetzung nach § 51 Abs. 2). Wird die Klage gegen das Verbot des Gesamtvereins wegen fehlender Begründetheit abgewiesen, so können die Beteiligten des Verfahrens gegen das Verbot des Teilvereins die Hauptsache für erledigt erklären oder das Gericht hat die Klage wegen mangelnden Rechtsschutzbedürfnisses abzuweisen. Ist die Klage gegen das Verbot des Gesamtvereins als unzulässig zurückgewiesen, so wird dieses Verbot bestandskräftig und ist nach § 5 Abs. 2 VereinsG ausschließlich zu vollziehen.[2] Auch in diesem Falle ist die Klage gegen das Verbot des Teilvereins wegen fehlenden Rechtsschutzbedürfnisses abzuweisen.

3   Wird nur das Verbot des Gesamtvereins angegriffen, tritt mithin Unanfechtbarkeit des Verbots des Teilvereins ein, und hebt das Gericht das Verbot des Gesamtvereins auf, so greift § 5 Abs. 2 VereinsG nicht (mehr) ein. Die Vollziehung des Verbots des Teilvereins ist zulässig.[3] In der umgekehrten Gestaltung, dass Klage nur gegen das Verbot des Teilvereins erhoben und das Verbot des Gesamtvereins unanfechtbar wird, kommt § 5 Abs. 2 VereinsG zur Anwendung, sodass die Klage wegen fehlenden

---

1   *A. Scheidler*, NVwZ 2011, 1497, 1500.
2   *A. Scheidler*, NVwZ 2011, 1497, 1499.
3   *A. Scheidler*, NVwZ 2011, 1497, 1499; a.M. *H.-J. v. Oertzen*, in: Redeker/v. Oertzen § 51 Rn. 2.

Rechtsschutzbedürfnisses abzuweisen ist.[4] Kommt das BVerwG bei der Prüfung einer Klage gegen das Verbot des Gesamtvereins zu dem Ergebnis, dass von dem verbotenen Gesamtverein nur ein Teilverein die Voraussetzungen des Verbots erfüllt, so kann es nur insoweit die Klage abweisen, ihr im Übrigen aber stattgeben (Begründung des Regierungsentwurfs eines VereinsG, BT-Drs. 4/430, 25). Das OVG ist dann nach § 51 Abs. 2 nur insoweit gebunden, als es eine Klage gegen das Verbot gerade dieses Teilvereins zu beurteilen hat.[5]

Entsprechend anzuwenden ist § 51 Abs. 1 auf das Verfahren der gerichtlichen Bestätigung des Verbots 4 von Arbeitnehmer- und Arbeitgebervereinigungen nach § 16 Abs. 1 und 2 VereinsG. Obwohl § 51 Abs. 3 durch den Verweis auf § 50 Abs. 1 Nr. 2 auch die Klage gegen die feststellende Verfügung nach § 8 Abs. 2 S. 1 VereinsG, dass eine Organisation Ersatzorganisation eines verbotenen Vereins ist, einbezieht, gilt § 51 Abs. 1 nicht für mehrere Klagen gegen Verfügungen nach § 8 Abs. 2 S. 1 VereinsG, da eine Teilfeststellung nicht möglich ist.[6] Die ratio des § 51 Abs. 1, widersprechende Entscheidungen in den politisch bedeutsamen Vereinsverbotssachen zu verhindern, wird nicht berührt, wenn Klagen gegen ein Verbot eines Teilvereins und ein nachfolgendes Verbot des Gesamtvereins bei demselben Gericht anhängig sind. In diesem Falle hat das Gericht nicht nach § 51 Abs. 1 das Verfahren über die Klage des Teilvereins auszusetzen, sondern die Verfahren nach § 93 zu verbinden.[7] Umgekehrt hat nach dem dem § 51 zugrunde liegenden Zweck ein Gericht, das in einem Verfahren inzident die Rechtmäßigkeit eines Vereinsverbots zu überprüfen hat, immer dann auszusetzen, wenn vor einem anderen Gericht ein Verfahren zur Entscheidung über den Bestand des Verbots anhängig ist.[8] Für die Anfechtung einer Maßnahme zum Vollzug eines Vereinsverbots hat dieser Gedanke Ausdruck gefunden in § 6 Abs. 1 VereinsG: „Wird eine Maßnahme zum Vollzug des Verbots angefochten und kommt es für die Entscheidung darauf an, ob das Verbot rechtmäßig ist, so hat das Verwaltungsgericht, wenn es die Rechtmäßigkeit des Verbots bezweifelt, das Verfahren auszusetzen, bis über das Verbot unanfechtbar entschieden ist, und dieses Ergebnis seiner Entscheidung zugrunde zu legen."

III. Bindungswirkung der Entscheidung des BVerwG

Eine Bindungswirkung der Entscheidung des BVerwG in Verfahren nach § 51 Abs. 1 für das OVG statuiert § 51 Abs. 2. Da es sich hierbei um eine Erstreckung der materiellen Rechtskraftwirkung der bundesverwaltungsgerichtlichen Entscheidung handelt (Begründung des Regierungsentwurfs eines VereinsG, BT-Drs. 4/430, 25), erstreckt sich die Bindung nicht weiter als die materielle Rechtskraft. Dies ist besonders zu beachten, wenn das BVerwG nur eine Prozessentscheidung trifft oder der Klage bloß teilweise stattgibt. Nach dem Zweck des § 51 gilt die Bindungswirkung nicht nur für das nach § 51 Abs. 1 aussetzende Gericht, sondern auch für ein späteres Verfahren vor einem anderen OVG.[9] Die in der ursprünglichen Fassung des § 51 ausgesprochene Bindung der VG an Entscheidungen des BVerwG (§ 51 Abs. 2 a.F.) und des OVG desselben Landes (§ 51 Abs. 3 S. 2 a.F.) kommt nicht mehr explizit zum Ausdruck. In der Zusammenschau des § 51 mit dem § 6 Abs. 1 VereinsG ist jedoch davon auszugehen, dass diese Bindung der VG fortbesteht.

IV. Unterrichtungspflicht des BVerwG

Die in § 51 Abs. 3 normierte Unterrichtungspflicht des BVerwG soll eine Verletzung der Pflicht zur 6 Aussetzung durch Unkenntnis der OVG über die vor dem BVerwG anhängigen Verfahren verhindern. Erreicht werden kann dieses Ziel nur, wenn die Unterrichtung durch das BVerwG unverzüglich nach Eingang der Klage erfolgt.[10] Entfallen ist die in § 51 Abs. 4 a.F. enthalten gewesene Verpflichtung des OVG zur Unterrichtung der VG über die vor dem OVG oder dem BVerwG anhängigen Verfahren. Mit Rücksicht auf § 6 Abs. 1 VereinsG hat diese Unterrichtung allerdings auch weiterhin der Regelfall zu sein.

---

4 A. *Scheidler*, NVwZ 2011, 1497, 1499.
5 A.M. wohl Begründung des Regierungsentwurfs eines VereinsG, BT-Drs. 4/430, 25.
6 A.M. *Schunck/De Clerck* § 51 Anm. 2.
7 *Kopp/Schenke* § 51 Rn. 1; A. *Scheidler*, NVwZ 2011, 1497, 1499.
8 A. *Scheidler*, NVwZ 2011, 1497, 1499.
9 A. *Scheidler*, NVwZ 2011, 1497, 1500.
10 A. *Scheidler*, NVwZ 2011, 1497, 1500.

§ 52 [Örtliche Zuständigkeit]

Für die örtliche Zuständigkeit gilt folgendes:

1. In Streitigkeiten, die sich auf unbewegliches Vermögen oder ein ortsgebundenes Recht oder Rechtsverhältnis beziehen, ist nur das Verwaltungsgericht örtlich zuständig, in dessen Bezirk das Vermögen oder der Ort liegt.

2. [1]Bei Anfechtungsklagen gegen den Verwaltungsakt einer Bundesbehörde oder einer bundesunmittelbaren Körperschaft, Anstalt oder Stiftung des öffentlichen Rechts ist das Verwaltungsgericht örtlich zuständig, in dessen Bezirk die Bundesbehörde, die Körperschaft, Anstalt oder Stiftung ihren Sitz hat, vorbehaltlich der Nummern 1 und 4. [2]Dies gilt auch bei Verpflichtungsklagen in den Fällen des Satzes 1. [3]In Streitigkeiten nach dem Asylgesetz ist jedoch das Verwaltungsgericht örtlich zuständig, in dessen Bezirk der Ausländer nach dem Asylgesetz seinen Aufenthalt zu nehmen hat; ist eine örtliche Zuständigkeit danach nicht gegeben, bestimmt sie sich nach Nummer 3. [4]Soweit ein Land, in dem der Ausländer seinen Aufenthalt zu nehmen hat, von der Möglichkeit nach § 83 Absatz 3 des Asylgesetzes Gebrauch gemacht hat, ist das Verwaltungsgericht örtlich zuständig, das nach dem Landesrecht für Streitigkeiten nach dem Asylgesetz betreffend den Herkunftsstaat des Ausländers zuständig ist. [5]Für Klagen gegen den Bund auf Gebieten, die in die Zuständigkeit der diplomatischen und konsularischen Auslandsvertretungen der Bundesrepublik Deutschland fallen, ist das Verwaltungsgericht örtlich zuständig, in dessen Bezirk die Bundesregierung ihren Sitz hat.

3. [1]Bei allen anderen Anfechtungsklagen vorbehaltlich der Nummern 1 und 4 ist das Verwaltungsgericht örtlich zuständig, in dessen Bezirk der Verwaltungsakt erlassen wurde. [2]Ist er von einer Behörde, deren Zuständigkeit sich auf mehrere Verwaltungsgerichtsbezirke erstreckt, oder von einer gemeinsamen Behörde mehrerer oder aller Länder erlassen, so ist das Verwaltungsgericht zuständig, in dessen Bezirk der Beschwerte seinen Sitz oder Wohnsitz hat. [3]Fehlt ein solcher innerhalb des Zuständigkeitsbereichs der Behörde, so bestimmt sich die Zuständigkeit nach Nummer 5. [4]Bei Anfechtungsklagen gegen Verwaltungsakte einer von den Ländern mit der Vergabe von Studienplätzen beauftragten Behörde ist jedoch das Verwaltungsgericht örtlich zuständig, in dessen Bezirk die Behörde ihren Sitz hat. [5]Dies gilt auch bei Verpflichtungsklagen in den Fällen der Sätze 1, 2 und 4.

4. [1]Für alle Klagen aus einem gegenwärtigen oder früheren Beamten-, Richter-, Wehrpflicht-, Wehrdienst- oder Zivildienstverhältnis und für Streitigkeiten, die sich auf die Entstehung eines solchen Verhältnisses beziehen, ist das Verwaltungsgericht örtlich zuständig, in dessen Bezirk der Kläger oder Beklagte seinen dienstlichen Wohnsitz oder in Ermangelung dessen seinen Wohnsitz hat. [2]Hat der Kläger oder Beklagte keinen dienstlichen Wohnsitz oder keinen Wohnsitz innerhalb des Zuständigkeitsbereichs der Behörde, die den ursprünglichen Verwaltungsakt erlassen hat, so ist das Gericht örtlich zuständig, in dessen Bezirk diese Behörde ihren Sitz hat. [3]Die Sätze 1 und 2 gelten für Klagen nach § 79 des *Gesetzes zur Regelung der Rechtsverhältnisse der unter Artikel 131 des Grundgesetzes fallenden Personen*[1] entsprechend.

5. In allen anderen Fällen ist das Verwaltungsgericht örtlich zuständig, in dessen Bezirk der Beklagte seinen Sitz, Wohnsitz oder in Ermangelung dessen seinen Aufenthalt hat oder seinen letzten Wohnsitz oder Aufenthalt hatte.

Schrifttum

U. v. *Burski*, Örtliche Gerichtszuständigkeit in Hochschul-Zulassungssachen, NJW 1973, 1785; K. *Deibel*, Örtliche Zuständigkeit der Verwaltungsgerichte in Streitigkeiten über die Anerkennung als Asylberechtigter, NJW 1981, 498; P. *Ehlers/W. Peters*, Gerichtsstand für Schiffe in Verwaltungsrechtsstreitigkeiten, Hansa 1980, 814; T. *Falk*, Die Begründung der örtlichen Zuständigkeit eines nach § 52 Verwaltungsgerichtsordnung unzuständigen Gerichts, in: Rechtsfragen im Spektrum des Öffentlichen. FS für Hubert Armbruster, 1976, 329; C. *Geisler*, Einheitliche Bestandsregelung zugunsten der Zentralstelle zur Vergabe von Studienplätzen?, ZRP 1973, 187; K. *Haas*, Zur Gerichtsstandregelung für die Zentralvergabe von Studienplätzen, DVBl 1974, 929; C. D. *Hermanns/D. Hönig*, Die gerichtliche Zuständigkeit bei Klagen gegen die Festlegung von Flugrouten am Beispiel des Flughafens Zürich, VBlBW 2004, 373; C.-F. *Menger*, Örtliche Gerichtszuständigkeit bei Klagen gegen die Zentralstelle für die Vergabe von Studienplätzen, VerwArch 65 (1974), 441; J. *Meyer-Ladewig*, Zur örtlichen Zuständigkeit der Verwaltungsgerichte in Hochschul-Zulassungssachen, DVBl 1974, 26; A. *Scheidler*, Die örtliche Zuständigkeit der Verwaltungsgerichte – Eine Betrachtung des § 52 VwGO, VR 2011, 217; H. *Schmidt*, Die örtliche Zuständigkeit des Verwaltungsgerichts bei Anfechtungsklagen, die das Recht der Versorgungsbezüge von Berufssoldaten betreffen, NZWehr 2007, 22; M. *Stuttmann*, Das örtlich zuständige Gericht bei der Anfechtungs-

---

1   Aufgehoben mWv 1.10.1994 durch G v. 20.9.1994 (BGBl I 2442).

und Verpflichtungsklage (§ 52 Nr. 3 VwGO), DVBl 2011, 1202; *H. Stuzky*, Die örtliche Gerichtszuständigkeit bei Klagen aus dem Beamtenverhältnis, BayVBl 1974, 214.

I. Entwicklung

Die Entwicklung des die örtliche Zuständigkeit regelnden § 52 verzeichnet eine Änderung des § 52 Nr. 4 durch § 58 Nr. 2 des Gesetzes über das Zivilschutzkorps vom 12.8.1965 (BGBl I 782) und durch Art. 6 Abs. 3 des Gesetzes zur Neuordnung des Zivilschutzes vom 25.3.1997 (BGBl I 726) sowie durch Art. 1 Nr. 2 des Gesetzes zur Änderung der VwGO vom 26.2.1975 (BGBl I 617) bevor Art. 14 Nr. 4 des Gesetzes zur Neuordnung des Bundesdisziplinarrechts vom 9.7.2001 (BGBl I 1510) dem § 52 Nr. 4 die noch gültige Fassung gab. Das erwähnte Änderungsgesetz vom 26.2.1975 änderte gleichzeitig den § 52 Nr. 3 durch die Einfügung der Klarstellung, dass die Zuständigkeitszuweisung des § 52 Nr. 3 S. 2 die sog. Mehrländerbehörden umfasst, und die Aufnahme der Sonderbestimmung betreffend die ZVS in § 52 Nr. 3 S. 4. Das Zweite Gesetz zur Änderung der VwGO vom 25.7.1978 (BGBl I 1107) entlastete das bis dahin nach § 52 Nr. 2 für Klagen in Asylsachen allein zuständige VG Ansbach durch die Zuweisung der örtlichen Zuständigkeit nach dem Aufenthaltsort des Asylantragstellers gem. § 52 Nr. 2 S. 3 (zur Begründung den Bericht des Rechtsausschusses, BT-Drs. 8/1935, 5). Nach einer Neufassung der Vorschrift durch § 40 des Gesetzes über das Asylverfahren vom 16.7.1982 (BGBl I 946) passte Art. 3 des Gesetzes zur Neuregelung des Asylverfahrens vom 26.6.1992 (BGBl I 1126) die Bestimmung an die geänderten Regelungen des Asylverfahrensgesetzes an. Zwischenzeitlich hatte Art. 1 Nr. 8 des Gesetzes zur Neuregelung des verwaltungsgerichtlichen Verfahrens vom 17.12.1990 (BGBl I 2809) dem § 52 Nr. 2 den S. 4, betreffend die örtliche Zuständigkeit für Klagen gegen den Bund auf Gebieten, die in die Zuständigkeit der diplomatischen und konsularischen Auslandsvertretungen der Bundesrepublik Deutschland fallen, angefügt. Durch Art. 5 Nr. 3 des Gesetzes zur Modernisierung von Verfahren im anwaltlichen und notariellen Berufsrecht vom 30.7.2009 (BGBl I 2449) wurde die Bezugnahme auf die ZVS in Nr. 3 S. 4 durch die jetzige Fassung ersetzt. § 52 Nr. 2 S. 4 der derzeitigen Fassung wurde durch Art. 7 Nr. 3 des Asylverfahrensbeschleunigungsgesetzes vom 20.10.2015 (BGBl I 1722) eingefügt; der bisherige S. 4 wurde dadurch S. 5.

II. Zuständigkeitsordnung

Soll die örtliche Zuständigkeit in die Zuständigkeitsordnung eingeordnet werden, so gilt, dass die Prüfung der örtlichen Zuständigkeit bereits nach der Systematik des Gesetzes die ultima ratio der Zuständigkeitsfeststellung darstellt.[2] Erlaubt die Auswahl unter den Gesichtspunkten der sachlichen und der funktionellen Zuständigkeit noch nicht die Ermittlung eines einzigen Gerichts, das zur Entscheidung im konkreten Fall berufen ist, so bedarf es der Heranziehung des Abgrenzungskriteriums der örtlichen Zuständigkeit. Wie § 53 Abs. 2 zeigt, ist diese Prüfung abschließend. Die Untersuchung der örtlichen Zuständigkeit hat daher in jedem Falle mit der positiven Feststellung eines zur Entscheidung der Rechtsstreitigkeit berufenen Gerichtes der Verwaltungsgerichtsbarkeit zu enden. Führt umgekehrt die Prüfung von sachlicher und funktioneller Zuständigkeit dazu, dass nur ein Gericht zuständig sein kann, so findet keine Erörterung der örtlichen Zuständigkeit mehr statt. Dies gilt etwa für die Zuständigkeit des BVerwG nach den §§ 49, 50, nicht aber für ein sachlich und funktionell zuständiges OVG. Gegenüber der Verwendung des Begriffs der örtlichen Zuständigkeit bedeutet es lediglich einen Perspektivenwandel, den Terminus „Gerichtsstand" zu verwenden. § 12 ZPO verdeutlicht, dass der Gerichtsstand die örtliche Zuständigkeit des Gerichts aus Sicht der Prozessbeteiligten meint. Die Übertra-

---

2 So auch *A. Scheidler*, VR 2011, 217.

gung der im Zivilprozessrecht üblichen Unterscheidung zwischen allgemeinem Gerichtsstand und besonderen Gerichtsständen oder zwischen ausschließlichen und nicht ausschließlichen Gerichtsständen auf die Zuständigkeitsregelungen des § 52 sollte allerdings unterbleiben. Die den §§ 12 ff. ZPO geläufige rechtliche Konkurrenz zwischen allgemeinem Gerichtsstand und mehreren besonderen Gerichtsständen mit einem Wahlrecht des Klägers (§ 35 ZPO) ist dem Verwaltungsprozessrecht fremd. Eine Mehrheit von Zuständigkeiten nach § 52 ist lediglich aus tatsächlichen Gründen möglich, jedoch ist selbst in diesem Fall nach § 53 Abs. 1 Nr. 3 ein allein zuständiges Gericht zu bestimmen (→ § 53 Rn. 13 ff.). Die im Zivilprozessrecht für die Wahl eines von mehreren zuständigen Gerichten nach § 35 ZPO und für die Vereinbarung des Gerichtsstandes (§§ 38 ff. ZPO) bedeutsame Differenzierung in ausschließliche und nicht ausschließliche Gerichtsstände findet im Verwaltungsprozessrecht nicht statt, das nur ausschließliche Gerichtsstände kennt (→ § 45 Rn. 10 ff.). Eine die gesetzliche Zuständigkeitsordnung des § 52 verändernde bindende Gerichtsstandvereinbarung der Beteiligten (Prorogation) ist nicht möglich (→ § 45 Rn. 10 ff.).

4   Die bei der Bestimmung des örtlich zuständigen Gerichts der Verwaltungsgerichtsbarkeit einzuhaltende Reihenfolge der Prüfung der Gerichtsstände ist durch § 52 vorgegeben. Da ein in der Prüfungsreihenfolge vorgehender Gerichtsstand alle weiteren Gerichtsstände ausschließt, ist die Reihenfolge ausnahmslos zu beachten. Allen anderen Gerichtsständen des § 52 vorgehend ist dessen Nr. 1. Den Nr. 2, 3 und 5 geht die Nr. 4 vor, Nr. 2 schließt Nr. 3 und 5 aus und Nr. 3 ist vor Nr. 5 zu prüfen. Innerhalb der einzelnen Nummern des § 52 ist gleichfalls eine Prüfungsreihenfolge vorgegeben. So gehen die Zuständigkeiten nach Nr. 2 S. 3, 4 und 5 vor Nr. 2 S. 1, Nr. 2 S. 3 Hs. 1 vor Nr. 2 S. 3 Hs. 2, Nr. 3 S. 4 vor Nr. 3 S. 1-3, Nr. 3 S. 2 und 3 vor Nr. 3 S. 1, Nr. 3 S. 2 vor Nr. 3 S. 3 sowie Nr. 4 S. 1 vor Nr. 4 S. 2.

5   Einen besonderen Gerichtsstand der Widerklage begründet § 89, wonach außer bei Anfechtungs- und Verpflichtungsklagen das für die Entscheidung der Klage zuständige Gericht auch für die Entscheidung der Widerklage zuständig ist, wenn der Gegenanspruch mit dem in der Klage geltend gemachten Anspruch oder mit den gegen ihn vorgebrachten Verteidigungsmitteln zusammenhängt. Ob das Gericht der Klage für eine nicht widerklagsweise Geltendmachung des Gegenanspruchs zuständig wäre, ist nur dann erheblich, wenn sich die örtliche Zuständigkeit für die Klage wegen des Gegenanspruchs nach § 52 Nr. 1 bestimmt. Hat der Kläger einen Haupt- und einen Hilfsantrag zur Entscheidung gestellt, so ist die örtliche Zuständigkeit für den gesamten Rechtsstreit nach dem Hauptantrag zu bestimmen, solange dieser rechtshängig ist. Endet die Rechtshängigkeit des Haupt- vor der des Hilfsantrags, so ist der Hilfsantrag abzutrennen und der Rechtsstreit insoweit an das für den Hilfsantrag örtlich zuständige VG zu verweisen (VG Koblenz 1.2.2005 – 7 K 200/05.KO).[3]

6   Wie alle Zuständigkeitsvoraussetzungen ist die örtliche Zuständigkeit vom Gericht von Amts wegen zu prüfen (→ § 45 Rn. 13). Die perpetuatio fori ordnet § 83 S. 1 VwGO i.V.m. § 17 Abs. 1 S. 1 GVG an, wonach die örtliche Zuständigkeit durch eine nach Rechtshängigkeit eintretende Veränderung der sie begründenden Umstände nicht berührt wird. Die Prüfungspflicht erfasst jeden selbständigen Anspruch, auch wenn er zusammen mit anderen Ansprüchen in demselben Verfahren geltend gemacht wird. Die Regelung der örtlichen Zuständigkeit kennt keinen unter Gesichtspunkten des Sachzusammenhangs oder der anderweitigen Zweckmäßigkeit zu bestimmenden Gerichtsstand (BVerwG Buchholz 310 § 52 VwGO Nr. 34). Will der Kläger etwa die Ausstrahlung einer Fernsehsendung im Gemeinschaftsprogramm mehrerer öffentlich-rechtlicher Rundfunkanstalten verhindern, so hat er gegen jede der beteiligten Anstalten vor dem jeweils örtlich zuständigen VG Unterlassungsklage zu erheben (BVerwG NJW 1977, 595). Entsprechendes gilt für die Klagen gegen die Planung einer auf dem Gebiet mehrerer Länder verlaufenden Bundesfernstraße, wenn für jedes Land ein gesonderter Planfeststellungsbeschluss gefasst worden ist (BVerwG Buchholz 310 § 52 VwGO Nr. 34).

7   Hält sich das angegangene Gericht für örtlich unzuständig, so verweist es den Rechtsstreit nach Ausspruch seiner Unzuständigkeit an das zuständige Gericht (§ 83 S. 1 VwGO i.V.m. § 17a Abs. 2 S. 1 GVG). Die Zuständigkeit der VG als Vollstreckungsgerichte bestimmt sich nicht nach § 52, sondern nach § 167 Abs. 1 i.V.m. den Vorschriften des Achten Buchs der ZPO (VGH München NJW 1984, 2484). In den von § 53 aufgeführten Fällen wird das zuständige Gericht durch das nächsthöhere Ge-

---

3 A. *Scheidler*, VR 2011, 217, 218.

richt bestimmt. Bundesgesetzliche Spezialnormen wie § 6 S. 3 der Grundstücksverordnung und § 23 Abs. 1 S. 2 des Investitionsvorranggesetzes gehen der Regelung des § 52 vor.[4]

III. Gerichtsstand der Belegenheit

Der Gerichtsstand der Belegenheit nach § 52 Nr. 1 gilt für Streitigkeiten, die sich auf unbewegliches 8 Vermögen oder ein ortsgebundenes Recht oder Rechtsverhältnis beziehen. Zweck der das forum rei sitae gegenüber § 24 ZPO ausweitenden Regelung ist es, in Streitigkeiten, die einen spezifischen Bezug zu einem Ort aufweisen, das mit der besten Ortskundigkeit oder zumindest der besten Möglichkeit, sich diese Kundigkeit zu verschaffen, ausgestattete ortsnächste Gericht entscheiden zu lassen (VGH Kassel NVwZ-RR 2013, 784). Diesem Ziel entspricht es, den von § 52 Nr. 1 geforderten *Bezug* der Streitigkeit auf unbewegliches Vermögen oder ein ortsgebundenes Recht oder Rechtsverhältnis weit auszulegen (OVG Koblenz 5.8.2016 – 2 F 10675/16, juris Rn. 2; VGH Kassel NVwZ-RR 2013, 784). Ein wie immer geartetes Erfordernis der Unmittelbarkeit zwischen Streitigkeit und unbeweglichem Vermögen bzw. ortsgebundenem Recht oder Rechtsverhältnis kennt § 52 Nr. 1 nicht. Die Gegenansicht[5] missdeutet den Beschluss des BVerwG vom 24.7.1962 (BVerwG Buchholz 310 § 52 VwGO Nr. 2). Ein Unmittelbarkeitserfordernis wird in der Entscheidung nicht postuliert. Ganz im Gegenteil weist das BVerwG darauf hin, dass die besondere „weitgehende Verbindung zwischen dem strittigen Recht und dem Territorium, auf dem es ausgeübt wird", genügt (ebenso BVerwG 18.7.2016 – 3 AV 1/16, juris Rn. 8; 29.5.2017 – 3 AV 2/16, juris Rn. 8). Es muss sich nicht um radizierte Realrechte handeln (BVerwG 18.7.2016 – 3 AV 1/16, juris Rn. 8; 29.5.2017 – 3 AV 2/16, juris Rn. 7), sondern es sind auch „die nur in der natürlichen Ausübung an Grundstücke gebundenen Rechte" von § 52 Nr. 1 erfasst, sofern es für ihre Beurteilung auf die „örtlichen Besonderheiten" ankommt.[6] Es genügt daher jede, auch nur mittelbare Beziehung des Rechtsstreits zum unbeweglichen Vermögen bzw. ortsgebundenen Recht oder Rechtsverhältnis.[7] Unter § 52 Nr. 1 fallen auch schuldrechtliche Ansprüche, die in Bezug auf unbewegliches Vermögen geltend gemacht werden.[8]

Der Begriff des unbeweglichen Vermögens i.S.v. § 52 Nr. 1 wird überwiegend durch einen Rückgriff 9 auf § 864 Abs. 1 ZPO ausgefüllt, wonach außer den Grundstücken die Berechtigungen, für welche die sich auf Grundstücke beziehenden Vorschriften gelten, die im Schiffsregister eingetragenen Schiffe sowie die Schiffsbauwerke, die im Schiffsbauregister eingetragen sind oder in dieses Register eingetragen werden können, dem Gerichtsstand der Belegenheit unterfallen würden (so KreisG Gera VIZ 1992, 115).[9] Diese Ansicht verkennt jedoch die gänzlich unterschiedliche Zwecksetzung des § 52 Nr. 1 einerseits und der §§ 864 ff. ZPO andererseits. Während die §§ 864 ff. ZPO die zwangsvollstreckungsrechtlichen Konsequenzen aus der registerrechtlichen Ausgestaltung des materiellen Grundstücks- bzw. Schiffsrechts ziehen, soll § 52 Nr. 1 für in örtlichen Besonderheiten wurzelnde Streitigkeiten die Zuständigkeit des ortsnächsten Gerichts sicherstellen. Unter *ortsgebundenen Rechten oder Rechtsverhältnissen* sind alle auf bestimmte Grundstücke bezogene Rechte oder Rechtsverhältnisse, für die diese Beziehung den wesentlichen Inhalt ausmacht, zu verstehen (VGH Mannheim 20.8.2007 – 10 S 690/07). Das Recht oder Rechtsverhältnis muss in der Weise eng an die belegene Sache – worunter auch ein auf einer Liegenschaft vorhandenes Betriebsgebäude zu fassen sein sein kann – gebunden sein, dass es ohne diese nicht denkbar ist (OVG Münster 30.11.2000 – 13 A 1600/98).

Nach der zutr. Auffassung des BVerwG ist eine Verbindung zwischen strittigem Recht und *Territorium* 10 erforderlich (BVerwG Buchholz 310 § 52 VwGO Nr. 2). Wie die Gesetzesbegründung zu § 52 Nr. 1 ausführt, geht § 52 Nr. 1 lediglich insoweit über § 24 ZPO hinaus wie es die Ausdehnung des forum rei sitae auf ortsgebundene Rechte und Rechtsverhältnisse betrifft (Begründung des Regierungsentwurfs einer VwGO, BT-Drs. 3/55 Anl. 1 S. 35). Der Begriff des unbeweglichen Vermögens in § 52

---

4 Vgl. *A. Scheidler*, VR 2011, 217, 218.
5 KreisG Chemnitz-Stadt VIZ 1992, 450; VG Chemnitz SächsVBl 1993, 258, 259; *H.-J. v. Oertzen*, in: Redeker/v. Oertzen § 52 Rn. 6; *J. Schmidt-Räntsch*, VIZ 1992, 116.
6 Vgl. auch BVerwG NVwZ-RR 1990, 44, 47: ausreichend, dass der Rechtsstreit nur unter Berücksichtigung der besonderen örtlichen Verhältnisse entschieden werden kann.
7 OVG Bln LKV 1992, 204, 205; VGH Mannheim ESVGH 15, 53, 54; VG Berlin LKV 1992, 29; VG Dessau NVwZ-RR 1999, 704.
8 So auch *A. Scheidler*, VR 2011, 217, 219 m.w.N.
9 *Kopp/Schenke* § 52 Rn. 6.

Nr. 1 ist mithin inhaltsgleich mit dem der unbeweglichen Sache in § 24 ZPO, umfasst daher Grundstücke und solche Rechte, die nach Bundesrecht oder Landesrecht einem Grundstück gleichstehen, insbes. das Grundstück, seine wesentlichen Bestandteile nach § 94 BGB und Bestandteile i.S.v. § 96 BGB, das Erbbaurecht sowie das Wohnungseigentum und das Dauerwohnrecht.[10] Das Beamtenverhältnis eines Kommunalbeamten ist kein „ortsgebundenes Rechtsverhältnis" i.S.v. § 52 Nr. 1, weist es doch keine Elemente auf, die eine besondere Ortskunde des Gerichts erfordern würden (BVerwGE 18, 26, 28 f.). Eine besondere Beziehung des Rechts oder Rechtsverhältnisses zu dem bestimmten Territorium liegt nur dann vor, wenn der Bezug auf eine territoriale Gegebenheit das Recht oder Rechtsverhältnis dergestalt prägt, dass es ohne die Einbeziehung des ortsspezifischen Elements nicht beurteilt werden könnte.

11   Der Gerichtsstand der Belegenheit kommt zur Anwendung bei Streitigkeiten um die Errichtung einer baulichen Anlage,[11] auch in der Situation des nachbarrechtlichen Drittschutzes, um die Nutzung eines Flugplatzes (OVG Münster NVwZ 1993, 588, 591) oder eines Gewässers durch Befahren mit Motorbooten (BVerwG Buchholz 310 § 52 VwGO Nr. 2), um die Sperrung einer Straße (OVG Bln LKV 1992, 204, 205), die Schließung eines Postamts (VGH Kassel NJW 1995, 1170, 1171), Gebühren für die Vermessung von Grundstücken (VG Dessau NVwZ-RR 1999, 704), Kosten für die Instandsetzung eines Entwässerungsrohrs (VG Frankfurt 3.4.2008 – 3 K 570/08.F), Rundfunkgebühren für Rundfunkempfangsgeräte, die in Gästezimmern des Beherbergungsgewerbes zum Empfang bereitgehalten werden (VG Koblenz NVwZ-RR 2007, 69), Ausgleichsleistungen nach dem Ausgleichsleistungsgesetz (BVerwG 9.9.2003 – 3 AV 1.03), um die Genehmigung von Pflegesätzen oder des Erlösbudgets in einem bestimmten Krankenhausbetrieb,[12] die zulässige Höhe von Wohnraummieten (VGH Mannheim ESVGH 15, 53), die Anforderung von Fehlbelegungsabgaben im öffentlich geförderten Wohnungsbau (BVerwG NVwZ-RR 1990, 44, 47; VGH Mannheim VBlBW 1993, 222, 223), Planfeststellungen,[13] nachträgliche Schutzauflagen gegen von planfestgestellten Vorhaben verursachte Immissionen (BVerwG NVwZ-RR 2004, 551, 552), die Ausweisungen eines Regionalplans für eine Gemeinde, sofern es sich nicht um ein Normenkontrollverfahren handelt (zur örtlichen Zuständigkeit in Normenkontrollverfahren → § 47 Rn. 62),[14] die Ausweisung eines Luftraumes als Tieffluggebiet (VG Köln 31.7.1989, zit. nach OVG Bln LKV 1992, 204, 205), die Festlegung von Flugrouten,[15] die Zulässigkeit der militärischen Nutzung eines Flugplatzes oder einer sonstigen Liegenschaft (OVG Münster NVwZ 1993, 588, 591), die Rückgabe von Grundstücken nach den Regeln des VermG (BVerwG 9.9.2003 – 3 AV 1/03), um Konzessionen zum Abbau von Bodenschätzen (OVG Lüneburg OVGE 24, 451, 452 f.) und andere bergrechtliche Berechtigungen, die Zulassung eines bergrechtlichen Rahmen- oder Hauptbetriebsplans (OVG Lüneburg ZfB 2014, 270, 271; VG Aachen 10.12.2001 – 9 K 2800/00), um von einem Grundstück ausgehende Immissionen,[16] um Wasser-, Forst-, Wege- oder Jagdrechte,[17] die Nahbereichseinteilung für Telefonanschlüsse (VG Augsburg BayVBl 1982, 731) sowie alle gewerbe- oder umweltrechtlichen Genehmigungen, bei deren Erteilung die örtlichen Gegebenheiten berücksichtigt werden müssen, ohne dass es sich dabei um radizierte Realrechte zu handeln braucht.

12   § 52 Nr. 1 kommt *nicht* zur Anwendung bei Genehmigungen für Anlagen, die nicht im Bezirk eines VG, sondern bspw. in der Ausschließlichen Wirtschaftszone liegen (VG Hamburg NuR 2004, 543, 544), Genehmigungen ohne den notwendigen Standortbezug (BVerwG NuR 1997, 541, 542), bei Seeschiffe betreffenden Streitigkeiten, da der Gesichtspunkt der Ortsnähe des Gerichts hier in aller Regel nicht zum Tragen kommt,[18] Genehmigungen zur Freisetzung gentechnisch veränderter Organismen

---

10   Vgl. *P. Hartmann*, in: Baumbach/Lauterbach/Albers/Hartmann § 24 Rn. 14 f.; *A. Scheidler*, VR 2011, 217, 219.
11   BVerwG LKV 1992, 59 für Baugenehmigung; VGH Kassel UPR 1988, 116, 117 für Genehmigung einer atomrechtlichen Anlage; VG Hamburg NuR 2004, 543, 544 für Genehmigung eines Windparks.
12   OVG Münster 30.11.2000 – 13 A 1602/98; OVG Koblenz 5.8.2016 – 2 F 10675/16, juris Rn. 2; VGH Kassel NVwZ-RR 2013, 784.
13   BVerwG Buchholz 310 § 52 VwGO Nr. 34; VGH Mannheim 16.4.1999 – 5 S 714/99.
14   A.M. hinsichtlich der Anwendbarkeit im Normenkontrollverfahren VGH München BayVGH (N. F.) 43, 177, 178.
15   BVerwG UPR 2000, 460; dabei kommt es für die Zuständigkeit auf das überflogene Gebiet an, VGH Mannheim NVwZ-RR 2003, 737, 738.
16   *Hufen* § 11 Rn. 82.
17   *Kopp/Schenke* § 52 Rn. 7.
18   *P. Ehlers/W. Peters*, Hansa 1980, 814, 815.

nach §§ 14, 16 GenTG (BVerwG NJW 1997, 1022, 1023), für die Klagen eines Unternehmens der gewerbsmäßigen Personenbeförderung im Linienverkehr bspw. auf Erteilung der Linienverkehrsgenehmigung (BVerwG 29.5.2017 – 3 AV 2/16, juris Rn. 9 ff.) oder auf Zustimmung zu einer Fahrplanänderung (BVerwG, 18.7.2016 – 3 AV 1/16, juris Rn. 11 f.), sowie bei Streitigkeiten ausschließlich um Gebühren, Beiträge oder Kosten,[19] es sei denn, eine rechtliche Würdigung ist ohne Berücksichtigung der örtlichen Gegebenheiten nicht möglich.

Die Zuweisung der örtlichen Zuständigkeit nach § 52 Nr. 1 knüpft ausschließlich an das Vorliegen der 13 bezeichneten Merkmale der Ortsbezogenheit an und gilt für alle verwaltungsgerichtlichen Verfahren unabhängig von der Klageart und den Beteiligten. Erstreckt sich das streitbefangene unbewegliche Vermögen über mehrere Gerichtsbezirke, so ist nicht von vornherein ohne Prüfung des § 52 Nr. 1 auf die Gerichtsstandbestimmung nach § 53 Abs. 1 Nr. 3 zurückzugreifen.[20] Die Bestimmung durch das nächsthöhere Gericht ist erst dann notwendig, wenn sich die auf das unbewegliche Vermögen beziehende *Streitigkeit* nicht dem Bezirk eines einzigen Gerichts zuordnen lässt. Wird etwa um die Erteilung einer Baugenehmigung gestritten, die einen abgrenzbaren und nur einem Gerichtsbezirk zuzuordnenden Teil eines größeren Grundstücks betrifft, so ist allein das VG dieses Bezirks gem. § 52 Nr. 1 zur Entscheidung berufen.

IV. Gerichtsstand für Klagen gegen den Bund

Der Gerichtsstand für Klagen gegen den Bund nach § 52 Nr. 2 umfasst eine Reihe von unterschiedli- 14 chen Zuweisungstatbeständen, nämlich Anfechtungs- und Verpflichtungsklagen betreffend Verwaltungsakte von Bundesbehörden oder bundesunmittelbarer Körperschaften, Anstalten oder Stiftungen des öffentlichen Rechts (§ 52 Nr. 2 S. 1 und 2), Streitigkeiten nach dem AsylVfG (§ 52 Nr. 2 S. 3) sowie Klagen gegen den Bund auf Gebieten, die in die Zuständigkeit der diplomatischen und konsularischen Auslandsvertretungen fallen (§ 52 Nr. 2 S. 4). Verbindende ratio der Vorschriften ist der Gedanke der Konzentration häufig spezialrechtlich bestimmter Verfahren bei einem Gericht, dessen erworbene besondere Sachkunde einen beschleunigten Verfahrensablauf gewährleisten soll.[21] Wo eine besondere Sachkunde eines einzigen Gerichts, insbes. wegen dessen Überlastung durch eine Vielzahl von Verfahren, nicht verfahrensfördernd wirkt, ist dem das Prinzip der Dekonzentration durch Einfügung von Ausnahmen entgegengesetzt worden. Dies gilt sowohl für den in § 52 Nr. 2 S. 1 a. E. ausgesprochenen Vorrang der Zuständigkeit für Klagen aus öffentlichen Dienstverhältnissen nach § 52 Nr. 4 (vgl. den Bericht des Rechtsausschusses, BT-Drs. 3/1094, 6) als auch für die Sonderregelung für Streitigkeiten nach dem AsylG gem. § 52 Nr. 2 S. 3 (vgl. den Bericht des Rechtsausschusses, BT-Drs. 8/1935, 5).

1. Anfechtungsklagen gegen den Verwaltungsakt einer Bundesbehörde. Für Anfechtungsklagen gegen 15 den Verwaltungsakt einer Bundesbehörde oder einer bundesunmittelbaren Körperschaft, Anstalt oder Stiftung des öffentlichen Rechts ist laut § 52 Nr. 2 S. 1 das VG örtlich zuständig, in dessen Bezirk die Bundesbehörde, Körperschaft, Anstalt oder Stiftung ihren Sitz hat, sofern nicht der Gerichtsstand der Belegenheit (§ 52 Nr. 1) oder der Gerichtsstand des besonderen Pflichtverhältnisses (§ 52 Nr. 4) zur Anwendung kommt. Entsprechend anwendbar ist die Regelung gem. § 52 Nr. 2 S. 2 für Verpflichtungsklagen gegen eine Bundesbehörde etc. sowie für Klagen auf Feststellung der Nichtigkeit eines von einer Bundesbehörde etc. erlassenen Verwaltungsakts nach § 43, nicht aber für alle anderen Klagearten.[22]

Wegen der dem Konzentrationsprinzip verpflichteten besonderen Zwecksetzung des § 52 Nr. 2 S. 1 gilt 16 für die Ausfüllung des Begriffs „Bundes*behörde*" nicht die funktional ausgerichtete Definition des § 1 Abs. 4 VwVfG oder in anderer funktionaler Betrachtung (vgl. VG Berlin NVwZ-RR 2013, 485, 486; VG Halle NVwZ-RR 2014, 129, 130). Wie das Abstellen auf die Eigenschaft als „*Bundes*behörde" bzw. als „*bundes*unmittelbare Körperschaft" etc. zeigt, ist maßgebend nicht die verfahrensrechtliche Funktion der Behörde, sondern die Einrichtung der verwaltungsorganisatorischen Einheit durch den

---

19 Vgl. VGH Kassel UPR 1988, 116, 117; RdE 1994, 105, 106. A.M. VG Schleswig NJW 1991, 1129; VG Dessau NVwZ-RR 2003, 908.
20 A.M. *H.-J. v. Oertzen*, in: Redeker/v. Oertzen § 52 Rn. 5; *A. Scheidler*, VR 2011, 217, 219.
21 Vgl. die Begründung des Regierungsentwurfs einer VwGO, BT-Drs. 3/55 Anl. 1 S. 35.
22 A.M. für die Fortsetzungsfeststellungsklage *Kopp/Schenke* § 52 Rn. 8.

Bund. § 52 Nr. 2 S. 1 ist insoweit auch nicht analogiefähig (VG Berlin NVwZ-RR 2013, 485). Dieser spezifische Zurechnungszusammenhang rechtfertigt es, die Begriffsbestimmung an die Verwendung der Termini in den verfassungsrechtlichen Errichtungsvorgaben der Art. 86 und 87 GG anzulehnen. Ausweislich des Wortlauts des § 52 Nr. 2 S. 1 muss die Bundesbehörde weiterhin einen „Sitz" haben, mithin bei externer Betrachtung als abgrenzbare Verwaltungseinheit wahrgenommen werden können. „Bundesbehörde" ist daher eine vom Bund eingerichtete Verwaltungseinheit, die nach außen selbständig handelt.[23] Auf eine interne Weisungsabhängigkeit kommt es nicht an, sodass § 52 Nr. 2 S. 1 oberste Bundesbehörden wie Bundesoberbehörden sowie mittlere und untere Bundesbehörden erfasst. Unter „bundesunmittelbaren Körperschaften" etc. sind vom Bund getragene, aber nicht bundeseigene, also rechtlich selbständige Organisationsträger des öffentlichen Rechts zu verstehen.[24] Das Merkmal „bundesunmittelbar" zeigt dabei an, dass die rechtlich verselbständigte Organisationseinheit unmittelbar vom Bund und nicht vermittels eines zwischengeschalteten, seinerseits verselbständigten Verwaltungsträgers errichtet wird.

17   Problematisch ist insbes. die Abgrenzung zwischen nachgeordneten Behörden bzw. einem behördenähnlichen Verwaltungsunterbau der bundesunmittelbaren juristischen Personen einerseits und bloßen Außenstellen, die nicht § 52 Nr. 2 S. 1 unterfallen, andererseits. Entscheidend ist, ob die fragliche Verwaltungsstelle über selbständige Entscheidungsbefugnisse verfügt oder ob sie lediglich als Verwaltungsmittler zur erleichterten Abwicklung vor Ort dient: Im ersteren Fall handelt es sich um eine Bundesbehörde, wobei auch die über einen eigenen Verwaltungsunterbau verfügenden bundesunmittelbaren Körperschaften etc. zuständigkeitsbestimmende „Behörden" i.S.v. § 52 Nr. 2 S. 1 haben können (vgl. BVerwGE 10, 161, 163), im letzteren Fall lediglich um Außenstellen.[25] Nicht ausreichend für die Qualifikation als „Behörde" ist die bloße Beauftragung zur Wahrnehmung einer Aufgabe durch zwischenbehördliches Mandat (VGH München BayVBl 1981, 341, 342).

18   Zu *bejahen* ist die Anwendbarkeit des § 52 Nr. 2 S. 1 etwa für Verwaltungsakte von weisungsfreien Ausschüssen. *Keine* eine besondere örtliche Zuständigkeit nach § 52 Nr. 2 S. 1 begründenden Behörden bzw. Körperschaften etc. sind Beliehene,[26] Landesbehörden mit einer in Ausführung von Bundesrecht das ganze Bundesgebiet umfassenden Verwaltungskompetenz,[27] durch Staatsvertrag aller Bundesländer errichtete juristische Personen des öffentlichen Rechts mit einer auf bundeseinheitlich geltendem Länderrecht beruhenden Zuständigkeit (a.M. VGH Mannheim NJW 1974, 823), Außenstellen des Bundesamtes für den Güterfernverkehr (jetzt: Güterverkehr)[28] oder die Dienststelle Berlin des DPA (BVerwG DB 1979, 394). Für die Entscheidung des OVG über die Rechtmäßigkeit der Ablehnung des Bundesbeauftragten für die Unterlagen des Staatssicherheitsdienstes eines behördlichen Ersuchens um Mitteilung, Einsichtnahme oder Herausgabe (im Einzelnen → § 48 Rn. 36 f.) bestimmt § 31 Abs. 1 S. 4 StUG: „Zuständig ist das OVG, in dessen Bezirk der Bundesbeauftragte seinen Sitz hat." Gemeint ist ausschließlich die Zentralstelle in Berlin, nicht aber die unselbständigen Außenstellen nach § 35 Abs. 1 S. 2 StUG.

19   Für die Ermittlung des „Sitzes" der Bundesbehörde bzw. der Körperschaft etc. i.S.v. § 52 Nr. 2 S. 1 ist zunächst eine Bestimmung des Sitzes durch Rechts- oder Verwaltungsvorschrift maßgebend. Liegt eine solche Bestimmung nicht vor, so ist auf den Ort abzustellen, wo die Verwaltung der Behörde bzw. Körperschaft etc. geführt wird, im Zweifel auf den Ort, an dem der Behördenleiter fungiert (HmbOVG VerwRspr 27, 373).[29] Maßgebend ist die Behörde, die den angefochtenen Verwaltungsakt erlassen hat, auch wenn sie für den Erlass nicht zuständig war (BVerwG RiA 1973, 220). Bei der entsprechenden Anwendung des § 52 Nr. 2 S. 1 auf die Verpflichtungsklage nach § 52 Nr. 2 S. 2 kommt es hingegen für die örtliche Zuständigkeit auf den Sitz der tatsächlich zuständigen Behörde an. Ist nach § 79 Abs. 1 Nr. 2, Abs. 2 der Widerspruchsbescheid *alleiniger* Gegenstand der Anfechtungsklage, so

---

23   Definition in Anlehnung an W. *Krebs*, HdbStR V § 108 Rn. 43.
24   Vgl. M. *Ibler*, in: Maunz/Dürig Art. 86 Rn. 84.
25   BVerwGE 36, 317, 322; BezG Dresden EFG 1991, 414, 416; KreisG Dresden VIZ 1992, 332; KreisG Gera VIZ 1992, 115 m. zust. Anm. *J. Schmidt-Räntsch*; VG Darmstadt DVBl 1961, 419, 420.
26   OVG Saarlouis AS 28, 190, 192; HmbOVG 8.6.2015 – 1 Bf 221/13, juris Rn. 50; A. *Scheidler*, VR 2011, 217, 220; *Kopp/Schenke* § 52 Rn. 9.
27   So auch A. *Scheidler*, VR 2011, 217, 220. A.M. VGH München BayVGH [N. F.] 27, 86, 88 ff.; *Kopp/Schenke* § 52 Rn. 8.
28   Vgl. BVerwGE 10, 161, 163 f. für die Bundesanstalt für den Güterfernverkehr.
29   A. *Scheidler*, VR 2011, 217, 220.

richtet sich die örtliche Zuständigkeit des VG nach dem Sitz der Widerspruchsbehörde (BVerwGE 14, 151, 153; 36, 317, 323). Klagt sowohl der Adressat gem. § 79 Abs. 1 Nr. 1 gegen den ursprünglichen Verwaltungsakt als auch der erstmalig beschwerte Dritte nach § 79 Abs. 1 Nr. 2 gegen den Widerspruchsbescheid, so wird bei verschiedenen örtlichen Zuständigkeiten das zuständige Gericht innerhalb der Verwaltungsgerichtsbarkeit nach § 53 Abs. 1 Nr. 3 durch das nächsthöhere Gericht bestimmt.

2. Streitigkeiten nach dem AsylG. Für Streitigkeiten nach dem AsylG enthält § 52 Nr. 2 S. 3 Hs. 1 die 20 Besonderheit, dass örtlich zuständig das VG ist, in dessen Bezirk der Ausländer nach dem AsylG seinen Aufenthalt zu nehmen hat. Obwohl die Bestimmung des Ortes, an dem der Ausländer seinen Aufenthalt zu nehmen hat, nach dem AsylG weitgehend durch behördliche Entscheidungen erfolgt, bestehen gegen § 52 Nr. 2 S. 3 unter dem Gesichtspunkt des Rechts auf den gesetzlichen Richter nach Art. 101 Abs. 1 S. 2 GG keine verfassungsrechtlichen Bedenken.[30] Anders als § 52 Nr. 2 S. 1 und 2 gilt § 52 Nr. 2 S. 3 nicht nur für Anfechtungs- und Verpflichtungsklagen, sondern für alle Klagearten in Streitigkeiten nach dem AsylG.[31] Nach dem eindeutigen Wortlaut der Vorschrift muss es sich allerdings um eine Streitigkeit handeln, die nach den Vorschriften des AsylG zu entscheiden ist. Der Gerichtsstand nach § 52 Nr. 2 S. 3 ist für allein auf dem AufenthG beruhende, gegenüber einem Asylbewerber erlassene Verwaltungsakte nicht gegeben.[32] Da das AsylG in den §§ 34 ff. auch die Beendigung des Aufenthalts nicht als Asylberechtigter anerkannter Ausländer regelt, bildet der rechtskräftige Abschluss des Asylverfahrens keine zeitliche Grenze für die Anwendbarkeit des § 52 Nr. 2 S. 3.[33]

Auf den Wohnsitz oder tatsächlichen Aufenthalt des Ausländers kommt es nicht an. Entscheidend ist 21 allein die sich nach den Vorschriften des AsylG bemessende Pflicht des Ausländers, sich in einem bestimmten Gebiet aufzuhalten (BVerwG 28.7.1997 – 9 AV 3/97; VGH Mannheim VBlBW 2006, 359). Da das Unterbringungs- und Verteilungsverfahren nach den §§ 44 ff. AsylG zu einem mehrfachen Wechsel des Ortes, an dem der Ausländer sich aufzuhalten hat, führen kann, ist für die Frage der örtlichen Zuständigkeit nach § 52 Nr. 2 S. 3 auf den Zeitpunkt der Klageerhebung abzustellen. Wird nach den Vorschriften des AsylG für den Ausländer keine Pflicht zum Aufenthalt in einem bestimmten Bereich begründet, so bestimmt sich gem. § 52 Nr. 2 S. 3 Hs. 2 die örtliche Zuständigkeit nach § 52 Nr. 3. Dazu gehören Streitigkeiten über die Einreiseverweigerung nach § 18 Abs. 2 AsylG[34] sowie Fälle, in denen der asylrechtliche Aufenthalt streitig oder unklar ist,[35] nicht aber das sog. Flughafenverfahren nach § 18 a AsylG. Obwohl § 52 Nr. 3 nur für Anfechtungs- und Verpflichtungsklagen gilt, ist er nach dem Gedanken des § 52 Nr. 2 S. 3 Hs. 2 entsprechend auf alle anderen Klagen von Ausländern ohne bestimmte Aufenthaltspflicht in Asylstreitigkeiten anzuwenden.

§ 83 Abs. 3 AsylG ermächtigt die Landesregierungen, durch Rechtsverordnung einem VG für die Be- 21a zirke mehrerer VG Streitigkeiten nach dem AsylG hinsichtlich bestimmter Herkunftsstaaten zuzuweisen, sofern dies für die Verfahrensförderung dieser Streitigkeiten sachdienlich ist. Hieran anknüpfend weist § 52 Nr. 2 S. 4 die örtliche Zuständigkeit dem VG zu, das nach dem Landesrecht für Streitigkeiten nach dem Asylgesetz **betreffend den Herkunftsstaat des Ausländers** zuständig ist. Hierdurch soll eine Spezialisierung der VG auf bestimmte Herkunftsstaaten und eine damit verbundene Entlastung ermöglicht werden (BT-Drs. 18/6185, 57).

3. Zuständigkeit der diplomatischen und konsularischen Auslandsvertretungen. Die Zuständigkeit 22 der diplomatischen und konsularischen Auslandsvertretungen ist bestimmendes Anknüpfungsmerkmal für die Zuständigkeitszuweisung nach § 52 Nr. 2 S. 4. Wird gegen den Bund auf in diese Zuständigkeit fallenden Gebieten geklagt, so ist das VG örtlich zuständig, in dessen Bezirk die Bundesregierung ihren Sitz hat, aufgrund § 3 Abs. 1 Berlin/Bonn-Gesetz das VG Berlin. Entscheidend ist die Zuständigkeit unmittelbar der Auslandsvertretungen, nicht des Auswärtigen Amtes (vgl. BVerwG Buchholz 310 § 50 VwGO Nr. 3). Werden die Auslandsvertretungen lediglich im Wege der Amtshilfe in

---

30 BVerwG Buchholz 310 § 52 VwGO Nr. 19, Nr. 20 und Nr. 26. Krit. hingegen *Kopp/Schenke* § 52 Rn. 11.
31 So auch *A. Scheidler*, VR 2011, 217, 221 m.w.N.; für analoge Anwendung auf die Fortsetzungsfeststellungklage VG Frankfurt (Oder) 27.3.2013 – 6 K 1186/12, juris Rn. 3.
32 VG Regensburg 10.9.2015 – RO 9 K 15.1357, juris Rn. 5 ff.
33 Anders für § 52 Nr. 2 S. 3 a.F. VGH Mannheim VBlBW 1989, 53; VGH München BayVBl 1990, 213.
34 Vgl. die Begründung des Entwurfs eines AsylVfG, BT-Drs. 9/875, 27; HmbOVG NVwZ 1983, 434; VG Ansbach NVwZ 1999, 328, 329.
35 *A. Scheidler*, VR 2011, 217, 221.

Anspruch genommen, so ist § 52 Nr. 2 S. 4 nicht einschlägig (vgl. BVerwG Buchholz 310 § 50 VwGO Nr. 11). Wichtigster Anwendungsfall sind Verpflichtungsklagen auf Erteilung eines Visums.[36]

V. Gerichtsstand der sonstigen Anfechtungs- und Verpflichtungsklagen

23　Der Gerichtsstand der sonstigen Anfechtungs- und Verpflichtungsklagen nach § 52 Nr. 3 kommt nicht zur Anwendung, wenn eine örtliche Zuständigkeit nach § 52 Nr. 1, Nr. 2 oder Nr. 4 begründet ist.

24　**1. Anfechtungsklagen (§ 52 Nr. 3 S. 1).** Für Anfechtungsklagen (§ 52 Nr. 3 S. 1) ist das VG örtlich zuständig, in dessen Bezirk der Verwaltungsakt erlassen wurde. Die Vorschrift stellt allein auf den Ort des Erlasses des Verwaltungsakts ab, ohne dass es darauf ankommt, ob die erlassende Stelle eine Behörde i.S.d. § 1 Abs. 4 VwVfG oder im organisationsrechtlichen Sinne ist (a.M. VG Ansbach 14.12.2007 – AN 14 K 07.02674 u. 5; VG Dresden SächsVBl 1993, 260, 261). Im Gegensatz zur Zuständigkeit nach § 52 Nr. 2 S. 1 kann der Verwaltungsakt mithin auch von einer Außenstelle erlassen sein, die unselbständiger Teil einer Behörde ist. Ausschlaggebend ist in diesem Fall der Ort des Erlasses durch die Außenstelle, nicht der Sitz der Behörde.[37] „Erlassen" ist ein mündlicher Verwaltungsakt dort, wo er gegenüber dem Adressaten ausgesprochen wird. Für den Erlass eines schriftlichen Verwaltungsakts ist der Ort der Abfassung maßgebend (HmbOVG NVwZ 1983, 434; VG Dresden SächsVBl 1993, 260, 261).[38] Dies kann der Sitz der Behörde sein, muss es jedoch nicht. Wird der Verwaltungsakt etwa am Ort einer unselbständigen Außenstelle abgefasst, so bestimmt dieser Ort die örtliche Zuständigkeit. Ist gem. § 79 Abs. 1 Nr. 2, Abs. 2 der Widerspruchsbescheid alleiniger Gegenstand der Anfechtungsklage, so gelten die zu § 52 Nr. 2 S. 1 entwickelten Grundsätze (→ Rn. 19). Bei der Anwendung der Zuständigkeitsregelung auf die Verpflichtungsklage nach § 52 Nr. 3 S. 1 und S. 5 kommt es darauf an, in welchem Verwaltungsgerichtsbezirk der Verwaltungsakt zu erlassen ist. Wo der Antrag auf Vornahme des Verwaltungsakts abgelehnt wurde, ist unerheblich.[39] Ebenso wenig muss der Ort, wo der Verwaltungsakt zu erlassen ist, in jedem Falle identisch sein mit dem Sitz der Behörde im funktionellen oder organisationsrechtlichen Sinn.[40] Wird der begehrte Verwaltungsakt typischerweise an einem anderen Ort als dem Sitz der Behörde erlassen, so ist jener Ort für die örtliche Zuständigkeit bestimmend (OVGHmb NVwZ 1983, 434; VGH Kassel NVwZ 1988, 274, 275). Erforderlich ist in jedem Fall, dass der Ort des Erlasses oder der Ablehnung des Erlasses innerhalb des Geltungsbereichs der VwGO liegt (BVerwG NJW 2006, 3512).

25　**2. Ausnahmeregelung des § 52 Nr. 3 S. 2.** Zweck der Ausnahmeregelung des § 52 Nr. 3 S. 2 für Verwaltungsakte, die von einer Behörde mit einer sich auf mehrere Verwaltungsgerichtsbezirke erstreckenden Zuständigkeit oder von einer gemeinsamen Behörde mehrerer oder aller Länder erlassen wurden, ist die Entlastung der Gerichte am Sitz der Zentralbehörden sowie die Gewährleistung einer größtmöglichen Ortsnähe der Verwaltungsgerichtsbarkeit.[41] Aus diesem Grunde ist örtlich zuständig das VG, in dessen Bezirk der Beschwerte seinen Sitz oder Wohnsitz hat. Nach dem erklärten Willen des Gesetzgebers „ist der Begriff Behörde in Nr. 3 im weitesten Sinne zu verstehen" (Bericht des Rechtsausschusses, BT-Drs. 3/1094, 6). Da § 52 Nr. 3 S. 2 auf das formale Kriterium der Zuständigkeit abstellt, kann der Begriff der Behörde hier – anders als nach § 52 Nr. 2 S. 1 (→ Rn. 16) – in Anlehnung an § 1 Abs. 4 VwVfG entwickelt werden, meint also jede Stelle, die Aufgaben der öffentlichen Verwaltung wahrnimmt. Entscheidend ist auch nach § 52 Nr. 3 S. 2 die Abgrenzung zwischen einer Behörde mit selbständigen Entscheidungsbefugnissen und einer unselbständigen Außenstelle (→ Rn. 17).[42] Zur Verwirklichung des der Vorschrift zugrunde liegenden Dezentralisierungszwecks ist bei der Qualifikation nachgeordneter Verwaltungsstellen als Behörden ein strenger Maßstab anzulegen. Nicht von § 53 Nr. 3

36　Vgl. *A. Scheidler*, VR 2011, 217, 221.
37　HmbOVG NVwZ 1983, 434. A.M. KreisG Gera-Stadt VIZ 1992, 367; VG Dresden SächsVBl 1993, 260, 261.
38　A.M. *A. Scheidler*, VR 2011, 217, 221.
39　VG Regensburg NVwZ 1989, 184; *A. Scheidler*, VR 2011, 217, 221. A.M. OVG Münster OVGE 33, 298; BezG Dresden LKV 1992, 340, 341; VG Dresden SächsVBl 1993, 260, 261; *M. Stuttmann*, DVBl 2011, 1202, 1205.
40　A.M. KreisG Gera-Stadt VIZ 1992, 367; BezG Dresden LKV 1992, 340, 341; *Kopp/Schenke* § 52 Rn. 12.
41　Vgl. die Begründung des Regierungsentwurfs einer VwGO, BT-Drs. 3/55 Anl. 1 S. 35 f.
42　VG Chemnitz SächsVBl 1993, 258, 259 f.; VG Leipzig ZOV 1994, 513, für das Verhältnis zwischen einem Landesamt zur Regelung offener Vermögensfragen und seinen (unselbständigen) Außenstellen; a.M. bzgl. der Bewertung dieses Verhältnisses VG Dresden SächsVBl 1993, 260, 261.

S. 2 erfasst sind die Kommunalbehörden, soweit ihnen durch Bundesgesetz eine übergebietliche Sonderzuständigkeit zugewiesen wurde.[43]

Behörden, deren Zuständigkeit sich auf mehrere Verwaltungsgerichtsbezirke erstreckt, sind v.a. die 26 obersten und oberen Landesbehörden sowie Landesbehörden der Mittelstufe, ebenso aber Behörden von Zusammenschlüssen auf kommunaler Ebene oder von Wasserverbänden und ähnlichen Organisationen. Entsprechendes gilt, wenn die übergreifende Zuständigkeit einer Kommune durch Landesrecht begründet worden ist (BVerwG Buchholz 310 § 52 VwGO Nr. 25). Ob die Zuständigkeitsübertragung generell oder nur für den zu entscheidenden Einzelfall erfolgt ist, ist unerheblich (VGH München BayVBl 1984, 118). Erstreckt sich der Zuständigkeitsbereich einer kommunalen Behörde ausnahmsweise über das Gebiet eines Landes hinaus, so ist § 52 Nr. 3 S. 2 gleichwohl anwendbar (a.M. BVerwG Buchholz 310 § 52 VwGO Nr. 15). Gleiches gilt für Beliehene wie die Deutsche Akkreditierungsstelle, die ihre Zuständigkeit im ganzen Bundesgebiet besitzt (VG Berlin NVwZ-RR 2013, 485, 486). Zwar handelt es sich nicht um eine Behörde mehrerer oder aller Länder, jedoch genügt es nach dem eindeutigen Wortlaut der Zuständigkeitsvorschrift, dass die Zuständigkeit sich auf mehrere Verwaltungsgerichtsbezirke erstreckt. Die frühere Fassung des § 52 Nr. 3 S. 3, wonach bei einem Fehlen des Wohnsitzes des Beschwerten „innerhalb des *Landes*" die Zuständigkeit sich nach § 52 Nr. 5 bestimmen sollte, ist durch das Gesetz zur Änderung der Verwaltungsgerichtsordnung vom 26.2.1975 (BGBl I 617) gerade geändert worden. Dafür, dass die Beschränkung der ersten Alternative des § 52 Nr. 3 S. 2 auf Landeszentralbehörden beibehalten werden sollte, ergibt sich aus dem Gesetzgebungsverfahren nichts.[44]

Die Feststellung, dass sich die Zuständigkeit einer Behörde auf mehrere Verwaltungsgerichtsbezirke 27 erstreckt, setzt eine Territorialisierbarkeit der Behördenzuständigkeit voraus. Nach der Konzeption des § 52 Nr. 3 S. 2 muss das Gebiet, in dem die Behörde zuständig ist, sich mit den Bezirken mindestens zweier VG überschneiden. Dabei genügt es, wenn eine räumliche Abgrenzung des Tätigkeitsbereichs einer Behörde, etwa eines Landtagspräsidenten (VGH München BayVGH [N. F.] 38, 125, 126 f.), möglich ist, ohne dass eine formelle Festlegung der örtlichen Zuständigkeit erfolgt zu sein braucht. Die Übertragung einer bloßen Sachkompetenz ohne Bestimmung eines territorialen Zuständigkeitsbereichs reicht allerdings nicht aus.[45] Virulent geworden ist die Problematik insbes. für die Zuständigkeit eines bei einer Hochschule errichteten Amtes für Ausbildungsförderung für die an dieser Hochschule immatrikulierten Auszubildenden nach § 45 Abs. 3 BAföG. Die Auffassung des BVerwG, in diesem Falle sei eine örtliche Fixierung auf den Sitz der Hochschule anzunehmen (BVerwG FamRZ 1979, 972, 973), verkennt die Bedeutung des § 52 Nr. 3 S. 3. Danach setzt die räumliche Abgrenzbarkeit der Behördentätigkeit voraus, dass der Beschwerte jedenfalls tatsächlich seinen Sitz oder Wohnsitz im räumlichen Tätigkeitsbereich der Behörde haben kann. Dies ist bzgl. des Sitzes einer Hochschule von vornherein ausgeschlossen. Für eine analoge Anwendung des § 52 Nr. 3 S. 2 fehlt es an einer Vergleichbarkeit der Sachverhalte auf der Grundlage des Gesetzeszwecks (im Ergebnis auch VGH Kassel ESVGH 32, 307, 308). Gegeben ist diese Vergleichbarkeit und damit die Analogiefähigkeit jedoch, wenn das an einer Hochschule errichtete Amt für Ausbildungsförderung gem. § 45 Abs. 3 S. 2 BAföG auch für Auszubildende, die an anderen Hochschulen immatrikuliert sind, für zuständig erklärt wird (so die Konstellation in BVerwG FamRZ 1979, 972).

Eine gemeinsame Behörde mehrerer oder aller Länder ist gegeben, wenn mindestens zwei Bundeslän- 28 der inhaltlich dieselbe Verwaltungsaufgabe durch nur eine Behörde wahrnehmen lassen. Ob die Behörde durch einen von jedem beteiligten Land umzusetzenden Errichtungsakt entstanden ist oder ob sie nur von einem Land errichtet worden ist, jedoch auch Verwaltungsaufgaben anderer Länder wahrnimmt, ist ohne Belang. Ebenso wenig muss die Verwaltungsaufgabe auf Dauer bei derselben Behörde verbleiben. Es reicht vielmehr aus, wenn die Verwaltungsaufgabe turnusmäßig von der Behörde eines anderen beteiligten Landes wahrgenommen wird, sofern diese Behörde jeweils die Verwaltungsaufgabe für alle beteiligten Länder erledigt. Gemeinsame Behörde mehrerer bzw. aller Länder ist daher auch die jeweils die Aufsicht über eine von mehreren Ländern errichtete Rundfunkanstalt führende Landes-

---

43 *M. Stuttmann*, DVBl 2011, 1202, 1204 m.w.N.
44 So auch *M. Stuttmann*, DVBl 2011, 1202, 1204.
45 Vgl. OVG Brem MedR 1987, 47, 48; OVG Münster OVGE 29, 124, 125 f.; VGH Kassel ESVGH 32, 307, 308 f.; 33, 182, 184. A.M. BVerwGE 56, 306, 307; VGH München 10.11.2011 – 12 C 11.1450; *M. Stuttmann*, DVBl 2011, 1202, 1204.

behörde.[46] Entsprechendes gilt für das nach § 45 Abs. 4 BAföG für alle Auszubildenden des Bundesgebiets, die in einem bestimmten anderen Staat eine Ausbildungsstätte besuchen wollen, für ausschließlich zuständig erklärte Amt für Ausbildungsförderung.[47] Als weiteres Bsp. zu nennen ist ein gemeinsames Justizprüfungsamt mehrerer Länder (BVerwGE 40, 205, 208 f.).

29   Hat eine Behörde im beschriebenen Sinne den angefochtenen Verwaltungsakt erlassen, so ist das VG zuständig, in dessen Bezirk der Beschwerte seinen Sitz oder Wohnsitz hat. Abzustellen ist nicht auf die prozessuale Rolle als Kläger, sondern auf die materielle Beschwer durch den Verwaltungsakt. Im Falle der zulässigen Prozessstandschaft ist maßgebend nicht der Sitz oder Wohnsitz des Prozessstandschafters, sondern der des Inhabers des durch den Verwaltungsakt beeinträchtigten Rechts (a.M. *Czybulka/Siegel* in diesem Komm. → § 62 Rn. 22). Bei der Anfechtung eines begünstigenden Verwaltungsakts durch einen Dritten kommt es auf dessen Sitz oder Wohnsitz an. Bei der entsprechenden Anwendung des § 52 Nr. 3 S. 2 auf die Verpflichtungsklage gem. § 52 Nr. 3 S. 5 ist zuständigkeitsbestimmend der Sitz oder Wohnsitz desjenigen, dessen Rechte durch den Nichterlass des Verwaltungsakts beeinträchtigt sein können. Für eine natürliche Person als Beschwerten kommt als zuweisendes Merkmal ausschließlich der Wohnsitz in Betracht, der nach den §§ 7 ff. BGB zu ermitteln ist. Der Ort der Ausübung der Berufstätigkeit ist nicht zu berücksichtigen (VGH Kassel NJW 1994, 145 für die Kanzlei eines Rechtsanwalts). Hat der Beschwerte mehrere Wohnsitze, so ist das zuständige Gericht nach § 53 Abs. 1 Nr. 3 durch das nächsthöhere Gericht zu bestimmen (VGH Kassel DÖV 1969, 508). Der Sitz einer juristischen Person des Privatrechts als Beschwerte bestimmt sich nach den einschlägigen gesetzlichen Regelungen oder dem Organisationsstatut der juristischen Person, im Falle des Fehlens einer Festlegung nach dem Ort, an welchem die Verwaltung geführt wird (§ 24 BGB). Entsprechendes gilt für den Sitz einer juristischen Person des öffentlichen Rechts (→ Rn. 19). Hat der Beschwerte keinen Sitz oder Wohnsitz innerhalb des Zuständigkeitsbereichs der Behörde i.S.v. § 52 Nr. 3 S. 2, so ist das VG zuständig, in dessen Bezirk der Beklagte (§ 78) seinen Sitz hat (§ 52 Nr. 3 S. 3 i.V.m. § 52 Nr. 5). Diese Regelung gilt über den Wortlaut hinaus für Verpflichtungsklagen entsprechend (§ 52 Nr. 3 S. 5 i.V.m. § 52 Nr. 3 S. 3). Eine divergierende Regelung für Anfechtungs- und Verpflichtungsklagen wäre nicht sachgerecht und war vom Gesetzgeber auch nicht so beabsichtigt.[48]

30   **3. Zuständigkeit betreffend die Vergabe von Studienplätzen.** Die Zuständigkeit betreffend die von den Ländern mit der Vergabe von Studienplätzen beauftragten Behörde nach § 52 Nr. 3 S. 4 lehnt sich als Ausnahme zu § 52 Nr. 3 S. 2 an die für Bundesbehörden geltende Regelung des § 52 Nr. 2 S. 1 an. Danach ist bei Anfechtungsklagen gegen einen Verwaltungsakt und laut § 52 Nr. 3 S. 5 bei Verpflichtungsklagen auf Erlass eines Verwaltungsakts der von den Ländern mit der Vergabe von Studienplätzen beauftragten Behörde das VG örtlich zuständig, in dessen Bezirk die Stelle ihren Sitz hat. Die Stiftung für Hochschulzulassung (ehemals ZVS) hat ihren Sitz in Dortmund, sodass nach § 45 VwGO in der Regel das VG Gelsenkirchen sachlich und örtlich zuständig ist.[49] Zweck der Regelung ist die Sicherstellung der alleinigen Zuständigkeit eines mit den technischen und rechtlichen Spezifika des Vergabeverfahrens in besonderem Maße vertrauten Gerichts, das in Anbetracht der Durchführung des Vergabeverfahrens auf der Grundlage von bundesweiten Ranglisten die Rechtmäßigkeit der einzelnen Vergabeentscheidung nur im Kontext des gesamten Vergabeverbundes würdigen kann.[50] Keine unter § 52 Nr. 3 S. 4 fallende Klage ist ein Antrag, der sich auf Überprüfung der von der Hochschule vorgenommenen Kapazitätsfestsetzung richtet.[51] Hinsichtlich des sog. Auswahlgesprächs oder -tests werden Anfechtungs- oder Verpflichtungsklagen, die die Zulassung zu diesem Gespräch betreffen, von § 52 Nr. 3 S. 4 erfasst (OVG Münster NJW 1981, 643), nicht aber die Geltendmachung von Fehlern bei der Durchführung des universitären Auswahlgesprächs und des Anspruchs auf Folgenbeseitigung.[52]

---

46   *M. Fromm*, Film und Recht 1980, 414, 416 ff.
47   Vgl. BVerwGE 56, 306; OVG Bln FEVS 24, 182, 184 f. A.M. VGH Kassel ESVGH 33, 182, 184; VG Frankfurt/Oder 17.3.2008 – 3 K 693/07.
48   Vgl. VG Stuttgart NVwZ-RR 2011, 685, 686; *M. Stuttmann*, DVBl 2011, 1202, 1207. A.M. VGH München 10.11.2011 – 12 C 11.1450
49   Vgl. *M. Stuttmann*, DVBl 2011, 1202, 1203.
50   Vgl. die Begründung des Bundesratsentwurfs eines Zweiten Gesetzes zur Änderung der VwGO, BT-Drs. 8/1717, 4.
51   Begründung des Bundesratsentwurfs eines Zweiten Gesetzes zur Änderung der VwGO, BT-Drs. 8/1717, 4; OVG Münster VerwRspr 27, 23.
52   *F. Rottmann/S. Breinersdorfer*, NVwZ 1988, 879, 885.

VI. Gerichtsstand des besonderen Pflichtenverhältnisses

Der Gerichtsstand des besonderen Pflichtenverhältnisses nach § 52 Nr. 4 gilt für alle Klagen, die von 31 gegenwärtigen oder früheren Beamten, Richtern, Wehrpflichtigen oder Wehrdienst- oder Zivildienstleistenden aus dem jeweiligen Pflichtenverhältnis erhoben werden. Örtlich zuständig für derartige Klagen ist das VG, in dessen Bezirk der Kläger oder Beklagte seinen dienstlichen Wohnsitz oder in Ermangelung dessen seinen Wohnsitz hat. Zweck der Regelung ist es zum einen, die Zusammenballung vieler Klagen bei den VG am Sitz der Bundes- und Landeszentralbehörden zu verhindern, zum anderen, dem Kläger bzw. Beklagten den Zugang zu einem für ihn leicht erreichbaren Gericht zu ermöglichen (Bericht des Rechtsausschusses, BT-Drs. 3/1094, 6).

§ 52 Nr. 4 S. 1 gilt für alle Klagearten, sofern sie aus einem gegenwärtigen oder früheren der aufge- 32 führten besonderen Pflichtenverhältnisse erhoben werden. Dies ist der Fall, wenn die Begründetheit der Klage nur unter Berücksichtigung der für das Pflichtenverhältnis geltenden speziellen Vorschriften beurteilt werden kann. Der Kläger bzw. Beklagte braucht nicht selbst in einem solchen Pflichtenverhältnis zu stehen oder gestanden zu haben. Die Zuweisung erfasst auch die Klagen anderer bzw. gegen andere Personen, insbes. Hinterbliebener von Beamten etc., sofern der geltend gemachte Anspruch in dem spezifischen Pflichtenverhältnis wurzelt. Nach dem Zweck des § 52 Nr. 4 ist allerdings ein personales Substrat des erhobenen Anspruchs erforderlich. Die Klage muss daher von einer natürlichen Person bzw. gegen eine solche erhoben sein, die Rechte unmittelbar aus dem Pflichtenverhältnis ableiten will. Wird von einem Dritten um den Bestand des Pflichtenverhältnisses gestritten und ist der Beamte etc. zu diesem Rechtsstreit lediglich beigeladen, so findet § 52 Nr. 4 keine Anwendung.

Weiterhin betrifft die Zuweisung Streitigkeiten, die sich auf die Entstehung eines der Pflichtenverhält- 33 nisse beziehen. Gemeint sind zum einen Klagen betr. ein sog. Vorverhältnis, das zur Begründung des besonderen Pflichtenverhältnisses führen soll, etwa die Geltendmachung von Ansprüchen auf Übernahme in das Pflichtenverhältnis oder auf Zulassung zu einer beamtenrechtlichen Eingangsprüfung (VGH Mannheim ESVGH 24, 220, 222), nicht aber Klagen gegen eine Prüfungsentscheidung im zweiten juristischen Staatsexamen, das einer beamtenrechtlichen Laufbahnprüfung nicht gleichzustellen ist.[53] Zum anderen beziehen sich auf die „Entstehung" des Pflichtenverhältnisses solche Klagen, mit denen die Pflicht zur Eingehung des Verhältnisses, bspw. als Wehrdienstleistender, bestritten wird (BVerwGE 58, 225, 227 f.). Für die Verfahren auf Anerkennung als Kriegsdienstverweigerer ist dies durch die Einfügung des Wehrpflichtverhältnisses in den Katalog der Pflichtenverhältnisse klargestellt worden.[54]

Auf andere Rechtsverhältnisse kann § 52 Nr. 4 nicht angewendet werden; die Aufzählung ist abschlie- 34 ßend und nicht analogiefähig.[55] Von § 52 Nr. 4 nicht erfasst werden daher Klagen von Angestellten des öffentlichen Dienstes (VGH Mannheim ESVGH 15, 31), sofern nicht ein Anspruch auf Übernahme in das Beamtenverhältnis geltend gemacht wird, Klagen in Wiedergutmachungsangelegenheiten, soweit nicht allein um die Höhe der Wiedergutmachung gestritten wird (VGH Kassel ESVGH 15, 162, 164), sowie Klagen von Helfern der Bundesanstalt Technisches Hilfswerk.[56] Die Zuweisung gilt sowohl für Klagen des besonders Verpflichteten etc. gegen seinen Dienstherrn als auch für dessen Klagen gegen den Verpflichteten. Zur Entscheidung von Streitigkeiten zwischen der EU und ihren Bediensteten ist das EuG zuständig (Art. 270 AEUV).

Liegt eine Klage aus einem besonderen Pflichtenverhältnis vor, so sehen die S. 1 und 2 des § 52 Nr. 4 35 eine Reihenfolge der Prüfung des örtlich zuständigen VG vor, die dem Kläger kein Wahlrecht eröffnet und innerhalb derer die Zuständigkeit des zuerst berufenen Gerichts eine Zuständigkeit aller nach der Prüfungsreihenfolge nachrangig in Betracht kommenden Gerichte ausschließt (BVerwGE 58, 225, 229). Primär örtlich zuständiges Gericht der Verwaltungsgerichtsbarkeit ist nach § 52 Nr. 4 S. 1 das

---

53 BVerwGE 40, 205, 207 f. Zu Unrecht anders für die Staatsprüfung für das Lehramt VGH Mannheim ESVGH 24, 220, 222.
54 Begründung des Entwurfs eines Gesetzes zur Änderung der VwGO, BT-Drs. 7/1588, 3.
55 BVerwG Buchholz 310 § 52 VwGO Nr. 11; VGH Kassel ESVGH 15, 162, 163 f.; VGH Mannheim ESVGH 15, 31, 32; VG Stuttgart NJW 1974, 878. A.M. HmbOVG DVBl 1981, 48; *Kopp/Schenke* § 52 Rn. 15.
56 Vgl. *A. Scheidler*, VR 2011, 217, 222. A.M. HmbOVG DVBl 1981, 48; *Kopp/Schenke* § 52 Rn. 15. Aus der Qualifikation des Status der Helfer als öffentlich-rechtliches Dienstverhältnis besonderer Art durch § 1 Abs. 3 S. 2 des Gesetzes zur Regelung der Rechtsverhältnisse der Helfer der Bundesanstalt Technisches Hilfswerk vom 22.1.1990, BGBl I 118, ergibt sich nichts anderes.

Gericht, in dessen Bezirk der besonders Verpflichtete, sei es, dass er als Kläger, sei es, dass er als Beklagter auftritt, seinen dienstlichen Wohnsitz hat. Unter dem dienstlichen Wohnsitz ist nicht generell der Amtssitz zu verstehen, an dem der Beamte seine dienstliche Tätigkeit ausübt.[57] Maßgebend ist vielmehr die Begriffsbestimmung des § 15 BBesG (BVerwG NVwZ-RR 2009, 541, 542). Sofern der dienstliche Wohnsitz nicht nach § 15 Abs. 2 BBesG angewiesen ist,[58] ist gem. § 15 Abs. 1 S. 1 BBesG der dienstliche Wohnsitz eines Beamten oder Richters der Ort, an dem die Behörde oder ständige Dienststelle ihren Sitz hat. Die Vorschrift ist entsprechend anzuwenden, wenn der Beamte bei einer juristischen Person des Privatrechts beschäftigt ist, die aufgrund besonderer gesetzlicher Bestimmungen Beamtenrecht anzuwenden hat (VG Frankfurt/M. NVwZ 1995, 410; VG Ansbach 5.7.2006 – AN 11 K 06.02090). Während für den Begriff der Behörde auf § 1 Abs. 4 VwVfG zurückgegriffen werden kann, ist der Begriff der Dienststelle unter Beachtung des Zwecks der Sondervorschrift des § 52 Nr. 4, dem Beamten einen Zugang zu dem für ihn leicht erreichbaren VG zu eröffnen, zu bestimmen. Deshalb ist Dienststelle die kleinste organisatorisch abgrenzbare Verwaltungseinheit, der ein örtlich und sachlich bestimmtes Aufgabengebiet zugewiesen ist, d.h. auch die Außenstelle einer Behörde (OVG Koblenz NVwZ-RR 1999, 592; VG Frankfurt/M. NVwZ-RR 2003, 374). Dienstlicher Wohnsitz eines Soldaten ist laut § 15 Abs. 1 S. 2 BBesG sein Standort. Dies gilt auch für Soldaten, die aufgrund der Wehrpflicht Wehrdienst leisten (VG Stuttgart NJW 1969, 858. A.M. VG Arnsberg NJW 1969, 1317). Die Zuweisung an das VG des dienstlichen Wohnsitzes nach § 52 Nr. 4 S. 1 Alt. 1 setzt allerdings im Falle des Erlasses eines Verwaltungsakts gegenüber dem Kläger oder Beklagten gem. § 52 Nr. 4 S. 2 voraus, dass der dienstliche Wohnsitz innerhalb des Zuständigkeitsbereichs der erlassenden Behörde liegt. Ist das nicht der Fall, so ist weiter zu prüfen, ob der Kläger oder Beklagte innerhalb des Zuständigkeitsbereichs der Behörde einen Wohnsitz gem. § 52 Nr. 4 S. 1 Alt. 2 hat, wobei der Begriff des Wohnsitzes durch Rückgriff auf die §§ 7 ff. BGB auszufüllen ist (BVerwG NJW 2002, 768; VGH München 24.6.2015 – 3 S 15.1102, juris Rn. 8).

36   § 52 Nr. 4 S. 2 enthält eine Ausnahme von der Regelzuweisung des § 52 Nr. 4 S. 1, sodass die Regel anzuwenden ist, wenn die Ausnahme nicht zutrifft (BVerwGE 35, 141, 142 f.; 58, 225, 229; VG Gießen NVwZ-RR 1997, 80). Als Ausnahmevorschrift ist § 52 Nr. 4 S. 2 eng auszulegen. Anwendung findet die Ausnahmezuweisung daher nur dann, wenn die Behörde, innerhalb deren Zuständigkeitsbereich der Kläger oder Beklagte keinen dienstlichen Wohnsitz und keinen Wohnsitz hat, einen Verwaltungsakt erlassen hat. § 52 Nr. 4 S. 2 gilt daher ausschließlich für eine Anfechtungsklage, eine Verpflichtungsklage in Form der Versagungsgegenklage und eine Nichtigkeitsfeststellungsklage.[59] Für alle anderen Klagearten, sei es die Verpflichtungsklage in Form der Untätigkeitsklage nach § 75, die allgemeine Feststellungsklage, die allgemeine Leistungsklage oder eine andere Klage greift die Ausnahmezuweisung nicht ein.[60] Die örtliche Zuständigkeit richtet sich dann nach § 52 Nr. 4 S. 1, auch wenn der Kläger seinen Wohnsitz nicht im Zuständigkeitsbereich der Behörde hat.

37   Liegt der Wohnsitz des Klägers allerdings in einem anderen Bundesland als der Sitz einer Landesbehörde, so ist nicht das VG des anderen Bundeslandes am Wohnsitz des Klägers nach § 52 Nr. 4 S. 1 örtlich zuständig. Denn mit Blick auf den föderativen Staatsaufbau der Bundesrepublik ist die Verwaltungsgerichtsbarkeit grds. als Landesgerichtsbarkeit ausgestaltet. Dies schließt es aus, dass über die Verwaltungstätigkeit eines Landes im Zusammenhang mit Dienstverhältnissen i.S.d. § 52 Nr. 4 S. 1 die Gerichte eines anderen Landes befinden (BVerwG Buchholz 310 § 52 VwGO Nr. 22; Buchholz 310 § 53 VwGO Nr. 15). In diesem Falle ist nach der ratio des § 52 Nr. 4, die örtliche Zuständigkeit für Klagen aus besonderen Pflichtenverhältnissen specialiter zu regeln, analog § 52 Nr. 4 S. 2 das VG örtlich zuständig, in dessen Bezirk die mit dem Kläger oder Beklagten in dem besonderen Pflichtenverhältnis verbundene Behörde ihren Sitz hat. Eines Rückgriffs auf die Zuweisung nach § 52 Nr. 5 bedarf es lediglich dann, wenn sich der Sitz der Behörde außerhalb des Bezirks eines deutschen VG befindet (BVerwGE 39, 94, 97 f.).

---

57   A.M. *H. Schnellenbach*, ZBR 1992, 257, 266.
58   Insoweit a.M. VG Stuttgart NJW 1969, 858, 859; VG Gelsenkirchen 13.3.2007 – 12 K 2958/04: nur § 15 Abs. 1 BBesG.
59   *H. Schnellenbach*, ZBR 1992, 257, 266.
60   So auch *A. Scheidler*, VR 2011, 217, 223. A.M. für die Verpflichtungsklage VG Freiburg 15.8.2007 – 3 K 900/06; für die Untätigkeitsklage *I. Kraft*, in: Eyermann § 52 Rn. 34.

Hat der Kläger oder Beklagte mehrere dienstliche Wohnsitze oder mehrere Wohnsitze, so kommt es in 38
dem Falle, dass die Behörde ihm gegenüber einen Verwaltungsakt erlassen hat, darauf an, ob ein
dienstlicher Wohnsitz oder ein Wohnsitz innerhalb des Zuständigkeitsbereichs der Behörde liegt. In
dieser Konstellation ist die Zuweisung nach § 52 Nr. 4 S. 1 auch dann eröffnet, wenn der dienstliche
Wohnsitz außerhalb, der Wohnsitz jedoch innerhalb des behördlichen Zuständigkeitsbereichs gegeben
ist (BVerwGE 58, 225, 229 f.). Sind innerhalb des Zuständigkeitsbereichs der Behörde zwei dienstliche
Wohnsitze oder kein dienstlicher Wohnsitz, dafür aber zwei Wohnsitze begründet, so ist das zuständige Gericht nach § 53 Abs. 1 Nr. 3 durch das nächsthöhere Gericht zu bestimmen (OVG Magdeburg
8.9.1997 – E 1 S 137/97; VGH München 24.6.2015 – 3 S 15.1102, juris Rn. 8).

Maßgeblich für die Beurteilung der örtlichen Zuständigkeit sind dienstlicher Wohnsitz oder Wohnsitz 39
des Klägers oder Beklagten im Zeitpunkt der Erhebung der Klage (BVerwGE 35, 141, 142; BVerwG
NJW 2002, 768). Wird die Abordnung, die Versetzung in den Ruhestand oder die Entlassung angegriffen, so ist örtlich zuständig das VG, in dessen Bezirk der dienstliche Wohnsitz des Beamten vor der
Abordnung, der Versetzung in den Ruhestand bzw. der Entlassung lag (VG Göttingen NVwZ-RR
1996, 678; VG Oldenburg NVwZ-RR 2004, 48). Dies gilt auch dann, wenn die sofortige Vollziehung
der Abordnungs- oder Versetzungsverfügung angeordnet wurde (VG Düsseldorf 22.10.2009 – 13 K
5329/09). Entsprechendes gilt bei Klagen gegen das Nichtbestehen der Laufbahnprüfung, welche die
Beendigung des Vorbereitungsdienstverhältnisses kraft gesetzlicher Regelung zur Folge hat (VG Hannover 7.12.2006 – 2 A 3466/05). Ansonsten kommt es bei Klagen aus früheren Pflichtenverhältnissen
nicht auf den früheren dienstlichen Wohnsitz, sondern auf den gegenwärtigen allgemeinen Wohnsitz
an.[61] Die für Ruhestandsbeamte entwickelten Grundsätze gelten auch für in der Freistellungsphase der
Altersteilzeit befindliche Beamte (VG München NVwZ-RR 2005, 662). Eine nach Klageerhebung eintretende Änderung des dienstlichen Wohnsitzes oder Wohnsitzes oder des Zuständigkeitsbereichs der
Behörde beseitigt gem. § 83 S. 1 VwGO i.V.m. § 17 Abs. 1 S. 1 GVG die einmal gegebene örtliche Zuständigkeit nicht mehr. Greift der Kläger eine Abordnungs- oder eine Versetzungsverfügung an, so ist
auch dann das VG örtlich zuständig, in dessen Bezirk der dienstliche Wohnsitz des Klägers vor der
Abordnung oder Versetzung lag, wenn die sofortige Vollziehung der Verfügung angeordnet ist.[62] Wird
hingegen das bei Klageerhebung örtlich unzuständige VG vor Erlass eines Verweisungsbeschlusses
nach § 83 S. 1 VwGO i.V.m. § 17a Abs. 2 S. 1 GVG zuständig, so ist diese Zuständigkeit bestimmend.[63] Ein behördlicher Zuständigkeitswechsel ist in der Konstellation des § 52 Nr. 4 S. 2 ohne Bedeutung, wenn er lediglich zwischen Ausgangs- und Widerspruchsbehörde erfolgt. § 52 Nr. 4 S. 2 stellt
ausdrücklich auf den Zuständigkeitsbereich der Behörde ab, die den *ursprünglichen* Verwaltungsakt
erlassen hat. Dies gilt auch dann, wenn der Widerspruchsbescheid entsprechend § 79 Abs. 1 Nr. 2,
Abs. 2 alleiniger Gegenstand der Anfechtungsklage sein kann.[64]

VII. Auffangzuständigkeit des § 52 Nr. 5

Die Auffangzuständigkeit des § 52 Nr. 5 erklärt in „allen anderen Fällen" das VG für örtlich zustän- 40
dig, in dessen Bezirk der Beklagte seinen Sitz, Wohnsitz oder in Ermangelung dessen seinen Aufenthalt
hat oder seinen letzten Wohnsitz oder Aufenthalt hatte. „Alle anderen Fälle" sind dabei diejenigen
Fallgestaltungen, in denen die örtliche Zuständigkeit nicht nach den Nummern 1–4 des § 52 ermittelt
werden kann (BVerwGE 39, 94, 99). Die vom BVerwG zunächst offen gelassene Frage, ob bei einer
derartigen Interpretation des § 52 Nr. 5 als umfassendem subsidiärem Gerichtsstand dem § 53 Abs. 2,
wonach das BVerwG das zuständige Gericht bestimmt, wenn eine örtliche Zuständigkeit nach § 52
nicht gegeben ist, überhaupt noch ein Anwendungsbereich verbleiben kann (BVerwGE 39, 94, 99 f.),
ist mittlerweile im die praktische Bedeutung des § 53 Abs. 2 bejahenden Sinne beantwortet (→ § 53
Rn. 18). Maßgebend für die örtliche Zuständigkeit ist der Sitz, der Wohnsitz oder der Aufenthalt des
tatsächlich Beklagten, unabhängig davon, ob es sich dabei um den richtigen Beklagten handelt.[65] Die

---

61 OVG Koblenz RiA 2000, 203, 204; VG Karlsruhe NVwZ-RR 1998, 789. A.M. VG Gelsenkirchen NVwZ-RR 2007,
   830 für ehemalige Gemeindebeamte.
62 VGH München ZBR 1985, 210; VG Gießen 23.6.2008 – 5 L 1501/08.GI; VG Hannover 30.10.2006 – 13 B 7168/06.
63 *H. Schnellenbach*, ZBR 1992, 257, 266.
64 Vgl. BVerwG Buchholz 310 § 53 VwGO Nr. 15. A.M. *W. Bier/Schenk*, in: Schoch/Schneider/Bier § 52 Rn. 41; *H.-J. v.
   Oertzen*, in: Redeker/v. Oertzen § 52 Rn. 8; *H. Schnellenbach*, ZBR 1992, 257, 266.
65 So auch *A. Scheidler*, VR 2011, 217, 223.

Begriffe „Sitz" und „Wohnsitz" sind inhaltsgleich mit denen des § 52 Nr. 3 S. 2 (→ Rn. 29). Bei gegen eine GbR gerichteten Klagen ist auf den Sitz der Gesellschaft i.S.d. Orts der Verwaltung (§ 173 VwGO i.V.m. § 17 Abs. 1 S. 2 ZPO) abzustellen.[66] Ist der Staat Beklagter, so ist auf den Sitz derjenigen Behörde abzustellen, die für den Staat gehandelt hat oder handeln soll, die befugt ist, über den geltend gemachten Anspruch zu entscheiden, ohne dass es darauf ankommt, ob dieser Behörde die Vertretung im Verwaltungsrechtsstreit obliegt (BVerwGE 71, 183, 188; VGH Kassel NVwZ 2006, 1195). Sitz i.S.d. § 52 Nr. 5 einer Behörde mit mehreren Dienstsitzen, für welche nach außen durch den Behördenleiter oder in dessen Auftrag gehandelt wird, ist der Amtssitz des Behördenleiters (BVerwG NVwZ-RR 2001, 276). Bei der isolierten Anfechtung des Widerspruchsbescheids nach § 79 Abs. 1 Nr. 2, Abs. 2 ist daher nach dem Sitz der Widerspruchsbehörde zu fragen. Hat der Beklagte keinen Wohnsitz im Inland, ist ausschlaggebend sein Aufenthalt, d.h. sein tatsächliches, nicht notwendig dauerndes oder gewöhnliches, jedoch über eine flüchtige Ortsberührung hinausgehendes Verweilen an einem Ort im Zeitpunkt der Klageerhebung. Ist selbst damit noch kein örtlich zuständiges VG zu ermitteln, so ist der letzte Wohnsitz oder Aufenthalt des Beklagten als zuständigkeitsbestimmendes Merkmal heranzuziehen. Auch diese Anknüpfung versagt jedoch, wenn der Beklagte als juristische Person ausländischen Rechts mit Sitz im Ausland gegründet und mit deutschen Hoheitsrechten beliehen worden ist. In diesem Fall fehlt jeglicher örtlicher Bezugspunkt im Inland, sodass eine Bestimmung des örtlich zuständigen Gerichts nach § 53 Abs. 2 zu erfolgen hat (BVerwG NJW 2006, 3512).

§ 53   [Bestimmung des zuständigen Gerichts]

(1) Das zuständige Gericht innerhalb der Verwaltungsgerichtsbarkeit wird durch das nächsthöhere Gericht bestimmt,

> wenn das an sich zuständige Gericht in einem einzelnen Fall an der Ausübung der Gerichtsbarkeit rechtlich oder tatsächlich verhindert ist,
>
> wenn es wegen der Grenzen verschiedener Gerichtsbezirke ungewiß ist, welches Gericht für den Rechtsstreit zuständig ist,
>
> wenn der Gerichtsstand sich nach § 52 richtet und verschiedene Gerichte in Betracht kommen,
>
> wenn verschiedene Gerichte sich rechtskräftig für zuständig erklärt haben,
>
> wenn verschiedene Gerichte, von denen eines für den Rechtsstreit zuständig ist, sich rechtskräftig für unzuständig erklärt haben.

(2) Wenn eine örtliche Zuständigkeit nach § 52 nicht gegeben ist, bestimmt das Bundesverwaltungsgericht das zuständige Gericht.

(3) [1]Jeder am Rechtsstreit Beteiligte und jedes mit dem Rechtsstreit befaßte Gericht kann das im Rechtszug höhere Gericht oder das Bundesverwaltungsgericht anrufen. [2]Das angerufene Gericht kann ohne mündliche Verhandlung entscheiden.

Schrifttum

J. Bornkamm, Die Gerichtsstandsbestimmung nach §§ 36, 37 ZPO, NJW 1989, 2713; *C. Herz*, Die gerichtliche Zuständigkeitsbestimmung, 1990; *A. Scheidler*, Die Bestimmung des zuständigen Gerichts nach § 53 VwGO, NdsVBl 2012, 64.

I. Grundlagen

1   Die an die §§ 36 und 37 ZPO angelehnte Vorschrift ist seit Erlass der VwGO nicht geändert worden. Zweck der Schaffung eines sog. Gerichtsstands kraft richterlicher Bestimmung „ist in erster Linie, im Interesse der Parteien und der Rechtssicherheit den misslichen Streit darüber, welches Gericht für die Sachentscheidung zuständig ist, möglichst schnell zu beenden" (BGH NJW 1964, 1416). Die Regelung ist mithin der Wahrung verfassungskräftiger Postulate in Gestalt des Justizgewährungsanspruchs und des Gebots der Rechtssicherheit verpflichtet. Darüber hinaus sollen sich aus der übrigen Zuständigkeitsordnung ergebende Lücken bei der Bestimmung des gesetzlichen Richters i.S.v. Art. 101 Abs. 1 S. 2 GG geschlossen werden.[1] Ein Konflikt der gerichtlichen Gerichtsstandsbestimmung mit Art. 101

---

66   *E. Pache/M. Knauff*, BayVBl 2003, 168, 169.
1   Vgl. *C. Herz*, Zuständigkeitsbestimmung, 1990, 33 f.

Abs. 1 S. 2 GG besteht nicht.[2] Verfassungsrechtlich zulässig ist ein begrenzter Spielraum bei der Richterbestimmung für den Einzelfall, selbst wenn eine weniger Auswahlfreiheit lassende Regelung denkbar wäre; dies gilt jedenfalls, wenn die Auswahlmöglichkeit in der Hand eines unabhängigen Richters liegt (BVerfGE 25, 336, 346 f.).

Eine weitere Frage ist, ob § 53 deshalb verfassungsrechtlich bedenklich ist, weil keinerlei materielle   2
Kriterien für die Bestimmung des zuständigen Gerichts festgelegt sind.[3] Diesbezüglich verlangt Art. 101 Abs. 1 S. 2 GG, dass innerhalb des zulässigen Auswahlrahmens der gesetzliche Richter im Einzelfall nach pflichtgemäßem Ermessen, also nach sachgerechten Gesichtspunkten bestimmt werden muss (BVerfGE 17, 294, 300). Zur Erfüllung dieser Voraussetzung genügt es, dass die Bestimmung des zuständigen Gerichts in der Praxis unter Zweckmäßigkeitsgesichtspunkten vorgenommen wird (zur Auswahl nach Zweckmäßigkeit → Rn. 24).[4] Allerdings dürfen die Kriterien der Zweckmäßigkeit nicht subjektiv vom zuständigkeitsbestimmenden Gericht definiert werden, sondern sind dem Zweck des § 53 verpflichtet. Zu orientieren hat sich die Auswahl daher v.a. an den Wertungen der gesetzlichen Zuständigkeitsordnung sowie dem Gebot einer effektiven und sachgerechten Verfahrensdurchführung. Unter dem Aspekt der Vereinbarkeit der Vorschrift mit Art. 101 Abs. 1 S. 2 GG ist von Bedeutung, dass es sich bei der Zuständigkeitsbestimmung nach § 53 nicht um einen Akt der (Justiz-)Verwaltung, sondern um einen solchen der Rspr. oder zumindest – bei Anlegung eines materiellen Rechtsprechungsbegriffs – der Rechtspflege handelt.[5]

II. Abschließende Regelung

Eine abschließende Regelung der gerichtlichen Zuständigkeitsbestimmung innerhalb der Verwaltungs-   3
gerichtsbarkeit stellt § 53 schon deshalb dar, weil die rechtlichen Grenzen der Auswahlentscheidung nach Zweckmäßigkeitsgesichtspunkten aus der normativen Grundlage der Entscheidung selbst erkennbar sein müssen, um vor Art. 101 Abs. 1 S. 2 GG bestehen zu können. Ein ergänzender Rückgriff auf § 36 ZPO ist daher nicht möglich (BVerwGE 12, 363, 365).[6] Eine analoge Anwendung des § 53 auf Konstellationen, in denen die Bestimmung der Zuständigkeit nur eines der für Parallelverfahren zuständigen mehreren Gerichte zweckmäßig erscheinen könnte, ist ausgeschlossen.[7] So kommt eine Analogie zu § 53 nicht in Betracht, wenn der Kläger von allen in der Arbeitsgemeinschaft der öffentlich-rechtlichen Rundfunkanstalten der Bundesrepublik Deutschland zusammengeschlossenen Rundfunkanstalten die Unterlassung der Ausstrahlung bestimmter Sendungen verlangt (BVerwG NJW 1977, 595), wenn für mehrere denselben Verwaltungsakt betreffende Verfahren auf Gewährung vorläufigen Rechtsschutzes gleichzeitig Gerichte mehrerer Instanzen zuständig sind (BVerwGE 64, 347, 351 ff.) oder wenn in zwei Verfahren vor verschiedenen VG derselbe Verwaltungsakt von beiden teils begünstigten und teils beschwerten Beteiligten mit entgegengesetzten Zielen angefochten wird (a.M. BVerwG Buchholz 310 § 53 VwGO Nr. 26). Nichtsdestoweniger ist § 53 auch in Verfahren des einstweiligen Rechtsschutzes nach §§ 80 Abs. 5, 80a Abs. 3, 123, Verfahren über die Bewilligung von PKH, im Beweissicherungsverfahren (vgl. BVerwGE 12, 363), im Vollstreckungsverfahren sowie im Kostenfestsetzungsverfahren anwendbar.

Die ganz h.M. wendet § 53 nicht nur auf den Fall, dass die Zuständigkeit eines Gerichts i.S.d. §§ 5   4
Abs. 1, 9 Abs. 1 innerhalb der Verwaltungsgerichtsbarkeit bestimmt werden muss, sondern ebenso auf die Gestaltungen an, in denen eine eindeutige Rechtswegzuständigkeit nicht feststeht[8] oder die Kompetenz verschiedener Spruchkörper innerhalb desselben Gerichts als organisatorischer Einheit streitig ist, sofern es sich nicht um einen vom Gerichtspräsidium zu entscheidenden Streit über die Auslegung des Geschäftsverteilungsplans handelt.[9] Praktisch relevant ist das Problem allein für die Zuständig-

---

2 A.M. insbes. für § 53 Abs. 1 Nr. 1, Abs. 2 *K. A. Bettermann*, in: Die Grundrechte, Bd. III/2, 1959, 523, 568 f.
3 So *Kopp/Schenke* § 53 Rn. 2.
4 Vgl. *C. Herz*, Zuständigkeitsbestimmung, 1990, 7.
5 *J. Bornkamm*, NJW 1989, 2713, 2714; *C. Herz*, Zuständigkeitsbestimmung, 1990, 143 f. m.w.N. A.M. v.a. *K. A. Bettermann*, in: Die Grundrechte, Bd. III/2, 1959, 523, 568.
6 *C. Herz*, Zuständigkeitsbestimmung, 1990, 30 f.
7 Vgl. BVerwG NJW 1977, 595; BVerwGE 64, 347, 351 ff.; BVerwG DVBl 2002, 1557, 1558.
8 Vgl. nur *Kopp/Schenke* § 53 Rn. 1 m.w.N.
9 *Kopp/Schenke* § 53 Rn. 1; für § 36 ZPO BGHZ 71, 264, 270 ff.; OLG Oldenburg MDR 1977, 497; *J. Bornkamm*, NJW 1989, 2713, 2719; *C. Herz*, Zuständigkeitsbestimmung, 1990, 15 f.

keitsbestimmung bei positivem Kompetenzkonflikt (§ 53 Abs. 1 Nr. 4) und negativem Kompetenzkonflikt (§ 53 Abs. 1 Nr. 5). Hinsichtlich der Anwendbarkeit des § 53 auf Kompetenzkonflikte verschiedener Spruchkörper wird man der überwiegenden Auffassung beipflichten können. Bei der gesetzlichen Zuweisung einer besonderen Zuständigkeit an einen speziellen Spruchkörper ist die Frage des Vorliegens der Zuständigkeit nicht vom Gerichtspräsidium, sondern wie in den Fällen der sachlichen und örtlichen Zuständigkeit durch Auslegung der Zuweisungsnorm zu beantworten. Entsprechend gilt § 83 i.V.m. den §§ 17 ff. GVG ebenfalls für die Zuständigkeitsabgrenzung im Verhältnis zu einem der genannten speziellen Spruchkörper (vgl. die Komm. zu § 83).[10] Da nach der Rspr. schwere Rechtsverstöße auch nach Inkrafttreten des § 17 a GVG zum Wegfall der Bindungswirkung der Zuständigkeitsentscheidung führen können[11] und § 83 S. 2 eine Anfechtung der selbständigen Zuständigkeitsbeschlüsse des § 17 a Abs. 2 und Abs. 3 GVG ausschließt, können sich die Beteiligten ohne Rückgriff auf § 53 den Folgen eines Kompetenzkonflikts zwischen verschiedenen Spruchkörpern nicht entziehen.

5   Anders ist allerdings die Situation bei einem Kompetenzkonflikt zwischen Gerichten verschiedener Rechtswege. Hier gehen die Rspr. und der überwiegende Teil der Lit. von einer analogen Anwendung des § 53 Abs. 1 Nr. 4 und Nr. 5 aus, wenn das BVerwG über den Kompetenzkonflikt entscheidet. Ein negativer Kompetenzkonflikt zwischen Gerichten verschiedener Gerichtszweige ist nach dieser Auffassung von demjenigen obersten Bundesgericht zu entscheiden, das einem der beteiligten Gerichte übergeordnet ist und zuerst angegangen wird.[12] Sieht man von der mangelnden Analogiefähigkeit des § 53 ab, so ist zunächst der eklatante Widerspruch der von zeitlichen Zufälligkeiten abhängigen Entscheidungsberufung mit dem Recht auf den gesetzlichen Richter nach Art. 101 Abs. 1 S. 2 GG festzuhalten. Überdies besteht für eine Analogie zu § 53 kein Bedürfnis. Positive Rechtswegentscheidung und Rechtswegverweisung sind gem. § 17 a Abs. 1, Abs. 2 S. 3 GVG bindend. Entfallen kann die Bindungswirkung nach der Rspr. allerdings bei schweren Rechtsverstößen, sodass ein Kompetenzkonflikt nicht ausgeschlossen ist. Doch steht es den Beteiligten mittels des Instituts der Beschwerde nach § 17 a Abs. 4 S. 3–6 GVG gegen selbständige Rechtswegentscheidungen frei, den Folgen des Kompetenzkonflikts zu entgehen. § 53 Abs. 1 Nr. 4 und Nr. 5 ist hingegen für Kompetenzkonflikte innerhalb der Verwaltungsgerichtsbarkeit deshalb eingeführt, weil in diesen Fällen gem. § 83 S. 2 eine selbständige Anfechtung der Zuständigkeitsentscheidung ausgeschlossen ist. Versäumen es die Beteiligten, gegen gravierend falsche Rechtswegentscheidungen vorzugehen, so ist für einen Rückgriff auf § 53 kein Raum. Keine Bedenken gegen eine analoge Anwendung des § 53 Abs. 1 Nr. 5 VwGO obwalten hingegen, wenn sich mehrere unzuständige Gerichte für unzuständig erklärt haben und ein weiteres Gericht zuständig wäre.[13]

III. Allgemeine Voraussetzung

6   Allgemeine Voraussetzung einer Zuständigkeitsbestimmung nach § 53 ist die Unmöglichkeit, ein für die Entscheidung eines konkreten Rechtsstreits zuständiges Gericht der Verwaltungsgerichtsbarkeit zu ermitteln. Nach § 53 Abs. 3 ist ein Antrag auf gerichtliche Bestimmung der Zuständigkeit nur zulässig, wenn er sich auf einen bereits vorhandenen *Rechtsstreit* bezieht. Ein solcher Bezug ist zwar nicht erst ab Rechtshängigkeit der Klage gegeben, jedoch reicht die bloße Möglichkeit oder Erwartung, es könne zu einem Rechtsstreit kommen, nicht aus. Rechnet die Behörde mit der Anfechtung eines noch nicht erlassenen Bescheids, so kann sie auch nicht behebbare Zweifel über das in der Rechtsbehelfsbelehrung nach § 58 Abs. 1 zu benennende Gericht nicht durch eine Zuständigkeitsbestimmung nach § 53 beseitigen lassen (BVerwG NVwZ 1993, 359).

7   Sind die Zweifel über die Zuständigkeit behebbar, steht mithin das zur Entscheidung des Rechtsstreits berufene Gericht bereits fest oder lässt es sich ermitteln, so kommt § 53 nicht zur Anwendung (BVerwGE 12, 363, 364; BVerwG Buchholz 310 § 53 VwGO Nr. 5 und Nr. 25). Steht das zuständige Gericht aufgrund einer bindenden Verweisung nach § 83 S. 1 VwGO i.V.m. § 17 a Abs. 2 GVG fest, so

---

10   A.M. *H. Geiger*, in: Eyermann § 83 Rn. 2; *P. Kothe*, in: Redeker/v. Oertzen § 83 Rn. 1.

11   BVerwG Buchholz 310 § 53 VwGO Nr. 21; vgl. auch schon BVerwG Buchholz 310 § 53 VwGO Nr. 7 und Nr. 10; BVerwGE 64, 347, 354.

12   BAGE 23, 167, 169 f.; 44, 246, 247 f.; BGHZ 44, 14; BGH NJW 1990, 53, 54; BSG MDR 1989, 189; BVerwG Buchholz 310 § 53 VwGO Nr. 21; DVBl. 2008, 934; *C. Herz*, Zuständigkeitsbestimmung, 1990, 133 ff; *A. Scheidler*, NdsVBl 2012, 64, 67.

13   VGH Kassel NVwZ-RR 1996, 611 f.; *A. Scheidler*, NdsVBl 2012, 64, 67.

ist kein Raum für eine Bestimmung des zuständigen Gerichts nach § 53.[14] Ein nach § 53 Abs. 3 gestellter Antrag ist unzulässig, dient er doch nicht dazu, sich gegen einen bindenden Verweisungsbeschluss zur Wehr zu setzen (BVerwG NVwZ 1995, 372; 4.6.1997 – 1 AV 1/97). Rechtliche Zweifel, die durch Auslegung der Zuständigkeitsregelungen unter Einsatz aller methodisch zulässigen Interpretationskriterien beseitigt werden können, eröffnen daher keine gerichtliche Zuständigkeitsbestimmung (BVerwGE 58, 225, 228; BVerwG 4.6.2007 – 2 AV 1/07). Zu beachten ist aber, dass dieses Gebot der vorgehenden erschöpfenden Auslegung nur für die Normen der Zuständigkeitsordnung i.S.d. §§ 45 ff. gilt. Zur Vermeidung von Verzögerungen des Rechtsschutzes ist diese Auslegungsarbeit von dem um Bestimmung der Zuständigkeit nach § 53 angerufenen höheren Gericht selbst zu leisten (so die Praxis des BVerwG, vgl. nur BVerwGE 18, 26, 27 ff.; 58, 225, 229 f.). Dessen Aufgabe ist es hingegen nicht, die wesentlichen Fragen des eigentlichen Prozesses i.R. der Zuständigkeitsermittlung vorab zu beantworten. Soweit von der Beantwortung dieser Fragen die gerichtliche Zuständigkeit abhängt, ist vom Vortrag des den Antrag auf Zuständigkeitsbestimmung nach § 53 Abs. 3 Stellenden auszugehen, welcher lediglich einer Plausibilitätskontrolle zu unterwerfen ist. Ist es nach dem Vortrag des Antragstellers nicht offensichtlich ausgeschlossen, dass die Auslegung lediglich der Zuständigkeitsvorschriften kein allein zuständiges Gericht ergibt, so ist eine Zuständigkeitsbestimmung vorzunehmen.[15] Dies gilt auch für die Frage der Eröffnung des Verwaltungsrechtswegs (BVerwG Buchholz 310 § 53 VwGO Nr. 18). Zwar ist die Zuständigkeitsbestimmung nach § 53 auch für eine nicht eindeutig ermittelbare instanzielle Zuständigkeit eröffnet, jedoch ist in dieser Konstellation besonders sorgfältig zu prüfen, ob das zuständige Gericht nicht aus Rechtsgründen bereits feststeht (BVerwG NVwZ-RR 1989, 506).

IV. Einzelne Fälle der Zuständigkeitsbestimmung

Die einzelnen Fälle der Zuständigkeitsbestimmung werden in § 53 Abs. 1 Nr. 1–5 und Abs. 2 enumerativ aufgeführt. Es handelt sich um die Konstellationen der Verhinderung des zuständigen Gerichts (§ 53 Abs. 1 Nr. 1), der Ungewissheit der Gerichtsbezirke (§ 53 Abs. 1 Nr. 2), der mehrfachen örtlichen Zuständigkeit (§ 53 Abs. 1 Nr. 3), des positiven Kompetenzkonflikts (§ 53 Abs. 1 Nr. 4), des negativen Kompetenzkonflikts (§ 53 Abs. 1 Nr. 5) sowie der fehlenden örtlichen Zuständigkeit (§ 53 Abs. 2). 8

1. Verhinderung des zuständigen Gerichts. § 53 Abs. 1 Nr. 1 sieht eine gerichtliche Bestimmung der Zuständigkeit vor, wenn das an sich zuständige Gericht in einem einzelnen Fall an der Ausübung der Gerichtsbarkeit rechtlich oder tatsächlich verhindert ist. Wie sich aus dem Wortlaut der Vorschrift, welche nicht an *ein* an sich zuständiges Gericht, sondern an *„das* an sich zuständige Gericht" anknüpft, ergibt, muss das betreffende Gericht allein zur Entscheidung des konkreten Rechtsstreits berufen sein. Ist noch ein weiteres Gericht zuständig, so erfolgt die Zuständigkeitsbestimmung nicht nach § 53 Abs. 1 Nr. 1, sondern nach § 53 Abs. 1 Nr. 3,[16] wobei der Umstand der rechtlichen oder tatsächlichen Verhinderung des einen Gerichts zur Reduzierung des Auswahlermessens auf Null führt. Weiterhin muss die Verhinderung in einem einzelnen Fall, nämlich dem Rechtsstreit bestehen, für dessen Entscheidung das Gericht „an sich" zuständig wäre. Ob die Verhinderung darüber hinaus noch andere Fälle betrifft, ist unerheblich. Die Frage, ob eine Verhinderung an der Ausübung der Gerichtsbarkeit vorliegt, ist unter Berücksichtigung des Zwecks (→ Rn. 1) des § 53 für den Einzelfall zu beantworten. Ist daher die Verhinderung nur eine vorübergehende mit einer Dauer von wenigen Wochen und einem absehbaren Ende, so würde die mit § 53 angestrebte Prozessökonomie durch die Durchführung des Bestimmungsverfahrens konterkariert. Eine Ausnahme gilt allerdings für Verfahren des einstweiligen Rechtsschutzes.[17] 9

Eine tatsächliche Verhinderung i.S.v. § 53 Abs. 1 Nr. 1 liegt vor bei Naturkatastrophen, etwa Erdbeben, Überschwemmungen, Bränden etc., allen Fällen des Stillstands der Rechtspflege i.S.d. § 245 ZPO, länger anhaltenden politischen Unruhen sowie der physischen Unmöglichkeit für die Richter des Gerichts, über den Rechtsstreit zu entscheiden, bspw. durch Tod, länger andauernde Krankheit, Gefan- 10

---

14 Vgl. auch *A. Scheidler*, NdsVBl 2012, 64, 65.

15 Vgl. BVerwG Buchholz 310 § 53 VwGO Nr. 11 und Nr. 18 für die Frage nach dem Vorliegen einer notwendigen Streitgenossenschaft.

16 A.M. *H.-J. v. Oertzen*, in: Redeker/v. Oertzen § 53 Rn. 2; *A. Scheidler*, NdsVBl 2012, 64, 65; für § 36 Nr. 1 ZPO auch *C. Herz*, Zuständigkeitsbestimmung, 1990, 37.

17 Vgl. *C. Herz*, Zuständigkeitsbestimmung, 1990, 37; *A. Scheidler*, NdsVBl 2012, 64, 65.

gennahme etc. (BVerwG 21.1.2004 – 5 AV 3/03; 2.9.2013 – 5 AV 1/13, juris Rn. 1). „Gericht" ist dabei der zur konkreten Entscheidung berufene Spruchkörper des VG oder OVG. An der Ausübung der Gerichtsbarkeit verhindert ist das *Gericht* nur, wenn trotz der Verhinderung von Richtern lediglich aus personenbezogenen Gründen kein beschlussfähiges Gericht mehr existiert. Dies ist nicht schon dann der Fall, wenn so viele Mitglieder eines kollegial verfassten Spruchkörpers einschließlich ihrer geschäftsplanmäßigen Vertreter verhindert sind, dass der Spruchkörper beschlussunfähig ist.[18] Erforderlich ist vielmehr, dass so viele Richter des jeweiligen VG bzw. OVG im organisatorischen Sinne der §§ 5 Abs. 1 und 9 Abs. 1 verhindert sind, dass an diesem Gericht überhaupt kein beschlussfähiger Spruchkörper mehr vorhanden ist (vgl. BVerwG Buchholz 310 § 53 VwGO Nr. 5). Denn nach § 4 VwGO i.V.m. § 21 e Abs. 3 GVG besteht auch für den Fall der Verhinderung von Richtern die Möglichkeit der Änderung des Geschäftsverteilungsplans.

11   Diese Grundsätze gelten entsprechend für die Verhinderung aus rechtlichen Gründen, also insbes. die Ausschließung von der Ausübung des Richteramtes kraft Gesetzes (§ 54 VwGO i.V.m. § 41 ZPO) und die Ablehnung des Richters (§ 54 VwGO i.V.m. § 42 ZPO). So kann § 53 Abs. 1 Nr. 1 nur zur Anwendung kommen, wenn alle oder zumindest so viele Richter des zuständigen VG i.S.v. § 5 Abs. 1 mit Erfolg abgelehnt worden sind, dass über die Sache nicht mehr entschieden werden kann (BVerwG Buchholz 310 § 53 Nr. 5; BVerwG 2.9.2013 – 5 AV 1/13, juris Rn. 2). Keine rechtliche Verhinderung liegt vor, wenn sich das an sich zuständige Gericht durch Beschluss für unzuständig erklärt hat, ohne nach § 83 S. 1 VwGO i.V.m. § 17a Abs. 2 GVG mit bindender Wirkung zu verweisen (vgl. BVerwGE 18, 26, 29), oder wenn über die sofortige Vollziehbarkeit desselben Verwaltungsakts gleichzeitig zu einem unteren Gericht ein instanziell höheres Gericht in einem Parallelverfahren nach § 80 zu entscheiden hat.[19] Ausgeschlossen ist eine entsprechende Anwendung des § 53 Abs. 1 Nr. 1 auf den kaum denkbaren Fall, dass ein zuständiges „Gericht gegenwärtig nicht zu ermitteln ist" (a.M. BVerwG Buchholz 310 § 53 VwGO Nr. 19).

12   **2. Ungewissheit der Gerichtsbezirke.** Wegen einer Ungewissheit der Gerichtsbezirke ist nach § 53 Abs. 1 Nr. 2 eine gerichtliche Zuständigkeitsbestimmung erforderlich, wenn wegen der Grenzen verschiedener Gerichtsbezirke aufgrund des vorhandenen Tatsachenmaterials objektiv und nicht lediglich nach Einschätzung des den Antrag auf Zuständigkeitsbestimmung Stellenden ein zuständiges Gericht nicht eindeutig zu ermitteln ist. Ebenso wenig wie bloße Zweifel im Tatsächlichen genügen rechtlich begründete Zuständigkeitsbedenken.[20] Immer muss die Ungewissheit gerade *wegen* der Grenzen *verschiedener* Gerichtsbezirke bestehen. Gemeint ist damit nur der Fall, dass die Grenzziehung zwischen zwei oder mehreren Gerichtsbezirken unklar ist und dadurch zwei oder mehrere Gerichte als zuständig in Betracht kommen. Nicht unter § 53 Abs. 1 Nr. 2 fallen daher die Konstellationen, dass eine wirksame gesetzliche Bestimmung eines Gerichtsbezirks nach § 3 nicht erfolgt ist,[21] dass die fragliche Örtlichkeit von überhaupt keinem Gerichtsbezirk erfasst wird (vgl. BVerwG LKV 1992, 59: einschlägig § 53 Abs. 2) oder eine mehrfache Zuständigkeit i.S.v. § 53 Abs. 1 Nr. 3 gegeben ist oder dass über den Anknüpfungspunkt der örtlichen Zuständigkeit tatsächliche Zweifel bestehen, etwa der Verlauf von Grundstücksgrenzen nicht feststeht.[22] Lässt sich hingegen aus der gesetzlichen Grenzziehung der Gerichtsbezirke nicht entnehmen, in welchem Gerichtsbezirk ein Grundstück liegt, so kommt § 53 Abs. 1 Nr. 2 zur Anwendung.

13   **3. Mehrfache örtliche Zuständigkeit.** § 53 Abs. 1 Nr. 3 betrifft den Fall der mehrfachen örtlichen Zuständigkeit. Die Vorschrift greift ein, wenn der Gerichtsstand sich nach § 52 richtet und verschiedene Gerichte in Betracht kommen. Da § 52 vom Prinzip der Eindeutigkeit der gerichtlichen Zuständigkeit beherrscht wird und ein Wahlrecht des Klägers bei mehrfachem Gerichtsstand ausschließt (→ § 52 Rn. 3), muss die sachliche Beurteilung einem einzigen Gericht zur alleinigen Entscheidung zugewiesen sein. Beherrschender Gedanke ist die Vermeidung widersprüchlicher Entscheidungen (vgl. BVerwG Buchholz 310 § 53 VwGO Nr. 8), welcher besonders bei der Beurteilung der Rechtmäßigkeit hoheitli-

---

18 A.M. *C. Herz*, Zuständigkeitsbestimmung, 1990, 36.
19 BVerwGE 64, 347, 350 ff. A.M. VGH München DVBl 1982, 210, 211 ff. m. abl. Anm. *L. Renck*, DVBl 1982, 216, 217.
20 *C. Herz*, Zuständigkeitsbestimmung, 1990, 38 f.
21 A.M. *A. Scheidler*, NdsVBl 2012, 64, 65.
22 A.M. *C. Herz*, Zuständigkeitsbestimmung, 1990, 38.

chen Handelns im Verwaltungsprozess dem Postulat der Rechtssicherheit verpflichtet ist. § 53 Abs. 1 Nr. 3 ist mithin immer dann anwendbar, wenn die Bestimmungen über die örtliche Zuständigkeit die Anrufung verschiedener Gerichte der Verwaltungsgerichtsbarkeit und damit die Führung paralleler Verfahren zur Entscheidung über denselben Streitgegenstand zulassen würden (zum Begriff des Streitgegenstands → § 88 Rn. 7 ff.).[23] Dementsprechend gilt § 53 Abs. 1 Nr. 3 auch, wenn spezialgesetzliche Gerichtsstandsbestimmungen außerhalb des § 52 zu einer mehrfachen örtlichen Zuständigkeit führen, nicht aber in den im Verwaltungsprozess kaum denkbaren Fällen einer mehrfachen sachlichen Zuständigkeit.[24] Es genügt, wenn verschiedene Gerichte als zuständig *in Betracht* kommen. Das bedeutet einerseits, dass bloße rechtliche Zweifel an einer alleinigen Zuständigkeitszuweisung nicht genügen (BVerwG Buchholz 310 § 52 VwGO Nr. 22; VGH Kassel NVwZ-RR 1994, 476, 477), andererseits, dass die mehrfache Zuständigkeit nicht definitiv feststehen muss, vielmehr lediglich nach dem Vortrag des den Antrag auf gerichtliche Zuständigkeitsbestimmung Stellenden nicht offensichtlich ausgeschlossen sein darf (BVerwG Buchholz 310 § 53 VwGO Nr. 11 und Nr. 18). Dass nur bei einem Gericht ein Verfahren bereits anhängig ist, reicht aus (VGH Mannheim 16.4.1999 – 5 S 714/99).

Beispiele, in denen eine gerichtliche Zuständigkeitsbestimmung nach § 53 Abs. 1 Nr. 3 erfolgt, sind im 14 Falle der Einschlägigkeit des dinglichen Gerichtsstandes nach § 52 Nr. 1 die Erstreckung des Grundstücks über mehrere Gerichtsbezirke, sofern nicht ein ausschließlich einem Gerichtsbezirk zuzuordnender Teil des Grundstücks betroffen ist (BVerwG Buchholz 310 § 52 VwGO Nr. 2), die Anfechtung eines Planfeststellungsbeschlusses für ein Straßenbauvorhaben, das sich über mehrere Gerichtsbezirke erstreckt (VGH Mannheim 16.4.1999 – 5 S 714/99), der Fall der Normenkontrolle eines Regionalplans, der von einem von zwei Bundesländern gemeinsam errichteten Regionalverband aufgestellt wurde, sofern nicht ein allein auf ein Bundesland bezogener abtrennbarer Teil des Regionalplans zur Kontrolle gestellt wird (VGH München BayVGH [N. F.] 43, 177, 178), im Falle der Gerichtsstandsbestimmung nach § 52 Nr. 3 S. 2 ein doppelter Wohnsitz des Beschwerten (VGH Kassel DÖV 1969, 508) sowie die Anfechtung des ursprünglichen Verwaltungsakts in der Gestalt des Widerspruchsbescheids nach § 79 Abs. 1 Nr. 1 durch einen Beschwerten und die isolierte Anfechtung des Widerspruchsbescheids nach § 79 Abs. 1 Nr. 1, Abs. 2 durch einen anderen Beschwerten, wenn jeweils ein anderes Gericht der Verwaltungsgerichtsbarkeit örtlich zuständig ist (BVerwG Buchholz 310 § 53 VwGO Nr. 8).

Für die Beteiligung von Streitgenossen auf Kläger- oder Beklagtenseite[25] ist davon auszugehen, dass 15 § 53 Abs. 1 Nr. 3 jedenfalls den Rechtsgedanken des § 36 Nr. 3 ZPO rezipiert hat (BVerwG Buchholz 310 § 53 VwGO Nr. 11 und Nr. 18). Deshalb ist es für die Anwendbarkeit des § 53 Abs. 1 Nr. 3 ausreichend, wenn die Annahme zumindest nicht fernliegt, dass eine notwendige Streitgenossenschaft gegeben ist.[26] Dieses Erfordernis ist nicht erfüllt, wenn es sich allein um eine objektive oder subjektive Klagenhäufung entsprechend §§ 44 und 64 VwGO i.V.m. §§ 59, 60 ZPO handelt.[27] In diesem Fall besteht keine Möglichkeit für einen Eingriff in die Ordnung der Gerichtsstände (BVerwG NVwZ-RR 2000, 261; 8.1.2001 – 11 AV 1/00). Eine Ausnahme gilt allerdings, wenn im Fall einer objektiven Klagenhäufung gegen denselben Beklagten die Klagebegehren in einem so engen Zusammenhang stehen, dass eine einheitliche gerichtliche Entscheidung geboten ist (OVG Bautzen NVwZ-RR 2014, 446; OVG Lüneburg NVwZ-RR 2003, 698). Ebenso wenig ist nach § 53 Abs. 1 Nr. 3 zu verfahren bei einer Anfechtung desselben Verwaltungsakts durch verschiedene Beschwerte vor verschiedenen örtlich zuständigen VG (a.M. BVerwG Buchholz 310 § 53 VwGO Nr. 26), einer Beteiligung von Gesamtschuldnern auf der Beklagtenseite[28] oder bei verschiedenen Gerichtsständen für Klage und Widerklage,[29] ist doch bei einer nicht den Anforderungen des § 89 Abs. 1 genügenden Widerklage nicht die nach § 53 Abs. 1 Nr. 3 erforderliche Identität des Streitgegenstands gegeben.

---

23 Vgl. BVerwG Buchholz 310 § 53 Nr. 8.
24 A.M. *Kopp/Schenke* § 53 Rn. 6.
25 Vgl. als Bsp. für eine notwendige Streitgenossenschaft auf Klägerseite BVerwG ZOV 1993, 194.
26 BVerwG Buchholz 310 § 53 VwGO Nr. 11, Nr. 18 und Nr. 23; NVwZ 1996, 998; NVwZ-RR 2000, 261; OVG Koblenz NVwZ-RR 2000, 472.
27 BVerwG Buchholz 310 § 53 VwGO Nr. 9. A.M. für den Fall einer objektiven Klagehäufung, in dem wegen des engen Zusammenhangs der Klagebegehren eine einheitliche gerichtliche Entscheidung notwendig sein soll, OVG Lüneburg NVwZ-RR 2003, 698; *A. Scheidler*, NdsVBl 2012, 64, 66.
28 BVerwG Buchholz 310 § 53 VwGO Nr. 23. A.M. *Kopp/Schenke* § 53 Rn. 6.
29 A.M. *Kopp/Schenke* § 53 Rn. 6.

16   **4. Positiver Kompetenzkonflikt.** Ein positiver Kompetenzkonflikt i.S.v. § 53 Abs. 1 Nr. 4 liegt vor, wenn verschiedene Gerichte sich rechtskräftig für zuständig erklärt haben. Die Vorschrift kommt überhaupt nur zur Anwendung, wenn in einem Beschluss zur Vorabentscheidung nach § 83 S. 1 VwGO i.V.m. § 17a Abs. 3 GVG die Zuständigkeit bejaht worden ist, nicht aber wenn die Zuständigkeitsbefürwortung in einem Endurteil in der Sache niedergelegt ist. Dies ergibt sich nunmehr eindeutig aus § 83 S. 1 VwGO i.V.m. § 17a Abs. 5 GVG. Regelmäßig wird das zuerst seine Zuständigkeit als gegeben erklärende Gericht als das zuständige bestimmt.[30]

17   **5. Negativer Kompetenzkonflikt.** In der Konstellation des negativen Kompetenzkonflikts gem. § 53 Abs. 1 Nr. 5 haben sich verschiedene Gerichte, von denen eines für den Rechtsstreit zuständig ist, rechtskräftig für unzuständig erklärt. Im Ergebnis gilt nichts anderes als für den positiven Kompetenzkonflikt. Gem. § 83 S. 1 VwGO i.V.m. § 17a Abs. 2 GVG spricht das Gericht seine Unzuständigkeit von Amts wegen aus und verweist durch Beschluss mit bindender Wirkung an das zuständige Gericht der Verwaltungsgerichtsbarkeit. Der Beschluss ist wegen § 83 S. 2 unanfechtbar, wird mithin mit Erlass rechtskräftig i.S.d. § 53 Abs. 1 Nr. 5. Die Verweisung ist für das Gericht, an das der Rechtsstreit verwiesen wurde, selbst dann bindend, wenn das verweisende Gericht seine Zuständigkeit zu Unrecht verneint hat, es sei denn, es liege ein schwerer Rechtsverstoß vor (→ Rn. 4).[31] Ein aus der Sicht der Beteiligten bestehender Kompetenzkonflikt kann daher nur eintreten, wenn das Gericht, an das verwiesen wurde, die Verweisung für nicht bindend hält, sich für unzuständig erklärt und den Rechtsstreit an ein anderes Gericht verweist oder zurückverweist.[32] In diesem Falle hat das nach § 53 angerufene Gericht den Antrag auf Bestimmung als unstatthaft zurückzuweisen und deklaratorisch festzustellen, ob der zuerst erlassene Verweisungsbeschluss bindende Wirkung entfaltet oder, wenn schwere Rechtsverstöße dies ausschließen, ob das zuerst verweisende Gericht zuständig i.S.d. §§ 45 ff. ist. Da das höhere Gericht hier keine konstitutive Auswahl i.S.d. § 53 Abs. 1 trifft, sondern lediglich die bestehende Rechtslage klarstellt, passt die Vorschrift nicht auf diese Gestaltung.[33] Dementsprechend ist es bedeutungslos, ob eines der beiden an dem (scheinbaren) Kompetenzkonflikt beteiligten Gerichte „für den Rechtsstreit zuständig ist", wie es § 53 Abs. 1 Nr. 5 fordert. Ist das verweisende, nicht aber das Gericht, an das verwiesen wird, zuständig nach den Vorschriften der §§ 45 ff., so ist dennoch das verweisungsempfangende Gericht als entscheidendes Gericht klarstellend zu benennen, wenn die Bindungswirkung des Verweisungsbeschlusses ungebrochen ist. Um so weniger kommt § 53 Abs. 1 Nr. 5 zur Anwendung, wenn das Gericht, an das verwiesen wurde, ohne Rückverweisung das nächsthöhere Gericht zur Überprüfung der Bindungswirkung des Verweisungsbeschlusses anruft (VGH Mannheim ESVGH 10, 224, 225 f).[34]

18   **6. Fehlende örtliche Zuständigkeit.** Eine Zuständigkeitsbestimmung wegen fehlender örtlicher Zuständigkeit nach § 53 Abs. 2 ist wegen der Interpretation des § 52 Nr. 5 als allgemeiner Auffangzuständigkeit (→ § 52 Rn. 40) nur in Ausnahmefällen denkbar (vgl. BVerwG Buchholz 310 § 53 VwGO Nr. 12). Bsp. einer fehlenden örtlichen Zuständigkeit ist die Klage gegen den Träger einer Deutschen Schule mit Sitz im Ausland auf Neubewertung von Prüfungsleistungen (BVerwG NJW 2006, 3512).

V. Verfahren

19   Für das Verfahren ergibt sich, dass ein nach § 53 Abs. 3 gestellter Antrag auf Zuständigkeitsbestimmung begründet ist, wenn einer der Bestimmungsgründe des § 53 Abs. 1 oder Abs. 2 vorliegt.

20   **1. Zulässigkeitsvoraussetzungen.** Allerdings statuiert § 53 Abs. 3 auch gewisse Zulässigkeitsvoraussetzungen für einen Bestimmungsantrag. Die Anrufung kann nur durch einen am Rechtsstreit Beteiligten oder ein mit dem Rechtsstreit befasstes Gericht erfolgen. Der Begriff des „Beteiligten" bestimmt sich nach § 63. Nicht dazu gehört ein zum Rechtsstreit notwendig Beizuladender, dessen Beiladung

---

30 Vgl. *A. Scheidler*, NdsVBl 2012, 64, 66.
31 BVerwG Buchholz 310 § 53 VwGO Nr. 7 und Nr. 10; VGH Kassel 17.7.1997 – 12 Z 1804/97.
32 Vgl. *A. Scheidler*, NdsVBl 2012, 64, 66.
33 A.M. für § 83 a.F., wobei die Gründe auch für § 83 n.F. i.V.m. § 17a GVG gelten dürften, BVerwG NJW 1960, 1541; Buchholz 310 § 53 VwGO Nr. 10; vgl. für den Fall der Zurückverweisung an das erstinstanzliche Gericht BVerwG NVwZ-RR 1989, 506.
34 *A. Scheidler*, NdsVBl 2012, 64, 67.

aber noch nicht erfolgt ist.[35] Besondere Formvorschriften für den Antrag eines Beteiligten bestehen nicht. Am *Rechtsstreit* beteiligt ist der Antragsteller nur, wenn zumindest der Bezug zu einem konkreten bevorstehenden Rechtsstreit gewahrt ist. Die Antragstellung ist zwar vor Rechtshängigkeit einer Klage zulässig, jedoch reicht die bloße Möglichkeit oder Erwartung, es könne zu einem Rechtsstreit kommen, nicht aus (BVerwG NVwZ 1993, 359). Sofern sich der Streit um den Bestand eines Verwaltungsakts oder die Verpflichtung zum Erlass eines solchen dreht, wird zu fordern sein, dass zumindest schon Widerspruch eingelegt worden ist (vgl. BVerwG 4.6.2007 – 2 AV 1/07). Ist der Rechtsstreit schon rechtshängig, so kann der Antrag bis zum Erlass eines Urteils in der Sache gestellt werden.[36] Für das Erheben eines Zuständigkeitsbestimmungsgesuchs beim BVerwG besteht kein Anwaltszwang (BVerwG Buchholz 310 § 53 VwGO Nr. 6). Der Antragsteller hat im Einzelnen auszuführen, aus welchen rechtlichen und tatsächlichen Gründen einer der Bestimmungsgründe nach § 53 Abs. 1, Abs. 2 vorliegen soll. Ist es nach seinem Vortrag nicht von vornherein ausgeschlossen, dass eine gerichtliche Zuständigkeitsbestimmung notwendig ist, so ist der Antrag insoweit zulässig. Bei Vorliegen einer bindenden Verweisung nach § 83 S. 1 VwGO i.V.m. § 17a Abs. 2 GVG ist der Antrag hingegen unzulässig (→ Rn. 7).

Ein Gericht ist erst dann mit dem Rechtsstreit *befasst* i.S.v. § 53 Abs. 3, wenn die Streitsache bei ihm   21 anhängig ist (zum Begriff der Anhängigkeit → § 90 Rn. 8). Die Anrufung durch das Gericht erfolgt von Amts wegen, ohne dass es eines Antrags der Beteiligten bedarf. Für einen solchen Antrag würde es wegen der Möglichkeit der selbständigen Antragstellung nach § 53 Abs. 3 darüber hinaus am Rechtsschutzbedürfnis fehlen. Das gerichtliche Ersuchen um Zuständigkeitsbestimmung erfolgt auch dann durch Beschluss, wenn der Rechtsstreit nach § 6 auf den Einzelrichter zur Entscheidung übertragen wurde (a.M. BezG Dresden LKV 1992, 340: bloßer Antrag des Einzelrichters). Der Beschluss kann ohne mündliche Verhandlung ergehen. Die fehlende Gewährung rechtlichen Gehörs für die Beteiligten vor Erlass des Beschlusses ist unschädlich, weil das um Zuständigkeitsbestimmung angerufene Gericht rechtliches Gehör gewähren muss. Das Gericht hat in nicht offensichtlich unvertretbarer Weise begründet darzulegen, weshalb eine Zuständigkeitsbestimmung nach § 53 Abs. 1, Abs. 2 notwendig sein soll (BezG Dresden LKV 1992, 340).

2. Nächsthöheres Gericht. Nächsthöheres Gericht bzw. im Rechtszug höheres Gericht ist im Falle der   22 Notwendigkeit einer Zuständigkeitsbestimmung für die VG desselben Landes das OVG dieses Landes (BVerwG ZOV 1993, 194). Dies gilt allerdings nicht, wenn im konkreten Falle die Berufung gegen Urteile des VG ausgeschlossen und nur die Revision zum BVerwG statthaft ist. In dieser Konstellation ist das BVerwG das im Rechtszug höhere Gericht i.S.v. § 53 Abs. 2.[37] Ist die Zuständigkeit im Verhältnis zwischen dem OVG und einem VG innerhalb eines Landes zu bestimmen, so ist nicht das OVG im Verhältnis zu sich selbst, sondern das BVerwG nächsthöheres Gericht (BVerwGE 64, 347, 355. A.M. VGH München DVBl 1982, 210, 215). Besteht allerdings die Bestimmungsnotwendigkeit im Verhältnis zwischen BVerwG und einem OVG, so ist es unvermeidbar, dass das BVerwG sich selbst zum zuständigen Gericht bestimmen kann. In allen anderen Fällen ist es ausgeschlossen, dass das nach § 53 Abs. 3 angerufene Gericht den Rechtsstreit zur Entscheidung an sich zieht. Für die Zuständigkeitsbestimmung im Verhältnis zwischen den VG oder OVG verschiedener Länder,[38] zwischen dem VG und OVG desselben Landes[39] sowie beim Fehlen jeder örtlichen Zuständigkeit gem. § 53 Abs. 2 ist das BVerwG nächsthöheres Gericht. Schließlich hat das BVerwG die Zuständigkeit zu bestimmen, wenn vom Antragsteller geltend gemacht wird, dass das einzige VG des Landes nach § 53 Abs. 1 Nr. 1 an der Ausübung der Gerichtsbarkeit verhindert ist, da in dieser Konstellation das OVG kein anderes VG als zuständig bestimmen könnte (BVerwG Buchholz 310 § 53 VwGO Nr. 6).

3. Entscheidung des angerufenen Gerichts. Die Entscheidung des angerufenen Gerichts kann nach   23 § 53 Abs. 3 S. 2 ohne mündliche Verhandlung ergehen. Wird eine mündliche Verhandlung durchge-

---

35 A. *Scheidler*, NdsVBl 2012, 64, 67 m.w.N.
36 So auch A. *Scheidler*, NdsVBl 2012, 64, 67; A.M. *Kopp/Schenke* § 53 Rn. 6: Nicht mehr, wenn bereits Beweisaufnahme stattgefunden hat oder Verweisungsbeschluss erlassen worden ist.
37 BVerwG ZOV 1993, 194; VG Chemnitz SächsVBl 1993, 258, 259; A. *Scheidler*, NdsVBl 2012, 64, 67. A.M. BVerwG Buchholz 310 § 53 VwGO Nr. 2 und Nr. 13; *Kopp/Schenke* § 53 Rn. 10.
38 BVerwG Buchholz 310 § 52 VwGO Nr. 2; Buchholz 310 § 53 VwGO Nr. 11; ZOV 1993, 194; BVerwG 18.7.2016 – 3 AV 1/16, juris Rn. 6.
39 A. *Scheidler*, NdsVBl 2012, 64, 67.

führt, so ist gleichwohl durch Beschluss zu entscheiden. In diesem Falle ist der Beschluss zu verkünden, sonst genügt vor Anhängigkeit die formlose Mitteilung an den Antragsteller, nach Anhängigkeit an alle Beteiligten, das antragstellende sowie das als zuständig bestimmte Gericht.[40] Der Beschluss ist gem. § 152 Abs. 1 unanfechtbar. Soweit es zur Beantwortung der Frage, ob die Voraussetzungen eines Bestimmungsgrunds vorliegen, erforderlich ist, ist ggf. Beweis zu erheben.[41] Soweit dadurch wesentliche Fragen des eigentlichen Prozesses vorab zu klären wären und für alle anderen Probleme ist lediglich eine Evidenzkontrolle auf der Grundlage des Vortrags des Antragstellers durchzuführen (vgl. BVerwG Buchholz 310 § 53 VwGO Nr. 11 und Nr. 18). Der Beschluss enthält selbst dann keine Kostenentscheidung, wenn das Bestimmungsgesuch abgelehnt wird.[42] Die Kosten des Bestimmungsverfahrens sind solche des Rechtsstreits der Hauptsache.[43] Vor der Entscheidung des angerufenen Gerichts ist den Beteiligten rechtliches Gehör zu gewähren; die Anhörung durch ein Gericht, bei dem der Rechtsstreit anhängig ist, erfüllt diesen Anspruch nicht (BVerwG Buchholz 310 § 53 VwGO Nr. 19). Für die Dauer des Verfahrens der Zuständigkeitsbestimmung ändert sich an der bisherigen Anhängigkeit des Rechtsstreits nichts. Insbes. wird das angerufene Gericht nicht zum Gericht der Hauptsache i.S.v. § 80 Abs. 5 (BVerwG Buchholz 310 § 53 VwGO Nr. 19).

24   Die Auswahl des Gerichts, das als zuständig bestimmt werden soll, erfolgt nach Zweckmäßigkeitsgesichtspunkten.[44] In Anbetracht der verfassungsrechtlichen Vorgaben bedeutet „Zweckmäßigkeit" nicht „Beliebigkeit", sondern eine Orientierung der Auswahl an den Wertungen der gesetzlichen Zuständigkeitsordnung sowie dem Gebot einer effektiven und sachgerechten Verfahrensdurchführung (VGH Kassel NVwZ-RR 2014, 77, 78; → Rn. 1). Wertungsgesichtspunkte sind etwa für den Gerichtsstand der Belegenheit nach § 52 Nr. 1 die räumliche Entfernung der in Betracht kommenden VG zu dem betreffenden Ort (vgl. BVerwG Buchholz 310 § 52 VwGO Nr. 2; VGH Kassel NVwZ-RR 2014, 77, 78), für die Anfechtung von Ausgangsbescheid und Widerspruchsbescheid durch verschiedene Kläger der Sitz einer beteiligten Behörde, deren Zuständigkeit sich auf mehrere Verwaltungsgerichtsbezirke erstreckt, entsprechend § 52 Nr. 3 S. 2 (BVerwG Buchholz 310 § 53 VwGO Nr. 8), die örtliche Nähe eines Gerichts für Kläger und/oder Beklagten,[45] der Schwerpunkt der Planung (BVerwG 13.3.2009 – 7 AV 1/09), die Maßgeblichkeit des Rechts eines Landes, in dem eines der in Betracht kommenden Gerichte seinen Sitz hat, für den Rechtsstreit (vgl. BVerwG Buchholz 310 § 53 VwGO Nr. 11), der erklärte Wille der Parteien beim Bestehen von zwei Wohnsitzen i.S.v. § 52 N. 4 (VGH München, 24.6.2015 – 3 S 15.1102, juris Rn. 10) sowie die besondere Vertrautheit eines Gerichts mit dem Verfahrensstoff.[46]

25   **4. Wirkung der Zuständigkeitsbestimmung.** Wirkung der Zuständigkeitsbestimmung durch das höhere Gericht ist zunächst die Übertragung der Rechtshängigkeit auf das bestimmte Gericht, wenn der Rechtsstreit bereits anhängig war (BVerwG Buchholz 310 § 53 VwGO Nr. 4). Ein anderes Gericht, bei dem der Rechtsstreit anhängig war, wird unzuständig mit der Folge, dass es die Akten an das bestimmte Gericht abzugeben hat.[47] Das benannte Gericht übernimmt das Verfahren im Stand zum Zeitpunkt des Erlasses des Beschlusses nach § 53 Abs. 3. Einer Verweisung der Sache von einem Gericht, bei dem die Sache anhängig war, an das für zuständig erklärte Gericht bedarf es nicht.[48] Begehrte der Antragsteller die Zuständigkeitsbestimmung vor Anhängigkeit, so muss die Klage bei dem benannten Gericht allerdings noch erhoben werden (BVerwG Buchholz 310 § 53 VwGO Nr. 4). Mit Erlass des ein Gericht als zuständig bestimmenden Beschlusses steht die Zuständigkeit des benannten Gerichts

---

40   A.M. *H.-J. v. Oertzen*, in: Redeker/v. Oertzen § 53 Rn. 5: nur Beteiligte.
41   So auch *A. Scheidler*, NdsVBl 2012, 64, 67.
42   Vgl. *C. Herz*, Zuständigkeitsbestimmung, 1990, 153 ff. A.M. *H.-J. v. Oertzen*, in: Redeker/v. Oertzen § 53 Rn. 5. A.M. *A. Scheidler*, NdsVBl 2012, 64, 68.
43   *C. Herz*, Zuständigkeitsbestimmung, 1990, 153.
44   BVerwG Buchholz 310 § 52 VwGO Nr. 2; Buchholz 310 § 53 VwGO Nr. 11; LKV 1992, 59; Buchholz 310 § 53 VwGO Nr. 18 und Nr. 19; NJW 2006, 3512; VGH Kassel NVwZ-RR 2014, 77, 78; VGH München 24.6.2015 – 3 S 15.1102, juris Rn. 10.
45   Vgl. BVerwG Buchholz 310 § 52 VwGO Nr. 2; LKV 1992, 59; OVG Lüneburg OVGE 24, 451, 454.
46   Vgl. BVerwG Buchholz 310 § 53 VwGO Nr. 19 und Nr. 29; OVG Greifswald NVwZ-RR 1997, 389; VGH Mannheim ESVGH 18, 128, 129.
47   *C. Herz*, Zuständigkeitsbestimmung, 1990, 160.
48   BVerwG Buchholz 310 § 53 VwGO Nr. 4; *C. Herz*, Zuständigkeitsbestimmung, 1990, 161; *A. Scheidler*, NdsVBl 2012, 64, 68. A.M. HmbOVG NJW 1966, 611.

für dieses, die Beteiligten und alle anderen Gerichte der Verwaltungsgerichtsbarkeit bindend fest.[49] Diesem Gericht ist eine Überprüfung sowohl seiner Zuständigkeit als auch des Vorliegens der Voraussetzungen des § 53 – in den Grenzen der Reichweite des Beschlusses – entzogen.[50] Auf die die Zuständigkeitsbestimmung tragenden Gründe kommt es nicht an, sodass die Bindungswirkung auch ausschließt, dass sich das bestimmte Gericht aus Gründen, die das höhere Gericht vermeintlich nicht berücksichtigt hat, für unzuständig erklärt. Bloße Fehler des Bestimmungsbeschlusses schmälern die Bindungswirkung nicht, es sei denn, sie erreichen eine Schwere, dass ein extrem gelagerter Rechtsverstoß vorliegt (BVerwGE 64, 347, 354). In der Beurteilung aller sonstigen für die Entscheidung des Rechtsstreits maßgeblichen Fragen, etwa die Eröffnung des Verwaltungsrechtswegs, ist das benannte Gericht hingegen frei.[51]

---

49 BVerwGE 64, 347, 354; BVerwG Buchholz 310 § 53 VwGO Nr. 11 und Nr. 18; *C. Herz*, Zuständigkeitsbestimmung, 1990, 162; *A. Scheidler*, NdsVBl 2012, 64, 68.
50 *A. Scheidler*, NdsVBl 2012, 64, 68.
51 BVerwG Buchholz 310 § 53 VwGO Nr. 11 und Nr. 18. Eingehend zur Reichweite der Bindungswirkung *C. Herz*, Zuständigkeitsbestimmung, 1990, 163 ff.

7. Abschnitt
Allgemeine Verfahrensvorschriften

§ 54 [Ausschließung und Ablehnung von Gerichtspersonen]

(1) Für die Ausschließung und Ablehnung der Gerichtspersonen gelten §§ 41 bis 49 der Zivilprozeßordnung entsprechend.

(2) Von der Ausübung des Amtes als Richter oder ehrenamtlicher Richter ist auch ausgeschlossen, wer bei dem vorausgegangenen Verwaltungsverfahren mitgewirkt hat.

(3) Besorgnis der Befangenheit nach § 42 der Zivilprozeßordnung ist stets dann begründet, wenn der Richter oder ehrenamtliche Richter der Vertretung einer Körperschaft angehört, deren Interessen durch das Verfahren berührt werden.

Schrifttum

1. **Monographien und Beiträge in Sammelwerken:** *C. Gerdes*, Die Ablehnung wegen Besorgnis der Befangenheit aufgrund von Meinungsäußerungen des Richters, 1992; *G. Hager*, Freie Meinungsäußerung und Richteramt, 1987; *N. Kazele*, Interessenkollisionen und Befangenheit im Verwaltungsrecht, 1990; *J. Riedel*, Das Postulat der Unparteilichkeit des Richters – Befangenheit und Parteilichkeit im deutschen Verfassungs- und Verfahrensrecht, 1980; *G. Steinfatt*, Die Unparteilichkeit des Richters in Europa im Lichte der Rechtsprechung des Europäischen Gerichtshofs für Menschenrechte, 2012; *M. Vollkommer*, Richterpersönlichkeit und Persönlichkeitsrecht, in: Beiträge zum Schutz der Persönlichkeit und ihrer schöpferischen Leistungen. FS für Heinrich Hubmann zum 70. Geb., 1985, 445; *G. Vollkommer*, Der ablehnbare Richter, 2001.

2. **Beiträge in Zeitschriften:** *W. Dütz*, Richterliche Unabhängigkeit und Politik, JuS 1985, 745; *W. Ewer*, Aktuelle Neuregelungen im Verwaltungsprozeßrecht, NJW 2007, 3171; *M. Göbel*, Die mißbrauchte Richterablehnung, NJW 1985, 1057; *H. Günther*, Unzulässige Ablehnungsgesuche und ihre Bescheidung, NJW 1986, 281; *ders.*, Entfällt das Rechtsschutzinteresse an Richterablehnung mit Entscheidung der Hauptsache?, MDR 1989, 691; *ders.*, Der „vorbefaßte" Zivil- oder Verwaltungsrichter, VerwArch 82 (1991), 179; *ders.*, „Persönliche Spannungen" als Ablehnungsgrund, ZZP 105 (1992), 20; *A. Igor*, Befangenheit im Prozess, ZIS 2012, 228; *F. Kopp*, Frühere Tätigkeit als Vertreter des öffentlichen Interesses als Ablehnungsgrund wegen Befangenheit?, BayVBl 1981, 353; *ders.*, Der Vertreter des öffentlichen Interesses in der Verwaltungsgerichtsbarkeit, DVBl 1982, 277; *W. Krekeler*, Der befangene Richter, NJW 1981, 1633; *R. Lamprecht*, Befangenheit an sich: Über den Umgang mit einem prozessualen Grundrecht, NJW 1993, 2222; *R. Metzner*, Rechtliches Gehör bei der Selbstablehnung des Richters, ZZP 97 (1984), 196; *C. Rabe*, Der befangene Richter, AnwBl 1981, 331; *T. Rasehorn*, Politische Meinungsäußerung und richterliche Unabhängigkeit, KJ 1986, 76; *W. Roth*, Richterliche Vorbefassung und das Konzept der objektiven Befangenheit, DÖV 1998, 916; *E. Schmidt-Jortzig*, Richteramt und politische Betätigung, NJW 1984, 2057; *E. Schneider*, Der Verlust des Rechts auf Befangenheitsablehnung im Folgeprozeß, MDR 1977, 441; *ders.*, Richterlicher Hinweis auf Verjährungsablauf, NJW 1986, 1316; *ders.*, Zuständigkeitskontroversen im zivilprozessualen Ablehnungsrecht, MDR 1999, 14; *K. Schreiber*, Ausschließung und Ablehnung des Richters im Zivilprozess, Jura 2011, 745; *U. Seetzen*, Die Anhörungsrüge kraft Verfassungsrechts, NJW 1982, 2337; *H. Sendler*, Was darf ein Richter in der Öffentlichkeit sagen?, NJW 1984, 689; *C. Stemmler*, Nochmals: Ablehnung eines Richters wegen früherer richterlicher Tätigkeit, NJW 1974, 1545; *O. Teplitzky*, Die Richterablehnung wegen Befangenheit, JuS 1969, 318; *R. Zuck*, Befangenheit als Fehlerquelle für ein faires Verfahren, DRiZ 1988, 172.

I. Entstehungsgeschichte der Vorschrift

1. Vorläufervorschriften. Die Ausschließung und Ablehnung von Gerichtspersonen war bereits in den [1] nach dem Zweiten Weltkrieg erlassenen Prozessordnungen für die Verwaltungsgerichtsbarkeit in Anlehnung an die Regelungen der ZPO enthalten. Als Vorläufervorschriften sind insbes. § 17 des Süddeutschen Verwaltungsgerichtsgesetzes, § 38 MRVO Nr. 165, § 10 VGG RP und § 13 BVerwGG zu erwähnen.[1] Allerdings befand sich eine dem Abs. 3 des Gesetzestextes entsprechende Vorschrift allein in § 38 MRVO Nr. 165, während § 13 BVerwGG, § 17 des Süddeutschen Verwaltungsgerichtsgesetzes und § 10 VGG RP inhaltlich dem § 54 Abs. 1 und 2 entsprachen.[2]

2. Gesetzgebungsgeschichte. Im Entwurf einer VwGO war vorgesehen, allein die Berufsrichter über [2] die Ablehnung der ehrenamtlichen Richter entscheiden zu lassen.[3] Auf Empfehlung des Rechtsausschusses des Bundestages[4] wurde jedoch in der endgültigen Gesetzesfassung von dieser Regelung abgesehen. Vielmehr entscheiden sowohl die hauptamtlichen wie die ehrenamtlichen Richter – mit Ausnahme des abgelehnten Richters selber, wie sich aus § 54 Abs. 1 VwGO i.V.m. § 45 Abs. 1, § 47 ZPO ergibt (zu den Verfahrensfragen, die bei der Entscheidung über ein Ablehnungsgesuch zu berücksichtigen sind → Rn. 83ff.) – über ein gegen einen ehrenamtlichen Richter vorgebrachtes Ablehnungsgesuch. Die Vorschrift erhielt ihre heutige Fassung durch Art. V Nr. 24 des Gesetzes zur Änderung der Bezeichnungen der Richter und ehrenamtlichen Richter und der Präsidialverfassung der Gerichte im

---

1 Näher zur Entstehungsgeschichte des § 54 VwGO *Koehler* § 54 Anm. I; *Schunck/De Clerck* § 54 Rn. 1. Ausf. zur Entwicklung der Verwaltungsgerichtsbarkeit in der Nachkriegszeit *C. H. Ule*, FS Menger, 1985, 81 ff.
2 *Koehler* § 54 Anm. I 2.
3 Vgl. § 54 Abs. 1 S. 2 des Entwurfs einer VwGO, Beilage zu Heft 18 DVBl 1951, 6. Die Vorschrift wurde mit unbedeutenden redaktionellen Änderungen als § 55 in den Regierungsentwurf einer VwGO übernommen, vgl. BT-Drs. 3/55, 9.
4 Vgl. den schriftlichen Bericht des Rechtsausschusses des Bundestages BT-Drs. 3/1094, 6 und 36, auf dessen Initiative der ursprüngliche Abs. 1 S. 2 ersatzlos gestrichen wurde.

Jahre 1972 (BGBl I 841). Bei dieser Änderung der VwGO wurden jedoch lediglich redaktionelle Änderungen gegenüber der ursprünglichen Gesetzesfassung vorgenommen. Entgegen der ursprünglichen Fassung ist heute in § 54 Abs. 2 und 3 nicht mehr von der Ausschließung und Ablehnung von *Richtern* und *ehrenamtlichen Verwaltungsrichtern*, sondern von *Richtern* und *ehrenamtlichen Richtern* die Rede. Ansonsten besteht die Vorschrift seit Einführung der VwGO im Jahre 1960 in unveränderter Form. Eine bedeutsame Änderung erfuhr das Recht der Richterablehnung im Verwaltungsprozess aber mit der Änderung des § 146 Abs. 2 durch das 6. VwGOÄndG vom 1.11.1996 (BGBl I 1626), welches am 1.1.1997 in Kraft trat. Seither können entgegen der bisherigen Rechtslage auch Beschlüsse, die ein Ablehnungsgesuch wegen Besorgnis der Befangenheit als unbegründet oder unzulässig *zurückweisen*, nicht mehr mit der Beschwerde angefochten werden. Diese Änderung ist nicht nur rechtspolitisch bedenklich (ausf. → Rn. 123 ff.), sondern führt auch leicht zu Missverständnissen, da der Ausschluss des Beschwerderechts an eher versteckter Stelle in § 146 Abs. 2 zu finden ist.

II. Allgemeiner Überblick

3   **1. Ausschließung bzw. Ablehnung von Gerichtspersonen im Verwaltungsprozess.** § 54 regelt die *Ausschließung* sowie die (hiervon tatbestandlich und dogmatisch zu unterscheidende) *Ablehnung* von Gerichtspersonen in Anlehnung an die entsprechenden Vorschriften der ZPO. §§ 41–49 ZPO werden in § 54 Abs. 1 für *entsprechend anwendbar* erklärt. Bei § 54 handelt es sich um eine *dynamische Verweisung*, sodass die Vorschriften der ZPO in ihrer jeweils geltenden Fassung (entsprechende) Anwendung finden. Änderungen der einschlägigen Vorschriften der ZPO sind mithin auch im Verwaltungsprozessrecht zu beachten. Die Dynamik der Verweisung folgt zwar nicht aus dem insoweit offenen Wortlaut des § 54 Abs. 1, wohl aber aus dem Regelungszweck der Norm. Nicht anders als die Generalverweisung des § 173 will § 54 Abs. 1 die entsprechend anwendbaren Normen der ZPO in der jeweils geltenden Fassung in das Verwaltungsprozessrecht integrieren, um so eine möglichst weitgehende Vereinheitlichung prozessrechtlicher Vorschriften zu ermöglichen.[5] Unsystematisch ist der neu eingeführte Ausschluss der Beschwerdemöglichkeit gegen Beschlüsse über die Ablehnung von Gerichtspersonen nach § 146 Abs. 2, der zur Folge hat, dass § 46 Abs. 2 ZPO im Verwaltungsprozess keine entsprechende Anwendung mehr findet. § 54 Abs. 1 übernimmt ansonsten die in der ZPO vorgenommene Unterscheidung zwischen Ausschließung und Ablehnung[6] des Richters für den Verwaltungsprozess. Über die Übernahme der in § 41 Nr. 1–8 ZPO abschließend katalogisierten Ausschließungsgründe der ZPO hinaus hat der Gesetzgeber zwei spezielle Sicherungsinstrumente in die VwGO eingebaut. Mit diesen soll Interessenkonflikten eines Richters vorgebeugt werden, die aus seiner Tätigkeit in einem vorausgegangenen Verwaltungsverfahren (§ 54 Abs. 2) oder aus seiner Funktion bei einer am Ausgang des Verfahrens interessierten Körperschaft (§ 54 Abs. 3) resultieren könnten. Die speziellen verwaltungsprozessualen Ausschließungs- und Ablehnungsvorschriften in § 54 Abs. 2 und 3 dienen dem Gewaltenteilungsprinzip[7] und dokumentieren das Bestreben des Gesetzgebers, die in § 1 gewährleistete Unabhängigkeit der Verwaltungsgerichte besonders zu sichern. Nicht zuletzt aus historischen Erfahrungen soll mit den Regelungen des § 54 Abs. 2 und 3 schon dem „bösen Schein" einer zu engen Verbindung der Verwaltungsgerichte mit den Stellen, über deren Anträge und Akte sie zu befinden haben (vgl. BVerfGE 21, 139, 146), entgegengewirkt werden.[8] Die Regelungen dienen daher in besonderem Maße dem Vertrauen des Rechtsuchenden und der Allgemeinheit auf die Unparteilichkeit der Verwaltungsgerichte (diesen Aspekt betont zu Recht BVerwGE 52, 47, 48).

4   Die *Unterscheidung* zwischen Ausschließung kraft Gesetzes und Ablehnung wegen Besorgnis der Befangenheit ist von besonderer Bedeutung, weil das Gesetz jeweils unterschiedliche Rechtswirkungen an das Vorliegen eines Ausschließungs- bzw. Ablehnungsgrundes knüpft und weil die Ablehnung wegen Besorgnis der Befangenheit stets der besonderen Geltendmachung durch einen Prozessbeteiligten,

---

5 Ebenso *C. Meissner*, in: Schoch/Schneider/Bier § 54 Rn. 10.
6 Die Ablehnung des Richters regeln §§ 42 ff. ZPO, wobei § 42 Abs. 2 ZPO die in der Praxis bedeutsame Ablehnung wegen Besorgnis der Befangenheit regelt.
7 *C. Meissner*, in: Schoch/Schneider/Bier § 54 Rn. 4.
8 Vgl. *D. Krausnick*, in: Gärditz § 54 Rn. 30.

eines Ablehnungsgesuches, bedarf (näher[9] zur Unterscheidung von Ausschließungs- und Ablehnungsgründen und den damit verbundenen prozessualen Konsequenzen → Rn. 83 ff.).

Für das bei der Geltendmachung von Ablehnungsgründen zu beachtende Verfahren (→ Rn. 83 ff.) gelten gem. § 54 Abs. 1 die entsprechend anwendbaren Vorschriften der §§ 42 ff. ZPO. Die Anforderungen an ein ordnungsgemäßes Ablehnungsgesuch normiert § 44 ZPO in den Abs. 1, 2 und 4 (→ Rn. 90–104). Die Ablehnung einer Gerichtsperson kann gem. § 42 Abs. 1 Alt. 1 ZPO jederzeit auf das Vorliegen eines gesetzlichen Ausschließungsgrundes i.S.d. § 41 ZPO gestützt werden. Darüber hinaus besteht die Möglichkeit, ein Ablehnungsgesuch wegen Besorgnis der Befangenheit nach § 42 Abs. 2 ZPO anzubringen. Nur letzteres setzt die „rechtzeitige" Geltendmachung des Ablehnungsgrundes voraus, da das wegen Besorgnis der Befangenheit bestehende Ablehnungsrecht nach § 43 ZPO durch rügelose Einlassung in die Sache bzw. die Stellung von Anträgen verloren gehen kann (näher zu dieser Problematik → Rn. 91 ff.). Der Ablehnungsgrund der Besorgnis der Befangenheit wird in § 42 Abs. 2 ZPO lediglich abstrakt dahingehend umschrieben, dass wegen Besorgnis der Befangenheit die Ablehnung stattfindet, wenn ein Grund vorliegt, der geeignet ist, Misstrauen gegen die Unparteilichkeit eines Richters zu rechtfertigen. Gem. § 54 Abs. 3 gilt für den Verwaltungsprozess die Besonderheit, dass Besorgnis der Befangenheit im verwaltungsgerichtlichen Verfahren unwiderlegbar vermutet wird, wenn der Richter oder ehrenamtliche Richter der Vertretung einer Körperschaft angehört, deren Interessen durch das Verfahren berührt werden.

2. Verfassungsrechtlicher Hintergrund und Regelungszweck der Vorschrift. Die Möglichkeit der Ausschließung und Ablehnung von Gerichtspersonen ist eine Folge des Rechtsstaatsprinzips und des in Art. 101 Abs. 1 S. 2 GG gewährleisteten Rechts auf den gesetzlichen Richter.[10] Die richterliche Tätigkeit erfordert Neutralität und Distanz gegenüber den Verfahrensbeteiligten, weshalb die verfassungsrechtliche Garantie des gesetzlichen Richters nach Art. 101 Abs. 1 S. 2 GG dem Rechtsuchenden zugleich gewährleisten muss, dass nicht ein Richter über seine Angelegenheit entscheidet, der – etwa wegen naher Verwandtschaft, Freundschaft oder auch Verfeindung mit einem Verfahrensbeteiligten – die gebotene Neutralität und Distanz zu der Angelegenheit vermissen lässt (BVerfGE 21, 139, 146; 89, 128, 136). Der von der Ausübung des Richteramtes kraft Gesetzes ausgeschlossene Richter ist ebenso wenig gesetzlicher Richter i.S.d. Art. 101 Abs. 1 S. 2 GG wie der erfolgreich wegen Besorgnis der Befangenheit abgelehnte Richter (BVerfGE 21, 139, 145 f.; 30, 149, 153). Das Recht der Richterablehnung ist somit ein aus Art. 101 Abs. 1 S. 2 GG resultierendes *prozessuales Grundrecht* des Rechtsunterworfenen.[11] Ob darüber hinaus noch weitere rechtsstaatliche Prinzipien wie das Prinzip des fairen Verfahrens,[12] das allgemeine Willkürverbot nach Art. 3 Abs. 1 GG[13] oder der Anspruch auf rechtliches Gehör nach Art. 103 Abs. 1 GG[14] diese Auslegung stützen, kann dahinstehen.

Die Vorschriften über die Ausschließung und die Ablehnung von Gerichtspersonen haben darüber hinaus aber auch eine *objektiv-rechtliche Dimension.* Sie sollen die Unparteilichkeit und Neutralität des Richters in der Sache sichern und dienen so den Prinzipien der materiellen Gerechtigkeit und der Freiheit gerichtlicher Entscheidungen von jedweder sachfremder Einflussnahme (vgl. § 108 Abs. 1 S. 1). Nur der unparteiische Richter bietet die Gewähr, sich unvoreingenommen um eine sachlich richtige und gerechte Entscheidung zu bemühen. Die Vorschriften über die Ausschließung und Ablehnung von Richtern sichern und gewährleisten die Funktionsfähigkeit einer unparteilichen, nur dem Gesetz unterworfenen Rspr. und ihren Charakter als unabhängige Staatsgewalt. Diesem Grundsatz tragen die speziellen verwaltungsprozessualen Ausschließungs- und Ablehnungsgründe des § 54 Abs. 2 und 3 Rechnung (→ Rn. 3 und noch BVerwGE 52, 47, 48).

Der fundamentalen Bedeutung des Rechtsinstituts der Ausschließung und Ablehnung von Gerichtspersonen für eine rechtsstaatliche Verfahrensgestaltung entspricht es, dass ein Ausschluss oder eine Ablehnung von Gerichtspersonen nicht nur bei tatsächlich vorhandener Parteilichkeit des Richters in Be-

---

9 S.a. *M. Vollkommer*, in: Zöller Vorbem. § 41 Rn. 2; *R. Bork*, in: Stein/Jonas I Vorbem. § 41 Rn. 3.
10 BVerfGE 21, 139, 146; 30, 149, 153; 89, 28, 36; BVerfG (K) DVBl 1991, 1139; NJW 2011, 2191, 2192.
11 So zu Recht *R. Lamprecht*, NJW 1993, 2222. Die grundrechtsdogmatische Einordnung des Art. 101 Abs. 1 S. 2 GG wird terminologisch nicht einheitlich vorgenommen, vgl. *C. Degenhart*, in: Sachs Art. 101 Rn. 1 m.w.N. in Fn. 3. Das BVerfG fasst Art. 101 Abs. 1 S. 2 GG als „prozessuales Grundrecht" auf (BVerfGE 28, 314, 323).
12 *C. Meissner*, in: Schoch/Schneider/Bier § 54 Rn. 6; *W.-R. Schenke*, in: Kopp/Schenke § 54 Rn. 1.
13 So ausdrückl. *J. Riedel*, Postulat, 1980, 5, 13 ff.; ihm zust. *W. Krekeler*, NJW 1981, 1633.
14 *R. Lamprecht*, NJW 1993, 2222.

tracht kommt. Es ist vielmehr Ziel der Regelung, schon den *„bösen Schein"* einer mangelnden Objektivität oder Voreingenommenheit der zur sachlichen Entscheidung von Rechtsstreitigkeiten verpflichteten Gerichtspersonen zu vermeiden (BVerfGE 46, 35, 41; BVerwGE 52, 47, 48 f.). Nicht zuletzt soll das Rechtsinstitut der Richterablehnung das Vertrauen der Prozessbeteiligten, aber auch der gesamten Öffentlichkeit in die Unparteilichkeit der Gerichte stärken.[15]

9   Das Rechtsinstitut der Ausschließung und Ablehnung von Richtern ist damit verfassungsrechtlich garantiert. Eine Bestimmung, die die Richterablehnung ausschließt, würde gegen Art. 101 Abs. 1 S. 2 GG verstoßen.[16] Auf die sonstigen „Gerichtspersonen" ohne richterliche Funktion (zum Anwendungsbereich der Norm gleich → Rn. 10) erstreckt sich die verfassungsrechtliche Gewährleistung des Art. 101 Abs. 1 S. 2 GG dagegen nicht. Die Ausschließung bzw. Ablehnung dieser Gerichtspersonen ist lediglich einfachrechtlich gewährleistet. Im System der normativen Vorausbestimmung des gesetzlichen Richters muss nach der st. Rspr. des BVerfG dafür Vorsorge getragen werden, dass ein Richter, der keine hinreichende Gewähr für seine Unparteilichkeit bietet, von der Ausübung des Richteramtes ausgeschlossen ist oder abgelehnt werden kann.[17] Bzgl. der Einzelheiten der gesetzlichen Regelungen über Ausschließungs- und Ablehnungsgründe in den unterschiedlichen Prozessordnungen steht dem Gesetzgeber jedoch ein *weiter Gestaltungsspielraum* zu. Insbes. müssen gesetzliche Regelungen in den verschiedenen Prozessordnungen von Verfassungs wegen durchaus nicht den Vorbildern der „Pionierprozessordnungen" wie ZPO oder StPO entsprechen,[18] wenn die Grundsätze der Unparteilichkeit und Neutralität des gesetzlichen Richters durch die einschlägige gesetzliche Regelung hinreichend berücksichtigt werden (BVerfGE 21, 139, 146; 30, 149, 153). Dies setzt voraus, dass zumindest die grundsätzliche Möglichkeit der Ablehnung eines Richters wegen Befangenheit gewährleistet sein muss (BVerfGE 30, 149, 153).

10   **3. Sachlicher und persönlicher Anwendungsbereich der Vorschrift.**   § 54 Abs. 1 regelt die Ausschließung und Ablehnung von *Gerichtspersonen* und verwendet damit einen Begriff, der unverändert aus der Überschrift des Vierten Titels des Ersten Abschnitts des Ersten Buches der ZPO übernommen worden ist. Unter den umfassenden Begriff der Gerichtsperson fallen alle Personen, die dem Anwendungsbereich der §§ 41–49 ZPO unterliegen, also neben den Richtern auch die in § 49 ZPO aufgeführten *Urkundsbeamten der Geschäftsstelle* (vgl. § 13). Diese haben wichtige Aufgaben im Prozessverlauf. So kann nach § 81 Abs. 1 S. 2 die Klage beim VG auch zur Niederschrift des Urkundsbeamten der Geschäftsstelle erhoben werden. Weigert sich dieser, die Klage zu protokollieren, kommt eine Ablehnung wegen Besorgnis der Befangenheit in Betracht.[19] Auch der in der mündlichen Verhandlung für die Protokollaufnahme zuständige *Protokollführer* kann ausgeschlossen sein oder abgelehnt werden, da diese Aufgabe gem. § 105 VwGO i.V.m. § 159 Abs. 1 S. 2 ZPO von Urkundsbeamten der Geschäftsstelle wahrzunehmen ist. Zu den *Richtern*, die dem Anwendungsbereich des § 54 unterfallen, gehören zunächst die *Berufsrichter*, die ihren Dienst in den im DRiG vorgesehenen Rechtsverhältnissen versehen. Hierzu gehören die in der VwGO erwähnten Richter auf Lebenszeit (§ 15), die nebenamtlichen Richter (§ 16) und die Richter auf Probe oder kraft Auftrags (§ 17). Anders als im Zivilprozess, dem die Laienbeteiligung grds. fremd ist, gibt es in der Verwaltungsgerichtsbarkeit *ehrenamtliche Richter*, deren Rechtsstellung in §§ 19–34 detailliert geregelt ist. Ehrenamtliche Richter wirken bei den VG i.R. des § 5 Abs. 3 und bei den OVG nach Maßgabe des § 9 Abs. 3 i.V.m. den landesrechtlichen Ausführungsgesetzen zur VwGO mit. Die ehrenamtlichen Richter, die gem. § 5 Abs. 3 S. 1, § 19 bei der mündlichen Verhandlung und der Urteilsfindung mit gleichen Rechten wie die anderen Richter mit-

---

15 Zur verfassungsrechtlichen Verankerung der Ausschließung und Ablehnung von Gerichtspersonen BVerfGE 21, 139, 145 f.
16 BVerfGE 21, 139, 146; 30, 149, 153; BVerfG (K) NVwZ 2009, 581, 582 m.w.N.
17 BVerfGE 21, 139, 146; 30, 149, 153; BVerfG (K) DVBl 1991, 1139.
18 Allerdings ist eine vergleichbare Regelung allgemeiner Vorschriften in den unterschiedlichen Prozessordnungen aus Gründen der Rechtseinheit rechtspolitisch wünschenswert und liegt im Wesentlichen auch vor. Die Ausschließung und Ablehnung von Bundesverfassungsrichtern ist hingegen in den §§ 18 und 19 BVerfGG eigenständig und abschließend geregelt.
19 So auch C. *Kimmel*, in: BeckOK VwGO, Posser/Wolff § 54 Rn. 3.

wirken,[20] können ebenso von der Ausübung des Richteramtes ausgeschlossen[21] sein oder wegen Besorgnis der Befangenheit abgelehnt werden, wie die haupt- und nebenamtlichen Richter. Auch für sie gelten daher die §§ 41–49 ZPO entsprechend, wie schon die Abs. 2 und 3 des § 54 deutlich machen (speziell zur Ablehnung ehrenamtlicher Richter BVerwG NVwZ 1990, 460 ff.).

Für die Ablehnung *anderer Personen*, etwa von Sachverständigen, Dolmetschern und des VBI sowie 11 des VöI, gelten besondere Grundsätze, die im Einzelnen erläutert werden (→ Rn. 131 ff.).

4. Verfahrensfragen. Bei der verfahrensrechtlichen Ausgestaltung der Ausschließungs- bzw. Ableh- 12 nungsgründe ist zu beachten, dass die gesetzlich normierten *Ausschließungsgründe* gewissermaßen „self-executing" sind. Zur Feststellung des Ausschlusses des Richters bedarf es grds. keiner Entscheidung durch das Gericht. Vielmehr ist der ausgeschlossene Richter kraft Gesetzes von jeder Mitwirkung an einer gerichtlichen Entscheidung ausgeschlossen. Die Ausschließungsgründe sind deshalb vom Gericht in jedem Verfahrensstadium von Amts wegen zu berücksichtigen (BVerfGE 46, 34, 37). Beim Vorliegen von Ausschließungsgründen muss nur dann ein besonderes gerichtliches Verfahren durchgeführt werden, wenn über die Ausschließung Zweifel bestehen (§ 54 Abs. 1 VwGO i.V.m. § 48 Alt. 2 ZPO) oder wenn ein gesetzlicher Ausschließungsgrund gem. § 42 Abs. 1 Alt. 1 ZPO von den Beteiligten als Ablehnungsgrund geltend gemacht worden ist.[22] Die Entscheidung des Gerichtes im Streitfall um das Vorliegen von Ausschließungsgründen hat aber allein deklaratorische Wirkung und ändert nichts daran, dass der Richter schon kraft Gesetzes ausgeschlossen ist (BVerfGE 46, 34, 37). Bei Vorliegen eines Ausschließungsgrundes ist auf dienstlichem Wege nach Maßgabe des Geschäftsverteilungsplanes für den Ersatz des ausgeschlossenen Richters zu sorgen.[23]

Liegt dagegen ein Grund vor, der die *Ablehnung* eines Richters rechtfertigt, so tritt der Verlust des 13 Mitwirkungsrechts an der gerichtlichen Willensbildung und Entscheidung erst durch die insoweit konstitutive Entscheidung des Gerichts ein, das über die Ablehnung des Richters grds. nur auf *Antrag* eines Beteiligten entscheidet (BVerfGE 46, 34, 37). Anders als beim Vorliegen von Ausschließungsgründen ist eine Prüfung der Frage von Amts wegen, ob ein Richter Anlass zur Besorgnis der Befangenheit gibt, nicht nur nicht erforderlich, sondern sogar unstatthaft (BVerfGE 46, 34, 36). Die im Richterablehnungsverfahren zu beachtenden Verfahrensregeln ergeben sich aus §§ 42 ff. ZPO. Die Ablehnung einer Gerichtsperson setzt nach § 44 ZPO ein *Ablehnungsgesuch* voraus, das in den Grenzen des § 43 ZPO zulässig ist. Die Berechtigung zur Ablehnung einer Gerichtsperson steht im Zivilprozess gem. § 42 Abs. 3 ZPO „in jedem Fall beiden Parteien zu". Im Verwaltungsprozess besitzen das Ablehnungsrecht daher sowohl der Kläger als auch der Beklagte als Hauptbeteiligte des Verwaltungsstreitverfahrens. Im Falle der Streitgenossenschaft nach § 64 kann die Ablehnung von jedem Streitgenossen gesondert geltend gemacht werden.[24] Welche Folgerungen aus der entsprechenden Anwendung des § 42 Abs. 3 ZPO im Verwaltungsprozess für ein eigenes Ablehnungsrecht des nach § 65 Beigeladenen, des VBI und des VöI zu ziehen sind, ist fraglich (→ Rn. 87 ff.). Die Entscheidung über das Ablehnungsgesuch obliegt nach § 45 Abs. 1 ZPO grds. dem Gericht, dem der Abgelehnte angehört (→ Rn. 113). Nur wenn dieses Gericht durch Ausscheiden des abgelehnten Mitglieds beschlussunfähig wird, also nicht mehr die gesetzliche Zahl von Richtern aufweist, entscheidet nach § 45 Abs. 3 ZPO das im Rechtszug zunächst höhere Gericht (→ Rn. 113). Dieser Fall kann nur dann eintreten, wenn keine Mitglieder des betreffenden VG oder OVG mehr vorhanden sind, die gem. § 21 e Abs. 1, § 21 f Abs. 2 GVG zur regelmäßigen Stellvertretung berufen sind oder als zeitweilige Vertreter berufen werden können.[25]

---

20 Bei Beschlüssen außerhalb der mündlichen Verhandlung und bei Gerichtsbescheiden nach § 84 sind die ehrenamtlichen Richter von der Mitwirkung ausgeschlossen (§ 5 Abs. 3 S. 2); eingehend → § 19 Rn. 15.

21 Die Ausschließung und Ablehnung von ehrenamtlichen Richtern nach § 54 Abs. 1 VwGO i.V.m. §§ 41 ff. ZPO wirkt jeweils nur für die einzelne Streitsache und darf nicht mit den in §§ 21 und 22 geregelten Ausschließungs- und Hinderungsgründen verwechselt werden, die einer Berufung zum ehrenamtlichen Verwaltungsrichter grds. entgegenstehen.

22 Auch in diesem Fall ist über das Ablehnungsgesuch nach den §§ 44 ff. ZPO zu entscheiden, was jedoch nichts daran ändert, dass die Ausschließung des Richters kraft Gesetzes eintritt (vgl. R. Bork, in: Stein/Jonas I § 42 Rn. 1).

23 R. Bork, in: Stein/Jonas I § 41 Rn. 2.

24 Näher zur Selbständigkeit der Streitgenossen bzgl. der Vornahme von Prozesshandlungen §§ 61, 63 ZPO sowie → § 64 Rn. 37 ff.

25 R. Bork, in: Stein/Jonas I § 45 Rn. 3 f. m.w.N. Werden zugleich auch die Vertreter abgelehnt, so ist über deren Ablehnung zuerst zu entscheiden, BGHSt 21, 334, 337 f.

14   *Rechtsmittel* sind seit dem 1.1.1997 (→ Rn. 2) gem. § 146 Abs. 2, der die entsprechende Anwendung des § 46 Abs. 2 ZPO im Verwaltungsprozess ausschließt, weder gegen ein stattgebendes Ablehnungsgesuch noch gegen die Zurückweisung eines Ablehnungsgesuchs als unzulässig oder unbegründet statthaft. Der generelle Ausschluss der Rechtsmittel betrifft auch die Beteiligten, die kein Ablehnungsgesuch gestellt haben. Ihnen ist es verwehrt, gegen ein stattgebendes Ablehnungsgesuch eines Dritten mit dem Ziel vorzugehen, den ihnen möglicherweise genehmen Richter im Verfahren verbleiben zu lassen. Ist gegen einen Richter ein Ablehnungsgesuch anhängig, so darf er bis zur Entscheidung über dieses Gesuch nur unaufschiebbare Handlungen i.S.d. § 47 ZPO vornehmen (→ Rn. 116 ff.).

15   **5. Folgen der Mitwirkung eines ausgeschlossenen oder abgelehnten Richters.** Wirkt ein gesetzlich ausgeschlossener oder erfolgreich abgelehnter Richter gleichwohl im Verfahren mit, so stellt dies einen Verfahrensmangel i.S.d. § 132 Abs. 2 Nr. 3 und damit einen Revisionsgrund im Sinne dieser Vorschrift dar (vgl. BVerwGE 58, 146, 149). Nach § 138 Nr. 2 ist die Mitwirkung eines kraft Gesetzes vom Richteramt ausgeschlossenen oder erfolgreich abgelehnten Richters ein sog. *absoluter Revisionsgrund*, sodass die unwiderlegliche Vermutung besteht, dass ein unter Verstoß gegen diese Vorschriften zustande gekommenes Urteil auf der Verletzung von Bundesrecht beruht. Der ansonsten gem. § 137 Abs. 1 erforderliche Nachweis des Revisionsführers bzgl. der Ursächlichkeit des Rechtsverstoßes für die getroffene Entscheidung ist entbehrlich. Nach Rechtskraft eines unter Mitwirkung eines kraft Gesetzes ausgeschlossenen oder erfolgreich wegen Besorgnis der Befangenheit abgelehnten Richters zustande gekommenen Urteils findet gem. § 153 VwGO i.V.m. § 579 Abs. 1 Nr. 2 und 3 ZPO die Nichtigkeitsklage statt.[26] Zur Berufung → Rn. 128.

III. Ausschließungs- und Ablehnungsgründe

16   **1. Systematik der Ausschließungsgründe.** § 54 ordnet in Abs. 1 die entsprechende Anwendung der in § 41 Nr. 1–8 ZPO aufgezählten *Ausschließungsgründe* im Verwaltungsprozess an und ergänzt in Abs. 2 diese durch den Ausschließungsgrund der Mitwirkung bei dem vorausgegangenen Verwaltungsverfahren. Dieser typische verwaltungsprozessuale Ausschließungsgrund (zum gesetzgeberischen Hintergrund dieses verwaltungsspezifischen Ausschließungsgrundes ausf. → Rn. 3) findet sich nahezu gleich lautend in allen Prozessordnungen der besonderen Verwaltungsgerichtsbarkeit (vgl. § 51 Abs. 2 FGO, § 60 Abs. 2 SGG). Die Systematik der Ausschließungsgründe ist dadurch gekennzeichnet, dass Umstände berücksichtigt werden, die typischerweise zu einer Beeinflussung der Neutralität des Richters führen können, ohne dass es auf eine tatsächliche Befangenheit oder Beeinflussung der Unparteilichkeit ankäme.[27] Die Ausschließungsgründe sind durch persönliche Beziehungen des Richters zu den Prozessbeteiligten (§ 54 Abs. 1 VwGO i.V.m. § 41 Nr. 1–3 ZPO) oder durch besondere sachliche Beziehungen zu dem Rechtsstreit infolge vorheriger Befassung mit der Streitsache (§ 54 Abs. 1 VwGO i.V.m. 41 Nr. 4–8 ZPO;[28] § 54 Abs. 2 VwGO) gekennzeichnet. Diese Gründe führen nach der unwiderlegbaren Vermutung des Gesetzgebers zu Zweifeln an der Neutralität des Richters und damit zu seinem Ausschluss.

17   Die Aufzählung der einzelnen Ausschließungsgründe in § 41 ZPO und § 54 Abs. 2 entspricht zugleich dem Gebot der Bestimmtheit des gesetzlichen Richters nach Art. 101 Abs. 1 S. 2 GG.[29] Die durch die Geschäftsverteilung bestimmte Besetzung der Richterbank darf wegen des Anspruches auf den gesetzlichen Richter nur in ausdrücklich gesetzlich fixierten und daher für die Betroffenen ohne Weiteres erkennbaren Ausnahmekonstellationen verändert werden. Die Aufzählung der Ausschließungsgründe ist abschließend, eine analoge Anwendung auf ähnlich liegende Fälle kommt ebenso wenig in Betracht wie eine extensive Auslegung dieser Ausnahmevorschriften.[30] In Fällen, in denen ein gesetzlicher Aus-

---

26   Näher hierzu *R. Bork*, in: Stein/Jonas I § 41 Rn. 3–5 und § 42 Rn. 19 f.

27   VGH Kassel AnwBl 1991, 160, 161; *R. Bork*, in: Stein/Jonas I § 41 Rn. 6.

28   Bei § 41 Nr. 4 ZPO handelt es sich streng genommen um einen „doppelfunktionalen" Ausschließungsgrund, da durch die vorherige Befassung mit der Sache i.d.R. auch eine besondere persönliche Nähe zu Verfahrensbeteiligten gegeben sein wird.

29   *R. Bork*, in: Stein/Jonas I § 41 Rn. 6.

30   BVerfGE 30, 149, 155; BVerwG NJW 1980, 2722; NVwZ 1990, 460, 461; BGH NJW-RR 2015, 444 Rn. 9; ebenso die ganz überwiegende Auffassung im zivilprozessualen Schrifttum, vgl. nur *Baumbach/Lauterbach/Albers/Hartmann* § 41 Rn. 5; *R. Bork*, in: Stein/Jonas I § 41 Rn. 6 m.w.N. in Fn. 13; *G. Vollkommer*, Richter, 2001, 77 ff.

schließungsgrund nicht eingreift, sollte aber von den Prozessbeteiligten regelmäßig geprüft werden, ob nicht eine Ablehnung wegen Besorgnis der Befangenheit in Betracht kommt.

2. Die einzelnen Ausschließungsgründe. a) Beteiligtenstellung oder Mitberechtigung des Richters 18 **(Abs. 1 i.V.m. § 41 Nr. 1 ZPO).** Der Richter ist nach § 41 Nr. 1 Alt. 1 ZPO von der Ausübung des Richteramtes in solchen Sachen ausgeschlossen, in denen er selbst „Partei" ist. Das in dieser Regelung zum Ausdruck kommende Verbot des Richters in eigener Sache ist ein allgemeiner Rechtsgrundsatz des deutschen Prozessrechts.[31] Aus der entsprechenden Anwendung des § 41 Nr. 1 ZPO auf das verwaltungsgerichtliche Verfahren folgt, dass im Verwaltungsprozess die Beteiligtenstellung und die Richterstellung inkompatibel sind. Ausgeschlossen ist der Richter daher zunächst, wenn er in derselben Sache Hauptbeteiligter[32] i.S.d. § 63 ist. Darunter fällt auch die Beteiligung als einfacher wie auch notwendiger Streitgenosse. Auch die Beteiligung am Rechtsstreit als *Beigeladener* ist ein gesetzlicher Ausschließungsgrund. Zwar ist der Beigeladene nicht Hauptbeteiligter; abgesehen von den rein tatsächlichen Schwierigkeiten bei der Bewältigung einer solchen Doppelrolle führt aber die Einräumung eigener prozessualer Rechte des Beigeladenen gem. § 66 zu einem unlösbaren Entscheidungsdilemma des „beigeladenen Richters" spätestens dann, wenn er (in seiner Eigenschaft als Richter) über seinen eigenen Antrag (als Beigeladener) entscheiden müsste. Der h.M., nach welcher die Beteiligung als Beigeladener kraft Gesetzes gem. § 54 Abs. 1 VwGO i.V.m. § 41 Nr. 1 ZPO zur Ausschließung des Richters führt,[33] ist deshalb zuzustimmen. Während eine gleichzeitige Stellung als VBl bzw. VÖl und als Richter in einem Prozess schon aus dienst- und organisationsrechtlichen Gründen nicht infrage kommt, ist die Frage von praktischer Bedeutung, ob eine frühere Tätigkeit als *VÖl* einen gesetzlichen Ausschließungsgrund darstellt. Eine Tätigkeit als VÖl in einem früheren prozessualen Stadium stellt jedenfalls keinen Ausschließungsgrund i.S.d. § 41 Nr. 1 ZPO dar, da der betroffene Beamte mit dem späteren Überwechseln in das Richteramt seine Beteiligtenstellung nach § 63 Nr. 4 verliert. Ob eine frühere Tätigkeit in dieser Funktion einen gesetzlichen Ausschließungsgrund nach § 54 Abs. 1 VwGO i.V.m. § 41 Nr. 4 ZPO darstellt, ist umstr., muss aber bejaht werden (→ Rn. 28).

Zum Ausschluss führt es nach § 54 Abs. 1 VwGO i.V.m. § 41 Nr. 1 Alt. 2 ZPO auch, wenn der Rich- 19 ter zu einem Beteiligten im Verwaltungsprozess im Verhältnis eines *Mitberechtigten*, Mitverpflichteten oder Regresspflichtigen steht. Das Verhältnis eines Mitberechtigten oder Mitverpflichteten liegt schon dann vor, wenn der Richter an dem den Gegenstand des Streites bildenden Rechtsverhältnis beteiligt ist, unabhängig davon, ob eine Rechtskraftwirkung des Urteils für oder gegen ihn in Betracht kommt.[34] Mitberechtigung oder Mitverpflichtung liegen demnach bei allen Gesamthandsgemeinschaften vor, so etwa bei der GbR nach §§ 705 ff. BGB, den Personenhandelsgesellschaften (der OHG nach §§ 105 ff. HGB; der KG nach §§ 161 ff. HGB sowie der stillen Gesellschaft nach § 230 ff. HGB) sowie der Erbengemeinschaft. Auch die Stellung als Gesamtgläubiger oder Gesamtschuldner bzw. Bürge in dem streitigen Rechtsverhältnis schließt den Richter von der Mitwirkung an der Entscheidung aus. Die bloße Mitgliedschaft in einem nicht rechtsfähigen Verein stellt jedenfalls dann keinen Ausschließungsgrund dar, wenn diese Organisationsform wie bei Parteien und Gewerkschaften aus historischen Gründen besteht und der Verein in seiner prozessualen Stellung dem eingetragenen Verein angenähert ist (zu einer möglichen Ablehnung wegen Besorgnis der Befangenheit aufgrund der Zugehörigkeit zu einer Partei oder Gewerkschaft → Rn. 73 ff.).[35] An einem Verhältnis der Mitberechtigung oder -verpflichtung fehlt es auch bei der bloßen Mitgliedschaft in einem rechtsfähigen Verein, einer eingetragenen Genossenschaft,[36] einer öffentlich-rechtlichen Körperschaft, bei der Stellung als Aktionär einer Aktiengesellschaft[37] bzw. als Inhaber von Geschäftsanteilen einer GmbH oder als Gläubiger bzw. Schuldner eines Prozessbeteiligten. In diesen Fällen besteht ein nur mittelbares Interesse am Aus-

---

31 Dieser Grundsatz gilt über die Person des Richters hinaus für alle privaten Amtsträger, die in einem justizförmigen Verfahren mit dem Anspruch auf Neutralität tätig werden, also im Zivilprozess etwa für den Schiedsrichter, den Insolvenzverwalter und für Mitglieder des Gläubigerausschusses nach § 67 InsO. Hierzu ausf. M. *Vollkommer*, in: Zöller § 41 Rn. 6.

32 Hierunter fallen neben dem Kläger und dem Beklagten nach § 63 Nr. 1 und 2 auch der Antragsteller und Antragsgegner in den Verfahren auf vorläufigen Rechtsschutz nach §§ 80, 80a und 123; vgl. ausf. → § 63 Rn. 5 m.w.N.

33 *W.-R. Schenke*, in: Kopp/Schenke § 54 Rn. 6; *J. Schmidt*, in: Eyermann § 54 Rn. 5.

34 *R. Bork*, in: Stein/Jonas I § 41 Rn. 8.

35 So auch *C. Kimmel*, in: BeckOK VwGO, Posser/Wolff § 54 Rn. 8.

36 *D. Krausnick*, in: Gärditz § 54 Rn. 12.

37 *D. Krausnick*, in: Gärditz § 54 Rn. 12; *M. Redeker*, in: Redeker/v. Oertzen § 54 Rn. 2.

gang des Rechtsstreits, das keinen gesetzlichen Ausschließungsgrund darstellt.[38] Denkbar sind Fall-konstellationen, die einen Interessenkonflikt des beteiligten Richters nicht ausgeschlossen erscheinen lassen, sodass der Ablehnungsgrund der Besorgnis der Befangenheit nach § 54 Abs. 1 VwGO i.V.m. § 42 Abs. 1 Alt. 2 ZPO eingreifen kann. Dies bedarf aber einer sorgfältigen Prüfung im Einzelfall, wurde aber bejaht bei etwa möglichen Auswirkungen des Prozessausganges auf den Wert eines Vermögensobjekts (BVerfGE 108, 122, 128 f. [Fall Jentsch II]).

20 **b) Nahe persönliche Beziehungen zu einem Prozessbeteiligten (Abs. 1 i.V.m. § 41 Nr. 2–3 ZPO).** Einen gesetzlichen Ausschließungsgrund bilden auch enge familiäre oder verwandtschaftliche Beziehungen zwischen dem Richter und den Prozessbeteiligten. Die gesetzgeberische Vermutung, dass ein Richter bei Bestehen derartiger Beziehungen zu einem Prozessbeteiligten nicht zu einer unvoreingenommenen Entscheidung fähig ist, kann vom Richter nicht im Einzelfall widerlegt werden. Die Vorschrift dient darüber hinaus der Vermeidung familiärer und beruflicher Konflikte. Der Richter ist nach § 54 Abs. 1 VwGO i.V.m. § 41 Nr. 2 ZPO in Sachen seines *Ehegatten* bzw. nach § 54 Abs. 1 VwGO i.V.m. § 41 Nr. 2 a ZPO in Sachen seines (gleichgeschlechtlichen) *Lebenspartners* von der Ausübung des Richteramtes ausgeschlossen. Dies gilt nach dem Wortlaut der Vorschrift selbst dann, wenn die Ehe bzw. Lebenspartnerschaft nicht mehr besteht, also auch im Falle der Scheidung, der Aufhebung oder Nichtigerklärung[39]. Ein eheähnliches Zusammenleben oder ein Verlöbnis sind angesichts des eindeutigen Wortlauts der Vorschrift keine gesetzlichen Ausschließungsgründe, werden aber regelmäßig die Ablehnung wegen Besorgnis der Befangenheit ermöglichen.[40] Ein Ausschlussgrund liegt nicht vor, wenn der Ehegatte des Richters Prozessbevollmächtigter der Partei ist.[41]

21 Nach § 41 Nr. 3 ZPO schließt auch die (bestehende oder frühere) *Verwandtschaft und Schwägerschaft* in gerader Linie, die Verwandtschaft in der Seitenlinie bis zum dritten Grad sowie die Schwägerschaft bis zum zweiten Grad die Beteiligung des Richters am Verfahren des Betreffenden aus. Die Verwandtschaft oder Schwägerschaft bestimmt sich gem. Art. 51 EGBGB nach den §§ 1589 f. BGB. Die Ausschließung aufgrund der Schwägerschaft dauert fort, auch wenn die die Schwägerschaft begründende Ehe nicht mehr besteht (vgl. § 1590 Abs. 2 BGB). Für nichteheliche Kinder gelten keine Besonderheiten mehr. Die nichteheliche Verwandtschaft ist ebenso Verwandtschaft i.S.d. § 41 Nr. 3 ZPO wie die durch Adoption begründete Verwandtschaft (§§ 1754 ff. BGB).[42]

22 Entferntere Verwandtschaft als in § 41 Nr. 3 ZPO aufgeführt oder eine Verwandtschaft nicht zu einem Hauptbeteiligten, sondern zu dem *Terminsvertreter oder Prozessbevollmächtigten* eines Prozessbeteiligten bildet dagegen nach dem eindeutigen Wortlaut des Gesetzes keinen Ausschließungsgrund.[43] Ist bspw. der Richter verheiratet oder eng verwandt mit dem Oberbürgermeister einer klagenden oder beklagten Stadt, so besteht kein gesetzlicher Ausschließungsgrund i.S.d. § 54 Abs. 1 VwGO i.V.m. § 41 Nr. 2 oder 3 ZPO. Der Gefahr einer möglichen Privilegierung juristischer Personen, die im Verwaltungsprozess immer gem. § 62 Abs. 3 vertreten sind, ist in solchen Fällen nicht durch eine extensive Interpretation der § 41 Nr. 2–3 ZPO zu begegnen, sondern dadurch, dass bei entsprechenden Beziehungen eine Ablehnung wegen Besorgnis der Befangenheit infrage kommen kann. Auch die Verwandtschaft oder Schwägerschaft des Richters mit dem Prozessvertreter der für die beklagte Körperschaft auftretenden Behörde bildet keinen gesetzlichen Ausschließungsgrund.[44] Gleichwohl nicht von der Hand zu weisende Loyalitätskonflikte können in solchen Fällen schon von der Behörde vermieden werden, wenn diese in solchen Fällen einen anderen Prozessvertreter bestimmt. Ist dies nicht möglich,

---

38 Vgl. ausf. *R. Bork*, in: Stein/Jonas I § 41 Rn. 8 m.w.N.; *M. Vollkommer*, in: Zöller § 41 Rn. 7.

39 *M. Redeker*, in: Redeker/v. Oertzen § 54 Rn. 3.

40 *R. Bork*, in: Stein/Jonas I § 41 Rn. 10; *M. Vollkommer*, in: Zöller § 41 Rn. 8.

41 *M. Vollkommer*, in: Zöller § 41 Rn. 8 m.w.N. A.A. LSG Schleswig NJW 1998, 2925.

42 Hinsichtlich der Wirkungen der Adoption ist jedoch zwischen der Adoption Minderjähriger nach § 1754 BGB und der Adoption Volljähriger nach § 1770 BGB zu unterscheiden. Die Adoption Minderjähriger begründet nach § 1754 BGB die volle Verwandtschaft zwischen dem Kind und dem Annehmenden samt dessen Verwandten sowie die entsprechenden Schwägerschaften, während die bisherigen Verwandtschaftsverhältnisse grds. erlöschen (§ 1755 BGB). Diese Rechtsfolgen sind auch für das Vorliegen gesetzlicher Ausschließungsgründe maßgeblich. Die Annahme eines Volljährigen begründet dagegen allein ein Verwandtschaftsverhältnis zum Annehmenden (vgl. § 1770 Abs. 1 BGB, beachte aber § 1772 Abs. 1 BGB) und führt auch nur insoweit zu einer Ausschließung; vgl. näher *R. Bork*, in: Stein/Jonas I § 41 Rn. 12.

43 *Baumbach/Lauterbach/Albers/Hartmann* § 41 Rn. 11 a.E.; *M. Redeker*, in: Redeker/v. Oertzen § 54 Rn. 4; *M. Vollkommer*, in: Zöller § 41 Rn. 9 a.E.

44 Vgl. *J. Schmidt*, in: Eyermann § 54 Rn. 6.

so kommt wiederum eine Ablehnung des Richters wegen Besorgnis der Befangenheit in Betracht. Auch die Verwandtschaft des Richters mit einem von ihm zu vernehmenden Zeugen oder Sachverständigen kann je nach Lage der Dinge die Ablehnung wegen Besorgnis der Befangenheit begründen, bildet aber keinen gesetzlichen Ausschließungsgrund.[45]

Umstr. bei der Auslegung des § 41 ZPO ist die Bedeutung des Begriffes der „Sache", der in § 41 Nr. 1– **23** 8 ZPO durchgängig verwendet wird. Nach einer Auffassung soll den einzelnen Nummern dieser Vorschrift jeweils ein unterschiedlich auszulegender Begriff der „Sache" zugrunde liegen. So soll § 41 Nr. 1–3 einen engen Sachbegriff enthalten, während bei Nr. 4–5 von einem weiten Begriff der Sache auszugehen sei.[46] Dieser Auffassung ist im Wesentlichen entgegenzuhalten, dass eine unterschiedliche Auslegung des Wortes „Sache" hier kaum mit dem Bestimmtheitserfordernis des Art. 101 Abs. 1 S. 2 GG, der eine klare Erkennbarkeit der Ausschließungsgründe erforderlich macht,[47] zu vereinbaren ist[48] und auch in den Gesetzesmaterialien keine Stütze findet. Der Rechtsbegriff der Sache i.S.d. § 41 Nr. 1– 8 ZPO ist demnach i.S.v. „Prozesssache" bzw. *Rechtsstreitigkeit* zu verstehen und meint allein den konkreten, bei Gericht anhängigen und vom Richter (mit) zu entscheidenden Streit; dabei umfasst der Rechtsbegriff der *Sache*, wie § 41 Nr. 6 ZPO deutlich macht, den gesamten Instanzenzug der Rechtsstreitigkeit.[49] Umstände, die nicht in der Beziehung des Richters zu einem anhängigen Verfahren begründet sind, müssen dagegen i.R. des § 41 Nr. 1–8 ZPO außer Betracht bleiben.[50] In Fällen, in denen eine Voreingenommenheit des Richters aufgrund einer so gearteten Vorbefassung nicht auszuschließen ist, bietet das Institut der Ablehnung wegen Besorgnis der Befangenheit ausreichenden Schutz.

c) Der Ausschließungsgrund der Parteivertretung (Abs. 1 i.V.m. § 41 Nr. 4 ZPO). *Frühere oder jetzige* **24** *Tätigkeit als Prozessbevollmächtigter oder Beistand* (zu den Begriffen vgl. die Komm. zu § 67) einer „Partei" (eines Prozessbeteiligten) führt zum Ausschluss des Richters kraft Gesetzes. Ausgeschlossen ist ein Richter, der in demselben Verfahren einen Prozessbeteiligten als Prozessbevollmächtigter oder Beistand vertritt oder vertreten hat. Ausreichend ist nach dem eindeutigen Wortlaut der Vorschrift die bloße Bestellung zum Prozessbevollmächtigten oder Beistand, ohne dass es zur tatsächlichen Vornahme von prozessbezogenen Handlungen gekommen sein muss.[51] Auch die Vollmachtserteilung zu einzelnen Prozesshandlungen gem. § 83 Abs. 2 ZPO, die Bestellung zum Vertreter des Prozessbevollmächtigten nach § 53 BRAO oder das Handeln als vollmachtloser Vertreter i.S.d. § 89 ZPO stellt einen gesetzlichen Ausschließungsgrund nach § 54 Abs. 1 VwGO i.V.m. § 41 Nr. 4 ZPO dar. Dasselbe gilt, wenn der Richter als Unterbevollmächtigter eines Prozessbeteiligten mit der selbständigen Führung des Rechtsstreits betraut war oder als Kanzleiabwickler nach § 55 BRAO für einen Prozessbeteiligten tätig geworden ist.[52]

Keinen Ausschließungsgrund bildet dagegen die Bestellung zum Zustellungsbevollmächtigten nach **25** § 174 ZPO.[53] Indem der Begriff der Sache auch in § 41 Nr. 4 ZPO rein prozessual zu verstehen ist und sich nur auf das konkret anhängige Verfahren bezieht,[54] bildet eine anwaltliche Tätigkeit in einem anderen Rechtsstreit mit vergleichbarer Sachkonstellation ebenso wenig einen gesetzlichen Ausschließungsgrund wie eine rein vorprozessuale Befassung mit dem dem Rechtsstreit zugrunde liegenden Lebenssachverhalt.[55] Dass der Richter als Anwalt einer Partei früher mit dem Sachverhalt befasst

---

45 *R. Bork*, in: Stein/Jonas I § 41 Rn. 14.
46 Zu dieser Auffassung VGH München BayVBl 1981, 723, 724 m.w.N.; *W.-R. Schenke*, in: Kopp/Schenke § 54 Rn. 6, 6 b.
47 Vgl. *N. Stackmann*, in: MüKoZPO I § 41 Rn. 15.
48 So auch *D. Krausnick*, in: Gärditz § 54 Rn. 10 Fn. 8.
49 *C. Kimmel*, in: BeckOK VwGO, Posser/Wolff § 54 Rn. 5.
50 Vgl. VGH München BayVBl 1981, 723, 724 (Verwandtschaftliche Beziehungen von Richtern zu Personen, die im Auswirkungsbereich des Flughafens München II wohnen, begründen im Streit um diesen Flughafen keinen Ausschließungsgrund nach § 41 Nr. 3 ZPO, wenn die Verwandten nicht selbst Prozessbeteiligte sind und vermögen für sich allein auch nicht die Besorgnis der Befangenheit nach § 42 Abs. 2 ZPO zu begründen).
51 BAGE 143, 256 Rn. 14; *R. Bork*, in: Stein/Jonas I § 41 Rn. 15; *N. Stackmann*, in: MüKoZPO I § 41 Rn. 20; *M. Vollkommer*, in: Zöller § 41 Rn. 10.
52 *N. Stackmann*, in: MüKoZPO I § 41 Rn. 20.
53 *R. Bork*, in: Stein/Jonas I § 41 Rn. 15; *M. Vollkommer*, in: Zöller § 41 Rn. 10.
54 Vgl. BVerfGE 82, 30, 35 f.; BGH NJW-RR 2017, 187 Rn. 10; a.M.: VGH München BayVBl 1981, 723, 724, wonach i.R. des § 41 Nr. 4 ZPO anders als bei § 41 Nr. 1–3 ein weiter Begriff der Sache zugrunde liegt. Gegen eine unterschiedliche Auslegung des Begriffes der „Sache" in § 41 Nr. 1–8 ZPO schon → Rn. 23.
55 Vgl. *R. Bork*, in: Stein/Jonas I § 41 Rn. 15.

war, der jetzt Streitgegenstand ist, begründet die Ausschließung nach dem klaren Wortlaut der Vorschrift nicht. Auch eine anwaltliche Tätigkeit ohne Vertretungsmacht und jede sonstige unselbständige Hilfstätigkeit i.R. einer von einem anderen Rechtsanwalt besorgten Prozessvertretung vermag keinen gesetzlichen Ausschließungsgrund zu begründen. Dies gilt bspw. für eine Hilfestellung bei der vorbereitenden Prozessführung durch Abfassung von Schriftsätzen (etwa als angestellter Anwalt in einer Sozietät).[56] Die soeben aufgezählten Tätigkeiten, die nicht die Intensität eines gesetzlichen Ausschließungsgrundes erreichen, können aber je nach Lage des Einzelfalles zur Ablehnung wegen Besorgnis der Befangenheit berechtigen.

26 Ist der Richter früher nach § 67 Abs. 4 S. 4 zur rechtlichen Vertretung einer am Rechtsstreit beteiligten Körperschaft oder Behörde berechtigt gewesen, so ist er nur dann vom Richteramt ausgeschlossen, wenn er in dieser Sache tatsächlich zur prozessualen Vertretung bestimmt worden ist. Die entgegenstehende Auffassung, wonach der Richter von der Bearbeitung aller Sachen ausgeschlossen ist, die bei der Körperschaft oder der Behörde vor seiner Übernahme in das Richterverhältnis anhängig waren und daher von ihm hätten vertreten werden können,[57] ist weder mit dem Gesetzeswortlaut noch mit dem Regelungszweck der Vorschrift zu vereinbaren und daher abzulehnen.[58] Eine derart weite Auslegung des § 41 Nr. 4 ZPO im Verwaltungsprozessrecht widerspräche auch der gesetzgeberischen Wertentscheidung in § 54 Abs. 2, wonach nur die *tatsächliche Mitwirkung* bei einem vorausgegangenen Verwaltungsverfahren einen gesetzlichen Ausschließungsgrund darstellt.

27 Auch wer als *gesetzlicher Vertreter* eines Prozessbeteiligten aufzutreten berechtigt ist oder war, ist gem. § 54 Abs. 1 VwGO i.V.m. § 41 Nr. 4 ZPO als Richter ausgeschlossen. Der Ausschließungsgrund bezieht sich nach dem Gesetzeswortlaut nur auf Fälle *gesetzlicher* Vertretungsbefugnis und nicht auf Fälle der *rechtsgeschäftlich* erteilten Vertretungsmacht. Von besonderer praktischer Bedeutung dürfte in diesem Zusammenhang eine frühere Tätigkeit des Verwaltungsrichters als Bürgermeister bzw. Gemeindedirektor einer streitbeteiligten Kommune oder als Landrat sein. Neben der Stellung des gesetzlichen Vertreters einer *natürlichen Person* – etwa bei der Vertretung minderjähriger Kinder durch ihre Eltern – schließt jede frühere oder noch bestehende Stellung als ein zur *Vertretung juristischer Personen* des öffentlichen oder privaten Rechts berufenes Organ eine Tätigkeit als Richter aus. Dies gilt bspw., wenn der Richter Vorstandsmitglied eines Vereines (vgl. § 26 Abs. 2 BGB) bzw. einer Stiftung (§ 86 i.V.m. § 26 Abs. 2 BGB) ist oder war.[59] Unvereinbar mit dem Richteramt ist auch eine Tätigkeit als Vorstandsmitglied einer streitbeteiligten AG (vgl. § 78 AktG), als Komplementär einer streitbeteiligten KG (vgl. § 125 Abs. 1, § 161 Abs. 2, § 170 HGB), als Geschäftsführer einer streitbeteiligten GmbH (vgl. § 35 GmbHG), als vertretungsberechtigter Gesellschafter einer OHG (vgl. § 125 HGB), als Vorstand einer streitbeteiligten eingetragenen Genossenschaft (vgl. § 24 GenG) oder als vertretungsberechtigter Partner einer streitbeteiligten Partnerschaftsgesellschaft (vgl. § 7 Abs. 3 PartGG i.V.m. § 125 Abs. 1 HGB).

28 Umstr. ist, ob eine *frühere Tätigkeit als VÖI*[60] bzw. Landesanwalt[61] in derselben Streitsache ein Ausschließungsgrund nach § 54 Abs. 1 VwGO i.V.m. § 41 Nr. 4 ZPO ist. Dies wird teilweise in der Lit. wegen der besonderen Stellung und Funktion der VÖI verneint.[62] Der VÖI habe ein über den Parteiinteressen stehendes allgemeines Interesse zu vertreten[63] und sei daher nicht mit den gem. § 54 Abs. 1 VwGO i.V.m. § 41 Nr. 4 ZPO ausgeschlossenen einseitigen Interessenvertretern gleichzusetzen. Diese Auffassung berücksichtigt nicht genügend, dass auch die VÖI trotz einer beträchtlichen Selbständigkeit bei der Prozessvertretung letztlich weisungsgebunden sind.[64] Daher ist der Rollenkonflikt eines Rich-

---

56 *R. Bork*, in: Stein/Jonas I § 41 Rn. 15.
57 So *D. Krausnick*, in: Gärditz § 54 Rn. 17 a.E.; *M. Redeker*, in: Redeker/v. Oertzen § 54 Rn. 5.
58 I.E. ebenso *C. Kimmel*, in: BeckOK VwGO, Posser/Wolff § 54 Rn. 15.
59 Zu den einzelnen Fragen gesetzlicher Vertretung vgl. Übersichten *W. F. Lindacher*, in: Stein/Jonas I §§ 51, 52 Rn. 16 ff., 23 ff. sowie *M. Vollkommer*, in: Zöller § 51 Rn. 3 ff.
60 Näher zu Aufgaben, Funktion und Stellung des VÖI *F. Kopp*, DVBl 1982, 277 ff.
61 In Bayern wird der VÖI bei den Gerichten der Verwaltungsgerichtsbarkeit als „Landesanwalt" bezeichnet. Er ist dort aufgrund der Ermächtigung des § 36 Abs. 1 S. 2 zur Vertretung des Landes im Verwaltungsrechtsstreit berufen, wobei er insoweit als Bevollmächtigter kraft Gesetzes handelt; vgl. im Einzelnen Art. 16 AGVwGO Bay sowie die Verordnung über die Landesanwaltschaft Bayern (LABV) i.d.F. vom 29.7.2008 (BayGVBl 554).
62 *F. Kopp*, BayVBl 1981, 353, 355 ff.
63 *C. Meissner*, in: Schoch/Schneider/Bier § 54 Rn. 18.
64 Vgl. insoweit § 5 Abs. 2 S. 2 LABV.

ters, der früher als VöI in derselben Sache tätig war, mit dem eines Richters, der früher als gesetzlicher Vertreter eines Beteiligten aufgetreten ist, zumindest vergleichbar.[65] Da es zudem Sinn der Ausschlusstatbestände ist, das Vertrauen in die Unparteilichkeit der Justiz zu schützen und es gerade in der Verwaltungsgerichtsbarkeit gilt, jedem Verdacht mangelnder Distanz zwischen Gerichten und Verwaltung entgegenzutreten, ist die frühere Tätigkeit als VöI im gleichen Verfahren ein Ausschließungsgrund nach § 54 Abs. 1 VwGO i.V.m. § 41 Nr. 4 ZPO.[66]

d) Vernehmung als Zeuge oder Sachverständiger (Abs. 1 i.V.m. § 41 Nr. 5 ZPO). Der Ausschließungs- **29** grund des § 41 Nr. 5 ZPO beruht auf dem Erfordernis, dass im Interesse der Wahrheitsfindung und der korrekten Beweiswürdigung die Funktionen von Richter und Beweisperson unvereinbar sind.[67] Voraussetzung dieses Ausschließungsgrundes ist die tatsächliche Vernehmung des Richters als Zeuge oder Sachverständiger in derselben *Sache*. Auch § 41 Nr. 5 ZPO liegt ein verfahrensbezogener Begriff der „Sache" zugrunde. Eine Vernehmung in einem früheren Rechtszuge derselben Sache ist ebenso ein Ausschließungsgrund, wie eine vorangegangene Vernehmung die anschließende Tätigkeit in einem Wiederaufnahmeverfahren nach § 153 VwGO i.V.m. §§ 578 ff. ZPO ausschließt.[68] Die Vernehmung in einem anderen Verfahren, aber zu demselben Sachverhalt, etwa in Amtshaftungsprozessen, führt (nur) nach dem weiten Begriff der Sache (→ Rn. 23) ebenfalls zum Ausschluss nach § 41 Nr. 5 ZPO.[69] Eine schriftliche Zeugenaussage nach § 98 VwGO i.V.m. § 377 Abs. 3 ZPO bzw. die schriftliche Erstattung eines Sachverständigengutachtens nach § 98 VwGO i.V.m. § 411 Abs. 1 ZPO bewirkt die Ausschließung ebenso wie die mündliche Vernehmung oder Gutachtenerstattung (OLG Frankfurt FamRZ 1989, 518, 519). Die bloße Benennung als Zeuge, ohne dass es zur zeugenschaftlichen Vernehmung gekommen ist, rechtfertigt dagegen noch nicht die Ausschließung (BVerwGE 63, 273 [LS 1]), da es die Beteiligten ansonsten in der Hand hätten, durch willkürliche Beweisanträge einen missliebigen Richter auszuschalten. Der Richter kann daher auch über den Beweisantrag bzgl. seiner Zeugenvernehmung mitentscheiden (BVerwGE 63, 273 [LS 3]). Dienstliche Äußerungen des Richters zu einem unter Beweis gestellten Sachverhalt sind keine Zeugenaussagen i.S.v. § 41 Nr. 4 ZPO und rechtfertigen daher keine Ausschließung.[70]

e) Mitwirkung in einem früheren Rechtszug oder im schiedsrichterlichen Verfahren (Abs. 1 i.V.m. § 41 **30** **Nr. 6 ZPO).** Der Ausschließungsgrund des § 41 Nr. 6 ZPO beruht auf der Überlegung, dass die Mitwirkung eines Richters an einer Entscheidung dann ausgeschlossen sein soll, wenn dieser durch vorherige Befassung mit der Sache dem Einwand ausgesetzt sein könnte, er habe sich bereits festgelegt und könne daher seine Entscheidung nicht mehr mit der gebotenen Objektivität treffen.[71] § 41 Nr. 6 ZPO soll die Funktionsfähigkeit des Rechtsmittelverfahrens sichern, die nicht gewährleistet wäre, wenn ein Richter seine eigene Entscheidung überprüfen könnte.[72] Von § 41 Nr. 6 ZPO werden allerdings nur ganz bestimmte und eng begrenzte Formen der Vorbefassung erfasst.[73] Die Ausschließung setzt die Mitwirkung beim Erlass der angefochtenen Entscheidung in einer früheren Instanz voraus. Ein Ausschließungsgrund im Sinne dieser Vorschrift verlangt eine Tätigkeit als erkennender Richter, also die tatsächliche Mitwirkung des Richters an der Entscheidungsfindung und damit an den tatsächlichen und rechtlichen Feststellungen des instanzabschließenden Urteils oder Beschlusses. Der Richter muss die vorinstanzliche Entscheidung mitzuverantworten haben (so auch das BVerwG NVwZ-RR 1998,

---

65 So zu Recht *H. Günther*, VerwArch 82 (1991), 179, 184 f.
66 *H. Günther*, VerwArch 82 (1991), 179, 184 f.; *D. Krausnick*, in: Gärditz § 54 Rn. 17; *M. Redeker*, in: Redeker/v. Oertzen § 54 Rn. 5; *J. Schmidt*, in: Eyermann § 54 Rn. 7 a.E.; so auch VGH München BayVBl 1981, 368 f.
67 *N. Stackmann*, in: MüKoZPO I § 41 Rn. 20; *M. Vollkommer*, in: Zöller § 41 Rn. 5.
68 *Baumbach/Lauterbach/Albers/Hartmann* § 41 Rn. 13; *R. Bork*, in: Stein/Jonas I § 41 Rn. 16; *N. Stackmann*, in: MüKoZPO I § 41 Rn. 22.
69 Ausschließung bejaht: BGH NStZ 2007, 711 (zu § 22 Nr. 5 StPO); OLG Frankfurt FamRZ 1989, 518, 519; *N. Stackmann*, in: MüKoZPO I § 41 Rn. 22; *R. Bork*, in: Stein/Jonas I § 41 Rn. 16; *C. Heinrich*, in: Musielak/Voit § 41 Rn. 12; *M. Vollkommer*, in: Zöller § 41 Rn. 11. A.M.: *Baumbach/Lauterbach/Albers/Hartmann* § 41 Rn. 13.
70 BVerwGE 63, 273 (LS 2); OLG München NJW 1964, 1377 f.; *R. Bork*, in: Stein/Jonas I § 41 Rn. 16.
71 VGH München BayVBl 1985, 311; vgl. auch BVerwGE 52, 47, 50; BVerwG DÖV 1980, 568, 569 zum Ablehnungsgrund der Mitwirkung am vorausgegangenen Verwaltungsverfahren nach § 54 Abs. 2.
72 Eine unbefangene Überprüfung der eigenen Entscheidung ist schon aus psychologischen Gründen nicht zu erwarten und würde einen Richter vor unlösbare Aufgaben stellen.
73 *N. Stackmann*, in: MüKoZPO I § 41 Rn. 24; eine umfassende Darstellung der nicht von § 54 Abs. 1 VwGO i.V.m. § 41 Nr. 6 ZPO umfassten Vorbefassungen aus verwaltungsprozessualer Sicht gibt *H. Günther*, VerwArch 82 (1991), 179, 188 ff.

268 f.). Hieran fehlt es, wenn der Richter lediglich bei der Prozessleitung oder bei der Verhandlung mitgewirkt hat, wenn letztere mit einer Vertagung oder einem Beweisbeschluss etc., jedenfalls aber ohne prozessbeendende Entscheidung abgeschlossen wurde.[74] So begründen etwa bloße Verfahrensmaßnahmen ohne Bezug zur Sachentscheidung, begrenzte Ermittlungshandlungen, der Erlass von Haftbefehlen oder sonstige Zwischenentscheidungen regelmäßig keine Besorgnis der Befangenheit, allerdings nur unter der Voraussetzung, dass das Ausmaß jener Maßnahmen nicht geeignet ist, den Richter bereits zu einer vorgefertigten Meinung zu verleiten. Das ist der Fall, wenn als Grundlage dieser Handlungen und Entscheidungen lediglich Plausibilitäts- oder Prima-facie-Erwägungen bzw. summarische Prüfungen erforderlich sind, sodass sich die für diese Vorentscheidungen maßgeblichen Fragen von denen für das Endurteil bestimmenden unterscheiden.[75] Ausgeschlossen ist die Mitwirkung derselben Personen in unterschiedlichen Instanzen, nicht dagegen die Mitwirkung an einem Beweisbeschluss oder lediglich an der Verkündung der infrage stehenden Entscheidungen.[76] Auch die Beteiligung an Maßnahmen, die die angefochtene Entscheidung lediglich vorbereitet haben, fällt nicht unter den Begriff „Erlass der angefochtenen Entscheidung". Dies gilt etwa für eine Vorlage an das BVerfG i.R. der konkreten Normenkontrolle nach Art. 100 Abs. 1 und 2 GG, §§ 80 ff. BVerfGG oder einen Vorlagebeschluss an den EuGH nach Art. 267 AEUV (ex Art. 234 EG).[77]

31   Die Mitwirkung als beauftragter oder ersuchter Richter in der Vorinstanz nach § 96 Abs. 2 schließt die Mitwirkung an der Entscheidung in der höheren Instanz nicht aus. Im Fall des Wiederaufnahmeverfahrens stellt die Beteiligung am rechtskräftigen Urteil keinen Ausschließungsgrund dar.[78] Dies folgt aus einem argumentum e contrario aus § 23 Abs. 2 S. 1 StPO, wo eingedenk der besonderen psychologischen Spannungslage des Angeklagten das Gegenteil gilt. Der Gesetzgeber hält im Zivil- und im Verwaltungsprozess zu Recht keine vergleichbare Situation für gegeben und hat die Rechtslage gerade deswegen nicht der strikten Regelung des § 23 Abs. 2 S. 1 StPO angepasst.[79] Die Mitwirkung an einem im Revisionsverfahren aufgehobenen (ersten) Berufungsurteil ist im Revisionsverfahren gegen das nach Zurückverweisung der Sache ergangene (zweite) Urteil der Berufungsinstanz, an dem der nunmehr in der Revisionsinstanz tätige Richter nicht mehr beteiligt war, kein gesetzlicher Ausschließungsgrund.[80] Nach Zurückverweisung der Sache durch das Obergericht gem. § 130 Abs. 2, § 144 Abs. 3 Nr. 2 ist der Richter nicht an der erneuten Mitwirkung an einem zweiten Urteil oder Berufungsurteil gehindert, selbst wenn die Sache ausnahmsweise an einen anderen Spruchkörper zurückverwiesen wurde.[81] Hat der Richter dagegen an einem Gerichtsbescheid nach § 84 mitgewirkt, den der Betroffene gem. § 84 Abs. 2 Nr. 1 anficht, so ist er an der Mitwirkung in der Rechtsmittelinstanz ausgeschlossen, was sich schon aus § 84 Abs. 3 Hs. 1 ergibt.[82] Der Gerichtsbescheid steht insoweit dem Urteil gleich. Ferner stellt das ursprüngliche Verfahren im Verhältnis zum Verfahren der Anhörungsrüge (§ 152 a) keinen „früheren Rechtszug" i.S.v. § 41 Nr. 6 ZPO dar; vielmehr ist es von der Prozessordnung vorgesehen, dass die Richter über die Anhörungsrüge im Rahmen der Selbstkontrolle entscheiden können, welche an der mit der Anhörungsrüge angegriffenen Entscheidung beteiligt waren (BVerwG NVwZ-RR 2009, 662, 663). Die Mitwirkung an einem Beschluss über die Gewährung von Prozesskostenhilfe ist für das nachfolgende Klageverfahren ebenfalls kein von § 41 Nr. 6 ZPO erfasster Ausschließungsgrund (OVG Bln-Bbg 11.1.2010 – OVG 3 B 5.09, juris Rn. 4).

32   Die Mitwirkung an einer in gleicher Sache ergangenen Entscheidung im *Verfahren des vorläufigen Rechtsschutzes* nach § 80 Abs. 5, § 80 a Abs. 3, § 123 Abs. 1 und § 47 Abs. 6 schließt die gesetzlich verankerte Beteiligung der Richter des Gerichtes der Hauptsache im Hauptverfahren (derselben In-

---

74 RGZ 105, 17; RGJW 1903, 289; diese zum Zivilprozess ergangene Judikatur ist auf den Verwaltungsprozess übertragbar.

75 So *W. Roth*, DÖV 1998, 917 f. m.w.N.

76 Vgl. *Baumbach/Lauterbach/Albers/Hartmann* § 41 Rn. 17 f.; *R. Bork*, in: Stein/Jonas I § 41 Rn. 17.

77 BFHE 129, 251 ff.; *H. Günther*, VerwArch 82 (1991), 179, 188.

78 BGH NJW 1981, 1273, 1274; OVG Bln OVGE 2, 135, 137; 13, 31, 32 f.; OVG Lüneburg OVGE 22, 372, 375; *H. Günther*, VerwArch 82 (1991), 179, 189 mit umfassenden Nachw. in Fn. 76.

79 So zu Recht *H. Günther*, VerwArch 82 (1991), 179, 189.

80 BVerwG NJW 1975, 1241 f.; in einem solchen Fall der Vorbefassung kann jedoch ein Ablehnungsgesuch wegen Besorgnis der Befangenheit sachgerecht sein.

81 Vgl. BVerwG Buchholz 310 § 54 VwGO Nr. 12 und 16; w.N. bei *H. Günther*, VerwArch 82 (1991), 179, 190 in Fn. 77.

82 A.M. ohne nähere Begründung: *M. Redeker*, in: Redeker/v. Oertzen § 54 Rn. 7 (möglicherweise bezieht sich die Aussage aber zutreffenderweise allein auf den Fall des § 84 Abs. 2 Nr. 5).

stanz) selbstverständlich nicht aus.[83] Allerdings ist ein Richter, der an einem entsprechenden Beschluss mitgewirkt hat, in einem Beschwerdeverfahren gegen eine Eilentscheidung nur zur Abhilfeentscheidung durch das *Ausgangsgericht* nach § 148 Abs. 1 Alt. 1 berufen, während er von der Entscheidung des *Beschwerdegerichts* nach § 54 Abs. 1 VwGO i.V.m. § 41 Nr. 6 ZPO ausgeschlossen ist. Ein Richter, der nur an einer erstinstanzlichen Eilentscheidung nach § 80 Abs. 5, § 80 a Abs. 3, § 123 Abs. 1 oder § 47 Abs. 6, nicht aber der erstinstanzlichen Hauptsacheentscheidung mitgewirkt hat, ist von der Entscheidung über die Hauptsache in der Rechtsmittelinstanz nach dem klaren und nicht erweiterungsfähigen Wortlaut des § 41 Nr. 6 ZPO nicht ausgeschlossen (BVerwG 7.9.1989 – 2 B 110/89; Buchholz 310 § 54 VwGO Nr. 29). Auch eine Ablehnung wegen Besorgnis der Befangenheit kommt in einem solchen Fall nur bei Vorliegen besonderer Umstände in Betracht, da andernfalls ein gesetzlich nicht vorgesehener Ausschließungsgrund geschaffen würde (BVerwG 7.9.1989 – 2 B 110/89).

Die Mitwirkung eines Richters an einem früheren gerichtlichen Verfahren in *anderer Sache* mit denselben Prozessbeteiligten vermag grds. weder einen gesetzlichen Ausschließungsgrund, noch die Besorgnis der Befangenheit zu begründen (BGH NJW-RR 2017, 189 Rn. 8). Die Auffassung, kein Richter dürfe über dieselben Parteien zweimal zu Gericht sitzen, findet im geltenden Recht keine Grundlage.[84] Dies gilt selbst dann, wenn der frühere Rechtsstreit eine gleich liegende Sache betraf, wie etwa, wenn ein Lebensbereich mehrfach durch Verwaltungsakt geregelt ist und der Richter in einem früheren Prozess gegen einen anderen Prozessbeteiligten ein bestimmtes Urteil gefällt hat (vgl. BVerwG Buchholz 310 § 54 VwGO Nr. 12). Selbst die Entscheidung präjudizieller Vorfragen in einem Vorprozess mit denselben Beteiligten führt nicht zum Ausschluss nach § 41 Nr. 6 ZPO (vgl. BGH NJW-RR 2015, 444 Rn. 7). Eine solche Vorbefassung kann aber im Einzelfall zur Befangenheitsablehnung nach § 54 Abs. 1 VwGO i.V.m. § 42 Abs. 2 ZPO berechtigen.[85]

Ein Richter, der i.R. des *schiedsgerichtlichen Verfahrens* bei dem Erlass der angefochtenen Entscheidung mitgewirkt hat, ist vom nachfolgenden gerichtlichen Verfahren i.R. der Aufhebungsklage nach § 41 Nr. 6 ZPO ausgeschlossen. Dies hat auch Relevanz für den Verwaltungsrechtsstreit. Mit dem Gesetz zur Änderung veterinärrechtlicher, lebensmittelrechtlicher und tierzuchtrechtlicher Vorschriften (BGBl I 1992, 2022) ist in einer Reihe von Gesetzen die Möglichkeit eingeführt worden, dass die Parteien einen Streit einvernehmlich durch den Schiedsspruch eines Sachverständigen schlichten lassen können. Auf den Schiedsvertrag und das schiedsgerichtliche Verfahren finden die §§ 1025 ff. ZPO entsprechende Anwendung. Gegen den Schiedsspruch kann innerhalb eines Monats Aufhebungsklage beim zuständigen VG erhoben werden (vgl. u.a. § 36 TierGesG [§ 83 TierSG a.F.], § 16 i TierSchG, § 25 TierZG, § 45 LFGB).

f) Mitwirkung in einem überlangen Gerichtsverfahren (Abs. 1 i.V.m. § 41 Nr. 7 ZPO). Mit dem am 3.12.2011 in Kraft getretenen Gesetz über den Rechtsschutz bei überlangen Gerichtsverfahren und strafrechtlichen Ermittlungsverfahren vom 24.11.2011 (BGBl I 2302) wurde ein Entschädigungsanspruch bei unangemessener Dauer eines Gerichts- oder strafrechtlichen Ermittlungsverfahrens eingeführt (vgl. bspw. § 173 VwGO i.V.m. § 198 GVG). Für Klagen auf Entschädigung für Nachteile aufgrund von Verzögerungen im Bereich der Verwaltungsgerichtsbarkeit der Länder sind die Oberverwaltungsgerichte bzw. Verwaltungsgerichtshöfe zuständig (§ 173 S. 1, 2 VwGO i.V.m. § 201 Abs. 1 S. 1 GVG). Betreffen Entschädigungsklagen Verzögerungen im Bereich des BVerwG, so ist dieses Gericht selbst für die Entscheidung zuständig (§ 173 S. 1, 2 VwGO i.V.m. § 201 Abs. 1 S. 2 GVG).

Gem. § 54 Abs. 1 VwGO i.V.m. § 41 Nr. 7 ZPO ist ein Richter in Sachen wegen überlanger Gerichtsverfahren kraft Gesetzes von der Ausübung des Richteramts ausgeschlossen, wenn er in dem beanstandeten Verfahren in einem Rechtszug mitgewirkt hat, auf dessen Dauer der Entschädigungsanspruch gestützt wird. Die nach § 41 Nr. 7 ZPO für eine Ausschließung ausreichende Mitwirkung ist deutlich weiter als die von in § 41 Nr. 6 ZPO verlangte *Entscheidungs*mitwirkung (LSG Neubrandenburg 13.2.2013 – L 12 SF 3/12 EK AL, juris Rn. 31).[86] Es handelt sich um eine *Verfahrens*mitwir-

33

34

34a

34b

---

83 BVerwG Buchholz 310 § 54 VwGO Nr. 41; *C. Meissner*, in: Schoch/Schneider/Bier § 54 Rn. 23. Vgl. auch BGH NJW-RR 2017, 454 Rn. 11.

84 BVerwG Buchholz 310 § 54 VwGO Nr. 15; *H. Günther*, VerwArch 82 (1991), 179, 188.

85 Ausf. zu diesem Problemkomplex *H. Günther*, VerwArch 82 (1991), 179, 188 m.w.N. in Fn. 59. Zurückhaltend BGH NJW-RR 2015, 444 Rn. 12.

86 Unzutreffend ist es daher, die Grundsätze von § 41 Nr. 6 ZPO auf die Mitwirkungshindernisse des § 41 Nr. 7, 8 ZPO zu übertragen, so aber *M. Gehrlein*, in: MüKoZPO I, ⁴2013, § 41 Rn. 26.

kung, die der in § 54 Abs. 2 verlangten „Mitwirkung bei dem vorausgegangenen Verwaltungsverfahren" vergleichbar ist (→ Rn. 38 ff.).[87] Eine Mitwirkung i.S.v. § 41 Nr. 7 ZPO dürfte bereits auch dann schon anzunehmen sein, wenn ein Richter mit dem beanstandeten Verfahren auch nur kurzzeitig als Urlaubsvertretung befasst war.[88]

34c **g) Mitwirkung an einem Mediationsverfahren (Abs. 1 i.V.m. § 41 Nr. 8 ZPO).** Der Ausschließungsgrund des § 41 Nr. 8 ZPO ist durch das Gesetz zur Förderung der Mediation und anderer Verfahren der außergerichtlichen Konfliktbeilegung vom 21.7.2012 (BGBl I 1577), welches am 26.7.2012 in Kraft trat, neu eingefügt worden. Danach ist ein Richter in Sachen, in denen er an einem Mediationsverfahren oder einem anderen Verfahren der außergerichtlichen Konfliktbeilegung mitgewirkt hat, kraft Gesetzes von der Ausübung seines Amtes ausgeschlossen. Die Gesetzesbegründung (BT-Drs. 17/5335, 20) stüzt sich allein auf den „Gedanken der Trennung von gerichtsinterner Mediation und Streitentscheidung"; ohne die Ausschließung „müssten die Parteien befürchten, dass Richterinnen und Richter die ihnen in ihrer Eigenschaft als richterliche Mediatorinnen und Mediatoren bekannt gewordenen Tatsachen ihrer Entscheidung zugrunde legen". Der maßgebliche Wortlaut der Vorschrift ist jedoch nicht auf die gerichtsinterne Mediation beschränkt, sondern umfasst darüber hinaus auch die gerichtsnahe und außergerichtliche Mediation sowie jede andere Form der außergerichtlichen Konfliktbeilegung.

34d Ebenso wie bei § 41 Nr. 7 ZPO ist hier eine *Verfahrens*mitwirkung ausreichend, wobei auch eine kurzzeitige Beteiligung ausreichend ist (→ Rn. 34 b).[89] Unerheblich ist, welchen Einfluss die Beteiligung des Richters auf das Mediations- oder Konfliktbeilegungsverfahren gehabt hat. Der Richter braucht in der vorangegangenen Mediation oder Konfliktbeilegung nicht als Richter (z.B. Güterichter gem. § 173 S. 1 VwGO i.V.m. § 278 Abs. 5 ZPO) oder Mediator (§ 1 Abs. 2 MediationsG) aufgetreten zu sein. Es reicht eine Beteiligung als Partei/Hauptbeteiligter, gesetzlicher Vertreter, Bevollmächtigter, Zeuge, Sachverständiger oder in jeder anderen Beteiligtenstellung.[90]

35 **h) Mitwirkung beim vorausgegangenen Verwaltungsverfahren (Abs. 2).** Der spezielle verwaltungsprozessuale[91] Ausschließungsgrund der Mitwirkung beim vorausgegangenen Verwaltungsverfahren nach § 54 Abs. 2 erweitert die in § 41 Nr. 1–8 ZPO normierten Gründe.[92] Die Vorschrift soll ähnlich wie § 41 Nr. 6–8 ZPO die Mitwirkung desjenigen Richters ausschließen, der dem Einwand ausgesetzt sein könnte, er habe sich durch seine Vorbefassung bereits in der Sache festgelegt und könne seine Entscheidung daher nicht mehr mit der gebotenen Objektivität treffen.[93] Im Mittelpunkt des in vielen Einzelfragen umstr. Anwendungsbereichs dieses Ausschließungsgrundes steht die Interpretation der Begriffe „*Mitwirkung*" und „*vorausgegangenes Verwaltungsverfahren*" (Einzelheiten → Rn. 36 ff.). Dabei besteht Konsens, dass der Ausschließungsgrund wegen des Normzwecks nicht zu restriktiv interpretiert und nicht auf den engen Bereich des Verwaltungsverfahrens nach § 9 VwVfG beschränkt werden darf.[94] Trotz dieser grundsätzlichen Einigkeit über die Auslegung der Vorschrift bestehen jedoch in Einzelfällen erhebliche Streitfragen, die im Folgenden strukturiert und systematisiert werden sollen.

36 *Zum Begriff des vorausgegangenen Verwaltungsverfahrens* gehört nach der Rspr. des BVerwG das gesamte behördliche Verfahren einschließlich des Vorverfahrens, das den Erlass der angefochtenen Verwaltungsentscheidung zum Gegenstand hatte (BVerwGE 52, 47, 48; BVerwG Buchholz 310 § 54 VwGO Nr. 1, 3, 13). Der Anwendungsbereich des § 54 Abs. 2 umfasst zunächst die auf den gesamten Ermittlungs- und Entschließungsvorgang gerichtete Verwaltungstätigkeit i.w.S. Eine Beschränkung auf das Verwaltungsakte und öffentlich-rechtliche Verträge betreffende Verfahren, wie dies § 9 VwVfG

87　C. *Kimmel*, in: BeckOK VwGO, Posser/Wolff § 54 Rn. 18 a.
88　A.A. W. *Keller*, in: Meyer-Ladewig/Keller/Leitherer/Schmidt § 60 Rn. 4 g; offen gelassen: LSG Neubrandenburg 13.2.2013 – L 12 SF 3/12 EK AL, juris Rn. 31.
89　C. *Kimmel*, in: BeckOK VwGO, Posser/Wolff § 54 Rn. 18 b.
90　*Baumbach/Lauterbach/Albers/Hartmann* § 41 Rn. 16.
91　Inhaltsgleiche Bestimmungen wie § 54 Abs. 2 enthalten die Prozessordnungen der besonderen Verwaltungsgerichtsbarkeit in § 51 Abs. 2 FGO und § 60 Abs. 2 SGG.
92　Ausf. zu diesem speziellen Ausschlussgrund H. *Günther*, VerwArch 82 (1991), 179, 192 ff.
93　VGH München BayVBl 1985, 311; H. *Günther*, VerwArch 82 (1991), 179, 192.
94　Allg. Auffassung; vgl. BVerwG Buchholz 310 § 54 VwGO Nr. 2; VGH München BayVBl 1981, 368, 369; vgl. auch H. *Günther*, VerwArch 82 (1991), 179, 192.

vorsieht, ist nicht sachgerecht.[95] Auch alle anderen Arten des Verwaltungshandelns müssen Gegenstand unvoreingenommener verwaltungsgerichtlicher Überprüfung sein. Hierunter fallen Vorbereitungshandlungen und Entscheidungen im Wege begünstigenden oder belastenden *„schlichten" Verwaltungshandelns*[96], aber auch die frühere Tätigkeit des Richters in dem rechtlich noch unzureichend strukturierten Bereich des sog. *„informalen Verwaltungshandelns"*. Ein Ausschließungsgrund i.S.d. § 54 Abs. 2 liegt daher bspw. vor, wenn der Richter i.R. einer früheren Verwaltungstätigkeit in Bezug auf den Streitgegenstand normersetzende Absprachen mit einem Verfahrensbeteiligten getroffen oder eine behördliche Duldung eines rechtswidrigen Zustandes verfügt hat. Der Ausschließungsgrund des § 54 Abs. 2 gilt nicht nur im Hinblick auf anhängige Anfechtungs- und Verpflichtungsklagen, sondern für jede Klageart der VwGO einschließlich der Verfahren im vorläufigen Rechtsschutz.[97] Ausreichend für das Vorliegen eines Ausschließungsgrundes ist ferner die Mitwirkung im *Widerspruchsverfahren*.[98] Auch ein Mitwirken des Richters an *Maßnahmen der Aufsichtsbehörde*, die den Verwaltungsakt zwar nicht selbst erlassen, wohl aber Einfluss auf Art und Inhalt der ergangenen Entscheidung ausgeübt hat, schließt diesen von der Ausübung des Richteramts in derselben Sache aus (BVerwGE 52, 47, 49). Nicht unter den Ausschließungsgrund des § 54 Abs. 2 fällt dagegen eine frühere Tätigkeit des Richters in einem *Normsetzungsverfahren*, wie die Mitarbeit an Rechtsverordnungen oder Satzungen, die i.R. der Normenkontrolle nach § 47 der gerichtlichen Überprüfung unterliegen.[99] Hat der Richter beim Erlass oder bei der Erarbeitung solcher Normen verantwortlich mitgewirkt, so bestehen jedoch regelmäßig berechtigte Zweifel hinsichtlich seiner Unvoreingenommenheit, die seine Ablehnung wegen Besorgnis der Befangenheit rechtfertigen werden.[100]

Auch der Ausschließungsgrund des § 54 Abs. 2 ist konkret verfahrensbezogen zu interpretieren (zur Begründung ausf. → Rn. 23). Unter dem „vorausgegangenen Verwaltungsverfahren" i.S.v. § 54 Abs. 2 ist daher grds. nur jenes Verfahren zu verstehen, in dem die „Entscheidung"[101] ergangen ist, die der Überprüfung im verwaltungsgerichtlichen Verfahren unterliegt.[102] Aus dieser konkret verfahrensbezogenen Betrachtungsweise folgt, dass die Mitwirkung bei einem durch Erstbescheid abgeschlossenen Verwaltungsverfahren jedenfalls kein Ausschließungsgrund[103] nach § 54 Abs. 2 ist, wenn Gegenstand der gerichtlichen Überprüfung nur das durch einen selbständigen *Zweitbescheid* abgeschlossene Zweitverfahren ist.[104] Ist allerdings eine *Zwangsvollstreckung* Gegenstand eines Rechtsstreits, so ist auch das zum Erlass des Grundverwaltungsakts durchgeführte Verfahren wegen seiner untrennbaren Verbindung mit dem Verfahrensgegenstand vorausgegangenes Verwaltungsverfahren i.S.d. § 54 Abs. 2, sodass ein hieran beteiligter Richter gem. § 54 Abs. 2 ausgeschlossen ist.[105] Auch wenn bei der gerichtlichen Prüfung eines von der Verwaltungsbehörde abgelehnten *Wiederaufgreifens des Verwal-*

37

---

95 C. *Kimmel*, in: BeckOK VwGO, Posser/Wolff § 54 Rn. 20.

96 Zu denken ist hier etwa an den bedeutsamen Bereich behördlicher Warnungen, Empfehlungen und sonstiger Wissens- und Willensäußerungen.

97 Es kann nicht davon ausgegangen werden, dass der Gesetzgeber hier auf den engeren, erst viel später durch das VwVfG eingeführten Begriff des „Verwaltungsverfahrens" nach § 9 VwVfG abzielte.

98 BVerwGE 52, 47, 48; NVwZ-RR 2017, 468 Rn. 17; VGH München BayVBl 1981, 369, 725; C. *Meissner*, in: Schoch/Schneider/Bier § 54 Rn. 24.

99 A.A. C. *Kimmel*, in: BeckOK VwGO, Posser/Wolff § 54 Rn. 21; D. *Krausnick*, in: Gärditz § 54 Rn. 24, wonach bei der Normenkontrolle das Normsetzungsverfahren „Verwaltungsverfahren" i.S.v. § 54 Abs. 2 sei.

100 Im praktisch bedeutsamen Bereich der Überprüfung von Bebauungsplänen i.R. der Normenkontrolle nach § 47 besteht schon gem. § 54 Abs. 3 die unwiderlegbare Vermutung der Besorgnis der Befangenheit eines Richters, der als Gemeindevertreter, Ratsherr, Stadtrat o.Ä. am Beschluss des Bebauungsplanes mitgewirkt hat. Die gleiche Besorgnis besteht aber selbstverständlich, wenn der Richter etwa bei der Vorbereitung einer Rechtsverordnung i.S.d. § 47 Abs. 1 Nr. 2 i.R. einer früheren Tätigkeit in der Ministerialbürokratie beteiligt war, sodass hier eine Ablehnung nach § 54 Abs. 1 VwGO i.V.m. § 42 Abs. 2 ZPO erfolgversprechend ist.

101 „Entscheidung" i.d.S. ist dabei selbstverständlich auch der Entschluss, das Entschließungsermessen im Bereich der Ermessensverwaltung dahingehend auszuüben, ein Einschreiten zu unterlassen und untätig zu bleiben.

102 BVerwG DÖV 1983, 252 m.w.N.; NVwZ 1990, 460, 461; Buchholz 310 § 54 VwGO Nr. 3; 5.1.2010 – 5 B 58/09, juris Rn. 5.

103 Wegen der engen sachlichen Verbindung der Verfahrensgegenstände der durch Erst- bzw. Zweitbescheid abgeschlossenen selbständigen Verwaltungsverfahren kann aber eine Ablehnung wegen Besorgnis der Befangenheit begründet sein.

104 Ebenso W.-R. *Schenke*, in: Kopp/Schenke § 54 Rn. 9. Zur Terminologie, insbes. zur Unterscheidung zwischen *Zweitbescheid* und *wiederholender Verfügung* ausf. M. *Ruffert*, in: Ehlers/Pünder § 21 Rn. 29 sowie H. W. *Laubinger*, in: Ule/Laubinger § 65 Rn. 7 ff.

105 VGH München BayVBl 1985, 311; enger W.-R. *Schenke*, in: Kopp/Schenke § 54 Rn. 9: nur wenn die Rechtmäßigkeit des der Zwangsvollstreckung zugrundeliegenden Verwaltungsakts im gerichtlichen Verfahren zu überprüfen ist.

tungsverfahrens nach § 51 VwVfG die Rechtmäßigkeit des ursprünglich erlassenen Verwaltungsakts zu beurteilen ist, muss der Richter ausgeschlossen sein, der zwar nicht am Verwaltungsverfahren, in dem über das Wiederaufgreifen entschieden wurde, wohl aber am Ausgangsverwaltungsverfahren beteiligt war.[106]

38 *Nicht* unter § 54 Abs. 2 fällt dagegen die Mitwirkung in parallelen Verfahren mit vergleichbarer oder gar gleicher Sachverhaltskonstellation, aber anderen Beteiligten (vgl. BVerwG NJW 1977, 312; OVG Lüneburg OVGE 27, 366, 372). Auch frühere Verwaltungsverfahren, in denen sowohl der Richter als auch einer der Beteiligten agierten, fallen nicht unter § 54 Abs. 2, wenn sie nicht konkreter Gegenstand des nunmehr anhängigen Gerichtsverfahrens sind (BVerwG 5.1.2010 – 5 B 58/09, juris Rn. 1, 5). Dies gilt selbst dann, wenn solche abgeschlossenen Verfahren bei Erlass der nunmehr angefochtenen Verwaltungsentscheidung berücksichtigt worden sind (BVerwG NVwZ 1990, 460, 461).

39 Der *Begriff der Mitwirkung* darf nicht zu eng ausgelegt werden, wenn der Normzweck – der Schutz des Vertrauens in die Unparteilichkeit der Verwaltungsgerichte – tatsächlich erreicht werden soll (BVerwGE 52, 47, 50). Ausreichend für eine Ausschließung ist daher schon der durch Tatsachen untermauerte äußere Eindruck, der Richter habe sich durch eine frühere Mitwirkung an der Streitsache in seiner Eigenschaft als Verwaltungsangehöriger bereits in der Sache festgelegt (BVerwGE 52, 47, 50). Eine Mitwirkung i.S.d. § 54 Abs. 2 setzt nicht voraus, dass der Richter innerhalb des Verwaltungsverfahrens selbst eine rechtsverbindliche Entscheidung getroffen, unterschrieben oder auch nur entworfen bzw. verfasst hat (BVerwGE 52, 47, 50; BVerwG Buchholz 310 § 54 VwGO Nr. 25), wobei ein solches Tätigwerden unzweifelhaft unter § 54 Abs. 2 zu subsumieren ist. Vielmehr liegt eine *Mitwirkung* im Sinne dieser Vorschrift bei jedem vor, der im Laufe des Verwaltungsverfahrens vom Beginn des Vorgangs mit diesem in amtlicher Funktion befasst war und entweder die Entscheidung selbst mitzuverantworten hat oder diese im Auftrage der Behörde gegenüber Dritten oder der Öffentlichkeit zu vertreten hat.[107] Diese weite Auslegung der Vorschrift ist dem Gebot der Neutralität und Unabhängigkeit des gesetzlichen Richters verpflichtet und wird vom BVerwG geteilt (BVerwGE 52, 47, 50). Die Mitwirkung am vorausgegangenen Verwaltungsverfahren setzt allerdings einen *Bezug zu einem konkreten Verfahren* voraus. Die frühere Zugehörigkeit des Richters zu einer streitbeteiligten Körperschaft oder Behörde kann daher nicht ausreichen, um einen gesetzlichen Ausschließungsgrund nach § 54 Abs. 2 zu begründen.[108] So kann ein Ausschluss eines Finanzrichters nicht allein auf die Begründung gestützt werden, dieser hätte zu irgendeinem Zeitpunkt als Beamter der Finanzverwaltung angehört (BFH NJW 1974, 1528), ebenso wenig rechtfertigt eine vorhergehende Tätigkeit des Richters bei einer am Rechtsstreit beteiligten Behörde den Ausschluss.[109] Nach der zu restriktiven Rspr. des BVerwG ist ein ehrenamtlicher Richter, der bei der Entscheidung über das erforderliche gemeindliche Einvernehmen nach § 36 BauGB nur vorbereitend und beratend, nicht aber als Mitglied des gemeindlichen Beschlussorgans mitgewirkt hat, nicht nach § 54 Abs. 2 ausgeschlossen (BVerwG NVwZ 1990, 460, 461 f.). Dem ist nicht zuzustimmen, da es im Lichte der Garantie des gesetzlichen Richters nach Art. 101 Abs. 1 S. 2 GG geboten ist, schon die vorbereitende Mitwirkung an der Willensbildung über die Erteilung des Einvernehmens als Vorbefassung mit der Sache gem. § 54 Abs. 2 zu beurteilen.[110]

---

106 Vgl. *H. Günther*, VerwArch 82 (1991), 179, 193.

107 Ähnl. auch *M. Redeker*, in: Redeker/v. Oertzen § 54 Rn. 8 und *W.-R. Schenke*, in: Kopp/Schenke § 54 Rn. 8, die jede wie auch immer geartete amtliche Handlung in Bezug auf die Sache im Verwaltungsverfahren genügen lassen. Enger insoweit *C. Meissner*, in: Schoch/Schneider/Bier § 54 Rn. 24, der den Einfluss, den der Richter auf die Verwaltungsentscheidung genommen hat, für entscheidend hält.

108 Allg. Auffassung; vgl. nur statt aller VGH München BayVBl 1981, 723, 724 f.; *H. Günther*, VerwArch 82 (1991), 179, 194; *Schunck/De Clerck* § 54 Anm. 3 f.

109 VGH München BayVBl 1981, 723, 725; vgl. auch *M. Redeker*, in: Redeker/v. Oertzen § 54 Rn. 8.

110 Dies bezeichnet BVerfG (K) NVwZ 1996, 885 jedenfalls als nahe liegend und bezweifelt die Vereinbarkeit der entgegenstehenden Auffassung mit Art. 101 Abs. 1 S. 2 GG. S.a. VGH München VGHE 66, 33 (42 f.), wonach zu den von § 20 Abs. 1 VwVfG erfassten Personenkreis „alle Personen [gehören], denen von der Behörde eine aktive Rolle in einem Verwaltungsverfahren zugewiesen wurde, die sich nicht in gänzlich untergeordneten, nicht einmal die abstrakte Möglichkeit der Einflussnahme auf den Verfahrensverlauf und den Verfahrensausgang eröffnenden Verrichtungen erschöpft".

Auszuscheiden aus dem Begriff der Mitwirkung sind jedoch rein *technische Hilfsdienste* i.R. des Ver- 40
waltungsverfahrens, wie bspw. Schreib-, Boten- und Fahrdienste oder Ähnliches.[111] Ob zu den rein
technischen Verrichtungen, die einen Ausschließungsgrund nicht zu rechtfertigen vermögen, auch die
Tätigkeit als *Dolmetscher, Sachverständiger oder Schriftführer* zu zählen ist, wird im Einzelnen unterschiedlich beurteilt und hängt davon ab, ob bei der im Einzelfall ausgeübten Tätigkeit die konkrete
Möglichkeit einer Einflussnahme auf das Verfahren oder den Inhalt der Entscheidung bestand.[112]
Einzelfälle:[113] Ein Ausschließungsgrund nach § 54 Abs. 2 liegt vor, wenn der Richter für die Entschei- 41
dung im Verwaltungsverfahren nicht zuständig gewesen ist und sie auch nicht beeinflusst hat, dem Betroffenen gegenüber aber die Richtigkeit der von der Behörde beabsichtigten Entscheidung gerechtfertigt und der Hoffnung Ausdruck gegeben hat, dieser möge das Verfahren nicht durch das Einlegen
von Rechtsmitteln behindern (BVerwGE 52, 47, 50). Ausreichend für eine Ausschließung ist die Teilnahme in amtlicher Eigenschaft als Verhandlungsleiter bei einer Erörterung i.R. des Verwaltungsverfahrens (BVerwG Buchholz 310 § 54 VwGO Nr. 25) oder als zuständiger Sachbearbeiter i.R. einer Besprechung (BVerwG Buchholz 310 § 54 VwGO Nr. 1). Auch das bloße Sammeln und Sichten des
Streitstoffs,[114] die Teilnahme an Besprechungen mit Verfahrensbeteiligten (BVerwG Buchholz 310
§ 54 VwGO Nr. 1) oder die Unterzeichnung behördlicher Schriftsätze[115] fällt unter den Begriff der
Mitwirkung am vorausgegangenen Verwaltungsverfahren. Dagegen hat ein Richter, der als Arbeitsge-
meinschaftsleiter an der Ausbildung des die Prüfungsnote anfechtenden Gerichtsreferendars beteiligt
war, nicht an der eigentlichen Prüfungsentscheidung mitgewirkt und ist deshalb nicht von der Ausübung des Richteramts im betreffenden Rechtsstreit ausgeschlossen.[116]

3. Die Ablehnung des Richters durch die Prozessbeteiligten. **a) Ablehnung aus den Gründen nach** 42
§ 54 Abs. 1 VwGO i.V.m. § 41 ZPO. Die Ablehnung des Richters kann nach § 42 Abs. 1 Alt. 1 ZPO
auf diejenigen Gründe gestützt werden, die den Richter von der Ausübung seines Amtes kraft Gesetzes
ausschließen. Zwar ist das Gericht in jeder Verfahrenslage und von Amts wegen verpflichtet zu prüfen, ob ein gesetzlicher Ausschließungsgrund vorliegt (BVerfGE 46, 34, 37; → Rn. 12); es sind aber
durchaus Fälle denkbar, in denen das Gericht einen Ausschließungsgrund nicht erkennt oder – seltener
– pflichtwidrig nicht beachtet. Hier gibt das Gesetz den Verfahrensbeteiligten die Möglichkeit, den
Ausschließungsgrund jedenfalls mit einem Ablehnungsgesuch wegen Besorgnis der Befangenheit geltend zu machen. Für das Verfahren gelten dann die Verfahrensvorschriften der ZPO gem. § 54 Abs. 1
VwGO i.V.m. §§ 44 ff. ZPO (ausf. → Rn. 83 ff.). In diesem Fall kann das Ablehnungsrecht nicht
durch rügelose Einlassung verloren gehen, denn die Vorschrift des § 43 ZPO gilt nur für die Ablehnung wegen Besorgnis der Befangenheit. Das Gericht muss über das Ablehnungsgesuch gem. § 54
Abs. 1 VwGO i.V.m. § 45 Abs. 1 ZPO ausdrücklich entscheiden, auch wenn der Richter im Falle des
Vorliegens eines Ausschließungsgrundes gem. § 54 Abs. 1 VwGO i.V.m. § 41 ZPO von der Mitwir-
kung an der gerichtlichen Entscheidung schon kraft Gesetzes ausgeschlossen ist.[117] Die gesetzlich vorgesehene Geltendmachung von Ausschließungsgründen i.R. eines Befangenheitsgesuches entbindet das
Gericht jedoch nicht davon, jederzeit von Amts wegen zu prüfen, ob ein gesetzlicher Ausschließungs-
grund in Betracht kommt. Diese Prüfungspflicht folgt schon daraus, dass die Mitwirkung eines kraft
Gesetzes ausgeschlossenen Richters bei der Entscheidung ein *absoluter Revisionsgrund* gem. § 138
Nr. 2 i.V.m. § 137 Abs. 1 Nr. 1 ist.

b) Ablehnung wegen Besorgnis der Befangenheit (Abs. 1 i.V.m. § 42 Abs. 2 ZPO). Die Ablehnung 43
wegen Besorgnis der Befangenheit nach § 54 Abs. 1 VwGO i.V.m. § 42 Abs. 2 ZPO ist in der Prozesspraxis der mit Abstand *wichtigste Grund* einer Ablehnung von Gerichtspersonen und steht daher zu
Recht im Mittelpunkt der juristischen Diskussion. Dies liegt nicht zuletzt daran, dass die generalklau-

---

111 Insofern kann auf die Lit. des Verwaltungsverfahrensrechts zum Begriff des Tätigwerdens i.S.d. § 20 VwVfG verwie-
    sen werden; vgl. statt aller *H. Schmitz*, in: Stelkens/Bonk/Sachs § 20 Rn. 25 mit umfangreichen Nachw. sowie *U.
    Ramsauer*, in: Kopp/Ramsauer § 20 Rn. 13 a f. S.a. VGH München VGHE 66, 33 (42 f.).
112 Vgl. etwa *U. Ramsauer*, in: Kopp/Ramsauer § 20 Rn. 13 a und *H. Schmitz*, in: Stelkens/Bonk/Sachs § 20 Rn. 25 zur
    Frage, ob entsprechende Handlungen unter den Begriff des Tätigwerdens nach § 20 VwVfG zu fassen sind.
113 Zu weiteren Einzelfällen aus der Rspr. *H. Günther*, VerwArch 82 (1991), 179, 193 f.
114 Vgl. *W. Keller*, in: Meyer-Ladewig/Keller/Leitherer/Schmidt § 60 Rn. 5.
115 Hierzu *H. Günther*, VerwArch 82 (1991), 179, 194 m.w.N. in Fn. 108.
116 BVerwG DÖV 1983, 552; zust. *H. Günther*, VerwArch 82 (1991), 179, 193.
117 *R. Bork*, in: Stein/Jonas I § 42 Rn. 1.

selartige Formulierung des Begriffes der *Besorgnis der Befangenheit* einer Präzisierung durch Rechtswissenschaft und Rspr. bedurfte. Dieser Aufgabe ist die Jurisprudenz durch eine sehr rege Publikationstätigkeit nachgekommen. Dennoch ist es in der Diskussion nur unvollkommen gelungen, die prozessuale Rechtssicherheit durch die Entwicklung von Sachverhaltstypen und Wertungskonstanten zu fördern. Festzuhalten ist, dass das Problemfeld „Besorgnis der Befangenheit" durch eine mangelnde Rechtssicherheit und Transparenz gekennzeichnet ist. Die hier vorliegende Kommentierung stellt die Entscheidungsleitlinien vor und legt dar, inwieweit zu bestimmten Einzelfragen Einigkeit oder Streit besteht.

44   Nach § 42 Abs. 2 ZPO findet die Ablehnung wegen Besorgnis der Befangenheit statt, wenn ein Grund vorliegt, der geeignet ist, Misstrauen gegen die Unparteilichkeit eines Richters zu rechtfertigen. Während es § 42 Abs. 2 ZPO somit ohne Darstellung weiterer typisierender Merkmale der pflichtgemäßen Beurteilung der zur Entscheidung über ein Ablehnungsgesuch berufenen Instanz überlässt, ob nach den Umständen des konkreten Falles ein Grund zum Zweifel an der Neutralität des Richters besteht,[118] stellt § 54 Abs. 3 für den Verwaltungsprozess klar, dass Besorgnis der Befangenheit stets begründet ist, wenn der Richter oder ehrenamtliche Richter der Vertretung einer Körperschaft angehört, deren Interessen durch das Verfahren berührt werden (→ Rn. 49 ff.). In diesen Fällen wird eine bestehende Befangenheit des Richters vom Gesetzgeber unwiderleglich vermutet (BVerwG NVwZ 1990, 460, 461).

45   Maßgebend für die Besorgnis der Befangenheit ist nicht, ob der Richter tatsächlich in seiner Neutralität beeinträchtigt ist oder ob er sich selbst für befangen hält; entscheidend ist vielmehr, ob ein Beteiligter die auf objektiven Tatsachen beruhende, subjektiv vernünftigerweise mögliche Besorgnis hat, der Richter werde die Sache nicht unparteiisch, unvoreingenommen oder unbefangen entscheiden (BVerfGE 20, 1, 5; 20, 9, 14; 32, 288, 290; BVerwG NVwZ 2016, 253 Rn. 7; 12.12.2016 – 5 C 10/15 D, juris Rn. 5). Es genügt für die Ablehnung allein der „böse Schein" mangelnder Objektivität.[119] Maßgeblich ist somit allein die (verobjektivierte) Sicht des ablehnenden Verfahrensbeteiligten. Hat dieser bei vernünftiger Würdigung aller Umstände Anlass, an der Unvoreingenommenheit der Gerichtsperson zu zweifeln, liegt ein Ablehnungsgrund vor. Eine rein subjektive, unvernünftige Vorstellung des Ablehnenden ist dabei außer Acht zu lassen. Nur wenn objektivierbare Umstände Zweifel an der Unparteilichkeit des Richters begründen, ist § 42 ZPO anzuwenden (BVerfGE 73, 330, 335; 82, 30, 38). Ob solche, nicht nur in der Einbildung der Partei wurzelnde, objektive Ablehnungsgründe vorliegen, ist eine Frage des Einzelfalles.

46   Ziel der gesetzlichen Regelung ist es, einerseits die Objektivität und Neutralität der Rechtspflege und das Vertrauen des Bürgers hierin zu sichern, andererseits aber auch einen Missbrauch des verfassungsrechtlich gesicherten Ablehnungsrechts zu verhindern, damit nicht unliebsame Richter von ihrem Amt zu Unrecht ausgeschlossen werden (i.d.S. ausdrücklich VGH Kassel NJW 1985, 1105, 1106). Im Bereich der Ablehnung von Gerichtspersonen wegen Besorgnis der Befangenheit besteht regelmäßig ein *Interessenkonflikt zwischen verfassungsrechtlich geschützten Rechtspositionen.* Auf der einen Seite ist das Vertrauen in die Unparteilichkeit des Richters ein wertvolles verfassungsrechtlich gesichertes Gut, auf der anderen Seite darf nicht verkannt werden, dass eine zu weitgehende Annahme der Besorgnis der Befangenheit das ebenfalls verfassungsrechtlich abgesicherte Prinzip des gesetzlichen Richters tangiert. In jedem Einzelfall muss daher das vorgehend skizzierte Spannungsverhältnis zu einem gerechten Ausgleich gebracht werden. Dieses sollte nach der Leitlinie geschehen, nicht vorschnell der Besorgnis der Befangenheit das Wort zu reden. Vielmehr muss im Einzelfall der Einschränkung, dass die Besorgnis der Befangenheit in den Augen eines „vernünftigen" Menschen vorliegen muss, besonderes Augenmerk geschenkt werden.[120]

47   Die Zahl denkbarer Ablehnungsgründe ist Legion; diese widersetzen sich daher jeder Katalogisierung und Generalisierung. Die Kommentierung versucht deshalb, typische und immer wiederkehrende *Fallgruppen* zu identifizieren und die hierzu entwickelten *Leitlinien* der Rspr. exemplarisch aufzuzei-

---

118 *R. Bork,* in: Stein/Jonas I § 42 Rn. 2.
119 BVerfGE 35, 246, 253; 43, 126, 127; 46, 34, 41; 73, 330, 335; 82, 30, 38; BSG NJW 1993, 2261, 2262; *D. Krausnick,* in: Gärditz § 54 Rn. 30.
120 I.d.S. auch *R. Bork,* in: Stein/Jonas I § 42 Rn. 2.

gen.[121] Die Aufzählung einzelner Fallbeispiele kann grds. nur fragmentarischen Charakter haben und nur eine grobe Strukturierung des ausgewerteten Entscheidungsmaterials bieten. Der Benutzer sollte sich immer vor Augen halten, dass die zitierten Gerichtsentscheidungen stets auf den besonderen Umständen des Einzelfalles beruhen. Schon geringe Unterschiede in kleinen Details können daher eine abweichende Beurteilung rechtfertigen;[122] vor jeglicher Schematisierung sei daher ausdrücklich gewarnt. Die Ablehnungsgründe lassen sich zum Zwecke der Übersichtlichkeit in verschiedene Gruppen typologisieren. Zwischen den verschiedenen Gruppen bestehen mannigfaltige Überschneidungen und Wechselbeziehungen. In der Grobstruktur lassen sich die Befangenheitsgründe im Verwaltungsprozess in *vier Fallgruppen* einteilen. Hierzu gehören erstens die Befangenheitsgründe des § 54 Abs. 3 als verwaltungsprozessuale Besonderheit, zweitens Befangenheitsgründe, die sich aus besonderen Beziehungen ergeben, die der Richter zu den Verfahrensbeteiligten oder dem Verfahrensgegenstand hat, drittens Befangenheitsgründe, die aus einem prozessualen Verhalten des Richters resultieren, und viertens aus einem außerprozessualen Verhalten des Richters resultierende Befangenheitsgründe.[123]

c) 1. Fallgruppe: Der Befangenheitsgrund des Abs. 3. Der Ablehnungsgrund des § 54 Abs. 3 enthält eine spezielle *Befangenheitsvermutung* für das verwaltungsprozessuale Verfahren. Entsprechende Vorschriften enthalten auch § 51 Abs. 3 FGO und § 60 Abs. 3 SGG. Nach § 54 Abs. 3 ist Besorgnis der Befangenheit stets begründet, wenn der Richter oder ehrenamtliche Richter der Vertretung einer Körperschaft angehört, deren Interessen durch das Verfahren berührt werden. Bei dieser Vorschrift handelt es sich um eine *unwiderlegbare* gesetzliche Vermutung (BVerwG NVwZ 1990, 460, 461). Die Befangenheitsablehnung aus den Gründen des § 54 Abs. 3 erfordert also keinen weiteren Nachweis von Tatsachen, die Anlass geben, an der Neutralität des Richters zu zweifeln. Insofern kommt § 54 Abs. 3 den gesetzlichen Ausschließungsgründen nahe, indem er wie diese ein objektives Mitwirkungshindernis für den Richter aufstellt. Der entscheidende Unterschied zu einem Ausschließungsgrund liegt aber darin, dass der Befangenheitsgrund von einem Prozessbeteiligten i.R. des Ablehnungsverfahrens ordnungsgemäß geltend gemacht werden muss (zu den Voraussetzungen eines ordnungsgemäßen Ablehnungsgesuchs und den hierbei zu beachtenden Verfahrensfragen ausf. → Rn. 83 ff.), um als Hindernis für die weitere Mitwirkung des Richters zu wirken. Wird ein entsprechender Antrag nicht oder nicht rechtzeitig (zur Rechtzeitigkeit des Ablehnungsgesuchs ausf. → Rn. 90 ff.) gestellt, so verbleibt es bei der geschäftsplanmäßigen Besetzung der Richterbank (BVerwG NVwZ 1990, 460, 461).

Die Vorschrift des § 54 Abs. 3 setzt voraus, dass der Richter Mitglied des *Vertretungsorgans* einer *Körperschaft des öffentlichen Rechts*[124] ist, deren Interessen durch das Verfahren berührt werden. Nach dem klaren Wortlaut genügt daher eine bloße Beratung des Vertretungsorgans bei einer für das Verfahren bedeutsamen Beschlussfassung nicht. Ebenso wenig unter den Anwendungsbereich der Vorschrift fällt die Mitgliedschaft in nicht körperschaftlich verfassten (Beteiligungs-)Gesellschaften der öffentlichen Hand und in Organen von Einrichtungen der privatrechtlich organisierten Verwaltungstätigkeit. In solchen Fällen kommt aber eine Ablehnung nach § 54 Abs. 1 VwGO i.V.m. § 42 Abs. 2 ZPO in Betracht, wobei der Antragsteller dann aber die Gründe, aus denen sich die Besorgnis der Befangenheit ergibt, im Einzelnen darlegen muss. Die Vorschrift des § 54 Abs. 3 gilt insbes. für Vertreter kommunaler *Gebietskörperschaften* und hier wohl hauptsächlich für Mitglieder der Gemeindevertretungen und Kreistage, da Mitglieder des Bundestages und der Landtage nach § 22 Nr. 1 als ehrenamtliche Richter nicht infrage kommen und die Tätigkeit als Berufsrichter inkompatibel ist (§ 36 Abs. 2

---

121 Umfangreiche Rechtsprechungsübersichten für den Bereich des Zivilprozessrechts bieten etwa *Baumbach/Lauterbach/Albers/Hartmann* § 42 Rn. 14-58; *N. Stackmann*, in: MüKoZPO I § 42 Rn. 8 ff. und *M. Vollkommer*, in: Zöller § 42 Rn. 11-34. Diese Übersichten können zum großen Teil auch für die Befangenheitsablehnung im Verwaltungsprozess entsprechend herangezogen werden, soweit sie nicht ausnahmsweise spezielle, auf den Zivilprozess zugeschnittene Fallkonstellationen behandeln.

122 *R. Bork*, in: Stein/Jonas I § 42 Rn. 5; gegen eine schematische Übertragung von Fallgruppen auf den konkret zu beurteilenden Sachverhalt auch *M. Vollkommer*, in: Zöller § 42 Rn. 10 a.E., der ebenfalls die besondere Bedeutung der Umstände des Einzelfalles hervorhebt.

123 Die Strukturierung folgt bzgl. der nicht speziell verwaltungsrechtlichen Befangenheitsgründe im Wesentlichen der von *N. Stackmann*, in: MüKoZPO I § 42 Rn. 7 vorgeschlagenen Einteilung.

124 Zum Begriff und den unterschiedlichen Erscheinungsformen der Körperschaft des öffentlichen Rechts *M. Burgi*, in: Ehlers/Pünder § 8 Rn. 12.

DRiG). Darüber hinaus findet § 54 Abs. 3 aber gleichermaßen auf *Realkörperschaften*,[125] *Personalkörperschaften* (z.B. Ärzte- oder Handwerkskammern, Studentenschaften etc.), *Verbandskörperschaften*[126] und wohl auch *Stiftungen des öffentlichen Rechts* Anwendung. Von besonderer praktischer Relevanz dürfte in diesem Zusammenhang die Ablehnung ehrenamtlicher Richter wegen entsprechender Tätigkeiten sein, wenn in dem Rechtsstreit Interessen der entsprechenden Körperschaft berührt werden.[127] Da das Gesetz nicht auf die Berührung von *Rechten* der Körperschaft abstellt, sondern das Berührtsein von *Interessen* für ausreichend erachtet, ist die Vorschrift des § 54 Abs. 3 weit auszulegen. Interessen der Körperschaft werden nicht nur dann berührt, wenn die Körperschaft, deren Vertretung der Richter angehört, selbst am Prozess beteiligt ist, sondern schon dann, wenn in dem Verfahren Entscheidungen von grundsätzlicher Bedeutung getroffen werden, die sich auf Maßnahmen der Körperschaft auswirken können oder wenn in dem Rechtsstreit die Klärung einer Grundsatzfrage ansteht, deren rechtliche Klärung auch für die Körperschaft von Interesse ist.[128] Dies kann etwa bei der Klärung grundsätzlicher Rechtsfragen aus dem Kommunalrecht wie bspw. dem kommunalen Abgabenrecht,[129] dem kommunalen Anstaltsrecht oder bei der Normenkontrolle kommunaler Satzungen nach § 47[130] der Fall sein.

51 Anders als in der Parallelvorschrift des § 51 Abs. 3 FGO reicht die *frühere Zugehörigkeit* zu einem Vertretungsorgan einer Körperschaft, deren Interessen durch die Entscheidung berührt werden, für die unwiderlegbare Vermutung der Besorgnis der Befangenheit nicht aus (VGH München BayVBl 1977, 667). Ein einleuchtender Grund für diese Differenzierung ist nicht erkennbar, muss aber als Entscheidung des Gesetzgebers hingenommen werden. Bei einer früheren Mitgliedschaft des Richters in einem Vertretungsorgan einer Körperschaft, deren Interessen durch das Verfahren berührt werden, kommt zwar eine Ablehnung wegen Besorgnis der Befangenheit nach § 54 Abs. 1 VwGO i.V.m. § 42 Abs. 2 ZPO in Betracht. Diese ist aber für den Antragsteller mit dem Nachteil verbunden, dass die Besorgnis der Befangenheit anders als bei § 54 Abs. 3 nicht unwiderlegbar gesetzlich vermutet wird.

52 **d) 2. Fallgruppe: Besondere Beziehungen des Richters zu Verfahrensbeteiligten oder zum Prozessstoff.** Nahe *persönliche Beziehungen des Richters zu einem Verfahrensbeteiligten*, die nicht schon nach § 54 Abs. 1 VwGO i.V.m. § 41 Nr. 2–4 ZPO zu einer gesetzlichen Ausschließung führen, können die Besorgnis der Befangenheit begründen. Unter diese Fallgruppe können sowohl Rechtsbeziehungen wie auch rein emotionale und persönliche Bindungen des Richters zu den Akteuren des Prozesses fallen. Unter Prozessbeteiligten sind in diesem Zusammenhang nicht nur die Beteiligten i.S.d. § 63, sondern darüber hinaus auch deren Prozessbevollmächtigte, Beistände oder gesetzliche Vertreter und im Einzelfall auch Zeugen und Sachverständige zu verstehen.[131]

53 Zu den insoweit *rechtlich relevanten Beziehungen* gehören insbes. verwandtschaftliche Verhältnisse, die nicht schon zur Ausschließung nach § 54 Abs. 1 VwGO i.V.m. § 41 Nr. 2–3 ZPO führen. Ein *Verlöbnis*, auch ein früheres, mit einem Prozessbeteiligten oder dessen Bevollmächtigten bzw. Beistand kann daher eine Ablehnung des Richters ebenso rechtfertigen wie *verwandtschaftliche oder schwägerschaftliche Beziehungen* des Richters zu den vorstehend genannten Personen.[132] Nichts anderes kann gelten, wenn der Richter mit einem der Prozessbeteiligten in einer – auch gleichgeschlechtlichen – eheähnlichen Gemeinschaft lebt oder gelebt hat. Der Auftritt der Ehefrau des Richters als Prozessbevollmächtigte (OVG Bautzen SächsVBl 2001, 10 [LS 2]) oder Zeugin[133] kommt als Befangenheitsgrund

---

125 Zu diesen gehören bspw. die Industrie- und Handelskammern, Wasser- und Bodenverbände; vgl. *M. Burgi*, in: Ehlers/Pünder § 8 Rn. 12.

126 Verbandskörperschaften sind solche Körperschaften, deren Mitglieder juristische Personen sind, wie bspw. die kommunalen Abwasser- oder Abfallzweckverbände.

127 Man denke etwa an den ehrenamtlichen Richter, der Mitglied des Vorstands der Handwerkskammer (vgl. § 109 HandwO) ist und an einer handwerksrechtlichen Entscheidung mitwirkt, die die Interessen der Handwerkskammer berührt.

128 *M. Redeker*, in: Redeker/v. Oertzen § 54 Rn. 12.

129 *M. Redeker*, in: Redeker/v. Oertzen § 54 Rn. 12.

130 Denkbar ist hier etwa der Fall, dass der Richter i.R. eines Normenkontrollverfahrens nach § 47 über die Gültigkeit einer kommunalen Satzung zu entscheiden hat, die von einer anderen Gebietskörperschaft erlassen worden ist, in vergleichbarer oder identischer Form aber auch in der Kommune existiert, deren Vertretungsorgan der Richter angehört.

131 *N. Stackmann*, in: MüKoZPO I § 42 Rn. 8.

132 *R. Bork*, in: Stein/Jonas I § 42 Rn. 6 m.w.N.

133 *N. Stackmann*, in: MüKoZPO I § 42 Rn. 9.

ebenso in Betracht wie die Ehe des Richters mit einem Mitglied des Vertretungsorgans eines Prozessbeteiligten (VGH Kassel AnwBl 1991, 160, 161).

Bloße *gesellschaftliche, geschäftliche oder berufliche Kontakte* zwischen dem Richter und den Prozessbeteiligten vermögen dagegen regelmäßig keinen Befangenheitsgrund abzugeben. Beispielhaft aufzuführen sind hier etwa bloße Nachbarschaft, Bekanntschaft, gemeinsame Schulzeit und Ähnliches.[134] Auch die gemeinsame Mitgliedschaft in Vereinen und Organisationen[135] reicht für die Befangenheitsablehnung nicht aus. Dies gilt auch bei gemeinsamer Mitgliedschaft in einer politischen Partei, Gewerkschaft oder Religionsgemeinschaft.[136] Eine Frage des Einzelfalles ist dagegen, ob die gleichzeitige Mitgliedschaft eines Richters und eines Prozessbeteiligten in einer *sektenähnlichen Organisation* nicht eine Ablehnung wegen Besorgnis der Befangenheit nahe legen kann. Dies wird jedenfalls dann anzunehmen sein, wenn der Richter einer verfahrensbeteiligten Organisation oder juristischen Person nicht nur angehört, sondern dort an exponierter Stelle tätig ist.[137] Auch wenn der Richter durch seine Entscheidungstätigkeit in Interessenkollisionen geraten könnte oder bei dem Prozess für ihn *eigene wirtschaftliche Interessen* auf dem Spiel stehen,[138] wird im Einzelfall ein Ablehnungsgesuch Erfolg versprechend sein. *Allgemeine geschäftliche oder berufliche Beziehungen* mit einem Prozessbeteiligten, soweit nicht konkrete wirtschaftliche Interessen hinzukommen (LG Regensburg FamRZ 1979, 525), können keine Ablehnung rechtfertigen. Ist etwa der Richter gleichzeitig Lehrbeauftragter einer am Rechtsstreit beteiligten Hochschule, rechtfertigt dies allein seine Ablehnung nicht (OVG Münster OVGE 31, 80, 81 ff.). Ebenfalls kein Ablehnungsgrund lässt sich aus der für den Verwaltungsprozess alltäglichen Situation, dass die Anstellungskörperschaft des Richters oder sein Dienstherr am Rechtsstreit beteiligt ist, ableiten.[139] Auch bloße *Kollegialität*, die etwa vorliegt, wenn der Richter demselben Gericht angehört wie ein Beteiligter im Prozess, genügt allein nicht für die Besorgnis der Befangenheit (vgl. OLG Köln OLGZ 1980, 350, 352; LAG Kiel BB 1968, 794). Auf der anderen Seite kann aber eine Besorgnis der Befangenheit bei der *Zugehörigkeit zur selben Kammer* des Gerichts gegeben sein,[140] da hier Zweifel an der erforderlichen Objektivität aufgrund des besonders engen beruflichen Verhältnisses der Beteiligten auf der Hand liegen und somit zumindest der „böse Schein" einer Entscheidung in eigener Sache nicht auszuschließen ist. Die *organisatorische Nähe* eines ehrenamtlichen Richters, der Referatsleiter in einem Bundesministerium ist, zu dem derselben Abteilung angehörenden prozessführenden Referat, wurde vom BVerwG für sich allein als nicht ausreichend betrachtet, um die Besorgnis der Befangenheit zu begründen (BVerwG Buchholz 310 § 54 VwGO Nr. 73, zweifelhaft).

Auch besondere über das normale Maß hinausgehende *persönliche Beziehungen* zu einzelnen Prozess- 55 beteiligten vermögen Zweifel an der Objektivität und Neutralität des Richters auszulösen (vgl. BGH HFR 2016, 417). *Freundschaft*[141] oder *Feindschaft* zu einem Prozessbeteiligten oder dessen Prozessbevollmächtigten kann die Ablehnung wegen Besorgnis der Befangenheit rechtfertigen, wobei auch hier in besonderer Weise auf die konkreten Umstände des Einzelfalles abzustellen sein wird.[142] Nicht ausreichend ist jedenfalls bloße *Sympathie* oder *Antipathie* zwischen den Beteiligten (BVerfGE 73, 330, 339). In Betracht kommt eine Ablehnung wegen Besorgnis der Befangenheit insbes. bei *persönlichen Angriffen* gegen den Richter, wobei die Rspr. hier zu unterschiedlichen Einzelfallentscheidungen ge-

---

134 N. *Stackmann*, in: MüKoZPO I § 42 Rn. 16. Vgl. BGH HFR 2016, 417.
135 Nicht ausreichend für eine Ablehnung wegen Besorgnis der Befangenheit ist etwa die Zugehörigkeit zum selben Rotary Club (OLG Karlsruhe NJW-RR 1988, 1534; a.M. offenbar *Baumbach/Lauterbach/Albers/Hartmann* § 42 Rn. 54 [Verein]), wenn nicht weitere Umstände des Einzelfalles Zweifel an der Neutralität des Richters gerechtfertigt erscheinen lassen.
136 OLG Koblenz NJW 1969, 1177; M. *Vollkommer*, FS Hubmann, 1985, 445, 466.
137 Hier gilt es zu beachten, dass im Einzelfall auch der Ausschließungsgrund des § 41 Nr. 4 ZPO einschlägig sein kann; dazu → Rn. 24 ff.
138 BGH MDR 2015, 608 f. Bsp. hierfür bei M. *Vollkommer*, in: Zöller § 42 Rn. 11.
139 BGH NJW-RR 2010, 493 f. (offen gelassen für Richter auf Probe in Amtshaftungsprozessen, die sich gegen die Justizverwaltung richten); OVG Bln JR 1969, 159; OVG Münster VerwRspr 27, 236.
140 Vgl. OLG Hamm MDR 1978, 583; OLG Nürnberg MDR 1967, 407; *Baumbach/Lauterbach/Albers/Hartmann* § 42 Rn. 30; D. *Krausnick*, in: Gärditz § 54 Rn. 31; M. *Vollkommer*, in: Zöller § 42 Rn. 12 a; a.M. OLG Schleswig MDR 1988, 236, 237 bzgl. der Zugehörigkeit von Berufsrichtern und ehrenamtlichen Handelsrichtern zur selben Kammer.
141 Vgl. BVerwG 14.9.2015 – 4 B 16/15, juris Rn. 1; BayObLG NJW-RR 1987, 127. OVG Bautzen 19.4.2010 – 2 B 55/10, juris Rn. 3 differenziert zwischen lockerer und enger Freundschaft.
142 Hierzu LG Bonn NJW 1966, 160 f. m. abl. Anm. T. *Rasehorn*, NJW 1966, 666 f.

langt ist.[143] Als Ablehnungsgrund sind bestehende persönliche Spannungen umso eher zu qualifizieren, wenn diese Spannungen bzw. Differenzen anhaltender Natur sind und zumindest tendenziell Zerwürfnischarakter haben,[144] da im Falle eines derartig belasteten Verhältnisses das Vertrauen in die Neutralität des Richters ähnlich nachhaltig erschüttert ist wie bei den gesetzlich festgelegten Ausschließungsgründen des § 41 Nr. 2–3 ZPO. Bestehen konkrete Anhaltspunkte hinsichtlich einer negativen Einstellung zu einem Prozessbeteiligten, so kann auf die Routine richterlicher Selbstkontrolle nicht mehr vertraut werden;[145] der betreffende Richter muss aus dieser ihn möglicherweise überfordernden Situation entlassen werden.

56   Eine besondere Beziehung des Richters zum *Prozessstoff* kann insbes. dann zur Ablehnung wegen Besorgnis der Befangenheit führen, wenn zwar die (restriktiv zu interpretierenden) Voraussetzungen der Ausschließungsgründe nach § 54 Abs. 1 VwGO i.V.m. § 41 Nr. 6–8 ZPO nicht vorliegen, aber dennoch im Einzelfall Zweifel an der Neutralität aufgrund anderweitiger Vorbefassung des Richters angebracht sind. In Betracht kommt eine vorherige Befassung des Richters – sei es in Bezug auf den aktuell zu verhandelnden Rechtsstreit oder in Bezug auf die Prozessbeteiligten, aber in anderer Sache – vorwiegend in seiner richterlichen Eigenschaft. Aber auch eine vorherige Beschäftigung des Richters mit dem Prozessstoff in anderer Eigenschaft, sei es als Rechtsanwalt, Staatsanwalt, Verwaltungsbeamter oder in ähnlicher Funktion, kann ein Ablehnungsgrund wegen Besorgnis der Befangenheit sein.[146] Mit Blick auf den Prozessstoff können auch *ähnliche Lebensschicksale* des Richters (oder seiner Familie) und eines Prozessbeteiligten (oder seiner Familie) trotz des fehlenden unmittelbaren Kontakts den bösen Schein möglicherweise fehlender Unvoreingenommenheit und Objektivität erwecken (BGH NJW-RR 2015, 445).

57   Im Mittelpunkt der Fallgruppe „*Vorbefassung in richterlicher Eigenschaft*" stehen Sachen, die vom selben Richter in der gleichen Instanz, aber in unterschiedlichen Verfahrensabschnitten bearbeitet werden und die Fallkonstellation, dass ein Richter bereits andere Rechtsstreitigkeiten mit einem oder mehreren Verfahrensbeteiligten bearbeitet hat. Beide Fallvarianten fallen nicht unter den Ausschließungsgrund des § 41 Nr. 6 ZPO (→ Rn. 30 ff.). Fraglich ist aber, ob eine solche Vorbefassung den Beteiligten nicht wenigstens das Recht auf Ablehnung des Richters wegen Besorgnis der Befangenheit vermittelt. Diese Frage ist indes im Regelfall zu verneinen. Grds. sind solche Fälle der Mehrfachzuständigkeit des Richters in verschiedenen Verfahrensabschnitten und für unterschiedliche Rechtsstreitigkeiten derselben Beteiligten unbedenklich. Sie sind Folge des vom Gerichtspräsidium aufgestellten Geschäftsverteilungsplans nach § 21 e GVG, entsprechen dem Prinzip des gesetzlichen Richters nach Art. 101 Abs. 1 S. 2 GG und können daher nur in seltenen Ausnahmefällen durch eine Befangenheitsablehnung durchbrochen werden.[147] Die Mitwirkung des Richters bei einem früheren Verfahren mit denselben Beteiligten oder in einem früheren Verfahrensabschnitt des anhängigen Rechtsstreits kann daher nur in Ausnahmefällen bei Hinzutreten zusätzlicher konkreter Umstände eine Ablehnung wegen Besorgnis der Befangenheit rechtfertigen (BVerwG 5.6.2007 – 7 B 23/07, juris Rn. 2; 4.5.2009 – 8 B 20/09, juris Rn. 11). Befangenheit liegt erst dann vor, wenn der Richter infolge der Vorbefassung in der Beurteilung der Sache bereits festgelegt ist und für neue Aspekte und Argumente, die möglicherweise eine andere Würdigung der Sache erforderlich machen, nicht mehr offen erscheint.[148] Ein Grund für eine Besorgnis der Befangenheit besteht, wenn der Richter in seinem gesamten Verhalten den Eindruck erweckt, dass er nicht bereit ist, seine früher geäußerte Meinung krit. zu überprüfen und ggf. zu ändern (BVerwG DÖV 1998, 427; BAG NJW 1993, 879). Diese Voraussetzungen werden in den seltensten Fällen vorliegen und vom Ablehnenden i.d.R. nicht glaubhaft gemacht werden können.[149]

58   Eine Befangenheitsablehnung kommt v.a. in den Fällen nicht in Betracht, in denen eine Vorbefassung des Richters prozessimmanent und vom Gesetz vorgesehen ist, wenn nicht besondere Indizien auf die

---

143   Vgl. BAG BB 1973, 754, wonach ein „nicht massiver persönlicher Angriff" gegen den Richter i.d.R. keine Besorgnis der Befangenheit auslöst; strenger dagegen LG Aachen MDR 1965, 667, wonach in einem solchen Fall meist Besorgnis der Befangenheit anzunehmen sei.

144   *H. Günther*, ZZP 105 (1992), 20, 27.

145   *H. Günther*, ZZP 105 (1992), 20, 28.

146   *N. Stackmann*, in: MüKoZPO I § 42 Rn. 23.

147   *N. Stackmann*, in MüKoZPO I § 42 Rn. 20.

148   *J. Riedel*, Postulat, 1980, 153 f.

149   Die bloße Behauptung einer Befangenheit ist nach § 44 Abs. 2 S. 1 Hs. 1 ZPO nicht ausreichend; dazu allg. BFHE 101, 207, 208; 144, 144, 148; VGH München BayVBl 1977, 666 f.

Voreingenommenheit des Richters schließen lassen. Unschädlich ist etwa die vorhergehende Entscheidung über ein Prozesskostenhilfegesuch,[150] die Mitwirkung an einem Zwischen-, Teil- oder Grundurteil nach §§ 109 ff.[151] oder die vorherige Befassung mit der Streitsache im Verfahren des einstweiligen Rechtsschutzes nach § 47 Abs. 6, § 80 Abs. 5, § 80 a Abs. 3 und § 123 Abs. 1.[152] Auch wenn nach Erlass eines Gerichtsbescheides nach § 84 Abs. 2 Nr. 2, 4 und 5 die mündliche Verhandlung stattfindet, ist der Richter institutionell zur Richtigkeitskontrolle seiner eigenen Entscheidung berufen und kann nicht wegen Besorgnis der Befangenheit abgelehnt werden.

Die Rspr. ist auch sonst sehr zurückhaltend bei der Annahme einer Besorgnis der Befangenheit wegen 59 Vorbefassung des Richters.[153] So hat im Bereich des Rechts auf *Kriegsdienstverweigerung* das BVerwG entschieden, die Ablehnung von Richtern in einem Zweitantragsverfahren mit der Begründung, sie hätten bereits an der Entscheidung im Erstantragsverfahren mitgewirkt, greife i.d.R. nicht durch. Die Mitwirkung des Richters an einem früheren Verfahren vermöge die Besorgnis der Befangenheit grds. auch dann nicht zu begründen, wenn der frühere Rechtsstreit eine gleich liegende Sache betroffen habe (BVerwG NJW 1977, 312). Über die gesetzlich geregelten Fälle des Ausschlusses vom Richteramt nach § 41 Nr. 6–8 ZPO hinaus sei ein Ausschluss des Richters von der Mitwirkung nicht anzunehmen; vielmehr gehe das Gesetz ersichtlich davon aus, dass der Richter in anderen als den gesetzlich geregelten Fällen seiner Pflicht zur unbefangenen Entscheidung genüge (BVerwG NJW 1977, 312 unter Hinweis auf BVerfGE 30, 149, 153). Um in diesen Fällen die Besorgnis der Befangenheit zu begründen, müssten besondere Umstände hinzutreten, da andernfalls contra legem ein nicht vorgesehener Ausschließungsgrund geschaffen werde (BVerwG NJW 1977, 312; vgl. auch OVG Lüneburg OVGE 27, 372, 373). Auch das Festhalten an einer seit langem entwickelten und allgemein anerkannten Rspr. in einem Urteil, welches abweichendes Vorbringen einer Partei hierzu nicht ausdrücklich bescheidet, soll kein Ablehnungsgrund sein. Vielmehr oblägen allein willkürliche bzw. unverständliche Entscheidungen der Überprüfung im Ablehnungsverfahren.[154] In einem Normenkontrollverfahren nach § 47 kann ein Richter nicht allein deshalb wegen Besorgnis der Befangenheit abgelehnt werden, weil er schon an einem Klageverfahren mit denselben Beteiligten mit einem gleich gelagerten Streitstoff mitgewirkt hat (VGH Kassel ESVGH 31, 72 [Nr. 17]). Nach § 54 Abs. 1 VwGO i.V.m. § 41 Nr. 6 ZPO ist ein Richter, der an einer vom Revisionsgericht aufgehobenen Entscheidung mitgewirkt hat, nach Zurückverweisung der Sache nicht kraft Gesetzes von der Mitwirkung an der neuen Entscheidung ausgeschlossen (→ Rn. 31). Ebenso wenig rechtfertigt seine Mitwirkung an der aufgehobenen Entscheidung für sich allein die Ablehnung dieses Richters wegen Besorgnis der Befangenheit.[155] Eine andere Beurteilung ist aber geboten, wenn sich nach dem Inhalt der Urteilsgründe abträgliche Werturteile über die Person eines Prozessbeteiligten oder sein Verhalten in rechtlich unzulässiger Weise auf das Urteil ausgewirkt haben könnten.[156]

Hat ein Richter in einem früheren Verfahren eine *Selbstanzeige von Ablehnungsgründen* nach § 54 60 Abs. 1 VwGO i.V.m. § 48 Alt. 1 ZPO vorgenommen (ausf. → Rn. 106 ff.), so rechtfertigt dies nicht ohne Weiteres die Ablehnung des Richters in einem späteren Verfahren zwischen denselben Parteien (OLG Frankfurt FamRZ 1986, 291). Zwar kann ein Ablehnungsgrund, der in der Person eines Prozessbeteiligten gegeben ist, die Ablehnung in mehreren gleichzeitig oder nacheinander anhängig werdenden Sachen rechtfertigen und damit als sog. *übergreifender Ablehnungsgrund* wirken;[157] ob jedoch ein solcher übergreifender Ablehnungsgrund gegeben ist, hängt davon ab, welche Art von Besorgnis der Befangenheit in dem vorangegangenen Verfahren bestand. Nur wenn eine erfolgreiche Ablehnung oder eine Selbstablehnung auf Voreingenommenheit gegenüber der Person des Ablehnenden gestützt wird, greift der Ablehnungsgrund auch auf andere, dieselbe Person betreffende Verfahren durch (vgl. OLG Karlsruhe Justiz 1987, 144; OLG Nürnberg MDR 1965, 667). Außerhalb des begrenzten An-

---

150 BVerwG BayVBl 1968, 357; Buchholz 310 § 54 Nr. 37; OVG Bln-Bbg 11.1.2010 – OVG 3 B 5.09, juris Rn. 4.

151 *H. Günther*, VerwArch 82 (1991), 179, 198.

152 BVerwG Buchholz 310 § 54 Nr. 29; VGH Mannheim NJW 1986, 2068; OLG Saarbrücken OLGZ 1976, 468 ff.

153 Sehr krit. *W. Krekeler*, NJW 1981, 1633, 1637; ebenso für den Bereich des Strafrechts schon *G. Arzt*, Der befangene Strafrichter, 1969, 61 ff.

154 BAG NJW 1993, 879; ebenso *H. Günther*, VerwArch 82 (1991), 179, 198.

155 BGHSt 24, 336, 337; *M. Vollkommer*, in: Zöller § 42 Rn. 16 m.w.N.; krit. zu dieser Rspr. aber etwa *C. Stemmler*, NJW 1974, 1545.

156 Vgl. aus dem Bereich des Strafrechts etwa BGHSt 24, 336, 338; OLG Bremen NStZ 1991, 95, 96.

157 Vgl. *M. Vollkommer*, in: Zöller § 42 Rn. 19.

wendungsbereiches eines prozessübergreifenden Ablehnungsgrundes wegen persönlicher Voreingenommenheit vermag eine frühere Selbstablehnung des Richters nur dann eine Ablehnung des Richters in einem zeitlich nachfolgenden Prozess zu rechtfertigen, wenn dieser einen vergleichbaren Streitgegenstand wie der Vorprozess aufweist (OLG Frankfurt FamRZ 1986, 291).

61   Wie zurückhaltend die Rspr. bei der Ablehnung von Richtern wegen Vorbefassung ist, illustriert ein Beschluss des OLG Frankfurt (NJW 1980, 1805), wonach die Unvoreingenommenheit eines Richters im Allgemeinen nicht einmal durch *massive strafrechtliche Vorwürfe* an seine Adresse wegen angeblich unsachlicher Behandlung der früheren Sache beeinträchtigt sei. Zwar ließe sich dagegen einwenden, bei einem Richter, der wegen seiner früheren richterlichen Tätigkeit mit strafrechtlich relevanten Vorwürfen konfrontiert wird, dürfte das Verhältnis zu dem betreffenden Prozessbeteiligten in aller Regel so zerrüttet sein, dass eine – verschuldensunabhängige – Ablehnung wegen Besorgnis der Befangenheit angezeigt sei.[158] Jedoch ist zu beachten, dass es einem Beteiligten regelmäßig nicht möglich sein soll, durch die Erhebung von (ggf. schwerwiegenden) Vorwürfen, den gesetzlichen Richter wenigstens in nachfolgenden Sachen „abzuschütteln" (→ Rn. 70).

62   Bei einer *Vorbefassung in anderer Eigenschaft* wird eine Ablehnung wegen Besorgnis der Befangenheit viel weitgehender als bei einer vorherigen neutralen richterlichen Beschäftigung gerechtfertigt sein. Soweit in diesen Fallkonstellationen nicht schon die Ausschließungsgründe nach § 54 Abs. 1 VwGO i.V.m. § 41 Nr. 4, 6 ZPO eingreifen, was allerdings wegen des verfahrensbezogenen Begriffs der Sache auch in § 41 Nr. 4, 6 ZPO (→ Rn. 23) nur ausnahmsweise der Fall sein wird, ist hier im Regelfall von den Beteiligten die Frage eines Befangenheitsgesuchs ernsthaft zu prüfen. Dies gilt zunächst dann, wenn der Richter früher in einer anderen Sache im Interesse eines Prozessbeteiligten aufgetreten ist, sei es als Rechtsanwalt, Staatsanwalt, als Sachbearbeiter eines am Prozess beteiligten Wirtschaftsunternehmens, Gewerkschaftssekretär, Verfasser eines von einem Prozessbeteiligten finanzierten Gutachtens oder in ähnlicher Funktion. Solche Formen einer früheren einseitigen Interessenvertretung für einen Prozessbeteiligten sind sozusagen die Prototypen für Fälle, in denen der Schein mangelnder Objektivität nicht von der Hand zu weisen ist. Daher wird in solchen Fällen Ablehnungsgesuchen weitgehend entsprochen werden müssen.[159] Aber auch wenn der Richter in äußerlich neutralen Funktionen wie z.B. als Erstatter eines Sachverständigengutachtens in anderer Sache oder als Schiedsgutachter aufgetreten ist, kann die gebotene Neutralität im Einzelfall fraglich und ein auf die frühere Tätigkeit gestütztes Ablehnungsgesuch Erfolg versprechend sein.[160]

63   **e) 3. Fallgruppe: Verhalten des Richters innerhalb des Rechtsstreits.** Das Verhalten des Richters im konkreten Rechtsstreit[161] ist ein häufiger Grund, diesen wegen Besorgnis der Befangenheit abzulehnen. Insbes. bestimmte Äußerungen, prozessleitende Maßnahmen oder Entscheidungen des Richters, die für einzelne Beteiligte negative Auswirkungen haben, sind regelmäßig Gegenstand von Ablehnungsgesuchen. Hierbei ist aber zu beachten, dass die berechtigte Ausübung der Prozessleitung und der dem Richter obliegenden Aufklärungs- und Hinweispflichten eine Ablehnung wegen Besorgnis der Befangenheit grds. nicht zu rechtfertigen vermag (BVerfGE 42, 88, 90; KG Berlin MDR 1993, 797). So sind z.B. Aufklärungsverfügungen, Terminsladungen, die Entscheidung über Verlegungs- und Vertagungsanträge, Vergleichsvorschläge, aber auch die Führung von Rechtsgesprächen mit den Prozessbeteiligten Aufgaben, die dem Richter nach der VwGO obliegen. Solche Handlungen können daher regelmäßig nicht die Ablehnung wegen Besorgnis der Befangenheit rechtfertigen.[162] Wenn der Richter in der mündlichen Verhandlung seine derzeitige Rechtsauffassung deutlich macht und zur Diskussion stellt, kommt er seiner Prozessförderungspflicht nach und kann nicht allein deshalb wegen Befangenheit abgelehnt werden.[163] Bei der Bewertung des sonstigen richterlichen Verhaltens im Prozess ist von entscheidender Bedeutung, ob sich für seine Handlungsweise vernünftige und vertretbare Gründe fin

---

158   So vertreten in den Vorauflagen.

159   Vgl. etwa BGH NJW 1967, 155, 156; NJW-RR 1988, 766, 767; OLG Celle NdsRpfl 1983, 94; *N. Stackmann*, in: MüKoZPO I § 42 Rn. 23 m.w.N., der jedoch zu Recht betont, dass es auch hier auf die Umstände des Einzelfalles ankommt.

160   Hier wird jedoch anders als in den Fällen einseitiger Interessenvertretung keine „Regelvermutung" für eine bestehende Befangenheit eingreifen.

161   Hierzu gehört selbstverständlich auch die Tätigkeit im vorbereitenden Verfahren nach §§ 87, 87 a.

162   *N. Stackmann*, in: MüKoZPO I § 42 Rn. 33.

163   Vgl. *R. Bork*, in: Stein/Jonas I § 42 Rn. 15 mit umfangreichen Nachw. aus der zivilprozessualen Rspr.

den lassen (dann keine Ablehnung wegen Besorgnis der Befangenheit) oder ob seine Handlungsweise die Grenze der Sachlichkeit überschreitet und den Verdacht der Willkür nahe legt (in einem solchen Fall wird eine Ablehnung wegen Besorgnis der Befangenheit Erfolg versprechend sein). Die zwischen diesen einzelnen Extremen liegende Grauzone richterlichen Verhaltens bildet das Schwerpunktproblem der Ablehnung wegen Besorgnis der Befangenheit; hier verbietet sich jede schematische Betrachtung. Es ist vielmehr auf die Spezifika jedes Einzelfalles besonderes Augenmerk zu legen.[164]

Unsachliches Verhalten des Richters i.R. oder auch außerhalb der mündlichen Verhandlung widerspricht dem Neutralitätsgebot und wird daher i.d.R. eine Ablehnung wegen Besorgnis der Befangenheit rechtfertigen. Entgleisungen, grobe Unsachlichkeiten sowie herabwürdigende oder gar beleidigende Äußerungen gegenüber einem Prozessbeteiligten oder dessen Bevollmächtigten sind mit dem Amt des unparteiischen Streitentscheiders nicht zu vereinbaren und berechtigen die betroffene Partei zur Ablehnung. Dies gilt für schriftliche ebenso wie für mündliche Äußerungen als auch für die Ausdrucksmittel der Gestik und Mimik.[165]

Besonders hervorzuhebende *Bsp.* aus der nahezu unübersehbaren Judikatur,[166] in denen eine Besorgnis der Befangenheit angenommen wurde, sind in diesem Zusammenhang etwa die folgenden: Versehen der Schriftsätze von Prozessbeteiligten mit unsachlichen Bemerkungen,[167] Kränkungen der Prozessbeteiligten in der mündlichen Verhandlung,[168] Verwendung eines schroffen und ungehörigen Tons im Schriftverkehr[169] oder die Äußerung von Unmut und Unwillen durch besonders ausgeprägte Gestik oder Mimik.[170] Grds. rechtfertigt auch jede abfällige, höhnische, kränkende oder beleidigende Wortwahl[171] des Richters die Ablehnung wegen Besorgnis der Befangenheit, ebenso eine unangebracht bissige Ironie gegenüber den Prozessbeteiligten oder deren Anwälten (OLG München AnwBl 1993, 242). Auch die abwertend gemeinte Aussage, der Kläger gelte als gerichtsbekannt (vgl. etwa BVerwGE 24, 264, 266), kann ebenso die Besorgnis der Befangenheit begründen wie die wiederholte Entziehung des Wortes in der Verhandlung durch den Vorsitzenden. In einem solchen Fall gehört zu den prozessualen Möglichkeiten, sich rechtliches Gehör zu verschaffen, auch das Verfahren der Richterablehnung. Im Revisionsverfahren ist aber die Rüge der Verletzung rechtlichen Gehörs durch mehrmaligen Wortentzug ausgeschlossen, wenn es der Beteiligte versäumt hat, den betroffenen Richter wegen Besorgnis der Befangenheit abzulehnen (BVerwG NJW 1980, 1972, 1973). Besondere Mäßigung muss sich der Richter auferlegen, wenn er sich gem. § 54 Abs. 1 VwGO i.V.m. § 44 Abs. 3 ZPO über einen Ablehnungsgrund dienstlich äußert. Die dienstliche Äußerung muss mit besonderer Zurückhaltung abgefasst werden, da in diesem Zusammenhang schon leichte Unsachlichkeiten einen Befangenheitsgrund darstellen können.[172] Ebenso begründet eine dienstliche Äußerung, die in Bezug auf in engem Zusammenhang zu dem Prozess stehende Fragen vom Richter unvollständig abgegeben wird, die Besorgnis der Befangenheit; gleiches gilt, wenn bereits vor der eigentlichen dienstlichen Äußerung in Beantwortung einer Anfrage des Gerichts wesentliche Umstände nicht offengelegt werden (OVG Bln-Bbg 19.4.2013 – OVG 11 A 7.13, juris Rn. 46).

Keine Ablehnung rechtfertigt es, wenn ein Richter ein Telefongespräch mit einem Beteiligten, in dem dieser zum wiederholten Male dasselbe Ersuchen vorbringt, schließlich dadurch beendet, dass er den

---

164 So auch *R. Bork*, in: Stein/Jonas I § 42 Rn. 14.
165 Vgl. auch die umfangreichen Rspr.-Nachw. bei *M. Vollkommer*, in: Zöller § 42 Rn. 22 ff.; *N. Stackmann*, in: MüKoZPO I § 42 Rn. 34.
166 Einen nach Stichworten geordneten Überblick über die zivilprozessuale Judikatur, die im Verwaltungsprozessrecht entsprechend heranzuziehen ist, gibt *Baumbach/Lauterbach/Albers/Hartmann* § 42 Rn. 14 ff.; vgl. auch *M. Vollkommer*, in: Zöller § 42 Rn. 20 ff. sowie *H. Günther*, ZZP 105 (1992), 20, 36 ff.
167 Vgl. OLG Koblenz NJW 1959, 906; *N. Stackmann*, in: MüKoZPO I § 42 Rn. 37.
168 Die Bezeichnung des Verhaltens eines Prozessbeteiligten als „dummes Geschrei" oder die Bewertung einer Einlassung als „dummdreiste Lüge" ist sicherlich auch dann nicht mehr tolerierbar, wenn der Prozessbeteiligte eine Unmutsäußerung des Richters durch sein vorheriges Verhalten provoziert (vgl. OLG Hamburg MDR 1989, 71; OLG Nürnberg MDR 1967, 310).
169 LG Bayreuth NJW-RR 1986, 678 – hier hatte eine Gerichtsperson geäußert, die „Eingabe gehöre in den Papier-Abfalleimer".
170 So ist es etwa ein Ablehnungsgrund, wenn der Richter seinen Kopf auf den Verhandlungstisch legt und sich mit den Fingern gegen die Stirn tippt (OLG Frankfurt FamRZ 1983, 630, 631) oder während der Verhandlung Grimassen schneidet. Vgl. zu diesem und zu weiteren Ablehnungsgründen *N. Stackmann*, in: MüKoZPO I § 42 Rn. 37.
171 Vgl. etwa OLG Hamburg NJW 1992, 2036 (Bezeichnung der Vorgehensweise des Prozessbevollmächtigten als „Kinkerlitzchen"); OLG Frankfurt FamRZ 1994, 909.
172 Vgl. *N. Stackmann*, in: MüKoZPO I § 42 Rn. 42 f. m.w.N.

Hörer auflegt (BayObLG MDR 1990, 343). Die richterliche Ermahnung eines Prozessbeteiligten zur Wahrheit soll selbst dann kein Befangenheitsgrund sein, wenn der Richter zugleich Zweifel an der Glaubwürdigkeit äußert und die Einschaltung der Strafverfolgungsbehörden ankündigt. Vielmehr gehöre eine solche Vorgehensweise zu den prozessualen Obliegenheiten des Richters; ihre Ausgestaltung bleibe seinem Ermessen überlassen.[173] Dagegen kommt eine Ablehnung wegen Besorgnis der Befangenheit grds. in Betracht, wenn der Richter nach einem geäußerten Straftatverdacht gegenüber einem Prozessbeteiligten nicht bereit ist, der Möglichkeit eines Irrtums oder Missverständnisses nachzugehen (OLG Hamburg MDR 1989, 1000).

67   *Besonderheiten* gelten bei einem *provozierten Fehlverhalten des Richters*.[174] Im Fall der Provokation durch vorheriges Verhalten von Prozessbeteiligten ist der Richter nicht gehalten, völlig emotionslos zu reagieren. Er muss aber die nötige Souveränität aufbringen, klarzustellen, dass seine Äußerung durch die Verhandlungssituation verursacht worden ist und keine Abwertung der Prozessbeteiligten darstellt, wenn er merkt, dass er durch eine nach ihrer Wortwahl unangemessene Äußerung die Partei oder ihren Prozessbevollmächtigten gekränkt hat (OLG Hamburg NJW 1992, 2036). Unsachliche und diffamierende Äußerungen lassen sich je weniger entschuldigen, desto weniger sie durch ein vorheriges Verhalten des Ablehnungsberechtigten provoziert worden sind. So wird umso eher eine Ablehnung wegen Besorgnis der Befangenheit in Betracht kommen, je mehr sich die richterliche Unmutsäußerung als eine nicht provozierte Primärhandlung darstellt, obwohl auch hier der Anlass, der den Richter zu dieser Äußerung bewogen hat, nicht außer Betracht bleiben darf.[175] Im Falle der Provokation richterlichen Fehlverhaltens wird danach zu differenzieren sein, ob der Richter die Provokation angemessen beantwortet oder ob er auf diese in unsachlicher Form reagiert. Während im ersten Fall eine Besorgnis der Befangenheit nicht in Betracht kommt, wird letzterenfalls danach zu differenzieren sein, ob ein noch verständliches Verhalten oder eine nicht mehr tolerierbare Überreaktion des Richters vorliegt[176]. Hierbei ist zu berücksichtigen, dass aus der exponierten Verfahrensstellung des Richters gleichzeitig eine besondere Verpflichtung zur Zurückhaltung und Mäßigung folgt, deren Grenze im Einzelnen nicht überschritten werden darf. Bestimmte Äußerungen oder Handlungen eines Richters sind daher unabhängig vom Vorliegen eines Fehlverhaltens anderer Prozessbeteiligter nicht mehr tolerabel und rechtfertigen von vornherein eine Ablehnung wegen Besorgnis der Befangenheit (Bsp. für solche per se unzulässigen Reaktionen finden sich unter → Rn. 64).

68   Nach der Rspr. begründen *Fehler des Richters in der Prozessleitung, fehlerhafte Entscheidungen oder Verfahrensverstöße* für sich genommen noch nicht die Besorgnis der Befangenheit.[177] Etwas anderes wird aber dann zu gelten haben, wenn das fehlerhafte Verhalten des Richters zugleich den Eindruck erweckt, dass ihm allein das Bestreben zugrunde liegt, ein als lästig empfundenes, aber prozessual zulässiges Vorgehen für rechtsmissbräuchlich zu erklären und damit aus der Welt zu schaffen, um den vorliegenden Prozess möglichst schnell entscheiden zu können.[178] Verfahrensfehler des Gerichts rechtfertigen nur dann die Ablehnung wegen Besorgnis der Befangenheit, wenn daraus bei objektiver Betrachtung auf eine unsachliche Einstellung des Richters gegenüber einem Verfahrensbeteiligten geschlossen werden kann (OVG Bln MDR 1996, 1069). Gravierende Verfahrensverstöße, die geeignet sind, bei einem unbeteiligten Dritten den Eindruck hervorzurufen, der Richter wolle den Prozess ohne jede Rücksicht auf die Belange eines Prozessbeteiligten beschleunigen, vermögen eine Richterablehnung ausnahmsweise zu rechtfertigen,[179] desgleichen eine ungebührliche Verfahrensverzögerung oder

---

173   OLG Zweibrücken FamRZ 1993, 576 f.; zust. *Baumbach/Lauterbach/Albers/Hartmann* § 42 Rn. 49 (Straftatverdacht) m.w.N.

174   Hierzu ausf. *H. Günther*, ZZP 105 (1992), 20, 32 ff. m.w.N.

175   I.d.S. *H. Günther*, ZZP 105 (1992), 20, 32 ff. unter umfassender Auswertung der einschlägigen Judikatur.

176   I.d.S. *H. Günther*, ZZP 105 (1992), 20, 35.

177   Vgl. BVerwG NVwZ 2016, 253 Rn. 13; 12.12.2016 – 5 C 10/15 D, juris Rn. 5, 10; BAG NJW 1993, 879; BFH BB 1992, 1991, 1992; OLG Frankfurt FamRZ 1993, 1467, 1468; OLG Zweibrücken MDR 1982, 940; *C. Kimmel*, in: BeckOK VwGO, Posser/Wolff § 54 Rn. 29.

178   OLG Hamburg NJW 1992, 1462, 1463 für den Fall, dass ein wegen vorhergehenden prozesswidrigen Verhaltens eines Richters gestelltes Ablehnungsgesuch unter dessen Mitwirkung als offensichtlich rechtsmissbräuchlich zurückgewiesen wird.

179   Vgl. etwa LG Hannover MDR 1993, 82 für den Fall, dass der Richter unter Verstoß gegen § 227 ZPO einen Antrag auf Terminsaufhebung und Entscheidung im schriftlichen Verfahren unbeantwortet lässt und den ursprünglichen Termin aufrechterhält.

Untätigkeit.[180] Dies gilt auch bei einer Häufung von Verfahrensfehlern zulasten eines Beteiligten, bei der bereits jeder Fehler für sich, z.B. Verweigerung der Akteneinsicht (BayObLG NJW-RR 2001, 642 f.) oder Verkürzungen des rechtlichen Gehörs, jedenfalls aber die Gesamtschau den Anschein einer unsachgemäßen Verfahrensleitung erweckt.[181] Dagegen ist ein Ablehnungsgesuch nicht allein deshalb begründet, weil die Richter ein vorhergehendes Ablehnungsgesuch in der irrigen Rechtsauffassung, die Ablehnung aller Richter eines Spruchkörpers sei schlechthin rechtsmissbräuchlich, als unzulässig zurückgewiesen haben (BVerwG NJW 1977, 312 f.).

Das Ablehnungsverfahren schützt die Prozessbeteiligten auch nicht gegen *unrichtige Rechtsauffassun-* 69 *gen* des Richters.[182] In einem solchen Fall stehen den Beteiligten die allgemeinen Rechtsbehelfe, nicht aber das Ablehnungsverfahren zur Verfügung (BFH BB 1992, 1991 [LS 1]). Auch eine irrige oder von der höchstrichterlichen Rspr. abweichende Rechtsansicht eines Richters begründet für sich allein keine Richterablehnung. Ausnahmsweise kann jedoch bei fehlerhaften Rechtsauffassungen auch eine Ablehnung wegen Besorgnis der Befangenheit in Betracht kommen, wenn die Fehlerhaftigkeit auf einer unsachlichen Einstellung des Richters oder auf Willkür beruht (BAG NJW 1993, 879; VGH München VersR 1986, 1133, 1134) oder die Ansicht offensichtlich unhaltbar ist und damit Anhaltspunkte dafür bietet, dass der Abgelehnte Argumenten nicht mehr zugänglich und damit nicht mehr unvoreingenommen ist (BVerwG NVwZ 2013, 225, 226). Als äußerst bedenklich in diesem Zusammenhang ist daher eine Entscheidung des OLG Zweibrücken (MDR 1982, 940) zu bezeichnen, nach der ein Richter nicht deshalb als befangen abgelehnt werden kann, weil er eine Parteivernehmung nach § 445 ZPO mit der Begründung ablehnt, er gehe „auf Grund jahrzehntelanger Erfahrung davon aus, dass keine Partei vor Gericht die volle Wahrheit" sage. In einem solchen Fall muss eine Ablehnung des Richters möglich sein, da diese Aussage nicht nur eine unzulässige vorweggenommene Beweiswürdigung beinhaltet, sondern darüber hinaus deutlich macht, dass der Richter ein von der Prozessordnung ausdrücklich vorgesehenes Beweismittel in seinem Erkenntniswert negiert.

Das *eigene Verhalten des ablehnenden Prozessbeteiligten* begründet als solches nie einen Ablehnungs- 70 grund, da sich ansonsten der Beteiligte durch entsprechende Angriffe wie Dienstaufsichtsbeschwerden, Strafanzeigen oder Anträge auf Einleitung von Disziplinarverfahren oder wiederholte Ablehnungsgesuche eines von ihm als unbequem empfundenen Richters entledigen könnte, was dem Prinzip des gesetzlichen Richters widerspräche. Dieser im Grundsatz allgemein anerkannte Gedanke[183] wird besonders problematisch, wenn der Richter seinerseits auf das Verhalten der Prozessbeteiligten reagiert, insbes. wenn er sich gegen den Prozessbeteiligten mit einer Strafanzeige zur Wehr setzt oder eine solche zumindest androht. In diesem Zusammenhang ist umstr., ob ein solches Verhalten eine Ablehnung wegen Besorgnis der Befangenheit rechtfertigen kann oder nicht. Während teilweise eine Befangenheitsablehnung aufgrund eines gerechtfertigten strafrechtlichen Vorgehens des Richters grds. für unzulässig gehalten wird,[184] lässt eine differenzierte Position eine Ablehnung dann in Betracht kommen, wenn sich aus den gesamten Umständen des Einzelfalles ergibt, dass der Richter sich durch die Vorgehensweise eines Prozessbeteiligten auch und gerade persönlich angegriffen fühlt und deshalb eine reale Voreingenommenheit des Richters gegenüber der Person eines Prozessbeteiligten zu besorgen ist.[185]

Prozessleitende Verfügungen und entsprechende Hinweise des Richters sind Ausdruck des Untersu- 71 chungsgrundsatzes und der richterlichen Aufklärungs- und Hinweispflicht nach § 86 Abs. 1 und 3 und rechtfertigen daher regelmäßig keine Ablehnung wegen Besorgnis der Befangenheit. Dies gilt auch für vorbereitende Anordnungen nach § 87, für die Entscheidung über Beweisanträge i.R. des § 86 Abs. 2 und für die Verlängerung richterlicher Fristen. Auch die Ablehnung eines Antrags auf Terminsverlegung nach § 173 VwGO i.V.m. 227 ZPO rechtfertigt regelmäßig keine Ablehnung wegen Besorgnis

---

180   Str., vgl. *M. Vollkommer*, in: Zöller § 42 Rn. 24.
181   OLG Schleswig NJW 1994, 1227; ebenso OLG Karlsruhe NJW-RR 1992, 1195 (Nr. 105), wonach häufige und schwerwiegende prozessuale Fehler des Richters zum Nachteil einer Partei den Eindruck der Befangenheit erwecken können.
182   BVerwG NVwZ 2013, 225, 226; BayObLG MDR 1988, 1063; OLG Hamburg OLGZ 1989, 204, 206; *R. Bork*, in: Stein/Jonas I § 42 Rn. 15 m.w.N.
183   Vgl. OLG München NJW 1971, 384 f.; NJW-RR 1988, 1535; *C. Rabe*, AnwBl 1981, 331, 333; *M. Vollkommer*, in: Zöller § 42 Rn. 29 m.w.N. auch zu differenzierten Ansätzen.
184   Vgl. etwa OLG München NJW 1971, 384, 385; NJW-RR 1988, 1535; BAG AP Nr. 2 zu § 42 ZPO; *M. Vollkommer*, in: Zöller § 42 Rn. 29 m.w.N.
185   LG Ulm MDR 1979, 1028; vgl. auch *H. Günther*, ZZP 105 (1992), 20, 34.

der Befangenheit (vgl. dazu BayObLG MDR 1986, 416 f.; NJW-RR 1988, 191; MDR 1990, 343 f.). Etwas anderes muss aber dann gelten, wenn eine mit gewichtigen sachlichen Gründen beantragte Terminsverlegung willkürlich und unter Verletzung des rechtlichen Gehörs abgelehnt wird (vgl. OLG Köln NJW-RR 2000, 591 f.; LG Hannover MDR 1993, 82), um der Partei zu schaden,[186] oder wenn ein solcher Antrag mit der stereotypen Begründung abgelehnt wird, man verlege grds. keine Termine. Gesetzlich vorgesehene Hinweise wie auf die beabsichtigte Entscheidung per Gerichtsbescheid (vgl. § 84 Abs. 1 S. 2), auf die gem. § 125 Abs. 2 S. 2, § 130 a S. 1 mögliche Verwerfung oder Zurückweisung der Berufung durch Beschluss vermögen keine Ablehnung wegen Besorgnis der Befangenheit zu rechtfertigen. Eine Befangenheitsablehnung kann aber in Betracht kommen, wenn der Richter das Verhalten der ablehnenden Partei im Sitzungsprotokoll in negativer Weise dargestellt hat, der Antragsteller sein Verhalten aber völlig anders schildert (OLG Celle MDR 1988, 970). Insbes. bei der – im Verwaltungsprozess allerdings eher seltenen – *Aktenübersendung an die Staatsanwaltschaft* wegen des Verdachts einer im Zusammenhang mit einem Prozess begangenen strafbaren Handlung hat der Richter eine gewisse Zurückhaltung zu wahren und wird einen solchen Schritt erst nach gründlicher Abwägung der vorhandenen Verdachts- und Entlastungsmomente sowie sorgfältiger Prüfung der vorhandenen Beweismittel unternehmen dürfen. Eine Abgabe des Falles an die Staatsanwaltschaft ohne entsprechende sorgfältige Prüfung aller Umstände des Einzelfalles kann die Ablehnung wegen Besorgnis der Befangenheit rechtfertigen.[187]

72   *Richterliche Hinweise und Anregungen* sind Aufgaben des Richters und rechtfertigen grds. keine Befangenheitsablehnung (so auch BVerwG 8.9.2010 – 8 B 54/10, juris Rn. 4; VGH München 3.8.2011 – 8 A 09.40079, juris Rn. 6). Dies gilt für die in § 86 Abs. 3 normierten Hinweispflichten des Vorsitzenden, wenn dieser im gesetzlichen Rahmen einzelnen Prozessbeteiligten für sie günstige Hinweise erteilt. Hierzu ist der Richter regelmäßig verpflichtet, ohne damit in Konflikt mit dem Gebot richterlicher Unparteilichkeit zu geraten.[188] Problematisch in diesem Zusammenhang ist aber der richterliche Hinweis auf den von einer Partei übersehenen *Ablauf der Verjährungsfrist*, der auch im Verwaltungsprozess von Belang sein kann, da auch öffentlich-rechtliche Ansprüche, die vor den Verwaltungsgerichten geltend zu machen sind, der Verjährung unterliegen.[189] Während ein Teil der Rspr. beim Hinweis auf bestimmte Einreden und Gegenrechte eine Ablehnung wegen Besorgnis der Befangenheit für angezeigt hält,[190] ist nach der vielfach auch vertretenen Gegenansicht der richterliche Hinweis auf bestehende Einreden oder Gegenrechte Ausdruck der Aufklärungs-, Hinweis- und Fürsorgepflicht des Gerichts[191] und vermag deshalb keine Ablehnung zu rechtfertigen.[192] Diese Auffassung verdient Zustimmung, weil der richterliche Hinweis auf die bestehende Rechtslage – mag diese auch für einen Beteiligten ungünstig sein – niemals eine Verletzung der richterlichen Neutralitätspflicht darstellen kann. Es ist auch kein schutzwürdiges Interesse an der Aufrechterhaltung eines Rechtsirrtums eines gegnerischen Prozessbeteiligten anzuerkennen.[193] Sehr viel kritischer in diesem Zusammenhang ist die häufig zu beobachtende Übung zu beurteilen, dass Richter i.R. eines laufenden Verwaltungsprozesses inhaltliche Hinweise an die streitbeteiligten Behördenvertreter geben. Problematisch im Hinblick auf die Waffengleichheit bleiben deshalb auch nach der Einfügung des § 114 S. 2 richterliche Hinweise auf Heilungsmöglichkeiten durch das *Nachschieben von Gründen bzw. Ermessenserwägungen*. Diese Mitwirkung bei der behördlichen Fehlernachbesserung ist auch wegen der damit verbundenen prozessualen Konsequenzen (Kostenfolgen, Erledigungserklärungen) nicht gerade bürgerfreundlich. Entsprechendes gilt für richterliche Hinweise auf Möglichkeiten, wie die Verwaltung den Rechtsstreit durch außergerichtliche Maßnahmen (etwa durch Rücknahme, Widerruf oder das Gebrauchmachen von

---

186   *H. Günther*, VerwArch 82 (1991), 179, 199 f. m.w.N.
187   OLG Frankfurt MDR 1984, 499.Vgl. BGH NStZ 1992, 290, 291; LG Ulm MDR 1979, 1028 m.w.N.
188   Dies ergibt sich schon daraus, dass das Prinzip richterlicher Unparteilichkeit nicht wertfrei zu betrachten ist, sondern an den Grundwerten der Verfassung und insbes. am Gebot sachgerechter Entscheidung i.R. der Gesetze unter dem Blickpunkt materialer Gerechtigkeit orientiert ist (vgl. BVerfGE 42, 46, 78).
189   Zur Verjährung im öffentlichen Recht *D. Dörr*, DÖV 1984, 12 ff.; *M. Sachs*, in: Stelkens/Bonk/Sachs § 53 Rn. 1 ff.
190   BGHZ 156, 269 ff. (Verjährung); OLG Bremen NJW 1986, 999 f.; OLG Hamburg NJW 1984, 2710; LG Berlin NJW 1986, 1000.
191   OLG Düsseldorf NJW 1993, 2542; *E. Schneider*, NJW 1986, 1316, 1317.
192   Vgl. etwa OLG Düsseldorf NJW 1993, 2542; OLG Köln NJW-RR 1990, 192; LG Frankfurt MDR 1980, 145; LG Hamburg NJW 1984, 1904 f.; *E. Schneider*, NJW 1986, 1316 m.w.N. in Fn. 4; *K. G. Deubner*, JuS 1993, 755.
193   *M. Vollkommer*, in: Zöller § 42 Rn. 27, str.

Vorbehalten für Nebenbestimmungen nach § 36 VwVfG) beeinflussen kann. In diesem Bereich sollten die Richter größtmögliche Zurückhaltung wahren. Da schon jeder Anschein einer mangelnden Distanz zwischen Verwaltung und Verwaltungsrechtspflege im Interesse der Akzeptanz verwaltungsgerichtlicher Entscheidungen vermieden werden muss (ausf. → Rn. 8), können Hinweise auf für die Verwaltung günstige Gestaltungsmöglichkeiten durchaus den Verdacht der Befangenheit nahe legen. Der Richter hat eben nicht die Aufgabe, rechtswidrige Verwaltungsentscheidungen zu reparieren, sondern soll in strikter Neutralität die Rechtmäßigkeit von Verwaltungsentscheidungen überprüfen. Dagegen können „neutrale" richterliche Anregungen, etwa eine Klage oder ein Rechtsmittel zurückzunehmen[194] oder einen Rechtsstreit im Wege des Prozessvergleichs nach § 106 bzw. durch eine Erledigungserklärung zu beenden, nur ausnahmsweise eine Ablehnung rechtfertigen. Die Anbringung eines Ablehnungsgesuchs erscheint Erfolg versprechend, wenn sich aus den gesamten Umständen des Einzelfalles schließen lässt, dass die Beteiligten zu der Abgabe entsprechender Erklärungen gedrängt werden sollen, um den Rechtsstreit mit möglichst wenig Arbeitsaufwand zu erledigen.[195] Die Führung von Rechtsgesprächen mit den Beteiligten, etwa die Erläuterung der Rechtslage in der mündlichen Verhandlung oder zuvor nach § 87 Abs. 1 Nr. 1 ist grds. unbedenklich; ein Ablehnungsgrund kann allerdings dann vorliegen, wenn der Richter nur zu einem Beteiligten Kontakt pflegt und hinter dem Rücken des anderen agiert.[196] Der Richter hat auch sonst jeden einseitigen Kontakt zu einem Prozessbeteiligten auf ein Minimum zu beschränken, was außerhalb der Verhandlung selbstverständlich sein sollte, aber bspw. auch für *Ortstermine* gilt.[197]

f) **4. Fallgruppe: Außerprozessuales Verhalten des Richters.** Dieser Problemkreis wird ebenfalls kontrovers diskutiert.[198] Bisweilen werden Ablehnungsgesuche wegen Besorgnis der Befangenheit mit politischen Meinungsäußerungen des Richters in der Öffentlichkeit begründet (vgl. etwa VGH Mannheim NJW 1986, 2068 f.; ArbG Frankfurt NJW 1984, 142 f.). Grds. steht jedem Staatsbürger, der zugleich Richter ist, eine politische Betätigung frei. Der Richter darf sich nach § 39 DRiG in seiner Rolle als Staatsbürger politisch und auch parteipolitisch betätigen (BVerwG NJW 1988, 1748, 1749); ein solches Engagement gefährdet, wenn nicht weitere Umstände hinzutreten, grds. nicht das Vertrauen in die Unabhängigkeit des Richters (BVerwGE 78, 216, 221). Der politischen Betätigung sind jedoch durch die Pflicht zur Wahrung der Unabhängigkeit (vgl. § 39 DRiG) und die Notwendigkeit der Erhaltung einer funktionsfähigen Rechtspflege Grenzen gesetzt (vgl. BVerfG NJW 1983, 2691 m.w.N.). Dabei gilt es zu berücksichtigen, dass die Pflicht zu der durch das Richteramt gebotenen Mäßigung es dem Richter in besonderer Weise gebietet, eine klare Trennung zwischen Richteramt und der Teilnahme am politischen Meinungskampf einzuhalten (so LS 2 der grundlegenden Entscheidung BVerwGE 78, 216). Der politisch engagierte Richter verletzt seine Mäßigungspflicht, wenn er das ihm verliehene Richteramt ausdrücklich in Anspruch nimmt und einsetzt, um einer von ihm selbst geteilten politischen Auffassung größere Beachtung und Überzeugungskraft zu verleihen.[199] So darf etwa bei privaten Äußerungen nicht der Anschein einer amtlichen Stellungnahme erweckt werden (so ausdrückl. und mit Recht BVerwGE 78, 216, 222). 73

Die Grenze zwischen einer legitimen Wahrnehmung des auch dem Richter persönlich in seiner Eigenschaft als Staatsbürger garantierten Rechts auf freie Meinungsäußerung und einem Verstoß gegen die richterliche Mäßigungspflicht ist nicht leicht zu ziehen. Häufig überlagern auch politische und gesellschaftliche Auseinandersetzungen das hier in Rede stehende Problem. Es bleibt festzuhalten, dass die Äußerung – auch provokanter – politischer Ansichten allein keinen Anlass bietet, der Unbefangenheit 74

---

194 Hierzu etwa BFHE 102, 10, 12; *J. Riedel*, Postulat, 1980, 143; *H. Günther*, VerwArch 82 (1991), 179, 202 m.w.N.
195 Vgl. ausf. – auch zu weiteren richterlichen Anregungen und Hinweisen – *H. Günther*, VerwArch 82 (1991), 179, 202 f. Zu weitgehend in diesem Zusammenhang jedenfalls VGH Kassel NJW 1983, 901 f., wonach Besorgnis der Befangenheit schon deshalb anzunehmen ist, weil das Gericht den Beteiligten nur die Erledigung des Rechtsstreits nach § 161 Abs. 2 nahe gelegt und nicht ausdrückl. auf andere Möglichkeiten der Verfahrensbeendigung hingewiesen hatte.
196 *H. Günther*, VerwArch 82 (1991), 179, 201.
197 Vgl. *N. Stackmann*, in: MüKoZPO I § 42 Rn. 63.
198 Zusammenf. *C. Gerdes*, Ablehnung, 1992, 74 ff. mit umfangreichen Nachw. des einschlägigen Schrifttums in Fn. 1 auf S. 74; vgl. weiterhin *T. Rasehorn*, KJ 1986, 76 ff.; *E. Schmidt-Jortzig*, NJW 1984, 2057 ff. und ausf. *G. Hager*, Meinungsäußerung, 1987.
199 Vgl. BVerwGE 78, 216, 222 f. sowie ferner *E. Schmidt-Jortzig*, NJW 1984, 2057, 2062; *H. Sendler*, NJW 1984, 689, 697 f.

eines Richters zu misstrauen.[200] Es kann vom Richter als mündigem Staatsbürger nicht verlangt werden, dass sich dieser als unpolitisches Neutrum gebärdet. Daher kommt eine Richterablehnung wegen
„politischer Befangenheit" nur in Betracht, wenn besondere Umstände auf eine Fixierung des Richters
auf die von ihm vertretene politische Position hindeuten[201] *und* ein innerer Zusammenhang zwischen
der Meinungsäußerung des Richters und dem zu behandelnden Verfahrensgegenstand besteht.[202] Insofern kann auch nicht jeder Verstoß gegen das Mäßigungs- und Zurückhaltungsgebot des § 39 DRiG
eine Befangenheitsablehnung rechtfertigen (BVerfGE 46, 14, 17; VGH Mannheim NJW 1986, 2068,
2069). Eine Ablehnung kommt nur dann in Betracht, wenn die Art und Weise der Meinungsäußerung
darauf hindeutet, dass der Richter Gegenargumenten gegenüber der von ihm vertretenen politischen
Auffassung nicht mehr zugänglich ist.[203] Anhaltspunkte für eine solche die Befangenheit indizierende
Geisteshaltung können eine besonders radikale oder gar verletzende Vorgehensweise, eine sachlich falsche und bewusst irreführende Argumentationsweise und das offenkundige Fehlen einer Auseinandersetzung mit Gegenmeinungen oder jeglicher kritischer Reflexion der eigenen Ergebnisse sein.[204] Darüber hinaus liegt der erforderliche innerliche Zusammenhang zwischen Meinungsäußerung und Prozessgegenstand erst dann vor, wenn i.R. der Klage einer der Prozessbeteiligten das gleiche – oder das
entgegengesetzte – konkrete politische Ziel verfolgt, das der Richter mit seiner öffentlichen Äußerung
angestrebt hat.[205] Eine lediglich generelle politische Übereinstimmung mit den grundsätzlichen Positionen eines Prozessbeteiligten, wie sie bei einem gleichgerichteten partei- oder gesellschaftspolitischen
Engagement vorliegen wird, ist hierfür jedenfalls nicht ausreichend.[206]

75   Unabhängig von den in diesem Zusammenhang aufgeworfenen Streitfragen besteht aber grds. Einigkeit darüber, dass die *bloße Parteizugehörigkeit*[207] ebenso wenig einen Ablehnungsgrund bildet wie
die Zugehörigkeit zu einer *Gewerkschaft* oder *Arbeitgebervereinigung*.[208] Die Frage, ob die Mitgliedschaft oder aktive Tätigkeit in einer Partei oder in einem rechtspolitisch engagierten Verein die Besorgnis der Befangenheit rechtfertigt, stellt sich bei den häufig politisch sensiblen Verfahrensgegen-
ständen im Verwaltungsprozess allerdings in schärferer Form als im Zivilprozessrecht.[209]

76   In einer grundlegenden Entscheidung hat das *BVerfG* Leitlinien gezogen, die von einer zurückhaltenden Handhabung der Befangenheitsvorschriften im Falle des politischen und gesellschaftlichen Enga-
gements des Richters geprägt sind. Die bloße Mitgliedschaft in einem Verein, der nach seinem Zweck
bestimmte rechtspolitische Ziele verfolgt, kann nach Auffassung des BVerfG allein nicht die Besorgnis
der Befangenheit begründen. Das Gericht hielt daher die Mitgliedschaft des Richters *Böckenförde* in
der „Juristenvereinigung Lebensrecht e.V." nicht für geeignet, eine Besorgnis der Befangenheit beim
anstehenden Normenkontrollverfahren über die Verfassungsgemäßheit der gesetzlichen Regelungen
des Schwangerschaftsabbruchs zu begründen (BVerfGE 88, 17, 22 ff.). Das BVerfG stellte aber gleichzeitig fest, die Frage einer möglichen Befangenheit könne anders zu beurteilen sein, wenn sich der Verein gerade zu dem anhängigen Verfahren geäußert und der Richter diese Äußerung in einer Form unterstützt hätte, die ihn für Argumente zur Überprüfung seines Standpunktes nicht mehr zugänglich erscheinen ließe. In einem Verfahren über die Verfassungsmäßigkeit einer strafgerichtlichen Verurteilung
wegen Nötigung aufgrund der Teilnahme an Sitzblockaden gegen die Nachrüstung hatte das BVerfG
über die Ablehnung eines Bundesverfassungsrichters zu entscheiden.[210] Die bayerische Staatsregierung

---

200 Ausf. dazu *C. Gerdes*, Ablehnung, 1992, 74 ff., 154.
201 *C. Gerdes*, Ablehnung, 1992, 154.
202 *M. Vollkommer*, in: Zöller § 42 Rn. 31 m.w.N.
203 Vgl. *E. Schmidt-Jortzig*, NJW 1984, 2057, 2061.
204 So der Kriterienkatalog von *E. Schmidt-Jortzig*, NJW 1984, 2057, 2061.
205 *W. Dütz*, JuS 1985, 745, 753.
206 *M. Göbel*, NJW 1985, 1057, 1060; *W. Dütz*, JuS 1985, 746, 753.
207 Zur Parteizugehörigkeit insbes. BVerfGE 11, 1, 3; 43, 126, 128; 88, 17, 23; BVerwG 29.9.2011 – 1 B 21/11, juris
     Rn. 1; VGH Mannheim NJW 1975, 1048; ausf. *E. Schmidt-Jortzig*, NJW 1984, 2057, 2061 m.w.N. sowie *M. Voll-
     kommer*, FS Hubmann, 1985, 457 m.w.N.
208 Zur Gewerkschaftszugehörigkeit BAGE 20, 271, 273 ff.; eingehend zu diesem Problemkreis auch *J. Riedel*, Postulat,
     1980, 98 ff. und *W. Dütz*, JuS 1985, 747, 752 f. Die Zugehörigkeit zu einem Arbeitgeberverband kommt bei ehren-
     amtlichen Richtern infrage.
209 Diese Frage ist naturgemäß in den politisch besonders sensiblen Bereichen der verfassungsrechtlichen und politikbe-
     zogenen verwaltungsrechtlichen Streitigkeiten von besonderer Brisanz, wie nicht zuletzt die gleich anschließend refe-
     rierte Judikatur des BVerfG belegt.
210 BVerfGE 73, 330 ff. (Fall Dr. Simon); eine ausf. Dokumentation zu diesem Fall findet sich bei *C. Gerdes*, Ablehnung,
     1992, 138 ff.

begründete ihren Befangenheitsantrag gegen den Verfassungsrichter *Simon* damit, dieser habe durch verschiedene öffentliche Äußerungen im Zusammenhang mit der Strafbarkeit von Sitzblockaden die Besorgnis begründet, er werde in dem anhängigen Verfahren nicht mehr unparteiisch entscheiden (vgl. BVerfGE 73, 330, 332 ff.). Das BVerfG wies den Befangenheitsantrag (i.E. zu Recht) mit dem (wenig überzeugenden) Argument zurück, bei der Ablehnung von Verfassungsrichtern habe ein besonderer Maßstab zu gelten, der eine Ablehnung nur in seltenen Ausnahmefällen ermögliche.[211]

Bei einer Zusammenschau der Judikatur lässt sich feststellen, dass die Rspr. von einer großen Zurück-   77
haltung bei der Ablehnung wegen Besorgnis der Befangenheit aufgrund politischer Äußerungen des Richters geprägt ist. Danach kann in Verwaltungsprozessen mit (gesellschafts-)politischen Hintergründen ein politisches oder gesellschaftliches Engagement des Richters nur dann zu einer Ablehnung wegen Besorgnis der Befangenheit führen, wenn der Richter die geltenden Gesetze nicht beachtet (VGH München BayVBl 2009, 600, 602) oder seine Position so festgefahren erscheint, dass er abweichenden Auffassungen gegenüber nicht mehr aufgeschlossen ist (→ Rn. 73 f.).

I.E. ist festzuhalten, dass die Ablehnung eines Richters wegen politisch motivierter Besorgnis der Be-   78
fangenheit – unabhängig davon, in welchem Zweig der Gerichtsbarkeit der Richter sein Tätigkeitsfeld hat – schon wegen der in der Verfassung verbürgten Prinzipien der richterlichen Unabhängigkeit und der Garantie des gesetzlichen Richters nur in Betracht kommt, wenn besondere Umstände Zweifel an der (grds. vermuteten) Objektivität des Richters begründen, was nur in Ausnahmefällen der Fall sein wird. Außerdem bedarf es stets einer engen Beziehung zwischen Äußerung und Prozessstoff.

Die *öffentliche Kundgabe von Rechtsansichten* durch den Richter[212] wird regelmäßig zur Grundlage   79
von Ablehnungsgesuchen wegen Besorgnis der Befangenheit gemacht, dies vornehmlich dann, wenn diese Rechtsansicht der ablehnenden Partei als unhaltbar und verfehlt erscheint und für den Ablehnenden ungünstige Folgen haben könnte. In dem Bestreben, nachteilige Entscheidungen möglichst schon im Vorfeld zu verhindern, wird der Ablehnungsantrag auf die vermeintlich unrichtige Rechtsauffassung des Richters gestützt.[213] Die öffentliche Kundgabe – auch pointierter – Rechtsansichten rechtfertigt aber grds. nicht die Ablehnung wegen Besorgnis der Befangenheit. Zwar besteht bei einer früheren Äußerung einer Rechtsansicht durch den Richter in einem Urteil oder in der wissenschaftlichen Fachliteratur stets die Gefahr, dass er sich hierdurch bereits ein Urteil gebildet hat. Zweifel an seiner Unparteilichkeit rechtfertigen solche Äußerungen aber nur in den seltensten Ausnahmefällen. Auf der anderen Seite darf nämlich nicht verkannt werden, dass die Rechtsordnung den wissenschaftlich arbeitenden Richter geradezu voraussetzt und die wissenschaftliche Tätigkeit des Richters unter dem besonderen Schutz von Art. 5 Abs. 3 GG steht.[214] Es liegt in der Natur des Richterberufes, sich ständig Ansichten über Rechtsfragen zu bilden und diese auch in der juristischen Diskussion zu vertreten. Gerade durch die Publikation von Rechtsansichten in Fachzeitschriften oder in der Kommentarliteratur besteht die Möglichkeit, die juristische Diskussion zu befruchten, aber auch eigene Meinungen im Widerstreit der Argumente zu überdenken, infrage zu stellen und ggf. zu revidieren (BSG NJW 1993, 2261, 2262; vgl. BGH NJW 2016, 1022 Rn. 11). Eine Besorgnis der Befangenheit begründet die Äußerung einer Rechtsansicht insbes. auch deshalb nicht, weil von einem Richter erwartet wird, auch dann unvoreingenommen an das konkrete Verfahren („die Sache") heranzugehen, wenn er sich schon früher über möglicherweise entscheidungserhebliche Rechtsfragen ein Urteil gebildet hat (vgl. BVerfGE 30, 149, 153; 82, 30, 38; BSG NJW 1993, 2261, 2262).

Dieser Grundgedanke liegt auch der gesetzlichen Regelung in § 18 Abs. 3 Nr. 2 BVerfGG zugrunde,   80
wo ausdrücklich klargestellt ist, dass ein Richter durch die Äußerung einer wissenschaftlichen Meinung zu einer verfahrensrelevanten Rechtsfrage nicht von der Ausübung des Richteramts ausgeschlossen ist. Mit dieser durch das 4. Gesetz zur Änderung des Bundesverfassungsgerichtsgesetzes (BGBl I 1970, 1765) eingeführten Vorschrift soll verhindert werden, dass ein Richter wegen einer wissen-

---

211 BVerfGE 73, 330, 335 ff. unter Hinweis auf BVerfGE 32, 288, 290 f.; 35, 171, 172 f.; 35, 246, 251; 43, 126, 127 f.; krit. zur Anlegung dieses besonderen Maßstabes bei Verfassungsrichtern *C. Gerdes*, Ablehnung, 1992, 145 f.

212 Zu diesem Problemkreis auch *H. Günther*, VerwArch 82 (1991), 179, 211; *R. Bork*, in: Stein/Jonas I § 42 Rn. 10 mit umfangreichen Rspr.-Nachw. in Fn. 43, 44.

213 *C. Gerdes*, Ablehnung, 1992, 56 m.w.N.

214 Das Grundrecht der Wissenschaftsfreiheit ist nicht auf die Tätigkeit im staatlich verantworteten Wissenschaftsbetrieb beschränkt, sondern schützt darüber hinaus jeden, der – wie ein publizierender Richter – privat wissenschaftlich tätig ist (*H. Bethge*, in: Sachs Art. 5 Rn. 209).

schaftlichen Äußerung von der Ausübung des Richteramtes ausgeschlossen wird oder wegen Besorgnis der Befangenheit abgelehnt werden kann. Der Rechtsausschuss des Deutschen Bundestages hielt „diese an sich selbstverständliche Feststellung im Hinblick auf tatsächliche Ereignisse in der Vergangenheit für erforderlich" (BT-Drs. 6/1471, 4) und spielte damit auf zwei Beschlüsse des BVerfG an, die eine Ablehnung eines Bundesverfassungsrichters wegen vorheriger Äußerung wissenschaftlicher Ansichten für begründet erklärt hatten (BVerfGE 20, 1 ff.; 20, 9 ff.). Die Änderung des BVerfGG ist als Reaktion auf die oben zitierten Beschlüsse des BVerfG zu verstehen und enthält eine verallgemeinerungsfähige gesetzgeberische Wertentscheidung. Eine Richterablehnung wegen der Publikation einer wissenschaftlichen Auffassung kommt in seltenen Ausnahmefällen in Betracht, in denen der Autor die Ebene der sachlichen Darstellung verlässt und in Polemik verfällt (vgl. zu diesem Aspekt auch BSG NJW 1993, 2261, 2262). Darüber hinaus wird ein Befangenheitsantrag dann Erfolgsaussichten haben, wenn die wissenschaftliche Äußerung eine entscheidungserhebliche Frage betrifft und i.R. eines von einem Verfahrensbeteiligten in Auftrag gegebenen und finanzierten *Gutachtens* publiziert wurde, da in diesem Fall die gebotene Unabhängigkeit und Neutralität des Richters nicht mehr gewährleistet erscheint.[215] Ferner bewegen sich wissenschaftliche Äußerungen eines Richters zu einem konkreten *laufenden Verfahren* zur Vermeidung des „bösen Scheins" in ihrer Gesamtheit im Bereich des § 42 Abs. 2 ZPO.[216]

81 Ein besonderes Problem unter den *sonstigen Ablehnungsgründen* stellte nach der deutschen Einigung die Weiterbeschäftigung solcher Richter dar, die schon nach dem früheren Recht der DDR in das Richteramt berufen worden waren und die nach der Übergangsregelung in Anl. I Kap. III Sachgebiet A Abschnitt III Nr. 8 lit. o) des Einigungsvertrages vorläufig bis zur Entscheidung des Richterwahlausschusses weiter zur Rspr. ermächtigt waren. Nachdem diese Regelung vom BVerfG für verfassungsgemäß erklärt worden war,[217] häuften sich in der Folgezeit Befangenheitsanträge wegen *früherer richterlicher Tätigkeit in der DDR*, da das BVerfG bei bestehenden Zweifeln an der Unparteilichkeit eines Richters im Einzelfall den Weg über die Richterablehnung nach § 42 ZPO für gangbar erklärt hatte (BVerfG DVBl 1991, 1139; DtZ 1992, 119). Ablehnungsgesuche, die allein mit der früheren Tätigkeit des Richters in der DDR begründet wurden, hatten jedoch keinen Erfolg. Die Rspr. vertrat die Auffassung, der Umstand, dass ein Richter schon unter Geltung des Rechts der ehemaligen DDR tätig gewesen sei, rechtfertige noch nicht die Besorgnis, er werde den Rechtsstreit eines Mitglieds und Funktionärs der SED nicht unparteiisch entscheiden. Auch von einem Richter, der seine Richtertätigkeit in der ehemaligen DDR begonnen habe, könne erwartet werden, dass er sich von früher an ihn gestellten Erwartungen an seine richterliche Tätigkeit freimache und eine den geltenden Gesetzen entsprechende Entscheidung treffe (BezG Rostock DtZ 1992, 62).

82 nicht besetzt

IV. Verfahrensfragen bei der Geltendmachung eines Ablehnungsgrundes

83 Anders als bei Vorliegen eines gesetzlichen Ausschließungsgrundes nach § 54 Abs. 1 VwGO i.V.m. § 41 Nr. 1–8 ZPO ist der Richter bei Vorliegen eines Ablehnungsgrundes erst dann von der weiteren Mitwirkung im Verfahren ausgeschlossen, wenn die Beteiligten (rechtzeitig) ein Ablehnungsgesuch angebracht haben und dieses durch die Entscheidung des Gerichts für begründet erklärt worden ist. Die wesentlichen Verfahrensvorschriften für das Ablehnungsverfahren im Verwaltungsprozess ergeben sich aus § 54 Abs. 1 und den dort für entsprechend anwendbar erklärten §§ 42 ff. ZPO. Im Einzelnen ist Folgendes zu berücksichtigen:

84 **1. Ablehnungsgesuch nach Abs. 1 i.V.m. § 44 ZPO.** Die Ablehnung eines Richters setzt (mit Ausnahme des in § 48 ZPO gesondert geregelten Verfahrens der Selbstanzeige von Ablehnungsgründen durch einen Richter, → Rn. 106 ff.) die wirksame Anbringung eines *Ablehnungsgesuchs* voraus. Auch in den Fällen des § 54 Abs. 3, in denen die Befangenheit unwiderlegbar gesetzlich vermutet wird, ist ein Ablehnungsantrag eines Antragsberechtigten erforderlich. Wird der Antrag nicht gestellt, verbleibt es bei

---

215 So BVerfGE 82, 30, 39 f. zur Befangenheitsablehnung des Bundesverfassungsrichters *P. Kirchhof*. Die einem Befangenheitsantrag stattgebende Entscheidung erging bezeichnenderweise mit der knappen Stimmenmehrheit von 4:3.

216 So zutr. *H. Roth*, NJW 2016, 1024 (1025). Weniger streng dagegen BGH NJW 2016, 1022 ff., wobei der Fall durch die Besonderheit gekennzeichnet ist, dass das Verfahren aufgrund eines Vorlagebeschlusses zum EuGH ausgesetzt war.

217 BVerfG DVBl 1991, 1139; vgl. auch BVerfG DtZ 1992, 119 f. m.w.N.

der nach dem Geschäftsplan vorgesehenen Besetzung der Richterbank (BVerwG NVwZ 1990, 460, 461).

a) Statthaftigkeit des Gesuchs. Statthaft ist gem. § 54 Abs. 1 VwGO i.V.m. § 42 Abs. 1 ZPO nur ein 85 Ablehnungsgesuch, welches sich gegen die Mitwirkung eines *Richters* in einem *konkreten Verfahren* wendet. Die Ablehnungsgesuche können sich sowohl gegen Vorsitzende Richter und Beisitzer, hauptamtliche wie ehrenamtliche Richter wenden.[218] Das Gesuch kann sich auch auf mehrere Richter beziehen. Hingegen ist ein Gericht als solches ebenso wenig ablehnbar wie die Gesamtheit der dort tätigen Richter oder der einzelne Spruchkörper (die Kammer, der Senat).[219] Der Ablehnungsantrag muss sich auf einen konkreten Richter beziehen (BVerwG NJW 1977, 312; BGH NJW 1974, 55, 56). Grds. muss der abgelehnte Richter namentlich bezeichnet werden; dies ist aber ausnahmsweise entbehrlich, wenn der gemeinte Richter aufgrund der Angaben im Gesuch zweifelsfrei bestimmbar[220] oder die namentliche Kennzeichnung dem Antragsteller nur unter besonderen Schwierigkeiten möglich und daher unzumutbar ist (BVerfGE 2, 295, 297; OLG Braunschweig NJW 1976, 2024, 2025). Zulässig ist es, alle zur Entscheidung berufenen Richter des Gerichts abzulehnen, wenn Befangenheitsgründe individuell in jeder einzelnen Person des Spruchkörpers begründet sind.[221] So kommt die Ablehnung aller einzelnen Richter dann in Betracht, wenn die Befangenheit aus konkreten, in einer Kollegialentscheidung enthaltenen Anhaltspunkten hergeleitet wird (BVerwG 7.4.2011 – 3 B 10/11, juris Rn. 2). Der Prozessbeteiligte kann in diesem Fall wegen des Beratungsgeheimnisses nicht wissen, welcher der einzelnen Richter des Spruchkörpers den fraglichen Beschluss oder das Urteil mitgetragen hat. Ein entsprechend formulierter Ablehnungsantrag stellt keinen Missbrauch des Rechts zur Richterablehnung dar (BVerwGE 50, 36, 37 f.). Die gilt auch, wenn der Antragsteller einen alle Richter betreffenden, über deren Zugehörigkeit zum Spruchkörper oder Gericht als solcher hinausgehenden gleich gearteten Umstand geltend macht.[222] In Zweifelsfällen dürften Anträge, die die Besorgnis der Befangenheit des gesamten Gerichts enthalten, dahingehend auszulegen sein, dass gegen jeden einzelnen Richter Befangenheitsgründe geltend gemacht werden. Ein entsprechend formulierter Antrag ist also grds. als zulässig zu betrachten.[223] Nicht statthaft ist es dagegen, ohne spezifische Darlegung personenbezogener Ablehnungsgründe unter namentlicher Aufzählung alle Richter eines Gerichtes mit der pauschalen Begründung, jedes einzelne Mitglied des Gerichts sei befangen, abzulehnen.[224]

b) Antragsberechtigung. Das Ablehnungsrecht steht gem. § 42 Abs. 3 ZPO „in jedem Fall *beiden* Parteien" des Zivilprozesses zu. Hieraus wird in der Lit. i.d.R. ohne weitere Problematisierung geschlossen, dass im Verwaltungsprozess alle Beteiligten gem. § 63 ablehnungsberechtigt seien. Unzweifelhaft richtig ist aber nur, dass das Ablehnungsrecht den Hauptbeteiligten des Prozesses, also dem *Kläger* und dem *Beklagten* nach § 63 Nr. 1 und 2 zustehen muss. Nach der jüngsten Rspr. des BVerwG besteht auch für diesen Antrag vor dem OVG und vor dem BVerwG Vertretungszwang nach § 67 Abs. 4 (BVerwG NVwZ-RR 2013, 341 f.).[225] Der Prozessbevollmächtigte hat kein selbständiges Ablehnungsrecht aus eigener Person.[226] 86

Dass *Streitgenossen* ein eigenes Ablehnungsrecht zusteht, ergibt sich bereits daraus, dass es sich bei 87 ihnen auch um Kläger oder Beklagte i.S.v. § 63 Nr. 1, 2 handelt. Die Streitgenossenschaft wird systematisch im Zweiten Titel des Zweiten Abschnitts des Ersten Buches der ZPO als Parteienhäufung erfasst. Da § 64 durch Verweisung auf die §§ 59–63 ZPO an diese Dogmatik anknüpft (→ § 64

---

218 Eine Differenzierung wäre hier schon wegen der verfassungsrechtlichen Gewährleistung des Ablehnungsrechts, aber auch deswegen unzulässig, weil ehrenamtliche Richter gem. § 19 bei der mündlichen Verhandlung und der Urteilsfindung mit gleichen Rechten wie die hauptamtlichen Richter mitwirken.
219 BVerwG Buchholz 310 § 54 VwGO Nr. 21; *H. Günther*, NJW 1986, 281, 282.
220 *M. Vollkommer*, in: Zöller § 44 Rn. 2.
221 BVerwGE 50, 36, 37 f.; BVerwG NJW 1977, 312; NJW 2014, 953 Rn. 7; vgl. auch BGHSt 23, 200, 202.
222 BVerwG NJW 2014, 953 Rn. 7 (alle Richter waren Mitglied eines bestimmten Vereins).
223 Vgl. BVerwGE 50, 36, 37 f.; OLG Braunschweig NJW 1976, 2024, 2025.
224 Vgl. etwa BGH NJW 1974, 55, 56 und ausf. *H. Günther*, NJW 1986, 281, 282.
225 Das BVerwG sieht § 67 Abs. 4 als lex specialis zur der aus dem allg. Verweis nach § 173 VwGO i.V.m. § 78 Abs. 3 ZPO ergebenden Regelung. Nach letztgenannter Regelung besteht kein Vertretungszwang für Prozesshandlungen, die vor dem Urkundsbeamten der Geschäftsstelle vorgenommen werden können. Das Ablehnungsgesuch kann bei der Geschäftsstelle zu Protokoll erklärt werden (§ 54 VwGO i.V.m. § 44 Abs. 1 Hs. 2 ZPO). → Rn. 100.
226 Vgl. BayObLG NJW 1975, 699 m.w.N.; OLG Karlsruhe NJW-RR 1987, 126, 127; *M. Vollkommer*, in: Zöller § 42 Rn. 2.

Rn. 2 f.), sind der einfache und auch der notwendige Streitgenosse Hauptbeteiligte im Verwaltungs-prozess und schon deshalb zur Anbringung eines Ablehnungsgesuchs befugt.[227] Das Recht zur Ableh-nung kann der Streitgenosse unabhängig und sogar gegen den Willen des anderen Streitgenossen gel-tend machen, wie sich aus § 64 VwGO i.V.m. § 63 Hs. 1 ZPO ergibt.

88   Demgegenüber ist die *Beiladung* in ihren beiden Formen die verwaltungsprozessuale Parallelerschei-nung zu den verschiedenen zivilprozessualen Arten der Beteiligung Dritter am Rechtsstreit.[228] Der Bei-geladene ist insoweit ebenfalls „Dritter" und hat keine (echte) Parteirolle i.e.S. Er ist nicht Hauptbe-teiligter des zwischen anderen geführten Verwaltungsprozesses. Die Antragsberechtigung ergibt sich deshalb nicht aus der bloßen Verweisung auf § 42 Abs. 3 ZPO.[229] Allerdings werden die rechtlichen Interessen des Beigeladenen durch das Verfahren in einer vergleichbaren Weise berührt, wie dies für den Nebenintervenienten (§§ 66 f. ZPO) im Zivilprozess gilt, dem in der zivilprozessualen Praxis ein eigenständiges Ablehnungsrecht zuerkannt wird, weil er „ähnlich einer Partei im eigenen Namen am Verfahren beteiligt ist".[230] Es erscheint daher sachgerecht, auch dem (einfach und notwendig) Beigela-denen ein eigenständiges Ablehnungsrecht einzuräumen.[231]

89   Problematisch ist ebenso die Frage, ob das Ablehnungsrecht auch dem *VBl* und dem *Völ* zusteht.[232] Dies ist i.E. zu verneinen, da eine Zuerkennung des Ablehnungsrechts auch für nur im öffentlichen Interesse tätig werdende Verfahrensbeteiligte i.E. auf eine Überprüfung der Befangenheitsgründe von Amts wegen hinauslaufen würde, die vom Gesetz gerade nicht vorgesehen ist. Die grundrechtliche An-knüpfung eines solchen Ablehnungsrechts fehlt überdies (→ Rn. 9). Ebenso wenig haben *Zeugen* und *Sachverständige* im Hauptverfahren[233] ein eigenes Ablehnungsrecht.[234] Auch dem *gesetzlichen Vertre-ter* steht kein eigenes Ablehnungsrecht zu.[235]

90   **c) Voraussetzungen eines ordnungsgemäßen Ablehnungsgesuchs.** Ein wirksames Ablehnungsgesuch setzt voraus, dass das Ablehnungsgesuch *rechtzeitig* geltend gemacht wird. Von besonderer Bedeutung in diesem Zusammenhang ist die entsprechend anzuwendende Vorschrift des § 43 ZPO. Die rechtzei-tige Geltendmachung eines Ablehnungsgrundes stellt einen allgemeinen Rechtsgedanken dar, der alle Prozessordnungen beherrscht. Die zeitliche Beschränkung des Ablehnungsrechts dient der schnellen und endgültigen Klärung der weiteren Mitwirkung des Richters nach Bekanntwerden eines Ableh-nungsgrundes und soll verhindern, dass bereits geleistete prozessuale Arbeit nutzlos wird.[236] Fehlt es an einem rechtzeitigen Ablehnungsgesuch, so wird unwiderleglich vermutet, dass ein Beteiligter mit der zur Entscheidung berufenen Person einverstanden ist und sein Rügerecht verloren geht (BVerwGE 90, 287, 290).

91   Durch *rügelose Einlassung* geht das Ablehnungsrecht nach § 54 Abs. 1 VwGO i.V.m. § 43 ZPO für die Fälle der Ablehnung wegen Besorgnis der Befangenheit verloren, wenn sich die Partei in Kenntnis des Ablehnungsgrundes in eine Verhandlung eingelassen oder Anträge gestellt hat. Bekannte Ablehn-ungsgründe sind daher vor bzw. bei Beginn der mündlichen Verhandlung zu stellen und können be-reits in der Klageschrift oder -erwiderung schriftlich vorgetragen werden. Der Verlust des Rügerechts hinsichtlich nicht rechtzeitig angebrachter Befangenheitsanträge bezieht sich nur auf die dem Betroffe-nen bekannten Ablehnungsgründe. Die Kenntnis des Ablehnungsgrundes umfasst dabei sowohl die

---

227   Zu den Einzelproblemen der Richterablehnung durch den Streitgenossen auch *R. Bork*, in: Stein/Jonas I § 42 Rn. 18 m.w.N.

228   Vgl. die Überschrift zum Ersten Buch, Zweiter Abschnitt, Dritter Titel der ZPO (Vorbem. § 64 ZPO). Zur Beteili-gung Dritter am Zivilprozess *S. Schmitt/T. Wagner*, Jura 2014, 372 ff.

229   Etwas anderes würde nur gelten, wenn man § 42 Abs. 3 ZPO entgegen seinem Wortlaut extensiv auslegt; so etwa *R. Bork*, in: Stein/Jonas I § 42 Rn. 18, der das Ablehnungsrecht auch dem Nebenintervenienten im Zivilprozess zu-gesteht.

230   *N. Stackmann*, in: MüKoZPO I § 42 Rn. 3.

231   In der zivilprozessualen Kommentarlit. wird den nach §§ 64 ff. ZPO am Rechtsstreit beteiligten Dritten ein eigenes Ablehnungsrecht zuerkannt, wobei dieses regelmäßig auf eine extensive Auslegung des Parteibegriffes in § 42 Abs. 3 gestützt wird. I.d.S. etwa *Baumbach/Lauterbach/Albers/Hartmann* § 42 Rn. 4; *R. Bork*, in: Stein/Jonas I § 42 Rn. 18.

232   So ausdrückl. für den Völ von *M. Redeker*, in: Redeker/v. Oertzen § 54 Rn. 13 bejaht.

233   Ein eigenes Ablehnungsrecht des Zeugen besteht aber dann, wenn er sich gegen die Festsetzung eines Ordnungsgelds wehrt (OLG Celle NdsRpfl 1971, 230 Nr. 6; *N. Stackmann*, in: MüKoZPO I § 42 Rn. 3). Problematisch wäre es, die Rspr. zum Vertretungszwang (→ Rn. 86) auf einen solchen Fall zu übertragen (→ § 67 Rn. 48).

234   Vgl. *R. Bork*, in: Stein/Jonas I § 42 Rn. 18 und *N. Stackmann*, in: MüKoZPO I § 42 Rn. 3 jeweils m.w.N.

235   OLG Köln NJW-RR 1988, 694; *M. Vollkommer*, in: Zöller § 42 Rn. 2.

236   *Baumbach/Lauterbach/Albers/Hartmann* § 43 Rn. 2.

Kenntnis der Person des mit der Entscheidung befassten Richters als auch die Kenntnis der Tatsachen, die die Besorgnis der Befangenheit begründen.[237] Dabei muss sich der Beteiligte die Kenntnis seines Bevollmächtigten analog § 85 Abs. 1 ZPO, § 166 BGB zurechnen lassen (VGH München BayVBl 1981, 368, 370 m.w.N.). Der Ablehnungsgrund muss dem Antragsteller positiv bekannt sein; die fahrlässige Unkenntnis des Ablehnungsgrundes (Kennenmüssen i.S.d. § 122 Abs. 2 BGB) führt dagegen nicht zum Verlust des Ablehnungsrechts.[238]

Die zeitliche Schranke des § 43 ZPO gilt nicht bei der Anbringung eines Ablehnungsgesuchs, das auf einen gesetzlichen Ausschließungsgrund nach § 54 Abs. 1 VwGO i.V.m. § 41 Nr. 1–8 ZPO oder nach § 54 Abs. 2 gestützt wird. Dieses Ablehnungsgesuch bleibt gem. § 54 Abs. 1 VwGO i.V.m. § 42 Abs. 1 Alt. 1, § 43 ZPO in jedem Verfahrensabschnitt zulässig.   92

Voraussetzung des Verlustes des Ablehnungsrechts ist, dass sich der Beteiligte in eine Verhandlung eingelassen *oder* Anträge gestellt hat. Die Bestimmung dieses Zeitpunktes im Verwaltungsprozess ist wegen des vom Zivilprozess[239] differierenden Ablaufs der mündlichen Verhandlung nicht immer einfach. Richtig erscheint es, den maßgeblichen Zeitpunkt, zu dem sich der Beteiligte in die mündliche Verhandlung einlässt, mit dem *Beginn der Erörterung der Sach- und Rechtslage* gleichzusetzen. Maßgeblicher Zeitpunkt zur rechtzeitigen Geltendmachung eines Ablehnungsgesuchs wegen Besorgnis der Befangenheit ist daher bei dem vom Gesetz vorgegebenen Ablauf der mündlichen Verhandlung der Zeitpunkt, in dem das Gericht nach Beendigung des Sachvortrages den Beteiligten erstmals das Wort erteilt, um ihre Anträge zu stellen oder zu begründen (vgl. § 103 Abs. 2 und 3). Schon die Beantwortung einer Frage des Vorsitzenden während des Sachvortrages nach § 103 Abs. 2 als Einlassung zu qualifizieren, sodass allein dadurch das Rügerecht verloren geht (OVG Brem NVwZ 1985, 351), stellt eine Überspannung der an die Rechtzeitigkeit der Rüge zu stellenden Anforderungen dar.[240] § 103 Abs. 3 begründet keine Verpflichtung des Gerichts, auf den Sachvortrag immer die Antragstellung und die Begründung der Anträge folgen zu lassen. Der Vorsitzende kann auch zunächst mit den Beteiligten gem. § 104 Abs. 1 die Sach- und Rechtslage erörtern oder in die Beweisaufnahme eintreten. In einem solchen Fall muss das Ablehnungsgesuch vorgebracht werden, sobald das Gericht mit der Erörterung der Sach- und Rechtslage beginnt oder in die Beweisaufnahme eintritt (BVerwG Buchholz 310 § 54 Nr. 9; VGH München BayVBl 1980, 343). Der Verlust des Ablehnungsrechts greift nach der Rspr. des BVerwG nicht nur dann ein, wenn der Beteiligte oder sein Prozessbevollmächtigter in der mündlichen Verhandlung anwesend waren und auf die Rüge verzichtet haben, sondern auch dann, wenn sie nicht anwesend waren, hierfür jedoch kein erheblicher Grund i.S.d. § 173 S. 1 VwGO i.V.m. § 227 Abs. 1 S. 1 ZPO gegeben war (BVerwG BayVBl 2017, 353 Rn. 39). Ein Verlust des Ablehnungsrechts tritt allerdings nicht ein, wenn sich der Beteiligte nach Ablehnung des Richters auf die weitere Verhandlung einlässt (BGH NJW-RR 2016, 887 Rn. 11 ff. m.w.N., str.).   93

Umstr. ist der Zeitpunkt des Verlusts des Rügerechts nach § 43 ZPO in Verfahren, in denen die Entscheidung *ohne mündliche Verhandlung* ergeht. Erwägt das Gericht, im Verwaltungsprozess ohne vorhergehende mündliche Verhandlung durch Beschluss zu entscheiden, was etwa beim Gerichtsbescheid nach § 84 Abs. 1 oder im Berufungsverfahren nach § 125 Abs. 2 im Falle der unzulässigen Berufung und nach § 130 a im Falle der einstimmigen Zurückweisung möglich ist, so sind die Betroffenen jeweils vor Erlass der entsprechenden Entscheidung zu hören. Sie müssen nach einer Auffassung ein Ablehnungsgesuch daher bereits in der gesetzlich vorgeschriebenen Anhörungsphase vorbringen, um nicht des Rügerechts verlustig zu gehen. Wer sich gem. § 101 Abs. 2 bereit erklärt hat, dass das Gericht ohne mündliche Verhandlung entscheidet, soll sich allerdings i.S.d. § 43 ZPO in die Verhandlung eingelassen haben, sodass ein im Anschluss an diese Erklärung angebrachtes Ablehnungsgesuch unzulässig sein soll, wenn es auf die Besorgnis der Befangenheit gestützt wird.[241] Richtiger erscheint es aber, in solchen Fällen weniger streng zu sein und auch ein jedenfalls vor Absendung bzw. Zustellung   94

---

237 *R. Bork*, in: Stein/Jonas I § 43 Rn. 2.
238 *M. Vollkommer*, in: Zöller § 43 Rn. 3; *Baumbach/Lauterbach/Albers/Hartmann* § 43 Rn. 4.
239 Vgl. BGH NJW-RR 2014, 382 Rn. 20 ff. zur Frage, ob das Einreichen eines die mündliche Verhandlung lediglich vorbereitenden Schriftsatzes zum Verlust des Ablehnungsrechts führen kann.
240 Eine solche restriktive Auslegung ist weder vom Schutzzweck des § 43 ZPO geboten, noch wird sich der Betroffene i.d.R. der prozessualen Konsequenzen bewusst sein, worauf *C. Meissner*, in: Schoch/Schneider/Bier § 54 Rn. 50 zu Recht hinweist.
241 Vgl. *Baumbach/Lauterbach/Albers/Hartmann* § 43 Rn. 8.

der gerichtlichen Entscheidung gestelltes Ablehnungsgesuch für rechtzeitig zu erachten.[242] Die Ablehnung eines *Sachverständigen* (zur Möglichkeit der Sachverständigenablehnung ausf. → Rn. 131) ist
unzulässig, wenn sie erst nach Ablauf der Äußerungsfrist zum Gutachten erklärt wird (OLG Saarbrücken OLGZ 1982, 366, 367).

95   Umstr. ist auch die Frage, ob sich der in einem Rechtsstreit eingetretene Verlust des Ablehnungsrechts
     auch auf spätere Verfahren mit demselben Richter auswirkt.[243] Hier gilt der Grundsatz, dass der Ver-
     lust des Ablehnungsrechts nur für das Verfahren gilt, in dem sich die Partei in die Verhandlung einge-
     lassen hat.[244] Eine *Ausnahme von diesem Grundsatz* wird allerdings von manchen anerkannt, wenn
     die Verfahren in einem engen Sachzusammenhang stehen und ihre Grundlage in einheitlichen tatsäch-
     lichen oder rechtlichen Vorgängen haben. In diesem Fall müsse verhindert werden, dass die Beteiligten
     in einer Reihe sachlich zusammenhängender Verfahren ihnen bekannte Ablehnungsgründe zurückhal-
     ten, um von ihnen in einem günstig erscheinenden Moment Gebrauch zu machen.[245] Diese Auffassung
     ist jedoch aus Gründen der Rechtssicherheit und Rechtsklarheit abzulehnen. Das Interesse an der
     Rechtsklarheit macht es erforderlich, die Abgrenzung, ob ein Ablehnungsrecht verloren gegangen ist
     oder nicht, nach möglichst eindeutigen Kriterien zu treffen. Dem Missbrauch des Ablehnungsrechts
     aus prozesstaktischen Gründen wird hinreichend dadurch entgegengetreten, dass bei der Bewertung
     der Frage, ob eine Befangenheit des Richters nach vernünftigen Erwägungen in Betracht kommt
     (→ Rn. 45), die Tatsache Berücksichtigung finden kann, dass die ablehnungswillige Partei den Richter
     in dem früheren Verfahren nicht abgelehnt hat.[246]

96   Erhält ein Beteiligter erst nach Ablauf des in § 43 ZPO festgelegten Zeitpunkts Kenntnis von Tatsa-
     chen, die die Ablehnung wegen Besorgnis der Befangenheit rechtfertigen oder tritt der Ablehnungs-
     grund erst später ein, so ist es zur Vermeidung des Verlustes des Rügerechts erforderlich, die *Ableh-
     nung unverzüglich nach Kenntnis des Ablehnungsgrundes* geltend zu machen.[247] In diesem Fall ist die
     Glaubhaftmachung des Ablehnungsgrundes gem. § 54 Abs. 1 VwGO i.V.m. § 44 Abs. 4 ZPO auch da-
     rauf zu richten, dass der Ablehnungsgrund erst später entstanden oder dem Beteiligten bekannt ge-
     worden ist. Zur Glaubhaftmachung der nachträglichen Entstehung oder nachträglichen Kenntnis des
     Ablehnungsgrundes sind alle Beweismittel nach § 294 Abs. 1 ZPO zugelassen. Die Beschränkung des
     § 44 Abs. 2 S. 1 Hs. 2 ZPO greift in dieser Beziehung nicht ein, sodass in diesem Fall auch die eides-
     stattliche Versicherung zugelassen ist.[248]

97   Lebhaft umstr. ist die Frage, ob ein Richter auch *nach Beendigung der Instanz* noch wirksam abge-
     lehnt werden kann. Dies betrifft bspw. Fälle, in denen sich der Ablehnungsgrund erst aus den Ent-
     scheidungsgründen oder dem Erlass der Entscheidung selbst ergibt. Mit der Argumentation, die Ab-
     lehnung könne allein das Ziel verfolgen, den abgelehnten Richter an einer weiteren Tätigkeit im kon-
     kreten Verfahren zu hindern, wird von der überwiegenden Meinung in Lit. und Rspr. vertreten, ein
     Richter könne nach Beendigung der Instanz selbst dann nicht mehr wirksam abgelehnt werden, wenn
     der Ablehnungsgrund den Beteiligten vor Beendigung der Instanz unbekannt gewesen sei.[249] Ein Ge-
     such auf Richterablehnung kommt nach der eben referierten Auffassung nicht mehr in Betracht, wenn
     der Richter seine Tätigkeit im konkreten Verfahren beendet und die instanzbeendende Entscheidung
     erlassen hat (BFH NVwZ 1990, 504 m.w.N.). Auf den behaupteten Ablehnungsgrund soll nach dieser
     Auffassung die *Revision* selbst dann nicht gestützt werden können, wenn der Ablehnungsgrund erst
     nach Abschluss der Instanz bekannt geworden ist (BVerwG MDR 1970, 442; NVwZ 1990, 460,
     461). Ist die Instanz dagegen noch nicht beendet und kommen noch Entscheidungen des angeblich be-

---

242   BVerwGE 58, 146, 148; ebenso *W.-R. Schenke*, in: Kopp/Schenke § 54 Rn. 14 a.
243   Übersicht über den Streitstand bei *R. Bork*, in: Stein/Jonas I § 43 Rn. 3; ausf. zur Problematik *E. Schneider*, MDR
      1977, 441 ff.
244   OLG Karlsruhe MDR 1992, 409; *N. Stackmann*, in: MüKoZPO I § 43 Rn. 9; *M. Vollkommer*, in: Zöller § 43 Rn. 7.
245   VGH München BayVBl 1981, 368, 370; ebenso *N. Stackmann*, in: MüKoZPO I § 43 Rn. 9 m.w.N.; *E. Schneider*,
      MDR 1977, 441, 443.
246   OLG Karlsruhe MDR 1992, 409; vgl. auch *N. Stackmann*, in: MüKoZPO I § 43 Rn. 9.
247   *R. Bork*, in: Stein/Jonas I § 44 Rn. 11.
248   Vgl. nur *Baumbach/Lauterbach/Albers/Hartmann* § 44 Rn. 9; *R. Bork*, in: Stein/Jonas I § 44 Rn. 11; *M. Vollkom-
      mer*, in: Zöller § 44 Rn. 5.
249   BVerwG MDR 1970, 442; NVwZ 1990, 460, 461; 29.6.2016 – 2 B 18/15, juris Rn. 38; NVwZ-RR 2017, 468
      Rn. 9, 19; BFH NVwZ 1990, 504; *H. Günther*, MDR 1989, 691, 692 mit umfangreichen Nachw. in Fn. 16;
      R. Bork, in: Stein/Jonas I § 44 Rn. 12 m.w.N.

fangenen Richters in Betracht, so ist die Anbringung eines Befangenheitsgesuchs auch nach der vorgetragenen Auffassung noch zulässig.[250] Entscheidender *Zeitpunkt der Instanzbeendigung* ist dabei im Falle des §116 Abs. 1 die Urteilsverkündung. Wird die Verkündung im Falle des §116 Abs. 2 bzw. 3 durch die Zustellung ersetzt, so wird das Urteil nicht schon mit der Unterzeichnung oder der Übergabe an die Geschäftsstelle, sondern erst mit der Abgabe des Urteils zur Post zwecks Zustellung wirksam (BVerfGE 62, 347, 352; BVerfG NJW 1993, 51). Bis zu diesem Zeitpunkt kann das Gericht noch über ein Ablehnungsgesuch entscheiden und ggf. gem. §104 Abs. 3 S. 2 die Wiedereröffnung der mündlichen Verhandlung beschließen.

Die restriktive Handhabung des Ablehnungsrechts nach Beendigung der Instanz ist im Hinblick auf 98 die Garantie des gesetzlichen Richters in Art. 101 Abs. 1 S. 2 GG nicht unbedenklich und wird daher zu Recht kritisiert. Die Sachentscheidung durch einen Richter, bei dem die Besorgnis der Befangenheit besteht, stellt einen Verstoß gegen die Garantie des gesetzlichen Richters dar, der durch den Abschluss der Instanz auch nicht „geheilt" wird. Verfassungsverstöße im gerichtlichen Verfahren sind nach der gefestigten Rspr. des BVerfG möglichst durch die einfache Gerichtsbarkeit selbst zu korrigieren, um eine Entlastung des BVerfG zu erreichen (BVerfGE 49, 252, 258; 60, 96, 99; 69, 233, 243). Von diesem Ansatzpunkt aus ist es geboten, auch nach Beendigung der Instanz die Möglichkeit der Ablehnung wegen Besorgnis der Befangenheit zu eröffnen.[251]

Insbes. die aus dem restriktiven Verständnis des Ablehnungsrechts folgende Konsequenz, dass die Be- 99 teiligten auch von der Geltendmachung solcher Ablehnungsgründe ausgeschlossen sind, die erst nach Abschluss der Instanz entstanden[252] oder den Beteiligten bekannt geworden sind, vermag nicht zu befriedigen. In letzter Konsequenz führt diese Auffassung dazu, dass Befangenheitsgründe, die sich erst durch die Diktion oder die Art und Weise der Verkündung des Urteils erhellen, von vornherein einer gerichtlichen Prüfung entzogen werden. Insbes. bei eklatanten Rechtsverstößen ist aber die Überprüfbarkeit einer solchermaßen getroffenen Entscheidung unverzichtbarer Bestandteil eines effektiven Rechtsschutzes. Äußerste Zeitschranke für die Ablehnung ist daher nicht die instanzbeendende, vom abgelehnten Richter selbst nicht mehr abänderbare Entscheidung, sondern erst die abschließende Erledigung des Rechtsstreits durch eine unanfechtbare, nicht mehr mit Rechtsmitteln angreifbare Entscheidung.[253] Bei Entscheidungen, die der Anfechtung unterliegen, muss es entgegen verbreiteter Ansicht zulässig sein, die Ablehnungsgründe noch unverzüglich zusammen mit dem statthaften Rechtsbehelf geltend zu machen. Die Prüfung des Ablehnungsgrunds und des Beruhens der angegriffenen Entscheidung auf diesem obliegt dann dem Rechtsmittelgericht.[254]

Das Ablehnungsgesuch ist gem. §54 Abs. 1 VwGO i.V.m. §44 Abs. 1 ZPO bei dem Gericht, dem der 100 abgelehnte Richter angehört, anzubringen. *Empfangszuständig* ist wegen §45 Abs. 1 ZPO derjenige Spruchkörper (Kammer, Senat), dem der Richter für den betreffenden Rechtsstreit angehört. Dies gilt auch dann, wenn die Sache gem. §6 Abs. 1 auf den Einzelrichter übertragen worden ist.[255] Das Ablehnungsgesuch bedarf nicht der Schriftform. Es kann schriftlich eingereicht werden, aber auch in der mündlichen Verhandlung vor dem Gericht oder zu Protokoll der Geschäftsstelle erklärt werden, vgl. §54 Abs. 1 VwGO i.V.m. §44 Abs. 1 Hs. 2 ZPO. Als Prozesshandlung setzt der Ablehnungsantrag die allgemeinen Prozessvoraussetzungen, insbes. die Prozessfähigkeit voraus. Ein Ablehnungsgesuch

---

250 *H. Günther*, MDR 1989, 691, 692 m.w.N.
251 I.d.S. BayObLG MDR 1988, 500; OLG Saarbrücken NJW 1975, 399 f.; *C. Kimmel*, in: BeckOK VwGO, Posser/Wolff §54 Rn. 33; *D. Krausnick*, in: Gärditz §54 Rn. 42; *M. Vollkommer*, in: Zöller §42 Rn. 4. Vgl. BVerwG BayVBl 2017, 353 Rn. 38, wonach in einem Fall, in dem sich die Gründe für die Besorgnis der Befangenheit erst aus den Entscheidungsgründen des angefochtenen Urteils ergeben, allenfalls der Verfahrensfehler der vorschriftswidrigen Besetzung des erkennenden Gerichts i.S.d. §138 Nr. 1 geltend gemacht könne und Voraussetzung hierfür sei, dass der Richter der Vorinstanz tatsächlich und so eindeutig die gebotene Distanz und Neutralität habe vermissen lassen, dass jede andere Würdigung als die Besorgnis der Befangenheit willkürlich erscheine (→ Rn. 128 b zu einem weiteren Fall, bei dem Willkür zum absoluten Revisionsgrund des §138 Nr. 1 führen soll). Dann „läge zugleich ein Verstoß unmittelbar gegen Art. 101 I 2 GG vor" (BVerwG NVwZ-RR 2017, 468 Rn. 20), der jedenfalls mit Berufung und Revision angreifbar ist (→ Rn. 128 b).
252 Vgl. aber *C. Kimmel*, in: BeckOK VwGO, Posser/Wolff §54 Rn. 33 a.E.: „Ist der Ablehnungsgrund [...] erst nach Beendigung der Instanz überhaupt entstanden, so wird eine darauf gestützte Verfahrensrüge schon deshalb keinen Erfolg haben, weil die angegriffene Entsch. nicht auf diesem vermeintlichen Mangel beruhen kann".
253 So BGHZ 141, 90, 93; *M. Vollkommer*, in: Zöller §42 Rn. 4.
254 Dazu ausf. *M. Vollkommer*, in: Zöller §42 Rn. 4 und §47 Rn. 6 m.w.N.
255 Vgl. *R. Bork*, in: Stein/Jonas II §44 Rn. 3 und §45 Rn. 1 für die Parallelproblematik des Einzelrichters nach §348 ZPO.

kann also nicht vom Prozessunfähigen, sondern nur von dessen gesetzlichen Vertreter gestellt werden (VGH Mannheim VBlBW 1990, 135 a.E.), wenn nicht das Gesetz die Prozessfähigkeit unabhängig von der Geschäftsfähigkeit anordnet (vgl. insoweit § 62 Abs. 1 Nr. 2 und ausf. → § 62 Rn. 38 ff.). Nach der jüngsten Rspr. des BVerwG besteht vor dem OVG und vor dem BVerwG *Vertretungszwang* nach § 67 Abs. 4 (BVerwG NVwZ-RR 2013, 341 f.; → Rn. 86).

101 Der *Ablehnungsgrund* muss vom Antragsteller *glaubhaft* gemacht werden, § 54 Abs. 1 VwGO i.V.m. § 44 Abs. 2 ZPO. Voraussetzung für ein ordnungsgemäßes Ablehnungsgesuch ist daher zunächst, dass in diesem der Ablehnungsgrund überhaupt aufgeführt ist. Erforderlich ist die substantiierte Darlegung der Tatsachen, auf die sich das Ablehnungsgesuch stützt. Die *Begründung eines Ablehnungsgesuchs* muss sofort abgegeben und kann nicht nachgereicht werden (OLG Köln NJW-RR 1996, 1339). Nicht ausreichend ist die bloße Erklärung eines Beteiligten, er lehne den Richter ab und werde die Begründung nachreichen; insoweit liegt noch kein wirksames Ablehnungsgesuch vor (OLG Köln MDR 1964, 423; NJW-RR 1996, 1339). Ein Ablehnungsgesuch ist nur dann statthaft, wenn die Partei Befangenheitsgründe vorträgt und glaubhaft macht, die sich individuell auf den oder die an der zu treffenden Entscheidung beteiligten Richter beziehen (BVerwGE 50, 36, 37).

102 Der Ablehnungsgrund ist immer dann *glaubhaft zu machen*, soweit die Tatsachen, die den Ablehnungsgrund begründen, nicht nach § 173 VwGO i.V.m. § 291 ZPO offenkundig sind. Eine Glaubhaftmachung ist ausnahmsweise entbehrlich, wenn die entsprechenden Tatsachen gerichtsbekannt sind oder als wahr unterstellt werden. Gerichtsbekannt sind Tatsachen, wenn das Gericht sie jederzeit aus den Akten feststellen kann oder diese sich vor den Augen und Ohren des Gerichts ereignet haben (BVerwGE 73, 339, 345). Zur Glaubhaftmachung kann sich der Antragsteller nach § 173 VwGO i.V.m. § 294 Abs. 1 ZPO grds. aller Beweismittel bedienen. Zu beachten ist aber, dass die *eidesstattliche Versicherung* des Antragsberechtigten als Mittel der Glaubhaftmachung nach § 54 Abs. 1 VwGO i.V.m. § 44 Abs. 2 S. 1 Hs. 2 ZPO *ausscheidet*. Andererseits genügt abweichend von § 294 Abs. 2 ZPO zur Glaubhaftmachung nach § 44 Abs. 2 S. 2 ZPO auch die Bezugnahme auf das (beizubringende) Zeugnis des abgelehnten Richters. Dieses Zeugnis ist keine förmliche Zeugenaussage, sondern eine schriftliche oder mündliche dienstliche Äußerung, zu der der abgelehnte Richter nach § 54 Abs. 1 VwGO i.V.m. § 44 Abs. 3 ZPO verpflichtet ist[256] (zur dienstlichen Erklärung des Richters im Einzelnen → Rn. 103 ff.). Weigert sich der Richter, eine entsprechende dienstliche Äußerung abzugeben oder ist diese unzureichend, kann das Gericht ihn gem. § 54 Abs. 1 VwGO i.V.m. § 294 Abs. 2 ZPO als präsenten Zeugen vernehmen, aber auch unterstellen, dass er dem Akteninhalt nichts hinzuzufügen hat (OLG Bremen NJW 1986, 999).

103 **2. Dienstliche Äußerung des abgelehnten Richters. a) Allgemeines.** Nach § 54 Abs. 1 VwGO i.V.m. § 44 Abs. 3 ZPO hat sich der abgelehnte Richter über den geltend gemachten Ablehnungsgrund dienstlich zu äußern. Die dienstliche Äußerung soll dem nunmehr über das Ablehnungsgesuch entscheidenden Gericht seine Meinungsbildung erleichtern[257] und dient nicht allein dazu, dem Ablehnenden die Glaubhaftmachung der behaupteten Tatsachen zu erleichtern.[258] Die dienstliche Äußerung muss daher unabhängig davon abgegeben werden, ob das zur Entscheidung über das Ablehnungsgesuch berufene Gericht eine Stellungnahme ausdrücklich anfordert, ob eine ausdrückliche Bezugnahme eines Prozessbeteiligten auf das Zeugnis des abgelehnten Richters nach § 54 Abs. 1 VwGO i.V.m. § 44 Abs. 2 S. 2 ZPO erfolgt ist oder ob der Ablehnende beantragt, der abgelehnte Richter möge sich dienstlich äußern.[259] Die dienstliche Äußerung sollte aus Gründen der Nachprüfbarkeit schriftlich abgegeben werden[260] und ist auch im Verfahren gem. § 54 Abs. 1 VwGO i.V.m. § 48 ZPO, d.h. bei Selbstanzeige von Ablehnungsgründen oder Ablehnung von Amts wegen, erforderlich (OLG Frankfurt NJW 1976, 1545).

104 **b) Inhalt der dienstlichen Äußerung.** Der Richter hat sich in seiner Stellungnahme über die für das Ablehnungsgesuch entscheidungserheblichen Tatsachen zu äußern. Hierauf sollten sich die Ausführungen in der dienstlichen Äußerung auch beschränken; Ausführungen zur Zulässigkeit oder Begründet-

---

256 *R. Bork*, in: Stein/Jonas I § 44 Rn. 7 m.w.N.
257 BGHZ 77, 70, 72.
258 So aber *N. Stackmann*, in: MüKoZPO I § 44 Rn. 10.
259 Vgl. *Baumbach/Lauterbach/Albers/Hartmann* § 44 Rn. 6; wohl auch *R. Bork*, in: Stein/Jonas I § 44 Rn. 7.
260 *Baumbach/Lauterbach/Albers/Hartmann* § 44 Rn. 8 (Schriftlichkeit); *M. Vollkommer*, in: Zöller § 44 Rn. 4.

heit des Gesuchs haben wie andere rechtliche Wertungen und allgemeine Ausführungen zu unterbleiben.[261] Im Übrigen hat der Richter bei der Formulierung der dienstlichen Äußerung größtmögliche Zurückhaltung und Sachlichkeit zu wahren. Eine unzulängliche oder unsachliche Stellungnahme des Richters zu den zum Ablehnungsgesuch führenden Vorgängen in der dienstlichen Äußerung kann den Verdacht der Befangenheit nahe legen und einen (weiteren) Ablehnungsgrund darstellen.[262]

c) **Entfallen der Äußerungspflicht.** Die Äußerungspflicht entfällt bei offensichtlich unzulässigen, querulatorischen und missbräuchlichen Ablehnungsgesuchen.[263] Die dienstliche Äußerung des abgelehnten Richters muss den Beteiligten zur Kenntnis gebracht werden, wenn ihr Inhalt i.R. der Entscheidung über das Ablehnungsgesuch verwertet werden soll (BVerfGE 24, 56, 62; noch weiter gehend VGH Kassel NJW 1983, 901). Tatsachen und Beweisergebnisse, die das Gericht der dienstlichen Äußerung des abgelehnten Richters entnommen hat, dürfen nach dem Grundsatz der Gewährung rechtlichen Gehörs nach Art. 103 Abs. 1 GG nur dann verwertet werden, wenn die ablehnende Partei zu der dienstlichen Äußerung Stellung nehmen konnte (BVerfGE 24, 56, 62). 105

3. **Selbstanzeige eines Ablehnungsgrundes und Amtsprüfung der Ausschließung nach Abs. 1 i.V.m. § 48 ZPO.** Macht ein Richter „von einem Verhältnis Anzeige, das seine Ablehnung rechtfertigen könnte" oder entstehen „aus anderer Veranlassung" Zweifel darüber, ob der Richter kraft Gesetzes von der Ausübung des Richteramts ausgeschlossen ist, so hat nach § 48 ZPO das für die Erledigung des Ablehnungsgesuchs zuständige Gericht (ausf. → Rn. 113) auch dann zu entscheiden, wenn ein Ablehnungsgesuch von keinem Prozessbeteiligten gestellt worden ist. Die im Verwaltungsprozess entsprechend anwendbare Vorschrift enthält zwei verschiedene Fälle, nämlich zunächst den als „*Selbstablehnung*" eines Richters bezeichneten Fall (§ 48 Alt. 1 ZPO) und denjenigen, dass aus anderen Gründen Zweifel darüber bestehen, ob ein Richter kraft Gesetzes ausgeschlossen ist (§ 48 Alt. 2 ZPO). Im zweiten Fall findet eine Prüfung der Ausschließungsgründe von Amts wegen statt, da das Gericht wegen des Grundsatzes des gesetzlichen Richters nach Art. 101 Abs. 1 S. 2 GG und zur Vermeidung der Lieferung eines absoluten Revisionsgrundes nach § 138 Nr. 2 oder eines Wiederaufnahmegrundes nach § 153 Abs. 1 VwGO i.V.m. § 579 Abs. 1 Nr. 2 und 3 ZPO von Amts wegen in jedem Verfahrensstadium zu prüfen hat, ob ein mitwirkender Richter kraft Gesetzes ausgeschlossen ist.[264] 106

a) **Selbstanzeige von Ablehnungsgründen nach § 48 Alt. 1 ZPO.** Die in § 48 Alt. 1 ZPO getroffene Regelung soll dem befangenen Richter das Ausscheiden aus dem Verfahren auch dann ermöglichen, wenn kein Ablehnungsgesuch gestellt worden ist.[265] Sind dem Richter in seiner Person begründete Ausschließungs- oder Ablehnungsgründe bekannt, so trifft ihn die Amtspflicht, die entsprechenden Gründe dem Gericht anzuzeigen.[266] Der Richter muss sich nicht selbst für befangen halten, es genügt, wenn er Umstände anzeigt, die Anlass geben, eine Entscheidung über die Besorgnis der Befangenheit zu treffen (vgl. BVerfGE 108, 122, 126 [Jentsch II]). Das nach § 54 Abs. 1 VwGO i.V.m. § 45 ZPO zuständige Gericht ist auch dann noch verpflichtet, über die Anzeige zu entscheiden, wenn die Prozessbeteiligten ihr Ablehnungsrecht nach § 43 ZPO verloren haben.[267] Dem Richter steht entgegen der häufig verwendeten irreführenden Bezeichnung „Selbstablehnung"[268] kein eigenes Ablehnungsrecht zu. Er ist lediglich befugt und verpflichtet, eine entsprechende Anzeige über das Vorliegen eventueller Ausschließungs- oder Ablehnungsgründe zu machen, über die allein das Gericht zu entscheiden hat. 107

---

261 BGH NJW-RR 2012, 61 Rn. 11; *M. Vollkommer*, in: Zöller § 44 Rn. 4; a.M. *Baumbach/Lauterbach/Albers/Hartmann* § 44 Rn. 8 (Rechtsausführungen).

262 OLG Frankfurt MDR 1978, 409; OLG Karlsruhe Justiz 1987, 144; OVG Bln-Bbg 19.4.2013 – OVG 11 A 7.13, juris Rn. 46.

263 BVerfGE 11, 1, 3; BVerwG Buchholz 310 § 54 Nr. 7, 30; BayVerfGHE 24, 96, 97; *H. Günther*, NJW 1986, 281, 289 m.w.N.; *Baumbach/Lauterbach/Albers/Hartmann* § 44 Rn. 8 (Querulant).

264 Vgl. *M. Vollkommer* in: Zöller § 48 Rn. 5.

265 *R. Bork*, in: Stein/Jonas I § 48 Rn. 1.

266 BVerwG NVwZ-RR 2017, 468 Rn. 26; *D. Krausnick*, in: Gärditz § 54 Rn. 46. Nach BVerfGE 46, 36, 43 stellt die Weigerung, sich selbst für befangen zu erklären, obwohl ein Fall der Befangenheit i.S.d. Gesetzes eindeutig vorliegt, eine grobe Pflichtverletzung im Amt dar; diese für Bundesverfassungsrichter entwickelten Grundsätze müssen auch bei der Auslegung des § 48 ZPO Berücksichtigung finden. I.d.S. auch *R. Bork*, in: Stein/Jonas I § 48 Rn. 3 m.w.N. in Fn. 7.

267 *Baumbach/Lauterbach/Albers/Hartmann* § 48 Rn. 1; *R. Bork*, in: Stein/Jonas I § 48 Rn. 3.

268 Die irreführende Bezeichnung „Selbstablehnung" findet sich in der amtlichen Überschrift zu § 48 ZPO. Zu Recht krit. gegen diese Bezeichnung *N. Stackmann*, in: MüKoZPO I § 48 Rn. 2.

Es ist dem Richter nicht gestattet, beim Vorliegen eines Grundes, der die Besorgnis der Befangenheit rechtfertigt, von sich aus aus dem Verfahren auszuscheiden; das gilt auch dann, wenn dieses Ausscheiden auf Zustimmung der anderen Mitglieder des Kollegiums stößt.[269] Das Verfahren nach § 54 Abs. 1 VwGO i.V.m. § 48 Alt. 1 ZPO setzt das Vorhandensein einer Selbstanzeige eines Richters voraus. Anders als bei der Prüfung gesetzlicher Ausschließungsgründe nach § 54 Abs. 1 VwGO i.V.m. § 48 Alt. 2 ZPO ist das Gericht nicht befugt, von Amts wegen ein Verfahren zur Überprüfung einer eventuellen Befangenheit einzuleiten.[270] Lehnt es ein Richter bei bestehender Besorgnis der Befangenheit (pflicht-widrig) ab, eine Anzeige zu machen, kann – anders als beim Vorliegen gesetzlicher Ausschließungs-gründe (→ Rn. 112) – nicht von Amts wegen entschieden werden; es bleibt aber jedem anderen Mit-glied des Gerichts unbenommen, den Prozessbeteiligten die Verdachtsgründe mitzuteilen und ihnen so die Möglichkeit zur Stellung eines Ablehnungsgesuchs zu geben.[271]

108   Unterlässt ein Richter amtspflichtwidrig die Selbstanzeige von einem Verhältnis, das eine Ablehnung rechtfertigen könnte, so liegt hierin noch kein absoluter Revisionsgrund nach § 138 Nr. 2 (vgl. BVerwG DVBl 1978, 112, 113; NVwZ 1990, 460, 461). Eine andere Frage ist aber, ob die unterlasse-ne Selbstanzeige zur Anfechtung einer unter der Mitwirkung des betroffenen Richters ergangenen Ent-scheidung berechtigt. Nach Auffassung von BGH und BVerwG kann ein unter Mitwirkung des zwei-felhaften Richters zustande gekommenes Urteil mit der Begründung angefochten werden, einer der mitwirkenden Richter hätte wegen Besorgnis der Befangenheit abgelehnt werden können, habe aber entgegen der bestehenden Dienstpflicht keine Anzeige von dem Sachverhalt gemacht, der die Ableh-nung rechtfertigte.[272] Diese Auffassung wird damit begründet, dass die Selbstanzeige eines befangenen Richters sowohl eine Amtspflicht, als auch eine prozessuale Pflicht im Verhältnis zu den Parteien dar-stelle, sodass ein Verfahrensmangel und (relativer) Revisionsgrund bei der unterlassenen Selbstanzeige gegeben sei.[273] Die unterlassene Selbstanzeige von Befangenheitsgründen ist daher als wesentlicher Verfahrensmangel i.S.d. § 124 Abs. 2 Nr. 5, § 132 Abs. 2 Nr. 3 zu qualifizieren,[274] der zur Aufhebung und ggf. Zurückverweisung (vgl. §§ 130, 144 Abs. 3) eines unter Mitwirkung des gegen die Anzeige-pflicht verstoßenden Richters zustandegekommenen Urteils sowohl im Berufungs- als auch im Revisi-onsverfahren führen muss und darüber hinaus den Antrag auf Zulassung der Berufung gem. § 124 a Abs. 4 i.V.m. § 124 Abs. 2 Nr. 5 ebenso rechtfertigt wie die Beschwerde gegen die Nichtzulassung der Revision nach § 133 i.V.m. § 132 Abs. 2 Nr. 3. §§ 512, 557 Abs. 2 ZPO (auf beide Vorschriften ver-weist § 173 S. 1 VwGO) stehen dem „nicht entgegen, da es hier an einer Entscheidung über ein Ableh-nungsgesuch fehlt".[275]

109   **b) Verfahrensfragen im Falle der Selbstanzeige von Ablehnungsgründen.** Zeigt ein Richter Umstände an, die seine Ablehnung rechtfertigen könnten, so ist dies nach der Rspr. des BVerfG (BVerfGE 89, 28, 36 ff.) kein nur innerdienstlicher Vorgang. Art. 103 Abs. 1 GG gebietet, dass die Selbstanzeige den Verfahrensbeteiligten mitgeteilt wird, damit diese ebenso wie bei der Anbringung eines Befangenheits-gesuchs Gelegenheit zur Stellungnahme und damit rechtliches Gehör erhalten.[276] Der dieser Ausle-gung früher entgegenstehende § 48 Abs. 2 ZPO a.F. ist als Reaktion auf das Urteil des BVerfG (BVerfGE 89, 28) aufgehoben worden.[277]

110   Das Gericht entscheidet auch im Falle der Selbstanzeige von Ablehnungsgründen durch *Beschluss*, der den Prozessbeteiligten bekannt zu geben ist[278] und in dem das Vorliegen oder Nichtvorliegen eines Ausschließungs- oder Ablehnungsgrundes festgestellt wird. Der Richter scheidet im Verfahren nach § 48 ZPO erst dann aus dem Rechtsstreit aus, wenn das Gericht in seinem Beschluss das Vorliegen

---

269   *R. Bork*, in: Stein/Jonas I § 48 Rn. 3.
270   BVerfGE 46, 34, 38; *R. Bork*, in: Stein/Jonas I § 48 Rn. 3; *M. Vollkommer*, in: Zöller § 48 Rn. 6.
271   So zu Recht *M. Vollkommer*, in: Zöller § 48 Rn. 1.
272   So BGH NJW 1995, 1677, 1678 f.; BVerwG NVwZ-RR 2017, 468 Rn. 23 ff.; vgl. auch BGHZ 141, 90, 93 ff. An-ders noch BGH NJW 1993, 400, 401.
273   So auch *R. Bork*, in: Stein/Jonas I § 48 Rn. 3 und von *N. Stackmann*, in: MüKoZPO I § 48 Rn. 5.
274   BVerwG NVwZ-RR 2017, 468 Rn. 26; *C. Kimmel*, in: BeckOK VwGO, Posser/Wolff § 54 Rn. 40.
275   *W.-R. Schenke*, in: Kopp/Schenke § 54 Rn. 22 a.E.
276   BVerfGE 89, 28, 36, ebenso schon *R. Metzner*, ZZP 97 (1984), 196, 198 ff.
277   Art. 3 des Gesetzes zur Änderung des Beratungshilfegesetzes und anderer Gesetze vom 14.9.1994 (BGBl I 2323).
278   Das ist die zwingende Konsequenz aus BVerfGE 89, 28, 36 ff., wonach das Verfahren keinen innerdienstlichen Vor-gang darstellt und die Parteien hieran unter Gewährleistung rechtlichen Gehörs zu beteiligen sind (vgl. *R. Bork*, in: Stein/Jonas I § 48 Rn. 4 f.; *M. Vollkommer*, in: Zöller § 48 Rn. 10).

von Ablehnungsgründen positiv festgestellt hat.[279] Von der Selbstanzeige von Ablehnungsgründen bis zur Entscheidung des Gerichts ist jedoch die Vorschrift des § 47 ZPO entsprechend anwendbar, der dem betroffenen Richter nur die Erledigung unaufschiebbarer Amtshandlungen gestattet.

Die Entscheidung des Gerichts im Verfahren nach § 48 Alt. 1 ZPO ist sowohl für den vorlegenden Richter[280] als auch für die Prozessbeteiligten unanfechtbar. Unbenommen bleibt dem Richter im Falle der Zurückweisung der von ihm vorgebrachten Ablehnungsgründe aber das Recht zur Gegenvorstellung[281] oder Remonstration, mit dem seinen schützenswerten Interessen ausreichend Rechnung getragen sein dürfte. **111**

c) Prüfung der Ausschließungsgründe von Amts wegen (§ 48 Alt. 2 ZPO). Bestehen *Zweifel* darüber, ob der Richter kraft Gesetzes ausgeschlossen ist, so kann das Gericht ein Verfahren nach § 54 Abs. 1 VwGO i.V.m. § 48 Alt. 2 ZPO auch ohne Antragstellung, also von Amts wegen durchführen. Das Gericht ist nach dem Grundsatz des gesetzlichen Richters und zur Vermeidung von Revisions- bzw. Wiederaufnahmegründen verpflichtet, von Amts wegen in jedem Stadium des Verfahrens zu prüfen, ob ein mitwirkender Richter kraft Gesetzes ausgeschlossen ist (ausf. → Rn. 42). Ein Verfahren nach § 48 Alt. 2 ZPO kann durch Anregungen von anderen Richtern des Kollegialgerichts oder von den Prozessbeteiligten eingeleitet werden. Aber auch der Richter, über dessen Ausschließung Zweifel bestehen, ist im Interesse der Vermeidung eines fehlerhaften Verfahrens verpflichtet, etwaige Anhaltspunkte für einen möglichen Ausschließungsgrund unaufgefordert zur Sprache zu bringen.[282] Das Gericht ist nur dann verpflichtet, über das Vorliegen von Ausschließungsgründen ausdrücklich zu entscheiden, wenn in dieser Hinsicht Zweifel bestehen.[283] Ist das Vorliegen eines Ausschließungsgrundes dagegen evident, so scheidet der Richter ohne Weiteres aus dem Verfahren aus, ohne dass es einer Entscheidung des Gerichts bedürfte.[284] Für das Verfahren nach § 54 Abs. 1 VwGO i.V.m. § 48 Alt. 2 ZPO gelten ansonsten die gleichen Grundsätze wie bei der Selbstanzeige von Ablehnungsgründen nach § 48 Alt. 1 ZPO (→ Rn. 106 ff.). **112**

4. Entscheidung über ein ordnungsgemäßes Ablehnungsgesuch. a) Zuständigkeit. Über ein ordnungsgemäßes Ablehnungsgesuch (Besonderheiten gelten bei missbräuchlichen Ablehnungsgesuchen; dazu ausf. → Rn. 119 ff.) entscheidet gem. § 54 Abs. 1 VwGO i.V.m. § 45 Abs. 1 ZPO das Gericht, dem der abgelehnte Richter angehört. Die Entscheidungszuständigkeit liegt demnach bei der Kammer oder dem Senat, dem der Abgelehnte angehört. Auch wenn der Rechtsstreit nach § 6 auf den Einzelrichter übertragen worden ist, verbleibt es bei der Zuständigkeit des Kollegialgerichts.[285] Der abgelehnte Richter ist von dieser Entscheidung ausgeschlossen, wie sich aus § 54 Abs. 1 VwGO i.V.m. § 45 Abs. 1 und § 47 Abs. 1 ZPO ergibt. Vom Eingang des Ablehnungsgesuchs bis zur Entscheidung über dieses darf der Richter in der Sache nicht mehr tätig werden; Ausnahmen gelten nach § 47 Abs. 1 ZPO nur für unaufschiebbare Handlungen (ausf. → Rn. 117 ff.) und bei einer Ablehnung während einer Verhandlung zur Vermeidung einer Terminsvertagung nach § 47 Abs. 2 ZPO. Sind mehrere Ablehnungsgesuche gegen verschiedene Richter angebracht, so darf keiner der abgelehnten Richter mehr entscheiden. Ein abgelehnter Richter kann daher bei einer Mehrzahl von Ablehnungen auch nicht über die seine Kollegen betreffenden Ablehnungsgesuche entscheiden.[286] An die Stelle des abgelehnten Richters tritt sein geschäftsplanmäßig bestimmter Vertreter. Im Einzelnen richtet sich die Frage der Stellvertretung nach § 4 VwGO i.V.m. § 21 e Abs. 1 S. 1, § 21 f Abs. 2, § 21 g Abs. 1, 2, 4 GVG.[287] Die geschäftsplanmäßigen Vertreter des ausgeschlossenen Richters werden zunächst durch den gem. § 21 g **113**

---

279 Vgl. BVerfGE 46, 34, 39 und *J. Riedel*, Postulat, 1980, 202. Ebenso *R. Bork*, in: Stein/Jonas I § 48 Rn. 6; *Baumbach/Lauterbach/Albers/Hartmann* § 48 Rn. 8.

280 *Baumbach/Lauterbach/Albers/Hartmann* § 48 Rn. 12 m.w.N.; a.M. *O. Teplitzky*, JuS 1969, 318, 325.

281 *Baumbach/Lauterbach/Albers/Hartmann* § 48 Rn. 13.

282 *R. Bork*, in: Stein/Jonas I § 48 Rn. 2.

283 Der Beschluss hat lediglich deklaratorische Wirkung und ändert nichts daran, dass der Richter schon kraft Gesetzes von der Ausübung seines Amtes ausgeschlossen ist.

284 *R. Bork*, in: Stein/Jonas I § 48 Rn. 2; *N. Stackmann*, in: MüKoZPO I § 48 Rn. 1; *M. Vollkommer*, in: Zöller § 48 Rn. 7.

285 BVerwG NVwZ 2013, 225; VGH Kassel NVwZ 1997, 311, 312; *R. Bork*, in: Stein/Jonas I § 45 Rn. 1; *M. Vollkommer*, in: Zöller § 45 Rn. 2 m.w.N.

286 *R. Bork*, in: Stein/Jonas I § 45 Rn. 1.

287 Bzgl. der Einzelheiten der Geschäftsverteilung muss auf die einschlägigen Kommentierungen zum GVG verwiesen werden, vgl. etwa *Kissel/Mayer* §§ 21 e ff.

Abs. 2 GVG vor Beginn eines Geschäftsjahres aufzustellenden *Mitwirkungsplan* bestimmt, wenn der Spruchkörper mit mehr als den für die Entscheidung gesetzlich vorgeschriebenen Mitgliedern besetzt ist. Andernfalls sind ergänzend die Anordnungen des Präsidiums im *Geschäftsverteilungsplan* nach § 21 e Abs. 1 S. 1 GVG zu berücksichtigen, in dem die Stellvertretung vor Beginn des Geschäftsjahres zu regeln ist. Erst wenn keine Mitglieder des Gerichts mehr vorhanden sind, die gem. § 21 e Abs. 1 S. 1, § 21 f Abs. 2 GVG zur regelmäßigen Stellvertretung oder als zeitweilige Vertreter bestimmt werden können, kommt eine Beschlussunfähigkeit des Gerichts nach § 54 Abs. 1 VwGO i.V.m. § 45 Abs. 3 ZPO in Betracht.[288] Wird das Gericht durch das Ausscheiden eines oder mehrerer Richter beschlussunfähig, so entscheidet das im Rechtszuge zunächst höhere Gericht über das Ablehnungsgesuch (§ 54 Abs. 1 VwGO i.V.m. § 45 Abs. 3 ZPO). Das nächsthöhere Gericht soll nach OVG Lüneburg NVwZ-RR 2013, 244 f. lediglich über die Ablehnung derjenigen Richter zu entscheiden haben, die nach dem Geschäftsverteilungsplan des beschlussunfähigen (unteren) Gerichts für das Zwischenverfahren über die Ablehnung *als letzte zuständig wären*, da die Beschlussunfähigkeit des Gerichts auf ihren Selbstanzeigen bzw. den sie betreffenden Ablehnungsgesuchen beruht. Hält das nächsthöhere Gericht die diese letzten Richter betreffenden Selbstanzeigen bzw. Ablehnungsgesuche für unbegründet, wird durch seine Entscheidung die Beschlussfähigkeit des unteren Gerichts wieder hergestellt (BVerwG NVwZ 2016, 253 Rn. 5). Probleme ergeben sich, wenn bei einem obersten Bundesgericht ausnahmsweise die Ablehnung aller Richter des Gerichts zulässig ist (→ Rn. 85), da hier kein nächsthöheres Fachgericht besteht, sodass § 45 Abs. 3 ZPO leerläuft (vgl. BVerwG NJW 2014, 953 Rn. 8 ff.). Der insoweit bestehenden Einschränkung der Verfahrensgarantie des § 54 VwGO i.V.m. § 45 Abs. 1 ZPO ist durch höhere Anforderungen an die Begründung der Entscheidung über das Ablehnungsgesuch zu begegnen.

114   **b) Form der Entscheidung.**   Die Entscheidung über das Ablehnungsgesuch ergeht nach § 54 Abs. 1 VwGO i.V.m. § 46 Abs. 1 ZPO durch *Beschluss.* Die *ehrenamtlichen Richter* wirken nur dann an der Entscheidung über das Ablehnungsgesuch mit, wenn diese innerhalb der mündlichen Verhandlung ergeht (vgl. § 5 Abs. 3, § 19). Ergeht die Entscheidung über die Richterablehnung entgegen § 5 Abs. 3 S. 1 aufgrund mündlicher Verhandlung ohne die Beteiligung der ehrenamtlichen Richter, so liegt darin ein dem absoluten Revisionsgrund des § 138 Nr. 1 vergleichbarer Mangel, der mangels Beschwerdemöglichkeit gegen die Entscheidung über das Ablehnungsgesuch (vgl. § 146 Abs. 2) zur Aufhebung der in der Hauptsache getroffenen Entscheidung in der gegebenen Rechtsmittelinstanz führen muss. Bei der Ablehnung eines ehrenamtlichen Richters ist für diesen ein Ersatzrichter zu bestellen.[289] Der Beschluss über das Befangenheitsgesuch bedarf auch dann nicht der Verkündung, wenn er aufgrund einer mündlichen Verhandlung ergeht, sondern kann auch stattdessen (nur) zugestellt werden.[290] Der Beschluss ist gem. § 146 Abs. 2 nicht beschwerdefähig (ausf. → Rn. 2, 123 ff.) und bedarf daher nicht zwingend der Zustellung nach § 56, da mit ihm keine Frist in Lauf gesetzt wird. Aus Gründen der Rechtsklarheit und Verfahrenstransparenz empfiehlt es sich jedoch, solche Beschlüsse den Verfahrensbeteiligten förmlich bekannt zu geben. Mangels Beschwerdefähigkeit unterliegt der Beschluss auch dann nicht dem Begründungszwang des § 122 Abs. 2 S. 1, wenn ein Ablehnungsgesuch zurückgewiesen wird. Eine Begründungspflicht sowohl für stattgebende als auch für zurückweisende Ablehnungsgesuche ergibt sich nach hier vertretener Auffassung jedoch weiterhin aus dem Rechtsstaatsprinzip des Art. 20 Abs. 3 GG und bei stattgebenden Ablehnungsgesuchen zusätzlich aus der Schwere des Eingriffs in die normative Vorausbestimmtheit des gesetzlichen Richters.[291] Mit dem Rechtsstaatsprinzip erscheint es jedenfalls unvereinbar, Ablehnungsgesuche ohne jede Begründung zurückzuweisen.

115   **c) Kostenentscheidung.**   Durch die Entscheidung über das Gesuch entstehen keine zusätzlichen Gerichtskosten und grds. keine zusätzlichen Anwaltsgebühren (§ 19 Abs. 1 Nr. 3 RVG), sodass auch bei Zurückweisung des Gesuchs keine Kostenentscheidung erforderlich ist.[292]

---

288   Vgl. ausf. *R. Bork,* in: Stein/Jonas I § 45 Rn. 4 m.w.N.
289   *M. Redeker,* in: Redeker/v. Oertzen § 54 Rn. 17.
290   § 116 Abs. 2 analog (vgl. *M. Happ,* in: Eyermann § 122 Rn. 6). A.M. *J. Schmidt,* in: Eyermann § 54 Rn. 21.
291   I.E. ebenso *R. Bork,* in: Stein/Jonas I § 46 Rn. 1; *C. Kimmel,* in: BeckOK VwGO, Posser/Wolff § 54 Rn. 37; *M. Vollkommer,* in: Zöller § 46 Rn. 9; *C. Meissner,* in: Schoch/Schneider/Bier § 54 Rn. 56, der eine Begründung im Normalfall als „Gebot der fairen Prozessführung" bezeichnet.
292   *M. Vollkommer,* in: Zöller § 46 Rn. 8; differenzierend: *R. Bork,* in: Stein/Jonas I § 46 Rn. 10 m.w.N.

5. Vorläufiges Tätigkeitsverbot des abgelehnten Richters. Nach § 54 Abs. 1 VwGO i.V.m. § 47 Abs. 1   116
ZPO darf der abgelehnte Richter vor Erledigung des Ablehnungsgesuchs nur unaufschiebbare Handlungen vornehmen. Grds. folgt aus der Vorschrift ein *vorläufiges Tätigkeitsverbot* für den abgelehnten Richter.[293] Dieses bewirkt in der Praxis regelmäßig einen Stillstand des anhängigen Verfahrens bis zur Entscheidung über das Ablehnungsgesuch. Dies ist gerechtfertigt, da die während eines schwebenden Ablehnungsgesuchs unter Mitwirkung des abgelehnten Richters vorgenommenen Handlungen wirkungslos wären, wenn das Ablehnungsgesuch sich als begründet erweisen sollte.
Richtet sich das Befangenheitsgesuch nicht gegen den Vorsitzenden oder den Berichterstatter, können diese jedoch Maßnahmen der vorbereitenden Prozessleitung i.S.d. § 87 Abs. 1, § 87a Abs. 1, § 87b Abs. 1 und 2 vornehmen und so für einen gewissen Fortgang des Verfahrens sorgen. Das Tätigkeitsverbot des abgelehnten Richters beginnt mit der ordnungsgemäßen Anbringung des Ablehnungsgesuchs und gilt bis zur Beendigung des Ablehnungsverfahrens.[294] Die in parallelen Prozessordnungen und bis zum Inkrafttreten des 6. VwGOÄndG am 1.1.1997 auch im Verwaltungsprozessrecht lebhaft umstr. Frage der Erstreckung der Wartepflicht auf das Beschwerdeverfahren[295] hat sich mit dem generellen Ausschluss der Beschwerde gegen einen Beschluss über ein Ablehnungsgesuch gem. § 146 Abs. 2 nunmehr erledigt (ausf. → Rn. 123ff.). Das Tätigkeitsverbot erstreckt sich nach Sinn und Zweck nicht auf die schriftliche Abfassung und Unterzeichnung einer bereits vor Anbringung des Befangenheitsgesuchs getroffenen Entscheidung (BVerwG NVwZ-RR 2017, 468 Rn. 22).
Dem abgelehnten Richter sind nach der „Kompromissformel" des § 47 Abs. 1 ZPO jedoch *unauf-*   117
schiebbare Handlungen gestattet. Die Zulassung solcher Handlungen bezweckt, den Prozessbeteiligten bei besonders eilbedürftigen Entscheidungen nicht wiedergutzumachende Nachteile zu ersparen.[296] *„Handlungen, die keinen Aufschub gestatten"* i.S.d. § 47 ZPO sind daher alle Handlungen, die einem Prozessbeteiligten wesentliche Nachteile ersparen.[297] Hierzu gehören Maßnahmen der Sitzungsgewalt nach § 55 VwGO i.V.m. §§ 177 ff. GVG, unter Umständen Beweisaufnahmen[298] oder Terminsaufhebungen,[299] ausnahmsweise auch Entscheidungen im vorläufigen Rechtsschutz wie der Erlass einer einstweiligen Anordnung nach § 123 Abs. 1 oder Entscheidungen nach § 80 Abs. 5 und § 80a Abs. 3.[300] Der Begriff der unaufschiebbaren Handlung i.S.d. § 47 Abs. 1 ZPO ist einschränkend auszulegen, damit der Grundsatz des regelmäßigen vorläufigen Tätigkeitsverbots nicht in sein Gegenteil verkehrt wird. Das Tätigkeitsverbot greift nach der Rspr. allerdings dann nicht ein, wenn das Ablehnungsgesuch offensichtlich rechtsmissbräuchlich ist (zu dem umstr. Anwendungsbereich und zu den Rechtsfolgen bei rechtsmissbräuchlichen Ablehnungsgesuchen → Rn. 119 ff.). Ferner kann nach dem durch das Justizmodernisierungsgesetz (vom 24.8.2004 [BGBl I 2198]) in Anlehnung an § 29 Abs. 2 StPO neu eingefügten § 47 Abs. 2 S. 1 ZPO bei einer Ablehnung *während der Verhandlung* zur Vermeidung einer Vertagung die Verhandlung unter Mitwirkung des abgelehnten Richters vorbehaltlich einer späteren Wiederholung fortgesetzt werden. Damit soll missbräuchlichen Ablehnungsanträgen und der damit verbundenen Verzögerung vorgebeugt werden.[301] Eine Pflicht zur Fortsetzung besteht

---

293 *N. Stackmann*, in: MüKoZPO I § 47 Rn. 1.
294 Das BVerwG lässt für die Beendigung den Eingang der den Befangenheitsantrag ablehnenden Entscheidung bei der Geschäftsstelle ausreichen (BVerwG 12.12.2016 – 5 C 10/15 D, juris Rn. 11).
295 Der Streit um die zeitliche Dauer der Sperrwirkung drehte sich insbes. um die Frage, ob das vorläufige Tätigkeitsverbot des § 54 Abs. 1 VwGO i.V.m. § 47 ZPO auch noch im *Beschwerdeverfahren* gelten sollte, wenn gegen die Zurückweisung eines Ablehnungsgesuchs eine statthafte Beschwerde nach § 146 eingelegt worden war. Vgl. zu diesem im Verwaltungsprozessrecht nunmehr gegenstandslos gewordenen Streit mit den Nachw. bei *M. Vollkommer*, in: Zöller § 47 Rn. 1 sowie ausf. zum Ganzen *H. Günther*, MDR 1989, 691, 694 f.
296 Vgl. *R. Bork*, in: Stein/Jonas II § 47 Rn. 2; *N. Stackmann*, in: MüKoZPO I § 47 Rn. 4.
297 Da die Ausnahme in § 47 Abs. 1 ZPO zwar vorwiegend, aber nicht nur der Schädigung des Gegners durch unbegründete Ablehnungsgesuche vorbeugen soll, ist die Vorschrift ebenso im Interesse der ablehnenden Partei zu beachten, wenn dieser durch den Stillstand des Verfahrens wesentliche Nachteile drohen (so zu Recht *R. Bork*, in: Stein/Jonas I § 47 Rn. 2).
298 Allerdings nur in dem Ausnahmefall, dass das Beweismittel ansonsten verloren gehen würde.
299 Weitere Bsp., in denen die Rspr. die Unaufschiebbarkeit von Handlungen angenommen hat, finden sich etwa bei *M. Vollkommer*, in: Zöller § 47 Rn. 3.
300 Allerdings ist der abgelehnte Richter auch im Verfahren des vorläufigen Rechtsschutzes nicht generell, sondern nur dann zur Entscheidung befugt, wenn andererseits einem Prozessbeteiligten Nachteile drohen, die nicht rückgängig zu machen wären, worauf *H. Günther*, MDR 1989, 691, 694 hinweist, der eine Entscheidung des Richters nur bei „Gefahr im Verzug" für zulässig hält.
301 BT-Drs. 15/1508, 16.

jedoch nicht. Vielmehr kann das Gericht im Rahmen einer sachgemäßen Verhandlungsführung zur Wahrung des Anspruchs auf rechtliches Gehör (Art. 103 Abs. 1 GG) gehalten sein, die mündliche Verhandlung zu unterbrechen, um dem Antragsteller Gelegenheit zur Begründung des Befangenheitsantrags zu geben. Das Ermessen des Gerichts ist insofern begrenzt, als „dass einem Beteiligten die sachgerechte Wahrnehmung seiner Rechte – insbes. das Recht, sein Begehren in der mündlichen Verhandlung vorzutragen, zu begründen und Beweisanträge zu stellen – [nicht] unangemessen erschwert oder gar unmöglich gemacht" werden darf (OVG Brem NJW 2011, 3259, 3260).

118　Ein Verstoß gegen das vorläufige Tätigkeitsverbot ist ein wesentlicher Verfahrensfehler, der im Berufungs- und Revisionsverfahren mit den Rechtsmitteln gegen die Hauptsacheentscheidung gerügt werden kann[302] (zur Revision → Rn. 129). Allerdings kann ein Verstoß gegen § 54 Abs. 1 VwGO i.V.m. § 47 Abs. 1 ZPO geheilt werden, wenn die zunächst unter Verstoß gegen das Tätigkeitsverbot vorgenommene Handlung ohne die Mitwirkung des abgelehnten Richters wiederholt wird.[303] Wird das Ablehnungsgesuch zurückgewiesen, so ist nach überwiegender Auffassung im Regelfall von der nachträglichen Heilung des gleichwohl begangenen Verfahrensfehlers auszugehen, sodass ein Verstoß gegen § 47 ZPO unbeachtlich bleiben soll.[304] Diese Auffassung begegnet indes erheblichen Bedenken und ist mit Wortlaut und Normzweck des Art. 101 Abs. 1 S. 2 GG, § 124 Abs. 2 Nr. 5, § 130 Abs. 2 Nr. 1, § 138 Nr. 1, 2 und § 54 Abs. 1 VwGO i.V.m. § 47 ZPO nur schwer zu vereinbaren,[305] da sie i.E. dazu führt, im Falle der Zurückweisung des Ablehnungsgesuchs einen Verstoß gegen die zwingende verfahrensrechtliche Bestimmung des § 47 ZPO folgenlos zu lassen (vgl. VGH Kassel NVwZ-RR 1996, 617, 618).

119　**6. Besonderheiten bei missbräuchlichen Ablehnungsgesuchen.** Um dem Missbrauch des Ablehnungsrechts zum Zwecke der Prozessverschleppung oder der Schädigung des Prozessgegners entgegenzutreten, hat die Rspr. die gesetzlich nicht vorgesehene Kategorie des *rechtsmissbräuchlichen Ablehnungsgesuchs* entwickelt.[306] Im Fall einer offensichtlich rechtsmissbräuchlichen Ablehnung soll auch der abgelehnte Richter selbst bei der Entscheidung über das Ablehnungsgesuch mitwirken dürfen.[307] Dies wurde als verfassungsrechtlich unzulässig kritisiert, da hierdurch der gesetzliche Richter (Art. 101 Abs. 1 S. 2 GG) entzogen würde.[308] Eine gesetzliche Anerkennung hat die bisherige Rspr. in § 26 a StPO gefunden.[309] Der Kritik ist allerdings durch gesteigerte Anforderungen an die Begründung von Selbstentscheidungen Rechnung zu tragen.[310] Der abgelehnte Richter ist in den Fällen der offensichtlich rechtsmissbräuchlichen Ablehnung nicht den Beschränkungen des § 54 Abs. 1 VwGO i.V.m. § 47 ZPO unterworfen und auch nicht zur dienstlichen Äußerung nach § 44 Abs. 3 ZPO verpflichtet.[311] Es wird sogar für zulässig gehalten, dass das Gericht das Ablehnungsgesuch ohne förmliche Entscheidung unberücksichtigt lässt.[312] Solch eklatante Missbrauchsfälle hat die Rspr. dann angenommen, wenn ein bereits rechtskräftig beschiedenes Ablehnungsgesuch zum Zwecke der Prozessverschleppung ohne Vorbringen neuer Ablehnungsgründe wiederholt wird.[313] Auch im Falle der offensichtlich rechtsmissbräuchlichen Globalablehnung des Gerichts oder des Spruchkörpers ohne Darlegung einzelner

---

302　OVG Brem NJW 2011, 3259, 3260; VGH Kassel NVwZ-RR 1996, 617, 618; *M. Vollkommer*, in: Zöller § 47 Rn. 5 f. m.w.N.

303　*N. Stackmann*, in: MüKoZPO I § 47 Rn. 8.

304　BVerwG NVwZ-RR 2016, 428 Rn. 16; BAG BB 2000, 1948; OLG Düsseldorf OLGR 2009, 27, 28; OLG München MDR 1993, 892 m.w.N.; *Baumbach/Lauterbach/Albers/Hartmann* § 47 Rn. 10. A.M. VGH Kassel NVwZ-RR 1996, 617, 618; *M. Vollkommer*, in: Zöller § 47 Rn. 5.

305　VGH Kassel NVwZ-RR 1996, 617, 618; i.E. ebenso *M. Vollkommer*, in: Zöller § 47 Rn. 5.

306　Zusammenf. *H. Günther*, NJW 1986, 281 ff. mit einer ausf. Darstellung der einschlägigen Judikatur; ferner *R. Bork*, in: Stein/Jonas I § 42 Rn. 17; *N. Stackmann*, in: MüKoZPO I § 45 Rn. 2 f.

307　BVerfG (K) NJW 2005, 3410, 3412; NJW 2007, 3771, 3772 f.; BVerwGE 50, 37, 38; BVerwG Buchholz 310 § 54 VwGO Nr. 6; 15.3.2013 – 5 B 16/13, juris Rn. 2; NJW 2014, 953.

308　So etwa *E. Schneider*, MDR 1999, 15.

309　Vgl. BVerfG NJW 2005, 3410, 2412 zur Verfassungsmäßigkeit der Norm.

310　Vgl. SächsVerfGH NJW-RR 1999, 287, 288; *M. Vollkommer*, in: Zöller § 42 Rn. 6.

311　Vgl. BVerfG NJW 2005, 3410, 3412; NJW 2007, 3771, 3772 f. sowie BVerfGE 11, 1, 3; BFHE 112, 457, 458 sowie die weiteren Rspr.-Nachw. bei *H. Günther*, NJW 1986, 281, 289.

312　Vgl. etwa BVerfGE 11, 343, 348; 37, 67, 75; 74, 96, 100; BVerwG MDR 1970, 442; Buchholz 310 § 54 VwGO Nr. 10, 13 und 15; s.a. die w.N. bei *R. Bork*, in: Stein/Jonas I § 42 Rn. 17.

313　BVerwG 15.3.2013 – 5 B 16/13, juris Rn. 2 m.w.N.; LSG Kassel MDR 1986, 436 f.; vgl. auch *H. Günther*, NJW 1986, 281, 289.

Befangenheitsgründe[314] oder bei querulatorisch motivierten Ablehnungsgesuchen (vgl. etwa BVerfGE 11, 343, 348), kann auf eine förmliche Entscheidung verzichtet werden, wie bei Ablehnungsgesuchen, die offensichtlich allein der Prozessverschleppung dienen sollen.[315] Von einem missbräuchlichen Ablehnungsgesuch geht die Rspr. auch dann aus, wenn „das Vorbringen des Antragstellers von vornherein ersichtlich ungeeignet ist, die Besorgnis der Befangenheit zu rechtfertigen" (BVerwG 12.3.2013 – 5 B 9/13, juris Rn. 3 m.w.N.). Völlige Ungeeignetheit darf nach der Rspr. des BVerfG nur unter strengen Voraussetzungen angenommen werden: „Grundsätzlich wird [...] eine Verwerfung als unzulässig nur dann in Betracht kommen, wenn das Ablehnungsgesuch für sich allein – ohne jede weitere Aktenkenntnis – offenkundig eine Ablehnung nicht zu begründen vermag. Ist hingegen ein – wenn auch nur geringfügiges – Eingehen auf den Verfahrensgegenstand erforderlich, scheidet die Ablehnung als unzulässig aus".[316] Nach diesen Voraussetzungen liegt beispielsweise ein rechtsmissbräuchliches Ablehnungsgesuch vor, wenn allein solche Handlungen gerügt werden, die nach der einschlägigen Prozessordnung dem Richter vorgegeben sind. Ferner zählt das BVerwG hierzu auch den Fall, dass der Ablehnende die bloße Tatsache beanstandet, ein Richter habe an einer Vor- oder Zwischenentscheidung mitgewirkt, wobei er damit allein den Vorwurf verknüpft, die vom Richter getroffene Entscheidung sei unrichtig (BVerwG 7.12.2015 – 6 PKH 10/15, juris Rn. 4; vgl. auch BGH FamRZ 2015, 1698).

a) Gebotene restriktive Handhabung des Rechtsinstituts. Das gewohnheitsrechtlich und richterrechtlich anerkannte[317] erleichterte Verfahren bei rechtsmissbräuchlichen Ablehnungsgesuchen führt dazu, dass gesetzlich vorgeschriebene Verfahrensvorschriften, die auch zum Schutz der Beteiligten geschaffen worden sind, nicht angewendet werden. Das Rechtsinstitut muss daher restriktiv gehandhabt werden (BVerwG NJW 2014, 953 Rn. 5: „enge Auslegung dieser Ausnahmetatbestände geboten"). Es kommt nur dann in Betracht, wenn sich der Befangenheitsantrag als *offensichtlicher Missbrauch* des Ablehnungsrechts darstellt (BVerwGE 50, 36, 38). Es reicht nicht aus, dass das Ablehnungsgesuch als offensichtlich unbegründet angesehen wird (BVerwG NJW 2014, 953 Rn. 5). Bei der Frage, ob ein Ablehnungsgesuch offensichtlich rechtsmissbräuchlich ist, muss ein strenger Maßstab angelegt werden, um die prozessualen Beteiligtenrechte nicht über Gebühr zu beschneiden. Dies folgt schon daraus, dass das vereinfachte Procedere bei offensichtlich missbräuchlichen Ablehnungsgesuchen praeter legem entwickelt wurde und so einer extensiven Auslegung nicht zugänglich ist. 120

In der Rspr. und in der Lit. ist die Tendenz zu beobachten, die verfahrensrechtlichen Vereinfachungen über die Fälle des offensichtlichen Missbrauchs hinaus anzuwenden und bei allen *unzulässigen oder unstatthaften Ablehnungsgesuchen* in der oben beschriebenen Weise zu verfahren.[318] Dieser wegen der richterlichen *Arbeitsbelastung* und der Kompliziertheit des förmlichen Ablehnungsverfahrens erklärlichen Tendenz ist zu widersprechen. Ist das Ablehnungsgesuch tatsächlich unzulässig oder offensichtlich unbegründet, so kann es auch zügig im dafür vorgesehenen Verfahren und mit einer kurzen Begründung abgelehnt werden. Das BVerwG hat dagegen in früheren Entscheidungen mehrfach eine Entscheidung in einem vereinfachten Verfahren schon dann für möglich gehalten, wenn das Ablehnungsgesuch nicht hinreichend substantiiert oder offensichtlich unbegründet ist.[319] Diese Rspr. verdient wegen der gebotenen restriktiven Handhabung dieses Rechtsinstituts keine Zustimmung. 121

b) Einzelfälle. Die *Ablehnung aller Mitglieder eines Kollegialgerichts* ist noch nicht per se rechtsmissbräuchlich. Dies gilt insbes. dann, wenn ein sich unterschiedslos gegen alle Mitglieder des Spruchkörpers richtendes Ablehnungsgesuch die Besorgnis der Befangenheit aus konkreten, in einer Kollegialentscheidung enthaltenen Gesichtspunkten herleitet (BVerwGE 50, 36, 37) oder aus Umständen, die alle Richter gleichermaßen betreffen (BVerwG NJW 2014, 953 Rn. 7); näher → Rn. 85. Auch ein nach Inhalt oder Form *unsachliches*, insbes. *beleidigendes Ablehnungsgesuch* wird nicht grds. als rechtsmissbräuchlich zu bezeichnen sein, wenn aus ihm trotz der zu beanstandenden Wortwahl im- 122

---

314 BVerfGE 11, 1, 5; 37, 67, 75; 72, 51, 59 jeweils m.w.N.; BVerwG NJW 2014, 953 Rn. 5; BayVerfGH NJW 2000, 2809, 2810.
315 Ausf. dazu *H. Günther*, NJW 1986, 281, 289.
316 BVerfG 11.3.2013 – 1 BvR 2853/11, juris Rn. 30. So nun auch BVerwG NJW 2014, 953 Rn. 5.
317 So *H. Günther*, NJW 1986, 281, 289.
318 So insbes. *H. Günther*, NJW 1986, 281, 289 mit umfangreichen Rspr.-Nachw.
319 Vgl. etwa BVerwGE 50, 36, 38; BVerwG NJW 1988, 722; Buchholz 310 § 62 VwGO Nr. 3 und § 54 VwGO Nr. 7. Anders dagegen nunmehr BVerwG NJW 2014, 953 Rn. 5: „Es reicht insbesondere nicht aus, dass das Ablehnungsgesuch als offensichtlich unbegründet angesehen wird."

merhin noch substantiiert vorgetragene Ablehnungsgründe hervorgehen. So machen im Zusammenhang mit einem Ablehnungsgesuch gegen den Richter oder Organe der Rechtspflege vorgebrachte *Beschimpfungen, Herabsetzungen oder negative Werturteile* ein Ablehnungsgesuch noch nicht unzulässig.[320] Diese Auffassung folgt aus dem Grundsatz, dass über die Zulässigkeit von Prozesshandlungen nur aufgrund formaler, objektiver Kriterien entschieden werden soll. Solche messbaren Kriterien enthält aber die Formulierung unsachlicher Werturteile oder einer Schmähkritik gerade nicht, sodass hiervon die Zulässigkeit eines Ablehnungsgesuchs nicht abhängig gemacht werden darf. Mit Nachdruck ist daher Entscheidungen entgegenzutreten, wonach die Wahrung der sachlichen Form ungeschriebene Zulässigkeitsvoraussetzung jedes gerichtlichen Antrages sei.[321] Vielmehr hängt die Zulässigkeit und Begründetheit auch eines in unsachlicher Form formulierten Ablehnungsantrages allein von den gesetzlich normierten Voraussetzungen ab, also davon, ob in dem Gesuch Tatsachen mitgeteilt werden, die Anhaltspunkte für eine mangelnde Neutralität des zur Entscheidung berufenen Richters rechtfertigen.

V. Rechtsmittel im Ablehnungsverfahren

123   **1. Genereller Ausschluss der Beschwerde gegen einen Beschluss über ein Ablehnungsgesuch.** Eine wesentliche Neuerung des 6. VwGOÄndG vom 1.11.1996 (BGBl I 1626) war der Ausschluss des Rechtsmittels der Beschwerde gegen die Zurückweisung eines Ablehnungsgesuchs als unzulässig oder unbegründet. § 146 Abs. 2, der den Ausschluss der Beschwerde für bestimmte Fälle regelt, wurde dahingehend ergänzt, dass nunmehr auch Beschlüsse über die Ablehnung von Gerichtspersonen grds. nicht mehr mit der Beschwerde angefochten werden können. Seit dem 1.1.1997 unterliegen daher weder Beschlüsse, die ein Ablehnungsgesuch für begründet erklären, noch solche, die ein Ablehnungsgesuch zurückweisen, der Beschwerdemöglichkeit.

124   **a) Neuregelung durch das 6. VwGOÄndG.** Mit Wirkung zum 1.1.1997 ist die Beschwerde gegen einen Beschluss im Ablehnungsverfahren grds. und generell ausgeschlossen. Dieser vollständige Ausschluss der Beschwerdemöglichkeit war in den ursprünglichen Regierungsentwürfen zum 6. VwGOÄndG (vgl. BT-Drs. 13/3993, 23; BT-Drs. 13/1433, 14 f.) nicht vorgesehen. Die einschneidende und rechtspolitisch bedenkliche Regelung wurde erst vom Rechtsausschuss des Deutschen Bundestages in das Gesetzgebungsverfahren eingebracht. Dieser griff eine Anregung des Bundesrates auf und führte in seiner Beschlussempfehlung vom 26.6.1996 (BT-Drs. 13/5098) die Gesetz gewordene Ergänzung des § 146 Abs. 2 in das Gesetzgebungsverfahren ein. Begründet wurde die Novellierung mit der Erwägung, es sei nicht sinnvoll, den Beteiligten bei einem Beschluss, mit dem ein Ablehnungsgesuch zurückgewiesen werde, einen Instanzenzug zu gewähren, der ihnen im Verfahren zur Hauptsache (so) nicht eröffnet sei. Zudem nehme der Ausschluss der Beschwerdemöglichkeit den Beteiligten den Anreiz, Ablehnungsgesuche allein deshalb anzubringen, um die Entscheidung in der Hauptsache hinauszuzögern (BT-Drs. 13/5098, 25). Die gesetzliche Regelung stellt eine einschneidende Einschränkung von Rechtsschutzmöglichkeiten dar und überreagiert auf einen nicht belegten – und auch kaum auf den Verwaltungsprozess beschränkten – Missbrauch des Ablehnungsrechts. Außerdem erfährt die in § 54 Abs. 1 angeordnete entsprechende Anwendung der §§ 41–49 ZPO mit dem Ausschluss der entsprechenden Anwendung des § 46 Abs. 2 ZPO eine erhebliche Einschränkung, die angesichts des unverändert gebliebenen Wortlauts des § 54 Abs. 1 nicht gerade die Rechtsklarheit fördert.

125   **b) Ausnahmen vom Ausschluss der Beschwerdemöglichkeit.** Problematisch ist der gesetzliche Ausschluss von Rechtsmitteln insbes. dann, wenn dem Verfahrensgegner vor Erlass des Beschlusses *kein* oder nur unzureichendes *rechtliches Gehör* gewährt worden ist. In diesen Fällen neigt die zivilprozessuale Rspr.[322] unter Billigung weiter Teile der Lit.[323] dazu, die Prozessvorschriften grundrechts-

---

320 *R. Bork*, in: Stein/Jonas I § 42 Rn. 17 m.w.N.
321 So BVerfGE 2, 225, 229 für den anders gelagerten Fall einer Petition und ihm folgend OLG Hamm NJW 1976, 978; OLG Karlsruhe NJW 1973, 1658 f.; 1974, 915 f.; OLG Koblenz MDR 1973, 157.
322 OLG Frankfurt MDR 1979, 940 f.; 1984, 323; OLG Oldenburg NJW-RR 1995, 830; OLG Stuttgart NJW-RR 2003, 494, 495.
323 *Baumbach/Lauterbach/Albers/Hartmann* § 46 Rn. 8; *R. Bork*, in: Stein/Jonas I § 46 Rn. 3 m.w.N.; *U. Seetzen*, NJW 1982, 2337, 2341; *M. Vollkommer*, in: Zöller § 46 Rn. 13 m.w.N.; a.M. *C. Meissner*, in: Schoch/Schneider/Bier § 54 Rn. 57 d f., der auf die Anhörungsrüge gem. § 152 a verweist.

orientiert zu handhaben und entgegen dem Wortlaut des $\S$ 46 Abs. 2 Alt. 1 ZPO die Beschwerde des Antragsgegners zuzulassen. Diese Rspr. findet im Ausgangspunkt ihre Rechtfertigung in der fundamentalen Bedeutung des grundrechtsgleichen Rechts auf Gewährung rechtlichen Gehörs (Art. 103 Abs. 1 GG), bei dessen Verletzung die Grundlagen des rechtsförmigen Verfahrens außer Acht gelassen werden. Die dargelegte Rspr. zielt mittels verfassungskonformer teleologischer Reduktion darauf ab, Verfassungsbeschwerden zu vermeiden. Denn in einem Fall der Verletzung des rechtlichen Gehörs ist aufgrund der nach dem Wortlaut von $\S$ 46 Abs. 2 Alt. 1 ZPO bewirkten Rechtswegerschöpfung grds. der Weg des Ablehnungsgegners zum BVerfG zulässig. Dieser stellt jedoch einen vermeidbaren Umweg dar, wenn sich die Verletzung eines Verfahrensgrundrechts durch eine grundrechtlich orientierte Handhabung der Prozessvorschriften beheben lässt (vgl. BVerfGE 49, 252, 256). Jedoch ist die grundrechtlich orientierte „Korrektur" bei Außerachtlassung des rechtlichen Gehörs durch das über ein Ablehnungsgesuch entscheidende Gericht spätestens seit der Einführung der Anhörungsrüge ($\S$ 321a ZPO, $\S$ 152a) nicht mehr durch Zulassung eines nach dem Wortlaut des Gesetzes eindeutig ausgeschlossenen Rechtsmittels vorzunehmen. Vielmehr erfolgt die Korrektur im Rahmen der Anwendung der die Anhörungsrüge betreffenden Vorschriften ($\rightarrow$ Rn. 126). Eine Beschwerde gegen einen stattgebenden Ablehnungsbeschluss wird im Zivilprozess auch dann als zulässig betrachtet, wenn die Stattgabe des Ablehnungsgesuchs *handgreiflich gesetzwidrig* ist, insbes. also das Vorliegen eines Ablehnungsgrundes offensichtlich ausgeschlossen ist ($\rightarrow$ Rn. 127).[324]

2. Gegenvorstellung und Anhörungsrüge. Mit dem ab dem Jahr 1997 durch $\S$ 146 Abs. 2 erfolgten   126
gänzlichen Ausschluss der Beschwerde im Bereich der Richterablehnung im Verwaltungsprozess ($\rightarrow$ Rn. 14) verblieb den Beteiligten regelmäßig nur noch das Recht der *Gegenvorstellung*. Mittels Gegenvorstellung besteht die letztlich auf dem Petitionsrecht des Art. 17 GG beruhende Möglichkeit, an das Gericht mit der Bitte oder Anregung heranzutreten, eine Entscheidung von Amts wegen im Wege der Selbstkontrolle zu ändern bzw. aufzuheben. Die Gegenvorstellung ist weder ein förmlicher Rechtsbehelf noch ein sonstiges Rechtsmittel und deshalb auch zulässig, wenn Rechtsmittel in der Sache nicht oder nicht mehr gegeben sind (BVerfGE 42, 245; 55, 5; 63, 78). Allerdings wird sich das Recht der Gegenvorstellung regelmäßig als stumpfes Schwert in der Hand des Antragsgegners erweisen, da mit der Gegenvorstellung weder ein Anspruch auf Überprüfung der angefochtenen Entscheidung noch auf förmliche Entscheidung über die Gegenvorstellung verbunden ist. Auf der anderen Seite ist das Gericht aber jedenfalls in offensichtlichen oder schwer fehlerhaften Fällen grds. zur Aufhebung seiner Entscheidung verpflichtet (vgl. BVerwG NJW 1994, 674).

Mit Einführung der *Anhörungsrüge* durch das Anhörungsrügengesetz vom 9.12.2004 (BGBl I 3220)   126a
in $\S$ 152a steht dem beschwerten Beteiligten nunmehr ein ausdrücklich vorgesehener außerordentlicher Rechtsbehelf zur Verfügung, mit dem eine *Verletzung des Anspruchs des Beteiligten auf rechtliches Gehör* durch das Gericht gerügt werden kann (vgl. im Einzelnen zur Anhörungsrüge die Komm. zu $\S$ 152a). Zu beachten ist allerdings, dass die Anhörungsrüge gem. $\S$ 152a Abs. 1 S. 2 grds. gegen Zwischenentscheidungen ausscheidet und daher gegen Beschlüsse über Ablehnungsgesuche unstatthaft ist. Vor diesem Hintergrund wäre es denkbar, entweder nur die Gegenvorstellung zuzulassen,[325] die Beschwerde unter Rückgriff auf die im Zivilprozess vorgenommenen Ausnahmen ($\rightarrow$ Rn. 125) entgegen dem Wortlaut des $\S$ 146 Abs. 2 zuzulassen oder aber strikt nach dem Wortlaut des $\S$ 152a Abs. 1 S. 2 das Vorliegen einer Endentscheidung zu verlangen. Vorzugswürdig ist jedoch die Ansicht, die Vorschrift des $\S$ 152a Abs. 1 S. 2 „verfassungskonform dahin auszulegen, dass es sich beim Verfahren über die Ablehnung eines Richters [...] um ein selbständiges Zwischenverfahren mit Bindungswirkung für die nachfolgenden Entscheidungen handelt", so dass die Entscheidung über ein Ablehnungsgesuch „deshalb eine mit der Anhörungsrüge angreifbare Entscheidung darstellt".[326] „Die Einschränkung der Anhörungsrüge [...] ist daher bei verfassungskonformer Auslegung auf solche Zwischenentscheidungen zu begrenzen, die im Hinblick auf mögliche Gehörsverletzungen im weiteren fachgerichtlichen Verfahren noch überprüft und korrigiert werden können, ohne dass es zur Erlangung des verfassungs-

---

324 Vgl. OLG Oldenburg NJW-RR 1995, 830; *M. Vollkommer*, in: Zöller $\S$ 46 Rn. 13 m.w.N. Nach *D. Krausnick*, in: Gärditz $\S$ 54 Rn. 48 Fn. 71 scheitert eine Übertragung dieser Rspr. an $\S$ 146 Abs. 2; zwingend ist diese Argumentation nicht, da auch $\S$ 46 Abs. 2 Alt. 1 ZPO ein Rechtsmittel ausdrückl. ausschließt.
325 So vertreten von *D. Czybulka* in der 3. Aufl. dieses Kommentars.
326 BVerfG NVwZ-RR 2010, 545. So auch *W.-R. Schenke*, in: Kopp/Schenke $\S$ 54 Rn. 20.

rechtlich gebotenen fachgerichtlichen Rechtsschutzes der Erhebung einer Anhörungsrüge bedürfte. In-soweit kann dem gesetzgeberischen Willen, den Anwendungsbereich der Anhörungsrüge zur Vermei-dung unerwünschter Verfahrensverzögerungen auf ‚Endentscheidungen' zu beschränken, Rechnung getragen werden. Der Grundsatz effektiven Rechtsschutzes in Verbindung mit Art. 103 Abs. 1 GG steht aber einer Auslegung der Norm entgegen, nach der Entscheidungen, die ein selbständiges Zwi-schenverfahren abschließen, nicht mit der Anhörungsrüge angegriffen werden könnten."[327] Metho-disch dürfte es sich dabei um eine teleologische Reduktion handeln (→ Rn. 125).[328]

127 **3. Verfassungsbeschwerde.** Ausnahmsweise kann gegen die Zurückweisung eines Ablehnungsgesu-ches nach Erschöpfung der fachgerichtlichen Rechtsschutzmöglichkeiten (zu den Rechtsmitteln im Ab-lehnungsverfahren → Rn. 126 f. sowie in der Hauptsache → Rn. 128 f.) auch die auf einen Verstoß ge-gen das Prinzip des gesetzlichen Richters nach Art. 101 Abs. 1 S. 2 GG und eventuell das Willkürver-bot gestützte Verfassungsbeschwerde in Betracht kommen. Die Verfassungsbeschwerde hat jedoch nur dann Aussicht auf Erfolg, wenn sich die angegriffene Entscheidung so weit vom Grundsatz des gesetz-lichen Richters entfernt, dass sie bei verständiger Würdigung der das GG beherrschenden Gedanken nicht mehr verständlich wäre und daher offensichtlich willkürlich erscheint (BVerfGE 5, 45, 53; 19, 38, 43; 29, 45, 49; BVerfG NJW 1984, 1874). Eine Verfassungsbeschwerde kommt daher nur in selte-nen Ausnahmefällen und nicht schon dann in Betracht, wenn die Rechtsanwendung oder das einge-schlagene Verfahren bei der Zurückweisung des Ablehnungsgesuchs Fehler aufweist (vgl. BVerfGE 4, 1, 7; 62, 189, 192; BVerfG NJW 1984, 1874).

128 **4. Berufung, Revision, Nichtigkeitsklage.** Die Mitwirkung eines nach § 41 ZPO bzw. § 54 Abs. 2 *ausgeschlossenen* oder eines *erfolgreich abgelehnten* Richters stellt einen absoluten Verfahrensmangel dar, der sowohl die *Zulassung der Berufung* nach § 124 Abs. 2 Nr. 5 rechtfertigt als auch einen *abso-luten Revisionsgrund* nach § 138 Nr. 2 i.V.m. § 137 Abs. 1 Nr. 1 darstellt (→ Rn. 15 sowie hinsichtlich der näheren Einzelheiten die Komm. zu §§ 132 ff.). Dies gilt anders als im Zivilprozessrecht[329] auch dann, wenn das Gericht das auf das Vorliegen eines Ausschließungsgrundes gestützte Befangenheitsge-such unter Verkennung der Rechtslage zurückgewiesen hat. Die Revision ist dabei nach § 132 Abs. 2 Nr. 3 zwingend zuzulassen. Liegt dagegen lediglich ein Ablehnungs- und kein gesetzlicher Aus-schließungsgrund vor und versäumt es der Ablehnungsberechtigte entgegen § 43 ZPO, sein Ableh-nungsrecht rechtzeitig geltend zu machen, so kann das Urteil nicht wegen der Mitwirkung des befan-genen Richters angefochten werden (vgl. BVerwGE 24, 264, 266).

128a Darüber hinaus ist nach § 153 Abs. 1 VwGO i.V.m. § 579 Abs. 1 Nr. 2 ZPO bei rechtskräftig abge-schlossenen Verfahren die *Nichtigkeitsklage* gegeben, wenn bei der Entscheidung ein Richter mitge-wirkt hat, der von der Ausübung des Richteramtes kraft Gesetzes ausgeschlossen war, sofern nicht dieses Hindernis im Vorprozess erfolglos mittels eines Rechtsbehelfs oder Ablehnungsgesuchs geltend gemacht worden ist. Hat bei der Entscheidung ein erfolgreich wegen Besorgnis der Befangenheit abge-lehnter Richter mitgewirkt, so findet die Nichtigkeitsklage nach § 579 Abs. 1 Nr. 3 ZPO statt.

128b Wird ein Ablehnungsgesuch (zu Unrecht) abgelehnt, scheidet ein hierauf gestützter Antrag auf Zulas-sung der Berufung (§ 124a Abs. 4, 5) ebenso aus wie eine hierauf gestützte Beschwerde gegen die Nichtzulassung der Revision (§ 133).[330] Dies ergibt sich für die Berufung aus § 512 ZPO und für die Revision aus § 557 Abs. 2 ZPO (auf beide Vorschriften verweist § 173 S. 1 VwGO), da nach § 146 Abs. 2 Beschlüsse über die Ablehnung von Gerichtspersonen nicht mit der Beschwerde angreifbar sind. Allerdings liegt ein über § 124 Abs. 2 Nr. 5 und § 132 Abs. 2 Nr. 3 rügbarer Verfahrensmangel vor, wenn die fehlerhafte Entscheidung über die Ablehnung zugleich eine Verletzung von Art. 101 Abs. 1 S. 2 GG beinhaltet.[331] Allerdings kann ein Verstoß gegen Art. 101 Abs. 1 S. 2 GG nicht in jeder fehlerhaften Rechtsanwendung gesehen werden, weil anderenfalls jede fehlerhafte Rechtsanwendung zugleich mit einem Verfassungsverstoß einherginge (BVerfGE 82, 286, 299). „Die Grenzen zum Ver-

---

327 BVerfGE 119, 292, 301. Vgl. auch BVerfG NJW 2009, 833.
328 Vgl. *W.-R. Schenke*, in: Kopp/Schenke § 54 Rn. 20.
329 Anders als bei § 138 Nr. 2 liegt nach § 547 Nr. 2 ZPO trotz der Mitwirkung eines ausgeschlossenen Richters dann kein absoluter Revisionsgrund vor, wenn das Mitwirkungshindernis mittels eines Ablehnungsgesuchs ohne Erfolg geltend gemacht worden ist.
330 Vgl. BVerwG NVwZ-RR 2016, 428 Rn. 13 f.; 14.6.2016 – 4 B 45/15, juris Rn. 5; 20.7.2016 – 6 B 35/16, juris Rn. 20.
331 So *W.-R. Schenke*, in: Kopp/Schenke § 54 Rn. 22 m.w.N.; BVerfG NVwZ-RR 2008, 289, 290.

fassungsverstoß sind aber jedenfalls dann überschritten, wenn die Auslegung einer Zuständigkeitsnorm oder ihre Handhabung im Einzelfall willkürlich oder offensichtlich unhaltbar sind oder wenn die richterliche Entscheidung Bedeutung und Tragweite der Verfassungsgarantie des Art. 101 I 2 GG grundlegend verkennt" (BVerfG NVwZ 2009, 581, 582; NJW 2011, 2191, 2192). Die Ablehnung eines Befangenheitsantrags erfüllt nach der Rspr. des BVerwG sogar den absoluten Revisionsgrund des § 138 Nr. 1, wenn objektive Anhaltspunkte dafür bestehen, dass die Entscheidung über ein Befangenheitsgesuch auf willkürlichen oder manipulativen Erwägungen beruht (BVerwG NVwZ-RR 2016, 428 Rn. 14; 14.6.2016 – 4 B 45/15, juris Rn. 5; 20.7.2016 – 6 B 35/16, juris Rn. 20).[332]

Ein Verstoß gegen das vorläufige Tätigkeitsverbot ist ein wesentlicher Verfahrensfehler, der im Berufungs- und Revisionsverfahren mit den Rechtsmitteln gegen die Hauptsacheentscheidung gerügt werden kann (vgl. OVG Brem NJW 2011, 3259 f.). Hat bei der Entscheidung ein Richter entgegen § 54 Abs. 1 VwGO i.V.m. § 47 ZPO während eines schwebenden Ablehnungsverfahrens mitgewirkt, so stellt dieser Verfahrensfehler aber keinen absoluten Revisionsgrund nach § 138 Nr. 2 dar, denn der Richter war zum Zeitpunkt des Urteils nicht mit Erfolg abgelehnt. Dies hat zur Konsequenz, dass die Aufhebung des angefochtenen Urteils und die Zurückverweisung der Sache zur anderweitigen Verhandlung und Entscheidung an das Berufungsgericht anders als bei absoluten Revisionsgründen nach § 138 nicht zwingend sind. Vielmehr kann die Revision zurückgewiesen werden, wenn sich die angefochtene Entscheidung aus anderen Gründen als richtig darstellt, vgl. § 144 Abs. 4 (BVerwGE 58, 146, 149). Zur Frage einer möglichen Heilung des Verstoßes gegen das vorläufige Tätigkeitsverbot → Rn. 118. Wird ein Ablehnungsgesuch erst nach Verkündung des Urteils in der Rechtsmittelinstanz gestellt (→ Rn. 97 ff.), unterlagen die erkennenden Richter keinem Tätigkeitsverbot nach § 54 Abs. 1 VwGO i.V.m. § 47 ZPO (BVerwG 23.1.2017 – 6 B 43/16, juris Rn. 16). **129**

→ Rn. 108 für den Fall, dass ein Ablehnungsgesuch gar nicht gestellt wurde, weil ein Richter entgegen seiner Verpflichtung aus § 54 Abs. 1 VwGO i.V.m. § 48 ZPO eine Selbstanzeige von Ablehnungsgründen unterlassen hat. **129a**

VI. Einzelheiten zum persönlichen Anwendungsbereich der Vorschrift

1. Urkundsbeamte der Geschäftsstelle und Gerichtsvollzieher. Nach § 54 Abs. 1 gelten die §§ 41–49 der ZPO für die Ausschließung und Ablehnung der *Gerichtspersonen* entsprechend. Wie bereits (→ Rn. 10) erwähnt, gelten die Ausschließungs- und Ablehnungsgründe sowohl für haupt- als auch für neben- und ehrenamtliche Richter. Auch *Urkundsbeamte der Geschäftsstelle* (§ 49 ZPO) sind nach § 13 S. 2 Gerichtspersonen und können demzufolge unter den Voraussetzungen des § 54 abgelehnt werden.[333] Ausdrücklich ergibt sich dies aus § 54 Abs. 1 VwGO i.V.m. § 49 ZPO. Die Entscheidung über die Ablehnung eines Urkundsbeamten trifft das Gericht, bei dem dieser tätig ist (§ 49 Hs. 2 ZPO). Für das Verfahren gelten die oben für die Ablehnung des Richters ausf. dargestellten Grundsätze entsprechend, jedoch soll der Ausschließungsgrund des § 41 Nr. 6 ZPO auf den Urkundsbeamten der Geschäftsstelle nur eingeschränkte entsprechende Anwendung finden.[334] Die Vorschrift über die Ablehnung von Urkundsbeamten ist von geringer praktischer Bedeutung, da der Urkundsbeamte anders als der Richter kurzerhand ausgewechselt werden kann und seine Tätigkeit naturgemäß weniger im Blickpunkt der Prozessbeteiligten steht als die richterliche Tätigkeit. Für den *Gerichtsvollzieher*, der nach §§ 167 ff. mit Maßnahmen der Verwaltungsvollstreckung betraut werden kann, enthält § 155 GVG eine abschließende Regelung gesetzlicher Ausschließungsgründe. Eine Ablehnung des Gerichtsvollziehers wegen Besorgnis der Befangenheit ist dem Gesetz dagegen unbekannt und kann auch nicht durch Landesgesetz vorgesehen werden.[335] **130**

---

332 Vgl. auch BVerwG BayVBl 2017, 353 Rn. 38 zu einem weiteren Fall (Befangenheitsgründe ergeben sich erst aus den Urteilsgründen), bei dem Willkür zum absoluten Revisionsgrund des § 138 Nr. 1 führen soll. Dann „läge zugleich ein Verstoß unmittelbar gegen Art. 101 I 2 GG vor" (BVerwG NVwZ-RR 2017, 468 Rn. 20).

333 *J. Schmidt,* in: Eyermann § 54 Rn. 1.

334 Vgl. *R. Bork,* in: Stein/Jonas I § 49 Rn. 2; *N. Stackmann,* in: MüKoZPO I § 49 Rn. 3; *M. Vollkommer,* in: Zöller § 49 Rn. 1.

335 LG Coburg DGVZ 1990, 89; zur Ausschließung von Gerichtsvollziehern *Baumbach/Lauterbach/Albers/Hartmann* § 155 GVG Rn. 1.

131   **2. Ausschließung und Ablehnung von Sachverständigen und Dolmetschern. a) Sachverständige.** Gem. § 98 sind hinsichtlich der Beweisaufnahme die Vorschriften der §§ 358–444 und 450–494 der ZPO entsprechend anwendbar. Hieraus folgt die Anwendbarkeit des § 406 ZPO im Verwaltungsprozess, wonach ein Sachverständiger aus denselben Gründen, die zur Ablehnung eines Richters berechtigen, abgelehnt werden kann. Auf *Sachverständige* finden somit die §§ 41 ff. ZPO ebenso entsprechende Anwendung wie auf Richter. Allerdings kann der Ausschließungsgrund der Vernehmung als Zeuge oder Sachverständiger nach § 41 Nr. 5 ZPO naturgemäß keine Anwendung finden, wie § 406 Abs. 1 S. 2 ZPO ausdrücklich klarstellt. Die Ablehnung einer *Hilfsperson eines Sachverständigen* wegen Befangenheit ist unzulässig (OLG Zweibrücken MDR 1986, 417). Anhaltspunkte für eine mögliche Ablehnung von Sachverständigen vermag auch der Katalog der Ablehnungsgründe in §§ 20 f. VwVfG zu geben,[336] da hier ein auf den Sachverständigen übertragbares gesetzlich geregeltes Modell von Interessenkonflikten vorliegt, die zu einem Ausschluss führen können. Als Ablehnungsgrund für Sachverständige kommt namentlich die wirtschaftliche Abhängigkeit des Sachverständigen von einem Prozessbeteiligten in Betracht oder die Tatsache, dass er für einen Prozessbeteiligten bereits als Privatgutachter tätig war (OLG Nürnberg JurBüro 1981, 776). Gleiches gilt, wenn er als Privatgutachter „für einen nicht unmittelbar oder mittelbar am Rechtsstreit beteiligten Dritten ein entgeltliches Privatgutachten zu einer gleichartigen Fragestellung in einem gleichartigen Sachverhalt erstattet hat und wenn die Interessen der jeweiligen Parteien in beiden Fällen in gleicher Weise kollidieren" (BGH NJW-RR 2017, 569 [LS] m.w.N., str.). Aus einem Telefongespräch eines Sachverständigen mit einem Prozessbeteiligten kann ein Grund zur Ablehnung des Sachverständigen wegen Besorgnis der Befangenheit nur dann hergeleitet werden, wenn der Gutachter während dieses Gesprächs bereits in die Erörterung seines Gutachtens eingetreten ist (OLG Frankfurt FamRZ 1989, 410). In einem solchen Fall könnte der Verdacht entstehen, der Gutachter ziehe möglicherweise einseitige Informationen ein, berücksichtige nur die Interessen eines Beteiligten und begünstige diesen daher vor den anderen Prozessbeteiligten. Eine reine Besprechung von Verfahrensangelegenheiten kann dagegen einem Sachverständigen ebenso wenig verwehrt werden wie dem Richter und berechtigt daher nicht zur Ablehnung wegen Besorgnis der Befangenheit.[337] Für den Zeitpunkt der Ablehnung eines Sachverständigen wegen Besorgnis der Befangenheit gilt § 54 Abs. 1 VwGO i.V.m. § 43 ZPO entsprechend (ausf. → Rn. 90 ff.); auch hier ist die Rechtzeitigkeit des Ablehnungsgesuchs erforderlich, um nicht das Rügerecht zu verlieren. Unabhängig davon, ob Ablehnungsgründe vorliegen oder im Prozess geltend gemacht werden, müssen Zweifel an der Neutralität und Unvoreingenommenheit eines Sachverständigen vom Gericht i.R. der Beweiswürdigung angemessen berücksichtigt werden (BGH NJW 1981, 2009, 2010). Ob der Staat nach den Grundsätzen der Amtshaftung für Verschulden des vom Gericht zugezogenen Sachverständigen haftet, ist umstr.[338] Seit dem Inkrafttreten des Zweiten Gesetzes zur Änderung schadensersatzrechtlicher Vorschriften vom 19.7.2002 (BGBl I 2674) haftet der vom Gericht ernannte Sachverständige gemäß § 839 a BGB selbst, wenn er vorsätzlich oder grob fahrlässig ein unrichtiges Gutachten erstattet.[339]

132   **b) Dolmetscher.** Auf den Dolmetscher sind nach § 173 VwGO i.V.m. § 191 GVG die Vorschriften über die Ausschließung und Ablehnung der Sachverständigen – also § 98 VwGO i.V.m. §§ 406, 42 ZPO – entsprechend anzuwenden. Über die Ablehnung entscheidet das Gericht oder der Richter, von dem der Dolmetscher hinzugezogen worden ist (§ 191 S. 2 GVG). Der Wortlaut des § 191 S. 1 GVG beruht offensichtlich auf einem Redaktionsversehen des Gesetzgebers,[340] denn nach § 406 ZPO gibt es keine Ausschließung des Sachverständigen kraft Gesetzes. Demzufolge kommt auch beim Dolmetscher eine Ausschließung kraft Gesetzes nicht in Betracht,[341] jedoch können Gründe, die beim Richter zur Ausschließung führen oder seine Ablehnung wegen Besorgnis der Befangenheit rechtfertigen würden,

---

336   So *W.-R. Schenke*, in: Kopp/Schenke § 98 Rn. 17.
337   Als Bsp. nennt OLG Frankfurt FamRZ 1989, 410 etwa eine Terminabsprache, die Anforderung von Unterlagen oder die Anforderung eines Vorschusses.
338   Dafür *W.-R. Schenke*, in: Kopp/Schenke § 98 Rn. 17 a.E.; dagegen OLG Düsseldorf NJW 1986, 2891 m.w.N, wonach allenfalls eine Haftung nach §§ 823, 826 BGB in Betracht kommt; BT-Drs. 14/7752, 27 (zu Art. 2 Nr. 5).
339   Vgl. BT-Drs. 14/7752, 27 f. (zu Art. 2 Nr. 5).
340   BVerwG NJW 1984, 2055; *Baumbach/Lauterbach/Albers/Hartmann* § 191 GVG Rn. 1.
341   BVerwG NJW 1984, 2055; OLG Köln NJW 1987, 1091; VG Köln NJW 1986, 2207; *Kissel/Mayer* § 191 Rn. 2; *Baumbach/Lauterbach/Albers/Hartmann* § 191 GVG Rn. 1.

die Ablehnung des Dolmetschers rechtfertigen.[342] Verwandte von Prozessbeteiligten sind daher als Dolmetscher nicht kraft Gesetzes ausgeschlossen, sie können lediglich abgelehnt werden, was nach § 98 VwGO i.V.m. § 406 Abs. 2 S. 1 ZPO die rechtzeitige Stellung eines Ablehnungsantrags voraussetzt (BVerwG NJW 1984, 2055). Der Ablehnungsgrund des § 54 Abs. 2 ist nicht entsprechend auf den Dolmetscher übertragbar, da dieser im Gegensatz zum Richter oder Sachverständigen keinen unmittelbaren Einfluss auf die zu erlassene Entscheidung hat, sondern allein die Verständigung zwischen den Prozessbeteiligten ermöglicht.[343] Daher rechtfertigt die bloße Tätigkeit als Dolmetscher oder Übersetzer in einem dem Verwaltungsprozess *vorausgegangenen Verwaltungsverfahren* die Ablehnung des Dolmetschers nicht (VG Köln NJW 1986, 2207f.).

Wird ein Dolmetscher erfolgreich wegen Besorgnis der Befangenheit abgelehnt, so darf er nicht weiter 133 tätig werden; das Gericht muss die vor der Ablehnung von dem Dolmetscher vorgenommenen Übertragungen bei seiner Entscheidung außer Betracht lassen (BVerwG NJW 1985, 757). Ein insoweit unterlaufener Verfahrensverstoß stellt jedoch im Gegensatz zur Mitwirkung des erfolgreich abgelehnten Richters keinen absoluten Revisionsgrund i.S.v. § 138 Nr. 2 dar. Vielmehr führt ein Verfahrensverstoß in dieser Hinsicht zur Zulassung der Revision nur dann, wenn geltend gemacht wird, dass die Übertragung durch den abgelehnten Dolmetscher inhaltliche Unrichtigkeiten oder Ungenauigkeiten aufweise und die angefochtene Entscheidung daher auf dem Verfahrensverstoß i.S.v. § 132 Abs. 2 Nr. 3 beruhen könne (BVerwG NJW 1985, 757).

c) Keine Ausschließung und Ablehnung des VBI und der VöI. Umstr. ist die Frage, ob die Grundsätze 134 über die Ablehnung der Gerichtspersonen auch für den *VBI* und die *VöI* bzw. den *Landesanwalt* (zur Terminologie → Rn. 28) nach §§ 35, 36 gelten. Nach der überwiegenden Auffassung in Lit. und Rspr. können diese Prozessbeteiligten weder abgelehnt werden, noch sind die Vorschriften über die Ausschließung kraft Gesetzes entsprechend anwendbar. Begründet wird diese Auffassung v.a. damit, dass dieser Personenkreis nicht zu den Gerichtspersonen i.S.v. § 54 Abs. 1 gehöre.[344] Diese Auffassung findet systematisch und terminologisch eine Stütze darin, dass der VBI und der VöI – falls sie von ihrer Beteiligungsbefugnis Gebrauch machen – gem. § 63 Nr. 4 ebenso *Beteiligte* wie der Kläger, Beklagte oder Beigeladene sind. Sie stehen als solche gleichrangig neben den Beteiligten und können nicht gleichzeitig Gerichtsperson sein (OVG Münster NVwZ 1991, 489). Gegen eine analoge Anwendung des § 54 auf VBI und VöI spricht der abschließende Charakter der Ausschließungs- und Ablehnungsvorschriften, die grds. einer extensiven Auslegung oder gar einer Analogie nicht zugänglich sind. Auch eine analoge Anwendung der §§ 20, 21 VwVfG kommt aus diesem Grunde nicht in Betracht. Aus grundsätzlichen rechtsstaatlichen Erwägungen ist es gleichwohl angebracht, dass sich der betroffene Beamte dieser Tätigkeit enthält und einen Stellvertreter handeln lässt, falls Tatsachen vorliegen, die bei einem Richter zum Ausschluss oder zur Ablehnung wegen Besorgnis der Befangenheit führen könnten (OVG Münster NVwZ 1991, 489).

VII. Parallelvorschriften im Verwaltungsverfahren

Im Verwaltungsverfahrensrecht hat der Ausschluss von Amtswaltern in *§ 20 VwVfG* bzw. den gleich 135 lautenden Vorschriften der LVwVfG eine umfassende eigenständige Regelung gefunden. *§ 21 VwVfG* regelt in Anlehnung an die zivil- und verwaltungsprozessualen Vorschriften ergänzend zu den kraft Gesetzes wirkenden Ausschließungsgründen den Ausschluss von Personen im Verwaltungsverfahren wegen Besorgnis der Befangenheit durch besondere Anordnung des Behördenleiters.[345] Die Darstellung der Besonderheiten der Ausschließungsgründe im Verwaltungsverfahrensrecht im Vergleich zu den gerichtlichen Ausschließungsgründen würde den vorgegebenen Rahmen sprengen.

---

342 BVerwG NJW 1984, 2055; *Kissel/Mayer* § 191 Rn. 2.
343 VG Köln NJW 1986, 2207f.; zur Funktion und Stellung des Dolmetschers im Verfahren auch BVerwG NJW 1985, 757 sowie ausf. → § 55 Rn. 59 ff.
344 OVG Münster NVwZ 1991, 489; *M. Redeker*, in: Redeker/v. Oertzen § 54 Rn. 20 i.V.m. § 35 Rn. 9; *W.-R. Schenke/J. Ruthig*, in: Kopp/Schenke § 35 Rn. 3 (VBI), § 36 Rn. 3 (VöI); *C. Steinbeiß-Winkelmann*, in: Schoch/Schneider/Bier § 35 Rn. 10 (VBI), § 36 Rn. 8 (VöI).
345 Vgl. insoweit ausf. *N. Kazele*, Interessenkollisionen, 1990, 299 ff.

§ 55 [Ordnungsvorschriften des GVG]

§§ 169, 171 a bis 198 des Gerichtsverfassungsgesetzes über die Öffentlichkeit, Sitzungspolizei, Gerichtssprache, Beratung und Abstimmung finden entsprechende Anwendung.

Schrifttum

1. Monographien und Beiträge in Sammelwerken: *W. Berg,* Grundsätze des verwaltungsgerichtlichen Verfahrens, in: FS Menger, 1985, 537; *W. Endemann,* Im Spannungsfeld – Persönlichkeitsrecht und Öffentlichkeit des verwaltungsgerichtlichen Verfahrens, in: FS für Wolfgang Zeidler, 1987, 409; *P. Häberle,* Die Verfassung des Pluralismus, 1980; *I. M. Pernice,* Öffentlichkeit und Medienöffentlichkeit: Die Fernsehberichterstattung über öffentliche Sitzungen am Beispiel von Bundestag und Bundesrat, Gerichten und Gemeinderäten, 2000; *E. Schilken,* Gerichtsverfassungsrecht, ⁴2007; *F. E. Schnapp,* Parteiöffentlichkeit bei Tatsachenfeststellungen durch den Sachverständigen?, in: FS Menger, 1985, 557; *J. Sorth,* Rundfunkberichterstattung aus Gerichtsverfahren: Eine Untersuchung des Verbotes von Fernseh- und Hörrundfunkaufnahmen während der Gerichtsverhandlung, 1999; *C. Tomuschat,* Völkerrechtliche Grundlagen der Verwaltungsgerichtsbarkeit, in: FS Redeker, 1993, 273; *M. Wolf,* Gerichtsverfassungsrecht aller Verfahrenszweige, ⁶1987.

2. Beiträge in Zeitschriften: *A. Angermaier/J. Kujath,* Die Ausübung des Hausrechts in Gerichtsgebäuden, DRiZ 2012, 338; *K. Bacher/J. Nagel,* Fremdsprachige Urteile im Patentnichtigkeitsverfahren vor dem BGH, GRUR 2001, 873; *C. von Coelln,* Der Zutritt von Journalisten zu öffentlichen Gerichtsverhandlungen, DÖV 2006, 804; *T. Dickert/C. Hagspiel,* Der Rechtsrahmen für Zugangskontrollen in Gerichtsgebäuden, BayVBl 2013, 102; *J. Gündisch/P. Dany,* Rundfunkberichterstattung aus Gerichtsverhandlungen, NJW 1999, 256; *W. Krekeler,* Durchsuchung des Verteidigers beim Betreten des Gerichtsgebäudes, NJW 1979, 185; *G. Lehr,* Bildberichterstattung der Medien über Strafverfahren, NStZ 2001, 63; *J. Meyer,* „Die Gerichtssprache ist Deutsch" – auch für Ausländer?, ZStW 1981, 507; *R. Molketin,* Sitzungspolizeiliche Maßnahmen des Vorsitzenden – Anlaß zur Ablehnung wegen „Besorgnis der Befangenheit"?, MDR 1984, 20; *K.-D. Pardey,* Versachlichung durch erzwungene Achtungsbezeugung, DRiZ 1990, 132; *H. Rüping,* Der Schutz der Gerichtsverhandlung – „Ungebühr" oder „betriebliche Ordnungsgewalt", ZZP 88 (1975), 213; *E. Schneider,* Die Teilnahme Dritter, insb. der Referendare an der Beratung (§ 193 GVG), MDR 1968, 973; *ders.,* Deutsch als Gerichtssprache, MDR 1979, 534; *H.-D. Schwind,* „Ungebührliches" Verhalten vor Gericht und Ordnungsstrafe, JR 1973, 133; *B. Seifert,* Studenten im Beratungszimmer – ein Verstoß gegen § 193 Abs. 1 GVG?, MDR 1996, 125; *G. Wolf,* Die Gesetzwidrigkeit von Fernsehübertragungen aus Gerichtsverhandlungen, NJW 1994, 681.

I. Entstehungsgeschichte

Der Inhalt des § 55 findet sich fast wortgleich im Gemeinsamen Entwurf der Präsidenten der Verwal- 1
tungsgerichte und der Arbeitsgemeinschaft der Innenminister aus dem Jahre 1951 (DVBl 1951, Beilage zu Heft 18) als §§ 55 und 56. Als einzigen inhaltlichen Unterschied zur heutigen Fassung sah § 55
des Gemeinsamen Entwurfes vor, dass auch wegen einer Ungebühr in Schriftsätzen eine Ordnungsstrafe nach § 178 GVG verhängt werden könne.[1] Dagegen enthalten die entsprechenden Vorschriften
in den Regierungsvorlagen zum Erlass der VwGO v. 15.4.1952, 8.7.1954 und 5.12.1957 bereits den
Inhalt der heutigen Fassung des § 55 (BT-Drs. 1/4278, 2/462, 3/55). Die dortigen Vorschriften hatten
als § 56 folgenden Wortlaut: „Die §§ 169 bis 191 des Gerichtsverfassungsgesetzes gelten entsprechend", und § 57 lautete: „Für die Beratung und Abstimmung gelten die §§ 192 bis 198 des Gerichtsverfassungsgesetzes entsprechend." Aufgrund des schriftlichen Berichts des Rechtsausschusses
v. 12.5.1959[2] erhielt die Vorschrift als § 56 ihren heute noch gültigen Wortlaut. Diese Vorschrift wurde sodann als § 55 der VwGO v. 21.1.1960 (BGBl I 17) übernommen.

II. Überblick über die Ordnungsvorschriften für das gerichtliche Verfahren

Die VwGO enthält keine eigenen Regelungen über Ordnungsvorschriften für das gerichtliche Verfah- 2
ren und behilft sich mit einer präzisen dynamischen Verweisung (BVerfGE 103, 44, 78) auf die Vorschriften des GVG. Entsprechend anwendbar sind danach die Vorschriften über die Öffentlichkeit
(→ Rn. 3 ff.), die Sitzungspolizei (→ Rn. 34 ff.), die Gerichtssprache (→ Rn. 52 ff.) sowie über die Beratung und Abstimmung (→ Rn. 65 ff.). Neben den Vorschriften des GVG sind auch Vorschriften der
EMRK und der IPBürgpR von Bedeutung (→ Rn. 4, 5). Die Vorschriften des GVG finden „entsprechende" Anwendung. Die *Rspr. der Zivil- und Strafgerichte* kann zur Auslegung der Ordnungsvorschriften grds. auch für das Verwaltungsstreitverfahren herangezogen werden,[3] wobei im Einzelfall die
strukturellen Unterschiede der Verfahrensarten und die sich daraus ergebenden Konsequenzen für die
Auslegung beachtet werden müssen.

III. Öffentlichkeit des Verfahrens

1. Gesetzliche Grundlagen. „Der Grundsatz der Öffentlichkeit mündlicher Gerichtsverhandlungen 3
stützt sich in Deutschland auf eine lange Tradition, die ihre Wurzeln in der Zeit der Aufklärung hat"
(näher dazu BVerfGE 103, 44, 63 f.). Die Öffentlichkeit des gerichtlichen Verfahrens gehört zu den
grundlegenden Einrichtungen des Rechtsstaats und ist verfassungsrechtlich auf das Demokratieprinzip
und auf das Rechtsstaatsprinzip zurückzuführen.[4] Das BVerfG spricht zutreffend von einem „Verfassungsgrundsatz der Öffentlichkeit", der näherer Ausformung durch das Gesetz bedarf (BVerfGE 103,
44, 63, 64). Die einfachgesetzlichen *Rechtsgrundlagen* dieses Grundsatzes im Verwaltungsstreitverfahren finden sich über die Verweisung des § 55 in den §§ 169, 171 a–175 GVG.
Regelungen über die Öffentlichkeit des Verfahrens finden sich darüber hinaus in *Art. 6 Abs. 1 EMRK.* 4
Diese Vorschrift lautet:
*„(1) Jede Person hat ein Recht darauf, dass über Streitigkeiten in Bezug auf ihre zivilrechtlichen An-
sprüche und Verpflichtungen oder über eine gegen sie erhobene strafrechtliche Anklage von einem unabhängigen und unparteiischen, auf Gesetz beruhenden Gericht in einem fairen Verfahren, öffentlich*

---

1 § 55 des Entwurfes hatte folgenden Wortlaut:
   *„(1) Die Vorschriften der §§ 169 bis 191 des Gerichtsverfassungsgesetzes über die Öffentlichkeit, Sitzungspolizei und
   Gerichtssprache sind entsprechend anzuwenden.
   (2) Die Vorschrift des § 178 des Gerichtsverfassungsgesetzes über die Ordnungsstrafen wegen Ungebühr gilt auch für
   den Fall der Ungebühr in Schriftsätzen."*
   § 56 des Entwurfes lautete:
   *„Auf die Beratung und Abstimmung sind die §§ 192 bis 198 des Gerichtsverfassungsgesetzes entsprechend anzuwen-
   den."*
2 Zusammenstellung des von der Bundesregierung eingebrachten Entwurfs einer VwGO mit den Beschlüssen des Rechtsausschusses, BT-Drs. 3/1094.
3 Vgl. z.B. nur BVerwG Buchholz 310 § 133 VwGO Nr. 31, worin mehrfach auf strafrechtliche Entscheidungen des BGH
   verwiesen wird.
4 BVerfGE 104, 44, 63; VGH Mannheim DVBl 2014, 101, 105; *Schilken* § 12 Rn. 159; *M. Wolf,* Gerichtsverfassungsrecht, 1987, § 25 II; *P. Häberle,* Verfassung des Pluralismus, 1980, 126 und 136.

und innerhalb angemessener Frist verhandelt wird. Das Urteil muss öffentlich verkündet werden; Presse und Öffentlichkeit können jedoch während des ganzen oder eines Teiles des Verfahrens ausgeschlossen werden, wenn dies im Interesse der Moral, der öffentlichen Ordnung oder der nationalen Sicherheit in einer demokratischen Gesellschaft liegt, wenn die Interessen von Jugendlichen oder der Schutz des Privatlebens der Prozessparteien es verlangen oder – soweit das Gericht es für unbedingt erforderlich hält – wenn unter besonderen Umständen eine öffentliche Verhandlung die Interessen der Rechtspflege beeinträchtigen würde."

Die EMRK ist aufgrund des deutschen Ratifikationsgesetzes (Gesetz v. 4.11.1950 [BGBl 1952 II 686]) innerstaatliches Recht geworden.[5] Sie hat den Rang eines einfachen Bundesgesetzes (BVerfGE 131, 268, 295). *Art. 6 Abs. 1 EMRK* ist auch auf einen großen Teil der vor den Verwaltungsgerichten geltend zu machenden Ansprüche und Verpflichtungen anwendbar. Der Begriff der zivilrechtlichen Ansprüche in dieser Vorschrift ist, wie die Heranziehung der englischen und französischen Textfassung des Art. 6 Abs. 1 EMRK für die Auslegung ergibt, weiter zu verstehen, als die Auslegung nur nach dem deutschen Wortlaut ergeben würde. So führt der EGMR aus, dass zivilrechtliche Ansprüche und Verpflichtungen i.S.v. Art. 6 Abs. 1 EMRK nicht nur unter Bezug auf das innerstaatliche Recht zu definieren seien (EGMR NJW 1987, 2141, 2142 – Fall Benthem gegen Niederlande). „Der EGMR hat die Anwendbarkeit im Zuge einer weiten, zweckgetragenen Rechtsprechung ungeachtet verwaltungsrechtlicher Zuständigkeiten auch auf öffentlich-rechtliche Verfahren und Verwaltungsmaßnahmen erstreckt, die unmittelbare Auswirkungen auf Vertragsbeziehungen [...], Privatrechte oder vermögenswerte Positionen [...] haben"; als „zivilrechtlich gelten daher auch öffentlich-rechtliche Regelungen, die das Recht auf private Berufstätigkeit, das Eigentumsrecht (einschließlich öffentlich-rechtlicher Nutzungsregelungen und Eingriffe) oder Schadensersatzforderungen gegen den Staat betreffen; unabhängig davon ob die Anspruchsgrundlage im öffentlichen Recht geregelt ist. Diese Rechtsprechung führt zur Anwendbarkeit von Art. 6 EMRK in deutschen verwaltungsgerichtlichen Verfahren".[6] In diesem Sinn hat der EGMR u.a. Streitigkeiten über den Betrieb einer privatärztlichen Klinik (EGMR NJW 1979, 477 – Fall König), die Erteilung einer ärztlichen Approbation (EGMR NJW 1979, 477 – Fall König), die Durchführung eines Disziplinarverfahrens vor einem ärztlichen Standesgericht (EGMR NJW 1982, 2714 – Fall Le Compte) und die Genehmigung des Flüssiggasvertriebs durch einen Tankstellenbetreiber (EGMR NJW 1987, 2141 – Fall Benthem gegen Niederlande) als Streitigkeiten i.S.d. Art. 6 Abs. 1 EMRK angesehen. Da im Allgemeinen davon ausgegangen werden kann, dass die Vorschriften der §§ 169 ff. GVG und die Praxis der Verwaltungsgerichte hierzu dem Maßstab des Art. 6 Abs. 1 EMRK entsprechen, entfaltet diese Vorschrift der Konvention vor den innerstaatlichen Gerichten keine signifikante Bedeutung.[7] Allerdings sind die Vorschriften der EMRK und die Rspr. des EGMR im Rahmen einer methodisch vertretbaren Gesetzesauslegung zu berücksichtigen (BVerfGE 111, 307, 323) und wirken somit auf die Auslegung und Anwendung der §§ 169 ff. GVG ein. Die Einhaltung der Bestimmungen der EMRK kann darüber hinaus auf Initiative des einzelnen Rechtsuchenden vom EGMR überprüft werden (Art. 19 ff. EMRK).

5   Eine dem Art. 6 Abs. 1 EMRK ähnliche Regelung findet sich in *Art. 14 Abs. 1 S. 2 und 3 IPBürgpR* (Ratifikation durch Bundesgesetz v. 19.12.1966 [BGBl 1973 II 1534]). Auch der IPBürgpR ist durch die bundesrechtliche Ratifikation innerstaatliches Recht im Range eines einfachen Bundesgesetzes geworden. Inwieweit – in Anlehnung an die entsprechende Auslegung des Art. 6 Abs. 1 EMRK – auch öffentlich-rechtliche Ansprüche in die Gewährleistung des gerichtlichen Rechtsschutzes nach Art. 14 Abs. 1 S. 2 und 3 IPBürgpR einbezogen sind, ist vom Menschenrechtsausschuss wohl bislang nicht entschieden worden.[8]

6   **2. Anwendungsbereich und Teleologie.** Der Grundsatz der Öffentlichkeit betrifft die Zugänglichkeit der Gerichtsverhandlung für unbeteiligte Personen. Das Gebot der Öffentlichkeit gilt nach dem Wort-

---

5   S. die Bekanntmachung der Neufassung in BGBl 2010 II 1198.

6   *F. Meyer*, in: Karpenstein/Mayer, EMRK, ²2015, Art. 6 Rn. 14 f. m.w.N. aus der Rspr. des EGMR. Vgl. EGMR EuGRZ 2016, 28 f. sowie ausf. *R. Esser*, in: Ewald Löwe/Werner Rosenberg (Begr.), Die Strafprozeßordnung und das Gerichtsverfassungsgesetz, ²⁶2012, Bd. 11, Art. 6 EMRK/Art. 14 IPBRR Rn. 38 ff. mit zahlreichen Nachw. aus der Rspr. des EGMR.

7   *C. Tomuschat*, FS Redeker, 1993, 273, 283.

8   Vgl. *R. Esser*, in: Ewald Löwe/Werner Rosenberg (Begr.), Die Strafprozeßordnung und das Gerichtsverfassungsgesetz, ²⁶2012, Bd. 11, Art. 6 EMRK/Art. 14 IPBRR Rn. 38 ff.

laut des § 169 GVG für die (gesamte) mündliche Verhandlung, einschließlich der Entscheidungsverkündung vor dem erkennenden Gericht. Soweit Beweisaufnahmen „vor dem erkennenden Gericht" stattfinden, sind sie Teil der Verhandlung und damit ebenfalls öffentlich.[9] Für Verfahren ohne mündliche Verhandlung gilt der Öffentlichkeitsgrundsatz nicht. Ebenso findet er keine Anwendung in den Verhandlungen vor dem beauftragten oder vor dem ersuchten Richter (BAG 17.3.2016 – 2 AZR 110/15, juris Rn. 26), da diese nicht „erkennendes Gericht" i.S.d. § 169 GVG sind (vgl. BVerwG 21.9.2000 – 2 C 4/99, juris Rn. 37). Hier soll allein Parteiöffentlichkeit, d.h. Verhandlungsteilnahme, Akteneinsicht etc. durch die Verfahrensbeteiligten i.S.d. § 63 geboten sein (BVerwG NVwZ-RR 1989, 167, 168; OVG Koblenz VRS 61, 270). Das Gleiche (parteiöffentlich) gilt für einen Erörterungstermin gem. § 87 Abs. 1 S. 2 Nr. 1 sowie eine Beweisaufnahme in einer vorbereitenden Verhandlung (BVerwG 21.9.2000 – 2 C 4/99, juris Rn. 37). Fraglich ist, ob die genannten Einschränkungen heute im Hinblick auf den Wortlaut des Art. 6 Abs. 1 EMRK noch als sachgerecht angesehen werden können. § 169 GVG könnte und sollte vielmehr öffentlichkeitsfreundlicher interpretiert werden. Die sich auch in der VwGO abzeichnende Tendenz zu weniger Öffentlichkeit (vgl. §§ 84, 87 Abs. 3, § 101 Abs. 2, 3, § 116 Abs. 2, § 130 a S. 1) ist bedenklich. Jedoch hat die Rspr. des BVerwG, wonach weder die Vorschriften über die Öffentlichkeit des Verfahrens im GVG noch Art. 6 Abs. 1 EMRK ein – zusätzliches – zweitinstantielles Verfahren mit öffentlicher (mündlicher) Verhandlung gewährleisten (BVerwG NVwZ 1989, 1168 a.E.; Buchholz 312 Entlastungsgesetz Nr. 32), diese Tendenz eher bestärkt. Das Berufungsgericht darf jedoch nicht im Wege des Beschlussverfahrens nach § 130 a entscheiden, wenn das VG verfahrensfehlerhaft gänzlich ohne mündliche Verhandlung oder ohne Beteiligung eines nicht ordnungsgemäß geladenen Beteiligten an der mündlichen Verhandlung entschieden hat (BVerwG 8.8.2007 – 10 B 74/07, juris Rn. 6).

Die Vorschriften über die Öffentlichkeit der Verhandlung stehen nicht zur Disposition der Verfahrensbeteiligten, da sie auch dem allgemeinen Interesse dienen.[10] Diese grundsätzliche *Unverzichtbarkeit* der Einhaltung der Öffentlichkeitsgrundsätze gilt allerdings nicht uneingeschränkt, da das Gebot der Öffentlichkeit der Verhandlung nur Anwendung findet, wenn überhaupt eine mündliche Verhandlung stattfindet. Auf die mündliche Verhandlung als solche können die Parteien hingegen verzichten (vgl. § 101 Abs. 2). Bei – auch lediglich konkludentem – Verzicht auf die mündliche Verhandlung soll es den Parteien verwehrt sein, im Nachhinein die Nichteinhaltung der Öffentlichkeitsvorschriften zu rügen.[11] Ferner kann nach der Rspr. „ein Beteiligter, der eine Verletzung der Vorschriften über die Öffentlichkeit des Verfahrens bereits während der mündlichen Verhandlung erkannt hat, sein nachfolgendes Rechtsmittel nur dann auf diesen Verfahrensfehler stützen, wenn er eine entsprechende Rüge bereits in der mündlichen Verhandlung oder zumindest in deren Anschluss eindeutig erhoben hat" (OVG Bautzen DÖV 2013, 400; so auch BVerwG NVwZ 1985, 566). 7

Die ursprüngliche *Bedeutung* des Grundsatzes der Öffentlichkeit der Verhandlung (insbes. Ausschluss 8 von Geheimverfahren, Stärkung der richterlichen Unabhängigkeit vom Staat) hat im heutigen modernen, gewaltengeteilten Rechtsstaat mit seinen vielfältigen rechtlichen Sicherungen an Gewicht verloren. Der nunmehr vorrangige *Zweck* des Öffentlichkeitsgrundsatzes wird in der Kontrolle des Gerichts und des Verfahrensgangs[12] und der dadurch bedingten Stärkung der Legitimation gerichtlicher Entscheidungen gesehen. Hiermit soll unmittelbar das Vertrauen der Allgemeinheit oder des Einzelnen in die Objektivität der Rechtspflege gewährleistet werden (BVerwG DÖV 1984, 889). Die Richter müssen der Erhaltung der Öffentlichkeit während der Verhandlung die gebührende Aufmerksamkeit widmen; insoweit obliegt dem Gericht auch eine Aufsichtspflicht gegenüber den Gerichtsbeamten (BGHSt 22, 297, 301). Diese Anforderungen dürfen aber nicht in der Weise überspannt werden, dass die Erörterung der Sach- und Rechtsfragen in der Verhandlung dadurch beeinträchtigt wird (BVerwG DÖV 1984, 889). Ein Spannungsverhältnis besteht zwischen dem Grundsatz der Öffentlichkeit und

---

9 *D. Krausnick*, in: Gärditz § 55 Rn. 4.
10 *Kissel/Mayer* § 169 Rn. 58. Unzutreffend ist die Formulierung von VGH Mannheim 10.3.2017 – A 12 S 338/17, juris Rn. 6, dass auf die Befolgung der Vorschrift des § 169 S. 1 GVG verzichtet werden könne.
11 BVerwG Buchholz 303 § 295 ZPO Nr. 1; vgl. auch BVerwG Buchholz 312 EntlG Nr. 32, wonach bei Verzicht auf mündliche Verhandlung in der ersten Instanz grds. auch eine Zurückweisung der Berufung in zweiter Instanz ohne mündliche Verhandlung gem. dem bis 31.12.1983 geltenden Art. 2 § 5 Abs. 1 EntlG (jetzt § 130 a VwGO) zulässig ist.
12 BVerfGE 104, 44, 64; *Kissel/Mayer* § 169 Rn. 1, 3; *W. Endemann*, FS Zeidler, 1987, 409, 415 ff.; *P. Häberle*, Verfassung des Pluralismus, 1980, 128 und 136.

der richterlichen Unabhängigkeit, da der Zugang der Öffentlichkeit zu den Verhandlungen vor Gericht Möglichkeiten einer Beeinflussung der Richter eröffnen kann. Daneben kommt eine Beeinträchtigung des rechtlichen Gehörs durch die Öffentlichkeit aufgrund einer möglichen Beeinflussung von Verfahrensbeteiligten durch unbeteiligte Dritte in Betracht.[13] Diese Problematik ist mit der Zunahme von Massenverfahren vor den VG auch für die Verwaltungsstreitverfahren immer deutlicher geworden.[14]

9   **3. Inhalt und Grenzen des Grundsatzes der Öffentlichkeit.** Der Grundsatz der Öffentlichkeit besagt, dass „jedermann ohne Ansehung seiner Zugehörigkeit zu bestimmten Gruppen der Bevölkerung und ohne Ansehung bestimmter persönlicher Eigenschaften die Möglichkeit hat, an den Verhandlungen der Gerichte als Zuhörer teilzunehmen" (BVerwG HFR 1983, 76; BGHSt 27, 13, 14; BGH NStZ 2006, 512 Rn. 10). Öffentlichkeit i.S.d. Vorschriften des GVG bedeutet nicht die aktive Teilnahme der Zuhörer am Geschehen. Auch beinhaltet der Öffentlichkeitsgrundsatz nicht die gleichen Teilnahmerechte wie die der Verfahrensbeteiligten, wie z.B. Akteneinsicht, Einsicht in die Urkunden, die Verfahrensgegenstand sind, oder in das Demonstrationsmaterial, das ein Sachverständiger vor Gericht ausbreitet.[15] Aus den Vorschriften über die Öffentlichkeit kann kein subjektives Recht des Einzelnen auf Teilnahme an einer Gerichtsverhandlung hergeleitet werden.[16] Das Gericht ist jedoch gehalten, i.R. des Möglichen die Teilnahme der interessierten Öffentlichkeit sicherzustellen.

10   **a) Die verschiedenen Öffentlichkeiten.** I.R. der Öffentlichkeit der mündlichen Verhandlung wird heute aufgrund der technischen Entwicklung in der Informationsvermittlung unterschieden zwischen der *unmittelbaren Öffentlichkeit*, das ist die Möglichkeit einer persönlichen Teilnahme im Gerichtssaal („Saalöffentlichkeit"), und der *mittelbaren Öffentlichkeit*, der Teilnahme aufgrund einer Übertragung durch technische Hilfsmittel und Medien wie z.B. Lautsprecher, Rundfunk oder Fernsehen („Medienöffentlichkeit"). § 169 S. 1 und §§ 170 ff. GVG regeln nur die unmittelbare Öffentlichkeit, während sich § 169 S. 2 GVG auf die mittelbare Öffentlichkeit bezieht (im Einzelnen → Rn. 16 ff.). Von der Öffentlichkeit der Verhandlung ist die sog. *Parteiöffentlichkeit* zu unterscheiden, welche u.a. das Recht der Beteiligten betrifft, an allen mündlichen Verhandlungen und Beweisaufnahmen teilzunehmen.[17] Die Parteiöffentlichkeit ist kein Ausschnitt aus dem Grundsatz der Öffentlichkeit nach §§ 169 ff. GVG und dient anderen Zwecken.[18] Im Gegensatz zum Zugang für die Allgemeinheit ist die Parteiöffentlichkeit (Beteiligtenöffentlichkeit) auch in nichtöffentlichen Verhandlungen gegeben. Mit Ausnahme der Beratung und Abstimmung (→ Rn. 65 ff.), die auch für die Parteien nicht zugänglich sind (§ 193 GVG), können die Beteiligten nur unter eng begrenzten Voraussetzungen i.R. der Sitzungspolizei (→ Rn. 43 f.) nach § 55 VwGO i.V.m. § 177 GVG ausgeschlossen werden. Dieses Recht der Partei auf umfassende Anwesenheit ist Ausfluss des verfassungsrechtlichen Anspruchs auf rechtliches Gehör (BVerwG 72, 28, 29, 30 f.).

11   **b) Unmittelbare Öffentlichkeit.** Voraussetzung der Gewährleistung der unmittelbaren Öffentlichkeit ist zunächst, dass die Verhandlung an einem Ort und in einem Raum stattfindet, der während der Dauer der Verhandlung grds. jedermann zugänglich ist.[19] Ausreichend soll hierfür nach der Rspr. des BVerwG sein, dass jemand, der der Verhandlung beiwohnen möchte, sich in zumutbarer Weise Zutritt sowohl zum Gerichtsgebäude als auch zum Verhandlungsraum selbst verschaffen kann, wie durch Klopf- oder Klingelzeichen (BVerwG NVwZ-RR 1989, 168; NJW 1990, 1249). Ein Verstoß gegen den Grundsatz der Öffentlichkeit wird nur dann angenommen, wenn ein eventuelles Zugangshindernis dem Gericht bekannt war oder wenn das Gericht eine tatsächlich vorhandene Beschränkung der Öffentlichkeit bei Anwendung der gebotenen Sorgfalt hätte bemerken oder beseitigen können.[20] Ab-

---

13 *Kissel/Mayer* § 169 Rn. 13.
14 *W. Berg*, FS Menger, 1985, 537, 554.
15 BGH GA 1963, 10; *M. Wolf*, Gerichtsverfassungsrecht, 1987, § 25 IV 3.
16 BayVerfGH VerwRspr 1952, 798, 808; *Kissel/Mayer* § 169 Rn. 53 mit weiteren Hinweisen.
17 *M. Wolf*, Gerichtsverfassungsrecht, 1987, § 25 VI. Daneben zählt zum Grundsatz der Parteiöffentlichkeit das Recht auf Benachrichtigung von allen (verfahrensbestimmenden) Entscheidungen des Gerichts und das Recht auf Akteneinsicht in die Gerichtsakte, vgl. *F. E. Schnapp*, FS Menger, 1985, 557, 561.
18 Näher dazu *F. E. Schnapp*, FS Menger, 1985, 557, 562 f.
19 BVerwG JR 1972, 521; NVwZ 1985, 566; NVwZ-RR 1989, 168; Buchholz 310 § 55 VwGO Nr. 3; Buchholz 310 § 133 VwGO Nr. 74.
20 Vgl. nur BVerwG NVwZ 1982, 43; DÖV 1984, 889; NJW 1985, 448; Buchholz 310 § 55 VwGO.

weichend hiervon hat der VGH Kassel die Auffassung vertreten, für einen Verstoß gegen den Öffentlichkeitsgrundsatz reiche der objektiv vorliegende Ausschluss der Öffentlichkeit aus; auf ein Verschulden des Gerichts komme es nicht an (VGH Kassel 28.3.1994 – 12 UZ 152/94, juris Rn. 6).

Regelmäßig ist die *Größe des Verhandlungssaales* für die Einhaltung der Öffentlichkeit ohne Bedeutung.[21] Auch wenn eine Verhandlung in einem Raum stattfindet, der im Allgemeinen nicht für mündliche Verhandlungen benutzt wird, in dem nur eine begrenzte Zahl von Zuhörern Platz findet und in dem nur wenige Sitzgelegenheiten für Zuhörer zur Verfügung stehen, liegt kein Verstoß gegen die Grundsätze der Öffentlichkeit der mündlichen Verhandlung vor (BVerwG NJW 1990, 1249; Buchholz 310 § 133 VwGO Nr. 74). Unzulässig ist es allerdings, soweit es nicht aus zwingenden Gründen der Wahrheitserforschung geboten ist, die Verhandlung in einem Raum durchzuführen, in dem kein (BGHSt 5, 75 [LS 1]) oder allenfalls ein Zuhörer Platz findet (BayObLG NJW 1982, 395, 396). Die übliche Vorauszuweisung bestimmter Gerichtssäle an die einzelnen Spruchkörper des jeweiligen Gerichts genügt in aller Regel den Anforderungen des Öffentlichkeitsgrundsatzes. Es besteht keine Verpflichtung, den Verhandlungsraum so zu wählen, dass alle Personen, die Zugang begehren, auch tatsächlich Platz finden,[22] wobei das Gericht zulässigerweise bei besonders großem Zuschauerandrang einen größeren Verhandlungssaal wählen kann. Umgekehrt ist es unzulässig, die Verhandlung in einem besonders „brisanten" Verfahren in Abkehr von der üblichen Raumverteilung in einen besonders kleinen Sitzungssaal zu verlegen. Soweit die zur Verfügung stehenden Plätze für interessierte Zuhörer nicht ausreichen, ist grds. die Reihenfolge des Erscheinens maßgeblich. Bei einem voraussehbar großen Andrang ist es zulässig, den Zugang durch (zuvor angekündigte) Ausgabe von Platzkarten zu regeln.[23] Allerdings dürfte auch hier gelten, dass die Vergabe von Platzkarten einer Ausgestaltung bedarf, welche die Chancengleichheit realitätsnah gewährleistet (vgl. hinsichtlich Platzkarten für die Presse BVerfG [K] NJW 2013, 1293, 1294). Der Vorsitzende hat bei Verteilung knapper Sitzplätze einen erheblichen Ermessensspielraum (BVerfG [K] BayVBl 2013, 498). Insbes. i.V.m. Beweisaufnahmen kommt es vor, dass der Verhandlungsraum außerhalb des Gerichtsgebäudes liegt. Beliebt sind etwa Gemeindesäle oder sonstige öffentliche Gebäude. Hierbei ist mitunter die Öffentlichkeit aufgrund der gegebenen räumlichen und örtlichen Verhältnisse beschränkt oder in Ausnahmefällen sogar faktisch ausgeschlossen. In solchen Fällen muss aber die Einschränkung örtlich und zeitlich auf das unumgänglich notwendige Maß beschränkt bleiben.[24]

Unzulässig ist es, eine nicht an sachlich zwingenden Merkmalen ausgerichtete *Auswahl* unter den Erschienenen zu treffen, es sei denn, einzelnen Personen kann aufgrund der Vorschrift des § 175 GVG oder sitzungspolizeilicher Befugnisse zulässigerweise der Zutritt verwehrt werden (im Einzelnen → Rn. 24, 44). Bereits der unzulässige Ausschluss nur einer Person von der Sitzung führt zu einer Verletzung des Öffentlichkeitsgrundsatzes.[25] Es ist aber zulässig, wenn als Zeugen benannte oder infrage kommende Zuschauer vom Vorsitzenden aufgefordert werden, den Gerichtssaal zu verlassen. Nach der Rspr. des BVerwG ergibt sich bereits aus § 98 VwGO i.V.m. § 394 Abs. 1 ZPO, wonach jeder Zeuge einzeln und in Abwesenheit des später anzuhörenden Zeugen zu vernehmen ist, dass der Grundsatz der Öffentlichkeit durch eine solche Aufforderung nicht verletzt wird (BVerwG Buchholz 310 § 55 VwGO Nr. 13). Ob die Anwesenheit von Hilfspersonen der Verfahrensbeteiligten besonders zu privilegieren ist, ist streitig. Jedenfalls dürfen sie nicht benachteiligt werden (BGHSt 18, 179, 180 f.). Des Weiteren wird es in der Lit. teilweise als zulässig angesehen, wenn bestimmte Gruppen wie Schulklassen, ausländische Besucher etc. bevorzugt eingelassen werden, soweit daneben noch in nennenswertem Umfang Platz für sonstige Zuhörer bleibt.[26]

Neben der Zutrittsmöglichkeit erfordert der Öffentlichkeitsgrundsatz eine rechtzeitige und allgemein zugängliche *Information über Ort und Zeit* der mündlichen Verhandlung. Nur wenn sich jeder Interessierte ohne Schwierigkeiten rechtzeitig Kenntnis darüber verschaffen kann, ist die Öffentlichkeit der Verhandlung gewahrt (BVerwG Buchholz 310 § 133 VwGO Nr. 74; Buchholz 310 § 55 VwGO Nr. 5).

12

13

14

---

21 *C. H. Ule*, DVBl 1979, 797, 805.
22 BGHSt 21, 72, 73; *C. Lückemann*, in: Zöller § 169 GVG Rn. 6.
23 BayObLG NJW 1982, 395 f.; *C. Lückemann*, in: Zöller § 169 GVG Rn. 6.
24 OLG Köln NJW 1976, 637; hierzu auch die unter → Rn. 32 aufgeführten Einzelfälle.
25 OLG Hamm NJW 1967, 1289 f. (Ausschluss eines Berichterstatters einer Zeitung); BGHSt 18, 179 ff.
26 *Kissel/Mayer* § 169 Rn. 32; *Schilken* § 12 Rn. 172; a.M. *W. Dallinger*, MDR 1970, 559; *C. Roxin*, FS Peters, 1974, 399.

Allerdings soll nach st. Rspr. des BVerwG weder ein Aushang – so die regelmäßige Handhabung – noch eine sonstige an jedermann gerichtete Bekanntgabe zwingend erforderlich sein.[27] Insoweit weicht die Rspr. der Verwaltungsgerichte deutlich von der der ordentlichen Gerichte ab, wonach eine öffentlich zugängliche Bekanntgabe häufig für notwendig gehalten wird.[28] Die Verwaltungsgerichte sollten jedoch stets durch entsprechende Informationen für Zugänglichkeit und Öffentlichkeit sorgen, nicht zuletzt, um den Verdacht einer allzu großen Nähe zur Verwaltung zu zerstreuen.

15 *Grenzen der unmittelbaren Öffentlichkeit* ergeben sich sowohl aufgrund der tatsächlichen Gegebenheiten der jeweiligen Verhandlung wie der beschränkten Zahl der zur Verfügung stehenden Plätze in den Gerichtssälen als auch aus der Notwendigkeit, anderen für die Rechtspflege bedeutsamen Grundsätzen Rechnung zu tragen. Zu letzteren zählen insbes. die Notwendigkeit eines ungestörten Verhandlungsablaufs (BGHSt 27, 13, 14) und der Persönlichkeitsschutz der Verfahrensbeteiligten. Diese Grundsätze werden hauptsächlich gewährleistet durch die gesetzlich geregelten Fälle des Ausschlusses der Öffentlichkeit (im Einzelnen → Rn. 19 ff.), teilweise auch durch die sitzungspolizeilichen oder die aus dem Hausrecht des Gerichtspräsidenten folgenden Befugnisse (im Einzelnen → Rn. 39, 42 ff.). In diesem Zusammenhang kann es gerechtfertigt sein, dass sich Zuhörer aus Sicherheitsgründen ausweisen oder den Ausweis hinterlegen müssen (BVerwG Buchholz 303 § 295 ZPO Nr. 1).[29]

16 **c) Mittelbare Öffentlichkeit. aa) Die Presse.** Die mittelbare Öffentlichkeit betrifft die Berichterstattung für die Gesamtheit der Bürger durch die verschiedenen Medien. Die verfassungsrechtlich in Art. 5 Abs. 1 S. 2 GG verbürgte Pressefreiheit beinhaltet auch das Recht, über alle gerichtlichen Verfahren und über alle damit in Zusammenhang stehenden Vorgänge zu berichten und diese (auch krit.) zu kommentieren. Die Presse genießt allerdings, was die Teilnahme an öffentlichen Gerichtsverhandlungen angeht, keine weiter gehenden Rechte als jeder Bürger (vgl. BVerfGE 50, 234, 239 ff.). Trotz dieser rechtlichen Gleichstellung von Pressevertretern mit den übrigen Zuhörern genießt die Presse allerdings faktisch eine gewisse Sonderrolle (Einrichtung von Presseplätzen und Schaffung besonderer Arbeitsmöglichkeiten).[30] Das BVerfG hat ausgesprochen, dass Entscheidungen (des Vorsitzenden) über die Zugänglichkeit zu Gerichtsverhandlungen aufgrund des „grundsätzlichen Anspruchs der Presse auf Zugang für eine freie Berichterstattung sachlich ausgestaltet sein und dem subjektiven Recht der Medienvertreter auf gleiche Teilhabe an den Berichterstattungsmöglichkeiten Rechnung tragen" müssen (BVerfG [K] NJW 2013, 1293, 1294). Bei dem grundsätzlich möglichen Rückgriff auf das Prioritätsprinzip muss die konkrete Ausgestaltung des Auswahlverfahrens die Chancengleichheit realitätsnah gewährleisten (BVerfG [K] NJW 2013, 1293, 1294).

17 **bb) Fernseh- und Rundfunkaufnahmen.** Gerichtsverhandlungen sind Informationsquellen, an denen ein Informationsinteresse der Öffentlichkeit besteht oder bestehen kann. Über ihre öffentliche Zugänglichmachung entscheidet der Gesetzgeber i.R. seiner Befugnis zur Ausgestaltung des Gerichtsverfahrens (BVerfGE 103, 44, 61). Hinsichtlich von Ton- und Fernseh-Rundfunkaufnahmen bzw. Ton- und Filmaufnahmen zum Zwecke der öffentlichen Vorführung oder Veröffentlichung ihres Inhalts normiert § 169 S. 2 GVG ein allgemeines *Verbot*. Hiermit soll u.a. der Gefahr einer Beeinträchtigung der Wahrheitsfindung und der sachgerechten Gestaltung von Aussagen und Erklärungen vorgebeugt werden. Das Verbot gilt für die gesamte Verhandlung, auch bei Ortsbesichtigungen (BGHSt 36, 119), einschließlich der Verkündung der Entscheidung, d.h. Verlesung des Urteilstenors und Verkündung der Urteilsgründe.[31] Es findet hingegen keine Anwendung auf den Zeitraum vor Beginn und nach Be-

---

27 BVerwG DVBl 1973, 369; NVwZ 1985, 566; NVwZ-RR 1989, 168; LKV 2016, 457 Rn. 13; OVG Bautzen LKV 2013, 508 Rn. 11; OVG Magdeburg 31.3.2017 – 4 L 93/16, juris Rn. 5 m.w.N.; VGH Mannheim VBlBW 2011, 363, 364. Vgl. ferner W. Zimmermann, in: MüKoZPO III § 169 GVG Rn. 54 ff. S.a. BVerwG, 14.6.2016 – 4 B 45/15, juris Rn. 12: Der „Grundsatz der Öffentlichkeit gebietet es nicht, dass jedermann weiß, wann und wo ein erkennendes Gericht eine Hauptverhandlung abhält"; dagegen BAG NJW 2016, 3611 Rn. 11: „Die Öffentlichkeit kann ihre Kontrollfunktion aber nur ausüben, wenn sie ohne besondere Schwierigkeit davon Kenntnis erlangen kann, an welcher Stelle im Gericht oder außerhalb des Gerichts die Verhandlung stattfindet."

28 Vgl. BAG NJW 2016, 3611 Rn. 11; BayObLG MDR 1980, 780 f.; OLG Celle NZV 2006, 443 f.; OLG Düsseldorf NJW 1983, 2514; OLG Hamburg VRS 1963, 437; OLG Stuttgart MDR 1977, 249.

29 Zu Sicherheitsverfügungen und Einlasskontrollen im Spannungsverhältnis zum Öffentlichkeitsgrundsatz OVG Bln-Bbg 10.07.2017 – 10 N 46.14, juris Rn. 12 ff.

30 A. Arndt, NJW 1960, 424; C. v. Coelln, DÖV 2006, 804 ff., der die Reservierung spezieller Plätze für die Presse wegen Art. 5 Abs. 1 S. 2 GG für geboten hält.

31 G. Wolf, NJW 1994, 681, 683.

endigung der Verhandlung und während der Sitzungspausen.[32] Zuzulassen sind auch Zeichnungen und einfache Bildaufnahmen. Insoweit kann aber der Vorsitzende i.R. seiner sitzungspolizeilichen Befugnisse einschreiten (→ Rn. 43). Über die Frage, ob und inwieweit das Grundrecht der Rundfunkfreiheit auch Fernsehaufnahmen von der mündlichen Verhandlung oder bei der Verkündung von Entscheidungen schützt, hat das BVerfG entschieden, dass der gesetzliche Ausschluss von Ton- und Rundfunkaufnahmen durch § 169 S. 2 GVG verfassungsgemäß ist, da mangels allgemeiner Zugänglichkeit nicht einmal der Schutzbereich des Art. 5 Abs. 1 S. 2 GG eröffnet sei.[33] Es handele sich daher nicht um ein Schrankengesetz i.S.d. Art. 5 Abs. 2 GG (so BVerfGE 103, 44, 62). Die Rundfunkfreiheit gewährleiste nur das Recht, sich ungehindert aus einer schon für die Allgemeinheit zugänglichen Quelle zu unterrichten und die dadurch gewonnenen Informationen mittels rundfunkspezifischer Aufnahme- und Übertragungsgeräte zu verbreiten (BVerfGE 103, 44, 60). Damit komme erst nach Eröffnung der Zugänglichkeit ein Grundrechtseingriff in Frage (so BVerfGE 103, 44, 60). Über die Zugänglichkeit und Art der Zugangseröffnung entscheide der Bestimmungsberechtigte, wobei die Ausübung auch in differenzierter Weise und unter Zugrundelegung von Zugangsmodalitäten erfolgen könne (BVerfGE 103, 44, 60). Durch das Verbot von Rundfunk- und Fernsehaufnahmen in § 169 S. 2 GVG hat der Gesetzgeber von seinem Bestimmungsrecht in der Weise Gebrauch gemacht, dass der allgemeine Zugang nur für diejenigen eröffnet ist, die der Gerichtsverhandlung in dem vorgesehenen Raum folgen wollen. Damit sieht § 169 S. 2 GVG von vorneherein nur eine eingeschränkte Öffnung der Informationsquelle vor. Auch den Medien ist der Zugang zum Gerichtssaal eröffnet, sodass Rundfunkjournalisten an den Gerichtsverhandlungen teilnehmen und über sie berichten können. § 169 S. 2 GVG führe daher nicht dazu, dass eine wirkungsvolle Fernsehberichterstattung vereitelt würde (BVerfGE 103, 44, 66). Das Verbot des § 169 S. 2 GVG kann durch eine Anordnung nach § 176 GVG abgesichert werden, nach der die Benutzung von Aufnahmegeräten, Mobiltelefonen und Laptops während der Verhandlung nicht gestattet ist (BVerfG [K] NJW 2014, 3013 Rn. 20 f.)

Vor dem Beginn und *nach dem Schluss der Hauptverhandlung* und in *Verhandlungspausen* ist die Er- 17a
stellung von Bild- und Tonaufnahmen unter Verwendung der hierzu erforderlichen technischen Mittel im Gerichtssaal jedoch vom Schutzbereich der Presse- und Rundfunkfreiheit umfasst.[34] Anordnungen des Vorsitzenden nach § 176 GVG, mit denen die Anfertigung von Bild- und Fernsehaufnahmen vom Geschehen im Sitzungssaal am Rande der Hauptverhandlung Beschränkungen unterworfen wird, stellen einen Grundrechtseingriff dar. „Der Vorsitzende muss die tatsächlichen Umstände, die Beschränkungen der Pressefreiheit erforderlich machen, konkret darlegen, wenn diese nicht auf der Hand liegen und sich für einen verständigen Prozessbeteiligten von selbst verstehen" (BVerfG [K] NJW 2014, 2013 Rn. 12). In großen Strafprozessen werden sog. „Pool-Lösungen" praktiziert, bei denen z.B. zwei Kamerateams (privates/öffentlich-rechtliches Fernsehen) und zwei Fotografen zugelassen werden, die sich verpflichten müssen, die Aufnahmen Konkurrenzunternehmen zur Verfügung zu stellen.[35] Sofern der Gesetzgeber die Art der Zugänglichkeit von staatlichen Vorgängen und damit zugleich das Ausmaß der Öffnung dieser Informationsquelle festlegt, wird in diesem Umfang zugleich der Schutzbereich der Informationsfreiheit eröffnet.

In vielen Gerichtsverfahren gewinnt der *Persönlichkeitsschutz* der Verfahrensbeteiligten eine über den 17b
allgemeinen Schutzbedarf (→ Rn. 21) hinausgehende Bedeutung. Das gilt mit besonderer Intensität für den Schutz der Angeklagten im Strafverfahren,[36] hat aber auch Bedeutung für das Verwaltungsstreitverfahren. Auch hier ist eine „Prangerwirkung" für Beteiligte durch eine entsprechende Fernsehberichterstattung nicht von vornherein auszuschließen. Es kann daher angezeigt oder erforderlich sein, durch sitzungspolizeiliche Anordnungen eine Anonymisierung (auch) der Bild- und Fernsehberichterstattung herbeizuführen (z.B. durch eine „Verpixelung"). Eine Anordnung, welche dagegen die gesamte Anfertigung von Bildaufnahmen davon abhängig macht, dass ein Beteiligter oder Zuschauer die

---

32 BVerfGE 91, 125, 134 f.; 119, 309, 320 f.; *Kissel/Mayer* § 169 Rn. 63; *C. Lückemann*, in: Zöller § 169 GVG Rn. 15.
33 BVerfGE 103, 44, 59 ff. (mit abweichender Meinung der Richter *Kühling, Hohmann-Dennhardt* und *Hoffmann-Riem* S. 72 ff.); BVerfG (K) NJW 2009, 350, 351.
34 BVerfG (K) NJW 2009, 350, 351; NJW 2014, 3013 Rn. 12; vgl. BVerfGE 91, 125, 134 f.; 119, 309, 320 f.; BVerfG (K) NJW 2017, 798 Rn. 3.
35 Vgl. BVerfG (K) NJW 2014, 3013; NJW 2017, 798 Rn. 8 a.E. Zur Vereinbarkeit des Ausschlusses eines Journalisten aufgrund einer „Pool-Lösung" mit Art. 6 Abs. 1 EMRK EGMR EuGRZ 2016, 28 f.
36 Vgl. BVerfGE 103, 44, 68; 119, 309, 322 ff.; BVerfG (K) NJW 2009, 350, 351; NJW 2017, 798 Rn. 3.

Aufnahme nicht erkennbar abwehrt und damit die Entscheidung über eine Bildberichterstattung allein in die Hand des Betroffenen legt, verletzt unter Berücksichtigung der Möglichkeit zur Anonymisierung das Grundrecht der Pressefreiheit (BVerfG [K] NJW 2017, 798 Rn. 5 f.). Dagegen müssen nach der Rspr. des BVerfG „Richter und Schöffen die Beeinträchtigung ihres allgemeinen Persönlichkeitsrechts durch Filmaufnahmen im Gerichtssaal hinnehmen, wenn nicht besondere Umstände Anlass zu der Befürchtung geben, eine Übertragung der Abbildung der Mitglieder des Spruchkörpers über das Fernsehen werde dazu führen, dass sie künftig erheblichen Beeinträchtigungen ausgesetzt sein werden. Denn die Richter und Schöffen stehen kraft des ihnen übertragenen Amts anlässlich ihrer Teilnahme an öffentlichen Sitzungen des Gerichts im Blickfeld der Öffentlichkeit unter Einschluss der Medienöffentlichkeit. Ein Interesse der Richter und Schöffen, in ihrer Person nur durch die in der Sitzung Anwesenden wahrgenommen und nicht gefilmt zu werden, ist im Hinblick auf Filmaufnahmen im Gerichtssaal angesichts der Bedeutung des Grundsatzes der Öffentlichkeit für ein rechtsstaatliches Gerichtsverfahren daher regelmäßig nicht anzunehmen" (VGH Mannheim DVBl 2014, 101, 105 m. zahlreichen Nachw. aus der Rspr. des BVerfG).

18   Für die *Verfahren vor dem BVerfG* besteht eine Besonderheit. „Die Praxis des BVerfG, Ton- und Filmaufnahmen zu Beginn einer mündlichen Verhandlung und bei der Urteilsverkündung zuzulassen, ist durch den klar als Ausnahmebestimmung gekennzeichneten § 17a BVerfGG [eingefügt 1998] abweichend von § 169 S. 2 GVG geregelt".[37] Die konkrete gesetzliche Regelung in § 17a BVerfGG ist als Klarstellung und Fortentwicklung der bisherigen Praxis zu begrüßen. Um die schutzwürdigen Interessen der Beteiligten oder Dritter sowie einen ordnungsgemäßen Verfahrensablauf zu wahren, kann das BVerfG die Aufnahmen bzw. deren Übertragung ganz oder teilweise ausschließen oder von der Einhaltung von Auflagen abhängig machen (vgl. § 17a Abs. 2 BVerfGG). Dass die damit vor dem BVerfG praktizierte begrenzte Medienöffentlichkeit Schutzbedürfnisse der Beteiligten verletzt oder die Funktionstüchtigkeit des verfassungsgerichtlichen Verfahrens beeinträchtigt hat, ist nicht erkennbar, sodass es rechtspolitisch nahe liegt, diese Erfahrungen jedenfalls auf solche Verfahren zu übertragen, in denen ähnliche Rahmenbedingungen bestehen, wie z.B. bei verwaltungsgerichtlichen Normenkontrollen oder bei Revisionsstreitigkeiten in Angelegenheiten von grundsätzlicher Bedeutung.[38]

19   **4. Ausschluss der Öffentlichkeit. a) Ausschluss kraft Gesetzes.** In einzelnen Verfahrensarten, nicht aber in der VwGO, ist die Öffentlichkeit des Verfahrens von vornherein *kraft Gesetzes* ausgeschlossen. Dies gilt z.B. in der Hauptverhandlung vor dem Anwaltsgericht (§ 135 BRAO) oder bei Strafverfahren gegen Jugendliche (§ 48 JGG). Nachdem sowohl die §§ 171a ff. GVG wie auch Art. 6 EMRK auf die konkreten Umstände oder jedenfalls die einzelne mündliche Verhandlung abstellen, ist eine generelle Ausschließung kraft Gesetzes jedenfalls besonders rechtfertigungsbedürftig und mit Blick auf § 135 BRAO nicht unbedingt einleuchtend.

20   **b) Ausschluss durch Beschluss.** Daneben besteht die Möglichkeit eines Ausschlusses der Öffentlichkeit durch Beschluss des Gerichts gem. § 55 VwGO i.V.m. §§ 171a, 171b, 172, 173 Abs. 2 und § 175 GVG. Nach diesen Vorschriften kann die Öffentlichkeit für die mündliche Verhandlung einschließlich der Beweisaufnahme und unter den Voraussetzungen des § 173 Abs. 2 GVG auch für die Verkündung der Urteilsgründe, aber nicht für die Verlesung des Urteilstenors (§ 173 Abs. 1 GVG) ausgeschlossen werden. Die Ausschließung der Öffentlichkeit liegt im pflichtgemäßen Ermessen des Gerichts, wobei das dem Gericht eingeräumte Ermessen nur dann betätigt werden kann, wenn Anhaltspunkte für ein Bedürfnis, nicht in öffentlicher Sitzung zu entscheiden, vorgetragen oder sonst irgendwie ersichtlich sind (BVerwG Buchholz 300 § 172 GVG Nr. 1). Eine Öffentlichkeitsausschließung ist nur dann verhältnis- und damit rechtmäßig, wenn nicht mit Maßnahmen der Sitzungspolizei (→ Rn. 43 ff.) als milderem Mittel abgeholfen werden kann.[39] Mit Ausnahme des Sonderfalls des § 171b Abs. 3 S. 1 GVG (→ Rn. 21) kann ein Anspruch auf Ausschließung der Öffentlichkeit nur bei einer Ermessensreduzierung auf Null angenommen werden. Die Öffentlichkeit kann für die gesamte Verhandlung oder für Teile davon ausgeschlossen werden; im Zweifel hat das Gericht dies klarzustellen[40]. Im Zusammenhang mit § 173 Abs. 1 GVG, wonach die *Urteilsverkündung* stets öffentlich zu sein hat, stellt sich das

---

37   *C. Lückemann*, in: Zöller § 169 GVG Rn. 15.
38   So der Vorschlag der abweichenden Richterschaft in BVerfGE 103, 44, 79.
39   *Kissel/Mayer* § 172 Rn. 2.
40   A.M. *Kissel/Mayer* § 172 Rn. 10, der im Zweifel einen Ausschluss für die gesamte Verhandlung annimmt.

Problem, inwiefern § 116 Abs. 2 mit dem Gebot der Öffentlichkeit der Verkündung des Urteilstenors vereinbar ist (→ § 116 Rn. 9). Das Problem besteht auch im Hinblick auf die Regelung des Art. 6 Abs. 1 S. 2 EMRK, wobei der EGMR den Begriff der öffentlichen Urteilsverkündung sehr weit auslegt. Ausreichend soll danach sein, wenn die durch das Gebot öffentlicher Verkündung intendierte Kontrolle der Judikative durch die Öffentlichkeit „durch den Verfahrensablauf in seiner Gesamtheit" erreicht worden sei.[41] Im Einzelfall als zulässig wurde angesehen, dass Urteile bei der Kanzlei des Gerichts zur Einsicht für jedermann hinterlegt oder Beschlüsse lediglich den Parteien zugestellt werden. Auch eine Einsichtnahmemöglichkeit in die Urteilsgründe bei Nachweis von berechtigtem Interesse soll ausreichend sein.[42]

Im Einzelnen regelt das GVG folgende Möglichkeiten des Öffentlichkeitsausschlusses: Die Ausschlussmöglichkeit des *§ 171a GVG* (Unterbringung in ein psychiatrisches Krankenhaus oder eine Erziehungsanstalt) dürfte im Verwaltungsprozess kaum von praktischer Bedeutung sein. Durch Art. 2 Nr. 1 des Ersten Gesetzes zur Verbesserung der Stellung in Strafverfahren (Opferschutzgesetz)[43] wurde *§ 171b GVG* (Erörterung von Umständen aus dem persönlichen Lebensbereich) in das GVG eingefügt, der im Vergleich zum bisherigen Recht den Abwägungsmaßstab zugunsten des Persönlichkeitsrechts geändert hat.[44] Prozessual von Bedeutung ist hierbei der zwingende Ausschluss der Öffentlichkeit auf Antrag und die Unanfechtbarkeit der Entscheidung über die Ausschließung.[45] Hieraus ist ein Anspruch des Antragstellers, dessen Privatsphäre i.S.d. § 171b Abs. 1 GVG betroffen ist, abzuleiten. 21

Ausschluss gem. *§ 172 Nr. 1 GVG*: „Staatssicherheit" ist die innere und äußere Sicherheit der Bundesrepublik Deutschland (vgl. §§ 93ff. StGB). „Öffentliche Ordnung" beinhaltet v.a. den störungsfreien Ablauf der Verhandlung, wozu insbes. die uneingeschränkte Wahrheitserforschung, der Schutz von Zeugen, die Gewährleistung rechtlichen Gehörs und die Unabhängigkeit des Richters gehören.[46] Eine Besorgnis der Gefährdung der „Sittlichkeit" soll dann anzunehmen sein, wenn Dinge öffentlich erörtert werden, die das Scham- und Sittlichkeitsgefühl des normalen Menschen, insbes. in geschlechtlicher Beziehung, verletzen. Aufgrund der Enttabuisierung des Sexuellen ist die praktische Bedeutung dieses Ausschlussgrundes sehr gering geworden.[47] 22

§ 172 Nr. 1a GVG (Gefährdung des Lebens, Leibs oder der Freiheit) wurde durch Art. 4 des Gesetzes zur Bekämpfung des illegalen Rauschgifthandels und anderer Erscheinungsformen der Organisierten Kriminalität v. 15.7.1992 (BGBl I 1302) eingefügt. § 172 Nr. 2 GVG wurde durch Art. 2 Nr. 2 des Opferschutzgesetzes v. 18.12.1986 (BGBl I 2496) neu gefasst. Für den Ausschluss der Öffentlichkeit nach *§ 172 Nr. 2 GVG* (Geschäfts-, Betriebs-, Steuergeheimnis) hat eine Interessenabwägung zu erfolgen zwischen dem Wert der Öffentlichkeit einerseits und der Bedeutung einer Geheimhaltung für die Betroffenen andererseits. Gem. § 172 Nr. 3 GVG kann die Öffentlichkeit auch dann ausgeschlossen werden, wenn ein privates Geheimnis erörtert wird, dessen unbefugte Offenbarung durch den Zeugen oder Sachverständigen mit Strafe bedroht (vgl. z.B. § 203 StGB) ist. Im Gegensatz zu § 172 Nr. 2 GVG ist hier keine Interessensabwägung vom Gericht vorzunehmen.[48] Da die Vorschrift nur für Zeugen und Sachverständige gilt, muss in dem Fall, dass ein anderer Verfahrensbeteiligter ein Geheimnis preisgeben möchte, ggf. auf andere Ausschlussgründe zurückgegriffen werden (vgl. § 172 Nr. 2 GVG oder § 171b GVG). Schließlich kann die Öffentlichkeit gem. § 172 Nr. 4 GVG auch dann ausgeschlossen werden, wenn eine Person unter 18 Jahren vernommen wird. 23

Ein Sonderfall des Ausschlusses ist in *§ 175 GVG* geregelt. Im Gegensatz zu den §§ 171a–173 GVG, die den Ausschluss der Öffentlichkeit insgesamt betreffen, besteht nach § 175 GVG die Möglichkeit, einzelnen Personen den Zutritt zu einer öffentlichen Verhandlung zu versagen. Der Ausschluss nach 24

---

41 *Ch. Tomuschat*, FS Redeker, 1993, 273, 285. Vgl. EGMR EuGRZ 1985, 229, 232f. – Fall Sutter; *F. Meyer*, in: Karpenstein/Mayer, EMRK, ²2015, Art. 6 Rn. 71 m.w.N. aus der Rspr. des EGMR.
42 Vgl. EGMR EuGRZ 1985, 229, 232f. – Fall Sutter; *F. Meyer*, in: Ulrich Karpenstein/Franz C. Mayer (Hrsg.), EMRK, ²2015, Art. 6 Rn. 71 m.w.N. aus der Rspr. des EGMR.
43 v. 18.12.1986 (BGBl I 2496).
44 Zuletzt in materieller Hinsicht geändert durch das Gesetz zur Stärkung der Rechte von Opfern sexuellen Missbrauchs (StORMG) v. 26.6.2013 (BGBl I 1805).
45 *W. Endemann*, FS Zeidler, 1987, 409, 415 ff.
46 *Schilken* § 12 Rn. 185 mit weiteren Hinweisen.
47 *Kissel/Mayer* § 172 Rn. 31 f.
48 *Kissel/Mayer* § 172 Rn. 49.

§ 175 Abs. 1 GVG erfolgt durch den Vorsitzenden.[49] Einzelne Personen und auch alle im Gerichtssaal anwesenden Personen können ferner aufgrund sitzungspolizeilicher Befugnisse gem. §§ 176, 177 GVG zur Aufrechterhaltung der Ordnung ausgeschlossen werden (→ Rn. 43 f.).

25   **c) Verfahren.** Der Ausschluss der Öffentlichkeit erfolgt durch *Beschluss* (§ 174 Abs. 1 S. 2 GVG). Hierüber muss vor dem erkennenden Gericht notwendigerweise verhandelt werden.[50] Die Entscheidung erfolgt von Amts wegen. Das Gericht ist an die Anträge der Beteiligten nicht gebunden.[51] Die notwendige Verhandlung über die Ausschließung unterliegt wieder dem Öffentlichkeitsgrundsatz, wobei die Verhandlung dann nicht öffentlich ist, wenn es ein Beteiligter beantragt oder das Gericht es für angemessen hält (§ 174 Abs. 1 S. 1 GVG). Nach § 174 Abs. 1 S. 3 GVG muss der gesetzliche Ausschlussgrund in den Fällen der §§ 171 b, 172 und 173 (nicht § 171 a) GVG mit ausreichender Bestimmtheit im Ausschließungsbeschluss selbst mitgeteilt werden (BVerwG NJW 1983, 2155), wobei die tatsächlichen Umstände, aus denen sich der Ausschlussgrund ergibt, nicht angegeben zu werden brauchen (BGHSt 30, 212, 213; BGH NJW 1986, 200, 201). Die Ausschließungsgründe müssen protokolliert werden. Trotz des Ausschlusses der Öffentlichkeit kann einzelnen Personen die Anwesenheit gem. § 175 Abs. 2 S. 1 GVG gestattet werden.

26   **5. Verletzung des Öffentlichkeitsgrundsatzes und Rechtsfolgen. a) Verletzungsvarianten.** Eine *Verletzung des Öffentlichkeitsgrundsatzes* kann zum einen darin liegen, dass Maßnahmen des Gerichts bzw. des Vorsitzenden öffentlichkeitsverletzende Auswirkungen haben. Solche Auswirkungen kann auch das Unterlassen einer erforderlichen Maßnahme durch das Gericht bzw. den Vorsitzenden haben (z.B. das Unterlassen einer ausreichenden Information über Ort und Zeit der mündlichen Verhandlung). Hierbei ist zu beachten, dass nach der Rspr. des BVerwG ein Verstoß gegen den Öffentlichkeitsgrundsatz nur dann anzunehmen ist, wenn das Gericht die Beeinträchtigung der Öffentlichkeit kannte oder bei Anwendung der gebotenen Sorgfalt hätte erkennen können (→ Rn. 11). Zum anderen kann ein Verstoß gegen die Vorschriften der Öffentlichkeit darin liegen, dass die Öffentlichkeit ausdrücklich, aber ohne ausreichende gesetzliche Grundlage ausgeschlossen wird, etwa weil die Voraussetzungen der §§ 171 a–175 GVG verkannt wurden oder weil gegen Verfahrensvorschriften bei der Entscheidung über die Öffentlichkeitsausschließung verstoßen wurde, z.B. die Entscheidung über den Ausschluss ohne Verhandlung getroffen wurde. Kein Verstoß gegen den Öffentlichkeitsgrundsatz soll hingegen die unzulässige Erweiterung der Öffentlichkeit, d.h. die Nichtausschließung der Öffentlichkeit trotz Vorliegens eines Ausschließungsgrundes darstellen. Ein solcher Verstoß liege nur dann vor, wenn es bei einer Gerichtsverhandlung zu Öffentlichkeitsverstößen gekommen sei und nicht, wenn eine öffentliche Verhandlung trotz Ausschließungsantrag stattgefunden habe.[52] Gegen diese Ansicht werden Bedenken erhoben, da sie die Abwägung der für und gegen eine Öffentlichkeit sprechenden Gründe, wie sie in den Regelungen über die Öffentlichkeit erfolgt ist, unterlaufe.[53] Allerdings sind Verstöße gegen Vorschriften, die den Ausschluss der Öffentlichkeit ermöglichen oder erzwingen, keine Verstöße gegen den Öffentlichkeitsgrundsatz, sondern vielmehr allgemeine Verfahrensverstöße auf der Ebene des einfachen Rechts. Unter dieser Prämisse ist zumindest für die Fälle des Ausschlusses der Öffentlichkeit kraft Gesetzes und bei Vorliegen eindeutiger Ausschlussgebote eine Verletzung der Öffentlichkeitsvorschriften zu bejahen.[54]

27   **b) Rechtsfolgen: Übersicht und Heilungsmöglichkeiten.** Da ein Urteil, das auf einer mündlichen Verhandlung beruht, in der der Grundsatz der Öffentlichkeit verletzt wurde, nicht nichtig ist, stellt sich die Frage nach den *Rechtsfolgen* einer Verletzung des Öffentlichkeitsgrundsatzes. Zu unterscheiden ist die Frage einer selbständigen Anfechtbarkeit entsprechender Beschlüsse noch „in der Instanz", also vor Verkündung einer abschließenden Sachentscheidung (→ Rn. 29 f.), von der Frage der Anfechtbarkeit im Rechtsmittelverfahren (→ Rn. 28). Auf eine Verletzung des Öffentlichkeitsgrundsatzes kann sich regelmäßig nur derjenige Verfahrensbeteiligte berufen, dessen Angelegenheit während des Zeitraumes des Verstoßes behandelt wurde (BVerwG NJW 1983, 2155, 2156). Eine Rechtsmittelbefugnis

---

49 *C. Kimmel*, in: Posser/Wolff § 55 Rn. 13; *D. Krausnick*, in: Gärditz § 55 Rn. 14.
50 *Kissel/Mayer* § 174 Rn. 1.
51 *Kissel/Mayer* § 172 Rn. 2.
52 BVerwG Buchholz 300 § 172 GVG Nr. 1. Zur Anfechtbarkeit solcher Entscheidungen → Rn. 28.
53 *Kissel/Mayer* § 169 Rn. 60.
54 Vgl. auch *Schilken* § 12 Rn. 196.

nichtverfahrensbeteiligter Dritter wegen der Verletzung des Öffentlichkeitsgrundsatzes besteht grds. nicht, da es hier regelmäßig jedenfalls an einer eigenen Rechtsverletzung fehlen wird. Nichtverfahrensbeteiligte Dritte, die durch eine Verletzung des Öffentlichkeitsprinzips in eigenen Grundrechten betroffen sind, z.B. Gerichtsreporter, können den Verstoß mit der Verfassungsbeschwerde rügen (→ Rn. 31). Allerdings ist eine *Heilung* von Verstößen gegen die Vorschriften über die Öffentlichkeit des Verfahrens möglich. Wenn das Gericht während der Verhandlung oder in der Instanz einen solchen Verstoß bemerkt, kann es diesen Verfahrensfehler noch beseitigen, indem es den von dem Verstoß gegen die Öffentlichkeitsvorschriften betroffenen Teil der Verhandlung öffentlich wiederholt (BVerfGE 104, 170, 174). Hier wird eine vollständige Wiederholung des gesamten Verhandlungsteils für geboten erachtet.[55] Keine Heilung ist möglich durch ausdrücklichen oder rügelosen Verzicht, da der Öffentlichkeitsgrundsatz nicht zur Disposition der Verfahrensbeteiligten steht (aber → Rn. 7, 28 a.E.).

c) Anfechtbarkeit im Rechtsmittelverfahren. Soweit eine Verletzung der Öffentlichkeitsvorschriften in 28 §§ 169, 171a–175 GVG erfolgt und auch nicht geheilt ist, kann hierauf die Berufung nach § 124 Abs. 2 Nr. 5 gestützt werden (vgl. z.B. VGH Kassel 28.3.1994 – 12 UZ 152/94, juris Rn. 3 ff.). Im Berufungsverfahren kann allerdings nochmals nach allgemeinen Regeln eine Heilung erfolgen. Regelmäßig stellt eine Verletzung der Öffentlichkeitsmaxime auch einen *Verfahrensmangel i.S.d. § 132 Abs. 2 Nr. 3* und einen *absoluten Revisionsgrund* nach § 138 Nr. 5 dar (im Einzelnen → § 138 Rn. 198 ff.), bei dem von Gesetzes wegen anzunehmen ist, dass das angefochtene Urteil auf ihm beruht. Allerdings soll sich diese Aussage nicht auf eine Verletzung der Öffentlichkeit während der Urteilsverkündung (BVerwG NVwZ 1990, 554 zu § 133 Nr. 4 a.F.; Buchholz 310 § 138 Ziff. 5 VwGO Nr. 4.) beziehen, da § 132 Abs. 2 Nr. 3 darauf abstellt, dass das Urteil auf diesem Verstoß beruhen können muss, und da nach § 138 Nr. 5 der Verstoß in der der Urteilsverkündung vorausgehenden mündlichen Verhandlung erfolgt sein muss. Soweit in den Fällen der unzulässigen *Erweiterung* der Öffentlichkeit die Verletzung des Öffentlichkeitsgrundsatzes (zutreffend) verneint wird (→ Rn. 26 a.E.), ist jedenfalls das Vorliegen eines relativen Revisionsgrundes wegen einfacher Gesetzesverletzung der gerichtsverfassungsrechtlichen Regelungen über die Öffentlichkeitsausschließung in Betracht zu ziehen (§ 132 Abs. 2 Nr. 3). Nach der Rspr. kann „ein Beteiligter, der eine Verletzung der Vorschriften über die Öffentlichkeit des Verfahrens bereits während der mündlichen Verhandlung erkannt hat, sein nachfolgendes Rechtsmittel nur dann auf diesen Verfahrensfehler stützen, wenn er eine entsprechende Rüge bereits in der mündlichen Verhandlung oder zumindest in deren Anschluss eindeutig erhoben hat".[56] Verfahrensrechtlich ist von Beachtung, dass die Öffentlichkeit der Verhandlung zu den nach § 105 VwGO i.V.m. § 160 Abs. 1 Nr. 5, Abs. 3 Nr. 7 ZPO vorgeschriebenen Förmlichkeiten gehört, deren Beachtung nur durch das Protokoll bewiesen werden kann (BVerwG Buchholz 310 § 138 Ziff. 5 VwGO Nr. 4). Enthält das Protokoll keine Angaben über einen Ausschluss der Öffentlichkeit, soll es nach Ansicht des OVG Bautzen damit zugleich die Öffentlichkeit der Verhandlung belegen.[57] Wäre diese Ansicht zutreffend, könnten Verstöße gegen den Öffentlichkeitsgrundsatz kaum mehr erfolgreich im Rechtsmittelverfahren geltend gemacht werden. Wird umgekehrt die Wiederherstellung der Öffentlichkeit nicht protokolliert, beweist das Protokoll, dass die weitere Hauptverhandlung in Abwesenheit der Öffentlichkeit stattgefunden hat (BGH 31.5.2017 – 2 StR 428/16, juris Rn. 4).

d) Keine selbständige Anfechtbarkeit. Hinsichtlich einer *selbständigen Anfechtbarkeit* von gerichtlichen Beschlüssen, mit denen die Öffentlichkeit ausgeschlossen wird, treffen § 171b Abs. 5 und § 174 29 Abs. 3 S. 3 GVG *explizite Regelungen.* Nach § 171b Abs. 5 GVG sind die Beschlüsse, mit denen die Öffentlichkeit zum Schutz der Privatsphäre ausgeschlossen wird, unanfechtbar. Hingegen erklärt § 174 Abs. 3 S. 3 GVG den Beschluss, mit dem bei einer nichtöffentlichen Verhandlung anwesenden Personen ein Schweigegebot auferlegt wird, ausdrücklich für anfechtbar.

---

55 *Kissel/Mayer* § 169 Rn. 61 mit Hinweis auf OLG Hamm JMBl NW 1976, 225, wonach eine Wiederholung nur der wesentlichen von dem Verstoß betroffenen Verhandlungsteile ausreichen soll. Nach BGH NJW 2000, 2508, 2509 ist in der Rechtsmittelinstanz eine Wiederholung durch das erstinstanzliche Gericht durch Zurückverweisung oder durch das Rechtsmittelgericht selbst entbehrlich, wenn sich der Verfahrensmangel nicht ausgewirkt hat, weil sich das Urteil aus anderen Gründen als richtig erweist.

56 OVG Bautzen DÖV 2013, 400; so auch BVerwG NVwZ 1985, 566; ferner VGH Mannheim, 10.3.2017 – A 12 S 338/17, juris Rn. 6, wonach es ausreicht, dass der Verfahrensmangel der Partei „bekannt sein musste".

57 OVG Bautzen 21.1.2013 – 1 A 605/12, juris Rn. 8, insofern nicht abgedruckt in DÖV 2013, 400.

29a   Für die selbständige Anfechtbarkeit der übrigen öffentlichkeitsausschließenden oder -beschränkenden Beschlüsse treffen weder das GVG noch die VwGO gesonderte Regelungen, sodass hierfür die verwaltungsgerichtlichen Beschwerderegelungen in den §§ 146 ff. maßgeblich sind. Zwar ist gem. § 146 Abs. 1 die Beschwerde gegen alle Entscheidungen statthaft, die nicht Urteile oder Gerichtsbescheide sind. Gem. § 146 Abs. 2 sind hiervon aber u.a. prozessleitende Verfügungen ausgenommen. Prozessleitende Verfügungen i.d.S. sind Entscheidungen des Gerichts, Vorsitzenden oder Berichterstatters, die sich ähnlich wie die anderen ausdrücklich in § 146 Abs. 2 genannten Maßnahmen unmittelbar und ausschließlich auf den äußeren, förmlichen Fortgang des Verfahrens beziehen und bei denen die Einräumung eines Rechtsbehelfs unangebracht verfahrenshemmend wirken würde[58]. Hierzu gehören z.B. die Aufforderung zur Ergänzung der Klageschrift (§ 82 Abs. 2), die Anordnungen zur Vorbereitung der mündlichen Verhandlung (§ 87) oder die Anordnung des persönlichen Erscheinens nach § 95. Auch Beschlüsse über den Ausschluss oder die Beschränkung der Öffentlichkeit sind prozessleitende Verfügungen i.d.S. oder ähneln diesen sehr, sodass auch hier die Beschwerdemöglichkeit gem. § 146 Abs. 2 ausgeschlossen sein dürfte.[59] Besonders problematisch ist dieser Ausschluss für nichtverfahrensbeteiligte Dritte (z.B. Journalisten), die im Gegensatz zu den Verfahrensbeteiligten (→ Rn. 28) einen Verstoß auch nicht mit den gegen die Endentscheidung zulässigen Rechtsmitteln (Berufung, Revision) rügen können.[60]

29b   Allerdings ließe sich auch argumentieren, dass bei einer Entscheidung nach den §§ 169, 171 a–175 GVG dem Gericht (bzw. dem Vorsitzenden) nicht durchweg ein Ermessensspielraum eingeräumt ist[61] und im Einzelfall eine Beschwerde durch Nachholung bzw. Heilung der angefochtenen Maßnahme zu einer Verkürzung des (gesamten) Verfahrens führen kann, das sonst unter Umständen nach erfolgreicher Revision wiederholt werden müsste. Folgt man dieser Ansicht, käme im Einzelfall auch eine selbständige Beschwerde in Betracht. Soweit ersichtlich, ist dieses Problem bislang weder in der Rspr. noch in der Lit. behandelt. In diesen Fällen wäre aber dennoch § 152 Abs. 1 zu beachten mit der Folge, dass öffentlichkeitsausschließende und öffentlichkeitsbeschränkende Beschlüsse der Oberverwaltungsgerichte von der Beschwerde ausgenommen sind (auch eine Anfechtung entsprechender Beschlüsse des BVerwG scheidet aus).

30   Das gleiche gilt für die rechtswidrige Nichtausschließung der Öffentlichkeit, d.h. die unzulässige Erweiterung der Öffentlichkeit, die ebenfalls von der Beschwerdemöglichkeit ausgeschlossen ist.[62] Soweit eine solche Nichtausschließung konkludent erfolgt ist, ist eine Beschwerde bereits mangels beschwerdefähiger Entscheidung ausgeschlossen. Bei Nichtausschließung aufgrund ausdrücklichen Beschlusses ist die Beschwerde gem. § 146 Abs. 2 – prozessleitende Verfügung – unzulässig.

31   **e) Verfassungsbeschwerde.** Soweit sich der Verstoß gegen den Öffentlichkeitsgrundsatz auf Journalisten bezieht, ist regelmäßig auch das Grundrecht der Presse- und Rundfunkfreiheit gem. Art. 5 Abs. 1 S. 2 GG berührt, mit der Folge, dass die betroffenen Journalisten diesen Verstoß i.R. einer Verfassungsbeschwerde rügen können (vgl. BVerfGE 50, 234, 238 ff.; BVerfG NJW 1992, 3288). Bei öffentlicher Verhandlung trotz Vorliegens von Ausschlussgründen gem. §§ 171 a, 171 b GVG kann eine Verletzung des allgemeinen Persönlichkeitsrechts gem. Art. 2 Abs. 1 i.V.m. Art. 1 Abs. 1 GG des von dieser Vorschrift geschützten Verfahrensbeteiligten vorliegen, die ebenfalls mit der Verfassungsbeschwerde geltend gemacht werden kann.

32   **6. Einzelfälle.** Auf einem Randstreifen der Bundesautobahn darf nach einer dort durchgeführten Beweisaufnahme (insoweit zulässiger *Verhandlungsort*) die mündliche Verhandlung nicht fortgesetzt werden und das Urteil nicht verkündet werden (OLG Köln NJW 1976, 637). Es ist zulässig, im Anschluss an eine Ortsbesichtigung unmittelbar auf dem besichtigten Grundstück mündlich zu verhandeln (BVerwG NVwZ-RR 1989, 168). Auch eine Verhandlung in einem auf dem besichtigten Grund-

---

58   Vgl. *M. Redeker*, in: Redeker/v. Oertzen § 146 Rn. 7.

59   *C. Kimmel*, in: Posser/Wolff § 55 Rn. 16.

60   Vgl. § 305 StPO, wonach Entscheidungen, die der Urteilsfällung vorausgehen, nicht der Beschwerde unterliegen (S. 1), dies jedoch nicht gilt für alle Entscheidungen, durch die dritte Personen betroffen werden (S. 2). Danach dürfte für Dritte die Beschwerde eröffnet sein, vgl. BVerfG (K) NJW 2015, 2175 Rn. 11 ff. für die Beschwerde gegen eine sitzungspolizeiliche Anordnung zur Verpixelung von Bildaufnahmen.

61   Auch im Hinblick auf den Ermessensspielraum sollen ja prozessleitende Verfügungen nicht anfechtbar sein (vgl. *M. Redeker*, in: Redeker/v. Oertzen § 146 Rn. 7).

62   *Kissel/Mayer* § 174 Rn. 19.

stück befindlichen Gebäude kann zulässig sein (BVerwG Buchholz 300 § 169 GVG Nr. 5 m.w.N.). *Information über Zeit und Ort*: Dem Erfordernis, dass sich jeder Interessierte ohne Schwierigkeiten Kenntnis über Ort und Zeit der mündlichen Verhandlung verschaffen können muss, wird zweckmäßigerweise durch Anbringen eines Anschlags (Aushangs) am bzw. im Gerichtsgebäude genügt (BVerwG Buchholz 310 § 55 VwGO Nr. 5); allerdings ist eine solche Bekanntmachung durch Aushang nicht zwingend (→ Rn. 14). Dies kann allenfalls aufgrund besonderer Umstände des Einzelfalls notwendig sein (BVerwG NVwZ-RR 1989, 168). Insbes. ist es zulässig, wenn die Tagesordnung nur an der Tür des Sitzungssaals angebracht ist (VGH Mannheim VBlBW 1992, 138 [LS 1]). Das Öffentlichkeitsgebot setzt nicht voraus, dass die Terminszettel vor der verschlossenen, aber durch Klingelanlage oder Türsummer passierbaren Tür angebracht werden (BVerwG 21.3.1994 – 8 B 33/94, juris Rn. 2). Keine Verletzung des Öffentlichkeitsgrundsatzes liegt vor, wenn die mündliche Verhandlung verfrüht begonnen und zu einem überwiegenden Teil vor Beginn der ursprünglich angesetzten Terminsstunde durchgeführt wurde (BVerwG LKV 2016, 457 Rn. 12). Es ist zulässig, dass bei einer auswärtigen Verhandlung der Verhandlungsort der als „Treffpunkt" bezeichnete Ort ist (BVerwG NVwZ 1985, 566). Eine – selbst kurzfristig beschlossene – Verlegung des Terminsorts bedarf keiner öffentlichen Bekanntgabe (BVerwG Buchholz 424.01 FlurbG § 64 Nr. 5). Bei Fortsetzung des Termins an einem anderen Ort besteht nicht grds. die Pflicht des Gerichts, an dem Treffpunkt einen Hinweis für Späterkommende zu hinterlassen (BVerwG NVwZ-RR 1989, 168). Das Anbringen einer Sitzungsliste am Verhandlungsort, ohne den sonst beim Gericht üblichen Hinweis auf die Öffentlichkeit des Verfahrens, verletzt den Öffentlichkeitsgrundsatz nicht (BVerwG Buchholz 310 § 133 VwGO Nr. 74). Bei Anordnung von Maßnahmen zur vorherigen *Kontrolle* der Zuhörer, darf das Gericht mit der Verhandlung erst beginnen, wenn allen rechtzeitig zum Termin erschienenen Personen der Zutritt ermöglicht wurde (BGH NJW 1979, 2622 f.). „Wird die Öffentlichkeit ausgeschlossen, ohne dass eine *Verhandlung* darüber stattgefunden hat, liegt keine rechtmäßige Ausschließung der Öffentlichkeit vor; das von dem Ausschluss betroffene Verfahren leidet unter einem wesentlichen Mangel, der einen absoluten Revisionsgrund darstellt".[63] Eine Verpflichtung des Gerichts, einmal mit Recht als *Zeugen* zum Verlassen des Gerichtssaals aufgeforderte Personen wieder hereinzurufen, gibt es nicht (BVerwG Buchholz 310 § 55 VwGO Nr. 13). *Zugangshindernisse*: Keine Verletzung des Öffentlichkeitsgrundsatzes ist es, wenn die Tür zum Verhandlungsraum abgeschlossen worden ist, ohne dass das Gericht dies bemerkt hat noch hätte bemerken müssen (BVerwG NVwZ 1982, 43); ebenso bei versehentlichem Schließen der Eingangstür zum Gerichtsgebäude, wenn das Gericht dies weder bemerkt hat noch „bei Anwendung der gebotenen Sorgfalt hätte bemerken können" (BVerwG NJW 1985, 448). Dauert eine Verhandlung über die normale Dienstzeit hinaus, bedarf es zur Gewährleistung der Öffentlichkeit der Verhandlung einer entweder allgemeinen oder einer für die einzelne Verhandlung speziellen Anweisung, die ein Verschließen des Gerichtsgebäudes vor dem Ende der Verhandlung verhindert. Ist eine solche Anweisung erteilt, darf das Gericht grds. davon ausgehen, dass dieser Anweisung nachgekommen wird; fortlaufender oder auch nur stichprobenartiger Kontrollen bedarf es darüber hinaus nicht.[64] Verwehrt der Gerichtswachtmeister irrtümlich einer Person den an sich möglichen freien Zutritt zu einer mündlichen Verhandlung, ohne dass das Gericht den Vorfall bemerken kann, so sind die Vorschriften über die Öffentlichkeit des Verfahrens nicht verletzt (BGHSt 22, 297, 302). Die Vorschriften über die Öffentlichkeit des Verfahrens sind auch nicht verletzt, wenn den größten Teil des Sitzungsraumes ein lang gestreckter Konferenztisch einnimmt, an dem nur noch ein oder zwei Stühle unbesetzt sind, und wenn für einen interessierten Zuhörer nicht eindeutig erkennbar ist, dass vielleicht auch er sich an den Tisch setzen darf (BVerwG Buchholz 310 § 133 VwGO Nr. 74).

Leitlinie der oben auszugsweise wiedergegebenen Kasuistik sollte die verstärkte Ausrichtung auf die 33 im GVG und in der EMRK niedergelegten subjektiven Rechte sein. Daneben sollte das Gericht durchaus die Freiheit haben, die Unmittelbarkeit insbes. der Beweisaufnahme „vor Ort" auszuleben. Im eigenen Interesse des Gerichts liegt es, seine Funktionsfähigkeit auch außerhalb des Gerichtsgebäudes zu erhalten. Dies wird in der Praxis regelmäßig durch die Mitnahme der Protokollführer gewährleistet. Auch wenn die mündliche Verhandlung vor den Verwaltungsgerichten nicht die Faszination ausübt, die (angeblich) Strafverhandlungen innewohnt, liegt es auch im Interesse einer unabhängigen Verwal-

---

63 *Kissel/Mayer* § 174 Rn. 20.
64 VGH Kassel 13.3.1989 – 13 TE 4760/88, juris Rn. 4; VGH Mannheim BWVP 1990, 257.

tungsgerichtsbarkeit und ihrer eigenen Glaubwürdigkeit und Legitimation, die Vorschriften über die Öffentlichkeit strikt zu beachten und anzuwenden. Es ist zu bedenken, dass die Jurisdiktion letztlich allein dieser Kontrolle unterworfen ist.[65]

IV. Sitzungspolizei

34   **1. Gesetzliche Grundlagen.** Die gesetzlichen Grundlagen über die sog. Sitzungspolizei finden sich über die dynamische Verweisung des § 55 in den §§ 176–183 GVG. Diese finden entsprechende Anwendung.

35   **2. Begriff und Zweck, Umfang der Befugnisse.** Der Begriff „Sitzungspolizei" (Ordnungsgewalt) bezeichnet diejenige richterliche Verfahrenstätigkeit, die zur Schaffung und Sicherung einer Ordnung des *äußeren* Ablaufs der Verhandlung erforderlich ist (BVerfGE 50, 234, 242), und ist als solche Ausfluss der unabhängigen richterlichen Gewalt (OLG Zweibrücken NStZ 1987, 477). Ihr *Zweck* dient im Interesse der Wahrheitsfindung der Herstellung einer Atmosphäre von Ruhe und Sachlichkeit, die eine objektive Prüfung aller entscheidungsrelevanten Umstände ermöglicht. Damit soll dem Gericht und den Verfahrensbeteiligten eine störungsfreie Ausübung ihrer Funktion ermöglicht, eine Beeinträchtigung der Aufmerksamkeit der übrigen Anwesenden in der öffentlichen Verhandlung verhindert und allgemein der gebührliche Ablauf der Sitzung gewährleistet werden.[66] Des Weiteren dienen die Vorschriften über die Sitzungspolizei dem Schutz der Verfahrensbeteiligten.[67] Ob und inwieweit darüber hinaus durch die Sitzungspolizei auch die Würde des Gerichts geschützt werden soll,[68] ist umstr. (→ Rn. 45).

36   In *räumlicher* Hinsicht bezieht sich die Sitzungspolizei auf den Sitzungssaal, einschließlich des dazugehörigen Beratungszimmers und der sonstigen unmittelbar und ausschließlich der Verhandlung dienenden Räume. Strittig ist, inwieweit sich die Sitzungspolizei auch auf andere Räume, z.B. die unmittelbar an den Verhandlungssaal angrenzenden Korridore oder Warteräume für Zeugen, erstreckt, wenn von dort Störungen auf die Sitzung einwirken. Die höchstrichterliche Rspr. (vgl. BVerfGE 48, 118, 123; BGHSt 44, 23, 24) geht – ebenso wie ein Teil der Lit.[69] – von einer insoweit „anerkannten" Erstreckung der sitzungspolizeilichen Befugnisse auch auf an den Sitzungssaal unmittelbar angrenzende Räumlichkeiten, z.B. Flure und Korridore, aus. Mit dem Argument, eine solche Erstreckung wäre nicht mehr im Einklang mit dem Gesetzeswortlaut („Aufrechterhaltung der Ordnung in der Sitzung") und würde außerdem einer klaren Abgrenzung zu den hausrechtlichen Befugnissen entgegenstehen, wird diese Auffassung von anderen Autoren abgelehnt;[70] Störungen in diesen Bereichen könnten nur in Ausübung des Hausrechts (zur Abgrenzung → Rn. 39) unterbunden werden. Soweit die mündliche Verhandlung außerhalb gerichtlicher Verhandlungsräume stattfindet, ist der räumliche Umfang der Sitzungspolizei nach ihrem Zweck zu bestimmen, sodass alle notwendigen Regelungen zu einer ordnungsgemäßen Durchführung der Sitzung getroffen werden dürfen.[71]

37   Die Sitzungspolizei erstreckt sich *zeitlich* auf die Dauer der Sitzung. Hierzu zählt auch ein am Zweck der Sitzungspolizei zu bemessender Zeitraum unmittelbar vor, zwischen und nach den Verhandlungen, insbes. auch die Zeit, die das Gericht braucht, um in angemessener Weise den Verhandlungssaal zu verlassen (OLG Hamm NJW 1956, 1452 f.).

38   In *personeller* Hinsicht beziehen sich sitzungspolizeiliche Maßnahmen nach § 176 GVG auf sämtliche im Sitzungssaal anwesende Personen, einschließlich der Prozessbevollmächtigten, VÖl und anderer Gerichtspersonen.[72] Zu den nichtverfahrensbeteiligten Personen, auf die sich die Sitzungspolizeigewalt erstreckt, zählen auch die Vertreter der Presse und Medien (BVerfGE 50, 234, 241 ff.; 91, 125, 136 f.). Soweit sitzungspolizeiliche Anordnungen nach § 176 GVG gegen die Rechtspflegorgane, wie Ange-

---

65   So *W. Berg*, FS Menger, 1985, 537, 556.
66   OLG Schleswig MDR 1977, 775 f.; *C. Kimmel*, in: Posser/Wolff § 55 Rn. 17.
67   *R. Molketin*, MDR 1984, 20, 21.
68   Bejahend: *D. Krausnick*, in: Gärditz § 55 Rn. 17.
69   Vgl. z.B. *C. Lückemann*, in: Zöller § 176 GVG Rn. 4; *T. Wickern*, in: Löwe/Rosenberg, Die Strafprozessordnung und das Gerichtsverfassungsgesetz, Band 10, ²⁶2010, § 176 GVG Rn. 6; *M. Wolf*, Gerichtsverfassungsrecht, 1987, § 26 II 1; *W. Krekeler*, NJW 1979, 185 f.; *G. Lehr*, NStZ 2001, 63, 66.
70   Vgl. *Kissel/Mayer* § 176 Rn. 10.
71   *Schilken* § 13 Rn. 222.
72   *W. Zimmermann*, in: MüKoZPO III § 176 GVG Rn. 4; *W. Krekeler*, NJW 1979, 185, 189.

hörige des Gerichts, die Bundesanwaltschaft, den VöI oder Prozessbevollmächtigte, ergehen, muss wegen der damit verbundenen Gefahr für das Ansehen der Rechtspflege eine besonders sorgfältige Prüfung der Voraussetzungen erfolgen.[73] Maßnahmen nach §§ 177 und 178 GVG sind auf die dort genannten Personen beschränkt, können sich also insbes. nicht gegen die vorgenannten Rechtspflegeorgane, auch nicht gegen die Prozessbevollmächtigten (zu möglichen Ausnahmen hiervon → Rn. 51) richten. Hier besteht allenfalls die Möglichkeit, die Einleitung eines disziplinarrechtlichen oder ehrengerichtlichen Verfahrens anzuregen.[74]

3. Abgrenzung zum Hausrecht und zur Verhandlungsleitung. Abzugrenzen ist die Sitzungspolizei, 39 insbes. auch wegen der unterschiedlichen Rechtsschutzmöglichkeiten, zum einen von der Verhandlungsleitung des Gerichts und zum anderen vom Hausrecht der Gerichtsverwaltung. Die *Verhandlungsleitung* betrifft die durch §§ 103, 104 näher bezeichneten Befugnisse des Gerichts zur Ausgestaltung des inneren Ablaufs der mündlichen Verhandlung. Zentraler Inhalt ist hier die Durchführung eines *Rechtsgesprächs* und die Erörterung der Streitsache auch in tatsächlicher Hinsicht. Problematischer ist das Verhältnis der Ordnungsgewalt zum *Hausrecht.* Dieses Recht ist Ausfluss der den Trägern der Gerichtsverwaltung zustehenden Verwaltungshoheit und hat die Befugnis zum Inhalt, in Behördengebäuden diejenigen Ordnungsmaßnahmen zu treffen, die eine Verwirklichung des Bestimmungszwecks des Gebäudes sichern.[75] Es erstreckt sich auf alle Räume des Justizgebäudes, grds. also auch auf die gerichtlichen Sitzungssäle, und ist mit dem Hausrecht des privaten Hauseigentümers vergleichbar. Das Hausrecht wird grds. vom Gerichtspräsidenten in seiner Funktion als Behördenleiter ausgeübt, kann aber auch auf Gerichtsvorsitzende im Einzelfall übertragen werden. Das Hausrecht findet sowohl am Öffentlichkeitsgrundsatz (→ Rn. 9 ff.) als auch an den sitzungspolizeilichen Befugnissen seine Grenze (OVG Bln-Bbg NJW 2011, 1093 m.w.N.). Dies führt dazu, dass das Hausrecht unbedenklich dort ausgeübt werden kann, wo weder die sitzungspolizeiliche Zuständigkeit des erkennenden Gerichts noch der Öffentlichkeitsgrundsatz berührt werden. Das ist z.B. nach Sitzungsende der Fall oder wenn das Gericht die Öffentlichkeit ausgeschlossen hat. Auch wenn das Gericht einzelne Personen aufgrund seiner sitzungspolizeilichen Kompetenzen ausgeschlossen hat, kann der Störer kraft Hausrechts aus dem übrigen Gerichtsgebäude verwiesen werden.[76] Während der Dauer der Verhandlung kann hingegen das Hausrecht nicht ausgeübt werden, denn innerhalb des Sitzungssaals geht die Sitzungspolizei dem Hausrecht der Justizverwaltung vor (BGH NJW 1972, 1144, 1145). Des Weiteren darf regelmäßig niemand am Zutritt des Justizgebäudes gehindert oder aus dem Gebäude verwiesen werden, dessen Anwesenheit die Verfahrensordnung vorsieht oder die nach dem Öffentlichkeitsgrundsatz erlaubt ist.[77] Hausrechtliche Maßnahmen dürfen in jedem Fall nicht weiter gehen, als dies zur Sicherung des Bestimmungszwecks des Gebäudes erforderlich ist.[78]

4. Zuständigkeit und Verfahren. a) Zuständigkeit. Die Sitzungspolizei obliegt nach § 176 GVG grds. 40 dem *Vorsitzenden Richter* der Kammer (vgl. § 5 Abs. 2) bzw. des Senats (vgl. § 9 Abs. 2, § 10 Abs. 2), soweit nicht gesetzlich ausdrücklich die *Zuständigkeit* des Kollegiums festgelegt ist (vgl. § 177 S. 2, § 178 Abs. 2 GVG). Der Vorsitzende darf auch solche Maßnahmen androhen, deren tatsächliche Verhängung nur durch das Gericht insgesamt verfügt werden kann.[79] § 180 GVG sieht die Zuständigkeit des Einzelrichters bei der Vornahme von Amtshandlungen außerhalb der Sitzung vor, wobei von dieser Vorschrift nur richterliche Amtshandlungen erfasst werden, die sich in verfahrensrechtlich vorgeschriebener Form vollziehen. Ist der Rechtsstreit dem Einzelrichter zur Entscheidung übertragen (§ 6), so ist davon auszugehen, dass dem Einzelrichter alle Befugnisse zukommen, die sonst dem Vorsitzenden oder dem Gericht eingeräumt sind (näher hierzu die Komm. bei § 6). Wenn statt des Vorsitzenden das Gericht eine Maßnahme nach §§ 176 ff. GVG beschlossen hat, führt dieser Fehler nicht zur Unwirksamkeit des Beschlusses.[80]

73 *W. Krekeler,* NJW 1979, 185, 188.
74 *M. Wolf,* Gerichtsverfassungsrecht, 1987, § 26 II 2.
75 Vgl. *W. Zimmermann,* in: MüKoZPO III § 176 GVG Rn. 13.
76 *R. Stürner,* JZ 1972, 664, 665.
77 *Kissel/Mayer* § 176 Rn. 4.
78 *R. Stürner,* JZ 1972, 664, 666.
79 *C. Seibert,* NJW 1973, 127.
80 BGH NStZ 2004, 220; OLG Karlsruhe NJW 1977, 309, 311; *Kissel/Mayer* § 176 Rn. 6 m.w.N.; *W. Zimmermann,* in: MüKoZPO III § 176 GVG Rn. 2. Unwirksamkeit, d.h. Aufhebung für den Fall der Anfechtung, nimmt OLG Koblenz

41 **b) Verfahren.** Alle sitzungspolizeilichen Maßnahmen stehen im pflichtgemäßen *Ermessen* des Gerichts,[81] wobei die verwaltungsrechtlichen Grundsätze zur Ermessensausübung hier wohl nur vorsichtig übertragen werden können.[82] Die Anordnung und Durchführung von Ordnungsmaßnahmen nach §§ 177 und 178 GVG setzt die vorherige *Anhörung* des Betroffenen voraus.[83] In Ausnahmefällen kann von einer Anhörung abgesehen werden (→ Rn. 50). Die zwangsweise Entfernung aus dem Sitzungssaal, Verhängung von Ordnungsgeld und die Anordnung von Ordnungshaft nach § 178 GVG erfolgt durch *Beschluss*, der in der Sitzung zu verkünden und mit Gründen zu versehen ist.[84] Weitere Verfahrensregelungen enthalten § 179 GVG (Vollstreckung der Ordnungsmittel), § 182 GVG (Protokollierungspflicht bei Ordnungsmitteln wegen Ungebühr oder Entfernung)[85] und § 183 GVG (Feststellungs- und Mitteilungspflicht bei Straftaten).

42 **5. Einzelne sitzungspolizeiliche Befugnisse.** § 176 GVG regelt seinem Wortlaut nach nur, zu welchem Zweck der Vorsitzende Anordnungen treffen kann. Der genaue Inhalt der Sitzungspolizei ist nur hinsichtlich einzelner möglicher Maßnahmen in §§ 177 und 178 GVG spezieller umschrieben. Welche Maßnahmen konkret zulässig sind, richtet sich im Einzelnen nach der jeweiligen Verhandlungssituation. Sie liegen im Ermessen des Gerichts. Folglich sind stets das Willkürverbot und der Grundsatz der Verhältnismäßigkeit zu beachten (BVerfGE 28, 21, 35; 48, 118, 124 f.). Soweit ein anderes, weniger einschneidendes Mittel, das zur Erreichung des angestrebten Zieles gleich geeignet ist, ersichtlich ist, entspricht nur die Wahl dieses milderen Mittels dem Verhältnismäßigkeitsgrundsatz. Des Weiteren sind die Bestimmungen über die Sitzungspolizei verfassungskonform auszulegen, insbes. unter Berücksichtigung der Tragweite und Bedeutung der Pressefreiheit (BVerfGE 50, 234, 241) und der Meinungsfreiheit (OLG Düsseldorf NJW 1986, 2516).

43 **a) Die Befugnisse nach §§ 176, 177 GVG.** *§ 176 GVG* enthält eine Generalklausel, die dem Vorsitzenden die Anordnung aller notwendigen Maßnahmen gestattet, die zur Aufrechterhaltung eines äußerlich ordnungsgemäßen Ablaufs notwendig sind.[86] Beispielhaft ist daran zu denken, dass ein Zuhörer sein Mobiltelefon abzuschalten hat. Im Einzelnen sind aufgrund der Generalklausel des § 176 GVG ganz unterschiedliche Maßnahmen möglich. § 176 GVG ermöglicht insbes. (aber nicht ausschließlich) vorbeugende Maßnahmen, während § 177 GVG *freiheitsbeschränkende Maßnahmen* regelt, die gegen Personen getroffen werden können, die den Anordnungen nach § 176 GVG nicht Folge leisten. Sitzungspolizeiliche Anordnungen können immer dann ergehen, wenn Umstände vorliegen, die die Gefahr einer Störung hinreichend wahrscheinlich erscheinen lassen.[87] Eine Katalogisierung dieser Maßnahmen ist wegen der Vielschichtigkeit der möglichen Anordnungen kaum möglich.

44 Nach *§ 177 GVG* können die Entfernung aus dem Sitzungszimmer, Ordnungshaft und das Festhalten für höchstens 24 Stunden angeordnet werden. Fraglich ist, ob die Verhängung einer Ordnungsmaßnahme gem. § 177 GVG erfordert, dass die Nichtbefolgung der Anordnungen nach § 176 GVG schuldhaft erfolgte. Die Teleologie der sitzungspolizeilichen Vorschriften, die die ordnungsgemäße Durchführung der Verhandlung gewährleisten sollen, spricht dafür, die Zwangsmittel nach § 177 GVG als verschuldensunabhängiges Ordnungsmittel anzusehen, die nicht der Ahndung eines vorwerfbaren Handelns dienen sollen.[88] Andernfalls müssten nicht schuldhaft handelnde Personen, die die Verhandlung vielleicht ganz erheblich stören, im Sitzungssaal geduldet werden. Entfernung aus dem Sitzungszimmer i.S.d. § 177 GVG umfasst sowohl die Anordnung der Entfernung als auch deren even-

---

MDR 1978, 693 an, weil in einem solchen Fall die getroffene Maßnahme nicht vom gesetzlichen Richter erlassen worden sei; ebenso *G. Sälzer*, JZ 1970, 572.

81 Vgl. nur BGHSt 27, 13, 15; BGH NJW 1972, 1144, 1145; *R. Molketin*, MDR 1984, 20, 21; *W. Zimmermann*, in: MüKoZPO III § 176 GVG Rn. 9.

82 *Schilken* § 13 Rn. 215.

83 OVG Lüneburg OVGE 15, 452, 454 f.; OLG Brandenburg NJW 2004, 451; OLG Saarbrücken NJW 1961, 890.

84 BGH JZ 1972, 663, 664; *Kissel/Mayer* § 178 Rn. 49.

85 Zu den Anforderungen an eine ordnungsgemäße Protokollierung: LSG Chemnitz 20.12.2016 – L 3 AS 1111/14 B, juris Rn. 17 ff.

86 *M. Wolf*, Gerichtsverfassungsrecht, 1987, § 26 II 1.

87 Vgl. auch die ausf. Darstellung bei *H. Rüping*, ZZP 88 (1975), 213, 233 ff. Zu Einzelbeispielen für sitzungspolizeiliche Maßnahmen → Rn. 49–51.

88 I.E. ebenso: *Kissel/Mayer* § 177 Rn. 1; *W. Zimmermann*, in: MüKoZPO III § 177 GVG Rn. 4. Differenzierend *B. Schmitt*, in: Meyer-Goßner/Schmitt § 177 GVG Rn. 8 und 10, nach dem – im Gegensatz zur Ordnungshaft – für die Entfernung aus dem Sitzungszimmer kein schuldhaftes Handeln des Betroffenen erforderlich ist.

tuelle zwangsweise Durchsetzung sowie die Versagung eines erneuten Zutritts von einmal entfernten Personen. Hierbei können einzelne Personen, einzelne konkretisierbare Gruppen, aber auch alle anwesenden Zuhörer entfernt werden. Nach einer Räumung des Sitzungszimmers muss allerdings anderen Zuhörern der weitere Zutritt gestattet werden, es sei denn, es wurde gleichzeitig die Öffentlichkeit zulässigerweise ausgeschlossen.[89]

b) Ordnungsmittel wegen Ungebühr (§ 178 GVG). § 178 GVG sieht die Möglichkeit einer Verhän- 45
gung von *Ordnungsmitteln* (Ordnungsgeld oder Ordnungshaft) *wegen ungebührlichen Verhaltens* in der Verhandlung vor. Nicht geahndet werden kann nach dieser Vorschrift eine Ungebühr in Schriftsätzen, wie es noch in § 55 des gemeinsamen Entwurfes der Präsidenten der Verwaltungsgerichte und der Arbeitsgemeinschaft der Innenminister aus dem Jahre 1951 vorgesehen war (→ Rn. 1). Der Begriff der Ungebühr ist gesetzlich nicht definiert und unterliegt wegen unterschiedlicher Auffassungen zum Schutzzweck des § 178 GVG nach wie vor einem Meinungsstreit. Zum einen wird vertreten, § 178 GVG diene ausschließlich dem äußerlich geordneten Verfahrensablauf und sei insoweit nur eine Steigerung der Befugnisse aus den §§ 176 f. GVG.[90] Zum anderen wird als alleiniges Schutzgut des § 178 GVG die Würde des Gerichts angesehen.[91] Vermittelnd wird die vorzugswürdige Auffassung vertreten, dass als Ungebühr ein Verhalten zu verstehen ist, „das geeignet ist, den sachlichen und unpolemischen Sitzungsverlauf zu beeinträchtigen oder das Gericht als Institution bzw. die Ausübung seiner Tätigkeit verächtlich zu machen".[92]
Die Anwendung des § 178 GVG setzt ein schuldhaftes Verhalten voraus,[93] wobei umstr. ist, ob eine 46
vorsätzliche[94] Ungebührhandlung erforderlich ist oder Fahrlässigkeit[95] ausreicht. Das Erfordernis von schuldhaftem Verhalten für die Verhängung von Ordnungsmitteln setzt die Schuldfähigkeit des Störenden voraus. In entsprechender Anwendung von § 19 StGB, §§ 1, 3 JGG, § 12 OWiG sind Kinder unter 14 Jahren nicht und Jugendliche unter 18 Jahren nur begrenzt schuldfähig. Die Begrenzung der Verhängung der Ordnungsmittel auf vorsätzliches Verhalten wird damit begründet, dass die Ungebührstrafe nur das äußerste Mittel sein soll, ein verletztes Ansehen des Gerichts wiederherzustellen.[96]

6. Rechtsbehelfe. a) Beschwerde gegen Maßnahmen wegen Ungebühr. Nach h.M. in der Lit. ist ge- 47
gen sitzungspolizeiliche Maßnahmen wegen Ungebühr (§ 178 GVG) im Verwaltungsprozess die Beschwerde gem. §§ 146 ff. statthaft; die Regelungen des GVG (§ 181 GVG) über die Beschwerde werden von §§ 146 ff. verdrängt.[97] Die Statthaftigkeit der Beschwerde ist jedoch unzweifelhaft, da GVG und VwGO sie beide vorsehen. Ausdrücklich sieht *§ 181 GVG* als Rechtsbehelf gegen die Festsetzung eines Ordnungsmittels gem. § 178 GVG (Ungebühr) die befristete *Beschwerde* vor. Allenfalls kann hier streitig sein, ob die kürzere Beschwerdefrist des § 181 Abs. 1 GVG von einer Woche auch im Verwaltungsgerichtsprozess über § 55 Anwendung findet. Dies ist jedoch zu verneinen. Diese Bestimmung des § 181 Abs. 1 GVG führt zu einer (systemfremden) Verkürzung der in der VwGO geltenden zweiwöchigen Beschwerdefrist des § 147. Aus § 149 Abs. 2 lässt sich im Umkehrschluss entnehmen, dass die in der VwGO enthaltenen Beschwerdevorschriften vorgehen sollen. Die Beschwerde ist nicht gegeben, wenn das Ordnungsmittel vom BVerwG oder von einem OVG (bzw. VGH) festgesetzt wurde (§ 152 Abs. 1, vgl. auch § 181 Abs. 1 GVG[98]). Über die Beschwerde entscheidet das OVG bzw. der VGH (§ 146 Abs. 1, vgl. § 181 Abs. 3 GVG). Die Beschwerde hat nach § 181 Abs. 2 GVG, der gem. § 149 Abs. 2 auch im verwaltungsgerichtlichen Verfahren uneingeschränkt gilt, im Fall des § 178 GVG keine aufschiebende Wirkung und im Fall des § 180 GVG aufschiebende Wirkung. § 178 GVG

---

89 *K. Beyer*, DRiZ 1972, 285; *C. Seibert*, NJW 1973, 127, 128.
90 Vgl. z.B. *H. Rüping*, ZZP 88 (1975), 213.
91 *Schilken* § 13 Rn. 212 f. m.w.N.
92 OLG Brandenburg 30.11.2016 – 10 WF 145/16, juris Rn. 10; vgl. *D. Krausnick*, in: Gärditz § 55 Rn. 17.
93 VerfGH Bln NJW-RR 2000, 1512, 1514; SG Ulm 17.4.2009 – S 10 R 1149/09, juris Rn. 8.
94 KG Berlin 25.6.1999 – 1 AR 1235/98, juris Rn. 10 m.w.N.; OLG Stuttgart Justiz 1986, 228; *Baumbach/Lauterbach/ Albers/Hartmann* § 178 Rn. 4; *B. Schmitt*, in: Meyer-Goßner/Schmitt § 178 GVG Rn. 4.
95 *Kissel/Mayer* § 178 Rn. 32 m.w.N.; *C. Lückemann*, in: Zöller § 178 GVG Rn. 2.
96 *H.-D. Schwind*, JR 1973, 133, 135; *K.-D. Pardey*, DRiZ 1990, 132, 135.
97 *C. Kimmel*, in: Posser/Wolff § 55 Rn. 23; *C. Meissner/W. Schenk*, in: Schoch/Schneider/Bier § 55 Rn. 48; *M. Redeker*, in: Redeker/v. Oertzen § 55 Rn. 14; *W.-R. Schenke*, in: Kopp/Schenke § 55 Rn. 8; *J. Schmidt*, in: Eyermann § 55 Rn. 10.
98 § 181 Abs. 1 GVG stimmt insoweit mit § 152 Abs. 1 überein: Insofern entspricht dem „Bundesgerichtshof" in § 181 Abs. 1 GVG das BVerwG, dem „Oberlandesgericht" das OVG (bzw. der VGH) eines Landes.

bezieht sich dabei auf die Verhängung von Ordnungsmitteln *in der mündlichen Verhandlung*. § 180 GVG meint den Fall, dass die Befugnisse von einem einzelnen Richter bei der Vornahme von Amtshandlungen *außerhalb der Sitzung* ausgeübt wurden; insoweit kann wegen der aufschiebenden Wirkung der Beschwerde das Ordnungsgeld bzw. die Ordnungshaft nicht vollstreckt werden.

48 **b) Gegen sitzungspolizeiliche Maßnahmen gem. §§ 176, 177 GVG.** Während die Beschwerde für sitzungspolizeiliche Maßnahmen wegen Ungebühr (§ 178 GVG) unzweifelhaft nach dem GVG und der VwGO möglich ist, wobei die h.M. in der Lit. den §§ 146 ff. den Vorzug gibt (→ Rn. 47), ist bei den sonstigen sitzungspolizeilichen Maßnahmen (§§ 176, 177 GVG) die Zulässigkeit von *Rechtsbehelfen nach dem GVG* seit Erlass dieses Gesetzes umstr. Nach bisher überwiegend vertretener Meinung sind diese Maßnahmen *nicht anfechtbar*, d.h. grds. ist weder die Anrufung des Gerichts, noch die Beschwerde, noch das Angreifen der sitzungspolizeilichen Maßnahme im Verbund mit den Rechtsmitteln der Berufung oder Revision zulässig.[99] Nach a.M. soll zumindest gegen grundrechtsbeeinträchtigende sitzungspolizeiliche Anordnungen der Rechtsbehelf der Beschwerde zulässig sein (§ 181 GVG analog i.V.m. Art. 19 Abs. 4 GG).[100] Auch das BVerfG führt aus, dass der generelle Ausschluss eines Rechtsbehelfs gegen sitzungspolizeiliche Maßnahmen zweifelhaft sei, hat die Frage aber bislang offenlassen können.[101] Von der grundsätzlichen Unanfechtbarkeit der Maßnahmen nach §§ 176 f. GVG bestehen in jedem Fall folgende *Ausnahmen:* Eine berufungs- und revisionsrechtliche Nachprüfung ist immer zulässig, wenn durch diese Maßnahmen die Grundsätze über die Öffentlichkeit des Verfahrens (OLG Hamm NJW 1967, 1289; vgl. BGH NStZ 2013, 608), das rechtliche Gehör oder das Recht auf angemessene Verteidigung verletzt wurden.[102] Grds. möglich ist es, sitzungspolizeiliche Anordnungen, gegen die ein Rechtsbehelf nicht gegeben ist, isoliert mit einer *Verfassungsbeschwerde* anzugreifen, da es sich bei Anordnungen nach §§ 176 und 177 GVG um Akte der öffentlichen Gewalt handelt.[103]

48a Nach h.M. in der Lit. werden die Regelungen des GVG von §§ 146 ff. verdrängt.[104] Danach ist im Ausgangspunkt auch gegen sitzungspolizeiliche Maßnahmen gem. §§ 176, 177 GVG im *Verwaltungsprozess* die *Beschwerde statthaft*.[105] Verbreitet wird jedoch vertreten, dass eine Beschwerde gegen sitzungspolizeiliche Anordnungen nach § 176 GVG an § 146 Abs. 2 (prozessleitende Verfügung) scheitert,[106] sodass die Beschwerde nur gegen Zwangsmaßnahmen nach § 177 GVG statthaft ist. Eine Beschwerde ist gegen Anordnungen und Maßnahmen des BVerwG oder des OVG (bzw. VGH) ohnehin nicht zulässig (§ 152 Abs. 1). Auch hier gilt, dass sitzungspolizeiliche Anordnungen, gegen die ein Rechtsbehelf nicht gegeben ist, isoliert mit einer Verfassungsbeschwerde angegriffen werden können (→ Rn. 48 a.E.).

49 **7. Einzelfälle. a) Anordnungen gem. §§ 176, 177 GVG.** Die *Abmahnung* störenden Verhaltens ist ein allgemein zulässiges Mittel der Sitzungspolizei.[107] I.R. seines Abmahnungsrechts kann der Vorsitzende auch verfehlte *Ausdrucksweisen* rügen bis hin zu einer Entziehung des Wortes.[108] Dabei ist aber

---

99 OLG Hamburg NJW 1976, 1987; OLG Hamm NJW 1972, 1246; OLG Zweibrücken NStZ 1987, 477; *Kissel/Mayer* § 176 Rn. 48 § 177 Rn. 28 ff. Vgl. für weitere Nachw. BGH NJW 2015, 3671 Rn. 5, der jedoch in Rn. 6 darauf hinweist, dass nicht ausgeschlossen erscheint, dass für die Anfechtung der sonstigen sitzungspolizeilichen Maßnahmen die Rechtsmittelvorschriften der Prozessordnung derjenigen Gerichtsbarkeit gelten, in der die Maßnahme angeordnet wurde (→ Rn. 48 a).

100 OLG Saarbrücken 8.3.2016 – 1 Ws 28/16, juris Rn. 8; *W. Krekeler*, NJW 1979, 185, 189 m.w.N. Vgl. auch OLG Stuttgart NStZ-RR 2016, 383.

101 BVerfGE 87, 334, 338 f.; 91, 125, 133; 119, 309, 317. S.a. BVerfG (K) NJW 2015, 2175 Rn. 11 ff., wonach die Beschwerde gegen eine sitzungspolizeiliche Anordnung zur Verpixelung von Bildaufnahmen gem. §§ 304, 305 S. 2 StPO zulässig ist (vgl. auch BGH NJW 2015, 3671 Rn. 6).

102 BGHSt 17, 201, 202; BGH NJW 1962, 260 f.; OLG Hamm NJW 1967, 1289; *Kissel/Mayer* § 176 Rn. 49.

103 BVerfGE 50, 234, 238; 87, 334, 338 f.; BVerfG (K) NJW 2014, 3013 ff.; NJW 2017, 798 f.; *Kissel/Mayer* § 176 Rn. 48, der allerdings die Verfassungsbeschwerde nur für den Fall einer Verletzung des Willkürverbots für zulässig erachtet.

104 *C. Kimmel*, in: Posser/Wolff § 55 Rn. 23; *C. Meissner/W. Schenk*, in: Schoch/Schneider/Bier § 55 Rn. 48; *M. Redeker*, in: Redeker/v. Oertzen § 55 Rn. 14; *J. Schmidt*, in: Eyermann § 55 Rn. 10.

105 *W.-R. Schenke*, in: Kopp/Schenke § 55 Rn. 8.

106 *C. Kimmel*, in: Posser/Wolff § 55 Rn. 17a; *D. Krausnick*, in: Gärditz § 55 Rn. 17; *M. Redeker*, in: Redeker/v. Oertzen § 55 Rn. 11; *J. Schmidt*, in: Eyermann § 55 Rn. 6 a.E. Anders wohl *W.-R. Schenke*, in: Kopp/Schenke § 55 Rn. 8. S.a. BVerfG (K) NJW 2015, 2175 Rn. 11 ff., wonach die Beschwerde gegen eine sitzungspolizeiliche Anordnung zur Verpixelung von Bildaufnahmen gem. §§ 304, 305 S. 2 StPO zulässig ist (vgl. auch BGH NJW 2015, 3671 Rn. 6).

107 *C. Seibert*, NJW 1973, 127; *Kissel/Mayer* § 176 Rn. 23.

108 *Kissel/Mayer* § 176 Rn. 23.

zu beachten, dass eine erhebliche Kritik an Rechtsnormen zum grundrechtlich geschützten Bereich der Meinungsfreiheit gehört.[109] Zulässig ist die Anordnung von *Kontrollen und Durchsuchungen* hinsichtlich zur Störung der Störung geeigneter Sachen vor Einlass in das Sitzungszimmer. Die Kontrollmaßnahmen müssen hinreichend spezifiziert und in ihrer Intensität abgestuft sein (BVerfGE 48, 118, 124 f.). Im Einzelfall sind Kontrollen und Durchsuchungen gegenüber allen Verfahrensbeteiligten, also auch gegenüber Richtern, Staatsanwälten und Rechtsanwälten zulässig.[110] Sitzungspolizeiliche Anordnungen über die *Sitzordnung* wie auch entsprechende Anordnungen zum *Schutz* der Verfahrensbeteiligten, z.B. bei Rachegefährdung oder stark infektionskranken anderen Verfahrensbeteiligten[111], sind ebenfalls zulässig. Ebenfalls als sitzungspolizeiliche Anordnungen zulässig sind *„Anonymisierungsauflagen"* (→ Rn. 17 b). Diese haben vorrangig für den Strafprozess Bedeutung, können aber auch für Aufsehen erregende Verwaltungsprozesse in Betracht kommen. Entsprechende Anordnungen vermeiden die generelle Untersagung der bebilderten Berichterstattung aus dem Sitzungssaal und respektieren das Persönlichkeitsrecht des Beteiligten. Geschützt werden soll vor weitreichenden und teilweise nicht mehr zu beseitigenden (negativen) Folgen der Bildberichterstattung (vgl. BVerfG [K] NJW 2009, 350 ff. – für den Strafprozess).

b) Maßnahmen gem. § 178 GVG. Die Regeln über das *Aufstehen* vor Gericht stellen keine rechtlich erzwingbaren Normen dar (vgl. OLG Köln NStZ 2016, 440). Nur bei Hinzutreten weiterer Umstände, die darauf schließen lassen, dass dies in der Absicht erfolgt, das Gericht zu provozieren oder herabzusetzen, kann das Nichtaufstehen eine Ungebühr i.S.d. § 178 GVG darstellen.[112] Bei *Beifallskundgebungen* sind sitzungspolizeiliche Maßnahmen nach § 178 GVG angebracht, wenn der Beifall nicht spontaner menschlicher Anteilnahme entspricht, sondern als Druckmittel oder zur Stimmungsmache eingesetzt wird.[113] *Beleidigungen* sowohl des Gerichts als auch gegenüber anderen Verfahrensbeteiligten stellen regelmäßig eine Ungebühr dar, da sie erfahrungsgemäß zur Störung der Verhandlungsatmosphäre führen.[114] Von der *Gewährung rechtlichen Gehörs* vor Erlass des Ordnungsmittelbeschlusses kann ausnahmsweise abgesehen werden, wenn Ungebühr und Ungebührwille außer Frage stehen und die Anhörung dem Täter zu weiteren Ausfällen Anlass geben würde.[115] Das Erscheinen in unangemessener *Kleidung* oder mit unangemessener *Haartracht* kann Ungebühr darstellen (OLG Düsseldorf NJW 1986, 1505 f.; OLG Brandenburg 30.11.2016 – 10 WF 145/16, juris Rn. 11), wobei sich die Angemessenheit von Kleidung nach dem wandelbaren Durchschnittsurteil der Zeit richten soll. Das Erscheinen in salopper Kleidung stellt für sich allein noch keine Ungebühr dar, es sei denn Umstände treten hinzu, die den Schluss rechtfertigen, der Betreffende wolle gerade durch die Wahl seiner Kleidung die Würde des Gerichts verletzen. *Tätlichkeiten* im Gerichtssaal stellen stets Ungebühr dar.[116] Erscheint eine geladene Partei in deutlich *angetrunkenem* Zustand zum Termin, so kann dies eine Ungebühr darstellen, zumindest wenn dadurch die Durchführung der Verhandlung beeinträchtigt wird.[117] „Verfahrensweisen, die lediglich prozessualen Vorgaben zuwiderlaufen, beinhalten für sich genommen noch keine Ungebühr, sondern ziehen ggf. die im Verfahrensrecht vorgesehenen Konsequenzen nach sich"; in der bloßen *Weigerung zu einem Fortsetzungstermin zu erscheinen*, liegt keine Ungebühr (OLG Celle 17.5.2016 – 2 Ws 88/16, juris Rn. 9 ff.). 50

c) Sonstige Einzelfälle. Ein Richter macht fehlerhaft von seinem *Ermessen* Gebrauch, wenn er gegen Ordnungswidrigkeiten der Verfahrensbeteiligten im Gerichtssaal nicht mit den ihm möglichen sitzungspolizeilichen Maßnahmen einschreitet (OLG Zweibrücken DRiZ 1988, 21, 22). Zur Erstreckung sitzungspolizeilicher Befugnisse auf Störungen außerhalb des Sitzungssaales → Rn. 36, 39. Sitzungspolizeiliche Maßnahmen gegen *Prozessbevollmächtigte (Rechtsanwälte)*: Wenn Verfahrensbetei- 51

---

109 OLG Düsseldorf NJW 1986, 2516, wonach die mehrfache Benutzung des Wortes „Scheißgesetz" in der mündlichen Verhandlung keine Ungebühr darstellt.
110 BVerfGE 48, 118, 124 f.; vgl. *W. Krekeler*, NJW 1979, 185, 187 f.
111 *Kissel/Mayer* § 176 Rn. 15.
112 LSG Darmstatt 7.10.2016 – L 9 U 210/14 B, juris Rn. 23 m.w.N.; OLG Karlsruhe NStZ 2015, 300; OLG Köln NStZ 2016, 440.
113 *H. Rüping*, ZZP 88 (1975), 213, 225; s.a. *Kissel/Mayer* § 178 Rn. 26.
114 *H. Rüping*, ZZP 88 (1975), 213, 228.
115 OLG Celle NStZ 2012, 592 m.w.N.; vgl. *C. Lückemann*, in: Zöller § 178 GVG Rn. 5 m.w.N.
116 *Kissel/Mayer* § 178 Rn. 19.
117 OLG Koblenz VRS 68, 48; *Kissel/Mayer* § 178 Rn. 18.

ligte einer Verpflichtung zum Tragen einer *Amtstracht* (vgl. § 20 BORA) trotz entsprechender Anordnung des Gerichts nicht nachkommen, sollen diese Personen als Verfahrensbeteiligte auf der Grundlage[118] des § 176 GVG zurückgewiesen werden können[119] mit der Folge, dass sie der uneingeschränkten Ordnungsgewalt des Vorsitzenden unterliegen. Eine Berufspflicht zum Erscheinen in Robe besteht beim Amtsgericht in Zivilsachen nicht (§ 20 S. 2 BORA).[120] Am Verwaltungsgericht ist es dagegen üblich, in Robe zu erscheinen. Umstr. ist, ob ein Rechtsanwalt bei wiederholter Störung trotz mehrmaliger Verwarnung im Extremfall zwangsweise aus dem Sitzungszimmer entfernt werden kann.[121]

V. Gerichtssprache

52   **1. Gesetzliche Regelung.** Die Gerichtssprache ist in §§ 184–191 a GVG geregelt. Nach § 184 S. 1 GVG ist die Gerichtssprache deutsch (so auch § 23 VwVfG). Das Recht der Sorben, in den Heimatkreisen der sorbischen Bevölkerung vor Gericht sorbisch zu sprechen, ist gewährleistet (vgl. § 184 S. 2 GVG).[122]

53   Die Änderung des § 184 GVG geht auf die Sonderregelung im Einigungsvertrag in Anl. I Kapitel III, Sachgebiet A, Abschnitt III, 1 r zurück. Diese ist durch § 11 RpflAnpG (v. 26.6.1992, BGBl I 1147) übernommen worden. Danach können *Sorben* in ihren Heimatkreisen vor Gericht sorbisch sprechen. Das betrifft das VG Cottbus und das OVG Bautzen, denn die Heimatkreise der Sorben liegen in der (z.T. brandenburgischen, z.T. sächsischen) deutschen Lausitz um Cottbus[123] und in Sachsen um Bautzen.[124] Außerhalb ihrer Heimatkreise gilt Satz 2 nicht, sodass für die Sorben in anderen Gerichtsbezirken Deutsch als Gerichtssprache maßgebend ist.[125] Nach Art. 9 Abs. 1 lit. c der *Europäischen Charta der Regional- oder Minderheitssprachen* ist Deutschland als Vertragspartei der Charta u.a. verpflichtet, im verwaltungsgerichtlichen Verfahren einer Prozesspartei, die vor Gericht erscheinen muss, zu gestatten, ihre Regional- oder Minderheitensprache zu gebrauchen, ohne dass ihr dadurch zusätzliche Kosten entstehen, sowie Urkunden und Beweismittel in der Regional- oder Minderheitensprache vorzulegen, wenn nötig durch Inanspruchnahme von Dolmetschern und Übersetzungen. Geschützt sind in Deutschland die Minderheitensprachen Dänisch, Ober- und Niedersorbisch, Nord- und Saterfriesisch, das Romanes der deutschen Sinti und Roma sowie die Regionalsprache Niederdeutsch.[126] Außerdem sehen verschiedene *internationale Abkommen* rechtlich verbindliche Regelungen zugunsten Fremdsprachiger vor. So bestimmt Art. 105 Abs. 4 des Genfer Abkommens über die Behandlung von Kriegsgefangenen (BGBl 1954 II 878), dass im Verfahren gegen Kriegsgefangene die Anklageschrift und sonstige bekannt zu gebende Schriftstücke in einer dem Beschuldigten verständlichen Sprache zu-

---

118   LG Mannheim NJW 2009, 1094, 1096. A.M. LAG Hannover AnwBl 2008, 883 f., wonach § 176 GVG dem Vorsitzenden nur das Recht gibt, das Nichttragen der Robe zu rügen und darauf hinzuwirken, dass eine solche angelegt wird, aber nicht weitergehende Ordnungsmaßnahmen rechtfertigt. Dies ergebe sich daraus, dass in §§ 177, 178 GVG Rechtsanwälte bzw. Prozessbevollmächtigte nicht genannt würden und folglich noch nicht einmal die Verhängung eines Ordnungsgeldes gegenüber Prozessbevollmächtigten möglich sei. Erst Recht könnten dann nicht nach § 176 GVG weiterreichende Maßnahmen ergriffen werden.

119   BVerfGE 28, 21, 35; 34, 138 f.; BVerfG (K) NJW 2012, 2570 (Weigerung des Rechtsanwalts eine Krawatte zu tragen); BayVerfGH AnwBl 1972, 228; OLG Karlsruhe NJW 1977, 309, 310; a.M. LAG Hannover AnwBl 2008, 883, 884; *Kissel/Mayer* § 176 Rn. 19 f. m.w.N. Vgl. auch LG Mannheim NJW 2009, 1093 ff. m.w.N. (Zurückweisung aufgrund fehlender Krawatte unverhältnismäßig).

120   Vgl. aber AG Mannheim 27.10.2008 – 29 Ds 408.

121   Bejahend: BGH NJW 1977, 437, 438 – „Störer in Anwaltsrobe"; abl. mit überzeugender Begründung: *P. Müller*, NJW 1979, 22, 23: Jede zwangsweise Entfernung eines aktiven am Verfahren beteiligten Rechtsanwalts wäre als Berufsausübungsregelung de lege lata unzulässig, weil hierfür die notwendige förmliche Gesetz fehlt.

122   Eingefügt durch Art. 17 des Ersten Gesetzes über die Bereinigung von Bundesrecht im Zuständigkeitsbereich des Bundesministeriums der Justiz v. 19.4.2006 (BGBl I 866).

123   Vgl. § 3 des Gesetzes zur Ausgestaltung der Rechte der Sorben (Wenden) im Land Brandenburg v. 7.7.1994 (GVBl Bbg I 294).

124   Vgl. § 3 des Gesetzes über die Rechte der Sorben im Freistaat Sachsen v. 31.3.1999 (SächsGVBl I 161).

125   *W. Zimmermann*, MüKoZPO III § 184 GVG Rn. 11. § 184 S. 2 GVG verpflichtet die betroffenen Länder nicht, in den Heimatkreisen der Sorben ein bestimmtes Gericht vorzuhalten (BVerfG [K] 20.11.2014 – 1 BvL 4/13, juris Rn. 18).

126   Vgl. Bundesministerium des Innern, Fünfter Bericht der Bundesrepublik Deutschland gemäß Artikel 15 Absatz 1 der Europäischen Charta der Regional- oder Minderheitensprachen, 2013.

gestellt werden müssen. Sowohl das NATO-Truppenstatut[127] als auch die Regelung des Art. 6 Abs. 3 a und e EMRK, die Bestimmungen zur Unterrichtung eines Beschuldigten in einer ihm verständlichen Sprache und über die unentgeltliche Beiziehung eines Dolmetschers enthalten, gelten nur für das Strafverfahren und sind als solche nicht auf das verwaltungsgerichtliche Verfahren übertragbar.

2. Grundsätzliche Bedeutung und verfassungsgemäße Auslegung des § 184 GVG. § 184 GVG stellt 54 die einfachgesetzliche Kodifizierung des ungeschriebenen Verfassungsgrundsatzes dar, nach dem sich die Staatsorgane im Verkehr untereinander und gegenüber dem Bürger der deutschen Sprache zu bedienen haben[128]. Diese Bestimmung dient v.a. der Gewährleistung eines reibungslosen und dafür sprachlich einheitlichen Prozessverlaufs und der Wahrheitsfindung, da jeder Deutsche ohne sprachliche Behinderung den gesamten Streitstoff vortragen und seine Erklärungen abgeben kann.[129] Die Regelung des § 184 GVG ist zwingender Natur, von Amts wegen zu beachten und dem Verfügungsrecht der Beteiligten nicht unterworfen (BGHSt 30, 182; BayObLG BayVBl 1977, 24 m.w.N.). Der Grundsatz, dass die Gerichtssprache deutsch ist, gilt nicht nur für gerichtliche mündliche Verhandlungen und Entscheidungen, sondern auch für den gesamten Schriftverkehr mit dem Gericht (BGHSt 30, 182 f.). Die Vorschrift muss insbes. unter Beachtung des Art. 2 Abs. 1 i.V.m. Art. 20 Abs. 3 GG (Gewährleistung eines rechtsstaatlich fairen Verfahrens), des Art. 3 Abs. 3 GG (Benachteiligungsverbot wegen der Sprache), des Art. 19 Abs. 4 GG (Rechtsweggarantie) und des Art. 103 Abs. 1 GG (Gewährleistung des rechtlichen Gehörs) verfassungsgemäß ausgelegt werden. Hinsichtlich der Rechtsstellung von Ausländern in der Bundesrepublik Deutschland gilt der auch vom BVerfG bestätigte Grundsatz, dass alle hier lebenden Ausländer „die gleichen prozessualen Grundrechte sowie den gleichen Anspruch auf ein rechtsstaatliches Verfahren und auf umfassenden und effektiven gerichtlichen Schutz wie jeder Deutsche" haben (BVerfGE 40, 95, 98). Diesem Grundsatz tragen im Wesentlichen die Vorschriften über die Hinzuziehung von Dolmetschern in §§ 185, 189 und 191 GVG (→ Rn. 59 ff.) und die Rspr. zur Berücksichtigung von Verständigungsschwierigkeiten bei Anträgen auf Wiedereinsetzung in den vorigen Stand (→ Rn. 56) Rechnung.

3. Urteile und Rechtsmittelbelehrung in deutscher Sprache. „Alle gerichtlichen Äußerungen sind auf 55 Deutsch abzufassen".[130] Das Gericht ist nicht verpflichtet und grds. auch nicht berechtigt, sich gegenüber Ausländern einer anderen Sprache zu bedienen. Die nicht deutsch sprechende Prozesspartei hat regelmäßig weder Anspruch auf amtliche Übersetzung des Urteils noch auf Abfassung der Rechtsmittelbelehrung in einer ihr verständlichen Sprache.[131] Das BVerfG hat allerdings festgestellt, dass ein solcher Anspruch auf Übersetzung des schriftlich abgefassten Urteils in Ausnahmefällen, insbes. wenn der Betroffene anwaltlich nicht vertreten ist, bestehen kann.[132] Für eine ordnungsgemäße *Rechtsbehelfsbelehrung* gegenüber Ausländern ist nach BGHSt 30, 182 (LS 2) der Hinweis erforderlich, dass die Rechtsmitteleinlegung in deutscher Sprache erfolgen muss; dieser Ansicht folgt die Verwaltungsgerichtsbarkeit nicht (VG Köln 7.6.2017 – 19 K 6997/16.A, juris Rn. 21; vgl. VG Berlin 19.5.2017 – 6 L 383.17 A, juris Rn. 20 ff.). Die allein in deutscher Sprache abgefasste Rechtsmittelbelehrung i.S.d. § 58 setzt die Rechtsmittelfrist auch gegenüber Ausländern in Lauf, die der deutschen Sprache nicht mächtig sind.[133] Entsprechendes gilt für die Wirksamkeit einer Ladung (OLG Hamm 25.10.2016 – 3 RVs 72/16, juris Rn. 10). Das Diskriminierungsverbot des Art. 3 Abs. 3 GG wird dadurch nicht verletzt (BVerfGE 64, 135, 157). Der Grundsatz, dass die Gerichtssprache deutsch ist, bezweckt nicht eine Benachteiligung wegen der Sprache; die sich aus dieser Bestimmung für Ausländer ergebenden Erschwernisse sind lediglich zwangsläufige Folge (BVerfG [K] NVwZ 1987, 785). Grds. sind daher für

---

127 Abkommen zwischen den Parteien des Nordatlantikvertrages v. 18.8.1961 über die Rechtsstellung ihrer Truppen (BGBl II 1183): Art. VII Abs. 9 f dieses Abkommens sieht das Recht vor, in jeder Lage des Verfahrens einen Dolmetscher hinzuzuziehen.

128 *P. Kirchhof*, HdbStR II § 20 Rn. 103 f.

129 *Kissel/Mayer* § 184 Rn. 1.

130 *Kissel/Mayer* § 184 Rn. 11; vgl. BSG 12.1.2017 – B 8 SO 68/16 B, juris Rn. 3.

131 BVerwG NJW 1978, 1988; BSG, 12.1.2017 – B 8 SO 68/16 B, juris Rn. 3; VGH München NJW 1977, 1213; *K. Deibel*, DÖV 1980, 21, 33; außerdem zur Rechtsmittelbelehrung bei Ausländern → § 58 Rn. 43 ff.

132 BVerfGE 64, 135, 156: Unter welchen Voraussetzungen genau ein solcher Anspruch besteht, hat das Gericht, da im konkreten Fall nicht entscheidungserheblich, nicht entschieden.

133 BVerwG NJW 1978, 1988; BFH NJW 1976, 1335; BSG DVBl 1987, 848; VGH München NJW 1977, 1213; VG Berlin 19.5.2017 – 6 L 383.17 A, juris Rn. 29. A.M. wohl nur SG Detmold MDR 1976, 260. Näheres bei → § 58 Rn. 43 ff.

die Wirksamkeit von gerichtlichen Entscheidungen und Verfügungen und den Ablauf von gerichtlichen Fristen etwa bestehende Sprachschwierigkeiten ohne Bedeutung (→ § 60 Rn. 56 ff.). Für die Frage der Richtigkeit i.S.d. § 58 und die Jahresfrist bleibt nach teilweise vertretener Ansicht nur die deutsche Fassung der Rechtsbehelfsbelehrung maßgeblich (VG Berlin 19.5.2017 – 6 L 383.17 A, juris Rn. 29; a.A. VG München 29.11.2013 – M 2 K 13.30275, juris Rn. 26). Danach ist eine unterbliebene oder fehlerhafte Übersetzung nach einem konkreten und individuellen Maßstab im Rahmen eines Wiedereinsetzungsgesuchs zu berücksichtigen.

56   Auch die verfassungsgerichtliche Rspr. (vgl. BVerfGE 40, 95, 98 ff.; 42, 120, 125) hat zu keiner Änderung dieses Grundsatzes geführt, aber eine Tendenzwende bei der verwaltungsgerichtlichen Judikatur eingeleitet. I.E. sind danach Sprach- und Verständigungsschwierigkeiten von Ausländern für den Lauf von Fristen grds. unbeachtlich. Sie sind aber bei der Prüfung eines *Wiedereinsetzungsgesuchs* gem. § 60 angemessen zu berücksichtigen (→ § 60 Rn. 56 ff.). Die Rechtsschutzgarantien der Art. 19 Abs. 4 und 103 Abs. 1 GG verbieten es, die Versäumung der Einspruchsfrist als verschuldet anzusehen, soweit diese Versäumung allein auf den unzureichenden Sprachkenntnissen des Ausländers beruht (BVerfG [K] NJW 1991, 2208). Ein Verschulden des Vertreters der sprachunkundigen Prozesspartei wird dem Betroffenen regelmäßig zugerechnet (BVerwG DÖV 1978, 814, 815).

57   **4. Fremdsprachige Schriftstücke und Urkunden.**   Eingaben an das Gericht wie Klagen, vorbereitende Schriftsätze, Rechtsmittelschriften und sonstige Schriftstücke sind in deutscher Sprache abzufassen. Ob und inwieweit fremdsprachige Schriftstücke verfahrensrechtliche Wirkungen erlangen können, ist z.T. streitig. Zum größten Teil wird angenommen, dass fremdsprachige Schriftstücke grds. unbeachtlich sind,[134] also insbes. auch nicht fristwahrend wirken können. Allgemein anerkannt ist allerdings, dass dies nicht gilt, wenn einem fremdsprachigen Schriftstück eine deutsche Übersetzung beigefügt ist und diese Übersetzung etwaigen Formvorschriften genügt.[135] In der Rspr. sind jedoch Ausnahmen zu verzeichnen, wobei hier zwischen Schriftstücken als Beweismitteln und fristwahrenden Schriftsätzen unterschieden werden kann. Nach der Rspr. des BVerwG sollen fremdsprachige Urkunden nicht deswegen unbeachtlich sein, weil sie nicht übersetzt vorliegen. Ausreichend sei vielmehr, dass der Ausländer die Entscheidungserheblichkeit des Schriftstücks dartue (BVerwG Buchholz 402.25 § 27 AsylVfG Nr. 1; VG Hamburg 8.1.2014 – 17 AE 4953/13, juris Rn. 8). Erst wenn eine daraufhin angeordnete Übersetzung nicht vorgelegt wird, hat das die Unbeachtlichkeit der fremdsprachigen Urkunde zur Folge.[136] Ohne einen Hinweis eines Beteiligten an das Gericht, eine Übersetzung in die deutsche Sprache zu benötigen, soll dieses rechtfehlerfrei entscheiden können, ein in das Verfahren eingeführtes fremdsprachiges Erkenntnismittel zu verwerten, sofern die Mitglieder des Gerichts selbst alle der Fremdsprache mächtig sind (VGH Mannheim NVwZ-RR 2017, 630 f.). Allgemein formuliert das OLG Koblenz (2.10.2014 – 6 U 1127/13, juris Rn. 21), § 184 GVG gelte nur für Erklärungen des Gerichts und gegenüber dem Gericht, nicht jedoch für Beweismittel, weshalb beispielsweise fremdsprachliche Urkunden unmittelbar zu verwerten seien (so auch OLG Karlsruhe FamRZ 2013, 2011). Sehr weitgehend will VGH München (NJW 1976, 1048) fremdsprachige Schriftsätze zulassen, wenn sie fristgebunden sind, eine Übersetzung unverzüglich nachgereicht wird und der Antrag in einer gängigen europäischen Sprache gestellt wird. Im strafgerichtlichen Verfahren bestehen für „wesentliche Dokumente" (z.B. Rechtsmittelschriften) Besonderheiten aufgrund der RL 2010/64/EU über das Recht auf Dolmetschleistungen und Übersetzungen in Strafverfahren.[137]

58   Grds. ist das Gericht nicht verpflichtet, selbst eine *Übersetzung* eines fremdsprachigen Schriftstücks einzuholen (zu den Ausnahmen für Regional- und Minderheitensprachen → Rn. 53). Eine verfas-

---

134   BVerwG NJW 1990, 3103; BayObLG NJW-RR 1987, 379 f.; KG Berlin 19.6.2015 – 5 U 120/13, juris Rn. 76; OLG Celle 24.11.2016 – 13 U 91/16, juris Rn. 75; VG Berlin 19.5.2017 – 6 L 383.17 A, juris Rn. 28; VG Schwerin 30.3.2015 – 3 B 428/15 As, juris Rn. 11; FG Düsseldorf EFG 2011, 823, 824; a.m. FG Saarbrücken NJW 1989, 3112, wonach eine fristgemäß in englischer Sprache eingelegte Klage dann zulässig sei, wenn die Klage eine Angelegenheit des Gemeinschaftsrechts betrifft und die Übersetzung alsbald nachgereicht wird; ähnl. VGH München NJW 1976, 1048.

135   *Kissel/Mayer* § 184 Rn. 6; vgl. OVG Münster 6.7.2016 – 1 A 850/16.A, juris Rn. 8.

136   BVerwG NJW 1996, 1553; vgl. auch K. *Bacher/J. Nagel*, GRUR 2001, 873 ff.

137   Aus EuGH NJW 2016, 303 ff. wird in der Lit. geschlossen, dass nicht in deutscher Sprache verfasste Schriftstücke nunmehr übersetzt werden müssen, wenn ihnen ersichtlich nicht jede Verfahrensrelevanz fehle; ergebe die sich anschließende Prüfung, dass das Schreiben ein befristetes Rechtsmittel enthalte, sei die Frist bereits mit Eingang des Ursprungsschreibens gewahrt (*M. Böhm*, NJW 2016, 306 f.).

sungsgemäße Auslegung des Grundsatzes, dass die Gerichtssprache deutsch ist, erfordert allerdings, dass das Gericht dann von Amts wegen eine Übersetzung einholt, wenn dazu aufgrund einer finanziellen Notlage des Ausländers Anlass besteht, und der Ausländer dartut, dass das Schriftstück für das Verfahren bedeutsam ist (BVerfG [K] NVwZ 1987, 785; VG Hamburg 8.1.2014 – 17 AE 4953/13, juris Rn. 8). Daneben besteht eine Verpflichtung für das Gericht, bei Eingang eines fremdsprachigen Schriftstücks auf die Notwendigkeit der Einreichung in deutscher Sprache hinzuweisen. Überwiegend wird gefordert, dass die Übersetzung noch innerhalb der laufenden Frist eingehen muss, damit der Schriftsatz fristwahrend wirkt.[138] Gegen die Ansicht, dass es für die Frage der *Fristwahrung* durch ein fremdsprachiges Schriftstück darauf ankommt, dass die Übersetzung vor Fristablauf eingegangen ist, wenden sich Teile des Schrifttums und der Rspr. Eine verfassungskonforme Auslegung des § 184 gebiete es, v.a. in Hinblick auf Art. 3 Abs. 3 und 19 Abs. 4 GG, dass allein der Zeitpunkt des Eingangs des fremdsprachigen Schriftstücks für die Fristwahrung maßgeblich sei, zumindest wenn eine Übersetzung alsbald nachgereicht werde.[139] Insbes. wird auf die Regelungen des § 87 Abs. 4 AO und des § 23 Abs. 4 VwVfG hingewiesen, wonach fremdsprachige Eingaben fristwahrend wirken, wenn in angemessener Frist (auch noch nach Fristablauf) Übersetzungen nachgereicht werden. Bei Vorlage eines fremdsprachigen Schriftstücks einschließlich dessen Übersetzung gilt, dass das Gericht grds. die deutsche Übersetzung und nicht den fremdsprachigen Text zur Grundlage seiner Überzeugungsbildung machen muss (BVerwG 31.3.1988 – 9 CB 31/88, juris Rn. 12). Etwas anderes kann für den Fall gelten, in dem die den fremdsprachigen Text vorlegende Prozesspartei das Gericht darauf hinweist, dass die Übersetzung derart mangelhaft sei, dass es an einer verlässlichen Wiedergabe der fremdsprachlichen Äußerungen auf Deutsch fehlt (BVerwG 31.3.1988 – 9 CB 31/88, juris Rn. 12).

5. Hinzuziehung eines Dolmetschers. Aus § 184 GVG folgt, dass die Verhandlung vor Gericht in 59 deutscher Sprache zu führen ist. Als Ausnahme hiervon statuiert § 188 GVG, dass Eide in der mündlichen Verhandlung in der dem Betroffenen geläufigen Sprache zu leisten sind. Soweit ein an der Verhandlung Beteiligter der deutschen Sprache nicht mächtig ist, ist gem. § 185 GVG ein Dolmetscher zuzuziehen. Diese Vorschrift trägt dem Grundsatz des rechtsstaatlichen fairen Verfahrens Rechnung, der es verbietet, einen Verfahrensbeteiligten zu einem unverstandenen Objekt des Verfahrens herabzuwürdigen. Die der deutschen Sprache nicht oder nicht hinreichend mächtige Prozesspartei muss daher in die Lage versetzt werden, die sie betreffenden wesentlichen Verfahrensvorgänge zu verstehen und sich im Verfahren verständlich machen zu können. Deshalb sind ihr in weitem Umfang Verständigungshilfen zu gewähren (BVerfGE 64, 135, 157). Nach der Rspr. des BVerwG stellt die Notwendigkeit der Hinzuziehung eines Dolmetschers eine spezielle Form der Gewährung rechtlichen Gehörs dar.[140] An dieser Rspr. hat das BVerwG auch nach einer ihr widersprechenden Entscheidung des BVerfG (BVerfGE 64, 135 [LS 1]) festgehalten. Nach der Auffassung des BVerfG ist die Frage, ob oder in welchem Umfang ein Anspruch auf Stellung eines Dolmetschers oder Übersetzers besteht, allein nach dem Grundsatz des rechtsstaatlichen, fairen Verfahrens zu entscheiden (so auch OLG Koblenz MDR 2014, 1225). Vom Schutzbereich des Verfahrensgrundrechts auf rechtliches Gehör werde diese Frage nicht umgriffen.

Beteiligte i.S.d. § 185 GVG sind alle Personen, die in irgendeiner prozessual relevanten Funktion an 60 der Verhandlung mitwirken. Der Begriff ist wesentlich weiter als § 63 und umfasst insbes. auch Prozessvertreter, d.h. auch ausländische Rechtsanwälte, soweit sie i.R. der europäischen Dienstleistungsfreiheit vor deutschen Gerichten auftreten dürfen. Ebenso sind Zeugen und Sachverständige Beteiligte gem. § 185 GVG.[141] Der Begriff der Verhandlung in § 185 GVG umfasst neben der eigentlichen mündlichen Verhandlung auch alle anderen gerichtlichen Termine, bei denen eine Verständigung mit-

---

138 BGHSt 30, 182; BSG BeckRS 1986, 30718913; wohl auch FG Düsseldorf EFG 2011, 823, 824; a.M. VGH München NJW 1976, 1048; *E. Schneider*, MDR 1979, 534: Entsprechend § 87 Abs. 4 AO sollten fremdsprachige Eingaben fristwahrend wirken, wenn in angemessener Frist Übersetzungen nachgereicht werden.
139 I.E. VGH München NJW 1976, 1048; OLG Frankfurt NJW 1980, 1173; *E. Schneider*, MDR 1979, 534; *J. Meyer*, ZStW 1981, 507, 512, 527; wohl auch FG Hmb EFG 2017, 935, 936 für den Fall, dass das Gericht von Amts wegen eine Übersetzung der Klageschrift veranlasst hat.
140 BVerwG BayVBl 1982, 349; 26.4.1988 – 9 B 104/88; NVwZ 1983, 668 f.; NJW 1988, 722, 723; 14.6.2013 – 5 B 41/13, juris Rn. 4.
141 *C. Kimmel*, in: Posser/Wolff § 55 Rn. 30; *Kissel/Mayer* § 185 Rn. 1 a.E.

tels der Sprache notwendig ist.[142] Ob alle Beteiligten der deutschen Sprache mächtig sind, ist Tatfrage. „Als der deutschen Sprache mächtig angesehen wird eine Partei, die zwar Deutsch nicht beherrscht, aber soweit versteht und spricht, so dass eine Verständigung mit ihr möglich ist [...]. In Grenzfällen steht die Mitwirkung eines (bestellten) Dolmetschers im pflichtgemäßen Ermessen des Gerichts" (OLG Koblenz MDR 2014, 1225 m.w.N.; vgl. BVerwG 14.6.2013 – 5 B 41/13, juris Rn. 4). Als deutsche Sprache gelten auch deutsche Mundarten. Soweit allerdings ein Beteiligter eine Mundart spricht, die nicht alle Beteiligten verstehen, bedarf es der Zuziehung eines Dolmetschers.[143] Bei einer hör- und sprachbehinderten Person kann das Gericht gem. § 186 Abs. 2 GVG die Hinzuziehung einer Person als Dolmetscher anordnen, wenn die hör- oder sprachbehinderte Person von ihrem hinsichtlich der Kommunikationsformen (mündlich, schriftlich oder mit Hilfe einer die Verständigung ermöglichenden Person) bestehenden Wahlrecht nach § 186 Abs. 1 GVG keinen Gebrauch gemacht hat oder eine ausreichende Verständigung in der gewählten Form nicht oder nur mit unverhältnismäßigem Aufwand möglich ist. In jedem Fall muss das Gericht die Verständigung mit hör- und sprachbehinderten Beteiligten sicherstellen (→ Rn. 64 zum Verzicht auf einen Dolmetscher; → Rn. 63a zur Wahrnehmung gerichtlicher Dokumente für Blinde oder Sehbehinderte.

61　Ist die Zuziehung eines *Dolmetschers* geboten, kann sich das Gericht jedes geeigneten Sprachmittlers bedienen (VGH Kassel DVBl 1989, 893). Der Dolmetscher ist bei der Übersetzung der mündlichen Ausführungen in der Verhandlung Gehilfe des Gerichts und nicht Sachverständiger.[144] Soweit Schriftstücke zu übersetzen sind, hat der hierfür herangezogene Übersetzer die Stellung eines Sachverständigen.[145] Als mögliche Dolmetscher sind auch Verwandte von Beteiligten nicht ausgeschlossen (BVerwG NJW 1984, 2055). Gem. § 190 GVG kann der Dolmetscherdienst auch von dem Urkundsbeamten der Geschäftsstelle wahrgenommen werden. Grds. ist der Dolmetscher nach § 189 Abs. 1 GVG zu vereidigen. Diese Vorschrift über die Vereidigung des Dolmetschers ist zwingender Natur und kann nicht durch Rügeverzicht geheilt werden (BGH NJW 1987, 260, 261; OLG Köln NStZ-RR 2002, 247). Ausnahmen von dieser Pflicht zur Eidesleistung ergeben sich aus § 189 Abs. 1 S. 2, Abs. 2 und § 190 S. 2 GVG. Die einmalige Leistung des Dolmetschereides zu Beginn einer mehrtägigen mündlichen Verhandlung reicht aus (BVerwG NJW 1986, 3154, 3156). Der Dolmetscher ist gem. § 189 Abs. 4 S. 2 GVG darauf hinzuweisen, dass er über Umstände, die ihm bei seiner Tätigkeit zur Kenntnis gelangen, Verschwiegenheit wahren soll. In der mündlichen Verhandlung muss der Dolmetscher alle abgegebenen Erklärungen einschließlich der für den Betroffenen erheblichen Verfahrensvorgänge in ihrem wesentlichen Inhalt übersetzen (BVerfG NJW 1983, 2762, 2763 f.). Nach § 185 Abs. 1a GVG kann das Gericht gestatten, dass sich der Dolmetscher während der Verhandlung, Anhörung oder Vernehmung an einem anderen Ort aufhält. Die Verhandlung, Anhörung oder Vernehmung wird dann zeitgleich in Bild und Ton an diesen Ort und in das Sitzungszimmer übertragen. Die *Kosten des Dolmetschers* sind Verfahrenskosten, die im Verwaltungsprozess anders als im Strafprozess von der unterlegenen Partei zu tragen sind (BVerfG [K] NJW 1990, 3072 f.). Zu den Auslagen, die nach § 46 RVG zu vergüten sind, gehört auch die erforderliche Übersetzungstätigkeit des Rechtsanwalts.[146]

62　Auf den Dolmetscher sind die Vorschriften über die *Ausschließung* und *Ablehnung* der Sachverständigen entsprechend anzuwenden (§ 191 S. 1 GVG). Die Ablehnung des Sachverständigen ist in §§ 406, 41 ff. ZPO geregelt, die im Verwaltungsprozess über § 98 zur Anwendung kommen (→ § 54 Rn. 131). Der Wortlaut des § 191 S. 1 GVG beruht offensichtlich auf einem Redaktionsversehen des Gesetzgebers, denn nach § 406 ZPO gibt es keine Ausschließung des Sachverständigen kraft Gesetzes. Demzufolge kommt auch beim Dolmetscher eine Ausschließung kraft Gesetzes nicht in Betracht, jedoch können Gründe, die beim Richter zur Ausschließung führen oder seine Ablehnung wegen Besorgnis der Befangenheit rechtfertigen würden, die Ablehnung des Dolmetschers rechtfertigen (→ § 54 Rn. 132). Über den Antrag entscheidet das Gericht oder der Richter, von dem der Dolmetscher zugezogen wurde (§ 191 S. 2 GVG). Das Dolmetscherablehnungsgesuch ist dann begründet, wenn vom Standpunkt des Gesuchstellers aus genügend objektive Gründe vorliegen, die „in den Augen eines vernünftigen Menschen" geeignet sind, Zweifel an der Unparteilichkeit und Objektivität des als Gehilfen des Ge-

---

142　*Kissel/Mayer* § 185 Rn. 2.
143　*Kissel/Mayer* § 184 Rn. 2.
144　*C. Kimmel*, in: Posser/Wolff § 55 Rn. 31; *Kissel/Mayer* § 185 Rn. 17; *C. Lückemann*, in: Zöller § 185 Rn. 2.
145　*Kissel/Mayer* § 185 Rn. 18.
146　*Kissel/Mayer* § 185 Rn. 23.

richts herangezogenen Sprachmittlers zu erregen. Hierbei ist der Ablehnungsgrund vom Antragsteller glaubhaft zu machen (§ 55 VwGO, § 191 S. 1 GVG i.V.m. § 98 VwGO, §§ 406, 44 Abs. 2 ZPO). Ein mit Erfolg (nachträglich) wegen Besorgnis der Befangenheit abgelehnter Dolmetscher darf nicht weiter tätig werden. Das Gericht muss die vor der Ablehnung von dem Dolmetscher vorgenommene Übertragung bei seiner Entscheidung außer Betracht lassen (BVerwG NJW 1985, 757). Allerdings führt ein Verfahrensverstoß nur dann zur Zulassung der Revision, wenn geltend gemacht wird, dass die Übertragung durch den abgelehnten Dolmetscher inhaltliche Unrichtigkeiten oder Ungenauigkeiten aufweist und die angefochtene Entscheidung daher auf dem Verfahrensverstoß beruhen könne (BVerwG NJW 1985, 757).

Unterbleibt die gebotene *Zuziehung* eines Dolmetschers bzw. ist die erfolgte Übersetzung durch den   63 Sprachmittler derart mangelhaft, dass dies zu einer unrichtigen, unvollständigen oder sinnentstellenden Wiedergabe der Ausführungen des Ausländers führt (BVerwG 26.4.1988 – 9 B 104/88), liegt eine Verletzung des § 55 VwGO i.V.m. § 185 GVG sowie zugleich eine Verkürzung des in Art. 103 Abs. 1 GG gewährleisteten rechtlichen Gehörs (OVG Lüneburg 24.7.2006 – 5 LA 306/05, juris Rn. 4) vor. Eine solche Verletzung kann im Rechtsmittelverfahren nicht isoliert gerügt, sondern nur zusammen mit der Hauptsacheentscheidung angefochten werden.[147] Nach § 185 Abs. 2 GVG bedarf es keiner Hinzuziehung eines Dolmetschers, wenn alle anwesenden Beteiligten die fremde Sprache sprechen. Eine Verpflichtung des Gerichts, in der fremden Sprache zu verhandeln, besteht allerdings nicht (BVerwG BayVBl 1973, 443). Daneben kann die betroffene Partei auch auf die Einhaltung des § 185 GVG verzichten (BVerwG NVwZ 1983, 668 f.), und dieser Verfahrensfehler kann durch (auch konkludenten) Rügeverzicht geheilt werden. Nach der Rspr. des BVerwG muss die Nichtzuziehung eines Dolmetschers gem. § 173 VwGO i.V.m. § 295 Abs. 1 ZPO zur Erhaltung des *Rügerechts* spätestens in der nächsten mündlichen Verhandlung gerügt werden (BVerwG 26.4.1988 – 9 B 104/88; NJW 1988, 722, 723). Das gleiche gilt bei einem Übersetzungsmangel (BVerwG Buchholz 310 § 55 VwGO Nr. 6). „Nächste mündliche Verhandlung im Sinne dieser Vorschrift ist nicht notwendig ein neuer Termin, sondern kann auch eine Verhandlung sein, die sich […] innerhalb der mündlichen Verhandlung an jenen Verfahrensabschnitt anschließt, in dem der geltend gemachte Verfahrensmangel geschehen sein soll."[148] Noch weiter gehend hat das BVerwG in einem anderen Urteil ausgeführt, es sei Voraussetzung für die Revisionsrüge, aufgrund der unterbliebenen Bestellung eines Dolmetschers sei das rechtliche Gehör verletzt worden, dass im Termin deswegen ein Vertagungsantrag gestellt werde (BVerwG BayVBl 1982, 349 f.). Ohne einen Hinweis eines Beteiligten an das Gericht, eine Übersetzung in die deutsche Sprache zu benötigen, soll dieses rechtfehlerfrei entscheiden können, ein in das Verfahren eingeführtes *fremdsprachiges Erkenntnismittel* zu verwerten, sofern die Mitglieder des Gerichts selbst alle der Fremdsprache mächtig sind (VGH Mannheim NVwZ-RR 2017, 630 f.).

6. Wahrnehmung gerichtlicher Dokumente für Blinde oder Sehbehinderte. § 191 a GVG regelt die   63a Wahrnehmung gerichtlicher Dokumente durch Blinde und Sehbehinderte. Die Vorschrift wurde durch Art. 20 Nr. 5 des Gesetzes zur Änderung des Rechts der Vertretung durch Rechtsanwälte vor den Oberlandesgerichten (OLG-Vertretungsänderungsgesetz) vom 23.7.2002 (BGBl I 2850) eingeführt. Sie ist seitdem mehrfach geändert und hinsichtlich der Rechte des vorstehend genannten Personenkreises erweitert worden. Seit dem 1.7.2014 kann eine blinde oder sehbehinderte Person Schriftsätze und andere Dokumente in einer für sie wahrnehmbaren Form bei Gericht einreichen (§ 191 a Abs. 1 S. 1 GVG). Der barrierefreie Zugang zu gerichtlichen Verfahren erfasst damit nunmehr auch die Möglichkeit, Verfahrenshandlungen gegenüber dem Gericht – z.B. die Klageschrift und weitere bestimmende Schriftsätze, insbes. Beweisantritte und Anträge – in einer Form einzureichen, die für die blinde oder sehbehinderte Person wahrnehmbar ist (BT-Drs. 17/12634, 40). Wie schon zuvor können betroffene Personen nach § 191 Abs. 1 S. 2 GVG verlangen, dass ihr Schriftsätze und andere Dokumente eines gerichtlichen Verfahrens barrierefrei zugänglich gemacht werden. Dies gilt nach § 191 Abs. 1 S. 3 GVG auch im Falle einer Akteneinsicht. Die vorstehenden Rechte können nach § 191 Abs. 1 S. 4 GVG als eigenständiger Anspruch von einer blinden oder sehbehinderten Person geltend gemacht werden, die von einer anderen Person mit der Wahrnehmung ihrer Rechte beauftragt oder hierfür bestellt worden ist (z.B. Prozessbevollmächtigte). Auslagen werden für die barrierefreie Zugänglichmachung von

---

147 *Kissel/Mayer* § 185 Rn. 24.
148 BVerwG Buchholz 310 § 55 VwGO Nr. 6. So auch OVG Lüneburg 24.7.2006 – 5 LA 306/05, juris Rn. 5.

der blinden oder sehbehinderten Person nicht erhoben (§ 191 Abs. 1 S. 5 GVG). Einzelheiten der genannten Ansprüche werden nach § 191a Abs. 2 GVG durch eine Rechtsverordnung[149] bestimmt, die insbes. Regelungen darüber enthält, unter welchen Voraussetzungen und in welcher Weise die Dokumente, die von den Parteien zur Akte gereicht werden, einer blinden oder sehbehinderten Person zugänglich gemacht werden, sowie ob und wie diese Person bei der Wahrnehmung ihrer Rechte mitzuwirken hat. § 191 Abs. 3 GVG enthält Regelungen zur barrierefreien Gestaltung, Übermittelung und Zugänglichmachung elektronischer Dokumente.

63b   Nach dem bis zum 30.6.2014 geltenden Wortlaut des § 191a Abs. 1 GVG stand der Anspruch auf barrierefreie Zugänglichmachung von Dokumenten unter dem Vorbehalt, dass „dies zur Wahrnehmung der Rechte im Verfahren erforderlich" ist. Das BVerfG hat auf dieser Grundlage ausgesprochen, dass der sehbehinderten Partei die Prozessunterlagen in Blindenschrift nicht vorliegen müssen, wenn der Streitstoff übersichtlich und die Partei anwaltlich vertreten ist; hier sei „grundsätzlich die Annahme gerechtfertigt, dass ihr der Prozessgegenstand ohne Informationsverlust und ohne eine Beschränkung ihrer Teilhabemöglichkeit von ihrem Rechtsanwalt vermittelt wird, zumal ihre Unterrichtung zu dessen Pflichten gehört" (BVerfG [K] NJW 2014, 3567 Rn. 9). Der VGH Kassel hat diese Rspr. auf die neue Rechtslage übertragen (vgl. § 191a Abs. 2 GVG i.V.m. § 4 ZMV). Bei Bestellung eines Betreuers könne die behinderte Person zur Wahrnehmung ihrer Rechte auf den Betreuer verwiesen werden (VGH Kassel 11.8.2016 – L 8 P 4/15, juris Rn. 32 f.).

64   **7. Einzelfälle.** *Fremdsprachige Schriftstücke:* Eine *Vollmacht* kann zumindest dann mit fremden Schriftzeichen (z.B. arabischen Schriftzeichen) unterzeichnet werden, wenn der Name in deutscher Schrift an anderer Stelle der Vollmacht oder in einem Begleitschreiben erscheint (VGH München NJW 1978, 510, 511). Von der *Zuziehung eines Dolmetschers* kann bei einer Verhandlung mit einer hör- und sprachbehinderten Person dann abgesehen werden, wenn der Betroffene, dessen persönliches Erscheinen nicht angeordnet war, zum Termin mit einem Beistand erscheint und sein Verhalten im Termin als Verzicht auf die Zuziehung eines Dolmetschers verstanden werden kann (BVerwG Buchholz 310 § 55 VwGO Nr. 2).

VI. Beratung und Abstimmung

65   **1. Gesetzliche Regelung.** Die Vorschriften über Beratung und Abstimmung finden sich über die Verweisung des § 55 in §§ 192–197 GVG. Diese Vorschriften ergänzen die unvollständigen Regelungen der VwGO über die Gerichtsverfassung. Von den Vorschriften des I. Teils der VwGO haben hier insbes. § 19 (Mitwirkung ehrenamtlicher Verwaltungsrichter bei der mündlichen Verhandlung und der Urteilsfindung) und § 30 (Heranziehung der ehrenamtlichen Richter zu den Sitzungen) eine gewisse Bedeutung; zentral für die Mitwirkung der Richter an der Entscheidung ist § 112.

66   **2. Anwendungsbereich.** Der Anwendungsbereich der Vorschriften ist auf *Kollegialentscheidungen* des Gerichts beschränkt. Die Grundsätze gelten also nicht für Entscheidungen, die das Gesetz dem Einzelrichter (vgl. § 6), dem Vorsitzenden oder dem Berichterstatter (vgl. §§ 87, 87a, 87b) überträgt. Die Grundsätze gelten allerdings für die Übertragung der Entscheidung auf den Einzelrichter durch die Kammer nach § 6 Abs. 1. Die Vorschriften der §§ 192 ff. GVG, die lediglich den Begriff *Schöffen* erwähnen, gelten auch für die ehrenamtlichen Richter. Dies ergibt sich auch aus § 45a DRiG, wonach der Begriff „Schöffe" nur die besondere Bezeichnung des ehrenamtlichen Richters in Strafsachen ohne eigenen Status ist.[150] Soweit die Vorschriften der §§ 192–197 GVG auf „Schöffen", d.h. auf die ehrenamtlichen Richter abstellen, ergibt sich durch die verstärkte Tendenz in der VwGO, Entscheidungen ohne mündliche Verhandlung zuzulassen, ein Bedeutungsschwund dieser Vorschriften. Entscheidungen ohne mündliche Verhandlung (und damit ohne Mitwirkung der ehrenamtlichen Richter) sind u.a. möglich bei Erlass eines Gerichtsbescheides (§ 84), Entscheidungen über die Berufung (insbes. Verwerfung oder Zurückweisung) durch Beschluss (§ 125 Abs. 2 und § 130a), bei der Entscheidung des OVG über den Antrag auf Zulassung der Berufung (§ 124a Abs. 5 S. 1, § 101 Abs. 3) und v.a. im Eilverfahren nach §§ 80, 80a bzw. 123 und diesbezüglichen Beschwerdeentscheidungen nach §§ 146 und 150.

---

149   VO zur barrierefreien Zugänglichmachung von Dokumenten für blinde und sehbehinderte Personen im gerichtlichen Verfahren (Zugänglichmachungsverordnung – ZMV).
150   *Kissel/Mayer* § 192 Rn. 1, 21 f.

Diese Tendenz erscheint rechtspolitisch bedenklich, weil der Vorzug der Regelungen über die Mitwirkung ehrenamtlicher Richter durch den immer enger werdenden Anwendungsbereich verloren zu gehen droht. Das BVerwG entscheidet ohnehin immer ohne Mitwirkung ehrenamtlicher Richter.

3. Begriffsbestimmungen und Zweck. *Entscheidung* i.S.d. §§ 192 ff. GVG meint den gerichtsinternen 67 Vorgang der „Urteilsfindung" (für jede Art von Entscheidung) ab Schließung der mündlichen Verhandlung (vgl. § 104 Abs. 3) bzw. nach Ablauf der Frist für Stellungnahmen der Verfahrensbeteiligten bis zur Kundgabe des Entscheidungsergebnisses. Gegenstand dieser Kollegialentscheidungen können hierbei alle gesetzlich vorgesehenen Regelungen zur Erledigung eines Antrags sein, sowohl eine die Instanz abschließende als auch jede das Verfahren einleitende oder seinen Fortgang betreffende Entscheidung.[151] Nicht mehr vom Begriff der Entscheidung im GVG umfasst ist die Bekanntgabe der Entscheidung selbst. *Mitwirkung* bedeutet jede aktive Teilnahme an der Entscheidungsfindung.[152] Die §§ 192 ff. GVG stellen zum einen eine Konkretisierung des Gebots des gesetzlichen Richters dar und dienen zum anderen der richterlichen Unabhängigkeit, in dem sie insbes. durch § 193 GVG sicherstellen, dass die erkennenden Richter „in voller Freiheit und in aller Offenheit" miteinander über die richtige Entscheidung diskutieren können[153]. Das Gericht soll außerdem bei der Urteilsfindung gegen den auch nur möglichen Einfluss von Personen, die nicht selbst zur Sache zu entscheiden haben, abgeschirmt werden (VGH Kassel NJW 1981, 599).

4. Beratungsgeheimnis. Beratung und Abstimmung unterliegen dem Beratungsgeheimnis, das sowohl 68 für die Berufsrichter nach § 43 DRiG als auch für die ehrenamtlichen Richter gem. § 45 Abs. 1 S. 2 DRiG gilt. §§ 192, 193 GVG dienen dem Beratungsgeheimnis, indem sie die Einflussnahme Dritter auf das Beratungs- und Abstimmungsergebnis ausschließen (→ Rn. 71 ff.). Das Beratungsgeheimnis erstreckt sich auf alle Vorgänge, die sich inhaltlich unmittelbar auf die Entscheidungsfindung beziehen. Hingegen unterliegen Äußerlichkeiten der Entscheidung, insbes. die Frage, wer an der Beratung und Abstimmung teilgenommen hat, nicht dem Beratungsgeheimnis (BGHSt 23, 200, 202). Da Sachbericht und (vorbereitendes) Votum lediglich der Vorbereitung der mündlichen Verhandlung und der Beratung des Gerichts dienen, werden sie vom Beratungsgeheimnis nicht miterfasst.[154] Das Beratungsgeheimnis gilt absolut ohne Befreiungsmöglichkeit (VGH Kassel NJW 1981, 599, 600). Dieses Abstimmungs- und Beratungsgeheimnis dient der Wahrung der Autorität des Richterspruchs durch eine nach außen einheitliche Entscheidung.[155] Die rechtswidrige Verletzung des Beratungsgeheimnisses stellt zwar einen Verfahrensverstoß, aber keinen absoluten Revisionsgrund dar. Eine solche Verletzung hat darüber hinaus für den Berufsrichter disziplinarrechtliche Konsequenzen nach dem DRiG bzw. den Landesrichtergesetzen. Strafrechtliche Konsequenzen entstehen nicht, da § 353b Abs. 1 Nr. 1 StGB nicht den Bruch des richterlichen Beratungsgeheimnisses erfasst (OLG Düsseldorf NStZ 1981, 25).

„Schon bei der Beratung des GVG wurde erörtert, ob es ein Recht des überstimmten Richters geben 69 solle, seine *abweichende Ansicht* (dissenting vote) zu verlautbaren".[156] Ein solches Recht wurde allerdings bis heute nicht in das GVG aufgenommen, wenngleich es insbes. aufgrund des § 30 Abs. 2 BVerfGG, der die Niederlegung eines Sondervotums bei einer bundesverfassungsgerichtlichen Entscheidung zulässt, immer wieder diskutiert wurde[157]. Der einzelne Verwaltungsrichter ist daher aufgrund des zu wahrenden Beratungsgeheimnisses nicht befugt, eine von der Gerichtsentscheidung abweichende Begründung öffentlich zu verlautbaren. Nicht erfasst von diesem Verbot ist die grds. zulässige Abgabe von Separatvoten. Hierunter versteht man eine verschlossen aufzubewahrende Stellungnahme des überstimmten Richters, der hier v.a. für die Zukunft sein Verhalten und seinen Entscheidungsvorschlag dokumentieren will.[158]

---

151 *Kissel/Maye* § 192 Rn. 3.
152 *C. Lückemann*, in: Zöller § 192 GVG Rn. 1.
153 *Kissel/Mayer* § 193 Rn. 1.
154 BVerwG NVwZ 1987, 127 f.: Sachbericht und Votum unterliegen lediglich der allgemeinen (für Richter im Landesdienst gem. § 71 DRiG im jeweiligen LBG geregelten) Amtsverschwiegenheit, die neben der speziellen richterlichen Pflicht zur Wahrung des Beratungs- und Abstimmungsgeheimnisses besteht; *Kissel/Mayer* § 193 Rn. 4.
155 *W. Zimmermann*, in: MüKoZPO III Vorbem §§ 192 ff. Rn. 2.
156 *Kissel/Mayer* § 193 Rn. 5.
157 *K.-G. Zierlein*, NJW 1993, 1048 ff.; *Kissel/Mayer* § 193 Rn. 5 m.w.N.
158 *Kissel/Mayer* § 193 Rn. 6.

70　Daneben werden gewisse *Durchbrechungen des Beratungsgeheimnisses* für zulässig erachtet. So sind wissenschaftliche Äußerungen eines Richters vor oder nach der Entscheidung von seinem Recht auf freie Meinungsäußerung und v.a. durch die Wissenschaftsfreiheit des Art. 5 Abs. 3 GG gedeckt, obwohl aus ihnen häufig Rückschlüsse auf sein Beratungs- und Abstimmungsverhalten bei einer gerichtlichen Entscheidung gezogen werden können.[159] Die richterliche Zurückhaltung sollte hier aber selbstverständlich sein. Ein zu enger Bezug v.a. zu anstehenden Entscheidungen sollte vermieden werden. Darüber hinaus können auch eine wissenschaftliche Stellungnahme und die Äußerung entsprechender Rechtsauffassungen im Einzelfall zu einem Ablehnungsgrund i.S.d. § 54 führen (→ § 54 Rn. 79 f.). Das Beratungsgeheimnis darf nicht als „Deckmantel für richterliche Fehler" dienen, sodass bei der Untersuchung einer persönlichen Verantwortung eines Richters etwa als Grundlage für straf-, diszipli-nar- oder allgemein haftungsrechtliche Konsequenzen eine Beweiserhebung über den Hergang der Beratung zulässig sein muss.[160]

71　**5. Mitwirkung von Richtern.**　Aus den §§ 192 und 193 GVG ergibt sich, dass im Regelfall nur Berufs- und ehrenamtliche Richter an der Entscheidung mitwirken dürfen. Die in den §§ 5 ff. für die jeweilige Besetzung der Verwaltungsgerichte festgelegte Zahl von Richtern darf gem. § 192 GVG grds. weder über- noch unterschritten werden. Hierbei ist auch die Einhaltung der vorgeschriebenen Zusammensetzung aus Berufsrichtern und ehrenamtlichen Richtern von der Regelung des § 192 GVG mitumfasst. Insofern ergänzt § 192 GVG die Vorschrift des § 112, nach der auch nur die Richter das Urteil fällen, die an der dem Urteil zugrunde liegenden Verhandlung teilgenommen haben. Eine Ausnahme von dem Grundsatz, dass nur Richter in der gesetzlich bestimmten Anzahl bei der Entscheidung mitwirken dürfen, ist in § 193 GVG (hinsichtlich der Mitwirkung anderer Personen → Rn. 72 ff.) geregelt. Dagegen stellt § 192 Abs. 2 GVG, der die Möglichkeit der Zuziehung von Ergänzungsrichtern anordnet, keine solche Ausnahme dar. Zwar ist ein zugezogener Ergänzungsrichter verpflichtet, an der mündlichen Verhandlung so teilzunehmen, als ob er an der anschließenden Beratung und Beschlussfassung des Urteils teilnehmen müsse. An der Entscheidung darf der Ergänzungsrichter aber nur im tatsächlich eingetretenen Verhinderungsfall mitwirken (BVerfGE 30, 149, 156 f.). § 192 Abs. 2 GVG hat für das verwaltungsgerichtliche Verfahren allerdings kaum praktische Bedeutung. Im Falle eines Richterwechsels ist es – anders als im Strafprozess – nicht notwendig, dass die Verhandlung neu begonnen wird. Erforderlich ist lediglich die Wiedereröffnung der mündlichen Verhandlung gem. § 104 Abs. 3 S. 2, in der aber nur eine Wiederholung der entscheidungserheblichen Teile für notwendig erachtet wird (BVerwGE 81, 139, 143; vgl. auch die Komm. zu § 122).

72　**6. Anwesenheit von anderen Personen als den gesetzlich vorgesehenen Richtern.**　Die Anwesenheit von anderen Personen als den gesetzlich vorgesehenen Richtern lässt § 193 GVG in begrenztem Umfang zu. § 193 Abs. 1 GVG regelt die früher umstr. Frage,[161] ob die bei demselben Gericht beschäftigten *wissenschaftlichen Hilfskräfte* bei der Beratung und der Abstimmung anwesend sein dürfen, dahingehend, dass ihre Anwesenheit grds. zulässig ist. Ebenfalls grds. zulässig ist die Anwesenheit von *zur juristischen Ausbildung Beschäftigten*. Dies sind jedenfalls die im Vorbereitungsdienst stehenden Referendare nach § 5 b DRiG. Ob darüber hinaus auch die zur praktischen Studienzeit zugewiesenen Studenten von dieser Regelung mitumfasst sind, ist umstr. Da die praktische Studienzeit von Studenten der Rechtswissenschaft gesetzlich (vgl. § 5 a Abs. 3 S. 2 DRiG und die Justizausbildungsgesetze der Länder) geregelter Teil der juristischen und damit der zur Befähigung zum Richteramt führenden Ausbildung ist, sollte auch ihre Anwesenheit i.S.v. § 193 Abs. 1 GVG als gestattungsfähig angesehen werden.[162] Die in der Ausbildung Beschäftigten, deren Anwesenheit gem. § 193 Abs. 1 GVG gestattet werden kann, müssen demselben Gericht, aber nicht notwendig demselben Spruchkörper zugewiesen sein.[163] Allerdings ist die Anwesenheitsgestattung grds. nur während der Zeit zulässig, in der die Auszubildenden dem Gericht tatsächlich zugewiesen sind (BVerwG NJW 1982, 1716). Nur ausnahmswei-

---

159　*Kissel/Mayer* § 193 Rn. 11.
160　*Kissel/Mayer* § 193 Rn. 13 ff.
161　Vgl. nur BVerwGE 5, 85 f.; BSGE 13, 147, 149 ff.; *J. Damrau*, NJW 1968, 633.
162　Ebenso: *Kissel/Mayer* § 193 Rn. 22; *B. Seifert*, MDR 1996, 125 ff.; abl.: BGHSt 41, 119 ff.; OLG Bremen NJW 1959, 1145 f.; *C. Kimmel*, in: BeckOK VwGO, Posser/Wolff § 55 Rn. 34; *C. Lückemann*, in: Zöller § 193 GVG Rn. 4; *C. Meissner/W. Schenk*, in: Schoch/Schneider/Bier § 55 Rn. 65; *W.-R. Schenke*, in: Kopp/Schenke § 55 Rn. 12.
163　*Kissel/Mayer* § 193 Rn. 21.

se darf ein Referendar auch nach Ablauf seiner ordentlichen Ausbildungszeit bei Beratung und Abstimmung eines Gerichtes anwesend sein, wenn seine Mitwirkung zur Ergänzung seiner Ausbildung notwendig ist (BGH GA 1965, 93). Weitere Voraussetzung ist die Gestattung durch den Vorsitzenden. Soweit die Anwesenheit gestattet ist, ist auch die aktive Beteiligung dieser anwesenden Person an der Beratung zulässig. Dies gilt im Interesse der Ausbildung zumindest für die anwesenden Referendare.[164] Dagegen ist eine Teilnahme an der richterlichen Abstimmung von vornherein ausgeschlossen.[165]

§ 193 Abs. 2–4 GVG enthält eine Regelung über die Zulässigkeit der *Anwesenheit ausländischer Juristen* an Beratung und Abstimmung. Diese Regelungen beruhen auf langjährigen Erfahrungen beim internationalen Juristenaustausch.[166] Da die ausländischen Hospitanten nicht in einem Dienstverhältnis des deutschen Rechts stehen und deshalb auch nicht dem Beratungsgeheimnis oder der dienstrechtlichen Verschwiegenheitspflicht unterliegen, sind sie gem. § 193 Abs. 3 und 4 GVG förmlich und strafbewehrt zur Verschwiegenheit zu verpflichten. Ob diese Regelung aufgrund eines Erst-recht-Schlusses auf inländische Hospitanten anwendbar ist, z.B. „Gastrichter" und Richter auf Probe, die dem Gericht zur Einarbeitung ohne richterliche Funktion zugewiesen sind, ist zweifelhaft.[167]

7. Gang der Beratung und der Abstimmung. Die Beratung und die Abstimmung müssen als solche 74 erkennbar stattgefunden haben (BGH NStZ 1992, 552, 553). Der Zweck des Beratungsgeheimnisses erfordert es, dass Beratung und Abstimmung geheim sind. Hierzu ist aber das Aufsuchen eines Beratungszimmers nicht unbedingt erforderlich. Eine akustische Trennung der Beratungsvorgänge ist ausreichend. Eine Beratung im Sitzungssaal bei Anwesenheit von Prozessbeteiligten und Zuhörern soll mit § 193 GVG vereinbar sein, wenn die Beratung in der Weise (z.B. durch Flüstern) geschieht, dass die im Sitzungssaal anwesenden, an der Beratung nicht beteiligten Personen von dieser nichts vernehmen können (BVerwG Buchholz 300 § 193 Nr. 1). Diese Möglichkeit dürfte aber nur in Ausnahmefällen, etwa bei sehr großen Sitzungssälen gegeben und zulässig sein. „Wesentlich für die Beratung ist die Möglichkeit für einen jeden Richter, seine Argumente vorzutragen, auf die der anderen einzugehen und an der Abstimmung teilzunehmen", wobei eine kurzfristige Abwesenheit von der Beratung dem nicht entgegensteht.[168] Erforderlich ist eine ausreichende Kenntnis des Streitstoffes durch die beratenden Richter, wobei detaillierte Aktenkenntnisse jedes einzelnen teilnehmenden Richters wohl nicht gefordert werden können.[169]

Regelmäßig ist die Beratung mündlich. Ausnahmsweise lässt die Rspr. eine Entscheidung im sog. *Umlaufverfahren* (schriftliche Beratung und Abstimmung aufgrund eines Entscheidungsentwurfs) zu, 75 wenn die beteiligten Richter mit diesem Verfahren einverstanden sind (BGH NJW-RR 2012, 879 Rn. 8). So soll eine schriftliche „Beratung" und Abstimmung im Umlaufverfahren bei Beschlüssen nach § 130a grds. möglich sein (BVerwG NJW 1992, 257). Diese Auffassung verkennt Sinn und Zweck der Regelung. Der Begriff der Beratung umfasst auch die damit verbundene (freie, von Dritten unbeeinflusste) Diskussion. In geeigneten Ausnahmefällen (z.B. Beratung über einen nachträglich eingegangenen Schriftsatz) wird ferner eine *Telefonkonferenz* unter gleichzeitiger Teilnahme sämtlicher beteiligten Richter für zulässig erachtet (BGH NJW-RR 2014, 243 Rn. 25 ff.; BAGE 151, 199; BAG NJW 2015, 3738 Rn. 12). Dafür wird verlangt, dass im Wege einer Konferenzschaltung unter der Leitung des Vorsitzenden des Spruchkörpers jeder Teilnehmer jederzeit von seinem Telefonapparat zeitgleich mit jedem anderen Teilnehmer kommunizieren kann und alle Teilnehmer die gesamte Kommunikation mithören können. Dabei muss sichergestellt sein, dass jederzeit in eine mündliche Beratung im Beisein aller Richter eingetreten werden kann, falls ein Richter dies wünscht oder ein neuer Gesichtspunkt es erfordert. Einschränkend gilt jedoch, dass die erstmalige Beratung als einzige Grundlage für die Entscheidung in der Hauptsache zwingend im Beisein sämtlicher beteiligter Richter stattfinden muss (BGH NJW-RR 2014, 234 Rn. 33). „Die Telefonkonferenz vermag die mündliche Beratung bei gleichzeitiger Anwesenheit aller beteiligten Richter allerdings nicht zu ersetzen. Sie kann nur neben diese treten" (BAG NJW 2015, 3738 Rn. 12).

---

164 BVerwG Buchholz 310 § 55 VwGO Nr. 4; *E. Schneider*, MDR 1968, 973, 975.
165 *E. Schneider*, MDR 1968, 973, 975.
166 *Kissel/Mayer* § 193 Rn. 25.
167 So allerdings *C. Lückemann*, in: Zöller § 193 GVG Rn. 5.
168 *Kissel/Mayer* § 193 Rn. 2.
169 BVerfG (K) NJW 2012, 2334 Rn. 25; BGH NStZ-RR 2013, 214; *Kissel/Mayer* § 194 Rn. 8.

76   Die §§ 195–197 GVG enthalten detaillierte Regelungen über die Mehrheitserfordernisse bei der Abstimmung und über die *Reihenfolge der Abstimmung*. Das Mehrheitserfordernis des § 196 GVG (absolute Mehrheit) wird von der VwGO in vielen Fällen modifiziert. So ist für die Zurückweisung von Berufungen durch Beschluss nach § 130 a S. 1 Einstimmigkeit bzgl. der Frage der Unbegründetheit der Berufung erforderlich. Demgegenüber soll es bei der Entscheidung über die Anwendung des § 84 (Gerichtsbescheid) ausreichen, wenn das Gericht mit Mehrheit[170] nach Anhörung der Beteiligten so entscheidet. Ein in einer Frage überstimmter Richter darf sich nach § 195 GVG nicht der weiteren Abstimmung enthalten. Das Gesetz regelt nicht, wer die schriftlichen Urteilsgründe entwirft und wie ihre endgültige Fassung zustande kommt. § 117 Abs. 1 sieht lediglich vor, dass das Urteil schriftlich zu ergehen hat und dass es von allen Berufsrichtern, die an der Entscheidung mitgewirkt haben, zu unterschreiben ist. Die Unterschrift bedeutet nicht die volle Zustimmung zu der Entscheidung, sondern stellt nur die Beurkundung ihres ordnungsgemäßen Zustandekommens, insbes. die Übereinstimmung mit dem Beratungsergebnis dar (BVerwG DÖV 1993, 719, 720). § 196 Abs. 2 GVG enthält einen bestimmten Abstimmungsmodus, der insbes. bei zivilrechtlichen Streitigkeiten Bedeutung hat, aber auch im Bereich der Verwaltungsgerichtsbarkeit, etwa bei allgemeinen Leistungsklagen, die die Zahlung einer bestimmten Summe beinhalten, praktisch werden kann. Werden hier verschiedene Auffassungen bei der Beratung vertreten, welche (Einzel-)Forderungen begründet sind und welche Summe sich danach ergibt, so werden jeweils die für die höchste Zahl (größte Summe) abgegebenen Stimmen zu den Stimmen addiert, die für die zweithöchste Summe plädieren, bis sich schließlich eine (absolute) Mehrheit ergibt. Die Vorschrift des § 196 Abs. 3 GVG gilt nur für Strafsachen und hat keinen Anwendungsbereich i.R. des Verwaltungsprozesses. Die Vorschrift des § 196 Abs. 4 GVG dürfte praktisch ebenfalls nicht zur Anwendung gelangen, da die Kammer des VG in der Besetzung von drei Richtern und zwei ehrenamtlichen Richtern entscheidet (§ 5 Abs. 3).

77   **8. Rechtsfolgen bei Verstößen.** Ein Verstoß gegen §§ 192, 193 GVG, d.h. die *Mitwirkung* anderer als der gesetzlich vorgesehenen Richter und die Anwesenheit nichtberechtigter Personen, führt dazu, dass das Gericht nicht ordnungsgemäß besetzt ist. Dies macht die Entscheidung nicht unwirksam, stellt aber einen Grund für die Zulassung der Berufung (§ 124 Abs. 2 Nr. 5) und einen absoluten Revisionsgrund nach § 138 Nr. 1 dar.[171] Inwieweit es hierbei auf die Feststellung ankommt, ob die Anwesenheit nichtberechtigter Personen für die Entscheidung von Einfluss war oder nach der konkreten Situation hätte sein können, ist umstr. Da die Anwesenheit einer gerichtsfremden Person bei der Beratung und bei der Abstimmung auch dann ursächlich für eine Entscheidung sein kann, wenn der Betreffende nur als stummer Teilnehmer anwesend ist, kann es auf eine solche Feststellung nicht ankommen. Auch eine passive Teilnahme kann dazu führen, dass die anwesenden Richter nicht offen über die zur Entscheidung anstehende Sache diskutieren, zumal gerichtsfremde Personen nicht dem Beratungsgeheimnis unterliegen. Ferner liegt bei einem derartigen Verstoß gegen die Mitwirkungsvorschriften ein Wiederaufnahmegrund gem. § 153 Abs. 1 VwGO i.V.m. § 579 Abs. 1 Nr. 1 ZPO vor.[172] Die Anwesenheit und die eventuelle Mitwirkung nichtberechtigter Personen führen darüber hinaus zu einer Amtspflichtverletzung gegenüber der betroffenen Partei.[173] Wie bereits ausgeführt (→ Rn. 68 ff.), stellt die rechtswidrige Verletzung des *Beratungsgeheimnisses* einen Verfahrensverstoß, aber keinen absoluten Revisionsgrund dar. Die *Weigerung des überstimmten Richters*, gem. § 195 weiter an der Entscheidungsfindung mitzuwirken, ist eine Dienst- und Amtspflichtverletzung und führt darüber hinaus dazu, dass das Gericht bei einer solchen Abstimmung nicht in der ordnungsgemäßen Besetzung tätig ist,[174] sodass ein absoluter Revisionsgrund nach § 138 Nr. 1 vorliegt.

78   **9. Einzelfälle.** Die *Anwesenheit* eines Referendars bei der Beratung und Abstimmung kann vom Vorsitzenden gestattet werden (BGHSt 18, 165 f.). Nicht zulässig ist dagegen die Anwesenheit eines Referendars, der im zur Entscheidung anstehenden Verfahren als Zeuge beteiligt war (BVerwG Buchholz

---

170   Die bei *W.-R. Schenke*, in: Kopp/Schenke § 84 Rn. 19 angegebene einfache Mehrheit korrespondiert in der Rechtswirklichkeit – derzeit – immer mit der absoluten Mehrheit entsprechend § 196 Abs. 1 GVG.
171   Ebenso VGH Kassel NJW 1981, 599; *Kissel/Mayer* § 192 Rn. 7, § 193 Rn. 33; a.M. BAGE 19, 285, 286 f.; BGHSt 18, 331, 332; *C. Lückemann*, in: Zöller § 193 GVG Rn. 7.
172   *W.-R. Schenke*, in: Kopp/Schenke § 55 Rn. 12 a.E.
173   BGHZ 36, 144, 153; *Kissel/Mayer* § 192 Rn. 7.
174   Vgl. *Kissel/Mayer* § 195 Rn. 2.

310 § 55 VwGO Nr. 4). Da eine schriftliche Entscheidung eines Verwaltungsgerichts erst mit der Unterzeichnung durch drei Richter zustande kommt, ist ein von einem bereits in Ruhestand befindlichen Richter mitunterzeichneter Gerichtsbescheid auch dann nicht in *ordnungsgemäßer Besetzung* beschlossen worden, wenn als Entscheidungsdatum ein Tag angegeben wird, an dem dieser Richter sich noch im Dienst befand (BVerwG NJW 1991, 1192; VGH Kassel ESVGH 33, 230 [Nr. 104]). Wer also im Zeitpunkt der Unterschriftsleistung nicht mehr Richter ist – wegen Eintritts in den Ruhestand oder Ablauf der Amtszeit –, kann nicht mehr unterschreiben, weil es sich bei der Unterschrift um eine richterliche Amtshandlung handelt.[175] Unterschreibt er dennoch, liegt in einem solchen Fall ein absoluter Revisionsgrund nach § 138 Nr. 1 vor. Die Unterschrift des (damit) verhinderten Richters ist aber unter Angabe des Verhinderungsgrundes durch den Vorsitzenden, bzw. wenn dieser verhindert ist, durch den ältesten beisitzenden Richter ersetzbar (vgl. § 117 Abs. 1 S. 3 VwGO, § 315 Abs. 1 S. 2 ZPO).

§ 55 a [Elektronische Dokumentenübermittlung]

(1) Vorbereitende Schriftsätze und deren Anlagen, schriftlich einzureichende Anträge und Erklärungen der Beteiligten sowie schriftlich einzureichende Auskünfte, Aussagen, Gutachten, Übersetzungen und Erklärungen Dritter können nach Maßgabe der Absätze 2 bis 6 als elektronisches Dokument bei Gericht eingereicht werden.

(2) [1]Das elektronische Dokument muss für die Bearbeitung durch das Gericht geeignet sein. [2]Die Bundesregierung bestimmt durch Rechtsverordnung mit Zustimmung des Bundesrates die für die Übermittlung und Bearbeitung geeigneten technischen Rahmenbedingungen.

(3) Das elektronische Dokument muss mit einer qualifizierten elektronischen Signatur der verantwortenden Person versehen sein oder von der verantwortenden Person signiert und auf einem sicheren Übermittlungsweg eingereicht werden.

(4) Sichere Übermittlungswege sind

1. der Postfach- und Versanddienst eines De-Mail-Kontos, wenn der Absender bei Versand der Nachricht sicher im Sinne des § 4 Absatz 1 Satz 2 des De-Mail-Gesetzes angemeldet ist und er sich die sichere Anmeldung gemäß § 5 Absatz 5 des De-Mail-Gesetzes bestätigen lässt,
2. der Übermittlungsweg zwischen dem besonderen elektronischen Anwaltspostfach nach § 31 a der Bundesrechtsanwaltsordnung oder einem entsprechenden, auf gesetzlicher Grundlage errichteten elektronischen Postfach und der elektronischen Poststelle des Gerichts,
3. der Übermittlungsweg zwischen einem nach Durchführung eines Identifizierungsverfahrens eingerichteten Postfach einer Behörde oder einer juristischen Person des öffentlichen Rechts und der elektronischen Poststelle des Gerichts; das Nähere regelt die Verordnung nach Absatz 2 Satz 2,
4. sonstige bundeseinheitliche Übermittlungswege, die durch Rechtsverordnung der Bundesregierung mit Zustimmung des Bundesrates festgelegt werden, bei denen die Authentizität und Integrität der Daten sowie die Barrierefreiheit gewährleistet sind.

(5) [1]Ein elektronisches Dokument ist eingegangen, sobald es auf der für den Empfang bestimmten Einrichtung des Gerichts gespeichert ist. [2]Dem Absender ist eine automatisierte Bestätigung über den Zeitpunkt des Eingangs zu erteilen. [3]Die Vorschriften dieses Gesetzes über die Beifügung von Abschriften für die übrigen Beteiligten finden keine Anwendung.

(6) [1]Ist ein elektronisches Dokument für das Gericht zur Bearbeitung nicht geeignet, ist dies dem Absender unter Hinweis auf die Unwirksamkeit des Eingangs und die geltenden technischen Rahmenbedingungen unverzüglich mitzuteilen. [2]Das Dokument gilt als zum Zeitpunkt der früheren Einreichung eingegangen, sofern der Absender es unverzüglich in einer für das Gericht zur Bearbeitung geeigneten Form nachreicht und glaubhaft macht, dass es mit dem zuerst eingereichten Dokument inhaltlich übereinstimmt.

(7) [1]Soweit eine handschriftliche Unterzeichnung durch den Richter oder den Urkundsbeamten der Geschäftsstelle vorgeschrieben ist, genügt dieser Form die Aufzeichnung als elektronisches Dokument,

---

175 *Kissel/Mayer* § 195 Rn. 11 m.w.N.

wenn die verantwortenden Personen am Ende des Dokuments ihren Namen hinzufügen und das Dokument mit einer qualifizierten elektronischen Signatur versehen. ²Der in Satz 1 genannten Form genügt auch ein elektronisches Dokument, in welches das handschriftlich unterzeichnete Schriftstück gemäß § 55 b Absatz 6 Satz 4 übertragen worden ist.

Schrifttum

1. Monographien und Beiträge in Sammelwerken: *N. Behr*, Konfliktlösung im Internet, 2005; *U. Berlit*, „Nach dem Gesetz ist vor dem Gesetz" – Regulierungsbedarfe in der elektronischen Justiz, in: van Oostrom/Weth (Hrsg.), FS Herberger, 2016, 95; *W. Bernhardt*, Steuerung von E-Justice durch Normsetzung, in: van Oostrom/Weth (Hrsg.), FS Herberger, 2016, 113; *G. Britz*, Elektronische Verwaltung – elektronische Verwaltungsjustiz, in: Verein Deutscher Verwaltungsgerichtstag (Hrsg.), 15. Deutscher Verwaltungsrichtertag, 2008, 237; *K. Borchers/F. Gottberg/C. Hoffmann*, Elektronische Dokumente als Beweismittel, 2016; *C. Brosch/F. Lummel/C. Sandkühler/D. Freiheit*, Elektronischer Rechtsverkehr mit dem beA, 2017; *T. A. Degen/U. Emmert*, Elektronischer Rechtsverkehr, 2016; *M. Eifert*, Electronic Government, 2006; *R. Geis*, Ein Rahmenwerk für den elektronischen Rechtsverkehr, 2015; *J. Klink*, Datenschutz in der elektronischen Justiz, 2010; *R. Köbler*, Elektronischer Rechtsverkehr in Deutschland: Die langsame föderale Revolution, in: Gottwald (Hrsg.), e-Justice in Österreich, FS Martin Schneider, 2013, 683; *ders.*, E-Justice in Deutschland – Ein kurzer Überblick, in: Hill/Dieckmann (Hrsg.), Moderne Justiz, 2013, 75; *T. Lapp*, Die Wertlosigkeit der Gesetzgebung für den elektronischen Rechtsverkehr, in: van Oostrom/Weth (Hrsg.), FS Herberger, 2016, 627; *J. von Lucke/H. Reinermann*, Speyerer Definition von Electronic Government, Speyer 2000; *J. Nolte*, „E-Volution der Verwaltungsrechtsprechung" – Die Kommunikation mit den Verwaltungsgerichten nach dem Gesetz zur Förderung des elektronischen Rechtsverkehrs vom 10. Oktober 2013, in: Hill/Schliesky (Hrsg.), Auf dem Weg zum Digitalen Staat – auch ein besserer Staat? 2015, 165; *J. Nolte*, Die Eigenart des verwaltungsgerichtlichen Rechtsschutzes, 2015; *A. Roßnagel*, Das Recht der Vertrauensdienste, 2016; *D. Rust*, Perspektiven der zukünftigen Arbeit des E-Justice-Rates, in: Hill/Kugelmann/Martini (Hrsg.), Perspektiven der digitalen Lebenswelt, 2017, 187; *U. Scherf/H-P. Schmieszek/W. Viefhues*, Elektronischer Rechtsverkehr, 2006; *M. Schwoerer*, Die elektronische Justiz, 2005; *W. Viefhues*, Elektronische Justiz – Möglichkeiten und Grenzen, in: Bär/Hohl/Möstl/Müller (Hrsg.), Rechtskonformes eGovernment – eGovernment-konformes Recht, 2005, 131.

2. Beiträge in Zeitschriften: *B. Beckermann*, Zur Erforderlichkeit einer Belehrung über die elektronische Form der Rechtsbehelfseinlegung, NVwZ 2017, 745; *U. Berlit*, Elektronischer Rechtsverkehr – eine Herausforderung für die Justiz, JurPC Web-Dok. 173/2013; *ders.*, Richterliche Unabhängigkeit und elektronische Akte, JurPC Web-Dok. 77/2012; *ders.*, Das Elektronische Gerichts- und Verwaltungspostfach bei Bundesfinanzhof und Bundesverwaltungsgericht, JurPC Web-Dok. 13/2006; *W. Bernhardt*, Die deutsche Justiz im digitalen Zeitalter, NJW 2015, 2775; *C. Brosch*, Nutzungspflicht für das besondere elektronische Anwaltspostfach? NJW 2015, 3692; *ders.*, Das Gesetz zur Förderung des elektronischen Rechtsverkehrs mit den Gerichten, K&R 2014, 9; *C. Brosch/C. Sandkühler*, Das besondere elektronische Anwaltspostfach – Nutzungsobliegenheiten, Funktionen und Sicherheit, NJW 2015, 2760; *G. Britz*, Von der elektronischen Verwaltung zur elektronischen Verwaltungsjustiz, DVBl 2007, 993; *C. Dästner*, Neue Formvorschriften im Prozessrecht, NJW 2001, 3469; *T. A. Degen*, Zukunftsvision wird Realität: Elektronische Klage statt Gang zum Nachbriefkasten – Verschlüsselung durch Signaturkarte, NJW 2009, 199; *ders.*, Elektronischer Rechtsverkehrs aus Sicht der Anwaltschaft, VBlBW 2005, 329; *J. Dreßel/W. Viefhues*, Gesetzgeberischer Handlungsbedarf für den elektronischen Rechtsverkehr – werden die wahren Probleme gelöst? K&R 2003, 434; *N. Fischer*, Reform der „Reform der Form"? – Überlegungen zum reformierten und zukünftigen Elektronischen Rechtsverkehr, KritV 2006, 43; *S. Fischer-Dieskau*, Der Referentenentwurf zum Justizkommunikationsgesetz aus Sicht des Signaturrechts, MMR 2003, 701; *M. Herberger*, Zehn Anmerkungen zum „Gesetz zur Förderung des elektronischen Rechtsverkehrs mit den Gerichten", JurPC Web-Dok. 81/2013; *S. Jandt*, Beweissicherheit im elektronischen Rechtsverkehr, NJW 2015, 1205; *R. Kriszeleit*, Durchbruch für den Elektronischen Rechtsverkehr, AnwBl 2013, 91; *R. Köbler*, BGH sei Dank: Willkommen, „elektronischer Schriftverkehr light", AnwBl 2015, 845; *ders.*, Unwirksame Einreichung von E-Mails bei Gerichts, FA 2012, 234; *ders.*, Signaturerfordernis bei elektronischen Schriftsätzen, FA 2010, 133; *ders.*, Schriftsatz per E-Mail – Verfahrensrechtliche Fallen, MDR 2009, 357; *ders.*, eJustice: Vom langen Weg in die digitale Zukunft der Justiz, NJW 2006, 2089; *J. Krüger/S. Vogelgesang*, Elektronischer Rechtsverkehr in Verfahren ohne Anwaltszwang – der Justizgewährungsanspruch des Bürgers als praktischer und theoretischer Störfaktor? JurPC Web-Dok. 39/2017; *B. Limperg*, Elektronisch einreichen und zustellen: Erleichterung oder Haftungsfalle für Anwälte? AnwBl 2013, 98; *F. Lummel*, Die Zukunft des elektronischen Rechtsverkehrs, NJW-Spezial 2013, 510; *H. Meyer*, It´s the End of the World as We Know It..." NZS 2014, 294; *C. Meyer-Seitz*, Förderung des Elektronischen Rechtsverkehrs mit den Gerichten, AnwBl 2013, 89; *H. Müller*, Vom Fax zum beA – oder: Der Ausdruck als Allheilmittel, AnwBl 2016, 27; *ders.*, Der elektronische Rechtsverkehr in der Rechtsanwendung – heute und morgen, NZS 2015, 896; *ders.*, Die Übermittlung und Prüfung der elektronischen Signatur des gegnerischen Schriftsatzes, NJW 2015, 822; *A. Müller-Teckhof*, Gesetz zur Förderung des elektronischen Rechtsverkehrs mit den Gerichten, MMR 2014, 95; *H. Radke*, „Die Zukunft hängt davon ab, was wir heute tun" – Auf dem Weg in die elektronische Justiz, jM 2014, 398; *ders.*, Zwischen Wagemut und Angststarre – Elektronischer Rechtsverkehr und elektronische Aktenführung in der Justiz, ZRP 2012, 113; *S. Reiling*, Der Streit um das BeA, AnwBl 2016, 409; *A. Roßnagel*, Beweiswirkungen elektronischer Vertrauensdienste, MMR 2016, 647; *ders.*, Der Anwendungsvorrang der eIDAS-Verordnung, MMR 2015, 359; *ders.*, Neue Regeln für sichere elektronische Transaktionen, NJW 2014, 3686; *ders.*, Das neue Recht elektronischer Signaturen, NJW 2001, 1817; *A. Rott*, Der European Case Law Identifier – EU-Standard für eine bessere Justiz, JurPC Web-Dok. 1/2017; *U. Schliesky*, Auswirkungen des E-Government auf Verfahrensrecht und kommunale Verwaltungsstrukturen, NVwZ 2003, 1322; *K. Schmeh*, Neue Signatur-Gesetzgebung: Sind aller guten Dinge drei? DuD 2017, 29; *J. Treber*, Virtuelle Justizkommunikation ante portas, NZA 2014, 450; *T. Starke*, Auswirkungen des elektronischen Rechtsverkehrs auf Rechtsbehelfs- und Rechtsmittelbelehrungen, LKV 2010, 358; *W. Viefhues*, Referentenentwurf des Justizkommunikationsgesetzes (JKomG), CR 2003, 541; *ders.*, Das Gesetz über die Verwendung elektronischer Kommunikationsformen in der Justiz, NJW 2005, 1009; *W. Viefhues/H. Hoffmann*, ERVG: Gesetz zur Verhinderung des elektronischen Rechtsverkehrs? MMR 2003, 71; *W. Viefhues/K-H. Volesky*, Elektronischer Rechtsverkehr – wird die Chance genutzt? K&R 2003, 59; *M. Weigel*, Die elektronische Klage, StBW 2013, 275; *M. Weller*, Der elektronische Rechtsverkehr mit den Gerichten rückt näher, DRiZ 2013, 290; *E. Werner*, Gesetzentwurf zur Einführung der elektronischen Akte in Strafsachen und zur weiteren Förderung des elektronischen Rechtsverkehrs, jM 2016, 387.

A. Allgemeines

I. Vorbemerkungen: E-Justice/E-Justiz

1. E-Justice und E-Government. Mit dem Begriff „E-Justice" (auch: E-Justiz) wird allgemein der Einsatz von IT in der Justiz auch über nationale Grenzen hinaus umschrieben.[1] Damit wird eine Abgrenzung zu dem im Rahmen der Digitalisierung von Verwaltungshandeln verwendeten Begriff „E-Go-

---

1 *W. Bernhardt/D. Heckmann*, in: Heckmann, jurisPK-Internetrecht, ⁵2017, Kap. 6 Rn. 1; *R. Köbler*, in: Hill/Dieckmann, 75.

vernment" hergestellt.[2] Der Einsatz von IT in der Verwaltung ist von jenem in der Justiz zu unterscheiden. Auch wenn teilweise ähnliche Anforderungen für den Austausch elektronischer Dokumente oder die elektronische Aktenführung innerhalb der Verwaltung und innerhalb der Justiz gelten, so stellt die Gewährleistung der richterlichen Unabhängigkeit (Art. 97 Abs. 1 GG) bei E-Justice eine Besonderheit dar.[3] Dies kann durch die unterschiedliche Terminologie zum Ausdruck gebracht werden.

2   **2. Elektronischer Rechtsverkehr (ERV).**   Die idR synonym verwendeten Begriffe „Justizkommunikation" und „elektronischer Rechtsverkehr" (ERV) können als Unterbegriffe des Oberbegriffs E-Justice (→ Rn. 1) eingeordnet werden. Sie beschreiben den elektronischen Austausch zwischen der Justiz und den Verfahrensbeteiligten. Dazu gehört die rechtsverbindliche Kommunikation zwischen Gerichten und Verwaltungsbehörden, Gerichten und Rechtsanwälten oder Notaren sowie Bürgern und Unternehmen. Häufig wird neben dieser Kommunikation im „Außenbereich" (tlw. als ERV ieS bezeichnet)[4] auch die Kommunikation im „Innenbereich" zum ERV gezählt (tlw. als ERV iwS bezeichnet).[5] Diese umfasst etwa den elektronischen Austausch innerhalb der Justizverwaltung und die elektronische Aktenführung (§ 55 b).[6] Bisweilen werden auch das elektronische Informationsangebot an die mit einem Rechtsstreit befassten und an ihm rechtlich Interessierten sowie die Anbindung von Folgediensten (z.B. Archive, Rechtsinformationssysteme etc.) dem ERV zugeordnet.[7]

3   Im vorliegenden Kontext liegt der Fokus auf denjenigen Gesichtspunkten des ERV, die in den §§ 55 a–d geregelt sind. Aspekte des ERV ieS (→ Rn. 2) sind für das verwaltungsgerichtliche Verfahren in den §§ 55 a, 55 c und 55 d geregelt. Die elektronische Führung von Prozessakten im verwaltungsgerichtlichen Verfahren ist in § 55 b verankert und Aspekte der Kommunikation innerhalb der Gerichte sind durch § 55 a Abs. 7 (→ Rn. 129 ff.) abgedeckt.

4   **3. E-Justice in Deutschland.**   **a) Entwicklungsschritte.**   Die Entwicklung von E-Justice in Deutschland kann in drei Etappen eingeteilt werden.[8] In einem *ersten Schritt* ging es zum einen um die Binnenmodernisierung der Justiz, indem Arbeitsplätze im richterlichen und staatsanwaltlichen Bereich sowie bei den Rechtspflegern mit IT ausgestattet wurden.[9] Zum anderen waren in dieser Phase der EDV-Einsatz in den Bereichen juristische Dokumentation, Grundbuch, Mahnverfahren und die Einführung eines gerichtlichen Haushalts- und Kassenwesens Gegenstände.[10]

5   Mit dem Formvorschriftenanpassungsgesetz[11] (→ Rn. 13) und dem Zustellungsreformgesetz[12] wurde 2001 eine *zweite Phase* eingeleitet, in der Bund und Länder mit ersten Projekten zur Einführung des ERV und der elektronischen Akte (§ 55 b) begannen (zum Einführungszeitpunkt des ERV in den Bundesländern und zum Stand des elektronischen Zugangs zu Verwaltungsgerichten im August 2017, → Rn. 76 f.).[13] Die fakultative Ausgestaltung des ERV (→ Rn. 13), die vorgeschriebene qualifizierte elektronische Signatur (→ Rn. 15) sowie die Entwicklung heterogener Regelungen aufgrund der Ermächtigung zum Erlass von Rechtsverordnungen (→ Rn. 17) verhinderten allerdings eine einheitliche Einführung und breite Nutzung von E-Justice.[14] Daran vermochte auch das JKomG[15] (→ Rn. 18 ff.)

---

2   Zur Definition von E-Government *J. von Lucke/H. Reinermann*, Speyerer Definition von Electronic Government, 2000; *M. Eifert*, Electronic Government, 2006, 21.

3   *R. Köbler*, NJW 2006, 2089, 2090 f.

4   Krit. zu dieser Bezeichnung: *R. Geis*, Ein Rahmenwerk für den elektronischen Rechtsverkehr, 2015, 55 f.

5   *W. Bernhardt/D. Heckmann*, in: Heckmann, Kap. 6 Rn. 3; *J. Klink*, Datenschutz in der elektronischen Justiz, 11 f.

6   A.A. *M. Schwoerer*, Die elektronische Justiz, 2005, S. 25 f., der zwischen ERV und elektronischer Akte unterscheidet.

7   So *R. Geis*, Ein Rahmenwerk für den elektronischen Rechtsverkehr, 2015, 64.

8   *R. Köbler*, in: Hill/Dieckmann, 75, 76 ff., unterscheidet vier Phasen: die innere Modernisierung der Justiz, die Kundenorientierung, die Hinwendung zum Entscheiderarbeitsplatz und den ERV bzw. durchgehend elektronische Geschäftsprozesse.

9   *D. Rust*, in: Hill/Kugelmann/Martini, 187, 190 f.; *W. Viefhues*, in: Bär/Hohl/Möstl/Müller, 131.

10   *R. Geis*, Ein Rahmenwerk für den elektronischen Rechtsverkehr, 2015, 8.

11   Gesetz zur Anpassung der Formvorschriften des Privatrechts und anderer Vorschriften an den modernen Rechtsgeschäftsverkehr vom 13.7.2001 (BGBl I 1542).

12   Gesetz zur Reform von Zustellungen im gerichtlichen Verfahren vom 25.6.2001 (BGBl I 1206).

13   Eine Übersicht über Projekte zur Erprobung und Einführung von ERV findet sich bei: *R. Geis*, Ein Rahmenwerk für den elektronischen Rechtsverkehr, 2015, 66 ff.

14   Allg. *D. Rust*, in: Hill/Kugelmann/Martini, 187, 191 ff. Speziell mit Blick auf die Verwaltungsgerichte: *G. Britz*, in: Verein Deutscher Verwaltungsgerichtstag, 237, 239 ff.; *C. Meyer-Seitz*, AnwBl 2013, 89.

15   Gesetz über die Verwendung elektronischer Kommunikationsformen in der Justiz vom 22.3.2005 (BGBl I 837, ber. 2022).

nicht viel zu ändern. Es blieb bei von Bundesland zu Bundesland unterschiedlichen Regelungen hinsichtlich des „Ob" und des „Wie" des ERV.

Mit dem E-Justiz-Gesetz[16] (→ Rn. 38 ff.) soll spätestens ab 2022 in einer *dritten Etappe*, die sich   6
durch eine verbindliche Nutzung des ERV auszeichnet, eine breitere Umsetzung sichergestellt werden. Zentrale Bestandteile des E-Justiz-Gesetzes sind deshalb die Einführung bundeseinheitlicher Regelungen (→ Rn. 52, 106 ff.) – zumindest nach einer Übergangszeit – sowie die Einführung von sicheren Übermittlungswegen als Alternative zur qualifizierten elektronischen Signatur (→ Rn. 113 ff.).[17]

b) E-Justice-Rat. In Deutschland beschäftigen sich verschiedene Gremien mit der strategischen Pla-   7
nung und Umsetzung von E-Justice. Der Abgrenzung zwischen E-Justice und E-Government (→ Rn. 1) entsprechend befasst sich der E-Justice-Rat mit der Koordination übergreifender Aufgaben bei Fragen des IT-Einsatzes in der Justiz gem. Art. 91 c GG, während der IT-Planungsrat für E-Government-Fragen zuständig ist (→ Rn. 9). Er fördert insbes. die Zusammenarbeit bei der Planung, der Errichtung und dem Betrieb informationstechnischer Systeme in der Justiz, bei der Festlegung von fachübergreifenden, justizspezifischen IT-Standards sowie IT-Interoperabilitätsstandards und von IT-Sicherheitsstandards und IT-Sicherheitskatalogen.[18]

Der E-Justice-Rat setzt sich aus den Amtschefs der Justizverwaltungen von Bund und Ländern zusam-   8
men. Die Basis bildet die Verwaltungsvereinbarung vom 13.6.2012 über die Errichtung des E-Justice-Rats und über die Grundlagen der Zusammenarbeit beim Einsatz der Informationstechnologie in der Justiz.[19] Eine ständige Arbeitsgruppe, die Bund-Länder-Kommission (BLK), in der Vertreter der Justizverwaltungen des Bundes und der Länder zusammenarbeiten, unterstützt den E-Justice-Rat.[20] Diese Kommission ging aus der bereits 1969 aufgrund eines Auftrags der 37. Justizministerkonferenz vom 30. und 31.5.1969 eingesetzten Bund-Länder-Kommission für Datenverarbeitung und Rationalisierung in der Justiz hervor.[21] Zum 1.7.2012 wurde die Kommission in Bund-Länder-Kommission für Informationstechnik in der Justiz umbenannt und dem E-Justice-Rat zugeordnet.[22]

Der E-Justice-Rat steht als eigenständiges Gremium neben dem IT-Planungsrat von Bund und Län-   9
dern, der auf Basis des IT-Staatsvertrags[23] zur Ausgestaltung von Art. 91 c GG die Zusammenarbeit von Bund und Ländern in Fragen der Informationstechnik koordiniert und E-Government-Projekte steuert.[24]

4. E-Justice in der EU. Neben E-Justice im Rahmen von nationalen Gerichtsverfahren kommt dem   10
grenzüberschreitenden ERV zunehmend Bedeutung zu. Voraussetzung für den grenzüberschreitenden elektronischen Austausch von Informationen und Dokumenten sind einheitliche Strukturen. In der EU ist die Ratsarbeitsgruppe E-Recht (E-Justiz) damit befasst, die Umsetzung des mehrjährigen Aktionsplans für die europäische E-Justiz 2014–2018[25] (→ Rn. 11) zu prüfen und mit dem Aktionsplan zusammenhängende Beschlüsse des Rates vorzubereiten.[26]

Mit dem Aktionsplan, der auf dem ersten mehrjährigen Aktionsplan für die europäische E-Justiz   11
(2009–2013)[27] aufbaut, sollen ein besserer Zugang zur Justiz und zu justiziellen Informationen für alle, eine bessere Zusammenarbeit zwischen den Justizbehörden der EU-Mitgliedstaaten sowie die Achtung der Unabhängigkeit und Vielfalt der Justizsysteme der Länder und der Grundrechte gewährleistet werden. Zu den Bausteinen einer europäischen E-Justiz gehören u.a. das Projekt E-Codex,[28] mit dem der sichere und schnelle Austausch von Rechtsdaten erreicht werden soll, und die Entwicklung eines

---

16 Gesetz zur Förderung des elektronischen Rechtsverkehrs mit den Gerichten vom 10.10.2013 (BGBl I 3786).
17 Zur Bedeutung des E-Justiz-Gesetzes vom 10.10.2013 (BGBl I 3786) vgl. auch *U. Berlit*, JurPC 173/2013 Abs. 1 ff.
18 http://www.justiz.de/e_justice_rat/index.php (abgerufen am 25.10.2017).
19 JMBl Bbg. Nr. 11, 15.11.2012, 107.
20 http://www.justiz.de/BLK/index.php (abgerufen am 25.10.2017).
21 *D. Rust*, in: Hill/Kugelmann/Martini, 187, 188.
22 *D. Rust*, in: Hill/Kugelmann/Martini, 187, 189.
23 Vertrag über die Errichtung des IT-Planungsrats und über die Grundlagen der Zusammenarbeit beim Einsatz der Informationstechnologie in den Verwaltungen von Bund und Ländern – Vertrag zur Ausführung von Artikel 91 c GG vom 20.11.2009, in Kraft seit 1.4.2010, BGBl I 662, 663 ff.
24 http://www.it-planungsrat.de (abgerufen am 25.10.2017).
25 ABl C 182 vom 14.6.2014, S. 2–13.
26 http://www.consilium.europa.eu/de/council-eu/preparatory-bodies/working-party-e-law (abgerufen am 25.10.2017).
27 ABl C 75 vom 31.3.2008, S. 1–12.
28 https://www.e-codex.eu (abgerufen am 25.10.2017).

Europäischen Urteilsfinders (European Case Law Identifier – ECLI).[29] Mit diesem können Fundstellen aus Gerichtsentscheidungen eindeutig und korrekt wiedergegeben werden, unabhängig davon, aus welcher Rechtsordnung sie stammen. Außerdem erleichtert der ECLI die grenzüberschreitende, IT-gestützte Suche in Gerichtsentscheidungen.[30] In Deutschland wird der ECLI beim BVerfG, BGH, BVerwG, BFH sowie beim BAG genutzt. Geplant ist, den ECLI in Deutschland in sämtlichen Gerichten einzuführen.[31]

12 Die Ratsarbeitsgruppe E-Recht (E-Justiz) ist zudem für das europäische Justizportal[32] zuständig. Mit diesem Portal soll eine einzige Anlaufstelle („one-stop-shop") geschaffen werden, über die Bürger, Unternehmen und Angehörige der Rechtsberufe bei grenzüberschreitenden Sachverhalten Informationen über das EU-Recht und die einzelstaatlichen Rechtsvorschriften beziehen und auf nationale Register sowie gerichtliche und außergerichtliche Verfahren zugreifen können. Die Vernetzung nationaler Datenbanken bzw. Register stellt ein wichtiges Ziel des europäischen Justizportals dar. So ist etwa seit Juli 2014 die Vernetzung nationaler Insolvenzregister von neun EU-Mitgliedstaaten über das Portal zugänglich.[33]

II. Entstehungsgeschichte und Weiterentwicklung

13 **1. Formvorschriftenanpassungsgesetz (§ 86 a a.F.).** Die Vorgängernorm von § 55 a stellt § 86 a a.F. dar.[34] Sie wurde durch Art. 8 des Gesetzes zur Anpassung der Formvorschriften des Privatrechts und anderer Vorschriften an den modernen Rechtsgeschäftsverkehr (Formvorschriftenanpassungsgesetz – FormVorAnpG) vom 13.7.2001 (BGBl I 1542) eingefügt und trat am 1.8.2001 in Kraft (Art. 35 Form-VorAnpG). Mit dem FormVorAnpG und dem Gesetz zur Reform von Zustellungen im gerichtlichen Verfahren (Zustellungsreformgesetz) vom 25.6.2001 (BGBl I 1206) wurden erste Grundlagen für den ERV geschaffen (→ Rn. 5).[35] Die Nutzung des ERV war allerdings nicht verpflichtend vorgesehen.

14 Ursprünglich sollte mit dem FormVorAnpG lediglich in § 130 a ZPO a.F. die Möglichkeit eingeführt werden, Schriftsätze und Erklärungen bei Gericht in elektronischer Form einzureichen.[36] Der Bundesrat regte allerdings an, den Entwurf des Gesetzes um entsprechende Vorschriften der öffentlich-rechtlichen Verfahrensordnungen zu ergänzen (§ 86 a a.F., § 77 a FGO a.F., § 108 a SGG a.F.).[37]

15 **a) Qualifizierte elektronische Signatur.** Die Einfügung entsprechender Bestimmungen in § 86 a a.F. sowie in den parallelen Bestimmungen der anderen Gerichtsordnungen verlief allerdings nicht diskussionslos. Vielmehr herrschte Uneinigkeit in der Frage, ob die Nutzung einer qualifizierten elektronischen Signatur als zwingende Vorgabe oder lediglich als Sollvorschrift auszugestalten sei. In der vom Bundestag beschlossenen Fassung[38] war vorgesehen, dass die verantwortende Person das Dokument mit einer qualifizierten elektronischen Signatur nach dem SigG versehen *solle* (§ 86 a Abs. 1 S. 2 a.F.). Diese Formulierung stieß im Bundesrat auf Widerstand; er rief deshalb den Vermittlungsausschuss an. Der Bundesrat wollte für die Klageschrift und bestimmende Schriftsätze *zwingend* die Nutzung einer

---

29 https://e-justice.europa.eu/content_european_case_law_identifier_ecli-175-de.do (abgerufen am 25.10.2017).
30 *A. Rott,* JurPC Web-Dok. 1/2017 Abs. 33 f.
31 *A. Rott,* JurPC Web-Dok. 1/2017 Abs. 59.
32 https://e-justice.europa.eu (abgerufen am 25.10.2017).
33 https://e-justice.europa.eu/content_interconnected_insolvency_registers_search-246-de.do (abgerufen am 25.10.2017).
34 § 86 a a.F. lautet:
„(1) Soweit für vorbereitende Schriftsätze und deren Anlagen, für Anträge und Erklärungen der Parteien sowie für Auskünfte, Aussagen, Gutachten und Erklärungen Dritter die Schriftform vorgesehen ist, genügt dieser Form die Aufzeichnung als elektronisches Dokument, wenn dieses für die Bearbeitung durch das Gericht geeignet ist. Die verantwortende Person soll das Dokument mit einer qualifizierten elektronischen Signatur nach dem Signaturgesetz versehen.
(2) Die Bundesregierung und die Landesregierungen bestimmen für ihren Bereich durch Rechtsverordnung den Zeitpunkt, von dem an elektronische Dokumente bei den Gerichten eingereicht werden können, sowie die für die Bearbeitung der Dokumente geeignete Form. Die Landesregierungen können die Ermächtigung durch Rechtsverordnung auf die für die Verwaltungsgerichtsbarkeit zuständigen obersten Landesbehörden übertragen. Die Zulassung der elektronischen Form kann auf einzelne Gerichte oder Verfahren beschränkt werden.
(3) Ein elektronisches Dokument ist eingereicht, sobald die für den Empfang bestimmte Einrichtung des Gerichts es aufgezeichnet hat."
35 *W. Viefhues,* NJW 2005, 1009, 1010.
36 BT-Drs. 14/4987, 24.
37 BT-Drs. 14/4987, 38, 47.
38 BR-Drs. 283/01, 6.

qualifizierten elektronischen Signatur vorschreiben, denn er hielt dies aus Gründen der Rechtssicherheit für notwendig. Im Rahmen von Gerichtsverfahren könnten anderenfalls gefälschte elektronisch übermittelte Dokumente erheblichen Schaden anrichten.[39] Die Bundesregierung stellte sich auf die Seite des Bundestages, denn sie hielt die *Sollvorschrift* als Ordnungsvorschrift für ausreichend.[40] Sie führte insbes. an, dass der elektronische Rechtsverkehr nicht durch ein Übermaß an Formstrenge unnötig erschwert und verzögert werden dürfe. Der Vermittlungsausschuss hielt die vom Bundesrat geforderte Anpassung nicht für erforderlich. Die *Sollregelung* sei § 130 Nr. 6 ZPO nachgebildet, die von der Rspr. für bestimmende Schriftsätze als Mussvorschrift verstanden werde, auch wenn sie Ausnahmen zulasse, um dem technischen Fortschritt gerecht zu werden. Es sei davon auszugehen, dass die Sollvorschrift des § 130a ZPO a.F. (und entsprechend auch jene des § 86a a.F.) für bestimmte Schriftsätze ebenfalls als Mussvorschrift verstanden werde und lediglich in besonderen Fällen von einer qualifizierten elektronischen Signatur abgesehen werde, insbes., um flexibel auf technische Entwicklungen reagieren zu können.[41] In den Beratungen während des Vermittlungsverfahrens gaben die Länder ihre Bedenken schließlich auf, sodass es bei der vom Bundestag beschlossenen Fassung der §§ 130a Abs. 1 ZPO a.F. bzw. 86a Abs. 1 a.F. und damit jeweils bei der Sollformulierung blieb. Somit konnte ein Auseinanderfallen der Formerfordernisse („soll" für die Unterschrift in § 130 ZPO und „muss" für die qualifizierte elektronische Signatur in § 130a ZPO a.F.) verhindert werden.[42]

b) Parallelnormen. Die Bestimmung in § 86a a.F. entsprach praktisch wörtlich § 130a ZPO a.F. Der **16** einzige Unterschied bestand darin, dass in § 86a Abs. 2 S. 2 a.F. die Möglichkeit der Subdelegation der Verordnungsermächtigung auf die obersten Landesbehörden vorgesehen war, in § 130a Abs. 2 S. 2 ZPO a.F. handelte es sich um die Möglichkeit der Subdelegation der Verordnungsermächtigung auf die Landesjustizverwaltungen. Entsprechende Regelungen wurden auch in den §§ 46b ArbGG a.F., 108a SGG a.F. und 77a FGO a.F. eingefügt.[43]

c) Bedeutung. Mit § 86a a.F. wurde ein wichtiger Schritt zur Einführung des ERV in der VwGO verankert. Die tatsächliche Möglichkeit, elektronische Dokumente bei Gericht einzureichen, hing allerdings davon ab, dass die Bundes- und Landesregierungen dies durch Rechtsverordnung freigaben (§ 86a Abs. 2 a.F.).[44] Außerdem konnten in den Verordnungen unterschiedliche technische Vorkehrungen vorgesehen werden, was zu einer gewissen Rechtszersplitterung und uneinheitlichen Einführung des ERV führte.

2. Justizkommunikationsgesetz (§ 55a a.F.). § 55a a.F. wurde durch Art. 2 des Gesetzes über die Verwendung elektronischer Kommunikationsformen in der Justiz (Justizkommunikationsgesetz – JKomG) vom 22.3.2005 (BGBl I 837, ber. 2022) eingefügt und trat am 1.4.2005 in Kraft (Art. 16 JKomG).[45] Gleichzeitig wurde § 86a a.F. aufgehoben. Durch das JKomG wurde zudem die elektronische Aktenbearbeitung bei Gericht als wichtiger Baustein des ERV geregelt (→ § 55b Rn. 5).

---

39 BT-Drs. 14/6044, 2.
40 BR-Plenarprot. 763 vom 11.5.2001, S. 213 D.
41 BR-Plenarprot. 765 vom 22.6.2001, S. 322 D. Zum Ganzen vgl. auch *R. Rudisile*, in: Schoch/Schneider/Bier Rn. 2 ff.; *J. Skrobotz*, in: Bauer/Heckmann/Ruge/Schallbruch/Schulz, Verwaltungsverfahrensgesetz und E-Government, ²2014, § 55a Rn. 2.
42 *C. Dästner*, NJW 2001, 3469, 3470.
43 Art. 6b, 7, 9 FormVorAnpG.
44 *A. Roßnagel*, NJW 2001, 1817, 1826. Für eine Übersicht über Projekte zur Erprobung und Einführung des ERV vgl. *R. Geis*, Ein Rahmenwerk für den elektronischen Rechtsverkehr, 2015, 66 ff.
45 § 55a a.F. lautet:
„(1) Die Beteiligten können dem Gericht elektronische Dokumente übermitteln, soweit dies für den jeweiligen Zuständigkeitsbereich durch Rechtsverordnung der Bundesregierung oder der Landesregierungen zugelassen worden ist. Die Rechtsverordnung bestimmt den Zeitpunkt, von dem an Dokumente an ein Gericht elektronisch übermittelt werden können, sowie die Art und Weise, in der elektronische Dokumente einzureichen sind. Für Dokumente, die einem schriftlich zu unterzeichnenden Schriftstück gleichstehen, ist eine qualifizierte elektronische Signatur nach § 2 Nr. 3 des Signaturgesetzes vorzuschreiben. Neben der qualifizierten elektronischen Signatur kann auch ein anderes. sicheres Verfahren zugelassen werden, das die Authentizität und die Integrität des übermittelten elektronischen Dokuments sicherstellt. Die Landesregierungen können die Ermächtigung auf die für die Verwaltungsgerichtsbarkeit zuständigen obersten Landesbehörden übertragen. Die Zulassung der elektronischen Übermittlung kann auf einzelne Gerichte oder Verfahren beschränkt werden. Die Rechtsverordnung der Bundesregierung bedarf nicht der Zustimmung des Bundesrates.
(2) Ein elektronisches Dokument ist dem Gericht zugegangen, wenn es in der von der Rechtsverordnung nach Absatz 1 Satz 1 und 2 bestimmten Art und Weise übermittelt worden ist und wenn die für den Empfang bestimmte Einrich-

19 **a) Diskussionsentwurf und Referentenentwurf.** Dem JKomG gingen der *Diskussionsentwurf* eines Gesetzes über die Einführung des elektronischen Rechtsverkehrs bei den Gerichten und ein überarbeiteter *Referentenentwurf* voraus. Beide führten zu intensiven Auseinandersetzungen,[46] die sich schwerpunktmäßig um die Anforderungen an die elektronische Aktenführung drehten (→ § 55 b Rn. 6 ff.).

20 In einem Punkt stand allerdings auch der Entwurf des § 55 a a.F. in der Kritik. Vorgesehen war gemäß Referentenentwurf, dass die zur Sicherstellung des Schriftformerfordernisses genutzte qualifizierte elektronische Signatur auf einem Zertifikat beruhen musste, das dauerhaft überprüfbar ist (§ 55 a Abs. 3 S. 3 VwGO-Referentenentwurf).[47] Diese Vorgabe enthielten auch die Entwürfe der § 52 a Abs. 3 FGG und § 65 a Abs. 3 SGG, nicht aber die Entwürfe der Änderungen der ZPO und des ArbGG.[48] Die dauerhafte Prüfbarkeit eines Zertifikats wäre allerdings nur schwer sicherzustellen gewesen.[49] Sie wurde deshalb nicht in den Regierungsentwurf übernommen.[50]

21 Erwähnenswert ist ferner, dass § 55 a Abs. 2 S. 1 VwGO-Referentenentwurf (wie die parallelen Entwürfe der § 52 a FGO und § 65 SGG) nicht auf die Regelung des elektronischen Zugangs zu den Gerichten beschränkt war, wie es noch bei § 86 a a.F. der Fall war, sondern mit der Formulierung „Empfänger" einen breiteren Kreis von Kommunikationspartnern betraf.[51] Die von der Bundesregierung vorgeschlagene Formulierung bezog sich sodann allerdings wieder nur auf den Zugang bei den Gerichten.[52]

22 **b) Gesetzentwurf der Bundesregierung.** Die im *Entwurf* der *Bundesregierung* eines Gesetzes über die Verwendung elektronischer Kommunikationsformen in der Justiz (Justizkommunikationsgesetz – JKomG)[53] enthaltene Fassung des § 55 a stimmt wörtlich mit der schließlich verabschiedeten Fassung überein. Weder die Stellungnahme des Bundesrates[54] noch die Gegenäußerung der Bundesregierung[55] betrafen § 55 a. Entsprechend wurde diese Bestimmung auch in der Beschlussempfehlung des Rechtsausschusses unverändert übernommen.[56]

23 **c) Änderungen im Vergleich zu § 86 a a.F.** Inhaltlich griff § 55 a a.F. Aspekte des § 86 a a.F. auf. Der Gehalt von § 86 a Abs. 1 und 2 a.F. fand sich teilweise in § 55 a Abs. 1 a.F. wieder. Neu war in § 55 a Abs. 1 S. 4 a.F. die Möglichkeit einer Alternative zur Nutzung der qualifizierten elektronischen Signatur vorgesehen. Die Länder bzw. die Bundesregierung für das BVerwG konnten auf dem Verordnungsweg ein „anderes sicheres Verfahren" zulassen, „das die Authentizität und die Integrität des übermittelten elektronischen Dokuments sicherstellt" (→ Rn. 91). Während in § 86 a a.F. die Verwendung der qualifizierten elektronischen Signatur noch als Sollvorschrift vorgesehen war (→ Rn. 15), war diese

---

tung es aufgezeichnet hat. Die Vorschriften dieses Gesetzes über die Beifügung von Abschriften für die übrigen Beteiligten finden keine Anwendung. Genügt das Dokument nicht den Anforderungen, ist dies dem Absender unter Angabe der für das Gericht geltenden technischen Rahmenbedingungen unverzüglich mitzuteilen.
(3) Soweit eine handschriftliche Unterzeichnung durch den Richter oder den Urkundsbeamten der Geschäftsstelle vorgeschrieben ist, genügt dieser Form die Aufzeichnung als elektronisches Dokument, wenn die verantwortenden Personen am Ende des Dokuments ihren Namen hinzufügen und das Dokument mit einer qualifizierten elektronischen Signatur nach § 2 Nr. 3 des Signaturgesetzes versehen."

46 Krit. zum Diskussionsentwurf W. *Viefhues/H. Hoffmann*, MMR 2003, 71 ff.; W. *Viefhues/K-H. Volesky*, K&R 2003, 59, 62. Krit. zum Referentenentwurf J. *Dreßel/W. Viefhues*, K&R 2003, 434 ff.; S. *Fischer-Dieskau*, MMR 2003, 701 ff.; W. *Viefhues*, CR 2003, 541 ff.

47 § 55 a Abs. 3 VwGO-Referentenentwurf lautet: „Ist durch Rechtsvorschrift Schriftform i.S. des § 126 des Bürgerlichen Gesetzbuchs vorgeschrieben, genügt dieser Form die Aufzeichnung als elektronisches Dokument, wenn dieses mit einer qualifizierten elektronischen Signatur nach dem Signaturgesetz versehen ist. Die Signierung muss erkennen lassen, welche Person das Dokument verantwortet; eine Signierung mit einem Pseudonym ist nicht zulässig. Die Signatur muss auf einem Zertifikat beruhen, das dauerhaft überprüfbar ist." Zit. nach: W. *Viefhues*, CR 2003, 541, 546 Fn. 49.

48 S. *Fischer-Dieskau*, MMR 2003, 701.

49 Ausf. S. *Fischer-Dieskau*, MMR 2003, 701 f.

50 BT-Drs. 15/4067, 8.

51 § 55 a Abs. 2 S. 1 VwGO-Referentenentwurf lautet: „Ein elektronisches Dokument ist zugegangen, sobald die für den Empfang bestimmte Einrichtung es in für den Empfänger bearbeitbarer Weise aufgezeichnet hat." Zit. nach: W. *Viefhues* CR 2003, 541, 546 Fn. 49.

52 BT-Drs. 15/4067, 8.

53 BT-Drs. 15/4067.

54 BT-Drs. 15/4067 (Anl. 2).

55 BT-Drs. 15/4067 (Anl. 3).

56 BT-Drs. 15/4952, 12.

gem. § 55a Abs. 1 S. 3 a.F. verpflichtend (→ Rn. 85 ff.). Damit fand in diesem Punkt eine Verschärfung der Regelung gegenüber § 86a a.F. statt.[57]

§ 55a Abs. 2 a.F. übernahm präzisierend den Gehalt von § 86a Abs. 3 a.F. und ergänzte diesen um die 24 Vorgaben, dass die Vorschriften über die Beifügung von Abschriften für die übrigen Beteiligten keine Anwendung finden (S. 2) und der Absender unter Angabe der technischen Rahmenbedingungen zu informieren ist, wenn das übermittelte Dokument nicht den Anforderungen entspricht (S. 3).

§ 55a Abs. 3 a.F. wurde neu hinzugefügt. Während in § 55a Abs. 1 und 2 a.F. die bereits in § 86a a.F. 25 vorgesehene elektronische Kommunikation der Beteiligten mit dem Gericht geregelt war, wurde mit § 55a Abs. 3 a.F. die Möglichkeit geschaffen, gerichtliche Dokumente, die der Schriftform bedürfen, als elektronische Dokumente aufzuzeichnen.[58]

d) Parallelnormen. § 55a a.F. entsprach im Wesentlichen § 65a SGG a.F. und § 52a FGO a.F., wobei 26 die Ermächtigungsadressaten in Abs. 1 S. 5 jeweils abwichen (die für die Verwaltungsgerichtsbarkeit/ Sozialgerichtsbarkeit/Finanzgerichtsbarkeit zuständigen obersten Landesbehörden). Damit bestand eine Parallele zu den Inhalten der § 130a ZPO a.F. und § 46b ArbGG a.F. (danach: § 46c ArbGG a.F.), allerdings waren die Bestimmungen nicht ganz deckungsgleich. Insbes. sah § 55a Abs. 1 S. 4 a.F. eine Alternative zur Nutzung einer qualifizierten elektronischen Signatur vor, indem ein „anderes sicheres Verfahren" zugelassen werden konnte, „das die Authentizität und die Integrität des übermittelten elektronischen Dokuments sicherstellt". Eine solche „Öffnungsklausel" fehlte in den Vorgaben der ZPO. Die Vorgaben des § 55a Abs. 3 a.F. fanden ihre Entsprechung in § 130b ZPO a.F. bzw. § 46c ArbGG a.F. (danach: § 46d ArbGG a.F.).

3. Redaktionelle Anpassung aufgrund des eIDAS-Durchführungsgesetzes. a) eIDAS-Verordnung. 27 Am 17.9.2014 ist die sog. eIDAS-Verordnung[59] in Kraft getreten; ihre materiellen Regelungen gelten größtenteils seit dem 1.7.2016.[60] Die eIDAS-Verordnung enthält in den Art. 1–5 allgemeine Bestimmungen, in den Art. 6–12 folgen Bestimmungen zur *elektronischen Identifizierung* und die Art. 13–45 beziehen sich auf die Regelung von *Vertrauensdiensten*.

Die eIDAS-Verordnung entfaltet unmittelbare Wirkung (Art. 288 Abs. 2 S. 2 AEUV) und genießt An- 28 wendungsvorrang vor entgegenstehenden nationalen Vorgaben.[61] Nicht erfasst sind allerdings Regelungen rein innerstaatlicher Sachverhalte, da diese – zumindest im Bereich des ERV – grds. keinen Binnenmarktbezug aufweisen.[62] Dazu zählt die Vorgabe zum Ersatz für die handschriftliche Unterzeichnung durch Richter oder Urkundsbeamte der Geschäftsstelle des Verwaltungsgerichts durch eine qualifizierte elektronische Signatur in § 55a Abs. 3 a.F. bzw. § 55a Abs. 7 (→ Rn. 129 ff.).[63] Deutschland könnte demnach für die qualifizierte elektronische Signatur in den Sachverhalten des § 55a Abs. 7 ein höheres Sicherheitsniveau vorsehen, als für qualifizierte elektronische Signaturen nach der eIDAS-Verordnung bestimmt ist, da Art. 27 Abs. 3 der eIDAS-Verordnung hier keinen Anwendungsvorrang genießt.

Die eIDAS-Verordnung findet ferner „keine Anwendung auf die Erbringung von Vertrauensdiensten, 29 die ausschließlich innerhalb geschlossener Systeme aufgrund von nationalem Recht oder von Vereinbarungen zwischen einem bestimmten Kreis von Beteiligten verwendet werden" (Art. 2 Abs. 2 eIDAS-Verordnung), und sie „berührt nicht das nationale Recht oder das Unionsrecht in Bezug auf den Abschluss und die Gültigkeit von Verträgen oder andere rechtliche oder verfahrensmäßige Formvorschriften" (Art. 2 Abs. 3 eIDAS-Verordnung). Zur erstgenannten Kategorie (Abs. 2) kann das besonde-

---

57 *R. P. Schenke*, in: Kopp/Schenke Rn. 10.
58 Vgl. *N. Fischer*, KritV 2006, 43, 45.
59 VO (EU) Nr. 910/2014 des Europäischen Parlaments und des Rates vom 23.7.2014 über elektronische Identifizierung und Vertrauensdienste für elektronische Transaktionen im Binnenmarkt und zur Aufhebung der Richtlinie 1999/93/EG, ABl L 257 vom 28.8.2014, S. 73–114.
60 Art. 52 Abs. 2 eIDAS-VO.
61 EuGH 15.7.1964 – C-6/64 (Costa E.N.E.L.), Slg. 1964 1253, 1269; EuGH 17.12.1970 – C-11/70 (Internationale Handelsgesellschaft mbH), Slg. 1970 1125 Rn. 3; EuGH 9.3.1978 – C-106/77 (Simmenthal), Slg. 1978 629 Rn. 17 f. Zum Anwendungsvorrang der eIDAS-VO auch *A. Roßnagel*, Das Recht der Vertrauensdienste, 2016, 29 ff.
62 I.E. ebenso *A. Roßnagel*, Das Recht der Vertrauensdienste, 2016, 37 f., 47 f. Ein Binnenmarktbezug ist notwendig, da die eIDAS-VO sich auf die Kompetenzgrundlage des Art. 114 AEUV stützt, der der EU die Kompetenz gibt, diejenigen Rechts- und Verwaltungsvorschriften der EU zu harmonisieren, „welche die Errichtung und das Funktionieren des Binnenmarktes zum Gegenstand haben" (Art. 114 Abs. 1 S. 2 AEUV).
63 *A. Roßnagel*, Das Recht der Vertrauensdienste, 2016, 49.

re elektronische Anwaltspostfach (beA, → Rn. 117 f.) gezählt werden, da dieses nur im Gesamtverzeichnis eingetragenen Mitgliedern einer Rechtsanwaltskammer (§ 31 a BRAO) und damit einer geschlossenen Benutzergruppe zur Verfügung steht.[64] Unter die zweitgenannte Bestimmung (Abs. 3) fällt die Regelung in § 55 a Abs. 1 a.F. bzw. § 55 a Abs. 1–4 bezüglich der Einreichung elektronischer Dokumente beim Verwaltungsgericht. Es steht dem mitgliedstaatlichen Gesetzgeber demnach frei, zu entscheiden, ob eine elektronische Form zulässig und wie diese zu erfüllen ist.[65] Sieht das nationale Recht die elektronische Form vor, so hat die qualifizierte elektronische Signatur allerdings dieselben Rechtswirkungen wie die Unterschrift (Art. 25 Abs. 2 eIDAS-Verordnung). Diese Vorgabe ist für den ERV im verwaltungsgerichtlichen Verfahren mit § 55 a Abs. 1 S. 3 a.F. (→ Rn. 85 ff.) bzw. § 55 a Abs. 7 (→ Rn. 129 ff.) erfüllt.

30   **aa) Elektronische Identifizierung.** Ab dem 18.9.2018[66] sind in einem Mitgliedstaat ausgestellte *elektronische Identifizierungsmittel* für die grenzüberschreitende Authentifizierung, die für den Zugang zu einem von einer öffentlichen Stelle in einem Mitgliedstaat erbrachten Onlinedienst erforderlich ist, anzuerkennen (Art. 6 eIDAS-Verordnung). Von dieser Vorgabe ist die elektronische Einreichung bei Gerichten (z.B. nach § 55 a oder § 130 a ZPO) ebenfalls potenziell betroffen: Die Anforderungen an die elektronische Übermittlung von Dokumenten an das Gericht erfordern u.a. die Identifikation der verantwortenden Person. Allerdings besteht die Identifikationsfunktion nicht isoliert. Gleichzeitig (bzw. primär) geht es um die Sicherstellung der Integrität und Authentizität der elektronisch übermittelten Dokumente (→ Rn. 86, 109). Diese Doppelfunktion wird von der Vorgabe in Art. 6 eIDAS-Verordnung nicht erfasst. Entsprechend ist die Anwendbarkeit dieser Bestimmung auf die elektronische Übermittlung von elektronischen Dokumenten an die Gerichte, zumindest in Fällen der Nutzung einer qualifizierten elektronischen Signatur, zu verneinen.

31   Anders verhält es sich dagegen in Fällen, in denen nicht die qualifizierte elektronische Signatur, sondern einer der anderen vorgesehenen sicheren Übermittlungswege (§ 55 a Abs. 4) vorausgesetzt wird. In diesen Fällen bedarf es zusätzlich einer einfachen Signatur als elektronisches Identifizierungsmittel (→ Rn. 110). Insoweit wird gem. Art. 6 eIDAS-Verordnung unter den dort genannten Voraussetzungen auch ein in einem anderen Mitgliedstaat ausgestelltes Identifizierungsmittel anerkannt werden müssen.[67]

32   **bb) Vertrauensdienste.** Als *Vertrauensdienste* werden gem. Art. 3 Nr. 16 eIDAS-Verordnung elektronische Dienste bezeichnet, die u.a. elektronische Signaturen, elektronische Siegel oder elektronische Zeitstempel erstellen, überprüfen und validieren. Elektronische Siegel dienen als Nachweis, dass eine juristische Person ein elektronisches Dokument unterzeichnet hat;[68] elektronische Zeitstempel sind Daten, die andere Daten mit einem bestimmten Zeitpunkt verknüpfen und dadurch den Nachweis erbringen, dass die anderen Daten zu diesem Zeitpunkt vorhanden waren.[69]

33   Elektronische Signaturen nach der eIDAS-Verordnung unterliegen tlw. einfacheren Voraussetzungen als nach dem ehemaligen deutschen SigG.[70] Das hängt insbes. damit zusammen, dass nach der eIDAS-Verordnung auch Fernsignaturen zugelassen sind. Dabei wird die elektronische Signatur nicht vollständig im Bereich des Nutzers erzeugt, sondern in einer von einem Vertrauensdienstanbieter im Namen des Unterzeichners geführten Umgebung.[71] Eine Signaturkarte zur Erzeugung einer qualifizierten

---

64   *C. Brosch/F. Lummel/C. Sandkühler/D. Freiheit*, Elektronischer Rechtsverkehr mit dem beA, 2017, Rn. 237.
65   *A. Roßnagel*, Das Recht der Vertrauensdienste, 2016, 52.
66   Art. 52 Abs. 2 Bst. c eIDAS-VO.
67   Vgl. auch *C. Brosch/F. Lummel/C. Sandkühler/D. Freiheit*, Elektronischer Rechtsverkehr mit dem beA, 2017, Rn. 239, die die Frage der Anwendbarkeit von Art. 6 eIDAS-VO allerdings offenlassen.
68   Art. 35 ff. eIDAS-VO sowie Erwägungsgründe Nr. 58 ff. Vgl. *W. Bernhardt/D. Heckmann*, in: Heckmann, Kap. 6 Rn. 160.
69   Art. 35 ff. eIDAS-VO (elektronische Siegel) sowie Art. 3 Nr. 33, 41 ff. eIDAS-VO (elektronische Zeitstempel). Zur Regelung der Beweiswirkungen elektronischer Vertrauensdienste in der eIDAS-VO S. *Jandt*, NJW 2015, 1205 ff.; *A. Roßnagel*, MMR 2016, 647 ff.
70   Gesetz über Rahmenbedingungen für elektronische Signaturen vom 16.5.2001 (BGBl I 876), außer Kraft getreten aufgrund des Gesetzes vom 18.7.2017 (BGBl I 2745) mit Wirkung vom 29.7.2017.
71   Erwägungsgrund Nr. 52 der eIDAS-VO. Vgl. *K. Schmeh*, DuD 2017, 29, 30.

elektronischen Signatur ist damit nicht mehr zwingend erforderlich.[72] Diese Erleichterung in der Handhabung könnte zu einer vermehrten Nutzung der qualifizierten elektronischen Signatur führen.[73]

b) Gesetz zur Durchführung der eIDAS-Verordnung. Aufgrund des Gesetzes zur Durchführung der 34 Verordnung (EU) Nr. 910/2014 des Europäischen Parlaments und des Rates vom 23.7.2014 über elektronische Identifizierung und Vertrauensdienste für elektronische Transaktionen im Binnenmarkt und zur Aufhebung der Richtlinie 1999/93/EG (eIDAS-Durchführungsgesetz) vom 18.7.2017 (BGBl I 2745), das am 29.7.2017 in Kraft getreten ist, wurde in §55a Abs. 1 S. 3 a.F. und Abs. 3 a.F. jeweils der Verweis auf §2 Nr. 3 des SigG gestrichen.[74] Da mit dem eIDAS-Durchführungsgesetz gleichzeitig auch das SigG aufgehoben wurde,[75] handelte es sich dabei letztlich um eine rein redaktionelle Anpassung.[76]

Aufgrund der Aufhebung des SigG wurde in der neuen Fassung des §55a ein Verweis auf das SigG 35 ebenfalls hinfällig. Die neue Fassung des §55a wurde durch das E-Justiz-Gesetz vom 10.10.2013 eingeführt und trat grds. am 1.1.2018 in Kraft (→ Rn. 43). In Abs. 3 wird die qualifizierte elektronische Signatur erwähnt, allerdings ohne Verweis auf das SigG. Die Formulierung ist insoweit unproblematisch. Der neue Abs. 7 soll gemäß Anweisung des Gesetzgebers hingegen den Wortlaut des bisherigen Abs. 3 übernehmen („der bisherige Absatz 3 wird Absatz 7").[77] Zum Zeitpunkt des Erlasses des E-Justiz-Gesetzes war in §55a Abs. 3 a.F. noch der Verweis auf das SigG enthalten. Da dieser Verweis aufgrund des eIDAS-Durchführungsgesetzes in Abs. 3 a.F. vor dem Inkrafttreten der Neufassung des §55a weggefallen ist (→ Rn. 34), kann der Änderungsbefehl so ausgelegt werden, dass Abs. 3 a.F. mit seinem zum 31.12.2017 geltenden Inhalt eine neue Nummer (Abs. 7) erhalten soll.

Als unmittelbar geltendes Unionsrecht bedarf die eIDAS-Verordnung hinsichtlich ihrer materiellen 36 Vorschriften grds. keiner Umsetzung in nationales Recht. Notwendige Präzisierungen und Regelungen zu Zuständigkeiten und Befugnissen der beteiligten Behörden wurden in Deutschland im sog. Vertrauensdienstegesetz verankert.[78] Dazu zählen z.B. die Festlegung von Aufsichtsstellen (§2 VDG) sowie präzisierende Vorgaben zu qualifizierten Vertrauensdiensten (§§ 9 ff. VDG).

Aufgrund der unmittelbaren Wirkung der eIDAS-Verordnung (Art. 288 Abs. 2 S. 2 AEUV) richten sich 37 die Begrifflichkeiten nunmehr nach dieser. Mit der Wendung „qualifizierte elektronische Signatur" in §55a Abs. 3 und Abs. 7 wird auf Art. 3 Nr. 12 eIDAS-Verordnung Bezug genommen, ohne dass ein ausdrücklicher Verweis notwendig wäre.[79] Während für grenzüberschreitende Sachverhalte eine abweichende Regelung der Vorgaben zur qualifizierten elektronischen Signatur aufgrund des Anwendungsvorrangs durch die eIDAS-Verordnung überlagert werden würde, bestünde für rein innerstaatliche Sachverhalte (z.B. §55a Abs. 7) zwar die Möglichkeit, andere (insbes. strengere) Anforderungen an die qualifizierte elektronische Signatur zu stellen (→ Rn. 28).[80] Davon hat der Gesetzgeber aber keinen Gebrauch gemacht.

4. E-Justiz-Gesetz (§55a). Eine wesentliche Neufassung erfährt §55a durch das Gesetz zur Förde- 38 rung des elektronischen Rechtsverkehrs mit den Gerichten (E-Justiz-Gesetz) vom 10.10.2013 (BGBl I 3786). Das E-Justiz-Gesetz enthält Maßnahmen zur Förderung des ERV für alle Verfahrensordnungen mit Ausnahme der Straf- und Bußgeldsachen, die Gegenstand eines eigenen Gesetzgebungsverfahrens waren (→ Rn. 46).[81] Hintergrund dieser Änderungen ist die langsame Einführung des ERV in den Ländern, jedenfalls für diejenigen Bereiche, in denen die Nutzung des ERV freiwillig ist.[82] Zwei Ge-

---

72 Bsp. für Alternativen bei *K. Schmeh,* DuD 2017, 29, 32.
73 *W. Bernhardt,* NJW 2015, 2775, 2779.
74 Art. 11 Nr. 24 eIDAS-Durchgeführungsgesetz. Davor hieß es jeweils „qualifizierte elektronische Signatur nach §2 Nr. 3 des Signaturgesetzes".
75 Art. 12 Abs. 1 Nr. 1 eIDAS-Durchführungsgesetz.
76 BR-Drs. 266/17, 51.
77 BGBl 2013 I 3793.
78 Vertrauensdienstegesetz (VDG) vom 18.7.2017 (BGBl I 2745), zul. geänd. durch Art. 2 des Gesetzes vom 18.7.2017 (BGBl I 2745).
79 BR-Drs. 266/17, 51. Vgl. auch *A. Roßnagel,* Das Recht der Vertrauensdienste, 2016, 175.
80 Vgl. *A. Roßnagel,* Das Recht der Vertrauensdienste, 2016, 129, 175 ff.
81 Gesetz zur Einführung der elektronischen Akte in der Justiz und zur weiteren Förderung des elektronischen Rechtsverkehrs (E-Justiz-Gesetz II) vom 5.7.2017 (BGBl I 2208). Zum Gesetzesentwurf vgl. *E. Werner,* jM 2016, 387 ff.
82 *D. Kugele,* in: ders., VwGO-OK, Stand: 25.6.2017, Rn. 1; *J. Skrobotz,* in: Bauer/Heckmann/Ruge/Schallbruch/Schulz §55a Rn. 17c.

setzentwürfe sollten die Einführung von ERV weiter voranbringen: zum einen die Bundesratsinitiative (→ Rn. 39), zum anderen die Gesetzesinitiative des Bundesministeriums der Justiz (→ Rn. 40). Der überarbeitete und um Regelungen aus dem Entwurf des Bundesrates ergänzte Entwurf des BMJ (→ Rn. 41) setzte sich schließlich durch.

39   **a) Bundesratsinitiative für ein Gesetz zur Förderung des elektronischen Rechtsverkehrs.** Mehrere Bundesländer schlossen sich unter Federführung der Bundesländer Baden-Württemberg, Hessen und Sachsen zu einer Arbeitsgruppe zusammen, die eine Bundesratsinitiative für ein Gesetz zur Förderung des elektronischen Rechtsverkehrs entwickelte.[83] Der Länderentwurf wurde am 12.10.2012 vom Bundesrat als „Entwurf eines Gesetzes zur Förderung des elektronischen Rechtsverkehrs in der Justiz" beschlossen.[84] Ziel war, den ERV und die elektronische Aktenführung in der Justiz zu fördern. Der Länderentwurf enthielt den Vorschlag einer fortgeschrittenen Signatur als Amtssignatur bzw. eines elektronischen Dienstsiegels. Er sah außerdem Vereinfachungen vor, indem „andere sichere Verfahren" (Plural) – etwa die De-Mail – zugelassen werden sollten,[85] sowie ein zeitlich gestaffeltes Inkrafttreten, das es den Ländern erlaubt hätte, in ihrem eigenen Tempo den ERV bis 2023 umzusetzen.[86]

40   **b) Gesetzesinitiative des Bundesministeriums der Justiz (BMJ).** Da das BMJ nicht mit allen Anliegen des Gesetzesentwurfs der Länderarbeitsgruppe (→ Rn. 39) einverstanden war, legte es einen eigenen Entwurf vor.[87] Im Gegensatz zum Länderentwurf war darin die Amtssignatur bzw. das elektronische Dienstsiegel nicht vorgesehen,[88] anstelle von „anderen sicheren Verfahren" sollte lediglich eine absenderbestätigte De-Mail als alternatives Verfahren zur qualifizierten elektronischen Signatur eingefügt werden und im Gegensatz zum Länderentwurf sollten heterogene Regelungen in den Ländern in einem längeren Übergangszeitraum vermieden und stattdessen sollte eine bundeseinheitliche Einführung des ERV angestrebt werden.[89]

41   **c) Regierungsentwurf.** Der Bundesratsentwurf übernahm in der Folge einzelne Aspekte des Entwurfs des BMJ. Der BMJ-Entwurf näherte sich im Gegenzug dem Bundesratsentwurf an, sodass die vom Bundeskabinett schließlich verabschiedete Fassung des „Entwurfs eines Gesetzes zur Förderung des elektronischen Rechtsverkehrs mit den Gerichten"[90] bereits wichtige Kompromissvorschläge enthielt. Dazu gehört die Tatsache, dass zwar auf der einen Seite eine bundeseinheitliche Lösung angestrebt wird, auf der anderen Seite die Länder aber eine großzügig bemessene Übergangszeit erhalten.[91] Am Ende der parlamentarischen Beratungen wurde die Bundesratsinitiative schließlich abgelehnt.[92] Der Bundesrat verzichtete auf einen Antrag auf Anrufung des Vermittlungsausschusses.

42   **d) Änderungen im Vergleich zu § 55 a a.F.** Während § 55 a Abs. 3 a.F. wörtlich als § 55 a Abs. 7 beibehalten wird (zur Übernahme einer redaktionellen Anpassung aufgrund der Aufhebung des SigG → Rn. 35), werden die Abs. 1 und 2 durch sechs Absätze ersetzt. Neu ist der Erlass einer bundeseinheitlichen Rechtsverordnung durch die Bundesregierung mit Zustimmung des Bundesrates vorgesehen (Abs. 2 S. 2 → Rn. 106 f.). Eine qualifizierte elektronische Signatur ist nicht (mehr) zwingend notwendig (Abs. 3 → Rn. 113 ff.), sofern einer der in Abs. 4 definierten sicheren Übermittlungswege verwendet wird. Dazu gehören die De-Mail (Abs. 4 Nr. 1 → Rn. 115 f.), das besondere elektronische An-

---

83   Zum Folgenden *R. Köbler*, in: Gottwald, FS M. Schneider, 2013, 683, 692 ff. sowie die Präsentationen anlässlich der Fachveranstaltungen vom 2.3.2012, abrufbar unter https://www.edvgt.de/veranstaltung/bundesratsinitiative-e-justice-durchbruch-fuer-den-elektronischen-rechtsverkehr, und vom 20.3.2013, abrufbar unter https://www.edvgt.de/veranstaltung/gesetz-zur-foerderung-des-elektronischen-rechtsverkehrs-auf-der-zielgeraden (abgerufen am 25.10.2017).

84   BR-Drs. 503/12.

85   BR-Drs. 503/12, 15, 51 f.

86   BR-Drs. 503/12, 47, 98.

87   *R. Kriszeleit* AnwBl 2013, 91, 92.

88   Es könnte nun allerdings aufgrund der Einführung elektronischer Siegel durch die eIDAS-VO wieder Bedeutung für den ERV erlangen.

89   *R. Köbler*, in: Gottwald, FS M. Schneider, 2013, 683, 693 f.

90   BT-Drs. 17/12634.

91   BT-Drs. 17/12634, 24 f. Vgl. auch *R. P. Schenke*, in: Kopp/Schenke § 55 a n.F. Rn. 1.

92   1. Durchgang im Bundesrat: BR-PlenProt Nr. 906 vom 1.2.2013, S. 48C-50A; 1. Beratung Bundestag: BT-PlenProt Nr. 17/228 vom 14.3.2013, S. 28530C–8535C; Beschlussempfehlung und Bericht des Rechtsausschusses vom 12.6.2013: BT-Drs. 17/13948; 2. Beratung Bundestag: BT-PlenProt Nr. 17/246 vom 13.6.2013, S. 31452C–31454B; 3. Beratung Bundestag: BT-PlenProt Nr. 17/246 vom 13.6.2013, S. 31454B; 2. Durchgang Bundesrat: BR-PlenProt Nr. 912 vom 5.7.2013, S. 401C.

waltspostfach (Abs. 4 Nr. 2 → Rn. 117 f.), ein entsprechendes Behördenpostfach (Abs. 4 Nr. 3 → Rn. 119 f.) oder ein sonstiger bundeseinheitlicher sicherer Übermittlungsweg, der durch Rechtsverordnung der Bundesregierung mit Zustimmung des Bundesrates festzulegen ist (Abs. 4 Nr. 4 → Rn. 121). Neu ist ferner die automatische Eingangsbestätigung an den Absender (Abs. 5 S. 2 → Rn. 123).

e) Inkrafttreten. Die neue Fassung des § 55 a trat grds. am 1.1.2018 in Kraft.[93] Seit dem 1.1.2018 ist 43 insbes. die Empfangsbereitschaft aller Gerichte und Justizbehörden zu gewährleisten. Allerdings kann diese mit einer sog. Opt-out-Klausel durch Landesverordnung auf den 31.12.2018 oder auf den 31.12.2019 hinausgeschoben werden.[94] Spätestens ab dem 1.1.2020 muss es allerdings an allen deutschen Verwaltungsgerichten möglich sein, Schriftsätze rechtswirksam in elektronischer Form einzureichen. Zudem ist ab dem 1.1.2022 der ERV zwischen der Anwaltschaft, einer Behörde oder einer juristischen Person des öffentlichen Rechts und der Justiz verpflichtend (→ § 55 d Rn. 1, 7).[95] Dasselbe gilt ggf. für vertretungsberechtigte Personen, für die ein sicherer Übermittlungsweg nach § 55 a Abs. 4 Nr. 2 zur Verfügung steht (→ § 55 d Rn. 6).

Länder, die von der Opt-out-Klausel keinen Gebrauch machen, können die Verbindlichkeit des ERV 44 auf den 1.1.2020 oder auf den 1.1.2021 vorziehen (Opt-in-Möglichkeit).[96] Länder, die sich für die Opt-out-Klausel entscheiden, können die Opt-in-Möglichkeit nur zum 1.1.2021 wählen.[97] In einem Zeitraum zwischen 2018 und 2022 können zwar bundesweit noch verschiedene Rechtslagen bestehen, aber ab dem 1.1.2022 tritt die Ermächtigung der Bundesländer zum Erlass von Rechtsverordnungen mit von der gesetzlichen Regelung abweichenden Vorgaben außer Kraft.[98] Spätestens dann sind Rechtsanwälte, Behörden und Körperschaften des öffentlichen Rechts bundesweit zur elektronischen Kommunikation verpflichtet. Eine Ausnahme gilt für diese Personengruppen dann nur noch bei vorübergehender Unmöglichkeit aus technischen Gründen (→ § 55 d Rn. 8 ff.).

f) Parallelnormen. Die Änderungen des § 55 a durch das E-Justiz-Gesetz stimmen beinahe wörtlich 45 mit den gleichzeitig geänderten § 130 a ZPO, § 46 c ArbGG, § 65 a SGG und § 52 a FGO überein. Die Erläuterungen zu § 55 a sind entsprechend knapp; es kann auf die Gesetzesbegründung zur Neufassung des § 130 a ZPO abgestellt werden.[99]

5. E-Justiz-Gesetz II. Bereits vor dem Inkrafttreten wurde die Neufassung des § 55 a aufgrund des E-Justiz-Gesetzes durch das Gesetz zur Einführung der elektronischen Akte in der Justiz und zur weiteren Förderung des elektronischen Rechtsverkehrs (E-Justiz-Gesetz II) vom 5.7.2017 (BGBl I 2208) erneut in materieller Hinsicht angepasst (eine redaktionelle Anpassung ergab sich außerdem aus der Aufhebung des SigG, → Rn. 35). Durch dieses Gesetz wird in der VwGO in erster Linie die verpflichtende elektronische Aktenführung (→ § 55 b Rn. 18) vorgesehen. In § 55 a wurde Abs. 7 um einen Satz ergänzt. Demnach sollen elektronische Dokumente, die durch Übertragung eines im Original von den verantwortenden Personen handschriftlich unterzeichneten gerichtlichen Schriftstücks entstehen, originär elektronisch erstellten gerichtlichen Dokumenten gleichgestellt sein (→ Rn. 135). Eine entsprechende Ergänzung erfuhren die §§ 130 b ZPO, 46 d ArbGG, 65 SGG und 52 a FGO.

III. Gesetzgebungskompetenz

Dem Bund steht die konkurrierende Gesetzgebungskompetenz betreffend das gerichtliche Verfahren 47 zu (Art. 74 Abs. 1 Nr. 1 GG). Darauf stützt er sich zur Einführung des ERV.[100] Die Länder verfügen über originäre Kompetenzen zur Regelung des gerichtlichen Verfahrens, soweit der Bundesgesetzgeber von der Möglichkeit der konkurrierenden Gesetzgebung materiell keinen Gebrauch gemacht hat. Ent-

---

93 Art. 26 Abs. 1 E-Justiz-Gesetz vom 10.10.2013 (BGBl I 3786).
94 Art. 24 Abs. 1 E-Justiz-Gesetz vom 10.10.2013 (BGBl I 3786).
95 Art. 26 Abs. 7 E-Justiz-Gesetz vom 10.10.2013 (BGBl I 3786).
96 Art. 24 Abs. 2 E-Justiz-Gesetz vom 10.10.2013 (BGBl I 3786).
97 Art. 24 Abs. 2 E-Justiz-Gesetz vom 10.10.2013 (BGBl I 3786).
98 Art. 26 Abs. 8 E-Justiz-Gesetz vom 10.10.2013 (BGBl I 3786).
99 BT-Drs. 17/12634, 37.
100 BT-Drs. 15/4067, 27 (Entwurf Justizkommunikationsgesetz); BT-Drs. 17/12634, 22 (Entwurf E-Justiz-Gesetz). Zu der vor der Föderalismusreform einschlägigen Subsidiaritätsklausel des Art. 72 Abs. 2 GG und dessen Begründung für den Bereich des ERV krit.: *J. Skrobotz*, in: Bauer/Heckmann/Ruge/Schallbruch/Schulz § 55 a Rn. 12.

sprechend steht den Ländern im Rahmen des ihnen verbliebenen Regelungsspielraums die Kompetenz zum Erlass von Rechtsverordnungen zu. Für den Bereich des ERV ist dieser Spielraum seit dem 1.1.2018 durch § 55 a erheblich eingeschränkt. Zwar können die Bundesländer in einem Übergangszeitraum bis spätestens Ende 2021 noch von der gesetzlichen Regelung abweichende Rechtsverordnungen vorsehen (Opt-out-Klauseln, → Rn. 43). Spätestens zum 1.1.2022 tritt die entsprechende Ermächtigung der Bundesländer allerdings außer Kraft (→ Rn. 44).

IV. Umsetzung von EU-Recht

48   Wie bereits § 86 a a.F. und § 55 a a.F. sollte auch die Neufassung des § 55 a der Umsetzung einer europarechtlichen Forderung der Richtlinie 1999/93 EG des Europäischen Parlaments und des Rates vom 13.12.1999 über gemeinschaftliche Rahmenbedingungen für elektronische Signaturen (EG-Signaturrichtlinie)[101] sowie der Richtlinie 2000/31/EG des Europäischen Parlaments und des Rates vom 8.6.2000 über bestimmte rechtliche Aspekte der Dienste der Informationsgesellschaft, insbes. des elektronischen Geschäftsverkehrs, im Binnenmarkt (Richtlinie über den elektronischen Geschäftsverkehr) dienen.[102] Die Richtlinie 1999/93 EG wurde durch die eIDAS-Verordnung mit Wirkung zum 1.7.2016 aufgehoben.[103]

49   Weder die inzwischen aufgehobene EG-Signaturrichtlinie noch die eIDAS-Verordnung (→ Rn. 27 ff.) fordern die generelle Einführung der elektronischen Signatur im ERV.[104] Gem. Art. 25 Abs. 2 eIDAS-Verordnung hat die qualifizierte elektronische Signatur die gleiche Rechtswirkung wie eine handschriftliche Unterschrift. Lassen die Mitgliedstaaten die elektronische Form zu, müssen sie sicherstellen, dass das elektronische Dokument mit einer qualifizierten elektronischen Signatur dieselbe Rechtswirkung wie ein Papierdokument mit Unterschrift auslöst.[105] Diese Vorgabe ist für den ERV im verwaltungsgerichtlichen Verfahren mit § 55 a Abs. 3 erfüllt (→ Rn. 109, 85).

B. Bedeutung der Norm

50   Mit § 55 a wird die elektronische Kommunikation im gerichtlichen Verfahren geregelt. Das elektronische Dokument wird insoweit dem Papierdokument gleichgestellt.[106] § 55 a bildet die Basis für die Übermittlung elektronischer Dokumente an die Gerichte der Verwaltungsgerichtsbarkeit.[107] Die Zustellung elektronischer Dokumente ist über § 56 Abs. 2 in § 174 Abs. 3 und 4 ZPO geregelt.

I. Phase der Freiwilligkeit und heterogenen Regelungen

51   Die Einführung des ERV war vorerst freiwillig. Die näheren Rahmenbedingungen waren von der Bundes- bzw. den Landesregierungen oder den entsprechenden Justizverwaltungen auf dem Verordnungswege festzulegen. In den Verordnungen war auch zu präzisieren, ob der ERV insgesamt oder nur für bestimmte Gerichte oder Verfahren eröffnet wurde. Ferner stand es den Beteiligten frei, die Möglichkeit der Übermittlung elektronischer Dokumente zu nutzen. Der ERV war in der Ausgestaltung des § 55 a a.F. lediglich ein Angebot; es wurde keine Nutzungspflicht begründet.[108] Die elektronische Kommunikation zwischen den Beteiligten war zwar nicht geregelt, aber zulässig.[109]

Die Regelung des § 55 a a.F. ermöglichte eine heterogene Umsetzung des ERV hinsichtlich „ob" und „wie" der Einführung. Diese Heterogenität war vom Gesetzgeber gewollt. Er intendierte damit, eine

101   ABl L 13 vom 19.1.2000, S. 12–20. Vgl. BT-Drs. 17/12634, 22.
102   ABl L 178 vom 17.7.2000, S. 1–6.
103   Art. 50 Abs. 1 der VO (EU) Nr. 910/2014 des Europäischen Parlaments und des Rates vom 23.7.2014 über elektronische Identifizierung und Vertrauensdienste für elektronische Transaktionen im Binnenmarkt und zur Aufhebung der RL 1999/93/EG, ABl L 257 vom 28.8.2014, S. 73–114.
104   So aber mit Blick auf die Signaturrichtlinie: *R. Rudisile*, in: Schoch/Schneider/Bier Rn. 2. Wie hier: *A. Roßnagel*, Das Recht der Vertrauensdienste, 2016, 52 f.; *J. Skrobotz*, in: Bauer/Heckmann/Ruge/Schallbruch/Schulz § 55 a Rn. 14.
105   *J. Skrobotz*, in: Bauer/Heckmann/Ruge/Schallbruch/Schulz § 55 a Rn. 14.
106   *W. Porz*, in: HK-VwGO Rn. 1.
107   *J. Skrobotz*, in: Bauer/Heckmann/Ruge/Schallbruch/Schulz § 55 a Rn. 18.
108   BT-Drs. 14/4987, 23 (zu § 130 a Abs. 2 ZPO).
109   *R. P. Schenke*, in: Kopp/Schenke Rn. 1, *W. Viefhues*, NJW 2005, 1009, 1010.

„Experimentierphase" zuzulassen, während der der ERV an einzelnen Gerichten oder Spruchkörpern erprobt werden konnte.[110]

II. Sukzessiver Übergang zur Verbindlichkeit und bundeseinheitlicher Regelung

Mit dem E-Justiz-Gesetz wurde zum 1.1.2018 grds. eine Pflicht zur Vorhaltung des elektronischen Zugangs zu den Gerichten eingeführt (→ Rn. 104). Über die sog. Opt-out-Klausel können die Bundesländer zwar die Fortgeltung des § 55a a.F. beschließen und damit die Pflicht zur Gewährleistung der Empfangsbereitschaft auf den 31.12.2018 oder auf den 31.12.2019 hinausschieben (→ Rn. 43). Spätestens ab dem 1.1.2020 ist allerdings die Empfangsbereitschaft aller Gerichte und Justizbehörden zu gewährleisten. Zudem sind spätestens ab dem 1.1.2022 Rechtsanwälte, Behörden und juristische Personen des öffentlichen Rechts verpflichtet, die elektronische Kommunikation mit den Gerichten zu nutzen (→ § 55d Rn. 1, 7). Die Ermächtigung der Bundesländer zum Erlass von Rechtsverordnungen mit von der gesetzlichen Regelung abweichenden Vorgaben tritt am 1.1.2022 außer Kraft.[111] In einem Zeitraum zwischen 2018 und 2022 können somit zwar bundesweit noch verschiedene Rechtslagen bestehen, aber spätestens ab dem 1.1.2022 ist eine bundeseinheitliche Regelung erreicht.[112] Ziel der Neuerungen durch das E-Justiz-Gesetz ist, den ERV zu vereinfachen und dessen Nutzung auszuweiten. Für Bürger wird die Teilnahme am ERV weiterhin freiwillig bleiben (müssen). Dies folgt aus dem Justizgewährleistungsanspruch des Art. 19 Abs. 4 GG.[113]

III. Rechtsbehelfsbelehrung

Die Möglichkeit der elektronischen Klageerhebung wirkt sich auf die mittelbare Pflicht zur Erteilung einer Rechtsbehelfsbelehrung nach § 58 Abs. 1 aus. Dabei sind allerdings unterschiedliche Ansichten bezüglich der Belehrung über die Möglichkeiten elektronischer Einreichung von Rechtsbehelfen anzutreffen.[114] Auf der einen Seite wird angeführt, dass es nicht erforderlich sei, auf die elektronische Form der Klageerhebung hinzuweisen, und das Fehlen des Hinweises die Rechtsbehelfsbelehrung weder unrichtig noch irreführend mache.[115] Dies wird häufig unter Verweis auf die gesteigerten technischen Anforderungen, die die elektronische Form an den Anwender stelle – gemeint ist insbes. die qualifizierte elektronische Signatur –, sowie die geringe Verbreitung der technischen Voraussetzungen zur Nutzung des ERV begründet. Daher liege es eher fern, dass sich ein Bürger, der über diese technischen Mittel verfüge, durch den fehlenden Hinweis verwirren lasse und die fristgerechte Klageerhebung dadurch erschwert werde.[116] Mit anderen Worten: Ein Bürger, der über die entsprechenden technischen Voraussetzungen verfügt, bedarf nach dieser Argumentation keiner Belehrung, da er ohnehin über die Verwendung des ERV informiert ist.

Auf der anderen Seite wird argumentiert, dass der fehlende Hinweis auf die Möglichkeit der Klageerhebung durch Übermittlung eines elektronischen Dokuments generell geeignet sei, den Rechtssuchenden in die Irre zu führen, wenn ansonsten Angaben zur Form der Klageerhebung („schriftlich oder zur Niederschrift") gemacht würden.[117] Dadurch könnten grds. auch bei Rechtsanwälten, die über die qualifizierte elektronische Signatur verfügen würden, Zweifel über die Art und Weise der Klageerhebung hervorgerufen werden. Diese Argumentation dürfte mit der Vereinfachung des ERV durch Ermöglichung verschiedener Alternativen zur qualifizierten elektronischen Signatur (→ Rn. 113ff.) und der bundesweit einheitlichen Eröffnung des elektronischen Zugangs zu den Verwaltungsgerichten

52

53

54

---

110 BT-Drs. 14/4987, 24, 36 und 44; BT-Drs. 14/5561, 20. Vgl. auch *H. Radke*, ZRP 2012, 113, 114; *J. Skrobotz*, in: Bauer/Heckmann/Ruge/Schallbruch/Schulz § 55a Rn. 30, 33.
111 Art. 26 Abs. 8 E-Justiz-Gesetz vom 10.10.2013 (BGBl I 3786).
112 BT-Drs. 17/12634, 41.
113 *J. Krüger/S. Vogelgesang*, JurPC 39/2017 Abs. 12 und 23.
114 Zum Diskussionsstand *B. Beckermann*, NVwZ 2017, 745ff. Vgl. auch *V. Schmid*, 4. Aufl., Rn. 151ff.; *H. Schmitz*, in: BeckOK, Stand: 1.7.2017, Rn. 2.
115 So etwa *H. Geiger*, in: Eyermann Rn. 5 mit Verweis auf OVG Brem NVwZ-RR 2012, 950.
116 Vgl. z.B. VG Berlin BeckRS 2011 48370; VG Braunschweig 16.12.2015 – 5 A 17/14, Rn. 48; OVG Brem NVwZ-RR 2012 950 (951); VG Frankfurt BeckRS 2011 56131.
117 Vgl. z.B. VG Berlin BeckRS 2016 54547; OVG Magdeburg BeckRS 2015 40776; OVG Münster BeckRS 2013 54276; OVG Koblenz NVwZ-RR 2012, 457; VG Schleswig BeckRS 2015 55006. Vgl. auch *J. Saurenhaus/J. Buchheister*, in: Wysk Rn. 1; *T. Starke*, LKV 2010, 358ff.

(→ Rn. 104) zusätzlich an Überzeugungskraft gewinnen.[118] Ist der ERV grds. möglich, könnte eine Rechtsbehelfsbelehrung, die auf herkömmliche Klageerhebungsformen verweist, ohne ausdrücklich auch die elektronische Form zu erwähnen, tatsächlich fälschlicherweise so verstanden werden, dass die elektronische Form ausnahmsweise nicht möglich sei.

C. Anwendungsbereich

55   Die Bundesländer können über die sog. Opt-out-Klausel beschließen, dass § 55 a a.F. bis zum 31.12.2018 oder bis zum 31.12.2019 weiter Anwendung findet (→ Rn. 43).[119] Bis Ende 2019 kann § 55 a a.F. für die elektronische Dokumentenübermittlung demnach weiterhin bedeutsam sein. Aus diesem Grund wird in den folgenden Ausführungen zwischen dem Anwendungsbereich des § 55 a a.F. (→ Rn. 56–58, 62 f.) und jenem des § 55 a in der Fassung des E-Justiz-Gesetzes bzw. des E-Justiz-Gesetzes II (→ Rn. 59–61, 64) unterschieden.

I. Sachlicher Anwendungsbereich

56   **1. § 55 a a.F.** § 55 a Abs. 1 a.F. und Abs. 2 a.F. gelten für die gesamte Kommunikation mit dem Gericht. Dazu zählen u.a. die elektronische Einreichung einer Klage und die elektronische Einreichung von Rechtsmitteln.[120] Die Vorschrift spricht von elektronischen Dokumenten (→ Rn. 66 ff.) und sieht keinerlei Einschränkungen vor.[121] Sie steht außerdem im Abschnitt „Allgemeine Verfahrensvorschriften", womit klargestellt ist, dass grds. für alle Arten von Verfahren die elektronische Form eingeführt werden kann. Einschränkungen sind allerdings aufgrund der Rechtsverordnungen gemäß Abs. 1 S. 1 und 2 a.F. möglich (→ Rn. 73 ff.).[122]

57   Von der Bestimmung nicht erfasst sind elektronische Dokumente, die als Beweismittel eingereicht werden sollen und im Wege des Augenscheins zu verwerten sind. Für diese gilt die Spezialvorschrift des § 98 iVm § 371 Abs 1 S. 2 ZPO. Das bedeutet, dass jedes beliebige Format verwendet werden darf. Eigens erstellte Dokumente wie schriftliche Zeugenaussagen (§ 98 iVm § 377 Abs. 3 ZPO) oder Sachverständigengutachten (§ 98 iVm § 411 ZPO), die in elektronischer Form eingereicht werden, sind hingegen mit einer qualifizierten elektronischen Signatur zu versehen.[123]

58   Abs. 3 a.F. umfasst Dokumente, die vom Richter oder dem Urkundsbeamten der Geschäftsstelle zu unterzeichnen sind. Dazu gehören Urteile, Beschlüsse, Protokolle und Rechtshilfeersuchen.[124] Auch Kostenfestsetzungsbeschlüsse,[125] Gerichtsbescheide, diesen vorangehende Anhörungen und Anhörungsmitteilungen nach §§ 125 Abs. 2 S. 3 und 130 a sowie Fristfestsetzungen, Berichtigungs- und Verkündungsvermerke können darunterfallen.[126]

59   **2. § 55 a.** Abs. 1 enthält eine Aufzählung derjenigen Dokumente, die elektronisch eingereicht werden können (zur Terminologie „elektronische Dokumente" → Rn. 66 ff. und zur „elektronischen Übermittlung" → Rn. 70 ff.). Dazu gehören vorbereitende Schriftsätze und deren Anlagen, schriftlich einzureichende Anträge und Erklärungen der Beteiligten sowie schriftlich einzureichende Auskünfte, Aussagen, Gutachten, Übersetzungen und Erklärungen Dritter. Im Wortlaut nicht enthalten sind bestimmende Schriftsätze, also Schriftsätze, die Erklärungen enthalten, die mit Einreichung bzw. Zustellung als Prozesshandlungen wirksam werden. Zu den bestimmenden Schriftsätzen zählen insbes. Klage, Berufung und Revision. Die Intention des Gesetzgebers war allerdings, diese ebenfalls zu erfassen.[127] Be-

---

118 Vgl. auch *U. Berlit*, FS Herberger, 2016, 95, 111, der einen Klarstellungsbedarf hinsichtlich der Rechtsbehelfsbelehrung lediglich „bis zur gesetzlichen Empfangsbereitschaft" der Gerichte sieht.

119 Art. 24 Abs. 1 E-Justiz-Gesetz vom 10.10.2013 (BGBl I 3786).

120 *R. P. Schenke*, in: Kopp/Schenke Rn. 3.

121 *H. Geiger*, in: Eyermann Rn. 4.

122 *J. Skrobotz*, in: Bauer/Heckmann/Ruge/Schallbruch/Schulz § 55 a Rn. 22.

123 *R. P. Schenke*, in: Kopp/Schenke Rn. 12; *J. Skrobotz*, in: Bauer/Heckmann/Ruge/Schallbruch/Schulz § 55 a Rn. 24; *R. Rudisile*, in: Schoch/Schneider/Bier Rn. 61. Zu weitgehend dagegen *T. A. Degen*, VBlBW 2005, 329, 331; *W. Viefhues* NJW 2005, 1009, 1011.

124 Vgl. BT-Drs. 15/4067, 71 (zu § 130 b ZPO) sowie S. 38; *R. P. Schenke*, in: Kopp/Schenke Rn. 15.

125 *H. Geiger*, in: Eyermann Rn. 6.

126 *R. Rudisile*, in: Schoch/Schneider/Bier Rn. 73, *J. Skrobotz*, in: Bauer/Heckmann/Ruge/Schallbruch/Schulz § 55 a Rn. 25.

127 BT-Drs. 17/12634, 37.

stimmende Schriftsätze können deshalb über § 173 S. 1 iVm § 253 Abs. 4 ZPO, § 125 S. 1, § 141 S. 1 einbezogen werden.[128]

Vom Wortlaut ebenfalls nicht erfasst sind Anträge Dritter (z.B. der Antrag eines Dritten auf Beiladung **60** nach § 65 Abs. 3 S. 1). Allerdings ist nicht ersichtlich, weshalb nur „Erklärungen" und nicht auch Anträge Dritter erfasst werden sollten. Mit Blick auf die Beteiligten sollten nach der Gesetzesbegründung ebenfalls „alle Schriftsätze der Beteiligten" abgedeckt werden.[129] Mithin sollte also die gesamte Kommunikation mit den Gerichten elektronisch ermöglicht werden. Anträge Dritter können deshalb mittels einer teleologisch extensiven Auslegung des Abs. 1 einbezogen werden.[130]

Hinsichtlich des Abs. 7 ergibt sich ebenfalls kein Unterschied in Bezug auf den sachlichen Anwen- **61** dungsbereich im Vergleich zu Abs. 3 a.F.

II. Persönlicher Anwendungsbereich

1. § 55 a a.F. Die Vorgaben des § 55 a Abs. 1 und 2 a.F. gelten für alle Beteiligten. Der Kreis der Betei- **62** ligten ist in § 63 geregelt (→ § 63 Rn. 10 ff.). Es handelt sich um Kläger, Beklagte, Beigeladene, Vertreter des Bundesinteresses beim Bundesverwaltungsgericht und Vertreter des öffentlichen Interesses. Dritte (z.B. Sachverständige oder Zeugen) werden im Wortlaut des § 55 a Abs. 1 und 2 a.F. nicht explizit erwähnt. Diese waren in der Vorgängerbestimmung des § 86 a a.F. noch ausdrücklich erfasst (→ Rn. 13). In der Gesetzesbegründung wird allerdings ausgeführt, dass § 55 a a.F. sich inhaltlich mit § 130 a ZPO a.F. decke.[131] Da § 130 a ZPO a.F. Dritte explizit erwähnt und die Gesetzesbegründung nicht erkennen lässt, dass eine Abweichung in diesem Punkt bewusst gewollt war, kann davon ausgegangen werden, dass eine Verengung des personellen Anwendungsbereichs durch § 55 a a.F. gegenüber der Vorgängerbestimmung nicht beabsichtigt war.[132] Es handelt sich vielmehr um eine (unbeabsichtigte) Regelungslücke, die über § 173 S. 1 iVm § 130 a ZPO a.F. zu schließen ist.[133]

Abs. 3 a.F. bezieht sich auf elektronische Gerichtsdokumente. Als selbstverständlich wird vorausge- **63** setzt, dass auch innerhalb des Gerichts in elektronischer Form kommuniziert werden darf.[134] Aus Abs. 3 a.F. ergibt sich außerdem indirekt, dass das Gericht mit den Beteiligten und mit Dritten ebenfalls elektronisch kommunizieren darf.[135] Voraussetzung ist, dass der jeweilige Adressat sein Einverständnis damit erklärt hat. Dieses Einverständnis kann ausdrücklich oder konkludent erteilt werden.[136] Im Rahmen dieser Kommunikation dürfen etwa Anordnungen und Entscheidungen, die keine Frist in Gang setzen (§ 56 Abs. 1), mitgeteilt, einfache Nachrichten (z.B. Sachstandsanfragen, Aktenzeichenmitteilungen) übermittelt oder nur mittelbar verfahrensbezogene Korrespondenzen mit Dritten (z.B. Entscheidungsanforderungen) geführt werden.[137] Während für die elektronische Kommunikation der Beteiligten mit dem Gericht ein Verordnungsvorbehalt gilt (→ Rn. 75), setzt diese innerhalb des Gerichts den Erlass einer Rechtsverordnung nicht voraus. Dies ergibt sich sowohl aus dem Wortlaut als auch aus der Systematik des § 55 a a.F.[138]

2. § 55 a. Abs. 1 bezieht sich ausdrücklich auf die Kommunikation zwischen den Verfahrensbeteilig- **64** ten und dem Gericht sowie auf die Kommunikation mit Dritten. Hinsichtlich Abs. 7 ergibt sich kein

---

128 R. P. Schenke, in: Kopp/Schenke § 55 a n.F. Rn. 3. Zur Problematik bei der Übertragung prozessrechtsimmanenter Verweise vom Zivil- in das Verwaltungsprozessrecht J. Nolte, Die Eigenart des verwaltungsgerichtlichen Rechtsschutzes, 2015, 331 f., 342 f., 357, 583, 637, 640.
129 BT-Drs. 17/12634, 37.
130 J. Nolte, in: Hill/Schliesky, Auf dem Weg zum Digitalen Staat – auch ein besserer Staat? 2015, 165, 174.
131 BT-Drs. 15/4067, 37.
132 H. Geiger, in: Eyermann Rn. 6; R. P. Schenke, in: Kopp/Schenke Rn. 2; J. Skrobotz, in: Bauer/Heckmann/Ruge/Schallbruch/Schulz § 55 a Rn. 26.
133 H. Geiger, in: Eyermann Rn. 6; J. Nolte, Die Eigenart des verwaltungsgerichtlichen Rechtsschutzes, 2015, 459 f.; R. Rudisile, in: Schoch/Schneider/Bier Rn. 20. Für eine unmittelbare Anwendbarkeit: J. Skrobotz, in: Bauer/Heckmann/Ruge/Schallbruch/Schulz § 55 a Rn. 26.
134 R. P. Schenke, in: Kopp/Schenke Rn. 4.
135 H. Geiger, in: Eyermann Rn. 6.
136 R. P. Schenke, in: Kopp/Schenke Rn. 4. Eine (ausdrückliche oder konkludente) Zugangseröffnung nicht voraussetzend U. Berlit, in: Brandt/Sachs Kap. Y Rn. 128.
137 U. Berlit, in: Brandt/Sachs Kap. Y Rn. 129.
138 U. Berlit, in: Brandt/Sachs Kap. Y Rn. 128; R. P. Schenke, in: Kopp/Schenke Rn. 4.

Unterschied in Bezug auf den persönlichen Anwendungsbereich im Vergleich zu Abs. 3 a.F. (→ Rn. 63).

D. Einzelerläuterungen (§ 55 a a.F.)

65 Die Bundesländer können über die sog. Opt-out-Klausel beschließen, dass § 55 a a.F. bis zum 31.12.2018 oder bis zum 31.12.2019 weiter Anwendung findet (→ Rn. 43).[139] Bis Ende 2019 kann § 55 a a.F. für die elektronische Dokumentenübermittlung demnach weiterhin bedeutsam sein. Aus diesem Grund folgen nachstehend Einzelerläuterungen zu § 55 a a.F. (→ Rn. 66 ff.). In Teil E folgen sodann Einzelerläuterungen zu § 55 a in der Fassung des E-Justiz-Gesetzes bzw. des E-Justiz-Gesetzes II (→ Rn. 104 ff.).

I. Übermittlung elektronischer Dokumente (Abs. 1 S. 1 und 2 a.F.)

66 **1. Elektronische Dokumente.** Abs. 1 a.F. regelt die Übermittlung elektronischer Dokumente. Obwohl der Gesetzgeber den Begriff des *elektronischen Dokuments* im Zusammenhang mit E-Government (z.B. § 3 a VwVfG) und E-Justice (z.B. § 130 a ZPO a.F.) verwendet, existiert keine Legaldefinition. Unbestr. ist, dass elektronische Dokumente sich von Dokumenten in Papierform durch den *Datenträger* unterscheiden, auf dem die Informationen fixiert sind.[140] In einer negativen Abgrenzung bedeutet dies, dass alle nicht in Papierform aufgezeichneten und „nur maschinell lesbaren"[141] Informations- und Datensammlungen als elektronische Dokumente bezeichnet werden können.[142] Der Begriff der elektronischen Dokumente umfasst damit sämtliche Erscheinungsformen der elektronischen Kommunikation (Textverarbeitungsdateien, E-Mails, PDF-Dokumente, Grafikdateien etc.).[143]

67 Unerheblich ist, ob die Dokumente von Anfang an unter Abstützung auf ein Datenverarbeitungssystem entstanden sind oder erst zu einem späteren Zeitpunkt in ein elektronisches Format transformiert wurden (z.B. durch Einscannen), solange das *maßgebliche* Dokument in einem elektronischen Format vorliegt.[144] Kein begriffsnotwendiges Kriterium ist ferner, dass elektronische Dokumente ausschließlich über das Internet von einem Computer zum anderen übertragen werden.[145] Denkbar ist auch, dass ein elektronisches Dokument von einem Computer aus auf einem Datenträger (z.B. USB-Stick, CD-ROM, SD-Karte etc.) abgespeichert und von diesem Datenträger aus auf einen weiteren Computer übertragen wird (→ Rn. 71).[146]

68 Keine elektronischen Dokumente sind dagegen Computer-, Funk- oder Telefaxe.[147] Dabei handelt es sich zwar jeweils um eine elektronische Übermittlung (→ Rn. 72), allerdings wird das Dokument (idR) durch das Gerät des Empfängers ausgedruckt; das maßgebliche Dokument liegt mithin in Papierform vor.[148]

69 Begrifflich auseinanderzuhalten sind die „elektronischen Dokumente" und die „elektronische Form". Räumt der Gesetzgeber die Möglichkeit ein, die Schriftform durch die elektronische Form zu ersetzen, bedeutet dies in der Regel, dass das elektronische Dokument mit einer qualifizierten elektronischen Signatur zu versehen ist.[149] Der Gesetzgeber hat die elektronische Form weder materiellrechtlich noch

---

139 Art. 24 Abs. 1 E-Justiz-Gesetz vom 10.10.2013 (BGBl I 3786).

140 Tw. a.A. wohl *V. Schmid*, 4. Aufl., Rn. 70.

141 BT-Drs. 14/4987, 24.

142 *U. Schliesky* NVwZ 2003, 1322, 1324; *H. Schmitz*, in: Stelkens/Bonk/Sachs, VwVfG, ⁹2018, § 3 a Rn. 1.

143 *T. A. Degen/U. Emmert*, Elektronischer Rechtsverkehr, 2016, Rn. 268; *D. Heckmann*, in: Heckmann, Kap. 5 Rn. 343 (zu § 3 a VwVfG).

144 Verschiedene Autoren gehen dagegen davon aus, dass nur ein *mittels Datenverarbeitung* erstelltes Dokument ein elektronisches Dokument sein könne, z.B. *R. P. Schenke*, in: Kopp/Schenke Rn. 5; *H. Schmitz*, in: BeckOK, Stand: 1.7.2017, Rn. 5; *R. Rudisile*, in: Schoch/Schneider/Bier Rn. 21.

145 So aber BVerwG NVwZ 2012, 1262 Rn. 17.

146 A.A. *V. Schmid*, 4. Aufl., Rn. 70.

147 BVerwG NJW 2006 1989 Rn. 7; BGH NJW 2008 2649 Rn. 11. (zu § 130 a ZPO). Vgl. *H. Müller*, AnwBl 2016, 27, 29; *H. Müller* NZS 2015, 896, 897. A.A. wohl *V. Schmid*, 4. Aufl., Rn. 70.

148 *D. Krausnick*, in: Gärditz Rn. 3; *R. Rudisile*, in: Schoch/Schneider/Bier Rn. 21. Im Resultat ebenso: *H. Schmitz*, in: BeckOK, Stand: 1.7.2017, Rn. 5.

149 Vgl. z.B. § 3 a Abs. 2 S. 1 und 2 VwVfG. Vgl. etwa BVerwG NVwZ 2011 364 Rn. 23 sowie *D. Heckmann*, in: Heckmann, Kap. 5 Rn. 346 (zu § 3 a VwVfG).

verfahrens- oder prozessrechtlich als Unterfall der Schriftform konzipiert.[150] Vielmehr stellt die elektronische Form eine „normativ abgesicherte Ersatzregelung"[151] dar.[152]

2. (Elektronische) Übermittlung. Abs. 1 S. 1 a.F. verwendet die Formulierung „elektronische Dokumente übermitteln". In S. 2 a.F. wird die elektronische Übermittlung erwähnt. Mit elektronischer Übermittlung ist grds. der Datentransfer von einem Absender an einen Empfänger unter Nutzung elektronischer Verfahren gemeint. Eine Legaldefinition existiert allerdings nicht. Unbestr. ist, dass darunter die Übersendung von elektronischen Dokumenten über das Internet zu verstehen ist. — 70

Umstr. ist dagegen, ob auch die Übermittlung eines auf einem USB-Stick oder einer CD-ROM abgespeicherten elektronischen Dokuments als (elektronische) Übermittlung iSd Abs. 1 a.F. einzustufen ist. Dafür spricht, dass der Wortlaut des § 55 a a.F. die Art der Speicherung bzw. Übertragung nicht explizit erwähnt. Zugunsten der Qualifizierung einer Übermittlung von elektronischen Dokumenten auf Datenträgern wie USB-Sticks oder CD-ROMs als (elektronische) Übermittlung iSd Abs. 1 a.F. werden Kapazitätsaspekte angeführt. So scheine es sinnvoll, bei großen oder zahlreichen Dokumenten eine Alternative vorzusehen.[153] In den Rechtsverordnungen einiger Bundesländer wird tatsächlich eine ausnahmsweise zulässige Ersatzeinreichung mittels Datenträger vorgesehen, wenn die Dateien zu groß sind bzw. zu viele Dateien übermittelt werden sollen.[154] Es erscheint nicht sinnvoll, für die elektronischen Dokumente, die auf einem Datenträger übermittelt werden, andere Anforderungen an die Integrität und Authentizität zu stellen. Vielmehr sollten auch diese Dateien den Vorgaben des Abs. 1 a.F. entsprechend mit einer qualifizierten elektronischen Signatur versehen bzw. durch ein anderes sicheres Verfahren geschützt werden.[155] Dagegen spricht allerdings, dass Abs. 2 S. 1 a.F. von der „Aufzeichnung" spricht. Eine Übermittlung ist demnach erst abgeschlossen, wenn das elektronische Dokument in der Weise beim Empfänger angekommen ist, dass es dort auf einer für den Empfang bestimmten Einrichtung aufgezeichnet ist. Das schließt die Übermittlung eines USB-Sticks oder einer CD-ROM aus.[156] — 71

Elektronisch übermittelt werden auch Faxnachrichten (Computer-, Tele- oder Funkfax).[157] Letztere sind allerdings nicht als elektronische Dokumente einzuordnen (→ Rn. 68). Die Anforderungen an die Unterschrift bei elektronisch übermittelten Faxnachrichten und bei elektronisch übermittelten elektronischen Dokumenten unterscheiden sich erheblich. Beim Telefax wird die eigenhändige Unterzeichnung des Originals verlangt, beim Computerfax wird die eingescannte Unterschrift von der Rspr. als ausreichend anerkannt.[158] Da das Computerfax ein originär elektronisches Dokument darstellt, das nicht in einer ursprünglichen Papierform vorliegt, ist eine handschriftliche Unterschrift des Originaldokuments gar nicht möglich. Demgegenüber schreibt § 55 a Abs. 1 a.F. die qualifizierte elektronische Signatur (→ Rn. 85 ff.) bzw. ein anderes sicheres Verfahren vor (→ Rn. 91). Die in § 55 a Abs. 1 S. 1 und 2 a.F. gemeinte elektronische Übermittlung bezieht sich allerdings lediglich auf elektronische Dokumente, auch wenn in S. 2, 1. Hs. nur von „Dokumenten" die Rede ist („... von dem an Dokumente an ein Gericht ..."). Dies ergibt sich aus der expliziten Bezugnahme auf elektronische Dokumente in — 72

---

150 BVerwG 25.9.2010 – 1 WB 17.14 Rn. 23.
151 *D. Kugele*, in: ders., VwGO-OK, Stand: 25.6.2017, Rn. 4. Vgl. auch *H. Müller* AnwBl 2016, 27, 29: elektronische Form als „aliud" zur Schriftform.
152 Vgl. BGH NJW 2008, 2649 Rn. 9 f. (zu § 130 a ZPO).
153 *J. Skrobotz*, in: Bauer/Heckmann/Ruge/Schallbruch/Schulz § 55 a Rn. 23.
154 Vgl. z.B. § 3 Nr. 5 VO über den elektronischen Rechtsverkehr in Hamburg vom 28.1.2009 (GVBl 2008 51), zul. geänd. durch VO vom 30.3.2017 (GVBl 90), oder § 3 Nr. 5 VO über den elektronischen Rechtsverkehr im Land Brandenburg (BbgERVV) vom 14.12.2006 (GVBl II Nr. 33, 558), zul. geänd. durch Art. 2 VO vom 12.6.2014 (GVBl II Nr. 34, 1).
155 Vgl. auch die ausdrückliche Vorgabe in Ziff. 2.3 der Bekanntgabe des Einreichungsverfahrens nach § 3 BbgERVV: „Im Übrigen gelten für die auf einer CD-ROM eingereichten Daten die gleichen Formvorschriften wie bei der Online-Kommunikation (Dateiformate, Kennzeichnung, Namensgebung, Signaturen...)."
156 *V. Schmid*, 4. Aufl., Rn. 88; ohne nähere Begründung ebenfalls abl. *U. Berlit*, in: Brandt/Sachs Kap. Y Rn. 19. Vgl. aber die ausnahmsweise Zulässigkeit einer Übermittlung auf einem physischen Datenträger in der seit dem 1.1.2018 geltenden bundeseinheitlichen Rechtsverordnung; § 3 Verordnung über die technischen Rahmenbedingungen des elektronischen Rechtsverkehrs und über das besondere elektronische Behördenpostfach (ERVV) vom 24.11.2017 (BGBl I 3803).
157 Wie hier: *U. Stelkens*, in: Stelkens/Bonk/Sachs, VwVfG, ⁹2018, § 37 Rn. 64; § 41 Rn. 82.
158 GmS-OBG NJW 2000, 2340, 2341. Vgl. auch BGH NJW 2015, 1527 Rn. 9. Krit. dazu: *W. Bernhardt*, NJW 2015, 2775, 2776; *M. Weigel*, StBW 2013, 275, 276 f.

S. 1 („… können dem Gericht elektronische Dokumente übermitteln …"). S. 2 präzisiert die in S. 1 enthaltene Ermächtigungsgrundlage für den Erlass von Rechtsverordnungen.

73 **3. Verordnungen der Länder. a) Ermächtigungsgrundlage. aa) Adressaten.** Abs. 1 S. 1 und 2 a.F. ermächtigt die Bundes- oder Landesregierungen zum Erlass von Rechtsverordnungen in ihrem jeweiligen Zuständigkeitsbereich. Für die Landesregierungen ist die Möglichkeit der Subdelegation (Abs. 1 S. 5 a.F.) auf die für die Verwaltungsgerichtsbarkeit zuständigen obersten Landesbehörden vorgesehen. Die Ermächtigung zum Erlass einer Rechtsverordnung durch die Bundesregierung in Abs. 1 a.F. ist seit dem 1.1.2018 dagegen obsolet geworden, da lediglich die Landesregierungen eine weitere Anwendung des § 55 a a.F. beschließen können.[159] Für die Bundesebene sind damit hinsichtlich des Erlasses einer Rechtsverordnung seit dem 1.1.2018 die Vorgaben des § 55 a Abs. 2 S. 2 maßgebend. Die Bundesregierung hat am 24.11.2017, mit Zustimmung des Bundesrates, die Verordnung über die technischen Rahmenbedingungen des elektronischen Rechtsverkehrs und über das besondere elektronische Behördenpostfach (ERVV; BGBl I 3803) beschlossen. Sie trat am 1.1.2018 in Kraft (→ Rn. 107).

74 **bb) Inhalt.** Die auf § 55 a a.F. gestützten Rechtsverordnungen haben die Zulässigkeit der Übermittlung elektronischer Dokumente an das Gericht festzulegen (S. 1 a.F.). Sie bestimmen den Zeitpunkt, ab welchem diese Übermittlung zulässig ist (S. 2 a.F.). Außerdem regeln sie die technischen Rahmenbedingungen (S. 2 a.F.). Dazu zählen etwa die Übertragungswege, Datenformate oder die elektronische Signatur. Die Länder können die Zulassung des ERV auf bestimmte Gerichte oder bestimmte Verfahren beschränken (S. 6 a.F.). Eine weitergehende Beschränkung auf einzelne Spruchkörper oder auf einzelne Arten von Schriftstücken wird im „Erst-recht-Schluss" (argumentum a maiore ad minus) tlw. ebenfalls als zulässig erachtet.[160] In der Praxis hat sich allerdings kein Bedarf an einer solchen zusätzlichen Beschränkung gezeigt (→ Rn. 77).

75 **b) Verordnungsvorbehalt.** Der Erlass einer entsprechenden Rechtsverordnung war bis zum 1.1.2018 notwendige Voraussetzung für die Möglichkeit der Übermittlung elektronischer Dokumente an ein Gericht (Verordnungsvorbehalt).[161] Erst ab dem in der Rechtsverordnung des Bundes (für das BVerwG) bzw. eines Landes (für dessen Verwaltungsgerichtsbarkeit) fixierten Zeitpunkt war der ERV eröffnet. Der Verordnungsvorbehalt galt für die elektronische Kommunikation der Beteiligten mit dem Gericht (Abs. 1 und 2 a.F.), nicht aber für die elektronische Kommunikation innerhalb des Gerichts (Abs. 3 a.F., → Rn. 63). Seit dem 1.1.2018 ist der ERV grds. eröffnet, es sei denn, ein Bundesland macht von der Möglichkeit der sog. Opt-Out-Klausel Gebrauch (→ Rn. 43). Für diejenigen Länder, die nicht von der Opt-out-Klausel (→ Rn. 43 f.) Gebrauch machen, löst die Bundesverordnung[162] (→ Rn. 107) zum 1.1.2018 die jeweilige Landesverordnung ab.

76 **c) Regelungen in den Verordnungen der Länder vor Inkrafttreten der Bundesverordnung.** Vor dem 1.1.2018 (Stand: 31.8.2017) sahen nicht alle Länder den ERV im Bereich der Verwaltungsgerichtsbarkeit vor. In *Baden-Württemberg*,[163] *Bayern*[164] und *Thüringen*[165] war der ERV zu den VG und zum VGH bzw. OVG nicht eröffnet. In den übrigen Bundesländern waren die nachfolgend dargestellten Regelungen vorgesehen.

77 **aa) Zeitpunkt und Verfahren.** Seit dem 1.1.2010 ist der elektronische Rechtsverkehr zum VG *Berlin* und zum OVG *Bln-Bbg* für alle Verfahren vorgesehen.[166] In *Brandenburg* ist der ERV seit dem

---

159 Art. 24 Abs. 1 E-Justiz-Gesetz vom 10.10.2013 (BGBl I 3786).
160 *R. P. Schenke* in: Kopp/Schenke Rn. 6; *W. Viefhues* NJW 2005, 1009, 1010. A.A. *R. Rudisile* in: Schoch/Schneider/Bier Rn. 27; *J. Skrobotz* in: Bauer/Heckmann/Ruge/Schallbruch/Schulz § 55 a Rn. 30.
161 *D. Kugele*, in: ders., VwGO-OK, Stand: 25.6.2017, Rn. 6.
162 Verordnung über die technischen Rahmenbedingungen des elektronischen Rechtsverkehrs und über das besondere elektronische Behördenpostfach (ERVV) vom 24.11.2017 (BGBl I 3803).
163 VO des Justizministeriums über den elektronischen Rechtsverkehr in Baden-Württemberg vom 11.12.2006 (GBl 393), zul. geänd. durch Art. 2 VO vom 8.6.2017 (GBl 294, 295).
164 VO über den elektronischen Rechtsverkehr bei den ordentlichen Gerichten vom 15.12.2006 (GVBl 1084), zul. geänd. durch VO vom 11.1.2017 (GVBl 10).
165 Thüringer VO über den elektronischen Rechtsverkehr bei den Gerichten und Staatsanwaltschaften vom 5.12.2006 (GVBl 2006, 560), zul. geänd. durch VO vom 6.20.2011 (GVBl 507).
166 § 1 iVm Anl. Nr. 14 VO über den elektronischen Rechtsverkehr mit der Justiz im Land Berlin (BerlERVJustizV) vom 27.12.2006 (GVBl 1183), zul. geänd. durch VO vom 9.12.2009 (GVBl 881).

1.5.2007 für alle Verfahren zu den drei VG und seit dem 1.1.2012 zum OVG Bln-Bbg möglich.[167] In *Bremen* können beim VG und beim OVG in allen Verfahren Dokumente in elektronischer Form eingereicht werden.[168] In *Hamburg* ist die Einreichung elektronischer Dokumenten beim VG und beim OVG für alle Verfahrensbereiche seit dem 1.12.2014 vorgesehen.[169] In *Hessen* ist bei allen fünf VG und beim VGH die Einreichung elektronischer Dokumente in allen Verfahren seit dem 8.12.2005 (VG Frankfurt am Main) bzw. seit dem 17.12.2007 (VG Darmstadt, Gießen, Kassel, Wiesbaden & VGH) möglich.[170] In *Mecklenburg-Vorpommern* ist der elektronische Zugang zu den beiden VG und zum OVG für alle Verfahrensarten seit dem 7.2.2017 (VG Schwerin) bzw. seit dem 14.2.2017 (VG Greifswald, OVG) eröffnet.[171] In *Niedersachsen* ist die Einreichung elektronischer Dokumente seit dem 1.11.2011 (VG Lüneburg, OVG) bzw. seit dem 1.11.2013 (VG Braunschweig, Göttingen, Hannover, Oldenburg Osnabrück, Stade) in allen verwaltungsgerichtlichen Verfahren zugelassen.[172] In *Nordrhein-Westfalen* können seit dem 1.1.2011 beim OVG für alle Verfahren bis auf bundes- und landesdisziplinarrechtliche Verfahren, Verfahren des Landesberufsgerichts für Heilberufe, Verfahren des Landesberufsgerichts für Architekten, Architektinnen, Stadtplaner und Stadtplanerinnen sowie Verfahren des Landesberufsgerichts für beratende Ingenieure und Ingenieurinnen sowie Ingenieure und Ingenieurinnen im Bauwesen elektronische Dokumente eingereicht werden. Beim VG Minden (seit 1.1.2011) und bei den VG Aachen, Arnsberg und Gelsenkirchen (seit 1.1.2013) ist für alle Verfahren der elektronische Zugang eröffnet. Beim VG Düsseldorf können seit dem 1.1.2013 in allen Verfahren bis auf bundes- und landesdisziplinarrechtliche Verfahren, Verfahren des Landesberufsgerichts für Architekten, Architektinnen, Stadtplaner und Stadtplanerinnen sowie Verfahren des Landesberufsgerichts für beratende Ingenieure und Ingenieurinnen sowie Ingenieure und Ingenieurinnen im Bauwesen elektronische Dokumente eingereicht werden.[173] Seit dem 1.1.2013 ist dies beim VG Köln für alle Verfahren bis auf Verfahren des Berufsgerichts für Heilberufe und beim VG Münster für alle Verfahren bis auf bundes- und landesdisziplinarrechtliche Verfahren sowie Verfahren des Berufsgerichts für Heilberufe möglich. In *Rheinland-Pfalz* ist der elektronische Zugang zum OVG in allen Verfahrensarten seit dem 5.2.2004 eröffnet, zum VG Koblenz seit dem 1.1.2005, zum VG Trier seit dem 1.2.2005, zum VG Mainz seit dem 1.4.2005 und zum VG Neustadt an der Weinstraße seit dem 1.6.2005.[174] Rheinland-Pfalz war das erste Bundesland, in dem der ERV in kontradiktorischen Verfahren zugelassen wurde. Den Anfang machte das OVG mit einem Pilotprojekt, gefolgt von einer schrittweisen Ausweitung auf die VG. Damit war das Land auch Pionier hinsichtlich der instanzübergreifenden elektronischen Kommunikation und Transaktion zwischen den Gerichten der Verwaltungsgerichtsbarkeit eines Bundeslandes.[175] Seit dem 1.10.2015 ist im *Saarland* für alle Verfahren beim VG und beim OVG der elektronische Zugang eröffnet.[176] In *Sachsen* können elektronische Dokumente in allen Verfahren seit dem 1.3.2012 (VG Dresden) bzw. seit dem 1.12.2012 (VG Chemnitz und Leipzig, OVG) eingereicht werden.[177] In *Sachsen-Anhalt* ist dies in allen Verfahren seit dem 1.3.2009 (VG Magdeburg,

---

167 § 1 iVm Anl. Nr. 44–46 bzw. Nr. 43 VO über den elektronischen Rechtsverkehr im Land Brandenburg (BbgERVV) vom 14.12.2006 (GVBl II Nr. 33, 558), zul. geänd. durch Art. 2 VO vom 12.6.2014 (GVBl II Nr. 34, 1).

168 § 1 Abs. 1 VO über den elektronischen Rechtsverkehr im Land Bremen (BremERVV) vom 18.12.2006 (GBl 548), zul. geänd. durch VO vom 12.1.2015 (GBl 12).

169 § 1 iVm Anl. Nr. 2 und 3 VO über den elektronischen Rechtsverkehr in Hamburg (HmbERVV) vom 28.1.2009 (GVBl 2008, 51), zul. geänd. durch VO vom 30.3.2017 (GVBl 90).

170 § 1 iVm Anl. Nr. 10 bzw. Nr. 72–76 VO über den elektronischen Rechtsverkehr bei hessischen Gerichten und Staatsanwaltschaften (HessERVVGStAV) vom 26.10.2007 (GVBl I 699), zul. geänd. durch Art. 1 VO vom 20.7.2016 (GVBl 134).

171 § 1 iVm Anl. Nr. 9–11 VO über den elektronischen Rechtsverkehr in Mecklenburg-Vorpommern (ERVVO M-V) vom 18.12.2008 (GVOBl 2009, 53), zul. geänd. durch VO vom 20.3.2017 (GVOBl 62).

172 § 1 iVm Anl. Niedersächsische VO über den elektronischen Rechtsverkehr in der Justiz (NdsERVVO-Justiz) vom 21.10.2011 (GVBl 2011, 367), zul. geänd. durch VO vom 11.11.2015 (GVBl 335).

173 § 1 iVm Anl. Nr. 4 VO über den elektronischen Rechtsverkehr bei den Verwaltungsgerichten und den Finanzgerichten im Lande Nordrhein-Westfalen (ERVVO VG/FG-NRW) vom 7.11.2012 (GV S. 548)

174 § 1 Abs. 1 iVm Anl. Nr. 58–62 Landesverordnung über den elektronischen Rechtsverkehr in Rheinland-Pfalz (RpflERVLVO) vom 10.7.2015 (GVBl 175), zul. geänd. durch VO vom 4.4.2017 (GVBl 86, ber. 121).

175 *R. Geis*, Ein Rahmenwerk für den elektronischen Rechtsverkehr, 2015, 73.

176 § 1 iVm Anl. Nr. 2 und 3 VO für den elektronischen Rechtsverkehr mit Gerichten und Staatsanwaltschaften im Saarland (SaarlERVVGStAV) vom 12.12.2006 (ABl 2006, 2237), zul. geänd. durch VO vom 25.4.2017 (ABl I 497).

177 § 1 Abs. 1 iVm Anl. 1 Nr. 14 bzw. 39–41 Sächsische E-Justizverordnung (SächsEJustizVO) idF der Bekanntmachung vom 23.4.2014 (GVBl 291), zul. geänd. durch VO vom 22.6.2017 (GVBl 369).

OVG) bzw. seit dem 1.10.2009 (VG Halle) möglich.[178] Seit dem 1.2.2015 ist der elektronische Zugang zum VG und zum OVG in *Schleswig-Holstein* für alle Verfahren eröffnet.[179]

78   **bb) Technische Rahmenbedingungen: Übertragung.** Als Übertragungsweg sehen alle Rechtsverordnungen die Nutzung des elektronischen Gerichts- und Verwaltungspostfachs (EGVP) vor.[180] Eine einfache E-Mail ist für die Einreichung von elektronischen Dokumenten – mit Ausnahme von Rheinland-Pfalz[181] – nicht zulässig. In Rheinland-Pfalz können elektronische Dokumente im Übrigen auch mittels Web-Upload eingereicht werden.[182]

79   Das *EGVP*[183] funktioniert zwar ähnlich wie eine E-Mail, basiert aber auf einer speziellen Übertragungssoftware, die den OSCI-Protokollstandard nutzt.[184] Diese weist einen höheren Sicherheitsstandard als das zur Versendung von E-Mails verwendete SMTP auf.[185] Das EGVP wurde in einer Zusammenarbeit zwischen dem Bundesverwaltungsgericht, dem Bundesfinanzhof, dem Bundesamt für Sicherheit in der Informationstechnik und dem OVG Münster sowie in Kooperation mit den Ländern Hessen und Bremen entwickelt.[186] Es ist seit Ende 2004 im Einsatz.[187] Die Übertragungssoftware wird kostenlos zur Verfügung gestellt.[188] In der EGVP-Software ist eine Verschlüsselung vorgesehen; die Daten werden also grds. verschlüsselt übermittelt.[189] Diese Verschlüsselung ersetzt allerdings nicht die qualifizierte elektronische Signatur.

80   Infolge der Einführung des besonderen elektronischen Anwaltspostfachs (beA → Rn. 117) erfuhr das EGVP zum 1.1.2018 verschiedene Änderungen. Der sog. EGVP-Classic-Client wurde bereits zum 1.1.2016 abgekündigt, stand den Rechtsanwälten aber noch übergangsweise bis zur verpflichtenden Nutzung des beA zur Verfügung. Am 1.1.2018 sollte er endgültig abgeschaltet und durch einen Nachfolgeclient, der lediglich der Verwaltung bereits empfangener Nachrichten dient, ersetzt werden.[190] Während Rechtsanwälte stattdessen das beA nutzen (müssen), sind andere professionelle Nutzer (z.B. Behörden) und Bürger auf die Nutzung anderer EGVP-Sende- und Empfangskomponenten angewiesen.[191]

81   Einige Bundesländer sehen eine Beschränkung der Anzahl und/oder der Größe der Dateien, die übermittelt werden können, vor. So dürfen z.B. an das VG Berlin sowie das OVG Bln-Bbg höchstens 100 Dateien, deren Gesamtvolumen 30 Megabyte (MB) nicht überschreitet, übermittelt werden.[192] In umgekehrter Richtung, also für Nachrichten des Gerichts, gilt eine Begrenzung auf 10 Dateien mit insgesamt höchstens 10 MB.[193] Dateien können allerdings komprimiert und z.B. als ZIP-Datei eingereicht werden.[194]

---

178 § 1 iVm Anl. Nr. 2–4 VO über den elektronischen Rechtsverkehr bei den Gerichten und Staatsanwaltschaften des Landes Sachsen-Anhalt (ERVVO-LSA) vom 1.10.2007 (GVBl 330), zul. geänd. durch VO vom 2.3.2016 (GVBl 132).

179 § 1 Abs. 2 iVm Anl. Nr. 14, 15 Landesverordnung über den elektronischen Rechtsverkehr mit den Gerichten und Staatsanwaltschaften (ERVV-SH) vom 12.12.2006 (GVOBl 361), zul. geänd. durch LVO vom 19.6.2017 (GVOBl 401).

180 § 2 Abs. 1 BerlERVJustizV; § 2 Abs. 1 BbgERVV; § 2 Abs. 1 BremERVV; § 2 Abs. 1 HmbERVV; § 3 HessERVVGStAV; § 2 Abs. 1 ERVVO M-V; § 2 Abs. 1 NdsERVVO-Justiz; § 2 Abs. 1 ERVVO VG/FG-NRW; § 2 Abs. 1 RpflERVLVO; § 2 Abs. 1 SaarlERVVGStAV; § 2 Abs. 1 SächsEJustizVO; § 2 Abs. 1 ERVVO-LSA; § 2 Abs. 1 ERVV-SH.

181 Bekanntgabe der Bearbeitungsvoraussetzungen aufgrund von § 3 RpflERVLVO, Nr. 2.1, abrufbar unter: https://jm.rlp.de/de/themen/digitale-welt/elektronischer-rechtsverkehr/ (abgerufen am 25.10.2017). Wird die Möglichkeit der E-Mail-Einreichung genutzt, muss der Benutzer die E-Mail verschlüsseln, wenn er dies wünscht.

182 Vgl. https://jm.rlp.de/de/themen/digitale-welt/elektronischer-rechtsverkehr/ (abgerufen am 25.10.2017).

183 www.egvp.de (abgerufen am 25.10.2017).

184 OSCI steht für Online Services Computer Interface. Eine allg. Beschreibung des EGVP findet sich unter http://www.egvp.de/beh_allgemeine_info/index.php (abgerufen am 25.10.2017). Vgl. auch *R. Rudisile*, in: Schoch/Schneider/Bier Rn. 67.

185 SMTP steht für Single Mail Transfer Protocol.

186 *K. Borchers/F. Gottberg/C. Hoffmann*, Elektronische Dokumente als Beweismittel, 2016, 74.

187 *U. Berlit* JurPC 13/2006 Abs. 37; *R. Rudisile*, in: Schoch/Schneider/Bier Rn. 67.

188 www.egvp.de (abgerufen am 25.10.2017).

189 http://www.egvp.de/technik/index.php (abgerufen am 25.10.2017). Vgl. *H. Müller*, NZS 2015, 896; *H. Schmitz*, in: BeckOK, Stand: 1.7.2017, Rn. 7.

190 www.egvp.de (abgerufen am 25.10.2017). Vgl. auch *R. P. Schenke*, in: Kopp/Schenke Rn. 8.

191 Vgl. für Bsp.: www.egvp.de (abgerufen am 25.10.2017).

192 Bekanntgabe aufgrund §§ 2 und 3 der BerlERVJustizV Nr. 3 S. 1, abrufbar unter http://www.berlin.de/sen/justiz/service/elektronischer-rechtsverkehr/artikel.261847.php (abgerufen am 25.10.2017).

193 Bekanntgabe aufgrund §§ 2 und 3 der BerlERVJustizV Nr. 3 S. 2.

194 Vgl. z.B. § 2 Abs. 4 BerlERVJustizV.

In der Regel soll in der *Bezeichnung* der übermittelten Nachricht das Aktenzeichen angegeben wer- 82
den,[195] bei Neueingängen stattdessen das Stichwort „Neueingang"[196] und ggfs. die schlagwortartige
Bezeichnung der Verfahrensart, eine schlagwortartige Bezeichnung des Inhalts sowie die Kurzbezeichnung der Hauptbeteiligten.[197]
Der Absender ist grds. dafür verantwortlich, dass weder die Nachricht noch die angehängten Dateien
schädliche aktive Komponenten (Viren, Trojaner, Würmer etc.) enthalten. Eine Datei mit schädlichen
aktiven Komponenten gilt als nicht zugegangen.[198]

cc) Technische Rahmenbedingungen: Dateiformate und Dateinamen. In den Verordnungen der Län- 83
der werden unterschiedliche Dateiformate zugelassen, sofern sie in einer für das Gericht bearbeitbaren
Version genutzt werden. Zu den gängigen Formaten, die in praktisch allen Rechtsverordnungen vorgesehen sind, gehören:[199] ASCII[200] (in Mecklenburg-Vorpommern nicht vorgesehen), Unicode (in
Mecklenburg-Vorpommern nicht vorgesehen), Microsoft RTF, PDF, XML, Microsoft Word, beschränkt auf Dokumente ohne aktive Komponenten wie z.B. Makros, sowie TIFF.[201] Das Format Microsoft Excel ist lediglich in Niedersachsen vorgesehen. Für elektronische Dokumente, die als Beweismittel eingereicht werden sollen und im Wege des Augenscheins zu verwerten sind, gelten die Vorgaben grds. nicht (→ Rn. 57).

II. Gesetzliche Sicherheitsanforderungen (Abs. 1 S. 3 und 4 a.F.)

1. Dokumente, die einem schriftlich zu unterzeichnenden Schriftstück gleichstehen. Die in Abs. 1 S. 3 84
und 4 a.F. vorgeschriebenen Sicherheitsanforderungen gelten für elektronische Dokumente, „die einem
schriftlich zu unterzeichnenden Schriftstück gleichstehen". Das Gesetz präzisiert nicht näher, welche
Dokumente damit gemeint sind.[202] Grds. sind bestimmende Schriftsätze dazu zu zählen, also etwa die
Klage und die Anträge nach §§ 80 Abs. 5, 123 mit der jeweiligen Erwiderung, der Antrag auf mündliche Verhandlung nach § 84 Abs. 2 Nr. 2 und der Antrag auf Wiedereinsetzung nach § 60, die Erledigungserklärung und die Klagerücknahme.[203] Vorbereitende Schriftsätze und ihre Anlagen sind hingegen nicht erfasst.[204]

2. Qualifizierte elektronische Signatur. Gemäß Abs. 1 S. 3 a.F. ist für die einem schriftlich zu unter- 85
zeichnenden Schriftstück gleichstehenden Dokumente eine qualifizierte elektronische Signatur vorzuschreiben.[205] Die qualifizierte elektronische Signatur tritt dabei an die Stelle der eigenhändigen Unterschrift.[206] Mit Abs. 1 S. 3 a.F. wird der qualifizierten elektronischen Signatur im ERV im verwaltungsgerichtlichen Verfahren also dieselbe Rechtswirkung zuerkannt, wie der handschriftlichen Unterschrift. Dies entspricht den Vorgaben des Art. 25 Abs. 2 eIDAS-Verordnung[207] (→ Rn. 29). Eine solche
Rechtswirkung muss für jede qualifizierte elektronische Signatur anerkannt werden, „die auf einem in

---

195 Vgl. z.B. Bekanntgabe der Bearbeitungsvoraussetzungen aufgrund von § 3 RpflERVLVO, Nr. 4.1.
196 Z.B. Bekanntgabe der Bearbeitungsvoraussetzungen aufgrund von § 3 RpflERVLVO, Nr. 4.1.
197 Z.B. Bekanntgabe aufgrund § 3 der NdsERVVO-Justiz, Nr. 4.1.
198 *R. P. Schenke,* in: Kopp/Schenke Rn. 8.
199 § 2 Abs. 3 BerlERVJustizV; § 2 Abs. 4 BbgERVV; § 2 Abs. 4 BremERVV; § 2 Abs. 4 HmbERVV; Anl. 2 zu § 2 Nr. 3
     HessERVVGStAV; § 2 Abs. 4 ERVVO M-V; § 2 Abs. 3 NdsERVVO-Justiz; § 2 Abs. 4 ERVVO VG/FG-NRW; § 2
     Abs. 4 RpflERVLVO; § 2 Abs. 4 SaarlERVVGStAV; § 2 Abs. 4 SächsEJustizVO; § 2 Abs. 4 ERVVO-LSA; § 2 Abs. 4
     ERVV-SH.
200 ASCII steht für American Standard Code for Information Interchange.
201 TIFF steht für Tagged Image File Format.
202 Krit. diesbezüglich *R. Rudisile,* in: Schoch/Schneider/Bier Rn. 33; *J. Skrobotz,* in: Bauer/Heckmann/Ruge/Schall-
     bruch/Schulz § 55 a Rn. 34.
203 *R. P. Schenke,* in: Kopp/Schenke Rn. 10; *J. Skrobotz,* in: Bauer/Heckmann/Ruge/Schallbruch/Schulz § 55 a Rn. 34.
     Ausf. *R. Rudisile,* in: Schoch/Schneider/Bier Rn. 36.
204 *R. P. Schenke,* in: Kopp/Schenke Rn. 10; *J. Skrobotz,* in: Bauer/Heckmann/Ruge/Schallbruch/Schulz § 55 a Rn. 34.
     Ausf. *R. Rudisile,* in: Schoch/Schneider/Bier Rn. 35.
205 Eine Aussage darüber, wann stattdessen eine einfache Signatur genügt, ist Abs. 1 S. 3 a.F. dagegen nicht zu entneh-
     men. Vgl. *J. Skrobotz,* in: Bauer/Heckmann/Ruge/Schallbruch/Schulz § 55 a Rn. 39. A.A. *R. Rudisile,* in: Schoch/
     Schneider/Bier Rn. 33; *R. P. Schenke,* in: Kopp/Schenke Rn. 10.
206 BGH NJW 2008 2649 Rn. 10 (zu § 130 a ZPO).
207 VO (EU) Nr. 910/2014 des Europäischen Parlaments und des Rates vom 23.7.2014 über elektronische Identifizie-
     rung und Vertrauensdienste für elektronische Transaktionen im Binnenmarkt und zur Aufhebung der Richtlinie
     1999/93/EG, ABl L 257 vom 28.8.2014, S. 73–114.

einem Mitgliedstaat ausgestellten qualifizierten Zertifikat beruht" (Art. 25 Abs. 3 eIDAS).[208] Das könnte zu einer Übernahme von technischen Lösungen auch für die innerstaatliche Justizkommunikation führen.[209]

86   Die qualifizierte elektronische Signatur erfüllt verschiedene Funktionen.[210] Im ERV soll damit insbes. sichergestellt werden, dass das elektronische Dokument dem angegebenen Absender zugerechnet werden kann und mit seinem Willen übermittelt worden ist (Authentizität).[211] Zusätzlich gewährleistet die qualifizierte elektronische Signatur, dass das Dokument nicht nachträglich verändert wird (Integrität).[212] Sie ermöglicht außerdem, dem elektronischen Dokument eine dem Papierdokument vergleichbare dauerhafte Fassung zu verleihen (Perpetuierungsfunktion).[213]

87   Bis zum Inkrafttreten der eIDAS-Verordnung am 1.7.2016 (Art. 52 Abs. 2 eIDAS-Verordnung, → Rn. 27) galt für die qualifizierte elektronische Signatur nach § 2 Nr. 3 SigG, dass diese zusätzlich zu den Sicherheitsanforderungen einer fortgeschrittenen elektronischen Signatur (§ 2 Nr. 2 SigG) auf einem zum Zeitpunkt ihrer Erzeugung gültigen qualifizierten Zertifikat beruhen und mit einer sicheren Signaturerstellungseinheit erzeugt werden musste.[214] Dafür war nach dem inzwischen aufgehobenen deutschen SigG (aufgehoben durch Art. 12 Abs. 1 Nr. 1 eIDAS-Durchführungsgesetz, → Rn. 34) ein auf der Computerfestplatte hinterlegter privater Schlüssel nicht ausreichend.[215] Vielmehr war eine externe Hardware erforderlich (z.B. Signaturkartenlesegerät mit entsprechender Signaturkarte).[216]
Nach der eIDAS-Verordnung sind auch Fernsignaturen zugelassen. Dabei wird die elektronische Signatur nicht vollständig im Bereich des Nutzers, sondern in einer von einem Vertrauensdienstanbieter im Namen des Unterzeichners geführten Umgebung erzeugt.[217] Die qualifizierte elektronische Signatur wird damit erheblich vereinfacht. So sind aufgrund der eIDAS-Verordnung z.B. Handysignaturen (wie sie seit Längerem in Österreich eingesetzt werden) oder Authentifizierungen in einem Webformular möglich. Die Signaturen können in einem Signaturspeicher verwaltet und auf Anforderung des Nutzers, die dieser über SMS oder Webformular an den Anbieter übermittelt, abgerufen werden.[218] Ein Durchführungsbeschluss der EU-Kommission vom 25.4.2016[219] regelt die Anforderungen an qualifizierte elektronische Signaturerstellungseinheiten und qualifizierte elektronische Siegelerstellungseinheiten. Für Deutschland notwendige Präzisierungen und Regelungen zu Zuständigkeiten und Befugnissen der beteiligten Behörden enthält das Vertrauensdienstegesetz.[220]

88   Die Rechtsverordnungen der Länder (→ Rn. 77) sehen der Vorgabe des Abs. 1 S. 3 a.F. entsprechend eine qualifizierte elektronische Signatur vor.[221] Wo in den Rechtsverordnungen noch auf die qualifizierte elektronische Signatur gem. § 2 Nr. 3 SigG verwiesen wird, wird dieser Verweis durch den Anwendungsvorrang der eIDAS-Verordnung überlagert (→ Rn. 28). Gemeint ist demnach jeweils die qualifizierte elektronische Signatur nach der eIDAS-Verordnung.

89   Fehlt eine qualifizierte elektronische Unterschrift oder ist diese fehlerhaft, ist das Gericht verpflichtet, den Absender unverzüglich darauf aufmerksam zu machen. Dies folgt zumindest aus der prozessualen Fürsorgepflicht des Gerichts.[222] Unterlässt das Gericht die (unverzügliche) Mitteilung, kommt ggf. ein

---

208   *A. Roßnagel*, Das Recht der Vertrauensdienste, 2016, 53.
209   *W. Bernhardt* NJW 2015, 2775, 2779.
210   *T. A. Degen* NJW 2009, 199: Abschlussfunktion, Perpetuierungsfunktion, Identitätsfunktion, Echtheitsfunktion, Beweisfunktion, Warnfunktion.
211   BVerwG NJW 2011, 695 Rn. 15; *R. P. Schenke*, in: Kopp/Schenke Rn. 10.
212   BVerwG NVwZ 2012 1262 Rn. 17; *R. P. Schenke*, in: Kopp/Schenke Rn. 10.
213   BT-Drs. 14/4987, 24; BGH NJW-RR 2009 357 Rn. 9.
214   *T. A. Degen/U. Emmert*, Elektronischer Rechtsverkehr, 2016, Rn. 230.
215   *T. A. Degen/U. Emmert*, Elektronischer Rechtsverkehr, 2016, Rn. 230.
216   *D. Krausnick*, in: Gärditz Rn. 8; vgl. auch die Checkliste bei *T. A. Degen* NJW 2009, 199, 200.
217   Erwägungsgrund Nr. 52 der eIDAS-Verordnung.
218   *T. A. Degen/U. Emmert*, Elektronischer Rechtsverkehr, 2016, Rn. 361 f.
219   Durchführungsbeschluss (EU) 2016/650 der Kommission vom 25.4.2016 zur Festlegung von Normen für die Sicherheitsbewertung qualifizierter Signatur- und Siegelerstellungseinheiten gemäß Artikel 30 Absatz 3 und Artikel 39 Absatz 2 der VO (EU) Nr. 910/2014 des Europäischen Parlaments und des Rates über elektronische Identifizierung und Vertrauensdienste für elektronische Transaktionen im Binnenmarkt, ABl L 109 vom 26.4.2016, S. 40–42.
220   Vertrauensdienstegesetz (VDG) vom 18.7.2017 (BGBl I 2745), zul. geänd. durch Art. 2 des Gesetzes vom 18.7.2017 (BGBl I 2745).
221   *R. P. Schenke*, in: Kopp/Schenke Rn. 10. Vgl. z.B. §§ 2 Abs. 2 ERVVO M-V; 2 Abs. 3 ERVV-SH.
222   Vgl. *R. P. Schenke*, in: Kopp/Schenke § 55 a n.F. Rn. 16. Fraglich ist, ob dies auch eine Folge der Mitteilungspflicht (Abs. 2 S. 3 a.F.) darstellt. Abl. *H. Schmitz*, in: BeckOK, Stand: 1.7.2017, Rn. 12.

Anspruch auf Wiedereinsetzung in den vorigen Stand in Betracht (§ 60).[223] Ein Dokument, das entgegen Abs. 1 S. 3 a.F. nicht mit einer qualifizierten elektronischen Signatur versehen ist, entfaltet keine Rechtswirkung.[224] Insbes. wird mit ihm keine Frist gewahrt.[225] Ein Ausdruck auf Seiten des Gerichts ändert hieran nichts.[226] Allerdings hat die Rspr. verschiedentlich als schriftformwahrend anerkannt, wenn der Empfänger ein nicht mit einer qualifizierten elektronischen Signatur versehenes, per E-Mail übermitteltes elektronisches Dokument ausgedruckt hat.[227] Diese Rspr. wird in der Lit. jedoch weitgehend abgelehnt.[228]

Wenn mehrere Dokumente zusammen übermittelt werden (z.B. eine Klageschrift mit mehreren Anlagen), kann gestützt auf § 55a a.F. eine sog. Containersignatur verwendet werden. Damit werden alle Dokumente zusammen mit einer einzigen Signatur versehen.[229] Allerdings muss der Container, der die einzelnen Dateien enthält, zu Beweiszwecken insgesamt unverändert aufbewahrt werden.[230] Seit dem 1.1.2018 ist eine Containersignatur für die Übermittlung mehrerer elektronischer Dokumente nicht mehr zulässig. § 4 Abs. 2 ERVV[231] schließt dies explizit aus (→ Rn. 107). Eine vorübergehende Ausnahme bis zum 31.12.2018 oder bis zum 31.12.2019 können lediglich diejenigen Bundesländer machen, die von der sog. Opt-out-Klausel Gebrauch machen (→ Rn. 43). [90]

3. Anderes sicheres Verfahren. Neben der qualifizierten elektronischen Signatur kann gemäß Abs. 1 S. 4 a.F. mittels Rechtsverordnung auch ein anderes sicheres Verfahren zugelassen werden. Voraussetzung ist, dass dieses andere Verfahren Authentizität und Integrität des elektronischen Dokuments sicherstellt. Die Länder haben von dieser Möglichkeit allerdings keinen Gebrauch gemacht.[232] [91]

III. Übermittlungsform (Abs. 2 a.F.)

1. Zugang eines elektronischen Dokuments beim Gericht. Der Zugang eines elektronischen Dokuments ist gemäß Abs. 2 S. 1 a.F. von zwei Komponenten abhängig. Zum einen muss das elektronische Dokument in der in der Rechtsverordnung verankerten Art und Weise übermittelt worden sein. Das bedeutet, dass sämtliche in der jeweiligen Rechtsverordnung festgelegten Anforderungen wie z.B. korrekte Bezeichnung, Versionsnummerierung etc. (→ Rn. 77 ff.) erfüllt sein müssen. Anderenfalls kann das Dokument nicht zugehen.[233] Zum anderen muss das Dokument von der zum Empfang bestimmten Einrichtung vollständig aufgezeichnet worden sein. Das bedeutet, dass das Dokument sich vollständig in der Verfügungsgewalt des Gerichts befindet. Ab diesem Moment ist das Dokument zugegangen; ein Ausdruck des Dokuments beim Empfänger ist nicht notwendig.[234] [92]

Wo sich die Empfangseinrichtung befindet, ist gesetzlich nicht vorgegeben. Sie kann demnach auch außerhalb der Räumlichkeiten des Gerichts stationiert sein, z.B. als zentraler Mailserver der Justiz, von dem aus die Nachricht noch dem Gerichtsserver weitergeleitet werden muss.[235] Eventuelle justizinter- [93]

---

223 BVerwG NVwZ 2012 1262 Rn. 18.
224 BGH MMR 2010 504; BFH MMR 2007 233; OVG Koblenz NVwZ-RR 2006 519; *D. Krausnick*, in: Gärditz Rn. 9; *R. P. Schenke*, in: Kopp/Schenke Rn. 10; *J. Skrobotz*, in: Bauer/Heckmann/Ruge/Schallbruch/Schulz § 55a Rn. 40.
225 OVG Koblenz NVwZ-RR 2006, 519; *J. v. Albedyll*, in: Bader Rn. 5.
226 OVG Münster NVwZ 2013 1630; OVG Bauzen NVwZ-RR 2016 404 Rn. 10f.
227 Vgl. etwa BAG NZA 2013 983; BGH NJW 2015 1527; BGH NJW 2008 2649; FG Düsseldorf MMR 2010 144; OVG Münster NVwZ-RR 2015 923 Rn. 6. Vgl. auch OLG Hamm NJW 2016, 1896, das eine wirksame Übermittlung in Anlehnung an die Computerfax-Rechtsprechung auch für die Übermittlung bestimmender Schriftsätze durch E-Post-Brief bejaht. Zur Frage der Eröffnung eines entsprechenden Zugangs seitens des Gerichts vgl. die Hinweise bei *H. Schmitz*, in: BeckOK, Stand: 1.7.2017, Rn. 5.1.
228 *R. Köbler*, FA 2012, 234; *R. Köbler*, FA 2010, 133; *R. Köbler*, MDR 2009, 357; *H. Müller*, AnwBl 2016, 27, 28f.; *H. Müller* NJW 2015, 822, 823. A.A. nun *R. Köbler*, AnwBl 2015, 845, 846, der allerdings betont, dass die E-Mail als Übertragungsweg der Zulassung durch Rechtsverordnung bedürfte.
229 *T. A. Degen/U. Emmert*, Elektronischer Rechtsverkehr, 2016, Rn. 242 f.
230 *R. P. Schenke*, in: Kopp/Schenke Rn. 10; *W. Viefhues*, NJW 2005, 1009, 1010.
231 Verordnung über die technischen Rahmenbedingungen des elektronischen Rechtsverkehrs und über das besondere elektronische Behördenpostfach (ERVV) vom 24.11.2017 (BGBl I 3803).
232 *R. P. Schenke*, in: Kopp/Schenke Rn. 10.
233 BT-Drs. 15/4067, 37; OVG Koblenz NVwZ-RR 2006 519.
234 *R. P. Schenke*, in: Kopp/Schenke Rn. 12; *J. Skrobotz*, in: Bauer/Heckmann/Ruge/Schallbruch/Schulz § 55a Rn. 56.
235 *R. P. Schenke*, in: Kopp/Schenke Rn. 12; *J. Skrobotz*, in: Bauer/Heckmann/Ruge/Schallbruch/Schulz § 55a Rn. 56; *W. Viefhues*, NJW 2005, 1009, 1011.

ne Verzögerungen sind dabei vom Absender nicht zu vertreten.[236] Ebenfalls unerheblich ist der Zeitpunkt, zu dem das Dokument ggf. ausgedruckt wurde.[237]

94   Das Risiko des Zugangs trägt grds. der Absender.[238] Wurde das Dokument z.B. an eine andere Adresse als die vorgegebene verschickt, ist das Dokument erst eingegangen, wenn es von dieser Adresse an die richtige weitergeleitet wurde.[239] Wird das Dokument bei der falschen Adresse ausgedruckt und anschließend zu den Akten genommen, gilt dieser Zeitpunkt als Zugangszeitpunkt.[240] Der Absender hat auch den Zeitbedarf zwischen der Absendung des elektronischen Dokuments und dessen Aufzeichnung auf der für den Empfang bestimmten Einrichtung zu bedenken. Auch wenn die Fristen grds. voll ausgeschöpft werden dürfen,[241] sind übliche Verzögerungen einzukalkulieren.[242] Die Laufzeiten können dabei je nach vorgesehenem Übermittlungsweg variieren. Ein Datei-Upload-Verfahren oder das EGVP werden dabei grds. als schneller als eine Übermittlung mittels E-Mail beurteilt.[243] Tlw. wird deshalb empfohlen, eine großzügige Laufzeit von bis zu einer Stunde einzukalkulieren.[244]

95   Ist die Übermittlung aufgrund eines technischen Fehlers in der Sphäre des Gerichts oder aufgrund eines unvermuteten Virenbefalls des Absendersystems gescheitert und war dies für den Absender nicht erkennbar, ist bei fristgebundenen Anträgen und Erklärungen die Möglichkeit der Wiedereinsetzung in den vorigen Stand (→ § 60 Rn. 20 ff.) zu bedenken.[245] Der Absender muss allerdings alles in seiner Macht Stehende getan haben, um einen rechtzeitigen und ordnungsgemäßen Zugang zu bewirken.[246] Dazu gehört, dass sich der Absender über die im Internet publizierten für das Gericht geltenden technischen Anforderungen informiert.[247] Die Nutzung eines falschen Dateiformats oder eines nicht vorgesehenen Übertragungsweges bzw. der Versand an eine falsche Adresse sind kaum als unverschuldet zu beurteilen.[248] Dasselbe gilt für die fehlende Einkalkulierung von möglichen Laufzeiten.[249]

96   Erhält der Absender von der elektronischen Posteingangsstelle des Gerichts eine Empfangsbestätigung, ist damit der rechtliche Zugang nicht bescheinigt,[250] denn die Empfangsbestätigung enthält keine Aussage dazu, ob das elektronische Dokument in der vorgeschriebenen Form gemäß Abs. 2 a.F. iVm der jeweiligen Rechtsverordnung (→ Rn. 77 ff.) eingegangen ist.[251] Aus diesem Grund ist in Abs. 2 S. 3 a.F. eine Mitteilungspflicht des Gerichts verankert (→ Rn. 100 ff.). Die Eingangsbestätigung kann aber den Zeitpunkt der Speicherung des Dokuments festhalten.[252]

97   **2. Beifügung von Abschriften.** Abs. 2 S. 2 a.F. hat eine klarstellende Bedeutung: Abschriften (i.S.v. Ausdrucken in Papierform) sind aus technischen Gründen nicht nötig und deshalb auch nicht beizufügen. Dies gilt auch dann, wenn die Beifügung von Abschriften vorgeschrieben ist (z.B. § 81 Abs. 2 für die Klageschrift).[253] Entsprechendes hat auch für Anträge auf einstweiligen Rechtsschutz sowie im Rechtsmittelverfahren Geltung (§§ 125 Abs. 1, 141).[254] Die mehrfache Übermittlung einer Datei ist selbstverständlich ebenfalls nicht notwendig.[255]

---

236   *R. Rudisile,* in: Schoch/Schneider/Bier Rn. 64; *J. Skrobotz,* in: Bauer/Heckmann/Ruge/Schallbruch/Schulz § 55 a Rn. 56; *W. Viefhues,* NJW 2005, 1009, 1011.
237   *H. Geiger,* in: Eyermann Rn. 13.
238   *W. Viefhues,* NJW 2005, 1009, 1011.
239   *H. Geiger,* in: Eyermann Rn. 13.
240   *H. Geiger,* in: Eyermann Rn. 13.
241   *A. Müller-Teckhof* MMR 2014, 95, 97.
242   *B. Limperg* AnwBl 2013, 98, 100.
243   *W. Bernhardt/D. Heckmann,* in: Heckmann, Kap. 6 Rn. 400 ff.; *G. Britz,* DVBl 2007, 993, 998.
244   *G. Britz,* DVBl 2007, 993, 998; *R. Rudisile,* in: Schoch/Schneider/Bier Rn. 65.
245   *H. Geiger,* in: Eyermann Rn. 13; *R. Rudisile,* in: Schoch/Schneider/Bier Rn. 69; *J. Skrobotz,* in: Bauer/Heckmann/Ruge/Schallbruch/Schulz § 55 a Rn. 58.
246   *J. Skrobotz,* in: Bauer/Heckmann/Ruge/Schallbruch/Schulz § 55 a Rn. 58.
247   *H. Schmitz,* in: BeckOK, Stand: 1.7.2017, Rn. 12.
248   *H. Geiger,* in: Eyermann Rn. 13; *J. Skrobotz,* in: Bauer/Heckmann/Ruge/Schallbruch/Schulz § 55 a Rn. 58; *W. Viefhues,* NJW 2005, 1009, 1011.
249   *J. Skrobotz,* in: Bauer/Heckmann/Ruge/Schallbruch/Schulz § 55 a Rn. 58.
250   *R. P. Schenke,* in: Kopp/Schenke Rn. 13.
251   *R. P. Schenke,* in: Kopp/Schenke Rn. 13.
252   *W. Bernhardt/D. Heckmann,* in: Heckmann, Kap. 6 Rn. 400.
253   *R. P. Schenke,* in: Kopp/Schenke Rn. 11.
254   *J. Skrobotz,* in: Bauer/Heckmann/Ruge/Schallbruch/Schulz § 55 a Rn. 59.
255   BT-Drs. 15/4067, 38.

Die Vorgabe gilt für Abschriften für die übrigen Beteiligten. Nicht erfasst sind die Anforderungen des 98
§ 82 Abs. 1, wonach der Klage die angefochtene Verfügung und der Widerspruchsbescheid in Urschrift oder in Abschrift beizufügen sind.[256] Das Gleiche gilt für die komplette oder auszugsweise Beifügung der Urkunden oder elektronischen Dokumente in Urschrift oder in Abschrift, auf die in
Schriftsätzen Bezug genommen wird (§ 86 Abs. 5).[257]

Ist den anderen Beteiligten ein elektronisch übermitteltes Dokument bekanntzugeben, so hat das Ge- 99
richt ggf. dafür zu sorgen, dass die erforderlichen Abschriften auf Kosten des Gerichts angefertigt und
den Beteiligten übermittelt werden.[258]

3. Mitteilung an den Absender. Zum Schutz des Absenders ist das Gericht gemäß Abs. 2 S. 3 a.F. ver- 100
pflichtet, ihm unverzüglich mitzuteilen, wenn das elektronische Dokument nicht der gemäß Abs. 2 a.F.
iVm der jeweiligen Rechtsverordnung geforderten Form (→ Rn. 77 ff.) entspricht.[259] Das Gericht
muss zudem über die technischen Rahmenbedingungen informieren, die für das Gericht gelten.[260] Damit wird das Risiko technischer Fehler vom Absender auf die Justiz verlagert.[261] Dabei reicht es aus,
wenn das Gericht auf eine allgemein zugängliche Internetseite verweist, auf der die technischen Rahmenbedingungen aufgeführt sind.[262] Die Mitteilungspflicht bezieht sich nicht nur auf die Nichteinhaltung der technischen Erfordernisse der Übersendung (z.B. Übermittlung in einem unzulässigen Format), sondern auch die der erforderlichen qualifizierten elektronischen Signatur.[263] Fehlt diese, so ist
das Gericht verpflichtet, den Absender darauf aufmerksam zu machen. Die Mitteilung soll unverzüglich und damit ohne schuldhaftes Zögern erfolgen.[264] Das bedeutet in der Regel, dass die Mitteilung
im Rahmen des gewöhnlichen Geschäftsablaufs erledigt und nicht ohne Grund hintangestellt werden
soll.[265]

Damit das Gericht seiner Mitteilungspflicht nachkommen kann, ist es zur Entgegennahme und Prü- 101
fung von nicht bearbeitbaren Dokumenten verpflichtet. Ferner muss das Gericht – soweit dies technisch möglich und wirtschaftlich vertretbar ist – den Absender ermitteln, falls sich dieser nicht aus der
Einreichung ergibt.[266]

Der Absender erhält die Möglichkeit, das elektronische Dokument in korrekter Form zu übermitteln, 102
sofern dies noch fristgerecht geschehen kann.[267] Wenn das Gericht seine in Abs. 2 S. 3 a.F. geregelte
Pflicht verletzt hat und der Absender deshalb unverschuldet die Frist versäumt, kommt Wiedereinsetzung in den vorigen Stand (→ § 60 Rn. 20 ff.) in Betracht.

IV. Gerichtliche elektronische Dokumente (Abs. 3 a.F.)

§ 55a Abs. 3 a.F. wurde wörtlich in Abs. 7 S. 1 übernommen (zur Übernahme einer redaktionellen An- 103
passung aufgrund der Aufhebung des SigG → Rn. 35). Hierzu kann deshalb auf das zu Abs. 7 Ausgeführte verwiesen werden (→ Rn. 129 ff.).

E. Einzelerläuterungen (§ 55 a)

I. Übermittlung elektronischer Dokumente (Abs. 1)

Seit dem 1.1.2018 sollen grds. bundeseinheitlich elektronische Zugänge zu den Gerichten eröffnet 104
sein. Neben der bislang erforderlichen qualifizierten elektronischen Signatur sind auch weitere sichere
Übermittlungswege wie z.B. die De-Mail oder das besondere elektronische Anwaltspostfach vorgese-

---

256 *J. Skrobotz*, in: Bauer/Heckmann/Ruge/Schallbruch/Schulz § 55a Rn. 59.
257 *J. Skrobotz*, in: Bauer/Heckmann/Ruge/Schallbruch/Schulz § 55a Rn. 59.
258 BT-Drs. 15/4067, 38; *H. Geiger*, in: Eyermann Rn. 15; *W. Viefhues*, NJW 2005, 1009, 1011.
259 *H. Geiger*, in: Eyermann Rn. 14.
260 *R. P. Schenke*, in: Kopp/Schenke Rn. 13.
261 *J. Skrobotz*, in: Bauer/Heckmann/Ruge/Schallbruch/Schulz § 55a Rn. 17f (zu § 55a Abs. 6 S. 1).
262 *J. Skrobotz*, in: Bauer/Heckmann/Ruge/Schallbruch/Schulz § 55a Rn. 58.
263 BVerwG NVwZ 2012 1262 Rn. 18.
264 § 121 Abs. 1 S. 1 BGB.
265 *H. Geiger*, in: Eyermann Rn. 14; *J. Skrobotz*, in: Bauer/Heckmann/Ruge/Schallbruch/Schulz § 55a Rn. 58.
266 *H. Geiger*, in: Eyermann Rn. 14; *R. Rudisile*, in: Schoch/Schneider/Bier Rn. 69; *W. Viefhues*, NJW 2005, 1009,
     1011.
267 *R. P. Schenke*, in: Kopp/Schenke Rn. 13; *W. Viefhues* NJW 2005, 1009, 1011.

hen. Um den Bundesländern den Übergang zu erleichtern, besteht für diese die Möglichkeit, von einer Opt-out-Klausel Gebrauch zu machen und damit den Zeitpunkt des Inkrafttretens des § 55 a durch Landesverordnung auf den 31.12.2018 oder auf den 31.12.2019 hinauszuschieben bzw. die Fortgeltung des § 55 a a.F. zu beschließen (→ Rn. 43).[268] Spätestens ab dem 1.1.2020 muss es allerdings an allen deutschen Verwaltungsgerichten möglich sein, Schriftsätze rechtswirksam in elektronischer Form einzureichen.

105   Gemäß Abs. 1 können vorbereitende Schriftsätze und deren Anlagen, schriftlich einzureichende Anträge und Erklärungen der Beteiligten sowie schriftlich einzureichende Auskünfte, Aussagen, Gutachten, Übersetzungen und Erklärungen Dritter als elektronisches Dokument bei Gericht eingereicht werden. Zum Begriff „elektronische Dokumente" → Rn. 66 ff. Im Unterschied zur bisherigen Regelung werden die erfassten Schriftsätze aufgezählt. Die Aufzählung ist allerdings nicht abschließend. Im Wortlaut nicht enthalten, von der Bestimmung aber dennoch erfasst sind bestimmende Schriftsätze sowie Anträge Dritter (→ Rn. 59 f.).

II. Bundeseinheitliche Rechtsverordnung (Abs. 2)

106   Das elektronische Dokument muss für die Bearbeitung durch das Gericht geeignet sein (Abs. 2 S. 1). Laut Begründung ist damit gemeint, dass die Datei durch das Gericht lesbar und bearbeitungsfähig sein muss.[269] Damit sind in erster Linie technische Aspekte wie die Übermittlung an das Gericht, die zugelassenen Dateiformate und ggf. weitere Dateieigenschaften sowie andere technische Parameter gemeint.[270] Diese sind in einer bundeseinheitlichen Rechtsverordnung zu verankern (Abs. 2 S. 2). Die Rechtsverordnung wird von der Bundesregierung erlassen, bedarf allerdings der Zustimmung des Bundesrates. Von dieser Ermächtigung kann die Bundesregierung seit dem 1.1.2016 Gebrauch machen.[271] In der Rechtsverordnung sind die technischen Rahmenbedingungen für die Übermittlung und Bearbeitung der elektronischen Dokumente bundeseinheitlich und verbindlich festzulegen.[272] Die Beschlüsse des IT-Planungsrates und des e-Justice-Rates (→ Rn. 7 ff.) sind dabei zu berücksichtigen.[273] Außerdem können in der Verordnung ergänzende Regelungen zu den sicheren Übermittlungswegen nach Abs. 4 Nr. 3 getroffen werden.[274]

107   Die Bundesregierung hat am 24.11.2017, mit Zustimmung des Bundesrates, die Verordnung über die technischen Rahmenbedingungen des elektronischen Rechtsverkehrs und über das besondere elektronische Behördenpostfach (ERVV; BGBl I 3803) beschlossen. Sie trat am 1.1.2018 in Kraft. Die ERVV enthält Regelungen für die Übermittlung elektronischer Dokumente an die Gerichte der Länder und des Bundes sowie für die Bearbeitung elektronischer Dokumente für Zivil-, Arbeits-, Sozial- sowie Verwaltungsgerichtsverfahren (§ 1 Abs. 1 ERVV). Als Dateiformat wird grds. PDF vorgegeben, wobei die Dateien druckbar, kopierbar und, soweit technisch möglich, durchsuchbar sein müssen (§ 2 Abs. 1 S. 1 ERVV). Sofern Bilder im PDF-Format nicht verlustfrei wiedergegeben werden können, darf die Datei zusätzlich im Dateiformat TIFF übermittelt werden (§ 2 Abs. 1 S. 2 ERVV). Dem elektronischen Dokument ist ein strukturiert maschinenlesbarer Datensatz im Dateiformat XML beizufügen, der mindestens die Bezeichnung des Gerichts, ggf. das Aktenzeichen des Verfahrens, die Bezeichnung der Parteien oder Verfahrensbeteiligten, die Angabe des Verfahrensgegenstandes und ggf. das Aktenzeichen eines denselben Verfahrensgegenstand betreffenden Verfahrens und die Bezeichnung der die Akten führenden Stelle (§ 2 Abs. 3 ERVV) enthalten soll. Wird die qualifizierte elektronische Signatur eingesetzt, so ist diese gesondert für jedes Dokument vorzusehen. Eine Containersignatur ist nicht (mehr) zulässig (§ 4 Abs. 2 ERVV; zur bisherigen Handhabung der Containersignatur → Rn. 90). Im Rahmen einer Bekanntmachung sollen Höchstgrenzen für die Anzahl und das Volumen elektronischer Dokumente im Internet unter der Adresse www.justiz.de veröffentlicht werden (§ 5 Abs. 1 Nr. 3 ERVV). Sofern die Höchstgrenze überschritten wird, ist eine Ersatzeinreichung auf einem physischen Datenträger vorgesehen (§ 3 ERVV). Auch wenn dies nicht ausdrücklich erwähnt wird, ist davon aus-

---

268   Art. 24 Abs. 1 E-Justiz-Gesetz vom 10.10.2013 (BGBl I 3786).
269   BT-Drs. 17/12634, 25.
270   *R. P. Schenke*, in: Kopp/Schenke § 55 a n.F. Rn. 3; *H. Schmitz*, in: BeckOK, Stand: 1.7.2017, § 55 a n.F. Rn. 4.
271   Art. 25 E-Justiz-Gesetz vom 10.10.2013 (BGBl I 3786).
272   *R. P. Schenke*, in: Kopp/Schenke § 55 a n.F. Rn. 3.
273   BT-Drs. 17/12634, 25.
274   *H. Schmitz*, in: BeckOK, Stand: 1.7.2017, § 55 a n.F. Rn. 4.

zugehen, dass für elektronische Dokumente, die auf einem physischen Datenträger übermittelt werden, die Sicherheitsanforderungen des § 55 a Abs. 3 gelten, mithin also eine elektronische Signatur erforderlich sein wird (zur [umstr.] Frage, ob eine Übermittlung auf einem USB-Stick oder einer CD-ROM als elektronische Übermittlung einzuordnen ist → Rn. 71). Vorzugswürdig wäre allerdings gewesen, wenn diese Vorgabe unmittelbar in der Rechtsverordnung festgehalten worden wäre.

Mit dem Inkrafttreten der ERVV wurde die bisherige, für den ERV mit dem BVerwG und dem BFH 108 einschlägige Rechtsverordnung aufgehoben.[275] Mit dieser Verordnung der Bundesregierung, die keiner Zustimmung des Bundesrates bedurfte, wurde der ERV für das BVerwG in allen Verfahrensarten bereits seit dem 1.12.2004 ermöglicht.[276] Die Bundesregierung hatte sich beim Erlass der ERVVOB-VerwG/BFH nicht auf die Ermächtigungsgrundlage des § 55 a Abs. 1 S. 1 und 7 a.F., sondern auf § 86 a a.F. gestützt. Dadurch wurde die Wirksamkeit der Verordnung allerdings nicht berührt.[277]

III. Elektronische Signatur (Abs. 3)

Für die Übermittlung stehen gemäß Abs. 3 zwei Alternativen zur Verfügung. Entweder wird das elek- 109 tronische Dokument mit einer qualifizierten elektronischen Signatur versehen oder das elektronische Dokument wird einfach signiert und auf einem sicheren Übermittlungsweg nach Abs. 4 eingereicht. Für die qualifizierte elektronische Signatur gelten die Vorgaben der eIDAS-Verordnung und des Vertrauensdienstegesetzes. Hierzu wird auf die entsprechenden Ausführungen in → Rn. 85 ff. verwiesen.

Wird ein sicherer Übermittlungsweg anstelle der qualifizierten elektronischen Signatur verwendet, ist 110 das Dokument ebenfalls „zu signieren". Damit gibt die verantwortende Person zu erkennen, dass sie die inhaltliche Verantwortung für das Dokument übernehmen will.[278] Zudem ist die Signatur[279] notwendig, um zu dokumentieren, dass die vom sicheren Übermittlungsweg als Absender ausgewiesene Person mit der das elektronische Dokument verantwortenden Person identisch ist. Ist diese Identität nicht feststellbar, ist das elektronische Dokument nicht wirksam eingereicht.[280] Sowohl das angehängte Dokument als auch die „elektronische Mail" können gemäß Erläuterungen der Bundesregierung signiert werden.[281] Diese Begriffsverwendung ist insofern missverständlich, als eine herkömmliche E-Mail nicht als sicherer Übermittlungsweg gemäß Abs. 4 in Betracht kommt. Gemeint ist, dass dasjenige Dokument, das die prozessrelevanten Erklärungen enthält, zu signieren ist.[282] Diese können sowohl in einer über sichere Übermittlungswege übermittelten Nachricht als auch in einer dieser Nachricht angehängten Datei enthalten sein.

Nicht näher erörtert wird in den Erläuterungen, welche Anforderungen an die Signatur gemäß Abs. 3 111 Alt. 2 zu stellen sind. Es wird lediglich beispielhaft darauf verwiesen, dass die Signatur durch Einfügen einer Wiedergabe der Unterschrift der verantwortenden Person in das Dokument angebracht werden kann.[283] Mit der Aufhebung des SigG (Art. 12 Abs. 1 Nr. 1 eIDAS-Durchführungsgesetz, → Rn. 34) kann zwar nicht mehr darauf verwiesen werden, dass damit die einfache elektronische Signatur gem. § 2 Nr. 1 SigG gemeint sei. Allerdings kann davon ausgegangen werden, dass eine elektronische Signatur gem. Art. 3 Nr. 10 eIDAS-Verordnung[284] den Anforderungen des Abs. 3 Alt. 2 genügt.

275 § 10 Abs. 2 Nr. 4 ERVV.

276 § 1 VO über den elektronischen Rechtsverkehr beim Bundesverwaltungsgericht und beim Bundesfinanzhof (ERVV-OBVerwG/BFH) vom 26.11.2004 (BGBl I 3091), zul. geänd. durch Art. 11 Abs. 25 des Gesetzes vom 18.7.2017 (BGBl I 2745).

277 J. Skrobotz in Bauer/Heckmann/Ruge/Schallbruch/Schulz, Verwaltungsverfahrensgesetz und E-Government, ²2014, § 55 a VwGO Rn. 42.

278 BT-Drs. 17/12634, 25.

279 Für die Zwecke der Identitätsfeststellung ist keine zweite Signatur notwendig. So aber R. P. Schenke, in: Kopp/Schenke § 55 a n.F. Rn. 6 („Darüber hinaus ist eine weitere Signatur erforderlich …").

280 BT-Drs. 17/12634, 25; R. P. Schenke, in: Kopp/Schenke § 55 a n.F. Rn. 6.

281 BT-Drs. 17/12634, 25.

282 BT-Drs. 17/12634, 25.

283 BT-Drs. 17/12634, 25.

284 VO (EU) Nr. 910/2014 des Europäischen Parlaments und des Rates vom 23.7.2014 über elektronische Identifizierung und Vertrauensdienste für elektronische Transaktionen im Binnenmarkt und zur Aufhebung der Richtlinie 1999/93/EG, ABl L 257 vom 28.8.2014, S. 73–114.

112 Wenn das elektronische Dokument weder qualifiziert elektronisch signiert noch auf einem sicheren Übermittlungsweg eingereicht wurde, ist es im Falle eines Schriftformerfordernisses nicht wirksam eingereicht.[285]

IV. Sichere Übermittlungswege (Abs. 4)

113 Abs. 4 Nr. 1–3 regelt, welche alternativen Übermittlungswege zulässig sind, und eröffnet in Nr. 4 die Möglichkeit, durch Verordnung weitere sichere Übermittlungswege zuzulassen. Unabhängig davon, welche Sicherheitsvorkehrungen die Übermittlungswege vorsehen, sind stets auch die berufs- und datenschutzrechtlichen sowie ggf. weitere Vertraulichkeitsregeln zu beachten.[286] Im Unterschied zu einem Dokument, das mit einer qualifizierten elektronischen Signatur versehen ist und das unabhängig von seiner Speicherung und Übermittlung auf Integrität und Authentizität überprüft werden kann, ist bei der Nutzung eines sicheren Übermittlungsweges dieser entscheidend. Deshalb ist bei der Nutzung von De-Mail und EGVP die gesamte Nachricht unverändert aufzubewahren. Die Sicherheitsmerkmale sind Bestandteil der Nachricht, nicht aber der beigefügten Dokumente.[287]

114 Die Nutzung des sicheren Kommunikationswegs wird bei konventioneller Aktenführung durch den Aktenausdruck gem. § 55 b Abs. 2 S. 1 (→ § 55 b Rn. 39) dokumentiert. Zusätzlich ist gem. § 55 b Abs. 3 aktenkundig zu machen, welcher Übermittlungsweg genutzt wurde (→ § 55 b Rn. 40). Der Vermerk des Übermittlungsweges und des Übermittlungsdatums auf dem Ausdruck ist dabei ausreichend.[288] Stattdessen kann bei Übermittlung in Dateiform nicht nur die Datei, sondern auch die begleitende Nachricht, der sich entnehmen lässt, welcher sichere Übermittlungsweg genutzt wurde, für die Akten ausgedruckt werden.[289]

115 **1. De-Mail.** Als sicherer Übermittlungsweg gilt gemäß Abs. 4 Nr. 1 der Postfach- und Versanddienst eines De-Mail-Kontos, wenn der Absender bei Versand der Nachricht sicher angemeldet ist und er sich die sichere Anmeldung bestätigen lässt. Die sichere Anmeldung iSd § 4 Abs. 1 S. 2 De-Mail-Gesetz[290] setzt den Einsatz zweier geeigneter und voneinander unabhängiger Sicherungsmittel voraus. Diese können z.B. aus einer Kombination von Wissen und Besitz bestehen.[291] Der Absender muss sich die sichere Anmeldung vom Anbieter gem. § 5 Abs. 5 De-Mail-Gesetz bestätigen lassen. Zu diesem Zweck versieht der akkreditierte Diensteanbieter die Nachricht im Auftrag des Senders mit einer dauerhaft überprüfbaren qualifizierten elektronischen Signatur (§ 5 Abs. 5 S. 3 De-Mail-Gesetz). Allfällige der Nachricht angehängte Dateien sind von der qualifizierten elektronischen Signatur ebenfalls zu erfassen.[292] Auch eine juristische Person kann als Nutzer von De-Mail Schriftsätze prozessual wirksam einreichen.[293] Allerdings hat die juristische Person in diesem Fall sicherzustellen, dass die sichere Anmeldung bei De-Mail nur befugten Personen möglich ist.[294]

116 Für den Bürger ist die De-Mail die einzige unter den Alternativen gemäß Abs. 4, die er nutzen kann.[295] Gegenüber dem EGVP hat die De-Mail zudem den Vorteil, dass sie auf dem SMTP basiert und mit der klassischen E-Mail-Verwaltung kompatibel ist.[296] Den Zweifeln an der hinreichenden Sicherheit der De-Mail[297] kann durch die Nutzung der seit April 2015 verfügbaren Ende-zu-Ende-Verschlüsselung der De-Mail begegnet werden.[298]

---

285 BT-Drs. 17/12634, 25; *R. P. Schenke*, in: Kopp/Schenke § 55 a n.F. Rn. 7; *H. Schmitz*, in: BeckOK, Stand: 1.7.2017, Rn. 7.
286 BT-Drs. 17/12634, 26; *R. P. Schenke*, in: Kopp/Schenke § 55 a n.F. Rn. 8.
287 *C. Brosch*, K&R 2014, 9, 10.
288 *H. Schmitz*, in: BeckOK, Stand: 1.7.2017, § 55 b n.F. Rn. 6.
289 BT-Drs. 17/12634, 25; *R. P. Schenke*, in: Kopp/Schenke § 55 b n.F. Rn. 5; *H. Schmitz*, in: BeckOK, Stand: 1.7.2017, Rn. 6, bzw. § 55 b n.F. Rn. 6.
290 De-Mail-Gesetz vom 28.4.2011 (BGBl I 666), zul. geänd. durch Art. 3 des Gesetzes vom 18.7.2017 (BGBl I 2745).
291 BT-Drs. 17/12634, 26; *H. Schmitz*, in: BeckOK, Stand: 1.7.2017, Rn. 9.
292 BT-Drs. 17/12634, 26; *H. Schmitz*, in: BeckOK, Stand: 1.7.2017, Rn. 9.
293 BT-Drs. 17/12634, 26; *H. Schmitz*, in: BeckOK, Stand: 1.7.2017, Rn. 10.
294 *C. Brosch*, K&R 2014, 9, 10.
295 Ähnl. *H. Meyer*, NZS 2014, 294.
296 *J. Nolte*, in: Hill/Schliesky, Auf dem Weg zum Digitalen Staat – auch ein besserer Staat? 2015, 165, 175.
297 *A. Müller-Teckhof* MMR 2014 95, 97. Zur Kritik an der De-Mail z.B. *C. Brosch*, K&R 2014, 9, 10 f.; *J. Treber*, NZA 2014, 450, 452; *M. Weller*, DRiZ 2013, 290, 292.
298 *T. A. Degen/U. Emmert*, Elektronischer Rechtsverkehr, 2016, Rn. 233 und 235; *J. Nolte*, in: Hill/Schliesky, Auf dem Weg zum Digitalen Staat – auch ein besserer Staat? 2015, 165, 175.

2. Besonderes elektronisches Anwaltspostfach. Als weiterer sicheren Übermittlungsweg sieht Abs. 4   117 Nr. 2 das besondere elektronische Anwaltspostfach nach § 31 a BRAO[299] vor. Dieses ist seit dem 28.11.2016 in Betrieb und basiert auf der Zugangs- und Übertragungssoftware des EGVP.[300] Die Bundesrechtsanwaltskammer hat für jeden Rechtsanwalt ein besonderes elektronisches Anwaltspostfach (beA) einzurichten und zu führen.[301] Die Postfachadresse und die Zugangsberechtigung werden von der Rechtsanwaltskammer erst nach Überprüfung der Zulassung vergeben.[302] Dadurch wird die Authentifizierung sichergestellt.[303] Eine qualifizierte elektronische Signatur ist nicht notwendig.[304] Seit dem 1.1.2018 besteht eine „passive Nutzungspflicht" hinsichtlich des beA: Gem. § 31 a Abs. 6 BRAO[305] ist der Inhaber des beA verpflichtet, die für dessen Nutzung erforderlichen technischen Einrichtungen vorzuhalten sowie Zustellungen und den Zugang von Mitteilungen über das beA zur Kenntnis zu nehmen.[306] Sofern ein entsprechender auf gesetzlicher Grundlage errichteter Verzeichnisdienst besteht, kann der Übermittlungsweg nach Abs. 4 Nr. 2 auch von anderen Personen genutzt werden.[307]

Die eIDAS-Verordnung[308] enthält u.a. Regelungen zu Vertrauensdiensten (Art. 13–45). Diese finden   118 allerdings nach Art. 2 Abs. 2 der eIDAS-Verordnung keine Anwendung auf Vertrauensdienste, die ausschließlich innerhalb geschlossener Systeme aufgrund von nationalem Recht oder von Vereinbarungen zwischen einem bestimmten Kreis von Beteiligten verwendet werden. Deshalb sind die Vorgaben der eIDAS-Verordnung weder für das EGVP noch für das beA anwendbar.[309]

3. Besonderes elektronisches Behördenpostfach. Auch Behörden und juristische Personen des öffentlichen   119 Rechts können einen sicheren Übermittlungsweg nutzen. Dazu besteht allerdings keine Verpflichtung.[310] Ein Identifizierungsverfahren ist gemäß Abs. 4 Nr. 3 die notwendige Voraussetzung für die Nutzung eines sicheren Behördenpostfachs. Der Nachweis der Identität der Zugangsberechtigten ist im Freischaltverfahren bei der Stelle, die das Postfach verwaltet, zu hinterlegen.[311] Durch wirksame Zugangskontrollen ist die Authentizität des übermittelten Dokuments sicherzustellen. Hierfür bietet sich an, das Authentifizierungsverfahren über einen sicheren Verzeichnisdienst zu regeln.[312] Die Einzelheiten des Behördenpostfachs werden durch die Rechtsverordnung nach Abs. 2 S. 2 bestimmt (Abs. 4 Nr. 3).

Die Bundesregierung hat am 24.11.2017, mit Zustimmung des Bundesrates, die Verordnung über die   120 technischen Rahmenbedingungen des elektronischen Rechtsverkehrs und über das besondere elektronische Behördenpostfach (ERVV; BGBl I 3803) beschlossen (→ Rn. 107). Sie trat am 1.1.2018 in Kraft. Die ERVV enthält Vorgaben für das besondere elektronische Behördenpostfach. Dieses soll – wie das EGVP – auf dem OSCI-Protokollstandard oder einem diesen ersetzenden, auf dem jeweiligen Stand der Technik entsprechenden Protokollstandard beruhen (§ 6 Abs. 1 ERVV). Es ist davon auszugehen, dass das besondere elektronische Behördenpostfach auf der EGVP-Software basieren wird.[313]

---

299 Bundesrechtsanwaltsordnung (bereinigte Fassung: BGBl III, Nr. 303-8), zul. geänd. durch Art. 1 des Gesetzes vom 12.5.2017 (BGBl I 1121).
300 C. Brosch/C. Sandkühler, NJW 2015, 2760, 2761; C. Brosch/F. Lummel/C. Sandkühler/D. Freiheit, Elektronischer Rechtsverkehr mit dem beA, 2017, Rn. 65; T. Lapp, FS Herberger, 2016, 627, 640. Zum (verzögerten) Start vgl. http://www.brak.de/fuer-anwaelte/bea-das-besondere-elektronische-anwaltspostfach (abgerufen am 25.10.2017) sowie S. Reiling, AnwBl 2016, 409 ff.
301 Zur Qualifikation als gesetzliche Pflicht C. Brosch/F. Lummel/C. Sandkühler/D. Freiheit, Elektronischer Rechtsverkehr mit dem beA, 2017, Rn. 66.
302 BT-Drs. 17/12634, 26; C. Brosch/C. Sandkühler, NJW 2015, 2760, 2761.
303 R. P. Schenke, in: Kopp/Schenke § 55 a n.F. Rn. 11; H. Schmitz, in: BeckOK, Stand: 1.7.2017, Rn. 11.
304 BT-Drs. 17/12634, 38.
305 Eingefügt durch Art. 1 Nr. 8 Gesetz vom 12.5.2017 (BGBl I 1121), in Kraft seit dem 1.1.2018 (vgl. Art. 20 Abs. 4 Nr. 1).
306 Eine Nutzungsobliegenheit vor der gesetzlichen Verpflichtung bejahend: C. Brosch, NJW 2015, 3692, 3693.
307 H. Schmitz, in: BeckOK, Stand: 1.7.2017, Rn. 11; R. P. Schenke, in: Kopp/Schenke § 55 a n.F. Rn. 11.
308 VO (EU) Nr. 910/2014 des Europäischen Parlaments und des Rates vom 23.7.2014 über elektronische Identifizierung und Vertrauensdienste für elektronische Transaktionen im Binnenmarkt und zur Aufhebung der Richtlinie 1999/93/EG, ABl L 257 vom 28.8.2014, S. 73–114.
309 A. Roßnagel, MMR 2015, 359, 361.
310 R. P. Schenke, in: Kopp/Schenke § 55 a n.F. Rn. 12.
311 BT-Drs. 17/13948, 33.
312 BT-Drs. 17/13948, 33; R. P. Schenke, in: Kopp/Schenke § 55 a n.F. Rn. 12.
313 C. Brosch/F. Lummel/C. Sandkühler/D. Freiheit, Elektronischer Rechtsverkehr mit dem beA, 2017, Rn. 94.

Für das Identifizierungsverfahren werden von den obersten Behörden des Bundes oder der Landesregierungen jeweils zuständige öffentliche Stellen bestimmt (§ 7 Abs. 1 S. 1 ERVV). Die obersten Behörden des Bundes oder mehrere Landesregierungen können auch eine öffentlich-rechtliche Stelle gemeinsam für ihre Bereiche bestimmen (§ 7 Abs. 1 S. 2 ERVV). Diese Stellen haben die Identität der Behörden oder juristischen Personen des öffentlichen Rechts zu prüfen und in einem sicheren elektronischen Verzeichnis zu bestätigen (§ 7 Abs. 1 S. 1 ERVV). Dabei ist zu ermitteln, ob der Postfachinhaber eine inländische Behörde bzw. juristische Person des öffentlichen Rechts ist und ob Name und Sitz des Postfachinhabers zutreffend bezeichnet sind (§ Abs. 2 ERVV). Der Postfachinhaber (die Behörde bzw. juristische Person des öffentlichen Rechts) soll sodann bestimmen, welche natürlichen Personen Zugang zum besonderen elektronischen Behördenpostfach erhalten, und ihnen das Zertifikat und das Zertifikatspasswort zur Verfügung stellen (§ 8 Abs. 1 ERVV).

121   **4. Öffnungsklausel.** Abs. 4 Nr. 4 enthält eine Öffnungsklausel für die Nutzung weiterer sicherer Authentifizierungsinstrumente. Damit soll die elektronische Kommunikation künftigen technischen Entwicklungen zeitnah angepasst werden können.[314] Dies ist vor dem Hintergrund sowohl der schnellen technischen Entwicklungen als auch der zunehmenden Öffnung gegenüber technischen Lösungen, die in anderen EU-Mitgliedstaaten entwickelt werden, sinnvoll. Weitere sichere Übermittlungswege bedürfen der Verankerung durch Rechtsverordnung der Bundesregierung mit Zustimmung des Bundesrates. Sie sind bundeseinheitlich auszugestalten. Ferner müssen die Authentizität und die Integrität der Daten sowie die Barrierefreiheit gewährleistet sein.[315]

V. Übermittlungsform (Abs. 5)

122   **1. Zugang eines elektronischen Dokuments beim Gericht.** Der Zugang des elektronischen Dokuments setzt die Speicherung auf der für den Empfang bestimmten Einrichtung des Gerichts voraus. Abs. 5 S. 1 entspricht diesbezüglich der Regelung in § 55 a Abs. 2 S. 1 a.F.[316] Das Risiko der Übermittlung trägt demnach weiterhin der Absender. Es gilt das zu § 55 a Abs. 2 S. 1 a.F. Ausgeführte (→ Rn. 92 ff.).

123   **2. Automatisierte Eingangsbestätigung.** Neu sieht Abs. 5 S. 2 eine automatisierte Eingangsbestätigung an den Absender vor. Dies entspricht der Eingangsbestätigung bei der De-Mail gem. § 5 Abs. 8 S. 1 De-Mail-Gesetz. Eine Eingangsbestätigung ist somit nicht nur für die Übermittlung per De-Mail, sondern für alle sicheren Übermittlungswege vorgesehen.[317] Zweck der Eingangsbestätigung ist, dass der Absender bei deren Ausbleiben oder bei einer Fehlermeldung die notwendigen Schritte unternehmen kann, um den Zugang des elektronischen Dokuments sicherzustellen.[318] Mit der Empfangsbestätigung ist allerdings der rechtliche Zugang nicht bescheinigt (→ Rn. 96).

124   **3. Beifügung von Abschriften.** Abs. 5 S. 3 stellt klar, dass die Beifügung von Abschriften bei der elektronischen Übermittlung von elektronischen Dokumenten nicht notwendig ist.[319] Dies entspricht § 55 a Abs. 2 S. 2 a.F. (→ Rn. 97 ff.).

VI. Mitteilung an den Absender und Nachreichung (Abs. 6)

125   **1. Mitteilung an den Absender.** Abs. 6 S. 1 orientiert sich am Regelungsgehalt des § 55 a Abs. 2 S. 3 a.F. (→ Rn. 100 ff.). Er ist allerdings präziser, indem er anstatt auf die an das Dokument zu stellenden „Anforderungen" auf die „Eignung zur Bearbeitung" des elektronischen Dokuments für das Gericht abstellt. Die Eignung bezieht sich in erster Linie auf das Dateiformat.[320] Hingegen kann es sich auch um andere technische Rahmenbedingungen (z.B. Dateigröße) handeln, sofern diese die Bear-

---

314   BT-Drs. 17/12634, 26; *H. Schmitz*, in: BeckOK, Stand: 1.7.2017, Rn. 13.
315   *R. P. Schenke*, in: Kopp/Schenke § 55 a n.F. Rn. 13.
316   *R. P. Schenke*, in: Kopp/Schenke § 55 a n.F. Rn. 14.
317   *H. Schmitz*, in: BeckOK, Stand: 1.7.2017, Rn. 15.
318   BT-Drs. 17/12634, 26.
319   BT-Drs. 17/12634, 37.
320   Vgl. BT-Drs. 17/12634, 26; *R. P. Schenke*, in: Kopp/Schenke § 55 a n.F. Rn. 15.

beitung durch das Gericht verhindern. Die technischen Rahmenbedingungen ergeben sich aus der Rechtsverordnung gemäß Abs. 2 S. 2 (→ Rn. 107).[321]

Erfasst sind Fehler des Absenders mit Blick auf die technischen Rahmenbedingungen, die in der Rechtsverordnung nach Abs. 2 S. 2 (→ Rn. 107) verankert sind. Dabei ist unerheblich, ob der Absender den Fehler zu vertreten hat oder nicht.[322] Nicht erfasst sind hingegen Verstöße gegen die gesetzlichen Vorgaben des Abs. 3 bzw. 4.[323] Wenn das Dokument nicht mit einer qualifizierten elektronischen Signatur versehen ist oder wenn kein sicherer Übermittlungsweg genutzt wurde, sind diese Dokumente zwar eingegangen, aber formunwirksam.[324] Das Gericht muss den Absender idR zwar unverzüglich auf sein Versäumnis hinweisen, sodass dieser den Mangel noch fristwahrend beheben kann.[325] Dies folgt allerdings nicht aus Abs. 6, sondern aus der prozessualen Fürsorgepflicht des Gerichts.[326] 126

Technische Fehler auf Seiten der Justiz, die zur Unlesbarkeit des Dokuments führen, sind unschädlich, sofern dessen Inhalt nachträglich einwandfrei feststellbar ist.[327] Kommt es infolge eines Defekts im Verantwortungsbereich der Justiz, den der Absender nicht vorhersehen musste (z.B. ein zeitweiser Ausfall der Kommunikationsinfrastruktur des Gerichts), zu einer Fristversäumnis, so stellt dies einen Wiedereinsetzungsgrund dar.[328] 127

2. Nachreichung. Abs. 6 S. 2 eröffnet die Möglichkeit einer fristwahrenden Nachreichung in einer für das Gericht zur Bearbeitung geeigneten Form. Damit setzt der Gesetzgeber die aus der Rechtsschutzgarantie (Art. 19 Abs. 4 GG) folgende Vorgabe um, wonach der Zugang zu den Gerichten durch Anforderungen des formellen Rechts (z.B. Formvorgaben) nicht unverhältnismäßig erschwert werden darf.[329] Der Absender muss glaubhaft machen, dass das nachgereichte Dokument mit dem zuerst eingereichten Dokument inhaltlich übereinstimmt. Dies geschieht z.B. indem der Absender einen Ausdruck des Inhalts des nicht bearbeitungsfähigen Dokuments auf Papier vorlegt.[330] Außerdem hat die Nachreichung unverzüglich zu erfolgen. Sind die Voraussetzungen erfüllt, gilt die erste Einreichung als wirksam.[331] 128

VII. Gerichtliche elektronische Dokumente (Abs. 7)

1. Grundsatz. Dokumente, die in Papierform handschriftlich durch den Richter oder den Urkundsbeamten der Geschäftsstelle unterzeichnet werden müssen, können ebenfalls in elektronischer Form erstellt werden.[332] Sie müssen allerdings gemäß Abs. 7 am Ende des Dokuments den Namen des unterzeichnenden Richters oder Urkundsbeamten der Geschäftsstelle tragen sowie mit einer qualifizierten elektronischen Signatur versehen werden. Die Angabe des Namens ermöglicht, den Urheber auch ohne Signaturprüfung bzw. auf einem Ausdruck des Dokumentes festzustellen.[333] 129

Für welche Dokumente eine handschriftliche Unterzeichnung notwendig ist, ergibt sich entweder aus dem Wortlaut des Gesetzes (z.B. aus § 117 Abs. 1 bei Urteilen; aus § 117 Abs. 6 bei Zustellungs- und Verkündungsvermerken; aus § 105 iVm § 163 ZPO bei Niederschriften)[334] oder aus der Natur der Sache (z.B. bei Rechtshilfeersuchen).[335] 130

321 BT-Drs. 17/12634, 26.
322 *J. Skrobotz*, in: Bauer/Heckmann/Ruge/Schallbruch/Schulz § 55 a Rn. 17 f.
323 *R. P. Schenke*, in: Kopp/Schenke § 55 a n.F. Rn. 16.
324 *J. Skrobotz*, in: Bauer/Heckmann/Ruge/Schallbruch/Schulz § 55 a Rn. 17 f.
325 BT-Drs. 17/12634, 27; *R. P. Schenke*, in: Kopp/Schenke § 55 a n.F. Rn. 16.
326 *R. P. Schenke*, in: Kopp/Schenke § 55 a n.F. Rn. 16.
327 *R. P. Schenke*, in: Kopp/Schenke § 55 a n.F. Rn. 16.
328 BT-Drs. 17/12634, 27; *R. P. Schenke*, in: Kopp/Schenke § 55 a n.F. Rn. 16; *J. Skrobotz*, in: Bauer/Heckmann/Ruge/Schallbruch/Schulz § 55 a Rn. 17 f.
329 BT-Drs. 17/12634, 26; *R. P. Schenke*, in: Kopp/Schenke § 55 a n.F. Rn. 16.
330 BT-Drs. 17/12634, 26; *R. P. Schenke*, in: Kopp/Schenke § 55 a n.F. Rn. 16; *J. Skrobotz*, in: Bauer/Heckmann/Ruge/Schallbruch/Schulz § 55 a Rn. 17 f.
331 *J. Skrobotz*, in: Bauer/Heckmann/Ruge/Schallbruch/Schulz Rn. 18.
332 *R. P. Schenke*, in: Kopp/Schenke Rn. 15.
333 *R. Rudisile*, in: Schoch/Schneider/Bier Rn. 75; *J. Skrobotz*, in: Bauer/Heckmann/Ruge/Schallbruch/Schulz § 55 a Rn. 62.
334 *R. P. Schenke*, in: Kopp/Schenke Rn. 16.
335 BT-Drs. 15/4067, 38 (zu § 55 a Abs. 3 a.F.).

131 Bei Dokumenten, die keiner Unterschrift bedürfen, genügt grds. eine einfache Signatur bzw. ist jedenfalls eine qualifizierte elektronische Signatur nicht erforderlich.[336] Dies gilt z.B. für Informationen, die
zuvor schon telefonisch übermittelt wurden, oder für Dokumente, die lediglich mit einer Paraphe versehen wurden.[337]

132 Das Gericht darf ebenfalls in elektronischer Form kommunizieren. Dies setzt Abs. 7 als selbstverständlich voraus.[338] Der Adressat muss allerdings mit der Kommunikation in elektronischer Form einverstanden sein und dies ausdrücklich oder konkludent zum Ausdruck gebracht haben.[339] Für den Zugang elektronischer Dokumente des Gerichts bei den Beteiligten gelten die allgemeinen Grundsätze
(§ 130 BGB bzw. § 56 iVm §§ 166 ff. ZPO für Zustellungen).[340]

133 **2. Unterzeichnung durch mehrere Richter (Kollegialgericht).** Sind mehrere Richter verpflichtet, eine
Entscheidung zu unterzeichnen, müssen grds. alle Richter ihren Namen sowie ihre qualifizierte elektronische Signatur auf das elektronische Dokument setzen.[341] Sobald die erste qualifizierte elektronische Signatur angebracht ist, darf das elektronische Dokument nicht mehr geändert werden. Dadurch
würde die erste Signatur zerstört werden, was die Formunwirksamkeit des Dokuments zur Folge hätte.[342] Ist ein Richter verhindert, hat der Vorsitzende bzw. bei dessen Verhinderung der dienstälteste an
der Entscheidung mitwirkende Richter den Hinderungsgrund und den Namen des verhinderten Richters auf dem elektronischen Dokument zu vermerken.[343] Dies kann allerdings nur geschehen, bevor
die erste qualifizierte elektronische Signatur auf dem Dokument angebracht wird, da nachträgliche
Änderungen die Signatur zerstören würden.

134 **3. Containersignatur (bei Vermerken und Beschlüssen auf der Entscheidung).** Verschiedentlich müssen Vermerke oder Beschlüsse auf ein Dokument, das die Entscheidung enthält, gesetzt werden
(§§ 117 Abs. 6, 118 Abs. 2, 119 Abs. 2, 112 Abs. 1). Ein bereits mit einer qualifizierten elektronischen
Signatur versehenes elektronisches Dokument darf allerdings nicht mehr geändert werden
(→ Rn. 133). Deshalb kann nicht einfach nachträglich ein Vermerk oder Beschluss auf dem elektronischen Dokument angebracht werden. Vielmehr ist dieser gem. §§ 117 Abs. 6 S. 2 und 3, 118 Abs. 2
S. 3, 119 Abs. 2 S. 6, 112 Abs. 1 in einem separaten elektronischen Dokument festzuhalten. Dieses ist
sodann untrennbar mit dem Ursprungsdokument zu verbinden, z.B. mittels Containersignatur.[344]
Zwar schließt § 4 Abs. 2 ERVV[345] eine Containersignatur für die Übermittlung mehrerer elektronischer Dokumente ausdrücklich aus (→ Rn. 107). Dieser Ausschluss bezieht sich allerdings explizit auf
die Übermittlung und nicht auf das Anbringen von Vermerken oder Beschlüssen auf einem Dokument.

135 Durch das E-Justiz-Gesetz II[346] wurde in Abs. 7 ein zweiter Satz angefügt (→ Rn. 46). Demnach sollen
elektronische Dokumente, die durch Übertragung eines im Original von den verantworteten Personen handschriftlich unterzeichneten gerichtlichen Schriftstücks entstehen, originär elektronisch erstellten gerichtlichen Dokumenten gleichgestellt werden.[347] Mit dieser Ergänzung wird dem Umstand
Rechnung getragen, dass mit dem qualifizierten Einscannen gerichtlicher Schriftstücke gem. § 55 b

---

336 BT-Drs. 15/4067, 38 (zu § 55 a Abs. 3 a.F.); *H. Geiger*, in: Eyermann Rn. 18; *R. P. Schenke*, in: Kopp/Schenke
Rn. 14, 16; *J. Skrobotz*, in: Bauer/Heckmann/Ruge/Schallbruch/Schulz § 55 a Rn. 62; *W. Viefhues*, NJW 2005, 1009,
1012. Tw. a.A. *R. Rudisile*, in: Schoch/Schneider/Bier Rn. 72.
337 *U. Berlit*, in: Brandt/Sachs Kap. Y Rn. 105; *H. Schmitz*, in: BeckOK, Stand: 1.7.2017, Rn. 14.
338 *R. P. Schenke*, in: Kopp/Schenke Rn. 14.
339 *H. Geiger*, in: Eyermann Rn. 19; *R. P. Schenke*, in: Kopp/Schenke Rn. 4, 14.
340 BT-Drs. 15/4067, 37 (zu § 55 a Abs. 3 a.F.); *H. Geiger*, in: Eyermann Rn. 19; *R. P. Schenke*, in: Kopp/Schenke
Rn. 19.
341 BT-Drs. 15/4067, 31 (zu § 130 b ZPO a.F.); *J. Skrobotz*, in: Bauer/Heckmann/Ruge/Schallbruch/Schulz § 55 a
Rn. 63.
342 *R. P. Schenke*, in: Kopp/Schenke Rn. 15; *J. Skrobotz*, in: Bauer/Heckmann/Ruge/Schallbruch/Schulz § 55 a Rn. 63.
Vgl. auch *T. A. Degen*, VBlBW 2005, 329, 331 (zu § 130 b ZPO).
343 *R. P. Schenke*, in: Kopp/Schenke Rn. 15; *H. Schmitz*, in: BeckOK, Stand: 1.7.2017, Rn. 15.
344 *W. Viefhues*, NJW 2005, 1009, 1010; *R. P. Schenke*, in: Kopp/Schenke Rn. 18.
345 Verordnung über die technischen Rahmenbedingungen des elektronischen Rechtsverkehrs und über das besondere
elektronische Behördenpostfach (ERVV) vom 24.11.2017 (BGBl I 3803).
346 Gesetz zur Einführung der elektronischen Akte in der Justiz und zur weiteren Förderung des elektronischen Rechtsverkehrs (E-Justiz-Gesetz II) vom 5.7.2017 (BGBl I 2208).
347 Beschlussempfehlung und Bericht des Ausschusses für Recht und Verbraucherschutz vom 28.4.2017, BT-
Drs. 18/12203, 87.

Abs. 6 (→ § 55 b Rn. 48) ein originäres gerichtliches Dokument vorliegt, welches die zunächst handschriftlich unterzeichnete Urschrift ersetzt.[348]

§ 55 b [Elektronische Aktenführung]

(1) [1]Die Prozessakten können elektronisch geführt werden. [2]Die Bundesregierung und die Landesregierungen bestimmen jeweils für ihren Bereich durch Rechtsverordnung den Zeitpunkt, von dem an die Prozessakten elektronisch geführt werden. [3]In der Rechtsverordnung sind die organisatorisch-technischen Rahmenbedingungen für die Bildung, Führung und Verwahrung der elektronischen Akten festzulegen. [4]Die Landesregierungen können die Ermächtigung auf die für die Verwaltungsgerichtsbarkeit zuständigen obersten Landesbehörden übertragen. [5]Die Zulassung der elektronischen Akte kann auf einzelne Gerichte oder Verfahren beschränkt werden; wird von dieser Möglichkeit Gebrauch gemacht, kann in der Rechtsverordnung bestimmt werden, dass durch Verwaltungsvorschrift, die öffentlich bekanntzumachen ist, geregelt wird, in welchen Verfahren die Prozessakten elektronisch zu führen sind. [6]Die Rechtsverordnung der Bundesregierung bedarf nicht der Zustimmung des Bundesrates.

(1 a) [1]Die Prozessakten werden ab dem 1. Januar 2026 elektronisch geführt. [2]Die Bundesregierung und die Landesregierungen bestimmen jeweils für ihren Bereich durch Rechtsverordnung die organisatorischen und dem Stand der Technik entsprechenden technischen Rahmenbedingungen für die Bildung, Führung und Verwahrung der elektronischen Akten einschließlich der einzuhaltenden Anforderungen der Barrierefreiheit. [3]Die Bundesregierung und die Landesregierungen können jeweils für ihren Bereich durch Rechtsverordnung bestimmen, dass Akten, die in Papierform angelegt wurden, in Papierform weitergeführt werden. [4]Die Landesregierungen können die Ermächtigungen nach den Sätzen 2 und 3 auf die für die Verwaltungsgerichtsbarkeit zuständigen obersten Landesbehörden übertragen. [5]Die Rechtsverordnungen der Bundesregierung bedürfen nicht der Zustimmung des Bundesrates.

(2) [1]Werden die Akten in Papierform geführt, ist von einem elektronischen Dokument ein Ausdruck für die Akten zu fertigen. [2]Kann dies bei Anlagen zu vorbereitenden Schriftsätzen nicht oder nur mit unverhältnismäßigem Aufwand erfolgen, so kann ein Ausdruck unterbleiben. [3]Die Daten sind in diesem Fall dauerhaft zu speichern; der Speicherort ist aktenkundig zu machen.

(3) Wird das elektronische Dokument auf einem sicheren Übermittlungsweg eingereicht, so ist dies aktenkundig zu machen.

(4) Ist das elektronische Dokument mit einer qualifizierten elektronischen Signatur versehen und nicht auf einem sicheren Übermittlungsweg eingereicht, muss der Ausdruck einen Vermerk darüber enthalten,

1. welches Ergebnis die Integritätsprüfung des Dokumentes ausweist,
2. wen die Signaturprüfung als Inhaber der Signatur ausweist,
3. welchen Zeitpunkt die Signaturprüfung für die Anbringung der Signatur ausweist.

(5) Ein eingereichtes elektronisches Dokument kann im Falle von Absatz 2 nach Ablauf von sechs Monaten gelöscht werden.

(6) [1]Werden die Prozessakten elektronisch geführt, sind in Papierform vorliegende Schriftstücke und sonstige Unterlagen nach dem Stand der Technik zur Ersetzung der Urschrift in ein elektronisches Dokument zu übertragen. [2]Es ist sicherzustellen, dass das elektronische Dokument mit den vorliegenden Schriftstücken und sonstigen Unterlagen bildlich und inhaltlich übereinstimmt. [3]Das elektronische Dokument ist mit einem Übertragungsnachweis zu versehen, der das bei der Übertragung angewandte Verfahren und die bildliche und inhaltliche Übereinstimmung dokumentiert. [4]Wird ein von den verantwortenden Personen handschriftlich unterzeichnetes gerichtliches Schriftstück übertragen, ist der Übertragungsnachweis mit einer qualifizierten elektronischen Signatur des Urkundsbeamten der Geschäftsstelle zu versehen. [5]Die in Papierform vorliegenden Schriftstücke und sonstigen Unterlagen können sechs Monate nach der Übertragung vernichtet werden, sofern sie nicht rückgabepflichtig sind.

---

348 Beschlussempfehlung und Bericht des Ausschusses für Recht und Verbraucherschutz vom 28.4.2017, BT-Drs. 18/12203, 77 (zu § 130 b S. 2 ZPO).

Schrifttum

1. Monographien und Beiträge in Sammelwerken: *K. Bacher,* Wer führt die elektronische Gerichtsakte? in: van Oostrom/Weth (Hrsg.), FS Herberger, 2016, 35; *J. De Felice/H. Müller,* Die elektronische Verwaltungsakte in der gerichtlichen Praxis – alte Probleme im neuen Gewand, in: van Oostrom/Weth (Hrsg.), FS Herberger, 2016, 215; *A. Guckelberger,* Elektronische Akten und Akteneinsicht, in: Hill/Schliesky (Hrsg.), Auf dem Weg zum Digitalen Staat – auch ein besserer Staat? 2015, 129; *R. Köbler,* eJustice: Zwischen Scheiternsrisiko und methodisch-organisatorischen Chancen – Appell für eine unangenehme Verfahrensreform, in: van Oostrom/Weth (Hrsg.), FS Herberger, 2016, 541; *ders.,* Elektronischer Rechtsverkehr in Deutschland: Die langsame föderale Revolution, in: Gottwald (Hrsg.), e-Justice in Österreich, FS Martin Schneider, 2013, 683; *D. Rust,* Perspektiven der zukünftigen Arbeit des E-Justice-Rates, in: Hill/Kugelmann/Martini (Hrsg.), Perspektiven der digitalen Lebenswelt, 2016, 187; *U. Scherf/H-P. Schmieszek/W. Viefhues,* Elektronischer Rechtsverkehr, 2006; *M. Schwoerer,* Die elektronische Justiz, 2005.

2. Beiträge in Zeitschriften:

U. Berlit, Elektronische Verwaltungsakten und verwaltungsgerichtliche Kontrolle, NVwZ 2015, 197; *ders.,* Richterliche Unabhängigkeit und elektronische Akte, JurPC Web-Dok. 77/2012; *ders.,* Die elektronische Akte – rechtliche Rahmenbedingungen der elektronischen Gerichtsakte, JurPC Web-Dok. 157/2008; *ders.,* E-Justice – Chancen und Herausforderungen in der freiheitlichen demokratischen Gesellschaft, JurPC Web-Dok. 177/2007; *W. Bernhardt,* Die deutsche Justiz im digitalen Zeitalter, NJW 2015, 2775; *C. Brosch,* Das Gesetz zur Förderung des elektronischen Rechtsverkehrs mit den Gerichten, K&R 2014, 9; *T. A. Degen,* Elektronischer Rechtsverkehr aus Sicht der Anwaltschaft, VBlBW 2005, 329; *J. Dreßel/W. Viefhues,* Gesetzgeberischer Handlungsbedarf für den elektronischen Rechtsverkehr – werden die wahren Probleme gelöst? K&R 2003, 434; *S. Fischer-Dieskau,* Der Referentenentwurf zum Justizkommunikationsgesetz aus Sicht des Signaturrechts, MMR 2003, 701; *S. Hähnchen,* Elektronische Akten bei Gericht – Chancen und Hindernisse, NJW 2005, 2257; *M. Herberger,* Zehn Anmerkungen zum „Gesetz zur Förderung des elektronischen Rechtsverkehrs mit den Gerichten", JurPC Web-Dok. 81/2013; *U. Ramsauer/T. Frische,* Das E-Government-Gesetz, NVwZ 2013, 1505; *A. Roßnagel/M. Nebel,* Beweisführung mittels ersetzend gescannter Dokumente, NJW 2014, 886; *B. J. Scholz,* Neustart des Systems, DRiZ 2013, 284; *T. Troidl,* Verwaltungsprozess 2030 – Verfahren jetzt gestalten, NVwZ 2014, 1052; *W. Viefhues,* Das Gesetz über die Verwendung elektronischer Kommunikationsformen in der Justiz, NJW 2005, 1009; *ders.,* Referentenentwurf des Justizkommunikationsgesetzes (JKomG), CR 2003, 541; *W. Viefhues/H. Hoffmann,* ERVG: Gesetz zur Verhinderung des elektronischen Rechtsverkehrs? MMR 2003, 71; *W. Viefhues/K-H. Volesky,* Elektronischer Rechtsverkehr – wird die Chance genutzt? K&R 2003, 59; *M. Weller,* Der elektronische Rechtsverkehr mit den Gerichten rückt näher, DRiZ 2013, 290.

I. Allgemeines

1   **1. Vorbemerkungen: Elektronische Aktenführung.**   **a) Elektronische Akte – Papierakte – Hybridakte.** In § 100 VwVfG oder § 29 VwVfG wird der Begriff „Akten" ausdrücklich verwendet, ohne dass der Gesetzgeber eine Legaldefinition dafür vorgesehen hat. Im Verwaltungsverfahren werden darunter alle Schriftstücke oder sonstigen Unterlagen zu einer Verwaltungsangelegenheit verstanden, unabhängig davon, ob diese in elektronischer oder in Papierform vorliegen (zum sachlichen Anwendungsbereich des § 55 b → Rn. 23 f.). Als elektronische Akte (E-Akte) kann entsprechend die „Zusammenfassung

sachlich zusammengehöriger oder verfahrensgleicher Vorgänge und/oder Dokumente" verstanden werden, die „alle bearbeitungs- und aktenrelevanten E-Mails, sonstigen elektronisch erstellten Unterlagen sowie gescannten Papierdokumente umfasst und so eine vollständige Information über die Geschäftsvorfälle eines Sachverhalts ermöglicht."[1] Zwischen E-Akten und Akten in Papierform wird somit allein aufgrund der eingesetzten Informationsträger differenziert. Setzt sich eine Akte aus Papierteilen und elektronischen Teilen zusammen, spricht man auch von einer hybriden Aktenführung bzw. einer Hybridakte.[2]

b) Aktenführung in der Bundesverwaltung. Zu den rechtsstaatlichen Grundprinzipien des Verwaltungshandelns gehört das Prinzip der Aktenmäßigkeit der Verwaltung. Als Ausfluss des Rechts auf Akteneinsicht (§ 29 VwVfG) ist die Verwaltung dazu verpflichtet, Akten zu führen.[3] Dabei ist nicht vorgegeben, ob dies in Papierform oder in elektronischer Form zu geschehen hat. Bereits vor einer Regelung der elektronischen Aktenführung im Gesetz zur Förderung der elektronischen Verwaltung (EGovG)[4] wurden in der (Bundes-)Verwaltung elektronische Akten geführt.[5] Am 1.1.2020 tritt § 6 S. 1 EGovG in Kraft.[6] Damit wird ab diesem Zeitpunkt die elektronische Aktenführung für Bundesbehörden zur Pflicht, sofern diese für eine Behörde bei langfristiger Betrachtung nicht unwirtschaftlich ist (§ 6 S. 2 EGovG). Bei der Führung elektronischer Akten sind die Grundsätze ordnungsgemäßer Aktenführung „durch geeignete technisch-organisatorische Maßnahmen nach dem Stand der Technik sicherzustellen" (§ 6 S. 3 EGovG). Weitere Vorgaben macht das EGovG nicht. Die Einzelheiten elektronischer Aktenführung sind der Selbstorganisationshoheit der Behörden überlassen.[7] 2

c) Richterliche Unabhängigkeit. Hinsichtlich der elektronischen Aktenführung in den Gerichten bestehen verschiedentlich Bedenken, die sich gegen den Einsatz einer standardisierten Software richten. Mit der Software werde ein elektronisches Schema i.S. eines verbindlichen Workflows vorgegeben, das eine verhaltenssteuernde Wirkung ausübe und mit der richterlichen Unabhängigkeit nicht vereinbar sei, so die Befürchtung.[8] Postuliert wird deshalb, dass elektronische Akten die eigenständige und eigenverantwortliche Arbeitsweise des Richters weiter ermöglichen und aktiv unterstützen müssen.[9] Das ziehe die Konsequenz nach sich, dass Richter selbst entscheiden können sollen, in welcher Reihenfolge sie welche Verfügungen und Entscheidungen treffen.[10] Insgesamt lässt sich die E-Akte durchaus in einer mit der richterlichen Unabhängigkeit zu vereinbarenden Art und Weise umsetzen.[11] Die technische Möglichkeit ortsunabhängigen Arbeitens kann die richterliche Unabhängigkeit sogar fördern.[12] 3

Weitere Bedenken bestehen hinsichtlich der theoretischen Möglichkeit, die bei der Nutzung einer E-Akte anfallenden Protokollierungsdaten zu Kontrollzwecken zu verwenden.[13] Die Beeinträchtigung richterlicher Unabhängigkeit hängt dabei von der tatsächlichen Konfigurierung und Ausgestaltung des Systems ab. Allein die abstrakte technische Möglichkeit einer Kontrolle ist zwar unschädlich.[14] Der Zugang zu den Daten und die Auswertungsmöglichkeit müssen gleichwohl wirksam begrenzt werden, sodass die richterliche Tätigkeit nicht durch Kontrollängste beeinflusst wird.[15] 4

---

1 Entwurf eines Gesetzes zur Förderung der elektronischen Verwaltung sowie zur Änderung weiterer Vorschriften vom 14.11.2012, BT-Drs. 17/11473, 37.
2 *A. Guckelberger,* in: Hill/Schliesky, 2015, 129, 134.
3 *G. Britz,* in: Hoffmann-Riem/Schmidt-Aßmann/Voßkuhle, GVwR II, ²2012, § 26 Rn. 76 ff.
4 Gesetz vom 25.7.2013 (BGBl I 2749), zul. geänd. durch Art. 1 Gesetz vom 5.7.2017 (BGBl I 2206).
5 *U. Berlit,* NVwZ 2015, 197; *U. Ramsauer/T. Frische,* NVwZ 2013, 1505, 1512.
6 Art. 31 Abs. 5 Gesetz zur Förderung der elektronischen Verwaltung sowie zur Änderung weiterer Vorschriften vom 25.7.2013 (BGBl I 2749).
7 *J. Skrobotz,* in: Bauer/Heckmann/Ruge/Schallbruch/Schulz, Verwaltungsverfahrensgesetz und E-Government, ²2014, § 55 b VwGO Rn. 2.
8 *U. Berlit,* JurPC 177/2007 Abs. 95; *W. Bernhardt,* NJW 2015, 2775, 2776; *B. J. Scholz,* DRiZ 2013, 284, 285. Zu den Vorteilen eines (verpflichtenden) strukturierten elektronischen Parteivortrags hingegen *R. Köbler,* FS Herberger, 2016, S. 541, 545 ff.
9 *B. J. Scholz,* DRiZ 2013, 284, 285.
10 *B. J. Scholz,* DRiZ 2013, 284, 285.
11 Vgl. *U. Berlit,* JurPC 157/2008 Abs. 31 ff.; *W. Bernhardt/D. Heckmann,* in: Heckmann, jurisPK-Internetrecht, ⁵2017, Kap. 6 Rn. 43 ff.
12 *U. Berlit,* JurPC 77/2012 Abs. 31, 60 ff. Aber zur Herausforderung einer parallelen Bearbeitung einer elektronischen Akte *K. Bacher,* FS Herberger, 2016, S. 35, 37 ff.
13 *U. Berlit,* JurPC 77/2012 Abs. 39.
14 Vgl. auch BVerfG NJW 2013 2102; BGH MMR 2012 128.
15 *U. Berlit,* JurPC 77/2012 Abs. 40.

5 **2. Entstehungsgeschichte und Weiterentwicklung.**   **a) Justizkommunikationsgesetz (§ 55 b a.F.).** § 55 b a.F.[16] wurde durch Art. 2 des Gesetzes über die Verwendung elektronischer Kommunikationsformen in der Justiz (Justizkommunikationsgesetz – JKomG) vom 22.3.2005 (BGBl I 837, ber. 2022) eingefügt und trat am 1.4.2005 in Kraft (Art. 16 JKomG). Gleichzeitig wurde § 86 a a.F. aufgehoben und inhaltlich durch § 55 a ersetzt (→ § 55 a Rn. 18 ff.). Mit dem JKomG wurde die elektronische Kommunikation auch im Innenbereich der Justizverwaltung ermöglicht. Dazu dienten in erster Linie die Neuerungen in § 55 a Abs. 3 (→ § 55 a Rn. 103) und die Einfügung von § 55 b a.F. § 55 b a.F. hatte selbst keine unmittelbare Vorgängerbestimmung.

6 **aa) Diskussionsentwurf und Referentenentwurf.**   Dem JKomG gingen der Diskussionsentwurf eines Gesetzes über die Einführung des elektronischen Rechtsverkehrs bei den Gerichten (Elektronisches Rechtsverkehrsgesetz – ERVG) und ein überarbeiteter Referentenentwurf voraus (→ § 55 a Rn. 19). Beide führten zu intensiven Auseinandersetzungen, die sich schwerpunktmäßig auf die elektronische Aktenführung bezogen. Die Regelungen im *Diskussionsentwurf* wurden kritisiert, weil die Sicherheitsanforderungen an die Führung der elektronischen Akte deutlich über jenen bei herkömmlicher Aktenführung lagen.[17] Die verschiedenen formalen Anforderungen würden, so die Kritiker, einen sehr hohen Aufwand für den elektronischen Rechtsverkehr (ERV) auslösen und es sei abzusehen, dass das Gesetz in der Form des Diskussionsentwurfs nicht zu einer Förderung, sondern eher zu einer Verhinderung des ERV führen würde.[18]

7 Der *Referentenentwurf* trug diesen Einschätzungen nur teilweise Rechnung.[19] Die im Folgenden dargelegten Kritikpunkte beziehen sich zwar meist auf die geplanten Änderungen der ZPO. Da die Verfahren nach den öffentlich-rechtlichen Prozessordnungen weitgehend zivilprozessualen Grundsätzen folgen, sind diese allerdings auch für die Verwaltungsgerichte (sowie die Finanz- und Sozialgerichte) einschlägig.[20] Nach wie vor wurde bemängelt, dass auch der Referentenentwurf nicht das ganze Effizienzsteigerungspotenzial eines ERV ausschöpfe. So wurde etwa kritisiert, dass der Entwurf keine Schnittstelle zwischen den in den Anwaltskanzleien und in den Gerichten eingesetzten EDV-Systemen vorsah. Eine solche Schnittstelle hätte den strukturierten Datenaustausch ermöglicht. So hätten z.B. Parteidaten vom Anwaltssystem direkt in das Gerichtssystem übernommen werden können.[21] Ein weiterer Kritikpunkt betraf die fehlende Prüfung durch die Verfasser des Referentenentwurfs, ob alle bisher anfallenden Papierdokumente tatsächlich erforderlich und deshalb notwendigerweise in elektronische Dokumente umzuwandeln seien.[22]

8 Einen speziellen Mangel am *Referentenentwurf* stellen auch die Vorgaben zur Nutzung der qualifizierten elektronischen Signatur dar. Damit gehe ein hoher Aufwand einher, wird auf der einen Seite bean-

---

16 § 55 b a.F. lautet:
„(1) Die Prozessakten können elektronisch geführt werden. Die Bundesregierung und die Landesregierungen bestimmen jeweils für ihren Bereich durch Rechtsverordnung den Zeitpunkt, von dem an die Prozessakten elektronisch geführt werden. In der Rechtsverordnung sind die organisatorisch-technischen Rahmenbedingungen für die Bildung, Führung und Verwahrung der elektronischen Akten festzulegen. Die Landesregierung können die Ermächtigung auf die für die Verwaltungsgerichtsbarkeit zuständigen obersten Landesbehörden übertragen. Die Zulassung der elektronischen Akte kann auf einzelne Gerichte oder Verfahren beschränkt werden; wird von dieser Möglichkeit Gebrauch gemacht, kann in der Rechtsverordnung bestimmt werden, dass durch Verwaltungsvorschrift, die öffentlich bekanntzumachen ist, geregelt wird, in welchen Verfahren die Prozessakten elektronisch zu führen sind. Die Rechtsverordnung der Bundesregierung bedarf nicht der Zustimmung des Bundesrates.
(2) Dokumente, die nicht der Form entsprechen, in der die Akte geführt wird, sind in die entsprechende Form zu übertragen und in dieser Form zur Akte zu nehmen, soweit die Rechtsverordnung nach Absatz 1 nichts anderes bestimmt.
(3) Die Originaldokumente sind mindestens bis zum rechtskräftigen Abschluss des Verfahrens aufzubewahren.
(4) Ist ein in Papierform eingereichtes Dokument in ein elektronisches Dokument übertragen worden, muss dieses den Vermerk enthalten, wann und durch wen die Übertragung vorgenommen worden ist. Ist ein elektronisches Dokument in die Papierform überführt worden, muss der Ausdruck den Vermerk enthalten, welches Ergebnis die Integritätsprüfung des Dokuments ausweist, wen die Signaturprüfung als Inhaber der Signatur ausweist und welchen Zeitpunkt die Signaturprüfung für die Anbringung der Signatur ausweist.
(5) Dokumente, die nach Absatz 2 hergestellt sind, sind für das Verfahren zugrunde zu legen, soweit kein Anlass besteht, an der Übereinstimmung mit dem eingereichten Dokument zu zweifeln.“
17 *W. Viefhues/K-H. Volesky,* K&R 2003, 59, 62.
18 *W. Viefhues/H. Hoffmann,* MMR 2003, 71, 73.
19 *J. Dreßel/W. Viefhues,* K&R 2003, 434, 435; *W. Viefhues,* CR 2003, 541.
20 *W. Viefhues,* CR 2003, 541, 543.
21 *J. Dreßel/W. Viefhues,* K&R 2003, 434, 435.
22 *J. Dreßel/W. Viefhues,* K&R 2003, 434, 435 f.

standet.[23] Die Anforderungen an die Nutzung einer qualifizierten elektronischen Signatur seien zu wenig konsequent geregelt, wird dagegen an anderer Stelle angeführt.[24] Insbes. im Zusammenhang mit der Transformation von elektronischen Dokumenten in Papierdokumente war in § 55 b Abs. 4 VwGO-Referentenentwurf (ebenso wie in den Entwürfen zu den §§ 52 b Abs. 4 FGG a.F. und 65 b Abs. 4 SGG a.F.) vorgesehen, dass die Signatur zu übertragen oder das Ergebnis der Signaturprüfung zu dokumentieren sei.[25] Die Sicherung des Beweiswertes wäre dadurch aber nicht ermöglicht worden, da Verifikationsdaten zur Signatur fehlten und auch die Übereinstimmung von elektronischem und Papierdokument nicht festgestellt werden musste.[26]

bb) Entwurf der Bundesregierung. Am 28.10.2004 legte die Bundesregierung den Entwurf eines Gesetzes über die Verwendung elektronischer Kommunikationsformen in der Justiz (Justizkommunikationsgesetz – JKomG) vor.[27] Dieser unterscheidet sich vom Referentenentwurf in erster Linie in sprachlicher Hinsicht (Angleichung der Formulierungen in den unterschiedlichen Prozessordnungen).[28] Der Bundesrat regte die Ergänzung in vier Punkten an: Erstens sollte die erforderliche Datenverarbeitung auch durch eine andere Stelle wahrgenommen werden können, die öffentlich-rechtlich oder privat organisiert sei.[29] In diesem Punkt sah die Bundesregierung allerdings keinen Regelungsbedarf.[30] Zweitens erbat der Bundesrat im Hinblick auf § 298 a ZPO a.F., der Parallelbestimmung zu § 55 b a.F., die Dokumentation der Integritätsprüfung; drittens sollte die Präzisierung der Aufbewahrungspflicht (§ 298 a Abs. 3 ZPO a.F.) um das Wort „mindestens" erfolgen.[31] Der zweite Punkte wurde zwar nicht von der Bundesregierung direkt übernommen, später aber auf Empfehlung des Rechtsausschusses auch hinsichtlich des § 55 b a.F. berücksichtigt.[32] Dem dritten Punkt stimmte die Bundesregierung zu; der Rechtsausschuss übernahm ihn ebenfalls in § 55 b a.F.[33] Viertens wollte der Bundesrat, dass Regelungen zur Transformation elektronischer Dokumente in ein anderes Dateiformat aufgenommen werden.[34] Dazu kam es nicht. Das JKomG wurde schließlich in der Fassung der Stellungnahme des Rechtsausschusses beschlossen.[35] $\qquad$ 9

cc) Parallelnormen. § 55 b a.F. entsprach den Regelungen in den Parallelbestimmungen der §§ 298 a ZPO a.F., 65 b SGG a.F., 52 b FGO a.F. sowie 46 e ArbGG a.F. Abs. 4 a.F. orientierte sich an § 298 ZPO a.F. (ebenso wie dies § 65 b Abs. 4 SGG a.F., § 52 b Abs. 4 FGO a.F. und § 46 e Abs. 4 ArbGG a.F. taten); Abs. 5 a.F. hatte keine Parallele in der ZPO (vgl. aber § 110 b Abs. 3 OWiG a.F.). $\qquad$ 10

b) E-Justiz-Gesetz (§ 55 b). Eine wesentliche Neufassung erfuhr § 55 b durch das Gesetz zur Förderung des elektronischen Rechtsverkehrs mit den Gerichten (E-Justiz-Gesetz) vom 10.10.2013 (BGBl I 3786) (zur Entstehung des E-Justiz-Gesetzes → § 55 a Rn. 38 ff.). Diese trat am 1.1.2018 in Kraft.[36] $\qquad$ 11

aa) Änderungen im Vergleich zu § 55 b. Abs. 1 blieb unverändert; die Abs. 2–5 wurden durch fünf Absätze ersetzt. Die neuen Abs. 2–5 regeln die Konvertierung von der elektronischen Form in die Papierform, Abs. 6 behandelt den Transfer von der Papierform in die elektronische Form. Die Überführung von Papierdokumenten in die elektronische Form wird grds. vereinfacht. Die Anforderungen an den Transfervermerk sind unterschiedlich, je nachdem, ob das Dokument auf einem sicheren Übermittlungsweg (Abs. 3) oder mit einer qualifizierten elektronischen Signatur versehen (Abs. 4) übermittelt wurde. Gescanntes Papier ist sechs Monate nach Eingang zu vernichten (Abs. 5). Das erleichtert die Aufbewahrung gescannter Papierdokumente auf dem Stapel des Eingangstages.[37] Wird die Akte in $\qquad$ 12

23 W. *Viefhues*, CR 2003, 541, 542.
24 S. *Fischer-Dieskau*, MMR 2003, 701 ff.
25 S. *Fischer-Dieskau*, MMR 2003, 701, 703.
26 S. *Fischer-Dieskau*, MMR 2003, 701, 703 f.
27 BT-Drs. 15/4067.
28 Vgl. M. *Schwoerer*, Die elektronische Justiz, 2005, 12 ff.
29 BT-Drs. 15/4067, 63.
30 BT-Drs. 15/4067, 69.
31 BT-Drs. 15/4067, 63.
32 Beschlussempfehlung und Bericht des Rechtsausschusses vom 23.2.2005, BT-Drs. 15/4952, 13.
33 BT-Drs. 15/4067, 69; BT-Drs. 15/4952, 13.
34 BT-Drs. 15/4067, 64.
35 BT-PlenProt Nr. 15/161 vom 25.2.2005, S. 15094B; BR-PlenProt Nr. 809 vom 18.3.2005, S. 76B.
36 Art. 26 Abs. 1 E-Justiz-Gesetz vom 10.10.2013 (BGBl I 3786).
37 R. *Köbler*, FS M. Schneider, 2013, 683, 696 f.

Papierform geführt, sind elektronische Dokumente, die ausnahmsweise nicht ausgedruckt werden können, dauerhaft zu speichern (Abs. 2 S. 3). Durch das E-Justiz-Gesetz sollte zum ersten Mal die Transformation von der Papierform in das elektronische Dokument geregelt werden (Abs. 6).[38] Diese Regelungen wurden allerdings bereits vor Inkrafttreten durch das E-Justiz-Gesetz II[39] noch einmal angepasst (→ Rn. 14 ff., 44 ff.).

13   **bb) Parallelnormen.** § 55 b stimmt im Wesentlichen mit den zum gleichen Zeitpunkt geänderten §§ 298, 298 a ZPO, 65 a SGG und 52 b FGO überein.

14   **c) E-Justiz-Gesetz II.** Noch vor dem Inkrafttreten der Änderungen durch das E-Justiz-Gesetz[40] wurden vom Gesetzgeber weitere Anpassungen an § 55 b a.F. bzw. § 55 b beschlossen. Diese sind im Gesetz zur Einführung der elektronischen Akte in der Justiz und zur weiteren Förderung des elektronischen Rechtsverkehrs (E-Justiz-Gesetz II) vom 5.7.2017 (BGBl I 2208) enthalten. Eine Änderung des Abs. 1 ist bereits am Tag nach der Verkündung des E-Justiz-Gesetzes II, also am 13.7.2017, in Kraft getreten[41] und kann sich deshalb nur auf die zum Erlasszeitpunkt geltende Fassung des § 55 b (= § 55 b a.F.) beziehen. Es handelt sich um die Ergänzung in Abs. 1 S. 5 a.F. nach dem Semikolon („wird von dieser Möglichkeit Gebrauch gemacht, kann in der Rechtsverordnung bestimmt werden, dass durch Verwaltungsvorschrift, die öffentlich bekanntzumachen ist, geregelt wird, in welchen Verfahren die Prozessakten elektronisch zu führen sind.").

15   Weitere Änderungen traten am 1.1.2018 in Kraft. Diese beziehen sich auf die neue Fassung des § 55 b aufgrund des E-Justiz-Gesetzes.[42] Dies betrifft die Ergänzung eines Abs. 1 a und die Neuformulierung des Abs. 6. Schließlich treten zum 1.1.2026 weitere Änderungen in Kraft.[43] Dabei geht es um die Aufhebung von Abs. 1 und die Umnummerierung von Abs. 1 a in Abs. 1 sowie die Streichung des Passus „ab dem 1. Januar 2026".[44]

16   **aa) Regierungsentwurf.** Mit dem Entwurf eines Gesetzes zur Einführung der elektronischen Akte in Strafsachen und zur weiteren Förderung des elektronischen Rechtsverkehrs[45] sollte u.a. die Pflicht zur elektronischen Aktenführung ab dem 1.1.2026 in Straf- und Bußgeldverfahren eingeführt werden. Auf Anregung des Bundesrates wurde diese Verpflichtung auch für die übrigen Verfahrensordnungen übernommen.[46] Der Bundesrat argumentierte, es sei inkonsequent, die verbindliche Einführung der elektronischen Akte auf den Straf- und Bußgeldbereich zu beschränken. Im Interesse einer einheitlichen Vorgehensweise sollten die Verfahrensordnungen vielmehr gleichlaufend gestaltet werden. Ein verbindlicher Einführungstermin für alle Verfahrensordnungen schaffe außerdem Planungssicherheit für die Länder. Mit dem Einführungstermin am 1.1.2026 sei gleichzeitig ausreichend Vorlauf für Entwicklung, Tests und Pilotierung der elektronischen Akte vorhanden.

17   In ihrer Gegenäußerung zur Stellungnahme des Bundesrates zeigte sich die Bundesregierung im Grundsatz mit der verpflichtenden Einführung der elektronischen Akte in allen gerichtlichen Verfahrensordnungen einverstanden.[47] Eine Ausweitung der durch den Gesetzentwurf erstmals vorgesehenen bundesgesetzlichen Pflicht zur Führung elektronischer Akten ab einem bestimmten Stichtag auf weitere Regelwerke wie die ZPO, das ArbGG, die VwGO, die FGO, das SGG und das FamFG sei sachgerecht, um das Ziel einer möglichst weitgehenden Digitalisierung der Justiz bis zum Jahr 2026 zu erreichen. Im Ausschuss für Recht und Verbraucherschutz wurden sodann entsprechende Ergänzungsvorschläge verabschiedet[48] und vom Parlament unverändert beschlossen.[49]

---

38   Vgl. zB *J. Skrobotz*, in: Bauer/Heckmann/Ruge/Schallbruch/Schulz § 55 b Rn. 3 g.
39   E-Justiz-Gesetz II vom 5.7.2017 (BGBl I 2208).
40   E-Justiz-Gesetz vom 10.10.2013 (BGBl I 3786).
41   Art. 33 Abs. 2 Nr. 9 E-Justiz-Gesetz II vom 5.7.2017. Das E-Justiz-Gesetz wurde am 12.7.2017 im BGBl verkündet (BGBl I 2208).
42   Art. 33 Abs. 1 E-Justiz-Gesetz II vom 5.7.2017 (BGBl I 2208).
43   Art. 33 Abs. 6 Nr. 5 E-Justiz-Gesetz II vom 5.7.2017 (BGBl I 2208).
44   Art. 21 E-Justiz-Gesetz II vom 5.7.2017 (BGBl I 2208).
45   Entwurf der Bundesregierung vom 17.8.2016, BT-Drs. 18/9416.
46   BT-Drs. 18/9416, 88.
47   BT-Drs. 18/9416, 103.
48   Beschlussempfehlung und Bericht vom 28.4.2017, BT-Drs. 18/12203, 51 ff.
49   Vgl. BT-PlenProt Nr. 18/234 vom 18.5.2017, S. 23747A–23747B; BR-PlenProt Nr. 958 vom 2.6.2017, S. 282C–282D.

bb) Änderungen im Vergleich zu § 55 b n.F. aufgrund des E-Justiz-Gesetzes. Hauptinhalt der Ände- 18 rungen aufgrund des E-Justiz-Gesetzes II in der VwGO ist die Einführung der verpflichtenden elektronischen Aktenführung ab dem 1.1.2026 (Abs. 1 a). Außerdem wurden die bereits durch das E-Justiz-Gesetz[50] eingeführten Vorgaben zur Transformation von der Papierform in elektronische Dokumente angepasst, indem für die Übertragung grds. ein Übertragungsnachweis (Abs. 6 S. 3 in der Fassung aufgrund des E-Justiz-Gesetzes II) und für handschriftlich (durch die verantwortende Person) unterzeichnete gerichtliche Schriftstücke die Anbringung einer qualifizierten elektronischen Signatur gefordert wird (Abs. 6 S. 4 in der Fassung aufgrund des E-Justiz-Gesetzes II). Die Belange behinderter Menschen sollten bei der Ausweitung der Pflicht zur Führung elektronischer Akten zudem ebenfalls berücksichtigt werden.[51]

cc) Parallelnormen. Die Änderungen entsprechen im Wesentlichen den Anpassungen in den § 298 a 19 Abs. 1 a und 2 ZPO, § 46 e Abs. 1 a und 2 ArbGG, § 52 b Abs. 1 a und 6 FGO und § 65 b Abs. 1 a und 6 SGG. Abs. 1 a entspricht § 14 Abs. 4 a FamFG.

II. Bedeutung der Norm

§ 55 b steht in unmittelbarem Zusammenhang mit § 55 a. Die Vorgaben zur elektronischen Aktenfüh- 20 rung sind von Bedeutung für den ERV, da sie ein wichtiges Bindeglied zu dessen Umsetzung darstellen.[52] Ohne elektronische Aktenführung können die Vorteile des ERV nicht vollständig genutzt werden.[53] Die elektronische Akteneinsicht ist in § 100 (→ § 100 Rn. 32 ff.) geregelt.

Die verpflichtende elektronische Kommunikation für Rechtsanwälte, Behörden oder juristische Perso- 21 nen des öffentlichen Rechts mit der Justiz, die spätestens ab 2022 greift (→ § 55 d Rn. 1), setzt sinnvollerweise die elektronische Aktenführung voraus. Anderenfalls käme es aufgrund von Medienbrüchen zu einem unverhältnismäßigen Mehraufwand. Eine Tendenz zur elektronischen Aktenführung ergibt sich aber nicht nur aus Effizienzüberlegungen mit Blick auf den verpflichtenden ERV, sondern auch aus dem Umstand, dass die Verwaltungen vermehrt zur elektronischen Aktenführung übergehen.[54] Auf Bundesebene etwa wird am 1.1.2020 § 6 S. 1 EGovG in Kraft treten.[55] Damit wird ab diesem Zeitpunkt die elektronische Aktenführung für Bundesbehörden zur Pflicht, sofern diese für eine Behörde bei langfristiger Betrachtung nicht unwirtschaftlich ist (§ 6 S. 2 EGovG).[56]

Seit dem 1.1.2018 können sich der Bund und die Länder auf die Einführung der verpflichtenden elek- 22 tronischen Aktenführung in den Gerichten, die ab dem 1.1.2026 gilt, vorbereiten (→ Rn. 16). In diesem Zusammenhang werden insbes. die Vorgaben zum Medientransfer, die durch das E-Justiz-Gesetz bzw. das E-Justiz-Gesetz II eine wesentliche Neuerung erfahren haben, praktische Bedeutung erlangen.

III. Anwendungsbereich

1. Sachlicher Anwendungsbereich. Von der Bestimmung sind die Prozessakten sämtlicher Verfahren 23 erfasst, die durch die jeweiligen Rechtsverordnungen für die Führung elektronischer Akten bestimmt sind (→ Rn. 29). Dazu zählen Schriftsätze und ihre Anlagen, Urkunden (z.B. Zustellnachweise), Vermerke, Verfügungen und Entscheidungen. Vom Anwendungsbereich erfasst werden aber nicht nur die Dokumente, sondern auch die mit ihnen verbundenen Metadaten. Dabei handelt es sich z.B. um Informationen, die zur Authentisierung und Integritätsprüfung benötigt werden (z.B. elektronische Signaturen).[57] Auf die Form kommt es grds. nicht an, da ggf. ein Transfer in die elektronische Form (→ Rn. 44 ff.) bzw. in die Papierform (→ Rn. 38 ff.) durchgeführt werden kann. Als Dokument iSv

---

50 E-Justiz-Gesetz vom 10.10.2013 (BGBl I 3786).
51 BT-Drs. 18/9416, 103.
52 W. Viefhues, NJW 2005, 1009, 1010.
53 T. Troidl, NVwZ 2014, 1052, 1058.
54 W. Bernhardt, NJW 2015, 2775, 2777 f. Vgl. auch J. De Felice/H. Müller, FS Herberger, 2016, 215 ff., insbes. zum „Export" der elektronischen Verwaltungsakte von der Behörde an das Gericht (224).
55 Art. 31 Abs. 5 des Gesetzes vom 25.7.2013 zur Förderung der elektronischen Verwaltung sowie zur Änderung weiterer Vorschriften (BGBl I 2749).
56 Ähnl. Pflichten finden sich auf Landesebene zB in § 12 des Sächsischen E-Government-Gesetzes vom 9.7.2014 (Sächs-GVBl 398), zul. geänd. durch die VO vom 4.4.2015 (SächsGVBl 374), der zum 1.8.2018 in Kraft tritt, oder in § 7 des Gesetzes über die elektronische Verwaltung in Bayern vom 22.12.2015 (GVBl 458), der bereits in Kraft ist.
57 J. Skrobotz, in: Bauer/Heckmann/Ruge/Schallbruch/Schulz § 55 b Rn. 7.

Abs. 3 sind auch elektronische Dokumente auf einem Datenträger (z.B. USB-Stick oder CD-ROM) zu verstehen (→ § 55 a Rn. 67).[58]

24   Aufgrund der Anpassungen durch das E-Justiz-Gesetz II[59] wird die elektronische Aktenführung ab dem 1.1.2026 zur Pflicht (→ Rn. 14 ff., 33 ff.). Davon sind alle Prozessakten sämtlicher Verfahren erfasst. Eine Beschränkung für bestimmte Verfahren wird nicht mehr möglich sein.

25   **2. Persönlicher Anwendungsbereich.** An die Form gebunden sind nur die Gerichte, die ihre Akten führen. Beteiligte und Dritte sind nicht an die Form gebunden, in der das Gericht seine Akten führt.[60] Diese dürfen Dokumente weiterhin in Papierform bei Gericht einreichen, auch wenn seit dem 1.1.2018 grds. (bzw. spätestens ab dem 1.1.2020 ausnahmslos) alle Gerichte den Zugang für die Übermittlung elektronischer Dokumente eröffnet haben werden (→ § 55 a Rn. 43). Das Gericht muss mit Beteiligten und Dritten, die elektronische Dokumente nicht empfangen können oder wollen, auch bei elektronischer Aktenführung in Papierform kommunizieren (Art. 103 Abs. 1 GG).[61] Zu beachten ist hier, dass für bestimmte Personengruppen eine Verpflichtung zur Eröffnung des elektronischen Zugangs existieren kann (z.B. für Rechtsanwälte seit dem 1.1.2018 gem. § 31 a Abs. 6 BRAO → § 55 a Rn. 117).

26   Zu beachten ist allerdings die ab dem 1.1.2022 geltende Verpflichtung zur Nutzung des ERV für bestimmte Personengruppen (z.B. Rechtsanwälte, Behörden, juristische Personen des öffentlichen Rechts → § 55 d Rn. 6).

IV. Einzelerläuterungen

27   **1. Elektronische Aktenführung (Abs. 1). a) Rechtsverordnungen.** Nach S. 1 können die Prozessakten elektronisch geführt werden. Den Zeitpunkt, ab dem dies möglich ist, bestimmen die Bundesregierung (für das BVerwG) bzw. die Landesregierungen durch Rechtsverordnungen jeweils für ihren Bereich (S. 2). Diese Zuordnung ist funktional zu verstehen; erfasst sind die jeweils zugeordneten Verwaltungsgerichte.[62] Die Landesregierungen können diese Ermächtigung an die für die Verwaltungsgerichtsbarkeit zuständigen obersten Landesbehörden übertragen (S. 4). Die Verordnung der Bundesregierung bedarf keiner Zustimmung durch den Bundesrat (S. 6). Die letztgenannte Bestimmung hat lediglich klarstellende Funktion.[63]

28   Bis zum Erlass der jeweiligen Verordnung dürfen die Akten nur in Papierform geführt werden.[64] Mithin ist die Papierakte bis zur Einführung einer elektronischen Prozessakte maßgeblich.[65] Von dem durch die jeweilige Rechtsverordnung bestimmten Zeitpunkt an „werden" (S. 2) die Akten in elektronischer Form geführt. Was genau das bedeutet, ist noch nicht abschließend geklärt.[66] So wird vertreten, dass die Akten ab diesem Zeitpunkt zwingend elektronisch zu führen sind,[67] eine Pflicht zur Führung in elektronischer Form gerade nicht vorgesehen werden dürfe[68] oder die elektronische Aktenführung je nach Formulierung in der Rechtsverordnung verpflichtend oder fakultativ vorgesehen werden

---

58 *J. Skrobotz*, in: Bauer/Heckmann/Ruge/Schallbruch/Schulz § 55 b Rn. 7.
59 E-Justiz-Gesetz II vom 5.7.2017 (BGBl I 2208).
60 *H. Geiger*, in: Eyermann Rn. 2; *D. Krausnick*, in: Gärditz Rn. 3; *R. P. Schenke*, in: Kopp/Schenke Rn. 4; *H. Schmitz*, in: BeckOK, Stand: 1.7.2017, Rn. 1.
61 *R. Rudisile*, in: Schoch/Schneider/Bier Rn. 10; *R. P. Schenke*, in: Kopp/Schenke Rn. 1; *H. Schmitz*, in: BeckOK, Stand: 1.7.2017, Rn. 2.
62 *R. Rudisile*, in: Schoch/Schneider/Bier Rn. 19.
63 BT-Drs. 15/4067, 37 (zum gleichlautenden Satz in § 55 b Abs. 1 a.F.).
64 *R. Rudisile*, in: Schoch/Schneider/Bier Rn. 13; *R. P. Schenke*, in: Kopp/Schenke Rn. 2.
65 BVerwG BeckRS 2017 110883 Rn. 4.
66 *R. Rudisile*, in: Schoch/Schneider/Bier Rn. 13.
67 *J. v. Albedyll*, in: Bader Rn. 2; *D. Kugele*, in: ders., VwGO-OK, Stand: 25.6.2017, Rn. 3; *W. Porz*, in: HK-VwGO Rn. 3; *H.-P. Schmieszek*, in: Scherf/Schmieszek/Viefhues, Elektronischer Rechtsverkehr, 2006, B IV Rn. 11; *J. Skrobotz*, in: Bauer/Heckmann/Ruge/Schallbruch/Schulz § 55 b Rn. 8, unter Verweis auf BT-Drs. 15/4067, 38.
68 *H. Geiger*, in: Eyermann Rn. 5; *R. P. Schenke*, in: Kopp/Schenke Rn. 2, jeweils unter Verweis auf den Wortlaut „können" in S. 1.

könne.[69] Da bislang (Stand: 1.1.2018) keine entsprechenden Rechtsverordnungen erlassen wurden[70] und mit dem E-Justiz-Gesetz II[71] eine gesetzliche Verpflichtung zur elektronischen Aktenführung eingeführt wird (→ Rn. 33 ff.), ist die Frage von untergeordneter praktischer Bedeutung.

In den Rechtsverordnungen kann die Zulassung der elektronischen Akte auf einzelne Gerichte oder 29
Verfahren beschränkt werden (Abs. 1 S. 5 Hs. 1). Die Länder können eine Beschränkung auf einzelne Gerichte vorsehen, z.B. auf einzelne VG oder das OVG. Der Bund hat diese Möglichkeit nicht, da er lediglich für das BVerwG Regeln erlassen kann. Ferner kann die elektronische Aktenführung auch nur für einzelne Verfahren vorgesehen werden, z.B. für Klageverfahren oder Asylklageverfahren.[72] Voraussetzung ist die abstrakte Bestimmbarkeit der jeweiligen Verfahren.[73]

Wenn die Zulassung auf einzelne Gerichte oder Verfahren beschränkt wird, kann in der Rechtsverord- 30
nung vorgesehen werden, dass durch öffentlich bekanntzumachende Verwaltungsvorschrift geregelt wird, in welchen Verfahren die Prozessakten elektronisch zu führen sind (Abs. 1 S. 5 Hs. 2[74]). Während der Übergangsphase bis zur verpflichtenden elektronischen Aktenführung soll es möglich sein, im Falle der Beschränkung der Einführung der elektronischen Aktenführung auf bestimmte Gerichte oder Verfahren einzelne Pilotkammern oder -verfahren nicht bereits in der Rechtsverordnung, sondern flexibler durch Verwaltungsvorschrift festzulegen.[75] Diese Verwaltungsvorschrift ist öffentlich bekanntzumachen, da die Art der Aktenführung mittelbar auch Außenwirkung entfaltet, z.B. hinsichtlich des Akteneinsichtsrechts.[76]

Abs. 1 gilt in dieser Fassung nur bis zum 31.12.2025. Ab dem 1.1.2026[77] wird Abs. 1 gestrichen. 31
Abs. 1 a wird ab diesem Zeitpunkt zu Abs. 1 und die Wörter „ab dem 1. Januar 2026" entfallen.[78]

b) Organisatorisch-technische Rahmenbedingungen. In den Rechtsverordnungen sind gemäß Abs. 1 32
S. 3 die organisatorisch-technischen Rahmenbedingungen für die Bildung, Führung und Verwahrung elektronischer Akten zu regeln. Dabei handelt es sich um Mindestanforderungen;[79] weitergehende Vorgaben können vorgesehen werden. Zu den in den Rechtsverordnungen zu regelnden Aspekten gehören die Dokumenten-Management-Systeme[80] sowie Vorgaben zum Transfer von Dokumenten in Papierform in die elektronische Form, wobei insbes. die Sicherstellung der Übereinstimmung von Papierdokument und elektronischem Dokument der Regelung bedarf (→ Rn. 49 f.).

2. Pflicht zur elektronischen Aktenführung (Abs. 1 a). Mit Abs. 1 a wird – der Neufassung des § 298 33
Abs. 1 a S. 1 ZPO entsprechend – die elektronische Akte ab dem 1.1.2026 für die Verwaltungsgerichtsbarkeit verpflichtend eingeführt.[81] Nach dem Vorbild des § 32 Abs. 2 StPO wird eine Verordnungsermächtigung vorgesehen. Bund und Länder müssen zu diesem Zeitpunkt die organisatorischtechnischen Rahmenbedingungen für die Bildung und Führung der elektronischen Akten sowie deren Verwahrung während des Verfahrens festlegen (S. 2).[82] Es wird ausdrücklich klargestellt, dass die technischen Rahmenbedingungen dem jeweiligen Stand der Technik entsprechen müssen. Da Abs. 1 a bereits am 1.1.2018 in Kraft getreten ist, gilt diese Vorgabe auch hinsichtlich der Rechtsverordnungen, die Bund und Länder gemäß Abs. 1 erlassen.

Die Ermächtigungen nach Abs. 1 a S. 2 und 3 können gemäß S. 4 durch Rechtsverordnung auf die zu- 34
ständigen obersten Landesbehörden übertragen werden (→ Rn. 27). Die Regelung des Abs. 1 a trat

---

69 *H. Schmitz*, in: BeckOK, Stand: 1.7.2017, Rn. 3; im Resultat wohl ebenso: *D. Krausnick*, in: Gärditz Rn. 2; *V. Schmid*, 4. Aufl., Rn. 69. A.A. *R. Rudisile*, in: Schoch/Schneider/Bier Rn. 14, der die Entscheidung über die fakultative oder verpflichtende Einführung als wesentliche Frage nicht der Entscheidung der Verordnungsgeber anheimstellt und sich auf dem Wege der Auslegung der Gesetzes auf die Lesart der Verpflichtenden elektronischen Aktenführung ab dem durch die Rechtsverordnung festgelegten Zeitpunkt anschließt.
70 *R. P. Schenke*, in: Kopp/Schenke Rn. 3.
71 E-Justiz-Gesetz II vom 5.7.2017 (BGBl I 2208).
72 *R. Rudisile*, in: Schoch/Schneider/Bier Rn. 18.
73 *R. Rudisile*, in: Schoch/Schneider/Bier Rn. 18.
74 Ergänzt durch das E-Justiz-Gesetz II vom 5.7.2017 (BGBl I 2208), in Kraft seit dem 13.7.2017.
75 BT-Drs. 18/12203, 72 (zu § 32 Abs. 1 S. 3 StPO).
76 BT-Drs. 18/12203, 72 (zu § 32 Abs. 1 S. 3 StPO).
77 Art. 33 Abs. 6 Nr. 5 E-Justiz-Gesetz II vom 5.7.2017 (BGBl I 2208).
78 Art. 21 E-Justiz-Gesetz II vom 5.7.2017 (BGBl I 2208).
79 *J. Skrobotz*, in: Bauer/Heckmann/Ruge/Schallbruch/Schulz § 55 b Rn. 11.
80 *T. A. Degen*, VBlBW 2005, 329, 336; *W. Viefhues*, NJW 2005, 1009, 1013.
81 Vgl. BT-Drs. 18/12203, 87.
82 BT-Drs. 18/12203, 87.

bereits zum 1.1.2018 in Kraft. Damit sollen der Bund und die Länder die Gelegenheit erhalten, rechtzeitig Verordnungen zu erlassen, die der ab dem 1.1.2026 geltenden Rechtslage mit verpflichtender elektronischer Aktenführung Rechnung tragen.[83]

35   Abs. 1 a wird ab dem 1.1.2026 zu Abs. 1 und die Wörter „ab dem 1. Januar 2026" werden gestrichen.[84] Ab dem 1.1.2026 ist die elektronische Führung der Prozessakten in der Verwaltungsgerichtsbarkeit verpflichtend. Da eine fakultative elektronische Aktenführung ab diesem Zeitpunkt nicht mehr möglich ist, wird der bis dahin geltende Abs. 1 aufgehoben. Der zum 1.1.2018 in Kraft getretene Abs. 1 a tritt mit der entsprechenden redaktionellen Anpassung (Streichung der Wörter „ab dem 1. Januar 2026") an dessen Stelle.[85]

36   **a) Gewährleistung der Barrierefreiheit.** Der ausdrückliche Hinweis, dass die Anforderungen der Barrierefreiheit einzuhalten sind, bezieht sich bereits auf die Verordnungen gemäß Abs. 1.[86] Mit der ausdrücklichen Einbeziehung der Barrierefreiheit soll das Recht der Betroffenen auf barrierefreien Zugang zu den Akten zusätzlich gestärkt werden. Der Verordnungsgeber wird verpflichtet, über die allgemeine Geltung der Grundsätze (z.B. des Behindertengleichstellungsgesetzes – BGG) hinaus konkrete Anforderungen an die Barrierefreiheit bei der elektronischen Akte festzulegen.[87] Bereits das E-Justiz-Gesetz berücksichtigte die Barrierefreiheit in verschiedenen Bestimmungen,[88] allerdings nicht in § 55 b.

37   **b) Weiterführung von Akten in Papierform.** Abs. 1 a S. 3 sieht vor, dass der Bund und die Länder jeweils für ihren Bereich durch Rechtsverordnung bestimmen können, dass Akten, die in Papierform angelegt wurden, auch so weitergeführt werden. Damit wird zum Ausdruck gebracht, dass es zum Stichtag 1.1.2026 keiner zwingenden Digitalisierung aller bereits anhängigen Vorgänge bedarf.[89]

38   **3. Medientransfer bei Aktenführung in Papierform (Abs. 2–5).** Beteiligte und Dritte sind bei der Einreichung von Dokumenten nicht an die Form der Aktenführung des Gerichts gebunden (→ Rn. 25). Sie können die Akten auch in Papierform einreichen, wenn das Gericht eine elektronische Aktenführung vorsieht oder umgekehrt. Zu beachten ist allerdings, dass für bestimmte Personengruppen (z.B. Rechtsanwälte, Behörden, juristische Personen des öffentlichen Rechts) ab dem 1.1.2022 eine Verpflichtung zur Nutzung des ERV besteht (→ § 55 d Rn. 6). Das Gericht muss die eingereichten Dokumente, die nicht der Form entsprechen, in der die Akten geführt werden, umwandeln. Durch den sog. „Medientransfer" soll sichergestellt werden, dass die Akte einheitlich (in Papierform oder elektronischer Form) geführt wird.[90] § 55 b Abs. 2–5 enthält Vorgaben für die Übertragung von elektronisch übermittelten Dokumenten in die Papierform. Die Konvertierung von Schriftstücken in die elektronische Form wird in Abs. 6 geregelt (→ Rn. 44 ff.).

39   **a) Ausdruck auf Papier (Abs. 2).** Gemäß Abs. 2 S. 1 ist für die Akten, die in Papierform geführt werden, von einem eingereichten oder einem gerichtlich geführten elektronischen Dokument ein Ausdruck zu fertigen, denn die Papierakte hat die Verfahrensunterlagen vollständig zu dokumentieren.[91] Für umfangreiche Anlagen zu den Schriftsätzen lässt Abs. 2 S. 2 eine Ausnahme zu.[92] Dies ist die einzige mögliche Ausnahme.[93] In diesem Fall können die Daten auch elektronisch gespeichert werden, wobei gemäß Abs. 2 S. 3 eine dauerhafte Speicherung gefordert wird und der Speicherort aktenkundig zu machen ist. Während Letzteres unschwer umzusetzen sein wird, stellt die dauerhafte Speicherung eine technische Herausforderung dar.[94] Es fragt sich, ob eine dauerhafte Speicherung iS einer Vorhaltung „auf ewig" überhaupt notwendig ist oder nicht vielmehr eine Löschung zum rechtskräftigen Ab-

---

83   BT-Drs. 18/12203, 80 (zu § 298 a Abs. 1 a ZPO).
84   Art. 21 E-Justiz-Gesetz II vom 5.7.2017 (BGBl I 2208).
85   Vgl. BT-Drs. 18/12203, 89.
86   BT-Drs. 18/12203, 80 (zu § 298 a Abs. 1 a ZPO).
87   BT-Drs. 18/12203, 80 (zu § 298 a Abs. 1 a ZPO).
88   *C. Brosch*, K&R 2014, 9, 13; *M. Weller*, DRiZ 2013, 290, 294.
89   BT-Drs. 18/12203, 80 (zu § 298 a Abs. 1 a ZPO).
90   *R. P. Schenke*, in: Kopp/Schenke Rn. 4; *H. Schmitz*, in: BeckOK, Stand: 1.7.2017, Rn. 4.
91   BT-Drs. 17/12634, 29 (zu § 298 ZPO).
92   *H. Schmitz*, in: BeckOK, Stand: 1.7.2017, § 55 b n.F. Rn. 5.
93   *R. P. Schenke*, in: Kopp/Schenke § 55 b n.F. Rn. 4.
94   *J. Skrobotz*, in: Bauer/Heckmann/Ruge/Schallbruch/Schulz § 55 b Rn. 3 d.

schluss des Verfahrens ausreichen würde.[95] Die letztgenannte Lösung würde den bisherigen Vorgaben des §55b Abs. 3 a.F. entsprechen, wonach die (elektronischen) Originaldokumente mindestens bis zum rechtskräftigen Abschluss des Verfahrens aufzubewahren waren.[96] Die Formulierung „mindestens" in Abs. 3 a.F. sollte dem Umstand Rechnung tragen, dass z.B. im Falle einer Anhörungsrüge (§152 a) oder eines nachfolgenden verfassungsgerichtlichen Verfahrens die Aufbewahrungszeit durch entsprechende Anordnungen ggf. angemessen über die formelle Rechtskraft des Verfahrens hinaus verlängert werden konnte.[97]

b) Einreichung auf einem sicheren Übermittlungsweg (Abs. 3). Bei einer Einreichung auf einem sicheren Übermittlungsweg gem. §55 a Abs. 4 (→ §55 a Abs. 4 Rn. 113) ist dies zusätzlich zum Ausdruck der Dokumente auf Papier (→ Rn. 39) aktenkundig zu machen. Das bedeutet, dass der Übertragungsweg in der Papierakte zu dokumentieren ist.[98] Damit kann ggf. geprüft werden, ob und warum auf eine Sicherung mittels qualifizierter elektronischer Signatur verzichtet werden konnte.[99] Der Vermerk des Übermittlungsweges und des Übermittlungsdatums auf dem Ausdruck ist dazu ausreichend.[100] Stattdessen kann bei Übermittlung in Dateiform nicht nur die Datei, sondern auch die begleitende Nachricht, der sich entnehmen lässt, welcher sichere Übermittlungsweg genutzt wurde, für die Akten ausgedruckt werden.[101] 40

Wird zur Übermittlung die De-Mail-Infrastruktur genutzt, ist die zur Einhaltung der Form erforderliche Absenderbestätigung gem. §5 Abs. 5 De-Mail-Gesetz (→ §55 a Rn. 115) der Papierakte beizufügen und die Unversehrtheit der qualifizierten elektronischen Signatur des De-Mail-Providers zu dokumentieren.[102] 41

c) Qualifizierte elektronische Signatur (Abs. 4). Abs. 4 schreibt für Dokumente, die mit einer qualifizierten elektronischen Signatur gem. §55 a Abs. 3 versehen sind (→ §55 a Rn. 109), die Fertigung eines Transfervermerks mit dem Ausweis der Signaturprüfung vor. Dies entspricht der bisherigen Regelung in §55b Abs. 4 S. 2 a.F.[103] Demnach muss dem Papierdokument, das durch Konvertierung eines elektronischen Dokuments entstanden ist, ein Vermerk hinzugefügt werden, dem das Ergebnis der Integritätsprüfung des Dokuments zu entnehmen ist (Abs. 4 Nr. 1). Die Prüfung der Integrität und Authentizität des elektronischen Dokuments ist aufgrund der qualifizierten elektronischen Signatur jederzeit möglich. Sie besteht in einem Abgleich der Hashwerte zum Zeitpunkt des Signierens und zum Zeitpunkt des Ausdrucks für die Akten.[104] Eine automatisierte Durchführung ist möglich.[105] Es ist sinnvoll, diese Prüfung als ersten Schritt durchzuführen, weil bei negativem Ausgang feststeht, dass das Dokument nach Erstellung der Signatur verändert wurde und entsprechend für einen Aktenausdruck nicht geeignet ist.[106] Ferner muss der Vermerk darüber Auskunft erteilen, wer der Inhaber des mit dem Dokument verbundenen Signaturschlüssels ist (Abs. 4 Nr. 2) und wann die Signatur mit dem Dokument verbunden worden ist (Abs. 4 Nr. 3).[107] Der Transfervermerk muss nicht unterschrieben werden.[108] Dies ermöglicht die maschinelle Erstellung des Transfervermerks und damit auch den automatisierten Aktenausdruck.[109] 42

---

95 *J. Skrobotz*, in: Bauer/Heckmann/Ruge/Schallbruch/Schulz §55 b Rn. 3 d.
96 Vgl. dazu BT-Drs. 15/4067, 38 (zu §55 b Abs. 3 a.F.).
97 BR-Drs. 609/04, 18 Nr. 13 (zu §55 b Abs. 3 a.F.); *W. Porz*, in: HK-VwGO Rn. 9; *R. Rudisile*, in: Schoch/Schneider/Bier Rn. 31.
98 BT-Drs. 17/12634, 29.
99 *J. Skrobotz*, in: Bauer/Heckmann/Ruge/Schallbruch/Schulz §55 b Rn. 3 e.
100 *H. Schmitz*, in: BeckOK, Stand: 1.7.2017, §55 b n.F. Rn. 6.
101 BT-Drs. 17/12634, 25; *R. P. Schenke*, in: Kopp/Schenke §55 b n.F. Rn. 5; *H. Schmitz*, in: BeckOK, Stand: 1.7.2017, §55 a Rn. 6, bzw. §55 b n.F. Rn. 6.
102 BT-Drs. 17/12634, 29; *R. P. Schenke*, in: Kopp/Schenke §55 b n.F. Rn. 5; *H. Schmitz*, in: BeckOK, Stand: 1.7.2017, §55 b n.F. Rn. 6.
103 *R. P. Schenke*, in: Kopp/Schenke §55 b n.F. Rn. 6; *H. Schmitz*, in: BeckOK, Stand: 1.7.2017, §55 b n.F. Rn. 7.
104 *R. Rudisile*, in: Schoch/Schneider/Bier Rn. 26.
105 BT-Drs. 15/4952, 48 (zu §298 ZPO a.F.).
106 *R. Rudisile*, in: Schoch/Schneider/Bier Rn. 26.
107 *R. Rudisile*, in: Schoch/Schneider/Bier Rn. 27; *R. P. Schenke*, in: Kopp/Schenke Rn. 5.
108 BT-Drs. 15/4067, 32 (zu §298 ZPO a.F.).
109 *R. Rudisile*, in: Schoch/Schneider/Bier Rn. 27.

43   **d) Aufbewahrungsfrist (Abs. 5 n.F.).** Gemäß Abs. 5 sind elektronische Dokumente, die nach Abs. 2 eingereicht wurden, nach Ablauf von sechs Monaten zu löschen. Damit weicht der Gesetzgeber bewusst von der bisherigen Regelung ab, wonach eine Aufbewahrung bis zur Rechtskraft vorgeschrieben war (§ 55 b Abs. 3 a.F.). Mit der neuen Regelung kann die Löschung automatisiert werden.[110] Der Gesetzgeber erachtet sechs Monate als ausreichend, da die Rüge unrichtiger Übertragung äußerst selten und dann unmittelbar nach dem Übermittlungsvorgang erhoben werde.[111]

44   **4. Medientransfer bei elektronischer Aktenführung (Abs. 6). a) Konvertierung.** Gemäß Abs. 6 S. 1 muss ein Papierdokument nach dem Stand der Technik in ein elektronisches Dokument übertragen werden. Die Formulierung „nach dem Stand der Technik" wurde bereits durch das E-Justiz-Gesetz (→ Rn. 11 ff.) eingeführt und in der durch das E-Justiz-Gesetz II (→ Rn. 14 ff.) geänderten Fassung beibehalten. Für den Stand der Technik verweist die Gesetzesbegründung zum E-Justiz-Gesetz auf die Technische Richtlinie „Ersetzendes Scannen" des Bundesamtes für Sicherheit in der Informationstechnik (TR RESISCAN).[112] Mit dieser Richtlinie wird die Grundlage für eine mit Blick auf die elektronische Aktenführung in Deutschland notwendige Standardisierung geschaffen.[113]

45   Der Wortlaut des Abs. 6 S. 2 in der Fassung des E-Justiz-Gesetzes II unterscheidet sich nur in einem Wort von der Fassung des S. 2 gemäß E-Justiz-Gesetz. Während in der Fassung des E-Justiz-Gesetzes von „… mit den eingereichten Schriftstücken und sonstigen Unterlagen …" die Rede war, enthält die Neufassung aufgrund des E-Justiz-Gesetzes II die Wendung „… mit den vorliegenden Schriftstücken und sonstigen Unterlagen …". Damit wird zum Ausdruck gebracht, dass die Transformationsvorgaben auf sämtliche bei Gericht vorliegenden Papierdokumente anwendbar sind. Die urschriftersetzende Übertragung hat mithin nicht nur bei von außen eingehenden Schriftstücken, sondern bei allen dem Gericht „vorliegenden" Papierdokumenten zu erfolgen, also insbes. auch bei durch das Gericht selbst erstellten Schriftstücken.[114]

46   **b) Inhaltliche und bildliche Übereinstimmung.** Da sich der Wortlaut des Abs. 6 S. 2 in der Fassung des E-Justiz-Gesetzes II nur in der Verwendung des Wortes „vorliegenden" anstelle von „eingereichten" unterscheidet (→ Rn. 45), kann für die Bedeutung der „bildlichen und inhaltlichen Übereinstimmung" auf die Begründung zum E-Justiz-Gesetz abgestellt werden. Demnach sind nur geringfügige technisch bedingte Abweichungen in Größe und Farbe zwischen dem Scanprodukt und dem Papierdokument, die den Inhalt des Papierdokuments nicht beeinträchtigen, unbeachtlich.[115] Beim Scannen ist ferner zu berücksichtigen, dass auch zusätzliche Informationen, die auf dem Papierdokument enthalten sein können (z.B. handschriftliche Vermerke, Ergänzungen oder Unterstreichungen, unterschiedliche Farben zur Kennzeichnung der Hierarchieebenen der Vermerkenden), effektiv im elektronisch generierten Dokument abgebildet werden müssen.[116] Anderenfalls wäre die Vollständigkeit der elektronischen Akte gefährdet.

47   **c) Übertragungsnachweis.** Während die Neufassung des § 55 b Abs. 6 nach dem E-Justiz-Gesetz gänzlich auf das Erfordernis eines Transfervermerks verzichtete und damit eine erhebliche Vereinfachung gegenüber § 55 b a.F. bewirkt hätte,[117] sieht die Neufassung nach dem E-Justiz-Gesetz II einen Übertragungsnachweis vor. Im Unterschied zu § 55 b Abs. 4 S. 1 a.F., wonach der Transfervermerk über den Zeitpunkt der Übertragung und die durchführende Person Auskunft geben musste, verlangt Abs. 6 S. 3 die Dokumentation des bei der Übertragung angewandten Verfahrens sowie der bildlichen und inhaltlichen Übereinstimmung.[118] Der Übertragungsnachweis ist zu den Akten zu nehmen.[119] Mit dem Übertragungsnachweis wird sichergestellt, dass der Übertragungsvorgang sowohl für das Gericht als

---

110   BT-Drs. 17/12634, 29; *R. P. Schenke*, in: Kopp/Schenke § 55 b n.F. Rn. 7.
111   BT-Drs. 17/12634, 29.
112   BT-Drs. 17/12634, 34. Vgl. BSI TR-03138, abrufbar unter https://www.bsi.bund.de/DE/Publikationen/Technische-Richtlinien/tr03138/index_htm.html (abgerufen am 31.8.2017).
113   *W. Bernhardt*, NJW 2015, 2775, 2778.
114   BT-Drs. 18/12203, 80 (zu § 298 a Abs. 2 ZPO).
115   BT-Drs. 17/12634, 30.
116   *R. Rudisile*, in: Schoch/Schneider/Bier Rn. 24; *J. Skrobotz*, in: Bauer/Heckmann/Ruge/Schallbruch/Schulz § 55 b Rn. 13.
117   Vgl. z.B. *W. Bernhardt*, NJW 2015, 2775, 2778, oder *R. P. Schenke*, in: Kopp/Schenke § 55 b n.F. Rn. 9.
118   BT-Drs. 18/12203, 87.
119   BT-Drs. 18/12203, 80 (zu § 298 a Abs. 2 ZPO).

auch die Parteien und übrigen Beteiligten nachvollziehbar ist und es einer gesonderten Beglaubigung nicht mehr bedarf.[120]

Für die Übertragung handschriftlich unterzeichneter gerichtlicher Schriftstücke (insbes. Urteile und 48 Beschlüsse) existieren weitergehende Anforderungen.[121] Bei der urschriftersetzenden Übertragung solcher Schriftstücke bedarf es eines vom Urkundsbeamten der Geschäftsstelle qualifiziert elektronisch signierten Übertragungsnachweises (Abs. 6 S. 4).[122] Der Transfervermerk nach § 55 b Abs. 4 S. 1 a.F. bedurfte demgegenüber keiner qualifizierten elektronischen Signatur.[123] Die auf diese Weise erstellten elektronischen Dokumente werden damit originäre gerichtliche elektronische Dokumente.[124] Zwar geht der Gesetzgeber davon aus, dass gerichtliche Dokumente nach Einführung der elektronischen Akte regelmäßig bereits als elektronische Dokumente errichtet und von den verantwortlichen Personen qualifiziert elektronisch signiert werden (→ § 55 a Rn. 129 ff.),[125] Abs. 6 S. 4 ermöglicht jedoch, dass Urteile und Beschlüsse auch nach verbindlicher Einführung der elektronischen Akte von den Berufsrichtern und ehrenamtlichen Richtern (bei der Kammer für Handelssachen) in Papierform unterzeichnet und anschließend ersetzend in ein elektronisches Dokument überführt werden können, soweit die organisatorischen Abläufe oder andere Gründe dies erfordern.[126] Dazu können insbes. die Unterzeichnung durch die ehrenamtlichen Richter und die Beschlussfassung im Bereitschaftsdienst zählen.[127]

Der Transfervermerk wurde bereits mit Blick auf § 55 b Abs. 4 a.F. kritisch beurteilt, da dadurch ein 49 automatisierter Scanprozess behindert werde, ohne dass sich der Beweiswert der eingescannten Dokumente effektiv verbessere.[128] Die Änderung des Abs. 6 durch das E-Justiz-Gesetz hatte sodann auf das Erfordernis eines Transfervermerks verzichtet, um die Automatisierung zu ermöglichen (→ Rn. 47).[129] Bevor die durch das E-Justiz-Gesetz geänderte Fassung in Kraft treten konnte, wurde Abs. 6 durch das E-Justiz-Gesetz II erneut geändert (→ Rn. 14 ff.) und das Erfordernis eines Transfervermerks erneut verankert. Allerdings ist – im Gegensatz zu § 55 b a.F. – nicht mehr die Person festzuhalten, die den Transfer durchführt. Dies hätte eine Automatisierung verunmöglicht. Erforderlich sind die Angabe des Transferverfahrens und die Bestätigung der bildlichen und inhaltlichen Übereinstimmung (→ Rn. 47). Eine Automatisierung scheint damit nicht von vornherein ausgeschlossen. Es bedarf allerdings weiterer Präzisierungen hinsichtlich der Anforderungen, die an eine automatisierte Bestätigung der bildlichen und inhaltlichen Übereinstimmung zu stellen sind. Als organisatorisch-technische Rahmenbedingung wäre dies in der jeweiligen Rechtsverordnung gemäß Abs. 1 zu verankern (→ Rn. 32).

In der Rechtsverordnung gemäß Abs. 1 können weitere Aspekte des Medientransfers näher geregelt 50 werden. So kann z.B. präzisiert werden, dass doppelseitig beschriftete Papierdokumente auch beidseitig eingescannt werden.[130] Ein Scannen von leeren Rückseiten ist dagegen nicht erforderlich.[131]

Im Gegensatz zur Rechtslage gemäß § 55 b Abs. 2 letzter Hs. a.F. sieht § 55 b Abs. 6 nicht mehr vor, 51 dass Ausnahmen vom Erfordernis des Medientransfers in der Rechtsverordnung vorgesehen werden können. Dies wäre etwa dann sinnvoll gewesen, wenn das Scannen von Papierdokumenten aufgrund des Umfangs der Unterlagen (z.B. Bebauungspläne, umfangreiche Anlagen zu Schriftsätzen) unwirt-

---

120 BT-Drs. 18/12203, 80 (zu § 298 a Abs. 2 ZPO).
121 BT-Drs. 18/12203, 87.
122 BT-Drs. 18/12203, 80 (zu § 298 a Abs. 2 ZPO).
123 *H. Schmitz*, in: BeckOK, Stand: 1.7.2017, Rn. 4. Vgl. auch *U. Berlit*, NVwZ 2015, 197, 199. Krit. zur fehlenden Anforderung einer qualifizierten elektronischen Signatur: *S. Fischer-Dieskau*, MMR 2003, 701, 704.
124 BT-Drs. 18/12203, 80 (zu § 298 a Abs. 2 ZPO).
125 BT-Drs. 18/12203, 80 (zu § 298 a Abs. 2 ZPO).
126 BT-Drs. 18/12203, 81 (zu § 298 a Abs. 2 ZPO).
127 BT-Drs. 18/12203, 81 (zu § 298 a Abs. 2 ZPO).
128 *T. A. Degen*, VBlBW 2005, 329, 332; *W. Viefhues*, NJW 2005, 1009, 1013. Vgl. auch *J. Skrobotz*, in: Bauer/Heckmann/Ruge/Schallbruch/Schulz § 55 Rn. 14.
129 BT-Drs. 17/12634, 30 (zu § 298 a ZPO).
130 BT-Drs. 15/4067, 38 (zu § 55 b a.F.).
131 *H. Geiger*, in: Eyermann Rn. 7 (zu § 55 b a.F.). Anders die Begründung in BT-Drs. 15/4067, 38 („Im Hinblick darauf, dass Papierdokumente auch doppelseitig beschriftet sein können, muss auch die Rückseite der Dokumente eingescannt werden.").

schaftlich wäre.[132] Auch die Akten der Vorinstanz waren nicht zwingend umzuwandeln.[133] Für diesen Fall konnte in der Verordnung bestimmt werden, dass die Papierdokumente in Papierform zu den Akten genommen werden können. Eine solche Ausnahme ist nun nicht mehr vorgesehen.

52   **d) Aufbewahrungsfrist (S. 5).** Gemäß Abs. 6 S. 5 können die Originaldokumente sechs Monate nach der Übertragung vernichtet werden, sofern sie nicht rückgabepflichtig sind. Letzteres ist z.B. bei Behörden- oder Notarakten sowie Urkunden der Fall.[134]

53   **5. Rechtsfolgen eines fehlerhaften Transfervermerks.** Sowohl bei der Übertragung von elektronischen Dokumenten in die Papierform (Abs. 3, 4, → Rn. 40 ff.) als auch bei der Konvertierung von Papierdokumenten in die elektronische Form (Abs. 6 S. 3 und 4 → Rn. 47 ff.), ist ein Transfervermerk (Übertragungsnachweis) anzubringen. Wie bereits bei § 55 b a.F. hat der Gesetzgeber die Rechtsfolgen eines fehlerhaften Transfervermerks nicht speziell geregelt. Er hat es vielmehr der Rspr. überlassen, die Rechtsfolgen zu bestimmen, bzw. weist auf die Rechtsfolgen bei Fehlern der Ausfertigung hin.[135] Letzteres ist kritisch zu sehen, weil die Ausfertigung sich auf für den Rechtsverkehr bestimmte Abschriften von gerichtlichen Entscheidungen, nicht aber auf die zutreffende Führung gerichtsinterner Akten bezieht. Abs. 3, 4 und 6 S. 3 und 4 betreffen aber den Medientransfer und seine Dokumentation bezüglich eingereichter (und interner) Dokumente in die gerichtsinternen Akten. Demnach kann der Transfervermerk auch nur eine innerprozessuale Bedeutung erlangen, dh den Richtern, Urkundsbeamten und Beteiligten die widerlegliche Vermutung vermitteln, dass der Akteninhalt mit dem Original übereinstimmt.[136] Ein unrichtiger oder fehlender Vermerk dagegen kann Zweifel an der Übereinstimmung zwischen Original und zur Akte genommener Übertragung begründen.

54   **6. Aufbewahrung elektronischer Akten.** § 55 b enthält, wie bereits § 55 b a.F. keine Vorgaben zur Aufbewahrung der elektronischen Akten. Solche sind allerdings in der Verordnung vorzusehen.[137] Problematisch wird angesichts fortschreitender technischer Entwicklungen eine längerfristige Aufbewahrung. Die schnellen Entwicklungen im Bereich der elektronischen Datenverarbeitung können dazu führen, dass Daten nach mehreren Jahren nicht mehr ohne Weiteres entschlüsselt und gelesen werden können. Die Sicherstellung der Lesbarkeit von gespeicherten Daten auch nach mehreren Jahren und ggf. nach Systemwechseln stellt deshalb eine große Herausforderung dar.[138] Die Verordnung hat entsprechende Vorgaben zu etablieren.

§ 55 c [Formulare; Verordnungsermächtigung]

[1]Das Bundesministerium der Justiz und für Verbraucherschutz kann durch Rechtsverordnung mit Zustimmung des Bundesrates elektronische Formulare einführen. [2]Die Rechtsverordnung kann bestimmen, dass die in den Formularen enthaltenen Angaben ganz oder teilweise in strukturierter maschinenlesbarer Form zu übermitteln sind. [3]Die Formulare sind auf einer in der Rechtsverordnung zu bestimmenden Kommunikationsplattform im Internet zur Nutzung bereitzustellen. [4]Die Rechtsverordnung kann bestimmen, dass eine Identifikation des Formularverwenders abweichend von § 55 a Absatz 3 auch durch Nutzung des elektronischen Identitätsnachweises nach § 18 des Personalausweisgesetzes oder § 78 Absatz 5 des Aufenthaltsgesetzes erfolgen kann.

Schrifttum
S. die Nachweise bei § 55 a.

---

132   BT-Drs. 15/4067, 38 (zu § 55 b a.F.); *D. Krausnick,* in: Gärditz Rn. 4; *R. Rudisile,* in: Schoch/Schneider/Bier Rn. 24; *R. P. Schenke,* in: Kopp/Schenke Rn. 7; *H. Schmitz,* in: BeckOK, Stand: 1.7.2017, Rn. 4; *J. Skrobotz,* in: Bauer/Heckmann/Ruge/Schallbruch/Schulz § 55 b Rn. 12 (jeweils zu § 55 b a.F.). Weitergehend: *H. Geiger,* in: Eyermann Rn. 5, 7 (zu § 55 b a.F.), der für Unterlagen, die nicht für eine Bearbeitung am Bildschirm geeignet sind, keine Pflicht zur Konvertierung sieht.

133   BT-Drs. 15/4067, 33 (zu § 298 a Abs. 2 ZPO); *J. Skrobotz,* in: Bauer/Heckmann/Ruge/Schallbruch/Schulz § 55 b Rn. 12.

134   *R. P. Schenke,* in: Kopp/Schenke § 55 b n.F. Rn. 10.

135   BT-Drs. 15/4067, 32 (zu § 298 ZPO a.F.); *R. Rudisile,* in: Schoch/Schneider/Bier Rn. 28.

136   *W. Porz,* in: HK-VwGO Rn. 8.

137   *H. Geiger,* in: Eyermann Rn. 4; *D. Krausnick,* in: Gärditz Rn. 8.

138   *H. Geiger,* in: Eyermann Rn. 4; *S. Hähnchen,* NJW 2005, 2257, 2259.

I. Allgemeines

1. Entstehungsgeschichte und Inkrafttreten. § 55 c wurde durch das Gesetz zur Förderung des elek- 1
tronischen Rechtsverkehrs mit den Gerichten (E-Justiz-Gesetz) vom 10.10.2013 (BGBl I 3786) eingefügt (Art. 5 Nr. 3 E-Justiz-Gesetz → § 55 a Rn. 38 ff.). Die Bestimmung trat am 1.7.2014 in Kraft.[1]
Durch die Zehnte Zuständigkeitsanpassungsverordnung[2] wurde eine redaktionelle Anpassung vorgenommen (anstatt Bundesministerium der Justiz heißt es nunmehr Bundesministerium der Justiz und
für Verbraucherschutz). Ursprünglich sollte die Einführung von elektronischen Formularen lediglich
in der ZPO erfolgen. Auf Prüfbitte des Bundesrates im Rechtsausschuss wurde dies allerdings auf die
übrigen Gerichtszweige ausgeweitet.[3]

2. Parallelnormen. Entsprechende Regelungen sind in § 130 c ZPO, § 14 a FamFG, § 46 f ArbGG, 2
§ 65 c SGG sowie § 52 c FGO enthalten. Mit Ausnahme des Verweises auf § 55 a Abs. 3 stimmen die
genannten Regelungen wörtlich mit § 55 c überein.

II. Bedeutung der Norm

Das BMJV erhält die Befugnis, mit Zustimmung des Bundesrates durch Rechtsverordnung elektroni- 3
sche Formulare einzuführen. Mit dem Einsatz von elektronischen Formularen wird ein Rationalisie-
rungspotenzial (z.B. im elektronischen Kostenfestsetzungsverfahren) verbunden.[4] Dazu trägt insbes.
die Möglichkeit der elektronischen Auswertung der eingereichten Formulare bei.[5] Insgesamt sollen die
elektronischen Formulare zu einer Vereinfachung und Standardisierung führen.[6]

III. Einzelerläuterungen

1. Rechtsverordnung (S. 1). Das BMJV kann durch Rechtsverordnung elektronische Formulare ein- 4
führen. Die Verordnung bedarf der Zustimmung des Bundesrates (S. 1). Bisweilen wird kritisch ange-
merkt, dass die Ermächtigungsgrundlage zum Erlass der Rechtsverordnung die Anforderungen des
Art. 80 Abs. 1 S. 2 GG, wonach „Inhalt, Zweck und Ausmaß der erteilten Ermächtigung" im Gesetz
enthalten sein müssen, nicht erfüllt. Sie hätte demnach präziser ausfallen sollen.[7] Bislang ist eine auf
§ 55 c gestützte Verordnung noch nicht erlassen worden.[8]

2. Strukturierte maschinenlesbare Form (S. 2). In der Rechtsverordnung (→ Rn. 4) kann vorgesehen 5
werden, dass die in den Formularen enthaltenen Angaben ganz oder teilweise in strukturierter maschinenlesbarer Form zu übermitteln sind. Damit soll es ermöglicht werden, die eingereichten Formulare
elektronisch auszuwerten.[9] Der Verordnungsgeber ist nicht verpflichtet, die Maschinenlesbarkeit vorzugeben („kann"). Wenn er dies tut, dann kann er sie „ganz" oder „teilweise" vorschreiben.[10]
In der Gesetzesbegründung wird auf § 135 Abs. 1 S. 2 GBO als Vorbild für eine Einreichung von An- 6
gaben in strukturierter Form verwiesen. Als weitere Beispiele werden der Kostenfestsetzungsantrag
(§ 164) sowie die Anzeige von persönlichen und wirtschaftlichen Verhältnissen im Prozesskostenhilfeverfahren (§§ 166 Abs. 1, 117 Abs. 2 S. 1) genannt.[11] Durch das Angebot von strukturierten maschi-
nenlesbaren Formularen sollen die Parteien in der eigenverantwortlichen Strukturierung ihres Sachvortrags im Prozess allerdings nicht eingeschränkt werden. Es bleibt bei der Möglichkeit des frei for-

---

1 Art. 26 Abs. 4 E-Justiz-Gesetz.
2 Zehnte Zuständigkeitsanpassungsverordnung vom 31.8.2015 (BGBl I 1474), zul. geänd. durch Gesetz vom 30.6.2017
    (BGBl I 2147).
3 BT-Drs. 17/13948, 36 f.
4 *W. Bernhardt*, NJW 2015, 2775, 2777.
5 BT-Drs. 17/12634, 27; *R. P. Schenke*, in: Kopp/Schenke Rn. 2.
6 *J. Skrobotz*, in: Bauer/Heckmann/Ruge/Schallbruch/Schulz, Verwaltungsverfahrensgesetz und E-Government, ²2014,
    § 55 c Rn. 1; *M. Weller*, DRiZ 2013, 290, 294.
7 *U. Berlit*, JurPC 77/2012 Abs. 73; *J. Treber*, NZA 2014, 450, 453; *M. Weller*, DRiZ 2013, 290, 294.
8 So auch *J. Saurenhaus/J. Buchheister*, in: Wysk Rn. 2.
9 *R. P. Schenke*, in: Kopp/Schenke Rn. 2.
10 Zu beidem krit., da ohne Maschinenlesbarkeit nicht das volle Potenzial von Formularen ausgeschöpft werde: *M. Her-*
    berger, JurPC 81/2013 Abs. 40.
11 BT-Drs. 17/12634, 27.

mulierten und frei formatierten Sachvortrags.[12] Gleichwohl könnten Musterschriftsätze für geeignete Streitgegenstände auf einer Kommunikationsplattform im Internet angeboten werden.[13]

7 **3. Zugänglichkeit der Formulare (S. 3).** Die Formulare sollen auf einer Kommunikationsplattform im Internet zur Nutzung bereitgestellt werden. Die Plattform ist in der Rechtsverordnung (S. 1) zu bestimmen. Der Zugriff soll für jedermann kostenlos möglich sein.[14]

8 **4. Identifikation (S. 4).** Der Formularverwender muss sich identifizieren. Dazu können die in § 55 a Abs. 3 (→ § 55 a Rn. 109 ff.)[15] genannten Optionen vorgesehen werden, also die qualifizierte elektronische Signatur oder ein sicherer Übermittlungsweg gem. § 55 a Abs. 4. Ebenfalls zulässig wäre die Nutzung des elektronischen Identitätsnachweises nach § 18 PAuswG bzw. § 78 Abs. 5 AufenthG. Die Nutzung einer von § 55 a Abs. 3 abweichenden Identifizierungsmöglichkeit muss in der Rechtsverordnung bestimmt werden.

9 Während die Identifikationsfunktion der Identitätsnachweise gem. § 18 PAuswG bzw. § 78 Abs. 5 AufenthG mit jener der Möglichkeiten gem. § 55 a Abs. 3 gleichwertig ist, vermögen sie die Integrität nicht in gleicher Weise zu schützen.[16] Dies ist bei der Bestimmung der Identifikationsmöglichkeiten zu berücksichtigen.[17]

§ 55 d [Nutzungspflicht für Rechtsanwälte, Behörden und vertretungsberechtigte Personen]

[1]Vorbereitende Schriftsätze und deren Anlagen sowie schriftlich einzureichende Anträge und Erklärungen, die durch einen Rechtsanwalt, durch eine Behörde oder durch eine juristische Person des öffentlichen Rechts einschließlich der von ihr zur Erfüllung ihrer öffentlichen Aufgaben gebildeten Zusammenschlüsse eingereicht werden, sind als elektronisches Dokument zu übermitteln. [2]Gleiches gilt für die nach diesem Gesetz vertretungsberechtigten Personen, für die ein sicherer Übermittlungsweg nach § 55 a Absatz 4 Nummer 2 zur Verfügung steht. [3]Ist eine Übermittlung aus technischen Gründen vorübergehend nicht möglich, bleibt die Übermittlung nach den allgemeinen Vorschriften zulässig. [4]Die vorübergehende Unmöglichkeit ist bei der Ersatzeinreichung oder unverzüglich danach glaubhaft zu machen; auf Anforderung ist ein elektronisches Dokument nachzureichen.

Schrifttum
S. die Nachweise bei § 55 a.

I. Allgemeines

1 **1. Entstehungsgeschichte und Inkrafttreten.** § 55 d wurde durch das Gesetz zur Förderung des elektronischen Rechtsverkehrs mit den Gerichten („E-Justiz-Gesetz") vom 10.10.2013 (BGBl I 3786) eingefügt (Art. 5 Nr. 4 E-Justiz-Gesetz, → § 55 a Rn. 38 ff.). Die Bestimmung tritt am 1.1.2022 in Kraft.[1] Sie steht im Zusammenhang mit der neuen Fassung des § 55 a, die am 1.1.2018 in Kraft trat (→ § 55 a Rn. 43). Seit diesem Zeitpunkt ist die Verwaltungsgerichtsbarkeit grds. verpflichtet, den Elektronischen Rechtsverkehr (ERV) zu eröffnen (→ § 55 a Rn. 104 ff.). Den Verfahrensbeteiligten und ihren Vertretern erwächst aus § 55 a allerdings keine Pflicht zur Nutzung des ERV. Eine solche Verpflichtung führt erst § 55 d für Rechtsanwälte, Behörden, juristische Personen des öffentlichen Rechts einschließlich der von ihr zur Erfüllung ihrer öffentlichen Aufgaben gebildeten Zusammenschlüsse und vertretungsberechtigte Personen ein. Zwar tritt § 55 d erst am 1.1.2022 in Kraft, allerdings können die Bundesländer – je nachdem, ob sie hinsichtlich der Regelungen in § 55 a von der

---

12 *A. Müller-Teckhof*, MMR 2014, 95, 97. Vgl. auch *U. Berlit*, JurPC 77/2012 Abs. 73.
13 *A. Müller-Teckhof*, MMR 2014, 95, 97.
14 BT-Drs. 17/12634, 27.
15 Der Verweis kann sich sinnvollerweise nur auf die seit dem 1.1.2018 geltende Fassung des § 55 a Abs. 3 beziehen, wie *J. Skrobotz*, in: Bauer/Heckmann/Ruge/Schallbruch/Schulz § 55 c Rn. 2, richtig feststellt. Vgl. auch *W. Porz* in HK-VwGO Rn. 3; *H. Schmitz*, in: BeckOK, Stand: 1.7.2017, Rn. 4.
16 *A. Müller-Teckhof*, MMR 2014, 95, 98.
17 *C. Brosch*, K&R 2014, 9, 13.
1 Art. 26 Abs. 7 E-Justiz-Gesetz.

sog. Opt-out-Klausel (→ § 55 a Rn. 43) Gebrauch machen oder nicht – die verpflichtende Nutzung des ERV für die genannten Personengruppen zeitlich vorziehen. Länder, die von der Opt-out-Klausel keinen Gebrauch machen, können die Verbindlichkeit des ERV auf den 1.1.2020 oder auf den 1.1.2021 vorziehen (Opt-in-Möglichkeit).[2] Länder, die von der Opt-out-Klausel Gebrauch machen, können die Opt-in-Möglichkeit nur auf den 1.1.2021 wählen.[3]

Verschiedentlich wird kritisiert, dass die Verpflichtung zur Nutzung des ERV nicht für die Gerichte gelte.[4] Eine solche wird aus Gründen der Fairness und Gegenseitigkeit sowie aus Effizienzerwägungen befürwortet.[5] Allerdings geht der Rechtsausschuss in seiner Stellungnahme zum Gesetzentwurf davon aus, dass die Gerichte ohnehin auf die elektronische Zustellung umstellen werden.[6] Eine verpflichtende Regelung hätte dagegen den Nachteil, dass Ausnahmen vorgesehen werden müssten.[7] **2**

2. Parallelnormen. Die Bestimmung des § 55 d ist beinahe deckungsgleich mit § 130 d ZPO. Gemäß **3** Erläuterungen diente § 130 d ZPO auch als Vorbild für die Formulierung von § 55 d.[8] Der einzige Unterschied besteht darin, dass § 55 d sich nicht nur – wie § 130 d ZPO – auf Rechtsanwälte und Behörden (sowie juristische Personen des öffentlichen Rechts einschließlich der von ihr zur Erfüllung ihrer öffentlichen Aufgaben gebildeten Zusammenschlüsse) bezieht, sondern auch die nach der VwGO vertretungsberechtigten Personen einschließt (§ 55 d S. 2). § 130 d ZPO entsprechende Bestimmungen enthalten die § 14 b FamFG, § 46 g ArbGG, § 65 d SGG und § 52 d FGO.

II. Bedeutung der Norm

§ 55 d steht nicht nur in Verbindung mit § 55 a, sondern erhält seine Bedeutung auch im Zusammen- **4** hang mit der elektronischen Aktenführung gemäß § 55 b. Ohne die Verpflichtung in § 55 d könnte es sein, dass nur eine Minderheit den ERV nutzt. Dies würde aber einen unverhältnismäßig hohen (Scan-)Aufwand zur Sicherstellung der elektronischen Aktenführung nach sich ziehen.[9] Erst die Verpflichtung zur Nutzung des ERV führt zu einer Planbarkeit der erforderlichen Investitionen durch die Justiz.[10]

III. Anwendungsbereich

1. Sachlicher Anwendungsbereich. Zwar ist in S. 1 lediglich von „vorbereitenden Schriftsätzen" die **5** Rede, allerdings sind von der Bestimmung auch die bestimmenden Schriftsätze erfasst. Dies ergibt sich aus § 173 S. 1 iVm § 253 Abs. 4 ZPO.[11] Die Vorschrift bezieht sich damit auf alle an das Gericht adressierten Schriftsätze, Anträge und Erklärungen.[12] Weiterreichende Vorgaben des materiellen Rechts sowie die Vorlage von Urkunden zu informatorischen oder Beweiszwecken an das Gericht bleiben davon unberührt.[13] Die Einreichung von Papierunterlagen, die im grenzüberschreitenden Rechtsverkehr zur Weiterleitung an eine ausländische Stelle bestimmt sind, sind ebenfalls nicht betroffen.[14] Elektronische Abschriften solcher Dokumente sind allerdings in die Akten zu nehmen.[15]

2. Persönlicher Anwendungsbereich. Die Verpflichtung gilt gemäß S. 1 für Rechtsanwälte sowie Be- **6** hörden oder juristische Personen des öffentlichen Rechts einschließlich der von ihr zur Erfüllung ihrer öffentlichen Aufgaben gebildeten Zusammenschlüsse. S. 2 dehnt den personellen Anwendungsbereich

2 Art. 24 Abs. 2 E-Justiz-Gesetz.
3 Art. 24 Abs. 2 E-Justiz-Gesetz.
4 Z.B. *F. Lummel,* NJW-Spezial 2013, 510.
5 *M. Herberger,* JurPC Web-Dok. 81/2013 Abs. 13 (zum Entwurf des § 130 d ZPO); *H. Radke,* jM 2014, 398, 399.
6 Zweifelnd, ob der Gesetzgeber damit richtiglag: *W. Bernhardt,* FS Herberger, 2016, 113, 115.
7 BT-Drs. 17/13948, 34; *C. Brosch,* K&R 2014, 9, 12.
8 BT-Drs. 17/12634, 37.
9 BT-Drs. 17/12634, 27 (zu § 130 d ZPO).
10 *C. Brosch,* K&R 2014, 9, 12.
11 *R. P. Schenke,* in: Kopp/Schenke Rn. 4.
12 BT-Drs. 17/12634, 27; *R. P. Schenke,* in: Kopp/Schenke Rn. 4.
13 *J. v. Albedyll,* in: Bader Rn. 4; *R. P. Schenke,* in: Kopp/Schenke Rn. 4; *H. Schmitz,* in: BeckOK, Stand: 1.7.2017, Rn. 3.
14 *J. v. Albedyll,* in: Bader Rn. 4; *R. P. Schenke,* in: Kopp/Schenke Rn. 4; *H. Schmitz,* in: BeckOK, Stand: 1.7.2017, Rn. 3.
15 BT-Drs. 17/12634, 27.

auf vertretungsberechtigte Personen aus, sofern ein spezieller Übermittlungsweg nach § 55 a Abs. 4 Nr. 2 (→ § 55 a Rn. 117) zur Verfügung steht.

IV. Einzelerläuterungen

7 **1. Teilnahmepflicht am ERV (S. 1 und 2).** Die elektronische Einreichung ist eine Frage der Zulässigkeit und entsprechend von Amtes wegen zu beachten.[16] Für die genannten Personengruppen ist eine herkömmliche Einreichung prozessual unwirksam.[17] Das gilt sowohl für die Übermittlung per Post als auch per Telefax.[18] Für Bürger wird die Teilnahme am ERV weiterhin freiwillig bleiben (müssen). Dies folgt aus dem Justizgewährleistungsanspruch des Art. 19 Abs. 4 GG.[19]

8 **2. Ersatzeinreichung (S. 3 und 4).** Ist die elektronische Übermittlung aus technischen Gründen vorübergehend nicht möglich, entfällt die Verpflichtung zur elektronischen Kommunikation mit dem Gericht (S. 3). In diesem Fall ist eine Ersatzeinreichung auf herkömmlichem Weg möglich bzw. geboten, um materiell-rechtliche Verjährungs- oder Ausschlussfristen zu wahren, in die keine Wiedereinsetzung gewährt werden kann und bei denen die §§ 173 S. 1, 167 ZPO eine Rückwirkung auf den Zeitpunkt des Eingangs bei Gericht vorsehen.[20] Das bedeutet, dass das Dokument in Papierform oder mittels Faxnachricht übermittelt werden kann.

9 Der Wortlaut der Bestimmung („aus technischen Gründen" und „vorübergehend") ist so zu verstehen, dass professionelle Einreicher nicht von der Notwendigkeit entbunden sind, die technische Infrastruktur für die Einreichung elektronischer Dokumente vorzuhalten und bei technischen Problemen unverzüglich für deren Behebung zu sorgen.[21]

10 Voraussetzung ist, dass die vorübergehende technische Unmöglichkeit glaubhaft zu machen ist (S. 4). Nicht relevant ist die Tatsache, ob die Ursache der vorübergehenden Unmöglichkeit in der Sphäre des Gerichts oder in jener des Einreichenden liegt.[22] Die Glaubhaftmachung (§ 294 ZPO) wird idR gleichzeitig mit der Ersatzeinreichung erfolgen.[23] Sollte dies nicht möglich sein, kann die Glaubhaftmachung unverzüglich (also ohne schuldhaftes Verzögern) nachgeholt werden.[24] Bei einer Ersatzeinreichung sind die Einreicher auf Aufforderung dazu verpflichtet, die Dokumente zusätzlich in elektronischer Form nachzureichen.[25]

§ 56 [Zustellungen]

(1) Anordnungen und Entscheidungen, durch die eine Frist in Lauf gesetzt wird, sowie Terminbestimmungen und Ladungen sind zuzustellen, bei Verkündung jedoch nur, wenn es ausdrücklich vorgeschrieben ist.

(2) Zugestellt wird von Amts wegen nach den Vorschriften der Zivilprozessordnung.

(3) Wer nicht im Inland wohnt, hat auf Verlangen einen Zustellungsbevollmächtigten zu bestellen.

Schrifttum

1. Monographien und Beiträge in Sammelwerken: *E. Hohmann,* Die Übermittlung von Schriftstücken in der Zivil-, Verwaltungs- und Finanzgerichtsbarkeit, 1977; *W. Volbers,* Die Zustellung von Schriftstücken, 1994.

2. Beiträge in Zeitschriften: *Th. Bludau,* Kommunikation niedersächsischer Verwaltungen in Verwaltungs-, Widerspruchs- und Klageverfahren, NdsVBl. 2007, 7; *W. Ewer/M. Schürmann,* Zur Zulässigkeit der Zustellung verwaltungsgerichtlicher Eilentscheidungen im Telekommunikationsweg, NVwZ 1990, 336; *F.O. Fischer,* Die Zustellung im Verfahrensrecht, JuS 1994, 510; *B. Heiderhoff,* Einzelheiten zur öffentlichen Zustellung, IPRax 2010, 343; *B. Heß,* Neues deutsches und europäisches Zustellungsrecht,

---

16 *J. v. Albedyll,* in: Bader Rn. 2; *R. P. Schenke,* in: Kopp/Schenke Rn. 6.
17 *C. Brosch,* K&R 2014, 9, 12; *A. Müller-Teckhof* MMR 2014, 95, 98.
18 *H. Schmitz,* in: BeckOK, Stand: 1.7.2017, Rn. 5; *J. Treber,* NZA 2014, 450, 452.
19 *J. Krüger/S. Vogelgesang,* JurPC 39/2017 Abs. 12 und 23. Vgl. auch *H. Meyer,* NZS 2014, 294.
20 *R. P. Schenke,* in: Kopp/Schenke Rn. 8.
21 BT-Drs. 17/12634, 28; *R. P. Schenke,* in: Kopp/Schenke Rn. 9; *H. Schmitz,* in: BeckOK, Stand: 1.7.2017, Rn. 6.
22 BT-Drs. 17/12634, 27; *J. v. Albedyll,* in: Bader Rn. 5; *R. P. Schenke,* in: Kopp/Schenke Rn. 8; *H. Schmitz,* in: BeckOK, Stand: 1.7.2017, Rn. 5.
23 *R. P. Schenke,* in: Kopp/Schenke Rn. 10.
24 BT-Drs. 17/12634, 28; *R. P. Schenke,* in: Kopp/Schenke Rn. 10.
25 BT-Drs. 17/12634, 28; *R. P. Schenke,* in: Kopp/Schenke Rn. 11.

NJW 2002, 2417; *S. Kim/R. Dübbers*, Rechtliche Probleme bei Einwurf- und Übergabe-Einschreiben, NJ 2001, 65; *P. Kummer*, Das neue Zustellrecht (Teil I), SGb 2002, 413; *ders.*, Das neue Zustellrecht (Teil II und Schluss), SGb 2002, 481; *W. F. Lindacher*, Europäisches Zustellrecht, ZZP 2001, 179; *M. Marfels*, Tatsächlicher Zugang eines zuzustellenden Dokuments bei Verstoß gegen zwingende Zustellungsvorschriften, StBW 2014, 669; *B. Peter/J. M. Schmittmann*, Telefax im Zivilprozess, JA 1995, 516; *B. Pieper*, Ersatzzustellung in den Geschäftsräumen, WM 2016, 1673; *G. Sadler*, Die Verwaltungszustellungsgesetze der neuen Bundesländer, LKV 1995, 49; *A. Stadler*, Neues Europäisches Zustellrecht, IPRax 2001, 514; *ders.*, Die Reform des deutschen Zustellrechts und ihre Auswirkungen auf die internationale Zustellung, IPRax 2002, 471; *W. Viefheus*, Änderungen im Zustellungsrecht zum 1.1.2002, ZAP 2002, 593; *H. Weidemann*, Die Zustellung eines Verwaltungsakts – Ein Überblick, DVP 2011, 406; *K.-H. Weingärtner*, Die Zustellung im Verwaltungsprozess, VBlBW 1989, 9.

I. Entstehungsgeschichte

1   Vorläufervorschriften des § 56 fanden sich in folgenden nach dem Zweiten Weltkrieg erlassenen Prozessordnungen für die Verwaltungsgerichte: § 30 des Gesetzes über die Verwaltungsgerichtsbarkeit in Bayern, Bremen, Hessen und Württemberg-Baden, § 33 MRVO Nr. 165, § 32 VwGG RP und § 18 BVerwGG. Der von der Bundesregierung eingebrachte Entwurf einer VwGO (Beilage zu DVBl 1951, Heft 18, 6) sah eine abweichende Regelung des Abs. 2 des damaligen § 58 vor. Dieser lautete: „Die Zustellung geschieht von Amts wegen nach den Vorschriften der §§ 208 bis 213 der ZPO. Sie kann auch durch eingeschriebenen Brief mit Rückschein erfolgen." Im späteren Entwurf vom 5.12.1957 (BT-Drs. 3/55, 9 f.) war dann die bis zum 30.6.2002 geltende Fassung mit Verweis auf das VwZG, jedoch ohne den heutigen Abs. 3, enthalten. Durch das ZustRG vom 25.6.2001 (BGBl I 1206) wurde das Zustellungsrecht der ZPO mit Wirkung vom 1.7.2002 in zentralen Punkten umgestaltet und ein einheitliches Zustellungsrecht für sämtliche Gerichtszweige geschaffen.[1] So verweist die VwGO hinsichtlich der Zustellung jetzt in § 56 Abs. 2 auf die ZPO. Das VwZG ist nur noch für die Zustellung durch Behörden anzuwenden, auch im Widerspruchsverfahren (→ Rn. 4–6).

II. Verfassungsrechtliche Bedeutung der Zustellung

2   Die Zustellung (zur Definition → Rn. 8) gerichtlicher Anordnungen, Entscheidungen, Terminbestimmungen und Ladungen hat den Sinn, sicherzustellen, dass die Beteiligten tatsächlich Kenntnis von den Entscheidungen erhalten und dagegen Rechtsbehelfe einlegen können. Sie dient der Wahrung des *rechtlichen Gehörs (Art. 103 Abs. 1 GG)*.[2] Zudem soll sie dem Gericht für die später zu treffenden Entscheidungen über die Zulässigkeit des Rechtsmittels und der Vollstreckung Klarheit darüber verschaffen, dass und zu welchem Zeitpunkt die Entscheidung wirksam geworden ist. An den Zustellungszeitpunkt knüpfen sich wichtige prozessuale Wirkungen. Insbes. ist die Wirksamkeit der Zustellung Voraussetzung für den Eintritt der formellen und materiellen Rechtskraft einer gerichtlichen Entscheidung i.S.d. § 121. Es soll verhindert werden, dass Rechtsmittelfristen nicht zu laufen beginnen und sich dadurch ggf. der Eintritt der Rechtskraft verzögert. Die Zustellung fördert somit das dem Rechtsstaatsprinzip entstammende Prinzip der (größtmöglichen) *Rechtssicherheit* (zu den Problemen der vorläufigen und formlosen Mitteilung besonders eilbedürftiger verwaltungsgerichtlicher Entscheidungen → Rn. 19). Die Auslegung der einfachrechtlichen Vorschriften über die Zustellung hat sich an diesem Zweck zu orientieren.

3   Die Vorschriften über die Ersatzzustellung begegnen im Hinblick auf Art. 103 Abs. 1 GG keinen rechtlichen Bedenken (→ Rn. 43). Hingegen sind die Regelung des § 56 a (Bekanntgabe in Massenverfahren) und die öffentliche Zustellung nach § 185 f. ZPO verfassungsrechtlich problematisch (zu § 56 a → § 56 a Rn. 5 f.; zur öffentlichen Zustellung → Rn. 74 f.).

III. Verhältnis zu den VwZG des Bundes und der Länder

4   **1. Gerichtsverfahren.** § 56 gilt unmittelbar nur für das Gerichtsverfahren. Für Urteile wird § 56 durch §§ 116 f. ergänzt. Für Beschlüsse im selbständigen Beschlussverfahren gilt § 116 analog.[3] Für die Zustellung der Klage wird § 56 durch § 85 ergänzt. Gem. § 56 Abs. 2 richten sich die Einzelheiten der Zustellung nach den Vorschriften der ZPO.

5   **2. Verwaltungsverfahren.** § 56 gilt nicht für die Zustellung von Verwaltungsakten im Verwaltungsverfahren. Je nach Eigenschaft der Behörde als Bundes- oder Landesbehörde erfolgt diese nach dem VwZG des Bundes oder den Zustellungsgesetzen der Länder.[4] Es kommt also nur darauf an, welche Behörde handelt, nicht, ob sie Bundes- oder Landesrecht anwendet. Der Bund hat keine Gesetzgebungskompetenz zur allgemeinen Regelung des Zustellungsverfahrens, d.h. auch nicht für die Zustellung durch Landesbehörden im Verwaltungsverfahren. Inhaltlich herrscht weitgehende Übereinstimmung des Landesrechts mit dem VwZG des Bundes.

---

1   Vgl. die Darstellung bei *P. Kummer*, SGb 2002, 413 ff., 481 ff.
2   BVerfGE 67, 208, 211; BGHZ 12, 96, 98; BGH NJW 1978, 1858.
3   VGH Kassel DÖV 1988, 524; *W.-R. Schenke*, in: Kopp/Schenke § 116 Rn. 1.
4   Zur Regelung der Verwaltungszustellung in den neuen Bundesländern *G. Sadler*, LKV 1995, 49 ff.

3. Widerspruchsbescheide. Die Zustellung von Widerspruchsbescheiden auch durch Landesbehörden 6
erfolgt immer nach dem VwZG des *Bundes*, § 73 Abs. 3 S. 2.[5] Gleiches gilt für die Fälle des Art. 83 f.
GG.[6]

IV. Verhältnis zur ZPO und zu anderen Prozessordnungen

Durch das ZustRG (→ Rn. 1) wurde ein (überwiegend) einheitliches Zustellungsrecht für sämtliche 7
Gerichtszweige geschaffen. Die Verwaltungs-, Sozial- und Finanzgerichtsbarkeit stellten vorher nach
dem VwZG zu. Jetzt sind die Vorschriften der ZPO über das Verfahren der Zustellung einschlägig.
Zugestellt wird im Verwaltungsprozess *von Amts wegen*, Abs. 2. Eine Zustellung durch die Parteien
(Beteiligten) oder von Anwalt zu Anwalt ist dem Verwaltungsprozess grds. fremd.

V. Begriffsbestimmung (Definition) und systematischer Standort der Zustellung

Die Zustellung ist gem. Abs. 2 i.V.m. § 166 Abs. 1 ZPO als die Bekanntgabe eines Dokuments an eine 8
Person in der in den §§ 166 ff. ZPO bestimmten Form definiert[7]. Üblicherweise handelt es sich beim
zuzustellenden Dokument nicht um das Original, sondern um eine Ausfertigung oder beglaubigte Abschrift.[8] Abschrift und Urschrift müssen im Wesentlichen übereinstimmen. Das gilt auch hinsichtlich
der Unterschrift des zuständigen Richters.[9] Die Beifügung eines den Namen abkürzenden Handzeichens genügt dem Unterschriftserfordernis nicht (BVerwG Buchholz 310 § 87 b VwGO Nr. 1). Die Beurkundung ist nicht mehr konstitutiv, sondern dient lediglich dem Nachweis der Zustellung (BT-Drs.
14/4554, 15).

Abzugrenzen ist die Zustellung von der formlos möglichen *Bekanntgabe*[10] (vgl. für *Verwaltungsakte* 9
die Vorschrift des § 41 VwVfG). „Zustellung" und „Bekanntgabe" sind nicht gleichzusetzen. „Bekanntgabe" ist der umfassendere Begriff; er umfasst jede auf dem Willen des Gerichts beruhende Eröffnung der Entscheidung gegenüber dem Betroffenen.[11] Der Begriff Bekanntgabe schließt die Zustellung mit ein, die (ebenso wie die Bekanntgabe durch einfachen Brief gem. § 41 Abs. 2 VwVfG, die öffentliche Bekanntgabe nach § 41 Abs. 3 VwVfG und die öffentliche Bekanntmachung gem. § 56 a
[wobei die öffentliche Bekanntmachung wiederum zu einer *Zustellungsfiktion* führt, vgl. Abs. 3 S. 1
und → § 56 a Rn. 20–23]) eine besondere Bekanntgabeform ist, vgl. § 41 Abs. 5 VwVfG, § 2 Abs. 1
VwZG (BVerwGE 22, 14, 15). Die Zustellung ist somit eine besondere Art der Bekanntgabe unter
Einhaltung bestimmter (gesetzlicher) Formvorschriften.

Grds. ist die Wahl der Bekanntgabeform dem *Ermessen* des Gerichts überlassen. Nur soweit Spezial- 10
vorschriften bestehen, sind besondere Bekanntgabeformen zu verwenden. Eine solche Spezialvorschrift stellt z.B. § 73 Abs. 3 S. 1 dar, der die Zustellung vorschreibt, und eben § 56 selbst.

VI. Zustellungserfordernis nach § 56 Abs. 1

§ 56 Abs. 1 nennt vier Fälle, in denen Zustellungen zu erfolgen haben: Bei (fristenauslösenden) Anord- 11
nungen bzw. Entscheidungen, außerdem bei Terminbestimmungen und Ladungen. Üblicherweise werden *alle* gerichtlichen Maßnahmen als Entscheidungen bezeichnet. Nach der üblichen Terminologie
gliedern sich gerichtliche Entscheidungen in *Urteile*, *Beschlüsse* und *Verfügungen*, im Verwaltungspro-

---

5 BVerwGE 39, 257, 259; BVerwG NJW 1983, 2344, 2345 m.w.N. A.M. *T. G. Langohr*, DÖV 1987, 138, 139–144;
  P. Kummer, SGb 2002, 413.
6 Dazu *G. Sadler*, VwZG, ⁹2014, § 1 Rn. 9. Gem. Art. 84 Abs. 1 GG regeln die Länder, wenn sie Bundesgesetze als eigene Angelegenheit ausführen, das Verwaltungsverfahren. Es kann aber durch Bundesgesetz mit Zustimmung des Bundesrates etwas anderes bestimmt sein, z.B., dass der Bund die Verwaltungszustellung regelt. Ähnl. gilt für Art. 85
  Abs. 1 GG, wobei hier umstr. ist, ob wegen der unterschiedlichen Formulierung der Bund nicht sogar ohne Zustimmung des Bundesrates das Verwaltungsverfahren regeln könnte (so BVerfGE 126, 77, 100 ff.), vgl. z.B. *A. Dittmann*,
  in: Sachs Art. 85 Rn. 11.
7 *Rosenberg/Schwab/Gottwald* § 72 Rn. 2.
8 Ausf. *Rosenberg/Schwab/Gottwald* § 72 Rn. 1 ff. und *W.-R. Schenke*, in: Kopp/Schenke § 56 Rn. 6 f.
9 *W.-R. Schenke*, in: Kopp/Schenke § 56 Rn. 7
10 Ausf. zum Verhältnis der „Zustellung" zur „Bekanntgabe" *G. Sadler*, VwZG, ⁹2014, Einl. Rn. 4; vgl. BFH NVwZ-RR
   1995, 181, 182 f.; s.a. *H. Rail*, BayVBl 1986, 389.
11 Vgl. *A. Schlatmann*, in: *H. Engelhardt/M. App/A. Schlatmann*, VwZG, ¹⁰2014, § 1 Rn. 6 m.w.N.

zess kommt noch die besondere Entscheidungsform des *Gerichtsbescheides* (§ 84) hinzu.[12] Die im Gesetz eigens genannten Anordnungen, Terminbestimmungen und Ladungen könnten daher terminologisch diesen Entscheidungsarten zugeordnet werden (aber → Rn. 12). Die Zustellung von Urteilen richtet sich nach §§ 116 f. Beschlüsse, die nach § 56 zugestellt werden müssen, sind insbes. solche, gegen die nach § 146 das Rechtsmittel der Beschwerde statthaft ist. Verfügungen sind alle sonstigen prozessualen Handlungen des Gerichts.[13] Sie werden i.d.R. vom Vorsitzenden anstelle des Gerichts erlassen. Sie können jedoch auch vom Einzelrichter, beauftragten oder ersuchten Richter, vom Berichterstatter (z.B. § 87 Abs. 1 S. 1) oder vom Urkundsbeamten der Geschäftsstelle erfolgen.[14] Terminsanberaumung und Ladungsverfügung sind Beispiele einer richterlichen Verfügung.[15] Verfügungen in der VwGO sind etwa die Anordnungen gem. § 82 Abs. 2 S. 1, § 86 Abs. 4 S. 2, § 87 Abs. 1 und 3, §§ 87 b, 95, 102 Abs. 1 S. 1 bzw. allgemein prozessleitende Verfügungen und Aufklärungsanordnungen i.S.d. § 146 Abs. 2.

12 Die gesonderte Erwähnung der *Terminbestimmungen* und *Ladungen* erfüllt die Funktion, diese Arten der richterlichen Verfügungen von dem Erfordernis auszunehmen, dass eine Frist in Gang gesetzt werden muss (→ Rn. 13), um das Zustellungserfordernis zu begründen. Die übrigen (Anordnungen und) Entscheidungen i.S.v. § 56 verpflichten das Gericht nur dann zur Zustellung, wenn sie eine Frist in Lauf setzen. Die Erwähnung der *Anordnungen* neben den Entscheidungen hat keine eigenständige Bedeutung, da gerichtliche Anordnungen von gerichtlichen Entscheidungen terminologisch umfasst werden. Dass der Gesetzgeber durch die gesonderte Erwähnung der Anordnungen diese ebenfalls vom Erfordernis des in Gangsetzens einer Frist befreien wollte, kann nicht angenommen werden, da nicht ersichtlich ist, warum sie dann nicht zusammen mit den Terminbestimmungen und Ladungen genannt werden. So können bspw. vorbereitende Anordnungen gem. § 87 auch mündlich, telefonisch, u.U. auch durch konkludentes Verhalten erfolgen.[16]

13 Außer bei Terminbestimmungen und Ladungen ist eine Zustellung nur erforderlich, wenn durch die Entscheidung eine *Frist in Gang gesetzt* wird. Unter Fristen i.d.S. fallen gesetzliche und richterliche Fristen (zu diesen Begriffen → § 57 Rn. 15). Daraus folgt bspw., dass Entscheidungen, gegen die kein Rechtsmittel gegeben ist, nicht zugestellt werden müssen, soweit keine Sonderregelungen bestehen wie z.B. in § 65 Abs. 4 S. 1. Dies bedeutet aber nicht, dass auch auf eine Bekanntgabe in anderer Art und Weise verzichtet werden kann. Auch wenn eine Frist in Gang gesetzt wird, kann bereits spezialgesetzlich bestimmt sein, dass in jedem Falle eine Zustellung zu erfolgen hat, vgl. z.B. § 85 S. 1, 3.

14 Dem Wortlaut des § 56 nach muss eine Zustellung bei *verkündeten Entscheidungen* nur dann erfolgen, wenn es ausdrücklich vorgeschrieben ist (BVerwG Buchholz 310 § 56 VwGO Nr. 7). Dies ist insoweit irreführend, als die wichtigsten Entscheidungen in der VwGO, die eine Frist in Gang setzen, unabhängig von ihrer Verkündung *immer* zuzustellen sind, vgl. § 116 Abs. 1 S. 2 (Zustellung des verkündeten *Urteils*), wobei zugleich der Zeitpunkt der Zustellung der für den Fristlauf entscheidende ist, §§ 119 Abs. 1, 120 Abs. 2, 124 a Abs. 2 S. 1, 133 Abs. 2 S. 1 und Abs. 3 S. 1 (vgl. auch § 135 S. 3), 134 Abs. 1 S. 2, 139 Abs. 1 S. 1 und Abs. 3 S. 1. Dies gilt wegen § 84 Abs. 1 S. 3, Abs. 2 und 3 auch für *Gerichtsbescheide*. Die Vorschrift des § 116 ist auf *Beschlüsse* im selbständigen Beschlussverfahren entsprechend anzuwenden.[17] Beschlüsse gem. § 56 a Abs. 1 S. 1 (Bekanntgabe durch öffentliche Bekanntmachung) sind immer zuzustellen, auch wenn sie verkündet werden, § 56 a Abs. 1 S. 3, ebenso Beiladungsbeschlüsse gem. § 65 Abs. 4 S. 1. Auf den Zeitpunkt der Zustellung des Beiladungsbeschlusses kommt es in § 142 Abs. 2 S. 1 an. Gem. §§ 134 Abs. 3, 139 Abs. 1 S. 1 und Abs. 3 S. 1 beginnt der Fristlauf mit der Zustellung des Beschlusses, auch wenn der Beschluss verkündet wird.

---

12 *B. Clausing*, in: Schoch/Schneider/Bier § 107 Rn. 3.
13 *B. Clausing*, in: Schoch/Schneider/Bier § 107 Rn. 3.
14 *M. Vollkommer*, in: Zöller Vorbem § 300 Rn. 3.
15 A.M. offenbar *K.-M. Ortloff/K.-U. Riese*, in: Schoch/Schneider/Bier § 102 Rn. 26 bzgl. Ladungen: diese seien „keine richterlichen Maßnahmen".
16 *W.-R. Schenke*, in: Kopp/Schenke § 87 Rn. 7.
17 VGH Kassel DÖV 1988, 524; *W.-R. Schenke*, in: Kopp/Schenke § 116 Rn. 1.

VII. Veranlassung der Zustellung

1. Durch das Gericht. Eine Zustellung auf Betreiben der Beteiligten wie etwa in den §§ 191 ff. ZPO 15
ist im Verwaltungsprozess grds. nicht möglich (→ Rn. 7). Veranlasst wird die Zustellung vielmehr
durch das Gericht. Es wird von Amts wegen zugestellt, § 56 Abs. 2.

2. Zustellungswille. Zu den Voraussetzungen einer fehlerfreien Zustellung (wie auch einer fehlerfrei- 16
en Bekanntgabe) gehört ein entsprechender Zustellungswille.[18] Die zufällige, nicht gewollte Übermittlung eines Dokuments ist keine Zustellung. Abzustellen ist regelmäßig auf die Anordnung und damit
den Willen des Vorsitzenden.[19] Im vorbereitenden Verfahren kann an die Stelle des Vorsitzenden der
Berichterstatter treten, §§ 87 Abs. 1 S. 1, Abs. 3 S. 1, 87a Abs. 3, ebenso im Falle des § 87b Abs. 1
S. 1, Abs. 2. Im Verfahren vor dem Einzelrichter, § 6, kommt es auf den Willen des Einzelrichters an,
bei nicht richterlicher Anordnung auf die Zustellungsabsicht des Urkundsbeamten der Geschäftsstelle.
Die Zustellung kann ausdrücklich erfolgen; i.d.R. wird der Zustellungswille jedoch dadurch konkludent bekannt gegeben, dass der Richter die (unterzeichnete) Entscheidung an die Geschäftsstelle übergibt. Fehlt der Wille, eine Zustellungshandlung vorzunehmen, liegt keine Zustellung vor; es handelt
sich nicht bloß um einen (heilbaren) Zustellungsmangel (BVerwGE 16, 165, 166 f.; → Rn. 80, 84).
Die Zustellung muss als für den Empfänger bestimmt und verbindlich erfolgen.[20] Ob es für den Zustellungswillen auch darauf ankommt, dass die Übergabe des Schriftstücks in gesetzlicher Form vorgenommen und beurkundet werden soll, lässt das BVerwG ausdrücklich dahinstehen.[21]

Aus diesen Gründen liegt eine Zustellung *nicht* vor, wenn ein Schriftstück nur zu dem Zweck über- 17
sandt wird, dem Empfänger Gelegenheit zur Stellungnahme zu geben (BVerwGE 16, 165, 166 f.);
wenn das Gericht davon Abstand nimmt, dem Beteiligten eine Entscheidung bekannt zu geben, dies
jedoch durch eine andere insoweit nicht zuständige staatliche Stelle geschieht, der das Gericht eine
Zweitschrift übersandt hatte (BVerwG NJW 1968, 1538 f.); wenn dem Prozessbevollmächtigten des
Beteiligten von einer anderen als der für die Zustellung zuständigen Stelle Akteneinsicht gewährt wird
(BVerwGE 85, 213, 215; BayObLG BayObLGZ 2004, 153); wenn das Gericht eine Entscheidung lediglich formlos übersendet (BGHZ 7, 268, 270; VGH Mannheim VBlBW 1988, 143, 144 f.). Enthält
die beglaubigte Abschrift einer Entscheidung weder die Unterschriften der Richter noch einen Beglaubigungsvermerk, ist für den Empfänger nicht nachprüfbar, ob diese die Urschrift wiedergibt, die von
den Richtern auch unterschrieben ist, oder ob es sich z.B. um die Abschrift eines Entwurfs handelt
(LG Braunschweig DGVZ 1982, 75). In solchen Fällen liegt ein wesentlicher Zustellungsmangel vor
(→ Rn. 80). Fehlt die Unterschrift eines Richters unter einer Entscheidung, liegt grds. nur ein Entscheidungsentwurf vor. Eine dennoch vorgenommene Zustellung ist wirkungslos.[22]

3. Einzelheiten. Nachdem der Vorsitzende das Schriftstück der Geschäftsstelle übergeben hat, hat 18
diese für die Bewirkung der Zustellung Sorge zu tragen, § 168 ZPO.[23] Der *Urkundsbeamte der Geschäftsstelle*, § 13, nicht eine Hilfskraft, hat eigenverantwortlich die Zustellungsbedürftigkeit zu prüfen, die Initiative zur Vornahme erforderlicher Zustellungen zu ergreifen und deren Durchführung zu
überwachen. Dies schließt ausdrückliche *Anweisungen des Richters*, insbes. in Sonder- und Zweifelsfällen, nicht aus. Notwendig ist die Mitwirkung des Gerichts bspw. in den Fällen des § 168 Abs. 2
ZPO (Beauftragung eines Gerichtsvollziehers oder einer anderen Behörde), § 183 Abs. 1 S. 2, Abs. 3
ZPO (Ersuchen des Vorsitzenden bei Auslandszustellung) und § 186 Abs. 1 S. 1 ZPO (Bewilligung der
öffentlichen Zustellung).[24] Hinsichtlich der Art der Zustellung hat der Urkundsbeamte *Ermessen*, soweit nicht der Richter eine entsprechende Anordnung getroffen hat.[25] Dieses muss pflichtgemäß ausgeübt werden (BGH NJW 1969, 1298, 1299; 1990, 2125). Soll eine beglaubigte Abschrift zugestellt

---

18　Für die Bekanntgabe BVerwGE 17, 148, 153; für die Zustellung BVerwG NJW 1988, 1612, 1613; BFH NVwZ 1990,
　　104.
19　BGH bei *G. Holtz*, MDR 1976, 814 zu § 36 Abs. 1 StPO.
20　*W.-R. Schenke*, in: Kopp/Schenke § 56 Rn. 4, aber mit Beschränkung auf Urteile.
21　BVerwG NJW 1988, 1612, 1613; vgl. auch VG Köln NVwZ 1987, 83 (Übersendung der Fotokopie eines Bescheides
　　als wirksame Zustellung).
22　BGH NJW 1953, 622 f.; s.a. *J. Schmidt*, in: Eyermann § 117 Rn. 14.
23　Zur Organisation und Überwachung der rechtzeitigen Absendung von Frist wahrenden Schriftstücken bei Behörden
　　BVerwG NVwZ-RR 1996, 60 f.
24　*K. Stöber*, in: Zöller § 168 Rn. 1; *K.-H. Weingärtner*, VBlBW 1989, 9, 10.
25　*P. Kummer*, SGb 2002, 413, 414.

werden, wird die bei der Zustellung zu übergebende Abschrift durch den Urkundsbeamten der Geschäftsstelle beglaubigt, § 169 Abs. 2 S. 1 ZPO.

19　Die *telefonische Bekanntgabe* von Entscheidungen in Eilverfahren ist keine Zustellung. Eine Eilentscheidung wird daher frühestens zu dem Zeitpunkt wirksam, in dem sie verkündet (auf Beschlüsse im selbständigen Beschlussverfahren ist § 116 anwendbar, → Rn. 14 und die Komm. zu § 116) oder förmlich zugestellt wird.[26]

20　Nach st. Rspr. war die Zustellung im Telefax-Verfahren grds. wirksam, auch wenn die Subsumtion unter die Vorschriften des VwZG teilweise schwierig war.[27] Gem. § 174 ZPO ist die Möglichkeit der Nutzung der *Mittel der modernen Bürokommunikation* für die Zustellung nunmehr gesetzlich normiert. Dem in § 174 Abs. 1 ZPO genannten Personenkreis kann ein zuzustellendes Schriftstück per *Telekopie* (§ 174 Abs. 2 ZPO) oder ein elektronisches Dokument (§ 174 Abs. 3 ZPO) gegen Empfangsbekenntnis zugestellt werden. Ein elektronisches Dokument kann auch anderen Verfahrensbeteiligten zugestellt werden, wenn sie der Übermittlung elektronischer Dokumente ausdrücklich zugestimmt haben (§ 174 Abs. 3 S. 2 ZPO). Eine im Anschluss daran erfolgende nochmalige Zustellung durch die Post macht die erste Zustellung nicht hinfällig und setzt auch keine neue Rechtsmittelfrist in Lauf (HmbOVG NJW 1996, 1226). Auch bei einem Zusatz „Vorab per Fax", „Original nach Faxübertragung" oder ähnlichem ist die Zustellung bereits im Telefax-Verfahren bewirkt. Wird dies von dem Beteiligten oder seinem Rechtsanwalt verkannt, richtet sich die Möglichkeit der Wiedereinsetzung in den vorigen Stand nach den Grundsätzen über Wiedereinsetzung bei Rechtsirrtümern (vgl. die Komm. zu § 60).

21　Zu den Amtspflichten des Urkundsbeamten gehört nach Eingang (Rücklauf) der Zustellungsurkunde die *Prüfung*, ob diese die ordnungsgemäße Ausführung der Zustellung ausweist. Bei Mängeln ist erneut zuzustellen oder dem Beteiligten ein Hinweis zur Prüfung und Wahrung seiner Rechte zu erteilen (BGH NJW 1990, 176, 177). Auf Antrag *bescheinigt* die Geschäftsstelle den Zeitpunkt der Zustellung, § 169 Abs. 1 ZPO. Die Bescheinigung erteilt der Urkundsbeamte, § 153 GVG.[28] Als Rechtsbehelf gegen diese Bescheinigung kommt die Erinnerung gem. § 573 ZPO in Betracht.[29]

VIII. Zustellungsadressat

22　**1. Kreis der Zustellungsadressaten.** Als Zustellungsadressat ist die Person anzusehen, der zugestellt werden soll.[30] Dies sind in erster Linie die Verfahrensbeteiligten, vgl. § 63. Zustellungsadressaten können im Einzelfall aber auch Zeugen, Auskunftspersonen, Sachverständige und Dolmetscher sein.[31] Davon zu unterscheiden ist der Zustellungsempfänger in den Fällen der Ersatzzustellung (→ Rn. 42–70).

23　**2. Übergabe des zuzustellenden Schriftstücks an den Adressaten.** Voraussetzung einer fehlerfreien Zustellung ist die Übergabe des zuzustellenden Schriftstücks (zur Form des zuzustellenden Schriftstücks [Urschrift, Ausfertigung, beglaubigte oder unbeglaubigte Abschrift oder Kopie] → Rn. 8)[32] an den Adressaten persönlich oder an eine Person, an die ersatzweise zugestellt werden kann. Der Adressat muss das Schriftstück bewusst und gewollt entgegennehmen; auf die Vorstellungen des Adressaten über den Zeitpunkt, in dem die Wirkungen der Zustellung eintreten, kommt es nicht an (BGH VersR 1983, 876 f.). Jeder Adressat muss den *alleinigen Besitz* am Schriftstück haben, muss das Schriftstück für sich „in den Händen halten" können, sodass *bei mehreren Adressaten auch mehrere Schriftstücke* zugestellt werden müssen.[33] Um dies sicherzustellen, muss bei der Übersendung durch die Post für jeden Zustellungsadressaten ein besonderer Umschlag verwendet werden (FG Neustadt NVwZ 1985, 222, 223). Etwas anderes gilt auch nicht, wenn der Adressat, an den zugestellt wird, Vertreter des an-

---

26　VGH Mannheim NVwZ 1986, 488 f.; VGH München BayVBl 1978, 671. A.M. F. O. *Kopp*, VwGO, [10]1994, § 56 Rn. 4 unter unzutreffender Heranziehung von § 173 i.V.m. § 329 Abs. 2 S. 1 ZPO.
27　W. *Ewer/M. Schürmann*, NVwZ 1990, 336, 338; B. *Peter/J. M. Schmittmann*, JA 1995, 516.
28　Näher K. *Stöber*, in: Zöller § 169 Rn. 3.
29　K. *Stöber*, in: Zöller § 169 Rn. 6.
30　*Baumbach/Lauterbach/Albers/Hartmann* Übers. § 166 Rn. 9.
31　C. *Meissner/W. Schenk*, in: Schoch/Schneider/Bier § 56 Rn. 24.
32　Ausf. W.-R. *Schenke*, in: Kopp/Schenke § 56 Rn. 6.
33　BVerwG DÖV 1958, 715; 1976, 353, 354; BSGE 8, 149 (LS 2); OVG Bln NVwZ 1986, 136; OVG Koblenz NVwZ 1987, 899 f.; VGH Mannheim NVwZ 1984, 249; NVwZ-RR 1989, 593, 594; VGH München BayVBl 1982, 630 f.; NVwZ 1984, 249, 250.

deren ist, da es in der ZPO an einer dem § 7 Abs. 1 S. 3 VwZG entsprechenden Regelung, wonach die Zustellung eines Schriftstücks bei der Bestellung eines Vertreters für mehrere Beteiligte ausreichend ist, fehlt (aber → Rn. 26 zum Prozessbevollmächtigten).

Relevant wird die Zustellung an mehrere Adressaten insbes. bei zusammengefassten, mehrere Personen betreffende Bescheide, wie z.B. an *Ehegatten, Miteigentümer*.[34] Zwar mag für eine einfache Bekanntgabe gem. § 43 Abs. 1 VwVfG ausreichen, dass die Behörde dem Adressaten von seinem Inhalt Kenntnis verschafft (BVerwG NVwZ 1992, 565 f.). Die Zustellung erfolgt hingegen durch ein streng formalisiertes Verfahren, was die Ansicht stützt, dass jeder der Zustellungsadressaten ein Exemplar des Schriftstücks erhalten muss (ebenso BFH NJW 1995, 3207). Für die hier vertretene Auffassung spricht auch ein Umkehrschluss zur Spezialvorschrift des § 10 Abs. 3 AsylG, der ausdrücklich die Zustellung an nur einen von mehreren Zustellungsadressaten zulässt. Umstr. ist, ob ein Verstoß gegen den Grundsatz „Je ein Schriftstück an jeden Adressaten" durch § 189 ZPO geheilt werden kann, und ob bei fehlender Heilung das zuzustellende Schriftstück als rechtlich nicht existent anzusehen ist oder durch den Zustellungsmangel lediglich bewirkt wird, dass Rechtsbehelfsfristen nicht zu laufen beginnen (näher → Rn. 80, 82). Auch *Streitgenossen* ist einzeln zuzustellen.[35] 24

3. Rechtsgeschäftlich bestellter Vertreter, § 171 ZPO. (Zum Verhältnis des § 171 ZPO zu § 172 ZPO 25 → Rn. 26). Es kann aber auch an jeden rechtsgeschäftlich bestellten Vertreter mit gleicher Wirkung wie an den Vertretenen selbst zugestellt werden, wenn vor Aushändigung des zuzustellenden Schriftstücks dem Zusteller eine wirksame schriftliche Vollmacht zur Entgegennahme von Zustellungen vorgelegt wird, § 171 ZPO.[36] Erfasst ist somit z.B. der Nachbar, der für die Entgegennahme von Postsendungen schriftlich bevollmächtigt ist. Ob das Erfordernis einer schriftlichen Vollmacht auch bei der gesetzlich vertypisierten Vollmacht (z.B. Prokura § 49 Abs. 1 HGB) gelten soll, ist zweifelhaft.[37] Die Zustellung an den Vertreter *kann* erfolgen und liegt somit im pflichtgemäßen Ermessen des Zustellers.[38] Der Zusteller braucht also keine Ermittlungen anstellen, ob der Dritte bevollmächtigt oder die vorgelegte Vollmacht ordnungsgemäß ist. Bei Zweifeln an der Echtheit der Vollmacht wird er von seinem Ermessen keinen Gebrauch machen.[39] Die Bevollmächtigung verpflichtet aber nicht zum Vertreterhandeln, sodass bei Annahmeverweigerung durch Zurücklassen des Schriftstücks (§ 179 ZPO) nicht zugestellt werden kann.[40] Zum Nachweis der Zustellung ist eine *Zustellungsurkunde* (zur Zustellungsurkunde → Rn. 71–73) anzufertigen, § 182 Abs. 1 S. 1 ZPO.

4. Prozessbevollmächtigter. Ist im gerichtlichen Verfahren ein Prozessbevollmächtigter bestellt, ist 26 dieser Zustellungsadressat, § 172 ZPO, § 67 Abs. 6 S. 5 (ausf. → § 67 Rn. 85–89). Alle Zustellungen müssen, um wirksam zu sein und Fristen in Lauf zu setzen, an diesen gerichtet sein (zu Heilungsmöglichkeiten nach § 189 ZPO → Rn. 79–85). Ist ein Prozessbevollmächtigter bestellt, darf auch nicht an den rechtsgeschäftlich bestellten Vertreter (§ 171 ZPO) zugestellt werden.[41] Die zusätzliche Zustellung an den Beteiligten ist unschädlich (BFH NJW 1996, 1847, 1848); sie ist erforderlich, wenn das persönliche Erscheinen des Beteiligten angeordnet oder er zur Vernehmung geladen worden ist.[42] An den Beteiligten unmittelbar kann erst wieder zugestellt werden, wenn der Vollmachtvertrag wirksam widerrufen oder gekündigt worden ist (vgl. § 87 Abs. 1 ZPO; BVerwG NVwZ 1985, 337). Dabei ist zu unterscheiden zwischen dem Erlöschen der Vollmacht im *Innen-* und im *Außenverhältnis* (vgl. OVG Bln-Bbg NVwZ-RR 2016, 936). Gegenüber dem Gericht und den Beteiligten, also im Außenverhältnis, erlangt das Erlöschen im Innenverhältnis erst Bedeutung, wenn die Anzeige des Widerrufs oder der Kündigung bei Gericht erfolgt ist. Erfolgt beim Erlöschen der Vollmacht im Innenverhältnis eine Zustellung an den früheren Bevollmächtigten, muss der Beteiligte sich diese nicht zurechnen lassen,

---

34 Eingehend *V. Petersen*, KStZ 1988, 41, 44; vgl. BFH NJW 1995, 3207; OVG Münster NVwZ-RR 1995, 623.
35 *Baumbach/Lauterbach/Albers/Hartmann* § 61 Rn. 8.
36 Näher *P. Kummer*, SGb 2002, 413, 414 f.
37 *W.-R. Schenke*, in: Kopp/Schenke § 56 Rn. 12; *Baumbach/Lauterbach/Albers/Hartmann* § 171 Rn. 5 f.; *K. Stöber*, in: Zöller § 171 Rn. 7.
38 *K. Stöber*, in: Zöller § 171 Rn. 5.
39 *J. v. Albedyll*, in: Bader § 56 Rn. 11.
40 *K. Stöber*, in: Zöller § 171 Rn. 5.
41 *P. Kummer*, SGb 2002, 413, 415.
42 *K.-H. Weingärtner*, VBlBW 1989, 9, 11.

wenn das VG über die Kündigung in Kenntnis gesetzt war[43] (→ § 67 Rn. 87, insbes. zu den Besonderheiten bei Verfahren vor dem OVG und BVerwG). Dies gilt auch, wenn nach der mündlichen Verhandlung, aber vor der anstelle der Verkündung gewählten Zustellung des Urteils ein Wechsel der Bevollmächtigten stattfindet; es muss an den neuen Bevollmächtigten zugestellt werden.[44] Zeigt der Bevollmächtigte dem Gericht die Vertretung des Beteiligten an, ohne eine schriftliche Vollmacht vorzulegen, kann unmittelbar an den Beteiligten nur wirksam zugestellt werden, wenn das Gericht dem Bevollmächtigten eine Frist zur Vorlage der schriftlichen Vollmacht gesetzt hat und diese abgelaufen ist, ohne dass die Vorlage erfolgte[45] (→ § 67 Rn. 85). Bei einem *gemeinsamen Bevollmächtigten für mehrere Beteiligte* (vgl. § 67 a) soll nach verbreiteter Ansicht die Zustellung einer einzigen Ausfertigung ausreichen[46] (zum Vertreter → Rn. 23). Bei Bestellung *mehrerer Bevollmächtigter für einen Beteiligten* genügt die Zustellung an einen von ihnen.[47] Wird an mehrere Bevollmächtigte zugestellt, beginnt die Rechtsbehelfsfrist mit der zeitlich ersten Zustellung zu laufen (BVerwG NJW 1984, 2115; 1998, 3582; VGH München NVwZ-RR 2002, 696).

27 **5. Geschäftsunfähige oder in ihrer Geschäftsfähigkeit beschränkte Adressaten.** Bei der Zustellung an geschäftsunfähige oder in ihrer Geschäftsfähigkeit beschränkte Adressaten ist an den gesetzlichen Vertreter zuzustellen, § 170 Abs. 1 ZPO (BVerwGE 23, 15, 17; BVerwG DÖV 1985, 407; VGH München NJW 1984, 2845). Dieser kann jedoch die Zustellung an den Adressaten nachträglich genehmigen.[48] Bei der Zustellung an einen *Geschäftsunfähigen* ist die in der Zustellung liegende Bekanntgabe also unwirksam (→ Rn. 84). Bei später eintretender Geschäftsfähigkeit wird die unwirksame Zustellung mit Wirkung *ex nunc* geheilt, wenn der Adressat vom Inhalt des Schriftstücks Kenntnis nimmt. Auf eine Genehmigung oder Billigung kommt es insoweit nicht an. Auch muss die Kenntnisnahme nicht darin bestehen, dass der Adressat das Schriftstück erneut zur Hand nimmt und durchliest. Denn auch der Geschäftsunfähige wird zumeist in der Lage sein, den Inhalt eines Schriftstücks intellektuell zu begreifen und in sein Bewusstsein aufzunehmen. Eine bestehende Geschäftsunfähigkeit nimmt diesem Vorgang nur die *rechtliche* Erheblichkeit. Somit erwächst eine zurzeit der Geschäftsunfähigkeit bestehende tatsächliche Kenntnis ab Eintritt der Geschäftsfähigkeit in eine rechtserhebliche Kenntnis (VGH Mannheim NVwZ-RR 1991, 493 f.). Bei mehreren gesetzlichen Vertretern reicht die Zustellung an einen von ihnen, § 170 Abs. 3 ZPO. Dies gilt auch für die Fälle, in denen der Minderjährige durch beide Elternteile gesetzlich vertreten wird (VGH München BayVBl 1979, 51, 52). Bei Prozessfähigkeit eines *beschränkt Geschäftsfähigen* gem. § 62 Abs. 1 Nr. 2 kann die Zustellung an diesen selbst erfolgen. Bevor eine fehlerhafte Zustellung angenommen wird, ist stets zu prüfen, ob nicht der Beteiligte nach Vorschriften des bürgerlichen oder öffentlichen Rechts für einen bestimmten Bereich als geschäftsfähig anerkannt ist (vgl. BVerwG NJW 1982, 539 f.).

28 **6. Nicht natürliche Person, § 170 Abs. 2 ZPO.** Bei einer nicht natürlichen Person beliebiger Konstruktion, z.B. Behörden, Gemeinden, Vereine, AG, GmbH, KG, OHG,[49] kann die Zustellung statt an ihren gesetzlichen Vertreter auch an den Leiter gerichtet werden, § 170 Abs. 2 ZPO. Leiter ist derjenige, der dazu bestellt ist, die Behörde usw. nach außen zu vertreten, mag er der gesetzliche Vertreter sein oder nicht.[50] Bei mehreren Leitern reicht die Zustellung an einen von ihnen, § 170 Abs. 3 ZPO. Zuzustellen ist an den Leiter der gesamten Behörde etc., nicht etwa an einen Leiter einer Untergliederung des Adressaten.[51] Wenn bei einer nicht rechtsfähigen Personenvereinigung kein empfangsberechtigter Vertreter vorhanden ist, sind alle Mitglieder Zustellungsadressaten[52] (zu den Folgen einer mangelhaften Zustellung → Rn. 79–85).

---

43 VGH Kassel NVwZ-RR 1991, 216.
44 OVG Weimar NVwZ-RR 1996, 545, das aber offen lässt, ob zusätzlich an den ersten Bevollmächtigten zuzustellen ist.
45 VGH Mannheim VBlBW 1995, 317: In der Praxis wird das Gericht i.d.R. auf die Vorlage der schriftlichen Vollmacht (stillschweigend) verzichten; die Zustellung kann dann nur an den Bevollmächtigten wirksam bewirkt werden.
46 *D. Krausnick*, in: Gärditz § 56 Rn. 16 *W.-R. Schenke*, in: Kopp/Schenke § 56 Rn. 14 a.E.
47 BVerwG NJW 1975, 1795, 1796; 1984, 2115; 1998, 3582; BGHZ 118, 312, 322; HmbOVG 18.1.2016 – 1 Bf 152/15.Z, juris Rn. 14.
48 BVerwG DÖV 1985, 407 für das Verwaltungsverfahren; *D. Ehlers*, Jura 1991, 208, 211.
49 Weitere Bsp. bei *Baumbach/Lauterbach/Albers/Hartmann* § 170 Rn. 6 ff.
50 *Baumbach/Lauterbach/Albers/Hartmann* § 170 Rn. 5; *P. Kummer*, SGb 2002, 413, 414.
51 BT-Drs. 14/4554, 17; *J. v. Albedyll*, in: Bader § 56 Rn. 10; *K.-H. Weingärtner*, VBlBW 1989, 9, 10.
52 VGH München BayVBl 1982, 630.

IX. Zustellungsarten[53]

1. Grundsatz. Die Zustellung ist grds. Aufgabe der *Geschäftsstelle*, § 168 Abs. 1 S. 1 ZPO. Entgegen 29
der nur scheinbar auf die Fälle der §§ 173–175 ZPO beschränkten Zuständigkeit gilt diese umfassend,
soweit nicht z.B. nach §§ 183, 184 andere Ausführungsorgane vorgesehen sind, da sonst Durchfüh-
rungslücken entstehen würden.[54] Der Urkundsbeamte kann nach pflichtgemäßen *Ermessen* das
Schriftstück durch Aushändigung an der Amtsstelle (§ 173 ZPO; → Rn. 31), durch Zustellung an
einen Anwalt, Notar etc. gegen Empfangsbekenntnis (§ 174 ZPO; → Rn. 32–35) oder durch Einschreiben mit Rückschein (§ 175 ZPO; → Rn. 36–38) zustellen. Er kann aber auch die Post oder
einen Justizbediensteten mit der Zustellung mit Zustellungsurkunde beauftragen (§ 168 Abs. 1 S. 2,
176 ZPO; → Rn. 39). Auszuwählen hat der Urkundsbeamte die einfachste und kostengünstigste Zustellungsmöglichkeit, die die besten Erfolgsaussichten gewährleistet.[55] Durch *richterliche Bestimmung*
können auch der Gerichtsvollzieher oder eine Behörde mit der Zustellung beauftragt werden (§ 168
Abs. 2 ZPO; → Rn. 40).

In der *gerichtlichen Praxis* wird § 176 ZPO (Zustellung mit Zustellungsurkunde) v.a. gegenüber Betei- 30
ligten angewandt, die nicht durch einen Rechtsanwalt vertreten sind. Die Ausführung dieser Zustellung erfolgt nach §§ 177–181 ZPO (→ Rn. 41–75). Wird der Beteiligte durch einen Rechtsanwalt vertreten, erfolgt die Zustellung fast ausschließlich gem. § 174 ZPO.[56] Bei dieser Zustellungsart sieht die
ZPO Erleichterungen für die Zustellung durch Telekopie und elektronisches Dokument vor
(→ Rn. 36–38).

2. Aushändigung an der Amtsstelle, § 173 ZPO. Durch die Verwendung des Begriffs „Amtsstelle" 31
wird klargestellt, dass die Übergabe nicht nur in der Geschäftsstelle, sondern in jedem Dienstraum des
Gerichts, aber auch an anderen Orten, an denen gerichtliche Tätigkeit verrichtet wird, ausgeübt werden kann.[57] Aushändigen kann jeder Bedienstete, zu dessen Aufgaben die Bearbeitung von Verfahren
gehört,[58] z.B. der Urkundsbeamte der Geschäftsstelle, der Rechtspfleger oder auch der Richter. Der
Vermerk über die Aushändigung ersetzt als Nachweis die Zustellungsurkunde (BT-Drs. 14/4554, 17).
Die Aushändigung kann auch an den gesetzlichen Vertreter, Prozessbevollmächtigten oder Zustellungsbevollmächtigten erfolgen. Die Aushändigung, bei Übergabe an einen Vertreter diese Tatsache
sowie die Vorlage der Vollmacht und die Zeit der Zustellung sind in den Akten und auf dem ausge-
händigten Schriftstück zu vermerken, § 173 S. 2 ZPO. Der Vermerk ist zu unterschreiben, § 173 S. 3
ZPO.

3. Empfangsbekenntnis, § 174 ZPO. Besondere praktische Bedeutung hat die vereinfachte Zustel- 32
lungsmöglichkeit mit Empfangsbekenntnis, § 174 ZPO. Danach kann ein Schriftstück an einen *Anwalt*, Notar, Gerichtsvollzieher, Steuerberater oder sonstige Person, bei der aufgrund ihres Berufes von
einer erhöhten Zuverlässigkeit ausgegangen werden kann, an eine Behörde, Körperschaft oder eine
Anstalt öffentlichen Rechts gegen Empfangsbekenntnis zugestellt werden. Die Aufzählung ist nur beispielhaft, es bleibt der gerichtlichen Praxis überlassen, welche Berufsgruppen an dieser Form der Zustellung teilnehmen werden können.[59] Dabei ist die Zuverlässigkeit abstrakt aus der beruflichen Stellung und nicht aus der konkreten Tätigkeit abzuleiten.[60] Ob im Einzelfall dem Adressaten in dieser
vereinfachten Form zugestellt wird, liegt im *Ermessen* der Geschäftsstelle. Das Schriftstück kann
durch den Urkundsbeamten selbst ausgehändigt, durch Einlegen in das Gerichtsfach, durch die Post,
einen Boten oder mit Mitteln moderner Bürokommunikation zugeleitet werden. Zu den Mitteln der
modernen Bürokommunikation gehört die Übermittlung mittels *Telekopie* (Telefax), § 174 Abs. 2

---

53 Allg. zur Zustellungsreform *B. Heß*, NJW 2002, 2417 ff.; *P. Kummer*, SGb 2002, 413 ff., 481 ff. und *W. Viefheus*,
ZAP 2002, 593 ff. Zu Zustellungsproblemen bei nichtladungsfähiger Anschrift im Verwaltungsprozess *A. Decker*,
VerwArch 86 (1995), 266, 276–279.
54 *Baumbach/Lauterbach/Albers/Hartmann* § 168 Rn. 3.
55 *K. Stöber*, in: Zöller § 168 Rn. 2.
56 Zur Zustellungspraxis *C. Meissner/W. Schenk*, in: Schoch/Schneider/Bier § 56 Rn. 34 a; *K.-H. Weingärtner*, VBlBW
1989, 9, 10.
57 *Baumbach/Lauterbach/Albers/Hartmann* § 173 Rn. 4.
58 *K. Stöber*, in: Zöller § 173 Rn. 5.
59 BT-Drs. 14/4554, 18. Abgelehnt für eine als „Volljurist" bevollmächtigte Person (HmbOVG 18.1.2016 – 1 Bf
152/15.Z, juris Rn. 15; vgl. auch OLG Stuttgart NJW 2010, 2532, 2533).
60 *W.-R. Schenke*, in: Kopp/Schenke § 56 Rn. 17.

ZPO,[61] und die Zustellung durch *elektronisches Dokument* (vgl. § 130a ZPO), § 174 Abs. 3 ZPO.[62] Ein am Computer verfasstes Schreiben kann dann als elektronische Post direkt zum Zwecke der Zustellung an den Adressaten gesendet werden. Das elektronische Dokument ist dabei mit einer elektronischen Signatur zu versehen und gegen unbefugte Kenntnisnahme Dritter zu schützen, § 174 Abs. 3 S. 3 ZPO. Anderen Verfahrensbeteiligten kann durch elektronisches Dokument nur zugestellt werden, wenn sie vorher ausdrücklich zugestimmt haben, § 174 Abs. 3 S. 2 ZPO. Einer wirksamen Zustellung steht der Zusatz „vorab per Telefax" nicht entgegen (OVG Bautzen NVwZ-RR 2014, 285, 286).

33   *Zugestellt* nach § 174 ZPO ist nicht bereits mit dem Eingang des Dokuments beim Zustellungsadressaten, z.B. in der Behörde oder der Kanzlei, sondern erst an dem Tag, an dem der Zustellungsadressat das Dokument entgegengenommen und einen Willen dahin gebildet hat, die Übersendung des Dokuments als Zustellung gelten zu lassen, also der Zustellungsadressat das zuzustellende Schriftstück *persönlich* als zugestellt annimmt (*Empfangsbereitschaft*).[63] Auf eine Kenntnisnahme des Inhalts des Dokuments kommt es nicht an.[64] Das Empfangsbekenntnis ist für die Zustellung nicht konstitutiv, wohl aber die in ihm verkörperte Empfangsbereitschaft.[65] Die Zustellung mittels Empfangsbekenntnis ist auf die Mitwirkungsbereitschaft des Zustellungsadressaten angewiesen. Nimmt er ein in seinen Machtbereich gelangtes Dokument nicht entgegen, so ist es nicht zugestellt (BFHE 216, 481, 483). Der die Zustellung annehmende Prozessbevollmächtigte ist nicht befugt, eine mit der Zustellung beginnende Rechtsbehelfsfrist durch Vordatierung oder Rückdatierung des Eingangs im Empfangsbekenntnis willkürlich zu verlängern oder zu verkürzen (VGH München NJW 2010, 3385).

34   *Die Form* des Empfangsbekenntnisses ist gesetzlich nicht vorgeschrieben. Es kann in jeder der in den Abs. 1-3 bezeichneten Art und Weise, § 174 Abs. 4 ZPO, nicht nur auf dem Weg, auf dem das zugestellte Schriftstück übermittelt wurde und auch in jeder anderen beliebigen Form erteilt werden.[66] Erforderlich ist aber eine (schriftliche) Bestätigung, dass das empfangene Schriftstück zu einem bestimmten Zeitpunkt mit dem Willen der Bewirkung der Zustellung entgegengenommen wurde (Empfangsbereitschaft).[67] Dies setzt eine persönliche Unterschrift oder qualifizierte elektronische Signatur des Anwalts etc. voraus, § 174 Abs. 4 ZPO.[68] Die Befugnis kann aber nicht in beliebiger Weise auf das Büropersonal übertragen werden (BGH NJW 1994, 2295). Der Empfang kann auch in einem Schriftsatz, in welchem auf das übermittelte Schriftstück Bezug genommen wird, bestätigt werden (BT-Drs. 14/4554, 18; BVerwG NJW 2007, 3223), z.B. wenn der Prozessbevollmächtigte sich in der Rechtsmittelschrift auf das erstinstanzliche Urteil ausdrücklich mit den Worten „zugestellt am …" bezieht, soweit auch die weiteren unabdingbaren Anforderungen an die Vollendung der Zustellung erfüllt sind (BGH NJW-RR 1992, 1150). Die Berufungsschrift muss dann aber von dem erstinstanzlichen Prozessbevollmächtigten unterschrieben sein; die Erklärung eines etwaigen zweitinstanzlichen Prozessbevollmächtigten reicht nicht aus (BGH NJW 1994, 2295).

35   Lässt sich das genaue *Zustellungsdatum* nicht ermitteln[69] oder weigert sich der Adressat, an der Klärung der Frage des Zustellungstages mitzuwirken, ist der Tag maßgebend, an dem das Schriftstück nach dem normalen Verlauf der Dinge in die Hand des Adressaten gelangt sein konnte (BFHE 117, 11, 13; 159, 425, 428; BFH/NV 1987, 103). Auf die *Wirksamkeit* der Zustellung hat es keinen Einfluss, wenn das Empfangsbekenntnis später ausgestellt wird; in diesem Fall wirkt es auf den Zeitpunkt zurück, in dem der Aussteller das Schriftstück als zugestellt entgegengenommen hat,[70] z.B. wenn er gegen eine ihm so bekannt gemachte Entscheidung einen Rechtsbehelf einlegt (BFHE 216, 481,

---

61   Näheres bei *Baumbach/Lauterbach/Albers/Hartmann* § 174 Rn. 15; *K. Stöber*, in: Zöller § 174 Rn. 10.
62   Näheres bei *Baumbach/Lauterbach/Albers/Hartmann* § 174 Rn. 16 ff. und § 130a; *K. Stöber*, in: Zöller § 174 Rn. 12 und *R. Greger*, in: Zöller § 130a.
63   BVerwG 29.4.2011 – 8 B 86/10, juris Rn. 6; BFHE 216, 481, 483; 239, 547, 549; BGH FamRZ 2000, 1565; OVG Münster NVwZ-RR 2004, 38; NJW 2010, 3385 m.w.N.; s. aber auch BGHZ 67, 10 ff.: Vertretung des Rechtsanwalts durch seinen Büroangestellten zulässig; a.M. BSG NJW 2010, 317 f.; OLG Stuttgart NJW 2010, 2532, 2533 (Vertretung des Anwalts durch Assessor).
64   BFHE 216, 481, 483; BGH NJW-RR 1992, 251, 252; OVG Greifswald NVwZ 2002, 113.
65   BFHE 216, 481, 483; 239, 547, 549. Zum Gegenbeweis der Unrichtigkeit der im Empfangsbekenntnis verkörperten Angabe über den inneren Willensentschluss des Empfängers OVG Münster NJW 2009, 1623 f.
66   BGH FamRZ 2000, 1565; *K. Stöber*, in: Zöller § 174 Rn. 13; *W.-R. Schenke*, in: Kopp/Schenke § 56 Rn. 19.
67   BT-Drs. 14/4554, 18.
68   BGH FamRZ 2000, 1565; *K. Stöber*, in: Zöller § 174 Rn. 15 m.w.N.
69   Zur Beweisfunktion eines Empfangsbekenntnisses BVerwG Buchholz 303 § 418 ZPO Nr. 14.
70   BFHE 102, 457, 459; 216, 481, 483; BGH NJW-RR 1992, 1150 f.; NJW 1994, 2295, 2296.

483 f.). Fehlt es an der Rücksendung des Empfangsbekenntnisses, ist die Zustellung nicht unwirksam, denn das Empfangsbekenntnis hat keine konstitutive Wirkung, sondern nur Beweisfunktion.[71]

4. Einschreiben mit Rückschein, § 175 ZPO. Die Zustellung kann auch durch Einschreiben mit 36 Rückschein erfolgen, § 175 ZPO. Sie ist mit *Übergabe* des Einschreibebriefes an den Adressaten, Ersatzempfänger oder Postbevollmächtigten *wirksam vollzogen.* Der Zustellungsnachweis wird durch den Rückschein erbracht (§ 175 S. 2 ZPO), der zu den Akten genommen wird. Er ist anders als die Zustellungsurkunde (§ 182 Abs. 1 ZPO) keine öffentliche Urkunde.[72] Die Zustellung mittels „Einwurfeinschreiben" kommt, weil sie keinen Nachweis durch Rückschein vorsieht, für eine förmliche Zustellung nicht in Betracht.[73]

Nachdem sich der Urkundsbeamte nach pflichtgemäßem Ermessen für diese Zustellungsart entschie- 37 den hat, wird das Schriftstück durch die Poststelle des Gerichts frankiert und mit dem Vermerk „Einschreiben/Rückschein" zur Post aufgegeben. Die Beförderung erfolgt dann nach § 1 Abs. 2 Post-UniversaldienstleistungsVO (BGBl 1999 I 2418)[74] als Einschreibesendung durch die *Post* entsprechend den AGB der Deutschen Post.[75] Die Zustellung erfolgt unter der auf der Sendung angebrachten Anschrift durch *Aushändigung* an den Empfänger oder einen durch schriftliche Vollmacht des Empfängers ausgewiesenen Empfangsberechtigten (Empfangsbevollmächtigter), Abschnitt 4 Abs. 2 AGB Brief National. Die Aushändigung von Sendungen mit den Zusatzleistungen „Einschreiben" und „Rückschein" erfolgt nur gegen *schriftliche Empfangsbestätigung* und Nachweis der Empfangsberechtigung, Abschnitt 4 Abs. 2 AGB Brief National. Damit ist auch die Zustellung an ein vom Empfänger unterhaltenes Postfach möglich, bei der die Sendung dem Inhaber des Postfachs am Schalter übergeben wird.[76] Ist eine Übergabe an den Adressaten nicht möglich, kann auch an einen *Ersatzempfänger* ausgehändigt werden, Abschnitt 4 Abs. 3 AGB Brief National.[77] Dies sind die Angehörigen des Adressaten und andere in den Räumen des Empfängers anwesende Personen. Trägt das Schreiben den Vermerk „*Eigenhändig*" ist nach Abschnitt 4 Abs. 3 AGB Brief National eine Aushändigung an Ersatzpersonen ausgeschlossen (vgl. auch BT-Drs. 14/4554, 19). Die Zustellung kann hier nur an den Empfänger und einen hierzu besonders Bevollmächtigten erfolgen, Abschnitt 4 Abs. 2 AGB Brief National. Kann das Schriftstück, z.B. wegen unverhältnismäßiger Schwierigkeiten, nicht ausgehändigt werden, hält die Post die Sendung sieben Werktage zur Abholung durch einen Empfangsberechtigten bereit, Abschnitt 4 Abs. 4 AGB Brief National. Hinterlässt der Postbedienstete einen entsprechenden *Benachrichtigungsschein*, dass die Einschreibesendung auf dem Postamt abgeholt werden kann, wird die Zustellung nicht durch den Benachrichtigungsschein bewirkt. Er stellt lediglich eine Aufforderung zum Abholen des Einschreibebriefes dar (OVG Münster MDR 1977, 1048, 1049; VGH München BayVGH [n.F.] 26, 127, 134–136). Erforderlich ist, dass die Sendung selbst von einem Empfangsberechtigten abgeholt wird.[78]

Unzustellbare Sendungen werden zum Absender zurück befördert. Unzustellbar sind die Sendungen, 38 wenn bei der Zustellung keine empfangsberechtigte Person angetroffen wird und die Abholfrist fruchtlos verstrichen ist oder die Annahme durch den Empfänger oder Empfangsbevollmächtigten verweigert wird oder der Empfänger nicht ermittelt werden kann, Abschnitt 4 Abs. 6 S. 2 AGB Brief National. Als Annahmeverweigerung gilt auch die Weigerung zur Abgabe der Empfangsbestätigung, Abschnitt 4 Abs. 6 S. 3 AGB Brief National. Die Zustellung durch Einschreiben/Rückschein hat für den Zustellenden somit den Nachteil, dass *der Adressat die Entgegennahme verweigern und so die Zustellung verhindern* kann. Sie ist praktisch daher nur sinnvoll, wenn nicht mit der Verweigerung der An-

---

71 Rosenberg/Schwab/*Gottwald* § 72 Rn. 21; diff. *G. Rößler,* DStZ 1995, 89 f.
72 BT-Drs. 14/4554, 19; *W.-R. Schenke,* in: Kopp/Schenke § 56 Rn. 22; *K. Stöber,* in: Zöller § 175 Rn. 4. A.M. *Baumbach/Lauterbach/Albers/Hartmann* § 175 Rn. 4, weil die Post nach § 168 Abs. 1 S. 2 wie eine Behörde zu behandeln sei.
73 Schon zum VwZG BVerwG NJW 2001, 458; vgl. auch *S. Kim/R. Dübbers,* NJ 2001, 65, 69; *P. Kummer,* SGb 2002, 413, 416.
74 Zul. geänd. durch Art. 3 Abs. 26 des Gesetzes vom 7.7.2005, BGBl I 1970.
75 So auch *P. Kummer,* SGb 2002, 413, 416.
76 So auch *W.-R. Schenke,* in: Kopp/Schenke § 56 Rn. 20.
77 So auch *P. Kummer,* SGb 2002, 413, 416.
78 BVerwGE 36, 127, 129 f.; BVerwG DÖV 1983, 1011, 1012; BSGE 27, 237, 239; BSG NJW 1967, 597; DVBl 1991, 161; OVG Münster MDR 1977, 1048; VGH München BayVGH (N. F.) 28, 31-33; *S. Kim/R. Dübbers,* NJ 2001, 65 m.w.N.

nahme zu rechnen ist.[79] Nach § 179 ZPO zurück gelassen werden kann die Sendung nicht. Die Zustellung nach § 175 ZPO ist dann nicht ausführbar.[80] Der Urkundsbeamte der Geschäftsstelle muss sich dann nach pflichtgemäßem Ermessen für eine andere Zustellungsart entscheiden.

39   **5. Zustellungsauftrag durch die Geschäftsstelle, §§ 168 Abs. 1 S. 2, 176 ZPO.** Mit Zustellungsauftrag kann durch die Geschäftsstelle auch ein nach § 33 Abs. 1 PostG beliehener Unternehmer (Post) oder ein Justizbediensteter mit der Zustellung beauftragt werden, §§ 168 Abs. 1 S. 2, 176 ZPO. Das zuzustellende Schriftstück ist dann in einem verschlossenen Umschlag und einem vorbereiteten Vordruck einer Zustellungsurkunde (§ 182 ZPO), äußerlich erkennbar am gelbfarbenen Brief, zu übergeben, § 176 Abs. 1 ZPO. Die Ausführung der Zustellung erfolgt nach den §§ 177–181 ZPO (→ Rn. 41–75), vgl. § 176 Abs. 2 ZPO. Mit *Post* ist jedes nach § 33 PostG mit Zustellungsaufgaben beliehene Unternehmen bezeichnet, also nicht nur die „Gelbe Post".[81] Mit dem Merkmal *Justizbeamter* wird klar gestellt, dass nicht nur ein Gerichtswachtmeister, sondern auch andere geeignete Bedienstete des Gerichts oder der Staatsanwaltschaft mit der Zustellung beauftragt werden können (BT-Drs. 14/4554, 16). Bei der Zustellung an einen Gefangenen wird i.d.R. ein Bediensteter der Strafvollzugseinrichtung beauftragt werden. Zum Nachweis der Zustellung ist eine *Zustellungsurkunde* (zur Zustellungsurkunde → Rn. 71–73) auf dem vorgesehenen Vordruck anzufertigen und der Geschäftsstelle unverzüglich zurückzuleiten, § 182 Abs. 1 S. 1 und Abs. 3 ZPO.

40   **6. Richterliche Anordnung, §§ 168 Abs. 2, 176 ZPO.** Verspricht die Zustellung durch die Geschäftsstelle, die Post oder einen Justizbeamten (§ 168 Abs. 1 ZPO) keinen Erfolg, kann durch richterliche Anordnung auch ein Gerichtsvollzieher oder eine andere Behörde, z.B. Gemeinde oder Polizei, mit der Ausführung beauftragt werden, §§ 168 Abs. 2, 176 ZPO. Keinen Erfolg verspricht die Zustellung, wenn sie nicht ausführbar ist, z.B. wenn der Empfänger hartnäckig behauptet die Zustellungsurkunden der Post seien fehlerhaft.[82] Es genügt nicht, dass sie durch den Gerichtsvollzieher oder die Behörde leichter erfolgen kann.[83] Die Beauftragung steht im richterlichen *Ermessen* und findet seine Grenze dort, wo die Zustellung einen unverhältnismäßigen Aufwand bedeuten würde: z.B. in einem Mahnverfahren über geringfügige Geldforderung, wenn der Zustellungsaufwand den Wert der Forderung übersteigt (BT-Drs. 14/4554, 16). Erforderlich sein soll diese Art der Zustellung z.B. für die Zustellung auf Schiffen durch die Wasserschutzpolizei oder für die Zustellung an Personen ohne festen Wohnsitz, deren Aufenthalt jedoch bekannt ist (BT-Drs. 14/4554, 16). Die Ausführung der Zustellung richtet sich gem. § 176 Abs. 2 ZPO nach den §§ 177–181 ZPO (→ Rn. 41–75). Zum Nachweis ist auch hier eine *Zustellungsurkunde* (zur Zustellungsurkunde → Rn. 71–73) anzufertigen, § 182 Abs. 1 ZPO.

X. Zustellungsort

41   **1. Antreffen des Zustellungsadressaten, § 177 ZPO.** Grds. kann die Zustellung an *jedem Ort* erfolgen, wo die *Person*, der zugestellt werden soll (Zustellungsadressat; → Rn. 42), *angetroffen* wird, § 177 ZPO.[84] Bei dieser persönlichen oder „unmittelbaren" Zustellung spielt also der Ort der Übergabe keine Rolle. Der Zustellende könnte z.B. das Schriftstück dem Empfänger übergeben, wenn er ihn zufällig auf der Straße trifft.

42   **2. Ersatzzustellung gem. §§ 178–181 ZPO.** Von besonderer praktischer Relevanz ist die Ersatzzustellung gem. §§ 178–181 ZPO. Deren Wesen liegt darin, dass Zustellungen anders als durch die Übergabe an den auf der Sendung bezeichneten Empfänger bewirkt werden können, wenn er nicht angetroffen wird.[85]

43   **a) Allgemeines.** Ersatzzustellung sieht das Gesetz vor, wenn die Geschäftsstelle einen Zustellungsauftrag an die Post oder einen Justizbeamten erteilt hat (→ Rn. 39) oder durch richterliche Anordnung der Gerichtsvollzieher oder eine Behörde mit der Zustellung beauftragt worden sind (→ Rn. 40),

---

79 *W. Viefhues*, ZAP 2002, 593, 595.
80 *K. Stöber*, in: Zöller § 175 Rn. 3.
81 *W. Viefhues*, ZAP 2002, 593, 595.
82 *Baumbach/Lauterbach/Albers/Hartmann* § 168 Rn. 8.
83 *K. Stöber*, in: Zöller § 168 Rn. 6.
84 Bsp. bei *G. Sadler*, VwZG, [9]2014, § 3 Rn. 41.
85 *C. Meissner*, in: Schoch/Schneider/Bier § 56 Rn. 46.

§ 176 Abs. 2 ZPO. Die *Verfassungsmäßigkeit* der Vorschriften über Ersatzzustellungen unterliegt keinem Zweifel. Bedenken bestehen weder im Hinblick auf Art. 103 Abs. 1 GG (BVerfGE 40, 88, 92; BVerwGE 58, 100, 103 f.; BVerwG NVwZ 1983, 608) noch im Hinblick auf Art. 10 GG.[86] Die Ersatzzustellung dient einem effektiven und geordneten Verfahren. Sie ist einfach und praktikabel und wahrt zugleich die Interessen des Zustellungsadressaten am unverzüglichen Zugang des zuzustellenden Schriftstücks. Durch die Regelung des § 178 Abs. 2 ZPO (Unwirksamkeit der Ersatzzustellung an eine Person, die als Gegner an einem Rechtsstreit beteiligt ist; → Rn. 60) wird zudem ein Fall denkbarer Pflichtenkollision ausgeschaltet.

b) Ersatzzustellung in Wohnung, Geschäftsraum oder Gemeinschaftseinrichtung, § 178 ZPO. Eine 44 Ersatzzustellung kommt in Betracht, wenn der Zustellungsadressat in der Wohnung, dem Geschäftsraum oder der Gemeinschaftseinrichtung *nicht angetroffen wurde*, § 178 Abs. 1 ZPO. Die Zustellung kann dann in der Wohnung an einen erwachsenen Familienangehörigen, eine in der Familie beschäftigte Person oder einen erwachsenen ständigen Mitbewohner (Nr. 1), in Geschäftsräumen an eine dort beschäftigte Person (Nr. 2) und in Gemeinschaftseinrichtungen an den Leiter der Einrichtung oder einen dazu ermächtigten Vertreter (Nr. 3) erfolgen. Aus der Natur des Ersatzempfängers als gesetzlichem Vertreter[87] folgt, dass es nicht darauf ankommt, ob und wann der Zustellungsadressat das Schriftstück oder auch nur von seinem Vorhandensein Kenntnis erhält.[88] Der Zustellende hat sich von den Voraussetzungen der Ersatzzustellung selbst zu überzeugen, die Auskunft eines Dritten genügt regelmäßig nicht (BGHZ 111, 1, 6; OLG Zweibrücken MDR 1985, 1048). Er muss ihre Zulässigkeit anhand objektiver und äußerlich eindeutig erkennbarer Kriterien feststellen können (BGHZ 111, 1, 2, 6).

aa) Zustellungsadressat nicht angetroffen. Erforderlich ist jeweils, dass der Zustellungsadressat nicht 45 angetroffen wird. Das ist der Fall, wenn er sich nicht oder für den Zustellenden nicht erkennbar in der Wohnung etc. aufhält oder dieser nicht zu ihm gelassen wird (BVerwG NJW 1962, 70), z.B. wenn der Betroffene wegen Erkrankung oder unabwendbarer Dienstgeschäfte an der Annahme verhindert ist (BT-Drs. 14/4554, 20).

bb) Ersatzzustellung in der Wohnung, § 178 Abs. 1 Nr. 1 ZPO. aaa) Wohnung. Wohnung des Zu- 46 stellungsadressaten sind die von ihm tatsächlich bewohnten Räume, in denen er hauptsächlich lebt, insbes. schläft.[89] Eine vorübergehende Abwesenheit wie durch Urlaub, Krankenhausaufenthalt oder ähnliches ist unbeachtlich (BVerwGE 88, 66, 67 m.w.N.; BFH NJW 1988, 1999, 2000). Auf der anderen Seite ist es unschädlich, wenn der Aufenthalt in der Wohnung von vornherein nur vorübergehender Art (z.B. Aufenthalt in Frauenhaus [OLG Karlsruhe NJW-RR 1995, 1220]) ist (RGZ 34, 392, 398; 35, 429, 432). Unerheblich ist, ob bzw. wo der Empfänger polizeilich gemeldet ist.[90] Ebenso wenig kommt es auf den Wohnsitz i.S.d. § 7 BGB an (BGH NJW 1978, 1858). Der Begriff „Wohnung" ist somit stets nach den *Umständen des Einzelfalls* zu beurteilen, wobei auf den Sinn und Zweck der Ersatzzustellung abzustellen ist (BGH NJW 1985, 2197; BFH NVwZ-RR 1995, 181, 182). Eine Wohnung kann der Zustellungsadressat auch an mehreren Orten innehaben (OLG Köln NJW-RR 1989, 443 [LS 2]). Hat er z.B. neben seiner „Hauptwohnung" noch eine „Nebenwohnung", kann in beiden Wohnungen wirksam zugestellt werden (BGH NJW-RR 1994, 564, 565; OVG Münster DVBl 1993, 903). Die Wohnung darf nicht aufgegeben sein. Dies ist der Fall, wenn der Zustellungsadressat seine bisherige Wohnung endgültig oder zumindest für längere Zeit nicht mehr als räumlichen Mittelpunkt seines Lebens nutzt und einen anderen Aufenthaltsort begründet.[91] Die bloße Absicht der Wohnungsaufgabe genügt nicht (BGH NJW-RR 1994, 564, 565).

---

86 BVerwG NJW 1984, 2112. A.M. *K. A. Bettermann/E. Loh*, BB 1968, 892, die darin, dass der Ersatzempfänger von der Tatsache Kenntnis erlangt, dass ein bestimmter Absender an einen bestimmten Adressaten eine Postsendung geschickt hat, eine Verletzung des Art. 10 Abs. 1 GG sehen.
87 *Baumbach/Lauterbach/Albers/Hartmann* Einf. §§ 178–181 Rn. 4.
88 *W.-R. Schenke*, in: Kopp/Schenke § 56 Rn. 29.
89 BVerwGE 83, 40, 43; BVerwG Buchholz 303 § 181 ZPO Nr. 2; Buchholz 303 § 181 ZPO Nr. 4; BGH LM § 328 BGB Nr. 15; einschränkend OLG Köln NJW-RR 1989, 443, 444: Schlafstelle nicht von entscheidender Bedeutung.
90 BVerwGE 83, 40, 43; BVerwG DVBl 1984, 90; BGH NJW 1978, 1858; aber auch OLG Hamburg DWW 1990, 236.
91 BGH NJW 1978, 1858 für zweimonatige Strafhaft; BGH NJW 1988, 713 f.; s. aber auch BGH NJW 1985, 2197 für zweimonatigen Klinikaufenthalt.

47   Eine wichtige *Ausnahme* von diesen Grundsätzen ist zu machen, wenn der Zustellungsadressat lediglich vorgibt, an einem bestimmten Ort zu wohnen, indem er sich z.B. dort polizeilich meldet und seinen Schriftwechsel über diese Adresse führt, obwohl er tatsächlich nicht dort wohnt. Kennt in diesem Fall der Zustellende die tatsächliche Wohnung nicht, kann auch unter dieser „Pro-forma-Adresse" zugestellt werden,[92] da auch das Interesse des Zustellenden an einer einfachen und effektiven Zustellungsmöglichkeit gewahrt bleiben und gefördert werden soll. Der Zustellungsadressat könnte sonst durch ein derartiges Verhalten gegen den Rechtsgedanken des § 242 BGB verstoßen, der auch im öffentlichen Recht gilt (unzulässige Rechtsausübung durch widersprüchliches Verhalten).[93]

48   *Einzelfälle:*[94] Die Wohnung kann bei einer längeren *Auslandsreise* aufgegeben sein (BayObLG JR 1961, 271). Die Angabe einer *Kontaktadresse* für Korrespondenz begründet keine Wohnung (BGH NJW-RR 1993, 1083). Bei längerem *Krankenhausaufenthalt* wird die Wohnung nicht aufgegeben,[95] jedoch kann auch das Krankenzimmer Wohnung sein (OLG Stuttgart Justiz 1967, 316). Wohnung kann die in einem postalischen *Nachsendeauftrag* benannte neue (nicht nur befristete) Wohnanschrift sein; diese tritt an die Stelle der „Wohnung" i.S.d. Zustellungsvorschriften (LG Frankfurt Rpfleger 1981, 493 f.). Bei *Soldaten* kommt es maßgeblich auf die Dauer des Wehrdienstes an.[96] So hat ein Zeitsoldat während seiner Dienstzeit bei der Bundeswehr seine frühere Wohnung aufgegeben, wenn er sie erkennbar nicht mehr als räumlichen Mittelpunkt seines Lebens nutzt (OLG Düsseldorf JurBüro 1992, 54; vgl. aber auch OLG München NJW-RR 1991, 1470). Die Wohnung kann bei *Strafhaft* von einem Monat aufgegeben sein.[97] Hat ein Zustellungsadressat neben einer Wohnung ein *Wochenendhaus*, befindet sich wegen der nur zeitweiligen Benutzung des Wochenendhauses sein Lebensmittelpunkt i.d.R. in seiner Wohnung, sodass nur dort seine Wohnung i.S.d. Zustellungsvorschriften ist (OLG Celle DGVZ 1992, 41).

49   Die Ersatzzustellung muss *in* der Wohnung erfolgen. Dies bedeutet nicht, dass die Zustellung nur in den Wohnräumen möglich wäre. Entscheidend ist der räumliche Zusammenhang und ob gewährleistet ist, dass die Ersatzperson in absehbarer Zeit Gelegenheit hat, das Schriftstück dem Adressaten auszuhändigen (BGH NJW 1978, 1858; LM § 328 BGB Nr. 15). Sie kann daher auch an die aus der Wohnung kommende Person auf dem Flur vor der Wohnungs- oder Haustür oder an der Gartentür oder Hofeinfahrt erfolgen.[98]

50   **bbb) Familienangehöriger.** Familienangehöriger ist jede zur Familie gehörende Person. Dazu zählt, wer mit dem Adressaten verheiratet, verwandt oder verschwägert ist sowie gem. § 11 Abs. 1 LPartG der Lebenspartner,[99] aber auch Pflegeeltern oder (erwachsene) Pflegekinder.[100] Nach neuem Zustellungsrecht muss der Familienangehörige mit dem Zustellungsadressaten nicht in häuslicher Gemeinschaft leben (so ausdrückl. BT-Drs. 14/4554, 20); es genügt z.B. wenn ein Familienangehöriger in Abwesenheit des Adressaten die Wohnung hütet.[101] Familienrechtliche Verbundenheit allein ist jedoch nicht ausschlaggebend. Entscheidend ist in erster Linie ein vom Angehörigen nach außen zum Ausdruck gebrachtes *Vertrauensverhältnis* zum Adressaten, das nach der Lebenserfahrung erwarten lässt, dass er das Schriftstück dem Adressaten aushändigen wird (→ Rn. 58 und BGHZ 111, 1, 5. A.M. noch BVerwG DVBl 1958, 208).

51   **ccc) Eine in der Familie beschäftigte Person.** Eine in der Familie beschäftigte Person kann eine Sekretärin, Haushaltshilfe oder Putzfrau sein. Abzustellen ist auf die tatsächlichen Verhältnisse, nicht auf vertragliche Bindungen.[102] Entscheidend ist, dass die Beschäftigung nicht nur vorübergehend erfolgt;

---

92 Vgl. OLG Düsseldorf FamRZ 1990, 75; OLG Frankfurt NJW 1985, 1910; OLG Karlsruhe NJW-RR 1992, 700, 701; OLG Köln NJW-RR 1989, 443 f.; FG Münster NJW 1985, 1184.

93 OLG Düsseldorf FamRZ 1990, 75; OLG Köln Rpfleger 1975, 260, 261.

94 Weitere Bsp. bei *K. Stöber,* in: Zöller § 178 Rn. 4; *Baumbach/Lauterbach/Albers/Hartmann* § 178 Rn. 5 ff.

95 BSG NJW 1992, 3120; BGH NJW 1985, 2197. A.M. OLG Frankfurt NStZ-RR 2003, 174.

96 Vgl. *Baumbach/Lauterbach/Albers/Hartmann* § 178 Rn. 6.

97 BGH NJW 1951, 931; NJW 1978, 1858 f.; BVerwG Buchholz 340 § 3 VwZG Nr. 9 (bei mehrjähriger Haftstrafe); VGH Kassel ESVGH 34, 155 (mehrmonatige Freiheitsstrafe).

98 *K. Stöber,* in: Zöller § 178 Rn. 14.

99 *K. Stöber,* in: Zöller § 178 Rn. 8. A.M. hinsichtlich Lebenspartner *Baumbach/Lauterbach/Albers/Hartmann* § 178 Rn. 12.

100 OLG Celle FamRZ 1983, 202, 203; *W.-R. Schenke,* in: Kopp/Schenke § 56 Rn. 30.

101 *W.-R. Schenke,* in: Kopp/Schenke § 56 Rn. 30.

102 *K. Stöber,* in: Zöller § 178 Rn. 11; unklar BT-Drs. 14/4554, 20; schon früher RG JW 1937, 1663.

daher ist auch eine nur stundenweise Beschäftigung (RG JW 1937, 1663) oder Tätigkeit aus Gefälligkeit, z.B. durch eine Verwandte, die täglich zwei Stunden im Haushalt hilft (OLG Hamm MDR 1982, 516), ausreichend. Die Person muss nicht vom Zustellungsadressaten angestellt sein; ausreichend ist die Verpflichtung zu Dienstleistungen gegenüber einem Familienmitglied, z.B. dem Ehemann.[103]

ddd) Ständiger Mitbewohner. Ständiger Mitbewohner ist, wer mit dem Adressaten in einer gemeinsamen Wohnung tatsächlich lebt und insbes. schläft, somit hier einen räumlichen Mittelpunkt seines Lebens hat. Hierzu gehören nicht Personen, die in einem Raum zur Untermiete oder einer anderen Wohnung im gleichen Haus leben.[104] Der Gesetzgeber sieht in dem Zusammenwohnen ein besonderes Vertrauensverhältnis, das in vergleichbarer Weise wie Familienzugehörigkeit die ersatzweise Übergabe des Schriftstücks an eine solche Person rechtfertige (BT-Drs. 14/4554, 20). Mit der Erweiterung der Ersatzzustellmöglichkeiten in der Wohnung durch einen erwachsenen ständigen Mitbewohner werden die Probleme bzgl. der *nichtehelichen Lebensgemeinschaften* gelöst.[105] Offen bleiben jedoch Fragen wie die Behandlung von *Wohngemeinschaften.* Hier ist zu beachten, dass z.B. studentische Wohngemeinschaften in verschiedenen Spielarten auftreten, die auch wirtschaftliche Zweckbündnisse umfassen. Ein besonderes Vertrauensverhältnis kann hier nicht ohne Weiteres unterstellt werden.[106] **52**

eee) Erwachsensein. Der Familienangehörige und ständige Mitbewohner, nicht aber die in der Familie beschäftigte Person müssen erwachsen sein. Erwachsen ist, wer nach seinem Auftreten und äußeren Erscheinungsbild erwarten lässt, er werde das zuzustellende Schriftstück ordnungsgemäß weitergeben und seiner körperlichen Entwicklung nach einem Erwachsenen ähnlich ist (BGH NJW-RR 2002, 137 m.w.N.). Dem steht die Wertung des § 170 ZPO nicht entgegen, da es in dieser Vorschrift darum geht, an welchen Zustellungs*adressaten* zugestellt werden *soll,* wer sich also mit dem Inhalt des Schriftstücks auseinander setzen soll. Die Frage des „Erwachsenseins" i.S.d. § 178 Abs. 1 Nr. 1 ZPO betrifft jedoch den Zustellungs*empfänger.*[107] Dieser nimmt aber nur hinsichtlich der Zustellung die Funktion eines Vertreters wahr (→ Rn. 44), sodass die Anforderungen an seine Einsichtsfähigkeit entsprechend geringer sein können (vgl. auch die Wertung des § 165 BGB). Nach einer Entscheidung des BVerwG kann die Einsichtsfähigkeit auch schon bei einem elfjährigen Kind angenommen werden (BVerwG NJW 1983, 1574 f.). Dem BVerwG ist insoweit zuzustimmen, als sich die Frage des „Erwachsenseins" weder abstrakt aufgrund des Lebensalters noch des nachträglichen Verhaltens des Ersatzempfängers verlässlich beurteilen lässt und daher u.U. entsprechende tatsächliche Feststellungen durch das Prozessgericht getroffen werden müssen. Dabei kommt dem Lebensalter indizielle Bedeutung zu. Je jünger der Ersatzempfänger, umso höhere Beweisanforderungen sind hinsichtlich des „Erwachsenseins" zu stellen.[108] Bedenklich erscheint an der Entscheidung das einseitige Abstellen auf die (psychische) Einsichtsfähigkeit. Nimmt man die Wortlautgrenze des Begriffs „Erwachsen" ernst, muss man *auch* auf das äußere Erscheinungsbild, die Physis abstellen.[109] Bei einem elfjährigen Kind dürfte die Wortlautgrenze klar überschritten sein. Die Grenze dürfte bei 14 Jahren liegen.[110] **53**

cc) Ersatzzustellung in Geschäftsräumen, § 178 Abs. 1 Nr. 2 ZPO. Werden Gewerbetreibende, Rechtsanwälte, Notare, Gerichtsvollzieher, gesetzliche Vertreter oder Vorsteher von Behörden, Gemeinden oder Vereinen etc. in ihren Geschäftsräumen nicht angetroffen, kann die Ersatzzustellung auch an eine in den Geschäftsräumen beschäftigte Person erfolgen, § 178 Abs. 1 Nr. 2 ZPO. Die Ersatzzustellung an Gewerbetreibende etc. kann also in ihrer Wohnung oder auch in ihren Geschäftsstel- **54**

---

103 BVerwG DVBl 1958, 208; RGZ 54, 240, 241; RG JW 1937, 1663; OLG Hamm MDR 1982, 516; FG Bln NJW 1986, 344.
104 *K. Stöber,* in: Zöller § 178 Rn. 12; *P. Kummer,* SGb 2002, 413, 417.
105 Zur früheren Rspr. *K. Stöber,* in: Zöller § 178 Rn. 9.
106 Nach BGH NJW 2001, 1946, 1947 fällt auch der Mitbewohner einer Wohngemeinschaft unter § 178 Abs. 1 Nr. 1 ZPO; so auch für Studenten *P. Kummer,* SGb 2002, 413, 417. *N. Vossler,* FamRB 2002, 220, stellt auf eine gewisse Dauer der gemeinsamen Nutzung der Wohnung ab.
107 Zur Unterscheidung zwischen Zustellungsadressat und Zustellungsempfänger *Baumbach/Lauterbach/Albers/Hartmann* Übers. § 166 Rn. 9 f.
108 Vgl. die Parallele bei der „relativen Fahrunsicherheit" i.R.d. § 315 c StGB, dazu z.B. *P. König,* in: Laufhütte/Rissing-van Saan/Tiedemann, Leipziger Kommentar zum StGB, ¹²2008, § 316 StGB Rn. 90 ff.
109 BGH NJW-RR 2002, 137 m.w.N.; *Baumbach/Lauterbach/Albers/Hartmann* § 178 Rn. 15.
110 Vgl. *W.-R. Schenke,* in: Kopp/Schenke § 56 Rn. 30.

len vorgenommen werden (BVerwGE 44, 104, 106), wobei letzteres aus Gründen der Praxistauglichkeit vorzuziehen ist.

55   **aaa) Geschäftsraum.** Als Geschäftsraum sind die Räumlichkeiten anzusehen, die gerade diesen Personen für die Ausübung der Berufs-, Büro- und Amtstätigkeit dienen,[111] wobei der Zustellungsadressat dort erreichbar sein muss (BGHZ 190, 99, 105). Geschäftsraum ist nicht das gesamte Gebäude, sondern sind die Räumlichkeiten, in denen sich der Publikumsverkehr abspielt und zu denen der mit der Ausführung der Zustellung Beauftragte Zutritt hat (BT-Drs. 14/4554, 20), z.B. bei Behörden der für den Postzugang bestimmte Raum.[112] Auch ein Messestand kann für die Dauer der Messe als Geschäftsraum anzusehen sein.[113] Tritt eine Partei im geschäftlichen Verkehr gegenüber Dritten ausschließlich unter einer bestimmten Geschäftsanschrift auf, können dort selbst dann Sendungen wirksam (ersatz-)zugestellt werden, wenn sie an dieser Stelle tatsächlich kein Geschäft unterhält (OLG Hamburg GuT 2004, 189).

56   **bbb) Beschäftigte Person.** Beschäftigte Person i.S.d. § 178 Abs. 1 Nr. 2 ZPO ist jeder, den der Zustellungsadressat tatsächlich mit einem Dienst für ihn betraut hat, ohne Rücksicht auf ein Arbeits- oder Angestelltenverhältnis (BFH BB 1984, 460). Dies sind sicherlich die ständigen Bediensteten, wie Bürovorsteher, Büro- oder Schreibkräfte. Der Gesetzgeber setzt aber auch hier eine gewisse Vertrauensstellung voraus (BT-Drs. 14/4554, 20; → Rn. 58), die (im geschäftlichen Leben) *Reinigungskräfte* nicht haben dürften.[114] Eine leitende Funktion wird nicht verlangt (OLG Köln NJW-RR 2010, 646, 647). Die im Geschäftsraum beschäftigte Person muss in diesem anwesend sein. Die Übergabe an den außerhalb des Geschäftsraumes angetroffenen Mitarbeiter bzw. an Mitarbeiter, die sich nur zufällig in den Geschäftsräumen aufhalten, z.B. *Außendienstmitarbeiter*, ist unzulässig.[115] Ein *Pförtner* wird z.B. schon nicht „in Geschäftsräumen" angetroffen, wenn er in einer Pförtnerloge sitzt.[116]

57   **dd) Ersatzzustellung in einer Gemeinschaftseinrichtung, § 178 Abs. 1 Nr. 3 ZPO.** Die Ersatzzustellung in einer Gemeinschaftseinrichtung kann an den Leiter oder einen dazu ermächtigten Vertreter erfolgen, § 178 Abs. 1 Nr. 3 ZPO, wenn an den Zustellungsadressaten, der dort wohnt, die Zustellung, z.B. wegen Abwesenheit, nicht möglich ist (BT-Drs. 14/4554, 21). *Gemeinschaftseinrichtung* ist ein weiter Begriff; dazu zählen z.B. Altenheim, Lehrlings- und Arbeiterwohnheim, Krankenhaus, Kaserne, Justizvollzugsanstalt, Asylbewerber-[117] und Flüchtlingsunterkunft.[118] *Wohnen* erfordert, dass der Adressat in den Räumen der Einrichtung lebt und schläft, auch wenn dieser Aufenthalt nur vorübergehender Natur ist (z.B. Aufenthalt im Krankenhaus).[119] *Leiter* der Einrichtung sind bei einem *Krankenhaus* der ärztliche Direktor und der Leiter der Verwaltung[120] und bei einer *Kaserne* der Kasernenkommandant.[121] Der Leiter hat aber die Möglichkeit, einen Vertreter als Zustellungsbevollmächtigten zu bestimmen. Eine Ersatzzustellung gem. § 178 Abs. 1 Nr. 3 ZPO setzt nicht voraus, dass der Postbedienstete den Zustellungsadressaten vorher in dessen Wohnung bzw. Zimmer aufsucht; ausreichend ist, dass der Zusteller den Adressaten im allgemein zugänglichen Teil der Gemeinschaftseinrichtung nicht antrifft (VGH Mannheim Justiz 2006, 411 f.)

58   **ee) Vertrauensverhältnis.** Entscheidend für eine wirksame Ersatzzustellung gem. § 178 Abs. 1 ZPO ist das Bestehen eines Vertrauensverhältnisses, welches die Annahme rechtfertigt, dass der Ersatzempfänger das Schriftstück dem Zustellungsadressaten aushändigen wird. Daraus ergibt sich die Grenze einer analogen Anwendung: So wird in Anbetracht des Spannungsverhältnisses, das eine Ehescheidung mit sich bringt, ein geschiedener Ehegatte i.d.R. nicht als Ersatzempfänger in Betracht kommen, wenn er nach der Scheidung mit den Kindern in der bisher gemeinsamen Wohnung lebt und das Hauswesen versorgt (BGHZ 111, 1, 3, 5; a.M. LG Flensburg MDR 1982, 238). Bedenklich ist deshalb auch die

---

111   *Baumbach/Lauterbach/Albers/Hartmann* § 178 Rn. 16. Vgl. OVG Bln-Bbg NJW 2012, 951, 952.
112   *W.-R. Schenke*, in: Kopp/Schenke § 56 Rn. 27.
113   BGH NJW-RR 2008, 1082; OLG Köln NJW-RR 2010, 646, 647.
114   *W.-R. Schenke*, in: Kopp/Schenke § 56 Rn. 31; nicht ganz eindeutig *P. Kummer*, SGb 2002, 413, 418.
115   So auch *P. Kummer*, SGb 2002, 413, 417 f.
116   *W.-R. Schenke*, in: Kopp/Schenke § 56 Rn. 31.
117   S.a. § 10 AsylG.
118   Vgl. *K. Stöber*, in: Zöller § 178 Rn. 20.
119   *K. Stöber*, in: Zöller § 178 Rn. 20.
120   *W.-R. Schenke*, in: Kopp/Schenke § 56 Rn. 32.
121   *W.-R. Schenke*, in: Kopp/Schenke § 56 Rn. 32.

Entscheidung des LG Berlin, das eine Ersatzzustellung an einen (innerhalb der Ehewohnung) getrennt lebenden Ehegatten zulassen will.[122]

ff) Ersatzzustellung an den Gegner im Rechtsstreit, § 178 Abs. 2 ZPO. Eine Ersatzzustellung an den 59 Gegner im Rechtsstreit ist ausgeschlossen, § 178 Abs. 2 ZPO. Die Interessenkollision würde mit der Gefahr der Nichtaushändigung des Schriftstücks zu wahrende Belange des Zustellungsadressaten gefährden.[123] Der Begriff *Rechtsstreit* wird weit ausgelegt und erfasst nicht nur jedes gerichtliche Verfahren, sondern Zustellungen in allen Angelegenheiten, wo eine konkrete Interessenkollision besteht, z.B. Zustellung nach Beendigung des Rechtsstreits.[124] Gleiches gilt auch für den Begriff des *Gegners*.[125] Erfasst sein können auch enge Familienangehörige, z.B. Ehemann, Sohn oder Schwester.[126] Ein Verstoß macht die Zustellung *unwirksam* (wirkungslos). Dabei kommt es auf die objektive Rechtslage und nicht auf einen etwaigen (fehlerhaften) Hinweis des Urkundsbeamten auf der Aufschriftseite der Sendung an.[127]

c) Ersatzzustellung bei Verweigerung der Annahme durch Zurücklassen, § 179 ZPO. Die Ersatzzu- 60 stellung bei unberechtigter Verweigerung der Annahme des Schriftstücks durch den Zustellungsadressaten oder die Ersatzpersonen nach § 178 Abs. 1 ZPO, erfolgt durch Zurücklassen des Schriftstücks *in der Wohnung oder den Geschäftsräumen*, § 179 ZPO. Dies kann durch Belassen am Zustellungsort, Durchschieben unter der Tür oder Heften an diese geschehen, solange ein Verlust nicht zu besorgen ist. An *anderen Zustellungsorten*, insbes. in Gemeinschaftseinrichtungen, ist das Schriftstück *zurückzusenden*, § 179 S. 2 ZPO. *Mit der Annahmeverweigerung gilt das Schriftstück als zugestellt*, selbst wenn es dem Adressaten nicht zur Kenntnis gelangt, § 179 S. 3 ZPO.[128] Auch das Verbot des Zurücklassens des Schriftstücks in Gemeinschaftseinrichtungen schließt eine wirksame Zustellung nach § 179 ZPO nicht aus, da auch in diesen Fällen bereits mit der unberechtigten Annahmeverweigerung das Schriftstück als zugestellt gilt.[129] Verweigert der Adressat die Annahme an einem anderen Zustellort als seiner Wohnung oder seinem Geschäftsraum (§ 177 ZPO), ist das Schriftstück nach § 179 S. 2 ZPO an die absendende Stelle zurückzusenden, denn andernfalls wäre das zuzustellende Schriftstück dem ungehinderten Zugriff Dritter preisgegeben und dem Betroffenen die Möglichkeit der Kenntnisnahme erschwert oder unmöglich gemacht (VGH München NJW 2012, 950).
Die Verweigerung ist *berechtigt* bei einem Zustellungsversuch zu allgemein unpasser Zeit, von einer (vermeintlichen) Ersatzperson, wenn die Voraussetzungen der Zustellung fehlen oder wenn Zweifel über die Identität des Angetroffenen oder durch die Ersatzperson Vertretenen mit dem auf dem Umschlag bezeichneten Empfänger bestehen und in Fällen des § 178 Abs. 2 ZPO.[130] In diesen Fällen muss ein neuer Zustellungsversuch unternommen werden.[131]

d) Ersatzzustellung durch Einlegen in den Briefkasten, § 180 ZPO. Eine Ersatzzustellung ist auch 61 durch Einlegen in den zur Wohnung oder den Geschäftsräumen gehörenden Briefkasten möglich, § 180 ZPO. Zulässig ist diese seit 2002 zulässige Form der Ersatzzustellung erst bei Scheitern der unmittelbaren Zustellung an den Zustellungsadressaten und der Ersatzzustellung nach § 178 Abs. 1 Nr. 1 oder 2 ZPO.[132] Praktische Bedeutung hat sie insbes. bei Geschäftsräumen, die zum Zeitpunkt des Zustellvorgangs nicht geöffnet haben. Die Ersatzzustellung nach § 180 ZPO kann auch erfolgen, wenn das Schriftstück außerhalb der Geschäftszeit in den Briefkasten gelegt wird.[133] Es sollte in Anwaltskanzleien deshalb zur Überwachung fristauslösender Sendungen der Briefkasten regelmäßig auch außerhalb der regelmäßigen Geschäftszeiten überprüft werden. *Zur Wohnung* etc. gehört der Briefkasten, wenn er dieser nach den Gesamtumständen eindeutig zugeordnet werden kann, z.B. durch Be-

---

122 LG Berlin MDR 1998, 926. A.M. *K. Stöber*, in: Zöller § 178 Rn. 8.
123 *K. Stöber*, in: Zöller § 178 Rn. 22.
124 *K. Stöber*, in: Zöller § 178 Rn. 23.
125 Näheres bei *K. Stöber*, in: Zöller § 178 Rn. 24.
126 *P. Kummer*, SGb 2002, 413, 418.
127 *K. Stöber*, in: Zöller § 178 Rn. 26.
128 *P. Kummer*, SGb 2002, 413, 418.
129 *P. Kummer*, SGb 2002, 413, 418.
130 *K. Stöber*, in: Zöller § 179 Rn. 2. S.a. VGH München NJW 2012, 950.
131 *Baumbach/Lauterbach/Albers/Hartmann* § 179 Rn. 7.
132 OVG Bln-Bbg NJW 2012, 951, 952; *K. Stöber*, in: Zöller § 180 Rn. 2.
133 BVerwG NJW 2007, 3222 f. (wie BGH NJW 2007, 2186, 2187).

schriftung, Anbringen auf dem Einfamiliengrundstück.[134] Nicht zur Wohnung etc. gehört er, wenn er z.B. zugeklebt ist oder überquillt, und damit erkennbar nicht benutzt wird.[135] Der bloße, dem Empfänger zurechenbare Rechtsschein, dieser unterhalte unter der jeweiligen Anschrift eine Wohnung oder Geschäftsräume, soll aufgrund des formalen Charakters der Zustellungsvorschriften für eine ordnungsgemäße Zustellung nicht genügen (BGHZ 188, 99, 103; a.M. OVG Lüneburg NJW 2007, 1079).

Problematisch ist die Zuordnung bei Gemeinschaftsbriefkästen.[136] Anstelle eines Briefkastens kann die Sendung auch in eine *ähnliche Vorrichtung* eingelegt werden, die der Adressat für den Postempfang eingerichtet hat und die in der allgemein üblichen Art für eine sichere Aufbewahrung geeignet ist, z.B. der Briefschlitz in der Haustür eines Einfamilienhauses oder – nach dem BGH – u.U. eines Mehrfamilienhauses (BGHZ 190, 99, 106 ff. – str.). Der Zustellende muss sich von der Zuordnung zur Wohnung und von dem *ordnungsgemäßen Zustand* des Briefkastens oder der ähnlichen Einrichtung überzeugen. Die Ersatzzustellung soll wirksam sein, wenn der Briefkasten oder die ähnliche Vorrichtung zwar objektiv unsicher, dieser Umstand für den Postzusteller allerdings nicht erkennbar ist (so OLG Nürnberg NJW 2009, 2229 f. m.w.N.). Sie ist ferner wirksam, wenn zwar nicht zweifelsfrei feststeht, ob der Zustellungsadressat unter der Zustellungsanschrift tatsächlich wohnt, er aber in zurechenbarer Weise den Anschein gesetzt hat, dass dies der Fall ist (OVG Greifswald NordÖR 2007, 491 f.). Als *zugestellt* gilt das Schriftstück mit Einlegen in den Briefkasten oder die sonstige geeignete Vorrichtung, § 180 S. 2 ZPO. Dies gilt auch, wenn der Zustellungsadressat das Schriftstück nicht zur Kenntnis nehmen konnte, weil ein dazu befugter Familienangehöriger den Briefkasten geleert, ihm aber nicht das Schriftstück ausgehändigt hat (VGH Mannheim, VBlBW 2016, 507 f.). Auf dem *Umschlag* des übergebenen Schriftstücks hat der Zusteller das *Datum der Zustellung* zu vermerken, § 180 S. 3 ZPO, um dem Zustellungsadressaten über die Zustellungszeit in Kenntnis zu setzen (zur Heilung eines Fehlers → Rn. 81). Ersatzzustellung durch Einlegen in den Briefkasten einer *Gemeinschaftseinrichtung* ist nicht vorgesehen. Ist dort eine Zustellung nach § 178 Abs. 1 Nr. 3 ZPO und in den übrigen Fällen des § 180 ZPO nicht möglich, ist das Schriftstück durch Niederlegung (§ 181 ZPO; → Rn. 62–70) zuzustellen (BT-Drs. 14/4554, 21).

62   **e) Ersatzzustellung durch Niederlegung, § 181 ZPO. aa) Voraussetzung.** Die letzte Möglichkeit ist die Ersatzzustellung durch Niederlegung, § 181 ZPO. Voraussetzung ist, dass eine unmittelbare Zustellung an den Adressaten *und* eine vorrangige andere Ersatzzustellung in der Wohnung (§ 178 Abs. 1 Nr. 1 ZPO) oder in den Geschäftsräumen (§ 178 Abs. 1 Nr. 2 ZPO), durch Einlegen in den Briefkasten (§ 180 ZPO) oder in einer Gemeinschaftseinrichtung an den Leiter (§ 178 Abs. 1 Nr. 3 ZPO) nicht möglich war, § 181 Abs. 1 S. 1 ZPO. Der Zustellungsadressat muss also am Niederlegungsort eine Wohnung, einen Geschäftsraum oder einen Schlafplatz in einer Gemeinschaftseinrichtung haben.[137] Angesichts der Ersatzzustellung durch Einlegen in den Briefkasten dürfte nur ein sehr eingeschränkter Anwendungsbereich verbleiben. Bei unberechtigter Annahmeverweigerung ist nach § 179 ZPO, nicht nach § 181 ZPO, zuzustellen.

63   **bb) Niederlegung.** Die Niederlegung hat bei einer der in § 181 ZPO genannten Stellen zu erfolgen.[138] Dies ist die *Geschäftsstelle des Amtsgerichtes*, in dessen Bezirk der Ort der Zustellung liegt, wenn ein Justizbediensteter, ein Gerichtsvollzieher oder eine andere Behörde mit der Ausführung der Zustellung beauftragt wurde. Wurde die *Post* (§ 168 Abs. 1 S. 2 ZPO) mit der Zustellung beauftragt, erfolgt die Niederlegung nach pflichtgemäßem Ermessen des Zustellers bei einer von der Post dafür bestimmten *Niederlegungsstelle* (z.B. Postagentur).[139] Diese muss sich am Ort der Zustellung oder am Ort des Amtsgerichts befinden, § 181 Abs. 1 S. 2 ZPO. Das gilt auch dann, wenn die Postzustellung in dieser Gemeinde nach der Organisation der Deutschen Post AG von einem Postamt in einer anderen Ge-

---

134 *K. Stöber,* in: Zöller § 180 Rn. 3; *Baumbach/Lauterbach/Albers/Hartmann* § 180 Rn. 5.
135 *K. Stöber,* in: Zöller § 180 Rn. 3.
136 Vgl. *Baumbach/Lauterbach/Albers/Hartmann* § 180 Rn. 5. Abgelehnt bei Einwurf in Briefkasten, den Adressat gemeinsam mit Gegner unterhält OLG Nürnberg OLGR 2002, 309.
137 *Baumbach/Lauterbach/Albers/Hartmann* § 181 Rn. 4 m.w.N.
138 *K. Stöber,* in: Zöller, § 181 Rn. 3 b hält die Bestimmung der Niederlegungsstellen aufgrund der oft fehlenden Wohnortnähe insbes. mit Blick auf die Gewährung des rechtlichen Gehörs (Art. 103 Abs. 1 GG) nicht für stets sachgerecht.
139 *K. Stöber,* in Zöller § 181 Rn. 3.

meinde aus erfolgt (BFH DB 1988, 2136; VGH Kassel NJW 1986, 1192; LG Hamburg MDR 1985, 167). Die Post ist damit angehalten ständig eigene Niederlassungsstellen zu unterhalten, die aber nicht von der Beleihung nach § 33 Abs. 1 PostG erfasst sein müssen; sie können nicht erst durch den Zusteller im Einzelfall festgestellt werden.[140] Eine Niederlegung durch die Post auf der Geschäftsstelle des Amtsgerichts ist *nicht* möglich.

Niedergelegt ist, wenn das zuzustellende Schriftstück nach erfolglosem Zustellungsversuch der zuständigen Stelle zwecks Aushändigung an den Adressaten übergeben wird; auf eine interne weitere Bearbeitung kommt es nicht an.[141] 64

cc) Schriftliche Mitteilung über die Niederlegung. Dem Zustellungsadressaten ist eine schriftliche 65
Mitteilung über die Niederlegung zu hinterlassen, § 181 Abs. 1 S. 3 ZPO. Dabei ist der Vordruck der Anl. 4 zur ZustVV (BGBl 2002 I 671, 1019) zu benutzen. Die Mitteilung muss *„in der bei gewöhnlichen Briefen üblichen Weise"* abgegeben werden. Sie muss also in der sonst vom Postzusteller praktizierten und vom Adressaten hingenommenen Art hinterlassen werden,[142] z.B. durch Einwurf in den Briefkasten (aber → Rn. 67); Aushändigung an eine in der Wohnung anwesende Person, die nicht schon unter § 178 Abs. 1 fällt;[143] Aushändigung an den Nachbarn;[144] Unterschieben unter der Türschwelle (BVerwG NJW 1973, 1945; OLG Koblenz NJW-RR 2013, 1280); Einschieben in den Türspalt[145] (→ Rn. 68); Ablage vor der Wohnungstür (BVerwG NJW 1985, 1179, 1180).[146] Problematisch ist auch hier die Zuordnung von Gemeinschaftsbriefkästen (→ Rn. 61).[147] Auf dem *Umschlag* des zuzustellenden Schriftstücks hat der Zusteller das *Datum der Zustellung* zu vermerken, § 181 Abs. 1 S. 5 ZPO.

Das Hinterlassen einer schriftlichen Mitteilung kann, wenn ein *Nachsendeantrag* gestellt wurde, auch 66
darin liegen, dass das Benachrichtigungsschreiben nachgesandt wird (VGH München BayVBl 1973, 15, 17. A.M. BFH NJW 1988, 1999, 2000), denn ein bei der Post gestellter Nachsendeantrag schließt eine Ersatzzustellung durch Niederlegung am Zustellort nicht aus, da der Zustellungsadressat, welcher einen Nachsendeantrag gestellt hat, nicht beanspruchen kann, dass die Post ihm Schriftstücke am Ort des vorübergehenden Aufenthalts förmlich zustellt (VGH Mannheim VBlBW Rechtsprechungsdienst 1997, Beilage 7, B 1). Eine nach der Niederlegung erfolgende Weiterleitung der Sendung beseitigt die einmal erfolgte Zustellung durch Niederlegung nicht; die Weiterleitung ist rechtlich unerheblich (BVerwGE 88, 66, 68). Handelt es sich nicht um einen vorübergehenden, sondern dauerhaften neuen Aufenthalt (z.B. nach Umzug), hat der Zustellungsadressat eine neue Wohnung i.S.d. Zustellungsvorschriften begründet, in der unabhängig vom Nachsendeantrag ein neuer Zustellversuch vorgenommen werden muss, bevor eine Niederlegung erfolgen kann.

Zu der Abgabe in der bei gewöhnlichen Briefen üblichen Weise gehört auch der Einwurf in den *Brief-* 67
kasten. Gehört dieser aber zu einer Wohnung oder zu Geschäftsräumen muss ersatzweise Zustellung nach § 180 ZPO erfolgen (→ Rn. 61), die die Niederlegung ausschließt.[148] Das Einlegen der Mitteilung in Briefkästen von Gemeinschaftseinrichtungen ist möglich. Die Mitteilung muss nach verbreiteter Ansicht auch dann unter der Wohnanschrift erfolgen, wenn der Zustellungsadressat ein *Postfach* unterhält und die Post postlagernd erhält.[149]

Ist eine Mitteilung in brieflicher Weise nicht möglich, ist auch die *Anheftung* an der Tür der Woh- 68
nung (nicht an der Gartentür, vgl. BVerfG NJW 1988, 817), des Geschäftsraumes oder der Gemeinschaftseinrichtung möglich, § 181 Abs. 1 S. 3 letzter Hs. Anheften bedeutet verbinden mit Klebeband, Schnur, Reißzwecke etc.; nicht aber einklemmen in den Türspalt (BFH BB 1981, 230; OLG Koblenz

---

140 *K. Stöber*, in: Zöller § 181 Rn. 3; vgl. BT-Drs. 14/4554, 22.
141 *Baumbach/Lauterbach/Albers/Hartmann* § 181 Rn. 8.
142 BVerwG NJW 1985, 1179; BFH NJW 1988, 1999, 2000; ausf. *Baumbach/Lauterbach/Albers/Hartmann* § 181 Rn. 10.
143 *Baumbach/Lauterbach/Albers/Hartmann* § 181 Rn. 10.
144 *K. Stöber*, in: Zöller § 181 Rn. 5.
145 So OLG Karlsruhe MDR 1999, 497 wenn die sonstige Briefpost ebenfalls auf diese Weise zugestellt wird.
146 Weitere Einzelfälle in BVerfG NJW 1988, 817; BVerwGE 42, 180, 182.
147 Vgl. auch *B. Eyinck*, NJW 1998, 206.
148 So auch *K. Stöber*, in: Zöller § 181 Rn. 4. A.M. *W.-R. Schenke*, in: Kopp/Schenke § 56 Rn. 35 (Fn. 38), der eine Differenzierung für sinnvoll hält, da nur eine Mitteilung und nicht das zuzustellende Schriftstück eingeworfen werde.
149 BFH NJW 1984, 448; OVG Münster 31.10.2013 – 14 A 2096/11, juris Rn. 16. A.M. BVerwG NJW 1971, 1284, 1285.

NJW-RR 2013, 1280 m.w.N.). Das Anheften ist nicht ohne Risiko, weil die Mitteilung dadurch für Dritte zugänglich wird, die diese z.B. entfernen können. Auch starker Wind oder Regen kann sie lösen. Auf die Wirksamkeit der Zustellung hat das Entfernen jedoch keinen Einfluss, da das Schriftstück mit der Abgabe und nicht der Kenntnisnahme der schriftlichen Mitteilung als zugestellt gilt, § 181 Abs. 1 S. 4 ZPO (→ Rn. 69).[150] Das Risiko dem Zustellungsadressaten aufzubürden ist auch sachgerecht, soweit er keinen Briefkasten oder eine ähnliche Vorrichtung zum Einlegen von Schriftstücken zur Verfügung stellt und dadurch die Ersatzzustellung nach § 180 ZPO ausgeschlossen ist.[151]

69 **dd) Wirkung.** Mit der Abgabe der schriftlichen Mitteilung *gilt* das Schriftstück als *zugestellt*, § 181 Abs. 1 S. 4 ZPO (Zustellungsfiktion).[152] Auf die Niederlegung kommt es nicht an, sodass Fehler bei der Niederlegung die Wirksamkeit der Zustellung nicht berühren.[153] Ebenso wenig kommt es auf den Zeitpunkt der Kenntnisnahme des Adressaten von der schriftlichen Mitteilung an (VGH München BayVBl 1981, 660). Eine Zustellung kann auch dann erfolgt sein, wenn der Zustellungsadressat von dem Mitteilungsschreiben überhaupt keine Kenntnis nimmt.[154] Eine andere Frage ist es, welche Rechte dem Zustellungsempfänger für den Fall zustehen, dass er von dem Zugang einer Nachricht unverschuldet (z.B. durch Ortsabwesenheit, Urlaub) keine Kenntnis erlangt hat und auf diese Weise die Frist für die Erlangung eines Rechtsbehelfs abgelaufen ist. Zur Wahrung seiner Rechte genügt es, dass das Gesetz die Möglichkeit gewährt, Wiedereinsetzung in den vorherigen Stand zu erwirken (BGH NJW-RR 1999, 1150, 1151 m.w.N.). Wird die Benachrichtigung in anderer als der bei gewöhnlichen Briefen üblichen Weise abgegeben oder fehlt sie, stellt dies, soweit nicht eine zulässige Befestigung an der Wohnungstür vorliegt, einen Zustellungsmangel dar, der bewirkt, dass Rechtsbehelfsfristen nicht zu laufen beginnen (→ Rn. 81). *Heilung* nach §§ 189, 295 ZPO ist möglich.

70 **ee) Abholung, Bereithaltung, § 181 Abs. 2 ZPO.** Ausgehändigt werden darf das Schriftstück bei Abholung nur dem Adressaten persönlich oder einer von ihm durch Empfangsvollmacht legitimierten Person.[155] Das niedergelegte Schriftstück ist *drei Monate* zur Abholung bei der Geschäftsstelle des Amtsgerichts oder der von der Post zur Niederlegung bestimmten Stelle bereit zu halten, § 181 Abs. 2 S. 1 ZPO. Nach Ablauf der Frist werden nicht abgeholte Schriftstücke an den Absender, i.d.R. also das Gericht, zurückgegeben, § 181 Abs. 2 S. 2 ZPO. Die Rückgabe berührt die Wirksamkeit nicht.

71 **3. Die Zustellungsurkunde, § 182 ZPO.** Zum Nachweis der Zustellung nach § 171, §§ 177–181 ZPO ist eine Zustellungsurkunde auf dem hierfür vorgesehenen Vordruck anzufertigen, § 182 Abs. 1 S. 1 ZPO. Der *Inhalt* der Zustellungsurkunde ergibt sich aus § 182 Abs. 2 ZPO.[156] Der *Vordruck* ist der Sendung vom Gericht beizufügen. Der Zusteller komplettiert den Vordruck und unterschreibt ihn. Er muss so ausgefüllt werden, dass sich ohne Rückfragen und zusätzliche Ermittlungen feststellen lässt, ob die Zustellung den gesetzlichen Anforderungen entspricht (VGH München BayVBl 1988, 658, 659). Bei der Zustellungsurkunde handelt es sich nach § 182 Abs. 1 S. 2 ZPO ausdrücklich um eine *öffentliche Urkunde i.S.d. § 418 Abs. 1 ZPO.* Sie erbringt damit den vollen Beweis der darin bezeugten Tatsachen, aber beschränkt auf den gesetzlich erforderlichen Inhalt nach § 182 Abs. 2 ZPO[157] (→ Rn. 76). Nach § 418 Abs. 2 ZPO ist aber der Gegenbeweis zulässig. Die Urkunde sollte, muss aber nicht, im zeitlichen und örtlichen Zusammenhang mit dem Zustellungsvorgang aufgenommen werden, d.h. sie kann auch nachträglich noch berichtigt und ergänzt werden.[158]

72 Als *Zustellungsadressat* (die Person, der zugestellt werden soll) i.S.d. § 182 Abs. 2 Nr. 1 ZPO zu vermerken ist bei Zustellung an den gesetzlichen Vertreter, Generalbevollmächtigten oder Prokuristen, Zustellungsbevollmächtigten sowie an einen Prozessbevollmächtigten jeweils dieser, nicht der Vertre-

---

150 Vgl. auch P. *Kummer*, SGb 2002, 413, 419.
151 P. *Kummer*, SGb 2002, 413, 419.
152 BGH NJW-RR 1999, 1150, 1151; Rosenberg/Schwab/*Gottwald* § 72 Rn. 27.
153 BT-Drs. 14/4554, 22. A.M. P. *Kummer*, SGb 2002, 413, 419.
154 BGH NJW-RR 2006, 563, 564; HmbOVG VerwRspr 27, 231 f.; K. *Stöber*, in: Zöller § 181 Rn. 7.
155 K. *Stöber*, in: Zöller § 181 Rn. 8.
156 Zum zwingenden Charakter der inhaltlichen Vorgaben BVerwG NJW 1983, 1076; Buchholz 303 § 195 ZPO Nr. 3. Zum notwendigen Inhalt *Baumbach/Lauterbach/Albers/Hartmann* § 182 und K. *Stöber*, in: Zöller § 182.
157 W.-R. *Schenke*, in: Kopp/Schenke § 56 Rn. 24.
158 K. *Stöber*, in: Zöller § 182 Rn. 20. BGHZ 193, 353, 367 f. zum Zustellungsvermerk gem. § 184 Abs. 2 S. 4 ZPO.

tene.[159] Wenn mehrere Personen wahlweise empfangsberechtigt sind, können sie beide in die Urkunde aufgenommen werden (RGZ 24, 416, 417). Gem. § 182 Abs. 2 Nr. 2 ZPO ist der *Zustellungsempfänger* zu bezeichnen, also die Person, der das Schriftstück tatsächlich übergeben wurde. *Ort* i.S.d. § 182 Abs. 2 Nr. 7 ZPO ist der Ort, an dem der Zustellungsadressat angetroffen oder die Ersatzzustellung vorgenommen wird. Dieser ist in verkehrsüblicher Weise zu bezeichnen. *Zeit* ist der Zustellungstag, in Ausnahmefällen, z.B. wenn das Gericht eine Zustellung mit Angabe der Uhrzeit wünscht,[160] auch Stunde und Minute.[161] Die erforderliche *Unterschrift* des Zustellers nach § 182 Abs. 2 Nr. 8 ZPO kann nachgeholt werden, da ein Zeitpunkt für den Abschluss der Urkunde nicht vorgeschrieben ist.[162] Nach neuer Rechtslage ist eine Beurkundung der *Geschäftsnummer* auf der Zustellungsurkunde nicht mehr vorgeschrieben.[163] Damit fehlt es an der urkundlichen Beziehung zwischen Zustellung und zuzustellender Sendung.[164]

Ein Verstoß gegen § 182 ZPO berührt, nach dem eindeutigen Wortlaut „zum Nachweis", die *Wirk-* 73 *samkeit der Zustellung* nicht.[165] Durch den Mangel kann aber die Beweiskraft der Urkunde gemindert oder beseitigt sein, § 419 ZPO.[166] Weicht z.B. der Vermerk des Tages der Zustellung auf der Sendung von dem Datumsvermerk auf der Zustellungsurkunde ab, ist die Zustellung bewirkt, für die Feststellung der Zeit ist jedoch zu würdigen, ob der vermerkte Zustellungstag die Unrichtigkeit beweist.[167] Wird in der Zustellungsurkunde als Empfänger des Schriftstücks eine falsche Person bezeichnet (z.B. in der Familie dienende Person statt ständiger Mitbewohner), macht dies den Zustellungsvorgang nicht unwirksam, solange es sich beim tatsächlichen Empfänger um eine der in Abs. 1 genannten Personen handelt.[168]

4. Öffentliche Zustellung, §§ 185 ff. ZPO. Eine Sonderart der Zustellung ist die öffentliche Zustel- 74 lung (§§ 185 ff. ZPO).[169] Sie erfolgt gem. § 185 ZPO, wenn der Aufenthaltsort einer Person unbekannt und eine Zustellung an einen Vertreter oder Zustellungsbevollmächtigten nicht möglich ist (Nr. 1), eine Zustellung im Ausland nicht möglich ist oder keinen Erfolg verspricht (Nr. 3; → Rn. 88–94), die Zustellung nicht erfolgen kann, weil der Ort der Zustellung die Wohnung einer Person ist, die nach den §§ 18–20 GVG der Gerichtsbarkeit nicht unterliegt (Nr. 4), oder (seit 2008) wenn bei juristischen Personen, die zur Anmeldung einer inländischen Geschäftsanschrift zum Handelsregister verpflichtet sind, eine Zustellung weder unter der eingetragenen Anschrift noch unter einer im Handelsregister eingetragenen Anschrift einer für Zustellungen empfangsberechtigten Person oder einer ohne Ermittlungen bekannten anderen inländischen Anschrift möglich ist (Nr. 2). Die öffentliche Zustellung erfolgt durch *Aushang* einer Benachrichtigung an der *Gerichtstafel* oder durch Einstellung in ein elektronisches Informationssystem, das im Gericht öffentlich zugänglich ist, § 186 Abs. 2 S. 1 ZPO. Das Prozessgericht kann zusätzlich eine Veröffentlichung in einem von dem Gericht für Bekanntmachungen bestimmten elektronischen Informations- und Kommunikationssystem anordnen, § 186 Abs. 2 S. 2 ZPO. Der erforderliche Inhalt der Benachrichtigung ergibt sich aus § 186 Abs. 2 S. 3 ZPO. Auch kann das Prozessgericht zusätzlich anordnen, dass die Benachrichtigung einmal oder mehrfach im Bundesanzeiger oder in anderen Blättern zu veröffentlichen ist, § 187 ZPO. Nach Ablauf eines Monats gilt das Schriftstück als zugestellt, § 188 S. 1 ZPO. Die Bestimmung einer längeren Frist durch das Gericht ist möglich, § 188 S. 2 ZPO. Es handelt sich also um die *Fiktion* einer Zustellung.[170]

---

159 BGHZ 107, 296, 299 für den gesetzlichen Vertreter; RGZ 17, 392, 402 für den Prozessbevollmächtigten; *K. Stöber*, in: Zöller § 182 Rn. 5.

160 Näher *K.-H. Weingärtner*, VBlBW 1989, 9, 11.

161 Näher *K. Stöber*, in: Zöller § 182 Rn. 11.

162 BGH NJW-RR 2008, 218, 219; *K. Stöber*, in: Zöller § 182 Rn. 18.

163 Im amtlichen Vordruck ist sie aber enthalten, vgl. Anl. 1 ZustVV vom 12.2.2002 (BGBl I 671, 1019).

164 *J. v. Albedyll*, in: Bader § 56 Rn. 14. Zu den daraus resultierenden Beweisproblemen *J. Steiner/B. Steiner*, NVwZ 2002, 437 ff. Ferner OVG Bln-Bbg NJW 2012, 951 f.

165 *P. Kummer*, SGb 2002, 481. A.M. *Baumbach/Lauterbach/Albers/Hartmann* § 182 Rn. 19 für wesentliche Mängel.

166 BGHZ 190, 353, 367; *K. Stöber*, in: Zöller § 182 Rn. 19. A.M. *Baumbach/Lauterbach/Albers/Hartmann* § 182 Rn. 19 für wesentliche Mängel.

167 *K. Stöber*, in: Zöller § 182 Rn. 19.

168 BayOLG FamRZ 2002, 848; OLG Hamm NJW-RR 1987, 1279; s. aber auch OLG Karlsruhe OLGRspr 2, 422, 424.

169 Näheres bei *P. Kummer*, SGb 2002, 481, 483 f.

170 *Baumbach/Lauterbach/Albers/Hartmann* § 188 Rn. 2.

75 Problematisch ist, inwieweit das Gericht verpflichtet ist, vor einer öffentlichen Zustellung *Ermittlungen* hinsichtlich des Aufenthaltsortes des Adressaten anzustellen. Dabei ist zu berücksichtigen, dass jede öffentliche Zustellung den Anspruch auf rechtliches Gehör empfindlich einschränken und damit auch den Anspruch auf effektiven Rechtsschutz verkürzen kann.[171] Das Gericht muss sich durch sorgfältige Prüfung davon überzeugen, dass die übrigen Zustellungsarten nicht zum Erfolg führen (BFH NVwZ 1988, 576; VGH Mannheim NVwZ 1991, 1195, 1196). Es muss sich aller ihm zu Gebote stehenden zumutbaren Mittel zur Erforschung des Aufenthalts des Betroffenen bedienen.[172] Vor der öffentlichen Bekanntmachung sind also, wenn der Aufenthaltsort des Adressaten unbekannt ist, gründliche und sachdienliche Bemühungen um Aufklärung des gegenwärtigen Aufenthaltsorts erforderlich. Das folgt daraus, dass die Zustellungsfiktion der öffentlichen Bekanntmachung verfassungsrechtlich nur zu rechtfertigen ist, wenn eine andere Art der Zustellung aus sachlichen Gründen nicht oder nur schwer durchführbar ist. Liegen nach den Ermittlungen durch das Gericht aus seiner Sicht die Voraussetzungen des § 185 ZPO vor, ist die fingierte Zustellung wirksam (OLG Frankfurt a.M. NJW 2009, 2543 m.w.N.). Lagen die Voraussetzungen objektiv nicht vor, muss aber Wiedereinsetzung in den vorherigen Stand gewährt werden.[173]

XI. Beweisfragen

76 **1. Zustellungsurkunde.** Die Zustellungsurkunde (→ Rn. 71–73) begründet gem. § 182 Abs. 1 S. 2 i.V.m. § 418 Abs. 1 ZPO den vollen Beweis der darin bezeugten Tatsachen (BVerwG NJW 1986, 2127, 2128). Zu beachten sind die Grenzen der Beweiskraft gem. § 418 ZPO. Bezeugt werden können nur die in § 182 Abs. 2 Nr. 1–8 ZPO genannten Tatsachen. So erstreckt sich die Beweiskraft bei der Ersatzzustellung nicht darauf, dass der Zustellungsadressat unter der Zustellungsanschrift wohnt. Eine andere Frage ist es, ob durch die Erklärung des Zustellungsbeamten ein Indiz begründet wird.[174] Der Beweis des Gegenteils bleibt möglich, § 418 Abs. 2 ZPO. Erforderlich ist der volle Nachweis eines anderen Geschehensablaufes. Aus diesem Grund muss ein Beweisantritt substantiiert sein, d.h. es muss nach dem Vorbringen des Beteiligten eine gewisse Wahrscheinlichkeit für die Unrichtigkeit der bezeugten Tatsachen dargelegt werden. Bloßes Bestreiten genügt nicht. So müssen z.B. Umstände dargelegt werden, die ein Fehlverhalten des Zustellers bei der Zustellung und damit eine Falschbeurkundung in der Zustellungsurkunde zu belegen geeignet sind (BVerwG NJW 1986, 2127, 2128 m.w.N.; VGH Kassel NJW 1996, 1075).

77 **2. Einschreiben mit Rückschein.** Wird per Einschreiben mit Rückschein (→ Rn. 36–38) zugestellt, erbringt der Rückschein den Nachweis über den Zugang.[175] Der Rückschein ist im Gegensatz zur Zustellungsurkunde keine öffentliche Urkunde (Privaturkunde).[176] Deshalb beurteilt sich die Beweiskraft (nur) nach § 416 ZPO, sodass der Beweis nur dafür erbracht ist, dass die in der Urkunde enthaltene Erklärung auch vom Aussteller abgegeben wurde.

78 **3. Empfangsbekenntnis.** Das ausgefüllte und dem Gericht zurückgeleitete Empfangsbekenntnis (→ Rn. 32–35) ist zwar Privaturkunde, liefert jedoch nach § 174 Abs. 4 S. 1 ZPO den vollen Beweis für die Zustellung und den Zustellungszeitpunkt (BGH NJW 2002, 3027, 3028). Umstr. ist, ob die in § 418 Abs. 1 ZPO bestimmte Rechtsfolge entsprechend oder § 416 ZPO gilt.[177] Der Nachweis kann aber auch auf andere Weise erbracht werden (BFHE 136, 348, 349 f.; BFH/NV 1987, 103 f.). Auch der Beweis des Gegenteils ist zulässig. Der Zustelltag auf dem Empfangsbekenntnis ist nicht maßge-

---

171 BVerfG NJW 1988, 1255, 1256.
172 BayObLG NVwZ 1983, 765, 766; LG Berlin NJW-RR 1991, 1152; vgl. auch VGH Mannheim VBlBW 1982, 14, 15.
173 Näher *K. G. Deubner*, JuS 1993, 493, 495.
174 Für die Wohnung des Zustellungsadressaten BVerfG NJW 1992, 224, 225 f.; BGH NJW 1992, 1963.
175 *K. Stöber*, in: Zöller § 175 Rn. 4.
176 BT-Drs. 14/4554, 19.
177 Für § 416 ZPO: BGH NJW 1990, 2125; 2012, 2117; *K. Stöber*, in: Zöller § 174 Rn. 20. Für § 418 ZPO: BVerfG NJW 2001, 1563; BVerwG NJW 1994, 535 f.; OVG Münster NJW 2010, 3385; *Baumbach/Lauterbach/Albers/Hartmann* § 174 Rn. 14, § 418 Rn. 5.

bend, wenn er nachweislich unrichtig ist. Dabei reicht nicht aus, dass nur die Möglichkeit eines – vielleicht auch nahe liegenden – anderen Geschehensablaufes dargetan wird.[178]

XII. Mängel und Heilung von Mängeln der Zustellung

1. Allgemein. Eine fehlerhafte Zustellung hat nicht automatisch die Unwirksamkeit der Zustellung 79 zur Folge. Es kann eine Heilung gem. §§ 189, 295 ZPO eintreten. Im Übrigen ist zu unterscheiden zwischen wesentlichen und unwesentlichen Zustellungsmängeln (→ Rn. 80 f.). Diese sind zu unterscheiden von solchen „Mängeln", die die Zustellung nicht fehlerhaft machen, z.B. das Fehlen des Datums, unter dem ein Beschluss ergangen ist, auf dessen Ausfertigung (BVerwG DVBl 1984, 781 f.; VGH Kassel NVwZ-RR 1991, 390) oder sonstigen Unzulänglichkeiten oder irrtümliche Bezeichnungen, bei denen noch durch eine verständige Auslegung erkennbar ist, wen oder was die Zustellung betrifft.[179] Auch ist zu unterscheiden zwischen Verfahrensfehlern, wie z.B. dem Fehlen der nach § 122 Abs. 2 S. 1 notwendigen Begründung, und Zustellungsfehlern (HmbOVG NJW 1996, 1225). Auch „Unrichtigkeiten oder Unklarheiten" i.S.d. § 119 Abs. 1 wirken sich nicht auf die Zustellung aus. In all diesen Fällen nicht fehlerhafter Zustellungen läuft eine Rechtsbehelfsfrist ganz normal ab dem Zeitpunkt der Zustellung.

2. Wesentliche Zustellungsmängel. Wesentliche Zustellungsmängel sind gegeben bei einem Verstoß 80 gegen *grundlegende* zwingende Vorschriften. Liegt ein solcher vor, ist die Entscheidung rechtlich nicht existent (BGH NJW 1999, 176, 177; BayOLG FamRZ 2002, 848 m.w.N.). Das ist z.B. der Fall bei Zustellung an einen Prozessunfähigen,[180] oder wenn die Mitteilung über die Niederlegung in das Postfach des Adressaten eingelegt wird[181] (→ Rn. 67). Auch Mängel des zuzustellenden Schriftstücks selbst können wesentlich i.d.S. sein, z.B. bei Urteilen, wenn die Unterschrift auf der Urschrift fehlt (BGH NJW 1953, 622 f.), bei Zustellung einer Ausfertigung oder beglaubigten Abschrift, auf der die Unterschriften der Richter oder der Ausfertigungs- bzw. Beglaubigungsvermerk fehlen (BGHZ 186, 22, 24, 26 f.; LG Braunschweig DGVZ 1982, 75). In der Zustellung einer einfachen, statt beglaubigten Abschrift soll kein wesentlicher Zustellungsmangel liegen.[182] Mängel in der Zustellungsurkunde können nicht wesentlich sein, da diese nicht konstitutiv wirkt, sondern nur zum Nachweis der Zustellung dient (→ Rn. 73. A.M. VGH Kassel NJW 1990, 467, 468). Ein wesentlicher Zustellungsmangel liegt i.w.S. auch vor, wenn eine Zustellung völlig fehlt. Eine Heilung scheidet in diesen Fällen aus (→ Rn. 84).

3. Unwesentliche Zustellungsmängel. Sonstige, unwesentliche Zustellungsmängel haben lediglich zur 81 Folge, dass *Rechtsbehelfsfristen nicht zu laufen* beginnen; die *Entscheidung* als solche ist aber *rechtlich existent*.[183] Das ist z.B. der Fall, wenn formlose Übersendung statt förmlicher Zustellung gewählt wird (BVerwG DVBl 1959, 960; BGH VersR 1974, 365), bei Zustellung an die Partei persönlich anstatt an den Prozessbevollmächtigten (BVerwG MDR 1962, 511), wenn eine Urteilsausfertigung zugestellt wird, in der ein nicht ganz unwesentlicher Teil der Urteilsformel fehlt (BGH MDR 1978, 153), auf der Zustellungsurkunde der Tag der Zustellung nicht eindeutig eingetragen ist (BVerwG NJW 1983, 1076), der Vermerk des Tages der Zustellung auf der Sendung von dem Datumsvermerk auf der Zustellungsurkunde abweicht oder unterlassen wird,[184] bei einer als solche nicht oder unrichtig beur-

---

178 BVerwG DÖV 1960, 765; NJW 1994, 535 f.; BFH DB 1971, 2293 f.; BGH NJW 1990, 2125 m.w.N.; VGH Mannheim NVwZ 1994, 1226, 1227.
179 BVerwG Buchholz 310 § 102 VwGO Nr. 6; BGH LM § 191 ZPO Nr. 2. Dahinter steht der Gedanke des Geringfügigkeitsprinzips, wie er auch § 42 VwVfG und § 118 zugrunde liegt.
180 *J. Niemeyer*, NJW 1976, 742-744; VGH Mannheim NVwZ-RR 1991, 493 f.; VGH München NJW 1984, 2845. A.A. BGHZ 204, 268, 272 ff. m.w.N. (Heilung möglich, wenn Schriftstück dem gesetzlichen Vertreter tatsächlich zugeht).
181 BFH NJW 1984, 448; OVG Münster 31.10.2013 – 14 A 2096/11, juris Rn. 16 – str.
182 BGHZ 208, 255, 260 ff. lässt hier sogar eine Heilung durch tatsächlichen Zugang der einfachen Abschrift zu (sehr str.).
183 GmSOGB BVerwGE 51, 378, 380; BVerwGE 39, 258, 259; BVerwG DVBl 1985, 959, 960; OVG Bln OVGE 6, 81–83.
184 BFHE 235, 255, 257 f.; 244, 536, 546; so auch zum früheren Zustellungsrecht GmSOGB BVerwGE 51, 378 f.; BVerwGE 73, 89 f. Die Gegenansicht (vgl. VGH Mannheim, VBlBW 2016, 328 f. m.w.N.) sieht im fehlenden „nachrichtlichen" Vermerk keinen zur Unwirksamkeit der Zustellung führenden Fehler, sodass eine Heilung nicht zu prüfen ist; offen gelassen bei OVG Magdeburg NVwZ-RR 2013, 85, 86 f.

kundeten Ersatzzustellung nach §§ 180 f. ZPO (BFHE 126, 359, 361 ff.), wenn entgegen den Angaben in der Zustellungsurkunde tatsächlich nicht der Person, der zugestellt werden soll, sondern einer Ersatzperson (§§ 178 ff. ZPO) zugestellt worden ist (BSG DÖV 1978, 338 [Nr. 69]), die schriftliche Mitteilung über die Niederlegung auf dem Küchentisch in der Wohnung des Adressaten hinterlassen wird (BVerwGE 42, 180, 182 f.). Problematisch ist, ob die Zustellung an (nicht getrennt lebende oder geschiedene) Eheleute in nur einer Ausfertigung als wesentlicher oder unwesentlicher Mangel i.d.S. aufgefasst werden kann (VGH Mannheim NVwZ-RR 1992, 396, 397 f. m.w.N.; → Rn. 84).

82　**4. Heilung von Zustellungsmängeln gem. § 189 ZPO.** Heilung von Zustellungsmängeln gem. § 189 ZPO tritt ein, wenn der Zustellungszweck erreicht ist. Das ist nur der Fall, wenn das zuzustellende Schriftstück zugestellt werden sollte (d.h. *Zustellungswille* vorhanden war, OVG Bautzen NVwZ-RR 2006, 854) und der *Adressat das Schriftstück nachweislich erhalten hat* (VGH Mannheim NVwZ 1987, 511). Der tatsächliche Zugang i.S.v. § 189 ZPO setzt voraus, „dass das zuzustellende Schriftstück derart in die Hände des Zustellungsadressaten gelangt ist, dass er es behalten und von seinem Inhalt Kenntnis nehmen kann" (BFHE 235, 255, 258). Umstr. ist, ob der Adressat das zuzustellende Schriftstück „in die Hand bekommen" muss oder der bloße Eintritt in den Machtbereich nach den Zugangsregeln des bürgerlichen Rechts (§ 130 Abs. 1 S. 1 BGB) ausreicht. Der GS des BFH hat sich in einem Beschl. vom 6.5.2014 der ersten Ansicht angeschlossen (BFHE [GS], 244, 536, 546 ff.). Der Zugang kann dabei mit allen Beweismitteln dargetan werden. Die bloße Unterrichtung über den Inhalt oder anderweitige Kenntniserlangung reicht nicht aus (BGH NJW 1992, 2100). Umstr. ist der Fall, wenn ein Bescheid als *Aktenbestandteil* dem Empfangsberechtigten durch Übersendung der Verwaltungsvorgänge an den von ihm bestellten Bevollmächtigten zur Kenntnis gebracht wird.[185] Wird ein Bescheid dem Betroffenen zugestellt und dadurch eine von ihm erteilte *Vollmacht nicht beachtet*, wird der Zustellungsmangel durch die Weiterleitung des Bescheides an den Bevollmächtigten geheilt. Die Rechtsbehelfsfrist beginnt dann mit dem Erhalt des Bescheides durch den Bevollmächtigten (BFHE 155, 472–475; BSG NVwZ 1990, 1108, 1109). Eine Heilung tritt dagegen nicht ein, wenn das Schriftstück einem *Empfangsboten* übergeben wird, ohne dass es anschließend tatsächlich den Empfangsberechtigten erreicht (BFH NVwZ-RR 1995, 181, 182). Auf einen *Zustellungswillen* des Zustellenden kommt es zum Heilungszeitpunkt nicht mehr an. Wenn daher das Gericht nach einem missglückten Zustellungsversuch dem Zustellungsempfänger neben Kopien aus den Akten auch Kopien der zuzustellenden Schriftstücke übersendet, muss der Zustellungswille zu *diesem* Zeitpunkt nicht mehr vorliegen, eine Heilung des Zustellungsmangels ist dann mit dem *tatsächlichen* Erhalt der Schriftstücke erfolgt (BFH NVwZ-RR 1991, 660, 661). Die Vorschrift betrifft jede Art des Zugangs förmlich zuzustellender Schriftstücke.[186]

83　Geheilt ist ein Zustellungsmangel bei Vorliegen der oben genannten Voraussetzungen auch, wenn mit der Zustellung eine *Frist* für die Erhebung einer Klage bzw. eine Berufungs-, Revisions- oder Rechtsmittelbegründungsfrist beginnt. Wenn eine fehlerhafte Zustellung mit dem Zeitpunkt des tatsächlichen Zugangs an den Adressaten oder einen Empfangsberechtigten wirksam wird, muss das für jede Zustellung gelten (BT-Drs. 14/4554, 25; OVG Greifswald NordÖR 2003, 446). Wichtig ist dies insbes. für den Beginn der Rechtsmittelfrist nach § 58 (vgl. die Komm. bei § 58).

84　§ 189 ZPO regelt nur die Heilung von Fehlern bei der Zustellung, *nicht die Heilung beim Fehlen einer Zustellung*. Nicht heilbar ist z.B. das Fehlen des Zustellungswillens des Gerichts.[187] Ob der Mangel, der darin liegt, dass mehreren Zustellungsadressaten nur ein Schriftstück übergeben wurde, geheilt werden kann, ist umstr. Zwar wird es in tatsächlicher Hinsicht häufig so sein, dass das Schriftstück allen Zustellungsadressaten zur Verfügung steht;[188] aber eine unheilbar fehlerhafte Zustellung wird damit begründet, dass keiner der Adressaten die Urkunde für sich behalten kann.[189]

185　Nicht ausreichend: BGH DB 1981, 368. A.M. VGH Mannheim NVwZ 1991, 1195, 1196.

186　*Baumbach/Lauterbach/Albers/Hartmann* § 189 Rn. 3.

187　BVerwGE 16, 165, 166; 85, 213, 215; BVerwG NJW 1968, 1538, 1539; VGH Mannheim VBlBW 1988, 143, 144; BGHZ 7, 268, 270; BayObLG BayObLGZ 2004, 151-154.

188　Mit dieser Begründung bejaht der VGH Kassel NVwZ 1986, 137 f. die Heilungsmöglichkeit; s.a. OVG Münster OVGE 31, 166, 168–170; DÖV 1976, 608; NVwZ-RR 1995, 623.

189　Vgl. BVerwG DÖV 1958, 715; OVG Bln NVwZ 1986, 136; OVG Koblenz DÖV 1974, 714; NVwZ 1987, 899, 900; VGH Mannheim NVwZ 1984, 249; VBlBW 1986, 183 f.; NVwZ-RR 1989, 597, 598; VGH München NVwZ 1984,

5. Heilung durch rügelose Einlegung eines Rechtsbehelfs. Wird bei Zustellungsmängeln der entspre- 85
chende Rechtsbehelf eingelegt, entfallen die Folgen der fehlerhaften (nicht: einer fehlenden) Zustellung, wenn der Rechtsbehelfsführer den Zustellungsmangel nicht rügt, da mit der Einlegung des
Rechtsbehelfs die Beschwer entfällt (VGH Mannheim DVBl 1989, 893). Dahinter steht der Rechtsgedanke des § 295 ZPO.[190] Folge der Einlegung des Rechtsbehelfs ist die Heilung des Zustellungsmangels; dieser kann nicht mehr geltend gemacht werden.[191] Dies gilt jedenfalls dann, wenn der Rechtsbehelf innerhalb der Rechtsbehelfsfrist eingelegt wird, die gegolten hätte, wenn die Zustellung ordnungsgemäß erfolgt wäre (VGH Mannheim NVwZ-RR 1989, 593, 596).

XIII. Zustellungsfiktionen

1. Gesetzliche Zustellungsfiktion. Eine fehlerfreie Zustellung kann auch aufgrund einer gesetzlichen 86
Fiktion gegeben sein. § 10 AsylG enthält Zustellungsvorschriften, die auch für Mitteilungen der angegangenen Gerichte gelten (§ 10 Abs. 2 S. 3 AsylG). Er begründet aber kein generelles Sonderrecht für
asylrechtliche Zustellungen.[192] Die Fiktion der wirksamen Zustellung nach § 10 Abs. 2 S. 4 i.V.m. S. 1
und 2 AsylG besagt, dass die Zustellung mit der Aufgabe zur Post als bewirkt gilt, wenn die Sendung
dem Ausländer nicht zugestellt werden kann, selbst wenn die Sendung als unzustellbar zurückkommt.
Ein Verstoß gegen Art. 103 Abs. 1 GG dürfte darin wegen der in § 10 Abs. 1 AsylG geregelten Mitwir-
kungsregeln nicht gesehen werden. Außerdem ist immer im Auge zu behalten, dass die Vorschriften
über die Zustellung an Asylbewerber neben der Gewährung von rechtlichem Gehör auch der Verfahrensbeschleunigung dienen.[193] Die Vorschrift greift nicht ein, wenn sich der Asylbewerber unter der
maßgeblichen Anschrift aufhält, eine Zustellung infolge eines Umstands unterbleibt, der in der Sphäre
der damit befassten Stelle, z.B. der Post, liegt (VGH Mannheim VBlBW Rechtsprechungsdienst 1996,
Beilage 1, B 3). Als bewirkt gilt die Zustellung auch am dritten Tag nach der Übergabe des Schriftstücks an die Aufnahmeeinrichtung (§ 10 Abs. 4 S. 4 Hs. 2 AsylG). Auch nach dem Ende der Wohn-
verpflichtung (§ 47 Abs. 1 AsylG) bleibt die Möglichkeit, nach § 10 Abs. 4 AsylG zuzustellen, solange
bestehen, bis der Asylbewerber seiner Verpflichtung aus § 10 Abs. 1 AsylG nachgekommen ist und seine neue Anschrift mitgeteilt hat.[194] Die Fiktion der Zustellung eines asylrechtlichen Bescheids tritt jedoch nur ein, wenn der Asylbewerber über den Umfang der Verpflichtung zur Mitteilung der Änderung der Anschrift und über die Folgen der Verletzung dieser Mitwirkungspflicht ordnungsgemäß belehrt worden ist (§ 10 Abs. 7 AsylG). Zu beachten ist, dass diese Regelungen dann nicht gelten, wenn
der Asylbewerber im Gerichtsverfahren einen Prozessbevollmächtigten hat: Die Zustellung hat dann
nach § 67 Abs. 6 S. 5, § 172 ZPO zu erfolgen, vgl. § 10 Abs. 2 S. 1 AsylG.[195]

2. Zustellung nach Treu und Glauben. Nach Treu und Glauben muss sich der Zustellungsadressat 87
gem. dem Rechtsgedanken des § 242 BGB, der auch im öffentlichen Recht gilt, in bestimmten Fällen
so behandeln lassen, als sei die Zustellung erfolgt. Dies ist der Fall, wenn der Adressat sich den Nicht-
Zugang zurechnen lassen muss, z.B. bei rechtsmissbräuchlicher Vereitelung der Zustellung unter Verstoß gegen eine gesetzliche Pflicht (z.B. § 24 Abs. 6 S. 1 Nr. 1 WPflG)[196] oder unter bewusster und ziel-
gerichteter Herbeiführung eines Irrtums über den tatsächlichen Lebensmittelpunkt (BGHZ 190, 99,
104; VGH München NJW 2012, 950, 951). Es ist aber stets zuvor zu prüfen, ob der dadurch entstandenen Prozesslage mit speziellen Regelungen des Verfahrensrechts zu begegnen ist oder ob auf die Generalklausel, das allgemeine Arglistverbot, zurückgegriffen werden kann (BGH NJW 1978, 426).

249, 250; BGHZ 17, 348, 352; 100, 234, 242; eingehend zum Problem der Heilung bei zusammengefassten Bescheiden V. *Petersen*, KStZ 1988, 41, 43 f.
190 Letztlich offen gelassen in VGH Mannheim NVwZ-RR 1989, 597, 598; vgl. auch BVerwG NJW 1983, 2275.
191 VGH München VGHE 20, 39, 40; NJW 1984, 2845; ausf. G. *Sadler*, VwZG, ⁹2014, § 8 Rn. 43 ff.
192 OVG Greifswald 26.3.2013 – 2 M 104/13, juris Rn. 6.
193 Zum rechtfertigenden Aspekt der Verfahrensbeschleunigung B. *Pieroth*, in: Jarass/Pieroth Art. 103 Rn. 25 m.w.N.
194 Diff. K. *Schenk*, SächsVBl 1995, 86, 97.
195 J. *Bergmann*, in: G. Renner/J. Bergmann/K. Dienelt, Ausländerrecht, ¹⁰2013, § 10 AsylG Rn. 12 f.
196 Vgl. z.B. BVerwGE 85, 213, 218 m.w.N.; LSG Essen DÖV 1990, 119; FG München NVwZ 1988, 1072 m.w.N.;
zum nachbarlichen Gemeinschaftsverhältnis BVerwGE 44, 294, 298–302; zum Verfahrensrecht BVerfGE 32, 305,
308 f.

XIV. Bestellung eines Zustellungsbevollmächtigten, Abs. 3, und Zustellung im Ausland

88   Mit dem Gesetz zur Verbesserung der grenzüberschreitenden Forderungsdurchsetzung und Zustellung vom 30.10.2008 (BGBl I 2122) wurde die Zustellung im Ausland neu geregelt. In Zivil- und Handelssachen richtet sich die Zustellung im EU-Ausland nach der EuZustVO.[197] Die Verordnung kommt im Verwaltungsprozess grds. nicht zur Anwendung.[198] Daher verweist § 56 Abs. 2 weiterhin für alle Zustellungen im Ausland auf die neugefassten §§ 183 f. ZPO, wobei der in § 183 Abs. 5 ZPO enthaltene „Verweis" auf die EuZustVO ins Leere läuft.[199] Die Bestellung eines inländischen Zustellungsbevollmächtigten (vgl. § 56 Abs. 3) macht eine Zustellung im Ausland entbehrlich.

89   **1. Bestellung eines Zustellungsbevollmächtigten, Abs. 3.** Bei fehlendem inländischen Wohnsitz hat der Beteiligte auf Verlangen des Gerichts einen inländischen Zustellungsbevollmächtigten zu bestellen, Abs. 3. Die Aufforderung erfolgt durch das Gericht, außerhalb der mündlichen Verhandlung auch durch den Vorsitzenden allein (dem neigt BGHZ 193, 353, 363 ff. zu – str.; a.A. OLG Frankfurt a.M. NJW-RR 2010, 285) und im Falle einer Einzelrichterentscheidung durch diesen (BGHZ 193, 353, 363; OLG Hamm NJW-RR 2012, 62, 64). Im vorbereitenden Verfahren kann die Aufforderung auch durch den Berichterstatter erfolgen, §§ 87 Abs. 1 S. 1, 87 a Abs. 3. Der Zustellungsbevollmächtigte ist Vertreter des Zustellungsadressaten, muss also auch von diesem bevollmächtigt werden. Der das Verlangen beinhaltende Beschluss des Gerichts ist im Ausland zuzustellen.[200] Er muss einen Hinweis auf die Rechtsfolgen (→ Rn. 96) im Falle der Nichtbestellung eines Zustellungsbevollmächtigten enthalten (§ 184 Abs. 2 S. 3 ZPO).

90   **2. Zustellung im Ausland, § 183 ZPO.** Solange ein inländischer Zustellungsbevollmächtigter nicht bestellt ist und (noch) nicht durch Aufgabe zur Post (§ 184 ZPO) zugestellt werden darf, erfolgt die Zustellung im Ausland gem. § 183 ZPO. Da die förmliche Zustellung ein staatlicher Hoheitsakt ist, kann dies wirksam nur mit Zustimmung der dort herrschenden Staatsgewalt geschehen.[201] Ist dies nicht möglich, bleibt noch die öffentliche Zustellung gem. § 185 (zur öffentlichen Zustellung → Rn. 74 f.).[202]

91   **a) Zustellung aufgrund völkerrechtlicher Vereinbarung durch Einschreiben mit Rückschein.** § 183 Abs. 1 ZPO betont den Vorrang der Zustellung aufgrund völkerrechtlicher Vereinbarungen. Soweit aufgrund einer solchen Vereinbarung Schriftstücke unmittelbar durch die Post übersandt werden dürfen, so soll dies durch Einschreiben mit Rückschein geschehen (§ 183 Abs. 1 S. 2 Hs. 1 ZPO). Ob über den Wortlaut hinaus diese Form der Auslandszustellung auch dann zulässig ist, wenn ein ausländischer Staat die Postdirektzustellung duldet, ist str.[203] Die EuZustVO ist in Verwaltungsstreitsachen nicht anwendbar (→ Rn. 88). Das Gleiche gilt für das Haager Übereinkommen über die Zustellung gerichtlicher und außergerichtlicher Schriftstücke im Ausland in Zivil- oder Handelssachen (BGBl 1977 II 1452). Die Zustellung ist mit der Übergabe an den Zustellungsadressaten oder einen nach dem Recht des ausländischen Staates zulässigen Ersatzempfänger wirksam vollzogen.[204] Der Rückschein dient dem Nachweis (§ 183 Abs. 4 S. 1 ZPO), wobei der mit dem Erledigungsvermerk des Postbediensteten des fremden Staates versehene Rückschein genügen soll (BT-Drs. 14/4554, 23).

92   **b) Zustellung aufgrund völkerrechtlicher Vereinbarung durch Rechtshilfebehörde des ausländischen Staates.** Sofern eine Zustellung im Ausland durch Einschreiben mit Rückschein nicht möglich ist, weil entweder keine völkerrechtliche Vereinbarung existiert und der betreffende Staat eine Direktzustellung durch die Post nicht duldet (→ Rn. 90 f.), kann eine Zustellung im Ausland auf Ersuchen des Vorsitzenden durch die Rechtshilfebehörde des ausländischen Staates erfolgen (§ 183 Abs. 1 S. 2 Hs. 2

---

197   VO (EG) 1393/2007 (ABl. EU 2007 Nr. L 324/79).

198   *W.-R. Schenke*, in: Kopp/Schenke § 56 Rn. 36.

199   *C. Kimmel*, in: Posser/Wolff § 56 Rn. 62.

200   Vgl. *R. Geimer*, in: Zöller § 184 Rn. 3.

201   BVerwG VerwRspr 25, 534, 538; zur Zustellung eines Vollstreckungsbescheides im Ausland BGH NJW 1987, 592 f.

202   *K. Stöber*, in: Zöller § 185 Rn. 3; *A. Stadler*, IPRax 2002, 471, 474.

203   Dafür: *G. Sadler*, VwZG, [9]2014, § 9 Rn. 2; *A. Schlatmann*, in: *H. Engelhardt/M. App/A. Schlatmann*, VwZG, [10]2014, § 9 Rn. 3. Dagegen: *R. Geimer*, in: Zöller § 184 Rn. 42. Eine Übersicht der Staaten, welche eine Zustellung durch Einschreiben mit Rückschein nicht dulden, findet sich im Anwendungserlass zur Abgabenordnung (zu § 122 AO: Nr. 3.1.4.1 – Stand: 31.1.2014).

204   *G. Sadler*, VwZG, [9]2014, § 9 Rn. 15.

ZPO). Der Nachweis wird durch ein Zustellungszeugnis der ersuchten Behörde erbracht (§ 183 Abs. 4 S. 2 ZPO).

Im Bereich der Verwaltungsgerichtsbarkeit kann für das Zustellungsverfahren das *EuZustÜ* zur Anwendung kommen.[205] Vertragsstaaten sind bislang Belgien, Deutschland, Estland, Frankreich, Italien, Luxemburg, Österreich und Spanien.[206] Nach Art. 2 Abs. 1 EuZustÜ wird eine zentrale Behörde zur Entgegennahme von Zustellungsersuchen anderer Vertragsstaaten eingerichtet. Nach Art. 2 Abs. 3 EuZustÜ kann außerdem eine Absendebehörde zur Zusammenfassung der Zustellungsersuchen des eigenen Staates eingerichtet werden. Nach Art. 3 S. 1 EuZustÜ wird jedes Zustellungsersuchen an die zentrale Behörde des ersuchten Staates gerichtet. Die Zustellung erfolgt entweder in einer der Formen, die das Recht des ersuchten Staates für die Zustellung der in seinem Hoheitsbereich ausgestellten Schriftstücke an dort befindliche Personen vorschreibt, oder in einer besonderen von der ersuchenden Behörde gewünschten Form, es sei denn, dass diese Form mit dem Recht des ersuchten Staates unvereinbar ist (Art. 6 Abs. 1 EuZustÜ). Ggf. muss das Schriftstück übersetzt werden (Art. 7 Abs. 2 und 3 EuZustÜ). Über die Zustellung wird ein Zeugnis ausgestellt, in dem die Erledigung des Ersuchens oder Hinderungsgründe festgestellt werden, die ihr entgegenstehen (Art. 8 EuZustÜ. Unter bestimmten Voraussetzungen kann die zentrale Behörde des ersuchten Staates es ablehnen, dem Ersuchen stattzugeben (Art. 14 EuZustÜ). Durch das EuZustÜ wird die Zustellung durch *deutsche Auslandsbehörden* nicht ausgeschlossen (vgl. Art. 12 EuZustÜ). Diese können aber nur durch Übergabe an den empfangsbereiten Adressaten zustellen. 93

c) Zustellung durch deutsche Auslandsbehörden. Möglich ist gem. § 183 Abs. 2 ZPO ferner eine Zustellung durch deutsche Auslandsbehörden. Da diese im Ausland keine Hoheitsgewalt ausüben können, ist eine Zustellung nur an einen empfangsbereiten Adressaten möglich.[207] Deutsche Auslandsbehörden sind insbes. die diplomatischen oder konsularischen Vertretungen des Bundes. Über sie soll eine Zustellung erfolgen, wenn völkerrechtliche Vereinbarungen nicht bestehen, die zuständigen Stellen des betreffenden Staates zur Rechtshilfe nicht bereit sind oder besondere Gründe eine solche Zustellung rechtfertigen (§ 183 Abs. 2 S. 2 ZPO). Die Konsularbeamten sind berufen, auf Ersuchen deutscher Gerichte und Behörden Personen, die sich in ihrem Konsularbezirk aufhalten, Schriftstücke jeder Art zuzustellen (§ 16 S. 1 KonsularG). Der Zustellungsnachweis erfolgt über ein Zeugnis der Behörde (§ 183 Abs. 4 S. 2, § 16 S. 2 KonsularG), welches hier eine öffentliche Urkunde i.S.v. § 418 ZPO ist. 94

d) Zustellung an einen deutschen Diplomaten. Die Zustellung an einen Deutschen, der das Recht der Immunität genießt und zu einer deutschen Auslandsvertretung gehört, erfolgt im Ausland auf Ersuchen des Vorsitzenden durch die zuständige Auslandsvertretung (§ 183 Abs. 3 ZPO). Es bedarf dann keiner Einschaltung der ausländischen Behörden. 95

3. Inlandszustellung durch Aufgabe zur Post, § 184 ZPO. Wird trotz Anordnung der Bestellung eines Zustellungsbevollmächtigten (→ Rn. 88), dieser innerhalb der gesetzten Frist nicht benannt, und hat der Betroffene auch keinen Prozessbevollmächtigten bestellt, können spätere *Zustellungen durch Aufgabe zur Post* an die Auslandsanschrift erfolgen (§ 184 Abs. 1 ZPO).[208] Das gilt ebenso, wenn die Zustellung an den Genannten nicht möglich ist oder dieser im Inland nicht wohnt und auch keinen Geschäftsraum hat.[209] Da die Aufgabe zur Post im Inland erfolgt, handelt es sich bei dieser Form der Zustellung um eine (fiktive) Inlandszustellung.[210] Beendet ist die Möglichkeit durch Aufgabe zur Post zuzustellen, wenn nachträglich ein Zustellungsbevollmächtigter benannt (§ 184 Abs. 1 S. 2 ZPO) oder ein Prozessbevollmächtigter bestellt wird oder die Partei und/oder der Bevollmächtigte den Wohnsitz oder die Geschäftsräume ins Inland verlegt; dann erfolgt eine reguläre Zustellung im Inland.[211] Als *zugestellt* gilt das Schriftstück *zwei Wochen nach Aufgabe zur Post* (§ 184 Abs. 2 S. 1 ZPO). Dies gilt auch, wenn der Empfänger die Sendung tatsächlich nicht erhalten hat (BGH NJW-RR 1996, 387, 96

---

205 BGBl 1981 II 533; vgl. dazu auch das Ausführungsgesetz vom 20.7.1981, BGBl I 665.
206 *G. Sadler*, VwZG, ⁹2014, § 9 Rn. 28.
207 *G. Sadler*, VwZG, ⁹2014, § 9 Rn. 31.
208 Vgl. BGHZ 193, 353, 360 ff. zur Vereinbarkeit dieser Zustellungsform mit Verfassungsrecht und EMRK.
209 *K. Stöber*, in: Zöller § 184 Rn. 5.
210 OLG Hamm NJW-RR 2012, 62, 63 m.w.N.; *R. Geimer*, in: Zöller § 183 Rn. 79.
211 *K. Stöber*, in: Zöller § 184 Rn. 6.

388) oder die Sendung als unzustellbar zurückkommt.[212] Es kommt aber Wiedereinsetzung in den vorherigen Stand in Betracht. Das Gericht kann eine längere Frist bestimmen (§ 184 Abs. 2 S. 2 ZPO). Der Zustellungsnachweis erfolgt durch *Aktenvermerk* darüber, zu welcher Zeit und unter welcher Anschrift das Stück zur Post gegeben wurde (§ 184 Abs. 2 S. 4 ZPO). Der die Zustellungsurkunde ersetzende Vermerk ist keine Wirksamkeitsvoraussetzung, sondern dient lediglich dem Nachweis (BGHZ 193, 353, 367). Er soll nachträglich angefertigt werden dürfen, sofern der Urkundsbeamte die Verantwortung für die Richtigkeit übernimmt (BGHZ 193, 353, 368).

§ 56 a [Öffentliche Bekanntmachung im Massenverfahren]

(1) [1]Sind gleiche Bekanntgaben an mehr als fünfzig Personen erforderlich, kann das Gericht für das weitere Verfahren die Bekanntgabe durch öffentliche Bekanntmachung anordnen. [2]In dem Beschluß muß bestimmt werden, in welchen Tageszeitungen die Bekanntmachungen veröffentlicht werden; dabei sind Tageszeitungen vorzusehen, die in dem Bereich verbreitet sind, in dem sich die Entscheidung voraussichtlich auswirken wird. [3]Der Beschluß ist den Beteiligten zuzustellen. [4]Die Beteiligten sind darauf hinzuweisen, auf welche Weise die weiteren Bekanntgaben bewirkt werden und wann das Dokument als zugestellt gilt. [5]Der Beschluß ist unanfechtbar. [6]Das Gericht kann den Beschluß jederzeit aufheben; es muß ihn aufheben, wenn die Voraussetzungen des Satzes 1 nicht vorlagen oder nicht mehr vorliegen.

(2) [1]Die öffentliche Bekanntmachung erfolgt durch Aushang an der Gerichtstafel oder durch Einstellung in ein elektronisches Informationssystem, das im Gericht öffentlich zugänglich ist und durch Veröffentlichung im Bundesanzeiger sowie in den im Beschluss nach Absatz 1 Satz 2 bestimmten Tageszeitungen. [2]Sie kann zusätzlich in einem von dem Gericht für Bekanntmachungen bestimmten Informations- und Kommunikationssystem erfolgen. [3]Bei einer Entscheidung genügt die öffentliche Bekanntmachung der Entscheidungsformel und der Rechtsbehelfsbelehrung. [4]Statt des bekannt zu machenden Dokuments kann eine Benachrichtigung öffentlich bekannt gemacht werden, in der angegeben ist, wo das Dokument eingesehen werden kann. [5]Eine Terminbestimmung oder Ladung muss im vollständigen Wortlaut öffentlich bekannt gemacht werden.

(3) [1]Das Dokument gilt als an dem Tage zugestellt, an dem seit dem Tage der Veröffentlichung im Bundesanzeiger zwei Wochen verstrichen sind; darauf ist in jeder Veröffentlichung hinzuweisen. [2]Nach der öffentlichen Bekanntmachung einer Entscheidung können die Beteiligten eine Ausfertigung schriftlich anfordern; darauf ist in der Veröffentlichung gleichfalls hinzuweisen.

Schrifttum

C. Alexander, Kollektiver Rechtsschutz im Zivilrecht und Zivilprozessrecht, JuS 2009, 590; *W. Bambey*, Massenverfahren und Individualzustellung, DVBl 1984, 374; *W. Blümel*, Die öffentliche Bekanntmachung von Verwaltungsakten in Massenverfahren, VerwArch 73 (1982), 5; *F. Kopp*, Gesetzliche Regelungen zur Bewältigung von Massenverfahren, DVBl 1980, 320; *ders.*, Änderungen der Verwaltungsgerichtsordnung zum 1.1.1991, NJW 1991, 521; *J. Meyer-Ladewig*, Massenverfahren in der Verwaltungsgerichtsbarkeit, NVwZ 1982, 349; *W. Schmitt Glaeser*, Massenverfahren vor den Verwaltungsgerichten – Zu § 70 des Entwurfs einer Verwaltungsprozeßordnung (EVPO), DRiZ 1980, 289; *P. Stelkens*, Das Gesetz zur Neuregelung des verwaltungsgerichtlichen Verfahrens (4. VwGOÄndG) – das Ende einer Reform?, NVwZ 1991, 209; *A. Tabbara*, Die öffentliche Bekanntgabe der Widerspruchsentscheidung bei Massenwidersprüchen, SGb 2008, 211.

I. Entstehungsgeschichte und rechtspolitischer Hintergrund der Vorschrift

1   **1. Problematik und Entstehungsgeschichte.** Unter Massenverfahren werden solche Verfahren verstanden, an denen besonders auf Klägerseite oder als Beigeladene eine Vielzahl von Personen beteiligt sind, die um die Rechtmäßigkeit ein und derselben Verwaltungsentscheidung streiten.[1] Das Massenverfahren ist ein verstärkt seit den 1970er-Jahren zu beobachtendes Phänomen und beschäftigte zunächst die Verwaltungsbehörden insbes. in atomrechtlichen Genehmigungsverfahren, aber auch bei der Genehmigung anderer großer Industrieanlagen und Verkehrsprojekte,[2] etwa bei Planfeststellungsverfahren

---

212 *K. Stöber*, in: Zöller § 184 Rn. 8.
  1 BT-Drs. 11/7030, 23; *J. Meyer-Ladewig*, NVwZ 1982, 349, 350; *M. Redeker*, in: Redeker/v. Oertzen § 56 a Rn. 1.
  2 Instruktive Bsp. für Massenverfahren im Verwaltungsverfahrensrecht finden sich bei *W. Blümel*, in: FS Weber, 1974, 539, 544 ff. und *W. Schmitt Glaeser*, DRiZ 1980, 289, 290. Im atomrechtlichen Genehmigungsverfahren des Kern-

nach §§ 8 ff. des LuftVG, §§ 35 ff. KrWG, §§ 14 ff. WaStrG, § 28 PBefG oder §§ 17 ff. FStrG. Später mussten sich naturgemäß die VG mit dieser Art von Verfahren befassen, wobei das Verfahren hinsichtlich des Baus des Flughafens München-Erding, zu dem beim VG München allein 5.700 Klagen anhängig wurden, eine besondere Berühmtheit erlangte und den Regierungsentwurf erheblich beeinflusst hat.[3]

Massenverfahren stellen die VG vor erhebliche organisatorische, rechtliche, personelle und sachliche **2** Kapazitätsprobleme, sodass der Gesetzgeber frühzeitig die Notwendigkeit sah, wie im Verwaltungsverfahrensrecht auch für den Bereich des gerichtlichen Verfahrens besondere Vorschriften für Massenverfahren zu schaffen. So enthielt schon der im Februar 1978 vorgelegte „Entwurf einer einheitlichen Verwaltungsprozessordnung" des vom Bundesminister der Justiz eingesetzten Koordinierungsausschusses zur Vereinheitlichung der VwGO, der FGO und des SGG Vorschriften über Massenverfahren.[4] Diese Vorschläge wurden inhaltlich vom Regierungsentwurf einer einheitlichen Verwaltungsprozessordnung (BR-Drs. 100/82) aufgegriffen; hier verdienen insbes. die Vorschriften der §§ 51, 60 Abs. 5, 63, 97 Abs. 3 und 4 Erwähnung, wobei es sich bei § 51 dieses Entwurfes – die Zustellung im Massenverfahren betreffend – um eine inhaltlich dem jetzigen § 56 a entsprechende Vorschrift handelt.[5] Da die einheitliche VwPO nicht verwirklicht wurde, erlangten diese Vorschriften keine Gesetzeskraft. Eine gesetzliche Regelung von gerichtlichen Massenverfahren im Bereich der VwGO wurde erstmals durch das 4. VwGOÄndG vom 17.12.1991 (BGBl I 2809), welches am 1.1.1991 in Kraft trat, realisiert. Der Gesetzgeber wollte nach eigener Aussage die Verbesserung des Rechtsschutzes für den Bürger, v.a. aber die Beschleunigung und Vereinfachung des verwaltungsgerichtlichen Verfahrens und die Entlastung der VG erreichen.[6]

2. Sonstige Vorschriften zu Massenverfahren in der VwGO. Mit dem 4. VwGOÄndG wurden neben **3** dem § 56 a, der die Bekanntgabe bei Massenverfahren regelt, auch § 65 Abs. 3 (vereinfachte Regelungen für die Beiladung), §§ 67 a (Bestellung eines gemeinsamen Prozessbevollmächtigten) und 93 a (Aussetzung bei mehr als zwanzig Verfahren unter Fortführung eines oder mehrerer Musterverfahren) in die VwGO eingefügt.

3. Vorläufervorschriften im VwVfG. Die über Massenverfahren in der VwGO bestehenden Vorschrif- **4** ten haben Vorgänger und Vorbilder im VwVfG des Bundes; insbes. in den §§ 17–19, 29 Abs. 1 S. 3, 67 Abs. 1 S. 4 ff., 69 Abs. 2 S. 3 ff., 72 Abs. 2 , 73 Abs. 6 S. 4 ff., 74 Abs. 5 VwVfG. Hier finden sich verwaltungsverfahrensrechtliche Regelungen zur Bewältigung von Massenverfahren.[7] Auf die Auslegung dieser Parallelvorschriften kann i.R. der §§ 56 a, 65 Abs. 3, 67 a und 93 a zurückgegriffen werden.[8] § 56 a selbst regelt in Anlehnung an die §§ 67 Abs. 1 S. 4–6, 69 Abs. 2 S. 3–6 und 73 Abs. 6 S. 4–5 VwVfG,[9] dass das Gericht beim Erfordernis gleicher Bekanntgaben an mehr als 50 Personen die Bekanntgabe durch Zustellung nach § 56 durch die öffentliche Bekanntgabe ersetzen kann und legt das dabei zu beachtende Verfahren fest.

II. Verfassungsrechtliche Bewertung und praktische Bedeutung der Vorschrift

1. Verfassungsrechtliche Bewertung. Die Vorschrift des § 56 a begegnet sowohl grds. als auch in we- **5** sentlichen Detailfragen erheblichen *verfassungsrechtlichen und rechtspolitischen Bedenken.* Die Zu-

---

kraftwerks Wyhl wurden sogar fast 100.000 Einwendungen erhoben; vgl. *H.-W. Laubinger*, in: Ule/Laubinger § 45 I 2 m.w.N. in Fn. 5.

3 Vgl. BT-Drs. 11/7030, 28; krit. *F. Kopp*, NJW 1991, 521, 523 f., der die Auffassung vertritt, gerade der Prozess um den Flughafen München-Erding mache deutlich, dass die praktische Bedeutung wie auch die Zweckmäßigkeit der Bestimmungen über Massenverfahren „eher zweifelhaft" erscheine.

4 Vgl. Entwurf einer Verwaltungsprozessordnung, vorgelegt vom Koordinierungsausschuss zur Vereinheitlichung der Verwaltungsgerichtsordnung, der Finanzgerichtsordnung und des Sozialgerichtsgesetzes, hrsg. v. Bundesminister der Justiz, 1978, 189 ff. Ausf. *F. Kopp*, DVBl 1980, 320, 324 ff.; *W. Schmitt Glaeser*, DRiZ 1980, 289, 291, 294 ff.

5 Im Einzelnen zu den im Regierungsentwurf einer VwPO vorgesehenen Regelungen für Massenverfahren *J. Meyer-Ladewig*, NVwZ 1982, 349 ff.

6 BT-Drs. 11/7030, 17.

7 Zu den verwaltungsverfahrensrechtlichen Regelungen des Massenverfahrens und zur Entstehungsgeschichte dieser Vorschriften besonders ausf. *H.-W. Laubinger*, in: Ule/Laubinger § 45; *F. Kopp*, DVBl 1980, 320 ff. sowie *W. Blümel*, VerwArch 73 (1982), 5 ff.

8 *P. Stelkens*, NVwZ 1991, 209, 213.

9 So ausdrückl. BT-Drs. 11/7030, 23.

stellung durch öffentliche Bekanntmachung nach § 56 a ist eine Zustellungsfiktion,[10] weil sie keine Gewähr dafür bietet, dass der Zustellungsempfänger von dem Inhalt des zuzustellenden Dokuments tatsächlich etwas erfährt. Sie muss daher an den strengen verfassungsrechtlichen Anforderungen gemessen werden, die der Grundsatz der Gewährung rechtlichen Gehörs nach Art. 103 Abs. 1 GG an die gesetzliche Ausgestaltung der Zustellungsvorschriften stellt. Insbes. ist die vom BVerfG entwickelte Rspr. zur Zulässigkeit der öffentlichen Zustellung im Zivilprozess auch i.R. der Auslegung des § 56 a zu berücksichtigen. Nach der Rspr. des BVerfG ist die Zustellungsfiktion der öffentlichen Bekanntmachung nach §§ 185 ff. ZPO verfassungsrechtlich nur zu rechtfertigen, wenn eine andere Art der Zustellung, namentlich die individuelle Zustellung, aus sachlichen Gründen nicht oder nur schwer durchführbar ist, etwa wegen des unbekannten Aufenthaltsorts des Zustellungsempfängers oder wegen der Vielzahl oder der Unübersichtlichkeit des Kreises der Betroffenen (BVerfGE 61, 82, 109 ff.; BVerfG NJW 1988, 2361 zu §§ 203 ff. ZPO a.F.). Da die Vorschriften über die Zustellung zumindest auch der Verwirklichung des rechtlichen Gehörs zu dienen bestimmt sind[11] und bei der öffentlichen Zustellung die Möglichkeit der tatsächlichen Kenntnisnahme durch den Zustellungsempfänger im Vergleich zur individuellen Zustellung erheblich erschwert wird, darf die vergleichbare öffentliche Bekanntgabe schon aus verfassungsrechtlichen Überlegungen heraus immer nur als ultima ratio in Betracht kommen. Daher bedürfen alle gesetzlichen Regelungen, die ausnahmsweise die öffentliche Bekanntgabe zulassen, einer restriktiven Interpretation (vgl. BVerfG NJW 1988, 2361; BGHZ 118, 45, 47).

6   Grds. problematisch ist auch die mit den Vorschriften der §§ 56 a, 65 Abs. 3, 67 a und 93 a einhergehende potenzielle Verkürzung des Rechtsschutzes der Beteiligten. Die öffentliche Bekanntmachung kann insbes. deshalb zulasten der Beteiligten gehen, weil die in § 56 a angeordneten Verfahren der öffentlichen Bekanntmachung keine hinreichende Garantie dafür bieten, dass die bekannt gegebenen verfahrensrelevanten Mitteilungen ihnen auch tatsächlich zur Kenntnis gelangen[12] (zur Vorläufervorschrift des § 58 des Entwurfs einer VwPO, → Rn. 2) und dies oft von Zufälligkeiten abhängen wird.[13] Besonders gravierend ist die Ersetzung der individuellen Zustellung des vollständigen gerichtlichen Urteils durch öffentliche Bekanntmachung nur des Tenors, was gem. § 56 a Abs. 2 S. 3 zulässig sein soll.[14] Auf der anderen Seite ist der praktische Nutzen dieser Vorschrift zweifelhaft. § 56 a bringt den Gerichten bei sorgfältiger Handhabung nur begrenzte praktische Erleichterungen,[15] was insbes. daran liegt, dass den Beteiligten nach § 56 a Abs. 3 S. 2 das Recht zusteht, nach der öffentlichen Bekanntmachung einer Entscheidung eine schriftliche Ausfertigung anzufordern. Versteht man unter Entscheidung i.S.d. § 56 a Abs. 3 S. 2 nicht nur das Urteil in der Sache selbst oder eine sonst verfahrensbeendende Entscheidung, sondern jede verfahrensrechtlich relevante Mitteilung des Gerichts, wie bspw. Ladungen und Terminbestimmungen oder sonstige gerichtliche Verfügungen, durch die Fristen in Lauf gesetzt werden,[16] so wird die durch § 56 a bezweckte Arbeitsentlastung der Gerichte jedenfalls dann fragwürdig, wenn die Betroffenen von ihren Rechten in großem Umfang Gebrauch machen.[17] Der Gesetzgeber hat offensichtlich darauf spekuliert, dass dies in der Praxis nicht der Fall sein wird. Zudem ist zu berücksichtigen, dass jedenfalls die Anordnung der – künftigen – öffentlichen Bekanntgabe nach § 56 a Abs. 1 S. 3 allen Beteiligten individuell zugestellt werden muss, sodass die schon vor mehr als 30 Jahren gestellte Frage, ob „von dem um den Preis eines Stücks Rechtsstaatlichkeit teuer genug er-

---

10 So ausdrückl. auch *W.-R. Schenke*, in: Kopp/Schenke § 56 a Rn. 10.
11 BGH NJW 1978, 1858; BGHZ 118, 45, 47.
12 *F. Kopp*, NJW 1991, 521, 524; *ders.*, DVBl 1980, 320, 327.
13 *M. Redeker*, in: Redeker/v. Oertzen § 56 a Rn. 1; vgl. auch *H. P. Schmieszek*, NVwZ 1991, 522, 524, der als an der Gesetzgebung beteiligter Ministerialbeamter selbst gesteht, gegen §§ 56 a, 65 Abs. 3 ließen sich „sicherlich verfassungspolitische, eventuell auch verfassungsrechtliche Argumente anführen", allerdings fehlende Alternative zur Handhabung von Massenverfahren beklagt.
14 Verfassungsrechtliche Bedenken auch bei *D. Krausnick*, in: Gärditz § 56 a Rn. 10; *M. Redeker*, in: Redeker/v. Oertzen § 56 a Rn. 1.
15 So übereinstimmend in der Bewertung *M. Redeker*, in: Redeker/v. Oertzen § 56 a Rn. 1 und *F. Kopp*, DVBl 1980, 320, 327.
16 So ausdrückl. und zutr. *F. Kopp*, DVBl 1980, 320, 327.
17 *F. Kopp*, DVBl 1980, 320, 327; a.M. aber *J. Meyer-Ladewig*, NVwZ 1982, 349, 351, der von der Vorschrift eine „erhebliche Vereinfachung" erwartete, gleichzeitig aber schon der Hoffnung Ausdruck gab, die Norm möge „in nicht zu vielen Fällen angewendet werden" müssen.

kauften Vereinfachungseffekt praktisch noch viel übrig bleibt",[18] heute noch ebenso aktuell wie damals ist. In der Praxis werden rechtsstaatliche Defizite bei anwaltlicher Vertretung der Kläger meist ausbleiben.

2. Praktische Bedeutung. Wohl nicht zuletzt wegen der erheblichen Probleme, die § 56 a aufwirft, ist 7 die praktische Bedeutung der Vorschrift im gerichtlichen Alltag gering geblieben. Nach den bisherigen Erfahrungen lassen sich die Beteiligten im Massenverfahren häufig durch einige wenige – für diese Verfahren spezialisierte – Anwälte vertreten, sodass die für die Anwendung des § 56 a erforderlichen mehr als 50 Bekanntgaben selten erreicht werden (→ Rn. 8).

III. Kommentierung der Vorschrift im Einzelnen

1. Bekanntgaben an mehr als 50 Personen. § 56 a findet Anwendung, wenn die gerichtliche Bekannt- 8 gabe an mehr als fünfzig Personen erforderlich ist. Auf die Verfahrensart kommt es nicht an.[19] § 56 a könnte theoretisch auch in Eilverfahren zur Anwendung kommen (dem Verfahren bei öffentlicher Bekanntmachung ist allerdings eine Schwerfälligkeit eigen [→ Rn. 15 ff.], die mit dem Wesen des vorläufigen Rechtsschutzes als Eilverfahren in einen gewissen Gegensatz tritt). Unerheblich ist, ob sich die Bekanntgabe an natürliche oder juristische Personen des Privat- oder auch des öffentlichen Rechts als Hauptbeteiligte oder an sonstige Beteiligte wie bspw. Beigeladene, den Vertreter des Bundesinteresses beim BVerwG oder den Vertreter des öffentlichen Interesses nach § 63 Nr. 4 richtet[20] Voraussetzung der Anwendung dieser Vorschrift ist entgegen dem missverständlichen Wortlaut nicht, dass Bekanntgaben an mehr als 50 Personen erforderlich sind, sondern vielmehr, dass (unabhängig von der Anzahl der Beteiligten) mehr als 50 Bekanntgaben notwendig sind. Dieser Unterschied ist besonders in den Fällen von Bedeutung, in denen mehrere Beteiligte durch einen gemeinsamen Prozessbevollmächtigten vertreten werden. Denn hier genügt e i n e Bekanntgabe an den gemeinsamen Bevollmächtigten,[21] wie auch umgekehrt in den Fällen, in denen ein Beteiligter durch mehrere Bevollmächtigte vertreten ist, die Zustellung an einen von ihnen ausreichend ist (→ § 56 Rn. 26). Die Zahl der erforderlichen Bekanntgaben kann deshalb erheblich unter der Zahl der tatsächlich am Verfahren beteiligten Personen liegen.[22] Sinkt aus diesen Gründen die Zahl der erforderlichen Bekanntgaben bei der gedanklichen Addition auf 50 oder darunter, so findet die Vorschrift des § 56 a keine Anwendung (vgl. Regierungsentwurf zum 4. VwGOÄndG, BT-Drs. 11/7030, 23). I.E. sind gleiche Bekanntgaben an Kläger, Beklagte, Beigeladene und sonstige Beteiligte im Wege der einfachen Addition der Adressaten zusammenzuzählen. Erreicht die Zahl der demnach erforderlichen Bekanntgaben 51 oder mehr, so findet die Vorschrift des § 56 a Anwendung. Bekanntgaben an Zeugen oder Sachverständige – etwa bei Terminsladungen – sind jedoch nicht in die Zahl der Bekanntgaben einzurechnen,[23] da hier keine besondere verfahrensrechtliche Problematik der Massenverfahren liegt, die i.R.d. § 56 a berücksichtigt werden müsste.

2. Gleiche Bekanntgaben. Während die Anwendung der Parallelvorschriften des § 65 Abs. 3 und 9 § 93 a für die Fälle der vereinfachten Beiladung und der Durchführung von Musterprozessen voraussetzt, dass die Personen im gleichen oder doch wesentlich gleichen Interesse an dem Verfahren beteiligt sind, lässt sich ein solches Erfordernis dem Sinn und Zweck des § 56 a nicht entnehmen. Vielmehr ist die Vorschrift im Interesse der Verfahrensvereinfachung immer schon dann anzuwenden, wenn die bekannt zu gebenden Mitteilungen einen übereinstimmenden Inhalt aufweisen,[24] mögen diese auch an Beteiligte gehen, die dem Prozess mit unterschiedlichen Interessen verbunden sind. Die Gleichheit der Bekanntgaben setzt nicht unbedingt einen identischen Wortlaut der Mitteilungen voraus, der aber

---

18 So schon wörtlich und hellsichtig *F. Kopp*, DVBl 1980, 320, 327 hinsichtlich der inhaltlich entsprechenden Vorschrift des § 58 des Entwurfs einer VwPO (→ Rn. 2).
19 Öffentliche Bekanntgabe nach § 56 a ist deshalb auch im Normenkontrollverfahren nach § 47 zulässig (vgl. *R.P. Schenke*, NVwZ 2016, 720, 726).
20 *M. Redeker*, in: Redeker/v. Oertzen § 56 a Rn. 2; vgl. *W.-R. Schenke*, in: Kopp/Schenke § 56 a Rn. 3.
21 So auch *D. Krausnick*, in: Gärditz § 56 a Rn. 2 (Fn. 6).
22 *W.-R. Schenke*, in: Kopp/Schenke § 56 a Rn. 3.
23 So ohne weitere Begründung auch *M. Redeker*, in: Redeker/v. Oertzen § 56 a Rn. 2; *W.-R. Schenke*, in: Kopp/Schenke § 56 a Rn. 3. I.E. ebenso *D. Krausnick*, in: Gärditz § 56 a Rn. 5.
24 *D. Krausnick*, in: Gärditz § 56 a Rn. 4.

häufig vorliegen wird. Jedoch sind Abweichungen im Wortlaut der Bekanntgaben für die Gleichheit nur dann unschädlich, wenn sie im Hinblick auf den Sinn und Zweck der Mitteilung unter keinem denkbaren Gesichtspunkt von Bedeutung sein können, was etwa bei offenbaren Unrichtigkeiten wie Schreib- und Druckfehlern anzunehmen sein wird. Dagegen wird allein die Ähnlichkeit der bekannt zu gebenden Mitteilungen nicht ausreichen. In der Praxis wird die Problematik der Gleichheit der Bekanntgaben aber nur eine untergeordnete Rolle spielen, da die Mitteilungen, für die das Verfahren der öffentlichen Bekanntgabe infrage kommt, nur solche verfahrensrechtlichen Mitteilungen des Gerichts betrifft, deren Inhalt für alle Adressaten identisch sein wird (z.B. vorbereitende Verfügungen nach § 87, Terminbestimmungen für Beweistermine nach § 97). Bei verfahrensbeendenden Beschlüssen oder Urteilen liegt ohnehin „Gleichheit" i.d.S. vor.

10 Aus der Intention der Vorschrift, die individuelle Bekanntgabe von verfahrensrechtlich relevanten Mitteilungen für das weitere Verfahren aus Effektivitätsgründen durch die öffentliche Bekanntmachung zu ersetzen, folgt, dass der Begriff der Bekanntgaben i.S.v. § 56 a umfassend und weit auszulegen ist, da sich die aus dem Erfordernis der Individualzustellung folgenden Probleme der gerichtlichen Überlastung bei allen verfahrensrechtlich bedeutsamen Entscheidungen in gleicher Weise stellen. Daher fallen unter den Begriff der Bekanntgaben alle verfahrensrechtlichen Mitteilungen des Gerichts. Hierzu gehören nicht nur die in § 56 a Abs. 2 S. 3 ausdrücklich erwähnten Entscheidungen des Gerichts – also Urteile, Beschlüsse und Gerichtsbescheide – , sondern bspw. auch die nicht verfahrensbeendenden Verfügungen des Gerichts im vorbereitenden Verfahren nach §§ 87, 87 a, Fristsetzungen nach § 87 b,[25] sonstige verfahrensleitende Entscheidungen wie bspw. Terminsladungen, Beweisbeschlüsse und Zwischenentscheidungen sowie die Verbindung und Trennung von Verfahren nach den §§ 93, 93 a.[26]

11 **3. Verfahren bei öffentlicher Bekanntmachung. a) Anordnung der öffentlichen Bekanntgabe als Ermessensentscheidung.** Die Anordnung der öffentlichen Bekanntgabe liegt im *Ermessen des Gerichts*. Rechtsstaatlich bedenklich erscheint dabei, dass § 56 a selbst keine näheren Festsetzungen darüber enthält, von welchen Gesichtspunkten sich das Gericht bei seiner für die betroffenen Beteiligten doch einschneidenden Anordnung leiten lassen soll.[27] Aus der Begründung des Regierungsentwurfes zu § 56 a (BT-Drs. 11/7030, 23) ergibt sich aber immerhin, dass das Gericht bei der Frage, ob es die öffentliche Bekanntmachung anordnet, in jedem Einzelfall prüfen muss, ob die Grenze seiner Arbeitskapazität (bei Beibehaltung der Individualzustellung von verfahrensrelevanten Mitteilungen) im konkreten Verfahren wirklich überschritten wird. Schon durch die gesetzgeberische Begründung zu § 56 a ist das Ermessen des Gerichts mithin dahingehend gebunden, dass die Anordnung der öffentlichen Bekanntgabe nur zulässig ist, wenn unter Berücksichtigung der konkreten Umstände des Einzelfalles, insbes. der technischen Schwierigkeiten, die dem Gericht bei einem Festhalten an der individuellen Bekanntmachung entstehen könnten[28], eine Anordnung der öffentlichen Bekanntgabe erforderlich erscheint. Die Vorschrift des § 56 a ist darüber hinaus aus rechtsstaatlichen Erwägungen heraus restriktiv zu interpretieren (ausf. → Rn. 5) und eröffnet dem Gericht insofern keinesfalls „freies Ermessen" bei der Entscheidung über die Anordnung der öffentlichen Bekanntgabe.

12 **b) Anordnung durch Beschluss.** Die Anordnung der öffentlichen Bekanntgabe erfolgt durch *Beschluss* des Gerichts als Kollegialorgan. Aus dem Gesetz ergibt sich nicht, ob der Beschluss für das gesamte Verfahren oder nur für eine *Instanz* Geltung beanspruchen kann.[29] In den Fällen des § 6 genügt auch ein Beschluss des Einzelrichters; die Übertragung von Massenverfahren an den Einzelrichter dürfte aber grds. nicht in Betracht kommen, da Massenverfahren i.d.R. jedenfalls besondere Schwierigkeiten tatsächlicher Art aufweisen werden, was gem. § 6 Abs. 1 S. 1 Nr. 1 der Übertragung auf den

---

25 *M. Redeker*, in: Redeker/v. Oertzen § 56 a Rn. 3.

26 Vgl. *M. Redeker*, in: Redeker/v. Oertzen § 56 a Rn. 3; *W.-R. Schenke*, in: Kopp/Schenke § 56 a Rn. 4.

27 Vgl. schon *F. Kopp*, DVBl 1980, 320, 327 m.w.N. in Fn. 59, der schon an der inhaltsgleichen Vorläufervorschrift des § 58 des Entwurfs einer VwPO (→ Rn. 2) bemängelt, angesichts des vom BVerfG in st. Rspr. betonten Erfordernisses hinreichender Bestimmtheit gesetzlicher Ermächtigungen hätten die ermessensbestimmenden Faktoren bei der Anordnung der öffentlichen Bekanntmachung in den Text der Vorschrift gehört.

28 *J. Meyer-Ladewig*, NVwZ 1982, 349, 351 (zu § 51 des Regierungsentwurfes zu einer VwPO).

29 Aus dem systematischen Standort der Vorschrift im 7. Abschnitt ließe sich folgern, dass der Beschluss durch die Instanzen gilt, wenn er nicht von der nächsten Instanz aufgehoben wird. A.M. *D. Krausnick*, in: Gärditz § 56 a Rn. 2 (Fn. 4) m.w.N.; *M. Redeker*, in: Redeker/v. Oertzen § 56 a Rn. 7; *C. Meissner*, in: Schoch/Schneider/Bier § 56 a Rn. 16, die behaupten, der Beschluss könne sich rechtlich nur auf eine Instanz beziehen, er ende mit dieser Instanz.

Einzelrichter entgegenstehen wird. Die §§ 87 a, 87 b enthalten dagegen keine Ermächtigung des Vorsitzenden oder Berichterstatters, die Entscheidung nach § 56 a allein zu treffen.[30] Fasst das Gericht einen Beschluss über die Anordnung der öffentlichen Bekanntgabe, so ist dieser Beschluss den Beteiligten nach § 56 a Abs. 1 S. 3 (individuell) zuzustellen. Das Erfordernis der Zustellung des Beschlusses über die Anordnung der öffentlichen Bekanntmachung gilt auch für erst nach Erlass des Beschlusses durch Beiladung hinzukommende Beteiligte; auch ihnen muss der Beschluss individuell zugestellt werden.[31] Wird der Beschluss einzelnen Beteiligten gegenüber nicht ordnungsgemäß (individuell) bekannt gegeben, so ist er ihnen gegenüber ohne jede rechtliche Wirkung.[32] Der Beschluss muss nach § 56 a Abs. 1 S. 2, 4 die Bekanntgabe des Verfahrens der öffentlichen Bekanntmachung enthalten; insbes. muss er die Beteiligten darauf hinweisen, in welchen Tageszeitungen die Bekanntmachungen veröffentlicht werden und auf welche Art und Weise die weiteren Bekanntgaben bewirkt werden und er muss auf die Zustellungsfiktion des § 56 a Abs. 3 S. 1 hinweisen. Nicht zwingend gesetzlich vorgeschrieben, aber im Interesse des Rechtsschutzes der Beteiligten zu fordern ist der Hinweis auf die öffentliche Bekanntmachung durch Aushang an der Gerichtstafel bzw. Einstellung in ein im Gericht öffentlich zugängliches elektronisches Informationssystem und die Veröffentlichung im Bundesanzeiger nach § 56 a Abs. 2 S. 1.[33]

Der Beschluss über die Anordnung der öffentlichen Bekanntmachung ist nach § 56 a Abs. 1 S. 5 *unanfechtbar*; er kann auch im Rechtsmittelverfahren i.R. einer Überprüfung der Hauptsacheentscheidung nur noch begrenzt überprüft werden. Grds. sind unanfechtbare Vorentscheidungen der Vorinstanz – um eine solche handelt es sich regelmäßig bei der Anordnung der öffentlichen Bekanntmachung nach § 56 a Abs. 1 S. 5 – gem. § 173 VwGO i.V.m. §§ 512, 557 Abs. 2 ZPO der Beurteilung durch das Berufungs- oder Revisionsgericht zwar entzogen; eine beschränkte Überprüfung des Beschlusses der Anordnung der öffentlichen Bekanntgabe folgt aber aus der Tatsache, dass ein Vorgehen nach § 56 a das rechtliche Gehör der Betroffenen notwendigerweise betrifft und daher auch an Art. 103 GG zu messen ist (zur verfassungsrechtlichen Problematik der öffentlichen Bekanntgabe nach § 56 a ausf. → Rn. 5 m.w.N.). Da das Überprüfungsverbot unanfechtbarer Entscheidungen der Vorinstanzen nicht eingreift, wenn gegen die Entscheidung der Vorinstanz verfassungsrechtliche Bedenken bestehen,[34] kann der Beschluss nach § 56 a in der Rechtsmittelinstanz jedenfalls auf seine Vereinbarkeit mit der in Art. 103 GG gewährleisteten Garantie des rechtlichen Gehörs überprüft werden. Das Gericht kann den Beschluss jederzeit nach eigenem Ermessen wieder aufheben, wobei hier die gleichen Ermessensbindungen zu beachten sind, wie bei der Anordnung der öffentlichen Bekanntmachung. Das gleiche Recht steht dem Gericht zweiter oder dritter Instanz zu. 13

Zur Aufhebung des Beschlusses ist das Gericht nach § 56 a Abs. 1 S. 6 Hs. 2 verpflichtet, wenn die Voraussetzungen des § 56 a Abs. 1 *nicht mehr vorliegen*, also wenn die Zahl der Bekanntgabeempfänger auf 50 oder darunter *sinkt*, oder *zu keinem Zeitpunkt vorlagen*. Sinkt die Zahl der Adressaten auf oder unter 50, ohne dass das Gericht einen entsprechenden Aufhebungsbeschluss erlässt, so ist ein weiteres Festhalten an der öffentlichen Bekanntmachung unzulässig,[35] was sowohl aus dem Ausnahmecharakter dieser vereinfachten Bekanntmachungsform als auch aus der verfassungsrechtlichen Problematik der öffentlichen Bekanntgabe in Bezug auf die Gewährleistung rechtlichen Gehörs zu folgern ist (ausf. → Rn. 5). Da das Gericht im Falle des § 56 a Abs. 1 S. 6 Hs. 2 zur Aufhebung des Beschlusses verpflichtet ist und insoweit kein Ermessensspielraum besteht, hat das Gericht in jeder Lage des Verfahrens von Amts wegen zu prüfen, ob die Voraussetzungen der öffentlichen Bekanntgabe (noch) vorliegen. Folgerichtig müssen weitere nach § 56 a erfolgende öffentliche Bekanntmachungen, deren Voraussetzungen nicht mehr vorlagen, als unzulässig angesehen werden. Die Wirksamkeit bereits erfolgter öffentlicher Bekanntgaben, bei denen die gesetzlichen Voraussetzungen vorlagen, wird nicht berührt. Fraglich ist, ob öffentliche Bekanntmachungen, bei denen die gesetzlichen Voraussetzungen entweder von vornherein oder durch ein Absinken der Zahl nicht mehr vorlagen, trotz ihrer Rechtswid- 14

30 M. *Redeker*, in: Redeker/v. Oertzen § 56 a Rn. 7; *W.-R. Schenke*, in: Kopp/Schenke § 56 a Rn. 6.
31 *C. Meissner*, in: Schoch/Schneider/Bier § 56 a Rn. 21.
32 M. *Redeker*, in: Redeker/v. Oertzen § 56 a Rn. 9 a.E.; *W.-R. Schenke*, in: Kopp/Schenke § 56 a Rn. 6.
33 Ebenso M. *Redeker*, in: Redeker/v. Oertzen § 56 a Rn. 7.
34 OVG Schleswig NJW 1988, 69; M. *Redeker*, in: Redeker/v. Oertzen § 56 a Rn. 9.
35 A.M. M. *Redeker*, in: Redeker/v. Oertzen § 56 a Rn. 7; nicht ganz eindeutig *W.-R. Schenke*, in: Kopp/Schenke § 56 a Rn. 7.

rigkeit wirksam oder unwirksam sind. Die Lösung des Problems hängt davon ab, ob man die Unanfechtbarkeit des Beschlusses auch für den Fall annimmt, dass die Voraussetzungen des S. 1 nicht vorlagen oder nicht mehr vorliegen.[36] Aus der Anordnung der Unanfechtbarkeitsklausel in § 56 a Abs. 1 S. 5 lässt sich sehr wohl folgern, dass die Unanfechtbarkeit nur für einen Beschluss gilt, der i.R. des Ermessens des Gerichts gefasst wurde. Für den Fall, dass das Gericht den Beschluss aufheben muss, gilt die Unanfechtbarkeit nicht. Folgt man dieser Auffassung, so wären die Beteiligten durch die Anfechtungsmöglichkeit gegen den rechtswidrig gewordenen Beschluss ausreichend geschützt. Beschränkt man die Beteiligten auch in dieser Situation auf formlose Gegenvorstellungen, wäre wohl von der Unwirksamkeit der späteren Bekanntgaben auszugehen, wenn die gesetzlichen Voraussetzungen des S. 1 nicht vorlagen oder nicht mehr vorliegen.[37] Diese Auslegung ist dann erforderlich, um nicht den Bestand einer offensichtlich rechtswidrigen Anordnung zu sanktionieren.

15 **c) Vorgehensweise bei der öffentlichen Bekanntmachung.** Die bei der öffentlichen Bekanntmachung zu beachtenden Verfahrensvorschriften werden durch § 56 a Abs. 2 im Einzelnen geregelt. Die öffentliche Bekanntmachung erfolgt durch Aushängen des bekannt zu gebenden Dokuments an der *Gerichtstafel* (→ Rn. 16 f.) des zuständigen Gerichts oder durch Einstellung in ein *elektronisches Informationssystem*, das im Gericht öffentlich zugänglich ist, durch *Veröffentlichung im Bundesanzeiger* (→ Rn. 19) sowie *durch die Veröffentlichung in ausgewählten Tageszeitungen* (→ Rn. 18), die das Gericht zuvor in dem Beschluss über die Anordnung der öffentlichen Bekanntmachung bestimmt hat. Diese drei verschiedenen Arten der Bekanntgabe sieht das Gesetz kumulativ und zwingend vor. Wird auch nur eines dieser Bekanntgabeerfordernisse verletzt, so liegt keine wirksame Bekanntgabe vor. Die öffentliche Bekanntmachung kann zusätzlich in einem von dem Gericht für Bekanntmachungen bestimmten Informations- und Kommunikationssystem erfolgen.
§ 56 Abs. 2 wurde durch das Justizkommunikationsgesetz vom 22.3.2005 (BGBl I 837) teilweise geändert und neu gefasst. Dies betrifft insbes. die Einbeziehung elektronischer Medien und die Ersetzung des „Schriftstücks" durch das „Dokument".[38] Eine kleine Anpassung erfolgte danach durch Gesetz vom 22.12.2011.[39]

16 **aa) Aushang an der Gerichtstafel.** Die wirksame Bekanntgabe an der Gerichtstafel verlangt, dass diese für jedermann sichtbar aufgestellt oder aufgehängt wird und dass das bekannt zu gebende Dokument dort für die Beteiligten ohne besondere Schwierigkeiten aufzufinden ist. Erforderlich hierfür ist, dass das Dokument gut sichtbar aufgehängt und nicht etwa durch andere Dokumente verdeckt ist. Ist das Dokument so aufgehängt, dass es durchgeblättert werden muss, um den Inhalt vollständig zu erfassen, muss dies ohne Schwierigkeit möglich sein.[40] Der Aushang des vollständigen Dokuments kann jedoch nach dem Vorbild des § 15 Abs. 2 S. 2 VwZG a.F. (vgl. § 10 Abs. 2 VwZG) auch durch eine Benachrichtigung ersetzt werden, in der angegeben ist, dass und wo das betreffende Dokument einzusehen ist (§ 56 a Abs. 2 S. 4). Dieses Verfahren wird sich insbes. bei umfangreichen Dokumenten anbieten. Es macht aber die Möglichkeit der tatsächlichen Kenntnisnahme von einem weiteren Handeln des Betroffenen abhängig und sollte daher im Interesse der Verfahrenstransparenz nur äußerst sparsam angewendet werden. Terminbestimmungen und Ladungen müssen dagegen im vollständigen Wortlaut ausgehängt und veröffentlicht werden, § 56 a Abs. 2 S. 5. Das Gesetz sagt nichts über die erforderliche *Dauer* des Aushangs; diese muss aber jedenfalls so lange währen, wie der Inhalt des Aushangs den Beteiligten noch zu irgendeiner Verfahrenserklärung Veranlassung geben kann. Eine unbefugte frühzeitige Entfernung des Aushangs von der Gerichtstafel kann die Wirksamkeit der öffentlichen Bekanntgabe nicht berühren, da die Gerichtstafel bei der öffentlichen Bekanntgabe nach § 56 a nicht das einzige Publikationsmedium darstellt. Hieraus folgt jedoch nicht die Berechtigung der Geschäftsstelle des Gerichts, den Aushang – etwa wegen Überfüllung der Gerichtstafel – vorzeitig zu ent-

---

36 Für die öffentliche Zustellung im Zivilprozess nach §§ 185 ff. (§§ 203 ff. a.F.) ZPO geht BGHZ 149, 311, 316 zumindest für den Fall, dass das Fehlen der Voraussetzungen für das Gericht erkennbar war, von der Unwirksamkeit aus.
37 So auch *D. Krausnick*, in: Gärditz § 56 a Rn. 9 a.E.
38 *H. Geiger*, in: Eyermann § 56 a.
39 Gesetz zur Änderung von Vorschriften über Verkündung und Bekanntmachungen sowie der Zivilprozessordnung, des Gesetzes betreffend die Einführung der Zivilprozessordnung und der Abgabenordnung (BGBl I 3044).
40 Dass es zum Lesen abgenommen werden kann, wie *M. Redeker*, in: Redeker/v. Oertzen § 56 a Rn. 4 meint, ist nicht zu verlangen.

fernen.[41] Anders als im Zivilprozessrecht[42] kann allein durch den Aushang des Dokuments an der Gerichtstafel bei der öffentlichen Bekanntgabe nach § 56 a die Zustellung nicht wirksam vorgenommen werden. Dokumente gelten vielmehr nach § 56 a Abs. 3 S. 1 an dem Tage als zugestellt, an dem seit der (nach § 56 a Abs. 2 S. 1 obligatorischen) Veröffentlichung im Bundesanzeiger (→ Rn. 19) zwei Wochen verstrichen sind.

Alternativ zum Aushang an der Gerichtstafel kann die öffentliche Bekanntmachung auch durch Einstellung in ein elektronisches Informationssystem, das im Gericht öffentlich zugänglich ist, erfolgen. Hierzu müssen geeignete elektronische Informationsgeräte dort aufgestellt werden, wo sie ohne Schwierigkeiten aufgefunden und genutzt werden können.[43]

Wird eine gerichtliche *Entscheidung* bekannt gemacht, so genügen für die öffentliche Bekanntgabe 17 Aushang und Veröffentlichung der Entscheidungsformel und der Rechtsbehelfsbelehrung. Die Vorschrift ist insoweit § 69 Abs. 2 S. 4 VwVfG nachgebildet, wonach in Massenverfahren im Bereich des Verwaltungsverfahrensrechts die öffentliche Bekanntmachung des verfügenden Teils des Verwaltungsakts und der Rechtsbehelfsbelehrung für die öffentliche Bekanntmachung ausreicht.

bb) Veröffentlichung in Tageszeitungen. Es ist nicht zu verkennen, dass eine tatsächliche Unterrichtung 18 der Beteiligten durch Aushang der Dokumente an der Gerichtstafel nicht gewährleistet ist, da den Verfahrensbeteiligten der regelmäßige Besuch der Gerichtstafeln nicht zugemutet werden kann. Dieses Dilemma hat der Gesetzgeber auch erkannt und verlangt für die wirksame öffentliche Bekanntgabe nach § 56 a daher zudem die Veröffentlichung des Dokuments in Tageszeitungen, die in dem Bereich verbreitet sind, in dem sich die Entscheidung voraussichtlich auswirken wird. Hiermit soll versucht werden, „nach Möglichkeit eine tatsächliche Unterrichtung der Beteiligten zu erreichen" (BT-Drs. 11/7030, 23). Die Tageszeitungen, in denen die relevanten Dokumente zu veröffentlichen sind, legt das Gericht in dem (individuell zuzustellenden) Beschluss, in dem es die Bekanntgabe durch öffentliche Bekanntmachung anordnet, gem. § 56 a Abs. 1 S. 2 Hs. 1 fest. Um eine gewisse Publizität der Entscheidungen zu erreichen, sollten die in dem Beschluss festgelegten Tageszeitungen einen repräsentativen Querschnitt von örtlicher, regionaler und überregionaler Presse ausmachen, die in dem Bereich, in dem sich die Entscheidung vermutlich auswirken wird, verbreitet sind (vgl. § 56 a Abs. 1 S. 2 Hs. 2). Das Gesetz verzichtet bewusst darauf, eine Veröffentlichung in allen örtlich verbreiteten Tageszeitungen anzuordnen, um entsprechende Fehler zu vermeiden, die den Beschluss nach § 56 a unwirksam machen könnten; jedoch ist ein Mindestmaß an Publizität der ausgewählten Zeitungen zu verlangen, um die durch § 56 a ohnehin schon verkürzten Rechtsschutzmöglichkeiten der Beteiligten in Massenverfahren wenigstens in ihrem Kernbestand zu ermöglichen. Eine Publikation in ausgewählten einzelnen Zeitungen wird diesem Erfordernis jedenfalls nicht gerecht, da es nicht akzeptabel wäre, zahlreiche Beteiligte bei einer eventuell mehrjährigen Verfahrensdauer zum Bezug derjenigen Zeitung zu „verpflichten", in der entsprechende Veröffentlichungen vorgenommen werden.[44] Erscheint im Auswirkungsbereich der Entscheidung nur *eine* regionale oder örtliche Tageszeitung, die den Bereich umfasst, auf den sich die Entscheidung voraussichtlich auswirken wird, so dürfte jedoch trotz des Plurals in § 56 a Abs. 1 S. 2 („Tageszeitungen") die Bestimmung dieser Tageszeitung zur Veröffentlichung der Bekanntmachung genügen. Erscheint in diesem Bereich überhaupt keine regional geprägte Tageszeitung, dürften mindestens zwei weit verbreitete überörtliche Tageszeitungen zur Veröffentlichung auszuwählen sein. Daneben können in diesem Fall für die Veröffentlichung zusätzlich auch Blätter infrage kommen, die zur Bekanntgabe kommunaler Satzungen u. ä. vorgesehen sind. Bei dieser ergänzenden Anordnung muss es sich nicht zwingend um täglich erscheinende Zeitungen handeln.

cc) Veröffentlichung im Bundesanzeiger. Zur Wirksamkeit der öffentlichen Bekanntgabe nach § 56 a 19 ist über den Aushang an der Gerichtstafel und die Veröffentlichung in ausgewählten Tageszeitungen hinaus die Veröffentlichung im Bundesanzeiger[45] zwingend erforderlich. Dies ist wegen der Zustel-

---

41 So für den parallelen Fall nach § 186 Abs. 2 S. 1 ZPO *K. Stöber*, in: Zöller § 188 Rn. 4.
42 Nach § 188 S. 1 ZPO gilt das Schriftstück als zugestellt, wenn seit dem Aushang der Benachrichtigung ein Monat vergangen ist.
43 *C. Meissner*, in: Schoch/Schneider/Bier § 56 a Rn. 27.
44 Vgl. i.d.S. auch ausf. *M. Redeker*, in: Redeker/v. Oertzen § 56 a Rn. 6.
45 Der Bundesanzeiger wird seit 1.4.2012 ausschließlich elektronisch über das Internet herausgegeben (§ 5 Abs. 1 S. 1 VkBkmG).

lungsfiktion des § 56 a Abs. 3 S. 1 (→ Rn. 20) sogar entscheidend. Nach § 56 a Abs. 2 S. 1 müssen alle der öffentlichen Bekanntgabe nach § 56 a unterliegenden verfahrensrelevanten Mitteilungen auch im Bundesanzeiger veröffentlicht werden. Für solche Dokumente, die nicht Ladungen oder Terminbestimmungen enthalten, genügt nach § 56 a Abs. 2 S. 4 die Veröffentlichung einer Benachrichtigung, in der die Betroffenen darauf hingewiesen werden, dass und wo sie das betreffende Dokument einsehen können. Ladungen und Terminbestimmungen sind dagegen nach § 56 a Abs. 1 Abs. 2 S. 5 auch im Bundesanzeiger immer in ihrem vollständigen Wortlaut zu veröffentlichen. Dagegen genügt für die öffentliche Bekanntmachung von Entscheidungen die Veröffentlichung der Entscheidungsformel und der Rechtsbehelfsbelehrung (§ 56 a Abs. 2 S. 3). Die Beteiligten sind in diesem Fall jedoch nach § 56 a Abs. 3 S. 2 ausdrücklich darauf hinzuweisen, dass sie nach der öffentlichen Bekanntmachung des Tenors der Entscheidung eine (vollständige) *schriftliche Ausfertigung der Entscheidung* anfordern können. Das Recht auf eine solche Ausfertigung steht den Beteiligten – anders als nach § 69 Abs. 2 S. 6 und § 74 Abs. 5 S. 4 VwVfG bei Massenverfahren im Verwaltungsverfahrensrecht – auch noch nach Ablauf der für diese Entscheidung geltenden Rechtsbehelfsfrist zu.[46] Den Beteiligten, die eine solche Ausfertigung anfordern, muss diese unverzüglich und schnellstmöglich übersandt werden, damit diese alsbald Kenntnis von dem vollständigen Inhalt der Entscheidung erlangen. Eine förmliche Zustellung der vollständigen Ausfertigung ist dagegen gesetzlich nicht erforderlich.[47]

20 **d) Die Zustellungsfiktion des § 56 a Abs. 3 S. 1.** Nach § 56 a Abs. 3 S. 1 Hs. 1 gilt das Dokument *zwei Wochen* nach Veröffentlichung *im Bundesanzeiger* als zugestellt. Diese verfahrensrechtliche Zustellungsfiktion dient dem Zweck, etwaige Rechtsbehelfsfristen in Gang zu setzen. Auf diese Zustellungsfiktion ist gem. § 56 a Abs. 3 S. 1 Hs. 2 in jeder Veröffentlichung hinzuweisen. Das bedeutet, dass der Hinweis auf die Zustellungsfiktion des § 56 a Abs. 3 S. 1 Hs. 1 nicht nur bei der Bekanntgabe im Bundesanzeiger erforderlich ist, sondern auch zwingender Bestandteil der Veröffentlichung in den nach § 56 a Abs. 1 S. 2 bestimmten Tageszeitungen zu sein hat.

21 Der Lauf der durch die Zustellungsfiktion des § 56 a Abs. 3 S. 1 in Gang gesetzten Rechtsbehelfsfristen ist jedoch nach § 58 von der Erteilung einer ordnungsgemäßen *Rechtsbehelfsbelehrung* abhängig; die Veröffentlichung einer ordnungsgemäßen Rechtsbehelfsbelehrung gemeinsam mit der Entscheidungsformel ist zudem nach § 56 a Abs. 2 S. 3 Voraussetzung für eine ordnungsgemäße öffentliche Bekanntmachung. Für den Lauf der regulären kurzen Rechtsbehelfsfristen ist es daher nicht ausreichend, dass (erst) die vollständige Ausfertigung der Entscheidung, die die Beteiligten nach § 56 a Abs. 3 S. 2 anfordern können, eine Rechtsbehelfsbelehrung enthält, zumal der Zeitpunkt, zu dem die Betroffenen diese Ausfertigung tatsächlich erhalten, unbestimmt ist.[48] Für eine ordnungsgemäße Rechtsbehelfsbelehrung i.S.d. § 58 wird man abweichend von den allgemeinen Grundsätzen, nach denen eine Belehrung über den konkreten Fristbeginn nicht erforderlich ist (ausf. → § 58 Rn. 57 ff.), aufgrund der besonderen Schutzbedürftigkeit des von der Zustellungsfiktion des § 56 a Abs. 3 S. 1 Betroffenen fordern müssen, dass die im Bundesanzeiger veröffentlichte Belehrung entweder das genaue Datum des Beginns der Zwei-Wochen-Frist (Veröffentlichung im Bundesanzeiger) oder das Datum, an dem die Zustellung als erfolgt gilt, angibt.[49] Auf die Zustellungsfiktion des § 56 a Abs. 3 S. 1 ist in jeder Veröffentlichung in Tageszeitungen nach § 56 a Abs. 2 S. 1 hinzuweisen. Fehlt ein solcher Hinweis, so tritt die Zustellungsfiktion nicht ein und die betroffene Entscheidung ist als nicht wirksam bekannt gegeben anzusehen,[50] was zur Folge hat, dass eventuelle Rechtsbehelfsfristen nicht zu laufen beginnen.

22 Die Regelung des § 56 a Abs. 3 ist insbes. deshalb rechtsstaatlich bedenklich, weil sie die Zustellung ohne Rücksicht darauf fingiert, zu welchem Zeitpunkt oder ob überhaupt der Betroffene von der Entscheidung Kenntnis erlangt hat. Dies ist umso problematischer, als die Lektüre des Bundesanzeigers nicht zur Standardlektüre der Beteiligten gehören wird.[51] Insbes. bei den regulären kurzen Rechtsbe-

---

46 Vgl. BT-Drs. 11/7030, 23.
47 Ebenso *W.-R. Schenke*, in: Kopp/Schenke § 56 a Rn. 12.
48 *W.-R. Schenke*, in: Kopp/Schenke § 56 a Rn. 9.
49 *D. Krausnick*, in: Gärditz § 56 a Rn. 10; *C. Meissner*, in: Schoch/Schneider/Bier § 56 a Rn. 29.
50 *W.-R. Schenke*, in: Kopp/Schenke § 56 a Rn. 11.
51 *M. Redeker*, in: Redeker/v. Oertzen § 56 a Rn. 5.

helfsfristen[52] führt die Regelung des § 56 a zu erheblichen Einschränkungen des Rechtsschutzes für die Beteiligten in Massenverfahren. Die Betroffenen haben nämlich i.d.R. zu dem Zeitpunkt, in dem die von ihnen zu beachtende Rechtsbehelfsfrist zu laufen beginnt, keine vollständige Ausfertigung der betreffenden Entscheidung in den Händen und sind darauf angewiesen, gewissermaßen „höchst vorsorglich" Rechtsbehelfe mit dem damit verbundenen Kostenrisiko einzulegen, oder aber – diese Konsequenzen scheuend – auf die Wahrnehmung ihrer prozessualen Möglichkeiten zu verzichten. Die vollständige Ausfertigung der Entscheidung kann zwar nach § 56 a Abs. 3 S. 2 angefordert werden; fraglich ist aber, zu welchem Zeitpunkt diese Ausfertigung dem Rechtsuchenden tatsächlich zur Verfügung steht.[53]

Von besonderer Problematik sind in diesem Zusammenhang Entscheidungen *im Eilverfahren* nach §§ 80 Abs. 5, 80 a Abs. 3, 123, also bspw. die Ablehnung der Anordnung oder Wiederherstellung der aufschiebenden Wirkung eines Widerspruchs oder des Erlasses einer einstweiligen Anordnung. Diese praktisch bedeutsamen Entscheidungen kann der Betroffene nur binnen zwei Wochen mit der Beschwerde anfechten (vgl. § 147 S. 1); im Falle der Veröffentlichung nur des Tenors im Bundesanzeiger stehen ihm aber während der Rechtsmittelfrist im Regelfall nicht alle erforderlichen Informationen zur Verfügung, um die Erfolgsaussichten einer Beschwerde hinreichend sicher beurteilen zu können. Die Zustellungsfiktion des § 56 a Abs. 3 S. 1 führt somit zu rechtsstaatlichen Friktionen und ist im Hinblick auf das Rechtsstaatsprinzip und Art. 19 Abs. 4 GG in der Tat „nur schwer erträglich".[54] Im Hinblick auf diese Bedenken sollte das Gesetz dem Gericht zumindest die Möglichkeit einräumen, bei der Bewilligung der öffentlichen Zustellung eine längere Frist zu bestimmen, sodass die Zustellungsfiktion erst später eintritt (diese Regelung ist vorgesehen bei § 188 S. 2 ZPO).

§ 57 [Fristen]

(1) Der Lauf einer Frist beginnt, soweit nichts anderes bestimmt ist, mit der Zustellung oder, wenn diese nicht vorgeschrieben ist, mit der Eröffnung oder Verkündung.

(2) Für die Fristen gelten die Vorschriften der §§ 222, 224 Abs. 2 und 3, §§ 225 und 226 der Zivilprozeßordnung.

§ 222 ZPO Fristberechnung

(1) Für die Berechnung der Fristen gelten die Vorschriften des Bürgerlichen Gesetzbuchs.

(2) Fällt das Ende einer Frist auf einen Sonntag, einen allgemeinen Feiertag oder einen Sonnabend, so endet die Frist mit Ablauf des nächsten Werktages.

(3) Bei der Berechnung einer Frist, die nach Stunden bestimmt ist, werden Sonntage, allgemeine Feiertage und Sonnabende nicht mitgerechnet.

§ 224 ZPO Fristverkürzung; Fristverlängerung

...

(2) Auf Antrag können richterliche und gesetzliche Fristen abgekürzt oder verlängert werden, wenn erhebliche Gründe glaubhaft gemacht sind, gesetzliche Fristen jedoch nur in den besonders bestimmten Fällen.

(3) Im Falle der Verlängerung wird die neue Frist von dem Ablauf der vorigen Frist an berechnet, wenn nicht im einzelnen Falle ein anderes bestimmt ist.

§ 225 ZPO Verfahren bei Friständerung

(1) Über das Gesuch um Abkürzung oder Verlängerung einer Frist kann ohne mündliche Verhandlung entschieden werden.

---

52 Einmonatige Rechtsmittelfrist bei Berufung und Revision (§ 124 a Abs. 2 S. 1, § 139 Abs. 1 S. 1) bzw. Antrag auf Zulassung der Berufung (§ 124 a Abs. 4 S. 1) oder Beschwerde gegen Nichtzulassung der Revision (§ 133 Abs. 2 S. 1); oder gar die zweiwöchige Frist, wenn die Entscheidung mit dem Rechtsmittel der Beschwerde nach §§ 146 ff. anzugreifen ist (§ 147 Abs. 1 S. 1).

53 Vgl. *M. Redeker*, in: Redeker/v. Oertzen § 56 a Rn. 8.

54 Diesen Ausdruck verwendet *M. Redeker*, in: Redeker/v. Oertzen § 56 a Rn. 5.

(2) Die Abkürzung oder wiederholte Verlängerung darf nur nach Anhörung des Gegners bewilligt werden.

(3) Eine Anfechtung des Beschlusses, durch den das Gesuch um Verlängerung einer Frist zurückgewiesen ist, findet nicht statt.

§ 226 ZPO Abkürzung von Zwischenfristen

(1) Einlassungsfristen, Ladungsfristen sowie diejenigen Fristen, die für die Zustellung vorbereitender Schriftsätze bestimmt sind, können auf Antrag abgekürzt werden.

(2) Die Abkürzung der Einlassungs- und der Ladungsfristen wird dadurch nicht ausgeschlossen, dass infolge der Abkürzung die mündliche Verhandlung durch Schriftsätze nicht vorbereitet werden kann.

(3) Der Vorsitzende kann bei Bestimmung des Termins die Abkürzung ohne Anhörung des Gegners und des sonst Beteiligten verfügen; diese Verfügung ist dem Beteiligten abschriftlich mitzuteilen.

Schrifttum

1. Monographien und Beiträge in Sammelwerken: *G. Husserl*, Recht und Zeit, 1955; *H. Linhart*, Fristen und Termine im Verwaltungsrecht, [4]2007; *M. Oerder*, Das Widerspruchsverfahren in der Verwaltungsgerichtsordnung, 1989; *G. Sadler*, Verwaltungszustellungsgesetz, 1993; *W. Volbers*, Fristen und Termine, 2003.

2. Beiträge in Zeitschriften: *W. Dütz*, Verwirkung des Rechts auf Anrufung der Gerichte, NJW 1972, 1025; *F. H. Lawson*, Zeitablauf als Rechtsproblem, AcP 159 (1960), 97; *V. Lemke*, Die Wahrung der Klagefrist bei verwaltungsgerichtlichen Klagen, JA 1999, 422; *J. Petersen*, Die Berechnung von Fristen und Terminen, Jura 2012, 432; *E. Schneider*, Die Verlängerung einer Rechtsmittelfrist nach Fristablauf auf Grund rechtzeitig gestellten Antrages, MDR 1978, 177; *U. G. Schroeter*, Zur Fristenberechnung im Bürgerlichen Recht, JuS 2007, 29; *T. Schwalbach*, Ueber die Zeitbestimmungen im Civilprozeß, AcP 66 (1883), 251; *C. Wolf*, Die Verwendung eines Fernkopierers zur Dokumentenübermittlung, NJW 1989, 2592; *G. Zehendner*, Kann die mit ausschließender Wirkung in einem Finanzrechtsstreit gesetzte Frist für das Einreichen der Vollmacht verlängert werden?, BB 1979, 161; *A. Ziegltrum*, Grundfälle zur Berechnung von Fristen und Terminen, JuS 1986, 705, 784.

I. Entstehungsgeschichte der Norm

1　Die Entstehung des § 57 geht auf § 60 des Entwurfs einer VwGO zurück, der von der Bundesregierung bereits in der 1. Wahlperiode des Deutschen Bundestages präsentiert (BT-Drs. 1/4278 Anl. 1), in der 2. Wahlperiode erneut eingebracht (BT-Drs. 2/462 Anl. 1) und schließlich in der 3. Wahlperiode nochmals dem Bundestag vorgelegt wurde (BT-Drs. 3/55 Anl. 1). Der heutige § 57 wurde seit Inkrafttreten der am 21.1.1960 verkündeten VwGO (BGBl I 17) nicht geändert. Eine für die Fristberechnung bedeutsame Änderung der Rechtslage erfolgte aber durch das am 1.10.1965 in Kraft getretene Gesetz über den Fristablauf am Sonnabend v. 10.8.1965 (BGBl I 753), das die Folgerungen aus der Entwicklung des Sonnabends zu einem arbeits- und dienstfreien Tag gezogen hat. Der gem. § 57 Abs. 2 anzuwendende § 222 Abs. 2 ZPO erhielt durch dieses Gesetz seine heutige Fassung.

II. Erläuterung der Vorschrift

1. Allgemeines, verfassungsrechtliche Grundlagen. Fristen (zum Begriff der Frist → Rn. 12) haben im 2
Rechtsleben eine große Bedeutung.[1] Prozessuale Fristen entscheiden über die Zulässigkeit, materiell-
rechtliche Fristen über die Begründetheit einer Klage.

Im *Verwaltungsprozess* dienen Fristen einem geordneten Verfahrensgang und der *Rechtssicherheit*; sie 3
sind für eine rechtsstaatliche Verfahrensordnung unverzichtbar. Die dienende Funktion von Fristenregelungen gegenüber dem übergeordneten Prinzip der Rechtssicherheit wird besonders deutlich, wenn
man den Zusammenhang zwischen Fristen und Eintritt der (formellen und materiellen) Rechtskraft eines verwaltungsgerichtlichen Urteils betrachtet. § 121, der die materielle Rechtskraft verwaltungsgerichtlicher Urteile regelt, verhindert, dass die aus einem vom Verwaltungsgericht festgestellten Tatbestand durch Urteil hergeleitete Rechtsfolge bei unveränderter Sach- und Rechtslage erneut zum Gegenstand eines Verfahrens zwischen denselben Beteiligten oder ihren Rechtsnachfolgern gemacht wird
(BVerwGE 14, 359, 362; 70, 156, 158; Buchholz 310 § 121 VwGO Nr. 30 [S. 7]) und dient damit,
ebenso wie die formelle Rechtskraft (→ § 121 Rn. 10 ff.), den aus dem Rechtsstaatsprinzip folgenden
Prinzipien der Rechtssicherheit und Rechtsgewissheit (BVerfGE 60, 253, 269; BVerwGE 14, 359,
363). Formelle Rechtskraft tritt neben dem Fall, dass ein Rechtsmittel gegen eine Entscheidung überhaupt nicht gegeben ist, insbes. dann ein, wenn ein Rechtsmittel deshalb unzulässig ist, weil die
Rechtsmittelfrist verstrichen ist. Neben dem Institut der Rechtskraft dienen damit in erster Linie prozessuale Fristen der Rechtssicherheit.[2] Die Auslegung und Anwendung der einfachgesetzlichen Fristenregelungen hat sich an diesem Zweck, zu größtmöglicher Rechtssicherheit beizutragen, zu orientieren.[3]

Aus ihrer dienenden Funktion gegenüber der Rechtssicherheit rechtfertigt sich auch der *vereinheitli-* 4
chende und typisierende Charakter von Fristen. Die Frist zur Erhebung der Klage (ein Monat, § 74)
bzw. Beantragung der Zulassung der Berufung (ein Monat, § 124a Abs. 2 S. 1) ist für jeden Kläger
bzw. Beteiligten gleich, unabhängig davon, ob es sich um einen rechtlich einfach gelagerten Fall handelt oder um eine schwierige Rechtsmaterie, die einen erhöhten Zeitaufwand für die Erstellung der
Klage- bzw. Zulassungsschrift erfordert. Eine solche Gleichbehandlung inhaltlich verschiedener Sachverhalte durch Festlegung vereinheitlichender Fristen verstößt nicht gegen Art. 3 Abs. 1 GG. Der sachliche Grund hierfür liegt in der für eine rechtsstaatliche Verfahrensordnung unverzichtbaren *Ord-*
nungs- und Stabilisierungsfunktion von Fristen. Im Übrigen können – auch um Sonderfällen Rechnung zu tragen – v.a. richterliche Fristen auf Antrag verlängert werden, § 57 Abs. 2 VwGO i.V.m.
§ 224 Abs. 2 und 3, § 225 ZPO (→ Rn. 40–43).

Die Festlegung von (vereinheitlichenden und typisierenden) Fristen begegnet im Verwaltungsprozess 5
regelmäßig keinen verfassungsrechtlichen Bedenken. Das einschlägige Verfahrensgrundrecht des
Art. 19 Abs. 4 GG garantiert dem Bürger einen effektiven Rechtsschutz gegen Akte der öffentlichen
Gewalt; der Bürger hat Anspruch auf eine tatsächlich wirksame gerichtliche Kontrolle (BVerfGE 40,
272, 275; 53, 115, 127f.). Der Zugang zum Gericht darf nicht in unzumutbarer, aus Sachgründen
nicht mehr zu rechtfertigender Weise erschwert werden (BVerfGE 40, 272, 275; 53, 115, 127f.).
Art. 19 Abs. 4 GG setzt aber nicht alle herkömmlichen Grundsätze des Prozessrechts, die rechtlich
oder tatsächlich eine Erschwerung des Zugangs zu den Gerichten bewirken, außer Kraft. Soweit der
Gesetzgeber Fristen festgelegt hat, die Rechtssicherheit und einen geordneten Gang der Rechtspflege
verbürgen, dienen diese i.w.S. ebenfalls dem Rechtsschutz des Bürgers (BVerfGE 10, 264, 267) und
begegnen deshalb im Hinblick auf Art. 19 Abs. 4 GG keinen rechtlichen Bedenken.[4] Aus Art. 19

---

1 Allg. zum Faktor Zeit im Recht *G. Husserl*, Recht und Zeit, 1955; *P. Kirchhof*, in: Maunz/Dürig Art. 3 Abs. 1
   Rn. 333 ff.; *F. H. Lawson*, AcP 159 (1960), 97; *Wolff/Bachof/Stober/Kluth* I § 37; vgl. zur gesetzlichen Regelung der
   Zeitmessung das Gesetz über die Einheiten im Messwesen und die Zeitbestimmung (EinhZeitG) nach Änderung durch
   das Gesetz vom 3.7.2008 (BGBl I 1185).
2 BVerfGE 60, 253, 269; s. aber auch *L. Kempf*, JZ 1962, 84, 86, der die Bedeutung der Berufungsbegründungsfrist des
   § 519 Abs. 2 ZPO a.F. unter Fehlzitierung einer Entscheidung des RG (RGZ 147, 313, 315) darin sieht, die Parteien zur
   sorgfältigen Vorbereitung des Rechtsstreits zu erziehen und die Beschleunigung des Verfahrens durchzusetzen. Bedenklich sind aber in erster Linie zu kurze Fristen, die dazu führen, dass ein Rechtsstreit nicht sorgfältig genug vorbereitet
   werden kann.
3 Dazu, dass die §§ 187 ff. BGB den Zweck, den Teilnehmern am Rechtsverkehr zu ermöglichen, Frist- und Terminbestimmungen in eindeutigem Sinn zu verstehen, nicht erreicht haben, *A. Zieglrum*, JuS 1986, 784, 787.
4 Z.B. für Ausschlussfristen BVerwGE 58, 100, 104 f.; 72, 368, 371 jeweils m.w.N.

Abs. 4 GG folgt aber, dass Fristen voll ausgenutzt werden können[5] (näher → Rn. 38 sowie → § 60 Rn. 60 f.). Fristversäumnisse müssen zurechenbar sein, woran es bspw. fehlt, wenn die Post die Briefbeförderung verzögert hat (BVerfGE 41, 23, 25; 50, 397, 399; 54, 80, 84). Fristenregelungen dürfen insoweit, insbes. bei Anträgen auf Wiedereinsetzung in den vorigen Stand, nicht zu eng ausgelegt werden (→ § 60 Rn. 34, 35).

6   Aus Art. 19 Abs. 4 GG sowie aus Art. 103 Abs. 1 GG[6] folgt ferner, dass Fristen *nicht zu kurz* bemessen sein dürfen. „Die dem Betroffenen eingeräumte oder verbleibende gesetzlich festgelegte Frist zur Einlegung eines Rechtsbehelfs muss [...] angemessen sein".[7] Das Mindestmaß dürfte auch in Eilfällen bei einer Frist von einer Woche liegen.[8] Vorschriften, die den Rechtsschutz des Betroffenen von der Einhaltung oftmals sehr kurzer Fristen abhängig machen, finden sich z.B. in § 12 Abs. 2 S. 1 InVorG sowie seit 1.7.1993 insbes. im Asylverfahrensrecht. Hier sind zu nennen die Ein-Wochen-Frist des § 36 Abs. 3 S. 1 AsylG, innerhalb derer der Antrag nach § 80 Abs. 5 gegen die Abschiebungsandrohung nach Bekanntgabe der Unzulässigkeit (§ 29 Abs. 1 Nr. 2, 4 AsylG) oder offensichtlichen Unbegründetheit des Asylantrages gestellt werden muss, die Drei-Tages-Frist nach § 18 a Abs. 4 S. 1 AsylG für den vorläufigen Rechtsschutz in Asylverfahren bei Einreise auf dem Luftwege sowie die zweiwöchige Klagefrist des § 74 Abs. 1 AsylG. Wenig sinnvoll und mit Blick auf Art. 19 Abs. 4 GG verfassungsrechtlich zweifelhaft ist die Einräumung (relativ) kurzer Fristen in regelmäßig kompliziert gelagerten, aber nicht eilbedürftigen Fällen.

7   **2. Anwendungsbereich.** Anwendung findet § 57 auf die in der VwGO geregelten *eigentlichen (echten) gesetzlichen* und *richterlichen Fristen.* Str. ist, ob die Vorschrift auch auf die Widerspruchsfrist des § 70 Abs. 1 S. 1 anzuwenden ist (→ Rn. 9). Nicht anwendbar ist § 57 auf *materiellrechtliche Fristen* (zum Begriff → Rn. 13) sowie hinsichtlich einer Fristverlängerung oder -abkürzung auf *uneigentliche Fristen*[9] (dazu und zum Begriff → Rn. 14). Materiellrechtliche Fristen sind entsprechend den Vorschriften des BGB zu berechnen, soweit keine Sondervorschriften bestehen (vgl. BVerwGE 29, 282, 283; GmSOGB BVerwGE 40, 363, 364;). Die Berechnung der Fristen erfolgt somit letztlich nach den gleichen Grundsätzen, da über § 57 Abs. 2 VwGO, § 222 Abs. 1 ZPO ebenfalls die Vorschriften des BGB gelten (→ Rn. 28–31, 36).

8   Daher gilt § 57 für die *gesetzliche* Klagefrist (§ 74), Berufungsfrist (§ 124 a Abs. 2 S. 1), Frist für die Antragstellung zur Zulassung der Berufung (§ 124 a Abs. 4 S. 1), Berufungsbegründungsfrist (§ 124 a Abs. 3 S. 1, Abs. 6 S. 1), Revisionsfrist (§ 139 Abs. 1 S. 1), Revisionsbegründungsfrist (§ 139 Abs. 3 S. 1), Frist für die Nichtzulassungsbeschwerde (§ 133 Abs. 2 S. 1) sowie deren Begründung (§ 133 Abs. 3 S. 1), Beschwerdefrist (§ 147 Abs. 1 S. 1), Beschwerdebegründungsfrist im Eilverfahren (§ 146 Abs. 4 S. 1), des Weiteren für die Fristen nach § 47 Abs. 2 S. 1 (Normenkontrollverfahren), § 60 Abs. 2 S. 1 (Wiedereinsetzung), § 84 Abs. 2 (Rechtsbehelfe gegen Gerichtsbescheid), § 134 Abs. 1 S. 2 (Sprungrevision) und § 151 S. 1 (Entscheidungen des beauftragten oder ersuchten Richters, Urkundsbeamten) sowie für die Frist für die Erhebung der Anhörungsrüge (§ 152 a Abs. 2 S. 1). *Richterliche* Fristen, auf welche § 57 Anwendung findet, sind die Fristen gem. § 67 Abs. 6 S. 2 Hs. 2, § 67 a Abs. 1 S. 1, § 82 Abs. 2 S. 1, 2, § 85 Abs. 3, § 86 Abs. 4 S. 2, § 87 Abs. 1 S. 2 Nr. 2, § 87 b Abs. 1 S. 1 und Abs. 2.

9   Zweifelhaft ist, ob § 57 auf die *Widerspruchsfrist* des § 70 Abs. 1 S. 1 Anwendung findet.[10] Die Beantwortung der Frage hängt davon ab, ob man die §§ 68 ff. als Vorschriften des gerichtlichen Verfahrens begreift oder als verwaltungsverfahrensrechtliche Vorschriften, die nur aufgrund besonderer Bundeskompetenz in die VwGO aufgenommen sind.[11] I.E. ist die Streitfrage ohne Bedeutung, da, auch wenn man § 57 i.R. des § 70 Abs. 1 S. 1 nicht für anwendbar hält, die für die Fristberechnung entscheiden-

---

5   D.h. in aller Regel bis 24.00 Uhr des letzten Tages der Frist; vgl. BVerfGE 74, 220, 224; *H. D. Jarass*, in: Jarass/Pieroth Art. 19 Rn. 63.

6   Zu den aus Art. 103 Abs. 1 GG folgenden Anforderungen an Fristen *B. Remmert*, in: Maunz/Dürig Art. 103 Rn. 99 ff.

7   *W.-R. Schenke*, in: BK Art. 19 Abs. 4 Rn. 183.

8   *E. Schmidt-Aßmann*, in: Maunz/Dürig Art. 103 Rn. 124 (Stand: Lfg. 27); weiter gehend BVerfGE 36, 298, 303 (Drei-Tages-Frist noch verfassungsgemäß).

9   Vgl. *K. Stöber*, in: Zöller Vorbem § 214 Rn. 6 sowie ferner → Rn. 44.

10   Dafür: *K. Rennert*, in: Eyermann § 70 Rn. 4; *W.-R. Schenke*, in: Kopp/Schenke § 70 Rn. 8. Dagegen: *C. Meissner/W. Schenk*, in: Schoch/Schneider/Bier § 57 Rn. 3; *M. Redeker*, in: Redeker/v. Oertzen § 57 Rn. 1.

11   Zur Beantwortung dieser Streitfrage z.B. BVerwG NVwZ 1987, 224, 225, das die §§ 68 ff. dem materiellen Verfahrensrecht zuordnet; *H. Hofmann*, FS Menger, 1985, 605 ff.; *A. v. Mutius*, Das Widerspruchsverfahren der VwGO als Verwaltungsverfahren und Prozessvoraussetzung, 1969; *M. Oerder*, Widerspruchsverfahren, 1989, 16 ff.

den §§ 187 ff. BGB gleichwohl über § 31 VwVfG Anwendung finden.[12] Dies gilt ebenso für die Regelung für den Fall, dass das Ende einer Frist auf einen Sonntag, einen gesetzlichen Feiertag oder einen Sonnabend fällt.

Auf die *Widerrufsfrist* in einem *Prozessvergleich* findet § 57 keine unmittelbare Anwendung. Die Vergleichswiderrufsfrist ist weder gesetzliche noch richterliche Frist, sie wird vielmehr von den Vertragsparteien frei vereinbart. Da jedoch der Prozessvergleich eine Doppelnatur hat, kann auch der Widerruf des Vergleichs als Maßnahme mit Doppelwirkung angesehen werden, die sowohl materiellrechtliche Willenserklärung als auch Prozesshandlung ist. Die Vorschriften über prozessuale Fristen lassen sich dann entsprechend heranziehen, soweit sie mit dem besonderen Charakter der Vergleichswiderrufsfrist als einer vereinbarten Frist nicht im Widerspruch stehen.[13]   **10**

3. Parallelvorschriften in anderen Prozessordnungen. Die Parallelvorschriften in der Finanz- und Sozialgerichtsbarkeit weichen teilweise nicht unerheblich von der Regelung in der VwGO ab. So bezieht sich § 54 Abs. 1 FGO lediglich auf gesetzliche Fristen,[14] wohingegen § 54 Abs. 2 FGO mit § 57 Abs. 2 übereinstimmt. Das SGG trifft die Regelungen zur Berechnung der Fristen in § 64 Abs. 2 und 3 SGG selbst, anstatt auf die ZPO zu verweisen. In § 65 SGG wird die Abkürzung und Verlängerung von richterlichen Fristen geregelt. Eine Vereinheitlichung aller Fristberechnungsbestimmungen ist überfällig.   **11**

4. Begriffe und Abgrenzungen. a) Frist, Befristung und Termin. „*Frist* im Rechtssinne ist ein abgegrenzter, bestimmt bezeichneter oder jedenfalls bestimmbarer Zeitraum, nach dessen Ablauf rechtliche Folgen eintreten können"[15] oder, kürzer formuliert, Fristen sind rechtserhebliche Zeiträume.[16] Von der Frist zu unterscheiden sind die Befristung und der Termin. *Befristung* ist eine Zeitbestimmung, bei der die Entstehung oder der Wegfall eines Rechts gewiss ist, aber von dem Eintritt eines bestimmten Zeitpunktes abhängt (z.B. Vertrag ab 1. 7.; bis zum Todestag einer Person).[17] *Termin* ist ein bestimmter Zeitpunkt, an dem etwas geschehen soll oder eine Wirkung eintritt.[18] In Einzelfällen kann die Abgrenzung von „Frist" und „Termin" zu Problemen führen.[19]   **12**

b) Materiellrechtliche und prozessuale Fristen. Um eine materiellrechtliche Frist handelt es sich, wenn sich der Fristablauf auf Entstehung, Inhalt oder Beendigung von Rechten, Pflichten oder Rechtsverhältnissen der Sache nach auswirkt. Prozessuale Fristen sind solche, bei denen der Fristablauf nur verfahrensrechtliche Auswirkungen hat.[20]   **13**

c) Eigentliche und uneigentliche Fristen. Prozessuale Fristen lassen sich wie folgt systematisieren: Grundlegend ist die Unterscheidung zwischen eigentlichen (echten) und uneigentlichen Fristen. Von einer *eigentlichen Frist* spricht man, wenn das Gesetz oder das Gericht *den Beteiligten* eine Frist zur Vornahme einer Verfahrenshandlung setzt. Hierunter fallen die meisten der in der VwGO geregelten Fristen. Nicht einheitlich wird der Begriff der *uneigentlichen Frist* verwendet. Vielfach werden damit (nur) solche gesetzlichen Fristen bezeichnet, die für bestimmte Handlungen *des Gerichts* selbst vorgeschrieben sind. Die Einhaltung dieser Fristen ist Amtspflicht i.S.d. § 839 BGB.[21] Hierzu zählen z.B. die zwei- bzw. vierwöchige Ladungsfrist nach § 102 Abs. 1 S. 1 und die Zwei-Wochen-Frist zur Verkündung und Übergabe des Urteils an die Geschäftsstelle nach § 116 Abs. 1 S. 1, Abs. 2. Als uneigentliche   **14**

---

12 So R. *Pietzner*/M. *Ronellenfitsch*, Das Assessorexamen im Öffentlichen Recht, [12]2010, § 33 Rn. 7 m.w.N.; ferner C. *Kimmel*, in: Posser/Wolff § 57 Rn. 1 f.

13 VGH Mannheim NVwZ-RR 2000, 544, 545 m.w.N.; LG Berlin NJW 1965, 765, 766; B. *Bergerfurth*, NJW 1969, 1797, 1799. Zur Frage, ob die Vorschriften über die Wiedereinsetzung in den vorigen Stand (§ 233 ZPO) sowie die Vorschriften über die Fristenhemmung infolge höherer Gewalt sinngemäß auch im Fall der Versäumung der Widerrufsfrist beim Prozessvergleich anzuwenden sind, F.-J. *Säcker*, ZZP 80 (1967), 421 ff.

14 T. *Stapperfend*, in: Gräber § 54 Rn. 9.

15 So P. *Brandis*, in: Tipke/Kruse § 108 AO Rn. 2; ähnl. D. *Krausnick*, in: Gärditz § 57 Rn. 4.

16 H. *Linhart*, Fristen, [4]2007, Rn. 4; Wolff/Bachof/Stober/Kluth I § 37 Rn. 10.

17 Vgl. U. *Ramsauer*, in: Kopp/Ramsauer § 36 Rn. 53. Nach D. *Krausnick*, in: Gärditz § 57 Rn. 4 ist der Unterschied zwischen dem Begriff der Frist und dem der Befristung vorwiegend sprachlicher Natur.

18 P. *Brandis*, in: Tipke/Kruse § 108 AO Rn. 2; A. *Ziegltrum*, JuS 1986, 705, 784. Z.B. die vom Gericht festgesetzten Zeitpunkte für eine mündliche Verhandlung nach § 102 Abs. 1 S. 1, eine Beweisaufnahme nach § 96 Abs. 2 oder für die Verkündung eines Urteils nach § 116 Abs. 1 S. 1.

19 T. *Schwalbach*, AcP 66 (1883), 251, 255 f.

20 H. *Linhart*, Fristen, [4]2007, Rn. 14.

21 K. *Stöber*, in: Zöller Vorbem. § 214 Rn. 6.

Fristen werden des Weiteren auch bezeichnet diejenigen „Zeitspannen, deren Ende einen äußersten Zeitpunkt festlegt, nach dem auch bei fehlendem Verschulden eine Parteihandlung endgültig nicht mehr oder nur noch unter ganz besonderen Voraussetzungen vorgenommen werden kann" (BVerwG NJW 1986, 207, 208), z.B. die Frist des § 58 Abs. 2 S. 1, § 60 Abs. 3 oder § 152 a Abs. 2 S. 2. Diese Fristen werden hier als Ausschlussfristen i.e.S. bezeichnet (→ Rn. 16). Auf die uneigentlichen Fristen und Ausschlussfristen i.e.S. kommt § 57 nur hinsichtlich der Fristberechnung zur Anwendung (→ Rn. 28, 36 a), nicht jedoch hinsichtlich der Fristverlängerung- oder -abkürzung (→ Rn. 16, 44).

15   **d) Gesetzliche, richterliche und vertragliche Fristen.**   Die eigentlichen (oder echten) Fristen lassen sich (nach dem Urheber der Fristbestimmung) weiter unterteilen in gesetzliche, richterliche und vertragliche Fristen. Eine *gesetzliche* Frist liegt vor, wenn die Dauer einer Frist durch förmliches Gesetz, Verordnung oder Satzung bestimmt ist und die Frist kraft Gesetzes ohne besondere Festsetzung allein aufgrund eines bestimmten Ereignisses zu laufen beginnt (BVerwG DVBl 1986, 287). Eine *richterliche* Frist ist dann gegeben, wenn die Frist von einem Gericht bestimmt worden ist.[22] Richterliche Fristen können nicht durch unbestimmte Rechtsbegriffe, wie z.B. „umgehend", sondern nur nach den in §§ 187 ff. BGB genannten Zeitmaßen (Tagen, Wochen usw.)[23] bzw. – wie zumeist in der Praxis – durch Festlegung eines kalendermäßig bestimmten Datums (z.B.: „bis zum 19.3.2018") gesetzt werden. Auch im letzteren Fall gilt § 222 Abs. 2 ZPO (Feiertagsprivileg). *Vertragliche* Fristen werden von den Parteien vereinbart. Die verlängerte Begründungsfrist im Rahmen der Berufung (§ 124 a Abs. 3 S. 3) und der Revision (§ 139 Abs. 3 S. 3) ist eine gesetzliche Frist (→ Rn. 41). Entsprechendes ist im Fall der durch Antrag nach § 124 a Abs. 4 erstrittenen und nach Abs. 5 zugelassenen Berufung für die Verlängerung der Begründungsfrist anzunehmen (vgl. § 124 a Abs. 6 S. 3).

16   **e) Gewöhnliche Fristen und Ausschlussfristen.**   Nach ihrer Wirkung lassen sich prozessuale Fristen unterteilen in gewöhnliche Fristen und Ausschlussfristen. Unter Ausschlussfristen i.w.S. sind solche Fristen zu verstehen, die die Geltendmachung eines Rechts oder einer Befugnis von vornherein nur für die Dauer der hierfür eingeräumten Frist ermöglichen. Verfahrensrechtliche Ausschlussfristen bewirken nicht das materielle Erlöschen eines Rechts, sondern führen allein dazu, dass bei Nichtvornahme der Verfahrenshandlung weiterhin bestehende materielle Rechte innerhalb eines ganz bestimmten Verfahrens prozessual nicht mehr geltend gemacht werden können;[24] vgl. auch § 173 VwGO i.V.m. § 230 ZPO, der auch im verwaltungsgerichtlichen Verfahren anzuwenden ist. Die verfahrensrechtliche Ausschließung setzt sich auch dann durch, wenn der materielle Anspruch zweifelsohne gegeben ist (BVerwG DVBl 1962, 831; a.M. BSG DVBl 1962, 27, 28). In diesem weiteren Sinne sind jedenfalls die meisten Fristen der VwGO Ausschlussfristen (z.B. Widerspruchs-, Klage-, Berufungs- und Revisionsfrist). I.e.S. werden aber als Ausschlussfristen solche Zeitspannen bezeichnet, deren Ende einen äußersten Zeitpunkt festlegt, nach dem auch bei fehlendem Verschulden eine Prozesshandlung endgültig nicht mehr oder nur noch unter ganz besonderen Voraussetzungen vorgenommen werden kann, d.h. vor allem solche Zeitspannen, nach deren Ablauf eine Wiedereinsetzung in den vorigen Stand (unter ihren normalen Voraussetzungen) ausgeschlossen ist (vgl. BVerwG NJW 1986, 207, 208). Wichtige in der VwGO geregelte (prozessuale) Ausschlussfristen i.e.S. sind die einjährigen Fristen gem. § 58 Abs. 2 S. 1, § 60 Abs. 3 und § 152 a Abs. 2 S. 2 ferner die Frist des § 82 Abs. 2 S. 2. § 57 findet hinsichtlich der Berechnung dieser Ausschlussfristen i.e.S. Anwendung (→ Rn. 28, 36 a), naturgemäß nicht aber wegen einer Fristverlängerung oder -abkürzung (→ Rn. 44).

17   **f) Notfristen.**   Notfristen (vgl. § 224 Abs. 1 S. 2 ZPO) gibt es im Verwaltungsprozess nicht. § 57 Abs. 2 verweist nicht auf § 224 Abs. 1 ZPO.

18   **5. Voraussetzungen des Beginns des Fristenlaufs. a) Zustellung, Verkündung bzw. Eröffnung der Entscheidung als Voraussetzung für den Fristenlauf.**   Als Ereignisse, durch die eine Frist in Lauf gesetzt wird, nennt § 57 Abs. 1 Zustellung, Verkündung oder Eröffnung. *Zustellung* ist die Bekanntgabe eines Schriftstücks oder elektronischen Dokuments an eine Person in der gesetzlich speziell für Zustellungen bestimmten Form (vgl. die Definition in § 2 Abs. 1 VwZG; näher → § 56 Rn. 8 f.). § 56 Abs. 1 schreibt die Zustellung vor für Anordnungen und Entscheidungen, durch die eine Frist in Lauf gesetzt

---

22   Vgl. *D. Krausnick*, in: Gärditz § 57 Rn. 11.
23   OVG Koblenz NJW 1993, 2457.
24   *H. Linhart*, Fristen, ⁴2007, Rn. 18 ff.

wird, ferner für Terminbestimmungen und Ladungen. Die Zustellungsnotwendigkeit entfällt nur, wenn die Anordnung etc. verkündet wird und das Gesetz nicht ausdrücklich neben der Verkündung die Zustellung verlangt. Die Zustellung setzt Fristen in Lauf, wenn sie gesetzlich vorgeschrieben ist oder als besondere Bekanntgabeform vom Gericht gewählt wird und wenn sie jeweils ordnungsgemäß (→ § 56 Rn. 79–85) erfolgt bzw. eine fehlerhafte Zustellung gem. § 189 ZPO (→ § 56 Rn. 82 ff.) geheilt ist.

Die *Verkündung* ist der formelle gerichtliche Ausspruch der Entscheidung in der mündlichen Verhand- **19** lung oder in einem vom Gericht dafür eigens bestimmten Termin (vgl. § 116 Abs. 1 S. 1) und überall dort zugelassen, wo das Gericht aufgrund mündlicher Verhandlung entscheidet. Der Fristenlauf beginnt jedoch nicht mit der Verkündung, wenn das Gesetz ausdrücklich die Zustellung anordnet, wie z.B. bei der Urteilsverkündung (§ 116 Abs. 1 S. 2)[25] oder bezüglich der Frist zur Einlegung der Nichtzulassungsbeschwerde (§ 133 Abs. 2).

Der Begriff der *Eröffnung* wird von der VwGO z.T. synonym zum Begriff der Bekanntgabe (z.B. in **20** §§ 56 a, 70 Abs. 1 S. 1, § 74 Abs. 1 S. 2, § 147 Abs. 1 S. 1, § 151 S. 1) gebraucht. Bekanntgabe ist jede auf dem Willen des Gerichts beruhende Eröffnung der Entscheidung gegenüber dem Betroffenen (→ § 56 Rn. 9). Die Bekanntgabe bzw. Eröffnung ist typische Form des Erlasses einer Verwaltungsentscheidung. Grds. können auch richterliche Verfügungen den Beteiligten formlos mitgeteilt werden (§ 173 VwGO i.V.m. § 329 Abs. 2 S. 1 ZPO). Praktisch spielt die richterliche Eröffnung für den Fristlauf jedoch keine Rolle, da richterliche Entscheidungen, durch welche Fristen in Lauf gesetzt werden, zu verkünden oder zuzustellen sind (§ 56 Abs. 1).

Keine Zustellung, Verkündung oder Eröffnung liegt vor, wenn die Entscheidung *ohne Willen des Ge-* **21** *richts* bekannt gegeben wurde oder in sonstiger Weise bekannt wird, z.B. durch die Presse. Das Vorhandensein des Willens, eine Bekanntgabehandlung vorzunehmen, ist unabdingbare Voraussetzung der Bekanntgabe.[26] Dies betrifft zum einen die Identität und Endgültigkeit der Entscheidung (keine Fristwirkung für entworfene Entscheidung), zum anderen den gewollten Adressaten (Fehlzustellung) (→ § 56 Rn. 16 f., 23 f., 82).

b) Rechtsbehelfsbelehrung als zusätzliche Voraussetzung für den Lauf von Rechtsmittel- bzw. Rechts- **22** **behelfsfristen.** Teilweise genügt auch eine ordnungsgemäße Zustellung etc. allein nicht, um eine bestimmte Frist in Lauf zu setzen. Bei den in der VwGO geregelten Fristen gem. § 70 Abs. 1 S. 1 (Widerspruch), § 74 (Klage), § 84 Abs. 2 (Rechtsbehelfe gegen Gerichtsbescheid), § 124 a Abs. 2 (Berufung), § 124 a Abs. 4 S. 1 (Antrag auf Zulassung der Berufung), § 133 Abs. 2 S. 1 (Einlegung der Beschwerde bei Nichtzulassung der Revision), § 139 Abs. 1 S. 1 (Revision) sowie § 147 Abs. 1 S. 1 (Beschwerde) ist eine Belehrung der Beteiligten nach § 58 Abs. 1 über den Rechtsbehelf, die Verwaltungsbehörde oder das Gericht, bei denen der Rechtsbehelf anzubringen ist, den Sitz und die einzuhaltende Frist zwingend vorgeschrieben (zum Anwendungsbereich des § 58 Abs. 1 → § 58 Rn. 11). Fehlt die hiernach erforderliche Belehrung, werden die regulären Rechtsbehelfsfristen nicht in Lauf gesetzt;[27] es läuft nur die einjährige Ausschlussfrist (i.e.S., → Rn. 16) des § 58 Abs. 2 S. 1. Auch diese Frist läuft nicht, sofern die Einlegung des Rechtsbehelfs vor Ablauf der Jahresfrist infolge höherer Gewalt unmöglich war oder eine schriftliche Belehrung dahin erfolgt ist, dass ein Rechtsbehelf nicht gegeben sei (zu § 58 Abs. 2 ausf. → § 58 Rn. 79 ff.).

c) Verwirkung von Rechtsbehelfen. Ist eine Zustellung (bzw. Verkündung oder Bekanntgabe) der Ent- **23** scheidung nicht erfolgt, beginnen Fristen nach § 57 Abs. 1 nicht zu laufen. Ein Verwaltungsakt wird nicht bestandskräftig, ein Urteil nicht rechtskräftig. Die gleiche Rechtsfolge tritt ein, wenn eine Zustellung fehlerhaft erfolgt und der Zustellungsfehler nicht geheilt wird (zu Zustellungsfehlern und deren Heilung → § 56 Rn. 79 ff.). Die einschneidende Konsequenz, dass bei fehlendem Fristenlauf aufgrund fehlender oder mangelhafter Zustellung ein Urteil nicht rechtskräftig wird und noch Jahre später die Zulassung der Berufung beantragt werden kann, wird im Zivilprozess durch die Regelung des § 517 letzter Hs. ZPO abgemildert, wonach die Berufungsfrist spätestens fünf Monate nach Verkündung

---

25 *M. Redeker*, in: Redeker/v. Oertzen § 57 Rn. 3.
26 BVerwGE 22, 14, 15; 29, 321, 322 f.; vgl. auch BVerwG DÖV 1972, 390, 391: Bekanntgabe eines Verwaltungsaktes auch durch Erwähnung in einem Schriftsatz im gerichtlichen Verfahren.
27 *D. Krausnick*, in: Gärditz § 57 Rn. 21.

beginnt. Eine entsprechende Vorschrift fehlt im Verwaltungsprozess; § 517 ZPO ist auch nicht über § 173 anwendbar, da die VwGO für den Fristablauf eine abschließende Regelung getroffen hat.

24   Der Grundsatz, dass ohne Zustellung, Verkündung oder Bekanntgabe keine Fristen laufen und bspw. ein Urteil damit nicht rechtskräftig wird, wird relativiert durch das Institut der *Verwirkung* prozessualer Befugnisse (zur Verwirkung auch → § 58 Rn. 76 ff.). Der Grundsatz von Treu und Glauben als ein die gesamte Rechtsordnung beherrschendes Prinzip bewirkt, dass nicht nur materielle Rechte, sondern auch verfahrensrechtliche Positionen verwirkt werden können.[28] Die Möglichkeit der Verwirkung verfahrensrechtlicher Positionen entspricht dem öffentlichen Interesse an der Erhaltung des Rechtsfriedens und der Rechtssicherheit. Die Verwirkung setzt auch bei verfahrensrechtlichen Positionen neben dem Ablauf einer bestimmten Zeitspanne (*Zeitmoment*) voraus, dass ein Dritter darauf vertraut hat, der Berechtigte werde nichts mehr zur Wahrung seines Rechts unternehmen (*Vertrauenstatbestand*), wobei der Berechtigte unter solchen Umständen untätig geblieben ist, aus denen ein Dritter berechtigterweise ein solches Vertrauen bilden durfte (*Umstandsmoment*), und sich der Dritte infolgedessen in seinen Vorkehrungen und Maßnahmen so eingerichtet hat, dass ihm durch die verspätete Durchsetzung des Rechts ein unzumutbarer Nachteil entstehen würde (*Vertrauensbetätigung*).[29] Erst dadurch wird eine Situation geschaffen, auf die der jeweilige Gegner vertrauen, sich einstellen und einrichten darf. Entscheidend ist in zweipoligen Verwaltungsrechtsverhältnissen die Sichtweise der Gegenpartei, i.d.R. also eines Verwaltungsträgers; auf die „abgeklärte" Sicht des Gerichts kann es nicht ankommen.[30] Bei dreipoligen Verwaltungsprozessrechtsverhältnissen (z.B. einer Nachbarklage wegen einer möglicherweise rechtswidrig erteilten Bau- oder Anlagengenehmigung) kommt es entscheidend auf die Situation zwischen Kläger und Beigeladenem an. Bei der Prüfung der Voraussetzungen einer Verwirkung prozessualer Befugnisse ist ferner Art. 19 Abs. 4 GG zu berücksichtigen. Der Weg zu den Gerichten darf durch die Annahme einer Verwirkung nicht in unzumutbarer, aus Sachgründen nicht mehr zu rechtfertigender Weise erschwert werden (BVerfGE 32, 305, 309). Nur einen Anhaltspunkt dafür, nach welchem Zeitraum eine Verwirkung frühestens möglich ist, bietet § 58 Abs. 2 S. 1. Danach wird im Regelfall *vor* Ablauf eines Jahres eine Verwirkung *nicht* angenommen werden können (→ § 58 Rn. 78).[31] Allerdings ist eine schematische Übertragung der Jahresfrist des § 58 Abs. 2 S. 1 auf den Verwirkungsfall abzulehnen. Schwierigkeiten bereitet im Rahmen der Verwirkung die Bestimmung des Zeitpunkts, ab welchem die für die Verwirkung maßgebliche Zeitspanne zu laufen beginnt.[32]

25   **d) Fristenlauf bei mehreren Beteiligten bzw. bei der Bestellung von Prozessbevollmächtigten.[33]** Bei mehreren Beteiligten läuft die gesetzliche oder richterliche Frist für jeden gesondert,[34] je nachdem, wann ihm gegenüber zugestellt, eröffnet oder verkündet wurde. Fristablauf kann deshalb auch in einem Prozess zu verschiedenen Zeitpunkten eintreten.[35] In drei- oder mehrseitigen Prozessrechtsverhältnissen, in denen nur an einen Beteiligten (wirksam) zugestellt etc. wird, laufen für die anderen Beteiligten grds. keine Fristen, auch wenn sie von der Zustellung etc. an den anderen Beteiligten Kenntnis haben. Die bloße Kenntnis kann die Zustellung etc. nicht ersetzen. Die gegenteilige Auffassung, wonach die Zustellung an einen Beteiligten ausreicht, um auch für die anderen Beteiligten Fristen in Lauf zu setzen (VGH München DVBl 1965, 93), ist abzulehnen. Sie verkennt, dass für jeden Beteilig-

---

28   Bsp. aus der Rspr.: BVerwG NVwZ 2001, 206 ff. (Verwirkung des Klagerechts gegen einen Planfeststellungsbeschluss); BSGE 34, 211, 213 ff.; 47, 194 ff. (Verwirkung des Rechts auf Anfechtung eines Verwaltungsaktes); HmbOVG GewArch 1992, 300 f. (Verwirkung des Klagerechts gegen eine Gewerbeuntersagung); OVG Münster NVwZ-RR 2002, 798 (Verwirkung des Rechts zur Einlegung der Berufung); OVG Weimar LKV 2009, 281 ff. (Verwirkung des prozessualen Klagerechts wegen verzögerter Klageerhebung). FG Karlsruhe NVwZ 1986, 248 (Verwirkung der Klagebefugnis bei wiederholter Ausschöpfung des Rechtsweges).

29   BVerfGE 32, 305, 308 f.; BVerwGE 44, 339, 343 f.; 110, 226, 236; 115, 302, 310; BVerwG NVwZ 2001, 206; allg. zu den Voraussetzungen einer Verwirkung C. *Grüneberg*, in: Palandt § 242 Rn. 87 ff.

30   Zutr. W. *Dütz*, NJW 1972, 1025, 1027 f.

31   BFHE 106, 134, 137; VG Bremen 2.2.2017 – 5 K 1518/15, juris Rn. 24; s. aber auch BVerwGE 44, 294, 300.

32   Vgl. OVG Bln-Bbg BauR 2009, 1427, 1428: „Von dem Zeitpunkt an, von dem ab anzunehmen ist, dass der Nachbar sichere Kenntnis von der erteilten Baugenehmigung erlangt hat oder zumindest hätte erlangen müssen, hat er sich jedoch in aller Regel nach Treu und Glauben so behandeln zu lassen, als sei ihm die Baugenehmigung im Zeitpunkt der zuverlässigen Kenntniserlangung bzw. in demjenigen Zeitpunkt amtlich bekannt gegeben worden, in dem er diese Kenntnis hätte erlangen müssen."

33   Zur Frage des Zustellungsadressaten allg. → § 56 Rn. 22 ff.

34   Vgl. K. *Reichold*, in: Thomas/Putzo § 329 Rn. 6.

35   W.-R. *Schenke*, in: Kopp/Schenke § 57 Rn. 11.

ten die Voraussetzungen des Fristenlaufs selbständig zu prüfen sind (BVerwG DÖV 1968, 846) und eine Ausnahme von diesem Grundsatz nur gemacht werden kann, sofern eine besondere Zurechnungsnorm, wie im Falle der notwendigen Streitgenossenschaft (dort betrifft die Zurechnungsnorm allerdings die Fristwahrung; → § 64 Rn. 88 ff.), existiert.

Wird an den Beteiligten statt an seinen Prozessbevollmächtigten zugestellt, so ist die Zustellung insoweit unwirksam, als Fristen nicht zu laufen beginnen (→ § 56 Rn. 26). Hat der Prozessbevollmächtigte das Schriftstück jedoch nachweislich erhalten, vermag dies den Zustellungsmangel zu heilen (§ 189 ZPO). Bei nachträglicher Heilung nach § 189 ZPO ist der Tag der Heilung für die Fristberechnung maßgebend (→ § 56 Rn. 82). Hat ein Beteiligter mehrere Prozessbevollmächtigte und wird, obwohl dies wohl nicht erforderlich ist, auch an mehrere dieser *Prozessbevollmächtigten* zugestellt (→ § 56 Rn. 26), so ist für den Beginn der Rechtsbehelfsfrist die zeitlich erste Zustellung maßgebend. Die spätere Zustellung an den oder die anderen Prozessbevollmächtigten setzt eine neue Rechtsbehelfsfrist nicht in Lauf (BVerwG NJW 1984, 2115).

6. Fristberechnung. a) Fristen in der VwGO. Die VwGO kennt Zwei-Wochen-Fristen, Monatsfristen, Zwei-Monats-Fristen, Drei-Monats-Fristen und Jahresfristen. *Zwei-Wochen-Fristen* sind geregelt in § 60 Abs. 2 S. 1 Hs. 1 (Antrag auf Wiedereinsetzung), § 92 Abs. 1 S. 3 (Fiktion der Einwilligung zur Klagerücknahme), § 119 Abs. 1 (Antrag auf Urteilsberichtigung), § 120 Abs. 2 (Antrag auf Urteilsergänzung), § 147 Abs. 1 S. 1 (Beschwerdefrist), § 151 S. 1 (Erinnerungsfrist), § 152 a Abs. 2 S. 1 (Anhörungsrüge). *Monatsfristen* sind die Frist für den Antrag auf Wiedereinsetzung zur Nachholung einer Rechtsmittelbegründung (§ 60 Abs. 2 S. 1 Hs. 2), die Widerspruchsfrist (§ 70 Abs. 1 S. 1), die Klagefrist (§ 74), die Rechtsbehelfsfristen bei Gerichtsbescheiden (§ 84 Abs. 2), die Berufungsfrist (§ 124 a Abs. 2 S. 1), die Frist zur Antragstellung für die Zulassung der Berufung (§ 124 a Abs. 4 S. 1), die Frist zur Begründung der Berufung im Falle des § 124 a Abs. 5 S. 2 (§ 124 a Abs. 6 S. 1), die Frist für die Anschlussberufung (§ 127 Abs. 2 S. 2), die Frist für die Einlegung der Beschwerde bei Nichtzulassung der Revision (§ 133 Abs. 2 S. 1), die Frist für die Sprungrevision (§ 134 Abs. 1 S. 2), die Revisionsfrist (§ 139 Abs. 1 S. 1), die Revisionsbegründungsfrist im Falle des § 139 Abs. 2 (§ 139 Abs. 3 S. 1 Hs. 2) und die Frist für die Begründung der Beschwerde im Eilverfahren (§ 146 Abs. 4 S. 1). *Zwei-Monats-Fristen* sind die Begründungsfrist für die (zugelassene) Berufung (§ 124 a Abs. 3 S. 1), die Begründungsfrist für den Antrag auf Zulassung der Berufung (§ 124 a Abs. 4 S. 4), die Begründungsfrist für die Beschwerde bei Nichtzulassung der Revision (§ 133 Abs. 3 S. 1), die Revisionsbegründungsfrist (§ 139 Abs. 3 S. 1 Hs. 1), die Frist zur Rüge von Verfahrensmängeln durch den im Revisionsverfahren nach § 65 Abs. 2 Beigeladenen (§ 142 Abs. 2 S. 1) und die Frist nach § 92 Abs. 2 S. 1 (Fiktion der Klagerücknahme).[36] *Drei-Monats-Fristen* sind die Klagefrist bei Untätigkeitsklagen (§ 75 S. 2), die Frist des § 80 b Abs. 1 S. 1 (Ende der aufschiebenden Wirkung) und des § 126 Abs. 2 S. 1 (Fiktion der Berufungsrücknahme). *Jahresfristen* sind die Antragsfrist im Normenkontrollverfahren (§ 47 Abs. 2 S. 1) sowie die Ausschlussfristen (i.e.S.) gem. § 58 Abs. 2 S. 1 (unterbliebene oder unrichtige Rechtsbehelfsbelehrung), § 60 Abs. 3 (Wiedereinsetzung) und § 152 a Abs. 2 S. 2 (Anhörungsrüge).

b) Fristbeginn. § 57 Abs. 2 verweist auf die §§ 222, 224 Abs. 2 und 3, §§ 225, 226 ZPO. Die in § 57 Abs. 2 fehlende Verweisung auf § 224 Abs. 1 ZPO hat zur Folge, dass eine Fristverkürzung durch Parteivereinbarung im Verwaltungsprozess nicht möglich ist. Maßgebliche Vorschrift für die Berechnung der Fristen ist § 222 ZPO. § 222 ZPO gilt für *sämtliche prozessuale Fristen*, also eigentliche gesetzliche und richterliche, aber *auch uneigentliche Fristen* (zum Begriff → Rn. 14). Die Vorschrift gilt ferner für eine verlängerte Frist[37] (zur Verlängerung von Fristen → Rn. 40 ff.). § 222 Abs. 1 ZPO verweist seinerseits auf die Vorschriften des BGB, mithin auf die §§ 187–189 BGB.

Nach § 57 Abs. 2 VwGO i.V.m. § 222 Abs. 1 ZPO, § 187 Abs. 1 BGB ist *maßgebender Zeitpunkt* für den *Fristbeginn* der Tag der *Zustellung, Verkündung* oder *Eröffnung* (letzteres sehr selten; die Eröffnung ist mit der Bekanntgabe gleichzusetzen → Rn. 20),[38] soweit nichts anderes bestimmt ist.

---

36 Vgl. VGH München DVBl 1998, 239.
37 *Baumbach/Lauterbach/Albers/Hartmann* § 222 Rn. 2; bzgl. Ausschlussfristen für die Klageerhebung RGZ 105, 123, 125.
38 → Rn. 18 ff.

30   Der Wortlaut des § 57 Abs. 1 ergibt eindeutig, dass die Frist „mit" der Zustellung etc. beginnt, also am jeweiligen Tag selbst.[39] Nur für die *Berechnung* der Frist wird der Tag, in den das Ereignis oder der Zeitpunkt fallen, die für den Beginn der Frist maßgebend sind, – dies kann auch ein Sonnabend sein (OVG Greifswald NJW 2012, 953) – nicht mitgerechnet (§ 187 Abs. 1 BGB). Dies gilt auch für den Fall, dass eine Tagesfrist vorliegt.[40] Aus § 187 Abs. 1 BGB („Anfang") und § 188 Abs. 2 BGB („Anfangstag der Frist") ergibt sich, dass die Frist selbst schon mit dem betreffenden Ereignis oder Zeitpunkt beginnt. Wird daher bspw. ein Urteil am 28. 2. zugestellt, so endet eine Monatsfrist nicht etwa am 31. 3., sondern am 28. 3.[41]

31   Theoretisch ist es möglich, dass der Beginn eines Tages der für den Fristbeginn maßgebliche Zeitpunkt ist, sodass § 187 Abs. 2 S. 1 BGB Anwendung findet, der erste Tag also mitgerechnet wird.[42] Im Normalfall beginnt die Frist aber mit Zustellung, Verkündung oder Eröffnung i.S.d. § 57 Abs. 1, sodass § 187 Abs. 1 BGB eingreift, der erste Tag also nicht mitgerechnet wird. Nur soweit etwas anderes i.S.d. § 57 Abs. 1 bestimmt ist, ist eine Anwendung des § 187 Abs. 2 S. 1 BGB denkbar, aber auch nicht zwingend: So stellt bspw. § 60 Abs. 2 S. 1 („nach Wegfall des Hindernisses") zwar eine „andere Bestimmung" dar; dennoch handelt es sich dabei um ein „Ereignis" i.S.v. § 187 Abs. 1 BGB, sodass der Tag des Fristbeginns nicht mitgerechnet wird, da *hinsichtlich des ersten Tags* keine andere Bestimmung vorliegt, sondern nur hinsichtlich des den Fristlauf auslösenden Ereignisses.

32   Der Fristenlauf bei *Verkündung* beginnt mit Vollendung der Verkündung, d.h. mit dem Verlesen des letzten Wortes des Tenors einschließlich der Kosten und der vorläufigen Vollstreckbarkeit. Die Verkündung ist zu protokollieren (§ 105 VwGO i.V.m. § 160 Abs. 3 Nr. 7 ZPO); das Sitzungsprotokoll erbringt den Nachweis über die Verkündung (§ 105 VwGO i.V.m. § 165 ZPO).

33   Der Fristenlauf bei Eröffnung beginnt mit der wirksamen *Bekanntgabe* der Entscheidung (aber → Rn. 34 zur besonderen Form der Bekanntgabe durch Zustellung). Handelt es sich dabei um einen Verwaltungsakt wie z.B. im Falle des § 74 Abs. 1 S. 2, dann beurteilt sich die Bekanntgabe (zum Begriff der „Bekanntgabe des Verwaltungsaktes" BVerwGE 22, 14, 15 f.) nach § 41 VwVfG bzw. nach den entsprechenden Vorschriften der LVwVfG. Nicht geregelt ist die öffentliche Bekanntgabe nicht schriftlicher Verwaltungsakte. Die Frage des Zeitpunkts der Bewirkung der Bekanntgabe wird v.a. relevant bei der öffentlichen Bekanntgabe von Allgemeinverfügungen i.R. der Gefahrenabwehr mittels Zeichen,[43] Rundfunk, Fernsehen, Lautsprecher oder anderer Massenmedien, z.B. bei einem Verkaufsverbot bei Seuchengefahr (vgl. die „Endiviensalat-Entscheidung", BVerwGE 12, 87, 89 ff.). Die Bekanntgabe erfolgt dann nicht mit der Bekanntmachung selbst, sondern aus rechtsstaatlichen Gründen in dem Zeitpunkt, in dem die Betroffenen die Möglichkeit hatten, von dem Verwaltungsakt Kenntnis zu nehmen (im Einzelnen str.).[44] Im Rahmen der *Anhörungsrüge* gilt eine formlos mitgeteilte Entscheidung mit dem dritten Tag nach Aufgabe zur Post als bekannt gegeben (§ 152 a Abs. 2 S. 3); dies gilt unabhängig davon, ob die Entscheidung formlos mitgeteilt werden durfte oder hätte zugestellt werden müssen (BVerwG NVwZ-RR 2013, 340). Die Bekanntgabe ist bei der Anhörungsrüge entscheidend für den Beginn der Ausschlussfrist (i.e.S., → Rn. 16) des § 152 a Abs. 2 S. 2 (→ Rn. 35 zum regelmäßigen Beginn der Rügefrist gem. § 152 a Abs. 2 S. 1).

34   Wann die *Zustellung* bewirkt ist, ergibt sich bei Zustellungen gem. § 56 aus den Vorschriften der ZPO. Für die Zustellung von Widerspruchsbescheiden gelten gem. § 73 Abs. 3 S. 2 die Vorschriften des VwZG. Entscheidend ist nicht der Tag der Zustellungshandlung, sondern der Tag der *Perfektion* der Zustellung (vgl. näher, insbes. auch zu einer möglichen Heilung von Zustellungsfehlern, die Kom-

---

39   So auch *W.-R. Schenke*, in: Kopp/Schenke § 57 Rn. 10 unter Hinweis auf BGH NJW 1984, 1358.
40   *K. Stöber*, in: Zöller § 222 Rn. 4.
41   So BGH NJW 1984, 1358 (m.w.N. zur Gegenmeinung) gegen OLG Celle OLGZ 1979, 360.
42   Vgl. *D. Krausnick*, in: Gärditz § 57 Rn. 26.
43   BVerwGE 102, 316, 318: Sind Verkehrszeichen so aufgestellt oder angebracht, dass sie ein durchschnittlicher Kraftfahrer bei Einhaltung der nach § 1 StVO erforderlichen Sorgfalt schon mit einem raschen und beiläufigen Blick erfassen kann, so sind sie gegenüber jedem von der Regelung betroffenen Verkehrsteilnehmer wirksam, unabhängig davon, ob er das Verkehrszeichen tatsächlich wahrnimmt oder nicht; VGH Mannheim NJW 1978, 1279 m.w.N.; NVwZ-RR 1990, 59, 60. S.a. BVerwGE 154, 365 Rn. 15 ff. zur Bekanntgabe von Verkehrszeichen für den ruhenden Verkehr.
44   Ebenso *S. Liebetanz*, in: Obermayer § 41 Rn. 50; so war z.B. in § 3 der (inzwischen aufgehobenen) Berliner Smog-Verordnung bestimmt, dass ein Verkehrsverbot durch den im Rundfunk öffentlich bekanntgegebenen Smog-Alarm (i.V.m. dem Aufstellen des Verkehrszeichens 270) zwei Stunden nach der Durchsage verbindlich wird (hierzu KG NJW 1988, 2393).

me. zu § 56).[45] Wird ein zweites Mal zugestellt, so ist diese zweite Zustellung ohne rechtliche Bedeutung. Nur die erste Zustellung ist für die Fristberechnung einer Rechtsbehelfsfrist maßgeblich; eine neue Rechtsbehelfsfrist wird nicht in Gang gesetzt (BVerwGE 58, 100, 105 f.). Während nach früherer Rechtslage eine Ausfertigung des Urteils zuzustellen war (vgl. BGH MDR 2011, 65), genügt seit dem 1.7.2014 die Zustellung einer *beglaubigten Abschrift* gem. § 173 S. 1 VwGO i.V.m. § 317 Abs. 1, § 169 Abs. 2 ZPO als neuer Regelform der Zustellung (BT-Drs. 17/12634, 30),[46] um die Fristen zur Einlegung und Begründung der Berufung (§ 124a Abs. 2 S. 1, Abs. 3 S. 1) oder der Revision (§ 139 Abs. 1 S. 1, Abs. 3 S. 1) in Lauf zu setzen.

Auf die Verkündung, Bekanntgabe oder Zustellung ist gem. § 57 Abs. 1 nicht für den Beginn des Frist- 35 laufs abzustellen, wenn *etwas anderes bestimmt* ist. Etwas anderes kann bspw. in einer richterlichen Fristsetzung bestimmt sein, in der das Gericht selbst den Fristanfang ausdrücklich festsetzt (vgl. z.B. § 65 Abs. 3 S. 1). Dann ist nur das in der Festsetzung genannte Datum für den Beginn der Frist maßgeblich. Dies ist in der Praxis jedoch ungebräuchlich. Zumeist ist der Zeitpunkt der Zustellung der Entscheidung (oft auch zugleich in angeordneter vollständiger Form, vgl. z.B. § 133 Abs. 3 S. 1), seltener auch der Verkündung der für den Fristbeginn entscheidende. Etwas anderes bestimmt ist auch für den Fristbeginn im Falle einer Anhörungsrüge. Unabhängig davon, ob es sich um eine zustellungsbedürftige Entscheidung handelt, ist gemäß § 152a Abs. 2 S. 1 das fristauslösende Ereignis der Zeitpunkt der Kenntnis von der Verletzung rechtlichen Gehörs (BVerwG NVwZ-RR 2013, 340). Auf den Zeitpunkt der Kenntnisnahme kommt es aber nicht an, wenn die Anhörungsrüge innerhalb von zwei Wochen nach Bekanntgabe der Entscheidung (→ Rn. 33) erhoben wird (BVerwG NVwZ-RR 2013, 340).

c) **Fristende.** Von besonderer Relevanz ist der Ablauf der Frist und dessen Berechnung. Maßgebend 36 ist § 188 BGB, der über § 57 Abs. 2 VwGO, § 222 Abs. 1 ZPO zur Anwendung gelangt.

I.d.R. richtet sich das Ende einer Frist nach § 188 Abs. 2 BGB. Die *Zwei-Wochen-Frist* endet im Nor- 36a malfall des § 187 Abs. 1 BGB (→ Rn. 31) mit Ablauf des Tages, der seiner Benennung nach dem Zustellungs-, Eröffnungs- oder Verkündungstag entspricht (Zustellung am Donnerstag, Fristende am Donnerstag, zwei Wochen später, 24.00 Uhr), vgl. § 188 Abs. 2 BGB. Die *Monatsfrist* endet im Normalfall des § 187 Abs. 1 BGB mit dem Ablauf des Tages des letzten Monats, der seiner Zahl nach dem Zustellungs-, Eröffnungs- oder Verkündungstag entspricht (vgl. § 188 Abs. 2 BGB). Wird am 10. zugestellt, ist Fristende am 10. des folgenden Monats, 24.00 Uhr.[47] Ist am 31. eines Monats zugestellt und hat der folgende Monat nur 30 Tage, ist Fristende am 30. des folgenden Monats, 24.00 Uhr (vgl. § 188 Abs. 3 BGB). Wird am 31. 1. eines Jahres zugestellt, ist Fristende der 28. 2., 24.00 Uhr, bzw., falls es sich um ein Schaltjahr handelt, der 29. 2., 24.00 Uhr. Wird am 28. (bzw. am 29.) 2. zugestellt, endet die Monatsfrist am 28. (bzw. am 29.) 3., 24.00 Uhr.[48] Für die *Jahresfristen* gelten die gleichen Grundsätze wie für die Monatsfristen. Läuft z.B. die Jahresfrist des § 58 Abs. 2 S. 1, so endet die Frist mit Ablauf des Tages, der vom Monat und vom Tag her dem Tag des Vorjahres entspricht, an dem die Zustellung etc. der Entscheidung erfolgte. Wird bspw. eine Entscheidung am 10.10. bekannt gegeben, so endet die Jahresfrist mit Ablauf des 10.10. des Folgejahres, 24.00 Uhr.

Ist im Ausnahmefall für den Anfang einer Wochen-, Monats- oder Jahresfrist der Beginn eines Tages 36b maßgebend (→ Rn. 31), so endet die Frist mit Ablauf des Tages, der dem Tag *vorhergeht*, der seiner Zahl nach dem Anfangstag der Frist entspricht (vgl. § 187 Abs. 2 S. 1 BGB i.V.m. § 188 Abs. 2 BGB).[49]

Eine richterliche Frist kann jedoch auch nach *Tagen* bestimmt sein, sodass § 188 Abs. 1 BGB eingreift. 36c Eine richterliche Drei-Tages-Frist endet somit am dritten Tag um 24.00 Uhr (vgl. § 188 Abs. 1 BGB), wobei im Normalfall des § 187 Abs. 1 BGB der Zustellungs-, Eröffnungs- oder Verkündungstag nicht mitzählt.

---

45 Vgl. *D. Krausnick*, in: Gärditz § 57 Rn. 18.
46 Vgl. die Änderung des § 317 ZPO durch das Gesetz zur Förderung des elektronischen Rechtsverkehrs mit den Gerichten vom 10.10.2013 (BGBl I 3786).
47 Anders bei einer Vier-Wochen-Frist, die am gleichen Wochentag der Zustellung etc. vier Wochen später um 24.00 Uhr endet: Wird z.B. am Freitag, dem 13.10.2017, zugestellt, dann endet die Frist am Freitag, dem 10.11.2017, 24.00 Uhr.
48 BGH NJW 1984, 1358; NJW 1985, 495, 496. Eine gegenteilige Ansicht, wonach bei Zustellung am 28.2. die Berufungsfrist am 31.3. abläuft, vertrat OLG Celle OLGZ 1979, 360 f. (→ Rn. 30).
49 *K. Stöber*, in: Zöller § 222 Rn. 6.

37 Ist der so ermittelte Tag des Fristendes ein Sonntag, ein allgemeiner Feiertag oder ein Sonnabend, so endet die Frist mit Ablauf, also wiederum um 24.00 Uhr, des nächsten Werktages (§ 57 Abs. 2 VwGO i.V.m. § 222 Abs. 2 ZPO). § 222 Abs. 2 ZPO bezieht sich schon seinem Wortlaut nach nur auf das Fristende, nicht auf den Fristanfang. Wann ein Feiertag vorliegt, richtet sich nach den jeweiligen landesrechtlichen Bestimmungen. Für den Ablauf einer Rechtsmittelfrist an einem nicht bundeseinheitlichen gesetzlichen Feiertag sind die Verhältnisse an dem Ort maßgebend, an dem die Frist zu wahren ist.[50] Wird ein Rechtsmittel an einem Ort eingereicht, an dem sich der Sitz einer detachierten Kammer des Gerichts befindet und an dem – anders als am Hauptsitz des Gerichts – am Tag des Fristablaufs kein Feiertag ist, so findet § 222 Abs. 2 ZPO keine Anwendung (BAG NJW 1959, 2279 [Nr. 24]). Unter den Begriff des „allgemeinen Feiertags" fallen nicht die nach allgemeinem oder örtlichem Brauch teilweise oder ganz arbeitsfreien Tage, sondern nur die gesetzlich geregelten Feiertage.[51] Zu differenzieren ist zwischen allgemeinen Feiertagen und dienstfreien Tagen, nur erstere werden von § 222 Abs. 2 ZPO erfasst (VGH Mannheim NJW 1987, 1353). Daher steht der 31.12. einem Feiertag nicht gleich (VGH Mannheim NJW 1987, 1353), ebenso wenig der 24.12. (BAG NZA 1984, 300; HmbOVG NJW 1993, 1941), der Rosenmontag (auch nicht in Köln, BPatG GRUR 1978, 710, 711) oder der Faschingsdienstag.

Gem. § 222 Abs. 3 ZPO werden bei der Berechnung einer Frist, die nach Stunden bestimmt ist, Sonntage, allgemeine Feiertage und Sonnabende nicht mitgerechnet. Diese Vorschrift kann Anwendung finden, wenn eine richterliche Frist nach Stunden bemessen wird.

38 Zur Fristwahrung reicht es aus, wenn der Schriftsatz am letzten Tag der Frist *bis 24.00 Uhr* (Ausnahmen sind insoweit die Fälle des § 222 Abs. 3 ZPO) bei der Behörde oder dem Gericht eingeht, und zwar unabhängig davon, ob mit einer Leerung des Behörden- oder Gerichtsbriefkastens am selben Tag noch zu rechnen ist oder nicht, vgl. § 188 BGB („*Ablauf* des Tages").[52] Der „Eingangsstempel auf der Klageschrift [erbringt] als öffentliche Urkunde nach § 98 VwGO i.V.m. § 418 Abs. 1 ZPO den vollen Beweis für den Eingang der Klageschrift [...]. Ein Gegenbeweis [vgl. § 418 Abs. 2 ZPO] ist grundsätzlich nur dann erbracht, wenn durch ihn die Rechtzeitigkeit des Eingangs der Klageschrift zur vollen Überzeugung des Gerichts nachgewiesen ist [...]. Der Gegenbeweis muss also jede Möglichkeit der Richtigkeit des durch den Eingangsstempel beurkundeten Tags des Eingangs der Klageschrift vernünftigerweise ausschließen [...]. Bloße Zweifel an der Richtigkeit der urkundlichen Feststellungen reichen zur Führung des Gegenbeweises mithin nicht aus".[53] Eingang während der Dienstzeiten des Gerichts ist nicht erforderlich. Es besteht die Pflicht, Einrichtungen zu schaffen, die einen Zugang auch noch nach Dienstschluss ermöglichen.[54] Es muss auch eine Einrichtung geschaffen werden, die Schriftstücke, die vor 24.00 Uhr, und solche, die nach 24.00 Uhr eingehen, trennt. Fehlt eine derartige Einrichtung, so ist – wenn man nicht eine widerlegbare Vermutung dafür annimmt, dass die Sendung vor Mitternacht eingeworfen wurde – jedenfalls Wiedereinsetzung in den vorigen Stand möglich.[55] Ein Schriftsatz kann fristwahrend am letzten Tag der Frist bis 24.00 Uhr in einen „normalen" Briefkasten eingelegt werden, unabhängig davon, ob daneben noch ein Nachtbriefkasten besteht.[56] Unterhält das Gericht ein Postfach bei einem Postamt, so kommt es für die Fristwahrung ebenfalls auf den Zeitpunkt an, in dem die Post den Schriftsatz in das Fach einlegt; ob eine Leerung des Postfachs durch Gerichtspersonal am selben Tag erfolgt oder zu erwarten ist, bleibt für die Fristwahrung gleichgültig (BVerfG NJW 1980, 580, 581; BGH NJW 1986, 2646, 2647). Gibt ein Gericht auf seinen Briefbögen die *Telex-Nummer* der Fernschreibstelle einer *anderen Justizbehörde* an, so ist ein an dieses Gericht

---

50 BSG MDR 1995, 955; BAG NJW 1989, 1181; VGH München BayVGH (n. F.) 49, 141 f.; OVG Münster DVBl 2010, 597 (Nr. 18); VG Bayreuth 1.9.2014 – B 5 S 14.50049, juris Rn. 18; vgl. *K. Stöber*, in: Zöller § 222 Rn. 1.

51 Vgl. *Baumbach/Lauterbach/Albers/Hartmann* § 222 Rn. 6.

52 BVerfGE 69, 381, 385 m.w.N.; BVerwGE 18, 51 ff.; BGHZ 2, 31, 33 f.; BGH NJW 1984, 1237; BAG MDR 1986, 876; *K. Stöber*, in: Zöller § 222 Rn. 8; *H. Linhart*, Fristen, ⁴2007, Rn. 64 ff.; für das einfache gerichtliche Postfach: BVerwG NJW 1964, 788; BGH NJW 1986, 2646, 2647; s. aber auch OVG Münster NJW 1971, 533.

53 OVG Lüneburg 11.7.2012 – 4 LA 138/12, juris Rn. 3 f. m.w.N. So auch BFH BFH/NV 2011, 1002. Vgl. auch BVerfG (K) NJW 1993, 254, 255.

54 BVerfGE 40, 42, 44; BVerwG DVBl 1960, 397; BAGE 9, 215, 217 f.; OVG Koblenz AS 2, 297, 300 (wenn diese Vorkehrungen nicht getroffen wurden, ist Wiedereinsetzung in den vorigen Stand geboten); OVG Münster VerwRspr 8, 376, 377 f. („nobile officium" der Behörde).

55 *C. Meissner/W. Schenk*, in: Schoch/Schneider/Bier § 57 Rn. 32 m.w.N.

56 BVerfG NJW 1991, 2076, 2077; BVerwGE 18, 51 ff.; OLG Frankfurt NJW 1974, 1959; OLG Hamm NJW 1976, 762. A.M. BayObLG MDR 1976, 67.

gerichtetes Rechtsmittel fristgerecht eingelegt, wenn es innerhalb der Rechtsmittelfrist bei der Fernschreibstelle eingeht, auch wenn es von dieser erst nach Fristablauf an das Rechtsmittelgericht weitergeleitet wird (BGHZ 101, 276, 280). Eine fernschriftlich (z.B. per *Telefax*) übermittelte Rechtsmittelschrift ist in dem Zeitpunkt eingegangen, in dem sie im Empfängerapparat ausgedruckt wird, auch
dann, wenn dieser Zeitpunkt nach Dienstschluss liegt und die Fernschreibanlage nicht besetzt ist.[57] An
die Stelle des Ausdrucks tritt bei elektronischer Zwischenspeicherung am Empfängerapparat der Zeitpunkt der Speicherung. Eine kurz vor 24.00 Uhr begonnene Übertragung einer Rechtsmittelschrift per
Telefax muss noch vor Ablauf der Frist vollständig beendet sein;[58] dabei kommt es grds. auf die Zeit-
erfassung am Empfängergerät an (OVG Schleswig NJW 2010, 3110).

d) Sonderprobleme. Noch nicht vom BVerwG entschieden ist die Frage, ob bei Zustellung eines un-   39
richtigen Urteils und nachfolgender *Urteilsberichtigung* (§ 118) die Rechtsmittelfrist erst mit Zustellung des berichtigten Urteils zu laufen beginnt.[59] BGH und BFH haben dazu aber bereits ausgesprochen, dass die Berichtigung eines Urteils wegen offenbarer Unrichtigkeit grds. keinen Einfluss auf Beginn und Lauf von Rechtsmittelfristen hat.[60] „Ausnahmsweise liegt es jedoch anders, wenn sich erst
aufgrund der Berichtigung die zutreffende Grundlage für das weitere Handeln der Beteiligten ergibt"[61], bspw. wenn erst die berichtigte Urteilsfassung zweifelsfrei erkennen lässt, gegen wen das
Rechtsmittel zu richten ist (BGHZ 113, 228 [LS b]). Für die *Berechnung von verlängerten Fristen* (zur
Änderung von Fristen → Rn. 40 ff.) gilt § 57 Abs. 2 VwGO i.V.m. § 224 Abs. 3 ZPO. Die Vorschrift
hat jedoch nur für diejenigen Verlängerungen Bedeutung, die nach einem Zeitraum bemessen sind. In
diesen Fällen schließt sich die Verlängerung unmittelbar an den Ablauf der alten Frist an, wenn nicht
das Gericht im Einzelfall etwas anderes bestimmt (aber → Rn. 40 zur „antragsgemäßen" Fristverlängerung). Wird bspw. die Frist zur Begründung der Berufung oder Revision um einen Monat verlängert
und fällt der letzte Tag der ursprünglichen Frist auf einen Sonnabend, Sonntag oder allgemeinen Feiertag, so ist gem. § 222 Abs. 2 ZPO der nächste Werktag (Ablauf der ursprünglichen Frist) das für die
Berechnung der verlängerten Frist maßgebliche Ereignis (BGHZ 21, 43, 45 gegen RGZ 131, 337).
Verlängert sich im Beispiel eine am 26.12. ablaufende Rechtsmittelfrist wegen § 222 Abs. 2 ZPO zunächst auf den 27.12., so fällt das Ende der vom Gericht um einen Monat verlängerten Rechtsmittelfrist auf den 27.1. des folgenden Jahres (BGHZ 21, 43 [LS]). Das Gericht kann für den Ablauf der
Verlängerung auch ein bestimmtes Datum festsetzen; auch in diesem Fall findet § 222 Abs. 2 ZPO Anwendung, wenn dieses Datum auf einen Sonnabend, Sonntag oder allgemeinen Feiertag fällt (BVerfGE
61, 119, 122; BGH LM § 765 BGB Nr. 1).

7. Änderung von Fristen. Durch richterliche Anordnung können im Verwaltungsprozess richterliche   40
und gesetzliche Fristen abgekürzt und verlängert werden, *gesetzliche Fristen jedoch nur, soweit dies
ausdrücklich bestimmt ist* (§ 57 Abs. 2 VwGO i.V.m. § 224 Abs. 2 ZPO).[62] Eine Abänderung ist auch
mehrmals und auch für einen kürzeren Zeitraum als beantragt möglich (BGH VersR 1989, 928;
VersR 1994, 622). Regelungen zur Berechnung der verlängerten Frist, zum Verfahren bei Friständerung sowie zur Abkürzung von Zwischenfristen treffen § 57 Abs. 2 VwGO i.V.m. § 224 Abs. 3,
§§ 225, 226 ZPO. Daraus ergibt sich z.B., dass eine Abkürzung oder wiederholte Verlängerung nur
nach Anhörung des Gegners bewilligt werden darf (§ 225 Abs. 2 ZPO). Damit soll dem Gegner rechtliches Gehör gewährt werden. Eine Friständerung, die auch schutzwürdige Interessen des Gegners berührt, soll „nicht hinter dessen Rücken ohne sachliche Abwägung der beiderseitigen Interessen verfügt
oder beschlossen" werden.[63] Ein Verstoß gegen § 225 Abs. 2 ZPO macht die Entscheidung nicht un-

---

57 BGHZ 101, 276, 280.
58 BGHZ 167, 214 (LS): „Für die Beurteilung der Rechtzeitigkeit des Eingangs eines per Telefax übersandten Schriftsat-
    zes kommt es allein darauf an, ob die gesendeten Signale noch vor Ablauf des letzten Tages der Frist vom Telefaxgerät
    des Gerichts vollständig empfangen (gespeichert) worden sind."
59 Gegensätzliche Entscheidungen zu dieser Frage vom VGH Kassel NVwZ-RR 1991, 390 und VGH Mannheim VBlBW
    2014, 117 f. m.w.N. (Fristbeginn auch bei Zustellung der fehlerhaften Ausfertigung eines Beschlusses) und OVG Brem
    DÖV 1988, 611 Nr. 116 (Fristbeginn erst mit Zustellung des berichtigten Urteils bei offenbarer Unrichtigkeit wegen
    fehlender Rechtsmittelbelehrung).
60 BGHZ 113, 228 (LS a); BGH NJW 1999, 646, 647; BFH BFH/NV 2013, 392, 393.
61 VGH Mannheim VBlBW 2014, 117 m.w.N. So auch BGHZ 113, 228 (LS b); BGH NJW 1999, 646, 647; BFH
    BFH/NV 2013, 392, 393.
62 BVerwGE 43, 237, 238 f.; *Baumbach/Lauterbach/Albers/Hartmann* § 224 Rn. 7 ff.
63 *K. Stöber*, in: Zöller § 225 Rn. 7.

wirksam (RGZ 150, 357, 361). Die Entscheidung über die Fristverlängerung oder -verkürzung liegt im – pflichtgemäßen – Ermessen des Gerichts, welches u.a. eingeschränkt wird durch das Gebot der Verfahrensbeschleunigung und der Rücksichtnahme auf Interessen des Antragsgegners.[64] Sie ergeht grds.[65] durch Beschluss, der aber nicht gem. § 56 zugestellt werden muss, da er keine Frist in Lauf setzt, sondern lediglich den Endzeitpunkt einer laufenden Frist ändert (RGZ 156, 385, 389; BGHZ 93, 300, 305; BGH NJW 1990, 1797). Die Entscheidung über die Fristverlängerung muss dem Antragsteller nicht mitgeteilt werden, wenn dieser um „stillschweigende Fristverlängerung" ersucht; ausreichend ist, dass die Entscheidung in irgendeiner Weise kenntlich gemacht worden und zur Geschäftsstelle gelangt ist (OLG Köln JMBl NW 1984, 131). Enthält die Fristverlängerung versehentlich keine datierte Angabe des neuen Fristablaufs, so ist für den Antragsteller ein gesetzlicher Fristablauf ersatzlos bis zur Nachholung einer Festsetzung des Endtermins aufgehoben (vgl. BGHZ 4, 389, 399; 14, 148, 150; BGH MDR 1987, 651). Mit einer „antragsgemäßen" Verlängerung macht das Berufungsgericht den Fristverlängerungsantrag zum Inhalt der Fristverlängerung selbst, auch wenn die Frist im Antrag fehlerhaft berechnet ist (BGH MDR 2008, 813; NJW 2011, 859 f.). Eine Anfechtung des Beschlusses, durch den der Antrag auf Fristverlängerung zurückgewiesen wird, findet nicht statt (§ 225 Abs. 3 ZPO). Darüber hinaus ist aber eine Anfechtung gem. § 146 Abs. 2, der neben § 225 Abs. 3 ZPO gilt, auch in sonstigen Fällen ausgeschlossen, also z.B. bei Zurückweisung eines Antrags auf Fristverkürzung oder bei Anfechtung der erfolgten Fristverlängerung durch den Prozessgegner.

41   **a) Gesetzliche Fristen.** Eine gesetzliche Bestimmung, die die *Abkürzung* einer gesetzlichen Frist durch gerichtliche Anordnung gestattet (vgl. § 224 Abs. 2 ZPO), existiert in der VwGO nicht. Gesetzlich geregelt ist in der VwGO die Möglichkeit der *Verlängerung* der Berufungsbegründungsfrist (§ 124 a Abs. 3 S. 3) und der Revisionsbegründungsfrist (§ 139 Abs. 3 S. 3). Nicht verlängert werden kann hingegen bspw. die Zwei-Monats-Frist zur Begründung der Beschwerde bei Nichtzulassung der Revision nach § 133 Abs. 3 S. 1, da eine dem § 139 Abs. 3 S. 3 entsprechende Bestimmung in § 133 fehlt (BVerwGE 32, 357, 359; BVerwG NJW 1961, 1083, 1084; NVwZ 2001, 799 f.). Dies gilt ebenso für die Zwei-Monats-Frist zur Begründung des Antrags auf Zulassung der Berufung gem. § 124 a Abs. 4 S. 4.[66] Die verlängerte Revisionsbegründungsfrist (§ 139 Abs. 3 S. 3) ist ebenso wie die verlängerte Berufungsbegründungsfrist (§ 124 a Abs. 3 S. 3) keine richterliche, sondern gesetzliche Frist und kann daher auch nicht abgekürzt werden (→ Rn. 15). Denn eine gesetzliche Frist verliert ihren Charakter als solche nicht dadurch, dass die Verlängerung durch eine richterliche Entscheidung erfolgt (vgl. OLG Hamburg MDR 1952, 561). Im Übrigen wäre es auch widersprüchlich, wenn das Gericht die Frist zunächst verlängert, um sie daraufhin wieder zu verkürzen.

42   Friständerungen durch gerichtliche Anordnung finden nicht von Amts wegen statt, sondern setzen einen *Antrag* voraus (vgl. § 224 Abs. 2 ZPO). Antragsbefugt ist der Beteiligte, zu dessen Gunsten eine Friständerung erfolgen soll. Für die Verlängerung der Revisionsbegründungsfrist des § 139 Abs. 3 S. 1 ist nur der Revisionskläger zur Antragstellung befugt. Der Revisionsbeklagte ist auch dann nicht zur Antragstellung befugt, wenn er – etwa im Hinblick auf eine von ihm beabsichtigte Anschlussrevision – einen Zeitgewinn als für sich vorteilhaft bewertet, denn ein solch mittelbarer Vorteil begründet kein rechtliches Interesse.[67] Das gleiche dürfte für die Verlängerung der Berufungsbegründungsfrist des § 124 a Abs. 3 S. 1 gelten. Der Antrag muss – außer in der mündlichen Verhandlung – schriftlich, z.B. mit Telefax gestellt werden, fernmündliche Antragstellung reicht nicht. Mängel des Antrags sind jedoch ohne Einfluss auf die Wirksamkeit der Verlängerung. Ebenso wenig kann es für die Wirksamkeit der durch den Vorsitzenden telefonisch ausgesprochenen Verlängerung eine Rolle spielen, ob er die Verlängerung schriftlich verfügt oder einen Vermerk über sie angefertigt hatte (BGHZ 93, 300, 303 ff.; BGH NJW 1998, 1155, 1156). Gem. § 224 Abs. 2 ZPO muss der Antragsteller *„erhebliche Gründe"* glaubhaft machen, die eine Friständerung rechtfertigen. Im Hinblick auf den Untersuchungsgrundsatz des § 86 Abs. 1 S. 1 sind daran nicht allzu strenge Anforderungen zu stellen. Das Erforder-

---

64   *K. Stöber,* in: Zöller § 224 Rn. 6.
65   Ausnahmen – Entscheidung durch prozessleitende Verfügung – ergeben sich aus § 124 a Abs. 3 S. 3, § 139 Abs. 3 S. 3 VwGO und § 226 ZPO, vgl. *M. Redeker,* in: Redeker/v. Oertzen § 57 Rn. 14.
66   BGH NJW-RR 2016, 504; OVG Münster 25.10.2010 – 12 A 1960/10, juris Rn. 2.
67   So auch für das gleichliegende Problem im Zivilprozess BGH NJW 1951, 605 unter Aufgabe der Rspr. des RG in RGZ 156, 156, 157.

nis der Glaubhaftmachung bezieht sich deshalb in erster Linie auf Umstände, die im persönlichen Verantwortungsbereich des Beteiligten oder seines Prozessbevollmächtigten liegen, z.B. Arbeitsbelastung des Rechtsanwalts. Auch in der Praxis wird bei „routinemäßigen" Verlängerungen weitgehend auf die Glaubhaftmachung i.S.d. § 294 ZPO verzichtet[68] und die bloße Erklärung für ausreichend erachtet, wenn keine bestimmten Gründe vorliegen, die die Begründung des Friständerungsgesuchs als unglaubhaft erscheinen lassen. Extrem späte Antragstellung kann Anlass geben, das Vorliegen erheblicher Gründe für die Fristverlängerung kritisch zu würdigen (BGHZ 83, 217, 222 [GrSZ]). Den Prozessbevollmächtigten trifft die Sorgfaltspflicht, sich vor Fristablauf zu vergewissern, ob die Verlängerung auch tatsächlich bewilligt ist, und zwar auch, wenn ein Gericht dem Antragsteller die Ablehnung oder Bewilligung der Fristverlängerung üblicherweise vor Fristablauf mitteilt (BGHZ 10, 307 [LS]). Die im Zivilprozess lange sehr strittige Frage, ob eine Frist auf einen vor Fristablauf gestellten Antrag hin auch nach Fristablauf noch verlängert werden kann,[69] stellt sich im Verwaltungsprozess für die Verlängerung der Revisionsbegründungsfrist nicht: Die Vorschrift des § 139 Abs. 3 S. 3, wonach die Begründungsfrist auf einen vor ihrem Ablauf gestellten Antrag von dem Vorsitzenden verlängert werden kann, hat nur Sinn, wenn vor Ablauf der Frist lediglich der Antrag gestellt, nicht aber die Verlängerung verfügt sein muss (vgl. BVerwGE 10, 75, 76 f.). Entsprechendes gilt für die Verlängerung der Berufungsbegründungsfrist nach § 124 a Abs. 3 S. 3. Diese Vorschrift ist § 139 Abs. 3 S. 3 nachgebildet. § 124 a Abs. 3 S. 3 enthält insoweit eine abschließende Regelung, neben der § 520 Abs. 2 S. 2, 3 ZPO nicht ergänzend anzuwenden ist. Wird der Antrag auf Fristverlängerung erst nach Fristablauf gestellt, ist zu prüfen, ob er nicht in einen Wiedereinsetzungsantrag umgedeutet werden kann.[70] Eine Verlängerung kommt nicht mehr in Betracht (BGHZ 83, 217, 221 [GrSZ]).

b) Richterliche Fristen. Voraussetzung für die Abkürzung oder Verlängerung richterlicher Fristen ist 43 ein entsprechender Antrag des Beteiligten und die Glaubhaftmachung erheblicher Gründe entsprechend § 224 Abs. 2 ZPO. Eine Abkürzung richterlicher Fristen auf Antrag eines Beteiligten ist zwar theoretisch möglich, dürfte aber keine praktische Bedeutung haben.[71] Beispiele für die Verlängerung richterlicher Fristen sind die Verlängerung der Frist zur Einreichung der Prozessvollmacht nach § 67 Abs. 6 S. 2 Hs. 2, der Frist zur Ergänzung der Klageschrift nach § 82 Abs. 2 S. 1 oder der Frist zur Angabe von Tatsachen etc. gem. § 87 b Abs. 1 S. 1, Abs. 2. Die Verlängerung einer richterlichen Frist kann wirksam nur durch den zuständigen Richter erfolgen. Hierzu enthalten § 82 Abs. 2 S. 1, § 87 Abs. 1 S. 1, § 87 b Abs. 1 S. 1, Abs. 2 besondere Zuständigkeiten des Vorsitzenden bzw. Berichterstatters. Ist die Frist durch ein Kollegialgericht bewilligt worden, kann sie wirksam auch nur durch dieses verlängert werden, soweit keine abweichende gesetzliche Regelung besteht (BGH NJW 1983, 2030 f.). In Ausnahmefällen müssen wegen Art. 103 Abs. 1 GG die Wiedereinsetzungsvorschriften, die direkt nicht anwendbar sind (→ § 60 Rn. 27 f.), analog auch auf die Versäumung richterlicher Fristen angewandt werden, wenn andernfalls der Vortrag eines Prozessbeteiligten, ohne dass dieser seine prozessuale Sorgfaltspflicht verletzt hat, bei der gerichtlichen Entscheidung unberücksichtigt bliebe (BVerwG NJW 1994, 673 f.). Eine Fristverlängerung bei Antragstellung nach Ablauf der Frist ist jedenfalls nicht mehr möglich.[72] Hinsichtlich der Antragstellung gelten die Ausführungen zu den gesetzlichen Fristen (→ Rn. 42) entsprechend.

c) Uneigentliche Fristen und Ausschlussfristen i.e.S. Auf uneigentliche Fristen (→ Rn. 14) und Aus- 44 schlussfristen i.e.S. (→ Rn. 16) findet § 224 ZPO keine Anwendung[73] (→ Rn. 14, 16). Zeichnet sich bei der Terminierung der Streitsache ab, dass die uneigentliche (Ladungs-)Frist des § 102 Abs. 1 S. 1 zu lang ist, um eingehalten werden zu können, lässt § 102 Abs. 1 S. 2 die *Abkürzung* der uneigentlichen Frist in dringenden Fällen von Amts wegen zu. Zuständig ist der Vorsitzende bzw. im Fall des § 6 der Einzelrichter. Ein solcher dringender Fall muss in der Natur des Rechtsstreits selbst oder in beson-

---

68 Vgl. *Baumbach/Lauterbach/Albers/Hartmann* § 224 Rn. 8.
69 Vgl. z.B. RGZ 150, 357, 359; BGHZ 83, 217, 219 (GrSZ); BGH NJW 1983, 1741 m.w.N.; *E. Schneider*, MDR 1978, 177, 178.
70 Vgl. *K. Stöber*, in: Zöller § 224 Rn. 7.
71 So auch *D. Krausnick*, in: Gärditz § 57 Rn. 28 Fn. 44.
72 Vgl. BGHZ 14, 148, 149 m.w.N.; 83, 217, 221 (GrSZ); NJW 1976, 1796. A.M. *M. Redeker*, in: Redeker/v. Oertzen § 57 Rn. 12; *W.-R. Schenke*, in: Kopp/Schenke § 57 Rn. 13: Verlängerung richterlicher Fristen nach Fristablauf dann, wenn bei gesetzlichen Fristen ein Anspruch auf Wiedereinsetzung bestünde.
73 *K. Stöber*, in: Zöller § 224 Rn. 1.

deren schutzwürdigen Interessen eines Beteiligten begründet sein (s. näher die Komm. zu § 102). Gem. § 226 Abs. 3 ZPO kann der Vorsitzende bzw. Einzelrichter bei Bestimmung des Termins die Abkürzung ohne Anhörung des Gegners und der sonst Beteiligten verfügen; die Verfügung ist den Beteiligten jedoch abschriftlich mitzuteilen. In diesem Zusammenhang ist Art. 103 Abs. 1 GG zu beachten.[74] In nicht dringenden Fällen kann die Ladungsfrist nur auf Antrag gem. § 226 Abs. 1 ZPO,[75] der neben § 102 Abs. 1 S. 2 (Verkürzung der Ladungsfrist von Amts wegen in dringenden Fällen) gilt, verkürzt werden. Auch insoweit ist der Anspruch auf rechtliches Gehör zu beachten (BGHZ 27, 163, 169). Die Regelung des § 226 ZPO über die Abkürzung von Fristen gilt über den Verweis des § 57 Abs. 2 aufgrund des ausdrücklichen Wortlauts auch für die Ladungsfrist, obwohl es sich bei der Ladungsfrist um eine uneigentliche Frist handelt, auf welche § 57 hinsichtlich einer Fristverlängerung oder -abkürzung grds. nicht anzuwenden ist (→ Rn. 7, 14).

§ 58   [Rechtsbehelfsbelehrung]

(1) Die Frist für ein Rechtsmittel oder einen anderen Rechtsbehelf beginnt nur zu laufen, wenn der Beteiligte über den Rechtsbehelf, die Verwaltungsbehörde oder das Gericht, bei denen der Rechtsbehelf anzubringen ist, den Sitz und die einzuhaltende Frist schriftlich oder elektronisch belehrt worden ist.

(2) [1]Ist die Belehrung unterblieben oder unrichtig erteilt, so ist die Einlegung des Rechtsbehelfs nur innerhalb eines Jahres seit Zustellung, Eröffnung oder Verkündung zulässig, außer wenn die Einlegung vor Ablauf der Jahresfrist infolge höherer Gewalt unmöglich war oder eine schriftliche oder elektronische Belehrung dahin erfolgt ist, daß ein Rechtsbehelf nicht gegeben sei. [2]§ 60 Abs. 2 gilt für den Fall höherer Gewalt entsprechend.

Schrifttum

1. Monographien: *J. Hingerl*, Die Rechtsbehelfsbelehrung in den Verfahrensordnungen des öffentlichen Rechts, 1982; *H. Linhart*, Fristen und Termine im Verwaltungsrecht, [4]2007.

2. Beiträge in Zeitschriften: *E. Frenkel*, Rechtsbehelfsbelehrungen in Verfügungen von Finanzbehörden, BB 1970, 1347; *H. Friese*, Rechtsmittelbelehrung und die Folgen ihrer Unterlassung, NJW 1954, 660; *F. Koehl*, Aus der Praxis: Notwendiger Inhalt der Rechtsbehelfsbelehrung eines Berufungsurteils, JuS 2016, 237; *F. O. Kopp*, Wiedereinsetzung und Nachsicht bei Versäumung materiellrechtlicher Fristen, BayVBl 1977, 33; *G. Körner*, Rechtsbehelfsbelehrung und Fristenlauf, NJW 1960, 1184; *W. Leber*, Rechtsbehelfsbelehrung, Streitgegenstand und Klagebegehren, NVwZ 1996, 668; *W. B. Maetzel*, Zur Rechtsmittelfrist und zur Rechtsmittelbelehrung bei der Zustellung behördlicher Bescheide durch eingeschriebenen Brief, MDR 1970, 466; *H. Müller*, Rechtsbehelfsbelehrung – ein Fortschritt?, NJW 1962, 1889; *E. Noack*, Die Rechtsmittelbelehrung als Voraussetzung für den Fristenlauf, DÖV 1961, 216; *T. Pleiner*, Richtige und vollständige Rechtsbehelfsbelehrung eines Verwaltungsaktes – unzureichend bei Drittbekanntgabe?, NVwZ 2014, 776; *C. v. Schledorn*, Rechtsbehelfsbelehrung im Fall des § 10 Abs. 2 BauGB-Maßnahmengesetz, BauR 1994, 289; *T. Starke*, Auswirkungen des elektronischen Rechtsverkehrs auf Rechtsbehelfs- und Rechtsmittelbelehrungen, LKV 2010, 358; *P. Stelkens*, Die Rechtsbehelfsbelehrung bei Verwaltungsmaßnahmen, NuR 1982, 10; *R. Stober*, Rechtsbehelfsbelehrung bei Anordnung der sofortigen Vollziehung, BayVBl 1976, 169; *F. Stollmann*, Die neuere Rechtsprechung zur fehlerhaften Rechtsbehelfsbelehrung gem. § 58 VwGO, BayVBl 1993, 200; *E. Stumm*, Die Rechtsbehelfsbelehrung beim öffentlich-rechtlichen Verwaltungshandeln, DVP 1991, 395; *A. Széchényi*, Die Kostenfolge einer unrichtigen Rechtsbehelfsbelehrung, BayVBl 2015, 115; *M. Ulmer*, Von fehlenden, unrichtigen und irreführenden Rechtsmittelbelehrungen, SGb 1998, 575; *H. Weidemann*, Anforderungen an eine Rechtsbehelfsbelehrung in Zeiten fortschreitender elektronischer Kommunikation, DVP 2013, 367; *P. A. Zeihe*, Folgen der Belehrung über ein falsches Rechtsmittel, SGb 1998, 259.

---

74 *Baumbach/Lauterbach/Albers/Hartmann* § 226 Rn. 5.
75 Näher zum Antrag gem. § 226 Abs. 1 ZPO *K. Stöber*, in: Zöller § 226 Rn. 2.

I. Historischer Überblick

1. Vorläufervorschriften. Die nach dem 2. Weltkrieg erlassenen Prozessordnungen für die Verwal-   **1** tungsgerichte enthielten Vorläufervorschriften des § 58, die die Rechtsbehelfsbelehrung entwickelten, insbes. § 32 des VGG RP, § 32 des Süddeutschen Verwaltungsgerichtsgesetzes, § 35 der MRVO Nr. 156 sowie § 21 Abs. 1 und 3 des BVerwGG. Ebenso wenig wie jetzt § 58 konstituierten sie eine Pflicht der Behörden zur Erteilung einer Rechtsbehelfsbelehrung bei anfechtbaren Entscheidungen, bestimmten aber schon wie § 58 Abs. 1, dass die Rechtsbehelfsfristen nur zu laufen beginnen, wenn der Betroffene über die Rechtsschutzmöglichkeiten belehrt worden ist.[1]

2. Gesetzgebungsgeschichte. Im Gesetzgebungsverfahren zur VwGO hatte der Bundesrat ursprüng-   **2** lich gefordert, die für Bundesbehörden in § 59 a.F. festgelegte Belehrungspflicht (vgl. ab 7.6.2013: § 37 Abs. 6 VwVfG) auch für Landesbehörden niederzulegen.[2] Der Rechtsausschuss des Bundestages verneinte die Bundeskompetenz, stellte jedoch klar, dass eine Belehrungspflicht auch für Landes- und Kommunalbehörden rechtspolitisch erwünscht sei und durch Landesgesetze statuiert werden sollte.[3] Ausdrücklich schreibt Schleswig-Holstein in seinem Landesverwaltungsverfahrensgesetz eine generelle Verpflichtung zur Erteilung einer Rechtsbehelfsbelehrung vor (§ 108 Abs. 5, § 136 Abs. 2 S. 3 LVwG SH)[4] (→ Rn. 9). In vielen Ländern gilt seit der Aufnahme einer Belehrungspflicht in § 37 Abs. 6

---

1 *E. Noack*, DÖV 1961, 216.
2 Stellungnahme des Bundesrates zum Regierungsentwurf einer VwGO, BT-Drs. 3/55, 71 (Nr. 40).
3 Bericht des Rechtsausschusses des Deutschen Bundestages, BT-Drs. 3/1094, 7 (§ 61).
4 So auch in Berlin gem. § 3 VwVfG Bln a.F. (die Regelung wurde nach Inkrafttreten des § 37 Abs. 6 VwVfG überflüssig und abgeschafft, weil nach § 1 Abs. 1 VwVfG Bln für die öffentlich-rechtliche Verwaltungstätigkeit der Behörden Berlins ohnehin das VwVfG gilt).

VwVfG (m.W.v. 7.6.2013; → Rn. 8) über den oftmals im Landesrecht angeordneten dynamischen Verweis auf das VwVfG eine Belehrungspflicht auch für Landesbehörden (einschließlich Kommunalbehörden).

3   Die Jahresfrist des § 58 Abs. 2 war schon im Regierungsentwurf enthalten. Auf Vorschlag des Bundesrates wurde sie aus Rechtsschutzgründen dahingehend erweitert, dass sie außer im Fall höherer Gewalt auch nicht zu laufen beginnt, wenn eine schriftliche Belehrung in der Weise erfolgte, dass ein Rechtsbehelf nicht gegeben sei.[5]

II. Gesamtüberblick

4   **1. Inhalt und rechtspolitischer Hintergrund der Vorschrift.** Der Gesetzgeber der VwGO wollte – ähnlich wie mit dem arbeitsgerichtlichen Verfahren – dem Bürger ein einfaches gerichtliches Verfahren zur Verfügung stellen, in dem er seine Interessen selbst ohne einen Rechtsanwalt vertreten können soll. Dies gilt dem Anspruch nach auch heute noch für die erste Instanz. Die formellen Anforderungen an eine Widerspruchserhebung nach § 70 sowie eine Klageerhebung nach §§ 81, 82 sind daher bewusst niedrig gehalten. Hiermit steht § 58 in Zusammenhang und verlängert die Rechtsschutzmöglichkeiten.

5   § 58 beruht auf dem Gedanken, dass der verwaltungsprozessual meist unerfahrene Bürger nicht aus Rechtsunkenntnis eines Rechtsbehelfs verlustig gehen soll.[6] Deshalb hängt gem. § 58 Abs. 1 der Lauf der häufig knappen Fristen von einer ordnungsgemäßen Rechtsbehelfsbelehrung ab. Unerheblich ist, ob die verspätete Einlegung des Rechtsbehelfs durch die unterlassene oder unrichtige Rechtsbehelfsbelehrung verursacht worden ist, da § 58 Abs. 2 keinen solchen Kausalzusammenhang erfordert.[7] Der Betroffene muss daher keinen entsprechenden Nachweis erbringen (BVerwGE 25, 191, 193f.; 37, 85, 87; 57, 188, 191; 81, 81, 84). Für § 58 genügt die generelle Eignung einer fehlenden oder nicht ordnungsgemäßen Rechtsbehelfsbelehrung, die Einlegung des möglichen Rechtsbehelfs zu erschweren.

6   Gleichzeitig soll die Ausschlussfrist (→ Rn. 74 ff.) des § 58 Abs. 2 von einem Jahr der Rechtssicherheit dienen,[8] indem sie verhindert, dass bei unterbliebener oder nicht ordnungsgemäßer Belehrung Rechtsbehelfe zeitlich unbegrenzt möglich bleiben. Der Ausschlussfrist liegt der Gedanke zugrunde, dass der Rechtsuchende innerhalb der Jahresfrist, für die die entsprechende Regelung bei der Wiedereinsetzung in den vorigen Stand nach § 60 Abs. 3 Vorbild war, ausreichend Gelegenheit hat, sich über die Rechtsbehelfe zu informieren, wenn nicht einer der beiden Ausnahmefälle des § 58 Abs. 2 S. 1 gegeben ist. Im praktisch bedeutsameren Fall der höheren Gewalt (Alt. 1) muss der Rechtsbehelf nach Wegfall des Hindernisses innerhalb der zwei Wochen bzw. einen Monat (→ Rn. 85) betragenden Frist des § 60 Abs. 2 S. 1 eingelegt werden (§ 58 Abs. 2 S. 2), während bei der 2. Alt. das Institut der Verwirkung (→ Rn. 76 ff.) eine zeitliche Grenze markiert.

7   **2. Keine allgemeine Verpflichtung der Behörde zur Erteilung einer Rechtsbehelfsbelehrung.** Jede Rechtsbehelfsbelehrung soll die Rechtsunkenntnis des Rechtsuchenden in verfahrensrechtlicher Hinsicht beseitigen und muss sich daher auch an dem Anspruch auf rechtliches Gehör nach Art. 103 Abs. 1 GG messen lassen. Gleichwohl folgt nach überwiegender Ansicht in Lit. und Rspr. weder aus der Rechtsweggarantie des Art. 19 Abs. 4 GG noch aus dem Rechtsstaatsprinzip eine Belehrungspflicht[9] und gibt es keinen entsprechenden allgemeinen verfassungs- oder verwaltungsrechtlichen Grundsatz[10]. Eine Verpflichtung bestehe daher nur bei einfachgesetzlicher Festschreibung (z.B. gem. § 37 Abs. 6 VwVfG, §§ 59 a.F., 73 Abs. 3 S. 1, § 117 Abs. 2 Nr. 6 und § 84 Abs. 1 S. 3 i.V.m.

---

5   Vgl. die Stellungnahme des Bundesrates zum Regierungsentwurf einer VwGO, BT-Drs. 3/55, 71 (Nr. 41).

6   Vgl. *F. Stollmann*, BayVBl 1993, 400, 401, m.w.N.

7   BVerwGE 37, 85, 86f.; 57, 188, 191; 81, 81, 84; 134, 41, 44; BVerwG VerwRspr 11, 237, 238; NJW 1980, 1707, 1708; VGH Kassel NVwZ-RR 1990, 671, 672; *H. Friese*, NJW 1954, 660, 662; *G. Körner*, NJW 1960, 1184, 1185; *E. Stumm*, DVP 1991, 395, 404.

8   Vgl. die Begründung des Regierungsentwurfs zur VwGO BT-Drs. 3/55, 36 (§ 61) und aus der Rspr. BVerwG NJW 1967, 591.

9   Vgl. BVerwG DVBl 1973, 313, 314; BFHE 60, 68; BFH BStBl III 1959, 355; 1964, 490; ausf. *J. Hingerl*, Rechtsbehelfsbelehrung, 1982, 14 ff. m.w.N., der selbst auf S. 20–64 ein Lösungsmodell bzgl. einer grundgesetzlichen Pflicht zur Rechtsbehelfsbelehrung entwickelt; vgl. auch *D. Krausnick*, in: Gärditz § 58 Rn. 3; *R. Stober*, BayVBl 1976, 169, 171 ff. und *C. v. Schledorn*, BauR 1994, 289, 290 f., jeweils m.w.N. Eine grundgesetzliche Belehrungspflicht aus Art. 19 Abs. 4 GG nimmt *E. Stumm*, DVP 1991, 395, 396 an.

10   BVerwG DVBl 1973, 313, 314; BGH NJW 1974, 1334, 1335; 1989, 2889, 2890; BayObLG NJW 1977, 2266, 2267; *R. Stober*, BayVBl 1976, 169, 171; *J. Hingerl*, Rechtsbehelfsbelehrung, 1982, 63 f.

§ 117 Abs. 2 Nr. 6 für Bundesbehörden, Widerspruchsbescheide, Urteile und Gerichtsbescheide) oder bei spezialgesetzlicher Regelung für bestimmte Verwaltungsmaßnahmen (z.B. gem. § 211 BauGB und § 6 WDO).[11] Ergänzend sei jedoch auf die Entschließung Nr. 77/31 vom 28.9.1977 des Europarates hingewiesen, wonach einer der fünf Grundsätze für das nationale Verwaltungsverfahrensrecht die Pflicht zur Beifügung einer Rechtsbehelfsbelehrung ist,[12] womit nur zutreffende Rechtsbehelfsbelehrungen gemeint sein können.

Die wichtigsten *Kodifikationen des Verwaltungsverfahrensrechts des Bundes* haben die Rechtsbehelfs- 8 belehrung unterschiedlich geregelt. Verschiedene Vorschriften der AO[13] und § 36 SGB X enthalten eine allgemeine Belehrungspflicht. Das VwVfG normierte eine Belehrungspflicht bisher nur punktuell für das förmliche Verwaltungsverfahren (§ 69 Abs. 2 S. 4 VwVfG) und für das Planfeststellungsverfahren (§ 74 Abs. 4 S. 2 VwVfG). Die Festlegung einer allgemeinen Pflicht wurde wegen § 59 a.F. nicht für erforderlich gehalten, da diese Vorschrift bereits eine Belehrungspflicht der *Bundesbehörden* bei anfechtbaren schriftlichen oder elektronischen Verwaltungsakten beinhaltete, aber als Verfahrensvorschrift eher in das VwVfG gehörte.[14] Mit dem Gesetz zur Verbesserung der Öffentlichkeitsbeteiligung und Vereinheitlichung von Planfeststellungsverfahren vom 31.5.2013 (BGBl I 1388) wurde die Regelung des § 59 m.W.v. 7.6.2013 gestrichen und als § 37 Abs. 6 S. 1 in das VwVfG überführt. Die Belehrungspflicht wurde in diesem Zusammenhang mit § 37 Abs. 6 S. 2 VwVfG auf Bescheinigungen nach § 42 a Abs. 3 VwVfG erstreckt, mit denen der Eintritt einer Genehmigungsfiktion auf Verlangen bestätigt wird.

Für Verwaltungsakte von *Landesbehörden* hat die VwGO (vgl. § 59 a.F.) hingegen aufgrund der feh- 9 lenden Gesetzgebungskompetenz des Bundes keine entsprechende Regelung getroffen, sondern dies den Ländern überlassen. Eine generelle (gesetzliche) Belehrungspflicht findet sich im Verwaltungsverfahrensgesetzen von Schleswig-Holstein (§ 108 Abs. 5, § 136 Abs. 2 S. 3 VwVfG SH). Gleiches galt für Berlin mit § 3 VwVfG Bln a.F., der wegen § 37 Abs. 6 VwVfG überflüssig wurde.[15] Nahezu alle Länder haben außerdem im Interesse der Rechtssicherheit den Behörden die Erteilung einer Rechtsbehelfsbelehrung in Verwaltungsvorschriften vorgeschrieben.[16] In vielen Ländern besteht aber hinsichtlich des von den Landesbehörden (einschließlich Kommunalbehörden) anzuwendenden Verfahrensrechts ein dynamischer Verweis auf das VwVfG. Die nunmehr in § 37 Abs. 6 VwVfG geregelte Belehrungspflicht (→ Rn. 8) begründet somit auch in diesen Ländern eine eigene Belehrungspflicht für Landesbehörden.

3. Praktische Bedeutung und Anwendungsbereich der Vorschrift. a) Praktische Bedeutung. § 58 gilt 10 sowohl im verwaltungsgerichtlichen Verfahren als auch gem. § 70 Abs. 2 im Vorverfahren nach §§ 68 ff. Die praktische Bedeutung der Vorschrift ist hoch, weil in der Praxis nahezu jede mit Rechtsbehelfen anfechtbare Entscheidung einer Behörde oder eines Verwaltungsgerichts mit einer Belehrung versehen wird und hierbei unterschiedliche Fehler unterlaufen können. Im verwaltungsgerichtlichen Verfahren ist die Bedeutung besonders hoch, da die Einhaltung der Klagefrist nach § 74 eine von Amts wegen zu prüfende besondere Sachentscheidungsvoraussetzung bei Anfechtungsklagen und Verpflichtungsklagen ist. Vergleichbares gilt für die Einhaltung der Rechtsmittelfristen bei Berufung, Beschwerde und Revision. Mittelbare Bedeutung hat § 58 auch bei Fortsetzungsfeststellungsklagen, die keiner Klagefrist unterfallen (BVerwGE 109, 203, 206 ff.). Eine Fortsetzungsfeststellungsklage ist aber dennoch unzulässig, wenn der erledigte Verwaltungsakt vor der Erledigung bereits bestandskräftig wurde, da mittels einer nicht fristgebundenen Fortsetzungsfeststellungsklage nicht die für Anfechtungs- und

---

11 Für weitere Bsp. spezialgesetzlicher Regelungen *P. Stelkens*, NuR 1982, 10, 11, und *J. Hingerl*, Rechtsbehelfsbelehrung, 1982, 177, Fn. 7, 8.
12 Vgl. *U. Stelkens*, in: Stelkens/Bonk/Sachs § 37 Rn. 145.
13 Z.B. § 157 Abs. 1 S. 3 AO für *schriftlich* erteilte Steuerbescheide, § 181 Abs. 1 S. 1, § 157 Abs. 1 S. 3 AO für Feststellungsbescheide, § 184 Abs. 1 S. 3, § 157 Abs. 1 S. 3 AO für Steuermessbescheide, §§ 185, 184 Abs. 1 S. 3, § 157 Abs. 1 S. 3 AO für Zerlegungsbescheide, § 190 S. 2, §§ 185, 184 Abs. 1 S. 3, § 157 Abs. 1 S. 3 AO für Zuteilungsbescheide, § 279 Abs. 2 S. 1 AO für Aufteilungsbescheide, § 196 AO für Außenprüfungsanordnungen und § 366 AO für außergerichtliche Rechtsbehelfsentscheidungen. Zur Belehrungspflicht nach der AO auch *E. Stumm*, DVP 1991, 395, 396.
14 *M. Redeker*, in: Redeker/v. Oertzen, ¹⁵2010, § 59 Rn. 1; vgl. *P. Stelkens*, NuR 1982, 10, 11.
15 Nach § 1 Abs. 1 VwVfG Bln gilt für die öffentlich-rechtliche Verwaltungstätigkeit der Behörden Berlins das VwVfG.
16 Vgl. *Pietzner/Ronellenfitsch* Rn. 1352.

Verpflichtungsklagen geltenden Fristen unterlaufen werden dürfen.[17] Sofern eine Belehrungspflicht ggf. nicht besteht (→ Rn. 7 ff.), bewirkt die Gefahr, dass die kürzeren Rechtsbehelfsfristen nicht laufen, sondern nur die Jahresfrist des § 58 Abs. 2 gilt, in der Praxis einen mittelbaren Zwang zur Belehrung.[18] Die Behörden verwenden für die Belehrungen üblicherweise die durch ministerielle Runderlasse vorgeschriebenen oder empfohlenen Muster, die den Anforderungen des § 58 Abs. 1 entsprechen und häufig weitere, nicht zwingende Angaben enthalten.[19]

11   **b) Anwendungsbereich.** Eine Rechtsbehelfsbelehrung ist gem. § 58 Abs. 1 bei Rechtsmitteln und anderen Rechtsbehelfen erforderlich. Die *Rechtsmittel* der VwGO, also die Rechtsbehelfe, durch die eine Entscheidung von einer höheren Instanz (Devolutiveffekt) bei gleichzeitiger Hemmung der Rechtskraft (Suspensiveffekt) überprüft wird, sind die Berufung nach §§ 124 ff., die Revision nach §§ 132 ff. und die Beschwerde[20] nach §§ 146 ff. (→ Rn. 16). Auch alle *ordentlichen Rechtsbehelfe* der VwGO wie der Widerspruch nach §§ 68 ff., die Anfechtungs- und Verpflichtungsklage nach § 74, der Antrag auf mündliche Verhandlung bei Gerichtsbescheiden nach § 84 Abs. 2 Nr. 5, die Nichtzulassungsbeschwerde nach § 133 sowie der Antrag auf Zulassung der Berufung nach § 124 a Abs. 4 werden von § 58 Abs. 1 erfasst (→ Rn. 17 ff.), wohingegen die Vorschrift weder auf *außerordentliche und formlose Rechtsbehelfe* (→ Rn. 20 ff.) noch die sog. *Ausschlussfristen* (→ Rn. 30 ff., str.) Anwendung findet. Bei letzteren gelten aber häufig spezialgesetzliche Regelungen, die unabhängig von § 58 eine Belehrungspflicht enthalten (→ Rn. 32 ff.). Umstr. ist die Anwendbarkeit im Bereich des vorläufigen Rechtsschutzes (→ Rn. 23 ff.). Im *Wehrbeschwerderecht* besteht für den Fall einer unterbliebenen oder unrichtigen Rechtsbehelfsbelehrung mit § 7 Abs. 2 WBO eine Sonderregelung (→ Rn. 59), die § 58 verdrängt.[21]

4. Rechtsfolgen einer unterbliebenen oder unrichtig erteilten Rechtsbehelfsbelehrung (ausf. → Rn. 74 ff.).

12   **a) Grundsatz/Fristenlauf.** § 58 Abs. 2 regelt die Rechtsfolgen einer unterbliebenen oder unrichtigen Rechtsbehelfsbelehrung abschließend dahingehend, dass die regulären Rechtsbehelfsfristen nicht in Lauf gesetzt werden; im Übrigen ist eine Wiedereinsetzung in den vorigen Stand nach § 60 denkbar (BVerwG 8.10.1997 – 2 B 113/97, juris Rn. 3; → Rn. 46, 61, 84). Weitere Folgen, etwa die Rechtswidrigkeit der Entscheidung, werden auch dann nicht bewirkt, wenn eine Belehrung gesetzlich vorgeschrieben ist.[22] Die Frage der Aufhebbarkeit eines ohne oder mit einer fehlerhaften Belehrung versehenen, ansonsten aber rechtmäßigen Verwaltungsakts, richtet sich daher allein nach § 49 VwVfG und nicht nach § 48 VwVfG.

13   **b) Amtspflichtverletzung.** Die (schuldhafte) Verletzung (auch durch Unterlassen) einer durch spezielle Rechtsvorschrift *angeordneten* Belehrungspflicht ist jedoch als solche rechtswidrig und kann deshalb eine Amtspflichtverletzung i.S.v. § 839 BGB i.V.m. Art. 34 GG darstellen[23] oder einen (verschuldensunabhängigen) Staatshaftungsanspruch nach § 1 Abs. 1 StHG-DDR auslösen,[24] weil speziell angeordnete Belehrungspflichten – etwa nach § 37 Abs. 6 VwVfG oder § 211 BauGB – auch dem Schutz des Rechtsuchenden dienen.[25] Allerdings hat der Bürger wegen der Möglichkeit, bei einer unterlassenen oder unrichtigen Belehrung den Rechtsbehelf noch binnen Jahresfrist einlegen zu können, bei der Durchsetzung eines eventuellen Schadensersatzanspruches erhebliche Schwierigkeiten in Bezug auf § 839 Abs. 3 BGB. Diese Vorschrift schließt die Schadenersatzpflicht aus, wenn der Verletzte vorsätz-

---

17   OVG Saarlouis 25.1.2005 – 1 Q 90/03, juris LS 1; *Hufen* § 18 Rn. 56; *W.-R. Schenke/R. P. Schenke*, in: Kopp/Schenke § 113 Rn. 128.

18   *Pietzner/Ronellenfitsch* Rn. 1344; *M. Redeker*, in: Redeker/v. Oertzen § 58 Rn. 1.

19   Näher *Pietzner/Ronellenfitsch*, [12]2010, § 48 Rn. 17 ff.

20   Die Beschwerde wird auch als Rechtsmittel angesehen (vgl. *Schenke* Rn. 1122), obwohl sie gem. § 149 Abs. 1 nur in Ausnahmefällen einen Suspensiveffekt aufweist.

21   VG Köln 18.11.2015 – 23 K 2020/14, juris Rn. 23.

22   *P. Stelkens*, NuR 1982, 10, 14; *M. Redeker*, in: Redeker/v. Oertzen § 58 Rn. 19.

23   Vgl. BGH NJW 1984, 168, 169; BSG 20.2.2017 – B 12 KR 9/16 BH, juris Rn. 8; *H. Friese*, NJW 1954, 660, 664; *H. Müller*, NJW 1962, 1889, 1892; *J. Schmidt*, in: Eyermann, [13]2010, § 59 Rn. 6; *M. Redeker*, in: Redeker/v. Oertzen § 58 Rn. 20.

24   Gem. Anl. II Kapitel III Sachgebiet B Abschnitt III Nr. 1 EinV gilt das StHG mit Maßgaben in den neuen Bundesländern als Landesrecht fort. Es ist in den Ländern Berlin, Mecklenburg-Vorpommern, Sachsen und Sachsen-Anhalt bereits aufgehoben oder ersetzt worden (vgl. *Ossenbühl/Cornils* S. 570 ff.).

25   Vgl. *H. Müller*, NJW 1962, 1889, 1892.

lich oder fahrlässig kein Rechtsmittel eingelegt hat, um den Schaden abzuwenden. Daher haben derartige Amtshaftungsansprüche die Judikatur bisher nur bei einer unrichtigen Belehrung, die zu einer kostenverursachenden Einlegung des falsch angegebenen Rechtsbehelfs führte, beschäftigt (vgl. BGH NJW 1984, 168, 169). Auch bei fehlender gesetzlicher Belehrungspflicht ist bei einer unrichtig erteilten Belehrung ein Amtshaftungsanspruch möglich, da bei „freiwilliger" Erteilung einer Auskunft zugleich die Verpflichtung übernommen wird, die Belehrung vollständig und richtig zu erteilen.[26]

c) **Kostenfolge.** Die durch eine unrichtige Rechtsbehelfsbelehrung verursachten (Mehr-)Kosten eines   14
Verfahrens werden bei Verschulden regelmäßig der Behörde bzw. deren Rechtsträger auferlegt (vgl. § 155 Abs. 4),[27] wobei sich jedoch im Widerspruchsverfahren wegen § 80 VwVfG bzw. entsprechender Normen in den LVwVfG Schwierigkeiten ergeben.[28] Für das Verschulden der Behörde besteht eine Vermutung mit der Möglichkeit des Entlastungsbeweises. Eine verschuldensunabhängige Kostenhaftung ergibt sich weder aus dem insoweit eindeutigen Wortlaut des § 155 Abs. 4 noch aus einem allgemeinen Rechtssatz.[29] Ausnahmen sind nur anzuerkennen, wenn eine gesteigerte Fürsorgepflicht des Verfassers der Belehrung gegenüber dem Empfänger besteht, die gebietet, dass für die Richtigkeit der Belehrung auch verschuldensunabhängig einzustehen ist. Eine solche gesteigerte Fürsorgepflicht besteht etwa im Verhältnis des militärischen Vorgesetzten gegenüber seinem Untergebenen nach § 10 Abs. 3 SG (BVerwGE 73, 126, 137). Beruht die unzulässige Einlegung eines Rechtsbehelfs auf einer unrichtigen Belehrung des Gerichts, sind Gerichtskosten nach § 2 Abs. 4 S. 2, § 21 Abs. 1 S. 1 GKG wegen unrichtiger Sachbehandlung nicht zu erheben.[30]

III. Rechtsbehelfsbelehrung bei Rechtsmitteln oder anderen Rechtsbehelfen

1. Rechtsmittel und Rechtsbehelfe. § 58 Abs. 1 bezieht sich jedenfalls auf die Rechtsmittel der   15
VwGO (→ Rn. 16) und die sonstigen ordentlichen Rechtsbehelfe, die eine Nachprüfung eines Verwaltungsakts oder einer verwaltungsgerichtlichen Entscheidung ermöglichen (→ Rn. 17 ff.). Keine Anwendung findet die Vorschrift auf außerordentliche und formlose Rechtsbehelfe (→ Rn. 20 ff.). Ihre Anwendbarkeit im Bereich des vorläufigen Rechtsschutzes und auf Ausschlussfristen ist streitig (→ Rn. 23 ff., 30 ff.). In der Praxis sind Fehler bei der Belehrung über (ordentliche) Rechtsbehelfe durch das Gericht selten, weil diese – bei konstanter Rechtslage – gleich bleiben und mithilfe der elektronischen Datenverarbeitung oder auf Vordrucken formuliert werden können.

a) Rechtsmittel. Die VwGO kennt die (ordentlichen) Rechtsmittel der Berufung nach §§ 124 ff., der   16
Revision nach §§ 132 ff. und der Beschwerde[31] nach §§ 146 ff. Diese drei Rechtsmittel unterscheiden sich von den sonstigen Rechtsbehelfen dadurch, dass sie die Überleitung der Streitsache an eine höhere Instanz bewirken (Devolutiveffekt) und die Rechtskraft der angegriffenen Entscheidung hemmen (Suspensiveffekt). Keine Rechtsmittel sind daher z.B. die Nichtigkeits- oder Restitutionsklage nach § 153 VwGO i.V.m. §§ 578 ff. ZPO, der Antrag auf Wiedereinsetzung in den vorigen Stand nach § 60 oder der Antrag auf mündliche Verhandlung bei Gerichtsbescheiden nach § 84 Abs. 2 Nr. 5; diesen Rechtsbehelfen fehlt der Suspensiveffekt oder/und der Devolutiveffekt.[32]

b) Ordentliche Rechtsbehelfe. Neben den Rechtsmitteln fallen auch die ordentlichen Rechtsbehelfe in   17
den Anwendungsbereich des § 58 Abs. 1. Während der allgemeine Begriff des Rechtsbehelfs jedes prozessuale Mittel zur Verwirklichung eines Rechts umfasst, wird zwischen ordentlichen Rechtsbehelfen, die unabhängig von dem Vorliegen besonderer Voraussetzungen oder Ereignisse generell gegeben sind, und außerordentlichen Rechtsbehelfen, welche von einem solchen Vorliegen abhängen, unterschie-

---

26 H. Friese, NJW 1954, 660, 664.
27 BVerwG NVwZ-RR 1989, 391; OVG Münster OVGE 10, 225, 226; P. Kothe, in: Redeker/v. Oertzen § 155 Rn. 6 m.w.N.
28 Dazu A. Széchényi, BayVBl 2015, 115 ff.
29 OVG Brem DÖV 1964, 320; OVG Münster VerwRspr 10, 225; P. Kothe, in: Redeker/v. Oertzen § 155 Rn. 6. A.M. VGH München DVBl 1950, 249; BayVBl 1974, 537, 538; VerwRspr 10, 631; K. Rennert, in: Eyermann § 155 Rn. 13; H. Sauer, DVBl 1969, 633, 635, die eine Kostenhaftung schon bei bloßer Verursachung der Klageerhebung durch die unzutreffende Belehrung annehmen.
30 VGH München BayVBl 1972, 616, 617; P. A. Zeihe, NVwZ 1995, 560, 561.
31 Die Beschwerde wird auch als Rechtsmittel angesehen (vgl. Schenke Rn. 1122), obwohl sie gem. § 149 Abs. 1 nur in Ausnahmefällen einen Suspensiveffekt aufweist.
32 Schmitt Glaeser/Horn Rn. 456.

den.[33] Regelmäßig auszuscheiden sind alle nicht auf einen Verwaltungsakt bezogenen Rechtsbehelfe gegen behördliche Maßnahmen (allgemeine Leistungsklage, Feststellungsklage nach § 43, Normenkontrollantrag nach § 47), weil diese Rechtsbehelfe unbefristet eingelegt werden können bzw. der Normenkontrollantrag keiner kürzeren Frist als ein Jahr unterliegt (→ Rn. 49). Dies gilt ebenso für die Fortsetzungsfeststellungsklage gem. § 113 Abs. 1 S. 4 (→ Rn. 10). Die in der Praxis wichtigsten ordentlichen Rechtsbehelfe sind der Widerspruch nach §§ 68 ff., der gem. § 70 Abs. 1 einen Monat nach Bekanntgabe des Verwaltungsakts einzulegen ist (vgl. § 70 Abs. 2), und die Anfechtungs- bzw. Verpflichtungsklage, welche nach § 74 innerhalb eines Monats nach Zustellung des Widerspruchsbescheids bzw. – falls kein Widerspruchsverfahren durchzuführen ist – nach Bekanntgabe des Verwaltungsakts erhoben werden müssen. Ordentliche Rechtsbehelfe sind ferner der Antrag auf Zulassung der Berufung nach § 124a Abs. 4 und die Beschwerde gegen die Nichtzulassung der Revision nach § 133 (zu beiden → Rn. 18), der Antrag auf gerichtliche Entscheidung (Erinnerung) nach § 151 und § 165 S. 2 i.V.m. § 151 sowie der Antrag auf mündliche Verhandlung bei Gerichtsbescheiden nach § 84 Abs. 2 Nr. 5. Dagegen stellt die Beschwerde gegen einen Streitwertbeschluss nach § 68 Abs. 1 GKG kein befristetes Rechtsmittel gem. § 58 dar, da diese Beschwerde nicht durch eine Rechtsmittelfrist, sondern allein durch eine sechsmonatige Ausschlussfrist, nachdem die Entscheidung in der Hauptsache Rechtskraft erlangt oder das Verfahren sich anderweitig erledigt hat, begrenzt wird; § 58 ist daher insoweit nicht anwendbar (OVG Schleswig Anwaltsgebühren Spezial 1994, 13).

18   **aa) Antrag auf Zulassung der Berufung und Beschwerde gegen die Nichtzulassung der Revision.** Zu den ordentlichen Rechtsbehelfen, auf die § 58 Abs. 1 Anwendung findet, gehören auch der Antrag auf Zulassung der Berufung nach § 124a Abs. 4 und die Beschwerde gegen die Nichtzulassung der Revision nach § 133. Beide Rechtsbehelfe hemmen zwar die Rechtskraft des Urteils, § 124a Abs. 4 S. 6, § 133 Abs. 4 (Suspensiveffekt), bringen die Streitsache aber nicht in die höhere Instanz (Devolutiveffekt). Sie sind somit keine Rechtsmittel (zur Abgrenzung → Rn. 16). Ein Devolutiveffekt folgt auch nicht aus § 124a Abs. 5 S. 1, wonach über den Zulassungsantrag das OVG entscheidet, bzw. aus § 133 Abs. 5 S. 1, wonach bei Nichtabhilfe der Beschwerde das BVerwG entscheidet. Zwar wird die Sache damit jeweils einer höheren Instanz, nicht aber einer Entscheidung zugeführt. Gegenstand des Zulassungsantrags bzw. der Nichtzulassungsbeschwerde ist allein die Zulassung der Berufung bzw. die Rechtmäßigkeit der prozessualen Nebenentscheidung über die Nichtzulassung der Revision und damit die Frage, ob einer der Zulassungsgründe des § 124 Abs. 2 bzw. § 132 Abs. 2 einschlägig ist (zur Nichtzulassungsbeschwerde → § 133 Rn. 5 ff.).

19   **bb) Nichtvorlagebeschwerde.** Mit der Nichtvorlagebeschwerde gem. § 47 Abs. 7 a.F. konnte die Nichtvorlage eines Normenkontrollverfahrens an das BVerwG gerügt werden. Sie stellte einen Rechtsbehelf eigener Art dar,[34] auf den § 58 Abs. 1 anwendbar war. Da seit der Neufassung des § 132 Abs. 1 durch das 6. VwGOÄndG die Revision auch gegen Beschlüsse des OVG in Normenkontrollverfahren möglich ist, wurde die Nichtvorlagebeschwerde abgeschafft.

20   **2. Außerordentliche und formlose Rechtsbehelfe, vorläufiger Rechtsschutz. a) Außerordentliche Rechtsbehelfe.** § 58 ist nicht auf die sog. außerordentlichen Rechtsbehelfe anwendbar (BVerwG 29.7.2009 – 5 B 46/09, juris Rn. 2), also solche, die nicht generell eingelegt werden können, sondern vom Vorhandensein besonderer Voraussetzungen oder Ereignisse abhängen. Dies folgt daraus, dass die Behörde nur über Rechtsbehelfe belehren muss, die die unmittelbare Überprüfung der angefochtenen Entscheidung ermöglichen und allein vom Willen des Beschwerten abhängen. Hängt die Geltendmachung des Rechtsbehelfs aber zusätzlich von künftigen ungewissen Ereignissen ab, bedeutet dies zunächst, dass der Fristenlauf für den nur theoretisch denkbaren Rechtsbehelf zum Zeitpunkt der Vornahme der Verwaltungsmaßnahme noch nicht begonnen hat. Dies würde die Erteilung einer hinsichtlich der Frist ordnungsgemäßen Belehrung sehr schwierig machen. Die Vielzahl der möglichen außerordentlichen Rechtsbehelfe, auf die hinzuweisen wäre, würde außerdem zur Unübersichtlichkeit der Belehrung beitragen und deren Fehleranfälligkeit steigern. Bei Annahme einer diesbezüglichen Belehrungspflicht wäre die Belehrung bereits fehlerhaft, wenn auch nur auf einen im konkreten Fall denkbaren außerordentlichen Rechtsbehelf nicht hingewiesen würde. Die Belehrungspflicht wäre damit

---

33 *M. Redeker*, in: Redeker/v. Oertzen § 58 Rn. 3.
34 Vgl. *Kopp/Schenke*, [13]2003, Vorbem. 124 Rn. 2 a.

überdehnt. Nichts anderes gilt unter dem Gesichtspunkt der Gewährleistung eines effektiven Rechtsschutzes, da der Bürger regelmäßig nur erfahren möchte, wie er die Nachprüfung einer ihn belastenden Verwaltungsmaßnahme erreichen kann. Der zusätzliche Hinweis auf nur in bestimmten Fallkonstellationen theoretisch denkbare Rechtsschutzmöglichkeiten würde ihn als verfahrensrechtlichen Laien eher verwirren.

Wichtigster Anwendungsfall der außerordentlichen Rechtsbehelfe ist die Wiedereinsetzung in den vorigen Stand nach § 60 (vgl. BVerwG VBlBW 1987, 332 a.E.); ferner zählen hierzu die Wiederaufnahmeklage (Nichtigkeits- bzw. Restitutionsklage) nach § 153 VwGO i.V.m. §§ 578 ff. ZPO, der Antrag auf Urteilsberichtigung oder Urteilsergänzung nach §§ 119, 120 sowie die Anhörungsrüge gem. § 152 a. → Rn. 23 zum Antrag auf Wiederherstellung der aufschiebenden Wirkung, der teilweise auch als außerordentlicher Rechtsbehelf betrachtet wird. **21**

b) Formlose Rechtsbehelfe. Keine Anwendung findet § 58 auch auf die formlosen Rechtsbehelfe, die durch das Grundrecht der Petitionsfreiheit nach Art. 17 GG gewährleistet werden und deren wichtigsten Anwendungsbeispiele die Gegenvorstellung, die Aufsichtsbeschwerde und die Dienstaufsichtsbeschwerde sind.[35] Der Betroffene braucht auf diese Rechtsbehelfe nicht hingewiesen zu werden, da sie unbefristet möglich und an keine Form gebunden sind.[36] Darüber hinaus gewährt Art. 17 GG dem Petenten lediglich einen formellen Anspruch auf Entgegennahme, Kenntnisnahme, sachliche Prüfung und formale Bescheidung seiner Eingabe, jedoch kein Recht auf inhaltliche Erledigung der Petition. Es besteht nach Auffassung des BVerfG auch kein Anspruch auf Erteilung eines begründeten Petitionserledigungsbescheides, weil das Petitionsrecht kein justizförmiger Rechtsbehelf sei und nicht die Funktion einer Popularklage erfülle.[37] **22**

c) Vorläufiger Rechtsschutz. Besondere Probleme ergeben sich beim vorläufigen Rechtsschutz. Umstr. ist insbes., ob bei der Anordnung der sofortigen Vollziehung nach § 80 Abs. 2 S. 1 Nr. 4 auf die Möglichkeit des Antrags auf Wiederherstellung der aufschiebenden Wirkung des Widerspruchs nach § 80 Abs. 5 hinzuweisen ist. Eine solche Belehrungspflicht ist weder in § 80 Abs. 3 vorgesehen noch ergibt sich aus § 58 ein mittelbarer Belehrungszwang (→ Rn. 10). Der Auffassung, der Antrag nach § 80 Abs. 5 auf Wiederherstellung der aufschiebenden Wirkung stelle nur einen außerordentlichen Rechtsbehelf dar, sodass § 58 Abs. 1 schon aus diesem Grund keine Anwendung finde,[38] ist nicht zu folgen, da die Anordnung des Sofortvollzugs spätestens mit ihrer Bekanntgabe der gerichtlichen Überprüfung unterliegt und nicht von zukünftigen ungewissen Ereignissen abhängig ist. Er stellt daher einen ordentlichen Rechtsbehelf dar.[39] Zu beachten ist aber, dass der Antrag nicht fristgebunden ist, § 58 indes ausdrücklich nur auf befristete Rechtsbehelfe zugeschnitten ist.[40] Auf die Rechtsschutzmöglichkeit nach § 80 Abs. 5 ist § 58 daher grds. nicht anwendbar. Anders ist dies jedoch dort, wo ein Antrag nach § 80 Abs. 5 fristgebunden ist (→ Rn. 27 f.).[41] **23**

aa) Belehrungspflicht. Aus der in Art. 19 Abs. 4 GG niedergelegten Garantie des effektiven Rechtsschutzes folgt ein Anspruch des Bürgers auf vollständige und unmissverständliche Belehrung über die Rechtsschutzmöglichkeiten, wenn ihm gegenüber eine belastende Verwaltungsmaßnahme ergeht. Dieser anerkannte Grundsatz muss entgegen der überwiegenden Lit. und Rspr. für den Bereich des vorläufigen Rechtsschutzes zu einer Belehrungspflicht der Behörde bei Anordnung der sofortigen Vollziehung gem. § 80 Abs. 2 S. 1 Nr. 4 (bzw. § 80 a Abs. 1 Nr. 1) führen.[42] Die Behörde muss in einem solchen Fall in der Belehrung also nicht nur über den Rechtsbehelf gegen die Grundverfügung, sondern **24**

---

35 Ausf. *Schmitt Glaeser/Horn* Rn. 5 ff.; *Pietzner/Ronellenfitsch* Rn. 1013 ff.
36 Näher zur Problematik der formlosen Rechtsbehelfe *Schmitt Glaeser/Horn* Rn. 10 f.; *Hufen* § 1 Rn. 45 ff.
37 BVerfG (K) NJW 1992, 3033 m.w.N.; BVerwG NJW 1991, 936, 937; eingehend auch *U. F. H. Rühl*, DVBl 1993, 14, 20, der eine Pflicht zur Begründung von Petitionsbescheiden ebenfalls nicht für verfassungsrechtlich geboten, aber die einfachgesetzliche Einführung einer solchen Begründungspflicht aus Gründen der demokratischen Transparenz staatlicher Entscheidungen de lege ferenda für wünschenswert hält. A.M. *M. Siegfried*, DÖV 1990, 279, 281 ff.
38 So aber OVG Lüneburg NVWZ-RR 1995, 176, 177. A.M. *W.-R. Schenke*, in: Kopp/Schenke § 58 Rn. 5.
39 *R. Stober*, BayVBl 1976, 169, 170.
40 *D. Krausnick*, in: Gärditz § 58 Rn. 7; *M. Redeker*, in: Redeker/v. Oertzen § 80 Rn. 55; *R. Stober*, BayVBl 1976, 169, 170.
41 Vgl. auch die Übersicht bei *M. Redeker*, in: Redeker/v. Oertzen § 80 Rn. 55.
42 *R. Stober*, BayVBl 1976, 169, 171 ff.; *C. v. Schledorn*, BauR 1994, 289, 293; ebenso i.E. *E. Stumm*, DVP 1991, 395, 399 f. Zur a.M. der überwiegenden Lit. und Rspr. vgl. nur *M. Redeker*, in: Redeker/v. Oertzen § 58 Rn. 3; *P. Stelkens*, NuR 1982, 10, 12; *Pietzner/Ronellenfitsch*, ¹²2010, § 48 Rn. 9 m.w.N. in Fn. 15.

auch über die Möglichkeiten des vorläufigen Rechtsschutzes belehren. Ansonsten wäre die Belehrung unvollständig und führte unter Umständen dazu, dass die vorläufigen Rechtsschutzmöglichkeiten aus Unkenntnis nicht wahrgenommen werden, erst recht, da der falsche Eindruck entstehen könnte, die Anordnung des Sofortvollzuges habe keine eigenständige Bedeutung. Diese verfassungsrechtlichen Vorgaben sind heute bei der Interpretation des § 37 Abs. 6 S. 1 VwVfG zu berücksichtigen.

25   Die vorstehend begründete Belehrungspflicht im Bereich des vorläufigen Rechtsschutzes ist gerechtfertigt, weil ein Verwaltungsakt nach Anordnung der sofortigen Vollziehung durch die Behörde sofort seine Wirkungen entfaltet und damit die Gefahr des Wegfalls des vorläufigen Rechtsschutzes durch „Vollziehung" oder tatsächliche Ausnutzung des Verwaltungsakts besteht. So kann ein Verwaltungsakt mit vollstreckungsfähigem Inhalt nach Anordnung der sofortigen Vollziehung sofort vollstreckt werden, wenn das Vollstreckungsrecht nicht die Vollstreckung von weiteren Bedingungen abhängig macht; von einem Verwaltungsakt mit Doppelwirkung darf der Begünstigte sofort Gebrauch machen, wenn die sofortige Vollziehung auf seinen Antrag hin angeordnet wurde.[43] Es besteht damit die Gefahr schwer zu beseitigender Fakten und folglich des Wegfalls des einstweiligen Rechtsschutzes. Im Falle der Anordnung der sofortigen Vollziehung eines Verwaltungsaktes mit Doppelwirkung kommt hinzu, dass es sich hier nicht um überwiegende öffentliche Belange handelt, die die Einbuße effektiven Rechtsschutzes rechtfertigen könnten, sondern um Interessen des Begünstigten.[44] Die Rechtsschutzgarantie des Art. 19 Abs. 4 GG wäre letztlich auch unvollständig, weil bei Anordnung der sofortigen Vollziehung eine spätere Anfechtung gem. § 80 Abs. 2 S. 1 keinen Suspensiveffekt entfaltet.

26   **bb) Befristete Rechtsbehelfe des vorläufigen Rechtsschutzes.**   Die neuere Gesetzgebung zur Verfahrensbeschleunigung und Planungsvereinfachung hat die Fristungebundenheit für den Antrag auf Anordnung oder Wiederherstellung der aufschiebenden Wirkung von Widerspruch und Anfechtungsklage eingeschränkt. Diese im Hinblick auf die Gewährleistung eines effektiven Rechtsschutzes problematische Entwicklung wird besonders deutlich im Baurecht, bei der Planung von Großprojekten für Verkehrswege und im Asylverfahrensrecht.

27   Durch das Gesetz zur Vereinfachung der Planungsverfahren für Verkehrswege (Planungsvereinfachungsgesetz – PlVereinfG) v. 17.12.1993 (BGBl I 2123) wurde die im Gesetz zur Beschleunigung der Planungen für Verkehrswege in den neuen Ländern sowie im Land Berlin (Verkehrswegeplanungsbeschleunigungsgesetz – VerkPBG) v. 16.12.1991 (BGBl I 2174)[45] begonnene Tendenz zur Verkürzung des Rechtsschutzes fortgesetzt und auf Verkehrsinfrastrukturmaßnahmen in den alten Bundesländern ausgedehnt. Von besonderer Bedeutung ist hierbei die Änderung der einschlägigen Fachplanungsgesetze nach dem Vorbild des § 5 Abs. 2 VerkPBG dahin, dass die Anfechtungsklage gegen einen Planfeststellungsbeschluss oder eine Plangenehmigung von Verkehrswegen keine aufschiebende Wirkung hat und der Antrag auf Anordnung der aufschiebenden Wirkung der Anfechtungsklage nur innerhalb eines Monats nach Zustellung des Planfeststellungsbeschlusses oder der Plangenehmigung gestellt und begründet werden kann.[46] In anderen Fällen ist für den Antrag auf Wiederherstellung der aufschiebenden Wirkung eine Frist von einem Monat vorgesehen.[47] Daneben ist in den einschlägigen Fachplanungsgesetzen wie in § 5 Abs. 3 VerkPBG eine sechswöchige Frist angeordnet, innerhalb derer der Kläger die zur Begründung seiner Klage dienenden Tatsachen und Beweismittel anzugeben hat.[48] Inhaltsgleiche Regelungen finden sich § 43 e Abs. 1, 3 EnWG.

28   Auch in anderen Gesetzen finden sich Vorschriften, die den einstweiligen Rechtsschutz des Betroffenen von der Einhaltung bestimmter – oftmals sehr kurzer – Fristen abhängig machen. Nach § 36 Abs. 3 S. 1 AsylG gilt eine Frist von einer Woche, innerhalb derer der Antrag nach § 80 Abs. 5

---

43   *W.-R. Schenke,* in: Kopp/Schenke § 80 Rn. 23, 79.

44   Vgl. *W.-R. Schenke,* in: Kopp/Schenke § 80 a Rn. 9.

45   Dazu Rn. 27 der 3. Aufl. Nach § 1 Abs. 1 S. 1 VerkPBG galten die besonderen Vorschriften dieses Gesetzes bis zum Ablauf des 16.12.2006.

46   § 17 e Abs. 2, § 18 f Abs. 6 a FStrG; § 18 e Abs. 2, § 21 Abs. 7 AEG; § 14 e Abs. 2, § 20 Abs. 7 WaStrG; § 10 Abs. 4 S. 1, 2 LuftVG; § 29 Abs. 6 S. 2, 3 PBefG.

47   § 17 e Abs. 3 FStrG; § 18 e Abs. 3 AEG; § 14 e Abs. 3 WaStrG.

48   S. die entsprechenden Regelungen in § 17 e Abs. 5 S. 1 FStrG, § 18 e Abs. 5 S. 1 AEG, § 14 e Abs. 5 S. 1 WaStrG, § 10 Abs. 5 LuftVG, § 29 Abs. 7 PBefG.

gegen die Abschiebungsandrohung nach Bekanntgabe gestellt werden muss.[49] Eine Drei-Tages-Frist enthält § 18 a Abs. 4 AsylG für den vorläufigen Rechtsschutz in Asylverfahren bei Einreise auf dem Luftweg.

In den dargestellten Fällen, in denen die Möglichkeit, einen Antrag auf Anordnung der aufschieben- 29 den Wirkung zu stellen, entgegen § 80 Abs. 5 befristet ist, müssen die Betroffenen schon aus verfassungsrechtlichen Erwägungen heraus auf die einzuhaltenden Fristen hingewiesen werden (→ Rn. 24), da sie nur so ihre Rechtsschutzmöglichkeiten effektiv wahrnehmen können. Eine entsprechende gesetzliche Verpflichtung wurde oftmals festgeschrieben, so in § 18 a Abs. 4 S. 3, § 36 Abs. 3 S. 2 AsylG, § 17 e Abs. 2 S. 3, Abs. 3 S. 2 FStrG, § 18 e Abs. 2 S. 3, Abs. 3 S. 2 AEG, § 14 e Abs. 2 S. 3, Abs. 3 S. 2 WaStrG und § 43 e Abs. 1 S. 3 EnWG, deren Einhaltung durch die entsprechende Anwendung des § 58 Abs. 2 gem. § 18 a Abs. 4 S. 4, § 36 Abs. 3 S. 3 AsylG, § 17 e Abs. 2 S. 4, Abs. 3 S. 3 FStrG, § 18 e Abs. 2 S. 4, Abs. 3 S. 3 AEG, § 14 e Abs. 2 S. 4, Abs. 3 S. 3 WaStrG, § 43 e Abs. 1 S. 4 EnWG sichergestellt wird. In anderen Gesetzen wurde nur § 58 für entsprechend anwendbar erklärt (§ 10 Abs. 4 S. 3 LuftVG) und somit ein mittelbarer Belehrungszwang (→ Rn. 10) geschaffen. Z.T. fehlt aber sowohl die Belehrungspflicht als auch die Anordnung der entsprechenden Anwendung des § 58 (vgl. § 29 Abs. 6 PBefG). Auch in diesen Fällen besteht aber aus Gründen der Gewährleistung eines effektiven Rechtsschutzes, die heute vornehmlich bei der Interpretation des § 37 Abs. 6 VwVfG zu berücksichtigen sind, eine Verpflichtung der Behörde, den Bürger auf die befristete Möglichkeit des Antrages nach § 80 Abs. 5 hinzuweisen (→ Rn. 24 f.).[50] Unterbleibt die Belehrung oder erfolgt sie nicht ordnungsgemäß, ist der Antrag nach § 80 Abs. 5 gem. dem unabhängig von der Frage nach einer Belehrungspflicht anwendbaren (→ Rn. 23) § 58 Abs. 2 noch innerhalb eines Jahres möglich.[51]

3. Ausschlussfristen. a) Begriffsbestimmung. Als Ausschlussfristen (i.e.S.) werden solche Zeitspan- 30 nen bezeichnet, deren Ende einen äußersten Zeitpunkt festlegt, nach dem auch bei fehlendem Verschulden eine Recht- oder eine Prozesshandlung endgültig nicht mehr oder nur noch unter ganz besonderen Voraussetzungen geltend gemacht oder vorgenommen werden kann, d.h. vor allem solche Zeitspannen, nach deren Ablauf eine Wiedereinsetzung in den vorigen Stand (unter ihren normalen Voraussetzungen) ausgeschlossen ist (vgl. BVerwG NJW 1986, 207, 208; → § 57 Rn. 16). Ausschlussfristen sind von Amts wegen zu beachten und in zahlreichen Vorschriften des Verwaltungsverfahrensrechts, der VwGO sowie in vielen Spezialgesetzen enthalten.[52] Zu unterscheiden sind *materiellrechtliche* Ausschlussfristen, nach deren Ablauf eine im materiellen Recht wurzelnde Befugnis, insbes. ein Gestaltungsrecht, ein Anspruch oder eine durch Verwaltungsakt erlangte Begünstigung, ihre Geltung verliert, und *verfahrensrechtliche* Ausschlussfristen. Beispiele für materielle Ausschlussfristen finden sich in § 8 GastG, § 18 Abs. 1 BImSchG oder in den Vorschriften der Landesbauordnungen, nach denen eine erteilte Baugenehmigung nach einer bestimmten Zeit erlischt, wenn während dieser mit der Bauausführung nicht begonnen wurde. Dagegen bewirken die verfahrensrechtlichen Ausschlussfristen nicht das materielle Erlöschen des Rechts, sondern nur, dass ein bestehendes materielles Recht nicht mehr verfahrensrechtlich durchgesetzt werden kann.[53] Beispiele für verfahrensrechtliche Ausschlussfristen sind die einjährigen Fristen des § 58 Abs. 2 S. 1, des § 60 Abs. 3 und des § 152 a Abs. 2 S. 2 sowie die dreimonatige Frist für den Antrag auf Wiederaufgreifen des Verfahrens nach § 51 Abs. 3 S. 1 VwVfG.

„Zu den Ausschlussfristen zählen vielfach die Präklusionsfristen, innerhalb deren Einwendungen er- 31 hoben werden können"[54] und bei deren Ablauf formelle und/oder materielle Präklusion eintritt. Hierzu gehören etwa die Jahresfrist für die Rücknahme und den Widerruf von Verwaltungsakten nach § 48 Abs. 4 S. 1, § 49 Abs. 2 S. 2 VwVfG sowie die Zwei-Wochen-Frist über den Einwendungsaus-

---

49 Das BVerfG hielt die Wochenfrist zum Einreichen eines einstweiligen Rechtsschutzantrages gegen eine Abschiebungsandrohung eines Asylsuchenden ohne Aufenthaltsgenehmigung nach § 10 Abs. 3 S. 3 AsylG a.F. für verfassungsrechtlich unbedenklich und nahm entsprechende Verfassungsbeschwerden wegen mangelnder Erfolgsaussichten erst gar nicht zur Entscheidung an; vgl. BVerfG (K) NVwZ 1992, 262, 263.

50 Vgl. auch *U. Stelkens*, in: Stelkens/Bonk/Sachs, ⁷2008, § 37 Rn. 118.

51 So auch VG Halle VIZ 1993, 362 zu § 12 Abs. 2 InVorG, wonach § 58 im Verfahren des vorläufigen Rechtsschutzes Anwendung findet, soweit Fristen einzuhalten sind. Offen gelassen von BVerwG NVwZ 2005, 943, 944.

52 Näher zu Ausschlussfristen *D. Kallerhoff*, in: Stelkens/Bonk/Sachs § 31 Rn. 8 ff.

53 *H. Linhart*, Fristen, ⁴2007, Rn. 21 f.

54 *D. Kallerhoff*, in: Stelkens/Bonk/Sachs § 31 Rn. 8 a.E.

schluss nach § 73 Abs. 4 S. 1, 3 VwVfG, § 10 Abs. 3 S. 4, 5 BImSchG und § 29 Abs. 4 S. 1 PBefG. Betroffene haben hier also zum einen keinen Anspruch darauf, dass auf ihre verspätet vorgebrachten Einwendungen in einem eventuellen Erörterungstermin (vgl. § 73 Abs. 4 VwVfG) eingegangen wird (formelle Präklusion), zum anderen können sie ihre Rechte nicht mehr in einem Widerspruchs- oder Klageverfahren nach der VwGO durchsetzen (materielle Präklusion).[55] Die materielle Präklusionswirkung der Versäumung der Einwendungsfrist unterliegt nach st. Rspr.[56] und der überwiegenden Lit. keinen verfassungsrechtlichen Bedenken, da der Zwang, Einwendungen innerhalb der Ausschlussfrist zu erheben, eine zumutbare, mit Art. 19 Abs. 4 GG zu vereinbarende Formalisierung eines komplexen Verwaltungsverfahrens darstelle und die konsequente Kehrseite der grundrechtlich abgesicherten Verfahrensteilhabe des Bürgers sei.[57] Dagegen wird vorgebracht, die materielle Präklusionswirkung verstoße gegen die Rechtsweggarantie des Art. 19 Abs. 4 GG,[58] da der Rechtsschutz für den Betroffenen bereits zu einem Zeitpunkt abgeschnitten werde, zu dem der rechtsverletzende Akt der öffentlichen Gewalt – nämlich die Genehmigung des geplanten Vorhabens – noch gar nicht ergangen sei.

32   **b) Belehrungspflicht/Anwendbarkeit von § 58.** Die Frage, ob eine Pflicht zur Belehrung über Ausschlussfristen besteht, beantwortet sich häufig nach Spezialvorschriften, in denen eine Belehrungspflicht aufgestellt wird (z.B. in § 73 Abs. 5 S. 2 Nr. 2 VwVfG im Planfeststellungsverfahren oder in § 10 Abs. 4 Nr. 2 Hs. 1 BImSchG im immissionsschutzrechtlichen Genehmigungsverfahren). Die Einhaltung der Belehrungspflicht ist Voraussetzung für den Eintritt der Präklusion.[59] Andere Gesetze, die einen Einwendungsausschluss enthalten (→ Rn. 31), normieren stattdessen – wie zusätzlich auch § 10 Abs. 4 Nr. 2 Hs. 2 BImSchG – die Pflicht, auf den Einwendungsausschluss nach Ablauf der Einwendungsfrist hinzuweisen.[60] Auch hier ist die Einhaltung der Belehrungspflicht Voraussetzung für den Eintritt der Präklusion.

33   Im BauGB besteht nach § 215 Abs. 1 BauGB eine einjährige Ausschlussfrist für die Geltendmachung bestimmter nach § 214 BauGB beachtlicher Vorschriften über die Aufstellung des Flächennutzungsplans, von Bebauungsplänen und sonstigen Satzungen. Bei deren Inkraftsetzung ist die Gemeinde nach § 215 Abs. 2 BauGB verpflichtet, auf die Voraussetzungen für die Geltendmachung der Fehler und auf die Rechtsfolgen hinzuweisen. Unterbleibt der Hinweis, führt dies allein nicht zur Nichtigkeit des Bebauungsplans, es greift aber die Unbeachtlichkeitsklausel des § 215 Abs. 1 BauGB nicht ein. Die Nichtigkeit des Plans oder der Satzung richtet sich weiter nach § 214 BauGB.[61]

34   Fehlen spezialgesetzliche Regelungen, die eine Belehrungspflicht über Ausschlussfristen anordnen, stellt sich die Frage, ob der Rechtsgedanke des § 58 bei unterlassener oder unrichtiger Belehrung gilt. Nach der Rspr. hängt der Lauf von Ausschlussfristen nicht von einer Belehrung ab[62] und ist – womit die Problematik verschärft wird – bei der Versäumung von Ausschlussfristen eine Wiedereinsetzung in den vorigen Stand nur möglich, wenn sie – wie etwa in § 58 Abs. 2 S. 1 oder § 60 Abs. 3 – ausnahmsweise ausdrücklich zugelassen ist. Eine weitere Ausnahme wird auch bei unverschuldeter Unkenntnis einer gesetzlichen Ausschlussfrist nicht gemacht.[63] Zudem kann die Rspr. darauf verweisen, dass § 58 Abs. 1 nur die „Frist für ein Rechtsmittel oder einen anderen Rechtsbehelf" erwähnt, sodass andere Fristen nach dem Wortlaut des § 58 nicht erfasst sind.[64] Sie können danach ohne Belehrung zu laufen beginnen und verlängern sich nicht auf ein Jahr.

35   Die strenge Bindung an gesetzliche Ausschlussfristen führt in Kombination mit einer nach der Rspr. nicht bestehenden Belehrungspflicht und der von ihr angenommenen Unanwendbarkeit von § 58

---

55   BVerwGE 60, 297, 301 ff. Vgl. zur materiellen Präklusion, insbes. dazu, wie die materielle Präklusion rechtskonstruktiv erfasst werden kann, *E. Schmidt-Aßmann*, in: Maunz/Dürig Art. 19 Abs. 4 Rn. 260.

56   BVerfGE 61, 82, 110 ff.; BVerwGE 60, 297, 301 ff.; ferner BVerwGE 66, 99, 106; BGHZ 92, 114, 117 f.

57   *M. Eifert*, in: Schoch Kap. 5 Rn. 270. Ausf. *C. Degenhart*, FS Menger, 1985, 621, 626 ff.; *E. Schmidt-Aßmann*, in: Maunz/Dürig Art. 19 Abs. 4 Rn. 258 ff.

58   *R. Wolfrum*, DÖV 1979, 497, 499 ff.; *C. H. Ule*, BB 1979, 1009, 1013; *H.-J. Papier*, NJW 1980, 313, 318 ff.

59   *W. Neumann*, in: Stelkens/Bonk/Sachs § 73 Rn. 91 m.w.N.

60   § 29 Abs. 4 S. 2 PBefG. S. ferner § 18a Nr. 7 S. 3 AEG a.F., § 43a Nr. 7 S. 3 EnWG a.F., § 17a Nr. 7 S. 3 FStrG a.F., § 10 Abs. 4 S. 3 LuftVG a.F. (diese Fachplanungsgesetze verweisen heute allg. auf § 73 VwVfG).

61   *U. Battis*, in: Battis/Krautzberger/Löhr § 215 Rn. 2.

62   BVerfG (K) ZOV 1998, 339; BVerwGE 26, 54, 57; 28, 305, 308 (diese Entscheidungen beziehen sich jeweils auf § 76 a.F.); VGH Kassel NJW 1969, 1399, 1400 m.w.N.

63   BVerwGE 72, 368 ff.; OVG Koblenz NVwZ 1989, 381, 382; OVG Münster NVwZ 1992, 183, 184.

64   Vgl. *D. Krausnick*, in: Gärditz § 58 Rn. 9.

Abs. 2 dazu, dass der Rechtsuchende in Unkenntnis der von ihm zu beachtenden Fristen von der Geltendmachung seiner Rechte ausgeschlossen wird, was zu besonderen Härten im Einzelfall führen kann. Der Ausschluss der gerichtlichen Wahrnehmung und als Vorwirkung dazu auch der Ausschluss der Geltendmachung materieller Rechte gegenüber einer Behörde ist mit Art. 19 Abs. 4 GG nur vereinbar, wenn der Bürger die Fristversäumung zu vertreten hat oder wenn wichtige öffentliche Interessen den Ausschluss rechtfertigen und dem Bürger zumindest entgegengehalten werden kann, er habe sich um seine Rechte nicht in dem im Rechtsverkehr erforderlichen und zumutbaren Ausmaß gekümmert.[65] Die Rspr. versucht, inakzeptable Ergebnisse durch eine *Korrektur nach Billigkeitserwägungen im Einzelfall* zu vermeiden[66] (→ Rn. 84). Dies hat Rechtsunsicherheit zur Folge und lässt die im Einzelfall gefundenen Ergebnisse nicht selten als zufällig erscheinen. In der Lit. finden sich dagegen Ansätze, welche den Rechtsgedanken des § 58 für Ausschlussfristen fruchtbar machen und die Vorschrift entsprechend anwenden,[67] sodass sich zumindest ein mittelbarer Belehrungszwang auch für Ausschlussfristen ergibt.

nicht besetzt 36–40

IV. Formelle Anforderungen an eine ordnungsgemäße Rechtsbehelfsbelehrung

1. Schriftformerfordernis. Die Rechtsbehelfsbelehrung setzt die Fristen für Rechtsmittel und Rechts- 41 behelfe nur in Lauf, wenn sie *schriftlich* erteilt worden ist. Wird ein Verwaltungsakt durch *öffentliche Bekanntgabe* nach § 41 Abs. 4 VwVfG bekannt gegeben, was nach § 41 Abs. 3 VwVfG zulässig ist, wenn die öffentliche Bekanntgabe durch Rechtsvorschrift zugelassen ist oder bei einer Allgemeinverfügung die Bekanntgabe an die Beteiligten untunlich wäre, bedarf die Belehrung i.d.R. nicht der öffentlichen Bekanntgabe. Vielmehr genügt es nach der Rspr., dass sie dem Verwaltungsakt, der bei der Behörde zur Einsicht ausliegt (§ 41 Abs. 4 S. 2 VwVfG), beigefügt wird.[68] Ausnahmen finden sich in gesetzlichen Regelungen, nach welchen Massenzustellungen durch öffentliche Bekanntmachungen ersetzt werden dürfen, wie etwa in § 56 a Abs. 2 S. 3 VwGO, §§ 69 Abs. 2 S. 4, 74 Abs. 5 S. 2 VwVfG oder in § 10 Abs. 8 S. 2 BImSchG.[69]

Nach der Rspr. des BVerwG ist es bei Beschlüssen – im Gegensatz zu Urteilen (vgl. § 117 Abs. 2) – 41a nicht erforderlich, dass die Belehrung von der Begründung abgesetzt und mit einer gesonderten Überschrift versehen wird. Allerdings muss eine Rechtsbehelfsbelehrung, die Bestandteil der Beschlussgründe ist, ihre Hinweis- und Belehrungsfunktion erfüllen. Die Belehrung „darf deshalb nicht etwa in einer vielseitigen Begründung irgendwo versteckt werden, sondern sollte nach den sachlichen Erwägungen zur Begründung des Beschlusses an dessen Ende gerückt werden, kann sich aber durchaus vor einer Begründung der Kostenentscheidung und der Streitwertfestsetzung finden" (BVerwGE 134, 41, 43). Das Gleiche dürfte für Verwaltungsakte gelten.

2. Sprachliche Anforderungen an die Rechtsbehelfsbelehrung. a) Allgemeines. Die sprachliche Ab- 42 fassung einer Rechtsbehelfsbelehrung ist unproblematisch, wenn sie gegenüber einem Deutschen ergeht, da von diesem die Beherrschung der deutschen Sprache erwartet werden kann. Die Belehrung richtet sich an den geschäfts- und prozessfähigen Bürger bzw. dessen Vertreter.

b) Rechtsbehelfsbelehrung gegenüber Ausländern. Probleme ergeben sich bei Rechtsbehelfsbelehrun- 43 gen gegenüber Ausländern. In der Bundesrepublik Deutschland leben mehr als 9 Millionen ausländische Personen, deren Deutschkenntnisse häufig nicht reichen, um eine auf Deutsch abgefasste Belehrung zu verstehen. Für die Gerichte stellt sich hier die Frage, ob diese Belehrungen die gesetzlichen Fristen gegenüber den Ausländern in Lauf setzen oder die Belehrung in der jeweiligen Muttersprache hätte erteilt werden müssen. Auszugehen ist von dem Grundsatz, dass die Amtsprache im Verwal-

---

65 Vgl. *F. O. Kopp,* BayVBl 1977, 33, 35 m.w.N. unter Bezugnahme auf BVerwG DÖV 1976, 58 m.Anm. *H. D. Weiß,* DÖV 1976, 60.
66 Vgl. BVerfGE 71, 305, 347 f.
67 Vgl. den von *D. Czybulka* entwickelten Ansatz in Rn. 36 ff. der 4. Aufl.
68 Vgl. BVerwG NVwZ 1988, 364 zum mittlerweile aufgehobenen § 18 a Abs. 4 FStrG; *Obermayer* § 41 Rn. 56. A.M. *U. Stelkens,* in: Stelkens/Bonk/Sachs § 41 Rn. 192 f.
69 Eine entsprechende Regelung findet sich auch in § 17 b Abs. 1 FStrG, der die Vorschriften des VwVfG über die Bekanntgabe von Planfeststellungsbeschlüssen und somit auch den § 74 Abs. 5 S. 2 VwVfG für Planfeststellungen nach dem FStrG für entsprechend anwendbar erklärt.

tungsverfahren nach § 23 Abs. 1 VwVfG und die Gerichtssprache im verwaltungsgerichtlichen Verfahren nach § 55 VwGO i.V.m. § 184 GVG deutsch ist (Näheres zur Gerichtssprache bei → § 55 Rn. 52 ff.). Hierbei handelt es sich um zwingende Vorschriften, die von Amts wegen zu berücksichtigen und nicht dem Verfügungsrecht der Beteiligten unterworfen sind (BayObLG BayVBl 1977, 24 m.z.N.). Andererseits trägt § 23 Abs. 4 VwVfG dem Anteil ausländischer Bürger Rechnung, da hiernach in fremder Sprache abgegebene Anzeigen, Anträge oder Willenserklärungen Fristen und Rechte gegenüber der Behörde wahren, wenn auf Verlangen der Behörde innerhalb einer von dieser gesetzten angemessenen Frist − also nachträglich − eine Übersetzung vorgelegt wird. Darüber hinaus dürfen nach dem BVerfG mangelhafte Deutschkenntnisse nicht zu einer Verkürzung der Rechtsschutzgarantien des Art. 19 Abs. 4 und Art. 103 Abs. 1 GG führen (BVerfGE 40, 95, 98 f.). Ausländer genießen in der Bundesrepublik Deutschland die gleichen prozessualen Rechte sowie den gleichen Anspruch auf ein rechtsstaatliches Verfahren wie Deutsche (BVerfGE 40, 95, 98). Die Rechtsbehelfsbelehrung gegenüber Ausländern muss schon deshalb immer an ihrem Zweck gemessen werden, die Rechtsunkenntnis des Rechtsuchenden in verfahrensrechtlicher Hinsicht zu beseitigen. Diesen Zweck erreicht eine für den Adressaten unverständliche Belehrung nicht. Daher ist die Tendenz der Verwaltung, Belehrungen auch in den wichtigsten Fremdsprachen vorgedruckt bereit zu halten, unabhängig von dem Bestehen einer eventuellen gesetzlichen Verpflichtung hierzu, als ein Beitrag zur Gewährleistung eines effektiven Rechtsschutzes für Ausländer zu begrüßen. Das Bereithalten einer Belehrung in einer anderen Sprache darf aber nur ein zusätzliches Angebot sein, welches nichts an dem Erfordernis ändert, die Belehrung auch in deutscher Sprache zu erteilen. Wegen des umfassenden Geltungsbereichs der deutschen Amtssprache entfalten allein in fremder Sprache abgefasste Bescheide und Belehrungen keine verfahrensrechtlichen Wirkungen[70] (→ § 55 Rn. 55).

44　Grds. ist es im Verwaltungsverfahren und verwaltungsgerichtlichen Verfahren Aufgabe des der deutschen Sprache nicht mächtigen Ausländers, sich der Behörde bzw. dem Gericht verständlich zu machen; umgekehrt trifft die Behörde und das Gericht die Verpflichtung zur Hilfestellung, wo diese erforderlich ist, um die dem Ausländer zur Seite stehenden Verfahrensrechte zu realisieren.[71] Verfahrensrechtlich wird diese Verpflichtung u.a. durch § 23 Abs. 2 VwVfG und durch § 55 VwGO i.V.m. § 185 GVG abgesichert, die die Hinzuziehung eines Dolmetschers regeln (→ § 55 Rn. 59 ff.).

45　Zwei Entscheidungen des BVerfG (BVerfGE 40, 95, 98 ff.; 42, 121, 125) zu der Problematik der Rechtsbehelfsbelehrung gegenüber Ausländern haben eine Tendenzwende in der einfachgerichtlichen Rspr. eingeleitet. Nach früherer Auffassung des BVerwG war ein deutsches Gericht weder verpflichtet noch berechtigt, sich gegenüber Ausländern einer anderen als der deutschen Sprache zu bedienen und war es Sache des Ausländers, sich ggf. um die erforderliche Übersetzung zu bemühen (BVerwG BayVBl 1973, 443). Nun wird differenziert: Ein Ausländer hat zwar keinen Anspruch auf Belehrung in seiner Muttersprache,[72] und die in deutscher Sprache richtig erteilte Belehrung setzt die Rechtsbehelfsfristen auch gegenüber Ausländern in Lauf, die der deutschen Sprache nicht mächtig sind;[73] die Sprachunkundigkeit spielt aber bei Fristversäumung im Rahmen der Wiedereinsetzung in den vorigen Stand eine Rolle (→ Rn. 46). Diese Betrachtungsweise wird den verfahrensrechtlichen Garantien für Ausländer gerecht und verstößt nicht gegen das Diskriminierungsverbot des Art. 3 Abs. 3 GG, aus dem der Ausländer keine Berechtigung herleiten kann, dass amtliche Schreiben in seiner Heimatsprache verfasst werden (vgl. BVerfGE 64, 135, 156 f.).

46　Für die anschließende Wiedereinsetzung in den vorigen Stand gelten demnach zwar grds. die allgemeinen Voraussetzungen (BVerwG DÖV 1978, 814, 815), es sind aber Sprachschwierigkeiten zu berücksichtigen (BVerwG NJW 1978, 1988). Die Rechtsschutzgarantien der Art. 19 Abs. 4 und Art. 103 Abs. 1 GG verbieten es, die Fristversäumnis als verschuldet anzusehen, wenn sie ausschließlich auf den mangelhaften Sprachkenntnissen des Ausländers beruht.[74] Bemüht sich also ein Auslän-

---

70　So auch *D. Krausnick*, in: Gärditz § 58 Rn. 13 in Fn. 16. A.M. *W.-R. Schenke*, in: Kopp/Schenke § 58 Rn. 6 m.w.N.

71　*Friedhelm Hufen/Thorsten Siegel*, Fehler im Verwaltungsverfahren, ⁵2013, Rn. 342; *Obermayer* § 23 Rn. 35.

72　BVerfGE 42, 121, 125; BVerwG NJW 1978, 1988; vgl. auch *K. Deibel*, DÖV 1980, 21, 33 m.w.N.

73　BVerwG NJW 1978, 1988; BSG DVBl 1987, 848; BFH NJW 1976, 1335; OVG Bln-Bbg 17.12.2014 − OVG 7 B 44.13, juris Rn. 30. A.M. SG Detmold MDR 1976, 260, wonach eine dem sprachunkundigen Ausländer in deutscher Sprache erteilte Rechtsbehelfsbelehrung die Rechtsbehelfsfrist nicht in Lauf setze; zum Ganzen *J. Hingerl*, Rechtsbehelfsbelehrung, 1982, 66 ff.

74　BVerfGE 86, 280, 284 ff.; vgl. auch BVerfG (K) NJW 1991, 2208 f., für die Versäumung einer Einspruchsfrist.

der umgehend nach Erhalt eines Schreibens mit allem ihm zumutbaren Nachdruck um eine rasche Aufklärung des Inhalts und scheitern diese Bemühungen, ist ihm bei einer Fristversäumung Wiedereinsetzung in den vorigen Stand zu gewähren (BVerfGE 86, 280, 286 f.). Kein Anspruch besteht, wenn der Ausländer der Verfolgung seiner Rechte mit vermeidbarer Gleichgültigkeit gegenübersteht, etwa wenn er den wesentlichen Inhalt der erteilten Rechtsbehelfsbelehrung trotz seiner mangelhaften Sprachkenntnisse erfasst hat und es gleichwohl unterlässt, sich über den genauen Inhalt zu informieren (BVerfGE 42, 120, 126 f.; BSG DVBl 1987, 848, 849), oder er sich nicht innerhalb angemessener Zeit Kenntnis von dem Inhalt an ihn adressierter amtlicher Schreiben verschafft und deshalb eine Frist versäumt[75]. Beruht die Fristversäumung auf einem Verschulden seines Vertreters, ist dessen Verschulden auch dem Ausländer nach den allgemeinen Grundsätzen der § 32 Abs. 1 S. 2 VwVfG, § 173 S. 1 VwGO i.V.m. § 85 Abs. 2 ZPO als eigenes Verschulden zuzurechnen (BVerwG DÖV 1978, 814, 815; DVBl 1978, 888).

3. Verbindung der Rechtsbehelfsbelehrung mit der Entscheidung in der Hauptsache. Bei Urteilen und 47 Gerichtsbescheiden ist die Rechtsbehelfsbelehrung nach § 117 Abs. 2 Nr. 6, § 84 Abs. 1 S. 3 mit der Hauptsacheentscheidung zu verbinden, sodass die Belehrung unverzichtbarer Bestandteil der Entscheidung ist. Für alle mit der Beschwerde anfechtbaren Entscheidungen der VwGO, insbes. also Beschlüsse nach § 122, fehlt es an einer entsprechenden ausdrücklichen gesetzlichen Regelung, da § 122 hinsichtlich der für Beschlüsse anwendbaren Vorschriften nur eine an § 329 ZPO angelehnte Regelung enthält,[76] die keinen Anspruch auf Vollständigkeit erhebt und lückenhaft ist. Nach allgemeiner Auffassung ist die Vorschrift des § 117 Abs. 2 Nr. 6 daher auch auf Beschlüsse anwendbar,[77] sodass diese ebenfalls mit einer Belehrung zu versehen sind. Für andere als die genannten Entscheidungen ist eine Verbindung der Belehrung mit der Hauptsache nicht zwingend, aber empfehlenswert, um die Rechtsbehelfsfristen gleichzeitig mit der Bekanntgabe der Hauptsacheentscheidung in Lauf zu setzen. Dies gilt auch für den Widerspruchsbescheid, der zwar gem. § 73 Abs. 3 S. 1 mit einer Rechtsmittelbelehrung zu versehen ist, die aber auch in einem getrennten Anschreiben beigefügt oder nachträglich zugestellt werden darf.[78] Fraglich ist, ob bei einem Urteil die Belehrung ebenso wie das Urteil unterschrieben sein muss. Nach der Rspr. des BAG setzt eine nicht vom Gericht unterschriebene Belehrung die Rechtsmittelfrist nicht in Lauf (BAGE 33, 63, 65; BAG NJW 1999, 1205). Diese Ansicht ist jedoch mit dem BVerwG[79] abzulehnen, da sie einen unnötigen Formalismus bedeutet. Den Rechtsschutzinteressen des Bürgers wird genügt, wenn er eine nicht unterschriebene Belehrung erhält, da er über ihren Aussteller keine begründeten Zweifel haben kann und seine verfahrensrechtlichen Möglichkeiten hieraus ebenso entnehmen kann wie aus einer unterschriebenen Belehrung.

4. Zustellung. § 58 Abs. 1 schreibt die Zustellung der Rechtsbehelfsbelehrung nicht vor. Für Urteile, 48 Beschlüsse und Gerichtsbescheide folgt aber ein Zustellungserfordernis auch der Belehrung aus § 117 Abs. 2 Nr. 6, § 84 Abs. 1 S. 3 i.V.m. § 116 Abs. 1 S. 2, da die Belehrung Bestandteil der Entscheidung ist (→ Rn. 47) und deshalb wie diese nach § 116 Abs. 1 S. 2 zuzustellen ist.[80] Bei anderen Entscheidungen ist eine Zustellung der Belehrung nur erforderlich, wenn auch für die Entscheidung selbst die Zustellung vorgeschrieben ist, z.B. beim Widerspruchsbescheid nach § 73 Abs. 3 S. 1.[81] Ansonsten genügt für eine wirksame Bekanntgabe der Belehrung wegen des akzessorischen Verhältnisses zur Entscheidung in der Hauptsache die für die Entscheidung selbst maßgebliche Form.[82] Ausreichend ist in

---

75 BVerfGE 86, 280, 285; BVerwG Buchholz 310 § 60 VwGO Nr. 123; BSG DÖV 1989, 356, 357.
76 Vgl. *M. Vollkommer*, in: Zöller § 329 Rn. 4, 23, 28 ff., 44.
77 Vgl. *M. Redeker*, in: Redeker/v. Oertzen § 122 Rn. 6; *W.-R. Schenke*, in: Kopp/Schenke § 122 Rn. 3.
78 VGH München 28.2.2008 – 6 ZB 07.2704, juris Rn. 13; *M. Redeker*, in: Redeker/v. Oertzen § 58 Rn. 13. Eine andere Ansicht wurde in der 4. Aufl. vertreten.
79 BVerwG 25.6.1992 – 6 B 46/91, juris Rn. 4 f., wonach die einem Widerspruchsbescheid beigefügte Rechtsbehelfsbelehrung, um den Lauf der Klagefrist in Gang zu setzen, nicht mitunterschrieben sein muss. Beachtet werden sollte aber die jüngste Formulierung in BVerwGE 134, 41, 42: „Die Belehrung muss in dem Beschluss über die Zulassung der Berufung enthalten und von der Unterschrift der an der Beschlussfassung beteiligten Richter gedeckt sein. Es genügt nicht, dass sich die nötigen Informationen aus anderen Quellen – etwa aus einem beigefügten Übersendungsschreiben der Geschäftsstelle oder aus der Absenderangabe auf dem Briefumschlag – ersehen lassen."
80 *M. Redeker*, in: Redeker/v. Oertzen § 58 Rn. 13; *W.-R. Schenke*, in: Kopp/Schenke § 58 Rn. 9; *J. Schmidt*, in: Eyermann § 58 Rn. 11.
81 A.M. *D. Krausnick*, in: Gärditz § 58 Rn. 16.
82 *W.-R. Schenke*, in: Kopp/Schenke § 58 Rn. 9.

jedem Fall die Verwendung bzw. Übergabe eines entsprechenden Formblatts,[83] auch nachträglich bzw. gesondert (BVerwG VIZ 1998, 326). Die Rechtsbehelfsfrist läuft hier erst ab dem ggf. späteren Zeitpunkt. Bei wiederholter Zustellung ist der Zeitpunkt der ersten Zustellung entscheidend, da die nochmalige Zustellung die Rechtswirkungen der ersten nicht beseitigt.[84]

V. Inhalt der Rechtsbehelfsbelehrung

49 **1. Anwendungsbereich.** Der Anwendungsbereich des § 58 ist bei fristgebundenen Rechtsmitteln und ordentlichen Rechtsbehelfen (→ Rn. 15 ff.) eröffnet. Soweit diese keine verwaltungsgerichtliche, sondern eine behördliche Entscheidung betreffen, wird der Anwendungsbereich des § 58 regelmäßig auf Entscheidungen eingeengt, die als *Verwaltungsakt* erlassen werden (vgl. auch die ausdrückliche Anordnung einer Belehrungspflicht nur bei Verwaltungsakten in § 37 Abs. 6 VwVfG, § 108 Abs. 5, § 136 Abs. 3 S. 3 LVwG SH und § 3 S. 1 VwVfG Bln a.F.).[85] Eine Einengung auf Verwaltungsakte ist § 58 nicht unmittelbar zu entnehmen. Sie ergibt sich aber mittelbar daraus, dass der Rechtsbehelf bei Verwaltungsakten (Widerspruch, Anfechtungsklage und Verpflichtungsklage) fristgebunden ist (§ 70 Abs. 1, § 74), während Rechtsbehelfe bei anderweitigen Handlungsformen der Verwaltung regelmäßig keiner Frist unterliegen. Mangels Fristerfordernisses greift insofern § 58 nicht ein. Dort wo Rechtsbehelfe gegen behördliche Maßnahmen, die keinen Verwaltungsaktcharakter aufweisen, einer kürzeren Frist als ein Jahr unterworfen werden, kommt § 58 zur Anwendung. Danach besteht auch bei diesen Maßnahmen ein mittelbarer Belehrungszwang (→ Rn. 10). Problematisch wird die Sachlage, wenn bei einer Maßnahme unklar ist, ob ein Verwaltungsakt oder schlichtes Verwaltungshandeln vorliegt. Hier besteht jedenfalls das Risiko, dass die Jahresfrist des § 58 Abs. 2 läuft. Praxis und Rspr. tendieren dazu, die Verwaltungsaktsqualität einer Maßnahme anzunehmen, wenn bei ihrer Mitteilung besondere Förmlichkeiten (Empfangsbescheinigung, Belehrung) einzuhalten sind, wie z.B. bei der beabsichtigten Eintragung oder Löschung in die Handwerksrolle gem. §§ 11 und 13 Abs. 3 HwO.[86]

50 Eine § 58 Abs. 1 genügende Rechtsbehelfsbelehrung muss mindestens folgende *inhaltliche Anforderungen* erfüllen: Die Belehrung über den Rechtsbehelf (→ Rn. 51 ff.), die Verwaltungsbehörde oder das Gericht, bei denen der Rechtsbehelf anzubringen ist, und deren Sitz (→ Rn. 54 f.) sowie die einzuhaltende Frist (→ Rn. 55 ff.). Es gilt der *Grundsatz der Vollständigkeit und Richtigkeit*, und zwar während der gesamten Rechtsbehelfsfrist (VG Darmstadt NVwZ 2000, 591). Bei dessen Nichtbeachtung werden die Fristen nicht in Gang gesetzt. Ein besonderes Problem stellen gesetzlich nicht vorgeschriebene Zusätze (→ Rn. 64 ff.) dar. Für diese gilt, dass sie eine Rechtsbehelfsbelehrung unrichtig machen, wenn sie geeignet sind, einem Beteiligten die Einlegung eines Rechtsbehelfs zu erschweren. Ob über § 58 Abs. 1 hinaus Belehrungspflichten anzuerkennen sind, ist kontrovers. Besonders streitig ist, ob der Fristenlauf davon abhängig ist, ob eine ordnungsgemäße Belehrung hinsichtlich zwingender Formvorschriften von einzelnen Rechtsbehelfen erfolgt ist (→ Rn. 61 ff.).

51 **2. Belehrung über den Rechtsbehelf.** Aus dem Grundsatz der Vollständigkeit und Richtigkeit folgt, dass die Belehrung sämtliche möglichen Rechtsbehelfe erfassen muss.[87] Bei mehreren Rechtsbehelfen ist daher über jede Rechtsschutzmöglichkeit gesondert zu belehren. Hat etwa das VG die Berufung (§ 124) und die Sprungrevision (§ 134) im Urteil zugelassen, gibt es gegen dieses Urteil zwei zulässige Rechtsmittel. Die Rechtsmittelbelehrung genügt § 58 also nur, wenn die Beteiligten über beide Rechtsmittel belehrt worden sind (BVerwGE 81, 81, 85; 91, 140, 142). Bei Nichtzulassung dieser Rechtsmittel wäre eine Belehrung hierüber nicht nur überflüssig (vgl. BVerwGE 18, 53, 55; BVerwG DÖV 1979, 303 [Nr. 29]), sondern auch fehlerhaft, da der Eindruck erweckt würde, es bestünden diese Rechtsschutzmöglichkeiten, die in Wahrheit nicht gegeben sind. Sie würde auch dazu führen, dass für den tatsächlich bestehenden Rechtsbehelf, den Antrag auf Zulassung der Berufung (§ 124 a Abs. 4), nun § 58 Abs. 2 gilt, auch wenn die Belehrung insoweit ordnungsgemäß war. Eine Belehrung über einen

---

83 *W.-R. Schenke*, in: Kopp/Schenke § 58 Rn. 9. A.M. BAGE 33, 63, 64 f., wo die eigenhändige Unterzeichnung der Rechtsbehelfsbelehrung durch den Richter gefordert wird; zur Kritik an dieser Entscheidung → Rn. 47.
84 BVerwG 18.4.1994 – 5 B 18/94, juris Rn. 2, in Anschluss an BVerwGE 58, 100, 106.
85 Vgl. die Formulierung bei *W.-R. Schenke*, in: Kopp/Schenke § 58 Rn. 4.
86 Vgl. *D. Czybulka*, Gewerbenebenrecht: Handwerksrecht und Gaststättenrecht, in: Reiner Schmidt, Öffentliches Wirtschaftsrecht, Besonderer Teil, Band I, 1995, § 2 Rn. 80 f., 99 m.w.N.
87 *D. Krausnick*, in: Gärditz § 58 Rn. 20; *E. Stumm*, DVP 1991, 395, 398.

Rechtsbehelf, der kein Rechtsmittel ist (→ Rn. 16), wird nicht deshalb unzulänglich, weil sie die Überschrift „Rechtsmittelbelehrung" trägt (VGH Mannheim 13.12.2016 – 6 S 346/16, juris Rn. 12). Nach dem Erlass eines *Widerspruchsbescheides* gibt es zwei Klagemöglichkeiten, die Klage gegen den ursprünglichen Verwaltungsakt in der Gestalt, die er durch den Widerspruchsbescheid gefunden hat (§ 79 Abs. 1 Nr. 1), und die isolierte Klage gegen den Widerspruchsbescheid (§ 79 Abs. 1 Nr. 2, Abs. 2). Die Rechtsbehelfsbelehrung über die zweite Klagemöglichkeit ersetzt nicht die Belehrung über die erste.[88] Deren Fehlen führt zur Anwendung des § 58 Abs. 2, selbst wenn Ausgangs- und Widerspruchsbehörde demselben Rechtsträger angehören[89] oder erst der Widerspruchsbescheid eine Beschwer enthält.[90] Die entgegenstehende Auffassung (BVerwG Buchholz 310 § 58 VwGO Nr. 54; OVG Schleswig NVwZ 1992, 385) überzeugt nicht, da § 58 zwar nicht ausdrücklich die Bezeichnung des anzufechtenden Verwaltungsakts fordert, aber aus dem Zweck der Belehrung folgt, dass diese über einen bestimmten Rechtsbehelf gegen eine bestimmte Entscheidung belehrt.[91] Dies gilt umso mehr, da im Regelfall der Ausgangsbescheid in der Gestalt, die er durch den Widerspruchsbescheid gefunden hat, Gegenstand der Anfechtungsklage ist und nicht isoliert der Widerspruchsbescheid. In dem Fall, dass ein Widerspruchsbescheid Widersprüche gegen zwei Ausgangsbescheide zurückweist, ist die Belehrung, es könne „gegen diesen Widerspruchsbescheid" Klage erhoben werden, auch deshalb unrichtig, da sie darauf hindeutet, dass nur gegen den Widerspruchsbescheid insgesamt geklagt werden könne und nicht auch gegen nur einen der Ausgangsbescheide.[92] Die Rechtsmittelbelehrung eines angefochtenen Urteils ist unrichtig, wenn es in ihr heißt, die Nichtzulassungsbeschwerde sei „nach Zustellung des Gerichtsbescheides" einzulegen und dem Urteil ein Gerichtsbescheid vorangegangen ist (BVerwG 12.10.2015 – 3 PKH 4/15, juris Rn. 4). Wird wiederum in der Belehrung nur auf das Rechtsmittel gegen die Sachentscheidung hingewiesen, nicht aber auf jenes gegen die gleichzeitig erfolgte Streitwertfestsetzung, wirkt sich dies auf die Ordnungsgemäßheit der erfolgten Belehrung nicht aus (VGH Kassel NVwZ-RR 1997, 308). Die Belehrung über das unzutreffende Rechtsmittel setzt auch dann die Frist des § 58 Abs. 2 S. 1 in Lauf, wenn der Rechtsmittelführer selbst das unzutreffende Rechtsmittel nicht fristgerecht eingelegt hat (BVerwG 16.5.2013 – 3 B 82/12, juris Rn. 4; → Rn. 5). Wird über einen Rechtsbehelf gar nicht belehrt, wird der Rechtsbehelf nicht dadurch entbehrlich, sondern er bleibt vielmehr notwendig. Die Folge der unterbliebenen Belehrung bleibt auf die Verlängerung der Frist gem. § 58 Abs. 2 beschränkt (BVerwGE 138, 1, 4).

Eine Rechtsbehelfsbelehrung wird auch nicht unrichtig, wenn sie einen Rechtsbehelf angibt, der an 52 sich statthaft, im Einzelfall aber nicht zulässig ist (BVerwG VerwRspr 28, 222; VGH München VerwRspr 10, 631). Es ist nicht Aufgabe des Gerichts oder der Verwaltungsbehörde, in jedem Einzelfall darüber zu befinden, ob der Rechtsbehelf zulässig wäre, zumal die Behörde dies häufig nicht beurteilen kann. So wird sie regelmäßig keine Kenntnis über eine eventuelle anderweitige Rechtshängigkeit der Streitsache haben, womit die Klage wegen des Vorliegens eines Prozesshindernisses unzulässig wäre (vgl. BVerwG VerwRspr 28, 222; VGH München VerwRspr 10, 631).

§ 58 bezieht sich nur auf *Rechtsbehelfe im verwaltungsgerichtlichen Verfahren*, mögen diese auch in 53 Spezialgesetzen geregelt sein.[93] Hinsichtlich Rechtsbehelfen in Verfahren in anderen Gerichtszweigen, etwa der Finanz-, Zivil- oder Sozialgerichtsbarkeit, oder im reinen Verwaltungsverfahren außerhalb des Geltungsbereiches der VwGO, also insbes. nach dem VwVfG oder den Verwaltungsverfahrensgesetzen der Länder, besteht kein mittelbarer Belehrungszwang gem. § 58.[94]

3. Angabe der Verwaltungsbehörde oder des Gerichts und deren Sitz. Die Angabe der Verwaltungs- 54 behörde oder des Gerichts, bei denen der Rechtsbehelf anzubringen ist, und deren Sitz muss so ein-

---

88 VGH München NVwZ 1987, 901, 902; *D. Krausnick*, in: Gärditz § 58 Rn. 21; *M. Redeker*, in: Redeker/v. Oertzen § 58 Rn. 5; *W.-R. Schenke*, in: Kopp/Schenke § 58 Rn. 10.
89 VGH München NVwZ 1987, 901, 902; offen gelassen von BVerwG Buchholz 310 § 58 VwGO Nr. 54 und OVG Schleswig NVwZ 1992, 385.
90 A.M. VG Meiningen 6.3.1996 – 8 K 337/95.Me, juris Rn. 19 f.; *M. Redeker*, in: Redeker/v. Oertzen § 58 Rn. 5; offen gelassen von OVG Schleswig NVwZ 1992, 385.
91 Zweifelnd auch OVG Bautzen 24.5.2013 – 5 A 47/10, juris Rn. 17.
92 OVG Greifswald NVwZ-RR 2006, 77, 78; OVG Bautzen 24.5.2013 – 5 A 47/10, juris Rn. 18.
93 Vgl. BVerwG NJW 1970, 1811 f. für Rechtsstreitigkeiten nach dem WPflG, für die nach § 32 WPflG der Verwaltungsrechtsweg gegeben ist.
94 *M. Redeker*, in: Redeker/v. Oertzen § 58 Rn. 6.

deutig erfolgen, dass eine Verwechslungsgefahr ausgeschlossen ist;[95] auf die formal richtige Bezeichnung kommt es nicht in jedem Fall an (OVG Frankfurt [Oder] NVwZ-RR 2004, 315 f.). Es genügt, wenn die Rechtsbehelfsbelehrung auf den Briefkopf des Bescheides verweist, der die Verwaltungsbehörde und deren Sitz bezeichnet (OVG Lüneburg 13.2.1998 – 12 L 5348/97, juris Rn. 17 f.). Auf den Briefkopf „kann aber nur dann zurückgegriffen werden, wenn daraus der Rückschluss auf den Sitz der Behörde ohne jeden Zweifel gezogen werden kann" (OVG Bautzen DÖV 2010, 532 Nr. 500 [juris Rn. 6]). Kann der Schluss vom Namen der Behörde auf deren Sitz nicht ohne Zweifel geschlossen werden, etwa aufgrund der Entstehungsgeschichte der Gemeinde, genügt die Angabe des einen Ortsnamen enthaltenen Namens der Behörde nicht für die ordnungsgemäße Belehrung über den Sitz der zuständigen Behörde (BVerwGE 85, 298, 299 f.). Hier muss die Belehrung den Sitz der Behörde ausdrücklich, eindeutig und unverwechselbar angeben. „Die Angabe des Namens des Gerichts genügt nur dann, wenn der Name den Ort des Sitzes enthält und wenn dies zweifelsfrei ist" (BVerwGE 134, 41, 43). Danach ist die Angabe „Hessischer Verwaltungsgerichtshof" im Gegensatz zu „Verwaltungsgericht Berlin" nicht ausreichend, da aus dieser Angabe der Ort des Sitzes nicht hervorgeht. „Nicht ausreichend ist [ferner], dass der Sitz des Gerichts für die Beteiligten aus dem Ausfertigungsstempel sowie aus dem Übersendungsschreiben ersichtlich" ist (BVerwGE 134, 41, 44). Umstr. ist, ob § 58 Abs. 1 auch die Angabe der postalischen Anschrift der Verwaltungsbehörde oder des Gerichts erfordert, also Postleitzahl, Straße und Hausnummer.[96] Das BVerwG verneint dies auf Grundlage der wörtlichen Interpretation des Rechtsbegriffes „Sitz".[97] Hierunter sei, wie § 2 oder § 17 ZPO deutlich machen, die örtliche Verwaltungseinheit bzw. politische Gemeinde zu verstehen ohne das Erfordernis der Anschrift der Institution. Dafür, dass § 58 von dieser Begriffsbestimmung eine Ausnahme machen wolle, gebe es keine Anzeichen. Zudem sei der geschäfts- und prozessfähige Bürger als Adressat der Belehrung regelmäßig ohne unzumutbare Schwierigkeiten in der Lage, sich nach der Anschrift zu erkundigen (BVerwGE 25, 261, 262). Diese Sicht mag bei überschaubaren Verhältnissen zutreffen. Gleichwohl ist die Mitteilung der genauen Anschrift und weiterer Kommunikationsmittel ein nobile officium, das dem Rechtsuchenden im Interesse der effektiven Durchsetzung seiner Rechtsschutzmöglichkeiten nicht verweigert werden sollte, zumal die Mitteilung der Behörde oder dem Gericht unproblematisch möglich ist,[98] Da der Bürger den Widerspruch nach § 70 Abs. 1 S. 1 auch zur Niederschrift bei der Ausgangsbehörde und die Klage nach § 81 Abs. 1 S. 2 auch zur Niederschrift des Urkundsbeamten der Geschäftsstelle erheben kann, sollte eine Rechtsbehelfsbelehrung jedenfalls so genau gefasst sein, dass der Bürger die entsprechenden Stellen ohne Schwierigkeiten persönlich kontaktieren und aufsuchen kann. Einen gewissen Standard setzt § 108 Abs. 5 LVwG SH, wonach die Angabe der Anschrift der Behörde oder des Gerichts, bei der der Rechtsbehelf einzulegen ist, für die Belehrung zwar nicht obligatorisch ist, aber als „Soll" empfohlen wird. Im Arbeitsgerichtsprozess verlangt § 9 Abs. 5 S. 3 ArbGG, dass die Partei oder der Beteiligte über die Anschrift des Gerichts, bei dem das Rechtsmittel einzulegen ist, belehrt wird. Teilt die Behörde die Anschrift des Gerichts mit, muss auch diese richtig sein, um nicht die Jahresfrist des § 58 Abs. 2 auszulösen.[99] Bei Angabe einer unzuständigen Behörde bzw. eines unzuständigen Gerichts ist die Rechtsbehelfsbelehrung mit der Rechtsfolge aus § 58 Abs. 2

---

95   BVerwGE 85, 298, 300. Eine Rechtsbehelfsbelehrung, die als Adressaten der Revision zutr. das BVerwG angibt, aber nicht dessen „Sitz" in Leipzig, ist daher fehlerhaft und setzt die Revisionsbegründungsfrist nach § 139 Abs. 3 S. 1 nicht in Gang; vgl. BVerwG NVwZ-RR 1994, 361, 362.

96   So ausdrückl. § 108 Abs. 5 LVwG SH, § 9 Abs. 5 S. 3 ArbGG – hierzu BAGE 33, 63, 65 mit der Begründung, es müsse dem Umstand Rechnung getragen werden, dass eine Partei ein für sie wichtiges Rechtsmittel möglicherweise unmittelbar selbst dem Gericht überbringen wolle; ebenso VGH Kassel DVBl 1959, 637 mit der Erwägung, nur durch Angabe der Straße und Hausnummer werde eine ordnungsgemäße Postzustellung gewährleistet und würden Verwechslungen ausgeschlossen. Eine genaue Angabe der Anschrift fordern auch J. Hingerl, Rechtsbehelfsbelehrung, 1982, 97 ff., 100 m.w.N. sowie E. Stumm, DVP 1991, 395, 401.

97   BVerwGE 25, 261 (LS); 85, 298, 300; 134, 41, 43; ebenso BFH BStBl 1976, 477; OVG Münster DVBl 1962, 792; VGH München VerwRspr 17, 1014, 1019; VG Koblenz DÖV 1978, 853 (Nr. 161); E. Noack, DÖV 1961, 216, 217; G. Körner, NJW 1960, 1184, 1187; P. Stelkens, NuR 1982, 10, 13; F. Stollmann, BayVBl 1993, 200, 202.

98   Weiter gehend halten M. Redeker, in: Redeker/v. Oertzen § 58 Rn. 7; W.-R. Schenke, in: Kopp/Schenke § 58 Rn. 10 und J. Schmidt, in: Eyermann § 58 Rn. 7 die Angabe der Anschrift für erforderlich, wenn Verwechslungsgefahr besteht oder die Zustellung des Rechtsbehelfs unter der bloßen Ortsangabe gewährleistet wäre. Ähnl. muss wohl auch für Änderungen der Anschrift von Behörden und Gerichten gelten.

99   VG Darmstadt NVwZ 2000, 591 f. Vgl. aber VGH Mannheim 13.12.2016 – 6 S 346/16, juris Rn. 14 zu einem Zahlendreher bei der Postleitzahl.

fehlerhaft.[100] Dies gilt auch bei einer Änderung der behördlichen oder gerichtlichen Zuständigkeit.[101] Kommen nach § 52 mehrere VG für eine Klage in Betracht, genügt eine Belehrung § 58 Abs. 1 nur, wenn sie alle diese Gerichte nennt (BVerwG NVwZ 1993, 359). Wird über die Möglichkeit einer Klage bei dem „zuständigen Verwaltungsgericht für den Regierungsbezirk" belehrt, wobei sich eine mit den vollständigen Anschriften versehene Aufzählung aller Verwaltungsgerichte des Landes unter jeweiliger Voranstellung des Regierungsbezirks anschießt, ist diese Belehrung fehlerhaft, da eine rechtsunkundige Person aus dem Text nicht mit der erforderlichen Sicherheit entnehmen kann, welches Gericht im konkreten Fall für die Klage örtlich zuständig ist (VGH München 12.8.2011 – 11 C 11.1785, juris Rn. 14 ff.). Auswärtige Spruchkörper eines Gerichts brauchen nicht angegeben zu werden.[102]

Ein Rechtsmittelgericht hat bei der Beurteilung, ob die Klagefrist durch eine richtige Rechtsbehelfsbelehrung (im Widerspruchsbescheid oder ggf. Verwaltungsakt) über das zuständige Gericht in Lauf gesetzt wurde, inzident die Frage der Zuständigkeit zu überprüfen. Dem steht § 17 a Abs. 5 GVG (i.V.m. § 83 S. 1) nicht entgegen, da die nach dieser Vorschrift vom Rechtsmittelgericht zu beachtende Befugnis des VG, über die Klage trotz örtlicher Unzuständigkeit zu entscheiden, durch die Inzidentprüfung, welches Gericht in einer richtigen Rechtsmittelbelehrung als örtlich zuständig zu bezeichnen gewesen wäre, nicht berührt wird (BVerwG Buchholz 310 § 58 VwGO Nr. 87). **54a**

4. Belehrung über die einzuhaltende Frist. a) Allgemeines. Gem. § 57 Abs. 2 gelten für die Fristberechnung die §§ 222, 224 Abs. 2 und 3, §§ 225 und 226 ZPO (ob § 57 Abs. 2 auf die Berechnung der Widerspruchfrist des § 70 Abs. 1 S. 1 anzuwenden ist, ist umstr. → § 57 Rn. 9). Die ordnungsgemäße Rechtsbehelfsbelehrung muss die einzuhaltende Frist genau bezeichnen, wobei die Angabe der *abstrakten* Frist (z.B. „ein Monat") genügt. Die konkrete Berechnung fällt in die Eigenverantwortlichkeit des prozessfähigen Bürgers bzw. des von ihm beauftragten Anwalts.[103] Die konkrete Angabe wäre Gerichten und Verwaltungsbehörden auch oft nicht möglich, da die Frist zum Zeitpunkt der Bekanntgabe oder Zustellung beginnt, der der Verwaltung und den Gerichten bei Absendung der Rechtsbehelfsbelehrung i.d.R. unbekannt ist. Bei zweistufig aufgebauten Rechtsmitteln, etwa der Berufung und der Revision, die neben der Einlegung des Rechtsmittels die fristgebundene Begründung erfordern, ist über beide Fristen zu belehren (→ Rn. 63). Auf die Möglichkeit einer Verlängerung der Revisionsbegründungsfrist (§ 139 Abs. 3 S. 3) oder der Berufungsbegründungsfrist (§ 124 a Abs. 3 S. 3) auf Antrag muss nicht hingewiesen werden.[104] **55**

b) Einzelfälle. Belehrungen, die lauten, die Klage könne „innerhalb eines Monats nach Bekanntgabe des Bescheids erhoben werden" oder gegen den Bescheid könne innerhalb eines Monats „vom Tage der Zustellung an gerechnet" (BVerwGE 85, 298, 299) Widerspruch erhoben werden, genügen daher den Anforderungen des § 58 Abs. 1. Ist ein Widerspruchsbescheid mit Postzustellungsurkunde zugestellt worden, laut dessen Rechtsbehelfsbelehrung die Klage innerhalb eines Monats nach *Bekanntgabe* des Widerspruchsbescheides zu erheben sei, ist eine solche Rechtsbehelfsbelehrung trotz des Zustellungserfordernisses nach § 73 Abs. 3 S. 1 richtig (BVerwG DÖV 1990, 794), weil die Zustellung nur eine spezielle Form der Bekanntgabe ist.[105] Unrichtig ist aber die Belehrung, die für den Fristbeginn **56**

---

100 BVerwG VerwRspr 11, 237, 238 f.; 17.9.2004 – 10 B 20/04, juris Rn. 4; BSG NJW 1971, 1381 f.; *G. Körner*, NJW 1960, 1184, 1187. Diese früher bedeutsame Frage ist heute von geringer praktischer Bedeutung, da nach § 83 VwGO i.V.m. § 17 b GVG unter Wahrung der Rechtshängigkeitswirkungen verwiesen werden kann und der Kläger nicht mehr Gefahr läuft, die Klagefrist durch Einreichung der Klage bei einem unzuständigen Gericht zu versäumen.

101 VGH Mannheim VGHBW RsprDienst 1993, Beilage 8, B 2; VBlBW 2005, 36, 37; VG Bayreuth 1.9.2014 – B 5 S 14.50049, juris Rn. 18. A.M. OVG Münster DÖV 2005, 484 und OVG Lüneburg NdsRpfl 2006, 68, wonach eine einmal richtig erteilte Rechtsbehelfsbelehrung nicht durch eine spätere Gesetzesänderung unrichtig wird; vgl. ferner OVG Lüneburg NVwZ-RR 2007, 431 f., wonach es für die Richtigkeit der Belehrung entweder auf den Zeitpunkt der Zustellung oder der Verkündung des Urteils ankommt.

102 BVerwG 17.9.2004 – 10 B 20/04, juris Rn. 4; VGH München BayVBl 1996, 734 f.

103 BVerfGE 31, 388, 390; BVerwG NJW 1962, 1218, 1219; MDR 1970, 531; NJW 1976, 865; BayVBl 1990, 600; Buchholz 310 § 60 VwGO Nr. 132; *Pietzner/Ronellenfitsch* Rn. 1347; *M. Redeker*, in: Redeker/v. Oertzen § 58 Rn. 8; *J. Schmidt*, in: Eyermann § 58 Rn. 8; *W. B. Maetzel*, MDR 1970, 466, 467; *J. Hingerl*, Rechtsbehelfsbelehrung, 1982, 104.

104 BVerwG NVwZ-RR 2001, 142, 143; *W.-R. Schenke*, in: Kopp/Schenke § 58 Rn. 11.

105 Dagegen soll nach einer Entscheidung des OVG Münster (NJW 2009, 1832, 1833) – übertragen auf die heutige Rechtslage – der Hinweis auf den mit der Bekanntgabe beginnenden Fristlauf nicht ausreichen, wenn der Bescheid aufgrund behördlicher Anordnung mittels *Einwurfeinschreiben* zugestellt wird. Hier sei wegen § 4 Abs. 2 S. 2 VwZG

auf den „Empfang" (VG Berlin 3.7.1996 – 13 A 107.96, juris Rn. 8) oder „Zugang"[106] und nicht auf die „Zustellung" der Entscheidung abstellt, da erstere häufig vor der Zustellung liegen. Ferner ist eine Belehrung unrichtig, die für den Fristbeginn auf die Zustellung (als besondere Form der Bekanntgabe) des Bescheids abstellt, der Bescheid aber nur durch einfachen Brief bekannt gegeben wurde.[107]

57 Nach dem BVerfG[108] ist auch ein Hinweis auf § 222 Abs. 2 ZPO entbehrlich, wonach, wenn das Fristende auf einen Sonntag, einen allgemeinen Feiertag oder einen Sonnabend fällt, die Rechtsbehelfsfrist erst mit Ablauf des folgenden Werktages endet. Es muss auch nicht auf die das Fristende bestimmende Vorschrift des § 188 Abs. 3 BGB (i.V.m. § 57 Abs. 2 VwGO, § 222 Abs. 1 ZPO) hingewiesen werden. Erfolgt danach die Bekanntgabe einer Entscheidung am 31. des Monats und enthält der folgende Monat weniger als 31 Tage, endet die Frist gleichwohl am letzten Tag des Monats, z.B. dem 28.2. oder 30.4. (BVerwG NJW 1976, 865; BFH BStBl III 1981, 70, 71). Die fehlende Belehrungspflicht folgt aus dem Grundsatz, dass die konkrete Fristberechnung in den Verantwortungsbereich des Belehrten fällt.

58 In der Rechtsbehelfsbelehrung braucht ferner nicht darauf hingewiesen zu werden, dass der Rechtsbehelf innerhalb der Frist bei der genannten Behörde oder dem Gericht eingegangen sein muss[109] (→ Rn. 59). Des Weiteren ist die Angabe, dass ein Widerspruch nach § 70 Abs. 1 S. 2 auch bei der Widerspruchsbehörde bzw. eine Beschwerde nach § 147 Abs. 2 auch bei dem Beschwerdegericht fristwahrend eingelegt werden kann, nicht erforderlich, da die Belehrung dem Rechtsuchenden nur den regelmäßigen Weg zur Erreichung des Rechtsschutzziels zeigen soll.[110] Weitere Hinweise auf eine Vorgehensweise, die verfahrensrechtlich ersatzweise zugelassen wird, sind zwar nicht unzulässig, aber auch nicht zwingend.[111] Ausreichend ist daher der Hinweis auf die Möglichkeit der Einlegung des Widerspruchs bzw. der Beschwerde bei der Ausgangsbehörde bzw. dem Ausgangsgericht nach § 70 Abs. 1 S. 1, § 147 Abs. 1 S. 1.

59 Strengere Anforderungen wurden vom BVerwG im *Wehrdisziplinarrecht* aufgestellt. Hier wurde in der Belehrung ein Hinweis dahin verlangt, dass die Beschwerde innerhalb der Frist bei der Beschwerdeinstanz tatsächlich vorliegen muss (BVerwGE 43, 26, 28; 43, 115, 117). Dieses zunächst allgemein formulierte Gebot wurde vom BVerwG kurze Zeit später auf das Wehrdisziplinarrecht beschränkt (BVerwG NJW 1972, 1435). Zur Begründung verwies das Gericht darauf, dass die „dort häufigen kürzeren Fristen es rechtfertigen, strengere Anforderungen an eine Rechtsmittelbelehrung zu stellen". Die in der WBO (vgl. den Verweis in § 42 WDO) enthaltenen Zwei-Wochen-Fristen für die Beschwerde, weitere Beschwerde oder den Antrag auf Entscheidung durch das Truppendienstgericht sind jedoch Monatsfristen gewichen (vgl. § 6 Abs. 1, § 16 Abs. 1, § 17 Abs. 4 S. 1 WBO).[112] Es ist daher fraglich, ob eine von den allgemeinen Anforderungen an eine ordnungsgemäße Rechtsbehelfsbelehrung abweichende Handhabung hier noch angebracht ist. Für den Fall einer unterbliebenen oder unrichtigen Rechtsbehelfsbelehrung besteht mit § 7 Abs. 2 WBO eine Sonderregelung (VG Köln 18.11.2015 – 23 K 2020/14, juris Rn. 23). Danach gilt eine unterbliebene oder unrichtig erteilte Rechtsbehelfsbelehrung als unabwendbarer Zufall gem. § 7 Abs. 1 WBO, mit der Folge, dass die Rechtsbehelfsfrist erst zwei Wochen nach Erteilung einer ordnungsgemäßen Belehrung abläuft.[113]

(Drei-Tages-Fiktion) – anders als bei der Zustellung mit Zustellungsurkunde, gegen Empfangsbekenntnis oder durch Einschreiben mit Rückschein – die Zustellung des Schreibens aus Sicht des Empfängers nicht zweifelsfrei stets zugleich die Bekanntgabe. Es sei für den Adressaten unklar, ob die Bekanntgabe, auf die die Rechtsbehelfsbelehrung hinweise, möglicherweise schon im Zeitpunkt des Zugangs i.S.d. entsprechend anwendbaren § 130 BGB erfolge.

106 OVG Münster NVwZ 2001, 212, 213; VG Hamburg 17.12.2014 – 2 E 4793/14, juris Rn. 12.
107 OVG Münster 17.2.2012 – 14 B 1566/11, juris Rn. 2. Vgl. auch OVG Münster 22.1.2015 – 19 B 1257/14, juris Rn. 21 ff.
108 BVerfGE 31, 388, 390 mit abweichender Meinung *W. Seuffert*. A.M. *J. Hingerl*, Rechtsbehelfsbelehrung, 1982, 113.
109 BVerwG NJW 1972, 1435.
110 Vgl. BVerwGE 1, 192, 193 (zu § 35 MRVO 165); BVerwG DÖV 1996, 921; BSG MDR 1976, 348 (zu § 66 SGG); VGH München BayVBl 1976, 691 (zu § 70 Abs. 1 S. 2 VwGO); *M. Redeker*, in: Redeker/v. Oertzen § 58 Rn. 7; *J. Schmidt*, in: Eyermann § 58 Rn. 6.
111 Vgl. *M. Redeker*, in: Redeker/v. Oertzen § 58 Rn. 11 f.; *J. Schmidt*, in: Eyermann § 58 Rn. 10.
112 Ferner handelt es sich auch um Monatsfristen für die Einlegung eines Rechtsmittels gegen gerichtliche Disziplinarmaßnahmen (vgl. § 114 Abs. 2 S. 1, § 115 Abs. 1 S. 1 WDO).
113 BVerwG 16.11.2012 – 1 WB 3/12, juris Rn. 14 zur Übertragung der zu § 58 entwickelten Grundsätze hinsichtlich der Richtigkeit einer Rechtsbehelfsbelehrung auf § 7 Abs. 1 WBO.

c) Besondere Probleme bei mündlich erlassenen Verwaltungsakten. Ein Verwaltungsakt kann gem. 60
§ 37 Abs. 2 S. 1 Alt. 3 VwVfG mündlich erlassen werden. Eine schriftliche Rechtsbehelfsbelehrung
gem. § 58 Abs. 1 wird hier regelmäßig fehlen, sodass die einjährige Ausschlussfrist des § 58 Abs. 2 gilt.
Die einmonatige Widerspruchsfrist gem. § 70 Abs. 1 S. 1 gilt nur, wenn der ursprünglich mündlich erlassene Verwaltungsakt später nach § 37 Abs. 2 S. 2 VwVfG schriftlich bestätigt und dabei mit einer
ordnungsgemäßen Belehrung gem. § 58 Abs. 1 versehen wird. Fehlerhaft wäre die Belehrung, die sich
nicht auf den mündlich erlassenen Verwaltungsakt bezieht, sondern auf die Bestätigung bzw. den darin ggf. enthaltenen selbständigen neuen Verwaltungsakt (OVG Münster NVwZ 2001, 212, 213). Die
Frist nach § 70 Abs. 1 S. 1 beginnt mit dem Zeitpunkt der Bekanntgabe der nachgeholten Belehrung
zu laufen.

5. Belehrung über zwingende Formvorschriften. a) Grundsatz. Streitig ist, ob in der Rechtsbehelfs- 61
belehrung auch auf für den Rechtsbehelf geltende Formvorschriften hinzuweisen ist. Das BVerwG verneint dies unter Berufung auf den Wortlaut des § 58 Abs. 1, der – in Übereinstimmung mit § 37 Abs. 6
S. 1 VwVfG, aber im Gegensatz zu § 36 SGB X und § 9 Abs. 5 S. 3 ArbGG – eine solche Verpflichtung
nicht vorsieht (BVerwGE 50, 248, 252 f.). Aus der Erwähnung des Fristerfordernisses in § 58 Abs. 1
könne im Gegenteil der Schluss gezogen werden, dass eine Belehrung über Formerfordernisse – einschließlich des notwendigen Inhalts des Rechtsbehelfs (OVG Magdeburg NVwZ-RR 2017, 263) –
nicht notwendig sei. Selbiges folge aus dem Sinn und Zweck des Gesetzes. Es sei nicht Aufgabe einer
Rechtsbehelfsbelehrung, dem Betroffenen jedes eigenverantwortliche Handeln abzunehmen. Für den
geschäfts- und prozessfähigen Bürger sei es zumutbar, sich über die Formvorschriften selbst zu informieren. Eine Belehrungspflicht sei allenfalls bei vernünftigerweise nicht zu erwartenden Formvorschriften denkbar (ebenso wie das BVerwG VGH Kassel FamRZ 2001, 1739, 1740). Härten könnten
durch Wiedereinsetzung in den vorigen Stand aufgefangen werden. Nach a.M. ist eine Belehrung über
die Formvorschriften erforderlich,[114] insbes. hinsichtlich der zwingenden Formvorschriften gem.
§ 70 Abs. 1 S. 1 bzgl. der Widerspruchserhebung, gem. §§ 81, 82 bzgl. der verwaltungsgerichtlichen
Klage, gem. § 125 Abs. 1, § 81 Abs. 1 bzgl. des Antrags auf Zulassung der Berufung[115] und gem.
§ 133 Abs. 2 bzgl. der Nichtzulassungsbeschwerde, um die regelmäßige Rechtsbehelfsfrist in Lauf zu
setzen. Angesichts des eindeutigen Wortlauts des § 58 ist dem BVerwG zuzustimmen.[116] Allerdings
sprechen Praktikabilitätsgründe dafür, trotz der nicht bestehenden Verpflichtung auch über die Formerfordernisse eines Rechtsbehelfs zu belehren, da somit Rückfragen und Zeitverzögerungen im Interesse sowohl des Rechtsuchenden als auch der belehrenden Stelle vermieden werden.[117]

b) Einzelfälle. Die ordnungsgemäße Belehrung hat nach hier vertretener Auffassung auf einen *Vertre-* 62
tungszwang hinzuweisen.[118] Dies wird auch in der Praxis so gehandhabt und ist schon deshalb richtig,
weil der Vertretungszwang keine Formvorschrift ist und die „Eigenverantwortlichkeit des Betroffenen" gerade einschränkt. Das BVerwG vertritt in st. Rspr. dagegen die Auffassung, dass eine ordnungsgemäße Belehrung nicht über einen gesetzlichen Vertretungszwang belehren muss, um die
Rechtsmittelfrist in Lauf zu setzen (BVerwG NVwZ-RR 2013, 128; NVwZ 2015, 1699 m.w.N.).[119]
Derartige Hinweise dürfen allerdings nicht irreführend sein (BVerwG NJ 2000, 385, 386;
→ Rn. 64 ff.). Unrichtig ist z.B. die Belehrung über das Rechtsmittel der *Beschwerde* gegen den Beschluss des VG im vorläufigen Rechtsschutzverfahren, wenn sie ohne einen eindeutigen Hinweis auf
den Vertretungszwang nach § 67 den Satz enthält, die Beschwerde könne „schriftlich oder zur Niederschrift des Urkundsbeamten der Geschäftsstelle" eingelegt werden. Hiermit wird der falsche Eindruck

---

114   BSGE 7, 16, 17 f.; BSG MDR 1976, 348; *M. Redeker*, in: Redeker/v. Oertzen § 58 Rn. 9; *W.-R. Schenke*, in: Kopp/
      Schenke § 58 Rn. 10; *M. Schmitz*, JuS 2015, 895, 896 f.; vgl. auch VGH Kassel NVwZ 1986, 1032.
115   Vgl. *M. Baumgärtel*, Die Zulassungsberufung in der VwGO, 2004, 45.
116   So auch OVG Münster 1.12.2015 – 13 A 1266/14.A, juris Rn. 19.
117   Vgl. *E. Stumm*, DVP 1991, 395, 402.
118   Ebenso VGH Mannheim NVwZ-RR 2002, 466, 467 bzgl. des Zulassungsverfahrens sowie BSGE 1, 194, 195 zu
      § 66 SGG. A.M. VGH München NVwZ-RR 1998, 594, 595; *F. Koehl*, JuS 2016, 237, 238; speziell zum Fall der
      Belehrung über das Rechtsmittel der Revision BVerwGE 52, 226, 232. Offen gelassen VGH München 3.7.2008 –
      16 b D 07.1841, juris Rn. 10 f.
119   Ein solches Erfordernis ergebe sich auch nicht aus § 232 ZPO i.V.m. § 173 S. 1 VwGO, da § 58 insoweit eine ab-
      schließende Regelung bilde, die einer Ergänzung durch § 232 ZPO nicht zugänglich sei (BVerwG NVwZ 2015,
      1699 f.).

erweckt, die Einlegung der Beschwerde unterliege nicht dem Vertretungszwang.[120] Obwohl die Beschwerde auch beim VG eingelegt werden kann, unterliegt sie dennoch dem Vertretungszwang gem. § 67 Abs. 4 S. 1, da durch sie ein Verfahren vor dem OVG eingeleitet wird (VGH München BayVBl 2011, 222). Bei Vertretungszwang kann ein Hinweis auf § 67 Abs. 2 (freigestellte Vertretung vor dem VG) irreführend sein.[121] Entscheidet das VG zugleich über den Antrag auf Bewilligung von *PKH* und in der Sache, muss aus der Belehrung, die (richtigerweise) auf den Vertretungszwang hinweist, eindeutig hervorgehen, dass sich dieser nicht auf das Prozesskostenhilfeverfahren bezieht (VGH Mannheim NVwZ-RR 2002, 466 f.). Werden Hinweise zur Vertretungsberechtigung in der Rechtsbehelfsbelehrung getätigt, ist die Belehrung falsch, wenn der Kreis der möglichen Prozessbevollmächtigten unvollständig genannt wird, bspw. die postulationsfähigen europäischen Hochschullehrer i.S.d. § 67 Abs. 2 S. 1 nicht erwähnt werden.[122]

63   Bei den zweistufig aufgebauten Rechtsmitteln der VwGO (erste Stufe: Einlegung des Rechtsmittels; zweite Stufe: Begründung des Rechtsmittels) ist über die Begründungsfrist zu belehren.[123] Daraus folgt zugleich, dass auch auf die *Begründungspflicht* hinzuweisen ist. Ein Fehler, der die zweite Stufe betrifft, soll nur dazu führen, dass für die Begründung des Rechtsmittels die Jahresfrist des § 58 Abs. 2 gilt; diese Rechtsfolge soll hingegen nicht auch für die Einlegung des Rechtsmittels eintreten, wenn über die erste Stufe richtig belehrt worden ist.[124] Dies ist jedoch zweifelhaft, weil die Unkenntnis über eine längere Begründungsfrist geeignet ist, die Einlegung des Rechtsmittels zu erschweren. Auf die zweite Stufe bleibt der Fehler aber begrenzt, wenn über das Gericht, bei dem die Begründung einzureichen ist, falsch belehrt wird (VGH Mannheim NJW 2007, 2347).

Ist die Revision vom OVG (oder VG im Falle der Sprungrevision) zugelassen worden, so muss die Belehrung über das Rechtsmittel der *Revision* neben der Revisionsfrist (§ 139 Abs. 1 S. 1) auch auf die Notwendigkeit der fristgebundenen Revisionsbegründung (§ 139 Abs. 3 S. 1) hinweisen.[125] Das Gleiche gilt entsprechend für die (vom VG zugelassene) *Berufung* und die nach § 124 a Abs. 3 S. 1 erforderliche Begründung[126] sowie für die *Beschwerde im Verfahren des vorläufigen Rechtsschutzes* und ihre nach § 146 Abs. 4 S. 1 erforderliche Begründung (OVG Bautzen NVwZ-RR 2003, 693; OVG Münster NVwZ-RR 2012, 397).

Wird eine vom VG nicht zugelassene Berufung erst auf Antrag vom Berufungsgericht zugelassen, ist der Rechtsmittelführer im Zulassungsbeschluss auch über die Notwendigkeit der fristgebundenen Berufungsbegründung (§ 124 a Abs. 6 S. 1) zu belehren (BVerwG NVwZ-RR 2013, 128). Nichts anderes kann für die Revisionsbegründungsfrist (§ 139 Abs. 3 S. 1) gelten, wenn bei einer vom OVG nicht zugelassenen Revision aufgrund der Nichtzulassungsbeschwerde die Revision vom BVerwG zugelassen wird (vgl. BVerwG NVwZ-RR 2001, 142, 143).

Im Falle der vom VG nicht zugelassenen Berufung ist vom VG über den Antrag auf Zulassung der Berufung und seine Frist (§ 124 a Abs. 4 S. 1) hinaus auch über die für die Begründung eines solchen Antrags geltende Frist (§ 124 a Abs. 4 S. 4) zu belehren; dies gilt ebenso für die Begründungsfrist der Nichtzulassungsbeschwerde (§ 133 Abs. 3 S. 1).[127] Nach einer älteren Rspr. des BVerwG soll der fehlende Hinweis auf das Begründungserfordernis bei der *Nichtzulassungsbeschwerde* nach § 133 Abs. 3 S. 1 eine Rechtsmittelbelehrung nicht unrichtig machen.[128] Diese Entscheidungen beziehen sich jedoch auf eine Rechtslage, nach der die Beschwerdefrist und die Begründungsfrist zusam-

---

120 BVerwG NVwZ 1998, 170, 171 f. (in einem Fall nach altem Berufungsrecht); OVG Münster NVwZ-RR 2002, 912; VGH Mannheim VBlBW 2004, 483, 484; VGH München BayVBl 2011, 222.

121 Vgl. BVerwG 3.3.2016 – 3 PKH 5/15, juris Rn. 6; VGH Mannheim NVwZ-RR 2015, 400.

122 OVG Lüneburg 27.9.2012 – 7 MS 33/12, juris Rn. 26. Vgl. aber OVG Lüneburg 11.4.2008 – 5 LA 3/08, juris Rn. 4 ff. zur Richtigkeit einer Rechtsbehelfsbelehrung trotz Unvollständigkeit ihres Hinweises auf den gesetzlichen Vertretungszwang.

123 BVerwGE 134, 41, 42; BVerwG NVwZ 2013, 128 m.w.N.; *F. Koehl*, JuS 2016, 237, 238.

124 OVG Magdeburg NVwZ 2008, 584, 586; VGH Mannheim NJW 2007, 2347.

125 BVerwGE 5, 178, 179; BVerwG NVwZ-RR 1994, 361, 362.

126 BVerwGE 107, 117, 122; ebenso VGH Mannheim NVwZ 1999, 207 f. A.M. OVG Münster DVBl 1997, 1340, 1341; 1998, 735 (Nr. 34).

127 Ebenso: *W.-R. Schenke*, in: Kopp/Schenke § 58 Rn. 10. Vgl. auch die allg. Aussage bei OVG Münster NVwZ-RR 2012, 397.

128 BVerwGE 50, 248, 250; BVerwG DVBl 1965, 840 f.; 1970, 279 m.w.N. auf die ältere Rspr. Ebenso für den Zulassungsantrag nach § 78 Abs. 4 AsylG (bei dem für die Begründung ebenfalls keine eigene Frist besteht) OVG Weimar NVwZ 1997, Beilage 12, 90.

menfielen, mithin es eine eigene Begründungsfrist (auf einer zweiten Stufe) gar nicht gab (vgl. § 132 Abs. 3 a.F. [bis 31.12.1990]). Auf die Begründungspflicht ist jedenfalls[129] immer dann hinzuweisen, wenn – wie heute bei den Rechtsmitteln der VwGO – mit der Begründungspflicht eine eigene Frist und Verfahrensstufe verbunden ist.[130] Das ist bei der Anschlussberufung nicht der Fall, da hier Einlegungs- und Begründungsfrist zusammenfallen (§ 127 Abs. 2 S. 2, Abs. 3 S. 1). Da aber schon auf die Frist zur Einlegung der Anschlussberufung nicht durch eine Rechtsmittelbelehrung hingewiesen werden muss, da die Anschlussberufung kein Rechtsmittel oder Rechtsbehelf i.S.v. § 58 Abs. 1, sondern ein gegenläufiger Sachantrag ist (BVerwGE 142, 99, 106), braucht hier ohnehin nicht auf die Begründungspflicht hingewiesen zu werden.

Nach ausdrücklichen Vorschriften im *Fachplanungsrecht* ist auf die Pflicht, den Antrag auf Anordnung der aufschiebenden Wirkung innerhalb der Antragsfrist zu begründen (keine zweite Stufe), in der Rechtsbehelfsbelehrung hinzuweisen.[131] Eine vollständige Rechtsbehelfsbelehrung erfordert hier – neben dem Hinweis auf die Antragsfrist – eine Belehrung über die einzuhaltende Begründungsfrist (BVerwG NVwZ 2005, 943, 944). Im Falle einer fehlerhaften Belehrung ist nach hier vertretener Auffassung § 58 Abs. 2 auch ohne ausdrückliche gesetzliche Anordnung anzuwenden (→ Rn. 23, 29).[132] In den betreffenden Fachplanungsgesetzen ist die Anwendung des § 58 Abs. 2 aber oftmals ausdrücklich vorgesehen.[133]

Ist die Statthaftigkeit eines Rechtsbehelfs an eine *Mindestbeschwerdesumme* gebunden, ist der Mindestbeschwerdewert (VGH Kassel DÖV 1970, 650 [zu § 146 Abs. 3]; VGH München BayVBl 1972, 616) anzugeben, da dies nicht nur eine Förmlichkeit, sondern eine praktisch wichtige Zulässigkeitsvoraussetzung darstellt. Eine Mindestbeschwerdesumme enthält z.B. § 146 Abs. 3, wonach bei Streitigkeiten über Kosten, Gebühren und Auslagen der Mindestbeschwerdewert 200 EUR übersteigen muss. Fehlt in der Belehrung ein Hinweis hierauf, ist der Rechtsbehelf bei Nichterreichen des Beschwerdewerts zwar dennoch unzulässig, es kann aber von der Erhebung der Gerichtskosten nach § 21 GKG abgesehen werden (VGH München BayVBl 1972, 616, 617).

VI. Unzutreffende bzw. irreführende Zusätze in der Rechtsbehelfsbelehrung

1. Grundsatz. Auch für Zusätze, die über den zwingenden Inhalt hinaus in eine Rechtsbehelfsbelehrung gewissermaßen als Serviceleistung der Verwaltung oder der Gerichte aufgenommen werden, gilt der *Grundsatz der Vollständigkeit und Richtigkeit*. Sie bergen somit die Gefahr in sich, Unrichtigkeiten bzw. Unvollständigkeiten zu enthalten, die die gesamte Rechtsbehelfsbelehrung unrichtig machen, sodass für Rechtsbehelfe nur die Jahresfrist des § 58 Abs. 2 läuft. Das ist der Fall, wenn die Zusätze generell geeignet sind, die Einlegung eines Rechtsbehelfs zu erschweren,[134] also beim Adressaten ein Irrtum über die formellen oder materiellen Voraussetzungen des möglichen Rechtsbehelfs entstehen

64

---

129 Die Ausführungen des BVerwG (NVwZ 2005, 943, 945) zur Notwendigkeit der Belehrung über die Antrags*begründungs*pflicht gem. § 17e Abs. 2 S. 2, die mit der Antragsfrist zusammenfällt (kein zweistufig aufgebautes Verfahren), sprechen dafür, generell einen Hinweis auf die Begründungspflicht zu fordern: „Die Berücksichtigung von Sinn und Zweck der Hinweispflicht und der gesetzlichen Regelung über den Fristlauf bestätigen diese Auffassung. Die Bestimmungen sollen verhindern, dass ein statthaftes Rechtsmittel nur deshalb nicht oder nicht fristgerecht ergriffen wird, weil der Betroffene die Möglichkeit des Rechtsmittels oder die Modalitäten seiner Einlegung nicht kennt".

130 BVerwGE 134, 41, 42; BVerwG NVwZ 2013, 128 m.w.N.

131 § 17e Abs. 2 S. 2, 3 FStrG, § 18e Abs. 2 S. 2, 3 AEG, § 14e Abs. 2 S. 2, 3 WaStrG, § 43e Abs. 1 S. 2, 3 EnWG. Vgl. auch BVerwG Buchholz 310 § 80 VwGO Nr. 78.

132 Offen gelassen von BVerwG NVwZ 2005, 943, 944.

133 § 17e Abs. 2 S. 4 FStrG, § 18e Abs. 2 S. 4, § 14e Abs. 2 S. 4 WaStrG, § 43e Abs. 1 S. 4 EnWG. Vgl. auch OVG Greifswald NordÖR 2016, 154 (LS 1): Die Einlegung des für den *Rechtsschutz in der Hauptsache* in Betracht kommenden Rechtsbehelfs der Anfechtungsklage wird durch den Umstand, dass der Hinweis gemäß § 17e Abs. 2 S. 3 FStrG nicht erfolgt ist, nicht erschwert.

134 BVerwGE 3, 273, 274; 25, 191, 192; 28, 178; 37, 85, 86; 57, 188, 190; BVerwG DÖV 1981, 635; NJW 1991, 508; BGH NVwZ 1983, 570, 571; OVG Schleswig NVwZ 1992, 385 f.

kann, der ihn an der (rechtzeitigen) Einlegung des Rechtsbehelfs hindert.[135] Eine offenkundig falsche Angabe kann im Einzelfall ungeeignet sein, einen solchen Irrtum hervorzurufen.[136]

65   **2. Einzelfälle.**   Diese allgemein anerkannte am Rechtsschutzzweck orientierte Prämisse führte zu einer umfangreichen Kasuistik. Irreführend ist z.B. die Rechtsbehelfsbelehrung, die durch die Vielzahl der in ihr enthaltenen Informationen den Eindruck erweckt, alle zu erfüllenden Anforderungen vollständig aufgeführt zu haben (BVerwG DVBl 2002, 1553). Im Übrigen gibt es mehrere *Fallgruppen:*

66   **a) Hinweise auf gesetzlich nicht vorgeschriebene Formerfordernisse.**   Solche Hinweise machen die Rechtsbehelfsbelehrung i.d.R. unrichtig, da sie bei dem rechtsunkundigen Bürger den falschen Eindruck hervorrufen, die Rechtsverfolgung sei von der Einhaltung dieser Formerfordernisse abhängig. Fehlerhaft ist daher die Belehrung, nach der ein Rechtsbehelf schriftlich einzulegen sei, wenn auch eine Erhebung zur Niederschrift möglich ist, wie nach § 70 Abs. 1 S. 1 beim Widerspruch, nach § 81 Abs. 1 S. 2 bei der Klage vor dem VG oder nach § 147 Abs. 1 S. 1 bei der Beschwerde.[137] Dies gilt auch, wenn die Möglichkeit besteht, einen Rechtsbehelf in elektronischer Form (vgl. § 3a VwVfG, § 55a) einzulegen oder zu begründen (str.).[138] Eine Belehrung, wonach der Widerspruch zu begründen ist, ist mangels solcher Begründungspflicht unzutreffend und setzt die Widerspruchsfrist nicht in Lauf (BVerwGE 57, 188, 191; VGH Mannheim VBlBW 1993, 230 [LS 1]). Gleiches gilt für eine Belehrung, die den Eindruck erweckt, die Klage müsse innerhalb der Klagefrist begründet werden (BVerwGE 28, 178 [LS]). Laut BVerwG ist jedoch der Hinweis, es sei „tunlich, den Widerspruch zu begründen und einen bestimmten Antrag zu stellen" weder unrichtig noch irreführend (BVerwG NJW 1982, 300 [Nr. 26]). Diese Entscheidung ist aber bedenklich, weil es für einen unrichtigen bzw. irreführenden Zusatz ausreicht, dass bei einem gewissenhaften Kläger der Eindruck hervorgerufen werden kann, die Rechtsverfolgung könne scheitern, wenn er die angeratenen Formerfordernisse nicht beachte.[139] Dagegen ist die gleichzeitige Zustellung eines mit zutreffender Rechtsbehelfsbelehrung versehenen Widerspruchsbescheids und eines ebenfalls mit zutreffender Rechtsbehelfsbelehrung versehenen Kostenfestsetzungsbescheids grds. nicht geeignet, beim Rechtsbehelfsberechtigten einen nach § 58 beachtlichen Irrtum über die Voraussetzungen der – unterschiedlichen – Rechtsbehelfe hervorzurufen, da auch für den juristischen Laien keine Verwechslungsgefahr besteht (BVerwG NVwZ-RR 1994, 617). Es ist auch zulässig, in einer Belehrung auf die Kosten hinzuweisen, da es sich hierbei nur um eine gesetzliche Folge handelt, die somit keinen irreführenden oder unrichtigen Zusatz beinhaltet. Allerdings ist

---

135 BVerwGE 57, 188, 190; OVG Münster OVGE 10, 12, 13; *G. Körner,* NJW 1960, 1184, 1185; *F. Stollmann,* BayVBl 1991, 200, 203.

136 OVG Magdeburg NVwZ-RR 2015, 278 – von der Belehrung abgesetzter Textbaustein aus dem Anhörungsverfahren mit Schriftsatzfrist; VGH Mannheim 13.12.2016 – 6 S 346/16, juris Rn. 14 – Zahlendreher bei der Postleitzahl, wobei der Betreffende wusste, dass keine Postleitzahl im betreffenden Gebiet mit der Ziffer X beginnt.

137 Vgl. BVerwGE 57, 188, 190 f.; OVG Münster NVwZ 1984, 655; *G. Körner,* NJW 1960, 1184, 1185; *F. Stollmann,* BayVBl 1993, 200, 204; *E. Stumm,* DVP 1991, 395, 402.

138 OVG Bln-Bbg 22.4.2010 – OVG 2 S 12.10, juris Rn. 3; OVG Koblenz DÖV 2012, 571 [Nr. 564] (LS 1 und juris Rn. 26); OVG Magdeburg NVwZ 2016, 1032; OVG Münster NWVBl 2014, 38, 39; VG Schleswig 5.11.2015 – 1 A 24/15, juris Rn. 29 ff.; *M. Schmitz,* JuS 2015, 895, 897; *T. Starke,* LKV 2010, 358, 359 f.; *H. Weidemann,* DVP 2013, 367 ff. A.M. OVG Brem NVwZ-RR 2012, 950, 951 f. mit dem Argument, dass der elektronische Rechtsverkehr kein leicht zugänglicher und unkomplizierter Weg zur Klageerhebung sei, da er umfangreiche und komplizierte technische Vorkehrungen voraussetzt. „Wegen der besonderen Bedingungen des elektronischen Rechtsverkehrs ist das Fehlen eines besonderen Hinweises auf ihn generell nicht geeignet, die Einlegung des Rechtsmittels zu beeinträchtigen." I.E. ebenso LSG Kassel 20.6.2011 – L 7 AL 87/10, juris Rn. 19 ff.; BFHE 246, 1, 3; BFH BFH/NV 2010, 830 (zur Möglichkeit der Rechtsbehelfseinlegung per E-Mail). Offen gelassen OVG Münster NVwZ-RR 2016, 930, 931 f. S.a. die weiteren Nachw. für beide Ansichten bei OVG Brem NVwZ-RR 2012, 950, 951 sowie (mit ausführlicher Darstellung des Streitstandes) VG Schleswig 5.11.2015 – 1 A 24/15, juris Rn. 24 ff
Der Hinweis auf die elektronische Form der Rechtsbehelfseinlegung (oder -begründung) ist in der Tat geeignet, auch Unsicherheiten hervorzurufen. Wird nur sehr kurz belehrt, um nicht durch unvollständige Zusätze eine unrichtige Belehrung zu erteilen, können Adressaten schnell auf die Idee kommen, per E-Mail den Rechtsbehelf erheben zu dürfen. Wird ausführlicher belehrt, wird die Belehrung wohl kompliziert ausfallen und Streitigkeiten darüber fördern, ob von der Belehrung alle technischen Varianten abgedeckt sind (vgl. OVG Koblenz MMR 2012, 269 f. zu der Frage, ob der Begriff „Datei" in einer Rechtsbehelfsbelehrung hätte verwendet werden dürfen, weil die Formate ASCII bzw. UNICODDE nicht zwingend die Anlage von Dateien voraussetzen).

139 Ebenso *W.-R. Schenke,* in: Kopp/Schenke § 58 Rn. 12 (Fn. 26).

im Interesse des Rechtsuchenden eine sachliche Formulierung zu wählen, die nicht als eine „Drohung mit dem Kostenrisiko" aufgefasst werden kann.[140]

b) Deklarierung von Sollvorschriften als Mussvorschriften. Unzulässig ist es, beim Rechtsuchenden 67 den Eindruck zu erwecken, Sollvorschriften hätten die Qualität von Mussvorschriften und seien daher zwingend zu beachten.[141] Fehlerhaft ist daher eine Rechtsbehelfsbelehrung mit dem Hinweis, die Klageschrift müsse einen bestimmten Antrag enthalten, da § 82 Abs. 1 S. 2 nur eine Sollvorschrift ist. In diesem Fall besteht die Gefahr, dass der Rechtsuchende sich von der Erhebung der Klage aus Furcht, den Anforderungen nicht gewachsen zu sein, abhalten lässt (BVerwGE 37, 85, 86). Unzutreffend ist auch die Belehrung, nach der für die Klageerhebung die Beifügung von Abschriften obligatorisch sei, da § 81 Abs. 2 ebenfalls nur eine Sollvorschrift darstellt. Auch eine solche Belehrung kann beim Kläger einen Irrtum über die formellen Voraussetzungen einer Klageerhebung hervorrufen und erschwert die Einlegung eines Rechtsbehelfs in unzulässiger Weise.[142] Dies gilt auch, wenn die Beifügung von Abschriften nur als Bitte geäußert wird (offen gelassen von BVerwGE 57, 188, 191. A.M. OVG Bln NVwZ-RR 1998, 270), da der Bürger diese trotz höflicher Formulierung als für ihn verbindlich betrachten könnte. Das Gegenargument, die Beifügung von Abschriften sei ein rein technisches Problem ohne intellektuelle Anforderungen und könne daher eine wesentliche Erschwerung der Rechtsverfolgung nicht zur Folge haben,[143] überzeugt nicht. Auch praktische Schwierigkeiten – etwa die Beschaffung von Fotokopien innerhalb einer Frist – können die Einlegung einer Klage erschweren, da die moderne Bürotechnik, die das schnelle und einfache Herstellen von Abschriften ermöglicht, nur einem Teil der Bevölkerung zur Verfügung steht. Auf der anderen Seite ist es für die Verwaltung bzw. die Gerichte nicht mehr problematisch, selbst Vervielfältigungen herzustellen, sodass kein Bedürfnis besteht, diese Aufgabe auf den Bürger abzuwälzen.[144] Deutlich wird die Erschwerung der Rechtsverfolgung hier auch an der Möglichkeit der Klageerhebung mittels einfacher Postkarte, bei der eine Beilegung von Abschriften nicht möglich ist (vgl. VGH Kassel NVwZ-RR 1990, 671, 672). Zuzustimmen ist dagegen der Auffassung, nach der ein Hinweis, die Einlegung des Rechtsbehelfs könne „schriftlich bzw. zur Niederschrift" erfolgen, anstatt den Gesetzeswortlaut „schriftlich oder zur Niederschrift" zu verwenden, unschädlich ist (BVerwG DÖV 1981, 635 f.). Solche minimalen Formulierungsdivergenzen zwischen Gesetzeswortlaut und Rechtsbehelfsbelehrung sind nicht geeignet, die Einlegung eines Rechtsbehelfs zu erschweren. Das Gleiche gilt in der Anfechtungskonstellation für den Hinweis, die Klage müsse „den Kläger, den Beklagten und den Streitgegenstand sowie die angefochtene Entscheidung bezeichnen" (VGH Kassel NVwZ-RR 1992, 334, 335), da sich dieser mit den in § 82 Abs. 1 S. 1 genannten zwingenden Anforderungen an eine Klageschrift deckt[145] bzw. im Fall der von § 82 Abs. 1 S. 1 nicht genannten angefochtenen Entscheidung sich dieses Erfordernis dennoch aus der Norm ergibt, wonach der „Gegenstand des Klagebegehrens" Element der Klage ist. Sinnvollerweise kann dieser nur unter Nennung der angefochtenen Entscheidung bezeichnet werden.[146]

c) Unzutreffende Fristberechnung. Eine Rechtsbehelfsbelehrung kann über die nach § 58 Abs. 1 er- 68 forderliche Belehrung hinsichtlich der abstrakten Fristberechnung hinaus konkrete Hinweise auf den Beginn oder die Berechnung von Fristen enthalten, etwa im Hinblick auf § 222 Abs. 2 ZPO (→ Rn. 55). Eine solche Belehrung ist nur ordnungsgemäß, wenn auf Abweichungen und Besonderheiten zugunsten des Betroffenen hingewiesen wird und der Empfänger über den Tag des Beginns der Rechtsbehelfsfrist der Gesetzeslage entsprechend genau unterrichtet wird.

---

140 E. *Stumm*, DVP 1991, 395, 404 mit einem entsprechenden Formulierungsvorschlag hinsichtlich der Widerspruchskosten.

141 Eingehend zu dieser Problematik J. *Hingerl*, Rechtsbehelfsbelehrung, 1982, 122 ff.

142 BVerwG DVBl 1959, 31; NJW 1980, 1707, 1708; OVG Münster NJW 1976, 439 (Nr. 31); NVwZ 1984, 655; VGH Kassel NVwZ-RR 1990, 671, 672; E. *Stumm*, DVP 1991, 395, 403; vgl. auch die Nachw. zur älteren Rspr., die diese Frage noch unterschiedlich beantwortete, bei G. *Körner*, NJW 1960, 1184, 1186 f.; offen gelassen von BVerwGE 58, 100, 102.

143 So V. *Petersen*, DÖV 1981, 344, 345.

144 E. *Stumm*, DVP 1991, 395, 403.

145 Abweichend W. *Leber*, NVwZ 1996, 668 f., der meint, in der Belehrung müsse es statt „Streitgegenstand" entsprechend dem Gesetzeswortlaut des § 82 Abs. 1 S. 1 „Gegenstand des Klagebegehrens" heißen, da der rechtsunkundige Bürger dies besser verstehe.

146 Hierzu ausf. VGH Kassel NVwZ 1992, 334, 335 und F. *Stollmann*, BayVBl 1993, 200, 204.

69   Wird anstelle der gesetzlichen Rechtsbehelfsfrist *unrichtig eine längere Frist* angegeben, läuft die angegebene längere Frist.[147] Der so Belehrte kann sich auf Vertrauensschutz berufen, der aber seine Grenze in der Ausschlussfrist des § 58 Abs. 2 findet, sodass die Frist also nicht mehr als ein Jahr betragen kann (BVerwG NJW 1967, 591, 592; → Rn. 71 f.). Wird eine kürzere als die gesetzliche Frist angegeben, etwa „vier Wochen" statt einem Monat, ist die Belehrung fehlerhaft gem. § 58 Abs. 2, sodass weder die angegebene noch die gesetzliche Frist in Gang gesetzt wird, sondern die Ausschlussfrist des § 58 Abs. 2.[148]

69a   **d) Unzutreffende Belehrung über den Rechtsbehelfsberechtigten.**   Mit Bezug auf den Wortlaut des § 58 Abs. 1 geht das BVerwG davon aus, dass eine ordnungsgemäße Rechtsbehelfsbelehrung keine Benennung des Rechtsbehelfsberechtigten verlangt (BVerwG NJW 2010, 1686, 1687). Es muss danach nicht darüber belehrt werden, wer zur Einlegung des Rechtsbehelfs berechtigt ist.

69b   Eine Rechtsbehelfsbelehrung kann jedoch (partiell) unterblieben sein, wenn ein zur Einlegung des Rechtsbehelfs Berechtigter eine „Belehrung nach ihrem objektiven Erklärungswert nicht auf sich beziehen musste" (BVerwG NVwZ 2009, 191, 192). Werden von der Belehrung „nicht alle möglicherweise widerspruchs- oder klagebefugten Personen erfasst, ist die Rechtsbehelfsbelehrung insoweit teilweise unterblieben" (BVerwG NJW 2010, 1686, 1687). Diese Problematik kann insbes. bei *Verwaltungsakten mit Drittwirkung* auftreten, bei denen die Behörde den an eine andere Person (Begünstigten) gerichteten Verwaltungsakt einem anfechtungsberechtigten Dritten übermittelt, um ihm gegenüber die Widerspruchs- oder Klagefrist in Lauf zu setzen.[149] Das BVerwG (NJW 2010, 1686, 1687 f.) lässt es für eine ordnungsgemäße Belehrung des Drittbetroffenen ausreichen, wenn die in dem Bescheid an den Begünstigten enthaltene Belehrung *neutral abgefasst* ist, d.h. keine bestimmten Personen damit adressiert werden („Gegen diesen Bescheid kann innerhalb ... erhoben werden"). Danach reicht die bloße Übermittlung des an den Begünstigten gerichteten Bescheids aus, um den Drittbetroffenen zugleich auch über seinen Rechtsbehelf zu belehren. Anders liegt der Fall, wenn die Rechtsbehelfsbelehrung „einen Adressaten konkret anspricht und dadurch den Eindruck erweckt, dass andere potentiell ebenfalls widerspruchs- oder klagebefugte Personen von der Rechtsbehelfsbelehrung nicht betroffen sind" („Gegen diesen Bescheid *können Sie* innerhalb ... erheben").[150] In diesem Fall muss das Begleitschreiben entweder selbst eine Rechtsbehelfsbelehrung enthalten oder der Dritte muss nach dem objektiven Erklärungsinhalt des Begleitschreibens die im Bescheid enthaltene Rechtsbehelfsbelehrung nunmehr auch auf sich beziehen müssen.[151] Übersendet die Behörde dem Drittbetroffenen einen mit neutraler Rechtsbehelfsbelehrung versehenen Verwaltungsakt zusammen mit einem Begleitschreiben, darf das „Begleitschreiben nicht so formuliert sein, dass die für sich eindeutige Rechtsbehelfsbelehrung im Lichte des Begleitschreibens unklar wird" (BVerwG NJW 2010, 1686, 1687 f.).

69c   **e) Sonstige Fälle.**   Eine Rechtsbehelfsbelehrung kann unrichtig sein, wenn sie eine maßgebliche Vorschrift fehlerhaft bezeichnet. Ist die in der Belehrung enthaltene Aussage aber inhaltlich richtig, ist der Fehler bei der *Normbezeichnung* regelmäßig nicht geeignet, den Rechtsschutz zu erschweren, sodass die falsche Bezeichnung nicht zu einer Unrichtigkeit i.S.d. § 58 Abs. 2 S. 1 führt.[152] Im Einzelfall ist es aber denkbar, dass die fehlerhafte Bezeichnung einer Vorschrift die Belehrung unrichtig macht, weil sie Irrtümer oder Verständnisschwierigkeiten hervorruft. Die Bezeichnung eines *falschen Beklagten* ist irreführend und auch geeignet, die Erhebung einer ordnungsgemäßen Klage zu erschweren (VGH München 3.9.2009 – 4 BV 08.696, juris Rn. 21), ebenso wie die Angabe einer falschen postalischen *Anschrift* der Behörde oder des Gerichts (HmbOVG DVBl 2008, 999 [Nr. 18] LS 1). Der Umstand, dass

---

147   BVerwG NJW 1967, 591, 592; OVG Bln-Bbg 28.9.2012 – OVG 3 N 171.12, juris Rn. 2 m.w.N.; VGH Stuttgart VerwRspr 10, 628; VG Minden 7.11.2016 – 10 L 1597/16.A, juris Rn. 18; *G. Körner*, NJW 1960, 1184, 1187; *E. Stumm*, DVP 1991, 395, 405. A.M. in einem obiter dictum aber BVerwGE 52, 226, 232; *D. Krausnick*, in: Gärditz § 58 Rn. 26 (Jahresfrist).

148   *G. Körner*, NJW 1960, 1184, 1187; *E. Stumm*, DVP 1991, 395, 405.

149   Zur Belehrung des Dritten bei Verwaltungsakten mit Drittwirkung *T. Pleiner*, NVwZ 2014, 776 ff.

150   Diese Formulierung bezieht sich nur auf den im Adressfeld genannten Adressaten des Bescheids (BVerwG NJW 2010, 1686, 1687; so auch OVG Münster NVwZ-RR 2015, 172, 173).

151   Vgl. OVG Koblenz DVBl 2009, 1526 ff. Fraglich ist jedoch, ob die vom OVG Koblenz angeführten Umstände im entschiedenen Fall dafür ausreichend waren.

152   OVG Bautzen 12.1.2010 – 5 B 540/09, juris Rn. 11 ff. für einen Fall, bei welchem auf eine Regelung zur Selbstvertretungsberechtigung (§ 67 Abs. 4 S. 8) inhaltlich korrekt hingewiesen wurde, die Norm aber aufgrund einer aktuellen Gesetzesänderung um zwei Sätze verfehlt (S. 6 statt S. 8) bezeichnet wurde.

die Rechtsbehelfsbelehrung im Widerspruchsbescheid bezüglich des anzufechtenden Bescheids ein *falsches Datum* angibt, macht die Belehrung dann nicht unrichtig i.S.v. § 58 Abs. 2, wenn es sich um einen offensichtlichen Schreibfehler handelt und kein Zweifel daran bestehen kann, was Gegenstand der zu erhebenden Klage ist (OVG Greifswald 2.4.2008 – 2 L 256/07, juris Rn. 4).

VII. Nachholung und Berichtigung einer unterbliebenen oder unrichtig erteilten Rechtsbehelfsbelehrung

1. Verwaltungsverfahren. Unterlässt es die Behörde im Verwaltungsverfahren, eine ordnungsgemäße 70 Rechtsbehelfsbelehrung zu erteilen, kann sie diesen Fehler beheben und eine zutreffende Belehrung mit Wirkung für die Zukunft nachholen.[153] Ob dieses Recht aus § 42 VwVfG folgt, wonach offenbare Unrichtigkeiten in einem Verwaltungsakt jederzeit berichtigt werden können, ob eine offenbare Unrichtigkeit eines Verwaltungsaktes nur bei offensichtlichen Schreib- und Verständnisfehlern anzunehmen ist[154] oder ob gar keine Unrichtigkeit *in* einem Verwaltungsakt vorliegt, wie dies dogmatisch richtig wäre, kann hier dahingestellt bleiben; jedenfalls ist die Möglichkeit der nachträglichen Erteilung einer ordnungsgemäßen Belehrung durch die Verwaltungsbehörde nicht streitig. Die Rechtsbehelfsfrist läuft in diesem Fall ab dem Zeitpunkt der neuen Bekanntgabe.[155] Im Gegensatz zu Urteilen (→ Rn. 73) reicht es bei Verwaltungsakten (einschließlich Widerspruchsbescheiden) aus, wenn die ordnungsgemäße Rechtsbehelfsbelehrung *unter Bezugnahme* auf den konkreten Verwaltungsakt, zu dem sie gehört, übermittelt wird (VGH München 28.2.2008 – 6 ZB 07.2704, juris Rn. 13).
Der Grundsatz der freien Nachholbarkeit einer Belehrung findet eine Grenze in der Jahresfrist des 71 § 58 Abs. 2.[156] Diese bezweckt aus Gründen der Rechtssicherheit, nach einem Jahr grds. die Unanfechtbarkeit eines Verwaltungsaktes eintreten zu lassen. Daher soll sich eine Belehrung bzgl. einer einmonatigen Frist nach Ablauf von 11 Monaten der Jahresfrist nicht mehr mit der Wirkung nachholen lassen, dass jetzt eine neue Monatsfrist zur Anfechtung des Verwaltungsakts liefe.[157] Die Ausschlussfrist des § 58 Abs. 2 stelle nach dem Willen des Gesetzgebers im Regelfall eine *absolute zeitliche Grenze* dar. Der Gegenauffassung, wonach die Belehrung, sofern sie vor Ablauf der Jahresfrist nachgeholt wird, eine neue Frist in Gang setzt,[158] ist nicht generell zu folgen. Vielmehr eröffnet sich für den Betroffenen die Wiedereinsetzung gem. § 58 Abs. 2 S. 2 wegen höherer Gewalt,[159] wenn die irreführende Belehrung ursächlich für die Fristversäumung war und zusätzlich die zumutbare Sorgfaltspflicht vom Betroffenen eingehalten wurde (→ Rn. 81).
Nach der Rspr. gebietet das Interesse an Rechtssicherheit, dass § 58 Abs. 2 auch gilt, wenn die Belehrung 72 zu Unrecht keine Frist für die Einlegung eines Rechtsbehelfs oder – was hier für bedenklich gehalten wird (→ Rn. 71, 81) – eine unrichtige Frist von mehr als einem Jahr angibt (vgl. hierzu auch die grundlegenden Ausführungen in BVerwG NJW 1967, 591, 592). Des Weiteren spielt es keine Rolle, ob der Berechtigte von der Möglichkeit des Rechtsbehelfs Kenntnis gehabt hat (BVerwG Buchholz 310 § 58 VwGO Nr. 60). Auch in diesen Fällen ist es zumutbar, dass sich der Betroffene binnen der Jahresfrist über die Rechtsschutzmöglichkeiten und ihre Einzelheiten sachkundig macht.

2. Verwaltungsgerichtliches Verfahren. Verwaltungsgerichte können Rechtsbehelfsbelehrungen im Urteilsberichtigungsverfahren 73 nach § 118 nachholen bzw. berichtigen (→ § 118 Rn. 24). Eine fehlerhafte oder fehlende Belehrung bedeutet i.d.R. eine offenbare Unrichtigkeit des Urteils.[160] Die Nachholung der Belehrung erfordert die erneute Zustellung des gesamten ergänzten Urteils bzw. Beschlusses, weil die Belehrung notwendiger Bestandteil dieser Entscheidungen ist (BVerwGE 77, 181, 184; OVG Bautzen SächsVBl 2000, 94; → Rn. 47). Auch hier gilt die zeitliche Grenze des § 58 Abs. 2 (→ Rn. 71 f.).

---

153 Vgl. BVerwGE 77, 181, 184; BVerwG BayVBl 1999, 58; OVG Magdeburg NVwZ-RR 2015, 278, 279 f.; VGH München 28.2.2008 – 6 ZB 07.2704, juris Rn. 13; *M. Sachs*, in: Stelkens/Bonk/Sachs § 42 Rn. 12 m.w.N.

154 So *Friedhelm Hufen/Thorsten Siegel*, Fehler im Verwaltungsverfahren, ⁵2013, Rn. 806.

155 OVG Magdeburg NVwZ-RR 2015, 278, 279 a.E.; *P. Stelkens*, NuR 1982, 10, 14; *M. Redeker*, in: Redeker/v. Oertzen § 58 Rn. 16.

156 BVerwG NJW 1967, 591, 592; *D. Krausnick*, in: Gärditz § 58 Rn. 31.

157 *P. Stelkens*, NuR 1982, 10, 14.

158 *J. Schmidt*, in: Eyermann § 58 Rn. 16.

159 *E. Stumm*, DVP 1991, 395, 405.

160 Zur Nachholbarkeit der Rechtsmittelbelehrung durch das Gericht BVerwGE 77, 181, 184; *W.-R. Schenke*, in: Kopp/Schenke § 58 Rn. 8.

VIII. Rechtsfolgen einer unterbliebenen oder unrichtig erteilten Rechtsbehelfsbelehrung – Die Regelung des § 58 Abs. 2

74 **1. Grundgedanke.** Ist die Rechtsbehelfsbelehrung unterblieben oder unrichtig erteilt, läuft nicht die regelmäßige Rechtsbehelfsfrist, sondern ausschließlich die einjährige *Ausschlussfrist* des § 58 Abs. 2. Dies gilt auch, wenn die Unrichtigkeit für den Empfänger auf der Hand liegt (OVG Münster NVwZ 2001, 212, 213 f.). Weitere Rechtsfolgen hat eine fehlerhafte Belehrung nicht (→ Rn. 12 ff.), insbes. führt sie nicht zur Zulässigkeit eines fälschlicherweise angegebenen – unzulässigen – Rechtsbehelfs.[161] Die Ratio des Abs. 2 ist eine doppelte: Zum einen beruht er auf dem Gedanken, dass sich der Betroffene jedenfalls binnen eines Jahres über mögliche Rechtsbehelfe informieren kann, zum anderen soll er verhindern, dass Rechtsbehelfe ohne zeitliche Begrenzung möglich bleiben. Die Frist des § 58 Abs. 2 ist eine Ausschluss- und keine Rechtsmittelfrist, sodass diese Frist laut Rspr. auch ohne eine entsprechende Belehrung nach § 58 Abs. 1 zu laufen beginnt und weder durch das Gericht noch durch eine Behörde verlängert werden kann (→ Rn. 30, 34 f., → § 57 Rn. 16, 44). Ausnahmen von der Ausschlussfrist bestehen gem. § 58 Abs. 2 nur bei höherer Gewalt oder wenn eine (fehlerhafte) schriftliche Belehrung dahin erfolgt ist, dass gegen die Entscheidung kein Rechtsbehelf gegeben sei (vgl. VGH München BayVBl 2017, 170, 172).

75 **2. Zustellung/Verkündung/Bekanntgabe.** Die Jahresfrist des § 58 Abs. 2 beginnt nur zu laufen, wenn die Entscheidung dem Betroffenen ordnungsgemäß zugestellt, verkündet oder anderweitig eröffnet, d.h. bekannt gegeben wurde.[162] Im anderen Fall scheidet auch eine analoge Anwendung der Vorschrift aus. Ein Verwaltungsakt, der dem Adressaten gegenüber nicht wirksam bekannt gegeben wurde (vgl. § 41 VwVfG), braucht als sog. „Nichtakt" nicht angefochten zu werden; in Betracht kommt aber eine ohnehin unbefristet mögliche Feststellungsklage gem. § 43.[163] Der einem Drittbetroffenen (z.B. Baunachbar) nicht bekannt gegebene Verwaltungsakt kann grds. unbefristet angefochten werden,[164] wobei jedoch ggf. eine Verwirkung (→ Rn. 76 ff.) zu prüfen ist. Widerspruchsbescheide sind im Wege der Zustellung nach dem VwZG bekanntzugeben (§ 73 Abs. 3 S. 1, 2). Das Fehlen der Rechtsbehelfsbelehrung ist für die Wirksamkeit der Bekanntgabe unschädlich (OVG Münster NVwZ-RR 2015, 172). Hingegen soll die Jahresfrist gelten, wenn die Eintragung eines Geh- und Radwegs in das Straßenbestandsverzeichnis nur gem. § 54 Abs. 2 S. 2, 3 SächsStrG öffentlich bekannt gemacht wurde, dem Betroffenen gegenüber aber nicht individuell, obwohl dies vom Straßengesetz in § 54 Abs. 2 S. 4 SächsStrG so vorgesehen ist. Die Vorschrift über die individuelle Unterrichtung sei nur eine ergänzende Belehrungsregelung (OVG Bautzen SächsVBl 2003, 221 ff.). Eine Urteilsberichtigung eröffnet eine neue Rechtsmittelfrist gegen die berichtigte Entscheidung nur dann, wenn erst die berichtigte Fassung des Urteils den Beteiligten in die Lage versetzt, sachgerecht über die Frage der Einlegung des Rechtsmittels und dessen Begründung zu entscheiden (BVerwG NVwZ 2010, 962). Bei Verkehrszeichen beginnt die Anfechtungsfrist, wenn der Verkehrsteilnehmer von dem Zeichen betroffen ist, sich also der Regelung des Verkehrszeichens (erstmalig) gegenübersieht.[165] Auf die konkrete subjektive Kenntnisnahme des betroffenen Verkehrsteilnehmers kommt es dabei nicht an, vielmehr genügt es, wenn das Verkehrszeichen so aufgestellt ist, dass er es „mit einem raschen und beiläufigen Blick" erfassen kann.[166] Die gem. § 58 Abs. 2 einjährige Rechtsbehelfsfrist beginnt „nicht erneut zu laufen, wenn sich derselbe Verkehrsteilnehmer demselben Verkehrszeichen ein weiteres Mal gegenübersieht" (BVerwGE 138, 21, 25). Probleme bestehen im Bereich der Verwaltungsakte mit Doppelwirkung nach § 80 a, da diese dem Dritten, der i.d.R. nicht in das Verwaltungsverfahren einbezogen wird, häufig nicht bekannt gegeben werden. Dies gilt im Baurecht ebenso wie in allen Fällen der Nichtbeteiligung Dritter in Genehmigungsverfahren, wenn die Genehmigung dem Nachbarn nicht amtlich bekannt gegeben wurde, obwohl die Berührung der Belange des Dritten möglich ist; ebenso im Wirtschaftsverwaltungsrecht, wo aufgrund

---

161 BVerwGE 33, 209, 211; 43, 323, 326; 63, 198, 200; *P. A. Zeihe*, NVwZ 1995, 560.
162 BVerwG DVBl 1969, 362; 29.9.1998 – 9 C 14/98, juris Rn. 12; OVG Lüneburg NVwZ 1985, 506, 507; zweifelnd BVerwG BayVBl 1973, 385, 386.
163 *Hufen* § 18 Rn. 35.
164 BVerwGE 44, 294, 296 m.w.N.
165 BVerwGE 59, 221, 226; 102, 316, 318 f.; 138, 21, 24.
166 BVerwGE 102, 316, 318 f. S.a. BVerwGE 154, 365 Rn. 15 ff. zur Bekanntgabe von Verkehrszeichen für den ruhenden Verkehr.

der unzureichenden Beteiligung Dritter im Verwaltungsverfahren negative Konkurrentenklagen gegen die Begünstigung eines Mitbewerbers zunehmende Bedeutung gewinnen.[167] Ähnliche Probleme entstehen im Immissionsschutzrecht, wenn Genehmigungsverfahren ohne Einbeziehung der potenziell Betroffenen durchgeführt werden. Der bei fehlender Bekanntgabe zeitlich unbegrenzte Nachbarwiderspruch im Baurecht (BVerwG 16.3.2010 – 4 B 5/10, juris Rn. 8) oder die zeitlich unbegrenzte gewerberechtliche Konkurrentenklage könnten aber angesichts der möglicherweise vom Begünstigten im Vertrauen auf den Bestand der Genehmigung getroffenen Dispositionen zu erheblichen Schäden führen. Abhilfe kann über das allgemeine Rechtsinstitut der Verwirkung erreicht werden (→ Rn. 76 ff.).

3. Verwirkung von Rechtsbehelfen. Der Grundsatz, dass ohne Zustellung, Verkündung oder Bekanntgabe keine Rechtsbehelfsfristen laufen, wird relativiert durch das Institut der *Verwirkung* prozessualer Befugnisse. Der Grundsatz von Treu und Glauben als ein die gesamte Rechtsordnung beherrschendes Prinzip bewirkt, dass nicht nur materielle Rechte, sondern auch verfahrensrechtliche Positionen verwirkt werden können (Bsp. aus der Rspr. bei → § 57 Rn. 24). Die Möglichkeit der Verwirkung verfahrensrechtlicher Positionen entspricht dem öffentlichen Interesse an der Erhaltung des Rechtsfriedens und der Rechtssicherheit. Das Rechtsinstitut der Verwirkung von Rechtsbehelfen spielt im baurechtlichen Nachbarrecht eine herausragende Rolle. Viele Landesbauordnungen haben aber ihren Katalog genehmigungsfreier Vorhaben[168] bzw. lediglich anzeigepflichtiger Vorhaben[169] erheblich erweitert, womit sich das Problem der Nachbaranfechtung von Baugenehmigungen möglicherweise entschärfen wird, wenngleich Verstöße gegen die Festsetzungen von Bebauungsplänen dennoch nicht ausbleiben werden. Insbes. im nachbarlichen Gemeinschaftsverhältnis werden besondere Rücksichtnahmepflichten gefordert, wonach der Nachbar daran mitwirken muss, einen wirtschaftlichen Schaden des durch die Baugenehmigung Begünstigten zu vermeiden oder gering zu halten.[170] Hieraus folgt, dass sich der Nachbar von dem Zeitpunkt an, von dem er von der Baugenehmigung zuverlässige Kenntnis erlangt hat oder hätte erlangen können, so behandeln lassen muss, als sei sie ihm amtlich bekannt gegeben worden, also von da an für einen Widerspruch oder anderen Rechtsbehelf i.d.R. die Jahresfrist des § 58 Abs. 2 beachten muss (BVerwGE 44, 294, 300; OVG Weimar LKV 1994, 110, 112). Dieser Grundsatz gilt nicht nur bei unmittelbarer Grenznachbarschaft, sondern bei jedem durch die Verpflichtung zur gesteigerten Rücksichtnahme gekennzeichneten nachbarlichen Verhältnis (BVerwGE 78, 85, 89 f.).

Bei der Heranziehung der Ausschlussfrist des § 58 Abs. 2 in diesen Fällen, wie sie durch die Gerichte erfolgt, handelt es sich nicht um eine analoge Anwendung des § 58 Abs. 2,[171] sondern allein um die Konkretisierung des Rechtsinstituts der Verwirkung. Die Verwirkung des prozessualen Abwehrrechts kann also je nach den Umständen des konkreten Falles unabhängig von der Jahresfrist eintreten (BVerwGE 78, 85, 90), insbes. später, im Regelfall aber nicht innerhalb einer wesentlich kürzeren Zeitspanne[172] (→ Rn. 78). Schwierigkeiten bereitet im Rahmen der Verwirkung die Bestimmung des Zeitpunkts, ab welchem die für die Verwirkung maßgebliche Zeitspanne zu laufen beginnt.[173]

Die Verwirkung setzt auch bei verfahrensrechtlichen Positionen neben dem Ablauf einer bestimmten Zeitspanne (*Zeitmoment*) voraus, dass ein Dritter darauf vertraut hat, der Berechtigte werde nichts mehr zur Wahrung seines Rechts unternehmen (*Vertrauenstatbestand*), wobei der Berechtigte unter

76

77

78

---

167 Ausf. *Peter M. Huber*, Konkurrenzschutz im Verwaltungsrecht, 1991, 395 f., 562, der eine weitgehende Einbeziehung von Dritten, Nachbarn oder Konkurrenten in das Verwaltungsverfahren und die Bekanntgabe von Verwaltungsmaßnahmen, die in Rechte Dritter eingreifen könnten, für angebracht hält.

168 Nachw. bei *W. Krebs*, in: Schoch Kap. 4 Rn. 221 in Fn. 750.

169 Nachw. bei *W. Krebs*, in: Schoch Kap. 4 Rn. 221 in Fn. 753.

170 BVerwGE 44, 294, 299; 78, 85, 88 ff. Zu Recht wendet *H. Sodan* (→ § 42 Rn. 362) ein, dass die Heranziehung von Pflichten aus einem nachbarlichen Gemeinschaftsverhältnis hier entbehrlich ist und dieselben Ergebnisse durch Anwendung des allgemeinen Rechtsinstituts der Verwirkung erreicht werden können.

171 BVerwGE 44, 294, 298; missverständlich BVerwGE 78, 85, 87, wo von einer entsprechenden Anwendung des § 70 Abs. 2 i.V.m. § 58 Abs. 2 die Rede ist; befürwortet wird eine Analogie dagegen von *Hansjochen Dürr*, Baurecht Baden-Württemberg, 13 2013, Rn. 282.

172 BFHE 106, 134, 137; VG Bremen 2.2.2017 – 5 K 1518/15, juris Rn. 24.

173 Vgl. OVG Bln-Bbg BauR 2009, 1427, 1428: „Von dem Zeitpunkt an, von dem ab anzunehmen ist, dass der Nachbar sichere Kenntnis von der erteilten Baugenehmigung erlangt hat oder zumindest hätte erlangen müssen, hat er sich jedoch in aller Regel nach Treu und Glauben so behandeln zu lassen, als sei ihm die Baugenehmigung im Zeitpunkt der zuverlässigen Kenntniserlangung bzw. in demjenigen Zeitpunkt amtlich bekannt gegeben worden, in dem er diese Kenntnis hätte erlangen müssen."

solchen Umständen untätig geblieben ist, aus denen ein Dritter berechtigterweise ein solches Vertrauen bilden durfte (*Umstandsmoment*), und sich der Dritte infolgedessen in seinen Vorkehrungen und Maßnahmen so eingerichtet hat, dass ihm durch die verspätete Durchsetzung des Rechts ein unzumutbarer Nachteil entstehen würde (*Vertrauensbetätigung*).[174] Eine Verwirkung von Verfahrensrechten ist daher nicht nur erst nach Ablauf der Jahresfrist des § 58 Abs. 2 möglich, sondern nach den Umständen des Einzelfalls schon zu einem früheren Zeitpunkt.[175] Im letzteren Fall muss der Berechtigte aber mehr als nur passiv abgewartet haben, also konkreten Anlass zu der Annahme gegeben haben, er werde keinen Rechtsbehelf einlegen. Verwirkung kann etwa eintreten, wenn der Nachbar die Baustelle besichtigt, ohne Einwendungen zu erheben, oder gar sein Grundstück für die Durchführung von Bauarbeiten zur Verfügung stellt (OVG Münster DÖV 1992, 977 [Nr. 168]). Hier greift auch der Gedanke des venire contra factum proprium. Der abwesende und nicht informierte Nachbar ohne Kenntnis des Beginns der Bauarbeiten kann sein Klagerecht nicht verwirken. Die Verwirkung setzt jedoch voraus, dass tatsächlich eine Genehmigung oder Übereinstimmung mit dem bei der Behörde eingereichten Bauplan (bei Genehmigungsfreiheit) vorliegt und die anderen Beteiligten, v.a. die Behörden, rechtstreu sind. Der „Schwarzbauer" kann sich nicht auf Verwirkung der Nachbarrechte berufen. Die Baugenehmigung ist dem Nachbarn durch Bautafel oder in sonstiger geeigneter Weise – je nach landesrechtlichen Erfordernissen – so konkret nachzuweisen, dass Art und Umfang des Bauvorhabens nachprüfbar sind. Eine Verwirkung kommt nicht in Betracht, wenn Bauherr oder Behörde treuwidrig handeln,[176] z.B. die Baugenehmigung und die Planunterlagen zurückhalten, Akteneinsicht oder die zur Klageerhebung notwendigen Angaben verweigern. Hier genügt auch nicht die Angabe, eine Genehmigung liege vor, da niemand gezwungen werden kann, eine Klage mit dem Risiko einer negativen Kostenentscheidung „ins Blaue hinein" zu erheben.

IX. Ausnahmen von der Ausschlussfrist des § 58 Abs. 2

79 **1. Grundgedanke.** In § 58 Abs. 2 S. 1 sind die Ausnahmen von der Ausschlussfrist des § 58 Abs. 2 abschließend aufgezählt. Danach ist die Einlegung eines Rechtsbehelfs auch nach Ablauf eines Jahres weiterhin möglich, wenn die Einlegung des Rechtsbehelfs vor Ablauf der Jahresfrist infolge höherer Gewalt unmöglich war oder eine schriftliche Belehrung dahin erfolgt ist, dass ein Rechtsbehelf nicht gegeben sei. Diese beiden Ausnahmen sind das Ergebnis einer Abwägung zwischen Rechtssicherheit und Einzelfallgerechtigkeit bzw. Rechtsschutzgewährleistung (BVerwG 11.4.2011 – 2 B 17/10, juris Rn. 9; VGH München BayVBl 2017, 170, 172). Sie stellen eine abschließende gesetzgeberische Entscheidung dar, sodass weitere Ausnahmen von der Ausschlussfrist unzulässig sind. Die Aufzählung ist abschließend; ansonsten bestünde die Gefahr, dass das Interesse an Rechtssicherheit, das nach einem Jahr nach der Wertung des Gesetzgebers Vorrang vor der Einzelfallgerechtigkeit bzw. Rechtsschutzgewährleistung genießt, unterlaufen wird.[177] Im zweiten Ausnahmefall (Belehrung) läuft die einjährige Ausschlussfrist überhaupt nicht (→ Rn. 86). Dagegen beginnt die Ausschlussfrist im ersten Ausnahmefall (höhere Gewalt) zu laufen, sodass hier gem. § 58 Abs. 2 S. 2 eine Wiedereinsetzung in die versäumte Frist vorgesehen ist (→ Rn. 85).

80 **2. Höhere Gewalt. a) Begriffsbestimmung.** Höhere Gewalt ist laut BVerwG ein Ereignis, das unter den gegebenen Umständen auch durch die größte – nach den Umständen des Einzelfalles vernünftigerweise von dem Betroffenen unter Anlegung subjektiver Maßstäbe wie seiner Lage, Erfahrung und Bildung zu erwartende und zumutbare – Sorgfalt nicht abgewendet werden konnte.[178] In Betracht kommen also außergewöhnliche, unvorhersehbare Umstände, die derjenige, der sich darauf beruft, nicht zu vertreten hat (BVerwG NJW 1990, 1435, 1437). Bei der Begriffsbestimmung ist die zivilrechtliche

---

174 BVerfGE 32, 305, 308 f.; BVerwGE 44, 339, 343 f.; 110, 226, 236; 115, 302, 310; BVerwG NVwZ 2001, 206; allg. zu den Voraussetzungen einer Verwirkung C. *Grüneberg*, in: Palandt § 242 Rn. 87 ff.
175 BVerwGE 44, 294, 302; 78, 85, 86 ff.; BVerwG NVwZ 1991, 1182, 1184; VGH Mannheim NVwZ 1989, 76, 78; *M. Redeker*, in: Redeker/v. Oertzen § 58 Rn. 18 a; *J. Schmidt*, in: Eyermann § 58 Rn. 21.
176 VG Würzburg 23.9.2014 – W 4 K 13.655, juris Rn. 24.
177 BVerwG NJW 1967, 591, 592. Zur gleichwohl teilweise aus Billigkeitserwägungen heraus praktizierten Durchbrechung dieses Grundsatzes → Rn. 71, 82; dazu auch *W.-R. Schenke*, in: Kopp/Schenke § 57 Rn. 15.
178 BVerwG Buchholz 310 § 60 VwGO Nr. 54 m.w.N. auf die entsprechende zivilrechtliche Rspr. zu § 233 ZPO a.F.; BVerwG NJW 1980, 1480 (insofern nicht abgedruckt in BVerwGE 58, 100); 1986, 207, 208; OVG Bln NJW 1965, 1151.

Judikatur zu § 233 ZPO a.F. zu berücksichtigen, da der Begriff der höheren Gewalt im Verwaltungsprozessrecht dem der Naturereignisse oder anderer unabwendbarer Zufälle in § 233 Abs. 1 ZPO a.F. im Wesentlichen entspricht (vgl. BVerwG NJW 1980, 1480; 1986, 207, 208). Der Begriff der höheren Gewalt in § 58 Abs. 2 dient dazu, eine gerechte Abwägung zwischen den Interessen an Rechtssicherheit und der materiellen Richtigkeit getroffener Entscheidungen zu erreichen. Von der Rspr. konkretisiert, hat er hinreichend feste Konturen gewonnen, um dem Gebot der Bestimmtheit und Rechtsklarheit zu genügen. Er ist einerseits enger als der in § 60 verwendete Begriff „ohne Verschulden",[179] setzt aber andererseits kein von außen kommendes Ereignis voraus.[180] Höhere Gewalt kann daher auch bei solchen Umständen vorliegen, die wie etwa eine schwere Krankheit allein in der Person des Rechtsuchenden liegen und es ihm unmöglich machen, einen Rechtsbehelf rechtzeitig einzulegen.[181]

b) Einzelfälle. Höhere Gewalt kann insbes. bei einer fehlerhaften Rechtsbehelfsbelehrung vorliegen. **81** Eine *fehlerhafte Rechtsbehelfsbelehrung* begründet aber nur dann einen Fall der höheren Gewalt, wenn die Belehrung ursächlich für die Fristversäumung war (BVerwG NJW 1980, 1480; OVG Bln NJW 1965, 1151) und zusätzlich die zumutbare Sorgfaltspflicht vom Betroffenen eingehalten wurde. Eine Sonderregelung besteht mit § 7 Abs. 2 WBO (→ Rn. 59). Praktisch wichtig sind die Fälle der *Zustellung*, in denen durch Formen der Ersatzzustellung zwar eine wirksame Bekanntgabe durch Zustellung erfolgt, gelegentlich beim Adressaten dennoch Unkenntnis von der Entscheidung bestehen kann (z.B. ein Familienangehöriger i.S.v. § 3 Abs. 2 S. 1 VwZG i.V.m. § 178 Abs. 1 Nr. 1 ZPO gibt die zugestellte Entscheidung nicht an den Adressaten weiter). Hier meint das BVerwG, dass bei unverschuldeter Unkenntnis einer Entscheidung einerseits eine Wiedereinsetzung in den vorigen Stand in Betracht kommt, andererseits erhöhte Aufklärungspflichten des Betroffenen bestehen, wenn er mit einer Zustellung rechnen musste. Erfüllt er die Aufklärungspflichten nicht, liegt wegen Außerachtlassung der zumutbaren Sorgfalt keine höhere Gewalt vor.[182] Die Anforderungen der Rspr. an die zu beachtende Sorgfalt sind sehr hoch, was angesichts der Rechtsweggarantie des Art. 19 Abs. 4 GG und des in st. Rspr. des BVerfG hervorgehobenen Anspruches auf Gewährung rechtlichen Gehörs (vgl. nur BVerfGE 37, 93, 96) grundrechtlich bedenklich ist.

Des Weiteren kann ein Versehen des ansonsten zuverlässigen und sorgfältig ausgewählten *Büropersonals eines Rechtsanwalts*, welches eine Fristversäumung herbeiführt, einen Fall der höheren Gewalt **82** begründen (BVerwG NJW 1987, 207, 208 m.w.N.; ausf. → § 60 Rn. 47). Das Gleiche gilt, wenn eine Behörde versucht, den Rechtsuchenden durch bewusst fehlerhafte Belehrungen oder sonstiges *treuwidriges Verhalten* um einen zulässigen Rechtsbehelf zu bringen (BVerwG NJW 1980, 1480), z.B. bei bewusster Nichtbekanntgabe eines an einen Dritten ergangenen begünstigenden Verwaltungsaktes gegenüber dem hierdurch nachteilig betroffenen Nachbarn oder die grundlose Verweigerung von notwendigen Informationen oder Akteneinsicht. Höhere Gewalt liegt auch vor, wenn das BVerwG hinsichtlich der Erforderlichkeit eines gesonderten Begründungsschriftsatzes nach Zulassung der Berufung auch in Asylverfahren seine Rspr. ändert (OVG Lüneburg NVwZ 2000, 1059 f.).

3. Belehrung, dass ein Rechtsbehelf nicht gegeben sei. Diese Ausnahme (zur Geschichte → Rn. 3) von **83** der Ausschlussfrist gilt laut BVerwG nicht nur bei einer schriftlichen Belehrung dahin, ein Rechtsbehelf sei nicht gegeben, sondern auch, wenn anstelle des statthaften Rechtsbehelfs fälschlich ein anderer angegeben wird.[183] Ein solcher Fall liegt z.B. vor, wenn das OVG, nachdem es die Revision nicht zugelassen hat, den Betroffenen dahin belehrt, er könne Revision einlegen. Diese Belehrung ist wegen § 132 Abs. 1 unrichtig; nach § 133 Abs. 1 ist die Beschwerde gegen die Nichtzulassung der Revision

---

179 BVerwG NJW 1986, 207, 208; Buchholz 310 § 60 VwGO Nr. 54; Buchholz 310 § 76 VwGO Nr. 1; OVG Bln NJW 1965, 1151.
180 BVerwG NJW 1987, 207, 208; BGHZ 17, 199, 201; dieser weite Begriff der höheren Gewalt gilt nicht in Spezialgesetzen wie § 89 Abs. 2 S. 3 WHG oder § 1 HPflG, wo der Begriff auf außergewöhnliche, betriebsfremde, von außen durch elementare Naturkräfte oder Handlungen dritter Personen herbeigeführte Ereignisse zu beschränken ist (vgl. BGHZ 62, 351, 355 m.w.N.).
181 Vgl. BGHZ 17, 199, 201 zu dem Fall, dass der Kläger durch eine finanzielle Notlage daran gehindert ist, die Verjährung durch Klageerhebung zu unterbrechen; jedoch dürften diese Fälle seit Einführung der PKH keine Rolle mehr spielen.
182 BVerwG NJW 1980, 1480 zur Fristversäumnis im Kriegsdienstverweigerungsverfahren; BVerwG NJW 1975, 1574, 1575 zur Fristversäumung infolge urlaubsbedingter Abwesenheit, wenn der Betroffene mit alsbaldiger Zustellung rechnen musste.
183 BVerwGE 71, 359, 361; 77, 181, 184 f.; so auch BFHE 208, 350 (zu § 55 Abs. 2 S. 1 FGO).

das statthafte Rechtsmittel, die somit auch noch nach Ablauf eines Jahres eingelegt werden kann.[184] Gleiches gilt, wenn die Belehrung dahin geht, die Berufung sei das statthafte Rechtsmittel, wenn in Wahrheit die Revision gegeben ist (BVerwGE 71, 359, 361). Diese erweiterte Auslegung des Wortlautes des § 58 Abs. 2 S. 1 durch die Rspr. wird nicht uneingeschränkt begrüßt,[185] findet ihre Rechtfertigung aber darin, dass das Gericht durch die fehlerhafte Belehrung über ein unstatthaftes Rechtsmittel zugleich das einzig statthafte Rechtsmittel als nicht gegeben darstellt[186]. Die Interessenlage des Beteiligten, der sich entsprechend der fehlerhaften Belehrung verhält und daher unterlässt, was er nach der das gerichtliche Verfahren ordnenden Prozessordnung hätte tun müssen, ist mit der Interessenlage desjenigen vergleichbar, der irrtümlich dahin belehrt wurde, es sei kein Rechtsbehelf statthaft (BVerwGE 71, 359, 361; 77, 181, 184 f.).

84 **4. Analoge Anwendung von § 58 Abs. 2 auf andere Fristen.** Insbes. bei den gesetzlichen Ausschlussfristen stellt sich das Problem, dass eine Verlängerung dieser Fristen bzw. eine Wiedereinsetzung in den vorigen Stand nach der herrschenden Rspr. und Lit. nur möglich ist, wenn dies ausnahmsweise gesetzlich vorgesehen ist, wie etwa in § 58 Abs. 2 S. 1. Die verfassungsrechtliche Zulässigkeit verfahrensrechtlicher Ausschlussfristen wird unter Hinweis darauf, dass die zeitliche Befristung von Rechtsbehelfen seit jeher zum Inhalt rechtsstaatlicher Verfahrensordnungen gehöre und nur so der Rechtssicherheit als einem wesentlichen Element der Rechtsstaatlichkeit Rechnung getragen werden könne, allgemein bejaht.[187] Dennoch bedarf es nach der Rspr., die entgegen hiesiger Ansicht keine allgemeine Belehrungspflicht auch über kürzere als einjährige Ausschlussfristen annimmt, zur Vermeidung unzumutbarer Härten einer Korrektur der (zu) restriktiv ausgelegten gesetzlichen Bestimmungen, die bei den Ausschlussfristen regelmäßig weder eine Verlängerungsmöglichkeit noch eine Wiedereinsetzung in den vorigen Stand ermöglichen sollen.[188] Aus § 58 Abs. 3, § 60 Abs. 3 wird daher teilweise eine Gesamtanalogie abgeleitet, nach der bei verfahrensrechtlichen Ausschlussfristen Wiedereinsetzung in den vorigen Stand in Fällen höherer Gewalt gewährt werden kann (vgl. OVG Weimar NVwZ 1996, 1139, 1140 f.). Besonders unbefriedigende Ergebnisse sollen durch die analoge Anwendung des Rechtsgedankens der Wiedereinsetzung in den vorigen Stand vermieden werden, also in solchen Fällen, in denen eine Wiedereinsetzung nicht gesetzlich vorgesehen ist, der Betroffene aber gleichfalls schuldlos infolge höherer Gewalt eine Ausschlussfrist versäumt hat (BVerfGE 71, 305, 347 f.; BVerwG NJW 1987, 207, 208).

85 **5. Verfahrensfragen.** Gem. § 58 Abs. 2 S. 2 gilt die Regelung über die Wiedereinsetzung in den vorigen Stand (§ 60 Abs. 2) nur für den Fall höherer Gewalt entsprechend, folglich nicht bei einer Belehrung dahin, gegen die Entscheidung sei ein Rechtsbehelf nicht gegeben. Bei höherer Gewalt ist also ein Antrag auf Wiedereinsetzung binnen zwei Wochen nach Wegfall des Ereignisses zu stellen (§ 60 Abs. 2 S. 1 Hs. 1), bei Versäumung der Frist zur Begründung der Berufung, des Antrags auf Zulassung der Berufung, der Revision, der Nichtzulassungsbeschwerde oder der Beschwerde beträgt die Frist einen Monat (§ 60 Abs. 2 S. 1 Hs. 2). Ist die versäumte Rechtshandlung innerhalb der Zwei-Wochen- bzw. Monatsfrist nachgeholt worden, kann die Wiedereinsetzung auch ohne Antrag gewährt werden (§ 60 Abs. 2 S. 3, 4).

86 Bei einer schriftlichen Belehrung dahin, ein Rechtsbehelf sei nicht gegeben, bedarf es keiner Wiedereinsetzung in den vorigen Stand.[189] Eine solche scheidet vielmehr schon begrifflich aus, weil die Jahresfrist des § 58 Abs. 2 nicht zum Tragen kommt und dementsprechend auch keine Fristversäumung

---

184 Entsprechend BVerwGE 77, 181, 184 f. in einem Fall nach altem Berufungsrecht. A.M. offenbar *P. A. Zeihe*, NVwZ 1995, 560, der ohne weitere Begründung davon ausgeht, die Beschwerde gegen die Zulassung der Berufung (nach altem Recht) könne nur innerhalb der Jahresfrist des § 58 Abs. 2 eingelegt werden.

185 Dagegen *P. A. Zeihe*, SGb 1998, 259 ff.; *M. Ulmer*, SGb 1998, 575 f., die höhere Gewalt annimmt.

186 Ebenso *W. Keller*, in: Meyer-Ladewig/Keller/Leitherer § 66 Rn. 13 d; ähnl. *D. Krausnick*, in: Gärditz § 58 Rn. 35.

187 Vgl. etwa BVerfGE 46, 299, 307; BVerwGE 58, 100, 104 f.; 71, 368, 371 f.

188 Vgl. *W.-R. Schenke*, in: Kopp/Schenke § 57 Rn. 15.

189 Vgl. *J. Schmidt*, in: Eyermann § 58 Rn. 20.

vorliegen kann. Vielmehr bleibt in diesen Fällen die Einlegung eines Rechtsbehelfs grds. zeitlich unbefristet möglich (aber → Rn. 76 ff. zur Verwirkung).

§ 59 (weggefallen)

§ 60 [Wiedereinsetzung]

(1) Wenn jemand ohne Verschulden verhindert war, eine gesetzliche Frist einzuhalten, so ist ihm auf Antrag Wiedereinsetzung in den vorigen Stand zu gewähren.

(2) [1]Der Antrag ist binnen zwei Wochen nach Wegfall des Hindernisses zu stellen; bei Versäumung der Frist zur Begründung der Berufung, des Antrags auf Zulassung der Berufung, der Revision, der Nichtzulassungsbeschwerde oder der Beschwerde beträgt die Frist einen Monat. [2]Die Tatsachen zur Begründung des Antrags sind bei der Antragstellung oder im Verfahren über den Antrag glaubhaft zu machen. [3]Innerhalb der Antragsfrist ist die versäumte Rechtshandlung nachzuholen. [4]Ist dies geschehen, so kann die Wiedereinsetzung auch ohne Antrag gewährt werden.

(3) Nach einem Jahr seit dem Ende der versäumten Frist ist der Antrag unzulässig, außer wenn der Antrag vor Ablauf der Jahresfrist infolge höherer Gewalt unmöglich war.

(4) Über den Wiedereinsetzungsantrag entscheidet das Gericht, das über die versäumte Rechtshandlung zu befinden hat.

(5) Die Wiedereinsetzung ist unanfechtbar.

Schrifttum

1. Monographien und Beiträge in Sammelwerken: *M. Berndt,* Die Wiedereinsetzung in den vorigen Stand bei Verteidigerverschulden, 1999; *H. Büttner,* Wiedereinsetzung in den vorigen Stand – Maßnahmen und erfolgreiche Argumentation bei Fristversäumnissen, [2]1999; *B. Fink,* Die Wiedereinsetzung in den vorigen Stand im Zivilprozeßrecht, 1994; *S. J. Greger,* Die Wiedereinsetzung in den vorigen Stand in der Zivilprozeßordnung – unter besonderer Berücksichtigung der Rechtsprechung des BGH, 1998; *G. Sandherr,* Wiedereinsetzung in den vorigen Stand im gerichtlichen Verfahren nach dem Strafvollzugsgesetz, 2014; *W. Scherer,* Die Wiedereinsetzung bei Versäumung der Widerspruchsfrist, 1967.

2. Beiträge in Zeitschriften: *M. App,* Wiedereinsetzung bei Fristversäumnis, DVP 1994, 153; *W. Ball,* Die Rechtsprechung des Bundesgerichtshofs zur Wiedereinsetzung in den vorigen Stand, JurBüro 1992, 653; *M. Born,* Die Rechtsprechung des BGH zur Wiedereinsetzung in den vorigen Stand, NJW 2007, 2088; *J. Bräuer,* Wiedereinsetzung: Der Wegfall des Hindernisses, AnwBl 2007, 621; *E. Buri,* Die Wiedereinsetzung in den vorigen Stand im Widerspruchsverfahren, DÖV 1963, 498; *R. Citron-Piorkowski/P. MacLean,* Die Zurechnung des Anwaltsverschuldens bei Versäumung der Klagefrist im Asylverfahren, InfAuslR 1981, 257; *P. Derleder,* Parteinotlagen und Wiedereinsetzung in den vorigen Stand, JurBüro 1993, 580; *ders.,* Wiedereinsetzung und Nachsicht bei Versäumung materiellrechtlicher Fristen, BayVBl 1977, 33; *P. Ebnet,* Rechtsprobleme bei der Verwendung von Telefax, NJW 1992, 2985; *C. Fellner,* Die aktuelle Rechtsprechung zur Wiedereinsetzung in den vorigen Stand, MDR 2007, 71; *ders.,* Der Anspruch auf Gewährung rechtlichen Gehörs und dessen Schutz, MDR 2008, 602; *K. Förster,* Anwaltsverschulden, Büroversehen und Wiedereinsetzung, NJW 1980, 432; *H. G. Ganter,* Wiedereinsetzung in den vorigen Stand wegen der Versäumung der Berufungsbegründungsfrist ohne Nachholung der Berufsbegründung?, NJW 1994, 164; *H. Goerlich,* Wiedereinsetzung und erster Zugang zu Gericht, NJW 1976, 1526; *U. Guttenberg,* Öffentliche Zustellung und Wiedereinsetzung in den vorigen Stand, MDR 1993, 1049; *W. Heiß,* Wiedereinsetzung in den vorigen Stand bei Verschulden von Behördenbediensteten, BayVBl 1984, 646; *S. Henseler,* Fristgerechte Revisionseinlegung, DStR 2007, 1612; *H. Hermstädt,* Antrag auf Wiedereinsetzung in den vorigen Stand, BB 1977, 587; *H. D. Hoppmann,* Telefax: Sorgfalts- und Beratungspflichten des Anwalts, VersR 1992, 1068; *H. Jecht,* Zur Form der Wiedereinsetzungsentscheidung im Verwaltungsgerichtsprozeß, NJW 1964, 533; *J. Käufer,* Wiedereinsetzungsantrag und „bedingte" Berufung, NJW 1962, 572; *C. Kerwer,* Rechtsschutz gegen Wiedereinsetzung in den vorigen Stand bei Verletzung rechtlichen Gehörs – BGHZ 130, 97, JuS 1997, 592; *R. Kintz,* Zustellung und Frist in der öffentlich-rechtlichen Arbeit, JuS 1997, 1115; *G. Klemm,* Die Wiedereinsetzung in den vorigen Stand im steuerlichen Verwaltungsverfahren (§ 110 AO), NVwZ 1989, 105; *R. Koch,* Anforderungen an die Postausgangskontrolle im Rahmen der Wiedereinsetzung in den vorigen Stand, NJW 2014, 2391; *ders.,* Die Glaubhaftmachung beim Antrag auf Wiedereinsetzung, NJW 2016, 2994; *F. O. Kopp,* Der eilige Gesetzgeber, DVBl 1977, 29; *F. Koehl,* Aus der Praxis: Verschuldensbegriff bei Wiedereinsetzung in den vorigen Stand, JuS 2016, 1086; *P. Kummer,* Die Wiedereinsetzung in den vorigen Stand nach § 67 SGG und § 27 SGB X, DAngVers 1991, 234, 303, 416; *H.-F. Lange,* Wiedereinsetzung in den vorigen Stand und Verfassungsrecht, DStR 2000, 145; *V. Leisner,* Die Wiedereinsetzung in den vorigen Stand (§§ 44 ff. StPO), Jura 1990, 120; *W. Lintz,* Wiedereinsetzung in den vorigen Stand ohne Antrag, JR 1987, 94; *G. Lüke,* Zivilprozeß: Der verspätete Rücktritt, JuS 1973, 45; *J. Meyer,* Versäumung der Berufungsfrist wegen der Beantragung der Prozeßkostenhilfe – wiederholte Antragstellung und Gegenvorstellungen, NJW 1995, 2139; *G. Müller,* Typische Fehler bei der Wiedereinsetzung in den vorigen Stand, NJW 1993, 681; *ders.,* Die Rechtsprechung des BGH zur Wiedereinsetzung in den vorigen Stand, NJW 1995, 3224; *ders.,* Die Rechtsprechung des BGH zur Wiedereinsetzung in den vorigen Stand, NJW 1998, 497; *ders.,* Die Rechtsprechung des BGH zur Wiedereinsetzung in den vorigen Stand, NJW 2000, 322; *V. v. Pentz,* Die Rechtsprechung des BGH zur Wiedereinsetzung in den vorherigen Stand, NJW 2003, 858; *H. Pickel,* Fristen, Termine und Wiedereinsetzung, SGb 1998, 93; *H. Plagemann,* Die Wiedereinsetzung in den vorigen Stand im Sozialverwaltungsverfahren, NJW 1983, 2192; *M. Prinz,* Der juristische Supermann als Maßstab, VersR 1986, 317; *W. Roth,* Wiedereinsetzung nach Fristversäumnis wegen Belegung des Telefaxempfängers des Gerichts,

NJW 2008, 785; *H. Rotter*, Die Wiedereinsetzung in den vorigen Stand ohne Antrag, DVBl 1971, 379; *I. Saenger*, Verwaltungsgerichtliche Entscheidungen, Rechtsmittel, Rechtsbehelfe, JuS 1992, 779; *F.-J. Säcker*, Wiedereinsetzung gegen die Versäumung des gerichtlich zu erklärenden Widerrufs beim Prozeßvergleich?, NJW 1967, 1117; *F. Scheffler*, Anwaltspflichten – Anwaltsverschulden, NJW 1961, 577; *ders.*, Erleichterung der Wiedereinsetzung, NJW 1964, 993; *E. Schmidt-Aßmann*, Verfahrensfehler als Verletzungen des Art. 103 Abs. 1 GG, DÖV 1987, 1029; *E. Schneider*, Problemfälle aus der Prozeßpraxis: Unterschriftsmängel und Wiedereinsetzung, MDR 1988, 747; *O. Seubert*, Zur Wiedereinsetzung in den vorigen Stand, BayVBl 1963, 498; *W. Späth*, Versäumung von Fristen infolge verzögerter Postbeförderung, VersR 1975, 16; *R. Stürner*, Die Stellung des Anwalts im Zivilprozeß, JZ 1986, 1089; *W. Schwarz*, Zur Auslegung von Anträgen auf Wiedereinsetzung in den vorigen Stand im Bereich des Bundesentschädigungsgesetzes, NJW 1984, 2138; *A. Walchshöfer*, Die Rechtsprechung des Bundesgerichtshofs zur Wiedereinsetzung in den vorigen Stand, JurBüro 1985, 321; *ders.*, Die Rechtsprechung des Bundesgerichtshofs zur Wiedereinsetzung in den vorigen Stand, JurBüro 1986, 321; *ders.*, Die Rechtsprechung des Bundesgerichtshofs zur Wiedereinsetzung in den vorigen Stand, JurBüro 1989, 1481; *H. Weidemann*, Wiedereinsetzung in den vorigen Stand im Widerspruchsverfahren, DVP 2015, 101; *D. Wüllenkemper*, Zur Wiedereinsetzung in den vorigen Stand bei fehlerhafter oder unvollständiger Adressierung einer Rechtsmittelschrift, DStZ 2000, 366; *R. Zuck*, Die Wiedereinsetzung in den vorigen Stand im Verfassungsbeschwerdeverfahren, ZRP 1985, 299.

A. Entstehungsgeschichte der Vorschrift

I. Vorläufervorschriften

Die Vorschrift entspricht den früheren §§ 33 des süddeutschen Verwaltungsgerichtsgesetzes, 36 der MRVO Nr. 165, 36 VGG RP, 22 BVerwGG. Die Bestimmung sollte nach den Motiven des Gesetzgebers der bewährten Regelung der vor Inkrafttreten der VwGO geltenden Verwaltungsgerichtsgesetze nachgebildet werden. Der noch in § 36 MRVO Nr. 165 verwendete Begriff der „Nachsichtgewährung" ist nicht übernommen und durch den in der ZPO verwendeten Begriff der Wiedereinsetzung in den vorigen Stand (vgl. §§ 233 ff. ZPO) ersetzt worden. 1

II. Die rechtspolitische Debatte um die Zurechnung des Bevollmächtigtenverschuldens

In den Vorarbeiten zur VwGO findet sich bereits im Regierungsentwurf vom 9.1.1953 eine Vorschrift, die in den wesentlichen Punkten dem heutigen § 60 Abs. 1–4 entspricht (vgl. § 62 des Regierungsentwurfs vom 9.1.1953, BR-Drs. 7/53). Im Gegensatz zu § 36 Abs. 1 der MRVO Nr. 165 sollte nach dem Willen der Bundesregierung nicht auf das eigene Verschulden abgestellt werden, sondern in Anlehnung an die Regelung im Zivilprozess klargestellt werden, dass auch das Verschulden des Vertreters die Wiedereinsetzung ausschließt (BT-Drs. 3/55, 36 zu § 62). Die Zurechnung des Verschuldens des Bevollmächtigten war im Gesetzgebungsverfahren umstritten und sorgte in Bundestag und Bundesrat für kontroverse Diskussionen.[1] Der Rechtsausschuss des Bundestages entschied sich dafür, die Zurechnung des Verschuldens des Bevollmächtigten ausdrücklich auszuschließen (BVerfGE 60, 253, 285). 2

---

1 Die rechtspolitische Debatte um die Verschuldenszurechnung im Verwaltungsprozess zeichnet BVerfGE 60, 253, 281 ff. ausf. nach. Hierzu auch *Köhler* § 60 Anm. I 1.

Der Bundestag machte sich diesen Vorschlag zu Eigen.[2] Der Bundesrat forderte im Gesetzgebungsverfahren die Streichung der entsprechenden Vorschrift mit dem Ziel, ebenso wie im Zivilprozess eine Zurechnung des Vertreterverschuldens durchzusetzen. Der angerufene Vermittlungsausschuss trat diesem Vorschlag auf seiner Sitzung vom 10.12.1959 bei.[3] Der Bundestag verabschiedete schließlich im Anschluss an den Vorschlag des Vermittlungsausschusses die VwGO ohne den ursprünglich beschlossenen Ausschluss der Zurechnung des Bevollmächtigtenverschuldens auf den Beteiligten, sodass klargestellt war, „dass in Zukunft nicht wie im Strafprozess, sondern wie im Zivilprozess im verwaltungsgerichtlichen Verfahren ein Verschulden des Bevollmächtigten als eigenes Verschulden der Prozesspartei zu gelten hat".[4]

III. Weitere Änderungen

3 Auf Initiative des Bundesrates wurde dem Entwurf der Vorschrift im Gesetzgebungsverfahren der heutige Abs. 5 eingefügt.[5] Die Einfügung stellt klar, dass der Wiedereinsetzungsbeschluss durch die übrigen Beteiligten nicht angefochten werden kann.[6] Auf Initiative des Rechtsausschusses des Bundestages wurde in Abs. 2 S. 2 der Vorschrift durch die Einfügung der Worte „bei der Antragstellung oder im Verfahren über den Antrag" in Anlehnung an die Praxis des Zivilprozesses klargestellt, dass die Tatsachen zur Begründung des Wiedereinsetzungsantrags nicht unbedingt schon bei der Antragstellung selbst glaubhaft gemacht werden müssen.[7] Durch das Erste Gesetz zur Modernisierung der Justiz vom 24.8.2004 (BGBl I 2198) wurde in Abs. 2 der S. 1 durch einen Satzteil ergänzt, der statt der vorher ausschließlich geltenden Zwei-Wochen-Frist für die Versäumung bestimmter Fristen in Rechtsmittelverfahren die Monatsfrist einführte. Insoweit erfolgte eine – begrüßenswerte – Angleichung an die gesetzlichen Fristen.

B. Allgemeiner Überblick

I. Normzweck und verfassungsrechtlicher Hintergrund der Vorschrift

4 **1. Normzweck.** § 60 steht in engem Zusammenhang mit § 57, der den Lauf und die Berechnung von verwaltungsprozessualen Fristen behandelt. Wird eine gesetzliche Frist nach § 57 versäumt, hat dies grds. zur Folge, dass der Beteiligte mit der versäumten Prozesshandlung nach Fristablauf ausgeschlossen ist. Diese Rechtsfolge ergibt sich im Verwaltungsprozess aus dem über § 173 entsprechend anwendbaren § 230 ZPO. Die Festlegung von angemessenen gesetzlichen Fristen zur Vornahme prozessualer Handlungen dient der Rechtssicherheit und soll die zügige Erledigung von Rechtsstreitigkeiten gewährleisten. Verfassungsrechtlich ist die Festlegung von (angemessenen) Fristen durch das Rechtsstaatsprinzip nach Art. 20 Abs. 3 GG legitimiert und begegnet regelmäßig keinen Bedenken im Hinblick auf die Rechtsschutzgarantie des Art. 19 Abs. 4 GG (verfassungsrechtlich problematisch ist allerdings die Festlegung von besonders kurzen Fristen; ausf. → § 58 Rn. 30). Allerdings würde eine gesetzliche Regelung, die jede verspätete Prozesshandlung ohne Ausnahme und unabhängig vom Grund der Säumnis vom weiteren Prozess ausschlösse, mit dem fundamentalen Prinzip der Einzelfallgerechtigkeit in Konflikt geraten. § 60 trägt dem Konflikt zwischen Rechtssicherheit und Einzelfallgerechtigkeit Rechnung, indem er für bestimmte Fallkonstellationen ausnahmsweise die Wiedereinsetzung in den vorigen Stand (kurz: Wiedereinsetzung) für zulässig erklärt, welche die Fortführung eines an sich durch die Verspätung abgeschlossenen Verfahrens oder Verfahrensabschnittes ermöglicht, wenn der Säumige an der Einhaltung der Frist ohne Verschulden gehindert war. Die Wiedereinsetzungsvorschriften können daher als – verfassungsrechtlich geforderte – Ausgleichsnormen zwischen Rechtssicherheit und Einzelfallgerechtigkeit angesehen werden.[8] Der damit vorgezeichnete Grundkonflikt zwischen der

---

2 § 59 Abs. 2 des Gesetzesbeschlusses vom 11.11.1959 (BR-Drs. 361/59), lautete lapidar: „Das Verschulden des Bevollmächtigten gilt nicht als Verschulden eines Beteiligten."
3 *Koehler* § 60 Anm. I 1 m.w.N. zur Gesetzgebungsgeschichte.
4 So der Berichterstatter des Vermittlungsausschusses – der Abgeordnete Dr. Arndt (SPD) – in der 94. Sitzung des Deutschen Bundestages vom 11.12.1959; Sten. Berichte, 3. Wahlperiode, S. 5186.
5 *Koehler* § 60 Anm. I 1 m.w.N.
6 Vgl. die Änderungsvorschläge des Bundesrates zum Entwurf einer VwGO, BT-Drs. 3/55, 71 zu § 62.
7 Ausf. *Koehler* § 60 Anm. I 1.
8 *M. Gehrlein*, in: MüKoZPO I § 233 Rn. 1; *H. Roth*, in: Stein/Jonas III § 233 Rn. 1.

Gewährung von Rechtssicherheit, rechtlichem Gehör und materieller Gerechtigkeit bestimmt die Probleme des Wiedereinsetzungsrechts.[9]

2. Verfassungsrechtliche Vorgaben für das Recht der Wiedereinsetzung. Das Rechtsinstitut der Wie- 5
dereinsetzung ist ein wesentliches Erfordernis eines rechtsstaatlichen Verfahrens[10] und steht in engem
Zusammenhang mit den grundrechtlichen Gewährleistungen in Art. 19 Abs. 4 und Art. 103 Abs. 1
GG (BVerfGE 42, 120, 125 f.; 86, 280, 284 f.; 88, 118, 123). Es dient dem Ziel, unter Beachtung der
Rechtsweggarantie des Art. 19 Abs. 4 GG und des Anspruchs auf rechtliches Gehör nach Art. 103
Abs. 1 GG eine rechtsstaatliche Verfahrensgestaltung und die Verwirklichung der Einzelfallgerechtigkeit zu gewährleisten.[11] Dem Rechtsinstitut liegt der allgemeine Rechtsgedanke zugrunde, dass ein
Prozessbeteiligter den schweren prozessualen Nachteil, mit einem in den Verfahrensordnungen vorgesehenen Rechtsbehelf oder sonstigem entscheidungserheblichen Vorbringen ausgeschlossen zu sein,
nicht hinzunehmen braucht, wenn er ohne Verschulden gehindert war, eine Frist einzuhalten oder entscheidungserhebliche Umstände rechtzeitig vorzubringen (BVerwG NJW 1994, 673, 674). Rechtsfragen der Wiedereinsetzung beschäftigen regelmäßig das BVerfG,[12] was ein Indiz für die oft sehr restriktive fachgerichtliche Praxis bei der Behandlung von Wiedereinsetzungsanträgen ist. Das *BVerfG* betont in st. Rspr., dass bei der Anwendung und Auslegung der Wiedereinsetzungsvorschriften die Anforderungen zur Erlangung der Wiedereinsetzung nicht überspannt werden dürfen.[13] Manche Entscheidungen der Instanzgerichte erwecken jedenfalls den Eindruck, dass die Gerichte Anträge auf Wiedereinsetzung unter Anlegung eines besonders strengen Verschuldensmaßstabes ablehnen, um so die
sachliche Auseinandersetzung mit dem Prozessstoff zu vermeiden. Eine solche Praxis wäre umso bedenklicher, als Verfahrensvorschriften nicht Selbstzweck sein dürfen, sondern der Wahrung der materiellen Rechte der Prozessbeteiligten sowie der Rechtssicherheit dienen. Im Zweifel sollten Verfahrensvorschriften daher so ausgelegt werden, dass eine sachliche Entscheidung über die materielle Rechtslage ermöglicht und nicht verhindert wird (i.d.S. etwa BSG NJW 1991, 3236, 3237). Der in der Lit.
verbreiteten Ansicht, jede großzügig erweiternde Auslegung der Wiedereinsetzungsvorschriften verbiete sich schon deshalb, weil andernfalls die Gefahr bestehe, dass die Fristen wirkungslos blieben und
einer der tragenden Pfeiler eines rechtsstaatlich geordneten Verfahrens ins Wanken geriete,[14] kann so
nicht zugestimmt werden.

3. Wiedereinsetzungsvorschriften als Ergebnis einer Abwägung verfassungsrechtlich geschützter 6
Rechtsgüter. Die gesetzliche Regelung der Wiedereinsetzung in den verschiedenen Verfahrensordnungen und die hierin vorgesehenen Beschränkungen des Rechts auf Wiedereinsetzung beruhen auf einer
Interessenabwägung im Spannungsfeld zwischen materieller Gerechtigkeit, Rechtssicherheit und Ver-
fahrenseffektivität (BVerfGE 60, 253, 287). Prozessuale Fristen dienen der *Rechtssicherheit* und damit
einem Prinzip, das als wesentlicher Bestandteil des Rechtsstaatsprinzips in Art. 20 Abs. 3 GG Verfassungsrang hat (BVerfGE 35, 41, 47; 60, 253, 267 ff.). Mithilfe von prozessualen Fristen soll eine zügige Erledigung des Rechtsstreits ermöglicht, eine Prozessverzögerung oder -verschleppung verhindert
und der Eintritt der Rechtskraft gesichert werden. Im Verwaltungsprozess dienen Rechtsbehelfsfristen
darüber hinaus dazu, die Bestandskraft von Verwaltungsakten herbeizuführen. Die Prinzipien der
Rechtssicherheit und der Bestandskraft von Verwaltungsakten sind mit dem Prinzip der *Einzelfallge-*
rechtigkeit in Konkordanz zu bringen, das als integraler Bestandteil der Rechtsstaatlichkeit ebenfalls

---

9 BVerfG NJW 1995, 711; *H. Büttner*, Wiedereinsetzung, ²1999, § 1 Rn. 2.
10 Es ist erstaunlich, dass gerade im Verfassungsprozessrecht das Rechtsinstitut der Wiedereinsetzung mangels positiv-
rechtlicher Normierung im BVerfGG vom BVerfG abgelehnt wurde – vgl. BVerfGE 4, 309, 313 f. Erst im Jahre 1993
wurde jedenfalls für die Verfassungsbeschwerde die Möglichkeit der Wiedereinsetzung in § 93 Abs. 2 BVerfGG geschaffen. Ausf. zur Problematik der Wiedereinsetzung im Verfassungsprozessrecht *E. Klein*, NJW 1993, 2073, 2076;
R. Zuck, NJW 1993, 2641, 2642.
11 Vgl. BVerfG NJW 1993, 720; 1995, 249; 1995, 711.
12 Vgl. Fn. 10 und BVerfGE 38, 35, 38; 40, 88, 91; 54, 80, 84; 62, 216, 221; 63, 334, 336; 86, 280, 284 ff.; 88, 118,
123 ff.; 93, 99, 112 ff.; 110, 339 ff. BVerfG NJW 1995, 711 f.; 1995, 1210 ff.; 1996, 309 f.; 1996, 2857 f.; 1997,
1770 ff.; 1997, 2941 f.; 1999, 3701 f.; 2000, 574; 2000, 2657 f.; 2001, 744 f.; 2001, 812 ff.; 2001, 1566 f.; 2001,
3473 f.; NJW-RR 2001, 1076 f.; NVwZ 2001, 1392 f.; NJW 2002, 3534 f.; 2002, 3692 f.; NJW-RR 2002, 1004 f.;
2002, 1005 f.; NVwZ 2003, 341 f.; 2003, 859, 861; NJW 2004, 2149 f.; 2004, 2583 f.; 2005, 2137 f.; 2008, 2167 ff.;
2013, 39 f.; 2013, 446 f.; 2013, 592 f.
13 Vgl. die Nachw. in der vorstehenden Fn.
14 So *W. Bier*, in: Schoch/Schneider/Bier § 60 Rn. 4; *M. Gehrlein*, in: MüKoZPO I § 233 Rn. 2.

Verfassungsrang hat. Ein Ausgleich dieser kollidierenden Verfassungsprinzipien macht es erforderlich, diejenigen Fälle gesetzlich zu fixieren, in denen der Einzelfallgerechtigkeit der Vorrang vor der Rechtssicherheit eingeräumt werden soll.

7   **4. Ausgestaltungsspielraum des Gesetzgebers.** Bei der *konkreten Ausgestaltung* des Rechtsinstituts der Wiedereinsetzung kommt dem Gesetzgeber ein Wertungs- und Abwägungsspielraum zu, der auch verfassungsrechtlich nur begrenzt überprüfbar ist (vgl. BVerfGE 35, 41, 47; 60, 253, 300 f.). Das BVerfG hat mehrfach betont, dass die in § 60 getroffene Abwägung zwischen Einzelfallgerechtigkeit und Rechtssicherheit verfassungsrechtlich nicht zu beanstanden ist. Insbes. wurde die umstr. (→ Rn. 2) Zurechnung des Verschuldens eines Vertreters oder Bevollmächtigten auch in grundrechtssensiblen Bereichen für verfassungskonform erklärt.[15] Hieraus hat die Rspr. unter weitgehender Billigung der Lit. den Schluss gezogen, dass auch in Bereichen mit starkem Grundrechtsbezug wie bspw. im Kriegsdienstverweigerungs- und Asylverfahren keine geringeren Anforderungen hinsichtlich der Wiedereinsetzungsvoraussetzungen zu stellen sind als in Verfahren ohne gesteigerte Grundrechtssensibilität.[16] Es erscheint aber bspw. äußerst fraglich, ob eine Wiedereinsetzung in Kriegsdienstverweigerungsverfahren wirklich nicht in Betracht kommen kann, wenn der Kläger die Unterschrift unter seiner Klage vergessen und erst nach Ablauf der Rechtsbehelfsfrist nachgeholt hat (so aber BVerwG NVwZ 1985, 34). Auch die Zurechnung des Anwaltsverschulden in Asylstreitigkeiten begegnet angesichts der weit reichenden – möglicherweise lebensbedrohenden – Folgen einer Klageabweisung aus formalen Gründen für den materiell asylberechtigten Flüchtling massiven rechtsstaatlichen Bedenken.[17] Die Anlegung eines besonders strengen Verschuldensmaßstabs ist in allen Verfahrensarten, in denen Grundrechte des Beteiligten besonders berührt sind, ebenso verfehlt wie die schematische Zurechnung eines Verschuldens des Prozessbevollmächtigten in diesem Bereich (→ Rn. 43 f.).[18] Auch das BVerfG hat mehrfach Zweifel anklingen lassen, ob die restriktive Handhabung des Wiedereinsetzungsrechts die vernünftigste oder gerechteste Problemlösung ist (besonders deutlich BVerfGE 35, 41, 47 f.; 60, 253, 301).

II. Wiedereinsetzungsvorschriften in anderen Verfahrensordnungen und Gesetzen

8   Die Möglichkeit, im Falle unverschuldeter Fristversäumung Wiedereinsetzung zu erlangen, ist in den wichtigsten Verfahrensordnungen explizit geregelt. Entsprechende Vorschriften finden sich außer in § 60 etwa in § 110 AO, § 80 Abs. 2 ArbGG,[19] §§ 210, 218 BauGB, § 26 Abs. 2–4 EGGVG, §§ 17 ff. FamFG; § 134 Abs. 2–4 FlurbG; § 56 FGO; § 73 Nr. 2 GWB; § 52 OWiG; § 123 PatG; § 67 SGG; § 27 SGB X; §§ 44 ff. StPO; § 32 VwVfG; § 91 MarkenG und §§ 233–238 ZPO. Im Verfassungsbeschwerdeverfahren hat der Gesetzgeber im Jahre 1993 mit § 93 Abs. 2 BVerfGG die Wiedereinsetzung eingeführt, wenn der Beschwerdeführer ohne Verschulden verhindert war, die Monatsfrist für die Verfassungsbeschwerde nach § 93 Abs. 1 BVerfGG einzuhalten. Die eingeräumte Zwei-Wochen-Frist einschließlich der erforderlichen Nachholung der versäumten Rechtshandlung ist allerdings im Falle der Verfassungsbeschwerde zu kurz; sie sollte entsprechend der Neuregelung in § 60 Abs. 2 S. 1 Hs. 2 einen Monat betragen.

III. Grundfragen des Anwendungsbereiches der Vorschrift

9   **1. Sachlicher Anwendungsbereich. a) Anwendung im verwaltungsgerichtlichen Verfahren.** Die Vorschrift des § 60 gilt bei der unverschuldeten Fristversäumnis *gesetzlicher Fristen* (→ Rn. 21 ff.) unmit-

---

15   BVerfGE 35, 41, 47 f. für den Bereich der Abstammungsfeststellung; BVerfGE 60, 253, 288 ff. bzgl. der Zurechnung des Verschuldens des Bevollmächtigten im Asylrechtsstreit; diese Rspr. trotz Verschärfung des Asylverfahrensrecht durch AsylVfG 1992 bestätigend: BVerfG NVwZ 2000, 907 ff.

16   BVerwGE 49, 252, 258 – Kriegsdienstverweigerung; 53, 139, 141 – Wehrbeschwerdeverfahren; BVerwG NVwZ 1982, 35, 36; 85, 34, 35 – Kriegsdienstverweigerung; Buchholz 310 § 60 VwGO Nr. 98, 216 – Ausweisungsverfügung; zust. *W. Bier*, in: Schoch/Schneider/Bier § 60 Rn. 3.

17   Ausf. zu dieser Problematik *R. Citron-Piorkowski/P. MacLean*, InfAuslR 1981, 257.

18   Vgl. ferner *R. Citron-Piorkowski/P. MacLean*, InfAuslR 1981, 257, 261 nach deren Auffassung in verfassungskonformer Auslegung des § 173 VwGO bei Versäumung der Klagefrist im Asylverfahren die Anwendung des § 85 Abs. 2 ZPO ausgeschlossen ist.

19   Die Norm verweist über § 46 Abs. 2 ArbGG auf §§ 233 ff. ZPO.

telbar im und für *das verwaltungsgerichtliche Verfahren*.[20] *Richterliche Fristen* sind anders zu behandeln (→ Rn. 27 f.). Besonderheiten gelten für gesetzliche Fristen im Verfahren vor den Kammern und Senaten für *Baulandsachen* nach §§ 217 ff. BauGB. Bestimmte Verwaltungsakte nach dem BauGB, die im § 217 Abs. 1 BauGB abschließend aufgezählt sind, können nur durch Antrag auf gerichtliche Entscheidung vor den Kammern für Baulandsachen der LG (§§ 219, 220 BauGB) angefochten werden. Der Antrag auf gerichtliche Entscheidung ist nach § 217 Abs. 2 BauGB innerhalb eines Monats bei der Stelle einzureichen, die den Verwaltungsakt erlassen hat. Gegen die schuldlose Versäumung dieser Frist ist unter den Voraussetzungen des § 218 BauGB der Antrag auf Wiedereinsetzung statthaft, über den das LG, Kammer für Baulandsachen, entscheidet.[21] Gegen die Entscheidung über den Antrag findet die sofortige Beschwerde an den Senat für Baulandsachen beim OLG statt (§ 218 Abs. 1 S. 2 BauGB). Besonderheiten gelten nach § 218 Abs. 2 BauGB auch hinsichtlich der Wiedereinsetzung bei Anfechtung von Enteignungsbeschlüssen.[22] Für die sog. *Justizverwaltungsakte* nach §§ 23 ff. EGGVG, deren Rechtmäßigkeitsüberprüfung im ordentlichen Rechtsweg erfolgt, enthält § 26 Abs. 2–4 EGGVG eine Regelung über die Wiedereinsetzung.

b) Widerspruchsverfahren. Im Widerspruchsverfahren nach §§ 68 ff. ist § 60 – jedoch ohne Abs. 5 **10** (→ Rn. 12) – gem. § 70 Abs. 2 entsprechend anwendbar. Die Wiedereinsetzung in die versäumte Widerspruchsfrist des § 70 Abs. 1 richtet sich also ausschließlich nach den §§ 70 Abs. 2, 60 Abs. 1–4.[23] § 32 VwVfG wäre hinsichtlich seiner Anforderungen an die Wiedereinsetzung aber weitgehend inhaltsgleich. Bei anderen, im Laufe des Widerspruchsverfahrens behördlich gesetzten Fristen, besteht auch im Widerspruchsverfahren die Möglichkeit, diese gem. § 31 Abs. 7 VwVfG zu verlängern.[24] Bei unverschuldeter Versäumnis der Widerspruchsfrist ist gem. § 70 Abs. 2 i.V.m. § 60 Abs. 1–4 Wiedereinsetzung auf Antrag oder auch von Amts wegen möglich. Der Antrag ist bei der Ausgangsbehörde zu stellen; diese kann i.R. der Abhilfeentscheidung nach § 72 ebenso Wiedereinsetzung gewähren wie die Widerspruchsbehörde i.R. des Verfahrens nach § 73 Abs. 1.[25]

Wird die Versäumung der Widerspruchsfrist erst im Verwaltungsprozess festgestellt oder hat die Wi- **11** derspruchsbehörde nach Ansicht des Gerichts die Wiedereinsetzung zu Unrecht abgelehnt, stellt sich die Frage, ob das VG die Wiedereinsetzung selbst gewähren[26] oder ob nur die Widerspruchsbehörde selbst über die Wiedereinsetzung entscheiden kann.[27] Für letztere Auffassung spricht zwar prima facie die in § 70 Abs. 2 i.V.m. § 60 Abs. 4 vorausgesetzte *Alleinkompetenz* der Behörde für die Entscheidung über das Wiedereinsetzungsgesuch, sie führt aber zu erheblichen Problemen. Insbes. muss nach dieser Auffassung die Widerspruchsbehörde erst auf eine Verpflichtungsklage des Antragstellers hin durch Urteil des VG zur Gewährung der Wiedereinsetzung verpflichtet werden.[28] Vorzugswürdig ist es daher, das Gericht, das von Amts wegen die Zulässigkeitsvoraussetzungen und damit auch die Rechtzeitigkeit des Widerspruchs zu prüfen hat, als befugt anzusehen, die Wiedereinsetzung selbst zu gewähren. Mit der Klageerhebung geht demnach aus Gründen der Prozessökonomie die Zuständigkeit zur Entscheidung über den Wiedereinsetzungsantrag nach dem § 60 Abs. 4 zugrunde liegenden Grundsatz der Konnexität von der Widerspruchsbehörde auf das Prozessgericht über.[29]

---

20 Für das Verfahren nach dem SGG und der FGO enthalten § 67 SGG und § 56 FGO inhaltsgleiche Regelungen.

21 Zu den Problemen der Wiedereinsetzung nach § 218 BauGB OLG Hamm NVwZ 2000, 114 ff.

22 Näher zu dieser Problematik *U. Battis*, in: Battis/Krautzberger/Löhr § 218 Rn. 5.

23 OVG Brem NVwZ 1982, 455 f.; *D. Kallerhoff*, in: Stelkens/Bonk/Sachs § 32 Rn. 50 m.w.N.; *P. Kothe*, in: Redeker/v. Oertzen § 70 Rn. 5; *U. Ramsauer*, in: Kopp/Ramsauer § 32 Rn. 12, § 45 Rn. 48; *K. Ritgen*, in: Knack/Henneke Vorbem. § 31 Rn. 7.

24 Wird etwa dem Widerspruchsführer von der Behörde eine Frist zur Begründung des Widerspruchs gesetzt, ist § 31 Abs. 7 VwVfG anwendbar und die Frist verlängerbar; die Widerspruchsfrist als solche ist als gesetzliche Frist dagegen nicht verlängerbar (vgl. *D. Kallerhoff*, in: Stelkens/Bonk/Sachs § 31 Rn. 46).

25 Näher OVG Brem NVwZ 1982, 455; *P. Kothe*, in: Redeker/v. Oertzen § 70 Rn. 5 a; *Ule/Laubinger* § 58 Rn. 18.

26 BVerwG NJW 1983, 1923 f.; BayVBl 1989, 122, 123; Buchholz 310 § 60 VwGO Nr. 152; VGH Mannheim DÖV 1981, 228; VGH München BayVBl 1972, 308; VG Dresden NVwZ-RR 1994, 367, 368 m.w.N.; *P. Kothe*, in: Redeker/v. Oertzen § 70 Rn. 5 a; *K. Rennert*, in: Eyermann § 70 Rn. 14 m.w.N.; *W.-R. Schenke*, in: Kopp/Schenke § 70 Rn. 13.

27 OVG Lüneburg DVBl 1963, 335; VGH Mannheim NVwZ 1982, 316; *J. Schmidt*, DÖV 1981, 229; diff. VGH Kassel NVwZ-RR 1993, 432, 434: das Gericht kann zugrunde legen, dass der angefochtene Verwaltungsakt noch nicht bestandskräftig und der Widerspruch insoweit zulässig ist, und zur Hauptsache entscheiden, wenn die Sache ansonsten spruchreif ist.

28 VGH Mannheim NVwZ 1982, 316, 317 m.w.N.; *E. Buri*, DÖV 1963, 498, 499 ff.

29 *K.-P. Dolde/W. Porsch*, in: Schoch/Schneider/Bier § 70 Rn. 33; *W.-R. Schenke*, in: Kopp/Schenke § 70 Rn. 12 f.

12   § 70 Abs. 2 verweist nur auf § 60 Abs. 1–4 und nicht auf Abs. 5. Die Entscheidung über die Wiedereinsetzung ist daher nicht nur dann anfechtbar, wenn die Wiedereinsetzung abgelehnt wurde (zum Rechtsschutz gegen ablehnende Wiedereinsetzungsentscheidungen → Rn. 142 ff.), sondern auch, wenn die Wiedereinsetzung (zu Unrecht) gewährt wurde. So kann in der Fallkonstellation des *drittbelastenden Verwaltungsakts* nach § 80 a Abs. 1 der von dem Verwaltungsakt Begünstigte die dem Dritten (möglicherweise zu Unrecht) gewährte Wiedereinsetzung in die versäumte Widerspruchsfrist ebenso anfechten wie in den Fällen des § 80 a Abs. 2 (*drittbegünstigender Verwaltungsakt*) der Drittbegünstigte die dem Betroffenen zu Unrecht gewährte Wiedereinsetzung.

13   Umstr. ist, ob aus der Nichterwähnung des § 60 Abs. 5 in § 70 Abs. 2 auch folgt, dass das VG *von Amts wegen* überprüfen kann oder muss, ob eine Wiedereinsetzung im Vorfeld zu Recht oder zu Unrecht gewährt bzw. versagt wurde.[30] Bei Verwaltungsakten mit Doppelwirkung, bei denen durch die Bestandskraft für einen Beteiligten bereits eine gesicherte Rechtsposition entstanden ist, muss eine Überprüfung der Rechtmäßigkeit der im Widerspruchsverfahren gewährten Wiedereinsetzung durch das Gericht im Interesse des von der Wiedereinsetzung nachteilig Betroffenen stattfinden können.[31] Um eine solche Überprüfung der Wiedereinsetzung zu erreichen, steht dem Drittbetroffenen der Rechtsbehelf der (isolierten) Anfechtungsklage gegen den Widerspruchsbescheid gem. § 79 Abs. 1 Nr. 2 zur Verfügung, mit der er die Entscheidung in der Hauptsache und inzident hierin auch die einem Dritten gewährte Wiedereinsetzung angreifen kann.[32] Bei Verwaltungsakten *ohne Drittbezug* ist das VG weder verpflichtet noch befugt, eine behördlicherseits gewährte Wiedereinsetzung auf ihre Rechtmäßigkeit zu überprüfen.[33] Insbes. folgt aus der fehlenden Verweisung auf § 60 Abs. 5 in § 70 Abs. 2 allein eine *Anfechtbarkeit* einer positiven Wiedereinsetzungsentscheidung und keine Prüfungsbefugnis von Amts wegen. Dies folgt schon aus dem Grundsatz der Gewaltenteilung in Art. 20 Abs. 2 S. 2 GG, jedenfalls aber aus der *Alleinkompetenz* der Ausgangs- oder Widerspruchsbehörde für die Entscheidung über die Wiedereinsetzung, die sich aus § 70 Abs. 2 i.V.m. § 60 Abs. 4 ergibt.[34]

14   Eine besondere Problematik im Zusammenhang mit der Wiedereinsetzung im Widerspruchsverfahren birgt die Vorschrift des § 45 Abs. 3 S. 2 VwVfG bzw. der entsprechenden LVwVfG. Nach § 45 Abs. 3 S. 1 VwVfG gilt bei fehlender Begründung des Verwaltungsaktes oder bei unterlassener Anhörung eines Beteiligten die Versäumung der Rechtsbehelfsfrist als nicht verschuldet, wenn dadurch die rechtzeitige Anfechtung des Verwaltungsakts versäumt worden ist.[35] Die Vorschrift des § 45 Abs. 3 S. 2 VwVfG, wonach das für die Wiedereinsetzungsfrist maßgebende Ereignis im Zeitpunkt der Nachholung der unterlassenen Verfahrenshandlung eintritt, ist nach ihrem offensichtlichen Zweck nicht nur auf die Wiedereinsetzung gem. § 32 VwVfG, sondern entsprechend auch auf die Wiedereinsetzung im Widerspruchsverfahren gem. § 70 Abs. 2 i.V.m. § 60 Abs. 1–4 und für die Klage gem. § 60 anzuwenden.[36] Da § 32 VwVfG für das Vorverfahren nicht gilt (ausf. → Rn. 10 m.w.N.), ist der Hinweis auf § 32 Abs. 2 VwVfG in der redaktionell misslungenen Vorschrift[37] des § 45 Abs. 3 S. 2 VwVfG als Versehen des

30   Für eine Prüfungspflicht des Gerichtes von Amts wegen BVerwGE 48, 43, 48; BVerwG NJW 1983, 1923 f.; *W.-R. Schenke*, in: Kopp/Schenke § 70 Rn. 12 f. m.w.N.

31   *P. Kothe*, in: Redeker/v. Oertzen § 70 Rn. 6; *K. Rennert*, in: Eyermann § 70 Rn. 13 und *W.-R. Schenke*, in: Kopp/Schenke § 70 Rn. 12 m.w.N. nehmen eine Überprüfungsmöglichkeit jedenfalls auf Initiative des Drittbetroffenen an.

32   *E. Buri*, DÖV 1963, 498, 501; *P. Kothe*, in: Redeker/v. Oertzen § 70 Rn. 6; eine Prüfungspflicht des Gerichts von Amts wegen besteht entgegen *W.-R. Schenke*, in: Kopp/Schenke § 70 Rn. 12 m.w.N. nicht. Zu Recht betont *P. Kothe*, in: Redeker/v. Oertzen § 70 Rn. 6, dass für eine isolierte Anfechtung der Wiedereinsetzungsentscheidung regelmäßig das Rechtsschutzbedürfnis fehlt. A.M. offenbar *E. Buri* DÖV 1963, 498, 501.

33   *P. Kothe*, in: Redeker/v. Oertzen § 70 Rn. 6; *Hufen* § 6 Rn. 36; *K.-P. Dolde/W. Porsch*, in: Schoch/Schneider/Bier § 70 Rn. 35; *Schmitt Glaeser/Horn* Rn. 205. A.M. – Prüfung der Rechtmäßigkeit der gewährten Wiedereinsetzung durch das Gericht von Amts wegen – BVerwGE 48, 43, 48; BVerwG NJW 1983, 1923 f.; *Pietzner/Ronellenfitsch* Rn. 1154; *W.-R. Schenke*, in: Kopp/Schenke § 70 Rn. 12 m.w.N.

34   I.E. ebenso BVerwGE 15, 307; 28, 308; *P. Kothe*, in: Redeker/v. Oertzen § 70 Rn. 6; *K. Rennert*, in: Eyermann § 70 Rn. 13; *K.-P. Dolde/W. Porsch*, in: Schoch/Schneider/Bier § 70 Rn. 33. A.M. BVerwGE 48, 43, 48; BVerwG NJW 1977, 542; DÖV 1981, 636; NJW 1983, 1923; *W. Bier*, in: Schoch/Schneider/Bier § 60 Rn. 69; *W.-R. Schenke*, in: Kopp/Schenke § 70 Rn. 12 m. umfangr. Nachw. zum Streitstand.

35   Zu den Problemen und Zweifelsfragen des § 45 Abs. 3 VwVfG *F. O. Kopp*, DVBl 1977, 29 f., der die Norm für redaktionell verunglückt hält. Zum Anwendungsbereich des § 45 Abs. 3 VwVfG auch *E. Peuker*, in: Knack/Henneke § 45 Rn. 56; *M. Sachs*, in: Stelkens/Bonk/Sachs § 45 Rn. 153 ff.

36   *F. O. Kopp*, DVBl 1977, 29; *M. Sachs*, in: Stelkens/Bonk/Sachs § 45 Rn. 154.

37   *F. O. Kopp*, DVBl 1977, 29; *Ule/Laubinger* § 58 Rn. 18 m.w.N. in Fn. 60.

Gesetzgebers anzusehen.[38] Da § 32 Abs. 2 VwVfG weder im Widerspruchsverfahren noch im Verwaltungsprozess anwendbar ist, müsste § 45 Abs. 3 S. 2 VwVfG richtigerweise auf den inhaltlich identischen § 60 Abs. 2 Bezug nehmen.[39] Inhaltlich ergibt sich aus § 45 Abs. 3 S. 2 VwVfG, dass die Zwei-Wochenfrist, innerhalb derer gem. § 60 Abs. 2 der Wiedereinsetzungsantrag zu stellen und die versäumte Rechtshandlung nachzuholen ist (ausf. zum Wiedereinsetzungsverfahren → Rn. 106 ff.), zu laufen beginnt, wenn die Behörde die erforderliche Begründung bzw. Anhörung nachholt.

c) Wiedereinsetzung im Verwaltungsverfahren. Im allgemeinen *Verwaltungsverfahren* (anders im Wi- 15
derspruchsverfahren, → Rn. 10) richtet sich die Wiedereinsetzung nach § 32 VwVfG bzw. den gleich lautenden Verwaltungsverfahrensgesetzen der Länder, wenn nicht die Subsidiaritätsklausel des § 1 Abs. 1 a.E. VwVfG eingreift. Spezielle Regelungen über die Wiedereinsetzung waren früher in unterschiedlichen Spezialgesetzen verstreut, sind aber durch das erste Gesetz zur Bereinigung des Verwaltungsverfahrensrechts (BGBl 1986 I 265) aufgehoben bzw. an § 32 VwVfG angepasst worden.[40] Dennoch existieren auch heute noch einige Spezialregelungen der Wiedereinsetzung, die dem § 32 VwVfG nach § 1 Abs. 1 VwVfG vorgehen. Eine solche Sonderregelung enthält bspw. § 210 BauGB mit der baurechtlichen Spezialität des § 210 Abs. 2 BauGB.[41] Im Verwaltungsverfahren nach dem *Sozialgesetzbuch* regelt sich die Wiedereinsetzung nach § 27 SGB X, im Verfahren nach der *Abgabenordnung* nach § 110 AO. Wie in § 32 Abs. 1 S. 2 VwVfG ist auch in den Wiedereinsetzungsvorschriften der anderen Verwaltungsverfahrensordnungen ausdrücklich gesetzlich geregelt, dass das Verschulden eines Vertreters dem Vertretenen zuzurechnen ist, vgl. § 27 Abs. 1 S. 2 SGB X, § 110 Abs. 1 S. 2 AO. Nach § 32 Abs. 5 VwVfG ist die Wiedereinsetzung unzulässig, wenn sich aus einer Rechtsvorschrift ergibt, dass sie ausgeschlossen ist. § 32 Abs. 5 VwVfG ist als Ausnahmetatbestand zu verstehen und daher restriktiv auszulegen, sodass ein Ausschluss der Wiedereinsetzung nur in Betracht kommt, wenn er in einer Vorschrift ausdrücklich angeordnet ist oder sich in eindeutiger Weise aus dem Regelungszusammenhang der Vorschrift ergibt.[42] Behördliche Fristen können nach § 31 Abs. 7 VwVfG auch nach ihrem Ablauf verlängert werden. Diese Fristverlängerung erfüllt im Verwaltungsverfahrensrecht die Funktion einer bei behördlichen Fristen nicht vorgesehenen Wiedereinsetzung. Gründe, die bei gesetzlichen Fristen eine Wiedereinsetzung gem. § 32 VwVfG rechtfertigen würden, führen dazu, dass das Ermessen der Behörde auf Null reduziert wird und die Behörde die Fristverlängerung gewähren muss.[43]

d) Wiedereinsetzung als rechtsstaatlicher Grundsatz. Die Wiedereinsetzung verwirklicht über ihre po- 16
sitivrechtlichen Normierungen in den einzelnen Verfahrensordnungen hinaus *allgemeine rechtsstaatliche Grundsätze*. Somit sind die Vorschriften über die Wiedereinsetzung, die in § 32 VwVfG und § 60 eine ausdrückliche gesetzliche Regelung gefunden haben, jedenfalls entsprechend auch in anderen Fällen der Versäumung gesetzlicher Fristen anwendbar, die nicht unter den Anwendungsbereich der VwVfG oder der VwGO fallen.[44] Auch wenn sich die generelle Gültigkeit einer Frist allein aus einer allgemeinen Verwaltungsvorschrift ergibt, an die die bearbeitende Behörde gebunden ist, muss entsprechend § 32 VwVfG die Möglichkeit der Wiedereinsetzung in Betracht kommen,[45] da solche Fristen keine strengere Bindungswirkung entfalten können als gesetzliche Fristen.

2. Grundfragen des Verschuldensbegriffes in § 60. Wie in den Parallelvorschriften anderer Verfah- 17
rensordnungen (vgl. etwa § 233 ZPO, § 67 SGG, § 56 FGO, § 44 StPO) gilt für die Wiedereinsetzung im verwaltungsprozessualen Verfahren das Verschuldensprinzip. Nur bei einer Fristversäumnis *„ohne*

---

38 *E. Peuker*, in: Knack/Henneke § 45 Rn. 57, 61; *F. O. Kopp*, DVBl 1977, 29.
39 *E. Peuker*, in: Knack/Henneke § 45 Rn. 61.
40 Dazu *P. Stelkens*, NVwZ 1986, 541, 543.
41 Danach kann die zuständige Behörde nach Gewährung der Wiedereinsetzung aus Gründen der Rechtssicherheit anstelle einer Entscheidung, die den durch das bisherige Verfahren herbeigeführten Rechtszustand ändern würde, eine Entschädigung festsetzen. Näher dazu *U. Battis*, in: Battis/Krautzberger/Löhr § 210 Rn. 6.
42 *E. Peuker*, in: Knack/Henneke § 45 Rn. 56 ff. m. umfangr. Nachw.
43 VG Frankfurt NVwZ-RR 1991, 453, 454; *D. Kallerhoff*, in: Stelkens/Bonk/Sachs § 31 Rn. 51; *U. Ramsauer*, in: Kopp/Ramsauer § 31 Rn. 39 a.
44 *D. Kallerhoff*, in: Stelkens/Bonk/Sachs § 32 Rn. 8; *U. Ramsauer*, in: Kopp/Ramsauer § 32 Rn. 7 m.w.N.; *K. Ritgen*, in: Knack/Henneke Vorbem. § 31 Rn. 9; *Schunck/de Clerck* § 60 Anm. 1.
45 *D. Kallerhoff*, in: Stelkens/Bonk/Sachs § 32 Rn. 8; *U. Ramsauer*, in: Kopp/Ramsauer § 32 Rn. 7. A.M. *C. Grün*, in: Obermayer, ³1999, § 32 Rn. 7.

Verschulden" ist Wiedereinsetzung zu gewähren (zu den Einzelheiten → Rn. 40 ff.). Verschulden liegt vor, wenn der Beteiligte hinsichtlich der Fristwahrung diejenige Sorgfalt außer Acht lässt, die für einen gewissenhaften und seine Rechte und Pflichten sachgemäß wahrenden Prozessführenden geboten ist und ihm nach den gesamten Umständen des Einzelfalles zuzumuten war.[46] Das Abstellen auf einen idealiter gedachten Prozessführenden ist nach einem *objektiven Maßstab* zu prüfen, nichtsdestoweniger bedarf es der Berücksichtigung der besonderen Umstände des *Einzelfalles*.[47] Das Verschulden des Bevollmächtigten ist dem Beteiligten nach § 173 VwGO i.V.m. § 85 Abs. 2 ZPO wie ein eigenes Verschulden zuzurechnen (BVerwG BayVBl 1989, 221 m.w.N.). Insgesamt lässt sich beobachten, dass die Instanzgerichte strenge Anforderungen an die Wiedereinsetzung stellen,[48] was in der Lit. zu Recht kritisiert wird.[49] Das BVerfG hat durch einige Entscheidungen die Anforderungen gesenkt und die Fachgerichte mehrfach ermahnt, bei der Anwendung und Auslegung der für die Wiedereinsetzung maßgeblichen Vorschriften die Anforderungen nicht zu überspannen (→ Rn. 5).

18   **3. Unvollständige verfahrensrechtliche Regelung des Wiedereinsetzungsrechts in der VwGO.** Das Verfahren über die Wiedereinsetzung hat in der VwGO in § 60 Abs. 2–5 nur eine unvollständige Regelung erfahren. Soweit die Vorschrift einschlägig ist, verdrängt sie als lex specialis die §§ 233 ff. ZPO. Fehlen einschlägige Regelungen in der VwGO, ist ergänzend über § 173 auf die Vorschriften über die Wiedereinsetzung nach §§ 233 ff. ZPO zurückzugreifen. Dies gilt für die Form des Wiedereinsetzungsantrags (§ 236 ZPO) und für die Entscheidung über die Wiedereinsetzung (§ 238 ZPO). Regelmäßig setzt die Wiedereinsetzung einen Antrag des Säumigen voraus (§ 60 Abs. 1, Abs. 2 S. 1), sie kann unter den Voraussetzungen des § 60 Abs. 2 S. 4 aber auch von Amts wegen gewährt werden. Der Antrag ist nach § 60 Abs. 2 S. 1 Hs. 1 innerhalb von zwei Wochen nach Wegfall des Hindernisses zu stellen, wobei innerhalb der Antragsfrist die versäumte Rechtshandlung vorzunehmen ist. Bei den Rechtsbehelfen bzw. Rechtsmittelbegründungsfristen des § 60 Abs. 2 S. 1 Hs. 2 gilt eine Monatsfrist. Die Tatsachen zur Begründung des Antrags sind bei der Antragstellung bzw. innerhalb des Verfahrens glaubhaft zu machen; wobei für die Mittel der Glaubhaftmachung § 294 ZPO gilt.

19   **4. Wirkung der Wiedereinsetzung.** Gewährt das gem. § 60 Abs. 4 zuständige Gericht die Wiedereinsetzung, wird das Verfahren in denjenigen Verfahrenszustand (in den „vorigen Stand") zurückversetzt, in dem es sich vor der Fristversäumung befand. Durch die gerichtliche Entscheidung wird für eine versäumte Prozesshandlung die Zulässigkeit wiederhergestellt mit der Folge, dass auch eine bereits eingetretene Bestandskraft eines Verwaltungsakts bzw. die formelle oder auch materielle Rechtskraft gerichtlicher Entscheidungen nachträglich entfallen und somit der Weg zu einer Sachentscheidung wieder so ermöglicht wird, wie er vor Versäumung der Prozesshandlung gegeben war.[50] Durch die Wiedereinsetzung wird also nicht etwa die versäumte Frist nachträglich verlängert, vielmehr wird der an sich bereits eingetretene Rechtsverlust mit Wirkung für die Vergangenheit ungeschehen gemacht. Die ursprüngliche Fristversäumung wird durch die nachträgliche gerichtliche Entscheidung über die Wiedereinsetzung mit der Folge geheilt, dass die Frist als nicht versäumt fingiert wird.[51] Die häufig einschneidende Wirkung der Wiedereinsetzung wird besonders in denjenigen Fällen deutlich, in denen die Folge der Versäumnis schon ausdrücklich ausgesprochen, also bspw. ein verspätet eingelegtes Rechtsmittel bereits verworfen war. In diesen Fällen führt die Gewährung der Wiedereinsetzung dazu, dass eine bereits ergangene Entscheidung, die das Rechtsmittel als unzulässig verworfen hat, ohne Weiteres

---

46   So die immer wiederkehrende Formulierung der Rspr., etwa in BVerwGE 50, 248, 254 f.; BVerwG NVwZ-RR 1990, 86, 87; NJW 1991, 2096, 2097; Buchholz 310 § 60 Nr. 83; Buchholz 310 § 60 Nr. 132; Buchholz 310 § 60 Nr. 139.

47   Ausf. *S. Brink*, in: Posser/Wolff § 60 Rn. 8, der die Rspr. des BVerwG dahingehend interpretiert, dass sie einen (gemäßigt) subjektiven Fahrlässigkeitsmaßstab anwende; *Baumbach/Lauterbach/Albers/Hartmann* § 233 Rn. 12 m.w.N. A.M. *M. Gehrlein*, in: MüKoZPO I § 233 Rn. 21, 23 m.w.N., wonach bei der Schuldlosigkeit allein auf einen „objektiv-abstrakten Maßstab" abzustellen sei; diff. zum Verschuldensmaßstab *H. Roth*, in: Stein/Jonas III § 233 Rn. 25 ff., wonach der Verschuldensmaßstab beim Verschulden des Beteiligten subjektiv auf die vorauszusetzenden Fähigkeiten der betreffenden Person ausgerichtet ist, während bei einem Anwalt ein objektiver Verschuldensmaßstab anzulegen ist.

48   Umfangr. Nachw. zur Judikatur der Instanzgerichte bei *Pietzner/Ronellenfitsch*, [11]2005, § 3 Rn. 6 in Fn. 29.

49   Vgl. etwa *K. Förster*, NJW 1980, 432; *M. Redeker*, in: Redeker/v. Oertzen § 60 Rn. 2, der von überspannten Anforderungen an die Sorgfaltspflichten der Prozessbeteiligten spricht, die „in seltsamem Gegensatz zu den Mängeln des Gerichtsbetriebes" stünden. Ebenso *J. Hüttenbrink*, in: Kuhla/Hüttenbrink/Endler E 271.

50   *W. Bier*, in: Schoch/Schneider/Bier § 60 Rn. 11; *W.-R. Schenke*, in: Kopp/Schenke § 60 Rn. 1.

51   *M. Gehrlein*, in: MüKoZPO I § 233 Rn. 4.

gegenstandslos wird.[52] Einer klarstellenden, deklaratorischen Aufhebung der gerichtlichen Entscheidung bedarf es zum Eintritt dieser Rechtsfolgen nicht. Selbst eine bereits eingetretene formelle Rechtskraft kann nachträglich mit der Wirkung wegfallen, dass sie als nicht eingetreten gilt (BVerwGE 153, 169 Rn. 5), was insbes. Probleme birgt, wenn bestimmte Personen im Vertrauen auf die Rechtskraft Dispositionen getroffen haben, denen durch den nachträglichen Wegfall der Rechtskraft die Grundlage entzogen wird.[53]

C. Voraussetzungen der Wiedereinsetzung nach § 60 Abs. 1

Die Wiedereinsetzung nach § 60 setzt voraus, dass eine *Frist* i.S.d. Vorschrift (→ Rn. 21 ff.) tatsächlich versäumt worden ist (→ Rn. 33 ff.) und der Säumige *ohne Verschulden* verhindert war, die betreffende Frist einzuhalten (→ Rn. 36 ff.).   20

I. Der Fristenbegriff in § 60

1. Gesetzliche Fristen. Nach dem Wortlaut des § 60 findet eine Wiedereinsetzung nur bei der Versäu- 21 mung *gesetzlicher Fristen* statt. Gesetzliche Fristen sind solche Fristen, deren Dauer unmittelbar durch eine Rechtsvorschrift, also durch Gesetz, Verordnung oder Satzung abstrakt-generell bestimmt ist und die kraft Gesetzes ohne besondere Festsetzung im Einzelfall allein aufgrund eines bestimmten Ereignisses – im verwaltungsgerichtlichen Verfahren ist dieses Ereignis regelmäßig die Zustellung[54] der gerichtlichen Entscheidung (vgl. § 56 Abs. 1) gem. § 56 Abs. 2 – zu laufen beginnen.[55] Die (verlängerbare) Revisionsbegründungsfrist entspricht dieser Definition nicht, gleichwohl ist auch sie wiedereinsetzungsfähig. *Keine gesetzlichen Fristen* sind die sog. uneigentlichen gesetzlichen Fristen und verfahrensrechtlichen Ausschlussfristen (→ Rn. 23), die materiellen Ausschlussfristen (→ Rn. 24 ff.) und die richterlichen Fristen (→ Rn. 27 f.).

a) Überblick über die wichtigsten wiedereinsetzungsfähigen gesetzlichen Fristen in der VwGO. Wie- 22 dereinsetzungsfähige gesetzliche Fristen innerhalb der VwGO sind zunächst alle Rechtsbehelfs- bzw. Rechtsmittelfristen. Dies gilt für die einmonatige *Klagefrist* nach § 74 Abs. 1 und 2 bei Anfechtungsklagen und Verpflichtungsklagen in Form der Versagungsgegenklage,[56] die Jahresfrist des § 47 Abs. 2 S. 1 für die Stellung von *Normenkontrollanträgen*, jedenfalls bei rechtzeitiger Antragstellung auf Bewilligung von Prozesskostenhilfe für das beabsichtigte Normenkontrollverfahren (BVerwG NVwZ-RR 387, 388 f., mit ausf. verfassungsrechtlicher Argumentation),[57] die einmonatige *Berufungsfrist* bei zugelassener Berufung nach § 124a Abs. 2 S. 1, die einmonatige *Frist* nach § 124a Abs. 4 S. 1 für den *Antrag auf Zulassung der Berufung*, die einmonatige Frist nach § 127 Abs. 2 S. 2 für die *Anschlussberufung*, die ebenfalls *einmonatige Revisionsfrist* nach § 139 Abs. 1 S. 1, die einmonatige Frist bei der *Beschwerde gegen die Nichtzulassung der Revision* nach § 133 Abs. 2 S. 1, die zweiwöchige *Beschwerdefrist* nach § 147 Abs. 1 S. 1 sowie die zweiwöchige *Frist zur Erhebung der Anhörungsrüge* gem. § 152a Abs. 2 S. 2. Für die *Widerspruchsfrist* gilt § 60 Abs. 1–4 gem. § 70 Abs. 2 entsprechend (→ Rn. 10 ff.). Sind im *Verfahren des einstweiligen Rechtsschutzes* wie insbes. im Asylverfahrensrecht,[58] im Fachplanungsrecht[59] und im Vermögensrecht der neuen Länder[60] die Anträge auf Anordnung bzw. Wiederherstellung der aufschiebenden Wirkung nach §§ 80 Abs. 5, 80a Abs. 3 aufgrund

---

52 BGH ZZP 71 (1958), 400; NJW 1987, 327, 328; 1988, 2672, 2674.

53 Zu solchen Fallkonstellationen im Zivilrecht *M. Gehrlein*, in: MüKoZPO I § 233 Rn. 4.

54 Zum Zustellungserfordernis ausf. → § 56 Rn. 13 ff.; zu den verschiedenen Arten der Zustellung → § 56 Rn. 31 ff.

55 BVerwG DVBl 1986, 287; *W.-R. Schenke*, in: Kopp/Schenke § 57 Rn. 3; *Ule/Laubinger* § 29 Rn. 2.

56 Dagegen ist bei der Fortsetzungsfeststellungsklage analog § 113 Abs. 1 S. 4 (Erledigung des Verwaltungsakts vor Klageerhebung) nach der Rspr. des BVerwG keine Klagefrist analog § 74 Abs. 1 einzuhalten (BVerwGE 109, 203, 207 f.). A.M. noch die früher h.M. in Lit. und Rspr. (ausf. → § 74 Rn. 12).

57 Insbes. steht nicht entgegen, dass die Normenkontrolle ein objektives Beanstandungsverfahren ist und dem Normenunterworfenen die Möglichkeit bleibt, auch nach Ablauf der Frist des § 47 Abs. 2 S. 1 die Gültigkeit der Norm in Einzelfällen ihrer Anwendung inzident durch das Gericht überprüfen zu lassen (BVerwG NVwZ-RR 2013, 387, 388; dagegen OVG Münster NVwZ-RR 2005, 290)

58 § 18a Abs. 4 S. 1 AsylG (Drei-Tages-Frist); § 36 Abs. 3 S. 1 AsylG (Wochenfrist).

59 § 18e Abs. 2 S. 2 AEG; § 17e Abs. 2 S. 2 FStrG; § 10 Abs. 4 S. 2 LuftVG; § 29 Abs. 6 S. 3 PBefG; § 14e Abs. 2 S. 2 WaStrG (Monatsfrist).

60 § 12 Abs. 2 S. 1 InVorG (Zwei-Wochen-Frist).

bereichsspezifischer Sonderregelungen ausnahmsweise fristgebunden, findet auch gegen die Versäumung dieser Fristen Wiedereinsetzung statt[61] (ausf. zu den fristgebundenen Anträgen im Verfahren des einstweiligen Rechtsschutzes → § 80 Rn. 128 ff.). Auch gegen die Versäumung der einzelnen gesetzlich normierten *Begründungsfristen* in der VwGO findet die Wiedereinsetzung statt. Dies gilt für die zweimonatige *Frist zur Begründung der Berufung* nach § 124 a Abs. 3 S. 1, die zweimonatige *Frist zur Begründung des Antrags auf Zulassung der Berufung* nach § 124 a Abs. 4 S. 4, die einmonatige *Berufungsbegründungsfrist im Falle des § 124 a Abs. 5 S. 2* nach § 124 a Abs. 6 S. 1, die zweimonatige *Revisionsbegründungsfrist* nach § 139 Abs. 3 S. 1 Hs. 1, die zweimonatige *Frist für die Begründung der Beschwerde gegen die Nichtzulassung der Revision* nach § 133 Abs. 3 S. 1, die einmonatige *Revisionsbegründungsfrist im Falle des § 139 Abs. 2* nach § 139 Abs. 3 S. 1 Hs. 2 sowie die einmonatige *Frist für die Begründung der Beschwerde im Eilverfahren* nach § 146 Abs. 4 S. 1. Weitere wiedereinsetzungsfähige gesetzliche Fristen innerhalb der VwGO sind auch die einmonatigen Rechtsbehelfsfristen bei Gerichtsbescheiden (§ 82 Abs. 2), namentlich die Frist zur *Beantragung einer mündlichen Verhandlung nach einem Gerichtsbescheid* gem. § 84 Abs. 2 Nr. 5, die einmonatige Frist für den *Antrag auf Zulassung der Sprungrevision* nach § 134 Abs. 1 S. 2 sowie die zweiwöchige Frist für *Anträge auf Entscheidung des Gerichts* gegen die Entscheidungen des beauftragten oder ersuchten Richters oder des Urkundsbeamten der Geschäftsstelle nach § 151 S. 1 und die jeweils zweiwöchigen Fristen für *Anträge auf Berichtigung des Tatbestandes* nach § 119 Abs. 1 und auf *Urteilsergänzung* nach § 120 Abs. 2, ferner die zweimonatige *Frist zur Rüge von Verfahrensmängeln durch den im Revisionsverfahren nach § 65 Abs. 2 Beigeladenen* nach § 142 Abs. 2 S. 1. Auch die Versäumung der Zwei-Wochen-Frist (bzw. Monatsfrist) *für den Antrag auf Wiedereinsetzung selbst* nach § 60 Abs. 2 S. 1 ist wiedereinsetzungsfähig (BVerfGE 60, 253, 267; BVerwG DVBl 1986, 287). Für die *Wiederaufnahme rechtskräftig beendeter Verfahren* verweist § 153 Abs. 1 auf die §§ 578-591 ZPO. Die *Nichtigkeits- oder Restitutionsklage* nach § 153 Abs. 1 VwGO i.V.m. §§ 579, 580 ZPO muss nach § 586 Abs. 1 und 2 ZPO innerhalb eines Monats, seitdem der Kläger Kenntnis von den tatsächlichen Umständen erhalten hat, die den Wiederaufnahmegrund ausmachen, erhoben werden. Gegen die schuldlose Versäumung dieser Frist findet ebenfalls die Wiedereinsetzung statt.[62]

23 **b) Nicht wiedereinsetzungsfähige gesetzliche Fristen. aa) Wiedereinsetzungsfeindliche verfahrensrechtliche Fristen – uneigentliche Fristen und Ausschlussfristen.** Allerdings sind nicht alle gesetzlichen Fristen der Wiedereinsetzung zugänglich. Dies gilt zum einen für sog. uneigentliche gesetzliche Fristen, d.h. solche Fristen, die für bestimmte Handlungen des Gerichts selbst vorgeschrieben sind (→ § 57 Rn. 14). Bei einigen anderen gesetzlichen Fristbestimmungen in der VwGO handelt es sich um gesetzlich markierte Zeitspannen, deren Ende nach der Rspr. einen äußersten Zeitpunkt festlegt, nach dem selbst bei fehlendem Verschulden eine Prozesshandlung endgültig nicht mehr oder nur noch unter ganz bestimmten Voraussetzungen, die strenger als im allgemeinen Wiedereinsetzungsrecht sind, vorgenommen werden kann (→ § 57 Rn. 16). Im Verwaltungsprozessrecht sind dies insbes. die Jahresfristen des § 58 Abs. 2, des § 60 Abs. 3 und des § 152 a Abs. 2 S. 2. Auch die einjährige *Antragsfrist im Normenkontrollverfahren* gem. § 47 Abs. 2 S. 1 soll als eine solche Ausschlussfrist der Wiedereinsetzung nicht zugänglich sein (anders im Falle der rechtzeitigen Beantragung von Prozesskostenhilfe).[63] Im *Asylverfahrensrecht* wird § 81 AsylG als eine solche wiedereinsetzungsfeindliche Frist angesehen. Allerdings ist dem Kläger in Fällen, in denen er das Verfahren aus Gründen *höherer Gewalt* schuldlos nicht betreiben konnte, analog § 58 Abs. 2, § 60 Abs. 3 Wiedereinsetzung zu gewähren.[64] Aus § 58 Abs. 3, § 60 Abs. 3 wird teilweise zur Vermeidung von Härten eine Gesamtanalogie abgeleitet, nach der bei verfahrensrechtlichen Ausschlussfristen Wiedereinsetzung in den vorigen Stand in Fällen höherer Gewalt gewährt werden kann (→ § 58 Rn. 84).[65] Ebenfalls um eine gesetzliche Ausschlussfrist handelt es sich bei der zeitlichen Begrenzung der Nichtigkeits- und der Restitutionsklage im Verwaltungsprozess. Nach § 153 Abs. 1 gelten für die Wiederaufnahme eines rechtskräftig beendeten Verfah-

61 VG Sigmaringen VBlBW 1993, 312.
62 *S. Brink*, in: Posser/Wolff, § 60 Rn. 1; *M. Redeker*, in: Redeker/v. Oertzen § 153 Rn. 2; *W. Bier*, in: Schoch/Schneider/Bier § 60 Rn. 5; offen BVerwG NZWehrR 1995, 163, 164.
63 Vgl. BVerwG NVwZ-RR 2013, 387, 388; OVG Münster NVwZ-RR 2005, 290; → § 47 Rn. 292.
64 Im Einzelnen OVG Weimar NVwZ 1996, 1139, 1140; ebenso BVerwGE 71, 213, 218 f. zum inhaltsgleichen § 33 AsylG a.F.
65 Vgl. OVG Weimar NVwZ 1996, 1139, 1140 f.; *W.-R. Schenke*, in: Kopp/Schenke § 57 Rn. 15.

rens die Vorschriften des Vierten Buches der ZPO (§§ 578–591 ZPO). Nach § 153 Abs. 1 VwGO i.V.m. 586 Abs. 2 S. 2 ZPO ist nach Ablauf von fünf Jahren seit dem Eintritt der Rechtskraft der Entscheidung die Wiederaufnahmeklage unstatthaft.[66]

bb) „Materielle Ausschlussfristen". Unter materiellen Ausschlussfristen sind solche vom materiellen 24
Recht – also nicht vom Prozessrecht – statuierten Fristen zu verstehen, deren Nichteinhaltung den Verlust einer materiellrechtlichen Rechtsposition zur Folge hat. Solche Fristen sind für Behörden und Beteiligte gleichermaßen verbindlich und stehen grds. nicht zur Disposition der Behörden oder der Gerichte (BVerwG NVwZ 1994, 575 m.w.N.; NVwZ 2014, 1237, 1238). Nach Ablauf der Frist kann nach der Rspr. des BVerwG der Anspruch nicht mehr geltend gemacht werden, sofern das einschlägige Recht keine Ausnahme vorsieht (BVerwG NVwZ 1994, 575). Materielle Fristen wurden in der früheren Rspr. regelmäßig als solche Fristen angesehen, die der Wiedereinsetzung schon grds. nicht zugänglich seien.[67] Das BVerwG hat die Wiedereinsetzung bei materiellen Ausschlussfristen nur dann zugelassen, wenn das einschlägige materielle Recht eine solche Möglichkeit ausdrücklich vorsieht (vgl. BVerwGE 51, 80, 82; BVerwG NVwZ 1988, 1128; 1994, 575). Diese Rechtsprechungspraxis steht aber in Widerspruch zu § 32 VwVfG, der auch für materielle Fristen gilt und dessen Abs. 5 die Wiedereinsetzung nur dann ausschließt, wenn sich dies aus einer Rechtsvorschrift ergibt.[68] Der Ausschluss der verfassungsrechtlich gebotenen Wiedereinsetzungsmöglichkeit kommt daher nur in Betracht, wenn er sich aus einer diesbezüglichen Rechtsvorschrift ergibt. Dies ist keineswegs bei allen materiellen Ausschlussfristen der Fall, sondern nur bei materiellen Ausschlussfristen *i.e.S.* Es muss daher *in jedem Einzelfall* durch Auslegung der für das jeweilige Spezialgebiet geltenden Vorschriften geprüft werden, ob eine Wiedereinsetzung in eine bestimmte, materielle Ausschlussfrist tatsächlich ausgeschlossen sein soll. Bei dieser Auslegung ist zu beachten, dass die Wiedereinsetzung auch bei materiellen Fristen der Regelfall und deren Ausschluss gem. § 32 Abs. 5 VwVfG nach dem Willen des Gesetzgebers die Ausnahme sein soll.

Der Ausschluss der Wiedereinsetzung kommt daher (ausnahmsweise) nur dann in Betracht, wenn dies 25
ausdrücklich in der betreffenden Rechtsvorschrift vorgesehen ist oder sich aus dem Regelungszusammenhang der Vorschrift unmissverständlich ergibt (ausf. → § 58 Rn. 38).[69] Der Gesetzgeber dachte dabei etwa an Fristen im Wahlrecht, bei denen eine Wiedereinsetzung den ordnungsgemäßen Ablauf des Wahlverfahrens unmöglich machen würde.[70] Die Wiedereinsetzung in materielle Ausschlussfristen wird daher entgegen der Rspr. des BVerwG nur in seltenen Fällen nicht in Betracht kommen. Materielle Ausschlussfristen *i.e.S.* sind nach der Rspr. etwa die Fristen zur Geltendmachung von Rückübertragungs- und Entschädigungsansprüchen nach § 30a VermG (BVerwGE 101, 39, 42 ff.; BVerwG ZOV 2013, 75 ff.; bestätigt durch BVerfG VIZ 1999, 146 f.); die Frist zur Geltendmachung des Begrenzungsanspruchs nach § 16 Abs. 6 EEG 2004 bzw. der Nachfolgeregelung des § 43 Abs. 1 S. 1 EEG 2009 (BVerwG NVwZ 2014, 1237, 1238), die Bewerbungsfristen für Studienbewerber nach der Vergabeverordnung ZVS (BayVerfGH BayVBl 1986, 139, 142 f.), Fristen zur Geltendmachung von Ansprüchen des Beamten auf Trennungsgeld oder Beihilfe (VG Köln 29.8.2011 – 19 K 3512/10, juris Rn. 21). Die Anträge auf Agrarbeihilfen nach europäischem Recht können als materielle Fristen und „wiedereinsetzungsfeindlich" ausgestaltet sein; zu prüfen ist dann, ob höhere Gewalt vorlag (BVerwGE 121, 10, 11 f. m.w.N). Auch bei materiellen Ausschlussfristen kann es jedoch geboten sein, besondere Härten, die mit dem Ausschluss der Wiedereinsetzungsmöglichkeit verbunden sind und die im Hinblick auf Art. 19 Abs. 4 GG krass rechtsstaatswidrig erscheinen, abzumildern (vgl. VG Köln 29.8.2011 – 19 K 3512/10, juris Rn. 22). In entsprechenden Fällen hat die Rspr. aus allgemeinen Billigkeitsüberlegungen eine analoge Anwendung der Wiedereinsetzungsvorschriften in Betracht gezogen. Verschiedentlich erhalten deshalb auch Ausführungsvorschriften entsprechende Wiedereinsetzungsklauseln (vgl. z.B. § 17 Abs. 9 BhVO Saarland). Zur Gewährleistung materieller Gerechtigkeit im Falle schuldlos versäumter wiedereinsetzungsfeindlicher Fristen bedient sich die Rspr. auch heute noch der Rechtsinstitute der *Nachsichtgewährung* (BVerwG NVwZ 2014, 1237, 1239 f.; VGH Kassel REE

---

66 VGH München NVwZ 1993, 92 unter Hinweis auf BVerfGE 15, 313, 319; 19, 150, 166; 60, 253, 266, 268 f.
67 Vgl. BVerwGE 13, 209, 211 f.; 21, 258, 261 f.; 24, 154, 156 f.; 51, 80, 82; 121, 10, 11 f.
68 Vgl. *K. Ritgen*, in: Knack/Henneke § 32 Rn. 70.
69 Wie hier auch *K. Ritgen*, in: Knack/Henneke § 32 Rn. 70.
70 Vgl. Gesetzentwurf der Bundesregierung zum VwVfG vom 18.7.1973 – BT-Drs. 7/910, 55 (zu § 28).

2016, 241, 246 f.) bzw. des Grundsatzes von *Treu und Glauben*. Die Versäumung wiedereinsetzungsfeindlicher Fristen kann ausnahmsweise unbeachtlich sein, wenn die Versäumung der Ausschlussfrist auf staatliches Fehlverhalten zurückzuführen ist oder die Behörde die Einhaltung der Frist treuwidrig vereitelt hat.[71] In einem solchen Fall ist es der Behörde wegen der Rechtsgedanken aus §§ 242, 162 BGB verwehrt, sich auf den eingetretenen Fristablauf zu berufen; ein Festhalten an der Fristversäumnis wäre eine unzulässige Rechtsausübung.[72] Ferner wird eine Nachsichtgewährung bei *höherer Gewalt* (→ Rn. 116) für zulässig erachtet (BVerwG NVwZ 2014, 1237, 1240). Dieser Rspr. ist im Interesse der Gewährleistung materieller Gerechtigkeit zwar i.E. beizupflichten; allerdings trägt die Verwendung solcher einzelfallorientierter Blankettformeln nicht zur Steigerung der Rechtssicherheit bei.

26   Insgesamt ist die Rspr. der VG zur Wiedereinsetzung bei Versäumung materiellrechtlicher Fristen als sehr restriktiv zu bezeichnen. Eine großzügigere Vorgehensweise ist vom BVerfG wiederholt angeregt worden (vgl. BVerfGE 71, 305, 348; BVerfG NJW 1988, 249), hat aber die fachgerichtliche Rspr. bisher nur punktuell veranlasst, ihre Reserviertheit gegenüber der Wiedereinsetzung in materielle Fristen grds. zu überdenken. Die hier angeregte Ausweitung der Wiedereinsetzungsmöglichkeiten in materiellrechtliche Fristen ist nicht nur durch die Wiedereinsetzungsvorschriften der Verwaltungsverfahrensgesetze (vgl. § 32 VwVfG; § 27 SGB X; § 110 AO) seit langem überfällig, sondern würde auch der besonderen verfassungsrechtlichen Bedeutung dieses Rechtsinstituts (ausf. → Rn. 5 ff.) besser gerecht werden als die bisher überwiegend praktizierte Handhabung durch die Rspr. der VG.[73]

27   **2. Richterliche Fristen und Termine. a) Richterliche Fristen.** Nach dem Wortlaut des § 60 Abs. 1 ist eine Wiedereinsetzung nur bei Versäumung gesetzlicher Fristen vorgesehen. Deshalb wird in Lit. und Rspr. überwiegend die Auffassung vertreten, dass § 60 auf richterliche Fristen oder gerichtliche Termine keine Anwendung findet.[74] Eine Ausnahme gilt aber jedenfalls dort, wo das Gesetz die Anwendung der Wiedereinsetzungsvorschriften auf richterliche Fristen ausdrücklich vorsieht, wie bspw. in § 82 Abs. 2 S. 3. Im Bereich der richterlichen Fristen ist zudem die über § 57 Abs. 2 anwendbare *Verlängerungsmöglichkeit* des § 224 Abs. 2 ZPO zu beachten, die im Bereich der richterlichen Fristen eine *ähnliche Funktion* wie das Rechtsinstitut der Wiedereinsetzung bei gesetzlichen Fristen erfüllt[75] (zu den Voraussetzungen der Verlängerung richterlicher Fristen → § 57 Rn. 43).

28   Ob darüber hinaus § 60 (allgemein) auf die Versäumung richterlicher Fristen Anwendung findet, ist dagegen umstr.[76] Während die Rspr. und weite Teile der Lit. einer solchen Analogie sehr reserviert gegenüberstehen,[77] bahnt sich seit einiger Zeit in der obergerichtlichen Rspr. wohl aus verfassungsrechtlichen Gründen eine – zu begrüßende – Erweiterung der Wiedereinsetzungsmöglichkeiten an. Nach einer Entscheidung des BVerwG aus dem Jahre 1993 kommt eine analoge Anwendung der Wiedereinsetzungsvorschriften auch bei der Versäumung richterlicher Fristen jedenfalls dann in Betracht, wenn andernfalls der Vortrag eines Prozessbeteiligten, ohne dass dieser seine prozessualen Sorgfaltspflichten verletzt hatte, bei der gerichtlichen Entscheidung unberücksichtigt bleiben müsste.[78] Da das Wiedereinsetzungsrecht eine spezielle Ausprägung des Art. 103 Abs. 1 GG sei, komme eine über den Gesetzeswortlaut hinausgehende entsprechende Anwendung der Wiedereinsetzungsvorschriften immer dann in Betracht, wenn Sinn und Zweck des Wiedereinsetzungsrechts, nämlich die Durchsetzung des Anspruchs auf rechtliches Gehör, dies verlangten (BVerwG NJW 1994, 673, 674). In der Tat kann der Anspruch auf rechtliches Gehör bei der Versäumung (jedenfalls wichtiger) richterlicher Fristen – potenziell – genauso tangiert sein wie bei der Versäumung gesetzlicher Fristen, sodass eine entspre-

---

71   So BVerwGE 101, 39, 45 f. m.w.N.; BVerwG REE 2014, 107, 110; VGH Kassel REE 2016, 241, 246 f. m.w.N.; aus der älteren Judikatur BVerwGE 9, 89, 91 ff.; 16, 156; ausf. zu dieser Rspr. *R. Pietzner/J. Müller*, VerwArch 85 (1994), 603, 617 ff.

72   *R. Pietzner/J. Müller*, VerwArch 85 (1994), 603, 618 m.N. aus der Rspr.

73   Vgl. jüngst VG Hannover 11. 6.2013 (Beihilfeanspruch) – 13 A 2222/13, juris 29; sehr viel wiedereinsetzungsfreundlicher bei materiellen Fristen dagegen die Rspr. der SG; grundlegend BSGE 64, 153, 156 f.

74   *M. Redeker*, in: Redeker/v. Oertzen § 60 Rn. 1; *W. Bier*, in: Schoch/Schneider/Bier § 60 Rn. 9.

75   So auch *S. Brink*, in: Posser/Wolff § 60 Rn. 4.

76   Abl. *M. Redeker*, in: Redeker/v. Oertzen § 60 Rn. 1; *W.-R. Schenke*, in: Kopp/Schenke § 60 Rn. 5; *J. Schmidt*, in: Eyermann § 60 Rn. 1; diff. *W. Bier*, in: Schoch/Schneider/Bier § 60 Rn. 9.

77   Vgl. *W. Bier*, in: Schoch/Schneider/Bier § 60 Rn. 9; *M. Redeker*, in: Redeker/v. Oertzen § 60 Rn. 1; *W.-R. Schenke*, in: Kopp/Schenke § 60 Rn. 5; *J. Schmidt*, in: Eyermann § 60 Rn. 1; *Schunck/de Clerck* § 60 Anm. 2 a.

78   BVerwG NJW 1994, 673, 674 für einen Fall, in dem das Berufungsgericht dem Berufungskläger nach § 130 a S. 2 i.V.m. § 125 Abs. 2 S. 3 eine Frist zur Stellungnahme gesetzt hatte, die dieser schuldlos nicht einhalten konnte.

chende Anwendung des § 60 auf richterliche Fristen jedenfalls dann zu befürworten ist, wenn die Verlängerungsmöglichkeit des § 57 Abs. 2 VwGO i.V.m. § 224 Abs. 2 ZPO eine mögliche Verletzung des Art. 103 Abs. 1 GG nicht zu verhindern vermag.[79]

b) Versäumung von Terminen. Auch die Frage, ob die Möglichkeit der Wiedereinsetzung bei der unverschuldeten Versäumung von Terminen in Betracht kommt, ist umstr. Der Wortlaut spricht zunächst von Fristen und nicht von „Terminen". Eine Wiedereinsetzung bei schuldlos versäumten Terminen wird von der Rspr. regelmäßig verneint.[80] Wiedereinsetzung in den vorherigen Stand muss es entgegen dieser Rspr. über den Wortlaut des § 60 hinaus auch gegen die unverschuldete Versäumung von Verhandlungsterminen geben, da das Wiedereinsetzungsrecht letztlich eine Ausprägung des Grundsatzes auf Gewährung rechtlichen Gehörs darstellt (BVerfGE 22, 83, 88 f.; BVerwG NJW 1994, 673, 674 m.w.N.). Für eine analoge Anwendung des § 60 bei unverschuldeter Säumnis im Verhandlungstermin spricht insbes., dass die VwGO anders als die ZPO weder die Entscheidung nach Aktenlage bei Säumnis beider Parteien (§ 251 a ZPO) noch das Versäumnisurteil gem. § 330 ff. ZPO mit anschließender Einspruchsmöglichkeit des Säumigen gem. § 338 ZPO kennt. Anders als im Zivilprozessrecht stehen dem Beteiligten daher im Falle unverschuldeter Säumnis keine ausreichenden Möglichkeiten zur Verfügung, seine Ansprüche auf effektiven gerichtlichen Rechtsschutz und auf rechtliches Gehör gem. Art. 19 Abs. 4, Art. 103 Abs. 1 GG noch im erstinstanzlichen Verfahren[81] wirksam zu wahren. § 102 Abs. 2, wonach bei Abwesenheit eines Beteiligten auch ohne ihn verhandelt werden kann, steht dem nicht entgegen, da die Entscheidung über eine Verhandlung ohne einen Beteiligten im pflichtgemäßen Ermessen des Gerichts liegt (BVerwGE 44, 307, 309; BVerwG NVwZ 1989, 857, 858). Ist dem Gericht bekannt oder bestehen gewichtige Anhaltspunkte dafür, dass ein nicht erschienener Beteiligter schuldlos an der Teilnahme verhindert ist, muss das Gericht den Termin vertagen.[82]

3. Fristen kraft Vereinbarung. Fristen, die allein aufgrund einer Vereinbarung zwischen den Prozessbeteiligten Geltung beanspruchen und ihrer Dispositionsbefugnis unterliegen, sind grds. wiedereinsetzungsfeindlich. Vereinbarte Fristen sind der Wiedereinsetzung zugänglich, wenn die Beteiligten die Anwendung der Wiedereinsetzungsvorschriften ausdrücklich oder konkludent vereinbart haben, was grds. möglich ist[83], aber selten praktiziert werden dürfte. Insbes. bei Versäumung einer vereinbarten *Frist zum Widerruf eines Prozessvergleichs* nach § 106 ist umstr., ob eine Wiedereinsetzung analog § 60 in Betracht kommt. Die überwiegende Auffassung hielt eine Wiedereinsetzung in solchen Fällen für unmöglich[84] und begründete dies mit dem vertraglichen Charakter der vereinbarten Widerrufsfrist. Der Vergleich beruhe allein auf einer Entscheidung der Prozessbeteiligten, die insbes. auch die Dauer der Widerrufsfrist bestimmten. Mit diesem Charakter des Prozessvergleichs sei es nicht zu vereinbaren, wenn die Gerichte eine von den Beteiligten autonom vereinbarte Widerrufsfrist auf Antrag eines Beteiligten verlängern oder Wiedereinsetzung gewähren könnten (BVerwGE 109, 268, 270 f.; OVG Lüneburg NVwZ-RR 2000, 61, 62 m.w.N.). Dieses Recht stehe ausschließlich den Prozessbeteiligten selbst zu. Eine Wiedereinsetzung zuzulassen, hieße die Autonomie der Prozessbeteiligten zu entwerten und würde den Gerichten nach Ablauf der vereinbarten Widerrufsfrist Befugnisse einräumen, die sie vorher nicht hatten (BGHZ 61, 394, 398; BAGE 29, 358, 361 f.). Für eine solche Befugnis des Gerichts ergebe sich aus § 60 keine Rechtfertigung (ausf. dazu OVG Münster NJW 1978, 181). Dieser Auffassung ist zuzustimmen. Ihr hat sich nunmehr ausdrücklich das BVerwG angeschlossen, sodass diese Frage für die Praxis geklärt sein dürfte (BVerwGE 109, 268, 270 f.; ebenso OVG Lüneburg NVwZ-RR 2000, 61, 62).

---

79 A.M. *W.-R. Schenke*, in: Kopp/Schenke § 60 Rn. 5.
80 BVerwG Buchholz 310 § 102 Nr. 16; BFHE 154, 17, 23; BFH NJW 1994, 960; zust. *P. Kothe*, in: Redeker/v. Oertzen § 102 Rn. 8; *D. Krausnick*, in: Gärditz § 60 Rn. 12; die Möglichkeit einer Wiedereinsetzung jedenfalls für den Fall offen lassend, dass in der entsprechenden Instanz noch eine mündliche Verhandlung möglich ist, VGH Kassel NVwZ-RR 1999, 539 f.
81 Vgl. BVerwG NJW 1986, 206 f. zur Möglichkeit einer Revisionsrüge nach § 138 Nr. 3 wegen Verletzung rechtlichen Gehörs im Falle der Durchführung der mündlichen Verhandlung trotz Ausbleibens des Klägers und seines Prozessbevollmächtigten.
82 BVerwGE 77, 157, 161 ff.; BVerwG BayVBl 1993, 412, 513; NVwZ-RR 1995, 534, 535; ausf. § 103 Rn. 26.
83 Vgl. *H. Roth*, in: Stein/Jonas III § 233 Rn. 12.
84 BGHZ 61, 394, 397 ff.; BGH NJW 1995, 521, 522; BAGE 29, 358, 360 ff.; BAG MDR 1998, 794 (LS 2); *M. Gehrlein*, in: MüKoZPO I § 233 Rn. 15; *H. Büttner*, Wiedereinsetzung, ²1999, § 4 Rn. 5 ff.

31   Die Gegenauffassung hält die Vorschriften über die Wiedereinsetzung bei der Versäumung der Widerrufsfrist eines Prozessvergleichs für analog anwendbar.[85] Sie beruft sich hierbei auf die prozessualen Folgen des Prozessvergleichs, die in der definitiven Beseitigung der Rechtshängigkeit und der Endgültigkeit des in einem Prozessvergleich liegenden Vollstreckungstitels liegen.[86] Für eine analoge Anwendung der Wiedereinsetzungsvorschriften besteht entgegen dieser Auffassung kein praktisches Bedürfnis. Insbes. steht es den Beteiligten frei, die Frist so zu bemessen, dass einer Fristversäumung vorgebeugt wird oder den Vergleich unter Bestätigungsvorbehalt und nicht unter Widerrufsvorbehalt abzuschließen, mag eine solche Vorgehensweise auch in der Praxis unüblich sein. Darüber hinaus kann eine Berufung auf das Versäumen einer Widerrufsfrist in Ausnahmefällen dem Grundsatz von Treu und Glauben widersprechen und deshalb mit der Folge unbeachtlich sein, dass der unverschuldet verspätet eingelegte Widerruf des Vergleiches gleichwohl noch anzuerkennen ist.[87]

32   **4. Weitere umstrittene Einzelfälle hinsichtlich des Anwendungsbereichs des § 60.** Nach der hier vertretenen Leitlinie, die die verfassungsrechtlichen Determinanten des Wiedereinsetzungsrechts besonders berücksichtigt, kommt eine Wiedereinsetzung in weiterem Umfang infrage, als bisher von Rspr. und Lit. angenommen. So muss die Möglichkeit der Wiedereinsetzung nach richtiger Ansicht auch bzgl. der Nachholung einzelner Revisionsrügen bestehen, die unverschuldet nicht fristgerecht haben vorgebracht werden können.[88] Insbes., wenn die Revisionsbegründungsschrift infolge eines Büroversehens rechtzeitig aber nicht vollständig an das Revisionsgericht gelangt ist, kommt eine Wiedereinsetzung auch zur Nachholung einzelner Verfahrensrügen in Betracht (vgl. für den Zivilprozess BGH NJW 2000, 364 f.). Nichts anderes kann für das Nachschieben einzelner Wiedereinsetzungsgründe gelten, die entgegen § 60 Abs. 2 S. 2 nicht rechtzeitig vorgebracht worden sind.[89] Auch wenn der Kläger unverschuldet bestimmte Formerfordernisse nicht einhält, sollte in großzügiger Weise von den Wiedereinsetzungsmöglichkeiten nach § 60 Gebrauch gemacht werden.[90] Eine Wiedereinsetzung kommt auch dann in Betracht, wenn mangels Rechtsbehelfsbelehrung über die zu beachtende Formvorschrift des § 70 Abs. 1 S. 1 ein Widerspruch zunächst nur telefonisch und danach verspätet schriftlich eingelegt wurde (BVerwGE 50, 248, 254 f.), wenn ein Rechtsbehelf unverschuldet nicht unterschrieben worden ist (BGH NJW 1975, 56; VGH München BayVBl 1973, 593) oder wenn aus einem Schriftsatz nicht hinreichend deutlich wird, für welchen Beteiligten das eingelegte Rechtsmittel Geltung beanspruchen soll (BGH VersR 1986, 471). Wegen der besonderen verfassungsrechtlichen Relevanz der Rechtsschutzgarantie des Art. 19 Abs. 4 GG und der Garantie des rechtlichen Gehörs kann darüber hinaus in atypischen Fällen eine Berücksichtigung verspäteten Vorbringens geboten sein, wenn andernfalls der Vortrag eines Prozessbeteiligten, der seine prozessuale Sorgfaltspflicht nicht verletzt hat, bei der Entscheidungsfindung unberücksichtigt bleiben müsste.[91]

II. Fristversäumung als Voraussetzung der Wiedereinsetzung

33   **1. Prüfungspflicht des Gerichts.** Voraussetzung einer Anwendung der Wiedereinsetzungsvorschriften ist zunächst, dass die maßgebliche *Frist tatsächlich nicht eingehalten* worden ist. Schon wegen der Kostenfolge nach § 155 Abs. 3 muss das zuständige Gericht daher von Amts wegen prüfen, ob tatsächlich eine Fristversäumung vorliegt.[92] Behauptet ein Beteiligter, die Frist gewahrt zu haben – etwa weil er vorträgt, ein Schriftsatz sei entgegen der Annahme des Gerichts fristgerecht eingereicht worden oder die Zustellung des Widerspruchsbescheides oder des erstinstanzlichen Urteils sei unwirksam bzw. das Datum der Zustellung sei falsch –, ist über diese Behauptung nicht im Wiedereinsetzungsverfah-

---

85   Vgl. insbes. *F. J. Säcker*, NJW 1967, 1117 f.; *ders.* ZZP 80 (1967), 421, 423 ff.; ihm folgend etwa *G. Lüke*, JuS 1973, 45, 47; *H. Roth*, in: Stein/Jonas III § 233 Rn. 12.

86   *F. J. Säcker*, NJW 1967, 1117, 1118; vgl. auch *H. Roth*, in: Stein/Jonas III § 233 Rn. 13.

87   Vgl. OVG Lüneburg NVwZ-RR 2000, 61, 62; BAGE 29, 358, 364; offen gelassen von BVerwGE 109, 268, 271.

88   BVerwGE 46, 288, 292 ff. A.M. BVerwGE 28, 18, 21, wonach ein Nachschieben von Revisionsgründen schlechthin unzulässig sein soll. Offen gelassen von BVerwGE 153, 169 Rn. 7, wonach jedenfalls die Wiedereinsetzung wegen einer nach Ablauf der Beschwerdebegründungsfrist entstandenen Divergenz (vgl. § 132 Abs. 2 Nr. 2) ausscheidet.

89   Vgl. *W.-R. Schenke*, in: Kopp/Schenke § 60 Rn. 3 a.E. A.M. BVerwG NJW 1963, 2042, 2043; BayVBl 1976, 29.

90   Vgl. etwa BVerwGE 50, 248, 253 ff. bzgl. der Formerfordernisse eines Widerspruchs.

91   BVerwG NJW 1994, 673 f. bzgl. der Versäumung einer zur Ergänzung einer unvollständigen Berufungsschrift gesetzten Frist (wobei sich hier die Anwendung von § 60 bereits aus § 125 Abs. 2 i.V.m. § 82 Abs. 2 S. 3 ergeben dürfte).

92   *D. Krausnick*, in: Gärditz § 60 Rn. 14.

ren, sondern ggf. durch Beweiserhebung im Verfahren zu entscheiden (BGH NJW-RR 1992, 1338, 1339). Vor der Prüfung der Wiedereinsetzungsvoraussetzungen ist zunächst zu klären, ob eine „echte" Fristversäumung oder nur eine scheinbare Fristversäumnis vorliegt,[93] die im Zeitalter des elektronischen Briefverkehrs offenbar immer häufiger vorkommt.[94] In diesem Zusammenhang sind etwa ordnungsgemäß elektronisch oder per Fax übermittelte Dokumente zu nennen, die infolge eines in der Sphäre des Empfängers liegenden Umstandes unlesbar oder verstümmelt eingehen. In einem solchen Fall ist von einer rechtzeitigen Einlegung des Rechtsbehelfs auszugehen, einer Wiedereinsetzung bedarf es dann nicht.[95]

2. Vorsorgliche Wiedereinsetzung in den vorigen Stand. Von diesem Grundsatz ist in der Rspr. verein- 34 zelt eine Ausnahme gemacht worden, wenn der Nachweis der Fristwahrung nur schwierig zu führen war oder besondere Kosten verursacht hätte, die sonstigen Voraussetzungen für die Wiedereinsetzung aber zweifelsfrei gegeben waren (BGHZ 4, 389, 396; VGH München BayVBl 1970, 223). Ist dies der Fall, kann das Gericht auf einen vorsorglich gestellten Antrag die Wiedereinsetzung auch dann gewähren, wenn nicht feststeht, ob die Frist für die Prozesshandlung tatsächlich versäumt worden ist (BGHZ 4, 389, 396; VGH München BayVBl 1970, 223). Erweist sich später, dass der Rechtsbehelf rechtzeitig eingegangen ist, wird die vorsorglich gewährte Wiedereinsetzung gegenstandslos. Entscheidend ist, dass der Rechtsbehelf in jedem Fall zulässig ist (BGHZ 4, 389, 396; VGH München BayVBl 1970, 223) und dem Antragsteller durch die vorsorglich gewährte Wiedereinsetzung keine Nachteile entstehen.[96]

3. Beweislast für die Fristwahrung. Die Beweislast für die Fristwahrung obliegt grds. demjenigen, der 35 sich auf sie beruft. Behauptet also der Kläger, die Klageschrift rechtzeitig eingereicht zu haben, obwohl der entsprechende Schriftsatz beim Gericht entweder überhaupt nicht eingegangen ist oder einen verspäteten Eingangsvermerk trägt, muss er die Rechtzeitigkeit der Klageerhebung darlegen (zur Beweislast für den rechtzeitigen Eingang der Klage ausf. → § 74 Rn. 38). An die *Darlegungslast* werden hierbei unterschiedliche Anforderungen gestellt; eine einheitliche Leitlinie kann man in Rspr. und Lit. nicht immer erkennen. So genügt nach der Rspr. des BGH die reine Glaubhaftmachung nicht, vielmehr muss das Gericht die volle Überzeugung vom rechtzeitigen Eingang gewonnen haben (BGH NJW 1998, 461; 2000, 1872, 1873). Insbes. von den Instanzgerichten werden an den Nachweis der Rechtzeitigkeit der Prozesshandlung häufig zu hohe Anforderungen gestellt.[97] Regelmäßig wird der Eingang eines Schriftsatzes bei Gericht durch den Eingangsstempel des Gerichts bewiesen, der als öffentliche Urkunde i.S.d. § 418 Abs. 1 ZPO die Vermutung der Richtigkeit für sich hat; der Gegenbeweis kann jedoch nach § 418 Abs. 2 ZPO erbracht werden (vgl. BGH NJW 1998, 461; 2000, 1872, 1873 sowie → § 74 Rn. 42). Dabei dürfen die Anforderungen an den Gegenbeweis wegen der Beweisnot des Beteiligten, der i.d.R. keinen Einblick in die Funktionsweise des gerichtlichen Nachtbriefkastens hat, nicht überspannt werden (BGH NJW 2000, 1872, 1873). Einigkeit besteht auch darüber, dass grds. das Gericht dafür Sorge zu tragen hat, den Zeitpunkt des Eingangs der Klage zutreffend festzuhalten. Insoweit auftretende Fehler dürfen deshalb nicht zulasten des Rechtsuchenden gehen (*M. Brenner* [→ § 74 Rn. 38] nennt etwa den defekten Nachtbriefkasten).[98] Für Vorgänge, welche sich im gerichtsinternen Bereich abspielen, kann der Betroffene nicht verantwortlich gemacht werden; die Unaufklärbarkeit fällt in solchen Konstellationen ausschließlich in den Verantwortungsbereich des Gerichts.[99] Insbes., wenn sich Beweismittel, die Auskunft über die Fristwahrung geben könnten, wie Briefumschläge mit dem Poststempel oder ähnliche Beweisstücke nicht bei den Prozessakten befinden,

---

93 BGH VersR 1986, 60; *Baumbach/Lauterbach/Albers/Hartmann* § 233 Rn. 6.
94 Ausf. zu Fällen (nur) scheinbarer Fristversäumnis *H. Büttner*, Wiedereinsetzung, ²1999, § 4 Rn. 52 ff.
95 BGH MDR 1995, 310; ausf. *H. Büttner*, Wiedereinsetzung, ²1999, § 4 Rn. 47.
96 Es wäre daher auch unbillig, dem Antragsteller die Kosten der Wiedereinsetzung gem. § 155 Abs. 3 aufzuerlegen.
97 Exemplarisch etwa OVG Lüneburg NJW 1991, 1196: Kann der Beschwerdeführer die rechtzeitige Absendung einer Beschwerdeschrift nicht durch Vorlage eines Einlieferungsscheins glaubhaft machen, so soll nicht einmal Wiedereinsetzung in Betracht kommen; gegen diese Entscheidung zu Recht BVerwG NJW 1996, 409 f.; zu streng auch BVerwG DÖV 1972, 798 (Nr. 322), wonach bei Aufgabe einer Beschwerdeschrift am letzten Fristtage keine Wiedereinsetzung gewährt werden kann.
98 Zu den Anforderungen an den Nachw. rechtzeitigen Einwurfs der Berufungsschrift in einen defekten Nachtbriefkasten instruktiv BGH VersR 1984, 442, 443; NJW 2000, 1872, 1873.
99 BVerfG NJW 1991, 2076; 1997, 1770, 1771. Ist bspw. ein Zustellungsnachw. im Bereich des Gerichts verlorengegangen oder der Eingang eines Schriftsatzes aus Gründen nicht mehr rekonstruierbar, die im gerichtsinternen Bereich lie-

wird zugunsten des Klägers der rechtzeitige Eingang der Prozesshandlung bei Gericht anzunehmen sein.[100] In Zweifelsfällen ist zugunsten des Klägers von der rechtzeitigen Vornahme der fristgebundenen Prozesshandlung auszugehen, sofern dieser die rechtzeitige Vornahme der Handlung glaubhaft macht.[101]

III. Unverschuldete Hinderung des Betroffenen an der fristgerechten Vornahme der Rechtshandlung

36 **1. Allgemeines.** Materielle Voraussetzung der Wiedereinsetzung ist, dass jemand *ohne Verschulden verhindert* war, die betreffende Frist einzuhalten. Der Wiedereinsetzungsgrund der Verhinderung ohne Verschulden umfasst zwei unterschiedliche Tatbestandsmerkmale, die allerdings eng zusammenhängen. Eine Wiedereinsetzung ist nach § 60 zu gewähren, wenn der rechtzeitigen Vornahme einer fristgebundenen Prozesshandlung ein Hindernis entgegenstand; dieses Hindernis darf nicht auf einem Verschulden des Beteiligten beruhen. Die beiden Tatbestandsmerkmale der *Verhinderung* und der *unverschuldeten Fristversäumung* bilden somit das materielle Kernstück des Wiedereinsetzungsrechts.

37 **2. Hinderungsgrund im Allgemeinen.** Hindernis oder Hinderungsgrund i.S.d. § 60 ist ein Ereignis oder Umstand, welches die Fristwahrung für den Betroffenen entweder schlechthin unmöglich macht oder unzumutbar erschwert.[102] Nicht erforderlich ist, dass das Hindernis auf einem Umstand der Außenwelt beruht. Häufig sind vielmehr Fälle, in denen die Verhinderung psychischer Natur ist.[103] Als Hindernis kommen neben objektiven Umständen der Außenwelt, zu denen bspw. die praktisch besonders relevanten Beförderungsmängel (Einzelfallkasuistik hierzu → Rn. 63 f.) gehören, insbes. auch subjektive Gründe in Betracht, die allein in der Person des Säumigen begründet liegen. Zu diesen subjektiven Hinderungsgründen zählen bspw. Krankheit, die Unkenntnis über den Fristbeginn oder die Dauer der Frist, der Rechtsirrtum oder die Rechtsunkenntnis des Beteiligten, der Verlust von Unterlagen oder das schlichte Vergessen der rechtzeitigen Einlegung eines Rechtsbehelfs. Das Fehlen der Prozess- bzw. Beteiligtenfähigkeit ist immer ein Hinderungsgrund (vgl. BGH NJW 1987, 440 f. m.w.N.). Auch die mangelnde Beherrschung der deutschen Sprache kommt als Hinderungsgrund in Betracht (zur Einzelfallkasuistik → Rn. 56 ff.). Auch wenn die Einhaltung einer Frist zwar nicht objektiv unmöglich, für den Betroffenen aber mit so gravierenden Schwierigkeiten verbunden ist, dass die rechtzeitige Vornahme der Prozesshandlung von ihm nicht erwartet werden kann, ist Wiedereinsetzung schon aus verfassungsrechtlichen Gründen zu gewähren (vgl. BVerfGE 71, 305, 348). Kein Hindernis liegt dagegen vor, wenn ein Beteiligter es in Kenntnis aller für die Versäumung maßgeblichen Tatsachen unterlässt, einen Rechtsbehelf einzulegen, weil er (irrig) von der Erfolglosigkeit desselben ausgeht.[104]

38 **3. Mittellosigkeit im Besonderen.** Wird von einem Beteiligten vor Einlegung eines fristgebundenen Rechtsbehelfs oder vor Einlegung eines Rechtsmittels ein Antrag auf Gewährung von *PKH* gestellt, über den erst nach Ablauf der Rechtsmittelfrist entschieden wird, wird das vor Entscheidung über den PKH-Antrag bestehende Kostenrisiko grds. als Hindernis anerkannt.[105] Hinderungsgrund für die fristgerechte Einlegung des Rechtsbehelfs sind in diesem Fall die wirtschaftlichen Verhältnisse des Antragstellers, die es ihm unzumutbar machen, infolge des bestehenden (finanziellen) Prozessrisikos innerhalb der offenen Rechtsbehelfsfrist einen Rechtsbehelf einzulegen (BVerwG NJW 1992, 2307). Voraussetzung für eine unverschuldete Versäumung der Frist ist, dass der Antrag auf PKH bis zum Ablauf des letzten Tages der Rechtsbehelfsfrist unter Beifügung der erforderlichen Erklärungen und Unterla-

---

gen, so muss regelmäßig die Frist als gewahrt angesehen werden, jedenfalls aber Wiedereinsetzung gewährt werden. Vgl. BVerwG Buchholz 310 § 81 VwGO Nr. 11; BGH VersR 1980, 90, 91; NJW 1981, 1673, 1674.

100 Zu solchen Fallkonstellationen etwa BVerfGE 41, 357, 360; BSG NJW 1973, 535; HmbOVG NVwZ-RR 1995, 122; VGH München BayVBl 1975, 561.

101 BVerwG NJW 1969, 1730, 1731 zur Widerlegung der sich aus einem gerichtlichen Eingangsstempel ergebenden Vermutung durch eidesstattliche Versicherung. Zu den reduzierten Anforderungen an eine Glaubhaftmachung in Zweifelsfällen → § 74 Rn. 38.

102 Vgl. BVerfGE 71, 305, 347 f.; *W.-R. Schenke*, in: Kopp/Schenke § 60 Rn. 8 m.w.N.

103 *M. Gehrlein*, in: MüKoZPO I § 233 Rn. 18.

104 BVerwG NVwZ-RR 1989, 591; NVwZ-RR 2016, 805; OVG Lüneburg NVwZ-RR 2008, 356. A.A. *D. Krausnick*, in: Gärditz § 60 Rn. 16.

105 BVerfGE 22, 83, 86 ff.; BVerwGE 15, 306, 308; BVerwG NJW 1992, 2307; Buchholz 310 § 60 VwGO Nr. 147.

gen (vgl. § 166 VwGO i.V.m. §§ 114, 115, 117 Abs. 2 ZPO) gestellt wird.[106] Hierbei obliegt es grds. dem Antragsteller, für die ordnungsgemäße Vorlage des PKH-Formulars und die Vollständigkeit der beizulegenden Unterlagen zu sorgen oder aber innerhalb der Wiedereinsetzungsfrist darzulegen, dass er hierzu unverschuldet nicht in der Lage war.[107] An die formell ordnungsgemäße Antragstellung im PKH-Verfahren werden dabei erhebliche Anforderungen gestellt,[108] was v.a. dann problematisch ist, wenn der Antrag auf PKH vom Bedürftigen selbst ohne anwaltliche Hilfe gestellt worden ist. Hier darf kein allzu strenger Maßstab angelegt werden.[109] Unterlässt es der objektiv Bedürftige dagegen, während der Rechtsbehelfsfrist überhaupt einen Antrag auf PKH zu stellen, ist die Säumnis nicht unverschuldet. Eine Wiedereinsetzung kommt in diesem Fall nicht in Betracht, da es dem Bedürftigen – auch angesichts der Möglichkeiten des Beratungshilfegesetzes – zumutbar ist, sich während der offenen Rechtsbehelfsfrist über die ihm zustehenden Möglichkeiten der Rechtsberatung zu informieren. Wird die *PKH bewilligt*, steht ohne Weiteres fest, dass der Beteiligte infolge Mittellosigkeit an der 39 fristgerechten Einlegung des Rechtsbehelfs unverschuldet verhindert war.[110] Mit der Zustellung des Beschlusses über die Bewilligung der PKH fällt das Hindernis weg und beginnt die Zwei-Wochenfrist (bzw. Monatsfrist) des § 60 Abs. 2 S. 1 zu laufen.[111] Problematischer ist die Fallkonstellation, in der die PKH verweigert wird. In diesem Fall ist der Beteiligte solange als ohne Verschulden an der Einlegung des Rechtsmittels verhindert anzusehen, als er nach den gegebenen Umständen nicht mit der Ablehnung seines Antrages auf PKH rechnen musste. Wird die *PKH* wegen des Fehlens der wirtschaftlichen Voraussetzungen gem. § 166 VwGO i.V.m. § 115 ZPO *abgelehnt*, ist dem Antragsteller, der einen (formell ordnungsgemäßen) Antrag auf PKH gestellt hat und der sich subjektiv für bedürftig halten durfte, auf Antrag Wiedereinsetzung in die versäumte Frist zu gewähren, wenn dieser sich entschließt, das Verfahren nunmehr auf eigene Kosten durchzuführen.[112] Die Frist des § 60 Abs. 2 S. 1 beginnt in diesem Fall mit der Zustellung des ablehnenden PKH-Beschlusses zu laufen.[113] Zu den weiteren Einzelheiten der besonders praxisrelevanten Thematik Prozesskostenhilfegesuch und Wiedereinsetzung sei auf die Komm. unten (→ Rn. 81 unter dem Stichwort *PKH*) verwiesen.

4. Ohne Verschulden. Zentrale Frage bei der Entscheidung über die Wiedereinsetzung ist regelmäßig, 40 ob der Säumige die Frist schuldlos versäumt hat oder ob ihm ein Verschulden zur Last fällt, welches die Wiedereinsetzung ausschließt. Das Tatbestandsmerkmal der Verhinderung *ohne Verschulden* ist damit der „Schlüssel" für das gesamte Recht der Wiedereinsetzung. Es verwundert daher nicht, dass die Frage, ob eine Frist schuldlos versäumt worden ist, Gegenstand unzähliger gerichtlicher Entscheidungen sowie von divergierenden Stellungnahmen in der rechtswissenschaftlichen Lit.[114] ist. Bis heute herrschen hinsichtlich der Einzelheiten der Verschuldensmaßstäbe Unsicherheiten und Meinungsverschiedenheiten, die auch durch die ausufernde Kasuistik im Bereich des Wiedereinsetzungsrechts[115]

---

106 F. *Bernau*, NJW 2016, 1999, 2001.
107 BGH NJW 1994, 2097, 2098; 1997, 1078. H. *Büttner*, Wiedereinsetzung, ²1999, § 6 Rn. 34; ausf. zu den Anforderungen an einen ordnungsgemäßen PKH-Antrag G. *Müller*, NJW 1993, 681, 682; 1995, 3224, 3225; 1998, 497, 498; 2000, 322, 324 und V. *v. Pentz*, NJW 2003, 858 ff. m. umfangr. Nachw. aus der Rspr. des BGH.
108 Ausf. Nachw. zur Judikatur bei F. *Bernau*, NJW 2014, 2007, 2008 f.; 2015, 1999, 2000 f.; 2016, 2004, 2005 f.
109 D. *Krausnick*, in: Gärditz § 60 Rn. 23 in Fn. 60.
110 BVerwG NVwZ-RR 1989, 665, 666; NJW 1992, 2307; H. *Büttner*, Wiedereinsetzung, ²1999, § 6 Rn. 36.
111 BVerwG Buchholz 310 § 60 VwGO Nr. 211; VGH Mannheim NVwZ 1999, 205, 206. Zu den Einzelheiten ausf. H. *Büttner*, Wiedereinsetzung, ²1999, § 6 Rn. 35; G. *Müller*, NJW 1993, 681, 682; 1995, 3224, 3225; V. *v. Pentz*, NJW 2003, 858 ff.
112 BVerwG Buchholz 310 § 60 VwGO Nr. 147; J. *Meyer*, NJW 1995, 2139, 2140.
113 Anders aber BGH NJW 1986, 257, 258; NJW-RR 1990, 451; VersR 1999, 1123, 1124. Danach soll dem Antragsteller im Zivilprozess zusätzlich zur Wiedereinsetzungsfrist noch eine Überlegungsfrist von drei bis vier Tagen zugebilligt werden, ob er Berufung mit eigenen Mitteln einlegen will; vgl. M. *Gehrlein*, in: MüKoZPO I § 233 Rn. 44; F. *Bernau*, NJW 2015, 2004, 2005.
114 Verwiesen sei nur auf die Monographien von H. *Büttner*, Wiedereinsetzung, ²1999 und S. J. *Greger*, Wiedereinsetzung, 1998 sowie auf die regelmäßigen Rechtsprechungsübersichten von G. *Müller*, NJW 1993, 682 ff.; 1995, 3224 ff.; 1998, 497 ff.; 2000, 322 ff. und V. *v. Pentz*, NJW 2003, 858 ff.; M. *Born*, NJW 2005, 2042 ff.; 2007, 2088 ff.; 2009, 2179 ff.; 2011, 2022 ff.; F. *Bernau*, NJW 2012, 2004 ff.; 2013, 2001 ff.; 2014, 2007 ff.; 2015, 2004 ff.; 2016, 1999 ff.
115 Vgl. aus dem zivilprozessualen Schrifttum, das für den Verwaltungsprozess entsprechend herangezogen werden kann, die Einzelfallkasuistik bei *Baumbach/Lauterbach/Albers/Hartmann* § 233 Rn. 18-190; R. *Greger*, in: Zöller § 233 Rn. 23; vgl. auch die Übersichten zur Rspr. des BGH bei W. *Ball*, Jur Büro 1992, 653 ff.; G. *Müller*, NJW 1993, 682 ff.; 1995, 3224 ff.; 1998, 497 ff.; 2000, 322 ff. und V. *v. Pentz*, NJW 2003, 858 ff.; M. *Born*, NJW 2005,

nur unzureichend geklärt sind. Im Folgenden wird der Rechtspraxis eine Übersicht über die Leitlinien der Rspr. im Bereich des Wiedereinsetzungsrechts vermittelt.

41   **a) Strukturmerkmale des Begriffes „Verhinderung ohne Verschulden".** Ob im Einzelfall eine Wiedereinsetzung in Betracht kommt, entscheidet sich regelmäßig bei dem Tatbestandsmerkmal des *Verschuldens*. Die Frage, welche Anstrengungen von dem Rechtsuchenden zu erwarten sind, um eine Fristversäumung zu verhindern, ist eine zentrale Problematik des Wiedereinsetzungsrechts. Ein Verschulden liegt vor, wenn der Beteiligte hinsichtlich der Fristwahrung diejenige Sorgfalt außer Acht lässt, die für einen gewissenhaften und seine Rechte und Pflichten sachgemäß wahrnehmenden Prozessführenden geboten und ihm nach den gesamten Umständen des konkreten Falles zuzumuten war.[116] Diese allgemein anerkannte Definition des Verschuldensbegriffes ist ihrerseits konkretisierungsbedürftig und mit auslegungsbedürftigen Tatbestandsmerkmalen derart überfrachtet, dass sie nur sehr bedingt zur sachgerechten Beurteilung problematischer Einzelfälle herangezogen werden kann. Immerhin lässt sich ihr entnehmen, dass der Verschuldensmaßstab grds. objektiv zu bestimmen ist (was sich aus der Verwendung der „Idealfigur" des gewissenhaften Prozessführenden ergibt), hierbei aber für die Berücksichtigung der in der Person (und im anhängigen Verfahren) liegenden konkreten Umstände des Einzelfalles Raum bleibt, was i.E. den Verschuldensmaßstab subjektiv „einfärbt" (zur Kontroverse um den anzuwendenden Verschuldensmaßstab → Rn. 42).

42   **b) Verschuldensmaßstab und Verschuldensformen.** Die Wiedereinsetzung ist ausgeschlossen, wenn der Betroffene die Frist vorsätzlich oder fahrlässig versäumt hat (OVG Lüneburg NVwZ-RR 2008, 356). Die *vorsätzliche Fristversäumung* spielt in der gerichtlichen Praxis kaum eine Rolle, weil es ein seltener Ausnahmefall ist, dass der Prozessbeteiligte die Vornahme einer Prozesshandlung willentlich unterlässt und sich der sich aus dem Unterlassen ergebenden Folgen bewusst ist oder diese wenigstens billigend in Kauf nimmt.[117] Hingegen spielt die Frage, wann eine Fristversäumung *fahrlässig* verursacht und damit dem Säumigen vorwerfbar ist, die entscheidende Rolle in der Praxis des Wiedereinsetzungsrechts. Bei der Auslegung des Verschuldensbegriffes in § 60 ist von einem (gemäßigt) subjektiven Fahrlässigkeitsmaßstab auszugehen.[118] Dies entspricht auch der Rspr. des BVerwG, wonach eine unverschuldete Fristversäumnis vorliegt, wenn dem Betroffenen nach den Umständen des Einzelfalls kein Vorwurf an der Säumnis trifft (BVerwGE 50, 248, 254; BVerwG NJW 1990, 3103). Bei der Verschuldensprüfung sind daher die individuellen Verhältnisse des Betroffenen zu berücksichtigen, anders als beim objektivierten Fahrlässigkeitsmaßstab des § 276 BGB ist für die Berücksichtigung der konkreten Fähigkeiten des Betroffenen breiter Raum.[119] Der Maßstab der erforderlichen Sorgfalt bestimmt sich daher auch nach den Besonderheiten des Einzelfalles, insbes. kommt es darauf an, welche Anstrengungen im konkreten Fall zumutbar sind.[120] Bei der Wiedereinsetzungsentscheidung dürfen die verfahrensrechtlichen und persönlichen Gegebenheiten des Einzelfalles nicht außer Acht gelassen werden; insbes. dürfen an den juristischen Laien, der verfahrensrechtlich nicht versiert ist, keine übertriebenen Anforderungen gestellt werden.[121] Die Anforderungen an die vom Einzelnen in diesem Zusammenhang zu beachtenden Sorgfaltspflichten dürfen angesichts der Bedeutung der Wiedereinsetzung für die Verwirklichung der verfassungsrechtlich verbürgten Rechtsschutzgarantien nicht überspannt werden.[122]

2042 ff.; 2007, 2088 ff.; 2009, 2179 ff.; 2011, 2022 ff.; *F. Bernau,* NJW 2012, 2004 ff.; 2013, 2001 ff.; 2014, 2007 ff.; 2015, 2004 ff.; 2016, 1999 ff.

116 So der Maßstab der Rspr.; vgl. nur BVerfG NJW 1993, 847; BVerwGE 50, 248, 254 f. m.w.N.; BVerwG NJW 1991, 2096, 2097; Buchholz 310 § 60 Nr. 139.

117 Zur vorsätzlichen Fristversäumung *H. Roth,* in: Stein/Jonas III § 233 Rn. 24.

118 Für einen grds. subjektiv orientierten Fahrlässigkeitsmaßstab etwa *H. Roth,* in: Stein/Jonas III § 233 Rn. 25 (anders beim Anwalt); *W. Bier,* in: Schoch/Schneider/Bier § 60 Rn. 19; *W.-R. Schenke,* in: Kopp/Schenke § 60 Rn. 9; *G. Müller,* NJW 1993, 681; 1995, 3224, 3226; *H. Büttner,* Wiedereinsetzung, ²1999, § 5 Rn. 2. A.M. *M. Gehrlein,* in: MüKoZPO I § 233 Rn. 21, 23 und *R. Greger,* in: Zöller § 233 Rn. 12, die grds. von einem objektiv-abstrakten Fahrlässigkeitsmaßstab ausgehen.

119 BVerwG GewArch 1965, 48; MDR 1977, 75; BGH NJW 1976, 626, 627; VGH München BayVBl 1980, 763; *D. Krausnick,* in: Gärditz § 60 Rn. 19.

120 *Baumbach/Lauterbach/Albers/Hartmann* § 233 Rn. 12 m.w.N.

121 BSG NJW 1975, 1380, 1383.

122 So das BVerfG in st. Rspr.; vgl. nur BVerfGE 25, 158, 166; 37, 93, 96; 41, 332, 334; 54, 80, 84; BVerfG NJW 1991, 2277; 1992, 38.

c) Besondere Anforderungen an bestimmte Berufsgruppen. Grds. sind an einen *Fachmann* höhere 43
Anforderungen zu stellen als an einen juristischen Laien.[123] Dies gilt zunächst für den *Rechtsanwalt*,
dessen Verschulden dem Beteiligten bei der Fristversäumung gem. § 173 VwGO i.V.m. § 85 Abs. 2
ZPO regelmäßig zuzurechnen ist (OVG Bln-Bbg NVwZ-RR 2016, 936). Den Rechtsanwalt treffen
besondere Sorgfaltspflichten sowohl bei der persönlichen Bearbeitung des Mandats als auch hinsichtlich der Organisation des Kanzleibetriebes hinsichtlich der Fristenkontrolle und -überwachung (zu den
Einzelheiten → Rn. 68, 71 ff. unter den Stichworten *Büroorganisation* und *Fristenkontrolle*). Von
einem Rechtsanwalt muss insbes. erwartet werden, dass er aufgrund seiner Ausbildung die für die formelle Behandlung einer Sache erforderlichen Kenntnisse besitzt oder sich wenigstens im Laufe der
Rechtsbehelfsfrist beschafft (vgl. BGHZ 8, 47, 54; BGH NJW 1971, 1704; 1979, 1414; 1981, 576,
577). In der Praxis führt dies dazu, dass beim Verschulden des Bevollmächtigten von einem objektiv-
typisierten Maßstab auszugehen ist, der dem objektiven Fahrlässigkeitsbegriff angenähert ist.[124] Verschuldensmaßstab ist nach der Rspr. die „übliche, von einem ordentlichen Rechtsanwalt zu fordernde
Sorgfalt".[125] Die danach zu fordernde „berufsspezifische Sorgfalt" macht eine gruppenspezifische
Ausdifferenzierung der Sorgfaltsmaßstäbe auch innerhalb des anwaltlichen Berufskreises möglich und
führt dazu, dass die herrschende Auffassung insbes. für *Fachanwälte* einen gegenüber Allgemeinan-
wälten erhöhten Sorgfaltsmaßstab anlegt. Vom Fachanwalt für Verwaltungsrecht wird deshalb die
Einhaltung eines Sorgfaltsmaßstabs gefordert, der dem durchschnittlichen Maßstab der innerhalb dieser besonderen Anwaltsgruppe geltenden, erhöhten Standards entspricht.[126] Dies führt in der Praxis
dazu, dass der Beteiligte, der einen Fachanwalt mit der Wahrnehmung seiner Interessen beauftragt
über die Verschuldenszurechnung des § 173 VwGO i.V.m. § 85 Abs. 2 ZPO dafür einzustehen hat,
dass dieser erhöhte Sorgfaltsstandard vom Anwalt auch eingehalten wird. Auch für einen *Mitarbeiter
eines Rechtsamtes* oder einen *juristischen Staatsbeamten*, der ständig Rechtssachen betreut und daher
im Umgang mit den Gerichten versiert und mit den Prozessregelungen vertraut ist, gelten erhöhte
Sorgfaltsanforderungen, die grds. den Anforderungen, die an einen Rechtsanwalt zu stellen sind, entsprechen (OVG Münster NVwZ 1991, 490). Ein objektivierter Sorgfaltsmaßstab ist auch für *Steuerberater und Steuerbevollmächtigte* (BFHE 73, 491, 493) sowie *Verbandsvertreter*[127] als Bevollmächtigte anzulegen. Bei der Bevollmächtigung anderer Personen bestimmen dagegen deren individuelle
Kenntnisse und Fähigkeiten den Sorgfaltsmaßstab.[128]

d) Zurechnung des Verschuldens eines gesetzlichen Vertreters oder eines Bevollmächtigten. aa) Ver- 44
schulden eines gesetzlichen Vertreters. Das Verschulden eines gesetzlichen Vertreters ist dem Beteiligten nach § 173 VwGO i.V.m. § 51 Abs. 2 ZPO[129] auch im verwaltungsgerichtlichen Verfahren zuzurechnen. § 51 Abs. 2 ZPO enthält einen allgemeinen Rechtsgedanken und ist daher im Verwaltungsprozess entsprechend anzuwenden (BVerwG Buchholz 310 § 60 VwGO Nr. 171). Die Verschuldenszurechnung beruht auf dem Gedanken, dass der Beteiligte, der den Rechtsstreit durch einen Vertreter
führen lässt oder nach § 67 führen lassen muss, in jeder Weise so behandelt werden soll, als wenn er
den Prozess selbst geführt hätte.[130] Ein Beteiligter soll nicht die Möglichkeit haben, durch eine Berufung auf Vertreterverschulden die Folgen von prozessualen Fehlern und Versäumnissen von sich selbst
abwenden zu können.[131]

123 BVerwGE 49, 252, 255; BGHZ 8, 47, 54; BGH NJW 1971, 1704; 1979, 1414; 1981, 576, 577 m.w.N.; vgl. *D. Krausnick*, in: Gärditz § 60 Rn. 19.
124 BGH NJW 1985, 1710, 1711; 1992, 429; 12.4.2016 – IX ZB 75/15, juris Rn. 9: „übliche Sorgfalt eines ordentlichen Rechtsanwalts"; *H. Büttner*, Wiedereinsetzung, ²1999, § 5 Rn. 12; vgl. auch *H. Roth*, in: Stein/Jonas III § 233 Rn. 27.
125 BGH NJW 1985, 495, 496; 1985, 1710, 1711; NJW-RR 1988, 508; *B. Borgmann*, in: B. Borgmann/A. Jungk/M. Schwaiger, Anwaltshaftung, ⁵2014, § 26 Rn. 25 ff.; *M. Vollkommer/R. Greger/J. Heinemann*, Anwaltshaftungsrecht, ⁴2014, § 17 Rn. 5 m.w.N.
126 *B. Borgmann*, in: B. Borgmann/A. Jungk/M. Schwaiger, Anwaltshaftung, ⁵2014, § 26 Rn. 30; *M. Vollkommer/R. Greger/J. Heinemann*, Anwaltshaftungsrecht, ⁴2014, § 17 Rn. 14.
127 BSGE 6, 1 (LS 3); *M. v. Wulffen*, in: Schroeder-Printzen § 27 SGB X Rn. 7.
128 *H. Büttner*, Wiedereinsetzung, ²1999, § 5 Rn. 15 m.w.N.
129 Zu den Einzelfällen gesetzlicher Vertretung ausf. *Baumbach/Lauterbach/Albers/Hartmann* § 51 Rn. 12 ff.; *F. Jacoby*, in: Stein/Jonas II § 51 Rn. 31 ff.
130 Ausf. *M. Vollkommer*, Die Stellung des Anwalts im Zivilprozeß, 1984, 33 ff.
131 Zu diesem Grundgedanken für den Zivilprozess ausf. *M. Vollkommer*, in: Zöller § 85 Rn. 2.

45   **bb) Zurechnung des Verschuldens eines Bevollmächtigten.**   Anders als die ZPO[132] enthält die VwGO[133] keine ausdrückliche Aussage über die Zurechnung des Verschuldens eines Prozessbevollmächtigten auf den Vertretenen.[134] Der Grundsatz der Zurechnung des Verschuldens des Bevollmächtigten entspricht aber dem Willen des historischen Gesetzgebers (zur Entstehungsgeschichte → Rn. 1 ff.) und wird – nach der hier vertretenen Auffassung allerdings nur im Regelfall (→ Rn. 48) – nicht durch wesensmäßige Unterschiede zwischen VwGO und ZPO ausgeschlossen (BVerwGE 13, 181, 182; 49, 252, 256 f. m.w.N.). Das *Verschulden eines Bevollmächtigten* ist daher dem Beteiligten nach § 173 VwGO i.V.m. § 85 Abs. 2 ZPO grds. wie eigenes Verschulden zuzurechnen. Die Zurechnung des Verschuldens eines Bevollmächtigten auf den Beteiligten entspricht der stetigen und gefestigten Rspr. der obersten Gerichte in den verschiedenen Verfahrensordnungen und ist verfassungsrechtlich nicht zu beanstanden.[135] Das BVerfG hält vielmehr in seiner Rspr. daran fest, dass auch nach Verschärfung des Asylrechts durch das AsylVfG 1992 die Zurechnung des Anwaltsverschuldens im Asylverfahren verfassungsrechtlich nicht zu beanstanden ist (BVerfG NVwZ 2000, 907 ff.). Die Zurechnung des Anwaltsverschuldens auf den Mandanten beruht auf einem ähnlichen Grundgedanken, wie die Zurechnung des Verschuldens eines gesetzlichen Vertreters nach § 51 Abs. 2 ZPO.[136]

46   **aaa) Kreis der Bevollmächtigten.**   Der Kreis der Bevollmächtigten i.S.d. § 85 Abs. 2 ZPO wird von der Rspr. weit gezogen.[137] Bevollmächtigte i.S.d. § 85 Abs. 2 ZPO sind *rechtsgeschäftlich bestellte Vertreter* jeder Art, die in eigenverantwortlicher Weise für den Beteiligten in einem Rechtsstreit tätig werden.[138] Bei den Bevollmächtigten wird es sich im Regelfall um Rechtsanwälte handeln; der Anwendungsbereich der Vorschrift ist aber keineswegs auf diese beschränkt. Bevollmächtigter i.S.d. § 85 Abs. 2 ZPO ist jeder sonstige von dem Beteiligten für den Prozess bevollmächtigte Vertreter im Bereich seines jeweiligen Aufgabenbereichs.[139] Hierzu gehören der *Sozius*, wenn das Mandat – wie regelmäßig – der gesamten Sozietät erteilt worden ist und deshalb jeder Sozius als Prozessbevollmächtigter mit der Folge des § 85 Abs. 2 ZPO anzusehen ist,[140] der mitbeauftragte Rechtsanwalt, der Korrespondenzanwalt und auch der vorinstanzliche Anwalt sowie der Unterbevollmächtigte des Prozessbevollmächtigten und der Zustellungsbevollmächtigte.[141] Ein Verschulden des beim Bevollmächtigten *angestellten Anwaltes* oder anderer *juristischer Mitarbeiter (Referendare, Assessoren, Studenten)* ist dem Bevollmächtigten und über diesen nach § 85 Abs. 2 ZPO dem Beteiligten nur dann unter dem Gesichtspunkt der Pflichtenübertragung zuzurechnen, wenn der juristische Mitarbeiter die Sache selbständig zu bearbeiten hatte, nicht aber, wenn ihnen lediglich reine Hilfstätigkeiten übertragen waren oder wenn sie in der Sachbearbeitung nur vorbereitende (Hilfskraft-)Funktion haben, die Entscheidungen aber dem bevollmächtigten Anwalt vorbehalten bleiben.[142] Die Abgrenzung zwischen Hilfstätigkeit und selbständiger Bearbeitung richtet sich „nach den gesamten Umständen des Einzelfalls"

---

132   Zu den Grundlagen der Zurechnung des Anwaltsverschuldens im Zivilprozessrecht ausf. M. *Bern*, Verfassungs- und verfahrensrechtliche Probleme anwaltlicher Vertretung im Zivilprozeß, 1992, 162 ff.

133   Gleiches gilt für das finanzgerichtliche und das sozialgerichtliche Verfahren. Auch hier erfolgt die Verschuldenszurechnung über die Normen der §§ 155 FGO, 202 SGG, die inhaltlich dem § 173 VwGO entsprechen. Vgl. zur Verschuldenszurechnung des Vertreterverschuldens in diesen Prozessordnungen näher P. *Brandis*, in: Tipke/Kruse § 56 FGO Rn. 10 ff.; W. *Keller*, in: Meyer-Ladewig/Keller/Leitherer § 67 SGG Rn. 3 e.

134   § 85 Abs. 2 ZPO lautet: „Das Verschulden des Bevollmächtigten steht dem Verschulden der Partei gleich." Eine entsprechende Regelung enthalten § 32 Abs. 1 S. 2 VwVfG, § 27 Abs. 1 S. 2 SGB X und § 110 Abs. 1 S. 2 AO.

135   Ausf. BVerfGE 60, 253 ff. zur Verfassungsmäßigkeit der Verschuldenszurechnung im Asylrechtsverfahren.

136   Zur Rechtfertigung der Zurechnung des Verschuldens des Prozessbevollmächtigten BVerfGE 60, 253, 281 ff. sowie M. *Bern*, Verfassungs- und verfahrensrechtliche Probleme anwaltlicher Vertretung im Zivilprozeß, 1992, 166 ff.

137   Ausf. M. *Vollkommer*, in: Zöller § 85 Rn. 17 ff.; *Baumbach/Lauterbach/Albers/Hartmann* § 85 Rn. 27 ff.

138   BGH VersR 1984, 239 – zu den Bevollmächtigten zählen auch Unterbevollmächtigte sowie jeder andere Anwalt, den der von der Partei beauftragte Rechtsanwalt bittet, die weitere Bearbeitung der Sache zu übernehmen; vgl. *Baumbach/Lauterbach/Albers/Hartmann* § 85 Rn. 28.

139   F. *Jacoby*, in: Stein/Jonas II § 85 Rn. 11; H. *Roth*, in: Stein/Jonas III § 233 Rn. 22.

140   BGHZ 56, 355, 357; BGH NJW 1991, 2294; zu weiteren Einzelfällen G. *Müller*, NJW 1993, 681, 684; 1995, 3224, 3229; A. *Jungk*, in: B. Borgmann/A. Jungk/M. Schwaiger, Anwaltshaftung, 5 2014, § 56 Rn. 16 m.w.N.

141   Zu den Einzelheiten A. *Jungk*, in: B. Borgmann/A. Jungk/M. Schwaiger, Anwaltshaftung, 5 2014, § 56 Rn. 12 ff. m. umfangr. Nachw.; M. *Gehrlein*, in: MüKoZPO I § 233 Rn. 50 m. umfassenden Rspr.-Nachw.; F. *Jacoby*, in: Stein/Jonas II § 85 Rn. 11.

142   BVerwG BayVBl 1991, 93, 94; Buchholz 310 § 60 VwGO Nr. 144; BGH NJW-RR 1992, 1019, 1020; 1993, 892, 893; G. *Müller*, NJW 1995, 3224, 3229; A. *Jungk*, in: in: B. Borgmann/A. Jungk/M. Schwaiger, Anwaltshaftung, 5 2014, § 56 Rn. 17.

(BGH NJW-RR 1992, 1019, 1020) und führt in der Praxis zu schwierigen Abgrenzungsfragen.[143] Die Verschuldenszurechnung setzt eine bestehende Vertretungsmacht voraus und endet abweichend von § 87 ZPO bereits mit der Beendigung desjenigen Rechtsverhältnisses, das der Vollmachtserteilung zugrunde lag. Für die Beendigung der Verschuldenszurechnung genügt bereits die *Kündigung des Mandats im Innenverhältnis*,[144] diese ist aber auch erforderlich, da die Verschuldenszurechnung auf dem Grundsatz beruht, dass jeder, der sich am Rechtsverkehr beteiligt, für die Personen einzustehen hat, die erkennbar sein Vertrauen genießen (BVerwG NVwZ 2000, 65 m.w.N.). Die Rspr. zählt neben den von dem Beteiligten selbst bestellten Vertretern[145] auch Vertreter des Bevollmächtigten[146] und *Hilfskräfte von gewisser Selbständigkeit*[147] zu den Bevollmächtigten i.S.d. § 85 Abs. 2 ZPO, sodass sich der Beteiligte auch deren Verschulden wie sein eigenes anrechnen lassen muss.

bbb) Verschulden von Hilfspersonen des Bevollmächtigten. Sonstige Hilfskräfte des Bevollmächtig- 47 ten, insbes. das *Büropersonal* eines Rechtsanwalts, fallen dagegen nicht unter § 85 Abs. 2 ZPO.[148] Allerdings kann für die Fehler des Hilfspersonals nach st. Rspr. auch ein Verschulden des Bevollmächtigten selbst verantwortlich sein, das sich der Vertretene wiederum zurechnen lassen muss. Insbes. hat der Bevollmächtigte die *Büroorganisation* (zu den Anforderungen an die Büroorganisation im Einzelnen → Rn. 68) in einer Art und Weise zu gestalten, dass Fehler nach Möglichkeit unterbleiben.[149] Darüber hinaus ist er verpflichtet, sein *Büropersonal sorgfältig auszuwählen, anzuleiten und zu überwachen*.[150] Verstößt ein Bevollmächtigter gegen diese Pflichten, an die die Rspr. regelmäßig äußerst strenge Anforderungen stellt, trifft den Bevollmächtigten ein eigener Schuldvorwurf unter dem Gesichtspunkt des *Organisationsverschuldens*, den sich wiederum der Vertretene als eigenes Verschulden zurechnen lassen muss. Hat der Bevollmächtigte dagegen den strengen Anforderungen der Rspr. genügt, darf er sich grds. darauf verlassen, dass das entsprechend ausgewählte und geschulte Büropersonal sorgfältig arbeitet und nach seinen Anweisungen handelt.[151] Die erforderliche *Überwachung des Büropersonals* ist mindestens durch regelmäßige Stichproben bzgl. der ordnungsgemäßen Erledigung der übertragenen Arbeiten sicherzustellen.[152] Ist dies geschehen, scheidet eine Verschuldenszurechnung auf den Beteiligten mangels einer § 278 BGB entsprechenden Norm im Prozessrecht aus (BVerwG NJW 1992, 63, 64; BGH NJW 1980, 2261; NJW-RR 1990, 1149). Bei *juristischen Hilfskräften*, die eine Sache nicht selbständig bearbeiten, scheidet eine Verschuldenszurechnung über den Bevollmächtigten auf den Mandanten aus. Allerdings hat der Bevollmächtigte auch diesen gegenüber bestimmte Weisungs- und Überwachungspflichten, die sich nach der Art der Tätigkeit und dem jeweiligen Ausbildungsstand der Hilfskraft richten. Verletzt er diese Pflichten, bedeutet dies ein eigenes Ver-

---

143 *H. Büttner*, Wiedereinsetzung, ²1999, § 5 Rn. 14 spricht zutr. von einer „Globalformel".

144 Zu Beginn und Ende der Bevollmächtigung BGH NJW 1982, 2324, 2325; VersR 1985, 1156. Eine mündliche Kündigung des Dienstvertrages, die nur im Innenverhältnis erfolgt, beendet die Verschuldenszurechnung nach § 85 Abs. 2 ZPO, da hiermit das eine Verschuldenszurechnung rechtfertigende Vertrauensverhältnis zwischen Mandanten und Bevollmächtigten beendet wird; BGH VersR 1985, 1185, 1186 sowie *M. Gehrlein*, in MüKoZPO I § 233 Rn. 51.

145 Auf dessen Postulationsfähigkeit nach § 67 kommt es ebenso wenig an, wie darauf, ob der Bevollmächtigte überhaupt Rechtsanwalt ist; hierzu im Einzelnen die Nachw. bei *M. Vollkommer*, in: Zöller § 85 Rn. 16.

146 Zu diesen zählen nicht nur der Prozessbevollmächtigte selber, sondern auch der Verkehrs- bzw. Korrespondenzanwalt (BGH NJW-RR 1991, 91), der Zustellungsbevollmächtigte (im Einzelnen *M. Vollkommer*, in: Zöller § 85 Rn. 17), der Urlaubsvertreter (BVerwG BayVBl 1996, 59) und sogar derjenige, der als Nichtanwalt die Korrespondenz mit dem Prozessbevollmächtigten führt (BGH VersR 1985, 1185, 1186 m.w.N.).

147 Zur Abgrenzung der Vertreter zu den sonstigen Hilfskräften *M. Vollkommer*, in: Zöller § 85 Rn. 19.

148 BGH NJW-RR 1992, 1019, 1020 m.w.N.; *M. Vollkommer*, in: Zöller § 85 Rn. 20 m.w.N.; *F. Jacoby*, in: Stein/Jonas II § 85 Rn. 19; *A. Jungk*, in: B. Borgmann/A. Jungk/M. Schwaiger, Anwaltshaftung, ⁵2014, § 56 Rn. 15; *H. Büttner*, Wiedereinsetzung, ²1999, § 5 Rn. 20 ff.

149 Vgl. aus der umfangr. Rspr. nur BVerwG NJW 2015, 1976, 1977; BGH NJW 1991, 2082; 1991, 1178; NJW-RR 1992, 826; weitere Nachw. bei *F. Jacoby*, in: Stein/Jonas II § 85 Rn. 19 und 23 ff.

150 Umfangr. Nachw. zu diesem in seiner praktischen Bedeutung kaum zu überschätzenden Themenkomplex finden sich etwa bei *Baumbach/Lauterbach/Albers/Hartmann* § 233 Rn. 146 ff. sowie bei *R. Greger*, in: Zöller § 233 Rn. 23 unter dem Stichwort *Büropersonal*.

151 Vgl. nur BGH NJW-RR 1991, 827, 828; NJW 1992, 574; VersR 1997, 83, 84; NJW 2016, 1740, 1742. G. Müller, NJW 1998, 497, 502 m.w.N. in Fn. 105. Näher zur Befolgung von Einzelweisungen *F. Bernau*, NJW 2016, 1999, 2001.

152 Zu den Einzelheiten *H. Büttner*, Wiedereinsetzung, ²1999, § 7 Rn. 63 f.

schulden des Bevollmächtigten, das dem Vertretenen über § 85 Abs. 2 ZPO zuzurechnen ist.[153] Die *Einzelfallkasuistik* zum Problemkreis *Zurechnung des Verschuldens des Bevollmächtigten* ist nahezu unübersehbar. I.R. dieser Komm. kann daher nur auf einige verwaltungsprozessuale Besonderheiten eingegangen werden, was unter den jeweiligen Einzelstichworten geschieht (näher dazu insbes. → Rn. 51, 53, 56, 69 f., 73 f., 83). Zu den weiteren Einzelheiten dieses Problemkomplexes muss im Übrigen auf die Kommentarliteratur und die Rechtsprechungsübersichten des entsprechend anwendbaren Zivilprozessrechts verwiesen werden.[154]

48 **cc) Verfassungsrechtlich gebotene Einschränkung der Zurechnung von Vertreter- und Bevollmächtigtenverschulden.** Die uneingeschränkte Verschuldenszurechnung ist nach der Rspr. selbst dann verfassungsrechtlich unbedenklich, wenn es im Prozess um *höchstpersönliche und grundrechtlich geschützte Rechtsgüter des Beteiligten* geht. So hat das BVerfG in einer Grundsatzentscheidung festgestellt, dass die Zurechnung des Verschuldens des Prozessbevollmächtigten gem. § 173 VwGO i.V.m. § 85 Abs. 2 ZPO bei der Frage der Wiedereinsetzung in eine versäumte Frist im *Asylverfahren* mit dem GG und insbes. mit Art. 19 Abs. 4 GG vereinbar ist (BVerfGE 60, 253, LS 2 und 266 ff.). Die Beschränkung des gerichtlichen Rechtsschutzes durch die Zurechnung des Verschuldens des Prozessbevollmächtigten auf den Beteiligten rechtfertigt sich nach Auffassung des BVerfG aus Gründen der Rechtssicherheit, das ein wesentliches Element der Rechtsstaatlichkeit und damit ein Konstitutionsprinzip des GG darstellt (BVerfGE 60, 253, 267 m.w.N.). Dem hat sich die fachgerichtliche Rspr. sowohl für das *Asylverfahren* (BVerwG DVBl 1984, 781, 782), als auch für das *Kriegsdienstverweigerungsverfahren* (BVerwGE 49, 252, 257 ff.; 53, 139, 141; BVerwG DÖV 1981, 838 f.), *Verfahren im Ausländerrecht* (BVerwG Buchholz 310 § 60 VwGO Nr. 216 [betrifft Ausweisungsverfügung]) und das *Wehrbeschwerdeverfahren*[155] angeschlossen. Auch die Verschärfung des AsylVfG im Jahre 1992 hat die fachgerichtliche Rspr. nicht zu einem Umdenken bewogen (vgl. VGH Mannheim NVwZ-RR 2000, 261 f.; 2007, 819 f.). Auch das BVerfG hält selbst unter Geltung des (verschärften) AsylVfG 1992 die Zurechnung des Anwaltsverschuldens im Asylverfahren für (noch) verfassungsgemäß.[156] Im *Wehrbeschwerdeverfahren* lässt das BVerwG eine Ausnahme zu; hier geht eine vom Bevollmächtigten des Soldaten zu vertretende Fristversäumnis nicht zulasten des Beschwerdeführers.[157] Angesichts der Höchstpersönlichkeit der betroffenen Rechtsgüter ist die aus dem Zivilprozessrecht übernommene unbeschränkte Zurechnung des Bevollmächtigtenverschuldens in Prozessen, die Statusfragen betreffen, problematisch.[158] Die uneingeschränkte Zurechnung des Bevollmächtigtenverschuldens im verwaltungsrechtlichen Streit um höchstpersönliche Rechtsgüter ist insbes. wegen des Fehlens einer adäquaten Kompensationsmöglichkeit für den Betroffenen, dem anders als bei vermögensrechtlichen Streitigkeiten mit einem Anwaltshaftungsprozess nicht geholfen werden kann,[159] verfassungsrechtlich problematisch und rechtspolitisch bedenklich. Zwar mag die Zurechnung des Bevollmächtigtenverschuldens in nichtvermögensrechtlichen Verwaltungsstreitverfahren die Schwelle der Verfassungswidrigkeit (gerade) noch nicht erreichen.[160] Auf der anderen Seite stehen die referierten Urteile der hier befürworteten weniger strengen Handhabung der Verschuldenszurechnung auch nicht entgegen.[161] Hier gilt der

---

153 Die in diesem Zusammenhang bestehenden Sorgfaltspflichten dürfen nicht überspannt werden; grundlegend BVerfG NJW 1995, 249 f.; *G. Müller*, NJW 1998, 497, 502.

154 Vgl. z.B. die umfassenden Ausführungen bei *R. Greger*, in: Zöller § 233 Rn. 23; *Baumbach/Lauterbach/Albers/Hartmann* § 233 Rn. 49 ff. Vgl. in diesem Zusammenhang auch die Rechtsprechungsübersichten bei *W. Ball*, Jur Büro 1992, 653 ff.; *G. Müller*, NJW 1993, 682 ff.; 1995, 3224 ff.; 1998, 497 ff.; 2000, 322 ff. und *V. v. Pentz*, NJW 2003, 858 ff.; *M. Born*, NJW 2005, 2042 ff.; 2007, 2088 ff.; 2009, 2179 ff.; 2011, 2022 ff.; *F. Bernau*, NJW 2012, 2004 ff.; 2013, 2001 ff.; 2014, 2007 ff.; 2015, 2004 ff.; 2016, 1999 ff.

155 BVerwGE 46, 299, 300 ff.; 53, 139, 140 ff. für den Antrag auf gerichtliche Entscheidung nach § 17 Abs. 1 WBO.

156 BVerfG NVwZ 2000, 907 ff. mit der Begründung die Zurechnung des Vertreterverschuldens führe nicht zu „einem schlechterdings unerträglichen Ergebnis".

157 BVerwG 5.2.1985 − 1 WB 63/84; ausf. hierzu *K. Dau*, Wehrdisziplinarordnung, ²1989, § 38 Anm. 23 m.w.N.; offen gelassen wurde die Verschuldenszurechnung im Wehrdisziplinarverfahren noch in BVerwGE 46, 299, 300 f.

158 Mit beachtlichen Gründen gegen die Zurechnung des Bevollmächtigtenverschulden im Asylrechtsstreit VG Stuttgart NJW 1982, 541 ff. m. zust. Anm. *U. Scharnhorst*, NJW 1982, 543. Ebenso mit ausf. Begründung *R. Citron-Piorkowski/P. Mac Lean*, InfAuslR 1981, 257, 261, nach denen in verfassungskonformer Auslegung des § 173 VwGO im Asylverfahren die Anwendung des § 85 Abs. 2 ZPO ausgeschlossen ist.

159 Diesen Aspekt betonen *M. Vollkommer*, Die Stellung des Anwalts im Zivilprozeß, 1984, 41 ff. sowie *R. Stürner*, JZ 1986, 1089, 1092 zu Recht.

160 So *R. Stürner*, JZ 1986, 1089, 1092; *M. Vollkommer*, Die Stellung des Anwalts im Zivilprozeß, 1984, 41 ff.

161 So auch *D. Krausnick*, in: Gärditz § 60 Rn. 48 a.E.

Grundsatz, dass etwas, was gerade noch nicht verfassungsgemäß erscheint, da es noch nicht zu einem verfassungsrechtlich „schlechterdings unerträglichen Ergebnis" (BVerfG NVwZ 2000, 907 ff.) führt, nicht unbedingt leitender Maßstab für die Auslegung und Fortbildung einfachen Rechts sein muss.[162] Es bleibt daher zu fordern, dass die uneingeschränkte Zurechnung des Verschuldens des Bevollmächtigten im Verwaltungsprozess jedenfalls dann aufgegeben wird, wenn hochrangige höchstpersönliche Rechtsgüter auf dem Spiel stehen.[163]

e) Beweislast hinsichtlich der Verschuldensfrage. Wer die Wiedereinsetzung beantragt, trägt die Dar- 49 legungslast für die Umstände, die dafür sprechen, dass die Fristversäumung unverschuldet war. Ergibt sich schon nach dem Sachvortrag des Antragstellers die Möglichkeit einer verschuldeten Fristversäumnis, kann eine Wiedereinsetzung nicht gewährt werden (BGH NJW 1992, 574, 575; 1996, 319). Beim Vortrag zweier unterschiedlicher Geschehensabläufe ist schon dann von einem die Wiedereinsetzung ausschließenden Verschulden auszugehen, wenn jedenfalls bei einer der geschilderten Sachverhaltsalternativen ein Verschulden vorliegt (BGH NJW 1996, 319).

IV. Einzelfallkasuistik zur Verschuldensproblematik

Im Folgenden wird eine an den Besonderheiten des Verwaltungsprozessrechts orientierte *Übersicht* 50 über die wichtigsten *Einzelfälle des Wiedereinsetzungsrechts* in Form einer *alphabetisch geordneten Stichwortliste* gegeben. Die hierzu ergangene nahezu unüberschaubare Judikatur kann auch nicht annähernd vollständig wiedergegeben werden, sodass sich die Komm. auf eine notwendigerweise subjektiv beeinflusste Auswahl solcher Entscheidungen beschränkt, die im Wiedereinsetzungsrecht von besonderer praktischer Relevanz sind. Ergänzend sei daher auf die Bearbeitungen in den einschlägigen zivilprozessualen Kommentaren[164] sowie die Rechtsprechungsübersichten[165] und Monographien[166] verwiesen. Von besonderer Bedeutung im Recht der Wiedereinsetzung sind namentlich die folgenden Fallgruppen:

1. Abwesenheit eines Beteiligten/Auslandsaufenthalt/Urlaub. Wer eine ständige Wohnung hat und 51 diese nur vorübergehend nicht benutzt, braucht für die Zeit seiner Abwesenheit keine besonderen Vorkehrungen hinsichtlich möglicher Zustellungen zu treffen.[167] Dies gilt insbes. für *eine urlaubsbedingte Abwesenheit* (BVerfGE 40, 90, 91), wobei es unerheblich ist, ob dieser Urlaub in der allgemeinen Ferienzeit oder in einer anderen Jahreszeit angetreten wird (BVerfGE 41, 332, 336). Entscheidend ist allein, dass es sich um eine relativ kurzfristige Abwesenheit von einer *sonst ständig benutzten Wohnung* handelt. Unter einer relativ kurzfristigen Abwesenheit ist nach der Rspr. ein Zeitraum von nicht mehr als *sechs Wochen* zu verstehen (BVerfG NJW 2013, 592, 593; BVerwGE 77, 157, 161 m.w.N.). Dagegen muss ein Betroffener während eines *laufenden Widerspruchs- oder Verwaltungsverfahrens* oder *Gerichtsverfahrens* Vorsorge dafür treffen, dass im Falle vorhersehbarer Zustellungen, Termine oder Verkündungen fristwahrende Handlungen vorgenommen werden können (BGH NJW 1993, 667; VersR 1988, 1055 f.; 1989, 104; 1992, 119 f.). Dies kann ebenso durch die Einschaltung eines Bevollmächtigten oder Vertreters geschehen wie durch die Benachrichtigung des Gerichtes von der Abwesenheit oder die Stellung eines entsprechenden Nachsendeantrags.[168] *Besondere Sorgfaltspflichten* gelten nach der Rspr.[169] immer dann, wenn der Betroffene mit einer alsbaldigen Zustellung eines Schrift-

---

162 Vgl. *R. Stürner*, JZ 1986, 1089, 1092.
163 So auch *R. Stürner*, JZ 1986, 1089, 1092, der in diesen Fällen eine teleologische Reduktion der Zurechnungsnormen befürwortet.
164 Vgl. etwa den Wiedereinsetzungsschlüssel m. umfangr. Einzelfallkasuistik bei *H. Roth*, in: Stein/Jonas III § 233 Rn. 33 ff. sowie die Übersichten bei *Baumbach/Lauterbach/Albers/Hartmann* § 233 Rn. 18 ff. und bei *R. Greger*, in: Zöller § 233 Rn. 23.
165 Vgl. insoweit *G. Müller*, NJW 1993, 682 ff.; 1995, 3224 ff.; 1998, 497 ff.; 2000, 322 ff. und *V. v. Pentz*, NJW 2003, 858 ff.; *M. Born*, NJW 2005, 2042 ff.; 2007, 2088 ff.; 2009, 2179 ff.; 2011, 2022 ff.; *F. Bernau*, NJW 2012, 2004 ff.; 2013, 2001 ff.; 2014, 2007 ff.; 2015, 2004 ff.; 2016, 1999 ff.
166 *H. Büttner*, Wiedereinsetzung, ²1999, 67 ff.; *S. J. Greger*, Wiedereinsetzung, 1998, 72 ff.
167 St. Rspr.; vgl. nur BVerfGE 25, 158, 166; 37, 100, 102; 40, 88, 91 f.; 40, 182, 186; 41, 332, 335; BVerfG NJW 1993, 847; 2013, 592 f.; BVerwG NVwZ-RR 1995, 613.
168 Im Einzelnen *H. Roth*, in: Stein/Jonas III § 233 Rn. 33 unter dem Stichwort *Abwesenheit*.
169 Krit. insoweit *H. Büttner*, Wiedereinsetzung, ²1999, § 6 Rn. 14 m.N. aus der Rspr. der Zivilgerichte.

stücks rechnen musste[170] oder gar selbst mehrfach auf eine schnelle Entscheidung gedrängt hat.[171] In einem solchen Fall ist eine Wiedereinsetzung ausgeschlossen, wenn nicht der Rechtsuchende besondere Vorkehrungen für den Fall einer Zustellung während seiner Abwesenheit trifft.[172] Begibt sich etwa ein Widerspruchführer, der die Zustellung eines Widerspruchsbescheides erwartet und über die mit Zustellung des Widerspruchsbescheides beginnende zweiwöchige Klagefrist[173] unterrichtet ist, für zwei Wochen ins Ausland, ohne dies dem im Widerspruchsverfahren von ihm bevollmächtigten Rechtsanwalt mitzuteilen und ihn ausreichend zu instruieren oder auf andere Weise für die Nachsendung des Bescheides zu sorgen, ist eine Wiedereinsetzung wegen einer dadurch verursachten Versäumung der Klagefrist ausgeschlossen (BVerwG NVwZ-RR 1995, 613). Auch wer als Nachbar im Baugenehmigungsverfahren dringend um einen sofortigen Baustopp bittet, muss mit einer umgehenden Entscheidung und Zustellung eines entsprechenden verwaltungsgerichtlichen Beschlusses im Eilverfahren nach §§ 80, 80a rechnen und darf nicht in den Urlaub fahren, ohne entsprechende Vorkehrungen zu treffen. Dagegen ist ein Beteiligter auch während anhängiger Verfahren nicht verpflichtet, besondere Vorkehrungen für die Fristwahrung im Fall des Eintritts *unvorhersehbarer Ereignisse* zu treffen. Dieser Grundsatz gilt etwa für unvorhersehbare Krankenhausaufenthalte und kurzfristig anberaumte Dienstreisen ebenso wie für Unfälle oder eine außerplanmäßige Verzögerung der rechtzeitigen Rückkehr von einer Urlaubsreise.[174] Auf jeden Fall ist vom Bürger zu verlangen, dass er nach der Rückkehr von einer längeren Abwesenheit die eingegangene Post unverzüglich darauf überprüft, ob Schriftstücke dabei sind, mit denen eine Rechtsmittelfrist in Lauf gesetzt wird.[175]

52   **2. Abwesenheit eines Rechtsanwalts.**   Der Rechtsanwalt ist anders als ein Beteiligter verpflichtet, auch für unvorhersehbare und kurzfristige Fälle der Abwesenheit besondere Vorkehrungen zu treffen und seinem Büropersonal entsprechende Anweisungen zu geben, um die Einhaltung von Fristen und Terminen zu gewährleisten. Wiedereinsetzung ist etwa in einem Fall abgelehnt worden, in dem der Rechtsanwalt es unterlassen hatte durch entsprechende Weisungen an sein Büropersonal dafür zu sorgen, dass dem Urlaubsvertreter alle möglicherweise fristenauslösenden Zustellungen zur selbständigen Beurteilung vorgelegt werden.[176] Vor Antritt eines Urlaubs und gem. § 53 Abs. 1 Nr. 2 BRAO für alle Fälle einer Abwesenheit von mehr als einer Woche muss der Rechtsanwalt durch eine *Vertretungsregelung* sicherstellen, dass während des Urlaubs ablaufende Fristen eingehalten werden können.[177] Diese Pflicht gilt auch für solche Fristen, die erst nach der Abreise des Anwalts zu laufen beginnen[178] und deren Ablauf daher zum Zeitpunkt des Reiseantritts noch nicht absehbar war. Diese Pflicht wird insbes. bei den atypischen kurzen Fristen im Allgemeinen und Sonderverfahrensrecht praktisch (zu solchen Fristen → Rn. 22). Die Verpflichtung besteht auch, wenn eine Frist mit dem Urlaubsende oder so knapp nach diesem Zeitpunkt abläuft, dass der aus dem Urlaub zurückkehrende Prozessbevollmächtigte fristwahrende Prozesshandlungen selbst noch nicht wieder vornehmen kann (BVerwG Buchholz 310 § 60 VwGO Nr. 195). Dem Anwalt obliegt es in diesem Fall, durch geeignete organisatorische Maßnahmen sicherzustellen, dass fristgebundene Sachen ordnungsgemäß erledigt werden.[179] Unterlässt er entsprechende Maßnahmen, ist ihm ein *Organisationsverschulden* zur Last zu legen, das sich

---

170 Landesberufsgericht für Heilberufe beim OVG Koblenz NJW 1997, 3260; BVerwG DÖV 1976, 167; DVBl 1989, 63.

171 Vgl. OVG Bln NJW 1994, 3117. Anders jüngst BVerfG NJW 2013, 592 f. bei Kenntnis über ein laufendes Ermittlungsverfahren hinsichtlich der Zustellung eines Strafbefehls.

172 BVerwG DVBl 1989, 63 (Bestellung eines Zustellungsbevollmächtigten bei zweimonatigem Auslandsaufenthalt erforderlich); vgl. auch VGH Mannheim NJW 1975, 1295 f.

173 Im konkreten Fall ging es um die mittlerweile durch das FlurbGÄndG vom 23.8.1994 (BGBl I 2187) mit Wirkung zum 1.9.1994 aufgehobene zweiwöchige Klagefrist nach § 142 Abs. 1 FlurbG a.F.

174 Zu solchen Konstellationen etwa BGH JurBüro 1977, 1148; VersR 1985, 550 f.; 1985, 888 f.; OLG Köln NJW-RR 1990, 1341, 1342 f.

175 BVerfG NJW 1993, 847; VGH Mannheim DÖV 1979, 303; Landesberufsgericht für Heilberufe beim OVG Koblenz NJW 1997, 3260.

176 BVerwG BayVBl 1996, 59; in diesem Fall war die Bürovorsteherin lediglich angewiesen worden, dem Urlaubsvertreter die Eingänge zuzuleiten, „deren Bearbeitung anwaltlicher Mithilfe bedurfte".

177 BVerwG NJW 1995, 1443; 30. 7.2008 – 5 B 42.08, juris Rn. 6; OVG Münster 21.2.2013 – 18 B 962/12, juris Rn. 10.

178 *H. Roth*, in: Stein/Jonas III § 233 Rn. 33 unter dem Stichwort *Abwesenheit*.

179 Vgl. *D. Krausnick*, in: Gärditz § 60 Rn. 24.

der Beteiligte nach § 173 VwGO i.V.m. § 85 Abs. 2 ZPO zurechnen lassen muss (vgl. näher BGH VersR 1989, 930 m.w.N.).

3. Akteneinsicht/Vorenthalten von Informationen. Nach der Rspr. soll eine unverschuldete Verhinde- 53
rung nicht schon dann vorliegen, wenn der Betroffene innerhalb der Klagefrist die von ihm für erforderlich gehaltene Akteneinsicht nicht hat nehmen oder die Gründe für die Bewertung seiner Prüfungsleistung nicht hat erfahren können (BVerwG NJW 1977, 262 [LS]; VGH Stuttgart DVBl 1953, 710). Auch wer sich als Einwender im Planfeststellungsverfahren beteiligt habe, könne aufgrund der dort erhaltenen Informationen seine Abwehrrechte wirksam gerichtlich geltend machen, sodass eine Versäumung der Antragsfrist des § 20 Abs. 5 S. 2 AEG a.F. (§ 18 e Abs. 2 S. 2 AEG n.F.) nicht damit entschuldigt werden könne, dass der Antragsteller vor Fristablauf keine Gelegenheit zur Einsicht in die Verwaltungsvorgänge gehabt habe (BVerwG NVwZ 1997, 993, 994). Diese Rspr. überspannt die Anforderungen an die Wiedereinsetzung, da sie dem Rechtsuchenden zumutet, Rechtsbehelfe zu ergreifen, ohne sich vorher ein zuverlässiges Bild von den Erfolgsaussichten machen zu können und erscheint auch angesichts der neueren Entwicklungen zum Anspruch des Bürgers auf Erhalt von Informationen obsolet. Daher kann die rechtswidrige Vorenthaltung von Informationen, auf die der Beteiligte einen Anspruch hat und die für die Frage, ob ein Rechtsbehelf Aussicht auf Erfolg hat, nach hier vertretener Auffassung zu einer unverschuldeten Versäumung der Rechtsbehelfsfrist führen und einen Anspruch auf Wiedereinsetzung zur Folge haben.[180] Jedenfalls bei einem gesetzeswidrigen Verhalten der Behörde ist es nicht zumutbar, den Betroffenen auf die Geltendmachung von Sekundäransprüchen aus dem Gesichtspunkt der Amtspflichtverletzung nach § 839 BGB, Art. 34 GG zu verweisen (vgl. LG Aachen NVwZ 1989, 293). Vielmehr muss ihm über die Wiedereinsetzung die Möglichkeit gegeben werden, entsprechenden Primärrechtsschutz zu erlangen.

4. Angestellter Anwalt. Vgl. zunächst → Rn. 46 f. Angestellte Anwälte können nur dann als Vertreter 54
eines Beteiligten i.S.d. § 85 Abs. 2 ZPO angesehen werden, wenn sie von dem Prozessbevollmächtigten mit der selbständigen Bearbeitung eines Rechtsstreits betraut worden sind (BVerwG BayVBl 1991, 93, 94; BGH VersR 1992, 1421 m.w.N.). Übt der angestellte Anwalt dagegen im konkreten Fall nur unselbständige Tätigkeiten aus, hat er keine andere Stellung als eine Hilfsperson des Prozessbevollmächtigten, sodass eine Zurechnung seines Verschuldens auf den Vertretenen ausscheidet (BVerwG NJW 1974, 1511, 1512; 1985, 1178; BGH VersR 1990, 874; 1992, 1421).

5. Anwaltsverschulden.[181] Die Sorgfaltspflichten des Anwalts bestimmen sich nach objektiven Krite- 55
rien; anders als für den Beteiligten ist eine Berücksichtigung subjektiver Besonderheiten ausgeschlossen.[182] Auch für Berufsanfänger gelten keine geminderten Sorgfaltspflichten.[183] Gefordert wird von der Rspr. die „übliche Sorgfalt eines ordentlichen Rechtsanwalts",[184] wobei die Anforderungen an das, was der Rechtsanwalt in der täglichen Praxis leisten soll, häufig überspannt wirken.[185] Dies gilt insbes. für die strengen Anforderungen, die die Rspr. an die Büroorganisation und die Fristenkontrolle (→ Rn. 71 ff.) des Anwalts stellt.[186] *Arbeitsüberlastung des Rechtsanwalts* stellt keinen Wiedereinsetzungsgrund dar (VGH München NJW 1998, 1507 f.; BGH NJW 1996, 997, 998). Verliert der Anwalt infolge länger andauernder Überlastung zeitweise die Fähigkeit zu konzentrierter Arbeit, muss er ggf. durch Bestellung eines Vertreters nach § 53 BRAO oder andere geeignete Maßnahmen sicherstellen, dass die Vertretung der Mandantschaft nicht unter seiner vorübergehenden Arbeitsunfähigkeit leidet (BGH NJW 1996, 997, 998).

---

180 So auch *D. Krausnick*, in: Gärditz § 60 Rn. 31.
181 Grds. zur Zurechnung des Verschuldens des Bevollmächtigten → Rn. 44 ff. und zu den Einzelheiten der Anwaltspflichten *M. Gehrlein*, in: MüKoZPO I § 233 Rn. 49 ff.; *Baumbach/Lauterbach/Albers/Hartmann* § 233 Rn. 49 ff.
182 *H. Roth*, in: Stein/Jonas III § 233 Rn. 27.
183 Vgl. BGH VersR 1984, 87; selbst für Referendare die als amtlich bestellte Vertreter eines Anwalts Vertreter der Partei sind, soll nach der Rspr. nichts anderes gelten.
184 BGH NJW 1992, 429; 12.4.2016 – IX ZB 75/15, juris Rn. 9; weitere Rspr.-Nachw. bei *H. Roth*, in: Stein/Jonas III § 233 Rn. 27.
185 Krit. auch *K. Förster*, NJW 1980, 432; *R. Zuck*, JZ 1993, 500, 506; *P. Derleder*, JurBüro 1993, 580 – dem Anwalt werde umfangr. Wissen und ein perfektes Büro abverlangt.
186 Vgl. etwa die einschlägigen Rechtsprechungsübersichten bei *G. Müller*, NJW 1993, 682 ff.; 1995, 3224 ff.; 1998, 497 ff.; 2000, 322 ff. und *V. v. Pentz*, NJW 2003, 858 ff.; *M. Born*, NJW 2005, 2042 ff.; 2007, 2088 ff.; 2009, 2179 ff.; 2011, 2022 ff.; *F. Bernau*, NJW 2012, 2004 ff.; 2013, 2001 ff.; 2014, 2007 ff.; 2015, 2004 ff.; 2016, 1999 ff.

56 **6. Ausländer.** Ausländer unterliegen zwar grds. denselben Sorgfaltsanforderungen bei der Wahrnehmung eigener Rechte wie deutsche Beteiligte, wegen des im Wiedereinsetzungsrecht zu berücksichtigenden individuellen Sorgfaltsmaßstabs (→ Rn. 17, 42) können aber bestimmte in der Person des Ausländers liegende Umstände wie fehlende Sprachkenntnisse oder die Aufenthaltsdauer zu einer Modifikation des anzulegenden Verschuldensmaßstabs führen.[187] So hat das BVerfG mehrfach festgestellt, dass die Anforderungen, die an einen der deutschen Sprache nicht mächtigen Ausländer gestellt werden, nicht überspannt werden dürfen, damit die mangelnde Kenntnis der deutschen Sprache nicht zu einer Verkürzung des Anspruchs auf rechtliches Gehör führt (BVerfGE 40, 95, 99; 42, 120, 123; 86, 280, 284 f.). Versäumt ein der deutschen Sprache nicht hinreichend mächtiger Ausländer eine Rechtsbehelfsfrist aus diesem Grund, gebieten es die Rechtsschutzgarantien der Art. 19 Abs. 4, 103 Abs. 1 GG regelmäßig, die Fristversäumung als unverschuldet anzusehen (BVerfGE 42, 120, 125 f.; 86, 280, 284 f.). Auch von einem sprachunkundigen Ausländer kann aber verlangt werden, zumutbare Anstrengungen zu unternehmen, sich innerhalb angemessener Frist Gewissheit über den Inhalt eines ihm zugestellten Schreibens zu verschaffen, wenn er jedenfalls erfassen konnte, dass es sich um ein amtliches Schriftstück handelt (BVerfGE 86, 280, 285). Darüber hinaus muss sich ein der deutschen Sprache nicht mächtiger Ausländer in einem bereits laufenden Prozess unverzüglich um eine Übersetzung der Mitteilungen seines Prozessbevollmächtigten bemühen (BGH VersR 1989, 1318; FamRZ 1990, 144, 145) und sich alsbald nach Zugang einer möglicherweise nachteiligen Entscheidung über Form und Frist einer eventuellen Anfechtung unterrichten (vgl. BGH FamRZ 1989, 1287, 1288). Eine Wiedereinsetzung scheidet auch dann aus, wenn der Ausländer es schuldhaft unterlässt, sich bei einer rechtskundigen Person über die bestehende Rechtslage zu informieren (BGH VersR 1986, 965 bzgl. eines Entschädigungsverfahrens nach dem BEG) oder wenn Kommunikationsschwierigkeiten mit seinem Anwalt bestehen und der Ausländer entsprechende Rückfragen unterlässt (BGH VersR 1984, 874, 875).

57 Erfüllt der Ausländer die ihm insoweit obliegende Pflicht nicht und versäumt er es etwa, sich innerhalb einer angemessenen Frist um eine Übersetzung des Schriftstücks zu bemühen, ist ihm die Wiedereinsetzung zu versagen, da das Weiterbestehen des Hindernisses zur rechtzeitigen Rechtsbehelfseinlegung nicht mehr als unverschuldet anzusehen ist (BVerfGE 86, 280, 285; BGH NJW-RR 1990, 830). Für die Beurteilung der *Angemessenheit der Frist* kommt es auf die konkreten Umstände des Einzelfalles an, wobei die Rspr. zunehmend strengere Maßstäbe anlegt. Das BVerfG hatte zunächst die Auffassung vertreten, für Ausländer, denen i.R. eines gesicherten Aufenthalts in der Bundesrepublik Deutschland ein erkennbar amtliches, aber in den Einzelheiten unverständliches Schriftstück zugeht, sei es zumutbar, sich über den Inhalt des Schriftstücks innerhalb eines Monats zu vergewissern (BVerfGE 42, 120, 127). Daraus hat die fachgerichtliche Rspr. den Schluss gezogen, dass sprachunkundige Ausländer regelmäßig in der Lage seien, innerhalb einer einmonatigen Rechtsbehelfsfrist eine Übersetzung von Schriftstücken fertigen zu lassen und mangelnde Sprachkenntnisse bei Nichterfüllung dieser Pflicht keinen Wiedereinsetzungsgrund darstellen.[188] In einer späteren Entscheidung hat das BVerfG jedoch betont, dass die Monatsfrist nur beispielhaft genannt worden sei und sich nicht schematisch auf andere Fälle übertragen lasse (BVerfGE 86, 280, 285).

58 Insbes. im *Asylverfahren* werden strengere Maßstäbe gelegt. Es sei dem Asylbewerber zuzumuten, dass er sich bei Eingang eines erkennbar amtlichen Schreibens umgehend und intensiv darum bemühe, dessen Inhalt zu erkunden. Für den Asylbewerber postuliert das BVerfG mithin besonders strenge Sorgfaltspflichten; ihm soll es jedenfalls in größeren Städten innerhalb von einer Woche möglich sein, eine Übersetzung amtlicher Schriftstücke zu erhalten (BVerfGE 86, 280, 286). Das BVerfG hat daraus gefolgert, dass eine Versäumung der *einwöchigen* Frist, innerhalb derer der Antrag auf Gewährung vorläufigen Rechtsschutzes gegen die mit der Ausreiseaufforderung verbundene Abschiebungsandrohung zu stellen ist (vgl. § 36 Abs. 3 S. 1 i.V.m. § 34 Abs. 1 S. 1 AsylG), i.d.R. nicht mehr mit mangelnden Sprachkenntnissen entschuldigt werden kann. Das Gericht hat aber gleichzeitig klargestellt, dass dem Asylbewerber dann Wiedereinsetzung zu gewähren ist, wenn er innerhalb der Frist des § 60

---

187 Vgl. BVerfG NVwZ-RR 1996, 120, 121 m.w.N.

188 BVerwG Buchholz 310 § 60 Nr. 123 bzgl. der Widerspruchsfrist nach § 70 Abs. 1 VwGO; nichts anderes kann für die Fristen nach § 74 Abs. 1, § 124 a Abs. 2 und § 139 Abs. 1 sowie andere *einmonatige Fristen* gelten; vgl. BSG NJW 1989, 680 m.w.N.

Abs. 2 substantiiert glaubhaft macht, sich umgehend nach Erhalt des Schreibens mit allem ihm zumutbaren Nachdruck um eine rasche Aufklärung des Inhalts des Schreibens bemüht zu haben, dabei aber erfolglos geblieben sei.[189] Die gleichen Grundsätze werden bei der Versäumung der im Asylverfahren erheblich abgekürzten Klage- bzw. Antragsfrist von *zwei Wochen* bzw. *einer Woche* nach § 74 Abs. 1 S. 1 AsylG zu gelten haben. Auf der anderen Seite ist dem nicht anwaltlich vertretenen Asylkläger Wiedereinsetzung zu gewähren, wenn sich dieser nach Abweisung seiner Klage wegen der Einlegung eines Rechtsmittels an den Rechtsantragsdienst des VG wendet, der Urkundsbeamte es aber unterlässt, den Kläger darauf hinzuweisen, dass im Antrag auf Zulassung der Berufung nach § 78 Abs. 4 S. 1 AsylG auch die Zulassungsgründe substantiiert darzulegen sind (vgl. § 78 Abs. 4 S. 4 AsylG)[190] und der Kläger dies auf gerichtlichen Hinweis nach Ablauf der Antragsfrist nachholt (HmbOVG 14.8.1995 – Bs IV 88/95, juris [LS]).

Den praktischen Schwierigkeiten in diesem grundrechtssensiblen Bereich sollte dadurch begegnet werden, dass den Verwaltungsbehörden für ihre Rechtsbehelfsbelehrungen Übersetzungen in den für Asylbewerber einschlägigen Sprachen zur Verfügung gestellt werden.[191] Ansonsten unterliegt ein Asylbewerber jedenfalls keinen geringeren Sorgfaltspflichten als ein anderer Prozessbeteiligter. Er muss daher bspw. dafür Sorge tragen, dass ihn Benachrichtigungen seines Bevollmächtigten rechtzeitig und zuverlässig erreichen.[192] Sieht der Prozessbevollmächtigte eines Asylbewerbers im Anerkennungsverfahren von der Einlegung eines Rechtsbehelfs ab, obwohl er nach der ihm erteilten Vollmacht auch ohne besondere Weisung zu allen den Rechtsstreit betreffenden Prozesshandlungen ermächtigt war, besteht kein Wiedereinsetzungsgrund, da die unterlassene Rechtsbehelfseinlegung vom Anwalt verschuldet ist (BVerwG NVwZ 1984, 521; z.T. a.M. OVG Koblenz NJW 1983, 1509). Kommunikationsschwierigkeiten zwischen dem Anwalt und dem Asylbewerber gehen zulasten des Vertretenen und vermögen keine Wiedereinsetzung zu rechtfertigen.[193] Reicht ein der deutschen Sprache nicht mächtiger Ausländer entgegen der von ihm verstandenen Rechtsbehelfsbelehrung, dass eine Klage nach § 55 VwGO i.V.m. § 184 GVG in deutscher Sprache abgefasst werden müsse, bei Gericht eine Klageschrift in einer fremden Sprache ein und setzt sich über die insoweit unmissverständliche Rechtsbehelfsbelehrung hinweg, handelt der Ausländer nach der Rspr. schuldhaft; eine Wiedereinsetzung kommt nicht in Betracht (BVerwG NJW 1990, 3103). Überlegenswert ist es, den Rechtsgedanken des § 23 Abs. 4 VwVfG auch im Verwaltungsprozess entsprechend anzuwenden. So ist nach einer Entscheidung des FG Saarbrücken § 184 GVG zeitgemäß dahingehend auszulegen, dass eine rechtzeitig beim Gericht eingegangene, in einer der maßgeblichen Amtssprachen der EU abgefasste Klageschrift jedenfalls dann die Klagefrist wahrt, wenn die deutsche Übersetzung alsbald nachgeholt wird.[194] Will man dieser Auffassung nicht folgen und hält insoweit eine Gesetzesänderung für erforderlich, muss man den Umständen des Einzelfalles jedenfalls mit einer großzügigeren Gewährung der Wiedereinsetzung gerecht werden.[195]

7. Ausschöpfung der Rechtsbehelfsfristen. Bestehende Fristen dürfen bis zum letzten Augenblick ausgeschöpft werden.[196] Der Beteiligte darf daher bis zum letzten Tag der Frist mit der Beauftragung eines Rechtsanwalts warten, muss dann aber sicherstellen, dass der Anwalt noch in der Lage ist, an diesem Tag die Frist ordnungsgemäß zu wahren.[197] Angesichts der modernen Kommunikationstechnik darf der Beteiligte grds. darauf vertrauen, dass die Einlegung von Rechtsbehelfen – etwa durch Telefax – auch noch am letzten Tag der Frist möglich ist (BVerfG NJW 1996, 2857 f.). Wird allerdings die

---

189 BVerfGE 86, 280, 286 f.; an die Glaubhaftmachung stellt das BVerfG strenge Anforderungen.

190 Eine Darlegungspflicht für die Gründe für die Zulassung der Berufung besteht nunmehr auch im allgemeinen verwaltungsgerichtlichen Verfahren – vgl. § 124 a Abs. 3 S. 1 (Frist: 2 Monate).

191 Diese Feststellung von BVerfGE 86, 280, 287 sollte als Aufforderung für die Praxis des Verwaltungsverfahrens (nicht nur) im Asylrecht gelten.

192 Daraus folgt etwa die Verpflichtung, dem Prozessbevollmächtigten Änderungen der Anschrift unverzüglich anzuzeigen (BVerwG NJW 1982, 1244, 1245) oder bei der Post einen Nachsendeantrag zu stellen.

193 Vgl. etwa BVerwGE 66, 240, 241; OVG Weimar NVwZ-RR 1997, 390, 391 bzgl. der Anforderungen an die Benachrichtigungspflichten eines Anwalts an seinen Mandanten im Asylrechtsverfahren.

194 FG Saarbrücken NJW 1989, 3112; zust. *J. Schmidt*, in: Eyermann § 55 Rn. 11.

195 So auch *Dirk Ehlers*, Die Europäisierung des Verwaltungsprozessrechts, 1999, 101 f.

196 BVerfGE 69, 381, 385; BVerwG Buchholz 310 § 60 VwGO Nr. 66, 124, 166; BGH VersR 1984, 861, 862 sowie *W. Ball*, JurBüro 1992, 653, 654.

197 BGH NJW-RR 1995, 825; *H. Büttner*, Wiedereinsetzung, ²1999, § 6 Rn. 19 m.w.N.

Einlegung des Rechtsbehelfs bis zum letzten Tag oder bis in die letzten Stunden der Frist aufgeschoben, so korrespondiert hiermit nach Auffassung der Rspr. eine erhöhte Sorgfaltspflicht bzgl. der Fristwahrung.[198] Dies bedeutet in der Sache, dass der Beteiligte umso eher die Möglichkeit einer Fristversäumnis in Betracht zu ziehen hat, je weiter er sich dem Ende der Frist nähert.[199] Grds. ist es erforderlich, eine Versendungsart zu wählen, die unter normalen postalischen Verhältnissen gewährleistet, dass die Postsendung noch innerhalb der offenen Rechtsmittelfrist beim zuständigen Gericht eingehen wird.[200] Ein Verschulden ist bspw. angenommen worden, wenn eine Fristsache so spät abgesandt wird, dass nur unter besonders günstigen Umständen mit fristgerechtem Eingang des Schriftstücks bei der zuständigen Stelle gerechnet werden konnte, nicht aber bei normalem Beförderungsverlauf.

61   Ein Kläger, der die Klage mit *eingeschriebenem Brief* zur Post gibt, hat nach der Rspr. grds. mit Verzögerungen bei dieser Zustellungsart zu rechnen und deshalb die Sendung zur Wahrung der Klagefrist entsprechend früher aufzugeben.[201] Entsprechendes gilt bei der Wahl der Versendungsform „Einschreiben mit Rückschein" (OVG Münster NJW 1996, 2809). Zu beachten ist allerdings, dass sich diese Rspr. noch an der klassischen Versendungsart des „herkömmlichen" Einschreibens orientiert, das dem Empfänger persönlich übergeben wird und heute als *„Übergabe-Einschreiben"* bezeichnet wird. Mit Wirkung zum 1.9.1997 wurde mit dem *„Einwurf-Einschreiben"* eine Form des Einschreibens eingeführt, welches lediglich in den Briefkasten oder das Postfach des Empfängers eingeworfen zu werden braucht (zu den Einzelheiten → § 56 Rn. 60 ff., 68). Ob der Versender eines solchen Einschreibens ebenfalls mit Verzögerungen zu rechnen hat, erscheint zweifelhaft. In jedem Fall ist eine kleinliche Auslegung nicht angebracht, wenn statistisch der ganz überwiegende Teil der Sendungen auch bei diesen besonderen Beförderungsarten pünktlich ankommt.[202] Dem Vertrauen auf die übliche Beförderungszeit steht nicht entgegen, dass 7 % der Sendungen den Empfänger verspätet erreichen.[203] Bei einem am Freitag aufgegebenen Einschreiben kann jedenfalls mit einem Eingang am darauf folgenden Montag gerechnet werden (VGH Mannheim Justiz 1997, 347). Wer beabsichtigt, eine Klage zur Niederschrift des Urkundsbeamten der Geschäftsstelle zu erheben, was nach § 81 Abs. 1 S. 2 vor dem VG möglich ist, muss sich über dort bestehende Öffnungszeiten rechtzeitig informieren und darf nicht darauf vertrauen, dass die Geschäftsstelle auch an einem Sonnabend geöffnet ist (BVerwGE 13, 239, 241). Bei drohendem Fristablauf ist der Rechtsanwalt in jedem Fall gehalten, sicherheitshalber einen Verlängerungsantrag zu stellen, wenn die einzuhaltende Frist verlängerungsfähig ist. Unterlässt er einen solchen Antrag, scheidet eine Wiedereinsetzung regelmäßig aus (vgl. BVerfG AP Nr. 20 zu § 233 ZPO 1977; BVerwG Jur-PC 1991, 1351). Zur Ausschöpfung der Frist bei der Übermittlung per Telefax → Rn. 90.

62   **8. Auswahl eines ungeeigneten Prozessbevollmächtigten.**   Beruht eine Fristversäumung vor dem VG auf der Auswahl eines ungeeigneten Prozessbevollmächtigten, der nicht Rechtsanwalt ist, wird eine Wiedereinsetzung i.d.R. schon an einem dem Beteiligten nach § 173 VwGO i.V.m. § 85 Abs. 2 ZPO zurechenbaren Verschulden des Bevollmächtigten scheitern. In Fällen, in denen eine Zurechnung des Vertreterverschuldens nicht in Betracht kommt, wird von der Rspr. darüber hinaus in äußerst strenger Weise ein eigenes Verschulden des Vertretenen angenommen. Diesem soll regelmäßig die Pflicht obliegen, einen Rechtsanwalt mit der Wahrung seiner Interessen zu beauftragen; die Beauftragung eines in

---

198 So die st. höchstrichterliche Rspr.; BVerwG 25.5.2010 – 7 B 18/10, juris Rn. 6 m.w.N.; BVerfG AP Nr. 20 zu § 233 ZPO 1977; BVerwG BayVBl 1973; Buchholz 310 § 60 VwGO Nr. 82, 166; OVG Münster NJW 1993, 750; 1996, 2809; VGH Kassel MDR 1996, 427; OVG Saarlouis NJW 2008, 456; *W. Ball,* JurBüro 1992, 653, 654 m.w.N. in Fn. 25; *G. Müller,* NJW 1993, 681, 687 f.; 1995, 3224, 3232.

199 *G. Müller,* NJW 1993, 681, 687 f.; 1995, 3224, 3232; *W. Bier,* in: Schoch/Schneider/Bier § 60 Rn. 40; *D. Krausnick,* in: Gärditz § 60 Rn. 46.

200 BVerwG DVBl 1966, 692; OVG Münster NJW 1987, 1353: bei Versendungsart „Einschreiben mit Rückschein", das am Tage des Fristablaufs zur Post gegeben wird, kommt Wiedereinsetzung nicht in Betracht, da der Rechtsuchende nicht erwarten darf, dass die Sendung in den Abend- bzw. Nachtstunden desselben Tages noch beim VG entgegengenommen wird.

201 BVerwG DVBl 1966, 692; VGH München BayVBl 1974, 681, 682, wonach bei Zustellung mit eingeschriebenem Brief erfahrungsgemäß mit Verzögerungen gerechnet werden muss.

202 So zu Recht *H. Büttner,* Wiedereinsetzung, ²1999, § 9 Rn. 5 m.w.N.

203 BGH NJW 1999, 2118; kleinlich dagegen OVG Münster NJW 1996, 2809 – keine Wiedereinsetzung, wenn 12 % der Sendungen nicht am nächsten Tag ankommen.

Rechtsdingen Unerfahrenen begründet ebenso ein Auswahlverschulden wie die eines in neuen und übersichtlichen Spezialgebieten unerfahrenen Rechtsbeistandes.[204]

9. Beförderungsmängel. Von besonderer praktischer Relevanz ist die Frage, ob der Betroffene für **63** eine unzureichende, fehlerhafte oder gar vollständig unterbliebene Beförderung der Fristsache verantwortlich gemacht werden kann. Grds. sind dem Beteiligten *Mängel der postalischen Beförderung* nicht zuzurechnen, wenn die Sendung den postalischen Bestimmungen entsprechend, also richtig frankiert und adressiert, rechtzeitig so zur Post gegeben wird, dass sie bei störungsfreiem Betriebsablauf den Empfänger fristgerecht erreichen müsste.[205] *Verzögerungen und Verluste bei der Postzustellung* können dem Betroffenen grds. nicht als Verschulden zugerechnet werden (BVerfG NJW 1994, 1854; 1995, 1210, 1211; 2001, 1566f.; 2003, 1516). Eine Wiedereinsetzung kommt daher insbes. in Betracht, wenn eine Fristsache zu einem Zeitpunkt abgesandt wird, in dem bei der *üblichen Beförderungsdauer* mit einem rechtzeitigen Eingehen des Schriftstücks gerechnet werden darf.[206] Im Verantwortungsbereich des Rechtsuchenden liegt es, das zu befördernde Schriftstück so rechtzeitig zur Post zu geben, dass es nach deren organisatorischen und betrieblichen Vorkehrungen bei normalem Lauf der Dinge den Empfänger fristgemäß erreichen kann (BVerfGE 53, 25, 29; 62, 334, 337; NJW 1992, 38; BGH NJW 1993, 1333). Hat der Absender entsprechende Vorkehrungen getroffen, kann ihm eine Verzögerung oder ein Unterbleiben der Briefbeförderung nicht als Verschulden angerechnet werden (BVerfGE 53, 25, 28 m.w.N.). Ein Absender darf berechtigterweise erwarten, dass ein Schriftsatz „jedenfalls spätestens am zweiten Werktag nach der Einlieferung bei der Post" ankommt (BVerwGE 150, 200 Rn. 16; vgl. BVerwGE 147, 37 Rn. 8). Beruht der verspätete Eingang einer Fristsache ersichtlich auf einer ungewöhnlich langen Postlaufzeit, ist vom Gericht sorgfältig zu prüfen, ob nicht eine Wiedereinsetzung von Amts wegen gem. § 60 Abs. 3 in Betracht kommt (vgl. BVerwG BayVBl 1989, 122, 123). Der Grundsatz, dass man sich auf die regelmäßigen Postlaufzeiten verlassen kann und das Versagen der Vorkehrungen der Post dem Betroffenen nicht zuzurechnen ist, beansprucht umfassende Geltung. Differenzierungen danach, ob die Verzögerung auf höherer Gewalt (z.B. den Witterungsverhältnissen), auf einer zeitweise besonders starken Beanspruchung der Leistungsfähigkeit der Post (z.B. vor Feiertagen oder durch die Umstellung auf das fünfstellige Postleitzahlsystem zum 1.7.1993 [VGH Mannheim NJW 1996, 2882, 2883]) oder der Nachlässigkeit eines Bediensteten beruht, sind dabei unzulässig, da eine fallweise Heranziehung solcher Umstände zu einer Rechtsunsicherheit führen würden, die mit Art. 19 Abs. 4 GG und Art. 103 Abs. 1 GG nicht zu vereinbaren wäre (BVerfGE 41, 23, 27; 54, 80, 84; BVerfG NJW 1992, 1952). Einige fachgerichtliche Entscheidungen, die diesem Grundsatz nicht hinreichend Rechnung tragen,[207] überspannen die Sorgfaltspflichten der Postkunden und verdienen daher keine Gefolgschaft. Auch Verzögerungen der Postzustellung durch Beschädigungen oder die Nichtausführung eines Nachsendeantrags (BGH VersR 1979, 190; 1979, 1030; 1980, 744) begründen kein Verschulden.

Von dem oben skizzierten Grundsatz ist nur in besonders gelagerten Fällen eine Ausnahme zuzulassen, **64** wenn der Absender selbst eine zurechenbare Ursache für die Verspätung oder das Unterbleiben der Postauslieferung gesetzt hat (BVerfG NJW 1992, 38) oder wenn er die Verzögerung der Postbeförderung in concreto hat voraussehen können (BVerfG NJW 1995, 1210, 1211). Ist bspw. während eines *Poststreiks*[208] mit Verzögerungen im Postzustellungsdienst aufgrund von Streikmaßnahmen zu rechnen, muss ein Rechtsanwalt fristgebundene Schriftstücke vorab mit einem ihm zur Verfügung stehenden *Telefaxgerät* dem Gericht übermitteln, um eine absehbare oder zumindest wahrscheinliche Ver-

---

204 Die Rspr. stellt an die Auswahl des Prozessbevollmächtigten strenge Anforderungen und lässt regelmäßig nur die Beauftragung eines Rechtsanwalts genügen, um ein Auswahlverschulden auszuschließen; vgl. in diesem Zusammenhang BVerwGE 14, 109, 112; OVG Lüneburg OVGE 1, 194, 196f.; OVG Münster OVGE 2, 110, 114; VGH Kassel DÖV 1963, 927.

205 Näher G. Müller, NJW 1993, 681, 684; 1995, 3224, 3227; W. Ball, JurBüro 1992, 653, 654.

206 St. Rspr. des BVerfG; vgl. nur BVerfGE 40, 42, 45; 41, 341, 343; 44, 302, 306; 53, 148, 151; BVerfG NJW 1992, 38; NJW-RR 2002, 1005.

207 Exemplarisch BezG Potsdam DtZ 1993, 87 (Berücksichtigung der Postlaufzeiten in den neuen Bundesländern). Diese Rspr. kann durch die Entwicklung des Postwesens in den neuen Bundesländern als überholt angesehen werden; so zu Recht H. Büttner, Wiedereinsetzung, ²1999, § 9 Rn. 2 m.w.N.

208 Zu den Sorgfaltsanforderungen während eines Poststreiks etwa BVerfG NJW 1993, 1333f.; 1994, 244, 245; 1995, 1210, 1211f.; BAG NJW 1995, 548, 549.

spätung zu verhindern.[209] Ergeben sich für den Rechtsanwalt Zweifel an einer ordnungsgemäßen Postbeförderung, muss er durch Nachfrage den rechtzeitigen Eingang von Fristsachen klären und sich ggf. noch vor Fristablauf vergewissern, ob der Schriftsatz rechtzeitig bei Gericht eingegangen ist (BVerfG NJW 1995, 1210, 1211; BGH NJW 1993, 1333, 1334; VGH Mannheim NVwZ-RR 1995, 377). Auch eine verspätete Zustellung wegen *unzulänglicher Adressierung oder Frankierung* begründet ein Verschulden des Absenders, sodass eine Wiedereinsetzung in diesen Fällen grds. nicht in Betracht kommt.[210] Das gilt etwa bei Fristversäumung der Revisionsfrist infolge fehlerhafter oder unvollständiger Anschrift (BAG NJW 1991, 1078; VGH Kassel NJW 1985, 1723). Beruhen Adressierungsfehler auf Fehlern des ansonsten zuverlässig arbeitenden Büropersonals eines Rechtsanwalts und war dieser Fehler für den Rechtsanwalt nicht ohne Weiteres erkennbar, liegt ein dem Mandanten über § 173 VwGO i.V.m. § 85 Abs. 2 ZPO zurechenbares Verschulden nicht vor und kann eine Wiedereinsetzung begründen.[211] Insgesamt legen die Gerichte hier regelmäßig einen strengen Maßstab an und verlangen eine postalisch vollkommen korrekte Adressierung von Fristsachen, die die korrekte Angabe des Gerichtes, des Gerichtsortes (vgl. BAG NJW 1991, 1078 m.w.N.) und auch der Straßenbezeichnung sowie der Hausnummer[212] umfasst. Allerdings ist auch hier kein kleinlicher Maßstab anzulegen. So sollte eine fehlerhafte Hausnummer bei einer ansonsten korrekten Adressierung nicht zulasten des Beteiligten gehen. Verzögerungen infolge einer fehlenden Angabe der Postleitzahl sind dem Absender zuzurechnen.[213] Es ist aber in jedem Fall zu berücksichtigen, dass sich der Rechtsuchende auf eine in einer *Rechtsbehelfsbelehrung angegebene Anschrift* der Verwaltungs- und Justizbehörde verlassen können muss. Ist eine solche Anschrift postalisch nicht korrekt oder unvollständig angegeben, können hierdurch verursachte Verspätungen nicht zulasten des Rechtsuchenden gehen (VGH Kassel NJW 1985, 934). Auch wenn ein unvollständig adressiertes Schriftstück so rechtzeitig abgesandt wird, dass es trotz der dadurch erforderlichen Sonderbehandlung bei der Postzustellung üblicherweise rechtzeitig eingehen müsste, ist die Sorgfaltspflicht des Absenders nicht verletzt und daher Wiedereinsetzung zu gewähren.[214]

65　**10. Behördenverschulden.**　Versäumt eine Behörde eine gesetzliche Frist i.S.d. § 60, stellt sich die Frage, auf wessen Verschulden es für die Wiedereinsetzung ankommt. In Betracht kommen der nach § 62 Abs. 3 vertretungsberechtigte Behördenleiter, aber auch sämtliche untergeordnete Behördenbedienstete, die mit der Einhaltung einer gesetzlichen Frist betraut sind. Ein *Verschulden des Behördenleiters* ist der Behörde schon nach dem Rechtsgedanken des § 51 Abs. 2 ZPO zuzurechnen, der über § 173 auch im Verwaltungsprozessrecht Anwendung findet.[215] Ein Verschulden des Behördenleiters schließt daher die Wiedereinsetzung aus. Lassen sich Behörden vor dem VG durch einen Bediensteten mit Befähigung zum Richteramt vertreten, müssen sie sich entsprechend § 173 VwGO i.V.m. § 85 Abs. 2 ZPO dessen Verschulden zurechnen lassen, wobei die Sorgfaltspflicht des Bediensteten derjenigen eines Anwalts entspricht (BVerwG Buchholz 310 § 67 VwGO Nr. 89). Problematischer ist hingegen die Frage, welche Rechtsfolgen bei einem Verschulden anderer Behördenbediensteter eintreten. Die Rspr. bietet hier ein uneinheitliches Bild;[216] die Rspr. der Verwaltungsgerichtshöfe stellte zunächst regelmäßig auf das Verschulden aller mit Fristen befassten Behördenangehörigen ab, relativierte diesen Grundsatz aber

---

209　BVerfG NJW 1995, 1210, 1211; VGH Kassel NJW 1993, 750; LSG Mainz NJW-RR 1993, 1216; LAG Düsseldorf NZA 1993, 142; *H. Büttner*, Wiedereinsetzung, ²1999, § 9 Rn. 4 m.w.N.

210　BVerwG NJW 1990, 2639; BGH NJW-RR 1998, 1218; zu weiteren Einzelheiten *H. Büttner*, Wiedereinsetzung, ²1999, § 9 Rn. 3.

211　BFH NJW 2000, 1520 m.w.N. Noch weitergehender BGH NJW-RR 1990, 1149, 1150: Anwalt braucht Korrektheit der postalischen Anschrift grds. nicht zu prüfen, wenn ansonsten zuverlässiges Personal die (fehlerhafte) Adressierung vorgenommen hat; dazu *R. Koch*, NJW 2014, 2391, 2392 f.

212　Diese Frage ist umstr.; während BGH NJW 1969, 468; VersR 1984, 871 unter Hinweis auf die Bekanntheit der Gerichte die Angabe des Gerichtsortes und des Gerichtes genügen lässt, verlangt das BAG (BAG NJW 1987, 3278, 3279) grds. die Angabe der Straßenbezeichnung; ebenso VGH Mannheim MDR 1975, 963; LAG Frankfurt NJW 1991, 1078.

213　So zu Recht *W.-R. Schenke*, in: Kopp/Schenke § 60 Rn. 17; großzügiger OLG Stuttgart NJW 1982, 2832 f., das weder die Angabe der Postleitzahl, noch der genauen Bezeichnung von Straße und Hausnummer für eine Postbeförderung innerhalb der Regellaufzeit für erforderlich hält.

214　BVerwG NJW 1990, 2639; eine insoweit fehlerhafte Behandlung des Schriftstücks bei der Post darf nicht zulasten des Absenders gehen.

215　Ausf. zur Problematik *W. Heiß*, BayVBl 1984, 646, 648 f.

216　Ausf. Nachw. bei *W. Heiß*, BayVBl 1984, 646, 647.

später und ließ eine Wiedereinsetzung zu, wenn für eine ordnungsgemäße Überwachung der Fristenkontrolle gesorgt war (VGH München BayVBl 1973, 239, 240). Für die Lösung des Problems bietet sich eine differenzierte Betrachtungsweise an, die an den Grundsätzen der Verschuldenszurechnung nach § 85 Abs. 2 ZPO orientiert ist. Zu unterscheiden ist nach der hier vertretenen Auffassung, ob es sich um das Verschulden eines selbständig mit der Bearbeitung der Rechtssache betrauten Behördenangehörigen oder um ein Fehlverhalten einer untergeordnet tätigen Hilfsperson handelt. Ein Verschulden eines zur selbständigen Prozessführung ermächtigten und damit für die Wahrung der Rechtsbehelfsfristen verantwortlichen Beamten muss zulasten der Behörde gehen,[217] da ein solcher Beamter die Behörde eigenverantwortlich im Rechtsverkehr repräsentiert. Dagegen kommt eine Zurechnung des Verschuldens sonstiger Behördenangehöriger regelmäßig nicht in Betracht. Hier gelten die Grundsätze für die Verschuldenszurechnung von Hilfspersonen eines Prozessbevollmächtigten entsprechend, sodass die Wiedereinsetzung nur dann ausgeschlossen ist, wenn die Fristenkontrolle und Überwachung der Fristen in der Behörde nicht ordnungsgemäß organisiert ist (zu den entsprechenden Sorgfaltsanforderungen in der Anwaltskanzlei, die für Behörden entsprechend zu gelten haben → Rn. 71 ff. unter dem Stichwort *Fristenkontrolle*). Eine Behörde hat hinsichtlich der Organisation und Überwachung der rechtzeitigen Absendung von fristwahrenden Schriftsätzen die gleichen Sorgfaltsanforderungen zu erfüllen wie ein Rechtsanwalt.[218] Auch von Behörden wird erwartet, dass sie das mit dem Postausgang betraute Personal mit der gehörigen Sorgfalt auswählen, anleiten, schulen und überwachen.

Auch im Behördenbereich ist ein Fristenkontrollbuch zu führen, mit dem die Erledigung fristwahrender Schriftsätze bis zu ihrer Absendung überwacht werden kann.[219] Fehlt es an einer geeigneten Organisation des Postausgangs, ist eine Wiedereinsetzung ausgeschlossen (BVerwG NVwZ-RR 1996, 60, 61). Ist dagegen durch eine zweckmäßige Organisation des Postausgangs, insbes. der Fristenkontrolle das Notwendige zur Verhinderung von Fristversäumnissen unternommen worden, kommt eine Wiedereinsetzung auch bei Fristversäumnissen durch Behörden in Betracht.[220] Dies gilt etwa, wenn die Behörde nachweist, wer nach der behördeninternen Aufgabenverteilung letztlich für die ordnungsgemäße Fristenüberwachung verantwortlich ist (BFH BB 1983, 624, 625). Die Überlastung einer Behörde kann bei einer Fristversäumnis jedenfalls nicht zur Wiedereinsetzung führen.[221]

11. Benachrichtigungspflichten des Rechtsanwalts. Den Rechtsanwalt treffen mit der Übernahme des Mandats gegenüber seinem Mandanten umfangreiche Belehrungs-, Benachrichtigungs- und Informationspflichten.[222] Der Anwalt ist aber grds. nicht verpflichtet, nachzuforschen, ob sein Mandant die Benachrichtigung tatsächlich erhalten hat.[223] Muss der Anwalt dagegen erkennen, dass sein erstes Schreiben den Mandanten nicht erreicht hat oder ist eine nach den Umständen des Einzelfalles zu erwartende Antwort des Mandanten ausgeblieben, trifft den Rechtsanwalt eine Pflicht zum Tätigwerden in Form einer Rückfrage (OVG Weimar NVwZ-RR 1997, 390, 391). Insbes. in Verfahren mit Ausländerbezug treffen den Rechtsanwalt besondere Sorgfaltspflichten. So darf es der Rechtsanwalt bei der Anfrage an seinen Mandanten, ob gegen die Ablehnung eines Asylantrags ein Rechtsbehelf eingelegt werden soll, nicht bei einem einmaligen Benachrichtigungsversuch belassen, sondern er ist wegen der bei diesem Personenkreis nicht selten auftretenden Sprachschwierigkeiten gehalten, bei dem Mandanten ggf. nochmals und nicht nur mit einfachem Brief Rückfrage zu halten (OVG Weimar NVwZ-RR 1997, 390, 391). Wird eine solche Rückfrage unterlassen und versäumt der Mandant aus diesem Grunde eine Rechtsbehelfsfrist, soll eine Wiedereinsetzung wegen Anwaltsverschuldens ausgeschlos-

66

67

---

217 BVerwG Buchholz 310 § 67 VwGO Nr. 89; OVG Münster NVwZ 1991, 490 (Zurechnung des Verschuldens eines Mitarbeiters im Rechtsamt, der die Stadt in gerichtlichen Verfahren vertritt); OVG Koblenz DÖV 2004, 802 ff.; *D. Krausnick*, in: Gärditz § 60 Rn. 47. A.M. *W. Heiß*, BayVBl 1984, 646, 650, der eine Fristversäumnis von anderen Personen als dem Behördenleiter nur dann der Behörde zurechnen will, wenn dem Behördenleiter ein Organisationsverschulden zur Last gelegt werden kann.

218 BVerwG NVwZ-RR 1996, 60, 61; Buchholz 310 § 60 VwGO Nr. 176; OVG Lüneburg NJW 1994, 1299, 1300; BFH NVwZ-RR 1998, 143.

219 BFH NVwZ-RR 1998, 143.

220 VGH München BayVBl 1961, 92, 93; VGH Mannheim NVwZ 1986, 226; *W. Heiß*, BayVBl 1984, 646, 649 f.

221 BVerwG Buchholz 310 § 67 VwGO Nr. 89 zu psychischen Überlastungsreaktionen durch zeitweilig sehr starken Arbeitsanfall.

222 Näher *H. Roth*, in: Stein/Jonas III § 233 Rn. 34 unter dem Stichwort *Belehrungspflichten* des Anwalts gegenüber der Partei; *M. Prinz*, VersR 1986, 317 f.

223 BGH VersR 1992, 898 f.; BVerwG 19.10.2004 – 5 C 16/04, juris Rn. 3.

sen sein[224] (zu den grundsätzlichen Bedenken gegen eine Zurechnung des Anwaltsverschuldens im Asylprozess → Rn. 48).

68   **12. Büroorganisation.**[225] Wer sich zur Erledigung von Aufgaben eines Büroapparats bedient, muss dafür Sorge tragen, dass das Büro so organisiert ist, dass Fehler vermieden werden (vgl. VGH München BayVBl 2007, 671 f.). Besondere Bedeutung hat dieser Grundsatz für Rechtsanwaltskanzleien; hier trifft den Anwalt die Pflicht, den büromäßigen Ablauf in der Kanzlei so zu organisieren, dass insbes. eine angemessene Fristenkontrolle gewährleistet ist und Fehler bei der Behandlung von Fristen möglichst ausgeschlossen sind.[226] Allerdings ist dem Rechtsanwalt keine bestimmte Büroorganisation vorgeschrieben, sodass ihm die konkrete Ausformung der Organisationsstrukturen vorbehalten bleibt (BGH NJW-RR 1993, 1213, 1214). Fehlt eine entsprechende Organisation, liegt ein *Organisationsverschulden* des Rechtsanwalts vor, dass dem Beteiligten über § 173 VwGO i.V.m. § 85 Abs. 2 ZPO zugerechnet wird.[227] Für eine ordnungsgemäße Büroorganisation ist insbes. die Führung und tägliche Kontrolle eines *Fristenkontrollbuches oder Fristenkalenders* erforderlich (→ Rn. 71 ff.). Dieses kann auch mithilfe eines *elektronischen Fristenkalenders* geschehen.[228] Darüber hinaus muss eindeutig geregelt sein, wer von mehreren Angestellten für die Fristenkontrolle verantwortlich ist, damit nicht die Situation eintreten kann, dass sich der eine auf den anderen verlässt (BFHE 149, 146 [LS 2]). Zu weitgehend dagegen ist die Forderung, dass ein Rechtsanwalt eingehende Post auch dann selbst auf sofort zu bearbeitende Aufträge zu überprüfen hat, wenn er diese Aufgabe auf eine zuverlässige Bürokraft delegiert hat.[229]

69   **13. Drittverschulden.** Ein Verschulden Dritter hindert die Wiedereinsetzung nicht. Unter den Begriff des Dritten fallen alle Personen, die weder gesetzliche Vertreter noch Bevollmächtigte des Beteiligten sind, also insbes. das *Büropersonal des Beteiligten oder seines Prozessbevollmächtigten* und sonstige *Hilfspersonen*, die für die Erledigung bestimmter Aufgaben, etwa für Botengänge (dazu etwa BVerwG NJW 1992, 63, 64 f. m.w.N.) in Anspruch genommen werden. Allerdings ist in diesen Fällen sorgfältig zu prüfen, ob ein eigenes Auswahl- oder Überwachungsverschulden des Bevollmächtigten bzgl. der eingesetzten Person vorliegt, welches dem Prozessbeteiligten über § 173 VwGO i.V.m. § 85 Abs. 2 ZPO zuzurechnen wäre.[230] Für das Versehen einer bisher zuverlässigen Büroangestellten muss der Rechtsanwalt nicht einstehen.[231] Hat etwa eine ansonsten zuverlässige Büroangestellte bei der Versendung eines Telefaxes versehentlich die falsche Telefaxnummer angegeben, beruht die hierdurch versäumte Fristversäumung regelmäßig nicht auf einem Verschulden des Rechtsanwalts und kann daher dem Prozessbeteiligten nicht zugerechnet werden.[232] Auch der Ehepartner oder andere Familienangehörige sind Dritte, deren Verschulden dem Beteiligten nur zugerechnet werden kann, wenn ihn an deren Fehlverhalten ein Mitverschulden trifft. Ein Wiedereinsetzungsgrund liegt daher regelmäßig vor, wenn Familienangehörige das zugestellte Schriftstück nicht oder verspätet abliefern.[233] Erledigt die Ehefrau die Postangelegenheiten des Antragstellers, ohne hierzu gesetzlich oder rechtsgeschäftlich bevollmächtigt zu sein, und unterläuft ihr dabei ein Versehen, das die Versäumung einer Rechtsbehelfs-

---

224 BVerwGE 66, 240, 241; OVG Weimar DÖV 1996, 615, 616.

225 Vgl. in diesem Zusammenhang insbes. *H. Büttner*, Wiedereinsetzung, ²1999, § 7 Rn. 5 ff. sowie die Rspr.-Nachw. bei *H. Roth*, in: Stein/Jonas III § 233 Rn. 34 unter dem Stichwort *Büroverschulden* sowie *M. App*, DVP 1994, 183, 185 f. und *W. Ball*, JurBüro 1992, 653, 655 m.w.N.

226 BVerwG NJW 2015, 1976, 1977; BGH NJW 1988, 2804 f.; ausf. zur Fristenorganisation in der Kanzlei *A. Jungk*, in: B. Borgmann/A. Jungk/M. Schwaiger, Anwaltshaftung, ⁵2014, § 58; *H. Büttner*, Wiedereinsetzung, ²1999, § 7 Rn. 8 ff.

227 BVerwG Buchholz 310 § 60 VwGO Nr. 173; *D. Krausnick*, in: Gärditz § 60 Rn. 57. Zu der in diesem Zusammenhang ergangenen unzähligen Einzelfallkasuistik etwa *H. Roth*, in: Stein/Jonas III § 233 Rn. 34 unter dem Stichwort *Büroverschulden*.

228 Zu den diesbezüglichen Sorgfaltspflichten BGH NJW 2000, 1957.

229 So aber BGH NJW 1974, 861; ein typisches Bsp. für die Überspannung der anwaltlichen Sorgfaltspflichten.

230 BVerwG NJW 1992, 63, 64; BGH NJW 1988, 2045. Im Bereich der Beförderung von fristgebundenen Schriftstücken nimmt die Rspr. ein entsprechendes Verschulden an, wenn die Hilfsperson infolge jugendlichen Alters, Gebrechlichkeit oder mangelnder Erprobung ungeeignet erscheint oder sich bereits in der Vergangenheit als unzuverlässig erwiesen hat.

231 BVerwG Buchholz 310 § 86 Abs. 1 VwGO Nr. 268 für den Fall, dass einer zuverlässigen Kanzleimitarbeiterin eine Fristsache versehentlich auf den Fußboden ihres PKW gerutscht ist und deshalb übersehen wurde; vgl. auch BVerwG Buchholz 310 § 60 VwGO Nr. 144, 172; HmbOVG NJW 1996, 2939.

232 BVerwG NJW 1989, 2814; *R. Koch*, NJW 2014, 2391, 2393.

233 Rosenberg/Schwab/*Gottwald* § 69 Rn. 27.

frist zur Folge hat, kommt ein die Wiedereinsetzung ausschließendes eigenes Verschulden des Antragstellers nur dann in Betracht, wenn für ihn ohne Weiteres ersichtlich war, dass seine Ehefrau mit dieser Aufgabe überfordert war (OVG Münster NJW 1995, 2508).

14. Erfolgsaussichten des Rechtsbehelfs. Ein Irrtum oder bestehende Zweifel über die Erfolgsaussicht 70 eines Rechtsbehelfs stellen keine Verhinderung an dessen rechtzeitiger Einlegung dar und vermögen eine Fristversäumung nicht zu entschuldigen.[234] Bestehen Zweifel an der Verfassungsmäßigkeit einer gesetzlichen Regelung, macht dies eine Klageerhebung nicht unzumutbar; bei Versäumung einer Rechtsbehelfsfrist aus diesem Grund kommt eine Wiedereinsetzung nicht in Betracht (BVerwG Buchholz 310 § 60 VwGO Nr. 157). Auch wenn nach Fristablauf gerichtliche Entscheidungen veröffentlicht werden, aus denen sich für den Betroffenen günstigere Erfolgsaussichten ableiten lassen, folgt hieraus kein Wiedereinsetzungsgrund für denjenigen, der in Unkenntnis dieser neuen Entwicklungen auf weitere gerichtliche Schritte verzichtet hat.[235]

15. Fristenkontrolle.[236] Die wohl wichtigste Pflicht im Rechtsanwaltsbüro ist die Kontrolle der unter- 71 schiedlichen Rechtsbehelfs-, Rechtsmittel- und Rechtsmittelbegründungsfristen. Aufgrund der Vielzahl der im Verwaltungsprozess zu beachtenden Fristen, die zudem unterschiedlich lang sind (zu den einzelnen Fristen ausf. → Rn. 22), sind die Möglichkeiten von Fehlern bei der Fristenhandhabung zahlreich. Für den Anwalt ist es jedenfalls unverzichtbar, die von der Rspr. aufgestellten Sorgfaltsanforderungen[237] hinsichtlich der Fristenkontrolle zu kennen. Dabei ist zu beachten, dass der von der Rspr. angewandte Sorgfaltsmaßstab ausgesprochen streng ist und manchmal gar pedantisch anmutet.[238] Ob die Anforderungen an die Fristenorganisation im Rechtsanwaltsbüro auch im Verwaltungsprozess angesichts der rechtspolitischen Problematik der Zurechnung des Bevollmächtigtenverschuldens (→ Rn. 48) so streng wie im Zivilprozess sein müssen,[239] sei dahingestellt.

Folgende *Leitlinien* können der Rspr. zur Fristenorganisation im Rechtsanwaltsbüro entnommen wer- 72 den.[240] Die Fristenkontrolle und -überwachung gehört zu den ureigenen Aufgaben des Anwalts (so zu Recht BGH NJW 1992, 820). Ein Rechtsanwalt hat daher seine Kanzlei so zu organisieren, dass Fehler bei der Behandlung von Fristsachen vermieden werden.[241] Grds. geht die Rspr. davon aus, dass der Rechtsanwalt die *Berechnung einfacher und geläufiger Fristen* auf sein geschultes, zuverlässiges und laufend überwachtes[242] Personal (nicht auf noch auszubildendes Personal[243]) übertragen darf.[244] Zu diesen Fristen sollen Rechtsmittelbegründungsfristen jedoch nicht zählen,[245] die Beschwerdefrist nach § 133 Abs. 2 S. 1 zählt hingegen zu den „einfachen" Fristen (BVerwG NVwZ 2012, 580, 581, juris

---

234 BVerwGE 144, 1, 19; BVerwG DVBl 1970, 289, 290 m.w.N.; NJW 1977, 262; NVwZ-RR 1989, 570, 571; Buchholz 310 § 60 VwGO Nr. 157; OVG Lüneburg NVwZ-RR 2008, 356.
235 BVerwG MDR 1954, 652; OVG Münster DVBl 1952, 505, 506. A.M. für einen im Ausland lebenden Antragsteller BVerwG DVBl 1964, 586.
236 Ausf. zu den Rechtspflichten des Anwalts bzgl. der Fristenwahrung *H. Büttner*, Wiedereinsetzung, ²1999, § 7 Rn. 10 ff.; *W. Ball*, JurBüro 1992, 653, 656 ff.; *G. Müller*, NJW 1993, 681, 685 ff.; 1995, 3224, 3229 f.; 1998, 497, 504 ff.; 2000, 322, 330 f.; *V. v. Pentz*, NJW 2003, 858 ff. jeweils m. umfangr. Rspr.-Nachw.
237 Rspr.-Bsp. zu den Sorgfaltspflichten des Rechtsanwalts finden sich etwa in BVerwG NJW 1997, 2614 f.; 1997, 3390 f.; BGH NJW 2000, 82; VGH München NJW 2000, 1131.
238 *P. Brandis*, in: Tipke/Kruse § 56 FGO Rn. 10; sehr krit. auch *M. Redeker*, in: Redeker/v. Oertzen § 60 Rn. 2: „in seltsamen Gegensatz zu den Mängeln des Gerichtsbetriebs".
239 Dort wird zur Begründung der strengen Anforderungen angeführt, nur so könne die für einen zügigen Verfahrensablauf notwendige Beachtung der Fristen im Anwaltsbüro mit dem erforderlichen Nachdruck durchgesetzt werden; vgl. insoweit *G. Müller*, NJW 2000, 322, 327.
240 Zu den Einzelheiten muss auf die erschöpfenden Ausführungen von *H. Büttner*, Wiedereinsetzung, ²1999, § 7 Rn. 9 ff. und *A. Jungk*, in: B. Borgmann/A. Jungk/M. Schwaiger, Anwaltshaftung, ⁵2014, § 58 sowie die einschlägigen Rechtsprechungsübersichten verwiesen werden.
241 BVerwG Buchholz 310 § 60 VwGO Nr. 258; BGH NJW 1993, 732 m.w.N.; VGH Kassel NJW 1993, 750; vgl. die Rspr.-Nachw. zu diesem in der Praxis besonders bedeutsamen Themenkomplex bei *Baumbach/Lauterbach/Albers/Hartmann* § 233 Rn. 85–112 und bei *H. Roth*, in: Stein/Jonas III § 233 Rn. 38 unter dem Stichwort *Fristeinhaltung*.
242 Dabei obliegen dem Rechtsanwalt besondere Überwachungspflichten gegenüber solchem Personal, das es in der Vergangenheit an der erforderlichen Zuverlässigkeit hat fehlen lassen; vgl. *H. Büttner*, Wiedereinsetzung, ²1999, § 7 Rn. 63 m.w.N.
243 BGH 22.10.2014 – IV ZB 13/14, juris Rn. 13.
244 BVerwG NJW 1988, 2814; 1992, 63, 64; VGH Mannheim NVwZ-RR 1995, 174; OVG Münster NJW 1995, 1445; BGH NJW 2016, 2344, 2345.
245 VGH Mannheim NVwZ-RR 2004, 222 ff.; OVG Münster NVwZ-RR 2004, 221 f.; OVG Koblenz NVwZ-RR 2003, 79.

Rn. 4). Organisationsmittel der Fristenwahrung sind die *Handakten* und der *Fristenkalender* oder das *Fristenbuch*, durch deren Zusammenspiel erst eine zuverlässige Fristenwahrung möglich wird. Die Fristenkontrolle mittels eines EDV-Fristenkalenders ist zulässig, es bedarf daneben keines herkömmlichen schriftlichen Kalenders.[246] Insbes. muss im Rechtsanwaltsbüro neben einer wirksamen *Eingangskontrolle*[247] dafür gesorgt sein, dass die festgestellten Fristen sowohl in die Handakte als auch in den Fristenkalender eingetragen werden und diese Fristnotierungen übereinstimmen.[248] Durch entsprechende Organisation und Anweisungen muss sichergestellt sein, dass die jeweiligen Fristen zuverlässig notiert werden, wobei eine Notierung auf losen Zetteln nicht ausreicht (vgl. BVerwGE 74, 289, 293; BGH NJW 1992, 574, 575; 1995, 1682). Dem Rechtsanwalt fällt ein Organisationsverschulden zur Last, wenn er nicht durch allgemeine Anweisung dafür Sorge trägt, dass der Ablauf von Rechtsmittelfristen zuverlässig rechtzeitig, also zum frühest möglichen Zeitpunkt (BVerwG NJW 2005, 1001 f.), vermerkt wird (BGH NJW 1996, 2514 m.w.N.). Um dies zu gewährleisten, müssen Fristsachen in einer Weise notiert werden, die sie von gewöhnlichen Wiedervorlagen deutlich abhebt (BVerwG Buchholz 310 § 60 VwGO Nr. 140, 201). Der Rechtsanwalt ist verpflichtet, das Einhalten seiner Anweisungen stichprobenartig zu überwachen, sonst liegt ein entscheidender Organisationsmangel vor (BVerwG 23.6.2011 – 1 B 7/11, juris Rn. 6 unter Bezugnahme auf BGH NJW 2003, 435, 436, juris Rn. 5). Bei Unterzeichnung des eine Gerichtsentscheidung betreffenden Empfangsbekenntnisses ist der Rechtsanwalt verpflichtet, sich diese Entscheidung im Hinblick auf etwaige durch die Zustellung ausgelöste Fristen vorlegen zu lassen, um sich so darüber Gewissheit zu verschaffen, ob die Zustellung eine Frist auslöst oder nicht. Eine Verpflichtung, Empfangsbekenntnisse generell erst dann zu unterschreiben, wenn die entsprechende Frist im Kalender notiert ist,[249] besteht allerdings nicht. Eine solche Organisation mag zwar sehr zweckmäßig sein, es genügt aber auch, dass der Anwalt bei Unterzeichnung des Empfangsbekenntnisses auf der Urteilsausfertigung einen Vermerk über den Zustellungszeitpunkt macht, eine Wiedervorlagefrist bestimmt und sicherstellt, dass der Vorgang den für die Fristnotierung zuständigen Mitarbeiter auch erreicht (BGH NJW-RR 1993, 1213, 1214; 1997, 759, 760). Die Eintragung einer *Vorfrist*,[250] die – wenn möglich – etwa eine Woche vor dem eigentlichen Fristablauf liegen sollte, ist jedenfalls dann erforderlich, wenn das zur Fristwahrung zu erstellende Schriftstück nicht innerhalb weniger Minuten abdiktiert werden kann. Die Vorfrist soll dem Rechtsanwalt gleichsam als Sicherheitszone eine ausreichende Überprüfungs- und Bearbeitungszeit gewährleisten. Ihre Eintragung ist insbes. bei solchen Fristen erforderlich, die dem Anwalt eine gewisse Darlegungslast aufbürden, wie etwa die Fristen in §§ 87b, 124a Abs. 1 S. 1 und 4, 124a Abs. 3, 133 Abs. 3, 139 Abs. 3.

73   Die Feststellung und Berechnung *schwieriger* oder *atypischer Fristen* ist allein dem Rechtsanwalt vorbehalten.[251] Zu den Fristen, die der Rechtsanwalt nach ständiger Rspr. eigenverantwortlich zu überwachen hat, zählen insbes. die Rechtsmittelbegründungsfristen nach § 133 Abs. 3 S. 1 (Begründung der Beschwerde gegen die Nichtzulassung der Revision)[252] und nach § 139 Abs. 3 S. 1 (Revisionsbegründungsfrist),[253] da regelmäßig davon auszugehen ist, dass die von der ZPO und von der FGO teilweise abweichenden Regelungen des Revisionsverfahrensrechts in der VwGO nicht jedem Rechtsanwalt und seinem Büropersonal hinreichend vertraut sind (BVerwG NJW 1995, 2122, 2123). Hier kann sich der Rechtsanwalt der Pflicht zur eigenverantwortlichen Fristenkontrolle auch nicht dadurch entziehen, dass er die Fristenkontrolle einem anderen Rechtsanwalt überträgt, ohne diesen entsprechend anzuleiten oder zu überwachen (BVerwG Buchholz 310 § 60 VwGO Nr. 189). Auch solche

---

246 BGH NJW 1997, 327; zu den Sorgfaltspflichten bei Führung eines elektronischen Fristenkalenders BGH NJW 2000, 1957.
247 Dazu H. *Büttner*, Wiedereinsetzung, ²1999, § 7 Rn. 8 ff.
248 Zu den Einzelheiten zum organisatorischen Zusammenspiel von Fristennotierung in Handakte und Fristenkalender näher H. *Büttner*, Wiedereinsetzung, ²1999, § 9 Rn. 17 ff. m. zahlr. Nachw.
249 So VGH Mannheim 4.10.2012 – 9 S 859/11, juris Rn. 14; W. *Bier*, in: Schoch/Schneider/Bier § 60 Rn. 42 unter Hinweis auf VGH Mannheim VBlBW 1983, 369, 370; BVerwG NVwZ 2003, 868; NJW 2005, 1001. A.M. BVerwG 26.11.2004 – 5 B 33/04, juris Rn. 6.
250 Einzelheiten bei H. *Büttner*, Wiedereinsetzung, ²1999, § 7 Rn. 24 ff.
251 Vgl. BVerwG 23.6.2011 – 1 B 7/11, juris Rn. 5; NVwZ 2012, 580, 581; 15.4.2013 – 2 B 139/11, juris Rn. 5 f.; F. *Bernau*, NJW 2016, 1999, 2002.
252 BVerwG NJW 1992, 852; 1995, 3002, 3003; 23.6.2011 – 1 B 7/11, juris Rn. 5; NVwZ 2012, 580, 581.
253 BVerwG NJW 1995, 2122, 2123; Buchholz 310 § 60 VwGO Nr. 189.

Fristen, deren Lauf durch ein vorangegangenes Wiedereinsetzungsverfahren, das nach bewilligter PKH durchgeführt worden ist, beeinflusst werden, bedürfen der eigenverantwortlichen Überwachung durch den Rechtsanwalt (BGH NJW 1991, 2082). Der Rechtsanwalt muss nach der Rspr. durch eine entsprechende Kanzleiorganisation gewährleisten, dass die Überwachung solcher Fristen, die sich nicht als gängige Routineangelegenheiten darstellen, allein ihm obliegt.[254] Ausreichend muss allerdings – wohl entgegen der insoweit restriktiveren Rspr. – sein, dass der Rechtsanwalt sein Personal auf die Besonderheiten bei der Berechnung dieser Fristen hinweist und die konkrete Fristberechnung dem geschulten – und laufend zumindest stichprobenartig kontrollierten – Büropersonal überlässt.[255] Der Rechtsanwalt hat den Ablauf von Rechtsmittelbegründungsfristen in jedem Fall dann eigenverantwortlich zu prüfen, wenn ihm die Akten im Zusammenhang mit einer fristgebundenen Prozesshandlung vorgelegt werden.[256]

Der Rechtsanwalt muss für hinreichend sichere *Ausgangskontrollen* bei der Absendung fristwahrender 74 Schriftsätze sorgen,[257] ist aber darüber hinaus nicht verpflichtet, auch noch den Eingang seiner Schriftstücke bei Gericht zu überwachen, wenn nicht besondere Umstände den Verdacht nahe legen, dass das Schriftstück nicht rechtzeitig bei der zuständigen Stelle eingegangen ist (BVerfGE 79, 372, 375 f.; BVerfG NJW 1992, 38, 39). Auch die Praxis der Verwaltungsgerichte, im Gegensatz zu den Zivilgerichten üblicherweise Eingangsbestätigungen zu verschicken, begründet keine Pflicht des Bevollmächtigten, für Nachforschungen zu sorgen, wenn diese Bestätigung ausbleibt.[258] Fehler bei der überobligatorischen Einholung einer Eingangsbestätigung rechtfertigen es nicht, die Wiedereinsetzung zu versagen (BGH NJW 2015, 2266, 2268). I.R. einer wirksamen Ausgangskontrolle muss sichergestellt werden, dass die im Kalender vermerkten Fristen erst dann gelöscht werden, wenn die fristwahrende Maßnahme durchgeführt, der Schriftsatz also gefertigt und abgesandt oder zumindest eine sichere Vorsorge dafür getroffen wurde, dass der Schriftsatz tatsächlich herausgeht.[259] Zudem müssen Vorkehrungen dagegen getroffen werden, dass durch versehentliche Erledigungsvermerke im Fristenkalender Fristen versäumt werden (BGH NJW 1997, 3177, 3178; 2000, 1957). Dazu gehört insbes. eine Anordnung, durch die gewährleistet wird, dass am Ende eines jeden Arbeitstages von einer dazu beauftragten Bürokraft geprüft wird, welche fristwahrenden Schriftsätze hergestellt, abgesandt oder zumindest versandfertig gemacht worden sind, und ob diese mit den im Fristkalender vermerkten Sachen übereinstimmen, da nur so festgestellt werden kann, ob möglicherweise in einer bereits als erledigt vermerkten Fristsache die fristwahrende Handlung noch aussteht (BGH NJW-RR 1997, 562; NJW 2000, 1957). Diktiert ein Rechtsanwalt seiner Schreibkraft den Text eines Rechtsmittelauftrages an einen anderen Rechtsanwalt, soll er verpflichtet sein, den diktierten Text einschließlich des mitgeteilten Zustellungsdatums des erstinstanzlichen Urteils eigenverantwortlich auf Diktat- und Übertragungsfehler zu überprüfen.[260] Beauftragt der Rechtsanwalt eine erst wenige Tage in der Kanzlei arbeitende und in den Tätigkeiten einer Mitarbeiterin in einer Anwaltskanzlei nicht hinreichend erfahrene Kraft mit der Veranlassung eines *Botengangs* hinsichtlich eines fristwahrenden Schriftsatzes, ohne die tatsächliche Durchführung dieser Anweisung selbst zu überwachen oder eine hinreichend erfahrene Bürokraft überwachen zu lassen, liegt nach der Rspr. in dieser Handlungsweise ein die Wiedereinsetzung ausschließendes Verschulden des Prozessbevollmächtigten (BGH NJW 1996, 319).

16. Gerichte und Behörden als Verantwortliche für die Fristversäumung. Liegt die Ursache der ver- 75 späteten Einlegung eines Rechtsbehelfs in der Einflusssphäre des Gerichts oder der für die Entgegennahme des Rechtsbehelfs zuständigen Behörde, kann dem Beteiligten die Säumnis nicht zur Last gelegt

---

254 BGH NJW 1991, 2082 m.w.N.
255 Ebenso W. *Bier*, in: Schoch/Schneider/Bier § 60 Rn. 45.
256 BVerwG NJW 1995, 2122, 2123; NJW 2013, 1617; BGH NJW 1992, 841; 2014, 3452, 3453.
257 BVerwG Buchholz 310 § 60 VwGO Nr. 175; BVerwG NJW 1990, 1747; BGH NJW 1993, 3333; 1994, 3171; 1996, 997, 998; OVG Weimar NVwZ-RR 1995, 233, 234. Zu den Anforderungen an die Postausgangskontrolle *R. Koch*, NJW 2014, 2391 ff.
258 OVG Münster NVwZ-RR 1990, 378, 379; VGH Kassel NJW 1993, 748, 749; W. *Bier*, in: Schoch/Schneider/Bier § 60 Rn. 43.
259 BGH NJW 1994, 3171; 1996, 1540, 1541; 1996, 2513; OVG Münster NJW 1995, 1445; OVG Weimar NVwZ-RR 1995, 233, 234; VGH München BayVBl 2007, 671 f.
260 BGH NJW 1996, 853; auch diese Entscheidung überspannt nach der hier vertretenen Auffassung die Sorgfaltsanforderungen an den Rechtsanwalt.

werden.[261] Wiedereinsetzung ist daher bspw. zu gewähren, wenn das Gericht eine unrichtige oder irreführende Rechtsbehelfsbelehrung erteilt (vgl. § 233 S. 2 ZPO),[262] zu Unrecht seine Zuständigkeit annimmt (BGH NJW-RR 1989, 825, 826) oder dem Rechtsuchenden eine unrichtige Telefaxnummer angibt (BGH NJW 1989, 589) bzw. die Behörde eine unrichtige Auskunft über das Ende der Klagefrist gibt (BVerwG NJ 2007, 524). Die Verantwortung für Risiken und Unsicherheiten bei der Entgegennahme rechtzeitig in den Gewahrsamsbereich des Gerichtes gelangter fristwahrender Schriftsätze darf nicht auf den Rechtsuchenden abgewälzt werden, wenn die Ursache der verzögerten Entgegennahme allein in der Sphäre des Gerichts zu finden ist (BVerfGE 69, 381, 386; BVerfG NJW 1991, 2076 m.w.N.). Beruht der Wiedereinsetzungsgrund auf einem dem Gericht zuzurechnenden Fehler setzt erst eine Belehrung des Betroffenen über die Möglichkeit der Wiedereinsetzung die Wiedereinsetzungsfrist in Lauf (so BVerfG NJW 2013, 446, 447). Von diesem alleinigen Verschulden amtlicher Stellen ist die Fallkonstellation zu unterscheiden, in der die Säumnis von solchen Stellen bloß mitverschuldet bzw. -verantwortet ist (→ Rn. 77f.).

76 **17. Krankheit.** Krankheit ist ein Wiedereinsetzungsgrund, wenn der *Beteiligte* aufgrund der Erkrankung nicht mehr in der Lage war, eine sachgemäße Entscheidung zu treffen (BVerwG MDR 1962, 931; BGH VersR 1985, 139 f.; 1989, 931). Hierfür kann aber nicht jede Unpässlichkeit ausreichen, vielmehr wird nur bei unvorhersehbaren, plötzlichen Erkrankungen von einiger Schwere,[263] die es dem Beteiligten unmöglich machen, den Rat eines Rechtsanwalts einzuholen und unter Abwägung des Für und Wider eine sachgemäße Entscheidung über die Rechtsverfolgung zu treffen, eine Wiedereinsetzung in Betracht kommen. Eine Krankheit greift als Entschuldigung für die Versäumung einer Rechtsbehelfsfrist daher nur dann durch, wenn sie so schwer war, dass der von ihr betroffene Verfahrensbeteiligte nicht bloß unfähig war, selbst zu handeln, sondern ihn auch außerstande setzte, einen Bevollmächtigten mit der Wahrnehmung seiner Interessen zu beauftragen und im gebotenen Umfange zu informieren (BVerwG Buchholz 310 § 60 VwGO Nr. 185). Auch *psychische Ausnahmesituationen* können die Einlegung von Rechtsbehelfen unverschuldet unmöglich machen; allerdings sind hier besondere Anforderungen an die Glaubhaftmachung zu stellen. Ein bloß allgemeiner Vortrag hinsichtlich einer „stark depressiven Verstimmung" und ärztliche Atteste, aus denen sich nicht konkret entnehmen lässt, welcher Art die Erkrankung war, sind jedenfalls nicht ausreichend (BGH NJW-RR 1994, 957). Tritt während der noch offenen Rechtsbehelfsfrist eine Genesung ein, ist der Beteiligte ab diesem Zeitpunkt verpflichtet, sich über die etwaigen zu beachtenden Fristen für den Rechtsbehelf gegen eine ihn betreffende nachteilige Entscheidung zu erkundigen. Unterlässt er dieses, kommt eine Wiedereinsetzung nicht in Betracht.[264] Problematisch ist die Behandlung von Fällen, in denen der Empfänger zugestellter Schriftstücke infolge einer *zeitweisen persönlichen Krisensituation* solche „unangenehme" Post von vornherein ungeöffnet beiseite legt oder nicht abholt. Gleichgültigkeit gegenüber den Konsequenzen einer Zustellung und gegenüber der Notwendigkeit, sich über Fristen zu informieren, ist regelmäßig verschuldet. Ausnahmen können sich aber ergeben, wenn der Zustand der Lethargie und Apathie pathologische Formen annimmt,[265] was aber – wie jede Krankheit – durch ein ärztliches Attest nachgewiesen werden muss. Im Falle der Erkrankung eines *Rechtsanwalts* hat dieser dafür Sorge zu tragen, dass fristwahrende Schriftsätze rechtzeitig seine Kanzlei verlassen. Insbes. bei einer nicht plötzlich auftretenden, vorhersehbaren Krankheit, die den Anwalt außerstande setzt, seinen Berufspflichten im erforderlichen Umfang nachzukommen, hat der betroffene Rechtsanwalt sicherzustellen, dass im Falle seiner Verhinderung ein Vertreter die notwendigen Prozesshandlungen vornimmt (BGH VersR 1991, 1270 f.; NJW 1996, 1540, 1541).

---

261 BVerfGE 69, 381, 386; BVerfG NJW 1995, 711, 712: Versehen des Gerichts dürfen nicht auf den Bürger abgewälzt werden.

262 BVerwG NJW 2013, 1617; BayVerfGH NJW 1984, 2454. Dies gilt aber nicht, wenn die Fristversäumnis nicht auf der unzutreffenden Rechtsmittelbelehrung beruht (vgl. BVerwG NJW 2013, 1617).

263 *M. App*, DVP 1994, 183, 185 nennt beispielhaft Kreislaufkollaps, Herzinfarkt und Diabetesschock, allerdings sollte der Kreis der infrage kommenden Krankheiten nicht zu eng gefasst werden, vgl. auch *G. Müller*, NJW 1993, 681, 683; 1995, 3224, 3227 sowie *H. Büttner*, Wiedereinsetzung, ²1999, § 6 Rn. 32 m. zahlr. Rspr.-Hinweisen.

264 Vgl. BVerwG NVwZ-RR 1999, 472, 473 – zur Problematik des Wegfalls des Hindernisses vor Fristablauf ausf. → Rn. 103 ff.

265 *H. Büttner*, Wiedereinsetzung, ²1999, § 6 Rn. 5.

18. Mitverschulden amtlicher Stellen an der Säumnis. Umstr. ist, ob eine Wiedereinsetzung auch 77
dann in Betracht kommt, wenn die Fristversäumung nicht allein, aber auch auf einem Verschulden des
Beteiligten beruht. Von besonderer praktischer Bedeutung ist der Fall, dass eine fristgebundene Angelegenheit an ein *unzuständiges Gericht* oder *eine unzuständige Behörde* (ausf. → Rn. 95 ff.) gesandt
wird. In einem solchen Fall wird häufig Wiedereinsetzung mit dem Argument begehrt, durch schnellere Bearbeitung und sofortige Weiterleitung des Schriftsatzes an die zuständige Stelle hätte eine Fristversäumung verhindert werden können. Nach der Rspr. des BVerwG galt bisher der Grundsatz, dass
eine *Wiedereinsetzung* auch dann *ausgeschlossen* ist, wenn die unzuständige Stelle bei schnellerer Bearbeitung noch den rechtzeitigen Eingang bei der zuständigen Stelle hätte gewährleisten können.[266]
Ausgangspunkt dieser Rspr. ist die Prämisse, dass die Wiedereinsetzung auch dann zu versagen ist,
wenn das *Verschulden des Beteiligten lediglich mitursächlich* für die Fristversäumung geworden ist
(BVerwGE 55, 61, 66; OVG Greifswald NVwZ 1999, 201). An der Kausalität des schuldhaften Verhaltens eines Rechtsuchenden ändere sich nichts dadurch, dass als weitere Ursache ein Unterlassen der
Weiterleitung des Antrags an das zuständige Gericht hinzutrete (BVerwGE 55, 62, 65 f.; OVG Greifswald NVwZ 1999, 201). Die Umsetzung dieser grundsätzlichen Erkenntnisse in die gerichtliche Praxis
hat zu unterschiedlichen, teilweise divergierenden Urteilen geführt. So ist in der Rspr. der Verwaltungsgerichte bereits umstr., ob überhaupt eine Pflicht der Gerichte besteht, eine *Rechtsmittelschrift*,
die ein Rechtsuchender entgegen der ihm erteilten Rechtsbehelfsbelehrung an ein unzuständiges Gericht gesandt hat, zum Zwecke der Fristwahrung an das zuständige Gericht weiterzuleiten[267] (ausf.
zur Problematik *A. Guckelberger* → § 146 Rn. 61, die eine Weiterleitungspflicht ablehnt). Eine solche
Pflicht zur Weiterleitung im ordnungsgemäßen Geschäftsgang ist trotz erteilter Rechtsbehelfsbelehrung auch im verwaltungsgerichtlichen Verfahren zu bejahen und folgt aus der prozessualen Fürsorgepflicht des Gerichtes wie aus dem Gebot eines fairen Verfahrens.[268] Unabhängig von dieser Frage wird
dem Betroffenen teilweise die Berufung auf ein eventuelles Mitverschulden einer amtlichen Stelle bzgl.
der unterlassenen Weiterleitung einer Fristsache verwehrt.[269] In letzter Zeit setzt sich allerdings unter
dem Eindruck der neueren Rspr. des BVerfG eine *differenzierte Betrachtungsweise* durch. Das BVerfG
hat für den Zivilprozess klargestellt, dass jedenfalls ein Gericht, bei dem das Verfahren anhängig gewesen ist, verpflichtet ist, fristgebundene Schriftsätze für das Rechtsmittelverfahren, die bei ihm eingereicht werden, an das zuständige Rechtsmittelgericht weiterzuleiten.[270] Diese Pflicht ergebe sich unmittelbar aus der dem *Gebot eines fairen Verfahrens* folgenden, nachwirkenden Fürsorgpflicht des
erstinstanzlichen Gerichts und stelle auch *keine unangemessene Belastung der gerichtlichen Tätigkeit*
dar (BVerfGE 93, 99, 114 f.). Gehe der Schriftsatz so zeitig bei dem früher mit der Sache befassten
Gericht ein, dass die fristgerechte Weiterleitung an das Rechtsmittelgericht im ordentlichen Geschäftsgang ohne Weiteres zu erwarten sei, dürfe die Partei darauf vertrauen, dass der Schriftsatz rechtzeitig
beim Rechtsmittelgericht eingehe. Die Weiterleitung durch gerichtseigenen Kurierdienst entspricht
nicht dem ordentlichen Geschäftsgang, wenn die Übermittlung auf diesem Weg erfahrungsgemäß länger dauert als die Versendung durch die Post (BVerwG NVwZ-RR 2003, 901, 902). Im Falle der unterlassenen Weiterleitung sei dem Beteiligten Wiedereinsetzung zu gewähren.[271] Offengelassen hat das
BVerfG, ob die Pflicht zur Weiterleitung unrichtig adressierter Schriftsätze auch dann besteht, wenn

---

266 BVerwGE 55, 61, 65 f.; OVG Greifswald NVwZ 1999, 201; VGH Mannheim NvwZ-RR 1994, 474, 475.
267 Gegen eine Pflicht der Weiterleitung OVG Greifswald NVwZ 1999, 201, 202; VGH Kassel DVBl 1996, 1278; für
     eine Weiterleitung im ordnungsgemäßen Geschäftsgang OVG Münster NWVBl 1998, 75; *J. Schmidt*, NVwZ 1998,
     694, 697.
268 Grundlegend zur Weiterleitungspflicht im Zivilprozess BVerfGE 93, 99, LS 2 und 114 ff.; für eine Weiterleitungs-
     pflicht im Verwaltungsprozess OVG Münster NWVBl 1998, 75; *R. Rudisile*, in: Schoch/Schneider/Bier § 124 a
     Rn. 36 m.w.N.; für den Zivilprozess BGH NJW 1998, 908; NJW-RR 1998, 1218 f.; *G. Müller*, NJW 2000, 322,
     327. *D. Krausnick*, in: Gärditz § 60 Rn. 45 spricht davon, dass der Antragsteller grds. darauf vertrauen darf, dass
     das unzuständige Gericht den Schriftsatz im ordnungsgemäßen Geschäftsgang weiterleitet.
269 Besonders deutlich etwa BFHE 90, 395: „Wer das Risiko unrichtiger Adressierung schuldhaft übernimmt, kann zu
     seiner Entschuldigung auch nicht geltend machen, dass der unrichtige Adressat bei schnellerer Bearbeitung des Vor-
     gangs die Sache noch rechtzeitig an die richtige Stelle hätte weiterleiten können".
270 BVerfGE 93, 99, LS 2 und 114 ff.; im Anschluss daran jetzt die zivilprozessuale Judikatur; vgl. BGH NJW 1998,
     908.
271 BVerfGE 99, 93, LS 2 und 115: die Gewährung der Wiedereinsetzung ist unabhängig davon, auf welchen Gründen
     die fehlerhafte Einreichung beruht, da mit dem Übergang des Schriftsatzes in den Verantwortungsbereich des zur
     Weiterleitung verpflichteten Gerichts sich ein etwaiges Verschulden des Beteiligten oder seines Prozessbevollmächtig-
     ten nicht mehr auswirkt.

der Schriftsatz an eine Stelle geleitet wird, die mit der Streitsache in keiner Weise befasst war. Wenn auch die *Konsequenzen* dieser Entscheidung des BVerfG für den *Verwaltungsprozess* angesichts der dort regelmäßig erteilten Rechtsbehelfsbelehrung *umstr.* sind,[272] sollte sie doch die Fachgerichte veranlassen, bei einer Mitverantwortung der Gerichte großzügiger von der Möglichkeit der Wiedereinsetzung Gebrauch zu machen. Dies gilt nicht zuletzt wegen der verfassungsrechtlichen Forderung, die Anforderungen an die Wiedereinsetzung nicht zu überspannen (zu diesem nicht immer hinreichend beachteten Grundsatz → Rn. 5), aber auch wegen der allgemeinen behördlichen und gerichtlichen Fürsorgepflicht.[273]

78   Eine Wiedereinsetzung kommt in Betracht, wenn eine Fristsache an eine unzuständige Stelle gesandt worden ist und infolge pflichtwidrigen Verhaltens dieser Stelle der Schriftsatz erst nach Ablauf der einzuhaltenden Frist bei der zuständigen Stelle eingeht.[274] Allerdings gebietet die gerichtliche Fürsorgepflicht nicht das Ergreifen von außergewöhnlichen fristwahrenden Maßnahmen und verpflichtet daher nur zur *Weiterleitung des Schriftstücks im normalen Geschäftsgang.*[275] Geht ein Rechtsmittel trotz korrekter Rechtsbehelfsbelehrung bei der unzuständigen Behörde oder dem unzuständigen Gericht am letzten Tag der Rechtsmittelfrist ein, sodass es trotz Weiterleitung im ordnungsgemäßen Geschäftsgang verspätet bei der zuständigen Stelle eingeht, liegt ein Wiedereinsetzungsgrund nicht vor (BVerwGE 93, 75 [LS 1]). Die unzuständige Stelle ist insbes. nicht zur sofortigen Weiterleitung der Rechtsmittelschrift – etwa durch Telefax (OVG Münster NVwZ 1997, 1235, 1236) – oder dazu verpflichtet, den Antragsteller telefonisch über ihre Unzuständigkeit und deren eventuelle Folgen für die Fristwahrung zu informieren.[276] Es soll auch keine Verpflichtung der angegangenen unzuständigen Stelle bestehen, den Beteiligten oder dessen Prozessbevollmächtigten so rechtzeitig auf den Mangel des Rechtsbehelfs hinzuweisen, dass diesem ermöglicht wird, den Rechtsbehelf noch fristgerecht bei der zuständigen Stelle einzulegen (BVerwG JR 1973, 76, 77). Eine Wiedereinsetzung kommt daher nur in Betracht, wenn die Folgen der Fehlleistung des Betroffenen durch ein von der irrtümlich angegangenen Stelle zu erwartendes pflichtgemäßes Handeln hätten ausgeglichen werden können und die Einhaltung der Frist durch eine Weiterleitung des Schriftstücks im ordnungsgemäßen Geschäftsgang gewährleistet gewesen wäre (BSGE 38, 248, 261; BGH NJW 1987, 440, 441). Der Rechtsuchende kann sich jedoch auf eine von einem zuständigen Beamten gegebene Zusicherung verlassen, eine Fristsache rechtzeitig an die zuständige Stelle zu übersenden.[277] Wird die Weiterleitung des falsch adressierten Schriftsatzes durch die angegangene unzuständige Stelle rechtzeitig verfügt, liegen die Gründe für eine weitere Verzögerung allein im Verantwortungsbereich dieser Stelle und können dem Beteiligten nicht angelastet werden (BGH FamRZ 1988, 829, 830). Ein eklatant pflichtwidriges und schuldhaftes Verhalten, welches den Beteiligten entlastet und die Wiedereinsetzung ermöglicht, liegt insbes. vor, wenn die angegangene Stelle die *Weiterleitung* der Fristsache an die zuständige Stelle *arglistig verzögert* (vgl. BVerwGE 55, 61, 67 f. m.w.N.; VGH München VerwRspr. 10, 632). Für ein eklatant pflichtwidriges Verhalten trägt der Antragsteller nach allgemeinen Grundsätzen die Beweislast, wobei ihm bei ungewöhnlich langen Verzögerungen der Weiterleitung aber Beweiserleichterungen zugute kommen müssen. Dies betrifft insbes. den Bereich der innerorganisatorischen Abläufe in der Behörde oder dem Gericht.

79   **19. Postbeförderung/Private Beförderungsdienste/Kurierdienste.** Vgl. zunächst → Rn. 63 f. unter dem Stichwort *Beförderungsmängel.* Wer statt des Postdienstes die Dienste eines privaten Beförderungsdienstes in Anspruch nimmt, musste bei einem Fehlschlagen der fristwahrenden Beförderung zur Dar-

---

272   Nach OVG Greifswald NVwZ 1999, 201, 202 folgt aus der Rspr. des BVerfG keine Weiterleitungspflicht der unzuständigen Gerichte, da der prozessualen Fürsorgepflicht bereits mit der Erteilung einer Rechtsbehelfsbelehrung Genüge getan sei. Offen gelassen für die Frage von HmbOVG NJW 1998, 696, 697 jedenfalls für den Fall, dass der Beteiligte anwaltlich vertreten ist, sowie von OVG Bln-Bbg 12.10.2016 – OVG 1 B 10.16, juris Rn. 17 m.w.N. zum Streitstand. S. zur Rechtsbehelfsbelehrung im Zivilprozess seit 1.1.2014: § 232 ZPO

273   Vgl. die in § 25 Abs. 1 VwVfG normierte Beratungs- und Fürsorgepflicht; zur richterlichen Prozessförderungs- und Fürsorgepflicht ausf. BVerfGE 73, 183, 188 f.

274   Grundlegend BSGE 38, 249 (LS); ihm folgend BSG DVBl 1987, 848, 849; für den Zivilprozess BGH NJW 1998, 908.

275   OVG Münster NVwZ 1997, 1235, 1236; BSGE 38, 249, 261; BGH NJW 1987, 440, 441.

276   OVG Münster NVwZ 1997, 1235, 1236; VGH Kassel DVBl 1996, 1278; *H. Johlen,* NWVBl 1999, 41, 42.

277   BSG DVBl 1987, 848, 849 für den Fall, dass ein Botschaftsangehöriger die Übersetzung einer Berufungsschrift und deren rechtzeitige Übersendung an das Berufungsgericht einem sprachunkundigen Ausländer zugesichert hatte.

legung des mangelnden eigenen Verschuldens bisher nachweisen, dass die Organisationsstruktur des in Anspruch genommenen *privaten Dienstes* eine rechtzeitige Beförderung erwarten ließ.[278] Ob die damit einhergehende Privilegierung des Postbenutzers (der sich auf die angegebenen Postlaufzeiten ohne Weiteres verlassen kann; → Rn. 63 f.) und damit des Postdienstes nach der Privatisierung der Post noch zeitgemäß und angemessen ist,[279] erscheint zweifelhaft. Dies ergibt sich auch aus einer Entscheidung des BVerfG, die eine erfolgreiche Verfassungsbeschwerde gegen die Versagung der Wiedereinsetzung im Zusammenhang mit der Übermittlung eines fristwahrenden Schriftsatzes durch den *Kurierdienst eines Anwaltvereins* betraf (detailliert BVerfG NJW 1999, 3701 f.). Im konkreten Fall konnte das BVerfG zwar offen lassen, ob die Grundsätze zur Postbeförderung auch für andere professionelle Beförderungsdienstleister gelten; jedenfalls müsse auch bei der Inanspruchnahme professioneller Beförderungsdienste für den Bürger vorhersehbar sein, welche Anforderungen an seine Darlegungslast bei einem Antrag auf Wiedereinsetzung gestellt werden, und es müsse zumutbar und möglich sein, diese Anforderungen zu erfüllen. Auch bei einer Beförderung durch andere Anbieter als die Deutsche Post AG sei es daher unzulässig, Darlegungen zu Vorgängen innerhalb der internen Organisationsstrukturen der jeweiligen Dienstleistungsanbieter zu verlangen (BVerfG NJW 1999, 3701, 3702). I.E. können für das Vertrauen auf die Beförderungszuverlässigkeit anderer konzessionierter Unternehmen grds. keine anderen Maßstäbe gelten als für die Post. Auf die von diesen Unternehmen angegebenen Laufzeiten muss sich deren Benutzer daher so lange verlassen können, bis sich konkrete Anhaltspunkte für die Unzuverlässigkeit der gemachten Angaben ergeben.[280]

20. Postzugang. Grds. trifft jeden Bürger eine Obliegenheit sicherzustellen, dass ihn gerichtliche oder behördliche Post auch erreichen kann.[281] Zur Erfüllung dieser Obliegenheit muss er i.d.R. einen Briefkasten unterhalten (BVerfGE 41, 332, 336) bzw. ein unterhaltenes Postfach regelmäßig auf eingehende Post kontrollieren. Haben sich in der Vergangenheit Bedenken gegen die ordnungsgemäße Postzustellung ergeben, sind geeignete Vorkehrungen dahingehend zu treffen, dass Postsendungen so zugestellt werden können, dass sie ausschließlich dem Zugriff des Inhabers unterliegen und gegen Abhandenkommen gesichert sind (BVerwG Buchholz 340 § 3 VwZG Nr. 16). Beruht die Versäumung einer Frist darauf, dass der Kläger keine ausreichenden Vorkehrungen für eine rechtzeitige Empfangnahme gerichtlicher Schriftstücke getroffen hatte, kann keine Wiedereinsetzung gewährt werden.[282] Ein die Wiedereinsetzung ausschließendes Verschulden des Zustellungsempfängers liegt auch dann vor, wenn dieser die Mitteilung über die Zustellung eines Schriftstückes durch Niederlegung übersehen hat oder die Mitteilung abhanden gekommen ist.[283] Dies gilt etwa, wenn die Zustellungsbenachrichtigung zusammen mit Werbematerial weggeworfen worden ist (OLG München NJW-RR 1994, 702, 703). Kein Wiedereinsetzungsgrund besteht schließlich, wenn vergessen wird, nach Vorfinden des Benachrichtigungszettels die niedergelegte Sendung alsbald abzuholen (BGH VersR 1978, 827).

21. PKH. Bleibt die rechtzeitige Vornahme einer fristgebundenen Handlung wegen des wirtschaftlichen Unvermögens eines Beteiligten aus, ist die Fristversäumung nicht verschuldet, wenn der mittellose Beteiligte *vor Ablauf der Frist um PKH* (→ Rn. 38 f.)[284] *nachsucht*.[285] Dies beruht auf dem Grundgedanken, dass es dem bedürftigen Beteiligten nicht zuzumuten ist, einen Rechtsbehelf einzulegen, wenn er sich damit einem Kostenrisiko aussetzt, dass er nicht zu tragen vermag (BVerwG Buchholz 310 § 60 VwGO Nr. 182; BSG SozR 1500 § 67 SGG Nr. 15). Da durch Armut niemand in der berechtigten Durchsetzung seiner Rechte beschränkt werden soll (BSG SozR 1500 § 67 SGG Nr. 15), wird es als *unverschuldetes Hindernis* für eine rechtzeitige Klageerhebung oder Rechtsmitteleinlegung angese-

80

81

278 Vgl. OVG Münster NJW 1994, 402, 403); *D. Krausnick*, in: Gärditz § 60 Rn. 41.
279 So *W. Bier*, in: Schoch/Schneider/Bier § 60 Rn. 37.
280 So zutr. *H. Büttner*, Wiedereinsetzung, ²1999, § 9 Rn. 7.
281 Ausf. zu den diesbezüglichen Sorgfaltsanforderungen *M. Gehrlein*, in: MüKoZPO I § 233 Rn. 31 m.w.N.
282 BVerwG NJW 1994, 1672 (betr. unzureichende Überwachung eines Postfachs auf eingehende Gerichtspost); OVG Münster DÖV 1993, 722 (betr. unzureichende Vorkehrungen des Klägers dafür, dass ihn unter der Adresse seiner Nebenwohnung zugestellten Schriftstücke erreichen).
283 LAG Köln MDR 1994, 1245; *H. Büttner*, Wiedereinsetzung, ²1999, § 6 Rn. 24 m.w.N.
284 Zum Themenkomplex Prozesskostenhilfegesuch als Wiedereinsetzungsgrund *J. Meyer*, NJW 1995, 2139 ff. und *H. Roth*, in: Stein/Jonas III § 234 Rn. 8 ff.
285 BVerwGE 15, 306, 308; BVerwG NVwZ-RR 2016, 805; VGH Kassel AnwBl 1990, 55; *H. Roth*, in: Stein/Jonas III § 234 Rn. 8; *H. Büttner*, Wiedereinsetzung, ²1999, § 6 Rn. 34 ff.

hen, wenn die PKH trotz fristgerechten Antrags *nicht vor Ablauf der Rechtsbehelfsfrist bewilligt* wird.[286] Voraussetzung einer Wiedereinsetzung ist die ordnungsgemäße Stellung eines Antrags auf PKH innerhalb der Rechtsbehelfsfrist. Wird das Prozesskostenhilfegesuch (für eine beabsichtigte Nichtzulassungsbeschwerde) beim OVG (statt beim BVerwG) angebracht und übersendet dieses auf Bitten des Antragstellers die Akte mit dem Antrag an das BVerwG, muss der Antragsteller nicht damit rechnen, dass die Akte erst 11 Tage später beim BVerwG eintrift.[287] Das PKH-Gesuch muss ferner den Anforderungen an die Substantiierung nach § 117 Abs. 2 ZPO genügen.[288] Der Substantiierungspflicht wird nicht genügt und eine Wiedereinsetzung kommt nicht in Betracht, wenn der – anwaltlich Vertretene – Beschwerdeführer nicht bis zum Ablauf der Beschwerdebegründungsfrist wenigstens in groben Zügen dargelegt hat, inwiefern er einen Zulassungsgrund i.S.d. § 132 Abs. 2 VwGO für gegeben hält. Das Gericht muss (im entschiedenen Fall) eine ausreichende Grundlage für die Prüfung der Frage haben, ob die Revision zuzulassen ist und die beabsichtigte Rechtsverfolgung deshalb hinreichende Aussicht auf Erfolg bietet (BVerwG 28.5.2010 – 1 PKH 5/10 [1 B 12/10], juris Rn. 2). Fehlen die erforderlichen Erklärungen, mangelt es schon an der rechtzeitigen und ordnungsgemäßen Antragstellung, sodass eine Wiedereinsetzung ausscheidet.[289] Es ist nicht erforderlich, dass der Antrag auf PKH so rechtzeitig gestellt wird, dass mit einer Entscheidung noch innerhalb der Rechtsbehelfsfrist zu rechnen ist.[290] Kausalität (→ Rn. 101) zwischen dem Hindernis (Mittellosigkeit) und der Fristversäumnis kann verneint werden, wenn der Betroffene nicht im Wiedereinsetzungsantrag zu erkennen gibt, dass der Rechtsanwalt nur im Falle der PKH-Bewilligung zu einem weiteren Tätigwerden bereit ist (BVerwG NVwz-RR 2016, 805). Das Hindernis an der Einhaltung der Frist entfällt regelmäßig mit der Zustellung des Beschlusses über die Bewilligung oder Ablehnung[291] der PKH,[292] sodass die Frist des § 60 Abs. 2 S. 1 erst mit diesem Zeitpunkt zu laufen beginnt.

82   Allerdings kommt in den gem. § 188 S. 2 *gerichtskostenfreien Verfahren* im Bereich der Fürsorge (mit Ausnahme der Angelegenheiten der Sozialhilfe und des AsylbLG), Jugendhilfe, Kriegsopferfürsorge, der Schwerbehindertenfürsorge und der Ausbildungsförderung ein bis zum Ablauf der Rechtsbehelfsfrist nicht beschiedener Antrag auf Gewährung von PKH grds. nicht als Wiedereinsetzungsgrund in Betracht, wenn die entsprechende Rechtsbehelfsfrist versäumt worden ist.[293] In kostenfreien Verfahren ist es dem Bedürftigen zuzumuten, die fristgebundene Prozesshandlung, die für ihn mit Ausnahme eventueller Porto- und Telefonentgelte mit keinem Kostenrisiko verbunden ist, selbst vorzunehmen. In solchen Fallkonstellationen bedarf der Bedürftige keines besonderen Schutzes, da ihm die Rechtsverfolgung im Vergleich zum bemittelten Beteiligten nicht „unverhältnismäßig erschwert" wird.[294] Dies gilt unabhängig davon, ob in einem gerichtskostenfreien Verfahren die Gegenseite anwaltlich vertreten ist, denn auf die Erstattung der dem Gegner entstandenen Kosten hat die Bewilligung der PKH nach § 173 VwGO i.V.m. § 123 ZPO keinen Einfluss. Unterliegt die vorzunehmende Prozesshandlung allerdings dem *Vertretungszwang* nach § 67 Abs. 4 (näher zu Fragen des Vertretungszwangs → § 67 Rn. 42 ff.), kommt eine Wiedereinsetzung bei einem während der laufenden Rechtsbehelfsfrist nicht

---

286 BVerwGE 15, 306, 308; BVerwG Buchholz 427.2 § 4 FG Nr. 7; 310 § 60 VwGO Nr. 147; 13.12.2011 – 1 B 23/11, juris Rn. 6.
287 BVerwG 16.4.2009 – 6 BKH 31/08, juris Rn. 5; dem Kläger wurde gem. § 60 Abs. 2 S. 4 von Amts wegen Wiedereinsetzung in den vorigen Stand gewährt.
288 Ausf. zum Problemkreis der Substantiierungspflicht und zur nach Ablauf der Rechtsbehelfsfrist unzulässigen Ergänzung von Prozesskostenhilfeanträgen *J. Meyer*, NJW 1995, 2139, 2140 f.; zur Rspr. des BGH *S. J. Greger*, Wiedereinsetzung, 1998, 98 f.
289 Vgl. BGH VersR 1985, 287; FamRZ 1987, 925; VersR 1988, 943; NJW-RR 1993, 451; *J. Meyer*, NJW 1995, 2139, 2140.
290 Vgl. BVerwGE 15, 306, 308; BVerwG NJW 1987, 440, 441; BGH NJW 1979, 938, 939.
291 Zu den Voraussetzungen der Wiedereinsetzung nach Ablehnung des Antrags auf PKH BVerwG Buchholz 310 § 60 VwGO Nr. 147; BGH NJW 1993, 732, 733; 1997, 1078. Entscheidend ist, dass ein Beteiligter sich vernünftigerweise für bedürftig halten und daher nicht mit der Ablehnung des Antrags rechnen musste. Vgl. auch die weiteren Rspr.-Nachw. bei *H. Roth*, in: Stein/Jonas III § 234 Rn. 8, 12, 21 ff.; *H. Büttner*, Wiedereinsetzung, ²1999, § 6 Rn. 37 ff. und *S. J. Greger*, Wiedereinsetzung, 1998, 101 ff. Strenger (Wiedereinsetzung bei Ablehnung des PKH-Antrags nur in Ausnahmefällen) *M. Gehrlein*, in: MüKoZPO I § 233 Rn. 45.
292 BVerwG 13.12.2011 – 1 B 23/11, juris Rn. 6; BGH NJW-RR 1993, 451 f.
293 BVerwG NVwZ-RR 1989, 665, 666; OVG Bln NVwZ-RR 1994, 475, 476; HmbOVG NJW 1998, 2547, 2548; VGH Kassel NVwZ-RR 1994, 367; VGH Mannheim NVwZ-RR 1997, 502, 503. A.M. OVG Münster NJW 1983, 2046 f.
294 Dieses „verfassungsrechtliche Gebot" betonen schon BVerfGE 2, 336, 340; 9, 124, 130; 22, 83, 86.

beschiedenen Prozesskostenhilfegesuch wegen der in diesem Fall entstehenden Anwaltsgebühren auch im gerichtskostenfreien Verfahren in Betracht.[295] Wird aus anderen Gründen (etwa wegen der Schwierigkeit der zu erörternden Rechtsfragen) die Beiordnung eines Rechtsanwalts beantragt und erscheint eine Vertretung des mittellosen Antragstellers erforderlich, hält es die überwiegende Auffassung in der Rspr. für zumutbar, dass der Betroffene zunächst fristgerecht den Rechtsbehelf einlegt und danach erst die Beiordnung eines Rechtsanwalts beantragt.[296] Diese Auffassung überzeugt nicht.

22. Rechtsirrtum/Rechtsunkenntnis. Eine rechtliche Fehleinschätzung des Beteiligten – sei es über die 83 *Erfolgsaussichten des Rechtsbehelfs* (→ Rn. 70), über dessen *Form- und Fristgebundenheit* oder über andere rechtlich relevante Tatsachen – ist i.d.R. verschuldet.[297] Dies gilt jedenfalls dann, wenn der Irrtum vermeidbar war. Als vermeidbar gelten nach der Rspr. insbes. *mangelnde Rechtskenntnisse* des Rechtsunkundigen, da dieser grds. verpflichtet ist, unverzüglich *juristischen Rat einzuholen*.[298] Grds. ist auch dem juristisch nicht vorgebildeten Beteiligten zumutbar, sich über Beginn und Ende von Rechtsbehelfsfristen, über Zustellungen und Möglichkeiten von Rechtsbehelfen zu informieren (BVerwG BayVBl 1993, 30, 31; BGH NJW 1987, 440, 441; 1997, 1989). Bei bestehenden Zweifeln oder Unsicherheiten über Form und Frist eines Rechtsbehelfs muss ein juristisch nicht vorgebildeter Beteiligter rechtzeitig anwaltlichen oder sonstigen[299] sachkundigen Rat einholen.[300] Der Rechtsuchende muss bspw. erkennen, dass es im Fall der Versäumung einer Rechtsmittelfrist nicht genügt, die versäumte Rechtshandlung alsbald nachzuholen, sondern dass dem Gericht vielmehr auch unverzüglich darzulegen ist, aus welchen Gründen die Frist nicht eingehalten werden konnte (BVerwG Buchholz 310 § 60 VwGO Nr. 200). Zumindest muss sich der Beteiligte, der eine Rechtsmittelfrist versäumt hat, unverzüglich zuverlässigen Rechtsrat darüber einholen, wie bei der Versäumung einer solchen Frist zu verfahren ist.[301]

Rechtsirrtümer über Form und Frist eines Rechtsbehelfs sind im Verwaltungsprozessrecht schon deshalb regelmäßig *vermeidbar*, weil hier im Gegensatz zum Zivilprozessrecht regelmäßig eine *ordnungsgemäße Rechtsbehelfsbelehrung* erteilt wird (vgl. aber zur Rechtsbehelfsbelehrung im Zivilprozess seit 1.1.2014: § 232 ZPO) und diese Voraussetzung für den Fristenlauf ist. Von dem Rechtsuchenden kann erwartet werden, dass er eine zutreffende und unmissverständliche Rechtsbehelfsbelehrung befolgt und den darin beschriebenen Rechtsweg beschreitet.[302] Verlässt er sich stattdessen auf eine anders lautende Auskunft – und sei es auch diejenige einer juristisch vorgebildeten Person – kommt eine Wiedereinsetzung nicht in Betracht.[303] Grds. wird dem seine Rechte und Pflichten gewissenhaft wahrnehmenden Beteiligten auch zugemutet, zu erkennen, dass ein Verwaltungsakt im Falle der *Zustellung durch Niederlegung* bei der Post (zur Niederlegung → § 56 Rn. 62 ff.) mit dem auf dem Schriftstück vermerkten „Tag der Zustellung" bekannt gegeben wird, sodass die Widerspruchsfrist mit dem Tag der Zustellung – und nicht etwa mit dem Tag der Abholung des Schriftstücks – zu laufen beginnt.[304] Auch wenn sich der Kläger im Falle der Zustellung eines Urteils durch Niederlegung bei der Post über den Beginn der durch die Zustellung des Urteils ausgelösten Rechtsmittelfrist irrt, kommt eine Wiedereinsetzung grds. nicht in Betracht (VGH Mannheim VBlBW 1991, 215). Ausnahmsweise kann aber ein entsprechender Irrtum bei einem rechtlich ungewandten Widerspruchsführer als unverschuldet i.S.d. § 60 Abs. 1 gelten, etwa wenn sich der Beteiligte durch ein entsprechendes behördliches oder ge-

---

295 Vgl. OVG Bln NVwZ-RR 1994, 475, 476; VGH Mannheim NJW 1986, 2270 f.
296 VGH Mannheim NVwZ-RR 1997, 502, 503 m.w.N.; HmbOVG NJW 1998, 2547, 2548 unter Aufgabe der bisherigen Rspr.; so auch *J. Strnischa*, NVwZ 2005, 267, 269 f.
297 BVerwG NVwZ-RR 1989, 665, 666; OVG Magdeburg NVwZ 2008, 584, 586.
298 BVerfGE 31, 388, 391; BVerwG NJW 1996, 1687, 1688; Buchholz 310 § 60 VwGO Nr. 109, 177; NVwZ-RR 2010, 36, 37; BGH NJW 1992, 1700, 1701; 1997, 1989.
299 Etwa bei der Rechtsantragsstelle eines AG (BGH NJW 1987, 440, 441) oder bei einer sonstigen zugelassenen Beratungsstelle.
300 BVerwG NJW 1970, 773; BayVerfGH BayVBl 1993, 699; VGH Mannheim VBlBW 1991, 215.
301 BVerwG Buchholz 310 § 60 VwGO Nr. 200 – gefordert wird hier die Konsultation eines Rechtsanwalts, während sich der Beteiligte nicht auf den Rat einer Bekannten mit Erstem juristischem Staatsexamen verlassen darf.
302 *W. Bier*, in: Schoch/Schneider/Bier § 60 Rn. 33.
303 Vgl. VGH Mannheim VBlBW 1987, 297 (Auskunft der Geschäftsstelle des VG, trotz unterschiedlicher Zeitpunkte bei mehreren Beteiligten laufe die Rechtsmittelfrist für alle einheitlich); VGH München NJW 1991, 125 (Auskunft eines Referendars, im Verwaltungsprozess werde der Lauf der Berufungsfrist durch Gerichtsferien gehemmt); BGH DtZ 1995, 177, 178 f. (fehlerhafte Auskunft zur Rechtsmittelzuständigkeit in den neuen Ländern).
304 BVerwG NVwZ-RR 1999, 538 f.; Buchholz 310 § 60 VwGO Nr. 58; VGH Mannheim VBlBW 1991, 215.

richtliches Verhalten in seinem Irrtum bestärkt fühlen musste.[305] Berechnet ein Rechtsunkundiger den Ablauf einer Rechtsmittelfrist selbst, läuft er Gefahr, die Rechtsmittelfrist zu versäumen und muss daher die Folgen einer unrichtigen Berechnung auf sich nehmen (BVerwG NVwZ-RR 1999, 538). Konnte das Fristende dagegen auch bei aller Sorgfalt nicht richtig berechnet werden, ist Wiedereinsetzung zu gewähren (BSG NJW 1991, 3236, 3237).

85 Beruht die Fristversäumung auf einer missverständlichen oder gar *fehlerhaften Rechtsbehelfsbelehrung* (vgl. § 233 S. 2 ZPO) oder einem *unrichtigen richterlichen Hinweis*, ist Wiedereinsetzung zu gewähren.[306] Nimmt dagegen ein Beteiligter ein rechtzeitig eingelegtes *Rechtsmittel* infolge eines unverschuldeten Irrtums wirksam *zurück*, führt dies nach § 173 VwGO i.V.m. § 516 Abs. 3 S. 1 ZPO zum Verlust des Rechtsmittels. Eine Wiedereinsetzung kommt in solchen Fällen schon deshalb nicht in Betracht, weil es an einer Fristversäumung fehlt.[307] In Betracht kommt hier nur ein – in sehr engen Grenzen zulässiger – Widerruf der Rechtsmittelrücknahme (so zu Recht BGH NJW 1991, 2839). Aus Gründen der Rechtsstaatlichkeit darf es dem Beteiligten allerdings nicht als Verschulden angerechnet werden, wenn er auf eine eindeutige Rspr. eines obersten Bundesgerichtes vertraut (BVerfGE 79, 372, 376 f.; BVerfG NJW 1998, 1853; BVerwG NVwZ 2000, 66). Nur wenn dem rechtsuchenden Bürger aufgrund konkreter Hinweise bekannt sein muss, dass das angegangene Gericht eine strengere Handhabung von Verfahrensvorschriften praktiziert, kann ausnahmsweise eine andere Beurteilung gerechtfertigt sein (BVerfGE 79, 372, 377; BVerwG NVwZ 2000, 66). Das schlichte *Vergessen* der fristgerechten Vornahme einer Rechtshandlung ist regelmäßig verschuldet, wobei nach Auffassung der Lit. auch einem eventuell altersbedingten Gedächtnisverlust durch entsprechende Hilfen vorgebeugt werden muss.[308] Dies kann im Einzelfall problematisch werden, wenn das Vergessen zeitweilig oder vorübergehend krankheitsbedingt („Alzheimer") ist.

86 **23. Rechtsirrtum/Rechtsunkenntnis des Anwalts.** Rechtsirrtum oder Rechtsunkenntnis eines Anwalts führen nur in den seltenen Ausnahmefällen des unvermeidbaren Irrtums zur Wiedereinsetzung. Ein unvermeidbarer Irrtum kann etwa aufgrund einer falschen Darstellung in den gängigen Handkommentaren (BGH NJW 1985, 495 f.; 2015, 1529, 1532) oder bei einer umstrittenen oder ungeklärten Rechtslage[309] vorliegen. An den Anwalt werden in jedem Fall strenge Anforderungen gestellt.[310] Insbes. kann sich der Rechtsanwalt nicht auf Rechtsunkenntnis berufen und ist verpflichtet, sich über die in den „gängigen Fachzeitschriften" veröffentlichte *höchstrichterliche Rspr.* zu informieren,[311] wobei hier angesichts der Vielzahl – oftmals hoch spezialisierter – Publikationen die Frage ist, was genau unter einer „gängigen Fachzeitschrift" zu verstehen ist. Ein anerkanntes „ranking" der Fachzeitschriften gibt es in Deutschland bislang nicht. Dem Rechtsanwalt ist außerdem zuzumuten, die geltenden Verfahrensregelungen genau einzuhalten;[312] entsprechende Kenntnisse muss er sich auch in nicht gängigen Verfahrensgestaltungen notfalls aneignen (BVerwGE 49, 252, 255). Auch bei Änderungen des Rechtsmittelsystems ist vom Anwalt zu erwarten, dass er die Rechtsänderungen zur Kenntnis nimmt. Die Einlegung einer „Berufung" anstelle des Antrages auf Zulassung der Berufung nach Einführung der generellen Zulassungsberufung durch das 6. VwGOÄndG ist daher verschuldet und rechtfertigt

---

305 BVerwG 50, 248, 254 für den Fall einer anstandslosen Entgegennahme eines mündlich und damit formnichtig eingelegten Widerspruchs durch einen Sachbearbeiter; BVerwG NJW 1983, 1923, 1924 für den Fall, dass ein Beamter eine rechtlich unbeholfene Ausländerin in dem Irrtum bestärkt, für die Einlegung eines Widerspruchs gegen eine Ausweisungsverfügung stehe noch ein erheblicher Zeitraum zur Verfügung.

306 BVerwGE 73, 126, 129; BSG NJW 1991, 3236, 3237; BVerwG NJW 2013, 1617; BGH NJW 1981, 576, 577; NJW-RR 1989, 825, 826; BayVerfGH NJW 1984, 2454. Vgl. auch BVerfG NJW 2013, 39, 40.

307 BVerwG NVwZ 1997, 2897, 2898; BGH NJW 1991, 2839 m.w.N.; *D. Krausnick*, in: Gärditz § 60 Rn. 33. A.M. *W.-R. Schenke*, in: Kopp/Schenke § 60 Rn. 6, 12, 26.

308 *M. Gehrlein*, in: MüKoZPO I § 233 Rn. 35 m.w.N.; *H. Büttner*, Wiedereinsetzung, ²1999, § 6 Rn. 22.

309 BGH NJW 1995, 1095, 1097 bei Änderungen der höchstrichterlichen Rspr., die in den Handkommentaren noch nicht vermerkt ist.

310 Vgl. die Zusammenstellung der Rspr. bei *H. Roth*, in: Stein/Jonas III § 233 Rn. 50 unter dem Stichwort *Rechtsirrtum (Anwalt)*; *Baumbach/Lauterbach/Albers/Hartmann* § 233 Rn. 114 ff. sowie *H. Büttner*, Wiedereinsetzung, ²1999, § 7 Rn. 1 ff.

311 Zu den Einzelheiten der an den Rechtsanwalt zu stellenden Sorgfaltspflichten in Bezug auf Gesetzeskenntnis und Kenntnis der höchstrichterlichen Rspr. vgl. die Zusammenstellungen der Rspr. bei *Baumbach/Lauterbach/Albers/Hartmann* § 233 Rn. 114 ff. unter dem Stichwort *Gesetzeskenntnis* sowie bei *H. Roth*, in: Stein/Jonas III § 233 Rn. 50 unter dem Stichwort *Rechtsirrtum (Anwalt)*.

312 VGH Mannheim NVwZ 1999, 207, 208; OVG Münster NVwZ 1999, 208, 209: Kenntnis der Anforderungen einer Berufungsbegründung nach § 124 a Abs. 3.

keine Wiedereinsetzung in den vorigen Stand.[313] Beruht eine Fristversäumung allerdings auf einem unrichtigen richterlichen Hinweis, kommt Wiedereinsetzung in Betracht.[314] Grds. gereicht es dem Rechtsanwalt auch zum Verschulden, wenn er einer unrichtigen Rechtsansicht folgt und deswegen eine Frist versäumt (BGH VersR 1987, 764). Hat sich allerdings ein Rechtsanwalt ohne nähere Prüfung einer unrichtigen Rechtsansicht zur Berechnung einer Rechtsmittelfrist angeschlossen, die von einem OVG und den gängigen Handkommentaren vertreten wird, kann ihm dies ausnahmsweise nicht zum Vorwurf gemacht werden und es kann Wiedereinsetzung gewährt werden (BGH NJW 1985, 495, 496). Auf der anderen Seite darf sich ein Rechtsanwalt – ebenso wie der nicht anwaltlich vertretene Beteiligte – regelmäßig auf eine gefestigte höchstrichterliche Rspr. hinsichtlich der Auslegung von Verfahrensvorschriften verlassen und braucht sich nicht auf eine abweichende Praxis von Instanzgerichten einzustellen.[315]

Bei gerichtlichen Mitteilungen verlangt die Rspr. bei erkennbar unrichtigen oder vagen Auskünften eigene Nachforschungen des Rechtsanwalts.[316] Auf eine Auskunft des *Geschäftsstellenbeamten* soll sich ein Rechtsanwalt nicht ohne Weiteres verlassen dürfen (BVerwG Buchholz 310 § 60 VwGO Nr. 214). Der Rechtsanwalt muss die Zuständigkeitsvorschriften kennen und darf sich nicht auf telefonische Rückfragen einer Mitarbeiterin beim Gericht verlassen (BGH VersR 1994, 702, 703). Insgesamt werden die Sorgfaltsanforderungen an den Rechtsanwalt eher streng gehandhabt, was dann über § 173 VwGO i.V.m. § 85 Abs. 2 ZPO zu einem Ausschluss der Wiedereinsetzung für den anwaltlich vertretenen Beteiligten führt. Dies ist umso bedenklicher, als der Rechtsuchende keine eigenen Einflussmöglichkeiten auf die Berufsausübung des Anwalts hat und dessen fachliche Qualifikation kaum beurteilen kann. Hinzu kommt, dass der Bürger seit Einführung des Vertretungszwangs vor dem OVG in § 67 Abs. 4 häufiger als früher gezwungen ist, einen Anwalt zu konsultieren, dessen Verschulden ihm zugerechnet wird. 87

24. Telefax/Computer-Fax/Elektronische Dokumente.[317] Der Einsatz von Telefaxgeräten und E-Mail (→ Rn. 92 f.) ist im modernen Geschäfts- und Justizverkehr eine Selbstverständlichkeit geworden. Heute halten die Gerichte aller Rechtszweige die Einreichung fristgebundener Schriftsätze per *Telefax* für wirksam.[318] Die Frist wird bereits durch bloße Übermittlung eines Telefaxes gewahrt – einer nachfolgenden Einreichung des unterschriebenen Originalschriftsatzes bedarf es nicht. Die Verwendung von *Telefaxgeräten* zur Übermittlung von fristwahrenden Schriftstücken wirft allerdings (*rechtliche*) *Probleme* auf, wenn infolge technischer Störungen der Kommunikation ein rechtzeitiger Zugang des Schriftstückes nicht erreicht wird. Wird eine Fristversäumung auf eine technische Störung des eigenen Telefaxgeräts zurückgeführt, ist Voraussetzung für die Wiedereinsetzung, dass dargelegt und glaubhaft gemacht wird, dass ein einen bloßen Bedienungsfehler ausschließender technischer Defekt des Sendegeräts aufgetreten ist, der nicht vorhersehbar war (sog. Spontanversagen).[319] 88

Bei Verwendung von Telefaxgeräten muss eine zuverlässige *Ausgangskontrolle* gewährleistet sein.[320] Im Übrigen kann der Rechtsanwalt die Übermittlung einer hinreichend geschützten Fachkraft überlassen (BVerwG 8.11.2012 – 5 C 4/12, juris Rn. 10). Der Rechtsanwalt sollte die Anweisung erteilen, 89

---

313 BVerwG NVwZ 1999, 641, 642: weder Umdeutung noch Wiedereinsetzung in den vorigen Stand.

314 BGH NJW-RR 1989, 825, 826. Auf Auskünfte der Geschäftsstelle oder eines Rechtspflegers soll sich der Rechtsanwalt nicht ohne Weiteres verlassen können (BGH DtZ 1995, 177, 178 f.); vgl. zu dieser Problematik auch *G. Müller*, NJW 1995, 3224, 3233 m.w.N., die zu Recht die Vereinbarkeit entsprechender Judikate mit dem Vertrauensgrundsatz bezweifelt.

315 BVerfGE 79, 372, 376 f.; BVerfG NVwZ 2003, 341, 342; zu den Grenzen des anwaltlichen Vertrauens auf den Fortbestand höchstrichterlicher Rspr. BGH NJW 1993, 3323, 3324 f.

316 Ausf. Nachw. zur zivilgerichtlichen Judikatur finden sich bei *G. Müller*, NJW 1995, 3224, 3228, 3233.

317 I.R. der Komm. des § 60 kann nur ein kleiner Ausschnitt der Probleme behandelt werden, die sich aus der Verwendung moderner Kommunikationsmittel im Prozessrecht ergeben. Vgl. i.Ü. die Komm. zu § 55 a und § 55 b in diesem Kommentar.

318 Vgl. BVerfG NJW 1996, 2857; BGH NJW 1990, 188 m.w.N.; VGH Kassel NJW 1993, 750; LSG Mainz NJW-RR 1993, 1216 sowie die umfangr. Rspr.-Nachw. bei *G. Müller*, NJW 1998, 497, 509; 2000, 322, 334 f.; *G. Pape/M. Notthoff*, NJW 1996, 417 ff.

319 Vgl. BGH NJW 2007, 601, 602; BVerwG 25.5.2001 – 7 B 18/10, juris Rn. 5. Ausf. Nachw. zu den Rechtsproblemen bei der Verwendung von Telefax bei *P. Ebnet*, NJW 1992, 2985 ff., JZ 1996, 507, 510 ff.; *B. Peter/J. M. Schmittmann*, JA 1995, 516 ff.; eine Übersicht über das bekanntgewordene Rspr. des BGH findet sich auch bei *F. Bernau*, NJW 2015, 2004, 2007; 2016, 1999, 2003.

320 Ausf. zu den (teilw. str.) Anforderungen an die Organisation der Telefaxabsendung in der Anwaltskanzlei *H. Büttner*, Wiedereinstellung, ²1999, § 7 Rn. 49 m.w.N.; *R. Koch*, NJW 2014, 2391, 2393.

Einzelnachweise[321] über den Sendevorgang auszudrucken und erst dann die Frist im Kalender zu löschen (BGH VersR 1999, 996). Der Sendebericht muss auch daraufhin überprüft werden, ob die Zahl der übermittelten Seiten mit der Seitenzahl des Originalschreibens übereinstimmt (BGH NJW 1994, 1879 [LS 2]; 1996, 2513 [LS]). Eine unvollständige Übermittlung eines Schriftsatzes geht zulasten des Absenders, wenn dieser es unterlässt, sich hinsichtlich der Vollständigkeit der Übermittlung anhand des Sendeberichts des Telefaxgerätes zu vergewissern (BGH NJW 1996, 2513 f.; OVG Koblenz NJW 1994, 1815). Zudem trifft den Anwalt eine Pflicht zur organisatorischen Vorsorge gegen Störungen des Faxgerätes, die von der fachgerichtlichen Rspr. streng ausgelegt werden. Scheitert eine Übermittlung eines fristwahrenden Schriftsatzes am letzten Tag der Frist an einem technischen Defekt, müssen alle noch möglichen und zumutbaren Maßnahmen ergriffen werden, um die Frist dennoch wahren zu können (BayObLG NJW-RR 1998, 418).

90 Grds. geklärt ist, dass sich der Rechtsuchende, der sich der Faxübermittlung bedient, auf die Sicherstellung einer solchen vom Gericht eröffneten *Zugangsmöglichkeit verlassen* darf (grundlegend BVerfG NJW 1996, 2857 f.). Ein Teilnehmer, dessen Gerät in Ordnung ist, braucht daher nicht im Hinblick auf etwaige Pannen des Gerichtsempfangsgeräts zusätzliche Vorkehrungen für die anderweitige Übermittlung des Schriftstücks zu treffen, weil derartige in der Gerichtssphäre liegende Risiken nicht auf den Bürger abgewälzt werden dürfen (BVerfG NJW 1996, 2857, 2858; VGH Mannheim NJW 1994, 538). Das BVerfG hat in Auseinandersetzung mit einer oft restriktiven fachgerichtlichen Rspr. (vgl. exemplarisch BAG NJW 1995, 743 f.) klargestellt, dass von einem Rechtsanwalt, der seine organisatorischen Vorkehrungen darauf eingerichtet hat, einen Schriftsatz durch Fax zu übermitteln, nicht verlangt werden kann, beim Scheitern der gewählten Übermittlung infolge eines Defekts des Empfangsgeräts oder wegen Leitungsstörungen innerhalb kürzester Zeit eine andere als die gewählte, vom Gericht offiziell eröffnete Zugangsart zu wählen (BVerfG NJW 1996, 2857, 2858). Der Nutzer hat mit der Wahl des anerkannten Übermittlungsmediums, der ordnungsgemäßen Nutzung eines funktionsfähigen Sendegeräts und der korrekten Eingabe der Empfängernummer das seinerseits Erforderliche getan, wenn er so rechtzeitig mit der Übermittlung beginnt, dass unter normalen Umständen mit ihrem Abschluss bis 24.00 Uhr zu rechnen ist (BVerfG NJW 1996, 2857, 2858; BVerwG NVwZ-RR 2015, 393). Bei einer Fristausschöpfung bis zuletzt ist allerdings besondere Vorsicht geboten. Scheitert die *Übermittlung eines fristwahrenden Schriftsatzes wenige Minuten vor Ablauf der Frist* daran, dass das Empfangsgerät des Gerichts zu dieser Zeit durch eine andere eingehende Sendung belegt war, stellt dies ein gewöhnliches und wegen des drohenden Fristablaufes auch vorhersehbares Ereignis dar, auf das sich der Nutzer einstellen muss und das keine Wiedereinsetzung rechtfertigt. Erforderlich ist ein zeitlicher „Sicherheitszuschlag" (BVerfG NJW 2000, 574), den das BVerwG auf etwa 20 Minuten bemisst (BVerwG NVwZ-RR 2015, 392).

91 Gibt ein Gericht auf seinen Briefbögen versehentlich die *Telefaxnummer einer anderen Justizbehörde* an, ist ein an dieses Gericht gerichtetes Schreiben fristgerecht eingegangen, wenn es innerhalb der zur Verfügung stehenden Rechtsbehelfsfrist bei der fälschlich angegebenen Telefaxadresse eingeht, auch wenn es von dieser erst nach Fristablauf an die zuständige Stelle weitergeleitet wird (vgl. BGH NJW 1987, 2586, 2587 bzgl. eines Fernschreibens). Wird der Zugang zum Gericht über eine Telefaxanlage gewährt, müssen die Justizbehörden auch *nach Dienstschluss* für deren Funktionsfähigkeit sorgen (BGH NJW 1992, 244, 245 bzgl. eines Papierstaus beim Empfangsgerät). Daher ist von Amts wegen Wiedereinsetzung zu gewähren, wenn durch einen Fehler im Telefaxgerät des Gerichts ein fristwahrendes Schreiben zwar innerhalb der Frist elektronisch gespeichert, aber erst *nach deren Ablauf ausgedruckt* worden ist, ohne dass dieser Fehler für den Absender erkennbar war (VGH Mannheim NJW 1994, 538; OVG Bautzen NJW 1996, 2251). Die bloße Möglichkeit, dass das Empfangsgerät unerkannt defekt sein könnte, braucht den Absender auch nicht zu veranlassen, andere Formen der Übermittlung zu wählen oder sich durch telefonische Nachfrage des Eingangs im Gericht zu vergewissern.[322] Keine Wiedereinsetzung gibt es dagegen grds. bei irrtümlich *falscher Wahl der Nummer* des gerichtlichen Telefax,[323] da die Verwendung der richtigen Telefaxnummer der richtigen Adressierung

---

321 Der Ausdruck von Einzelnachw. ist zwar nicht die einzig mögliche Ausgangskontrolle bei der Verwendung von Telefax, aber eindeutig, und empfiehlt sich als zuverlässiges Organisationsmittel zur Fristenwahrung, vgl. G. *Müller*, NJW 1998, 497, 509.

322 BGH NJW 1992, 244, 245; OVG Bautzen NJW 1996, 2251; VGH Mannheim NJW 1994, 538.

323 *D. Krausnick*, in: Gärditz § 60 Rn. 38.

einer herkömmlichen Postsendung entspricht (ausf. → Rn. 63 f.). Der Rechtsanwalt ist daher verpflichtet, durch eine organisatorische Anweisung sicherzustellen, dass der Sendebericht auch auf die Richtigkeit der Telefaxnummer des Empfängers kontrolliert wird (BGH NJW 1997, 948; BAG NJW 1995, 2742, 2743). Insgesamt werden insbes. für *Rechtsanwälte sehr hohe Sorgfalts- und Organisationsanforderungen* an die Ermittlung und Kontrolle der richtigen Telefaxnummer gestellt.[324] Werden diese Organisationsanforderungen eingehalten – insbes. das Büropersonal entsprechend angewiesen und instruiert –, kann sich der Rechtsanwalt allerdings bei der Ermittlung der Faxnummer grds. auf sein zuverlässiges Personal verlassen.[325] Zu beachten ist weiter, dass die bisher ergangenen Entscheidungen v.a. den Einsatz von Telefaxgeräten im Anwaltsbüro betrafen. Von einem nicht anwaltlich vertretenen Beteiligten kann eine vergleichbare büromäßige Organisation wie in einer Anwaltskanzlei wohl nicht verlangt werden.[326]

Das *Computerfax* beruht auf der Übermittlung im Computer gespeicherter Daten, die mit einem Sendevermerk am Empfangsgerät ausgedruckt werden (können); auf der Absenderseite existiert also keine schriftliche Faxvorlage und auch kein handschriftlich unterschriebenes Schriftstück. Nach der früheren st. Rspr. mussten aber Prozesshandlungen eigenhändig von einer postulationsfähigen Person unterschrieben sein.[327] Die dadurch hervorgerufene Rechtsunsicherheit wurde schließlich durch den Beschluss des GSOGB vom 5.4.2000 (BGHZ 144, 160-165) beseitigt: Danach können auch bestimmende Schriftsätze in Prozessen mit Vertretungszwang formwirksam durch die elektronische Übertragung einer Textdatei mit *eingescannter Unterschrift* auf ein Faxgerät des Gerichts übermittelt werden. Die Entscheidung wurde wesentlich durch die frühere Rspr. zur Zulässigkeit der Einlegung von Rechtsmittelschriften durch Telegramm bestimmt. Ebenso wie beim Telegramm sei auch beim Computerfax aus technischen Gründen eine eigenhändige und handschriftliche Unterzeichnung nicht möglich. Es entspreche der langjährigen Entwicklung dieser Rspr. (zur Übermittlung fristwahrender Schriftsätze durch Telegramm und per Telefax), die dem technischen Fortschritt auf dem Gebiet der Telekommunikation Rechnung getragen habe, die Übermittlung bestimmender Schriftsätze auch durch elektronische Übertragung einer Textdatei mit eingescannter Unterschrift auf ein Faxgerät des Gerichts zuzulassen.

92

Durch die Zulässigkeit der Übermittlung *elektronischer Dokumente* und der Führung *elektronischer Prozessakten* in §§ 55 a, 55 b, eingefügt durch das Justizkommunikationsgesetz vom 22.3.2005 (BGBl I 1837), wird bestätigt, dass auch diese Kommunikationsformen rechtswirksam verwendet werden können, sofern dies im jeweiligen Zuständigkeitsbereich durch Rechtsverordnung der Bundesregierung oder der Landesregierung zugelassen worden ist (vgl. § 55 a Abs. 1 S. 1). Elektronische Dokumente zeichnen sich dadurch aus, dass sie nicht nur mittels Datenverarbeitung erstellt werden und auf einem Datenträger gespeichert werden können, sondern ausschließlich in elektronischer Form von einem Computer zum anderen über das Internet oder auf andere Weise elektronisch übertragen werden. Deshalb und auch zum Schutz vor nachträglichen Änderungen muss das Dokument eine qualifizierte *elektronische Signatur* i.S.v. § 2 Nr. 3 SigG aufweisen oder ein anderes sicheres Verfahren angewendet werden (§ 55 a Abs. 1 S. 3 und 4).[328] Vom Formerfordernis einer qualifizierten elektronischen Signatur kann nach der Rspr. des 8. Senats des BVerwG auch nicht ausnahmsweise abgesehen werden, selbst wenn sich aus einer E-Mail oder begleitenden Umständen die Urheberschaft und der Wille, das elektronische Dokument in den Verkehr zu bringen, hinreichend sicher ergibt; die sog. Computerfax-Rspr. ist auf diesen Sachverhalt nicht anwendbar (BVerwGE 143, 50, 53 f.). Gleichwohl sind auch hier Fälle denkbar, dass selbst bei fehlender elektronischer Signatur Wiedereinsetzung nach § 60 Abs. 1 zu gewähren ist. In dem vom BVerwG entschiedenen Fall wurde vom Berufungsgericht der Berufungsbegründungsschriftsatz noch innerhalb offener Frist sachlich behandelt, die Klägerin aber nicht nach § 55 a Abs. 2 S. 3 „unverzüglich" darauf hingewiesen, dass das elektronische Dokument nicht den ge-

93

---

324 Vgl. BVerwG NJW 1998, 398; BGH NJW 2000, 143, 144. Weitere Rspr.-Nachw. bei *G. Müller*, NJW 1998, 497, 509; 2000 322, 334.
325 BGH NJW 1995, 2105; weitere Nachw. zur nicht immer einheitlichen Rspr. bei *H. Büttner*, Wiedereinsetzung, 1999, § 7 Rn. 49.
326 So zu Recht *H. Büttner*, Wiedereinsetzung, ²1999, § 6 Rn. 53.
327 BVerwG NJW 1962, 555; BGH NJW 1994, 2097; 1997, 3380, 3381; BSG NZA 1992, 664.
328 Eingefügt durch das Gesetz vom 13.7.2001 (BGBl I 1542), aufgehoben durch Justizkommunikationsgesetz vom 22.3.2005 (BGBl I 837).

setzlichen Anforderungen entsprach. Hätte das Berufungsgericht die gerichtliche Mittteilungspflicht nicht verletzt, hätte der Schriftsatz noch mit der erforderlichen elektronischen Signatur rechtzeitig zugeleitet werden können. Es sei deshalb Wiedereinsetzung aus Gründen der Fürsorge geboten.[329]

94　**25. Unterschrift.**[330] Wurde eine Frist versäumt, weil der eingereichte Schriftsatz nicht ordnungsgemäß unterzeichnet worden ist, ist dies regelmäßig verschuldet und schließt eine Wiedereinsetzung aus.[331] Auch in diesem Bereich stellt die Rspr. teilweise sehr strenge Anforderungen,[332] sodass sich der Rechtsuchende wie auch der Rechtsanwalt zur Vermeidung von möglichen Konsequenzen um eine *leserliche Unterschrift* bemühen sollte und Rechtsmittelschriften nicht allein mittels *Handzeichen* oder *Paraphe* unterzeichnen darf.[333] „Ein vereinfachter und nicht lesbarer Namenszug ist als Unterschrift anzuerkennen, wenn der Schriftzug individuelle und charakteristische Merkmale aufweist, die die Nachahmung erschweren, sich als Wiedergabe eines Namens darstellt und die Absicht einer vollen Unterschrift erkennen lässt" (BGH NJW-RR 2015, 699 [LS 1]). Wird eine regelmäßig verwendete Unterschrift erstmals als nicht ordnungsgemäß und unwirksam beanstandet, ist ein Antrag auf Wiedereinsetzung zu stellen, der Erfolg haben wird (BVerfG NJW 1998, 1853). Wird ein fristwahrender Schriftsatz per Telefax übermittelt und fehlt hierbei die letzte Seite, auf der sich die Unterschrift des Anwalts befindet, ist das Unterschriftserfordernis nicht eingehalten und der Rechtsbehelf nicht formgerecht (BayObLG NJW 1995, 668 [LS 1]). Bei der Übermittlung fristwahrender Schriftsätze per Telefax muss die Originalvorlage ordnungsgemäß eigenhändig unterschrieben sein,[334] wobei eine Unterschrift mittels Faksimilestempel nicht ausreichend ist (VG Wiesbaden NJW 1994, 537 f.; zum Computerfax → Rn. 92).

95　**26. Unzuständigkeit.** Bei Einlegung eines Rechtsbehelfs bei einer unzuständigen Stelle liegt Verschulden vor, wenn dem Betroffenen das zuständige Gericht oder die zuständige Behörde aufgrund einer ordnungsgemäßen Rechtsbehelfsbelehrung bekannt war oder bei entsprechender Sorgfalt ohne Schwierigkeiten hätte festgestellt werden können. Hierbei wird auch von einem juristisch nicht vorgebildeten Beteiligten verlangt, dass er Erkundigungen einzieht, bei welcher Stelle ein Rechtsbehelf einzulegen ist (BGH NJW 1987, 440, 441). Die Einlegung eines Rechtsmittels bei einem unzuständigen Gericht ist grds. verschuldet, auch wenn sie durch einen nicht anwaltlich vertretenen Beteiligten erfolgt. Bei bestehenden Zweifeln, an welches Gericht das Rechtsmittel zu richten ist, muss rechtskundiger Rat eingeholt werden (BayObLG NJW 1988, 714, 715). Allerdings ist zu beachten, dass im Verwaltungsprozess bei *nicht erteilter oder unrichtiger Rechtsbehelfsbelehrung* regelmäßig[335] allein die einjährige Ausschlussfrist des § 58 Abs. 2 in Gang gesetzt wird (zum Umfang der Rechtsbehelfsbelehrung → § 58 Rn. 51 ff.), sodass in entsprechenden Fällen besonders genau zu prüfen ist, ob überhaupt eine Fristversäumung vorliegt.

96　Im Bereich des Rechtsmittelrechts ist insbes. zu beachten, dass ein *irrtümlich beim OVG gestellter Antrag auf Zulassung der Berufung* nach § 124 a Abs. 4 *nicht fristwahrend* wirkt[336] (→ § 124 a Rn. 159 m.w.N.). Nach Auffassung des OVG Greifswald besteht im verwaltungsgerichtlichen Verfahren auch keine Pflicht des unzuständigen Gerichts, die Rechtsmittelschrift, die ein Rechtsuchender entgegen der ihm erteilten Rechtsmittelbelehrung an ein unzuständiges Gericht gesandt hat, zum Zweck der eventuellen Fristwahrung *weiterzuleiten* (OVG Greifswald NVwZ 1999, 201). Deshalb soll in einem solchen Fall selbst dann keine Wiedereinsetzung in Betracht kommen, wenn das OVG den bei ihm eingereichten Zulassungsantrag bei normalem Geschäftsgang noch rechtzeitig an das VG hätte weiterleiten können (OVG Greifswald NVwZ 1999, 201). Diese Rspr. ist nach der hier vertretenen

---

329　BVerwGE 143, 50, 54 f. unter Bezugnahme auf BT-Drs. 15/4067, 37 und OVG Koblenz 8.3.2007 – 7 A 11548/06 – AS RB – SL 34, 231, 232.

330　Zu elektronischen Übermittlungsformen → Rn. 92 f.

331　BVerwG Buchholz 310 § 60 VwGO Nr. 134, 175; BGH NJW 2015, 3246, 3248; 2016, 718, 719. Anders VGH Kassel FamRZ 1989, 1356 sowie VGH München BayVBl 2007, 671 f. für den Fall, dass der Prozessbevollmächtigte büroorganisatorische Vorkehrungen dagegen getroffen hat, dass nicht unterschriebene Post die Kanzlei verlässt.

332　Zu Recht krit. *E. Schneider*, MDR 1988, 747 m. umfangr. Nachw. aus der Rspr.

333　Zu den pedantischen Anforderungen an die rechtswirksame Unterzeichnung einer Berufungsschrift instruktiv BGH NJW 1987, 957.

334　BGH NJW 2015, 3246, 3247; VGH Kassel CR 1993, 455; *P. Ehnet*, JZ 1996, 507, 508.

335　Anders bspw. in BVerwG NJW 2013, 1617.

336　HmbOVG DVBl 1997, 1333; OVG Münster NVwZ 1997, 1235; OVG Weimar DÖV 1997, 964; *W.-R. Schenke*, in: Kopp/Schenke § 124 a Rn. 44.

Auffassung abzulehnen (ausf. → Rn. 77 f. m.w.N.). Im Interesse der Rechtssicherheit und Gleichbehandlung ist es wünschenswert, dass sich hier bald eine einheitliche Verfahrensweise der Gerichte herausbildet. Der Rechtsanwalt hat persönlich darauf zu achten, dass die Klageschrift an das für die Erhebung der Klage zuständige Gericht gerichtet wird; unterlässt er dies, liegt ein dem Beteiligten nach § 173 VwGO i.V.m. § 85 Abs. 2 ZPO zurechenbares Anwaltsverschulden vor (BVerwG DÖV 1978, 616, 617; BGH NJW 1967, 875).

Darüber hinaus ist zu berücksichtigen, dass die *Klageerhebung bei einem unzuständigen Gericht* gem. 97 § 83 VwGO i.V.m. §§ 17 a Abs. 2–4, 17 b Abs. 1 S. 2 GVG die Rechtshängigkeit der Klage unberührt lässt (→ § 74 Rn. 28 ff. sowie → § 83 Rn. 1 ff.). Dies gilt selbst dann, wenn die Klage infolge zutreffender Rechtsbehelfsbelehrung schuldhaft beim unzuständigen Gericht erhoben wurde (OVG Koblenz NVwZ-RR 1996, 181). Die wirksame, fristwahrende Klageerhebung setzt allerdings voraus, dass sie bei dem Gericht eingereicht wird, das der Kläger, wenn auch irrtümlich, für tatsächlich zuständig erachtet. Eine beim zuständigen Gericht eingereichte Klage, die irrtümlich an ein unzuständiges Gericht adressiert wurde, reicht deshalb zur Fristwahrung ebenso wenig aus wie der umgekehrte Fall der irrtümlichen Einreichung einer an das zuständige Gericht adressierten Klage bei einem unzuständigen Gericht (ausf. zur Problematik → § 74 Rn. 28 ff.), sodass in diesen Fallkonstellationen das Rechtsinstitut der Wiedereinsetzung weiter von Bedeutung bleibt.

27. Vereitelung des rechtzeitigen Zugangs einer Fristsache/Fristwahrung nach Treu und Glauben. 98 Wird der rechtzeitige Zugang eines fristwahrenden Schriftstücks durch Maßnahmen vereitelt, die im *Verantwortungsbereich eines Gerichts oder einer Behörde* liegen, darf dies dem Antragsteller nicht zum Nachteil gereichen.[337] Das BVerfG hat mehrfach festgestellt, dass es nicht zulasten des Rechtsuchenden gehen darf, wenn die Fristversäumnis auf Verzögerungen bei der Entgegennahme der Sendung durch die zuständige Stelle beruht (BVerfGE 41, 323, 327 f.; 44, 302, 306; 69, 381, 386 f.). So darf jeder Prozessbeteiligte davon ausgehen, dass bei einem Gericht oder einer Behörde Vorrichtungen vorhanden sind, die einen Einwurf fristwahrender Schriftstücke bis 24.00 Uhr ermöglichen (BVerfGE 52, 203, 209 ff. m.w.N.). Dem Rechtsuchenden darf daher nicht angelastet werden, dass die Dienstzeit der Bediensteten von Gerichten und Behörden regelmäßig vor 24.00 Uhr endet (BVerfGE 52, 203, 211). Ein durch Telefax übermitteltes Schriftstück gilt in dem Zeitpunkt als eingegangen, in dem es im Empfängerapparat ausgedruckt wird, unabhängig davon, ob dieser Zeitpunkt nach Dienstschluss liegt und das entsprechende Gerät nicht besetzt ist (BGH NJW 1987, 2586, 2587 m.w.N.). Von einer Fristwahrung bei Zugangsvereitelung ist etwa auszugehen, wenn eine amtliche Stelle durch eine Absprache mit der Post den Zugang eines Telegramms verhindert, das nach den Vorschriften der Telegrammordnung noch am Tage der Aufgabe der Behörde durch Einwurf in den Briefkasten hätte zugestellt werden können (VGH Kassel NJW 1987, 2765, 2766), wenn das Empfangsgerät der Telefaxanlage nach Dienstschluss nicht funktionsfähig ist[338] oder wenn ein vorhandener Nachtbriefkasten außer Betrieb ist.[339] In solchen Fällen ist es schon aus verfahrensökonomischen Gründen vorzugswürdig, von einer *Fristwahrung nach den Grundsätzen von Treu und Glauben* auszugehen (so offensichtlich BVerfGE 69, 381, 386; VGH Kassel NJW 1987, 2765 f.) und auf die Durchführung eines zeit- und kostenintensiven Wiedereinsetzungsverfahrens zu verzichten (für eine Wiedereinsetzung dagegen BVerfGE 44, 302, 306).

28. Verlust von Unterlagen. Kommen dem Prozessbeteiligten für die Fristwahrung erforderliche 99 Schriftstücke abhanden, kann eine Wiedereinsetzung ausnahmsweise dann gerechtfertigt sein, wenn sich der Verlust ohne Verschulden des Beteiligten ereignet hat (etwa durch Diebstahl oder durch Feuer) und dieser unverzüglich alles ihm Zumutbare unternommen hat, um sich die Unterlagen wieder oder neu zu beschaffen.[340]

---

337 Vgl. *D. Krausnick*, in: Gärditz § 60 Rn. 60.
338 Vgl. BGH NJW 1992, 244, 245; zur Problematik der Übermittlung von Fristsachen per Telefax auch *H. Roth*, in: Stein/Jonas III § 233 Rn. 52 unter dem Stichwort *Telefax* und *Baumbach/Lauterbach/Albers/Hartmann* § 233 Rn. 164.
339 Zu weiteren Einzelheiten möglicher Beförderungsmängel bei Fristsachen *H. Roth*, in: Stein/Jonas III § 233 Rn. 34 unter dem Stichwort *Beförderungsmängel* sowie die Zusammenstellung der Rspr. bei *Baumbach/Lauterbach/Albers/ Hartmann* § 233 Rn. 154 ff. unter dem Stichwort *Post*.
340 *M. Gehrlein*, in: MüKoZPO I § 233 Rn. 34.

100   **29. Weiterleitungspflicht unzuständiger Stellen.** Ob und in welchem Umfang eine angegangene unzuständige Stelle zur Weiterleitung der Sache an die zuständige Stelle verpflichtet ist und welche Folgen eine unterlassene oder verzögerte Weiterleitung hat, ist bisher nicht abschließend geklärt. Dazu ausf. → Rn. 77 f.

V. Kausalität zwischen Hinderung und Fristversäumnis

101   **1. Allgemeines.** Wiedereinsetzung kann nur gewährt werden, wenn zwischen dem unverschuldeten Hindernis und der Fristversäumung ein *Kausalzusammenhang* besteht (BVerwG NVwZ-RR 2016, 805); die Fristversäumung muss auf einem unverschuldeten Umstand *beruhen.* Die erforderliche adäquate Kausalität ist gegeben, wenn nach dem gewöhnlichen Verlauf der Dinge der Beteiligte oder sein Vertreter die Frist gewahrt hätten, falls der Umstand nicht eingetreten wäre, der die fristwahrende Prozesshandlung verhinderte.[341] Fehlt diese Kausalität, scheidet eine Wiedereinsetzung mangels Ursachenzusammenhang zwischen unverschuldeter Verhinderung und Fristversäumung aus. Daher sind Wiedereinsetzungsanträge wegen fehlender Kausalität unbegründet, die Umstände vortragen, die erst *nach* Fristablauf eingetreten sind.[342] Unschlüssig ist etwa ein Wiedereinsetzungsantrag, der sich auf Postverzögerungen beruft, wenn die Sendung erst nach Fristablauf aufgegeben worden ist.[343] Auch eine die tatsächliche Ursache der Fristversäumung etwa überholende neue Ursache kann bei der Wiedereinsetzung nicht berücksichtigt werden (BVerwGE 6, 161, 162). Hat der Beteiligte eine gesetzliche Frist versäumt, weil ihm sein Prozessbevollmächtigter schuldhaft den Lauf einer Frist nicht mitgeteilt hat, kann ihm nicht deshalb Wiedereinsetzung gewährt werden, weil er wegen Krankheit möglicherweise ohnehin die Frist hätte nicht wahren können (BVerwGE 6, 161, 162). Umgekehrt steht ein verschuldeter Umstand der Wiedereinsetzung nicht entgegen, wenn er nicht ursächlich für die Fristversäumung geworden ist.[344] So hindert die Versäumnis des Anwalts, die Fristenberechnung bei schwierigen oder atypischen Fällen selbst zu kontrollieren (zu dieser Verpflichtung → Rn. 73), die Wiedereinsetzung nicht, wenn sich dieser Fehler nicht ausgewirkt hat, sondern die Frist wegen eines ganz anderen, vom Rechtsanwalt nicht zu vertretenden Umstandes versäumt wurde.[345]

102   Haben *mehrere Ursachen* die Fristversäumung bewirkt, von denen eine von dem Beteiligten zurechenbar verschuldet worden ist, scheidet nach richtiger Ansicht die Wiedereinsetzung nicht von vornherein aus. Vielmehr muss im Einzelfall *wertend ermittelt* werden, ob bei einem *mitwirkenden Verschulden* anderer Personen oder amtlicher Stellen die Wiedereinsetzung gewährt werden kann oder nicht (ausf. zu dieser Problematik → Rn. 77 f.). Insbes., wenn das dem Beteiligten zuzurechnende mitwirkende Verschulden in seiner Bedeutung gegenüber dem hinzukommenden Verschulden anderer Stellen derart zurücktritt, dass nach einer wertenden Betrachtung nicht mehr von einer *adäquaten Verursachung des Beteiligten* ausgegangen werden kann, muss die Wiedereinsetzung möglich sein.[346]

103   **2. Wegfall des Hindernisses vor Fristablauf.** Problematisch ist in diesem Zusammenhang die Konstellation, dass das Hindernis für die rechtzeitige Vornahme der Prozesshandlung zunächst besteht, aber *noch vor Ende der für die Prozesshandlung vorgeschriebenen Frist wegfällt.* Dies kommt etwa in Betracht, wenn ein Beteiligter zunächst schuldlos – sei es aus Krankheitsgründen, sei es aus Gründen einer vorübergehenden urlaubsbedingten Abwesenheit (zu solchen Konstellationen BVerwGE 88, 66 f.; BVerwG NVwZ-RR 1999, 472 f.) – keine Kenntnis von der Zustellung eines fristauslösenden Verwaltungsaktes oder Urteils hat, diese aber noch während der laufenden Rechtsbehelfsfrist erhält. Auch ein innerhalb der offenen Rechtsbehelfsfrist gestellter Prozesskostenhilfeantrag, über den noch vor Ablauf der Frist entschieden wird, führt zum Wegfall des ursprünglich bestehenden Hindernisses innerhalb der offenen Rechtsbehelfsfrist (BGH NJW 1986, 257). Bei der Frage, ob in solchen Fällen Wiedereinsetzung in Betracht kommt, gilt es *zwei Konstellationen* zu unterscheiden. Fällt das Hindernis *mehr als zwei Wochen* (bzw. in den Fällen des § 60 Abs. 2 S. 1 Hs. 2 *mehr als einen Monat) vor*

---

341   *H. Roth,* in: Stein/Jonas III § 233 Rn. 29.
342   Vgl. *D. Krausnick,* in: Gärditz § 60 Rn. 61.
343   *H. Roth,* in: Stein/Jonas III § 233 Rn. 29.
344   BVerwG DÖV 2008, 253; BGH NJW-RR 1987, 186, 187; VersR 1988, 941; vgl. auch BVerwG NVwZ-RR 2015, 392, 393 (Rn. 7); *M. Gehrlein,* in: MüKoZPO I § 233 Rn. 19.
345   *M. Gehrlein,* in: MüKoZPO I § 233 Rn. 19.
346   *H. Büttner,* Wiedereinsetzung, ²1999, § 10 Rn. 2 m.w.N.; *D. Krausnick,* in: Gärditz § 60 Rn. 62.

Ablauf der Rechtsbehelfsfrist weg, ist für eine Wiedereinsetzung kein Raum. Mit Rücksicht auf § 60 Abs. 2 gilt dann allein die noch übrige gesetzliche Frist, was gerechtfertigt ist, da dem zunächst an der Vornahme der Prozesshandlung Gehinderten nach Wegfall des Hindernisses noch eine ausreichende Zeitspanne zur Verfügung steht.[347]

Umstr. ist dagegen, ob eine Wiedereinsetzung dann in Betracht kommt, wenn das Hindernis noch 104 während der laufenden Rechtsbehelfsfrist, aber *weniger als zwei Wochen* (bzw. in den Fällen des § 60 Abs. 2 S. 1 Hs. 2 weniger als einen Monat) *vor deren Ablauf* wegfällt. Teilweise wird die Ansicht vertreten, nach dem Rechtsgedanken des § 60 Abs. 2 S. 1 sei dem Betroffenen in jedem Fall eine *Mindestüberlegungsfrist von zwei Wochen* einzuräumen, um die Entscheidung zu treffen, ob er einen Rechtsbehelf ergreifen wolle. Blieben nach Wegfall des Hindernisses weniger als zwei Wochen zur Vornahme der Prozesshandlung, sei regelmäßig Wiedereinsetzung in den vorherigen Stand zu gewähren.[348] Nach der Gegenansicht scheidet dagegen eine Wiedereinsetzung auch in diesem Fall aus, sodass es bei der gesetzlichen Rechtsbehelfsfrist verbleiben müsse (VGH Mannheim DÖV 1979, 303; BayVerfGH NJW 1982, 2660, 2661). Zur Begründung wird darauf verwiesen, dass eine Wiedereinsetzung bei einem Wegfall des Hinderungsgrundes während laufender Rechtsbehelfsfrist schon denkgesetzlich ausscheide[349] und dass es nicht Sinn und Zweck des § 60 sei, dem Rechtsuchenden eine grundsätzliche Überlegungsfrist von zwei Wochen einzuräumen. § 60 als Ausnahmevorschrift, die von dem grundsätzlichen Erfordernis befreie, Fristen einzuhalten, sei einer erweiternden Auslegung und Anwendung nicht zugänglich (VGH München NJW 1982, 251). Die damit verbundene Verkürzung der Überlegungsfrist müsse in Kauf genommen werden.[350] Das *BVerwG* vertritt demgegenüber eine *differenzierte Auffassung*, nach der bei Wegfall des Hindernisses vor Fristablauf nicht etwa ohne Weiteres eine zweiwöchige „Überlegungsfrist" entsprechend § 60 Abs. 2 S. 1 oder von geringerer Dauer in Lauf gesetzt wird.[351] Vielmehr komme es auf die Umstände des Einzelfalles – insbes. die Schwierigkeit der Beurteilung der Erfolgsaussichten des Rechtsbehelfs – an, ob eine über die eigentliche Rechtsbehelfsfrist hinausreichende zusätzliche „Beratungsfrist" einzuräumen sei (BVerwG Buchholz 310 § 60 VwGO Nr. 150 [S. 50]; BVerwG NVwZ-RR 1999, 472, 473). Dieser Auffassung ist jedenfalls im Ansatz zuzustimmen. Im Verwaltungsprozessrecht besteht kein allgemeiner Grundsatz, der einem Beteiligten eine allgemeine Überlegungsfrist von zwei Wochen zubilligen würde. Hiergegen sprechen zahlreiche Sonderfristbestimmungen – etwa im Asylverfahrensrecht – die Rechtsbehelfsfristen statuieren, die deutlich kürzer als zwei Wochen sind (→ Rn. 22). Auf der anderen Seite hat der Gesetzgeber durch die Einführung der Monatsfrist in den Fällen des § 60 Abs. 2 S. 1 Hs. 2 zu erkennen gegeben, dass für die Anfertigung schwieriger Begründungen im Beschwerde- und Rechtsmittelverfahren die frühere Zwei-Wochen-Frist zu kurz bemessen war. Richtigerweise handelt es sich bei einem Wegfall des Hindernisses innerhalb noch offener Rechtsbehelfsfrist um ein Problem adäquater Kausalität.[352] Wenn von dem Beteiligten wegen der Kürze der ihm noch zur Einlegung des Rechtsbehelfes zur Verfügung stehenden Zeit unter Berücksichtigung des Grades der Schwierigkeit der rechtlichen Beurteilung eines Rechtsbehelfes nicht erwartet werden kann, dass er die Frist noch einhält, wird ihm Wiedereinsetzung zu gewähren sein.[353] In diesem Fall läuft ab der Behebung des Hindernisses die Wiedereinsetzungsfrist des § 60 Abs. 2 S. 1, die für den Rechtsuchenden ausreichend ist, um sich für oder gegen die Einlegung eines Rechtsbehelfes zu entscheiden.[354]

---

347 Das ist unstr.; vgl. nur *W. Bier*, in: Schoch/Schneider/Bier § 60 Rn. 50; *M. Redeker*, in: Redeker/v. Oertzen § 60 Rn. 14; *W.-R. Schenke*, in: Kopp/Schenke § 60 Rn. 7.

348 VGH München BayVBl 1980, 183; *W.-R. Schenke*, in: Kopp/Schenke § 60 Rn. 7.

349 So *H. Rotter*, DVBl 1971, 389, 391.

350 *M. Redeker*, in: Redeker/v. Oertzen § 60 Rn. 14.

351 BVerwG NVwZ-RR 1999, 472, 473, BVerwG 25.6.2013 – 10 B 10/13, juris Rn. 7.

352 *W. Bier*, in: Schoch/Schneider/Bier § 60 Rn. 50.

353 So auch *W. Bier*, in: Schoch/Schneider/Bier § 60 Rn. 50; *D. Krausnick*, in: Gärditz § 60 Rn. 17; *J. Schmidt*, in Eyermann § 60 Rn. 3; BVerwG Buchholz 310 § 60 VwGO Nr. 143 (S. 41 f.).

354 *W. Bier*, in: Schoch/Schneider/Bier § 60 Rn. 50. Die Rspr. des BVerwG tendiert dahin, dem Betroffenen eine an der Frist des § 60 Abs. 2 S. 1 zu orientierende Überlegungsfrist zuzubilligen; vgl. BVerwGE 88, 66, 69; BVerwG Buchholz 310 § 60 VwGO Nr. 150; *J. Schmidt*, in: Eyermann § 60 Rn. 3.

105   Zu beachten ist, dass vor allem die ältere Rspr. z.T. sehr *strenge Anforderungen* daran stellt, welche Maßnahmen zur *Wahrung der Frist* zumutbar sind.[355] Wenn es für die Einlegung eines Rechtsbehelfes keiner besonderer Überlegungen und Anstrengungen bedarf, soll es zumutbar sein, einen Rechtsbehelf auch dann noch einzulegen, wenn die Frist noch am selben Tag abläuft, an dem der Betroffene Kenntnis von der Fristsache erhält (BVerfGE 31, 388, 391; 43, 75, 78). Selbst wenn zwischen Kenntnisnahme von der fristauslösenden Zustellung und dem Fristende weniger als 24 Stunden liegen, soll vom Bürger verlangt werden können, dass er sofort geeignete Maßnahmen ergreift, um die verkürzte Frist dennoch einzuhalten (BVerfGE 31, 388, 391; 43, 75, 78; BVerwG NVwZ-RR 1999, 472, 473). Er soll insbes. verpflichtet sein, entweder sofort seinen Anwalt zu konsultieren und diesen zur fristgerechten Einlegung des Rechtsbehelfes zu bewegen oder aber selbst unverzüglich den entsprechenden Rechtsbehelf einzulegen.[356] Auch wenn dem Bürger die verbleibende Frist als Überlegungsfrist zu kurz erscheint, hält das BVerfG ihn für verpflichtet, zunächst einmal zur Wahrung seiner Rechte einen Rechtsbehelf einzulegen und ihn ggf. nach angemessener Überlegung wieder zurückzunehmen. Wer dagegen im Bewusstsein der noch laufenden Frist ganz untätig bleibe oder seine einzelnen Maßnahmen nicht nach der erkennbaren Eilbedürftigkeit ausrichte, sei nicht frei von Verschulden, sodass ihm i.d.R. die Wiedereinsetzung in verfassungsrechtlich unbedenklicher Weise versagt werden könne (BVerfGE 43, 75, 78). Die strengen Anforderungen mögen dann verfassungsrechtlich zulässig sein, wenn die bloße Einlegung des Rechtsbehelfs fristwahrende Wirkung hat und zusätzliche Begründungen, Darlegungen und Erläuterungen nicht erforderlich sind.

D. Wiedereinsetzungsverfahren

I. Allgemeines

106   In § 60 sind *zwei unterschiedliche Verfahrensgestaltungen* bei der Wiedereinsetzung geregelt. Das Gesetz unterscheidet die Wiedereinsetzung *auf Antrag* nach § 60 Abs. 1, Abs. 2 S. 1–3 und die in § 60 Abs. 2 S. 4 normierte Wiedereinsetzung *von Amts wegen*. Wie sich aus der Systematik des Gesetzes ergibt, ist die Wiedereinsetzung auf Antrag des Betroffenen der Regelfall. Die bei der Wiedereinsetzung auf Antrag zu beachtenden Förmlichkeiten sind in § 60 Abs. 2 S. 2 und 3 festgelegt. Insbes. ist die *zweiwöchige* bzw. *Monatsfrist* bei der Antragstellung und die *Pflicht zur Glaubhaftmachung* der zur Begründung des Antrags dienenden *Tatsachen* zu beachten. Die versäumte Rechtshandlung ist binnen zwei Wochen oder in den Fällen der Begründung der Berufung, des Antrages auf Zulassung der Berufung, der Revision, der Nichtzulassungsbeschwerde binnen eines Monats – innerhalb der Antragsfrist – *nachzuholen*, wenn sie nicht schon – verfristet – eingelegt wurde. Wird die versäumte Prozesshandlung innerhalb der Frist des § 60 Abs. 2 S. 1 nachgeholt oder wurde sie schon vorgenommen, kann gem. § 60 Abs. 2 S. 4 die Wiedereinsetzung auch von Amts wegen gewährt werden, ohne dass ein ausdrücklicher Antrag erforderlich wäre. Die Wiedereinsetzungsmöglichkeit von Amts wegen ist eine Regelung, die in Anlehnung an § 36 Abs. 3 S. 3 MRVO Nr. 165 getroffen wurde und der Verfahrensvereinfachung dienen soll.[357] Ihr liegt der Gedanke zugrunde, dass derjenige, der mit der Nachholung der versäumten Prozesshandlung zum Ausdruck bringt, dass er das Verfahren fortsetzen will, zugleich zumindest konkludent zu erkennen gibt, dass er etwaige prozessuale Nachteile, die ihm aus der Nichteinhaltung einer Frist entstanden sind, nach Möglichkeit beseitigt haben will.[358] Die Verfahrensvorschriften entsprechen denen, die auch in der ZPO festgelegt sind; vgl. insoweit § 233 ZPO zur Wiedereinsetzung auf Antrag und § 236 Abs. 2 S. 2 Hs. 2 ZPO zur Wiedereinsetzung von Amts wegen.[359]

---

355   Exemplarisch BVerfGE 31, 388, 391 (in Bezug auf Einspruchsfrist gegen Strafbefehl); 43, 75, 78; BVerwG NVwZ-RR 1999, 472, 473 – Zumutbarkeit der Rechtsbehelfseinlegung, wenn Frist noch am Tag des Wegfalls des Hindernisses abläuft; BayVerfGH NJW 1982, 2660, 2661 für eine Zeitspanne von vier Tagen bis zum Fristende.

356   Insbes. wenn der Rechtsbehelf bei einer Stelle einzulegen ist, die am Wohnort des Klägers ihren Sitz hat, bedeutet die Verpflichtung zur Einlegung des Rechtsbehelfes noch am selben Tag keine unzumutbare Schwierigkeit für den Rechtsuchenden; vgl. BVerwG NVwZ-RR 1999, 472, 473.

357   Vgl. *Schunck/de Clerck* § 60 Anm. 3 d.

358   *W. Bier*, in: Schoch/Schneider/Bier § 60 Rn. 66.

359   Wie § 236 Abs. 2 S. 2 Hs. 2 ZPO deutlich macht, kennt die ZPO sehr wohl die Wiedereinsetzung von Amts wegen; vgl. insoweit BGH NJW-RR 1993, 1092, 1093 sowie *R. Greger*, in: Zöller § 236 Rn. 3 ff.

II. Wiedereinsetzung auf Antrag (Abs. 1 i.V.m. Abs. 2 S. 1–3)

1. Anforderungen an einen ordnungsgemäßen Antrag. a) Formvorschriften. Während in § 236 107
Abs. 1 ZPO geregelt ist, dass die Form des Antrags auf Wiedereinsetzung sich nach den Vorschriften richtet, die für die versäumte Prozesshandlung gelten, fehlt eine solche ausdrückliche Bestimmung in § 60. In der Rspr. des BVerwG wird dies jedoch ebenfalls vorausgesetzt (BVerwG 8.6.2011 – 5 B 12/11, 5 PKH 6/11, juris Rn. 1). Deshalb müssen wegen der vergleichbaren Interessenlagen und wegen § 173 für den Antrag auf Wiedereinsetzung die gleichen *Formvorschriften* gelten wie für die nachzuholende Prozesshandlung.[360] Daher kann der Antrag vor dem VG schriftlich oder aber gem. § 81 Abs. 1 S. 2 zur Niederschrift des Urkundsbeamten der Geschäftsstelle gestellt werden, während bei den OVG und dem BVerwG allein ein schriftlicher Antrag zulässig ist. Vor den OVG und dem BVerwG besteht außerdem nach § 67 Abs. 4 *Vertretungszwang* (Anwaltszwang). Letzteres gilt nicht für Anträge auf PKH (→ § 67 Rn. 53).

b) Zuständiges Gericht. Der Antrag ist bei dem Gericht einzureichen, bei dem auch die nachzuhole- 108
de Prozesshandlung vorzunehmen ist. Der Antrag auf Wiedereinsetzung gegen die Versäumung der Widerspruchsfrist ist bei der Ausgangsbehörde zu stellen (→ Rn. 10). Hat über die versäumte Prozesshandlung ein anderes Gericht zu entscheiden als dasjenige, bei dem das Rechtsmittel einzulegen ist, ist es unschädlich, wenn der Wiedereinsetzungsantrag bei dem Gericht gestellt wird, das über die versäumte Rechtshandlung zu entscheiden hat (BVerwGE 11, 322, 323). Es würde sowohl den Rechtsschutz des Antragstellers unnötig erschweren als auch den Grundsätzen der Prozessökonomie widersprechen, wenn der Antrag nur bei dem Gericht vorgenommen werden könnte, bei dem der Rechtsbehelf einzulegen ist, das über diesen aber gar nicht entscheiden kann. Allerdings ist zu beachten, dass die Einlegung des Antrags bei dem Gericht des nächsthöheren Rechtszuges nur eine zusätzliche Möglichkeit für den Antragsteller bedeutet. Wird der Antrag auf Wiedereinsetzung bei dem Gericht gestellt, das über die versäumte Rechtshandlung zu befinden hat, braucht die versäumte Prozesshandlung nicht mehr bei dem Gericht der Vorinstanz nachgeholt zu werden, da dieses eine übertriebene Förmelei wäre.[361] Sofern dem Gericht der Vorinstanz jedoch ein Abhilferecht zusteht (vgl. § 133 Abs. 5), sind der Wiedereinsetzungsantrag und die versäumte Prozesshandlung innerhalb der Wiedereinsetzungsfrist dort einzureichen bzw. vorzunehmen.[362]

Der Antrag auf Wiedereinsetzung kann selbst dann noch gestellt werden, wenn das *Rechtsmittel be-* 109
reits durch rechtskräftige Entscheidung verworfen worden ist (BVerwGE 11, 322, 323). In diesem Fall kann das Verfahren nach Gewährung der Wiedereinsetzung in derselben Instanz fortgeführt werden, in der es sich vor der Wiedereinsetzungsentscheidung befand. Einer erneuten Klageerhebung oder einer erneuten Einlegung eines Rechtsbehelfs bedarf es hierfür nicht (vgl. BGH NJW 1982, 2670, 2671). Wird die Wiedereinsetzung gewährt, wird ein vor der Wiedereinsetzung ergangenes rechtskräftiges Urteil bzw. ein rechtskräftiger Beschluss gegenstandslos und somit unwirksam.[363] Aus Gründen der Rechtsklarheit kann eine solche Entscheidung jedoch auch ausdrücklich aufgehoben oder für gegenstandslos erklärt werden.[364] Erforderlich ist dies allerdings nicht (BGH NJW 1982, 2670, 2671). Entsprechendes gilt für Entscheidungen von Vorinstanzen, wenn Wiedereinsetzung für eine Fristversäumung in der unteren Instanz erst durch die Rechtsmittelinstanz gewährt wird.[365]

c) Antragsfrist. aa) Allgemeines. Der Wiedereinsetzungsantrag ist innerhalb von *zwei Wochen* bzw. 110
in den in § 60 Abs. 2 S. 1 Hs. 2 aufgeführten Fällen innerhalb *eines Monats nach Wegfall des Hindernisses* zu stellen; innerhalb der Antragsfrist ist auch die versäumte Rechtshandlung nachzuholen. Die gesetzlich festgelegte Dauer der Wiedereinsetzungsfrist von zwei Wochen wird auch nicht davon beeinflusst, dass die versäumte Frist ihrerseits kürzer als zwei Wochen ist, wie etwa die Wochenfrist des

---

360 Dies ist einhellige Meinung; vgl. nur *J. Schmidt*, in: Eyermann § 60 Rn. 22; *M. Redeker*, in: Redeker/v. Oertzen § 60 Rn. 16; *W.-R. Schenke*, in: Kopp/Schenke § 60 Rn. 25.
361 BVerwGE 11, 322, 323. A.M. BVerwG NJW 1962, 1692, wonach die versäumte Rechtshandlung bei dem Ausgangsgericht nachzuholen ist, dagegen aber der Wiedereinsetzungsantrag bei dem Gericht zu stellen ist, das über die versäumte Rechtshandlung zu befinden hat.
362 *W.-R. Schenke*, in: Kopp/Schenke § 60 Rn. 34.
363 BGH NJW 1968, 107; 1982, 2670, 2671 sowie *M. Redeker*, in: Redeker/v. Oertzen § 60 Rn. 15.
364 Vgl. RG 127, 287, 288; *W.-R. Schenke*, in: Kopp/Schenke § 60 Rn. 24.
365 *W.-R. Schenke*, in: Kopp/Schenke § 60 Rn. 24.

§ 36 Abs. 3 S. 1 AsylG (a.M. VG Sigmaringen VBlBW 1993, 312) oder die Dreitagesfrist des § 18 a Abs. 4 S. 1 AsylG.[366] Da für den Anfang der Frist ein Ereignis − der Wegfall des Hindernisses − maßgeblich ist, müsste bei der Berechnung der Frist gem. § 57 Abs. 2 VwGO i.V.m. § 222 Abs. 1 ZPO, § 187 Abs. 1 BGB der Tag nicht mitgerechnet werden, in welchen das Ereignis fällt (allg. zur Fristberechnung → § 57 Rn. 27 ff.). Fällt also bspw. das Hindernis am 14. 8. weg, beginnt die Fristberechnung gem. § 187 Abs. 1 BGB am 15. 8. Darauf kommt es allerdings praktisch nicht an, da gem. § 188 Abs. 2 BGB bei Wochen- und Monatsfristen die Frist im Falle des § 187 Abs. 1 BGB mit dem Ablauf desjenigen Tages der letzten Woche oder des letzten Monats endet, welcher durch seine Benennung oder seine Zahl dem Tage entspricht, in den das maßgebliche Ereignis (hier: Wegfall des Hindernisses) fällt. Fällt das Hindernis bspw. an einem Dienstag weg, so endet die Zwei-Wochen-Frist mit Ablauf des übernächsten Dienstags. Das Wiedereinsetzungsgesuch muss spätestens am letzten Tag der Frist beim zuständigen Gericht *eingegangen* sein, die rechtzeitige Absendung des Gesuchs auf dem Postweg genügt nicht. Das Hindernis ist weggefallen, wenn und sobald das Fortbestehen der Verhinderung nicht mehr unverschuldet ist.[367] Maßgebend für den Fristbeginn ist somit der Zeitpunkt, in dem der Betroffene oder sein Bevollmächtigter bei Anwendung der von ihm zu erwartenden Sorgfalt die Fristversäumnis erkannt hat oder hätte erkennen müssen und in dem es ihm daher möglich ist, die versäumte Prozesshandlung unverzüglich nachzuholen.[368] Die Frist beginnt mit anderen Worten zu laufen, wenn bei Anwendung des oben im Einzelnen erläuterten Verschuldensmaßstabs (→ Rn. 40 f.) nicht mehr die Rede davon sein kann, das Weiterbestehen des Hindernisses sei von dem Beteiligten noch unverschuldet, wobei nach den allgemeinen Grundsätzen Vorsatz oder Fahrlässigkeit jeder Art schädlich sind.

111　**bb) Einzelfälle.** Auch bzgl. der Frage des *Wegfalls des Hindernisses* gibt es eine umfangreiche, insbes. zivilprozessuale Kasuistik; auf die entsprechenden Publikationen wird insoweit verwiesen. Zu beachten ist die Besonderheit, dass die zweiwöchige (oder Monats-) Antragsfrist − anders als sonst im Verwaltungsprozessrecht − auch dann zu laufen beginnt, wenn über sie *keine Belehrung* erfolgt ist. Dies erklärt sich daraus, dass es sich bei der Wiedereinsetzung um einen außerordentlichen Rechtsbehelf handelt, für den eine Rechtsbehelfsbelehrung nicht erforderlich ist.[369] Allerdings setzt erst eine Belehrung des Betroffenen über die Möglichkeit der Wiedereinsetzung die Wiedereinsetzungsfrist in Lauf, wenn der Wiedereinsetzungsgrund auf einem dem Gericht zuzurechnenden Fehler beruht (so BVerfG NJW 2013, 446, 447). Maßgeblicher Zeitpunkt, in dem ein Anwalt bei Anwendung der erforderlichen Sorgfalt die eingetretene Säumnis mit der Folge hätte erkennen können, dass die Frist des § 60 Abs. 2 S. 1 zu laufen beginnt, ist häufig der Zeitpunkt, in dem der Anwalt zur eigenverantwortlichen Prüfung Anlass hatte, ob das Fristende richtig ermittelt wurde. Für einen Rechtsanwalt, der aufgrund einer zulässigen Delegation der Fristberechnung auf sein zuverlässiges Büropersonal (→ Rn. 71 ff.) eine falsche Berechnung der Frist zunächst nicht erkennen konnte, fällt das Hindernis daher weg und beginnt die Frist des § 60 Abs. 2 S. 1, wenn ihm die Sache anlässlich der Vorbereitung der fristgebundenen Prozesshandlung vorgelegt wird und er damit in der Lage ist, die gebotene Prüfung vorzunehmen.[370]

112　Im Verwaltungsprozessrecht gilt die Besonderheit, dass die Gerichte regelmäßig den Rechtsmittelführer bzw. dessen Prozessbevollmächtigten über den Zeitpunkt des Eingangs eines Rechtsbehelfs oder Rechtsmittels mittels einer datierten *Eingangsbestätigung* zu unterrichten pflegen. Die Prüfung einer solchen Eingangsbestätigung ist stets notwendig, da die Antragsfrist für die Wiedereinsetzung mit dem Zeitpunkt beginnt, in dem der Kläger oder sein Bevollmächtigter von der Eingangsmitteilung Kenntnis nehmen konnten.[371] Wird ein Beteiligter vom Gericht oder der anwaltlich vertretenen Gegenseite auf eine Fristversäumung ausdrücklich hingewiesen, beginnt die Frist des § 60 Abs. 2 S. 1 (spätestens) mit

---

366　Zutr. *W. Bier*, in: Schoch/Schneider/Bier § 60 Rn. 54.
367　OVG Münster NJW 1996, 334, 335; BGH NJW 1998, 1489; NJW-RR 2015, 441; *D. Krausnick*, in: Gärditz § 60 Rn. 67.
368　BVerwG NJW 1997, 2966, 2970; OVG Münster NJW 1996, 334, 335; VGH Mannheim NJW 1996, 2882, 2883; BGH NJW 1993, 1332; VGH München DVBl 2008, 199.
369　Vgl. zur Begründung ausf. → § 58 Rn. 23 ff. sowie aus der Rspr. BVerwG VBlBW 1987, 332.
370　BGH VersR 1998, 77; NJW 2000, 365, 366; *G. Müller*, NJW 1998, 497, 498; 2000, 322, 323.
371　BGH NJW 2015, 3519, 3520; BFH BStBl 1989, 328, 329; VGH Kassel NJW 1993, 748, 749; VGH Mannheim NJW 1996, 2882, 2883; OVG Münster 4.8.2014 − 13 A 1084/14.A, juris Rn. 17.

dem Eingang des Hinweises.[372] Ist ein Schriftsatz, der eine Klageerhebung oder Rechtsmitteleinlegung enthält, ordnungsgemäß zur Post gegeben worden und das Schriftstück dennoch nicht bei Gericht eingegangen, beginnt die Antragsfrist grds., wenn der Antragsteller dies erfährt oder wenn er Grund zu Nachforschungen hatte, weil er einer gerichtlichen Mitteilung entnehmen musste, dass etwas fehlgelaufen ist (BVerfG NJW 1992, 38, 39). Bei der versehentlichen Übermittlung eines fristwahrenden Schriftstückes an ein unzuständiges VG per Telefax tritt der Wegfall des Hindernisses ein, wenn die Prozessbevollmächtigten des Klägers ein Schreiben des unzuständigen Gerichts erhalten, aus dem hervorgeht, dass das Schriftstück dort eingegangen ist. Spätestens zu diesem Zeitpunkt sind Zweifel angebracht, ob die Klagefrist aufgrund dieses Umstandes gewahrt wurde und es muss (vorsorglich) Wiedereinsetzung beantragt werden (OVG Münster NJW 1996, 334, 335). Versendet ein Gericht die *Rechtskraftmitteilung* bzgl. einer verwaltungsgerichtlichen Entscheidung, muss dies regelmäßig dahingehend verstanden werden, dass eine Rechtsmittelschrift tatsächlich nicht beim Gericht eingegangen ist und setzt daher die Antragsfrist des § 60 Abs. 2 S. 1 in Lauf (VGH Mannheim VBlBW 1996, 298).

Ist eine Frist nicht gewahrt worden, weil der Beteiligte vor Fristablauf ein Prozesskostenhilfegesuch 113 gestellt hatte, über das erst nach Ablauf der Frist entschieden worden ist, entfällt das Hindernis mit *Bekanntgabe der gerichtlichen Entscheidung über den PKH-Antrag*.[373] Erhält der mittellose Beteiligte schon vor Bewilligung der PKH eine Deckungszusage seines Rechtsschutzversicherers, entfällt das Hindernis bereits zu diesem Zeitpunkt.[374] Besteht das Hindernis für eine rechtzeitige Einlegung oder Begründung eines Rechtsmittels darin, dass der Beteiligte infolge Mittellosigkeit keinen zu seiner Vertretung bereiten Rechtsanwalt finden konnte, beginnt die Frist des § 60 Abs. 2 S. 1 mit dem Zugang des Beschlusses über die Beiordnung eines Rechtsanwalts, auch wenn dieser Beschluss nicht förmlich zugestellt ist (BVerwG Buchholz 310 § 60 VwGO Nr. 211). Das *Fehlen einer förmlichen Zustellung* nach § 56 hindert den Fristablauf nicht, weil die Frist des § 60 Abs. 2 S. 1 allein an den tatsächlichen Wegfall des Hindernisses anknüpft und nicht erst durch die gesetzlich vorgeschriebene Bekanntgabe einer Entscheidung in Lauf gesetzt wird.[375] Hat ein Asylbewerber wegen fehlender Sprachkenntnisse zunächst unverschuldet keine Kenntnis vom Inhalt eines fristauslösenden Schreibens erhalten, beginnt die Zwei-Wochen-Frist zu dem Zeitpunkt, in dem er sich zumutbarer Weise Kenntnis vom Inhalt des Schriftstückes hätte verschaffen können. Dies soll nach Auffassung des BVerfG jedenfalls in größeren Städten regelmäßig innerhalb einer Woche möglich sein, sodass danach das Weiterbestehen des Hindernisses grds. nicht mehr unverschuldet ist (BVerfGE 86, 280, 286 f.).

cc) Wiedereinsetzung gegen Versäumung der Antragsfrist des § 60 Abs. 2 S. 1. Wird die Antragsfrist 114 des § 60 Abs. 2 S. 1 unverschuldet versäumt, ist auch gegen die Versäumung dieser Frist der Antrag auf Wiedereinsetzung zulässig. Diese Ansicht war früher umstr.,[376] entspricht aber der nunmehr gefestigten Rspr. der obersten Gerichte.[377] Die früher entgegenstehende Gesetzeslage im Zivilprozessrecht ist mittlerweile durch Novellierung des § 233 ZPO der Rspr. des BVerfG angepasst worden.[378]

dd) Ausschluss der Wiedereinsetzung nach § 60 Abs. 3 (Jahresfrist). Nach § 60 Abs. 3 ist ein Antrag 115 auf Wiedereinsetzung nach einem Jahr seit dem Ende der versäumten Frist unzulässig, außer wenn der Antrag vor Ablauf der Jahresfrist infolge höherer Gewalt unmöglich war.[379] Die Frist des § 60 Abs. 3 beginnt auch ohne Rechtsbehelfsbelehrung zu laufen und kann vom Gericht nicht verlängert werden.

---

372 Vgl. VGH Kassel NVwZ 1986, 393: Für den Beginn des Fristenlaufs bei Eingang einer entsprechenden Mitteilung innerhalb einer Behörde ist allein der Eingang bei der zuständigen Behörde maßgeblich; auf die tatsächliche Kenntnisnahme des zuständigen Sachbearbeiters kommt es dagegen nicht an.

373 BVerwG Buchholz 310 § 60 VwGO Nr. 147, 177; VGH Mannheim NVwZ 1999, 205, 206; *H. Büttner*, Wiedereinsetzung, ²1999, § 6 Rn. 35; ausf. und diff. *J. Meyer*, NJW 1995, 2139, 2140 auch zu Fällen der teilweisen Gewährung von PKH.

374 BGH NJW 1991, 109, 110; *J. Meyer*, NJW 1995, 2139, 2140.

375 BVerwG Buchholz 310 § 60 VwGO Nr. 211; 13.12.2011 – 1 B 23/11, juris Rn. 6; VGH Mannheim NVwZ 1999, 205, 206.

376 Nach der früheren Rspr. des BGH (vgl. BGHZ 7, 194 ff.) sollte eine Wiedereinsetzung gegen die Versäumung der zweiwöchigen Wiedereinsetzungsfrist nicht möglich sein.

377 BVerfGE 22, 83, 89 f.; 60, 253, 267; BVerwG DVBl 1986, 287; Buchholz 310 § 60 VwGO Nr. 211.

378 In Anschluss an BVerfGE 22, 83, 89 f. wurde § 233 ZPO neu gefasst und der Kreis der wiedereinsetzungsfähigen Fristen um die Wiedereinsetzungsfrist des § 234 Abs. 1 ZPO erweitert.

379 Insofern stellt § 60 Abs. 3 eine großzügigere Regelung dar, als der vergleichbare § 234 Abs. 3 ZPO, der die Ausnahme von der Ausschlussfrist im Falle der höheren Gewalt nicht ausdrückl. erwähnt. Die zivilprozessuale Rspr. erreicht jedoch vergleichbare Ergebnisse, indem sie die Vorschrift in bestimmten Fallkonstellationen, denen der höheren

Es handelt sich um eine verfahrensrechtliche *Ausschlussfrist* (ausf. zur Problematik der Ausschlussfristen → § 58 Rn. 36 ff.; zur vergleichbaren Frist des § 58 Abs. 2 → § 58 Rn. 75 ff.), nach deren Verstreichen im Interesse der Rechtssicherheit eine versäumte Rechtshandlung auch dann grds. nicht mehr nachgeholt werden kann, wenn die Nichtvornahme der Rechtshandlung unverschuldet war (zur Terminologie → Rn. 23). Die einjährige Ausschlussfrist des § 60 Abs. 3 ist ebenso wie die Frist des § 58 Abs. 2 verfassungsgemäß und verstößt nicht gegen die Rechtsschutzgarantien der Art. 19 Abs. 4, Art. 103 Abs. 1 GG.[380] Eine Wiedereinsetzung gegen die Versäumung der Jahresfrist des § 60 Abs. 3 kommt grds. nicht in Betracht, weil von einem gewissen Zeitpunkt klare rechtliche Verhältnisse geschaffen werden sollen.[381] Die Einhaltung der Ausschlussfrist stellt im Regelfall eine zumutbare und sachlich gerechtfertigte Einschränkung der Rechtschutzmöglichkeiten des Antragstellers dar, da sich dieser innerhalb dieser großzügig bemessenen Zeitspanne um die Aufklärung des Sachverhalts bemühen und den Wiedereinsetzungsantrag stellen kann (BVerwGE 58, 100, 105).

116 Jedoch findet die Ausschlussfrist in Fällen *höherer Gewalt* (zur Begriffsbestimmung der höheren Gewalt → § 58 Rn. 80 ff.) keine Anwendung, sodass in diesen Fällen auch nach späterer Beseitigung des Hindernisses Wiedereinsetzung innerhalb der Frist des § 60 Abs. 2 S. 1 und nach den allgemeinen Grundsätzen beantragt werden kann. Der Begriff der höheren Gewalt ist dabei wie in § 58 Abs. 2 zu verstehen, sodass eine Wiedereinsetzung nur in den Ausnahmefällen in Betracht kommt, in denen die Fristversäumung auf *außergewöhnliche, von dem Antragsteller auch durch äußerste Sorgfalt nicht abwendbare Umstände* zurückzuführen ist[382] (zum anwendbaren strengen Sorgfaltsmaßstab → § 58 Rn. 83). Unter höhere Gewalt fallen nicht nur Naturereignisse und vergleichbare, der menschlichen Steuerung entzogene Umstände. Auch ein rechts- oder treuwidriges Verhalten der Behörde kann einen Fall höherer Gewalt begründen (BVerwG NJW 1997, 2966, 2969). Bei einer Klage gegen einen Planfeststellungsbeschluss (des Flughafens Berlin-Schönefeld) hat das BVerwG (BVerwGE 144, 1, 13, 21 ff.) hohe Hürden aufgestellt: Es genüge nicht jede Irreführung durch eine Behörde, vielmehr sei bei einer Klage gegen einen Planfeststellungsbeschluss ein Fall höherer Gewalt „allenfalls dann gegeben, wenn der Beklagte bei den Klägern einen Irrtum über die Möglichkeit der eigenen Betroffenheit und damit ihre Klagebefugnis [...] oder die hinreichenden Erfolgsaussichten einer Klage [...] erregt oder arglistig über ein für den Erfolg der Klage relevanten Umstand getäuscht" habe. Eine *objektiv unrichtige, rechtswidrige behördliche Auskunft*, die zur Versäumung einer Antragsfrist führt, ist als unabwendbarer Zufall und damit aus verfassungsrechtlichen Gründen als ein Ereignis aus dem Bereich der höheren Gewalt anzusehen (BVerwGE 73, 126, 129; BVerwG NJW 1997, 2966, 2969). Darüber hinaus findet die Ausschlussfrist des § 60 Abs. 3 keine Anwendung, wenn die Ursache der Fristversäumung nicht in der Sphäre des Antragstellers, sondern in der Sphäre des Gerichts liegt.[383] Hat das Gericht daher – etwa durch Nichtbescheidung eines Antrages auf PKH innerhalb der Jahresfrist[384] – eine wesentliche Ursache für die Versäumung der Frist gesetzt oder die Fristwahrung sogar arglistig vereitelt[385] (zu weiteren Bsp. → § 58 Rn. 83), findet die Frist des § 60 Abs. 3 keine Anwendung (BVerwGE 105, 288, 300; BVerwG Buchholz 310 § 60 VwGO Nr. 100 [S. 31]). Gleiches gilt, wenn es zur Versäumung der Jahresfrist nur deshalb gekommen ist, weil das Gericht infolge Überlastung seiner Aufgabe, Recht zu gewähren, erst nach Ablauf der Ausschlussfrist nachkommen konnte (BFH NVwZ 1998, 552; vgl. auch VGH Mannheim NJW 2000, 1131, 1132). Dies gilt für eine verspätete Prüfung der Rechtzeitigkeit der Klage – im Beispielsfall nach knapp vier Jahren – jedenfalls dann, wenn deren Ursache ausschließlich der Sphäre des Gerichts zuzuordnen ist und nicht durch ein unsachgemäßes Vorbringen des Klägers mitverursacht wurde (BFH NVwZ 1998, 552).

Gewalt ähneln, für nicht anwendbar erklärt; vgl. etwa BayVerfGH NJW 1987, 314, 315; BGH NJW 1973, 1373; *R. Greger*, in: Zöller § 234 Rn. 10.

380 BVerwGE 58, 100, 104 f.; allg. zur Zulässigkeit nicht wiedereinsetzungsfähiger Ausschlussfristen BVerwGE 72, 368, 371 ff.

381 Allg. Auffassung; vgl. nur *M. Redeker*, in: Redeker/v. Oertzen § 60 Rn. 19; *W.-R. Schenke*, in: Kopp/Schenke § 60 Rn. 28.

382 Zum Begriff der höheren Gewalt BVerwGE 105, 288, 300 m.w.N.; BVerwG NJW 1997, 2966, 2969; NVwZ 2014, 1237, 1240.

383 BVerwG Buchholz 310 § 60 VwGO Nr. 177; BayVerfGH NJW 1987, 314, 315; BAG NJW 1982, 1664; BGH NJW-RR 2016, 638.

384 BVerwG Buchholz 310 § 60 Nr. 177; *M. Gehrlein* in: MüKoZPO I § 234 Rn. 15.

385 BVerwG NJW 1980, 1480; 1997, 2966, 2969.

In der *Unzumutbarkeit der rechtzeitigen Vornahme einer fristgebundenen Handlung* ist schon aus verfassungsrechtlichen Gründen immer ein Ereignis aus dem Bereich der höheren Gewalt zu erblicken, nach dessen Wegfall die unverzügliche Nachholung der unterbliebenen Handlung durch Gewährung von Wiedereinsetzung zu ermöglichen ist (vgl. BVerfGE 71, 306, 348; BVerwG NJW 1997, 2966, 2969). Höhere Gewalt ist insbes. auch bei einer falschen oder irreführenden Rechtsbehelfsbelehrung zu sehen, wenn gerade sie ursächlich für die Fristversäumnis war.[386] Unterliegt der Kläger dagegen hinsichtlich des zulässigen Rechtsmittels einem Irrtum und unterlässt eine oberste Landesbehörde als Klagegegner die *Aufklärung dieses Irrtums*, stellt diese Tatsache nach Auffassung des BVerwG selbst dann noch keinen Fall höherer Gewalt dar, wenn die beklagte Behörde pflichtwidrig die Aufklärung unterließ und den Kläger bewusst in die „Fristenfalle" laufen ließ (BVerwGE 105, 288, 301 f.). Höhere Gewalt liege selbst bei arglistigem Verhalten nur dann vor, wenn die Behörde durch (aktives) Verhalten die Einhaltung der Frist verhindert habe. Hierzu reiche *bloße Untätigkeit* in aller Regel nicht aus, vielmehr sei erforderlich, dass die Behörde den Betroffenen etwa durch falsche Auskunft oder durch bewusste Erregung eines Irrtums von der fristwahrenden Handlung abgehalten habe (BVerwGE 105, 288, 302). 117

d) Darlegung der Tatsachen, die eine Wiedereinsetzung in den vorigen Stand rechtfertigen. Innerhalb der zweiwöchigen Antragsfrist des § 60 Abs. 2 S. 1 müssen die Tatsachen vorgetragen werden, die die Wiedereinsetzung rechtfertigen.[387] Der Antragsteller muss deutlich machen, wie und ggf. durch wessen Verschulden es zur Versäumung der Frist gekommen ist.[388] Es ist eine genaue Darstellung aller Umstände erforderlich, die zur Fristversäumung geführt haben. Nach der Rspr. des BVerwG, die im Einklang mit der des BGH zu § 236 Abs. 2 S. 1 ZPO steht, dürfen nach Ablauf der Frist des § 60 Abs. 2 S. 1 VwGO nur noch solche Tatsachen zur Begründung des Wiedereinsetzungsgesuchs vorgetragen werden, mit denen der bisherige Vortrag lediglich ergänzt oder substantiiert wird; das Vorbringen eines neuen, die Wiedereinsetzung erstmals rechtfertigenden Sachverhalts ist nicht zulässig (BVerwGE 142, 219, 224 Rn. 25). Hierbei ist auf größtmögliche Sorgfalt, Genauigkeit und Vollständigkeit zu achten, denn nach der Rspr. kann Wiedereinsetzung nicht gewährt werden, wenn die Möglichkeit eines Verschuldens auf Seiten des Antragstellers nicht ausgeräumt ist.[389] Erforderlich sind grds. *Angaben zur Organisation und Überwachung der Fristenwahrung in der Anwaltskanzlei*, die im Normalfall die Fristeinhaltung garantieren.[390] Erforderlich sind in jedem Fall konkrete Angaben darüber, wie es zur Fristversäumnis gekommen ist und dazu, dass das Versäumnis nicht vom Beteiligten bzw. dessen Bevollmächtigten verschuldet ist. Hierzu muss ein *Rechtsanwalt* insbes. vortragen, dass die mit der Fristwahrung befassten *Angestellten sorgfältig ausgewählt, überwacht und angeleitet* wurden und kein Anlass bestand, an ihrer Zuverlässigkeit zu zweifeln (BGH NJW 2016, 874, 875). Wird die fristgerechte Absendung eines Schriftsatzes behauptet, sind konkrete Angaben erforderlich, wer den Schriftsatz wann abgesandt hat und wie die Fristenkontrolle organisiert war. Zu den weiteren Einzelheiten muss aus Raumgründen auf die einschlägige monographische Lit. verwiesen werden; hier finden sich auch *Beispiele* für korrekt formulierte *Wiedereinsetzungsanträge*.[391] 118

Zur Darlegung gehört auch der Vortrag derjenigen Tatsachen, aus denen sich ergibt, dass der Antragsteller nach Behebung des Hindernisses die *Wiedereinsetzung rechtzeitig beantragt* hat (BGH NJW 2000, 592 m.w.N.). Der Rechtsuchende ist verpflichtet, anzugeben, wann das zur Versäumung der Rechtsbehelfsfrist führende Hindernis weggefallen ist, um dem Gericht die Möglichkeit zu eröffnen, zu überprüfen, ob der Wiedereinsetzungsantrag fristgerecht gestellt worden ist.[392] Diese Darlegungspflicht entfällt ausnahmsweise dann, wenn die Tatsachen, die die Wiedereinsetzung rechtfertigen, für das Gericht offenkundig sind.[393] Während der Antragsfrist sind maßgebliche Tatsachen möglichst 119

---

386 BVerwG NJW 1980, 1480; NJW 1997, 2966, 2969; OVG Bln NJW 1965, 1151.
387 BVerwGE 49, 252, 254; BVerwG NJW 1976, 74; BayVBl 1985, 286; OVG Koblenz NJW 1972, 2326 f.; OVG Münster NJW 1996, 334, 335.
388 BGH NJW 1997, 1079; *G. Müller*, NJW 1998, 497, 499 f.; 2000, 322, 325.
389 BGH NJW 1996, 319; 1997, 327; 1997, 1860; 1999, 2120, 2121; zu den Anforderungen im Einzelnen *G. Müller*, NJW 1998, 497, 499 f.; 2000, 322, 325.
390 Krit. dazu m. umfangr. Rspr.-Nachw. *H. Büttner*, Wiedereinsetzung, ²1999, § 12 Rn. 25 und Rn. 71 ff.
391 Zur Darlegung von Wiedereinsetzungstatsachen *H. Büttner*, Wiedereinsetzung, ²1999, § 12 Rn. 24 ff.; zu Bsp. für Wiedereinsetzungsanträge *ders.*, a.a.O., § 16 Anhang 2.
392 BVerwGE 88, 66, 70; Buchholz 310 § 60 VwGO Nr. 142; *H. Büttner*, Wiedereinsetzung, ²1999, § 12 Rn. 25.
393 BVerwGE 88, 66, 70; BVerwG NJW 1976, 74; BayVBl 1985, 286; VGH Mannheim NJW 1996, 2882, 2883.

vollständig darzulegen, die für die Wiedereinsetzung von Bedeutung sind. Neue Wiedereinsetzungs-gründe können nach Fristablauf nicht vorgetragen werden.[394] Ein *Nachschieben von Gründen* nach Ablauf der Antragsfrist wird vom BVerwG nicht zugelassen.[395] Ein neues Tatsachenvorbringen nach Ablauf der Antragsfrist im Verfahren der Nichtzulassungsbeschwerde kann nicht mehr berücksichtigt werden (BVerwG Buchholz 310 § 60 VwGO Nr. 183). Allerdings ist die zulässige *Ergänzung und Vervollständigung des tatsächlichen Vorbringens* vom unzulässigen Nachschieben von Wiedereinsetzungs-gründen zu unterscheiden.[396] Unklare oder ergänzungsbedürftige Angaben dürfen daher nach Fristablauf erläutert und vervollständigt werden, wenn sich das ergänzende Vorbringen auf einen innerhalb der Frist ordnungsgemäß geltend gemachten Wiedereinsetzungsgrund bezieht.[397]

120 **e) Glaubhaftmachung der Wiedereinsetzungsgründe. aa) Grundsätzliches.** Sind die Wiedereinsetzungsgründe nicht offenkundig oder gerichtsbekannt, müssen diese nach § 60 Abs. 2 S. 2 glaubhaft gemacht werden. Die Pflicht zur Glaubhaftmachung gilt auch bei der Wiedereinsetzung von Amts wegen nach § 60 Abs. 2 S. 2. Die Glaubhaftmachung bezieht sich nicht allein auf die zur unverschuldeten Fristversäumung führenden Tatsachen, sondern auch auf diejenigen Tatsachen, aus denen sich die Rechtzeitigkeit des Wiedereinsetzungsantrags ergibt.[398] Anders als hinsichtlich der Geltendmachung der Wiedereinsetzungsgründe gilt für die Glaubhaftmachung nicht die zweiwöchige (oder Monats-)Antragsfrist, vielmehr können die Gründe auch noch „*im Verfahren über den Antrag glaubhaft*" gemacht werden.[399] Es ist jedoch zu beachten, dass nur in seltenen Ausnahmefällen ein förmliches Wiedereinsetzungsverfahren stattfinden wird und es daher in der Praxis schwer zu erkennen sein wird, bis zu welchem Zeitpunkt die Glaubhaftmachung erfolgen kann. Es empfiehlt sich daher – um Risiken zu vermeiden – in jedem Fall, die Glaubhaftmachung bereits zusammen mit dem Wiedereinsetzungsgesuch einzureichen.[400] Seitens der Gerichte ist zu beachten, dass die Anforderungen an die Glaubhaftmachung wegen Art. 19 Abs. 4 GG nicht überspannt werden dürfen (vgl. BGH NJW 1998, 1870). Die Beibringung weiterer Mittel der Glaubhaftmachung kann auch noch in der Rechtsmittelinstanz zulässig sein.[401]

121 **bb) Glaubhaftmachung – Anforderungen und Mittel.** Nach st. Rspr. des BVerfG dürfen die Anforderungen an die Glaubhaftmachung wegen der besonderen Bedeutung der Grundrechte aus Art. 19 Abs. 4 und Art. 103 Abs. 1 GG nicht überspannt werden.[402] Die VwGO bezeichnet die dafür einzusetzenden Mittel selbst nicht. Erforderlich und ausreichend ist es daher, dem Gericht die ausreichende Wahrscheinlichkeit zu vermitteln, dass das Vorbringen des Gesuchstellers zutrifft; dies kann unter Umständen auch durch „schlichte" Mittel geschehen. Die volle richterliche Überzeugung von der Richtigkeit der behaupteten Tatsachen wird nicht gefordert.[403] Um glaubhaft zu machen, dass die Versäumung der Frist ohne Verschulden eingetreten ist, stehen dem Antragsteller nach § 173 die Beweismittel des § 294 Abs. 1 ZPO zur Verfügung, wobei er gem. § 294 Abs. 2 ZPO auf *präsente Beweismittel* beschränkt ist. Ein vom Gericht erst einzuholendes Sachverständigengutachten zählt hierzu nicht (BGH NJW-RR 2016, 574). In der Praxis ist die *Versicherung an Eides statt* weit verbreitet.[404] Unter

---

394   BGH NJW 1991, 1892; 1997, 1708, 1709; *W. Bier*, in: Schoch/Schneider/Bier § 60 Rn. 60.
395   BVerwG NJW 1963, 2042, 2043; 1976, 75; DÖV 1981, 636; Buchholz 310 § 60 VwGO Nr. 183; OVG Münster NJW 1994, 402, 403.
396   BVerwG Buchholz 310 § 60 VwGO Nr. 126; offen gelassen wird diese Frage dagegen von BVerwG NJW 1976, 75 und von OVG Münster NJW 1994, 402, 403.
397   Näher BVerwGE 142, 219, 224 f.; BVerwG DÖV 1981, 636; Buchholz 310 § 60 VwGO Nr. 126; HmbOVG NJW 1995, 3137, 3139; BGH NJW 1998, 2678, 2679; 2000, 365, 366.
398   BGH VersR 1992, 636 f. m.w.N.; *G. Müller*, NJW 1993, 681, 683.
399   BVerwGE 49, 252, 254 m.w.N.; BVerwG DÖV 1981, 636; ebenso die überwiegende Auffassung im zivilprozessualen Schrifttum zu § 236 Abs. 2 S. 1 ZPO; ausf. dazu *G. Müller*, NJW 1993, 681, 683 m. umfangr. Nachw. in Fn. 32 f. A.M. offenbar BVerwG BayVBl 1973, 473, 474, wonach die Wiedereinsetzungsgründe innerhalb der Zwei-Wochen-Frist für das Gericht *glaubhaft erkennbar* sein müssen.
400   So zu Recht *G. Müller*, NJW 1993, 681, 683.
401   BVerfGE 37, 93, 99; 41, 332, 338; *W.-R. Schenke*, in: Kopp/Schenke § 60 Rn. 32 m.w.N. auch zur Gegenansicht.
402   BVerfGE 37, 93, 98; 38, 35, 38; 41, 341, 343 f.; BVerfG NJW 1997, 1770, 1771; BGH NJW 1999, 3051, 3052. S. zu den Anforderungen an die Glaubhaftmachung *R. Koch*, NJW 2016, 2994 ff.
403   BVerfGE 38, 35, 39; BGH NJW 1996, 1682; 1998, 1870: Bei Glaubhaftmachung durch eidesstattliche Versicherung genügt es, wenn diese die Überzeugung des Gerichts von der *überwiegenden Wahrscheinlichkeit* des vorgetragenen Geschehensablaufs begründet.
404   *R. Koch*, NJW 2016, 2994, 2995; *D. Krausnick*, in: Gärditz § 60 Rn. 74.

Umständen kann bereits die *schlichte Erklärung* eines Beteiligten oder eine *anwaltliche Versicherung*[405] ausreichen, um die richterliche Überzeugung von der Wahrscheinlichkeit der behaupteten Versäumungsgründe zu begründen, was insbes. dann gilt, wenn es sich um einen ausgesprochen nahe liegenden, der Lebenserfahrung entsprechenden Versäumungsgrund handelt und kein Anlass besteht, an der Wahrscheinlichkeit des vorgetragenen Sachverhalts zu zweifeln.[406] Zweckmäßig und ausreichend zur Glaubhaftmachung der Wiedereinsetzungsgründe können etwa eine eidesstattliche Versicherung hinsichtlich des Hinderungsgrundes (BVerfGE 41, 334, 340) bzw. eine genaue Darlegung der Umstände der Posteinlieferung sein (OLG Hamm MDR 1977, 948). Im Falle einer Erkrankung sollen Art und Schwere durch Vorlage *ärztlicher Bescheinigungen* glaubhaft gemacht werden (vgl. BVerwG 8.6.2011 – 5 B 12/11, 5 PKH 6/11, juris Rn. 3). Im besonders häufigen Fall der Fristversäumung infolge verzögerter Postbeförderung kommt auch die Beibringung einer *amtlichen Auskunft* der Post über die normalen *Brieflaufzeiten* in Betracht (BVerfGE 41, 23, 28; 54, 80, 86 m.w.N.). Als Mittel der Glaubhaftmachung der rechtzeitigen Absendung eines nicht beim Adressaten eingegangenen Schriftsatzes kommt nicht allein der Urkundenbeweis durch Vorlage eines postalischen Beleges (Einlieferungsschein) in Betracht. Vielmehr kann für die Glaubhaftmachung grds. auch eine eidesstattliche Versicherung des Absenders über die Umstände der Aufgabe zur Post genügen (BVerwG NJW 1996, 409, 410 m.w.N.). Insbes., wenn der Nachweis der fristwahrenden Einlegung eines Rechtsbehelfs für den Rechtsuchenden aus Gründen erschwert ist, die nicht in seiner Sphäre liegen, dürfen die Anforderungen an die Glaubhaftmachung nicht überspannt werden.[407] Das *Versagen organisatorischer Einrichtungen in der Gerichtssphäre* darf dem Bürger nicht zum Nachteil gereichen und führt in der Sache dazu, dass in einem solchen Fall die Grundsätze der Beweisvereitelung Anwendung finden.[408] Dies gilt etwa, wenn im Gewahrsamsbereich der Gerichte Briefumschläge verloren gehen, auf denen der Eingang des fristwahrenden Schriftsatzes mittels Datumsstempel oder das Absendedatum aufgrund eines Poststempels dokumentiert ist (BVerfG NJW 1995, 2545 f.; vgl. auch BVerwG Buchholz 310 § 60 VwGO Nr. 11).

Ist das Vorbringen des Antragstellers hinsichtlich der Wiedereinsetzungsgründe unvollständig und ergänzungsbedürftig, ist das Gericht nach § 86 Abs. 3 zu einem entsprechenden *Hinweis* verpflichtet, auch entbindet die Darlegungslast des Antragstellers das Gericht nicht von der Untersuchungspflicht nach § 86 Abs. 1. Die Frage, ob eine Frist unverschuldet versäumt wurde, ist daher unter Berücksichtigung aller Umstände des Einzelfalles – regelmäßig – von der Tatsacheninstanz aufzuklären (BVerwGE 13, 209 [LS 2]). Die Aufklärungspflicht des Gerichts beschränkt sich jedoch auf die Umstände, auf die sich der Antragsteller beruft. Das Gericht ist nicht verpflichtet, andere vom Antragsteller nicht vorgetragene Umstände zu ermitteln und auch insoweit die Verschuldensfrage zu klären (BVerwGE 13, 209, 213). Um das Wiedereinsetzungsverfahren innerhalb einer angemessenen Zeitspanne bewältigen zu können, kann der Vorsitzende nach dem Rechtsgedanken des § 82 Abs. 2 den Antragsteller zur Glaubhaftmachung entsprechender Tatsachen auffordern und ihm hierfür eine Frist setzen.[409] Kommt der Antragsteller einer derartigen Aufforderung ohne zwingende Gründe nicht nach, läuft er Gefahr, dass die Glaubhaftigkeit seines Vorbringens Schaden nimmt (BVerfGE 41, 332, 339; ebenso BGH NJW 1986, 3193, 3194). 122

2. Nachholung der versäumten Rechtshandlung. a) Allgemeines. Ist eine Klage verspätet erhoben oder ein Rechtsmittel verfristet eingelegt worden, bedarf es für die Gewährung der Wiedereinsetzung eines bloßen Antrages nach § 60 Abs. 2 S. 1, da der Rechtsbehelf bereits – wenn auch verfristet – eingelegt worden ist. Er muss also nicht noch einmal erhoben werden.[410] Es bedarf keiner erneuten Vornahme der verfristeten Rechtshandlung nach Antragstellung.[411] Die „Nachholung" einer Prozesshandlung kommt sinnvollerweise nicht in Betracht, wenn sie – wenn auch verspätet – bereits vorge- 123

---

405 *R. Koch*, NJW 2016, 2994, 2996.
406 BVerfGE 26, 315, 320; 35, 35, 38 bzgl. einer urlaubsbedingten Abwesenheit des Antragstellers; OVG Münster 30.1.2015 – 1 A 221/14, juris Rn. 5.
407 BVerfG NJW 1995, 2545, 2546; *G. Müller*, NJW 1998, 497, 500.
408 *H. Büttner*, Wiedereinsetzung, ²1999, § 12 Rn. 32.
409 BVerfGE 41, 334, 339; i.d.S. auch BGH NJW 1986, 3193, 3194 für den Zivilprozess.
410 BGH NJW 1986, 2646; NJW 2000, 3286; *S. Brink*, in: Posser/Wolff § 60 Rn. 39; *W.-R. Schenke*, in: Kopp/Schenke § 60 Rn. 33; *J. Schmidt*, in: Eyermann § 60 Rn. 25.
411 BVerwGE 1, 29, 35 zu § 36 MRVO Nr. 165; BGH VersR 1978, 449; NJW 1986, 2646.

nommen wurde. Die „Wiederholung" einer Prozesshandlung wäre bloßer unnötiger Formalismus und kann daher vom Gesetz nicht gefordert werden.[412]

124   Ist dagegen die Prozesshandlung überhaupt noch nicht vorgenommen worden, muss diese gem. § 60 Abs. 2 S. 3 innerhalb der Antragsfrist nachgeholt werden. Zweckmäßigerweise ist die versäumte Rechtshandlung gleichzeitig mit dem Wiedereinsetzungsantrag nachzuholen. Zugleich mit dem Wiedereinsetzungsantrag sollte also – soweit noch nicht geschehen – bspw. die Klage eingelegt, der Antrag auf Zulassung der Berufung gestellt oder die bisher versäumte Revisionsbegründung nachgeholt werden. Zwingend erforderlich ist die gleichzeitige Vornahme jedoch nicht. Jedenfalls muss die versäumte Prozesshandlung innerhalb der zweiwöchigen (bzw. Monats-)Antragsfrist nachgeholt werden, da ansonsten der Wiedereinsetzungsantrag unzulässig ist (BVerwG DÖV 1980, 767 f.; BSG NJW 1957, 1007). Ist ein Antrag auf Wiedereinsetzung gestellt worden, kann es der Anspruch auf wirkungsvollen Rechtsschutz gebieten, hierin zugleich die konkludente Einlegung des nachzuholenden Rechtsbehelfes zu sehen (BVerfGE 88, 118, 127 f. für den Einspruch gegen ein Versäumnisurteil im Zivilprozess). Eine Grenze dieser rechtsschutzorientierten Auslegung ist allerdings dort zu ziehen, wo für die nachzuholende Handlung selbst besondere Formerfordernisse gelten, die zwingend zu beachten sind. Ein Antrag auf Fristverlängerung steht der Nachholung der versäumten Prozesshandlung nicht gleich, auch dort nicht, wo er an sich infrage kommt (z.B. bei den Fristen nach § 124 a Abs. 3 S. 3, § 139 Abs. 3 S. 3).[413] Denn dabei handelt es sich nicht um die von dem Beteiligten versäumte und deshalb nachzuholende Prozesshandlung.[414] Von dem Antragsteller wird vielmehr innerhalb der Antragsfrist des § 60 Abs. 2 S. 1 erwartet, nunmehr die versäumte Handlung nachzuholen (unabhängig davon, welche Dauer für die versäumte Frist ihrerseits vorgesehen ist), mag das auch mit erheblichem Aufwand verbunden sein.[415] Ausnahmsweise kann aber eine Wiedereinsetzung in eine versäumte verlängerungsfähige Frist in Betracht kommen, wenn die Fristverlängerung rechtzeitig und ordnungsgemäß beantragt wurde, der Antrag auf Verlängerung der Frist aber infolge Verzögerung des Postlaufs erst nach Ablauf der Frist bei Gericht eingeht.[416]

125   **b) Einzelfälle.** Besondere Probleme wirft die Fristenbestimmung für die Nachholung der versäumten Rechtshandlung im Bereich des Rechtsmittelrechts auf. Beim *Antrag auf Zulassung der Berufung* nach § 124 a Abs. 4 ist wegen der dort normierten Verpflichtung, die Zulassungsgründe innerhalb relativ kurzer Zeit darzulegen (binnen zwei Monaten), im Einzelnen umstr., welche Anforderungen an die Darlegung im Hinblick auf die Kürze der zur Verfügung stehenden Zeit legitimerweise gestellt werden dürfen (zu den allg. Anforderungen → § 124 a Rn. 179 ff.).[417] Nicht abschließend geklärt ist zudem die Frage, unter welchen Voraussetzungen die Zulassungsgründe nach Ablauf der Frist noch ergänzt werden können bzw. eine Wiedereinsetzung in Betracht kommt.[418]

126   Wegen der Versäumung der *Berufungsbegründungsfrist* des § 124 a Abs. 3 S. 1 ist eine Wiedereinsetzung unter den Voraussetzungen des § 60 innerhalb Monatsfrist möglich, nicht aber zur Ergänzung einer innerhalb der Berufungsbegründungsfrist wirksam eingereichten, inhaltlich aber unzulänglichen Begründung.[419]

---

412   BGH NJW 1986, 2646. A.M. aber wohl BVerwGE 11, 322, 323, wonach ein Revisionsverfahren „nach Wiedereinsetzung *und erneuter Rechtsmitteleinlegung*" fortgesetzt werden kann.

413   BVerwG Buchholz 310 § 60 VwGO Nr. 221 (für die Berufungsbegründungsfrist); BVerwG NJW 1996, 2808 (für die Revisionsbegründungsfrist).

414   BVerwG BayVBl 1994, 188; BGH NJW 1988, 3021, 3022; 1995, 60; BAG NJW 1989, 1181; *H. Roth*, in: Stein/Jonas III § 236 Rn. 13; *M. Gehrlein*, in: MüKoZPO I § 236 Rn. 15 m.w.N.

415   BVerwG Buchholz 310 § 139 Nr. 85 für eine Versäumung der Frist für die Revisionsbegründung nach § 139 Abs. 3 S. 1; *J. Schmidt*, in: Eyermann § 60 Rn. 25; *W. Bier*, in: Schoch/Schneider/Bier § 60 Rn. 64; diff. für den Bereich des Zivilprozessrechts dagegen *H. Ganter*, NJW 1994, 164, 166 ff.

416   So VGH Kassel NVwZ-RR 1996, 179, 180 für die Versäumung der Klageergänzungsfrist gem. § 82 Abs. 2 S. 2; ebenso mit ausf. Begründung *H. Ganter*, NJW 1994, 164, 165 ff. für die Versäumung von Rechtsmittelbegründungsfristen.

417   *M.-J. Seibert*, NVwZ 1999, 113, 114 f.; *J. Bader*, NJW 1998, 409, 410; *C. Braun*, SächsVBl 1999, 97 f.; *D. Mampel*, NVwZ 1998, 261, 262.

418   Zulässig dürfte nach Ablauf der Antragsfrist jedenfalls die Verdeutlichung und nähere Erläuterung fristgerecht vorgetragener Zulassungsgründe sein, während der Vortrag eines neuen Zulassungsgrundes nach Fristablauf ausgeschlossen ist; vgl. aus der Rspr. OVG Koblenz NVwZ 1999, 198; VGH München BayVBl 1999, 221; sehr restriktiv OVG Brem NordÖR 1999, 22 sowie aus der Lit. *M.-J. Seibert*, NVwZ 1999, 113, 114.

419   BGH NJW 1997, 1309 (LS 1); *M. Happ*, in: Eyermann § 124 a Rn. 23.

Im Bereich des *Revisionsrechts* bestehen Probleme insbes. wegen der unterschiedlichen Fristen für die 127 Einlegung bzw. Begründung von *Revision* bzw. *Nichtzulassungsbeschwerde* nach §§ 133 Abs. 2 S. 1, Abs. 3 S. 1, 139 Abs. 1 S. 1, Abs. 3 S. 1. In diesem Bereich ist die Fallkonstellation denkbar, dass die Wiedereinsetzung allein für die Einlegung der Revision (§ 139 Abs. 1) bzw. Nichtzulassungsbeschwerde (§ 133 Abs. 2) beantragt wird, während für die Revisionsbegründungfrist (§ 139 Abs. 3 S. 1) bzw. die Frist für die Begründung der Nichtzulassungsbeschwerde (§ 133 Abs. 3 S. 1) keine Wiedereinsetzung begehrt wird, weil diese Frist (noch) nicht versäumt wurde. In dieser Fallkonstellation muss es bei der allgemeinen Fristbestimmung nach §§ 133 Abs. 3 S. 1, 139 Abs. 3 S. 1 bleiben, wonach die Revision respektive Nichtzulassungsbeschwerde innerhalb von zwei Monaten nach Zustellung des vollständigen Urteils oder des Beschlusses über die Zulassung der Sprungrevision nach § 134 Abs. 3 S. 2 zu begründen ist. Bei den *zweimonatigen Begründungsfristen* für die Nichtzulassungsbeschwerde und die Revision handelt es sich um Fristen, die von den einmonatigen Einlegungsfristen nach §§ 133 Abs. 2, 139 Abs. 1 unabhängig sind. Es sind selbständige Fristen, deren Lauf grds. auch dann mit der Zustellung des angegriffenen Urteils beginnt, wenn die Frist zur Einlegung der Beschwerde versäumt worden und deshalb Wiedereinsetzung beantragt worden ist (BVerwG NJW 1992, 2780; Buchholz 310 § 133 VwGO [n.F.] Nr. 14). Dies hat zur Folge, dass eine Wiedereinsetzung nur in die versäumte Einlegungsfrist dem Beschwerdeführer nicht hilft, wenn die innerhalb der inzwischen abgelaufenen Beschwerdebegründungsfrist eingegangene Begründung nicht den Erfordernissen von §§ 133 Abs. 3 S. 3, 139 Abs. 3 S. 4 entspricht (BVerwG NJW 1992, 2780). Der Erfolg eines Wiedereinsetzungsantrages für die Einlegungsfristen kann daher in diesen Fällen nur durch eine form- und fristgerechte Begründung des Rechtsmittels gesichert werden. Für den mit dieser Aufgabe betrauten Anwalt kommt erschwerend hinzu, dass die Rspr. das Nachschieben von Begründungselementen nach Ablauf der Begründungsfrist nur in eingeschränktem Maße zulässt.[420]

Eine Ausnahme wird allerdings vom 5. Senat des BVerwG (BVerwG Buchholz 310 § 133 [n.F.] Nr. 3; 128 § 166 Nr. 28) für den Fall anerkannt, dass dem Wiedereinsetzungsantrag ein Verfahren vorausgegangen ist, in dem dem Antragsteller *PKH* bewilligt worden ist. In einem solchen Fall soll dem Beschwerdeführer, der sowohl die Einlegungsfrist als auch die Begründungsfrist für die Nichtzulassungsbeschwerde versäumt hat, für die *Begründung des Rechtsmittels eine weitere Frist von einem Monat* zur Verfügung stehen (BVerwG Buchholz 310 § 133 VwGO [n.F.] Nr. 3). Diese Frist beginnt mit der Zustellung des die Wiedereinsetzung hinsichtlich der Einlegungsfrist gewährenden Beschlusses (BVerwG Buchholz 310 § 133 VwGO [n.F.] Nr. 3). Diese Rspr. ist wegen der andernfalls drohenden Schlechterstellung desjenigen, der auf PKH angewiesen ist, gegenüber demjenigen, der die Kosten des Beschwerdeverfahrens selbst bestreiten kann,[421] zu begrüßen und entspricht der Rspr. des BSG zu § 160 a Abs. 2 S. 1 SGG, der als Vorbild des § 133 Abs. 3 S. 1 diente.[422]

III. Wiedereinsetzung von Amts wegen (Abs. 2 S. 4)

1. Voraussetzungen. Wird die versäumte Rechtshandlung innerhalb der für den Wiedereinsetzungs- 129 antrag geltenden Frist nachgeholt oder liegt sie schon vor (→ Rn. 123), kann (oder muss, → Rn. 131) nach § 60 Abs. 2 S. 4 die Wiedereinsetzung auch ohne Antrag gewährt werden. Eine Wiedereinsetzung von Amts wegen kommt in solchen Fällen in Betracht, in denen ein ausdrücklicher Antrag auf Wiedereinsetzung zwar nicht gestellt wird, es aber für das Gericht offensichtlich ist, dass eine unverschuldete Fristversäumnis vorliegt. In einem solchen Fall wäre das Bestehen auf einem förmlichen Wiedereinsetzungsantrag eine bloße Förmelei. Die Wiedereinsetzung von Amts wegen vermeidet, dass ein innerhalb der Antragsfrist bereits als berechtigt erkennbarer Wiedereinsetzungsanspruch nur mangels förmlichen Antrags versagt werden müsste (BVerwG NJW 2000, 1967).

Voraussetzung einer Wiedereinsetzung von Amts wegen ist in jedem Fall, dass innerhalb der Antrags- 130 frist die eine Wiedereinsetzung rechtfertigenden *Tatsachen für das Gericht erkennbar* (gemacht wor-

---

420 Nach älterer Rspr. soll keine Wiedereinsetzung zur Ergänzung inhaltlicher Unvollständigkeiten einer fristgerecht eingereichten Rechtsmittelbegründungsschrift zulässig sein; vgl. BVerwGE 28, 18, 21; BFHE 122, 34 f.; BGH NJW 1997, 1309, 1310. Auch die Nachholung versäumter Darlegungen und der Vortrag neuer Zulassungsgründe ist nach Ablauf der Begründungsfrist ausgeschlossen; vgl. *R. Pietzner/W. Bier*, in: Schoch/Schneider/Bier § 133 Rn. 28.
421 Zur Begründung ausf. BVerwG Buchholz 310 § 133 n.F. Nr. 28 (S. 5 f.).
422 Aus der Rspr. des BSG vgl. BSG SozR 1500 § 164 SGG Nr. 9; § 67 SGG Nr. 13; für den vergleichbaren § 72 a Abs. 3 S. 1 ArbGG auch BAGE 43, 297 ff.

den), also *offenkundig oder sonst glaubhaft* sind (vgl. BVerwG 16.5.2007 – 3 C 25/06, juris Rn. 13). Dies ist (nur) dann der Fall, wenn offen zu Tage liegende Umstände – etwa ein Poststempel auf einem einen Schriftsatz enthaltenen Umschlag – eine Fristversäumung als unverschuldet erkennen lassen.[423] Insbes. in den häufig vorkommenden Fällen, in denen der Beteiligte von der *Versäumung der Frist keine Kenntnis* hatte, sondern von der Rechtzeitigkeit der Prozesshandlung ausging, wird eine Wiedereinsetzung von Amts wegen in Betracht kommen. Dies gilt bspw. bei einer verspäteten Beförderung einer Fristsache durch die Post oder einen anderen Anbieter, wenn sich der Beteiligte auf die regelmäßige Beförderungsdauer verlassen durfte (vgl. BVerwG DÖV 1973, 647 und → Rn. 58). In einem solchen Fall weiß der Betroffene regelmäßig nichts von der Fristversäumung und kann deshalb auch nicht konkludent einen Antrag auf Wiedereinsetzung gestellt haben, sodass die Konstruktion eines konkludent gestellten Antrags auf Wiedereinsetzung nicht überzeugt.[424] Erlangt der Betroffene nachträglich von der Verspätung Kenntnis, ist er wegen der Wiedereinsetzungsmöglichkeit von Amts wegen rechtlich nicht verpflichtet, einen nachträglichen Antrag zu stellen.[425] In einer solchen Fallkonstellation wäre dann auch ein verspätet gestellter Wiedereinsetzungsantrag unschädlich.[426] Die Möglichkeit, die Wiedereinsetzung auch ohne Antrag zu gewähren, entbindet den Betroffenen jedoch nicht von der Pflicht, dem Gericht die für die Wiedereinsetzung maßgeblichen Tatsachen innerhalb der Wiedereinsetzungsfrist mitzuteilen und – ggf. nachträglich – glaubhaft zu machen, sofern diese nicht offenkundig sind, da diese Erfordernisse durch § 60 Abs. 2 S. 4 nicht ersetzt werden (OVG Koblenz NJW 1972, 2326 f.).

131 **2. Pflicht zur Wiedereinsetzung von Amts wegen?** Umstr. war lange Zeit die Frage, ob das über die Wiedereinsetzung entscheidende Gericht zur Wiedereinsetzung auch ohne Antrag verpflichtet ist, wenn die Voraussetzungen für die Wiedereinsetzung gegeben und die sie begründenden Tatsachen vorgetragen und glaubhaft gemacht oder offensichtlich sind. Die wörtliche Fassung der Vorschrift legt durch die Verwendung des Begriffes *„kann"* die Annahme eines Ermessensspielraums nahe, der denn auch nach der Rspr. des BAG zum vergleichbaren § 236 Abs. 2 S. 2 Hs. 2 ZPO bestehen soll.[427] Der 3. Senat des BVerwG hat aber entschieden, dass die Wiedereinsetzung in den vorigen Stand von Amts wegen nach § 60 Abs. 2 S. 4 *keine Ermessensentscheidung* ist (BVerwG 16.5.2007 – 3 C 25/06, juris Rn. 13). Zuvor hatte der 3. Senat in einem obiter dictum noch deutlich gemacht, dass er im Anschluss an die Auffassung des BAG ebenfalls dazu neige, einen Ermessensspielraum des Gerichts anzuerkennen (BVerwG NJW 2000, 1967). Für einen Ermessensspielraum des Gerichts wurde insbes. ins Feld geführt, dass nur so die entscheidende Stelle in die Lage versetzt werde, im Allgemeininteresse die Ordnungsfunktion der Frist zu bewerten und dabei zu berücksichtigen, dass der Betroffene selbst die Möglichkeit gehabt hätte, einen Wiedereinsetzungsantrag zu stellen.[428] Die wohl überwiegende Auffassung im Schrifttum vertrat dagegen zu Recht schon immer die Ansicht, bei gegebenen Wiedereinsetzungsvoraussetzungen *müsse* das Gericht die Wiedereinsetzung auch ohne Antrag gewähren.[429] Diese Auffassung verdient Zustimmung, denn die Verwendung des Wortes „kann" bezieht sich allein auf die Ermächtigung des Gerichts zur Entscheidung über die Wiedereinsetzung auch ohne Antrag („Ermäch-

---

423 BVerwG NJW 2000, 1967; zur Offenkundigkeit des Wiedereinsetzungsgrundes auch OVG Münster NJW 1996, 2809.
424 So zu Recht *H. Rotter*, DVBl 1971, 379, 381; *M. Redeker*, in: Redeker/v. Oertzen § 60 Rn. 18; *Schunck/de Clerck* § 60 Anm. 3 d; für einen konkludenten Antrag auf Wiedereinsetzung dagegen OVG Lüneburg NJW 1971, 72.
425 *W.-R. Schenke*, in: Kopp/Schenke § 60 Rn. 24; ein solcher Antrag ist aber auch nicht unzulässig und kann aus Gründen der Verfahrenstransparenz durchaus empfehlenswert sein, vgl. *M. Redeker*, in: Redeker/v. Oertzen § 60 Rn. 18.
426 *W.-R. Schenke*, in: Kopp/Schenke § 60 Rn. 24.
427 BAG NJW 1989, 2708 f. Ein Ermessensspielraum des Gerichts wird im verwaltungsprozessualen Schrifttum von *M. Redeker*, in: Redeker/v. Oertzen § 60 Rn. 18 und ein Ermessensspielraum der Behörde i.R.d. § 32 VwVfG auch von *Ule/Laubinger* § 30 Rn. 5 sowie von *D. Kallerhoff*, in: Stelkens/Bonk/Sachs § 32 Rn. 38; *Meyer/Borgs* § 32 Rn. 13 und *K. Ritgen*, in: Knack/Henneke § 32 Rn. 63 angenommen.
428 *D. Kallerhoff*, in: Stelkens/Bonk/Sachs § 32 Rn. 38.
429 Aus dem zivilprozessualen Schrifttum *R. Greger*, in: Zöller § 236 Rn. 5; *H. Roth* in: Stein/Jonas III § 236 Rn. 14; *Baumbach/Lauterbach/Albers/Hartmann* § 236 Rn. 19. Ebenso das überwiegende Schrifttum für das Verwaltungsverfahrensrecht, vgl. *U. Ramsauer*, in: Kopp/Ramsauer § 32 Rn. 50 m.w.N.; *G. Klemm*, NVwZ 1989, 102, 108 (zu § 110 AO) und für das sozialgerichtliche Verfahren *W. Keller*, in: Meyer-Ladewig/Keller/Leitherer § 67 SGG Rn. 10. Im verwaltungsprozessualen Schrifttum war die Frage dagegen umstr.; ein Ermessensspielraum des Gerichts wird etwa von *W. Bier*, in: Schoch/Schneider/Bier § 60 Rn. 66 und *W.-R. Schenke*, in: Kopp/Schenke § 60 Rn. 24 abgelehnt, dagegen in Redeker/v. Oertzen § 60 Rn. 18 bejaht. *D. Krausnick*, in: Gärditz § 60 Rn. 79 lässt die Frage offen, weil der Einfluss der prozessualen Grundrechte ein etwaiges Ermessen auf Null reduzieren würde.

tigungs-kann").[430] Zur Gewährung der Wiedereinsetzung ist das Gericht daher, wenn die rechtlichen Voraussetzungen erfüllt sind, auch zugleich verpflichtet, ohne dass insoweit ein Ermessensspielraum verbleiben würde.[431] Eine solche Interpretation des § 60 Abs. 2 S. 4 ist insbes. geboten, um denjenigen zu schützen, der eine Frist unerkannt versäumt hat und deswegen nicht in der Lage ist, einen Antrag auf Wiedereinsetzung innerhalb der Frist des § 60 Abs. 2 S. 1 zu stellen.

Mit der Pflicht des Gerichtes, bei Vorliegen der Voraussetzungen Wiedereinsetzung auch ohne Antrag 132 zu gewähren, korrespondiert die Verpflichtung, *von Amts wegen* in jedem Verfahrensstadium zu *prüfen*, ob *Anhaltspunkte für eine unverschuldete Fristversäumung* vorliegen. Insbes., wenn nach Lage der Dinge mit der Möglichkeit zu rechnen ist, dass eine Frist unverschuldet versäumt worden ist, muss die Frage der Wiedereinsetzung geprüft werden.[432] Das Gericht muss wegen des Amtsermittlungsgrundsatzes, der gem. § 86 Abs. 1 auch im Wiedereinsetzungsverfahren gilt, den Sachverhalt – insbes. die Frage einer unverschuldeten Fristversäumung – von Amts wegen erforschen und den Betroffenen ggf. gem. § 86 Abs. 3 veranlassen, Angaben tatsächlicher Art zu den tatsächlichen Voraussetzungen zu ergänzen. Vor Gewährung der Wiedereinsetzung sind die Beteiligten von Amts wegen zu hören (BVerfGE 62, 320, 322; BVerwG NJW 1982, 2234); dies folgt schon aus Art. 103 Abs. 1 GG. Nach der Rspr. des BVerwG gilt dies allerdings nicht bei einer Fristversäumung im Widerspruchsverfahren (vgl. BVerwG Buchholz 310 § 60 Nr. 159), ohne dass ein sachlicher Grund für eine solche Differenzierung ersichtlich wäre.

IV. Zuständigkeit und gerichtliches Verfahren (Abs. 4, 5)

1. Allgemeines. Die Entscheidung über die Wiedereinsetzung obliegt gem. § 60 Abs. 4 dem Gericht, 133 das über die versäumte Prozesshandlung „zu befinden" hat. Ist die *Klagefrist* des § 74 versäumt, entscheidet – mit Ausnahme der Fälle der erstinstanzlichen Zuständigkeit des OVG (vgl. § 48) – das VG, bei der Versäumung der Frist für den *Antrag auf Zulassung der Berufung* oder dessen *Begründung* (§ 124 a Abs. 1 S. 1, Abs. 3 S. 1) das OVG und bei der Versäumung der Fristen für die Einlegung oder Begründung der *Nichtzulassungsbeschwerde* (§ 133 Abs. 2 S. 1, Abs. 3 S. 1) oder *Revision* (§ 139 Abs. 1 S. 1, Abs. 3 S. 1) ist das BVerwG zuständig, über den Antrag auf Wiedereinsetzung zu entscheiden. Wurde die Beschwerdefrist des § 147 Abs. 1 S. 1 schuldlos versäumt, kann bereits das VG Wiedereinsetzung gewähren, sofern es der *Beschwerde* nach § 148 abhelfen will. Hilft das erstinstanzliche Gericht der Beschwerde dagegen nicht ab, entscheidet das OVG als Beschwerdegericht (auch) über den Wiedereinsetzungsantrag.[433] Entsprechendes gilt bei der *Nichtzulassungsbeschwerde* für das zur Abhilfe berechtigte OVG (vgl. § 133 Abs. 5 S. 1 Hs. 1). Über die Wiedereinsetzung in die versäumte *Widerspruchsfrist* hat gem. § 70 Abs. 2 i.V.m. § 60 Abs. 4 die Behörde zu entscheiden, die über den Widerspruch zu befinden hat (BVerwGE 50, 248, 253; BVerwG NJW 1983, 1923); das ist im Falle der Abhilfe die Ausgangsbehörde, ansonsten die Widerspruchsbehörde. Zur Wiedereinsetzung in der Rechtsmittelinstanz → Rn. 138 f.

Über die Wiedereinsetzung muss anders als im Verwaltungsverfahren (BVerwGE 21, 47, 48) im ge- 134 richtlichen Verfahren immer *ausdrücklich* entschieden werden, eine stillschweigende Wiedereinsetzung verbietet sich wegen des Grundsatzes der Klarheit und Eindeutigkeit gerichtlicher Entscheidungen.[434] Entscheidet das VG daher auf eine verfristete Klage zur Sache, ohne die Frage der Wiedereinsetzung in die versäumte Klagefrist zu erörtern, stellt dies einen wesentlichen Verfahrensfehler nach § 130 Abs. 2 Nr. 1 dar, der notwendigerweise zur Zurückweisung der Sache an die Vorinstanz führt (OVG Münster 21.2.1990 – 1 A 2027/89, juris Rn. 3). Selbst wenn alle erkennbaren Umstände für die Annahme sprechen, dass das Gericht die Wiedereinsetzung gewähren wollte, kommt eine stillschweigende Wiedereinsetzung nicht in Betracht.[435] Ein ausdrücklicher Ausspruch über die Wiedereinsetzung im *Tenor* des

---

430 W. Bier, in: Schoch/Schneider/Bier § 60 Rn. 66; U. Ramsauer, in: Kopp/Ramsauer § 32 Rn. 50.
431 U. Ramsauer, in: Kopp/Ramsauer § 32 Rn. 50; Schunck/de Clerck § 60 Anm. 3 d; W.-R. Schenke, in: Kopp/Schenke § 60 Rn. 24; W. Bier, in: Schoch/Schneider/Bier § 60 Rn. 66.
432 W.-R. Schenke, in: Kopp/Schenke § 60 Rn. 24.
433 Erich Eyermann/Ludwig Fröhler, VwGO, ⁹1988, § 60 Rn. 25; W. Bier, in: Schoch/Schneider/Bier § 60 Rn. 67.
434 BVerwGE 59, 302, 309; BVerwG NVwZ 1985, 484, 485; NVwZ-RR 1995, 232 f.; für den Zivilprozess Baumbach/Lauterbach/Albers/Hartmann § 238 Rn. 6; R. Greger, in: Zöller § 238 Rn. 2.
435 Vgl. BVerwG NVwZ-RR 1995, 232, 233 (Erlass eines Beweisbeschlusses durch das Gericht nach Erörterung des Wiedereinsetzungsgesuchs mit den Verfahrensbeteiligten ist nicht ausreichend).

Urteils (oder Gerichtsbescheides) ist dagegen *nicht erforderlich*; ausreichend ist, wenn aus den *Entscheidungsgründen* deutlich wird, ob Wiedereinsetzung gewährt worden ist und aus welchen Gründen.[436] Die Entscheidung über den Wiedereinsetzungsantrag erfolgt in der gerichtlichen Praxis auch grds. als inzidente, unselbständige Entscheidung i.R. der Entscheidung über die nachgeholte Prozesshandlung und wird regelmäßig nicht im Tenor der Entscheidung ausgewiesen, sondern in den Entscheidungsgründen (VGH Mannheim DÖV 1981, 228, 229).

135　**2. Anhörung der Prozessbeteiligten.** Vor der Entscheidung über die Wiedereinsetzung sind die übrigen Beteiligten zu hören. Die Pflicht zur Anhörung ist in der VwGO nicht ausdrücklich konstituiert,[437] folgt aber unmittelbar aus Art. 103 Abs. 1 GG (BVerfGE 8, 253, 255; 53, 109, 114; 61, 14, 17; 62, 320, 322). Wird die erforderliche Anhörung unterlassen, steht dem übergangenen Beteiligten zunächst die Anfechtung des auf der gewährten Wiedereinsetzung beruhenden Urteils und im Falle der Erschöpfung des Rechtsweges auch die Verfassungsbeschwerde offen.[438]

136　**3. Wiedereinsetzungsverfahren und Form der Entscheidung.** Für das Verfahren über die Wiedereinsetzung gelten die Vorschriften, die für die nachgeholte Prozesshandlung maßgeblich sind.[439] Dieser Grundsatz folgt aus § 173 VwGO i.V.m. § 238 Abs. 1 S. 1, Abs. 2 S. 1 ZPO. Bei Versäumung der Klagefrist ist daher über die Wiedereinsetzung durch Urteil oder – unter den Voraussetzungen des § 84 – durch Gerichtsbescheid zu befinden. Der Regelfall ist es, gem. § 173 VwGO i.V.m. § 238 Abs. 1 S. 1 ZPO über die Wiedereinsetzung im verbundenen Verfahren und damit im *Endurteil* gem. § 107 zu entscheiden. Zulässig – aber regelmäßig umständlicher – ist gem. § 173 VwGO i.V.m. § 238 Abs. 1 S. 2 ZPO auch die Entscheidung über den Wiedereinsetzungsantrag im isolierten Vorabverfahren mit *Zwischenurteil* gem. § 109. Über den Antrag auf Wiedereinsetzung gegen die Versäumung der Revisionsbegründungsfrist ist zusammen mit der Entscheidung über die Revision nach den für dieses Rechtsinstitut geltenden Vorschriften zu entscheiden. Im Falle der Erfolglosigkeit des Wiedereinsetzungsantrages ist die Revision daher gem. § 144 Abs. 1 unter Ablehnung des Wiedereinsetzungsantrages durch *Beschluss* als unzulässig zu verwerfen (BVerwGE 74, 289, 290 f.; NJW 1991, 2096, 2097; 1995, 2122, 2123). Ebenfalls durch Beschluss ist gem. § 124 a Abs. 5 S. 1 über die Wiedereinsetzung in die versäumte Frist für den Antrag auf Zulassung der Berufung zu entscheiden. Wird – nach Zulassung der Berufung – die Berufungsbegründungsfrist gem. § 124 a Abs. 3 S. 1 versäumt und kommt eine Wiedereinsetzung nicht in Betracht, kann das Gericht über einen dennoch gestellten Antrag auf Wiedereinsetzung in die versäumte Berufungsbegründungsfrist gem. § 125 Abs. 2 S. 2 ebenfalls durch Beschluss entscheiden.

137　Soweit die Möglichkeit einer Entscheidung über den Wiedereinsetzungsantrag durch Beschluss nicht ausdrücklich vorgesehen ist, ist umstr., ob das Gericht bei seiner Entscheidung zwischen den *Handlungsformen des Urteils und des Beschlusses* wählen kann (zusammenf. OVG Bln NVwZ-RR 1990, 388 m.w.N.). Teilweise wird eine Handlungsfreiheit der Gerichte bejaht, entweder durch Urteil oder durch Beschluss zu entscheiden,[440] was insbes. mit dem Gedanken der Prozessökonomie begründet wird.[441] Dagegen geht die überwiegende Auffassung davon aus, dass es sich bei der Vorschrift des § 60 Abs. 4 um eine die Form der Entscheidung nicht regelnde Zuständigkeitsnorm handelt, sodass die insoweit bestehende Gesetzeslücke gem. § 173 VwGO i.V.m. § 238 Abs. 2 S. 1 ZPO in der Weise zu schließen sei, dass *nur durch Urteil* über den Wiedereinsetzungsantrag wegen Versäumung der Klagefrist befunden werden darf, wenn nicht wie etwa in §§ 124 a Abs. 5 S. 1, 125 Abs. 2 S. 2 und 144 Abs. 1, eine andere ausdrückliche Regelung getroffen worden ist.[442] Die Entstehungsgeschichte des

---

436　W. *Bier*, in: Schoch/Schneider/Bier § 60 Rn. 74; *W.-R. Schenke*, in: Kopp/Schenke § 60 Rn. 38.

437　Eine solche Pflicht sahen früher etwa § 22 Abs. 3 BVerwGG und § 33 Abs. 3 VGG vor.

438　Vgl. zur selbständigen Anfechtung einer Wiedereinsetzungsentscheidung, die ohne Anhörung der anderen Prozesspartei erfolgt ist, durch Verfassungsbeschwerde BVerfGE 8, 253, 254 f.; 62, 320, 322.

439　Vgl. BVerwGE 74, 289, 290 f.; BayVBl 1989, 221; NJW 1991, 2096, 2097; OVG Lüneburg DVBl 1976, 947; VGH Mannheim NJW 1977, 917.

440　So etwa BVerwGE 17, 207; BVerwG Buchholz 310 § 60 VwGO Nr. 52; VGH Kassel NJW 1966, 1333; VGH Mannheim NJW 1970, 347 f.; *H. Jecht*, NJW 1964, 534, 535; *Schunck/de Clerck* § 60 Anm. 4 b; *M. Redeker*, in: Redeker/v. Oertzen § 60 Rn. 20.

441　So hält *M. Redeker*, in: Redeker/v. Oertzen § 60 Rn. 20 eine Entscheidung durch Beschluss häufig für zweckmäßig, um die Frage der Wiedereinsetzung schnell zu klären.

442　So etwa BVerwGE 74, 289, 290 f.; OVG Bln NVwZ-RR 1990, 388 f. m. vielen Nachw.; VGH München NJW 1961, 621; HmbOVG NJW 1961, 2368, 2369; OVG Lüneburg NJW 1964, 169, 170; VGH Mannheim NJW 1977, 917.

§ 60 Abs. 4 spricht dafür, dass der Gesetzgeber keine Regelung über die Form treffen wollte, in der über Wiedereinsetzungsanträge zu entscheiden ist.[443] Ergänzend ist daher § 238 Abs. 2 S. 1 ZPO heranzuziehen, aus dem sich ergibt, dass sich die Form der Entscheidung über den Wiedereinsetzungsantrag sowohl hinsichtlich seiner Zulässigkeit als auch seiner Begründetheit an derjenigen für die nachzuholende Prozesshandlung orientiert.[444] Es sind auch keine Anhaltspunkte dafür ersichtlich, dass der Gesetzgeber die Wahl der Entscheidungsform in das Ermessen des Gerichts stellen wollte, sodass die Entscheidung über die Wiedereinsetzung grds. der Form bedarf, in der auch über die nachgeholte Prozesshandlung zu entscheiden ist (→ Rn. 136). Eine Entscheidung über ein Wiedereinsetzungsgesuch durch gesonderten Beschluss ist daher unzulässig, was auch dem Interesse der Prozessökonomie entspricht.[445] Über den Antrag auf Wiedereinsetzung ist gem. § 173 VwGO i.V.m. § 238 Abs. 2 S. 1 ZPO in der *Besetzung* zu entscheiden, die auch für die Entscheidung über die versäumte Prozesshandlung vorgeschrieben ist.

4. Wiedereinsetzung in der Rechtsmittelinstanz. Wurde ein Wiedereinsetzungsantrag in der ersten Instanz in Unkenntnis der Fristversäumung nicht gestellt und der Rechtsbehelf aus diesem Grunde zurückgewiesen, lässt es die Rspr. zu, dass der Antrag auf Wiedereinsetzung noch im Rechtsmittelverfahren und i.R. eines zulässigen Rechtsbehelfs gegen die bereits ergangene Entscheidung gestellt wird.[446] Der Antrag auf Wiedereinsetzung in die versäumte Klagefrist kann insbes. zusammen mit dem Antrag auf Zulassung der Berufung gem. § 124a Abs. 4 gestellt werden. Auch kann Wiedereinsetzung in die versäumte Berufungsbegründungsfrist des § 124a Abs. 3 S. 1 i.R. der Revision gem. § 139 Abs. 1 oder der Nichtzulassungsbeschwerde gem. § 133 Abs. 1 beantragt werden, wenn die Berufung aus diesem Grunde verworfen worden ist. Diese Rechtsmittel stehen dem Betroffenen gem. § 125 Abs. 2 S. 4 auch dann zu, wenn die Berufung durch Beschluss verworfen wurde. Das Rechtsmittelgericht ist in diesen Fällen kraft Sachzusammenhangs und aus Gründen der Prozessökonomie allein zur Entscheidung über die in der in der Vorinstanz versäumte Prozesshandlung zuständig.[447] Die Wiedereinsetzung kann auch im Revisionsverfahren rückwirkend und von Amts wegen (hier z.B. für die versäumte Berufungsbegründungsfrist) gewährt werden (BVerwGE 143, 50, 55, Rn. 19 m.w.N.). Ist hingegen ein *Antrag auf Wiedereinsetzung* schon in der *Vorinstanz* gestellt worden und von diesem Gericht *übergangen* worden, ist das Rechtsmittelgericht nach zutreffender Ansicht grds. nicht befugt, über den Wiedereinsetzungsantrag selbst zu entscheiden. Vielmehr muss es die Sache an das zuständige Gericht der versäumten Prozesshandlung zur Entscheidung zurückverweisen.[448] Diese Verfahrensweise dient den Interessen des Antragstellers, er soll keine Instanz verlieren. Die gesetzliche Regelung des § 60 Abs. 5, wonach die Entscheidung über die Wiedereinsetzung unanfechtbar ist, eröffnet dem Betroffenen eine *rechtlich gesicherte Chance*, dass das zuständige Instanzgericht ihm endgültig („rückwirkend") Wiedereinsetzung gewährt. Diese Chance würde dem Antragsteller genommen, wenn das Rechtsmittelgericht die Entscheidung über einen in der Vorinstanz unbeschieden gebliebenen Antrag selbst treffen dürfte (BVerwG NVwZ 1985, 484, 485; BGH FamRZ 1982, 163, 164). Die Gegenauffassung hält das Rechtsmittelgericht zur Entscheidung über ein in der Vorinstanz übergangenes Wiedereinsetzungsgesuch allgemein für befugt und argumentiert damit, dass bei einem übergangenen Wiedereinsetzungsgesuch gerade keine Bindungswirkung nach § 60 Abs. 5 eintrete.[449] Eine „rechtlich gesicherte Chan-

138

---

443 OVG Bln NVwZ-RR 1990, 388 f.; hierfür spricht insbes., dass ein noch im Gesetzgebungsverfahren vorgesehener Hinweis auf die Beschlussform der Entscheidung in der Gesetzesfassung nicht verwirklicht wurde. A.M. insoweit *H. Jecht*, NJW 1964, 533 m.w.N.
444 Vgl. im Einzelnen OVG Bln NVwZ-RR 1990, 388, 389 m. umfangr. Nachw. zum zivilprozessualen Schrifttum.
445 Vgl. auch insoweit OVG Bln NVwZ-RR 1990, 388, 389 gegen *M. Redeker*, in: Redeker/v. Oertzen § 60 Rn. 20 und *Schunck/de Clerck* § 60 Anm. 4 b.
446 BVerwGE 11, 322, 323; BVerwG NJW 1962, 1692; *M. Redeker*, in: Redeker/v. Oertzen § 60 Rn. 21.
447 BVerwG NJW 1962, 1692; BayObLG NJW 1988, 714, 715. Nach BGH NJW 1982, 1873, 1874; 1985, 2650, 2651 ist das Revisionsgericht i.R. des Revisionsverfahrens jedenfalls dann befugt, über die Wiedereinsetzung gegen die Versäumung der Berufungsbegründungsfrist selbst zu entscheiden, wenn die Wiedereinsetzung nach Aktenlage ohne Weiteres zu gewähren ist.
448 Vgl. BVerwG NVwZ 1985, 484, 485; BGH FamRZ 1982, 163, 164; NJW 1987, 2589, 2590; *D. Krausnick*, in: Gärditz § 60 Rn. 83.
449 *W. Bier*, in: Schoch/Schneider/Bier § 60 Rn. 71.

ce" auf eine nach Ansicht des Rechtsmittelgerichts unrichtige, wenn auch unanfechtbare Entscheidung des Vorderrichters könne nicht als schützenswerte Rechtsposition anerkannt werden.[450]

139   Aus Gründen der Prozessökonomie soll eine eigene Entscheidung des Rechtsmittelgerichts nach der überwiegenden Auffassung auch dann statthaft sein, wenn aus Rechtsgründen die Möglichkeit einer positiven Entscheidung des Wiedereinsetzungsantrages von vornherein ausscheidet, was bei unstatthaften oder aus anderen Gründen *offensichtlich unzulässigen Wiedereinsetzungsanträgen* der Fall ist.[451] Dies setzt nach der hier vertretenen Auffassung eine evidente Unzulässigkeit der Wiedereinsetzung voraus, da nur in diesem Fall die Verkürzung der Rechtsschutzmöglichkeiten des Betroffenen ausnahmsweise zu rechtfertigen sind. Auf der anderen Seite kann das Rechtsmittelgericht die Wiedereinsetzung selbst gewähren, wenn nach dem Akteninhalt die Voraussetzungen einer Wiedereinsetzung ohne Weiteres vorliegen. Dann ist die Gewährung der Wiedereinsetzung durch das Rechtsmittelgericht aus prozessökonomischen Gründen zulässig, da eine Beeinträchtigung der Interessen des Antragstellers nicht zu besorgen ist.[452] Wird eine Beschwerde gegen die Nichtzulassung der Revision nach § 133 Abs. 1 durch das gem. § 133 Abs. 5 S. 1 zuständige BVerwG sowohl wegen Versäumung der Beschwerdefrist als auch wegen unzureichender Darlegung des gerügten Verfahrensmangels verworfen, kommt eine Wiedereinsetzung wegen der Fristversäumung nicht in Betracht, da eine insoweit zu gewährende Wiedereinsetzung die Wirksamkeit des noch auf einem weiteren Grund beruhenden Verwerfungsbeschlusses unberührt ließe (BVerwG NJW 1990, 1806).

V. Rechtsmittel gegen Wiedereinsetzungsentscheidungen

140   **1. Bindungswirkung einer positiven Wiedereinsetzungsentscheidung.**   Nach § 60 Abs. 5 ist die (*erfolgte, positiv gewährte*) Wiedereinsetzung *unanfechtbar*. Die Regelung des § 60 Abs. 5 besagt zunächst, dass die Gewährung der Wiedereinsetzung nicht mit Rechtsmitteln angreifbar ist. Auch das Gericht, das die Wiedereinsetzung gewährt hat, ist an diese Entscheidung selbstverständlich gebunden.[453] Eine Rücknahme oder Aufhebung dieser Entscheidung kommt auch bei veränderter Sach- und Rechtslage nicht in Betracht. Dies gilt auch für die Bindung einer vom übergeordneten Gericht erst im Instanzenzug gewährten Wiedereinsetzung. Darüber hinaus ist aber auch eine von den Instanzgerichten gewährte Wiedereinsetzung für die im Instanzenzug übergeordneten Gerichte bindend und kann von diesen nicht mehr, auch nicht i.R. eines Beschwerdeverfahrens wegen Nichtzulassung der Revision, überprüft werden.[454] Auch bei der *rechtswidrigen Gewährung der Wiedereinsetzung* in unrichtiger Form (statt Urteil durch Beschluss) handelt es sich um eine *unanfechtbare Vorentscheidung* i.S.d. § 173 VwGO i.V.m. § 557 Abs. 2 ZPO.[455] Eine inhaltliche Überprüfung der gewährten Wiedereinsetzung widerspräche der aus prozessökonomischen Gründen vorgeschriebenen Bindung des Revisionsgerichts an die Vorentscheidung (BVerwG NVwZ 1988, 531; Buchholz 310 § 173 VwGO Anhang 548 ZPO Nr. 2) und ist aus diesem Grunde abzulehnen. Die Gegenansicht, nach der eine Bindungswirkung der Wiedereinsetzung nicht in Betracht kommt, wenn die Entscheidung entweder von einem unzuständigen Gericht getroffen oder verfahrens- oder formfehlerhaft zustande gekommen sei,[456] ist abzulehnen, da diese Ansicht dem eindeutigen Wortlaut des § 60 Abs. 5 widerspricht und über den Umweg der Verfahrensrüge eine sachliche Überprüfung von Wiedereinsetzungsentscheidungen ermöglicht würde.[457] Die *(rechtswidrige) Gewährung der Wiedereinsetzung* stellt auch *keinen Verfahrensmangel* i.S.d. § 132 Abs. 2 Nr. 3 dar, der zur Zulassung der Revision zwingen würde (BVerwG NVwZ 1988, 531). Hat dagegen das Gericht der Vorinstanz in Verkennung der Fristversäumnis eine *Sachentscheidung* getroffen, obwohl die Frist für den Rechtsbehelf nicht gewahrt worden ist, *ohne* gleichzeitig (ausdrücklich) *Wiedereinsetzung* zu gewähren, *fehlt* es an einer *Sachentscheidungsvoraussetzung*. Dieser Mangel ist

---

450   *W. Bier*, in: Schoch/Schneider/Bier § 60 Rn. 71; für eine Entscheidungsbefugnis der Rechtsmittelinstanz auch BVerwG Buchholz 310 § 60 VwGO Nr. 132.
451   BVerwG NVwZ 1985, 484, 485; Buchholz 310 § 60 VwGO Nr. 200; 30. 6.2010 – 8 B 37/10, juris Rn. 6.
452   So insbes. die Rspr. des BGH zu § 237 ZPO; vgl. BGH NJW 1982, 1873, 1874; 1985, 2650, 2651; 1987, 2589, 2590.
453   So zu Recht *M. Redeker*, in: Redeker/v. Oertzen § 60 Rn. 22.
454   BVerwG NVwZ 1988, 531; BSGE 6, 256, 262 f.; vgl. auch BGH DVBl 1981, 395, 396.
455   BVerwG NVwZ 1988, 531; *S. Brink*, in: Posser/Wolff § 60 Rn. 46.
456   So insbes. *Erich Eyermann/Ludwig Fröhler*, VwGO, ⁹1988, § 60 Rn. 32.
457   *M. Redeker*, in: Redeker/v. Oertzen § 60 Rn. 22.

auch im Revisionsverfahren von Amts wegen zu berücksichtigen (BVerwGE 57, 204, 209; 71, 73, 74; BVerwG Buchholz 310 § 60 VwGO Nr. 200). Wird die Wiedereinsetzung in einem *Gerichtsbescheid* nach § 84 gewährt, ist das Gericht an diese Entscheidung im Falle des rechtzeitigen Antrags auf mündliche Verhandlung nach § 84 Abs. 3 nicht gebunden, da der Gerichtsbescheid dann als nicht ergangen gilt und insofern keine prozessualen Wirkungen zeitigen kann.

Im *Widerspruchsverfahren* findet § 60 Abs. 5 keine Anwendung, da § 70 Abs. 2 allein die entsprechen- 141 de Anwendung des § 60 Abs. 1–4 anordnet (→ Rn. 12). Daraus folgt, dass eine von der Widerspruchsbehörde gewährte Wiedereinsetzung gegen die Versäumung der Widerspruchsfrist des § 70 Abs. 1 – jedenfalls auf Antrag des von der Wiedereinsetzung nachteilig Betroffenen – gerichtlich voll überprüft werden kann. Zur – lebhaft umstr. – Frage, ob das Gericht darüber hinaus *von Amts wegen* befugt oder gar verpflichtet ist, eine von der Behörde gewährte bzw. versagte Wiedereinsetzung auf ihre Rechtmäßigkeit zu überprüfen, ausf. → Rn. 10 ff.

2. Rechtsmittel bei Versagung der Wiedereinsetzung. Während die Gewährung der Wiedereinsetzung 142 grds. unanfechtbar ist, stehen dem Betroffenen im Falle einer Nichtgewährung mannigfaltige Handlungsmöglichkeiten zur Verfügung. Grds. ist gegen die Versagung der Wiedereinsetzung das *Rechtsmittel* zulässig, welches gegen die *Hauptsacheentscheidung* gegeben ist. Ist die Ablehnung der Wiedereinsetzung – wie regelmäßig – in der (Hauptsache)Entscheidung über die nachgeholte Prozesshandlung enthalten, kann eine rechtswidrige Ablehnung der Wiedereinsetzung gem. § 173 VwGO i.V.m. § 238 Abs. 2 S. 1 ZPO mit den gegen diese Entscheidung eröffneten Rechtsmitteln angegriffen werden. Wird die Wiedereinsetzung in einem *Zwischenurteil* nach § 109 oder im Endurteil versagt, steht dagegen die Berufung bzw. der Antrag auf Zulassung der Berufung gem. § 124a (oder ggf. – bei einem Urteil des OVG – die Revision bzw. Nichtzulassungsbeschwerde nach § 133) als Rechtsmittel zur Verfügung. Die zu Unrecht abgelehnte Wiedereinsetzung ist – anders als deren Gewährung – ein Verfahrensmangel i.S.d. § 132 Abs. 2 Nr. 3, der der revisionsgerichtlichen Überprüfung unterliegt.[458] Urteile des OVG, die auf einer zu Unrecht verweigerten Wiedereinsetzung – sei es in die versäumte Klagefrist gem. § 74, die Berufungsfrist gem. § 124a Abs. 2 S. 1, die Frist für den Antrag auf Zulassung der Berufung nach § 124a Abs. 4 S. 1 oder die Berufungsbegründungsfrist nach § 124a Abs. 3 S. 1, Abs. 6 S. 1 – beruhen und die Revision nicht zugelassen haben, sind daher mit der Nichtzulassungsbeschwerde gem. *§ 133 Abs. 1* anfechtbar. Das gilt wegen § 125 Abs. 2 S. 4 auch, wenn die Berufung durch Beschluss als unzulässig verworfen wird.

Ergeht eine ablehnende Wiedereinsetzungsentscheidung – unzulässigerweise (zur Form der Wiederein- 143 setzungsentscheidung → Rn. 137) – durch gesonderten Beschluss des VG, kann nach dem Prinzip der Meistbegünstigung auch gegen die in inkorrekter Form ergangene Entscheidung Beschwerde gem. § 146 Abs. 1 eingelegt werden.[459] Gegen eine ablehnende Beschwerdeentscheidung des OVG findet eine weitere Beschwerde gem. § 152 Abs. 1 nicht statt. Wird anschließend die Klage in der Hauptsache vom VG wegen Fristversäumnis abgewiesen, steht dem Betroffenen gegen das Urteil der Antrag auf Zulassung der Berufung gem. § 124a Abs. 4 zu. Bei dessen Entscheidung ist das OVG an seinen früheren ablehnenden Beschluss im Beschwerdeverfahren nicht gebunden.[460] Bleibt das OVG bei der Ablehnung der Wiedereinsetzung und lehnt die Zulassung der Berufung wegen Versäumung der Klagefrist ab, wird das erstinstanzliche Urteil rechtskräftig. Hier verbleibt dem Betroffenen höchstens noch der Weg der Verfassungsbeschwerde (→ Rn. 144). Wird eine Klage ohne vorherige Prüfung, ob dem Kläger wegen Versäumung der richterlichen Klageergänzungsfrist gem. § 82 Abs. 2 S. 2 Wiedereinsetzung zu gewähren ist, abgewiesen, begründet dieses einen *wesentlichen Verfahrensmangel* i.S.v. § 130 Abs. 2 Nr. 1, der in der Berufungsinstanz zur Aufhebung und Zurückverweisung der Sache führt (VGH Kassel NVwZ-RR 1996, 179, 181).

Die ungerechtfertigt abgelehnte Wiedereinsetzung kann darüber hinaus ggf. eine Verletzung des *An-* 144 *spruchs auf rechtliches Gehör* nach Art. 103 Abs. 1 GG und des *Justizgewährleistungsanspruches* gem.

---

458 Vgl. BVerwGE 13, 141, 144 ff.; BVerwG MDR 1977, 431; offen gelassen von BVerwG NVwZ 1988, 531.
459 *W. Bier*, in: Schoch/Schneider/Bier § 60 Rn. 77; *S. Brink*, in: Posser/Wolff, § 60 Rn. 47; *D. Krausnick*, in: Gärditz § 60 Rn. 82.
460 Argumentum § 173 VwGO i.V.m. § 318 ZPO e contrario, wonach das Gericht nur an Entscheidungen, die in von ihm erlassenen Urteilen enthalten sind, gebunden ist; diese Bindungswirkung gilt dagegen grds. nicht für Beschlüsse und Verfügungen; vgl. ausf. *M. Vollkommer*, in: Zöller § 318 Rn. 8. Vgl. aber BGH NJW-RR 2016, 507, 508.

Art. 19 Abs. 4 GG bedeuten und im Falle einer Rechtswegerschöpfung auch Gegenstand einer *Verfassungsbeschwerde* sein (zur verfassungsrechtlichen Fundierung der Wiedereinsetzung ausf. → Rn. 5 f.).

VI. Kostenentscheidung

145   Kosten, die durch einen *Antrag auf Wiedereinsetzung* entstehen, fallen dem Antragsteller zur Last (§ 155 Abs. 3). Die durch ein Wiedereinsetzungsverfahren verursachten zusätzlichen Kosten – also alle anfallenden und ausscheidbaren Mehrkosten, die durch die Behandlung des Wiedereinsetzungsantrags entstehen – sind dem Antragsteller aufzuerlegen. Dies gilt unabhängig davon, ob das Gericht dem Antrag stattgibt oder nicht (→ § 155 Rn. 68). Diese strenge Regelung der Kostentragung erscheint auf den ersten Blick jedenfalls in solchen Fällen bedenklich, in denen ein Verschulden Dritter oder des Gerichts zu der Fristversäumnis geführt hat (zu solchen Fällen → Rn. 77 f., 98). Hier ist eine Korrektur gem. § 155 Abs. 4 vorzunehmen, soweit dies möglich ist. Allerdings fallen für den Antragsteller regelmäßig nur *Auslagen* an, weil es im GKG keinen entsprechenden Gebührentatbestand gibt und der bereits im Verfahren tätig gewordene Rechtsanwalt die Gebühr nach § 15 Abs. 2 RVG nur einmal erhält (→ § 155 Rn. 71). Zusätzliche Anwaltsgebühren fallen daher nur an, wenn sich die Tätigkeit des Anwalts allein auf den Antrag auf Wiedereinsetzung beschränkt bzw. bei einem Anwaltswechsel[461] (→ § 155 Rn. 71). Ein besonderer Ausspruch über die Wiedereinsetzungskosten ist entbehrlich, wenn das Wiedereinsetzungsverfahren nach § 173 VwGO i.V.m. § 238 Abs. 1 S. 1 ZPO mit dem Verfahren über die nachzuholende Handlung verbunden wird und der Antragsteller mit der nachgeholten Handlung in vollem Umfang unterliegt. In diesem Fall treffen den unterliegenden Teil schon nach § 154 Abs. 1 die Kosten des Wiedereinsetzungsverfahrens. Obsiegt dagegen der Antragsteller in der Hauptsache mindestens teilweise, müssen die Wiedereinsetzungskosten in dem Urteil gesondert ausgewiesen werden (→ § 155 Rn. 72). Sind durch das Wiedereinsetzungsverfahren keine ausscheidbaren zusätzlichen Kosten, einschließlich eventueller Anwaltskosten, entstanden, ist ein Ausspruch über die Wiedereinsetzungskosten nicht erforderlich.[462]

146   Auch wenn der Antragsgegner dem Wiedereinsetzungsgesuch *widersprochen* hat, bleibt es bei der Kostentragungspflicht des Antragstellers. Die Vorschrift des § 238 Abs. 4 Hs. 2 ZPO ist im Verwaltungsprozess nicht anwendbar, da § 155 Abs. 3 eine abschließende Regelung der Kostentragungspflicht im Wiedereinsetzungsverfahren enthält (→ § 155 Rn. 68).[463] Auch die Kosten eines Rechtsmittelverfahrens wegen Versagung der Wiedereinsetzung sind unabhängig vom Erfolg dem Betroffenen aufzuerlegen, auf dessen Rechtsmittel das Verfahren stattgefunden hat (→ § 155 Rn. 73). Im Fall eines irrtümlich durchgeführten Wiedereinsetzungsverfahrens bei nur scheinbarem Fristversäumnis[464] oder einer vorsorglich gewährten Wiedereinsetzung (zu dieser Möglichkeit → Rn. 34) sollte, wenn sich im Nachhinein herausstellt, dass eine Fristversäumung nicht vorgelegen hat, von einer Erhebung von Kosten abgesehen werden. Wird die Wiedereinsetzung *von Amts wegen* gewährt, fehlt eine ausdrückliche Regelung der Kostentragungspflicht; § 155 Abs. 3 gilt jedenfalls nicht direkt. Auch eine analoge Anwendung dieser Vorschrift, die für den Fall vorgeschlagen wird, dass die Wiedereinsetzung gewährt wird,[465] kommt nach der hier vertretenen Auffassung nicht in Betracht, da eine solche Analogie auf eine gesetzlich nicht vorgesehene Erweiterung der streng formalisierten Kostentragungsvorschriften hinausliefe, die aus Gründen der Rechtssicherheit abzulehnen ist.

---

461   *R. Greger*, in: Zöller § 238 Rn. 12.
462   *S. Olbertz*, in: Schoch/Schneider/Bier § 155 Rn. 19; *K. Rennert*, in: Eyermann § 155 Rn. 9; *W.-R. Schenke*, in: Kopp/Schenke § 155 Rn. 14.
463   Nach § 238 Abs. 4 Hs. 2 ZPO fallen die Kosten der Wiedereinsetzung dem Antragsteller nur insoweit zur Last, als sie nicht durch einen unbegründeten Widerspruch des Gegners entstanden sind.
464   Vgl. VGH München N. F. 9 (1956), 56; hier hatte die Erstinstanz Fristversäumnis angenommen und die Wiedereinsetzung versagt, die Berufungsinstanz dagegen das Nichtvorliegen einer Fristversäumnis festgestellt.
465   So *S. Olbertz*, in: Schoch/Schneider/Bier § 155 Rn. 19; *K. Rennert*, in: Eyermann § 155 Rn. 9; *W.-R. Schenke*, in: Kopp/Schenke § 155 Rn. 13.

§ 61 [Beteiligungsfähigkeit]

Fähig, am Verfahren beteiligt zu sein, sind

1. natürliche und juristische Personen,
2. Vereinigungen, soweit ihnen ein Recht zustehen kann,
3. Behörden, sofern das Landesrecht dies bestimmt.

Schrifttum

1. Monographien und Beiträge in Sammelwerken: *K.-P. Dolde*, Die Beteiligungsfähigkeit im Verwaltungsprozeß (§ 61 VwGO), in: FS Menger, 1985, 423; *F. O. Kopp*, Der Beteiligtenbegriff des Verwaltungsverfahrensrechts, in: Verwaltungsverfahren. FS zum 50-jährigen Bestehen des Richard-Boorberg-Verlags, 1977, 159; *K. Lange*, Der Kommunalverfassungsstreit, in: FS Schenke, 2011, 959; *J. Nolte*, Die Eigenart der verwaltungsgerichtlichen Rechtsschutzes, 2015; *W. Roth*, Verwaltungsrechtliche Organstreitigkeiten, 2001; *C. Schielke*, Die Reichweite der Bindungswirkung von Zusagen der Gebietsreform in Baden-Württemberg, 2012; *A. Schwerdtfeger*, Der deutsche Verwaltungsrechtsschutz unter dem Einfluss der Aarhus-Konvention, 2010; *D. Th. Tsatsos*, Der verwaltungsrechtliche Organstreit, 1969; *E. Wendelin*, Der Hochschulverfassungsstreit, 2010; *A. Wiese*, Zur Beteiligung des Staates im Verwaltungsprozess, 2014.

2. Beiträge in Zeitschriften: *M. Beckmann*, Rechtsschutzmöglichkeiten des Regionalrats gegen Einwendungen der Landesplanungsbehörde nach § 19 Abs. 6 Satz 3 LPlG NRW, BauR 2014, 1717; *F. Behm*, Die Rechtsstellung ausländischer juristischer Personen im Verwaltungsprozess, DVBl 2009, 94; *D. Blumenwitz*, Zur Rechtsproblematik von Städtepartnerschaftsabkommen (Verfahrensrechtliche Fragen), BayVBl 1980, 193, 230; *C. Braun*, Der Eingemeindungsvertrag, KommJur 2011, 8; *S. Desens*, Sinn und Unsinn des „Behördenprinzips", NVwZ 2013, 471; *J. Burmeister*, Rechtsprobleme bei der Durchführung von Verwaltungsreformen, insbesondere der Gebietsreform, DÖV 1979, 385; *J. Dyllick/R. Hillebrand/R. Neubauer*, Die Rechtsnachfolge der 1952 aufgelösten Brandenburger Landkreise am Beispiel des ehemaligen Kreises Teltow, LKV 1995, 206; *D. Ehlers*, Die Klagearten und besonderen Sachentscheidungsvoraussetzungen im Kommunalverfassungsstreitverfahren, NVwZ 1990, 105, 110; *D. Enzensberger*, Parteijugendorganisationen und ihre Beteiligungsfähigkeit im verwaltungs- und verfassungsgerichtlichen Verfahren, MIP 2014, 26; *T. Franz*, Der Kommunalverfassungsstreit, Jura 2005, 156; *A. Herbert*, Die Klagebefugnis von Gremien, DÖV 1994, 108; *W. Löwer*, Der Insichprozeß in der Verwaltungsgerichtsbarkeit, VerwArch 68 (1977), 327; *A. v. Mutius*, Die Beteiligten im Verwaltungsprozeß, Jura 1988, 469; *E. Pache/M. Knauff*, Die BGB-Gesellschaft im Verwaltungsprozess, BayVBl 2003, 168; *F. J. Peine*, Die Rechtsnachfolge in öffentlich-rechtliche Rechte und Pflichten, DVBl 1980, 941; *J.-D. Rausch*, Beteiligtenfähigkeit und Passivlegitimation bei der Kommunalverfassungsstreitigkeit, JZ 1994, 696; *O. Rumpf*, Die Rechtsnachfolge im öffentlichen Recht, VerwArch 78 (1987), 269; *F. Schoch*, Der verwaltungsgerichtliche Organstreit, Jura 2008, 826; *ders.*, Der Kommunalverfassungsstreit im System des verwaltungsgerichtlichen Rechtsschutzes – OVG Koblenz, NVwZ 1985, 283, JuS 1987, 783; *B. Schöbener*, Verwaltungsrechtliche Organstreitigkeiten im Kammerrecht, GewArch 2008, 329; *W. Spannowsky*, Probleme der Rechtsnachfolge im Verwaltungsverfahren und im Verwaltungsprozeß, NVwZ 1992, 426; *U. Stelkens*, Grundbausteine des Verwaltungsorganisationsrechts, JURA 2016, 1013; *J. Stettner*, Die Beteiligten im Verwaltungsprozeß, JA 1982, 394; *M. Wallerath*, Der Organstreit in der Sozialgerichtsbarkeit, SGb 2015, 484; *F. Welsch*, Das Behördenprinzip im Saarland, LKRZ 2011, 446.

I. Entstehungsgeschichte

Im Regierungsentwurf vom 5.12.1957 (BT-Drs. 3/55, 10) wird in § 64, dem Vorläufer des § 61, noch der aus dem Zivilprozess geläufige Begriff der Parteifähigkeit verwendet. Vorgesehen war, natürlichen und juristischen Personen sowie nicht rechtsfähigen Personenvereinigungen die Parteifähigkeit zu verleihen. In der Entwurfsbegründung (BT-Drs. 3/55, 37) wurde die im Vergleich zur ZPO erweiterte Parteifähigkeit damit gerechtfertigt, dass keine vermögensrechtlichen Streitigkeiten, sondern die Beziehung zur Gemeinschaft im Vordergrund stehe. Ziel des Entwurfs war es außerdem, die bis dahin z.T. anerkannte Parteifähigkeit von Behörden zu beseitigen (BT-Drs. 3/55, 37). In einem Antrag des Rechtsausschusses vom 12.5.1959 (BT-Drs. 3/1094, 38) erhielt der damalige § 64 seinen, dem heutigen § 61 im Wortlaut stark angenäherten Inhalt. Mit der dabei erfolgten Einfügung der Nr. 3 wurde einem Änderungsantrag des Bundesrates entsprochen.[1] Der Bundesrat vertrat die Auffassung, dass es den Ländern möglich bleiben solle, anstelle juristischer Personen, deren Organe einen Verwaltungsakt erlassen haben, auch die Behörden als solche am Verfahren teilnehmen zu lassen (BT-Drs. 3/55, 72). Dem folgte schließlich die Bundesregierung (BT-Drs. 3/1094, 7). Nach zwei Beratungen des Bundestages wurde außerdem die Formulierung der Nr. 2 geändert (BT-Drs. 3/1321, 2). Statt „nicht rechtsfähige Personenvereinigungen" hieß es nunmehr „Vereinigungen, soweit ihnen ein Recht zustehen kann". Am 21.1.1960 wurde die VwGO mit ihrem bis heute unveränderten § 61 verabschiedet (BGBl I 17).

II. Bezug und Abgrenzung zu anderen Vorschriften

2   Grundlegend für das Gefüge der personenbezogenen allgemeinen Sachentscheidungsvoraussetzungen (Beteiligtenfähigkeit,[2] Prozessfähigkeit, Prozessführungsbefugnis und Postulationsfähigkeit) regelt § 61, indem er an die in § 63 getroffene verfahrensmäßige Rollenzuteilung anknüpft, die Beteiligtenfähigkeit. § 63 verlangt nur, dass jemand in einer der dort genannten Verfahrensfunktionen in der Klage benannt ist (Nr. 1 und 2), beigeladen wurde (Nr. 3) oder von seiner dort ausdrücklich zuerkannten Beteiligungsbefugnis Gebrauch gemacht hat (Nr. 4). Ob die Beteiligten i.S.v. § 63 Nr. 1–3[3] auch die Fähigkeit haben, Beteiligte eines verwaltungsgerichtlichen Verfahrens zu sein, ist anhand des § 61 zu überprüfen.

3   Um prozessuale Verfahrenshandlungen wirksam vorzunehmen, müssen neben der Beteiligtenfähigkeit die Prozessfähigkeit, Prozessführungsbefugnis und ggf. die Postulationsfähigkeit vorliegen. Mit der (besonderen) Sachentscheidungsvoraussetzung der Klagebefugnis (§ 42 Abs. 2) hat § 61 Nr. 2 Berührungspunkte, die oft zu einer Vermengung dieser beiden Voraussetzungen führen. Der entscheidende Unterschied liegt darin, dass bei der Klagebefugnis die mögliche subjektive Rechtsverletzung dargetan werden muss, während es bei der Beteiligtenfähigkeit der „Vereinigung" nach § 61 Nr. 2 nur auf die Zuordnung von Rechten oder Pflichten im normativen Kontext im Hinblick auf die „Vereinigung" ankommt (→ Rn. 29). § 78 regelt hingegen speziell für die Anfechtungs- und Verpflichtungsklage und allein in Bezug auf den Beklagten, gegen wen die Klage zu richten ist. Dies ist im Falle des § 78 Abs. 1 Nr. 2 eine Frage der (passiven) Prozessführungsbefugnis, die im Wege der Prozessstandschaft und nur für den Fall, dass das Landesrecht dies bestimmt, auf die Behörde übertragen wird. Mit der Sachlegitimation (hier also der Passivlegitimation) hat § 78 als Vorschrift des Prozessrechts nichts zu tun.[4] Die Sachlegitimation ist eine Frage der Begründetheit der Klage.[5] Es ist offensichtlich, dass eine nach § 61 beteiligtenfähige Person, Vereinigung oder Behörde nicht notwendig die richtige Beklagte sein muss (zur Abgrenzung der Regelung des § 78 von der Passivlegitimation vgl. die Komm. zu § 78).[6]

III. Die Beteiligtenfähigkeit als allgemeine Sachentscheidungsvoraussetzung

4   **1. Grundsätzliches.** Die Beteiligtenfähigkeit ist eine von Amts wegen zu prüfende allgemeine Sachentscheidungsvoraussetzung. Sie gibt als prozessualer Rechtsbegriff Auskunft darüber, wer Rechtssubjekt eines verwaltungsgerichtlichen Prozessrechtsverhältnisses sein kann und damit grds. die Fähigkeit besitzt, Prozesshandlungen vorzunehmen (BVerwGE 45, 207, 208). Der Gesetzgeber hat den im Zivil-

---

1 BT-Drs. 3/55, 71.
2 In der Terminologie wird hier der Rspr. des BVerwG gefolgt (BVerwGE 90, 304, 305).
3 Dem VBl und dem VöI ist durch §§ 35, 36 i.V.m. § 63 Nr. 4 die Beteiligtenfähigkeit („Beteiligungsbefugnis") unmittelbar verliehen.
4 *K.-P. Dolde,* FS Menger, 1985, 423, 424; *Hufen* § 12 Rn. 29 f.; *W.-R. Schenke,* in: Kopp/Schenke § 78 Rn. 1.
5 *J. D. Rausch,* JZ 1994, 696.
6 *J. D. Rausch,* JZ 1994, 696, 700.

prozess üblichen Begriff der *Partei* durch die Bezeichnung *Beteiligte* ersetzt und damit Kongruenz zum Verwaltungsverfahren (§ 11 VwVfG)[7] geschaffen. Die Regelungstechnik der Beteiligtenfähigkeit ist aber an die der Parteifähigkeit im Zivilprozess angelehnt. Dort gilt der Grundsatz, *parteifähig ist, wer rechtsfähig ist* (§ 50 Abs. 1 ZPO).[8] Dieser materiellrechtliche Anknüpfungspunkt[9] wird in § 61 Nr. 1 im Grundsatz (mit gesetzlichen und gewohnheitsrechtlichen Ausnahmen → Rn. 24) übernommen (beteiligtenfähig sind rechtsfähige natürliche und juristische Personen) sowie in § 61 Nr. 2 (Teilrechtsfähigkeit von „Vereinigungen") und Nr. 3 (nichtrechtsfähige Behörden) erweitert.

§ 61 ist die Zentralnorm für die Beteiligtenfähigkeit, die sich aber auch aus anderen Normen ergeben **5** kann. So resultiert die Beteiligtenfähigkeit („Beteiligungsbefugnis") des VBI und des VÖI unmittelbar aus § 63 Nr. 4 i.V.m. §§ 35 f. (→ Rn. 46). Für die durch Spezialgesetz in ähnlicher Weise ausgestatteten Organe und Behörden, z.B. den Bundeswehrdisziplinaranwalt (§ 81 WDO) (weitere Beispiele → § 63 Rn. 19 ff.), leitet sich die Beteiligtenfähigkeit unmittelbar aus der jeweiligen spezialgesetzlichen Regelung ab (hier § 81 Abs. 3 WDO). Die Beteiligtenfähigkeit eines Beigeladenen (vgl. § 63 Nr. 3) richtet sich nach § 61. Beim Normenkontrollverfahren resultiert die Beteiligtenfähigkeit aus der (nicht abschließenden) Regelung des § 47 Abs. 2 S. 1 und 2 (→ § 47 Rn. 259 ff.), die damit § 61 überlagert.

In allen Bundesländern, die gem. § 61 Nr. 3 *Behörden* die Beteiligtenfähigkeit zuerkannt haben, ist **6** auch eine entsprechende Regelung zu § 78 Abs. 1 Nr. 2 ergangen. Für den (theoretischen) Fall, dass lediglich eine Regelung nach § 78 Abs. 1 Nr. 2 getroffen worden wäre, ergibt sich, dass insoweit die Beteiligtenfähigkeit der Behörde in Anfechtungs- und Verpflichtungssachen zu unterstellen ist, weil sonst die prozessführungsbefugte Behörde nicht beteiligtenfähig, die Klage damit unzulässig wäre, der Kläger somit rechtsschutzlos gestellt würde.[10] Einen Sonderfall stellt die Regelung in Rheinland-Pfalz dar. § 17 Abs. 2 AGVwGO RP erklärt die Aufsichts- und Dienstleistungsdirektion bzw. die „andere obere Aufsichtsbehörde" nur für aktiv beteiligtenfähig, sodass es insoweit kein Zusammenspiel mit § 78 gibt.

2. Maßgeblicher Zeitpunkt für das Vorliegen der Beteiligtenfähigkeit. Als allgemeine Sachentschei- **7** dungsvoraussetzung muss die Beteiligtenfähigkeit spätestens zum *Zeitpunkt der letzten mündlichen Verhandlung* bzw. bei Erlass der schriftlichen Entscheidung bestehen. Ihr Vorliegen ist in jedem Verfahrensstadium von Amts wegen zu prüfen, auch in der Revisionsinstanz (BGHZ 51, 27, 29, mit Verweis auf BGHZ 41, 104, 106; BGH NJW-RR 1987, 57). Bis zur endgültigen gerichtlichen Entscheidung kann – theoretisch – die mangelnde Beteiligtenfähigkeit mit Rückwirkung geheilt werden.[11] Fälle der Heilung sind außer beim „Nachgeborenen" (→ Rn. 18) bei natürlichen Personen nicht möglich. Bei juristischen Personen ist der Fall denkbar, dass eine Gesellschaft im Laufe des Verfahrens oder Instanzenzuges kurzzeitig aus dem Handelsregister gelöscht wird, was nach Schweizer Recht den Verlust der Parteifähigkeit mit sich bringt, und sodann wieder eingetragen wird. Dabei ist es aber notwendig, dass der Beteiligtenunfähige noch im Verlauf des Prozesses beteiligtenfähig und die bisherige Prozessführung genehmigt wird. Die Heilung des Mangels erfolgt dann mit rückwirkender Kraft.[12] Zum Wegfall der Beteiligtenfähigkeit einer juristischen Person allgemein → Rn. 13 ff.

3. Rechtsstreit über die Beteiligtenfähigkeit. In einem Rechtsstreit über die Beteiligtenfähigkeit ist **8** derjenige, dessen Beteiligtenfähigkeit fraglich ist, als beteiligtenfähig anzusehen (VGH Mannheim NVwZ 2016, 1269, 1270).[13] Die Beteiligtenfähigkeit reicht in diesem Falle auch über den Bestand einer etwa untergegangenen Vereinigung hinaus (BVerfGE 13, 174; BVerwGE 1, 266). Die Beklagtenstellung ist auch gegeben, wenn die Vereinigung zurzeit der Einreichung eines Feststellungsantrags bereits aufgelöst war (BVerwGE 1, 266, 267 f.). Abweichend davon endet die Beteiligtenfähigkeit einer *Fraktion* (Beteiligtenfähigkeit kommt ihr nach Nr. 2 zu → Rn. 25 ff., insbes. → Rn. 30) gewöhnlich mit dem Ende der Legislaturperiode (*Diskontinuität*, OVG Lüneburg NdsVBl 2002, 135 f.; OVG Bautzen SächsVBl 2005, 123 f.); die amtierende gleichnamige Fraktion kann aber unter Umstellung

---

7 Näher hierzu *F. O. Kopp*, FS Boorberg Verlag, 1977, 159 ff.
8 Vergleichend *J. Nolte*, Die Eigenart des verwaltungsgerichtlichen Rechtsschutzes, 2015, S. 107 ff. und 381 ff.
9 Dies gilt auch für den rein prozessualen Begriff der Prozessfähigkeit, § 51 ZPO.
10 *K.-P. Dolde*, FS Menger 1985, 423, 425.
11 *W.-R. Schenke*, in: Kopp/Schenke § 61 Rn. 2; ebenso BVerwGE 72, 165, 168 f., für den vergleichbaren Fall der falschen Vertretung (mangelnde Prozessführungsbefugnis) des Bundes.
12 BGHZ 51, 27, 28; BGH DÖV 1973, 283
13 *W.-R. Schenke*, in: Kopp/Schenke § 61 Rn. 3.

der Klage in den Prozess eintreten (VGH Kassel NVwZ 1986, 328). Dauert ein Organstreit vor den Verwaltungsgerichten über den Zeitraum einer Legislaturperiode hinaus, kann die neu konstituierte Fraktion, d.h. die gleiche politische Gruppierung, den Rechtsstreit ebenfalls fortsetzen (OVG Weimar DVBl 2000, 935). Für nicht abgewickelte Klageverfahren aus der Wahlperiode können Fraktionen u.U. als fortbestehend fingiert werden (VGH München NVwZ-RR 1993, 263 Rn. 26). Dies steht in Gegensatz zum Organstreitverfahren des GG, wo mit Ablauf der Legislaturperiode die personelle Diskontinuität des Bundestages zur Unzulässigkeit des eingeleiteten Verfahrens führen soll.[14] Dem Grundsatz folgend sind auch untergegangene *Gebietskörperschaften* beteiligtenfähig, wenn es um unmittelbar mit ihrem Untergang zusammenhängende Rechte geht (VGH Mannheim DÖV 1979, 605; NVwZ 2016, 1269, 1270).[15] Diese Befugnis beschränkt sich nicht nur auf das Recht, den Akt, der den Untergang herbeigeführt hat, mit den dafür gebotenen Rechtsbehelfen anzugreifen; vielmehr ist die Beteiligtenfähigkeit aus verfassungsrechtlichen Gesichtspunkten (Art. 19 Abs. 4 S. 1 GG) gleichermaßen für alle aus einem vorausliegenden Vertrag fließenden Rechte und Pflichten zuzuerkennen,[16] auch wenn die Gemeinde lediglich die vorgesehene Zuordnung ihres Gebiets und ihrer Gemeindeangehörigen bekämpft (VGH München BayVBl 1977, 433, 434). Bei untergegangenen Gebietskörperschaften kann es allerdings Probleme geben, wer konkret einen Antrag stellen bzw. eine Klage einreichen kann. Dies wäre aus verfassungsrechtlichen Gründen (demokratische Legitimation) die Bevölkerung der ehemaligen Gebietskörperschaft. Das Problem besteht darin, handlungsfähige und legitimierte Repräsentanten (BVerfGE 42, 345, 350) der Bevölkerung zu finden. Dies ist letztlich eine Frage der Prozessführungsbefugnis. Schließlich ist auch eine Universität/Gesamthochschule als öffentlich-rechtliche *(Personal-)Körperschaft* nach ihrer Auflösung, soweit es um diese oder unmittelbar damit zusammenhängende Rechtsakte geht, beteiligtenfähig (OVG Münster NWVBl 2004, 23 ff.).

9   **4. Entscheidung über Beteiligtenfähigkeit.** Eine ausdrückliche Entscheidung des Gerichts über die Beteiligtenfähigkeit ist nicht erforderlich, wenn diese zweifellos vorliegt. In problematischen Fällen könnte die Entscheidung auch durch Zwischenurteil nach § 109 oder Gerichtsbescheid nach § 84 Abs. 1 ergehen (BVerfGE 14, 273). Falls eine Sachentscheidung gegen einen nicht beteiligtenfähigen Beteiligten ergeht, stellt dies einen absoluten Revisionsgrund gem. § 138 Nr. 4 dar.[17]

IV. Wegfall der Beteiligtenfähigkeit und Rechtsnachfolge

10   **1. Tod einer natürlichen Person.** Mit dem Tod einer natürlichen Person endet deren Beteiligtenfähigkeit. Der Wegfall einer allgemeinen Sachentscheidungsvoraussetzung führt grds. zur Unzulässigkeit eines verfahrenseinleitenden Antrages oder einer Klage, nicht jedoch zwangsläufig in diesem Fall. Die §§ 239 ff. ZPO, die nach § 173 S. 1 im Verwaltungsprozess entsprechend anzuwenden sind, enthalten Sonderbestimmungen für den Wegfall der Parteifähigkeit.[18] Gem. § 239 Abs. 1 ZPO tritt im Falle des Todes einer Partei eine *Unterbrechung* des Verfahrens bis zu dessen Aufnahme durch die Rechtsnachfolger ein. Bestand bei Wegfall der Beteiligtenfähigkeit (durch Tod, Verlust der Prozessfähigkeit, Wegfall des gesetzlichen Vertreters, Anordnung einer Nachlassverwaltung oder Eintritt der Nacherbfolge) eine Vertretung durch einen Prozessbevollmächtigten, tritt nicht einmal eine Unterbrechung des Verfahrens ein, § 173 S. 1 VwGO i.V.m. §§ 86, 246 Abs. 1 Hs. 1 ZPO. Das Prozessgericht hat jedoch auf Antrag des Bevollmächtigten, in den Fällen des Todes und der Nacherbfolge auch auf Antrag des Gegners, die *Aussetzung* des Verfahrens anzuordnen, § 173 S. 1 VwGO i.V.m. § 246 Abs. 1 Hs. 2 ZPO. Die Dauer der Aussetzung und die Aufnahme des Verfahrens richten sich nach §§ 246 Abs. 2, 239, 241–243 ZPO entsprechend.[19]

11   Die Beteiligtenfähigkeit geht beim Vorliegen eines entsprechenden Rechtsgrundes (Nachfolgetatbestand) grds. auf den oder die Rechtsnachfolger über, es sei denn, im anhängigen Prozess wurde um

---

14   *J. Jekewitz*, DÖV 1976, 657, 660.

15   *C. Braun*, KommJur 2011, 8, 10; eingehend *C. Schielke*, Bindungswirkung von Zusagen in Eingemeindungsverträgen, 2012, 151 ff.

16   *K.-P. Dolde*, FS Menger, 1985, 423, 428, will hier § 61 Nr. 2 analog auf die Gemeinde anwenden und nicht den Fortbestand der Rechtsfähigkeit, wie ihn die Heranziehung von § 61 Nr. 1 impliziert, fingieren.

17   *W.-R. Schenke*, in: Kopp/Schenke § 138 Rn. 21 (für analoge Anwendung der Nr. 4).

18   Zum Wegfall der Beteiligtenfähigkeit im Verwaltungsverfahren *W. Spannowsky*, NVwZ 1992, 426 ff.

19   Zur entsprechenden Anwendung der ZPO *W. Spannowsky*, NVwZ 1992, 426.

höchstpersönliche, nicht übertragbare Rechte oder Pflichten des Verstorbenen gestritten, was sich nach materiellem Recht bestimmt.[20] Ergibt sich aus der dem Rechtsverhältnis zugrunde liegenden Regelung, dass die Rechte oder Pflichten nur eine bestimmte Person treffen sollen, oder bedarf es deren persönlicher Eigenschaften bzw. Fähigkeiten, spricht dies für ihre Höchstpersönlichkeit und damit gegen eine Übertragbarkeit.[21] Für den Übergang von Pflichten auf den oder die Rechtsnachfolger ist, wegen der erfolgenden Grundrechtsbeeinträchtigung, eine besondere Rechtsgrundlage erforderlich. Die Rspr. zieht für sachbezogene Pflichten die Dinglichkeit des Verwaltungsaktes und für anderweitige Pflichten die zivilrechtlichen Normen zur Gesamtrechtsnachfolge unmittelbar, analog oder rechtsgrundsätzlich heran.[22] In der Lit.[23] wird hingegen eine spezielle gesetzliche Grundlage gefordert. Stellt sich ein Recht oder eine Pflicht als nicht nachfolgefähig heraus, hat sich der Rechtsstreit durch den Tod des Rechtsinhabers oder Verpflichteten *endgültig in der Hauptsache erledigt.* Es ergeht gegenüber den Erben nur noch eine Kostenentscheidung nach § 161 Abs. 2. Bei allen anderen Streitgegenständen tritt der Rechtsnachfolger an die Stelle des bisherigen Beteiligten.[24] Voraussetzung hierfür ist nach § 239 Abs. 1 ZPO, dass ein Rechtsnachfolger existiert. Diese Voraussetzung spielt bei natürlichen Personen regelmäßig keine Rolle, weil hier Erbfolge eintritt und Erben i.d.R. vorhanden sind.

Der Rechtsnachfolger ist nicht verpflichtet, den Prozess fortzuführen. Will er ihn nicht fortführen, **12** muss er nicht etwa die Klage oder den Antrag zurücknehmen (mit der Kostentragungspflicht nach § 155 Abs. 2), vielmehr tritt nach endgültiger Ablehnung der Aufnahme Erledigung der Hauptsache ein, sodass das Gericht das Verfahren einzustellen und gem. § 161 Abs. 2 nur noch über die *Kosten* zu entscheiden hat. Die Klage ist also nicht etwa als „unzulässig geworden" mit Prozessurteil abzuweisen. Nach einer Entscheidung sollen die Kosten ggf. „den Erben" auferlegt werden können, ohne dass diese mit Namen und Anschrift genannt werden müssen (VGH Mannheim NJW 1984, 195, 196).

2. Wegfall der Beteiligtenfähigkeit einer juristischen Person und gleichgestellter Personenmehrheiten **13** **des Privatrechts.** Zu welchem Zeitpunkt die Beteiligtenfähigkeit der *juristischen Personen* und der ihnen gleichgestellten Personenmehrheiten des Privatrechts endet, richtet sich nach dem Zivilrecht. So erlöschen die Rechtsfähigkeit eines Vereins und damit seine Beteiligtenfähigkeit, wenn der Verein während des Klageverfahrens im Vereinsregister gelöscht wird bzw. die Liquidation beendet und das Vereinsvermögen verteilt ist (BGH NJW 1979, 1592 f.). Eine insolvente KG verliert ihre Beteiligtenfähigkeit im Fall des insolvenzbedingten Ausscheidens ihres vorletzten Gesellschafters. Die Gesellschaft erlischt ohne Liquidation und ihr Vermögen geht im Wege der Gesamtnachfolge auf den verbleibenden Gesellschafter über (BVerwG NJW 2011, 3671). Solange sich eine juristische Person bzw. eine gleichgestellte Personenmehrheit noch in Liquidation befindet, ist sie regelmäßig beteiligtenfähig. Dies gilt für einen rechtsfähigen Verein (OVG Koblenz NVwZ-RR 2014, 906), für eine GmbH & Co. KG (OVG Greifswald NJW-RR 2013, 46, 47) wie auch für eine GmbH (VGH Mannheim KStZ 2015, 175). Es ist also stets zwischen der Auflösung und der Beendigung einer juristischen Person zu unterscheiden. Sobald eine Gesellschaft aber wegen Vermögenslosigkeit aus dem Handelsregister gelöscht wird („Vollbeendigung" § 60 Abs. 1 Nr. 7 GmbHG i.V.m. § 394 FamFG), büßt sie die Stellung als juristische Person ein und verliert damit regelmäßig die Beteiligtenfähigkeit (OVG Münster NJW 1981, 2373), eine Klage wird unzulässig. Jedoch können die auf Antrag eines Beteiligten zu ernennenden Liquidatoren als nunmehr Vertretungsbefugte den Prozess fortführen,[25] allerdings wohl nur im Falle eines Aktivprozesses über vermögensrechtliche Ansprüche (OVG Münster NVwZ 1995, 1228, 1229). Der Wegfall der Vertretungsbefugnis führt zur Unzulässigkeit einer Prozesshandlung (BVerwGE 72, 165, 168 f.). Durch „Übernahme" und Billigung ist Heilung möglich. Abseits der Grundregeln liegt der nur aus der prozessualen Sondersituation erklärbare Leitsatz, dass eine aufgelöste und liquidierte KG zur Abgabe einer Erledigungserklärung und im Streitwertbeschwerdeverfahren als beteiligtenfähig fingiert werden muss (OVG Münster NJW 1989, 186).

---

20 Eingehend *O. Rumpf*, VerwArch 78 (1987), 269; *F.-J. Peine*, DVBl 1980, 941.
21 *B. Remmert*, in: Ehlers/Pünder § 18 Rn. 18.
22 Dazu die Übersicht bei *B. Remmert*, in: Ehlers/Pünder § 18 Rn. 17 f.
23 *B. Remmert*, in: Ehlers/Pünder § 18 Rn. 18 m.w.N.
24 VGH Mannheim Die Justiz 1983, 91.
25 *R. Bork*, JZ 1991, 841, 846.

14   **3. Rechtsnachfolge auf Seiten des Staates bzw. des Verwaltungsträgers.** Eine Rechtsnachfolge auf Seiten des Staates bzw. des Verwaltungsträgers kommt nur ausnahmsweise in Betracht. Die Fälle der Veränderung von (Bundes-)Staaten als Völkerrechtssubjekte unterliegen den Regeln des Völkerrechts[26] und ergänzend den Grundsätzen der allgemeinen Staatslehre.[27] Schwierigkeiten ergeben sich, da die Frage, ob Rechtspositionen, die im innerstaatlichen Recht geschaffen wurden (Verträge, Genehmigungen, Erlaubnisse), weiter bestehen, sich anhand der Disposition[28] des jeweiligen Nachfolgestaates beurteilt. Die Rechtsnachfolge der Bundesländer ist bei Neugliederung des Bundesgebietes in dem auf der Grundlage des Art. 29 Abs. 2 S. 1 GG zu erlassenden Bundesgesetz zu regeln, das durch Volksentscheid zu bestätigen ist. Sonstige Änderungen des Gebietsbestandes der Länder geringeren Umfangs können nach Art. 29 Abs. 7 S. 1 GG durch Staatsverträge der beteiligten Länder oder durch Bundesgesetz vorgenommen werden. Für die sonstigen Gebietskörperschaften und für die *übrigen Verwaltungsträger* (Beliehene eingeschlossen) gilt: Eine Gesamtrechtsnachfolge[29] tritt ein, wenn eine Körperschaft oder Anstalt in eine andere eingegliedert wird oder durch Zusammenlegung eine neue entsteht.[30] Beim umgekehrten Fall, der sog. Aufgliederung, teilen sich auch die Rechte und Pflichten auf; dies hat (indirekt) Auswirkungen darauf, wer als Rechtsnachfolger des ursprünglich Beteiligten infrage kommt.

15   Häufig entstehen Probleme durch *kommunale Neugliederung*, insbes. durch Eingliederung kleinerer Gemeinden in größere bzw. durch Zusammenlegung und Abänderung von Landkreisen. Diese Konstellationen führen zu Konflikten zwischen der Selbstverwaltungsgarantie und der Gebietsverfügungshoheit des Staates.[31] Folgerichtig ist es insoweit, wenn in bestimmten Bundesländern eine Grenzänderung der Zustimmung eines den staatlichen Aufsichtsbehörden unterworfenen Gebietsänderungsvertrages oder eines Landesgesetzes bedarf.[32] Hinsichtlich der gemeindlichen Zuständigkeit muss sich eine kommunale Neugliederung an der verfassungsrechtlichen Garantie der kommunalen Selbstverwaltung im GG sowie in den Länderverfassungen ausrichten.[33] Für die öffentlich-rechtlichen Rechtsverhältnisse zwischen Gemeinden und Bürgern gilt die Leitmaxime, dass der Fortbestand der durch Gesetz, Verwaltungsakt oder Vertrag begründeten Rechte und Pflichten aus einem öffentlich-rechtlichen Rechtsverhältnis auch nach der territorialen Veränderung des kommunalen Wirkungsbereiches gewährleistet sein muss.[34] Was die Dienstverhältnisse der Kommunalbeamten anbelangt, richtet sich deren Fortbestand nach § 128 BRRG (zur Überleitungsproblematik BVerwG NVwZ 2012, 646). Sofern der Regelungsgehalt dieser Normen nicht auch für die Angestellten- und Arbeitsverhältnisse vereinbart wurde, ist dem Leitbild der Auswirkungen für die privatrechtliche Rechtsstellung der Gemeinde zu folgen.[35]

16   **4. Rechtsnachfolge innerhalb der früheren DDR.** Zur Rechtsnachfolge der früheren DDR durch die Bundesrepublik Deutschland enthält der Einigungsvertrag Bestimmungen (Art. 11 ff., 21 ff.). Da es nach dem System des Einigungsvertrages *keine Gesamtrechtsnachfolge* nach der DDR oder nach ihren staatlichen Organen gibt und auch bei den Art. 134 und 135 a GG, die eine Regelung über die Rechtsnachfolge in das Vermögen des Deutschen Reiches beinhalten, keine Anleihe gemacht werden kann, hätte sich die Eintrittspflicht in bestehende Rechtsverhältnisse wohl nur aus „partiell" gegenständlicher Rechtsnachfolge oder aus dem Gedanken der Funktionsnachfolge ergeben können.[36] Vorbehaltlich gesetzlicher Vorschriften gilt der Grundsatz, dass die *Funktionsnachfolge* auch zu einer Rechtsnachfolge führt.[37] Ein nach dem Recht der DDR entstandener „organisationseigener Betrieb" ist im Verwaltungsgerichtsprozess nicht beteiligtenfähig i.S.d. § 61, weil seit dem Inkrafttreten des Eini-

---

26   *V. Epping*, in: Ipsen, Völkerrecht, 2014, § 25 Rn. 27.
27   Näheres bei *V. Epping*, in: Ipsen, Völkerrecht, 2014, § 25 Rn. 2 und 32 f.
28   *V. Epping*, in: Ipsen, Völkerrecht, 2014, § 25 Rn. 32.
29   Hierzu *J. Dyllick/R. Hillebrand/R. Neubauer*, LKV 1995, 206, 209 f.
30   *J. Burmeister*, DÖV 1979, 385, 389.
31   *O. Rumpf*, VerwArch 78 (1987), 269, 303.
32   *O. Rumpf*, VerwArch 78 (1987), 269, 303. Zum (einvernehmlichen) Eingemeindungsvertrag *C. Braun*, KommJur 2011, 8.
33   Zusammenfassend *T.I. Schmidt*, Kommunalrecht, ²2014, Rn. 214.
34   Näher *J. Burmeister*, DÖV 1979, 385, 389.
35   Hierzu *J. Burmeister*, DÖV 1979, 385, 389.
36   OLG Dresden NJ 1993, 479, wobei der Problemkreis im Zivilrecht als Frage der Passivlegitimation geprüft wird.
37   OLG Rostock DtZ 93, 376, 378; hierzu auch *A. Schink*, Rechtsnachfolge bei Zuständigkeitsveränderungen in der öffentlichen Verwaltung, 1984, 54 ff.; *O. Rumpf*, VerwArch 78 (1987), 269, 304 f.; *J. Dyllick/R. Hillebrand/R. Neubauer*, LKV 1995, 206, 208 f. Ausführlich zur Funktionsnachfolge die 4. Aufl. Rn. 16 m.w.N.

gungsvertrages am 3.10.1990 keine rechtliche Regelung mehr besteht, die ihm Rechtsfähigkeit verleihen könnte (VG Berlin LKV 1993, 170). Eine altrechtliche Gemeinschaft, die (in Brandenburg) bereits 1951 durch Gesetz aufgelöst wurde, lebt mit dem Antrag auf Restitution ihres früheren Grundvermögens nicht wieder auf und ist nicht beteiligtenfähig (BVerwG LKV 2008, 225).

V. Beteiligtenfähigkeit natürlicher und juristischer Personen, § 61 Nr. 1

Durch das „Leitbild" der Generalklausel des § 40 ist die Grundkonstellation der überwiegenden Zahl 17 der verwaltungsgerichtlichen Verfahren vorgegeben. Auszugehen ist davon, dass lediglich auf einer Beteiligtenseite eine natürliche oder juristische Person des Privatrechts anzutreffen ist. Auf beiden Seiten können Privatrechtspersonen als Hauptbeteiligte nur dann auftreten, wenn sich die Klage gegen einen Beliehenen oder eine sonstige Person des Privatrechts richtet, die durch Gesetz oder aufgrund eines Gesetzes zu öffentlich-rechtlichem Handeln ermächtigt ist (BVerwG DÖV 1990, 977). Ist dies nicht der Fall, fehlt der Person des Privatrechts, die verklagt wird, nicht die Beteiligtenfähigkeit, sondern ist der Verwaltungsrechtsweg nicht gegeben (zutreffend BVerwG JZ 1990, 446; DÖV 1990, 977).

1. Die natürliche Person. Beteiligtenfähigkeit kommt der im Zeitpunkt der Klageerhebung lebenden 18 *natürlichen Person* zu. Die Staatsangehörigkeit spielt keine Rolle. § 1 BGB verleiht dem Menschen die Rechtsfähigkeit erst mit der Vollendung der Geburt. Ein gezeugtes, aber noch nicht geborenes Kind soll mangels gesetzlicher Grundlage nicht beteiligtenfähig im Streit um mögliche zukünftige Schädigungen sein, die von einer genehmigten Anlage ausgehen.[38] Selbst wenn man diese grundrechtlich problematische Ansicht des BVerwG für zutreffend erachtet, wird durch eine spätere Geburt der Mangel der Beteiligtenfähigkeit geheilt. Dem „Nachgeborenen" fehlt dann aber unter Umständen die Klagebefugnis bezüglich eventueller Verfahrensfehler, da er selbst nicht Verfahrensbeteiligter war (BVerwG NVwZ 1995, 1002).

In sog. Organstreitverfahren (→ Rn. 37–40) wird die Beteiligtenfähigkeit monokratischer Organ(teil)e 19 teilweise aus § 61 Nr. 1 abgeleitet, da das Organ(teil) auch als Funktionsträger eine natürliche Person sei (VGH Mannheim DÖV 1980, 573). Dies ist aber regelmäßig abzulehnen, weil das Organ(teil) nicht in einem Individualrecht betroffen sein kann, sondern ausschließlich in einem korporationsbezogenen Organschaftsrecht.[39] In diesem Bereich dient der überwiegenden Meinung[40] § 61 Nr. 2 (in entsprechender Anwendung) zur Begründung der Beteiligtenfähigkeit. Dadurch dokumentiert sich zutreffend, dass das Organ(teil) nicht generell, sondern nur im Ausnahmefall, abhängig von einer öffentlich-rechtlichen Rechtseinräumung, beteiligtenfähig sein soll. Kritisieren ließe sich hier jedoch, dass das Wort „Vereinigung" der Einzelperson eher entgegengesetzt ist. Falls es sich bei dem Streitgegenstand um ein Individualrecht auf das Amt oder aus dem Amt handelt, mithin das Organ(teil) in seiner Person betroffen ist, ist ausnahmsweise die Beteiligtenfähigkeit nach § 61 Nr. 1 zuzuerkennen (→ Rn. 37, 38).

Eine dritte Konstellation bildet der nach Landesrecht i.V.m. § 61 Nr. 3 mögliche Fall, dass Selbstver- 20 waltungsorganen in einer weiteren, ihnen zukommenden (staatlichen) Funktion die Beteiligtenfähigkeit verliehen worden ist, und sie in einem Rechtsstreit um gerade diesen Bereich beteiligt sind. Ein Bsp. dafür ist der Status des Bürgermeisters, der Selbstverwaltungsorgan ist, und den das Landesgesetz parallel dazu zur Behörde erklärt.[41] Die Beteiligteneigenschaft lässt sich hier nur auf § 61 Nr. 2 stützen (zur genauen Differenzierung → Rn. 39).

Die Einführung des § 90 a BGB hat in Bezug auf die Rechtsfähigkeit von *Tieren* an der bisher gelten- 21 den Rechtslage nichts geändert; diese sind deshalb auch nicht beteiligtenfähig.[42] Um Rechte der *Natur* oder der *Umwelt* prozessual vorzubringen, muss daher in erster Linie an die Regelungen des § 64 BNatSchG und § 2 UmwRG angeknüpft werden (→ Rn. 27).

2. Juristische Personen. Den juristischen Personen ist durch die Rechtsordnung qua Gesetz oder aus- 22 nahmsweise durch anderen Errichtungsakt eine eigene, von ihren Mitgliedern losgelöste Rechtsper-

---

38 BVerwG NJW 1992, 1524. A.M. zu Recht in Bezug auf die Grundrechtsfähigkeit des Embryos *A. v. Mutius*, Jura 1987, 109, 110 f.; *H.-U. Erichsen*, Jura 1994, 418, 422.

39 *F. Schoch*, JuS 1987, 783, 786

40 OVG Münster NVwZ 1983, 485, 486; VGH Kassel DVBl 1991, 777; *F. Schoch*, JuS 1987, 783, 786, m.w.N. insbes. auf die abzulehnende Ansicht in der Rspr.; *Hufen* § 21 Rn. 6; *W.-R. Schenke*, in: Kopp/Schenke § 61 Rn 5.

41 *D. Th. Tsatsos*, Organstreit, 1969, 34 f.

42 VG Hamburg NVwZ 1988, 1058 („Seehunde der Nordsee"); *Hufen* § 12 Rn. 23.

sönlichkeit verliehen, die konsequenterweise auch die Beteiligtenfähigkeit nach sich zieht. Juristische Personen *des inländischen Privatrechts* sind nur die gesetzlich anerkannten, denen also Rechtsfähigkeit durch Gesetz verliehen wurde: der rechtsfähige Verein (§§ 21 ff. BGB), die Stiftung (§ 80 BGB), die AG und die KG auf Aktienbasis (§§ 1, 278 Abs. 1 AktG), die GmbH (§ 13 GmbHG), die Genossenschaft (§ 17 GenG), der Versicherungsverein auf Gegenseitigkeit (§ 15 VAG). Juristische Personen des *öffentlichen Rechts* sind Körperschaften sowie rechtsfähige Anstalten und Stiftungen.[43] Beteiligtenfähig sind deshalb etwa als Körperschaft organisierte Universitäten (OVG Münster NWVBl 2004, 23)[44] (hierzu auch → Rn. 30) oder eine Industrie- und Handelskammer (VG Weimar ThürVBl 2017, 173). Den entsprechenden Organisationsformen muss stets Rechtsfähigkeit zukommen. Schulen bspw. sind daher nicht beteiligtenfähig; sie sind zwar öffentliche Anstalten, aber i.d.R. nicht rechtsfähig.[45] Beteiligtenfähig ist dann nur der Schulträger.[46] Beteiligtenfähigkeit kommt auch den Religionsgemeinschaften zu, die vor Inkrafttreten der WRV vom 11.8.1919 bereits den Status einer Körperschaft des öffentlichen Rechts hatten (Art. 140 GG i.V.m. Art. 137 S. 7 WRV), Diözesen[47] (Bistümer) sowie kirchliche Dekanate (VGH Kassel NVwZ 2014, 380, 382) und Pfarreien (örtliche Kirchengemeinden) als kirchliche Gebietskörperschaften (OVG Münster NJW 1983, 2592).

23   *Ausländische* juristische Personen kommen „auf Seiten des Staates" nicht als Beklagte infrage. Ob ausländische Gebilde als Kläger beteiligtenfähig oder für eine andere Beteiligtenrolle als juristische Person klassifiziert werden können, richtet sich außerhalb der EU – so die Rspr.[48] – nach dem Recht des Staates, in dem sich der tatsächliche Sitz der Verwaltung befindet (Sitztheorie).[49] Es wird widerlegbar vermutet, dass sich der Verwaltungssitz in dem Staat befindet, nach dessen Recht die Gesellschaft erkennbar organisiert ist (OLG München NJW 1986, 2197). So ist etwa eine Limited Liability Company (LLC) nach New Yorker Recht im Verwaltungsprozess aktiv beteiligtenfähig (VG Frankfurt/M. 9.10.2008 – 1 K 1458/08.F, juris Rn. 23). – Im *EU-Bereich* ist hingegen der Gründungstheorie zu folgen, da die Sitztheorie die Niederlassungsfreiheit unzulässig begrenzt.[50] Art. 7 EGBGB, der die Rechtsfähigkeit dem Recht des Staates unterstellt, dem die Person angehört, gilt nur für natürliche Personen, eine entsprechende Kollisionsnorm für juristische Personen fehlt.[51]

24   **3. Durch Gesetz, höchstrichterliche Rechtsprechung oder Gewohnheitsrecht den juristischen Personen gleichgestellte Personenmehrheiten.** Auch ohne volle Rechtsfähigkeit zu besitzen, sind als Ausnahme vom oben genannten Grundsatz, der die Beteiligtenfähigkeit an die Rechtsfähigkeit knüpft, solche Personenvereinigungen beteiligtenfähig, denen ein Gesetz außerhalb der VwGO, die höchstrichterliche Rspr. oder das Gewohnheitsrecht diese Eigenschaft zugesprochen hat. Dies hat v.a. Bedeutung für Streitigkeiten im Bereich des Wirtschaftsverwaltungsrechts. Den juristischen Personen sind danach neben den sog. Vorgesellschaften von Kapitalgesellschaften (BGHZ 80, 129, 132; 117, 323, 326) die *teilrechtsfähigen Vereinigungen* wie die OHG[52] (→ § 47 Rn. 261) und die KG (OVG Greifswald NJW-RR 2013, 46, 47) gleichzustellen.[53] Diesen fehlt zwar die volle Rechtsfähigkeit, weil sie Gesamthandsgemeinschaften sind; gem. §§ 124, 161 Abs. 2 HGB können sie aber selbst Träger von Rechten und Pflichten sein. Dieses umfasst, dass sie *vor Gericht klagen und verklagt* werden können. Ebenso verhält es sich mit der *Wohnungseigentümergemeinschaft*, die nach der Grundsatzentscheidung des BGH (BGHZ 163, 154) und der darauf ergangenen Regelung in § 10 Abs. 6 WEG teilrechtsfähig und damit

---

43   Zu den Begriffen mit Bsp. *U. Stelkens* JURA 2016, 1013, 1016 ff.; *J. Ziekow*, in: Sodan/Ziekow, GK ÖR, ⁷2016, § 60. Zur Beteiligtenfähigkeit eingehend *A. Wiese*, Zur Beteiligung des Staates im Verwaltungsprozess, 2014, 129 ff.

44   Für nicht als Körperschaft organisierte Universitäten ergibt sich die Beteiligtenfähigkeit typischerweise aus § 61 Nr. 2, vgl. HmbOVG 19.11.2013 – 3 Bs. 274/13, 3 So, juris Rn. 3, Ls. NordÖR 2014, 198.

45   Rechts- und Beteiligtenfähigkeit wurde aber der zwischenstaatlichen Institution „Europäische Schule" zuerkannt, VGH Mannheim NVwZ-RR 2000, 657.

46   *Maurer/Waldhoff* § 23 Rn. 55.

47   VGH Mannheim DÖV 1967, 309; VG Wiesbaden NVwZ 1986, 409; *F. Müller*, DÖV 1968, 627.

48   Nachw. bei *Kegel/Schurig*, Internationales Privatrecht, 2004, § 17 II 1.

49   OLG München NJW 1986, 2197, 2198, VG Frankfurt/M. ZIP 2013, 317.

50   EuGH NJW 2002, 3614; *W.-R. Schenke*, in: Kopp/Schenke § 61 Rn. 6 m.w.N. Eingehend *F. Behm* DVBl 2009, 94, 95.

51   *K. Thorn*, in: Palandt Vorbem. EG 7 Rn. 1; anders *M. Redeker*, in: Redeker/v. Oertzen § 61 Rn. 3.

52   Für die Antragsbefugnis einer OHG nach § 47 VGH Kassel DÖV 1986, 577.

53   *K.-P. Dolde*, FS Menger, 1985, 423, 426; *H. Schmitz*, in Stelkens/Bonk/Sachs § 11 Rn. 14.

nach § 61 Nr. 1 (partiell) beteiligtenfähig ist.[54] Erforderlich ist jedoch eine Teilnahme der Gesellschaft am Rechtsverkehr i.R. der gesamten Verwaltung des gemeinschaftlichen Eigentums.[55] – *Die (Außen-)Gesellschaft bürgerlichen Rechts* (GbR) gilt seit dem Grundsatzurteil des BGH (BGHZ 146, 341) ebenfalls als rechts- und parteifähig, soweit sie als Teilnehmerin am Rechtsverkehr Trägerin von Rechten und Pflichten sein kann, sodass nach hier vertretener Ansicht auch sie als eine den juristischen Personen gleichgestellte Personenmehrheit nach § 61 Nr. 1 beteiligtenfähig ist.[56] Denn die GbR (Außengesellschaft) kann (als Gesamthandgemeinschaft ihrer Gesellschafter) im Rechtsverkehr *jede Rechtsposition* einnehmen, wenn nicht spezielle Gesichtspunkte entgegenstehen (BGHZ 116, 86, 88; 136, 254, 257; BGHZ 146, 341). Dies spricht ebenso für ihre Beteiligtenfähigkeit nach Nr. 1 (und nicht nach Nr. 2) wie ihre Behandlung im Steuerrecht und ihre Fähigkeit zur OHG zu „mutieren", ohne dass dies eines Umwandlungsaktes bedürfte. Wenig überzeugend ist daher auch die Rspr. der VG, wonach der GbR die Nachbareigenschaft im baurechtlichen Sinn fehlen soll[57] oder wonach nicht die Außen-GbR, sondern nur die geschäftsführenden Gesellschafter Gewerbetreibende i.S.d. Gewerberechts sein können.[58] Für die *Reedereien* ergibt sich entsprechendes aus § 493 HGB, für die Börse als teilrechtsfähige Anstalt des öffentlichen Rechts aus § 2 Abs. 5 BörsG für das Bundeseisenbahnvermögen aus § 4 Abs. 1 BEZNG und für *Parteien* sowie ihre Gebietsverbände auf der jeweils höchsten Stufe vorbehaltlich der Parteisatzung aus § 3 PartG. Kreis- und Ortsverbände sind von § 3 PartG nicht erfasst;[59] diese können aber als Vereinigungen gem. § 61 Nr. 2 anzusehen sein (BVerwGE 142, 124, 131).[60] Relevant sind diese Regelungen v.a. in Bezug auf die Nutzung öffentlicher, insbes. kommunaler Einrichtungen für Parteiveranstaltungen. Für die *Gewerkschaften* und die sonstigen Tarifvertragsparteien ist die Beteiligtenfähigkeit gewohnheitsrechtlich anerkannt.[61] Für deren Unterorganisationen geht die Tendenz dahin, ihnen unter den Voraussetzungen der Nr. 2 die Beteiligtenfähigkeit zuzugestehen, sofern diese eine körperschaftliche Verfassung haben und eine eigenständige Tätigkeit wahrnehmen. – Demgegenüber kommt eine (auch analoge) Anwendung des § 61 Nr. 1 auf die *Europäische Kommission* nicht in Betracht (OVG Bln-Bbg 7.8.2017 – 6 B 3/17, juris Rn. 5).

VI. Beteiligtenfähigkeit von Vereinigungen, soweit ihnen ein Recht zustehen kann, § 61 Nr. 2

Soweit Vereinigungen ein Recht zustehen kann, ist der Grundsatz einer Entsprechung von Beteiligtenfähigkeit und voller Rechtsfähigkeit durch § 61 Nr. 2 dahingehend modifiziert, dass einer materiellen Teilrechtsfähigkeit eine prozessuale Teil-Beteiligtenfähigkeit entsprechen soll. Die Erweiterung gegenüber der Regelung im Zivilprozess (§ 50 Abs. 2 ZPO) lässt sich, wie die Entstehungsgeschichte belegt (→ Rn. 1), mit den im Verwaltungsprozess häufig andersartigen Streitgegenständen begründen:[62] Im Verwaltungsprozess besteht ein Bedürfnis, dass nicht rechtsfähige Personenvereinigungen, gleichgültig, ob sie dem Privatrecht oder dem öffentlichen Recht zuzurechnen sind, als solche, also ohne den Umweg über die Mitglieder, ihre öffentlich-rechtlichen Ansprüche vor den VG vertreten können (vgl. den Entwurf einer VwGO, BT-Drs. 3/55, 37). Da aber das Prozessrecht „das Vehikel des materiellen Rechts" sein soll, wird durch § 61 Nr. 2 die Justiziabilität dieser Rechtsbeziehung gewährleistet.

25

---

54 A.M. VGH Mannheim 10.7.2014 – 5 S 1035/13, juris Rn. 39; OVG Lüneburg ZWE 2017, 423; OVG Münster DVBl 2012, 1248, 1249 (Beteiligtenfähigkeit nach § 61 Nr. 2). Offengelassen bei VG Halle 24.11.2011 – 4B 202/11, juris Rn. 9.

55 Bsp. hierfür bei LG Hannover ZMR 2007, 893; LG Heilbronn ZMR 2007, 650; *R. Kintz*, in: Posser/Wolff § 61 Rn. 13.

56 A.M. BVerwG NuR 2005, 177, HmbOVG NVwZ-RR 2017, 650, 651; VGH Mannheim GewArch 2014, 29; *E. Pache/M. Knauff*, BayVBl 2003, 168, 169 f. (Beteiligtenfähigkeit nach § 61 Nr. 2).

57 So VG Würzburg 11.10.2012 – W 5 K 12.699, juris Rn. 20.

58 So VG Neustadt (Weinstraße) GewArch 2013, 83 f.; zutreffend hingegen OVG Bautzen SächsVBl 2002, 269. Weitere Bsp. bei *R. Kintz*, in: Posser/Wolff § 61 Rn. 12.

59 VGH Mannheim DÖV 1987, 874; OLG Bamberg NJW 1982, 895; OLG Köln NJW 1978, 227.

60 Ebenso bereits BVerwGE 56, 56, 57; 56, 63, 64; das Gleiche gilt für nicht rechtsfähige Parteijugendorganisationen, *D. Enzensberger*, MIP 2014, 26, 31 f. A.A. VGH Mannheim DÖV 1987, 874, für die Erteilung einer Sondernutzungserlaubnis nach § 18 StrG BW.

61 Grundlegend BGHZ 50, 325; 109, 17. Für den Verwaltungsprozess muss dies aus Einheitlichkeitsgesichtspunkten übernommen werden. Ebenso für eine Zuordnung zu § 11 Nr. 1 VwVfG *H. Schmitz*, in Stelkens/Bonk/Sachs § 11 Rn. 14; *U. Ramsauer*, in: Kopp/Ramsauer VwVfG § 11 Rn. 6.

62 *J. Stettner*, JA 1982, 394, 395.

26   **1. Der Vereinigungsbegriff.** Eine *Vereinigung* i.S.d. Nr. 2 ist eine Mehrheit (zur Problematik des „Einmannorgans" → Rn. 19, 38 f.) von *Personen*, die als solche nicht bereits rechtsfähig ist, der jedoch Gesetze außerhalb der VwGO Rechte (oder auch eine Rechtspflicht; → Rn. 28) zuweisen.[63] Soweit die Beteiligtenfähigkeit anerkannt ist, können die Vereinigungen unter ihrer Bezeichnung klagen und verklagt werden. Eine nicht rechtsfähige Stiftung des bürgerlichen Rechts ist als bloße Vermögensmasse im Verwaltungsprozess nicht beteiligtenfähig (BVerwG ZStV 2015, 59, 60) und kann auch nicht selbst Gewerbetreibender i.S.d. Gewerberechts sein. Teilweise wird für die Vereinigung eine feste körperschaftsähnliche Struktur gefordert.[64] Tatsächlich handelt es sich bei der Forderung nach einer *organisatorischen Verfestigung* um die Problematik legitimierter Vertreter der „Vereinigung", also um ein Problem der Prozessführung und -fähigkeit. Es ist für die Beteiligtenfähigkeit auch nicht zu fordern, dass die Vereinigung unabhängig vom vorliegenden Rechtsstreit existieren muss.[65] Denn die Ausübung der Grundrechte der Versammlungsfreiheit, aber auch der Vereinigungsfreiheit oder der allg. Handlungsfreiheit erschöpft sich nicht im Ereignis, vielmehr wird durch die Funktion der Grundrechte als Abwehrrechte eine Position vermittelt, aus der heraus auch „Fernwirkungen" der Grundrechtsausübung gerichtlich klärbar sein müssen. Dies folgt aus dem Zusammenspiel von Art. 19 Abs. 3 und Art. 19 Abs. 4 GG. Art. 19 Abs. 3 GG schließt Personenzusammenschlüsse lockerer Art ein.[66] Dies zeigt sich negativ z.B. an der Verbotsnorm des § 1 Abs. 2 Nr. 4 VersG. Dieser materiellen Rechts- und Pflichtenstellung muss das Prozessrecht wegen Art. 19 Abs. 4 GG entsprechen. Die verfassungsrechtliche Garantie darf nicht durch einfachgesetzliche Versagung der Beteiligtenfähigkeit abgeschnitten werden. Auch nach seinem Verbot und seiner Auflösung verbleibt einem (früheren) rechtsfähigen Verein eine auf die Führung der Rechtsverteidigung beschränkte Rechtsstellung (BVerwGE 154, 22, 27).[67] Bloß zufällige Personenmehrheiten, die keine Rechte gemeinsam ausüben oder Pflichten gemeinsam wahrnehmen, sind hingegen keine Vereinigung i.S.d. § 61 Nr. 2 und somit mangels rechtlicher Verbundenheit nicht nach Nr. 2 beteiligtenfähig.

27   **2. Das zustehende „Recht" (Ausdehnung auf Pflichten).** *Rechte*, die i.S.d. Nr. 2 zustehen können, sind in erster Linie *subjektive öffentliche* Rechte. In *Umweltangelegenheiten* können Verfahrensfehler, v.a. eine zu Unrecht unterbliebene UVP, insbes. von unmittelbar Eigentums-Betroffenen geltend gemacht werden. Insoweit hat dann grds. eine gerichtliche Überprüfung des Plans auf seine *objektive Rechtmäßigkeit* zu erfolgen.[68] Die genaue Reichweite der Klagerechte anerkannter Umweltvereinigungen ist in den vergangenen Jahren intensiv erörtert worden:[69] Zunächst hatte der deutsche Gesetzgeber in § 2 Abs. 1 Nr. 1 UmwRG die „Schutznormakzessorietät" vorgesehen. Danach konnten sich die anerkannten Umweltvereinigungen nur die Verletzung solcher Vorschriften rügen, welche zugleich „Rechte Einzelner begründen". Da diese Einschränkung jedoch nicht in Einklang mit dem Unionsrecht stand, dessen Umsetzung das UmwRG dient, hat der EuGH ihr ein erwartbare Absage erteilt (EuGH, NVwZ 2011, 801, 803).[70] Zudem hatte der deutsche Gesetzgeber in § 4 UmwRG a.F. die Rügemöglichkeiten dieser Vereinigungen auf das fehlerhafte Unterlassen einer Umweltverträglichkeitsprüfung begrenzt. Auch dieser Beschränkung hat der EuGH in seiner Altrip-Entscheidung – wenig überraschend – eine Absage erteilt und auch die Rügemöglichkeit von Teilverstößen anerkannt (EuGH NVwZ 2014, 49, 51).[71] Schließlich setzt sich zunehmend die Erkenntnis durch, dass bei einem Rechtsbehelf anerkannter Umweltvereinigungen gegen die Zulassung UVP-pflichtiger Vorhaben auch die Verletzung solcher Rechtsvorschriften gerügt werden können, die bei isolierter Betrachtung eigent-

---

63   *Schenke* Rn. 461.
64   VGH München NJW 1984, 2116; *D. Blumenwitz*, BayVBl 1980, 230, der allerdings nur eine „gewisse organisatorische Verfestigung" verlangt.
65   A.M. *D. Blumenwitz*, BayVBl 1980, 230; ähnl. auch VGH München NJW 1984, 2116 mit dem Erfordernis eine Anlegung „auf gewisse Dauer".
66   Erforderlich ist jedoch ein „Minimum an organisatorischer Struktur", BVerwGE 90, 112, 115.
67   Ebenso bereits BVerwG NVwZ 2014, 1573, 1574; OVG Schleswig NordÖR 2012, 502.
68   Sog. Vollüberprüfungsanspruch; hierzu *P. Schütz*, in: Ziekow, Handbuch des Fachplanungsrechts, ²2014, § 8 Rn. 28 ff. m.w.N. (auch zu den Grenzen).
69   Eingehend *A. Schwerdtfeger*, Der deutsche Verwaltungsrechtsschutz unter dem Einfluss der Aarhus-Konvention, 2010.
70   Hierzu statt vieler die Anm. *W. Durner*, DVBl 2011, 759 ff.; *S. Schlacke*, NVwZ 2011, NVwZ 2011, 804 f.
71   Hierzu etwa *T. Siegel*, NJW 2014, 973, 974 f. m.w.N.

lich nicht dem Umweltrecht zuzuordnen sind.[72] Allerdings ist insbes. im Anschluss an die EuGH-Entscheidung zum slowakischen Braunbären (EuGH NVwZ 2014, 673 ff.) erörtert worden, ob den Umweltvereinigungen de lege lata oder zumindest de lege ferenda sog. *prokuratorische Klagerechte* zuzuerkennen sind. Da solche Klagerechte im System der Verwaltungsgerichtsordnung aber einen Fremdkörper darstellen, hätte es einer ausdrücklichen Regelung durch den Gesetzgeber bedurft.[73] Auch einer Einführung prokuratorischer Verbandsklagerechte durch den Gesetzgeber hat die Abteilung Öffentliches Recht des 71. Deutschen Juristentages eine eindeutige Absage erteilt.[74] – Des Weiteren muss das Recht nach einer Auffassung gegenüber anderen Rechtsträgern bestehen, insoweit also dem *Außenrecht* angehören.[75] Ob auch innerorganisatorische Rechte (und Pflichten) genügen, ist str. und hat Relevanz v.a. im Hinblick auf das Organstreitverfahren (→ Rn. 37 ff.). Mit *Tsatsos* und *Erichsen* lässt sich hier von „wehrfähigen Innenrechtspositionen" als Pendant zum subjektiven Recht sprechen, die schon bei der Frage der Beteiligtenfähigkeit einer Vereinigung nach Nr. 2 rechtliche Vorwirkungen entfalten könnten.[76] Bei Rechtsstreitigkeiten, an denen Bürger in ihrer normalen Rolle beteiligt sind, können innerorganisatorische Rechte jedenfalls die Beteiligtenfähigkeit des Prozessgegners nicht vermitteln. Nicht die Fraktion, die in der Gemeindevertretung gegen den Antrag des Klägers gestimmt hat, ist beteiligtenfähig, sondern nur die Gemeinde selbst.

Die wohl überwiegende Meinung[77] räumt der Vereinigung die Beteiligtenfähigkeit nach § 61 Nr. 2   28
auch dann ein, wenn vergleichbare *Pflichten* im Außenrechtskreis existieren. Dieser Auffassung ist schon deshalb zu folgen, weil eine Entscheidung des Gerichts über Art und Umfang von wahrzunehmenden Rechtspflichten immer zugleich über Art. 2 Abs. 1 GG (und damit über ein subjektives öffentliches Recht) mitentscheidet. Die Berufung auf wahrzunehmende Aufgaben oder öffentlich-rechtliche Kompetenzen genügt nicht (VGH München BayVBl 1981, 719, 720 m.w.N.). Dies folgt zum einen aus der Existenz der Sondervorschrift der Nr. 3 und dem Umstand, dass Art. 19 Abs. 4 GG in erster Linie auf den Schutz subjektiver öffentlicher Rechte ausgerichtet ist. Nur im Einzelfall können auch innerorganisatorische Rechte und Pflichten genügen.[78]

3. Abstrakte oder konkrete Betrachtungsweise. Es ist str., ob es darauf ankommt, ob der „Vereini-   29
gung" ein derartiges Recht oder die Pflicht überhaupt (abstrakt) oder im Hinblick auf den konkreten Rechtsstreit zukommen kann, also eine mehr *abstrakte* oder eher *konkrete* Betrachtungsweise angezeigt ist. Die wohl überwiegende Meinung stellt inzwischen auf den konkreten Rechtsstreit ab. Entscheidend ist danach, ob der Vereinigung im Hinblick auf den konkreten Streitgegenstand ein Recht zustehen kann.[79] Zum Streitgegenstandsbegriff → § 121 Rn. 42 ff. Nach dem BVerwG genügt hingegen die gesetzliche Einräumung von Rechten in globaler Weise (etwa die Mitwirkungs- und Mitbestimmungsrechte des Betriebsrats an betrieblichen Angelegenheiten nach dem BetrVG), um die Beteiligtenfähigkeit (hier: des Betriebsrats) zuzuerkennen (BVerwGE 90, 304, 305). Der Auffassung des BVerwG ist beizupflichten, weil sie die erforderliche Abstufung zur Klagebefugnis bringt. I.E. ist die Beteiligtenfähigkeit einer Vereinigung nur dann nicht gegeben, wenn ihr das geltend gemachte Recht unter keinen Umständen zustehen kann, weil in den möglicherweise einschlägigen öffentlich-rechtlichen Normen (gesehen als Normkomplex, z.B. „Rundfunkrecht") von ihr und ihren Rechten und Pflichten nicht die Rede ist und sich auch keine entsprechende Auslegung aufdrängt.[80]

4. Einzelfälle. Als Vereinigungen gem. § 61 Nr. 2 wurden (in alphabetischer Reihenfolge) anerkannt: 30
Eine *Abteilung einer Pädagogischen Hochschule* hinsichtlich des Rechts, den Semesterbeginn festzusetzen (VG Hannover DVBl 1974, 53); der *Betriebsrat* bei Streitigkeiten über dessen Wahl (BVerwGE 5,

---

72 Hierzu etwa *T. Siegel*, NVwZ 2016, 337, 339 f. m.w.N.
73 Eingehende Begründung bei *A. Guckelberger*, Deutsches Verwaltungsprozessrecht unter unionsrechtlichem Anpassungsdruck, 2017, 130 ff. (135) m.w.N.
74 Verhandlungen des 71. Deutschen Juristentages Essen 2016, Tagungsband, 2017, N 161 (dort Ziffer 12).
75 *A. v. Mutius*, Jura 1988, 469, 471.
76 *Schöbener*, GewArch 2008, 329 ff. m.w.N. in Fn. 16–18.
77 *Schenke*, Rn. 461; *K.-P. Dolde*, FS Menger, 1985, 324, 341, m.w.N. in Fn. 39.
78 OVG Münster NVwZ 1983, 485; VG Kassel NVwZ 1983, 372; *Schenke* Rn. 462; vgl. auch die Ausführungen zum Organstreitverfahren → Rn. 37–40; für eine analoge Anwendung *H.-U. Erichsen*, FS Menger, 1985, 211, 221 ff.
79 Sehr deutlich VGH Kassel DVBl 2012, 919; *A. von Mutius*, Jura 1988, 469, 472, m.w.N. in Fn. 33; *D. Ehlers*, NVwZ 1990, 105, 110.
80 Hierzu auch *Schenke* Rn. 462 a.

293, 302) oder über Mitwirkungs- und Mitbestimmungsrechte (nach dem BetrVG) an betrieblichen Angelegenheiten (BVerwGE 90, 304, 305); eine *Betroffenenvertretung*, die aus gewählten Vertretern von Mietern innerhalb eines Sanierungsgebietes gebildet wurde und die ein dem städtebaulichen Konzept widersprechendes Abrissvorhaben verhindern will (VG Berlin 19.6.1979 – 13 A 161.79, juris Rn. 17); der *Börsenvorstand* bei Untersagung einer Zulassung als Wertpapiermakler (OVG Bln JR 1967, 396); ein *Bürgerbegehren* im Streit um das Recht auf Zulassung des Begehrens;[81] der *Fachbereich* einer Fachhochschule im Streit um seinen Bestand (OVG Koblenz 9.2.2001 – 2 A 11697/00, juris Rn. 23); die *Fakultät* einer Universität im Streit um ihre Aufhebung (BVerwGE 45, 39 und OVG Bautzen SächsVBl 2005, 69); *Frachtenausschüsse*, die eine Genehmigung des Bundesverkehrsministers erstreiten wollen (BVerwGE 31, 359, 364); eine *Fraktion* als Vereinigung der Stadtverordneten hinsichtlich des Rechtes, einen Verhandlungsgegenstand auf die Tagesordnung zu setzen (VGH Kassel NVwZ 1986, 328); eine Stadtrats*fraktion* in Bezug auf die Verteilung von Haushaltsmitteln für die Geschäftsführungstätigkeit (BVerwG NVwZ 2013, 442); ein *Fußballfan-Club* (ohne vereinsrechtliche Struktur) in einem Rechtsstreit gegen eine vereinsrechtliche Verbotsverfügung (BVerwG NVwZ 2011, 372, 373); eine *Gemeinderatsfraktion*, deren Antragsrecht berührt wird, weil die Beschlussfassung von ihr in der Gemeindevertretung eingebrachte Vorschläge zur Aufnahme von Personen in die Liste für Schöffen (nach dem GVG) betrifft (VG Darmstadt HessVGRspr 1985, 45); eine *Innung* bei Anfechtungs- und Verpflichtungsklagen im Zusammenhang mit Gesellenprüfungen (OVG Münster GewArch 1979, 21); *Kommunalfraktionen* im Zusammenhang mit der Besetzung der Ratsausschüsse sowie dem Vorschlagsrecht für die Wahl des Ratsvorsitzenden;[82] kommunale Wahlausschüsse (OVG Koblenz KommJur 2014, 329, 330); der *Kreisverband* einer politischen Partei hinsichtlich des Begehrens, gemeindliche Räume zu benutzen (BVerwG BayVBl 1970, 25), oder im versammlungsrechtlichen Verwaltungsstreitverfahren (OVG Weimar ThürVGRspr 2003, 142 ff.); die *Mitarbeitervertretung* einer Kirche (VerwG EKD Hannover NZA-RR 2002, 613 und 867); der *Naturschutzbeirat*, dessen Beteiligungsrecht durch die Naturschutzbehörde verletzt wurde (VGH Kassel NVwZ 1992, 904). Beteiligtenfähig sind ferner der *Ortsbeirat* im Kommunalverfassungsstreit, da ihm durch ein normiertes Anhörungsrecht eine Verfahrensposition eingeräumt ist (VGH Kassel NVwZ 1987, 919); das *Präsidium eines Gerichts*, sofern es um die Zuteilung bestimmter richterlicher Aufgaben durch den Geschäftsverteilungsplan geht (VGH Kassel DRiZ 1984, 62), um die Neuaufteilung gerichtlicher Zweigstellen (OVG Greifswald NordÖR 2015, 559, 560) oder um die Wahl des Präsidiums (BVerwGE 44, 172); ein einzelnes *Ratsmitglied* einer Stadt, was das Rauchen während der Ratssitzung anbelangt (OVG Münster NVwZ 1983, 485, 486); ein nicht rechtsfähiger „Raucherverein" (BayVerfGH BayVBl 2015, 410); die *Regionale Planungsversammlung* im Organstreit um den Inhalt und die Reichweite von Mitgliedschaftsrechten (VGH Kassel ESVGH 44, 291 ff.); Regionalräte im Bauplanungsrecht;[83] die *Schulkonferenz* im Streit um ein Anhörungsrecht (VG Frankfurt a. M. NVwZ-RR 1999, 379); die *Sektion* einer Universität der ehemaligen DDR im Rechtsstreit über ihre „Abwicklung" (KreisG Halle LKV 1991, 273); der *Senat* und *Studentenvertreter* im Senat der Universität bei Streitigkeiten um die Wahl des Verwaltungsrates (VGH Mannheim, DÖV 1983, 862);[84] *Studierende* gegenüber dem Allgemeinen Studentenausschuss, die ihr Recht durchsetzen wollen, die angebotene Lehre unbeeinträchtigt aufzunehmen (HmbOVG NVwZ 1982, 448);[85] Universitäten, die nicht als Körperschaft organisiert sind (HmbOVG DÖV 2014, 399); eine *Vorgesellschaft* (GmbH in Gründung), die das Recht geltend macht, vorläufig in die Handwerksrolle eingetragen zu werden (VG Neustadt GewArch 1986, 200, 201); der *Wahlvorstand* für die Wahl zum Gerichtspräsidium, der gegen seine Abberufung vorgehen will (VGH Kassel NJW 1987, 1219); der *Wahlvorstand* eines universitätsinternen Gremiums, der gegen das Recht auf geheime Wahl der Konventsmitglieder verstößt (VGH Kassel DVBl 1991, 777).

---

81 VG Bremen 8.9.1999 – 1 K 2358/98, juris Rn. 69, in analoger Anwendung des § 61 Nr. 2; für direkte Anwendung *M. Jaroschek*, BayVBl 1997, 39, 41. Das OVG Münster NVwZ-RR 2003, 448 nimmt hingegen eine Beteiligtenfähigkeit der Vertreter des Bürgerbegehrens gem. § 61 Nr. 1 VwGO und der VGH Kassel NVwZ 1997, 1280 die Beteiligtenfähigkeit der Mitunterzeichner an.

82 *J. Erdmann*, DÖV 1988, 907, 910.

83 *M. Beckmann*, BauR 2014, 1717 ff.

84 Vgl. auch HmbOVG NVwZ-RR 1994, 587, für den Senat einer Hochschule, der Rechte verfolgt, die ihm als Organ der Hochschule zustehen (können).

85 Auch der einzelne Student hat nach HmbOVG NJW 1978, 1395 ein Antragsrecht, allerdings fehlen Ausführungen zur Beteiligtenfähigkeit.

Nicht beteiligtenfähig gem. § 61 Nr. 2 sind: Der *Bundespersonalausschuss* in einem Verfahren, in dem 31 der Kläger die Ernennung zum Amtmann begehrt (BVerwGE 26, 31, 33); *Bruchteilsgemeinschaften*, insbes. Miteigentümer und Eigentümer in ungeteilter Erbengemeinschaft (OVG Bautzen NVwZ-RR 2013, 1162; VGH München BayVBl 1979, 20); der *Elternbeirat*, der geltend macht, bei der Auflösung einer Volksschule in seinem Anhörungsrecht verletzt zu sein, im Normenkontrollverfahren (VGH München BayVBl 1981, 719);[86] der *Entschädigungsfonds* im vermögensrechtlichen Verfahren (VG Leipzig RGV N 11); ein *Fachbereich* einer Hochschule in einem Rechtsstreit um die Streichung einer Professorenstelle (OVG Lüneburg DVBl 1989, 114); *Fachschaften* als rechtlich unselbständige Untergliederungen der Studentenschaft (OVG Münster 19.6.1996 – 25 B 1140/96): der *Gemeinderat* in einem Passivprozess, in dem es um die Zurückweisung eines Bürgerantrags geht (VGH Mannheim DÖV 1988, 476); eine Gruppe von Kreistagsmitgliedern unterhalb der Fraktionsstärke in einem Rechtsstreit über die Besetzung von Kreistagsausschüssen (VGH Kassel DVBl 2012, 919); eine wirksam *aufgelöste Jagdgenossenschaft* in Passivprozessen, die keine Vermögensansprüche zum Gegenstand haben (OVG Münster Jagdrechtliche Entscheidungen II Nr. 65); der *Ortsrat* im Verfahren gegen eine Baugenehmigung (VG Saarlouis 29.1.2008 – 5 L 80/08, juris Rn. 8 f.); ein *Phantasiegebilde* (VG Berlin 17.7.2017 – 33 L 732/17, juris Rn. 3); die *Schulkonferenz* an einem Verfahren, in dem es um die Aufhebung der unter Verletzung ihres Rechts auf vorherige Anhörung getroffene schulorganisatorische Maßnahmen geht (OVG Bln NVwZ-RR 1990, 21); einzelne Stiftungsorgane (OVG Bln-Bbg NVwZ-RR 2014, 287); die *Vollversammlung einer IHK* im Prozess des von ihr als Hauptgeschäftsführer abberufenen Klägers (OVG Lüneburg GewArch 2010, 74).

Die Aufzählung dieser *Beispiele* verdeutlicht, dass überwiegend eine konkrete Betrachtungsweise be- 32 vorzugt wird. Nur wenige Entscheidungen enthalten grundsätzliche Ausführungen zur Beteiligtenfähigkeit nach § 61 Nr. 2, weshalb kein Schluss von der Nennung der „Vereinigung" in dieser Aufzählung auf ihre (generelle) Beteiligtenfähigkeit gezogen werden kann. In der Praxis wird die Beteiligtenfähigkeit einer Vereinigung keine größere Klippe sein. Allerdings ist klar zwischen Beteiligtenfähigkeit und Klagebefugnis (§ 42 Abs. 2 direkt oder analog) zu trennen. Bei der Beteiligtenfähigkeit nach § 61 Nr. 2 kommt es nur darauf an, ob die „Vereinigung" Zuordnungssubjekt von Rechtssätzen sein kann, die sie dann prozessual geltend machen könnte. Voraussetzung für die Beteiligtenfähigkeit ist aber gerade nicht, dass eine Rechtsverletzung behauptet wird oder diese gar vorliegen muss (→ Rn. 3).

VII. Die Beteiligtenfähigkeit von Behörden nach Landesrecht, § 61 Nr. 3

Nach der bundesrechtlichen Verfahrensordnung ist die Behörde regelmäßig weder beklagte Partei 33 noch fähig, am verwaltungsgerichtlichen Verfahren beteiligt zu sein (BVerwGE 14, 330, 331; 20, 21, 22; 72, 165, 167). Die Einräumung einer Beteiligtenfähigkeit von Behörden nach *Landesrecht* nach § 61 Nr. 3 bedeutet jedoch eine Durchbrechung des Rechtsträgerprinzips zugunsten des früheren norddeutschen Behördenprinzips.[87] Sofern das Landesrecht dies bestimmt, sind Behörden, die als solche[88] keine Rechte, sondern nur Kompetenzen haben können, also beteiligtenfähig. Sie machen insoweit im Prozess keine eigenen Rechte geltend, sondern werden nur in Prozessstandschaft für ihren Rechtsträger, die Körperschaft, tätig (BVerwGE 45, 207, 209). Im Außenverhältnis fließen aus den Kompetenzen der Behörde keine Rechte, die sie zu Vereinigungen i.S.v. § 61 Nr. 2 machen könnten.[89] Die landesrechtlichen Regelungen (→ Rn. 35) könnten – wie der Terminus Landesrecht nahe legt – nicht nur durch Gesetz, sondern auch durch Rechtsverordnung getroffen werden. Grds. bestünde hier auch die – wenngleich nicht sehr sinnvolle – Möglichkeit, nur die Beteiligtenfähigkeit als Kläger oder als Beklagter zuzuerkennen.[90] § 61 Nr. 3 schließt nicht aus, dass durch *Bundesgesetz* nach Art. 74 Nr. 1 GG auch Bundesbehörden für beteiligtenfähig erklärt werden. Allerdings kann aufgrund der Gesetzge-

---

86 Da sich die Entscheidung mit § 61 Nr. 2 auseinandersetzt, ist sie über das Normenkontrollverfahren hinaus verallgemeinerungsfähig.

87 *K.-P. Dolde,* FS Menger, 1985, 423, 426. Eingehend zum Behördenprinzip *S. Desens,* NVwZ 2013, 471 ff.; *F. Welsch,* LKRZ 2011, 446 ff.

88 Anders beim sog. Innenrechtsstreit, wo es nicht um die Behördeneigenschaft und die damit verbundenen Kompetenzen geht, sondern wo im Innenverhältnis um Rechte gestritten wird, die über bloße Kompetenzen hinausgehen.

89 *J. Stettner,* JA 1982, 394, 396.

90 *K.-P. Dolde,* FS Menger, 1985, 423, 434.

bungskompetenzen Landesbehörden die Beteiligtenfähigkeit nur durch Landesrecht zuerkannt werden (BVerwGE 14, 330, 331; 20, 21, 22), Bundesbehörden nur durch Bundesgesetz.[91]

34   Der in § 61 Nr. 3 verwendete *Behördenbegriff* soll noch weiter sein als der in § 1 Abs. 4 VwVfG verwendete funktionale Behördenbegriff.[92] Er umfasst auch die Behörden im (rein) organisationsrechtlichen Sinne. Danach sind Behörden alle Verwaltungsstellen, die durch organisationsrechtliche Rechtssätze gebildet, vom Wechsel ihrer Amtsinhaber unabhängig und nach der einschlägigen Zuständigkeitsregelung berufen sind, unter eigenem Namen für den Staat oder für einen sonstigen Verwaltungsträger, dem sie zuzurechnen sind, durch Maßnahmen mit Außenwirkung zu entscheiden (OVG Münster NVwZ 1986, 761 m.w.N.). Somit soll z.B. die Werkleitung eines kommunalen Eigenbetriebes Behörde i.S.d. Verwaltungsprozessrechts sein (OVG Münster DÖV 1989, 594), die Gemeindekasse hingegen nicht, da ihre Maßnahmen dem Stadtdirektor zugerechnet werden (OVG Münster NVwZ 1986, 761; a.M. OVG Münster DÖV 1958, 314). – Für den *Beliehenen* ergibt sich bereits aus dem funktionalen Behördenbegriff des § 1 Abs. 4 VwVfG die Behördeneigenschaft.[93] Dessen Beteiligtenfähigkeit resultiert, sofern das Landesrecht dies ermöglicht, grds. aus § 61 Nr. 3. Andernfalls ist nach der Rechtsform des Beliehenen zu entscheiden, auf welcher Grundlage er beteiligtenfähig ist.[94] Bspw. wird in § 29 Abs. 2 StVZO die Zuteilung der Prüfplakette an die zur Durchführung von Hauptuntersuchungen berechtigten Personen delegiert. Falls diese nicht als Behörde beteiligtenfähig sein können, muss sich dies aus den übrigen in § 61 eröffneten Möglichkeiten, also regelmäßig aus § 61 Nr. 1 ableiten lassen. Die berechtigten Personen sind zwar in den TÜV eingegliedert, aber das Hoheitsrecht ist nach § 29 Abs. 2 StVZO nicht auf den TÜV, sondern direkt an die berechtigten Personen delegiert,[95] sodass sie unmittelbar beteiligtenfähig sind.[96]

35   Von der Ermächtigung des § 61 Nr. 3 hatten acht Landesgesetzgeber Gebrauch gemacht, wobei unterschiedlich verfahren worden ist.[97] Beteiligtenfähig sind danach in den folgenden *Bundesländern*:

- ▪ *Alle* Behörden (also auch kommunale Behörden)[98] in:
  - – Brandenburg, § 8 Abs. 1 BbgVwGG[99]
  - – Mecklenburg-Vorpommern, § 14 Abs. 1 AGGerStrG M-V
  - – Saarland, § 19 Abs. 1 SaarlAGVwGO
- ▪ Nur die *landesunmittelbaren* Behörden in:
  - – Niedersachsen, § 8 Abs. 1 NdsVwGG
  - – Sachsen-Anhalt, § 8 S. 1 AGVwGO LSA
  - – Schleswig-Holstein, § 6 AGVwGO SH
- ▪ Ausschließlich die Aufsichts- und Dienstleistungs- bzw. die „andere obere Aufsichtsbehörde" bei einer (aktiven) Beanstandungsklage:
  - – Rheinland-Pfalz, § 17 Abs. 2 AGVwGO RP.

36   Obgleich in den Landesgesetzen von Brandenburg, Mecklenburg-Vorpommern, Niedersachsen, Saarland, Sachsen-Anhalt und Schleswig-Holstein innerhalb einer Norm von beiden Normerlassermächtigungen in § 61 Nr. 3 und § 78 Abs. 1 Nr. 2 Gebrauch gemacht wurde, sind die Fragen nach der Beteiligtenfähigkeit und gegen wen Anfechtungs- bzw. Verpflichtungsklage zu richten sind, auseinander zu halten (→ Rn. 3). Dies wird in dem denktheoretischen Fall augenscheinlich, in dem ein Landesgesetzgeber nicht gleichzeitig von den in § 61 Nr. 3 und in § 78 Abs. 1 Nr. 2 geschaffenen Möglichkeiten Gebrauch machen würde. Selbst wenn Behörden aufgrund von Landesrecht, das auf der Basis des

---

91 BVerwGE 14, 330, 331; 20, 21, 22 (für § 78 Abs. 1 Nr. 2); VG Kassel DÖV 1984, 122, 123 f. A.M. *H.-J. v. Oertzen*, NJW 1961, 767.

92 *W.-R. Schenke*, in Kopp/Schenke § 61 Rn. 13.

93 *H. Schmitz*, in Stelkens/Bonk/Sachs § 1 Rn. 246; *Kopp/Ramsauer* § 1 Rn. 58.

94 *Wolff/Bachof/Stober/Kluth* § 90 Rn. 52 f., auch m.N. auf den sich daran anschließenden, für Beliehene umstrittenen Fragenkreis des richtigen Beklagten. Hierzu und für das Widerspruchsverfahren auch *U. Steiner*, JuS 1969, 69, 74 f.

95 Anm. *U. Steiner*, NJW 1975, 1797, zu VGH München NJW 1975, 1796.

96 *U. Steiner*, JuS 1969, 69, 74 f., dessen Ausführungen zum Problem des richtigen Beklagten die Materie der Beteiligtenfähigkeit inzidenter mit umfassen.

97 In NRW wurde die entsprechende Regelung des § 5 AGVwGO mit Wirkung zum 1.1.2011 aufgehoben.

98 Dies ergibt sich aus der Gegenüberstellung mit den „Landesbehörden" in den anderen Landesgesetzen mit Zuerkennung der Beteiligtenfähigkeit für Behörden.

99 Eine Ausnahme besteht hier gemäß § 8 Abs. 2 S. 2 BbgVwGG für beamtenrechtliche Klagen.

§ 61 Nr. 3 ergangen ist, beteiligtenfähig sein sollten, bedeutet das nicht, dass sie gleichzeitig nach § 78 Abs. 1 Nr. 2 bei Anfechtungs- und Verpflichtungsklagen passiv prozessführungsbefugt sind. Ohne eine landesrechtliche Bestimmung, die auf § 78 Abs. 1 Nr. 2 fußt, ist der Anwendungsbereich des § 78 Abs. 1 Nr. 1 eröffnet, der die zuständige Körperschaft als diejenige ausweist, gegen die die Klage zu richten ist, auch wenn die Behörde nach § 61 Nr. 3 beteiligtenfähig ist.[100] Insoweit kann man die Faustregel aufstellen, dass § 78 Abs. 1 Nr. 2 an die Regel des § 61 Nr. 3 anknüpft.[101]

VIII. Das Organstreitverfahren

1. Wesen. Organen, Organteilen oder organinternen Funktionsträgern, die an sich als „innerorgani- 37 satorische Subjekte" keine Rechtsfähigkeit besitzen, kommt bei einem Streit über ihre organschaftlichen Befugnisse (Paradefall ist hier das Kommunalverfassungsstreitverfahren → § 42 Rn. 229–233) eine durch materielles Recht begründete und zugleich beschränkte Rechtssubjektivität zu (Teilrechtsfähigkeit). Die sich daraus ergebenden *körperschaftsinternen Beziehungen* enthalten verwaltungsrechtlich überprüfbare, öffentlich-rechtliche Rechtsbeziehungen (korporationsbezogene Organschaftsrechte oder mitgliedschaftliche Wahrnehmungszuständigkeiten);[102] diese vermitteln die Beteiligtenfähigkeit nach Nr. 2.[103] Voraussetzung dafür ist, dass dem jeweiligen Zuordnungssubjekt durch Rechtssatz ein eigenständiges rechtliches Interesse an der Wahrnehmung bestimmter Gruppenbelange und/oder an einem ordnungsgemäßen Funktionsablauf und der Wahrung innerorganisatorischer rechtlicher Grenzen zugebilligt wird (VGH Mannheim DVBl 1978, 274, 275 m.w.N.; bestätigt in DÖV 1982, 84, 85).[104] Innerhalb dieser Grenzen bewegt man sich dort, wo der Gesamtorganismus in den Dienst eines pluralistisch strukturierten Willensbildungsprozesses gestellt ist, innerhalb dessen dann auch eine gerichtliche Klärung möglich sein muss.[105] Ob im Einzelfall ein solches Recht vorliegt, das die Beteiligtenfähigkeit auslösen kann, beurteilt sich nach dem materiellen Recht. Faustregel ist, dass das Recht die Beteiligtenfähigkeit vermittelt, wenn es im Hinblick auf die Kontrastfunktion des Organs (Organteils) gegenüber anderen Organen gewährt wird.[106]

2. Beteiligtenfähigkeit einzelner Organe. Unter den Terminus „Vereinigung" sind unter den ent- 38 wickelten Voraussetzungen, dass ein korporationsbezogenes Organschaftsrecht und kein Individualrecht den Streitgegenstand bildet, nicht nur Kollegialorgane, sondern auch das *„Einmannorgan"* entweder direkt (OVG Münster NVwZ 1983, 485, 486) zu subsumieren, oder es wäre mit wohl besseren Gründen § 61 Nr. 2 analog anzuwenden.[107] Sofern man nicht den Ansatz in § 61 aus den Augen verlieren will, dass die Beteiligten des Verwaltungsprozesses Rechtssubjekte sein sollen, die um Außenrechtsbeziehungen streiten, ist genau besehen eine doppelte Analogie notwendig: einmal mit Blick auf das nicht erfüllte Merkmal „Vereinigung", zum anderen bezüglich der Verortung der Streitigkeit im Innenrechtskreis.[108] Teilweise wird mit einiger Berechtigung sogar vom Vorliegen einer Rechtsfortbildung ausgegangen.[109] Hingegen gilt Nr. 1 direkt, wenn der Organwalter Individualrechte als natürliche Person geltend macht.[110] So ist § 61 Nr. 1 dann einschlägig, wenn sich ein Ratsmitglied gegen Bild- und Tonaufnahmen während einer Gemeindesratssitzung zur Wehr setzen möchte (VGH Kassel KommJur 2014, 14, 16).

Bei den Rechtsstreitigkeiten, bei denen ein „Einmannorgan" involviert ist, dem nach § 61 Nr. 3 durch 39 Landesgesetz die Behördeneigenschaft verliehen wurde, ergibt sich für das Einordnungsproblem hin-

---

100 *K.-P. Dolde*, FS Menger, 1985, 423, 424.
101 *Pietzner/Ronellenfitsch* Rn. 227.
102 OVG Münster NVwZ 1983, 485, 486 (Rauchverbot während einer Gemeinderatssitzung).
103 VGH Mannheim DÖV 1983, 862; *W.-R. Schenke*, in: Kopp/Schenke § 61 Rn. 11. Für eine analoge Anwendung *M. Ogorek*, JuS 2009, 511, 516; *W. Roth*, Verwaltungsrechtliche Organstreitigkeiten, 2001, 916.
104 Hierzu auch *K.-P. Dolde*, FS Menger, 1985, 423, 430.
105 *F. Schoch*, JuS 1987, 783, 786.
106 *Schmitt Glaeser/Horn* Rn. 94 m.w.N.
107 VG Kassel NVwZ 1983, 372; VG Cottbus 19.5.2017 – 1 K 1626/14, juris Rn. 55; *D. Th. Tsatsos*, Organstreit, 1969, 38; *F. Schoch*, JuS 1987, 783, 787 m.w.N.; *Ogorek*, JuS 2009, 511, 516; jetzt ebenfalls zust. *Hufen* § 21 Rn. 6. Das BVerwG hat die Beteiligtenfähigkeit der Frauenvertreterin bei der Senatsverwaltung auf § 61 Nr. 1 VwGO gestützt, 30.3.2006 – 2 B 8/06, juris Rn. 2.
108 *F. Schoch*, JuS 1987, 783, 787.
109 *F. Schoch*, JuS 1987, 783, 787; *K. Lange*, FS Schenke, 2011, 959, 963 (beide m.w.N.).
110 *Schenke* Rn. 457.

sichtlich der Alternativen des § 61 Nr. 2 oder 3 bei Vorliegen eines Organstreitverfahrens die Anwendung der Nr. 2. Denn dem Behördenbegriff und der daraus resultierenden Beteiligteneigenschaft aus Nr. 3 sind nur die Organeigenschaften zuzuordnen, die ausschließlich mit der körperschaftsinternen Stellung und Wirkung des Organs zusammenhängen und die deswegen mit dem Begriff „Selbstverwaltungsorgan" gemeint sind. Wenn etwa einem Bürgermeister die Behördeneigenschaft und damit die Beteiligtenfähigkeit verliehen worden ist, besitzt er sie als Zurechnungssubjekt der Gemeinde; sie gilt daher nur in denjenigen Prozessen, in denen es sich um Rechtsbeziehungen der Gemeinde zu einem anderen Rechtssubjekt (Außenrechtsbeziehungen) handelt.[111] Demgegenüber steht bei den verwaltungsrechtlichen Organstreitigkeiten das Zusammenspiel verschiedener Organe eines bestimmten Entscheidungsträgers im Vordergrund.[112]

40　**3. Beispiele.** Hauptanwendungsfelder für Organstreitigkeiten sind im Geltungsbereich der VwGO[113] der Hochschulverfassungsstreit[114] sowie insbes. der Kommunalverfassungsstreit.[115] Beispiele für zulässige Organstreitverfahren sind etwa im Bereich des Hochschulrechts: Klagen des Allgemeinen Studentenausschusses gegenüber dem Universitätspräsidenten (VGH Mannheim DÖV 1982, 84) des Dekans gegenüber der Fachbereichskonferenz (Fachbereichs- bzw. Fakultätsrat), der Intendant einer Rundfunkanstalt gegenüber dem Verwaltungsrat (VG Hamburg DVBl 1980, 491), eines Senatsmitglieds gegenüber dem Akademischen Senat einer Universität (VGH Mannheim DÖV 1983, 862); im Bereich des Kommunalverfassungsrechts Klagen eines Bürgermeisters gegenüber der Gemeindevertretung (VG Kassel NVwZ 1983, 372), des Stadtverordnetenvorstehers gegenüber einer Stadtverordnetenfraktion (VG Kassel NVwZ 1983, 372); eines Ratsmitglieds einer Stadt gegenüber dem Bürgermeister (OVG Münster NVwZ 1983, 485), einer Gemeinderatsfraktion bei der Feststellung der Fraktionseigenschaft (OVG Münster 28.1.2015 – 15 A 2439/14, juris Rn. 7). Weitere Beispiele bilden Klagen des Vizepräsidenten einer IHK gegen die IHK, deren Vollversammlung ihn abgewählt hat (VG Frankfurt 15.11.2007 – 5 E 777/07, juris Rn. 12); des Präsidenten des SG in einem Verfahren gegen Mitglieder des Präsidiums (VGH Mannheim DÖV 1980, 573), eines gewählten Präsidiumsmitglieds eines Gerichts gegenüber dem Gerichtspräsidenten (VGH Mannheim DÖV 1980, 573).

IX. Der Insichprozess

41　**1. Wesen.** Vom Organstreitverfahren zu unterscheiden sind (sonstige) Insichprozesse. Der zentrale Unterschied liegt darin, dass das Organstreitverfahren auf die Ordnungsgemäßheit des organschaftlichen Funktionsablaufs zielt, während beim Insichprozess primär die Unrichtigkeit einer Verwaltungsentscheidung nach materiellem Recht festgestellt werden soll.[116] Unter dem Oberbegriff Insichprozess werden hier *drei Konstellationen* zusammengefasst. Es fallen darunter a) wenn zwei (nichtrechtsfähige) Behörden ein- und desselben Rechtsträgers gegeneinander klagen, b) wenn sich eine Behörde und ihr Rechtsträger gegenüberstehen und c) ein- und derselbe Rechtsträger mit jeweils verschiedener gesetzlicher Vertretung gleichzeitig Kläger und Beklagter ist.[117] Gemeinsam ist allen Erscheinungsformen, dass vom – nicht rechtlich zwingenden, sondern nur typischen – Grundsatz der Personenverschiedenheit der Beteiligten oder von der Regel, dass sie verschiedenen Rechtsträgern angehören sollen, eine Ausnahme vorliegt. Auch bedeutet dies eine Abweichung von der Konzeption der VwGO, die auf Außenrechtsbeziehungen hin angelegt ist.[118] Die Tolerierung dieser Besonderheiten erfolgt mit dem Ziel, die Bewahrung und Durchsetzung der materiellen Rechtsordnung zu gewährleisten.[119]

42　**2. Zulässigkeit.** Ein Verbot des sog. Insichprozesses lässt sich aus § 61 nicht ableiten (BVerwGE 45, 207, 208; a.M. OVG Bln DVBl 1964, 82). § 61 enthält keine Manifestation des Zweiparteiensystems

---

111　*D. Th. Tsatsos*, Organstreit, 1969, 36.
112　*Pietzner/Ronellenfitsch* Rn. 229.
113　Zum Organstreit in der Sozialgerichtsbarkeit *M. Wallerath*, SGb 2015, 484.
114　Hierzu eingehend *E. Wendelin*, Der Hochschulverfassungsstreit, 2010, insbes. 154 ff.
115　Hierzu aus jüngerer Zeit *K. Lange*, FS Schenke, 2011, 959; *M. Ogorek*, JuS 2009, 511.
116　*W. Löwer*, VerwArch 68 (1977), 327, 334 f.; ebenso etwa *Pietzner/Ronellenfitsch* Rn. 228 f.; *Schenke* Rn. 530. Krit. zu dieser Differenzierung *A. Herbert*, DÖV 1994, 108, 109.
117　BVerwGE 45, 207, 209; *Schmitt Glaeser/Horn* Rn. 169 a.
118　*F. Schoch*, JuS 1987, 783, 787.
119　*W. Löwer*, VerwArch 68 (1977), 327, 335.

in dem Sinne, dass auf Kläger- und Beklagtenseite zwei verschiedene Personen stehen müssen, die keinem gemeinsamen Rechtsträger angehören. Es besteht auch kein allgemeiner Grundsatz des Verwaltungsprozessrechts, aus dem die Unzulässigkeit eines Insichprozesses abgeleitet werden kann.[120] Der Gesetzgeber hat den Insichprozess nur in wenigen Fällen ausdrücklich vorgesehen.[121] Eine solche Zulassung stellt sich regelmäßig zugleich als eine gesetzliche Befreiung (vgl. den Wortlaut des § 42 Abs. 2) des derart Klagebefugten von dem Erfordernis der Geltendmachung dar, in eigenen Rechten verletzt zu sein. Fehlt die ausdrückliche Normierung, setzt die Zulässigkeit eines Insichprozesses neben der Beteiligtenfähigkeit der Behörde usw. noch voraus, dass ihre Rechtsverletzung möglich erscheint bzw. bei Anfechtungs- und Verpflichtungsklage, dass ihre Klagebefugnis gem. § 42 Abs. 2 gegeben ist (BVerwGE 45, 207, 210).

Das Ziel der Bewahrung und Durchsetzung der materiellen Rechtsordnung hat zur Folge, dass die Zulässigkeit des Insichprozesses anhand der einschlägigen, möglicherweise verletzten Norm (Parallele zur nicht einschlägigen Klagebefugnis!) zu beurteilen ist. Die bloße Zuweisung einer Kompetenz reicht zur Begründung der Beteiligtenfähigkeit nicht aus, denn dann wäre § 61 Nr. 3 überflüssig.[122] Nur eine dem subjektiven öffentlichen Recht vergleichbare Rechtsstellung kann ausnahmsweise die Beteiligtenfähigkeit vermitteln. Im Insichprozess wird Gremien die Beteiligtenfähigkeit über eine analoge Anwendung des § 61 Nr. 2 zugesprochen, es sei denn, sie seien als Behörden zu qualifizieren, die unter § 61 Nr. 3 fallen.[123] Gleichwohl ist bei der Anwendung dieses Instituts Zurückhaltung geboten (BVerwGE 2, 147, 149; 45, 207, 209), da es nicht mit dem Grundsatz der Einheit der Verwaltung in Einklang zu bringen ist. Man muss dabei auch berücksichtigen, ob sich Meinungsverschiedenheiten nicht auf dem Dienstweg ausräumen lassen, was der klageweisen Klärung mangels Rechtsschutzbedürfnisses entgegenstehen würde.

Als letzter kleiner Unterschied bleibt stets die Frage nach der Möglichkeit der Rechtsverletzung, die bei der Untersuchung der Beteiligtenfähigkeit nicht verlangt werden kann (→ Rn. 29). Der genannte Prüfungsmaßstab ist selbst dann anzuwenden, wenn im Verhältnis von Behörde zur Aufsichtsbehörde ein Weisungsrecht besteht (BVerwGE 45, 207, 210, mit Verweis auf BVerfGE 20, 238, 251 ff.), wobei es hier aber regelmäßig an einer klagefähigen „wehrhaften" Innenrechtsposition fehlen wird. Wenn Behörden desselben Rechtsträgers nach dem einschlägigen Verwaltungsverfahrensrecht im Verhältnis von Ausgangs- und Widerspruchsbehörde zueinander stehen, kommt regelmäßig keine Rechtsverletzung i.S.d. § 42 Abs. 2 in Betracht (BVerwGE 45, 207, 210 f.). Gleiches gilt, wenn gleichgeordnete Behörden derselben Aufsichtsinstanz unterstehen (VGH Mannheim VBlBW 1990, 192, 194).

3. Vorkommen in der Praxis. Traditionell werden Streitigkeiten zwischen „Fiskus" und staatlicher Verwaltung als zulässiger Insichprozess begriffen:[124] Der Staat als Privatrechtssubjekt (Fiskus), z.B. als Grundstückseigentümer, unterliegt herkömmlich dem öffentlichen Recht (fiscus iure publico subditus est). Er ist regelmäßig abgabenpflichtig (BVerwGE 27, 225, 226; 32, 252) und untersteht etwa dem Gewerberecht (vgl. § 2 HwO). So kann etwa ein *Bundesland* gegen das *Finanzamt* klagen, das einen Einheitswertfeststellungsbescheid hinsichtlich eines dem Land gehörenden Grundstücks erlassen hat (BFH BB 1986, 383; vgl. auch VGH München DÖV 1963, 218). Gegen sich selbst als Träger der *Lastenausgleichsverwaltung* kann ein Land als Träger der Kriegsopferversorgung, vertreten durch das Landesversorgungsamt, auf Rückerstattung einer Ersatzleistung klagen (BSGE 39, 260). Wegen der dargelegten hohen Anforderungen an die Zulässigkeit (→ Rn. 43 f.) kommen solche Insichprozesse in der Praxis aber eher selten vor.[125]

---

120 BVerwGE 45, 207, 208 ff. mit einer Richtigstellung gegenüber BVerwGE 31, 263, 267, wo sich der 4. Senat zur Begründung seiner gegenteiligen Ansicht auf *G. Kisker*, Insichprozeß und Einheit der Verwaltung, 1968, 24 ff., beruft.
121 Beispielhaft sei hier auf § 338 LAG verwiesen. Weitere Bsp. bei *J. Stettner*, JA 1982, 394, 395 Fn. 9, und BVerwGE 45, 207, 210. Vgl. auch VGH Mannheim VBlBW 1990, 192 (zu § 91 a BSHG a.F.).
122 *K.-P. Dolde*, FS Menger, 1985, 423, 438.
123 *A. Herbert*, DÖV 1994, 108, 113.
124 BVerwGE 45, 207; *W. Löwer*, VerwArch 68 (1977), 327, 332 f.
125 So zu Recht *Schenke* Rn. 531.

X. Vertreter des öffentlichen Interesses

46   Dem VöI kommt kraft seiner durch § 36 i.V.m. § 63 Nr. 4 vermittelten Stellung die Beteiligtenfähigkeit zu. In dieser Position kann er sich an jedem Verfahren beteiligen, das bei dem Gericht anhängig ist, für das er bestellt wurde (VG oder OVG). Entsprechendes gilt nach § 35 i.V.m. § 63 Nr. 4 für den VBl hinsichtlich der Verfahren vor dem BVerwG. Problematisch und kaum geklärt ist die Situation, wenn der Landesgesetzgeber von der Möglichkeit Gebrauch gemacht hat, nach § 61 Nr. 3 *Behörden* die Beteiligtenfähigkeit zu verleihen, und gleichzeitig dem VöI nach § 36 Abs. 1 S. 2 die Vertretung des Landes oder von Landesbehörden übertragen hat. Zu entscheiden ist in diesem Fall, ob mit der landesrechtlichen Regelung gem. § 36 Abs. 1 S. 2 die Beteiligtenfähigkeit geregelt wird, mit der Folge, dass die Beteiligtenfähigkeit der Behörde entfällt, oder nur der richtige Vertreter bestimmt werden soll. Da allein § 61 Nr. 3 dem Landesgesetzgeber ermöglicht, die Beteiligtenfähigkeit auch Behörden zuzuschlagen, ist davon auszugehen, dass § 36 Abs. 1 S. 2 (nur) die richtige Vertretung regelt. Wenn nun auf der Grundlage des § 36 eine Rechtsverordnung der Landesregierung bestimmt, dass der VöI die Landesbehörde vertreten soll, muss er, sofern er sich beteiligt, als alleinig legitimierter Vertreter aufgefasst werden. In den Fällen, in denen er neben den Behördenvertretern auftritt, ihm also kein Alleinvertretungsrecht zugewiesen ist, könnte es sonst vorkommen, dass er und der Behördenvertreter verschiedene oder gar gegenläufige Anträge stellen. Dies ist nur solange unschädlich, wie der VöI tatsächlich ausschließlich (neutraler) VöI ist. Ist dies nicht der Fall, sind Prozesshandlungen des sonstigen Behördenvertreters mangels „Vertretungsbefugnis" unwirksam.[126] Der Landesgesetzgeber hat diesen Konflikt zu regeln. Das ist allerdings nicht in allen Bundesländern geschehen. Der hier vertretenen Auffassung entspricht die Regelung in §§ 3 Abs. 7 i.V.m. 5 Abs. 1 der Verordnung über die Landesanwaltschaft Bayern.[127] Danach muss der VöI (Landesanwalt) seine Aufgabe im Benehmen mit den beteiligten Behörden wahrnehmen. Ist dies nicht möglich, hat die Staatsregierung die unterschiedlichen Standpunkte mittels einer verbindlichen Entscheidung zu koordinieren.

§ 62 [Prozessfähigkeit]

(1) Fähig zur Vornahme von Verfahrenshandlungen sind

1. die nach bürgerlichem Recht Geschäftsfähigen,
2. die nach bürgerlichem Recht in der Geschäftsfähigkeit Beschränkten, soweit sie durch Vorschriften des bürgerlichen oder öffentlichen Rechts für den Gegenstand des Verfahrens als geschäftsfähig anerkannt sind.

(2) Betrifft ein Einwilligungsvorbehalt nach § 1903 des Bürgerlichen Gesetzbuchs den Gegenstand des Verfahrens, so ist ein geschäftsfähiger Betreuter nur insoweit zur Vornahme von Verfahrenshandlungen fähig, als er nach den Vorschriften des bürgerlichen Rechts ohne Einwilligung des Betreuers handeln kann oder durch Vorschriften des öffentlichen Rechts als handlungsfähig anerkannt ist.

(3) Für Vereinigungen sowie für Behörden handeln ihre gesetzlichen Vertreter und Vorstände.

(4) §§ 53 bis 58 der Zivilprozeßordnung gelten entsprechend.

Schrifttum

1. Monographien und Beiträge in Sammelwerken:

F. J. Käck, Der Prozeßpfleger, 1990; *H.-W. Laubinger*, Prozeßfähigkeit und Handlungsfähigkeit, in: Verwaltung im Rechtsstaat. FS für Carl Hermann Ule, 1987, 161; *J. Martens*, Die Praxis des Verwaltungsprozesses, 1985, § 10; *J. Nolte*, Die Eigenart des verwaltungsgerichtlichen Rechtsschutzes, 2015; *W. Röchling*, Handbuch Anwalt des Kindes, 2001; *W. Roth*, Verwaltungsrechtliche Organstreitigkeiten, 2001; *C. Schielke*, Die Reichweite der Bindungswirkung von Zusagen in Eingemeindungsverträgen der Gebietsreform in Baden-Württemberg, 2012.

---

126   BVerwGE 72, 165, 168, für die Parallelsituation, dass der fälschlich Beigeladene und damit nicht beteiligtenfähige Bundesminister des Innern Rechtsmittel einlegt.

127   VO über die Landesanwaltschaft Bayern vom 29.7.2008, BayGVBl 554 (geänd. durch VO vom 22.7.2014, BayGVBl 286).

2. Beiträge in Zeitschriften:

V. Benthien, Gibt es eine organschaftliche Stellvertretung? NJW 1999, 1142; *R. Bork*, Die Prozeßfähigkeit nach neuem Recht, MDR 1991, 97; *C. Braun*, Der Eingemeindungsvertrag, KommJur 2011, 8; *D. Ehlers*, Allgemeine Sachentscheidungsvoraussetzungen verwaltungsgerichtlicher Rechtsschutzanträge (Teil IV), Jura, 2008, 506; *M. Fleuß*, Minderjährige und Heranwachsende im Ausländerrecht, VerwArch 107 (2016), 143; *B. Klüsener/H. Rausch*, Praktische Probleme bei der Umsetzung des neuen Betreuungsrechts, NJW 1993, 617; *H.-W. Laubinger/U. Repkewitz*, Der Betreute im Verwaltungsverfahren und im Verwaltungsprozeß, VerwArch 85 (1994), 86; *F. Koehl*, Aus der Praxis: Vertretungsberechtigung bei einem nicht rechtsfähigen Verein, JuS 2016, 611; *H. Rausch/J. Rausch*, Betreuung Geschäftsfähiger gegen ihren Willen, NJW 1992, 274; *I. Schübel-Pfister*, Aktuelles Verwaltungsprozessrecht, JuS 2013, 417; *T. Siegel*, Rechtsschutz vor Gericht und im Verwaltungsverfahren – wechselseitige Kompensationsmöglichkeiten?, ZUR 2017, 451; *E. Wendelin*, Der Hochschulverfassungsstreit, 2010.

3. Schrifttum zur Prozessführungsbefugnis

a) Monographien und Beiträge in Sammelwerken: *M. Fischer*, Die verwaltungsprozessuale Klage im Kraftfeld zwischen materiellem Recht und Prozessrecht, 2011; *W. Heintzmann*, Die Prozeßführungsbefugnis, 1970; *ders.*, Zivilprozeßrecht I, 1985.

b) Beiträge in Zeitschriften: *W. Grunsky*, Die Prozeßführungsbefugnis des Beklagten, ZZP 76 (1963), 49; *G. Lüke*, Die Abgrenzung der Klagebefugnis im Verwaltungsprozeß, AöR 84 (1959), 185; *ders.*, Die Prozeßführungsbefugnis, ZZP 76 (1963), 1; *H.-M. Pawlowski*, Die zivilrechtliche Prozeßstandschaft, JuS 1990, 378; *C. Zander*, Das Gesetz zur Neuregelung des Rechtsberatungsrechts. Ein Überblick aus verwaltungsrechtlicher Sicht, BDVR-Rundschreiben 01/2008, 22; vgl. auch die Literaturangaben zu § 64.

I. Entstehungsgeschichte

Bereits im Gemeinsamen Entwurf einer Bundesverwaltungsgerichtsordnung der Vereinigung der Präsidenten der VG in Zusammenarbeit mit der Arbeitsgemeinschaft der Innenminister der Länder aus 1 dem Jahre 1951 (DVBl 1951, Beilage zu Heft 18) wurden die jetzigen Abs. 1 und 4 des § 62 wortlaut-gleich in § 64 geregelt. Im Regierungsentwurf einer VwGO (BT-Drs. 3/55) wurde diese Regelung der Prozessfähigkeit – dort als § 65 – durch den heutigen Abs. 3 ergänzt und in dieser Fassung, die bis zum 31.12.1991 unverändert blieb, als § 62 am 21.1.1960 (BGBl I 17, 25) verabschiedet. Durch Art. 7 § 23 des BtG vom 12.9.1990[1] wurde der heutige Abs. 2 eingefügt, und aus den bisherigen Abs. 2 und 3 wurden die Abs. 3 und 4. Im Zuge der Reform des Rechtsberatungsrechts wurde die Rechtsfigur des „besonders Beauftragten" in Abs. 3 zum 1.7.2008 gestrichen.[2]

II. Allgemeiner Überblick

2 **1. Begriff und Funktion der Prozessfähigkeit.** Die Prozessfähigkeit ist die Fähigkeit zur Vornahme von (verwaltungsgerichtlichen) Verfahrenshandlungen. Damit ist die rechtlich eingeräumte Fähigkeit gemeint, einen Prozess selbst oder durch einen selbst bestellten Prozessbevollmächtigten zu führen so-wie alle Prozesshandlungen vorzunehmen.[3] Sie orientiert sich hierbei bei natürlichen Personen an der *Geschäftsfähigkeit* nach bürgerlichem Recht (→ Rn. 25 ff.). Bei juristischen Personen ist umstritten, ob sie auch prozessfähig sein können (und damit müssen?) oder ob es hier nur um ihre (ordnungsge-mäße) Vertretung im Prozess gem. *Abs. 3* geht (→ Rn. 50 ff.). Im Übrigen müssen dann die handeln-den (natürlichen) Personen selbst prozessfähig (und ggf. postulationsfähig) sein. „Vornahme" von Ver-fahrenshandlungen (→ Rn. 4–5) bedeutet hierbei nicht nur die Abgabe von Erklärungen bzw. aktive Vornahme von Handlungen, sondern auch die Entgegennahme/den Empfang solcher Erklärungen/Handlungen. – Die Prozessfähigkeit hat *zwei Funktionen*: Sie ist Sachentscheidungsvoraussetzung, d.h., Voraussetzung dafür, dass das Gericht zur Sache verhandeln und entscheiden darf, und Prozess-handlungsvoraussetzung, d.h. Voraussetzung für die Möglichkeit, Prozesshandlungen vorzunehmen. § 62 ist gem. Abs. 4 i.V.m. § 56 ZPO *von Amts wegen* in jedem Stadium des Verfahrens vom Prozess-gericht zu prüfen. Allerdings bedeutet dies nicht, dass – außer in Nichtigkeitsverfahren – die Prozess-fähigkeit auch nach formeller Rechtskraft zu berücksichtigen ist.[4] Prozessfähig muss in erster Linie derjenige sein, der als Beteiligter eines Verwaltungsprozesses (§ 63) das Verfahren in eigener Person oder durch einen von ihm selbst bestellten Bevollmächtigten betreiben will. Auch der Prozessbevoll-mächtigte muss seinerseits prozessfähig (und zusätzlich postulationsfähig) sein (zu den Fehlerfolgen → Rn. 66).[5] Ein Zeuge hingegen braucht nicht prozessfähig zu sein.[6]

3 Die Prozessfähigkeit ist abzugrenzen von der – weiter gefassten – strafprozessualen Verhandlungsfä-higkeit (OVG Bautzen 9.4.2015 – 5 A 407/14, juris Rn. 8) und korrespondiert mit der in den VwVfG geregelten *Handlungsfähigkeit*. Die weitgehende Wortgleichheit des § 12 VwVfG mit § 62 legt die Schlussfolgerung nahe, dass sich Prozessfähigkeit und Handlungsfähigkeit decken.[7] Allerdings müssen die Unterschiede zwischen Verwaltungsprozess und Verwaltungsverfahren, soweit sie sich auf die In-terpretation der beiden Vorschriften auswirken können, berücksichtigt werden: So besteht der Haupt-zweck des Verwaltungsprozesses in der Gewährung von Rechtsschutz durch ein unabhängiges Ge-richt, während im Zentrum des Verwaltungsverfahrens die Gestaltung von Rechtsverhältnissen auf dem Gebiet des öffentlichen Rechtes unter maßgeblicher Mitwirkung einer Behörde steht.[8] Das Ge-richt entscheidet in fremder, die Behörde in eigener Sache. Das Gericht sieht sich stets mindestens zwei Beteiligten, die Verwaltungsbehörde oft nur einem Beteiligten gegenüber.[9]

4 **2. Bedeutung des Begriffs „Verfahrenshandlung" in § 62 Abs. 1.** Wenn § 62 Abs. 1 von der Fähigkeit zur Vornahme von *Verfahrenshandlungen* spricht, sind damit Prozesshandlungen i.S.d. Zivilprozess-rechtsdogmatik (bzw. ihrer Weiterentwicklung in der Dogmatik des Verwaltungsprozessrechts) ge-meint.[10] Umfasst werden insbes. solche Handlungen, die ihre (Haupt-)Wirkungen auf dem Gebiet des

---

1 Gesetz zur Reform des Rechts der Vormundschaft und Pflegschaft für Volljährige, BGBl I 2002, 2020.
2 Gesetz zur Neuregelung des Rechtsberatungsrechts vom 12.12.2007, BGBl I 2840, 2855.
3 *H.-W. Laubinger*, FS Ule, 1987, 161, 165.
4 BVerwG Buchholz 310 § 62 VwGO Nr. 16; Buchholz 310 § 62 VwGO Nr. 8; BGH NJW-RR 1985, 157.
5 BVerfGE 37, 67, 76; BVerwG Buchholz 310 § 62 VwGO Nr. 16.
6 *M. Grundmann*, Der Minderjährige im Zivilprozeß, 1980, 4 ff.; *H.-W. Laubinger*, FS Ule, 1987, 161, 166.
7 So etwa *H. Schmitz*, in: Stelkens/Bonk/Sachs, § 12 Rn. 1.
8 Zu den Funktionen beider Verfahren *T. Siegel*, ZUR 2017, 451.
9 *H.-W. Laubinger*, FS Ule, 1987, 161, 163.
10 *H.-W. Laubinger*, FS Ule, 1987, 161, 169.

Prozessrechts entfalten sollen, die mithin darauf abzielen, ein gerichtliches Verfahren in Gang zu setzen oder auf ein bereits anhängiges Verfahren einzuwirken.[11] Der Prozesshandlungsbegriff des § 62 Abs. 1 umfasst somit nicht nur Handlungen der Beteiligten, sondern mittelbar auch richterliches Handeln. Herkömmlich lassen sich die Prozesshandlungen weiter in Erwirkungshandlungen und Bewirkungshandlungen untergliedern. *Erwirkungshandlungen* sind Prozesshandlungen, die eine gerichtliche Entscheidung herbeiführen sollen; dagegen beeinflussen *Bewirkungshandlungen* die Prozesslage unmittelbar.[12] Typische Erwirkungshandlungen sind z.B. die Einstellung des Verfahrens, die Wiedereinsetzung in den vorherigen Stand (§ 60), die Beiladung (§ 65). Bewirkungshandlungen sind z.B. Klageerhebung (§ 81), Klageänderung (§ 91), Klagerücknahme (§ 92) oder Beweisanträge nach § 86 Abs. 1. Nach nahezu einhelliger und von der Lit.[13] kaum kritisierter Rspr. unterliegen Prozesshandlungen 5 i.d.S. nicht der Lehre von den Willensmängeln nach dem BGB und sind deshalb zumindest grds. bedingungsfeindlich, unwiderruflich und unanfechtbar.[14] Es erscheint allerdings sinnvoll, zwischen Erwirkungs- und Bewirkungshandlungen insoweit zu differenzieren, als es um ihre Berichtigung, ihre Ergänzung oder ihren Widerruf geht. Diese sind für Bewirkungshandlungen schlechthin ausgeschlossen. Da Erwirkungshandlungen keine unmittelbare Wirkung entfalten, soll ihre Berichtigung, ihre Ergänzung und der Widerruf solange möglich sein, wie durch sie noch keine geschützte Rechtsposition des Prozessgegners entstanden ist.[15] Zu nachträglichen Heilungsmöglichkeiten → Rn. 65.

3. Maßgeblicher Zeitpunkt für das Vorliegen der Prozessfähigkeit. Für die Frage des maßgeblichen 6 Zeitpunktes für das Vorliegen der Prozessfähigkeit kommt es darauf an, ob im konkreten Fall die Prozessfähigkeit in ihrer Funktion als Sachentscheidungs- oder Prozesshandlungsvoraussetzung infrage steht (→ Rn. 2). Die Prozessfähigkeit als *Sachentscheidungsvoraussetzung* muss spätestens und noch im Zeitpunkt der letzten mündlichen Verhandlung (ggf. bis in die Revisionsinstanz → § 61 Rn. 7) und im Zeitpunkt der Entscheidung vorliegen.[16] Maßgebender Zeitpunkt für das Vorliegen der Prozessfähigkeit als *Prozesshandlungsvoraussetzung* ist die Vornahme der einzelnen Prozesshandlung (zur Definition → Rn. 4). Der Beteiligte muss in dem Augenblick prozessfähig sein, in dem er die infrage stehende Prozesshandlung vornimmt (BGHZ 110, 294, 297 f.) oder sie ihm gegenüber vorgenommen wird.[17] Ist die Prozessfähigkeit nicht gegeben, soll sich die gerichtliche Reaktion danach richten, ob es sich um eine Erwirkungs- oder Bewirkungshandlung handelt (→ Rn. 4). Bei der Erwirkungshandlung muss die Prozesshandlung, die regelmäßig in Form eines Antrags gekleidet ist, abschlägig beschieden werden. Wird die Prozessunfähigkeit nicht erkannt und der Erwirkungsantrag deshalb positiv beschieden, ist eine Heilung bis zur Entscheidung in der Revisionsinstanz möglich. Wird demgegenüber eine Bewirkungshandlung in der Phase der Prozessunfähigkeit vorgenommen und wird dies erkannt, kann sie als nicht erfolgt ignoriert werden.[18] Die Prozesshandlungen, die im Zeitraum andauernder Prozessunfähigkeit vorgenommen wurden, können i.R. der geltenden Präklusionsvorschriften im Zustand der Prozessfähigkeit nachgeholt werden. Weiterhin muss u.U. mit dem Instrument der Wiedereinsetzung gearbeitet werden. Dies gilt etwa, wenn wegen Geschäftsunfähigkeit die Prozessfähigkeit während des Laufs der Rechtsmittelfrist fehlt, die auch durch Zustellung an einen Prozessunfähigen in Gang gesetzt wird (BGH NJW 1987, 440, 441).[19] Über die Zäsur einer einmal eingetretenen Rechtskraft kann auch eine Heilung nicht hinweghelfen. Die Entscheidung ist also mit ihrem Fehler rechtsverbindlich und kann nur mit der Nichtigkeitsklage beseitigt werden (→ Rn. 65).

---

11 D. *Leipold*, in: Stein/Jonas III Vorbem. § 128 Rn. 207 ff.
12 R. *Greger*, in: Zöller Vorbem. § 128 Rn. 14.
13 D. *Ehlers*, in: Schoch/Schneider/Bier, Vorbem. § 40 Rn. 15; W.-R. *Schenke*, in: Kopp/Schenke Vorbem. § 40 Rn. 15. Für eine „elastische" Handhabung P. *Hartmann*, in: Baumbach/Lauterbach/Albers/Hartmann Grdz. § 128 Rn. 56.
14 BVerwGE 57, 342, 346; BVerwG NVwZ 1985, 196; VGH Kassel NJW 1987, 601. Ausnahme etwa bei OVG Münster NVwZ-RR 2013, 250, 251.
15 R. *Greger*, in: Zöller Vorbem. § 128 Rn. 23.
16 H.-W. *Laubinger*, FS Ule, 1987, 161, 165.
17 H.-W. *Laubinger*, FS Ule, 1987, 161, 165.
18 H.-W. *Laubinger*, FS Ule, 1987, 161, 175 f., der J. *Goldschmidt*, Der Prozeß als Rechtslage, 1925, 364 ff. heranzieht.
19 BGHZ 104, 109 m.w.N.; zur hiervon abweichenden Situation im Verwaltungsverfahren, wo die Bekanntgabe als Wirksamkeitsvoraussetzung eines Verwaltungsakts einem Geschäftsunfähigen gegenüber nicht erfolgen kann, VGH München DÖV 1984, 433, 434.

III. Die Prozessführungsbefugnis

7   **1. Überblick.** Von der Prozessfähigkeit ist die *Prozessführungsbefugnis* zu unterscheiden. Die Prozessführungsbefugnis ist wie die Prozessfähigkeit eine allgemeine Sachentscheidungsvoraussetzung. Sie ist in den Prozessgesetzen nirgends ausdrücklich geregelt. Die Prozessführungsbefugnis ist das prozessuale „Seitenstück" zur materiellrechtlichen Verfügungsbefugnis.[20] Es handelt sich um die Befugnis, über das behauptete streitige Recht oder Rechtsverhältnis einen Rechtsstreit auf der Aktiv- (Kläger) oder Passivseite (Beklagter) *im eigenen Namen* führen zu dürfen.[21] Grds. ist derjenige, der vor dem VG *eigene Rechte* geltend macht, insoweit auch prozessführungsbefugt.[22] Wenn der Kläger im eigenen Namen *fremde Rechte* geltend macht, handelt es sich der Sache nach prozessual um eine *Prozessstandschaft*,[23] die regelmäßig einer besonderen (gesetzlichen) Befugnis bedarf und die auch im Verwaltungsprozess zulässig, aber selten ist (zu den Problemen der Prozessstandschaft BVerwGE 61, 334, 340 → Rn. 16–21). Ob es eine gewillkürte Prozessstandschaft im Verwaltungsprozess geben darf, ist umstr. (→ Rn. 18 ff.).

8   Mit der Prozessfähigkeit besteht insoweit eine Verbindung, als man Prozessfähigkeit und Prozessführungsbefugnis (ggf. zusammen mit der Postulationsfähigkeit nach § 67 Abs. 1) zusammen als *prozessuale Handlungsfähigkeit* bezeichnen kann.[24] Die Prozessführungsbefugnis ist jedoch anders als die Prozessfähigkeit keine i.e.S. persönliche Eigenschaft eines Beteiligten.[25] Die Prozessführungsbefugnis kann mit der notwendigen Streitgenossenschaft zusammenhängen (→ Rn. 9 und ausf. bei → § 64 Rn. 47 ff.), wenn dem einzeln auftretenden Beteiligten schon nach allgemeinen Rechtsprinzipien keine alleinige (prozessuale) Verfügungsbefugnis zukommt. Wenn das mögliche Recht dem Kläger nur zusammen mit anderen Streitgenossen zustehen oder er über dieses nur gemeinschaftlich verfügen kann, fehlt dem „einsamen" Streitgenossen in Fällen der echten notwendigen Streitgenossenschaft die Prozessführungsbefugnis (→ § 64 Rn. 74 ff.). Die Prozessführungsbefugnis fehlt ferner demjenigen, der fremde Rechte geltend macht, die Rechtsordnung ihm aber dafür keine Befugnis, etwa in der Form der Prozessstandschaft, einräumt (→ Rn. 14–21).

9   **2. Aktive und passive Prozessführungsbefugnis. a) Aktive Prozessführungsbefugnis.** Die aktive Prozessführungsbefugnis ist die Befugnis, über das behauptete, im Prozess streitige Recht (möglicherweise auch das streitige Rechtsverhältnis mit Rechten und Verpflichtungen) im eigenen Namen einen Rechtsstreit zu führen,[26] v.a. ihn zu beginnen. Diese Sachentscheidungsvoraussetzung ist nur dann problematisch, wenn jemand ein Recht geltend macht, das ihm nach natürlicher Betrachtungsweise nicht zusteht. Prozessführungsbefugt ist daher jeder, der eigene Rechte prozessual geltend macht, d.h. behauptet, Inhaber des von ihm im eigenen Namen geltend gemachten Rechts zu sein.[27] Ob diese Behauptung zutrifft oder nicht, ist eine Frage der Begründetheit, der Sachlegitimation. Die prozessuale Geltendmachung „fremder Rechte" steht zudem unter dem Vorbehalt, dass ihr zwingende Vorschriften der Rechtsordnung nicht entgegenstehen dürfen. Sog. rechtsfremde Personen bedürfen deshalb einer besonderen Ermächtigung, um einen Prozess im eigenen Namen führen zu dürfen. Die Anforderungen, die hier zu stellen sind, sind umstr. Insbes. ist offen, ob es eine gewillkürte Prozessstandschaft im Verwaltungsprozess gibt (→ Rn. 18 ff.). Ein weiterer Problemkreis betrifft den Fall, dass das behauptete Recht aufgrund der (materiellen) Rechtsordnung stets nur mehreren *gemeinsam* zustehen kann. Dann können auch nur die gemeinschaftlichen Rechtsinhaber klagen und nicht die teilberechtigte Person allein. Wann ein derartiger Fall der (echten) notwendigen Streitgenossenschaft vorliegt, ist sehr umstr. (→ § 64 Rn. 52 ff.).

10 **b) Passive Prozessführungsbefugnis.** Die passive Prozessführungsbefugnis hängt im staatlichen Bereich mit der Prozessfähigkeit zusammen, da juristische Personen des öffentlichen Rechts und Behörden als solche nicht handlungsfähig sind. Sie müssen nach § 62 Abs. 3 durch ihre gesetzlichen Vertre-

---

20 *Vollkommer*, in: Zöller Vorbem. § 50 Rn. 18.
21 *R. Bork*, in: Stein/Jonas II Vorbem. § 50 Rn. 19, M. *Vollkommer*, in: Zöller Vorbem. § 50 Rn. 18.
22 *Hufen* § 12 Rn. 28.
23 *Hufen* § 12 Rn. 28.
24 Zu diesem Sprachgebrauch BVerfGE 51, 405, 409.
25 Rosenberg/Schwab/*Gottwald* § 46 Rn. 2.
26 *Schenke* Rn. 539; D. *Ehlers*, FS Menger, 1985, 379, 380.
27 Rosenberg/Schwab/*Gottwald* § 46 Rn. 5.

ter und Vorstände handeln (→ Rn. 50–54). Der Gesetzgeber kann deshalb, ähnlich wie er die Vertretung regelt, besondere Vorschriften darüber erlassen, wer, ohne Rechtsträger zu sein, befugt ist, den Prozess für den beklagten öffentlichen Beteiligten zu führen. Da es bei dieser Konstellation nicht um die Übertragung eines Rechts geht, sondern nur um eine prozessuale Befugnis,[28] hat der Gesetzgeber hierzu die Berechtigung jedenfalls dann, wenn die Prozessführungsbefugnis einem Organ oder einer Behörde des Rechtsträgers übertragen wird. Die wichtigste Regelung über die passive Prozessführungsbefugnis in der VwGO ist § 78 Abs. 1 Nr. 2, der nicht nur regelt, gegen wen die Klage zu richten ist, sondern auch, welche Behörde dann in Prozessstandschaft für den Rechtsträger auftreten kann.[29] Da insoweit § 78 die passive Prozessführungsbefugnis regelt,[30] ist auf die dortige Komm. hinzuweisen. Finden sich Zivilpersonen auf der beklagten Seite, ist ihre (passive) Prozessführungsbefugnis regelmäßig ähnlich zu bestimmen wie die aktive. Zum Sonderproblem eines Prozesses des Staates gegen Gesamthänder → § 64 Rn. 64.

3. Die Prozessführungsbefugnis im System der Sachentscheidungsvoraussetzungen. Eine ausdrückliche gesetzliche Regelung der Prozessführungsbefugnis findet sich weder in der ZPO noch in der VwGO oder den verwandten Prozessordnungen. Die Prozessführungsbefugnis ist deshalb in erster Linie durch die zivilprozessuale Wissenschaft entwickelt worden.[31] Deshalb werden die Begrifflichkeiten und die Systematik nicht ganz einheitlich gesehen. Nach hier vertretener Auffassung lässt sich die Stellung der Prozessführungsbefugnis im System der Sachentscheidungsvoraussetzungen einwandfrei bestimmen. Die Prozessführungsbefugnis ist insbes. abgrenzbar von der Beteiligtenfähigkeit des § 61, der Klagebefugnis des § 42 Abs. 2 und der Sachlegitimation (Aktiv- bzw. Passivlegitimation). Alle Begriffe haben eine sinnvolle eigenständige Bedeutung. 11

Bei der *Beteiligtenfähigkeit* des § 61 geht es ausschließlich um die Fähigkeit, Beteiligter eines verwaltungsgerichtlichen Verfahrens zu sein, und zwar anknüpfend an die in § 63 getroffene verfahrensmäßige Rollenzuteilung und die Benennung in der Klageschrift (→ § 61 Rn. 2, 3). Interessant sind in diesem Zusammenhang die Fälle des § 61 Nr. 2. Denn soweit Vereinigungen „ein Recht zustehen kann" und sie insoweit beteiligtenfähig sind (→ § 61 Rn. 25–32), ist ihnen bzgl. dieser Rechte implizit die Prozessführungsbefugnis verliehen. Problematisch kann aber die Vertretung dieser Gebilde im Prozess sein. Bei *Behörden*, die nach § 61 Nr. 3 i.V.m. dem Landesrecht beteiligtenfähig sind (→ § 61 Rn. 33–36), richtet sich die *passive* Prozessführungsbefugnis nach § 78 Abs. 1 Nr. 2. Bei natürlichen und juristischen Personen, die beteiligtenfähig sind, wird sich die Frage ihrer Prozessführungsbefugnis nur selten stellen, nämlich nur in den schon angesprochenen Fällen, dass ein Hauptbeteiligter behauptet, als ganz oder teilweise Rechtsfremder (dennoch) den Prozess im eigenen Namen führen zu dürfen (→ Rn. 7). 12

Die Geltendmachung subjektiv-öffentlicher Rechte stellt zugleich die Verbindung zur materiell-rechtlichen Kehrseite des Prozessführungsrechts, der *Klagebefugnis*, her. Diese bezieht sich auf die Geltendmachung eines eigenen (materiellen) Rechts im Rechtsstreit (→ § 42 Rn. 364 ff.), während die Prozessführungsbefugnis nur voraussetzt, dass das geltend gemachte (ganz oder teilweise) fremde Recht prozessual geltend gemacht werden darf (ohne dass damit behauptet wird, es handele sich um ein eigenes Recht!). Deshalb unterscheiden sich Klagebefugnis und Prozessführungsbefugnis jedenfalls gedanklich in diesem Punkt immer.[32] Die *Sachlegitimation* (Aktiv- bzw. Passivlegitimation) schließlich betrifft die Frage der Begründetheit einer Klage und ist – anders als die Prozessführungsbefugnis – keine Sachentscheidungsvoraussetzung. Aktiv legitimiert ist derjenige, dem ein Recht tatsächlich zusteht, passiv legitimiert ist derjenige, der durch dieses Recht verpflichtet wird.[33] 13

4. Beispiele gesetzlich geregelter Prozessführungsbefugnis. Bsp. gesetzlich geregelter Prozessführungsbefugnis finden sich v.a. im *Zivilrecht*. Diese haben aber auch für das Verwaltungsprozessrecht eine 14

---

28 BVerwGE 61, 334, 340; *G. Lüke*, ZZP 76 (1963), 1, 19; *R. Pohle*, MDR 1956, 156; *ders.*, FS Lent, 1957, 195, 211.

29 Wie hier *Hufen* § 12 Rn. 33 ff.; *W.-R. Schenke*, in: Kopp/Schenke § 78 Rn. 1 (jeweils m.w.N.). Ebenso etwa OVG Lüneburg NVwZ-RR 2013, 465.

30 Und nicht die Frage des richtigen Beklagten i.S.d. Passivlegitimation, wie das BVerwG (BVerwGE 31, 236 und BVerwG NVwZ-RR 1990, 44) annimmt. Diff. zwischen Nr. 1 und Nr. 2 *M. Brenner* → § 78 Rn. 3, 5.

31 Schon vor Inkrafttreten der VwGO *G. Lüke*, AöR 84 (1959), 185, 197 ff.

32 Zur Unterscheidung zwischen Prozessführungsbefugnis und Klagebefugnis auch *J. Nolte*, Die Eigenart des verwaltungsgerichtlichen Rechtsschutzes, 2015, S. 131 ff.

33 *Schenke* Rn. 542. Hierzu auch *M. Fischer*, Die verwaltungsprozessuale Klage im Kraftfeld zwischen materiellem Recht und Prozessrecht, 2011, S. 273 ff.

gewisse Bedeutung. Zu denken ist insbes. an Verfahren zwischen staatlichen Stellen und *Vermögensverwaltern*, z.B. das Prozessführungsrecht des Testamentsvollstreckers (§§ 2212 f. BGB), Nachlassverwalters (§§ 1984 f. BGB) oder des Insolvenzverwalters (§§ 85 f. InsO).[34] Hierbei handelt es sich um sog. „Parteien kraft Amtes".[35] Auch ihre Berechtigung zur Führung von Prozessen stellt sich als Frage der Prozessführungsbefugnis dar.[36]

15 Im *Verwaltungsprozessrecht* findet sich eine zentrale Regelung über die passive Prozessführungsbefugnis von *Behörden* in § 78 Abs. 1 Nr. 2. Der *VBl beim Bundesverwaltungsgericht* und der *VÖI* sind am Verfahren nicht automatisch beteiligt (→ § 63 Rn. 18) und haben nur eine eingeschränkte Prozessführungsbefugnis (vgl. die Komm. zu §§ 35, 36). Auch den sog. *weiteren Beteiligten* (→ § 63 Rn. 19) ist eine Art eingeschränkte Prozessführungsbefugnis für die gesetzlich vorgesehenen Fallkonstellationen einzuräumen. Ansprüche der Bundesrepublik gegen Dritte, die im Zusammenhang mit der *Bundesauftragsverwaltung* (Art. 85 GG) entstanden sind, haben die Länder in gesetzlicher Prozessstandschaft im eigenen Namen, nicht als Vertreter oder Organe des Bundes geltend zu machen (BVerwG NVwZ 1999, 296; VGH München BayVBl 1980, 341). Im Falle des § 8 Abs. 4 HwO muss eine entsprechende Prozessführungsbefugnis der Handwerkskammer unterstellt werden,[37] da ihr der Verwaltungsrechtsweg offen steht und insoweit wohl die allgemeinen Sachentscheidungsvoraussetzungen fingiert werden.[38] Auch die Stellung des *Rechtsvorgängers* im anhängigen Prozess ist als ein Fall gesetzlicher Prozessführungsbefugnis anzusehen.[39]

16 **5. Gesetzliche Prozessstandschaft.** Die oben aufgezählten Bsp. sind teilweise zugleich Fälle gesetzlicher Prozessstandschaft. Sie ist bei entsprechender gesetzlicher Regelung auch im Verwaltungsprozess zulässig. Dies gilt unbeschränkt auf staatlicher Seite, da insofern Grundrechte nicht berührt sein können. Beim Bürger bedarf die Einschränkung seiner ihm nach materiellem Recht zustehenden Rechtsposition durch teilweise oder gar vollständige Übertragung der Prozessführungsbefugnis auf Dritte der grundrechtlichen Würdigung. Die Prozessstandschaft wird begründet durch die Übertragung der Ausübungsermächtigung hinsichtlich der Rechte des Rechtsinhabers (Rechtsträgers) durch Gesetz, z.B. wenn die Gemeinde aufgrund Amtsverfassung im Prozess durch das Amt vertreten wird (→ § 65 Rn. 49). Die Prozessstandschaft wird dadurch von der Prozessvertretung abgegrenzt, dass sich die Vertretungsmacht z.B. des Prozessbevollmächtigten i.S.d. § 67 notwendig auf fremde Rechte bezieht (vgl. zur näheren Abgrenzung BVerwG DÖV 1974, 318) und nicht ein eigenes, die Prozessstandschaft kennzeichnendes Prozessführungsrecht des Vertreters begründet.

17 Soweit Naturschutz- und Umweltvereinigungen die gerichtliche Kontrolle bestimmter Entscheidungen im Bereich des Naturschutz- und Umweltrechts eingeräumt ist (vgl. § 64 BNatSchG, §§ 2, 1, 4 UmwRG), wird insoweit nicht nur die Klagebefugnis substituiert, sondern ihnen steht auch die Prozessführungsbefugnis im erforderlichen Umfang zu (zum genauen Umfang → § 61 Rn. 27). Auch die im bayerischen Recht bekannte (verfassungsrechtliche) *Popularklage* (Art. 98 S. 4 BV, Art. 14, 15 VfGHG Bay) verleiht den Popularklägern für das Verfassungsprozessrecht eine eigenartige Prozessführungsbefugnis. Denn es wird in diesen Fällen durch das Gesetz ja nicht nur auf die Klagebefugnis verzichtet, sondern es müssen zugleich gesetzliche Prozessführungsbefugnisse eingeräumt[40] werden.

18 **6. Gewillkürte Prozessstandschaft.** Im Zivilprozessrecht ist die sog. gewillkürte Prozessstandschaft im Grundsatz anerkannt.[41] Die Zulässigkeit wird aus § 256 Abs. 1 ZPO abgeleitet, der Feststellungsklagen über fremde Rechte allgemein gestattet, wenn ein rechtliches Interesse besteht (und dafür nicht einmal eine Ermächtigung verlangt). Die gewillkürte Prozessstandschaft ist die Übertragung der Pro-

---

34 Weitere Bsp. bei *M. Vollkommer*, in: Zöller Vorbem. § 50 Rn. 21.
35 *R. Bork*, in: Stein/Jonas II Vorbem. § 50 Rn. 27 ff.
36 Hierzu näher *R. Bork*, in: Stein/Jonas II Vorbem. § 50 Rn. 27–40, auch mit dem Hinweis, dass die Bedeutung des Theorienstreits nicht überschätzt werden sollte (Rn. 33).
37 Hierzu auch *S. Bulla*, in: Schmidt/Wollenschläger, Kompendium Öffentliches Wirtschaftsrecht, ⁴2016, § 10 Rn. 141. Weitere Bsp. bei *R. P. Schenke*, in: Kopp/Schenke § 42 Rn. 61.
38 Dies ist nicht unproblematisch, weil Verwaltungsrechtsstreite zwischen den tatsächlich Berechtigten und Verpflichteten geführt werden sollen.
39 *W.-R. Schenke*, in: Kopp/Schenke § 63 Rn. 14; *R. Greger*, in: Zöller § 265 Rn. 6; BVerwG NVwZ 2001, 1282.
40 Zu den im Zivilrecht relativ häufigen Verbandsklagen *R. Bork*, in: Stein/Jonas II Vorbem. § 50 Rn. 48. Zum Klagerecht der Verbraucherverbände *Vollkommer*, in: Zöller Vorbem. § 50 Rn. 58 f.
41 *R. Bork*, in: Stein/Jonas II Vorbem. § 50 ZPO Rn. 51 ff.; Rosenberg/Schwab/*Gottwald* § 46 Rn. 33 ff.

zessführungsbefugnis auf einen anderen als den Rechtsinhaber. Sie wird nicht durch ein übertragendes Rechtsgeschäft im gewöhnlichen Sinne eingeräumt, sondern durch ein Rechtsgeschäft eigener Art, die sog. Ermächtigung, weil die Prozessführungsbefugnis als solche kein übertragbares Recht, sondern eine überlassbare Machtposition ist (BVerwGE 61, 334, 340). Im Zivilrecht bedarf es zusätzlich zur Übertragung eines eigenen rechtlichen Interesses des Prozessführungsbefugten an der Prozessführung.[42]

Ob eine gewillkürte Prozessstandschaft im *Verwaltungsprozess* zulässig ist, wurde in einer Entscheidung des BVerwG aus dem Jahre 1973 offen gelassen (BVerwG DÖV 1974, 318). In einer weiteren Entscheidung aus dem Jahre 1981 hat das BVerwG Bedenken gegen eine Prozessstandschaft eines Personalrats in Wahlanfechtungsverfahren geltend gemacht: Die Befugnis, das Anfechtungsrecht im eigenen Namen geltend zu machen, könne nicht von dem Recht selbst getrennt und auf einen anderen als den Rechtsinhaber übertragen werden, weil es sich um ein „höchstpersönliches" Recht handele (BVerwGE 61, 334, 340). Zudem setze die gewillkürte Prozessstandschaft außer der Erteilung einer Ermächtigung des Rechtsinhabers auch ein *eigenes schutzwürdiges rechtliches Interesse* des Ermächtigten an der Geltendmachung des Rechts (im eigenen Namen) voraus, welches der Antragsteller im vorliegenden Fall nicht geltend machen könne (BVerwGE 61, 334, 341 m.w.N.). 19

Nach der Rspr. kommt eine gewillkürte Prozessstandschaft im Verwaltungsprozess nur in Betracht, soweit *nicht höchstpersönliche Rechte* im Streit stehen. Das BVerwG hat in der Familiennamensänderungsentscheidung (BVerwGE 66, 266 → §64 Rn. 70) bei der – seinerzeitigen – Rechtslage eine echte oder eigentliche notwendige Streitgenossenschaft, die aus der gemeinschaftlichen Rechtsteilhabe beider Ehegatten an dem gemeinsamen Ehenamen gem. §1355 Abs. 1 BGB a.F. abgeleitet wurde, angenommen. Die Notwendigkeit der gemeinschaftlichen Klage der Streitgenossenschaft bestehe hier aus Gründen des materiellen Rechts. Der Kläger sei aber auch nicht berechtigt, im Wege der *gewillkürten Prozessstandschaft* den Anspruch auf Änderung seines Familiennamens auch für seine Ehefrau im eigenen Namen geltend zu machen, da das Namensänderungsrecht zu den höchstpersönlichen Rechten gehöre. Insoweit fehle dem Kläger die alleinige *Prozessführungsbefugnis*, sodass die Klage durch Prozessurteil als *unzulässig* abgewiesen wurde (BVerwGE 66, 266, 267). 20

Als Prüfstein der „Höchstpersönlichkeit" mag hier die Abtretbarkeit oder Übertragbarkeit des Rechts dienen. Darüber hinaus muss die Schutzwürdigkeit des Prozessstandschafters auch normativ verankert sein, z.B. im Wege eines über die Norm vermittelten spezifischen Drittschutzes. Die Voraussetzungen einer gewillkürten Prozessstandschaft sind stets substantiiert vorzutragen.[43] Gleichwohl wird man i.E. nur in seltenen Fällen die Zulässigkeit einer gewillkürten Prozessstandschaft im Verwaltungsprozess annehmen können. Faktisch wird sie bei Anfechtungs- und Verpflichtungsklagen (und auch darüber hinaus in analoger Anwendung des §42 Abs. 2) mangels (eigener) Klagebefugnis nicht zum Zuge kommen.[44] Dies trifft aber nicht zu auf Fälle gesetzlich substituierter Klagebefugnis (→ Rn. 17) und solche zulässiger Abtretung/Übertragung, etwa im Falle des Einklagens einer Sachkonzession. Doppelklagen und unterschiedliche Urteile könnten durch Beiladung vermieden werden. 21

7. Die Prozessführungsbefugnis als Anknüpfungspunkt.[45]

Soweit das Prozessrecht an bestimmte persönliche Eigenschaften oder Rechtsbeziehungen einer Partei anknüpft, ist stets die formelle Partei, nicht der materielle Rechtsinhaber gemeint. So kommt es etwa für die Bewilligung der PKH auf die persönlichen und wirtschaftlichen Verhältnisse des Prozessstandschafters an; auch die örtliche Zuständigkeit knüpft an den Wohnsitz oder Aufenthalt des Prozessstandschafters an (dies gilt nur dann, wenn es bei der örtlichen Zuständigkeit des §52 auf diese Umstände ankommt. A.M. *Ziekow* → §52 Rn. 29). Problematisch ist die Wirkung der *Rechtskraft*. Dass die Rechtskraft zwischen den Beteiligten eintritt, also den Prozessstandschafter als Kläger bzw. Beklagten mit einbezieht, ergibt sich aus dem formellen Beteiligtenbegriff (→ §63 Rn. 8 f.)[46] und §121. In den Fällen der gesetzlichen Prozessstandschaft, bei denen dem Rechtsinhaber die Prozessführungsbefugnis genommen und auf einen Dritten übertragen worden ist, aber auch bei der gewillkürten Prozessstandschaft erstreckt sich die Rechts- 22

---

42 *P. Hartmann*, in: Baumbach/Lauterbach/Albers/Hartmann Grdz. §50 Rn. 30.
43 *H.-U. Erichsen*, DVBl 1982, 95, 100; Rosenberg/Schwab/*Gottwald* §46 Rn. 4.
44 *Hufen* §12 Rn. 28; *W.-R. Schenke*, in: Kopp/Schenke Vorbem. §40 Rn. 25; BVerwG NVwZ-RR 1996, 537.
45 Zum Folgenden *W. Heintzmann*, Zivilprozessrecht I, 1985, 65 f.
46 *H.-P. Pawlowski*, JuS 1990, 378.

kraft außer auf die formellen Beteiligten auch auf den materiellen Rechtsinhaber.[47] Dagegen wird der Rechtsinhaber von der Rechtskraft des von dem Prozessstandschafter erstrittenen Urteils nicht erfasst, wenn das Gesetz die Prozessführungsbefugnis einem Dritten nur zusätzlich zu dem Rechtsinhaber übertragen hat, ohne dass die Prozessführungsbefugnis des Rechtsinhabers eingeschränkt wurde.[48]

23   **8. Rechtsfolgen des Fehlens der Prozessführungsbefugnis.** Fehlt die Prozessführungsbefugnis, fehlt eine Sachentscheidungsvoraussetzung. Die Klage ist als unzulässig abzuweisen, wenn bis zu dem für die Entscheidung maßgeblichen Zeitpunkt keine Heilung eintritt. Insofern treten die gleichen Folgen ein wie bei fehlender Prozessfähigkeit (→ Rn. 63, 65). Unterschiede ergeben sich daraus, dass die Prozessführungsbefugnis keine Prozesshandlungsvoraussetzung ist.[49] Es ist also keine Differenzierung nach einzelnen Prozesshandlungen vorzunehmen. Die Klage ist entweder insgesamt zulässig oder insgesamt unzulässig. Der Mangel der Prozessführungsbefugnis ist *von Amts wegen* und in jeder Lage des Rechtsstreits, insbes. auch noch in der Revisionsinstanz zu berücksichtigen (vgl. § 56 Abs. 1 ZPO).[50] Ein Zweifel darüber ist von Amts wegen aufzuklären, wobei allerdings Darlegungspflichten der Beteiligten bestehen.[51] Eine Bindung des Revisionsgerichts an die tatsächlichen Feststellungen des Berufungsgerichts besteht nicht (BGH NJW-RR 1987, 57, 58; NJW 1988, 1585, 1587). Ein trotz fehlender Prozessführungsbefugnis ergangenes Urteil ist wirksam.[52] Es kann nach Rechtskraft nicht mit der Nichtigkeitsklage beseitigt werden. Es liegt nämlich kein Fall der gesetzeswidrigen Vertretung eines Beteiligten (einer Partei) vor, wie dies § 579 Abs. 1 Nr. 4 ZPO voraussetzt, der über § 153 zur Anwendung kommt.[53] Allerdings ist es in der Rechtsmittelinstanz aufzuheben. Außerdem liegt ein absoluter Revisionsgrund vor (wohl nach § 138 Nr. 4 analog; i.Ü. → Rn. 67).

24   **9. Übergang und Wechsel der Prozessführungsbefugnis.** Hier ist zwischen zwei Konstellationen zu unterscheiden. Die Prozessführungsbefugnis kann im Laufe des Rechtsstreits auf den Rechtsträger selbst übergehen (a) oder die Prozessführungsbefugnis wechselt als solche (z.B. beim Amtswechsel des Insolvenzverwalters oder des Testamentsvollstreckers) (b). Der Übergang der Prozessführungsbefugnis auf den Rechtsträger (Fall a) stellt keine Rechtsnachfolge dar, deshalb kommt auch § 173 VwGO i.V.m. § 265 ZPO nicht zur Anwendung.[54] Wenn die Prozessführungsbefugnis des gesetzlichen Vertreters mit Erreichen der Volljährigkeit des Kindes entfällt (BGH FamRZ 1985, 471), muss der nunmehr Volljährige selbst entscheiden können, ob er den Prozess aufnimmt oder nicht. Sinnvoll ist hier eine entsprechende Anwendung des Rechtsgedankens der §§ 241, 244 ZPO. Es tritt eine *Unterbrechung* des Verfahrens ein, bis sich der Rechtsträger geäußert hat. Übernimmt er den Prozess nicht, kann er das Verfahren für erledigt erklären (strittig → § 61 Rn. 12). Bei einem Wechsel in der Prozessführungsbefugnis des Vermögensverwalters (Fall b) ist in Analogie zu § 173 VwGO i.V.m. §§ 239, 241 oder 244 ZPO zu entscheiden.[55] Der Prozess wird unterbrochen, bis der neue Prozessführungsbefugte ihn aufnimmt oder dem Gericht von seiner Bestellung Anzeige macht. Durch die Eröffnung eines *Insolvenzverfahrens* wird dem Schuldner jegliche Verwaltungs- und Verfügungsbefugnis bzgl. seines zur Insolvenzmasse gehörenden Vermögens genommen und künftig durch den Insolvenzverwalter ausgeübt (§ 80 Abs. 1 InsO).[56] Dieser hat auch die Prozessführungsbefugnis. Denkbar ist aber, dass ein verwaltungsgerichtlicher Rechtsstreit, der das Vermögen des Schuldners betrifft, zur Zeit der Eröffnung des Insolvenzverfahrens bereits anhängig ist. Hier gilt die Bestimmung des § 85 InsO. Nimmt der Insolvenzverwalter das Verfahren nicht auf, kann der Schuldner (und auch der Prozessgegner) den Rechtsstreit nach § 85 Abs. 2 InsO aufnehmen. Bei Einstellung des Insolvenzverfahrens nach § 207

---

47   So zutreffend W. *Heintzmann,* Zivilprozessrecht I, 1985, 65 f.
48   W. *Heintzmann,* Zivilprozessrecht I, 1985, 66.
49   W. *Bier/C. Steinbeiß-Winkelmann,* in: Schoch/Schneider/Bier § 62 Rn. 22 m.w.N. A.M. *W.-R. Schenke,* in: Kopp/Schenke § 62 Rn. 17.
50   Rosenberg/Schwab/*Gottwald* § 46 Rn. 47.
51   C. *Baltzer,* NJW 1992, 2721.
52   Rosenberg/Schwab/*Gottwald* § 46 Rn. 56; differenzierter O. *Jauernig,* ZZP 101 (1988), 361, 370.
53   Das Urteil wirkt allerdings nur unter den Parteien des Prozesses und nicht für oder gegen den Prozessführungsbefugten oder Träger des Rechtsverhältnisses.
54   Strittig, wie hier Rosenberg/Schwab/*Gottwald* § 46 Rn. 49; ähnl. in Bezug auf die Klagebefugnis W. *Spannowsky,* NVwZ 1992, 426, 429.
55   Rosenberg/Schwab/*Gottwald* § 46 Rn. 52.
56   Zur Prozessfähigkeit einer wegen Vermögenslosigkeit gelöschten Gesellschaft VG Weimar 6.3.2001 – 4 K 1912/98, juris Rn. 39.

InsO erhält der Schuldner das Recht zurück, über die Insolvenzmasse frei zu verfügen (vgl. § 215 Abs. 2 InsO) und gewinnt damit seine prozessuale Handlungsfähigkeit zurück (BVerfGE 51, 405, 409 für die Verfassungsbeschwerde).

IV. Unbeschränkte Prozessfähigkeit (Abs. 1 Nr. 1)

1. Geschäftsfähigkeit/Geschäftsunfähigkeit. Die verwaltungsgerichtliche Prozessfähigkeit natürlicher 25 Personen orientiert sich gem. § 62 Abs. 1 Nr. 1 an der *bürgerlich-rechtlichen Geschäftsfähigkeit*. Vom Grundsatz her ist derjenige, der uneingeschränkt geschäftsfähig ist, auch uneingeschränkt prozessfähig. Dies sind gem. §§ 104 ff. BGB i.V.m. § 2 BGB natürliche Personen, die das achtzehnte Lebensjahr vollendet haben und die sich nicht in einem die freie Willensbestimmung ausschließenden, nicht nur vorübergehenden Zustand krankhafter Störung der Geistestätigkeit befinden (§ 104 Nr. 2 BGB). Unterliegt eine geschäftsfähige Person der Betreuung (§§ 1896–1908 k BGB), ist auch § 62 Abs. 2 zu beachten (→ Rn. 30 ff.). Zwar ist die Prozessfähigkeit als zwingende Prozessvoraussetzung vom Gericht grds. in jeder Lage des Verfahrens *von Amts wegen* zu prüfen (BVerwG Buchholz 310 § 62 Nr. 16), jedoch sind Störungen der Geistestätigkeit, welche die freie Willensbestimmung „nicht nur vorübergehend" ausschließen, nach allgemeiner Lebenserfahrung Ausnahmeerscheinungen. Es besteht deshalb eine besondere Prüfungspflicht des Gerichts nur dann, wenn sich aus irgendeinem Grund erhebliche Zweifel an der Prozessfähigkeit eines Beteiligten ergeben.[57] Über die Rechtsfrage der Prozessfähigkeit entscheidet nicht der Sachverständige bzw. ein fachpsychiatrisches Gutachten abschließend, sondern das *Gericht* nach seiner freien Überzeugung in Würdigung des gesamten Prozessstoffes und unter Berücksichtigung der allgemeinen Lebenserfahrung (BVerwG Buchholz 310 § 62 VwGO Nr. 20; OVG Münster 20.3.2012 – 12 A 287/12, juris Rn. 3). Gibt es entsprechende Anhaltspunkte, wird nähere Sachaufklärung erforderlich, wobei dann in der Regel auch ein *Sachverständigengutachten* eingeholt werden muss. Von diesem Grundsatz gibt es aber *Ausnahmen*: Die Beurteilung durch den Richter ist dann nicht defizitär, wenn die maßgeblichen Umstände des Falles auch einem medizinisch nicht vorgebildeten Laien den eindeutigen Schluss des Vorliegens der auf medizinischem Gebiet liegenden tatsächlichen Voraussetzungen für das Vorliegen einer (u.U. partiellen) Geschäftsunfähigkeit gestatten (BVerwG Buchholz 310 § 62 VwGO Nr. 11 und 14; OVG Münster 27.1.2016 – 15 A 503/15, juris Rn. 8 f.).[58] Das Gericht muss ggf. auch prüfen, seit wann der Beteiligte prozessunfähig war, weil es hierauf z.B. bei der Zustellung eines erstinstanzlichen Urteils entscheidend ankommt, ob der (hier: Beklagte) bereits zu diesem Zeitpunkt prozessunfähig war, weil dann auch die Berufung nicht als unzulässig verworfen werden konnte (BVerwG 15.2.2012 – 2 B 137/11, juris Rn. 11 f.).

Bei *Ausländern* richtet sich deren Prozessfähigkeit nach dem Recht des Staates, dem der Ausländer angehört, ohne Rücksicht auf Wohnsitz, Aufenthalt etc. (Art. 7 EGBGB).[59] Zur Prozessfähigkeit minderjähriger Ausländer in ausländer- und asylrechtlichen Verfahren → Rn. 43; zur Vertretung nicht prozessfähiger Ausländer → Rn. 49. Für den Inlandprozess ist der Ausländer aber gem. § 62 Abs. 4 VwGO i.V.m. § 55 ZPO auch dann prozessfähig, wenn ihm nach deutschem Recht die Prozessfähigkeit zusteht, sogar dann, wenn ihnen das Heimatrecht diesen Status verweigert (BVerwG NJW 1982, 539; OVG Brem NVwZ 2016, 1188). In der Rechtspraxis ergeben sich deshalb auch keine Unterschiede zu Verwaltungsprozessen, an denen nur Deutsche beteiligt sind (zu ausländischen juristischen Personen → Rn. 51 a.E.).

2. Einzelfälle. *Krankhafte Störung der Geistestätigkeit i.S.v. § 104 Nr. 2 BGB*: Für die Feststellung, 27 ein *Alkoholsüchtiger* leide an einer krankhaften Störung der Geistestätigkeit, reicht die bloße Diagnose über den Grad des Alkoholismus regelmäßig nicht aus. Voraussetzung ist vielmehr, dass entweder die Sucht die Folge einer Geisteskrankheit ist oder der durch die Sucht verursachte Persönlichkeitsabbau bereits den Grad einer Geisteskrankheit erreicht hat (BayObLG NJW 1990, 774). Eine sehr *schlechte psychische Verfassung* ist noch nicht gleichzusetzen mit einer krankhaften Störung der Geistestätigkeit (OVG Münster 6.2.1992 – 16 A 3507/91A, juris Rn. 1; VGH München 16.12.2013 – 15 ZB 13/1688, juris Rn. 6 f.). Ein seiner Natur nach nur *vorübergehender Zustand* krankhafter Stö-

26

---

57 *Kintz*, in: Posser/Wolff, § 62 Rn. 2.
58 Ebenso W. *Bier/C. Steinbeiß-Winkelmann*, in: Schoch/Schneider/Bier, § 62 Rn. 18 m.w.N.
59 *R. Geimer*, Internationales Zivilprozessrecht, [7]2015, Rn. 2217.

rung der Geistestätigkeit (kurzer Schwächeanfall während einer Verhandlungspause) führt nicht zur Geschäfts- und Prozessunfähigkeit (BVerwG Buchholz 310 § 62 VwGO Nr. 20).

V. Beschränkte Prozessfähigkeit (Abs. 1 Nr. 2, Abs. 2)

28   **1. Begriffserläuterung.** Regelungen zur beschränkten (oder partiellen) Prozessfähigkeit trifft die VwGO in § 62 Abs. 1 Nr. 2 und Abs. 2. § 62 Abs. 1 Nr. 2 enthält zwei unterschiedliche Tatbestände, die Erweiterung der Prozessfähigkeit für die sonst in ihrer Geschäftsfähigkeit beschränkten Personen durch Vorschriften des Bürgerlichen Rechts (→ Rn. 29 ff.) sowie die Erweiterung durch Vorschriften des Öffentlichen Rechts (→ Rn. 38 ff.). Beschränkte Prozessfähigkeit im letzteren Sinne meint eine nur für bestimmte Streitgegenstände, hinsichtlich dieser Streitgegenstände aber uneingeschränkt bestehende Prozessfähigkeit.

29   **2. Umfang der beschränkten Geschäftsfähigkeit nach bürgerlichem Recht. a) Minderjährige.** Eine beschränkte Geschäftsfähigkeit für Minderjährige nach bürgerlichem Recht ergibt sich aus den §§ 112 und 113 BGB. Nach § 112 BGB besteht für Minderjährige, die mit (vormundschaftlich genehmigter) Ermächtigung des gesetzlichen Vertreters ein Erwerbsgeschäft selbständig betreiben, Geschäftsfähigkeit für Rechtsgeschäfte, die der Geschäftsbetrieb mit sich bringt. Eine Geschäftsfähigkeit Minderjähriger besteht gem. § 113 BGB für Rechtsgeschäfte, die Eingehung, Aufhebung oder Erfüllung eines Dienst- oder eines Arbeitsverhältnisses betreffend, wenn der gesetzliche Vertreter den Minderjährigen ermächtigt hat, in Dienst oder Arbeit zu treten. Ausgenommen sind jeweils Rechtsgeschäfte, zu denen der Vertreter die Genehmigung des Vormundschaftsgerichts bedarf, §§ 112 Abs. 1 S. 2, 113 Abs. 1 S. 2 BGB. Als minderjährig gelten hierbei solche natürlichen Personen, die das siebte Lebensjahr, aber noch nicht das achtzehnte Lebensjahr vollendet haben, §§ 2, 106 BGB. Bei nicht feststehendem *Geburtsdatum* soll zum Schutz des Minderjährigen hierfür der spätestmögliche Zeitpunkt anzunehmen sein (BVerwG DÖV 1985, 407). Dieser Auffassung ist zuzustimmen, wenn hierdurch im konkreten Fall ein Schutz des Minderjährigen bewirkt werden kann und dieser dadurch nicht rechtlos gestellt wird.

30   **b) Betreuungsverhältnis gem. §§ 1896 ff. BGB.** Im Jahre 1992 wurden durch das Gesetz zur Reform des Rechts der Vormundschaft und Pflegschaft für Volljährige (*BtG*)[60] die Rechtsinstitute der Entmündigung, der Vormundschaft über Volljährige und der Gebrechlichkeitspflegschaft beseitigt und durch das Rechtsinstitut der **Betreuung** ersetzt. Die Reform zielt auf eine Stärkung der individuellen Rechte des betroffenen Personenkreises durch Gewährung erweiterter Verfahrensrechte und durch Förderung sowie Respektierung verbliebener Fähigkeiten.[61] Für die verwaltungsgerichtliche Prozessfähigkeit relevant sind die folgenden Änderungen des Gesetzes: In § 62 wurde der Abs. 2 eingeführt, der auf den ebenfalls durch das BtG neu gefassten § 1903 BGB verweist. Umfassend wurden die Regelungen über die Geschäftsfähigkeit des BGB geändert. § 104 Nr. 2 BGB erhielt eine geänderte Fassung. Die §§ 6, 104 Nr. 3 und 114 BGB (a.F.) wurden ersatzlos aufgehoben.

31   Die Frage der Geschäftsunfähigkeit ist unabhängig von der Betreuung zu sehen. Sie ist weder Voraussetzung noch Folge der Bestellung eines Betreuers.[62] Grds. ist ein Betreuter somit geschäfts- und folglich gem. § 62 Abs. 1 Nr. 1 prozessfähig, sofern er nicht wegen einer nicht nur vorübergehenden krankhaften Störung der Geistestätigkeit nach § 104 Nr. 2 BGB geschäftsunfähig ist (AGH BW NJW-Spezial 2014, 223).

32   Für die konkrete Beurteilung der Prozessfähigkeit für einzelne Streitgegenstände bzw. einzelne Prozesshandlungen ist allerdings zu unterscheiden, ob ein vormundschaftlich angeordneter *Einwilligungsvorbehalt* nach § 1903 Abs. 1 S. 1 BGB vorliegt oder nicht. Soweit ein Einwilligungsvorbehalt *nicht* angeordnet ist und keine Geschäftsunfähigkeit nach § 104 Nr. 2 BGB vorliegt, kann der Betreute alle Prozesshandlungen selbst wirksam vornehmen (VG Gelsenkirchen 22.3.2017 – 7 K 6147, juris Rn. 19). Diese uneingeschränkte Prozessfähigkeit gilt vom Grundsatz her auch dann, wenn der Streitgegenstand des verwaltungsgerichtlichen Verfahrens den Aufgabenbereich betrifft, für den der Betreuer bestellt worden ist. Der Betreuer darf nur für Aufgabenkreise bestellt werden, in denen die Betreuung

---

60   BT-Drs. 11/4528, 1.
61   G. *Dodegge*, NJW 1992, 1936.
62   B. *Klüsener*/H. *Rausch*, NJW 1993, 617.

erforderlich ist, § 1896 Abs. 2 S. 1 BGB. Soweit mehrere Betreuer mit demselben Aufgabenkreis betraut werden, können sie die Angelegenheiten des Betreuten regelmäßig nur gemeinsam besorgen.[63] Da der Betreuer den Betreuten gem. § 1902 BGB auch gerichtlich vertritt, kann er Prozesshandlungen mit Wirkung für und gegen den Betreuten vornehmen. Um der Gefahr von widersprechenden Verfahrenshandlungen des Betreuten und des Betreuers zu entgehen, ordnet § 62 Abs. 4 die entsprechende Geltung des § 53 ZPO an. Dies hat zur Folge, dass der Betreute dann, wenn er vor Gericht von seinem Betreuer vertreten wird, einer prozessunfähigen Person gleichgestellt wird. Praktisch bedeutet dies, dass der Betreuer, soweit der ihm zugewiesene Aufgabenbereich betroffen ist, jederzeit ein vom Betreuten begonnenes Gerichtsverfahren „übernehmen" kann. Der Betreute kann ab diesem Zeitpunkt keine wirksamen Verfahrenshandlungen mehr vornehmen, bzw. ihm gegenüber können keine wirksamen Verfahrenshandlungen mehr bewirkt werden. Dies gilt etwa für einen Rechtsmittelverzicht (VG Osnabrück 11.7.2013 – 6 B 34/13, juris Rn. 16).[64] Übernimmt der Betreuer die Vertretung des Betreuten in einem Klageverfahren und nimmt dann die Klage zurück, sind die durch ihn erklärten Klagerücknahmen wirksam und die danach durch den Betreuten persönlich gestellten Anträge unzulässig (FG Hmb 15.12.2011 – 3 K 180/11, juris Rn. 12). An der Wirksamkeit der vor diesem Zeitpunkt von dem Betreuten und der ihm gegenüber vorgenommenen Verfahrenshandlungen ändert der Eintritt des Betreuers in den Prozess allerdings nichts.[65]

Anders steht es um die Prozessfähigkeit des geschäftsfähigen Betreuten, wenn das Vormundschaftsgericht nach § 1903 Abs. 1 S. 1 BGB einen *Einwilligungsvorbehalt* angeordnet hat und ein Verwaltungsprozess beabsichtigt oder anhängig ist, dessen Gegenstand diesem Einwilligungsvorbehalt unterfällt. § 62 Abs. 2 bestimmt für einen derartigen Fall, dass der Betreute nur insoweit zur Vornahme von Verfahrenshandlungen fähig ist, als er nach den Vorschriften des bürgerlichen Rechts ohne Einwilligung des Betreuers handeln kann oder durch Vorschriften des öffentlichen Rechts als handlungsfähig anerkannt ist (BVerwG NZFam 2016, 432). Im Einzelnen bedeutet dies:[66] Hat der Betreuer den Betreuten zum selbständigen Betrieb eines Erwerbsgeschäfts oder zum Eintritt in ein Dienst- oder Arbeitsverhältnis ermächtigt, kann der Betreute selbständig einen damit in direktem Zusammenhang stehenden Verwaltungsprozess führen, § 1903 Abs. 1 S. 2 BGB i.V.m. § 113 BGB. Ferner kann der Betreute solche Verfahrenshandlungen vornehmen, die ihm lediglich einen rechtlichen Vorteil bringen, § 1903 Abs. 3 S. 1 BGB, was im Verwaltungsprozess wegen der Möglichkeit des Entstehens von Prozesskosten für den Betreuten kaum von praktischer Bedeutung sein wird (BVerwG NZFam 2016, 432; BVerwG 10.10.2016 – 5 A 52/16 u.a., juris Rn. 2).[67] Überhaupt keine Bedeutung für den Verwaltungsprozess dürfte in diesem Zusammenhang § 1903 Abs. 3 S. 2 BGB haben, da die Vornahme von Prozesshandlungen nicht zu den geringfügigen Angelegenheiten des täglichen Lebens gehört.[68]

Vorschriften des *öffentlichen Rechts*, die allg. eine Handlungsfähigkeit für Betreute vorsehen, gibt es offensichtlich bis zum jetzigen Zeitpunkt nicht. Zu erwägen wäre allerdings eine analoge Anwendung derjenigen öffentlich-rechtlichen Vorschriften, die beschränkt geschäftsfähige Minderjährige als (partiell) handlungsfähig anerkennen (→ Rn. 38 ff.), auf Betreute.[69] Für eine solche Analogie spricht zwar, dass § 1903 Abs. 1 S. 2 BGB die Betreuten weitgehend den beschränkt geschäftsfähigen Minderjährigen gleichstellt. Es muss aber bedacht werden, dass in den hier zu beurteilenden Fällen wegen des Einwilligungsvorbehalts eine besondere Schutzwürdigkeit des Betreuten besteht, die nicht unterlaufen werden darf.[70]

c) Prozessfähigkeit bei Rechtsstreit um Prozessfähigkeit. In einem Streit um seine Prozessfähigkeit 35 (sog. Zulassungsstreit) gilt der prozessunfähige Kläger als prozessfähig (zur Parallelkonstruktion bei

---

63 Zu den Ausnahmen vgl. den Wortlaut des § 1899 Abs. 3 und 4 BGB und die einschlägigen Komm. hierzu.
64 Noch vor Inkrafttreten des BtG, aber auf die neue Rechtslage übertragbar OVG Saarlouis 25.4.1988 – 1 W 54/88, juris Rn. 5.
65 *H.-W. Laubinger/U. Repkewitz*, VerwArch 85 (1994), 86, 96 und 98.
66 Ausf. Darstellung bei *H.-W. Laubinger/U. Repkewitz*, VerwArch 85 (1994), 86, 97.
67 Dies gilt auch bei der Einräumung von PKH, weil sich diese nicht auf die gegnerischen Prozesskosten bezieht, vgl. § 122 ZPO.
68 *R. Bork*, MDR 1991, 97, 98.
69 BVerwG Buchholz 442.16 § 7 StVZO Nr. 1, wonach auf einen wegen Geistesschwäche Entmündigten (Rechtslage vor Inkrafttreten des BtG) § 7 StVZO (a.F.) analog anzuwenden sei.
70 *H.-W. Laubinger/U. Repkewitz*, VerwArch 85 (1994), 86, 98.

der Beteiligtenfähigkeit → § 61 Rn. 8).[71] Dies rechtfertigt sich aus dem Bedürfnis, gegen tief in die persönliche Rechtssphäre eingreifende Entscheidungen Rechtsschutz zu benötigen (BVerfGE 19, 93, 100 → Rn. 45), der auch für das anschließende Rechtsmittelverfahren gelten muss (BSG NJW 1994, 215). Eine nicht prozessfähige Partei, die sich dagegen wehrt, dass sie in erster Instanz als nicht prozessfähig angesehen worden ist, bleibt in den Rechtsmittelinstanzen insoweit prozessfähig (BGH NJW 1990, 1734). Wird die Klage eines prozessunfähigen Beteiligten zu Unrecht nicht als unzulässig, sondern als unbegründet abgewiesen, ist der prozessunfähige Beteiligte für das von ihm eingelegte Rechtsmittel als prozessfähig zu behandeln und die Klage auf sein Rechtsmittel hin als unzulässig abzuweisen (VGH Kassel NJW 1990, 403). Damit wird erneut der geltende Grundsatz manifestiert, dass bei einer Klage stets die Zulässigkeit vor der Begründetheit zu prüfen und hierüber ohne Prüfung „in der Sache" selbst zu entscheiden ist.

36   **d) Partielle Prozessunfähigkeit am Beispiel der Querulanz.** Nach einhelliger Meinung gibt es nach § 104 Nr. 2 BGB eine partielle Geschäftsunfähigkeit, die sich in einer partiellen Prozessunfähigkeit gem. § 62 Abs. 1 Nr. 1 fortsetzen kann (BVerwG Buchholz 310 § 62 VwGO Nr. 11; VGH München BayVBl 1984, 757). Die klassische Erscheinungsform dazu ist die sog. *Querulanz*, die einen die freie Willensbildung ausschließenden Zustand i.S.d. § 104 Nr. 2 BGB darstellt. Die Grenze zwischen gesteigerter rechthaberischer Verbohrtheit, die sich noch i.R. des Gesunden hält, und einem krankhaftem Querulieren ist fließend (BVerwG Buchholz 310 § 62 VwGO Nr. 11) und lässt sich nur in der konkreten Situation im Einzelfall entscheiden. Auch bei Beteiligten, die voll geschäftsfähig sind, können im Verlauf eines Verwaltungsprozesses Zweifel an der Prozessfähigkeit entstehen. Diese müssen konkret substantiierbar sein. So kann aus evidenten charakterlichen Unzulänglichkeiten nicht a priori auf die Prozessunfähigkeit geschlossen werden. Emotionalität ist keine Querulanz mit Krankheitswert. Es muss daher extremer Ausnahmefall bleiben, wenn das Gericht Prozessunfähigkeit wegen krankhaften Querulantenwahns auch ohne Einholung eines Sachverständigengutachtens feststellt.[72] Eine vernünftige Prozessprognose kann Anzeichen dafür sein, dass die Prozessführung nicht von einem die freie Willensbestimmung beeinflussenden Fehlverhalten bestimmt ist (BVerwGE 30, 24, 25). Wird eine ärztliche bzw. psychologische Untersuchung angeordnet, muss diese im Hinblick auf die konkret aufgetauchten Zweifel an der Prozessfähigkeit geeignetes und verhältnismäßiges Mittel sein.[73]

37   **e) Vorherige Zustimmung des gesetzlichen Vertreters.** Ob an sich Prozessunfähige mit vorheriger Zustimmung des gesetzlichen Vertreters selbständig Prozesse führen können, ist umstr. Denkbar wäre eine analoge Anwendung des § 107 BGB, was allerdings in der Zivilprozesslehre ganz überwiegend abgelehnt wird.[74] Der Grund dafür ist in den gegenüber der Situation einer nachträglichen Genehmigung gesteigerten Risiken zu sehen. Während der gesetzliche Vertreter im Nachhinein genau taxieren kann, welche Nachteile den Minderjährigen bei plötzlich verliehener Prozessfähigkeit treffen würden, ließe sich der dem § 107 BGB immanente Grundsatz des Minderjährigenschutzes bei einer Einwilligung nicht verwirklichen. Eine der vorherigen Zustimmung gleichkommende Konstruktion könnte allenfalls über § 113 BGB bewerkstelligt werden.[75] Dazu müsste neben einer Ermächtigung des gesetzlichen Vertreters geprüft werden, ob es sich gegenständlich um die Eingehung oder Aufhebung eines Dienst- oder Arbeitsverhältnisses bzw. die Erfüllung der sich aus einem solchen Verhältnis ergebenden Verpflichtungen handelt. So wurde einem über 16 Jahre alten Ausländer, der mit Zustimmung seiner Eltern zur Aufnahme unselbständiger Arbeit nach Deutschland gekommen war, unbeschränkte Geschäftsfähigkeit hinsichtlich der Rechte und Pflichten seines Aufenthalts und seiner Arbeit zuerkannt (BVerwG Buchholz 402.24 § 10 AuslG Nr. 27; BayObLG DÖV 1979, 62, 63).

38   **3. Umfang der beschränkten Geschäftsfähigkeit nach öffentlichem Recht. a) Allgemeines.** Während § 52 ZPO für die beschränkte Geschäftsfähigkeit nur unter den Voraussetzungen der Ausnahmerege-

---

71 BVerfGE 10, 302, 306; 19, 93, 100; 30, 24; BVerwG Buchholz 310 § 62 VwGO Nr. 14; VGH Kassel NJW 1990, 403; *M. Vollkommer*, in: Zöller § 52 Rn. 6.

72 BVerwG 13.9.1991 – 7 B 114/91, juris Rn. 2; VGH Kassel NJW 1990, 403; VG Düsseldorf 7.8.2015 – 26 K 4946/15, juris Rn. 15.

73 Dieser vom VGH München NJW 1995, 72 geäußerte Grundsatz zur Fahreignung lässt sich auf den Fall der Prozessfähigkeit übertragen.

74 *H.-W. Laubinger*, FS Ule, 1987, 161, 182.

75 So wohl auch OVG Lüneburg DVBl 1982, 218, 219 unter Hinweis auf BVerwG Buchholz 402.24 § 10 AuslG Nr. 27.

lungen der §§ 112 und 113 BGB die Prozessfähigkeit zuerkennt, geht die im verwaltungsgerichtlichen Verfahren maßgebliche Regelung insoweit über § 52 ZPO hinaus, als nach § 62 Abs. 1 Nr. 2 die Prozessfähigkeit auch denjenigen Personen zugebilligt wird, die durch Vorschriften des öffentlichen Rechts für den Gegenstand des Verfahrens als geschäftsfähig anerkannt sind (BVerwG FamRZ 1966, 143).

b) Religionsmündigkeit, Grundrechtsmündigkeit. Nach § 5 S. 1 des Gesetzes über die religiöse Kindererziehung vom 15.7.1921 (RGBl 939, BGBl III 404-9) steht dem Kind nach Vollendung des 14. Lebensjahres die Entscheidung darüber zu, zu welchem religiösen Bekenntnis es sich halten will. Die Bestimmung legt das Alter fest, bei dem angenommen wird, dass der einzelne weitgehend selbst über sein Recht auf Glaubensfreiheit nach Art. 4 GG zu verfügen vermag (*Religionsmündigkeit)*. Die Religionsmündigkeit erstreckt sich auf alle mit der religiösen Selbstbestimmung im Zusammenhang stehenden Fragen, einschließlich der Verrichtung religiöser Handlungen (BVerwGE 141, 223, 227 f.). – Sofern zur Beurteilung der verfahrensbezogenen Geschäftsfähigkeit keine einfachgesetzliche Ausformung existiert, kann sich die durchzusetzende Rechtsposition im Einzelfall auch aus den Grundrechten ergeben. Die Prozessfähigkeit im Verwaltungsprozess leitet sich dann unmittelbar aus der spezifischen Grundrechtsmündigkeit[76] ab. Dabei ist eine Differenzierung zwischen Grundrechten mit persönlichkeitsrechtlichem und solchen mit vermögensrechtlichem Charakter angebracht: Bei ersteren dürfte auf die Einsichtsfähigkeit, bei letzteren hingegen auf die §§ 104 ff. BGB analog abzustellen sein.[77] Auch innerhalb einzelner Grundrechte kann eine auseinander laufende Beurteilung notwendig sein. So lassen sich bei der Pressefreiheit unschwer eine inhaltliche und eine geschäftliche Seite erkennen. Für erstere liegt die Parallele zur (bloßen) Meinungsäußerung nahe und damit auch das dafür von der h.M. veranschlagte 14. Lebensjahr,[78] für zweitere wird man auf die Volljährigkeit abstellen müssen.[79] Für diesen Problemkreis darf zudem nicht die Signalwirkung der §§ 5, 6 RelKEG verkannt werden. Die Festsetzung des 14. Lebensjahres für die Grundrechtsmündigkeit hinsichtlich der Religionsfreiheit war auch für die Ausübung anderer grundrechtlicher Freiheiten prägend.[80] Offen geblieben ist die Frage, ob ein Kleinkind, das gem. § 159 FamFG in persönlichen Fragen der Personensorge anzuhören ist, in Bezug auf eine Rüge eines Verstoßes gegen Art. 103 Abs. 1 GG prozessfähig ist (BVerfGE 75, 201, 216). In entsprechenden Fällen wird ein Ergänzungspfleger nach § 1909 Abs. 1 BGB bestellt (BVerfGE 75, 201, 213; 72, 122, 133 ff., 135). Die Vornahme von Prozesshandlungen durch das Kind selbst wird regelmäßig nicht infrage kommen.[81]

c) Erteilung der Fahrerlaubnis. Für den Bereich des Verkehrsrechts ist die Vorschrift des § 10 Abs. 1 Nr. ,1, 2, 10, 11 Fahrerlaubnisverordnung von wesentlicher Bedeutung, wonach das Mindestalter für die Erteilung einer Fahrerlaubnis für Kraftfahrzeuge der Klassen AM A1, T und L auf 16 Jahre festgesetzt worden ist. Der Minderjährige, der diese Altersgrenze erreicht hat, ist berechtigt, sich ohne Mitwirkung seines gesetzlichen Vertreters um die Fahrerlaubnis zu bemühen, und ist für die Durchsetzung seines Anspruchs als prozessfähig anzuerkennen (VGH München VerwRspr 9, 385).

d) Wehrdienstangelegenheiten. Ein minderjähriger Wehrpflichtiger[82] ist in einem verwaltungsgerichtlichen Verfahren nach dem WPflG prozessfähig. Wenn der Minderjährige zur Erfüllung seiner staatsbürgerlichen Pflicht nicht der Zustimmung seines gesetzlichen Vertreters bedarf, muss er auch die damit in Zusammenhang stehenden Willenserklärungen und Rechtshandlungen abgeben können (BVerwGE 7, 66, 67; 35, 247). Nach § 44 Abs. 1 S. 3 WPflG sind die nach dem WPflG ergangenen Bescheide dem minderjährigen Wehrpflichtigen selbst zuzustellen. Die Wehrpflicht ist allerdings mit

39

40

41

---

76 Zur Grundrechtsmündigkeit allg. *A. v. Mutius*, Jura 1987, 272, *G. Robbers*, DVBl 1987, 709, 713; *J. Ipsen*, Der Staat 52 (2013), 266, 277.
77 *Schenke* Rn. 480.
78 Nachw. für die h.M. bei *H. D. Jarass*, DÖV 1983, 609, 610 in Fn. 12.
79 *H. D. Jarass*, DÖV 1983, 609, 610.
80 *H. D. Jarass*, DÖV 1983, 609, 610.
81 Zur Problematik eines „Anwalts des Kindes" BVerfGE 72, 122, 134 f.
82 Minderjährige (eingezogene) Wehrpflichtige kann es zwar gem. § 1 Abs. 1 WPflG nicht geben. Aber das Musterungsverfahren kann unter Einbeziehung des Musterungs- sowie des Einberufungsbescheids noch vor Eintritt der Volljährigkeit durchgeführt werden (§ 16 Abs. 3 i.V.m. §§ 19 Abs. 4, 21 WPflG).

Wirkung zum 1.7.2011 ausgesetzt worden, kann jedoch gem. § 2 WPflG im Spannungs- und Verteidigungsfall wieder aufleben.[83]

42　e) **Sozialrechtsangelegenheiten.** Es existieren im Sozialrecht einige Regelungen, nach denen Jugendliche schon vor Erreichen der Volljährigkeit zur Abgabe bestimmter Willenserklärungen befähigt sind, § 36 Abs. 1 S. 1 SGB I, § 11 Abs. 1 Nr. 2 SGB X, § 71 Abs. 2 SGG (OVG Brem NVwZ 2016, 1188). Eine voll umfängliche Geschäftsfähigkeit tritt indessen in diesen Bereichen nicht ein.[84]

43　f) **Ausländer- und Asylangelegenheiten.** Minderjährige Ausländer waren gemäß 80 Abs. AufenthG bzw. § 12 Abs. 1 AsylVfG in der bis zum 31.10.2015 bzw. 23.10.2015 gültigen Fassung ab dem 16. Lebensjahr handlungs- und prozessfähig.[85] Gem. § 80 Abs. 1 AufenthG in der seit 1.11.2015[86] und § 12 Abs. 1 AsylG in der seit 24.10.2015[87] gültigen Fassung tritt die Handlungs- und Prozessfähigkeit nunmehr erst bei Erreichen der Volljährigkeit ein.[88]

44　g) **Postbenutzungsverhältnis.** Nach der Umwandlung der Unternehmen der Deutschen Bundespost in die Rechtsform der AG (§ 1 Abs. 1 PostUmwG)[89] sind die Rechtsverhältnisse zum Kunden dem privatrechtlichen Regime unterstellt. Die frühere Rspr., die dem minderjährigen Postkunden Handlungs- und damit Prozessfähigkeit zuerkannte (BVerwG JZ 1985, 675), ist nunmehr ohne Belang, es gelten die Bestimmungen des BGB und der ZPO unmittelbar.

45　h) **Prozessfähigkeit bei schweren Eingriffen in die Persönlichkeitssphäre.** Grds. sind Prozesshandlungen prozessunfähiger Beteiligter unwirksam. Dieser Grundsatz erfährt jedoch eine Einschränkung in solchen Verfahren, in denen es um eine tief in die persönliche Rechtssphäre des Betroffenen eingreifende Entscheidung geht (BGH JZ 1978, 311, 312). Der von einer Freiheitsentziehung betroffene angeblich Geisteskranke ist in dem Verfahren nach Art. 104 Abs. 2 GG prozessfähig (BVerfGE 10, 302, 306; 19, 93, 100 f.; BVerwGE 1, 229, 230 f.). Gleiches gilt für einen Geschäftsunfähigen in einem Rechtsstreit, in dem die eigene persönliche Freiheit betroffen werden kann (OVG Bln NJW 1973, 868). In einem Pflegschaftsaufhebungsverfahren wurde dem volljährigen Pflegebefohlenen ein selbständiges Beschwerderecht, also auch Prozessfähigkeit, unabhängig von einer etwa vorliegenden Geschäftsunfähigkeit zuerkannt.[90] In Angelegenheiten, die seine Person betreffen, kann ein Kind, welches das 14. Lebensjahr vollendet hat, selbständig ohne Mitwirkung seines gesetzlichen Vertreters das Beschwerderecht nach § 60 FamFG ausüben (BVerfGE 72, 122, 133). Diese Bestimmung dürfte auch in verwaltungsgerichtlichen Verfahren entsprechend anwendbar sein.[91] Unter Umständen kann sich sogar bei minderjährigen Kindern, die wesentlich jünger sind, wegen des Interessenwiderspruchs zu den Eltern die Notwendigkeit ergeben, deren Prozessfähigkeit unter Bestellung eines Ergänzungspflegers anzuerkennen (BVerfGE 72, 122, 134 f. für das Verfahren der Verfassungsbeschwerde).

VI. Vertretung Prozessunfähiger

46　**1. Grundsatz.** Zur Vertretung nichtprozessfähiger Beteiligter ist grds. der gesetzliche Vertreter, bei Vereinigungen und Behörden gem. § 62 Abs. 3 ggf. zusätzlich noch der Vorstand berufen. Die Legitimation des Vertreters ist gem. § 62 Abs. 4 VwGO i.V.m. § 56 ZPO in jeder Lage des Verfahrens von Amts wegen zu berücksichtigen, auch in der Berufungs- und Revisionsinstanz. Etwaige Mängel der Vertretung sind heilbar (→ Rn. 65). Gem. § 62 Abs. 4 VwGO i.V.m. § 56 Abs. 2 ZPO kann das Gericht einen gesetzlichen Vertreter mit dem Vorbehalt der Beseitigung des Mangels einstweilen zur Prozessführung zulassen, wenn mit dem Verzug Gefahr für die Partei verbunden ist. Steht der Mangel der

---

83　Hierzu A. *Guckelberger*, in: Schmidt-Bleibtreu/Hofmann/Henneke, [14]2018, GG Art. 12 a Rn. 18.
84　P. *Krause*, VerwArch 61 (1970), 298, 311 f.
85　Zur Reichweite OVG Münster 10.7.2012 – 12 B 753/12, juris Rn. 3. Zur Vereinbarkeit mit der UN-Kinderrechtskonvention BVerwGE 145, 153, 155.
86　I.d.F. des Gesetzes zur Verbesserung der Unterbringung, Versorgung und Betreuung ausländischer Kinder und Jugendlicher v. 28.10.2015, BGBl I 1802.
87　I.d.F. des Asylverfahrensbeschleunigungsgesetzes v. 20.10.2015, BGBl I 1722.
88　Hierzu M. *Fleuß*, VerwArch 107 (2016), 143, 145 f.
89　Gesetz zur Umwandlung der Unternehmen der Deutschen Bundespost in die Rechtsform der Aktiengesellschaft vom 14.9.1994 (BGBl I 2325, 2339), zul. geänd. durch Art. 3 Abs. 9 G v 12.7.2006 (BGBl I 1466).
90　BGH NJW 1978, 992 m.w.N. zu der in diesem Punkt h.M. A.M. LG Hannover FamRZ 1998, 380 f.
91　Für das Verfahren der Verfassungsbeschwerde offen gelassen in BVerfGE 72, 122, 133.

gesetzlichen Vertretung endgültig fest, hat dies die gleichen Folgen wie der Mangel der Prozessfähigkeit selbst (→ Rn. 63 ff.).

2. Vertretung natürlicher Personen. Die elterliche Sorge umfasst nach § 1629 BGB die Vertretung des 47 Kindes, die grds. gemeinschaftlich erfolgt. Ist eine Willenserklärung gegenüber dem Kind abzugeben, so genügt die Abgabe gegenüber einem Elternteil. Ein Elternteil vertritt das Kind allein, soweit er die elterliche Sorge allein ausübt oder sie ihm übertragen wurde. Die Eltern können das Kind in den Fällen nicht vertreten, in denen auch ein Vormund den Mündel gem. § 1795 BGB nicht vertreten kann. Nach § 1626 a BGB[92] steht die elterliche Sorge nicht miteinander verheirateten Eltern gemeinsam zu, wenn sie einander heiraten, sie entsprechende Sorgeerklärungen abgeben oder das Familiengericht ihnen die Sorge gemeinsam überträgt. Falls diese Tatbestände nicht vorliegen, hat die Mutter die elterliche Sorge, § 1626 a Abs. 3 BGB. Bei besonders bedeutsamen Rechtsgeschäften ist die Vertretungsmacht der Eltern durch das Erfordernis vormundschaftlicher Genehmigung eingeschränkt (vgl. § 1643 BGB i.V.m. §§ 1821, 1822 Nr. 1, 3, 5, 8–11 und 1645 BGB). Bei Bestehen einer Vormundschaft für Minderjährige ist gesetzlicher Vertreter gem. §§ 1773, 1793 BGB der Einzelvormund, oder nach § 1791 b BGB das Jugendamt als Amtsvormund gem. §§ 55 ff. SGB VIII. Für Angelegenheiten, an deren Besorgung die Eltern oder der Vormund verhindert sind, wird gem. § 1909 Abs. 1 S. 1 BGB ein (Ergänzungs-)Pfleger bestellt. Eine Verhinderung liegt z.B. vor, wenn das unter elterlicher Sorge stehende minderjährige Kind die Sorgerechtsentscheidung, die für die allein sorgeberechtigte Mutter positiv erging, angreifen will (BVerfGE 72, 128, 135; 75, 201, 213). Zudem kann eine Ergänzungspflegschaft auch mit einer gerichtlichen Einschränkung des elterlichen Sorgerechts verbunden werden, etwa bei der Aufenthaltsbestimmung (VG Augsburg 17.8.2012 – Au 3 S 12/1006, juris Rn. 16). Je nach Streitgegenstand kann auch eine gemeinsame Vertretung durch Eltern und Ergänzungspfleger erforderlich sein (VG München 25.9.2013 – M 18 K 12/1271, juris Rn. 65).

Für die *Vertretung volljähriger nicht geschäftsfähiger Personen* gilt: Gesetzlicher Vertreter des *Betreu-* 48 *ten ist*, soweit dieser prozessunfähig ist (→ Rn. 32 ff.), dessen Betreuer, § 1902 BGB, jedoch beschränkt auf den ihm übertragenen Aufgabenkreis. Für die *Pflegschaftsverhältnisse* nach §§ 1911 ff. BGB wird die gesetzliche Vertretung durch den Pfleger ausgeübt. Der *Nachlasspfleger* (§§ 1960 ff. BGB) ist gesetzlicher Vertreter des Erben für Tätigkeiten, die der Sicherung und Verwaltung des Nachlasses dienen.[93]

Ist ein *Ausländer* weder nach seinem Heimatrecht noch nach § 62 Abs. 4 VwGO i.V.m. § 55 ZPO 49 selbst prozessfähig (→ Rn. 26), richtet sich die gesetzliche Vertretung grds. nach seinem Heimatrecht (Art. 7 EGBGB). Ausländische Sorgerechtsentscheidungen verstoßen nur dann gegen den ordre public in Art. 16 des Haager Minderjährigenschutzabkommens, wenn das Ergebnis zu den Grundgedanken der deutschen Regelungen und den in ihnen enthaltenen Gerechtigkeitsvorstellungen in so starkem Widerspruch steht, dass es nach deutscher Vorstellung untragbar erscheint (BVerwGE 145, 153, 161 ff.). Zwischen Kind und Eltern richtet sich das Rechtsverhältnis nach dem Recht des Staates, in dem das Kind seinen gewöhnlichen Aufenthalt hat (Art. 21 EGBGB) sowie dem Haager Abkommen zur Regelung über Minderjährige von 1902 (RGBl 1904, 240). Die gesetzliche Vertretung für unter Vormundschaft, Betreuung und Pflegschaft stehende beurteilt sich nach Art. 24 EGBGB.

3. Vertretung von juristischen Personen, Vereinigungen und Behörden (Abs. 3). Der Begriff der Verei- 50 nigung erfasst auch juristische Personen (zum Begriff der Vereinigung → § 61 Rn. 26).[94] Überwiegend wird angenommen, sie seien als solche nicht prozessfähig und müssten deshalb durch ihre gesetzlichen Vertreter und Vorstände vertreten werden.[95] Bedenkt man jedoch, dass es sich hierbei jeweils um eine organschaftliche Vertretungsmacht handelt und damit die Handlungen der Vertreter der juristischen Person unmittelbar zugerechnet werden, so sind sie bei gesamtheitlicher Betrachtung sehr wohl prozessfähig im eingangs dargelegten Sinne (→ Rn. 2). Das Aufsichtsrecht und die Weisungsbefugnis der

---

92 Aktuelle Fassung durch das Gesetz zur Reform der elterlichen Sorge nicht miteinander verheirateter Eltern v. 16.4.2013, BGBl I 795.
93 *M. Loose*, in: Tipke/Kruse § 34 AO Rn. 5.
94 BVerwGE 72, 165, 168; *W.-R. Schenke*, in: Kopp/Schenke § 62 Rn. 14; *W. Bier/C. Steinbeiß-Winkelmann*, in: Schoch/ Schneider/Bier § 62 Rn. 17.
95 So etwa *W. Bier/C. Steinbeiß-Winkelmann* in: Schoch/Schneider/Bier § 62 Rn. 17; *W.-R. Schenke*, in: Kopp/Schenke § 62 Rn. 14; *I. Schübel-Pfister*, JuS 2013, 417, 418. Ebenso die 4. Aufl. in Rn. 50.

übergeordneten Behörde geben dieser grds. kein Selbsteintrittsrecht, das die übergeordnete Behörde zur prozessualen Vertretung der untergeordneten Behörde berechtigt.[96]

51   **a) Gesetzliche Vertreter juristischer Personen des Privatrechts, von rechtsfähigen Personengesellschaften und Vereinigungen.** Die in der Praxis wichtigsten gesetzlichen Vertreter juristischer Personen des Privatrechts sind bei der AG (§ 78 AktG), bei der Genossenschaft (§ 24 GenG), beim e. V. (§ 26 Abs. 2 BGB) und bei der rechtsfähigen Stiftung (§§ 86 S. 1, 26 Abs. 2 BGB) jeweils der Vorstand.[97] Die GmbH wird durch den oder die Geschäftsführer vertreten (§ 35 Abs. 1 GmbHG). Bei der Außen-GbR (zu ihrer Beteiligtenfähigkeit BGHZ 146, 341 und → § 61 Rn. 24) alle Gesellschafter, denen die Geschäftsführungsbefugnis zusteht (§§ 709, 714 BGB; § 170 Abs. 3 ZPO), soweit der Gesellschaftsvertrag keine abweichende Regelung enthält (BGH NJW 2010, 2886); bei Einzelvertretungsermächtigung ist Vollmachtsnachweis erforderlich. Gesetzlicher Vertreter der sich in Liquidation befindenden AG ist der Abwickler (§ 269 Abs. 1 AktG). Im Fall der Liquidation der Genossenschaft (§ 88 GenG), der GmbH (§ 68 GmbHG) und des Vereins (§§ 48 Abs. 2, 26 Abs. 2 BGB) ist dies der Liquidator. Für *(teilrechtsfähige) Vereinigungen* handeln, soweit sie gem. § 61 Nr. 1 oder 2 beteiligtenfähig sind (→ § 61 Rn. 24 ff.), die mit der Vertretung betrauten Personen. Über ihre Vertretung entscheidet die Vereinigung selbst, wenn keine zwingenden gesetzlichen Bestimmungen bestehen. Spezialvorschriften finden sich z.B. für die OHG und KG in §§ 125, 161 Abs. 2 HGB (zur GmbH & Co. KG OVG Greifswald NJW-RR 2013, 46, 47). Bei einem nicht rechtsfähigen Verein ergibt sich die Vertretungsmacht aus § 54 BGB i.V.m. den Bestimmungen über die Gesellschaft.[98] Die Wohnungseigentümergemeinschaft wird gem. § 27 Abs. 2 Nr. 3 WEG durch ihren Verwalter vertreten (OVG Bln-Bbg 19.3.2015 – OVG 2 A 3/15, juris Rn. 16). – Bei ausländischen juristischen Personen, die außerhalb der Europäischen Union gegründet wurden, richtet sich die Prozessfähigkeit nach der sog. Sitztheorie (VG Frankfurt a.M. NZG 2013, 556).[99] Im EU-Bereich wird man hingegen vor dem Hintergrund der Niederlassungsfreiheit (ebenso wie bei der Beteiligtenfähigkeit → § 61 Rn. 23) die Gründungstheorie heranziehen müssen.

52   **b) Vertreter juristischer Personen des öffentlichen Rechts.** Gesetzliche Vertreter juristischer Personen des öffentlichen Rechts sind deren verfassungsmäßige Vertreter, sofern keine ausdrückliche gesetzliche Bestimmung existiert (vgl. z.B. Art. 62 ff., 83 ff. GG; Art. 58 Abs. 1 S. 1 VerfBln).[100] Ihre Vertretungsmacht beruht entweder auf Gesetz, Verordnung, Satzung oder organisatorischer Verwaltungsvorschrift.[101] Im *Bund* vertritt jeder Bundesminister die Bundesrepublik Deutschland innerhalb seines Geschäftsbereichs. Diese Befugnis folgt aus Art. 65 GG, wonach jeder Bundesminister seinen Geschäftsbereich selbständig und in eigener Verantwortung leitet (BVerwG NJW 1963, 315; BGH NJW 1967, 1756).[102] Dies schließt das Recht ein, die Bundesrepublik vor Gericht zu vertreten und die Vertretung an andere juristische Personen des öffentlichen Rechts oder an untergeordnete Behörden zu delegieren (BVerwG NJW 1963, 315). Dabei soll sich die Vertretungsbefugnis nicht allein aus der funktionalen Stellung des Staatsorgans, sondern nur aus der materiellen Rechtslage herleiten.[103] Bei nichtrechtsfähigen Anstalten des öffentlichen Rechts handelt ebenfalls der zuständige Minister. Soweit die *Länder* nach § 36 Abs. 1 S. 2 entweder allgemein oder für bestimmte Fälle die Vertretung des Landes oder von Landesbehörden dem VöI übertragen haben (hierzu die Komm. zu § 36), handelt dieser als gesetzlicher Vertreter des Landes oder der Landesbehörde. Für die übrigen Fälle ist jeder Landes- bzw. Staatsminister verfassungsmäßiger Vertreter seines Landes, soweit sein Geschäftsbereich reicht, da die einzelnen Landesverfassungen ebenso wie Art. 65 GG vorsehen, dass die Landes- bzw. Staatsminister

---

96   VGH Kassel NJW 1960, 1317; a.M. VGH Kassel DÖV 1961, 394.
97   Nach dem OVG Bln DVBl 2003, 342, kann im Falle einer rechtsfähigen Stiftung des Privatrechts unter besonderen Voraussetzungen auch dem Aufsichts- und Kontrollorgan die Prozessführungsbefugnis zustehen.
98   *F. Koehl*, JuS 2016, 611, 612.
99   *R. Geimer*, Internationales Zivilprozessrecht, [7]2015, Rn. 2221 i.V.m. Rn. 2208.
100   Zu Art. 58 VerfBln *C. Waldhoff/M. S. Holland*, in: Siegel/Waldhoff, ÖR in Berlin, [2]2017, § 1 Rn. 350 f.
101   *M. Loose*, in: Tipke/Kruse § 34 AO Rn. 7.
102   Ebenso *W.-R. Schenke*, in: Kopp/Schenke § 62 Rn 14 a.
103   VG Düsseldorf NJW 1961, 2277; für die Landesministerien VGH München BayVBl 1981, 211.

ihren Geschäftsbereich selbständig und eigenverantwortlich führen.[104] Es existieren auch Sondervorschriften in Bezug auf die Prozessführungsbefugnis in einzelnen Verfahrensarten.[105]

c) Vertretung von Gemeinden. Die Vertretung von Gemeinden bestimmt sich nach den jeweiligen Gemeindeordnungen bzw. Kommunalverfassungen,[106] wonach die Gemeinde regelmäßig durch den Bürgermeister bzw. Oberbürgermeister bzw. in Hessen durch den Gemeindevorstand (Magistrat) vertreten wird. Dabei handelt es sich im Außenverhältnis um eine organschaftliche Vertretungsmacht.[107] Deshalb ist es grds. unerheblich, ob dem Bürgermeister auch im Innenverhältnis gegenüber der Gemeindevertretung die Entscheidungsbefugnis zusteht.[108] Da eine Prozessvertretung typischerweise nicht zu den Geschäften der laufenden Verwaltung gehört, bedarf es im Innenverhältnis (!) regelmäßig eines Beschlusses der Gemeindevertretung.[109] Eine Vertretung der Gemeinde ohne eine solche Ermächtigung im Innenverhältnis kann zwar im Einzelfall rechtsmissbräuchlich sein (VG Saarlouis 11.12.2015 – 3 K 33/15, juris Rn. 27); wegen der grundsätzlichen Trennung zwischen dem Innen- und dem Außenverhältnis sollte ein solcher Rechtsmissbrauch jedoch nicht vorschnell angenommen werden. Eine nach dem Kommunalrecht wirksam begründete Prozessfähigkeit bleibt auch im Falle einer untergegangenen Gemeinde bestehen, sofern sie sich etwa auf die Rechte aus einem Eingemeindungsvertrag beruft (VGH Mannheim NVwZ 2016, 1269, 1270).[110] – Hiervon zu unterscheiden ist die Prozessfähigkeit in einem Kommunalverfassungsstreit. Folgt man der hier vertretenen Ansicht, dass die Beteiligtenfähigkeit für alle Organe und Organteile aus § 61 Nr. 2 folgt (→ § 61 Rn. 37 f.), so erscheint es konsequent, die Prozessfähigkeit jeweils aus § 62 Abs. 3 abzuleiten.[111]

d) Vertretung von Behörden. Soweit nicht nach § 36 Abs. 1 S. 2 dem VöI die Vertretung einer Landesbehörde übertragen ist, erfolgt gem. § 62 Abs. 3 die Vertretung von Behörden durch den Behördenvorstand.[112] Einzelheiten ergeben sich aus dem jeweiligen Organisationsrecht. Die zuvor vorhandene Rechtsfigur des „besonders Beauftragten" wurde im Zuge der Reform des Rechtsberatungsrechts zum 1.7.2008 gestrichen.[113] Da eine besondere Beauftragung bis dahin nur die Verwaltungs- und Sozial-, nicht jedoch die Finanzgerichtsbarkeit und die ordentliche Gerichtsbarkeit kannten, dient die Reform damit der Vereinheitlichung der Verfahrensordnungen.[114] Die Prozessvertretung bestimmt sich für das verwaltungsgerichtliche Verfahren nach § 67. In § 67 Abs. 2 S. 2 Nr. 1 ist nun die Bevollmächtigung von Behördenvertretern einheitlich geregelt. Behörden können durch ihre eigenen Beschäftigten, Beschäftigte der Aufsichtsbehörden und Beschäftigte anderer Behörden und deren Zusammenschlüsse vertreten werden. Eine besondere Sachnähe oder vorgerichtliche Befassung ist nicht erforderlich (→ § 67 Rn. 22).[115]

4. Bestellung eines Prozesspflegers (Abs. 4). Soll sich eine Klage gegen einen *prozessunfähigen Beklagten* ohne gesetzlichen Vertreter richten und ist Gefahr im Verzug, ist auf Antrag des Klägers gem. § 62 Abs. 4 VwGO i.V.m. § 57 Abs. 1 ZPO ein besonderer „Notvertreter", ein sog. Prozesspfleger, für den Beklagten zu bestellen. Die beabsichtigte oder bereits erhobene Klage (oder der entsprechende Antrag im Eilverfahren) muss nach dem Wortlaut des § 57 Abs. 1 ZPO gegen einen *vor* Rechtshängigkeit Prozessunfähigen ohne gesetzlichen Vertreter gerichtet sein. Wird der Beklagte erst im Laufe des Pro-

---

104 Art. 49 Abs. 1 S. 4 VerfBW; Art. 51 Abs. 1 BayVerf; Art. 58 Abs. 5 S. 1 VerfBln; Art. 89 S. 2 VerfLBbg; Art. 120 S. 2 BremVerf, Art. 42 Abs. 2 S. 1 HmbVerf; Art. 102 S. 2 HessVerf; Art. 46 Abs. 2 VerfM-V; Art. 37 Abs. 1 S. 2 NdsVerf; Art. 55 Abs. 2 VerfNRW; Art. 104 S. 2 VerfRP; Art. 91 Abs. 2 SaarlVerf; Art. 63 Abs. 2 SächsVerf; Art 68 Abs. 2 VerfLSA; Art. 36 Abs. 2 VerfSH; Art 76 Abs. 1 S. 2 ThürVerf.
105 So am Bsp. des § 6 Abs. 2 S. 1 ZustV BayDG a.F. VGH München 10.9.2009 – 16 a DZ 08/2856, juris Rn. 8.
106 Übersicht über die einschlägigen Bestimmungen bei *M. Burgi*, Kommunalrecht, ⁵2015, § 13 Rn. 24 (dort Fn. 7).
107 *M. Burgi*, Kommunalrecht, ⁵2015, Rn. 24.
108 *G. Warg*, NWVBl. 2011, 214 f.; *Sodan/Ziekow* GK ÖR § 60 Rn. 24. A.A. offenbar *Hufen* § 12 Rn. 26.
109 Insoweit zutreffend *Hufen* § 12 Rn. 26.
110 Ebenso *C. Braun*, KommJur 2011, 8, 10; *C. Schielke*, Bindungswirkung von Zusagen in Eingemeindungsverträgen, 2012, S. 158 ff.
111 *T. I. Schmidt*, Kommunalrecht, ²2014, Rn. 528; *M. Burgi*, Kommunalrecht, ⁵2015, § 14 Rn. 12, A.A. *Hufen* § 21 Rn. 7: Prozessfähigkeit von „Einmannorganen" nach § 62 Abs. 1. Zum Ganzen auch *W. Roth*, Verwaltungsrechtliche Organstreitigkeiten, 2001, S. 929 ff.
112 Am Beispiel der Freiwilligen Feuerwehr in MV *H. Schäfer*, KommJur 2010, 130, 131.
113 Gesetz zur Neuregelung des Rechtsberatungsrechts vom 12.12.2007, BGBl I 2840, 2855.
114 BT-Drs. 16/3655, 95.
115 *C. Zander*, BDVR-Rundschreiben 01/2008, 22, 27.

zesses prozessunfähig oder fällt sein gesetzlicher Vertreter weg, dürfte es häufig zu einer Unterbrechung (§ 241 ZPO) oder Aussetzung (§ 246 ZPO) des Verfahrens kommen.[116] Zweck der Vorschrift des § 57 ZPO ist, dem Kläger in Eilfällen einen prozessfähigen Gegner gegenüberzustellen, um die Geltendmachung seiner Rechte nicht an der Prozessunfähigkeit des Beklagten scheitern zu lassen.[117] Liegen die Voraussetzungen des § 57 ZPO vor, ist das Gericht verpflichtet, den Vertreter zu bestellen.[118] *Fehlen einer gesetzlichen Vertretung* liegt auch dann vor, wenn ein vorhandener Vertreter aus tatsächlichen Gründen, auch wenn dies nur vorübergehend ist (z.B. Krankheit) oder aus rechtlichen Gründen an der Wahrnehmung seiner Rechte gehindert ist.[119] *Gefahr im Verzug* ist gegeben, wenn ein Aufschub der Sache bis zur Bestellung eines gesetzlichen Vertreters schwerwiegende Nachteile für den Kläger hätte, sein Recht ohne Pflegebestellung ernstlich gefährdet wäre. Der *bestellte Prozesspfleger* hat die Stellung eines gesetzlichen Vertreters (BVerwG Buchholz 310 § 62 VwGO Nr. 22).[120] Die vertretene Partei ist im Verfahren aber persönlich anzuhören (BSG NJW 1994, 215). Die Vertreterbestellung nach § 57 ZPO ist regelmäßig sachlich nicht beschränkt und wirkt für den Rechtsstreit insgesamt (BVerwG DÖV 1973, 95), d.h. auch im Berufungs- und Revisionsverfahren fort (BVerwGE 39, 261, 262). Die sachliche Unbeschränktheit der Vertretung hat insbes. zur Folge, dass der Vertreter den Streitgegenstand erweitern kann (BVerwGE 39, 261, 264).

56   Seinem Wortlaut nach ist § 57 ZPO nur auf prozessunfähige Beklagte anwendbar, weswegen im Zivilprozess die Klage oder der Antrag eines *prozessunfähigen Klägers* nach h.M. regelmäßig abzuweisen ist.[121] Das Abstellen auf die formale Beteiligtenstellung wird jedenfalls im Verwaltungsprozess der Rechtsschutzgarantie des Art. 19 Abs. 4 GG nicht gerecht. Vielmehr ist der Auffassung von *Käck* zu folgen, wonach im Einzelfall von den Auswirkungen auf den betroffenen prozessunfähigen Kläger auszugehen ist.[122] Das BVerwG hat zwei Fallgruppen anerkannt, in denen einem prozessunfähigen Kläger von Amts wegen (dies ist anders als bei der Regelung des § 57 Abs. 1 ZPO: „auf Antrag") ein besonderer Vertreter in analoger Anwendung des § 57 ZPO zuzuordnen ist. Die erste Fallgruppe betrifft die Anfechtungsklage einer prozessunfähigen Partei gegen einen ihn belastenden Verwaltungsakt (*Eingriffsverwaltung*).[123] Diese Analogie ist aus Gründen der Rechtsschutzgarantie geboten: Denn die Stellung des Klägers entspricht insbes. wegen des vorangehenden Verwaltungsverfahrens der Stellung eines Beklagten im Zivilprozess. Und die sonst eintretende Rechtlosstellung von Prozessunfähigen – ein fehlerhafter Verwaltungsakt könnte vollzogen werden, ohne dass dem prozessunfähigen Kläger hiergegen wirksamer Rechtsschutz zustünde – wäre mit der verfassungsrechtlich abgesicherten Rechtsschutzgarantie nicht vereinbar (BVerwGE 23, 15; BVerwG Buchholz 310 § 133 Nr. 12).

57   Die zweite Fallgruppe betrifft Verpflichtungsklagen auf *Hilfe nach dem SGB XII*, wenn die Hilfsbedürftigkeit durch die geistige Behinderung hervorgerufen ist, die auch die Prozessunfähigkeit bedingt (BVerwGE 25, 36; 30, 24; BVerwG Buchholz 310 § 62 VwGO Nr. 21). Die analoge Anwendung des § 57 ZPO wird mit der Notwendigkeit des Gleichklangs von behördlichem Verfahren und verwaltungsgerichtlichem Rechtsschutz begründet. Aus der Subjektstellung auch des geistig Behinderten i.R. der Sozialhilfe folge, dass die gerichtliche Geltendmachung der Ansprüche wegen dieser Behinderung nicht wegen des Mangels der Prozessfähigkeit scheitern dürfe (BVerwGE 30, 24, 26). Aus diesem Grunde ist ein Antrag des prozessunfähigen Klägers keine Voraussetzung für eine solche Bestellung (BVerwGE 25, 36; 30, 24).

58   Die VG haben darüber hinaus mehrfach ausgeführt, dass eine weitere analoge Anwendung des § 57 Abs. 1 ZPO für die Bestellung eines Prozesspflegers für einen prozessunfähigen *Kläger* nicht in Be-

116 *Vollkommer*, in: Zöller § 57 Rn. 3.
117 *F. J. Käck*, Prozeßpfleger, 1990, 13.
118 Mit einem Fall, in dem die Einschaltung eines Prozesspflegers nicht veranlasst war, hat sich der VGH München BayVBl 1984, 757 beschäftigt.
119 *R. Hüßtege*, in: Thomas/Putzo § 57 Rn. 4. A.M. *W. Lindacher*, in: MüKoZPO I § 57 Rn. 6, der die tatsächliche Verhinderung nicht ausreichen lässt.
120 Ist die vertretene Partei noch zusätzlich durch einen Rechtsanwalt vertreten, haben Zustellungen und Mitteilungen des Gerichts nicht an den Prozesspfleger, sondern an den Prozessbevollmächtigten zu erfolgen, § 67 Abs. 3 S. 2.
121 *F. J. Käck*, Prozeßpfleger, 1990, 127 m.w.N.
122 *F. J. Käck*, Prozeßpfleger, 1990, 132.
123 OVG Bautzen Beck RS 2011, 53226; BVerwGE 23, 15; 30, 24; BVerwG Buchholz 310 § 133 Nr. 12; Buchholz 310 § 62 VwGO Nr. 14; Buchholz 310 § 62 VwGO Nr. 21.

tracht kommt.[124] Diese Rspr. ist in der Lit. umstr. und in dieser Pauschalität auch abzulehnen. Im Ergebnis erübrigt sich immer dann, wenn das bürgerliche Recht mit den Mitteln der Betreuung, der Vormundschaft und der Pflegschaft ausreichende Möglichkeiten bietet, um dem Prozessunfähigen zur Wahrung seiner Rechte zu verhelfen, die Bestellung eines Prozesspflegers analog § 57 ZPO. Wenn jedoch die Geltendmachung der Rechte des Klägers an seiner eigenen Prozessunfähigkeit scheitern würde, erfordert die Rechtsschutzgarantie die Bestellung des Prozesspflegers. Demnach ist v.a. auch im Bereich des *vorläufigen Rechtsschutzes* die Bestellung eines Prozesspflegers in Betracht zu ziehen, weil das langwierige Verfahren der Vertreterbestellung den vorläufigen Rechtsschutz sonst aushebeln könnte.[125]

Auch die beiden anerkannten Fallgruppen (→ Rn. 56 f.) sind mehrfach durch die Rspr. eingeschränkt 59 worden. So soll es der Bestellung eines Prozesspflegers nach § 57 Abs. 1 ZPO für alle Klagen von *Querulanten* (→ Rn. 36) nicht bedürfen.[126] Allerdings besteht in einem solchen Fall eine Hinweispflicht des Gerichts gem. § 86 Abs. 3 (BVerwG 10.6.1994 – 5 B 111/93, juris Rn. 5 f.). Soweit schon vor der mündlichen Verhandlung erhebliche Zweifel an der Prozessfähigkeit des Klägers bestünden, müsste das Gericht diesen mit oder nach der Ladung, aber noch rechtzeitig vor dem Verhandlungstermin auf diese Zweifel hinweisen. Bei einer *Wiederaufnahmeklage* gem. § 153 soll für den prozessunfähigen Kläger kein besonderer Vertreter zu bestellen sein, wenn Gegenstand des Verfahrens die Bewilligung von Hilfe zum Lebensunterhalt nach dem BSHG war (VGH Mannheim VBlBW 1990, 135). Des Weiteren soll, wenn sich das Begehren des prozessunfähigen Klägers nicht auf Sozialhilfe wegen der Hilfsbedürftigkeit richtet, wegen der der Kläger prozessunfähig ist, eine Prozesspflegerbestellung auch in Fällen der Eingriffsverwaltung nicht erforderlich sein (BVerwG Buchholz 310 § 62 VwGO Anh. § 57 ZPO Nr. 3).

5. Einzelfälle. a) Vertretung juristischer Personen des öffentlichen Rechts. In *Beamtensachen* wird 60 bei Bundesbeamten die Bundesrepublik gem. §§ 3 Abs. 1, 127 Abs. 1 S. 1 BBG von der obersten Dienstbehörde und damit dem jeweiligen Fachministerium vertreten (BVerwGE 72, 165, 168).[127] Die Vertretung der Länder bei Landesbeamten ergibt sich aus den jeweiligen LBG, wobei grds. der zuständige Landes- bzw. Staatsminister vertretungsbefugt ist. Der Bund bzw. die Länder werden in Angelegenheiten, die den *Bundestag*, den *Bundesrat* oder die *Landtage* betreffen, z.B. Angelegenheiten eines Untersuchungsausschusses oder in Petitionssachen, gerichtlich durch ihre Präsidenten vertreten (VGH München BayVBl 1981, 211). Ansprüche der Bundesrepublik gegen Dritte, die im Zusammenhang mit der *Bundesauftragsverwaltung* (Art. 85 GG) entstanden sind, haben die Länder in gesetzlicher Prozessstandschaft im eigenen Namen, nicht als Vertreter oder Organe des Bundes geltend zu machen (BVerwG NVwZ 1999, 296; VGH München BayVBl 1980, 341). *Gemeinden und Gemeindeverbände* gelten für das Rechtsbehelfsverfahren gegen ihre Auflösung oder gegen ihre gebietliche Zuordnung als fortbestehend (VGH Mannheim NVwZ 2016, 1269 → Rn. 53 und → § 61 Rn. 15 f.). Die als fortbestehend geltenden Landkreise werden durch ihre zuletzt amtierenden Landräte vertreten (BbgVerfG LKV 1995, 118). In Verwaltungsstreitverfahren wegen der Anerkennung von *Kriegsdienstverweigerern* wird die Bundesrepublik durch das Bundesamt für den Zivildienst vertreten (zur aktuellen Aussetzung der Wehrpflicht → Rn. 41).[128] Der Bundesminister der Verteidigung hat in seinem Bereich die Verwaltungsanordnungen zu erlassen, mit denen er den *Wehrbereichsverwaltungen* für ihren regionalen Bereich die Vertretung des Bundes übertragen kann (BVerwG NJW 1963, 315). Zumindest bei Vorliegen einer entsprechenden Einzelanweisung der Wehrbereichsverwaltung sind deren Außenstellen, die keine selbständigen Behörden sind, befugt, die Wehrbereichsverwaltungen gem. § 62 Abs. 3 zu vertreten. Wird der Bund als Träger der *Straßenbaulast* i.S.d. § 65 Abs. 1 fakultativ beigeladen, wird er im verwaltungsgerichtlichen Verfahren durch den Bundesminister für Verkehr vertreten (BVerwGE 52, 226).

---

124 BVerwGE 25, 36; BVerwG Buchholz 310 § 62 VwGO Nr. 10; Buchholz 310 § 62 VwGO Nr. 14; VGH München BayVBl 1984, 757; VGH Kassel NJW 1990, 403.

125 Ebenso *F. J. Käck*, Prozeßpfleger, 1990, 132.

126 BVerwGE 23, 15 und BVerwG Buchholz 310 § 133 Nr. 12; VGH Kassel NJW 1968, 70; VGH Mannheim VBlBW 2014, 378.

127 Zum Begriff der obersten Dienstbehörde *T.I. Schmidt*, Beamtenrecht, 2017, Rn. 70.

128 BVerwG DÖV 1984, 395. A.M. VG Düsseldorf NJW 1961, 2277, wonach der Prüfungsausschuss bzw. die Prüfungskammer vertretungsbefugt sein soll.

61 **b) Vertretung von Vereinigungen und Behörden.** Ist ein gesetzlicher Vertreter eines Hochschulorgans im Hochschulgesetz und anderswo nicht ausdrücklich bestimmt, wird das Organ durch die Mitglieder, die die Prozessführung beschlossen haben, vertreten (HmbOVG NVwZ-RR 1994, 587).[129] Eine *politische Partei* wird durch ihren Vorstand vertreten (§ 11 Abs. 3 PartG, § 26 BGB), soweit die Satzung nichts anderes bestimmt (VG Düsseldorf NVwZ 1994, 811 → § 61 Rn. 24). Der Kreisverband einer politischen Partei ist nach § 61 Nr. 2 beteiligtenfähig und handelt nach § 62 Abs. 3 durch seinen Vorstand (BVerwGE 31, 368). Eine gem. § 3 VereinsG verbotene Vereinigung wird gem. § 62 Abs. 3 von ihrem Vorstand vertreten (BVerwG DÖV 1984, 940).

62 **c) Bestellung eines Prozesspflegers.** Die Bestellung eines besonderen Vertreters soll für einen *klagenden minderjährigen Ausländer* ohne gesetzlichen Vertreter nicht erforderlich sein, da diese Fallkonstellation unter keine der anerkannten Fallgruppen einer analogen Anwendung des § 57 ZPO auf prozessunfähige Kläger fällt (BVerwG Buchholz 310 § 62 VwGO Nr. 21; zu den Altersgrenzen nach dem neuen Ausländer- und Asylrecht → Rn. 43). Die Bestellung eines Prozesspflegers als gesetzlichem Vertreter einer *aufgelösten Gemeinde* in einem gegen die ehemalige Gemeinde geführten Verwaltungsstreit ist zulässig (BVerwG Buchholz 415.1 AllgKommR Nr. 31).

VII. Folgen fehlender Prozessfähigkeit

63 **1. Grundsätzliche Folgen.** Auch der Prozessunfähige bringt mit der Einreichung einer von ihm unterzeichneten Klageschrift ein Prozessrechtsverhältnis zur Entstehung (BVerwG Buchholz 310 § 62 VwGO Nr. 27). Die Qualifizierung der Prozessfähigkeit als *Sachentscheidungsvoraussetzung* hat zur Folge, dass das VG zur Sache weder verhandeln noch entscheiden darf, wenn und solange der Kläger oder Beklagte nicht prozessfähig und nicht ordnungsgemäß vertreten ist.[130] Das Fehlen der zugleich als *Prozesshandlungsvoraussetzung* verstandenen Prozessfähigkeit wirkt sich auf die Zulässigkeit der einzelnen Prozesshandlungen aus, die von oder gegenüber einem Prozessunfähigen vorgenommen werden.[131] Diese klare, unterschiedliche Handhabung je nachdem, ob die Prozessfähigkeit als Sachentscheidungs- oder Prozesshandlungsvoraussetzung gesehen wird (→ Rn. 2), wird bei den *Heilungsmöglichkeiten* (→ Rn. 65) relativiert. Die Heilung kann nur insgesamt, etwa für die zurückliegende Instanz, oder gar nicht erfolgen. Eine „Auswahl" unter den einzelnen Prozesshandlungen ist somit unzulässig. Ebenso wie die Wirksamkeit einer Verfügung deren Bekanntgabe an den Empfänger voraussetzt, was dessen Handlungsfähigkeit erfordert (BayObLG DÖV 1979, 62, 63), werden die an die Klage geknüpften Rechtsfolgen nur einem prozessfähigen Beklagten gegenüber ausgelöst. Die *gegen* einen Prozessunfähigen gerichtete Klage ist deshalb, sofern keine Heilung (z.B. durch Bestellung eines gesetzlichen Vertreters) erfolgt, als unzulässig abzuweisen. Liegt ein in angemessener Zeit behebbarer Mangel und für den Betroffenen Gefahr im Verzug vor, kann dieser oder sein gesetzlicher Vertreter mit dem Vorbehalt der Beseitigung des Mangels zugelassen werden, § 62 Abs. 4 VwGO i.V.m. § 56 Abs. 2 S. 1 ZPO. Erst wenn die für die Beseitigung gesetzte Frist abgelaufen ist, darf die Klageabweisung als unzulässig erfolgen, vgl. § 56 Abs. 2 S. 2 ZPO. Für den prozessunfähigen Beteiligten kann aber gem. § 62 Abs. 4 VwGO i.V.m. § 57 Abs. 1 ZPO (analog) auch die Bestellung eines Prozesspflegers in Betracht kommen (→ Rn. 55 ff.).[132] Besteht die Prozessfähigkeit bei Klageerhebung, fällt dann aber fort, kommt es nicht zur Prozessabweisung, sondern zur Unterbrechung oder Aussetzung des Verfahrens (§§ 241, 246 ZPO analog).[133] Die Klage ist in allen Fällen zulässig, wenn die prozessunfähig gewordene Partei wirksam, also vor Eintritt der Prozessunfähigkeit, eine Prozessvollmacht erteilt hat (BGHZ 121, 263).

64 **2. Rechtsmittelrücknahme durch Prozessunfähigen.** Als Ausnahme vom Grundsatz, dass eine prozessunfähige Person keine wirksamen Prozesshandlungen vornehmen kann, soll eine prozessunfähige Partei, die keinen gesetzlichen Vertreter hat und in dem angefochtenen Urteil für prozessfähig gehalten worden ist, ein von ihr gegen das Urteil eingelegtes Rechtsmittel wirksam zurücknehmen können

---

129 Näher hierzu *E. Wendelin*, Der Hochschulverfassungsstreit, 2010, S. 163 f.
130 *H.-W. Laubinger*, FS Ule, 1987, 161, 165.
131 *H.-W. Laubinger*, FS Ule, 1987, 161, 165.
132 *M. Vollkommer*, in: Zöller § 57 Rn. 1.
133 *R. Hüßtege*, in: Thomas/Putzo § 57 Rn. 3; *M. Vollkommer*, in: Zöller § 57 Rn. 3. A.M. *W. Lindacher*, in: MüKoZPO I § 57 Rn. 8, der § 57 ZPO analog anwenden will, wenn Gefahr im Verzug vorliegt.

(BVerwG NJW 1964, 1819 m.w.N.). Dies steht im Gegensatz zur Parallelvorschrift des § 71 Abs. 2 S. 2 SGG (wenn hier „Rechtsbehelf" weit interpretiert wird), der die Zustimmung des gesetzlichen Vertreters verlangt. Durch die Rücknahme des Rechtsmittels wird das Urteil der Vorinstanz rechtskräftig, es ist aber wegen der etwaigen Prozessunfähigkeit einer Partei möglicherweise mit der Nichtigkeitsklage gem. § 173 VwGO i.V.m. § 579 Abs. 1 Nr. 4 ZPO angreifbar.[134] Der Nichtigkeitsgrund nach § 579 Abs. 1 Nr. 4 VwGO erfordert aber regelmäßig, dass die Prozessunfähigkeit während des ganzen Prozesses bestanden hat (VG Karlsruhe 10.3.2016 – A 2 K 441/15, juris Rn. 19).[135]

3. Prozessübernahme durch gesetzlichen Vertreter und sonstige Heilungsmöglichkeiten. Da es keinen 65 Schutz des guten Glaubens an die Prozessfähigkeit geben[136] und diese daher nicht fingiert werden kann, bleibt einzig das Institut der Heilung, um den Mangel mit rückwirkender Kraft zu beseitigen. Das bisherige Verfahren kann jederzeit, mithin in allen Rechtszügen nach Behebung des Mangels geheilt werden vom gesetzlichen Vertreter und vom Prozessunfähigen selbst, wenn er Prozessfähigkeit erlangt hat.[137] Auch der vom Berufungsgericht nach § 62 Abs. 4 VwGO i.V.m. § 57 ZPO bestellte Prozesspfleger kann, indem er den Berufungs- und Klageantrag stellt, die bisherige Prozessführung genehmigen (BVerwG DÖV 1989, 944, insoweit aber nicht in der Fundstelle abgedruckt). – Die Heilung soll durch ausdrückliche oder durch stillschweigende Genehmigung erfolgen können.[138] Diese Aussage ist zu pauschal, weil eine konkludente Genehmigung unter Umständen dem Fürsorgedanken widerspricht, der gegenüber dem ursprünglich Prozessunfähigen fortwirkt. Da die Heilung durch Genehmigung nur einheitlich erfolgen (→ Rn. 63)[139] und nicht auf einzelne Prozesshandlungen beschränkt werden kann, würde auch die bisherige, unter Umständen ungünstige oder ungeschickte Prozessführung genehmigt. Es bestünde hier auch für das Gericht eine erhebliche Versuchung, bisherige Mängel zu kaschieren. Eine konkludente Genehmigung ist deshalb nur in Ausnahmefällen denkbar, etwa bei einer Prozessübernahme unmittelbar nach Klageerhebung (OVG Lüneburg DVBl 1982, 218). Eine stillschweigende Genehmigung ist die rügelose Fortsetzung des Prozesses nach Wegfall des Mangels (BVerwG Buchholz 237.2 § 79 LBG Bln). Einer Zustimmung der gegnerischen Partei bedarf es nicht.[140] Fraglich ist, ob der Auffassung von *Laubinger* zu folgen ist, wonach Heilung auch noch nach Eintritt der Rechtskraft des Sachurteils möglich sein soll.[141] Jedenfalls in dem auf das Sachurteil folgenden Nichtigkeitsstreit kann der Mangel nicht mehr geheilt werden. Das ergangene Sachurteil wird i.d.R. durch ein Prozessurteil ersetzt werden (BVerwGE 48, 201).

4. Rechtsfolgen bei fehlender Prozessfähigkeit des Rechtsanwalts. Im „Anwaltsprozess" muss sich 66 eine Partei durch einen nicht nur zugelassenen, sondern auch geschäfts- und prozessfähigen Anwalt vertreten lassen, damit dieser wirksam Prozesshandlungen vornehmen kann (→ Rn. 2). Im Fall der Prozessunfähigkeit des Rechtsanwalts ist die Klage als unzulässig abzuweisen, das Rechtsmittel als unzulässig zu verwerfen oder bei nachträglicher Prozessunfähigkeit die Unterbrechung des Rechtsstreits festzustellen (BVerfGE 37, 67, 76). Nachdem diese verfassungsrichterliche Feststellung nur für den Anwaltsprozess gilt, dürften ihre Konsequenzen uneingeschränkt nur für den Fall des § 67 Abs. 4 (Vertretung vor dem BVerwG und OVG) gelten. Hier ist die Postulationsfähigkeit des Rechtsanwalts Prozesshandlungsvoraussetzung (→ Rn. 2 und die Komm. zu § 67). Insoweit greift dann § 244 ZPO ein mit der Folge, dass eine Unterbrechung des Verfahrens eintritt, bis der bestellte neue Anwalt seine Bestellung dem Gericht angezeigt und das Gericht die Anzeige dem Gegner von Amts wegen zugestellt hat. Diese Regelung dürfte auch dann anzuwenden sein, wenn die Notwendigkeit der anwaltlichen Vertretung nicht besteht, der Beteiligte aber bislang durch einen Prozessbevollmächtigten vertreten wurde. Da sich Kläger und Beklagter vor dem VG selbst vertreten können, ist bei prozessfähigen Personen in diesem Verfahren die Heilung der Prozessführung durch sie selbst möglich. Auch hier gilt der

---

134 BVerwG NJW 1964, 1819; BSG NJW 1979, 1224, eingehender dazu die Komm. zu § 153.
135 Ebenso *R. Greger* in: Zöller, § 579 Rn. 8.
136 Die Ausführungen des VGH München DÖV 1984, 433, 434 zur Geschäftsfähigkeit gelten insofern entsprechend.
137 BVerwG Buchholz 237.2 § 79 LBG Bln; OVG Lüneburg DVBl 1982, 218; VGH Kassel VerwRspr 11, 1034; BayObLG DÖV 1979, 62; *H.-W. Laubinger*, FS Ule, 1987, 161, 181.
138 BVerwG Buchholz 237.2 § 79 LBG Bln; VGH Kassel VerwRspr 11, 1034; *H.-W. Laubinger*, FS Ule, 1987, 161, 181.
139 BVerwG Buchholz 237.2 § 79 LBG Bln; BGHZ 92, 137; *H.-W. Laubinger*, FS Ule, 1987, 161, 181.
140 *P. Hartmann*, in: Baumbach/Lauterbach/Albers/Hartmann § 56 Rn. 10.
141 *H.-W. Laubinger*, FS Ule, 1987, 161, 181. Ausgehend von *R. Bork*, in: Stein/Jonas II § 56 Rn. 3 unter Berufung auf *D. Leipold*.

Grundsatz, dass eine Auswahl einzelner Prozesshandlungen nicht zulässig ist. Sind allerdings einzelne Prozesshandlungen durch den prozessfähigen Beteiligten schon selbst vorgenommen worden (z.B. Genehmigung eines gerichtlichen Vergleichs), dürften diese von vornherein gültig sein.

67 **5. Revisionsgrund.** Die von Amts wegen zu prüfende Prozessfähigkeit wird auch noch in der Revisionsinstanz geprüft, ohne dass die fehlende Prozessfähigkeit von einem Verfahrensbeteiligten gerügt werden muss (dazu umfassend BGH NJW 1990, 1734). Ein weiterer Fehler, der zur Revision des Urteils führen kann, ist in der inadäquaten Reaktion des Gerichts auf die fehlende Prozessfähigkeit zu sehen. Verneint ein Gericht die Prozessfähigkeit des Klägers und sieht von der Bestellung eines Prozesspflegers gem. § 62 Abs. 4 VwGO i.V.m. § 57 Abs. 1 ZPO ab, ist ein gerichtlicher Hinweis nach § 86 Abs. 3 geboten, um dem Kläger Gelegenheit zu geben, den bei Annahme seiner teilweisen Prozessunfähigkeit bestehenden Mangel der gesetzlichen Vertretung im Prozess zu beheben (BVerwG 10.6.1994 – 5 B 111/93, juris Rn. 5 f.). Dabei darf nicht der Eindruck entstehen, die Pflegerbestellung sei zwingend (BVerwG Buchholz 310 § 133 VwGO Nr. 12), der rechtliche Hinweis ist allein zur Vermeidung eines Überraschungsurteils notwendig. Für die Feststellung der Prozessfähigkeit der Beteiligten als Prozessvoraussetzung gilt der Freibeweis; die Art der Feststellung steht danach im freien Ermessen des Gerichts (BVerwG Buchholz 310 § 132 VwGO Nr. 54 → Rn. 68). Aufgrund des persönlichen Eindrucks in der mündlichen Verhandlung kann – unter Umständen sogar entgegen der vorliegenden ärztlichen Begutachtungen – die Prozessfähigkeit bejaht werden (BVerwG Buchholz 310 § 62 VwGO Nr. 5).

VIII. Verfahrensfragen

68 **1. Prüfungspflicht des Gerichts.** Das Gericht hat die grundsätzliche Verpflichtung, die Prozessfähigkeit der Beteiligten *von Amts wegen* in jeder Lage des Verfahrens zu prüfen, § 62 Abs. 4 VwGO i.V.m. § 56 Abs. 1 ZPO. Nach einer Entscheidung des OVG Bautzen soll es aber offen bleiben können, ob der Kläger i.S.d. § 62 Abs. 1 VwGO prozessunfähig ist und ob eine Prozessunfähigkeit die Unzulässigkeit des Zulassungsantrages (hier: Antrag auf Zulassung der Berufung) zur Folge hätte, wenn dem Zulassungsantrag auch aus anderen Gründen (hier: fehlende Prozessvertretung gem. § 67 Abs. 4) der Erfolg versagt bleiben müsse (OVG Bautzen 19.10.2012 – 2 A 858/10, juris Rn. 1). Prüfungsanlass ist nur dann gegeben, wenn sich aus irgendeinem Grund vernünftige Zweifel an der Prozessfähigkeit einer Partei ergeben,[142] wenn nach dem Tatsachenvortrag die Möglichkeit einer Prozessunfähigkeit nicht von der Hand zu weisen ist (BGH JuS 1986, 567). Das in einer anderen Sache ergangene auf (partielle) Prozessunfähigkeit lautende Sachverständigengutachten soll allein noch keinen Anlass bieten, die Prozessfähigkeit eines (volljährigen) Beteiligten zu prüfen (OVG Bln DÖV 1976, 608). Berechtigte Zweifel liegen z.B. vor, wenn vorgelegte ärztliche Zeugnisse attestieren, dass der Beteiligte als Folge von Gehirnblutungen völlig arbeitsunfähig ist (BVerwG Buchholz 310 § 86 VwGO Nr. 13). Dabei ist der Prüfungsumfang verfahrensspezifisch durch die Antragsart determiniert. Geht der Kläger mit der Beschwerde gegen eine Verfügung vor, mit der ihm die Bestellung eines Prozessbevollmächtigten nach § 67 Abs. 2 aufgegeben wird, ist eine abschließende Prüfung der Prozessfähigkeit im Beschwerdeverfahren nicht möglich. Dies muss dem Erstgericht i.R. des Hauptsacheverfahrens überlassen bleiben; für das Beschwerdeverfahren gilt der Kläger als prozessfähig (VGH München BayVBl 1974, 503).

69 **2. Verfahrensablauf.** Regelmäßig lässt sich die Frage, ob sich eine Partei in einem die freie Willensbestimmung ausschließenden Zustand krankhafter Störung der Geistestätigkeit befindet, nur mithilfe des ärztlichen Erfahrungswissens beantworten. I.d.R. wird ein Gericht dieses Wissen nicht besitzen und auch nicht in der Lage sein, ohne Hinzuziehung eines psychiatrischen oder sonst einschlägig ausgewiesenen Sachverständigen die der rechtlichen Beurteilung zugrunde zu legende medizinische Diagnose allein zu stellen. Es würde demgemäß gegen die ihm obliegende Aufklärungspflicht und gegen die Grundsätze der freien Beweiswürdigung verstoßen, wenn es ohne Hinzuziehung eines Sachverständigen entscheidet (BVerwG Buchholz 310 § 62 VwGO Nr. 3). Allerdings entscheidet allein das Gericht nach seiner freien Überzeugung in Würdigung des gesamten Prozessstoffes und unter Berücksichtigung

---

142 BVerwG Buchholz 310 § 86 Abs. 1 VwGO Nr. 284; BVerwG 15.2.2012 – 2 B 137/11, juris Rn. 9; VG München 27.4.2016 – M 6 K 15/321, juris Rn. 37.

der gesamten Lebenserfahrung (BVerwG Buchholz 310 § 62 Nr. 20; VG München 27.4.2016 – M 6 K 15/321, juris Rn. 37) über die Frage der Prozessfähigkeit einer Partei, nicht der medizinische Sachverständige (→ Rn. 25). Das Gericht kann demnach auch ohne Hinzuziehung eines ärztlichen Sachverständigen entscheiden, wenn die maßgeblichen Umstände auch einem medizinisch nicht vorgebildeten Laien den eindeutigen Schluss auf das Vorliegen der auf medizinischem Gebiet liegenden tatsächlichen Voraussetzungen für die Anwendung des betreffenden Rechtssatzes gestatten (BVerwG Buchholz 310 § 62 VwGO Nr. 11). Die Feststellung kann ohne Erhebung weiterer Beweise erfolgen, wenn schon die Art und Weise der Prozessführung offensichtlich ergibt, dass der Vortrag auf krankhaften Wahnvorstellungen beruht (VGH Kassel NJW 1990, 403, 404). Ein Verfahrensfehler ist daher erst dann anzunehmen, wenn sich die Notwendigkeit einer weiteren Beweiserhebung aufdrängen würde (OVG Münster 27.1.2016 – 15 A 503/15, juris Rn. 12). Eine Notwendigkeit, dem prozessunfähigen Kläger nach § 62 Abs. 4 VwGO i.V.m. § 57 ZPO einen Vertreter zu bestellen, besteht regelmäßig nur, wenn es sich um Akte der Eingriffsverwaltung handelt (BVerwG 310 § 62 VwGO Nr. 13 → Rn. 56 f.). Die Weigerung eines Beteiligten, sich zur Klärung seiner Prozessfähigkeit einer ärztlichen Begutachtung zu unterziehen, kann nur dann zu seinen Ungunsten gewertet werden, wenn alle anderen Möglichkeiten zur Überprüfung der Prozessfähigkeit erschöpft sind (BVerwG DVBl 1963, 249).

3. Anhörung und Beweiswürdigung. Zu einer umfassenden Beweiswürdigung gehört, dass sich das Gericht einen *persönlichen Eindruck* von der Prozessfähigkeit des Beteiligten macht. Dies erfordert, dass es das persönliche Erscheinen des betroffenen Beteiligten zur mündlichen Verhandlung anordnet (BVerwG DVBl 1963, 249). Das BSG und der BGH gehen sogar so weit, dass eine persönliche Anhörung in der mündlichen Verhandlung obligatorisch sein soll (BSG NJW 1994, 215; BGHZ 143, 122, 125). Verbleiben Zweifel an der Prozessfähigkeit eines Beteiligten und sind weitere Erkenntnisquellen verstellt, weil der Beteiligte in eine Untersuchung durch einen Sachverständigen nicht einwilligt und er nicht gezwungen werden kann, sich auf seinen Geisteszustand überprüfen zu lassen (BGH NJW 1962, 1510, 1511), ist der Weg für eine Sachentscheidung verschlossen; es ergeht ein abweisendes Prozessurteil. Die Verweigerung der ärztlichen Untersuchung rechtfertigt die Abweisung der Klage aber nur, wenn alle anderen Möglichkeiten der Sachaufklärung erschöpft sind und der Kläger darauf hingewiesen worden ist, dass das Gericht aus seiner Weigerung für ihn nachteilige Schlüsse ziehen kann (BVerwGE 8, 29). Die weiterhin bestehende Unsicherheit geht dann zulasten des Beteiligten, der im aktuellen Verfahren als nicht prozessfähig behandelt werden muss (VGH München BayVBl 1984, 757). Gleiches soll gelten, wenn der Grund für das weiterhin bestehende non liquet nicht in der Sphäre des mutmaßlich prozessunfähigen Beteiligten angesiedelt ist (BVerwG 7.11.1986 – 5 B 58/86, juris Rn. 6). Die Beweislastregelungen, wie sie im bürgerlichen Recht bei der Überprüfung der Voraussetzungen des § 104 Nr. 2 BGB gelten, können bei der Entscheidung über die Prozessfähigkeit keine Anwendung finden (BGHZ 18, 184, 190).

4. Kostentragung. Die prozessuale Kostentragungspflicht nach § 154 trifft auch die prozessunfähige Partei, wenn sie in dem Rechtsstreit unterliegt (BGH NJW 1993, 1865). Denn auch durch Rechtsbehelfe von Prozessunfähigen entsteht ein begrenztes Prozessrechtsverhältnis (OVG Münster 24.6.2016 – 4 B 665/16, juris Rn. 3). Deshalb bedarf es bei einem Einwilligungsvorbehalt der Zustimmung des Betreuers (BVerwG NZFam 2016, 432; BVerwG 10.10.2016 – 5 A 52/16 u.a., juris Rn. 2; → Rn. 33).

§ 63 [Beteiligte]

Beteiligte am Verfahren sind

1. der Kläger,
2. der Beklagte,
3. der Beigeladene (§ 65),
4. der Vertreter des Bundesinteresses beim Bundesverwaltungsgericht oder der Vertreter des öffentlichen Interesses, falls er von seiner Beteiligungsbefugnis Gebrauch macht.

Schrifttum

D. Ehlers, Der Beklagte im Verwaltungsprozeß, in: FS Menger, 1985, 379; ders., Allgemeine Sachentscheidungsvoraussetzungen verwaltungsgerichtlicher Rechtsschutzanträge (Teil III.), Jura 2005, 359; J. Martens, Die Praxis des Verwaltungsprozesses, 1975,

§ 4; *A. v. Mutius*, Die Beteiligten im Verwaltungsprozeß, Jura 1988, 469; *K. Schreiber*, Parteibegriff und Folgen falscher Zustellung im Zivilprozeß, Jura 1990, 162; *J. Stettner*, Die Beteiligten im Verwaltungsprozeß, JA 1982, 394.

I. Entstehungsgeschichte

1   § 63 entspricht inhaltlich den früheren Verwaltungsgerichtsgesetzen und ist § 39 der Militärratsverordnung Nr. 165 nachgebildet.[1] Im Entwurf einer BundesVwGO fehlte bei der Aufzählung der VBI (früher: Oberbundesanwalt), und bzgl. des VöI wurde nur auf nähere landesgesetzliche Regelungen verwiesen.[2] Der Regierungsentwurf zur VwGO enthielt inhaltlich die gleiche Fassung.[3] Zur Begründung wurde angeführt, dass im Gegensatz zum Zivilprozess das verwaltungsgerichtliche Verfahren nur Beteiligte und keine Parteien kenne, wobei auf die Ausnahmevorschrift des früheren § 150 („Parteien im Sinne dieses Abschnitts sind der Kläger und der Beklagte") hingewiesen wurde. Die Bezeichnung „Beteiligter" sei schon wegen der Teilnahme des Beigeladenen und des VöI am Verfahren notwendig.[4] Im Jahre 2001 wurde in der Nr. 4 der Oberbundesanwalt durch den VBI ersetzt.[5]

II. Allgemeiner Überblick

2   **1. Mögliche Beteiligte und Anwendungsbereich der Vorschrift.** § 63 zählt die *möglichen Beteiligten* (zu den einzelnen Beteiligten → Rn. 10 ff.) eines verwaltungsgerichtlichen Verfahrens auf. Die einheitliche Verwendung des Begriffs „Beteiligte" in der VwGO darf nicht über die Besonderheiten der zugewiesenen Rolle der einzelnen Beteiligten im Prozess hinwegtäuschen (→ Rn. 4). Zwischen den formell definierten Beteiligten (zum formellen Beteiligtenbegriff → Rn. 8 f.) besteht das Prozessrechtsverhältnis; hier entfaltet sich die Rechtskraftwirkung des rechtskräftigen Urteils (§ 121). Auch die Kostenfestsetzungs- und -tragungspflicht nach §§ 154 ff. beziehen sich auf die Beteiligten (OVG Münster 25.1.2011 – 1 E 32/11, juris Rn. 7 ff. m.w.N.). § 63 ist bzgl. der Ziff. 1 und 2 dahingehend zu ergänzen, dass neben *Kläger* und *Beklagten* auch *Antragsteller* und *Antragsgegner*[6] in den weiteren in der VwGO geregelten Verfahren (Normenkontrollverfahren nach § 47, einstweiliger Rechtsschutz nach § 80 Abs. 5 bzw. § 123, Zwangsvollstreckung nach § 167 ff. VwGO i.V.m. §§ 704 ff. ZPO, Verfahren der Prozesskostenhilfe nach § 166 VwGO i.V.m. §§ 114 ff. ZPO) Hauptbeteiligte (→ Rn. 10) am Verfahren sind. § 63 ist nicht abschließend, wie gelegentlich behauptet wird.[7] Dies zeigt sich an der Existenz sog. besonderer VöI (→ Rn. 19 ff.), die als zulässig erachtet werden. Bei der Ausweitung muss aber berücksichtigt werden, dass der Bund von seiner Kompetenz nach Art. 74 Abs. 1 Nr. 1 GG erschöpfend Gebrauch gemacht hat und Verfassung und Verfahren der VG im Sinne eines einheitlichen Prozessrechts regeln wollte (BVerfGE 20, 238, 248). Die Länder können deshalb nichts Abweichendes regeln. Soweit durch Bundesgesetz andere Beteiligte zugelassen werden, ist gleichwohl eine Durchbrechung des grundlegenden Systems des § 63 nicht zulässig. So können Behörden nicht in anderer Form „beigezogen" werden und nur dann beigeladen werden, wenn sie nach § 61 Nr. 3 beteiligtenfähig sind. Im Falle einer Bundesbehörde scheidet dies aus, da hier das Rechtsträgerprinzip gilt. Deshalb ist die Beiladung eines speziellen Bundesministers, wenn die Bundesrepublik bereits als Beklagte am Verfahren beteiligt ist, nicht zulässig und unwirksam (BVerwGE 72, 165, 167 ff.). Zudem kann auch die Bestimmung des § 66 ZPO zur Nebenintervention über § 173 S. 1 nicht zur Anwendung kommen (OVG Bln-Bbg 16.3.2015 – OVG 2 A 7/15, juris Rn. 10).[8]

3   Der *Anwendungsbereich* des § 63 ist allein der Verwaltungsprozess. § 63 gilt *nicht* für das Vorverfahren der §§ 68 ff. Der VöI nimmt am Widerspruchsverfahren nicht teil. Drittbetroffene sollen nach § 71 gehört (damit werden sie nicht zu Beigeladenen) und gem. § 79 VwVfG i.V.m. § 13 Abs. 1 Nr. 4,

---

1 *Schunck/De Clerck* § 63 Anm. 1 a.
2 DVBl 1951, Beilage 18, § 62.
3 BT-Drs. 3/55, 10 zu § 63.
4 BT-Drs. 3/55, 37.
5 Gesetz zur Neuordnung des Bundesdisziplinarrechts vom 9.7.2001, BGBl I 1510.
6 Auch wenn in den weiteren Ausführungen nur noch Kläger und Beklagter genannt werden, beziehen sich die Ausführungen auch auf Antragsteller und Antragsgegner.
7 So *J. Stettner*, JA 1982, 394; *M. Redeker*, in: Redeker/v. Oertzen § 63 Rn. 6. Insoweit unklar *W.-R. Schenke*, in: Kopp/Schenke § 63 Rn. 1 („abschließend, wenn nicht ein Bundesgesetz … ihre Teilnahme vorsieht").
8 Der Sache nach handelt es sich aber bei der Beiladung nach § 63 Nr. 3 (ebenfalls) um eine Form gesetzlicher Nebenintervention, *Hufen* § 12 Rn. 3.

Abs. 2 VwVfG bzw. aufgrund der entsprechenden Vorschriften des Verwaltungsverfahrensrechts der Länder hinzugezogen werden. Ob dies als „Beiladung" zu qualifizieren ist,[9] ist umstr. Z.T. wird bezweifelt, dass es eine formelle Beiladung im Widerspruchsverfahren gibt.[10]

2. Rollenzuteilung und Bezeichnung der Beteiligten. a) Allgemeines. § 63 weist den Beteiligten ge- 4 wisse „*Parteirollen*"[11] zu, die im Verlaufe des Verfahrens regelmäßig nicht geändert werden können. Hierbei besteht der Grundsatz des Prozessrechts, dass ein Rechtsstreit unter den am Rechtsstreit Beteiligten zu Ende geführt wird (BVerwGE 25, 170, 174). Die Befugnis, ein Rechtsmittel gegen ein Urteil einzulegen, steht ebenso ausschließlich „den Beteiligten" (§ 124 Abs. 1) des erstinstanzlichen Verfahrens zu. Somit ist der Antrag eines Miteigentümers auf Zulassung der Berufung unzulässig, wenn die (abgewiesene) Klage von der Wohnungseigentümergemeinschaft erhoben worden war (VGH München 6.9.2010 – 1 ZB 09.346, juris Rn. 5). Aus dem Kläger kann während der Dauer des Rechtsstreits kein Beklagter werden und umgekehrt. Die *Rollenzuteilung* bleibt erhalten, solange das Prozessrechtsverhältnis besteht, das Verfahren also nicht formell rechtskräftig abgeschlossen ist (OVG Münster DVBl 1988, 114). Daran ändern auch die teilweise abweichenden Bezeichnungen in der *Rechtsmittelinstanz* nichts. Auch wenn der (unterlegene) Beklagte in der Berufungsinstanz als Berufungskläger bezeichnet wird, bleibt er in der Parteirolle des Beklagten. Wegen unterschiedlicher Gebräuche an verschiedenen Gerichtsorten ergeben sich Verwechslungsmöglichkeiten. Diese Gefahr besteht aber in erster Linie im Zivilprozess, weil hier die Einlegung des Rechtsmittels unmittelbar beim Rechtsmittelgericht erfolgt und der Gerichtsakt des Erstgerichts noch nicht vorliegt.[12]

b) Besonderheiten im Verfahren nach §§ 80 Abs. 5 und 80 Abs. 7. Die in der Hauptsache Beteiligten 5 sind nach dem BVerwG in ihrer jeweiligen Beteiligtenstellung auch Beteiligte am Verfahren auf vorläufigen Rechtsschutz, ohne dass es einer Beiladung bedürfte (→ § 80 Rn. 126). Die Beiladung sei sogar „offensichtlich prozessrechtswidrig".[13] In Verfahren nach *§ 80 Abs. 5* kann es auch bei mehreren Antragstellern immer nur einen *Antragsgegner* geben, nämlich (bei Anwendung des Rechtsträgerprinzips) die Körperschaft, deren Behörde für die Anordnung oder Aufhebung der sofortigen Vollziehbarkeit zuständig ist.[14] Antragsgegner bleibt die Körperschaft auch, wenn die Behördenentscheidung durch die Gerichtsentscheidung abgeändert wurde. Das Verfahren wird dann nicht ohne Antragsgegner weitergeführt;[15] vielmehr gehört das Verfahren nach § 80 Abs. 7 zum subjektiv-rechtlichen Rechtsschutz und wird nicht zum objektiven Verfahren ohne Passivbeteiligte (BVerwGE 64, 347, 355). Der Betreiber des Abänderungsverfahrens nach *§ 80 Abs. 7* ist als „Antragsteller" dieses Verfahrens zu führen, und zwar ohne Rücksicht auf seine Beteiligtenstellung im vorausgegangenen Aussetzungsverfahren gem. § 80 Abs. 5 (OVG Münster DVBl 1988, 114 unter Aufgabe der früheren Rspr.). Dies ergibt sich aus der Selbständigkeit des Verfahrens nach § 80 Abs. 7, dem notwendig eine neue Sach- oder Rechtslage zugrunde liegen muss (VGH München DVBl 1982, 210, 212 → § 80 Rn. 185). Das Verfahren nach § 80 Abs. 5 muss formell unanfechtbar abgeschlossen worden sein (OVG Münster DVBl 1988, 114 → § 80 Rn. 185). Im Übrigen verbleiben im Verfahren nach § 80 Abs. 7 alle an der Hauptsache Beteiligten auch Beteiligte. Eine Beiladung schon zuvor Beteiligter kommt nicht in Betracht (BVerwGE 64, 347, 355).

c) Zur Terminologie. Durch die Wahl der Bezeichnung „Beteiligte" wird Kongruenz zum vorange- 6 henden Verwaltungsverfahren geschaffen (zu den Begrifflichkeiten → § 61 Rn. 4). Den im Zivilprozess gebräuchlichen Begriff „Partei" für Kläger und Beklagten verwendet die VwGO nicht. Hieraus ein Prinzip der Gleichrangigkeit der anderen Beteiligten ableiten zu wollen,[16] geht fehl (→ Rn. 2). Im allgemeinen Sprachgebrauch hat sich der Ausdruck „Beteiligte" noch nicht endgültig durchgesetzt, in der Praxis hält sich die Verwendung des Begriffs „Partei" für Kläger und Beklagten. Weitreichende

---

9 So *W.-R. Schenke*, in: Kopp/Schenke § 71 Rn. 9.
10 *H. Jäde*, BayVBl 1989, 201, 203, der allerdings zu Unrecht von Mängeln der Praxis (zu wenig Beteiligungen nach § 13 VwVfG) Rückschlüsse auf die Dogmatik zieht.
11 Zur Rollenverteilung zwischen Verwaltung und Bürger *R. Pitschas*, Verwaltungsverantwortung und Verwaltungsverfahren, 1990, 665 ff.
12 Hierzu etwa BGH NJW 1976, 108.
13 BVerwGE 64, 347, 355 – Flughafen München II – gegen VGH München DVBl 1982, 210.
14 VGH München DVBl 1982, 210 (LS), insoweit von BVerwGE 64, 347 nicht beanstandet.
15 So aber VGH München DVBl 1982, 210 (LS), m. krit. Anm. *L. Renck*, 216 ff.
16 Hierzu auch *J. Martens*, Praxis, 1975, 34; *A. v. Mutius*, JURA 1988, 469, 470.

Konsequenzen sind aus der unterschiedlichen *Terminologie* nicht zu ziehen. Die Rollenverteilung zwischen Verwaltung und Bürger ist aber anders als im Zivilprozess. Der Parteibegriff lebt vom Gegensatz zum unabhängigen Dritten als dem Entscheidenden.[17] Auch kommt dem Beteiligtenbegriff eine andere Qualität als dem Parteibegriff zu. Sie offenbart sich in Bezug auf das im Rechtstreit behauptete materielle Recht. Im Unterschied zum Zivilprozess muss kein Beteiligter behaupten, dass ihm der geltend gemachte Anspruch zusteht oder er über den fremden Anspruch Verfügungsmacht hat. Im Verwaltungsprozess hat nicht nur der Beigeladene keine Verfügungsmacht über das streitige subjektiv-öffentliche Recht des Klägers, sondern unter Umständen auch der (in dieser Sache obsiegende) Kläger, wenn der beklagten Behörde bei ihrer Entscheidung Ermessen eingeräumt ist.[18] Soweit im Mediationsgesetz aus dem Jahre 2012[19] der Begriff der „Parteien" verwendet wird, ist dieser Begriff nicht im Sinne der ZPO zu verstehen und passt daher auch für Verfahrensordnungen, die wie die VwGO auf den Begriff der „Beteiligten" abstellen.[20]

7   **3. Beteiligteneigenschaft und Beteiligtenfähigkeit.** Beteiligteneigenschaft nach § 63 und Beteiligtenfähigkeit nach § 61 sind scharf zu trennen. Die Beteiligteneigenschaft ist keine Sachentscheidungsvoraussetzung (zum Gefüge der Sachentscheidungsvoraussetzungen → § 61 Rn. 2 f.), sondern das Prozessrechtsverhältnis des konkreten Rechtsstreites konstituiert sich unmittelbar durch die Verfahrenshandlungen (Klage, Antragstellung), sei es unter Beteiligtenfähigen oder – teilweise – Beteiligtenunfähigen. Jeder, der das VG anruft oder gegen den Klage erhoben wird, ist Beteiligter. Es ist dann eine vom Gericht von Amts wegen zu prüfende weitere Frage, ob er auch rechtlich Beteiligter sein kann, also beteiligtenfähig ist.[21] Die „Seehunde der Nordsee" sind, obgleich nicht beteiligtenfähig (→ § 61 Rn. 21), Beteiligte im Verfahren, also Antragsteller gewesen.[22] Ob die Klage (oder das Rechtsmittel) eines Beteiligten zulässig ist, ergibt sich nicht aus der Prozessrechtsstellung des § 61 Nr. 1–3, der z.B. einen Beigeladenen lediglich generell dazu legitimiert, gem. §§ 66 und 124 Berufung einzulegen (BVerwG NVwZ 1981, 115 f.), sondern nur durch Prüfung von Amts wegen, ob die einzelnen Sachentscheidungsvoraussetzungen vorliegen. Allerdings kann eine Klage unzulässig sein, wenn es am notwendigen Inhalt einer Klageschrift fehlt (VGH Kassel NJW 1990, 138 und → Rn. 11). Dies ist jedoch eine Rechtsfolge des § 82; es ändert nichts an der Beteiligteneigenschaft des Klägers. Keine Bedeutung für § 63 als Norm prozessualer Rollenzuteilung hat die Frage nach der Betroffenheit, der Klagebefugnis und die nach dem richtigen Kläger bzw. Beklagten.[23] *Abzugrenzen* ist die Beteiligteneigenschaft ferner von *Bevollmächtigten*, da diese nicht in eigenem Namen prozessieren; ebenso wenig ist der gesetzliche Vertreter eines Minderjährigen Beteiligter, wenn er für diesen klagt.

8   **4. Formeller Beteiligtenbegriff.** Der formelle Beteiligtenbegriff herrscht im Verwaltungsprozessrecht wie im Zivilprozess und im Verwaltungsverfahren.[24] Dies gilt zunächst für die Hauptbeteiligten: Beteiligter i.d.S. ist die (natürliche oder juristische) Person, von oder gegen welche im eigenen Namen staatlicher Rechtsschutz vor den VG begehrt wird.[25] Damit bedarf es zur Beteiligung am Prozessrechtsverhältnis nur einer einzigen, darauf gerichteten Rechtshandlung des Klägers, nämlich der Klageerhebung bei Gericht. Die Beteiligtenstellung wird also durch den Kläger bestimmt[26]. Der Beklagte wird ohne eigene Rechtshandlung Beteiligter durch den Formalakt der vom Gericht bewirkten Zustellung der Klage.[27] Der Beteiligtenbegriff der VwGO ist damit zugleich unabhängig vom materiellen Recht. Wer als mutmaßlicher Eigentümer um die Erteilung einer Baugenehmigung für ein Grundstück streitet, wird durch die Geltendmachung des Anspruchs im Wege der Klage selbst Beteiligter, auch

---

17 *R. Wahl*, VVDStRL 41 (1983), 151, 157 mit Fn. 10.
18 Ausf. *R. Pitschas*, Verwaltungsverantwortung und Verwaltungsverfahren, 1990, 666.
19 Mediationsgesetz v. 21.7.2012, BGBl I 1577, zul. geänd. durch G v. 31.8.2015, BGBl I 1474.
20 *A. Guckelberger*, NVwZ 2011, 390, 393.
21 *Bosch/Schmidt/Vondung* Rn. 112; *Schenke* Rn. 455 m.w.N.
22 VG Hamburg NVwZ 1988, 1058; zu den sich hieraus ergebenden Problemen der Kostenentscheidung gegenüber Prozessunfähigen schon RGZ 53, 65 und die Komm. zu § 154.
23 Aktiv- bzw. Passivlegitimation; so auch *Hufen* § 12 Rn. 2.
24 Hierzu *F. O. Kopp*, in: Verwaltungsverfahren. FS zum 50-jährigen Bestehen des Richard Boorberg Verlages, 1977, 159 ff.; *J. Martens*, JuS 1977, 809.
25 *M. Vollkommer*, in: Zöller Vorbem. § 50 Rn. 2 f. m.w.N.
26 Zutr. *K. Schreiber*, Jura 1990, 162.
27 LG Lüneburg NJW 1985, 2279, das die Rechtshängigkeit nach § 847 Abs. 1 S. 2 BGB a.F. auf den Zeitpunkt der Klageeinreichung fixierte. A.M. LG Marburg NJW 1985, 2280.

wenn in Wahrheit ein Dritter Eigentümer ist und der Kläger auch sonst nicht berechtigt ist, die Baugenehmigung zu erstreiten. Steht ihm der behauptete Anspruch nicht zu, ist seine Klage nicht unzulässig, sondern unbegründet. Umgekehrt wird der Beklagte, meist eine Körperschaft des öffentlichen Rechts, dadurch Beteiligter, dass der Kläger gegen ihn Rechtsschutz begehrt (und ihm die Klage zugestellt wird). Auch wenn der Beklagte nicht die Kompetenz hat, die begehrte Entscheidung herbeizuführen, ist er verklagt (Beklagter). Die gegen ihn gerichtete Klage ist dann unbegründet. Der formelle Beteiligtenbegriff entspricht mit den aufgezeigten Besonderheiten im Wesentlichen dem formellen Parteibegriff, der im Zivilprozess entwickelt worden ist.[28]

Die Frage nach der Beteiligteneigenschaft richtet sich also nach rein äußeren Tatsachen: Wer begehrt 9 Rechtsschutz, und gegen wen wird Rechtsschutz begehrt? Je nach der gesetzlich zugewiesenen Rolle (§ 63 Nr. 1–4) ergibt sich die Beteiligteneigenschaft entweder unmittelbar aus der Klage oder es ist noch eine weitere Verfahrenshandlung – nicht notwendig durch den Beteiligten – erforderlich. Das ist im Falle des Beigeladenen (→ Rn. 17) der Beiladungsbeschluss, beim VBI oder VöI muss eine ausdrückliche Erklärung gegenüber dem Gericht hinzutreten (→ Rn. 18).

III. Die einzelnen Beteiligten

1. Kläger und Beklagter. Kläger und Beklagter sind *Hauptbeteiligte*[29] oder auch sog. *notwendige Be-* 10 *teiligte.* Für das Entstehen eines Prozessrechtsverhältnisses genügt es, dass Kläger und Beklagter in der Klage bezeichnet sind. Beigeladener, VBI und/oder VöI müssen nicht an einem Prozess beteiligt sein. Sie werden deshalb auch als *Nebenbeteiligte* bezeichnet.[30] Tatsächlich haben es (allein) Kläger und Beklagter in der Hand, das Prozessrechtsverhältnis entstehen und enden zu lassen. Der Kläger kann bis zur Rechtskraft des Urteils seine Klage im Allgemeinen frei zurücknehmen. Ggf. bedarf es der Einwilligung des Beklagten oder des VöI (§ 92). Einer Einwilligung des Beigeladenen bedarf es nicht.[31] Auch § 106 zeigt, dass ein Unterschied gemacht wird zwischen den Beteiligten, die „über den Gegenstand der Klage verfügen" können, und den anderen Beteiligten. Grds. ist nur die Beteiligung des Klägers und des Beklagten erforderlich,[32] nur sie sind „prozessführungsbefugt" (zur Prozessführungsbefugnis → § 62 Rn. 7 ff.). Der (notwendig) Beigeladene muss die Erklärung der Parteien über die Erledigung hinnehmen (VG Schleswig NJW 1966, 2425). Obwohl also nur zwei Beteiligte erforderlich sind, entsteht das Prozessrechtsverhältnis immer als Dreiecksverhältnis zwischen Kläger, Beklagtem und Gericht.[33]

a) Bezeichnung in der Klageschrift. Entsprechend dem formellen Beteiligtenbegriff ist die Stellung als 11 Kläger bzw. Beklagter die Folge der Klageerhebung und wird durch die Bezeichnung in der Klageschrift (oder Antragsschrift) (zur Begrifflichkeit → Rn. 2) bestimmt. Insoweit besteht ein enger Zusammenhang zwischen § 63 Nr. 1 und 2 und *§ 82 Abs. 1 S. 1.* Soweit die Klage Kläger oder Beklagten (überhaupt) nicht bezeichnet, fehlt es an einem notwendigen Inhalt der Klage, die dann als unzulässig abzuweisen ist.[34] Sind Kläger und Beklagter zwar bezeichnet, aber nicht zweifelsfrei, so gibt § 82 Abs. 2 die Möglichkeit zur erforderlichen Ergänzung, unter Umständen nach Aufforderung mit Fristsetzung durch den Vorsitzenden.[35] In Zweifelsfällen ist es Aufgabe des Vorsitzenden, sofort nach Eingang der Klageschrift bei deren Absender zurückzufragen.[36] Zu den Mindestvoraussetzungen gehört auch, dass die Klage nach § 81 Abs. 1 S. 1 schriftlich[37] zu erheben ist. Soweit in außergewöhnlichen

---

28 W. Heintzmann, Die Prozeßführungsbefugnis, 1970, 5 f.; W. Henckel, Parteilehre und Streitgegenstand im Zivilprozeß, 1961, 17 f.; G. Lüke, ZZP 76 (1963), 1, 8; G. Lüke, AöR 84 (1959), 185, 200; J. Martens, Praxis, 1975, 35 ff.; D. Ehlers, FS Menger, 1985, 379, 380 Fn. 9.
29 Hufen § 12 Rn. 2; Schenke Rn. 450.
30 Schenke Rn. 453.
31 Auch nicht des notwendig Beigeladenen, Bosch/Schmidt/Vondung Rn. 147.
32 BVerwG Buchholz 130 § 9 RuStAG Nr. 8 LS 2; D. Ehlers, Jura 2005, 359, 365.
33 D. Ehlers, FS Menger, 1985, 379, 380.
34 VGH Kassel NVwZ 1984, 802 in Abgrenzung zu den Rechtsfolgen bei Verletzung der Sollvorschriften i.R.d. § 82 Abs. 1 S. 1.
35 Zum Problem der Rechtsfolgen, wenn der Kläger der Aufforderung nicht nachkommt und dem, ob Nachholung noch in der Rechtsmittelinstanz möglich ist, vgl. die Komm. zu § 82.
36 Zutr. J. Martens, Praxis, 1975, 35.
37 Bei dem VG kann die Klage auch zur Niederschrift des Urkundsbeamten der Geschäftsstelle erhoben werden, vgl. § 81 Abs. 1 S. 2.

Fällen ein (zunächst) telefonisch eingereichter Eilantrag nach § 123 ausreicht, müssen Antragsteller und Antragsgegner eindeutig feststehen (so die umstr. Entscheidung des VG Wiesbaden NVwZ 1988, 90).

12 **b) Erfordernisse an die Identität des Klägers.** Der Kläger muss in der Klageschrift seine Identität offenbaren. Bei natürlichen Personen ist hierzu die Angabe des Namens und Vornamens erforderlich. Klagen unter einem nicht identifizierbaren Pseudonym lassen kein Prozessrechtsverhältnis entstehen. Kann der Kläger aus der Klage identifiziert werden (Ausschluss einer Personenverwechslung), ist er Hauptbeteiligter. Kein Bestandteil der Identität ist eine zugehörige ladungsfähige Anschrift. Diese dient weniger dem Individualisierungszweck (ergänzend kommen Geburtsdatum und Geburtsort in Betracht), sondern eher dem Zustellungs- und Sicherheitszweck.[38] Nach überwiegender Ansicht genügt die Erhebung einer Klage ohne ladungsfähige Anschrift jedoch nicht den Anforderungen des § 82 Abs. 1 S. 1 (VGH Kassel NVwZ-RR 1996, 179, 180; HmbOVG NJW 2006, 3082; → § 82 Rn. 8).[39] Das Gleiche soll für die Angabe einer Anschrift als „postlagernd" gelten (OVG Münster NVwZ-RR 1994, 124, 125) oder die Angabe lediglich eines Postfachs (BVerwG NJW 1999, 2608, 2609). Wegen der zuvor dargelegten unterschiedlichen Zielausrichtungen erscheint dies jedoch zweifelhaft (ebenso VGH Mannheim NVwZ 1997, 1233). Zumindest muss der Kläger zuvor gem. § 82 Abs. 2 zur Nachreichung aufgefordert werden (BVerwG NJW 1999, 2608, 2611). Zudem ist die Angabe einer ladungsfähigen Anschrift entbehrlich, wenn sie dem Gericht bekannt ist oder ohne große Schwierigkeiten zu ermitteln ist (BVerwG NJW 1999, 2608, 2610). Das Gleiche gilt, wenn die Benennung mit unüberwindlichen oder nur schwer zu beseitigenden Schwierigkeiten verbunden ist, etwa im Falle der Obdachlosigkeit (VGH Kassel NVwZ-RR 1996, 179, 180). Wird *irrtümlich* ein ähnlich heißender Kläger oder Beklagter in den Prozess einbezogen, z.B. an ihn zugestellt, entsteht mit diesem kein Prozessrechtsverhältnis.[40] Denn die bloße Zustellung schafft keine Partei. Aufgabe der Zustellung ist es, die Partei zu finden, nicht sie zu bestimmen.[41] Das Prozessrechtsverhältnis entsteht allein mit dem tatsächlichen Kläger oder „gewollten" Beklagten; der Klageschrift selbst haftet kein Fehler an,[42] wenn die Beteiligten dort richtig bezeichnet sind.

13 **c) Ermittlung des Beklagten bei nicht eindeutiger Bezeichnung.** Bei natürlichen Personen als Beklagten existiert der Problembereich von Personenverwechslungen sowie der von Klagen gegen Personen, die keinen festen Wohnsitz haben oder deren Identität nicht feststeht. Nicht möglich sind Klagen gegen *Unbekannt*. Inwiefern eine nähere Umschreibung des Kreises der Personen genügt, gegen die sich die Klage richtet, ist strittig.[43] Die Problematik hat sich v.a. bei der Beantragung einstweiliger Verfügungen gegen Hausbesetzer im Zivilprozess herausgebildet.[44] Ein Parallelproblem dürfte sich im Verwaltungsprozess nicht stellen, weil die Durchsetzung einer polizeilichen Räumung besetzter Häuser keine entsprechenden Angaben verlangt;[45] und die Hausbesetzer sind im verwaltungsrechtlichen Prozess nicht Beklagte.

14 Besonders problematisch kann die Ermittlung der Beteiligteneigenschaft auf Seiten des beklagten „Staates" sein. Hierbei ist folgendermaßen zu systematisieren: Ergibt sich der *Rechtsträger* unzweifelhaft aus der Klageschrift, ist der dort bezeichnete Rechtsträger Beteiligter (auch wenn er der falsche Beklagte ist). Ist gem. § 61 Nr. 3 i.V.m. Landesrecht bestimmten Behörden die Beteiligtenfähigkeit verliehen und kommen diese als Beteiligte in Betracht, hat das Gericht, notfalls durch Nachfrage oder Auslegung zu ermitteln, an wen die Klage zuzustellen ist und wer damit zum „endgültigen" Beteiligten wird (hierzu und zur Ermittlungspflicht des Gerichts und der Mitwirkungspflicht der Bundes- und Landesregierungen → § 61 Rn. 4 ff.). Die Klage wird nicht wegen Verfristung unzulässig, wenn die erforderlichen Recherchen zu einer Überschreitung von Klagefristen führen. Insoweit handelt es sich

---

38 C. *Gusy*, JuS 1992, 28, 29; insoweit zutr. OVG Münster NVwZ-RR 1994, 124, 125.
39 Ebenso etwa W.-R. *Schenke*, in: Kopp/Schenke § 82 Rn. 4.
40 OLG Nürnberg MDR 1977, 320, wonach aber über die Kosten der „ausscheidenden" falschen Partei durch Beschluss entschieden werden darf; W.-R. *Schenke*, in: Kopp/Schenke § 82 Rn. 6.
41 K. *Schreiber*, Jura 1990, 162, 163; Rosenberg/Schwab/*Gottwald* § 41 Rn. 5.
42 Zu den Folgen falscher Zustellung (im Zivilprozess, insbes. der Kostenfolge) K. *Schreiber*, Jura 1990, 162, 163 f.
43 OLG Köln NJW 1982, 1888; H. *Raeschke-Kessler*, NJW 1981, 663 ff.
44 OLG Köln NJW 1982, 1888; LG Krefeld NJW 1982, 289; H. *Lisken*, NJW 1982, 1136; M. *Schladebach*, ZMR 2000, 72 ff.
45 B. *Schlink*, NVwZ 1982, 529 ff.

(nur) um ein Zustellungsproblem, das im Verantwortungsbereich des Gerichts (§ 85 S. 1), nicht des Klägers, liegt (hierzu die Komm. zu § 82). Der Beklagte ist durch die Angabe des Rechtsträgers ausreichend „bezeichnet".

Ist in der Klage eine *Behörde* oder ein sonstiges Exekutivorgan (BVerwGE 31, 345, 350; 36, 188, 191) als Beklagter bezeichnet, ist Beteiligter aufgrund § 78 Abs. 1 Nr. 1 der hinter der Behörde stehende Rechtsträger (Bund, Land oder Körperschaft), wenn in dem entsprechenden Bundesland das Rechtsträgerprinzip gilt.[46] Insoweit genügt die Angabe der sachbeteiligten Behörde zur Bezeichnung des Beklagten. Es ist Sache des Gerichts, den formell richtigen Beklagten zu „bezeichnen" und das Prozessrechtsverhältnis zu derjenigen Körperschaft[47] herzustellen, deren Behörde den angefochtenen Verwaltungsakt erlassen hat (und erst recht, den Vertreter des Beklagten nach § 62 Abs. 3 festzustellen und richtig anzugeben). Dazu muss bereits bei der Zustellung der Klageschrift (§ 85) an die Behörde der Beklagte benannt werden. Bestehen Zweifel, muss der Vorsitzende diese klären.[48] Einer Mitwirkung des Klägers bedarf es nicht (OVG Münster NVwZ-RR 1991, 331, 332 unter Berufung auf § 88). Die Möglichkeit, sich auf die Bezeichnung der Behörde zu beschränken, entlastet den Kläger von der richtigen Bezeichnung des Beklagten und seines Vertreters (BVerwGE 14, 330, 332). Dies gilt aufgrund der gesetzlichen Erleichterung des § 78 Abs. 1 Nr. 1 Hs. 2 für die Anfechtungs- und Verpflichtungsklage (BVerwGE 14, 330, 332). Etwas anderes kann auch für die anderen Klagearten[49] nicht gelten (für das Normenkontrollverfahren trifft § 47 Abs. 2 S. 2 eine Sonderregelung → § 47 Rn. 272 f.), weil die (zutreffend) bezeichnete Behörde dem Rechtsträger ohne weiteres zuzuordnen ist und Anfechtungs- und Verpflichtungsklagen gegenüber der allgemeinen Leistungs- bzw. der Feststellungsklage im Allgemeinen höhere Zulässigkeitsschranken aufweisen. Die richtig bezeichnete Behörde wird ohne weiteres Beteiligte i.S.d. § 63. Ist der Rechtsträger bezeichnet, so wird sich regelmäßig aus dem (Widerspruchs)Bescheid ermitteln lassen, welche Behörde in das Verfahren einzubeziehen ist, wenn es sich um Anfechtungs- oder Verpflichtungsklagen handelt. Auch hier ist keine Unzulässigkeit der gegen den Rechtsträger gerichteten Klage anzunehmen. Bei sonstigen Klagen, insbes. allgemeinen Leistungsklagen genügt ohnehin die Angabe des Rechtsträgers (§ 78 Abs. 1 Nr. 2 gehört zu den Besonderen Vorschriften des 8. Abschnitts). Ob die so ermittelte Behörde bzw. der dahinter stehende Rechtsträger „richtige" Beklagte sind, ist dann eine Frage der Passivlegitimation, d.h. der Begründetheit der Klage.

d) Auslegung. Insbes. bei der Ermittlung der Hauptbeteiligten ist daran zu denken, dass Klagen wie alle prozessualen Willenserklärungen der Auslegung fähig und unter Umständen bedürftig sind. Beteiligter ist, wer erkennbar gemeint ist. Es kommt darauf an, welcher Sinn der in der Klageschrift gewählten Bezeichnung bei objektiver Würdigung des Erklärungsinhaltes beizulegen ist.[50] Hierbei kommt die Heranziehung des (Widerspruchs)Bescheides zur ergänzenden Auslegung der Klageschrift infrage.[51] *Falschbezeichnungen* können unschädlich sein, wenn für das Gericht erkennbar bleibt, wer Beteiligter sein soll und in welcher „Parteirolle" (BVerwG NJW 1974, 1648; BGH NJW 1976, 108; FamRZ 1986, 1088). Als Auslegungshilfe kann auch der Gesichtspunkt dienen, dass die Klage im Zweifel nicht gegen den falschen, sondern gegen den nach dem Inhalt der Klage richtigen Beklagten gerichtet sein soll (BVerwG Buchholz 310 § 82 VwGO Nr. 11).

2. Beteiligteneigenschaft des Beigeladenen. Die Beteiligteneigenschaft des Beigeladenen (Nr. 3) ergibt sich erst von der Zustellung des unanfechtbaren Beiladungsbeschlusses gem. § 65 Abs. 4 an (allgemeine Meinung, vgl. BVerwG NVwZ-RR 1994, 235 m.w.N.). Er ist also noch nicht Beteiligter, wenn er in der Klageschrift genannt oder vorsorglich unter Ankündigung einer möglichen Beiladung zum Termin geladen wird.[52] Auch beim Beigeladenen gilt ein formeller Beteiligtenbegriff: Da die Rechtsstellung eines Beteiligten am Verfahren nach § 63 Nr. 3 erst mit der Zustellung des Beiladungsbeschlusses erworben wird, ist ein *zu Unrecht nicht Beigeladener nicht* Verfahrensbeteiligter.[53] Rechtsmittel einlegen

15

16

17

---

46 Im Bund gilt dieses Prinzip ausschließlich; vgl. BVerwGE 36, 188, 191 (Beiladung der Körperschaft anstelle des nicht parteifähigen Landespersonalausschusses).

47 § 78 Abs. 1 Nr. 1, der analog auch auf Anstalten und Stiftungen anwendbar ist, *M. Happ*, in: Eyermann § 78 Rn. 13.

48 *J. Martens*, Praxis, 1975, 35.

49 OVG Münster NVwZ-RR 1991, 331 für eine (beamtenrechtliche) Feststellungsklage nach § 43.

50 BGH NJW 1983, 2448, 2449 m.w.N.; 1987, 1496, 1497; *K. Schreiber*, Jura 1990, 162, 163.

51 *W.-R. Schenke*, in: Kopp/Schenke § 82 Rn. 3; strenger BGH MDR 1977, 224 für eine Beschwerde nach dem PatG.

52 *M. Redeker*, in: Redeker/v. Oertzen § 63 Rn. 3.

53 BVerwG NVwZ 1991, 871; Buchholz 310 § 65 VwGO Nr. 56; s.a. *S. Hässy*, BauR 2001, 1533 ff.

kann nur, wer schon Beteiligter der Vorinstanz war (BVerwGE 38, 290, 296; BVerwG NVwZ 1991, 871, 872; NVwZ-RR 1994, 235; BVerwG 16.12.2015 – 4 B 48/15, juris Rn. 5). Von der abstrakten Beteiligtenstellung streng zu unterscheiden ist auch hier die Zulässigkeit eines Rechtsmittels: Diese setzt beim Beigeladenen insbes. eine materielle Beschwer voraus (BVerwG 18.2.2016 – 3 B 10/15, juris Rn. 5; VGH Kassel DÖV 2016, 487 f.; VGH Mannheim, NVwZ-RR 2017, 996 f.; → § 65 Rn. 180). – Wer im Eilverfahren nicht mehr beigeladen werden kann, weil das Verfahren des einstweiligen Rechtsschutzes rechtskräftig abgeschlossen wurde, kann mangels Beteiligteneigenschaft auch nicht die Abänderung des Eilbeschlusses in entsprechender Anwendung des § 80 Abs. 7 S. 2 beantragen (OVG Münster 23.5.2013 – 12 B 480/13, juris Rn. 2). Ein im Normenkontrollverfahren gem. § 47 Abs. 2 S. 3 Angehörter (juristische Person des öffentlichen Rechts) ist dem Beigeladenen nicht gleichgestellt und deshalb auch nicht Beteiligter i.S.v. § 63 (→ § 47 Rn. 274; BVerwG NVwZ 1991, 871, 872).

18   **3. Vertreter des Bundesinteresses beim Bundesverwaltungsgericht und Vertreter des öffentlichen Interesses.** Der Vertreter des Bundesinteresses beim Bundesverwaltungsgericht nach § 35 und der Vertreter des öffentlichen Interesses nach § 36 (Nr. 4) sind nicht automatisch am Verfahren beteiligt. Trotz des Wortlautes der Nr. 4 („oder") ist eine gleichzeitige Beteiligung zulässig. Sie sind Beteiligte nach § 63 Nr. 4 erst, wenn sie von ihrer Beteiligungsbefugnis Gebrauch gemacht haben, d.h. wenn sie die Beteiligung gegenüber dem Gericht angezeigt haben.[54] Eine Beiladung ist weder erforderlich noch zulässig (hierzu näher die Komm. zu §§ 35, 36). Fraglich ist, ob bei der Anzeige die allgemeinen Grundsätze für Prozesshandlungen gelten, z.B. die Form (schriftlich, zur Niederschrift oder zu Protokoll in der mündlichen Verhandlung) und die Bestimmtheit (Bezugnahme auf einen konkreten Rechtsstreit) gewahrt sein müssen. Dies ist schon aus Gründen der Rechtsklarheit und Eindeutigkeit zu fordern und kann auch dann erfolgen, wenn der VBI oder der VöI in einem früheren Verfahrensstadium erklärt hatte, er werde sich nicht beteiligen.[55] Die Erklärung ist bei jedem Verfahrensstand zulässig.[56] Nach Ablauf der Revisionsfrist kommt eine erstmalige Beteiligung des VöI durch Einlegung einer Anschlussrevision nicht mehr in Betracht.[57] Ebenso wie beim Beigeladenen (→ Rn. 17) ist die (abstrakte) Beteiligtenstellung von der (konkreten) Zulässigkeit eines Rechtsmittels abzugrenzen: Da der VBI gem. § 35 Abs. 1 S. 2 erst beim BVerwG beteiligt werden kann, kommt ihm keine Rechtsmittelbefugnis zu (→ § 35 Rn. 19). Anders verhält es sich beim VöI. Dieser kann nach allgemeiner Ansicht auch Rechtsmittel auch gegen ihn nicht beschwerende Gerichtsentscheidungen einlegen (VGH München NVwZ-RR 2013, 438, 439 → § 36 Rn. 10 ff.). Dies gilt jedoch nicht für die Anhörungsrüge nach § 152 a, da diese gem. § 152 a Abs. 1 S. 1 lediglich „beschwerten" Beteiligten eröffnet ist (VGH München NVwZ-RR 2013, 438, 439 → § 152 a Rn. 25).[58]

19   **4. Weitere Beteiligte.** In **Bundesgesetzen** sind noch weitere Beteiligte als die in § 63 ausdrücklich genannten vorgesehen. Lässt man die Schaffung solcher sog. Vertreter der besonderen Interessen zu, kann nicht gleichzeitig die Auffassung vertreten werden, dass die Aufzählung des § 63 erschöpfend sei.[59] Eine weitgehende Zulassung von besonderen Vertretern außerhalb der VwGO ist allerdings bedenklich, weil ihre Beteiligung keine Beschwer voraussetzt (BVerwGE 67, 64, 66) und eingelegte Rechtsmittel auch der Durchsetzung eines Justament-Standpunkts dienen können und sich einem objektiven Rechtsbeanstandungsverfahren nähern. Im Übrigen sieht sich der Bürger mehreren Prozessgegnern ausgesetzt, die kein persönliches Kostenrisiko eingehen müssen. – Weitere Beteiligte können durch **Landesgesetz** nicht vorgesehen werden, weil der Bund insoweit von seiner Gesetzgebungskompetenz nach Art. 74 Abs. 1 Nr. 1 GG abschließend Gebrauch gemacht hat (→ Rn. 2) und die VwGO keine entsprechende Ermächtigung für den Landesgesetzgeber enthält[60] (zur hiervon zu unterscheidenden Verordnungsermächtigung zur Bestimmung der VöI durch die Landesregierungen → § 36 Rn. 5).

---

54 *Schenke* Rn. 453.
55 BFH NJW 1985, 93 (LS 7) für eine entsprechende Beteiligung des BMF am Verfahren über die Revision nach § 122 Abs. 2 FGO in.
56 *M. Redeker,* in: Redeker/v. Oertzen § 63 Rn. 4.
57 BVerwG NVwZ 1993, 182 f.; noch offen gelassen in BVerwGE 16, 265, 268. Vgl. OVG Münster OVGE 36, 289 (LS 1).
58 Krit. hierzu *J. Unterreitmeier,* DÖV 2013, 343 ff.
59 So aber *M. Redeker,* in: Redeker/v. Oertzen § 63 Rn. 5 f.; *Hufen* § 12 Rn. 1.
60 So zutr. *W.-R. Schenke,* in: Kopp/Schenke § 63 Rn. 6.

In *Bundesgesetzen* sieht etwa § 8 Abs. 4 Hs. 2 HwO die Beteiligung der Handwerkskammer als Beige- 20
ladenen[61] vor. Nach § 8 Abs. 4 Hs. 2 HwO steht der Handwerkskammer und nach §§ 12, 16 Abs. 10
S. 4, 20 HwO der Industrie- und Handelskammer in bestimmten Verfahren der Verwaltungsrechtsweg
offen. Insofern werden sie zu Hauptbeteiligten, nämlich zu Klägern.[62] Von zeitweiliger Bedeutung war
der *Bundesbeauftragte für Asylangelegenheiten* nach § 6 AsylVfG a.F., dessen Amt durch Art. 3 Nr. 5
des ZuwandG[63] zum 31.8.2004 aufgelöst wurde und der nur noch an Verfahren beteiligt war, die vor
dem 1.7.2002 anhängig geworden sind (VG Ansbach 1.7.2002 – AN 4 K 02.3014 1, juris Rn. 10). Er
hatte nach Auffassung des BVerwG die dem VöI entsprechende Rechtsstellung und konnte gegen ein
Urteil Berufung auch dann einlegen, wenn er sich im erstinstanzlichen Verfahren nicht beteiligt hatte
(BVerwGE 67, 64, 65 f.). Insoweit wurde er durch Beteiligungserklärung, die mit einer Rechtsmitteleinlegung verbunden sein konnte, nicht durch Beiladung, Beteiligter am Verfahren (BVerwG Buchholz 402.25 § 5 AsylVfG Nr. 2). Von besonderer Art ist die Rechtsstellung der *Vertreter des Finanzinteresses* nach § 56 Bundesleistungsgesetz, die vom Bundesminister der Finanzen bestellt werden können. Sie sind kraft Gesetzes Beteiligte am Festsetzungsverfahren, sofern sie nicht auf die Beteiligung
verzichten.[64] Bedeutung haben weiterhin die Wehrdisziplinaranwälte (§ 81 WDO).
Die Vertreter der besonderen Interessen stehen selbständig neben dem VBI und dem VöI. So war der 21
VöI durch die Bestellung des Bundesbeauftragten für Asylangelegenheiten weder generell noch für den
Fall der Beteiligung des Bundesbeauftragten von der Beteiligung an Asylrechtsstreitigkeiten ausgeschlossen (BVerwGE 75, 337). Die nebeneinander bestehende Beteiligungsmöglichkeit wird damit begründet, dass die Vertreter wegen ihrer unterschiedlichen Weisungsabhängigkeiten unterschiedliche öffentliche Interessen vertreten und dementsprechend unterschiedlich von ihrer Beteiligungsbefugnis Gebrauch machen können.[65]

IV. Besondere Konstellationen

1. Rechtsnachfolge und „Parteiwechsel". Probleme der *Rechtsnachfolge* ergeben sich im Allgemeinen 22
nicht bei der Bestimmung und Überprüfung der Beteiligten eines Rechtsstreits, sondern erst in einem
späteren Stadium. Das Prozessrechtsverhältnis entsteht (zunächst) zwischen den ursprünglichen Beteiligten. Ihr späterer Wegfall beendet je nach Sachlage den Rechtsstreit oder auch nicht (→ § 61
Rn. 10 ff.). Regelmäßig wird hier, wenn der Rechtsnachfolger den Prozess nicht übernimmt, eine Beendigung durch Erledigung infrage kommen.[66] Der BGH hat allerdings in einem aktiv geführten
Amtshaftungsprozess einer OHG auf Schadensersatz den Wegfall des gesellschaftsrechtlichen Zusatzes
(OHG) als unschädlich für die Beteiligtenstellung (Parteistellung) des letzten Gesellschafters als Ge-
samtrechtsnachfolger gewertet. Die vorhergehende Verpflichtungsklage war von der (an sich nicht
mehr existenten) OHG erhoben worden: Dabei habe es sich lediglich um eine unrichtige Parteibezeichnung gehandelt (BGH NVwZ-RR 2008, 674, 675). Der Veräußerer eines Grundstücks kann im
Wege der Prozessstandschaft Berufung beantragen und begründen, bis der Erwerber das Verfahren
übernimmt (BVerwG 16.12.2015 – 4 B 48/15, juris Rn. 4).
Der Situation der Rechtsnachfolge vergleichbar ist der sog. *Beteiligtenwechsel* (Parteiwechsel), weil 23
auch hier eine ursprüngliche Partei ausscheidet und eine neue Partei an ihre Stelle treten soll. Im Falle
eines behördlichen Zuständigkeitswechsels (durch Änderung der entsprechenden Rechtsvorschriften)
gilt ein gesetzlicher Parteiwechsel, wenn er sich auf der Beklagtenseite vollzieht, nicht als Klageänderung i.S.d. § 91 und ist deshalb im Revisionsverfahren nicht nach § 142 ausgeschlossen (→ § 91
Rn. 21; BVerwGE 44, 148, 150; zur Rechtsnachfolge auf Seiten des Staates → § 61 Rn. 14 ff.). Ein
derartiger Parteiwechsel ist von Amts wegen beachtlich. Allerdings kann im Hinblick auf die Zurechenbarkeit eines bestimmten Verwaltungshandelns ein berechtigtes Interesse daran bestehen, das Kla-

---

61 Ein Beiladungsbeschluss ist also erforderlich, OVG Lüneburg OVGE 18, 357 (LS 1).
62 Hierzu auch *S. Bulla*, in: Schmidt/Wollenschläger, Kompendium Öffentliches Wirtschaftsrecht, ⁴2016, § 10 Rn. 141.
63 Gesetz zur Steuerung und Begrenzung der Zuwanderung und zur Regelung des Aufenthalts und der Integration von
    Unionsbürgern und Ausländern vom 30.7.2004 (BGBl I 1950).
64 § 56 Abs. 2 BLG. A.M. *M. Redeker*, in: Redeker/v. Oertzen § 63 Rn. 5.
65 BVerwGE 75, 337, 339; dies ist wegen einer Vervielfältigung der unter Umständen sogar gesondert weisungsabhängi-
    gen Vertreter (vgl. § 6 Abs. 4 AsylVfG a.F.) aber eher bedenklich und dient nicht der „Waffengleichheit".
66 A.M. bzgl. eines die Erbschaft annehmenden Erbens (§ 239 Abs. 5 ZPO) *J. Martens*, Praxis, 1975, 36 (Beendigung
    nur durch Klagerücknahme).

gebegehren im Wege der Fortsetzungsfeststellungsklage gegen den ursprünglichen Beklagten weiter zu verfolgen (OVG Bautzen SächsVBl 1994, 59; VGH Kassel DVBl 1994, 822). Die Frage, ob im Falle des behördlichen Zuständigkeitswechsels ein gleiches für Aktivprozesse gilt, hat das BVerwG offen gelassen (BVerwGE 44, 148, 151). Die sog. *gewillkürte Parteiänderung* ist insbes. in Fällen problematisiert worden, in denen die Kläger im Verlaufe des Verwaltungsprozesses volljährig wurden (BVerwGE 7, 325 zu § 19 Abs. 5 WpflG a.F.; 19, 128 zum Schulprozess). Nach Auffassung des BVerwG liegt, wenn die Eltern zunächst Klage für das minderjährige Kind erhoben hatten, mit Eintritt der Volljährigkeit eine gesetzliche Parteiänderung vor.[67] Tatsächlich handelt es sich hierbei aber um keinen Beteiligtenwechsel, weil auch der ursprüngliche Antrag bereits im Namen des Kindes erhoben wurde. Es ändert sich also nur die gesetzliche Vertretung, die zum Fortfall kommt und dem Beteiligten die Möglichkeit eigenen prozessualen Handelns eröffnet. Anders zu beurteilen ist der Fall, wenn der Kläger nach Rechtshängigkeit den Wunsch äußert, an der durch die Klageerhebung begründeten Parteienkonstellation etwas zu ändern. Hatte der Kläger im eigenen Namen gegen die Nichtzulassung seiner Tochter zur Reifeprüfung Klage erhoben, obwohl diese bereits volljährig war, kann er seine Klägerstellung nicht einfach an die Tochter abgeben. Ob hier die Vorschriften über die Klageänderung entsprechend gelten oder der Vater die Klage zurücknehmen müsste, ist umstr.[68]

24   **2. Insichprozess.**   Der Insichprozess (→ § 61 Rn. 41 ff.) und seine Probleme lassen sich über § 63 nicht lösen. Bei diesen Verwaltungsstreitverfahren, in denen eine Behörde um die (materielle) Rechtmäßigkeit der Entscheidung einer anderen Behörde desselben Rechtsträgers einen Rechtsstreit führt,[69] sind Kläger und Beklagter ausdrücklich als solche bezeichnet, jedenfalls in den Bundesländern mit Behördenprinzip. In Bundesländern mit Rechtsträgerprinzip ergibt sich die unschöne Konsequenz, dass auf Kläger- und Beklagtenseite die nämliche juristische Person des öffentlichen Rechts erscheint. Für eine notwendige Personenverschiedenheit finden sich aber in § 63 keine zwingenden Anhaltspunkte. Zwar ist diese im Verwaltungsprozess so etwas wie ein Leitbild in der Weise, dass gewöhnlich ein Bürger gegen „den Staat" klagt. Es gibt aber so zahlreiche Durchbrechungen, dass hieraus keine ausnahmelose Regel abzuleiten wäre (Nachw. bei → § 61 Rn. 44). Liegt keine ausdrückliche Zulassung des Insichprozesses vor, ist durch Auslegung der einschlägigen Normen zu ermitteln, ob eine Verletzung eigener Rechte der Behörde durch die angegriffene Entscheidung möglich ist (BVerwGE 45, 207) und ob es an einer gemeinsamen Entscheidungsspitze fehlt (BVerwG DÖV 1992, 265, bestätigt in BVerwGE 101, 47). Für den Fall, dass der gleiche Rechtsträger in jedem Falle die Kosten eines derartigen Rechtsstreits zu tragen hat, kann man eine finanzwirtschaftliche Argumentation in der Weise ansetzen, dass eine Beteiligung regelmäßig unwirtschaftlich und eine außergerichtliche Einigung vorzuziehen ist. Eine ähnliche Argumentation gilt in Bezug auf *Organstreitverfahren* (→ § 61 Rn. 37 ff.). Auch hier lässt sich kein juristisch tragfähiges Argument aus § 63 finden, welches den Organstreit verbieten würde.

25   **3. Beteiligte im Kostenfestsetzungsverfahren.**   Der Prozessbevollmächtigte hat im Kostenfestsetzungsverfahren des von ihm vertretenen erstattungsberechtigten Beteiligten gegen den erstattungspflichtigen Gegner kein eigenes Beschwerderecht, weil er nicht Beteiligter i.S.d. §§ 165, 63, 146 Abs. 1 ist und das in § 146 Abs. 1 weiter enthaltene Tatbestandsmerkmal „sonst von der Entscheidung Betroffener" im Kostenfestsetzungsverfahren nicht greifen kann (OVG Münster NVwZ-RR 2011, 752).

§ 64 [Streitgenossenschaft]

Die Vorschriften der §§ 59 bis 63 der Zivilprozeßordnung über die Streitgenossenschaft sind entsprechend anzuwenden.

---

67   BVerwGE 19, 128, 129; die Eltern müssten den Prozess aber als gesetzliche Vertreter des Kindes und nicht nur im eigenen Namen erhoben haben. Haben die Eltern aus eigenem Recht Klage erhoben, entfällt ihr Recht mit der Volljährigkeit.

68   *J. Martens*, Praxis, 1975, 37 f., der den Fall davon abhängig machen will, ob der Beklagte die Zustimmung erklärt.

69   *W. Löwer*, VerwArch 68 (1977), 327, 333.

§ 59 ZPO Streitgenossenschaft bei Rechtsgemeinschaft oder Identität des Grundes

Mehrere Personen können als Streitgenossen gemeinschaftlich klagen oder verklagt werden, wenn sie hinsichtlich des Streitgegenstandes in Rechtsgemeinschaft stehen oder wenn sie aus demselben tatsächlichen und rechtlichen Grunde berechtigt oder verpflichtet sind.

§ 60 ZPO Streitgenossenschaft bei Gleichartigkeit der Ansprüche

Mehrere Personen können auch dann als Streitgenossen gemeinschaftlich klagen oder verklagt werden, wenn gleichartige und auf einem im Wesentlichen gleichartigen tatsächlichen und rechtlichen Grunde beruhende Ansprüche oder Verpflichtungen den Gegenstand des Rechtsstreits bilden.

§ 61 ZPO Wirkung der Streitgenossenschaft

Streitgenossen stehen, soweit nicht aus den Vorschriften des bürgerlichen Rechts oder dieses Gesetzes sich ein anderes ergibt, dem Gegner dergestalt als einzelne gegenüber, dass die Handlungen des einen Streitgenossen dem anderen weder zum Vorteil noch zum Nachteil gereichen.

§ 62 ZPO Notwendige Streitgenossenschaft

(1) Kann das streitige Rechtsverhältnis allen Streitgenossen gegenüber nur einheitlich festgestellt werden oder ist die Streitgenossenschaft aus einem sonstigen Grunde eine notwendige, so werden, wenn ein Termin oder eine Frist nur von einzelnen Streitgenossen versäumt wird, die säumigen Streitgenossen als durch die nicht säumigen vertreten angesehen.
(2) Die säumigen Streitgenossen sind auch in dem späteren Verfahren zuzuziehen.

§ 63 ZPO Prozessbetrieb; Ladungen

Das Recht zur Betreibung des Prozesses steht jedem Streitgenossen zu; zu allen Terminen sind sämtliche Streitgenossen zu laden.

Schrifttum

1. Monographien und Beiträge in Sammelwerken: *S. Detterbeck,* Streitgegenstand und Entscheidungswirkungen im öffentlichen Recht, 1995; *G. Hassold,* Die Voraussetzungen der besonderen Streitgenossenschaft, 1970; *R. Holzhammer,* Parteienhäufung und einheitliche Streitpartei, 1966; *K. Schmidt,* Mehrseitige Gestaltungsprozesse bei Personengesellschaften, 1992; *K. H. Schwab,* Die Voraussetzungen der notwendigen Streitgenossenschaft, in: FS für Friedrich Lent zum 75. Geb., 1957, 271; *T. Siegel,* Die Verfahrensbeteiligung von Behörden und anderen Trägern öffentlicher Belange, 2001; *J. Stettner,* Das Verhältnis der notwendigen Beiladung zur notwendigen Streitgenossenschaft im Verwaltungsprozeß, 1974; *H.-H. Winte,* Die Rechtsfolgen der notwendigen Streitgenossenschaft unter besonderer Berücksichtigung der unterschiedlichen Grundlagen ihrer beiden Alternativen, 1988.

2. Beiträge in Zeitschriften: *K. A. Bettermann,* Streitgenossenschaft, Beiladung, Nebenintervention und Streitverkündung, ZZP 90 (1977), 121; *A. Blomeyer,* Einzelanspruch und gemeinschaftlicher Anspruch von Miterben und Miteigentümern. Zur Frage der notwendigen Streitgenossenschaft, AcP 159 (1960), 385; *D. Coester-Waltjen,* Streitgenossen und Nebenintervenienten, Jura 1989, 442; *Ch. Deckenbrock/W. Dötsch,* Die Streitgenossenschaft im Verwaltungsprozess, JA 2003, 882; *P. Gottwald,* Grundprobleme der Streitgenossenschaft im Zivilprozeß, JA 1982, 64; *W. Gruber,* Kostenrechtliche Betrachtungen zur Streitgenossenschaft im finanzgerichtlichen Verfahren, DStR 1983, 23; *S. Lang,* Die Anwaltskosten des obsiegenden Streitgenossen, NJW 1970, 408; *F. Lent,* Die notwendige und die besondere Streitgenossenschaft, Jherings Jahrbücher 90 (1942), 27; *W. Lindacher,* Grundfälle zur Haftung von Personengesellschaften, JuS 1982, 592; *ders.,* Die Streitgenossenschaft, JuS 1986, 379, 540; *J. Martens,* Streitgenossenschaft und Beiladung, VerwArch 60 (1969), 197, 356; *H. Rupp,* Die Anfechtungsklage und notwendige Streitgenossenschaft, DÖV 1957, 144; *E. Schumann,* Das Versäumen von Rechtsbehelfsfristen durch einzelne notwendige Streitgenossen, ZZP 76 (1963), 381; *J. Stettner,* Die Beteiligten im Verwaltungsprozeß, JA 1982, 394.

Weiteres Schrifttum zur Prozessführungsbefugnis bei § 62.

I. Entstehungsgeschichte

1   Die früheren Verwaltungsgerichtsgesetze enthielten keine ausdrücklichen Vorschriften über die Streitgenossenschaft; doch war deren Zulässigkeit unter entsprechender Anwendung der ZPO indirekt bereits der Kostenvorschrift des § 127 VwGG sowie den §§ 100 VO 165, 91 VwGG RP
und 68 BVerwGG zu entnehmen.[1] Die Vorschrift fand sich dann sowohl im Entwurf einer Bundesver-

---

[1] Hierzu *Schunck/De Clerck* § 64 Anm. 1.

waltungsgerichtsordnung[2] als auch im Regierungsentwurf einer VwGO[3] bereits im heutigen Wortlaut. Zur Begründung wurde damals ausgeführt, dass die Streitgenossenschaft zwar in den bisherigen VwGG nicht geregelt sei; gleichwohl sei man der Auffassung, dass sie auch für den Verwaltungsgerichtsprozess zulässig und zweckmäßig sei. Dies gelte sowohl für die einfache wie für die notwendige Streitgenossenschaft. Für ihre Zulassung bestünde v.a. bei Leistungsklagen ein prozessökonomisches Bedürfnis, da somit viele Einzelprozesse mit einem im Wesentlichen einheitlichen Sachverhalt vermieden werden könnten.[4] Die Beschlüsse des Rechtsausschusses berührten die Vorschrift über die Streitgenossenschaft nicht.[5] So wurde der nunmehrige §64 unverändert in die VwGO vom 21.1.1960 (BGBl I 17) übernommen.

II. Allgemeines

1. Anwendungsbereich. Streitgenossenschaft bedeutet die Beteiligung mehrerer als Hauptbeteiligte (zum Begriff des „Hauptbeteiligten" → §63 Rn. 10) auf der Kläger- oder/und Beklagtenseite.[6] Die Beteiligung Dritter am Rechtsstreit wird in der VwGO ausschließlich durch die Beiladung geregelt, §65. Die VwGO übernimmt (wie die FGO in §59 und das SGG in §74) das Institut der Streitgenossenschaft aus der ZPO in *entsprechender Anwendung* der §§59–63 ZPO,[7] nicht aber die Vorschriften des 3. Titels des 1. Buchs der ZPO (Hauptintervention, Nebenintervention,[8] Streitverkündung,[9] Prätendentenstreit, Urheberbenennung).[10] 2

Der *Anwendungsbereich* für die Streitgenossenschaft ist im Verwaltungsprozess z.T. enger, z.T. weiter 3 als im Zivilprozess. Im Verwaltungsrechtsstreit sind Streitgegenstand regelmäßig nicht „Ansprüche", sondern Rechte und Pflichten aus einem zwischen der Verwaltung und dem einzelnen Bürger begründeten Verwaltungsrechtsverhältnis. Die Rechtsfigur der Gesamthand, die v.a. die notwendige Streitgenossenschaft erforderlich macht, ist keine genuine Erscheinung des Verwaltungsrechts. Ist das Verwaltungsrechtsverhältnis drei- oder mehrseitig, kommen regelmäßig auch unterschiedliche Interessen zum Tragen, sodass oft eine Beiladung und keine Streitgenossenschaft infrage kommen wird. Der Anwendungsbereich konzentriert sich deshalb bei der recht unproblematischen einfachen Streitgenossenschaft auf Massenverfahren gegen Großvorhaben und auf Leistungsklagen (etwa wegen Zahlungsansprüchen oder gemeinsamer Zahlungsverpflichtungen). Zunehmend wichtig werden auch Fallkonstellationen, in denen öffentlich-rechtliche Verträge mit mehreren Vertragspartnern auf jeder Seite Streitgegenstand werden.[11]

§64 betrifft *alle Klagearten* der VwGO einschließlich der Eilverfahren nach §§80 Abs. 5, 80a 4 und 123, nicht jedoch die Passivseite eines Normenkontrollverfahrens nach §47. Da das Vorliegen oder Nichtvorliegen einer (notwendigen) Streitgenossenschaft zu den schwierigsten Rechtsfragen überhaupt gehören kann, darf im Verfahren des *vorläufigen Rechtsschutzes* eine Entscheidung hierüber zunächst offenbleiben (BVerwG Buchholz 310 §53 VwGO Nr. 18).

Fraglich ist, ob die §§59 ff. ZPO entsprechend in Verfahren gelten, in denen bestimmte Personen von 5 Gesetzes wegen als Beteiligte teilnehmen, etwa in *Baulandsachen* (§222 BauGB),[12] in denen es nach Auffassung des BGH keine Parteirollen im strengen Sinne gibt.[13] Jedenfalls gehen §§217-231 BauGB

---

2 Beilage zu DVBl Heft 18, 1951, dort §65.
3 Dort zunächst als §66, BT-Drs. 3/55.
4 BT-Drs. 3/55, 37.
5 BT-Drs. 3/1094 Anl. 1 S. 38.
6 *W. Lindacher*, JuS 1986, 379.
7 Theoretisch denkbar ist auch eine Anwendung des §856 Abs. 2 ZPO (Streitgenossenschaft bei mehrfacher Pfändung) über §167 Abs. 1.
8 VGH Kassel NJW 1965, 603; OVG Bln-Bbg 16.3.2015 – OVG 2 A 7/15, juris Rn. 10.
9 OVG Koblenz NVwZ-RR 2008, 846; OVG Münster DÖV 1994, 78.
10 VGH Kassel DVBl 1964, 540, 542; *W.-R. Schenke*, in: Kopp/Schenke §64 Rn. 2.
11 Hierzu *H. J. Bonk/W. Neumann/T. Siegel*, in: Stelkens/Bonk/Sachs §54 Rn. 74 ff.
12 Die Beteiligten des Umlegungsverfahrens ergeben sich aus §48 BauGB, die des Enteignungsverfahrens aus §106 BauGB.
13 BGH NJW 1989, 1038, 1039 r. Sp.; §222 Abs. 3 S. 1 BauGB verlangt aber die entsprechende Anwendung der für Parteien geltenden Vorschriften der ZPO.

den §§ 59 ff. ZPO vor,[14] soweit sie selbst eine Regelung treffen (vgl. z.B. § 227 BauGB für Fälle der Säumnis eines Beteiligten).

6   **2. Begriffe und Abgrenzungen. a) Einfache und notwendige Streitgenossenschaft.** Der maßgebliche Text der ZPO unterscheidet die verschiedenen *Arten der Streitgenossenschaft* nicht ausreichend. Die *einfache* oder freiwillige Streitgenossenschaft (→ Rn. 18 ff.) ist streng zu unterscheiden von der *notwendigen* Streitgenossenschaft (→ Rn. 47 ff.). Die Voraussetzungen der einfachen Streitgenossenschaft entsprechend §§ 59 und 60 ZPO sind *keine Sachentscheidungsvoraussetzungen*[15] (zur Systematik der Sachentscheidungsvoraussetzungen → § 61 Rn. 2 f. und → § 62 Rn. 11 ff.), sondern lediglich Voraussetzungen für die Verbindung der Klagen. Fehlen sie, wird die äußerlich bestehende Prozessverbindung vom Gericht aufgehoben, und über die Rechtsstreitigkeiten wird getrennt weiter verhandelt (→ Rn. 45 f.).

7   Im Falle der *notwendigen Streitgenossenschaft* kann über das streitige (Verwaltungs-)Rechtsverhältnis nur einheitlich entschieden werden (§ 62 ZPO). Inwiefern das Vorliegen der Voraussetzungen einer notwendigen Streitgenossenschaft zur Zulässigkeitsfrage (allgemeine Sachentscheidungsvoraussetzung) werden kann, ist zum einen unterschiedlich danach zu beurteilen, auf welcher Seite der Beteiligten die (notwendige) Streitgenossenschaft besteht und um welche Art der notwendigen Streitgenossenschaft es sich handelt; zum anderen ist vieles umstr., was die Rechtsfolge der „Unvollständigkeit" und Beendigung der notwendigen Streitgenossenschaft anbelangt (→ Rn. 73 ff.).

8   **b) Aktive und passive Streitgenossenschaften.** Es gibt aktive und passive Streitgenossenschaften, jeweils unabhängig von der Klageart. Von aktiver Streitgenossenschaft spricht man bei einer Mehrheit von Klägern. Bei einem vom Bürger initiierten Verwaltungsprozess spricht man auch von *subjektiver Klagehäufung*,[16] bei der es sich (zugleich) um eine *Klägerhäufung* handelt.[17] *Passive* Streitgenossenschaft liegt vor, wenn mehrere Personen in einem Verwaltungsrechtsstreit gemeinsam verklagt werden. Sie tritt typischerweise dort auf, wo ein Verwaltungsträger gegen mehrere Bürger, die aus demselben tatsächlichen und rechtlichen Grund verpflichtet sind, vorgeht (z.B. Klage einer Gemeinde auf Zahlung geschuldeter Kommunalabgaben). Es handelt sich insofern zunächst einfach um mehrere Beklagte, die hinsichtlich des einheitlichen Streitgegenstandes verbunden sind.

9   **c) Ursprüngliche und nachträgliche Streitgenossenschaft.** Liegt Streitgenossenschaft von Anfang an vor, wird also z.B. die Klage von mehreren Klägern in einer Klageschrift erhoben, spricht man von anfänglicher oder *ursprünglicher Streitgenossenschaft*.[18] Die Streitgenossenschaft kann auch durch späteren Parteibeitritt oder im Wege der Parteierweiterung (Klageerweiterung) durch Zusatzverklagung eines weiteren Beteiligten sowie durch Verbindung mehrerer Verfahren gem. § 93 regelmäßig bis zum Ende der letzten Tatsacheninstanz entstehen, durch Parteinachfolge bei Rechtsnachfolgermehrheit auch in der Berufungsinstanz.[19] Man spricht dann von *nachträglicher Streitgenossenschaft*.[20] Eine Verbindung der Verfahren durch konkludente Handlung, nämlich gemeinsame Verhandlung oder gemeinsame Anordnung der Beweisaufnahme, ist nach der Rspr. zulässig,[21] sollte jedoch im Interesse der Rechtsklarheit unterbleiben. Das Ermessen des Gerichts gem. § 93 kann insoweit ggf. bis auf Null reduziert werden (hierzu und zu den Folgen einer ermessensfehlerhaft unterlassenen Verbindung → § 93 Rn. 11, 27).

10   **d) Formelle Abgrenzung zur Beiladung.** Eine erste formelle Abgrenzung zur Beiladung nach § 63 Nr. 3 (zur weiteren Unterscheidung zu den Varianten der Beiladung → § 65 Rn. 43 ff.) kann in der Weise getroffen werden, dass Streitgenossen bei Eintritt in das Prozessrechtsverhältnis nur als Kläger

---

14   *R. Bork*, in: Stein/Jonas II Vorbem. § 59 Rn. 15; BGH NJW 1989, 1038, 1039; die Argumentation des BGH, das Baulandverfahren kenne „anders als die ZPO und die VwGO" keine Parteien, sondern nur Beteiligte, ist in Bezug auf die VwGO formell unrichtig.
15   *Hufen* § 12 Rn. 16.
16   *M. Redeker*, in: Redeker/v. Oertzen § 64 Rn. 1.
17   Hierzu auch *Hufen* § 12 Rn. 16 f.
18   *W. Lindacher*, JuS 1986, 379.
19   OVG Saarlouis 22.4.1993 – 1 R 35/91, juris Rn. 28 (in DÖV 1993, 964 insoweit nicht abgedruckt); ein Parteiwechsel infolge *gesetzlicher* Rechtsnachfolge ist auch in der Revisionsinstanz – trotz § 142 Abs. 1 – zulässig, auch dann, wenn er zur Streitgenossenschaft z.B. mehrerer Erben führt.
20   *W. Lindacher* JuS 1986, 379.
21   VGH München BayVBl 1976, 18; BayVBl 1977, 29; *W.-R. Schenke*, in: Kopp/Schenke § 93 Rn. 6.

oder Beklagte, also als *Hauptbeteiligte* nach § 63 Nr. 1 u. 2 (zu den Hauptbeteiligten → § 63 Rn. 10) auftreten können.[22] Dies folgt aus dem insoweit eindeutigen Wortlaut des § 59 ZPO, dass mehrere Personen als Streitgenossen gemeinschaftlich klagen oder verklagt werden können. Die Streitgenossenschaft kann deshalb im anhängigen Prozess auch nicht durch die Beiladung ersetzt werden.[23] Allerdings ist es nach hier vertretener Auffassung möglich, dass sich die Beteiligteneigenschaft (Parteirolle) eines notwendigen Streitgenossen im Verlaufe des Prozesses ändert und er zum (notwendig) Beigeladenen werden kann (→ Rn. 76 ff.). *Keine* Streitgenossenschaft bilden auch die Nebenbeteiligten nach § 63 Nr. 4.

3. Vorliegen und Zulässigkeit der Streitgenossenschaft. Vorliegen und Zulässigkeit der Streitgenossenschaft sind strikt zu trennen. Auch dort, wo eine Streitgenossenschaft unzulässig ist, liegt sie (zunächst einmal) vor, sofern nur mehrere Personen (mehr als zwei) Hauptbeteiligte sind.[24] Das ist die Konsequenz des formellen Beteiligtenbegriffs, der im Wesentlichen dem aus dem Zivilprozess übernommenen formellen Parteibegriff entspricht (→ § 63 Rn. 8 f.). Eine Streitgenossenschaft liegt vor, wenn die Prozesse mehrerer Kläger oder gegen mehrere Beklagte äußerlich verbunden sind; sie *entsteht* also durch die Klage mehrerer Personen oder gegen mehrere Personen. Gleichzeitige Zustellung ist nicht erforderlich. Die ausdrückliche *Bezeichnung* als Streitgenosse ist weder in der Klage noch später im Urteil des Gerichts nötig. Es genügt die ordnungsgemäße Bezeichnung als Kläger (→ § 82 Rn. 8 ff.) oder als Beklagter mit den üblichen Auslegungsmöglichkeiten (zur Auslegung der Klageschrift auch → § 63 Rn. 16). Hierbei genügt die in der Praxis übliche Bezeichnung als „Kläger zu 1" bzw. „Beklagter zu 2" (usw.). Freilich muss sich später aus dem Urteil ergeben, dass die Voraussetzungen der Streitgenossenschaft geprüft und bejaht wurden.

Keine Streitgenossenschaft liegt vor, wenn mehreren Personen die Beteiligtenfähigkeit nach § 61 Nr. 2 als Vereinigung zuerkannt ist (→ § 61 Rn. 25 ff.). Bei der offenen Handelsgesellschaft und der Kommanditgesellschaft sind deshalb im Verwaltungsprozess Streitgenossenschaften überflüssig. Sie stellen vielmehr einen einzigen Beteiligten dar (OVG Greifswald NJW-RR 2013, 46, 47) (zur Beteiligtenfähigkeit der OHG und KG → § 61 Rn. 24).[25] Dies gilt nach der Rspr. des BGH gleichermaßen für die Gesellschaft bürgerlichen Rechts (BGHZ 146, 341). Mit der aus dem zustehenden Recht i.S.d. § 61 Nr. 2 resultierenden Beteiligtenfähigkeit ist diesen Gesamthänden zugleich auch die Prozessführungsbefugnis verliehen. In diesem Zusammenhang können deshalb keine Probleme der Streitgenossenschaft, sondern allenfalls der Prozessvertretung auftreten.

Neben der äußerlichen Verbindung bedarf es, damit die Streitgenossenschaft *zulässig* ist, einer *inhaltlichen Verbundenheit* der gemeinschaftlich klagenden bzw. verklagten Streitgenossen. Diese kann bei der einfachen Streitgenossenschaft alternativ und relativ problemlos über § 59 oder § 60 ZPO vermittelt werden (→ Rn. 25 ff.), bei der notwendigen Streitgenossenschaft über die zwei Alternativen der völlig unzulänglichen[26] Regelung des § 62 ZPO (→ Rn. 52 ff.).

4. Beendigung der Streitgenossenschaft. Die Streitgenossenschaft endet mit der Trennung der Verfahren durch das Gericht (§ 93 S. 1) oder durch (zulässiges) Ausscheiden einzelner Streitgenossen aus dem Prozess, etwa durch Vergleich, Klagerücknahme oder Anerkenntnis. Das Ausscheiden aus dem Prozess durch Prozesshandlung ist unproblematisch bei der einfachen Streitgenossenschaft, da hier genauso Einzelklagen zulässig wären. Bei der notwendigen Streitgenossenschaft ist umstr., inwiefern der einzelne Streitgenosse eine derartige prozessuale Selbständigkeit hat (→ Rn. 76 ff.).

5. Sinn und Zweck der Übernahme der §§ 59–63 ZPO. Die Übernahme dieser Vorschriften in die VwGO wird zunächst mit Argumenten der *Prozessökonomie* begründet. Die Zweckmäßigkeit gemeinsamer Verhandlung und Entscheidung bei einheitlichem oder im Wesentlichen gleichartigem Prozessstoff liegt auf der Hand. Es werden eine mehrfache Inanspruchnahme der Gerichte wegen desselben Sachverhalts, ein finanzieller und zeitlicher Mehraufwand der Beteiligten und das Risiko divergierender Entscheidungen vermieden.[27]

---

22 *C. Deckenbrock/W. Dötsch,* JA 2003, 882, 884 f.; *Hufen* § 12 Rn. 6. S.a. *P. Gottwald,* JA 1982, 64.
23 VGH München BayVBl 1980, 596; *H. Rupp,* JZ 1964, 105, 106 m. krit. Anm. zu BVerwGE 16, 23.
24 *E. Schumann,* JuS 1974, 307, 308.
25 Wie hier auch *J. Stettner,* Verhältnis, 1974, 38 f.
26 So ausdrückl. *K. H. Schwab,* FS Lent, 1957, 271.
27 BVerwG Buchholz 310 § 53 VwGO Nr. 18; BGHZ 90, 155, 157; OVG Münster NVwZ-RR 1995, 478, 479.

16   Argumente des Streitgegenstands, der Rechtskraft und materieller, gemeinsamer Berechtigungen oder Verpflichtungen treten hinzu, allerdings in unterschiedlichem Ausmaß, je nachdem ob es sich um eine einfache oder um eine notwendige Streitgenossenschaft handelt.

17   **6. Praktische Bedeutung der Vorschrift.** Die praktische Bedeutung der Vorschrift ist im Vergleich zu den dogmatischen Problemen v.a. der notwendigen Streitgenossenschaft relativ gering. Wesentlich wichtiger ist im Verwaltungsprozess die Beiladung nach § 65. Immerhin haben die dogmatischen Probleme in der Vergangenheit zu Rechtsunsicherheit (und Fehlentscheidungen)[28] geführt.

III.   Die einfache (oder freiwillige) Streitgenossenschaft

18   **1. Beispiele.** Unstrittig als Bsp. einer einfachen (aktiven) Streitgenossenschaft ist die gemeinsame Anfechtungsklage mehrerer Anlieger gegen eine Allgemeinverfügung, z.B. ein gebietendes bzw. verbietendes Verkehrszeichen.[29] In erster Linie gehören aber gemeinschaftliche Klagen derjenigen hierher, die sich durch die Genehmigung desselben Vorhabens (z.B. Kraftwerk, Flughafen, Abfalldeponie) in ihren Rechten betroffen fühlen.[30] Auch Eigentümer und Nießbraucher eines Grundstücks haben bei der Anfechtung eines Planfeststellungsbeschlusses nach dem FStrG die Stellung einfacher Streitgenossen.[31] Bsp. für eine passive einfache Streitgenossenschaft wäre die Klage einer Gemeinde gegen mehrere nichtzahlende Schuldner kommunaler Abgabenbescheide (auch wenn diese z.T. Gesamtschuldner sind), die die Zahlung der Abgabe aus dem gleichen Rechtsgrund (z.B. Unwirksamkeit der Abgabensatzung, fehlende Fälligkeit) verweigern.

19   **2. Entstehen der einfachen Streitgenossenschaft.** Die *einfache (oder auch freiwillige) Streitgenossenschaft entsteht* wie jede Streitgenossenschaft dadurch, dass mehrere „Personen" als Hauptbeteiligte (Kläger bzw. Beklagte) gemeinschaftlich klagen oder verklagt werden, vgl. § 59 ZPO (→ Rn. 11). Diese subjektive Klagenhäufung hängt vom Willen des oder der Kläger ab („können"). Die einfache Streitgenossenschaft wird deshalb auch als freiwillige oder – wenig glücklich – als „beliebige" Streitgenossenschaft bezeichnet. Zu beachten ist, dass auch die einfache Streitgenossenschaft zwar (weite) Zulässigkeitsvoraussetzungen hat, aber nicht „beliebig" im Wortsinn ist → Rn. 25 ff. Die spätere Einbeziehung eines weiteren Klägers oder Beklagten als Streitgenosse während des Prozesses ist (teilweise) auch *Beteiligtenwechsel* und somit Klageänderung gem. § 91 (→ § 91 Rn. 19 ff.), da kein Parteiwechsel kraft Gesetzes vorliegt. Der Beitritt ist aber regelmäßig als sachdienlich i.S.d. § 91 Abs. 1 einzustufen.

20   **3. Aktive und passive einfache Streitgenossenschaften.** Von *aktiver* Streitgenossenschaft (zum Begriff → Rn. 8) spricht man bei der sog. subjektiven Klagehäufung, d.h. mehrere Personen treten (gemeinsam) auf der Klägerseite auf. Dies ist bei der einfachen Streitgenossenschaft typischerweise der Fall bei Klagen mehrerer gegen Großvorhaben, Anlagengenehmigungen u.Ä. (→ Rn. 18). Hier kommt es häufig auch zu sog. Massenverfahren. Problematisch ist die Einstufung von Gesamthandsklagen, weil es hier darauf ankommt, ob (nur) eine einfache Streitgenossenschaft oder sogar eine notwendige Streitgenossenschaft vorliegt (→ Rn. 59, 62 ff., 67 ff.). Jedoch ergibt sich die Beteiligtenfähigkeit der Gesamthand teilweise bereits aus § 61 Nr. 2 (→ Rn. 12).

21   Von *passiver* Streitgenossenschaft spricht man, wenn auf der Beklagtenseite mehrere Hauptbeteiligte stehen. Die typische Konstellation bei der einfachen Streitgenossenschaft ist die Klage des Staates gegen mehrere Bürger, die sog. Bürgerverurteilungsklage. Die gegenteilige Konstellation (Prozess des Bürgers gegen mehrere Verwaltungsträger) ist äußerst selten, weil Verwaltungsträgern regelmäßig ein Recht oder eine Pflicht nicht gemeinschaftlich zusteht (Verbot der sog. Mischverwaltung). Regelmäßig liegt nur die Mitwirkung einer anderen Behörde in der Form der Zustimmung bzw. des Einvernehmens oder in schwächerer Form (z.B. Herstellung des Benehmens)[32] vor. Diese Mitwirkungsakte führen nicht zur passiven Streitgenossenschaft, sondern sind nach den Regeln über den sog. mehrstufigen Verwaltungsakt zu entscheiden (→ Rn. 22 f.; z.T. missverständlich BVerwGE 22, 342, 344 f.). Falls

---

28   Etwa BVerwGE 3, 208 und OVG Münster DVBl 1975, 443 mit abl. Bemerkung von *W. B. Maetzel*, DVBl 1975, 734.
29   Zur Rechtsnatur der Verkehrszeichen *U. Stelkens*, in: Stelkens/Bonk/Sachs § 35 Rn. 330 ff.
30   *Pietzner/Ronellenfitsch* Rn. 210.
31   BVerwG NVwZ 1993, 477, 478; die Entscheidung befasst sich näher nur mit der (je unterschiedlichen) Klagebefugnis.
32   Zu den verschiedenen Beteiligungsarten *T. Siegel*, Verfahrensbeteiligung, 2001, 71 ff.

wirklich einmal eine gleichrangige Entscheidungsbefugnis von Rechtsträgern bzw. ihrer Behörden infrage käme, also keine bloße Mitwirkung vorliegt, wären beide Behörden bzw. deren Rechtsträger zu verklagen. Die örtliche Zuständigkeit müsste ggf. nach § 53 bestimmt werden (→ § 53 Rn. 14).[33] Für die Fälle eines Zusammenwirkens von Bundes- und Landesbehörden im *Finanzverfahren* trifft § 63 Abs. 3 FGO eine Sonderregelung.

4. Keine Streitgenossenschaft bei mehrstufigen Verwaltungsakten. Sind an dem Erlass eines Verwal- 22 tungsaktes mehrere Behörden beteiligt, kann ein sog. *mehrstufiger Verwaltungsakt* vorliegen.[34] Wendet man diesen Begriff nur auf die Verwaltungsakte an, bei denen die entscheidende Behörde der echten *Zustimmung bzw. des Einvernehmens* mit der mitwirkungsberechtigten Behörde bedarf, ergibt sich bei allen schwächeren Formen der *Mitwirkung* (Benehmen, Beratung, Anhörung, Abgabe von Stellungnahmen),[35] dass diese als Verwaltungsinternum (so schon BVerwGE 22, 342, 344) den Streitgegenstand nicht bestimmen können. Die Klage ist hier zumindest grds. nur gegen die letztlich entscheidende Behörde bzw. deren Rechtsträger zu richten. Aber auch bei der Anfechtungsklage gegen einen „echten" *mehrstufigen Verwaltungsakt* oder der Verpflichtungsklage auf Erlass eines derartigen Verwaltungsaktes kommt es *nicht* zu einer Streitgenossenschaft auf der Beklagtenseite, unter Umständen aber zur Beiladung (→ § 65 Rn. 155 f.), da nach außen hin nur ein einziger, einheitlicher Verwaltungsakt ergeht. Als Beklagter kommt also nur die Behörde bzw. deren Rechtsträger in Betracht, die nach außen hin den (ablehnenden) Verwaltungsakt erlassen oder seinen Erlass abgelehnt hat (vgl. etwa § 9 Abs. 2 S. 1 FStrG).

Im *Bauprozess* (Verpflichtungsklage) ist die Gemeinde in Fällen des § 36 BauGB und die höhere Ver- 23 waltungsbehörde in den Fällen, in denen ihre Zustimmung erforderlich ist, notwendig beizuladen.[36] Eine Streitgenossenschaft liegt nicht vor. Die Beiladung der höheren Verwaltungsbehörde entfällt, wenn das Rechtsträgerprinzip gilt (Beklagte also nicht eine Behörde ist) und die höhere Verwaltungsbehörde in die Verwaltungsorganisation des beklagten Landes eingegliedert ist (BVerwGE 51, 310). Im Rechtsstreit entscheidet das VG auch darüber, ob die Verweigerung des Einvernehmens, z.B. der Gemeinde, rechtmäßig war (BVerwG DÖV 1969, 145, 146). Die Verurteilung des beklagten Rechtsträgers zum Erlass des begehrten Verwaltungsaktes, also etwa zur Erteilung der Baugenehmigung, ersetzt wegen § 121 auch die Zustimmung des notwendig beigeladenen Rechtsträgers (hier also der Gemeinde).[37]

Für den Fall, dass eine Klage gegen den Ausgangsbescheid und eine (selbständige) weitere Klage des- 24 selben Klägers gegen den *Widerspruchsbescheid* nach § 79 Abs. 2 zulässig ist,[38] ist fraglich, ob eine passive Streitgenossenschaft für den Fall anzunehmen ist, dass entweder Ausgangsbehörde oder Widerspruchsbehörde unterschiedlichen Rechtsträgern angehören oder im betreffenden Bundesland § 61 Nr. 3 umgesetzt wurde.[39] Zu denken wäre auch an eine Beiladung der Ausgangsbehörde für den Fall, dass diese ein eigenes rechtliches Interesse, z.B. in Bezug auf ihren Status als Selbstverwaltungskörperschaft, haben kann.

5. Zulässigkeit der einfachen Streitgenossenschaft. Die Zulässigkeit der Streitgenossenschaft ist *von* 25 *Amts wegen* zu prüfen.[40] Damit eine (vorliegende) einfache Streitgenossenschaft zulässig ist, bedarf es neben der äußerlichen Verbundenheit im gerichtlichen Verfahren auch einer *inhaltlichen Verbundenheit*. Die Anforderungen hieran sind bei der einfachen Streitgenossenschaft nach der Rspr. relativ gering. Die Voraussetzungen der §§ 59, 60 ZPO sind im Interesse der Prozesswirtschaftlichkeit weit aus-

---

33 Insoweit unzutr. OVG Münster DÖV 1962, 833, das für den Fall unterschiedlicher örtlicher Zuständigkeit offenbar annimmt, dass zwei Klagen erforderlich wären.
34 Hierzu *U. Stelkens*, in: Stelkens/Bonk/Sachs § 35 Rn. 169 ff.
35 *F.-J. Peine* Allg. VwR, [11]2014, Rn. 458.
36 BVerwGE 42, 8, 11 m.w.N.; *O. Reidt*, in: Battis/Krautzberger/Löhr § 36 Rn. 27.
37 *J. Stettner*, JA 1982, 394, 400; BVerwGE 42, 8, 11 (bei Verweigerung der Zustimmung der höheren Verwaltungsbehörde).
38 Zum Verhältnis von § 79 Abs. 1 Nr. 1 und § 79 Abs. 2 *S. Detterbeck*, Streitgegenstand, 1995, 174 ff.
39 So *S. Detterbeck*, Streitgegenstand, 1995, 178.
40 Allg. Meinung, so etwa *W.-R. Schenke*, in: Kopp/Schenke § 64 Rn. 4 a.E.

zulegen.[41] Die §§ 59, 60 ZPO unterscheiden drei Varianten: a) Rechtsgemeinschaft, b) Identität des Grundes, c) Gleichartigkeit von Rechtsverhältnissen.

26 **a) Rechtsgemeinschaft hinsichtlich des Streitgegenstandes, § 59 Alt. 1 ZPO.** Wann eine Rechtsgemeinschaft hinsichtlich des Streitgegenstandes besteht, ist logischerweise auch davon abhängig, was unter „Streitgegenstand" verstanden wird. Insoweit kann hier nur ein Literaturhinweis gegeben werden.[42] Im Verwaltungsprozess lässt sich der Streitgegenstand der verschiedenen Klagearten wohl nicht einheitlich bestimmen (→ § 121 Rn. 46 ff.). Außerdem ist zu bedenken, dass der Streitgegenstand durch die Beteiligten individualisiert wird.[43] Bei der aktiven Streitgenossenschaft lässt sich an das Klagebegehren anknüpfen (→ § 44 Rn. 8). Bei der passiven Streitgenossenschaft ist zunächst darauf abzustellen, wer als Beklagter bezeichnet ist. Die Rechtsgemeinschaft unter diesen Beklagten ist zu untersuchen in Ansehung des prozessualen Anspruchs, der wiederum unter Zuhilfenahme des klägerischen Begehrens zu ermitteln ist.

27 Unter „*Rechtsgemeinschaft*" fallen als wichtigste Fälle das Miteigentum und die Miterbengemeinschaft, aber auch sonstige Gesamthandsgemeinschaften, die Gesamtschuld, die Teilschuld sowie die Fälle akzessorischer Haftung, wie die Verhältnisse von Hauptschuldner und Bürgen.[44] Allerdings liegt bei Klagen durch oder gegen eine Gesamthandsgemeinschaft je nach Klagekonstellation oftmals eine notwendige Streitgenossenschaft vor (näher → Rn. 50, 62 ff.).[45] Gesellt sich jedoch zu einer Gesamthandsgemeinschaft ein weiterer Kläger hinzu, handelt es sich insoweit um eine einfache Streitgenossenschaft (VGH München NVwZ-RR 2016, 887). Begehrt eine obdachlose Familie eine gemeinsame Unterkunft, so handelt es sich zwar im Ausgangspunkt um keine förmliche Rechtsgemeinschaft i.S.d. § 59 Alt. 1 ZPO; sie ist einer solchen jedoch angenähert und daher im Ergebnis gleichzustellen (OVG Bln-Bbg 23.6.2017 – OVG L 21/17, juris Rn. 5).

28 **b) Identität des Grundes, § 59 Alt. 2 ZPO.** Eine Streitgenossenschaft ist auch dann zulässig, wenn eine Identität des tatsächlichen und rechtlichen Grundes besteht, aus dem heraus die Streitgenossen „berechtigt oder verpflichtet sind" z.B. die Gläubiger- oder Schuldnerstellung aus einem einheitlichen öffentlich-rechtlichen Vertrag.[46] Eine Identität oder Gleichartigkeit des Klagegegenstands wird nicht verlangt. Keine Streitgenossenschaft soll bestehen, wenn mehrere Beteiligte aus verschiedenen Verträgen in Anspruch genommen werden. § 59 gilt wiederum für mehrere Rechtsnachfolger eines ursprünglichen Gläubigers (z.B. aus einem Erschließungsvertrag), die Rechtsnachfolger durch verschiedene Rechtsgeschäfte oder teils durch Rechtsgeschäfte, teils durch Erbfolge geworden sind.[47] Im Übrigen konkurrieren die Voraussetzungen der subjektiven Klagehäufung nach §§ 59 und 60 ZPO mehrfach miteinander, sodass der Abgrenzung der Fälle keine entscheidende Bedeutung zukommt. Dies ist erst bei der notwendigen Streitgenossenschaft der Fall.[48]

29 **c) Gleichartigkeit, § 60 ZPO.** Schließlich ist die einfache Streitgenossenschaft auch zulässig bei Gleichartigkeit von Ansprüchen oder Verpflichtungen, die den Gegenstand des Rechtsstreits bilden, gem. § 60 ZPO. Identität des Grundes wird hier nicht gefordert. Die Worte „auf einem" bedeuten nicht die Zahl (der Gründe), sondern den unbestimmten Artikel.[49] In die Sprache des öffentlichen Rechts übersetzt ist zu denken an subjektiv-öffentliche Rechte oder Pflichten, die auf einem im Wesentlichen gleichartigen tatsächlichen und rechtlichen Grunde beruhen und die (als Verwaltungsrechtsverhältnisse) den Gegenstand des Rechtsstreits bilden. Unter diese Fallgruppe zählt z.B. die Klage mehrerer durch eine Planfeststellung nach § 17 FStrG Betroffener (VGH München DVBl 1982, 214;

---

41 So für § 60 ZPO als einer „weitgehend auf Zweckmäßigkeitsvoraussetzungen" beruhenden Vorschrift ausdrückl. BGH JZ 1990, 1036 unter Hinweis auf BGH NJW 1975, 1228 und BGH NJW 1986, 3209.
42 Hierzu *S. Detterbeck*, Streitgegenstand und Entscheidungswirkungen im Öffentlichen Recht, 1995.
43 *S. Detterbeck*, Streitgegenstand, 1995, 67 ff., 93.
44 *M. Vollkommer*, in: Zöller § 60 Rn. 5.
45 *C. Deckenbrock/W. Dötsch* JA 2003, 882, 884. Hierzu die diff. Auflistung bei *P. Hartmann*, in: Baumbach/Lauterbach/Albers/Hartmann § 62 Rn. 10 (dort die Stichworte „Erbrecht" und „Eigentum"), Rn. 11 (dort das Stichwort „Gesamthand") und Rn. 16 (dort das Stichwort „Wohnungseigentum"). Näher zur Gütergemeinschaft *J. Stettner*, Verhältnis, 1974, 41 ff.
46 Zu den Beteiligten eines öffentlich-rechtlichen Vertrags *H. J. Bonk/W. Neumann/T. Siegel*, in: Stelkens/Bonk/Sachs § 54 Rn. 74 ff.
47 *R. Bork*, in: Stein/Jonas II § 59 Rn. 4.
48 Hierzu auch *R. Bork*, in: Stein/Jonas II § 59 Rn. 2.
49 Zutr. *R. Bork*, in: Stein/Jonas II § 60 Rn. 2.

BayVBl 1982, 283; 1984, 212), die Klage mehrerer durch einen Bauvorbescheid betroffener Betriebe (VG Bremen 26.11.2014 – 1 K 840/12, juris Rn. 18) oder die Verpflichtungsklage mehrerer Personen auf Erteilung von Baugenehmigungen (Versagungsgegenklage) bei im Wesentlichen gleichartigen Sachverhalten im Gebiet eines Bebauungsplanes (z.B. Abweichung der Dachneigungen). Die Rspr. lässt einfache Streitgenossenschaften sehr weitherzig zu, z.B. bei der Klage mehrerer Tausend Betroffener gegen eine Flughafenplanung, die durchaus unterschiedlich betroffen sein können (weitere Bsp. → Rn. 3). Eine gemeinsame Klageerhebung aus prozessualen Gründen ist in diesen Fällen weder erforderlich noch geboten.[50] Genauso gut könnte jeder Beteiligte eigens Klage erheben. Diese könnten dann prozessual durch das Gericht verbunden werden (nachträgliche Streitgenossenschaft).

6. Gesonderte Zulässigkeitsprüfung der Einzelklagen. Unabhängig von der Prüfung der Zulässigkeit   30
vorliegender Streitgenossenschaften hat je Streitgenosse eine *gesonderte Zulässigkeitsprüfung der Klagen* bzw. Anträge durch das Gericht von Amts wegen zu erfolgen, da diese sachlich selbständig bleiben (*striktes Trennungsprinzip*). Zu jedem Streitgenossen besteht ein gesondertes Prozessrechtsverhältnis, die Verfahren sind insoweit nur äußerlich verbunden. Für jeden Streitgenossen sind deshalb die *allgemeinen Sachentscheidungsvoraussetzungen* getrennt zu prüfen, soweit sich nicht aus der Natur der Sache etwas anderes ergibt. So ist die Ordnungsmäßigkeit der Klageerhebung (Antragstellung) bei einer gemeinsamen Klageschrift etwa bzgl. des Formerfordernisses nach § 81 Abs. 1 nur einmal zu prüfen. Ansonsten ist, wenn etwa von einem Streitgenossen die Klagefrist versäumt wurde oder ihm die Beteiligtenfähigkeit nach § 61 fehlt, seine Klage wie sonst auch als unzulässig abzuweisen, wenn keine Heilung erfolgen kann.

Außerdem müssen im Verhältnis zu jedem Streitgenossen die *besonderen Sachentscheidungsvorausset-*   31
zungen einschließlich der Einhaltung von Widerspruchs- und Klagefristen etwa für Anfechtungs- oder Verpflichtungsklagen vorliegen. Legt von mehreren Erben, die vermögensrechtliche Ansprüche durchsetzen wollen, nur einer gegen den ablehnenden Bescheid rechtzeitig Widerspruch (§ 70) und Klage (§ 74) ein, ist die Klage des anderen verfristet, wenn insoweit keine notwendige Streitgenossenschaft i.S.d. § 62 ZPO angenommen wird.[51] § 62 Abs. 1 ZPO gilt in diesem Falle also nicht.

7. Rechtsfolgen der zulässigen einfachen Streitgenossenschaft. a) Keine zwingend einheitliche Ent-   32
scheidung. Von den Wirkungen (Rechtsfolgen) der einfachen (zulässigen) Streitgenossenschaft ist zunächst die wichtigste für das Gericht, dass *keine in der Sache einheitliche Entscheidung* ergehen muss (KreisG Suhl ThürVBl 1993, 91 r. Sp). Dies wird zwar regelmäßig der Fall sein (vgl. etwa OVG Bln-Bbg 23.6.2017 – OVG L 21/17, juris Rn. 5). Zwingend ist dies jedoch nicht, weil die Verfahren für oder gegen alle Streitgenossen nur äußerlich verbunden sind. Eine Klage kann daher zulässig, die andere schon unzulässig sein. Ebenso sind unterschiedliche Ergebnisse bei der Begründetheitsprüfung möglich. Bei der einfachen Streitgenossenschaft kann also ein Streitgenosse obsiegen, der andere unterliegen, ohne dass deshalb ein (revisibler) Fehler des Gerichts vorliegt.

b) Örtliche Zuständigkeit. Das Vorliegen einer einfachen Streitgenossenschaft hat keine Auswirkun-   33
gen auf die örtliche Zuständigkeit des Gerichts. Richtet sich eine Klage gegen einfache Streitgenossen, für die verschiedene Gerichtsstände begründet sind, sind die Verfahren zum Zwecke der Verweisung zu trennen (BVerwG NVwZ-RR 2000, 261 in st. Rspr. A.M. OVG Münster NVwZ-RR 1995, 478–479). In den Fällen der notwendigen Streitgenossenschaft wird bei verschiedenen Gerichtsständen hingegen nach § 53 Abs. 1 Nr. 3 ein gemeinsames zuständiges Gericht bestimmt (BVerwG NVwZ-RR 2000, 261 in st. Rspr., → Rn. 85).

c) Wirkungen auf den Prozessbetrieb, § 63 ZPO. Die Wirkungen auf den Prozessbetrieb, die   34
§ 63 ZPO beschreibt,[52] sind an sich selbstverständlich: Das Recht zur Betreibung des Prozesses steht jedem Streitgenossen (einzeln) zu; andererseits sind zu allen Terminen sämtliche Streitgenossen zu *laden*. Die Verhandlung erfolgt gemeinsam. Regelmäßig führt der Verstoß gegen die Ladungspflicht zu einem absoluten Revisionsgrund gem. §§ 132 Abs. 2 Nr. 3, 138 Nr. 4 (w.N. → § 102 Rn. 72 mit Fn. 49)[53] und einem Wiederaufnahmegrund gem. § 153 VwGO, § 579 Abs. 1 Nr. 4 ZPO. Die Ladung

---

50 *M. Vollkommer*, in: Zöller § 60 Rn. 4.
51 So ausdrückl. KreisG Suhl ThürVBl 1993, 91; i.E. ebenso OVG Bln ZOV 1999, 68–69.
52 § 63 gilt für die einfache wie für die notwendige Streitgenossenschaft, *M. Vollkommer*, in: Zöller § 63 Rn. 1.
53 BVerwGE 66, 311; *W.-R. Schenke*, in: Kopp/Schenke § 102 Rn. 12.

ist überflüssig, wenn einzelne (einfache) Streitgenossen durch entsprechende Prozesserklärungen ausgeschieden sind. Insoweit kommen je nach Konstellation Teilurteil oder Einstellung des Verfahrens und Kostenbeschluss (§ 161 Abs. 2) infrage; letzterer kann auch der Endentscheidung vorbehalten werden (BVerwG NJW 1963, 923).

35 **d) Prozessuale Stellung der einfachen Streitgenossen, § 61.** Die prozessuale Stellung der einfachen Streitgenossen umreißt § 61 ZPO nur unvollständig. § 61 ZPO hebt die Selbständigkeit der Streitgenossen ausdrücklich dadurch hervor, dass Handlungen des einen Streitgenossen dem anderen weder zum Vorteil noch zum Nachteil gereichen, „soweit nicht aus den Vorschriften des bürgerlichen Rechts oder dieses Gesetzes sich ein anderes ergibt". Auf das Verwaltungsrecht und -prozessrecht übertragen bedeutet dies, dass sich das Erfordernis einer Berücksichtigung der Handlungen des anderen Streitgenossen nur aus Vorschriften des öffentlichen Rechts (evtl. i.V.m. Vorschriften des bürgerlichen Rechts etwa bei der Gesamthand oder beim öffentlich-rechtlichen Vertrag über § 62 VwVfG)[54] sowie aus der VwGO/ZPO selbst ergeben kann, eine Beachtung ist nur bei notwendiger Streitgenossenschaft erforderlich, vgl. § 62 Abs. 1 ZPO (→ Rn. 47 ff.).

36 Die Streitgenossen können sich durch einen *gemeinsamen Prozessbevollmächtigten* vertreten lassen, unter Umständen kann das Gericht sie hierzu nach § 67 a verpflichten.[55] Jeder Streitgenosse kann sich aber, wenn keine Anordnung nach § 67 a erfolgt, auch durch einen eigenen Prozessbevollmächtigten vertreten lassen. Es besteht in diesen Fällen keine Pflicht zur Bestellung eines gemeinsamen Vertreters.[56] Wegen der Erstattungspflichtigkeit der Anwalts*kosten* in diesem Fall herrscht seit langem Streit.[57] Zutreffend dürfte die Auffassung sein, wonach die Mehrkosten getrennter Vertretung schon deshalb erstattungsfähig sind, weil regelmäßig keine Pflicht zur Bestellung eines gemeinsamen Vertreters besteht.[58] Allerdings ist zu verlangen, dass tatsächlich eine getrennte Vertretung erfolgt ist.[59] Im Fall der gemeinsamen Prozessvertretung können die Streitgenossen gemeinschaftliche Schriftsätze einreichen. Die Beifügung von Abschriften richtet sich hier grds. nach § 81 Abs. 2 (→ § 81 Rn. 83 ff.). Für elektronische Dokumente gilt gemäß § 55 a Abs. 2 S. 2 in der bis zum 31.12.2017 gültigen Fassung sowie § 55 a Abs. 5 S. 1 in der ab dem 1.1.2018 gültigen Fassung Abweichendes (→ § 55 a Rn. 124).

37 **e) Wirkungen des gemeinsamen Verfahrens, Einzelfragen. aa) Parteivorbringen, Beweisantritte, sonstige Prozesshandlungen.** *Parteivorbringen und Beweisanträge* innerhalb und außerhalb der mündlichen Verhandlung (vgl. § 86 Abs. 1 und 2) sind unabhängig voneinander möglich und zulässig. Freilich wird aus der gleichartigen tatsächlichen und rechtlichen Situation heraus regelmäßig in wesentlichen Punkten eine Einheitlichkeit vorliegen. Erfolgen Parteivorbringen und Beweisanträge entweder in einem gemeinschaftlichen Schriftsatz oder durch den gemeinsamen Prozessbevollmächtigten, sind sie, wenn die Umstände nicht etwas anderes ergeben, allen Streitgenossen zuzurechnen.[60] Wenn auch das Vorbringen und die Beweisanträge voneinander unabhängig sind, kann doch die *Beweiswürdigung* über eine in allen Verfahren entscheidungserhebliche Behauptung nur *einheitlich* ausfallen, jedenfalls dann, wenn zum gleichen Zeitpunkt entschieden wird.[61]

38 Wird durch ausdrückliche *Prozesshandlung* der Rechtsstreit in Ansehung eines Streitgenossen entscheidungsreif (z.B. durch Anerkenntnis), ist dieses Verfahren (spätestens zur Urteilsverkündung) abzutrennen. Wenn für eine Entscheidung die *Zustimmung* der Streitgenossen vonnöten ist oder die Beteiligten vorher zu *hören* sind (etwa im Falle des Gerichtsbescheids, § 84 Abs. 1 S. 2, oder einer Entscheidung ohne mündliche Verhandlung, § 101 Abs. 2), ist die Mitwirkung aller Streitgenossen erforderlich; soweit keine Mitwirkung bzw. Anhörung erfolgte, muss das Verfahren zumindest abgetrennt

---

54 Hierzu *H. J. Bonk/W. Neumann/T. Siegel*, in: Stelkens/Bonk/Sachs § 62 Rn. 21 ff.
55 *Hufen* § 12 Rn. 17.
56 *R. Bork*, in: Stein/Jonas II § 61 Rn. 2.
57 Vgl. etwa die Kritik von *S. Lang*, NJW 1970, 408, an der Rspr. des BGH.
58 *R. Bork*, in: Stein/Jonas II § 61 Rn. 2. A.M. *K. Herget*, in: Zöller § 91 Rn. 13 (Stichwort „Streitgenossen" Nr. 2).
59 A.M. jedenfalls die frühere Rspr. des BGH, wonach stets die vollen Anwaltskosten zugebilligt werden mussten, BGHZ 8, 325, 327; dagegen *S. Lang*, NJW 1970, 408.
60 *M. Vollkommer*, in: Zöller § 61 Rn. 3.
61 BGH NJW-RR 1992, 253, 254; zum Gebot der einheitlichen Beweisaufnahme näher *R. Bork*, in: Stein/Jonas II § 61 Rn. 10.

und die Mitwirkung bzw. Anhörung nachgeholt werden, da ansonsten der Grundsatz des rechtlichen Gehörs nach Art. 103 Abs. 1 GG verletzt wäre.[62]

bb) Zeugeneigenschaft des Streitgenossen. Ein im Zivilprozess besonders umstr. Problem ist, ob und 39 unter welchen Umständen ein Streitgenosse im Prozess eines anderen Streitgenossen auch dann *Zeuge* sein kann, wenn die Streitgenossenschaft noch besteht. Das RG sprach dem Streitgenossen die Fähigkeit des Zeugen ab (RGZ 91, 37, 38). Dagegen wird eingewandt, dass die Verfahren nur äußerlich miteinander verbunden, letztlich aber selbständig und (einfache) Streitgenossen daher in den Parallelprozessen zeugenfähig seien; Interessenparallelität tangiere (möglicherweise) die Glaubwürdigkeit der Aussage, nicht die Zulässigkeit.[63] Zumindest soweit Tatsachen nur für den Prozess der anderen Streitgenossen von Bedeutung sind, ist die Zeugeneigenschaft jedoch unproblematisch zu bejahen.[64] Das ist die notwendige Korrektur für die großzügige Auslegung der §§ 59, 60 ZPO, wonach eine (einfache) Streitgenossenschaft schon dann für zulässig erachtet wird, wenn eine gemeinsame Verhandlung und Entscheidung zweckmäßig ist. Andernfalls könnte es zu Manipulationen der Art kommen, dass zur Ausschaltung eines unbequemen Zeugen dieser als Streitgenosse mitverklagt wird, um eine Zeugenvernehmung zu vereiteln.[65] Auch im Verwaltungsprozess stellt sich ein ähnliches Problem bei massenhaften Aktivprozessen von Bürgern gegen staatliche Entscheidungen; hier kann durch gerichtliche Verbindung der Verfahren der gleiche Effekt eintreten, wenn man der Auffassung des Reichsgerichts folgt. Die Argumentation, dass der Streitgenosse deshalb kein Zeuge im Verwaltungsprozess sein könne, da er nach der Terminologie des Zivilprozesses „Partei" sei[66] (→ § 63 Rn. 3), wird dem unterschiedlichen System von Beteiligung (und Rechtskraft) im Verwaltungsprozess nicht gerecht. Im Übrigen begegnet ein Ausweichen auf das Beweismittel der Parteivernehmung, wie dies im Zivilprozess vorgeschlagen wird,[67] dogmatischen Bedenken, weil § 98 auf die Vorschriften bzgl. der Parteivernehmung nur beschränkt verweist, insbes. nicht auf die Vorschriften der §§ 445–449 ZPO (zur Vernehmung von Beteiligten vgl. § 98). Die Ansicht, wonach bei der einfachen Streitgenossenschaft die Zeugeneigenschaft der anderen Streitgenossen generell zu bejahen ist, ggf. aber die Glaubwürdigkeit der Aussage berührt sein kann, ist deshalb vorzugswürdig.[68] Das Problem wird allerdings durch die Offizialmaxime im Verwaltungsprozess entschärft, da das Gericht erforderlichenfalls weitere Mittel zur Sachaufklärung heranziehen wird (→ § 86 Rn. 7 ff.).

cc) Selbständigkeit der Verfahren. Im Übrigen besteht bei der einfachen Streitgenossenschaft rechtlich 40 eine weitgehende Selbständigkeit der Verfahren. Dies wirkt sich in der Praxis freilich nur dann aus, wenn der einzelne Streitgenosse selbst auftritt oder einen eigenen Prozessbevollmächtigten bestellt. Jeder Streitgenosse kann über seinen Prozess frei verfügen, insbes. durch Klageänderung, Klagerücknahme, Anerkenntnis, Vergleich, Aufrechnung, Geltendmachung sonstiger Ansprüche und Einreden, soweit diese im Verwaltungsprozess eine Rolle spielen. Alle *Fristen* laufen für jeden Streitgenossen gesondert. Dies gilt auch für die Fristen im Widerspruchsverfahren, da dieses insoweit zum verwaltungsgerichtlichen Verfahren zählt und die Zulässigkeit jeder Klage getrennt zu bestimmen ist (→ Rn. 31). Demgemäß ist auch der Eintritt der formellen *Rechtskraft* für jeden Streitgenossen einzeln zu berechnen.[69] Als Umkehrschluss aus § 62 ZPO ergibt sich auch, dass Fragen der *Säumnis* und der *Unterbrechung* oder *Aussetzung* des Verfahrens gegenüber jedem Streitgenossen gesondert zu beurteilen sind.[70] Es kann also z.B. die Erklärungs- und Vorlegungsfrist gem. § 87 Abs. 1 S. 2 Nr. 2 von einem einzelnen

---

62 BVerfGE 60, 7, 14 f. für den Fall des bei einer Auflösungsklage gegen eine GmbH übergangenen Mitgesellschafters.

63 *W. F. Lindacher,* JuS 1986, 379, 381 m.w.N. zum Streitstand; i.E. bejaht auch *W.-R. Schenke,* in: Kopp/Schenke § 64 Rn. 10, dass jeder Streitgenosse im Verfahren des anderen auch Zeuge sein kann.

64 *M. Vollkommer,* in: Zöller § 61 Rn. 4; BAG JZ 1973, 58, 59; BGH MDR 1984, 47; auch *R. Bork,* in: Stein/Jonas II § 61 Rn. 11 stimmt insofern zu, will aber i.Ü. als Beweismittel nur die Parteivernehmung zulassen.

65 Zutr. BAG JZ 1973, 58, 59. In Verwaltungsrechtsstreitigkeiten wird dieser Trick aus der Natur der Sache heraus nur selten angewandt.

66 So *A. v. Mutius,* Jura 1988, 469, 470 sogar für den Beigeladenen unter Berufung auf den (angeblichen) Gleichrang der Beteiligten.

67 So ausdrückl. *R. Bork,* in: Stein/Jonas II § 61 Rn. 11.

68 So entgegen der h.M. im Zivilprozess ausdrückl. *P. Gottwald,* JA 1982, 64, 65 m.w.N.; *W. Lindacher,* JuS 1986, 379, 381. A.M. für verbundene Asylklagen von Familienangehörigen OVG Münster DÖV 1993, 81 (Vernehmung der Ehefrau als Prozessbeteiligte mit gleicher Beweiskraft wie Zeugenvernehmung).

69 *R. Bork,* in: Stein/Jonas I § 61 Rn. 4.

70 *M. Vollkommer,* in: Zöller § 61 Rn. 8.

Streitgenossen – mit den entsprechenden Konsequenzen – versäumt werden. Die Möglichkeit eines Versäumnisurteils spielt im Verwaltungsprozess wegen § 102 Abs. 2 keine Rolle.

41 **dd) Zusammenfassung in einem Urteil.** Die *Entscheidung*, die gegenüber den einzelnen Streitgenossen unterschiedlich lauten kann – ggf. muss (→ Rn. 32) – kann in einem *einheitlichen Urteil* bzw. *einheitlichen Beschluss* ergehen, also in einer Urkunde zusammengefasst werden. Auch eine Entscheidung in gesonderten (End-)Urteilen wäre wohl zulässig; hierbei wäre jedoch klarzustellen, ob und inwieweit die in anderen Verfahren gegebenen Begründungen das Urteil mittragen. Wenn die Urteilsgründe nicht in jedem Urteil vollständig wiedergegeben sind, wäre insoweit auch eine Zustellung der in den Parallelverfahren ergangenen relevanten Urteilsgründe erforderlich, um die Rechtsmittelfristen in Gang zu setzen.[71] Um ein *Teilurteil* i.S.d. § 110 handelt es sich bei der auf den einzelnen Streitgenossen bezogenen Sachentscheidung im Wortsinne nicht, weil es nicht um einen Teil des Streitgegenstandes geht, sondern um die (vollständige) Entscheidung eines Rechtsstreits bei mehreren Klägern bzw. Beklagten. Ein Teilurteil ist veranlasst bei Anerkennung oder Verzicht eines (einfachen) Streitgenossen.[72] Bei notwendiger Streitgenossenschaft verbietet sich ein Teilurteil regelmäßig.[73]

42 **ee) Rechtsmittelfragen.** Auch wenn gegenüber allen Streitgenossen in einem einheitlichen Urteil entschieden wird, wirkt das *Rechtsmittel* eines einfachen Streitgenossen nur für diesen selbst. Das Rechtsmittel des einen macht also – anders als bei der notwendigen Streitgenossenschaft – den anderen nicht zum Beteiligten in der höheren Instanz und ermöglicht daher weder ihm noch dem Gegner ihm gegenüber die Anschließung.[74] Legt allerdings der gemeinsame Prozessbevollmächtigte das Rechtsmittel ein, gilt es im Zweifel als für alle Streitgenossen eingelegt, es sei denn, einzelne Streitgenossen sind ausdrücklich nicht genannt. Die Angabe des (führenden) Aktenzeichens und des alphabetisch zunächst kommenden Hauptbeteiligten mit einem Hinweis auf die Mehrzahl der Kläger bzw. Beklagten muss insoweit ausreichen. Auch der passive Beteiligte hat es in der Hand, das Rechtsmittel gegen alle oder nur gegen einzelne Streitgenossen zu richten.

43 **ff) Kosten, Gebühren, Streitwert.** Bzgl. der *Kosten*[75] wird wegen der Einzelheiten auf die Komm. des § 159 verwiesen. Die gemeinsame Prozessführung von Gesamtgläubigern oder gegen Gesamtschuldner verringert das Kostenrisiko gegenüber selbständigen Klagen.[76] Dies ergibt sich u.a. aus der Streitwertberechnung i.V.m. der Tatsache, dass Kosten und Gebühren nicht linear ansteigen. Die *Kostenentscheidung des Gerichts* kann kompliziert werden, falls nicht alle Streitgenossen obsiegen oder unterliegen.[77] Die *Gebühren* des *Rechtsanwalts* sind je Mandat wesentlich niedriger, wenn er Streitgenossen vertritt als im Falle der Einzelvertretung (zur Frage der Zulässigkeit – und Erstattungsfähigkeit der Kosten – einer Einzelvertretung → Rn. 36).[78] Er erhält die Gebühren nur einmal, § 7 Abs. 1 RVG; zum Ausgleich der Mehrarbeit erhöht sich die Verfahrensgebühr für jede weitere Person lediglich um 30%, wobei mehrere Erhöhungen den Gebührensatz von 2,0 nicht übersteigen dürfen, Nr. 1008 VV RVG. In einem Prozesskostenhilfeverfahren wäre es rechtsmissbräuchlich, wenn von einer zumutbaren Möglichkeit, statt mehrerer separater Klagen eine gemeinsame zu erheben, kein Gebrauch gemacht würde (VG Bremen 27.6.2013 – 4 K 597/09, juris Rn. 1).

44 Die *Streitwertberechnung* bei der Streitgenossenschaft hat im Verwaltungsprozess keinen Einfluss auf die sachliche Zuständigkeit. Es gilt zwar im Ausgangspunkt die Grundregel, dass der Streitwert der (Gesamt-)Klage aus dem Streitwert bzw. in der Rechtsmittelinstanz aus der Beschwer jedes einzelnen Klägers zu errechnen ist.[79] Es ist daher regelmäßig der volle Streitwert für jeden Streitgenossen anzunehmen.[80] Insoweit kann § 147 ZPO zur Auslegung herangezogen werden mit der Folge, dass § 5 ZPO entsprechend gilt (BGH NJW 1989, 1038, 1039; NJW 1984, 928). Bei der Anfechtungsklage

---

71 Die Rechtsmittelfrist beginnt erst mit Zustellung des vollständigen Urteils, *Hufen* § 40 Rn. 13.
72 *E. Schneider*, MDR 1976, 93, 94.
73 *W.-R. Schenke*, in: Kopp/Schenke § 110 Rn. 2; *P. Gottwald*, JA 1982, 64, 66; *E. Schneider*, MDR 1976, 93, 95.
74 *R. Bork*, in: Stein/Jonas II § 61 Rn. 4 m.w.N.
75 Zu Kostenproblemen bei der Streitgenossenschaft *W. Gruber*, DStR 1983, 23; *S. Lang*, NJW 1970, 408.
76 Hierzu näher *P. Gottwald*, JA 1982, 64, 66.
77 Hierzu Bsp. bei *P. Gottwald*, JA 1982, 64, 66; *W. Gruber*, DStR 1983, 23.
78 Zu den Anwaltskosten des obsiegenden Streitgenossen schon BGH NJW 1954, 1451 abgedruckt in JurBüro 69, 942 m.Anm. *Schneider*; gegen die Entscheidung des BGH *S. Lang*, NJW 1970, 408.
79 BFHE 95, 512; zur Streitwertberechnung vgl. noch *P. Gottwald*, JA 1982, 64, 66; BFH BStBl 1984, 204.
80 VGH München BayVBl 1983, 157; *Pietzner/Ronellenfitsch* Rn. 884 (dort Fn. 34).

von Ehegatten, die in (einfacher) Streitgenossenschaft gegen zwei das nämliche Grundstück betreffende Erschließungsbeitragsbescheide vorgehen, die sie gem. § 241 Abs. 1 BGB nur einmal schulden, ist gleichwohl der Streitwert zu verdoppeln.[81] Der Streitwert ist jedoch nach der Rspr. nicht zu addieren, wenn es sich um einen wirtschaftlich identischen Streitgegenstand handelt. (BVerwG NVwZ-RR 1991, 669 f.; BVerwG 15.7.1998 – 1 B 75/98, juris Rn. 9). Dies gilt etwa beim Rechtsschutz zweier Ehegatten gegen die Ausweisung des einen (BVerwG NVwZ-RR 1991, 669 f.), bei einem Vereinsverbot (BVerwG 15.7.1998 – 1 B 75/98, juris Rn. 9), oder wenn eine obdachlose Familie die gemeinsame Unterbringung in einer Familienunterkunft begehrt (VGH Mannheim NVwZ-RR 2014, 703, 704; OVG Bln-Bbg 23.6.2017 – OVG 1 L 21/17, juris Rn. 4 f.). – Die Grundregel der Addition gilt allerdings auch für den Beschwerdegegenstand bei der Berufung und der Revision (BFHE 95, 512 m.w.N.). Bei subjektiver Klagehäufung in Asylsachen (mehrere Angehörige einer Familie) multipliziert der VGH Kassel regelmäßig den Auffangstreitwert gem. § 52 Abs. 2 GKG mit der Anzahl der Kläger.[82] Legen mehrere Streitgenossen gegen das sie beschwerende Urteil Rechtsmittel ein (nicht notwendigerweise in einem einheitlichen Schriftsatz), werden für den Wert des *Beschwerdegegenstandes* die auf die einzelnen Streitgenossen entfallenden Beschwerdewerte zusammengerechnet.[83] Dies hat allerdings auch zur Folge, dass durch den Rechtsmittelverzicht des einen das Rechtsmittel des anderen wegen der Verringerung des Beschwerdegegenstandes unzulässig werden kann,[84] wenn der Beschwerdewert nur durch Addition der Einzelwerte erreicht werden konnte. Insoweit liegt kein „gemeinschaftliches" Rechtsmittel vor (BGH NJW 1989, 1038, 1039).

8. Folgen bei Nichtvorliegen der Voraussetzungen einer einfachen Streitgenossenschaft. Die Voraus- 45 setzungen der §§ 59, 60 ZPO sind *keine Sachentscheidungsvoraussetzungen*, sondern lediglich Voraussetzungen für die subjektive Klageverbindung[85] bzw. Beklagtenhäufung. Ist die Klage bzw. der Antrag als solcher zulässig und in der besonderen Verfahrensart statthaft, liegen aber die Voraussetzungen der einfachen Streitgenossenschaft nicht vor (→ Rn. 25 ff.), ist die rechtlich zwingende Folge die *Trennung* der Verfahren durch Beschluss gem. § 93.[86] Zwar ist der Beschluss als solcher unanfechtbar (OVG Münster DÖV 1993, 81), vgl. § 146 Abs. 2. Dies schließt jedoch die Rüge gegen Folgerungen, die das Gericht aus der fehlerhaften Verbindung oder Trennung von Verfahren gezogen hat, i.R. eines zulässigerweise in der Hauptsache eingelegten Rechtsmittels nicht aus (BVerwGE 39, 319, 323 f.). Die Trennung nach § 93 kann auch *nachträglich* erfolgen, etwa dann, wenn sich ein Streitgenosse nicht zum Abschluss eines Vergleiches oder eines Anerkenntnisses verpflichten möchte. Eine Abweisung oder *Teilabweisung* ist insoweit *nicht* zulässig.[87]

Sind die Verfahren getrennt, kommt bei der einfachen Streitgenossenschaft eine *Beiladung* der frühe- 46 ren Streitgenossen im Verfahren der anderen *nicht* infrage. Jeder Streitgenosse hat Anspruch auf eine Entscheidung in „seinem" Prozess. Die Beteiligung an dem Verfahren eines Dritten ist hier nicht gegeben (zur notwendigen Beiladung des zulässigerweise ausgeschiedenen früheren notwendigen Streitgenossen → Rn. 77 ff.).

IV. Dogmatik der notwendigen Streitgenossenschaft (§ 62 ZPO entsprechend)

1. Überblick über die Regelung des § 62 ZPO. a) Notwendigkeit aus rechtlichen Gründen. Der 47 deutschen Rechtsordnung genügt die Möglichkeit freiwilliger Zusammenarbeit i.R. der einfachen Streitgenossenschaft in Sonderfällen nicht. Es kann sich aus dem Innenverhältnis zwischen den Streitgenossen in so hohem Maße ein Bedürfnis nach gemeinsamer Prozessführung und einheitlicher Sach-

---

81 VGH München BayVBl 1983, 157; anderes soll gelten, wenn nur ein Bescheid gegen die gesamtschuldnerisch haftenden Eheleute ergangen ist, VGH München BayVBl 1982, 315.
82 VGH Kassel 17.5.1989 – 10 TE 1382/89, juris Rn. 2; 19.4.1989 – 10 TE 749/89, juris Rn. 2; 6.2.1992 – 12 TE 2683/91, juris Rn. 5.
83 BGH NJW 1984, 928; zu den Besonderheiten des Baulandverfahrens ferner BGH NJW 1989, 1038, 1039; BAG NZA 1984, 167.
84 *R. Bork*, in: Stein/Jonas II § 61 Rn. 4 unter Bezugnahme auf RGZ 161, 350.
85 *P. Gottwald*, JA 1982, 64, 65.
86 *W.-R. Schenke*, in: Kopp/Schenke § 64 Rn. 4 a.E.
87 *P. Gottwald*, JA 1982, 64, 65; *E. Schumann*, JuS 1974, 307, 308 f.

entscheidung ergeben, dass beides rechtlich verbindlich vorgeschrieben wird.[88] Die Streitgenossen-schaft wird zur „notwendigen". § 62 ZPO, der nach § 64 entsprechend anzuwenden ist, enthält genau besehen zwei Arten notwendiger Streitgenossenschaft (→ Rn. 52 ff.). § 62 Abs. 1 ZPO geht vom Gebot aus, divergierende Sachentscheidungen bei notwendiger Streitgenossenschaft zu vermeiden[89] und verlangt deshalb eine *einheitliche Entscheidung.* Fraglich ist, ob dies nur für „Feststellungen" (vgl. den Wortlaut des § 62 Abs. 1 ZPO) gilt oder auch für sonstige Gestaltungsklagen oder Leistungsklagen. Die vorliegenden Meinungen sehen diese Problematik bislang allenfalls am Rande. Im Zivilprozess sind v.a. gesellschaftsrechtliche Gestaltungsklagen zum Prüfstein der notwendigen Streitgenossenschaft geworden.[90] Im Verwaltungsprozess steht aber das subjektive Recht auf Gestaltung regelmäßig weder einer Einzelperson noch einer Personenmehrheit als Kläger oder Beklagter zu, sondern der Behörde, ggf. auch dem Gericht (§ 113 Abs. 1, 4, 5). Bislang sind in diesem Zusammenhang nur Konstruktionen analysiert worden, die – wie die Gesamthand – eher zufällig in einen Verwaltungsprozess geraten. Eine gesamthänderische Ausübung subjektiv-öffentlicher Rechte oder eine entsprechende passive Gestaltungswirkung stehen mit dem Prinzip im Widerspruch, dass das Individuum, der einzelne Mensch also, im Zentrum der Verwaltungsrechtsverhältnisse steht.[91] Eine rechtsstaatliche Verfahrensregelung fordert zudem, dass keine Prozesspartei in einflusslose Abhängigkeit von dem Verhalten anderer Prozessbeteiligter gerät, d.h., ihr muss die Möglichkeit gegeben sein, trotz der „Verklammerung" mit anderen Streitgenossen auf das Verfahrensgeschehen mit prozessordnungsgemäßen Mitteln einzuwirken, um ungünstige Prozesslagen abzuwehren.[92] Andererseits darf das Gericht keine Entscheidungen treffen, die sich aus rechtlichen Gründen widersprechen. Insofern dient § 62 ZPO auch der Einheit der Rechtsordnung und der Glaubwürdigkeit gerichtlicher Entscheidungen.

48   Bei der notwendigen Streitgenossenschaft muss aus *rechtlichen Gründen* eine einheitliche Entscheidung des Gerichts *notwendig* sein; prozessökonomische Gründe genügen nicht.[93] Wann rechtliche Gründe vorliegen, das Gesetz also eine Streitgenossenschaft erzwingt, ist regelmäßig umstr. Diese Schwierigkeiten haben ihren Grund in der „völlig unzulänglichen gesetzlichen Regelung des § 62 ZPO".[94] Gleichwohl gilt die Regelung als *abschließend* und *zwingend.*[95]

49   **b) Kein rechtlich verbindlicher Zwang zur gemeinsamen Prozessführung.** Weil es auch im deutschen Recht keinen rechtlich verbindlichen Zwang zur gemeinsamen Prozessführung gibt, ist die einheitliche (aktive) Prozessführung im strengen Sinne niemals „notwendig". Ein derartiger Zwang war schon im römischen Recht weitgehend unbekannt und besteht auch im englischen Recht nicht.[96] Jeder kann zwar ohne Zutun und sogar gegen seinen ausdrücklichen Willen in ein Verwaltungsrechtsverhältnis hineingezogen werden, etwa bei der Inanspruchnahme des Nichtstörers im Polizei- und Ordnungsrecht. Niemand kann allerdings gezwungen werden, eine Maßnahme der Verwaltung gerichtlicher Kontrolle zuzuführen. Es besteht keine „Prozesspflicht". Betrifft eine Verwaltungsentscheidung in ihren materiellen Folgen aufgrund der Rechtsordnung zwangsläufig mehrere Personen, können diese insoweit gerichtlichen Schutz in Anspruch nehmen, müssen es aber nicht. Diese freie (Willens-)Entscheidung,[97] einen Rechtsstreit zu führen, muss nicht bei allen Beteiligten einheitlich ausfallen. Hier spielen individuelle Eigenschaften wie Ausmaß der Betroffenheit, Risikobereitschaft, Einschätzung der Prozessaussichten und des Kostenrisikos eine entscheidende Rolle. Der durch § 62 ZPO ausgewiesene Endpunkt ist der, dass in diesem Falle das streitige Rechtsverhältnis nur einheitlich festgestellt werden darf, um eine für die Verwaltungsjustiz schädliche delegitimatorische Wirkung auszuschließen, die aus

---

88   *P. Gottwald,* JA 1982, 64, 66. Z.T. dürfte dies an Restvorstellungen des gemeinen Rechts liegen, vgl. *E. Schumann,* ZZP 76 (1963), 381, 383; *A. Blomeyer,* AcP 159 (1960), 385, 386 f. mit Fn. 5.
89   *E. Schumann,* ZZP 76 (1963), 381, 383 m.w.N.
90   *K. Schmidt,* Mehrseitige Gestaltungsprozesse, 1992, 34 ff.
91   Auch die prozessrechtlichen Vorstellungen haben sich insofern gewandelt und die Fiktion der Parteieinheit aufgegeben, vgl. näher auch im Vergleich zum österreichischen Zivilprozessrecht *E. Schumann,* ZZP 76 (1963), 381, 383 f.
92   So zutr. *E. Schumann,* ZZP 76 (1963), 381, 384.
93   *K. Tipke,* in: Tipke/Kruse § 59 FGO Rn. 4.
94   *K. H. Schwab,* FS Lent, 1957, 271; die unglückliche Fassung des Gesetzes beklagte *F. Lent* bereits 1942, Jherings Jahrbücher 90 (1942), 27.
95   BAGE 42, 398, 401; der BGH schließt in BGHZ 30, 195, 199 „aus Rechtsgründen" einen dritten Tatbestand neben den beiden Arten der notwendigen Streitgenossenschaft ausdrücklich aus.
96   *P. Gottwald,* JA 1982, 64, 66 m.w.N.
97   Eine solche muss zur Geltendmachung eines subjektiven Rechts auch schon im Verwaltungsverfahren getroffen werden, zutr. *J. Martens,* JuS 1977, 807, 811.

widersprüchlichen Entscheidungen resultieren würde. Dies sagt jedoch nichts darüber aus, ob sich z.B. neben dem ursprünglich klagenden Streitgenossen auch die weiteren notwendigen Streitgenossen (bis hin zur Revision) am Rechtsstreit als Hauptbeteiligte beteiligen müssen (zum schwierigen Problemkreis der „unvollständigen" notwendigen Streitgenossenschaft → Rn. 73 ff., 82 f.).

c) Aktive und passive notwendige Streitgenossenschaft. Auch bei der notwendigen Streitgenossenschaft gibt es *aktive* und *passive* Streitgenossenschaften, wobei eine Mehrheit von Streitgenossen i.d.R. auf Seiten des Bürgers auftritt, nicht auf der des Staates (zur Problematik mehrstufiger Verwaltungsakte → Rn. 22 f.). Aktive notwendige Streitgenossenschaften können sich auch im Verwaltungsprozess aus einer *Gesamthandsgläubigerschaft*[98] ergeben, insbes. bei (ungeteilten) Erbengemeinschaften (BVerwG NVwZ 2013, 209, 211), jedoch nicht, wenn die Rechtsgemeinschaft als solche bereits beteiligtenfähig ist.[99] Deshalb scheiden von den aus dem Zivilrecht bekannten Gesamthandsgemeinschaften die offene Handelsgesellschaft, die Kommanditgesellschaft sowie die Gesellschaft bürgerlichen Rechts und der rechtsfähige Verein regelmäßig aus (→ Rn. 12 und → § 61 Rn. 24 ff.). Dem materiellen (Zivil-)Recht ist auf der Seite der *Verpflichtung* ein Gegenstück zu der gesamthänderischen Berechtigung fremd. Sind mehrere Schuldner zu derselben Leistung verpflichtet, sind sie entweder Gesamtschuldner oder Teilschuldner. Dagegen gibt es *keine Gesamthandsschuld*, die ungeteilt auf allen gemeinsam lastet.[100] Eine *passive* notwendige Streitgenossenschaft ist deshalb auch auf Seiten verklagter Bürger kaum vorstellbar. Befindet sich – wie regelmäßig – der „Staat" auf der Beklagtenseite, ist die notwendige Streitgenossenschaft nur in Ausnahmefällen denkbar. Insbes. führt die Mitwirkung einer weiteren Behörde am Verfahren allenfalls zu ihrer Beiladung (→ Rn. 22–24). **50**

d) Relevanz der Unterscheidung einfache/notwendige Streitgenossenschaft im Verwaltungsprozess. Da es ein vorläufig vollstreckbares Versäumnisurteil, wie es die §§ 330 ff. der ZPO vorsehen, im Verwaltungsprozess nicht gibt, ist die Unterscheidung zwischen einfacher und notwendiger Streitgenossenschaft hier nicht von der gleichen Bedeutung. Die Relevanz der Regelung des § 62 ZPO ergibt sich daher im Wesentlichen einmal bzgl. Fragen der (aktiven) Prozessführungsbefugnis des allein auftretenden Streitgenossen (→ Rn. 74 f.), daneben hinsichtlich der *Versäumung von Fristen* (z.B. der Klagefrist oder Widerspruchsfrist → Rn. 87 ff.)[101] und bei der Einlegung von *Rechtsmitteln* durch einzelne Streitgenossen (→ Rn. 77 f., 89 f.), schließlich im Hinblick auf die Prozesskosten (→ Rn. 43 f., 99). **51**

2. Zwei Arten der notwendigen Streitgenossenschaft (Überblick). Nach § 62 ZPO gibt es zwei Arten notwendiger Streitgenossenschaft, deren Konturen im Wesentlichen durch die Zivilprozessrechtsdogmatik geprägt worden sind.[102] Es wird hier in Anknüpfung an den Rätsel aufgebenden Wortlaut des § 62 ZPO[103] unterschieden zwischen der Streitgenossenschaft, die aus einem „sonstigen Grunde" notwendig ist (§ 62 Abs. 1 Alt. 2) (sog. notwendige Streitgenossenschaft aus materiell-rechtlichen Gründen → Rn. 66 ff.) und der Streitgenossenschaft, die aus prozessualen Gründen notwendig ist (§ 62 Abs. 1 Alt. 1) (→ Rn. 57 ff.). Eine schlichte Übernahme dieser Dogmatik verbietet sich allerdings, weil sie nur vor dem Hintergrund verständlich ist, dass im Zivilprozessrecht die Beiladung eine untergeordnete Nebenrolle spielt[104] und die Nebenintervention in Problemfällen ebenfalls keinen Ausweg bietet. **52**

a) Notwendige Streitgenossenschaft aus materiell-rechtlichen Gründen (echte notwendige Streitgenossenschaft). Bei der notwendigen Streitgenossenschaft aus materiell-rechtlichen Gründen (echte notwendige Streitgenossenschaft) (im Einzelnen → Rn. 66 ff.) war nach den Materialien zur ZPO an meh- **53**

---

98   Das Zivilrecht kennt folgende Gesamthandsgemeinschaften: Gesellschaft §§ 718 ff. BGB; nicht rechtsfähiger Verein § 54 BGB; OHG und KG §§ 105 Abs. 2, 161 Abs. 2 HGB; eheliche Gütergemeinschaft §§ 1416 ff.; fortgesetzte Gütergemeinschaft §§ 1485 ff. BGB; Erbengemeinschaft §§ 2032 ff. BGB; Gemeinschaft der Miturheber § 8 Urhebergesetz; näher *H. Heinrichs,* in: Palandt, Bürgerliches Gesetzbuch, 772018, Einf. 2 vor § 21.

99   So schon *J. Stettner,* JA 1982, 394, 397.

100   Zutr. schon *F. Lent,* Jherings Jahrbücher 90 (1942), 27, 36, der daraus die Konsequenz zieht, dass es nicht notwendig ist, dass der Gläubiger alle Schuldner in gemeinsamer Klage auf einmal verklagt.

101   VGH München BayVBl 1961, 24, 25 (zur Wahrung der Fristen bei notwendiger Streitgenossenschaft im Vorverfahren).

102   BGHZ 92, 351, 353 f. sowie die Literaturnachw. bei *R. Bork,* in: Stein/Jonas II § 62 Rn. 1; das BVerwG äußert sich eher punktuell, stimmt aber wohl dieser Dogmatik zu, vgl. etwa BVerwGE 66, 266, 267.

103   So ausdrückl. *P. Gottwald,* JA 1982, 64, 66.

104   Als Fälle der Beiladung im Zivilprozess werden §§ 640 e, 666 Abs. 3, 856 Abs. 3 ZPO angesehen.

rere Berechtigte gedacht, die nach den Vorschriften des bürgerlichen Rechts nur gemeinschaftlich Klage erheben können.[105] Zu denken ist hier an *Aktivprozesse* von Gesamthandsgemeinschaften, für die keine einzelne Prozessführungsbefugnis vorgesehen ist,[106] z.B. der Erbengemeinschaft, der Gütergemeinschaft mit gemeinsamer Verwaltung oder einer Miteigentümergemeinschaft (VGH München 22.8.2017 – 1 ZB 15/289, juris Rn. 6). Derartige Personenverbindungen, vor allem Erbengemeinschaften, treten nicht selten in Verwaltungsprozessen auf.[107] Eine vertragliche Begründung von Gesamthandsgemeinschaften außerhalb der gesetzlichen Fälle ist nicht möglich. Gesetzlich ausdrücklich geregelte Fälle im öffentlichen Recht gibt es wohl nicht. Bei Gesamthandsgemeinschaften ist jeweils zu überprüfen, welche Auswirkungen die teilweise dem Einzelnen eingeräumten Sonderrechte oder Geschäftsführungsbefugnisse, z.B. die Notgeschäftsführung,[108] auf die Frage der Streitgenossenschaft bzw. Prozessführungsbefugnis haben (→ Rn. 67). Bei *Passivprozessen* gegen Gesamthänder ist zu beachten, dass diese i.d.R. Gesamtschuldner sind (vgl. §§ 421, 427, 431, 1495, 2058 BGB) und deshalb jeder von ihnen auch auf die ganze Leistung in Anspruch genommen werden kann. Insoweit lässt sich in diesen Fällen an der Notwendigkeit der Streitgenossenschaft schon vom Ansatz her zweifeln[109] (→ Rn. 68).

54   **b) Notwendige Streitgenossenschaft aus prozessualen Gründen (unechte notwendige Streitgenossenschaft).** Bei der notwendigen Streitgenossenschaft aus prozessualen Gründen (unechte notwendige Streitgenossenschaft)[110] ist die Übertragbarkeit der in der Zivilprozessrechtsdogmatik entwickelten Kriterien ebenfalls problematisch. Diese gewinnt ihre Konturen aus der Rechtskraftwirkung bzw. *Rechtskrafterstreckung*[111] (→ Rn. 57) bzw. der *Gestaltungswirkung*.[112] Im Verwaltungsprozess ist aufgrund der Regelung des § 121 die Bindungswirkung des Urteils gegenüber allen Beteiligten, also einschließlich der Beigeladenen angeordnet, sodass es zur Sicherung der einheitlichen Entscheidung keine Rolle spielt, ob notwendige Streitgenossenschaft oder notwendige Beiladung vorliegt.[113] Außerdem hat die Verwaltungsrechtsprechung trotz des in § 121 niedergelegten Grundsatzes, dass die Rechtskraft eines Urteiles grds. nur zwischen den Beteiligten des Rechtsstreits und ihren Rechtsnachfolgern wirkt, Mittel und Wege gefunden, die Bindungswirkung etwa von Feststellungsurteilen auch auf andere Rechtsträger zu erstrecken.[114] Was die Gestaltungswirkung anbelangt, wurde diese ursprünglich im Handelsrecht und Prozessrecht insbes. bei mehrseitigen Gestaltungsprozessen bei Personengesellschaften entwickelt.[115] Im Verwaltungsprozess sind Gestaltungsklagen (namentlich Anfechtungsklagen) in anderer Konstellation „Massenware". Auf längere Sicht wird sich hier das Verwaltungsprozessrecht vom Zivilprozessrecht emanzipieren müssen.

55   **c) Doppelte Grundlage.** Nach der neueren Zivilprozessrechtsdogmatik hat die Notwendigkeit der Streitgenossenschaft in den Fällen der §§ 117, 127, 133, 140 HGB sogar eine doppelte Grundlage: Sie beruht gleichzeitig auf prozessrechtlichen und materiell-rechtlichen Gründen.[116] Bei diesen Gestaltungsprozessen liegt also eine doppelt notwendige Streitgenossenschaft vor. Die Bedeutung dieser Fälle im Verwaltungsprozess muss dahingestellt bleiben.

---

105   *Hahn*, Materialien zur Civilprozeßordnung, 173, zit. in BGHZ 92, 351, 353.

106   *D. Coester-Waltjen*, Jura 1989, 442, 444.

107   Beispiel etwa bei VG Würzburg 28.3.2012 – WGK 11.363, juris Rn. 38.

108   Vgl. etwa § 2038 Abs. 1 S. 2 BGB für notwendige Erhaltungsmaßnahmen bei der Erbengemeinschaft.

109   Für einfache Streitgenossenschaft in diesen Fällen etwa *D. Coester-Waltjen*, Jura 1989, 442, 445. A.M. *W. Lindacher*, JuS 1982, 592, 594.

110   Hierzu in Abkehr von den Entscheidungen des RG zuerst grundlegend BGHZ 30, 195, 198 ff.; BGHZ 92, 351, 353 f.; vgl. auch *P. Gottwald*, JA 1982, 64, 67.

111   BGHZ 92, 351, 353 f. m.w.N.; *P. Gottwald*, JA 1982, 64, 67 m.w.N.

112   *R. Bork*, in: Stein/Jonas II § 62 Rn. 5: „Eine einheitliche Entscheidung ist geboten, wenn bei getrennten Prozessen das in dem einen Prozeß ergehende Urteil in dem anderen über dasselbe Rechtsverhältnis **Rechtskraft** oder **Gestaltungswirkung** äußern würde, so daß auf diese Weise eine übereinstimmende Entscheidung gesichert wäre."

113   Zu Recht macht *J. Stettner*, Verhältnis, 1974, 11, darauf aufmerksam, dass die gesetzlichen Voraussetzungen für das Vorliegen einer notwendigen Streitgenossenschaft nach § 62 Abs. 1 ZPO Alt. 1 und die für eine notwendige Beiladung weitgehend übereinstimmen.

114   Vgl. → Rn. 57 und die dort analysierte Entscheidung des BVerwG NVwZ 1993, 781, 782.

115   Umfassend *K. Schmidt*, Mehrseitige Gestaltungsprozesse, 1992.

116   So jedenfalls *K. Schmidt*, Mehrseitige Gestaltungsprozesse, 1992, 33.

d) Relevanz der Unterscheidung. Die Relevanz der Unterscheidung in die beiden Fallgruppen „echte" 56 und „unechte" notwendige Streitgenossenschaft liegt darin, dass bei der zweiten Alternative des § 62 ZPO die Klage nur eines Berechtigten mangels Prozessführungsbefugnis als unzulässig abgewiesen werden müsste (→ Rn. 66 ff. und BGHZ 92, 351, 253), während für den Fall der Notwendigkeit einheitlicher Feststellung (Alt. 1, „unechte" notwendige Streitgenossenschaft aus prozessualen Gründen) fraglich ist, welche (und ob überhaupt) Auswirkungen auf die Zulässigkeit einer Klage die „Unvollständigkeit" der Streitgenossen hat (→ Rn. 73 ff.). Bei vollständiger Streitgenossenschaft sind die weiteren prozessualen Rechtsfolgen nach §§ 62, 63 ZPO bei beiden Arten identisch, wobei allerdings einige sich daraus ergebenden Probleme bis heute wenig geklärt erscheinen.

3. Die notwendige Streitgenossenschaft aus prozessualen Gründen, § 62 Abs. 1 Alt. 1 ZPO. 57
a) Grundsatz. Die erste Alternative entsprechend § 62 Abs. 1 ZPO liegt dort vor, wo aus Gründen der einheitlichen Entscheidung und der Rechtskraftwirkung eine Verbindung der Verfahren erforderlich ist. Hier müsste aus „prozessualen Gründen" auch dann einheitlich entschieden werden, wenn die Prozesse *nacheinander* durchgeführt werden.[117] Diese Auffassung stützt sich auf den Wortlaut des § 62 Abs. 1 Alt. 1 ZPO, wonach das streitige Rechtsverhältnis allen Streitgenossen gegenüber nur „einheitlich festgestellt werden" könne. In der zivilprozessualen Dogmatik wird der Leitsatz aufgestellt, dass eine notwendige Streitgenossenschaft aus prozessualen Gründen immer dann vorliege, wenn bei einer Einzelklage eine *Rechtskrafterstreckung* auf die anderen Personen gegeben wäre. Dabei könne die Rechtskrafterstreckung allseitig oder einseitig (je nach Erfolg oder Misserfolg der Klage) sein. Auch Letztere führe i.d.R. zur notwendigen Streitgenossenschaft, da bei der Beurteilung der Streitgenossenschaft (also bei der Prüfung der Zulässigkeit der Klage) der Klageerfolg noch nicht feststehe.[118] Die Übertragung auf den Verwaltungsprozess ist schwierig, weil es ausdrückliche und unbestrittene Fälle einer derartigen Rechtskrafterstreckung im öffentlichen Recht[119] augenscheinlich nicht gibt.[120] Von den in der ZPO geregelten Fällen der Rechtskrafterstreckung lässt sich über § 173 nur ein Fall nach § 327 ZPO (Rechtskraft bei Testamentsvollstreckung) auf den Verwaltungsprozess übertragen.[121] Genuin verwaltungsrechtliche notwendige Streitgenossenschaften aus prozessualen Gründen sind deshalb nur denkbar, wenn man die Voraussetzung der Rechtskrafterstreckung nicht auf die gesetzlich geregelten Fälle beschränkt.[122] In einer Entscheidung aus dem Jahr 2010 hat der 2. Senat des BVerwG im Hinblick auf eingeklagte Aussagegenehmigungen einer Beamtin für parallele Zivilrechtsstreitigkeiten der Antragsteller, bei denen es jeweils um Schadensersatzansprüche gegen eine Bank wegen der Verletzung von Pflichten nach dem Wertpapierhandelsgesetz ging, ausgeführt, die Identität des Streitgegenstandes sei zwar Voraussetzung für das Vorliegen einer notwendigen Streitgenossenschaft, begründe sie aber allein noch nicht; entscheidend sei vielmehr, dass die in einem Verfahren ergehende Entscheidung eine Rechtskraft- oder *Gestaltungswirkung* in anderen Verfahren hervorrufe (BVerwG 12.10.2010 – 2 AV 1/10, juris Rn. 7; zur Fallgruppe der Gestaltungswirkung → Rn. 69). Da die Entscheidung letztlich der Auslegung von § 53 diente, ist nicht ohne Weiteres erkennbar, ob hier Rechtsfortbildung beabsichtigt war. Auf dieser Linie liegt schon eine ältere Entscheidung des BVerwG, wonach ein gegenüber einer Staatsangehörigkeitsbehörde eines Bundeslandes ergangenes rechtskräftiges Feststellungsurteil über das Bestehen oder Nichtbestehen der deutschen Staatsangehörigkeit des Klägers auch in einem Rechtsstreit zwischen dem Kläger und der Bundesrepublik Deutschland bindet (BVerwG NVwZ 1993, 781). Die Entscheidung über die Zugehörigkeit einer Person zum Gesamtstaat

---

117 BGHZ 92, 351, 354, unter Darstellung des Streitstandes; *K. H. Schwab*, FS Lent, 1957, 271, 273; *M. Vollkommer*, in: Zöller § 62 Rn. 2.
118 So ausdrückl. *D. Coester-Waltjen*, Jura 1989, 442, 444.
119 § 121 regelt keinen Fall der Rechtskrafterstreckung, sondern ordnet eine Bindung als Folge der Beiladung an. Im Zivilrecht und Zivilprozessrecht werden u.a. genannt Klagen von und gegen Vorerben und Nacherben (§ 326 ZPO), soweit eine Klage von beiden oder gegen beide überhaupt möglich ist; Testamentsvollstrecker und Erbe (§ 2213 Abs. 1 S. 1 BGB, § 327 ZPO), die Anfechtungsklage gegen einen Hauptversammlungsbeschluss wegen Verletzung einer Satzungsbestimmung durch Aktionäre (§ 248 AktG), die Entscheidung über die Erbunwürdigkeit (§ 2342 BGB); weitere Bsp. bei *D. Coester-Waltjen*, Jura 1989, 442, 444; Rosenberg/Schwab/*Gottwald* § 46 Rn. 61.
120 So auch schon *H. W. Bichler*, Die notwendige Beiladung, 1966, 65; ferner *J. Stettner*, Verhältnis, 1974, 110.
121 Zu diesem Fall *J. Stettner*, Verhältnis, 1974, 111.
122 Hierzu und zur Kontroverse im Zivilprozessrecht *J. Stettner*, Verhältnis, 1974, 110; strikt gegen eine solche Rechtskrafterstreckung als Folge einer notwendigen Streitgenossenschaft *A. Blomeyer*, AcP 159 (1960), 385, 395 f., der bedauert, dass hier im Zivilprozess der „beste Ausweg", nämlich die Beiladung, versperrt ist.

erfordert eine einheitliche Beurteilung. Nehmen die Staatsangehörigkeitsbehörden der Bundesländer auf der Grundlage der verfassungsrechtlichen Kompetenzverteilung Angelegenheiten des Bundes und dessen Interessen wahr, muss ihr gestaltendes Verwaltungshandeln einschließlich der Ergebnisse ihrer Prozessführung auch der Bundesrepublik Deutschland zugerechnet werden[123] (zu anderen Einzelbeispielen der Streitgenossenschaft aus prozessualen Gründen → Rn. 60).

58 Die notwendige Streitgenossenschaft aus prozessualen Gründen wird auch als *unechte*, besondere,[124] uneigentliche oder zufällige[125] notwendige Streitgenossenschaft bezeichnet[126], weil nicht zwingend tatsächlich eine Streitgenossenschaft, d.h. die Beteiligung mehrerer notwendig sei, wohl aber eine einheitliche gleiche Entscheidung dann erforderlich sei, wenn mehrere beteiligt sind.[127]

59 **b) Zwei Fallgruppen.** Zu Recht hat *J. Stettner* moniert, dass für den Verwaltungsprozess eine Zusammenstellung der Fälle fehle, in denen eine notwendige Streitgenossenschaft möglich ist,[128] und hat eine derartige Zusammenstellung auch versucht. Hierbei lassen sich *zwei Fallgruppen* bilden. Die erste Fallgruppe betrifft untypische Konstellationen in *Gesamthandsgemeinschaften*, die zweite betrifft Entscheidungen mit *Gestaltungswirkungen*, die ihrer Natur nach nicht auf den einzelnen beschränkt bleiben können.

60 **c) Einzelbeispiele.** Einzelbeispiele der Streitgenossenschaft aus prozessualen Gründen (hierzu auch die bereits in → Rn. 57 analysierte Entscheidung des BVerwG NVwZ 1993, 781, 782). Ein Fall einer notwendigen Streitgenossenschaft aus prozessualen Gründen liegt nach Ansicht des BFH vor, wenn zwei Gemeinden gegen die wegen Vorliegens einer mehrgemeindlichen Betriebsstätte erforderliche Zerlegung eines einheitlichen *Gewerbesteuermessbescheids* (§§ 28, 30 GewStG) klagen, jede mit dem Ziel eines höheren Anteils (BFH NVwZ 1982, 400; vgl. auch BFHE 116, 382, 385). Ähnliche Fälle sind denkbar bei Status begründenden Rechten, die notwendigerweise einheitlich gesehen werden müssen, so etwa bei einer Mitübertragung des Sorgerechts auf nichteheliche Väter (BVerfGE 107, 150 ff.). Im Falle der Ausübung des Elternrechts ist das Grundrecht aus Art. 6 Abs. 2 GG ein Individualrecht, das jedem Elternteil zwar einzeln zusteht, aber nicht durch Mehrheitsbildung ausgeübt werden kann (BVerfGE 47, 46, 76; OVG Bln-Bbg NVwZ-RR 2011, 983).[129] Klagen einerseits die Eltern aus dem Elternrecht und das Kind andererseits aus dem allgemeinen Persönlichkeitsrecht gegen eine Entlassung aus der Schule, will *Stettner* notwendige Streitgenossenschaft nach § 62 Abs. 1 Alt. 1 ZPO zwischen den Eltern annehmen. Das BVerwG lässt es in einem Urteil aus dem Jahr 1969 dahingestellt sein, ob bei den gemeinsam klagenden *Vor- und Nacherben* eine Streitgenossenschaft aus prozessualen Gründen bestehen kann (BVerwG Buchholz § 74 VwGO Nr. 3).[130] Notwendige Streitgenossenschaft aus prozessualen Gründen wird von *J. Stettner* dann angenommen, wenn einem *Testamentsvollstrecker* die Verwaltung zusteht (§ 2213 Abs. 1 S. 1 BGB) und ein Dritter (das kann auch eine Behörde sein) ihn und den Erben gemeinsam verklagt. Ähnliche Konstellationen sind im Bereich des Insolvenzrechts denkbar. Eine prozessuale Streitgenossenschaft liegt auf passiver Seite zwischen beklagter Behörde und begünstigter Beigeladener vor, wenn ein Dritter gegen den Restitutionsbescheid Anfechtungsklage erhebt.[131]

61 *Keine notwendige* Streitgenossenschaft aus prozessualen Gründen liegt bei einer Klage mehrerer gegen ein Verkehrszeichen vor.[132] Eine Entscheidung beträfe zwangsläufig alle, die es angeht (d.h., die in Zukunft mit dem geänderten oder aufgehobenen Verkehrszeichen in Berührung kommen) und ist nicht auf die Prozessbeteiligten beschränkt. Andererseits können die Anträge eventueller Kläger durchaus

---

123 So wörtlich BVerwG NVwZ 1993, 781, 782.
124 *F. Lent*, Jherings Jahrbücher 90 (1942), 27.
125 BayObLG BB 1973, 958, 959; *M. Vollkommer*, in: Zöller § 62 Rn. 2.
126 Missglückt ist die Formulierung „fakultativ notwendige Streitgenossenschaft", die *J. Stettner*, Verhältnis, 1974, 110 und passim, in seiner bis heute grundlegenden Untersuchung verwendet.
127 *J. Stettner*, JA 1982, 394, 398; *A. v. Mutius*, Jura 1988, 478, 476.
128 *J. Stettner*, Verhältnis, 1974, 14; ähnl. für den Zivilprozess auch *K. H. Schwab*, FS Lent, 1957, 271, 272.
129 Hierzu auch *W. Bier*, in: Schoch/Schneider/Bier § 64 Rn. 15 und 17.
130 Das Gericht erwägt eine „zufällig notwendige Streitgenossenschaft", also eine solche aus prozessualen Gründen. *J. Stettner*, Verhältnis 1974, 111, will hier wegen fehlender Identität des Streitgegenstands notwendige Streitgenossenschaft ablehnen.
131 VG Dresden 24.9.2008 – 4 K 1247/05, juris Rn. 20.
132 Wie hier *C. Deckenbrock/W. Dötsch*, JA 2003, 882, 886. A.M. in Bezug auf dingliche Verwaltungsakte *J. Stettner*, Verhältnis, 1974, 116/117; *ders.*, JA 1982, 394, 398.

unterschiedlich sein (z.B. auf Anhebung oder Senkung einer Geschwindigkeitsbegrenzung gerichtet), sodass es dann schon am Erfordernis des einheitlichen Streitgegenstands fehlt.

Lebhaft umstr. ist die Frage, ob bei *Aktivprozessen der Gesamthands- und Bruchteilsgemeinschaften* 62 eine notwendige Streitgenossenschaft nach Alt. 1 von § 62 Abs. 1 ZPO dann anzunehmen ist, wenn es einem der mehreren Mitberechtigten gestattet ist, das Recht der Gesamtheit allein geltend zu machen, dieser also die *Prozessführungsbefugnis* (→ § 62 Rn. 8 f.) hat, z.B. bei § 1011 BGB,[133] § 2039 BGB oder § 2038 Abs. 1 S. 2 Hs. 2 BGB.[134] Zu unterscheiden ist hier zunächst, ob eine *Einzelklage* vorliegt oder ein *gemeinschaftlicher Prozess* der Miterben, Miteigentümer bzw. Gesamthandsgläubiger. Der Aktivprozess (Verpflichtungsklage) eines einzelnen *Miteigentümers* auf Erteilung einer *Baugenehmigung* ist kein Fall der Streitgenossenschaft aus prozessualen Gründen, weil ein Miteigentümer eine Baugenehmigung regelmäßig auch allein beantragen kann, wenn die übrigen Miteigentümer zustimmen.[135] Bei der Einzelklage macht der Einzelne ein eigenes Prozessführungsrecht bzgl. der Gesamtberechtigung geltend.[136] Dies darf er in diesen Fällen, wo ihm das Gesetz eine derartige Rechtsposition (oder Verwaltungsrechte) einräumt, auch. Hierbei kommt es nur darauf an, ob die Rechtsordnung dem einzelnen Miterben oder Miteigentümer eine *Geschäftsführung* oder Notgeschäftsführung zubilligt. Die übrigen Mitberechtigten müssen sich an diesem Rechtsstreit nicht beteiligen. Tun sie es aber, sind sie auch im gerichtlichen Verfahren notwendige („unechte") Streitgenossen. Die gemeinsame Antragstellung führt zur notwendigen Streitgenossenschaft.[137] Die gerichtliche Entscheidung über die Baugenehmigung kann hier nur einheitlich ergehen, solange die Miterben am Prozess beteiligt sind. Liegt diese Alternative der notwendigen Streitgenossenschaft einmal vor, bleibt sie auch für die Rechtsmittelinstanzen erhalten, weil die Rechtsfolgen nach § 62 ZPO einheitlich gelten (→ Rn. 84, 89 f.).[138]

Nachlassforderungen: § 2039 BGB gilt grds. auch für öffentlich-rechtliche Ansprüche (BVerwG Buch- 63 holz 112 § 2 a VermG Nr. 1; OVG Bln ZOV 1999, 68 f.). Seine Anwendung kann nicht mit dem Argument abgelehnt werden, Gestaltungsrechte könnten nur von allen Erben gemeinschaftlich geltend gemacht werden, Gestaltungsklagen, insbes. also die *Anfechtungsklage*, nur von allen Erben zusammen erhoben werden (so ausdrückl. BVerwGE 3, 208, 210). Nur soweit höchstpersönliche Rechte betroffen sind, wären die im Zivilprozess zu den Gestaltungsklagen entwickelten Grundsätze übertragbar. Soweit sich jedoch die öffentlich-rechtliche *Zuweisung eines Wohnraumes* an Dritte als gleichermaßen öffentlich-rechtlich übertragbare (belastende) Rechtsposition herausstellt (davon geht auch BVerwGE 3, 208 aus), muss es dem einzelnen Miterben ebenfalls möglich sein, von den ihm in § 2039 BGB bzw. § 2038 Abs. 1 S. 2 BGB eingeräumten Rechten zugunsten der Gemeinschaft auch prozessual Gebrauch zu machen (→ Rn. 69).[139] Die Prozessführungsbefugnis des Miterben resultiert hier aus § 2038 Abs. 1 S. 2 BGB[140]. Die nur von einigen Miterben erhobene Anfechtungsklage, die den Nachlass erhalten soll, ist also zulässig (soweit keine anderen Mängel der Klageerhebung vorliegen).[141] Insoweit ist dann eine notwendige Streitgenossenschaft aus prozessualen Gründen gegeben.[142] Das juristische Problem reduziert sich auf die Frage, ob und in welcher Form die Miterben, die mit der belastenden Verfügung einverstanden sind oder das Prozessrisiko nicht eingehen wollen,[143] in den Prozess einbezogen werden müssen (→ Rn. 81 ff.).

---

133 Diese Fallgestaltung (Unterlassungsklage eines Miteigentümers) lag der Entscheidung BGHZ 92, 351 zugrunde.
134 Notwendige Erhaltungsmaßnahmen durch Miterben; § 2039 betrifft das Recht des Miterben, die Hinterlegung von Nachlassforderungen für alle Erben zu fordern.
135 BVerwGE 54, 55; das BVerwG hat die übrigen Miteigentümer in diesem Falle auch nur beigeladen.
136 Richtig *R. Bork*, in: Stein/Jonas II § 62 Rn. 8; ebenso bereits *A. Blomeyer*, AcP 159 (1960), 385, 391 für die Fälle des § 1011 und des § 2039 BGB.
137 Richtig VGH Kassel 4.7.1991 – 4 UE 552/87, juris Rn. 33; ebenso bereits *A. Blomeyer*, AcP 159 (1960), 385, 402 f.
138 Ebenso *R. Bork*, in: Stein/Jonas II § 62 Rn. 8; der BGH hätte sicherlich anders entschieden, wenn es die Beiladung im Zivilprozess gäbe und damit das Kostenrisiko auf den (aktiven) Streitgenossen begrenzt werden könnte. A.M. BGHZ 92, 351, 352 m.w.N.
139 Zutr. *J. Stettner*, Verhältnis, 1974, 112; unrichtig BVerwGE 3, 208.
140 VGH Kassel NJW 1958, 1203; Einzelheiten bei *J. Martens*, VerwArch 60 (1969), 197, 214 f.
141 So auch VGH Kassel NJW 1958, 1203; vgl. auch BVerwG RÜ BARoV 2003, Nr. 3, 7-9.
142 Unzutreffend die BVerwG RÜ BARoV 2003 Nr. 3, 7–9; zwar besteht die Restitutionsklage nach dem VermG keine notwendige Streitgenossenschaft von Miterben (→ Rn. 72), es hat aber regelmäßig keinen Sinn, auch bei gleichzeitiger Klage mehrerer Miterben keine einheitliche Entscheidung zu treffen.
143 So ausdrückl. *J. Martens*, VerwArch 60 (1969), 197, 216.

64   Anders dürfte es bei *Passivprozessen* gegen Mitberechtigte sein. Hier kommt allenfalls eine notwendige Streitgenossenschaft nach § 62 Abs. 1 Alt. 2 ZPO in Betracht (→ Rn. 66 ff.). Der Prozess muss auch um die Berechtigung an sich geführt werden, z.B. das Eigentum.[144] Wenn eine *Enteignungsverfügung* gegen alle Miterben gerichtet ist, kann bei einer Überprüfung durch das Gericht die Entscheidung über deren Rechtmäßigkeit nur einheitlich ausfallen. Besteht zwischen den einzelnen Miterben keine Einigkeit darüber, ob die Enteignungsverfügung hingenommen werden soll, muss der einzelne Miterbe, der die Rechtmäßigkeit bezweifelt, eine Sachentscheidung des Gerichts über seine Anfechtungsklage erreichen können.[145] Die passive notwendige Streitgenossenschaft aus prozessualen Gründen kommt bei Miteigentümern bzw. Mitberechtigten nur infrage, wenn der Verwaltungsakt tatsächlich gegenüber der Miteigentümergemeinschaft und nicht nur gegenüber einem einzelnen Miteigentümer ergangen ist. Eine Abbruchanordnung, die gegen einen von zwei Miteigentümern ergangen ist, kann möglicherweise nicht vollzogen werden. Eine Rechtskraftwirkung auf den anderen Miteigentümer tritt nicht ein, eine notwendige Streitgenossenschaft liegt nicht vor.[146]

65   Sehr fraglich ist bei Verwaltungsrechtsverhältnissen und auch im Hinblick auf die Definition des Streitgegenstandes die Gültigkeit des aufgestellten Satzes, notwendige Streitgenossenschaft sei immer dann gegeben, wenn mehrere klagebefugte Personen dasselbe Recht gerichtlich geltend machen.[147] Das Bsp., dass zwei Miteigentümer notwendige Streitgenossen sind, die eine ihnen gegenüber ergangene baupolizeiliche Verfügung anfechten, welche das gemeinsame Grundstück betrifft, überzeugt nicht. Der andere Miteigentümer muss sich nicht als Hauptbeteiligter in den Prozess oder die Instanz hereinziehen lassen (mit entsprechendem Kostenrisiko). Für die Einheitlichkeit der Entscheidung genügt hier die Beiladung, bei der das Kostenrisiko reduziert ist, vgl. § 154 Abs. 3. Das Vorliegen einer *Sammelverfügung*[148] spricht als solche nicht für oder gegen das Vorliegen einer notwendigen Streitgenossenschaft.

66   **4. Die notwendige Streitgenossenschaft aus materiell-rechtlichen Gründen, § 62 Abs. 1 Alt. 2 ZPO.**
a) Grundsatz. Der Wortlaut von § 62 Abs. 1 ZPO ist äußerst unpräzise („oder ist die Streitgenossenschaft aus einem sonstigen Grunde eine notwendige"). Diese zweite Alternative wird auch als *echte* (oder eigentliche) notwendige Streitgenossenschaft bezeichnet. Aus dem *materiellen* Recht muss sich der Zwang zur gemeinschaftlichen Prozessführung ergeben, wobei das öffentliche Recht – soweit ersichtlich – nirgends ausdrücklich anordnet, wann tatsächlich nur gemeinschaftlich über ein subjektives öffentliches Recht verfügt werden kann.[149] Bei der echten notwendigen Streitgenossenschaft würde die Klage des Einzelnen mangels Prozessführungsbefugnis als unzulässig abgewiesen werden (BGHZ 92, 351, 353). Damit scheiden alle Fälle aus, bei denen eine Gesamthand selbst beteiligtenfähig ist, etwa eine offene Handelsgesellschaft (→ § 61 Rn. 24). Hier liegt nur *ein* Verfahren vor. Die Frage der notwendigen Streitgenossenschaft kann deshalb gar nicht auftreten (→ Rn. 12, 20).[150] Auch bei der notwendigen Streitgenossenschaft aus materiell-rechtlichen Gründen sind Beteiligte die Streitgenossen als Einzelne, aber die Verfügungsbefugnis hinsichtlich des dem Streitgegenstand zugrunde liegenden Rechts steht nur allen gemeinschaftlich zu.[151]

67   **b) Drei Fallgruppen.** Gemeinsame notwendige Klageerhebung (bei Aktivprozessen) aus materiellrechtlichen Gründen ist selten. Denkbar ist dies insbes. in Fällen der Leistungsklage, wenn das begehrte Recht nur einer von den Klägern gebildeten Gesamthandsgemeinschaft zustehen kann (*Aktivprozesse der gesamten Hand*) (VGH München 22.8.2017 – 1 ZB 15/289, juris Rn. 6; → Rn. 53). *Nicht* zu dieser ersten Fallgruppe zählen allerdings diejenigen Fälle, in denen es aufgrund des materiellen Rechts einem der mehreren Mitberechtigten gestattet ist, das Recht der Gesamthand allein geltend zu

---

144   Verneint bei Klage auf Auskunft zur Vorbereitung eines Eingriffs in das Eigentumsrecht von BVerwGE 51, 291, 292 f.

145   So zutr. *J. Martens*, VerwArch 60 (1969), 197, 215; i.E. ebenso VGH Kassel NJW 1958, 1203.

146   BVerwG MDR 1972, 992, 994; zust. *J. Stettner*, Verhältnis, 1974, 113.

147   So ausdrückl. *J. Martens*, VerwArch 60 (1969), 197, 217. Identität des Streitgegenstandes bei Gestaltungsklagen fordert *J. Stettner*, Verhältnis, 1974, 106.

148   Zum Begriff *Wolff/Bachof/Stober/Kluth* I § 45 Rn. 71.

149   Auch Art. 6 Abs. 2 S. 1 GG (Elternrecht) und Art. 7 Abs. 2 GG (Bestimmungsrecht über die Teilnahme des Kindes am Religionsunterricht tun dies nicht ausdrücklich.

150   Zutr. *J. Stettner*, Verhältnis, 1974, 38.

151   *K. Schmidt*, Mehrseitige Gestaltungsprozesse, 1992, 135.

machen (→ Rn. 62).[152] Auch im öffentlichen Recht ist grds. eine actio pro socio zulässig.[153] In diesen Fällen kann nach hier vertretener Auffassung allenfalls ein Fall notwendig einheitlicher Feststellung vorliegen (§ 62 Abs. 1 1. Fall ZPO), wenn sich nämlich alle Berechtigten an das Gericht gewendet haben (mit jeweils einem Antrag, zugunsten der Gemeinschaft zu entscheiden). Es verbleiben i.E. die Fälle gesamthänderischer Berechtigung ohne gesetzlich eingeräumte Einzelverfügungsbefugnis.

Seltener sind *Passivprozesse* in dieser Konstellation. Immerhin ist es denkbar, dass der Staat aus einem öffentlich-rechtlichen Vertrag gegen mehrere gemeinschaftlich Verpflichtete (z.B. eine Erbengemeinschaft) klagt.[154] Bei Passivprozessen gegen Gesamthänder ist aber zu beachten, dass diese i.d.R. Gesamtschuldner sind (→ Rn. 53). Das bedeutet, dass bei Klagen gegen mehrere Gesamtschuldner wegen § 425 Abs. 1 BGB oder gegen mehrere Schädiger wegen § 840 BGB *keine* notwendige Streitgenossenschaft vorliegt.[155] Eine notwendige Streitgenossenschaft liegt aber vor (zweite Fallgruppe), wenn gegen die Gesamthänder ein Leistungsbegehren gerichtet ist, das nur von der Gesamthand, also nur von allen Gesamtschuldnern gemeinsam erfüllt werden kann, wie z.B. die Auflassung (§ 925 Abs. 1 S. 1 BGB) oder die Belastung eines der Gesamthand gehörenden Grundstücks.[156] Auch hier ist die Notwendigkeit gemeinsamer Verklagung insoweit fraglich, wenn die nicht mitverklagten Schuldner vor Klageerhebung erklärt haben, zur Leistung verpflichtet und erfüllungsbereit zu sein (BGH NJW-RR 1991, 333, 334; NJW 1992, 1102). 68

Viele Unklarheiten resultieren aus der im Zivilprozessrecht aufgeworfenen Frage, ob es eine notwendige Streitgenossenschaft lediglich aufgrund der *Identität des Streitgegenstandes* oder seiner Unteilbarkeit gibt[157] (dritte Fallgruppe). Solche Konstellationen lassen sich oftmals unter der Fallgruppe der Gestaltungswirkung zusammenfassen. Es wird insbes. darauf abgestellt, welche Rechte betroffen sind und welche Klageart die einschlägige ist. Bei einer Gestaltungsklage (Anfechtungsklage) hat das BVerwG früher angenommen, die Ausübung dieses Gestaltungsrechts sei kein Anspruch i.S.d. § 194 BGB, mithin müsse eine entsprechende Anfechtungsklage (hier gegen eine gegenüber dem Erblasser ergangene Zuweisungsverfügung des Wohnungsamtes) von allen Erben zusammen erhoben werden (vgl. BVerwGE 3, 208). Die Begründung trägt nicht (→ Rn. 63).[158] Das Gericht zieht einen unrichtigen Rückschluss von der Gestaltungsklage (Anfechtungsklage) auf ein angeblich vorhandenes Gestaltungsrecht.[159] Der Sache nach geht es hier um eine Belastung, die nur von der Verwaltungsbehörde oder vom VG aufgehoben werden kann (vgl. § 113 Abs. 1 S. 1). Ein Gestaltungsrecht der Erben besteht nicht. Die Interessenlage ist vielmehr die gleiche wie in § 1004 BGB. Aufgrund der Denkfigur des Verwaltungsakts kann der Bürger im öffentlichen Recht aber keine Unterlassungsklage (als Leistungsklage) erheben.[160] Nachdem der Klage kein auf Gestaltung gerichtetes Recht der Erben zugrunde liegt,[161] ist auch nicht ersichtlich, weshalb für die Aufhebung durch das Gericht die gemeinschaftliche Klage aller Erben erforderlich sein soll. Tatsächlich läuft die Argumentation des BVerwG darauf hinaus, dass der allein prozessierende Erbe keine Prozessführungsbefugnis habe (so ausdrückl. BVerwGE 3, 208, 211). Insoweit hat das BVerwG auch § 2038 Abs. 1 S. 2 BGB verkannt, weil ein entsprechender Zuweisungsakt der Behörde, sofern er rechtswidrig ist, vom einzelnen Erben bereits deshalb angefochten werden darf und muss, weil es sich hierbei um eine zur Erhaltung des Nachlasses notwendige Maßregel handelt. 69

c) **Einzelbeispiele.** Im *vergaberechtlichen Nachprüfungsverfahren* nach GWB sind die Grundsätze des Prozessrechts über die notwendige Streitgenossenschaft entsprechend anwendbar mit der Konsequenz, dass „Auftraggebergemeinschaften", die einen gemeinsamen Vertrag mit dem Auftragnehmer schließen, echte notwendige Streitgenossen sein können (OLG Naumburg VergabeR 2013, 438, 447). Zu- 70

---

152 Vgl. etwa § 2039 BGB, § 1011 BGB bei der Bruchteilsgemeinschaft.
153 Hierzu näher *M. Vollkommer*, in: Zöller § 62 Rn. 13.
154 Denkbar ist auch ein öffentlich-rechtlicher Erstattungsanspruch, den eine Körperschaft als Nachlassverbindlichkeit gem. §§ 1922, 1967 BGB gegen die Erbengemeinschaft geltend macht, vgl. *J. Stettner*, Verhältnis, 1974, 54.
155 So zutr. *R. Bork*, in: Stein/Jonas II § 62 Rn. 11.
156 *D. Coester-Waltjen*, Jura 1989, 442, 445 l. Sp. unter Hinweis auf §§ 1450, 2059 Abs. 2, 2040 Abs. 1, 747 S. 2 BGB.
157 So die Ausgangsfrage von *K. H. Schwab*, FS Lent, 1957, 271, 273.
158 Krit. zu dieser Entscheidung schon *H. Rupp*, DÖV 1957, 144; *J. Stettner*, Verhältnis, 1974, 48 ff.
159 BVerwGE 3, 208, 210: „Gestaltungsrechte können aber nur von allen Erben gemeinschaftlich geltend gemacht, Gestaltungsklagen nur von allen Erben zusammen erhoben werden."
160 So zutr. *J. Stettner*, Verhältnis, 1974, 49.
161 So zutr. *H. Rupp*, DÖV 1957, 144.

dem erfordern es Sinn und Zweck eines *Bürgerbegehrens*, dass dessen Vertreter einheitlich handeln (OVG Münster 13.6.2017 – 15 A 1561/15, juris Rn. 50). Mehrere Sozialleistungsträger nach § 18 KHG sind als Vertragsparteien einer *Pflegesatzvereinbarung* notwendige Streitgenossen (BVerwGE 133, 192, 194 → Rn 13; VGH Mannheim NVwZ-RR 2002, 39). Als Bsp. einer notwendigen echten Streitgenossenschaft hat das BVerwG (BVerwGE 66, 266, 267, unter Bestätigung von VGH München BayVBl 1980, 596)[162] die gerichtliche Entscheidung über eine Änderung des von Ehegatten gemeinsam geführten Familiennamens angesehen mit der Konsequenz, dass die Klage in der Revisionsinstanz durch Prozessurteil als unzulässig abgewiesen wurde, da ein Parteibeitritt der untätigen Ehefrau (noch) im Revisionsverfahren nicht in Betracht komme (BVerwGE 66, 266 f.; vgl. insoweit auch die Komm. des § 142). Der VGH München hatte ausdrücklich festgestellt, dass dem Ehemann die Prozessführungsbefugnis (VGH München BayVBl 1980, 596) gefehlt habe. Diese Qualifizierung ist auch richtig, weil sich hier die mitberechtigte Ehefrau zu keinem Zeitpunkt am Rechtsstreit beteiligt hatte.

71 *Keine* notwendige Streitgenossenschaft, weder nach der 2. noch der 1. Alternative von § 62 Abs. 1 ZPO, liegt nach dem BGH entgegen früherer Rspr. (BGH MDR 1962, 291) vor, wenn Miteigentümer auf Unterlassung der Benutzung ihres Grundstücks klagen (BGHZ 92, 351). Zu unterscheiden ist insofern wohl zwischen den Fällen, in denen die Kläger gemeinschaftlich geklagt haben (dann „unechte" notwendige Streitgenossenschaft) und anderen „Einzelklagen". Mit- bzw. Wohnungseigentümer, die wegen einer Beeinträchtigung ihres Grundstücks gegen Lärmimmissionen klagen, sind keine notwendigen Streitgenossen.[163] Desgleichen stellt eine Mietergemeinschaft in Bezug auf einen von ihr begehrten *Lärmaktionsplan* gem. § 47d BImSchG keine Rechtsgemeinschaft (i.S.d. Streitwertkatalogs), sondern eine einfache Streitgenossenschaft dar (OVG Münster NVwZ-RR 2011, 663, 664).

72 In den Fällen der Geltendmachung von *Rückübertragungsansprüchen* (Restitutionsansprüchen) nach dem VermG[111] sind die klagenden Erben – obwohl in ungeteilter Erbengemeinschaft stehend – keine notwendigen Streitgenossen, weil § 2039 BGB dem Miterben ein unabhängiges Sonderrecht gewähre. Deshalb sind Klagen von (nur) einzelnen Miterben auf Erlass eines Rückübertragungsbescheides zu Gunsten der Erbengemeinschaft zulässig (BVerwG Buchholz 428 § 2a VermG Nr. 1 S. 1).[164] Diese Grundsätze gelten auch dann, wenn die Restitutionsansprüche ganz oder teilweise *abgetreten* werden. Materiellrechtlich ist dann § 432 Abs. 1 BGB anzuwenden;[165] treten mehrere einzelne Berechtigte im Verfahren auf, so bilden sie eine einfache Streitgenossenschaft.[166] Die Verlängerung dieser Rspr. auf die Entscheidungen des (jeweiligen) Landesamts zur Regelung offener Vermögensfragen und das Widerspruchsverfahren führt zur Konsequenz, dass die Säumnisregelung nach §§ 64, 62 ZPO zugunsten des im Widerspruchsverfahren unfähigen Erben nicht greift.[167] Klagt dann der säumige bzw „untätige" Miterbe gegen den Restitutionsbescheid[168] zu Gunsten des Beigeladenen Dritten, ist seine Klage unzulässig. Nach Auffassung des VG Dresden, bestätigt durch das BVerwG, besteht in diesen Abtretungsfällen eine notwendige prozessuale Streitgenossenschaft zwischen der beklagten Behörde und dem beigeladenen Dritten. Zur Klage sei in dieser Konstellation auch nur derjenige berechtigt, dessen Rückübertragungsanspruch verneint werde.[169]

---

162 Bei der seinerzeit bestehenden materiellen Rechtslage gem. § 1355 Abs. 1 BGB (i.d.F. des 1. EheRG v. 14.6.1976, BGBl I 1421).

163 VG Ansbach 19.7.2011 – AN 15 K 11/01276, juris Rn. 38

164 Bestätigend BVerwG 14.10.2002 – 8 B 104/02, juris Rn. 10 f.

165 BVerwG 23.1.1997 – 7 C 19/96, juris Rn. 9 unter Hinweis auf BGHZ 106, 22, 226; 121, 22, 25.

166 BVerwG 9.10.1995 – 7 AV 8/95, juris Rn. 2; BVerwG 23.1.1997 – 7 C 19/96, juris Rn. 9.

167 Instruktiv VG Dresden 24.9.2008 – 4 K 1247/05, juris Rn. 20, bestätigt durch BVerwG 10.2.2009 – 8 B 21/09, juris Rn. 2.

168 Zur Feststellungswirkung eines Restitutionsbescheids bei Rückgabe eines Unternehmens und die prozessualen Folgen (keine notwendige Streitgenossenschaft) BVerwG NJW 1994, 1810, 1813.

169 VG Dresden 24.9.2008 – 4 K 1247/05, juris Rn. 20.

V. Rechtsfolgen der „Unvollständigkeit" und Beendigung der notwendigen Streitgenossenschaft

1. Übersicht. Welche *Rechtsfolgen* es hat, wenn die notwendige Streitgenossenschaft „unvollständig" **73** ist bzw. wird, hängt davon ab, welche der beiden Varianten, also die echte oder die unechte notwendige Streitgenossenschaft, vorliegt (→ Rn. 74 ff.). Kaum geklärt ist dabei die Frage, welche Rechtsfolgen bei der echten notwendigen Streitgenossenschaft eintreten, wenn einzelne Streitgenossen im Laufe des Verfahrens aus ihrer Prozessrolle als Kläger (Hauptbeteiligte) ausscheiden wollen (→ Rn. 76 ff., 82 f.).

2. Rechtsfolgen bei der echten notwendigen Streitgenossenschaft. a) Fehlen der Prozessführungsbefugnis 74 bei ursprünglicher Unvollständigkeit. Bei der echten notwendigen Streitgenossenschaft ergibt sich der Zwang zur gemeinschaftlichen Prozessführung aus dem materiellen Recht (ausf. → Rn. 66 ff.). Wenn also nur ein einzelner Streitgenosse die Klage erhebt, kann ihm das Gericht – unabhängig von der hypothetischen Begründetheit der Klage – das begehrte Recht (alleine) niemals zusprechen. Die Klage ist mangels Prozessführungsbefugnis als unzulässig abzuweisen (BVerwGE 3, 208, 210; 66, 266, 267; VG Cottbus 11.11.2016 – 5 L 551/16.A, juris Rn. 8). Davon zu unterscheiden sind die Fälle gesetzlicher Verfügungsbefugnis. Hier ist eine actio pro socio zulässig (→ Rn. 62 f., 67). Die Frage, ob in diesen Fällen außerdem eine gewillkürte Prozessstandschaft möglich ist, ist nach den allgemeinen Grundsätzen zu entscheiden (→ § 62 Rn. 18–21); sie ist nach allg. Auffassung bei der Geltendmachung höchstpersönlicher Rechte ausgeschlossen (BVerwGE 66, 266 im Fall einer Familiennamensänderung).

b) Heilungsmöglichkeiten bei Fehlen der Prozessführungsbefugnis. Diese entsprechen den allgemei- **75** nen Möglichkeiten der Heilung beim Fehlen der Prozessführungsbefugnis (→ § 62 Rn. 23, 63, 65). Die Genehmigung der Prozessführung einer zugleich für den Streitgenossen erhobenen Klage dürfte deshalb auch noch in der Revisionsinstanz zulässig sein.[170] Ein Parteibeitritt erstmals in der Revisionsinstanz ist allerdings unzulässig (BVerwGE 66, 266, 267; → Rn. 101).

c) Rechtsfolgen bei späterem Ausscheiden des Streitgenossen. Hier ist zwischen *zwei Konstellationen* **76** zu unterscheiden. Einmal können die notwendigen Streitgenossen gemeinsam Klage erhoben haben, aber nur einer von ihnen geht in die nächste Instanz. Dieser Fall ist nach zutreffender Auffassung von § 62 ZPO abgedeckt, d.h., das (zulässige) Rechtsmittel eines einzigen notwendigen Streitgenossen bringt den Rechtsstreit für alle Streitgenossen in die nächste Instanz[171] (ausf. → Rn. 89 f.). Dies gilt auch für den Fall, dass ein Streitgenosse die Frist zur Begründung versäumt, die anderen Kläger aber ihre Berufungen fristgerecht begründet haben (VGH Mannheim NVwZ-RR 2002, 39). Zum anderen kann der echte notwendige Streitgenosse zwar gemeinsam geklagt haben (oder wurde gemeinsam verklagt), möchte sich aber bereits in der ersten Instanz aus dem Prozess zurückziehen (→ Rn. 79 f.).

aa) Im Rechtsmittelverfahren. Bisher meist übergangen wird das Problem, welche Beteiligtenstellung **77** der Streitgenosse nach seinem Rückzug aus der Rolle des Hauptbeteiligten hat. Gem. § 62 Abs. 2 ZPO sind die nicht tätigen Streitgenossen im weiteren Verfahren „zuzuziehen". Damit wird bezweckt, dass die Einheitlichkeit der Entscheidung im Verhältnis zu allen Streitgenossen – sowohl den tätigen wie den untätigen – gewährleistet ist. Die Notwendigkeit einheitlicher Entscheidung kann aber nicht den Sinn haben, dass die tätigen Streitgenossen sich infolge des Rechtsmittelverlustes des Säumigen (Untätigen) mit der ihnen nachteiligen Entscheidung abfinden müssen.[172] Auf der anderen Seite kann nach hier vertretener Auffassung auch der Untätige nicht gezwungen werden, das Rechtsmittel mit vollem Kostenrisiko durchzufechten. Dieses „Dilemma" ist im Verwaltungsprozess ohne Weiteres dadurch auflösbar, dass die „Zuziehung" des passiv gewordenen Streitgenossen seine notwendige Beiladung erfordert.[173] Dies steht auch nicht im Widerspruch zu der allgemeinen These, dass niemand zu seinem eigenen Prozess beigeladen werden könne. Denn durch die Untätigkeit hat der Streitgenosse zum Ausdruck gebracht, dass er die gerichtliche Entscheidung (zunächst) hinnehmen, insbes. kein weiteres Kostenrisiko eingehen wolle. Dies ist zugleich eine gewisse Distanzierung zum bisher selbst geführten Prozess. Für diese Position ist die notwendige Beiladung geradezu das maßgeschneiderte Rechtsinsti-

---

170 Offen gelassen in BVerwGE 66, 266, 267 f.; bejahend für die Beschwerdeinstanz OVG Lüneburg NVwZ 1982, 321.
171 *P. Gottwald*, JA 1982, 64, 70; *D. Coester-Waltjen*, Jura 1989, 442, 443.
172 So zutr. *R. Bork*, in: Stein/Jonas II § 62 Rn. 42.
173 Str.; ebenso *J. Martens*, VerwArch 60 (1969), 197, 216 f.

tut, da es dem Beigeladenen freisteht, keine Anträge zu stellen und als Folge davon kein weiteres Kostenrisiko einzugehen (vgl. § 154 Abs. 3). Durch die Beiladung wird im Übrigen in gleicher Weise das einheitliche Ergebnis und die Rechtskraftwirkung des Urteils sichergestellt wie durch die notwendige Streitgenossenschaft. § 121 Ziff. 1 macht insoweit zwischen den Hauptbeteiligten und den Nebenbeteiligten keinen Unterschied. Der nicht mehr tätige Streitgenosse hat allerdings in der höheren Instanz nur eine abhängige Stellung: Er kann zwar selbst grds. alle Prozesshandlungen vornehmen, aber nicht verhindern, dass das Rechtsmittelverfahren durch Rücknahme seitens des Tätigen endet.[174]

78   Da das auf Rechtsmittel der tätigen Streitgenossen ergangene Urteil (Berufungsurteil) auch gegenüber dem nichttätigen Streitgenossen wirkt, muss man diesem das Recht zubilligen, ein weiteres Rechtsmittel (Revision) einzulegen.[175] Der notwendig Beigeladene hat die prozessualen Rechte nach § 66. Für den speziellen Fall, dass ein Streitgenosse bereits das Rechtsmittel der Berufung zurückgenommen hatte, hat das BSG die Auffassung vertreten, dieser Streitgenosse könne nicht mehr Revision einlegen, da sein Rechtsstreit bereits abgeschlossen sei. Insofern bestehe eine vom „fleißigen" Revisionskläger abhängige Parteistellung. Nimmt dieser sein Rechtsmittel in der Revisionsinstanz zurück, ist auch der „Untätige" nicht mehr berechtigt (BSG NJW 1972, 175).

79   **bb) In der ersten Instanz.** Fraglich ist, ob diese Grundsätze auch gelten, wenn der notwendige Streitgenosse schon *während der ersten Instanz* aus dem Verfahren ausscheiden will. Es geht also – unabhängig von der Wirksamkeit oder Unwirksamkeit entsprechender Prozesshandlungen des ausscheidenden Streitgenossen (→ Rn. 91 ff.) – darum, ob hier a) die Klage wegen Wegfalls der Prozessführungsbefugnis noch in der ersten Instanz unzulässig werden kann und b) um die Frage, welche prozessuale Stellung der ausscheidungswillige Streitgenosse erhält.

80   Eine einmal zulässig in notwendiger Streitgenossenschaft erhobene Klage bleibt nach hier vertretener Auffassung[176] zulässig; die Prozessführungsbefugnis des oder der aktiven Streitgenossen bleibt bestehen. Die Gegenauffassung führte zu dem Ergebnis, dass der „prozessmüde" Streitgenosse bestehende öffentlich-rechtliche Ansprüche des Aktiven durch sein prozessuales Verhalten vereiteln könnte. Dies wäre grundrechtlich – etwa im Hinblick auf Art. 14 GG – bedenklich. Außerdem ermöglichte sie ein buying out des wankelmütigen Streitgenossen. Letztlich erfordern es auch Treu und Glauben, dass dann, wenn sich die Streitgenossen zur gemeinsamen Klage entschlossen haben, keiner abspringt und damit den Erfolg für alle vereitelt.[177] Hat sich der Streitgenosse also zunächst an der Klage beteiligt, ist er später stets heranzuziehen. Den ausscheidungswilligen Streitgenossen wird man, falls die entsprechende Prozesshandlung wirksam wird, in jedem Fall notwendig beizuladen haben mit der Konsequenz, dass er jedenfalls für später entstehende Kosten nicht mehr in gleicher Weise haftet wie als aktiver Streitgenosse. Letztlich ist es auch eine Frage der Terminologie, ob in diesen Fällen des Ausscheidens des Streitgenossen der untätige Streitgenosse noch als solcher oder als Beigeladener bezeichnet wird: Entscheidend ist v.a. die Kostenfolge des entsprechenden Verhaltens.[178] Es wäre deshalb auch vertretbar, eine Kostentragungspflicht des „stillen" Streitgenossen in entsprechender Anwendung des § 154 Abs. 3 nur insoweit zu bejahen, wie dieser Anträge gestellt oder Rechtsmittel eingelegt hat.[179]

81   **3. Rechtsfolgen der Unvollständigkeit bei der unechten notwendigen Streitgenossenschaft.** Hier hat die „Unvollständigkeit" der Streitgenossenschaft niemals zur Folge, dass die Prozessführungsbefugnis des aktiven Streitgenossen fehlt, da bei der Streitgenossenschaft aus prozessualen Gründen nur dann eine einheitliche Entscheidung erforderlich ist, wenn die Kläger im Prozess in Streitgenossenschaft (tatsächlich) verbunden sind. Scheidet hier also ein Streitgenosse aus, kann der aktive Streitgenosse in jedem Fall den Prozess ggf. auch durch die Instanzen weiterführen.[180] Dieser Auffassung folgt auch

---

174   So ausdrückl. *R. Bork*, in: Stein/Jonas II § 62 Rn. 42.
175   *R. Bork*, in: Stein/Jonas II § 62 Rn. 42; *W. Gerhardt*, ZZP 92 (1979), 400, 401; *P. Gottwald*, JA 1982, 64, 70; *E. Schumann*, ZZP 76 (1963), 393, 399 Fn. 49.
176   So auch *F. Lent*, Jherings Jahrbücher 90 (1942), 27, 64 f.; ähnl. *J. Martens*, VerwArch 60 (1969), 197, 215 f. A.M. OVG Münster DVBl 1975, 443 m. abl. Anm. *W. B. Maetzel*, DVBl 1975, 734.
177   So schon *F. Lent*, Jherings Jahrbücher 90 (1942), 27, 65.
178   Die Entscheidung des OVG Münster, wonach auch der nicht mehr prozesswilligen Ehefrau im Elternrechtsstreit die Kosten der Berufung (als Gesamtschuldner) auferlegt wurden, ist auch aus diesem Grunde fehlerhaft, OVG Münster DVBl 1975, 443; zutr. zu den Kosten in diesem Fall *P. Gottwald*, JA 1982, 64, 70.
179   So wohl allg. *P. Gottwald*, JA 1982, 64, 70; vgl. auch *Rosenberg/Schwab/Gottwald* § 49 Rn. 50.
180   So schon *F. Lent*, Jherings Jahrbücher 90 (1942), 27, 65.

die Rspr. (BayObLG BB 1973, 958, 959). Der ausscheidungswillige Streitgenosse ist aber „auch in dem späteren Verfahren zuzuziehen" (§ 62 Abs. 2 ZPO), damit die Einheitlichkeit der Entscheidung sichergestellt wird (und im Übrigen das rechtliche Gehör gewahrt wird). Auch hier ist das gebotene Mittel die notwendige Beiladung des ausscheidungswilligen bzw. ausgeschiedenen Streitgenossen.[181]

4. Rechtsfolgen bei Beendigung durch außergerichtliche Einigung einzelner Beteiligter. Einigt sich in 82 einer derartigen Konstellation der (zuvor) „aktive" klägerische Streitgenosse mit dem anderen Hauptbeteiligten außergerichtlich, könnten die Parteien den Rechtsstreit übereinstimmend für erledigt erklären mit der Folge, dass auch die Streitgenossenschaft beendet ist und nicht mehr über die Sache, sondern nur noch über die Kosten – und zwar nach „billigem Ermessen" – entschieden wird, § 161 Abs. 2. Der zuvor „stille" Streitgenosse kann dem – mit vollem Kostenrisiko – widersprechen mit der Folge, dass er das Verfahren „übernimmt" und das Gericht doch zur Hauptsache entscheiden muss, um die „Einheitlichkeit" der Entscheidung sicherzustellen (→ Rn. 92). Zu bedenken ist allerdings, dass der „vergleichsbereite", zuvor aktive Streitgenosse dies durch eine „taktische" Klagerücknahme vereiteln kann, die er sich vom Beklagten aufgrund außergerichtlicher Vereinbarung bezahlen lässt, wenn kein Fall der notwendigen Streitgenossenschaft aus materiell-rechtlichen Gründen vorliegt (dann ist eine einseitige Klagerücknahme ausgeschlossen).

Im Falle einer (ursprünglichen) notwendigen Streitgenossenschaft auf der Beklagtenseite, die z.B. bei 83 Unterlassungsklagen vorstellbar erscheint, ist es denkbar, dass sich ein Streitgenosse die Unterlassungsverpflichtung außergerichtlich „versilbern" lässt. Erklärt daraufhin der Kläger die Klage für erledigt und stimmt der vergleichsbereite Beklagte zu, muss dem zuvor „stillen" Streitgenossen die Möglichkeit eingeräumt werden, der Erledigterklärung zu widersprechen, um eine Entscheidung in der Sache herbeizuführen, allerdings dann mit dem vollen Kostenrisiko. Der Kläger wiederum kann dies durch Klagerücknahme vereiteln, wenn keine notwendige Streitgenossenschaft aus materiell-rechtlichen Gründen vorliegt.

VI. Rechtsfolgen bei Vorliegen notwendiger Streitgenossenschaft

1. Wirkungen auf die prozessuale Stellung der Beteiligten. a) Grundsätzliches. § 64 VwGO i.V.m. 84 § 62 ZPO begründet eine Ausnahme von dem Grundsatz des § 61 ZPO, dass die Handlungen eines Streitgenossen den übrigen weder zum Vorteil noch zum Nachteil gereichen. Grds. gilt, dass auch bei der notwendigen Streitgenossenschaft jeder Streitgenosse ein eigenes Verfahren führt und eine gewisse Handlungsfreiheit genießt. Seine Prozesshandlungen wirken grds. nur für und gegen ihn.[182] Der Grundsatz der *Selbständigkeit der Verfahren* ist aber gegenüber den einzelnen Streitgenossen für beide Arten der notwendigen Streitgenossenschaft stark *eingeschränkt*. Dies folgt zum einen aus der Notwendigkeit der einheitlichen Entscheidung; zum anderen ergeben sich unterschiedliche Wirkungen (Rechtsfolgen) der zulässigen notwendigen Streitgenossenschaft im Hinblick auf den Prozessbetrieb, auf die prozessuale Stellung der Beteiligten und bzgl. der materiell-rechtlichen Wirkung der gemeinsamen Entscheidung. Eine Differenzierung der Rechtsfolgen in prozessualer Hinsicht nach Art der notwendigen Streitgenossenschaft erfolgt nicht. Sie treten einheitlich für beide Varianten ein.

b) Örtliche Zuständigkeit. Die örtliche Zuständigkeit kann bei Vorliegen notwendiger Streitgenos- 85 senschaft beeinflusst werden. Ergeben sich bei der Überprüfung der Einzelklagen unterschiedliche örtliche Zuständigkeiten, sind die Verfahren nicht zu trennen, sondern das örtlich zuständige VG ist nach § 53 Abs. 1 Nr. 3 und unter Gesichtspunkten der Zweckmäßigkeit zu bestimmen. § 53 Abs. 1 Nr. 3 ist dann erfüllt, wenn die Annahme zumindest nicht fern liegt, dass eine notwendige Streitgenossenschaft besteht (BVerwG NVwZ-RR 2000, 261) (→ § 53 Rn. 13).[183] Ob diese letztlich vorliegt, kann bei der Bestimmung der örtlichen Zuständigkeit offenbleiben (BVerwG Buchholz 310 § 53 VwGO Nr. 18).[184]

---

181 So auch *W.-R. Schenke*, in: Kopp/Schenke § 64 Rn. 12.
182 *J. Stettner*, JA 1982, 394, 398; *A. v. Mutius*, Jura 1988, 469, 476.
183 St. Rspr.; ebenso BVerwG 8.1.2001 – 11 AV 1/00, juris Rn. 2; Buchholz 310 § 53 VwGO Nr. 18; Buchholz 310 § 53 VwGO Nr. 11.
184 Vgl. aber BVerwG 12.10.2010 – 2 AV 1/10, juris Rn. 1 ff., wo die Frage des Bestehens einer notwendigen Streitgenossenschaft im Hinblick auf die Bestimmung der örtl. Zuständigkeit nach § 53 ausf. erörtert wird.

86   **c) Keine Zeugeneigenschaft des notwendigen Streitgenossen.** Ob der notwendige Streitgenosse *Zeuge* im Prozess des anderen sein kann, ist umstr. (offen gelassen in BAG JZ 1973, 58, 59 l. Sp). Nachdem hier die Problematik einer Ausschaltung von Zeugen durch Verbindung der massenhaften Klagen gegen Planfeststellungsbeschlüsse, Genehmigungen technischer Anlagen u.a. keine Rolle spielt (zu dieser Problematik → Rn. 39), ist davon auszugehen, dass der notwendige Streitgenosse im Prozess des anderen nicht Zeuge sein darf, sondern allenfalls als Partei zu vernehmen ist.

87   **d) Säumnis bei einem Termin.** Die Wirkungen auf die *prozessuale Stellung der Beteiligten*, die § 62 ZPO aufführt, gelten für den Verwaltungsprozess nur eingeschränkt. Die Möglichkeit eines Versäumnisurteils wie im Zivilprozess gem. §§ 330 ff. ZPO bei Versäumung eines *Termins* zur mündlichen Verhandlung entfällt im Verwaltungsprozess schon wegen § 102 Abs. 2, wonach auch beim Ausbleiben eines Beteiligten ohne ihn verhandelt und entschieden werden kann. Das Vorbringen der anderen Streitgenossen ist, soweit es das Prozessbegehren trägt („Günstigkeitsprinzip"), auch dem Fall des ausgebliebenen Streitgenossen zugrunde zu legen.

88   **e) Vertretung bei Versäumnis einer Frist.** Fristen laufen zwar grundsätzlich getrennt für jeden Streitgenossen, jedoch bewirkt die Vertretungsfiktion, dass sie durch die rechtzeitige Handlung eines Streitgenossen gewahrt werden. Problematisch ist, was genau unter Versäumung einer Frist im zu verstehen ist, insbes. ob hier auch die Fristen des Vorverfahrens, Klagefristen, Rechtsmittelfristen und dergleichen einzubeziehen sind oder nur Fristen im prozessualen Geschehen der Instanz selbst. Aus dem systematischen Zusammenhang der §§ 68 ff. ist zu schließen, dass die Widerspruchsfrist als Frist i.S.d. VwGO anzusehen ist (so auch VGH München BayVBl 1961, 24, 25), so dass es in entsprechender Anwendung von § 62 ZPO ausreicht, wenn ein einzelner Streitgenosse i.R. einer notwendigen Streitgenossenschaft die *Widerspruchsfrist* des § 70 Abs. 1 (bzw. in Fällen des § 58 Abs. 2 die Ausschlussfrist von einem Jahr) gewahrt hat (offen gelassen von OVG Bln ZOV 1999, 68 f.). Die aufschiebende Wirkung nach § 80 Abs. 1 tritt ebenfalls bereits bei Einlegung des rechtzeitigen Widerspruchs durch einen notwendigen Streitgenossen ein. Die entsprechende Auslegung von § 62 Abs. 2 ZPO ergibt in diesem Falle, dass die hier „säumigen" Streitgenossen im Widerspruchsverfahren und im gerichtlichen Verfahren zuzuziehen sind, also Terminsladungen erhalten müssen etc. Entsprechendes gilt für die Fristen der Einlegung zur *Klage* nach § 74. Nach zweifelhafter Auffassung des BVerwG sollen sich Streitgenossen bei einer „zufällig notwendigen Streitgenossenschaft", also einer Streitgenossenschaft aus prozessualen Gründen, bei einer Einhaltung der Klagefrist nicht vertreten können, weil diese notwendige Streitgenossenschaft (erst) durch die gemeinsame Klageerhebung entstehe (BVerwG Buchholz 310 § 74 Nr. 3 VwGO). Auch für den Fall, dass hinsichtlich einzelner Streitgenossen Verwirkung angenommen werden könnte, greift diese nicht, wenn ein einzelner Streitgenosse rechtzeitig Klage erhoben hat. In all diesen Fällen kann es nicht darauf ankommen[185], welche der beiden Arten der notwendigen Streitgenossenschaft vorliegt, da das Gesetz nur eine einheitliche Rechtsfolge der Vertretungsfiktion der Streitgenossenschaft vorsieht. Es wäre auch inkonsequent, Widerspruchs- und Klagefrist unterschiedlich zu handhaben.

89   **f) Rechtsmittelfristen.** Entsprechendes (wie in → Rn. 88) gilt für die Wahrung der Rechtsmittelfristen. Das (rechtzeitige) Rechtsmittel eines einzigen notwendigen Streitgenossen reicht aus, um die Sache in der Rechtsmittelinstanz zur Entscheidung zu bringen.[186] Die Vertretungsfiktion des § 62 Abs. 1 ZPO umfasst gerade auch diesen Fall.[187] Hierbei kommt es deshalb nicht darauf an, welche Alternative der notwendigen Streitgenossenschaft vorliegt (BGHZ 92, 351, 352 f.; BVerwG DVBl 1980, 230). Das Rechtsmittel auch nur eines der notwendigen Streitgenossen bewirkt, dass gegenüber den anderen Streitgenossen keine Rechtskraft eintritt. Alle Prozesse gelangen in die höhere Instanz. Formeller Rechtsmittelkläger (und Schuldner der Kosten eines erfolglosen Rechtsmittels) ist jedoch nur, wer wirklich das Rechtsmittel eingelegt hat (str. → Rn. 80).[188] Dies gilt auch, wenn das Rechts-

---

185 Sehr str.; wie hier *E. Schumann*, ZZP 76 (1963), 381 ff. m.N. auch zur Gegenmeinung.
186 BAG NZA 1984, 167; *P. Gottwald*, JA 1982, 64, 70; *W. B. Maetzel*, DVBl 1975, 734; *D. Coester-Waltjen*, Jura 1989, 442, 443.
187 *K. Schmidt*, Mehrseitige Gestaltungsprozesse, 1992, 134 m.w.N.; ebenso hinsichtlich der Wahrung der Berufungsbegründungsfrist VGH Mannheim NVwZ-RR 2002, 39–42. A.M. *H.-H. Winte*, Die Rechtsfolgen der notwendigen Streitgenossenschaft, 1988, 279 ff., 287 f.
188 *P. Gottwald*, JA 1982, 64, 70.

mittel erst nach Ablauf der für die anderen Streitgenossen geltenden Rechtsmittelfrist eingelegt wird. Auch dann bleiben die anderen zur Teilnahme am Verfahren in der höheren Instanz berechtigt.[189] Die verspätete *Begründung* eines Rechtsmittels (hier Berufung) ist unschädlich, wenn ein Streitgenosse die Berufung fristgemäß begründet hat (VGH Mannheim NVwZ-RR 2002, 39 ff.).

Wurde die Klage von den notwendigen Streitgenossen wirksam erhoben, *bleibt* sie für alle Instanzen **90** *zulässig*, auch wenn ein einzelner Streitgenosse die Sache nicht mehr weiter verfolgen will, also kein Rechtsmittel einlegt oder sogar in einem früheren Stadium die Klage zurücknimmt (→ Rn. 80).[190] Die (notwendige) Beiladung des in höherer Instanz ausgeschiedenen Mitklägers ist auch noch in der Revisionsinstanz zulässig, § 142 Abs. 1 S. 2. Die Klage bleibt ebenso zulässig, wenn nur ein einzelner Streitgenosse der ursprünglich zulässigen Klage Rechtsmittel einlegt.[191] Das Urteil ergeht in jedem Fall mit Wirkung *für und gegen alle (ursprünglichen und nachträglichen) Streitgenossen*, § 62 Abs. 1 ZPO, § 121 Nr. 1 VwGO.

2. Wirksamkeit einzelner Prozesshandlungen. Einzelne Prozesshandlungen wie Anerkenntnis, Ver- **91** zicht, Klagerücknahme, Erklärung der Erledigung der Hauptsache und Vergleiche einzelner Streitgenossen gelten nur für diese, es sei denn, die anderen Streitgenossen schließen sich an oder stimmen zu. Die Einheitlichkeit der Entscheidung darf dadurch aber nicht infrage gestellt werden. Überwiegend wird hier wieder nach der Art der notwendigen Streitgenossenschaft differenziert.[192] Das Gleiche soll für die *Klageänderung* gelten, wobei hier jedoch auf die erweiterten Möglichkeiten des Gerichts gem. § 91 Abs. 1 hinzuweisen ist. Probleme ergeben sich insoweit aus der Regelung des § 91 Abs. 2, wenn etwa ein Streitgenosse in der mündlichen Verhandlung die Klage ändert, der andere hierbei jedoch nicht anwesend (und auch nicht durch einen gemeinsamen Prozessbevollmächtigten vertreten) ist. Die entsprechende Klageänderung wäre nämlich von den säumigen Streitgenossen gem. § 91 Abs. 3 nicht selbständig anfechtbar.

a) Anerkenntnis, Hauptsacheerledigung. Ein *Anerkenntnis* (vgl. § 156) gilt nur für alle Streitgenos- **92** sen, wenn es gemeinschaftlich vorgenommen wird. Ansonsten ist es im Verhältnis zu den übrigen Streitgenossen unwirksam. Auch die *Erklärung der Hauptsacheerledigung* bindet die anderen notwendigen Streitgenossen nur, wenn Hauptsacheerledigung für alle Streitgenossen tatsächlich eingetreten ist. Die Möglichkeit einer „einverständlichen Hauptsacheerledigung" entfällt, wenn nicht alle Streitgenossen mitspielen (→ Rn. 82).

b) Prozessvergleich. Ein (wirksamer) Prozessvergleich ist hinsichtlich einzelner notwendiger Streitge- **93** nossen, z.B. bzgl. der Kosten, möglich. Er steht insoweit einer einheitlichen (Sach-)Entscheidung nicht entgegen. § 160 findet hier mangels Teilnahme aller Beteiligten am Vergleich keine Anwendung (hierzu die Komm. zu § 160). Eine Präklusion von Rechten der Streitgenossen, die den Prozess fortführen, ist ausgeschlossen, weil es Verträge zulasten Dritter nicht gibt und jedenfalls ein Wirksamwerden nur dann möglich ist, wenn der Streitgenosse schriftlich oder zu Protokoll zustimmt, § 58 Abs. 1 VwVfG.[193]

c) Klagerücknahme. Der Klagerücknahme der einzelnen Streitgenossen ist im Falle der notwendigen **94** Streitgenossenschaft aus materiell-rechtlichen Gründen die Wirkung abzusprechen.[194] Prozessual führt sie zur Umwandlung des aktiven zum „stillen" Streitgenossen (→ Rn. 80). Bei der notwendigen Streitgenossenschaft aus prozessualen Gründen ist die Klagerücknahme des einzelnen Streitgenossen zulässig und wirksam, weil der verbleibende aktive Streitgenosse nach wie vor eine Sachentscheidung durchsetzen kann[195] (→ Rn. 82 f.). Der Ausscheidende ist notwendig beizuladen.[196]

---

189 *R. Bork*, in: Stein/Jonas II § 62 Rn. 41; zu einem Fehlurteil in dieser Sache OVG Münster DVBl 1975, 443, sowie die Anm. *W. B. Maetzel*, DVBl 1975, 734.
190 *W. B. Maetzel*, DVBl 1975, 734.
191 *W. B. Maetzel*, DVBl 1975, 734.
192 *W.-R. Schenke*, in: Kopp/Schenke § 64 Rn. 11.
193 Hierzu etwa *H. J. Bonk/W. Neumann/T. Siegel*, in: Stelkens/Bonk/Sachs § 58 Rn. 8.
194 So richtig schon *F. Lent*, Jherings Jahrbücher 90 (1942), 27, 65.
195 *F. Lent*, Jherings Jahrbücher 90 (1942), 27, 65.
196 Wie hier auch *W.-R. Schenke*, in: Kopp/Schenke § 64 Rn. 12.

95　**3. Wirkungen auf den Prozessbetrieb.** Hier gilt für alle Formen der notwendigen Streitgenossenschaft das gleiche wie für die einfache Streitgenossenschaft (→ Rn. 34): Das Recht zur Betreibung des Prozesses steht jedem Streitgenossen einzeln zu; zu allen Terminen sind sämtliche Streitgenossen zu laden.

96　**4. Die Entscheidung und ihre Wirkungen. a) Kein Teilurteil.** Aus der Notwendigkeit einheitlicher Entscheidung und aus dem Sinn des § 62 ZPO folgert die h.M., dass ein Teilurteil gegen einen einzelnen notwendigen Streitgenossen grds. nicht ergehen darf.[197] Gleichwohl lässt der BGH ein Teilurteil gegen einen von mehreren notwendigen Streitgenossen dann zu, wenn die übrigen erklärt haben, zu der mit der Klage begehrten Leistung verpflichtet und bereit zu sein (BGH NJW 1962, 1722; NJW-RR 1991, 333; NJW 1992, 1101, 1102), oder einzelne Miteigentümer eine Beseitigungspflicht vorgerichtlich anerkennen (BGH NJW 1992, 1101, 1102). Die Hereinziehung der leistungswilligen Streitgenossen in den Rechtsstreit gegen die übrigen bedeute eine unnötige und kostenverursachende Formalität (BGH NJW 1962, 1722, 1733 m.w.N.; vgl. auch BGH NJW 1992, 1101, 1102). Im Verwaltungsprozess greift dieses Kostenargument aber dann nicht, wenn man die (notwendige) Beiladung zulässt und für den Beigeladenen, wenn er keine Anträge stellt, wegen § 154 Abs. 3 keine zusätzlichen Kosten entstehen. Mit der Beiladung würde dann auch die Rechtskraftwirkung sichergestellt, was bei der Lösung des BGH gerade nicht erfolgt.

97　**b) Entscheidungsgründe.** Materiell-rechtliche Wirkungen der notwendigen Streitgenossenschaft müssen sich in der Entscheidung widerspiegeln. Die Entscheidung muss in sich rechtlich und logisch folgerichtig sein. Dies ist regelmäßig nur durch die „einheitliche Entscheidung" möglich, es sei denn, einzelne Streitgenossen beteiligten sich am Rechtsverhältnis gar nicht mehr und sind aus diesem – prozessual oder außerprozessual (BGH NJW 1992, 1101, 1102) – wirksam ausgeschieden.

98　**c) Rechtskraft.** Die *materielle Rechtskraftwirkung* der Entscheidung erstreckt sich auf alle notwendigen Streitgenossen. Die *formelle Rechtskraft* einer Entscheidung nach § 121 tritt erst dann ein, wenn das Verfahren des letzten notwendigen Streitgenossen beendet ist.

99　**d) Kosten, Gebühren, Streitwert.** Es bestehen insoweit keine Besonderheiten gegenüber der einfachen Streitgenossenschaft (→ Rn. 43 f.).

100　**5. Rechtsfolgen bei Annahme einfacher statt notwendiger Streitgenossenschaft.** Lag in Wirklichkeit ein Fall der notwendigen Streitgenossenschaft vor, wurde aber nach den Vorschriften über die einfache Streitgenossenschaft verfahren, kommt es im Einzelfall darauf an, ob zwingende Vorschriften, insbes. § 62 Abs. 1 und 2 ZPO, verletzt wurden oder nicht. Ergibt sich hier keine Rechtsverletzung und ist auch die Entscheidung als solche einheitlich und logisch begründet, dürfte kein absoluter Revisionsgrund vorliegen.

VII. Streitgenossenschaft im Revisionsverfahren

101　Nachdem die auf Willensentscheidung beruhende subjektive Kläger- oder Beklagtenhäufung als Klageänderung begriffen wird, wenn sie erst im Verlaufe des Rechtsstreits vorgenommen wird (→ Rn. 19), ist eine entsprechende Ausweitung der Streitgenossenschaft im Revisionsverfahren gem. § 142 unzulässig (BVerwGE 3, 150, 155; 44, 351, 360 f.; 66, 266, 267).

§ 65　[Beiladung Dritter]

(1) Das Gericht kann, solange das Verfahren noch nicht rechtskräftig abgeschlossen oder in höherer Instanz anhängig ist, von Amts wegen oder auf Antrag andere, deren rechtliche Interessen durch die Entscheidung berührt werden, beiladen.

(2) Sind an dem streitigen Rechtsverhältnis Dritte derart beteiligt, daß die Entscheidung auch ihnen gegenüber nur einheitlich ergehen kann, so sind sie beizuladen (notwendige Beiladung).

(3) [1]Kommt nach Absatz 2 die Beiladung von mehr als fünfzig Personen in Betracht, kann das Gericht durch Beschluß anordnen, daß nur solche Personen beigeladen werden, die dies innerhalb einer be-

---

197　*R. Bork*, in: Stein/Jonas II § 62 Rn. 37 m.w.N.

stimmten Frist beantragen. [2]Der Beschluß ist unanfechtbar. [3]Er ist im Bundesanzeiger bekanntzumachen. [4]Er muß außerdem in Tageszeitungen veröffentlicht werden, die in dem Bereich verbreitet sind,
in dem sich die Entscheidung voraussichtlich auswirken wird. [5]Die Bekanntmachung kann zusätzlich
in einem von dem Gericht für Bekanntmachungen bestimmten Informations- und Kommunikationssystem erfolgen. [6]Die Frist muß mindestens drei Monate seit Veröffentlichung im Bundesanzeiger betragen. [7]In der Veröffentlichung in Tageszeitungen ist mitzuteilen, an welchem Tage die Frist abläuft.
[8]Für die Wiedereinsetzung in den vorigen Stand bei Versäumung der Frist gilt § 60 entsprechend. [9]Das
Gericht soll Personen, die von der Entscheidung erkennbar in besonderem Maße betroffen werden,
auch ohne Antrag beiladen.

(4) [1]Der Beiladungsbeschluß ist allen Beteiligten zuzustellen. [2]Dabei sollen der Stand der Sache und
der Grund der Beiladung angegeben werden. [3]Die Beiladung ist unanfechtbar.

Schrifttum

1. Monographien und Beiträge in Sammelwerken: *B. Ahrens*, Die Klagebefugnis von Verbänden im Europäischen Gemeinschafts-
recht, 2001; *B. J. Benkel*, Die Verfahrensbeteiligung Dritter, 1996; *H. W. Bichler*, Die notwendige Beiladung, 1966; *J. Heiliger*,
Streitverkündung und Nebenintervention in baurechtlichen Schiedsverfahren, 2009; *U. Joeres*, Die Rechtsstellung des notwendig
Beigeladenen im Verwaltungsstreitverfahren, 1982; *M. Lücke*, Die Beiladung im sozialgerichtlichen Verfahren, 1961; *J. J. Lüning*,
Die Entwicklung des Rechtsinstituts der Beiladung im verwaltungsgerichtlichen Verfahren, 1971; *Ch.-F. Menger*, System des verwaltungsgerichtlichen Rechtsschutzes, 1954; *C. Nottbusch*, Die Beiladung im Verwaltungsprozeß, 1995; *L. Piesche*, Die Beiladung
im Finanzgerichtsverfahren, 2010; *W. Roßmann*, Die Beiladung im Zivilprozess, 1967; *B. Schäfer*, Die Beiladung im Sozialgerichtsverfahren, 1983; *W. E. Stahl*, Beiladung und Nebenintervention, 1972; *J. Stettner*, Das Verhältnis der notwendigen Beiladung zur
notwendigen Streitgenossenschaft im Verwaltungsprozess, 1974; *R. Stober*, Beiladung im Verwaltungsprozeß, in: FS Menger, 1985,
401.

2. Beiträge in Zeitschriften: *O. Bachof*, Anmerkung zu VGH Kassel, 10.2.1950, O.S. 210/49, MDR 1950, 374; *E. Baden*, Beiladung bei Rechtsweg-Kollisionen?, NVwZ 1984, 142; *C. Bamberger*, Die Beiladung im verwaltungsgerichtlichen Normenkontrollverfahren, NVwZ 2002, 556; *W. Bauer*, Die Beiladung nach dem Gesetz über die Verwaltungsgerichtsbarkeit in der amerikanisch
besetzten Zone Deutschlands, DÖV 1949, 189; *F. Baur*, Der Anspruch auf rechtliches Gehör, AcP 153 (1954), 397; *B. J. Benkel*,
Gedanken zu den rechtsdogmatischen Grundlagen der Beiladung, NZS 1997, 254; *K. A. Bettermann*, Über die Beiladung im Verwaltungsstreitverfahren, DVBl 1951, 72; *ders.*, Anmerkung zu BVerwG, 25.8.1966, III C 61/65, MDR 1967, 949; *ders.*, Streitgenossenschaft, Beiladung, Nebenintervention und Streitverkündung, ZZP 1977, 121; *G. Buhren*, Probleme der notwendigen Beiladung im Verwaltungsprozess – BVerwG DÖV 1974, 815, JuS 1976, 512; *D. Czybulka/H. Biermann*, Amtshaftung des Dienstherrn
bei voreiliger Stellenbesetzung – BGH NJW 1995, 2344, JuS 1998, 601; *ders.*, Anmerkung zu BVerwG, 22.9.1966, III C 7/64,
MDR 1967, 951; *J. Gruber*, Beiladung des Bundes bei Klagen gegen Vermögenszuordnungsbescheide, NJ 1992, 455; *A. Guckelberger*, Beiladung im Verwaltungsprozess, JuS 2007, 436; *F. Hellinger*, Die notwendige Beiladung im Steuerprozess bei zusammenzu-
veranlagenden Ehegatten, BB 1977, 1196; *B. Hildebrandt/M. Hecker*, Beiladung in der baurechtlichen Normenkontrolle,
NVwZ 2001, 1007; *S. Hässy*, Beschwer einer beigeladenen Gemeinde im Rahmen einer Berufung gegen ein Urteil über eine Beseitigungsanordnung, BauR 2001, 1533; *F. Koehl*, Aus der Praxis: Einfache Beiladung im Verwaltungsgerichtsprozess, JuS 2016, 133;
H. Konrad, Die Notwendigkeit der Beiladung im Verwaltungsprozess, BayVBl 1982, 481; *C. Leroux/P. Sittig-Behm*, Zum Zustimmungserfordernis eines notwendig Beigeladenen zum Ruhen des Verfahrens, NVwZ 2016, 1061; *K. Louven*, Die Beteiligung Dritter an einem Rechtsstreit, ZAP Fach 19 (2012), 757; *J. Martens*, Streitgenossenschaft und Beiladung, VerwArch 60 (1969), 197; *W.
Marotzke*, Urteilswirkungen gegen Dritte und rechtliches Gehör, ZZP 1987, 164; *A. May*, Die rechtswidrige Beiladung im Revisionsverfahren, NVwZ 1997, 251; *C.-F. Menger*, Fortgeltung verfahrensrechtlicher Grundsätze des Preußischen Oberverwaltungsgerichts, DVBl 1950, 696; *R. Mußgnug*, Die Beiladung zum Rechtsstreit um janusköpfige und privatrechtsrelevante Verwaltungsakte,
NVwZ 1988, 33; *H. J. Müller*, Notwendige Beiladung im Ausländerprozess, NJW 1976, 460; Teil II ab S. 517ff.; *ders.*, Notwendige Beiladung bei Rechtsnachfolge in die Streitsache, NJW 1985, 2244; *W. Roth*, Keine einfache Beiladung „potenzieller Kläger"
gem. § 65 I VwGO, NVwZ 2003, 691; *H. H. Rupp*, Anmerkung zu BVerwG 27.3.1963 V C 96/62, JZ 1964, 105; *P. Schlosser*,
Urteilswirkungen und rechtliches Gehör, JZ 1967, 431; *W. Schmitt*, Die Beiladung im verwaltungsgerichtlichen Verfahren,
NJW 1949, 611; *F. E. Schnapp*, Übungsklausur Öffentliches Recht, Ausländerrecht, Jura 1986, 91; *E. Schuegraf*, Der mehrstufige
Verwaltungsakt, NJW 1966, 177; *K. Sojka*, Tod eines Prozessbeteiligten, MDR 1982, 13; *M. Ronellenfitsch*, Die Beteiligung Drit-
ter im Normenkontrollverfahren nach § 47 VwGO, VerwArch 1983 (74), 281; *K. Wilde*, Unterschiedliche Ansichten oberster Ge-
richtshöfe des Bundes zur unterlassenen notwendigen Beiladung, NJW 1972, 1262; *P.-A. Zeihe*, Anmerkung zu BSG, 27.6.1978, 4
RJ 87/77, DVBl 1979, 823.

I. Entstehungsgeschichte

1. Das Rechtsinstitut der Beiladung. Die Beiladung ist das prozessual institutionalisierte Mittel, eine [1] Nichtpartei an einem zwischen anderen Personen bereits anhängigen Rechtsstreit durch Gerichtsbeschluss zu beteiligen, wenn deren berechtigte Interessen durch die Entscheidung berührt werden können.[1] Regelungen über die Beiladung (neben § 65 sind auch §§ 66, 121, 142, 154 Abs. 3, 162 Abs. 3 für die Beiladung maßgeblich) waren schon in der ersten Fassung der VwGO (vgl. § 65 VwGO i.d.F. vom 21.1.1960, BGBl I 17) in bis heute nahezu unveränderter Form[2] enthalten, ihre Inhalte reichen aber weiter zurück.

2. Beiladung in der ZPO. Im Zivilprozess ist die Beiladung anders als im Verwaltungsprozess eine [2] Ausnahme. Die ZPO kennt fakultative Beteiligungsformen, z.B. die Streitgenossenschaft, die Streitverkündung und die Haupt- und Nebenintervention (§§ 59 ff. ZPO), die aus dem Grundsatz der Verhandlungs- und Dispositionsmaxime folgen.[3] Während also dort der Dritte oder eine Partei die Einbeziehung beantragen muss, kann im Verwaltungsprozess die Beteiligung auch von Amts wegen und sogar gegen den Willen des Dritten erfolgen. Dennoch gibt es auch im Zivilprozess Bestimmungen über die Beiladung, z.B. §§ 48, 44 Abs. 2 WEG oder § 856 Abs. 3 ZPO.[4] Hauptzweck dieser Beiladungsvorschriften ist die Erstreckung der Rechtskraft einer Entscheidung auf Dritte, um weitere Prozesse zu vermeiden. Verfahrensrechte erwirbt der Dritte erst infolge eines von ihm erklärten Beitritts, sodass man bei der zivilprozessualen Beiladung von einer Art Streitverkündung durch das Gericht sprechen könnte.[5]

3. Die verwaltungsprozessuale Beiladung vor 1945. Vorbild für die verwaltungsprozessuale Beila- [3] dung war § 48 Abs. 2 der Badischen Verordnung von 1864,[6] der die Beiladung von Personen, deren Interesse durch die Entscheidung berührt werde, von Amts wegen vorsah und die Entscheidung ihnen gegenüber gelten ließ.[7] Ende des 19. Jahrhunderts wurden im preußischen Verwaltungsrecht Normen zur Beiladung – die damals generell ins Ermessen der Gerichtsbehörden (Ausschüsse) gestellt war – eingeführt.[8] Ähnliche Vorschriften wurden auch in den anderen Ländern nach und nach erlassen.[9]

---

1 Vgl. *B. Schäfer*, Beiladung, 1983, 1.
2 Eingefügt wurden § 65 Abs. 3 (Massenverfahren), sowie – außerhalb der §§ 65, 66 – ergänzende Regelungen in § 142 Abs. 1 S. 2, Abs. 2 und § 121 Nr. 2.
3 Zur Beteiligung Dritter am Zivilprozess *S. Schmitt/T. Wagner*, Jura 2014, 372 ff.
4 Zu § 856 Abs. 3 ZPO: *Baumbach/Lauterbach/Albers/Hartmann* § 856 Rn. 5; *W. Roßmann*, Beiladung, 1967, 32 ff.
5 So *S. Schmitt/T. Wagner*, Jura 2014, 372, 381.
6 Badische Verordnung vom 12.7.1864 zum Vollzug des Gesetzes vom 5.10.1863 über die Organisation der inneren Verwaltung (RegBl 333).
7 Dazu *B. J. Benkel*, Verfahrensbeteiligung, 1996, 18 f., m.w.N.
8 Vgl. § 70 des Preußischen Gesetzes über die allgemeine Landesverwaltung vom 30.7.1883 (GS 195) (LVG); dazu *J. J. Lüning*, Beiladung, 1971, 10 ff.
9 Z.B. §§ 21, 40 Badisches Verwaltungsgesetz von 1863; §§ 19, 27 Österreichisches Verwaltungsrechtspflegegesetz; Art. 19 Abs. 1, Art. 21 Abs. 4, Art. 23 Abs. 1, Art. 36 Bayerisches Verwaltungsgerichtsgesetz von 1878; § 64 Abs. 2 Württembergisches Verwaltungsrechtspflegegesetz von 1876; § 45 Sächsisches Verwaltungsrechtspflegegesetz von 1900; § 82 Abs. 2 Thüringische Landesverfahrensordnung von 1926.

4   **4. Entwicklung der notwendigen Beiladung.** Die Unzulänglichkeit dieser Regelungen erkennend schloss das Preußische OVG aus der Notwendigkeit einer einheitlichen Entscheidung auf die Erforderlichkeit einer nicht in das Ermessen des Gerichts gestellten Beiladung von Amts wegen. Das Rechtsinstitut der notwendigen Beiladung war damit begründet (PrOVGE 31, 108, 113; 46, 111, 119). Gleichzeitig wurde entschieden, dass eine nicht erfolgte notwendige Beiladung einen erheblichen Verfahrensmangel darstelle und zur Zurückverweisung an die Vorinstanz führen müsse.[10] Entsprechende Regelungen wurden nach dem Ersten Weltkrieg in den Verwaltungsgerichtsgesetzen anderer Länder aufgenommen.[11]

5   **5. Entwicklung von 1945 bis 1952.** Nach dem Zweiten Weltkrieg wurde die Verwaltungsgerichtsbarkeit neu geschaffen und mit ihr auch das Recht der Beiladung verändert. In der *britischen Besatzungszone* galt einheitliches Prozessrecht durch § 41 MRVO Nr. 165. In den Ländern Schleswig-Holstein, Hamburg, Niedersachsen und Nordrhein-Westfalen war danach die Beiladung in das Ermessen des Gerichts gestellt, wie dies auch unter der Geltung des § 70 des Preußischen Gesetzes über die allgemeine Landesverwaltung vom 30.7.1883 (GS 195)[12] der Fall gewesen war.

6   In der *amerikanischen Besatzungszone* wurden im Wesentlichen inhaltsgleiche Ländergesetze verabschiedet,[13] die jeweils in § 60 die Beiladung regelten. Anders als in der britischen Zone sahen diese Gesetze dem Wortlaut nach kein Ermessen vor. Deshalb war in der Lit. str., ob auf die Beiladung ein Anspruch bestehe und die Unterscheidung des Preußischen OVG in einfache und notwendige Beiladung wieder aufgehoben sei.[14] Für Hessen wiederum sollte aufgrund der Formulierung „beschließt, ob... beizuladen sind" statt „beschließt, dass... beizuladen sind" eine Ausnahme gelten und im Regelfall eine Ermessensentscheidung gewollt sein.[15]

7   Im Unterschied zur preußischen Regelung verlangten sowohl die britische Militärverordnung als auch die Landesgesetze in der amerikanischen Zone für die Beiladung ein rechtliches (und nicht nur wirtschaftliches oder ideelles) Interesse. Gleich blieben die Rechtskrafterstreckung, die Unanfechtbarkeit des (positiven) Beiladungsbeschlusses und die Anfechtbarkeit des die Beiladung ablehnenden Beschlusses sowie die Zulässigkeit der Aufhebung der Beiladung von Amts wegen.[16] In Hessen und im Bereich der britischen Zone wurde bzgl. der notwendigen Beiladung nach den vom Preußischen OVG entwickelten Kriterien verfahren,[17] die auch in der Anfangszeit der Bundesrepublik für die materiellen Voraussetzungen von Rechtsmitteln und Sachanträgen des Beigeladenen (→ § 66 Rn. 10, 12, 15 ff., 19 ff.) von Bedeutung gewesen sind.

8   Auch in der *französischen Besatzungszone* wurde eine Verwaltungsgerichtsbarkeit geschaffen, die zunächst jedoch direkt der Militärverwaltung unterstellt war und überkommenes Recht, soweit mit demokratischen und rechtsstaatlichen Grundsätzen vereinbar, anwandte.[18] In Rheinland-Pfalz wurde erst 1950 ein Gesetz über die Verwaltungsgerichtsbarkeit erlassen, das in § 48 die Beiladung nach hessischem Vorbild regelte (VwGG RP vom 14.4.1950, GVBl 103). Ähnlich wurde die Beiladung im Saarland geregelt.[19] Dagegen wurde in Baden[20] und Württemberg-Hohenzollern[21] der Rechtszustand von vor 1933 im Wesentlichen wieder eingeführt.

---

10   Näher dazu *U. Joeres*, Rechtsstellung, 1982, 19 ff., 27 f.

11   So z.B. das Verwaltungsgerichtsbarkeitsgesetz Hamburg von 1921 (HambGVBl 585); das Verwaltungsgerichtsgesetz Bremen von 1924 (BremGBl 23); Thüringische Landesverfahrensordnung von 1926 (GS 177); Verwaltungsgerichtsbarkeitsgesetz Mecklenburg-Schwerin von 1922 (RegBl 51).

12   Diese Norm galt in den Ländern der britischen Zone mit Ausnahme Hamburgs und der Landesteile Braunschweig, Lippe und Oldenburg bis 1945.

13   Bayerisches Gesetz Nr. 39 vom 25.9.1946 (GVBl 281); Bremisches Gesetz vom 5.8.1947 (GBl 171); Hessisches Gesetz vom 15.11.1946 (GVBl 194) und Württemberg-Badisches Gesetz vom 16.10.1946 (RegBl 221).

14   *C.-F. Menger*, DVBl 1950, 696, 700 m.w.N.

15   *C.-F. Menger*, DVBl 1950, 696, 700.

16   § 110 des Preußischen Gesetzes über die allgemeine Landesverwaltung vom 30.7.1883 (GS 195) und §§ 41, 80, 91 VGVO sowie § 65 heutiger Fassung; *C.-F. Menger*, DVBl 1950, 696, 700.

17   *C.-F. Menger*, DVBl 1950, 696, 700 f.

18   Verfügung Nr. 76 der Militär-Regierung vom 23.7.1946, Journal Officiel Nr. 30 S. 256.

19   § 38 des Gesetzes über die Verwaltungsgerichtsbarkeit im Saarland vom 10.7.1951 (ABl 1075).

20   Landesverordnung über den Aufbau der Verwaltungsgerichtsbarkeit vom 30.3.1947 (ABl 89) sowie Landesgesetz zur Änderung der Verwaltungsgerichtsbarkeit in Baden vom 5.9.1951 (GVBl 151).

21   Rechtsanordnung über die Verwaltungsrechtspflege vom 19.8.1946 (ABl 224), geändert durch das Gesetz zur Änderung des Verfahrens vor dem VGH und den Verwaltungsbehörden vom 17.10.1950 (RegBl 301).

In *Berlin* war die Rechtslage infolge der unterschiedlichen Besatzung besonders unübersichtlich, da ei- 9
nerseits im britischen und amerikanischen Sektor Berlins seit 1945 die Verwaltungsgerichtsbarkeit
wieder hergestellt war, im französischen Sektor erst 1951 wieder eingeführt wurde und im sowjetischen Sektor gar keine Verwaltungsrechtspflege stattfand.[22]

Anders stellte sich die Rechtslage in der *sowjetischen Besatzungszone* dar, die von den Vorstellungen 10
der Rechtsstaatlichkeit abrückte und eine Verwaltungsgerichtsbarkeit eher als „aufbaustörend" ansah.
Sie wurde durch Ländergesetze gleichwohl wieder eingerichtet, wenn auch in starker Abhängigkeit
von der Exekutive („verlängerter Arm"). Die Gesetze[23] waren knapp formuliert und enthielten allenfalls eine notwendige Beteiligung des VöI,[24] aber keine Beiladung. Stattdessen wurde pauschal auf die
Geltung der ZPO verwiesen (vgl. § 26 des Verwaltungsgerichtsbarkeitsgesetzes Mecklenburg vom
18.9.1947), sodass die damals bestehenden Vorschriften über Streitgenossenschaft, Streitverkündung
und Haupt- und Nebenintervention galten.

Im späteren Verlauf wurden in der DDR sowohl die Länder als auch die Verwaltungsgerichtsbarkeit 11
abgeschafft. Die Wiedereinführung der Verwaltungsgerichte im Jahre 1988 regelte das Verfahren nur
rudimentär, da es rechtswidrige Entscheidungen nach der Staatsdoktrin nicht geben durfte, und beschränkte sich auf wenige Sachbereiche im Zwei-Personen-Verhältnis.[25] Für eine Beiladung war daher
naturgemäß kein Raum. Die Entstehung des § 65 ist somit ausschließlich auf die Praxis und Rechtslage der damaligen Bundesrepublik zurückzuführen.

6. Errichtung des BVerwG. Nach Inkrafttreten des GG galten in seinem Geltungsbereich die Landes- 12
gesetze zum Verwaltungsprozess zunächst fort, doch bedurfte es eines neuen Gesetzes zur Regelung
des Verfahrens beim BVerwG (BVerwGG).[26] Dieses sah in § 34 auch die Beiladung vor, freilich gem.
§ 10 BVerwGG nur für erstinstanzliche Verfahren vor dem BVerwG. Die Beiladung war danach zulässig, „wenn Dritte in ihren rechtlichen Interessen durch die Entscheidung berührt werden und sie beteiligtenfähig sind". Klargestellt wurde, dass den Antrag auch der beiladungswillige bzw. beizuladende
Dritte selbst stellen konnte – der mangels Beteiligung am Verfahren sonst nicht zur Stellung von Anträgen befugt gewesen wäre.

7. Sozialgerichtliche Regelung als „Probelauf". Im Anschluss an die Schaffung des BVerwGG wurde 13
für die Sozialgerichtsbarkeit ein eigenes Gesetz erlassen (SGG vom 3.9.1953 [BGBl I 1239, 1326]).
§ 75 SGG enthielt (und enthält bis heute) ebenfalls die Beiladung und unterschied ausdrücklich zwischen einfacher (Abs. 1) und notwendiger (Abs. 2) Beiladung.[27] Wie zuvor schon nach den §§ 1687,
1703, 1737 RVO war es aber auch möglich, den beigeladenen Versicherungsträger gesondert zu verurteilen (Abs. 5) und so einen zweiten Prozess, in dem der Versicherungsträger nur an den Tenor des
Vorprozesses gebunden wäre, zu vermeiden.[28] Nach dem Inkrafttreten des SGG setzte sich die Diskussion über Sinn und Zweck der Beiladung bis zur Schaffung der VwGO 1960 fort.

8. Schaffung der VwGO. Mit der VwGO vom 21.1.1960 (BGBl I 17) wurde mit § 65 (in Deutsch- 14
land)[29] eine einheitliche Bestimmung eingeführt,[30] die jedoch aufgrund der Fülle von möglichen Betei-
ligungskonstellationen Dritter und eines nicht immer eindeutigen Wortlauts eine uneinheitliche und
unübersehbare Rspr. hervorgerufen hat. Die Eigenentwicklung des Verwaltungsprozesses (einschließlich der sozial- und finanzgerichtlichen Verfahren) wird besonders deutlich bei der notwendigen Beiladung. Hier hat das Gericht bei Vorliegen der Voraussetzungen den Dritten von Amts wegen zu beteiligen. Dadurch wird das öffentliche Interesse an einer möglichst prozessökonomischen Lösung verwaltungsrechtlicher Streitigkeiten stark in den Vordergrund gerückt.

---

22 C.-F. *Menger*, System, 1954, 12 f.
23 Mit Ausnahme Thüringens, das bis 1948 ein liberaleres Verwaltungsprozessrecht hatte, und Sachsen-Anhalts, wo
    überhaupt keine Verwaltungsgerichtsbarkeit eingeführt wurde.
24 So etwa § 6 Abs. 2 des Gesetzes über die Verwaltungsgerichtsbarkeit in Mecklenburg (Verwaltungsgerichtsbarkeitsge-
    setz) vom 18.9.1947 (RegBl 250).
25 Vgl. §§ 2, 5, 9, 10 des Gesetzes über die Zuständigkeit und das Verfahren der Gerichte zur Nachprüfung von Verwal-
    tungsentscheidungen vom 14.12.1988 (GBl DDR 327).
26 BVerwGG vom 23.9.1952 (BGBl I 625).
27 Dazu *J. J. Lüning*, Beiladung, 1971, 96 ff.
28 Dazu mehr *B. Schäfer*, Beiladung, 2.
29 Zur Rechtslage in anderen europäischen Staaten *B. J. Benkel*, Verfahrensbeteiligung, 1996, 29 ff.
30 Zur Entstehung des § 65 näher *J. J. Lüning*, Beiladung, 1971, 136 ff.

15   Im Unterschied zum *sozialgerichtlichen* Verfahren sind die Voraussetzungen zumindest der einfachen Beiladung in § 65 verengt worden, da hier nicht jedes berechtigte Interesse, sondern nur rechtliche und damit nicht auch wirtschaftliche, soziale oder ideelle Interessen eine Beiladung rechtfertigen können.

16   **9. Rechtslage im Steuerrecht.** Die zeitlich nach der VwGO geschaffene FGO regelt die Beiladung in ihrem § 60. Hinsichtlich der einfachen Beiladung werden im Unterschied zu § 65, der jedes rechtliche Interesse genügen lässt, „rechtliche Interessen nach den Steuergesetzen" verlangt. Die Voraussetzungen sind also noch enger, womit einer möglichen ausufernden Anwendung der einfachen Beiladung entgegengetreten werden sollte. § 60 Abs. 6 FGO entspricht inhaltlich § 66 VwGO. Im Übrigen bestehen keine nennenswerten Unterschiede, sodass Rspr. und Lit. für die verwaltungsgerichtliche Beiladung fruchtbar gemacht werden können.

17   **10. Rechtslage im Kartellrecht.** Vorschriften über die Beiladung existieren auch im Kartellrecht (§ 67 Abs. 1 Nr. 3 GWB), das zum Öffentlichen Recht gehört, soweit es um Verfügungen des Bundeskartellamtes oder anderer Kartellbehörden geht. Im Kartellrecht sind auf ihren Antrag auch Personenvereinigungen beiladungsfähig, namentlich Unternehmensverbände, aber auch Verbraucherverbände und Gewerkschaften.[31] Für die verwaltungsgerichtliche Rechtslage lassen sich daraus jedoch nur mit Vorsicht Schlüsse ziehen,[32] da es sich um ein stark europarechtlich geprägtes Spezialrechtsgebiet handelt.[33]

18   **11. Beiladung in Massenverfahren.** Abs. 3 ist wie die korrespondierenden Normen der §§ 56 a und 67 a durch das 4. VwGOÄndG eingefügt worden, um den Verwaltungsaufwand in Massenverfahren (mehr als fünfzig Personen) zu reduzieren (zu Einzelheiten dieser Entwicklung → § 56 a Rn. 1–4, → § 67 a Rn. 1 f.). Vergleichbare Vorschriften existieren mit § 60 a FGO im Finanzgerichtsverfahren und mit § 75 Abs. 2 a SGG im Sozialgerichtsverfahren. Insbes. bei begünstigenden Allgemeinverfügungen[34] oder – eingeschränkt – Massenverfahren vor dem VG (vgl. dazu die Komm. zu § 56 a und § 67 a), aber auch bei Konkurrentenklagen (→ Rn. 141 ff.), hat die Vorschrift eine gewisse Bedeutung.

II. Systematik, Ziele und Funktion der Norm

19   **1. Ziele und Bedeutung. a) Ziele.** Ziele der Beiladung sind nach der Regierungsbegründung (BT-Drs. 3/55, 37) v.a. die Wahrung der Interessen der Nichtpartei am Ausgang des Rechtsstreits, eine umfassende Untersuchung des Streitverhältnisses durch das Gericht und die Prozessökonomie. In der Praxis ist die Beiladung die wichtigste Form der „Nebenbeteiligung" im Unterschied zur „Hauptbeteiligung" der Parteien/Hauptbeteiligten (→ § 63 Rn. 10).

20   **aa) Interessen des Beizuladenden.** Die Beiladung dient, so der Ausgangspunkt gesetzgeberischer Erwägungen,[35] zuerst der Verteidigung der rechtlichen Interessen des Beizuladenden, sofern diese materiell infrage gestellt werden.[36] Dabei muss es sich nicht um materielle Rechte handeln, vielmehr sind auch absolute Verfahrens- bzw. Beteiligungsrechte wie § 36 BauGB für Gemeinden oder §§ 63 f. BNatSchG für anerkannte Naturschutzverbände zu schützen.

21   **bb) Umfassende Aufklärung des Streitstoffs.** Des Weiteren soll der Streitstoff umfassend geklärt werden. Die Beiladung kann hierzu durch Heranziehung eines Dritten beitragen, indem neue Argumente und Beweismittel zugänglich werden, was dem Untersuchungsgrundsatz gem. § 86 Abs. 1 entspricht. Insofern dient die Beiladung als Gerichtshilfe.[37]

---

31   Vgl. *B. Ahrens*, Klagebefugnis, 2001, 38 m.w.N.; *H.-H. Schneider*, in: Langen/Bunte, Kartellrecht, Bd. 1, [12]2014, § 54 GWB Rn. 21 ff.

32   So sind z.B. schon nach dem Wortlaut auch andere als rechtliche Interessen ausreichend, vgl. KG Berlin AG 1997, 573, 574 f.; WuW/E OLG 2970 f.

33   Vgl. *B. Ahrens*, Klagebefugnis, 2001.

34   So etwa bei der sog. Bäderregelung M-V, wo in Form einer Allgemeinverfügung der Ladenschluss „liberalisiert" werden sollte, vgl. OVG Greifswald NVwZ 2000, 945 ff.

35   *K. A. Bettermann*, DVBl 1951, 72, 74.

36   *R. Stober*, FS Menger, 1985, 401, 406; *M. Lücke*, Beiladung, 1961, 11 ff.

37   OVG Lüneburg 18.10.2016 – 12 LC 54/15, juris Rn. 7; *R. Stober*, FS Menger, 1985, 401, 407; *W. Bauer*, DÖV 1949, 189.

cc) Rechtskrafterstreckung. Die Beiladung soll ferner die Prozess- und Verfahrensökonomie för- 22
dern,[38] weil mehrere Streitkomplexe in einer einheitlichen Entscheidung erledigt und divergierende Urteile über denselben Gegenstand mit nur unterschiedlichen Beteiligten vermieden werden können.
Dem entspricht die Erstreckung der Rechtskraft auf den Beigeladenen in § 121, der mit Ablauf der
Rechtsmittelfristen keinen neuen Prozess über den Streitgegenstand anstrengen kann. Dies scheint der
wichtigste Grund für das Institut der Beiladung zu sein, da die Rechtskrafterstreckung unabhängig
vom Willen der Beteiligten und von den Parteiinteressen möglich ist.[39]

dd) Instrument rechtlichen Gehörs. Ein weiteres, in der Regierungsbegründung nicht genanntes Ziel, 23
sieht die Lit. darin, dass die Beiladung ein Instrument rechtlichen Gehörs darstellen soll.[40] Eine „Beteiligung" als Zeuge kann die Beiladung jedenfalls nicht ersetzen.[41] Das rechtliche Gehör ist aber – wenn
es Nichtbeteiligten überhaupt zu gewähren ist – nur betroffen, soweit die rechtlichen Interessen des
Nichtbeteiligten reichen. Damit dürfte dieser Zweck bereits von dem der Interessenwahrnehmung erfasst sein.[42]

ee) Verhältnis der Ziele untereinander. Str. ist das Verhältnis der Ziele untereinander. Sicher ist nur, 24
dass die Sachverhaltsaufklärung durch das Gericht nicht Endzweck der Beiladung sein darf, da es
sonst keine Grenze für die Zulässigkeit der Beiladung gibt.[43] Andernfalls bliebe auch offen, weshalb
für die beizuladenden Personen die Berührung ihrer rechtlichen Interessen durch die Entscheidung verlangt wird. Das Kriterium der rechtlichen Interessen belegt vielmehr, dass die Beiladung nur zur Wahrung dieser Interessen oder zur Wahrung der Interessen der schon Beteiligten in Form der Rechtskrafterstreckung und Vermeidung von Verfahrensdoppelungen zugelassen werden kann. Mit Blick auf
§ 121 ist die Rechtskrafterstreckung als wichtiger Aspekt der Prozessökonomie eher Endzweck, während die Interessenwahrnehmung mehr einen Anfangszweck darstellt.[44]

Bei der *einfachen* Beiladung liegt der Rechtszweck nicht so nahe, weil der Dritte hinsichtlich des 25
Streitgegenstandes keine eigenen Rechte haben kann, da er sonst notwendig Beizuladender wäre; andere eigene Rechte kann er in diesem Rechtsstreit nicht geltend machen, da sie nicht Gegenstand der
Klage sind.[45] Die Zielrichtung kommt dadurch zum Ausdruck, dass der Dritte *nur und erst durch die
Entscheidung* in seinen rechtlichen Interessen berührt sein muss.[46] Das rechtliche Interesse besteht
dann in der Interventions- oder *Feststellungswirkung präjudizieller Art* für Folgeprozesse bzgl. der berührten Rechte des Dritten.[47]

Bei der *notwendigen* Beiladung ist hingegen die endgültige Erledigung des Streitgegenstandes sowie 26
die Sicherung der Rechtslage primäres Ziel der Rechtskrafterstreckung.[48] Mit ihrer Hilfe sollen gleichzeitig Rechte oder Rechtsverhältnisse des beigeladenen Dritten gestaltet, bestätigt, verändert oder zum
Erlöschen gebracht werden, um einem späteren Prozess den Einwand der Rechtskraft entgegenhalten
zu können.[49] Diese Gestaltungswirkung ist danach Sonderzweck der notwendigen Beiladung.[50]

ff) Interessen der bereits Beteiligten. Neben den Interessen des Beizuladenden sind auch die Interes- 27
sen der bereits Beteiligten in bestimmten Fällen zu berücksichtigen und können einen Zweck der Beiladung darstellen (oder diese ausschließen), da es gem. § 65 Abs. 1 auch möglich ist, dass ein (schon)
Beteiligter die Beiladung beantragt.[51] Daher muss auch ein Beigeladener als Beteiligter (vgl. § 63) die

---

38 *K. Schneider*, in: Gärditz § 65 Rn. 1.
39 *R. Stober*, FS Menger, 1985, 401, 407.
40 *K. A. Bettermann*, DVBl 1951, 72, 74; *ders.*, ZZP 1977, 121, 124; *H. W. Bichler*, Beiladung, 1966, 58 f.; *M. Ronellenfitsch*, VerwArch 74 (1983), 281, 286; *P. Schlosser*, JZ 1967, 431, 434; *K. Schneider*, in: Gärditz § 65 Rn. 1.
41 *P. Schlosser*, JZ 1967, 431, 434.
42 *R. Stober*, FS Menger, 1985, 401, 408.
43 VGH Mannheim NVwZ-RR 2013, 484, 485; *R. Stober*, FS Menger, 1985, 401, 409.
44 So zur notwendigen Beiladung BVerwG Buchholz 310 § 65 VwGO Nr. 143; *R. Stober*, FS Menger, 1985, 401,
408 m.w.N.
45 *C.-F. Menger*, DVBl 1950, 696, 701; *R. Stober*, FS Menger, 1985, 401, 412.
46 *R. Stober*, FS Menger, 1985, 401, 412.
47 *J. Martens*, VerwArch 60 (1969), 197, 257 f.; *W. E. Stahl*, Beiladung, 1972, 68, 127 ff.
48 Freilich gibt es auch den (bloß) faktischen Rechtskrafterstreckung auf unbeteiligte Dritte, wie etwa die Auftraggeber eines von einer Gewerbeuntersagung betroffenen Unternehmers. Näher *J. Martens*, VerwArch 60 (1969), 197, 200 f.
49 *R. Stober*, FS Menger, 1985, 401, 413.
50 *J. Stettner*, Beiladung, 1974, 74, 82; *R. Stober*, FS Menger, 1985, 413.
51 *R. Stober*, FS Menger, 1985, 401, 415.

Beiladung eines weiteren Dritten verlangen können, wenn er sich ohne die Rechtskrafterstreckung Regressansprüchen ausgesetzt sieht.[52]

28   **b) Verfassungsrechtliche Bedeutung.** Die Beiladung ist auch verfassungsrechtlich von Bedeutung, v.a. hinsichtlich des Anspruchs auf rechtliches Gehör (Art. 103 Abs. 1 GG), der Rechtsschutzgarantie (Art. 19 Abs. 4 GG) sowie der Grundrechte als Verfahrensgarantien.

29   **aa) Rechtliches Gehör.** Einigkeit besteht darin, dass der Wortlaut des Art. 103 Abs. 1 GG den Anspruch nicht auf die Personen beschränkt, die bereits „vor Gericht", also an dem Rechtsstreit beteiligt sind,[53] sondern darüber hinaus die Verteidigung materieller Rechte *durch* Beteiligung *am* gerichtlichen Verfahren erst ermöglichen soll (sog. *materiell* Beteiligte).[54]

30   Auf die Einhaltung dieser verfassungsrechtlichen Vorgaben ist die notwendige Beiladung zugeschnitten; zugrunde liegt ihr auch der Gedanke des Rechtsschutzes des Dritten in Fällen, in denen ihm das Verfahrensrecht eine nachträgliche Kontrolle verwehrt.[55] In dem Unterlassen der *notwendigen* Beiladung kann daher zugleich ein Verstoß gegen Art. 103 Abs. 1 GG vorliegen.[56]

31   Die *einfache* Beiladung hingegen steht im pflichtgemäßen Ermessen des Gerichts, was sich mit einem Anspruch auf rechtliches Gehör nicht zu vertragen scheint. Allerdings ist es von Verfassungs wegen nicht geboten, auch dann eine Beiladungspflicht anzunehmen, wenn der Nichtbeteiligte bei unterbliebener Beiladung keiner Rechtskraftwirkung ausgesetzt ist und sich der Streitgegenstand von den berührten Drittrechten trennen lässt. Die Annahme einer Beiladungspflicht würde das Justizgrundrecht hier überdehnen.[57]

32   **bb) Rechtsschutzgarantie.** Anders als bei Art. 103 Abs. 1 GG liegt die Anwendbarkeit der Rechtsschutzgarantie nach Art. 19 Abs. 4 GG für die Beiladung nicht nahe. Nach der herrschenden Auslegung sind „Akte öffentlicher Gewalt" i.S.v. Art. 19 Abs. 4 GG nur Maßnahmen der Exekutive, während Rechtsschutz gegen Akte der Judikative über Art. 19 Abs. 4 GG zur Vermeidung eines unerfüllbaren, weil immer wiederkehrenden Rechtsschutzgrundrechts nicht gewährleistet werden soll. Demgemäß soll die Einbeziehung Dritter allein anhand des Art. 103 Abs. 1 GG beurteilt werden.[58] Die Gegenansicht will Art. 19 Abs. 4 GG nicht teleologisch reduzieren, wenn dem Betroffenen bisher jeder Rechtsschutz versagt blieb, weil er am Verfahren nicht beteiligt wurde und deshalb keine Möglichkeit zur Überprüfung der Verwaltungsmaßnahme hatte, die Gegenstand des Vorprozesses war. Wenn es keine rechtsstaatlichen Verfahrenssicherungen für den nicht beteiligten Dritten gibt, besteht keine Gefahr eines unerfüllbaren Rechtsschutzgrundrechts.[59] Noch weiter gehend wird vertreten, dass die Beiladung verfassungsrechtlich nur aus Art. 19 Abs. 4 GG abzuleiten sei. Dies folge systematisch aus dem Regelungsstandort der Beiladung im Bereich der Allgemeinen Verfahrensvorschriften sowie der Bezeichnung des Rechtsinstituts als Bei„ladung"; beides deute auf das Ob und nicht das Wie des Rechtsschutzes hin.[60] Demzufolge wird auch § 65 Abs. 2 als Ausprägung der Rechtsschutzgarantie und ein Unterlassen der notwendigen Beiladung als Verstoß gegen Art. 19 Abs. 4 GG verstanden.[61] Nach hier vertretener Auffassung ist Art. 19 Abs. 4 GG in den Fällen unterlassener (notwendiger) Beiladung einschlägig, weil dem Dritten durch die Nichteinbeziehung in den Prozess Rechtsschutz (auch) im Hinblick auf die im Prozess überprüfte exekutivische Maßnahme verwehrt wird.

33   **cc) Grundrechtsschutz durch Verfahren.** Weitere Bedeutung für die Beiladung haben die Grundrechte in Form des Grundrechtsschutzes durch Verfahren,[62] wobei entscheidend ist, dass die Gerichte zur

---

52   A.M. BVerwG VIZ 2000, 661 f., das eine Beschwer eines notwendig Beigeladenen wegen des Unterlassens der notwendigen Beiladung weiterer Personen verneint.
53   Sog. *formell* Beteiligte (zu dem Begriff F. Baur, AcP 1954, 393, 407).
54   BVerfGE 60, 7, 13; F. Baur, AcP 1954, 393, 407; J. Stettner, Beiladung, 1974, 86 ff.; R. Stober, FS Menger, 1985, 401, 417; P. Schlosser, JZ 1967, 431, 432.
55   R. Stober, FS Menger, 1985, 401, 417.
56   R. Stober, FS Menger, 1985, 401, 417.
57   R. Stober, FS Menger, 1985, 401, 418.
58   K. A. Bettermann, ZZP 1977, 126.
59   R. P. Schenke, in: BK Art. 19 Abs. 4 Rn. 389; J. Stettner, Beiladung, 1974, 96; R. Stober, FS Menger, 1985, 401, 419.
60   H. Konrad, BayVBl 1982, 481, 482 f.
61   R. Stober, FS Menger, 1985, 401, 419; weiter gehend H. Konrad, BayVBl 1982, 482 f. m.w.N., der nur Art. 19 Abs. 4 GG und nicht Art. 103 Abs. 1 GG für anwendbar hält.
62   BVerfGE 53, 30, 65 f.; BVerfG NVwZ 2000, 1283 f.; H. Konrad, BayVBl 1982, 481.

Verwirklichung der Abwehr-, Leistungs- und Teilhabefunktionen der Grundrechte sowie zum Ausgleich widerstreitender Grundrechte berufen sind. Daneben verlangt das Gebot der Rechtssicherheit, einander widersprechende Entscheidungen zu verhindern.[63]

c) Massenverfahren (Abs. 3). Kaum praktische Bedeutung erlangt hat, wie auch bei den Parallelvorschriften in §§ 56 a, 67 a, der Abs. 3 zur Beiladung in sog. Massenverfahren. Der entsprechende Beschluss ist im Bundesanzeiger bekanntzumachen (Abs. 3 S. 3) und in Tageszeitungen nach Maßgabe der S. 4-7 zu veröffentlichen. Bei Fristversäumung gilt § 60 entsprechend. Soweit die Gerichte überhaupt mit Abs. 3 befasst waren, ging es um die Auslegung von S. 9 (Beiladung besonders betroffener Personen auch ohne Antrag). Zwar ist die Vorschrift „nur als Sollvorschrift formuliert, aber das Gebot des rechtlichen Gehörs zwingt das Gericht, solche Personen von Amts wegen beizuladen, bei denen es aus den Akten ersieht, dass bei ihnen ein Fall der notwendigen Beiladung vorliegt [...]. Die Betroffenheit ‚in besonderem Maße' führt nicht zu besonderen Anforderungen, da sie in jedem Fall der notwendigen Beiladung gegeben ist" (OVG Greifswald NVwZ 2000, 945, 946). 34

2. Abgrenzung zu Streitgenossenschaft, Haupt- und Nebenintervention und Streitverkündung. a) Allgemein und Hauptintervention. Während im Zivilprozess Streitgenossenschaft, Haupt- und Nebenintervention sowie Streitverkündung nebeneinander existieren,[64] sind im Verwaltungsprozess neben der Beiladung die Regelungen zur Streitgenossenschaft entsprechend anzuwenden (§ 64), des Weiteren andere Formen der Drittbeteiligung nach § 173 entsprechend, wenn diese nicht dem Wesen des Verwaltungsprozesses widersprechen. Bis auf Ausnahmefälle spielt aber neben der Beiladung nur die Streitgenossenschaft im Verwaltungsprozess eine nennenswerte Rolle. „Unter einer Hauptintervention nach §§ 64, 65 ZPO ist die Klage eines Dritten (Hauptintervenient) gegen beide Parteien eines anhängigen Rechtsstreits zu verstehen, mittels derer der Dritte die Sache oder das Recht, worüber zwischen den Parteien gestritten wird, ganz oder teilweise für sich in Anspruch nimmt."[65] Eine Hauptintervention kommt im Verwaltungsprozess praktisch nicht vor, wenngleich die §§ 64, 65 ZPO über § 173 anwendbar sein könnten (str.).[66] 35

b) Nebenintervention. Die Nebenintervention ist dem Dritten im Verwaltungsprozess mangels Anwendbarkeit der §§ 66 ff. ZPO zugunsten der Beiladung verschlossen,[67] was schon aus der Ähnlichkeit der Voraussetzungen des § 69 ZPO (streitgenössische Nebenintervention) mit § 65 Abs. 2 zu erkennen ist.[68] Wer im Zivilprozess intervenieren kann, kann zum Verwaltungsprozess beigeladen werden, ebenso wie beigeladen werden muss, wer in einem Zivilprozess intervenieren kann und bei Ausübung dieses Rechts streitgenössischer Nebenintervenient wird.[69] 36

c) Streitverkündung. Zugleich ersetzt die Beiladung die zivilprozessuale Streitverkündung,[70] da letztere gemäß § 72 Abs. 1 ZPO voraussetzt, dass der Streitverkünder einen Rückgriffsanspruch des oder gegen den Dritten zu erheben können glaubt oder besorgt,[71] was vom Begriff des „rechtlichen Interesses" erfasst wird. 37

d) Streitgenossenschaft. Eine weitere im Verwaltungsprozess vorgesehene Möglichkeit der Drittbeteiligung ist hingegen die Streitgenossenschaft (§ 64). Diese erfordert, dass der Dritte ebenso wie ein Hauptbeteiligter die Verfügungsbefugnis über den Streitgegenstand innehat. Wenn also etwa ein Nachbar gegen die eine Baugenehmigung erteilende Behörde mit der Anfechtungsklage vorgeht, kann der Bauherr mangels Verfügungsbefugnis (er kann die Genehmigung nicht aufheben oder ändern) 38

---

63 OVG Münster VerwRspr 6 Nr. 150; *R. Stober*, FS Menger, 1985, 401, 421.
64 Zur Beteiligung Dritter am Zivilprozess *S. Schmitt/T. Wagner*, Jura 2014, 372 ff.
65 *S. Schmitt/T. Wagner*, Jura 2014, 372.
66 Anwendbar hält die Hauptintervention wohl HmbOVG 28.11.2008 – S3 A 233/08, juris Rn. 29. A.A. *W.-R. Schenke*, in: Kopp/Schenke § 65 Rn. 2, nach dem die Beiladung die Institution der Hauptintervention ausschließt; ferner *F. Koehl*, JuS 2016, 133, 134.
67 Mit dem wesentlichen Unterschied, dass der Nebenintervenient von selbst tätig werden muss, während die Beiladung (auch bei einer Anregung) vom Gericht ausgeht, *W. Roßmann*, Beiladung, 1967, 45.
68 OVG Koblenz NVwZ-RR 2010, 38, 39; *W.-R. Schenke*, in: Kopp/Schenke § 65 Rn. 2; *K. Schneider*, in: Gärditz § 65 Rn. 1.
69 *K. A. Bettermann*, ZZP 1977, 121, 124 f. m.w.N.
70 OVG Koblenz NVwZ-RR 2010, 38; *W.-R. Schenke*, in: Kopp/Schenke § 65 Rn. 2.
71 Zu dieser subjektiven Sicht bei der Streitverkündung im Zivilprozess *J. Heiliger*, Streitverkündung, 2009, 49 f.

nicht Streitgenosse, sondern nur Beigeladener sein.[72] Anders als Streitgenossen, die als Kläger und Beklagte Hauptbeteiligte im Prozess sind, wird der Beigeladene nicht „Partei", sondern nebenbeteiligter Dritter (Drittbeteiligter) eines anhängigen fremden Rechtsstreits. Als solcher hat er grds. keine Befugnis zu Änderungen des Streitgegenstandes.[73] Deshalb steht die notwendige Beiladung neben der obligatorischen Streitgenossenschaft und ersetzt sie nicht. Wird die echte Streitgenossenschaft im Prozess übergangen, fehlt dem singular Klagenden oder Verklagten die Prozessführungsbefugnis[74] (→ § 64 Rn. 74 m.w.N.), die Klage wird als unzulässig abgewiesen. Ist dagegen eine notwendige Beiladung unterblieben, liegt lediglich ein Verfahrensmangel vor und die Klage bleibt zulässig (zur Wirkung des Urteils in diesen Fällen gegenüber dem nicht Beigeladenen → Rn. 189 ff., gegenüber den Hauptbeteiligten → Rn. 184 ff.).

39   **aa) Einfache Streitgenossenschaft.**   Die einfache Streitgenossenschaft unterscheidet sich von der einfachen Beiladung dadurch, dass bei der Beiladung nur ein Dritter existieren muss, *dessen* rechtliche Interessen berührt werden, während die einfache Streitgenossenschaft durch eine – jedenfalls ursprünglich – *gleiche* Interessenlage gekennzeichnet ist. Letzteres bedeutet, dass der Dritte in Bezug auf einen Hauptbeteiligten aus demselben tatsächlichen und rechtlichen Grunde verpflichtet oder berechtigt sein bzw. zu diesem Hauptbeteiligten in Rechtsgemeinschaft stehen muss (§ 64 VwGO i.V.m. § 59 ZPO) oder in Bezug auf einen Hauptbeteiligten wenigstens einen gleichartigen Anspruch zu dem streitgegenständlichen haben muss, der aus einem im Wesentlichen gleichartigen tatsächlichen und rechtlichen Grunde besteht (§ 64 VwGO i.V.m. § 60 ZPO). Die einfache Beiladung ist daher v.a. anwendbar, wenn die Voraussetzungen der einfachen Streitgenossenschaft nicht erfüllt sind und hat somit eine *Auffangfunktion*. Daraus folgt auch, dass ein Streitgenosse zum Verfahren eines anderen Streitgenossen beigeladen werden kann, soweit der Streitgegenstand nicht identisch ist.[75]

40   **bb) Notwendige Streitgenossenschaft.**   Etwas problematisch ist die Abgrenzung zwischen notwendiger Streitgenossenschaft und notwendiger Beiladung. Gemeinsames gesetzliches Merkmal beider Rechtsinstitute ist nämlich, dass die Entscheidung über ein streitiges Rechtsverhältnis „nur einheitlich ergehen kann" (§ 65 Abs. 2) bzw. „nur einheitlich festgestellt werden kann" (§ 62 Abs. 1 ZPO). Besteht diese Konstellation auf *Klägerseite*, liegt das entscheidende Differenzierungskriterium hinsichtlich der Streitgenossenschaft in dem durch Klageerhebung geäußerten Willen, den Rechtsstreit selbst aktiv betreiben zu wollen. Kommt dieser Wille nicht zum Ausdruck, ist die nichtklagende Partei zum Rechtsstreit notwendig beizuladen, wenn die Voraussetzungen vorliegen (vgl. VGH Mannheim NVwZ-RR 2002, 39). Auch auf *Beklagtenseite* ist eine klare Abgrenzung möglich. Während der notwendige Streitgenosse auf Beklagtenseite dessen Verfahrensposition stärken will, ist der notwendig Beigeladene „nur" ein an der Abweisung des klägerischen Antrags interessierter Dritter. Der Grundsatz der (durch den Ausgang des Rechtsstreits erzeugten) negativen Betroffenheit (→ Rn. 113, 115; zur positiven Betroffenheit → Rn. 114 ff.) beim Beigeladenen erfordert eine teleologische Reduktion des Wortlauts des § 65 Abs. 2; letztere ist aber sachgerecht (→ Rn. 115) und steht in Übereinstimmung mit den Ergebnissen der Rspr. (→ Rn. 116) und der Auffangfunktion der Beiladung. Ein notwendiger Streitgenosse, der als Hauptbeteiligter aus dem Prozess ausscheidet, ist regelmäßig notwendig beizuladen[76] (→ § 64 Rn. 80). Ansonsten kann ein Wechsel der prozessualen Stellung vom Streitgenossen zum Beigeladenen oder umgekehrt i.d.R. nicht erfolgen. Insbes. ist ein notwendig Beigeladener nicht notwendiger Streitgenosse einer Partei, auf deren Seite er streitet,[77] da er nur Neben- und nicht wie der Streitgenosse Hauptbeteiligter des Verfahrens wird und demgemäß weder den Hauptbeteiligten im Termin vertreten noch für diesen Fristen unterbrechen kann (zu diesen Folgen der notwendigen Streitgenossenschaft → § 64 Rn. 87 f.).

41   **3. Einfache und notwendige Beiladung.**   Zu unterscheiden ist innerhalb der Beiladung nach der Systematik des § 65 zwischen einfacher und notwendiger Beiladung. Liegen die Voraussetzungen des Abs. 2

---

72 *K. A. Bettermann*, ZZP 1977, 121, 123.
73 *K. A. Bettermann*, ZZP 1977, 121, 123.
74 *J. Heiliger*, Streitverkündung, 2009, 31.
75 VGH Kassel ESVGH 14, 185, 186 f.; weiter gehend *B. Schäfer*, Beiladung, 1983, 11 f.
76 Vgl. *J. Martens*, VerwArch 60 (1969), 197, 216 f., bzgl. des Bsp. einer Enteignungsverfügung, die nur von einzelnen Miterben angegriffen wird.
77 So schon PrOVGE 97, 44, 46. A.M. OVG Münster OVGE 28, 185, 188; OVG Bln OVGE 8, 130, 131.

vor (notwendige Beiladung), hat das Gericht den Dritten von Amts wegen beizuladen, unterbleibt dies, werden revisible Verfahrensvorschriften verletzt.[78] Die *einfache* Beiladung nach Abs. 1 ist von Amts wegen oder auf Antrag nach pflichtgemäßem *Ermessen* zu beschließen. Damit hat der Dritte bei der einfachen Beiladung keinen Rechtsanspruch auf Beiladung. Nach Auffassung des OVG Münster können prozessuale Zweckmäßigkeitserwägungen dafür sprechen, die einfache Beiladung von Dritten abzulehnen, um den Kreis der Verfahrensbeteiligten auf ein überschaubares Maß zu beschränken (vgl. OVG Münster NVwZ-RR 2000, 726 f.). Auch die Ablehnung der Beiladung eines Dritten, der in der Sache selbst klagebefugt war, soll nicht ermessensfehlerhaft sein, weil die Beiladung nicht als Ersatz für eine Klage herhalten soll, die von Rechts wegen möglich gewesen wäre, aber nicht genutzt wurde.[79] Die verfahrensrechtliche Stellung des einmal Beigeladenen ist unabhängig von der Einordnung nach Abs. 1 oder Abs. 2, Ausnahmen enthalten §§ 66 S. 2, 142 Abs. 1 S. 2.

Abs. 1 setzt zunächst nur voraus, dass rechtliche Interessen des Dritten durch die Entscheidung berührt werden.[80] Abs. 2 verlangt hingegen, dass die Entscheidung dem Dritten (wie den Hauptbeteiligten) gegenüber nur einheitlich ergehen kann. Diese sog. *qualifizierte* Betroffenheit[81] äußert sich nach hier vertretener Ansicht darin, dass die rechtliche Position des Dritten mit der Entscheidung steht und fällt bzw. i.d.R. die Begünstigung des Hauptbeteiligten in der Belastung des Dritten und die Belastung des Hauptbeteiligten in der Begünstigung des Dritten besteht, wobei Teilbelastungen oder Teilbegünstigungen (wie z.B. Auflagen) ausreichen. 42

III. Materielle und formelle Beiladung, Anwendungsbereich

1. Materielle und formelle Beiladung. Wie bei der Streitgenossenschaft sind Vorliegen und Zulässigkeit zu unterscheiden (→ § 64 Rn. 11). Die Beiladung liegt nach dem formellen Beteiligtenbegriff vor, wenn das Gericht einen Beschluss gefasst hat, bestimmte Dritte beizuladen und es diesen Beschluss zustellt (Abs. 4 S. 1). Damit werden diese Dritten unabhängig vom Vorliegen der gesetzlichen Voraussetzungen zu Beigeladenen i.S.d. § 63 Nr. 3 und können die Rechte des § 66 wahrnehmen (zu den Rechtsfolgen fehlerhafter Beiladung → Rn. 179 f.). Sie sind daher *formell* Beigeladene. Zulässig ist die Beiladung nur unter den Voraussetzungen des § 65. Wenn ein Dritter diese erfüllt, aber nicht beigeladen wird (*materiell* Beizuladender), bleibt er als Nichtbeteiligter im Prozess außen vor (zu den Rechtsfolgen unterbliebener Beiladung → Rn. 181 ff.). Aus seiner materiellen Stellung als Beizuladender lassen sich Rechtsbeeinträchtigungen ableiten. Diese sind von ihm im „Hauptprozess" mit Rechtsmitteln aber erst angreifbar, wenn er formell Beigeladener wird (→ Rn. 189). 43

2. Anwendungsbereich. a) Grundsätzliches, Anwendbarkeit in allen Verfahrensarten. Die Beiladung hat dort ihren Anwendungsbereich, wo Dritte vom Prozessausgang in rechtlicher Hinsicht betroffen werden können und ihre Einbeziehung erforderlich ist oder sinnvoll erscheint, obwohl sie keinem Hauptbeteiligten zuzuordnen sind bzw. andere Interessen als diese verfolgen. Sie ist damit das *wichtigste Instrument* zur Erstreckung der Rechtskraft auf Dritte *in mehrseitigen (polygonalen) Verwaltungsrechtsverhältnissen*, z.B. umwelt- oder baurechtliche Entscheidungen mit Auswirkungen auf die Nachbarschaft, ausländerrechtliche Ausweisungen und Asylfälle bei Beteiligung von Ehegatten oder Kindern/Eltern, gewerberechtliche Entscheidungen und Konkurrentenklagen. Möglich ist die Beiladung *in allen Verfahrensarten*[82] einschließlich der *Normenkontrollverfahren*, der *Eilverfahren* nach §§ 80 a, 80 Abs. 5 und 123,[83] wobei unerheblich ist, ob der eingelegte Rechtsbehelf zulässig ist[84] (→ Rn. 152 ff.). § 65 Abs. 2 ist gem. § 23 a Abs. 2 S. 1 WBO entsprechend anwendbar im Wehrbeschwerdeverfahren bei Konkurrentenstreitigkeiten um die Besetzung militärischer Dienstposten (BVerwGE 139, 11, 18 ff.). Zur speziellen Anordnung der Beiladung der Handwerkskammer → Rn. 100. 44

---

78 Damit wird zugleich ein im Revisionsverfahren von Amts wegen zu beachtender Verfahrensmangel begründet, *H. Konrad*, BayVBl 1982, 481, 482; *K. Wilde*, NJW 1972, 1262, 1263.
79 BVerwG DVBl 2005, 1059, 1060; *W. Roth*, NVwZ 2003, 691, 692 f.
80 Sog. *schlichte* Betroffenheit (zu diesem Begriff *H. Konrad*, BayVBl 1982, 481, 482).
81 *H. Konrad*, BayVBl 1982, 481, 482.
82 *R. Kintz*, in: Posser/Wolff § 65 Rn. 2.
83 Vgl. nur OVG Münster NVwZ-RR 2000, 726 f. und VGH Mannheim VBlBW 1985, 254 f., die beide ohne besondere Hervorhebung von der Zulässigkeit der Beiladung im einstweiligen Rechtsschutz ausgehen.
84 VGH Mannheim NVwZ 1986, 141, 142. A.M. BFHE 122, 18 (LS).

45 **b) Normenkontrollverfahren (§ 47). aa) Alte Rechtslage.** Ursprünglich war die Möglichkeit der Beiladung im Normenkontrollverfahren str. Die hier vertretene Ansicht hielt die Beiladung im Verfahren nach § 47 einschließlich des dortigen einstweiligen Rechtsschutzes für zulässig und z.T. geboten.[85] Zwar war das mit der einfachen Beiladung verfolgte Ziel der Gerichtshilfe und besseren Aufklärung des Sachverhalts auch durch Zeugen und Sachverständige zu erreichen, welches aber nicht bedeutete, dass ein gesetzlich vorgesehenes und zulässiges Institut aus prozessökonomischen Gründen des einzelnen Verfahrens über Gebühr eingeschränkt werden durfte. Die seinerzeitige Gegenauffassung (BVerwGE 65, 131 ff.; VGH Kassel DÖV 1993, 874 f.) übersah hingegen die verfassungsrechtliche Bedeutung der Beiladung und die Notwendigkeit möglichst früher Teilnahme aller Betroffenen an gerichtlichen Verfahren, um diese in angemessen kurzer Zeit und für alle Rechtssicherheit schaffend abzuschließen.

46 **bb) BVerfG.** Eine Entscheidung des BVerfG (NVwZ 2000, 1283 ff.) bereitete dem Streit zugunsten der hier vertretenen Auffassung ein Ende. Mit der Nichtanwendbarkeit der Regelungen der § 65 Abs. 1 und 4 und § 66 im Normenkontrollverfahren würde dem Umstand nicht hinreichend Rechnung getragen, dass das Verfahrensrecht nicht nur dem geordneten Verfahrensgang, sondern im grundrechtlichen Bereich auch dem Rechtsschutz des Grundrechtsträgers diene. Der unmittelbar aus Art. 14 Abs. 1 S. 1 GG folgende Anspruch auf effektiven Rechtsschutz werde bei Bebauungsplänen möglicherweise verletzt, wenn der Bebauungsplan für ungültig erklärt werde, ohne dass den durch ihn begünstigten Eigentümern Gelegenheit gegeben wurde, geltend zu machen, der angefochtene Plan sei geltendes Recht. Dies sei trotz des bloß feststellenden Charakters des stattgebenden Urteils der Fall. Jedenfalls dürfe der Ausschluss nicht nur durch verfahrensökonomische Kriterien begründet werden.

47 **cc) Neuregelung.** Auf die Entscheidung des BVerfG folgte die Einführung des § 47 Abs. 2 S. 4.[86] Hiernach sind die Regelungen der § 65 Abs. 1 und 4 und § 66 seit dem 1.2.2002 entsprechend im Normenkontrollverfahren anzuwenden. Seitdem können also auch dort andere, deren rechtliche Interessen durch die Entscheidung berührt werden, einfach beigeladen werden (BVerwG BauR 2002, 1830 f.). Die Rspr. handhabt die Vorschriften restriktiv, insbes. beschränkt sie die Beiladung auf Grundstückseigentümer, die besonders betroffen seien (BVerwG NVwZ 2006, 329, 330; NVwZ 2008, 214, 215; OVG Bln-Bbg NVwZ-RR 2009, 51, 52). Indem § 47 Abs. 2 S. 4 nur auf § 65 Abs. 1 verweist, scheidet eine notwendige Beiladung aus.

48 **dd) Einstweiliger Rechtsschutz.** Die Neuregelung des § 47 Abs. 2 S. 4 erfasst auch den einstweiligen Rechtsschutz nach § 47 Abs. 6 (→ Rn. 45, 55). Zur Beiladung bei §§ 123, 80, 80 a → Rn. 55.

49 **ee) Amtsverfassung.** Eine weitere Frage kann sich stellen, wenn das Land sich kommunalverfassungsrechtlich eine Amtsverfassung[87] gegeben hat und die Gemeinde im Prozess durch das Amt „vertreten" wird (vgl. § 127 Abs. 1 S. 6 KV M-V; § 135 Abs. 4 BbgKVerf; § 3 Abs. 1 S. 5 AmtsO S-H). Der Wortlaut lässt eine gesetzliche Vertretung annehmen, tatsächlich nimmt das Amt aber fremde Rechte im eigenen Namen wahr und handelt so in gesetzlicher Prozessstandschaft. Um einen Normkonflikt mit § 47 Abs. 2 zu vermeiden (Antragsgegnerin ist die normsetzende Körperschaft), ist hier die Gemeinde als Antragsgegnerin der Normenkontrolle anzusehen mit der Folge, dass sie schon beteiligt ist, obwohl tatsächlich das Amt handelt. Ergeht ein Abweisungsurteil/-beschluss, wird nicht das Amt, sondern die Gemeinde gem. § 121 Nr. 1 an die Entscheidung gebunden. Eine Beiladung der Gemeinde nur aus der Annahme heraus, dass das Amt unter Umständen eigene Interessen und nicht die aus der Planungshoheit der Gemeinde folgenden Rechte verfolgt, kommt wegen der eindeutigen Formulierung „andere" (§ 65 Abs. 1) nicht in Betracht. Missbraucht das Amt erkennbar seine verfahrensrechtliche Stellung, ist es denkbar, das Amt von der Prozessführung im Wege verfassungskonformer Auslegung der Normen der Amtsverfassung auszuschließen und die Gemeinde ihre rechtlichen Interessen selbst wahrnehmen zu lassen.

---

85 Vgl. ausf. *D. Czybulka* in Erstauflage, Rn. 45 ff.; ebenso OVG Bln DVBl 1982, 362 f.; OVG Münster OVGE 35, 29 ff.; *K. Dienes*, DVBl 1980, 672, 676; *M. Ronellenfitsch*, VerwArch 74 (1983), 281, 295.
86 RmBereinVpG vom 20.12.2001 (BGBl I 3987).
87 Ein Amt ist – ähnl. einer Samtgemeinde oder Verwaltungsgemeinschaft – eine kommunale Verbandskörperschaft, seine Mitglieder sind die amtsangehörigen Gemeinden.

c) **Vollstreckungsverfahren.** Zulässig ist die Beiladung auch im Vollstreckungsverfahren gem. 50
§§ 167 ff., weil die Beiladung im Abschnitt Allgemeine Verfahrensvorschriften geregelt ist, der auf alle
Teile der VwGO Anwendung findet.[88] Die Beiladung im Vollstreckungsverfahren richtet sich aber
nicht ohne Weiteres nach derjenigen im Hauptsacheverfahren (vgl. OVG Münster BRS 55 Nr. 160),
vielmehr ist wieder zu prüfen, wessen rechtliche Interessen durch die Entscheidung im Vollstreckungsverfahren betroffen sind.

d) **(Verwaltungs-)Vorverfahren.** Unzulässig ist die Beiladung dagegen im Vorverfahren nach §§ 68 ff., 51
da das Vorverfahren ein Verwaltungsverfahren darstellt und eigene Regelungen, etwa § 13 VwVfG
und § 71 VwGO, aufweist. Die Anhörung Dritter erfasst den auch § 65 zugrunde liegenden Zweck
der Interessenwahrung Dritter und des Schutzes des rechtlichen Gehörs; eine Rechtskrafterstreckung
ist bei einem Widerspruchsbescheid aber nicht möglich. Daher ist § 71, ggf. auch § 13 Abs. 2 VwVfG,
ausreichend (→ § 71 Rn. 9 f.),[89] einer Analogie zu § 65 bedarf es nicht.

e) **Zivilprozess.** Im Zivilprozess ist § 65 nicht, auch nicht analog, anzuwenden, da die ZPO ausrei- 52
chende Institute zur Einbeziehung Dritter enthält.[90]

f) **Baulandsachen.** In Verfahren wegen Baulandsachen (§§ 217 ff. BauGB), insbes. Enteignungsverfah- 53
ren, wird die Beiladung dadurch ersetzt, dass der nach allgemeinen Vorschriften Beizuladende zum
Hauptbeteiligten wird (§ 222 Abs. 1, 3 BauGB), d.h. ein mehrseitiges Verwaltungsprozessrechtsver-
hältnis mit mindestens drei Hauptbeteiligten (Betroffener, Begünstigter, Behörde) entsteht (→ § 64
Rn. 5). Da im Übrigen die ZPO gilt (§ 221 Abs. 1 S. 1 BauGB), ist auch die Beiladung anderer Personen ausgeschlossen.[91]

IV. Kommentierung im Einzelnen

1. Voraussetzungen der einfachen Beiladung. a) Anhängigkeit eines Rechtsstreits. aa) Laufendes 54
Hauptverfahren, Eilverfahren. Die Beiladung ist nur zulässig, wenn ein Dritter zu einem laufenden
Prozess hinzugezogen werden soll. Sie setzt also einen beim über die Beiladung entscheidenden Gericht anhängigen Rechtsstreit voraus, der noch nicht rechtskräftig abgeschlossen ist. Wenn der Rechtsstreit in höherer Instanz anhängig ist, ist die Beiladung durch das Gericht der höheren Instanz zu prüfen und ggf. zu beschließen. Anhängigkeit ist dabei nach §§ 81, 90 mit formgerechter Erhebung der
Klage bzw. des Antrags gegeben, unabhängig von deren Zulässigkeit[92] (→ Rn. 44). So kann mit Blick
auf die Bestandskraft (z.B. wegen Verfristung) auch hinsichtlich der Frage der Zulässigkeit ein rechtliches Interesse Dritter bestehen.[93]

bb) Einstweiliger Rechtsschutz. Ein Rechtsstreit ist auch gegeben, wenn das Hauptsacheverfahren 55
noch nicht eingeleitet, aber einstweiliger Rechtsschutz[94] ersucht wurde. Zwar besteht in Eilverfahren
ein besonderes Interesse des Antragstellers an einer zügigen Entscheidung, da ihm aber ohne Rechtskrafterstreckung auch hier nicht gedient ist und ein betroffener Dritter ein erhebliches Interesse an der
kostenpflichtigen Abweisung des Antrags im einstweiligen Rechtsschutz haben kann, ist die Beiladung
hier gleichfalls vorzunehmen. Auch bei §§ 80, 80 a, 123 ist es verfassungsrechtlich (Art. 103 Abs. 1
bzw. Art. 19 Abs. 4 GG) geboten, Dritte einzubeziehen[95] (→ Rn. 44). Wenn etwa ein Nachbar vollendete Tatsachen verhindern will und neben einem Anfechtungswiderspruch gegen eine (Bau-)Geneh-
migung einen Antrag auf (Wieder-)Herstellung der aufschiebenden Wirkung nach §§ 80 a, 80 Abs. 5
stellt, nützt ihm ein Beschluss wenig, wenn nicht die „Rechtskraft" (zur Rechtskraft von Beschlüssen
nach § 80 Abs. 5 bzw. § 123 → § 121 Rn. 94) auf den Dritten erstreckt wird – dieser kann sonst bei

---

88 OVG Münster NWVBl 1993, 97, 99 – für die Beiladung des Bauherrn; abl. *Schunck/De Clerck* §§ 65, 66 Anm. 1 d
 (S. 391).
89 *K. Rennert*, in: Eyermann § 71 Rn. 7; *P. Kothe*, in: Redeker/v. Oertzen § 71 Rn. 1. A.M. *A. Gern*, DÖV 1985, 558,
 559.
90 Allg. Meinung (vgl. §§ 64 ff. ZPO); a.M. *A. Gern*, DÖV 1985, 558, 559. Zur Beteiligung Dritter am Zivilprozess S.
 Schmitt/T. Wagner, Jura 2014, 372 ff.
91 *W. Roßmann*, Beiladung, 1967, 130 ff., 136.
92 *W.-R. Schenke*, in: Kopp/Schenke § 65 Rn. 13, 21.
93 *J. Schmidt*, in: Eyermann § 65 Rn. 7.
94 Zur Zulässigkeit der Beiladung nach Abs. 3 in Eilverfahren OVG Greifswald NVwZ 2000, 945 ff.
95 Dies gilt auch, wenn der Rechtsbehelf im einstweiligen Rechtsschutz unzulässig sein sollte. A.M. BFHE 122, 18, 20.

gesetzlicher oder behördlicher Anordnung der sofortigen Vollziehung von Genehmigung Gebrauch machen.

56   **cc) Rechtsmittelverfahren: Berufungs- und Revisionszulassungsverfahren, Revisionsverfahren.** Ein anhängiger Rechtsstreit liegt auch vor, wenn dieser in der ersten Instanz abgeschlossen wurde und im Rechtsmittelverfahren fortgesetzt wird. Es entscheidet dann ggf. das Rechtsmittelgericht über die Beiladung. Nach hier vertretener Auffassung ist eine Beiladung auch im Verfahren über die Zulassung des Rechtsmittels zu ermöglichen.

57   Zwar wird im *Berufungszulassungsverfahren* nach § 124 a Abs. 4 nur über das Bestehen eines Zulassungsgrundes nach § 124 Abs. 2 entschieden, eine Entscheidung in der Sache erfolgt nicht. Jedoch werden hier bereits wesentliche Argumente ausgetauscht, sodass das formale Abstellen auf „die Entscheidung, die rechtliche Interessen berührt" dem Dritten ohne Not die Instanz verkürzen würde. Die obergerichtliche Rspr. folgt dieser Argumentation bislang nicht. [96] Da die Beiladung auch der Interessenwahrung des Dritten dient, spielt es ferner keine Rolle, dass im Falle einer anschließenden Nichtzulassung des Rechtsmittels die Beiladung zum erstinstanzlichen Rechtsstreit vor Unanfechtbarkeit ausreicht, um eine Erstreckung der Rechtskraft herbeizuführen.

58   Das *Revisionszulassungsverfahren* gem. § 132 ist ähnlich ausgestaltet, doch wird im anschließenden *Revisionsverfahren* die Vorschrift des § 65 durch § 142 überlagert, der (nur) notwendige Beiladungen nach § 65 Abs. 2 für zulässig erklärt (§ 142 Abs. 1). [97] Wie im Berufungs- und Beschwerdeverfahren wird zwar bereits im Zulassungsverfahren eine (verkürzte) Sachprüfung vorgenommen, die aus Rechtsschutzgründen die Beteiligung aller Betroffenen erfordert; wenn aber das anschließende Rechtsmittelverfahren die Interessen des Beizuladenden nicht mehr wahren kann, sei es aufgrund des beschränkten Prüfungsumfangs (§ 137) oder wegen § 142, ist die Beiladung auch schon im Zulassungsverfahren unzulässig (BVerwG BauR 2002, 1830 f.), um nicht die Beschränkungen der Beiladung zu umgehen und § 142 leer laufen zu lassen. Demzufolge ist im Revisionszulassungsverfahren eine Beiladung nur im Falle ihrer Notwendigkeit und nur dann zulässig, wenn keine weitere Tatsachenaufklärung erforderlich ist. [98]

59   Im *Revisionsverfahren* wird die Zulässigkeit der Beiladung durch § 142 Abs. 1 überlagert, der die Beiladung nur im Falle ihrer Notwendigkeit für zulässig, im Übrigen für unzulässig erklärt. [99] Sind noch Tatsachenfeststellungen erforderlich, die eventuell auch erst wegen der Hinzuziehung des notwendig beizuladenden Dritten erkennbar wurden, ist anstatt einer Beiladung die Zurückverweisung der Sache an die Vorinstanz geboten, da in diesem Fall das ohne Beteiligung des Beizuladenden ergangene Urteil nicht bestehen bleiben kann (zu den Folgen für den nicht [der „zu spät"] Beigeladenen → Rn. 189 ff., 195). Die *einfache* Beiladung ist dagegen in Revisions- und Revisionszulassungsverfahren (BVerwG DVBl 2001, 914, 915) nach § 142 Abs. 1 S. 1 ausgeschlossen. Ebenso ist die Streitgenossenschaft erst im Revisionsverfahren wegen § 142 Abs. 1 nicht zulässig, da die auf einer Willensentscheidung beruhende subjektive Kläger- oder Beklagtenhäufung als Klageänderung begriffen wird, wenn sie erst im Verlaufe des Rechtsstreits vorgenommen wird (BVerwGE 3, 150 155; 44, 351, 360 f.; 66, 266, 267, → § 64 Rn. 19). Da aber notwendige Beiladungen in der Revisionsinstanz zulässig sind (§ 142 Abs. 1 S. 2), [100] gilt dies ebenso für den Fall, dass eine notwendige Streitgenossenschaft prozessual getrennte Wege geht, z.B. ein Streitgenosse das Rechtsmittel zurücknimmt. Dieser ist auch weiterhin „zuzuziehen" (§ 62 Abs. 2 ZPO), und zwar in der Form der (notwendigen) Beiladung. Keine Klageänderung ist der Parteiwechsel infolge einer gesetzlichen Rechtsnachfolge, durch die eine Streitgenossenschaft entsteht. [101]

---

96   Vgl. VGH Mannheim NVwZ-RR 2000, 814 f.; OVG Münster JurBüro 2001, 479; OVG Potsdam 26.5.2008 – OVG 2 N 164.07, juris Rn. 1 f.

97   So auch die Regelung in der FGO (§ 123 Abs. 1) und ähnl. im SGG (§ 168 mit Zulässigkeit der der notwendigen Beiladung, sofern der Beizuladende zustimmt).

98   A.M. BVerwG DVBl 2001, 914, 915: Beiladung ist im Zulassungsverfahren stets ausgeschlossen.

99   Vgl. z.B. BVerwG NVwZ-RR 2011, 382 f.

100   Voraussetzung hierfür ist jedoch die Zulässigkeit des Revisionsverfahrens, BVerwG Buchholz 310 § 65 VwGO Nr. 138.

101   Vgl. BVerwGE 36, 127, 132: Ein gewillkürter Austausch der Beteiligten (z.B. Beitritt) wird in der Regel wie eine Klageänderung behandelt.

dd) Unanfechtbarkeit, Wiederaufnahme. Nach Unanfechtbarkeit einer Entscheidung ist eine Beila- 60
dung ausgeschlossen, da ein Rechtsstreit nicht mehr anhängig ist (zur Beiladung im Vollstreckungsverfahren → Rn. 50). Maßgeblich für das „Vorliegen" der Beiladung ist der Zeitpunkt der Zustellung des
Beiladungsbeschlusses (→ Rn. 165) oder bei Anwesenheit des Beizuladenden in der mündlichen Verhandlung die Verkündung, obwohl Abs. 4 S. 1 die Zustellung auch in diesem Fall verlangt. Wird die
Beiladung daher rechtzeitig beantragt, aber der Antrag erst nach Eintritt der Rechtskraft beschieden,
ist die Beiladung unwirksam (OVG Münster OVGE 4, 28, 29 f.). Zwar ist die Beiladung nach Urteilsverkündung allein mit dem Ziel der Rechtskrafterstreckung – Rechtsschutz oder rechtliches Gehör
werden dadurch gerade auf die Einlegung von Rechtsmitteln beschränkt – bedenklich.[102] Die *Rechtsmittelfrist* beginnt aber für den so spät Beigeladenen erst mit Zustellung des Urteils sowie des Beiladungsbeschlusses[103] und führt – sollte nicht die in dem Beschluss ungewöhnliche Belehrung über die
Rechtsmittel gegen das Urteil enthalten sein – sogar zur Jahresfrist des § 58 (→ § 124a Rn. 140).
Nach Eintritt der Rechtskraft scheidet auch eine Wiedereinsetzung des den Antrag stellenden Beizuladenden aus, da ihm gegenüber keine Rechtsmittelfristen laufen.[104] Die Beiladung ist auch ausgeschlossen bei Beendigung des Rechtsstreits durch Vergleich, Klagerücknahme oder Erledigungserklärung
(vgl. VGH München 29.6.2016 – 20 AS 16.1010, juris Rn. 1 f.). Zulässig ist die Beiladung dagegen
wieder im durch *Wiederaufnahmeverfahren* fortgesetzten Rechtsstreit; das Gleiche gilt im Falle der
Wiedereinsetzung in der vorigen Stand auf Antrag eines (bereits) Beteiligten.[105]

b) Beiladungsfähigkeit des Dritten. aa) Beteiligtenfähigkeit. Beiladungsfähig ist zunächst nur, wer 61
auch beteiligtenfähig ist (§ 61), da er nur dann (Neben-)Beteiligter nach § 63 Nr. 3 sein kann bzw. da
nur derjenige durch den Streitgegenstand in seinen rechtlichen Interessen gem. § 65 Abs. 1 berührt
sein kann, dem klagefähige Rechte zustehen können (BVerwGE 118, 328, 330). Beiladungfähig ist damit im Grundsatz jede beteiligungsfähige Person oder Vereinigung (→ § 61 Rn. 17 ff.), die nicht
Hauptbeteiligter ist. Lädt das Gericht eine Person trotz fehlender Beteiligungsfähigkeit bei, ist der Beschluss wegen Fehlens einer Sachurteilsvoraussetzung unwirksam.[106] Die Verweisung auf die Beteiligtenfähigkeit bedeutet u.a., dass die Beiladungsfähigkeit von *Behörden* als bloßen Organen ihrer Verwaltungsträger sich nach Landesrecht richtet (→ § 61 Rn. 33 ff.) bzw. im Fall von Bundesbehörden,
wenn Bundesgesetze dies abweichend von dem in der VwGO vorherrschenden Rechtsträgerprinzip
(§ 78 Nr. 1) anordnen (→ § 61 Rn. 33). Im Übrigen wird auf die Komm. des § 61 verwiesen.
Erlischt die Beteiligtenfähigkeit, entfällt grds. auch die Beiladungsfähigkeit. Ausnahmen gelten für 62
Hauptbeteiligte und sind auch hinsichtlich Beigeladener zu untersuchen. Stirbt eine *natürliche Person*,
die Hauptbeteiligter ist, würde das Verfahren unterbrochen, bis der Rechtsnachfolger erklärt hat, ob
er das Verfahren beenden oder fortsetzen wolle (→ § 61 Rn. 10 ff.). Stirbt der Beigeladene, ist die
Fortsetzung des Prozesses denkbar, da er durch die Hauptbeteiligten fortgeführt werden kann. Demgemäß sprechen prozessuale Gründe für das Unwirksamwerden der Beiladung. Andererseits tritt der
Rechtsnachfolger auch in die Interessen des Beigeladenen ein. War die Beiladung aus Gründen des
rechtlichen Gehörs oder des effektiven Rechtsschutzes angezeigt, ist auch die Beiladung des Rechtsnachfolgers erforderlich. Dazu bedarf es aber keiner Überleitung der Stellung des bisherigen Beigeladenen, da auch der Rechtsnachfolger durch eigenständige Beiladung den Rechtswirkungen des Urteils
in vollem Umfange unterworfen werden kann (§ 121). Die Unterbrechung des Verfahrens kann daher
allein aus Gründen des rechtlichen Gehörs und des Rechtsschutzes des Rechtsnachfolgers gem. § 173
VwGO i.V.m. §§ 239 ff. ZPO angeordnet werden; dies bedeutet, dass nur bei der notwendigen Beiladung eine Unterbrechung stattfinden muss,[107] und auch dies nur insoweit, als übertragbare Rechte

---

102 Dies ergibt sich schon aus dem Wortlaut des Abs. 1 („anhängig"), aber auch aus Abs. 4 S. 2 („Stand der Sache"),
BSG 20.9.2000 – B 9 VS 2/00 B, juris Rn. 3.
103 Die Beiladung unterscheidet sich dadurch erheblich von der Nebenintervention, bei der der nachträgliche Streithelfer
auf den Rest der Rechtsmittelfrist der Hauptbeteiligten angewiesen ist; vgl. § 124a Rn. 134 zu Streitgenossen;
BVerwGE 1, 27, 28 f.
104 Vgl. *J. Schmidt,* in: Eyermann § 65 Rn. 9.
105 Vgl. *J. Schmidt,* in: Eyermann § 65 Rn. 9.
106 BVerwG NVwZ 1986, 555; *A. Guckelberger,* JuS 2007, 436, 427.
107 BVerwG MDR 1982, 80; BSGE 39, 54, 55 f. (keine Unterbrechung bei einfacher Beiladung); A.M. BSGE 50, 196,
197 f. (auch keine Unterbrechung bei notwendiger Beiladung); *W.-R. Schenke,* in: Kopp/Schenke § 63 Rn. 9 (Unterbrechung auch bei einfacher Beiladung); *K. Sojka,* MDR 1982, 13 f.

oder Pflichten betroffen werden, da sich für den Beigeladenen der Rechtsstreit ansonsten erledigt (→ § 61 Rn. 11).

63   Die Rechtslage ist im Falle der notwendigen Beiladung anders, wenn der Beigeladene im Prozess anwaltlich vertreten wurde. Hier ist der Beigeladene nach § 173 S. 1 VwGO i.V.m. § 86 ZPO durch seinen Prozessvertreter weiter am Verfahren beteiligt, eine Unterbrechung tritt gem. § 173 S. 1 VwGO i.V.m. § 246 Abs. 1 S. 1 Hs. 1 ZPO nicht ein (→ § 61 Rn. 10);[108] auf Antrag des Bevollmächtigten, in den Fällen des Todes und der Nacherbfolge auch auf Antrag des Gegners, hat das Gericht die Aussetzung des Verfahrens anzuordnen, vgl. § 246 Abs. 1 S. 1 Hs. 2 ZPO.

64   Fällt eine *juristische Person des Privatrechts* weg, gilt grds. nichts anderes. Mit Auflösung und Liquidation verliert sie ihre Beteiligten- und Beiladungsfähigkeit (→ § 61 Rn. 13). Ist die Rechtsfähigkeit der juristischen Person Streitgegenstand, gilt sie aber insoweit als rechtsfähig.[109] Aus Sinn und Zweck dieser Fiktion muss dies auch in einem von Dritten geführten Rechtsstreit gelten. Die notwendige Beiladung der juristischen Person ist hier vonnöten, da die Feststellung ihrer fortbestehenden Rechtsfähigkeit nicht Dritten und dieser Person gegenüber unterschiedlich erfolgen kann.

65   Ebenso verhält es sich bei der *Auflösung juristischer Personen des öffentlichen Rechts*. Wird etwa eine Gemeinde aufgelöst, bleibt diese im Rechtsstreit gegen die Auflösung beteiligten- und im Verfahren Dritter beiladungsfähig. Solange die Auflösung nicht bestands- oder rechtskräftig geworden ist, können rechtliche Interessen der Gemeinde noch berührt sein. Im Übrigen tritt grds. keine Rechtsnachfolge ein (→ § 61 Rn. 14).

66   **bb) Ein anderer.**   Das zweite und wichtigste Kriterium der Beiladungsfähigkeit folgt aus dem Wortlaut des Abs. 1 bzw. Abs. 2: Die für eine Beiladung in Betracht kommende Person muss ein „anderer" oder ein „Dritter" sein, also von den Hauptbeteiligten Kläger und Beklagter personenverschieden sein.[110]

67   Problematisch ist die Beiladungsfähigkeit v.a., wenn *Verwaltungsträger oder Behörden* beigeladen werden sollen. Unsicherheiten sind schon dadurch bedingt, dass die Einordnung als „Dritter" für einen Verwaltungsträger maßgeblich davon abhängt, ob er eigene Rechte geltend machen will und diese Frage mit derjenigen der Klagebefugnis (§ 42 Abs. 2) bzw. dem Vorliegen der Voraussetzungen der rechtlichen Betroffenheit bzw. der Notwendigkeit einer einheitlichen Entscheidung oft vermischt wird.

68   Einigkeit besteht insoweit, dass eine Behörde des bereits klagenden oder verklagten Verwaltungsträgers, mag dieser auch durch eine andere Behörde vertreten sein, i.d.R. nicht beigeladen werden kann.[111] Da der Verwaltungsträger schon beteiligt ist, besteht materiell auch kein Bedürfnis, soweit der beiladungswilligen Behörde kein klar abgegrenzter Aufgabenbereich zugewiesen wurde.[112] Nicht beizuladen ist auch die zur Rechts- und Fachaufsicht berechtigte *nächsthöhere Behörde* (VG Frankfurt/Oder NVwZ-RR 2008, 384, 386 a.E.).

69   Auch wenn nach Landesrecht eine Behörde beteiligtenfähig ist (→ § 61 Rn. 33 ff.) und sogar als richtiger Antragsgegner bestimmt ist, handelt die Behörde nur in gesetzlicher Prozessstandschaft für den materiell am Verfahren beteiligten Verwaltungsträger (BVerwGE 80, 127, 128). Wenn schon eine andere Behörde desselben Rechtsträgers grds. nicht beiladungsfähig ist, gilt dies erst recht für einen Amtswalter derselben Behörde im Rechtsstreit dieser Behörde mit einem Dritten wegen des dienstlichen Verhaltens des Amtswalters (VGH München NVwZ-RR 1999, 148 f.).

70   Einigkeit besteht darüber, dass *Selbstverwaltungskörperschaften*, deren autonomen gesetzlichen oder verfassungsmäßigen Rechte durch den Drittprozess zwischen Staat und Bürger berührt werden, als juristische Personen beiladungsfähig sind. Hauptanwendungsfall ist die Beiladung der Gemeinde im Falle der Verpflichtungsklage eines Bauherrn auf Erteilung der Baugenehmigung gegen den Landkreis.[113]

---

108   *W.-R. Schenke*, in: Kopp/Schenke § 63 Rn. 9.
109   *W. Bier*, in: Schoch/Schneider/Bier § 61 Rn. 11 m.w.N.
110   *C. Nottbusch*, Beiladung, 1995, 51.
111   So schon PrOVGE 102, 237, 239; BVerwGE 72, 165, 167 f.; 80, 127, 128; BVerwG NVwZ 2003, 216 f.; vgl. auch OVG Münster OVGE 33, 287, 288 f. (Gewerbeaufsichtsamt – Baugenehmigung); 2.6.1998 – 10 B 946/98, juris Rn. 2 (kreisfreie Stadt – Anfechtung einer Baugenehmigung zu ihren Gunsten); VGH München NuR 1979, 33 f.
112   Anders wohl bei einer Klage des betroffenen Dritten gegen die Bundesprüfstelle für jugendgefährdende Medien (BPjM) nach §§ 17, 19 JuSchG für die nach § 21 Abs. 2 JuSchG antragsberechtigte Behörde.
113   BVerwGE 92, 66, 69; aus einem anderen Sachbereich VGH Kasse 8.1.1990 – 3 TE 2779/89, juris Rn. 10: Bund ist im Rodungsgenehmigungs-Anfechtungsverfahren als Träger der Straßenbaulast beizuladen.

Gleiches gilt, wenn in einem Landesverwaltungsverfahren Interessen des Bundes gewahrt werden sollen, dieser aber nur rechtsaufsichtliche Befugnisse besitzt.[114]

Schwieriger ist die Rechtslage, wenn der Staat als *Fiskus* beteiligt werden will. Zwar ist ein Insichprozess zwischen hoheitlich und fiskalisch handelndem Staat möglich (→ § 61 Rn. 41 ff.).[115] Die Übertragung dieses Gedankens auf die Beiladung wird jedoch nur z.T. vollzogen[116] und ist nach hier vertretener Ansicht abzulehnen,[117] wenn nicht der Gesetzgeber eine Beiladung ausdrücklich vorgesehen hat. Aus einer gesetzlich angeordneten Verfügungsbefugnis des Fiskus, wie der in § 8 Abs. 1 S. 1 VZOG, kann nicht ohne Weiteres auf die Zulässigkeit der Beiladung im Außenverhältnis geschlossen werden.[118] Dies folgt ferner daraus, dass die Beiladungsziele hinsichtlich des Fiskus nicht erreicht werden können. Rechtliches Gehör kann er als ausschließlich Grundrechtsverpflichteter nicht beanspruchen, sodass die Rechtsschutzfunktion entfällt. Da der Verwaltungsträger durch die Gerichtsentscheidung formell gebunden wird (§ 121 Nr. 1), bedarf es auch keiner Rechtskrafterstreckung, weshalb zugleich keine Förderung der Prozessökonomie durch die Beiladung erreicht wird. 71

Problematisch ist ferner die Übertragung der Rspr. zu *Organstreitigkeiten* (→ § 61 Rn. 37 ff.) auf die Zulässigkeit der Beiladung. Da im Organstreit nur um Kompetenzen der Organe untereinander gestritten wird, kann eine Entscheidung nur rechtliche Interessen eines Dritten berühren, wenn bei ihrem Erlass die Zuständigkeits- oder Beteiligungsregelungen nicht eingehalten werden, was ohnehin von Amts wegen zu prüfen ist. Nach außen soll der Staat oder eine Selbstverwaltungskörperschaft (-anstalt, -stiftung) aber einheitlich in Erscheinung treten. Ziel des Rechtsstreits mit dem Dritten ist nicht die Klärung innerstaatlicher Kompetenzverteilung, sondern die materieller Rechtsfragen. Daher sind die klagenden oder verklagten Körperschaften mit allen ihren Organen am Rechtsstreit beteiligt und das beiladungswillige Organ ist nicht „Dritter" i.S.d. § 65 (BVerwG NVwZ-RR 1995, 196 f., für Innungsmitglieder). 72

Handelt nach außen eine Behörde eines anderen Rechtsträgers als des möglichen Drittbeteiligten, wird sie aber *im Aufgabenkreis des Drittbeteiligten* tätig, kann ausnahmsweise das formale Auftreten in Form zweier juristischer Personen des öffentlichen Rechts nicht für die Beiladungsfähigkeit des Dritten genügen.[119] Dies folgt aus der herrschenden Anvertrauenstheorie[120] und gilt für Maßnahmen der Gemeinden, Landkreise oder kreisfreien Städte im übertragenen Wirkungskreis zugunsten des Landes, das seine Aufgaben an die Körperschaften übertragen hat.[121] Entschieden wurde dies auch für den Fall der atomrechtlichen Genehmigung, die als Bundesauftragsverwaltung nach Art. 87 c, 85 GG durch die Länder im Aufgabenkreis des Bundes erteilt wird (BVerwG NVwZ 1999, 296; ähnlich VGH Kassel NVwZ 1984, 451 [Bundesfernstraßen]). Das Gleiche gilt, wenn *ein Land zugleich Gemeinde* ist und alle Behörden nur aufgrund formaler Anordnung als Landes- oder Gemeindebehörden ausgestaltet sind, wie im Fall Berlins und Hamburgs – dann ist die Gemeinde trotz formal gegenüber dem Land bestehender Mitwirkungsrechte nicht beiladungsfähig (BVerwGE 107, 205, 211). 73

Ebenso unzulässig ist die Beiladung bei der *Beleihung*, wenn die Anvertrauenstheorie auch für den Verwaltungsprozess fruchtbar gemacht wird. Ist der Beliehene am Verfahren als Kläger oder Beklagter beteiligt, entfällt eine Beiladung des ihn mit der öffentlichen Gewalt beleihenden Staates oder einer Be- 74

---

114 OVG Münster DÖV 1974, 33 (Bund in Härteausgleichsfall); VGH Kassel ESVGH 26, 181 f. (Bund bei Einbürgerung von Ausländer); VGH München VGHE 13, 69 (Bund im Besatzungsschäden-Ausgleichsverfahren); dazu auch VGH Kassel NJW 1980, 1247 f.

115 *J. Gruber*, NJ 1992, 455.

116 *J. Gruber*, NJ 1992, 455 (Vermögenszuordnungsentscheidung).

117 Ebenso BVerwG VIZ 1995, 586; VGH München DÖV 1983, 602 f. A.M. scheinbar VGH München VGHE 29, 82 f. (Fiskus in Straßenbaulastsachen), der Sache nach ging es jedoch nur um die Vertretungsbefugnis des Landesfiskus für den Bund als Straßenbaulastträger. Der Bund ist als solcher mit dem Land nicht identisch, also Dritter, und als Adressat des begehrten Verwaltungsakts notwendig beizuladen.

118 I.E. ebenso VGH München VGHE Bayern 25, 129, 135; DÖV 1983, 602 f.; BayVBl 1991, 53. A.M. *J. Gruber*, NJ 1992, 455; ähnl. OVG Bln OVGE 7, 15 ff.

119 VGH Kassel ESVGH 19, 157, 158 (Fachaufsichtsbehörde – Außenrechtsstreit); ferner VGH Mannheim VBlBW 1985, 254 f. (Ausgangsbehörde – § 80 Abs. 5 gegen Widerspruchsbehörde).

120 Vgl. BGHZ 53, 217, 218 f.; zur Anvertrauenstheorie *Ossenbühl/Cornils* S. 113 f.

121 OVG Münster DÖV 1964, 748; VGH Mannheim NVwZ 1992, 591 f. (Land – Baugenehmigungsanfechtung); VGH München BayVBl 1978, 635 ff. (höhere Verwaltungsbehörde bei beklagtem Land); VGH Mannheim FEVS 15, 32 ff. und OVG Münster FEVS 31, 200 ff. (keine Beiladung des überörtlichen Sozialhilfeträgers); VGH Mannheim 28.5.1979 – I 48/79, juris Rn. 9 ff.: Land – Denkmalschutzstreit. A.M. OVG Münster JZ 1977, 340 (einfache Beiladung zulässig).

hörde desselben, da der Beliehene nicht „anderer", sondern nur ein anderer Verwaltungsträger „anstelle" des Staates ist.[122] Soweit der Beliehene hoheitlich tätig wird, hat der Staat seine Kompetenzen auf diesen übertragen und kann nicht mehr in eigenen Rechten verletzt oder berührt sein. Soweit die Übertragung nicht stattgefunden hat, ist der Beliehene nicht passiv oder aktiv legitimiert, d.h. hier wäre der Staat richtiger Hauptbeteiligter am Verfahren und die Klage gegen den angeblichen Verwaltungsträger *unbegründet*. Eine Beiladung käme daher allenfalls bei einer „Mischverwaltung" von Staat und Beliehenem in Betracht, was aber ausscheiden dürfte.

75 In seltenen Fällen wird auch die *Beiladung einer anderen Behörde des bereits klagenden oder verklagten Rechtsträgers* möglich sein. Dies setzt aber voraus, dass die beizuladende Behörde so weit verselbständigt ist, dass ihr eigene Klagerechte eingeräumt sind,[123] sie also nur wegen des für sie günstigen Ausgangs des Verwaltungsverfahrens nicht gegen diese Entscheidung klagt und damit ein rechtliches Interesse an deren Fortbestand besitzt.

76 Zusammenfassend ist feststellbar, dass Behörden zunächst nur gem. Bundesrecht oder nach § 61 Nr. 3 i.V.m. mit dem Landesrecht beteiligtenfähig sind, wenn sie hiernach also für den Verwaltungsträger in Prozessstandschaft tätig werden.[124] Dies genügt für die Beiladungsfähigkeit aber nicht, vielmehr dürfen sie dem schon hauptbeteiligten anderen Verwaltungsträger nicht i.R. einer Fachaufsicht (Weisungsverhältnis) über- oder untergeordnet sein. Ausnahmen bestehen nur dort, wo Behörden desselben Verwaltungsträgers gesetzlich ein Klagerecht erhalten haben. Ferner setzt die Beiladungsfähigkeit voraus, dass der Behörde mit der Wahrnehmung eines eigenen sachlich-rechtlichen Standpunktes als einem qualifizierten Verfahrensrecht ausgestattet ist (OVG Lüneburg 18.10.2016 – 12 LC 54/15, juris Rn. 12 ff.)

77 **cc) Verbände.** Die Beiladung von Verbänden ist wenig erforscht. Sofern der Verband rechtsfähig ist, stellt sich das Beteiligungsproblem nicht schon hier, sondern erst bei der Berührung *eigener* rechtlicher Interessen (→ Rn. 82, 87). Für den nichtrechtsfähigen Verein stellte sich bisher die Frage der Anwendung des § 61 Nr. 2 (→ § 61 Rn. 25 ff.). Da aber nach der neuen Rspr. des BGH (BGHZ 146, 341 ff.) auch die BGB-Gesellschaft wie bisher schon die OHG und KG (→ § 61 Rn. 24) als rechts- und parteifähig angesehen wird und nichtrechtsfähige Vereine aufgrund Gesetzesänderung seit 30.9.2009 gem. § 50 Abs. 2 ZPO aktiv und passiv parteifähig sind, dürfte nunmehr § 61 Nr. 1 anzuwenden sein. Einer Prüfung der Möglichkeit, dass dem Verein ein Recht zustehen kann, bedarf es daher nicht mehr.

78 **c) Berührung rechtlicher Interessen. aa) Durch die Entscheidung.** Durch die Entscheidung und nicht nur durch inzidente[125] Feststellungen in den Urteilsgründen müssen die rechtlichen Interessen des Beizuladenden berührt sein,[126] da nur insoweit eine Rechtskraft und damit Interessenbeeinträchtigung eintreten kann. Erforderlich ist die Möglichkeit der Interessenbeeinträchtigung im Zeitpunkt der Beiladung; stellt sich später heraus, dass die Interessen nicht beeinträchtigt werden, hat dies auf die Zulässigkeit der Beiladung keine Auswirkungen (BVerwGE 64, 67, 68 f.).

79 **bb) Rechtliche Interessen.** Die Entscheidung muss auf rechtliche Interessen des Dritten aus öffentlichem oder bürgerlichem[127] Recht Einfluss haben können.[128] (Rein) ideelle, wirtschaftliche, soziale oder sonstige Interessen genügen nicht.[129] Problematisch ist, ob auch *verfassungs*rechtliche Rechte von Staatsorganen (Kompetenzen) als rechtliches Interesse in Betracht kommen.[130] Zu ihrer Abgrenzung

---

122 A.M. OVG Bln OVGE 8, 130 ff. (notwendige Beiladung des Landes Berlin).
123 So z.B. bis 2002 das Klagerecht des Bundesbeauftragten für Asylangelegenheiten nach § 6 Abs. 2 S. 3 AsylVfG (a.F.), welches mit dem Zuwanderungsgesetz wegen Missbrauchs seiner Korrektivfunktion aufgehoben wurde.
124 Vgl. *K. Schneider*, in: Gärditz § 65 Rn. 2.
125 Vgl. BVerwG 29.7.2014 – 4 C 1/13, juris Rn. 10, welches eine einfache Beiladung aufgrund der Bedeutung einer vorgreiflichen Rechtsfrage für möglich hält.
126 *J. Schmidt*, in: Eyermann § 65 Rn. 11; *B. J. Benkel*, NZS 1997, 254, 257, 259; so für das Kartellrecht auch KG Berlin WuW/E OLG 2970 f.
127 BVerwGE 64, 67, 69 f. A.M. *W. Bauer*, DÖV 1949, 189, 192 f.
128 *J. v. Albedyll*, in: Bader § 65 Rn. 10; *K. Schneider*, in: Gärditz § 65 Rn. 3. Probleme können sich dabei aus den unterschiedlichen Rechtswegen ergeben, wenn etwa die Beiladung den hiervon Betroffenen (hinsichtlich einer arbeitsrechtlichen Streitigkeit) in den Verwaltungsrechtsweg zwingt und sowohl im Hinblick auf die Besetzung des Gerichts als auch auf Kostenebene bestehende Unterschiede zulasten des Dritten ausgehebelt werden können, vgl. *E. Baden*, NVwZ 1984, 142, 143.
129 VGH Kassel NJW 1965, 603; VGH München BayVBl 2003, 278 f.; *J. Schmidt*, in: Eyermann § 65 Rn. 11.
130 Offen gelassen in BVerwG Buchholz 310 § 144 VwGO Nr. 64 (Beiladung des Landtags).

ist nach Art. 93 Abs. 1 Nr. 1 GG allein das BVerfG – für Landesorgane das jeweilige Landesverfassungsgericht – berufen, der Rechtsstreit zwischen Beizuladendem und betroffenem Hauptbeteiligten wäre daher der Verwaltungsgerichtsbarkeit schon nach § 40 Abs. 1 S. 1 entzogen. Eine Auswirkung auf zivilrechtliche Ansprüche in Gestalt der Präjudizierung eines nachfolgenden Zivilprozesses reicht aus (z.B. BVerwG NJW 1982, 951, 952 f.; NVwZ 1987, 970, 971), jedoch muss das Interesse aus einem schon bestehenden Recht des Beizuladenden selbst erwachsen.

Dies gilt indes auch für die Streitbeilegung hinsichtlich privatrechtlicher Interessen, die überwiegend 80
nach § 13 GVG den ordentlichen Gerichten zugewiesen ist. Die Einbeziehung Dritter und die Erstreckung der Rechtskraft kann vor den Zivilgerichten aber v.a. deshalb von Bedeutung sein, weil fortgeltende Verwaltungsakte Tatbestandswirkung entfalten und ihre Rechtmäßigkeit vor den Zivilgerichten nicht mehr angegriffen werden kann.

Das Verfassungsgericht prüft am Maßstab des Verfassungsrechts die einzelnen Kompetenzen. Demge- 81
mäß ist die Einbeziehung Dritter wegen möglicher Auswirkungen auf Kompetenzen nicht erforderlich. Dennoch sollte Abs. 1 nicht auf nichtverfassungsrechtliche Interessen teleologisch reduziert werden, weil die Beiladung Entlastungseffekte für die Verfassungsgerichtsbarkeit mit sich bringen kann. Für die Einbeziehung verfassungsrechtlicher Interessen spricht ferner § 17 Abs. 2 GVG, wonach das Gericht den Sachverhalt unter allen in Betracht kommenden rechtlichen Gesichtspunkten zu entscheiden hat, also eine Berufung auf die Zugehörigkeit zu einem anderen Rechtsweg verboten ist.

Bei den rechtlichen Interessen muss es sich nicht notwendig um materielle Rechte handeln, sondern es 82
genügen auch *qualifizierte Verfahrensrechte* wie die Beteiligungsrechte anerkannter Naturschutzverbände nach dem BNatSchG.[131] Ein nach wie vor aktuelles Bsp. ist hier die sog. *Partizipationserzwingungsklage* anerkannter Naturschutzverbände, mithilfe derer die Verbände ihre Beteiligung an Verwaltungsverfahren in den nach § 63 BNatSchG einschlägigen Materien notfalls gerichtlich durchsetzen können. Die Zulässigkeit der Partizipationserzwingungsklage wird durch die bundesrechtliche Einführung der sog. altruistischen Verbandsklage (→ Rn. 87) nicht berührt.[132] So ist z.B. das Beteiligungsrecht anerkannter Naturschutzvereine nach §§ 63 f. BNatSchG nicht nur ein formelles, „reines" Verfahrensrecht. Der Gesetzgeber hat das öffentliche Interesse an Naturschutz und Landschaftspflege (in begrenztem Umfang) durch das Verfahrensrecht „subjektiviert" (BVerwGE 105, 348, 354). Insbes. ist § 46 VwVfG nicht anzuwenden (BVerwGE 105, 348, 353 f.). Das Beteiligungsrecht ist nicht nur dann verletzt, wenn eine gebotene Beteiligung unterbleibt, sondern auch dann, wenn der Verband nicht ausreichend beteiligt worden ist (BVerwGE 87, 62, 70 f.; 102, 358, 361 f.; 105, 348, 350). Allerdings kommt die Beiladung nur infrage, wenn der Verband nicht selbst (Haupt-)Beteiligter des Verfahrens ist, was bei der sog. „Partizipationserzwingungsklage" häufig der Fall sein wird.

Zuletzt stellt sich die Frage, ob ein öffentlich-rechtliches Interesse des Dritten selbständig einklagbar 83
sein muss oder auch solche Rechtsinteressen in Betracht kommen, die ins pflichtgemäße Ermessen der Verwaltung gestellt oder aus anderen Gründen einer vollen verwaltungsgerichtlichen Kontrolle entzogen sind, insbes. bei Entscheidungen mit Abwägungs- und/oder Beurteilungsspielräumen.[133] Es spricht mehr für die Einbeziehung aller Rechtsinteressen, da die Beiladung neben ihren vorrangigen Zwecken, die bei nicht klagbaren rechtlichen Interessen nicht erfüllt werden können, auch dem Rechtsfrieden dient. Einer Ausuferung des Kreises der für eine Beiladung in Betracht kommenden Personen wird schon durch das Erfordernis eines rechtlichen und nicht nur wirtschaftlichen oder ideellen Interesses entgegengewirkt.[134]

cc) Berührung. Die Anforderungen für die Berührung rechtlicher Interessen sind – wie der Wortlaut 84
schon nahe legt – *geringer* als für die Klagebefugnis nach § 42 Abs. 2 (BVerwG Buchholz 310 § 65 VwGO Nr. 119). Nicht die Verletzung von Rechten muss möglich erscheinen, vielmehr genügt die Möglichkeit der Verbesserung[135] oder Verschlechterung[136] der Rechtslage des Beizuladenden

---

131 HmbOVG NVwZ-RR 2009, 515; OVG Lüneburg NVwZ-RR 2009, 416; 18.10.2016 – 12 LC 54/15, juris Rn. 12.
132 Vgl. *P. Fischer-Hüftle*, in: Schumacher/Fischer-Hüftle, Bundesnaturschutzgesetz, ²2011, § 63 Rn. 57.
133 Vgl. BVerwGE 107, 215, 220 ff. zur drittschützenden Wirkung des Abwägungsgebots in der Normenkontrolle gegen Bebauungspläne.
134 *W. Bauer*, DÖV 1949, 189, 193.
135 VGH München BayVBl 2003, 278 f.; *B. J. Benkel*, Verfahrensbeteiligung, 1996, 82.
136 VGH München BayVBl 2003, 278 f.; *W. Bauer*, DÖV 1949, 189, 193.

durch die Entscheidung.[137] Dies ist v.a. für mögliche Änderungen von *Nebenbestimmungen* zum Verwaltungsakt wie Auflagen von Bedeutung. Eine Berührung rechtlicher Interessen entfällt aber, wenn der Dritte in einem Parallelverfahren gegen einen der Hauptbeteiligten die Wahrung seiner Interessen bereits selbst in die Hand genommen hat und das Gericht die Verfahren nach § 93 verbinden kann (BVerwG NVwZ-RR 1990, 94, 95). Dabei entfällt die Beiladung zur Vermeidung einer mit Art. 19 Abs. 4 GG unvereinbaren Rechtskrafterstreckung[138] schon vor dem Verbindungsbeschluss, weil der Dritte bei nur einfacher Beiladung keine abweichenden Sachanträge stellen dürfte und in seinem eigenen Verfahren bei fortbestehender Beiladung wegen § 121 Nr. 1 an das Ergebnis des anderen, für ihn nicht steuerbaren Prozesses gebunden sein würde. Das Gleiche gilt für die andere in beiden Prozessen beteiligte Person oder Behörde.

85   Die Stellung eines Beiladungsantrags allein begründet kein rechtliches Interesse (VGH Kassel VerwRspr 1 Nr. 112), da dieses vorher bestehen und durch die Entscheidung bedroht sein oder gefördert werden muss.[139] Das setzt voraus, dass der Dritte zu einem oder beiden Hauptbeteiligten in einer tatsächlichen Beziehung sowie zu einem Beteiligten nach § 63 (hier reicht ein bereits Beigeladener aus) in einer Rechtsbeziehung steht.[140] Eine solche sog. *weitere Beiladung* kommt z.B. in Betracht, wenn der Beizuladende oder Beigeladene bei ungünstigem Prozessausgang mit einer Zivilklage des schon Beigeladenen oder Beizuladenden rechnen müsste.[141] Ein Bsp. dafür ist die Anfechtungsklage eines Nachbarn gegen eine Baugenehmigung, bei der der Bauherr notwendig beizuladen ist (→ Rn. 110, 113, 120 ff.). Hat der Bauherr nach Zustellung der Genehmigung bereits einen Werkunternehmer mit der Herstellung des Vorhabens beauftragt, was ihm nach § 212 a BauGB gestattet ist, ist er bei Aufhebung der Baugenehmigung dem Unternehmer schadenersatzpflichtig, sodass beide ein rechtliches Interesse an einer Einbeziehung des Unternehmers gem. § 65 Abs. 1 haben. Umgekehrt ist eine Beiladung des Grundstücksverkäufers möglich, wenn dieser die Bebaubarkeit zugesichert hat und der Nachbar gegen die anschließend dem Käufer erteilte Baugenehmigung vorgeht.

86   **d) Beiladung von Verbänden. aa) Verbände zum Schutz ihrer Mitglieder.** Verbände, die nach ihrer Satzung vorrangig Interessen ihrer Mitglieder wahrnehmen, sind in ihren rechtlichen Interessen berührt, wenn Verband und Satzung von einer Aufsichtsbehörde genehmigt wurden und dadurch die Befugnis begründet wurde, auf den Streitgegenstand im Verwaltungsverfahren einzuwirken, z.B. bei Verbänden der Ersatzkassen (§ 212 Abs. 5 SGB V) im Verfahren um die Einstufung von Krankenanstalten in den Pflegeplan (OVG Münster OVGE 19, 231, 233). Andernfalls ist ihre Beiladung i.d.R. ausgeschlossen, wie etwa bei einem Interessenverband eines Reisegewerbetreibenden zu dessen Rechtsstreit über die Nichtzulassung zu einem Volksfest (VGH München GewArch 1980, 55).

87   **bb) Altruistische Verbände.** Auch altruistische Verbände können beigeladen werden, so z.B. Behindertenverbände wegen ihres Verbandsklagerechts nach § 15 BGG und § 63 SGB IX. Fraglich ist dies jedoch für anerkannte Naturschutzverbände, weil rechtliche Interessen des Natur- und Landschaftsschutzes betroffen sind.[142] Dagegen spricht, dass diese Interessen keine rechtlichen Interessen des Verbandes sind, da es ein Recht auf Natur trotz Art. 20 a GG nicht gibt. Die Rspr. folgerte daraus früher, dass sogar das selbständige Klagerecht von Naturschutzverbänden aus § 29 Abs. 1 BNatSchG a.F. i.V.m. Landesrecht kein rechtliches Interesse der für § 65 Abs. 1 geforderten Art begründen könne.[143] Diese Ansicht ist nicht mehr haltbar. Die ausdrückliche Einräumung der prozessualen Rechtsstellung der Vereine in § 64 BNatSchG und § 2 UmwRG ersetzt zugleich die Klagebefugnis bzw. die i.R. der Beiladung erforderliche schwächere Form der Berührung rechtlicher Interessen im Bereich des Naturschutzes und der Landschaftspflege. Es ist allerdings zu unterscheiden: Klagt der Verband selbst

---

137 OVG Lüneburg NVwZ-RR 2016, 730; OVG Münster NVwZ-RR 2013, 295; *J. Schmidt*, in: Eyermann § 65 Rn. 11; *K. Schneider*, in: Gärditz § 65 Rn. 3.
138 Vgl. BVerwG NVwZ-RR 1990, 94, 95: Eine Rechtskrafterstreckung auf den Beigeladenen eines Verfahrens tritt jedenfalls dann nicht ein, wenn dieser seinerseits bereits seine Rechte in einem von ihm anhängig gemachten, gleichzeitig betriebenen Verfahren durchzusetzen sucht.
139 OVG Brem NordÖR 2002, 64 f.; VGH München BayVBl 2003, 278 f.; *J. Schmidt*, in: Eyermann § 65 Rn. 11.
140 *R. Mussgnug*, NVwZ 1988, 33, 37.
141 *R. Mussgnug*, NVwZ 1988, 33, 37. A.M. VGH Kassel NJW 1987, 1036 f.
142 Bejahend HmbOVG ZUR 2009, 265 ff.; abl. für das Verfahren nach Art. 4 Abs. 2 FFH-Richtlinie dagegen OVG Lüneburg ZUR 2009, 267 f.
143 VGH Mannheim ESVGH 36, 76 (Nr. 14); NVwZ 1986, 320 f.; so auch *B. Schäfer*, Beiladung, 1983, 29.

(wie in den bisher vom BVerwG entschiedenen Fällen), besteht für eine Beiladung kein Raum. Ein Bedürfnis zur Beiladung ist hingegen gegeben, wenn der Verband am Verwaltungsverfahren teilgenommen hat (vgl. § 64 Abs. 1 Nr. 3 BNatSchG) und der Vorhabenträger nun etwa gegen eine ihn belastende Auflage zum Planfeststellungsbeschluss klagt, die möglicherweise auf der Intervention des Verbandes beruht und dem Naturschutz dient.[144] Auf die Klageart im Hauptprozess kommt es nicht an, sondern nur auf die Berührung der Interessen des Naturschutzes und der Landschaftspflege. Im Übrigen besteht seit der Einführung der „Vereinsklage" (Verbandsklage) in § 64 BNatSchG die Klagebefugnis bzw. ihr Ersatz nicht nur für Anfechtungsklagen und Widerspruchsverfahren (entsprechend), sondern auch für die sonstigen Klagearten.[145] Bisher nach neuem Recht nicht entschieden ist der Fall der Beiladung eines anerkannten Naturschutzverbandes, bei dem eine Mitwirkungsbefugnis aus § 63 Abs. 1, 2 oder Landesrecht gem. § 63 Abs. 4 BNatSchG vorliegt, aber kein entsprechendes Klagerecht. Diese Situation ist entsprechend der „Partizipationserzwingungsklage" zu beurteilen. Ein Nachfolgeprozess, der zu einer Gerichtsentscheidung führen kann, die das Beteiligungsrecht des Vereines missachtet oder verkennt, berührt die rechtlichen Interessen des Naturschutzes und der Landschaftspflege. Eine (einfache) Beiladung ist deshalb angezeigt (zur Notwendigkeit der Beiladung → Rn. 133). Das in der Rspr. entwickelte „substantielle" Mitwirkungsrecht der Naturschutzverbände (vgl. BVerwGE 105, 348, 349 ff.) würde entwertet, wenn die Verbände zwar bei einer behördlichen Änderung mit Auswirkung auf naturschutzrechtliche Fragestellungen das Klagerecht hätten, wenn sie übergangen werden, aber zum Nachfolgeprozess (z.B. Anfechtungsklage des Unternehmens gegen eine naturschutzbezogene Auflage) nicht einmal beigeladen würden. In Bezug auf Normenkontrollverfahren hat das OVG Lüneburg in einer Entscheidung (19.2. 2009 – 4 OB 215/08, juris Rn. 6) angedeutet, dass Mitwirkungsrechte i.S.v. § 60 Abs. 2 BNatSchG a.F. (= § 63 Abs. 2 BNatSchG n.F.) (sogar) eine notwendige Beiladung nach § 65 Abs. 2 begründen könnten, jetzt aber im Fall einer nach § 3 UmRG anerkannten Naturschutzvereinigung, die bei der Vorbereitung einer Landschaftsschutzgebietsverordnung nach § 63 Abs. 2 Nr. 1 BNatSchG beteiligt worden war, in einem diese Verordnung betreffenden (späteren) Normenkontrollverfahren die Beiladung abgelehnt (OVG Lüneburg NVwZ-RR 2016, 730 f.). Eine Unwirksamkeitserklärung hätte ebenso wie eine Ablehnung des Normenkontrollantrags keine Auswirkung auf das Mitwirkungsrecht der Naturschutzvereinigung, da das Mitwirkungsrecht nur im Verwaltungsverfahren (bei der „Vorbereitung" zum Erlass der Verordnung) bestehe und dort beachtet worden sei. Ob diese Auffassung mit Art. 9 Abs. 3 des Aarhus-Übereinkommens in Einklang steht, dürfte danach zu beurteilen sein, ob im späteren Normenkontrollverfahren die Verletzung von Vorschriften des europäischen Umweltrechts infrage steht oder nicht. Tierschutzverbänden steht dagegen kein Verbandsklagerecht zu.

e) Beispielsfälle einfacher Beiladung in alphabetischer Reihenfolge. aa) Apothekerkammer bei Approbationserteilung. Nicht berührt sind die rechtlichen Interessen einer Apothekerkammer bei einer Verpflichtungsklage eines Ausländers auf Erteilung der Approbation (OVG Brem NJW 1981, 2023). **88**

bb) Arbeiterersatzkassen-Verband und Arbeitsgemeinschaft der Betriebskrankenkassen. Eine einfache Beiladung eines Verbandes der Arbeiterersatzkassen sowie der einzelnen in einer Betriebskrankenkassen-Arbeitsgemeinschaft vereinigten Betriebskrankenkassen zu einem Verfahren gegen die Erhöhung der Pflegesätze durch Eingruppierung von Krankenanstalten (§ 18 KHG) ist zulässig. Seit der Anerkennung der Rechtsfähigkeit der BGB-Gesellschaft (vgl. BGHZ 146, 341 ff.) ist nun auch die Beiladung der Arbeitsgemeinschaft zulässig, soweit sie eine Außengesellschaft darstellt (anders noch OVG Münster OVGE 19, 231, 233 f.). **89**

cc) Bauherr. Der Bauherr kann einfach beigeladen werden bei der Klage einer Gemeinde gegen die Ersetzung ihres Einvernehmens für die Erteilung einer Baugenehmigung durch die Bauaufsichtsbehörde (VGH München BRS 42 Nr. 175) sowie im Vollstreckungsverfahren eines Nachbarn gegen die Bauaufsichtsbehörde wegen der Stilllegung eines Bauvorhabens (OVG Münster NVwZ 1993, 383, 384). **90**

dd) Beamte wegen von ihnen getroffener Maßnahmen. Beamte und andere Behördenangehörige werden durch die Überprüfung der von ihnen getroffenen Maßnahmen nicht in ihren Rechten berührt, da **91**

---

144 Vgl. HmbOVG BeckRS 2009, 32312; *R. Kintz*, in: Posser/Wolff § 65 Rn. 9 a.E.
145 *P. Fischer-Hüftle*, in: Schumacher/Fischer-Hüftle, Bundesnaturschutzgesetz, ²2011, § 64 Rn. 21.

Straf-, Disziplinar-[146] und Amtshaftungsentscheidungen i.d.R. durch neue Beweiserhebung zu treffen sind. Auch Regressansprüche können eine Beiladung wegen Art. 34 S. 2 GG nicht rechtfertigen (VGH München NVwZ-RR 1999, 148 f.).

92 **ee) Beauftragte Unternehmer.** Einfach beigeladen werden können die Personen, für deren zivilrechtliche Rechtspositionen der Verwaltungsrechtsstreit präjudiziell sein kann. Dazu gehört der mit dem Bau eines Kernkraftwerks beauftragte Generalunternehmer im Streit um die Wirksamkeit der atomrechtlichen Genehmigung (OVG Münster DÖV 1981, 385 f. A.M. VG Freiburg DVBl 1976, 551).

93 **ff) Beitragspflichtige im Beitragsanfechtungsverfahren eines anderen.** Weitere Beitragspflichtige können bei einer Klage gegen einen Erschließungsbeitragsbescheid zwar einfach beigeladen werden, dies ist aber regelmäßig unzweckmäßig (VGH Mannheim ESVGH 41, 306 [Nr. 142]).

94 **gg) Entschädigungsfonds.** Der Entschädigungsfonds nach § 9 Abs. 3 EntschG kann im verwaltungsgerichtlichen Restitutionsverfahren nicht beigeladen werden, da er nur in finanziellen (fiskalischen) Interessen berührt wird[147] (allg. → Rn. 71).

95 **hh) Familienangehörige und Ehepartner.** Zulässig ist die Beiladung von Ehegatten und Kindern bzw. Eltern im Verfahren eines Ausländers gegen eine Ausweisungsverfügung.[148] Gleiches gilt für die Erteilung oder Verlängerung der Aufenthaltserlaubnis (BVerwGE 102, 12, 16; VGH Kassel NVwZ 1993, 204). Sie wird aber i.d.R. als nicht zweckmäßig angesehen, u.a. weil nicht ersichtlich ist, welcher mögliche weitere Rechtsstreit vermieden werden könnte, wenn die Bindung des Urteils gem. § 121 auf den Antragsteller erstreckt würde (VGH Kassel NVwZ-RR 1990, 650 f.). Zulässig ist die einfache Beiladung des Ehepartners bei dem Verfahren des anderen Ehegatten gegen einen polizeilichen Wohnungsverweis zum Schutz des Ehepartners (VG Aachen BeckRS 2013, 49770).

96 **ii) Gemeinde.** Zulässig ist die Beiladung einer Gemeinde bei isolierter Anfechtung eines Widerspruchsbescheids der staatlichen Aufsichtsbehörde durch einen Dritten (BVerwG Buchholz 310 § 65 Nr. 99). Eine einfache Beiladung wurde abgelehnt, als eine Gemeinde zu einem Melderechtsstreit um die behördliche Festsetzung eines Hauptwohnsitzes beigeladen werden wollte, da der frühere § 12 MRRG und die landesrechtlichen Konkretisierungen keine drittschützenden Normen seien und die Garantie des Art. 28 Abs. 2 S. 1 GG aufgrund der ihren Einwohnern grundrechtlich gewährten Freizügigkeit (Art. 11 Abs. 1 GG) durch Wegzug oder rechtliche Entziehung eines Einwohners nicht berührt werde (VGH Mannheim BWGZ 1994, 46 f.).

97 **jj) Gemeinde wegen Inzidentprüfung eines Bebauungsplanes oder § 36 BauGB; Nachbargemeinde und Abstimmungsgebot nach § 2 Abs. 2 BauGB.** Da § 36 BauGB die in § 2 BauGB und Art. 28 Abs. 2 GG enthaltene Planungshoheit der Gemeinde nicht reduziert, sondern nur verfahrensrechtliche Regelungen diesbezüglich enthält, kann eine Gemeinde bei inzidenter Verwerfung eines Bebauungsplanes i.R. einer Verpflichtungsklage auf Erteilung einer Baugenehmigung in ihrer Planungshoheit berührt werden. Das Gleiche gilt für das durch die Verwerfung verursachte Wiederaufleben eines früheren Bebauungsplanes. Dieses rechtliche Interesse rechtfertigt eine einfache Beiladung der Gemeinde (BVerwGE 92, 66, 68 f.). Im Verfahren des einstweiligen Rechtsschutzes soll die Beiladung aber untunlich sein (VGH Mannheim NVwZ-RR 1998, 611, 612). Abgelehnt wird die einfache Beiladung der Gemeinde bei Anfechtung einer Baugenehmigung, zu der sie ihr Einvernehmen bereits erteilt hat, da die Planungshoheit von der Nichtzulassung eines Vorhabens nicht berührt werde (VGH München NVwZ-RR 2006, 430, 432). Diese restriktive Auffassung ist angesichts eines möglichen Interesses der Gemeinde an der Durchführung des Vorhabens bedenklich. Einfach beizuladen ist die Nachbargemeinde im Streit um die Änderung des Flächennutzungsplans, wenn hierbei um das Abstimmungsgebot nach § 2 Abs. 2 BauGB gestritten wird (OVG Lüneburg NVwZ 2003, 232).

98 **kk) Gewerbeaufsichtsamt bei Baugenehmigung.** Rechtliche Interessen des Gewerbeaufsichtsamtes sind in Verfahren über die Rechtmäßigkeit einer Baugenehmigung für ein gewerbliches Vorhaben

---

146 Zur Frage der (entsprechenden) Anwendbarkeit von § 65 im gerichtlichen Disziplinarverfahren VGH Mannheim NVwZ-RR 2013, 484.
147 So zum früheren § 29 a VermG: VG Chemnitz RGV N 17; VG Dresden RGV N 12; VG Gera RGV N 19; VG Greifswald RGV N 6; VG Halle/Saale RGV N 3; VG Leipzig RGV N 2; VG Schwerin RGV N 20; VG Weimar RGV N 18.
148 *H. J. Müller*, NJW 1976, 460, 461.

nicht berührt, da es nur ein Anhörungsrecht ohne Bindung der Bauaufsichtsbehörde besitzt (OVG Münster OVGE 33, 287 ff.).

ll) Gewillkürte Rechtskrafterstreckung durch Prozessvergleich. Wird bei parallel geführten Anfechtungsverfahren gegen im Wesentlichen gleiche Beitragsbescheide von den Parteien des einen Verfahrens der Ausgang des anderen Verfahrens im Wege eines Prozessvergleichs für verbindlich erklärt, berührt die Entscheidung dieses anderen Verfahrens die rechtlichen Interessen der dort nicht beteiligten Person. Sie kann daher beigeladen werden, auch wenn die Rechtskrafterstreckung nur eine gewillkürte ist (OVG Münster OVGE 28, 200, 201 f.).

mm) Handwerkskammer. Die Handwerkskammer kann im Anfechtungsprozess des Gewerbetreibenden gegen die Untersagung nach § 16 Abs. 3 S. 1 HwO einfach (eine notwendige Beiladung liegt nicht vor: BVerwG NVwZ-RR 1990, 242 f.) beigeladen werden.[149] Sie ist im Verfahren der Ausnahmebewilligung nach § 8 Abs. 4 HwO beizuladen, ferner bei einer Klage eines Handwerkers gegen die Versagungen einer Ausübungsberechtigung nach §§ 7 a, 7 b HwO.

nn) IHK. Die IHK ist nicht notwendig zum Rechtsstreit beizuladen, wenn der Gewerbetreibende seine Löschung aus der Handwerksrolle mit der Begründung begehrt, er führe seinen Betrieb nicht handwerksmäßig, da die erstrebte Löschungsverfügung nur dem Kläger, nicht aber der IHK gegenüber ergeht (VGH Mannheim VGH BW-Ls 2001, Beilage 12, B 1). Im Falle des § 12 HwO ist die IHK beizuladen, wenn sie nicht selbst klagt.

oo) Interessenverband von Gewerbetreibenden. Ein Interessenverband von Reisegewerbetreibenden kann in dem Verfahren gegen die Nichtzulassung zu einem Volksfest nicht beigeladen werden, da seine rechtlichen Interessen nicht berührt sind (VGH München GewArch 1980, 55).

pp) Krankenkassenverbände wegen Krankenhausplan. Die Verbände gesetzlicher Krankenkassen können regelmäßig nicht zum Verfahren betreffend die Feststellung der Aufnahme von Betten in den Krankenhausplan beigeladen werden.[150] Hingegen sind die an einer Pflegesatzvereinbarung beteiligten Sozialleistungsträger nach § 18 Abs. 2 KHG notwendige Streitgenossen (→ § 64 Rn. 70).

qq) Mieter. Mieter können im Verfahren gegen bauordnungsrechtliche Anordnungen (BVerwG NJW 1993, 79) oder auf Erteilung einer Zweckentfremdungsgenehmigung (offen gelassen BVerwGE 95, 341, 362) einfach beigeladen werden.

rr) Miteigentümer, Mitberechtigte. Eine einfache Beiladung von Mitberechtigten ist zwar rechtlich möglich, aber unzweckmäßig (BVerwG Buchholz 310 § 65 VwGO Nr. 117), da bei echter Streitgenossenschaft (zu den Typen der notwendigen Streitgenossenschaft → § 64 Rn. 47 ff., 52 ff.) schon der Rechtsstreit der Hauptbeteiligten mangels Prozessführungsbefugnis unzulässig bzw. mangels Aktivlegitimation unbegründet wäre (→ Rn. 38). Bei unechter Streitgenossenschaft würde, soweit es um denselben Streitgegenstand geht, der mit einem Klagerecht versehene Mitberechtigte in einen anderen Prozess gezwungen (→ Rn. 38), in welchem er nur über verkürzte Rechte verfügt (→ § 66 Rn. 10 ff.). Stellt die Mitberechtigung nur ein Vollzugshindernis dar, ist eine Beiladung entbehrlich, da die Behörde ohnehin eine Duldungsverfügung erlassen müsste, gegen die sich der Mitberechtigte selbständig wehren kann (BVerwG NVwZ-RR 1999, 147 f.).

ss) Nachbarn. Grundstücksnachbarn können, wenn ihre notwendige Beiladung ausscheidet (→ Rn. 138), im Verpflichtungsstreit auf Erteilung einer Genehmigung nach Baurecht, Gaststättenrecht oder Immissionsschutzrecht einfach beigeladen werden.[151] Gleiches gilt für die Anfechtung einer Bauordnungsverfügung, die auf Veranlassung des Nachbarn erlassen wurde, durch den Bauherrn (VGH Kassel 9.8.1978 – IV TE 49/78, juris; OVG Münster NVwZ-RR 2013, 295) oder im diesbezüglichen Verfahren nach §§ 80, 80 a (VGH Kassel HessVGRspr 1986, 83 f.). Wer dagegen einen Planfeststellungsbeschluss anfechten konnte, dies aber unterlassen hat, kann nach Eintritt der Präklusion in einem anderen Anfechtungsverfahren nicht mehr (einfach) beigeladen werden (BVerwG 29.10.1997 – 11 A 17/97 – 11 VR 5/97, juris

(Randnummern: 99, 100, 101, 102, 103, 104, 105, 106)

---

149 BVerwG NVwZ-RR 1992, 472; VGH Mannheim GewArch 1989, 193, 194; vgl. OVG Lüneburg OVGE 18, 357 ff.
150 OVG Münster 12.2.1996 – 13 A 6049/94; juris (LS); VG Osnabrück NJW 1995, 3072.
151 BVerwG DÖV 1974, 815; 1975, 99; NJW 1975, 70, 71; NVwZ-RR 1993, 18; VGH Mannheim NJW 1977, 1308 f.; *F. Koehl*, JuS 2016, 133 f.; *H. J. Müller*, NJW 1976, 460, 461. A.M. *G. Buhren*, JuS 1976, 512 f.

Rn. 3). Nachbarn, die bereits einem gerichtlichen Vergleich zugestimmt haben, sind durch Klagen anderer Nachbarn gegen einen Planfeststellungsbeschluss allenfalls noch tatsächlich berührt (BVerwG NVwZ-RR 1999, 276 f.).

107   **tt) Prüfer und Institut für Prüfungsfragen.** Durch eine Entscheidung über die Fehlerhaftigkeit einer Prüfung werden Rechte des Prüfers grds. nicht berührt (OVG Münster DVBl 1994, 1371 ff.). Etwas anderes kommt bei privatrechtlich beauftragten Prüfern in Betracht, soweit der Vergütungsanspruch für die geleistete Tätigkeit von der Qualität der Prüfung abhängt. Auch das Institut für medizinische und pharmazeutische Prüfungsfragen hat – bezogen auf die Verwendung von dessen Prüfungsfragen und Antwortbögen i.R. dieser Prüfungen – keine rechtlichen Interessen, die durch eine einzelne Prüfungsentscheidung berührt werden können.[152] Es kann aber im Rechtsstreit um die Notenverbesserung einer Ärztlichen Prüfung beigeladen werden, wenn um die Geeignetheit einer Prüfungsfrage im Antwort-Wahl-Verfahren gestritten wird (BVerwGE 123, 362, 363 f.).

108   **uu) Versicherter Schwerbehinderter.** Verneint wurde die einfache Beiladung eines Versicherten im Erstattungsstreit zwischen Hauptfürsorgestelle und anderem Versicherungsträger (OVG Bln NJW 1988, 1163).

109   **vv) Verordnungsgeber bei inzidenter Prüfung der Verordnung.** Anders als der in ihrer Planungshoheit berührten Gemeinde (→ Rn. 97) fehlt dem Verordnungsgeber ein rechtliches Interesse, wenn die Anwendbarkeit und damit die Gültigkeit der Verordnung in einem Einzelfall Gegenstand des Verfahrens ist (OVG Brem DÖV 1981, 641).

110   **2. Voraussetzungen der notwendigen Beiladung. a) Art der qualifizierten Betroffenheit. aa) Qualifizierte Betroffenheit.** Besonderheit der notwendigen Beiladung in Abs. 2 ist eine qualifizierte Betroffenheit des Dritten, die zugleich die Notwendigkeit einer einheitlichen Entscheidung *des Rechtsstreits* für Beteiligte und Dritte begründet.[153] Nach Auffassung des BVerwG setzt dies voraus, dass die begehrte Sachentscheidung nicht wirksam getroffen werden kann, ohne dass dadurch gleichzeitig und unmittelbar in Rechte des Dritten eingegriffen wird, d.h. seine Rechte gestaltet, bestätigt oder festgestellt, geändert oder aufgehoben werden (BVerwG NVwZ-RR 2011, 382, 383 m.w.N.). Hierzu ist eine kaum übersehbare Kasuistik ergangen, die weiter unten (→ Rn. 120 ff.) in Fallgruppen zusammengefasst wird. Schon der Wortlaut weist einen hohen Abstraktionsgrad auf.[154]

111   Der Grundsatz, bei Verwaltungsakten mit Doppelwirkung sei regelmäßig eine Beiladung erforderlich,[155] und auch spontanes Judiz helfen nur bedingt bei der Anwendung des Abs. 2. Die qualifizierte Betroffenheit erfordert ein wesentliches Mehr an Rechtsbeeinträchtigung als im Falle des Abs. 1. Es müssen also besondere Gründe vorliegen, die die Folgen (Unterlassen ist schwerer Verfahrensfehler und führt zumindest zur relativen Unwirksamkeit des Urteils [→ Rn. 184 ff.], Zulässigkeit von abweichenden Sachanträgen [→ § 66 Rn. 21 f.]) rechtfertigen. Diese Gründe müssen sich auf die schon beschriebenen Beiladungszwecke beziehen. Nicht ausschlaggebend ist, ob der Beizuladende im Behördenverfahren beigezogen (§ 13 Abs. 2 VwVfG) worden war (VGH Mannheim JuS 1971, 106), zumal die Beiziehung im Verwaltungsverfahren (zu) selten erfolgt. Es genügt für die notwendige Beiladung nicht, dass der Dritte durch die Entscheidung möglicherweise in seinen subjektiven öffentlichen Rechten verletzt wird, wenn die Entscheidung dem Dritten gegenüber dennoch nicht stets einheitlich ergehen muss,[156] wie z.B. bei einer Ausweisung eines Ausländers für dessen Ehegatten.[157]

112   Die Beiladung zu einem Verfahren, das eine *Allgemeinverfügung* zum Gegenstand hat, lässt sich nicht pauschal unter Hinweis auf die Vielzahl der Betroffenen und einer daraus angeblich folgenden faktischen Verweigerung des Rechtsschutzes gegenüber dem Kläger ablehnen (so wohl OVG Münster OVGE 19, 231, 234). Praktische Probleme lassen sich mit dem Verfahren nach Abs. 3 lösen, sofern der Kläger keinen einstweiligen Rechtsschutz begehrt.[158]

---

152   BVerwGE 98, 210, 212 ff.; OVG Münster DVBl 1994, 1371 ff. A.M. VGH Mannheim DVBl 1993, 508 f.; VGH München DVBl 1991, 761 f.
153   So auch *K. Schneider*, in: Gärditz § 65 Rn. 5.
154   *H. Konrad*, BayVBl 1982, 481, 482.
155   So BVerwGE 24, 343, 347; *M. Redeker*, in: Redeker/v. Oertzen § 65 Rn. 9.
156   So aber *G. Buhren*, JuS 1976, 512 f.
157   BVerwGE 55, 10, 11; *F. E. Schnapp*, Jura 1986, 91, 92; *H. J. Müller*, NJW 1976, 460 ff.
158   Zur Ladenschlussregelung durch Allgemeinverfügung („Bäderregelung") OVG Greifswald NVwZ 2000, 945 f.

bb) Grundsatz der negativen Betroffenheit. Sofern man Abs. 2 als Ausprägung des Grundsatzes 113 rechtlichen Gehörs aus Art. 103 Abs. 1 GG oder der Rechtsschutzgarantie aus Art. 19 Abs. 4 GG ansieht, kann nur eine durch den Ausgang des Rechtsstreits potenziell *negative* Drittbetroffenheit das gesetzliche Beiladungsgebot auslösen, d.h. die dem Klägerbegehren stattgebende Entscheidung muss subjektive Rechte in der Person des Dritten beeinträchtigen können[159]. Damit wird zwar der Anwendungsbereich des Abs. 2 eingeengt, dies entspricht aber am ehesten den Beiladungszwecken, der Abgrenzung zur Streitgenossenschaft und auch den Ergebnissen der Rspr. (→ Rn. 40, 116). Eine Belastung des Dritten kann auch vorliegen, wenn ein Tatbestandselement einer künftigen für ihn günstigen Behördenentscheidung im Streit steht.[160]

cc) Erforderlichkeit bei vorrangig begünstigenden Wirkungen? Ob auch bei positiver Betroffenheit 114 durch eine dem Klägerbegehren stattgebende gerichtliche Entscheidung eine Beiladung erforderlich ist, also bei gleichgerichteten Interessen von Kläger und Drittem, ist kaum geklärt.[161] Dafür spricht, dass die Norm vom Wortlaut beide Arten von Betroffenheit erfasst. Dagegen spricht, dass der Dritte in diesem Fall zumeist selbst klagen könnte und der Umstand, dass er dies unterlässt, bedeuten kann, dass er auf Rechtsschutz verzichtet. Darüber hinaus ist es kaum sinnvoll, einen potenziellen Kläger zur Beteiligung und Vertretung seiner eigenen Interessen in einem fremden Prozess und zur Einhaltung von Prozesshandlungsbeschränkungen zu zwingen und ihn bei späterer eigener Klageerhebung aus seiner Beigeladenenstellung wieder entlassen zu müssen. Aus Sicht des Hauptklägers besteht allenfalls ein Interesse an einer Streitgenossenschaft, nicht aber an einer zwangsweisen Einbeziehung eines Dritten, die dieser durch Klageerhebung beenden kann. Auch aus Sicht des Beklagten besteht kein Grund für eine Beiladung dieser Dritten – ein klagabweisendes Urteil bindet nach § 121 nur in den Grenzen des Streitgegenstandes und hindert den Dritten nicht (oder nur ausnahmsweise) an der Geltendmachung eigener Rechte, über die ja noch nicht entschieden wurde.[162]

Ist dem Dritten die Klage nicht (mehr) möglich, weil sie etwa verfristet, präkludiert oder sonst unzu- 115 lässig ist,[163] hilft ihm auch die Beiladung nicht, da er durch die Beiladung als solche nicht rechtsmittelberechtigt wird, sondern die Beiladung „potenzieller Kläger" regelmäßig voraussetzt, dass diese im Zeitpunkt der Beiladung (noch) die vollen prozessualen Rechte besitzen.[164] Ist dem Dritten gegenüber kein Verwaltungsakt erlassen worden, entsteht durch die Beiladung weder eine eigene Beseitigungsnoch Duldungspflicht.[165] Daraus folgt, dass eine Beiladung durch das Klageziel positiv betroffener Dritter nicht erforderlich ist und Abs. 2 so zu lesen ist, dass er nur dort anzuwenden ist, wo das Klägerbegehren den Dritten in *negativer Weise* betreffen kann.[166]

Die Rspr. erkennt die Erforderlichkeit der notwendigen Beiladung bei nur positiver Betroffenheit 116 ebenfalls nicht an, verneint hier aber die *unmittelbare* Betroffenheit. Bsp. sind die Rechtsgemeinschaft der Kläger[167] (→ § 64 Rn. 26 ff.), inhaltsgleiche Verwaltungsmaßnahmen gegenüber Dritten im Falle der Anfechtungsklage[168] und die Rechtsnachfolge.[169] Letzteres ist aber (zumindest für die Einzelrechtsnachfolge) problematisch. Anders als im Zivilrecht wird nämlich bei Veräußerung der streitbefangenen Sache dem Erwerber jeder Teilnahmeanspruch abgeschnitten, da der über § 173 S. 1 anwendbare § 265 Abs. 2 S. 2 ZPO nur die Nebenintervention zulässt, die im Verwaltungsprozess durch

---

159 BVerwG NVwZ-RR 1996, 299; BFHE 85, 327; *H. Konrad,* BayVBl 1982, 481, 483.
160 *P. Schlosser,* JZ 1967, 431, 434: Zugewiesener Wohnungssuchender als notwendig Beizuladender bei Anfechtung einer Wohnungszuweisung durch den Eigentümer wegen der Bindung der Zuweisung für den eventuellen Zwangsmietvertrag.
161 Dafür etwa FG Bln EFG 1977, 75 f.; *F. Hellinger,* BB 1977, 1196 (für den anderen Ehegatten bei Zusammenveranlagung); *J. Martens,* VerwArch 60 (1969), 197, 215 ff.
162 Ebenso *W. Roth,* NVwZ 2003, 691, 692 f.
163 BVerwG GewArch 1997, 76 f. (Mitgesellschafter bei Gaststättenerlaubnis an den anderen); GewArch 1965, 34; RdL 1966, 52.
164 Vgl. BVerwG NJW 1975, 70, 71. Str., vgl. Nachw. bei *W. Roth,* NVwZ 2003, 691, 692 mit Fn. 12.
165 *H. Konrad,* BayVBl 1982, 481, 484.
166 *H. Konrad,* BayVBl 1982, 481, 484; *R. Kintz,* in: Posser/Wolff § 65 Rn.12; so wohl auch BVerwG NVwZ-RR 1996, 299.
167 BVerwG 17.7.1990 – 3 C 77/88, juris Rn. 6 – Erbengemeinschaft. A.M. noch BVerwG JZ 1964, 105, 106, bei gegen die ganze Erbengemeinschaft gerichtetem Verwaltungsakt; *J. Martens,* VerwArch 60 (1969), 197, 215.
168 I.E. auch PrOVGE 97, 44, 47 („wer einen eigenen Prozess gegen den Beklagten führen könnte, ist ebenso wenig Dritter wie eine schon im Prozess befindliche Partei").
169 BVerwG NJW 1985, 281 (Erwerber von Wochenendhaus); UPR 1992, 345 f. – Grundstückserwerber.

die Beiladung verdrängt wird (→ Rn. 36). Ein Eintritt in den Prozess als Hauptpartei hängt von der Zustimmung des Gegners – und entgegen dem Wortlaut auch des Rechtsvorgängers – ab (BGH NJW 1988, 3209). Deshalb ist die Rechtsstellung des Rechtsnachfolgers – verglichen mit dem Zivilprozess – unbefriedigend; die Beiladung kann hier aus Rechtsschutzgründen nicht ausgeschlossen werden, weil sich die Rechtskraft nach § 121 Nr. 1 auch auf den Erwerber erstreckt.[170] Die einfache Beiladung würde bei der Rechtsnachfolge dem Rechtsschutzanspruch selbst dann nicht gerecht, wenn man eine Ermessensreduzierung auf Null für das Gericht annähme, da ein Verstoß gegen Abs. 1 nach allgemeiner Ansicht nicht sanktioniert wird (→ Rn. 181 ff.). Wenn aber der Rechtsnachfolger den Rechtsstreit führt, wird sein Rechtsvorgänger weder prozessual noch materiell gebunden (vgl. § 121 Nr. 1 „Rechtsnachfolger"). In diesem Fall ist die Beiladung keine notwendige, da die Rechtskraft nicht erstreckt wird.[171] Will der am Rechtsstreit nicht beteiligte Vorgänger oder Nachfolger im Rechtsstreit geltend machen, er sei der eigentliche Rechtsinhaber, ist bei Leistungs- und Feststellungsklagen die Hauptintervention (§ 173 S. 1 VwGO i.V.m. § 64 ZPO) zulässig (zur Zulässigkeit der Hauptintervention im Verwaltungsprozess → Rn. 35), bei Anfechtungs- und Verpflichtungsklagen mangels Dispositionsbefugnis Privater über einen Verwaltungsakt (eine Ausnahme bei Beliehenen ist denkbar) aber unzulässig.[172]

117 Eine notwendige Beiladung wurde abgelehnt, als zwei Betroffene jeweils gegen den an sie ergangenen Erschließungsbeitragsbescheid klagten und einer der beiden in seinem Rechtsstreit mit der Behörde durch Prozessvergleich vereinbart hatte, das Ergebnis des anderen Verfahrens für ihre Rechtsverhältnisse maßgebend sein zu lassen (OVG Münster OVGE 28, 200 f.). Hier konnte die *gewillkürte* Rechtskrafterstreckung des Drittprozesses nicht zu einem Anspruch auf Beiladung zu diesem Drittprozess führen, denn die Entscheidung dort „erging" nicht einheitlich, sondern wurde nur für anwendbar erklärt. Grundlage der Ansprüche war allein der Prozessvergleich, weshalb die Entscheidung nicht auch den am Vergleich Beteiligten gegenüber einheitlich ergehen musste (OVG Münster OVGE 28, 200 f.). Da aber der Prozessvergleich in seiner Rechtsfolge an den Drittprozess anknüpfte, waren auch rechtliche Interessen berührt, sodass eine einfache Beiladung im Ermessen des Gerichts lag.

118 **b) Maß der qualifizierten Betroffenheit.** Aus dem Vorstehenden ergibt sich, dass der Dritte durch die im klägerischen Sinne ergehende Entscheidung rechtliche Nachteile erleiden muss, nicht gesagt ist aber, welches Maß die Betroffenheit aufweisen muss, damit die Beiladung nicht nur (als einfache Beiladung) zulässig ist, sondern notwendig wird.

119 Dabei ist eine Ableitung aus dem Begriff der „einheitlichen Entscheidung" nur in Abhängigkeit von Klageart und Beteiligtenkonstellation möglich. Für die Anfechtungsklage wird gefordert, dass die vom Kläger begehrte Sachentscheidung nicht getroffen werden kann, ohne dass dadurch gleichzeitig, *unmittelbar* und zwangsläufig Rechte des Beizuladenden gestaltet, bestätigt, festgestellt, verändert oder aufgehoben werden (BVerwGE 51, 268, 275; VGH München BayVBl 1997, 410). Bestätigungen sind dabei nur auf Einschränkungen oder Entziehungen von Rechten zu beziehen, da die Bestätigung seiner Rechte keine negativen Auswirkungen auf den Dritten haben kann. Bei der Verpflichtungsklage ist hingegen stets ein Tätigwerden der Behörde zwischengeschaltet, sodass die Unmittelbarkeit hier keine Voraussetzung sein kann.[173] Vielmehr ist dann allein die *Identität des Streitgegenstandes* zwischen den Hauptbeteiligten und im Verhältnis der beiden zum Dritten ausschlaggebend.[174] Aufgrund des umstr. Streitgegenstandsbegriffs (→ § 121 Rn. 42 ff.) kann hier nicht näher auf abstrakte Kriterien dieser Identität eingegangen werden. Jedenfalls genügt die bloße *Prozessführungsbefugnis* des Dritten für einen eigenen Prozess grds. nicht für die Notwendigkeit der Beiladung,[175] stattdessen muss der Dritte *materieller Adressat* der begehrten Gerichtsentscheidung sein.[176] Dies gilt grds. auch für Leistungs- und Feststellungsklagen.

170 *H. J. Müller*, NJW 1985, 2244 f.; *K. A. Bettermann*, MDR 1967, 949.
171 BVerwGE 24, 343, 346 ff. (Zedent bei unwirksamer Abtretung); *K. A. Bettermann*, MDR 1967, 949; s. dazu auch § 407 Abs. 2 BGB.
172 *K. A. Bettermann*, MDR 1967, 949, 950.
173 *J. Schmidt*, in: Eyermann § 65 Rn. 16.
174 *J. Schmidt*, in: Eyermann § 65 Rn. 17.
175 So aber *J. Martens*, VerwArch 60 (1969), 197, 224.
176 *H. Konrad*, BayVBl 1982, 481, 486.

c) 1. Fallgruppe – Anfechtungsklage eines Dritten gegen einen Verwaltungsakt mit Doppelwirkung. 120
aa) Standardfall. Die Anfechtungsklage eines Dritten gegen einen Verwaltungsakt mit Doppelwirkung stellt den Standardfall der notwendigen Beiladung dar.[177] Klagt ein Dritter gegen die Erteilung einer Genehmigung durch die beklagte Behörde, ist der Genehmigungs*adressat* notwendig beizuladen. Dies folgt aus der unmittelbaren Betroffenheit des Inhabers der Genehmigung durch deren mögliche Aufhebung. Dogmatisch gesehen handelt es sich beim Genehmigungsinhaber um denjenigen, an den sich die Aufhebung inhaltlich richtet, er ist der *materielle Adressat* des Anfechtungsbegehrens. Die Behörde ist im gerichtlichen Verfahren nur zwischengeschaltet. Wird der Genehmigungsinhaber in die Gestaltungswirkung der Aufhebung nicht einbezogen, nützt dem Dritten die isolierte Wirkung des Urteils gegenüber der Behörde wenig. Im *behördlichen (Widerspruchs-)Verfahren* folgt die Beteiligung des materiellen Adressaten aus § 13 Abs. 1 Nr. 2 VwVfG, da § 65 hier nicht anwendbar (→ Rn. 51) und trotz § 79 VwVfG nur das VwVfG anzuwenden ist.[178] Im Prozess ist der Begünstigte von Amts wegen beizuladen, eines Antrags bedarf es nicht.

bb) Einzelfälle. Diese Konstellation greift indes nicht nur bei bau- oder immissionsschutzrechtlichen 121
Genehmigungen, sondern immer, wenn ein Dritter eine Begünstigung anficht.[179] Dies betrifft v.a. folgende Fälle von *Drittanfechtung*:

- eingewiesener Obdachloser bei Anfechtung der Wohnungszuweisung durch Wohnungsinhaber;[180]
- ausgewählter Mitbewerber bei beamtenrechtlicher Konkurrentenklage;
- Gastwirt bei Anfechtung der Gaststättenerlaubnis nach §§ 2, 4 GastG;
- Inhaber einer atomrechtlichen Genehmigung nach § 7 AtomG;
- Inhaber einer Baugenehmigung oder Bauantragsteller nach der Landesbauordnung bei Anfechtung durch Nachbarn bzw. spiegelbildlich der Nachbar bei der isolierten Klage des Bauherrn gegen die Aufhebung der Baugenehmigung durch die Widerspruchsbehörde (VGH Mannheim NVwZ-RR 2001, 543);
- Inhaber einer immissionsschutzrechtlichen Genehmigung nach §§ 4, 6 BImSchG;
- Inhaber einer luftrechtlichen Genehmigung nach § 6 LuftVG;
- Inhaber einer wasserrechtlichen Bewilligung/Erlaubnis;
- Inhaber sonstiger gewerberechtlicher Erlaubnisse;
- Inhaber einer Konzession bei Konkurrentenklage;[181]
- Straßenbaulastträger bei Anfechtung eines Planfeststellungsbeschlusses, der die Errichtung einer neuen Straße erlaubt;[182]
- Subventionsbegünstigter bei verdrängender Konkurrentenklage (BVerwG NVwZ 1984, 507);
- Veranstalter bei Anfechtung seiner straßenrechtlichen Sondernutzungserlaubnis;[183]
- Wehrpflichtiger bei Anfechtung der Anerkennung als Kriegsdienstverweigerer durch das Kreiswehrersatzamt (BVerwG Buchholz 448.0 § 25 WPflG Nr. 77).

Ferner gehört in diese Gruppe die Problematik, die den Anlass für die Entwicklung der notwendigen 122
Beiladung bildete: Der Gewählte, ggf. auch die einspruchsführende Partei, ist bei *Wahlanfechtungen und Wahlprüfungsverfahren* beizuladen.[184] Diese Aussage trifft aber nur auf Wahlen zu Selbstverwaltungskörperschaften (insbes. Kommunalwahlen, Kreistagswahlen) und nicht zu Bundestag und Landtagen zu, da die Überprüfung dieser Wahlen ausschließlich im (verfassungsrechtlichen) Wahlprüfungsverfahren möglich ist.

Ähnlich dem dargestellten Prototyp sind sozialrechtliche Beitragsanfechtungsstreitigkeiten, bei denen 123
die Krankenkasse auch die Beiträge der anderen Versicherungsträger einzieht. Demgemäß sind die vom Obsiegen des Klägers benachteiligten Versicherungsträger notwendig beizuladen (BSG DAngVers 1960, 358).

---

177 *B. J. Benkel,* NZS 1997, 254, 259.
178 *H. Konrad,* BayVBl 1982, 481, 486.
179 *H. Konrad,* BayVBl 1982, 481, 486 f.
180 *P. Schlosser,* JZ 1967, 431, 434 mit anderer Begründung.
181 Vgl. OVG Lüneburg GewArch 2010, 245 (246).
182 BVerwG NJW 1982, 1546 f.; Buchholz 407.4 § 17 FStrG Nr. 25.
183 *H. Konrad,* BayVBl 1982, 481, 486.
184 BVerwGE 80, 228, 229; BVerwG NVwZ 1982, 243; 2012, 969, 971 f.; OVG Münster NVwZ-RR 1991, 420, 421; so schon PrOVGE 31, 108, 113 m.w.N.

124   **cc) Nebenbestimmung.** Vergleichbares gilt, wenn die Begünstigung eines Dritten in Form einer belastenden Nebenbestimmung zu einem begünstigenden Verwaltungsakt erfolgt und der Inhaber der insoweit beschränkten Erlaubnis die Aufhebung dieser Nebenbestimmung begehrt. Zu dieser („isolierten") Anfechtungsklage ist der materielle Adressat der Begünstigung notwendig beizuladen. Ausreichend ist hier die Adressateneigenschaft in Bezug auf die Nebenbestimmung. Ficht also ein Unternehmer eine im Planfeststellungsbeschluss für einen Gewässerausbau enthaltene Auflage des Inhalts an, dass er bestimmten Grundstückseigentümern eine Entschädigung zu zahlen habe, sind die benannten Grundstückseigentümer in Bezug auf die Entschädigungsauflage begünstigte materielle Adressaten und somit notwendig beizuladen (BVerwG DÖV 1974, 318 f.). Ist der durch die Auflage Begünstigte nicht namentlich bezeichnet oder bestimmbar, ist keine notwendige Beiladung vorzunehmen (→ Rn. 127 ff.).

125   **dd) VöI/VBI.** Weiterhin gehört in diese Fallgruppe die Anfechtungsklage des VöI oder des VBI gegen einen begünstigenden Verwaltungsakt, wie etwa die Anfechtung einer Gaststättenerlaubnis. Auch hier ist der Erlaubnisinhaber notwendig beizuladen, da über seine Begünstigung nur wirksam entschieden werden kann, wenn er am Verfahren beteiligt ist (BVerwGE 24, 343, 348; BVerwG JR 1966, 311).

126   **ee) Ersetzung des Einvernehmens.** Kein Fall der notwendigen Beiladung ist die Klage einer Gemeinde gegen die Ersetzung ihres Einvernehmens. Der Genehmigungsadressat muss hier trotz Berührung seiner rechtlichen Interessen nicht notwendig beigeladen werden, da die Existenz einer bereits erteilten Baugenehmigung nicht infrage gestellt wird und eine noch ausstehende Erteilung nicht durch die Entscheidung bewirkt wird (VGH München BRS 42 Nr. 175). In Betracht kommt dann aber eine einfache Beiladung nach Abs. 1.

127   **d) 2. Fallgruppe – Anfechtung der von einem Dritten initiierten Belastung des Klägers durch Verwaltungsakt.** Problematisch ist die Konstellation, dass ein Dritter eine Behörde um Erlass einer Anordnung (z.B. Stilllegungsverfügung, Abrissverfügung) ersucht hat, gegen die sich deren Adressat wendet. Die Beiladung des Dritten hängt hier davon ab, ob der die Anordnung umfassende Verwaltungsakt nur an den jetzigen Kläger oder auch an den Dritten als Adressaten gerichtet ist. Im letzteren Fall gilt das Gleiche wie in Fallgruppe 1: Der Dritte ist notwendig beizuladen, weil ihn die stattgebende Entscheidung (Erlass der Anordnung) unmittelbar begünstigt und seinen (behaupteten) Anspruch auf die Anordnung verwirklicht. Die Aufhebung der Anordnung vernichtet hingegen diesen Anspruch und betrifft ihn ebenso unmittelbar negativ. Ist der Dritte nicht Adressat des die Anordnung umfassenden Verwaltungsakts, liegt kein Fall der notwendigen Beiladung vor.

128   Die Beiladung ist unter der vorstehenden Prämisse v.a. dann eine notwendige, wenn die behördliche Anordnung die Interessen des Dritten schützen soll, also seine Interessen in der subjektiven Bestimmungsrichtung des Verwaltungsakts liegen.[185] Dies ist durch Auslegung, die grds. am objektiven Erklärungsgehalt orientiert ist, zu ermitteln. Ohne Belang für die Auslegung ist, ob der Dritte möglicherweise ein subjektives öffentliches Recht auf Erlass der Anordnung z.B. gem. § 5 BImSchG hat oder dieses förmlich geltend macht.[186] Der bloße Anspruch auf Erlass einer Maßnahme bedeutet noch nicht, dass diese (auch) privatnützig getroffen wird. Ansonsten müsste die Behörde bei Tätigwerden auf Antrag (und nicht nur anlässlich eines solchen) neben der objektiven Rechtmäßigkeitsprüfung das subjektive öffentliche Recht des Dritten prüfen und zusätzlichen Aufwand betreiben, nämlich dem Dritten als Beteiligtem (Antragsteller gem. § 13 Abs. 1 Nr. 1 VwVfG) Akteneinsicht gewähren (§ 29 VwVfG) und ihn auch sonst im Verfahren berücksichtigen. Dieses Aufwands bedarf es bei einem Tätigwerden von Amts wegen auf bloße Anregung des Dritten hin nicht. I.d.R. wird die Verwaltung daher den Dritten nicht förmlich beteiligen und eine das Verfahren abschließende Anordnung allein im öffentlichen Interesse erlassen.

129   *Ausnahmsweise* kann indes auch der Dritte materieller Adressat der Anordnung sein. Aufgrund der für die Rechtmäßigkeit der Anordnung im Allgemeinen bestehenden Entbehrlichkeit seiner Einbeziehung ist aber eine ausdrückliche Formulierung im Bescheidtenor erforderlich, etwa des Inhalts, dass

---

185   Vgl. OVG Münster NVwZ-RR 2013, 295 zur Annahme der einfachen Beiladung, wenn die Belastung des Klägers auf die Initiative des Beizuladenden zurückgeht und es bei der angefochtenen Verfügung zumindest auch um die Beseitigung von Rechtsverstößen zu Lasten des Beizuladenden geht. Hier dürfte die unter → Rn. 127 formulierte Voraussetzung für eine notwendige Beiladung nicht erfüllt gewesen sein.

186   H. *Konrad*, BayVBl 1982, 481, 488.

die Anordnung auf Antrag des Dritten erfolgte. Keine Indizwirkung entfaltet die Bekanntgabe oder Zustellung an den Dritten, da sie über die inhaltliche Geltung keine Aussage trifft.[187]

Eine notwendige Beiladung ist damit z.B. in folgenden Fällen gegeben: 130

- Anfechtung einer immissionsschutzrechtlichen Anordnung nach § 17 BImSchG oder einer bauordnungsrechtlichen Verfügung, die auf Antrag eines Nachbarn ergeht und dies aus dem Bescheid erkennbar ist;
- Anfechtung einer auf Antrag des Eigentümers erlassenen Räumungsverfügung durch den Grundstücksbesitzer, wenn dessen Anspruch ausdrücklich Gegenstand der Verfügung war.

Fehlt eine ausdrückliche Bestimmung, ist in den genannten Fällen sowie bei sonstigen behördlichen 131 Anordnungen nach Gewerberecht, Gaststättenrecht, Polizei- und Ordnungsrecht, Immissionschutzrecht, Baurecht und sonstigem Ordnungsrecht eine Beiladung des die Anordnung anregenden Dritten nicht zwingend.[188] In Betracht kommt aber eine einfache Beiladung nach Abs. 1, wenn die Anordnung zumindest auch im Interesse der Nachbarn ergangen ist.

Hat der Dritte nicht einmal eine Anregung gegeben, ist – trotz seiner möglichen rechtlichen Betroffen- 132 heit durch die Entscheidung – eine Adressateneigenschaft nicht feststellbar. Zum Anfechtungsverfahren eines Arbeitnehmers gegen die Entziehung der Ermächtigung zum Umgang mit Verschlusssachen (Rüstungsindustrie) ist daher der Arbeitgeber aufgrund seiner nur gleichgerichteten Interessen nicht notwendig beizuladen.[189]

e) 3. Fallgruppe – Anfechtungsklage gegen eine von einem anerkannten Naturschutzverein erstrittene 133 **Nebenbestimmung oder Aufhebung einer Genehmigung.** Erfolgt der Erlass der Nebenbestimmung oder der Aufhebungsentscheidung vorrangig aus Vollzugsinteressen der Verwaltung, ist der Naturschutzverband trotz möglicher Berührung seiner rechtlichen Interessen (→ Rn. 82, 87) kein materieller Adressat, eine Beiladung ist nicht erforderlich. Jedoch tendiert die Rspr. dazu, die Naturschutzverbände als eine Art Verwaltungshelfer (*public plaintiff*) anzuerkennen, die also zur Wahrnehmung der Naturschutzinteressen in Kooperation mit den Naturschutzbehörden berufen sind (BVerwGE 105, 348, 354). Daraus lässt sich seit der bundesweiten Einführung der Vereinsklage (früher: naturschutzrechtliche altruistische Verbandsklage) in § 64 BNatSchG und der Rechtsbehelfe nach § 2 UmwRG ableiten, dass die rechtlich abgesicherte Interessenwahrnehmung der Naturschutzbelange eine einheitliche Entscheidung gegenüber zuständiger Behörde, anerkannten Vereinen und ggf. dem Antragsteller (Vorhabenträger) verlangt. Da die gesetzliche Substituierung der Klagebefugnis aber an die Beteiligung im behördlichen Verfahren anknüpft (§ 64 Abs. 1 Nr. 3 BNatSchG, § 2 Abs. 3–4 UmwRG), wird nur den bereits in diesem Stadium aktiv beteiligten Verbänden gegenüber eine einheitliche Entscheidung erforderlich sein.

Hat (zu Unrecht) keine oder nur eine unzureichende Beteiligung stattgefunden, ist der Verein wegen 134 der Verletzung seines absoluten Beteiligungsrechts selbst klagebefugt (Partizipationserzwingungsklage), sodass es einer Beiladung nicht bedarf (vgl. dazu die oben entwickelten Grundsätze → Rn. 114 ff.). Dies betrifft aber nur die verfahrensrechtliche Seite. Hat die Partizipationserzwingungsklage auch inhaltlich Erfolg und wird eine Planfeststellung aufgrund der Beteiligung des Verbandes modifiziert, ist es möglich, dass der Vorhabenträger dagegen eine isolierte Anfechtungsklage erhebt. In diesem Verfahren ist der Verein i.d.R. einfach beizuladen (→ Rn. 87).

f) 4. Fallgruppe – Verpflichtungsklage auf Erlass eines belastenden Verwaltungsakts an einen bestimm- 135 **ten Dritten.** Leitbild der notwendigen Beiladung bei der *Verpflichtungsklage* ist die der Fallgruppe 1 vergleichbare und der Fallgruppe 2 vorgelagerte Situation: Der Kläger erstrebt einen Verwaltungsakt zu seinen Gunsten, aber zulasten eines bestimmten Dritten,[190] zumeist eines Genehmigungsinhabers, z.B. isoliert durch Verwaltungsakt auszusprechende Betriebsregelungen für einen genehmigten Flughafen. Die beantragte Entscheidung betrifft den Genehmigungsinhaber als Dritten erstens negativ und zweitens unmittelbar. Anzumerken ist, dass die Unmittelbarkeit nicht aus der Gestaltungswirkung des

---

187 *H. Konrad*, BayVBl 1982, 481, 488.
188 *H. Konrad*, BayVBl 1982, 481, 489; VGH Kassel 9.8.1978 – IV TE 49/78; BauR 1987, 294, 295.
189 OVG Münster NJW 1985, 281, 282: Rechtliche Interessen des Arbeitgebers hätten nur arbeitsrechtlicher (Kündigung) oder schuldrechtlicher (Rüstungsauftrag) Natur sein können, über die nicht unmittelbar entschieden wurde.
190 BVerwGE 2, 189 f.; 24, 343, 348; BVerwG 29.7.2014 – 4 C 1/13, juris Rn. 8.

Urteils folgt – bei der Verpflichtungsklage gibt das Gericht der Behörde nur auf, einen Verwaltungsakt zu erlassen, die gestaltende Entscheidung bleibt bei der Behörde. Folglich besteht ein Unmittelbarkeitsdefizit, das bei der Verpflichtungsklage aber auf Art. 20 Abs. 3 GG (Gewaltenteilung und Funktionentrennung) beruht, wonach die Kompetenz der Verwaltung zum Erlass von Verwaltungsakten auch bei einer gerichtlichen Entscheidung fortbesteht. Die Behörde soll die Entscheidung selbst treffen, wobei ihr aber § 113 Abs. 5 S. 1 keine Möglichkeit belässt, den Verwaltungsakt nicht zu erlassen. Lediglich bei mangelnder Spruchreife (§ 113 Abs. 5 S. 2), also Ermessensverwaltungsakten, Beurteilungsspielräumen oder Abwägungsentscheidungen ist Raum für eigene inhaltliche Erwägungen der Behörde. Auch bei solchen Spielräumen sind viele Punkte des Prüfungsprogramms der Behörde bereits vom Gericht geklärt; die Behörde wird insofern an die Rechtsauffassung des Gerichts gebunden und ist vielfach nur noch in der Rechtsfolge (teilweise) frei.

136   Beiden Entscheidungstypen ist gemeinsam, dass formell der Dritte noch nicht Adressat der Entscheidung ist. Er ist aber formeller Adressat des beantragten und von der Behörde bei stattgebendem Urteil auch zu erlassenden Verwaltungsakts und somit materieller Adressat der gerichtlichen Entscheidung. Deshalb ist der Dritte auch im gerichtlichen Verfahren notwendig beizuladen.[191] Die Fallgruppe erfasst eine Vielzahl unterschiedlicher Situationen und ist in nahezu allen Bereichen des Verwaltungsrechts anzutreffen. So sind notwendig beizuladen der

- Genehmigungsinhaber bei begehrter Anordnung der Stilllegung oder Beseitigung nach Immissionsschutzrecht, Atomrecht oder Kreislaufwirtschafts- und Abfallrecht;
- Genehmigungsinhaber (Flughafenbetreiber) bei begehrten Betriebsregelungen für einen Flughafen;
- Bauherr bei begehrter Beseitigungsanordnung oder Baueinstellung nach Landesbaurecht;
- Gastwirt bei begehrter Anordnung einer Schutzauflage nach § 5 Abs. 1 Nr. 3 GastG.

137   **g) 5. Fallgruppe – Verpflichtungsklage auf Erlass eines adressatenlosen oder begünstigenden Verwaltungsakts.** Zu dieser Gruppe zählen vornehmlich die Allgemeinverfügungen (z.B. Verkehrszeichen) und dinglichen Verwaltungsakte (z.B. Straßenumbenennungen), die zwar einen konkreten Sachverhalt betreffen, aber den Betroffenenkreis nicht individualisieren (können).[192] Die Betroffenheit Dritter ist daher nur eine mittelbare, unmittelbarer Adressat kann allenfalls der Eigentümer der Sache sein, die Gegenstand der Verfügung ist. Demzufolge ist in Verpflichtungsklagen etwa eines Anwohners auf Erlass einer Geschwindigkeitsbeschränkung aus Lärmschutzgründen etc. ein anderer Anwohner oder Straßenbenutzer nicht beizuladen. Gleiches gilt im öffentlichen Sachenrecht, wenn ein Kläger die Einziehung oder Abstufung einer Straße begehrt und Dritte sich auf ihre dann verlorene oder geschmälerte Anbindung berufen – sie sind nicht beizuladen, da sie nicht durch die Entscheidung zu Adressaten bestimmt werden.[193] In die gleiche Fallgruppe fallen auch alle Verwaltungsakte i.R. der Verwaltungsorganisation (v.a. im Schulwesen) sowie bei Gebietsgliederungen bezogen auf Kommunen.[194] Ferner ist bei einer Verpflichtungsklage, die auf den Erlass eines *mehrstufigen Verwaltungsakts* gerichtet ist, die Beiladung notwendig (BVerwG 18.6.2013 – 6 C 21/12, juris Rn. 12). Ein solcher Verwaltungsakt „ist dadurch gekennzeichnet, dass er kraft Gesetzes nur mit Zustimmung oder im Einvernehmen eines anderen, insoweit selbständigen Rechtsträgers oder dessen Behörde erlassen werden darf. In diesem Falle ist die Zustimmung oder das Einvernehmen Bestandteil des streitigen Rechtsverhältnisses derart, dass es im Falle seiner Verweigerung durch das verwaltungsgerichtliche Urteil ersetzt wird" (BVerwG a.a.O.). Dies setzt jedoch voraus, dass dem anderen Rechtsträger spezifisch ihn berührende Belange zur eigenverantwortlichen Wahrnehmung anvertraut sind (BVerwG 18.6.2013 – 6 C 21/12, juris Rn. 13).

138   Auch bei *personalen* Verwaltungsakten kann die Adressateneigenschaft des beiladungswilligen Dritten fehlen. Dies gilt etwa dann, wenn ein Verwaltungsakt neben dem benannten Adressaten in finanzieller Hinsicht eine weitere Person betrifft (z.B. im Straßenbaurecht).[195] Außerdem sind grds. alle Verpflichtungsklagen auf Erteilung begünstigender drittbelastender Genehmigungen gemeint (BVerwG NVwZ-

---

191 BVerwG 29.7.2014 – 4 C 1/13, juris Rn. 8. So etwa der Wohnungseigentümer bei beantragter Zuteilung einer Wohnung (BVerwGE 2, 189 f.).
192 *H. Konrad*, BayVBl 1982, 517, 518.
193 *H. Konrad*, BayVBl 1982, 517, 519.
194 *H. Konrad*, BayVBl 1982, 517, 519.
195 BVerwGE 51, 6, 10 f.; *H. Konrad*, BayVBl 1982, 517, 519.

RR 1993, 18 [Gaststättenerlaubnis – Nachbar]). So ist bei der Verpflichtungsklage eines Bauherrn auf Erteilung der Baugenehmigung ein Nachbar nicht notwendig beizuladen, da Beschränkungen der Rechte des Nachbarn mangels Individualisierung nicht konkretisiert und damit unmittelbar sind, was auch für Genehmigungen nach dem BImSchG (VGH München NJW 1977, 1308, 1309) und andere Genehmigungen in Fällen von Verboten mit Erlaubnisvorbehalt (Ausnahmegenehmigungen) gilt.[196] Anders als in Fallgruppe 1 fehlt es an der unmittelbaren Betroffenheit. Der Dritte ist an dem streitigen Rechtsverhältnis nicht beteiligt. Gleiches gilt, wenn bei Obsiegen des Klägers der Dritte von einer subsidiären Pflicht diesem gegenüber befreit wird, sodass Sozialhilfeträger in Sozialversicherungsstreitverfahren regelmäßig nicht beizuladen sind (BSGE 85, 278, 279). Ebenfalls nicht notwendig beizuladen sind die einzelnen Hochschulen im Zulassungsstreit gegen die Stiftung für Hochschulzulassung (früher: ZVS), sofern nur die Zuteilung irgendeines Studienplatzes und nicht die Zuteilung eines Studienplatzes an einer bestimmten Hochschule beantragt ist.[197]

Ausnahmsweise kann eine notwendige Beiladung aber vorliegen, wenn der Antragsteller die Befreiung 139 von einer Norm beantragt, die konkreten Drittschutz vermittelt und schon aus seinem Antrag hervorgeht, dass nur ein einzelner konkreter Dritter (bzw. mehrere durch den Antrag individualisierbare) materiell von der Entscheidung betroffen ist. So ist der Nachbar bei der Klage des Bauherrn auf Erteilung einer Befreiung von den Festsetzungen des Bebauungsplans oder einer bauordnungsrechtlichen Abweichung beizuladen, soweit sich eine Verletzung von nachbarschützenden Vorschriften aufdrängt.[198] Vorstellbar ist z.B., dass ein Bauherr mittels Untätigkeitsklage beantragt, die Abstandsfläche zum Grundstück eines Nachbarn nicht einhalten zu müssen. Dann ist für Behörde und Gericht nicht nur bestimmbar, wer durch die Entscheidung betroffen wird, sondern der Inhaber des Grundstücks wird schon materiell in die Entscheidung einbezogen, da über die Befreiung nicht unabhängig von seinen Rechten entschieden werden kann. Diese Konstellation ist daher wie die Aufhebung einer Drittbegünstigung zu behandeln, eine Beiladung ist notwendig vorzunehmen. Gleiches gilt, wenn nach dem Gesetz ein Verwaltungsträger für eine Leistung an einen Dritten von einem anderen Verwaltungsträger Erstattung verlangen kann. Dieser erstattungsverpflichtete Verwaltungsträger ist ebenfalls von der Entscheidung über die Leistungspflicht des leistenden Verwaltungsträgers so betroffen, dass eine Entscheidung nur einheitlich ergehen kann.[199]

Schließlich sind Verpflichtungsklagen denkbar, mit deren Hilfe eine sog. modifizierte Auflage bzw. 140 nicht selbständig anfechtbare, belastende Nebenbestimmung (→ §42 Rn. 19ff.) zu einer Begünstigung angegriffen werden soll. Wird das durch die Begünstigung betroffene Grundstück zwischenzeitlich weiterveräußert, ist der Erwerber aufgrund §173 S. 1 VwGO i.V.m. §265 Abs. 2 S. 1 ZPO nicht unmittelbar beteiligt (vgl. aber §266 Abs. 1 ZPO), sodass die Entscheidung auch ihm gegenüber nur einheitlich ergehen kann. Etwas anderes ergibt sich selbst dann nicht, wenn das Grundstück in eine öffentliche Sache (Straße) überführt wird und der Straßenbaulastträger beigeladen werden soll.[200]

h) 6. Fallgruppe – Konkurrentenklagen bei begrenztem Kontingent (Mitbewerberklage). Ist eine 141 staatliche Leistung nur einmal verfügbar, ist die Behördenentscheidung nicht Folge einer individuellen Entscheidung gegenüber ihrem formellen Adressaten, sondern eine einheitliche Auswahlentscheidung unter allen Antragstellern bzw. Bewerbern. Dieses Ergebnis wird dann in verschiedenen Verwaltungsakten formuliert, um die durch die jeweiligen Anträge begonnenen Verwaltungsverfahren abzuschließen. Die Verwaltung wäre nicht gehindert, die Verfahren zusammenzufassen und eine einheitliche Ent-

---

196 Praktisch geht es um die in Fallgruppe 1 (→ Rn. 120ff.) genannten Bsp., nur dass hier nicht die Anfechtung der Begünstigung durch den Dritten, sondern vorgelagert das Begehren auf Erlass der Begünstigung Verfahrensgegenstand ist.

197 OVG Münster DÖV 1976, 142. Im Rechtsstreit gegen die Hochschule selbst (z.B. bei örtlichem numerus clausus) ist diese ohnehin als Beklagte beteiligt, sodass auch hier eine Beiladung ausscheidet.

198 *W.-R. Schenke,* in: Kopp/Schenke §65 Rn. 18a.

199 VGH Mannheim 30.6.1981 – 10 S 1097/81, juris (LS) – Schülerbeförderungskosten im kommunalen Finanzausgleich. Vgl. auch VGH Mannheim NVwZ-RR 2013, 484f. zur Beiladung eines kommunalen Versorgungsverbandes im gerichtlichen Verfahren um die Aberkennung des Ruhegehalts mit der Folge der den Verband treffenden Nachversicherungspflicht (notwendige Beiladung abgelehnt).

200 VGH Kassel 8.1.1990 – 3 TE 2779/89, juris Rn. 10 (Rodungsgenehmigung – Beiladung des Bundes). Hier wäre die Problematik nicht aufgetreten, wenn der Auflage als selbstständig anfechtbar angesehen worden wäre, da die Bestandskraft der Genehmigung i.Ü. nicht Streitgegenstand war, aber nur die Rodungsgenehmigung selbst rechtliche Interessen des Bundes als Straßenbaulastträger berühren konnte.

scheidung zu erlassen, deren Ergebnis von jedem Adressaten angefochten werden könnte; nach den oben genannten Kriterien wären dann alle anderen Adressaten beizuladen. Findet diese verfahrensrechtliche Zusammenfassung, wie regelmäßig, nicht statt, kann das auf die Rechtsstellung der materiellen Adressaten keinen Einfluss haben – die Berufung auf die fehlende Unmittelbarkeit der an sich nur das Vorentschiedene formulierenden Endentscheidung greift zu kurz. Die gebotene Einheitlichkeit der Entscheidung verlangt daher nicht im Anfechtungs-, sondern auch im Verpflichtungsprozess eine notwendige Beiladung, wobei Anfechtungs- und Verpflichtungsklage im Falle der positiven Konkurrentenverdrängungsklage oftmals zeitgleich erhoben werden.

142   In beamtenrechtlichen Streitigkeiten muss die Auswahlentscheidung im Eilverfahren und nicht erst im Hauptsacheverfahren angegriffen werden, da wegen des Grundsatzes der Ämterstabilität regelmäßig eine Ernennung nicht mehr rückgängig gemacht werden kann. Daher ist die Beiladung (von Amts wegen) aller Bewerber schon im einstweiligen Rechtsschutz erforderlich. Werden abgelehnte Bewerber so spät oder gar nicht informiert, dass vorläufiger Rechtsschutz nicht mehr möglich ist, ist mit Blick auf die Hauptsache eine Durchbrechung des Grundsatzes der Ämterstabilität denkbar.[201]

143   Problematisch ist – die Notwendigkeit der Beiladung unterstellt – zweierlei: Das Gericht weiß oft nichts von den Parallelverfahren rechtlich potenziell Betroffener, und unter Umständen wird damit ein Massenverfahren eröffnet. Die Verfahrensökonomie muss gewahrt bleiben. Als Lösung bietet sich zunächst eine Beiziehung der Verfahrensakten der Behörde an, wobei dort die Antragsteller mit Name und Anschrift aufgeführt sein dürfen. Zumeist existieren Wartelisten oder Übersichten, die datenschutzrechtlich problemlos übernommen werden können. Ferner ist an die Regelung des Abs. 3 zu denken, der bei Massenverfahren allen potenziell Betroffenen binnen einer Frist die Möglichkeit zur Teilnahme am Verfahren einräumt. Daher sind auch keine Risiken für einen geordneten Prozessverlauf zu erwarten (→ Rn. 172 ff.).

144   Nicht anders verhält es sich daher auch, wenn die staatliche Leistung nicht nur einmal, aber nur in *begrenzter Anzahl* gewährt werden kann und es einen Überhang von Bewerbern gibt, die alle normativen Voraussetzungen (z.B. Hochschulzugangsberechtigung) erfüllen. Dann ist die Entscheidung, welchen Rang der einzelne Bewerber hat, von der Entscheidung über die anderen Bewerber ebenfalls nicht zu trennen – wenn nicht ausnahmsweise der Rang absolut nach feststehenden, immer gültigen Kriterien bestimmt würde und dadurch auch freie Rangstellen existieren könnten, was i.d.R. nicht der Fall ist. Demgemäß ist nach richtiger Ansicht im ZVS-Vergabeverfahren eine notwendige Beiladung der Mitbewerber erforderlich[202] bzw. nach Abs. 3 zu verfahren, ebenso wie bei Konkurrenten in Verpflichtungsklagen (bzw. einstweiligen Anordnungen nach § 123), bei Aspiranten auf bestimmte Ämter, Beleihungen oder Zuteilungen, z.B. Frequenzzuteilungen, Taxengenehmigungen, allgemein Beförderungsgenehmigungen, Beamtenstellen und Subventionen. Die Rspr. scheut die – unbequemen – Konsequenzen dieser Auffassung und geht davon aus, dass die Zulassungsansprüche (hier: Studienbewerbern) rechtlich unverbunden nebeneinander stünden und die Zulassung eines anderen Bewerbers nicht rechtlich, sondern „nur" tatsächlich die Zulassung eines weiteren Bewerbers auf denselben Platz ausschließe (BVerwGE 60, 25, 30). Die „Rangstelle" sei nicht konstitutiver Bestandteil des Zulassungsanspruchs (BVerwGE 39, 258, 270, 272; 60, 25, 30). In der Praxis wird durch Verbindung der Verfahren und zeitliche Koordination für die – letztlich erforderliche – Einheitlichkeit der Entscheidung gesorgt.

145   Die Richtigkeit der hier vertretenen Auffassung für Mitbewerberklagen[203] folgt aus den *Beiladungszwecken*. Die Erstreckung der Rechtskraft auf die Mitantragsteller ist aus prozessökonomischen Gründen angezeigt, ansonsten hätte eine Zuteilungsentscheidung keinen dauerhaften Bestand und könnte Gegenstand einer weiteren Konkurrentenklage werden. Kommen auf eine Beamtenstelle z.B. 250 Bewerbungen, kann ein nicht berücksichtigter Bewerber einstweiligen Rechtsschutz gegen die Neubesetzung geltend machen; dringt er damit (und in der Hauptsache) durch, kann gegen seine Stellung der nächste klagen usw., sodass bis 250 Prozesse möglich wären und das Verfahren keinen Abschluss fände. Nach hier vertretener Ansicht kommt es zu *einem* Prozess, dessen Umfang durch Abs. 3

---

201 Vgl. BVerwGE 138, 102 (LS 2).

202 A.M. BVerwGE 60, 25, 30; OVG Lüneburg OVGE 34, 331, 332 f.; VGH Mannheim ESVGH 31, 146, 147; *H. Konrad*, BayVBl 1982, 517, 519.

203 Zum Begriff der Mitbewerberklage *Pietzner/Ronellenfitsch* § 16 Rn. 2.

begrenzt bleibt. Auch das rechtliche Gehör und der *Rechtsschutz der Mitbewerber* wird durch die hiesige Ansicht stärker beachtet, da die Rechtspraxis annimmt, die Mitbewerber würden sich durch ein stattgebendes Urteil zugunsten ihres Konkurrenten schon abschrecken lassen – ein für Art. 103 Abs. 1 GG bzw. die Verfahrensgarantie der Grundrechte vernichtendes Bild. Hinzu kommt, dass ohne die Beiladung schon das Informationsdefizit des Bewerbers den Rechtsschutz faktisch ausschließen kann, weil eine Stelleneinweisung zur Erfolglosigkeit aller anderen Klagen führt.[204]

Die hier vertretene Ansicht bleibt auch in sich konsequent, da anders als bei den anfangs genannten 146 Verwaltungsakten die Zuteilungs- bzw. Ausschließungsentscheidung materiell konkret an die Mitbewerber gerichtet ist. Lediglich die Aufspaltung des Verfahrens in Einzelentscheidungen ist der maßgebliche Grund für die formale Unabhängigkeit von der Auswahlentscheidung. Dies allein kann den Ausschluss der Dritten vom Gerichtsverfahren nicht rechtfertigen. Somit sind ist bei Zuteilungsentscheidungen die Beiladung notwendig, soweit die Dritten als Antragsteller materiell im streitbefangenen Verwaltungsverfahren beteiligt waren. Haben die Dritten jedoch keinen Antrag auf Zuteilung gestellt, war ihre Position auch nicht Gegenstand der Auswahlentscheidung. Folglich sind die bisher untätig gebliebenen Dritten nicht beizuladen.

nicht besetzt 147

i) 7. Fallgruppe – Allgemeine Leistungsklage und Unterlassungsklage. Zwar gibt es in Fällen der allgemeinen Leistungsklage[205] mangels Regelung keinen materiellen Adressaten. Stattdessen ist hier derjenige beizuladen, der von den Auswirkungen der begehrten Leistung oder Unterlassung materiell getroffen wird (vgl. OVG Lüneburg ZUR 2009, 267). Beispielhaft ist dafür der Fall, in dem ein Dritter notwendig beigeladen wurde, weil der Kläger den Beklagten dazu verurteilen wollte, dem Dritten keine Entschädigung zu gewähren (BVerwGE 16, 23, 24). Umgekehrt sind die Voraussetzungen des Abs. 2 nicht erfüllt, wenn nur allgemein die Pflicht des Beklagten streitgegenständlich ist, bestimmte Handlungen gegenüber jedermann, also namentlich nicht bestimmbaren Dritten zu unterlassen oder vorzunehmen.[206] Die unbenannten Dritten sind dadurch nur mittelbar betroffen, was – mit oben erwähnter Ausnahme – für Abs. 2 nicht ausreicht. Für die Leistungsklage sind daher die dargestellten Fallgruppen 3–5 (→ Rn. 133 ff.), für die Unterlassungsklage die Fallgruppen 1 und 2 (→ Rn. 120 ff.) entsprechend anwendbar.

j) 8. Fallgruppe – Feststellungsklage. Bei einer Feststellungsklage wird oft nur festgestellt, dass ein 149 Rechtsverhältnis bereits besteht. Demgemäß werden weder Rechte noch Pflichten neu begründet oder umgestaltet.[207] Selbst bei einer Feststellungsklage gegen Rechtsnormen wird deren sich aus dem Vorbehalt ihrer Verfassungsmäßigkeit ergebende Gültigkeit oder Nichtigkeit nur festgestellt. Anders liegt es, wenn es Zweck der Feststellungsklage ist – vgl. § 43 Abs. 2 – künftige Rechtsverhältnisse zu klären bzw. Rechte und Pflichten zu ermitteln, die wiederholt entstehen können. Daher werden bei der gewöhnlichen Feststellungsklage aktuelle Rechte Dritter i.d.R. nicht berührt, sodass diese nicht notwendig beizuladen sind. So ist eine Gemeinde trotz § 36 BauGB nicht notwendig beizuladen, wenn ein Bauherr nur die Feststellung beantragt, sein Vorhaben sei genehmigungsfrei oder schon genehmigt.[208] Anders verhält es sich, wenn ein Dritter am streitgegenständlichen Rechtsverhältnis unmittelbar beteiligt ist.[209] Im Verfahren eines beamteten Lokomotivführers gegen die Bundesrepublik auf Feststellung der Rechtswidrigkeit der Anweisung der DB Regio AG zur Grobreinigung von Zügen war die DB Regio AG notwendig beizuladen (BVerwG Buchholz 310 § VwGO Nr. 146, s.a. BVerwG NVwZ-RR 2005, 643).

Beizuladen ist auch nicht der Bund in Klagen auf Feststellung der deutschen Staatsangehörigkeit, 150 selbst wenn zustimmungspflichtige Erwerbsgründe geltend gemacht werden – ist die Zustimmung nicht erfolgt, ist die erfolgte Einbürgerung zwar wegen eines Verfahrensfehlers rechtswidrig, aber wirksam geworden. Rechtlich schützenswerte Interessen des Bundes sind dann nicht betroffen. Be-

---

204 Vgl. Rn. 141; *D. Czybulka/H. Biermann,* JuS 1998, 601, 604 f., 606 m.w.N. auch zur Frage der Amtshaftung der Behörde für vorzeitige Stellenzuweisung und Desinformation anderer Bewerber.
205 Im Folgenden soll mit dem Begriff der Leistungsklage auch die Unterlassungsklage erfasst sein.
206 BVerwG Buchholz 310 § 65 VwGO Nr. 44; *H. Konrad,* BayVBl 1982, 517, 520.
207 *M. Happ,* in: Eyermann § 43 Rn. 1.
208 BVerwG DVBl 1972, 224; *H. Konrad,* BayVBl 1982, 517, 521.
209 *W.-R. Schenke,* in: Kopp/Schenke § 65 Rn. 19.

gehrt eine Gemeinde die Feststellung, sie gehöre einem Zweckverband nicht an, sind die anderen Mitglieder dieses Verbandes nicht notwendig beizuladen.

151 Während bei gewöhnlichen Feststellungsklagen im Allgemeinen eine notwendige Beiladung ausscheidet, gilt anderes, wenn die *Nichtigkeit eines Verwaltungsaktes* festgestellt werden soll. Die Interessenlage ist hier nicht wesentlich anders als bei der Anfechtungsklage, obwohl die Nichtigkeit schon von Gesetzes wegen und nicht erst aufgrund richterlichen Gestaltungsakts eintritt. Daher sind insoweit die Fallgruppen 1–3 anzuwenden, auf die verwiesen wird (→ Rn. 120 ff.).

152 k) **9. Fallgruppe – Einstweiliger Rechtsschutz.** In Verfahren des einstweiligen Rechtsschutzes gelten grds. die gleichen Überlegungen wie die zum zugehörigen Hauptsacheverfahren (→ Rn. 120 ff.). Beizuladen ist der Begünstigte eines sofort vollziehbaren Verwaltungsakts im Verfahren um die (Wieder-)Herstellung der aufschiebenden Wirkung nach § 80 Abs. 5, da er durch die aufschiebende Wirkung sein Recht verliert, sofort von der Begünstigung Gebrauch zu machen. Dies trifft etwa auf den Bauherrn zu, dessen Baugenehmigung, die wegen § 212 a BauGB sofort vollziehbar ist, nach § 80 a vom Nachbarn angegriffen wird, um die aufschiebende Wirkung des Widerspruchs herzustellen. Umgekehrt ist der Belastete beizuladen, wenn ein Dritter die sofortige Vollziehung einer belastenden Maßnahme beantragt, etwa wenn ein Nachbar erfolgreich eine Abrissverfügung erwirkt hat, der Eigentümer Widerspruch einlegt und der Nachbar den Abriss beschleunigen will. In beiden Fällen kann die sofortige Vollziehung oder aufschiebende Wirkung nur einheitlich angeordnet werden.

153 Keine notwendige Beiladung liegt dagegen vor, wenn der beiladungswillige Dritte zur sofortigen Vollziehung des Verwaltungsakts (durch Antrag oder Anregung) beigetragen hat und der Belastete nun Wiederherstellung der aufschiebenden Wirkung begehrt (VGH Kassel BauR 1987, 294, 295; VGH München NVwZ 1983, 413 f.). Dies entspricht dem für die Fallgruppe 2 gefundenen Ergebnis. Nur wenn ausdrücklich erkennbar ist, dass die Behörde bei Anordnung der sofortigen Vollziehung (lediglich) im Interesse des Dritten entschieden hat, ist er materieller Adressat und im Verfahren des formellen Adressaten gegen die Behörde nach § 80 Abs. 5 notwendig beizuladen.

154 Bei der einstweiligen Anordnung (§ 123) ist bei benanntem materiellen Adressaten der der Behörde auferlegten einstweiligen Maßnahme jener Adressat beizuladen wie er auch im Hauptsacheverfahren beizuladen wäre. Im *verdrängenden* Konkurrentenstreit folgt das Erfordernis der Beiladung schon aus den Überlegungen zu § 80 Abs. 5, bei einstweiligem Rechtsschutz für die Verpflichtung einer Behörde zur Belastung eines Dritten aus seiner unmittelbaren Betroffenheit. Bei der positiven Konkurrentenklage ist der etwa durch eine Sicherungsanordnung gehinderte Mitbewerber beizuladen.

155 l) **10. Fallgruppe – Mitwirkungsbefugnisse einer Behörde.** An sich in die oben beschriebenen Fallgruppen integrierbar, wird die Beiladung einer mitwirkungsbefugten *Behörde* gesondert betrachtet. Für eine notwendige Beiladung kommt nur eine prozessführungsbefugte Behörde in Betracht, deren *Einvernehmen* für den Erlass eines mehrstufigen Verwaltungsaktes/-maßnahme erforderlich ist (→ Rn. 137). Ein bloßes *Benehmens*erfordernis gibt der Behörde nur ein Recht auf Stellungnahme, das schon die Berührung rechtlicher Interessen nicht begründen kann. Im Übrigen gibt es noch Fälle der sog. *unechten* notwendigen Beiladung, in denen kraft Gesetzes die Beteiligung eines Dritten wegen besonderer Sachkunde *zwingend* vorgeschrieben ist,[210] z.B. die Handwerkskammer gem. § 8 Abs. 4 Hs. 2 HwO.

156 Des Weiteren ist zu unterscheiden, ob die Mitwirkungshandlung einen *eigenständigen* Verwaltungsakt oder ein *reines Verwaltungsinternum* darstellt. Im ersten (seltenen) Fall ist auf Beklagtenseite notwendige Streitgenossenschaft gegeben, wenn ein Kläger auf Verpflichtung zum Erlass eines mehrstufigen Verwaltungsakts oder auf Leistung einer mehrstufigen Maßnahme klagt.[211] Bei einem Internum scheidet dagegen ein direktes Vorgehen gegen die Mitwirkungsbehörde aus. Um dennoch die Rechtskraft der Entscheidung auf die Mitwirkungsbehörde zu erstrecken und ihr andererseits die Beteiligung zu ermöglichen, ist sie beizuladen (BVerwG 18.6.2013 – 6 C 21/12, juris Rn. 12. A.M. BSGE 87, 14, 16 f.), jedoch nur, wenn sie beteiligtenfähig ist[212] und einem anderen Verwaltungsträger als die hauptbeteiligte Behörde angehört (→ Rn. 67 ff.). Ansonsten ist der Verwaltungsträger zu beizuladen.[213] Dies

---

210 H. W. Bichler, Beiladung, 1966, 74 f.
211 E. Schuegraf, NJW 1966, 177, 181; näher J. Stettner, Beiladung, 1974, 36 f.
212 Andernfalls ist die Beiladung unwirksam: BVerwGE 72, 165, 167; OVG Lüneburg NVwZ 2000, 209.
213 Richtig W.-R. Schenke, in: Kopp/Schenke § 65 Rn. 5.

ist etwa der Fall, wenn ein Bauherr eine Baugenehmigung beantragt hat, die Genehmigungsbehörde diese aber wegen der Verweigerung des Einvernehmens der Gemeinde zurückweist.[214] Auch hier ist kein direktes Vorgehen gegen die Gemeinde, sondern nur gegen die Genehmigungsbehörde möglich. Da eine Genehmigung ohne Einvernehmen aber nur in den in § 36 BauGB bestimmten Fällen in Betracht kommt, würde das Verpflichtungsurteil für die Genehmigungsbehörde nicht erfüllbar sein, wenn es nicht auch die Gemeinde bindet.

m) Weitere Einzelfälle. Erforderlich ist auch die Beiladung des Künstlers, der im Auftrag der Gemeinde ein Kunstwerk erstellte, wenn ein anderer nach der Aufstellung auf einem öffentlichen Platz die Beseitigung verlangt, weil der Kläger sich durch das Kunstwerk in seinem Persönlichkeitsrecht verletzt sieht (VG Sigmaringen NJW 2000, 92). Ein stattgebendes Urteil würde nämlich in das Urheberrecht des Bildhauers eingreifen; Entscheidung und Eingriff können nur einheitlich ergehen. Bei der gesetzlichen Prozessstandschaft ist eine notwendige Beiladung nicht ausgeschlossen; bei der gewillkürten Prozessstandschaft – soweit sie überhaupt infrage kommt – (→ § 62 Rn. 18 ff.) ist eine Einzelfallprüfung erforderlich[215] (→ § 62 Rn. 7–24 zur Prozessführungsbefugnis). 157

n) Zusammenfassung. Festzuhalten ist, dass eine notwendige Beiladung zum einen die gegensätzliche Interessenlage des Dritten in Bezug auf einen Hauptbeteiligten und zum anderen die materielle Adressateneigenschaft dieses Dritten voraussetzt. Mitwirkungsberechtigte Behörden sind – soweit beteiligtenfähig – beizuladen, wenn sie einer anderen Körperschaft (Verwaltungsträger) als die beklagte Behörde angehören, der Mitwirkungsakt keine Außenwirkung entfaltet und deshalb mangels der Möglichkeit isolierten Vorgehens gegen das Unterlassen des Mitwirkungsaktes aus Rechtsschutzgründen die Rechtskrafterstreckung auf die Mitwirkungsbehörde geboten ist. Eine Beiladung aus Rechtsschutzgründen kommt für Behörden dagegen nur ausnahmsweise in Betracht, v.a., wenn es um die ihr oder ihrem Verwaltungsträger zugewiesene Planungshoheit geht. In Feststellungsklagen bedarf es mit Ausnahme des Drittstreits um die Rechtsfähigkeit keiner Beiladung. 158

3. Verfahren zur Beiladung, Anfechtung und Aufhebung. a) Antragsberechtigung, Antragstellung, Prüfungsumfang. aa) Antragsberechtigung. Die Beiladung erfolgt auf Antrag oder von Amts wegen. Da das Gericht also auch ohne Antrag beiladen kann bzw. bei Abs. 2 muss, ist der Antrag kein Antrag im prozessualen Sinne, sondern nur eine Anregung an das Gericht, die Beiladung anzuordnen.[216] Antragsberechtigt ist neben den Beteiligten jeder Dritte, der ein rechtliches Interesse behauptet.[217] Mangels eindeutiger Regelung (anders hingegen § 34 Abs. 1 S. 2 BVerwGG) folgt dies aus dem Rechtsschutzzweck der Beiladung. 159

bb) Antragstellung. In dem Antrag sind die für das rechtliche Interesse, die Beiladungsfähigkeit und ggf. die für die Notwendigkeit der Beiladung maßgeblichen Tatsachen *glaubhaft* zu machen (vgl. dazu § 173 S. 1 VwGO i.V.m. § 294 ZPO). Der Antrag kann mit der Rechtsmitteleinlegung bzw. dem Zulassungsantrag verbunden werden. Dies folgt aus der Zuständigkeitsregelung im Rechtsmittelverfahren (*iudex a quo*). Eingelegt wird das Rechtsmittel beim unteren Gericht, das zunächst über die Beiladung zu entscheiden hat. Mit der Zustellung des Beiladungsbeschlusses wird die Beiladung wirksam (→ Rn. 165) und das Rechtsmittel zulässig. Praktische Bedeutung hat diese Vorgehensweise (Verbindung der Anträge)[218] jedoch nicht, da die Rechtsmittelfrist des Beigeladenen erst mit Zustellung des Urteils an ihn beginnt, die wiederum frühestens zugleich mit der Zustellung des Beiladungsbeschlusses erfolgen kann.[219] 160

cc) Prüfungsumfang. Bei der im Ermessen stehenden einfachen Beiladung ist hinsichtlich ihrer Voraussetzungen keine volle Überzeugung des Gerichts erforderlich. Dagegen ist im Falle der notwendi- 161

---

214 Allerdings kann die Genehmigungsbehörde ein rechtswidrig versagtes Einvernehmen der Gemeinde ersetzen, § 36 Abs. 2 S. 3 BauGB.
215 Anders im Sozialrecht: BSG SozSich 1982, 84.
216 *J. Schmidt*, in: Eyermann § 65 Rn. 25.
217 *J. Schmidt*, in: Eyermann § 65 Rn. 25.
218 Allerdings ist es für den Beizuladenden in jedem Fall erforderlich, zuerst den Beiladungsantrag zu stellen, da nur Beteiligte Rechtsmittel einlegen können.
219 BVerwG VerwRspr 6 Nr. 143; *J. Schmidt*, in: Eyermann § 65 Rn. 26.

gen Beiladung notfalls durch Beweiserhebung das Vorliegen der Beiladungsvoraussetzungen nachzuweisen und zu überprüfen.[220]

162 **b) Zuständigkeit des Gerichts, Entscheidung. aa) Zuständigkeit.** Zuständig ist das Gericht, bei dem der Rechtsstreit anhängig bzw. zuletzt (nicht rechtskräftig) entschieden worden ist.[221] Wird der Rechtsstreit bereits unter einem Aktenzeichen beim Rechtsmittelgericht geführt, ist dieses auch für die Beiladung zuständig; zuvor entscheidet das Instanzgericht.[222] Eine erst im Revisionsverfahren erfolgende einfache Beiladung ist nach § 142 nicht statthaft. Das Gleiche gilt für das Revisionszulassungsverfahren (→ Rn. 58).

163 **bb) Beschluss.** Die Beiladung erfolgt im vorbereitenden Verfahren durch Entscheidung des Vorsitzenden bzw. des Berichterstatters (vgl. § 87 a Abs. 1 Nr. 6, Abs. 3), im Übrigen durch das Gericht (OVG Münster OVGE 4, 28, 29), im Falle des § 6 durch den Einzelrichter. Wegen der unterschiedlichen Rechtsfolgen sollte schon im Tenor klargestellt sein, ob eine einfache oder notwendige Beiladung vorliegt.[223] Der Beschluss bedarf der Schriftform, was aus dem Zustellungserfordernis gem. § 65 Abs. 4 S. 1 folgt. Allerdings ist auch die Bekanntgabe in mündlicher Verhandlung möglich.[224] Sind die Angaben über Sachstand oder Beiladungsgrund (Abs. 4 S. 2) nicht enthalten, führt dies weder zur Nichtigkeit noch zur Anfechtbarkeit, sofern das Gericht das rechtliche Gehör der Betroffenen auf andere Weise wahrt.[225]

164 **cc) Kosten.** Die Kosten der Beiladung sind allgemeine Verfahrenskosten. Unterliegt der Beiladungswillige im Beschwerdeverfahren, ist eine Kostenentscheidung erforderlich (§ 154 Abs. 2). Werden dem Beigeladenen aufgrund der Stellung von Sachanträgen Kosten auferlegt (§ 154 Abs. 3; → § 154 Rn. 60 ff.), können Kosten, die bis zur Wirksamkeit des Beiladungsbeschlusses entstanden sind, nicht von ihm verlangt werden (BVerwG Buchholz 310 § 154 Nr. 8). Kostenrechtliche Besonderheiten bestehen auch für den Beigeladenen im Wehrbeschwerdeverfahren (vgl. BVerwG NVwZ-RR 2017, 42).

165 **dd) Wirksamwerden.** Wirksam wird der Beschluss mit Zustellung an den Beizuladenden und die bisherigen Beteiligten (Abs. 4 S. 1), den in der mündlichen Verhandlung Anwesenden gegenüber schon mit Verkündung.[226]

166 **c) Anfechtbarkeit. aa) Beiladungsbeschluss.** Der Beiladungsbeschluss ist unanfechtbar (Abs. 4 S. 3), da das Prozessrechtsverhältnis des Beigeladenen nicht dem Risiko einer Aufhebung ausgesetzt sein soll;[227] dennoch ist die spätere Aufhebung der einfachen Beiladung durch das Gericht möglich, da die einfache Beiladung grds. nur der Verfahrensökonomie dient, die unter Umständen für eine Aufhebung sprechen kann.[228] Steht dem Beigeladenen in der Sache aber ein eigenes Klagerecht zu oder wird er trotz eines von ihm bereits betriebenen Prozesses in der gleichen Angelegenheit zu einem anderen Prozess beigeladen, der früher beendet wird und wegen § 121 Nr. 1 zur Unzulässigkeit seines eigenen Prozesses führt, wird in seine Rechtsposition stärker eingegriffen, als der Gesetzgeber bei Erlass des § 65 Abs. 4 S. 3 berücksichtigt hatte. Daher kommt hier eine außerordentliche Beschwerde in Betracht (→ § 146 Rn. 115 ff.).[229]

---

220 *J. Schmidt*, in: Eyermann § 65 Rn. 25.
221 Dies gilt freilich nur, wenn noch kein Rechtsmittel durch die Hauptbeteiligten eingelegt wurde und die Beiladung nach Urteilsverkündung erfolgt.
222 A.M. *J. Schmidt*, in: Eyermann § 65 Rn. 27, wonach der Rechtsstreit erst durch den Zulassungsbeschluss beim höheren Gericht anhängig wird und dieses erst ab diesem Zeitpunkt über die Beiladung entscheiden darf.
223 *J. Schmidt*, in: Eyermann § 65 Rn. 28.
224 *W.-R. Schenke*, in: Kopp/Schenke § 65 Rn. 35.
225 *W. Bier*, in: Schoch/Schneider/Bier § 65 Rn. 32.
226 *B. J. Benkel*, Verfahrensbeteiligung, 1996, 41; *W.-R. Schenke*, in: Kopp/Schenke § 63 Rn. 4. A.M. *C. Lavedag*, in: Gräber § 60 FGO Rn. 38 (förmliche Zustellung auch bei Verkündung noch notwendig, aber kein Wirksamkeitserfordernis).
227 *F. Koehl*, JuS 2016, 133.
228 A.M. wohl *B. J. Benkel*, Verfahrensbeteiligung, 1996, 44, der eine Aufhebung nur im gegenseitigen Einvernehmen aller Beteiligten zulassen will.
229 *W.-R. Schenke*, in: Kopp/Schenke § 65 Rn. 37; *E. Baden*, NVwZ 1984, 142, 146; wohl abl. *K. Schneider*, in: Gärditz § 65 Rn. 15.

bb) Ablehnender Beschluss. Der die Beiladung ablehnende Beschluss des VG ist hingegen mittels Be- 167
schwerde anfechtbar[230] (bei erstinstanzlicher Zuständigkeit des OVG ist die Anfechtung ausgeschlossen → Rn. 169). Ist zwischenzeitlich ein Urteil in der Hauptsache ergangen und rechtskräftig geworden, wird die Beschwerde unbegründet, da eine Beiladung nicht mehr erfolgen kann. Ist ein zwischenzeitlich in der Hauptsache ergangenes Urteil durch Rechtsmittel angefochten worden, erledigt sich die
Beschwerde, da das Beschwerde- und Rechtsmittelgericht die Beiladung selbst anordnen kann. Das bedeutet, dass die Hauptbeteiligten die Beiladung eines Dritten durch Prozesshandlungen i.E. verhindern
können (vgl. VGH München 29.6.2016 – 20 AS 16.1010, juris Rn. 1 f.), allerdings ist ihnen damit zumindest bei der notwendigen Beiladung wenig gedient (zu den Folgen einer unterbliebenen Beiladung
→ Rn. 181 ff.).

cc) Ablehnung der Aufhebung, Aufhebungsbeschluss. Anfechtbar ist auch die Ablehnung eines An- 168
trags auf Aufhebung der Beiladung, weil das Gesetz hier keine Unanfechtbarkeit vorsieht. Gleiches gilt
für die durch Beschluss erfolgte Aufhebung der Beiladung (OVG Münster OVGE 19, 162 f.).

dd) Beschwerdeverfahren. Sofern das VG eine einfache Beiladung ablehnt, kann im Beschwerdever- 169
fahren das Beschwerdegericht nach eigenem Ermessen über die einfache Beiladung entscheiden und ist
nicht an die Ermessensentscheidung der Vorinstanz gebunden.[231] Wird die Beiladung erst im Rechtsmittelverfahren oder sonst vor dem OVG beantragt und abgelehnt, ist der Beschluss nach $\S$ 152 unanfechtbar. Dem BVerwG ist ferner durch $\S$ 142 die einfache Beiladung verwehrt, was zugleich bedeutet,
dass es die Ablehnung einer (einfachen) Beiladung nicht aufheben darf.

d) Beendigung der Beiladung. Die Beiladung kann wegen ihrer Unanfechtbarkeit (vgl. schon $\S$ 65 170
Abs. 4 S. 3; ferner → Rn. 166) von den Beteiligten nicht rückgängig gemacht werden, insoweit bestehen ebenfalls Unterschiede zur Streitgenossenschaft (→ $\S$ 64 Rn. 14). Möglich ist nur eine Aufhebung
durch das Gericht nach seinem Ermessen.[232] Dies ist bei Abs. 2 hingegen, solange seine Voraussetzungen vorliegen, ausgeschlossen, da der Dritte einen Anspruch auf Beiladung hat.[233] Sind die Voraussetzungen entfallen, muss das Gericht, ohne dass ihm Ermessen zustünde, die notwendige Beiladung aufheben. Eine fehlerhafte notwendige Beiladung ist als einfache Beiladung ordnungsgemäß, wenn rechtliche Interessen des Beigeladenen durch die Entscheidung berührt sind; einer Umdeutung oder Aufhebung und neuen Beschlussfassung bedarf es dann nicht (so wohl auch VGH München NVwZ 1998,
529, 530). Hier ist jedoch der Erlass eines feststellenden Beschlusses zweckmäßig.[234] Die Aufhebung
einer Beiladung ist auch in der Revisionsinstanz möglich.[235]
Nach Erlass eines Urteils kann die Beiladung gem. $\S$ 173 S. 1 VwGO i.V.m. $\S$ 318 ZPO nicht mehr 171
vom erlassenden Gericht aufgehoben werden. Das Gleiche gilt, wenn ein Rechtsmittelgericht die Beiladung von sich aus oder auf Beschwerde des Dritten oder eines Beteiligten anordnet und den Rechtsstreit an das Instanzgericht zurückverweist. Die Aufhebung einer rechtswidrigen Beiladung durch das
OVG vor Erlass des Berufungsurteils schließt es aus, dass das Urteil auf der fehlerhaften Beiladung beruht.[236] Eine Aufhebung ist auch in der Berufungsinstanz nicht mehr zulässig, wenn dem Beigeladenen
im ersten Urteil Kosten auferlegt worden sind.[237] Die Aufhebung kann vom Beigeladenen mit der Beschwerde angefochten werden (OVG Münster OVGE 19, 162, 163), für dieses Verfahren gilt er noch
als Beteiligter.[238]

4. Beiladung in Massenverfahren. a) Allgemeines. Die Regelung in Abs. 3 bezieht sich nur auf die 172
notwendige Beiladung und schränkt die notwendige Beiladung im Interesse der Verfahrensökonomie
ein. Ihre praktische Bedeutung ist gering, was an der zu restriktiven Anwendung der Beiladung bei

---

230 *F. Koehl*, JuS 2016, 133 f.; *K. Schneider*, in: Gärditz $\S$ 65 Rn. 16.
231 VGH München 23.8.2016 – 21 C 16.325, juris Rn. 8; OVG Münster NVwZ-RR 2013, 295.
232 Vgl. OVG Münster OVGE 19, 162, 165; *J. Schmidt*, in: Eyermann $\S$ 65 Rn. 30. A.M. *B. J. Benkel*, Verfahrensbeteili-
     gung, 1996, 44.; *W.-R. Schenke*, in: Kopp/Schenke $\S$ 65 Rn. 40.
233 Vgl. *W.-R. Schenke*, in: Kopp/Schenke $\S$ 65 Rn. 22; *J. Schmidt*, in: Eyermann $\S$ 65 Rn. 31.
234 *J. Schmidt*, in: Eyermann $\S$ 65 Rn. 31.
235 BVerwG 18.7.2012 – 8 C 4/11, juris Rn. 33 (insofern nicht abgedruckt in BVerwGE 143, 335); ZBR 2016, 384
     (LS 3).
236 *J. Schmidt*, in: Eyermann $\S$ 65 Rn. 32 m.w.N.
237 Vgl. *J. Schmidt*, in: Eyermann $\S$ 65 Rn. 32.
238 Da die Aufhebung einer Rechtsstellung streitig ist, wird die Beteiligteneigenschaft fingiert, obwohl die Beschwerde
     auch durch Nichtbeteiligte erhoben werden kann (→ $\S$ 146 Rn. 40).

Verpflichtungsklagen (Konkurrentenklagen [→ Rn. 141 ff.]) liegen mag. Bislang ist – soweit ersichtlich – erst eine Entscheidung zu Abs. 3 veröffentlicht (OVG Greifswald NVwZ 2000, 945 ff.). Darin ging es um eine als Allgemeinverfügung ausgestaltete „Bäderregelung", die Ausnahmen vom LSchlG auch für den Sonntagsverkauf vorsah und das Gesetz praktisch außer Kraft setzte. Begünstigte Adressaten dieser Allgemeinverfügung waren alle Unternehmer des Landes, die im Einzelhandelsgewerbe tätig waren, da sie trotz ihrer fehlenden Individualisierung durch die Verfügung jeweils eine grds. wirksame Begünstigung erlangt hatten. Durch die Anfechtung dieser Verfügung sollte ihnen unmittelbar die Genehmigung zum Sonntagsverkauf entzogen werden, sodass entsprechend der Fallgruppe 1 (→ Rn. 120 ff.) eine notwendige Beiladung vorlag, im entschiedenen Fall jedoch im Verfahren des einstweiligen Rechtsschutzes nach §§ 80 a, 80 Abs. 5. Somit war eine notwendige Beiladung eines unbestimmten Kreises von Dritten erforderlich und § 65 Abs. 3 einschlägig, der i.E. aber vom Gericht (unter Verweis auf den Charakter eines Eilverfahrens) nicht angewendet wurde.

173 **b) Mindestfrist.** Problematisch für das Massenverfahren ist die Mindestfrist des Abs. 3 S. 6 von drei Monaten nach Bekanntgabe des Beiladungsbeschlusses, innerhalb derer mögliche notwendig Beizuladende sich bei Gericht zu melden haben. Diese Frist ist mit dem Charakter eines Eilverfahrens nach §§ 80 a, 80 Abs. 5 bzw. § 123 nicht vereinbar (OVG Greifswald NVwZ 2000, 945, 946). Das ließ das OVG ausreichen, um Abs. 3 S. 1 nicht anzuwenden. Allerdings ist das Verfahren nach Abs. 3 geschaffen worden, um das Problem der zunächst mangelnden Bestimmbarkeit des Kreises notwendig Beizuladender prozessual zu lösen und sie in das Verfahren – zumindest von der Rechtskrafterstreckung in § 121 Nr. 2 her – einzubeziehen (zu den Folgen eines ohne Beachtung des Abs. 3 durchgeführten Massenverfahrens → Rn. 193 f.).

174 **c) Ablauf des Verfahrens.** Nach S. 1 kann das Gericht bei mehr als 50 notwendig Beizuladenden eine Frist bestimmen, innerhalb derer Dritte ihre Beiladung beantragen müssen. Der nach S. 2 unanfechtbare Beschluss ist im Bundesanzeiger (S. 3) und in Tageszeitungen des Gebiets, in dem sich die Entscheidung voraussichtlich auswirken wird (S. 4), bekannt zu machen. Die Bekanntmachung kann zusätzlich in einem von dem Gericht für Bekanntmachungen bestimmten Informations- und Kommunikationssystem erfolgen (S. 5). Die Frist beträgt mindestens drei Monate seit Veröffentlichung im Bundesanzeiger (S. 6). Um jedem Klarstellungsinteresse zu genügen, ist in den Tageszeitungen auch der Tag mitzuteilen, an welchem die Frist abläuft (S. 7), was praktisch bedeutet, dass zuerst die Veröffentlichung im Bundesanzeiger erfolgt sein muss, bevor die Information in den Tageszeitungen erfolgen kann. Versäumt ein notwendig Beizuladender die Frist, kommt die Wiedereinsetzung in den vorigen Stand in Betracht (S. 8 i.V.m. § 60).

175 **d) Besonderheiten gegenüber Abs. 2.** Ein Unterschied zu Abs. 2 besteht darin, dass eine Beiladung von Amts wegen auf die Fälle des S. 9 (→ Rn. 177) beschränkt ist und ansonsten ein Antrag erforderlich ist. Im Unterschied zu Abs. 1 genügt aber nicht ein Antrag eines schon Beteiligten, vielmehr muss der Beizuladende selbst den Antrag stellen. Tut er dies fristgemäß, erhält er die Stellung eines notwendig Beigeladenen.

176 Die einschneidendste Folge des Abs. 3 enthält § 121 Nr. 2. Die Rechtskraft des Urteils wird auch auf diejenigen Dritten erstreckt, die notwendig beizuladen waren, aber keinen oder nur einen verspäteten Antrag gestellt haben.[239] Die Vereinbarkeit dieser Regelung mit dem Gebot rechtlichen Gehörs nach Art. 103 Abs. 1 GG ist noch nicht geklärt. Jedoch ist Art. 103 Abs. 1 GG (wie auch Art. 19 Abs. 4 GG) ein mitwirkungsbedürftiges Grundrecht. Rechtliches Gehör kann nur erhalten, wer darum ersucht.[240] Eine Verletzung des Grundrechts durch Vorschriften, die an die Untätigkeit Rechtsfolgen oder Rechtskraftwirkungen knüpfen, liegt daher grds. nicht vor, wenn der Betroffene auf diese Rechtsfolgen hingewiesen wurde und er sie somit vermeiden konnte. Ein Verstoß gegen Art. 103 Abs. 1 GG oder Art. 19 Abs. 4 GG ist daher in § 121 Nr. 2 nicht zu sehen – dies entspricht der allgemeinen Ansicht zu Präklusionsvorschriften und Fristen im Verwaltungsprozess (→ § 74 Rn. 4 ff. für die Klagefrist).

---

239 *K. Schneider*, in: Gärditz § 65 Rn. 7.
240 BVerfGE 15, 256, 267 f.; vgl. *B. Pieroth*, in: Jarass/Pieroth Art. 103 Rn. 34.

Unabhängig vom Verfahren des Abs. 3 S. 1–8 ist eine notwendige Beiladung auch ohne Antrag (von 177 Amts wegen) erforderlich, wenn das Gericht erkennen[241] kann, dass bestimmte Personen von der Entscheidung in besonderem Maße betroffen werden (S. 9). Aus dem Gebot rechtlichen Gehörs folgt dabei, dass die nur als Soll-Vorschrift ausgestaltete Regelung hinsichtlich der Beiladung solcher Dritter zwingend ist, bei denen die Voraussetzungen des Abs. 2 (notwendige Beiladung) schon aus den Akten zu ersehen sind (OVG Greifswald NVwZ 2000, 945, 946). Die in S. 9 genannte Voraussetzung der besonderen Betroffenheit dient nicht dazu, gegenüber Abs. 2 erhöhte Anforderungen für eine notwendige Beiladung zu stellen. Wer notwendig beizuladen ist, muss bereits besonders betroffen sein.[242]

V. Folgen der Beiladung

1. Ordnungsgemäße Beiladung. Ist die Beiladung ordnungsgemäß erfolgt, erhält der Dritte die Stel- 178 lung eines Beteiligten (§ 63 Nr. 3). Er kann Angriffs- und Verteidigungsmittel geltend machen und Verfahrenshandlungen vornehmen, insbes. auch Rechtsmittel einlegen (§ 66 S. 1; → § 66 Rn. 9 ff.). Bei der notwendigen Beiladung ist es ihm zusätzlich erlaubt, abweichende Sachanträge zu stellen (§ 66 S. 2; → § 66 Rn. 21 f.). Das Urteil bindet, sobald es ihm gegenüber rechtskräftig wird, auch den Beigeladenen (§ 121 Nr. 1). Aufgrund dieser Rechtskrafterstreckung ist es dem Beigeladenen in einem Folgeprozess, den er mit einem der anderen Beteiligten (Kläger, Beklagter oder anderer Beigeladener) führt, verwehrt, die im Tenor ausgesprochene Urteilswirkung (Gestaltung, Feststellung, Leistungspflicht) infrage zu stellen. Dagegen ist der Beigeladene nicht an die tatsächlichen und rechtlichen Feststellungen in den Gründen eines rechtskräftigen Urteils gebunden (OVG Lüneburg VerwRspr 30, 754 ff.), da diese grds. nicht in Rechtskraft erwachsen (→ § 121 Rn. 62 f.), wobei aber bei abweisenden Sachurteilen (→ § 121 Rn. 80) und einer Anfechtungsklage stattgebenden Urteilen (BVerwGE 131, 346 Rn. 18) Ausnahmen zu beachten sind.

2. Fehlerhafte Beiladung. a) Fehlerfolge. Ist die Beiladung entgegen § 65 beschlossen worden, ist sie 179 fehlerhaft, aber nicht unwirksam (dies ergibt sich aus § 65 Abs. 4 S. 3 [„unanfechtbar"]) oder anfechtbar (→ Rn. 166). Eine fehlerhafte notwendige Beiladung ist als einfache Beiladung ordnungsgemäß, wenn rechtliche Interessen des Beigeladenen durch die Entscheidung berührt sind; einer Umdeutung oder Aufhebung und neuen Beschlussfassung bedarf es nicht (so wohl auch VGH München NVwZ 1998, 529, 530). Eine Überprüfung der Fehlerhaftigkeit erfolgt wegen § 173 S. 1 VwGO i.V.m. § 512 ZPO bzw. § 557 Abs. 2 ZPO grds. nicht. Allerdings kann das Rechtsmittelgericht eine in der ersten Instanz zu Unrecht erfolgte einfache Beiladung von sich aus wieder aufheben (→ Rn. 170 f.). Ausgeschlossen ist dies freilich, wenn der Beigeladene selbst schon ein Rechtsmittel eingelegt hat (OVG Münster MDR 1962, 162). Der fehlerhaft Beigeladene hat grds. die gleichen Rechte wie der ordnungsgemäß Beigeladene, kann also Angriffs- und Verteidigungsmittel geltend machen sowie – bei der fehlerhaft notwendigen Beiladung – abweichende Sachanträge stellen.

b) Rechtsmittel des Beigeladenen. Stets unzulässig ist jedoch ein Rechtsmittel des fehlerhaft Beigela- 180 denen,[243] da die fehlerhafte Beiladung voraussetzt, dass rechtliche Interessen nicht berührt sind oder er nicht Dritter ist, was durch die Rechtsmittelbeschwer umgekehrt gerade gefordert wird. Die prozessuale Stellung als Beigeladener (Beteiligter) allein kann ebenso wenig wie beim Hauptbeteiligten die Rechtsmittelbeschwer begründen (BVerwG VIZ 2000, 718), auch dieser ist durch die Rechtskraft formell gebunden und beschwert, während für die Anfechtung des Urteils eine materielle Beschwer gefordert ist (VGH Kassel DÖV 1976, 607 [Nr. 204]). Es gelten daher auch für den Beigeladenen die allgemeinen Kriterien für die Rechtsmittelbefugnis, wonach die Berührung rechtlicher Interessen für die Beschwer nicht ausreicht, sondern die Möglichkeit einer Rechtsverletzung für die Rechtsmittelbefugnis und die tatsächliche Rechtsverletzung i.S.d. § 113 Abs. 1 S. 1 für die Begründetheit des Rechtsmittels gefordert wird (VGH München NVwZ 1998, 529, 530).

---

241 Vgl. *K. Schneider*, in: Gärditz § 65 Rn. 8.
242 *K. Schneider*, in: Gärditz § 65 Rn. 8 Fn. 31.
243 BVerwGE 112, 335 (LS 1); BVerwG VIZ 2000, 718 f.; OVG Münster OVGE 33, 287 ff.; FEVS 31, 200 ff.; OVG Saarlouis 14.12.1999 – 2 R 4/99, juris Rn. 22; VGH Mannheim 28.5.1979 – I 48/79, juris Rn. 8 ff.; *S. Hässy*, BauR 2001, 1533, 1535.

181   **3. Folgen unterbliebener einfacher Beiladung.** Ist die einfache Beiladung durch Beschluss abgelehnt, kann der Beiladungswillige Beschwerde nach § 146 erheben. Wird die Ablehnung nicht ausgesprochen, sondern vom Gericht nichts unternommen, ist die Beschwerde dem Wortlaut nach nicht zulässig. Ob sie wegen Art. 6 EMRK und Art. 19 Abs. 4 GG gleichwohl für statthaft erachtet werden muss, ist str. (→ § 146 Rn. 10 m.w.N.). Jedenfalls bei der einfachen Beiladung geht es aber nicht um eine Rechtsschutzverweigerung, sondern vorwiegend um Prozessökonomie. Daher ist die Untätigkeit auf einen Antrag auf einfache Beiladung kein beschwerdefähiger Gegenstand.

182   Auf das ohne ihn geführte Hauptverfahren hat die unterlassene Beiladung keinen Einfluss, es bleibt ordnungsgemäß.[244] Der nicht Beigeladene ist hinreichend dadurch geschützt, dass er wegen § 121 durch das rechtskräftige Urteil nicht gebunden wird.[245] Gleiches gilt, wenn die Versagung der Beiladung ermessensfehlerhaft war.[246] Auch dann dient die einfache Beiladung v.a. der Verfahrensökonomie, eine falsche Einschätzung schadet daher nicht. Wird gegen die Versagung Beschwerde eingelegt, kann das Beschwerdegericht eigenes Ermessen ausüben und ggf. eine andere Entscheidung treffen (→ Rn. 167). Eine Ausnahme ist nur anzunehmen, wenn das Hauptsachegericht die Voraussetzungen des § 65 Abs. 1 unzutreffend verneint und somit kein Ermessen ausgeübt hat. In diesem Fall liegt ein Verfahrensfehler vor, der jedoch im Revisionsverfahren wegen mangelnder Ergebniskausalität (§ 137 Abs. 1) nicht mehr beseitigt werden kann.[247]

183   Die generelle Sanktionslosigkeit des fehlerhaften Unterlassens der Beiladung nach Abs. 1 ist im Hinblick auf Verfassungsrecht unbedenklich. Anders als die notwendige Beiladung folgt die Drittbeteiligung im Falle des Abs. 1 nämlich nicht aus dem Gleichheitsgrundsatz oder dem Gebot rechtlichen Gehörs.[248]

184   **4. Folgen unterbliebener notwendiger Beiladung. a) Folgen für die (übrigen) Beteiligten.** Die unterlassene notwendige Beiladung stellt anders als die einfache Beiladung einen schwerwiegenden Verfahrensmangel dar, der im Gegensatz zur fehlerhaften Beiladung auch im Revisionsverfahren von Amts wegen zu berücksichtigen ist.[249] Zwar sind in erster Linie Rechte des Dritten betroffen, der vom Verfahren ausgeschlossen bleibt und auf seinen Ausgang keinen Einfluss nehmen kann. Er bleibt aber im Gegensatz zu den Hauptbeteiligten auch in Bezug auf die Rechtskraft und Bindungswirkung des Urteils unbeteiligt.

185   Die Hauptbeteiligten haben aber i.d.R. ein Interesse daran, den Dritten in die Geltung des Urteils einzubeziehen, da es für sie sonst wertlos sein und ihr eigenes Recht auf effektiven Rechtsschutz (Art. 19 Abs. 4 GG) bzw. die Verfahrensgarantie der Grundrechte verletzten kann. Daher haben Rechtsmittel des Privaten (ob als Kläger oder Beklagter) gegen die unterlassene Beiladung i.d.R. Erfolg, freilich nur, wenn die Entscheidung in der Sache bereits zu seinen Gunsten ausgefallen ist oder ausfallen wird. Einer weiteren Prüfung der Fehlerkausalität in dem Sinne, dass das Unterlassen der notwendigen Beiladung dazu geführt haben kann, dass die Entscheidung in der Sache für den Kläger positiv oder negativ ausgegangen ist, bedarf es dagegen nicht.

186   Folge des Verstoßes gegen § 65 Abs. 2 war nach früherer Ansicht, dass das Urteil nicht nur relativ dem Beigeladenen, sondern absolut nichtig auch den Hauptbeteiligten gegenüber war.[250] Dagegen spricht, dass die Beiladung nicht den Hauptbeteiligten erneut die Möglichkeit zur Verhandlung in der Sache geben soll, sondern v.a. zugunsten des Dritten (Rechtsschutz) sowie zu seinen Lasten (Rechtskrafterstreckung) stattfindet. Andererseits kann in vielen Fällen die Verwaltungsentscheidung nicht ohne logischen Widerspruch dem Begünstigten gegenüber Geltung beanspruchen, obwohl sie Dritten gegenüber aufgehoben wurde. Es ist daher zu differenzieren: Bei Anfechtungsklagen verlangt die Gestaltungswirkung der Entscheidung, dass der Dritte am Verfahren beteiligt ist. Eine Teilunwirksamkeit nur zugunsten des Klägers würde bedeuten, dass der Ausspruch in Wahrheit ein Verpflichtungsurteil an die Adresse der Behörde wäre, die Begünstigung dem Dritten gegenüber zurückzunehmen. Damit

---

244   BVerwG NJW 1982, 299; *C. Nottbusch*, Beiladung, 1995, 112.
245   *C. Nottbusch*, Beiladung, 1995, 112.
246   *C. Nottbusch*, Beiladung, 1995, 112.
247   *W. Bier*, in: Schoch/Schneider/Bier § 65 Rn. 38. A.A. *W.-R. Schenke*, in: Kopp/Schenke § 65 Rn. 42.
248   *C. Nottbusch*, Beiladung, 1995, 82 ff.
249   BVerwG JZ 1964, 105 f.; *K. Schneider*, in: Gärditz § 65 Rn. 19.
250   BVerwGE 16, 23, 25; *O. Bachof*, MDR 1950, 376. A.M. *K. A. Bettermann*, MDR 1967, 951, 952 (volle Wirksamkeit des Urteils); *P. Schlosser*, JZ 1967, 431, 437; vgl. BVerwGE 18, 124, 126 f.

wandelte sich die Gestaltungsklage wegen eines Verfahrensfehlers in eine Leistungsklage um, was dem Prozessrecht und der Dispositionsmaxime fremd ist. Folglich ist bei Anfechtungsbegehren das (stattgebende)[251] Urteil bei unterbliebener Beiladung absolut – also auch gegenüber den Hauptbeteiligten – unwirksam.[252]

Bei Verpflichtungsklagen und Leistungsklagen hingegen ist diese Gestaltungswirkung nicht Ziel des 187 klägerischen Vorgehens. Hier genügt daher als Folge unterbliebener notwendiger Beiladung die relative Unwirksamkeit gegenüber dem nicht beigeladenen Dritten, d.h. der Dritte kann sich anschließend gegen die Behördenentscheidung mit einer Anfechtungs- oder Unterlassungsklage wenden.[253] In diesem Folgeprozess wäre der Verpflichtungskläger wieder notwendig beizuladen, da andernfalls zwei widersprüchliche Urteile in der Welt bleiben könnten mit dem Ergebnis, dass die Rechtslage unklar bleibt und die Behörde bei späteren Verwaltungsmaßnahmen keine Rechtssicherheit hat. In diesem Zweitverfahren wären die Parteien der Verpflichtungsklage oder Leistungsklage zueinander an das Ergebnis des Vorprozesses gebunden, was aber praktisch keine Rolle spielen dürfte, da sie die gleichen Interessen wahrnehmen.

Sind die Hauptbeteiligten ausnahmsweise an der Einbeziehung des notwendig Beizuladenden nicht in- 188 teressiert, können sie gleichwohl nicht auf die Beachtung des § 65 Abs. 2 verzichten und auf diese Weise den Verfahrensfehler heilen (BSGE 13, 217, 219 f.).

b) Folgen für den nicht Beigeladenen. Der nicht Beigeladene wird auch bei Abs. 2 nicht Beteiligter 189 des Verfahrens gem. § 63 Nr. 3 und kann daher Verfahrenshandlungen nicht wirksam vornehmen.[254] Auch die Einlegung eines Rechtsmittels ist ihm verwehrt, da ihm gegenüber die Entscheidung nach § 121 keine Rechtskraft entfaltet und eine Beschwer somit nicht möglich ist.[255] Zwar folgt aus der verfassungsrechtlichen Notwendigkeit der Beiladung nach Abs. 2 (→ Rn. 28 ff.), dass der nicht Beigeladene in seinem Anspruch auf rechtliches Gehör aus Art. 103 Abs. 1 GG und ggf. in seinem Anspruch auf effektiven Rechtsschutz aus Art. 19 Abs. 4 GG verletzt ist (OVG Münster NWVBl 1991, 241 f.). Den Gerichten ist es jedoch von Verfassungs wegen freigestellt, wie der Verstoß behoben wird. Der durch § 121 gewährte Schutz ist aber der durch die Möglichkeit eines Rechtsmittels eröffneten Gelegenheit, Schutz zu erlangen, mindestens ebenbürtig. Wirkt das Urteil dem Dritten gegenüber nicht, kann er sich den Hauptbeteiligten gegenüber auch auf das Gegenteil seines Inhalts berufen. Das genügt den Anforderungen des Art. 103 Abs. 1 GG (OVG Münster NWVBl 1991, 241 f.), wobei aber Voraussetzung ist, dass der Dritte von der hauptbeteiligten Behörde (bzw. deren Verwaltungsträger) verlangen kann, eine dem Urteil widersprechende Entscheidung zu treffen, soweit seine subjektiven Rechte das gebieten. Bei Anfechtungsklagen ist daher i.d.R. von der absoluten Unwirksamkeit des Urteils auszugehen (→ Rn. 186). Bei Verpflichtungsklagen hingegen muss dem Dritten das Recht erhalten bleiben, einen infolge des Urteils erlassenen Verwaltungsakt anzufechten (→ Rn. 187). Bei Leistungsklagen muss die Leistung auch im Folgeprozess wieder infrage gestellt werden können. Ist die aufschiebende Wirkung ohne Beteiligung des durch den Verwaltungsakt Begünstigten angeordnet worden, kann ein Antrag auf sofortige Vollziehung nicht mit der Begründung abgelehnt werden, es sei bereits aufschiebende Wirkung angeordnet. Wer eine so geartete relative Unwirksamkeit der Entscheidung nicht mittragen will, wird von Verfassungs wegen (Art. 103 Abs. 1 GG) um die prozessuale Zulässigkeit eines Rechtsmittels trotz fehlender Beteiligteneigenschaft nicht umhin kommen.

Ebenso wenig wie die Einlegung eines Rechtsmittels ist es für den trotz § 65 Abs. 2 nicht beigeladenen 190 Dritten möglich, den auf die Klagerücknahme ergehenden *Einstellungsbeschluss* des Gerichts oder die darin enthaltene Kostenentscheidung anzufechten (VGH Mannheim NVwZ 1986, 141).

---

251 Bei Klageabweisung entsteht dem Dritten kein Nachteil, daher ist das Urteil auch bei unterbliebener Beiladung voll wirksam, vgl. BVerwGE 18, 124, 127.

252 BVerwGE 18, 124, 126 f.; *J. v. Albedyll*, in: Bader § 65 Rn. 20; *W. Bier*, in: Schoch/Schneider/Bier § 65 Rn. 40; *J. J. Lüning*, Beiladung, 1971, 158 f.; *K. Schneider*, in: Gärditz § 65 Rn. 22. A.M. *P. Schlosser*, JZ 1967, 431, 437; wohl ebenso *W. Marotzke*, ZZP 1987, 164, 173 ff.

253 *W. Bier*, in: Schoch/Schneider/Bier § 65 Rn. 40; *K. Schneider*, in: Gärditz § 65 Rn. 23.

254 Anders ist die Rechtslage im Kartellrecht nach § 67 GWB, wo auch ein zu Unrecht nicht Beigeladener Beschwerde gegen die Entscheidung erheben kann, vgl. KG Berlin WuW/E OLG 2720 ff.

255 OVG Münster NWVBl 1991, 241 f. m.w.N.; VGH Mannheim DÖV 1975, 646 f.; *S. Hässy*, BauR 2001, 1533, 1536. A.M. *K. A. Bettermann*, MDR 1967, 951, 952 (gleichwohl wirksam).

191   Möglich für den nicht Beigeladenen ist es aber, zum Zwecke der Rechtsmitteleinlegung den Antrag auf Beiladung zu stellen, und zwar grds. bis zum rechtskräftigen Verfahrensabschluss in der Hauptsache (OVG Greifswald NVwZ 2000, 945). Dabei ist zu beachten, dass die Beiladung nur zum Verfahren in der Sache in Betracht kommt (vgl. VGH Mannheim NVwZ-RR 2000, 814). Ferner besteht die Möglichkeit, in einen Prozessvergleich der Hauptbeteiligten auch ohne Beiladung einbezogen zu werden,[256] wofür aber die Zustimmung des Dritten erforderlich ist. Die Rechtskraft folgt ihm gegenüber dann aus § 168 Abs. 1 Nr. 3 (OVG Münster NJW 1985, 2491, 2492). Die Gegenansicht, die zwecks Vergleichsabschlusses die Beiladung verlangt, überzeugt nicht, da eine Teilung des Vergleichs in einen prozessual wirksamen Teil zwischen den Hauptbeteiligten und einen prozessual unwirksamen, aber materiell wirksamen Teil gegenüber dem Dritten einen weiteren Rechtsstreit nach sich ziehen würde, um dem Dritten gegenüber einen Titel zu erlangen (OVG Münster NJW 1985, 2491, 2492). Da der Vergleich nicht „Entscheidung" i.S.d. Abs. 1 ist, kann nicht ohne Weiteres davon ausgegangen werden, dass die rechtlichen Interessen des Dritten berührt sind, sodass eine Beiladung eventuell unmöglich ist, obwohl das Bedürfnis nach einer Einbeziehung des Dritten in den Vergleich zur Verfahrensbeschleunigung besteht.

192   Anders ist die Situation bei Abs. 3 (Massenverfahren). Verletzt der Beizuladende seine Mitwirkungspflichten und beantragt die Beiladung nicht rechtzeitig, obwohl das Verfahren ordnungsgemäß abgelaufen ist, wird er dennoch in die Rechtskraftwirkung des Urteils einbezogen (§ 121 Nr. 2). Gegen das Urteil stehen ihm keine Rechtsmittel zu, da sie wegen seiner fehlenden Beteiligung am Vorprozess nicht statthaft sind, andernfalls wäre die Regelung des Abs. 3 überflüssig. Auch dies ist verfassungsrechtlich nicht zu beanstanden.

193   Sind dem Gericht beim Verfahren nach Abs. 3 Verfahrensfehler unterlaufen, gilt zwar ebenfalls, dass der Dritte an die Rechtskraft der Entscheidung gebunden ist (§ 121 Nr. 2).[257] Je nach Schwere des Verstoßes ist aber zu differenzieren: Hat das Verfahren gar nicht stattgefunden, kann nicht allein wegen des Vorliegens der Voraussetzungen des Massenverfahrens (mehr als 50 notwendig Beizuladende) die Rechtskrafterstreckung eingreifen, da die Beizuladenden keine Möglichkeit hatten, Rechtsbehelfe einzulegen und die Rechtskrafterstreckung aufzuhalten. Für das Verfahren um die Bäderregelung (→ Rn. 172) bedeutete dies, dass nur die erkennbaren Begünstigten beigeladen wurden und von der Rechtskrafterstreckung erfasst wurden; andere Unternehmer konnten sich weiterhin auf die Geltung der Bäderregelung berufen. Da die aufschiebende Wirkung aber der Behörde gegenüber rechtskräftig geworden war, musste sie – um ihrer Rechtspflicht und dem Abwehranspruch der Antragsteller zu genügen – die Allgemeinverfügung insgesamt zurücknehmen bzw. widerrufen.

194   Entsprechendes gilt, wenn der Beschluss nach Abs. 3 S. 1 nicht bekannt gemacht wurde, da er dann mangels Möglichkeit der Kenntnisnahme der Betroffenen keine Wirkung entfaltet (allgemeiner Grundsatz des Verfahrensrechts, vgl. etwa → § 116 Rn. 33). Erfolgte die Bekanntmachung im Bundesanzeiger und fehlt nur die weitere Bekanntmachung in Tageszeitungen, ist die Frist zu kurz bemessen oder die Veröffentlichung unvollständig, liegen bloße Verfahrensfehler vor, die nicht erfordern, dass die Rechtskrafterstreckung auch ohne Tätigwerden des Beizuladenden nicht eintritt. Für diese Fälle gibt es die Möglichkeit der Wiedereinsetzung in den vorigen Stand nach Abs. 3 S. 8 i.V.m. § 60 (→ § 60 Rn. 75). Verstöße gegen Abs. 3 S. 9 führen dagegen zu den gleichen Rechtsfolgen wie eine unterlassene notwendige Beiladung in einem „normalen" Verfahren.

195   **c) Folgen für den zu spät Beigeladenen.** Ist die Beiladung des Dritten formal erfolgt, aber in einem Stadium, in dem ihm die Verfolgung seiner Rechte nicht mehr möglich oder zumutbar ist, etwa weil vorher schon eine abschließende Sachentscheidung ergangen war, ist ebenfalls eine Verletzung des Rechts auf rechtliches Gehör nach Art. 103 Abs. 1 GG gegeben.[258] Aufgrund seiner Beteiligtenstellung stehen dem Beigeladenen alle Rechtsbehelfe zu, aus der Rechtsverletzung folgt seine materielle Beschwer. Daher kann der Beigeladene die Hauptsacheentscheidung angreifen und eine erneute Verhandlung der Sache erzwingen, in der er eigene Angriffs- und Verteidigungsmittel vorbringen sowie Sachanträge stellen kann (VGH Mannheim NVwZ-RR 2000, 728). Außerdem kann der Beigeladene, wird er während des laufenden Verfahrens beigeladen, einen Vertagungsantrag stellen, um sich auf seine

---

256   OVG Münster NJW 1985, 2491, 2492. A.M. *P. Kothe*, in: Redeker/v. Oertzen § 106 Rn. 6.
257   A.M. *W.-R. Schenke*, in: Kopp/Schenke § 65 Rn. 32.
258   VGH Mannheim NVwZ-RR 2000, 728. A.M. *P.-A. Zeihe*, DVBl 1979, 823, 824.

neue prozessuale Lage einzustellen und zu überlegen, ob er Anträge stellen bzw. Angriffs- oder Verteidigungsmittel geltend machen will. Diesem ist vom Gericht wegen Art. 103 Abs. 1 GG stattzugeben (BSG SGb 2000, 478 f.). I.R. der Kostenentscheidung ist er dadurch geschützt, dass bis zu seinem Eintritt in das Verfahren entstandene Kosten ihm nicht auferlegt werden können (→ Rn. 164).

§ 66 [Prozessuale Rechte des Beigeladenen]

[1]Der Beigeladene kann innerhalb der Anträge eines Beteiligten selbständig Angriffs- und Verteidigungsmittel geltend machen und alle Verfahrenshandlungen wirksam vornehmen. [2]Abweichende Sachanträge kann er nur stellen, wenn eine notwendige Beiladung vorliegt.

Schrifttum
S. bei § 65.

I. Allgemeines

Die *Folgen* (zur Zulässigkeit der Beiladung und zum Beschlussverfahren s. § 65) einer Beiladung sind 1 seit Inkrafttreten der VwGO in §§ 66, 121, 142, 154 Abs. 3 geregelt und wurden seither kaum geändert (eingefügt wurden § 121 Nr. 2 [wegen § 65 Abs. 3] und § 142 Abs. 1 S. 2). Vor Inkrafttreten der VwGO wurden sie durch Rspr. und Lehre in einem längeren Prozess entwickelt, wobei die Wandlung des Beiladungszwecks von einer Aufklärungshilfe zum Rechtsschutz des Dritten entscheidend war (→ § 65 Rn. 19 ff.).

Die Bedeutung des § 66 besteht weniger darin, konstitutiv prozessuale Befugnisse des Beigeladenen zu 2 begründen, als vielmehr die durch die erfolgte Beiladung eingeräumten prozessualen Rechte deklaratorisch zusammenzufassen. Sie sind jedoch nicht vollständig und durch die in Rspr. und Lehre entwickelten Grundsätze zu ergänzen.[1] S. 2, der nur für den notwendig Beigeladenen gilt, verdient wegen der dort geregelten Abweichung vom gewöhnlichen Bild eines von den Hauptbeteiligten prozessual abhängigen Nebenbeteiligten besondere Aufmerksamkeit (→ Rn. 20 ff.).

II. Rechtsstellung des Beigeladenen

1. Art und Beginn der Beiladung. Der Beigeladene wird mit Zustellung des Beiladungsbeschlusses 3 oder bei Anwesenheit in der mündlichen Verhandlung mit Verkündung des Beschlusses (→ § 65 Rn. 165) Beteiligter am Verfahren (§ 63 Nr. 3). Ebenso wie der VBI beim BVerwG oder der VÖI (§ 63 Nr. 4) ist er aber nicht Hauptbeteiligter, sondern Dritter in einem fremden Prozess (*Nebenbeteiligter*).

2. Beendigung. Die Rechtsstellung als Beigeladener wird durch Zustellung eines Aufhebungsbe- 4 schlusses, Klagerücknahme oder Erledigung der Hauptsache beendet. Die Aufhebung ist zulässig, da die prozessuale Stellung als solche keinen Anspruch auf Beibehaltung der Beiladung vermittelt, wenn nicht die Beiladung notwendig war. Die Aufhebung kann aber mit der Beschwerde angefochten werden, sofern sie nicht erst durch das OVG oder BVerwG erfolgt (→ § 65 Rn. 168).

3. Rechtsmittelinstanz. Eine in erster Instanz erfolgte Beiladung setzt sich in allen Instanzen (zum Be- 5 rufungs- und Revisionszulassungsverfahren und zur Revision → § 65 Rn. 56–59) seit Zustellung des Beiladungsbeschlusses fort, wenn sie nicht vorher wirksam beendet wurde (→ Rn. 4). Wird ein Rechtsmittel eingelegt oder die Sache zurückverwiesen, wird auch das Prozessrechtsverhältnis des Beigeladenen in die höhere oder niedere Instanz übertragen.

4. Eilverfahren. Die Beiladung kann auch im Eilverfahren erfolgen; dieses zählt als eigenes Verfahren 6 i.S.d. § 65 Abs. 1, sodass nach rechtskräftigem Abschluss des Eilverfahrens nicht mehr beigeladen werden kann. Dem Antragsteller fehlt in diesen Fällen nach Auffassung des OVG Münster auch die Befugnis, die Abänderung des das Eilverfahren beendenden Beschlusses entsprechend § 80 Abs. 7 zu beantragen, weil er kein Beteiligter des Eilverfahrens geworden ist (vgl. OVG Münster 23.5.2013 – 12 B

---

1 *W.-R. Schenke*, in: Kopp/Schenke § 66 Rn. 2.

480/13, juris Rn. 2 f.). Das Unterlassen der Beiladung im Eilverfahren lässt die Beiladung im Hauptverfahren unberührt.

7   **5. Keine einseitige Bindung an einen Beteiligten.** Der Beigeladene ist – anders als ein Streitgenosse (zur Abgrenzung → § 65 Rn. 38 ff.) oder Nebenintervenient (im Verwaltungsprozess ist die Nebenintervention unzulässig, → § 65 Rn. 36) – *nicht* an eine Seite der Hauptbeteiligten, also entweder Kläger oder Beklagten, einseitig gebunden. Er kann jeden Beteiligten, auch andere Nebenbeteiligte, mit Sachanträgen unterstützen oder bekämpfen, dies auch wechselnd.[2] Gebunden ist er aber an den durch die Hauptbeteiligten bestimmten Streitgegenstand (→ Rn. 13 f., 21 f.). Bei der notwendigen Beiladung wird der Beigeladene nicht Streitgenosse des Hauptbeteiligten, auf dessen Seite er streitet, da er sonst Haupt- und nicht Nebenbeteiligter wäre (a.M. OVG Münster OVGE 28, 185, 188).

8   **6. Erlöschen der Beiladungsfähigkeit.** Stirbt der Beigeladene oder wird eine beigeladene juristische Person aufgelöst, wird das Verfahren ggf. nur unterbrochen, soweit eine notwendige Beiladung vorlag (→ § 65 Rn. 62 ff.).

9   **7. Stellung des zu Unrecht Beigeladenen.** Bei einer fehlerhaft erfolgten Beiladung (→ § 65 Rn. 182) ist aufgrund der Unanfechtbarkeit des Beiladungsbeschlusses (§ 65 Abs. 4 S. 3) eine Berufung auf den Verfahrensfehler grds. ausgeschlossen. Gleichwohl kann der Verfahrensfehler in anderen Rechtsverstößen fortleben, weil etwa der Beigeladene als Zeuge hätte vernommen werden können.[3] Auf die Stellung als Beigeladener hat die fehlerhafte Beiladung jedoch keinen Einfluss – die oft zitierte Unzulässigkeit von Rechtsmitteln resultiert aus dem nach allgemeinen Vorschriften abzuleitenden Fehlen der Rechtsmittelbefugnis (→ § 65 Rn. 180).

III. Prozessuale Befugnisse des Beigeladenen

10   **1. Informationsrechte.** Der Beigeladene ist als Beteiligter zum Verfahren hinzuzuziehen und hat daher einen Anspruch auf Ladung zu allen *Terminen* und Zustellung der Zwischen- und Endentscheidungen. Dies gilt zunächst für die *Entscheidungen*, die während der Dauer der Beiladung ergehen oder zum Zeitpunkt der Zustellung des Beiladungsbeschlusses noch nicht rechtskräftig sind.[4] Gegen die Zustellung bereits rechtskräftiger Entscheidungen spricht, dass hier eine Erstreckung der Rechtskraft auf den Beigeladenen ausscheidet und er deshalb keine Rechtsmittel einlegen muss und kann. Dennoch hat er zumindest bei präjudiziell wirkenden Entscheidungen ein Informationsbedürfnis für Folgeentscheidungen, woraus ein Recht auf Mitteilung der rechtskräftigen Entscheidungen auf Antrag zu folgern ist. Ebenso sind dem Beigeladenen sämtliche *Schriftsätze* zu übermitteln, die einem Beteiligten übersandt werden müssen; soweit andere Benachrichtigungen für Beteiligte vorgesehen sind, ist auch er zu benachrichtigen. Der Beigeladene hat ferner das Recht auf *Akteneinsicht* nach § 100.

11   **2. Prozesshandlungen.** Bei der Vornahme von Prozesshandlungen des Beigeladenen ist zu differenzieren: Seine eigene prozessuale Stellung als Beigeladener darf er unbeschränkt verteidigen, da § 66 insoweit nichts gegenüber den allgemeinen Grundsätzen Abweichendes regelt.[5] In Bezug auf den fremden Rechtsstreit unterliegt er hingegen Beschränkungen. Einen (säumigen) *Hauptbeteiligten* kann er *nicht vertreten*,[6] aber selbst Verfahrensanträge (Vertagungsanträge, Beweisanträge, Ablehnungsanträge) stellen,[7] tatsächliche Ausführungen und Rechtsbehauptungen vorbringen, Beweis antreten, Urkunden vorlegen, Schriftsätze einreichen, Vertreter bestellen, Fragen an Beteiligte oder Zeugen oder Sachverständige stellen etc. Als Beteiligter kann er nicht als Zeuge vernommen werden.[8]

12   **3. Stand des Verfahrens.** Der Beigeladene hat die Prozesslage zur Zeit seines Eintritts in das Verfahren, soweit sie Folge endgültiger Prozesshandlungen des Gerichts oder/und der Hauptbeteiligten ist, hinzunehmen.[9] Dies gilt auch für später vorgenommene Verfügungen der Hauptbeteiligten über den

---

2   *W.-R. Schenke,* in: Kopp/Schenke § 66 Rn. 1; *J. Schmidt,* in: Eyermann § 66 Rn. 1.
3   *B. J. Benkel,* Verfahrensbeteiligung, 1996, 144.
4   *J. Schmidt,* in: Eyermann § 66 Rn. 2.
5   *J. Schmidt,* in: Eyermann § 66 Rn. 3.
6   *M. Redeker,* in: Redeker/v. Oertzen § 66 Rn. 12; *W.-R. Schenke,* in: Kopp/Schenke § 66 Rn. 9.
7   *W. Bier,* in: Schoch/Schneider/Bier § 66 Rn. 3.
8   *M. Redeker,* in: Redeker/v. Oertzen § 66 Rn. 2.
9   BVerwG VerwRspr Bd. 6 Nr. 143. A.M. *P. Schlosser,* JZ 1967, 431, 434.

Streitgegenstand mit Ausnahme der Klageänderung und der nachträglichen Klagehäufung;[10] ein Teilnahme- oder Zustimmungserfordernis besteht weder für Klage- oder Rechtsmittelrücknahme noch Erledigungserklärung (Bindung an den Streitgegenstand). Dies gilt auch, wenn nur der Beigeladene ein Rechtsmittel eingelegt hatte und die Hauptbeteiligten danach den Rechtsstreit für erledigt erklären – das Rechtsmittel erledigt sich dann ebenfalls. An einem Vergleich (§ 106) kann der Beigeladene teilnehmen. Seine Zustimmung ist jedoch nicht erforderlich, wenn nur die Hauptbeteiligten sich binden wollen. Im Falle der notwendigen Beiladung ist ein Prozessvergleich über den Streitgegenstand ohne Zustimmung des notwendig Beigeladenen nicht rechtswirksam (OVG Lüneburg NVwZ 1987, 234). Ein solcher Vergleich bleibt, obwohl er nicht prozessbeendend wirkt, zunächst nur als außergerichtlicher Vergleich zwischen den Hauptbeteiligten wirksam; da er den Rechtsstreit jedoch materiell beendet, führt er zur Erledigung der Hauptsache (OVG Lüneburg NVwZ 1987, 234). Soll der Beigeladene materiell beschwert werden, ist wegen der Rechtsnatur des Vergleichs (auch) als öffentlich-rechtlicher Vertrag (vgl. BVerwGE 14, 103, 104 f.; BVerwG NJW 1994, 2306 f.) die Beteiligung des Beigeladenen erforderlich, vgl. § 58 Abs. 1 VwVfG (OVG Münster VerwRspr Bd. 6 Nr. 150). Das Gericht kann ohne seine Zustimmung das Ruhen des Verfahrens[11] bzw. die Wiederaufnahme anordnen.

4. Keine Verfügung über den Streitgegenstand. Der einfach Beigeladene kann gem. § 66 („innerhalb der Anträge eines Beteiligten") nicht über Prozesslage und Streitgegenstand verfügen (BVerwG Buchholz 332 § 41 MRVO 165 Nr. 2). Auf der anderen Seite ergibt sich für Kläger und Beklagten aus der Tatsache der Beiladung keine Beschränkung ihrer Dispositionsfreiheit über den Streitgegenstand, soweit die VwGO nicht ausdrücklich etwas anderes bestimmt (wie z.B. im Falle der Klageänderung, vgl. § 91 Abs. 1). Liegt (noch) kein Klageantrag vor (vgl. § 82 Abs. 1 S. 2), stehen die Anträge des Beigeladenen unter dem Wirksamkeitsvorbehalt der späteren „Deckung" durch die Anträge eines der Hauptbeteiligten. Der Beigeladene kann die Klage weder zurücknehmen oder ändern noch Prozessvergleiche nur mit einem der Hauptbeteiligten schließen oder den Rechtsstreit für erledigt erklären. Aus dem Wesen der Beiladung als Beteiligung an einem fremden Rechtsstreit lässt sich die Begrenzung der Verfügungsmacht allerdings nicht sauber herleiten, da bei Sachanträgen zwischen einfacher und notwendiger Beiladung unterschieden wird (S. 2) und daher nicht generell davon ausgegangen wird, der Beigeladene dürfe den Streitgegenstand nicht verändern.[12] Umstritten ist, ob der Beigeladene eine Widerklage (§ 89) erheben kann.[13] 13

Dem vorstehenden Grundsatz entspricht, dass die Hauptbeteiligten das Verfahren jederzeit auch gegen den Willen selbst des notwendig Beigeladenen durch Klagerücknahme oder ggf. auch Rechtsmittelzurücknahme oder Erledigungserklärung beenden können. Der Beigeladene kann nicht verhindern, dass der Streit ohne seine Zustimmung beendet wird.[14] Problematisch kann dabei ein kollusives Zusammenwirken der Hauptbeteiligten zum Nachteil des Beigeladenen sein; das Problem kann durch Nichtigerklärung der betreffenden Prozesshandlungen analog § 138 BGB gelöst werden. Wenn der Beigeladene ausdrücklich in einen Prozessvergleich der Hauptbeteiligten einbezogen wird und ein Widerrufsrecht erhält, wird mit seinem Widerruf nicht nur seine Beteiligung an dem Vergleich, sondern der ganze Vergleich unwirksam – der Prozess lebt wieder auf (OVG Lüneburg DVBl 1986, 1213 f.). 14

5. Untätigbleiben. Der Beigeladene muss sich keinen Anträgen anschließen oder auf sie erwidern. Er kann sich aus dem Verfahren heraushalten und muss keine Anträge stellen, welches wegen der Kostenfolge des § 154 Abs. 3 oft der Fall ist.[15] 15

6. Rechtsmittel. Der (auch nur einfach)[16] Beigeladene kann unabhängig („isoliert") von den Hauptbeteiligten Rechtsmittel gegen Zwischen- und Endentscheidungen einlegen (BVerwGE 69, 256, 258), da die Rechtsmitteleinlegung keine Disposition über den Streitgegenstand darstellt. Geklärt ist damit 16

---

10 K. Rennert, in: Eyermann § 91 Rn. 27.
11 So auch OVG Lüneburg NVwZ-RR 2012, 495 f. (str.). S. zum Meinungsstand in der Rspr. C. Leroux/P. Sittig-Behm, NVwZ 2016, 1061, 1062 f., welche die Zustimmung des notwendig Beigeladenen verlangen.
12 So aber J. Schmidt, in: Eyermann § 66 Rn. 5; offen gelassen von BVerwG NVwZ 2002, Beilage Nr. I 5, 58 f.
13 Bejaht von VG Karlsruhe 26.11.2016 – 2 K 4241/14, juris Rn. 52 m.w.N.
14 BVerwG NVwZ-RR 1992, 276, 277; 27.5.2013 – 4 C 4/13, juris Rn. 2; → Rn. 11. Anders im Kartellrecht, wo die Beschwerdebefugnis nicht durch Erledigungserklärung in der Hauptsache erlischt (KG Berlin WuW/E OLG 2970 ff).
15 K. Schneider, in: Gärditz § 66 Rn. 2.
16 OVG Lüneburg FEVS 21, 375, 377 f.

aber nur die Statthaftigkeit des Rechtsmittels durch einen Beigeladenen, im Übrigen gelten die für Hauptbeteiligte anzuwendenden Regelungen. So muss für die Zulässigkeit des Rechtsmittels auch der Beigeladene rechtsmittelbefugt, also durch die Entscheidung materiell beschwert sein.[17] Der einfach Beigeladene muss demgemäß durch die Entscheidung in seiner prozessualen Stellung oder aufgrund der Bindungswirkung nach § 121 präjudiziell und unmittelbar in seinen subjektiven Rechten beeinträchtigt werden.[18] Die Beeinträchtigung von Verfahrensrechten genügt, wenn diese – wie z.B. bei den anerkannten Naturschutzverbänden – absolute Rechte sind (zur sog. Partizipationserzwingungsklage → § 65 Rn. 82, 134). Die Rechtsmittelbefugnis ist unabhängig davon, ob der Beigeladene in der Vorinstanz einen Sachantrag gestellt hat oder untätig geblieben ist (VGH Mannheim VBlBW 1984, 113, 114), es sei denn, auch ein Hauptbeteiligter wäre bei Untätigkeit präkludiert (vgl. §§ 87 b, 128 a). Bei fehlerhafter Beiladung (wenn also die Berührung rechtlicher Interessen ausgeschlossen war) scheidet eine materielle Beschwer stets aus (→ § 65 Rn. 180).

17   Nimmt ein Hauptbeteiligter sein Rechtsmittel zurück und hält der Beigeladene das seine aufrecht, wird die Entscheidung beiden gegenüber dennoch nicht rechtskräftig, da das Rechtsmittelverfahren des Beigeladenen noch anhängig ist (OVG Bln OVGE 8, 130 f.). Dieses führt aber nur zu einer Nachprüfung insoweit, als der Beigeladene beschwert ist bzw. beschwert sein kann.[19]

18   Das Rechtsmittel eines (auch notwendig) Beigeladenen wird durch die beiderseitige Erledigungserklärung der Hauptparteien in der Hauptsache unzulässig[20] (→ Rn. 14), d.h. die Rechtsstellung des Beigeladenen bleibt hinter der der Hauptbeteiligten zurück und ist ihr gegenüber akzessorisch. Unzulässig wird das Rechtsmittel auch, wenn eine einseitige Erledigungserklärung des Antragstellers vorliegt und diejenige des Antragsgegners gerichtlich ersetzt wird (OVG Bautzen ThürVBl 1992, 208, 209).

19   Der Beigeladene kann die Sprungrevision beantragen (§ 134); für die Sprungrevision eines der Hauptbeteiligten bedarf es seiner Zustimmung nicht (GmSOGB BVerwGE 50, 369, 370; BT-Drs. 11/7030, 34). Die Anschlussberufung eines unterlegenen Beigeladenen ist ebenfalls statthaft. Ist das Verfahren rechtskräftig abgeschlossen, kann der Beigeladene bei Berührung seiner rechtlichen Interessen die Wiederaufnahme des Verfahrens (§ 153) beantragen (→ § 153 Rn. 26 m.w.N.).

IV.   Zusätzliche Befugnisse des notwendig Beigeladenen (S. 2)

20   Obwohl auch der notwendig Beigeladene Dritter und nicht Partei im Verfahren der Hauptbeteiligten ist, kann er – anders als der einfach Beigeladene – autonom und nicht nur akzessorisch in Bezug auf einen der Hauptbeteiligten prozessieren.[21] Er hat zunächst zumindest die gleichen Rechte wie der einfach Beigeladene und kann deshalb abweichende Verfahrensanträge stellen sowie Angriffs- und Verteidigungsmittel selbständig geltend machen oder auch untätig bleiben. Im Ergebnis kann er auch nicht besser dastehen als ein Hauptbeteiligter: Unterlässt er es, gegen einen ihn beschwerenden Beschluss des VG Beschwerde einzulegen, kann er nach Ablauf der Beschwerdebegründungsfrist keine eigenen Beschwerdegründe mehr geltend machen (VGH Mannheim 21.12.2011 – 4 S 2543/11, juris Rn. 11).

21   Str. ist, ob der notwendig Beigeladene den Streitgegenstand (zum Begriff des Streitgegenstands → § 121 Rn. 42 ff.) des Verfahrens[22] ändern kann. Nicht eindeutig ist der Wortlaut, der von „abweichenden Sachanträgen" spricht. Nach einer Ansicht überwiegt die Stellung als Dritter gegenüber der Befugnis aus § 66 S. 2, sodass entgegen dem Wortlaut abweichende – genauer, den Streitgegenstand ändernde – Sachanträge mangels Dispositionsbefugnis unzulässig wären.[23] Nach a.A. beinhaltet § 66 S. 2 ausdrücklich einen verfahrensrechtlichen Unterschied zur einfachen Beiladung, der in der Zulässigkeit abweichender Sachanträge bestehe, was wiederum nur bedeuten könne, dass der notwen-

---

17   PrOVGE 5, 463, 464 f.; 97, 44, 46; BVerwGE 31, 233, 234; 77, 102, 105; 104, 289, 292 f.; BVerwG 31.5.2010 – 3 B 29/10, juris Rn. 4 m.w.N.; GewArch 2017, 46; *G. Buhren*, JuS 1976, 512, 514; *S. Hässy*, BauR 2001, 1533, 1534.

18   BVerwGE 104, 289, 292 f.; OVG Bln-Bbg 1.3.2011 – 3 N 67.10, juris Rn. 3; HmbOVG BauR 2012, 629, 630.

19   *W.-R. Schenke*, in: Kopp/Schenke § 66 Rn. 4.

20   OVG Bautzen ThürVBl 1992, 208, 209; OVG Brem DVBl 1986, 1212 f.

21   Zust. VGH Mannheim 21.12.2011 – 4 S 2543/11, juris Rn. 11; *W. Bier*, in: Schoch/Schneider/Bier § 66 Rn. 5.

22   Zum Streitgegenstand in den verschiedenen Klagearten → § 121 Rn. 45 ff.; *U. Joeres*, Die Rechtsstellung des notwendig Beigeladenen im Verwaltungsstreitverfahren, 1982, 96 ff.

23   OVG Münster OVGE 8, 121, 122 f.; *J. Schmidt*, in: Eyermann § 66 Rn. 10; *K. A. Bettermann*, ZZP 1977, 121, 125; *M. Redeker*, in: Redeker/v. Oertzen, § 66 Rn. 11.

dig Beigeladene auch den Streitgegenstand zu ändern vermag.[24] Für diese Ansicht spricht neben dem Wortlaut, dass S. 2 nach der ersten Ansicht keine Bedeutung besäße und die Differenzierung von einfacher und notwendiger Beiladung in § 66 i.E. überflüssig wäre. Dafür sprechen auch Rechtsschutzerwägungen. Zwar mag es Fälle geben, in denen ein Interesse des Beigeladenen an abweichenden Sachanträgen nicht besteht, z.B. in den Drittanfechtungsfällen der Fallgruppe 1 (→ § 65 Rn. 120 ff.).[25] Daraus folgt indes nicht, dass ein Interesse des Beigeladenen an eigenständigen Sachanträgen immer fehlen wird. Vielmehr kann etwa der beigeladene Nachbar ein Interesse an der vollständigen Aufhebung der Baugenehmigung haben, wenn der Bauherr nur eine durch den Nachbarn zu seinen Gunsten beantragte Auflage anficht.[26]

Diese abweichenden Sachanträge müssen indes keine Klageänderung darstellen; im Übrigen gilt § 91. **22** Die Einwilligung des Klägers kann durch das Gericht (bei Sachdienlichkeit) ersetzt werden, für den Beklagten gilt außerdem § 91 Abs. 2. Die Anträge des Beigeladenen unterliegen den allgemeinen Zulässigkeitsvoraussetzungen.[27] Insbes. sind Fristen zu beachten, und Sachanträge, die ein Beigeladener als Rechtsbehelf fristgerecht hätte einlegen können, aber unterlassen hat, sind unzulässig.[28] Außerdem muss der Beigeladene bezogen auf seinen Sachantrag klagebefugt (§ 42 Abs. 2) sein.

V. Rechtskrafterstreckung

Der Beigeladene wird in die Wirkung des Urteils einbezogen (§ 121 Nr. 1), das zwischen den Hauptbeteiligten ergeht. Die Wirkungen der Rechtskrafterstreckung treten unabhängig davon ein, ob der Beigeladene tatsächlich am Prozess teilgenommen hat.[29] Gleichgestellt sind bei einem Massenverfahren nach § 65 Abs. 3 diejenigen, die einen Antrag auf Beiladung nicht (rechtzeitig) gestellt hatten (§ 121 Nr. 2) (→ § 65 Rn. 192 ff.). Anders als bei der Nebenintervention ist diese Urteilswirkung nicht bloße Interventionswirkung (§ 68 ZPO), sondern Erstreckung formeller und materieller Rechtskraft. Hierfür genügt allein die Gewährung rechtlichen Gehörs durch die Möglichkeit der Teilnahme am Prozess. Auch dies spricht für eine umfassende Prozesshandlungsbefugnis des notwendig Beigeladenen. **23**

Inhaltlich bedeutet die Erstreckung der Rechtskraft, dass der Beigeladene den Streitgegenstand so wie **24** entschieden hinzunehmen hat und ihn in einem eigenen Folgeverfahren nicht mehr infrage stellen kann, sofern er gegen einen der übrigen Beteiligten des entschiedenen Rechtsstreits vorgeht. Gegenüber unbeteiligten Dritten kann er jedoch – wie Kläger, Beklagter oder einfache Streitgenossen untereinander auch – die Gültigkeit oder Rechtswidrigkeit der Maßnahme erneut infrage stellen, da die Rechtskraft nur *inter partes*, nicht *ad partes* wirkt. Ist der Beigeladene eine Behörde, sind alle Behörden des jeweiligen Verwaltungsträgers an die Entscheidung gebunden (→ § 121 Rn. 97).

Im Einzelnen ist für die Rechtskraftwirkung zwischen einfacher und notwendiger Beiladung zu differenzieren: Der einfach Beigeladene ist im nachfolgenden Prozess nur in einer Art Präjudizialität an die Entscheidung gebunden, soweit sie ihn betrifft; das bedeutet, dass die gegenüber dem Kläger für rechtmäßig oder rechtswidrig befundene Verwaltungsmaßnahme nicht aufgrund der Rechtskraft auch rechtmäßig oder rechtswidrig gegenüber dem Beigeladenen ist (→ § 121 Rn. 100 m.w.N.). Str. ist, ob die Rechtskraft unterschiedlich wirkt – je nachdem, ob der Beigeladene nach § 66 auf das Verfahren Einfluss nehmen konnte oder die Beiladung erst erfolgte, als diese Möglichkeit nicht mehr bestand (→ § 121 Rn. 100 m.w.N.). Der notwendig beigeladene Dritte wird hingegen von derselben Rechtskraftwirkung erfasst wie die Hauptbeteiligten (→ § 121 Rn. 101). Dies gilt auch, wenn er im Massenverfahren die Frist für den Beiladungsantrag versäumt hat (→ § 121 Rn. 102 f.). **25**

---

24 W. *Bier*, in: Schoch/Schneider/Bier § 66 Rn. 6; K. *Schneider*, in: Gärditz § 66 Rn. 4; offen gelassen in BVerwG 31.5.2010 – 3 B 29/10, juris Rn. 11; BVerwGE 149, 343 Rn. 20.
25 Der beigeladene Bauherr etwa hat kein weiter gehendes Interesse als die Abweisung der Sache, die aber schon von dem Beklagten beantragt ist.
26 W. *Bier*, in: Schoch/Schneider/Bier § 66 Rn. 6.
27 W. *Bier*, in: Schoch/Schneider/Bier § 66 Rn. 6; K. *Schneider*, in: Gärditz § 66 Rn. 4.
28 W. *Bier*, in: Schoch/Schneider/Bier § 66 Rn. 6.
29 W.-R. *Schenke*, in: Kopp/Schenke § 66 Rn. 12.

§ 67 [Prozessbevollmächtigte und Beistände]

(1) Die Beteiligten können vor dem Verwaltungsgericht den Rechtsstreit selbst führen.

(2) [1]Die Beteiligten können sich durch einen Rechtsanwalt oder einen Rechtslehrer an einer staatlichen oder staatlich anerkannten Hochschule eines Mitgliedstaates der Europäischen Union, eines anderen Vertragsstaates des Abkommens über den Europäischen Wirtschaftsraum oder der Schweiz, der die Befähigung zum Richteramt besitzt, als Bevollmächtigten vertreten lassen. [2]Darüber hinaus sind als Bevollmächtigte vor dem Verwaltungsgericht vertretungsbefugt nur

1. Beschäftigte des Beteiligten oder eines mit ihm verbundenen Unternehmens (§ 15 des Aktiengesetzes); Behörden und juristische Personen des öffentlichen Rechts einschließlich der von ihnen zur Erfüllung ihrer öffentlichen Aufgaben gebildeten Zusammenschlüsse können sich auch durch Beschäftigte anderer Behörden oder juristischer Personen des öffentlichen Rechts einschließlich der von ihnen zur Erfüllung ihrer öffentlichen Aufgaben gebildeten Zusammenschlüsse vertreten lassen,

2. volljährige Familienangehörige (§ 15 der Abgabenordnung, § 11 des Lebenspartnerschaftsgesetzes), Personen mit Befähigung zum Richteramt und Streitgenossen, wenn die Vertretung nicht im Zusammenhang mit einer entgeltlichen Tätigkeit steht,

3. Steuerberater, Steuerbevollmächtigte, Wirtschaftsprüfer und vereidigte Buchprüfer, Personen und Vereinigungen im Sinn des § 3 a des Steuerberatungsgesetzes sowie Gesellschaften im Sinn des § 3 Nr. 2 und 3 des Steuerberatungsgesetzes, die durch Personen im Sinn des § 3 Nr. 1 des Steuerberatungsgesetzes handeln, in Abgabenangelegenheiten,

4. berufsständische Vereinigungen der Landwirtschaft für ihre Mitglieder,

5. Gewerkschaften und Vereinigungen von Arbeitgebern sowie Zusammenschlüsse solcher Verbände für ihre Mitglieder oder für andere Verbände oder Zusammenschlüsse mit vergleichbarer Ausrichtung und deren Mitglieder,

6. Vereinigungen, deren satzungsgemäße Aufgaben die gemeinschaftliche Interessenvertretung, die Beratung und Vertretung der Leistungsempfänger nach dem sozialen Entschädigungsrecht oder der behinderten Menschen wesentlich umfassen und die unter Berücksichtigung von Art und Umfang ihrer Tätigkeit sowie ihres Mitgliederkreises die Gewähr für eine sachkundige Prozessvertretung bieten, für ihre Mitglieder in Angelegenheiten der Kriegsopferfürsorge und des Schwerbehindertenrechts sowie der damit im Zusammenhang stehenden Angelegenheiten,

7. juristische Personen, deren Anteile sämtlich im wirtschaftlichen Eigentum einer der in den Nummern 5 und 6 bezeichneten Organisationen stehen, wenn die juristische Person ausschließlich die Rechtsberatung und Prozessvertretung dieser Organisation und ihrer Mitglieder oder anderer Verbände oder Zusammenschlüsse mit vergleichbarer Ausrichtung und deren Mitglieder entsprechend deren Satzung durchführt, und wenn die Organisation für die Tätigkeit der Bevollmächtigten haftet.

[3]Bevollmächtigte, die keine natürlichen Personen sind, handeln durch ihre Organe und mit der Prozessvertretung beauftragten Vertreter.

(3) [1]Das Gericht weist Bevollmächtigte, die nicht nach Maßgabe des Absatzes 2 vertretungsbefugt sind, durch unanfechtbaren Beschluss zurück. [2]Prozesshandlungen eines nicht vertretungsbefugten Bevollmächtigten und Zustellungen oder Mitteilungen an diesen Bevollmächtigten sind bis zu seiner Zurückweisung wirksam. [3]Das Gericht kann den in Absatz 2 Satz 2 Nr. 1 und 2 bezeichneten Bevollmächtigten durch unanfechtbaren Beschluss die weitere Vertretung untersagen, wenn sie nicht in der Lage sind, das Sach- und Streitverhältnis sachgerecht darzustellen.

(4) [1]Vor dem Bundesverwaltungsgericht und dem Oberverwaltungsgericht müssen sich die Beteiligten, außer im Prozesskostenhilfeverfahren, durch Prozessbevollmächtigte vertreten lassen. [2]Dies gilt auch für Prozesshandlungen, durch die ein Verfahren vor dem Bundesverwaltungsgericht oder einem Oberverwaltungsgericht eingeleitet wird. [3]Als Bevollmächtigte sind nur die in Absatz 2 Satz 1 bezeichneten Personen zugelassen. [4]Behörden und juristische Personen des öffentlichen Rechts einschließlich der von ihnen zur Erfüllung ihrer öffentlichen Aufgaben gebildeten Zusammenschlüsse können sich durch eigene Beschäftigte mit Befähigung zum Richteramt oder durch Beschäftigte mit Befähigung zum

Richteramt anderer Behörden oder juristischer Personen des öffentlichen Rechts einschließlich der von ihnen zur Erfüllung ihrer öffentlichen Aufgaben gebildeten Zusammenschlüsse vertreten lassen. [5]Vor dem Bundesverwaltungsgericht sind auch die in Absatz 2 Satz 2 Nr. 5 bezeichneten Organisationen einschließlich der von ihnen gebildeten juristischen Personen gemäß Absatz 2 Satz 2 Nr. 7 als Bevollmächtigte zugelassen, jedoch nur in Angelegenheiten, die Rechtsverhältnisse im Sinne des § 52 Nr. 4 betreffen, in Personalvertretungsangelegenheiten und in Angelegenheiten, die in einem Zusammenhang mit einem gegenwärtigen oder früheren Arbeitsverhältnis von Arbeitnehmern im Sinne des § 5 des Arbeitsgerichtsgesetzes stehen, einschließlich Prüfungsangelegenheiten. [6]Die in Satz 5 genannten Bevollmächtigten müssen durch Personen mit der Befähigung zum Richteramt handeln. [7]Vor dem Oberverwaltungsgericht sind auch die in Absatz 2 Satz 2 Nr. 3 bis 7 bezeichneten Personen und Organisationen als Bevollmächtigte zugelassen. [8]Ein Beteiligter, der nach Maßgabe der Sätze 3, 5 und 7 zur Vertretung berechtigt ist, kann sich selbst vertreten.

(5) [1]Richter dürfen nicht als Bevollmächtigte vor dem Gericht auftreten, dem sie angehören. [2]Ehrenamtliche Richter dürfen, außer in den Fällen des Absatzes 2 Satz 2 Nr. 1, nicht vor einem Spruchkörper auftreten, dem sie angehören. [3]Absatz 3 Satz 1 und 2 gilt entsprechend.

(6) [1]Die Vollmacht ist schriftlich zu den Gerichtsakten einzureichen. [2]Sie kann nachgereicht werden; hierfür kann das Gericht eine Frist bestimmen. [3]Der Mangel der Vollmacht kann in jeder Lage des Verfahrens geltend gemacht werden. [4]Das Gericht hat den Mangel der Vollmacht von Amts wegen zu berücksichtigen, wenn nicht als Bevollmächtigter ein Rechtsanwalt auftritt. [5]Ist ein Bevollmächtigter bestellt, sind die Zustellungen oder Mitteilungen des Gerichts an ihn zu richten.

(7) [1]In der Verhandlung können die Beteiligten mit Beiständen erscheinen. [2]Beistand kann sein, wer in Verfahren, in denen die Beteiligten den Rechtsstreit selbst führen können, als Bevollmächtigter zur Vertretung in der Verhandlung befugt ist. [3]Das Gericht kann andere Personen als Beistand zulassen, wenn dies sachdienlich ist und hierfür nach den Umständen des Einzelfalls ein Bedürfnis besteht. [4]Absatz 3 Satz 1 und 3 und Absatz 5 gelten entsprechend. [5]Das von dem Beistand Vorgetragene gilt als von dem Beteiligten vorgebracht, soweit es nicht von diesem sofort widerrufen oder berichtigt wird.

Schrifttum

1. Monographien und Beiträge in Sammelwerken: *B. Bergerfurth*, Der Anwaltszwang und seine Ausnahmen, [2]1988; *B. Kropshofer*, Untersuchungsgrundsatz und anwaltliche Vertretung im Verwaltungsprozeß, 1981; *K. von Lewinski*, Rechtslehrer als Berater und Vertreter in Verwaltungs- und Gerichtsverfahren, in: V. Römermann (Hrsg.), Anwaltschaft und Berufsrecht, FS für Wolfgang Hartung zum 75. Geb., 2008; *A. Pestke*, Der Anwalt im öffentlichrechtlichen Verfahren, 1989.

2. Beiträge in Zeitschriften: *J. Baltes*, Die Bedeutung der kommunalrechtlichen Vertretungsverbote für Rechtsanwälte, NJW 1975, 911; *H. Bauer*, Zum personellen Anwendungsbereich der kommunalrechtlichen Vertretungsverbote, NJW 1981, 2171; *J. Böttrich*, Das Finanzgericht als prozessuales Kindermädchen – Zur Stellung des vollmachtlosen Vertreters im finanzgerichtlichen Verfahren – Anmerkung zum BFH-Urteil vom 27.4.1994, XI R 29/93, DStR 1994, 1118; *D. Bosch*, Gewerkschaftliche Prozeßbevollmächtigte von Beamten im verwaltungsgerichtlichen Berufungs- und Beschwerdeverfahren, ZBR 1999, 21; *K. D. Deumeland*, Zur Anerkennung von Lehrbeauftragten als Rechtslehrer durch den Verfassungsgerichtshof von Berlin, VR 1995, 91; *E. Eyermann*, Rechtslehrer auch Rechtsvertreter? Zum Beschluss des Bundesverfassungsgerichts vom 4.5.1988, BayVBl 1988, 555; *U. Fischer*, Nachreichung einer Prozeßvollmacht im verwaltungsgerichtlichen Verfahren, NJW 1977, 2200; *A. Guckelberger*, Vor- und Nachteile eines Vertreters des öffentlichen Interesses, BayVBl 1998, 257; *H. Günther*, Zum Anwaltszwang im Revisionsverfahren, DVBl 1988, 1039; *R. Granderath*, Vertretungszwang und Grundgesetz, MDR 1972, 828, 831; *B. Kohlndorfer*, Die Anwendung des § 295 ZPO im verwaltungsgerichtlichen Verfahren, DVBl 1988, 474; *R. Kirchhof*, Nochmals: Kommunalrechtliches Vertretungsverbot für Kreistagsmitglieder, VR 1981, 421; *K. W. Lotz*, Das Gesetz zur Bereinigung des Rechtsmittelrechts im Verwaltungsprozess – praktische Verbesserungen und einige neue Probleme, BayVBl 2002, 353; *C.-F. Menger*, Die Problematik des sogenannten kommunalrechtlichen Vertretungsverbotes, NJW 1980, 1827; *F.Mitzkus/J. Schneider*, Vertretungsbefugnis von Rechtssekretären der DGB Rechtsschutz GmbH in Verwaltungspürozessen – Verstoß gegen das Rechtsberatungsgesetz? GewArch 2004, 265; *A. v. Mutius*, Gilt eine für das Verwaltungsverfahren erteilte Vollmacht auch im nachfolgenden Verwaltungsprozeß?, VerwArch 64 (1973), 445; *ders.*, Zur verfassungsrechtlichen Zulässigkeit der kommunalen Vertretungsverbote, VerwArch 68 (1977), 73; *ders.*, Zu den Rechtsfolgen eines Verstoßes gegen das kommunale Vertretungsverbot, VerwArch 71 (1980), 191; *B.-D. Olschewski*, Kommunalrechtliche Vertretungsverbote für Rechtsanwälte, NJW 1976, 933; *C. Pfeifer*, Das kommunale Vertretungsverbot – Sauberkeit der Verwaltung und anwaltliche Berufsausübung, BayVBl 1994, 577; *R. Pofalla*, Ein Bericht zur Änderung der Verwaltungsgerichtsordnung, BRAK-Mitt. 1996, 133; *U. Prutsch*, Die Bedeutung kommunalrechtlicher Vertretungsverbote für ratsangehörige Rechtsanwälte, VR 1981, 1; *K. Redeker*, Untersuchungsgrundsatz und Mitwirkung, DVBl 1981, 83; *ders.*, Verwaltungsrecht und Anwaltschaft, NVwZ 1982, 1; *ders.*, Zum Erlöschen der Vollmacht im Verwaltungsverfahren; NJW 1976, 1118; *W. Schenk*, Neue Rechtsprechung zum Verwaltungsprozessrecht, NVwZ 2016, 1600; *W.-R. Schenke*, Probleme des Vertretungszwangs nach dem novellierten § 67 IV VwGO, NVwZ 2009, 801; *F. Schoch*, Zum sachlichen Geltungsbereich des kommunalen Vertretungsverbots, NVwZ 1984, 626; *ders.*, Verfassungsmäßigkeit und persönlicher Geltungsbereich des kommunalen Vertretungsverbots, JuS 1989, 531; *I. Schübel-Pfister*, Aktuelles Verwaltungsprozessrecht, JuS 2015, 1002; *dies.*, Aktuelles Verwaltungsprozessrecht, JuS 2016, 992; *M.-J. Seibert*, Änderungen der VwGO durch das Gesetz zur Bereinigung der Rechtsmittel im Verwaltungsprozess, NVwZ 2002, 265;

R. Stober, Zur Drittwirkung des kommunalen Vertretungsverbots, BayVBl 1981, 161; *H.-U. Stühler*, Rechtsanwalt zwischen Amt und Mandat – Das kommunale Vertretungsverbot gemäß § 17 Abs. 3 S. 1 GemO Baden-Württemberg, VBlBW 1993, 1; *R. Stürner*, Die Stellung des Anwalts im Zivilprozeß, JZ 1986, 1089; *J. Unterreitmeier*, Obsiege und zahle!, DÖV 2015, 1004; *K.-H. Weingärtner*, Die Zustellung im Verwaltungsprozeß, VBlBW 1989, 9; *G. Witte-Wegmann*, Kommunalrechtliches Vertretungsverbot für Ratsmitglieder, DÖV 1975, 581; *C. Zander*, Das Gesetz zur Neuregelung des Rechtsberatungsrechts. Ein Überblick aus verwaltungsrechtlicher Sicht, BDVR-Rundschreiben 01/2008, 22; *W. Zimmerling*, Rechtsprobleme der Rechtsprofessoren, RiA 2001, 82; *R. Zuck*, Postulationsfähigkeit und Anwaltszwang, JZ 1993, 500.

I. Entstehungsgeschichte

1. Entstehung der bis zum 31.12.1996 geltenden Fassung. In den Beratungen im Bundestag und im Bundesrat zum Erlass der VwGO[1] war insbes. die Einführung des *Vertretungs-* bzw. *Anwaltszwangs* umstr. Der Gemeinsame Entwurf einer Bundesverwaltungsgerichtsordnung der Vereinigung der Präsidenten der Verwaltungsgerichte in Zusammenarbeit mit der Arbeitsgemeinschaft der Innenminister der Länder aus dem Jahre 1951[2] sah ebenso wie die drei Regierungsentwürfe einer VwGO[3] einen Vertretungszwang auch vor dem BVerwG nicht vor. Sie enthielten lediglich einen sog. relativen Vertretungszwang, wonach zur Vertretung vor dem BVerwG lediglich Rechtsanwälte und Rechtslehrer an deutschen Hochschulen befugt sein sollten.[4] Bei der Verabschiedung der VwGO am 21.1.1960 (BGBl I 25) sah § 67 einen Vertretungszwang lediglich vor dem BVerwG vor. Hingegen findet sich das noch im Regierungsentwurf einer VwGO vom 5.12.1957 enthaltene *Behördenprivileg*, wonach sich Bund, Länder, Gemeinden, Gemeindeverbände sowie Körperschaften, Stiftungen und Anstalten des öffentlichen Rechts vor dem BVerwG auch durch Beamte und Angestellte mit Befähigung zum Richteramt vertreten lassen konnten,[5] in der VwGO 1960 nicht mehr. Es wurde erst wieder durch das 4. VwGOÄndG vom 17.12.1990 (BGBl I 2809, 2810) als S. 3 des Abs. 1 in die VwGO eingefügt. Als Gründe wurden insbes. die bei den Verwaltungsbehörden vorhandenen Spezialkenntnisse und die Verhinderung unnötiger Verfahrenskosten genannt (BT-Drs. 11/7039). Durch das gleiche Änderungsgesetz wurde § 67 Abs. 2 an die zwischenzeitlichen Änderungen der VwGO durch die Einführung der Beschwerde gegen die Nichtvorlage einer Normenkontrollsache an das BVerwG und die Änderung des § 17a Abs. 4 GVG angepasst.

1

---

1 Bei der Wiedereinführung der Verwaltungsgerichtsbarkeit war von einer Einführung eines allg. Vertretungszwangs auch vor dem BVerwG abgesehen worden, § 26 BVerwGG vom 23.9.1952, BGBl I 625.
2 DVBl 1951, Beilage zu Heft 18.
3 Vom 15.4.1953 (BT-Drs. 1/4278), vom 12.4.1954 (BT-Drs. 2/462) und vom 5.12.1957 (BT-Drs. 3/55).
4 § 69 Abs. 3 des Entwurfs vom 5.12.1957 (BT-Drs. 3/55).
5 § 69 Abs. 5 des Entwurfs vom 5.12.1957 (BT-Drs. 3/55).

2   **2. 6. VwGOÄndG.** Durch das 6. VwGOÄndG (BGBl I 1626) wurde eine umfassende Änderung der VwGO, von der auch § 67 betroffen war, beschlossen. Der Regierungsentwurf vom 6.3.1996 (BT-Drs. 13/3993) sah wie ein vorangegangener Entwurf des Bundesrates vom 18.5.1995 (BT-Drs. 13/1433) insbes. die Ausdehnung des Vertretungszwangs auf die OVG vor. Dies wird als notwendiges Gegenstück zur Einführung der Zulassungsberufung gesehen.[6] Während die Erweiterung des Vertretungszwangs im Gesetzgebungsverfahren nicht infrage gestellt wurde, war die genaue Fassung des § 67 Abs. 1 bis zum Schluss sehr umstr. und bekam erst durch den Vermittlungsausschuss ihre endgültige Gestalt.[7] Als ein wesentlicher Punkt wurde als Folge der Wiedervereinigung eingefügt, dass auch Diplomjuristen (zum Begriff „Diplomjurist" → Rn. 26) im höheren Dienst juristische Personen des öffentlichen Rechts und Behörden vor dem BVerwG und OVG vertreten konnten.[8]

3   **3. RmBereinVpG.** § 67 hat durch das RmBereinVpG vom 20.12.2001 (BGBl I 3987) weitere Änderungen erfahren. Der Kreis der postulationsfähigen Rechtslehrer wurde geändert und präzisiert. Es hieß nicht mehr allgemein „Rechtslehrer an einer deutschen Hochschule, sondern „Rechtslehrer i.S.d. Hochschulrahmengesetzes mit Befähigung zum Richteramt". Der Vertretungszwang wurde zudem auf alle zulassungsfreien Beschwerden und auf sonstige Nebenverfahren, bei denen in der Hauptsache Vertretungszwang besteht, ausgedehnt; ausgenommen waren Beschwerden gegen Beschlüsse in Prozesskostenhilfeverfahren. Gewerkschaftsmitglieder und -angestellte wurden vor dem OVG als Prozessbevollmächtigte auch in Angelegenheiten, die Rechtsverhältnisse i.S.d. § 52 Nr. 4 betreffen, also Klagen aus dem Beamten-, Richter-, Wehrpflicht-, Wehrdienst- oder Zivildienstverhältnis, sowie in Angelegenheiten, die im Zusammenhang mit einem gegenwärtigen oder früheren Arbeitsverhältnis von Arbeiternehmern i.S.d. § 5 ArbGG stehen, einschließlich Prüfungsangelegenheiten, zugelassen. Insgesamt hat das RmBereinVpG das Anwaltsprivileg erheblich eingeschränkt und den Personenkreis der Vertretungsbefugten im Prozess erweitert.

4   **4. Gesetz zur Neuregelung des Rechtsberatungsrechts.** Durch Art. 13 des Gesetzes zur Neuregelung des Rechtsberatungsrechts vom 12.12.2007 (BGBl I 2840), mit dem das aus dem Jahr 1935 stammende Rechtsberatungsgesetz abgelöst und durch ein inhaltlich und strukturell grundlegend neu gestaltetes Rechtsdienstleistungsgesetz ersetzt wird (BT-Drs. 16/3655, 1), wurde § 67 neugefasst und grundlegend geändert, um im Bereich der gerichtlichen Vertretung die bisher uneinheitlichen Vorschriften der zivil- und öffentlich-rechtlichen Verfahrensordnungen einander so weit wie möglich anzugleichen (BT-Drs. 16/3655, 2). Neben der Vertretung durch Anwälte soll nunmehr grds. nur die Vertretung durch Beschäftigte der Prozesspartei oder unentgeltlich durch Familienangehörige, Streitgenossen oder Volljuristen zugelassen werden (BT-Drs. 16/3655, 2). Die nach bisherigem Recht bestehenden Vertretungsbefugnisse für Gewerkschaften, Verbraucher- und Sozialverbände sowie für Rechtsbeistände und Rentenberater wurden jedoch übernommen. Die Neufassung des § 67 ist nach Art. 20 des Gesetzes zur Neuregelung des Rechtsberatungsrechts am 1.7.2008 in Kraft getreten.

4a   **5. Gesetz zur Modernisierung von Verfahren im anwaltlichen und notariellen Berufsrecht, zur Errichtung einer Schlichtungsstelle der Rechtsanwaltschaft sowie zur Änderung sonstiger Vorschriften; Gesetz vom 22.12.2010 zur Umsetzung der Richtlinie 2006/123/EG über Dienstleistungen im Binnenmarkt.** Durch Art. 5 des Gesetzes vom 30.7.2009 (BGBl I 2449), mit dem das Verwaltungsverfahren und das gerichtliche Verfahren nach der BRAO, dem EURAG und der BNotO neu geregelt wird, wurde § 67 Abs. 4 geändert. Gewerkschaften und Arbeitgebervereinigungen einschließlich deren Rechtsschutzgesellschaften erhalten die Möglichkeit, in bestimmten Verfahren auch vor dem BVerwG ihre Mitglieder und sich selbst zu vertreten. Im Anschluss an das Gesetz vom 22.12.2010 (BGBl I 2248; Gesetzentwurf der Bundesregierung BT-Drs. 17/3356) wurde Abs. 2 S. 1, der die Vertretung durch Rechtslehrer an Hochschulen betrifft, wesentlich geändert. Das Gesetz dient der Umsetzung der Richtlinie 2006/123/EG über Dienstleistungen im Binnenmarkt (ABl EG Nr. L 376, 36) im Bereich der Justiz (Einzelheiten → Rn. 20 b).

---

6   *M. Quaas*, in: Quaas/Zuck § 1 Rn. 111.
7   BT-Drs. 13/5642. Zum Gang der Beratungen *R. Pofalla*, BRAK-Mitt. 1996, 133 ff.
8   Änderung gegenüber Regierungsentwurf aufgrund Stellungnahme des Bundesrates (BT-Drs. 13/3993 Anl. 2).

II. Systematik der Prozessvertretung in der VwGO

1. Allgemeine Übersicht und Aufbau des § 67. § 67 ist Zentralnorm für die Prozessvertretung im ver- 5 waltungsgerichtlichen Verfahren und regelt das Recht bzw. die Pflicht zur und die Voraussetzungen für die Vertretung durch Prozessbevollmächtigte und für die Zuziehung von Beiständen vor den VG. Das Verfahren *vor dem VG* als Regelfall ist in den Abs. 1 und 2 geregelt. Abs. 1 enthält den Grundsatz der Selbstvertretung, Abs. 2 zählt die vertretungsbefugten Personen auf. Im Vergleich zur früheren Rechtslage, nach der jeder, der zu einem sachgemäßen Vortrag fähig war (Abs. 2 S. 3 a.F.), vor dem VG als Bevollmächtigter oder Beistand auftreten durfte, sind aktuell lediglich die in Abs. 2 abschließend genannten Personen vertretungsbefugt.[9] Die im früheren Recht in Abs. 2 S. 2 a.F. enthaltene Möglichkeit, dem Beteiligten für das weitere Verfahren die Hinzuziehung eines Prozessbevollmächtigten aufzuerlegen, wurde unter Hinweis auf das Fehlen eines unabweisbaren Bedürfnisses für die damit eintretende Einschränkung der Postulationsfähigkeit, die stets mit einem erheblichen Grundrechtseingriff verbunden ist (BT-Drs. 16/3655, 97), abgeschafft. Das Gericht kann aber auf die ratsame Bestellung eines Prozessbevollmächtigten hinweisen, gegen Beteiligte ordnungsrechtliche Maßnahmen ergreifen oder – bei fehlender Prozessfähigkeit – einen Vertreter bestellen.[10] Die in Abs. 3 enthaltene Regelung entspricht dem Verfahren zur Zurückweisung von Bevollmächtigten und Untersagung der weiteren Vertretung im Zivilprozess (BT-Drs. 16/3655, 97). Die Untersagungsmöglichkeit besteht allerdings nur gegenüber den in Abs. 2 S. 2 Nr. 1 und 2 genannten Prozessbevollmächtigten. *Prozessbevollmächtigte* i.S.d. § 67 sind Vertreter eines im Verwaltungsprozess Beteiligten, deren Vertretungsbefugnis aus einer Prozessvollmacht abgeleitet wird. Der Prozessbevollmächtigte vertritt den am Verfahren beteiligten Vollmachtgeber. Hingegen ist der *Rechtsbeistand*, dessen sich der Beteiligte gem. Abs. 7 bedienen kann, nicht vertretungsbefugt, sondern dient nur der Unterstützung des Beteiligten in der mündlichen Verhandlung.[11] Abs. 4 regelt den Vertretungszwang vor dem *BVerwG* und dem *OVG*, Abs. 5 enthält eine Unvereinbarkeitsregel für Richter, Abs. 6 schließlich Regelungen zur (schriftlich einzureichenden) Prozessvollmacht.

a) Grundsatz der Selbstvertretung (Abs. 1). In Abs. 1 ist der Grundsatz des Selbstvertretungsrechts im 6 Verwaltungsprozess enthalten. Die Beteiligten können *vor dem VG* den Rechtsstreit selbst führen. Damit besteht weiterhin unverändert vor dem Verwaltungsgericht kein Vertretungszwang. Dieser Grundsatz wird nunmehr[12] deutlich und zu Beginn der Vorschrift in Abs. 1 aufgeführt.

b) Fakultative Prozessvertretung (Abs. 2).[13] Vor den VG steht eine Vertretung durch einen Bevoll- 7 mächtigten grds. im Belieben des Beteiligten, er kann, soweit er prozessfähig (§ 62) und prozessführungsbefugt (→ § 62 Rn. 11) ist, den Rechtsstreit selbst führen. Die Prozessvertretung ist hier mithin keine Sachentscheidungs- und keine Prozesshandlungsvoraussetzung, sondern fakultativ. Als Prozessbevollmächtigte können hier, anders als in den Verfahren mit Vertretungszwang, neben Rechtsanwälten und Rechtslehrern an Hochschulen (S. 1) auch die in S. 2 *abschließend* aufgezählten Personen und Vereinigungen auftreten. Dabei ist die Regelung des Abs. 2 S. 2 Nr. 1 und 2 der Bestimmung des § 79 Abs. 2 ZPO angeglichen; hingegen kommen in Nr. 3–6 spezifische Besonderheiten des Verwaltungsprozesses zum Ausdruck.[14] Diese Bestimmungen übernehmen grds. die Vertretungsbefugnisse der darin genannten Personen und Organisationen aus dem bisher geltenden Recht; der geänderte Normaufbau soll keine Änderung des bisher geltenden Rechtszustands bewirken (BT-Drs. 16/3655, 97).

c) Zurückweisung von Bevollmächtigten (Abs. 3). Die Vorschrift des Abs. 3 regelt das Verfahren zur 8 *Zurückweisung von Bevollmächtigten*, die im Verwaltungsprozess nicht vertretungsbefugt sind. Das Gericht hat die Vertretungsbefugnis von Amts wegen zu prüfen und bei Zweifeln auf eine Klärung hinzuwirken. Kommt das Gericht zu dem Ergebnis, dass der Vertreter keine nach Abs. 2 S. 1 oder 2 vertretungsbefugte Person ist, hat es die Zurückweisung des Prozessbevollmächtigten durch konstitu-

---

9 Hierzu auch *C. Zander*, BDVR-Rundschreiben 01/2008, 22, 27.
10 BT-Drs. 16/3655, 97; *A. Hartung*, in: Posser/Wolff § 67 Rn. 8; *W. Porz*, in: Fehling/Kastner/Störmer § 67 Rn. 7.
11 BVerwG Buchholz 310 § 54 VwGO Nr. 44; *A. Hartung*, in: Posser/Wolff § 67 Rn. 76; *J. Schmidt*, in: Eyermann/Fröhler § 67 Rn. 17.
12 Im Unterschied zur früheren Fassung, wo sie lediglich versteckt in Abs. 2 a.F. zu finden war, *A. Hartung*, in: Posser/Wolff § 67 Rn. 7.
13 Zu den Besonderheiten der Vertretung in Verfahren ohne Vertretungszwang → Rn. 16 ff.
14 BT-Drs. 16/3655, 97; *A. Hartung*, in: Posser/Wolff § 67 Rn. 8.

tiven unanfechtbaren Zurückweisungsbeschluss auszusprechen (BT-Drs. 16/3655, 97, 87 zu Art. 8 Nr. 3). Nach S. 2 bleiben die Prozesshandlungen des nicht vertretungsbefugten Bevollmächtigten und Zustellungen oder Mitteilungen an ihn bis zum Erlass des Zurückweisungsbeschlusses wirksam. S. 3 regelt den Fall, dass eine Person zwar grds. vertretungsbefugt ist, jedoch nicht zu einer sachgerechten Prozessführung in der Lage ist, und deshalb von der weiteren Vertretung auszuschließen ist (BT-Drs. 16/3655, 97, 87 zu Art. 8 Nr. 3). Dies betrifft nur die Personen nach Abs. 2 S. 2 Nr. 1 und 2, also solche Personen, die nicht professionell in der Rechtsberatung tätig sind.

9   **d) Vertretungszwang (Abs. 4).**   Einen *Vertretungszwang* (zum Vertretungszwang → Rn. 42 ff.), unscharf auch als „Anwaltszwang" bezeichnet, sieht die VwGO für die Verfahren vor dem *BVerwG* und den *OVG* bzw. VGH[15] vor. Dem Vertretungszwang unterliegen grds. sämtliche Prozesshandlungen vor den von ihm erfassten Gerichten (Einzelheiten → Rn. 47 ff., 51 ff.). Eine Ausnahme vom Vertretungszwang vor diesen Gerichten besteht nach S. 1 für Prozesskostenhilfeverfahren. Vor den OVG und BVerwG kann der Beteiligte damit selbst grds. keine wirksamen Prozesshandlungen vornehmen (zum Begriff der Prozesshandlung → § 62 Rn. 4 f.). Hierfür fehlt ihm die sog. *Postulationfähigkeit*, d.h. die Fähigkeit, in eigener Person rechtswirksam prozessual zu handeln (zur Postulationsfähigkeit → Rn. 42 ff.). Unbeschränkt postulationsfähig sind gem. Abs. 4 S. 3 i.V.m. Abs. 2 S. 1 nur Rechtsanwälte und Rechtslehrer an deutschen Hochschulen, die zugleich die Befähigung zum Richteramt haben müssen. – Die ordnungsgemäße Prozessvertretung ist sowohl *Sachentscheidungs-* als auch *Prozesshandlungsvoraussetzung.* Abs. 4 S. 4 erweitert für die Vertretung juristischer Personen des öffentlichen Rechts und Behörden den Kreis der postulationsfähigen Personen (Einzelheiten → Rn. 22). Abs. 4 S. 5 sieht vor, dass Gewerkschaften und Arbeitgebervereinigungen einschließlich deren Rechtsschutzgesellschaften in bestimmten Verfahren mit Bezug zu öffentlichen Dienst- und Arbeitsverhältnissen auch vor dem BVerwG als Bevollmächtigte zugelassen sind. Sie müssen nach Abs. 4 S. 6 aber durch Personen mit Befähigung zum Richteramt handeln. In den *Verfahren vor den OVG* erweitert sich der Kreis der postulationsfähigen Personen nach S. 7 um die gem. Abs. 2 Nr. 3–7 Genannten. Abs. 4 S. 8 erlaubt den Rechtsanwälten und Hochschullehrern mit Befähigung zum Richteramt, den Gewerkschaften und Arbeitgebervereinigungen und ihren Zusammenschlüssen sowie in Abs. 2 S. 2 Nr. 3–7 genannten Personen und Organisationen, sich selbst zu vertreten (→ Rn. 42 a).

10   **e) Unvereinbarkeitsregelung (Abs. 5).**   Um den Anschein einer Voreingenommenheit des Gerichts zu vermeiden und Interessenkollisionen von vornherein auszuschließen (BT-Drs. 16/3655, 97, 89), ordnet Abs. 5 an, dass *Richter* nicht als Bevollmächtigte vor dem Gericht auftreten dürfen, dem sie angehören. Für ehrenamtliche Richter ist das Vertretungsverbot auf den Spruchkörper beschränkt, dem sie angehören, mit Ausnahme des Falls, dass der Vertreter Beschäftigter des Beteiligten oder eines mit ihm verbundenen Unternehmens ist (Abs. 2 S. 2 Nr. 1).

11   **f) Regelung des Abs. 6 (schriftliche Vollmacht).**   Abs. 6 regelt die allgemein für alle Prozesse vor den Gerichten der allgemeinen Verwaltungsgerichtsbarkeit, also Verfahren mit und ohne Vertretungszwang, geltenden Voraussetzungen für die Einreichung einer schriftlichen Vollmacht und ggf. ihre Mängel (S. 1-4) und die Folgen des Bestehens eines Vertretungsverhältnisses für Zustellungen und Mitteilungen des Gerichts (S. 5). Gegenüber der früheren Regelung in § 67 Abs. 3 a.F. sind insbes. die Vorschriften über die Vorlage der Prozessvollmacht und das Verfahren bei Vollmachtsmängeln geändert worden (vgl. BT-Drucks 16/3655, 98). Diese sind in Übereinstimmung mit allen übrigen Verfahrensordnungen dann nicht von Amts wegen zu überprüfen, wenn als Bevollmächtigter ein Rechtsanwalt auftritt (Einzelheiten → Rn. 67).

12   **g) Beistand in der mündlichen Verhandlung (Abs. 7).**   Die Regelung über den Beistand soll keine Änderung an der Rechtsnatur des Beistands herbeiführen. Keine Beistände sind weiterhin Personen, die von der Partei oder ihrem Prozessbevollmächtigten i.R. der eigenen Prozessführung als Hilfskräfte zugezogen werden, wie etwa Privatgutachter oder sonstige Fachleute, die eine Prozesspartei unterstützen, ohne selbst im Rechtssinn die Parteirechte auszuführen (BT-Drs. 16/3655, 98, 90 zu Art. 8 Nr. 5). Der Beteiligte kann sich sowohl in Verfahren vor dem VG als auch bei Verfahren mit Vertretungs-

---

15 In den Ländern Bayern, Baden-Württemberg und Hessen führen die Oberverwaltungsgerichte zulässigerweise (§ 184) die Bezeichnung VGH; in der nachfolgenden Komm. wird einheitlich die Abkürzung OVG verwendet.

zwang (vor dem OVG und BVerwG) in der mündlichen Verhandlung eines Beistands bedienen. Nach Abs. 7 S. 5 gelten die Erklärungen des Beistands als solche des Beteiligten, sofern dieser die Erklärung nicht sofort widerruft oder berichtigt. Durch entsprechende Anwendung von Abs. 3 S. 1 und 3 kann das Gericht durch unanfechtbaren Beschluss den Beistand zurückweisen bzw. den weiteren Vortrag untersagen.

2. Verfassungsrechtliche Grundlagen des Rechts auf Vertretung. Jeder Beteiligte eines Verwaltungs- 13 rechtsstreits, d.h. jede natürliche und juristische Person und jede beteiligungsfähige Behörde,[16] hat in jeder Lage des Verfahrens das Recht, sich durch einen Prozessbevollmächtigten vertreten und/oder sich in der mündlichen Verhandlung durch einen Rechtsbeistand unterstützen zu lassen (BVerwG NJW 1986, 1057, 1058). Die Pflicht zur Bestellung eines gemeinsamen Bevollmächtigten besteht au- ßer in den Fällen des § 67a nicht.[17] Auch für sonstige Teilnehmer am Prozess, die nicht Beteiligte i.S.d. § 63 sind, wie Zeugen (BVerfGE 38, 105, 112), Sachverständige oder andere Personen, die vom Gericht lediglich informatorisch gehört werden,[18] besteht regelmäßig das Recht, sich eines Bevoll- mächtigten oder Beistandes zu bedienen.[19] Diese Befugnis folgt – allerdings nicht für die Behörden – nach gefestigter Rspr., der zuzustimmen ist, aus dem *Gebot des fairen Verfahrens*, Art. 2 Abs. 1 GG i.V.m. dem Rechtsstaatsprinzip.[20] Vereinzelt wird sie auch mit dem Anspruch auf rechtliches Gehör aus Art. 103 Abs. 1 GG begründet.[21] Insbes. das BVerfG lehnt eine solche Begründung mit dem Argu- ment ab, das Recht aus Art. 103 Abs. 1 GG gewährleiste nicht, dass das rechtliche Gehör gerade durch die Vermittlung eines Anwalts oder eines anderen Prozessvertreters gewährt wird (BVerfGE 9, 124, 131; 31, 297, 301 f.; 39, 156, 168; BVerwGE 51, 111, 112). In Einzelfällen kann das Recht auf Vertretung oder auf Hinzuziehung eines Rechtsbeistandes auch auf *Art. 19 Abs. 4 GG* gestützt wer- den.[22] Das Recht auf Unterstützung kann aber durch Verfahrensvorschriften begrenzt werden (BVerfGE 31, 297, 301 f.; 38, 105, 111 ff.; BVerwGE 62, 169, 173). So grenzt Abs. 2 den Kreis der möglichen Prozessbevollmächtigten zulässigerweise ein. Aus dem Recht auf Vertretung folgt z.B. ein Anspruch auf Vertagung der mündlichen Verhandlung, wenn ein Prozessbevollmächtigter alles in sei- nen Kräften Stehende und nach Lage der Dinge Erforderliche getan hat, um an einem anberaumten Termin teilzunehmen, hieran aber ohne Verschulden verhindert war (BVerwG NJW 1986, 1057). Das Recht auf freie Wahl des Prozessbevollmächtigten endet jedoch dort, wo dieser – etwa infolge einer langfristigen Erkrankung – für einen längeren Zeitraum nicht mehr in der Lage ist, den Fortgang des Verfahrens zu betreiben (BVerwG, NVwZ-RR 2016, 833).

3. Abgrenzung der Prozessvertretung zu ähnlichen Befugnissen. Der Prozessbevollmächtigte darf 14 nicht mit dem *Terminsvertreter* verwechselt werden, der einen gerichtlichen Termin anstelle des Be- vollmächtigten wahrnimmt, und deswegen auch nicht im Rubrum erscheint.[23] Behandelt ein Gericht eine bloße Terminsvollmacht irrtümlich als allgemeine Prozessvollmacht, liegt hierin regelmäßig ein Vertretungsmangel i.S.d. § 138 Nr. 4 (BVerwG Buchholz 310 § 138 Ziff. 4 VwGO Nr. 6) und damit ein absoluter Revisionsgrund. Der *gesetzliche Vertreter* eines prozessunfähigen Beteiligten ist nicht dessen Prozessbevollmächtigter. Dies gilt auch für den nach § 62 Abs. 3 für Vereinigungen oder Behör- den handelnden Vertreter (BVerwG BayVBl 1992, 601; Buchholz 310 § 62 VwGO Nr. 22). Die Pro- zessvertretung ist weiterhin von der *Prozessführungsbefugnis* und von der *Prozessstandschaft* abzu- grenzen (→ § 62 Rn. 7–24). Die Prozessstandschaft kennzeichnet ein eigenes Prozessführungsrecht des in Prozessstandschaft Auftretenden, während die Prozessvertretung notwendig durch eine auf fremde Rechte bezogene Vertretungsmacht begründet wird (BVerwG Buchholz 310 § 67 VwGO Nr. 37).

---

16 *A. Pestke*, Verfahren, 1989, Rn. 403.
17 *R. Bork*, in: Stein/Jonas II § 61 Rn. 2.
18 *A. Pestke*, Verfahren, 1989, Rn. 25.
19 Wegen des Grundsatzes der Unmittelbarkeit der Beweisaufnahme gem. § 96 Abs. 1 S. 1 ist die Aussage dieser Personen selbst nicht vertretbar.
20 BVerfGE 38, 105, 111 f.; BVerfG NJW 1984, 863; NJW-Spezial 2010, 280; BVerwGE 62, 169, 173.
21 BVerwG NJW 1993, 80; *A. Pestke*, Verfahren, 1989, Rn. 27 ff. m.w.N.
22 *A. Pestke*, Verfahren, 1989, Rn. 32.
23 Hierzu nur *Büchner/Schlotterbeck* Rn. 83.

III.   Verfahren vor dem Verwaltungsgericht

15   **1. Grundsatz der Selbstvertretung.**   Nach Abs. 1 können die Beteiligten vor dem VG den Rechtsstreit selbst führen. Vor dem VG besteht damit auch nach der Neufassung des § 67 kein Vertretungszwang. Der Grundsatz des Selbstvertretungsrechts im Verwaltungsprozess ist im Gegensatz zur vorherigen Rechtslage, in der die Bestimmung versteckt in Abs. 2 a.F. zu finden war, nun ausdrücklich zu Beginn der Regelung − dem gewöhnlichen Verfahrensablauf entsprechend − aufgenommen worden (→ Rn. 6).[24] In der Praxis stellt die eigene Prozessführung durch juristische Laien ein erhebliches Risiko dar, da der Verwaltungsprozess professionalisiert wurde und es − anders als z.B. in der Arbeitsgerichtsbarkeit − keinen frühen ersten Termin gibt, der zur Besprechung der Sach- und Rechtslage und zu Vergleichszwecken genutzt werden könnte.

16   **2. Fakultative Prozessvertretung.**   Neben dem Recht der Beteiligten, sich in Verfahren vor dem VG selbst zu vertreten, steht ihnen auch die Möglichkeit offen, sich durch einen Prozessbevollmächtigten vertreten zu lassen. Abs. 2 regelt den zur Vertretung vor dem VG befugten Personenkreis. Neben den Rechtsanwälten sind auch die Rechtslehrer an europäischen Hochschulen mit Befähigung zum Richteramt gleichberechtigt vertretungsbefugt. Dem wird in S. 1 von Abs. 2 Rechnung getragen (BT-Drs. 16/3655, 97; → Rn. 20 f.). Darüber hinaus enthält S. 2 weitere vor dem VG vertretungsberechtigte Personen bzw. Organisationen. Die Aufzählung in S. 2 ist abschließend („nur"). Nicht erfasst werden daher Rechtsreferendare als Rechtskandidaten im Vorbereitungsdienst (OVG Bln-Bbg 11.1.2017 OVG − 3 N 137/16, juris Rn. 5). Im Vergleich zur alten Rechtslage bedeutet dies eine wesentliche Einschränkung des Kreises der Vertretungsberechtigten, denn nach § 67 Abs. 2 S. 3 a.F. konnte jede Person als Bevollmächtigter auftreten, die zu einem sachgemäßen Vortrag fähig war.

17   **a) Kreis der Vertretungsberechtigten.   aa) Rechtsanwälte.**   Uneingeschränkt vertretungsbefugt sind nach Abs. 2 S. 1 zunächst die nach §§ 4 ff. 12 BRAO in der Bundesrepublik Deutschland zugelassenen und prozessfähigen *Rechtsanwälte*. Eine besondere Zulassung zu einem Verwaltungsgericht ist nicht erforderlich, auch nicht beim BVerwG. Der Wortlaut des § 67 verlangt die *Prozessfähigkeit* des Bevollmächtigten nicht ausdrücklich. Da die Prozessfähigkeit gem. § 62 gleichzeitig Prozesshandlungsvoraussetzung ist, ist eine wirksame Vertretung durch einen Prozessbevollmächtigten aber nur möglich, wenn dieser selbst prozessfähig ist (→ § 62 Rn. 2, 66).[25] Rechtsanwaltszulassungen nach dem Recht der DDR sind den Zulassungen nach der BRAO gleichgestellt, denn aufgrund Art. 19 des Einigungsvertrages bleiben Verwaltungsakte des Beitrittsgebiets nach der Wiedervereinigung wirksam.[26] Eine besondere Qualifikation z.B. als Fachanwalt für das Verwaltungsrecht (§ 43 c Abs. 1 S. 2 BRAO) wird nicht verlangt. Erforderlich ist jedoch, dass erkennbar in der Eigenschaft als Rechtsanwalt gehandelt wird (HmbOVG 18.1.2016 − 1 Bf 152/15.Z, juris Rn. 22 f., LS. DÖV 2016, 620).[27]

18   Rechtsanwälte aus der *EU* und den anderen Vertragsstaaten des Abkommens über den Europäischen Wirtschaftsraum (BGBl II 1993, 267 ff.) und der Schweiz (*europäische Rechtsanwälte*) können unter den im EuRAG (BGBl I 2000, 182, 1349, zul. geänd. durch G v. 30.10.2017, BGBl I 3618) genannten Voraussetzungen als Prozessvertreter tätig werden. Der Kreis der in den einzelnen Ländern erfassten Berufsbezeichnungen ist in der Anlage zu § 1 EuRAG aufgeführt.[28] Soweit sich diese Rechtsanwälte gem. § 2 ff. EuRAG in die Rechtsanwaltskammer haben aufnehmen lassen (niedergelassener europäischer Rechtsanwalt), richten sich ihre Rechte und Pflichten nach der BRAO, § 6 Abs. 1 EuRAG. Unter bestimmten Voraussetzungen können sie ganz zur Rechtsanwaltschaft zugelassen werden, §§ 11 ff. EuRAG, sodass die BRAO dann direkt gilt. Nach § 25 Abs. 1 EuRAG dürfen europäische Rechtsanwälte auch vorübergehend in Deutschland die Tätigkeit eines Rechtsanwalts ausüben (*dienstleistender europäischer Rechtsanwalt*). In Verfahren mit Vertretungszwang dürfen sie dann aber nur mit Einvernehmen eines Rechtsanwalts, der zur Vertretung bei dem Gericht befugt ist, handeln, § 28 EuRAG. Der europäische Anwalt kann, solange das Einvernehmen vorliegt, ohne Begleitung eines deutschen

---

24   A. *Hartung*, in: Posser/Wolff § 67 Rn. 8.
25   BVerfGE 37, 75; BVerwG Buchholz 310 § 62 VwGO Nr. 16.
26   S. Anl. II, Kapitel III, Sachgebiet A, Abschnitt III Nr. 1 EVtr und allg. zur Rechtsstellung von Juristen aus der ehemaligen DDR F. *Busse*, NJW 1993, 2009.
27   In den betreffenden Fall trat jemand „nur" als Volljurist auf. Die Entscheidung wirkt aber recht formalistisch.
28   So ist etwa in Italien nur der „Avvocato" erfasst, nicht hingegen der „Procuratore legale"; hierzu VG München 8.9.2017 − M 25 K 17/35827, juris Rn. 4.

Rechtsanwalts auftreten (s.a. schon EuGH NJW 1988, 887), er ist selbst Prozessvertreter. Der nach § 27 Abs. 1 S. 2 EuRAG geltende Ausschluss der Vertretungsbefugnis vor dem BGH ist auf diesen beschränkt und gilt vor dem BVerwG nicht. Einer zusätzlichen Bevollmächtigung eines deutschen Rechtsanwalts bedarf es nicht. Das Einvernehmen ist bei der ersten Handlung gegenüber dem Gericht schriftlich nachzuweisen (BVerwG 11.1.2006 – 7 B 64/05, juris Rn. 2, m.Anm. W. *Neumann*) und gilt bis zum schriftlichen Widerruf für das gesamte Verfahren (§ 29 Abs. 1 und 2 EuRAG). Eine rückwirkende Erklärung des Einvernehmens ist unzulässig und bewirkt keine Heilung der ohne Einvernehmen vorgenommenen und daher unwirksamen Prozesshandlungen des europäischen Rechtsanwalts, § 29 Abs. 3 EuRAG. Nach § 31 EuRAG hat der europäische Rechtsanwalt einen Zustellungsbevollmächtigten zu benennen, an den alle Zustellungen i.R. des gerichtlichen Verfahrens zu erfolgen haben. Wird ein solcher nicht benannt, ist der Einvernehmensanwalt der Zustellungsbevollmächtigte, § 31 Abs. 2 EuRAG. – *Sonstige ausländische Rechtsanwälte* sind hingegen keine Rechtsanwälte i.S.d. § 67 Abs. 2 S. 2.[29] Sie können jedoch in anderer Funktion die Prozessvertretung übernehmen oder als Rechtsbeistände auftreten.[30]

Zur gerichtlichen Vertretung befugt sind auch *Kammerrechtsbeistände*,[31] indem diese den Rechtsanwälten nach § 3 Abs. 1 des Einführungsgesetzes zum RDG (RDGEG) gleichgestellt sind. Einem Rechtsanwalt i.S.d. § 67 Abs. 2 S. 1 gleichgestellt und damit vertretungsbefugt sind nach § 3 Abs. 2 S. 1 RDGEG auch *registrierte Erlaubnisinhaber*,[32] wenn die dort genannten Voraussetzungen erfüllt sind. 19

bb) Rechtslehrer an einer deutschen Hochschule. Neben den Rechtsanwälten sind auch *Rechtslehrer* 20 an einer staatlichen oder staatlich anerkannten Hochschule generell vor den Verwaltungsgerichten vertretungsbefugt, soweit sie die *Befähigung zum Richteramt* besitzen, wobei der Sitz der Hochschule in den EU-Mitgliedstaaten, in den Staaten des EWR-Abkommens oder in der Schweiz sein muss. Diese wesentliche Änderung gegenüber dem früheren Rechtsstatus ist dadurch veranlasst, dass nach der Dienstleistungsrichtlinie die Zulassung einer Dienstleistungstätigkeit vom Ort der beruflichen Niederlassung des Dienstleistungserbringers nicht abhängig gemacht werden darf (BT-Drs. 17/3356, 12, 19). Wie zuvor umfasst der Begriff der „*Hochschule*" nicht nur die wissenschaftlichen Hochschulen (Universitäten), sondern auch die Fachhochschulen.[33] Die Gleichstellung gilt auch für Rechtslehrer an einer *privaten* Hochschule, sofern diese staatlich anerkannt ist. Dies ergibt sich jetzt auch unmittelbar aus dem Gesetzestext.[34] Eine solche private Hochschule ist etwa die Gerd-Bucerius Law School in Hamburg. – Die Qualifikation der Rechtslehrer wird durch den Gesetzgeber des Weiteren dadurch sichergestellt, dass diese die *Befähigung zum Richteramt* nach dem Deutschen Richtergesetz besitzen müssen. Das deutsche Richtergesetz (DRiG) sieht für die Erlangung der Befähigung zum Richteramt regelmäßig den Abschluss eines rechtswissenschaftlichen Studiums an einer Universität mit der ersten Prüfung und dem Abschluss des anschließenden Vorbereitungsdienstes mit der zweiten Staatsprüfung vor, § 5 Abs. 1 DRiG. Damit ist die Öffnung für die im Ausland lehrenden Hochschullehrer faktisch begrenzt auf solche Juristen, die eine vollständige Ausbildung in Deutschland genossen haben. Auch der Vorbereitungsdienst nach deutschem Muster ist in den anderen Ländern der EU keine gängige Praxis. Zwar wird man anerkennen müssen, dass die Regelung garantiert, dass der Hochschullehrer im deutschen Recht umfassend ausgebildet ist, jedoch erscheint es nicht ausgeschlossen, dass entsprechende Rechtskenntnisse auch auf anderem Wege erworben werden können.

Neben dem (regulären) „Weg" zur Erlangung der Befähigung zum Richteramt sieht der unverändert gebliebene § 7 DRiG auch vor, dass jeder *ordentliche Professor der Rechte* an einer *Universität* im Geltungsbereich des DRiG zum Richteramt befähigt ist. Hier ergeben sich neue Streitfragen. Zum einen ist die Unterscheidung in „ordentliche" und „außerordentliche" Professoren im Hochschulrahmengesetz nicht mehr vorgesehen. Man wird die Vorschrift so interpretieren können, dass jedenfalls

---

29   So bereits BVerwG Buchholz 310 § 67 VwGO Nr. 32 und Nr. 35.
30   *W. Schenk*, in: Schoch/Schneider/Bier § 67 Rn. 38.
31   Kammerrechtsbeistände sind nach der Legaldefinition des § 1 Abs. 2 RDGEG Inhaber einer behördlichen Erlaubnis zur Besorgung fremder Rechtsangelegenheiten, die nach § 209 BRAO in eine Rechtsanwaltskammer aufgenommen sind.
32   *C. Zander*, BDVR-Rundschreiben 01/2008, 22, 24.
33   Diese Frage war vor der ersten Neufassung aus dem Jahre 1997 noch umstr., *W. Zimmerling*, RiA 2001, 82 ff. m.w.N.
34   Wie hier Posser/Wolff/*Hartung* Rn. 21 a zu § 67.

Universitätsprofessoren/-professorinnen der Gehaltsgruppen C4 und W3 auch dann postulationsfähig sind, wenn sie die zweite Staatsprüfung nicht abgelegt haben, was in einigen Fällen auch einschlägig ist. Da die Stellenplanungen (inzwischen) primär von ökonomischen Erwägungen geprägt werden, sollten Universitätsprofessoren/-professorinnen der Gehaltsgruppen W2 (und C 3) jedoch gleichgestellt werden.

20a   Jeder, dem die Lehrbefugnis eines juristischen Faches an einer Hochschule gemäß den §§ 43 ff HRG i.V.m. den jeweiligen Landeshochschulgesetzen verliehen wurde, also Universitätsprofessoren, habilitierte Hochschul- bzw. Privatdozenten[35] oder Honorarprofessoren (BVerfGE 51,161, 163), ist als Rechtslehrer anzusehen. Auch ein emeritierter oder pensionierter Professor ist vertretungsbefugt, soweit er der Hochschule noch angehört.[36] Ob *Juniorprofessoren/-professorinnen* vertretungsbefugt sind, ist bislang – soweit ersichtlich – nicht entschieden worden. Da das zentrale materielle Abgrenzungskriterium die Befähigung zum Richteramt bildet, ist dies zu bejahen.[37] Nicht unter dem Begriff des Hochschullehrers fallen alle Angehörigen des „Mittelbaus", also z.B. wissenschaftliche Mitarbeiter und wissenschaftliche (Ober-)Assistenten, wissenschaftliche Räte und Oberräte (HmbOVG NVwZ-RR-2000, 647) sowie Lehrbeauftragte.[38] Bereits durch die Neufassung des § 67 durch das Gesetz vom 12.12.2007 hat der Gesetzgeber eine alte Streitfrage zugunsten der Hochschullehrer entschieden. Zuvor ging die überwiegende Ansicht wegen der Anwendbarkeit des RBerG davon aus, dass Rechtslehrer an einer deutschen Hochschule bei einer geschäftsmäßigen Betätigung zwar vor dem BVerwG und OVG vertretungsbefugt seien, nicht aber vor den Verwaltungsgerichten.[39] Nunmehr ist klargestellt, dass Rechtslehrer (mit Befähigung zum Richteramt) generell zur Vertretung vor den Verwaltungsgerichten (VG, OVG bzw. VGH, BVerwG) befugt sind. Die Begründung des Gesetzentwurfs (BT-Drs. 16/3655, 97), Hochschullehrer seien seit jeher im Verwaltungsprozess neben den Rechtsanwälten gleichberechtigt vertretungsbefugt gewesen, ist also nicht zutreffend. Es besteht aber kein Anlass, an der Regelung Kritik zu üben, weil die Hochschullehrer sicherlich auch als Prozessvertreter einen wichtigen Beitrag zur Interpretation und Fortentwicklung des öffentlichen Rechts leisten.

20b   Durch das Gesetz v. 22.12.2010 zur Umsetzung der Dienstleistungsrichtlinie (→ Rn. 4 a) sind den deutschen Hochschullehrern diejenigen aus den anderen *EU-Mitgliedstaaten, den EWR-Vertragsstaaten sowie der Schweiz* gleichgestellt worden.[40] Bereits zuvor wurde die Beschränkung auf deutsche Hochschullehrer als primärrechtlich bedenklich eingestuft (hierzu die 4 Aufl. unter Rn. 20). Erforderlich ist jedoch auch den Hochschullehrern aus dem europäischen Raum, dass sie über die Befähigung zum Richteramt verfügen.[41]

21   **cc) Beschäftigte des Beteiligten oder eines mit ihm verbundenen Unternehmens (Abs. 2 S. 2 Nr. 1 1. Hs.).** Für einen Beteiligten kann unabhängig davon, ob es sich um eine natürliche Person (Einzelfirma), eine Personengesellschaft, eine juristische Person des privaten oder öffentlichen Rechts oder um einen Verein handelt, vor dem VG ein *Beschäftigter* aufgrund entsprechender Vollmacht die Prozessvertretung übernehmen (BT-Drs. 16/3655, 97, 87 zu Art. 3 Nr. 3). Hierbei ist der Begriff weit auszulegen, erfasst werden alle öffentlich-rechtlichen oder privaten Beschäftigungsverhältnisse. Die Vertretungsbefugnis erstreckt sich nur auf die Vertretung des Dienstherrn bzw. Arbeitgebers selbst und nicht etwa auf die Vertretung seiner Kunden oder auf die Vertretung der Mitglieder einer Vereinigung, allerdings dürfen Mitarbeiter *verbundener Unternehmen* die Prozessvertretung innerhalb des Unternehmensverbundes übernehmen (BT-Drs. 16/3655, 87). Das besondere Näheverhältnis zu dem vertretenen Unternehmen wird durch die aktienrechtliche Konzernvermutung und die Tatsache indiziert, dass im Einzelfall tatsächlich eine Vertretung innerhalb der verbundenen Unternehmen erfolgt. Das Prozessgericht muss sich also nicht mit konzernrechtlichen Fragen befassen und prüfen, ob ggf. die Konzernvermutung bei verbundenen Unternehmen widerlegt ist (BT-Drs. 16/3655, 87). Es genügt, dass sich aus der schriftlich

---

35   *W.-R. Schenke*, in: Kopp/Schenke § 67 Rn. 9; *W. Schenk*, in: Schoch/Schneider/Bier § 67 Rn. 42.
36   BVerfGE 52, 161,163; *M. Redeker* in: Redeker/v. Oertzen § 67 Rn. 2.
37   Ebenso *W. Schenk*, in: Schoch/Schneider/Bier § 67 Rn. 42; *J. Schmidt*, in: Eyermann/Fröhler § 67 Rn. 3; *K. Schneider*, in: Gärditz § 67 Rn. 3.
38   HmbOVG Nord ÖR 1999, 510 f. m.w.N; BVerwG JZ 1971, 130; a.M. hinsichtlich der Lehrbeauftragten VerfGH Bln BLN VR 1995, 106 und *K.D. Deumeland* VR 1995, 91.
39   Nachw. in der 2. Aufl. unter § 67 Rn. 107 sowie bei *A. Hartung*, in: Posser/Wolff § 67 Rn. 22.
40   Hierzu auch *A. Hartung*, in Posser/Wolf § 67 Rn. 21.
41   *W. Schenk*, in: Schoch/Schneider/Bier § 67 Rn. 42.

vorzulegenden Prozessvollmacht ergibt, dass der Vertreter für ein verbundenes Unternehmen i.S.d. $\S$ 15 AktG auftritt.

dd) Behörden und juristische Personen des öffentlichen Rechts (Abs. 2 S. 2 Nr. 1 2. Hs.). Die geltende **22** Fassung hinsichtlich der (weiteren) Vertretungsmöglichkeiten von Behörden in Abs. 2 S. 2 Nr. 1 2. Hs. ist durch den Rechtsausschuss des Bundestages (BT-Drs. 16/6634, 59, 58 zu Art. 12 Nr. 3) veranlasst worden, um *Behörden und juristischen Personen des öffentlichen Rechts* einschließlich der von diesen zur Erfüllung ihrer öffentlichen Aufgaben gebildeten *Zusammenschlüsse* nicht nur die Vertretung durch eigene Beschäftigte oder Beschäftigte der Aufsichtsbehörde, sondern darüber hinaus die Vertretung durch Beschäftigte anderer Behörden und juristischer Personen des öffentlichen Rechts oder deren Zusammenschlüsse zu gestatten.[42] Diese können sich auch in den Verfahren mit Vertretungszwang durch eigene Bedienstete oder durch Bedienstete der Aufsichtsbehörde oder des Spitzenverbandes mit Befähigung zum Richteramt vertreten lassen (BT-Drs. 16/3655, 97). Nicht erforderlich ist, dass der Prozessvertreter *gesetzlicher Vertreter* der juristischen Person oder Behörde ist (BVerwG DVBl 1993, 884). Die Erweiterung entspricht auch dem Anliegen der Länder, die für den Bereich des Verwaltungsprozess ebenfalls eine Erweiterung der Vertretungsmöglichkeiten im Bereich des Behördenprivilegs gefordert hatten (vgl. Nr. 30 der Stellungnahme des Bundesrates, BT-Drs. 16/3655, 112). Dies führt dazu, dass die genannten Stellen sich durch ihre Beschäftigten selbst und untereinander vertreten lassen können, *ohne* dass der Prozessvertreter eine *besondere Sachnähe* zur verhandelten Sache aufweisen oder mit dieser im Vorfeld des Prozesses befasst gewesen sein muss (BT-Drs. 16/6634, 59 zu Art. 12 Nr. 3). Für diesen Personenkreis besteht die (praxisrelevante) Untersagungsmöglichkeit wegen Unfähigkeit zur sachgerechten Prozessführung nach Abs. 3 S. 3 ($\rightarrow$ Rn. 41).

ee) Volljährige Familienangehörige, Personen mit Befähigung zum Richteramt und Streitgenossen 23 (Abs. 2 S. 2 Nr. 2). Nr. 2 regelt die Zulässigkeit der *unentgeltlichen Prozessvertretung.* Als unentgeltlich ist wie in $\S$ 6 RDG nur eine Tätigkeit zu verstehen, die nicht im Zusammenhang mit einer entgeltlichen Tätigkeit steht. Der Begriff der Unentgeltlichkeit ist daher autonom und grds. *eng* auszulegen. Keine Unentgeltlichkeit liegt vor, wenn die Rechtsdienstleistung nach dem Willen des Beteiligten und des Prozessvertreters von einer Gegenleistung des Beteiligten (nicht nur Geldzahlung, sondern auch jeder andere Vermögensvorteil) abhängig sein soll (BT-Drs. 16/3655, 57 zu Art. 1 $\S$ 6 Abs. 1 RDG). Darüber hinaus ist eine Unentgeltlichkeit zu verneinen, wenn eine Vergütung zwar nicht im Hinblick auf die rechtsdienstleistende Tätigkeit, aber im Zusammenhang mit anderen beruflichen Tätigkeiten des Vertreters anfällt oder auch nur anfallen kann. Immer dann, wenn die rechtsdienstleistende Tätigkeit im Zusammenhang mit einer anderen – entgeltlichen – beruflichen Tätigkeit erbracht wird, liegt daher keine unentgeltliche Rechtsdienstleistung vor. Damit erfasst Abs. 2 S. 2 Nr. 2 nur die *uneigennützige Dienstleistung.* Angemessene freiwillige Geschenke, wie sie vor allem bei der Inanspruchnahme von Rechtsrat im Familien- und Bekanntenkreis weit verbreitet sind, sowie reiner *Auslagenersatz* (z.B. für Schreib- und Portokosten, Fahrkostenersatz) stehen einer Unentgeltlichkeit nicht entgegen. Dagegen stellen Aufwandsentschädigungen ein Entgelt dar, soweit sie eine Honorierung der aufgewandten Arbeitszeit bedeuten (BT-Drs. 16/6635, 57 zu $\S$ 6 Abs. 1 RDG).

Der Kreis der vertretungsbefugten *volljährigen Familienangehörigen* ist weit zu verstehen und wird **24** nur durch den Verweis auf $\S$ 15 AO und $\S$ 11 LPartG näher konkretisiert. Danach sind Familienangehörige der Verlobte, Ehegatte und Lebenspartner, Verwandte und Verschwägerte gerader Linie, Geschwister und deren Kinder, Geschwister der Ehegatten und Ehegatten der Geschwister, Pflegeeltern und Pflegekinder. Volljährigkeit tritt nach $\S$ 2 BGB mit der Vollendung des 18. Lebensjahres ein.

Außerhalb des Kreises der Familienangehörigen (und der Streitgenossen) ist die unentgeltliche Prozess- **25** vertretung nur für *Personen* zulässig, die selbst die *Befähigung zum Richteramt* besitzen. Sowohl der Schriftverkehr mit dem Gericht, insbes. die bestimmenden Schriftsätze, als auch die Vertretung im Termin erfordern es, dass der Bevollmächtigte in eigener Person juristisch hinreichend qualifiziert ist. Diese Verschärfung gegenüber der Befugnis zur Erbringung außergerichtlicher Rechtsdienstleistungen rechtfertigt sich dadurch, dass das Gericht die Frage, ob eine Person vertretungsbefugt ist, schnell und zuverlässig anhand eindeutig nachweisbarer Kriterien überprüfen können muss (BT-Drs. 16/3655, 88

---

42 *C. Zander,* BDVR-Rundschreiben 01/2008, 22, 27. Zum Begriff des Zusammenschlusses auch VGH Kassel NVwZ-RR 2016, 877 (von mehreren Landkreisen organisierter Verkehrsbetrieb).

zu Art. 8 Nr. 3). Die Befähigung zum Richteramt ergibt sich aus §§ 5 ff. DRiG. Danach ist das Bestehen der ersten Staatsprüfung nach dem rechtswissenschaftlichen Studium an einer Universität und das Bestehen der zweiten Staatsprüfung nach dem Vorbereitungsdienst Voraussetzung für den Erwerb der Befähigung zum Richteramt; nach § 7 DRiG sind auch ordentliche Professoren der Rechte an einer Universität zum Richteramt befähigt (→ Rn. 20).

26   Einer Person mit Befähigung zum Richteramt nach § 67 Abs. 2 S. 2 Nr. 2 gleichgestellt sind nach § 5 RDGEG auch *Diplomjuristen aus dem Beitrittsgebiet*, d.h. Personen, die in dem in Art. 1 § 1 Einigungsvertrag genannten Gebiet ein rechtswissenschaftliches Studium als Diplom-Jurist an einer Universität oder wissenschaftlichen Hochschule abgeschlossen hatten und nach dem 3. Oktober 1990 zum Richter, Staatsanwalt oder Notar ernannt, im höheren Verwaltungsdienst beschäftigt oder als Rechtsanwalt zugelassen wurden. Damit ist klargestellt, dass Personen, die sich nach „neuem" Recht nach Abschluss der Ersten Staatsprüfung Diplomjuristen nennen dürfen, nicht erfasst sind.[43] Auch der Abschluss als „Dr. iur." entspricht dieser formalrechtlichen Qualifikation nicht (BVerwG DVBl 2004, 389). Im Gegensatz zur bisherigen Regelung in § 67 Abs. 1 S. 3 a.F. bezieht sich die Privilegierung von Diplomjuristen aus der ehemaligen DDR nicht mehr ausschließlich auf die Prozessvertretung von Behörden oder juristischen Personen des öffentlichen Rechts, sondern kann für jeden Beteiligten erfolgen.[44]

27   Nach Abs. 2 S. 2 Nr. 2 sind auch *Streitgenossen* zur unentgeltlichen Prozessvertretung befugt. Hinsichtlich des Begriffs des Streitgenossen wird auf die Kommentierung zu § 64 verwiesen (→ § 64 Rn. 2 ff.). Die Zulassung der Vertretung durch Streitgenossen dient in erster Linie der Prozessökonomie (BT-Drs. 16/3655, 87 zu Art. 8 Nr. 3).

28   **ff) Vertretung in Abgabenangelegenheiten (Abs. 2 S. 2 Nr. 3).**   Nach Abs. 2 S. 2 Nr. 3 sind in Abgabenangelegenheiten *Steuerberater*, Steuerbevollmächtigte, Wirtschaftsprüfer und vereidigte Buchprüfer, Personen und Vereinigungen i.S.d. § 3 a des Steuerberatungsgesetzes (StBerG) sowie Gesellschaften i.S.d. § 3 Nr. 2 und 3 StBerG, die durch Personen i.S.d. § 3 Nr. 1 StBerG handeln, als Bevollmächtigte im Prozess vertretungsbefugt. Damit geht die Regelung in personeller Hinsicht über die frühere Regelung in § 67 Abs. 1 S. 5 a.F. hinaus, nach der nur Steuerberater und Wirtschaftsprüfer vertretungsbefugt waren. Steuerberater und Steuerbevollmächtigte leisten geschäftsmäßig Hilfe in Steuersachen, § 3 Nr. 1 StBerG. *Steuerberater* sind diejenigen Personen, die nach bestandener Steuerberaterprüfung als Steuerberater öffentlich bestellt worden sind, §§ 35 ff. StBerG. *Steuerbevollmächtigter* ist, wer nach dem StBerG als solcher bestellt worden ist, § 42 StBerG. *Wirtschaftsprüfer* ist, wer als solcher öffentlich bestellt ist, § 1 Gesetz über eine Berufsordnung der Wirtschaftsprüfer (WiPrO). Die Wirtschaftsprüfer arbeiten ebenso wie Steuerberater und Steuerbevollmächtigte freiberuflich. Ihre Aufgabe ist die Durchführung betriebswirtschaftlicher Prüfungen, insbes. solche von Jahresabschlüssen wirtschaftlicher Unternehmen. *Vereidigter Buchprüfer* ist, wer nach der WiPrO als solcher anerkannt oder bestellt wird, § 128 Abs. 1 WiPrO. Seine Aufgabe ist die Durchführung von Prüfungen auf dem Gebiet des betrieblichen Rechnungswesens, insbes. Buch- und Bilanzprüfungen. Ausweislich der Neufassung sind neben den genannten natürlichen Personen auch Partnerschafts*gesellschaften*, deren Partner ausschließlich aus Steuerberatern, Steuerbevollmächtigten, Rechtsanwälten, niedergelassenen europäischen Rechtsanwälten, Wirtschaftsprüfern und vereidigten Buchprüfern bestehen (§ 3 Nr. 2 StBerG) sowie Steuerberatungsgesellschaften, Rechtsanwaltsgesellschaften, Wirtschaftsprüfungsgesellschaften und Buchprüfungsgesellschaften (§ 3 Nr. 3 StBerG) vertretungsberechtigt. Es entspricht der vereinheitlichten Neuordnung der Prozessordnungen, die Beschränkung der Prozessbevollmächtigten auf natürliche Personen aufzugeben und auf die überall entstandenen Gesellschaften auszudehnen. Für diese gilt dann Abs. 2 S. 3.

29   Die Vertretungsbefugnis der genannten Personen ist in sachlicher Hinsicht auf *Abgabenangelegenheiten* beschränkt. Die genaue Reichweite des Abgabenbegriffs ist hier jedoch umstritten. Erfasst werden jedenfalls Abgaben im steuerrechtlichen Sinne.[45] Nach lange überwiegender Ansicht war der Abgabenbegriff darüber hinaus jedoch eng auszulegen und erfasste insbes. keine Kommunalabgaben.[46] In

---

43   BT-Drs. 16/3655, 81; *A. Hartung*, in: Posser/Wolff § 67 Rn. 30; *W.-R. Schenke*, in: Kopp/Schenke § 67 Rn. 15.
44   So auch *A. Hartung*, in: Posser/Wolff § 67 Rn 30.
45   Zum Begriff *K.-D. Drüen*, in: Tipke/Kruse § 3 AO Rn. 6 ff.
46   HmbOVG NVwZ-RR 2010, 859; VGH Kassel DStR 2013, 1500; VGH München BayVBl 2015, 317.

einer Entscheidung vom 20.1.2016 hat jedoch das BVerwG unter Aufhebung der vorinstanzlichen Entscheidung des VGH München entschieden, dass Steuerberater auch in Rechtsstreitigkeiten im Zusammenhang mit Fremdenverkehrsbeiträgen vertretungsbefugt sind (BVerwG NVwZ-RR 2016, 394).[47] Die vom BVerwG vorgenommene grammatikalische, genetische, systematische und teleologische Auslegung legt künftig eine weite Auslegung des Abgabenbegriffs unter Einbeziehung von Kommunalabgaben nahe.[48] Um keine Abgabengelegenheit (mehr) handelt es sich hingegen bei Verwaltungsstreitverfahren über Aufsichtsmaßnahmen der Bundesanstalt für die Finanzdienstleistungsaufsicht (VGH Kassel 22.7.2013 – 6 A 1260/13, juris Rn. 4, Ls. DÖV 2013, 912). Denn bei Aufsichtsmaßnahmen wird die sachliche Reichweite des Abgabenbegriffs verlassen.

gg) Berufsständische Vereinigungen der Landwirtschaft (Abs. 2 S. 2 Nr. 4). Im Regierungsentwurf 30 16/3655 war eine eigenständige Vertretung der Landwirte durch *berufsständische Vereinigungen der Landwirtschaft* für ihre Mitglieder (z.B. Deutscher Bauernverband) nicht vorgesehen, obwohl die Landwirtschaftssekretäre als natürliche Personen nach der früheren Rechtslage vertretungsberechtigt waren. Um diese Vertretungsbefugnis weiterhin zu gewährleisten, forderte der Bundesrat in seiner Stellungnahme zum Regierungsentwurf eine entsprechende Ergänzung des Gesetzentwurfs (BT-Drs. 16/3655, 111 f.), welcher die Bundesregierung zustimmte (BT-Drs. 16/3655, 122). Erforderlich ist allerdings ein *landwirtschaftlicher Bezug* der betreffenden Streitigkeit.[49] Dieser ist z.B. bei bauplanungsrechtlichen Klagen in Bezug auf den Außenbereich (§ 35 BauGB), immissionsschutzrechtlichen Klagen wegen Geruchsbelästigung durch einen landwirtschaftlichen Betrieb oder bei Klagen im Zusammenhang mit dem unionsrechtlichen Beihilfenrecht anzunehmen. Diese teleologische Reduktion ist damit zu begründen, dass das Gesetz keine Anforderungen an die juristisch-fachliche Qualifikation der im Verfahren auftretenden Personen der berufsständischen Vereinigung stellt.

hh) Gewerkschaften und Arbeitgebervereinigungen (Abs. 2 S. 2 Nr. 5). *Gewerkschaften und Vereini-* 31 *gungen von Arbeitgebern* sowie Zusammenschlüsse solcher Verbände sind nach § 67 Abs. 2 Nr. 5 für ihre Mitglieder zur Prozessvertretung berechtigt. Darüber hinaus sind sie auch für andere Verbände oder Zusammenschlüsse mit vergleichbarer Ausrichtung und deren Mitglieder vertretungsbefugt. *Gewerkschaften* sind überbetriebliche privatrechtliche Vereine und Vereinigungen, die insbes. folgende Merkmale erfüllen müssen: Es muss sich um einen freiwilligen Zusammenschluss der Mitglieder handeln, in dem keine Arbeitgeber oder Arbeitgebervereinigungen Mitglieder sein dürfen („Gegnerfreiheit"), dessen wesentliche Aufgabe die Gestaltung der arbeitsrechtlichen Beziehungen zwischen Arbeitgebern und Arbeitnehmern, insbes. der Abschluss von Tarifverträgen ist, und der über eine gewisse Durchsetzungskraft verfügt.[50] Eine *Vereinigung von Arbeitgebern* ist der Zusammenschluss von Arbeitgebern innerhalb eines Unternehmenszweigs mit dem Zweck der gemeinsamen Interessenvertretung. Auch hier schreibt der Gesetzgeber keine spezifische Qualifikation der tatsächlichen Vertreter vor, anders als im Verfahren vor dem BVerwG, in dem die in Abs. 2 S. 2 Nr. 3, 4 und 6 genannten Personen ausgeschlossen sind (§ 67 Abs. 4 S. 5). Von der Vertretungsbefugnis erfasst werden alle Rechtsstreitigkeiten, die zu dem satzungsmäßigen Aufgabenbereich zumindest einen mittelbaren Bezug haben.[51] Nicht mehr erfasst ist die Vertretung durch eine Gewerkschaft in einem Verfahren zur Bewilligung von Parkerleichterungen für Schwerbehinderte nach § 46 StVO (VG Düsseldorf 28.6.2017 – 6 K 8147/17, juris Rn. 1). Eine Vereinigung von Arbeitgebern ist etwa der Arbeitgeberverband für Telekommunikation und IT e.V.; dabei genügt es für eine Vertretung der Bundesrepublik Deutschland in beamtenrechtlichen Streitigkeiten, dass ein Postnachfolgeunternehmen (die Deutsche Telekom AG) Mitglied des Arbeitgeberverbandes ist (VGH Mannheim NVwZ-RR 2017, 60).

---

47 Hierzu *I. Schübel-Pfister*, JuS 2016, 993, 995.
48 So bereits die Interpretation von *W. Schenk*, NVwZ 2016, 1600, 1601; ebenso *W.-R. Schenke*, in: Kopp/Schenke § 67 Rn. 16.
49 So zu Recht auch *A. Hartung*, in: Posser/Wolff § 67 Rn 35; *W.-R. Schenke*, in: Kopp/Schenke § 67 Rn. 17; *W. Schenk*, in: Schoch/Schneider/Bier § 67 Rn. 53. A.A. *K. Schneider*, in: Gärditz § 67 Rn. 3.
50 Eingehend *G. Schaub*, Arbeitsrechts-Handbuch, [17]2017, § 188 Rn. 12 ff.
51 So zu Recht auch *A. Hartung*, in: Posser/Wolff § 67 Rn 36; *W.-R. Schenke*, in: Kopp/Schenke § 67 Rn. 18; *W. Porz*, in: Fehling/Kastner/Störmer § 67 Rn. 20; *W. Schenk*, in: Schoch/Schneider/Bier § 67 Rn. 55. A.A. *K. Schneider*, in Gärditz § 67 Rn. 3.

32 **ii) Angelegenheiten des sozialen Entschädigungsrechts (Abs. 2 S. 2 Nr. 6).** Die Vertretungsbefugnis in Angelegenheiten des *sozialen Entschädigungsrechts*, der Kriegsopferfürsorge und des Schwerbehindertenrechts knüpft an die Regelung des § 67 Abs. 1 S. 4 a.F. an. *Vereinigungen* i.S.d. Abs. 2 S. 2 Nr. 6 sind – nicht notwendig rechtsfähige – Personenmehrheiten, die sich nach ihrer Zwecksetzung zumindest in der Hauptsache die Aufgabe gestellt haben, die gemeinschaftlichen Interessen der Leistungsempfänger nach dem sozialen Entschädigungsrecht oder behinderter Menschen zu wahren und diesen Personenkreis zu beraten und zu vertreten (BSG SozR § 166 Nr. 14, 30). Im Gegensatz zu den anderen in Abs. 2 S. 2 genannten Personen und Vereinigungen bedürfen Vereinigungen nach Nr. 6 einer zusätzlichen Qualifikation, indem sie die Gewähr für eine sachkundige Prozessvertretung bieten müssen.

33 Die den Vereinigungen nach Abs. 2 S. 2 Nr. 6 eingeräumte Postulationsfähigkeit beschränkt sich auf Angelegenheiten der Kriegsopferfürsorge und des Schwerbehindertenrechts sowie der damit im Zusammenhang stehenden Angelegenheiten. Die *Kriegsopferfürsorge* ist in den §§ 25 ff. BVG[52] geregelt und hat gem. § 25 Abs. 2 BVG die Aufgabe, sich der Beschädigten und der Familienangehörigen sowie der Hinterbliebenen in allen Lebenslagen anzunehmen und die Folgen der Schädigung oder des Verlustes des Ehegatten oder Lebenspartners, Elternteils, Kindes oder Enkelkinds angemessen auszugleichen oder abzumildern. Gem. § 51 Abs. 1 Nr. 6 SGG sind die Maßnahmen der Kriegsopferfürsorge von der Zuständigkeit der SG ausdrücklich ausgenommen, sodass die allgemeinen VG zuständig sind. Das *Schwerbehindertenrecht* ist im Wesentlichen im SGB IX geregelt. Weitere Regelungen finden sich etwa in § 33 b Abs. 2 EStG oder § 3 a KraftStG. Eine Legaldefinition für den Begriff der Behinderung findet sich in § 2 Abs. 1 S. 1 SGB IX, wonach eine Behinderung vorliegt, wenn die körperliche Funktion, geistige Fähigkeit oder seelische Gesundheit mit hoher Wahrscheinlichkeit länger als sechs Monate von dem für das Lebensalter typischen Zustand abweichen und dadurch die Teilhabe am Leben in der Gesellschaft beeinträchtigt ist. Schwerbehinderte sind gem. § 2 Abs. 2 SGB IX Personen mit einem Grad der Behinderung von wenigstens 50 %. Darüber hinaus bezieht sich die Postulationsfähigkeit auch auf die mit Angelegenheiten der Kriegsopferfürsorge und des Schwerbehindertenrechts „im Zusammenhang stehenden Angelegenheiten", für die der Verwaltungsrechtsweg gegeben ist. Dies gilt etwa für die in §§ 30 Abs. 4, 53 ff. SGB XII und in der zu § 60 SGB XII erlassenen Eingliederungshilfe-Verordnung[53] geregelten Ansprüche und Rechte der Behinderten sowie die allgemeine Hilfe zum Lebensunterhalt nach dem SGB XII, soweit sie z.B. im Zusammenhang mit der Schwerbehinderteneigenschaft steht.[54] Nach (zweifelhafter) Auffassung des VG Berlin gehört die Schulwegbeförderung nach § 36 SopädVO Bln nicht zu diesen Angelegenheiten (VG Berlin 20.7.2012 – 3 K 238.12, juris Rn. 6).

34 **jj) Bevollmächtigte juristischer Personen nach Abs. 2 S. 2 Nr. 7.** Abs. 2 S. 2 Nr. 7 entspricht § 67 Abs. 1 S. 7 a.F. Danach sind juristische Personen, die von einer der in Nr. 5 oder 6 genannten Organisationen gegründet wurden, als Bevollmächtigte für die Organisation und ihre Mitglieder oder andere Verbände oder Zusammenschlüsse mit vergleichbarer Ausrichtung und deren Mitglieder vertretungsbefugt. Die Regelung trägt dem Umstand Rechnung, dass der DGB seine Rechtsstellen in eine *„DGB Rechtsschutz GmbH"* ausgegliedert hat.[55] Rechtssekretäre der DGB Rechtsschutz GmbH sind deshalb in Verwaltungsprozessen ihrer Mitglieder vor dem VG vertretungsbefugt (OVG Lüneburg GewArch 2005, 43 ff.; OVG Bln-Bbg NVwZ-RR 2011, 205). Auch den anderen in Nr. 5 und 6 genannten Vereinigungen wird durch Abs. 2 S. 2 Nr. 7 nunmehr die Möglichkeit eingeräumt, die Rechtsberatung und Vertretung organisatorisch auszugliedern. Die juristische Person muss aber 100 %iges Tochterunternehmen der Vereinigung sein. Eine Heranziehung Dritter zur Aufgabenerfüllung ist nicht erlaubt. Die ausschließliche Aufgabe der juristischen Person muss in der Rechtsberatung und Prozessvertretung der Vereinigung und ihrer Mitglieder bzw. der anderen Verbände und Zusammenschlüsse liegen. Die juristische Person ist aber nur postulationsfähig, wenn die dahinter stehende Organisation für die Tätigkeit des Bevollmächtigten haftet (letzter Hs.). Die Haftungsregel bezweckt, dass die Vereinigung selbst und nicht die gesellschaftsrechtlich nur beschränkt haftende juristische Person für schadensersatz-

---

52 Gesetz über die Versorgung der Opfer des Krieges, i.d.F. vom 22.11.1982, BGBl I 21, zul. geänd. durch Gesetz v. 14.8.2017, BGBl I 3234, 3214.
53 VO nach § 60 des Zwölften Buches Sozialgesetzbuch i.d.F. vom 1.2.1975, BGBl I 433, zul. geänd. durch Gesetz v. 23.12.2016, BGBl I 3234, 3334.
54 HmbOVG NordÖR 1999, 192 f.; VGH Kassel SAR 2003, 80; VGH Mannheim NVwZ-RR 2003, 315.
55 Zur Ausgliederung der DGB Rechtsschutz GmbH BAG NJW 2001, 2737, 2739 ff.

rechtliche Konsequenzen fehlerhafter Rechtsberatung und Prozessvertretung einzustehen hat (so schon BT-Drs. 13/11035, 28, 27).

b) Prozessvertretung durch juristische Personen und Organisationen (Abs. 2 S. 3). Abs. 2 S. 3 trägt **35** dem Umstand Rechnung, dass nunmehr in allen Verfahrensordnungen auch juristische Personen und Organisationen als solche bevollmächtigt werden können. Diesbezüglich wird durch S. 3 klargestellt, dass Bevollmächtigte, die keine natürlichen Personen sind, durch ihre Organe und mit der Prozessvertretung beauftragte Vertreter handeln. Hierbei muss es sich stets um Personen handeln, die innerhalb des bevollmächtigten Unternehmens, Verbands oder juristischen Person mit der Prozessvertretung betraut worden sind; dies kann z.B. durch Prokura, Einzelvollmacht oder durch Satzung erfolgen (BT-Drs. 16/3655, 89 zu Art. 8 Nr. 3).

c) Prüfung der Vertretungsbefugnis. Ob der Prozessbevollmächtigte unter eine der in Abs. 2 genannten **36** Personengruppen fällt, ist von ihm ggf. darzulegen und vom Gericht erforderlichenfalls im Wege des Freibeweises festzustellen. Oft lässt sich die Berechtigung zur Prozessvertretung aus der nach Abs. 6 schriftlich vorzulegenden Prozessvollmacht ableiten, etwa in den Fällen, in denen ein Ehe- oder Lebenspartner bevollmächtigt wird, oder bei der Vollmachterteilung für einen Mitarbeiter eines konzernangehörigen Unternehmens. Insgesamt sollen aber nach der Gesetzesbegründung keine höheren Anforderungen gestellt werden als im bisher geltenden Recht, wonach stets eine Prüfung dahingehend gefordert wurde, ob der Bevollmächtigte geschäftsmäßig fremde Angelegenheiten erledigte (BT-Drs. 16/3655, 87 zu Art. 8 Nr. 3).

3. Zurückweisung von Bevollmächtigten. a) Zurückweisung von nicht zur Vertretung Berechtigten **37** **(Abs. 3 S. 1).** Nach Abs. 3 S. 1 ist eine ohne ausreichende Vollmacht vor Gericht auftretende Person, unabhängig davon, ob es sich um einen Rechtsanwalt oder eine sonstige nach Abs. 2 vertretungsberechtigte Person handelt, vom Gericht durch *unanfechtbaren Beschluss* zurückzuweisen. Das Gericht hat bei nichtanwaltlichen Vertretern die Vertretungsbefugnis von Amts wegen zu prüfen und bei Zweifeln auf eine Klärung hinzuwirken: Kommt es danach zu dem Ergebnis, dass keiner der Fälle zulässiger Vertretung vorliegt, hat es die Zurückweisung durch konstitutiven Zurückweisungsbeschluss auszusprechen (BT-Drs. 16/3655, 97, 89 zu Art. 8 Nr. 3). Der Beschluss kann formlos mitgeteilt werden, da er keine Frist in Lauf setzt.[56] Da der Beschluss unanfechtbar ist, ist eine Überprüfung nur im Rahmen der abschließenden Sachentscheidung des Gerichts möglich, etwa im Wege der Beschwerde oder dem Antrag der Zulassung der Berufung. Hier ist dann auch denkbar, dass ein unterlegener Kläger sich darauf beruft, das Verwaltungsgericht habe sein Recht auf rechtliches Gehör i.S.v. Art. 103 Abs. 1 GG verletzt, weil es das Vorbringen des ausgeschlossenen Bevollmächtigten nicht berücksichtigt habe. Allerdings ist zu beachten, dass das BVerfG hohe Anforderungen bei der Rüge der Verletzung des rechtlichen Gehörs stellt: der Beteiligte hat sämtliche verfahrensrechtlich eröffneten und im zumutbaren Möglichkeiten zu ergreifen, sich rechtliches Gehör zu verschaffen (BVerfGE 74, 22, 225). Nachdem vor dem Verwaltungsgericht nach wie vor kein Vertretungszwang besteht, wird oft einzuwenden sein, dass der Kläger den Vortrag seines ausgeschlossenen Prozessbevollmächtigten in tatsächlicher und rechtlicher Hinsicht selbst hätte übernehmen oder später vorbringen können. Zur Wahrung des rechtlichen Gehörs ist dem Beteiligten eine angemessene Zeit einzuräumen, damit dieser für eine ordnungsgemäße Vertretung im Gerichtsverfahren sorgen kann.[57]

b) Rechtsfolgen der Zurückweisung (Abs. 3 S. 2). Aus Gründen der Rechtssicherheit[58] sieht Abs. 3 **38** S. 2 vor, dass Prozesshandlungen des Bevollmächtigten und Zustellungen oder Mitteilungen (z.B. Ladungen, Aufforderungen nach § 82 Abs. 2 oder § 86 Abs. 4 S. 2 oder Anhörungen vor Erlass eines Gerichtsbescheids) an ihn bis zu seiner Zurückweisung wirksam sind bzw. bleiben.[59] Infolge dieser Regelung kann die Berufung nicht auf die in erster Instanz nicht erkannte fehlende Vertretungsbefugnis gestützt werden (BT-Drs. 16/3655, 8 a). Wird der Zurückweisungsbeschluss wirksam, sind alle Zustellungen an den Beteiligten selbst bzw. seinen neuen Prozessbevollmächtigten zu richten; der zurückge-

---

56 *W.-R. Schenke*, in: Kopp/Schenke § 67 Rn. 22.
57 So zu Recht *A. Hartung*, in: Posser/Wolff § 67 Rn. 14. Hierzu auch *W. Schenk*, in: Schoch/Schneider/Bier § 67 Rn. 61.
58 Hierzu auch BT-Drs. 16/3655, 89.
59 Hierzu auch *A. Hartung*, in: Posser/Wolff § 67 Rn. 16. Krit. zur sprachlichen Fassung *K. Schneider*, in: Gärditz § 67 Rn. 6.

wiesene Bevollmächtigte selbst kann ab dem Wirksamwerden des Beschlusses keine wirksamen Prozesshandlungen für den Beteiligten mehr vornehmen.

39   **c) Zurückweisung von Rechtsanwälten.** Hinsichtlich der Möglichkeit, Bevollmächtigte vom Verfahren zurückzuweisen, ist wegen der durch Art. 12 Abs. 1 GG geschützten Berufsfreiheit i.d.R. zwischen anwaltlichen und nichtanwaltlichen Vertretern zu unterscheiden. Lediglich die Zurückweisungsmöglichkeit eines *vollmachtlosen Vertreters* besteht gegenüber dem Anwaltsbevollmächtigten und dem sonstigen Bevollmächtigten in gleicher Weise (→ Rn. 37). Ansonsten können Rechtsanwälte wegen Art. 12 Abs. 1 S. 2 GG und § 3 Abs. 2 BRAO grds. nur aufgrund einer ausdrücklichen bundesgesetzlichen Zuweisungsnorm zurückgewiesen werden, wobei die Eingriffsermächtigung hinreichend bestimmt sein, und die Zurückweisung verhältnismäßig sein muss.[60] Das BVerfG hat in früheren Entscheidungen die Schutzfunktion des Art. 12 Abs. 1 GG und des § 3 Abs. 2 BRAO dadurch relativiert, dass es Zurückweisungen auch ohne ausdrückliche bundesgesetzliche Rechtsgrundlage aufgrund des allgemeinen Rechtsgedankens, dass Gerichte für einen ordnungsgemäßen Verfahrensablauf bzw. für die „Aufrechterhaltung einer funktionsfähigen, wirksamen Rechtspflege" (BVerfGE 38, 105, LS 1 und 119 f.) zu sorgen haben, für zulässig erachtet hat.[61] Soweit sich dies auf die Zurückweisung eines *vollmachtlosen Vertreters* bezieht, ist ihr zuzustimmen. Abzulehnen ist die darüber hinaus bestehende Praxis der Gerichte, Rechtsanwälte, die gegen *kommunale Vertretungsverbote* verstoßen, zurückzuweisen (→ Rn. 106 ff., insbes. → Rn. 108 f.).[62] Auch eine analoge Anwendung der Ausschließungs- und Befangenheitsregeln nach § 54 ist nicht denkbar, weil der Rechtsanwalt auch bei weitester Auslegung kein Richteramt wahrnimmt und in legitimer Weise einseitig auf die Interessen des von ihm Vertretenen abstellen darf.

40   Ausdrücklich geregelte Zurückweisungsmöglichkeiten gegenüber Rechtsanwälten ergeben sich insbes. aus der *BRAO*. Die §§ 114 a Abs. 3 S. 2 und 156 Abs. 2 BRAO sehen die Möglichkeit vor, dass Gerichte und Behörden Anwälte, gegen die ein *Vertretungs- oder Berufsverbot* verhängt worden ist, zurückweisen.[63] Eine weitere Zurückweisungsmöglichkeit ergibt sich aus § 91 Abs. 1 S. 1 WDO i.V.m. § 138 a Abs. 1 StPO. Bei *Störungen innerhalb der Sitzung* kann ein Sitzungsausschluss gem. § 55 VwGO i.V.m. § 176 GVG auch gegenüber einem Rechtsanwalt (→ § 55 Rn. 43 f., 51)[64] in Betracht kommen. Verstöße gegen die *Interessenkollisionen* regelnden §§ 45 f. BRAO stellen keine Rechtfertigung für einen Zurückweisungsbeschluss dar (BVerfGE 22, 114, 120). Auch Verstöße gegen die *Wahrheitspflicht* oder eine *Verfahrensverschleppung* können nicht zu einer zulässigen Zurückweisung führen, ebenso wenig wie die Tatsache, dass der Vertreter als *Zeuge* in Betracht kommt.[65] Sehr fraglich ist, ob die Zurückweisung eines *prozessunfähigen* oder verhandlungsunfähigen Rechtsanwalts, soweit außer der Zurückweisung keine Möglichkeit ersichtlich ist, das weitere Auftreten des Prozessbevollmächtigten zu unterbinden, als zulässig angesehen werden kann.[66] Eine Rechtsgrundlage ist hierfür nicht ersichtlich. Voraussetzung für die Rechtmäßigkeit jedes Zurückweisungsbeschlusses ist die vorherige *Anhörung* des Anwalts; dies ist Ausfluss des Art. 12 Abs. 1 S. 1 GG (BVerfGE 37, 67, 78).

41   **d) Zurückweisung von nichtanwaltlichen Bevollmächtigten wegen Unfähigkeit zum sachgerechten Vortrag (Abs. 3 S. 3).** Für die Zurückweisung sonstiger Bevollmächtigter von der Prozessvertretung trifft die VwGO ausdrückliche Regelungen. Neben der Zurückweisung des vollmachtlosen Vertreters nach Abs. 3 S. 1 können die Bevollmächtigten nach Abs. 2 S. 2 Nr. 1 und 2 von der weiteren Vertretung ausgeschlossen werden, wenn sie nicht in der Lage sind, das *Sach- und Streitverhältnis sachgerecht* darzustellen. Die Untersagung der weiteren Vertretung bezieht sich *nicht* auf Rechtsanwälte und Hochschullehrer sowie die Personen und Organisationen nach S. 2 Nr. 3–7, denen nach Abs. 4 S. 5 auch die Prozessvertretung vor dem OVG zuerkannt wird. Das Gericht trifft die notwendige Entscheidung im Wege des *Freibeweises* und entscheidet nach *pflichtgemäßem Ermessen*. Unter Berücksichti-

---

60 Hierzu ausf. *A. Pestke*, Verfahren, 1989, Rn. 239 ff.
61 BVerfGE 16, 214, 217 (standeswidriges Verhalten); 28, 21, 35 (Weigerung, Amtstracht zu tragen); 37, 67, 81 f. (prozessunfähiger Rechtsanwalt); 52, 42, 56 f. (Verstoß gegen kommunales Vertretungsverbot; → Rn. 106 ff.). Zu Recht krit. hierzu *W. Schenk*, in: Schoch/Schneider/Bier § 67 Rn. 108.
62 Ebenso *W. Schenk*, in: Schoch/Schneider/Bier § 67 Rn. 108; *W.-R. Schenke*, in: Kopp/Schenke § 67 Rn. 22.
63 Hierzu auch *A. Pestke*, Verfahren, 1989, Rn. 261.
64 *A. Pestke*, Verfahren, 1989, Rn. 265.
65 Hierzu im Einzelnen *A. Pestke*, Verfahren, 1989, Rn. 271 ff.
66 *A. Pestke*, Verfahren, 1989, Rn. 270.

gung der Interessen des betroffenen Beteiligten ist diesem auch zumutbar, einen Wechsel des ungeeigneten Bevollmächtigten vorzunehmen (VGH München VerwRspr 16 (1964), Nr. 115, S. 374). Der Beschluss ist *unanfechtbar*. Wenn der Beschluss rechtswidrig war, stellt die Ablehnung des daraufhin gestellten Vertagungsantrags aber eine Versagung des rechtlichen Gehörs dar (BVerwG Buchholz 310 § 67 VwGO Nr. 30). Die Fähigkeit zur *sachgerechten Darstellung des Sach- und Streitverhältnisses* fehlt, wenn der Bevollmächtigte fortgesetzt unsachlich und/oder ohne Bezug zum Verfahrensgegenstand argumentiert, die Bedeutung der sachdienlichen Prozesshandlungen nicht erfasst oder mit ungerechtfertigten persönlichen Angriffen andere Verfahrensbeteiligte verletzt (VGH München BayVBl 1974, 503).[67] Indem erst die unanfechtbare oder für sofort vollziehbar erklärte *Untersagung* den Wegfall der Postulationsfähigkeit auslöst, bedarf es anders als in den Fällen des S. 1 keiner gesetzlichen Regelung über die Wirksamkeit der bis zur Untersagung vorgenommenen Prozesshandlungen des Bevollmächtigten (BT-Drs. 16/3655, 97, 87 zu Art. 8 Nr. 3). Bei nur vorübergehender Unfähigkeit des Bevollmächtigten muss das Gericht den Untersagungsbeschluss wieder aufheben.[68]

IV. Verfahren mit Vertretungszwang vor dem Oberverwaltungsgericht und dem BVerwG

1. Die Postulationsfähigkeit als Sachentscheidungs- und Prozesshandlungsvoraussetzung. a) Grundsatz: Vertretungszwang durch Rechtsanwälte oder Hochschullehrer (Abs. 4 S. 3). Nach Abs. 4 besteht vor dem BVerwG und seit dem 6. VwGOÄndG (→ Rn. 2) vor dem OVG für alle Beteiligten (→ Rn. 48) ein *Vertretungszwang* mit der Folge, dass Prozesshandlungen vor diesen Gerichten grds. nur von *Rechtsanwälten* oder *Hochschullehrern* mit Befähigung zum Richteramt vorgenommen werden können, Abs. 4 S. 3. Unterschiedliche Erweiterungen dieses engsten Kreises der Prozessbevollmächtigten nimmt § 67 Abs. 4 S. 4–8 vor. So gilt für die Vertretung von Behörden und juristischen Personen des öffentlichen Rechts die Sonderregelung des Abs. 4 S. 4 (→ Rn. 49). Im Übrigen bestehen Unterschiede der Zulassung für das OVG und das BVerwG bestehen (→ Rn. 42 a, 42 b). Dem Beteiligten selbst fehlt insoweit die *Postulationsfähigkeit*, sodass ein von ihm eingeleitetes Verfahren unzulässig und von ihm vorgenommene Verfahrenshandlungen regelmäßig unwirksam sind. Während die Postulationsfähigkeit vor den VG regelmäßig mit der Prozessfähigkeit zusammenfällt, ist sie in Verfahren vor dem BVerwG und OVG gesondert geregelt und stellt sowohl Sachentscheidungs- als auch Prozesshandlungsvoraussetzung dar. Eine ausdrückliche Ausnahme besteht nach Abs. 4 S. 1 für das Prozesskostenhilfeverfahren. Hier besteht kein Vertretungszwang.

b) Erweiterung der Vertretungsmöglichkeiten vor dem Oberverwaltungsgericht. Vor dem Oberverwaltungsgericht zudem die in Abs. 2 S. 2 Nr. 3–7 bezeichneten Personen und Organisationen als Bevollmächtigte zugelassen, § 67 Abs. 4 S. 7. Insoweit wird auf die Komm. zu Abs. 2 S. 2 Nr. 3–7 hingewiesen (→ Rn. 28 ff.). Abs. 4 S. 8 enthält wie die übrigen neugefassten Verfahrensordnungen den Grundsatz und die Voraussetzungen für eine Selbstvertretung. Insbes. können sich Rechtsanwälte und Hochschullehrer mit Befähigung zum Richteramt in einem vor dem OVG anhängigen Verfahren selbst vertreten. Dies gilt vor allem für Steuerberater und andere Personen i.S.d. Abs. 2 S. 2 Nr. 3 → Rn. 28), ferner für Gewerkschaftsvertreter und Vertreter von Vereinigungen von Arbeitgebern i.S.d. Abs. 2 S. 2 Nr. 5, sowie für juristische Personen, wie die DGB Rechtsschutz GmbH. Durch das Gesetz vom 30.7.2009 (BGBl I 2449) wurde klargestellt, dass das Selbstvertretungsrecht insoweit auch für die erweiterten Vertretungsmöglichkeiten vor dem Bundesverwaltungsgericht gilt (BT-Drs. 16/11385, 55).

c) Erweiterte Vertretungsmöglichkeit vor dem Bundesverwaltungsgericht. Der maßgebliche *Unterschied* für Verfahren vor dem BVerwG besteht darin, dass dort – abgesehen von den ebenfalls einschlägigen Abs. 4 S. 4 und 8 – die Erweiterung auf die in Abs. 2 Nr. 5 und 7 genannten beschränkt und damit zugleich eine Vertretung durch die in Abs. 2 S. 2 Nr. 3, 4 und 6 (→ Rn. 28 ff.) bezeichneten Personen und Organisationen ausgeschlossen ist (Abs. 4 S. 5) Im Unterschied zum Arbeits- und Sozialgerichtsprozess hat der Gesetzgeber eine Vertretungsbefugnis einer dieser Organisationen vor dem BVerwG nicht für geboten erachtet (BT-Drs.16/3655, 98). Vor dem BVerwG dürfen damit im Ergebnis

42

42a

42b

---

67 Ähnl. VG Bayreuth 5.3.2013 – B 1 S 13/53, juris Rn. 18 f.; VerfGH DVBl 2013, 110 f. (zu § 73 Abs. 3 S. 3 SGG); VG Berlin 17.12.2010 – 14 K 57/10, juris Rn. 27 (zu § 14 Abs. 6 S. 1 VwVfG). Hierzu auch *A. Hartung*, in: Posser/Wolff § 67 Rn. 17; *W. Schenk*, in: Schoch/Schneider/Bier § 67 Rn. 64.
68 *A. Hartung*, in: Posser/Wolff § 67 Rn. 17.

– vom Behördenprivileg und der Sonderregelung für Organisationen i.S.v. Abs. 2 S. 2 Nr. 5 abgesehen – nur Rechtanwälte oder Rechtslehrer an einer staatlichen oder staatlich anerkannten Hochschule mit der Befähigung zum Richteramt als Bevollmächtigte auftreten. Durch die Einfügung von S. 5 und S. 6 in Abs. 4 wurde durch das Gesetz vom 30.7.2009 (BGBl I 2449) die Vertretung vor dem BVerwG für **Gewerkschaften** und Vereinigungen von Arbeitgebern für dienstrechtliche Streitigkeiten (wieder) eröffnet. Nach der Vorstellung des Gesetzgebers sollen diese Organisationen ihre Mitglieder auch in dienstrechtlichen Streitigkeiten bis zur Revisionsinstanz vertreten können (BT-Drs. 16/11385, 55). Entsprechend der Regelungen in § 67 Abs. 3 und 4 VwGO schreibt Satz 6 vor, dass die Vereinigungen durch Personen mit der Befähigung zum Richteramt (→ Rn. 20) handeln müssen.

43 **d) Folgen fehlender Postulationsfähigkeit.** Fehlt dem Prozessbevollmächtigten die Postulationsfähigkeit bzw. handelt der Beteiligte selbst, ohne postulationsfähig zu sein, sind alle von und gegenüber ihm vorgenommenen *einzelne Prozesshandlungen* (zum Begriff der Prozesshandlung → § 62 Rn. 4 f.) unwirksam. Sie können insbes. keine Fristen wahren. Werden *Rechtsbehelfe* von einem nichtpostulationsfähigen Beteiligten oder Vertreter beim BVerwG oder OVG eingelegt, sind sie als unzulässig zu verwerfen. Eine Entscheidung in der Sache kann nicht ergehen. Ein „Notanwalt" kann nur dann beigeordnet werden, wenn alle zumutbaren Anstrengungen, einen vertretungsbereiten Rechtsanwalt zu finden, zu keinem Erfolg geführt haben (BVerwG NVwZ 2017, 1550, 1551).[69] Zudem darf dem Kläger kein „Notanwalt" gegen seinen Willen aufgezwungen werden (VGH München 29.8.2014 – 14 ZB 14/1565, juris Rn. 3). Ist der *Beklagte* nicht ausreichend vertreten, hindert dies eine Sachentscheidung nicht. Es kann auch ohne den postulationsfähigen Vertreter in der Sache „entschieden" werden (§ 102 Abs. 2).

44 **e) Keine Nachträgliche Genehmigungsmöglichkeit; Wiedereinsetzung in den vorigen Stand.** Der Mangel fehlender Postulationsfähigkeit kann durch nachträgliche Genehmigung eines postulationsfähigen Vertreters nicht geheilt werden (BVerwG NVwZ 2002, 82; OVG Lüneburg NVwZ-RR 2003, 691).[70] – Fraglich ist, unter welchen Voraussetzungen einem Kläger *Wiedereinsetzung in den vorigen Stand* zu gewähren ist. Hier kann die Rspr. zum Wiedereinsetzungsanspruch der mittellosen Partei, der dann besteht, wenn das Gesuch auf Gewährung von PKH innerhalb der Rechtsmittelfrist eingereicht wurde (→ § 133 Rn. 37), auf die anwaltlose Partei übertragen werden. Diese hat einen Anspruch auf Wiedereinsetzung, wenn sie bis zum Ablauf der Rechtsmittelfrist alles getan hat, um durch einen Rechtsanwalt vertreten zu werden (BVerwG 30.10.1985 – 3 B 67/85, juris Rn. 5).Eine Wiedereinsetzung scheidet aus, wenn der Kläger einem Hinweis in der Rechtsmittelbelehrung des Gerichts, dass er sich durch einen Prozessbevollmächtigten vertreten lassen müsse, nicht nachkommt (BVerwG 4.4.2014 – 5 B 102/13, juris Rn. 10). Nach der Rspr. des BVerwG muss zwar nicht über einen gesetzlichen Vertretungszwang belehrt werden (BVerwG NVwZ 2015, 1699). Erfolgt jedoch ein entsprechender Hinweis, so darf er nicht unrichtig oder irreführend sein (BVerwG 3.3.2016 – 3 PKH 5/15 u.a., juris Rn. 6).

45 **2. Teleologie und Verfassungsmäßigkeit des Vertretungszwangs.** *Verfahrensbezogener Zweck* des Vertretungszwangs[71] ist das Interesse an einer geordneten Rechtspflege, d.h. einer geordneten und konzentrierten Verfahrensführung (BT-Drs. 13/3993, 11). Die Sachlichkeit und Objektivität des Verfahrens und die sachkundige Erörterung von Rechtsfragen soll gefördert[72] und gewährleistet werden, dass dem Berufungs- oder Revisionsgericht der Streitstoff gesichtet und erst nach fachkundiger rechtlicher Durchdringung unterbreitet wird.[73] Weiterhin dient der Vertretungszwang dem Interesse an der Funktionsfähigkeit der oberen VG als Berufungs- und Revisionsinstanz, deren Aufgabe sowohl die Realisierung von Einzelfallgerechtigkeit, als auch die Wahrung der Rechtseinheit und der Fortentwick-

---

69 Ebenso etwa OVG Bln-Bbg 16.7.2015 – 11 S 49/15, juris Rn. 111; OVG Greifswald 8.7.2014 – 1 L 164/11 juris Rn. 7; VGH Mannheim 7.7.2017 – 2 S 1435/17, juris Rn. 2; OVG Münster 18.2.2015 – 6 A 2174/14, juris Rn. 2.

70 Ebenso etwa *W.-R. Schenke*, in: Kopp/Schenke § 67 Rn. 41; *W. Schenk*, in: Schoch/Schneider/Bier § 67 Rn. 73.

71 Zur Unterscheidung zwischen verfahrensbezogenen und parteibezogenen Zwecken *M. Vollkommer*, Die Stellung des Anwalts im Zivilprozess, 1984, 16 ff.

72 BVerwGE 48, 242; 68, 241, 242; BVerwG 1.3.1996 – 1 B 34/96; *B. Bergerfurth*, Anwaltszwang, 1988, Rn. 36 m.w.N.; *H. Günther*, DVBl 1988, 1039, 1041; *R. Zuck*, JZ 1993, 500, 506.

73 BVerwGE 22, 38; 68, 241, 242; BVerwG NJW 1984, 1474; NVwZ 1990, 459; BayVBl 1994, 31; Buchholz 310 § 67 VwGO Nr. 81.

lung der Rspr. ist.[74] Die Einschaltung von Anwälten etc. und die damit verbundene Beratung der Parteien führt dazu, dass aussichtslose Prozesse und Rechtsmittel von den Gerichten ferngehalten, diese somit entlastet werden.[75] Daneben wird der Vertretungszwang *beteiligtenbezogen* mit dem dadurch bewirkten Schutz der Beteiligten begründet. Zum einen soll der „Anwaltszwang" im Interesse des Beteiligten sicherstellen, dass die Förmlichkeiten des Verfahrens möglichst nicht zu Rechtsverlusten des Vertretenen führen. Zum anderen soll der Mandant vor eigenen unüberlegten Handlungen geschützt werden.[76]

Insbes. in den 70er Jahren wurde eine intensive Debatte um die *Verfassungsmäßigkeit* des Anwalts- 46 zwangs (insbes. das für die LG geltende Anwaltsgebot in der Zivilgerichtsbarkeit) geführt,[77] jedoch weder durch die verfassungs- noch bundesverwaltungsgerichtliche Rspr. in Zweifel gezogen; denn das in Abs. 1 S. 1 a.F. (die bis zum 31.12.1996 gültige Fassung → Rn. 2) vorgeschriebene Anwaltserfordernis für das Verfahren vor dem BVerwG verstoße nicht gegen höherrangiges Recht, insbes. nicht gegen die Rechtsweggarantie und das Gebot des effektiven Rechtsschutzes aus Art. 19 Abs. 4 GG.[78] Auch aus Art. 6 Abs. 3 lit. c EMRK folgt kein Recht, sich vor dem BVerwG selbst zu vertreten, denn diese auf strafrechtliche Anklageverfahren und ihnen vergleichbare Verfahren zugeschnittene Vorschrift gilt nicht für die verwaltungsgerichtlichen Klagen.[79] Andere Verstöße gegen höherrangiges Recht, etwa Art. 103 Abs. 1 GG, den allgemeinen Gleichheitssatz gem. Art. 3 Abs. 1 GG oder das aus Art. 2 Abs. 1 GG folgende Gebot des fairen Verfahrens, sind nicht erkennbar.[80] Dem hat sich auch die Lit. fast ausnahmslos angeschlossen.[81] Die Ausdehnung des Vertretungszwangs auf die Verfahren vor den OVG führt zu keiner anderen verfassungsrechtlichen oder europarechtlichen Beurteilung.

3. Umfang des Vertretungszwangs. a) Dem Vertretungszwang unterworfene Verfahren (sachlicher 47 **Geltungsbereich).** Der Vertretungszwang gilt grds. für sämtliche Verfahren vor dem BVerwG und OVG, unabhängig davon, ob sie sich in erster oder in der Rechtsmittelinstanz befinden (BVerwG ZD 2017, 443; BVerwG 1.2.2017 – 6 VR 3/16, juris Rn. 5). Erstinstanzliche Verfahren vor dem OVG sind die Verfahren über Großvorhaben i.S.d. § 48 und das Normenkontrollverfahren nach § 47. Erstinstanzliche Verfahren vor dem BVerwG sind in § 50 VwGO geregelt, teilweise aber auch in anderen Gesetzen, so etwa in § 86 Nr. 13 S. 1 Bundespersonalvertretungsgesetz für gerichtliche Entscheidungen in Personalvertretungsangelegenheiten betreffend den Bundesnachrichtendienst. Im Übrigen ist das BVerwG gem. § 49 zuständig für Revisionen gegen Urteile der OVG (§ 132), für Sprungrevisionen und Ersatzrevisionen gegen Urteile des VG (§ 134 f.) und für Beschwerden nach §§ 99 Abs. 2, 133 Abs. 1 VwGO und § 17a Abs. 4 S. 4 GVG. Zu den *nicht* dem Vertretungszwang unterworfenen Verfahren zählen insbes. die *Prozesskostenhilfeverfahren* (näher und weitere Ausnahmen → Rn. 53). Nach S. 2 besteht der Vertretungszwang auch bei Prozesshandlungen, die sich auf das Verfahren vor dem OVG oder BVerwG beziehen, aber noch beim Gericht der Vorinstanz vorgenommen werden. Dies betrifft insbes. den Antrag auf Zulassung der Berufung nach § 124a Abs. 4, der beim Verwaltungsgericht zu stellen ist (§ 124 Abs. 4 S. 2), die Einlegung der Beschwerde nach § 147 Abs. 1 S. 1, die Einlegung der zugelassenen Berufung nach § 124a Abs. 2 S. 1 oder auch die Einlegung der zugelassenen Sprungrevision nach § 134 Abs. 3 S. 2 (Einzelheiten → Rn. 52).

b) Dem Vertretungszwang unterworfene Beteiligte. Zu den dem Vertretungszwang unterworfenen 48 Beteiligten zählen grds. alle Verfahrensbeteiligten (zum Begriff vgl. die Komm. zu § 63).[82] Darüber hi-

---

74 *H. Günther*, DVBl 1988, 1039, 1041.

75 BVerwGE 14, 19, 20; *R. Granderath*, MDR 1972, 828, 831; *H. Günther*, DVBl 1988, 1039, 1041; *R. Zuck*, JZ 1993, 500, 506; hinsichtlich des Vertretungszwangs vor dem OVG BT-Drs. 13/3993, 11.

76 BVerwG NJW 1980, 1706; *B. Bergerfurth*, Anwaltszwang, 1988, Rn. 36; *R. Zuck*, JZ 1993, 500, 507.

77 Hierzu nur *R. Granderath*, MDR 1972, 828; *M. Grundmann*, DRiZ 1970, 353.

78 BVerfGE 9, 194, 199 f.; 74, 78, 93; BVerfG NJW 1975, 2340; BVerwG MDR 1960, 948; NJW 1980, 1706; 1984, 625; BayVBl 1994, 31; BVerwG 18.12.1987 – 4 CB 53/87, juris Rn. 2; Buchholz 310 § 67 VwGO Nr. 36 und Nr. 51.

79 EGMR EuGRZ 1983, 190, 194 f.; BVerwGE 72, 59, 61; BVerwG 25.7.1996 – 5 B 201/95, juris Rn. 5. Aus jüngerer Zeit bestätigend OVG Bautzen 24.6.2015 – 5 B 192/15, juris Rn. 3. Zur Vereinbarkeit des Vertretungszwangs mit dem Gebot fairen Verfahrens nach Art. 6 Abs. 1 EMRK BFG NVwZ-RR 2013, 702, 703.

80 BVerfG NJW 1975, 2340; BVerwG 18.12.1987 – 4 CB 53/87, juris Rn. 2; DVBl 1993, 790; BayVBl 1994, 31; *R. Zuck*, JZ 1993, 500, 507. Aus jüngerer Zeit bestätigend VGH München 27.6.2016 – 20 CE 16/1096, juris Rn. 3. Ebenso BFH NVwZ-RR 2013, 702, 703.

81 *A. Pestke*, Verfahren, 1989, Rn. 167; *R. Zuck*, JZ 1993, 500; und bereits früher *R. Granderath*, MDR 1972, 828.

82 *A. Hartung*, in: Posser/Wolff § 67 Rn. 50; *W. Porz*, in: Fehling/Kastner/Störmer § 67 Rn. 31.

naus werden auch alle sonstigen von der Entscheidung Betroffenen erfasst, so etwa der Zeuge, der sich gegen die Festsetzung eines Ordnungsgeldes durch das VG beim OVG beschweren will.[83] Der Beteiligtenbegriff des § 67 wird damit teilweise in einem weiteren Sinne als der des § 63 verstanden. In Abkehr von der alten Rechtslage gilt der Vertretungszwang nicht mehr nur für Beteiligte, soweit diese einen Antrag stellten. Geht man davon aus, dass damit auch eine inhaltliche Änderung beabsichtigt war, würde dies bedeuten, dass die bisherige Möglichkeit, an einem Prozess vor dem OVG oder BVerwG – etwa als Rechtsmittelgegner oder Beigeladener – ohne Bevollmächtigten beteiligt zu sein, entfiele. Dies würde dazu führen, dass z.B. ein Beigeladener in einem Konkurrentenverfahren vor dem OVG durch einen Bevollmächtigten vertreten sein müsste, obwohl er sich – wie meist üblich – an dem Verfahren selbst nicht aktiv beteiligen will. Es darf bezweifelt werden, ob dies der Gesetzgeber wirklich beabsichtigt hat.[84]

49   **aa) Personelle Ausnahmen vom Vertretungszwang.** Von diesem Vertretungszwang sind die *Behörden und juristischen Personen des öffentlichen Rechts einschließlich der von ihnen zur Erfüllung ihrer öffentlichen Aufgaben gebildeten Zusammenschlüsse* insoweit ausgenommen, als sie sich durch eigene, juristisch ausgebildete Bedienstete bzw. Beschäftigte mit Befähigung zum Richteramt anderer Behörden, juristischer Personen des öffentlichen Rechts einschließlich der von ihnen zur Erfüllung ihrer öffentlichen Aufgaben gebildeten Zusammenschlüsse nach Abs. 4 S. 4 vertreten lassen können.[85] Mit diesem Recht korrespondiert aber keine Verpflichtung (VG Neustadt/Weinstr. 31.8.2017 – 5 O 965/17.NW, juris Rn. 10). Da Anknüpfungspunkt der organisatorische Behördenbegriff ist,[86] werden beliehene Unternehmen grds. nicht erfasst (OVG Brem NVwZ 2011, 1146, 1147).[87] Hingegen können sich die Nachfolgeunternehmen der Post durch die bei ihnen Beschäftigen vertreten lassen, auch wenn sie keine juristischen Personen des öffentlichen Rechts mehr sind (VGH München NJW 1999, 442, 443; VGH Mannheim 26.4.2016 – 4 S 64/16, juris Rn. 6). Einen Zusammenschluss i.S.d. Abs. 4 S. 4 bildet etwa ein von mehreren Landkreisen getragener Verkehrsbetrieb (VGH Kassel NVwZ-RR 2016, 877). – Eine Behörde ist nicht i.S.d. § 67 Abs. 1 S. 1 und 3 ordnungsgemäß vertreten, wenn ein dem Vertretungszwang unterliegender Schriftsatz von einem Bediensteten unterzeichnet ist, der weder die Befähigung zum Richteramt besitzt noch Diplomjurist im höheren Dienst ist. Die fehlende Vertretungsberechtigung des Unterzeichners ist nicht deshalb unbeachtlich, weil der Schriftsatz auf einer behördeninternen Weisung oder Billigung durch einen vertretungsberechtigten Bediensteten beruht (BVerwG NVwZ 2005, 827 f.). Dieselben Anforderungen gelten für eine Vertretung der Behörde vor dem OVG. Auch nach der bisherigen Rspr. des BVerwG war eine Beschwerde gegen die Nichtzulassung der Revision unzulässig, wenn sie zwar von einem vertretungsberechtigten Bediensteten angefertigt, aber von einem Behördenleiter unterzeichnet ist, der selbst die Voraussetzungen einer Vertretungsberechtigung nach § 67 Abs. 1 S. 3 nicht erfüllt (BVerwG Buchholz 310 § 67 VwGO Nr. 92).

49a   Darüber hinaus erhalten nach Abs. 4 S. 5 *Gewerkschaften und Vereinigungen von Arbeitgebern* sowie Zusammenschlüsse solcher Verbände die Möglichkeit, in bestimmten Verfahren mit Bezug zu öffentlichen Dienst- und Arbeitsverhältnissen als Bevollmächtigte vor dem BVerwG aufzutreten (BT-Drs. 16/11385, 55). Die begünstigten Vereinigungen müssen aber durch Personen mit Befähigung zum Richteramt handeln, Abs. 4 S. 6. Die Erweiterung der prozessvertretungsbefugten Personen vor dem BVerwG erfolgt, damit die Genannten ihre Mitglieder in allen für sie relevanten Streitigkeiten, d.h. nicht nur arbeitsrechtlichen, sondern insbes. auch dienstrechtlichen Streitigkeiten bis zur Revisionsinstanz vertreten können. Hier soll ein Gleichklang zwischen den Gerichtsbarkeiten hergestellt werden (BT-Drs. 16/11385, 55). Sonderregelungen hinsichtlich der Postulationsfähigkeit vor den OVG trifft Abs. 4 S. 7 für die in Abs. 2 S. 2 Nr. 3–7 genannten Personen und Organisationen. Damit sind Perso-

---

83 So für die Beschwerde eines Zeugen gegen die Verhängung eines Ordnungsgeldes OVG Bautzen 2.12.2014 – 3 E 140/14, juris Rn. 2; OVG Greifswald (3. Senat) 25.1.2010 – 3 O 59/09, juris Rn 2; VGH Mannheim NVwZ-RR 2003, 690 f.; a.M. OVG Bln-Bbg 18.7.2016 – OVG 12 L 11/16, juris Rn. 6 f. (Beschwerde eines Zeugen gegen die Verhängung eines Ordnung. Gegen einen Vertretungszwang bei der Beschwerde eines ehrenamtlichen Richters gegen eine Ordnungsgeldfestsetzung OVG Bautzen SächsVBl 2005, 137; OVG Greifswald (2. Senat) 25.6.2002 – 2 P 6/02 und 2 O 47/02, juris Rn. 6; VGH Kassel NVwZ-RR 2003, 841, 842.
84 So auch *C. Zander*, BDVR-Rundschreiben 01/2008, 22, 29.
85 Krit. zur Kostenfreiheit behördlicher Prozessvertretung *J. Unterreitmeier* DÖV 2015, 1044 ff.
86 Zum Begriff *H. Schmitz*, in: Stelkens/Bonk/Sachs § 1 Rn. 238 ff.
87 Zust. *W.-R. Schenke*, in: Kopp/Schenke § 67 Rn. 34.

nen nach Abs. 2 S. 2 Nr. 1 und 2 nicht vor dem OVG vertretungsbefugt, insbes. ist die unentgeltliche Vertretung durch Personen mit Befähigung zum Richteramt nicht zulässig. – Nicht unter den Vertretungszwang fallen schließlich der *VöI* (§ 36)[88] und der *VBI* (§ 35),[89] soweit sie als solche und nicht als Beteiligtenvertreter auftreten.

bb) Selbstvertretung. Ist ein Beteiligter Rechtsanwalt oder Hochschullehrer, kann er sich gem. Abs. 4 50 S. 8 *selbst vertreten*,[90] ein Zwang zur Selbstvertretung folgt hieraus aber nicht. Das Recht zur Selbstvertretung durch einen Rechtsanwalt erlischt jedoch, wenn der Widerruf seiner Zulassung Bestandskraft erlangt hat (AGH NRW 21.8.2015 – 1 AGH 4/15, juris Rn. 7). Ein Selbstvertretungsrecht steht auch den in Abs. 2 S. 2 Nr. 3–7 genannten Personen und Organisationen für Verfahren vor dem OVG sowie Gewerkschaften und Arbeitgebervereinigungen und den weiteren in Abs. 2 S. 2 Nr. 5 genannten Zusammenschlüssen vor dem BVerwG zu.

c) Dem Vertretungszwang unterworfene Prozesshandlungen. aa) Grundsatz. Dem Anwaltszwang 51 unterliegen *alle Prozesshandlungen* (zum Begriff → § 62 Rn. 4 f.) vor dem OVG und dem BVerwG, nicht nur die jeweiligen Anträge (BVerwG ZD 2017, 443; BVerwG 1.2.2017 – 6 VR 3/16, juris Rn. 5).[91] Dies gilt auch für die *Vertretung in der mündlichen Verhandlung.* Daher kann einem Verfahrensbeteiligten ohne Anwesenheit seines vertretungsberechtigten Prozessbevollmächtigten das Auftreten nicht gestattet werden (BVerwG Buchholz 310 § 67 VwGO Nr. 36). Vertretungszwang besteht auch für ein *Richterablehnungsgesuch* (BVerwG NVwZ-RR 2013, 341 f.; BzAR 2014, 67, 68). Unstreitig erstreckt sich der Vertretungszwang auch auf die Vertretung *außerhalb der mündlichen Verhandlung*, insbes. beim Einbringen von Anträgen oder Einreichen vorbereitender Schriftsätze.[92] Soweit das BVerwG oder OVG für das erstinstanzielle Verfahren sachlich zuständig ist, unterliegt auch die *Klageerhebung* dem Vertretungserfordernis aus Abs. 4 S. 1 (BVerwGE 98, 126). Der Vertretungszwang nach § 67 Abs. 4 VwGO gilt auch für Beschwerden gegen eine Rechtswegverweisung nach § 17a Abs. 2 GVG.[93] Die Beschwerde gegen einen vom VG abgelehnten Antrag auf Beiladung unterliegt ebenfalls dem Vertretungszwang (OVG Bautzen 15.1.2013 – 4 E 117/12, juris Rn. 2). Der Vertretungszwang gilt auch für Entschädigungsklagen wegen überlanger Verfahrensdauer nach §§ 198 ff. GVG.[94]

bb) Verfahrenseinleitende Prozesshandlungen. Nach Abs. 4 S. 2 gilt der Vertretungszwang auch für 52 Prozesshandlungen, durch die ein Verfahren vor dem BVerwG oder OVG eingeleitet wird, welche aber noch beim VG vorzunehmen sind oder vorgenommen werden können. Das betrifft im Einzelnen die Einlegung der zugelassenen Berufung nach § 124a Abs. 2, die Berufungsbegründung (BVerwG 30.7.2012 – 5 PKH 8/12, juris Rn. 5) und den Antrag auf Zulassung der Berufung nach § 124a Abs. 4.[95] Ebenso davon betroffen ist die Einlegung der Beschwerde gem. § 147 Abs. 1[96] als auch die Einlegung der zugelassenen Sprungrevision nach § 134 Abs. 3 S. 2. Die Nichtzulassungsbeschwerde nach § 133 und die Beschwerdebegründung nach § 133 Abs. 3 müssen von einem beim BVerwG vertretungsberechtigten Prozessbevollmächtigten verfasst sein. Schließlich unterliegt auch die Anhörungsrüge gem. § 152a Abs. 2 S. 5 dem Vertretungszwang (VGH München 18.9.2015 – 10 ZB 15/1827, juris Rn. 7).

cc) Ausdrückliche Ausnahmen vom Vertretungszwang. *Ausgenommen* vom Vertretungszwang sind 53 nach dem Gesetz die *Prozesskostenhilfeverfahren.* Der Gesetzeswortlaut ist gegenüber § 67 Abs. 1

---

88 BVerwGE 31, 5; 67, 64; BVerwG NJW 1969, 249; *A. Guckelberger*, BayVBl 1998, 257, 261 f.

89 BVerwGE 13, 225 (noch für den Oberbundesanwalt).

90 BVerfG NJW 1980, 1677 ff.; BVerwG DVBl 1961, 738 mit Hinweis auf den Bericht des Rechtsausschusses des Bundestages zu dem damaligen § 69 des Entwurfes der VwGO BT-Drs. 3/1094; *A. Pestke*, Verfahren, 1989, Rn. 386 m.w.N.

91 Ebenso etwa *W.-R. Schenke*, in: Kopp/Schenke § 67 Rn. 29.

92 *H. Günther*, DVBl 1988, 1039, 1040.

93 OVG Bautzen 10.12.2012 – 5 B 385/12, juris Rn. 3; OVG Lüneburg NdsRpfl 2016, 167.

94 BFH NVwZ-RR 2013, 702, 703; VGH Mannheim 19.9.2017 – 6 S 466/17, juris Rn. 12; OVG Münster 25.9.2014 – 13 D 101/13, juris Rn. 3 f.

95 OVG Bautzen DVP 2016, 344, 345; VGH München 3.6.2013 – 21 ZB 13.534, juris Rn. 1; 28.10.2015 – 21 ZB 15/2280, juris Rn. 2; 18.9.2017 – 3 ZB 17/1624, juris Rn. 2.

96 OVG Bln-Bbg 19.2.2016 – OVG 10 S 7/16 u.a., juris Rn. 3; OVG Lüneburg NVwZ-RR 2016, 240; VGH München 8.12.2015 – 20 C 15/2455, juris Rn. 2.

S. 2 a.F. geändert worden, der nur von Beschwerden gegen Beschlüsse im Verfahren der Prozesskostenhilfe sprach. Der Antrag auf Bewilligung von Prozesskostenhilfe wurde bisher nicht ausdrücklich erwähnt, weil dieser nach § 166 i.V.m. § 117 Abs. 1 S. 1 ZPO vor der Geschäftsstelle zu Protokoll erklärt werden kann; für solche Prozesshandlungen besteht kein Vertretungszwang.[97] Dies betrifft auch das Ablehnungsgesuch nach § 54 (→ § 54 Rn. 100). Der Vertretungszwang gilt weiter nicht für *Streitwert- und Kostenbeschwerden.* Die bestehenden Unsicherheiten wurden durch Art. 7 des Gesetzes vom 30.7.2009 (BGBl I 2499) ausgeräumt. § 66 Abs. 5 S. 1 GKG gilt auch für den Bereich der VwGO und bestimmt, dass Anträge und Erklärungen – einschließlich der zuvor aufgeführten Rechtsbehelfe – auch ohne Mitwirkung eines Bevollmächtigten schriftlich eingereicht oder zu Protokoll der Geschäftsstelle abgegeben werden können.[98] – Ausgenommen sind zudem gem. § 140 S. 3 FlurbG Verfahren vor dem Flurbereinigungsgericht;[99] diese Ausnahme gilt jedoch nicht für die Beschwerde gegen die Nichtzulassung der Revision vor dem BVerwG (BVerwG NVwZ-RR 2009, 621; BVerwG 4.7.2011 – 9 B 42/11, juris Rn. 1). Eine weitere Ausnahme besteht bei der Anfechtung der Wahl eines Gerichtspräsidiums, da § 21 b Abs. 6 S. 4 GVG auf § 10 Abs. 1 FamFG verweist (OVG Bln-Bbg 14.4.2016 – OVG 4 A 1/16, juris Rn. 12). Schließlich entfällt typischerweise auch in Disziplinarverfahren der Vertretungszwang (OLG Stuttgart NVwZ-RR 2016, 486); wegen der Besonderheiten des dienstgerichtlichen Verfahrens scheidet in solchen Fällen auch eine analoge Anwendung des § 67 aus (BGH NJW-RR 2014, 702, 704).

53a   **dd) Ungeschriebene Ausnahmen vom Vertretungszwang?** Über die ausdrücklichen Ausnahmen vom Vertretungszwang hinaus sind in der Rspr. auch nach der Neufassung des § 67 (→ Rn. 4 f.) zudem ungeschriebene Ausnahmen vom Vertretungszwang anerkannt worden. Dies gilt insbes. für die *Rücknahme* von Klagen oder Rechtsmitteln (BVerwG NVwZ 2009, 192; VGH München 27.7.2017 – 8 A 17/40014, juris Rn. 1) oder *Erledigungserklärungen* (zur Reichweite VGH München 24.3.2014 – 9 CS 14/368, juris Rn. 4). Begründet wird eine solche teleologische Reduktion mit der mangelnden Schutzbedürftigkeit des Beteiligten. Dem ist für die Rücknahme von Klagen und Rechtsmitteln zuzustimmen.[100] Im Gegensatz dazu handelt es sich bei Erledigungserklärungen nicht um schlichte Formalitäten, und es bestehen jeweils Kostenrisiken.[101] Bedenken begegnet auch die noch häufig vertretene Ansicht, der Verzicht auf eine mündliche Verhandlung unterliege nicht dem Vertretungszwang (so aber VGH Kassel 9.3.2015 – 10 A 1084714, juris Rn. 23, Ls. DÖV 2015, 715).[102]

54   **d) Anforderungen an Vertretungstätigkeit. aa) Grundsatz.** Bei Vertretungszwang besteht häufig das Problem, ob der Anwalt oder sonstige Vertretungsberechtigte die dem „Anwaltszwang" unterliegenden Handlungen *persönlich* vornehmen muss. Die Rspr. legt hier strenge Maßstäbe an, nach denen der (postulationsfähige) Prozessbevollmächtigte alle dem Vertretungszwang unterliegenden Handlungen grds. selbst vorzunehmen hat.[103] Im Einzelfall wird immer auf den Sinn und Zweck des Vertretungszwangs abzustellen sein.

55   Grds. folgt aus dem eben Ausgeführten: Bestimmende Schriftsätze müssen *persönlich unterschrieben* werden, wobei sich die Person des Unterzeichnenden aus der Unterschrift, ohne dass diese lesbar sein muss, eindeutig erkennen lassen muss.[104] Paraphen stellen keine Unterschrift dar. Ausnahmen werden dann gemacht, wenn anhand sonstiger unterschriebener Unterlagen die Urheberschaft und der Wille, das Schreiben in den Rechtsverkehr zu bringen, hinreichend, d.h., ohne dass darüber Beweis erhoben werden muss, erkennbar ist[105] (s.a. die in → Rn. 57 als „Einzelfälle" aufgeführten Entscheidungen). Die Unterzeichnung durch einen Dritten, z.B. einen nichtanwaltlichen Angestellten des Rechtsanwalt-

---

97   *A. Hartung*, in: Posser/Wolff § 67 Rn. 47.
98   Vorrang des Kostenrechts, OVG Bautzen NVwZ-RR 2011, 215, 216; OVG Bln-Bbg NVwZ-RR 2016, 720; HmbOVG NVwZ-RR 2012, 48; VGH Mannheim 4.8.2017 – 2 S 1446/17, juris Rn. 3.
99   Flurbereinigungsgericht ist gem. § 138 Abs. 1 S. 1 FlurbG ein Senat des betreffenden OVG/VGH; hierzu *H. Heckenthaler*, in: Ziekow, Handbuch des Fachplanungsrechts, ²2014, § 20 Rn. 57.
100   Ebenso *W. Schenk*, in: Schoch/Schneider/Bier § 67 Rn. 71; *W.-R. Schenke*, NVwZ 2009, 801, 806.
101   Krit. auch *W.-R. Schenke*, NVwZ 2009, 801, 805 ff; *W. Schenk*, in: Schoch/Schneider/Bier § 67 Rn. 71.
102   Ebenso bereits BVerwG DVBl. 1961, 518. Krit. hierzu *H. Günther*, DVBl 1988, 1039, 1046 f.; *W. Schenk*, in: Schoch/Schneider/Bier § 67 Rn. 72; *W.-R. Schenke*, in: Kopp/Schenke § 67 Rn. 31.
103   Hierzu nur BVerwG InfAuslR 1995, 239 und die in den nachfolgenden Fn. zit. Nachw.
104   BVerwGE 43, 113, 115; VGH München BayVBl 2001, 473; *A. Pestke*, Verfahren, 1989, Rn. 175 m.w.N.
105   GmOGB BVerwGE 58, 359; BVerwG Buchholz 310 § 81 VwGO Nr. 8 m.w.N..

büros, ist unwirksam und kann auch nicht nachträglich vom Anwalt genehmigt werden (BVerwG DÖV 1976, 606, Nr. 194; BFHE 121, 171 ff.). Unschädlich ist die Unterzeichnung durch ein Rechtsanwaltsmitglied der bevollmächtigten Anwaltssozietät, selbst mit dem Zusatz „für den nach Diktat abwesenden sachbearbeitenden Rechtsanwalt" (BVerwGE 68, 241).

bb) Eigenverantwortliche Erklärungen des Prozessvertreters. Der Bevollmächtigte muss die Rechts-   56
mittelschrift etc. *selbst verfassen*, da nur so die erforderliche Sichtung und *rechtliche Durchdringung des Streitstoffes* gewährleistet ist (BVerwG NVwZ-RR 2013, 341, 342; BVerwGE 149, 289, 291).[106]
Soweit der Vertretene bei der Erstellung eines Schriftsatzes mitgewirkt hat, muss erkennbar sein, dass der Vertreter den Schriftsatz selbst durchgearbeitet und für gut befunden hat, wofür allein eine entsprechende Erklärung des Prozessbevollmächtigten nicht ausreicht.[107] Den Anforderungen an den Vertretungszwang nach § 67 Abs. 4 S. 1 genügt es nicht, wenn der Rechtsanwalt (oder sonstige Vertretungsberechtigte) sich Ausführungen der Partei oder eines Dritten lediglich zueigen macht (BVerwGE 149, 289, 291 m.w.N.).[108] Das Gleiche gilt bei der Verweisung auf ein Hinweisschreiben des Berichterstatters im Berufungsverfahren (BVerwG 18.1.2016 – 8 B 11/15, juris Rn. 10) oder auf die Klagebegründung in einem anderen Verwaltungsrechtsstreit (OVG Lüneburg NVwZ-RR 2016, 254, 255).[109] Die Vorlage eines vom Rechtsanwalt unterzeichneten, sonst aber unveränderten Schreibens eines Dritten genügt nicht, wenn der Prozessbevollmächtigte offensichtlich keine eigene Prüfung des Streitstoffes vorgenommen hat.[110] Nicht ausreichend ist es auch, wenn der Bevollmächtigte aus Zeitgründen zu einer inhaltlichen Überprüfung nicht mehr in der Lage war (VGH München 30.4.2013 – 6 ZB 11.1982, juris Rn. 4). Eine Ausnahme macht die Rspr. bei Inbezugnahme von Schriftsätzen, die von dem Prozessbevollmächtigten selbst stammen, wenn der in Bezug genommene Schriftsatz in beglaubigter Abschrift beigefügt wird.[111] Auch die Bezugnahme auf den Inhalt einer Nichtzulassungsbeschwerde, soweit diese erfolgreich war und das in ihr Vorgebrachte ausdrücklich zum Gegenstand der Revisionsbegründung gemacht wird, genügt dem Vertretungszwang.[112]

cc) Einzelfälle. *Unterzeichnung der vorbereitenden Schriftsätze:* Ausreichend ist es, wenn der *Fotoko-*   57
pie des Schriftsatzes andere handschriftlich unterzeichnete Unterlagen beigefügt sind (BVerwG Buchholz 310 § 81 VwGO Nr. 8), die zusammen mit der nicht unterschriebenen Urschrift *eingereichte Abschrift unterschrieben* ist, oder einen handschriftlichen Beglaubigungsvermerk enthält (GmSOBG BVerwGE 58, 359), ein dem nicht unterschriebenen Rechtsmittelschriftsatz *beigefügtes Anschreiben unterschrieben* ist (BFHE 111, 278, 281 ff.; BFH/NV 1988, 95, 96), die *Sendung handschriftlich adressiert* ist (BVerwG Buchholz 310 § 81 VwGO Nr. 8), der *Absender handschriftlich vollzogen* wurde (BFH DB 1987, 520) oder der Schriftsatz eine *vervielfältigte Unterschrift* enthält (BVerwGE 36, 296, 298 ff.). Bei der *Verfassung der Rechtsmittelschrift* gilt Folgendes: Wenn der Prozessbevollmächtigte die Ausführungen des von ihm vertretenen Beteiligten wörtlich wiederholt und gleichzeitig darauf hinweist, dass er sich nicht in allen Einzelheiten mit den Rechtsansichten des Klägers identifiziere, genügt dieser Schriftsatz dem Anwaltserfordernis nicht, da offen bleibt, für welche Teile der Ausführungen der Vertreter die Verantwortung übernimmt und für welche nicht (BVerwG 11.2.1992 – 7 B 16/92, juris Rn. 1). Die bloße Bezugnahme auf Ausführungen eines Dritten sollen auch dann nicht ausreichend sein, wenn es sich dabei um ein Rechtsgutachten eines (an sich postulationsfähigen) Hochschullehrers handelt, da der Prozessbevollmächtigte nicht befugt ist, die ihm mit der Erteilung der Prozessvollmacht übertragene Verantwortung für eine eigene Sichtung und rechtliche Durchdringung des Streitstoffes beliebig auf Dritte zu übertragen (BVerwG NVwZ 1990, 459). Die Bezugnahme

---

106 Ebenso bereits BVerwGE 13, 90, 92; BVerwG NVwZ 1990, 459; A. *Pestke*, Verfahren, 1989, Rn. 176.
107 BVerwGE 22, 38, 40; Buchholz 310 § 139 VwGO Nr. 38; Buchholz 310 § 132 VwGO Nr. 110 und Nr. 202.
108 Ebenso bereits BVerwGE 22, 38, 39 ff.; OVG Lüneburg NJW 2003, 3503 f.
109 Ebenso bereits BVerwG NVwZ-RR 1990, 44; OVG Lüneburg NVwZ-RR 2002, 468. Teilweise a.M. A. *Pestke*, Verfahren, 1989, Rn. 181.
110 BVerwGE 22, 38; BVerwG InfAuslR 1995, 239; OV spezial 1997, 94; NVwZ 1997, 798; Buchholz 406.11 § 236 BauGB Nr. 1; Buchholz 310 § 67 VwGO Nr. 81.
111 BVerwG NVwZ-RR 1990, 44 mit Hinweis auf BGHZ 13, 244, 248 und BGH VersR 1985, 67, 68; anders die frühere Bundesverwaltungsrspr. BVerwGE 5, 12, 13; 13, 181, 183; 16, 150, 153.
112 BVerwGE 21, 286, 288; BVerwG BayVBl 1979, 378; Buchholz 310 § 86 Abs. 3 VwGO Nr. 31; A. *Pestke*, Verfahren, 1989, Rn. 177.

auf ein Rechtsgutachten eines Dritten zur *Ergänzung* der eigenen Ausführungen ist aber zulässig und vom Gericht zu berücksichtigen (BVerwGE 26, 239, 242).

V. Unvereinbarkeitsregelung (Abs. 5)

58　Nach Abs. 5 dürfen *Richter* nicht als Bevollmächtigte vor dem Gericht auftreten, dem sie angehören. Relevant werden kann dies insbes. bei der Geltendmachung von Informationsansprüchen gegenüber einem Gericht oder in beamtenrechtlichen Streitigkeiten[113]. Die Trennung von Richtertätigkeit und Prozessvertretung dient dazu, den Anschein einer Voreingenommenheit des Gerichts zu vermeiden und Interessenkollisionen von vornherein auszuschließen.[114] *Berufsrichtern* ist die Vertretungstätigkeit nach S. 1 vor dem gesamten Gericht untersagt (OVG Münster NVwZ-RR 2015, 358). Die genaue Reichweite des § 67 Abs. 5 S. 1 war in jüngerer Zeit häufig Gegenstand gerichtlicher Entscheidungen. Ausgehend vom Zweck der Regelung, den Anschein der Voreingenommenheit zu vermeiden, ist das Vertretungsverbot grds. weit auszulegen. So sind Richter auch dann Bevollmächtigte i.S.d. § 67 Abs. 5 S. 1, wenn sie als Angehörige der Gerichtsverwaltung die Prozessvertretung die Vertretung des Präsidenten ihres Gerichts wahrnehmen, dessen Behörde ein verfahrensbeteiligtes Land zu vertreten hat (OVG Münster NVwZ-RR 2015, 358 f.). Erfasst wird zudem auch ein Richter, der nicht rechtsgeschäftlich bevollmächtigt ist, sondern als Angehöriger der Gerichtsverwaltung nach der geschäftsplanmäßigen Aufgabenverteilung tätig wird (OVG Münster NVwZ 2015, 680).[115] – Nicht erfasst von § 67 Abs. 5 S. 1 werden hingegen Richter, die alleine zum Zweck der Wahrnehmung von Verwaltungsaufgaben zeitweilig abgeordnet werden (OVG Münster NVwZ-RR 2015, 838) oder nichtrichterlich Beschäftigte eines Gerichts mit der Befähigung zum Richteramt (BVerwG 8.10.2015 – 7 B 24/15, juris Rn. 9). Denn in beiden Fällen werden die Betreffenden funktional nicht als Richter tätig.

58a　Für *ehrenamtliche Richter* wird das Vertretungsverbot nach S. 2 auf den Spruchkörper beschränkt, dem sie angehören (OVG Bln-Bbg 5.3.2014 – OVG 81 D 2/11, juris Rn. 12). Am Verwaltungsgericht betrifft dies die jeweilige Kammer (§ 5 Abs. 2), bei den Oberverwaltungsgerichten ist der entsprechende Senat (§ 9 Abs. 2) betroffen, wenn die Landesgesetzgebung bestimmt hat, dass bei diesem Gericht ehrenamtliche Richter mitwirken (§ 34). Die Begrenzung der Unvereinbarkeitsregelung für ehrenamtliche Richter auf diejenigen Spruchkörper, denen sie angehören, ermöglicht es den Gerichten, auch weiterhin auf ehrenamtliche Richter aus den Reihen der Gewerkschaften und Arbeitgeberverbände zurückgreifen zu können, ohne dass diese hierdurch an ihrer Vertretungstätigkeit insgesamt gehindert werden. Eine weitere Ausnahme besteht für ehrenamtliche Richter für den Fall, dass sie die Prozessvertretung für ihren Arbeitgeber i.S.d. Abs. 2 S. 2 Nr. 1 übernehmen. Begründet wird dies damit, dass es unverhältnismäßig wäre, wenn das Unternehmen für ein Gerichtsverfahren einen externen Bevollmächtigten bestellen müsste, nur weil der Leiter der Personalabteilung oder der Betriebsleiter, i.d.R. die einzigen Beschäftigten mit juristischer Befähigung im Unternehmen, zugleich ehrenamtlicher Richter ist (BT-Drs. 16/3655, 94).

59　Nach Abs. 5 S. 3 gelten Abs. 3 S. 1 und 2 entsprechend, d.h. das Gericht weist eine nach Abs. 5 S. 1 nicht vertretungsbefugte Person durch unanfechtbaren Beschluss zurück; bis zu seiner Zurückweisung bleiben die Prozesshandlungen dieses Bevollmächtigten und Zustellungen bzw. Mitteilungen an ihn wirksam.

VI. Begründung und Wirkungen eines Vertretungsverhältnisses und die Folgen fehlender Vertretungsmacht

60　**1. Prozessvollmacht als Voraussetzung der Prozessvertretung. a) Grundsätzliches Erfordernis einer Prozessvollmacht, Erteilung.** Voraussetzung für die Wirksamkeit des Vertretungsverhältnisses ist unabhängig davon, ob es sich um ein Verfahren mit oder ohne Vertretungszwang handelt, das Bestehen einer *Prozessvollmacht,* die dem Gericht *schriftlich* vorzulegen ist (→ Rn. 61). Die dadurch eingeräumte Vertretungsmacht für Prozesshandlungen, ist regelmäßig, aber nicht zwangsläufig mit der

---

113　*I. Schübel-Pfister,* JuS 2015, 1002, 1004.
114　BT-Drs. 16/3655, 89; BVerwG 8.10.2015 – 7 B 24/15, juris Rn. 9; *A. Hartung,* in: Posser/Wolff § 67 Rn. 40.
115　Mit der dargelegten Reichweite des Vertretungsverbots wird zugleich das Behördenprivileg nach § 67 Abs. 4 S. 4 (→ Rn. 49) eingeschränkt, OVG Münster NVwZ-RR 2015, 358; NVwZ 2015, 680, 681.

sachlichen Vertretungsmacht i.S.d. § 166 Abs. 2 BGB identisch. Zur Unterscheidung des Innen- und Außenverhältnisses → Rn. 63, 64.[116] Die Erteilung der Vollmacht soll dem Bevollmächtigten die Befugnis zur Vertretung der Partei im Prozess verschaffen und wird wegen dieser prozessualen Aufgabe und Wirkung als *Prozesshandlung* i.w.S. verstanden (→ § 62 Rn. 4);[117] sie ist Prozesshandlungsvoraussetzung für den Bevollmächtigten. Dies hat zur Folge, dass sie weder mit einer Bedingung versehen (BVerwGE 33, 165, 167 m.w.N.; BVerwG DÖV 1964, 570) noch wegen Irrtums oder anderer Willensmängel angefochten (BVerwGE 57, 342, 346 m.w.N.) werden kann. Eine ohne Vollmacht vorgenommene Prozesshandlung ist, abgesehen von nachträglichen Heilungsmöglichkeiten (→ Rn. 69 ff.), unwirksam (GmSOGB BVerwGE 69, 380, 381; BVerfGE 62, 194, 200; OVG Bln NJW 1977, 1167). Lassen sich juristische Personen des öffentlichen Rechts oder Behörden durch eigene Beamte, Angestellte etc. vertreten, ist hierfür eine Prozessvollmacht nicht erforderlich, nach Auffassung des BVerwG sogar „untunlich", da es zusätzlichen Aufwand verursache, Ladungen, Zustellungen oder Fristanträge an die jeweilige Person zu binden (BVerwG NVwZ 1994, 266, 267). Der für den Rechtsträger oder die Behörde auftretende Bedienstete ist nicht Prozessbevollmächtigter im üblichen Sinne, was etwa daran erkennbar wird, dass sein Name im Rubrum nicht erscheint (BVerwG NVwZ 1994, 266, 267; → Rn. 88 ff.). Eine solche Ausnahme von der Erforderlichkeit der Vollmacht kann für die sonstigen gem. Abs. 2 S. 2 vertretungsberechtigten Personen nicht gemacht werden. Der *Rechtsbeistand* benötigt, da er nicht Prozessvertreter ist, keine Vollmacht (→ Rn. 112).

b) Schriftlichkeit. Die Schriftlichkeit der Vollmacht (§ 126 BGB) ist im Verwaltungsprozess gem. Abs. 6 S. 1 wesentliches Formerfordernis und Wirksamkeitsvoraussetzung,[118] anders als im Zivilprozess, wo die Schriftform gem. § 80 S. 1 ZPO nur dem Nachweis des Bestehens der Vertretungsbefugnis dient (BGH NJW 1994, 2298). Eine mündliche Vollmacht reicht daher nicht aus (GmSOGB BVerwGE 69, 380, 381; HmbOVG DÖV 1988, 523). Auch die Vorlage einer bloßen Fotokopie der Vollmachtsurkunde ist nicht ausreichend (OVG Münster 24.4.2017 – 4 A 879/14, juris Rn. 10).[119] Vielmehr ist erforderlich, dass der Vollmachtgeber, bzw. bei Geschäftsunfähigkeit der gesetzliche Vertreter, eigenhändig und handschriftlich die Vollmachtsurkunde unterzeichnet. Faksimile genügt nicht (OLG Köln MDR 1971, 54; VG Würzburg 10.4.2014 – W 5 K 13/656, juris Rn. 14). Erforderlich, aber auch ausreichend ist, dass sich aus der Unterzeichnung der Vollmachtgeber identifizieren lässt (VGH München NJW 1978, 510). Die Bevollmächtigung zu Protokoll des Gerichts ist ebenfalls möglich.[120] Gleichfalls ausreichend ist die Vollmachtserteilung durch Telefax (BVerwGE 77, 38 m.w.N.), Telegramm (BVerwGE 81, 32, 34 f. m.w.N.) oder fernschriftlich (BVerfGE 74, 228, 234 ff.; BVerwGE 81, 32, 34 f. jeweils m.w.N.). Die Ersetzung der schriftlichen durch die elektronische Form ist zulässig (§ 126 a BGB). Aus der Vollmachtsurkunde sollte sich die Streitsache, für die die Vollmacht erteilt wurde, eindeutig erkennen lassen. Zulässig ist allerdings die Blankounterzeichnung und spätere Vervollständigung durch den Rechtsanwalt (BVerwG DÖV 1984, 775).

Bei juristischen Personen, Körperschaften oder Vereinigungen richten sich die Voraussetzungen für eine wirksame Vollmachtserteilung nach den jeweiligen Gesetzen, Satzungen oder sonstigen Statuten. *Einzelfälle:* Nach den Gemeindeordnungen muss bei einer Vollmachtserteilung typischerweise eine Unterzeichnung durch den Bürgermeister und ein weiteres Mitglied des Gemeindevorstandes erfolgen (VGH Kassel NVwZ-RR 1989, 631).[121] Zur Erteilung einer für alle Mitglieder einer *Wohnungseigentümergemeinschaft* verbindlichen Prozessvollmacht an den Verwalter der Gemeinschaft genügt nach § 27 Abs. 2 Nr. 3 WoEigG ein Beschluss der Versammlung der Wohnungseigentümer (VGH Kassel NJW 1984, 1645). Zum Nachweis der Bevollmächtigung (hier: eines Rechtsanwalts) durch eine *Jagdgenossenschaft*, die nach § 9 Abs. 2 S. 1 JagdG durch den „Vorstand" vertreten wird, bedarf es der Vorlage der Vollmachten sämtlicher Vorstandsmitglieder (OVG Gießen, GewArch 2006, 378).

---

116 Dazu auch *P. Hartmann* in: Baumbach/Lauterbach/Albers/Hartmann § 80 Rn. 5.
117 Vgl. auch *R. Bork*, in Stein/Jonas II § 80 Rn. 4.
118 GmSOGB BVerwGE 69, 380, 381; BVerwG NJW 1960, 593; BFHE 133, 344; BFH NJW 1987, 2704; OVG Bln NJW 1977, 1167; HmbOVG DÖV 1988, 523; OVG Lüneburg VerwRspr 21 (1970), Nr. 157 (S. 630, 631); DÖV 1979, 835; OVG Münster VerwRspr 24 (1973), Nr. 147 (S. 636, 637); VGH Kassel DVBl 1964, 876; VGH München BayVBl 1983, 29; VG Freiburg NJW 1988, 2689; *J. Hüttenbrink*, in: Kuhla/Hüttenbrink/Endler E Rn. 29.
119 Ebenso etwa BFHE 149, 19; BFH BayVBl 1988, 670; LSG LSA 26.11.2014 – L 5 AS 452/13, juris Rn. 11
120 *W. Schenk*, in: Schoch/Schneider/Bier § 67 Rn. 96; *J. Schmidt*, in: Eyermann § 67 Rn. 18.
121 Übersicht über die einzelnen Regelungen bei *M. Burgi*, Kommunalrecht, 5. 2015, § 13 Rn. 33.

63 **c) Wirksamkeit.** Im *Außenverhältnis* zum Gericht wirksam wird die Vollmacht bei nichtanwaltlichen Bevollmächtigten regelmäßig mit dem Eingang der schriftlichen Vollmachtsurkunde bei Gericht.[122] Nur in Ausnahmefällen ist eine Bezugnahme auf eine bei dem gleichen Gericht in einem anderen Verfahren vorliegende Vollmacht zulässig, wenn dem Spruchkörper die Einsicht in die Vollmachtsurkunde ohne Weiteres möglich ist, und sich aus der Urkunde ergibt, dass sie auch für das Verfahren, in dem die Bezugnahme erfolgt, erteilt wurde (BFHE 165, 22).

64 Unabhängig für die Wirksamkeit der Vertretungsmacht nach außen ist, in welchem Umfang nach dem *Innenverhältnis* zwischen dem vertretenen Prozessbeteiligten und dem Vertreter das Recht und die Pflicht zur Vertretung besteht (OVG Schleswig 27.11.2015 – 4 A 16/14, juris Rn. 65).[123] Das Innenverhältnis beruht auf der materiellrechtlichen Vollmacht, die sich allein nach den Vorschriften des BGB richtet.[124] Der Umfang der materiellrechtlichen und der prozessualen Vollmacht können sehr unterschiedlich sein. So kann die materiellrechtliche Vollmacht erloschen sein, während die Prozessvollmacht noch weiter besteht.[125] Manche materiellrechtlichen Vollmachten schließen als gesetzliche Folge eine Ermächtigung zur Prozessführung ein (die unter → Rn. 66 dargestellten Einzelfälle).

65 Die Wirksamkeit der Vollmachtserteilung setzt auch auf Seiten des Vollmachtgebers die *Prozessfähigkeit* gem. § 62 voraus. Diese, und damit auch die Befugnis zur Vollmachterteilung, kann sachlich beschränkt sein. So kann z.B. ein Beteiligter, der im Streit um die Prozessfähigkeit als prozessfähig behandelt wird (→ § 62 Rn. 35, zur beschränkten Prozessfähigkeit → § 62 Rn. 28–45), für diesen – aber auch nur für diesen – Prozess wirksam eine Prozessvollmacht erteilen. Der Wegfall der Prozessfähigkeit nach Erteilung der Prozessvollmacht ist unschädlich (→ § 62 Rn. 6).

66 *Einzelfälle:* Als materiellrechtliche Vollmachten, die als gesetzliche Folge eine Ermächtigung zur Prozessvertretung einschließen, sind zu nennen: § 49 Abs. 1 HGB für den *Prokuristen,* § 54 HGB für den *Handlungsbevollmächtigten,* §§ 710, 714 BGB für den *geschäftsführenden Gesellschafter* der bürgerlichrechtlichen Gesellschaft, und §§ 54, 710, 714 BGB für den *Vorstand* des nicht rechtsfähigen Vereins, soweit dieser nicht nach § 26 BGB selbst beteiligten- und prozessfähig ist, § 27 Abs. 2 WoEigG für den *Wohnungseigentümerverwalter,* § 25 PatG, § 28 GebrMG, § 96 MarkenG für die Vertretung des ausländischen Inhabers eines *gewerblichen Schutzrechts* und §§ 149 S. 2 HGB, 269 Abs. 1 AktG, 70 GmbHG für die *Abwickler* bei Liquidation einer Gesellschaft.[126]

67 **d) Vollmachtsvorlage. aa) Überprüfung der Vollmacht durch das Gericht.** Als Folge des Abs. 6 S. 1 ist das Bestehen einer schriftlichen Vollmacht durch das VG von Amts wegen in jeder Lage des Verfahrens zu prüfen, wenn nicht als Bevollmächtigter ein Rechtsanwalt auftritt, Abs. 6 S. 4. Tritt ein Rechtsanwalt auf, entfällt die Pflicht, nicht aber die Befugnis des Gerichts, den Mangel der Vollmacht auch unabhängig von einer Rüge anderer Beteiligter zu prüfen (OVG Münster 4.4.2013 – 5 B 332/13, juris Rn. 2).[127] In der Praxis ist es deswegen üblich, dass die Vollmacht generell von den Gerichten angefordert wird. Bei Auftreten eines *Rechtsanwalts* als Bevollmächtigtem ist wegen Abs. 6 S. 4 aber eine quasi automatische Überprüfung der Vollmachtsurkunde nicht zulässig. Vom Prozessgegner kann der Mangel der Vollmacht in jeder Lage des Verfahrens gerügt werden.

68 *Einzelfälle:* In *Asylsachen* braucht das Gericht im Hinblick auf Art. 19 Abs. 4 GG nicht auf die Vorlage einer schriftlichen Vollmacht eines von den Grenzbehörden zurückgeschobenen Asylsuchenden zu bestehen, wenn sich der Ehepartner bereits im Bundesgebiet aufhält und dieser dem Bevollmächtigten eine schriftliche Vollmacht erteilt hat (VG Ansbach InfAuslR 1991, 54). In Sonderfällen kann das Gericht zur Überprüfung der Bevollmächtigung auch die *öffentliche Beglaubigung* der Vollmachtsurkun-

---

122 Ob eine tatsächliche Kenntnisnahme oder Kenntnisnahmemöglichkeit durch das Gericht erforderlich ist, wurde in der Rspr. und Lit. kaum thematisiert, scheint aber nicht unstreitig zu sein. Nach *W.-R. Schenke,* in: Kopp/Schenke § 67 Rn. 44, reicht allein der Eingang bei Gericht. A.M. zumindest für das Entstehen der Zustellungspflicht des § 67 Abs. 3 BVerwG BayVBl 1993, 30; OVG Bln NVwZ-RR 1989, 511.

123 *R. Bork,* in: Stein/Jonas II § 80 Rn. 2.

124 *P. Hartmann,* in: Baumbach/Lauterbach/Albers/Hartmann § 80 Rn. 5.

125 *P. Hartmann,* in: Baumbach/Lauterbach/Albers/Hartmann § 80 Rn. 5.

126 Weitere Bsp. bei *R. Bork,* in: Stein/Jonas II § 80 Rn. 16, *P. Hartmann,* in: Baumbach/Lauterbach/Albers/Hartmann § 80 Rn. 8.

127 BVerfGE 1, 433, 436; 62, 194, 200 (zur Vorlagepflicht beim BVerfG); BVerwGE 71, 20, 23; BVerwG BayVBl 1984, 57, 58; NJW 1985, 1178; BFHE 133, 344; BFH NJW 1981, 2432; OVG Lüneburg DÖV 1979, 835; VGH Mannheim VBlBW 1982, 44; VGH München BayVBl 1973, 193; *H. Fischer,* NJW 1981, 486.

de anordnen, wenn z.B. Zweifel an der Echtheit der Unterschrift unter einer Vollmacht bestehen (BVerwG Buchholz 310 § 67 VwGO Nr. 59).

bb) Fristsetzung durch Gericht und Möglichkeit der Nachreichung.[128] Gem. § 67 Abs. 6 S. 1 muss die 69 schriftliche Vollmacht zu den Gerichtsakten eingereicht werden. Hierbei sieht Abs. 6 S. 2 ausdrücklich die Möglichkeit der Nachreichung vor. Fehlt die Vollmacht, ist das Gericht befugt, eine (angemessene) *Frist zur Nachreichung* zu setzen. Die gerichtliche Entscheidung (zum Begriff der gerichtlichen Entscheidung → § 56 Rn. 11 ff.) muss mit schriftlicher unterschriebener Verfügung, deren Ausfertigung nach § 56 Abs. 1 und 2 VwGO, §§ 166 ff. ZPO zugestellt werden muss, ergehen.[129] Der Zeitpunkt des Fristablaufs muss sich eindeutig aus der Verfügung entnehmen lassen. So stellt die Aufforderung, eine Vollmacht „umgehend" vorzulegen, keine Frist i.S.d. Abs. 6 S. 2 dar (OVG Koblenz NJW 1993, 2457). Eine Frist von drei Wochen zur Vorlage der Vollmacht ist angemessen (BFH NVwZ-RR 2000, 263). Bis zur Beibringung der Vollmacht kann der Vertreter einstweilen zugelassen werden, § 173 VwGO i.V.m. § 89 ZPO.[130] Die Fristsetzung kann auch durch den Berichterstatter oder den Vorsitzenden erfolgen.

Wird innerhalb der gesetzten Frist eine schriftliche Vollmacht *nicht nachgereicht*, ist das Gericht be-70 fugt, die Klage oder das Rechtsmittel durch *Prozessurteil als unzulässig* abzuweisen bzw. zu verwerfen. Die Fristsetzung ist aber nicht Voraussetzung zur Abweisung der Klage oder Verwerfung des Rechtsmittels. Das Gericht kann, auch ohne vorher eine Frist gesetzt zu haben, ein entsprechendes Prozessurteil erlassen; denn Abs. 6 S. 2 stellt die Fristsetzung in das richterliche Ermessen (BVerwGE 71, 20, 21). Allerdings verbietet es der Grundsatz des rechtlichen Gehörs, dass das Gericht Überraschungsentscheidungen trifft. Es muss dem als Bevollmächtigten Auftretenden in ausreichender Weise zu erkennen geben, dass die Vorlage der Vollmacht zur Beurteilung der Zulässigkeit der Klage oder des Rechtsmittels für erforderlich gehalten wird. Dazu soll ausreichend sein, dass die Prozessvollmacht zulässigerweise (zur Zulässigkeit der Anforderung der Vollmacht bei Vertretung durch einen Rechtsanwalt → Rn. 67) angefordert wird (BVerwGE 71, 20). Wird die zulässigerweise angeforderte Vollmacht in der *Rechtsmittelinstanz* nicht vorgelegt und stellt das Rechtsmittelgericht fest, dass auch in den vorangegangenen Instanzen keine Vollmacht vorgelegt, aber sachlich entschieden worden ist, hat es nicht nur das Rechtsmittel zu verwerfen, sondern zugleich die ergangenen Sachurteile aufzuheben und die Klage als unzulässig abzuweisen (wie hier LSG Stuttgart NVwZ 1983, 704).

cc) Heilungsmöglichkeiten durch Genehmigung. aaa) Formen. Die Frist zum Nachreichen der Voll-71 macht ist *keine Ausschlussfrist* mit der Wirkung, dass nach Fristablauf der bisherige Mangel der Vollmacht nicht mehr behoben werden könnte. Vielmehr kann außer durch Nachreichung einer Vollmacht der Mangel jederzeit durch Genehmigung des Vertretenen, die auch in der Erteilung einer Prozessvollmacht liegen kann, mit *rückwirkender Kraft* jedenfalls für die *laufende Instanz* geheilt werden (BVerwG 2.1.2017 – 5 B 8/16, juris Rn. 5 m.w.N.[131] D.h., eine Heilung tritt auch dann ein, wenn vorher überhaupt keine wirksame Bevollmächtigung vorgelegen hat. Die Genehmigung kann konkludent, etwa durch widerspruchslose Fortführung des Verfahrens durch den Vertretenen selbst (vor den VG) oder durch einen ordnungsgemäß Bevollmächtigten erfolgen (BVerwG Buchholz 310 § 67 VwGO Nr. 52). Bei der Genehmigung der bisherigen Prozessführung gilt der Grundsatz, dass nur die *Prozessführung insgesamt*, nicht aber lediglich einzelne Verfahrenshandlungen genehmigt werden können (ebenso für das Patentverfahren BGHZ 92, 142).

bbb) Zeitpunkt. Eher theoretisch ist die Vollmachtserteilung und -vorlage bzw. Genehmigung der 72 Prozessführung in anderer Weise auch noch in den nachfolgenden mit Wirkung für die *vorhergehenden Instanzen* möglich. Eine Heilung ist aber dann *ausgeschlossen*, wenn bis zum Abschluss der Vorinstanz trotz (zulässiger) Fristsetzung zur Vollmachtsvorlage weder eine Vollmacht vorgelegt wurde, noch sonst eine Genehmigung der Prozessführung erfolgt ist, und deswegen das Rechtsmittel als unzu-

---

128 Zur Bedeutung der Fristsetzung für die Zustellung gem. Abs. 6 S. 5 → Rn. 85.
129 BVerwGE 71, 20, 22; BFHE 129, 305. A.M. VGH Kassel DÖV 1966, 428.
130 GmSOGB BVerwGE 69, 380, 381; BSG DVBl 1987, 244; VGH Kassel NJW 1967, 2130; *P. Hartmann*, in: Baumbach/Lauterbach/Albers/Hartmann § 89 Rn. 1. A.M. *U. Fischer*, NJW 1977, 2200, 2201.
131 Ebenso etwa OVG Lüneburg NJW 2014, 566, 567; OVG Münster 19.12.2013 – 16 B 1385/13, juris Rn. 3.

lässig zurückgewiesen wurde.[132] Die *Präklusionswirkung* des das Rechtsmittel wegen der Vollmacht als unzulässig verwerfenden Prozessurteils ist jedenfalls dann anzunehmen, wenn das Urteil rechtskräftig geworden ist (GmSOBG BGHZ 91, 111; BVerwG NVwZ 2004, 887).[133] Ist keine Frist gesetzt worden, schließt auch ein Prozessurteil der Vorinstanz eine Heilung in der nachfolgenden Instanz nicht aus (OVG Koblenz NJW 1993, 2457). Etwas anderes gilt, wenn das Gericht von einer Fristsetzung abgesehen hat, weil der Prozessvertreter dem Gericht vorher klar und unmissverständlich mitgeteilt hat, er sei nicht in der Lage, eine schriftliche Vollmacht beizubringen[134]. Eine solche Fristsetzung liefe ins Leere und stellte sich als bloße Formsache dar, wenn das Gericht unzweifelhaft davon ausgehen müsse, die Prozessvollmacht werde auch innerhalb einer angemessenen Frist nicht vorgelegt werden können. Ein Verstoß gegen Abs. 4 S. 1 kann auch nach Ablauf der Beschwerdefrist nicht mehr geheilt werden (OVG Lüneburg NVwZ-RR 2003, 691 f., noch zu § 67 Abs. 1 S. 2 a.F.).

73 **ccc) Rechtsfolgen.** Die zulässige Nachreichung der Vollmacht oder die sonstige wirksame Genehmigung haben zur Folge, dass der Mangel des ursprünglichen Fehlens der Vollmacht mit *Wirkung für die Vergangenheit* geheilt wird, § 173 VwGO i.V.m. § 89 Abs. 2 ZPO.[135] Hierbei ist nicht zu prüfen, ob die Nichtvorlage der Vollmacht auf grobem Verschulden beruht (BVerwG NJW 1984, 318). Hat die Vorinstanz hingegen zu Recht eine Frist zur Vollmachtvorlage gesetzt und nach Fristablauf die Klage als unzulässig abgewiesen, kann die bisherige Prozessführung nicht nachträglich durch Erteilung einer schriftlichen Vollmacht in der nächsten Instanz mit Wirkung für die Vorinstanz genehmigt werden. Eine solche Bevollmächtigung kann nur noch für die Zukunft wirken (GmSOGB BVerwGE 69, 380, 382). Anders ist die Rechtslage, wenn das Gericht eine Frist zur Vorlage der Vollmacht gesetzt und nach Fristablauf wegen Nichtvorlage der Vollmacht ein Prozessurteil erlassen hat, wenn eine schriftlich erteilte Vollmacht bereits vor Erlass dieses Prozessurteils *ausgestellt* worden war (GmSOGB BVerwGE 69, 380, 382). Dann ist die Prozessvollmacht, selbst wenn sie erst nach Erlass des Prozessurteils vorgelegt wird, im Berufungs- oder Revisionsverfahren zu berücksichtigen und führt zu einer rückwirkenden Heilung auch für die Vorinstanz. Im Fall der nachträglichen Heilung kann das Berufungsgericht gem. § 130 Abs. 2 Nr. 2 bzw. das Revisionsgericht gem. § 144 Abs. 3 Nr. 2 anstelle einer eigenen Entscheidung das angefochtene Urteil aufheben und die Sache zur anderweitigen Verhandlung zurückverweisen. Für den Fall der Heilung nach Abschluss der ersten Instanz ist die Berufung gem. § 124 Abs. 2 Nr. 1 zuzulassen. Das Gleiche gilt nach § 132 Abs. 2 Nr. 3 für den Fall der Heilung nach Abschluss der Berufungsinstanz für die Zulassung der Revision. I.R. der Nichtzulassungsbeschwerde kann das BVerwG nach § 133 Abs. 6 den Nichtzulassungsbeschluss aufheben und die Sache zur anderweitigen Verhandlung und Entscheidung zurückverweisen.

74 **dd) Besonderheiten bei Vertretung durch Behördenvertreter.** Wenn sich juristische Personen des öffentlichen Rechts oder Behörden durch einen Bediensteten vertreten lassen, ist nicht erforderlich, dass der Bedienstete ausdrücklich erklärt, dass er als Prozessvertreter auftritt. Insbes. ist unerheblich, ob der Unterschrift unter den Schriftsätzen der Zusatz „in Vertretung" oder „im Auftrag" beigefügt wird, oder ob eine entsprechende Erklärung gänzlich unterbleibt.[136] Auch bedarf es, da bereits die Ausstellung einer *Vollmacht* für den Bediensteten nicht erforderlich ist, keiner Vollmachtsvorlage (VG Gelsenkirchen 14.8.2017 – 14 L 2326/17, juris Rn. 5 f. m.w.N.). Auch die Hinterlegung einer Generalvollmacht beim BVerwG – wie dies wegen der ungeklärten Rechtslage vielfach geschehen ist – ist nicht geboten (BVerwG BayVBl 1993, 601; DVBl 1993, 884). Es reicht aus, wenn die Behörden darauf achten, dass Schriftsätze nur von Bediensteten eingereicht und unterzeichnet werden, die die *Be-*

---

132 GmSOGB BVerwGE 69, 380, 382; BVerwGE 14, 209, 212; BVerwG NJW 1984, 318; Buchholz 237.2 § 79 LBG Bln Nr. 2; Buchholz 310 § 67 VwGO Nr. 52; BVerwG 2.1.2017 – 5 B 8/16, juris Rn. 5; BSG NJW 2001, 2652 ff.; OVG Bln 18.1.2001 – 6 B 70.96; HmbOVG DÖV 1990, 36; OVG Koblenz NJW 1993, 2457; OVG Lüneburg NJW 2014, 566, 567; OVG Münster 19.12.2013 – 16 B 1335/13, juris Rn. 3; a.M. VGH Kassel DVBl 1964, 876.

133 Ebenso *A. Hartung*, in: Posser/Wolff § 67 Rn. 71; *J. Schmidt*, in: Eyermann/Fröhler § 67 Rn. 19.

134 Ebenso *U. Fischer*, NJW 1977, 2200, 2201.

135 BVerfGE 62, 194, 200; GmSOGB BVerwGE 69, 380, 381; BGHZ 10, 147 (mit der Einschränkung, dass sich die Genehmigung nur dann auf den vom Anwalt erklärten Rechtsmittelverzicht erstrecken würde, wenn die Partei von diesem Rechtsmittelverzicht Kenntnis hatte); BSG DÖV 1987, 208.

136 BVerwG BayVBl 1993, 601; DVBl 1993, 884; 1996, 381. Enger BVerwG NVwZ 1992, 1088 und 9.7.1992 – 1 B 110/92, juris Rn. 2, wonach der bloße Zusatz „im Auftrag", wenn ansonsten in dem Schriftsatz für das Vorliegen einer Prozessvollmacht keine Anhaltspunkte bestehen, für eine ordnungsgemäße Vertretung nicht ausreichend ist; zu Recht a.A. VG Koblenz 15.9.2015 – 4 K 504/15.KO, juris Rn. 14.

fähigung zum Richteramt besitzen und nach der behördeninternen Geschäftsverteilung zur Prozessvertretung gegenüber VG befugt sind. Eine nähere Prüfung findet nur auf Rüge eines Verfahrensbeteiligten, oder wenn sich dem VG besondere Zweifel aufdrängen, statt. Danach werden z.B. Nachfragen des Gerichts erforderlich sein, wenn sich die Befähigung des Vertreters zum Richteramt nicht ohne Weiteres aus dem Schriftsatz ergibt (BVerwG BayVBl 1993, 601; DVBl 1993, 884). Das BVerwG empfiehlt aus Gründen der Klarheit, dass der Beamte oder Angestellte bei Abgabe seiner Erklärung jeweils deutlich kennzeichnet, dass er die Befähigung zum Richteramt besitzt, wobei unter Umständen die hinzugefügte Amtsbezeichnung ausreichen könne (BVerwG DVBl 1993, 884).

e) Ende des Vertretungsverhältnisses. aa) Widerruf oder Kündigung. Die Vollmacht erlischt im *In-* 75 *nenverhältnis* durch Widerruf des Vertretenen oder durch Kündigung des Vollmachtsvertrages sowohl durch den Vertretenen (VGH München NJW 1976, 1117) als auch durch den Bevollmächtigten (bei Rechtsanwalt sog. Mandatsniederlegung).[137] Ob daneben die einseitige Verzichtserklärung des Bevollmächtigten gegenüber dem Gericht oder dem gegnerischen Prozessbeteiligten als Erlöschensgrund anzuerkennen ist, ist streitig. Mit der Begründung, dies ergebe sich aus einer entsprechenden Anwendung der §§ 168 S. 3, 167 Abs. 1 BGB, wird dies vom HmbOVG bejaht (HmbOVG NVwZ 1985, 350), während das BVerwG dies mehrfach abgelehnt hat (BVerwG NVwZ 1985, 337; Buchholz 340 § 3 VwZG Nr. 9). Auch in den Fällen, in denen der Rechtsanwalt seine Mandatsniederlegung lediglich damit begründet, dass er mit dem Mandanten über längerer Zeit keinen Kontakt mehr gehabt habe und ihm der Aufenthaltsort unbekannt sei, könne eine wirksame Kündigung des Mandatsvertrages nicht angenommen werden (BVerwG NVwZ 1985, 337). Umstr. ist, ob der Verlust der Anwaltszulassung im Verfahren mit Vertretungszwang zum Erlöschen der Prozessvollmacht führt:[138] Wird dem Rechtsanwalt die Zulassung entzogen, so lässt dies die Vollmacht im Verfahren vor dem VG grds. unberührt (VGH Mannheim NVwZ-RR 2002, 469).

Gegenüber dem Gericht und den Beteiligten, d.h. im *Außenverhältnis*, hat das Erlöschen im Innenver- 76 hältnis keine Bedeutung. Die Beendigung des Vollmachtsvertrages erhält im *Verfahren vor dem VG* in entsprechender Anwendung des § 87 ZPO erst mit dem Eingang der Anzeige des Widerrufs oder der Kündigung durch den bisher Vertretenen bei Gericht Außenrechtswirkung.[139] Im *Verfahren vor dem BVerwG und OVG* („Anwaltsprozess") wird die Kündigung erst dann im Außenverhältnis wirksam, wenn zusätzlich zu der Anzeige der Kündigung die Bestellung eines neuen Bevollmächtigten angezeigt wird, § 173 VwGO i.V.m. § 87 Abs. 1 ZPO.[140] Der Zeitpunkt des Erlöschens der Vollmacht im Innenverhältnis und der Zeitpunkt der Wirksamkeit dieses Erlöschens im Außenverhältnis sind daher regelmäßig nicht identisch. Dies führt u.a. zu der Konsequenz, dass die nach Erlöschen des Vollmachtsverhältnisses dem Anwalt ordnungsgemäß zugestellte Ladung ihre Wirkung für und gegen den Vertretenen nicht verliert, wenn dem Gericht das Erlöschen der Prozessvollmacht bzw. die Bestellung eines neuen Prozessbevollmächtigten erst nach Ladungszustellung angezeigt wird (BVerwG NJW 1983, 2155; BSG NJW 1990, 600). So bleibt in „Anwaltsprozessen" auch nach Anzeige einer Kündigung gegenüber dem Gericht der bisherige Bevollmächtigte befugt und auch verpflichtet, Erklärungen des Prozessgegners und Verfügungen des Prozessgerichts sowie Zustellungen für den Vertretenen entgegenzunehmen, solange er nicht die Bestellung eines neuen postulationsfähigen Bevollmächtigten anzeigt oder dieser sich bei Gericht meldet (BVerwGE 55, 193; VGH Mannheim NJW 2004, 2916 ff.). Die Kündigungsanzeige gegenüber dem Gericht bzw. gegenüber den Beteiligten muss eindeutig erfolgen. Ausnahmsweise kann sie durch schlüssiges Handeln erfolgen, etwa wenn der alte Bevollmächtigte nicht mehr auftritt.[141] Maßgeblich für die Beurteilung, ob aufgrund der Bestellung eines neuen Bevollmächtigten hinsichtlich des alten Vollmachtsverhältnisses eine Kündigungsanzeige aufgrund schlüssigen Handelns angenommen werden kann, ist in jedem Fall, in welcher Instanz sich der Rechtsstreit

---

137 *P. Hartmann,* in: Baumbach/Lauterbach/Albers/Hartmann § 87 Rn. 1.
138 Dafür *M. Vollkommer,* in: Zöller § 86 Rn. 5; *P. Hartmann,* in: Baumbach/Lauterbach/Albers/Hartmann § 86 Rn. 6; dagegen *R. Bork,* in: Stein/Jonas II § 86 Rn. 10; VGH Mannheim NVwZ-RR 2002, 469; offen gelassen VGH Mannheim VBlBW 2001, 231 ff.; BGH NJW 2001, 2095, 2096.
139 BVerwG NJW 1983, 2155; NVwZ 1985, 337; OVG Bln NJW 1977, 1167; VGH Mannheim VBlBW 2001, 231 ff.; VGH München NJW 1976, 1117; VG Gelsenkirchen 25.6.2014 – 6 a K 5711/13.A, juris Rn. 16; *K. Redeker,* NJW 1976, 1118.
140 BVerwG Buchholz 303 § 87 ZPO Nr. 1; *P. Hartmann,* in: Baumbach/Lauterbach/Albers/Hartmann § 87 Rn. 4.
141 VGH München NJW 1976, 1117 m. zust. Anm. *K. Redeker,* NJW 1976, 1118.

befindet. Während vor dem VG die Bestellung eines neuen Bevollmächtigten wegen der Zulässigkeit von Mehrfachvertretungen allein nicht als ausreichend anzusehen ist,[142] kann dies für das Revisionsverfahren durchaus anders zu bewerten sein. Revision und Nichtzulassungsbeschwerde werden häufig von „Spezialisten" eingelegt. In einem solchen Fall ist, insbes. bei Beauftragung eines Fachanwalts für Verwaltungsrecht oder eines Hochschullehrers zu vermuten, dass der frühere Bevollmächtigte nicht mehr neben dem Revisionsvertreter auftritt.

77 *Einzelfälle:* Die bloße Abgabe von persönlichen Erklärungen des Vertretenen gegenüber dem VG kann nicht als konkludente Kündigungsanzeige gewertet werden. Dies gilt auch dann, wenn der Mandant den von seinem Rechtsanwalt eingelegten Rechtsbehelf persönlich zurücknimmt (VGH München BayVGHE 29, 2, 5 f.). Nach Auffassung des BSG soll darin, dass ein Prozessbevollmächtigter Berufung einlegt und sich im Rubrum ausschließlich selbst bezeichnet, eine hinreichend schlüssige Anzeige vorliegen, dass die Prozessvollmacht des früher tätigen Prozessbevollmächtigten erloschen ist (BSG NJW 1990, 600).

78 **bb) Tod oder Verlust der Prozessfähigkeit des Vollmachtgebers oder des Prozessbevollmächtigten.** Die prozessuale Vollmacht erlischt weder mit dem Tod noch mit dem Verlust der Prozessfähigkeit des *Vollmachtgebers,* § 173 VwGO i.V.m. § 86 ZPO (OVG Münster NJW 1986, 1707; VGH Mannheim NJW 1984, 195, 196). Dies gilt auch, wenn die Rechtsnachfolger des verstorbenen Vollmachtgebers noch nicht bekannt sind. Auch einer Vollmacht des Rechtsnachfolgers bedarf es nicht (OVG Münster NJW 1986, 1707). Der Prozessbevollmächtigte des verstorbenen Beteiligten hat aber die Möglichkeit, eine Aussetzung des Verfahrens zu beantragen, § 173 VwGO i.V.m. § 246 Abs. 1 ZPO (OVG Münster NJW 1986, 1707; VGH Mannheim NJW 1984, 195, 196). Das gleiche Antragsrecht hat auch der „Gegner", also der andere Hauptbeteiligte.

79 Der Tod eines einzelnen *Bevollmächtigten* führt zum Erlöschen der Prozessvollmacht (VGH München BayVBl 1979, 733). Bei der Beauftragung mehrerer Prozessbevollmächtigter (z.B. einer Rechtsanwaltssozietät) hat der Tod des den Fall tatsächlich bearbeitenden Sozius keinen Einfluss auf die Wirksamkeit der Prozessvollmacht. Bei Einzelvertretung kann eine Fortgeltung der Vollmacht nach den Grundsätzen der Anscheinsvollmacht möglich sein, wenn dem Gericht der Tod weder bekannt war noch bekannt sein musste (VGH München BayVBl 1979, 733). In den Verfahren mit Vertretungszwang hat der Tod des Bevollmächtigten die Unterbrechung des Rechtsstreits zur Folge, bis die Bestellung eines neuen Bevollmächtigten dem Gericht gegenüber angezeigt wird, § 173 VwGO i.V.m. § 244 Abs. 1 ZPO. Nach § 244 Abs. 2 ZPO kann auf Antrag des gegnerischen Verfahrensbeteiligten vom Vorsitzenden für die Bestellung eines neuen Verfahrensbevollmächtigten eine Frist gesetzt werden. Wird innerhalb dieser Frist ein neuer postulationsfähiger Vertreter nicht bestellt, ist der Beteiligte vor dem BVerwG oder OVG nicht mehr ordnungsgemäß vertreten.

80 **cc) Anspruch auf Vertagung der mündlichen Verhandlung.** Aufgrund des Erlöschens der Prozessvollmacht kann im Einzelfall ein *Anspruch* des bisher Vertretenen *auf Vertagung der mündlichen Verhandlung* bestehen, § 173 VwGO i.V.m. § 227 ZPO (BVerwG NJW 1986, 339; 1993, 80). Dies entscheidet sich insbes. danach, ob der Partei in der Zeit zwischen Beendigung des Vertretungsverhältnisses und dem Verhandlungstermin ausreichend Zeit geblieben ist, sich um eine andere Vertretung zu bemühen, wobei dem neuen Prozessbevollmächtigten auch noch eine angemessene Frist zur Durcharbeitung des Prozessstoffes und zur Absprache über das einzuschlagende Verfahren bleiben muss (BVerwG NJW 1993, 80; Buchholz 310 § 108 VwGO Nr. 48). Die Möglichkeit einer Selbstvertretung bei einfach gelagerten Fällen schließt den Anspruch auf Vertagung nicht aus. Da ein Verfahrensbeteiligter berechtigt ist, sich in jeder Lage des Verfahrens durch einen Bevollmächtigten vertreten zu lassen, kann ihm nicht entgegengehalten werden, er hätte sich in der mündlichen Verhandlung selbst vertreten müssen (BVerwG NJW 1993, 80; offen gelassen von BVerwG NJW 1986, 339). Wird einem begründeten Antrag auf Vertagung nicht stattgegeben, liegt darin eine Verletzung des Anspruchs auf rechtliches Gehör gem. Art. 103 Abs. 1 GG (BVerwG NJW 1986, 339; 1993, 80; Buchholz 310 § 108 VwGO Nr. 48).

81 **2. Wirkungen der Vollmacht. a) Grundsatz.** Die Prozessvollmacht verleiht dem Bevollmächtigten in den Verfahren mit und ohne Vertretungszwang die Befugnis, den Vollmachtgeber im Prozess zu vertre-

---

142 OVG Münster DÖV 1976, 608; VGH München 24.8.2017 – 11 ZB 17/30963, juris Rn. 7.

ten. Seine Erklärungen wirken unmittelbar für und gegen den Vertretenen, § 173 VwGO i.V.m. § 85 ZPO. Die Vollmacht ermächtigt zu allen den Prozess betreffenden Prozesshandlungen, z.B. alle Handlungen, die darauf abzielen, ein gerichtliches Verfahren in Gang zu setzen oder auf ein bereits anhängiges Verfahren einzuwirken oder zu beenden (zum Begriff und Bedeutung der „Prozesshandlungen" → § 62 Rn. 4).

b) Umfang. Über den Umfang der Prozessvollmacht trifft die VwGO keine eigenen Regelungen, so-   82
dass über § 173 die Vorschriften der §§ 81 ff. ZPO zur Anwendung kommen.[143] Die Aufzählung in § 81 ZPO ist nicht abschließend.[144] Die Prozessvollmacht ist eine Vollmacht für den Prozess als Ganzes. Sie gilt auch für die *höheren Instanzen* (OVG Lüneburg 31.10.2013 – 10 LC 72/12, juris Rn. 59),[145] das anschließende Vollstreckungs- und das Kostenfestsetzungsverfahren (BVerwG NJW 1987, 1657) und die gerichtliche Auseinandersetzung über den Streitwert. Strittig ist, ob eine für das *vorprozessuale Verwaltungsverfahren* erteilte Vollmacht (§ 9 VwVfG) auch den anschließenden Prozess umfasst. Entsprechend der hier vertretenen Auffassung, die vom BSG geteilt wird (BSG NJW 2001, 2652; BSG NJW 1992, 196) umfasst die für das Verwaltungsverfahren erteilte Vollmacht nur dann das anschließende Gerichtsverfahren, wenn sich der Vollmacht eine solche Erstreckung entnehmen lässt. Als ein solcher Umstand ist anzusehen, wenn die Vollmacht erstmals oder ausdrücklich für das *Widerspruchsverfahren* erteilt und nicht ausdrücklich auf dieses beschränkt wurde, da es sich bei diesem Verfahren um eine Vorstufe zu einem anschließenden Prozess handelt.[146] In diesem Fall reicht für die Vorlage der Vollmacht vor dem VG aus, dass die im vorangegangenen Widerspruchsverfahren erteilte Vollmacht in den dem VG eingereichten Akten enthalten ist.[147] Der Auffassung des OVG Münster (OVG Münster NJW 1972, 1910),[148] auch eine allgemein für das Verwaltungsverfahren erteilte Vollmacht erstrecke sich auf den nachfolgenden Verwaltungsprozess, sofern sie nicht entsprechend eingeschränkt werde, kann nicht gefolgt werden; denn der Begriff „Rechtsstreit" in § 81 ZPO setzt eine prozessuale Einheit zwischen den einzelnen Verfahrensabschnitten voraus, die zwischen Verwaltungsverfahren und nachfolgendem Verwaltungsprozess nicht besteht. Es besteht weder ein Instanzenverhältnis noch eine ähnlich enge Verknüpfung.[149] Entsprechend ist auch die Erteilung einer Prozessvollmacht grds. nicht als ausreichende Bevollmächtigung für ein vorangehendes Verwaltungsverfahren anzusehen. Vielmehr bedarf es einer gesonderten Vollmacht für das Verwaltungsverfahren.

Die Vorschrift des § 82 ZPO (Erstreckung der Vollmacht auf *Nebenverfahren*) ist auch im Verwal-   83
tungsprozess entsprechend anwendbar. Dabei treten an die Stelle des Arrestes und der einstweiligen Verfügung die vorläufigen Verfahren (sog. *Eilverfahren* nach §§ 80 Abs. 5 und 7, 80 a Abs. 3 und die einstweilige Anordnung gem. § 123) der VwGO (VGH München BayVBl 1978, 190).[150] Möglich ist es allerdings auch, zunächst eine auf das Eilverfahren beschränkte Vollmacht zu erteilen, da es sich hierbei um ein selbständiges Verfahren i.S.d. § 81 ZPO handelt. Eine solche Bevollmächtigung „für das Eilverfahren" ermächtigt nicht automatisch zur Vertretung im Hauptverfahren.[151] Ob die Vollmacht sich auch auf ein *Parallelverfahren*, d.h. ein Verfahren mit den gleichen Beteiligten in der gleichen Sache, erstreckt, kann sich nur nach der Ausgestaltung des Einzelfalls beurteilen (BVerwG Buchholz 310 § 67 Nr. 63).

Der Umfang der Vollmacht kann über die in §§ 81 ff. ZPO geregelten Fälle hinaus nicht nach außen   84
wirksam *beschränkt* werden (BGHZ 92, 138, 142; BGH NJW 1991, 1176, 1177), nach § 83 Abs. 1 ZPO hat eine Beschränkung des gesetzlichen Umfanges der Vollmacht dem Gegner gegenüber nur insoweit eine rechtliche Wirkung, als diese Beschränkung die Beseitigung des Rechtsstreits durch Vergleich, Verzichtleistung auf den Streitgegenstand oder Anerkennung des von dem Gegner geltend gemachten Anspruchs betrifft. Dies dürfte auch im Verwaltungsprozess zulässig sein, wie auch eine nur

---

143 Allg. Meinung, vgl. nur *A. v. Mutius*, VerwArch 64 (1973), 445, 447; hingegen finden die Regelungen des BGB, keine Anwendung, soweit die Außenwirkung der Prozessvollmacht infrage steht.

144 Zu weiterer Bsp. und Handlungen, die nicht zu den Prozesshandlungen i.S.d. § 81 ZPO gehören, vgl. *P. Hartmann*, in: Baumbach/Lauterbach/Albers/Hartmann § 81 Rn. 7 ff.

145 *P. Hartmann*, in: Baumbach/Lauterbach/Albers/Hartmann § 81 Rn. 5, 9.

146 Ebenso *W. Schenk*, in: Schoch/Schneider/Bier § 67 Rn. 91; s.a. VGH München BayVGHE 18, 78.

147 *A. v. Mutius*, VerwArch 64 (1973), 445, 449.

148 Ebenso *W.-R. Schenke*, in: Kopp/Schenke § 67 Rn. 48.

149 Ebenso *A. v. Mutius*, VerwArch 64 (1973), 445, 448; *W. Schenk*, in: Schoch/Schneider/Bier § 67 Rn. 91.

150 Ebenso *W.-R. Schenke*, in: Kopp/Schenke § 67 Rn. 48; *W. Schenk*, in: Schoch/Schneider/Bier § 67 Rn. 91.

151 OVG München NVwZ-RR 2002, 234; *R. Bork*, in: Stein/Jonas II § 82 Rn. 3.

auf einzelne Prozesshandlungen erteilte Vollmacht in Verfahren vor dem Verwaltungsgericht, in denen eine Vertretung nicht geboten ist. Weitere nach außen wirksame Beschränkungen kennt das Gesetz nicht. Das allerdings bedeutet nicht, dass im Innenverhältnis nicht etwas anderes geregelt sein kann mit der Rechtsfolge eventueller Regressansprüche des Vollmachtgebers gegen den Bevollmächtigten bei Nichtbeachtung dieser Beschränkung. Diese Regel erfährt nach einer Entscheidung des BGH[152] durch den Grundsatz von Treu und Glauben jedoch eine Einschränkung. Konkret führe er dazu, dass in Fällen, in denen der Prozessvertreter durch den Grundsatz der Uneinschränkbarkeit der Vollmacht in eine Interessenkollision gedrängt würde, eine entsprechende Beschränkung der Vollmacht im Innenverhältnis auch für das Außenverhältnis wirksam sei. Einer Partei könne nicht zugemutet werden, sich für diesen Bereich möglicher überschneidender Interessen das Handeln des Anwalts zurechnen zu lassen (BGH NJW 1991, 1176, 1177). Die Erwägungen dieser Entscheidung sind auf den Verwaltungsprozess übertragbar, allerdings dürften sie nur in absoluten Ausnahmefällen zum Tragen kommen.

85   **c) Zustellungen und Mitteilungen des Gerichts.   aa) Regelung des Abs. 6 S. 5.**   Nach der Regelung des Abs. 6 S. 5 sind alle Zustellungen und Mitteilungen des Gerichts während des Bestehens des Vertretungsverhältnisses an den Bevollmächtigten zu richten. Der Begriff der Zustellung richtet sich nach § 56 Abs. 2 i.V.m. den Bestimmungen der ZPO (→ § 56 Rn. 8 ff.). Damit kommt auch § 174 Abs. 1 ZPO zur Anwendung. Nach dieser Bestimmung darf nicht mittels eines schlichten Empfangsbekenntnisses an Personen zugestellt werden, die sich – in Abgrenzung zu Rechtsanwälten – als „Volljurist" bezeichnen (HmbOVG 18.1.2016 – 1 Bf 152/15.Z, juris Rn. 15, Ls. DÖV 2016, 620). Das Vertretungsverhältnis hat damit auch Wirkungen auf die Kommunikationsabläufe zwischen Gericht und Beteiligten. Abs. 6 S. 5 ist Spezialvorschrift zu § 7 Abs. 1 S. 2 VwZG. Das Zustellungserfordernis des Abs. 6 S. 5 besteht ab dem Zeitpunkt, an dem das Gericht von der Bevollmächtigung *Kenntnis* gehabt hat bzw. hätte haben müssen. Maßgeblich ist der Zeitpunkt, zu dem die Geschäftsstelle das zuzustellende Schriftstück zur Post gegeben hat. Konnte es diese Kenntnis bspw. erst erlangen, nachdem die Geschäftsstelle das Urteil zum Zwecke der Zustellung zur Post gegeben hat, ist die Zustellung an den Beteiligten selbst ausreichend (BVerwG BayVBl 1993, 30). Zustellungen, die trotz Kenntnis des Gerichts an den Beteiligten selbst erfolgen, sind unwirksam.[153] Dies führt insbes. dazu, dass bei Zustellungen entgegen der Regelung des Abs. 6 S. 5 Ladungen nicht wirksam erfolgen können und Fristen nicht zu laufen beginnen[154] (es handelt sich um einen sog. wesentlichen Zustellungsmangel → § 56 Rn. 80). Dies gilt auch, wenn ein Rechtsanwalt anzeigt, dass er einen Beteiligten vertritt, ohne zugleich eine schriftliche Vollmacht beizufügen. In solch einem Fall kann das Gericht, auch wenn es Zweifel an der Bevollmächtigung hat, nur dann an den Beteiligten selbst wirksam zustellen, wenn es zuvor vergeblich eine Frist zur Vorlage der Vollmacht gesetzt hat[155] (zur Vollmachtsvorlagepflicht eines Rechtsanwalts → Rn. 67). Ob durch eine solch unwirksame Zustellung das *rechtliche Gehör* verletzt werden kann, ist streitig.[156] Selbst wenn man die Möglichkeit der Verletzung des rechtlichen Gehörs annimmt, wird man auf den Einzelfall abstellen müssen, z.B. darauf, ob der Betroffene von dem Inhalt des zuzustellenden Schriftstücks auf andere Weise Kenntnis erhalten hat (zur umgekehrten Konstellation mehrerer Bevollmächtigter → Rn. 92).

86   Neben der Zustellung an den Bevollmächtigten ist eine weitere Zustellung oder auch nur formlose Mitteilung an den Beteiligten grds. nicht notwendig (zu den Fällen, in denen ausnahmsweise auch an den Beteiligten zugestellt werden muss, die unter → Rn. 89 dargestellten Einzelfälle). Das Recht, als Beteiligter ordnungsgemäß geladen zu werden, um den Anspruch auf *rechtliches Gehör* auch in der mündlichen Verhandlung wahren zu können, ist durch die ordnungsgemäße Ladung des Prozessbevollmächtigten gewährleistet (BVerwG ZFSH/SBG 1987, 589). Auch bedarf es, wenn in der Ladung an den prozessbevollmächtigten Anwalt zur mündlichen Verhandlung darauf hingewiesen wird, dass

---

152   BGH NJW 1991, 1176 (bei wechselseitigen Schadensersatzansprüchen aus einem Verkehrsunfall, wobei hinter beiden Schädigern die gleiche Haftpflichtversicherung steht, ist die Prozessvollmacht zur Abwehr der Widerklage auf diese beschränkt und erstreckt sich nicht auf die vom Geschädigten erhobene Klage).
153   Allg. Meinung, vgl. nur BVerwG NVwZ 1985, 337; BayVBl 1993, 30; DVBl 1996, 1002; *A. Pestke*, Verfahren, 1989, Rn. 89.
154   BVerwG MDR 1962, 51.
155   VGH Mannheim VBlBW 1995, 317.
156   BVerfG NJW 1978, 1575 (verneint) und BayObLG BayVBl 1983, 733; VGH Mannheim VBlBW 1995, 317; VGH-BW RspDienst, Beilage 8, B 2; BVerwG Buchholz 310 § 130 a VwGO Nr. 53 (jeweils bejaht).

bei seinem Ausbleiben ohne ihn verhandelt werden kann (§ 102 Abs. 2), keines Hinweises an den vertretenen Beteiligten, dass das Gleiche auch für den Fall seines Nichterscheinens gelte (BVerwG Buchholz § 102 Nr. 18). Es ist Sache des Prozessbevollmächtigten, seine Mandantschaft rechtzeitig von gerichtlichen Mitteilungen zu unterrichten (BVerwG Buchholz 310 § 108 VwGO Nr. 43). Der Verfahrensfehler der mangelhaften Zustellung kann z.b. nicht mehr gerügt werden, wenn sich aus den Umständen ergibt, dass der Prozessvertreter auf eine Rüge des ihm bekannten Mangels verzichtet hat (BVerwG Buchholz 310 § 125 VwGO Nr. 14). Haben *mehrere Beteiligte* einen gemeinsamen Bevollmächtigten, soll nach einer Entscheidung des VGH München (VGH München NJW 1984, 626) die Zustellung einer einzigen Ausfertigung an diesen Bevollmächtigten ausreichen. Wegen des hieraus resultierenden „Kopier- und Versendungszwangs" des Anwalts ist diese Entscheidung allerdings abzulehnen.

bb) Beendigung des Vertretungsverhältnisses. Die Anwendbarkeit des Abs. 6 S. 5 endet erst mit der 87 wirksamen Beendigung des Vertretungsverhältnisses im Außenverhältnis (zur Beendigung des Vertretungsverhältnisses → Rn. 75–77; zur Zustellung nach Zurückweisung eines vollmachtlosen Vertreters → Rn. 102),[157] also gegenüber dem Gericht. In den Verfahren ohne Vertretungszwang ist dann wieder an den Beteiligten selbst bzw., soweit ein anderer Bevollmächtigter dem Gericht benannt wurde, an diesen zuzustellen. Vor dem BVerwG und OVG, vor denen wegen des Vertretungszwangs ein Vertretungsverhältnis nur durch Bestellung eines neuen postulationsfähigen Bevollmächtigten wirksam beendet werden kann, ist an diesen neuen Bevollmächtigten zuzustellen. Eine an den früheren Bevollmächtigten zugestellte Entscheidung ist nicht wirksam zugestellt. Wird für die *nächste Instanz* ein anderer Bevollmächtigter unter Beendigung der Vollmacht für den Bevollmächtigten der Vorinstanz bestellt, ist das Urteil der Vorinstanz dem Bevollmächtigten dieser Instanz zuzustellen (RGZ 41, 426).

cc) Heilung von Zustellungsmängeln. Zustellungsmängel sind grds. heilbar (→ § 56 Rn. 79 ff.). Voraussetzung ist zunächst, dass das Gericht vorgehabt hat, überhaupt eine Zustellung vorzunehmen (§ 56 Abs. 2 VwGO i.V.m. § 166 ZPO).[158] Die Zustellung gilt gem. § 56 Abs. 2 VwGO i.V.m. § 189 ZPO zu dem Zeitpunkt als erfolgt, zu dem der Bevollmächtigte das Schriftstück nachweislich tatsächlich erhalten hat (VGH München 1.6.2015 – 10 CS 15/613, juris Rn. 3; BFHE 155, 472 ff.). Entsprechendes gilt bei fehlerhafter Zustellung an den früheren Bevollmächtigten nach Beendigung des Vertretungsverhältnisses, sobald der Beteiligte bzw. der neue Bevollmächtigte das zuzustellende Schriftstück erhält.

dd) Einzelfälle und Ausnahmen. Ausnahmsweise ist auch bei Bestehen einer Prozessbevollmächtigung 89 eine Mitteilung der Ladung zur mündlichen Verhandlung an *den Beteiligten selbst* erforderlich, wenn sein *persönliches Erscheinen* gem. § 95 angeordnet wird, § 173 VwGO i.V.m. § 141 Abs. 2 S. 2 ZPO. Die Zustellung der Ladung erfolgt aber auch in diesem Fall gem. Abs. 6 S. 5 an den Prozessbevollmächtigten, während an den Beteiligten eine einfache Bekanntgabe der Ladung zu erfolgen hat.[159] Das Gleiche gilt bei der *Anordnung der persönlichen Vernehmung des Beteiligten*, wenn er bei der Verkündung des Beweisbeschlusses nicht persönlich anwesend war (§ 98 VwGO i.V.m. § 450 Abs. 1 S. 2 und S. 3 Hs. 1 ZPO).[160] Bei der *Ladung zur Aufnahme des Verfahrens nach Unterbrechung* durch Tod eines Beteiligten, ist diese dem Rechtsnachfolger selbst zuzustellen (§ 173 VwGO i.V.m. § 239 Abs. 3 ZPO),[161] denn dieser soll sich ggf. einen neuen Prozessvertreter (seines Vertrauens) suchen können. Selbst wenn ausnahmsweise in Abweichung zu Abs. 6 S. 5 eine Zustellung an den Beteiligten selbst erforderlich ist, wird hierdurch eine Zustellung der Ladung an den Prozessbevollmächtigten nicht entbehrlich.

d) Persönliche Mitwirkung des Vertretenen. In *allen* Verfahren hat der Vertretene einen Anspruch auf 90 *persönliche Anhörung* vor Gericht (BVerwG Buchholz 310 § 108 VwGO Nr. 43). Soweit kein Vertretungszwang besteht, ergibt sich dies unmittelbar aus Art. 103 Abs. 1 GG. Hingegen führt eine Verlet-

---

157 BVerwG NVwZ 1985, 337.
158 BVerwG NJW 1988, 1612 (die Entscheidung bezieht sich auf das Verwaltungsverfahren) und § 56 Rn. 16 f.
159 *P. Hartmann*, in: Baumbach/Lauterbach/Albers/Hartmann § 141 Rn. 26 f.; anders *K.-H. Weingärtner*, VBlBW 1989, 9, 11, der in diesem Fall eine förmliche Zustellung an den Beteiligten für erforderlich hält.
160 BVerwGE 14, 146; 17, 127.
161 *P. Hartmann*, in: Baumbach/Lauterbach/Albers/Hartmann § 239 Rn. 9.

zung des Rechts auf persönliche Anhörung in Verfahren mit Vertretungszwang, d.h. in den Verfahren vor dem BVerwG und OVG, regelmäßig zu keiner Verletzung des Anspruchs auf rechtliches Gehör aus Art. 103 Abs. 1 GG. Dieses wird durch die ordnungsgemäße Ladung und Anhörung des Prozessbevollmächtigten ausreichend gewährt (BVerwG DÖV 1964, 569; NJW 1984, 625; ZFSH/SGB 1987, 589). Das Recht des Beteiligten, sich vor diesen Gerichten in der mündlichen Verhandlung selbst zu äußern, ergibt sich vielmehr aus § 173 VwGO i.V.m. § 137 Abs. 4 ZPO.[162] Der Beteiligte hat hier ein Äußerungsrecht nur auf Antrag, und nur dann, wenn auch sein Prozessbevollmächtigter selbst anwesend ist.[163] In Verfahren ohne Anwaltszwang hat der Beteiligte neben seiner Befugnis zu eigenem Sachvortrag auch das Recht auf eigene *Antragstellung*. Hierfür fehlt dem Beteiligten vor dem BVerwG und OVG die Postulationsfähigkeit. Da hier alle Prozesshandlungen des nicht postulationsfähigen Beteiligten unwirksam sind, können auch eigene schriftsätzliche Ausführungen des Beteiligten in diesen Verfahren nicht berücksichtigt werden. Dies gilt sogar für Vortrag im Schriftsatz des postulationsfähigen Vertreters, wenn dieser ausdrücklich als bloße Wiedergabe von Ausführungen des Vertretenen gekennzeichnet ist, denn mit dieser Kennzeichnung bringt der Bevollmächtigte zum Ausdruck, dass er die Verantwortung für diesen Teil des Vorbringens ablehne (→ Rn. 56; BVerwGE 22, 38, 39).

91   Bei *widersprechendem Vortrag* von Prozessbevollmächtigten und Beteiligten muss das Gericht das Vorbringen gem. §§ 86 Abs. 1, 108 Abs. 1 nach seiner freien Überzeugung bewerten. Eine entsprechende Anwendung des § 85 Abs. 1 S. 2 ZPO verbietet sich im Verwaltungsprozess, da hier wegen des Untersuchungsgrundsatzes Tatsachenerklärungen der Beteiligten für das Gericht nicht bindend sind.[164] *Widersprechende Anträge* sind, soweit sie zulässig sind, wie Anträge von ein und derselben Person zu behandeln. Mithin ist der spätere Antrag, soweit dies prozessual noch möglich ist, als Klarstellung oder als Abänderung des vorhergehenden Antrags zu würdigen.

92   e) **Mehrere Bevollmächtigte.** Ein Beteiligter ist befugt, sich auch durch mehrere Bevollmächtigte vertreten zu lassen (§ 173 VwGO i.V.m. § 84 ZPO).[165] Eine Begrenzung der Anzahl der Bevollmächtigten wie in § 137 Abs. 1 S. 2 StPO ist im Verwaltungsprozess nicht vorgesehen. Der in der Praxis häufigste Fall einer mehrfachen Bevollmächtigung ist die Beauftragung einer *Anwaltssozietät*. Die dieser erteilte Vollmacht gilt für alle Mitglieder der Sozietät. Alle Anwälte der Sozietät sind damit Prozessbevollmächtigte des Vollmachtgebers. Etwas anderes gilt, wenn entweder ausdrücklich aus der Vollmachtsurkunde oder aus besonderen Umständen hervorgeht, dass nur ein Einzelmandat an ein oder einige bestimmte Mitglieder der Sozietät erteilt worden ist.[166] Sind mehrere Bevollmächtigte bestellt, kann an jeden einzelnen eine *Zustellung* ergehen. Es genügt aber die Zustellung an einen von ihnen.[167] Wird mehreren Prozessbevollmächtigten zugestellt, ist für den Lauf von Rechtsbehelfsfristen die erste Zustellung maßgeblich (BVerwG NJW 1984, 2115; OVG Brem NVwZ-RR 2017, 167 f.).[168] *Widersprechende Vorträge* bzw. Anträge der Prozessbevollmächtigten sind entsprechend zu behandeln wie widersprechender Vortrag von Prozessbevollmächtigtem und dem vertretenen Beteiligten (→ Rn. 91).

93   3. **Verschuldenszurechnung.**[169] a) **Grundsatz.** Die Frage, ob und inwieweit das Verschulden des Prozessvertreters dem vertretenen Beteiligten zuzurechnen ist, hat u.a. Bedeutung i.R. der §§ 154, 155 Abs. 4, wonach *Kosten*, die durch das Verschulden eines Beteiligten entstanden sind, diesem auferlegt werden können. Nach der Rspr. sind in den Fällen, in denen ein Vertreter ohne wirksame Bevollmächtigung ein gerichtliches Verfahren anstrengt, aus Gründen des sog. *Veranlassungsprinzips* demjenigen

---

162 BVerwG NJW 1984, 625; Buchholz 310 § 108 VwGO Nr. 42. A.M. offenbar BVerwG DÖV 1964, 569.
163 BVerwG NJW 1984, 625; zu Einzelproblemen des Mitwirkungsrechts des Beteiligten in Anwaltsprozessen B. *Bergerfurth*, Anwaltszwang, 1988, Rn. 138 ff.
164 P. *Hartmann*, in: Baumbach/Lauterbach/Albers/Hartmann § 85 Rn. 6.
165 BVerwG NJW 1980, 2269; 1984, 2115; DVBl 1985, 529.
166 BGH NJW 1991, 2294; gem. BGHZ 56, 355, 361 sind besondere Umstände, z.B. bei der Beiordnung eines Sozietätsmitglieds im Verfahren der PKH anzunehmen; beachte, dass § 84 S. 2 ZPO sich nicht auf die zulässige Beschränkung auf einzelne Sozietätsmitglieder bezieht.
167 BVerwG NJW 1975, 1795, 1796; 1984, 2115; OVG Münster DÖV 1976, 608; VGH Mannheim VBlBW 1995, 314. A.M. OVG Weimar ThürVBl 1995, 256 (Urteil wird erst mit Zustellung an alle Bevollmächtigten wirksam) und M. *Redeker*, in: Redeker/v. Oertzen § 56 Rn. 7.
168 Ebenso bereits BVerwG NJW 1975, 1795, 1796; 1980, 2269; OVG Münster DÖV 1976, 608.
169 Zur Frage der Verschuldenszurechnung → § 60 Rn. 40 ff.

die Kosten aufzubürden, der das Verfahren anhängig gemacht hat; dies kann dann auch der „vollmachtslose" Rechtsanwalt sein (→ § 154 Rn. 33).[170]

Ebenso bedeutsam ist die Verschuldenszurechnung bei *Fristversäumnissen*. Während die verwaltungsverfahrensrechtliche Bestimmung in § 80 Abs. 1 S. 4 Hs. 2 VwVfG eine ausdrückliche Regelung über die Zurechnung des Vertreterverschuldens enthält, fehlt eine entsprechende Norm in der VwGO. Nach ganz überwiegender Ansicht ist aber § 85 Abs. 2 ZPO im Verwaltungsprozess entsprechend anwendbar, sodass das Verschulden des Vertreters demjenigen des Vertretenen gleichsteht (→ § 60 Rn. 39).[171] Das Gleichstehen des Vertreterverschuldens gilt nach der Rspr. des BVerfG und des BVerwG auch bei der lange Zeit umstr. Frage (zur Kritik an der Rspr. → § 60 Rn. 43 f.)[172] der Zurechnung in Fällen mit Grundrechtsbezug, z.B. in Asylsachen[173] und Kriegsdienstverweigerungsverfahren.[174] Das BVerwG hat hierbei dem Gesichtspunkt der Rechtssicherheit ein stärkeres Gewicht beigemessen als den Rechtspositionen des einzelnen Bürgers.[175] Ob dies auch bei sittenwidriger oder besonders leichtfertiger Schädigung gilt, wird wegen der fehlenden Möglichkeit einer klaren Grenzziehung teilweise bejaht.[176] Die Gegenansicht argumentiert, dass zu berücksichtigen sei, dass der Bürger sich vielfach aus einer Not heraus um eine Vertretung bemühen muss und er dabei auch auf das Leitbild des Anwalts vertraut; daher erschiene es ungerechtfertigt, ihm sittenwidrige oder besonders leichtfertige Handlungen eines Anwalts zuzurechnen.[177] Eine Zurechnung erfolgt darüber hinaus auch in den Fällen des Behördenprivilegs nach § 67 Abs. 4 S. 4 (OVG Bautzen 17.8.2016 – 1 A 199/16, juris Rn. 7 m.w.N.)

b) Verschuldensmaßstab. Im Zusammenhang mit der Verschuldenszurechnung steht die Frage des Verschuldensmaßstabs. Zu den dem *Anwaltsbevollmächtigten* obliegenden Sorgfaltspflichten besteht eine umfangreiche Rspr. (→ § 60 Rn. 37, 64, 67 f.). Abgestellt wird auf die *übliche Sorgfalt eines ordentlichen Anwalts* (BVerwG NVwZ-RR 2016, 833; BGH NJW 1985, 1710, 1711; VGH München NJW 1993, 1731, 1732). In engem Zusammenhang mit der Frage des Verschuldensmaßstabs steht das Problem, inwieweit an anwaltliche Prozesshandlungen strengere Anforderungen als an nichtanwaltliche zu stellen sind. Nach Ansicht des BVerwG, die im Wesentlichen von der Lit. geteilt wird,[178] sind die *Hinweispflichten* des Gerichts im Prozess gegenüber einem anwaltlich Vertretenen geringer als gegenüber einem *nicht anwaltlich* vertretenen Bürger. Die prozessuale Fürsorgepflicht des Gerichts gehe nicht so weit, dass Rechtsanwälte zur Vermeidung von Verfahrensfehlern umgehend auf Fehler und mögliche Fehlerquellen hingewiesen werden müssten, deren Vermeidung von ihnen als Rechtskundigen zu erwarten sei.[179] Bei anwaltlicher Vertretung werden an die *Substantiierung und Vollständigkeit des Sachvortrages* höhere Anforderungen als bei nichtanwaltlicher Vertretung gestellt.[180] – Ähnliches gilt für den Verlust von *Rügerechten*. Nach § 173 VwGO i.V.m. § 295 ZPO kann die Verletzung einer das Verfahren betreffenden Norm nicht mehr gerügt werden, wenn es sich um eine verzichtbare Verfahrensvorschrift[181] handelt, und wenn die Partei auf die Befolgung der Vorschrift verzichtet oder sie bei der nächsten mündlichen Verhandlung den Mangel nicht rügt, obwohl sie erschienen ist, und ihr der Mangel bekannt ist oder bekannt sein muss. Während die Rspr. die Anforderungen an den nicht anwaltlich vertretenen Bürger nicht allzu hoch ansetzt, werden an den anwaltlich Vertretenen beson-

94

95

---

170 VG Gießen GewArch 2006 378 m.w.N.
171 BVerfGE 60, 253, 266 ff.; BVerwG BayVBl 1978, 474; NVwZ 1982, 35; Buchholz 303 § 85 ZPO Nr. 2; Buchholz 310 § 60 VwGO Nr. 170; VGH Mannheim VBlBW 1981, 321 m.w.N.; A. *Pestke*, Verfahren, 1989, Rn. 133.
172 A. *Pestke*, Verfahren, 1989, Rn. 94.
173 BVerfGE 60, 253, 266 ff.; BVerwGE 13, 181, 182; BVerwG BayVBl 1985, 123 f.; Buchholz 310 § 60 VwGO Nr. 78; Buchholz 310 § 60 VwGO Nr. 112; Buchholz 310 § 60 VwGO Nr. 120.
174 BVerwGE 49, 252, 256 ff.; 53, 139, 141; BVerwG NVwZ 1982, 35; Buchholz 448.0 § 26 WPflG Nr. 34.
175 BVerfGE 60, 253, 266 ff.; zust. A. *Pestke*, Verfahren, 1989, Rn. 94.
176 VGH Mannheim VBlBW 1982, 17 f.; R. *Stürner*, JZ 1986, 1089, 1092.
177 VG Stade NJW 1983, 1509; A. *Pestke*, Verfahren, 1989, Rn. 139.
178 B. *Kohlndorfer*, DVBl 1988, 474, 476; W.-R. *Schenke*, in: Kopp/Schenke § 86 Rn. 26. A.M. A. *Pestke*, Verfahren, 1989, Rn. 121.
179 BVerwGE 49, 252, 256; BVerwG BayVBl 1984, 87, 88; B. *Kohlndorfer*, DVBl 1988, 474, 476.
180 K. *Redeker*, DVBl 1981, 83, 85 mit weiteren Hinweisen.
181 Etwa nach BVerwGE 41, 174 die Vorschrift über die Unmittelbarkeit der Beweisaufnahme (§ 96); zu weiteren Bsp. heilbarer Verfahrensmängeln B. *Kohlndorfer*, DVBl 1988, 474, 476.

ders strenge Anforderungen gestellt.[182] So soll der Rügeverlust bei Bestehen eines anwaltlichen Vertretungsverhältnisses selbst dann eintreten, wenn das Gericht beständig in einer unrichtigen Weise verfährt, und es hierüber bereits wiederholt zu Auseinandersetzungen zwischen dem Gericht und dem Anwalt gekommen ist (BVerwG BayVBl 1976, 764). Die Richtigkeit dieser Entscheidungen muss unter dem Gesichtspunkt des fairen Verfahrens infrage gestellt werden. Als Überspannung der Anforderungen an den anwaltlichen Vertreter ist eine Entscheidung des BVerwG anzusehen, wonach selbst dann, wenn das Gericht den Anwalt davon abbringt, Beweisanträge zu Protokoll zu stellen, und den Eindruck erweckt, dass es diese Beweisanträge auch bei entsprechender Entlastung des Protokolls berücksichtigen werde, eine Verwirkung eintritt (BVerwG Buchholz 310 § 86 Abs. 3 VwGO Nr. 26). Ausnahmen werden in der z.T. schon etwas betagten Rspr. nur dann anerkannt, wenn der Rechtsanwalt den zu rügenden Sachverhalt nicht erkennen konnte (BVerwG DVBl 1980, 598, 599).

96 Die zum Anwaltsverschulden ergangenen Gerichtsentscheidungen lassen sich vom Grundsatz auf den dem Anwalt insoweit gleichgestellten *Hochschulrechtslehrer* übertragen. Auch bei der Vertretung einer juristischen Person des öffentlichen Rechts oder einer Behörde durch juristisch ausgebildete *Beschäftigte* ist hinsichtlich des zuzurechnenden Verschuldens der gleiche Maßstab anzusetzen, denn das sog. Behördenprivileg bezweckt keine Besserstellung der Behörde gegenüber einem anwaltlich vertretenen Beteiligten[183] (→ § 60 Rn. 43). Eine uneingeschränkte Übertragung dieser Auffassung auf die gem. *Abs. 2 S. 2 Nr. 3–7* für bestimmte Verfahren ebenfalls vertretungsberechtigten Personen ist nicht möglich, da hier auch eine Vertretung durch juristisch nicht voll ausgebildete Prozessvertreter möglich ist.

97 c) **Einzelfälle.** *Hinweispflicht* des Gerichts verneint: Die Pflicht des Vorsitzenden i.R. von § 86 Abs. 3 auf die Stellung eines sachdienlichen Klageantrages hinzuwirken, ist bei anwaltlicher Vertretung des Klägers weniger stark ausgeprägt als bei nicht vertretenen Beteiligten (BVerwGE 21, 217, 218; BVerwG Buchholz 310 § 86 VwGO Nr. 14). Das Gleiche gilt hinsichtlich des Hinweises, dass das Rechtsmittel bei einem anderen Gericht hätte eingelegt werden müssen, selbst wenn die Rechtsmittelfrist noch nicht abgelaufen ist (BVerwG Buchholz 310 § 132 VwGO Nr. 61; Buchholz 310 § 60 VwGO Nr. 67). Ähnlich wird hinsichtlich der Auslegung bzw. der Umdeutung von Verfahrenshandlungen entschieden. Die VG haben in zahlreichen Entscheidungen Rechtsmittelanträge von Rechtsanwälten einer Umdeutung für nicht zugänglich erachtet.[184]

98 Die *Verschuldenszurechnung* wurde *bejaht*: Verschulden eines Rechtsanwalts, der in *abhängiger Stellung* von dem Prozessbevollmächtigten mit der selbständigen Prozessführung beauftragt ist, da es der Prozessbevollmächtigte nicht in der Hand haben soll, durch Übertragung der selbständigen Bearbeitung der Sache auf einen anderen sich und seine Partei weitgehend aus der Verantwortung für Versäumnisse zu ziehen (BVerwG DÖV 1963, 483; NJW 1985, 1178; Buchholz 310 § 60 VwGO Nr. 170). Das Gleiche gilt für das Verschulden eines vom Rechtsanwalt beauftragten *Urlaubsvertreters* oder eines nach *§ 53 Abs. 2 S. 1 BRAO allgemein bestellten Vertreters* (HmbOVG NJW 1993, 747, 748 m.w.N.). Ebenfalls zugerechnet wurde das Verschulden eines *Nichtanwalts*, der für einen Beteiligten die Korrespondenz mit einem Prozessbevollmächtigten führt (BVerwG Buchholz 303 § 85 Nr. 2) und das Verschulden eines im *Verfahren der PKH beigeordneten Anwalts* (BGH NJW 1991, 2294). Bei einer langfristigen Erkrankung des Prozessbevollmächtigten muss dieser arbeitsorganisatorische Maßnahmen ergreifen, eine Vertretung einrichten oder das Mandat abgeben, um den Fortgang des Verfahrens zu ermöglichen (BVerwG NVwZ-RR 2016, 833).

99 Die *Verschuldenszurechnung* wurde *verneint*: Verschulden eines *angestellten Rechtsanwalts*, dem die Angelegenheit nicht zur selbständigen Vertretung übertragen worden ist, sondern nur zur Erledigung von Hilfsdiensten nach Weisung des Bevollmächtigten;[185] Verschulden des *Büropersonals* und *sonsti-*

---

182 BVerwGE 50, 344, 346; BVerwG NJW 1977, 313f.; 1983, 2275; NVwZ 1983, 668; *A. Pestke*, Verfahren, 1989, Rn. 131 m.w.N.
183 BVerwG NVwZ-RR 1996, 60; OVG Bautzen 4.11.2013 – 2 A 381/13, juris Rn. 5; VGH Mannheim NVwZ-RR 2004, 222
184 BVerwG BayVBl 1974, 708; DVBl 1985, 624, 625; Buchholz 310 § 144 VwGO Nr. 24; Buchholz 238.3 A § 83 BPerVG Nr. 12; ebenso BSG NJW 1963, 1173; VGH München BayVBl 1982, 250, 251; NJW 1982, 1474. A.M. mit beachtlichen Argumenten *A. Pestke*, Verfahren, 1989, Rn. 129.
185 BVerwG NJW 1985, 1178; NVwZ 1989, 1058; BGH NJW 1974, 1511; NJW-RR 1992, 1019, 1020.

ger Beauftragter;[186] Verschulden des Sozius oder angestellten Anwalts eines im *Verfahren der PKH beigeordneten Anwalts,* selbst wenn jenem die Angelegenheit zur selbständigen Bearbeitung übertragen worden ist (BGH NJW 1991, 2294).

Hinsichtlich des *Verschuldensmaßstabs* hat das BVerwG (BVerwG NJW 1986, 1057) entschieden, dass sich ein Prozessbevollmächtigter bei der Planung seiner Anreise zu einer auswärtigen mündlichen Verhandlung auf die Einhaltung der planmäßigen Beförderung durch öffentliche Verkehrsmittel verlassen darf. Ist rechtzeitige Anreise zum Termin wegen Einstellung der Beförderung nicht möglich, liegt ein zwingender Grund für die Vertagung i.S.d. § 173 VwGO i.V.m. § 227 ZPO und ggf. für eine Wiedereröffnung der mündlichen Verhandlung nach § 173 VwGO i.V.m. § 156 ZPO vor. **100**

4. Folgen fehlender Vertretungsmacht. a) Unwirksamkeit der Prozesshandlungen. Fehlt dem als Prozessbevollmächtigten Auftretenden die Vertretungsmacht und wird dieser Mangel nicht durch Nachreichung der Vollmacht geheilt, führt dies zur Unwirksamkeit der Prozesshandlungen des oder gegenüber dem vollmachtlosen Vertreter (BVerwG NVwZ 1982, 499). Sie können insbes. auch keine Fristen wahren. Beschlüsse oder Urteile aufgrund der fehlenden Vertretungsmacht sind dem angeblich Vertretenen als Beteiligten zuzustellen.[187] **101**

b) Zurückweisung des vollmachtlosen Vertreters. Das Fehlen der Vollmacht führt zur Zurückweisung des vollmachtlosen Vertreters durch das Gericht. Dies gilt auch, wenn er gem. § 173 VwGO i.V.m. § 89 Abs. 1 ZPO einstweilen zur Prozessführung zugelassen worden ist, aber trotz Fristsetzung eine Vollmacht nicht nachgereicht hat. Diese Pflicht zur Zurückweisung besteht unabhängig davon, ob es sich um ein Verfahren mit oder ohne Vertretungszwang handelt und der vollmachtlose Vertreter ein Rechtsanwalt oder ein sonstiger Bevollmächtigter ist. Die Zurückweisung erfolgt entweder durch besonderen *Beschluss* oder i.R. des *klageabweisenden Prozessurteils*[188] (→ Rn. 103). Hierfür ist eine vorherige Fristsetzung zur Nachreichung der Vollmacht nach Abs. 6 S. 2 nicht zwingend erforderlich (BVerwGE 71, 20, 21 → Rn. 70). Die Entscheidung des Gerichts ergeht gegen den angeblich Vertretenen und ist diesem zuzustellen, da nicht der vollmachtlose Vertreter, sondern der von ihm angeblich Vertretene als Prozessbeteiligter anzusehen ist (BVerwG Buchholz 310 § 67 VwGO Nr. 39; OLG Zweibrücken MDR 1982, 586). Da ein Prozessurteil der materiellen Rechtskraft nicht fähig ist, weil mit ihm über den Streitgegenstand nicht entschieden wird (§ 121), steht ein solches Urteil einer erneuten Klageerhebung durch den Kläger selbst oder durch einen ordnungsgemäß Bevollmächtigten nicht im Weg. **102**

c) Prozessurteil bei fehlender Vertretungsmacht des Klägervertreters. Fehlt die Vertretungsmacht des Klägervertreters, so ist der von dem Vollmachtlosen eingelegte Rechtsbehelf nicht in dem Sinne „unbeachtlich", dass er zu keiner gerichtlichen Amtshandlung Anlass gäbe; er ist vielmehr wegen fehlender Vertretungsmacht des Rechtsbehelfsführers als unzulässig zu verwerfen (BVerwG NVwZ 1982, 499; Buchholz 310 § 143 VwGO Nr. 2). Dem vollmachtlosen Vertreter sind dann gem. § 173 VwGO i.V.m. § 89 ZPO die *Kosten des Verfahrens* aufzuerlegen.[189] Hierbei haften mehrere Rechtsanwälte einer Sozietät gesamtschuldnerisch (VGH Mannheim NJW 1982, 842). Wenn der angeblich Vertretene die Prozessführung offenkundig veranlasst hat, sind diesem die Kosten aufzuerlegen.[190] Ähnlich entschied der BFH (BFH BStBl 1984 II 831, 833), wonach dem Beteiligten selbst die Kosten aufzuerlegen seien, wenn er die Klage durch Rechtsmittel weiterverfolgt. Die Kostenentscheidung erfolgt durch Urteil oder Gerichtsbescheid. Gem. § 158 Abs. 1 kann diese Entscheidung nicht isoliert, sondern nur zusammen mit einem Rechtsmittel gegen die Hauptsacheentscheidung angefochten werden, welches nur der Kläger einlegen kann, da der durch die Kostenentscheidung beschwerte vollmachtlose Vertreter nicht Verfahrensbeteiligter ist. Gegen eine isolierte Kostenentscheidung gegen den vollmachtlosen Vertreter **103**

---

186 *P. Hartmann,* in: Baumbach/Lauterbach/Albers/Hartmann § 85 Rn. 29, 6 ff.
187 BFH DStR 1994, 1118. A.M. *J. Böttrich,* DStR 1994, 1880.
188 GmSOGB BVerwGE 69, 380, 382; VGH München BayVBl 1973, 193; 1973, 649.
189 BVerwG NVwZ 1982, 499; Buchholz 310 § 67 VwGO Nr. 39 und Nr. 55; BFHE 116, 110; HmbOVG DÖV 1988, 523; OVG Lüneburg VerwRspr 21 (1970), Nr. 157 (S. 630); OVG Münster NJW 1993, 3155; VGH Mannheim NJW 1982, 499; VGH München BayVBl 1973, 193; 1973, 649.
190 BVerwG Buchholz 310 § 67 VwGO Nr. 39; Buchholz 310 § 155 VwGO Nr. 2; OLG Köln MDR 1971, 54; vgl. auch VGH Mannheim NJW 1982, 842, der die Rechtsgrundlage für die Kostentragungspflicht in dem im Wege der Rechtsanalogie unmittelbar aus § 179 BGB, § 89 Abs. 1 S. 3 ZPO zu findenden allg. Rechtsgrundsatz der Veranlasserhaftung sieht.

haben nach § 158 Abs. 2 weder der Verfahrensbeteiligte noch der vollmachtlose Vertreter ein Rechtsmittel.[191]

104   **d) Sachentscheidung bei fehlender Vertretungsmacht des Beklagtenvertreters.** Handelt der Vertreter des Beklagten in der mündlichen Verhandlung ohne die erforderliche Vertretungsmacht, ist der Beklagte so zu behandeln, als ob er trotz ordnungsgemäßer Ladung zum Termin nicht erschienen bzw. nicht vertreten war. Es ergeht eine Sachentscheidung, bei der Anträge und Vorbringen des vollmachtlosen Vertreters nicht zu berücksichtigen sind. Voraussetzung ist hierfür, dass Klage, Ladung mit Hinweis gem. § 102 Abs. 2, gegnerische Schriftsätze und sonstige entscheidungserhebliche Mitteilungen des Gerichts dem Beklagten persönlich zugesandt bzw. zugestellt[192] wurden.

105   **e) Einzelfälle.** Ist die Nichtzulassungsbeschwerde (§ 133) unzulässig, weil sie entgegen Abs. 4 S. 1, 3 nicht von einem Rechtsanwalt oder Rechtslehrer eingelegt worden ist, erübrigt sich auch eine Entscheidung des Berufungsgerichts im *Abhilfeverfahren*, weil es der Beschwerde unter keinem Gesichtspunkt hätte abhelfen können (BVerwG Buchholz 310 § 133 VwGO Nr. 9).

106   **5. Kommunalrechtliche Vertretungsverbote. a) Regelungsinhalt.** Das Gemeinderecht fast aller Bundesländer[193] enthält ein sog. Vertretungsverbot.[194] Danach wird den (ehrenamtlich tätigen) Mitgliedern kommunaler Vertretungskörperschaften untersagt, Ansprüche Dritter gegen die kommunale Körperschaft geltend zu machen, es sei denn, sie handeln als gesetzliche Vertreter. Zweck dieser Bestimmungen ist, Kollisionen zwischen der geschäftsmäßigen beruflichen Interessenvertretung durch Ehrenbeamte und ihren Amtspflichten gegenüber Gemeinde und Kreis zu verhindern (BVerfGE 41, 231, 241). Sie dienen somit der Lauterkeit im öffentlichen Leben und sollen den Anschein bei der Bevölkerung vermeiden, private und öffentliche Interessen würden verquickt.[195] Die Kommunalgesetze unterscheiden hierbei zwischen einem absoluten Vertretungsverbot, bei dem jegliche Geltendmachung von Ansprüchen untersagt ist, und einem relativen Verbot, bei denen das Verbot nur soweit reicht, wie der Auftrag mit den Aufgaben der ehrenamtlichen Tätigkeit in Zusammenhang steht.

107   **b) Geltungsbereich.** Der Geltungsbereich der kommunalen Vertretungsverbote ist zunächst abhängig von der landesrechtlichen Ausgestaltung. Regelmäßig erstrecken sie sich *personell* auf alle ehrenamtlich tätigen Bürger. Sie erfassen die Vertretung durch Rechtsanwälte und nichtanwaltliche Vertreter. Es besteht weitgehend Einigkeit, dass sich das Vertretungsverbot nicht auf Rechtsanwälte, die lediglich mit dem von dem Vertretungsverbot unmittelbar betroffenen Anwalt zusammenarbeiten, erstreckt (BVerfGE 56, 99, 108 f.; 61, 68, 73). Mangels Geltung des Vertretungsverbots für ihn kann damit weder der *Sozius* noch der in *Bürogemeinschaft* mit dem von dem Verbot betroffenen Anwalt agierende Rechtsanwalt zurückgewiesen werden, zumindest dann, wenn ihm allein eine Vollmacht erteilt worden ist.[196] Diese Rspr. soll auch auf angestellte Rechtsanwälte übertragbar sein.[197] I.E. ist daher nur die eigene Vertretertätigkeit des ehrenamtlich tätigen Rechtsanwalts von dem Vertretungsverbot erfasst.

108   Der *sachliche Geltungsbereich* des kommunalen Vertretungsverbots umfasst nicht die Vertretung Dritter in *Bußgeldverfahren* gegen die kommunale Körperschaft (BVerfGE 41, 231, 242). Im Übrigen hängt er wesentlich von den unterschiedlichen landesrechtlichen Ausgestaltungen dieser Verbotsnormen ab. Soweit ein absolutes Vertretungsverbot angeordnet ist, erfasst das Verbot alle unmittelbar gegen die Körperschaft gerichteten Mandate. Hierunter können auch Konstellationen fallen, in denen ein Interessenkonflikt zwischen ehrenamtlicher Tätigkeit und privaten Belangen nicht denkbar ist (→ § 54 Rn. 49 f.). Einer zuvor teilweise vertretenen einengenden Auslegung hat das BVerwG eine Ab-

---

191   VGH Mannheim VGHBW RSprDienst 1996, Beilage 4, B 2-3; VGH München NJW 1994, 1019.
192   Zur Frage, welche Schriftstücke zugestellt werden müssen, vgl. die Komm. zu § 56.
193   Übersicht bei *T. I. Schmidt*, Kommunalrecht, ²2014, Rn. 430.
194   § 17 Abs. 3 GemO BW; Art. 50 BayGO; § 23 Abs. 1 BbgKVerf; § 26 S. 2 HessGO; § 26 KV M-V; § 42 Abs. 1 NKomVG; § 32 Abs. 1 S. 2 GO NRW; § 21 Abs. 1 S. 2 GemO RhPf; § 26 Abs. 2 SaarlKSVG; § 19 Abs. 3 Sächs-GemO; § 32 Abs. 3 S. 1 KVG LSA; § 23 S. 2 GO SH. Entsprechende Regelungen oder Verweisungen enthält das jeweilige Landkreisrecht.
195   BVerfGE 52, 42, 55; *M. Burgi*, Kommunalrecht, ⁵2015, § 12 Rn. 43; *K. Lange*, Kommunalrecht 2013, Kap. 5 Rn. 167.
196   OVG Münster NJW 1981, 2210; VGH München BayVBl 1980, 222; 1981, 346, 347; vgl. *F. Schoch*, JuS 1989, 531, 536; *H.-U. Stühler*, VBlBW 1993, 1, 4, jeweils m.w.N.
197   *F. Schoch*, JuS 1989, 531, 536.

sage erteilt, da auch ohne konkreten Interessenkonflikt gerade auf kommunaler Ebene vielfältige Einflussmöglichkeiten auf Verwaltungsvorgänge, und zwar auch auf solche, mit denen der vom Vertretungsverbot Betroffene nicht unmittelbar befasst ist, gegeben sind (BVerwG NJW 1984, 377).[198] Es kommt zudem nicht darauf an, ob der geltend gemachte Anspruch zum eigenen oder zum übertragenen Wirkungskreis der Kommune gehört (VG Schleswig NVwZ-RR 2001, 596).

c) Verfassungsmäßigkeit. Die Verfassungsmäßigkeit dieser Bestimmungen ist umstr., wobei richtiger- 109
weise zwischen der Verfassungsmäßigkeit der Regelungen als solcher – z.T. auch als innergemeindlicher Wirkungsbereich der Regelung bezeichnet[199] – und der aufgrund dieser Regelung getroffenen Einzelmaßnahmen zu unterscheiden ist (BVerfG NJW 1988, 695 f.). Die ersten vier Entscheidungen des BVerfG,[200] in denen, ohne eine solche Unterscheidung zu treffen, die Verfassungsmäßigkeit der Regelungen pauschal bejaht wurde, sind in der Lit. weitgehend auf Kritik gestoßen.[201] In einer späteren Entscheidung aus dem Jahre 1987 hat aber auch das BVerfG die Möglichkeit einer Verletzung des Art. 12 Abs. 1 GG nicht ausgeschlossen (BVerfG NJW 1988, 694 f.) und ausdrücklich zwischen der Verfassungsmäßigkeit der Regelung und der der Einzelmaßnahmen unterschieden. Aber „selbst wenn das kommunale Vertretungsverbot infolge einer objektiv deutlich erkennbaren berufsregelnden Tendenz als Berufsausübungsregelung anzusehen und deshalb an Art. 12 I GG zu messen sein sollte, wäre es durch hinreichende Gründe des Allgemeinwohls gerechtfertigt und mit dem Grundsatz der Verhältnismäßigkeit vereinbar" (BVerfG NJW 1988, 694 f.; ähnlich BVerwG NJW 1984, 377). Auch im Schrifttum wird zu Recht inzwischen ganz überwiegend angenommen, dass das Vertretungsverbot eine berufsregelnde Tendenz aufweist und damit in die Berufsfreiheit eingreift; dieser Eingriff wird jedoch aufgrund der damit verfolgten Gemeinwohlerwägungen als verhältnismäßig erachtet.[202] Im Jahre 2012 hat der VerfG Bbg die entsprechende Regelung des Landes Brandenburg zwar als verfassungswidrig erachtet, aber nicht wegen eines unverhältnismäßigen Eingriffs in die Berufsfreiheit, sondern wegen eines Verstoßes gegen das dort einschlägige Zitiergebot (VerfG Bbg LKV 2012, 557).

d) Rechtsfolgen eines Verstoßes. Sehr umstr. sind die Rechtsfolgen eines Verstoßes gegen diese Vertre- 110
tungsverbote. Der Streit betrifft insbes. die Zulässigkeit der überwiegenden Gerichtspraxis, Rechtsanwälte, die gegen ein Vertretungsverbot verstoßen, zurückzuweisen.[203] Die Entscheidungen des BVerfG, die diese Praxis für verfassungsrechtlich zulässig erklärt haben (BVerfGE 41, 231, 241; 52, 42; 56, 99, 107; 61, 68, 72), sind in der Lit. auf Ablehnung gestoßen.[204] Eine verfassungsgemäße Auslegung der kommunalen Vertretungsverbote zwinge zu der Annahme, dass diese Normen nur das Innenverhältnis der Ratsmitglieder zur Gemeinde bzw. der Kreistagsmitglieder zum Landkreis regelten, nicht aber deren Berufstätigkeit.[205] Von der Rechtmäßigkeit der kommunalen Vertretungsverbote dürfe nicht auf die Rechtmäßigkeit einer hierauf gestützten Zurückweisung von Anwälten geschlossen werden.[206] Die landesrechtlichen Vertretungsverbote kollidierten außerdem mit der *BRAO*, die eine berufliche Beschränkung nur durch Bundesgesetz gestattet.[207]

---

198 Ebenso F. *Schoch*, NVwZ 1984, 626, 628.
199 C. *Pfeifer*, BayVBl 1994, 577, 578 m.w.N.
200 BVerfGE 41, 231; 52, 42, 52 f.; 56, 99, 107; 61, 68, 72; später auch BVerfG DVBl 1988, 54, 55 ff.; BVerwG NJW 1984, 377, 378.
201 Hierzu nur G. *Witte-Wegmann*, DÖV 1975, 581; A. v. *Mutius*, VerwArch 68 (1977), 73; H. *Bauer*, NJW 1981, 2171.
202 M. *Burgi*, Kommunalrecht, ⁵2015, § 12 Rn. 46; K. *Lange*, Kommunalrecht, 2015, Kap. 5 Rn. 181; W. *Schenk*, in: Schoch/Schneider/Bier § 67 Rn. 107 (alle m.w.N.).
203 Etwa BVerwG NJW 1984, 377 f.; 1988, 1994; OVG Münster OVGE 27, 73; 35, 217, 219; VGH Kassel NVwZ 1987, 919; VGH Mannheim DÖV 1979, 872, 873; VGH München NJW 1980, 1870; BayVBl 1981, 346, 347. A.M. OVG Lüneburg OVGE 31, 327 ff.; VGH Mannheim VerwRspr 25 (1974), 225; offen gelassen von VGH Kassel NJW 1981, 140.
204 M. *Burgi*, Kommunalrecht, ⁵2015, § 12 Rn. 48; W. *Schenk*, in: Schoch/Schneider/Bier § 67 Rn. 108; W.-R. *Schenke*, in: Kopp/Schenke § 67 Rn. 22 a.E.; w.N. in der 4. Aufl., dort Fn. 124 zu Rn. 110.
205 So ausdrückl. C.-F. *Menger*, NJW 1980, 1827.
206 Sondervotum der Bundesverfassungsrichter *Rottmann* und *Hirsch*, BVerfGE 52, 42, 58 f.; 63; A. *Pestke*, Verfahren, 1989, Rn. 254; U. *Prutsch*, VR 1981, 1, 3.
207 B.-D. *Olschewski*, NJW 1976, 933; A. v. *Mutius*, VerwArch 71 (1980), 191; U. *Prutsch*, VR 1981, 1, 3.

111   Von den Kritikern der bundesverfassungsrechtlichen Rspr. wird insbes. das Nichtvorliegen einer *gesetzlichen Grundlage* für den Zurückweisungsbeschluss gerügt.[208] Eine unmittelbare Heranziehung der Bestimmungen über das kommunalrechtliche Vertretungsverbot als Rechtsgrundlage scheide aus,[209] da die Gemeindeordnungen bzw. Kommunalverfassungen eine solche Rechtsfolge nicht vorsehen. Denkbar wäre allerdings, das kommunale Vertretungsverbot als echtes gesetzliches Verbot i.S.d. § 134 BGB mit der Rechtsfolge der Nichtigkeit des gegen dieses Verbot verstoßenden Anwaltsvertrages bzw. der der Vollmachtserteilung auszulegen.[210] Der betroffene Bevollmächtigte würde dann als vollmachtloser Vertreter vor Gericht auftreten und könnte aus diesem Grunde zurückgewiesen werden (→ Rn. 102). Aber auch hierfür fehlt es an einer ausdrücklichen gesetzlichen Grundlage. Die in der Lit. vertretene Auffassung, aufgrund der Rspr. des BVerfG stehe gem. § 31 BVerfGG fest, dass eine Verpflichtung der Gerichte bestehe, Rechtsanwälte, die gegen das kommunale Vertretungsverbot verstoßen, zurückzuweisen,[211] ist abzulehnen. Das BVerfG hat bereits in seinen früheren Entscheidungen ausdrücklich offen gelassen, ob die Auslegung der VwGO, dass ein Verstoß gegen das kommunale Vertretungsverbot ein Zurückweisungsrecht begründe, zwingend ist (BVerfGE 52, 42, 57). Mangels ausreichender gesetzlicher Grundlage ist daher die Gerichtspraxis, Rechtsanwälte wegen Verstoßes gegen das kommunalrechtliche Vertretungsverbot zurückzuweisen, als unzulässig abzulehnen (ebenso VGH Mannheim VerwRspr 25 [1974], Nr. 51, 200, 223 f.).

VII. Beistände (Abs. 7)

112   **1. Allgemeines.** Nach Abs. 7 können die Beteiligten in der mündlichen Verhandlung mit *Beiständen* erscheinen. Diese Möglichkeit ist entgegen § 67 Abs. 2 S. 1 a.F. nun auch bei Verfahren mit Vertretungszwang (vor dem OVG und BVerwG) gegeben. Die Regelung entspricht den Bestimmungen in den anderen Verfahrensordnungen (§ 90 Abs. 1 ZPO, § 72 Abs. 6 SGG, § 62 Abs. 7 FGO). Allerdings verfügt der Beistand in den Verfahren vor dem OVG und BVerwG lediglich über diejenigen Rechte, welche in diesen Verfahren auch dem erschienenen Beteiligten zustehen.[212] Indem der Beistand auch nach der Neufassung unverändert nur bei der Ausführung der Rechte des Beteiligten unterstützend tätig wird, setzt die Hinzuziehung voraus, dass der Beteiligte in der Verhandlung *selbst anwesend* sein muss. Der Beistand selbst ist nicht postulationsfähig, seine Erklärungen sind solche des Beteiligten. Nach Abs. 7 S. 5 gelten die Erklärungen des Beistands als solche des Beteiligten, sofern dieser die Erklärung nicht sofort widerruft oder berichtigt. Beistände können auch als Zeugen vernommen werden, ihre Aussagen haben dann ein erhöhtes Gewicht (VGH München 16.3.2016 – 10 ZB 14/2634, juris Rn. 15).

113   **2. Personenkreis.** Während nach § 67 Abs. 2 S. 3 a.F. alle Personen als Beistand auftreten konnten, die zu einem sachgemäßen Vortrag fähig waren, dürfen nach der Neufassung grds. nur noch die Personen als Beistände auftreten, die auch als Prozessbevollmächtigte vertretungsbefugt wären, Abs. 7 S. 2. Durch die Beschränkung des Personenkreises soll vermieden werden, dass die Einschränkungen des § 67 Abs. 2 umgangen werden (BT-Drs. 16/3655, 91 zu Art. 8 Nr. 5). Allerdings wird dem im Ausnahmefall berechtigten Anliegen eines Beteiligten, vor Gericht mit einer vertrauten oder besonders sachkundigen Person erscheinen zu dürfen und dieser den Vortrag in der Verhandlung zu überlassen, dadurch Rechnung getragen, dass das Gericht nach Abs. 7 S. 3 andere Personen als Beistand zulassen kann. Die Voraussetzungen, unter denen das Gericht eine nicht vertretungsbefugte Person als Beistand zulassen kann, sind durch den Gesetzgeber bewusst eng ausgestaltet worden (BT-Drs. 16/3655, 91; VG Freiburg NJW 2009, 3738). Voraussetzung für die Zulassung ist, dass diese objektiv sachdienlich ist und nach den Umständen des Einzelfalls für die Zulassung einer anderen Person als Beistand ein Bedürfnis besteht. Dies ist etwa dann der Fall, wenn der Beistand aufgrund eines besonderen Nähever-

---

208   *J. Baltes*, NJW 1975, 911, 912 f.; *C.-F. Menger*, NJW 1980, 1827, 1830; *A. v. Mutius*, VerwArch 68 (1977), 73, 78 f.; *ders.*, VerwArch 71 (1980), 191, 194 f.; *U. Prutsch*, VR 1981, 1, 5. Ebenso *W. Schenk*, in: Schoch/Schneider/Bier § 67 Rn. 108.
209   A.M. *C. Pfeifer*, BayVBl 1994, 577, 579.
210   BGH NVwZ 2012, 61; VGH Kassel NJW 1981, 140; *K. Lange*, Kommunalrecht, 2013, Kap. 5 Rn. 183; *R. Stober*, BayVBl 1981, 161, 166.
211   Hierzu die Nachw. bei *A. Pestke*, Verfahren, 1989, Rn. 257.
212   *A. Hartung*, in: Posser/Wolff § 67 Rn. 76.

hältnisses zu dem Beteiligten dessen Vertrauen genießt, ohne Familienangehöriger zu sein. Das Vorliegen besonderer juristischer Kenntnisse in der Person des Beistands allein ist nicht ausreichend; denn der Beteiligte könnte sich auch eines Rechtsanwalts bedienen.[213] Stets zugelassen sind Personen oder Vereinigungen, die aufgrund einer spezialgesetzlichen Regelung befugt sind, Beteiligte als Beistand in der Verhandlung zu begleiten wie etwa Antidiskriminierungsverbände nach § 23 AGG (BT-Drs. 16/3655, 91).

3. Zurückweisung, Untersagung, Unvereinbarkeitsregelung. Durch die entsprechende Anwendung 114 von Abs. 3 S. 1 und 3 kann das Gericht durch unanfechtbaren Beschluss den Beistand zurückweisen, wenn die Person des Beistandes nicht vertretungsbefugt i.S.d. Abs. 2 ist und auch nicht als Beistand durch das Gericht zugelassen ist. Es kann den weiteren Vortrag untersagen, wenn der Beistand nicht zu einem sachgemäßen Vortrag in der Lage ist. Auch die Zurückweisung eines auf Zulassung eines Beistands gerichteter Antrag ist unanfechtbar (BT-Drs. 16/3655, 91). Nach Abs. 7 S. 4 gilt die Unvereinbarkeitsregelung des Abs. 5 entsprechend für den Beistand.

§ 67 a [Bevollmächtigte für Beteiligte mit gleichem Interesse]

(1) [1]Sind an einem Rechtsstreit mehr als zwanzig Personen im gleichen Interesse beteiligt, ohne durch einen Prozeßbevollmächtigten vertreten zu sein, kann das Gericht ihnen durch Beschluß aufgeben, innerhalb einer angemessenen Frist einen gemeinsamen Bevollmächtigten zu bestellen, wenn sonst die ordnungsgemäße Durchführung des Rechtsstreits beeinträchtigt wäre. [2]Bestellen die Beteiligten einen gemeinsamen Bevollmächtigten nicht innerhalb der ihnen gesetzten Frist, kann das Gericht einen Rechtsanwalt als gemeinsamen Vertreter durch Beschluß bestellen. [3]Die Beteiligten können Verfahrenshandlungen nur durch den gemeinsamen Bevollmächtigten oder Vertreter vornehmen. [4]Beschlüsse nach den Sätzen 1 und 2 sind unanfechtbar.

(2) [1]Die Vertretungsmacht erlischt, sobald der Vertreter oder der Vertretene dies dem Gericht schriftlich oder zu Protokoll des Urkundsbeamten der Geschäftsstelle erklärt; der Vertreter kann die Erklärung nur hinsichtlich aller Vertretenen abgeben. [2]Gibt der Vertretene eine solche Erklärung ab, so erlischt die Vertretungsmacht nur, wenn zugleich die Bestellung eines anderen Bevollmächtigten angezeigt wird.

Schrifttum

1. Monographien und Beiträge in Sammelwerken: *W. Blümel*, Masseneinwendungen im Verwaltungsverfahren, in: Im Dienst an Recht und Staat, FS für Werner Weber, 1974, 539; *ders.*, Vom Speyerer Entwurf zum Entwurf einer Verwaltungsprozeßordnung, in: Merten (Hrsg.), Die Vereinheitlichung der Verwaltungsgerichtsgesetze zu einer Verwaltungsprozessordnung, 1978, 71 ff; *H.-W. Laubinger*, Gutachten über eine künftige gesetzliche Regelung für Massenverfahren im Verwaltungsverfahrensrecht und im Verfahrensrecht für die Verwaltungsgerichte, 1975.

2. Beiträge in Zeitschriften: *D. Burhoff*, Vorschuss aus der Staatskasse, RVGreport 2011, 327; *R. Jahn*, Beschleunigung von Verwaltungsverfahren und Straffung des verwaltungsgerichtlichen Rechtsschutzes, GewArch 1997, 129; *M. Kloepfer*, Rechtsschutz im Umweltrecht, VerwArch 77 (1986), 30; *F. Kopp*, Änderungen der Verwaltungsgerichtsordnung zum 1.1.1991, NJW 1991, 521; *F. Kopp*, Gesetzliche Regelungen zur Bewältigung von Massenverfahren, DVBl 1980, 320; *K. Meier*, Das 6. VwGO-Änderungsgesetz und seine Folgen aus erstinstanzlicher Sicht, NVwZ 1998, 688; *J. Meyer-Ladewig*, Massenverfahren in der Verwaltungsgerichtsbarkeit, NVwZ 1982, 349; *M. Pagenkopf*, Die VwGO-Novelle – Augenmaß und Schlichtheit, DVBl 1991, 285; *K. Redeker*, Neue Experimente mit der VwGO?, NVwZ 1996, 521; *W. Schmitt Glaeser*, Massenverfahren vor den Verwaltungsgerichten – Zu § 70 des Entwurfs einer Verwaltungsprozeßordnung (EVPO), DRiZ 1980, 289; *P. Stelkens*, Das Gesetz zur Neuregelung des verwaltungsgerichtlichen Verfahrens (4. VwGOÄndG) – das Ende einer Reform?, NVwZ 1991, 209.

---

213 *A. Hartung*, in: Posser/Wolff § 67 Rn. 77.

I. Entstehungsgeschichte

1 § 67 a ist im Zusammenhang mit den anderen, die sog. *Massenverfahren* (zum Begriff → § 56 a Rn. 1) steuernden Vorschriften wie §§ 56 a, 65 Abs. 3 und 93 a entstanden und durch das 4. VwGOÄndG v. 17.12.1990 (BGBl I 2809) mit Wirkung zum 1.1.1991 in die VwGO eingefügt worden. § 67 a beruht im Wesentlichen auf einem vom Bundesjustizministerium in Auftrag gegebenen Gutachten von *Laubinger* aus dem Jahre 1975[1] sowie auf dem durch das BVerfG nachträglich gebilligten (BVerfGE 54, 39) Vorgehen des VG München im Verfahrenskomplex Flughafen München II. Bis Mitte der siebziger Jahre hatte es in Deutschland keine Regelungen zur Bevollmächtigung in öffentlich-rechtlichen Massenverfahren gegeben. Auch im europäischen Ausland waren derartige Bestimmungen die Ausnahme, wenngleich der Europarat bereits eine Empfehlung für Regelungen abgegeben hatte.[2] Zwar wurde die geplante VwPO[3] nie Realität, die Regelungen des geplanten § 63 VwPO haben aber in § 67 a Niederschlag gefunden. Unverkennbar ist zudem die Ähnlichkeit zu § 18 VwVfG, dem die Vorschrift nachgebildet ist (Begründung des Regierungsentwurfs zum 4. VwGOÄndG, BT-Drs. 11/7030, 24).

2 Der Gesetzgeber begründete die Einführung mit dem Zweck, die Durchführbarkeit gerichtlicher Verfahren mit einer Vielzahl von Beteiligten sicherzustellen (BT-Drs. 11/7030, 24). Die insoweit gehegten Erwartungen an die Praxisrelevanz der Vorschrift sind nicht erfüllt worden (→ Rn. 9 ff.). I.R. der Beschleunigungsgesetzgebung durch das 6. VwGOÄndG wurde die Mindestbeteiligtenzahl nach kontroverser Diskussion[4] von fünfzig auf zwanzig reduziert – ein aus systematischen Erwägungen unglücklicher Vorgang, da diese Herabsetzung nicht bei allen Vorschriften über Massenverfahren vorgenommen wurde, z.B. nicht bei § 56 a und der sehr ähnlichen Vorschrift des § 18 VwVfG.[5] Die amtliche Begründung des Gesetzentwurfs (Begründung des Regierungsentwurfs zum 6. VwGOÄndG, BT-Drs. 13/3993, 11), es werde den Bedürfnissen der Praxis Rechnung getragen, erhellt diesen Dissens kaum. Es ließe sich dahingehend argumentieren, dass ungeordnetes Vorbringen und entsprechende Anträge wegen der größeren Formalisierung im Prozess im Vergleich zum Verwaltungsverfahren schon bei geringeren Gruppenstärken störend wirken könnten. – Durch das Gesetz zur Einführung der elektronischen Akte v. 5.7.2017 (BGBl I 2208, 2223) wurde mit Wirkung ab dem 1.1.2018 die Anzeige eines Erlöschens der Vertretungsbefugnis modifiziert: Da der bis zum 31.12.2017 in § 67 Abs. 2 S. 1 enthal-

---

1 *H.-W. Laubinger*, Massenverfahren, 1975; *ders.*, Vereinheitlichung, 1978, 71 ff.
2 Empfehlung R (87) 16 des Europarats v. 17.9.1987, abgedr. in NVwZ 1988, 708 ff.
3 Hierzu *H.-W. Laubinger*, Massenverfahren, 1975; *F. Kopp*, DVBl 1980, 320, 324 ff.; *J. Meyer-Ladewig*, NVwZ 1982, 349 ff.
4 Hierzu etwa *K. Meier*, NVwZ 1998, 688, 694; *K. Redeker*, NVwZ 1996, 521, 522.
5 Hierzu *F. Hufen/T. Siegel*, Fehler im Verwaltungsverfahren, ⁶2018, Rn. 503 ff.

tene Begriff „zur Niederschrift" eng mit der Papierform verbunden ist, genügt ab dem 1.1.2018 die Abgabe „zu Protokoll".[6]

II. Systematische Stellung und Funktion der Norm

§ 67 a steht in engem Zusammenhang zur Regelung der Prozessvertretung in § 67. Für Massenverfahren finden sich Beschleunigungsvorschriften auch in § 56 a (öffentliche Bekanntmachung) sowie in § 93 a (Musterverfahren). § 67 a ergänzt dieses System um die Möglichkeit, eine gemeinsame Bevollmächtigung bzw. eine gemeinsame Vertretung der Beteiligten durch das Gericht anzuordnen, um Vorbringen und Anträge zu bündeln und die mündliche Verhandlung zu vereinfachen. **3**

III. Verfassungsmäßigkeit der Vorschrift

Die Verfassungsmäßigkeit des § 67 a ist aufgrund der dadurch eintretenden Beschränkungen der Postulationsfähigkeit v.a. an Art. 103 Abs. 1 GG, Art. 19 Abs. 4 GG sowie dem aus Art. 2 Abs. 1 GG in Verbindung mit dem Rechtsstaatsprinzip folgenden Recht auf ein faires Verfahren und einen selbst bestimmten Prozessvertreter zu messen (Nachw. bei → § 67 Rn. 13). **4**

1. Entziehung der Postulationsfähigkeit und Interessenkollision. Der Vertretungszwang (sog. Anwaltszwang) als solcher – soweit dem Gehörberechtigten entscheidender Einfluss auf die Rechtsausübung gesichert ist – bedeutet keine Verkürzung der verfassungsrechtlichen Rechte,[7] sondern hat durch seine Anstoßfunktion eher eine Verbesserung des rechtlichen Gehörs zur Folge, ermöglicht vielfach erst ein faires Verfahren und beflügelt den Rechtsschutz. Demgegenüber kann die Bestellung eines Prozessbevollmächtigten durch das Gericht und auch der Zwang zur gemeinsamen Bevollmächtigung zu negativen Folgen für den Rechtsschutz des Einzelnen führen. Einerseits wird dem Beteiligten die Postulationsfähigkeit, also die Möglichkeit, Verfahrenshandlungen (mit dem Begriff der Verfahrenshandlungen ist das gleiche gemeint wie mit Prozesshandlungen, → § 62 Rn. 4 f.) selbst vorzunehmen,[8] entzogen. Zugleich wird ihm aber im Falle des Abs. 1 S. 1 auch die freie, im Falle des Abs. 1 S. 2 überhaupt die Auswahl eines Prozessbevollmächtigten verwehrt. Der Staat (die Judikative) ordnet im ersten Falle eine potenziell den Interessen mindestens einzelner, im Extremfall nahezu aller Beteiligter zuwiderlaufende Kollektivvertretung an. Besonders deutlich wird dies, wenn etwa in einem größeren Massenverfahren mit zehntausend Beteiligten ein gemeinsamer Vertreter von Gerichts wegen bestellt würde. Jeder dieser Beteiligten kann aus den unterschiedlichsten Gründen klagen bzw. verklagt oder beigeladen sein. Der Vertreter wäre also hoffnungslos überfordert, wollte er allen Gründen nachgehen, was er aufgrund des Fehlens einer dem § 19 Abs. 1 S. 3 VwVfG[9] entsprechenden Vorschrift über die Weisungsfreiheit der Sache nach wohl zu tun verpflichtet wäre. Würde er hingegen dem Beschleunigungszweck des § 67 a dienen wollen, müsste er zwangsläufig individuelle Interessen bündeln und andere außer Betracht lassen. Wo der gemeinsame Vertreter auf Individualinteressen keine Rücksicht mehr nehmen kann, darf oder will, ist es mit dem Recht auf rechtliches Gehör nicht mehr weit her. Der Rechtsschutz (immerhin in Art. 19 Abs. 4 GG mit Verfassungsrang ausgestattet) wird durch den Entzug der Postulationsfähigkeit unter gleichzeitiger Auferlegung eines Vertretungszwanges der in § 67 a geregelten Art nahezu ausgesetzt. Dies gilt insbes. im Falle des Abs. 1 S. 2, wonach das Gericht nach Fristablauf den Bevollmächtigten von Amts wegen bestimmt. Dadurch wird dem Beteiligten ein Vertreter aufgezwungen, mit dem er möglicherweise nicht kooperieren kann oder will. **5**

2. Unanfechtbarkeit der Beschlüsse. Eine Verstärkung des Eingriffs ergibt sich aus Abs. 1 S. 4, der die entsprechenden Gerichtsbeschlüsse unanfechtbar stellt. Eventuelle Rechtsverstöße sind jedoch im zu- **6**

---

6 Hierzu die Beschlussempfehlung des Ausschusses für Recht und Verbraucherschutz, BT-Drs. 18/12203, 53 (Text) und 87 (Begründung) unter Bezugnahme auf die entsprechende Begründung der Bundesregierung zur Änderung der StPO in BT-Drs. 18/9416, 59.
7 *E. Schmidt-Aßmann,* in: Maunz/Dürig Art. 19 Abs. 4 Rn. 243.
8 Wobei die Anzeige der Beendigung des Mandats durch den Beteiligten selbst aus verfassungsrechtlichen Gründen wieder zulässig sein dürfte.
9 Hierzu *F. Hufen/T. Siegel,* Fehler im Verwaltungsverfahren, [6]2018, Rn. 509; *H. Schmitz,* Stelkens/Bonk/Sachs § 19 Rn. 6.

lassungspflichtigen Berufungsverfahren oder im Falle der Nichtzulassung durch zulassungspflichtige Revision nach § 135 (oder Sprungrevision nach § 134) überprüfbar.

7   **3. Pflicht der Vertretenen zur Vergütung des bestellten Rechtsanwalts.** Zuletzt wird der Beteiligte über § 40 RVG noch zur Vergütung des bestellten Rechtsanwalts verpflichtet, unabhängig davon, ob dieser in seinem (spezifischen) Interesse oder im Interesse der anderen von ihm vertretenen Beteiligten tätig wird – insoweit dürfte aber nur eine (zulässige) Einschränkung der Handlungsfreiheit nach Art. 2 Abs. 1 GG vorliegen.

8   **4. Entschärfung durch die Möglichkeit anderweitiger Bevollmächtigung (Abs. 2).** Bestünde § 67 a daher nur aus Abs. 1, wäre er wohl aufgrund der o.g. Eingriffe verfassungswidrig. Diese Bedenken hat freilich auch der Gesetzgeber gesehen und deshalb den Abs. 2 eingeführt.[10] Dadurch erhält jeder einzelne Beteiligte die Möglichkeit, sich der Vertretung durch den gemeinsamen Bevollmächtigten jederzeit durch Bestellung eines eigenen Bevollmächtigten zu entledigen und sich sein rechtliches Gehör wieder zu verschaffen. Damit kann etwa die Minderheit der Beteiligten, die entgegen der Mehrheit das Verfahren fortführen will, sich einen oder mehrere neue Prozessvertreter suchen[11] und dann – da Abs. 1 S. 3 dann nicht mehr gilt – darüber hinaus vor dem VG auch selbst wieder Anträge stellen.

IV. Praktische Bedeutung

9   **1. Bedeutung in der Praxis und Rechtsprechung.** Zur Norm selbst existiert seit ihrem Inkrafttreten vor fast 20 Jahren nahezu keine veröffentlichte Rspr.[12] Das Schrifttum hat sich im Wesentlichen nur anlässlich der Einführung und der Verschärfung der Norm i.R. der VwGO-Novellen geäußert, bedeutendere Abhandlungen sind nicht entstanden.

10   **2. Gründe für die mangelnde Praxisrelevanz.** Außer der Möglichkeit, den bestellten oder bevollmächtigten gemeinsamen Vertreter jederzeit wieder abzuberufen (Abs. 2), sind weitere Gründe für die mangelnde Praxisrelevanz der Vorschrift zu nennen. An erster Stelle zu nennen ist der durch das 6. VwGOÄndG eingeführte *Vertretungszwang* vor den OVG (und dem BVerwG) nach § 67 Abs. 4. Waren es v.a. die großen Verkehrs- und Deponieprojekte, die seit dem Flughafen München II-Urteil zur Entwicklung der Regelungen über Massenverfahren geführt hatten, so finden sich diese nunmehr nahezu abschließend im Katalog des § 48 aufgeführt, sind also erstinstanzlich dem jeweiligen OVG (bzw. in Hessen, Bayern und Baden-Württemberg gem. § 184 dem jeweiligen VGH) zugewiesen, für die nach § 67 Abs. 4 Vertretungszwang herrscht, der nach § 67 a Abs. 1 die Anwendbarkeit der Norm ausschließt. Vor dem BVerwG besteht seit jeher Vertretungszwang, sodass dort das Gleiche gilt. Außerdem wurden zahlreiche Verfahren in diesem Bereich dem BVerwG im ersten und im letzten Rechtszug zugewiesen, vor allem Planfeststellungs- und Plangenehmigungsverfahren, § 50 Abs. 1 Nr. 6. Seitdem unterfallen nur noch unbedeutendere „Massenverfahren" vor dem VG überhaupt der Regelung des § 67 a. Damit treten zugleich die typischerweise Massenverfahren begleitenden Probleme wesentlich seltener beim VG auf, sodass sich der Anwendungsbereich der Norm weiter verengt. Des Weiteren sind *echte* Massenverfahren[13] in der Praxis aufgrund der Popularität von Bürgerinitiativen und Umweltvereinigungen stark zurückgegangen oder so organisiert worden, dass es schon zu Prozessbeginn einen gemeinsamen Bevollmächtigten gibt, der dafür von allen Beteiligten akzeptiert wird. In Verfahren gegen Planfeststellungsbeschlüsse sind es die Präklusionsvorschriften, die schon im Verwaltungs(vor-)verfahren zum Verlangen nach anwaltlicher Vertretung und damit faktisch zum Ausschluss des § 67 a führen.

11   **3. Unsicherheiten in der Rechtsanwendung.** Außerdem bestehen erhebliche Unsicherheiten in der Auslegung der Norm, insbes. hinsichtlich des Tatbestandsmerkmals der drohenden Beeinträchtigung des ordnungsgemäßen Verfahrens (→ Rn. 20 ff.). Auch wird sich das Gericht vor einer Beschlussfassung nach § 67 a die Frage stellen müssen, ob nicht die Bestellung oder Anordnung eines gemeinsamen Vertreters zur Prozessverzögerung führen wird, was besonders an S. 1 deutlich wird (Fristsetzung).

---

10 I.d.S. auch *E. Schmidt-Aßmann*, in: Maunz/Dürig Art. 19 Abs. 4 Rn. 243.
11 Wobei nach dem Wortlaut schon die gegenseitige Bevollmächtigung ausreicht, um Abs. 2 zu erfüllen.
12 Beiläufige Erwähnung bei BVerfG NVwZ 2000, 1283, 1284 f.
13 Zum Begriff der echten Massenverfahren unter Abgrenzung von unechten Massenverfahren *T. Siegel*, DVBl. 2017, 24, 26.

4. Bedeutung aus der Sicht der Anwaltschaft. Für den durch das Gericht bestellten Rechtsanwalt [12] nach Abs. 1 S. 2 ergibt sich das Problem, dass bei der Sachverhaltsermittlung eine erhebliche Mehrbelastung eintritt.[14] Nach § 40 RVG kann er aber zumindest von den Personen, für die er bestellt ist, einen Vorschuss verlangen, sodass er nunmehr (§ 115 BRAGO enthielt noch ein Vorschussverbot) nicht mehr zwingend in Vorleistung treten muss.[15]

5. Fazit. Aus all diesen Gründen konvergiert die praktische Bedeutung des § 67a gegen Null. Letzt- [13] lich sind dem Gericht durch andere Bestimmungen zu Massenverfahren, insbes. den Musterprozess nach § 93a[16] und die öffentliche Bekanntmachung nach § 56a, wirkungsvollere und durch die Beteiligten nicht so leicht umgehbare Befugnisse an die Hand gegeben, als § 67a sie bietet, weshalb auch künftig von ihm wenig Gebrauch gemacht werden dürfte. Der Gesetzgeber sollte daher die Konsequenz ziehen und § 67a wieder streichen.

V. Kommentierung im Einzelnen

1. Aufbau des § 67a. Abs. 1 enthält zwei Möglichkeiten des Verwaltungsgerichts, ein Massenverfah- [14] ren zu steuern. Nach S. 1 kann es den Beteiligten (als milderes Mittel) aufgeben, sich innerhalb einer Frist einen gemeinsamen Bevollmächtigten zu suchen, nach S. 2 kann das VG im Falle der Nichterfüllung dieser „Auflage" einen Rechtsanwalt seiner Wahl als Bevollmächtigten bestellen. Beide Beschlüsse sind nach S. 4 unanfechtbar. Die wesentliche Rechtsfolge ergibt sich aus S. 3, nach welchem den einzelnen Beteiligten die Postulationsfähigkeit entzogen wird. Abs. 2 regelt dann die Möglichkeiten zur Beendigung der Vertretungsmacht seitens des Vertreters und seitens der vertretenen Beteiligten.

2. Tatbestandsvoraussetzungen des Abs. 1. **a) Rechtsstreit von mehr als zwanzig Personen.** Voraus- [15] gesetzt wird in Abs. 1 S. 1 ein Rechtsstreit unter Beteiligung von mehr als zwanzig Personen. *Ein Rechtsstreit* setzt voraus, dass die Beteiligten (meist als Kläger oder Beigeladene) ein und dieselbe Verwaltungsentscheidung in einem Prozess[17] bekämpfen oder herbeiführen wollen (→ § 56a Rn. 1). Das Gericht kann durch Verbindung nach § 93 diese Voraussetzungen des Abs. 1 selbst herbeiführen. Die Praxis trennt freilich eher Verfahren mit mehreren Beteiligten in Einzelverfahren auf.

b) Im gleichen Interesse beteiligt. Diese mindestens einundzwanzig Personen müssen im gleichen In- [16] teresse beteiligt sein (es muss also außerdem mindestens noch eine weitere Person mit entgegenstehenden Interessen am Prozess teilnehmen, regelmäßig der Beklagte). Wegen der verfassungsrechtlichen Bedenken gegen die Vorschrift ist der Begriff eng auszulegen.[18] Allerdings kann es nicht um die jeweiligen spezifischen Einzelinteressen der Beteiligten am Ausgang des Rechtsstreits gehen. Daher genügt es einerseits nicht schon, dass die Personen alle auf der Klägerseite (bzw. Beigeladenenseite) stehen, zumal das Klageziel – z.B. Erstreitung von Auflagen zur Genehmigung statt Anfechtung der gesamten Genehmigung – durchaus sehr verschieden sein kann und in diesem Falle der bestellte Bevollmächtigte nicht einheitlich handeln könnte, ohne den einen oder anderen Beteiligten zu übergehen. Andererseits kann aber nicht verlangt werden, dass alle dasselbe Klageziel mit den gleichen Argumenten erstreben wollen[19] oder den gleichen Klageantrag[20] stellen.

Die Lösung könnte darin liegen, dass ein *„materiell im wesentlichen gleiches Interesse"* verlangt wird. [17] Im Falle der Streitgenossenschaft nach § 64 wird dies regelmäßig gegeben sein. Im Übrigen liegt es vor,

---

14 V.a. in durch das Gericht erst verbundenen Verfahren gem. § 93 ist ein erheblicher Aufklärungs- und Beratungsbedarf der Beteiligten vorhanden.

15 Hierzu D. *Burhoff*, RVGreport 2011, 327, 328.

16 Wobei selbst die Regelungen über das Musterverfahren in der Praxis kaum angewendet werden, hierzu K. *Meier*, NVwZ 1998, 688, 694.

17 Eine Beteiligung an mehreren Verfahren gegen dieselbe behördliche Maßnahme, wie in § 93a vorgesehen, reicht gerade nicht aus.

18 K. *Schneider*, in: Gärditz § 67a Rn. 2. Ebenso zur Parallelvorschrift des § 18 VwVfG H. *Schmitz*, in: Stelkens/Bonk/Sachs § 18 Rn. 4.

19 Dahin tendierend aber offenbar C. *Meissner/W. Schenk*, in: Schoch/Schneider/Bier § 67a Rn. 8. Bei dieser Auslegung würde jedes neue Argument eines Beteiligten dazu führen, dass er nicht mehr „im gleichen Interesse" handelt und sich der Beteiligte dann dem gemeinsamen Bevollmächtigten allein aufgrund Vorbringens eines neuen Arguments entziehen könnte.

20 Für § 18 VwVfG wird gefordert, dass die Einwendungen inhaltlich auf dasselbe Ziel gerichtet sind, H. *Schmitz*, in: Stelkens/Bonk/Sachs § 18 Rn. 4 m.w.N.; i.R. des verwaltungsgerichtlichen Verfahrens ist diese Definition zu eng.

wenn die Beteiligten unabhängig von der formal-prozessualen Einkleidung ihres Begehrens inhaltlich soweit übereinstimmende Vorstellungen haben, dass zwischen ihnen mehr als unerhebliche Meinungsdifferenzen in Bezug auf den Prozessausgang nicht vorliegen und ein gemeinsamer Bevollmächtigter nicht übermäßig sich widersprechenden Weisungen ausgesetzt sein würde.

18   Zweifelhaft ist auch, ob es erforderlich ist, dass die Beteiligten derselben Beteiligten-Kategorie angehören müssen,[21] also ob es z.B. zulässig sein kann, dass Klägern und Beigeladenen derselbe gemeinsame Bevollmächtigte aufgezwungen werden kann. Die Beigeladenen sind während des Verfahrens ebenso Beteiligte wie Kläger und Beklagte und werden durch das Urteil nach § 121 gebunden. Typischerweise werden die Beigeladenen auch jeder für sich entweder dauerhaft den Interessen des Klägers oder des Beklagten nahe stehen. Sollte das Interesse der Beigeladenen zwischenzeitlich doch wechseln, bleibt ihnen nach Abs. 2 die Möglichkeit, sich eigene Bevollmächtigte zu suchen. Von daher sind gewichtige Argumente für eine solche rein prozessuale Differenzierung nicht zu erkennen.

19   c) **Noch nicht durch einen Prozessbevollmächtigten vertreten.** Schließlich dürfen diese Beteiligten noch nicht durch einen Prozessbevollmächtigten vertreten sein. Wie gesehen, begrenzt dies die Anwendbarkeit der Vorschrift auf Verfahren vor dem VG, da vor OVG und BVerwG ohnehin Vertretungszwang besteht (→ Rn. 10). Wer schon vertreten ist, unterfällt der Regelung des § 67 a nicht und kann auch nicht bei der Feststellung der erforderlichen Mindestanzahl mitgezählt werden.[22] Wer Prozessbevollmächtigter i.S.d. Abs. 1 ist, ergibt sich aus § 67 Abs. 2. Das führt dazu, dass der Prozessbevollmächtigte weder Rechtsanwalt noch Rechtslehrer an einer deutschen Hochschule sein muss, vielmehr reicht es auch aus, wenn ein geeigneter Beteiligter von den übrigen zum Prozessbevollmächtigten bestellt wird oder aber die Beteiligten sich jeweils gegenseitig bevollmächtigen, um aus dem Anwendungsbereich des § 67 a heraus zu fallen (zur Bestellung des Bevollmächtigten → Rn. 26).

20   d) **Beeinträchtigung der ordnungsgemäßen Durchführung des Rechtsstreits.** Das Gericht muss davon ausgehen, dass eine Beeinträchtigung der ordnungsgemäßen Durchführung des Rechtsstreits vorliegen würde, wenn kein gemeinsamer Bevollmächtigter bestellt wird. Dies setzt eine Prognoseentscheidung[23] des Gerichts voraus. Nicht geregelt ist, welche Umstände dafür in Betracht kommen. Sicher ist, dass es nicht auf den vielleicht miss- oder unverständlichen, widersprüchlichen oder unsachlichen Sachvortrag einzelner Beteiligter ankommen kann. Maßgeblich ist vielmehr, wie sich das Fehlen eines Bevollmächtigten aufgrund der großen Zahl von Beteiligten im bisherigen Verlauf des Verfahrens schon verzögernd oder störend ausgewirkt hat oder im Weiteren auswirken wird,[24] wobei es wegen der Regelung des § 56 a bei mehr als fünfzig Beteiligten wiederum nicht auf den Zustellungsaufwand ankommen kann.

21   Fraglich ist außerdem der Vergleichsmaßstab, ob also die Beeinträchtigung in Form einer Prognose für das Verfahren vor bzw. nach der Anordnung geprüft wird oder aber der Anwendungsbereich der Norm mit berücksichtigt wird. Letzteres würde der Wertung des Gesetzgebers, bereits vertretene Beteiligte führten zu einem geringeren Verzögerungsrisiko, Rechnung tragen. Da aber bereits die gegenseitige Bevollmächtigung eine Anwendung des § 67 a ausschließt, müsste dann bei jeder Verzögerung im Falle fehlender Vertretung überprüft werden, ob sie auch bei gegenseitiger Vertretung eintreten würde. Nur wenn das nicht der Fall wäre, könnte eine Anordnung nach § 67 a ergehen. Praktisch ist ein solcher Vergleich kaum durchführbar. Wird er aber unterlassen, so bleibt die gesetzgeberische Wertung unbeachtet, und zugleich werden der Grundsatz der Verhältnismäßigkeit und der Gleichheitsgrundsatz berührt.

22   Als Vergleichsmaßstab könnte auch die Konstellation herangezogen werden, dass bereits vor der Anordnung alle Beteiligten durch einen gemeinsam gewählten Bevollmächtigten vertreten waren. Der Unterschied zum bloßen Abstellen auf die Anordnung selbst liegt darin, dass die Postulationsfähigkeit der Beteiligten noch besteht. Beeinträchtigungen, die sich allein aufgrund der neben der Vertretung fortbestehenden Postulationsfähigkeit ergeben (etwa Gegenvorbringen oder Ergänzungen) dürften dann nicht berücksichtigt werden. Trotz verbleibender Vorbehalte ist diese Lösung als vorzugswürdi-

---

21   So aber *C. Meissner/W. Schenk*, in: Schoch/Schneider/Bier § 67 a Rn. 9.

22   *H. Schmitz*, in: Stelkens/Bonk/Sachs § 18 Rn. 5.

23   Allein das Gericht hat diese Frage zu beurteilen. Entgegen *W.-R. Schenke*, in: Kopp/Schenke § 67 a Rn. 4 liegt ein echter Beurteilungsspielraum aber nicht vor; ebenso *C. Meissner/W. Schenk*, in: Schoch/Schneider/Bier § 67 a Rn. 11.

24   Zu den Kriterien *C. Meissner/W. Schenk*, in: Schoch/Schmidt-Aßmann/Pietzner § 67 a Rn. 12.

ger Kompromiss anzusehen. Festzuhalten bleibt schließlich, dass durch die richterliche Anordnung die prognostizierte Gefahr für die ordnungsgemäße Durchführung des Prozesses gemindert werden muss.[25]

3. Anordnung der Bestellung eines gemeinsamen Bevollmächtigten nach S. 1. a) Ermessen des Ge- 23
richts. Liegen die Voraussetzungen 2. a)–d) vor (wegen des möglichen späteren Wegfalls einzelner Voraussetzungen → Rn. 41 f.), dann steht es im Ermessen des Gerichts, den Beteiligten aufzugeben, sich einen gemeinsamen Bevollmächtigten zu suchen und hierfür eine Frist festzusetzen. Das Gericht hat sein Ermessen zum Zwecke der Verfahrensbeschleunigung und Effektivitätserhöhung auszuüben.

b) Ein oder mehrere gemeinsame Bevollmächtigte. Unklar ist weiterhin, ob die Beteiligten statt eines 24
gemeinsamen auch mehrere gemeinsame Bevollmächtigte bestellen können, die entweder nur zusammen oder jeder allein alle oder Teile der Betroffenen vertreten sollen. Der Wortlaut legt zwar die Bestellung eines einzigen Bevollmächtigten nahe, schließt aber mehrere Bevollmächtigte auch nicht ausdrücklich aus, zumal es durchaus mehrere Beteiligtengruppen mit in sich gleichen und ansonsten verschieden gerichteten Interessen geben kann. Auch die Gesetzesmaterialien gehen von einer derartigen Möglichkeit aus (Regierungsentwurf zum 4. VwGOÄndG BT-Drs. 11/7030, 24).

c) Angemessene Frist. Was unter einer angemessenen Frist zu verstehen ist, lässt sich kaum allgemein 25
festlegen: Schon einundzwanzig Beteiligte werden sich schwerlich in kurzer Zeit auf einen gemeinsamen Bevollmächtigten einigen können, bei fünftausend Beteiligten dürfte dies schon an Unmöglichkeit grenzen. Hinzu kommt, dass § 67 a nur diejenigen Fälle erfasst, in denen die Beteiligten es nicht schon im Vorfeld geschafft haben, einen „Sprecher" zu finden und zum Bevollmächtigten zu bestellen sowie solche Fälle, in denen sich die Beteiligten erst aufgrund eines Verbindungsbeschlusses des Gerichts im selben Verfahren wiedergefunden haben und aus diesem Grunde weitere Kooperationsschwierigkeiten bestehen. Weiterhin werden bei der Fristberechnung die Gesamtzahl der Beteiligten und die Diversität der Klage- bzw. Beiladungsgründe sowie eventuell gescheiterte Bevollmächtigungsversuche im Vorfeld zu berücksichtigen sein. Auch kann das Gericht die organisatorischen Schwierigkeiten, denen es mit der Anordnung entgehen möchte, nicht den Beteiligten aufbürden – die Behinderung von Beteiligtenrechten ist nicht das Ziel des § 67 a.[26]

Legt man dies zugrunde, wird in den allermeisten Fällen eine Frist von weniger als einem Monat nicht 26
als angemessen betrachtet werden können,[27] eher werden sechs bis acht Wochen benötigt. Dies läuft allerdings den Zielen des § 67 a zuwider, da gerade ein Beschleunigungseffekt gewollt ist. Wird die Frist dagegen kürzer bemessen, dann ist eine Erfüllung der Anordnung schon aus tatsächlichen Gründen nahezu unmöglich, sodass die Anordnung ungeeignet und damit als rechtswidrig anzusehen wäre.

Noch problematischer ist die Fristbestimmung im Verfahren des *einstweiligen Rechtsschutzes*, das be- 27
sonders eilbedürftig ist und an sich durch jegliche längere Frist ad absurdum geführt wird. Insoweit lässt sich sagen, dass hier eine Monatsfrist bereits zu lang wäre. Die Schwierigkeiten lassen sich wohl nur so lösen, dass im Verfahren des einstweiligen Rechtsschutzes von einer Anwendung des § 67 a abgesehen wird.

d) Anordnung trotz erkannter Unmöglichkeit der Einigung. Erkennt das VG, dass die Beteiligten sich 28
aufgrund unterschiedlicher Sachinteressen überhaupt nicht auf einen gemeinsamen Bevollmächtigten einigen werden können, dann würde der Beschluss nach S. 1 ins Leere gehen und einen Verfahrensstillstand herbeiführen – er wäre dann auch ermessensfehlerhaft.

4. Bestellung eines gemeinsamen Vertreters durch das Gericht nach S. 2. a) Subsidiarität gegenüber 29
der Anordnung nach S. 1. Das Gericht kann durch *weiteren* Beschluss auch selbst einen Rechtsanwalt zum gemeinsamen Vertreter bestellen. Voraussetzung ist dafür zunächst ein Beschluss nach S. 1 und der Ablauf der vom Gericht bestimmten angemessenen Frist. Ein „Überspringen" des S. 1 lässt der Wortlaut nicht zu, weshalb weder dann, wenn das Gericht von vornherein absehen kann, dass ein gemeinsamer Bevollmächtigter nicht bestellt wird, noch dann, wenn die Frist dafür nicht angemessen ist, der „isolierte" Beschluss nach S. 2 als rechtmäßig angesehen werden kann.

---

25 Ebenso hinsichtlich der Parallelvorschrift des § 18 VwVfG *H. Schmitz*, in: Stelkens/Bonk/Sachs § 18 Rn. 6.
26 Ebenso zur Parallelregelung des § 18 VwVfG *H. Schmitz*, in: Stelkens/Bonk/Sachs § 18 Rn. 8.
27 *C. Meissner/W. Schenk*, in: Schoch/Schneider/Bier § 67 a Rn. 13.

30   **b) Rechtsanwalt und Übernahmepflicht.** Anders als bei S. 1 kann nach dem Wortlaut des S. 2 nur ein *Rechtsanwalt* zum Vertreter bestellt werden. Dies ist insofern bemerkenswert, als nach § 67 Abs. 4 S. 3 vor dem OVG und dem BVerwG auch Rechtslehrer an deutschen Hochschulen auftreten können. Die Gesetzesbegründung enthält keine Erklärung für diese Differenz. Denkbar wäre es, dass eine Bestellung der Hochschullehrer mit deren in Art. 5 Abs. 3 GG verbürgter Wissenschaftsfreiheit kollidieren könnte, indem diese zur Übernahme der Vertretung verpflichtet würden. Diese Überlegung trägt jedoch nicht, weil es dem Gericht mangels einer den §§ 48, 49 BRAO (Pflicht zur Übernahme der Prozessvertretung; Pflichtverteidigung) entsprechenden Regelung nicht möglich ist, einen Rechtsanwalt zwangsweise zu verpflichten. Wenn mit der Bestellung vor Zustimmung des Vertreters aber für diesen keine Pflichten verbunden sind und er jederzeit vom bestellten „Mandat" Abstand nehmen kann, ist auch für Hochschullehrer keine Beeinträchtigung ihrer Rechte (und Pflichten) erkennbar. Die Nichterwähnung der Hochschullehrer in § 67 a durch den Gesetzgeber lässt sich aber möglicherweise dadurch erklären, dass sie im Verfahren vor den einfachen VG nach der alten Rechtslage nicht geschäftsmäßig als Vertreter agieren durften und die Vertretung in Massenverfahren auf Geschäftsmäßigkeit schließen lassen könnte. Der Wegfall dieser Hindernisse muss zu dem Ergebnis führen, dass die Vorschrift sinngemäß auch auf Hochschullehrer ist.

31   **5. Verfahren für beide Anordnungen und Rechtsbehelfe.** Beide Anordnungen bedürfen eines gerichtlichen Beschlusses, der bei Übertragung der Sache nach § 6 vom Einzelrichter[28] und ansonsten von der Kammer zu treffen ist. Die Beteiligten sind vor Beschlussfassung wegen Art. 103 Abs. 1 GG zu hören. Dies lässt sich für die Anordnung nach S. 2 dadurch erfüllen, dass die Anordnung zur Bestellung eines gemeinsamen Bevollmächtigten nach S. 1 um eine Warnung vor der Rechtsfolge, nämlich eines Beschlusses nach S. 2, ergänzt wird. Nach § 122 Abs. 2 ist eine Begründung der Beschlüsse nicht erforderlich (aus verfassungsrechtlicher Sicht ist dies bedenklich → § 122 Rn. 4). Zur Erhöhung der Akzeptanz durch die Beteiligten ist eine Begründung dennoch ratsam, v.a. für den Beschluss nach S. 2. Die Anordnung, sich auf einen gemeinsamen Vertreter zu einigen, ist wegen § 56 Abs. 1 (Fristsetzung) allen Beteiligten zuzustellen, für den Beschluss nach S. 2 ist eine Zustellung und auch eine Verkündung (§ 122 Abs. 1 enthält keine Verweisung auf § 116) nicht erforderlich, es genügt die formlose Bekanntgabe.

32   Beide Beschlüsse sind nach S. 4 unanfechtbar und unterliegen gem. § 173 VwGO i.V.m. § 512 ZPO bzw. § 548 ZPO auch in einem anschließenden Berufungs- oder Revisionsverfahren nur sehr eingeschränkter Überprüfung in Bezug auf eine Verletzung des rechtlichen Gehörs (§ 138 Nr. 3). Durch die Zulassungsbedürftigkeit dieser Rechtsmittel ist der Rechtsschutz noch weiter eingeschränkt.

33   **6. Rechtsfolgen der Anordnungen.** a) Verlust der Postulationsfähigkeit. Mit Bestellung eines gemeinsamen Bevollmächtigten verlieren die einzelnen Beteiligten ihre Postulationsfähigkeit an den Vertreter. Dies gilt zumindest für alle Verfahrenshandlungen, die nach Verkündung bzw. Zustellung der Beschlüsse nach S. 1 oder 2 vorgenommen werden. Problematisch ist dagegen die Behandlung bereits gestellter, aber noch nicht entschiedener Anträge. Insofern kann jedoch nichts anderes gelten als beim Verlust der Prozessfähigkeit – und dort gilt nach § 62 VwGO i.V.m. § 130 Abs. 2 BGB, dass der Verlust der Prozessfähigkeit bereits gestellte Anträge nicht berührt. Auch die Postulationsfähigkeit wird damit nur ex nunc entzogen.

34   Damit ist allerdings noch nicht geklärt, ob die Postulationsfähigkeit schon mit Bekanntgabe (oder Zustellung) des Beschlusses oder erst mit tatsächlicher Bestellung des Bevollmächtigten erlischt. Dem Beschleunigungszweck würde genügt, wenn in der Zwischenzeit gestellte Anträge nicht mehr zulässig wären. Auf der anderen Seite würde den Beteiligten in der Zwischenzeit aber jedes rechtliche Gehör verweigert. Der Konflikt lässt sich auflösen, indem die nach Abs. 2 bestehende Möglichkeit, selbst einen Bevollmächtigten zu beauftragen, mit einbezogen wird. Dann kann der Beteiligte sich selbst wieder rechtliches Gehör verschaffen. Somit ist die Entziehung der Postulationsfähigkeit bereits mit Bekanntgabe des Beschlusses anzunehmen.

35   **b) Doppelstellung des Vertreters.** Der Vertreter – der selbst prozessfähig sein muss – wird in doppeltem Interesse tätig: Zum einen im Interesse der vertretenen Beteiligten, soweit sein Mandat reicht (also

---

28   Wobei die „Bedeutung der Sache" in Massenverfahren die Zuweisung an den Einzelrichter typischerweise ausschließen dürfte.

nicht für diejenigen Beteiligten, die schon vor der richterlichen Anordnung vertreten waren). Insoweit agiert er wie ein bestellter Prozessvertreter nach § 67. Auf der anderen Seite handelt er im Interesse des Gerichts zum Zwecke der Verfahrensbeschleunigung und hat diesen Gesichtspunkt bei seiner Tätigkeit ebenfalls zu berücksichtigen.

c) Weisungsfreiheit des Vertreters. Problematisch für den bestellten Vertreter ist es, dass eine dem 36 § 19 Abs. 1 S. 3 VwVfG entsprechende eindeutige Regelung über die Weisungsfreiheit fehlt.[29] Zwar ist der Rechtsanwalt nach § 1 BRAO unabhängiges Organ der Rechtspflege, doch darf er ebenso wenig widerstreitende Interessen vertreten (§ 43a Abs. 4 BRAO) und ist aus dem Prozessvertretungsverhältnis folgend im Grundsatz an Weisungen gebunden. Der nach S. 1 Bevollmächtigte wird durch den ihm erteilten Auftrag an Weisungen gebunden, von denen er nur nach Maßgabe des § 665 BGB abweichen darf. Dies dient auch der Prozessmaxime der Dispositionsfreiheit der Beteiligten, die durch einen weisungsfreien Vertreter unterlaufen würde, etwa wenn erstere das Verfahren beenden wollen. Die Weisungsbindung begünstigt auf der anderen Seite Verzögerungen durch sich widersprechende Einzelweisungen aufgrund von Abstimmungsschwierigkeiten zwischen den einzelnen Beteiligten.

d) Vergütung des bestellten Bevollmächtigten nach S. 1. Eine Vergütung des von den Beteiligten be- 37 stellten Bevollmächtigten nach S. 1 ist gesetzlich nicht gesondert geregelt. Insofern gelten die allgemeinen Bestimmungen sowie eventuelle vertragliche Absprachen.

e) Vergütung des gerichtlich bestellten Rechtsanwalts nach S. 2. Durch die Bestellung wird ein gesetz- 38 liches Schuldverhältnis zwischen Rechtsanwalt und den von ihm vertretenen Beteiligten begründet, kraft dessen er von diesen Vergütung nach den Gebührensätzen des RVG für mehrere Auftraggeber verlangen kann. Die Beteiligten haften ihm als Gesamtschuldner und sind untereinander gem. § 426 BGB ausgleichspflichtig. Bei Zahlungsverzug der Beteiligten kann der Rechtsanwalt Vergütung aus der Landeskasse verlangen (§ 45 Abs. 2 RVG).[30]

7. Erlöschen der Vertretungsbefugnis. a) Anzeige der Beendigung nach Abs. 2. Das durch Anord- 39 nung des Gerichts aufgegebene oder herbeigeführte Mandat kann sowohl vom Vertreter (allerdings nur mit Wirkung für alle Beteiligten) als auch von jedem einzelnen Beteiligten beendet werden. Die Beendigung muss dem Gericht gegenüber schriftlich oder zu Protokoll (→ Rn. 2)[31] angezeigt werden. Die Vertretenen[32] müssen allerdings für die Beendigung ihres Mandats einen neuen Bevollmächtigten nachweisen, was freilich auch wieder durch gegenseitige Bevollmächtigung geschehen kann. Abs. 2 ist ein Zugeständnis des Gesetzgebers, aber aus rechtsstaatlichen Gründen (Art. 103 Abs. 1 GG) und dem Recht auf den frei gewählten Prozessvertreter (BVerfGE 14, 263, 287; 39, 156, 163) erforderlich gewesen.

Legt der bestellte oder beauftragte Vertreter das Mandat nieder, dann kann das Gericht einen neuen 40 Beschluss nach § 67a fassen und den Beteiligten wieder eine Frist zur Beauftragung eines gemeinsamen Bevollmächtigten setzen.[33] Die Bestellung eines Vertreters durch das Gericht selbst kann aufgrund des Wortlauts des Abs. 1 S. 2 nicht schon dann erfolgen, wenn der aufgrund von Abs. 1 S. 1 beauftragte Bevollmächtigte sein Mandat niederlegt. Nur in dem Fall, dass der nach Abs. 1 S. 2 bestellte Vertreter sein Mandat niedergelegt hat, kann das Gericht von sich aus einen neuen Vertreter bestellen.

b) Späterer Wegfall von Voraussetzungen des Abs. 1. Denkbar ist es auch, dass infolge Klagerücknah- 41 me, Trennung der Verfahren (§ 93), nachträglich zu erkennender gravierender Interessengegensätze oder in anderer Weise etwa die Anzahl der Beteiligten auf weniger als einundzwanzig sinkt; dann würden die Voraussetzungen des Beschlusses an sich wieder entfallen. Dieser Fall ist vom Gesetzgeber anders als z.B. in § 56a nicht ausdrücklich geregelt worden. Der Beschluss wird daher durch Änderung der Sachlage nicht rechtswidrig und muss nicht von Amts wegen aufgehoben werden. Auf Antrag des

---

29 Wobei die Weisungsfreiheit in § 19 VwVfG gerade auf der Erwägung beruht, dass nur bei einem freien Mandat die faktische Handlungsfähigkeit gewährleistet bleibt, *H. Schmitz*, in: Stelkens/Bonk/Sachs § 19 Rn. 8.
30 Hierzu *D. Burhoff*, RGVreport 2011, 327, 328.
31 In der bis zum 31.12.2017 gültigen Fassung schriftlich oder zur Niederschrift.
32 Anders offenbar *W.-R. Schenke*, in: Kopp/Schenke § 67a Rn. 11, der auch vom Vertreter verlangt, dass er einen neuen Bevollmächtigten benennt.
33 *C. Meissner/W. Schenk*, in: Schoch/Schneider/Bier § 67a Rn. 19.

Prozessbevollmächtigten und eines Vertretenen ist das Gericht aber aus Gründen der Rechtssicherheit gehalten, den Beschluss aufzuheben.

42   Für jeden Beteiligten besteht nach Wegfall der Voraussetzungen des Abs. 1 die Möglichkeit, dem gemeinsamen Vertreter das Mandat zu entziehen. Aus Gründen der Rechtssicherheit – gerade wegen der Auswirkungen auf die Postulationsfähigkeit – ist in diesem Fall eine Anzeige gegenüber dem Gericht nach Abs. 2 erforderlich,[34] was sich auch aus dem Rechtsgedanken des § 171 Abs. 2 BGB ergibt. Liegen die Voraussetzungen des Abs. 1 objektiv nicht mehr vor, muss ein anderer Bevollmächtigter nicht mehr bestellt oder angezeigt werden, andernfalls würden die Anforderungen überspannt.[35]

---

34   So auch C. *Meissner*/W. *Schenk*, in: Schoch/Schneider/Bier § 67 a Rn. 21.
35   Ebenso C. *Meissner*/W. *Schenk*, in: Schoch/Schneider/Bier § 67 a Rn. 20.

§ 68 [Vorverfahren]

(1) ¹Vor Erhebung der Anfechtungsklage sind Rechtmäßigkeit und Zweckmäßigkeit des Verwaltungsakts in einem Vorverfahren nachzuprüfen. ²Einer solchen Nachprüfung bedarf es nicht, wenn ein Gesetz dies bestimmt oder wenn

1. der Verwaltungsakt von einer obersten Bundesbehörde oder von einer obersten Landesbehörde erlassen worden ist, außer wenn ein Gesetz die Nachprüfung vorschreibt, oder
2. der Abhilfebescheid oder der Widerspruchsbescheid erstmalig eine Beschwer enthält.

(2) Für die Verpflichtungsklage gilt Absatz 1 entsprechend, wenn der Antrag auf Vornahme des Verwaltungsakts abgelehnt worden ist.

Schrifttum

1. Monographien und Beiträge in Festschriften: *E. Allesch*, Die Anwendbarkeit der VwVfG auf das Widerspruchsverfahren nach der VwGO, 1984; *R. Breuer*, Verwaltungsrechtsschutz und Widerspruchsverfahren, in FS Steiner, 2009, 92; *M.-E. Geis*, Mehr Handlungsfreiheit durch Rücknahme der verwaltungsgerichtlichen Kontrolldichte? in: Ziekow (Hrsg.), Handlungsspielräume der Verwaltung, 1999, 97; *H. Hofmann*, Das Widerspruchsverfahren als Sachentscheidungsvoraussetzung und als Verwaltungsverfahren, in: FS Menger, 1985, 605; *H. Köstering/A. Günther*, Das Widerspruchsverfahren als Voraussetzung des Verwaltungsprozesses, 1983; *F. O. Kopp*, Die Rechtsschutzfunktion des Widerspruchsverfahrens nach §§ 68 ff. VwGO in: FS Redeker, 1993, 543; *C. Lenk*, Eine vernachlässigte Alternative: Das verwaltungsinterne Widerspruchsverfahren, in: Udo Kempf/Herbert Uppendahl (Hrsg.), Ein deutscher Ombudsman. Der Bürgerbeauftragte von Rheinland-Pfalz, 1986, 245; *A. v. Mutius*, Das Widerspruchsverfahren der VwGO als Verwaltungsverfahren und Prozeßvoraussetzung, 1969; *M. Oerder*, Das Widerspruchsverfahren der Verwaltungsgerichtsordnung, 1989; *U. Meier*, Die Entbehrlichkeit des Widerspruchsverfahrens, 1992; *D. Oppermann*, Die Funktionen des verwaltungsgerichtlichen Vorverfahrens (Widerspruchsverfahrens) in Baurechtssachen aus rechtlicher und rechtstatsächlicher Sicht, 1997; *P. Stegelmann-Nolten*, Das Widerspruchsverfahren analog § 113 Abs. 1 S. 4 VwGO, der allgemeinen Leistungsklage, der Untätigkeitsklage, der Feststellungsklage und dem verwaltungsgerichtlichen Normenkontrollverfahren, 1994; *G. Sydow/S. Neidhardt*, Verwaltungsinterner Rechtsschutz, 2007; *Ch. Trzaskalik*, Das Widerspruchsverfahren der Verwaltungsgerichtsordnung im Lichte der allgemeinen Prozeßrechtslehre, 1972; *P. Weides*, Verwaltungsverfahren und Widerspruchsverfahren, ³1993.

2. Beiträge in Zeitschriften: *K. A. Bettermann*, Das erfolglose Vorverfahren als Prozeßvoraussetzung des verwaltungsgerichtlichen Verfahrens, DVBl 1959, 308; *H. Biermann*, Das Widerspruchverfahren unter Reformdruck – Förmliche verwaltungsinterne Kontrolle als nutzloses und kostenintensives Auslaufmodell?, DÖV 2008, 395; *H. Clasen*, Zur Frage der Verfassungsmäßigkeit des Verwaltungsvorverfahrens als Voraussetzung des Verwaltungsprozesses, NJW 1958, 861; *M. Deubert*, Art. 15 Nr. 20 AGVwGO – ein Beitrag zur Systemgerechtigkeit, BayVBl 2002, 423; *H. Dreier*, Fortsetzungsfeststellungswiderspruch und Kostenentscheidung bei Erledigung des Verwaltungsaktes im Vorverfahren, NVwZ 1987, 474; *D. Ehlers*, Die Problematik eines Vorverfahrens nach der gerichtlichen Aussetzung der Untätigkeitsklage, NJW 1976, 71; *J. Eschenbach*, Sofortige Klage gegen die Kostenentscheidung im Widerspruchsverfahren?, KStZ 1998, 21; *P. Fischer-Hüftle*, Nochmals – Zur reformatio in peius im Widerspruchsverfahren, BayVBl 1989, 229; *H. Freitag*, Die r. i. p. im Verwaltungsverfahren, VerwArch 56 (1965), 314; *H. Geiger*, Die Neuregelung des Widerspruchsverfahrens durch das AGVwGO, BayVBl 2008, 161; *M.-E. Geis/S. Hinterseh*, Grundfälle zum Widerspruchsverfahren, JuS 2001, 1074, 1176; 2002, 34; *A. Guckelberger/S. Heimpel*, Das Widerspruchsverfahren und seine Besonderheiten im Saarland, LKRZ 2009, 246; *I. Härtel*, Rettungsanker für das Widerspruchsverfahren?, VerwArch 98 (2007), 54; *G. Heiß/T. Schreiner*, Zum fakultativen Vorverfahren nach Art, 15 Abs. 1 BayAGVwGO n.F., BayVBl 2007, 616; *H. Heberlein*, Der Verwaltungsakt mit Doppelwirkung im Sofortverfahren, BayVBl 1991, 396; *S. Hinterseh*, Verwaltungsinterner Widerspruchsverfahren, JA 2004, 83; *J. Hofmann-Hoeppel*, Statistik als Wille und Vorstellung. Zu den rechtstatsächlichen Grundlagen der Verlängerung der Verlängerung des Modellversuchs zur Abschaffung des Widerspruchsverfahren im Regierungsbezirk Mittelfranken, BayVBl 2007, 73; *T. Holzner*, Die Abschaffung des Widerspruchsverfahrens – Problemstellung und rechtliche Erwägungen, DÖV 2008, 217; *H. Jäde*, Aufwendungen Drittbeteiligter im Widerspruchsverfahren, BayVBl 1989, 201; *T. Kingreen*, Zur Zulässigkeit der reformatio in peius im Prüfungsrecht, DÖV 2003, 1; *Th. Klindt*, Die reformatio in peius im Widerspruchsverfahren – Fallbeispiele, NWVBl 1996, 452; *R. Klüsener*, Die Bedeutung der Zweckmäßigkeit neben der Rechtmäßigkeit in § 68 I 1 VwGO, NVwZ 2002, 816; *J. Kniesch*, Zur Verfassungsmäßigkeit des Vorverfahrens der Verwaltung als Voraussetzung des Verwaltungsgerichtsprozesses, NJW 1958, 576; *K. W. Lotz*, Zur Abgrenzung von Rechtsschutzaufgaben von Widerspruchsbehörde, Verwaltungsgericht und Verwaltungsgerichtshof, BayVBl 1987, 738; *H. Mandelartz*, Die reformatio in peius im Widerspruchsverfahren, VR 1978, 133; *S. Müller-Grune/J. Grune*, Abschaffung des Widerspruchsverfahrens – Ein Bericht zum Modellversuch in Mittelfranken, BayVBl 2007, 65; *R. Niethammer*, Gerichtskontrolle von Verwaltungsakten mit Doppelwirkung bei Widerspruchsbescheid zur Sache trotz Verfristung, NJW 1981, 1544; *D. Oppermann*, Verfahrensbeschleunigung auf Kosten der Verwaltungsgerichtsbarkeit?, Die Verwaltung 30 (1997), 517; *R. Pietzner*, Zur reformatio in peius im Widerspruchsverfahren, VerwArch 80 (1989), 50, und VerwArch 81 (1990), 261; *D. Presting*, Zur Notwendigkeit des Widerspruchsverfahrens, DÖV 1976, 269; *L. Renck*, Probleme des verwaltungsgerichtlichen Vorverfahrens, DÖV 1973, 264; *ders.*, Reformatio in peius im Widerspruchsverfahren?, BayVBl 1974, 639; *ders.*, Zuordnung des Widerspruchsverfahrens zum gerichtlichen Verfahren oder Verwaltungsverfahren?, NJW 1980, 1011; *B. Renz*, Die Kompetenzen der Widerspruchsbehörde und die reformatio in peius, DÖV 1991, 138; *U. Rüssel*, Zukunft des Widerspruchsverfahrens, NVwZ 2006, 523; *W.-R. Schenke*, Der Anspruch des Widerspruchsführers auf Erlaß eines Widerspruchsbescheids und seine gerichtliche Durchsetzung, DÖV 1996, 529; *ders.*, Der Anspruch des Widerspruchsführers auf Erlaß eines Widerspruchsbescheids und seine gerichtliche Durchsetzung, DÖV 1996, 529; *C. von Schledorn*, Zulässigkeit einer Klage auf Widerspruchsbescheidung,

NVwZ 1995, 250; *P. Schneider*, Zum Ausschluß des verwaltungsgerichtlichen Vorverfahrens in Sachsen-Anhalt bei Identität der Ausgangs- und Widerspruchsbehörde, LKV 2004, 207; *F. Schoch*, Das Widerspruchsverfahren nach §§ 68 ff. VwGO, Jura 2003, 752; *K. Schönenbroicher*, Leitziele und kernpunkte der Reformen des Widerspruchsverfahrens, NVwZ 2009, 1144; *W. Schütz*, Die Behandlung des verspäteten Widerspruchs, NJW 1981, 2785; *K. D. Schweiger*, Zur Frage des Vorverfahrens bei einer verwaltungsgerichtlichen Klageänderung, DVBl 1967, 860; *G. Siegmund-Schultze*, Zur Frage der Klage vor dem Verwaltungsgericht bei verspätetem Widerspruch, DVBl 1965, 91; *W. Skouris*, Bescheidungsform bei Identität von Ausgangs- und Widerspruchsbehörde, DÖV 1982, 133; *C. Steinbeiß-Winkelmann*, Abschaffung des Widerspruchsverfahrens – ein Fortschritt?, NVwZ 2009, 686; *R. Stich*, Was ist bei fehlendem Vorverfahren zu tun?, DVBl 1960, 378; *P. Theuersbacher*, Die Zulässigkeit der „reformatio in peius" durch die Widerspruchsbehörde, BayVBl 1978, 18; *H. Topel*, Zur Zulässigkeit der reformatio in peius im Widerspruchsverfahren, BayVBl 1988, 9; *J. Unterreitmeier*, Die Neuregelung des Widerspruchsverfahrens in Bayern, BayVBl 2007, 609; *M. Wallerath*, Verspätete Einlegung des Widerspruchs, Wiedereinsetzung in den vorigen Stand und Zweitbescheid, DÖV 1970, 653; *P. Weides/R. Bertrams*, Die nachträgliche Verwaltungsentscheidung im Verfahren der Untätigkeitsklage, NVwZ 1988, 673; *F. Wind*, Zum Rechtsschutz im Beamtenverhältnis – Besonderheiten des beamtenrechtlichen Widerspruchsverfahrens, ZBR 1984, 167.

Geis

I. Das Wesen des Vorverfahrens

1. Zwecke des Vorverfahrens. Das in der VwGO geregelte Vorverfahren (Widerspruchsverfahren) [1] verfolgt nach dem Willen des Gesetzgebers und der ganz h.M. in der Lit. drei Zwecke:[1]

(1) den Schutz individualer Rechte und Interessen des einzelnen Bürgers *(Rechtsschutzfunktion)*;
(2) die Möglichkeit der Verwaltung zur internen Selbstkontrolle *(Kontrollfunktion)*;
(3) die Entlastung der Verwaltungsgerichtsbarkeit *(Entlastungsfunktion)*.

Diese drei Zwecke verhalten sich nicht immer spannungsfrei zueinander. Gleichwohl stehen sie gleich- [2] berechtigt nebeneinander. Es wäre daher falsch, einen der genannten Zwecke zulasten der anderen überzubetonen oder auch für bestimmte Fälle ganz zurücktreten zu lassen.[2] Spricht etwa die Rechtsschutzfunktion für eine Intensivierung verwaltungsgerichtlichen Rechtsschutzes, so spricht die Entlastungsfunktion eher dagegen. Wegen der unterschiedlichen Perspektiven ist es nicht schwer, nahezu jedes gewünschte Auslegungsergebnis mit einem der genannten Zwecke zu rechtfertigen. Der Rückgriff auf den Gesetzeszweck ist daher nur dann methodisch tauglich, wenn eine Interpretation im Einzelfall versucht, i.S. einer Art „praktischer Konkordanz" allen drei Zwecken so weit wie möglich gerecht zu werden.

a) Die Rechtsschutzfunktion. Das Vorverfahren dient in erster Linie dem Rechtsschutz der vom staat- [3] lichen Handeln betroffenen Person.[3]

---

1 Dazu bereits die Begründung zum ersten Regierungsentwurf einer VwGO von 1959 (BT-Drs. 1/4278, 40 zu § 70), sowie BT-Drs. III/1094, 7 f., 40 f. Ebenso BVerfGE 40, 237, 255; BVerwGE 4, 203, 204; 26, 161, 166 f.; 40, 25, 28 f.; 51, 310, 314; 61, 45, 48; *A. v. Mutius*, Widerspruchsverfahren, 1969, 114 ff.; *Ule* § 23 I; *Ferdinand O. Kopp*, Verfassungsrecht und Verwaltungsverfahrensrecht, 1971, 93, 192, 227, 245; *Pietzner/Ronellenfitsch* Rn. 1029 ; *H. Hofmann*, FS Menger, 1985, 605; *T. Langohr*, DÖV 1987, 138, 140; *H. Jäde*, BayVBl 1989, 201, 203; *Hufen* § 5 Rn. 15; *M. Oerder*, Widerspruchsverfahren, 1989, 54 ff.; *M.-E. Geis/S. Hinterseh*, JuS 2001, 1074; *F. Schoch*, Jura 2003, 752.
2 A.M. *G. Dapprich*, DVBl 1960, 194; *M. Oerder*, Widerspruchsverfahren, 1989, 56 f.
3 *U. Meier*, Entbehrlichkeit, 1992, 10 ff.; *M. Oerder*, Widerspruchsverfahren, 1989, 55; *M.-E. Geis/S. Hinterseh*, JuS 2001, 1074; *F. Schoch*, Jura 2003, 752.

aa) **„Rechtsschutz"**.   „Rechtsschutz" ist dabei inhaltlich weiter zu verstehen als der gerichtliche Rechtsschutz i.S.d. Art. 19 Abs. 4 GG:[4] Wenn § 68 Abs. 1 S. 1 sowohl Recht- *und* Zweckmäßigkeit der behördlichen Entscheidung zum Prüfungsgegenstand macht, geht das über die Prüfung der Verletzung subjektiv öffentlicher Rechte durch die öffentliche Gewalt hinaus. Erfasst wird damit auch der Schutz sonstiger Interessen, auch wenn sie ihrer Art nach den Charakter eines subjektiv-öffentlichen Rechts nicht erreichen.

4   Die Formulierung des § 68 Abs. 1 S. 1 ist insoweit allerdings missverständlich, als eine Zweckmäßigkeitsprüfung nur im Bereich der Ermessensverwaltung in Betracht kommt; im Bereich der gebundenen Verwaltung gibt es naturgemäß nur eine Rechtmäßigkeitskontrolle. Daher ist eine pauschale analoge Anwendung von Normen des Klageverfahrens, etwa von § 42 Abs. 2 oder § 113 Abs. 1, zumindest ungenau.

5   **bb) Subjektives Recht auf Durchführung eines Vorverfahrens.**   Nach Ansicht der Rspr. hat der Einzelne keinen subjektiven Anspruch auf Durchführung des Widerspruchsverfahrens; eine entsprechende Klage auf Erlass eines Widerspruchsbescheids sei unzulässig.[5] Dies folge daraus, dass die §§ 68 ff. aus Gründen der Gesetzgebungskompetenz nur *prozessuale* Rechte und Pflichten, nicht aber *materielle* regeln können. Auch seien in der nachträglich eingeführten Untätigkeitsklage (§ 75) die möglichen Konstellationen detailliert und offenbar erschöpfend geregelt; dies deute darauf hin, dass der Gesetzgeber bei Untätigkeit der Verwaltung die unmittelbare Zulässigkeit der Klage nach einem Zeitraum von drei Monaten als *ausschließliche* Rechtsfolge bestimmen wollte.[6]

6   Demgegenüber soll nach verbreiteter Literaturmeinung dem Schutz der rechtlichen Interessen des Einzelnen ein subjektiver Anspruch auf Durchführung eines Vorverfahrens und auf Erlass eines Widerspruchsbescheids korrespondieren,[7] der auch mit der Verpflichtungsklage (Bescheidungsklage) durchsetzbar sei.[8] Hierfür sprechen auch gute Gründe. Folgt man der hier weiter unten vertretenen Ansicht, dass die Kompetenz kraft Sachzusammenhangs auch materiellrechtliche Regelungen gestatte (→ Rn. 31), so ist die Annahme eines rein prozessualen Charakters der §§ 68 ff. nicht zwingend. Dafür spricht auch der Wortlaut des § 73, der offenbar von einer Pflicht zum Erlass eines Bescheids ausgeht (die als solche auch keinen *prozessualen* Charakter hat). Doch auch dem Sinn und Stellenwert des Vorverfahrens wird die zweite Meinung mehr gerecht, denn die Option des § 75 könnte die Widerspruchsbehörden dazu verleiten, unliebsame Entscheidungen „auszusitzen" und damit auf die VG abzuwälzen. Wäre in diesem Fall die Untätigkeitsklage der ausschließliche Weg zum Rechtsschutz, so könnte Untätigkeit verwaltungsstrategisch als gezielte psychologische Hürde für die Inanspruchnahme von Rechtsschutz eingesetzt werden, da Kostenaufwand und -risiko im Klagefall bedeutend höher sind als im Widerspruchsverfahren. Dies widerspräche nicht nur der Rechtsschutzfunktion des Vorverfahrens, sondern stünde sowohl dem Zweck der internen Selbstkontrolle der Verwaltung als auch der angestrebten Entlastung der Gerichte diametral entgegen.[9]

7   Ein unbestreitbares Interesse an einem subjektiven Anspruch auf den Erlass eines Widerspruchsbescheids besteht schließlich im Falle der Anfechtung (oder des Erlasses) von Ermessensverwaltungsakten.[10] Da im Fall des § 75 eine Ermessensprüfung nur noch nach Maßgabe von § 114 erfolgt, könnte die Behörde durch Untätigkeit eine Zweckmäßigkeitsprüfung verhindern. Sinn des § 75 ist es aber nicht, den Widerspruchsführer bei Untätigkeit der Behörde *schlechter* zu stellen als dies nach dem „normalen" Gang der Dinge der Fall wäre. Vielmehr bezweckt die Vorschrift, den Widerspruchsführer gegen unangemessene Verzögerung und drohenden Zeitverlust zu schützen,[11] also eine Verbesserung seiner Stellung. Eine Auslegung, die ihm stattdessen eine zusätzliche Kontrollinstanz abschneidet,

---

4   Vgl. *M.-E. Geis/S. Hinterseh*, JuS 2001, 1074.

5   VGH Mannheim ESVGH 43, 142; NVwZ 1995, 280; VGH München BayVBl 1976, 241; *P. Weides*, Verwaltungsverfahren und Widerspruchsverfahren, 248.

6   VGH München BayVBl 1976, 241; *M. Oerder*, Widerspruchsverfahren, 1989, 88 ff., 93, 130.

7   BVerwGE 29, 239, 243; BSG NJW 1984, 1422, 1424; VGH Kassel DVBl 1967, 858, 859. Unentschieden dagegen VGH Kassel DÖV 1974, 537; aus der Lit. *Kopp/Schenke* Vorbem. § 68 Rn. 13.

8   BGH NJW 1984, 2516, 2519; BSG NJW 1984, 1422, 1424; *W.-R. Schenke*, DÖV 1996, 541; *C. v. Schledorn*, NVwZ 1995, 250.

9   Vgl. BVerwG NVwZ 1987, 969; *Hufen* § 15 Rn. 26.

10   So schon *K. A. Bettermann*, NJW 1960, 1081, 1088; *Ferdinand O. Kopp*, Verfassungsrecht und Verwaltungsverfahrensrecht, 1971, 126; *C. v. Schledorn*, NJW 1995, 250, 251.

11   *P. Weides/R. Bertrams*, NVwZ 1988, 673; *Kopp/Schenke* § 75 Rn. 1; vgl. auch die Kommentierung zu § 75.

ist daher abzulehnen. Davor schützt auch die Kostenlastregelung des § 161 Abs. 3 nur unzureichend, da diese den Beklagten iSd § 78 Abs. 1, nicht jedoch – ausgenommen in den Fällen des § 78 Abs. 1 Nr. 2, Abs. 2 – die Widerspruchsbehörde als solche trifft.[12]

Ein Bedürfnis nach einer verwaltungsbehördlichen Kontrolle besteht insbes., wenn bei sofortig voll- 8 ziehbaren Ermessensverwaltungsakten gleichzeitig Widerspruch erhoben und ein Antrag auf aufschiebende Wirkung nach § 80 Abs. 5 gestellt wird: In diesem Fall geht von der summarischen Rechtmäßigkeitsprüfung im vorläufigen Rechtsschutz eine faktische Präjudizwirkung aus, die Zweckmäßigkeitserwägungen nicht berücksichtigt.[13]

Nimmt man also die Zwecksetzungen des Vorverfahrens ernst, so ist ein klagbarer Anspruch auf seine 9 Durchführung zumindest in diesen Fällen anzuerkennen.[14]

Von der Frage nach dem Anspruch auf Durchführung des Vorverfahrens sorgfältig zu unterscheiden 10 ist allerdings die Frage, ob für eine solche Bescheidungsklage auch ein *Rechtsschutzbedürfnis* besteht, wenn der Widerspruchsführer sein Ziel ohnehin bereits mit einer Klage nach § 75 – und dann möglicherweise schneller – erreichen könnte und das Kostenrisiko in beiden Fällen das Gleiche wäre. Für den Bereich der gebundenen Verwaltung wird man dies im Regelfall verneinen müssen; die Bescheidungsklage wird regelmäßig nicht schneller zum Ziel führen als die Untätigkeitsklage, auch fällt in beiden Fällen das gleiche Kostenrisiko an.

Anders ist es jedoch im Falle einer Änderung der Sach- und Rechtslage zugunsten des Betroffenen 11 nach Erlass eines Verwaltungsaktes. Nach h.M. ist nur die Widerspruchsbehörde berechtigt, neue Tatsachen und Einwendungen zu berücksichtigen.[15] Ein klageweise durchsetzbarer Anspruch auf Erlass eines Widerspruchsbescheids bleibt daher im Rechtsschutzinteresse des Betroffenen sinnvoll.[16]

Von vornherein anders ist es im Bereich der Ermessensverwaltung. Da die Untätigkeitsklage – wie er- 12 wähnt – als Anfechtungs- wie als Verpflichtungsklage nur zu einer Rechtmäßigkeitskontrolle führt (§ 113 Abs. 1 S. 1, Abs. 5) und nur die Überprüfung von Ermessens*fehlern* gestattet (§ 114), ginge dem Widerspruchsführer die gesetzlich vorgesehene Instanz der Zweckmäßigkeitsüberprüfung verloren.[17] Insofern ist eine Klage kein adäquater Ersatz. Im Bereich der Ermessensverwaltung ist daher das Rechtsschutzbedürfnis für eine Klage auf Erlass eines Widerspruchsbescheids stets zu bejahen.[18]

cc) Vorverfahren und Grundrechtsschutz. Da die Rechtschutzfunktion ein prägendes Element des 13 Vorverfahrens ist, liegt die Frage nach dem Verhältnis zur Rechtsschutzgarantie des Art. 19 Abs. 4 GG nahe. Da diese jedoch nur den gerichtlichen Rechtsschutz betrifft, ist das Vorverfahren verfassungsrechtlich weder geschützt noch geboten.[19] Andererseits ist es unter dem Aspekt effektiven Rechtsschutzes dem Gesetzgeber auch nicht verboten, ein Vorverfahren vorzusehen. Zwar verzögert sich durch das Vorschalten des Widerspruchsverfahrens der Weg zum Gericht, jedoch wegen § 75 um maximal drei Monate. Dies ist unter dem Aspekt, dass auch das Widerspruchsverfahren dem Rechtsschutz dient und sogar zu einer schnelleren Beseitigung der Beschwer führen kann, hinnehmbar (ebenso BVerfGE 40, 237, 256 f.).

Auch wenn man den Staat aufgrund objektiv-rechtlicher Grundrechtsseiten als verpflichtet ansieht, 14 Verfahren so zu gestalten, dass der Grundrechtsschutz möglichst optimiert wird und dem Grundrechtsschutz durch Verfahren auch faktisch eine wesentliche Bedeutung für die Grundrechtsverwirklichung zukommt,[20] so folgt daraus doch nicht, dass der Gesetzgeber konkret verpflichtet wäre, ein verwaltungsprozessuales Vorschaltverfahren vorzusehen (BVerfGE 60, 253, 291). Vielmehr muss es dem einfachen Gesetzgeber vorbehalten bleiben, in welcher Art und Weise er seinen grundrechtlichen Schutzpflichten nachkommt.[21]

---

12 A.M. *M. Oerder*, Widerspruchsverfahren, 1989, 93, 130.
13 So richtig *C. v. Schledorn*, NJW 1995, 251.
14 Dazu *W.-R. Schenke*, DÖV 1996, 538 ff.
15 Statt vieler *F. Kopp*, FS Menger, 1985, 693, 699.
16 *C. v. Schledorn*, NVwZ 1995, 251.
17 Vgl. *U. Meier*, Entbehrlichkeit, 1992, 105.
18 Ebenso *F. Kopp*, FS Redeker, 1993, 551; *W.-R. Schenke*, DÖV 1996, 537; *C. v. Schledorn*, NVwZ 1995, 250.
19 BVerfGE 35, 65, 72 f.; 60, 253, 291; 69, 1, 48; BVerwG BayVBl 1993, 501, 502; *H. Topel*, BayVBl 1988, 9.
20 Vgl. statt vieler *E. Denninger*, HdbStR V § 113 m.w.N.
21 Dazu statt vieler *J. Isensee*, HdbStR V § 111 Rn. 151 f. m.w.N.

15 **dd) Vorverfahren und Gewaltenteilung.** Schließlich wird durch das Vorverfahren auch nicht in den Aufgabenbereich der Judikative eingegriffen; ungeachtet seiner Vorschaltfunktion für den Verwaltungsprozess handelt es sich um Verwaltungstätigkeit. Es liegt daher kein Verstoß gegen den Gewaltenteilungsgrundsatz vor.[22]

16 **b) Die Kontrollfunktion.** Das Widerspruchsverfahren dient über die Rechtsschutzfunktion hinaus der Herbeiführung einer *objektiv* richtigen Entscheidung. Es löst sich damit von der Kategorie des subjektiv öffentlichen Rechts, das Voraussetzung *gerichtlichen* Rechtsschutzes ist (Art. 19 Abs. 4 GG, § 42 Abs. 2). Einmal überprüfen im Streitfall die Erstbehörde als auch die Widerspruchsbehörde unabhängig voneinander sowohl die *rechtlichen* als auch die *tatsächlichen* Entscheidungsgrundlagen.[23] Zum andern erzeugt im Regelfall die Überprüfung der untergeordneten Behörde durch die ihr vorgesetzte Behörde einen Rückkopplungseffekt für die Zukunft, durch den die Erstbehörde ganz allgemein zur Sorgfalt angehalten[24] und eine einheitliche Verwaltungspraxis sichergestellt wird; beide Umstände kommen der Objektivierung der Entscheidungsfindung zugute. Bisweilen wird die Verwirklichung dieses Ziels etwas pauschal auch damit begründet, dass die Widerspruchsbehörde „besonders fachlich qualifiziert" sei.[25] Dies wertet die erste Verwaltungsinstanz unnötig ab; die größere Orts- und Sachnähe der Erstbehörde sowie die Erfahrung ihrer Beamten können eventuelle abstrakte Wissensvorsprünge durchaus aufwiegen.

17 Die Selbstkontrolle der Verwaltung im Widerspruchsverfahren ist damit zugleich ein Element des „system of checks and balances" i.S. einer flexibel verstandenen, auch gewaltenintern ansetzenden Gewaltenteilung.[26] Da die Judikative nach deutschem Verfassungsrecht auf die Rechtskontrolle beschränkt ist, dient die interne Überprüfung einer Verwaltungsentscheidung durch eine zweite Instanz gerade im Bereich der Ermessensverwaltung auch der Machtbegrenzung im demokratischen Staat.

18 Umstr. ist, ob das Anliegen der Selbstkontrolle in der Praxis den gebührenden Stellenwert erfährt. Die Effizienz des Vorverfahrens kann sowohl durch falsch verstandene Solidarität innerhalb des Behördenapparats als auch durch das Unterlassen einer erneuten Tatsachenfeststellung in der Widerspruchsinstanz gemindert werden.[27]

19 **c) Die Entlastungsfunktion.** Das Widerspruchsverfahren soll schließlich der Entlastung der Gerichtsbarkeit dienen. Nach der Vorstellung des Gesetzgebers sollen Streitigkeiten möglichst schon außergerichtlich, in weniger formalisierter Weise beigelegt werden.[28] Ein gründlich durchgeführtes Vorverfahren kann eine spätere Klageerhebung entbehrlich machen, namentlich wenn es sich um häufiger auftretende rechtliche Konstellationen handelt (Filterfunktion).[29] Auch kann durch die Tatsachenermittlung im Widerspruchsverfahren, den Austausch rechtlicher Argumente und Einwendungen der Stoff einer späteren Klage bereits aufbereitet werden.[30] Idealiter kann dadurch eine gewisse Befriedung des Rechtsstreits erreicht werden. Die Verwirklichung dieses Ziels in der Verwaltungspraxis wird allerdings unterschiedlich beurteilt;[31] aufschlussreiche empirische Daten existieren nicht. Immerhin führte 1970 in Bayern die Abschaffung des Vorverfahrens zu einer solchen Mehrbelastung der VG, dass man das Verfahren schleunigst wieder einführte.[32]

---

22 Vgl. *M.-E. Geis/S. Hinterseh,* JuS 2001, 1074.

23 *Hufen* § 5 Rn. 2; *M.-E. Geis/S. Hinterseh,* JuS 2001, 1074; *F. Schoch,* Jura 2003, 752; BVerwG BeckRS 2017, 113718.

24 Vgl. *M.-E. Geis/S. Hinterseh,* JuS 2001, 1074. *P. Weides, Verwaltungsverfahren und Widerspruchsverfahren,* 219, nennt dies die „Reinigungsfunktion".

25 *H. Köstering/A. Günther,* Widerspruchsverfahren, 1983, 5.

26 Vgl. statt vieler *Stern,* Staatsrecht I, 792 f., 796; *Wolff/Bachof/Stober/Kluth* I § 20 Rn. 11 f.

27 *Hufen* § 5 Rn. 2.

28 BT-Drs. III/55; vgl. auch *Bund-Länder-Arbeitsgruppe Verwaltungsgerichtsbarkeit,* Bericht der Bund/Länder-Arbeitsgruppe Verwaltungsgerichtsbarkeit, 1988, 14. Für das Vorverfahren in Sozialrechtsstreitigkeiten vgl. auch *M. Benz,* BB 1980, 782.

29 *P. Weides, Verwaltungsverfahren und Widerspruchsverfahren,* 219; *U. Meier,* Entbehrlichkeit, 1992, 9, 104; *M. Oerder,* Widerspruchsverfahren, 1989, 57; *M.-E. Geis/S. Hinterseh,* JuS 2001, 1074; *F. Schoch,* Jura 2003, 752.

30 *P. Kothe,* in: Redeker/v. Oertzen § 68 Rn. 2 a.

31 Optimistisch *Bund-Länder-Arbeitsgruppe Verwaltungsgerichtsbarkeit,* Bericht der Bund/Länder-Arbeitsgruppe Verwaltungsgerichtsbarkeit, 1988, 13 f.; *U. Meier,* Entbehrlichkeit, 1992, 8 f., 104; skeptisch dagegen *J. Martens,* NVwZ 1988, 684, 688.

32 *F. Kopp,* FS Redeker, 1993, 544. Insofern ist die erneute – nun aber weitgehendere – Abschaffung 2008 in Bayern kein Novum; gleichwohl werden die seinerzeit gezogenen Lehren ignoriert. Obwohl die versuchsweise zweijährige Ausset-

d) Reformansätze und Rückschläge. Die derzeitige unbefriedigende Funktionalität des Widerspruchs- 20
verfahrens hat zu unterschiedlichen Reformvorschlägen geführt. Z.T. wurde gefordert, das Vorverfahren ganz abzuschaffen oder auch, ihm seine aufschiebende Wirkung zu nehmen und stattdessen wahlweise eine sofortige, parallele Klagemöglichkeit („Sprungklage") zu gewähren.[33] Neuerdings werden
solche Überlegungen auch im Zusammenhang mit der politischen Diskussion um den „schlanken
Staat" vorgenommen. Andere Stimmen plädieren gerade für eine Stärkung und Aufwertung des Vorverfahrens.[34] Impulse hierzu gingen bereits vom Entwurf einer VwPO aus, wie er bereits in den 9. und
den 10. Deutschen Bundestag eingebracht worden und immer wieder diskutiert worden war.[35] Der
Bericht der im Dezember 1987 vom Bundesminister der Justiz einberufenen Bund/Länder-Arbeitsgruppe Verwaltungsgerichtsbarkeit 1988 erwog neben einzelnen – mittlerweile z.t. umgesetzten Beschleunigungs- und Entlastungsmaßnahmen – u.a. die Einrichtung von Widerspruchsausschüssen, die Einführung einer obligatorischen mündlichen Verhandlung, die Abhaltung von Ortsterminen, den „Untätigkeitswiderspruch" und die „Sprungklage", sowie eine bundeseinheitliche gesetzliche Fiktion der
Widerspruchsrücknahme bei Nichtzahlung eines Kostenvorschusses.[36] Von der Praxis wurde jedoch
eine zu große Annäherung an gerichtsähnliche Verfahren im Interesse größerer Entscheidungsflexibilität und zur Vermeidung neuer Bürokratisierungen abgelehnt.[37] Da die Realisierung einer einheitlichen
VwPO derzeit in weite Ferne gerückt ist, haben auch diese Ansätze an Aktualität verloren.

Unabhängig von diesen Reformüberlegungen ist nicht zu übersehen, dass die zeitliche und inhaltliche 21
Ausweitung der Heilungsmöglichkeiten das Vorverfahren weiter entscheidend schwächen: Kann eine
Heilung nach § 45 Abs. 2 nunmehr bis zum Abschluss des verwaltungsgerichtlichen Verfahrens nachgeholt werden, entfällt die ultimative Wirkung des Widerspruchsverfahrens. Dadurch wird der Druck
auf die Verwaltung, die eigene Entscheidung kritisch zu überdenken, deutlich abgeschwächt; im Gegenteil kann die Verwaltung die abschreckende Wirkung der Klageschwelle für sich vereinnahmen, in
der Gewissheit, auch im Prozess durch den „Joker" nachträglicher Heilung das Blatt noch zum eigenen Vorteil wenden zu können. Dies läuft sowohl der Entlastungsfunktion als auch der Kontrollfunktion des Vorverfahrens diametral zuwider[38] und bestätigt die oft geäußerte Kritik, dass die Neuregelung der Heilungsvorschriften von oberflächlichem gesetzgeberischem Aktionismus getragen ist und
die ursprüngliche Wohlabgewogenheit des verwaltungsgerichtlichen Rechtsschutzsystems zerstört.

2. Das Vorverfahren als Verwaltungsverfahren. a) Zur These von der „Doppelnatur". Weil das Vor- 22
verfahren in der VwGO geregelt und funktional auf den nachfolgenden Verwaltungsprozess bezogen
ist, wird ihm von der Lit. häufig eine „Doppelnatur" sowohl verfahrensrechtlicher als auch prozessrechtlicher Art zugeschrieben.[39] Diese Bezeichnung ist jedoch missverständlich.[40] Das Widerspruchsverfahren ist ausschließlich im Bereich der Exekutive angesiedelt, die im System der Gewaltenteilung
insoweit einen gleichwertigen Funktionsbereich innehat. Dies zeigt sich sowohl im behördentypischen
Verfahrensablauf als auch in der abschließenden Entscheidung durch Verwaltungsakt, also das „klassische" Instrument der Exekutive. Die Widerspruchsbehörde hat auch keine der richterlichen Unabhängigkeit vergleichbare Stellung.[41] Sowohl das Wort von der Doppelnatur als auch die Bezeichnung

---

zung des Vorverfahrens in Mittelfranken durch Art. 15 Nr. 21 AGVwGO und der modellweise Wegfall in weiteren
Sachgebieten in Praxis und Schrifttum eher negativ beurteilt wurden (S. *Müller-Grune/J. Grune*, BayVBl 2007, 65; *J.
Hofmann-Hoeppel*, BayVBl 2007, 73), wurde der jetzige radikale Lösung als Erfolg der Deregulierungspolitik der Regierung Stoiber „verkauft" (auch → Rn. 131 ff.).

33 *D. Presting*, DÖV 1976, 269, 273.

34 *P. Stegelmann-Nolten*, Widerspruchsverfahren, 1994, 132 f., hält de lege ferenda die Einführung des Widerspruchsverfahrens vor der allgemeinen Leistungsklage und der Untätigkeitsklage sowie der Nichtigkeitsfeststellungsklage für
wünschenswert; *F. Kopp*, FS Redeker, 1993, 555 ebenso für das Normenkontrollverfahren (§ 47).

35 Vgl. nur *O. E. Krasney*, NVwZ 1982, 406 ff.; *K. W. Lotz*, BayVBl 1987, 738 ff.; skeptisch *F. Kopp*, ZRP 1988, 113 ff.

36 Vgl. Art. 15 Abs. 1 S. 3 BayKG. Zur „Sprungklage" schon *D. Presting*, DÖV 1976, 269, 273.

37 *Bund-Länder-Arbeitsgruppe Verwaltungsgerichtsbarkeit*, Bericht der Bund/Länder-Arbeitsgruppe Verwaltungsgerichtsbarkeit, 1988, 16 f. Ausf. *Hufen* § 3 Rn. 1 ff., m.w.N. nach Rn. 6, 8.

38 Dazu *M.-E. Geis*, Handlungsfreiheit, 1999, 97 ff. m.w.N.; *Hufen* § 25 Rn. 11; *K. Redeker*, NVwZ 1997, 625; *W.-
R. Schenke*, NJW 1997, 81, 90; *A. Hatje*, DÖV 1997, 477.

39 So etwa *P. Kothe*, in: Redeker/v. Oertzen § 68 Rn. 1; wohl auch *Kopp/Schenke* Vorbem. § 68 Rn. 14.

40 *Hufen* § 5 Rn. 8.

41 *Hufen* § 5 Rn. 7.

als „gerichtsähnliches Verfahren" sind daher irreführend.[42] Da das Widerspruchsverfahren in sich abgeschlossen ist und nicht notwendig eine gerichtliche Entscheidung nach sich zieht, ist es auch falsch, es als unselbständigen Teil eines gerichtlichen Verfahrens anzusehen,[43] wie es die gesetzliche Bezeichnung „Vorverfahren" in § 68 Abs. 1 S. 1 nahezulegen scheint.

23   Das Widerspruchsverfahren ist vielmehr ein originäres Verwaltungsverfahren.[44] Dies wird sowohl in § 79 Hs. 2 VwVfG (bzw. in den entsprechenden LVwVfG) als auch in § 77 vorausgesetzt.

24   Das Widerspruchsverfahren ist ein *eigenständiges* Verwaltungsverfahren. Es kann nicht als Teil eines als Einheit verstandenen behördlichen Verfahrens insgesamt verstanden werden, das das Verfahren vor der Erstbehörde und das Widerspruchsverfahren bis zum Eintritt der Bestandskraft umfasst (BVerwGE 55, 299, 303). Das Verfahren vor der Erstbehörde wird vielmehr durch die Bekanntgabe des Verwaltungsakts nach § 41 VwVfG definitiv beendet;[45] dies ergibt sich aus der Formulierung des § 9 VwVfG („auf den Erlass eines Verwaltungsaktes gerichtet").

25   Nach Ansicht von *Trzaskalik* ist das Vorverfahren dagegen ein dem eigentlichen Prozess vorgeschaltetes „Klageandrohungsverfahren", das dem Mahnverfahren nach den §§ 688 ff. ZPO vergleichbar sei.[46] Die §§ 68 ff. regeln danach nur prozessuale Rechte und Pflichten der Beteiligten vor der Erhebung einer verwaltungsgerichtlichen Klage. Werden diese verletzt, so könne sich dies ebenfalls nur in prozessualen Nachteilen auswirken. Würde also ein frist- und formgemäßer Widerspruch unterlassen, so entstünden dem Beklagten lediglich prozesshindernde Einreden, die aber für diesen disponibel und daher verzichtbar, aber auch verwirkbar seien. Diese Auffassung reduziert die Funktion des Widerspruchsverfahrens einseitig auf den Zweck der Entlastung der Gerichtsbarkeit; die Selbstkontrolle der Verwaltung und der Individualrechtsschutz haben darin keinen Platz. Die rein prozessuale Sicht ist daher abzulehnen.[47]

26   **b) Das Vorverfahren im Gefüge der Verwaltungskompetenzen.** Seit dem Inkrafttreten der VwGO war es umstr., ob die Bestimmungen der §§ 68–73 von der Gesetzgebungskompetenz des Bundesgesetzgebers nach Art. 74 Nr. 1 GG gedeckt sind. Nach Art. 74 Nr. 1 GG ist der Bund nur zur Regelung des *gerichtlichen* Verfahrens zuständig, nicht dagegen für das Verwaltungsverfahren; für dieses sind vielmehr nach Art. 84 Abs. 1 GG die Länder zuständig. Da das Vorverfahren als Verwaltungsverfahren zu qualifizieren ist (→ Rn. 23), erfordert die Annahme einer Bundeskompetenz eine sorgfältige Begründung.[48] Dabei ist zu differenzieren:

27   Soweit Widerspruchsgegenstand ein Verwaltungsakt *des Bundes* ist, ergibt sich die Regelungskompetenz stillschweigend aus Art. 86 GG;[49] auch eine Kompetenz „kraft Sachzusammenhangs" ist hier berechtigterweise anzuerkennen.[50]

28   Für das Verwaltungsverfahren bei den *Länder*behörden (einschließlich solcher der Kommunen) gilt dagegen Art. 84 Abs. 1 GG. Danach kommt den Ländern die Regelungskompetenz zu, es sei denn, ein Bundesgesetz, das der Zustimmung des Bundesrates bedarf, bestimmt etwas anderes.

29   Der überwiegende Teil in Rspr. und Lit. behilft sich mit einer weiten Auslegung des Art. 74 Nr. 1 GG. Danach fällt das Vorverfahren *vollinhaltlich* unter die Kompetenz zur Regelung des Gerichtsverfah-

---

42   Ebenso *Hufen* § 5 Rn. 8; *Pietzner/Ronellenfitsch* Rn. 1027; *P. Weides,* Verwaltungsverfahren und Widerspruchsverfahren, 170 ff.; *M. Oerder,* Widerspruchsverfahren, 1989, 43 f., 45.

43   So noch die Auffassung der Bundesregierung zum Entwurf der VwGO, BT-Drs. III/55, 77. Die Auffassung ist aber spätestens seit der Geltung des § 79 VwVfG überholt.

44   BVerfGE 35, 65, 73; BVerwGE 14, 175, 179; 26, 161, 166; NVwZ 1987, 224, 225; *Ule* § 23; *M. Oerder,* Widerspruchsverfahren, 1989, 14 ff.

45   BVerwG DVBl 1984, 53, 55; *Schmitz,* in: Stelkens/Bonk/Sachs § 9 Rn. 193.; *Ule/Laubinger* § 20 II; wohl auch *P. Badura,* in: Erichsen/Ehlers § 38 Rn. 1; *Maurer* § 19 Rn. 19; *R.-D. Drescher,* NVwZ 1988, 680, 681; *Hufen* § 5 Rn. 8. A.M. – unter jedoch unzutreff. Berufung auf den Wortlaut des § 9 VwVfG – *Kopp/Ramsauer* § 9 Rn. 34, die auf den Eintritt der Bestandskraft abstellen.

46   *C. Trzaskalik,* Widerspruchsverfahren, 1972, 37. Ebenso *L. Renck,* DÖV 1979, 558, 560 sowie *M. Oerder,* Widerspruchsverfahren, 1989, 50.

47   *H. Hofmann,* FS Menger, 1985, 605, 607.

48   Zusammenfassend *M. Oerder,* Widerspruchsverfahren, 1989, 16 ff. A.M. *Pietzner/Ronellenfitsch* Rn. 1028, 1225.

49   *C. H. Ule,* DVBl 1976, 423; *K. Neuser,* Die Gesetzgebungskompetenzen für das Verwaltungsverfahren, 1974, 191.

50   Vgl. BVerfGE 26, 338, 369; 31, 113, 117. Ausf. *P. Lerche,* in: Maunz/Dürig Art. 86 Rn. 79; *Kopp/Ramsauer* Einf. I Rn. 15.

rens.[51] Diese Auffassung stützt sich auf die historische Entwicklung des Vorverfahrens als integrativer Teil des Verwaltungsprozesses. Der Bund sei danach berechtigt, das Vorverfahren wenigstens insoweit zu regeln, als es unmittelbare Voraussetzung der Durchführung eines Verwaltungsprozesses sei. Diese Lösung deckt jedoch nicht die ganze Regelung der §§ 68 ff. ab. Einen wirklich *prozessualen* Anknüpfungspunkt enthält im Grunde nur § 68, die Vorschriften der §§ 69–73 betreffen dagegen ausschließlich Regelungen für den Binnenbereich der Verwaltung.[52] Während man § 69 und die Vorschriften über Frist und Form in § 70 noch durch das Bedürfnis nach bundeseinheitlicher Chancengleichheit im Rechtsschutz gerechtfertigt ansehen kann, haben die Einrichtung des Abhilfeverfahrens und die Zuständigkeitsregelungen in § 73 mit einem nachfolgenden Prozess nichts zu tun. Mit der Unmittelbarkeitsthese allein lassen sich daher diese Normen kompetenzrechtlich nicht legitimieren. Meist wird diese Lücke jedoch durch die Annahme einer Kompetenz kraft Sachzusammenhangs[53] geschlossen. Zwar sind ungeschriebene Gesetzgebungskompetenzen restriktiv auszulegen, sie dürfen nicht zur Aushöhlung von Länderkompetenzen führen. Da die Regelungen in § 68 ff. nicht nur nicht abschließend, sondern z.T. sogar ausgesprochen punktueller Natur sind und eine umfangreiche Ergänzung durch die VwVfG verlangen, ist die Annahme einer Kompetenz kraft Sachzusammenhangs vertretbar.

Die Gegenmeinung hält die §§ 68–73 dagegen ohne Weiteres für eine zulässige bundesgesetzliche Regelung nach Art. 84 Abs. 1 GG.[54] Danach sei der Bund zur Ausgestaltung des Widerspruchsverfahrens berechtigt; die Länder vollzögen mit der VwGO ein zustimmungspflichtiges Bundesgesetz,[55] da diese – entgegen der Verkündungsformel im BGBl – als Zustimmungsgesetz ergangen ist.[56] Der Berufung auf eine Kompetenz kraft Sachzusammenhangs i.R. des Art. 74 Nr. 1 GG[57] bedarf es daneben nicht. **30**

Pietzner/Ronellenfitsch wollen allerdings die Regelung des Art. 84 GG nicht auf verfahrensmäßige, sondern nur auf materiell-rechtliche Regelungen bezogen sehen, da nur die letzteren „vollzogen" werden könnten;[58] sie verneinen daher dessen Anwendbarkeit. Diese einschränkende Auslegung des Art. 84 GG findet jedoch in seinem Wortlaut keinen Anhaltspunkt. Sofern der Bund vielmehr von seiner Sachkompetenz zur Einrichtung des Widerspruchsverfahrens als Prozessvoraussetzung nach Art. 74 Nr. 1 GG Gebrauch gemacht hat, darf er *insoweit* auch verfahrensrechtliche Regelungen nach Art. 84 GG erlassen (→ Rn. 29). **31**

Allerdings ist der Große Senat des BVerwG der Auffassung, dass der Bund im Bereich des landeseigenen Vollzugs von *Landes*recht das Verfahrensrecht überhaupt nicht – auch nicht gem. Art. 84 GG – regeln dürfe.[59] Hier bleibt nur die Berufung auf die Kompetenz kraft Sachzusammenhangs. **32**

3. Das Vorverfahren als Sachurteilsvoraussetzung. a) Prozessuale Bedeutung. Der Qualifikation des Vorverfahrens als Verwaltungsverfahren steht es nicht entgegen, dass seine *Durchführung* zugleich Sachentscheidungsvoraussetzung in einem nachfolgenden Verwaltungsprozess ist. Ob diese Voraussetzung gegeben ist, ist nach h.A. vom Gericht von Amts wegen zu prüfen.[60] **33**

AM sind *Redeker/v. Oertzen*: Aus § 75 ergebe sich, dass das Widerspruchsverfahren nicht zwingend abgeschlossen sein müsse; danach wäre allenfalls die fristgerechte Einlegung des Widerspruchs Sachurteilsvoraussetzung. Es würde jedoch dem Sinn des Vorverfahrens als Kontrollverfahren widerspre- **34**

---

51 So BVerfGE 35, 65, 75 und der 7. Senat des BVerwG, BVerwGE 17, 246, 248; 61, 360, 362. Die Rspr. der Senate ist jedoch nicht einheitlich, anderer Auffassung ist neuerdings der 8. Senat, vgl. BVerwGE 82, 336, 338 f. Zu diesem Dissens auch BVerwGE 57, 342, 346 f. und M. Oerder, Widerspruchsverfahren, 1989, 23.

52 Ebenso *Hufen* § 5 Rn. 10.

53 *E. Allesch*, Anwendbarkeit, 1984, 9 f.; *R. Pietzner*, VerwArch 81 (1990), 261, 275 f., wohl auch *P. Weides*, Verwaltungsverfahren und Widerspruchsverfahren, 220 ff. A.M. etwa *J. Kratzer*, BayVBl 1960, 165.

54 *T. Maunz*, in: Maunz/Dürig Art. 74 Rn. 83; *H. H. Bull*, in: AK-GG Art. 84 Rn. 18. A.M. *S. Broß*, in: v. Münch/Kunig II, Art. 84 Rn. 11; *M. Oerder*, Widerspruchsverfahren, 1989, 24 ff., 31, 40; *F. Schoch*, Jura 2003, 752; verfehlt *E. Allesch*, Anwendbarkeit, 1984, 28. Offen BVerwGE 22, 281, 282.

55 *P. Weides*, Verwaltungsverfahren und Widerspruchsverfahren, 220 ff.; *A. v. Mutius*, Widerspruchsverfahren, 1969, 165 f.; *H. Hofmann*, FS Menger, 1985, 609, Fn. 13.

56 213. Sitzung des Bundesrates am 18.12.1959, Sten. Ber 246 D. Hierauf weist *H. Hofmann*, FS Menger, 1985, 605, 609, zu Recht hin.

57 So aber *E. Allesch*, Anwendbarkeit, 1984, 29 f.; *C. H. Ule*, Verwaltungsprozessrecht, [7]1978, 98; gegen eine Kompetenz kraft Sachzusammenhangs auch *M. Oerder*, Widerspruchsverfahren, 1989, 31 ff., 35.

58 *Pietzner/Ronellenfitsch* Rn. 1219.

59 BVerwGE 22, 281, 284; *E. Allesch*, Anwendbarkeit, 1984, 28; *M. Oerder*, Widerspruchsverfahren, 1989, 25 f.

60 BVerwGE 26, 161, 165; 61, 360, 362; 66, 342, 343; *R. Stich*, DVBl 1960, 378 f.; *Hufen* § 14 Rn. 148; *U. Meier*, Entbehrlichkeit, 1992, 15 ff.; *M.-E. Geis/S. Hinterseh*, JuS 2001, 1074, 1075; *F. Schoch*, Jura 2003, 752, 760.

chen, wenn gerade in der fristgerechten Einlegung des Widerspruchs eine Sachurteilsvoraussetzung gesehen würde; damit würde das Schwergewicht der Regelung zu Unrecht ins „Formale" verlagert. Dies komme auch in der Befugnis der Behörde zum Ausdruck, einen Verwaltungsakt auch nach Eintritt der Bestandskraft noch aufzuheben, wenn sie ihn für unrichtig halte. Insgesamt könne daher das Vorverfahren weder als Ganzes noch in seinen Teilen als Sachurteilsvoraussetzung angesehen werden.[61] Verfahrensfehler seien nur auf Rüge eines Beteiligten zu berücksichtigen und führten zur Klageabweisung als un*begründet*.

35   Diese Ansicht überzeugt nicht. § 75 ist eine Ausnahmeregelung für den Fall der Untätigkeit der Behörde. Nur für diesen Fall, auf den der Widerspruchsführer keine Einflussmöglichkeit hat, soll er privilegiert sein. Aus einer Ausnahmevorschrift können jedoch keine allgemeingültigen Konstruktionsprinzipien abgeleitet werden *(singularia non sunt extendenda)*. Auch ist das Erfordernis der Fristeinhaltung Voraussetzung des Eintritts der Bestandskraft; es kann daher nicht als bloßer Formalismus abgewertet werden.[62] Der etwas pauschale Verweis auf die Möglichkeit späterer Aufhebbarkeit überzeugt ebenfalls nicht; gerade die §§ 48, 49 VwVfG, auf die hier Bezug genommen wird, enthalten ein differenziertes System der Aufhebungsmöglichkeiten durch Rücknahme und Widerruf, das auch versucht, den Anliegen der Bestandskraft und des Vertrauensschutzes gerecht zu werden. Die auch materielle Bedeutung der Fristwahrung im Hinblick auf Bestandskraft und Vertrauensschutz gilt in erhöhtem Maße bei Verwaltungsakten mit Drittwirkung.

36   Die Qualifikation des Vorverfahrens als Verwaltungsverfahren schließt die Funktion als Sachentscheidungsvoraussetzung nicht aus. Außerprozessuale Handlungen oder Ereignisse haben auch in anderen Fällen Auswirkungen für die Zulässigkeit eines Rechtsbehelfs; so ist im Falle des § 80 Abs. 2 Nr. 1 nach § 80 Abs. 6 ein Antrag nach § 80 Abs. 5 unzulässig, wenn nicht zuvor ein entsprechender Antrag auf Aussetzung der Vollziehung nach Abs. 4 bei der Ausgangs- oder Widerspruchsbehörde gestellt worden ist.

37   **b) Ordnungsmäßigkeit oder Erfolglosigkeit des Vorverfahrens?** Umstr. ist, ob es als Sachurteilsvoraussetzung ausreicht, wenn das Vorverfahren für den Widerspruchsführer *erfolglos* geblieben ist, oder ob es auch *ordnungsgemäß* durchgeführt worden sein muss.

38   Die Rspr. vertritt die erstere Ansicht. Nach ihr ist es notwendig, aber auch ausreichend (BVerwG DVBl 1965, 89, 90), wenn der Widerspruch erfolglos ist, d.h. in der Sache negativ verbeschieden wird. Dass Erfolglosigkeit Mindestvoraussetzung der Zulässigkeit ist, ergibt sich indirekt aus § 42 Abs. 2, da ein erfolgreicher Widerspruch die mögliche Beschwer und damit die Klagebefugnis wegfallen lässt.[63] Solange daher eine Beschwer besteht, ist der Widerspruch (insoweit) erfolglos; dies gilt insbes. dann, wenn der angefochtene Verwaltungsakt im Widerspruchsbescheid nur z.T. aufgehoben, bzw. der begehrte Verwaltungsakt nur z.T. gewährt wird. Konsequenterweise ist nach dieser Ansicht die ordnungsgemäße Durchführung des Widerspruchsverfahrens kein Gegenstand der Überprüfung des Urteils in der Revision.[64]

39   Nach der wohl überwiegenden Meinung muss das Widerspruchsverfahren dagegen auch *ordnungsgemäß*, d.h. unter Beachtung aller Rechtsvorschriften, namentlich der über Form und Frist, stattgefunden haben.[65]

40   Ursache der Kontroverse ist der Streit über die dogmatische Einordnung der Fälle, in denen die Judikatur Ausnahmen vom Erfordernis des Vorverfahrens gemacht hat. In der Tat sind die hier vorkommenden Fallgruppen meist weniger von dogmatischer Folgerichtigkeit als von Pragmatismus gekennzeichnet.[66] Da diese Fälle sehr heterogener Natur sind, können sie nicht über einen Kamm geschoren werden. Vielmehr ist zu differenzieren, in welcher Verantwortungssphäre ein Mangel des Vorverfahrens begründet ist. Liegen die Mängel im Verantwortungsbereich der Widerspruchsbehörde, so kann

---

61 *P. Kothe*, in: Redeker/v. Oertzen § 68 Rn. 5 f.
62 A.M. *Hufen* § 6 Rn. 38.
63 *Schmitt Glaeser/Horn* Rn. 176.
64 *P. Kothe*, in: Redeker/v. Oertzen § 68 Rn. 1.
65 BVerwGE 26, 161, 167; DÖV 1987, 870, 871; *C.-F. Menger*, VerwArch 56 (1965), 292; *C.-F. Menger/H.-U. Erichsen*, VerwArch 58 (1967), 298; *A. v. Mutius*, Widerspruchsverfahren, 1969, 175; *M.-E. Geis/S. Hinterseh*, JuS 2001, 1074, 1076. Nach VGH Kassel NVwZ-RR 2002, 318 führt jedoch ein Verstoß gegen §§ 7–12 Hess AGVwGO nicht zur Fehlerhaftigkeit des Vorverfahrens.
66 Ausf. dazu *U. Meier*, Entbehrlichkeit, 1992, 53 f.

dies natürlich dem Widerspruchsführer nicht zum Nachteil gereichen. Sind die Mängel dagegen dem Widerspruchsführer zuzurechnen, ist der Widerspruch z.B. formfehlerhaft oder verspätet erhoben, so ist die Sachurteilsvoraussetzung des § 68 nicht erfüllt; die Folge ist dann Klageabweisung durch Prozessurteil.[67]

Die Rspr. und ein Teil der Lit. machen hier jedoch seit jeher eine Ausnahme hinsichtlich der Widerspruchs*frist*: Wenn sich die Widerspruchsbehörde in der Sache auf den Widerspruch eingelassen habe, könne sie als „Herrin des Verfahrens" auch eine neue Sachentscheidung treffen.[68] Sie habe ein Ermessen darüber, ob sie den Widerspruch als verfristet zurückweisen oder zur Sache entscheiden wolle (VGH Mannheim NJW 1980, 2270). Nur bei Fehlerhaftigkeit dieser Ermessensentscheidung soll der Widerspruchsbescheid rechtswidrig sein.[69] Solange sich der Streit noch nicht im formalisierten Stadium des Verwaltungsprozesses bewege, unterliege die Behandlung des Rechtsschutzbegehrens den Behörden.[70] Anders sei es allerdings bei Verwaltungsakten mit Drittwirkung: Wenn durch den Eintritt der Bestandskraft bereits schutzwürdige Positionen von Dritten entstanden seien, müsse die Widerspruchsbehörde den Widerspruch als verfristet zurückweisen (BVerwG DÖV 1969, 142 f.; DVBl 1982, 1097; NVwZ 1983, 285). Entsprechendes gelte für eine erstmalige Beschwer eines Dritten durch eine Sachentscheidung in einem Widerspruchsbescheid, der aufgrund eines verfristeten Widerspruchs ergangen sei.[71]   41

Diese Linie wird zu Recht von der überwiegenden Lit. abgelehnt.[72] Sie ist inkonsequent, da sie sich dogmatisch über die Wirkung der Bestandskraft hinwegsetzt. Unanfechtbarkeit und Bestandskraft des Verwaltungsaktes folgen als Ausprägung des verfassungsrechtlichen, im Rechtsstaatsprinzip verankerten Gebots der Rechtssicherheit (BVerfGE 60, 253, 269 f.) unmittelbar und ausschließlich aus dem Gesetz; sie unterliegen nicht einem behördlichen Ermessen. Dies zeigt die Regelung des § 70 Abs. 2. Gäbe es ein behördliches Ermessen, wie die Verfristung zu behandeln sei, dann wäre der Verweis auf die Vorschriften über die Wiedereinsetzung in den vorigen Stand (§ 60 Abs. 1–4) überflüssig.   42

Die Frist des § 70 Abs. 1 ist ferner als *gesetzliche* Frist anzusehen. Als solche steht sie gerade nicht zur Disposition der Behörde. Der Weg der Rspr. setzt sich darüber hinweg und macht den Eintritt der Bestandskraft von einer behördlichen Entscheidung abhängig. Überdies ist die Widerspruchsfrist auch deswegen nicht für die Widerspruchsbehörde disponibel, weil sie nicht in deren ausschließlichem Interesse erlassen worden ist, sondern im Interesse der Rechtssicherheit und Beschleunigung des Verfahrens.[73] Aufgrund dieser verfassungsrechtlichen Bedeutung sind die gesetzlich vorgesehenen Möglichkeiten, die Bestandskraft zu durchbrechen, als abschließend anzusehen. Neben der genannten Wiedereinsetzung in den vorigen Stand (§ 70 Abs. 2) sind dies das Wiederaufgreifen des Verfahrens (§ 51 VwVfG) sowie Rücknahme und Widerruf nach §§ 48, 49 VwVfG. Aus letzteren Normen lässt sich aber ebenfalls kein Argument für ein Ermessen der Widerspruchsbehörde herleiten; vielmehr ist nach der ausdrücklichen Regelung in § 48 Abs. 5 bzw. § 49 Abs. 4 ausschließlich die Ausgangsbehörde zuständig.[74] Das Gleiche gilt für § 50 VwVfG; auch die „Abhilfe" i.S. dieser Norm setzt voraus, dass der Widerspruch nicht wegen Verfristung offensichtlich unzulässig ist.[75]   43

Methodologisch ist die Ansicht der Rspr. als teleologische Reduktion des § 70 zu qualifizieren. Da der von der Rspr. unterstellte telos „Schutz der Behörde" so apodiktisch nicht haltbar ist, ist diese Auslegung abzulehnen. Es ist daher kein übertriebener Formalismus, die Widerspruchsfrist als strikte Zu-   44

67 A. v. Mutius, Widerspruchsverfahren, 1969, 192 ff.; Kopp/Schenke § 70 Rn. 9; W. Schütz, NJW 1981, 2785 ff.; F. Schoch, BayVBl 1983, 358 ff.; M.-E. Geis/S. Hinterseh, JuS 2001, 1074, 1076.
68 BVerwGE 15, 306, 310; 57, 342, 344 f.; BVerwG DVBl 1965, 89; BayVBl 1983, 311; NVwZ-RR 1989, 85; wie die Rspr. auch Ule 119 f.; P. Kothe, in: Redeker/v. Oertzen § 70 Rn. 8; C. Traszkalik, Widerspruchsverfahren, 1972, 60 ff.; Hufen § 6 Rn. 37 ff.
69 Dagegen W. Schütz, NJW 1981, 2785, 2788.
70 Entgegen W. Schütz (NJW 1981, 2785 ff.) bejaht der VGH Mannheim (NJW 1980, 2270) aber einen Anspruch auf ermessensfehlerfreie Entscheidung.
71 R. Niethammer, NJW 1981, 1545 ff.; Schmitt Glaeser/Horn Rn. 193.
72 A. v. Mutius, Widerspruchsverfahren, 1969, 198; Pietzner/Ronellenfitsch Rn. 1257; M. Oerder, Widerspruchsverfahren, 1989, 79 ff.; Schenke Rn. 680 ff.; U. Meier, Entbehrlichkeit, 1992, 94; K. A. Bettermann, JZ 1965, 267; H. Hofmann, VerwArch 1967, 147; M. Wallerath, DÖV 1970, 653, 658 f.; W. Schütz, NJW 1981, 2786 ff.; M.-E. Geis/S. Hinterseh, JuS 2001, 1074, 1076.
73 Ausf. Pietzner/Ronellenfitsch Rn. 1257 f.
74 Dies übersieht J. Schmidt, VBlBW 1983, 96, 97. Wie hier Pietzner/Ronellenfitsch Rn. 1258 f.
75 Vgl. Kopp/Ramsauer § 50 Rn. 22 f.

lässigkeitsschranke anzusehen; nur so kann auch die Gleichheit der Rechtsanwendung (Art. 3 Abs. 1 GG) sichergestellt werden und eine Umgehung der vorgegebenen Behördenzuständigkeiten vermieden werden. Bei nicht schuldhafter Fristversäumnis bietet § 70 Abs. 2 ausreichenden Schutz für die Interessen des Widerspruchsführers.

II. Anwendbare Rechtsnormen

45 **1. Lückenhaftigkeit der §§ 68 ff.**   Die §§ 68 ff. stellen keine abschließende Regelung kodifikatorischen Charakters dar. Dies ergibt sich unmissverständlich aus der Regelung in § 79 S. 2 der VwVfG, die die subsidiäre Geltung des Verwaltungsverfahrensrechts anordnet. Freilich knüpfte diese Norm nur an einen in der Rspr. und Lit. längst anerkannten Meinungsstand[76] an, nach dem der Inhalt der §§ 68 ff. sich auf einige wesentliche Details beschränkt.

46 Die durch § 79 VwVfG bedingte Verzahnung von Verwaltungsprozessrecht und Verwaltungsverfahrensrecht führt allerdings zu einer sehr unübersichtlichen normativen Lage.[77] Die unterschiedlichen Normenkomplexe sind daher in folgender Reihenfolge heranzuziehen:[78] (1) Zunächst stellt sich die Frage, ob ein Widerspruchsverfahren nach speziellen Regelungen durchzuführen ist bzw. nach § 68 Abs. 1 S. 2 entfallen kann. (2) Ist dies nicht der Fall, gelten in erster Linie die §§ 68–73. (3) Sodann ist gem. § 79 S. 2 VwVfG das VwVfG des Bundes bzw. diejenigen der Länder subsidiär anzuwenden.[79] (4) Erst dann kommt eine analoge Anwendung von Normen der VwGO in Betracht. Auf diesem Weg kommt über § 173 auch ein Rückgriff auf Normen der ZPO in Betracht.

47 **2. Gesetzliche Sondervorschriften (§ 79 Hs. 1 VwVfG).**   Ergänzend zu den §§ 68 ff. bestimmt § 79 Hs. 1 BVwVfG bzw. der entsprechenden LVwVfG den Vorrang anderweitiger gesetzlicher Vorschriften. Nach dem Grundsatz „lex specialis derogat legi generali" ist dies im Grunde eine Selbstverständlichkeit. Soll daher diese Norm einen eigenständigen Sinn entfalten, so ist sie so zu verstehen, dass der Vorbehalt anderweitiger gesetzlicher Regelung nur für *ausdrückliche* Regelungen gilt; nur solche sind „durch *Gesetz* bestimmt". Konkludent oder analog hergeleitete Spezialregelungen scheiden danach aus.

48 Die Bestimmung hat allerdings kaum praktische Bedeutung, da § 79 VwVfG die Anwendbarkeit der VwVfG nach § 1 VwVfG voraussetzt. Sondervorschriften über das Vorverfahren stehen jedoch in den meisten Fällen im Kontext besonderer Verfahrensordnungen, hinter die die VwVfG als subsidiär zurücktreten (§ 1 Abs. 1 letzter Hs., § 2 Abs. 1 VwVfG). Solche Spezialvorschriften sind:

49 die Vorschriften über **das sozialrechtliche Vorverfahren (§§ 77 ff. SGG)**,[80] die freilich schon nach § 1 VwVfG vorgehen;

50 die Vorschriften über das **Einspruchsverfahren nach §§ 347 ff. AO**. Sofern es sich dabei um Verfahren vor Bundes- oder Landesfinanzbehörden handelt, ist bereits die Anwendbarkeit des BVwVfG ausgeschlossen (§ 2 Nr. 1 BVwVfG). Entsprechende Ausschlussklauseln gelten auf Landesebene für die VwVfG der Länder. In Kommunalabgabensachen nach Landesrecht bleiben die §§ 68 ff. und die VwVfG jedoch anwendbar (vgl. Art. 13 Abs. 1 Nr. 3, Nr. 5 BayKAG). Dies gilt auch, sofern die Gemeinden Realsteuern (Gewerbesteuer und Grundsteuer) verwalten, und insoweit der Verwaltungsrechtsweg eröffnet ist (§ 40, § 33 FGO).[81]

51 Auch bei **Verwaltungsakten in Baulandsachen** nach dem Vierten und Fünften Teil des Ersten Kapitels des BauGB sowie nach den §§ 18, 21 Abs. 3, 28 Abs. 3 und 6, 39–44, 126 Abs. 2, 150 Abs. 2, 181,

---

76 BVerwGE 51, 310, 314; 61, 360, 362; *J.-D. Busch*, in: Knack/Henneke § 79 Rn. 3; *Kopp/Schenke* Vorbem. § 68 Rn. 15; *Schunck/De Clerck* § 73 Anm. 3; *J. Martens*, NJW 1977, 19; *P. Theuersbacher*, BayVBl 1978, 18; *H. Geiger*, BayVBl 1979, 101, 102; *H. Goerlich*, DVBl 1982, 593; *E. Allesch*, Anwendbarkeit, 1984, 42; *Hufen* § 5 Rn. 10 ff.; *P. Weides*, *Verwaltungsverfahren und Widerspruchsverfahren*, 219; *M. Oerder*, Widerspruchsverfahren, 1989, 16, 195.

77 Zur Kritik etwa *W. Schmitt Glaeser*, FS zum 50-jährigen Bestehen des Richard-Boorberg-Verlags, 1977, 1, 5 ff.; *F. Kopp*, DV 20 (1987), 1 ff.

78 Ebenso auch *Schmitt Glaeser/Horn* Rn. 194; *Hufen* § 5 Rn. 13; *M.-E. Geis/S. Hinterseh*, JuS 2001, 1074 f.

79 *Schmitt Glaeser/Horn* Rn. 193; *M.-E. Geis/S. Hinterseh*, JuS 2001, 1074 f.; *Kopp/Ramsauer* § 79 Rn. 16 f. Irreführend ist es allerdings, wenn *Kopp/Schenke* Vorbem. § 68 Rn. 4, subsidiär auch noch auf die „allgemeinen Grundsätze des Verwaltungsverfahrensrechts" zurückgreifen will; dieser Terminus bezeichnet die ursprünglich ungeschriebenen Rechtssätze des allgemeinen Verwaltungsrechts, die durch den Erlass der VwVfG derogiert worden sind.

80 Dazu auch *M. Benz*, BB 1980, 782.

81 BT-Drs. VI/1982, 98; dazu auch *J. Lüdicke*, Kostenerstattungsansprüche in steuer- und abgabenrechtlichen Vorverfahren, 1986, 142.

209 Abs. 2, 210 Abs. 2 BauGB entfällt ein Vorverfahren. Das Gleiche gilt für Verwaltungsakte nach dem BauGB, für die die Anwendung des Zweiten Abschnitts des Fünften Teils des Ersten Kapitels vorgeschrieben ist oder die in einem Verfahren nach dem Vierten oder Fünften Teil des Ersten Kapitels erlassen werden, sowie auf Streitigkeiten über die Höhe der Geldentschädigung nach § 109 BauGB i.V.m. §§ 88 Nr. 7, 89 Abs. 2 FlurbG (§ 217 Abs. 1 S. 1 und 2). Dies ergibt sich im Gegenschluss aus § 217 BauGB, der den Antrag auf gerichtliche Entscheidung vor den zuständigen LG (Kammern für Baulandsachen) als einzigen Rechtsbehelf eröffnet. Es handelt sich um einen echten Anwendungsfall des § 79 Hs. 2 VwVfG, da die erwähnten Verfahrensvorschriften der §§ 48 ff., §§ 104 ff. BauGB nicht abschließend sind, das VwVfG des jeweiligen Landes daher daneben anwendbar bleibt. Zu beachten ist jedoch, dass die Landesregierungen durch Rechtsverordnungen bei der Anfechtung von Verwaltungsakten nach dem Vierten oder Fünften Teil des Ersten Kapitels des BauGB ein Vorverfahren vorschreiben können (§ 212 BauGB).

3. Subsidiäre Geltung des/der VwVfG (§ 79 Hs. 2 VwVfG). Sofern die §§ 68–73 keine Regelungen 52 enthalten, ist für das Widerspruchsverfahren vor Bundesbehörden ergänzend das VwVfG des Bundes heranzuziehen; für das Verfahren vor Landesbehörden gelten entsprechend die VwVfG der Länder (§ 1 Abs. 1–3 VwVfG).[82]

a) Anwendbare Normen. Anwendbar sind danach folgende Normen des VwVfG des Bundes bzw. 53 der entsprechenden LVwVfG:

- Die Vorschriften über Amtshilfe (§§ 4–8 VwVfG).[83]
- Der Verfahrensbegriff nach § 9 VwVfG.[84]
- Der Grundsatz der Nichtförmlichkeit des Verfahrens, soweit nicht besondere Vorschriften bestehen (§ 10 VwVfG); besondere Vorschriften i.d.S. sind § 70 Abs. 1 (Einlegung durch schriftlichen Antrag oder zur Niederschrift der Ausgangs- oder Widerspruchsbehörde) und § 73 Abs. 3 (Schriftform des Widerspruchsbescheids).
- Der Grundsatz der Einfachheit und der Zweckmäßigkeit[85] (§ 10 S. 2 VwVfG); für das damit verwandte Beschleunigungsgebot gibt allerdings § 75 die zeitliche Dimension vor.[86]
- Die Regelung der Beteiligten- und Handlungsfähigkeit (§§ 11, 12 VwVfG); die §§ 61, 62 gelten 54 nicht.[87] Inhaltlich sind diese Normen weitgehend deckungsgleich; Behörden (i.S.d. § 1 Abs. 4 VwVfG) sind jedoch – insoweit über § 61 Nr. 3 hinausgehend – nach § 11 Nr. 3 VwVfG stets beteiligungs- und handlungsfähig, auch wenn dies spezialgesetzlich nicht eigens zum Ausdruck kommt.[88]
- Aufgrund der andersartigen Konstellation eines Verwaltungsverfahrens verweist § 12 Abs. 3 VwVfG nur auf § 53 ZPO (Vertretung einer prozessfähigen Person durch einen Pfleger) und § 55 ZPO (Prozessfähigkeit von Ausländern vor dem inländischen Gericht); für die Anwendung des § 54 ZPO besteht im Verwaltungsverfahren kein Bedürfnis, § 56 wird durch den Amtsermittlungsgrundsatz des § 24 VwVfG ersetzt. § 12 Abs. 3 VwVfG verweist auch nicht auf § 57 ZPO (Vertretung einer nicht rechtsfähigen Person durch Prozesspfleger); doch ist diese Norm analog i.V.m. § 16 VwVfG anzuwenden,[89] weil § 12 insofern eine offensichtliche Regelungslücke enthält.
- Die Vorschriften über die Beteiligteneigenschaft (§ 13 VwVfG).[90] Zu beachten ist § 13 Abs. 2, 55 nach dem die Widerspruchsbehörde eine ermessensfehlerhaft unterlassene Beteiligung im Widerspruchsverfahren nachzuholen hat.[91]

82 Vgl. BVerwGE 61, 360, 362.
83 *Ule/Laubinger* § 46 III; K. *Obermayer*, Grundzüge, 1988, Rn. 25; E. *Allesch*, Anwendbarkeit, 1984, 72; *Kopp/Ramsauer* § 79 Rn. 46.
84 E. *Allesch*, Anwendbarkeit, 1984, 72, 75; *Kopp/Ramsauer* § 79 Rn. 20.
85 E. *Allesch*, Anwendbarkeit, 1984, 87, 92; H. *Schmitz*, in: Stelkens/Bonk/Sachs § 10 Rn. 20.
86 P. *Weides*, 278.
87 Ausf. E. *Allesch*, Anwendbarkeit, 1984, 92; P. *Weides*, *Verwaltungsverfahren und Widerspruchsverfahren*, 272; K. *Obermayer*, Grundzüge, 1988, Rn. 26; W. *Skouris*, DÖV 1982, 133, 135; A. v. *Mutius*, Widerspruchsverfahren, 1969, 218; *Schunck/De Clerk* §§ 69, 70 Anm. 3 a; P. *Kothe*, in: Redeker/v. Oertzen § 69 Rn. 5 a.E.; M.-E. *Geis/S. Hinterseh*, JuS 2001, 1074, 1075.
88 J. *Stettner*, JA 1982, 394; *Hufen* § 6 Rn. 5; M.-E. *Geis/S. Hinterseh*, JuS 2001, 1074 f.
89 *Meyer/Borgs* § 12 Rn. 2; für direkte Anwendbarkeit wohl *Hufen* § 6 Rn. 7.
90 *Weides*, *Verwaltungsverfahren und Widerspruchsverfahren*, 274; H. *Schmitz*, in: Stelkens/Bonk/Sachs § 13 Rn. 1 ff.
91 H. *Schmitz*, in: Stelkens/Bonk/Sachs § 13 Rn. 46.

- Die Vorschriften über Bevollmächtigte und Beistände (§ 14 VwVfG) einschließlich der über die Bestellung eines Empfangsbevollmächtigten (§ 15 VwVfG).[92] Die Vollmacht ist auf Verlangen schriftlich nachzuweisen, muss aber nicht – entsprechend § 80. Die Anwendbarkeit des § 14 Abs. 3 VwVfG wird für den Fall der Zustellung des Widerspruchsbescheids zu Recht verneint,[93] da diese Norm (wie auch § 15 VwVfG) von der Sonderregelung des § 56 Abs. 2 i.V.m. dem VwZG des Bundes verdrängt wird. Die Gegenmeinung bestreitet dies, weil § 56 in § 70 Abs. 2 nicht genannt werde und daher nur für gerichtliche Fristen gelte.[94] Wegen der die Klagefrist wahrenden Wirkung ist aber der erforderliche unmittelbare Bezug zum gerichtlichen Verfahren zu bejahen.[95] Anwendbar bleibt § 14 Abs. 3 VwVfG in Ermangelung einer speziellen Regelung jedoch für das vorausgehende Verfahren sowie für den Abhilfebescheid. Für die Zustellung von Widerspruchsbescheiden an einen Ersatzbevollmächtigten im Inland gilt § 15; für die Zustellung im Ausland ist dagegen § 73 Abs. 3 i.V.m. § 56 Abs. 3 lex specialis.[96]
- Die Vorschriften über die Bestellung eines Vertreters von Amts wegen (§ 16 VwVfG).[97]
- Die Vorschriften über Masseneingaben (§§ 17–19 VwVfG), die auch dem neu eingefügten § 67 a vorgehen. Ihre Anwendung ist sogar von ganz erheblicher Bedeutung für die gesetzlich angestrebte Beschleunigungswirkung, da sonst die zweite Verwaltungsinstanz den gewonnenen zeitlichen Vorteil in der ersten Instanz wieder zunichte machen würde.[98]
56 - Die Vorschriften über Ausgeschlossenheit (§ 20 VwVfG) und Befangenheit (§ 21 VwVfG).[99] Nach der überwiegenden Meinung[100] soll ein im Widerspruchsverfahren tätiger Beamter nicht schon deshalb als befangen anzusehen sein, weil er bereits beim Erlass des angefochtenen Verwaltungsaktes tätig gewesen sei (z.B. bei Identität von Erst- und Widerspruchsbehörde oder bei zwischenzeitlicher Versetzung des Beamten an die Widerspruchsbehörde). Dies ist freilich mit der Kontrollfunktion des Widerspruchsverfahrens nicht zu vereinbaren,[101] insbes. dann, wenn es um die Überprüfung der Zweckmäßigkeit des Verwaltungsaktes geht, die dann in der Hand einer einzigen Person läge.
- Die Vorschriften über die deutsche Amtssprache (§ 23 VwVfG).
57 - Der Amtsermittlungsgrundsatz (§ 24 VwVfG); dabei ist die Widerspruchsbehörde in besonderem Maße gehalten, nicht einfach die Erkenntnisse und Ergebnisse der Ausgangsbehörde zu übernehmen, sondern den Sachverhalt distanziert und neutral erneut zu ermitteln und zu bewerten;[102] dies gilt v.a. bei umstrittener Tatsachenfeststellung durch die Erstbehörde.[103] Allerdings ist der Grundsatz der umfassenden Amtsermittlung durch das Widerspruchsbegehren begrenzt.[104]
- Die Vorschriften über Beratung und Auskunft (§ 25 VwVfG).[105]
- Die Vorschriften über Beweismittel einschließlich der Versicherung an Eides statt (§§ 26, 27 VwVfG); sie gestatten eine wesentlich einfachere Beweiserhebung als das Prozessrecht (§§ 96–99), insbes. durch Verzicht auf das Unmittelbarkeits- und Mündlichkeitsprinzip.
58 - Die Regelung der Akteneinsicht (§ 29 VwVfG),[106] die § 100 verdrängt.
- Die Geheimhaltungspflicht (§ 30 VwVfG).
59 - Die Vorschriften über Fristen und Termine (§ 31 VwVfG);[107] dies ist v.a. für die Berechnung der Widerspruchsfrist von Bedeutung. Für die Wiedereinsetzung in den vorigen Stand gilt allerdings

---

92 *Meyer/Borgs* § 79 Rn. 11; *E. Allesch*, Anwendbarkeit, 1984, 61, 107.
93 *Kopp/Schenke* Vorbem. § 68 Rn. 20; a.M. offenbar *H. Schmitz*, in: Stelkens/Bonk/Sachs § 14 Rn. 24.
94 *H. Scholler*, DÖV 1968, 756, 758; *T. Langohr*, DÖV 1987, 138, 139.
95 BVerwGE 39, 257, 259; BVerwG NJW 1983, 2345; *E. Allesch*, Anwendbarkeit, 1984, 78.
96 BVerwGE 39, 259; BVerwG NJW 1983, 2345; *T. Langohr*, DÖV 1987, 138, 139.
97 *E. Allesch*, Anwendbarkeit, 1984, 109.
98 *Schmitt Glaeser/Horn* Rn. 230 ff.; *Hufen* § 8 Rn. 14.
99 *Schmitt Glaeser/Horn* Rn. 194.
100 *Schmitt Glaeser/Horn* Rn. 194; *Pietzner/Ronellenfitsch* Rn. 1179.
101 *Hufen* § 8 Rn. 11.
102 *Hufen* § 8 Rn. 17; *P. Stelkens*, in: Stelkens/Bonk/Sachs § 24 Rn. 26; *M.-E. Geis/S. Hinterseh*, JuS 2001, 1074 f.
103 *Hufen* § 8 Rn. 20; *M.-E. Geis/S. Hinterseh*, JuS 2001, 1074 f.
104 *P. Weides*, 275; *M.-E. Geis/S. Hinterseh*, JuS 2001, 1074 f.
105 *M.-E. Geis/S. Hinterseh*, JuS 2001, 1074 f.
106 *H.-J. Bonk*, in: Stelkens/Bonk/Sachs § 29 Rn. 70; *F. Hufen*, Fehler im Verwaltungsverfahren, Rn. 398; *E. Allesch*, Anwendbarkeit, 1984, 131; *M.-E. Geis/S. Hinterseh*, JuS 2001, 1074, 1075.
107 *M.-E. Geis/S. Hinterseh*, JuS 2001, 1074 f.

kraft ausdrücklicher gesetzlicher Regelung § 70 Abs. 2 i.V.m. § 56, der insofern § 32 VwVfG verdrängt.

- Die Vorschriften über Beglaubigung von Abschriften etc. und Unterschriften (§§ 33, 34 VwVfG).
- Die Definition des Verwaltungsaktes (§ 35 VwVfG).[108] 60
- Die Vorschriften über Nebenbestimmungen (§ 36 VwVfG);[109] sie sind von Bedeutung für die gesonderte Anfechtbarkeit und für die Fälle einer möglichen reformatio in peius.
- Der Bestimmtheitsgrundsatz (§ 37 Abs. 1 VwVfG).
- § 39 Abs. 1 S. 1, soweit es sich um die Begründung des Abhilfebescheids handelt;[110] dies ergibt ein 61 Gegenschluss aus § 73 Abs. 3. Entspricht der Abhilfebescheid in vollem Umfang dem Widerspruchsbegehren, ist eine Begründung (anders als in § 73 Abs. 3) nach § 39 Abs. 2 Nr. 1 VwVfG entbehrlich.[111] Sowohl für den Abhilfe- als auch für den Widerspruchsbescheid anwendbar ist § 39 Abs. 1 S. 2 VwVfG, der die inhaltlichen Erfordernisse der Begründung regelt,[112] insoweit freilich nur verfassungsrechtlich erforderliche Standards positiviert.
- Die Regelung des Ermessensgebrauchs (§ 40 VwVfG), die für die Zweckmäßigkeitsüberprüfung von zentraler Bedeutung ist.
- Die Vorschriften über die Bekanntgabe (§ 41 VwVfG) nur insofern, als nicht das Zustellungserfordernis nach § 73 Abs. 3 vorgeht (§ 41 Abs. 5 VwVfG).[113] Einziger relevanter Anwendungsfall ist 62 der Abhilfebescheid, auf den § 73 Abs. 3 nicht anwendbar ist.[114]
- Die Vorschriften über Berichtigungen von Schreib- und Rechenfehlern etc. (§ 42 VwVfG); sie gelten auch für den Widerspruchsbescheid und schließen daher eine analoge Anwendung der §§ 118 und 119 aus.[115] Dagegen ist § 120 analog anwendbar;[116] die Frist nach § 120 Abs. 2 muss jedoch nicht eingehalten werden.[117]
- Die Vorschriften über Wirksamkeit (§ 43 VwVfG) und Nichtigkeit von Verwaltungsakten (§ 45 63 VwVfG).[118]
- Die Vorschriften über Heilung und Unbeachtlichkeit von Verfahrensfehlern (§§ 45, 46 VwVfG).[119]
- Die Möglichkeit der Umdeutung (§ 47 VwVfG).[120]
- Die Unterbrechung der Verjährung durch Verwaltungsakt (§ 53 VwVfG).
- Die Vorschriften über den öffentlich-rechtlichen Vertrag (§§ 54-56 VwVfG), sofern es sich dabei 64 um einen Vergleichsvertrag nach § 55 VwVfG handelt.[121] Dieser kann dann an die Stelle eines Widerspruchs- oder Abhilfebescheids treten.
- Die Regelung der Kostenerstattung in § 80 VwVfG kraft ausdrücklicher Anordnung; § 73 Abs. 3 65 bestimmt nur die Pflicht der Behörde, eine Kostenentscheidung überhaupt zu treffen und ist daher nicht abschließend.[122] Auch aus § 162 Abs. 1 ergibt sich nichts anderes, da diese Vorschrift lediglich eine einheitliche Kostenregelung bezweckt.
- die Vorschriften über die ehrenamtliche Tätigkeit (§§ 81–87) und die Ausschüsse (§§ 88–93), die 66 insbes. für die Widerspruchsausschüsse bzw. -beiräte nach § 73 Abs. 2 von Bedeutung sind.

---

108 *M.-E. Geis/S. Hinterseh*, JuS 2001, 1074 f.
109 *M.-E. Geis/S. Hinterseh*, JuS 2001, 1074 f.
110 *K. Obermayer*, Grundzüge, 1988, 38.
111 I.E. ebenso *P. Kothe*, in: Redeker/v. Oertzen § 72 Rn. 2.
112 *P. Weides*, 307.
113 *Kopp/Schenke* Vorbem. § 68 Rn. 18.
114 OVG Münster DÖV 1992, 122; *P. Kothe*, in: Redeker/v. Oertzen § 72 Rn. 2.
115 A.M. *Kopp/Schenke* Vorbem. § 68 Rn. 16; *A. Gern*, DÖV 1985, 559.
116 *Kopp/Schenke* § 120 Rn. 3.
117 BVerwGE 68, 1, 2; *Kopp/Schenke* § 120 Rn. 3.
118 *M.-E. Geis/S. Hinterseh*, JuS 2001, 1074 f.
119 *M.-E. Geis/S. Hinterseh*, JuS 2001, 1074 f.
120 VGH Mannheim NVwZ-RR 1991, 493, 495; VGH München NVwZ 1983, 161 f.; *E. Allesch*, Anwendbarkeit, 1984, 205; *M. Sachs*, in: Stelkens/Bonk/Sachs § 47 Rn. 39; *M.-E. Geis/S. Hinterseh*, JuS 2001, 1074 f.
121 Ausf. hierzu *P. Weides*, Verwaltungsverfahren und Widerspruchsverfahren, 301 ff.; *E. Allesch*, Anwendbarkeit, 1984, 75 ff.; für eine darüber hinaus gehende Anwendbarkeit besteht wohl entgegen *Kopp/Schenke* Vorbem. § 68 Rn. 18, kein Raum.
122 Ebenso BVerwGE 22, 281, 283; 40, 313, 321; 61, 360, 362; *M.-E. Geis/S. Hinterseh*, JuS 2001, 1074 f.

67   **b) Nicht anwendbare Normen.**   Nicht anwendbare Normen sind dagegen:

- ▣ § 28 VwVfG, da der durch das 6. VwGOÄndG neugefasste § 71 die speziellere Vorschrift ist.[123]
- ▣ § 32, wegen der Sonderregelung in § 70 Abs. 2, § 56 (vgl. oben).
- ▣ § 37 Abs. 2 VwVfG über die Form des Verwaltungsaktes, weil § 73 Abs. 3 lex specialis ist (BVerwG Buchholz 320 § 2 VwZG Nr. 3). Anwendbar sind aber die § 37 Abs. 3 und 4, die das Schriftlichkeitserfordernis näher umschreiben.[124]
- ▣ § 39 Abs. 1 S. 1 und Abs. 2, 3 VwVfG für die Erforderlichkeit der Begründung von Widerspruchsbescheiden, auch hier geht § 73 Abs. 3 S. 1 vor.[125]
- ▣ § 41 auf die Bekanntgabe des Widerspruchsbescheids, die sich nach der lex specialis § 73 Abs. 3 richtet (vgl. oben).

68   ▣ Die Vorschriften über Rücknahme und Widerruf (§§ 48, 49 VwVfG), soweit sie die erstmalige Entscheidung der Widerspruchsbehörde betreffen. Dies ist freilich infolge der missverständlichen Formulierung des § 50 VwVfG umstr.: Nach überwiegender Auffassung bezieht sich die Formulierung „anläßlich eines Rechtsbehelfsverfahren" nicht auf die Aufhebung im Rechtsbehelfverfahren selbst; insofern ist § 68 Abs. 1, der eine umfassende Sachprüfung und Neubescheidung ermöglicht, lex specialis.[126] Anderes gilt für den Widerspruchsbescheid selbst; dieser ist Verwaltungsakt und kann als solcher von der erlassenden Widerspruchsbehörde seinerseits nach §§ 48, 49 VwVfG zurückgenommen oder widerrufen werden.[127] Dies gilt aber grds. nur, solange der Widerspruchsbescheid noch nicht unanfechtbar ist, da die Sachherrschaft der Widerspruchsbehörde danach erlischt.[128] Etwas anderes gilt nur für den Fall, dass der Widerspruchsbescheid gegenüber dem Ausgangsbescheid einen eigenen (zusätzlichen) Regelungsgehalt hat; in diesem Fall richtet sich die Zuständigkeit der Widerspruchsbehörde ausnahmsweise nach der actus-contrarius-Theorie (VGH München BayVBl 1991, 20 m.w.N.).

69   ▣ Die Vorschriften über das Wiederaufgreifen des Verfahrens (§ 51). Dies ergibt sich daraus, dass die Sachherrschaft der Widerspruchsbehörde mit der in § 51 Abs. 1 VwVfG vorausgesetzten Unanfechtbarkeit des Verwaltungsaktes endet und ab diesem Zeitpunkt nach § 51 Abs. 4 VwVfG wieder die Zuständigkeit der Erstbehörde gegeben ist.[129]

70   ▣ Die Vorschriften über das förmliche Verwaltungsverfahren (§§ 63 ff.)[130] und das Planfeststellungsverfahren (§§ 72 ff.);[131] dies ergibt sich schon aus § 70.

71   **4. Analoge Anwendung sonstigen Prozessrechts. a) Voraussetzungen einer Analogie.**   Nur wenn sich weder aus §§ 68 ff. noch aus den Bestimmungen des VwVfG eine Regelung ergibt, kommt ergänzend eine analoge[132] Anwendung *weiterer* Vorschriften der VwGO bzw. – i.V.m. § 173 ZPO – der ZPO in Betracht. Dies darf nicht zu oberflächlich geschehen. Die Voraussetzungen einer Analogie – Gesetzeslücke und Vergleichbarkeit der Sachverhalte[133] – müssen für jede Norm einzeln begründet werden.

72   Schon die unkritische Annahme von Lücken ist problematisch. Viele vor dem Inkrafttreten der VwVfG in der Tat bestehende Lücken sind durch die ausdrückliche salvatorische Klausel des § 79

---

123   *Hufen* § 8 Rn. 21; *Kopp/Schenke* § 68 Rn. 2.

124   K. Obermayer, Grundzüge, 1988, 30; P. Stelkens, in: Stelkens/Bonk/Sachs § 37 Rn. 71.

125   *Kopp/Ramsauer* § 79 Rn. 24, § 39 Rn. 11.

126   So schon die Begründung des Regierungsentwurfs (BT-Drs. VII/910), 74; *H.-U. Erichsen*, in: Erichsen/Ehlers § 19 Rn. 9; *Obermayer*, Grundzüge 21; *Kopp/Ramsauer* § 50 Rn. 4. A.M. H. Meyer, in: Meyer/Borgs § 50 Rn. 16; M. Sachs, in: Stelkens/Bonk/Sachs § 50 Rn. 1.

127   Vgl. BVerwGE 39, 128, 133; M. Sachs, in: Stelkens/Bonk/Sachs § 48 Rn. 175; *Kopp/Schenke* Vorbem. § 68 Rn. 18, § 73 Rn. 25; a.M. E. Allesch, Anwendbarkeit, 1984, 206.

128   H. Scholler, DÖV 1966, 232, 236 f.; *Kopp/Ramsauer* § 48 Rn. 166.

129   VGH München BayVBl 1982, 754; K. Obermayer, Grundzüge 136.

130   E. Allesch, Anwendbarkeit, 1984, 88, 91; P. Stelkens, in: Stelkens/Bonk/Sachs § 79 Rn. 26; K. Obermayer, Grundzüge 50. *Kopp/Schenke* Vorbem. § 68 Rn. 19 und *Kopp/Ramsauer* § 79 Rn. 11, hält dagegen die §§ 63 ff. VwVfG im Widerspruchsverfahren dann für anwendbar, wenn auch das Ausgangsverfahren nach diesen Vorschriften durchgeführt werde. Dies ist offensichtlich falsch, da in diesem Fall gem. § 70 überhaupt kein Vorverfahren stattfindet. Eine analoge Anwendung einzelner Vorschriften, wie der §§ 64, 65, 71 kommt daher ebenfalls nicht in Betracht. Die a.a.O. ebenfalls vorgeschlagene analoge Anwendung von § 70 VwVfG auf das Widerspruchsverfahren ist ein Widerspruch in sich.

131   Einschließlich der Ermächtigungsnorm des § 94 VwVfG.

132   Entgegen *Kopp/Schenke* Vorbem. § 68 Rn. 16, kommt eine unmittelbare Anwendung nicht in Betracht.

133   Statt vieler K. Larenz, Methodenlehre der Rechtswissenschaft, 1991, 381 f.

VwVfG geschlossen worden. Selbst wenn ursprünglich Analogiebildungen gerechtfertigt waren, werden diese durch später erlassenes positives Recht verdrängt; auch insoweit gilt der Grundsatz *lex posterior derogat legi priori*. Daher ist eine Berufung auf Lit. und Judikatur vor 1977 nur noch von sehr eingeschränktem Wert. Für eine Analogie ist vielmehr nur noch dann Raum, wenn auch die VwVfG Regelungslücken offen gelassen haben.[134]

Auch die Vergleichbarkeit der Sachverhalte und der analog zu übernehmenden Norm kann nicht pauschal bejaht werden. Vielmehr wirkt es sich hier aus, dass es sich bei dem Vorverfahren eben gerade nicht um ein Gerichtsverfahren, sondern um ein wesensmäßig davon verschiedenes Verwaltungsverfahren handelt (ähnlich auch BVerwGE 51, 345, 349). Vergleichbarkeit ist daher nur zu bejahen, wenn die zu regelnden Fragen das Widerspruchsverfahren als Prozessvoraussetzung betreffen.[135] 73

Kommt nach diesen Maßgaben eine analoge Anwendung der VwGO in Betracht, so handelt es sich dabei nicht automatisch um Bundesrecht. Vielmehr ist zu differenzieren: Betreffen die Regelungen die Funktion des Widerspruchsverfahrens als Prozessvoraussetzung, gelten sie als Bundesrecht. Ansonsten sind sie dem Verwaltungsverfahrensrecht zuzuordnen; in diesem Fall haben sie nur bundesrechtlichen Charakter, wenn das VwVfG des Bundes anzuwenden ist, ansonsten aber – ungeachtet der Analogie zu einem Bundesgesetz – den Rang von Landesrecht.[136] Das methodische Instrument der Analogie rechtfertigt keine Verschiebung der grundgesetzlichen Kompetenzordnung. Für die Revisibilität eines darauf gestützten Urteils nach § 137 spielt diese Unterscheidung keine Rolle; da eine entsprechende Analogie im Landesrecht auch für das Verfahren nach dem VwVfG des Bundes anzunehmen wäre, ist § 137 Abs. 1 Nr. 2 anwendbar. Praktische Bedeutung hat die Unterscheidung, wenn auf Landesebene die Möglichkeit eines Normenkontrollverfahrens gegeben ist, z.B. nach Art. 98 S. 4 BV (Popularklage). 74

b) Analog anzuwendende Normen. Analog anzuwenden sind nach diesen Grundsätzen folgende Normen der VwGO: 75

▪ § 40 über die Eröffnung des Verwaltungsrechtswegs.

▪ § 64 i.V.m. §§ 59–63 ZPO über die Streitgenossenschaft. Von Bedeutung ist namentlich § 62 ZPO, wonach im Falle einer notwendigen Streitgenossenschaft die Einhaltung der Widerspruchsfrist durch einen Streitgenossen ausreicht.[137]

▪ § 173 i.V.m. § 239 ZPO über die Unterbrechung des Verfahrens im Falle des Todes des Widerspruchsführers; hier ist § 173 i.V.m. § 239 ZPO anwendbar (OVG Brem NVwZ 1985, 917).

▪ § 92 auf die Rücknahme des Widerspruchs. Diese ist zwar weder in der VwGO noch in den VwVfG geregelt.[138] Die Möglichkeit der Rücknahme von Rechtsbehelfen ist jedoch als allgemeiner Verfahrensgrundsatz anerkannt.[139] Wird der Widerspruch zurückgenommen, ist das Verfahren mithin entsprechend § 92 einzustellen. Hierzu ausf. die Ausführungen zu → § 69 Rn. 84. 76

c) Nicht analog anwendbare Normen

▪ § 86 Abs. 1 (Untersuchungsgrundsatz). Gelegentlich wird die Geltung des Untersuchungsgrundsatzes (§ 86) auch im Widerspruchsverfahren bejaht. Da jedoch der in §§ 24–26 VwVfG geregelte Amtsermittlungsgrundsatz für die Art und Weise der Sachaufklärung eine inhaltlich vergleichbare und erschöpfende Regelung trifft, besteht für eine Analogie kein Bedürfnis.[140] 77

▪ § 86 Abs. 3. Für die analoge Anwendung der Fürsorgepflicht des Gerichtsvorsitzenden nach § 86 Abs. 3 besteht kein Bedürfnis, da § 25 Abs. 1 VwVfG die Hinweis- und Fürsorgepflichten der beteiligten Behörden insoweit erschöpfend regelt.

---

134 Vgl. *A. Gern*, DÖV 1985, 558, 559.
135 *Kopp/Schenke* Vorbem. § 68 Rn. 16.
136 *F. O. Kopp*, Verfassungsrecht und Verwaltungsverfahrensrecht, 1971, 66; *P. Kothe*, in: Redeker/v. Oertzen § 73 Rn. 25; *A. Gern*, DÖV 1985, 558, 564; ebenso – für den vergleichbaren Fall von Gewohnheitsrecht – BVerfGE 61, 149, 203 f. A.M. (noch vor Erlass des VwVfG) BVerwGE 22, 281, 284 ff.; 40, 313, 317 ff.
137 *Schunck/De Clerck* § 73 Rn. 3.
138 Auch die Regelung in Art. 80 Abs. 1 S. 2 BayVwVfG begründet nicht die Zulässigkeit der Rücknahme, sondern setzt sie voraus.
139 BVerwGE 44, 64, 66; *P. Weides*, Verwaltungsverfahren und Widerspruchsverfahren, 238. Abl. *Pietzner/Ronellenfitsch* Rn. 1169; *G. Renner*, DVBl 1973, 343.
140 *Schmitt Glaeser/Horn* Rn. 194.

78 ▪ *§ 91.* Für die Änderung des Widerspruchs wendet die Rspr. z.T. die zur Klageänderung (§ 91) entwickelten Grundsätze an (VGH München NVwZ 1983, 615, 616; BayVBl 1987, 22, 23). Danach soll etwa ein Abänderungsbescheid (Zweitbescheid) in das Widerspruchsverfahren mit einbezogen werden können, sofern die Einbeziehung sachdienlich ist.

▪ Die formalisierten Vorschriften über die Klageänderung im Prozess finden ihren Sinn in der Bedeutung der strikten Bestimmung des Streitgegenstandes und des Umfangs der Rechtskraft. Eine analoge Anwendung kommt daher nur in Betracht, als die Bestimmung des Widerspruchsgegenstands und die Bestandskraft vergleichbar sind.

79 ▪ *§ 106.* Für die analoge Anwendung des § 106 (gerichtlicher Vergleich) besteht ebenfalls kein Bedürfnis, da die Beendigung eines Vorverfahrens statt durch Widerspruchsbescheid durch Vergleichsvertrag nach § 55 VwVfG erfolgen kann.[141]

▪ *§§ 118 ff.* Für die Berichtigung und Ergänzung von Widerspruchsbescheiden gilt § 79 i.V.m. § 42 VwVfG,[142] sodass für einen Rückgriff auf die VwGO kein Raum ist.

80 ▪ *§§ 154 ff.* Nach dem Beschluss des Großen Senats des BVerwG vom 1.11.1965[143] ist das Kostenrecht der VwGO auf die Kostenentscheidung nach § 72 nicht anwendbar; laut BVerwGE 40, 313 gilt dies auch für § 73, selbst wenn es sich um den Fall der Ausführung von Bundesgesetzen durch Bundesbehörden handelt (BVerwGE 40, 313, 317 ff.). Nach Auffassung der Judikatur regelt der später erlassene § 80 VwVfG die Kostenerstattung im Vorverfahren abschließend und ausschließlich. Erledigt sich also der Widerspruch, ergeht keine Kostenentscheidung in analoger Anwendung des § 161 Abs. 2, da sich die beiden Seiten nicht wie gleichberechtigte Parteien in einem Prozess gegenüberstehen, und insbes. keine neutrale Instanz zur Verfügung steht, die die Kosten nach billigem Ermessen verteilen könnte.[144] Desgleichen findet § 162 Abs. 3 im Vorverfahren keine Anwendung (BVerwGE 70, 58, 61).

III. Statthaftigkeit des Widerspruchs

81 **1. Widerspruchsgegenstand.** Nach der Formulierung des § 68 kann Gegenstand eines Widerspruchs – sofern gesetzlich nichts Besonderes geregelt ist – nur ein *Verwaltungsakt* (§ 35 VwVfG) sein.
Das Gesetz unterscheidet zwischen dem Widerspruch gegen einen belastenden Verwaltungsakt, § 68 Abs. 1 (Anfechtungswiderspruch) und der Ablehnung eines beantragten Verwaltungsaktes, § 68 Abs. 2 (Verpflichtungswiderspruch).[145]

82 **a) Anfechtungswiderspruch (Abs. 1). aa) Widerspruchsgegenstand.** Widerspruchsgegenstand beim Anfechtungswiderspruch ist ein *belastender Verwaltungsakt.* Dieser muss *objektiv existent* sein; die bloße Behauptung, es läge möglicherweise ein Verwaltungsakt vor, reicht nicht aus.[146] Ob ein Verwaltungsakt *objektiv* vorliegt, ist danach zu beurteilen, ob sich die Maßnahme aus der Sicht des verständigen Adressaten als ein solcher darstellt (§ 133 BGB analog).[147] Dies richtet sich in erster Linie nach dem äußeren Erscheinungsbild der Maßnahme. Ist sie von der Behörde für den Betroffenen ersichtlich in der Form eines Verwaltungsakts („formeller Verwaltungsakt"; Verwaltungsakt kraft Form) erlassen, so sind Widerspruch und Anfechtungsklage in jedem Falle statthaft. Dies gilt auch dann, wenn die Behörde die Rechtsform des Verwaltungsakts fälschlich gewählt hat (statt einen Realakt vorzuneh-

---

141 *H.-J. Bonk/W. Neumann,* in: Stelkens/Bonk/Sachs § 55 Rn. 29 ff.; *E. Allesch,* Anwendbarkeit, 1984, 75 ff.; *P. Weides,* *Verwaltungsverfahren und Widerspruchsverfahren,* 301.

142 *Pietzner/Ronellenfitsch* Rn. 1051.

143 BVerwGE 22, 281, 284 ff.; ebenso BVerwG NJW 1982, 300; 1988, 87, 89; NVwZ 1990, 59 f.; diese Rspr. wurde von BVerfGE 27, 175 ff. für verfassungsmäßig angesehen. Dem BVerwG folgen *D. Kallerhoff,* in: Stelkens/Bonk/Sachs § 80 Rn. 4; *R. Pietzner,* BayVBl 1979, 108; a.M. *L. Renck,* JuS 1980, 28, 31.

144 BVerwGE 62, 201, 204 f.; *Ule/Laubinger* § 47 III a. E.; a.M. VGH München NVwZ 1983, 616; *Kopp/Schenke* Vorbem. § 68 Rn. 16.

145 Die Bezeichnung „Verpflichtungswiderspruch" – als Pendant zur Verpflichtungsklage – ist insoweit irreführend, als die Widerspruchsbehörde im Regelfall nicht die Ausgangsbehörde zum Erlass des beantragten Verwaltungsaktes verpflichtet, diesen vielmehr selbst erlässt; darauf weist zutreffend *Hufen* § 6 Rn. 16 hin.

146 BVerwGE 2, 273, 274; 30, 287, 288; 79, 291, 296; *Pietzner/Ronellenfitsch* Rn. 1085; *P. Weides, Verwaltungsverfahren und Widerspruchsverfahren,* 245; *L. Renck,* NVwZ 1989, 117, 118; *Hufen* § 6 Rn. 11. A.M. *E. Schmidt-Jortzig,* JuS 1979, 488, 491 f.; *M. Happ,* in: Eyermann § 42 Rn. 11 f.

147 BVerwGE 41, 305, 306; 78, 3, 5; BVerwG NVwZ 1988, 51, 52 m. abl. Anm. *L. Renck,* BayVBl 1988, 409; *J. Martens,* NVwZ 1988, 684, 689; *Pietzner/Ronellenfitsch* Rn. 1085.

men, bzw. statt eine Satzung oder eine Verordnung zu erlassen), da das Risiko falscher Rechtsformen-wahl nicht auf den Bürger abgewälzt werden darf; dies folgt aus Art. 19 Abs. 4 GG.[148]

Kein Widerspruch ist dagegen zulässig gegen einen sog. *Nicht-Verwaltungsakt*.[149] Dies ist ein Akt, der 83 zwar äußerlich die Gestalt eines Verwaltungsaktes hat, aber offensichtlich von der Behörde nicht ernst gemeint ist (Bsp.: die Übergabe der Rathausschlüssel im Fasching/Karneval durch den Bürgermeister an das Faschingsprinzenpaar bedeutet nicht die Einräumung eines öffentlich-rechtlichen Hausrechts) oder offensichtlich einer Behörde nicht zuzurechen ist (SchulBsp. sind die Fälle der Amtsanmaßung: Hausmeister oder Raumpflegerin erteilen ein Hausverbot im amtlichen Stil; der „Hauptmann von Kö-penick" beschlagnahmt die Gemeindekasse).

Ein Nicht-Verwaltungsakt ist auch der *noch nicht erlassene Verwaltungsakt*, also der Entwurf, der 84 noch nicht zum Auslauf gegeben worden ist.[150] Nicht-Verwaltungsakte entfalten, auch wenn sie ein amtliches Erscheinungsbild haben können, keinen Rechtsschein.[151]

Etwas anderes gilt für den *nichtigen* Verwaltungsakt. Der Kanon der Nichtigkeitsgründe ist in § 44 85 Abs. 1, 2 VwVfG abschließend geregelt, wenn auch die Abgrenzung zwischen Nicht-Verwaltungsakt und nichtigem Verwaltungsakt fließend ist. Gegen nichtige Verwaltungsakte ist nach der VwGO zwar primär die Nichtigkeitsfeststellungsklage (§ 43 Abs. 1 Alt. 1) statthafte Klageart, was zur Unstatthaf-tigkeit des Widerspruchs führen müsste. Gleichwohl bejaht die h.M. zu Recht hier die Möglichkeit, statt der Nichtigkeitsfeststellungsklage alternativ Widerspruch und Anfechtungsklage zu erheben.[152] I.E. ist diese Ansicht vorzugswürdig: es wäre unbillig, dem Kläger das Risiko der schwierigen Rechts-frage aufzubürden, ob sich ein angefochtener Verwaltungsakt ex post als nichtig oder „nur rechtswid-rig" erweist. Da auch der nichtige Verwaltungsakt einen Rechtsschein erzeugt, kann der Betroffene nach dem Meistbegünstigungsprinzip[153] also zunächst Widerspruch erheben.[154]

Nach *Hufen* soll allerdings in diesem Fall das Rechtsschutzbedürfnis fehlen, wenn der Betroffene nicht 86 zunächst einen Antrag nach § 44 Abs. 5 Hs. 2 VwVfG auf Feststellung der Nichtigkeit gestellt hat.[155] Doch würde hierdurch dem Betroffenen das Risiko, den falschen Rechtsbehelf ergriffen zu haben, er-neut auferlegt, denn auch ein Antrag nach § 44 Abs. 5 VwVfG hindert den Ablauf der Widerspruchs-frist nicht, wenn sich der Verwaltungsakt später als „nur" rechtswidrig herausstellt. Wenn überdies ein vorheriger Antrag nach § 44 Abs. 5 Hs. 2 VwVfG nicht einmal Zulässigkeitsvoraussetzung einer Feststellungsklage nach § 43[156] ist, wäre es inkonsequent, ihn zur Voraussetzung einer entsprechenden Anfechtungsklage zu machen. Die Ansicht *Hufens* ist daher abzulehnen.[157] Im Übrigen ist dann ein vorsorglich erhobener Widerspruch regelmäßig in einen solchen Antrag an die Ausgangsbehörde um-deutbar, bei dem diese statt einer Abhilfeentscheidung eine Feststellungsentscheidung zu treffen hätte.

Der Verwaltungsakt muss bereits *existent* sein; dies ist er dann, wenn er den rein internen Bereich der 87 erlassenden Behörde verlassen hat und mindestens einem Adressaten wirksam bekanntgegeben (§ 41 VwVfG) worden ist.[158] Mängel bei der Bekanntgabe spielen daher keine Rolle,[159] wenn sie nicht gleichzeitig konstitutiv für die Wirksamkeit sind.

Vor der Bekanntgabe des Verwaltungsakts ist ein Widerspruch unzulässig und als solcher abzuweisen 88 (BVerwGE 25, 20, 21; BVerwG BayVBl 1985, 605). Ein verfrüht erhobener Widerspruch ist auch nicht etwa „schwebend unwirksam" mit der Konsequenz, dass er mit dem Erlass des angefochtenen

---

148 BVerwGE 18, 1 ff.; 26, 251 ff.; 30, 211 ff.; 41, 305, 306; 78, 3, 5; BVerwG DÖV 1982, 784 f.; NVwZ 1985, 264; a.M. *L. Renck*, BayVBl 1988, 409 und NVwZ 1989, 117.
149 BVerwG NVwZ 1987, 330; Einzelheiten bei *Wolff/Bachof/Stober/Kluth* I § 49 Rn. 19 ff.; *Kopp/Ramsauer* § 43 Rn. 49; z.T. widersprüchlich aber *Kopp/Schenke* § 68 Rn. 2.
150 BVerwGE 25, 20, 21; BVerwG MDR 1978, 600; BayVBl 1985, 605; DVBl 1987, 629; *Wolff/Bachof/Stober/Kluth* I § 48 Rn. 2, § 49 Rn. 23; *F. Schoch*, Jura 2003, 752, 753.
151 Zulässig ist daher nur die Feststellungsklage nach § 43; *Kopp/Schenke* § 68 Rn. 2.
152 BSG NJW 1960, 2308, zum alten Recht; *H. v. Nicolai*, in: Redeker/v. Oertzen § 43 Rn. 16.
153 Ausf. hierzu *Ch. Pestalozza*, Formenmißbrauch, 1973, 162 f.
154 HmbOVG DVBl 1982, 218; VGH Kassel HessVGRspr 1974, 12, 14; *P. Stelkens*, in: Stelkens/Bonk/Sachs § 41 Rn. 8; *Kopp/Schenke* § 68 Rn. 2; *Hufen* § 6 Rn. 15; § 18 Rn. 49; *Pietzner/Ronellenfitsch* Rn. 1087; *M.-E. Geis/S. Hinterseh*, JuS 2001, 1074, 1076.
155 So *Hufen* § 6 Rn. 15; § 18 Rn. 48.
156 BSG DVBl 1990, 210, 211; *Kopp/Ramsauer* § 44 Rn. 69.
157 Vgl. *M.-E. Geis/S. Hinterseh*, JuS 2002, 34, 38.
158 BVerwGE 25, 20, 21; *Hufen* § 6 Rn. 13; *Kopp/Schenke* § 69 Rn. 3.
159 VG Gießen NVwZ-RR 1990, 412, 413; *F. Dehner*, BayVBl 1986, 663, 665.

Verwaltungsaktes „geheilt" würde. Dies entspräche einer aufschiebenden Bedingung, die wegen des Interesses an Rechtssicherheit nicht nur bei Prozesshandlungen, sondern bei Rechtsbehelfen aller Art abzulehnen ist.[160]

89 **bb) Teilanfechtung.**   Der Widerspruch kann auf einen Teil des Verwaltungsaktes beschränkt werden, wenn dieser inhaltlich teilbar ist.[161] Die wichtigste Fallgruppe ist der Widerspruch gegen einzelne Nebenbestimmungen. Die Grundsätze zur isolierten Anfechtbarkeit von Nebenbestimmungen vor Gericht gelten entsprechend (→ § 42 Rn. 19 ff., 104, 117, 178, 186, 189, 207, 245, 275, 311, 325).

90 Eine Teilanfechtung ist jedoch nur dann anzunehmen, wenn sie ausdrücklich erfolgt oder dem Willen des Widerspruchsführers eindeutig zu entnehmen ist.[162] Im Zweifel ist der Widerspruch als umfassend eingelegt zu sehen, insbes. dann, wenn kein inhaltlicher Antrag gestellt ist.

91 Bei einem Teilwiderspruch treten Devolutiv- und Suspensiveffekt nur hinsichtlich der angefochtenen Teile ein. Nur insoweit wird eine Entscheidungszuständigkeit der Widerspruchsbehörde begründet.[163] Diese darf also einen Teilwiderspruch nicht zum Anlass nehmen, die Entscheidung in vollem Umfang zu revidieren. Sie kann dann lediglich i.R. ihrer aufsichtsbehördlichen Möglichkeiten auf die Erstbehörde einwirken, die nicht angefochtenen Teile zurückzunehmen (§ 48 VwVfG) oder zu widerrufen (§ 49 VwVfG).

92 **b) Verpflichtungswiderspruch (Abs. 4).**   Auch der Gegenstand des Verpflichtungswiderspruchs nach § 68 Abs. 4 ist ein Verwaltungsakt, da die Ablehnung eines Verwaltungsaktes selbst einen Verwaltungsakt darstellt. Die Ausführungen zum Anfechtungswiderspruch gelten daher sinngemäß. „Ablehnung" bedeutet eine aktive, mindestens konkludente Entscheidung der Behörde, den beantragten Verwaltungsakt nicht erlassen zu wollen.

93 Aus dem eindeutigen Wortlaut des § 68 Abs. 2 ergibt sich, dass ein Verpflichtungswiderspruch nur dann statthaft ist, wenn der Widerspruchsführer zuvor einen formgerechten, aber erfolglosen Antrag bei der Ausgangsbehörde gestellt hat.[164] Dieser Antrag ist entgegen der Ansicht der Rspr. auch dann nicht verzichtbar, wenn im Zusammenhang mit einem anderen Verwaltungsverfahren erkennbar ist, dass die Erstbehörde den Antrag ablehnen wird.[165] Ansonsten verlöre die Widerspruchsbehörde ihre typische Kontrollfunktion und würde de facto zu einer Erstbehörde.

94 Ist der Erlass eines Verwaltungsaktes Gegenstand eines öffentlich-rechtlichen Vertrags zwischen Bürger und Verwaltung, so kann gegen die Weigerung der Behörde, den Verwaltungsakt zu erlassen, kein Widerspruch erhoben werden. Da es sich nicht um einen „Antrag auf Erlass", sondern um die Forderung nach Vertragserfüllung handelt, muss der Betroffene eine entsprechende Leistungsklage erheben.[166]

95 Wird ein Folgenbeseitigungsanspruch als Annex eines Anfechtungswiderspruchs erhoben (§ 113 Abs. 1 S. 2 analog), so ist er wie ein Verpflichtungswiderspruch zu behandeln. Wird er selbständig geltend gemacht, so kann gegen seine Ablehnung durch die Behörde ein Verpflichtungswiderspruch dann erhoben werden, wenn die Folgenbeseitigung durch einen Verwaltungsakt erfolgen soll; wird lediglich reale Folgenbeseitigung begehrt, so ist sie mit der allgemeinen Leistungsklage zu erwirken, ein Widerspruch ist unstatthaft.[167]

---

160 BVerwGE 25, 20, 21; BVerwG BayVBl 1985, 603, 605; *Hufen* § 6 Rn. 13; *Kopp/Schenke* § 68 Rn. 2; a.M. BVerwGE 63, 187, 188.

161 BVerwGE 9, 110, 111; BVerwG DÖV 1970, 138; VerwRspr 26, 430; *Kopp/Schenke* § 69 Rn. 3; *M.-E. Geis/ S. Hinterseh*, JuS 2001, 1074, 1076; *F. Schoch*, Jura 2003, 752, 753.

162 BVerwG DÖV 1970, 138; NVwZ 1988, 147 f.; BFH NVwZ 1990, 598.

163 *Pietzner/Ronellenfitsch* Rn. 1229.

164 BVerwG DVBl 1969, 702 f. m. zust. Anm. *K. A. Bettermann*, DVBl 1978, 607 f.; *Pietzner/Ronellenfitsch* Rn. 1090; *M.-E. Geis/S. Hinterseh*, JuS 2001, 1074, 1077.

165 So aber VGH Kassel ESVGH 24, 190, 191; 28, 32, 35; GewArch 1973, 205; *Pietzner/Ronellenfitsch* Rn. 1090. Wird während eines gerichtlichen Verfahrens betreffend die Erteilung einer Baugenehmigung das den Gegenstand des verfahrensbezogenen Bauantrags bildende Vorhaben entscheidungserheblich modifiziert und zum Gegenstand der Verpflichtungsklage gemacht, so erweist sich nach OVG Saarlouis 14.3.2003 – 1 Q 11/03 diese als unzulässig, weil es an einem entsprechenden Antrag und der Durchführung eines Vorverfahrens als Sachentscheidungsvoraussetzungen der Verpflichtungsklage fehlt.

166 VGH Kassel DÖV 1964, 462 f.; *Pietzner/Ronellenfitsch* Rn. 1090 m.w.N.; a.M. *J. Fluck*, Die Erfüllung des öffentlich-rechtlichen Verpflichtungsvertrages durch Verwaltungsakt, 1985, 84 ff.

167 *Pietzner/Ronellenfitsch* Rn. 1090 m.w.N.; *Wolff/Bachof/Stober/Kluth* I § 52 Rn. 29.

c) „Untätigkeitswiderspruch". Gegen die bloße Untätigkeit der Behörde auf einen gestellten Antrag 96 hin kann dagegen kein Widerspruch erhoben werden (sog. „Untätigkeitswiderspruch"). Dies ergibt sich neben dem Wortlaut des § 68 Abs. 2 auch aus der Sonderregelung in § 75 S. 1 Alt. 2, die insofern abschließenden Charakter hat und daraus, dass eine dem § 349 Abs. 2 AO vergleichbare Regelung in der VwGO fehlt.[168]

d) Widerspruch gegen sonstige behördliche Handlungen. Der Widerspruch ist auch gegen alle sonsti- 97 gen behördlichen Handlungen nicht statthaft, sofern nicht gesetzlich etwas anderes bestimmt ist. Dies gilt für Realakte, denen die *Regelungs*wirkung i.S.d. § 35 VwVfG fehlt,[169] für behördliches Handeln ohne *Außen*wirkung (hierunter fallen der Erlass von Verwaltungsvorschriften und interne, dienstliche Weisungen)[170] sowie für behördliche Normsetzung durch die Exekutive.

e) Einzelfälle

- BVerwG MDR 1978, 600: Ein Widerspruch ist vor Erlass des Verwaltungsakts auch dann nicht 98 zulässig, wenn dieser gegen eine Vielzahl von gleichartigen Verwaltungsakten gerichtet ist; dies wäre eine unzulässige bedingte Einlegung eines Rechtsbehelfs.
- BVerwG NVwZ 1988, 51 (52): Qualifiziert die mit einer Gemeinde als Ausgangsbehörde nicht identische Widerspruchsbehörde irrtümlich eine bloße Rechnung der Gemeinde als Verwaltungsakt, so ist hiergegen der Widerspruch zulässig, die Anfechtungsklage statthaft. Dem Bürger darf kein Nachteil daraus erwachsen, wenn sich die behördliche Handlung objektiv als Verwaltungsakt darstellt.[171]

2. Widerspruchsverfahren außerhalb der §§ 68 ff. a) § 54 Abs. 2 BeamtStG. Wichtigster Fall der 99 Durchführung eines Widerspruchsverfahrens außerhalb von Anfechtungs- und Verpflichtungsklagen ist § 54 Abs. 2 BeamtStG (vormals § 126 Abs. 3 BRRG). Danach ist in beamtenrechtlichen Streitigkeiten ein Widerspruchsverfahren auch bei Leistungs- und Feststellungsklagen durchzuführen.[172] Daraus folgt im Gegenschluss, dass ein Vorverfahren nicht nur bei Verwaltungsakten, sondern bei jeder innerbehördlichen Maßnahme durchzuführen ist.[173] Der Grund hierfür liegt einmal im gesteigerten Interesse einer Selbstkontrolle der Verwaltung in Streitigkeiten, die ihren Binnenbereich betreffen.[174] Dazu tritt die spezifische Befriedungsfunktion i.R. des beamtenrechtlichen Treueverhältnisses.[175]

Nach Ansicht des BVerwG erstreckt sich die Verweisung lediglich auf die Erforderlichkeit des Vorver- 100 fahrens; im Übrigen seien jedoch die §§ 68 ff. nicht anzuwenden.[176] Ganz inkonsequent ist es, die Anwendbarkeit des § 70 zu verneinen, die des § 74 jedoch zu bejahen.[177]

Der eindeutige Wortlaut des § 54 Abs. 2 BeamtStG steht solchen Interpretationen entgegen, da er die 101 Geltung der Vorschriften des 8. Abschnitts der VwGO ohne Einschränkung anordnet. Die §§ 68–73 gelten daher in vollem Umfang;[178] insbes. Sind auch die Fristbestimmungen einzuhalten und das Abhilfeverfahren durchzuführen. Eine unterschiedliche Behandlung von beamtenrechtlichen Anfechtungs-/Verpflichtungsklagen und sonstigen Klagen ist auch inhaltlich nicht sinnvoll begründbar. Der Landesgesetzgeber kann jedoch das Erfordernis eines Vorverfahrens ausschließen (§ 54 Abs. 2 S. 3 BeamtStG). Hiervon haben die Bundesländer Niedersachsen (§ 105 Abs. 1 NdsBG) und Nordrhein-Westfalen (§ 104 Abs. 1 LBG NRW) Gebrauch gemacht, allerdings mit Ausnahmen für Bewertungen in berufsbezogenen Prüfungen und für Maßnahmen in besoldungs-, versorgungs-, beihilfe-, heilfürsorge-, reisekosten-, trennungsentschädigungs- und umzugskostenrechtlichen Angelegenheiten. Der bayerische Landesgesetzgeber räumt ein Wahlrecht zwischen Widerspruch und sofortiger Klage ein (Art. 15 Abs. 1 Zf. 5 BayAGVwGO).

---

168 *Pietzner/Ronellenfitsch* Rn. 1084, 1100; *Hufen* § 6 Rn. 11, 17; *M.-E. Geis/S. Hinterseh*, JuS 2001, 1074, 1077.
169 *Hufen* § 6 Rn. 12.
170 *Hufen* § 6 Rn. 12.
171 Krit. dazu *L. Renck*, BayVBl 1988, 409 f.; *J. Martens*, NVwZ 1988, 684, 689.
172 *Plog/Wiedow*, BBG – Kommentar, § 54 BeamtStG Rn. 5.
173 Im Einzelnen *F. Wind*, ZBR 1984, 167, 169.
174 Vgl. *F. Wind*, ZBR 1984, 167 ff.; *H. Günther*, DÖD 1991, 78, 84.
175 *H. Günther*, DÖD 1991, 78, 86 f.
176 BVerwGE 49, 351, 357 f.; BVerwG VerwRspr 27, 955; ebenso *Kopp/Schenke* Vorbem. § 68 Rn. 3; *Pietzner/Ronellenfitsch* Rn. 1130; *W. Blümel*, VerwArch 74 (1983), 156 m.w.N.
177 A.M. *Pietzner/Ronellenfitsch* Rn. 1130, unter Berufung auf VGH Kassel ESVGH 29, 40 f.
178 *H. Günther*, DÖD 1991, 78; *H. Schnellenbach*, ZBR 1992, 257; *M.-E. Geis/S. Hinterseh*, JuS 2001, 1074, 1077.

102 **b) Anwendbarkeit der §§ 68 ff. auf Klagen außerhalb der VwGO.** Nach überwiegender Meinung ist ein Widerspruchsverfahren auch bei Verwaltungsverfahren durchzuführen, für deren Anfechtung nicht der Verwaltungsrechtsweg gegeben ist.[179] Exemplarischer Fall ist die Anfechtung der Festsetzung einer Enteignungsentschädigung, für die nach Art. 14 Abs. 3 GG der Zivilrechtsweg eröffnet ist. Diese Ansicht mag zwar der Kontroll- und Entlastungsfunktion dienen; sie ist jedoch contra legem, da die §§ 68 ff. systematisch unzweideutig den Verwaltungsrechtsweg voraussetzen, und daher abzulehnen. Sie kann insbes. Nicht auf § 79 VwVfG gestützt werden, da die dortige Verweisung auf die VwGO nicht als bloße Rechtsfolgenverweisung zu verstehen ist, sondern die Anwendbarkeit der VwGO und damit die Zulässigkeitsvoraussetzungen der dortigen Rechtsbehelfe voraussetzt.[180]

103 **3. Gesetzlich nicht geregelte Fälle. a) Anwendbarkeit auf sonstige Klagearten.** Nach der eindeutigen Überschrift des 8. Abschnitts der VwGO gelten die §§ 68 ff. – abgesehen von gesetzlichen Sondervorschriften – nur für Anfechtungs- und Verpflichtungsklagen. Sie haben also Ausnahme- und damit Ausschließlichkeitscharakter. Eine Anwendung auf andere Klagearten der VwGO ist daher abzulehnen. Ein Widerspruch ist in diesen Fällen unstatthaft und damit unzulässig.[181] Ein rechtswidrigerweise durchgeführtes Widerspruchsverfahren ist allerdings auf die Zulässigkeit einer späteren Leistungs- oder Feststellungsklage ohne Einfluss.

104 Eine analoge Anwendung kommt daher nicht in Betracht für allgemeine Leistungsklagen (BVerwGE 40, 323, 327 f.; zum Sonderfall des § 54 Abs. 3 BeamtStG → Rn. 99–100) und für Feststellungsklagen (vgl. BSG DVBl 1990, 219), insbes. Auch nicht für den wichtigen Unterfall der kommunalverfassungsrechtlichen Organklagen.[182] Ebenfalls unstatthaft ist ein Widerspruch im Falle eines Normenkontrollantrags nach § 47.

105 **b) Vorverfahren bei Fortsetzungsfeststellungsklage.** Seit jeher höchst kontrovers diskutiert ist die Frage, ob vor Erhebung einer Fortsetzungsfeststellungsklage nach § 113 Abs. 1 S. 4 ein Vorverfahren durchzuführen ist.

106 Nach Auffassung der älteren Judikatur des BVerwG, einiger Obergerichte und eines Teils der Lit. Handele es sich bei dieser Klage um einen Unterfall der Feststellungsklage nach § 43; danach ist ein Widerspruch nicht statthaft, ein Vorverfahren schon deshalb nicht durchzuführen.[183] Nach aM handele es sich bei der Fortsetzungsfeststellungsklage dagegen um die Unterart einer Anfechtungsklage,[184] wofür die systematische Stellung in § 113 spricht. Folgt man dieser Auffassung, so ist weiter zu differenzieren:

107 Handelt es sich um den eigentlich in § 113 Abs. 1 S. 4 geregelten Fall der Erledigung *nach* Klageerhebung, so ist ein erfolgloser Widerspruch unproblematisch Zulässigkeitsvoraussetzung. Bis zum Eintritt des erledigenden Ereignisses handelte es sich ja um eine normale Anfechtungsklage, für die die Vorschriften der §§ 68 ff. uneingeschränkt galten.[185]

108 Für den Fall der Erledigung *vor* Klageerhebung, auf den nach wie vor nach h.M. § 113 Abs. 1 S. 4 analog angewandt wird (→ § 113 Rn. 139),[186] hält die Rspr. und das überwiegende Schrifttum die

---

179 BVerfGE 40, 237, 247 ff.; VGH München BayVBl 1968, 321; *E. Allesch*, DVBl 1985, 1041 ff.; *Kopp/Schenke* Vorbem. § 68 Rn. 2, mit sachlich unzutreff. Verweis auf BGH DVBl 1974, 909; *D. Kallerhoff*, in: Stelkens/Bonk/Sachs § 79 Rn. 18.

180 Vgl. *P. Weides* 240 Fn. 2; *Pietzner/Ronellenfitsch* Rn. 1076.

181 *Pietzner/Ronellenfitsch* Rn. 1083; *Kopp/Schenke* § 68 Rn. 15.

182 *Kopp/Schenke* Vorbem. § 68 Rn. 2 b.

183 So BVerwGE 26, 161, 165 f.; BVerwG DVBl 1981, 502; OVG Koblenz NJW 1982, 1302. Aus der Lit. vgl. → § 42 Rn. 73 sowie *E. Allesch*, Anwendbarkeit, 1984, 154.

184 BVerwGE 62, 317, 323; 66, 307 ff.; offen gelassen bei BVerwGE 83, 242 ff.; VGH Kassel HessVGRspr 1974, 25, 26; VGH München BayVBl 1981, 469, 470; NVwZ 1988, 1055; *W.-R. Schenke*, FS Menger, 1985, 461, 474; *Pietzner/ Ronellenfitsch* Rn. 333 ff., 1102; *Hufen* § 18 Rn. 53.

185 *Schmitt Glaeser/Horn* Rn. 353.

186 Das BVerwG hat allerdings in einer neueren Entscheidung (NVwZ 2000, 63, 64) angedeutet, dass es auch die zukünftige Aufgabe der bisher praktizierten Analogie zu § 113 Abs. 1 S. 4 für denkbar hält und man es sich auch vorstellen könnte, in Fällen der Erledigung vor Klageerhebung künftig auf die Feststellungsklage nach § 43 zurückzugreifen. In der Lit. ist hierüber eine heftige Kontroverse entbrannt. Für das Festhalten an der Analogie zu § 113 Abs. 1 S. 4 *Schenke* Rn. 325; *S. Göpfert*, BayVBl 2000, 300, 303; *D. Ehlers*, Jura 2001, 415, 417; *J. Rozek*, JuS 2000, 1162, 1165; *R. P. Schenke*, NVwZ 2000, 1255, 1257; *H. Sodan/K. Kluckert*, VerwArch 94 (2003), 3, 19; *R. Ogorek*, JA 2002, 222, 223; a.M. *M. Wehr*, DVBl 2001, 785; sowie jüngst BVerwG NVwZ 2008, 571.

Durchführung eines Vorverfahrens nicht nur für entbehrlich, sondern sogar für unzulässig.[187] In diesem Fall könne die Entlastungs- und die Kontrollfunktion nicht mehr erfüllt werden.

Demgegenüber hält eine beachtliche Mindermeinung auch in diesem Fall an der Erforderlichkeit eines [109] Vorverfahrens fest: Auch die Widerspruchsbehörde könne die Rechtswidrigkeit des Verwaltungsaktes feststellen und so den Zwecken des Vorverfahrens gerecht werden.[188] Die Befürworter dieser Meinung plädieren konsequenterweise für die Zulässigkeit eines „Fortsetzungsfeststellungswiderspruchs".[189] Dieser biete den effektiveren Rechtsschutz, da das Kostenrisiko geringer und die Verfahrensdauer kürzer sei.

Diese Argumente sind jedoch nicht überzeugend: Eine verbindliche, in Rechtskraft erwachsende Fest- [110] stellung kann nur durch das Gericht getroffen werden; die Bestandskraft eines feststellenden Verwaltungsaktes ist dem nicht gleichwertig;[190] ein Fortsetzungsfeststellungswiderspruch gewährt daher keinen effektiveren Rechtsschutz.[191] Auch ist das Widerspruchsverfahren typischerweise auf die Kontrolle noch anhaltender Rechtsbeeinträchtigungen ausgerichtet;[192] dies beweist neben dem Wortlaut des § 68 gerade das integrierte Abhilfeverfahren (§ 72). Signifikanterweise wird von den Befürwortern des Fortsetzungsfeststellungswiderspruchs diese Norm übergangen. Schließlich sind auch die methodischen Voraussetzungen einer meist vorschnell bejahten Analogie[193] zweifelhaft. Der Vergleich des § 68 einerseits, der §§ 42 Abs. 1, 113 Abs. 1 S. 4 andererseits zeigt, dass der Gesetzgeber eine Sonderregelung nur für das Prozessverfahren getroffen hat. Der Gegenschluss, dass im Widerspruchsverfahren ein solcher Antrag nicht statthaft ist, liegt daher näher als eine Analogie. Überdies gewährt die vom Gesetzgeber vorgesehene Fortsetzungsfeststellungsklage ausreichenden Rechtsschutz; es besteht also – was von der Gegenmeinung durchweg übersehen wird – keine Lücke. Reine Praktikabilitätserwägungen können dieses Erfordernis nicht ersetzen.[194]

Handelt es sich um eine Fortsetzungsfeststellungsklage hinsichtlich eines beamtenrechtlichen Verwal- [111] tungsaktes, der sich vor Klageerhebung erledigt hat, so ist ein Vorverfahren ebenfalls entbehrlich; mit den Feststellungsklagen nach § 54 Abs. 3 BeamtStG sind solche nach § 43 gemeint, nicht aber die Klage nach § 113 Abs. 1 S. 4.[195]

4. Der Widerspruch als „Vorschaltrechtsbehelf". **a) „Vor Erhebung der Klage".** Nach dem eindeuti- [112] gen und unmissverständlichen Wortlaut des § 68 Abs. 1 S. 1 muss der Widerspruch *vor* Erhebung der Anfechtungsklage, d.h. nach § 81 Abs. 1 vor dem Zugang der Klageschrift bei Gericht (bzw. zur Niederschrift des Urkundsbeamten der Geschäftsstelle des VG) eingelegt werden.

Die ganz h.M. lässt es demgegenüber genügen, wenn das Vorverfahren im Zeitpunkt des Schlusses der [113] letzten mündlichen Verhandlung, bzw. im schriftlichen Verfahren (§ 101 Abs. 2, 3) bei Zustellung des Urteils durchgeführt worden ist (§ 116 Abs. 3).[196] Mit anderen Worten also kann das Vorverfahren nach Klageerhebung nachgeholt werden.[197] Dies soll nicht nur für die erste Instanz, sondern sogar bis zum Schluss der letzten statthaften Rechtsmittelinstanz gelten,[198] unter besonderen Umständen sogar dann, wenn die Klage in der vorhergehenden Instanz bereits wegen fehlenden Vorverfahrens als unzulässig abgewiesen worden war (BVerwG DVBl 1984, 91, 92. A.M. zum Beamtenrecht BVerwG NVwZ

---

187 BVerwGE 26, 161, 167 – insoweit dogmatisch in sich widersprüchlich; 56, 24, 26; 81, 226, 228 f.; *Schmitt Glaeser/Horn* Rn. 362.
188 *Eyermann/Schmidt* § 113 Rn. 72; *Kopp/Schenke* § 68 Rn. 34, § 73 Rn. 9; *F. Kopp*, FS Redeker, 1993, 549 f.; *W.-R. Schenke*, BayVBl 1969, 304, 305 ff., *ders.*, DÖV 1982, 716 f., *ders.*, FS Menger, 1985, 466, 467 ff.; *Pietzner/Ronellenfitsch* Rn. 1102; nach *P. Weides*, Verwaltungsverfahren und Widerspruchsverfahren, 254, und *H. Dreier*, NVwZ 1987, 474, 478 ist ein Vorverfahren zwar entbehrlich, seine Durchführung jedoch nicht unzulässig, wenn ein berechtigtes Interesse an der Feststellung besteht.
189 *P. Wittig*, BayVBl 1964, 395 f.; *P. Stegelmann-Nolten*, Widerspruchsverfahren, 1994, 76; sowie die in vorstehender Fn. Genannten.
190 Dazu *D. Pünder*, in: Ehlers/Pünder § 13 Rn. 4 f. m.w.N.
191 So aber *H. Dreier*, NVwZ 1987, 474, 478.
192 *Hufen* § 18 Rn. 55.
193 Vgl. etwa *H. Dreier*, NVwZ 1987, 474, 477.
194 Ebenso *Hufen* § 18 Rn. 55.
195 A.M. *H. Günther*, DÖD 1991, 78, 86 f.
196 BVerwGE 4, 203 f., zu § 44 MRVO Nr. 165; BVerwG DVBl 1984, 91, 92; BSGE 16, 21, 23 f.; 25, 66, 68 f.; *K. Rennert*, in: Eyermann § 68 Rn. 20. Ebenso – für § 78 SGG – BSG RdL 1979, 82; *M. Benz*, BB 1980, 782, 783.
197 *W.-R. Schenke*, JZ 1996, 1055, 1062.
198 BVerwG DVBl 1984, 91, 92; BSG NVwZ 1984, 607, 608; DVBl 1985, 631, 633; SGb 1985, 246 m. zust. Anm. *F. Kopp.*

1987, 228). Begründet wird diese Ansicht mit dem Grundsatz der Prozessökonomie (BverwG DVBl 1984, 91): dem Rechtsschutz- und Entlastungszweck des Vorverfahrens könne auch die nachträgliche Einschaltung der Behörde noch gerecht werden, sodass es „der inneren Berechtigung entbehre", die Klage zunächst als unzulässig abzuweisen und den Kläger auf eine neue, nunmehr zulässige Klage zu verweisen.

114   Ähnlich wird nach der Auffassung *Bettermanns* die Widerspruchsfrist, wenn die Klage wirksam und rechtzeitig erhoben sei, durch Klageerhebung offen gehalten.[199] Die Klageerhebung verhindert damit den Eintritt der Bestandskraft. Diese Meinung ist schon deswegen nur von beschränktem argumentativem Wert, als sie von der Rechtslage nicht nur vor dem Inkrafttreten der VwVfG, sondern sogar der VwGO ihren Ausgangspunkt nimmt.

115   Diese Ansichten sind jedoch so nicht haltbar. Nach § 70 tritt grds. Die Bestandskraft des Verwaltungsaktes ein, wenn der Widerspruch nicht frist- und formgerecht erhoben wird. Der Eintritt der Bestandskraft ist Ausfluss des Rechtsstaatsprinzips und schützt insofern ein objektives Rechtsgut.[200] Der Eintritt der Bestandskraft ist daher prinzipiell von den Beteiligten nicht beeinflussbar (zu den Grenzen BverwGE 35, 234, 236; BverwG NVwZ 1988, 627). Ausnahmen hiervon müssen seit Geltung der VwVfG gesetzlich angeordnet oder zumindest vom Gesetz stillschweigend anerkannt sein (arg e §§ 48 Abs. 1 Hs. 1, 49 Abs. 1 Hs. 1, 50, 51 Abs. 1 VwVfG). Die Erhebung der Klage anstatt des statthaften Widerspruchs ist kein solcher Grund; andernfalls würden die Frist- und Formvorschriften des § 70 entwertet. Dies würde auch der angestrebten Kontroll- und Entlastungsfunktion des Vorverfahrens zuwiderlaufen.[201] Das Ziel des Vorverfahrens, unnötige bzw. vorzeitige Klagen zu ersparen, kann nur erreicht werden, wenn es vor Klageerhebung abgeschlossen ist.[202] Die Ansicht der Rspr. widerspricht überdies auch der gesetzlichen Konstruktion in § 70 Abs. 2 i.V.m. § 60, nach der ein Fristversäumnis nur noch durch einen Antrag auf Wiedereinsetzung in den vorigen Stand unter den Voraussetzungen des § 60[203] geheilt werden kann.

116   Ein verspätet eingelegter Widerspruch kann daher entgegen der Ansicht der Rspr. durch eine Klage nicht ersetzt oder „geheilt" werden;[204] auch tritt hierdurch keine Hemmung der Widerspruchsfrist ein.

117   Wird dagegen innerhalb der Widerspruchsfrist sowohl Widerspruch als auch Klage erhoben (Paralleleinlegung), so führt dies nicht zur Unzulässigkeit der Klage. Das Gleiche gilt, wenn bereits Klage erhoben ist und der Kläger bei noch nicht abgelaufener Widerspruchsfrist noch Widerspruch einlegt. Für den Regelfall der Monatsfrist nach § 70 Abs. 1 S. 1 ist diese Konstellation freilich von geringerer Bedeutung, da hier die Frist in der Praxis meist verstrichen sein dürfte.[205] Von Bedeutung ist sie jedoch dann, wenn die Widerspruchsfrist wegen fehlender oder mangelhafter Rechtsbehelfsbelehrung nicht zu laufen begonnen hat (§ 70 i.V.m. § 58 Abs. 1).

118   **b) Prozessuale Konsequenzen.** Hat der Kläger parallel oder nachträglich einen zulässigen Widerspruch erhoben, so ist das VG berechtigt, die erhobene Klage bis zur Beendigung des Widerspruchsverfahrens auszusetzen;[206] § 75 S. 3 ist insoweit analog heranzuziehen.[207] Fraglich ist dagegen, ob das Gericht entsprechend dem Wortlaut dieser Norm zur Aussetzung auch von Amts wegen *verpflichtet* ist.[208] Die ratio des § 75 S. 3 scheint dem zu widersprechen, betrifft doch das Fehlen eines „zureichen-

---

199   *K. A. Bettermann*, DVBl 1959, 308, 312, auf den sich etwa *Kopp/Schenke* § 68 Rn. 3 beruft. Ähnl. auch BVerwGE 4, 203, 204.

200   BVerfGE 60, 253, 269; *P. Badura*, in: Erichsen/Ehlers § 38 Rn. 47; *F. Kopp*, DVBl 1983, 392, 393.

201   Ähnl. auch *P. Weides* 218 f.

202   VGH Mannheim NJW 1991, 2723; ebenso schon OVG Münster DVBl 1956, 309 zu § 44 MRVO Nr. 165; *A. v. Mutius*, Widerspruchsverfahren, 1969, 174 ff.

203   *P. Kothe*, in: Redeker/v. Oertzen § 68 Rn. 3 f.

204   VGH Mannheim VGHE 9, 174, 175; VGH München BayVBl 1975, 591, 592; *A. v. Mutius*, Widerspruchsverfahren, 1969, 188 m.w.N.

205   *P. Kothe*, in: Redeker/v. Oertzen § 68 Rn. 3.

206   BVerwGE 66, 342, 344; BSG NVwZ 1985, 596; VGH München BayVBl 1964, 265; *Ule* 23 II; *Stern* 15 II 6.

207   *Kopp/Schenke* § 68 Rn. 5. A.M. *Klinger* 357; *Schunck/De Clerk* Anm. 1 f., wollen § 94 f. analog heranziehen; § 75 S. 3 ist jedoch, da im Zusammenhang mit dem Vorverfahren stehend, sachnäher. BVerwGE 66, 342, 344 verzichtet auf das Zitat einer Rechtsgrundlage.

208   So wohl BVerwGE 66, 342, 344; BSG NVwZ 1984, 608; gegen eine Pflicht *A. v. Mutius*, Widerspruchsverfahren, 1969, 176 ff.; *Stern* § 15 II 6.

den Grundes" stets Umstände, die in der Verantwortlichkeit der Behörde liegen.[209] Die Einhaltung der chronologischen Abfolge von Widerspruch und Klage obliegt dagegen dem Widerspruchsführer bzw. Kläger. Gleichwohl spricht das Postulat eines effektiven Rechtsschutzes (Art. 19 Abs. 4 GG) und der Grundsatz der Prozessökonomie für die erstgenannte Ansicht, da es Unsinn wäre, eine Klage zunächst als unzulässig abzuweisen, obwohl eine inhaltsgleiche Klage alsbald nach Durchlaufen des Widerspruchsverfahrens zulässig wäre.[210] Voraussetzung der Aussetzungsmöglichkeit ist jedoch, dass die Klage nicht bereits aus anderen Gründen unzulässig ist.[211]

Grds. Ist statt einer Aussetzung auch eine Vertagung nach § 173 i.V.m. § 227 ZPO denkbar,[212] doch   119
ist dies in der Praxis unpraktikabel, da die Dauer des nachzuholenden Vorverfahrens vom Gericht nicht vorherbestimmt werden kann.

Wird dem Widerspruch stattgegeben, während das gerichtliche Verfahren ausgesetzt ist, so erklärt das   120
Gericht die Hauptsache für erledigt (§ 75 S. 4). Hat das Gericht die Entscheidung vertagt, so ist § 75 S. 4 wegen der vergleichbaren Interessenlage analog anzuwenden.

IV. Ausnahmen vom Erfordernis eines Vorverfahrens

§ 68 ist als zwingendes Recht formuliert („sind ... nachzuprüfen.").[213] Die Fälle, in denen das Widerspruchsverfahren entfällt, sind katalogartig im Gesetz aufgezählt.   121

1. Ausnahmen durch Gesetz (Abs. 1 S. 2 Hs. 1). a) Zum Begriff des Gesetzes. Der Widerspruch ist   122
unstatthaft, wenn „ein Gesetz dies bestimmt". Gesetz ist jedes *formelle* Bundes- oder Landesgesetz (arg e contrario aus § 80 Abs. 2 Nr. 3 und § 43 S. 1), das zeitlich *nach* der VwGO am 1.4.1960 in Kraft getreten ist,[214] nicht dagegen eine Verordnung oder Satzung.[215] Der Ausschluss muss ausdrücklich erfolgen:[216] Dies ergibt sich zum einen schon aus der Formulierung, dass das Gesetz „dies bestimmt"; zum anderen muss ein Betroffener eindeutig dem Gesetz entnehmen können, ob er Widerspruch oder Klage erheben muss, um eine mögliche Verfristung zu vermeiden.

In seinem Beschluss vom 17.4.1991 zur Kontrolle berufsbezogener Prüfungen hat das BVerfG die Meinung vertreten, auch Rechtsverordnungen könnten eine Ausnahmeregelung nach § 68 Abs. 1 S. 2 (a.F.) darstellen (BVerfG NJW 1991, 2005 f.). Diese Ansicht ist jedoch nicht haltbar.[217] Die VwGO unterscheidet selbst terminologisch zwischen Gesetz und Rechtsverordnung (vgl. § 36 Abs. 1). Auch würde durch die Möglichkeit einer Abschaffung im Verordnungswege der Wille des Gesetzgebers, mit der VwGO das Vorverfahren abschließend zu regeln (vgl. § 77), ausgehöhlt. V.a. aber könnte so die nur im Vorverfahren stattfindende Zweckmäßigkeitsprüfung nach Belieben ausgeschaltet werden.   123

Ist nach § 68 Abs. 1 S. 2 ein Widerspruch unstatthaft, so hindert seine Einlegung nicht den Ablauf der   124
Klagefrist nach § 74 und den Eintritt der Bestandskraft.[218] Ein unzulässiger Widerspruch kann jedoch, wenn er bei der Erstbehörde eingelegt worden ist, in einen Antrag auf Rücknahme bzw. Widerruf nach §§ 48, 49 VwVfG umgedeutet werden.[219]

b) Neufassung durch das 6. VwGOÄndG. Bis zum 6. VwGOÄndG (vom 1.11.1996, BGBl I 1626)   125
lautete die Norm: „... wenn ein Gesetz dies für besondere Fälle bestimmt". Dies führte zu Unklarhei-

---

209 Vgl. *P. Kothe*, in: Redeker/v. Oertzen § 75 Rn. 4.
210 *Kopp/Schenke* § 68 Rn. 4.
211 *Stern* § 15 II 6.
212 *R. Stich*, DVBl 1960, 379; *C.-F. Menger/H.-U. Erichsen*, VerwArch 57 (1966), 81; *Kopp/Schenke* § 68 Rn. 5.
213 BVerwGE 66, 342, 343.
214 *Schmitt Glaeser/Horn* Rn. 179; *K. Rennert*, in: Eyermann § 68 Rn. 24. Nach der Gegenmeinung sollen auch Landesregelungen, die schon vor Erlass der VwGO bestanden, einbezogen werden, so etwa VGH München BayVBl 1969, 434; *Pietzner/Ronellenfitsch* Rn. 1092; *Schunck/De Clerk* Anm. 2; *Klinger* 357. Diese Ansicht ist wohl wegen des Sinn und Zwecks von § 77 Abs. 2 nicht haltbar; das Problem hat sich aber durch Neubekanntmachungen erledigt.
215 BVerwGE 35, 65, 72 ff.; *Pietzner/Ronellenfitsch* Rn. 1092; *K. Rennert*, in: Eyermann Rn. 24; *Kopp/Schenke* § 68 Rn. 17a; *P. Weides*, Verwaltungsverfahren und Widerspruchsverfahren, 249; *M.-E. Geis/S. Hinterseh*, JuS 2001, 1074, 1077.
216 Vgl. *M.-E. Geis/S. Hinterseh*, JuS 2001, 1074, 1077; nicht überzeugend demgegenüber *Kopp/Schenke* § 68 Rn. 17a.
217 Zum Folgenden die ausf. Kritik von *U. Meier*, Entbehrlichkeit, 1992, 30 f.
218 *U. Meier*, Entbehrlichkeit, 1992, 42 f. A.M. VGH Mannheim NVwZ-RR 1989, 450.
219 *U. Meier*, Entbehrlichkeit, 1992, 43.

ten, wann ein „besonderer Fall" anzunehmen sei.[220] Bedeutung hatte dies allerdings nur für Landesgesetze, da bundesrechtliche Spezialregelungen der VwGO ohnehin vorgingen.[221] Nach der neuen Rechtslage haben sowohl Bundes- wie Landesgesetzgeber ohne jede Einschränkung die Möglichkeit, vom Erfordernis des Vorverfahrens abzuweichen.[222]

126   Nach wie vor ist es dagegen dem (Landes-)Gesetzgeber verwehrt, *anstatt* eines Widerspruchsverfahrens ein besonderes obligatorisches Einspruchs- oder Beschwerdeverfahren einzuführen; dies verstieße gegen den Sinn und Zweck des § 77 Abs. 2.[223]

127   **c) Bundesgesetzliche Ausnahmen.** Wie bereits ausgeführt, gehen bundesgesetzliche Sonderregelungen bereits als *leges speciales* bzw. *leges posteriores* vor;[224] § 68 Abs. 1 S. 2 Hs. 1 hat insoweit nur deklaratorische Bedeutung. Als Ausnahmen sind zu nennen:

aa) Der Entfall des Vorverfahrens im förmlichen Verwaltungsverfahren nach § 70 VwVfG.

128   **bb) Der Entfall des Vorverfahrens im Planfeststellungsverfahren nach § 74 Abs. 1 S. 2 VwVfG des Bundes.** Dieser verweist insoweit auf § 70 über das förmliche Verwaltungsverfahren (ebenso § 6 Abs. 1 AGVwGO NRW). Der Gesetzgeber hielt aufgrund der aufwändigeren, formalisierten Verfahrensgestaltung eine nochmalige Überprüfung durch die Exekutive für unnötig (Musterentwurf [EvwVerfG 1963], S. 221; VGH Mannheim DÖV 1984, 948).

Der Ausschluss nach §§ 70, 74 VwVfG ist zwingend. Ein gleichwohl eingelegter Widerspruch ist unzulässig und mit Kostenfolge (§ 80 Abs. 1 S. 3 VwVfG) abzuweisen. Wird jedoch ein Antrag auf Planfeststellung ohne weiteres Verfahren als unzulässig abgewiesen, ist ein Widerspruch statthaft (VGH Mannheim DÖV 1984, 948), da dann das formalisierte Verfahren gar nicht zum Zuge gekommen ist.

129   Die Regelung der §§ 74, 70 VwVfG gilt etwa bei Planfeststellungen für Errichtung und Betrieb von Abfallentsorgungsanlagen (§ 7 b AbfG) und von kerntechnischen Anlagen (§ 9 b Abs. 5 AtG). Kraft eigenständiger Regelung entfällt das Vorverfahren auch bei den Planfeststellungsverfahren für Bundesstraßen (§ 17 Abs. 1 a S. 3 FstrG), für Eisenbahnen (§ 18 Abs. 2 S. 4 AEG), für Straßenbahnen (§ 29 Abs. 6 PbefG).

130   **cc) Sonstige Ausnahmen.** Ein Vorverfahren entfällt ferner:

- im Versetzungs- und Prüfungsverfahren des Richterdisziplinarrechts (§ 65 Abs. 2 S. 2, § 66 Abs. 2 DriG);
- für Entscheidungen der BPS nach § 20 GjS und im vereinfachten Verfahren nach § 15 a Abs. 1 GjS;[225]
- bei einer Anfechtung des Ausschließungsbescheids in LAG-Angelegenheiten (BverwGE 17, 155, 157 f.);
- nach § 26 Abs. 4 S. 4, § 36 des Gesetzes zur Regelung der Wiedergutmachung nationalsozialistischen Unrechts für Angehörige des öffentlichen Dienstes (i.d.F. vom 5.12.1965 [BGBl I 2073]);
- nach § 36 Abs. 4 des Gesetzes zur Regelung offener Vermögensfragen in den neuen Bundesländern gegen Entscheidungen des Landesamtes (§ 25);
- nach § 17 KDVNG gegen ablehnende Entscheidungen des Bundesamtes für den Zivildienst nach § 6 KDVNG;
- nach § 31 Abs. 1 StUG;
- nach § 11 AsylVfG (i.d.F. vom 27.7.1993 [BGBl I 1361]) bei *allen* Maßnahmen und Entscheidungen im Asylverfahren; zuvor war der Widerspruch nur in den Fällen der §§ 10 Abs. 3, 12 Abs. 8, 14 Abs. 2, 16 Abs. 3, 28 Abs. 6 AsylVfG zum Zwecke der Verfahrensbeschleunigung ausgeschlossen (dazu BVerfGE 60, 253, 291).

---

220 Dazu BVerfGE 35, 65, 72 ff., insb. 76; VGH München BayVBl 1972, 576 ff.; *P. Weides, Verwaltungsverfahren und Widerspruchsverfahren*, 249 ff.
221 *P. Weides* 248 ff.
222 Hierzu BT-Drs. 13/5098, 23; *Kopp/Schenke* § 68 Rn. 17 a.
223 *E. Allesch*, DÖV 1990, 271; *P. Kothe*, in: Redeker/v. Oertzen § 77 Rn. 4.; *Kopp/Schenke* § 77 Rn. 1; a.M. VGH Kassel DVBl 1980, 67.
224 BVerfGE 35, 65 ff.; *K. Rennert*, in: Eyermann § 68 Rn. 24.
225 Zur Rechtfertigung des Beurteilungsspielraums bei der Anwendung des Kunstbegriffs BVerfGE 83, 130 ff. und dazu *M.-E. Geis*, NVwZ 1992, 1025 ff. m.w.N.

d) Landesgesetzliche Ausnahmen. aa) Gegenwärtiger Stand des Widerspruchsverfahrens in den Bun- 131
desländern. Das Widerspruchsverfahren hat in den letzten Jahren in etlichen Bundesländern erhebliche Veränderungen erfahren, wobei die jeweils verwendete Regelungsmechanik jedoch deutlich differiert. So wird in den Bundesländern Baden-Württemberg (§ 6 a AGVwGO BW), Berlin (§ 4 Abs. 2 AGVwGO Bln, § 26 Abs. 2 und 3 AZG), Hamburg (§ 6 Abs. 2 Nr. 1–6 AGVwGO Hamb), Hessen (§ 16 a HessAGVwGO), Sachsen-Anhalt (§ 8 a AGVwGO LSA) und Thüringen (§ 8 a und b ThürAGVwGO) auf das Widerspruchsverfahren in Teilbereichen ganz verzichtet.[226] Für einen weitgehenden Ausschluss des Widerspruchsverfahren haben sich Niedersachsen (§ 8 a Abs. 1 und 2 AGVwGO Nds,[227] befristet bis 31.12.2009) und Nordrhein-Westfalen (§ 6 Abs. 1 AGVwGO NRW,[228] befristet bis 31.10.2012) entschieden. Das Saarland hingegen, das von der Möglichkeit des § 73 Abs. 2 S. 1 Gebrauch gemacht hat und Ausschüsse an die Stelle der Widerspruchsbehörde treten lassen will, zeigt diesbezüglich keine Bestrebungen, das Widerspruchsverfahren zu begrenzen.[229] In Bayern hat man nach einer zeitlich befristeten Experimentierphase, die einen umfangreichen sachbezogenen Ausnahmekatalog mit einem probeweisen „Feldversuch" des völligen Wegfallens im Regierungsbezirk Mittelfranken 2008 kombinierte,[230] letztlich die Lösung gewählt, das Widerspruchsverfahren nur noch in bestimmten Teilbereichen als fakultativ zuzulassen (§ 15 Abs. 2 AGVwGO Bay), gleichzeitig aber dem Bürger die Möglichkeit zu eröffnen, unmittelbar Klage zu erheben (Optionsmodell);[231] diesem Modell hat sich Mecklenburg-Vorpommern angeschlossen (§ 13 a AGGerStrG).[232] Bei allen Unterschieden im Detail ist jedoch das gemeinsame Motiv offensichtlich: Die psychologische Hemmschwelle für die Inanspruchnahme von Rechtsschutz soll deutlich erhöht werden. Zum einen wirkt der Weg zum Gericht abschreckender als die Überprüfungsmöglichkeit durch die vorgesetzte Behörde. Zum anderen geht die Regelung mit der Änderung im Gerichtskostenrecht parallel, die dem Rechtssuchenden wesentlich höhere Kostenlasten in der Initiativphase auferlegt.[233]

bb) Planfeststellungsverfahren. Auch im Landesrecht entfällt ein Vorverfahren v.a. im Planfeststel- 131a
lungsverfahren. Für die §§ 70, 74 bzw. Art. 70 und 74 der VwVfG der Länder wirkt der Vorbehalt in § 68 konstitutiv. Hauptanwendungsgebiete sind das Abfallrecht, das Straßenrecht, das Wasserrecht und das Enteignungsrecht der Länder. Der Entfall des Vorverfahrens bei Planfeststellungsverfahren ist auch deswegen sachlich gerechtfertigt, da diese in aller Regel nach Maßgabe des Landesrechts von den Mittelbehörden durchgeführt wird (vgl. für die abfallrechtliche Planfeststellung etwa Art. 29 BayAbfG; Art. 39 BayStrG), die regelmäßig auch für den Widerspruch zuständig wären (§ 73 Abs. 1 Nr. 2). Eine Gegenausnahme besteht bei der Anfechtung der wasserrechtlichen Planfeststellung nach Art. 58 BayWG: Hier ist nach Art. 58 Abs. 1 S. 1 BayWG die Kreisverwaltungsbehörde zuständig, konsequenterweise nimmt Art. 83 Abs. 1 Nr. 5 BayWG den Ausschluss des Vorverfahrens nach Art. 74 Abs. 1, 70 BayVwVfG zurück (die Vorschrift ist wiederum lex specialis zu Art. 15 AGVwGO). Eine weitere Ausnahme gilt für § 4 Abs. 2 VwVfG Bln; danach ist auch bei Entscheidungen im förmlichen Verfahren zunächst ein Vorverfahren durchzuführen (dazu BVerwG NVwZ 1984, 578). Im enteignungsrechtlichen Planfeststellungsverfahren entfällt dagegen das Vorverfahren nach den landesrechtlichen Bestimmungen auch dann, wenn für die Planfeststellung die Kreisverwaltungsbehörde zuständig ist (vgl. Art. 44 Abs. 2 BayEG).

---

226 Überblick zur Entwicklung *H. Biermann*, DÖV 2008, 395. Im Einzelnen AGVwGO BW, zul. geänd. durch Gesetz v. 14.10.2008 (GBl 343); AGVwGO Bln, zul. geänd. durch Gesetz v. 10.9.2004 (GVBl Bln 380) i.V.m. Allgemeines Zuständigkeitsgesetz i.d.F. v. 22.7.1996 (GVBl Bln 302,) zul. geänd. durch Gesetz v. 11.7.2006 (GVBl Bln 812); AGVwGO Hamb, zul. geänd. durch Gesetz v. 18.2.2004 (HmbGVBl 69); HessAGVwGO, zul. geänd. durch Gesetz v. 19.11.2008 (GVBl Hess 970); AGVwGO LSA, zul. geänd. durch Gesetz v. 14.2.2008 (GVBl LSA 50); ThürAGVwGO, zul. geänd. durch Gesetz v. 18.12.2002 (ThürGVBl 480).
227 AGVwGO Nds, zul. geänd. durch Gesetz v. 5.11.2004 (NdsGVBl 394); dazu *H. van Nieuwland*, NdsVBl 2007, 65.
228 AGVwGO NRW, zul. geänd. durch Gesetz v. 26.2.2008 (GVBl NRW 162); dazu *D. Kallerhof*, NWVBl 2008, 334, und *Fehrmann*, NWVBl 2008, 384.
229 Dazu *Guckelberger/Heimpel*, LKRZ 2009, 246.
230 Zu Art. 15 Nr. 20 BayAGVwGO a.F. ausf. *H. Biermann*, DÖV 2008, 395, 403.
231 AGVwGO Bay, zul. geänd. durch Gesetz v. 20.12.2007 (BayGVBl 958); dazu *H. Geiger*, BayVBl 2008, 161; *G. Heiß/T. Schreiner*, BayVBl 2007, 616. Zur Verfassungsmäßigkeit des Modellversuchs BayVerfGH BayVBl 2009, 109.
232 AGGerStrG M-V, zul. geänd. durch Gesetz v. 17.12.2008 (GVOBl M-V 500).
233 Gesetz zur Modernisierung des Kostenrechts (KostRMoG) vom 12.5.2004 (BGBl I 718); dazu auch *R. Brehm/W. Zimmerling*, NVwZ 2004, 1207 ff.; *S. Müller-Grune/J. Grune*, BayVBl 2007, 65, 70.

132 **cc) Sonstige Ausnahmen.** Weiter entfällt das Vorverfahren nach Landesrecht bei:

- Entscheidungen bei Hochschulprüfungen und -angelegenheiten nach § 26 Abs. 1 S. 2, Abs. 2 AZG Bln (BVerfGE 84, 34, 47 ff.);
- Ordnungsentscheidungen im Hochschulbereich nach § 6 Abs. 2 Nr. 5 AGVwGO Hamb und § 102 Abs. 2 UG BW;
- Eintragungen des Architektenausschusses nach Art. 3 Abs. 3 S. 1 BayArchG und § 15 Abs. 7 S. 4 HessArchG (vgl. VGH Kassel ESVGH 24, 165 ff., zu § 3 Abs. 3, 4 a.F. HessArchG);
- Maßnahmen im disziplinarrechtlichen Versetzungs- und Prüfungsverfahren nach Art. 75 und 77 S. 2 BayRiG (vgl. BGH DVBl 1972, 178 f.);
- der Verbandsklage in § 58 Abs. 1 SächsNatSchG;
- Verwaltungsakten der Bürgerschaft oder des Senats nach § 6 Abs. 1 Nr. 1, Abs. 2 AGVwGO Hamb;
- Entscheidungen im förmlichen Verfahren vor Kollegialbehörden nach § 6 AGVwGO NRW;
- gemeindlichen Klagen gegen Maßnahmen der Kommunalaufsicht (§ 112 GO NRW), jedoch nur bei der Anfechtung *repressiver* Maßnahmen;[234]
- Entscheidungen der Wahlprüfungsbehörden nach § 25 Abs. 2 bzw. § 30 Abs. 2 KWG BW;
- Entscheidungen der ZVS nach Maßgabe von Landesrecht (Art. 8 Abs. 4 S. 4 des einschlägigen, in den Ländern ratifizierten Staatsvertrages i.V.m. einzelnen Sondervorschriften, z.B. § 6 Abs. 1 lit. B AGVwGO NRW).[235] In diesem Fall sollen rechtspolitisch schnell klare Verhältnisse oder Klarheit über den Bestand von Statusrechten herbeigeführt werden;
- Entscheidungen, die die Kosten des Widerspruchsverfahrens nach dem VwKostG M-V festsetzen;[236]
- gem. § 8 a Abs. 1 S. 1 AGVwGO LSA in Sachsen-Anhalt,[237] wenn die Ausgangsbehörde zugleich auch Widerspruchsbehörde wäre, sofern nicht eine der Ausnahmen nach § 8 a Abs. 1 S. 2 AGVwGO LSA vorliegt.

132a **dd) Probleme der sukzessiven Abschaffung durch das Landesrecht.** Der Abbau des Widerspruchsverfahrens wirft deutliche Probleme auf und ist vor allem in der Lit. Auf Kritik gestoßen.[238] Zwar verstößt es nicht gegen Art. 19 Abs. 4 GG, solange der Weg zu den Gerichten nicht verstellt wird. Ein nach wie vor dogmatisch nicht geklärtes Problem ist hingegen, ob die landesrechtlichen Regelungen, die das eindeutige Regel-Ausnahme-Verhältnis des § 68 Abs. 1 S. 2 Hs. 1 in ihr Gegenteil verkehren aus kompetenzrechtlichen Gründen noch zulässig ist.[239] Die bereits erwähnte Zielsetzung, die Hemmschwelle für die Inanspruchnahme von Rechtsschutz zu erhöhen (→ Rn. 132), ist hingegen – wenn auch kein Verstoß gegen das Rechtsstaatsprinzip – so doch auch keinesfalls ein Ruhmesblatt, pflegt doch der Gesetzgeber – unberechtigterweise - dabei das Zerrbild vom streitbaren und rechtswegsverliebten Querulanten.[240] Unbefriedigend ist aber vor allem, dass die Neuregelung die Zweckmäßigkeitskontrolle bei Ermessensentscheidungen großflächig abschafft. Damit wird vor allem die verwaltungsinterne Kontrollfunktion (→ Rn. 1) aufgegeben, deren auch „erzieherische" Berechtigung seit jeher unstr. War. Auch die Entlastungsfunktion für die Verwaltungsgerichte wird konterkariert und kann nur durch die Erhöhung der Kostenschwelle teilweise aufgefangen werden. Verlierer ist in jedem Fall die Rechtsschutzfunktion für den Bürger: das Bewusstsein, gegen rechtswidrige Verwaltungsakte der Verwaltung nur mit erhöhtem monetärem Einsatz vorgehen zu können und vor „unzweckmäßi-

---

234 OVG Münster OVGE 19, 192 ff.; *Pietzner/Ronellenfitsch* Rn. 1092.
235 Dazu BVerwG NVwZ 1985, 191; OVG Münster NJW 1976, 1957.
236 VG Schwerin KStZ 1998, 29; zur Problematik des Falles nach § 68 n.F. *J. Eschenbach/Th. Koch*, KStZ 1998, 21; VGH München BayVBl 1983, 246, 247 ging in einem vergleichbaren Fall von einer „ohne Weiteres anfechtbaren Nebenentscheidung" aus.
237 Eingehend hierzu *P. Schneider*, LKV 2004, 207 ff.
238 Dazu *R. Breuer*, FS Steiner, 2009, 29 ff., der in der aktuellen Entwicklung eine Vermengung von behördlichem Verwaltungsvollzug und verwaltungsgerichtlichem Rechtsschutz sieht.
239 Dies gilt auch in Ansehung des durch das 6. VwGOÄndG veränderten Wortlauts. Zutr. *H. Geiger*, BayVBl 2008, 161, und *T. Holzner*, DÖV 2008, 217, 223 f.; vgl. auch VGH München BayVBl 2007, 79 f.; a.A. BayVerfGH BayVBl 2009, 109 (110); die Behauptung des Gerichts unter Hinweis auf Art. 15 Abs. 1 AGVwGO Bay: „in der weit überwiegend Zahl der Fälle bleibe dem Bürger die Option eines Vorverfahrens erhalten", erscheint jedoch nicht stichhaltig.
240 Signifikant LT-Plen.Prot. 15/9, S. 297 f. ; *S. Müller-Grune/J. Grune*, BayVBl 2007, 65, 70.

gen" nahezu überhaupt nicht mehr geschützt zu sein, dürfte die Integrationswirkung des Rechtsstaatsprinzips nicht befördern.

Das bayerische Optionsmodell hat versucht, in den Fällen des Art. 15 Abs. 1 AGVwGO Bay, namentlich im Schul- und Prüfungsrecht, in sozial- und landwirtschaftlichen sowie in beamtenrechtlichen Fällen, die interne Kontrolle zu erhalten, da diese häufig durch Beurteilungsspielräume und Höchstpersönlichkeit oder eben durch einen sozialen Aspekt gekennzeichnet sind. Die Erhaltung für das Kommunalabgabenrecht korrespondiert mit der Bedeutung des Einspruchs nach der AO. I.E. geht freilich die nunmehr getroffene Regelung noch weit über die Rechtslage des erwähnten zeitlich begrenzten „Feldversuchs" hinaus, da in den wenigen verbliebenen Fällen die Durchführung des Vorverfahrens nur noch fakultativ ist (Optionsmodell).

Das Optionsmodell führt jedoch zu nicht unerheblichen dogmatischen Verwerfungen. Bislang waren die Fristkonstruktionen auf die konsekutive Abfolge von Vorverfahren und Verwaltungsprozess ausgerichtet. Nach der neuen Regelung ist jedoch unklar, ob neben einer erhobenen Klage parallel Widerspruch eingelegt werden kann: Art. 15 Abs. 1 S. 3 AGVwGO Bay bestimmt nur, dass es eines solchen „nicht bedürfe", nicht aber dass es – wie im Fall des Abs. 2 – „entfalle" und daher unzulässig sei.[241] Mithin sind beide Rechtsbehelfe fristwahrend. Umgekehrt ist es nicht ausgeschlossen, nach eingelegtem Widerspruch noch eine Klage „nachzuschieben". Dies führt nicht zur Abweisung der Letzteren durch Prozessurteil (was auch prozessökonomisch unsinnig wäre), sondern allenfalls zur Aussetzung bis zur Entscheidung über den Widerspruch; hilft Letzterer allerdings ab, ist die Klage zurückzunehmen oder für erledigt zu erklären.[242] Auch wird ein Wahlrecht im Hinblick auf die Kontroll- und Entlastungsfunktion als kontraproduktiv beurteilt.[243] Schließlich ist es rechtspolitisch fraglich, die (nur sektoral) empirisch nachgewiesene Tatsache eines Kontrolldefizits bei den Widerspruchsbehörden[244] durch die Abschaffung der Kontrollmöglichkeit selbst, statt durch deren Effektivierung zu beantworten, zumal dadurch ein wesentliches Instrument der internen Leistungsevaluation (Erledigungsstatistiken) wegfällt, das ansonsten im Zuge des derzeit allerorten praktizierten New Public Management gerade forciert wird.[245]

e) Übergangsregelungen nach §§ 190, 192. Nach § 190 Abs. 1 Nr. 1, 4–6 gelten einige Gesetze aus der Zeit vor 1960, die abweichende Regelungen über Rechtsbehelfe neben der VwGO enthalten, fort. Dazu gehören die §§ 336–338 des LAG vom 14.8.1952, § 141 Abs. 1 des FlurbG vom 14.7.1953, § 83 des BpersVG vom 5.8.1955 und § 23 der WBO vom 23.12.1956. Letztere Norm regelt das Beschwerdeverfahren im Wehrdienstrecht; an die Stelle des Widerspruchs tritt die Wehrbeschwerde (§ 1 Abs. 1 WBO).[246] **133**

Sofern andere Normen auf die in § 190 genannten Gesetze verweisen, erstreckt sich dieser Vorbehalt auch auf sie.[247] Da es sich ausnahmslos um Bundesgesetze handelt, gilt der Vorbehalt nach dem Grundsatz *lex posterior derogat legi priori* auch für entsprechende spätere Änderungen der genannten Gesetze.[248] **134**

Nach § 192 wird die von § 68 abweichende Regelung des Vorverfahrens in § 33 WPflG aufrechterhalten. Die Neufassung dieser Vorschrift setzt das Vorverfahren nach den §§ 68–73 voraus, trifft allerdings einige Sonderregelungen. Die Widerspruchsfrist ist auf zwei Wochen verkürzt (§ 33 Abs. 1 WPflG). **135**

---

241 Die entgegenstehende Vollzugsbekanntmachung Nr. 2.7 des BayStMI vom 13.8.2007 (AllMBl. 2007, 425) widerspricht dem Wortlaut und der Gesetzessystematik und ist daher rechtsfehlerhaft. Indes beweist sie, dass das Optionsmodell im Grunde missraten ist; abzulehnen daher auch *H. Geiger*, BayVBl 2008, 161, 165.

242 A. M. *H. Geiger*, BayVBl 2008, 161, 165.

243 *G. Sydow/S. Neidhardt*, Verwaltungsinterner Rechtsschutz, 2007, 151 f.; *K.-P. Dolde/W. Porsch*, in: Schoch/Schneider/Bier Vorbem. § 68 Rn. 16 b; a.A. *Steinbeiß-Winkelmann*, NVwZ 2009, 686, 692, der für den Rechtsuchenden keine Einschränkungen, aber mehr Flexibilität sieht; *Schönenbroicher*, NVwZ 2009, 1144, 1147, der sogar von einer „Zeitenwende" hin zu einer bürgerfreundlichen Verhandlungsverwaltung ausgeht.

244 Die Untersuchung von *D. Oppermann*, Funktionen des verwaltungsgerichtlichen Vorverfahrens, 1997, passim, widmet sich speziell den Kontrolldefiziten im Bauordnungsrecht; dazu auch *M.-E. Geis*, DÖV 1999, 483; *K.-P. Dolde/W. Porsch*, in: Schoch/Schneider/Bier Vorbem. § 68 Rn. 16 a, b.

245 Ausf. Kritik auch bei *Hufen* § 5 Rn. 5.

246 Übersicht bei *H. Foge*, DÖD 1983, 167.

247 *H. v. Nicolai*, in: Redeker/v. Oertzen § 190 Rn. 1.

248 *Kopp/Schenke* § 190 Rn. 1.

136 **2. Verwaltungsakte einer obersten Bundes- oder Landesbehörde (Abs. 1 S. 2 Nr. 1).** Gegen Verwaltungsakte einer obersten Bundes- oder Landesbehörde ist ein Widerspruch nach Abs. 1 S. 2 Nr. 1 entbehrlich. Der Gesetzgeber vermutet quasi unwiderleglich bei diesen Stellen die höchstmögliche fachliche Qualifikation und Objektivität und hält daher die Notwendigkeit einer weiteren innerbehördlichen Kontrolle für entbehrlich.[249]

137 Fraglich ist jedoch, ob ein gleichwohl erhobener Widerspruch auch *unstatthaft* ist.[250] Textfassung („bedarf es nicht") und Materialien sprechen dafür, dass die Norm die Erleichterung des Zugangs zur Klage zugunsten des Betroffenen bezweckt. Daraus folgt aber nicht zwingend die Unzulässigkeit. Eine nochmalige Nachprüfung im Verwaltungswege behält mindestens in den Fällen von Ermessensverwaltungsakten der genannten Behörden ihren Sinn. Nach dem Meistbegünstigungsprinzip ist daher ein gleichwohl erhobener Widerspruch nicht unzulässig und hindert folgerichtig auch den Eintritt der Bestandskraft.

138 **a) Oberste Bundesbehörden.** Oberste Bundesbehörden i.S.d. § 68 sind solche, denen Verfassungsrang zukommt.[251] Darunter fallen:

- der Bundespräsident mit dem Bundespräsidialamt, etwa in Ausübung seines Ernennungs- und Entlassungsrechts nach Art. 60 Abs. 1 GG (BverwGE 23, 295, 297) und des Gnadenrechts nach Art. 60 Abs. 2 GG. Lehnt der Bundespräsident einen Gnadenakt i.S.v. Art. 60 Abs. 2 GG ab bzw. widerruft er ihn, worin nach wohl nun h.M. ein Verwaltungsakt zu sehen ist, gilt Nr. 1 ebenfalls.[252] Oberste Bundesbehörde i.d.S. ist auch das Bundespräsidialamt. Der Bundespräsident selbst ist oberste Bundesbehörde auch in seiner Funktion als Dienstvorgesetzter der Beamten des Bundespräsidialamtes.[253] Auch Ordensverleihungen und die Entziehung von Titeln und Auszeichungen sind Verwaltungsakte (§§ 2–4 des Gesetzes über Titel, Orden und Ehrenzeichen),[254] gegen die unmittelbar der Klageweg statthaft ist; Klagegegner bei Anordnungen des Bundespräsidenten ist allerdings nach der gesetzlichen Sondervorschrift des § 4 S. 3 dieses Gesetzes der Bundesminister des Innern;
- der Präsident des Deutschen Bundestages;
- der Präsident des Bundesrates;
- der Präsident des BverfG;
- die Bundesregierung als Kollegialorgan;
- der Bundeskanzler mit dem Bundeskanzleramt;
- die einzelnen Bundesministerien;
- der Präsident des BRH.

139 Als Verwaltungsakte einer obersten Bundesbehörde sind auch solche anzusehen, die von einer anderen Behörde namens und im Auftrag der obersten Bundesbehörde erlassen werden.[255] Gleiches gilt für die Fälle der Organleihe.[256] Ermächtigt andererseits ein Gesetz eine oberste Bundesbehörde, die Entscheidung auf eine nachgeordnete Behörde zu *delegieren*, so ist gegen deren Verwaltungsakte ein Vorverfahren durchzuführen.[257]

140 Erlässt eine oberste Bundesbehörde in ihrer Eigenschaft als Rechtsaufsichtsbehörde im Wege der Ersatzvornahme einen Verwaltungsakt für eine nachgeordnete Behörde oder Körperschaft des öffentlichen Rechts, so ist dieser Verwaltungsakt der Ausgangsbehörde zuzurechnen; ein Vorverfahren ist daher erforderlich.[258]

141 *Keine* obersten Bundesbehörden sind die selbständigen Bundesoberbehörden nach Art. 87 GG.[259]

---

249 *P. Kothe*, in: Redeker/v. Oertzen § 68 Rn. 12; *U. Meier*, Entbehrlichkeit, 1992, 35 f.
250 Dafür *Pietzner/Ronellenfitsch* Rn. 1093.
251 Ausf. *U. Meier*, Entbehrlichkeit, 1992, 36.
252 Dazu *Wolff/Bachof/Stober/Kluth* I § 45 Rn. 39 f. m. zahlreichen w.N. Offen zur Rechtsnatur noch BVerfGE 30, 108, 111.
253 *Pietzner/Ronellenfitsch* Rn. 1177.
254 *Wolff/Bachof/Stober/Kluth* I § 45 Rn. 41.
255 *P. Kothe*, in: Redeker/v. Oertzen § 68 Rn. 12; *Kopp/Schenke* § 68 Rn. 19; a.M. *U. Meier*, Entbehrlichkeit, 1992, 37.
256 Vgl. BVerfGE 63, 1, 31 ff.; BVerwG Buchholz 11 Art. 104 a GG Nr. 2; *Pietzner/Ronellenfitsch* Rn. 1093.
257 VGH Kassel ESVGH 1, 139; *U. Meier*, Entbehrlichkeit, 1992, 37 f.
258 A.M. *Kopp/Schenke* § 68 Rn. 19.
259 *U. Meier*, Entbehrlichkeit, 1992, 36; *P. Kothe*, in: Redeker/v. Oertzen § 68 Rn. 12.

Unter Art. 87 Abs. 1 GG fallen etwa das BKA und das Bundesamt für Verfassungsschutz. Unter die | 142
bundesunmittelbaren Körperschaften und Anstalten nach Art. 87 Abs. 2 GG fallen die Bundesknapp-
schaft, die BfA, die BA und die Berufsgenossenschaften. Unter Abs. 3 fallen u.a. die Bundesaufsichts-
ämter für das Kreditwesen und für das Versicherungswesen, die BPS, das StBA, das BVA, das BAFl,
das Deutsche Patentamt, der BND, das KBA, das Bundesamt für Güterverkehr, das UBA, das BkartA,
das BZS, das BOSeeA und der Deutsche Wetterdienst. Das Gleiche gilt für nichtsrechtsfähige Bundes-
anstalten, die einem Bundesministerium unmittelbar nachgeordnet sind, so die Physikalisch-techische
Bundesanstalt, die Bundesanstalt für Materialprüfung, die BFS u.a. Weitere Bundesoberhörden
i.d.S. sind das BWVA (Art. 87b Abs. 2 GG), das Eisenbahn-Bundesamt (Art. 87e GG) und die Bundesanstalt für Post und Telekommunikation nach Art. 8 Abs. 3 GG.

b) Oberste Landesbehörden. Oberste Landesbehörden sind insbes. Die Ministerpräsidenten der Län- | 143
der, die Landesregierungen und -ministerien, die Präsidenten der Länderparlamente und der Landesverfassungsgerichte bzw. der StGH. Die Ausführungen zu a) gelten sinngemäß. Entsprechend fallen
Landesoberbehörden wie Landesämter und Landesanstalten (z.B. die LKA, die Landesämter für
Denkmalpflege, für Verfassungsschutz u.v.a.) nicht unter diesen Begriff.

c) Vorbehalt gesetzlicher Regelung der Nachprüfung. Auch bei obersten Bundes- oder Landesbehör- | 144
den ist ein Widerspruchsverfahren durchzuführen, wenn dies gesetzlich bestimmt ist. Wichtigste Fälle
sind:

- § 54 Abs. 3 S. 2 BeamtStG einschließlich aller Normen, die auf diese Norm zurückverweisen. Dar-
  unter fallen etwa die beamtenrechtlichen Bestimmungen der § 172 BBG, § 182 Abs. 3 Nr. 1 Hess-
  BG, § 124 LBG MV, § 135 ThürBG, § 127 LBG Bbg, § 124 Abs. 3 Nr. 1 SaarlBG, § 218 Abs. 3
  Nr. 1 LBG RhPf, § 112 LBG Bln, sowie die richterrechtlichen Vorschriften der § 46, § 71 Abs. 3
  DriG i.V.m. § 172 BBG;
- § 40 Abs. 1 S. 2 SchwbG;
- § 55 S. 1 PbefG;
- Art. 8 AGVwGO Brem.

3. Erstmalige Beschwer (Abs. 1 S. 2 Nr. 2) durch einen Abhilfe- oder Widerspruchsbescheid. Ein Vor- | 145
verfahren entfällt nach § 68 Abs. 1 S. 2 Nr. 2 n.F. auch dann, wenn ein Abhilfe- oder Widerspruchsbescheid erstmals eine Beschwer enthält. Bis zum 6. VwGOÄndG betraf die Vorschrift nur die erstmalige
Beschwer eines *Dritten* durch den *Widerspruchsbescheid.* Die analoge Anwendung auf Fälle der erstmaligen Beschwer des Widerspruchsführers war umstr.[260] Noch streitiger war, ob die Norm auch auf
den erstmalig beschwerenden Abhilfebescheid angewandt werden konnte.[261] Diese Diskussionen haben sich mit der Neufassung erledigt. Erforderlich ist die Vorschrift, weil der Widerspruchsbescheid,
soweit er eine neue Beschwer enthält, dem Betroffenen gegenüber Erstbescheid ist, sodass eigentlich
wiederum ein Widerspruchsverfahren durchzuführen wäre. Dies würde freilich zu einer sinnlosen Verdoppelung des Verfahrensaufwands führen: Die Ausgangsentscheidung wurde in diesem Falle ja schon
einmal behördenintern überprüft, sodass den Funktionen des Vorverfahrens – namentlich der Kontrollfunktion – bereits genügt ist.[262]

a) Erstmalige Beschwer des Widerspruchsführers. Bsp. Hierfür sind die Fälle der *reformatio in peius*, | 146
die Auferlegung einer Abgabe (Beitrag oder Gebühr) oder eine belastende Kostenentscheidung nach
§ 73 Abs. 3 S. 3.[263] Enthält der Widerspruchsbescheid eine negative Kostenentscheidung und wird diese zulässigerweise isoliert angefochten, so ist insofern ein erneutes Vorverfahren nicht mehr erforderlich,[264] auch dann nicht, wenn sich die Hauptsache erledigt hat. Auch die Verletzung einer maßgeblichen Verfahrensvorschrift im Widerspruchsverfahren oder die Ablehnung eines Widerspruchsbe-

---

260 Für analoge Anwendbarkeit zB BVerwGE 40, 27; *U. Meier,* Entbehrlichkeit, 1992, 40 f., 103.
261 Dagegen: *P. Weides, Verwaltungsverfahren und Widerspruchsverfahren,* 251; *U. Meier,* Entbehrlichkeit, 1992, 39 f.;
     dafür VGH Kassel HessVGRspr 1970, 11, 12; 1971, 89 f.; VGH München BayVBl 1985, 467 f.; *P. Schmidt,* BayVBl
     1982, 89, 90.
262 *U. Meier,* Entbehrlichkeit, 1992, 3, 38; *Hufen* § 6 Rn. 22; *P. Weides* 251.
263 So schon zur alten Rechtslage BVerwGE 17, 249; VGH München BayVBl 1983, 247; *Kopp/Schenke* § 68 Rn. 25;
     P. Schmidt, BayVBl 1977, 19. A.M. *R. Pietzner,* BayVBl 1979, 107, 114.
264 A.M., aber nicht stichhaltig, *U. Meier,* Entbehrlichkeit, 1992, 65 ff.; zur Frage, ob dies auch für die Kosten*fest*set-
     zung gelten kann: *J. Eschenbach/Th. Koch,* KStZ 1998, 21; vgl. auch zu → § 73 Rn. 46.

scheids in der Sache ist eine erstmalige Beschwer[265] (vgl. § 79 Abs. 2). Dagegen ist eine erstmalige Beschwer durch einen Abhilfebescheid nur im Verhältnis zu Dritten möglich.

147   **b) Der Abhilfe- oder Widerspruchsbescheid mit Drittwirkung.**   Auch nach der Novellierung liegt das Hauptanwendungsgebiet der Vorschrift beim Verwaltungsakt mit Drittwirkung. Der Dritte muss durch den Abhilfe- oder Widerspruchsbescheid *beschwert* sein. Darunter fällt jede Änderung des ursprünglichen Verwaltungsaktes, die sich zuungunsten des Dritten auswirkt. Zwei Grundkonstellationen kommen dabei in Betracht:

- Ein begünstigender Verwaltungsakt mit (belastender) Drittwirkung wird im Ausgangsverfahren abgelehnt, auf den Widerspruch des Antragstellers dann im Abhilfe- oder im Widerspruchsbescheid erteilt. Prototyp ist die Erteilung einer Baugenehmigung mit belastenden Wirkungen für den Nachbarn.[266] Verwandt ist der Fall eines zunächst dem Dritten gegenüber neutralen Verwaltungsakts, der erst im Abhilfe- oder Widerspruchsbescheid belastende Wirkung entfaltet,[267] wie die Befreiung von nachbarschützenden Normen nach § 31 Abs. 2 BauGB. Eine erstmalige Beschwer liegt auch vor, wenn der ursprüngliche Verwaltungsakt drittschützende Nebenbestimmungen enthielt, die auf den Widerspruch hin aufgehoben werden.
- Ein belastender Verwaltungsakt mit drittbegünstigender Wirkung wird im Ausgangsverfahren erlassen, im Widerspruchsverfahren aufgehoben.

148   „Dritter" kann jeder durch den Verwaltungsakt oder seine Aufhebung materiell Betroffene sein, soweit er nicht mit dem Widerspruchsführer und der Widerspruchsbehörde identisch ist. Auch die nach § 13 Abs. 1 Nr. 4, Abs. 2 VwVfG sonstigen am Vorverfahren Beteiligten sind Dritte. Wurde der Widerspruch von einem Dritten eingelegt und führte dies zur Aufhebung des Verwaltungsakts oder zur Hinzufügung von Auflagen (BVerwGE 65, 313; VGH Mannheim NVwZ 1992, 184), so ist auch der durch den Verwaltungsakt ursprünglich Begünstigte „Dritter"[268] und kann daher sofort Klage erheben. § 68 Abs. 1 Nr. 2 ist auch anwendbar, wenn in erster Verwaltungsinstanz die Behörde einer Selbstverwaltungskörperschaft entschieden hat und der Widerspruchsbescheid der höheren Behörde in Selbstverwaltungsrechte der Körperschaft eingreift,[269] so bei der Verpflichtung einer Gemeinde zur Beförderung eines Beamten durch Widerspruchsbescheid (BVerwG BayVBl 1989, 247; VGH München NVwZ 1983, 162).

149   **c) Entsprechende Anwendung.**   Für eine analoge Anwendung des § 68 Abs. 1 S. 2 Nr. 2 kommen nach der Neufassung noch folgende Fälle in Betracht:

150   **aa) Widerspruchsbescheid als erster wirksamer Bescheid.**   Wenn sich der Widerspruchsbescheid für den Adressaten als erster wirksamer Bescheid darstellt, ist die ratio des § 68 Abs. 1 S. 2 Nr. 2 gegeben, auch wenn diese Fallgruppe nach wie vor nicht vom Wortlaut erfasst ist.[270] Als Beispielsfälle werden in der Lit. genannt:[271]

- Die Ausgangsbehörde ist irrtümlich der Meinung, sie habe bereits einen Verwaltungsakt erlassen und interpretiert einen entsprechenden Antrag als Widerspruch.
- Die Behörde hat den Erstbescheid an den falschen Empfänger gerichtet; auf dessen Widerspruch hin stellt die Widerspruchsbehörde den Widerspruchsbescheid dem richtigen Adressaten zu (OVG Münster OVGE 27, 63, 65). Die analoge Anwendung ist in diesem Falle gerechtfertigt, weil die Widerspruchsbehörde ihre Kontroll- und Rechtsschutzfunktion wahrgenommen hat.[272]

151   **bb) Beschwer durch neuen selbständigen Verwaltungsakt.**   Nach Ansicht des BVerwG (BVerwGE 44, 124, 126) ist ein Vorverfahren in entsprechender Anwendung des § 79 auch entbehrlich, wenn die Beschwer auf einem selbständig anfechtbaren Verwaltungsakt beruht, der nur in äußerlichem Zusammenhang mit dem Widerspruchsverfahren stehe, so bei der Zurückweisung eines Bevollmächtigten im

---

265   BVerwG Buchholz 310 § 70 VwGO Nr. 5; VGH Kassel NJW 1971, 1717 f.; *Pietzner/Ronellenfitsch* Rn. 1098.
266   *Hufen* § 6 Rn. 22.
267   Vgl. BVerwG DVBl 1965, 26 f.; *P. Weides*, 251.
268   BVerwGE 14, 151, 153; 17, 148, 150; *U. Meier*, Entbehrlichkeit, 1992, 40.
269   BVerwGE 19, 121; BVerwG BayVBl 1989, 248; *P. Weides* 252 f.
270   *Kopp/Schenke* § 68 Rn. 20.
271   *U. Meier*, Entbehrlichkeit, 1992, 41, 103; *Pietzner/Ronellenfitsch* Rn. 1096; *Kopp/Schenke* § 68 Rn. 20.
272   *U. Meier*, Entbehrlichkeit, 1992, 41.

Widerspruchsverfahren nach § 67 Abs. 2 analog. Die Lit. Plädiert hier für ein Vorverfahren.[273] Jedoch ist die Meinung der Rspr. im Interesse der Verfahrensbeschleunigung vorzugswürdig, zumal ein Vorverfahren weder unter Entlastungs- noch unter Kontrollaspekten notwendig erscheint.

Wird dagegen ein Verwaltungsakt „anläßlich" eines Vorverfahrens durch die Erstbehörde nach § 50 **152** VwVfG zurückgenommen oder widerrufen, so ist gegen diesen Verwaltungsakt ein erneutes Vorverfahren durchzuführen.

4. Entbehrlichkeit des Vorverfahrens nach § 75. Kraft ausdrücklicher Regelung ist ein Vorverfahren **153** entbehrlich, wenn die Voraussetzungen der Untätigkeitsklage nach § 75 vorliegen, d.h. wenn seit dem Antrag auf Erlass eines Verwaltungsakts oder seit der Einlegung eines Widerspruchs drei Monate verstrichen sind, ohne dass für die Verzögerung ein sachlicher Grund vorliegt.[274] Aus der Perspektive des Vorverfahrens sind folgende Konstellationen hervorzuheben:

- Ist der Antrag auf Erlass eines Verwaltungsakts innerhalb der Dreimonatsfrist ohne sachlichen **154** Grund nicht verbeschieden worden, so kann unmittelbar Klage nach § 75 erhoben werden. Ist die Klage zulässig erhoben und ergeht danach ein Erstbescheid, ist ein Widerspruch nach ganz h.M. ebenfalls entbehrlich, da dem Kläger die einmal zulässige Untätigkeitsklage nicht mehr genommen werden kann.[275] Das Vorverfahren entfällt jedoch nur als zwingende Sachurteilsvoraussetzung, wird aber selbst nicht etwa unzulässig.[276] Das Gericht hat in diesem Fall das Verfahren analog § 75 S. 3 auszusetzen.

- Die Zulässigkeit des Vorverfahrens in diesem Fall ergibt sich einmal aus dem Sinn des § 75, der **155** den Rechtssuchenden im Falle behördlicher Säumigkeit begünstigen, nicht aber benachteiligen will. Dass Rechtsfolge des § 75 nicht die Unstatthaftigkeit des Widerspruchs sein soll, ergibt sich aus der Regelung der S. 3 und 4. Nur diese Auslegung wird zudem den Zwecken des Vorverfahrens gerecht: Die Rechtsschutzfunktion wird gewahrt, da dem Betroffenen nicht die Möglichkeit genommen wird, eine Überprüfung auch einer Ermessensentscheidung herbeizuführen. Die Kontrollfunktion wird gewahrt, da die vorgesehene Prüfung in zwei Verwaltungsinstanzen eingehalten wird. Auch der Entlastungseffekt lässt sich noch erreichen, da die Chance besteht, dass sich während der Aussetzung des Gerichtsverfahrens die Klage durch einen stattgebenden Widerspruchsbescheid erledigt (vgl. § 75 S. 4).

- Ist Widerspruch erhoben und nicht in der Dreimonatsfrist verbeschieden worden, bleibt der Wi- **156** derspruch ungeachtet einer Klageerhebung statthaft; dies ergibt sich zweifelsfrei aus § 75 S. 3 und 4. Ergeht nach Klageerhebung ein stattgebender Widerspruchsbescheid, so ist die Hauptsache für erledigt zu erklären, im Falle der Fristsetzung durch das Gericht nach S. 4, ohne Fristsetzung in analoger Anwendung dieser Vorschrift.[277]

- Wurde gegen eine Ausgangsentscheidung überhaupt kein Widerspruch eingelegt, so ist die Klage **157** gegen die Entscheidung nicht zulässig (OVG Saarlouis 21.3.1995 – 2 M 1/93). Ist Klage nach Einlegung des Widerspruchs, aber *vor Ablauf* der in § 75 bestimmten Frist – also zunächst unzulässig – erhoben worden, wird aber im Folgenden die Entscheidungsfrist des § 75 überschritten, so muss das Vorverfahren nachgeholt werden.[278] Die Gegenmeinung[279] nimmt mit Fristablauf eine Heilung der Unzulässigkeit an; sie übersieht jedoch, dass es dadurch angesichts der regelmäßigen Prozessdauer ein Leichtes wird, via § 75 das Vorverfahren zu umgehen. Dies kann nicht Sinn und Zweck des § 75 sein. Gelegentlich wird eine Heilung auch aus prozesswirtschaftlichen Gründen befürwortet; es sei widersinnig, eine Klage zunächst als unzulässig abweisen zu müssen, während eine inhaltsgleiche Klage kurze Zeit später zum Erfolg führe.[280] Diese Argumentation ist jedoch abzuleh-

---

273 *Kopp/Schenke* § 68 Rn. 35; *U. Meier*, Entbehrlichkeit, 1992, 68 ff.
274 Vgl. statt vieler die Darstellung bei *U. Meier*, Entbehrlichkeit, 1992, 43 ff. m. umfangreichen Nachw.
275 BVerwGE 42, 108, 112; 88, 254, 255 f.; a.M. *U. Meier*, Entbehrlichkeit, 1992, 50 ff.
276 *Pietzner/Ronellenfitsch* Rn. 1100; vgl. auch *Kopp/Schenke* § 75 Rn. 1 a.
277 *P. Weides/R. Bertrams*, NVwZ 1988, 673, 675; *Kopp/Schenke* § 75 Rn. 19.
278 BVerwGE 42, 108, 112, 114; NVwZ 1987, 969, 970; *K. A. Bettermann*, NJW 1960, 1081, 1083; *P. Weides/R. Bertrams*, NVwZ 1988, 673, 677; *U. Meier*, Entbehrlichkeit, 1992, 48 ff.
279 OVG Koblenz AS 7, 48; *D. Ehlers*, NJW 1976, 71, 72 f.; *K. Rennert*, in: Eyermann § 75 Rn. 8; *P. Kothe*, in: Redeker/v. Oertzen § 75 Rn. 11; *Jäde* Rn. 116.
280 HmbOVG NJW 1962, 833, 834; *P. Kothe*, in: Redeker/v. Oertzen § 75 Rn. 11; *U. Meier*, Entbehrlichkeit, 1992, 50.

nen, da sie es ermöglicht, die gesetzliche Regelung des § 68 auszuhebeln, und der disziplinierenden Funktion der Fristvorschriften und des Kostenrisikos zuwiderläuft.

158 **5. Gesetzlich nicht geregelte Ausnahmen.** Der klare Wortlaut und der systematische Aufbau des § 68, namentlich der Katalog der Ausnahmen vom Vorverfahren in Abs. 1 S. 2 sprechen für eine abschließende Regelung. Nach Ansicht des BverwG soll aber das Vorverfahren entbehrlich sein, wenn das Vorverfahren seinen Zweck nicht mehr erfüllen könne.[281] Gegenüber einer extensiven Handhabung dieser Formel ist jedoch Vorsicht geboten; der Ausnahmecharakter eines Wegfalls des Vorverfahrens muss gewahrt bleiben. Weitere Ausnahmen praeter legem sind daher restriktiv zu handhaben.[282]

159 **a) Verzicht durch den Betroffenen.** Schon aus dem eindeutigen Wortlaut des § 68 Abs. 1 („sind ... nachzuprüfen") ergibt sich, dass die Durchführung eines Vorverfahrens für die Beteiligten grds. Nicht disponibel ist.[283] Der von einem Verwaltungsakt Betroffene kann daher nicht durch eine einseitige Erklärung auf die Durchführung eines Vorverfahrens verzichten, um sofort Klage zu erheben.[284] Dies folgt auch daraus, dass die Durchführung im öffentlichen Interesse liegt: Ließe man einen Verzicht auf die Durchführung des Vorverfahrens zu, würden seine objektiven Zwecke – die Selbstkontrolle der Verwaltung und die Entlastung der Gerichte – konterkariert. Ein Verzicht durch Behörde und Gericht kommt insbes. Auch nicht zugunsten der „Verfahrens-" bzw. „Prozessökonomie" in Betracht.[285] Er kann auch nicht durch einen öffentlich-rechtlichen Vertrag vereinbart werden.

160 Davon zu unterscheiden ist die Frage, ob auf eine Widerspruchseinlegung wirksam verzichtet kann. Dies ist wie bei jedem Rechtsbehelf möglich. Rechtsfolge ist jedoch dann die Unzulässigkeit des Widerspruchs[286] *und* damit auch einer anschließenden Klage.

161 **b) Rügelose Einlassung des Beklagten.** Nach der st. Rspr. des BverwG[287] ist ein Vorverfahren entbehrlich, wenn sich der Beklagte im Gerichtsverfahren vorbehaltlos zur Sache eingelassen hat. Erforderlich ist wohl lediglich, dass Beklagter die zuständige Widerspruchsbehörde (bzw. deren Rechtsträger) ist (OVG Saarlouis 8.6.1995 – 1 R 57/94). Begründet wird diese häufig auch in der Lit.[288] Vertretene Ansicht v.a. mit prozessökonomischen Überlegungen: der Antrag auf Klageabweisung sei zugleich Beschwerde- (bzw. Widerspruchs-)bescheid. Auch sei eine Klageabweisung wegen Unzulässigkeit trotz sachlicher Einlassung des Beklagten ein schwer verständlicher Formalismus (BverwG DVBl 1981, 502, 503).

162 Gegen diese Rspr. spricht v.a., dass sie sich vor dem Inkrafttreten der VwGO herausgebildet hat und nach 1960 unbesehen übernommen worden ist, obwohl sie im System der §§ 68, 75 keinen Raum mehr findet. Der gerügte „Formalismus" ist eine zwingende Folge des Verfahrensmodells der §§ 68 ff., das nach dem Willen des Gesetzgebers gerade formalisierten Charakter haben sollte und nach der unmissverständlichen Formulierung des § 68 nicht zur Disposition der Verfahrens- bzw. Prozessbeteiligten steht. Prozessökonomisch ist es überdies gerade ein Vorteil, wenn aufgrund eines versäumten Widerspruchs durch klageabweisendes Prozessurteil entschieden werden kann. Auch beruht die Auffassung des BverwG auf einer hier unangebrachten Vorstellung von der Einheit der Verwaltung, die Erstbehörde, Widerspruchsbehörde und den beklagten Rechtsträger in einen Topf wirft und die Möglichkeit einer internen Kontrolle und einer unterschiedlichen Beurteilung auf den Behördenebenen übergeht. Schließlich ist eine Umdeutung des Antrags auf Klageabweisung (als Prozesshandlung) in einen ablehnenden Widerspruchsbescheid (als Verwaltungsakt) sowohl von der Rechtsnatur der Handlungen als auch von der unterschiedlichen Stellung der Beteiligten im Vor- bzw. Klageverfahren nicht

---

281 Vgl. etwa die Kritik bei *U. Meier*, Entbehrlichkeit, 104 f.

282 *U. Meier*, Entbehrlichkeit, 1992, 103 f.; *Kopp/Schenke* § 68 Rn. 27.

283 BVerwGE 66, 343, 345; *Kopp/Schenke* Vorbem. § 68 Rn. 10; für den Widerspruch nach § 126 Abs. 3 BRRG (a.F.) auch *H. Günther*, DÖD 1991, 78, 86.

284 *P. Weides*, JuS 1964, 275; *R. Stich*, DVBl 1960, 378, 379 f.; *M. Benz*, BB 1980, 782, für den Parallelfall des § 78 SGG.

285 OVG Münster OVGE 31, 126, 127; *P. Weides*, *Verwaltungsverfahren und Widerspruchsverfahren*, 217 ff.; a.M., allerdings vor der Geltung der VwGO, BVerwGE 15, 306, 309 ff.

286 OVG Münster NVwZ 1983, 681 f.; VGH Mannheim NVwZ 1983, 229 f.; *Pietzner/Ronellenfitsch* Rn. 1160 f.

287 BVerwGE 1, 247, 249; BVerwG NVwZ 1988, 724; w.N. bei *U. Meier*, Entbehrlichkeit, 1992, 69 Fn. 70. Nach VG Cottbus ZfB 2003, 117 soll das Vorverfahren sogar auch dann entbehrlich sein, wenn das Verhalten der Widerspruchsbehörde vor und während des Prozesses mit großer Wahrscheinlichkeit erwarten lässt, dass ein Widerspruch keinen Erfolg hätte.

288 *Pietzner/Ronellenfitsch* Rn. 542; *Jäde* Rn. 121 ff.; iE auch *C. Trzaskalik*, Widerspruchsverfahren, 1972, 92.

möglich.[289] Auch der mögliche Einwand, der Kläger sei insofern nicht schutzwürdig, da es ihm ja freistehe, zunächst Widerspruch zu erheben, ist nicht zwingend, da das Widerspruchsverfahren auch objektiven Zwecken dient (Kontrollzweck). Erst recht wird das Vorverfahren nicht entbehrlich, wenn die beklagte Behörde das fehlende Vorverfahren rügt und sich hilfsweise zur Sache einlässt. Die entgegenstehende Ansicht[290] dürfte auch das BverwG heute nicht mehr vertreten.[291]

Auch im Fall rügeloser Einlassung muss das Gericht, sofern die Widerspruchsfrist noch nicht abgelaufen ist, das Verfahren aussetzen,[292] um dem Kläger die Möglichkeit einzuräumen, noch Widerspruch zu erheben; geschieht dies nicht, wird der Verwaltungsakt ungeachtet der anhängigen Klage bestandskräftig. Die Klage ist dann wegen Fehlens einer zwingenden Sachurteilsvoraussetzung bereits als unzulässig abzuweisen. 163

c) Vorverfahren durch Dritte. Das BverwG hält ein Vorverfahren ferner für entbehrlich, wenn es bereits *von einer dritten Person durchgeführt* worden ist (BverwGE 40, 30; BverwG DÖV 1976, 353, 354; *Schenke* Rn. 662). Für die Kontrollfunktion komme es v.a. darauf an, dass überhaupt ein Vorverfahren stattgefunden habe. Dies ist so pauschal abzulehnen; ein parallel durch einen Dritten durchgeführtes Vorverfahren ist für einen anderen ohne Relevanz, da ein Widerspruch nach § 80 Abs. 1 den Eintritt der Bestandskraft nur in Bezug auf den Widerspruchsführer hemmt.[293] Etwas anderes kann in den Fällen einer Rechtsnachfolge gelten. Voraussetzung ist dann, dass die Rechtsnachfolge den Widerspruchsgegenstand (Streitgegenstand) unverändert lässt. Dies ist einmal der Fall, wenn im Widerspruchsverfahren ein Wechsel des Widerspruchsführers kraft Gesetzes (§ 173 i.V.m. §§ 239 ZPO ff.) stattfindet, namentlich durch Gesamtrechtsnachfolge; der Rechtsnachfolger muss dann kein erneutes Vorverfahren durchführen.[294] Bei dinglichen Verwaltungsakten ist auch bei Einzelrechtsnachfolge ein erneutes Vorverfahren entbehrlich, da davon auszugehen ist, dass die Entscheidung ohne Ansehen des Rechtsinhabers ergangen ist. In allen anderen Fällen des gewillkürten Parteiwechsels muss konsequenterweise ein Vorverfahren erneut durchgeführt werden.[295] Das Gleiche gilt für einen – freilich seltenen – Parteiwechsel auf der Beklagtenseite (BverwG ZOV 2010, 231 ff.), es sei denn, der materielle Streitgegenstand bleibt hierdurch unverändert.[296] 164

Liegen die Voraussetzungen einer *Streitgenossenschaft* vor, so ist zu differenzieren: Im Falle einer einfachen Streitgenossenschaft wirkt die Widerspruchseinlegung durch einen Betroffenen nicht für die anderen; jeder Kläger muss daher für sich Widerspruch erheben, um den Eintritt der Bestandskraft zu vermeiden. Ausnahmsweise hält das BverwG bei Eheleuten den Widerspruch eines der Ehegatten für ausreichend (BverwG DÖV 1976, 353, 354). Wie *Meier* richtig anmerkt, handelt es sich dabei jedoch weniger um die Frage nach der Entbehrlichkeit, sondern um die Frage, ob der Ehegatte das Verfahren zugleich nach § 14 VwVfG konkludent als Vertreter des anderen durchführen will; ein eventueller Mangel an Vertretungsmacht kann analog § 177 Abs. 1 BGB durch Genehmigung behoben werden.[297] 165

Bei notwendiger Streitgenossenschaft reicht es nach h.M. aus, wenn einer der Streitgenossen das Vorverfahren durchlaufen hat;[298] § 64 i.V.m. § 62 ZPO seien für das Widerspruchsverfahren analog anzuwenden. Diese Ansicht verkennt allerdings, dass auch im Fall einer notwendigen Streitgenossenschaft jeder Streitgenosse hinsichtlich seiner Prozesshandlungen selbständig bleibt; keiner kann in einen Prozess „hineingezwungen" werden. Die Vertretungswirkung gilt vielmehr nach § 62 ZPO nur für die Wahrung von Fristen und Terminen im Prozess, nicht jedoch für die Stellung von Anträgen als sol- 166

---

289 *U. Meier*, Entbehrlichkeit, 1992, 72 ff.; *Ule* § 23 II; *A. v. Mutius*, Widerspruchsverfahren, 1969, 178.; *M. Oerder*, Widerspruchsverfahren, 1989, 65 f.

290 BVerwGE 66, 39, 41; BVerwG NVwZ 1986, 374; VGH München BayVBl 1983, 309; abl. *Schenke* Rn. 664.

291 Vgl. BVerwG Buchholz 310 § 68 Nr. 35, 1, 2; *W.-R. Schenke*, JZ 1996, 1061 f.

292 Nicht erforderlich ist hingegen die sofortige Abweisung der Klage als (zurzeit) unzulässig; vgl. *F. Kopp*, FS Redeker, 1993, 548.

293 *U. Meier*, Entbehrlichkeit, 1992, 82 ff., 86; hierzu auch OVG Bln NJW 2002, 1218 (Fall, dass an mehrere Gesellschafter einer GbR Bescheide gerichtet werden und nur einer Widerspruch einlegt).

294 *U. Meier*, Entbehrlichkeit, 1992, 90.

295 OVG Münster VerwRspr 21, 502; VGH Mannheim DÖV 1982, 750, 751; *U. Meier*, Entbehrlichkeit, 1992, 89; a.M. OVG Lüneburg 23, 361.

296 *U. Meier*, Entbehrlichkeit, 1992, 90.

297 *U. Meier*, Entbehrlichkeit, 1992, 87.

298 BVerwG DÖV 1970, 248; 1972, 390; *A. v. Mutius*, Widerspruchsverfahren, 1969, 183; *U. Meier*, Entbehrlichkeit, 1992, 88; *P. Kothe*, in: Redeker/v. Oertzen § 68 Rn. 2 b; *Kopp/Schenke* § 68 Rn. 8, 26.

che.[299] Wird § 62 analog auf das Vorverfahren angewandt, kann konsequenterweise nichts anderes gelten. Auch im Fall einer notwendigen Streitgenossenschaft muss also jeder Teilnehmer Widerspruch einlegen; es reicht jedoch, wenn ein Streitgenosse dies fristgerecht getan hat. Die Erhebung des Widerspruchs kann dann bis zur Rechtskraft einer gerichtlichen Entscheidung nachgeholt werden.

167   **d) Voraussichtliche Aussichtslosigkeit.** Nach Ansicht des BVerwG ist ein Vorverfahren auch dann entbehrlich, wenn das Verhalten der Widerspruchsbehörde vor oder während eines gerichtlichen Verfahrens mit großer Wahrscheinlichkeit erwarten lässt, dass ein Widerspruch erfolglos sein würde.[300] Dies soll dann der Fall sein, wenn der Verwaltungsakt bereits in anderem Zusammenhang, etwa iR einer Aufsichtsbeschwerde, geprüft worden ist (BVerwG DVBl 1967, 773, 774; 1981, 190, 191; 1981, 502, 503). In diesem Fall sei weder die Kontrollfunktion noch die Entlastungsfunktion noch erfüllbar, weil die höhere Verwaltungsbehörde bereits entschieden habe und ein Gang zum Gericht daher ohnehin unvermeidbar sei.

168   Diese Ausnahme ist klar contra legem und wird von der Lit. Nahezu einhellig abgelehnt.[301] Bemerkenswert ist, dass sich diese Judikatur bereits in der Zeit vor Erlass der VwGO herausgebildet hat (BVerwG DVBl 1956, 579; 1959, 777) und danach unbesehen übernommen worden ist, ohne die eingetretene Rechtsänderung durch den zwingenden Wortlaut des § 68 hinreichend zu beachten. Entgegen der gesetzgeberischen Intention wird das Vorverfahren aber auch inhaltlich abgewertet. Zum einen hat ein förmlicher, ausführlich begründeter Widerspruchsbescheid auch im Fall einer Ablehnung eine unter Umständen höhere „Befriedungswirkung" als der formlosere Bescheid über die Behandlung einer Aufsichtsbeschwerde. Auch der Kontrollfunktion wird im Widerspruchsverfahren mehr Rechnung getragen als bei formlosen Rechtsbehelfen,[302] da das förmliche Verfahren auch bei mutmaßlich feststehender Behördenmeinung zu einer rechtlich sauberen Begründung zwingt und damit der „Hygiene" der Entscheidungsfindung dient. Im Übrigen sehen § 73 Abs. 1 Nr. 2 und 3 Fallgestaltungen vor, in denen die nochmalige Überprüfung grds. Der erlassenden Behörde obliegt; auch dies lässt darauf schließen, dass auch der Gesetzgeber selbst von einer gesteigerten Selbstkontrollwirkung in einem förmlichen Vorverfahren ausgegangen ist und damit die „Einsichtsfähigkeit" der Behörde, nicht unter allen Umständen auf einer Entscheidung beharren zu wollen, voraussetzt.[303]

169   **e) Vorverfahren bei Zweitbescheid.** Hat gegen einen Verwaltungsakt bereits ein Vorverfahren erfolglos stattgefunden, und wird dieser durch einen neuen Verwaltungsakt (Zweitbescheid) wiederholt, ersetzt oder abgeändert (auch im Wege teilweiser Abhilfe [VGH München BayVBl 1975, 21]), so braucht gegen diesen nach ganz h.M. ein erneutes Vorverfahren nicht durchgeführt zu werden, sofern der Streitgegenstand in tatsächlicher und rechtlicher Hinsicht im Wesentlichen der gleiche bleibt.[304] Dies gilt für Anfechtungs-, wie Verpflichtungswidersprüche (BVerwG DÖV 1960, 499; VGH München BayVBl 1980, 297). Hat der Betroffene bereits Klage erhoben, so kann er diese durch eine – insofern zulässige (→ § 91 Rn. 15) – Klageänderung (§ 91) auf den Zweitbescheid ausdehnen. Der Kontrollfunktion des Vorverfahrens wird in dieser Konstellation ausreichend dadurch genügt, dass die Behörde bei Erlass des Zweitbescheids bereits einmal mit dem Streitgegenstand befasst gewesen ist und angesichts der negativen Entscheidung mit einer gerichtlichen Überprüfung sicher rechnen muss.[305] Auch der Rechtsschutzfunktion des Vorverfahrens kommt diese Ansicht zugute, da durch ein erneutes Widerspruchsverfahren der Prozess verzögert werden könnte.[306] Ansonsten könnte die Behörde durch eine Aneinanderreihung von Erst-, Zweit- und weiteren Bescheiden den Zugang zum Gericht taktisch

299 *Kopp/Schenke* § 64 Rn. 11; *R. Hüßtegen,* in: Thomas/Putzo § 62 Rn. 11.
300 BVerwGE 27, 181, 185; BVerwG NVwZ 1988, 721, 724; BVerwG BeckRS 2016, 113715; Zust. *J. Martens,* DVBl 1967, 775, 777.
301 *A. v. Mutius,* Widerspruchsverfahren, 1969, 180; *U. Meier,* Entbehrlichkeit, 1992, 79 f.; *Klinger* Anm. C 3; *Kopp/ Schenke* § 68 Rn. 32; *F. Kopp,* FS Redeker, 1993, 543, 549; *W.-R. Schenke,* JZ 1996, 1055, 1062.
302 *A. v. Mutius,* Widerspruchsverfahren, 1969, 180; *Klinger* Anm. C 3; *Kopp/Schenke* Vorbem. § 68 Rn. 11; *U. Meier,* Entbehrlichkeit, 1992, 79.
303 So richtig *U. Meier,* Entbehrlichkeit, 1992, 80.
304 BVerwGE 32, 243, 247; 65, 167, 169; BVerwG DVBl 1982, 692; Buchholz 310 § 91 VwGO Nr. 6; aus der Lit. *Stern* § 16 III; *J. Martens,* Die Praxis des Verwaltungsverfahrens, 1985, § 7, 2; *E. Schweiger,* DVBl 1967, 860; *W.-R. Schenke,* NVwZ 1988, 1, 13; *R. Pietzner,* VerwArch 81 (1990), 261, 268; *U. Meier,* Entbehrlichkeit, 1992, 53 ff., 56.
305 *U. Meier,* Entbehrlichkeit, 1992, 54.
306 *Schmitt Glaeser/Horn* Rn. 182.

erheblich verzögern. Dagegen tritt die Entlastungsfunktion in den Hintergrund, da das Gericht mit der Sache ohnehin schon befasst ist. Entsprechendes gilt, wenn gegen den Erstverwaltungsakt bereits die Untätigkeitsklage nach § 75 statthaft erhoben ist. Erhebt der Betroffene jedoch Widerspruch, so ist dieser gleichwohl zulässig.[307]

Ist das Vorverfahren gegen den ursprünglichen Verwaltungsakt bei Erlass des Zweitbescheids noch 170 nicht abgeschlossen, hat also eine verwaltungsinterne Kontrolle noch nicht stattgefunden, so kann der Betroffene wahlweise Widerspruch gegen den Zweitbescheid erheben oder den neuen Verwaltungsakt analog § 91 in das bereits anhängige Widerspruchsverfahren einbeziehen (VGH München BayVBl 1973, 383; NVwZ 1983, 616; BayVBl 1987, 122).

Anders ist es, wenn durch den neuen Verwaltungsakt eine wesentliche Änderung des Streitstoffes ein- 171 tritt; dies ist der Fall, wenn die Behörde ihre Entscheidung auf neue oder veränderte Tatsachen stützt oder wenn der Zweitbescheid aus der Sicht des Betroffenen eine inhaltliche „reformatio in peius" dar- stellt, etwa bei der Ersetzung eines bauordnungsrechtlichen Nutzungsverbots durch eine Abrissverfü- gung.[308]

Ist der Erstverwaltungsakt bereits bestandskräftig und ergeht danach ein Zweitbescheid im Wege der 172 §§ 48, 49 VwVfG, so ist in jedem Falle ein Vorverfahren durchzuführen.

f) Unmittelbarer Zusammenhang mit bereits angefochtenem Verwaltungsakt. Steht ein angefochtener 173 Verwaltungsakt in unmittelbarem Zusammenhang mit einem vorangegangenen Verwaltungsakt, gegen den bereits ein Vorverfahren durchgeführt worden ist, ohne dass es sich um einen Zweitbescheid han- delt, so ist ein weiteres Vorverfahren entbehrlich, wenn der Streitstoff im Wesentlichen identisch ist und es sich um eine gebundene Entscheidung handelt.[309] Ein Bsp. Ist der Übergang von einer Klage auf Erteilung einer Baugenehmigung zu einer solcher auf Erteilung einer Bebauungsgenehmigung (OVG Münster NVwZ 1993, 493, 495). Weitere typische Fälle sind sog. Ketten-Verwaltungsakte, so im Falle eines periodischen Antrags auf Wohngeld nach §§ 23 ff. WoGG, für den das BVerwG die Ent- behrlichkeit des Vorverfahrens bejaht hat.[310] Im vergleichbaren Fall der Ausbildungsförderung nach dem BAFöG hat das BVerwG allerdings ein Vorverfahren für notwendig gehalten (BVerwGE 57, 198, 210). Die Förderung sei ursprünglich auf Länderebene erfolgt; Landesrecht könne aber das bundes- rechtlich geregelte Widerspruchsverfahren nicht ausschalten. Diese Begründung ist so nicht ganz über- zeugend, da es gerade nicht um einen Ausschluss kraft Gesetzes geht. Spätestens mit Einführung des BAFöG ist aber eine dogmatisch unterschiedliche Behandlung zum WoGG nicht mehr gerechtfer- tigt.[311] Im Falle einer in einer Vorabentscheidung enthaltenen Kürzungsregelung nach § 120 Abs. 2 S. 4 BSHG hat das BVerwG wiederum entschieden, dass Widerspruch nur gegen die Vorabentschei- dung, nicht gegen die jeweils gekürzten Auszahlungen erhoben werden muss (BVerwG NVwZ-RR 1999, 34).

Bei Ermessensverwaltungsakten kann diese Ausnahme dagegen nicht gelten, weil das Ermessen für je- 174 de einzelne Entscheidung neu auszuüben ist und daher auch einer gesonderten Überprüfung zugäng- lich sein muss.

g) Behördlicher Irrtum über Erforderlichkeit des Vorverfahrens. Ist die Widerspruchsbehörde irrtüm- 175 lich der Ansicht, ein Vorverfahren sei nicht erforderlich, so ist es nach Ansicht der Rspr. entbehrlich (BVerwGE 37, 87, 88; 39, 261, 264; BVerwG DÖV 1968, 496, 497). Dies ist insofern berechtigt, als der Widerspruchsführer nur so die Möglichkeit hat, eine – dann gerichtliche – Überprüfung herbeizu- führen. Die sogleich erhobene Klage ist analog § 75 zulässig, und zwar ohne Einhaltung der Dreimo- natsfrist; die irrige Rechtsmeinung der Behörde begründet „besondere Umstände des Falles" i.S.v. § 75 S. 2 Alt. 2.[312] Letztlich handelt es sich dabei um einen Fall der Meistbegünstigungstheorie im Rechts- mittelrecht,[313] nach dem Fehler der Behörden bzw. der Gerichte nicht zulasten des Betroffenen gehen können. Konsequenterweise gilt das Gleiche, wenn die Erstbehörde eine inhaltlich falsche Rechtsmit-

---

307 *Pietzner/Ronellenfitsch* Rn. 1094; *Schmitt Glaeser/Horn* Rn. 182.
308 *U. Meier,* Entbehrlichkeit, 1992, 55.
309 *U. Meier,* Entbehrlichkeit, 1992, 58 f. BVerwG BayVBl 1972, 641.
310 BVerwGE 23, 331, 332; 69, 198 f.; BVerwG Buchholz 454.71 Nr. 1 (S. 5 f.), Nr. 2 (S. 7 f.) zu § 14 Abs. 2 WoGG.
311 So auch *U. Meier,* Entbehrlichkeit, 1992, 61.
312 *U. Meier,* Entbehrlichkeit, 1992, 81; *Kopp/Schenke* § 75 Rn. 15; vgl. auch VGH Kassel NVwZ-RR 1993, 433.
313 BVerwGE 11, 128; 18, 195; BVerwG DÖV 1992, 166; DVBl 1992, 776; *Kopp/Schenke* Vorbem. § 124 Rn. 22 m.w.N.

telbelehrung erteilt hat, nach der ein Widerspruch nicht statthaft ist. Dem Betroffenen ist es nicht zuzumuten, in diesem Fall entgegen der Belehrung Widerspruch zu erheben. Eine Verweigerung gerichtlichen Rechtsschutzes verstieße in diesem Fall auch gegen den Rechtsgedanken des § 242 BGB.

176   Allerdings kann – wiederum bei Ermessensverwaltungsakten – ein Interesse des Widerspruchsführers daran bestehen, gleichwohl eine Widerspruchsentscheidung zum Zweck der Überprüfung der Zweckmäßigkeit zu erzwingen. Für diesen Fall ist – wie bereits oben vertreten (→ Rn. 12) – eine Verpflichtungsklage auf Erlass eines Widerspruchsbescheids zulässig.

177   Ist ungewiss, ob ein Verwaltungsakt nichtig oder „nur" rechtswidrig ist, so hat der Betroffene die Wahl, ob er vorsorglich Anfechtungsklage oder Klage auf Feststellung der Nichtigkeit (§ 43 Abs. 1) erhebt.[314] Im ersteren Falle ist ein Vorverfahren durchzuführen.[314] Stellt sich im zweiten Fall heraus, dass der Verwaltungsakt nicht nichtig, sondern nur rechtswidrig ist, hat der Kläger die Möglichkeit, zu einer Anfechtungsklage überzugehen, muss aber dann auch ein Vorverfahren durchführen. Hierauf hat das Gericht nach § 86 hinzuweisen und das Prozessverfahren gegebenenfalls auszusetzen. Die in diesem Fall meist eingetretene Verfristung des Widerspruchs kann durch einen Antrag auf Wiedereinsetzung in den vorigen Stand behoben werden; da Unklarheiten in der rechtlichen Qualifizierung nicht zulasten des Betroffenen gehen sollen, ist die Fristversäumnis regelmäßig als unverschuldet anzusehen (§ 70 Abs. 2 i.V.m. § 60 Abs. 1).

178   **h) Übergang von negativer Feststellungsklage zur Anfechtungsklage.** Wird eine negative Feststellungsklage des Inhalts erhoben, dass die Behörde einen beabsichtigten Verwaltungsakt nicht erlassen dürfe, ergeht aber gleichwohl vor Rechtskraft der Entscheidung ein entsprechender Verwaltungsakt, so ist, wenn der Kläger von der Feststellungsklage zur dann statthaften Anfechtungsklage übergeht,[315] ein nachträgliches Vorverfahren nach einer frühen Entscheidung des BVerwG entbehrlich (BVerwGE 30, 46, 50). Hierfür spreche zum einen die Prozessökonomie, zum anderen der Vergleich mit dem „reziproken" Fall der Fortsetzungsfeststellungsklage, bei der ein Vorverfahren ebenfalls entfallen kann.

179   Diese Ansicht ist nicht überzeugend. Gerade die Möglichkeit, eine Entscheidung doch noch in einem Vorverfahren überprüfen zu können, kann gerichtliche Arbeit erübrigen und daher ökonomisch wirken. Zudem bleibt die Kontrollfunktion gewahrt. Ein Vorverfahren ist daher zwingend durchzuführen.[316] Das Gericht muss auch in diesem Fall das Verfahren aussetzen, um seine Nachholung zu ermöglichen (BVerwGE 66, 343, 345).

180   **i) Adäquater Ersatz.** Ein Widerspruchsverfahren nach der VwGO ist schließlich entbehrlich, wenn stattdessen ein Einspruchsverfahren nach der AO stattgefunden hat, die für den Widerspruch zuständige Behörde vom Finanzamt beteiligt wurde und dieses keine Ermessensentscheidung zu treffen hatte (FG Schwerin EFG 1996, 289).

V.   Die Entscheidung der Widerspruchsbehörde

181   **1. Grundsatz, Terminologie.** Die Widerspruchsbehörde entscheidet nicht einfach den Fall neu; sie prüft vielmehr, ob der eingelegte Widerspruch zulässig und begründet ist. § 69 Abs. 1 S. 1 nennt Recht- und Zweckmäßigkeit; dieser Maßstab gilt jedoch nicht für jede Entscheidung und ist zudem nach ganz herrschender Ansicht um den Aspekt der Verletzung oder Betroffenheit des Widerspruchsführers in eigenen Rechten zu ergänzen. Erweist sich der Widerspruch als begründet, so hat die Widerspruchsbehörde im Normalfall eine eigene *Sachentscheidungskompetenz*. Sie ist in Einzelfällen jedoch eingeschränkt. Sehr umstr. ist, ob eine Sachentscheidungskompetenz besteht, wenn der Widerspruch *nicht* begründet ist; wichtigster Fall ist die sog. *Reformatio in peius*.

182   **2. Prüfungsmaßstab. a) Grundsatz.** Der Prüfungsmaßstab hängt von der Art der angegriffenen Entscheidung ab. Wird ein Ermessensverwaltungsakt begehrt oder angefochten, so prüft die Wider-

---

314   *Kopp/Schenke* § 68 Rn. 36.
315   Nach BVerwG DÖV 1992, 224 – st. Rspr. – ist der Übergang von einer allgemeinen Feststellungsklage zur Anfechtungs- oder Verpflichtungsklage *nicht* als Klageänderung anzusehen. A.M. VGH München BayVBl 1980, 181. Letztlich ist die Qualifizierung unerheblich, denn eine Klageänderung wäre jedenfalls stets als sachdienlich i.S.d. § 91 anzusehen.
316   VGH München BayVBl 1980, 181; *E. Schweiger*, DVBl 1967, 860; *U. Meier*, Entbehrlichkeit, 1992, 93; *Kopp/Schenke* § 68 Rn. 30.

spruchsbehörde die ergangene Entscheidung nach dem Wortlaut des § 68 Abs. 1 S. 1 auf Recht- und Zweckmäßigkeit. Wenn es um gebundene Verwaltungsakte geht, bleibt für die Prüfung von Zweckmäßigkeitsfragen kein Raum. Die ganz herrschende Ansicht fordert über den Wortlaut des § 68 hinaus, dass dann, wenn die objektive Rechts- oder Zweckwidrigkeit der angefochtenen Entscheidung feststeht, geprüft werden muss, ob auch subjektive Rechte des Widerspruchsführers verletzt oder – im Falle der Unzweckmäßigkeit – betroffen sind.

b) Einschränkungen des Prüfungsmaßstabes. aa) Selbstverwaltungsangelegenheiten. Der gewöhnliche Prüfungsmaßstab (Rechtmäßigkeit – Zweckmäßigkeit – Rechtsbetroffenheit) ist aus verfassungsrechtlichen Gründen eingeschränkt, wenn bestimmte Selbstverwaltungsentscheidungen von staatlichen Behörden nachgeprüft werden. Zwar sieht § 73 Abs. 1 Nr. 3 als Widerspruchsbehörde in Selbstverwaltungsangelegenheiten regelmäßig die „Selbstverwaltungsbehörde" selbst vor; gemeint ist eine Behörde, die mit der Ausgangsbehörde nicht identisch ist, aber der gleichen Selbstverwaltungskörperschaft angehört (→ § 73 Rn. 10). Gleichzeitig aber enthält die Vorschrift einen Vorbehalt zugunsten des (Landes-)Gesetzgebers, nach der dieser anderweitige Bestimmungen treffen kann. Von dieser Ermächtigung ist vielfach Gebrauch gemacht worden.[317] Diese Entziehung von Selbstverwaltungskompetenzen ist so lange unproblematisch, wie den betroffenen Körperschaften die Selbstverwaltung nicht verfassungsrechtlich garantiert ist[318]. Die wichtigsten Selbstverwaltungskörperschaften, die Gemeinden und Gemeindeverbände, unterfallen jedoch dem Schutz des Art. 28 Abs. 2 GG. Das hat zur Folge, dass die Kontrolle der Zweckmäßigkeit ihrer Entscheidungen den Gemeinden und Landkreisen nicht entzogen werden darf, wenn und soweit sie iR der Selbstverwaltung (bzw. des eigenen Wirkungskreises, der weisungsfreien Angelegenheiten) gehandelt haben. Das Gleiche gilt aufgrund von Art. 5 Abs. 3 GG für die Universitäten und deren Fakultäten/Fachbereiche.[319] Dagegen kann nicht undifferenziert allen Selbstverwaltungskörperschaften ein solcher Schutz zugesprochen werden.[320] Ein wichtiges Indiz für die Beschränkung des Prüfungsumfangs auf die Kontrolle der Rechtmäßigkeit ist der Umfang der gesetzlich bestimmten Aufsicht (vgl. § 11 Abs. 1 IHKG; § 115 Abs. 1 HandwO): Unterliegt die Selbstverwaltungskörperschaft nur der Rechtsaufsicht, so kann – wenn sie nicht mit der Widerspruchsbehörde identisch ist – diese konsequenterweise nur die Rechtmäßigkeit überprüfen; die Prüfung der Zweckmäßigkeit erfolgt dann i.R. des Abhilfeverfahrens.

bb) Mitwirkung anderer Stellen. Die Prüfungskompetenz der Widerspruchsbehörde wird nicht eingeschränkt durch Mitwirkungsrechte anderer Behörden oder Stellen im Ausgangsverfahren (BVerwG DÖV 1986, 109). Jedoch kann bei solchen Stellen die Entscheidungskompetenz eingeschränkt sein (→ Rn. 220).

cc) Sonstige Fälle, insbes. der Beurteilungsspielraum. Soweit § 68 den Ländern die Möglichkeit eröffnet, das Widerspruchsverfahren für entbehrlich zu erklären, schließt dies – e maiore ad minus – die Möglichkeit ein, den Prüfungsmaßstab weiter zu begrenzen.[321] Seit dem 6. VwGOÄndG ist es damit in allen Gebieten, die der Kompetenz des Landesgesetzgebers unterliegen, diesem freigestellt, die Kontrollbefugnisse der Widerspruchsbehörden zu verringern. Durch Verwaltungsvorschriften können solche Einschränkungen aber nicht getroffen werden (BVerwGE 71, 251, 254).
Ausdrückliche Einschränkungen sind selten. Sie können aber auch konkludent sein, namentlich dann, wenn das Gesetz einen Beurteilungsspielraum eröffnet. Hier kann der Gesetzgeber den Prüfungsmaßstab auf die Einhaltung der Grenzen des Beurteilungsspielraums reduzieren. Es ist daher durch Auslegung zu ermitteln, ob nur die Ausgangsbehörde oder ob auch die Widerspruchsbehörde zur Ausfüllung des Spielraums befugt sein soll. Im Prüfungsrecht hat die Rspr. wegen der Höchstpersönlichkeit und Unwiederholbarkeit der konkreten Prüfungssituation die Kontrolle des Beurteilungsspielraums

183

184

185

186

---

317 Vgl. z.B. §§ 8, 9 AGVwGO BW, Art. 119 Nr. 1 BayGO, Art. 105 Nr. 1 BayLKrO, Art. 59 Nr. 1 BayKommZG, Art. 9 Abs. 2 AGVwGO Brem, § 6 Abs. 1 AGVwGO RP, § 6 Abs. 1 SaarlAGVwGO.
318 *Pietzner/Ronellenfitsch* Rn. 1183.
319 *K. Rennert*, in: Eyermann § 73 Rn. 6.
320 So aber offenbar *Hufen* § 7 Rn. 9 ff.
321 BVerwGE 57, 130, 147; BVerwG DÖV 1979, 793; Buchholz 421.0 Prüfungsrecht Nr. 140; *Kopp/Schenke* § 68 Rn. 13; *Pietzner/Ronellenfitsch* Rn. 1215.

häufig auf die Ausgangsbehörde beschränkt.[322] Dagegen führt nicht jeder Beurteilungsspielraum der Exekutive gegenüber der Judikative automatisch zu einer Beschränkung der Kontrollkompetenz der Widerspruchsbehörde. Liegen keine besonderen Anhaltspunkte vor, ist daher von einem eigenen Beurteilungsspielraum auch der Widerspruchsbehörde auszugehen.[323] Auch wenn aber – wie im Prüfungsrecht – ein nicht nachprüfbarer Spielraum der Ausgangsbehörde besteht, unterliegt dieser nach der Rspr. des BVerfG (BVerfGE 84, 34; 84, 59) seinerseits engen Grenzen. So unterliegen das Verfahren, die Sachverhaltsermittlung, die Einhaltung der anerkannten Bewertungsgrundsätze, das Fehlen sachfremder Erwägungen und die fachwissenschaftliche Richtigkeit der Kontrolle durch die Widerspruchsbehörde.[324] Davon nochmals zu unterscheiden ist die Frage, ob die Widerspruchsbehörde eine nach diesen Gesichtspunkten als rechtswidrig erkannte Beurteilung durch eine eigene ersetzen darf (→ Rn. 219); handelt es sich um eine Entscheidung in einer unwiederholbaren und höchstpersönlichen Prüfungssituation, kann die Widerspruchsbehörde nur den angefochtenen Verwaltungsakt aufheben und zur Neuentscheidung an die Ausgangsbehörde zurückverweisen.

187 c) Rechtmäßigkeit. Die Rechtmäßigkeit der Ausgangsentscheidung ist im Widerspruchsverfahren sowohl im Bereich der gebundenen Verwaltung als auch der Ermessensverwaltung zu prüfen. Die Rechtswidrigkeit eines Verwaltungsaktes kann sich erstens daraus ergeben, dass eine notwendige Rechtsgrundlage nicht existiert, zweitens daraus, dass eine vorhandene Rechtsgrundlage nichtig ist und drittens aus der falschen Anwendung einer gültigen Norm. Im Falle der Ermessensverwaltung tritt die Überprüfung der Ausgangsentscheidung auf Ermessensfehler als eigenständiges Kriterium der Rechtmäßigkeit hinzu.

188 aa) Fehlen einer Rechtsgrundlage. Nicht jeder Verwaltungsakt bedarf einer gesetzlichen Grundlage, da das deutsche Verwaltungsrecht keinen „Totalvorbehalt" kennt. Ist nach dem „Vorbehalt des Gesetzes" eine Rechtsgrundlage erforderlich – also in der gesamten Eingriffsverwaltung –, ist ein Verwaltungsakt ohne solche stets rechtswidrig. Solche Fälle sind freilich in der Praxis selten; das Problem fehlender Rechtsgrundlagen stellt sich eher im Bereich des nichtförmlichen Verwaltungshandelns (besonders bei Warnungen und Empfehlungen), das aber nicht den §§ 68 ff. unterliegt. Die Frage, ob eine Rechtsgrundlage für die Ausgangsentscheidung besteht, ist zu unterscheiden von der Frage, ob sich die Ausgangsbehörde tatsächlich auf die richtige Norm gestützt hat. Ein Verwaltungsakt, der materiell auf einer gültigen Rechtsgrundlage beruht, ist nicht schon deswegen per se rechtswidrig, weil sich die Behörde auf eine andere, falsche Rechtsgrundlage berufen hat. Die Rechtswidrigkeit kann sich aber aus einem Verstoß gegen die Begründungspflicht nach § 39 VwVfG ergeben, der freilich nach § 45 Abs. 1 Nr. 3, Abs. 2 VwVfG geheilt werden kann.

189 bb) Inzidentprüfung zweifelhafter Rechtsgrundlagen? Bei Zweifeln über die Vereinbarkeit von einschlägigen Rechtgrundlagen mit höherrangigem Recht stellt sich die Frage, ob die Widerspruchsbehörde eine Prüfungs- und Verwerfungskompetenz hat. Dabei ist zwischen formellen Gesetzen und untergesetzlichen Rechtsnormen zu differenzieren.

190 Eine „Verwerfungskompetenz" der Verwaltung hinsichtlich formeller Gesetze besteht nicht, da hierdurch die Gesetzesbindung der Verwaltung unterlaufen würde. Dies gilt auch für die Möglichkeit, Gesetze inzident zu prüfen und im Einzelfall nicht anzuwenden. Eine Inzidentkontrolle ist nur insofern zuzulassen, als ein Beamter die Verfassungswidrigkeit eines Gesetzes bei seiner übergeordneten Stelle i.R. des Remonstrationsrechts nach § 36 Abs. 2 BeamtStG monieren kann, um auf Betreiben eines Ministeriums einen Antrag auf abstrakte Normenkontrolle zu erwirken.[325] *Maurer* hält es – in Fortentwicklung der Radbruch'schen Formel – im Hinblick auf die Verfassungsmäßigkeit der Gesetze in Eilfällen für zulässig, dass ein einzelner Beamter nach möglichst sorgfältiger Prüfung bei schweren Bedenken ein Gesetz nicht anwendet.[326] Ähnlich plädiert *Stober* dafür, bei „offenkundiger" Verfassungswidrigkeit eines Gesetzes oder jedenfalls bei einem anhängigen Normenkontrollverfahren der Verwal-

---

322 BVerwGE 57, 130, 147; 70, 4, 10; BVerwG DÖV 1979, 793; Buchholz 421.0. Nr. 98; Buchholz 421.0 Prüfungswesen Nr. 193; *K. Rennert*, in: Eyermann § 68 Rn. 14 f.; *Pietzner/Ronellenfitsch* Rn. 1215.
323 BVerwGE 59, 112, 113; 67, 177, 180; BVerwG BayVBl 1980, 726; DVBl 1982, 305; *F. Wind*, ZBR 1984, 167, 180 f.
324 Vgl. *Hufen* § 25 Rn. 47 ff.; *Maurer* § 7 Rn. 43.
325 So auch *G. Hoffmann*, JZ 1961, 193 ff.
326 *Maurer* § 4 Rn. 46.

tung – insbes. der jeweils obersten Landes- oder Bundesbehörde – die Option zuzugestehen, die Anwendung des Gesetzes vorläufig auszusetzen.[327] Am Vorrang des Gesetzes und der Wahrung der Gewaltenteilung, insbes. des Verwerfungsprimats der Verfassungsgerichte ist jedoch auch in diesen Fällen festzuhalten, da die Möglichkeit einstweiligen Rechtsschutzes bis zur verfassungsrechtlichen Ebene (§ 32 BVerfGG) besteht.

Die ausdrückliche gesetzliche Ausnahme des § 36 Abs. 2 BeamtStG – Nichtausführung von menschenwürdewidrigen Anordnungen, auch aufgrund menschenwürdewidriger Gesetze – dürfte im Regelfall des Widerspruchsverfahrens ohne Bedeutung sein. 191

Auch untergesetzliche Rechtsnormen sind von den Behörden nach ganz h.M. stets zu beachten.[328] 192 Zwar können sie von der erlassenden Stelle selbstverständlich auch wieder aufgehoben werden. Die ordnungsgemäße Aufhebung der Norm muss jedoch im vorgeschriebenen Normgebungsverfahren erfolgen, sie kann nicht durch Nichtanwendung im Einzelfall ersetzt werden. Gemeindliche Normen können auch im Wege der Kommunalaufsicht beseitigt werden. Weder eine Gemeinde als Normgeberin noch die Rechtsaufsichtsbehörde haben dagegen die Kompetenz, die Verbindlichkeit eines rechtswidrigen Bebauungsplanes durch bloße „Feststellung" seiner Nichtigkeit zu beseitigen (BVerwGE 75, 142). Darüber hinaus haben Behörden, die die Rechtsnorm anwenden müssen, die Möglichkeit, nach § 47 Abs. 2 einen Normenkontrollantrag beim OVG zu stellen. Auch dies spricht im Gegenschluss gegen eine eigene Verwerfungskompetenz. Zudem bleibt die Möglichkeit der Behörde unbenommen, beim Normgeber oder der Rechtsaufsicht eine Aufhebung anzuregen.

Wenn auch eine generelle Verwerfungskompetenz bei untergesetzlichen Rechtsnormen abzulehnen ist, 193 heißt das nicht, dass zweifelhafte Normen ohne Weiteres angewandt werden dürften. So hält der BGH die Befolgung nichtiger Bebauungspläne durch die Baugenehmigungsbehörde für amtspflichtwidrig, wenn der Antragsteller nicht auf die Bedenken gegen die Wirksamkeit des Planes hingewiesen wird (BGH NVwZ 1987, 168, 169). Die gleiche Verantwortlichkeit trifft konsequenterweise auch die Widerspruchsbehörde im Vorverfahren.

cc) Formelle Rechtmäßigkeit. Die Widerspruchsbehörde prüft i.R. der formellen Rechtmäßigkeit die 194 Zuständigkeit der Ausgangsbehörde, das Verfahren, in dem die Ausgangsentscheidung zustande gekommen ist und deren Form. Grds. führt jeder formelle Fehler zur Rechtswidrigkeit des ursprünglichen Verwaltungsaktes. Hiervon machen auch die §§ 45 f. VwVfG keine Ausnahme. § 45 VwVfG ermöglicht die Heilung erkannter Verfahrensfehler (→ Rn. 217) nunmehr bis zum Abschluss des gerichtlichen Verfahrens. Hierzu muss die Verfahrenshandlung nachgeholt werden; dies kann aber bereits im Widerspruchsverfahren problemlos geschehen; des Weiteren schließt § 46 VwVfG partiell den Anspruch des Widerspruchsführers auf die Aufhebung einer rechtswidrigen Entscheidung wegen Verfahrensfehler im Einzelfall aus (→ Rn. 217). Insgesamt dürfte ein formaler Verstoß kaum mehr jemals zur Aufhebung eines Verwaltungsaktes führen, es sei denn, er zieht einen Ermessensfehler nach sich.

dd) Materielle Rechtmäßigkeit. Bei der Prüfung der materiellen Rechtmäßigkeit ist zwischen gebun- 195 denen und Ermessensentscheidungen zu unterscheiden. Bei Letzteren wird neben der Einhaltung der Tatbestandsvoraussetzungen der Norm auch die Ermessensausübung auf rechtliche Fehler überprüft. Der Fehler kann darin bestehen, dass das Ermessen nicht ausgeübt wurde, obwohl ein solcher Spielraum bestand (Ermessensnichtgebrauch, -unterschreitung); darin, dass der rechtliche Rahmen des Ermessens durch Anordnung einer nicht vorgesehenen Rechtsfolge verlassen wird (Ermessensüberschreitung); und schließlich darin, dass sich die Behörde von sachfremden Gesichtspunkten leiten ließ (Ermessensfehlgebrauch).[329] Für weitere Einzelheiten ist hier auf die Kommentierungen zur Ermessensfehlerlehre bei § 40 VwVfG zu verweisen. Ermessensfehler führen ebenfalls zur Rechtswidrigkeit. Sie können aber nach der seit 1996 geltenden, höchst problematischen Vorschrift des § 114 S. 2 durch Nachschieben von Gründen saniert werden. Hiervon zu trennen ist die Frage der Zweckmäßigkeit der getroffenen Entscheidung (→ Rn. 201). Diese Unterscheidung spielt dann eine Rolle, wenn der Prüfungsumfang der Widerspruchsbehörde auf die Rechtmäßigkeit beschränkt ist.

---

327 *Wolff/Bachof/Stober/Kluth* I § 28 Rn. 21.
328 *K.-P. Dolde/W. Porsch*, in: Schoch/Schneider/Bier § 68 Rn. 40; OVG Saarlouis NVwZ 1993, 396.
329 *Maurer* § 7 Rn. 20 ff.; *M. Sachs* in: Stelkens/Bonk/Sachs § 40 Rn. 62 ff., 75 ff.

196   **ee) Sonderproblem: Maßgeblicher Zeitpunkt bei Änderung der Sach- oder Rechtslage.** Im Regelfall verändert sich die Sach- und Rechtslage zwischen den Entscheidungen der Ausgangs- und der Widerspruchsbehörde nicht. Ergeben sich jedoch Änderungen, stellt sich – entsprechend der Kontroverse bei Anfechtungs- und Verpflichtungsklage (→ § 113 Rn. 255 ff.) – die Frage nach dem maßgeblichen Zeitpunkt für die Beurteilung der Rechtswidrigkeit. Im Bereich des Widerspruchsverfahrens geht die ganz h.M. von der Sach- und Rechtslage im Zeitpunkt der *Entscheidung über den Widerspruch* aus.[330] Sie geht auf eine bis heute maßgebliche Grundsatzentscheidung des BVerwG (BVerwGE 2, 55) zurück, die noch das förmliche Beschwerdeverfahren zum Gegenstand hatte: Die Beschwerde- (jetzt: Widerspruchs-)behörden *„müssen klarstellen, ob der erlassene Verwaltungsakt auch noch zurzeit ihrer Entscheidung – unter der Geltung des neuen Rechts – ergehen dürfte. Andernfalls müssen sie ihn aufheben.“* Dies folge *„aus dem Aufbau der Verwaltung und dem Grundsatz der reformatorischen Wirkung eines im Verwaltungswege zu erledigenden Rechtsmittels“* (BVerwGE 2, 55, 62). Unter dem Aspekt der Entlastungsfunktion ist an dieser Meinung auch festzuhalten.

197   Bei Drittwidersprüchen weicht die Rspr. und überwiegende Lit. indes hiervon aus Gründen des Vertrauensschutzes ab, insbes. im Baurecht: Hier habe der begünstigte Adressat einer ursprünglich rechtmäßigen Genehmigung (i.d.R. also der Bauherr) eine Position erlangt, die ihm im Widerspruchsverfahren auch aufgrund einer Änderung der Rechtslage nicht mehr entzogen werden könne.[331] Das BVerwG begründet dies systematisch: Das Bodenrecht sei geprägt durch Vorschriften, die die „dem Bauherrn eingeräumten Rechtspositionen trotz Rechtsänderung grundsätzlich belassen“ (BVerwG NJW 1970, 263, 264). Ähnlich entschied das BVerwG nach dem Inkrafttreten des WHG, dass die neuen Normen alte Rechtspositionen nicht beseitigen sollten, und zwar auch insofern nicht, als diese wegen eines Drittwiderspruchs noch Gegenstand von laufenden Verfahren seien (BVerwG DVBl 1968, 597). Der so erwachsene Bestandsschutz folge im Wesentlichen aus Art. 14 GG. Auch sei die unterschiedliche Behandlung von Klage und Widerspruch dadurch gerechtfertigt, dass der Verwaltungsakt seine abschließende Gestalt erst durch den Widerspruchsbescheid erhalte.[332]

198   Gleichwohl muss der Fall des Drittwiderspruchs dogmatisch nicht zwingend Ausnahme des Grundsatzes sein, dass Entscheidungsgrundlage die Sach- und Rechtslage zum Zeitpunkt der Widerspruchsentscheidung sei. Die zugrunde liegende ältere Rspr. des BVerwG ging davon aus, dass der Ausgangsverwaltungsakt schon dann rechtswidrig sei, wenn er nach neuer Rechtslage nicht mehr erlassen werden könne (BVerwGE 2, 55). Die neuere Rspr. des BVerwG zu § 113[333] hat aber die genannte Gleichsetzung von Rechtswidrigkeit und „Nicht-mehr-Erlassbarkeit“ beseitigt. Vielmehr sei es eine von Fall zu Fall unterschiedlich beantwortbare Frage des materiellen Rechts, ob ein rechtmäßig erlassener Verwaltungsakt rechtswidrig geworden sei.[334] Die Fälle des Drittwiderspruches lassen sich also besser durch die konsequente Übertragung dieser Rspr. auf das Vorverfahren lösen.[335] Praktikable Kriterien dafür, wann die nachträgliche Rechtswidrigkeit im Einzelfall eintreten soll, wurden etwa von *Mager*[336] vorgeschlagen; im Übrigen ist auf die reiche Kasuistik zu § 113 zu verweisen.[337]

199   Folglich gelten für die Frage der Begründetheit des Widerspruchs keine anderen Kriterien als bei der Anfechtungs- oder Verpflichtungsklage. Maßgeblicher Zeitpunkt ist stets die Sach- und Rechtslage zur Zeit der Entscheidung über den Rechtsbehelf. Die Frage, ob die Ausgangsentscheidung durch eine veränderte Lage rechtswidrig geworden ist, darf nicht mit der Frage verwechselt werden, ob die Ausgangsentscheidung unverändert neu erlassen werden dürfte.

---

330   BVerwGE 49, 197, 198; BVerwG NJW 1988, 276, 277; *K.-P. Dolde/W. Porsch*, in: Schoch/Schneider/Bier § 68 Rn. 45; *P. Kothe*, in: Redeker/v. Oertzen § 73 Rn. 15; *K. Rennert*, in: Eyermann § 68 Rn. 14; *P. Weides, Verwaltungsverfahren und Widerspruchsverfahren,* 285; BVerwGE 49, 197, 198.

331   *G.-D. Buhren*, DVBl 1976, 68, 69; *D. Heise*, DÖV 1973, 777; krit.: *Hufen* § 7 Rn. 11 f.

332   *Hufen* § 7 Rn. 10.

333   BVerwGE 97, 81 f.; vgl. ferner *Kopp/Schenke* § 113 Rn. 33 m.w.N.

334   *Kopp/Schenke* § 68 Rn. 15; *R. Piendl*, Eine Studie zur maßgebenden Sach- und Rechtslage beim Rechtsschutz gegen Verwaltungsakte, 1992, 179; sachlich i.E. gleich *U. Mager*, Der maßgebliche Zeitpunkt für die Beurteilung der Rechtswidrigkeit von Verwaltungsakten, 1994, 152 ff.

335   Ebenso *Schenke* Rn. 683.

336   *U. Mager*, Der maßgebliche Zeitpunkt für die Beurteilung der Rechtswidrigkeit von Verwaltungsakten, 1994, 122 f., 187 ff.

337   Vgl. *Kopp/Schenke* § 113 Rn. 42 ff..

Auch im Widerspruchsverfahren muss daher die Frage nach der Rechtmäßigkeit der Ausgangsent- 200
scheidung gestellt werden, was immer nach dem geltenden materiellen Recht zu beantworten ist. Andernfalls würden Rechtmäßigkeit und Rechtswidrigkeit zu relativen Begriffen: Rechtswidrigkeit aus
der Perspektive der Widerspruchsbehörde differierte von der Rechtswidrigkeit nach materiellem
Recht.

d) Zweckmäßigkeit. „Zweckmäßigkeit" ist, anders als „Rechtmäßigkeit", kein objektiver Maßstab; 201
die Beurteilung hängt davon ab, welcher Zweck zugrunde gelegt wird.[338] Über die Zweckmäßigkeit
einer Maßnahme bei gegebenem Zweck wird eher Einigkeit zu erzielen sein als über die Frage, welche
Zwecke überhaupt verfolgt werden sollen. § 68 gibt der Widerspruchsbehörde in Ermessensfällen also
praktisch die Möglichkeit, ihre eigenen Zwecke an die Stelle der von der Ausgangsbehörde verfolgten
zu setzen.[339]

e) Verletzung/Betroffenheit subjektiver Rechte. Im Gegensatz zu § 113 Abs. 1 wird in § 68 die Verlet- 202
zung subjektiver Rechte nicht erwähnt. Dennoch ist nach ganz h.M. auch dieser Punkt von der Widerspruchsbehörde zu überprüfen.[340]

aa) Prüfung der Rechtsverletzung bei rechtswidrigen Verwaltungsakten analog § 113 Abs. 1 S. 1. Ob 203
subjektive Rechte des Widerspruchsführers durch einen objektiv rechtswidrigen Verwaltungsakt verletzt sind, kann v.a. bei Widersprüchen durch Nicht-Adressaten fraglich sein. Hier ist die Schutznormtheorie anzuwenden (→ § 42 Rn. 377 ff.). Soweit formelle Fehler nach § 46 VwVfG unbeachtlich sind,
sind subjektive Rechte nicht verletzt; der Widerspruch ist dann nicht begründet. Eine andere Frage ist,
ob die Widerspruchsbehörde gut beraten ist, dieses Ergebnis hinzunehmen und ob sie in diesem Falle
nicht trotz fehlender Rechtsverletzung die Kompetenz hat, auf den Formfehler anders als durch Zurückweisung des Widerspruchs zu reagieren (→ Rn. 217).

bb) „Betroffenheit" von Rechten bei Zweckwidrigkeit? Ein objektiv rechtmäßiger Verwaltungsakt 204
verletzt *eo ipso* niemanden in seinen Rechten. Daher stellt sich die Frage, was dem Element der subjektiven Rechtsverletzung entsprechen soll, wenn objektiv lediglich Unzweckmäßigkeit vorliegt. Das
Schrifttum bietet als Äquivalent an, subjektive Rechte müssten dann „betroffen",[341] „beeinträchtigt",[342] „beschwert"[343] oder „negativ berührt"[344] sein. Dies sei dann der Fall, wenn die Ermessensnorm, von der unzweckmäßig Gebrauch gemacht wurde, (auch) den Interessen des Widerspruchsführers zu dienen bestimmt sei.[345]

Von den drei Zielen des Widerspruchsverfahrens steht bei der Zweckmäßigkeitsprüfung eindeutig der 205
Kontrollzweck im Vordergrund: Der Verwaltung wird eine zweite Chance eröffnet, Entscheidungen zu
vermeiden, die inhaltlich zulässig, aber nicht sachdienlich sind. Dagegen scheint sich die Ansicht, nach
der für die Begründetheit auch eine Rechtsbetroffenheit erforderlich sein soll, v.a. auf die Rechtsschutzfunktion des Widerspruchsverfahrens stützen zu können. Indes gibt es nach der Konzeption der
VwGO wie des gesamten Verwaltungsrechts *kein Recht des Bürgers auf eine zweckmäßige Entscheidung*, und zwar auch dann nicht, wenn seine Rechte „betroffen" sind. Das zeigt sich zum einen daran,
dass das Gesetz zwischen Rechtmäßigkeit und Zweckmäßigkeit gerade differenziert; gäbe es einen Anspruch auf zweckmäßige Entscheidung, so bedeutete Unzweckmäßigkeit per se auch Unrechtmäßigkeit, wäre also als Begriff überflüssig. Zum zweiten ist die Entscheidung der Widerspruchsbehörde,
einen unzweckmäßigen Verwaltungsakt nicht aufzuheben, nicht justiziabel, weil die Ermessensausübung von den VG nicht kontrolliert wird. Die Konstruktion eines subjektiven Rechts auf die Aufhebung unzweckmäßiger Verwaltungsakte zöge schließlich nach Art. 19 Abs. 4 GG auch die volle ge-

---

338 *Hufen* § 7 Rn. 7.
339 Demgegenüber vertritt *R. Klüsener* in NVwZ 2002, 816, 820 die Auffassung, die Fälle der Zweckwidrigkeit seien
mit denen der Rechtswidrigkeit deckungsgleich. Der Überprüfung der Zweckmäßigkeit komme deshalb keine eigenständige Bedeutung zu. Dem kann nicht gefolgt werden, da sehr wohl Konstellationen denkbar sind, in denen ein
Verwaltungsakt zwar als rechtmäßig, aber als unzweckmäßig anzusehen ist.
340 *Hufen* § 7 Rn. 6; *Pietzner/Ronellenfitsch* Rn. 1186; *Weides* 286 f.
341 *Hufen* § 7 Rn. 7.
342 *Pietzner/Ronellenfitsch* Rn. 1186 i.V.m. Rn. 1156; *Schmitt Glaeser/Horn* Rn. 195.
343 So zum parallel gehenden Erfordernis der Widerspruchsbefugnis *H. U. Erichsen*, Jura 1992, 645, 649.
344 *Kopp/Schenke* § 68 Rn. 12.
345 *Pietzner/Ronellenfitsch* Rn. 1157.

richtliche Kontrolle nach sich. Das widerspräche aber der Konstruktion der VwGO, nach der das VG nur die Frage der Rechtmäßigkeit beurteilt.

206   Die Zweckmäßigkeitsprüfung dient damit nicht primär dem Rechtsschutz. Sie dient auch nicht der Entlastung der Verwaltungsgerichtsbarkeit, da diese mit Zweckmäßigkeitsfragen gem. § 114 sowieso nicht befasst werden kann. Das Erfordernis einer „Rechtsbetroffenheit" ist daher nur im Bereich der Widerspruchsbefugnis sinnvoll; es muss individueller Bezug zur Person des Widerspruchsführers bestehen, um einen Popularwiderspruch auszuschließen. Als Kategorie der Begründetheit ist sie entbehrlich.

207   **3. Prüfungsumfang.   a) Widerspruchsgegenstand.**   Prinzipiell prüft die Widerspruchsbehörde den angegriffenen Verwaltungsakt umfassend in tatsächlicher und rechtlicher Hinsicht auf Recht- und Zweckmäßigkeit.[346] Soweit der Widerspruch zulässig eingelegt ist,[347] macht er den Ausgangsverwaltungsakt zum unbeschränkten Gegenstand des Verfahrens. Die Widerspruchsbehörde erhält jedoch keine Befugnis, über den gesamten Lebenssachverhalt auch im Übrigen neu zu befinden. Es ist ihr daher nicht möglich, der angegriffenen Ausgangsentscheidung neue Entscheidungen hinzuzufügen.

208   **b) Keine Bindung an die Fassung der Anträge.**   Nicht gebunden ist die Widerspruchsbehörde dagegen an die Fassung der Anträge des Widerspruchsführers. Der für das verwaltungsgerichtliche Verfahren explizite Grundsatz des § 88 gilt entsprechend. Danach muss die Reichweite des Aufhebungsbegehrens des Widerspruchsführers von Amts wegen aus seinen vorgebrachten Äußerungen ermittelt werden. Konkrete Einwände bedeuten für die Widerspruchsbehörde jedoch lediglich Anregungen. Der Wortlaut der Anträge ist nicht (allein) entscheidend; dass der Betroffene möglicherweise mit den juristischen Fachausdrücken nicht vertraut ist, soll ihm nicht zum Schaden gereichen.

209   **c) Keine Bindung an Widerspruchsbegehren.**   Im Prozess gilt der Grundsatz „ne ultra petita". Beantragt der Kläger weniger als er bekommen kann, so kann ihm nur das Beantragte zugesprochen werden (§§ 88, 129, 308 ZPO). Der Widerspruchsführer hingegen kann kein „Begehren" äußern, an das die Widerspruchsbehörde gebunden wäre. Die Widerspruchsbehörde ist dagegen nicht auf geltend gemachte Einwände beschränkt (BVerwGE 60, 140, 142). Ob konkrete Mängel gerügt werden, ist im Grunde irrelevant.

210   **4. Sachentscheidungskompetenz.   a) Grundsatz.**   Wenn die Widerspruchsbehörde die Prüfung der Ausgangsentscheidung nach dem ausgeführten Maßstab und im Umfang der Anfechtung durchgeführt hat, stellt sich die Frage nach der inhaltlichen Entscheidung. Folgende Fälle sind zu unterscheiden:

- Der Widerspruch ist zulässig und begründet;
- Der Widerspruch ist zulässig, aber unbegründet;
- Der Widerspruch ist unzulässig.

211   **aa) Zulässiger und begründeter Widerspruch.**   Ist der Widerspruch zulässig und begründet, so führt der Devolutiveffekt (zu Beginn und Ende des Devolutiveffekts → § 69 Rn. 15 ff. und → § 73 Rn. 22) zur umfassenden Sachentscheidungskompetenz der Widerspruchsbehörde.[348] Sie kann a) den Verwaltungsakt mit Wirkung nach außen aufheben und eine eigene Entscheidung treffen oder b) zur Entscheidung an die Ausangsbehörde zurückverweisen. Sie kann daneben auch eine interne Weisung an die Ausgangsbehörde richten,[349] mit der Folge, dass sich der Widerspruch für den Betroffenen erledigt; i.S.d. Rechtsklarheit sind aber die erstgenannten Alternativen vorzuziehen. Die Sachentscheidungskompetenz umfasst eine Aufhebungs- und eine Regelungskomponente. Letztere muss nicht notwendigerweise zur Anwendung kommen, es ist auch eine Aufhebung ohne Neuregelung möglich. *Oerder* hält die umfassende Sachentscheidungskompetenz in den Fällen für problematisch, in denen die Widerspruchsbehörde nicht mit der Ausgangsbehörde identisch ist (also im Regelfall). Die Widerspruchsbehörde sei im Normalfall des § 73 Abs. 1 S. 2 Nr. 1 eine Behörde, die nach dem jeweiligen Or-

---

346   *Kopp/Schenke* § 68 Rn. 9; *K. Rennert*, in: Eyermann § 68 Rn. 14.
347   Vgl. OVG Saarlouis DÖV 1983, 821; *K. Rennert*, in: Eyermann § 68 Rn. 12.
348   BVerwGE 48, 84, 86; BVerwG DVBl 1982, 304; Buchholz 402.24 § 10 AuslG Nr. 34; *Schmitt Glaeser/Horn* Rn. 195; i.E. zust. *U. Mager*, Der maßgebliche Zeitpunkt für die Beurteilung der Rechtswidrigkeit von Verwaltungsakten, 1994, 153.
349   Dazu sind die Widerspruchsbehörden im Allgemeinen nach dem jeweiligen Organisationsrecht berechtigt.

ganisationsrecht durchweg nur interne Weisungsbefugnisse, nicht etwa ein Selbsteintrittsrecht habe.[350] Dies wird mit Gewohnheitsrecht begründet.[351] Die Auffassung überzeugt jedoch nicht, weil die Sonderregelung der §§ 68 ff. insofern ein „Selbsteintrittsrecht" der übergeordneten Behörde gerade begründet.

In Ausnahmefällen ist die Widerspruchsbehörde darauf beschränkt, die Aufhebung statt mit einer Neuregelung mit einer Zurückverweisung zu verbinden (→ Rn. 212). Eine Entscheidungsvariante bietet sich im Fall formell rechtswidriger Verwaltungsakte: Deren Mängel kann die Widerspruchsbehörde nach § 45 VwVfG heilen (→ Rn. 217). **212**

bb) Zulässiger, aber unbegründeter Widerspruch. Ein unbegründeter Widerspruch ist abzuweisen. Da das Widerspruchsverfahren dem Rechtsschutz und der Kontrolle dient, darf die Widerspruchsbehörde nicht einen unbegründeten Widerspruchsbescheid zum Anlass nehmen, eine neue Sachentscheidung zu treffen.[352] Etwas anderes gilt in den Fällen der reformatio in peius: Hier ist der Ausgangsverwaltungsakt zwar rechtswidrig, der Widerspruch jedoch unbegründet;[353] nach h.M. hat die Widerspruchsbehörde dennoch die volle Sachentscheidungskompetenz (→ Rn. 221 ff.). **213**

cc) Unzulässiger Widerspruch. Ein unzulässiger Widerspruch ist zurückzuweisen. Die Rspr. macht jedoch für den Fall der Verfristung des Widerspruchs sowie für Formfehler eine Ausnahme (→ Rn. 39 ff.), sofern die sonstigen Zulässigkeitsvoraussetzungen gegeben und der Widerspruch sachlich begründet ist. Es sei dann der Widerspruchsbehörde nicht verwehrt, auch über den verspäteten Widerspruch sachlich zu entscheiden. Eine Gegenausnahme wird wiederum dann gemacht, wenn Dritte beteiligt sind: Der unzulässige Nachbarwiderspruch darf nicht zulasten des Bauherrn zu einer Entscheidungskompetenz der Widerspruchsbehörde führen. Diese Rspr. widerspricht indes der gesetzlichen Regelung der VwGO und ist abzulehnen (→ Rn. 41 ff.). **214**

Ein weiterer Sonderfall liegt vor, wenn die Behörde zu dem Ergebnis gelangt, dass sie nicht die zuständige Widerspruchsbehörde ist. In diesem Fall ist der Tatbestand des § 73 Abs. 1 nicht erfüllt. Es tritt kein Devolutiveffekt ein; die Behörde kann folglich keinen Widerspruchsbescheid, auch keinen ablehnenden, erlassen. Sie hat in diesem Fall den Vorgang an die zuständige Behörde abzugeben. **215**

b) Heilung. aa) Heilungsmöglichkeit und -zeitpunkt. Die Heilung von Verfahrens- und Formfehlern eröffnet der Widerspruchsbehörde ein weites Feld, auf einen an sich begründeten Widerspruch zu reagieren. § 45 VwVfG i.V.m. § 79 VwVfG positivieren die früher richterrechtlichen Heilungsmöglichkeiten. Eine Heilung hat mehrere Voraussetzungen: Zunächst muss der Fehler überhaupt heilbar sein.[354] Sodann muss die handelnde Behörde für die fehlerhafte oder fehlende Verfahrenshandlung die Sachherrschaft haben. Weiter muss die fragliche Verfahrenshandlung fehlerfrei nachgeholt werden. Schließlich darf die Nachholung nicht bloßer Formalismus sein, sondern muss eine eigenverantwortliche Nachprüfung durch die Widerspruchsbehörde ermöglichen.[355] Nicht ordnungsgemäß ist die Nachholung einer Verfahrenshandlung insbes. dann, wenn die nachholende Behörde nicht über die gleichen Kompetenzen wie die Ausgangsbehörde verfügt. Geht es z.B. um einen Ermessensverwaltungsakt einer Selbstverwaltungsbehörde in eigenen Angelegenheiten, ist aber diese gem. § 73 Abs. 1 Nr. 3 Hs. 2 nicht zugleich Widerspruchsbehörde, so kann zwar die zuständige Behörde die Anhörung durch Kenntnisnahme und Berücksichtigung der Widerspruchsschrift nachholen; die Selbstverwaltungskörperschaft muss jedoch dann die Schrift nachträglich in ihre Erwägungen einbeziehen, wenn ihr in diesem Falle die Zweckmäßigkeitskontrolle obliegt.[356] Ein Bsp. für die Heilung eines Formfehlers ist die ordnungsgemäße Zustellung des Widerspruchsbescheids, nachdem die Zustellung des Ausgangsbescheides fehlerhaft war, der Adressat dies jedoch nicht unmittelbar bei der fehlerhaften Zustellung gerügt hatte (VGH München BayVBl 1991, 338). In Einzelfällen können Gesetze explizit oder **216**

350 *M. Oerder*, Widerspruchsverfahren, 1989, 169.
351 *M. Oerder*, Widerspruchsverfahren, 1989, 184 ff., 189.
352 BVerwGE 65, 313, 319; OVG Münster NJW 1984, 195; *Kopp/Schenke* § 68 Rn. 12; *W.-R. Schenke*, JZ 1996, 1055, 1063; *P. Theuersbacher*, BayVBl 1978, 18, 19.
353 *Pietzner/Ronellenfitsch* Rn. 1217.
354 Dazu *F. Hufen*, Fehler im Verwaltungsverfahren, Rn. 939.
355 Zu den Voraussetzungen BVerwGE 2, 55, 62; 54, 280; 66, 111; BSG DVBl 1985, 631; *F. Kopp*, VerwArch 61 (1970), 227 Fn. 34 m.w.N.; *Kopp/Schenke* § 68 Rn. 11.
356 BVerwGE 66, 111, 114; *F. Hufen*, Fehler im Verwaltungsverfahren, Rn. 949.

von ihrem Sinn her die Heilung durch die Widerspruchsbehörde ausschließen.[357] Mit erfolgreicher Heilung wird der zunächst rechtswidrige Verwaltungsakt rechtmäßig. Mit der Rechtswidrigkeit des Verwaltungsaktes entfällt auch die Begründetheit des Widerspruchs und damit die Sachentscheidungskompetenz der Widerspruchsbehörde. Im Übrigen sollte die Widerspruchsbehörde den zeitlichen Rahmen des § 45 Abs. 2 VwVfG tunlichst nicht ausschöpfen; ein Heilungsversuch ist umso erfolgversprechender, je früher er erfolgt.[358]

217   **bb) Unbeachtlichkeit (§ 46 VwVfG).** Der Widerspruch ist mangels einer Rechtsverletzung des Widerspruchsführers nicht begründet, wenn er zwar fehlerhaft ist, die Fehler jedoch nach § 46 VwVfG unbeachtlich sind. Grundgedanke der Neufassung der Norm ist, dass bestimmte formelle Fehler typischerweise keinen Einfluss auf die Sachentscheidung haben, zur Aufhebung des Verwaltungsaktes aber nur „wesentliche" Fehler führen, d.h. solche, die sich i.E. auch ausgewirkt haben (BVerwG Buchholz 316 § 46 VwVfG Nr. 8).[359] Im Widerspruchsverfahren stellt sich die Frage, ob die Behörde einen nach § 46 VwVfG unbegründeten Widerspruch prima vista auch dann abweisen kann, wenn eine Heilung des betreffenden Fehlers nach § 45 VwVfG noch möglich ist.[360] Nach h.M darf einem solchen unbegründeten Widerspruch zwar nicht stattgegeben werden.[361] Es dürfte jedoch nichts dagegen sprechen, dass die Widerspruchsbehörde einen von ihr für unbeachtlich gehaltenen und gleichzeitig heilbaren Fehler vorsorglich heilt, um sich in einem eventuellen Prozess nicht allein auf § 46 berufen zu müssen.

218   **c) Einschränkung.** Die prinzipiell umfassende Sachentscheidungskompetenz der Widerspruchsbehörde beruht u.a. auf der Annahme, dass die Beamten der Widerspruchsbehörde für die Sachentscheidung ebenso qualifiziert sind wie die der Ausgangsbehörde. Wo dies eindeutig nicht der Fall ist, sind Einschränkungen der Entscheidungskompetenz geboten. Die Rspr. hat namentlich die Entscheidung bei einmaligen und nicht wiederholbaren Prüfungssituationen einer Neubewertung durch die Widerspruchsbehörde entzogen. Eine objektive Bewertung sei nur bei vollständiger Kenntnis der erbrachten Leistung möglich.[362] Diese Kenntnis aber haben z.B. bei mündlichen Prüfungen nur die Prüfer und nicht die Organwalter der Widerspruchsbehörde.[363] Kommt daher nach dem ohnehin oft eingeschränkten Prüfungsmaßstab (→ Rn. 185 ff.) die Widerspruchsbehörde zu dem Schluss, eine Prüfungsentscheidung sei rechtswidrig, so kann sie mangels eigener Entscheidungskompetenz die Entscheidung nur aufheben und den ursprünglichen Prüfer anweisen, die erbrachte Leistung unter Berücksichtigung der nun von der Widerspruchsbehörde vorgegebenen rechtlichen Bindungen erneut zu bewerten,[364] oder anordnen, dass die Prüfung erneut durchzuführen ist.

219   Generell können Einschränkungen des Prüfungsmaßstabes Begrenzungen der Sachentscheidungskompetenz zur Folge haben. Ist der Widerspruchsbehörde die Zweckmäßigkeitskontrolle entzogen, kann sie rechtliche Fehler bei der Ermessensausübung zwar feststellen und die ursprüngliche Entscheidung auch aufheben. Der Erlass einer Neuregelung bleibt jedoch – unter Bindung an die Rechtsauffassung der Widerspruchsbehörde – der Ausgangsbehörde vorbehalten.

220   **d) Mitwirkung anderer Stellen.** Die Widerspruchsbehörde kann in der Entscheidungskompetenz durch Mitwirkungsrechte anderer Stellen oder Behörden beschränkt sein. Klassisches Bsp. ist das Erfordernis des gemeindlichen Einvernehmens nach § 36 BauGB. Verweigert eine Behörde die erforderliche Mitwirkung, so kann die Widerspruchsbehörde diese Erklärungen nicht ersetzen, auch wenn sie die Verweigerung für rechtswidrig hält. Die Widerspruchsbehörde kann nur über die Rechtsaufsichtsbehörde der zustimmungspflichtigen Behörde die Ersetzung der Zustimmung erwirken.[365]

---

357 BVerwGE 66, 184 ff.; vgl. auch BVerwGE 5, 18 ff.; 17, 279 ff.; BVerwG BayVBl 1970, 217.
358 *F. Hufen*, Fehler im Verwaltungsverfahren, Rn. 949.
359 Zum Rechtsgedanken vgl. auch § 337 Abs. 1 StPO.
360 Zur prinzipiell parallelen Anwendbarkeit der §§ 45, 46 VwVfG vgl. nur *M. Sachs*, in: Stelkens/Bonk/Sachs § 45 Rn. 15.
361 OVG Münster OVGE 34, 76, 77 f.; *K. A. Bettermann*, FS Ipsen, 1977, 277; *H.-W. Laubinger*, VerwArch 72 (1981), 351; a.M. *H. Meyer*, NVwZ 1986, 513, 521.
362 BVerwGE 57, 130, 145; VGH München VGHE 30, 46; VGH München NJW 1982, 2686; *Pietzner/Ronellenfitsch* Rn. 1215.
363 BVerwGE 57, 130, 145; BVerwG DÖV 1979, 792; Buchholz 421.0 Nr. 140; *K.-P. Dolde/W. Porsch*, in: Schoch/Schneider/Bier § 68 Rn. 38.
364 *N. Niehues*, Prüfungsrecht, 1994, 179 f.
365 BVerwGE 22, 342, 345; BVerwG NVwZ 1986, 556, 557; *Kopp/Schenke* § 68 Rn. 14.

e) Reformatio in peius. aa) Begriff. Der Begriff der *„reformatio in peius"* bezeichnet den Fall, dass 221
der Widerspruchsbescheid nach Einlegung des Rechtsbehelfs den Widerspruchsführer noch mehr belastet als der Erstbescheid.[366] Die gelegentlich zu lesende Eindeutschung „Verböserung" ist als sprachliches Monstrum abzulehnen. Nur die Widerspruchsentscheidung selbst kann Gegenstand der reformatio in peius sein. Auch ist nur gegenüber dem Widerspruchsführer eine reformatio in peius begrifflich möglich.[367] Dies gilt auch für Verwaltungsakte mit Drittwirkung: Wird auf den Widerspruch des
Nachbarn hin eine Baugenehmigung mit Auflagen zulasten des Bauherrn versehen, so ist das diesem
gegenüber keine reformatio in peius,[368] sondern Folge eines zulässigen und begründeten Drittwiderspruchs. Umgekehrt ist es keine reformatio in peius gegenüber dem Nachbarn, wenn auf den Widerspruch des Bauherrn hin eine nachbarschützende Auflage aufgehoben wird. Eine reformatio in peius
liegt demgegenüber vor, wenn der Nachbar Widerspruch gegen eine Baugenehmigung erhebt, die zu
seinen Gunsten nachbarschützende Auflagen enthält, die aber isoliert im Widerspruchsbescheid aufgehoben werden.

Ebenfalls liegt keine reformatio in peius bei Entscheidungen vor, die über den Gegenstand des Wider- 222
spruchsverfahrens hinausgehen, so wenn die Widerspruchsbehörde eine bauordnungsrechtliche Nutzungsuntersagung in eine Abbruchverfügung „änderte".[369] Eine solche Maßnahme ist Erlass eines
neuen Verwaltungsakts und nach dem einschlägigen besonderen Verwaltungsrecht zu behandeln. Ob
eine reformatio in peius vorliegt, richtet sich nach der Formulierung des Entscheidungstenors, nicht
nach den Gründen.[370]

bb) Streitstand. Zulässigkeit und Reichweite der reformatio in peius sind seit jeher heftig umstritten. 223
Sie ist zwar im Öffentlichen Recht nicht ausdrücklich verboten (anders als etwa in § 331 StPO), findet
aber auch keine ausdrückliche Grundlage. §§ 79 Abs. 2, 68 Abs. 1 Nr. 2 und 71 gehen inhaltlich zwar
von der Möglichkeit einer reformatio in peius aus, als (kompetenzrechtlich) rein prozessuale Vorschriften können sie jedoch die materiell-rechtliche Zulässigkeit der reformatio in peius auch nicht begründen.[371] Einer *gewohnheitsrechtlichen Geltung*[372] der reformatio in peius steht gerade ihre Um-
strittenheit entgegen, sodass von einer gewachsenen Rechtsüberzeugung (consuetudo) nicht gesprochen werden kann.[373] Schließlich ist auch die Gesetzesbindung der Verwaltung (Art. 20 Abs. 3 GG)
kein zwingendes Argument zugunsten der reformatio in peius,[374] da ihr der ebenfalls dem Rechtsstaatsprinzip entspringende Grundsatz des Vertrauensschutzes entgegengehalten werden kann.

Im Gegenzug sind aber auch die Argumente, die eine reformatio in peius generell als unzulässig ver- 224
werfen, nicht stichhaltig. Ihre Verfechter berufen sich auf das „Wesen", die „Natur" oder den
„Zweck" des Widerspruchsverfahrens,[375] sowie auf allgemeine rechtsstaatliche oder verwaltungsrechtliche Grundsätze.[376] Der Hinweis auf das „Wesen" (BVerwG DVBl 1982, 304, 305; OVG Saarlouis DÖV 1983, 822) oder die „Natur" des Vorverfahrens ist freilich wegen seines ontologischen Zir-
kelschlusscharakters methodisch kein taugliches Argument, um eine generelle Unzulässigkeit zu begründen.[377]

---

366 *K.-P. Dolde/W. Porsch,* in: Schoch/Schneider/Bier § 68 Rn. 47; *Würtenberger/Heckmann/Tanneberger* Rn. 369.
367 *Pietzner/Ronellenfitsch* Rn. 1223.
368 BVerwGE 31, 67, 69; 65, 313, 318 f.; BVerwG NJW 1970, 263, 581 m.Anm. *E. Schuegraf; K.-P. Dolde/W. Porsch,*
   in: Schoch/Schneider/Bier § 68 Rn. 47 a.E.; *Kopp/Schenke* § 68 Rn. 10; *Schenke* Rn. 690; *P. Weides,* 295.
369 OVG Bln NJW 1977, 1166, 1167; VGH Kassel BRS 38 Nr. 201; VGH Mannheim BRS 28 Nr. 124; VGH München
   NJW 1978, 443 f. m. abl. Anm. *P. Theuersbacher* BayVBl 1978, 18 f.; zust. *L. Schulze-Osterloh,* JuS 1978, 353 f.;
   VGH München DÖV 1982, 83 f.; *Kopp/Schenke* § 68 Rn. 10; *M. Renck-Laufke,* BayVBl 1978, 247 f.; *Schenke*
   Rn. 688; *P. Weides,* 296.
370 Vgl. BVerwGE 38, 60, 65; *Pietzner/Ronellenfitsch* Rn. 1219 ff.; *P. Weides,* 294 f.
371 *K.-P. Dolde/W. Porsch,* in: Schoch/Schneider/Bier § 68 Rn. 48; *Th. Klindt,* NWVBl 1996, 452, 455; *Kopp/Schenke*
   § 68 Rn. 10 a; *F. Schoch,* Jura 2003, 752, 759; *P. Weides,* 297; a.M. *H. Topel,* BayVBl 1988, 9.
372 So *P. Theuersbacher,* BayVBl 1978, 18; *B. Renz,* DÖV 1991, 138, 143.
373 Skept. auch BVerwGE 65, 313, 319; BVerwG NVwZ 1987, 215, 216; VGH München BayVBl 1978, 87; *R. Pietzner,*
   VerwArch 81 (1990), 281.
374 So jedoch *H. Freitag,* VerwArch 56 (1965), 314, 319; dagegen *P. Fischer-Häftle,* BayVBl 1989, 229.
375 Z.B. *F. Hufnagel,* DVBl 1950, 204; ähnl. *Hufen* § 9 Rn. 20; *Th. Klindt,* NWVBl 1996, 452, 453, 455.
376 *K.-P. Dolde/W. Porsch,* in: Schoch/Schneider/Bier § 68 Rn. 48.
377 So i.E. BVerwGE 51, 310, 313 f.; 65, 313, 319; BVerwG NVwZ 1987, 215; *K.-P. Dolde/W. Porsch,* in: Schoch/
   Schneider/Bier § 68 Rn. 53; *Kopp/Schenke* § 68 Rn. 10 a; *Schenke* Rn. 691.

225   Weiter wird eine Kollision der reformatio in peius mit der Rechtsschutzfunktion des Vorverfahrens betont, die zu einem Verstoß gegen Art. 19 Abs. 4 GG führe.[378] Art. 19 Abs. 4 GG gebietet indes ebenso wenig ein Vorverfahren als er es verbietet (BVerfGE 35, 65, 73; 60, 253, 291); gewährleistet sein muss danach nur die Möglichkeit gerichtlichen Schutzes gegen das Ergebnis des Vorverfahrens; dies schließt eine reformatio in peius nicht aus. Die Widerspruchsbehörde ist nicht an das Rechtsschutzbegehren des Widerspruchsführers gebunden.[379]

226   Mit der Wirksamkeit der Ausgangsentscheidung nach § 43 VwVfG entsteht auch kein Vertrauensschutztatbestand, der einer reformatio in peius entgegenstünde,[380] kann doch der Adressat – wie der Begriff schon sagt – erst bei Bestandskraft, nicht schon bei Wirksamkeit darauf vertrauen, dass der Bescheid auch bestehen bleibt (arg e § 51 VwVfG). Auch nimmt der Widerspruchsführer selbst mit seinem Widerspruch das Risiko der Widerrufbarkeit auf sich,[381] sein Vertrauen ist daher nur bedingt schutzwürdig. Aus dem gleichen Grund ist es nicht überzeugend, die reformatio in peius nur auf rechtswidrige gebundene Verwaltungsakte zu beschränken, sie für Ermessensentscheidungen der Widerspruchsbehörde aber auszuschließen.[382]

227   Auch das Argument, dass die prozessrechtliche Dispositionsmaxime („ne ultra petita"),[383] nach der die reformatio in peius für unzulässig angesehen wird,[384] im Vorverfahren entsprechend anwendbar sei,[385] geht fehl. Ein Blick in verschiedene verwaltungsrechtliche Landschaften zeigt, dass sie durchaus gebräuchlich ist. Im steuerrechtlichen Einspruchsverfahren ist sie nach § 367 Abs. 2 S. 2 AO zulässig, wenn sie begründet wird, der Einspruchsführer auf ihre Möglichkeit hingewiesen und ihm Gelegenheit zur Äußerung gegeben worden ist. Korrespondierende Vorschriften zu § 367 Abs. 2 S. 2 AO finden sich z.B. in den KAG (z.B. § 3 Abs. 1 Nr. 7 KAG BW). Ein Verbot der reformatio in peius im Widerspruchsverfahren lässt sich also offenbar nicht aus allgemeinen Prozessgrundsätzen ableiten. Aus der Existenz dieser Sonderregelungen folgt aber auch nicht e contrario, dass die reformatio in peius ansonsten unzulässig sein müsse,[386] da diese z.T. nur weitere inhaltliche Anforderungen aufstellen. Schließlich stellen die §§ 68 ff. nach heute ganz h.M. keine abschließende Kodifikation dar,[387] sodass für eine reformatio in peius trotz Nichterwähnung Raum bleibt.

228   cc) **Verwaltungsverfahrensrechtliche Lösung.** In Ermangelung konkreter verfassungsrechtlicher oder verwaltungsprozessualer Maßstäbe ist die Zulässigkeit der reformatio in peius, sofern nicht spezielle Normen existieren, nach allgemeinem Verwaltungsrecht zu beurteilen. Anzuwenden sind die Vorschriften über die Aufhebung begünstigender Verwaltungsakte (§§ 48, 49 VwVfG).[388] Dies lässt sich damit begründen, dass die reformatio in peius, soweit sie die Ausgangsentscheidung aufhebt, immer Aufhebung einer (zumindest impliziten) Begünstigung[389] ist. Damit ist das Vertrauen nach den Regeln der §§ 48 Abs. 1 S. 2, 49 Abs. 2, 3 VwVfG geschützt. Die reformatio in peius muss damit folgenden Anforderungen genügen:

229   (1) **Formelle Rechtmäßigkeit.** Formell muss die Widerspruchsbehörde für die reformatio in peius zuständig sein. Dies ergibt sich nicht schon aus dem Devolutiveffekt nach § 73; die Zuständigkeit muss vielmehr durch das jeweilige Organisationsrecht gedeckt sein.[390] Bei Identität von Ausgangs- und Wi-

---

378   *Th. Klindt*, NWVBl 1996, 452, 455.
379   *L. Renck*, BayVBl 1974, 639; *P. Fischer-Hüftle*, BayVBl 1989, 229.
380   So aber *Th. Klindt*, NWVBl 1996, 452, 456; vgl. auch *Hufen* § 9 Rn. 17.
381   BVerwGE 14, 175, 179; 51, 310, 313; *Schenke* Rn. 691; vehement hiergegen *Hufen* § 9 Rn. 20.
382   *P. Kothe*, in: Redeker/v. Oertzen § 73 Rn. 20; *H. Topel*, BayVBl 1988, 9, 11. Dagegen überzeugend OVG Lüneburg OVGE 21, 370; VGH Mannheim BRS 28 Nr. 157; VGH München BayVBl 1973, 556; *K.-P. Dolde/W. Porsch*, in: Schoch/Schneider/Bier § 68 Rn. 50; *M. Oerder*, Widerspruchsverfahren, 1989, 166.
383   §§ 88, 22, 129, 141 VwGO; §§ 536, 559 ZPO; §§ 331 Abs. 3, 358 Abs. 2 StPO.
384   *Th. Klindt*, NWVBl 1996, 452, 457; zur VwGO: *Schmitt Glaeser/Horn* Rn. 220.
385   *Würtenberger/Heckmann/Tanneberger* Rn. 370.
386   So aber *Th. Klindt*, NWVBl 1996, 452, 457 f.; vgl. auch *Hufen* § 9 Rn. 17.
387   Dogmatisch überholt daher *L. Renck*, BayVBl 1974, 639, 641; *M. Renck-Laufke*, BayVBl 1978, 248.
388   BVerwGE 65, 313, 319; BVerwG DVBl 1996, 1318; *Kopp/Schenke* § 68 Rn. 10 c; *M. Oerder*, Widerspruchsverfahren, 1989, 165; *Schenke* Rn. 694.
389   A.M. BVerwGE 30, 132 ff.; *Weides* 300.
390   *K.-P. Dolde/W. Porsch*, in: Schoch/Schneider/Bier § 68 Rn. 51; *Kopp/Schenke* § 68 Rn. 10 b; *F. Schoch*, Jura 2003, 752, 759.

derspruchsbehörde ist die Zuständigkeit unproblematisch,[391] ebenso bei einem ausdrücklichen Selbsteintrittsrecht der Widerspruchsbehörde.[392] Nach der Rspr. und der h.M. genügt es jedoch auch, wenn die Widerspruchsbehörde der Ausgangsbehörde übergeordnet und ihr gegenüber weisungsbefugt ist, da in diesem Fall ein Selbsteintrittsrecht nicht erforderlich ist.[393] Dies ist in den Fällen des § 73 regelmäßig gegeben. Im Gegensatz dazu ist eine reformatio in peius unzulässig, wenn über den Widerspruch ein auf Rechtsschutzfunktionen beschränktes Organ wie z.B. ein außerhalb der normalen Behördenhierarchie stehender Ausschuss entscheidet.[394]

(2) Materielle Rechtmäßigkeit. Für die materielle Rechtmäßigkeit ist zwischen Aufhebungs- und (Neu-)Regelungskomponente zu unterscheiden (→ Rn. 212). Hier ist zwischen drei Fallgruppen zu differenzieren: 230

Fallgruppe 1: Schmälerung oder Entzug einer von vornherein nur teilweise gewährten Begünstigung. 231
Die Verschlechterung liegt in der zusätzlichen Aufhebungskomponente der Widerspruchsentscheidung (→ Rn. 212). Typische Bsp. aus der Judikatur sind eine Verringerung finanzieller Leistungen im Verhältnis zum Ausgangsbescheid (Beispielsfälle: BVerwGE 14, 175, 178 ff.; OVG Koblenz NVwZ 1992, 386 f.) oder die Entziehung eines Waffenscheins (VGH München DÖV 1972, 318), wenn diese inhaltlich bereits eingeschränkt erteilt oder mit belastenden Nebenbestimmungen versehen waren. Die Möglichkeit einer reformatio in peius richtet sich hier nach §§ 48, 49 VwVfG oder entsprechenden Spezialregelungen.[395] Der Umfang des Vertrauensschutzes ist dabei umstritten. Die Rspr. tendiert dazu, keinen starken Vertrauensschutz zu gewährleisten,[396] nicht zuletzt deshalb, weil der Grund für die mangelnde Bestandskraft des Ausgangsbescheids auf den Widerspruch selbst zurückzuführen ist.[397] Dieses Argument ist auf scharfen Widerspruch gestoßen.[398] An die Schutzwürdigkeit des Vertrauens können daher höhere Anforderungen als sonst gestellt werden. Wegfallen darf der Vertrauensschutz aber nicht.[399] Die in der Lit. vertretene Ansicht, § 48 Abs. 3 und Abs. 4 VwVfG seien grds. nicht anzuwenden,[400] ist deswegen abzulehnen. Im Prüfungsrecht speziell stehen Vertrauensschutz und Chancengleichheit der reformatio in peius nach der Rspr. in aller Regel entgegen.[401] Nach einer neueren, einschränkenden Entscheidung verbietet die Chancengleichheit die Verschlechterung eines Prüfungsergebnisses jedoch nur, soweit die Neubewertung auf einer Änderung des Bewertungssystems oder einem Nachschieben beliebiger Gründe beruht (BVerwG 14.7.1999 – 6 C 20/98).

Fallgruppe 2: Verschärfung einer vom Widerspruchsführer angefochtenen Belastung. Bei dieser Fallgruppe liegt der Schwerpunkt der Belastung in der Neuregelung der Widerspruchsentscheidung. Daneben enthält sie aber auch eine implizite Aufhebungskomponente,[402] insofern sie eine im Erstbescheid konkludent enthaltene Feststellung beseitige, der Adressat werde nicht stärker belastet als im Ausgangsverwaltungsakt. Bsp. sind die nachträgliche Erhöhung von Beträgen, die durch einen angefochtenen Zahlungsbescheid gefordert werden, und die Verlängerung einer Sperrfrist für einen Jagdschein. Dabei ist die Abgrenzung zum Erlass eines neuen, selbständigen Verwaltungsaktes (→ Rn. 225) nicht immer leicht. 232

391 BVerwGE 65, 313 ff.; OVG Koblenz NVwZ 1992, 386, 387; *K.-P. Dolde/W. Porsch,* in: Schoch/Schneider/Bier § 68 Rn. 51; *P. Fischer-Hüftle,* BayVBl 1989, 231; *M. Oerder,* Widerspruchsverfahren, 1989, 168; *Pietzner/Ronellenfitsch* Rn. 1231 f.; *P. Weides, Verwaltungsverfahren und Widerspruchsverfahren,* 297 f.
392 BVerwG DÖV 1957, 782; *Pietzner/Ronellenfitsch* Rn. 1233.
393 BVerwG MDR 1959, 421 f.; VGH München DÖV 1972, 318; BayVBl 1973, 556; *Weides* 298; *K.-P. Dolde/W. Porsch,* in: Schoch/Schneider/Bier § 68 Rn. 51; a.M. *Kopp/Schenke* § 68 Rn. 10 b; *W.-R. Schenke,* VBlBW 1990, 326 ff.
394 BVerwG MDR 1959, 421 f.; *K.-P. Dolde/W. Porsch,* in: Schoch/Schneider/Bier § 68 Rn. 51.
395 *K. Rennert,* in: Eyermann § 68 Rn. 18; *Kopp/Schenke* § 68 Rn. 10 c; *F. Schoch,* Jura 2003, 752, 759; für analoge Anwendung *K.-P. Dolde/W. Porsch,* in: Schoch/Schneider/Bier § 68 Rn. 49.
396 BVerwGE 21, 142, 145; BVerwG DÖV 1972, 789; *K.-P. Dolde/W. Porsch,* in: Schoch/Schneider/Bier § 68 Rn. 49.
397 BVerwGE 67, 129, 134; BVerwG DVBl 1996, 1318; *Kopp/Schenke* § 68 Rn. 10 c; *Stern* Rn. 323; *P. Weides, Verwaltungsverfahren und Widerspruchsverfahren,* 299.
398 *Hufen* § 9 Rn. 20.
399 So auch *Würtenberger/Heckmann/Tanneberger* Rn. 373.
400 *K.-P. Dolde/W. Porsch,* in: Schoch/Schneider/Bier § 68 Rn. 49.
401 BVerwG NVwZ 1993, 688; DVBl 1996, 1375; *Kopp/Schenke* § 68 Rn. 10 c; *P. Kothe,* in: Redeker/v. Oertzen § 73 Rn. 20; *T. Kingreen,* DÖV 2003, 1 ff.
402 I.E. auch *Kopp/Schenke* § 68 Rn. 10 c.

233   Wegen der zusätzlich belastenden Wirkung der Regelungskomponente bedarf die reformatio in peius hier einer eigenen materiellen Rechtsgrundlage (z.B. § 20 Abs. 1 a, 3 BImSchG); daneben müssen aber auch – wegen der Aufhebungskomponente – die Voraussetzungen der §§ 48, 49 VwVfG bzw. entsprechender Spezialgesetze vorliegen.

234   *Fallgruppe 3: Nachträgliche Einschränkung einer begünstigenden Ausgangsentscheidung durch belastende Nebenbestimmungen.* Hier wird die Verschlechterung durch die zusätzliche belastende Regelung bewirkt, mag sich auch die Widerspruchsentscheidung aus Sicht des Widerspruchsführers eher als Teilaufhebung der gewährten Vergünstigung darstellen. Bsp. ist die Verschärfung von Auflagen zu einer wasserrechtlichen Bewilligung (BVerwG DÖV 1972, 789). Im Gegensatz zur Fallgruppe 2) bleibt hier die begünstigende Entscheidung zwar formal enthalten. Doch ist auch hier in der Ausgangsentscheidung – soweit sie eine abschließende Regelung treffen will[403] – die implizite Feststellung zu sehen, die Begünstigung werde ohne (weitere) belastende Nebenbestimmungen gewährt. Nur so kann der Vertrauensschutz gewahrt werden. Auch hier muss daher zusätzlich zu §§ 48, 49 VwVfG eine primäre Rechtsgrundlage gegeben sein. Bei Nebenbestimmungen ist allerdings, solange der Verwaltungsakt nicht bestandskräftig ist, § 36 VwVfG als ausreichende Grundlage anzusehen. Die Möglichkeit einer reformatio in peius eröffnen auch § 17 BImSchG und § 14 Abs. 5 WHG.

§ 69   [Widerspruch]

Das Vorverfahren beginnt mit der Erhebung des Widerspruchs.

Schrifttum

1. Monographien und Beiträge in Sammelbänden: *E. Allesch,* Die Anwendbarkeit der Verwaltungsverfahrensgesetze auf das Widerspruchsverfahren nach der VwGO, 1984; *K. A. Bettermann,* Zuständigkeitsfragen in der Rechtsprechung des Bundesverwaltungsgerichts zum Verwaltungsverfahren, in: Verwaltungsrecht zwischen Freiheit, Teilhabe und Bindung: Festgabe aus Anlaß des 25jährigen Bestehens des Bundesverwaltungsgerichts, 1978, 61; *W. Schmitt Glaeser,* Anspruch, Hoffnung und Erfüllung; das Verwaltungsverfahren und sein Gesetz – eine einleitende Bemerkung, in: Verwaltungsverfahren. FS zum 50jährigen Bestehen des Richard-Boorberg-Verlags, 1977, 1; *A. Günther/S. Blum,* Das Widerspruchsverfahren, 31994; *P. Häberle,* Verfassungsprinzipien „im" Verwaltungsverfahrensgesetz, in: Verwaltungsverfahren. FS zum 50jährigen Bestehen des Richard-Boorberg-Verlags, 1977, 47; *H.-J. Höfer,* Die Kostenentscheidung im Widerspruchsverfahren in Rheinland-Pfalz, in: Beiträge zum Öffentlichen Recht anläßlich des 10jährigen Bestehens der Fachhochschule für öffentliche Verwaltung in Mayen, 1991, 1111; *Ch. Huxholl,* Erledigung eines Verwaltungsakts im Widerspruchsverfahren, 1995; *A. v. Mutius,* Das Widerspruchsverfahren der VwGO als Verwaltungsverfahren und Prozeßvoraussetzung, 1969; *H. Quaritsch,* Der Verzicht im Verwaltungsrecht und auf Grundrechte, in: GS Martens, 1987, 407; *W. Ch. Schmel,* Massenverfahren vor den Verwaltungsbehörden und den Verwaltungsgerichten, 1982; *Ch. Trzaskalik,* Das Widerspruchsverfahren der Verwaltungsgerichtsordnung im Lichte der allgemeinen Prozeßrechtslehre, 1972.

2. Beiträge in Zeitschriften: *E. Allesch,* Ist der Widerspruch nach Zustellung des Widerspruchsbescheids noch zurücknehmbar, NVwZ 2000, 1227; *M. Artzt,* Zur Problematik der Rücknahme des Widerspruchs nach Erlaß des Widerspruchsbescheides im Klageverfahren, NVwZ 1995, 666; *M. Benz,* Fragen des Vorverfahrens bei Sozialrechtsstreitigkeiten, BB 1980, 782; *H. Bergmann,* Wann ist das „verwaltungsgerichtliche" Vorverfahren abgeschlossen?, BayVBl 1967, 195; *A. Beyer,* Probleme im Vollzug des Art. 15 Kostengesetz im Widerspruchsverfahren, BayVBl 1980, 142; *E. Buri,* Ist die verwaltungsgerichtliche Klage zulässig, wenn die Widerspruchsbehörde nach versäumter Widerspruchsfrist zur Sache entscheidet?, DÖV 1962, 929; *K. Bussfeld,* Zum Verzicht im öffentlichen Recht am Beispiel des Verzichts auf eine Fahrerlaubnis, DÖV 1976, 765; *K. Engelbrecht,* Die Hauptsacheerledigung im Widerspruchsverfahren, JuS 1997, 550; *H.-U. Erichsen,* Das Vorverfahren nach §§ 68ff. VwGO, Jura 1992, 645; *K. Ewald,* Zur Beteiligungsfähigkeit im Kommunalverfassungsstreitverfahren, DVBl 1970, 237; *H. Geiger,* Die fiktive Widerspruchsrücknahme nach Art. 15 KG, BayVBl 1979, 101; *M. E. Geis/S. Hinterseh,* Grundfälle zum Widerspruchsverfahren, JuS 2001, 1074, 1176; JuS 2002, 34K. *Gierth,* Der Bescheidungsanspruch im verwaltungsbehördlichen Verfahren, DÖV 1977, 761; *K. Habermehl,* Die Vertretung der Kommune, DÖV 1987, 144; *D. Hahn,* Beteiligtenfähigkeit von Fraktionen im Kommunalverfassungsstreit, DVBl 1974, 509; *W. Hoppe,* Organstreitigkeit und Organisationsrechtliche subjektiv-öffentliche Rechte, DVBl 1970, 845; *H. D. Jarass,* Der Rechtsschutz Dritter bei der Genehmigung von Anlagen, NJW 1983, 2844; *H.-G. Knothe,* Die Rücknahme von Widersprüchen gegen Errichtungsgenehmigungen von Kraftwerken gegen Entgelt – BGHZ 79, 131, JuS 1983, 18; *H. Konrad,* Die Notwendigkeit der Beiladung im Verwaltungsprozeß, BayVBl 1982, 481; *W. Kunz,* Zur Handlungsfähigkeit minderjähriger Ausländer in ausländerbehördlichen Verfahren, NJW 1982, 2707; *K. Löwer,* Widerspruchsbefugnis und Zweckmäßigkeitsnachprüfung im verwaltungsgerichtlichen Vorverfahren, MDR 1965, 92; *G. Lüke,* Aus der Praxis – ohne Vorschuß kein Verfahren, JuS 1982, 689; *A. v. Mutius,* Rechtsnachfolge der Unzuständigkeit bei Erlaß des Widerspruchsbescheids, VerwArch 63 (1972), 461; *H. Raeschke-Kessler/S. Eilers,* Die grundrechtliche Dimension der Beteiligungsrechte in § 13 VwVfG – Zur Verfahrensbeteiligung als Grundrechtssicherung, NVwZ 1988, 37; *G. Renner,* Zur Prozeßkostenpflicht bei vollmachtloser Prozeßführung, MDR 1974, 355; *G. Robbers,* Partielle Handlungsfähigkeit Minderjähriger im öffentlichen Recht, DVBl 1987, 709; *R. Schiedermair,* Widerspruchs- und Aufsichtsverfahren, BayVBl 1961, 357; *F. Schildheuer,* Die Rücknahme des Widerspruchs nach Erlaß des Widerspruchsbescheids, NVwZ 1997, 637; *F. Schoch,* Heilung unterbliebener Anhörung im Verwaltungsverfahren durch Widerspruchsverfahren?, NVwZ 1983, 249; *H. Scholler,* Bundes- oder Landeskompetenz zur Zustellungsregelung von Widerspruchsbescheiden, DÖV 1968, 756; *W.*

---

403   *Kopp/Schenke* § 68 Rn. 10 c.

Simon, Anmerkungen zu BVerwG, Beschluß v. 29.10.1968 – IV B 7.68, BayVBl 1969, 100; *W. Skouris*, Bescheidungsform bei Identität von Ausgangs- und Widerspruchsbehörde, DÖV 1982, 133; *W. Spannowsky*, Probleme der Rechtsnachfolge im Verwaltungsverfahren und im Verwaltungsprozeß, NVwZ 1992, 426; *P. Stelkens*, Das Problem Auflage, NVwZ 1985, 469; *ders.*, Der Antrag – Voraussetzung eines Verwaltungsverfahrens und eines Verwaltungsaktes?, NuR 1985, 213; *M. Wallerrath*, Die Rechtsnachfolge im Verwaltungs- und Verwaltungsprozeßrecht, BayVBl 1970, 460; *F. Wind*, Zum Rechtsschutz im Beamtenverhältnis – Besonderheiten des beamtenrechtlichen Widerspruchsverfahrens, ZBR 1984, 167.

Vgl. auch die Literaturangaben bei § 68.

I. Beginn des Widerspruchsverfahrens

1. Erhebung des Widerspruchs. Nach § 69 beginnt das Widerspruchsverfahren mit der Erhebung des Widerspruchs. § 69 verdrängt alle sonstigen bundes- oder landesrechtlichen Normen über die Eröffnung von Einspruchs- oder Beschwerdeverfahren (arg e § 77 Abs. 1, 2; → § 77 Rn. 1).[1] § 69 geht als lex specialis auch § 22 VwVfG vor,[2] obwohl das Widerspruchsverfahren ein originäres Verwaltungsverfahren darstellt (→ § 68 Rn. 22–25 m.w.N.). *Nur* der Widerspruch setzt also auch das verwaltungsgerichtliche Vorverfahren in Gang.[3] Die Klageerhebung kann mithin nicht in einen Widerspruch umgedeutet werden. Desgleichen ist ein Widerspruchsverfahren von Amts wegen ausgeschlossen. 1

„Erhoben" ist der Widerspruch, wenn er bei der in § 70 Abs. 1 genannten Behörde eingegangen ist.[4] Die Regelungen über den Zugang im Bürgerlichen Recht gelten entsprechend. Mündlich wird der Zugang durch Niederschrift bewirkt (§ 70). Schriftlich ist der Widerspruch dann erhoben, wenn er in den Machtbereich der zuständigen Behörde gelangt ist. Nicht entscheidend ist, wann dem zuständigen Sachbearbeiter die Widerspruchsschrift vorgelegt wurde.[5] 2

---

1 *Kopp/Schenke* § 77 Rn. 1.
2 *Hufen* § 5 Rn. 13.
3 *Kopp/Schenke* § 69 Rn. 1; *K. Rennert*, in: Eyermann § 69 Rn. 1.
4 *Hufen* § 8 Rn. 2.
5 *Pietzner/Ronellenfitsch* Rn. 1032.

3   **2. Inhaltliche Anforderungen.   a) Kein Mindestinhalt nach VwGO.**   Bestimmungen über den Mindestinhalt eines Widerspruchs enthält die VwGO nicht.[6] Die Stellung eines bestimmten Antrags ist nicht erforderlich. Die Anforderungen an den Inhalt der Klageschrift (§ 82) sind auf den Widerspruch weder direkt noch analog anwendbar[7] (zur analogen Anwendung von Prozessrecht im Vorverfahren → § 68 Rn. 71–80).

4   Eine Begründung des Widerspruchs ist nicht erforderlich. Gleichwohl ist es im Interesse zügiger Sachbearbeitung empfehlenswert, bei der Erhebung die Tatsachen zu bezeichnen und eventuelle Beweismittel anzugeben, auf die der Widerspruch gestützt wird.[8] Da den Widerspruchsführer zumindest eine materielle Beweislast trifft, könnte ein entsprechendes Unterlassen einen „zureichenden Grund" für eine Verzögerung der Sachentscheidung i.S.d. § 75 S. 1 darstellen.

5   Der Widerspruch kann auch auf einen Teil des Verwaltungsakts beschränkt werden, z.B. auf belastende Nebenbestimmungen (→ § 68 Rn. 89–91; zur Teilanfechtung bei der Anfechtungsklage → § 42 Rn. 19–21).[9] Dies setzt die inhaltliche Teilbarkeit der angefochtenen Regelung voraus. Die Frage der Teilbarkeit ist allerdings eine Frage der Begründetheit, nicht der Zulässigkeit des Widerspruchs.[10] Von einer Teilanfechtung ist nur auszugehen, wenn der geäußerte Wille des Widerspruchsführers eindeutig erkennen lässt, dass nicht der gesamte Verwaltungsakt, sondern nur ein Teil davon angefochten werden soll (BVerwG NVwZ 1988, 147 f.; BFH NVwZ 1990, 598, 599 ff.). Wird ein Verwaltungsakt zulässig teilweise angefochten, so wird der nicht angefochtene Teil bestandskräftig.[11] Bestehen auch nach Auslegung Zweifel über den Umfang der Anfechtung, hat die Behörde beim Widerspruchsführer durch Rückfrage den Umfang zu klären.[12] Im Zweifel ist von einer uneingeschränkten Anfechtung auszugehen.

6   **b) Konkludente Widerspruchseinlegung.**   Der Widerspruch muss nicht als solcher bezeichnet werden. Verwaltungsverfahrenshandlungen sind wie Willenserklärungen (§§ 133, 157 BGB) auszulegen. Es ist also, unter Berücksichtigung des Antrags und der unterschiedlichen Wirkungen der einzelnen außergerichtlichen Rechtsbehelfe, der wahre Wille des Rechtsbehelfsführers zu erforschen.[13] Es genügt, wenn das Verhalten des Widerspruchsführers erkennen lässt, dass er eine förmliche Aufforderung zur Nachprüfung und ggf. Beseitigung oder Änderung einer bestimmten oder nach den Umständen bestimmbaren Behördenentscheidung bezweckt.[14] Ein bloßer „Protest" oder eine Beschwerde über die Ungerechtigkeit des Staates ist für sich nicht ausreichend. Auch ist eine rechtlich falsche Bezeichnung mit „Einspruch", „Beschwerde" etc. unschädlich, solange sich der eindeutige Wille des Widerspruchsführers erkennen lässt, dass er den Verwaltungsakt so nicht gegen sich gelten lassen will.[15]

7   Aus der in § 35 VwVfG statuierten allgemeinen Beratungs- und Auskunftspflicht ergibt sich für die Behörde die Verpflichtung, einen Bürger, der offensichtlich dem Irrtum unterliegt, wirksam Widerspruch eingelegt zu haben, auf die Notwendigkeit einer wirksamen Widerspruchseinlegung hinzuweisen.[16] Im Zweifel muss die Behörde bzw. die Widerspruchsbehörde durch Rückfrage klären, ob ein formloser Rechtsbehelf oder ein förmlicher Widerspruch gewollt ist.[17]

8   Bei der Feststellung, ob wirksam Widerspruch eingelegt wurde, ist zu berücksichtigen, dass auch bewusst und willentlich ein formloser Rechtsbehelf eingelegt worden sein könnte. Formlose Rechtsbehelfe können anstelle oder neben einem Widerspruch eingelegt werden. In Frage kommen namentlich die Gegenvorstellung (Remonstration), die Aufsichtsbeschwerde (Sachaufsichts- bzw. Dienstaufsichtsbeschwerde) und die Petition.[18] Eine Dienstaufsichtsbeschwerde ist anzunehmen, wenn sich der

---

6   *Frank/Langrehr* C II 4 (S. 74); *Kopp/Schenke* § 69 Rn. 5.
7   BVerwGE 30, 274, 276; *Hufen* § 6 Rn. 29.
8   *P. Weides* 226.
9   BVerwGE 9, 110, 111; BVerwG DÖV 1970, 138; NVwZ 1988, 147, 148.
10   BVerwGE 81, 185, 186; *P. Stelkens*, NVwZ 1985, 469, 471; OVG NRW GewArch 1994, 164 ff.
11   BVerwGE 40, 25, 32; NVwZ 1988, 147 f.; vgl. auch für § 357 Abs. 3 S. 2 AO BFH NVwZ 1990, 598, 599.
12   *Kopp/Schenke* § 69 Rn. 5.
13   *Pietzner/Ronellenfitsch* Rn. 951.
14   BVerwG VerwRspr 22, Nr. 159, 634 f.; VG Düsseldorf NWVBl 1998, 286 f.; *Frank/Langrehr* C II 4 (S. 74); *Schmitt Glaeser/Horn* Rn. 196; *P. Weides* 226; *Kopp/Schenke* § 69 Rn. 5.
15   *P. Kothe*, in: Redeker/v. Oertzen § 70 Rn. 10; *Kopp/Schenke* § 69 Rn. 5; *K.-P. Dolde/W. Porsch*, in: Schoch/Schneider/Bier § 69 Rn. 4.
16   OVG Münster NVwZ 1986, 134, 135; *Kopp/Schenke* § 68 Rn. 2.
17   *Kopp/Schenke* § 69 Rn. 5.
18   *Hufen* § 1 Rn. 45–49.

Rechtsbehelfsführer ausschließlich gegen das persönliche Verhalten eines Bediensteten wendet und die Beschwerde an eine Person richtet, die diesem gegenüber weisungsbefugt ist, ohne dass dabei die Sachentscheidung angegriffen werden soll.[19] Richtet sich das Begehren dagegen gegen einen Verwaltungsakt und hält der Betroffene Widerspruchsfrist und -form (§ 70) ein, ist im Zweifel anzunehmen, dass er den ihm günstigsten Rechtsbehelf ergreifen will, regelmäßig also den Widerspruch, da nur dieser die Bestandskraft hemmt und die Möglichkeit der Klageerhebung offen hält.[20]

Ergibt die Auslegung, dass sowohl die Sachentscheidung als auch das Verhalten des Bediensteten angegriffen werden soll, so liegt ein sog. gemischter (kumulativer) Rechtsbehelf[21] vor. Eine solche Zweigleisigkeit ist durchaus sinnvoll, da die Ziele unterschiedlich sind. Die Begründetheit ist dann nach den jeweils geltenden Regeln separat zu prüfen.[22]   9

Ist es offensichtlich, dass der Betroffene nur einen formlosen Rechtsbehelf einlegen wollte, so darf   10
nicht von der Einlegung eines Widerspruchs ausgegangen werden,[23] um den Betroffenen nicht unversehens mit dem Kostenrisiko des § 73 Abs. 3 zu belasten. Auch sind Erklärungen auf einem Überweisungsträger, z.B. die Angabe, dass die Zahlung nur unter Vorbehalt erfolge, für die Annahme einer Widerspruchseinlegung nicht ausreichend, weil durch die technische Abwicklung des Zahlungsverkehrs das Überprüfungsverlangen gegenüber der richtigen Stelle nicht hinreichend deutlich gemacht werden kann.[24]

c) Umdeutung.   Anerkannt ist, dass man auch durch Umdeutung (analog § 140 BGB) zu einer wirk-   11
samen Widerspruchseinlegung gelangen kann, zum einen bei der Umdeutung eines Antrags auf Rücknahme oder Widerruf eines Verwaltungsakts (§§ 48, 49 VwVfG), zum anderen bei der Umdeutung eines Antrags nach § 51 VwVfG in einen Widerspruch.[25]

§ 77 Abs. 2 verwehrt es den Ländern, anstelle des Widerspruchsverfahrens, das als Klagevorausset-   12
zung bei Anfechtungs- und Verpflichtungsklage zwingend ist (zu den Ausnahmen → § 68 Rn. 121–180), eigene Einspruchs- oder Beschwerdeverfahren als *Ersatz* zu schaffen (→ § 77 Rn. 1 ff.). Die Einlegung eines solchen landesrechtlichen Rechtsbehelfs würde daher auch *nicht* die Widerspruchsfrist wahren. Die Möglichkeit der Umdeutung in einen Widerspruch bleibt davon unberührt (→ § 77 Rn. 8). Dagegen kann ein an das VG gerichteter Schriftsatz nicht in einen Widerspruch gegenüber der Behörde umgedeutet werden (HmbOVG NVwZ-RR 1996, 397 f.).

3. Wirkungen der Widerspruchseinlegung.   Der Widerspruch hat Suspensiv- und Devolutiveffekt (vgl.   13
§§ 80 Abs. 1, 73 Abs. 1). Ferner dient er der Fristwahrung und hemmt damit die Unanfechtbarkeit des Verwaltungsakts.[26]

a) Devolutiveffekt.   Devolutiveffekt heißt, dass die Entscheidungskompetenz auf die nächsthöhere Be-   14
hörde übergeht.[27] Er tritt – anders als nach §§ 124, 125, 139 Abs. 3 S. 2 – erst ein, wenn die Abhilfe durch die Ausgangsbehörde ausdrücklich oder konkludent verweigert worden ist (vgl. § 73 Abs. 1 S. 1).[28] Auf den Zugang der Akten kommt es nicht an.[29]

Umstr. ist, ob durch den Devolutiveffekt die Zuständigkeit der Ausgangsbehörde völlig erlischt, so-   15
dass diese dem Widerspruch (im Nachhinein) nicht mehr abhelfen kann. Nach zutreffender h.M. verhindert der Devolutiveffekt eine abhelfende Sachentscheidung der Ausgangsbehörde jedoch nicht,

---

19 *Hufen* § 1 Rn. 45.
20 Kopp/Schenke § 69 Rn. 5.
21 *Gierth*, DÖV 1977, 761, 765.
22 *K.-P. Dolde/W. Porsch*, in: Schoch/Schneider/Bier § 69 Rn. 5.
23 *Kopp/Schenke* § 69 Rn. 5.
24 BVerwG VerwRspr 24, Nr. 208, 894 f.; VGH Mannheim ESVGH 35, 84, 86; *K.-P. Dolde/W. Porsch*, in: Schoch/Schneider/Bier § 69 Rn. 5.
25 OVG Münster NVwZ 1984, 655; offen gelassen in OVG Münster NVwZ 1990, 676, 677; *Kopp/Schenke* § 69 Rn. 5; *K.-P. Dolde/W. Porsch*, in: Schoch/Schneider/Bier § 69 Rn. 6; vgl. auch BVerwGE 25, 191, 194: Umdeutung eines Zweitantrags in Widerspruch.
26 *Hufen* § 8 Rn. 2, 3; *Kopp/Schenke* § 69 Rn. 2; *Pietzner/Ronellenfitsch* Rn. 1034; *Schenke* Rn. 645.
27 *Hufen* § 8 Rn. 4; *Schenke* Rn. 645; *Kopp/Schenke* § 69 Rn. 2; *K.-P. Dolde/W. Porsch*, in: Schoch/Schneider/Bier § 73 Rn. 5.
28 *Hufen* § 8 Rn. 4; *Pietzner/Ronellenfitsch* Rn. 1037.
29 Vgl. VGH München BayVBl 1965, 65, 66; *L. Renck*, DÖV 1973, 264, 265.

selbst wenn die Widerspruchsbehörde schon mit der Sache befasst ist.[30] Dies gilt auch dann, wenn der Widerspruch nicht bei der Ausgangsbehörde, sondern bei der Widerspruchsbehörde eingelegt wurde (§ 70 Abs. 1 S. 2), da auch in diesem Fall der Devolutiveffekt erst nach der Beendigung des Abhilfeverfahrens eintritt.[31]

16   Die Gegenansicht verweist auf das gerichtliche Rechtsmittelrecht, nach dem mit Einlegung des Rechtsmittels die Entscheidungsbefugnis unmittelbar auf das Obergericht übergehe;[32] im Widerspruchsverfahren könne nichts anderes gelten. Die Ausgangsbehörde könne zwar nachträglich zugunsten des Widerspruchsführers entscheiden und somit den angegriffenen Verwaltungsakt im Nachhinein beseitigen, allerdings nicht mehr durch eine Abhilfeentscheidung (§ 72), sondern nur durch einen Zweitbescheid. Die Zuständigkeit für dessen Erlass richte sich dann nach den Regelungen des Verwaltungsverfahrensrechts.[33] Diese Ansicht übersieht den dogmatischen Unterschied zwischen den verwaltungsgerichtlichen Rechtsmitteln und dem Widerspruchsverfahren. Im Widerspruchsverfahren hat die Entscheidung über die Abhilfe nur eine relative Wirkung. Sie bewirkt eine partielle Zuständigkeitskonkurrenz zwischen Abhilfe- und Widerspruchsbehörde. Die Abhilfe- (Ausgangs-)behörde darf lediglich den Widerspruch nicht selbst zurückweisen; es kommt aber dem Zweck der (Selbst-)Kontrolle und dem Interesse des Bürgers an (schnellem) Rechtsschutz entgegen, wenn sie auch nach erstmaliger Abhilfeverweigerung ihre Ansicht revidieren kann.

17   **b) Suspensiveffekt.** Die dem Prozessrecht entlehnte Bezeichnung bedeutet, dass der Eintritt der formellen und materiellen Bestandskraft gehemmt wird. Dadurch soll der Betroffene bis zum Erlass des Widerspruchsbescheides in seinem Status quo gesichert und vor der Schaffung vollendeter Tatsachen geschützt werden. Der Suspensiveffekt ist die Konsequenz des Gebots effektiven Rechtsschutzes (Art. 19 Abs. 4 GG), das auf das verwaltungsgerichtliche Vorverfahren ausstrahlt. Die aufschiebende Wirkung besteht nicht – quasi automatisch – bis zur Unanfechtbarkeit des Verwaltungsaktes, sondern tritt erst mit der Einlegung des Widerspruchs ein.[34] Sie entsteht auch nur bei belastenden Verwaltungsakten (arg e § 80 Abs. 1), freilich auch bei solchen, die prinzipiell keiner Vollziehung bedürfen (z.B. rechtsgestaltende oder feststellende Verwaltungsakte).[35] Beim Verpflichtungswiderspruch (§ 68 Abs. 2) ist dagegen eine aufschiebende Wirkung nicht sinnvoll.[36]

18   Dem Widerspruch eines durch den Verwaltungsakt belasteten Dritten kommt ebenfalls aufschiebende Wirkung zu (§ 80 Abs. 1 S. 2 Alt. 2). Bedeutsam ist diese Regelung v.a. beim baurechtlichen Nachbarwiderspruch und im Vorfeld von Konkurrentenklagen. Im Baurecht gilt als Spezialnorm § 212 a Abs. 1 BauGB, der i.R.d. § 80 Abs. 2 Nr. 3 zu beachten ist. Hier obliegt es dem belasteten Dritten selbst, nach § 80 a Abs. 1 Nr. 2 ggf. i.V.m. Abs. 3 die Anordnung der aufschiebenden Wirkung seines Widerspruchs zu erwirken. Damit sollen aussichtslose, aber gleichwohl verzögernde Rechtsbehelfe zurückgedrängt werden.

19   In Sozialrechtsstreitigkeiten entfaltet der Widerspruch meist keine aufschiebende Wirkung,[37] ausgenommen in Fällen des § 86 Abs. 2 SGG.

20   **aa) Hemmung der Bestandskraft.** Die Rechtsnatur der aufschiebenden Wirkung ist umstr. (→ § 80 Rn. 35–38). Im Wesentlichen stehen sich die „Wirksamkeitstheorie" und die „Vollstreckbarkeitstheorie" gegenüber.[38] Nach der *Wirksamkeitstheorie* ist die Wirksamkeit des angefochtenen Verwaltungsakts bis zur rechtskräftigen Entscheidung aufgeschoben („Wirksamkeitshemmung"). Konsequenz ist, dass weder die Behörde noch ein Dritter vom Vorliegen eines wirksamen Verwaltungsakts ausgehen

---

30 Vgl. u.a.: BVerwGE 82, 336, 338; BVerwG NVwZ 1987, 224, 225; OVG Koblenz NVwZ 1987, 1098; VGH Mannheim VBlBW 1989, 53, 54; VGH München BayVBl 1988, 628, 629; *Pietzner/Ronellenfitsch* Rn. 1036; *Hufen* § 8 Rn. 4; *R. Schiedermair*, BayVBl 1961, 357, 359; *H. Scholler*, DÖV 1966, 232 ff.; *L. Renck*, DÖV 1973, 264, 265; *F. Schoch*, NVwZ 1983, 249, 255; *E. Allesch*, Anwendbarkeit, 1984, 149 ff.; *H. Hofmann*, FS Menger, 1985, 619; *H.-J. Höfer*, Kostenentscheidung, 1991, 2; *C. Huxholl*, Erledigung, 1995, 167 f.; *K.-P. Dolde/W. Porsch*, in: Schoch/Schneider/Bier § 72 Rn. 7; *K. Rennert*, in: Eyermann § 72 Rn. 9.
31 So auch *L. Renck*, DÖV 1973, 264, 265.
32 Vgl. § 148 Abs. 1; *Pietzner/Ronellenfitsch* Rn. 1036; BVerwG NJW 1962, 1692.
33 *Kopp/Schenke* § 72 Rn. 2; *K. A. Bettermann*, FG BVerwG, 1978, 61, 73.
34 *Hufen* § 8 Rn. 5; *Schmitt Glaeser/Horn* Rn. 247.
35 *A. Günther/S. Blum*, Widerspruchsverfahren, 1994, § 2 A III 1 (S. 11); *Pietzner/Ronellenfitsch* Rn. 1414.
36 *Hufen* § 8 Rn. 5; *A. Günther/S. Blum*, Widerspruchsverfahren, 1994, § 2 A III 1 (S. 10).
37 Dazu *Benz*, BB 1980, 782, 785.
38 *J. Schmidt*, in: Eyermann § 80 Rn. 5 f.

darf. Nach der Vollstreckbarkeitstheorie liegt zwar ein Verwaltungsakt vor, dieser kann jedoch nicht vollstreckt werden („Vollzugshemmung").[39] Nach einer vermittelnden Ansicht (sog. *eingeschränkte Wirksamkeitstheorie*) wird die Wirksamkeit des Verwaltungsakts nur vorläufig durch die Einlegung des Widerspruchs gehemmt. Nach Wegfall der aufschiebenden Wirkung wird der Verwaltungsakt dann ex tunc wirksam.[40] Der Theorienstreit bleibt in den meisten Fällen iE ohne Auswirkungen (zu entsprechenden Fällen → § 80 Rn. 36 f.). Bzgl. der Einzelheiten wird auf die Erläuterungen zu § 80 verwiesen (→ § 80 Rn. 34 ff.).

bb) Eintritt der aufschiebenden Wirkung. Wie erwähnt, tritt die aufschiebende Wirkung erst mit der Einlegung des Widerspruchs ein.[41] Auch bei Allgemeinverfügungen wirkt sie nur zugunsten desjenigen, der den Widerspruch dagegen eingelegt hat.[42] Ob der Widerspruch begründet ist, hat auf den Eintritt des Suspensiveffekts keine Auswirkung (→ § 80 Rn. 31). Umstr. ist, ob der eingelegte Widerspruch zulässig sein muss.[43] Die überwiegende Auffassung verneint dies zu Recht (→ § 80 Rn. 31 m.w.N.), da die Verwaltung ansonsten die Regelungen der §§ 80 Abs. 2 Nr. 4, Abs. 3 umgehen könnte. Eine Ausnahme ist jedoch zumindest in zwei Fällen anzuerkennen:[44] Zum einen dann, wenn der Verwaltungsakt wegen Fristversäumnis unanfechtbar geworden ist (es sei denn, gerade dieser Fristablauf oder Wiedereinsetzungsgründe sind streitig); zum anderen bei offensichtlicher Unzulässigkeit des Widerspruchs. Der letztere Fall ist restriktiv zu handhaben. Er liegt nur vor, wenn sich der Widerspruchsführer auf eine Rechtsposition beruft, die ihm unter keinem denkbaren Gesichtspunkt zustehen kann.[45] Abzulehnen ist hingegen eine „abstrakte Evidenzprüfung", die den Katalog des § 80 Abs. 2 systemwidrig erweitern würde. Diese wäre mit Art. 19 Abs. 4 GG nicht vereinbar, da die bei belastenden Verwaltungsakten i.d.R. vorgesehene aufschiebende Wirkung nach der Rspr. des BVerfG eine adäquate Ausprägung der Rechtsschutzgarantie des Art. 19 Abs. 4 GG darstellt und ansonsten zu leicht umgangen werden könnte (vgl. BVerfGE 35, 263, 272; 35, 382, 402; 69, 315, 372; → § 80 Rn. 6 f.). 21

cc) Folgen des Suspensiveffekts.[46] Mit der Einlegung des Widerspruchs tritt die aufschiebende Wirkung ohne Weiteres ein. Es bedarf keines zusätzlichen Antrags des Widerspruchsführers; dieser hat aber die Möglichkeit, auf den Eintritt der aufschiebenden Wirkung zu verzichten.[47] Bei Verwaltungsakten mit Doppelwirkung kommt es auf die materielle Teilbarkeit an (→ Rn. 5; umfassend auch → § 68 Rn. 89–91 und → § 42 Rn. 19–21). Ist die belastende Regelung teilbar, so erstreckt sich der Suspensiveffekt nur hierauf. So kann der Entscheid über eine beantragte Subvention oder eine Genehmigung insoweit belasten, als diese nur unter Nebenbestimmungen (insbes. Auflagen oder Bedingungen) gewährt werden. Die Erhebung einer Gebühr ist dagegen stets eine ausschließlich belastende Maßnahme (BVerwGE 30, 132, 133; 67, 129, 133), auch wenn der gesetzlich mögliche Gebührenrahmen nicht ausgeschöpft wird. Liegt eine zulässige Teilanfechtung vor, kann der Adressat vom nicht angefochtenen Teil zwischenzeitlich Gebrauch machen.[48] Ist eine Teilanfechtung nicht möglich, tritt die aufschiebende Wirkung insgesamt ein. Der Suspensiveffekt entfällt nicht schon mit Erlass des Widerspruchsbescheids, sondern erst mit dem Eintritt der Unanfechtbarkeit des Verwaltungsakts in der Form, die er durch den Widerspruchsbescheid erhalten hat, d.h. wenn die Klagefrist nach § 74 Abs. 1 (u.U. § 58 Abs. 2) abgelaufen ist (= formelle Bestandskraft).[49] 22

II. Öffentlich-rechtlicher Verfahrensgegenstand

Die Widerspruchsbehörde muss neben der Ordnungsgemäßheit der Einlegung prüfen, ob der Gegenstand des Widerspruchs öffentlich-rechtlicher Natur ist. Insofern ist § 40, der sich dem Wortlaut nach 23

---

39 *P. Weides* 231 m.w.N.
40 So *Kopp/Schenke* § 80 Rn. 22.
41 *Hufen* § 8 Rn. 5; *Schmitt Glaeser/Horn* Rn. 247.
42 *J. Schmidt*, in: Eyermann § 80 Rn. 12.
43 Vertiefend § 80 Rn. 31; *J. Schmidt*, in: Eyermann § 80 Rn. 13 f.
44 Weitere Fälle § 80 Rn. 32; *Kopp/Schenke* § 80 Rn. 50.
45 BVerwG BayVBl 1993, 376; *Hufen* § 8 Rn. 6; *Schmitt Glaeser/Horn* Rn. 24.
46 Umfassend → § 80 Rn. 47–56.
47 *Finkelnburg/Jank* Rn. 654 f.
48 *Schmitt Glaeser/Horn* Rn. 252.
49 *P. Weides* 232.

nur auf das gerichtliche Verfahren bezieht, analog anzuwenden. Das Vorliegen einer öffentlich-rechtlichen Streitigkeit ist im Widerspruchsverfahren eine echte Zulässigkeitsvoraussetzung, da die Verweisungsregelung des § 17a GVG nur im Prozess gilt.[50]

24   In seltenen Fällen hat sich die Widerspruchsbehörde zu vergewissern, ob die deutsche Verwaltungszuständigkeit (analog §§ 18 ff. GVG) gegeben ist.[51]

III.   Personenbezogene Verfahrensvoraussetzungen

25   **1. Erfordernis persönlicher Einlegung?**   Das Vorverfahren muss prinzipiell von dem Betroffenen und präsumtiven Kläger selbst initiiert werden.[52] Eine Ausnahme gilt entsprechend § 64 i.V.m. § 62 ZPO nur, wenn ein notwendiger Streitgenosse des Betroffenen das Vorverfahren betreibt.[53] Bei einem Parteiwechsel im nachfolgenden Prozess kann der neue Kläger grds. nicht auf das vom alten betriebene Vorverfahren verweisen, außer bei Rechtsnachfolge im Fall der Anfechtung dinglicher Verwaltungsakte und bei Rechtsnachfolge kraft Gesetzes.[54]

26   A.A. ist das BVerwG:[55] Wenn ein Vorverfahren tatsächlich stattgefunden habe, könne es nicht darauf ankommen, wer es von den späteren Klägern initiiert habe. Ansonsten würde der angegriffene Verwaltungsakt für den neuen Kläger nach Ablauf der Widerspruchsfrist unanfechtbar (so BVerwG DÖV 1970, 248). Diese Ansicht ist als zu pauschal abzulehnen. Einerseits ist ein parallel durch einen Dritten durchgeführtes Vorverfahren für den „Zweiten" ohne Relevanz, da ein Widerspruch nach § 80 Abs. 1 den Eintritt der Bestandskraft – mit Ausnahme der erwähnten Fälle der Rechtsnachfolge – nur gegenüber dem Widerspruchführer hemmt (→ § 68 Rn. 164 f.). Es ist auch sinnvoll, dass die Widerspruchsbehörde ihre Entscheidung auch im Hinblick auf den neuen Kläger überdenken kann, namentlich bei Ermessensentscheidungen. Andererseits wäre es systemwidrig, die Klage nach Parteiwechsel regelmäßig wegen Verfristung scheitern zu lassen, da das im Verwaltungsprozess anerkannte Institut des Parteiwechsels ansonsten weitgehend leer liefe. Sinnvoll ist es daher, nach gewillkürtem Parteiwechsel den Widerspruch bzw. die Klage nicht als verfristet anzusehen, sondern analog § 94 S. 1 das Verfahren auszusetzen und das Vorverfahren durch den neuen Kläger nachholen zu lassen. Die Widerspruchsfrist beginnt dann mit der Zustellung[56] des Aussetzungsbeschlusses.

27   Ein wegen Geschäftsunfähigkeit unwirksam eingelegter Widerspruch kann auch nach Ablauf der Widerspruchsfrist rückwirkend genehmigt werden.[57] Gleiches gilt, wenn mangels nötiger Mitwirkung des Gemeinderates die Widerspruchseinlegung durch den Bürgermeister unwirksam war,[58] sowie in entsprechenden Fällen mangelnder Vertretungsbefugnis bei öffentlich-rechtlichen Selbstverwaltungskörperschaften.

28   **2. Beteiligtenfähigkeit (§ 11 VwVfG).**   Für die Beteiligtenfähigkeit (§ 11 VwVfG) gilt nach § 79 VwVfG auch im Widerspruchsverfahren § 11 VwVfG bzw. die entsprechende Vorschrift des Landesrechts. Die Gegenansicht, die stattdessen Prozessrecht analog anwenden will, perpetuiert die Rechtslage vor Erlass des VwVfG und ist heute überholt.[59]

29   Beteiligtenfähig sind nach § 11 Nr. 1 VwVfG natürliche und juristische Personen, bei Letzteren solche des Privatrechts wie des öffentlichen Rechts.

30   Vereinigungen, die nicht juristische Personen sind, denen aber durch Gesetz oder Gewohnheitsrecht die Fähigkeit zuerkannt ist, im eigenen Namen Rechte geltend zu machen, sind nach § 11 Nr. 2 VwVfG beteiligtenfähig.[60] Insoweit ist bei der Zulässigkeit des Widerspruchs die Frage der möglichen

---

50   Vgl. *Hufen* § 6 Rn. 2.
51   Zu problematischen Fällen: *K. H. Klein*, Gutachten und Urteil im Verwaltungsprozess und verwaltungsgerichtlichen Normenkontrollverfahren, 1995, 36 ff.; *P. Weides* 240.
52   So auch *Kopp/Schenke* § 68 Rn. 7 m.w.N.; *Dolde/W. Porsch*, in: Schoch/Schneider/Bier § 68 Rn. 4.
53   *Kopp/Schenke* § 68 Rn. 8 m.w.N. der Gegenansicht: § 68 Rn. 166.
54   *Kopp/Schenke* § 68 Rn. 8 m.w.N.
55   BVerwGE 40, 25, 30; BVerwG DÖV 1970, 248; 1976, 353, 354; ebenso OVG Münster VerwRspr 21, 502; *Stern* Rn. 321.
56   *P. Kothe*, in: Redeker/v. Oertzen § 94 Rn. 4.
57   BVerwG ZBR 1978, 376, 377; *K. Rennert*, in: Eyermann § 69 Rn. 1.
58   *K. Habermehl*, DÖV 1987, 144, 147; *Hufen* § 6 Rn. 8.
59   *A. v. Mutius*, Widerspruchsverfahren, 1969, 218; *P. Kothe*, in: Redeker/v. Oertzen § 71 Rn. 1.
60   Z.B. OHG, Politische Parteien nach § 3 Abs. 2 PartG, Gewerkschaften; vgl. *Kopp/Ramsauer* § 11 Rn. 6.

Verletzung materieller Rechte vorgreiflich zu prüfen.[61] Ob das Recht tatsächlich verletzt ist, ist eine Frage der Begründetheit. Ein solches Recht einer Vereinigung kann sich aus Rechtsnormen aller Stufen ergeben: Eine Fraktion im Gemeinderat ist etwa in einem Kommunalverfassungsstreit beteiligtenfähig, wenn es um ein ihr durch die GO zugeordnetes Recht geht.[62] Kreis- und Ortsverbände politischer Parteien (vgl. hierzu BVerwGE 32, 334; 56, 57) und Naturschutzverbände sind ebenfalls gem. § 11 Nr. 2 VwVfG beteiligtenfähig (hierzu BVerwG NVwZ 1991, 162; 1997, 905). Weitere Einzelheiten sind den Kommentierungen zu § 11 VwVfG zu entnehmen.

Die Bestimmung des § 11 VwVfG unterscheidet sich von § 61 im Hinblick auf die Beteiligtenfähigkeit **31** von Behörden. Während § 61 Nr. 3 Behörden nur als beteiligtenfähig ansieht, wenn es das Landesrecht ausdrücklich zulässt, ist im Widerspruchsverfahren nach § 11 Nr. 3 VwVfG jede Behörde i.S.d. § 1 Abs. 4 VwVfG beteiligtenfähig.

3. Handlungsfähigkeit (§ 12 VwVfG). Die Handlungsfähigkeit im Widerspruchsverfahren – also die **32** Fähigkeit, das Verfahren selbst oder durch einen Bevollmächtigten zu führen – richtet sich nach § 12 VwVfG (→ § 68 Rn. 54), nicht nach § 61 bzw. §§ 51–58 ZPO. § 12 Abs. 1 Nr. 1 VwVfG verweist auf §§ 2, 104 ff. BGB. Seine Nr. 2 erweitert die Handlungsfähigkeit auf natürliche Personen, die nach bürgerlichem Recht beschränkt geschäftsfähig sind, denen aber nach Sondervorschriften im bürgerlichen oder im öffentlichen Recht die Geschäfts- bzw. Handlungsfähigkeit zugesprochen wird.[63]

Für juristische Personen und Vereinigungen i.S.d. § 11 Nr. 2 VwVfG handeln ihre gesetzlichen Vertre- **33** ter oder besonders Beauftragte. Wer gesetzlicher Vertreter ist, ergibt sich aus dem jeweils maßgeblichen Recht (im Zivilrecht z.B. aus dem Vereins-, Handels- und Gesellschaftsrecht, im Öffentlichen Recht z.B. aus dem Kommunalrecht, dem Hochschulrecht etc.). Behörden sind nach Nr. 4 selbst nicht handlungsfähig; für sie werden ihre Organwalter tätig.[64] Für nicht oder nur beschränkt handlungsfähige Personen muss der gesetzliche Vertreter Widerspruch erheben. Fehlt ein solcher, muss die Behörde Sorge für die Bestellung eines Vertreters tragen (§ 16 VwVfG i.V.m. § 57 ZPO).

4. Vertretung durch Bevollmächtigten (§ 14 VwVfG). a) Regelfall. Im Widerspruchsverfahren be- **34** steht kein Anwaltszwang. Der Beteiligte kann sich aber nach § 14 VwVfG (→ § 68 Rn. 55) in jeder Phase des Verfahrens, also auch im Vorverfahren, vertreten lassen. Tut er dies, so ist der Vertreter berechtigt, alle das Widerspruchsverfahren betreffenden Handlungen mit Wirkung für und gegen den Vertretenen vorzunehmen, sofern sich aus der Vollmachtserteilung nichts Gegenteiliges ergibt.[65] Eine ordnungsgemäße Vollmacht ist Zulässigkeitsvoraussetzung des Widerspruchs.[66] Sie ist zwar auf Verlangen schriftlich nachzuweisen (§ 14 Abs. 1 S. 3 VwVfG), doch ist die Schriftform – anders als in § 67 Abs. 3 S. 1 – nicht zwingend. Ein Bevollmächtigter ist von der Behörde zurückzuweisen, wenn er geschäftsmäßig fremde Rechtsangelegenheiten besorgt, ohne dazu befugt zu sein (§ 14 Abs. 5 VwVfG i.V.m. Art. 1 §§ 1, 5 RBerG).[67] Die Zurückweisung ist jedoch nur in Bezug auf ein konkretes Verwaltungsverfahren zulässig.

Für die Zustellung des Widerspruchsbescheids gilt die Sonderregelung des § 56 Abs. 2 i.V.m. § 8 **35** VwZG des Bundes (str., → § 68 Rn. 55). Die Zustellung *muss* danach an den Bevollmächtigten erfolgen, wenn er eine schriftliche Vollmacht vorgelegt hat. Die Sollbestimmung des § 14 Abs. 3 S. 1 VwVfG tritt insoweit zurück; sie bleibt aber für das Abhilfeverfahren anwendbar, für das § 56 nicht gilt (→ § 68 Rn. 55). Eine Verletzung des § 14 Abs. 3 VwVfG führt nicht zu einem Zustellungsmangel, wenn die Zustellung ansonsten ordnungsgemäß an den Betroffenen erfolgt ist (arg e § 67 Abs. 3 S. 3, § 8 VwZG). Eine Bekanntgabe durch Zustellung an Handlungsunfähige ist unwirksam (HmbOVG

---

61 Vgl. *Hufen* § 6 Rn. 4.
62 OVG Schleswig NVwZ-RR 1996, 103; W. *Hoppe*, DVBl 1970, 845; K. *Ewald*, DVBl 1970, 237 ff.; D. *Hahn*, DVBl 1974, 509, 511.
63 Sondervorschriften des Zivilrechts sind: §§ 112, 113 BGB. Sondervorschriften des Öffentlichen Rechts sind z.B.: §§ 19 Abs. 5, 44 Abs. 1 S. 5 WPflG (dazu BVerwGE 7, 66, 67), § 7 Abs. 1 StVZO (vgl. dazu BVerwG MDR 1966, 442), § 6 AsylVfG (BVerwG NJW 1982, 539 f.; a.M. W. *Kunz*, NJW 1982, 2707 ff. m.w.N.), §§ 5, 36 SGB I; weitere Sondervorschriften bei H. *Schmitz*, in: Stelkens/Bonk/Sachs § 12 Rn. 11 f. Generell hierzu: G. *Robbers*, DVBl 1987, 709 ff.; C.-R. *Meyer*, Die Stellung des Minderjährigen im öffentlichen Recht, 1988.
64 H. *Schmitz*, in: Stelkens/Bonk/Sachs § 12 Rn. 17.
65 *Pietzner/Ronellenfitsch* Rn. 1109.
66 *Hufen* § 6 Rn. 9.
67 *Pietzner/Ronellenfitsch* Rn. 1108.

DVBl 1982, 218). Eigene Erklärungen des Vertretenen zum Widerspruchsverfahren werden hingegen durch die Bevollmächtigung nicht ausgeschlossen.[68]

36   Handelt ein Vertreter ohne Vertretungsmacht, so ist der eingelegte Widerspruch unzulässig.[69] Die Abweisung hat in diesem Fall gegenüber dem vollmachtlosen Vertreter zu erfolgen,[70] da sich der Vertreter entsprechend §§ 179, 164 Abs. 2 BGB nicht auf den mangelnden Willen, in eigenem Namen zu handeln, berufen kann und er sich deshalb als Beteiligter behandeln lassen muss. Sein (Dritt-)Widerspruch ist dann regelmäßig mangels Widerspruchsbefugnis unzulässig.

37   Die Rspr. ist hier a.A.:[71] Demnach soll der angeblich Vertretene Beteiligter sein, gegen den die Entscheidung zu ergehen habe, während der Vertreter die Kosten zu tragen habe.[72] Weil der vollmachtlose Vertreter nicht in eigenem, sondern in fremdem Namen den Widerspruch eingelegt habe, könne die fehlende Vertretungsmacht nicht dazu führen, dass dieser Partei des Verfahrens werde. Ihm gleichwohl die Kosten aufzubürden entspreche jedoch dem allgemeinen kostenrechtlichen Grundsatz der Veranlasserhaftung. Eine Ausnahme gelte nur dann, wenn der Vertretene offenkundig das Tätigwerden des vollmachtlosen Vertreters veranlasst hat. In diesem Fall habe der Vertretene, ohne sich auf die fehlende Vollmacht berufen zu können, die Kosten zu tragen.[73] Diese Ansicht kann freilich weder überzeugend erklären, wie der angeblich Vertretene ohne sein Zutun Verfahrensbeteiligter wird,[74] noch vermag sie die Kostentragungspflicht des vollmachtlosen Vertreters, der nicht selbst Verfahrensbeteiligter ist (vgl. § 13 VwVfG), zu begründen.[75] Sie ist daher abzulehnen.

38   **b) Massenverfahren.** Massenverfahren, d.h. Verwaltungsverfahren, an denen regelmäßig (sehr) viele Personen beteiligt sind,[76] sind in den letzten Jahren stark in der Bedeutung gestiegen. Die Vorschriften über Masseneingaben (§§ 17–19 VwVfG) gelten auch im Widerspruchsverfahren. Dagegen ist die rein prozessuale Vorschrift des § 67a nicht, mangels Regelungslücke auch nicht analog, anwendbar (→ § 68 Rn. 55). §§ 17–19 VwVfG lassen sich allerdings auf das Widerspruchsverfahren nicht optimal übertragen. Dies führt zu Auslegungsstreitigkeiten.[77]

39   Der gemeinsame Vertreter nach §§ 17, 18 VwVfG ist kein gesetzlicher Vertreter,[78] sondern Vertretertypus sui generis.[79] Sinn der Regelung ist es, durch die Vertretung eine Bündelung sachlich gleicher Einwendungen zu erreichen. Nach § 19 VwVfG kann der gemeinsame Vertreter alle Verfahrenshandlungen im Widerspruchsverfahren vornehmen und hat dabei die Interessen der Vertretenen wahrzunehmen, ohne an Weisungen gebunden zu sein (§ 19 Abs. 1 S. 2, 3 VwVfG).[80] Ähnlich wie der Bevollmächtigte nach § 14 Abs. 1 S. 2 VwVfG kann er insbes. Widerspruch mit Wirkung für alle Vertretenen einlegen und das Vorverfahren für alle betreiben.[81] Die Zurückweisung des gemeinsamen Vertreters richtet sich nach § 19 Abs. 2 VwVfG i.V.m. § 14 Abs. 5–7 VwVfG; die Vergütung nach § 19 Abs. 3 VwVfG, der auf die Regelung des „Vertreters von Amts wegen" verweist (§ 16 Abs. 3 VwVfG).

40   Soweit die Vorschriften der §§ 17–19 VwVfG die Rechtsstellung des gemeinsamen Vertreters nicht regeln, ist diese aus dem Wesen und den Erfordernissen des Massenverfahrens zu entwickeln. Angesichts § 19 Abs. 1 S. 2 VwVfG ist umstr., ob die Vertretenen selbst abweichende Erklärungen im Widerspruchsverfahren abgeben können. Nach Sinn und Zweck der §§ 17–19 VwVfG ist dies zu verneinen,

---

68 VGH München NJW 1976, 1117; *Pietzner/Ronellenfitsch* Rn. 1111.

69 BVerwGE 69, 380, 381; VGH Mannheim VBlBW 1982, 44; VGH München BayVBl 1975, 141 f.

70 So auch *Pietzner/Ronellenfitsch* Rn. 1118.

71 BVerwG Buchholz 310 § 67 VwGO Nr. 39; Buchholz 310 § 155 VwGO Nr. 2; NVwZ 1982, 499; VGH Mannheim VBlBW 1982, 44 f.; vgl. auch *Rosenberg/Schwab/Gottwald* § 56 II 2; BFHE 87, 1, 2; 111, 221, 222; 129, 305, 307.

72 BVerwG Buchholz 310 § 67 VwGO Nr. 39; Buchholz 310 § 138 Ziff. 4 VwGO Nr. 6; RGZ 66, 37, 39; BGH NJW 1983, 883 f.; 1988, 49, 50; BFHE 87, 2; 92, 174; 111, 222; OVG Münster OVGE 1, 81; NJW 1993, 3155, 3156; VGH Kassel DVBl 1964, 876, 877; VGH München BayVBl 1965, 429; a.M. *G. Renner*, MDR 1974, 355, 357.

73 BVerwG Buchholz 310 § 67 VwGO Nr. 39; Buchholz 310 § 155 Nr. 2; VGH München BayVBl 1965, 429; BFHE 108, 477, 478; 129, 305, 308.

74 *G. Renner*, MDR 1974, 355, 357.

75 S. *Pietzner/Ronellenfitsch* Rn. 1119.

76 Vgl. auch *Maurer* § 19 Rn. 7; *P. Weides* 125; *Schmitt Glaeser/Horn* Rn. 230 ff.; *Ule/Laubinger* § 45.

77 Dazu *W. Schmitt Glaeser*, FS Boorberg Verlag, 1977, 6 ff. m.w.N.

78 So aber *Ule/Laubinger* § 45 Rn. 33; *K. Ritgen*, in: Knack/Henneke § 19 Rn. 2; *Meyer/Borgs* § 19 Rn. 4; *H. Schmitz*, in: Stelkens/Bonk/Sachs § 19 Rn. 3.

79 So auch *Schmitt Glaeser/Horn* Rn. 231.

80 Zu dieser Rechtsfigur *Maurer* § 19 Rn. 7.

81 So auch *Schmitt Glaeser/Horn* Rn. 231 f.; *W. C. Schmel*, Massenverfahren, 1982, 121; a.M. *Ule/Laubinger* § 45 Rn. 33; *K. Ritgen*, in: Knack/Henneke § 19 Rn. 3.

da sonst die durch Bündelung der rechtlichen Kommunikation zwischen den Beteiligten und den Behörden angestrebte Beschleunigung nicht erreicht werden könnte. Daher muss auch eine einzelne Anhörung der Beteiligten nicht erfolgen.[82]

Ein Problem stellt auch die vorzeitige Beendigung des Widerspruchsverfahrens durch den weisungsfreien Vertreter dar. Die Regelung der §§ 17 Abs. 3 S. 1, 18 Abs. 2 S. 1 VwVfG ist nicht sachgerecht, da der Vertretene von der Absicht einer Rücknahme des Widerspruchs oder aber einer Beendigung des Verfahrens durch einen Vergleichsvertrag i.S.d. § 55 VwVfG regelmäßig zu spät erfährt. Der dann vorgenommene Entzug der Vertretungsmacht nach §§ 17 Abs. 3, 18 Abs. 2 VwVfG wirkt nur ex nunc, sodass die Wirksamkeit der bereits vorgenommenen Handlungen unberührt bleibt.[83] Gleichwohl gibt es de lege lata keine Alternative; als Korrektiv für schlechte „Amtsführung" bleiben nur Schadensersatzansprüche gegen den Vertreter. 41

Nach Beendigung des Widerspruchsverfahrens ist i.R. der §§ 17–19 VwVfG der gemeinsame Vertreter nicht per se zur Klageerhebung befugt, da es sich hierbei nicht mehr um ein Verwaltungs-, sondern um ein gerichtliches Verfahren handelt. Im Prozess ist dann § 67a anzuwenden. 42

5. Wechsel des Widerspruchsführers. Eine besondere Verfahrenssituation ergibt sich, wenn *nach Erhebung des Widerspruchs* der Widerspruchsführer durch Tod (natürliche Person) oder Erlöschen (juristische Person) wegfällt und ein Rechtsnachfolger an seine Stelle tritt. Vergleichbar ist der Fall, dass eine *streitbefangene Sache* übertragen wird, nachdem der Rechtsvorgänger Widerspruch eingelegt hat. Weder die VwGO noch die VwVfG der Länder enthalten hierzu Bestimmungen.[84] Zurückzugreifen ist daher nach § 79 VwVfG über § 173 auf die einschlägigen Normen der ZPO. Dabei verlangt jeder Einzelfall eine differenzierte Betrachtung, ob die zivilprozessualen Regelungen zur Lückenfüllung im Widerspruchsverfahren strukturell geeignet sind. 43

a) Gesetzlicher Beteiligtenwechsel. Im Fall gesetzlicher Rechtsnachfolge, insbes. bei *Gesamtrechtsnachfolge* durch den Tod des Widerspruchsführers, gelten nach § 173 und § 79 VwVfG die §§ 239 ff. ZPO entsprechend.[85] Eine Analogie ist gerechtfertigt, da die Situation vergleichbar ist und die Regelungslücke dadurch sinnvoll geschlossen werden kann. Im Fall des Todes eines Widerspruchsführers wird das Verfahren also gem. § 239 Abs. 1 ZPO *unterbrochen*, bis es der Rechtsnachfolger oder die Behörde wieder aufnimmt und weiterführt.[86] Der Rechtsnachfolger nimmt das Verfahren in dem Stadium auf, in dem es sich aktuell befindet; Fristen beginnen also nicht neu zu laufen,[87] sondern laufen nach zwischenzeitlicher Hemmung weiter. Existiert hingegen ausnahmsweise kein Rechtsnachfolger, etwa im Fall der Liquidation juristischer Personen, gelten § 239 Abs. 1 und § 246 ZPO auch nicht analog (vgl. BGH LM § 74 GmbHG Nr. 1). Das Fehlen eines Rechtsnachfolgers als zwingende Voraussetzung hindert auch an einer analogen Anwendung von § 265 ZPO.[88] Die Unzulässigkeit des Widerspruchs lässt sich dann nur durch einen gewillkürten Parteiwechsel vermeiden. 44

Wie in der ZPO gilt aber auch hier eine wichtige Ausnahme:[89] Nach § 14 Abs. 2 VwVfG, der gem. § 79 VwVfG anwendbar ist, hat der Tod oder die sonstige Handlungsunfähigkeit des Widerspruchsführers keinen Einfluss auf das Bestehen der Vollmacht; es tritt also keine Unterbrechung des Verfahrens ein, wenn der Widerspruchsführer einen Verfahrensbevollmächtigten bestellt hat. Auf die inhaltlich entsprechende Regelung in §§ 246, 86 ZPO braucht daher im Widerspruchsverfahren nicht zurückgegriffen werden. Erst ein *Widerruf der Vollmacht* durch den Rechtsnachfolger gem. § 14 Abs. 1 S. 4 VwVfG kann die Fortwirkung der Vollmacht beenden. 45

Unabhängig vom Bestehen einer Bevollmächtigung kann der Eintritt der Rechtsnachfolge den angefochtenen Verwaltungsakt gegenstandslos werden lassen, falls dieser *höchstpersönliche Verpflichtungen für den Rechtsvorgänger* begründet hat. Dies führt zur Erledigung des Widerspruchsverfahrens (→ Rn. 91–96). Die Widerspruchsbehörde erlässt dann einen Bescheid, der die Einstellung des Verfah- 46

---

82 Vgl. *Kopp/Ramsauer* § 19 Rn. 5; *Meyer/Borgs* § 19 Rn. 4; *Schmitt Glaeser/Horn* Rn. 231.
83 *Schmitt Glaeser/Horn* Rn. 232.
84 *W. Spannowsky*, NVwZ 1992, 426.
85 OVG Brem NVwZ 1984, 917; *W. Spannowsky*, NVwZ 1992, 426; *Pietzner/Ronellenfitsch* Rn. 1055.
86 *W. Spannowsky*, NVwZ 1992, 426; *Pietzner/Ronellenfitsch* Rn. 1055; vgl. auch *Kopp/Ramsauer* § 11 Rn. 18.
87 Vgl. etwa BVerwG NVwZ 1989, 967; VGH München BayVBl 1986, 304, 305; *H. Stadie*, DVBl 1990, 506; *M. Wallerath*, JuS 1971, 461, 464; *J. Martens*, JuS 1972, 192; *A. v. Mutius*, VerwArch 63 (1972), 461 f.
88 *W. Spannowsky*, NVwZ 1992, 428.
89 *W. Spannowsky*, NVwZ 1992, 426.

rens feststellt. Eine Sachentscheidung kann nicht mehr ergehen,[90] die Behörde trifft aber eine Kostenentscheidung.[91] Der Rechtsnachfolger kann das Verfahren auch nicht als Fortsetzungsfeststellungswiderspruch weiterbetreiben (→ § 68 Rn. 107 ff.; → § 113 Rn. 139).

47   **b) Gewillkürter Beteiligtenwechsel.** Bei der gewillkürten Rechtsnachfolge sind die §§ 239 ff. ZPO auch nicht analog anzuwenden, da sie nur die Unterbrechung des Verfahrens bei *gesetzlicher Gesamtrechtsnachfolge* regeln.[92] Problem ist hier nicht der Wegfall der Beteiligtenfähigkeit des ursprünglichen Widerspruchsführers, sondern die Frage nach dem *Übergang der Widerspruchsbefugnis.*[93]

48   Ist ein *personenbezogener Verwaltungsakt* Gegenstand des Widerspruchsverfahrens, so ist ein Wechsel des Widerspruchsführers nicht möglich, da die Betroffenheit nicht „übertragbar" ist; verfahrensrechtlich fehlt es dann an der Widerspruchsbefugnis.

49   Anders ist es bei *sachbezogenen Verwaltungsakten.* Hier knüpft die Widerspruchsbefugnis an die streitbefangene Sache an; bei deren Übertragung ist also die Frage nach dem Übergang der Widerspruchsbefugnis berechtigt. Anders als bei der gesetzlichen Rechtsnachfolge ist jedoch eine Anwendung der entsprechenden zivilprozessualen Normen aus verfahrensstrukturellen Gründen abzulehnen (anders jedoch BVerwG NJW 1985, 598; VGH München NVwZ-RR 1990, 172). Die §§ 265, 266 ZPO werden dem speziellen Erfordernis der Widerspruchsbefugnis nicht gerecht:[94] Nach § 265 Abs. 2 ZPO müsste das Verfahren durch den ursprünglichen Widerspruchsführer fortgeführt werden. Dieser verliert jedoch durch die Übertragung regelmäßig die Widerspruchsbefugnis, da diese von der *dinglichen* Rechtsposition abhängt. Die analoge Anwendung zivilprozessualer Vorschriften würde daher den Grundsatz umgehen, dass die Widerspruchsbefugnis ebenso wie die Klagebefugnis die mögliche *Verletzung eigener Rechte* voraussetzt.[95] Ferner führte die Anwendung des § 265 ZPO auf das Vorverfahren zu einer „Verfahrensstandschaft", die über die fehlende Prozessführungsbefugnis hinweghelfen soll. Eine gewillkürte Prozessstandschaft ist jedoch schon im Verwaltungsprozess nicht möglich;[96] noch viel weniger ist dieses Institut auf das Verwaltungsverfahren übertragbar.

50   Den verwaltungsverfahrensrechtlichen Erfordernissen entspricht daher auch in diesem Fall eine *analoge Anwendung des § 239 ZPO.*[97] Der Rechtserwerber oder die Behörde können nach der Verfahrensunterbrechung das Verfahren wieder aufnehmen. Freilich wird der Erwerber nur dann widerspruchsbefugt, wenn die Verfügung auch für ihn fortgilt und ihm eine Rechtsverletzung droht.[98] Stellt die Übertragung der dinglichen Rechtsposition durch den ursprünglichen Widerspruchsführer einen *Missbrauch* dar, etwa weil die Pflichten aus der Verfügung nicht auf den Erwerber übergehen, so kann auch § 239 ZPO keine entsprechende Anwendung finden. Der ursprüngliche Widerspruchsführer bleibt Verfahrensbeteiligter, verliert aber durch die Übertragung der dinglichen Position seine *Widerspruchsbefugnis.* Sein Widerspruch wird unzulässig.[99]

IV. Widerspruchsbefugnis

51   **1. Zweck der Widerspruchsbefugnis.** Das Widerspruchsverfahren ist kein objektives Beanstandungsverfahren, sondern dient primär der Verteidigung subjektiver Rechte. Daher muss nach heute ganz h.M. eine Widerspruchsbefugnis als Zulässigkeitsvoraussetzung gegeben sein, um einen „Popularwiderspruch" auszuschließen (→ § 42 Rn. 368).[100] Der Widerspruchsführer muss aus *eigenem* Recht befugt sein, Widerspruch zu erheben. Dies gilt unabhängig von dem erweiterten Prüfungsumfang des § 68 Abs. 1 S. 1.[101] Der Widerspruchsführer muss geltend machen, in einem subjektiv-öffentlichen

---

90   BVerwG NJW 1989, 2486; *Kopp/Schenke* § 73 Rn. 9; *P. Weides* 279; VG Bremen DVBl 1979, 824.
91   *Kopp/Schenke* § 73 Rn. 9; *P. Weides* 279; VG Bremen DVBl 1979, 824.
92   Vgl. nur *Rosenberg/Schwab/Gottwald* § 126 I.
93   *W. Spannowsky,* NVwZ 1992, 430.
94   So auch *W. Spannowsky,* NVwZ 1992, 429 f.
95   Statt vieler *Kopp/Schenke* § 69 Rn. 6.
96   Vgl. nur *Schmidt Glaeser/Horn* Rn. 83; *Kopp/Schenke* § 42 Rn. 60; VGH Mannheim NVwZ-RR 1995, 639 m.w.N.
97   So zutr. *W. Spannowsky,* NVwZ 1992, 430.
98   Vgl. etwa zu den Grundsätzen der Rechtsnachfolge in die Polizeipflichtigkeit instruktiv *Würtenberger/Heckmann/Tanneberger* Rn. 310 ff.
99   I.E. so auch *W. Spannowsky,* NVwZ 1992, 430.
100 *Kopp/Schenke* § 69 Rn. 6; *Hufen* § 6 Rn. 24; *P. Weides* 281; *H. D. Jarass,* NJW 1983, 2844, 2845.
101 Vgl. nur *Hufen* § 6 Rn. 24.

Recht betroffen zu sein.[102] Wer nur ein wirtschaftliches, kulturelles oder ideelles Interesse geltend macht, ist somit nicht widerspruchsbefugt.[103]

2. Rechtsgrundlage. Meist wird die Widerspruchsbefugnis auf eine analoge Anwendung von § 42 **52** Abs. 2 gestützt.[104] Dies ist jedoch dogmatisch zu eng, da § 42 Abs. 2 an der möglichen Rechtswidrigkeit eines Verwaltungsakts anknüpft, während sich der Prüfungsumfang des § 68 Abs. 1 S. 1 auf Recht- *und* Zweckmäßigkeit erstreckt. Eine analoge Anwendung des § 42 Abs. 2 ist daher nur bei gebundenen Verwaltungsakten sinnvoll, da hier die Zweckmäßigkeit keine Rolle spielt (→ § 42 Rn. 368). Bei Ermessensverwaltungsakten ist die Widerspruchsbefugnis jedoch schon dann zu bejahen, wenn der Widerspruchsführer vorträgt, dass das Handeln der Behörde eines seiner subjektiven Rechte betrifft und sie dabei möglicherweise unzweckmäßig gehandelt hat.[105] Freilich sind die rechtlichen Auswirkungen dieses Problems nicht gravierend: Zum einen beruht unzweckmäßiges Handeln häufig auf einem Ermessensfehler und führt damit nach § 40 VwVfG, § 114 zur Rechtswidrigkeit; zum anderen wird ein unzweckmäßiger Verwaltungsakt in vielen Fällen auch unverhältnismäßig (insbes. nicht erforderlich) und damit ebenfalls rechtswidrig sein.[106]

Eine ältere Gegenmeinung[107] will in Analogie zu § 42 Abs. 2 die Berufung auf (bloß) zweckwidriges **53** Verwaltungshandeln ausschließen. Dies ist mit Sinn und Zweck des § 68 unvereinbar, da es systemwidrig wäre, für die Zulässigkeit höhere Hürden als für die Begründetheit zu errichten.[108]

3. Geltendmachung der Betroffenheit in eigenen Rechten. a) Voraussetzungen. Die Anforderungen **54** an die Geltendmachung der Betroffenheit in eigenen Rechten richten sich nach der zu § 42 Abs. 2 entwickelten Möglichkeitstheorie (→ § 42 Rn. 370 f.). Der Widerspruchsführer muss substantiiert darlegen, durch den Erlass oder die Unterlassung eines Verwaltungsaktes möglicherweise in seinen Rechten verletzt bzw. in seinen rechtlich geschützten Interessen zweckwidrig betroffen zu sein.[109] Wie die Klagebefugnis ist die Widerspruchsbefugnis nur zu verneinen, *wenn „offensichtlich und eindeutig nach keiner Betrachtungsweise"* die vom Widerspruchsführer behauptete Rechtsverletzung oder -betroffenheit bestehen kann.[110]

b) Betroffenheit in eigenen subjektiven Rechten. Der Widerspruchsführer muss eine mögliche Betrof- **55** fenheit in eigenen subjektiven Rechten (→ § 42 Rn. 373–389 m.w.N.) geltend machen; ein bloßer Rechtsreflex oder lediglich ein ideelles Interesse ist nicht ausreichend. Auch aus dem Begriff des „Beschwerten" in § 70 ergibt sich nichts Anderes. Die Definition des subjektiv-öffentlichen Rechts ist umstr.; eine bessere Lösung als die herrschende Schutznormlehre ist jedoch bis heute nicht entwickelt worden.

Im zweipoligen Verhältnis Staat – Bürger ist die Widerspruchsbefugnis meist unproblematisch. Nach **56** der Adressatentheorie (→ § 42 Rn. 374 m.w.N.) ist der Adressat eines belastenden Verwaltungsaktes, weil er mindestens in Art. 2 Abs. 1 GG verletzt sein kann (nach der weiten Interpretation des Art. 2 Abs. 1 GG als Garantie der allgemeinen Handlungsfreiheit, → § 42 Rn. 374 m.w.N.), nicht nur klage-,

---

102 Zu den subjektiv öffentlichen Rechten statt vieler: *Maurer* § 8 Rn. 2. Die klassische Definition stammt von *O. Bühler*, FG Fleiner, 1927, 26, 36).

103 *Pietzner/Ronellenfitsch* Rn. 1156; *P. Weides* 281.

104 *Schunck/De Clerk* §§ 69, 70, 2 a; *R. Schiedermair*, BayVBl 1961, 357, 358; *E. Buri*, DÖV 1962, 929, 930; *W. Simon*, BayVBl 1969, 100.

105 BVerwG DÖV 1969, 142 ff.; *Hufen* § 6 Rn. 26; *K. Löwer*, MDR 1965, 92, 93; *A. v. Mutius*, Widerspruchsverfahren, 1969, 215 ff.; *P. Weides* 281; *H.-U. Erichsen*, Jura 1992, 649; *Pietzner/Ronellenfitsch* Rn. 1156; *Kopp/Schenke* § 69 Rn. 6; *F. Wind*, ZBR 1984, 167, 169; *K. Rennert*, in: Eyermann § 69 Rn. 9; a.M. *C. Trzaskalik*, Widerspruchsverfahren, 1972, 58 ff.

106 *Hufen* § 6 Rn. 26.

107 *Schunck/De Clerk* §§ 69, 70, 2 a; *R. Schiedermair*, BayVBl 1961, 357, 358; *E. Buri*, DÖV 1962, 929, 930; *W. Simon*, BayVBl 1969, 100.

108 BVerfG BayVBl 1973, 462, 463; BVerwGE 65, 313, 318; *Hufen* § 6 Rn. 26; *K. Löwer*, MDR 1965, 92, 93; *A. v. Mutius*, Widerspruchsverfahren, 1969, 215 ff.; *Wolff/Bachof* III § 161, 16; *P. Weides* 281; *H.-U. Erichsen*, Jura 1992, 645, 649; *R. Brühl*, JuS 1994, 153, 157; *Kopp/Schenke* § 69 Rn. 6; *F. Wind*, ZBR 1984, 167, 169.

109 BVerwGE 18, 154, 157; 36, 192, 199 f.; 44, 1, 2 f.; *P. Weides* 282; *A. Günther/S. Blum*, Widerspruchsverfahren, 1994, § 3 A II 3 (S. 40).

110 Für die Klagebefugnis in st. Rspr.: BVerwGE 18, 154, 157; 36, 192, 199 f.; 68, 241, 242; 75, 285, 291; 92, 313, 315 f.; weitere Nachw. und Kritik zu dieser Formel → § 42 Rn. 371.

sondern stets auch widerspruchsbefugt.[111] Auf die Ausführungen zu § 42 Abs. 2 kann deshalb verwiesen werden (→ § 42 Rn. 355–461).

57 Anders ist es, wenn der Adressat des Verwaltungsakts nicht der Widerspruchsführer, sondern ein begünstigter Dritter ist. Der Widerspruchsführer muss dann geltend machen können, dass er gerade durch den den Adressaten begünstigenden Verwaltungsakt verletzt wird (→ § 42 Rn. 375 für die Anfechtungsklage);[112] nach der Schutznormtheorie müssen die verletzten Normen gerade auch den Widerspruchsführer, nicht lediglich die Allgemeinheit zu schützen bestimmt sein (→ § 42 Rn. 379 m.w.N.).

58 Besonderheiten gelten für die Widerspruchsbefugnis in beamtenrechtlichen Streitigkeiten (§ 54 Abs. 3 BeamtStG, vormals § 126 Abs. 3 BRRG),[113] da hier durch die Prüfung der Widerspruchsbefugnis nicht allein der Popularwiderspruch ausgeschlossen werden soll, sondern darüber hinaus auch geklärt werden muss, ob subjektive Rechte des Widerspruchsführers betroffen sind. Da sich die Notwendigkeit eines Vorverfahrens hier auch auf Maßnahmen erstreckt, die mangels Außenwirkung kein Verwaltungsakt sind, kann das Nichtbestehen eines subjektiven Rechts nicht bereits aus der fehlenden Außenwirkung gefolgert werden. Vielmehr ist nach der Doppelstellung des Beamten als Rechtsperson und Amtswalter zu differenzieren. Nach dem Wegfall der Lehre vom besonderen Gewaltverhältnis lassen sich (klagefähige) subjektive Rechte des Beamten nur dann verneinen, wenn sich der Streit auf die Inhalte der Amtsführung bezieht.[114] Andernfalls gelten die gleichen Grundsätze wie außerhalb des Beamtenverhältnisses (so auch BVerwG DVBl 1980, 882, 884).

59 Die Ausgangsbehörde oder eine andere Behörde kann gegen den Widerspruchsbescheid, der den ursprünglichen Verwaltungsakt abändert, regelmäßig nicht klagen, weil sie nicht in eigenen Rechten betroffen ist.[115] Ausnahmsweise kann jedoch auch eine Behörde in klagefähigen Rechten betroffen sein, z.B. eine Gemeinde in ihrem Selbstverwaltungsrecht nach Art. 28 Abs. 2 GG (bzw. entsprechenden Bestimmungen in Landesverfassungen und Gemeindeordnungen) oder auch ein beliehener Vermessungsingenieur in seinem Gebührenanspruch.[116]

60 c) Verwaltungsakte mit Beurteilungsspielraum. Ist der Verwaltung ein Beurteilungsspielraum eingeräumt,[117] gilt für die Widerspruchsbefugnis nicht § 42 Abs. 2 analog, sondern – wie bei der Ermessensverwaltung – der erweiterte Prüfungsmaßstab des § 68 Abs. 1 S. 1. Es ist also ausreichend, wenn der Widerspruchsführer geltend macht, dass die Beurteilungskompetenz zweckwidrig ausgeübt worden sei.

61 4. Widerspruchsbefugnis kraft Gesetzes. Nach § 42 Abs. 2 kann die Klagebefugnis durch Gesetz auch auf Personen/Behörden ausgedehnt werden, die prinzipiell nicht klagebefugt wären. Bundes- und Landesgesetzgeber haben in zahlreichen Fällen von dieser Möglichkeit Gebrauch gemacht (→ § 42 Rn. 390–394 m.w.N.). In diesen Fällen ist neben der Klage- immer auch die Widerspruchsbefugnis gegeben.[118]

62 5. Folgen mangelnder Widerspruchsbefugnis. Fehlt die Widerspruchsbefugnis, so muss der Widerspruch als unzulässig zurückgewiesen werden.[119] Der Abhilfe- bzw. Widerspruchsbehörde ist es dann verwehrt, den angegriffenen Verwaltungsakt aufzuheben oder abzuändern (BVerwG Buchholz 310 § 73 Nr. 33). Die Möglichkeit eines Zweitbescheids, der sich dann nach §§ 48, 49 VwVfG richtet, bleibt unberührt.

---

111 A. v. Mutius, Widerspruchsverfahren, 1969, 214; P. Kothe, in: Redeker/v. Oertzen § 69 Rn. 5; Hufen § 6 Rn. 25.
112 Hufen § 6 Rn. 25.
113 Dazu: VG Minden 4. Kammer, 17.1.2013; Herrmann, LKV 2011, 49; Plog/Wiedow, BBG – Kommentar, § 54 BeamtStG Rn. 4 ff.; F. Wind, ZBR 1984, 167, 170; vgl. auch → § 68 Rn. 99–101.
114 F. Wind, ZBR 1984, 167 (175).
115 BVerwGE 45, 207, 211; K. Rennert, in: Eyermann § 69 Rn. 10.
116 BVerwG NVwZ-RR 1989, 359; K. Rennert, in: Eyermann § 69 Rn. 10.
117 Vgl. Maurer § 7 Rn. 37 ff.; M.-E. Geis, DÖV 1993, 22, 23 ff. m.w.N.
118 So wohl auch P. Weides 282.
119 Schenke Rn. 696.

6. Allgemeines Rechtsschutzbedürfnis. Wie bei jedem anderen Rechtsbehelf, muss für die Durchfüh- 63
rung des Vorverfahrens das allgemeine Rechtsschutzbedürfnis[120] gegeben sein, d.h. Rechtsschutz darf
nicht anderweitig leichter, schneller, besser und billiger erreicht werden.[121] Da das Widerspruchsverfahren selbst schon der regelmäßig „leichtere Weg" ist[122] (→ § 68 Rn. 85), liegt das Rechtsschutzbedürfnis meist vor. Es kann jedoch fehlen, wenn die beantragte Sachentscheidung für den Rechtsbehelfsführer offenbar nutzlos ist, wenn der Widerspruchsführer die Behörde missbräuchlich in Anspruch nimmt oder wenn er sich treuwidrig gegen eigenes vorangegangenes Tun verhält (venire contra
factum proprium).[123] Hauptanwendungsfall ist der sog. verwirkte Nachbarwiderspruch bei fehlender
oder fehlerhafter Bekanntgabe:[124] Der Nachbar muss sich wegen des Grundsatzes von Treu und Glauben, den das BVerwG aus dem „nachbarlichen Gemeinschaftsverhältnis" herleitet (BVerwGE 44, 294,
298; 77, 85, 89; 78, 88 f.; krit. → § 42 Rn. 353), selbst bei fehlender Bekanntgabe des Verwaltungsakts, ab dem Zeitpunkt, zu dem er von der erteilten Baugenehmigung „zuverlässig Kenntnis erlangt"
hat oder sich verschaffen hätte können und müssen, grds. so behandeln lassen, als sei ihm die Baugenehmigung wirksam bekannt gegeben worden. Ab dem Zeitpunkt läuft dann die Frist des § 58 Abs. 2
analog. Bei einem Verpflichtungswiderspruch ist das Rechtsschutzbedürfnis nach § 68 Abs. 2 nur gegeben, wenn der Widerspruchsführer zuvor einen formgerechten, aber erfolglosen Antrag bei der Ausgangsbehörde gestellt hat (→ § 68 Rn. 93 m.w.N.).
Von der verfahrensrechtlichen Verwirkung (die zur Unzulässigkeit des Widerspruchs führt)[125] ist die 64
Verwirkung des materiell-rechtlichen Anspruchs zu unterscheiden; sie führt zur Unbegründetheit.[126]
Welche konkreten Anforderungen an die Annahme einer Verwirkung zu stellen sind und welche Gebote der wechselseitigen Rücksichtnahme die Beteiligten untereinander zu beachten haben, ergibt sich
aus dem einschlägigen Recht.[127]

V. Durchführung des Widerspruchsverfahrens

1. Sachaufklärung. Im Widerspruchsverfahren gelten für die Sachaufklärung die §§ 24 ff. VwVfG 65
(→ § 68 Rn. 57).[128] Wenn es nach Maßgabe des Einzelfalls erforderlich ist, ist die Widerspruchsbehörde zur Kontrolle der Ermittlungen der Ausgangsbehörde und zur Erhebung eigener Informationen verpflichtet.[129] Übernimmt die Widerspruchsbehörde bei umstrittener Tatsachenlage Daten und Informationen der Ausgangsbehörde ungeprüft, so stellt dies regelmäßig einen Fehler in der Sachaufklärung
dar (→ § 68 Rn. 57).[130]
Entsprechend dem Kontrollzweck des Widerspruchsverfahrens sollte schon die Abhilfebehörde, jeden- 66
falls aber die Widerspruchsbehörde prüfen, ob im Einzelfall eine mündliche Erörterung (z.B. Ortstermin) mit den Beteiligten zu einer einvernehmlichen Lösung führen könnte. Erschöpft sich schon das
Abhilfeverfahren in der Praxis oft in der Vorlage zur Widerspruchsbehörde, so beschränkt sich die
Widerspruchsbehörde ihrerseits meist auf eine Prüfung nach Aktenlage und entscheidet im schriftli-
chen Verfahren. Beim Bürger entsteht der rechtspolitisch ungünstige Eindruck, dass nur der Weg zum
Gericht effektiven Rechtsschutz vermittelt.[131] Die erweiterten Heilungsvorschriften (z.B. §§ 45 Abs. 2,

---

120 Davon zu unterscheiden ist das besondere Rechtsschutzbedürfnis, das bei den einzelnen Klagetypen näher umschrieben wird (§§ 43 Abs. 1, 113 Abs. 1 S. 4 VwGO, §§ 256, 257, 259 ZPO). Zum allg. Rechtsschutzbedürfnis im Verwaltungsprozess: *H.-C. Bock*, Rechtsschutzbedürfnis, 1971.
121 *Hufen* § 6 Rn. 38; *A. Günther/S. Blum*, Widerspruchsverfahren, 1994, § 3 A II 3 (S. 42).
122 Ein Antrag auf Feststellung der Nichtigkeit nach § 44 Abs. 5 VwVfG ist entgegen *Hufen* § 6 Rn. 38, § 18 Rn. 48 kein
„leichterer Weg".
123 Bsp. bei *Hufen* § 6 Rn. 39 und *Pietzner/Ronellenfitsch* Rn. 1137.
124 OVG Weimar NVwZ 1994, 508; *Hufen* § 6 Rn. 39; *Pietzner/Ronellenfitsch* Rn. 1139.; *Schenke* Rn. 676; *P. Weides*
262; *K. Rennert*, in: Eyermann § 70 Rn. 5; *P. Kothe*, in: Redeker/v. Oertzen § 70 Rn. 2 b; *Jäde* Rn. 137. Zur Verwirkung auch → § 74 Rn. 69 und *Wolff/Bachof* III 156 Rn. 22.
125 BVerwG BRS 25 Nr. 176 (S. 308 f.); NVwZ 1988, 730; 1991, 1182, 1183; *Pietzner/Ronellenfitsch* Rn. 1139 f.
126 BVerwG NVwZ 1988, 730; OVG Münster BRS 23 Nr. 168; OVG Münster NJW 1981, 598 f.; *Pietzner/Ronellen-
fitsch* Rn. 1139 f.
127 VGH München GewArch 1992 68 ff. (Widerspruch gegen die Bestellung eines anderen Listenbewerbers zum Be-
zirksschornsteinfegermeister); *Pietzner/Ronellenfitsch* Rn. 1139 f.
128 *Hufen* § 8 Rn. 20.
129 Noch weiter gehend: *K. Lotz*, BayVBl 1987, 738, 741.
130 *Hufen* § 8 Rn. 20; *ders.*, Fehler im Verwaltungsverfahren, Rn. 218.
131 So auch *K. Lotz*, BayVBl 1987, 738, 741.

46 VwVfG, § 87 Abs. 1 Nr. 7, § 94 S. 2)[132] tragen zu einer weiteren Entwertung des Widerspruchsverfahrens bei.

67   **2. Anhörung.** § 28 VwVfG ist im Widerspruchsverfahren *nicht* anwendbar, da der neugefasste § 71 die Anhörung als lex specialis umfassend regelt.[133] Die früheren Streitfragen hierzu sind damit obsolet.[134]

68   **3. Beratung.** Die Widerspruchsbehörde ist dem Betroffenen gegenüber zu Information, Auskunft und Beratung nach § 25 VwVfG (→ § 68 Rn. 57) verpflichtet. Diese Beratungspflicht umfasst auch die Information über Risiken und Kosten des Verfahrens.[135]

69   **4. Akteneinsicht.** Die Widerspruchsbehörde hat nach § 29 VwVfG Akteneinsicht zu gewähren; § 100 ist auf das Vorverfahren nicht anwendbar (→ § 68 Rn. 58 m.w.N.). Die Einsicht erstreckt sich auf die Akten des Ausgangs- und Abhilfeverfahrens. Bei den Ausnahmen nach § 29 Abs. 2 VwVfG ist im Widerspruchsverfahren ein restriktiver Maßstab anzulegen. Zum einen dient das Einsichtsrecht der Effektivität des Rechtsschutzes, zum anderen ist in einem nachfolgenden Verwaltungsprozess die Behörde ohnehin verpflichtet, ihre Akten offenzulegen (§ 100).[136] Ein Verfahrensfehler liegt vor, wenn die Widerspruchsbehörde die Akteneinsicht verweigert oder aber unangemessen erschwert. Eine Heilung nach § 45 findet hier nicht statt.

70   **5. Beteiligung Dritter.** Nach § 79 i.V.m. § 13 VwVfG sind Antragsteller und Antragsgegner, also Widerspruchsführer und Ausgangsbehörde Beteiligte im Vorverfahren (→ § 68 Rn. 55). Auch die Widerspruchsbehörde ist, obwohl in § 13 VwVfG nicht aufgeführt, logischerweise stets Beteiligte.[137] Gibt die Widerspruchsbehörde dem Widerspruch statt und ist somit der Begünstigte des angefochtenen Verwaltungsakts oder der unmittelbar von der Aufhebung einer negativen Entscheidung betroffene Dritte erstmalig belastet, sind diese als notwendig Beteiligte i.S.d. § 13 Abs. 2 S. 2 VwVfG hinzuzuziehen. Werden durch den Ausgang des Widerspruchsverfahrens rechtliche Interessen Dritter tangiert, so *kann* die Behörde diese nach § 13 Abs. 2 S. 1 VwVfG beteiligen. Der Behörde steht insoweit (anders als bei § 13 Abs. 2 S. 2 VwVfG) ein Ermessen zu.[138] Sind Grundrechte Dritter betroffen, ist dieses Ermessen meist auf Null reduziert, sodass auch der Dritte hinzugezogen werden muss,[139] sofern er nicht schon nach § 13 Abs. 1 VwVfG beteiligt ist.[140] Der erweiterte Kontrollmaßstab des § 68 Abs. 1 S. 1 erweitert den Kreis der Beteiligten nicht.[141]

71   **6. Mitwirkung anderer Behörden.** Will die Widerspruchsbehörde einen bereits erlassenen Verwaltungsakt aufheben, abändern oder einen abgelehnten Verwaltungsakt selbst erlassen bzw. die erstinstanzliche Behörde zu dessen Erlass anweisen, so muss sie die Behörden beteiligen, die nach materiellem Recht zwingend beim Erlass der angefochtenen Verwaltungsentscheidung zu beteiligen sind.[142] Typische Bsp. sind:

- § 36 Abs. 1 BauGB (Einvernehmen der Gemeinde, Zustimmung der höheren Verwaltungsbehörde);
- § 9 Abs. 2 FStrG (Zustimmung der obersten Landesstraßenbaubehörde);
- § 25 LStrGNW, Art. 18 Abs. 1 S. 2 BayStrWG (Zustimmung der Straßenbaubehörde).

Wie dargelegt, gilt im Widerspruchsverfahren der Amtsermittlungsgrundsatz (§ 24 VwVfG). Danach sind u.U. auch Sachverständige zu hören, so z.B. nach § 114 Abs. 2 BSHG. Die fehlende Beteiligung

---

132 Dazu *Hufen*, JuS 1999, 313 ff.
133 Statt vieler *Kopp/Schenke* § 71 Rn. 2.
134 Vgl. noch BVerwG NVwZ 1987, 215; OVG Brem ZfSH/SGB 1984, 23, 24; OVG Koblenz NVwZ 1992, 386; VGH Mannheim VBlBW 1988, 18, 19; VGH München BayVBl 1985, 399, 401.
135 *Hufen* § 8 Rn. 24.
136 Vgl. *F. Hufen*, Fehler im Verwaltungsverfahren, Rn. 373.
137 *Hufen* § 8 Rn. 16.
138 Näher dazu: *H. Schmitz*, in: Stelkens/Bonk/Sachs § 13 Rn. 37.
139 *P. Häberle*, FS Boorberg Verlag, 1977, 47, 68; *H. Raeschke-Kessler/S. Eilers*, NVwZ 1988, 37 ff.; *F. Hufen*, Fehler im Verwaltungsverfahren, Rn. 279 f. Bsp. bei *H. Konrad*, BayVBl 1982, 481, 482.
140 *Hufen* § 8 Rn. 16.
141 *F. Hufen*, Fehler im Verwaltungsverfahren, ²1991, Rn. 402.
142 *P. Weides* 273.

einer anderen Behörde kann nach § 79 VwVfG i.V.m. § 45 Abs. 1 Nr. 5, Abs. 2 VwVfG noch bis zum Abschluss des verwaltungsgerichtlichen Verfahrens nachgeholt werden.[143]

7. Besondere Verfahrensfehler. Ein typischer Fehler des Widerspruchsverfahrens ist es, wenn ein bereits im Ausgangsverfahren mit der Angelegenheit befasster Beamter auch im Widerspruchsverfahren tätig wird, so bei Identität von Erst- und Widerspruchsbehörde oder bei zwischenzeitlicher Versetzung des Beamten an die Widerspruchsbehörde. Die h.M. sieht darin keinen rechtserheblichen Verstoß (Nachw. bei → § 68 Rn. 56). Dem kann wegen der Kontrollfunktion des Widerspruchsverfahrens und wegen der leichten organisatorischen Bewältigung dieses Problems nicht zugestimmt werden (→ § 68 Rn. 56).[144]   72

Wird die Anhörungspflicht durch die Widerspruchsbehörde verletzt, so leidet der Widerspruchsbescheid unter einem wesentlichen Verfahrensmangel i.S.d. § 79 Abs. 2 S. 2. Nach § 79 Abs. 2 S. 1 berechtigt dies zur gesonderten Anfechtung des Widerspruchsbescheids, wenn dieser auf der Verletzung beruht.[145] Auch hier kommt aber eine Heilung nach § 45 Abs. 2 VwVfG in Betracht.   73

VI. Ende des Vorverfahrens

1. Erlass eines Widerspruchsbescheids/Abhilfebescheids. Mit der wirksamen Zustellung des Widerspruchsbescheids endet das Vorverfahren;[146] ebenso, wenn der Abhilfebescheid, mit dem die Ausgangsbehörde dem Widerspruch in vollem Umfang stattgibt, dem Betroffenen zugeht.[147]   74

2. Rücknahme des Widerspruchs. Das Widerspruchsverfahren endet auch mit der Rücknahme des Widerspruchs. Diese ist zwar weder in der VwGO noch in den VwVfG geregelt, ihre Zulässigkeit ist aber allgemein anerkannt (→ § 68 Rn. 76 m.w.N.). Für den Zeitpunkt des Wirksamwerdens der Rücknahme gelten die zu § 130 BGB entwickelten Grundsätze entsprechend.[148] Umstr. ist, bis zu welchem Zeitpunkt der Widerspruch zurückgenommen werden kann. Nach einer Meinung[149] sind die Vorschriften für gerichtliche Rechtsbehelfe (§§ 92 Abs. 1 S. 1, 126 Abs. 1 S. 1, 140 Abs. 1 S. 1), wonach eine Rücknahme bis zur Rechtskraft der Entscheidung über den Rechtsbehelf zulässig ist, entsprechend auch auf das Widerspruchsverfahren anzuwenden. Danach wäre die Rücknahme auch nach Erlass des Widerspruchsbescheids bis zum Ablauf der Klagefrist zulässig. Diese Auffassung ist jedoch abzulehnen, da mit dem Erlass des Widerspruchsbescheids das verfahrensrechtliche Ziel des Widerspruchs bereits erreicht worden ist. Auch Gründe der Rechtssicherheit sprechen gegen diese Ansicht: Der Widerspruchsführer könnte nämlich bei einem „verbösernden" Widerspruchsbescheid immer noch nachträglich die Rücknahme erklären, womit der ursprüngliche Verwaltungsakt wieder zur Geltung käme. Dies liefe der Entlastungsfunktion des Widerspruchsverfahrens zuwider. Die Rücknahme des Widerspruchs ist daher nur bis zum Erlass des Widerspruchsbescheids möglich (→ § 68 Rn. 76).[150]   75

a) Rücknahmeerklärung. Die Rücknahme muss ausdrücklich erfolgen,[151] eine konkludente Rücknahme des Widerspruchs ist aus Gründen der Rechtsklarheit abzulehnen.[152] Die Rücknahmeerklärung be-   76

---

143 *M. Sachs*, in: Stelkens/Bonk/Sachs § 45 Rn. 96 f.

144 *F. Hufen*, Fehler im Verwaltungsverfahren, Rn. 834.

145 BVerwG DVBl 1965, 26, 28; *Kopp/Schenke* § 71 Rn. 6; *P. Kothe*, in: Redeker/v. Oertzen § 71 Rn. 2; *P. Weides* 275.

146 *Pietzner/Ronellenfitsch* Rn. 1041 f.; *Kopp/Schenke* § 69 Rn. 8.

147 *Pietzner/Ronellenfitsch* Rn. 1041 f.; *A. Günther/S. Blum*, Widerspruchsverfahren, 1994, § 2 B (S. 16).

148 *Pietzner/Ronellenfitsch* Rn. 1170.

149 BVerwGE 41, 67; OVG Lüneburg NVwZ 1993, 1214; *P. Weides* 239; *F. O. Kopp*, 101994, § 69 Rn. 8; *K.-P. Dolde/W. Porsch*, in: Schoch/Schneider/Bier § 69 Rn. 13; *E. Allesch*, NVwZ 2000, 1227.

150 BVerwGE 44, 64, 66; BVerwG MDR 1975, 251; *A. Günther/S. Blum*, Widerspruchsverfahren, 1994, § 2 C IV 2 a (S. 34); *P. Kothe*, in: Redeker/v. Oertzen § 69 Rn. 3; *K. Rennert*, in: Eyermann § 69 Rn. 4; *D. Kallerhoff*, in: Stelkens/ Bonk/Sachs § 79 Rn. 42; *A. v. Mutius*, Widerspruchsverfahren, 1969, 231 f.; *Pietzner/Ronellenfitsch* Rn. 1168 f.; *H. Bergmann*, BayVBl 1967, 195, 196; *G. Renner*, DVBl 1973, 343; *M. Artzt*, NVwZ 1995, 666, 668; *W.-R. Schenke*, JZ 1996, 1055, 1062.

151 *Pietzner/Ronellenfitsch* Rn. 1171.

152 *Kopp/Schenke* § 69 Rn. 8; a.M. *M. Funke-Kaiser*, in: Bader § 69 Rn. 14.

darf der gleichen Form wie der Widerspruch, muss also in Schriftform oder aber zur Niederschrift der Behörde nach § 70 Abs. 1 S. 1 erfolgen.[153]

77   Die Rücknahme ist aus Gründen der Rechtssicherheit wie eine Prozesshandlung zu behandeln und kann daher nicht unter einer außerprozessualen Bedingung erklärt werden.[154] Sie ist daher grds. auch nicht widerruflich.[155] Eine Ausnahme macht das BVerwG sinnvollerweise dann, wenn ein Wiederaufnahmegrund (§ 153 i.V.m. § 580 ZPO) vorliegt.[156] Das Gleiche gilt für den Fall eines unwirksamen Rechtsbehelfsverzichts.[157]

78   Die Rücknahmeerklärung enthält keinen gleichzeitigen Rechtsbehelfsverzicht.[158] Folglich ist innerhalb der Frist des § 70 (i.V.m. § 58 Abs. 2) eine erneute Widerspruchseinlegung möglich.[159]

79   Die Rücknahme des Widerspruchs, die, soweit sie nach Ablauf der Frist des § 70 (i.V.m. § 58 Abs. 2) erfolgt, zur Bestandskraft des Ausgangsverwaltungsakts führt, ist von der *Zurücknahme des Antrags auf Erlass des Verwaltungsakts* zu unterscheiden. War dieser antragsgebunden, entfällt der Verwaltungsakt selbst rückwirkend mit der Antragsrücknahme, sofern gesetzlich nichts anderes bestimmt ist oder sich nichts anderes aus der Natur der Sache (namentlich bei Prüfungsentscheidungen) ergibt.[160]

80   **aa) Erklärungsgegner.** Die Rücknahme des Widerspruchs kann – unabhängig davon, ob das Abhilfeverfahren nach § 72 abgeschlossen ist – sowohl gegenüber der Erlass- als auch der Widerspruchsbehörde erfolgen.[161] Dies gilt auch, wenn der Widerspruch bei der Widerspruchsbehörde eingelegt wurde (§ 70 Abs. 1 S. 2).

81   **bb) Gesetzlich fingierte Rücknahmeerklärungen.** Einige landesrechtliche Kostenregelungen sehen vor, dass Amtshandlungen, die auf Antrag von einer Behörde vorgenommen werden, von der Zahlung eines Kostenvorschusses abhängig gemacht werden können (so z.B. Art. 15 Abs. 1 S. 3 BayKG, § 16 Abs. 5 Gebührenbeitragsgesetz Bln, § 15 Abs. 1 S. 3 SächsVwKostG).[162] Da der Erlass eines Widerspruchsbescheids eine solche Amtshandlung ist, kann die Behörde bei nicht fristgerechter Bezahlung den Widerspruch als zurückgenommen behandeln. Die Zurücknahme des Widerspruchs wird also durch Landesrecht fingiert.[163] Problematisch daran ist, ob der Landesgesetzgeber die Gesetzgebungskompetenz zu einer solchen Regelung besitzt. Nach Aufhebung des § 189 Abs. 2[164] lässt sich eine Gesetzgebungskompetenz der Länder zur Regelung einer außerhalb der VwGO geregelten Sachurteilsvoraussetzung nicht mehr begründen. Zwar ist den Ländern nicht verwehrt, im Verwaltungskostenrecht Vorschussregelungen vorzusehen, die auch das Vorverfahren betreffen; die Zulässigkeit einer Klage darf von der Zahlung aber nicht abhängig gemacht werden. Die VwGO ist insoweit abschließend;[165] die genannten Fiktionen sind also wegen Art. 72 Abs. 1 GG unwirksam (BVerwGE 61, 360, 361).

---

153   VGH München BayVBl 1975, 21 f.; *Hufen* § 6 Rn. 40; *Kopp/Schenke* § 69 Rn. 8; *K. Rennert*, in: Eyermann § 69 Rn. 3; *Pietzner/Ronellenfitsch* Rn. 1171; *P. Weides* 240; *P. Kothe*, in: Redeker/v. Oertzen § 69 Rn. 3; *A. Günther/ S. Blum*, Widerspruchsverfahren, 1994, § 2 C IV 2 a (S. 34).

154   BVerwG DVBl 1996, 105, 106; *Pietzner/Ronellenfitsch* Rn. 1171 m.w.N. in Fn. 28; *P. Kothe*, in: Redeker/v. Oertzen § 69 Rn. 3; *Kopp/Schenke* § 69 Rn. 8; *D. Kallerhoff*, in: Stelkens/Bonk/Sachs § 79 Rn. 42.

155   *Kopp/Schenke* Vorbem. § 40 Rn. 15 m.w.N.; *K.-P. Dolde/W. Porsch*, in: Schoch/Schneider/Bier § 69 Rn. 6, 14.

156   BVerwGE 57, 342, 345 ff.; VGH München BayVBl 1975, 674 f.; *L. Schulze-Osterloh*, JuS 1980, 72 f.; BVerwG NVwZ 1997, 1210 f.; VG Hamburg DÖV 2012, 820.

157   *Pietzner/Ronellenfitsch* Rn. 1171; *K.-P. Dolde/W. Porsch*, in: Schoch/Schneider/Bier § 69 Rn. 14.

158   *Hufen* § 8 Rn. 31; *K.-P. Dolde/W. Porsch*, in: Schoch/Schneider/Bier § 69 Rn. 14; *K. Rennert*, in: Eyermann § 69 Rn. 3.

159   BVerwG DÖV 1970, 138; *R. Brühl*, JuS 1994, 153, 155; *P. Weides* 240; *Kopp/Schenke* § 69 Rn. 8; *Pietzner/Ronellenfitsch* Rn. 1171; *K.-P. Dolde/W. Porsch*, in: Schoch/Schneider/Bier § 69 Rn. 14; restriktiver *Hufen* § 8 Rn. 31.

160   So auch *Kopp/Schenke* § 69 Rn. 9.

161   *P. Weides* 240; *Kopp/Schenke* § 69 Rn. 8; *P. Kothe*, in: Redeker/v. Oertzen § 69 Rn. 3; *K.-P. Dolde/W. Porsch*, in: Schoch/Schneider/Bier § 69 Rn. 14; a.M. noch *E. Eyermann/L. Fröhler*, 91988, § 69 Rn. 3: bei der Widerspruchsbehörde.

162   Eine entsprechende saarländische Regelung (§ 6 Abs. 1 S. 3 KostO) wurde bereits 1964 vom OVG Saarlouis wegen mangelnder Kompetenz des Landesgesetzgebers für nichtig erklärt. Eine Falllösung dazu bei: *G. Lüke*, JuS 1982, 689 ff.

163   Art. 15 Abs. 1 S. 3 BayKG enthält keine Fiktion der Rücknahme, sondern räumt der Behörde insoweit Ermessen ein, als sie den Antrag als zurückgenommen behandeln *kann*.

164   Durch das GKG-Änderungsgesetz 1975; nach § 189 Abs. 2 konnte der Landesgesetzgeber Gerichtskostenvorschussregelungen mit verfahrensrechtlichen Folgen treffen.

165   BVerwGE 61, 360, 361 ff.; VGH München BayVBl 1979, 567; *Kopp/Schenke* § 69 Rn. 10; *P. Kothe*, in: Redeker/v. Oertzen § 69 Rn. 3; *G. Lüke*, NJW 1978, 928; *G. Lüke*, JuS 1982, 689 ff.; *K.-P. Dolde/W. Porsch*, in: Schoch/

b) Notwendige Zustimmung der Beteiligten? Nach § 92 Abs. 1 kann der Kläger die Klage bis zum   82
Eintritt der Rechtskraft zurücknehmen. Nach Stellung der Anträge in der mündlichen Verhandlung erfordert die Rücknahme jedoch die Einwilligung des Beklagten und ggf. des Vertreters des öffentlichen
Interesses. Die Rücknahme des Widerspruchs setzt nach der hier vertretenen Auffassung analog § 92
Abs. 1 die Zustimmung der übrigen Beteiligten voraus.[166] Die h.M. geht hingegen davon aus, dass
§ 92 Abs. 1 wegen seines dezidiert prozessrechtlichen Charakters nicht auf Verwaltungsverfahren einschließlich des Widerspruchsverfahrens anzuwenden ist, auch wenn die Rücknahmeerklärung dogmatisch einer Prozesshandlung gleichgestellt wird. Eine Zustimmung der Beteiligten ist nach der h.M. somit nicht erforderlich.[167]

c) Anfechtung der Rücknahmeerklärung. Wie Prozesshandlungen ist die Rücknahmeerklärung grds.   83
nicht anfechtbar.[168] Eine Ausnahme gilt nach der Judikatur des BVerwG dann, wenn ein Wiederaufnahmegrund (§ 153 i.V.m. § 580 ZPO) vorliegt,[169] oder ein Rechtsbehelfsverzicht unwirksam wäre
(zum Rechtsbehelfsverzicht → Rn. 95 ff.).[170] Umfasst sind Fälle der Drohung und sittenwidrigen Täuschung sowie Situationen, in denen unzulässig Druck auf den Erklärenden ausgeübt wurde. Anfechtbarkeit besteht auch dann, wenn die Rücknahme aufgrund einer fehlerhaften Belehrung oder Empfehlung einer Behörde erklärt wurde.[171]

d) Rechtsfolgen. Nach der Rücknahme des Widerspruchs ist das Verfahren einzustellen.[172] Die h.M.   84
hält eine formlose Mitteilung über die Einstellung an die Beteiligten für ausreichend.[173] Im Interesse
der Rechtssicherheit ist jedoch zu fordern, dass die Einstellung den Beteiligten nach § 41 VwVfG bekannt gegeben wird.[174] Abzulehnen ist hingegen ein Ausspruch der Einstellung in einem Widerspruchsbescheid;[175] dies führt zu dogmatischen Widersprüchen: Da die Kostenregelung des § 161
Abs. 2 auf das Widerspruchsverfahren nicht anwendbar ist, eine Einstellung nicht begründet werden
muss und auch eine Rechtsmittelbelehrung sinnlos ist, passt die Regelung des § 73 Abs. 3 nicht.[176]
Wie erwähnt, stellt die Rücknahmeerklärung keinen (konkludenten) Rechtsbehelfsverzicht dar.[177] In-   85
nerhalb der Frist des § 70 (i.V.m. § 58 Abs. 2) ist es deshalb möglich, erneut Widerspruch einzulegen.[178]
Ist der Widerspruch nach Ablauf der Frist des § 70 (i.V.m. § 58 Abs. 2) wirksam zurückgenommen   86
worden, so wird der ursprüngliche Verwaltungsakt (formell) bestandskräftig.[179] Wird nach der wirksamen Rücknahme des Widerspruchs Klage erhoben und innerhalb der Klagefrist nicht von Neuem
Widerspruch erhoben, ist die Klage als unzulässig abzuweisen.[180]

Schneider/Bier § 69 Rn. 15; *Hufen* § 6 Rn. 40; a.M. *L. Renck*, NJW 1971, 1401; *H. Geiger*, BayVBl 1979, 101, 104; *A. Beyer*, BayVBl 1980, 142 f.
166 So auch *P. Stelkens*, NuR 1985, 213, 216.
167 *P. Weides* 73; *Hufen* § 8 Rn. 31; *Kopp/Schenke* § 69 Rn. 8; *K. Rennert*, in: Eyermann § 69 Rn. 3; *M. Funke-Kaiser*, in: Bader § 69 Rn. 14.
168 BVerwG 57, 342, 348; *P. Kothe*, in: Redeker/v. Oertzen § 69 Rn. 2; *Kopp/Schenke* Vorbem. § 40 Rn. 15; *K. Rennert*, in: Eyermann § 69 Rn. 3; *D. Kallerhoff*, in: Stelkens/Bonk/Sachs § 79 Rn. 42; *K.-P. Dolde/W. Porsch*, in: Schoch/Schneider/Bier § 69 Rn. 6; krit. dazu *L. Renck*, NJW 1980, 1011.
169 BVerwGE 57, 342, 345 ff.; VGH München BayVBl 1975, 674 f.; *L. Schulze-Osterloh*, JuS 1980, 72 f.; *K. Rennert*, in: Eyermann § 69 Rn. 3.
170 *Pietzner/Ronellenfitsch* Rn. 1171; *K.-P. Dolde/W. Porsch*, in: Schoch/Schneider/Bier § 69 Rn. 14.
171 *Kopp/Schenke* Vorbem. § 40 Rn. 15 m.w.N.
172 *P. Weides* 240; *Kopp/Schenke* § 69 Rn. 8; *K. Rennert*, in: Eyermann § 69 Rn. 3.
173 BVerwGE 81, 226, 228 f.; BVerwG NJW 1989, 2486 f.; *J. Martens*, JuS 1978, 761, 763; *P. Kothe*, in: Redeker/v. Oertzen § 69 Rn. 3, § 73 Rn. 17; *Pietzner/Ronellenfitsch* Rn. 1172; *D. Kallerhoff*, in: Stelkens/Bonk/Sachs § 79 Rn. 48.
174 Ebenso *Kopp/Schenke* § 69 Rn. 8; *K. Rennert*, in: Eyermann § 73 Rn. 9; vgl. auch VGH München NVwZ 1983, 615, 616; i.E. ebenso *P. Weides* 240.
175 So aber *Pietzner/Ronellenfitsch* Rn. 1277; anders aber Rn. 1056
176 *D. Kallerhoff*, in: Stelkens/Bonk/Sachs § 80 Rn. 53; *Kopp/Ramsauer* § 80 Rn. 14.
177 *Hufen* § 8 Rn. 31; *K.-P. Dolde/W. Porsch*, in: Schoch/Schneider/Bier § 69 Rn. 14; *K. Rennert*, in: Eyermann § 69 Rn. 3.
178 BVerwG DÖV 1970, 138; *R. Brühl*, JuS 1994, 153, 155; *P. Weides* 240; *Kopp/Schenke* § 69 Rn. 8; *Pietzner/Ronellenfitsch* Rn. 1171; *Hufen* § 8 Rn. 31; *K.-P. Dolde/W. Porsch*, in: Schoch/Schneider/Bier § 69 Rn. 14.
179 *A. Günther/S. Blum*, Widerspruchsverfahren, 1994, § 2 C IV 2 a (S. 34).
180 *K. Rennert*, in: Eyermann § 69 Rn. 3; a.M. *P. Kothe*, in: Redeker/v. Oertzen § 68 Rn. 7: Klage ist unbegründet.

87   **e) Kostenentscheidung.** Umstr. ist, ob nach einer wirksamen Rücknahme des Widerspruchs eine Kostenentscheidung ergeht und nach welchen Normen sich diese beurteilt. Wie ausgeführt, regelt § 80 VwVfG die Kostenerstattung im Vorverfahren abschließend (→ § 68 Rn. 80). Daher ist, wenn kein Widerspruchsbescheid ergangen ist, auch eine isolierte Kostenentscheidung ausgeschlossen (→ § 68 Rn. 80).[181] Für eine analoge Anwendung der §§ 154 ff. ist kein Raum; insbes. können § 155 Abs. 2 oder § 161 Abs. 2 für die Kostentragungspflicht nicht herangezogen werden (→ § 68 Rn. 80. zur Frage, ob §§ 154 ff. im Vorverfahren zur Anwendung kommen).

88   **3. Hauptsacheerledigung. a) Erledigungsgründe.** Das Vorverfahren kann durch eine Erledigung in der Hauptsache nur beendet werden, wenn der Widerspruch vor Abschluss des Verfahrens gegenstandslos wird. Dogmatisch hiervon zu trennen ist die Erledigung des Verwaltungsakts (→ § 113 Rn. 144, 145).

89   Bei Anfechtungswidersprüchen kann eine Hauptsacheerledigung durch Erledigung des angefochtenen Verwaltungsakts (§ 43 Abs. 2 VwVfG; → § 68 Rn. 82–91) eintreten. Eine Erledigung des Verwaltungsakts liegt vor, wenn er keine Rechtserheblichkeit mehr entfaltet, sein vollziehungsfähiger Inhalt also gegenstandslos geworden ist (→ § 113 Rn. 147).[182]

90   Bei Verpflichtungswidersprüchen kann die Erledigung dadurch eintreten, dass der mit dem Antrag auf Erlass eines bestimmten Verwaltungsakts verfolgte materielle Anspruch entfällt oder gegenstandslos wird (→ § 68 Rn. 92–95).[183]

91   Als Erledigungsgründe kommen in Betracht (→ § 113 Rn. 147 ff.):[184] Zeitablauf,[185] tatsächliches Unmöglichwerden, Wegfall des Entscheidungsgegenstands, Tod des Widerspruchsführers, Nichtgebrauch von Erlaubnissen, Verzicht auf den Verwaltungsakt (→ Rn. 95), Rücknahme des Antrags, Abschluss eines Vergleichs (→ Rn. 104–107), Legalisierung, Rücknahme/Widerruf (→ § 113 Rn. 146), inhaltliche Überholung.

92   Keine Erledigung liegt vor, wenn der Verwaltungsakt vollstreckt worden ist oder freiwillig befolgt wurde (→ § 113 Rn. 150).[186] Der Verwaltungsakt wirkt wegen seiner rechtsgestaltenden Wirkung noch fort und bleibt somit aufhebbar.

93   Hat sich der Verwaltungsakt erledigt, kann ein Widerspruchsbescheid nicht mehr ergehen; das Verfahren ist einzustellen.[187] Ein Fortsetzungsfeststellungswiderspruch ist auch in diesem Fall unzulässig (→ § 68 Rn. 107 ff.; → § 113 Rn. 139).

94   **b) Erledigungserklärungen.** Die Aufhebung eines erledigten Verwaltungsakts ist nicht möglich.[188] Will der Widerspruchsführer eine Zurückweisung des Widerspruchs verhindern, muss er den Widerspruch für erledigt erklären.[189] Das Widerspruchsverfahren wird dann eingestellt;[190] eine Sachentscheidung wird dann nicht mehr getroffen, es erfolgt nur noch eine Kostenentscheidung.[191]

---

181 BVerwGE 62, 201, 204 f.; 62, 298 f.; BVerwG NJW 1982, 1827; VGH Kassel ESVGH 35, 5; *K. Rennert,* in: Eyermann § 73 Rn. 9, 25; *R. Pietzner,* BayVBl 1979, 108; *E. Allesch,* Anwendbarkeit, 1984, 234; *D. Kallerhoff,* in: Stelkens/Bonk/Sachs § 80 Rn. 51; a.M. *Kopp/Schenke* § 73 Rn. 17.

182 BVerwGE 26, 161, 165; 66, 75, 77; BVerwG NVwZ 1991, 570, 571; *P. Weides* 254; *W.-R. Schenke,* Jura 1980, 133 f.; *C. Huxholl,* Erledigung, 1995, 39, 96; *Kopp/Schenke* § 113 Rn. 102; *K. Engelbrecht,* JuS 1997, 550 ff.

183 BVerwGE 61, 128, 134 f.; BVerwG NVwZ 1989, 48 f.; OVG Münster NVwZ-RR 1991, 223, 224; *Pietzner/Ronellenfitsch* Rn. 1053.

184 *Hufen* § 8 Rn. 33; *Pietzner/Ronellenfitsch* Rn. 1053 ff.; *P. Weides* 254; *A. Günther/S. Blum,* Widerspruchsverfahren, 1994, § 2 c IV 2 b (S. 34); zu weiteren Bsp. *Kopp/Schenke* § 113 Rn. 103.

185 Dazu *M. Sachs,* in: Stelkens/Bonk/Sachs § 43 Rn. 191 ff. Typische Fälle: Ablauf einer befristeten Erlaubnis (BVerwG DVBl 1984, 530); Berufung in das Beamtenverhältnis nach Überschreitung der Altersgrenze (BVerwGE 51, 264, 265); Geltungsbeschränkung eines Passes (OVG Münster NVwZ 1986, 935).

186 *Hufen* § 8 Rn. 33, § 18 Rn. 61; *Pietzner/Ronellenfitsch* Rn. 1056; *K. Engelbrecht,* JuS 1997, 550; *Kopp/Schenke* § 113 Rn. 104 mit weiteren Bsp.

187 BVerwGE 26, 161, 167; 81, 226, 229; BVerwG NJW 1967, 1245; DÖV 1989, 641 f.; *Hufen* § 8 Rn. 33; a.M. *Pietzner/Ronellenfitsch* Rn. 1059.

188 BVerwGE 81, 226, 227; *P. Weides* 279; *K. Engelbrecht,* JuS 1997, 550.

189 *P. Weides* 279; *K.-P. Dolde/W. Porsch,* in: Schoch/Schneider/Bier § 69 Rn. 16; *K. Engelbrecht,* JuS 1997, 550.

190 BVerwG BayVBl 1989, 441 f.; *Kopp/Schenke* § 69 Rn. 8; *K.-P. Dolde/W. Porsch,* in: Schoch/Schneider/Bier § 69 Rn. 16.

191 VG Bremen DVBl 1979, 824 f.; *Kopp/Schenke* § 73 Rn. 9; *P. Weides* 279.

4. Verzicht. Wie bei gerichtlichen Rechtsmitteln[192] ist es auch zulässig, auf die Einlegung des Wider- 95 spruchs zu verzichten (zum Klageverzicht → § 74 Rn. 51–55). Davon zu unterscheiden ist der Verzicht auf den materiellrechtlichen Anspruch,[193] der die Unbegründetheit des Widerspruchs zur Folge hat.[194]

a) Wirksamkeit der Verzichtserklärung. Wie die Rücknahme hat auch der Verzicht gegenüber der Er- 96 lass- oder der Widerspruchsbehörde zu erfolgen.[195] Er ist nur wirksam, wenn der Verzichtende den Inhalt des Verwaltungsakts kennt. Vor der ordnungsgemäßen Bekanntgabe des Verwaltungsakts ist eine wirksame Verzichtserklärung nicht möglich.[196] Der Widerspruchsführer soll seine Entscheidung bei ausreichender Kenntnis der Sachlage und der Voraussetzungen des Rechtsbehelfs treffen.[197] Ein Verzicht vor Einlegung des Widerspruchs ist dagegen möglich.[198]

Die Verzichtserklärung muss wegen ihrer prozessualen Auswirkungen entsprechend § 70 Abs. 1 97 schriftlich oder zur Niederschrift bei der Behörde erklärt werden.[199] Die Erklärung muss unzweideutig einen Verzicht beinhalten.[200] Ein Spezialfall des Verzichts ist die Unterschrift des Nachbarn auf den Bauplänen im Baugenehmigungsverfahren (z.B. Art 66 Abs. 1 BayBO) Die Möglichkeit einer konkludenten Verzichtserklärung ist wie bei der Rücknahme aus Gründen der Rechtssicherheit abzulehnen.[201] Ebenso kann der Verzicht wegen seiner prozessualen Relevanz nicht bedingt oder unter Vorbehalt erklärt werden;[202] als einseitige Verfahrenserklärung ist er weder anfechtbar noch widerrufbar.[203]

Eine nochmalige Widerspruchseinlegung ist innerhalb der Widerspruchsfrist im Gegensatz zur Rück- 98 nahme beim Verzicht nicht möglich. Wegen dieser unterschiedlichen Rechtsfolgen ist eine Rücknahme des Widerspruchs nicht zugleich ein konkludenter Verzicht; eine Umdeutung kommt ebenfalls nicht in Betracht.

Hat die Behörde die Verzichtserklärung in unzulässiger Weise herbeigeführt, z.B. durch Druck und/ 99 oder Täuschung, unter Missbrauch ihrer Stellung oder unter Verstoß gegen Treu und Glauben,[204] so ist der Verzicht mit Art. 19 Abs. 4 GG unvereinbar und somit unwirksam.[205] Hat ein Dritter getäuscht und/oder Druck ausgeübt, so gilt § 123 Abs. 2 BGB entsprechend.

---

192 BVerwGE 26, 50, 51; 55, 355, 357; BVerwG NJW 1957, 1374 f.; DVBl 1964, 874, 875; *Pietzner/Ronellenfitsch* Rn. 1160; *P. Weides* 227; *Kopp/Schenke* § 69 Rn. 11; *K.-P. Dolde/W. Porsch*, in: Schoch/Schneider/Bier § 69 Rn. 7; *K. Rennert*, in: Eyermann § 69 Rn. 6; *K. Engelbrecht*, JuS 1997, 550 ff.

193 BVerwG DÖV 1978, 774, 775; OVG Münster NJW 1987, 1964, 1965; VGH Kassel NVwZ-RR 1995, 495 f.; *Maurer* § 14 Rn. 34; *H. Quaritsch*, GS Martens, 1987, 409 ff.; *Wolff/Bachof/Stober/Kluth* I § 43 Rn. 81 f.; *K. Bussfeld*, DÖV 1976, 765 ff.; *Pietzner/Ronellenfitsch* Rn. 1165 f.; *Kopp/Schenke* § 69 Rn. 11, § 74 Rn. 21.

194 *Kopp/Schenke* § 69 Rn. 11, § 74 Rn. 21.

195 So wohl auch *Kopp/Schenke* § 69 Rn. 8.

196 BVerfGE 9, 194, 198 f.; BVerwG DVBl 1964, 874, 875; *P. Weides* 227; *Kopp/Schenke* § 69 Rn. 11; *K.-P. Dolde/W. Porsch*, in: Schoch/Schneider/Bier § 69 Rn. 8; *Pietzner/Ronellenfitsch* Rn. 1162; *P. Kothe*, in: Redeker/v. Oertzen § 69 Rn. 4; *K. Rennert*, in: Eyermann § 69 Rn. 6.; *H.-U. Erichsen*, Jura 1992, 645, 649. Anders für den Sonderfall selbsterrechneter Steuern: BVerwGE 26, 50.

197 BVerwGE 25, 20, 21 f.; BVerwG DÖV 1958, 737 f.; DVBl 1964, 874, 875; *Pietzner/Ronellenfitsch* Rn. 1162; *K.-P. Dolde/W. Porsch*, in: Schoch/Schneider/Bier § 69 Rn. 8.

198 *K. Rennert*, in: Eyermann § 69 Rn. 6.

199 H.M., vgl. u.a.: BVerwGE 26, 50; 55, 355, 357; OVG Münster NVwZ 1983, 681 f.; VGH Mannheim NVwZ 1983, 229, 230; *Pietzner/Ronellenfitsch* Rn. 1162; a.M. *K. Rennert*, in: Eyermann § 69 Rn. 7; *H.-U. Erichsen*, Jura 1992, 645, 649.

200 BVerwGE 55, 355, 357; BVerwG DVBl 1964, 874, 875; *Pietzner/Ronellenfitsch* Rn. 1160; sehr streng VGH München RdL 1983, 51 f.; *K. Rennert*, in: Eyermann § 69 Rn. 7; *K.-P. Dolde/W. Porsch*, in: Schoch/Schneider/Bier § 69 Rn. 7.

201 *K. Rennert*, in: Eyermann § 69 Rn. 7; a.M. *H.-U. Erichsen*, Jura 1992, 645, 649 m.w.N.; wohl auch *Kopp/Schenke* § 69 Rn. 11 i.V.m. § 74 Rn. 22.

202 *Pietzner/Ronellenfitsch* Rn. 1160. Etwas anderes gilt nur dann, wenn der Verzicht unter der auflösenden Bedingung abgegeben wird, dass der Verwaltungsakt einen bestimmten Inhalt hat (so *K.-P. Dolde/W. Porsch*, in: Schoch/Schneider/Bier § 69 Rn. 8; BVerwGE 26, 50, 53; VGH München BayVBl 1992, 762, 763; *Kopp/Schenke* § 69 Rn. 11 i.V.m. § 74 Rn. 22).

203 H.M., vgl. u.a.: VGH Mannheim NVwZ 1982, 230; *P. Kothe*, in: Redeker/v. Oertzen § 69 Rn. 4; *Kopp/Schenke* § 69 Rn. 11 i.V.m. Vorbem. § 40 Rn. 15; a.M. wohl BVerwG NJW 1960, 1781.

204 Bsp. aus der Rspr.: Erteilung einer Baugenehmigung unter einer Befreiung gegen Rechtsmittelverzicht (BVerwGE 19, 159); beschleunigte Auszahlung einer Kriegsgefangenenentschädigung bei Rechtsmittelverzicht (BVerwG DVBl 1961, 135, 136); Entlassung aus dem Abscheubehaft bei Rechtsmittelverzicht (BVerwG BayVBl 1977, 404).

205 BVerwG NJW 1957, 1374, 1375; Buchholz 310 § 69 VwGO Nr. 2; *K. Rennert*, in: Eyermann § 69 Rn. 7; *P. Kothe*, in: Redeker/v. Oertzen § 69 Rn. 4; *Pietzner/Ronellenfitsch* Rn. 1162; *K.-P. Dolde/W. Porsch*, in: Schoch/Schneider/Bier § 69 Rn. 9.

100   Ein mit der Behörde vertraglich vereinbarter Verzicht ist nur wirksam, wenn er sich auf den konkreten Inhalt des Verwaltungsakts bezieht und insoweit beschränkt ist.[206] Unzulässig ist ein vertraglicher Verzicht, wenn er zur Bedingung für die Gewährung staatlicher Leistungen unter Auflagen gemacht wird.[207]

101   Vom „eigentlichen" Verzicht zu unterscheiden ist der Fall, dass sich bei einem Verwaltungsakt mit Drittwirkung der Dritte gegenüber dem Begünstigten (nicht gegenüber der Behörde) verpflichtet, keinen Widerspruch einzulegen. Ein solcher Vertrag ist mit §§ 134, 138 BGB vereinbar, da es auf das Motiv des Verzichts nicht ankommt[208] solange keine wirtschaftliche Abhängigkeit vorliegt oder ähnlicher Druck ausgeübt wird.[209] Legt der Dritte entgegen seiner Vereinbarung mit dem Begünstigten gleichwohl Widerspruch ein, so ist dieser als Fall des „venire contra factum proprium" unzulässig.[210] Ficht der Dritte allerdings den Vertrag wirksam an, kann er auch wieder wirksam Widerspruch einlegen.[211]

102   Da vor Bekanntgabe des Verwaltungsakts nicht wirksam auf die Widerspruchseinlegung verzichtet werden kann, ist in einer solchen Verzichtserklärung allenfalls eine Erklärung zu sehen, dass sich der Dritte gegenüber dem Begünstigten vertraglich verpflichtet hat, keinen Widerspruch einzulegen.[212] Diese Erklärung ist aber rechtlich nicht bindend.

103   **b) Rechtsfolgen.**   Bei wirksamem Verzicht ist ein gleichwohl eingelegter Widerspruch unzulässig.[213] Der Verwaltungsakt wird mit der Verzichtserklärung bestandskräftig. Eine Sachentscheidung der Widerspruchsbehörde trotz wirksamen Verzichts ist unzulässig; ebenso eine darauffolgende Klage. Es gilt das Gleiche wie bei der sachlichen Verbescheidung des verfristeten Widerspruchs (→ § 68 Rn. 41–44; → § 70 Rn. 39). Die Ansicht der Rspr., dass eine sachliche Verbescheidung den Rechtsweg wieder eröffne, sofern keine Rechte Dritter betroffen seien (→ § 68 Rn. 41 m.w.N.),[214] ist dogmatisch nicht haltbar, da die Zulässigkeit einer Klage nicht zur Disposition der Widerspruchsbehörde gestellt werden kann (→ § 68 Rn. 41 m.w.N.).[215] War die Verzichtserklärung hingegen unwirksam oder enthält der (zu Unrecht ergangene) Widerspruchsbescheid eine neue Beschwer, auf die sich der Verzicht nicht erstreckte, ist eine Klage zulässig.[216]

104   **5. Vergleich. a) Voraussetzungen.**   Das Vorverfahren wird auch durch einen Vergleich der Parteien beendet. Dies kommt der Rechtsschutzfunktion des Widerspruchsverfahrens entgegen (→ § 68 Rn. 1–21), weil der Abschluss eines Vergleichs in dieser Phase zu einer dauerhafteren Befriedung führen kann als ein Widerspruchsbescheid.[217] Auf einen solchen Vergleich sind die allgemeinen Vorschriften zum öffentlich-rechtlichen (Vergleichs-)Vertrag (§ 79 i.V.m. § 55 VwVfG) anwendbar, nicht die zum Prozessvergleich (§ 106) (→ § 68 Rn. 64).[218]

105   Nach §§ 54 S. 2, 55 VwVfG muss die Widerspruchsbehörde, die den Vergleichsvertrag schließen will, auch zum Erlass eines entsprechenden Verwaltungsakts zuständig sein. In den Fällen des § 73 Abs. 1 S. 2 Nr. 2 und Nr. 3 ist dies unproblematisch. Im Fall des § 73 Abs. 1 S. 2 Nr. 1 ist die Widerspruchsbehörde nur zur Kassation ermächtigt und kann auch nur insoweit einen Vergleichsvertrag schließen. Eine Verpflichtung der Erstbehörde zum Erlass eines neuen Verwaltungsakts kann sie dagegen nicht

---

206   *K.-P. Dolde/W. Porsch*, in: Schoch/Schneider/Bier § 69 Rn. 8; a.M. *Kopp/Schenke* § 69 Rn. 11, § 74 Rn. 22.
207   Bsp. bei *M.-E. Geis*, Die öffentliche Förderung sozialer Selbsthilfe, 1997, 277 f.
208   So bereits BGHZ 79, 131 ff.; VGH München NVwZ 1994, 85; *H.-G. Knothe*, JuS 1983, 18 ff.; *Pietzner/Ronellenfitsch* Rn. 1163; *K.-P. Dolde/W. Porsch*, in: Schoch/Schneider/Bier § 69 Rn. 11; *K. Rennert*, in: Eyermann § 69 Rn. 8.
209   *Hufen* § 6 Rn. 40.
210   VGH München NVwZ 1994, 85; *K.-P. Dolde/W. Porsch*, in: Schoch/Schneider/Bier § 69 Rn. 11.
211   So auch *K. Rennert*, in: Eyermann § 69 Rn. 8.
212   So auch *K. Rennert*, in: Eyermann § 69 Rn. 8.
213   OVG Münster NVwZ 1983, 681, 682; bestätigend auch VGH Mannheim NJW 1992, 1582; *Kopp/Schenke* § 69 Rn. 11; *Pietzner/Ronellenfitsch* Rn. 1162; *R. Brühl*, JuS 1994, 153, 155; *P. Kothe*, in: Redeker/v. Oertzen § 69 Rn. 4; *K.-P. Dolde/W. Porsch*, in: Schoch/Schneider/Bier § 69 Rn. 10.
214   BVerwG NJW 1960, 1781; OVG Münster NVwZ 1983, 681, 682; VGH Mannheim NJW 1992, 1582; *P. Kothe*, in: Redeker/v. Oertzen § 69 Rn. 4; *K.-P. Dolde/W. Porsch*, in: Schoch/Schneider/Bier § 69 Rn. 10.
215   § 70 Rn.; *Kopp/Schenke* § 69 Rn. 11; *K. Rennert*, in: Eyermann § 69 Rn. 6 i.V.m. § 70 Rn. 7 ff.; *Pietzner/Ronellenfitsch* Rn. 1162 i.V.m. Rn. 1258 ff.
216   So auch *Kopp/Schenke* § 69 Rn. 11.
217   So auch *P. Weides* 302.
218   *E. Allesch*, Anwendbarkeit, 1984, 75 ff.; *Hufen* § 8 Rn. 32; *P. Weides* 301; *Kopp/Schenke* Vorbem. § 68 Rn. 18; *Kopp/Ramsauer* § 79 Rn. 9 ff.; *K.-P. Dolde/W. Porsch*, in: Schoch/Schneider/Bier § 69 Rn. 17.

vereinbaren, sondern allenfalls diese anweisen, sich mit dem Rechtsbehelfsführer zu vergleichen.[219] Sind Rechte Dritter betroffen, ist der Vergleich nach § 58 VwVfG schwebend unwirksam.

b) Rechtsfolgen. Ein wirksamer Vergleich beendet das Vorverfahren.[220] Einer zusätzlichen Rücknahmeerklärung bedarf es nicht.[221] Verpflichtet sich die Behörde im Vergleich, den Verwaltungsakt aufzuheben, so hat die Widerspruchsbehörde den Widerspruch für erledigt zu erklären und das Verfahren einzustellen.[222]   106

Die Beteiligten können den Vergleich widerruflich schließen. Für die Widerrufserklärung gilt § 130   107
BGB, sie muss also dem Vergleichspartner innerhalb der vereinbarten Frist zugehen.[223] Eine Wiedereinsetzung in den vorigen Stand analog § 60 kann, wie auch im Fall der Versäumung einer in einem verwaltungsgerichtlichen Prozessvergleich vereinbarten Widerrufsfrist, nicht gewährt werden.[224]

§ 70 [Form und Frist des Widerspruchs]

(1) ¹Der Widerspruch ist innerhalb eines Monats, nachdem der Verwaltungsakt dem Beschwerten bekanntgegeben worden ist, schriftlich, in elektronischer Form nach § 3 a Absatz 2 des Verwaltungsverfahrensgesetzes oder zur Niederschrift bei der Behörde zu erheben, die den Verwaltungsakt erlassen hat. ²Die Frist wird auch durch Einlegung bei der Behörde, die den Widerspruchsbescheid zu erlassen hat, gewahrt.

(2) §§ 58 und 60 Abs. 1 bis 4 gelten entsprechend.

Schrifttum

K. A. Bettermann, Das erfolglose Vorverfahren als Prozeßvoraussetzung des verwaltungsgerichtlichen Verfahrens, DVBl 1959, 308; *ders.*, Zweitanfechtung nach verspäteter Erstanfechtung, JZ 1965, 265; *C. Brodersen*, Rechtsprechungsübersicht – Bekanntgabe als Wirksamkeitsvoraussetzung eines Verwaltungsaktes, JuS 1988, 162; *R. Brühl*, Sachbericht, Gutachten und Bescheid im Widerspruchsverfahren, JuS 1994, 153; *E. Buri*, Ist die verwaltungsgerichtliche Klage zulässig, wenn die Widerspruchsbehörde nach versäumter Widerspruchsfrist zur Sache entscheidet?, DÖV 1962, 483; *ders.*, Die Wiedereinsetzung in den vorigen Stand im Widerspruchsverfahren, DÖV 1963, 498; *ders.*, Wiedereinsetzung bei Versäumung der Widerspruchsfrist, DÖV 1964, 693; *K. Füßer*, Fristlauf der Widerspruchsfrist bei Bekanntgabe der Baugenehmigung an Drittbetroffene, LKV 1996, 314; *A. Ganter*, Die Wiedereinsetzung in die Widerspruchsfrist, VBlBW 1984, 402; *M.-E. Geis*, Die Schuldrechtsreform und das Verwaltungsrecht, NVwZ 2002, 385; *G. Haverkate*, Die Einheit der Verwaltung als Rechtsproblem, VVDStRL 46 (1988), 217; *H. Hofmann*, Die Rechtsnatur der Widerspruchsfrist, VerwArch 58 (1967), 135; *G. Manssen*, Öffentlich-rechtlich geschützte Interessen bei der Anfechtung von Verkehrszeichen, NZV 1992, 465; *G. Pape/M. Notthoff*, Prozeßrechtliche Probleme bei der Verwendung von Telefax, NJW 1996, 417; *H. Rotter*, Die Wiedereinsetzung in den vorigen Stand ohne Antrag, DVBl 1971, 379; *M. Sachs*, Widersprüchliche Wiedereinsetzungsentscheidungen im Widerspruchsverfahren NVwZ 1982, 421; *J. Schmidt*, Gerichtliche Wiedereinsetzung bei Widerspruchsfristversäumung, DÖV 1981, 229; *ders.*, Probleme des Verwaltungsprozeßrechts, VBlBW 1983, 96; *Th. I. Schmidt*, Vorfristiger Widerspruch und Wiedereinsetzung in den vorigen Stand, DÖV 2001, 857; *W. Schütz*, Die Behandlung des verspäteten Widerspruchs, NJW 1981, 2785; *J. F. Schwachheim*, Abschied vom Telefax im gerichtlichen Verfahren?, NJW 1999, 621; *G. Siegmund-Schultze*, Zur Frage der Klage vor dem Verwaltungsgericht bei verspätetem Widerspruch, DVBl 1965, 91; *M. L. Ultsch*, Zugangsprobleme bei elektronischen Willenserklärungen – Dargestellt am Beispiel der Electronic Mail, NJW 1997, 3007; *A. Walchshöfer*, Ehrverletzende Äußerungen in Schriftsätzen, MDR 1975, 11; *M. Wallerath*, Verspätete Einlegung des Widerspruchs, Wiedereinsetzung in den vorigen Stand und Zweitbescheid, DÖV 1970, 653; *P. Weides*, Verwaltungsakt und Widerspruchsbescheid in der öffentlichrechtlichen Arbeit, JuS 1964, 275; *E. Weller*, Wiedereinsetzung bei Versäumung der Widerspruchsfrist, DÖV 1964, 691.

Vgl. auch die Literaturnachweise bei §§ 68, 69.

---

219 *P. Weides* 303, 304; *K.-P. Dolde/W. Porsch*, in: Schoch/Schneider/Bier § 69 Rn. 17.
220 Nur soweit der Streitgegenstand des Widerspruchsverfahrens durch den Vergleich geregelt worden ist. Nicht berücksichtigt wird dabei aber, ob der Fortbestand des von dem Widerspruchsführer angefochtenen Verwaltungsakts von dem Vergleich berührt wird oder nicht. Bleibt dieser nämlich bestehen, so wird trotzdem deutlich, dass der Rechtsbehelfsführer und die zuständige Behörde das Verfahren als erledigt betrachten.
221 BFH NVwZ 1982, 584; *E. Allesch*, Anwendbarkeit, 1984, 79 ff.; *K.-P. Dolde/W. Porsch*, in: Schoch/Schneider/Bier § 69 Rn. 17; *P. Weides* 306.
222 *P. Weides* 306.
223 BVerwGE 10, 110 ff.; BAG NJW 1960, 1364, 1365; *P. Weides* 306.
224 Ebenso OVG Münster DÖV 1977, 791 f.; *P. Weides* 306.

I. § 70 als Sachurteilsvoraussetzung

1 Die Einhaltung von Form und Frist ist Zulässigkeitsvoraussetzung des Widerspruchs (→ § 68 Rn. 37–44). Seine Durchführung ist zugleich Sachentscheidungsvoraussetzung im nachfolgenden Verwaltungsprozess (→ § 68 Rn. 33 ff.). Das Widerspruchsverfahren muss nicht nur erfolglos, sondern auch ordnungsgemäß durchgeführt worden sein. Deswegen ist bei Nichteinhaltung der Voraussetzungen des § 70 die Klage unzulässig.

II. Form

2 § 70 Abs. 1 stellt als lex specialis zu § 10 VwVfG die Widerspruchseinlegung unter Formzwang: Der Widerspruch ist schriftlich oder zur Niederschrift bei der Behörde zu erheben. Der Formzwang soll eine zuverlässige Grundlage für die weitere Sachbehandlung schaffen[1] und dient so der Rechtssicherheit und Rechtsklarheit.

3 **1. Schriftlichkeit. a) Äußerliche Mindestanforderungen.** Für die Schriftform gilt das Gleiche wie bei einer Klageerhebung (→ § 81 Rn. 46 ff.). Der Widerspruch kann durch die Widerspruchsschrift, die bei der Behörde eingereicht werden muss, erhoben werden. § 126 BGB gilt weder direkt noch analog, da diese Norm im Öffentlichen Recht nur gilt, wenn dies ausdrücklich vorgesehen ist, so etwa in §§ 62, 57 VwVfG für den öffentlich-rechtlichen Vertrag.[2]

4 Mündliche Einwendungen genügen dem Schriftlichkeitserfordernis auch dann nicht, wenn der entgegennehmende Beamte einen Aktenvermerk über den mündlichen oder telefonischen Vortrag niederlegt.[3] Seitens der Behörde besteht keine Verpflichtung, über das mündliche Vorbringen eine Niederschrift zu fertigen und zu den Akten zu nehmen[4] oder einen Widerspruchsbescheid zu erlassen,[5] auch nicht aus der Beratungspflicht (§ 25 VwVfG). Versäumt ein Betroffener allerdings deswegen die Widerspruchsfrist, weil ein Sachbearbeiter einen telefonisch eingelegten „Widerspruch" anstandslos entgegennimmt, kann er Wiedereinsetzung verlangen (vgl. BVerwGE 50, 248, 254 f.).

---

1 GmSOGB BVerwGE 58, 359, 365; BVerwG NVwZ-RR 1989, 85 f.; BayVBl 1985, 605; *Schmitt Glaeser/Horn* Rn. 196; *K. Rennert*, in: Eyermann § 70 Rn. 2.
2 Zur Nichtgeltung des § 126 BGB im Prozessrecht: GmSOGB BVerwGE 58, 359, 365; BGHZ 24, 300.
3 BVerwGE 26, 201, 202; 50, 248, 253; OVG Münster OVGE 28, 63, 64; OVG Saarlouis NVwZ 1986, 578; VGH Kassel NVwZ-RR 1991, 199; VGH Mannheim VBlBW 1993, 220; *Pietzner/Ronellenfitsch* § 33 Rn. 1124; *P. Weides* 225; *K. Rennert*, in: Eyermann § 70 Rn. 2; *Hufen* § 6 Rn. 23; *Schmitt Glaeser/Horn* Rn. 196; *Kopp/Schenke* § 70 Rn. 2; *R. Brühl*, JuS 1994, 153, 155; *K.-P. Dolde/W. Porsch*, in: Schoch/Schneider/Bier § 70 Rn. 8.
4 BVerwGE 17, 166; *P. Kothe*, in: Redeker/v. Oertzen § 70 Rn. 1 a.
5 BVerwGE 26, 201, 202; OVG Münster OVGE 28, 63 ff.; VGH Kassel DVBl 1964, 599 f.; *P. Kothe*, in: Redeker/v. Oertzen § 70 Rn. 1 a; *A. v. Mutius*, Widerspruchsverfahren, 1969, 201 f.; *P. Weides* 225.

Die Schriftlichkeit erfordert grds., dass der Widerspruchsführer die Widerspruchsschrift eigenhändig 5 unterschrieben hat,[6] da so das Schriftstück dem Unterzeichner zuverlässig zugeordnet werden kann. Die Unterschrift eines Bevollmächtigten ist ebenfalls ausreichend, da der Widerspruchsführer sich vertreten lassen kann (→ § 69 Rn. 34 ff.). Die Bevollmächtigung muss aber wirksam sein; dies ist nicht der Fall, wenn z.B. eine Versicherung für einen bei ihr haftpflichtversicherten Beamten gegen einen an den Beamten gerichteten Haftungsbescheid nach § 78 Abs. 2 BBG Widerspruch erhebt, ohne Rücksprache mit dem Beamten zu halten.[7] Der Widerspruch eines Dritten ohne Bevollmächtigung kann daher nicht zugleich als ein Widerspruch des Anderen gewertet werden (OVG Weimar LKV 1994, 408 f.).

Das BVerwG hat das Erfordernis der Unterzeichnung jedoch zunehmend gelockert.[8] Es lässt es aus- 6 nahmsweise ausreichen, wenn „zwar die Unterschrift fehlt, wenn sich aber aus dem Schriftstück in Verbindung mit den möglicherweise beigefügten Anlagen hinreichend sicher – d.h. ohne Notwendigkeit einer Klärung durch Rückfrage oder durch Beweiserhebung – ergibt, dass es von dem Widerspruchsführer herrührt und mit dessen Willen in den Verkehr gebracht wurde" (BVerwGE 30, 274, 276; 81, 32, 36 ff.; 91, 334, 336; BVerwG NJW 1984, 444). Bei behördlichen Schreiben reicht es aus, wenn der maschinenschriftlichen Unterzeichnung ein handschriftlicher Beglaubigungsvermerk beigefügt ist; ein Dienstsiegel ist nicht erforderlich (GmSOGB BVerwGE 58, 359, 365 ff.). Bei Massenwidersprüchen (zum Massenverfahren → § 69 Rn. 38 ff.) werden zwar zahlreiche Unterschriften unter einem Widerspruchsschreiben dem Formerfordernis gerecht, eine dem Schreiben beigelegte Unterschriftenliste genügt hingegen nicht, da sie die Authentizität nicht sichert. Zulässig sind eigenhändig unterzeichnete Kopien eines Widerspruchsschreibens[9] oder die Beifügung von Unterlagen, die die Urheberschaft zweifelsfrei belegen (BVerwG 19.12.2001 – 3 B 33/01). Ein nicht unterschriebenes Schreiben, das als Einschreiben mit Rückschein versendet wird, reicht nicht aus, da es keinen Aussagewert über Urheberschaft und Rechtsverkehrswillen hat (BVerwG BayVBl 1992, 159); ebenso wenig eine nur maschinenschriftliche Unterzeichnung unter Beilegung einer Kopie des angefochtenen Bescheids (BVerwG BayVBl 1984, 251). Eine nur maschinenschriftliche Nennung des Namens am Schluss des Schreibens soll dagegen ausreichen, wenn der Widerspruchsführer außerdem im Briefkopf genannt ist (BVerwG NJW 1979, 120; BayVGH InfAuslR 1995, 7 f.). *Kopp/Schenke* halten in diesem Fall am Erfordernis der Unterschrift fest, da nach der Verkehrsauffassung die Unterschrift generell für die Verbindlichkeit schriftlicher Erklärungen als notwendig angesehen werde.[10] Dies erscheint deswegen plausibel, weil mit PC-Unterstützung Briefköpfe heute sehr weitgehend reproduzierbar sind. Nur bei wirklich eindeutigen Begleitumständen kann die Ausnahme aufrechterhalten werden. Der häufige Vermerk „nach Diktat verreist" ist grds. wie die maschinenschriftliche Unterschrift zu behandeln, es sei denn, die Unterschrift etwa der Sekretärin deutet zweifelsfrei auf den Urheber hin.

Der schriftliche Widerspruch muss mit Willen des Ausstellers in den Rechtsverkehr gelangt sein.[11] Es 7 darf sich also nicht nur um einen Entwurf handeln, sondern es muss klar sein, dass eine gewollte verfahrensrechtliche Erklärung vorliegt.[12] Die Ausführungen zu Prozesserklärungen gelten entsprechend.

b) Einsatz moderner Telekommunikationsmedien.[13] Die moderne Telekommunikation stellt die Ver- 8 waltungspraxis vor neue Fragen. Anerkannt ist, dass telegrafische und fernschriftliche Erhebung des Widerspruchs, sowie die Erhebung mittels Telefax, der Schriftform genügen, obwohl keine eigenhän-

---

6 BVerfGE 74, 228, 234 ff.; GmSOGB BVerwGE 58, 359, 364 ff.; BVerwG 43, 113, 114 f.; BVerwG NJW 1984, 444; *K. Rennert*, in: Eyermann § 70 Rn. 2; *P. Weides* 226; *Kopp/Schenke* § 70 Rn. 2; *Pietzner/Ronellenfitsch* § 33 Rn. 1124; *Hufen* § 6 Rn. 23; *K.-P. Dolde/W. Porsch*, in: Schoch/Schneider/Bier § 70 Rn. 4; *Jäde* Rn. 132. Die Lesbarkeit der Unterschrift ist bedeutungslos. Insbes. kann sie in ausländischen Schriftzeichen erfolgen, wenn der Name in deutscher Schrift an anderer Stelle erscheint (BayVGH NJW 1978, 510 f.). Ein Faksimile oder ein willkürliches Handzeichen sind aber nicht ausreichend (BVerwGE 43, 113, 114 ff.; BGH NJW 1982, 1467 f.; 1987, 1333 f.; BFHE 113, 490, 491 ff.).
7 Vgl. dazu auch *P. Kothe*, in: Redeker/v. Oertzen § 70 Rn. 1 b.
8 BVerwG 30, 274, 276 ff.; 81, 32, 36 ff.; BVerwG BayVBl 1992, 159; *Pietzner/Ronellenfitsch* § 33 Rn. 1125.
9 So auch *K. Rennert*, in: Eyermann § 70 Rn. 2.
10 *Kopp/Schenke* § 70 Rn. 2 Fn. 3.
11 So auch BVerwG 30, 274, 276; 81, 32, 36 ff.; 91, 334, 336; BVerwG NJW 1984, 444; *Hufen* § 6 Rn. 23; *K. Rennert*, in: Eyermann § 70 Rn. 2; *Pietzner/Ronellenfitsch* § 33 Rn. 1128; *Jäde* Rn. 132.
12 *K.-P. Dolde/W. Porsch*, in: Schoch/Schneider/Bier § 70 Rn. 4.
13 Zur selben Problematik i.R. der Klageerhebung → § 81 Rn. 67 ff.

dige Unterschrift vorliegt und Verwechslung und Missbrauch nicht völlig ausgeschlossen werden können[14] (zum Problem des Übermittlungsrisikos → § 81 Rn. 33 ff.).

9   Die juristische Gleichstellung von telefonischen „Aufgabetelegrammen" und sog. Ankunftstelegrammen, bei denen die Ankunft des Telegramms dem Absender telefonisch mitgeteilt wird,[15] ist technisch mittlerweile weitgehend obsolet. Die Frist ist mit dem Eingang der telefonischen Durchsage gewahrt, wenn der Absender des Telegramms deutlich erkennbar ist.

10   Bei Kopie und Telefax muss jedenfalls das Originalschriftstück (Kopiervorlage) eine eigenhändige Unterschrift aufweisen, andernfalls kann *nicht* von einer wirksamen Widerspruchseinlegung ausgegangen werden (zur Klageerhebung mittels Telefax → § 81 Rn. 68 ff.; zum Erfordernis der eigenhändigen Unterschrift → § 81 Rn. 72 ff.).

11   Die höchstgerichtliche Rspr. wird zunehmend mit neuartigen Problemen konfrontiert, namentlich bei der Widerspruchseinlegung per Computerfax, E-Mail,[16] PC-Direktverbindung[17] sowie per Btx (mittlerweile fast veraltet) oder per Internet.[18] Prozesserklärungen per Computerfax – also durch elektronische Übermittlung einer Textdatei mit eingescannter Unterschrift – wurden vom XI. Zivilsenat des BGH als unzulässig angesehen: Es sei technisch nicht eigenhändig unterschrieben und es gebe auch anders als beim herkömmlichen Telefax kein unterschriebenes Originalschriftstück.[19] Die eingescannte Unterschrift garantiere als elektronischer Faksimile-Stempel[20] die Authentizität nicht, da sie leicht reproduziert und missbraucht werden könne. Da das BSG anderer Auffassung war, hat der BGH die Frage dem Gemeinsamen Senat der obersten Gerichtshöfe des Bundes zur Entscheidung vorgelegt. Dieser hat entschieden, dass ein Computerfax die Schriftform erfüllt.[21] Daher ist nun auch von der Zulässigkeit einer Widerspruchseinlegung durch Computerfax auszugehen. Eine „Unterzeichnung" in Lettern i.V.m. „gez." reicht jedoch nicht.

12   Die Widerspruchseinlegung anhand einer E-Mail mit qualifiziert elektronischer Signatur[22] ist zulässig; eine einfache E-Mail ist hingegen nicht ausreichend.[23] Die h.M. greift dafür auf §§ 79, 3a VwVfG bzw. die jeweiligen landesrechtlichen Regelungen zurück,[24] was aus dogmatischer Sicht allerdings fragwürdig erscheint. Aus § 77 Abs. 2 folgt, dass landesrechtliche Regelungen im Widerspruchsverfahren nicht anwendbar sind, soweit diese Voraussetzung einer verwaltungsgerichtlichen Klage sind,[25] wozu auch die Form des Widerspruchs gehört.[26] Der Bundesgesetzgeber ging mit Einführung von § 3a VwVfG offenbar davon aus, dass dieser auch das Verfahren vor den Landesbehörden modifiziere,[27] was im Hinblick auf den klaren Wortlaut von § 1 Abs. 3 VwVfG als redaktionell fehlerhaft zu bewerten ist. Damit ist ein Rückgriff auf § 3a VwVfG nur für Widerspruchsverfahren vor den Bundesbehörden möglich. De lege ferenda ist eine entsprechende Norm in der VwGO einzufügen.
Soweit ein Widerspruch als Dateianhang einer unsignierten E-Mail übermittelt wird, ist dies zulässig, wenn es sich beim Dateianhang um eine eingescannte, zuvor eigenhändig unterschriebene Version des

---

14   BVerfG NJW 1987, 2067; BVerwGE 77, 38; BFH NJW 1982, 2520; VGH Mannheim VBlBW 1990, 335; *Hufen* § 6 Rn. 23; *P. Kothe*, in: Redeker/v. Oertzen § 70 Rn. 1 a; *Kopp/Schenke* § 70 Rn. 2, § 81 Rn. 9; *K.-P. Dolde/W. Porsch*, in: Schoch/Schneider/Bier § 70 Rn 6; *K. Rennert*, in: Eyermann § 70 Rn. 2; krit. *G. Pape/M. Notthoff*, NJW 1996, 417.

15   So noch BVerwGE 1, 103; 3, 56; 81, 32, 34; GmSOGB NJW 2000, 2340, 2341; *K.-P. Dolde/W. Porsch*, in: Schoch/Schneider/Bier § 70 Rn. 6.

16   Am häufigsten wird die „Elektronische Post" über das Internet verschickt. Weitergehend dazu *M. L. Ultsch*, NJW 1997, 3007.

17   Bei einer PC-Direktverbindung besteht die Möglichkeit, dass man Computerdateien direkt von PC zu PC über das Telefonnetz versendet.

18   Dazu *J. F. Schwachheim*, NJW 1999, 621, 622.

19   BGH NJW 1998, 3649, 3650; a.A. BSG NJW 1997, 1254; VG Karlsruhe NJW 1998, 2693.

20   BGH NJW 1998, 3649, 3650; terminologische Kritik bei *J. F. Schwachheim*, NJW 1999, 621, 622.

21   GmSOBG NJW 2000, 2340.

22   Zur elektronischen Signatur *Geis* NVwZ 2002, 385, 390.

23   BVerwG BayVBl 2017, 568; OVG Magdeburg NVwZ 2016, 1032; BayVGH 18.6.2007 – 11 CS 06.1959, BeckRS 2009, 30978; VGH Kassel NVwZ-RR 2006, 377; *K.-P. Dolde/W. Porsch*, in: Schoch/Schneider/Bier § 70 Rn. 6 b; *Kopp/Schenke* § 70 Rn. 2; *Geis/Hinterseh*, JuS 2001, 1176, 1177; a.A. wohl *Schoch*, Jura 2003, 752, 753.

24   BVerwG BayVBl 2017, 568; OVG Magdeburg NVwZ 2016, 1032; BayVGH 18.6.2007 – 11 CS 06.1959, BeckRS 2009, 30978; *K.-P. Dolde/W. Porsch*, in: Schoch/Schneider/Bier § 70 Rn. 6 b; *P. Kothe*, in: Redeker/v. Oertzen § 70 Rn. 1 a; *K. Rennert*, in: Eyermann § 70 Rn. 2; *Pietzner/Ronellenfitsch* Rn. 1126; *Kintz*, NVwZ 2004, 1429, 1430; *Schmitz/Schlatmann*, NVwZ 2002, 1281, 1288; *Schlatmann*, DVBl 2002, 1005, 1013.

25   BVerwG 17.2.1981 – 7 C 5579, DÖV 1981, 717.

26   Ebenso *Kintz*, NVwZ 2004, 1429, 1430.

27   BT-Drs. 14/9000, 28.

Widerspruchs handelt, die bei der Behörde dann ausgedruckt wird[28] oder der Dateianhang mit einer qualifizierten elektronischen Signatur versehen ist.[29]

Die Widerspruchseinlegung mittels Btx-Mitteilung ist zulässig. Das Fehlen einer Unterschrift wird 13 durch die private, kodierte Kennung des Teilnehmeranschlusses des Widerspruchsführers ersetzt, weil dadurch die Absendung durch einen Dritten oder eine versehentliche Übermittlung i.d.R. als ausgeschlossen gelten kann (→ § 81 Rn. 74).[30]

c) Fremdsprachige Einlegung. Auch im Vorverfahren ist die Amtssprache deutsch (§ 23 VwVfG) 14 (→ § 68 Rn. 56). Wird der Widerspruch in einer fremden Sprache eingelegt, so soll die Behörde nach § 23 Abs. 2 S. 1 VwVfG unverzüglich die Vorlage einer Übersetzung verlangen. Die gesetzliche Frist des § 70 ist abschließend, eine Verlängerung nach § 23 Abs. 4 VwVfG ausgeschlossen.[31] Die Behörde muss den Widerspruchsführer allerdings auf die Folgen eines nicht auf Deutsch eingelegten Widerspruchs aufmerksam machen (§ 25 VwVfG) (→ § 68 Rn. 57). Versäumt sie dies, ist ein Wiedereinsetzungsgrund gegeben.

2. Zur Niederschrift der Behörde. Der Widerspruch kann nach § 70 Abs. 1 S. 1 auch zur Nieder- 15 schrift bei der Behörde erhoben werden, die den Verwaltungsakt erlassen hat. Dies erfordert, dass der Widerspruch *in Anwesenheit* des Widerspruchsführers oder seines Vertreters zu Protokoll genommen, vorgelesen und genehmigt wird.[32] Telefonische Einwendungen genügen auch hier nicht, selbst wenn sie im Akt vermerkt, dem Gesprächspartner vorgelesen und von ihm genehmigt werden,[33] da die Identität nicht hinreichend sicher und die Gefahr von Missverständnissen und Täuschung durch Unbefugte besonders groß ist.[34]

Zur Niederschrift kann der Widerspruch jedem zur Entgegennahme befugten Bediensteten der Behör- 16 de erklärt werden.[35] Die Behörde ist zur Entgegennahme verpflichtet, muss hierfür die Möglichkeit innerhalb ihrer regelmäßigen Dienstzeiten schaffen und hat kein Annahmeverweigerungsrecht. Weigert sich die Behörde trotzdem, den Widerspruch entgegenzunehmen, so ist dem Widerspruchsführer Wiedereinsetzung zu gewähren.[36] Der Behördenvertreter kann die Identität des Widerspruchsführers überprüfen.[37]

3. Inhaltliche Mindestanforderungen. Die VwGO enthält keine Bestimmungen über den Mindestin- 17 halt des Widerspruchs. Er muss nicht als solcher bezeichnet werden.[38] Wirksam ist auch ein in unsachlicher, beleidigender Form bzw. mit beleidigendem Inhalt abgefasster Widerspruch,[39] sofern das Widerspruchsschreiben nicht *ausschließlich* Beleidigungen enthält, sondern ein Aufhebungsverlangen erkennen lässt.[40] Der Widerspruch ist auch dann nicht unzulässig, wenn spezielle Bestimmungen eine Begründung vorschreiben (wie z.B. § 336 Abs. 1 LAG).[41] Generell gelten für die Annahme der unwirk-

---

28 VG Dresden 16.9.2015 – 3 K 1566/12 mit Bezug auf BGH NJW 2015, 1527; *K.-P. Dolde/W. Porsch*, in: Schoch/Schneider/Bier § 70 Rn. 6 c.

29 BVerwG BayVBl 2017, 568.

30 BVerwG NJW 1995, 2121, 2122, für die Klageerhebung; ebenso für „Datex-J" OLG Düsseldorf NJW 1995, 2177; krit. *J. F. Schwachheim*, NJW 1999, 621, 623 Fn. 23.

31 So auch *P. Weides* 261 Fn. 1 m.w.N.; *E. Allesch*, Anwendbarkeit der Verwaltungsverfahrensgesetze auf das Widerspruchsverfahren nach der VwGO, 1984, 122; *Hufen* § 6 Rn. 25.

32 BVerwGE 26, 201; 50, 248; VGH Mannheim DÖV 1970, 649; *Pietzner/Ronellenfitsch* § 33 Rn. 1124; *P. Weides* 225; *P. Kothe*, in: Redeker/v. Oertzen § 70 Rn. 1; *K.-P. Dolde/W. Porsch*, in: Schoch/Schneider/Bier § 70 Rn. 7.

33 BVerwGE 17, 166; OVG Weimar NVwZ-RR 2002, 408; VGH Kassel NVwZ-RR 1991, 199; *Brühl*, JuS 1994, 153, 155; *Kopp/Schenke* § 70 Rn. 2; *P. Kothe*, in: Redeker/v. Oertzen § 70 Rn. 1a; *K.-P. Dolde/W. Porsch*, in: Schoch/Schneider/Bier § 70 Rn. 8.

34 So auch BVerwGE 26, 201, 202; 50, 248, 253; OVG Münster DÖV 1972, 798; OVG Saarlouis NVwZ 1986, 578; VGH Kassel NVwZ-RR 1991, 199; VGH Mannheim VBlBW 1993, 220; *K. Rennert*, in: Eyermann § 70 Rn. 2; *Jäde* Rn. 133 Fn. 28; a.A. BGH NJW 1980, 1290 f. bei einem Einspruch nach § 67 OWiG.

35 *P. Kothe*, in: Redeker/v. Oertzen § 70 Rn. 1.

36 *P. Kothe*, in: Redeker/v. Oertzen § 70 Rn. 1.

37 BVerwGE 17, 166, 168; *K.-P. Dolde/W. Porsch*, in: Schoch/Schneider/Bier § 70 Rn. 7.

38 Näher *M. E. Geis/S. Hinterseh*, JuS 2001, 1176; vgl. auch BVerwG NJW 2002, 1137; *Hufen* § 6 Rn. 24.

39 *Kopp/Schenke* § 70 Rn. 2, § 81 Rn. 14. Zur selben Problematik bei der Klageerhebung: OLG Stuttgart NJW 1977, 112; *A. Walchshöfer* MDR 1975, 11; *A.* KG NJW 1969, 151; OLG Hamm NJW 1996, 978.

40 Zur Erkennbarkeit des Aufhebungsverlangens auch VGH Mannheim NVwZ-RR 2002, 407.

41 BVerwGE 4, 233; 9, 110; BVerwG DVBl 1960, 397; *Kopp/Schenke* § 70 Rn. 5; *P. Kothe*, in: Redeker/v. Oertzen § 70 Rn. 12; *K.-P. Dolde/W. Porsch*, in: Schoch/Schneider/Bier § 70 Rn. 12.

samen Einlegung strenge Maßstäbe, da kein Anwaltszwang besteht, und mangelnde Ausdrucksfähigkeit daher kein Grund für Nachteile sein darf.

18 **4. Folgen von Formmängeln; Heilung.** Der nicht formgerechte Widerspruch kann von der Behörde als unzulässig zurückgewiesen werden. In den genannten Fällen von Formmängeln gehört es zur Fürsorgepflicht, den Widerspruchsführer unter Zubilligung einer angemessenen Frist aufzufordern, den Mangel zu beseitigen.[42]

19 **a) Heilung durch Nachholung.** Formmängel können innerhalb der Widerspruchsfrist durch ordnungsgemäße Nachholung geheilt werden (BVerwGE 50, 248 ff.; VGH Kassel DVBl 1964, 599 f.); nach Ablauf der Widerspruchsfrist kann der Formmangel nur unter den Voraussetzungen der Wiedereinsetzung (§ 70 Abs. 2 i.V.m. § 60) beseitigt werden.[43] Der Irrtum über eine wirksame Widerspruchseinlegung geht grds. zulasten des Widerspruchsführers. Ein Schreiben, das einen Irrtum über eine wirksame Widerspruchseinlegung erkennen lässt, kann als Einlegung des Widerspruchs ausgelegt werden, wenn die Widerspruchsfrist noch nicht abgelaufen ist.[44] Die Einlegung des Widerspruchs wird *nicht* durch die Erhebung der Klage ersetzt; entgegen der h.M. führt eine Klageerhebung auch nicht zu einer Unterbrechung der Widerspruchsfrist, sodass eine Nachholung nach Ablauf der Widerspruchsfrist nicht mehr möglich ist (→ § 68 Rn. 112–117 m.w.N.).

20 **b) Heilung durch Sachentscheidung.** Streitig ist, ob die Widerspruchsbehörde bei Nichtbeseitigung eines Formmangels trotz Hinweis den Widerspruch als unzulässig zurückweisen *muss* oder ob sie gleichwohl in der Sache entscheiden darf und dadurch der Formmangel ebenfalls geheilt wird. Die VwGO enthält keine ausdrückliche Regelung wie § 358 AO, wonach bei Verfristung oder Formfehlerhaftigkeit des Rechtsbehelfs eine *Pflicht* zur Zurückweisung besteht. Da ein nicht formgerechter Widerspruch regelmäßig auch verfristet ist, kann auf die Ausführungen zu § 68 verwiesen werden (→ § 68 Rn. 40 ff.). Die Behörde kann nach hier vertretener Auffassung keine Entscheidung zur Sache treffen. Eine nachfolgende Klage ist bei nicht ordnungsgemäß durchgeführtem Widerspruchsverfahren unzulässig.

III. Frist

21 Wird der Widerspruch nicht innerhalb der Monatsfrist des § 70 Abs. 1 S. 1 eingelegt, so wird der Verwaltungsakt bestandskräftig und unanfechtbar. Möglich sind dann nur noch Widerruf (§ 49 VwVfG) oder Rücknahme (§ 48 VwVfG) durch die Behörde.

22 Soll mit dem Anfechtungswiderspruch die Nichtigkeit eines Verwaltungsakts geltend gemacht werden (zum Anfechtungswiderspruch → § 68 Rn. 82 ff.) und ist die Frist abgelaufen, so kann der Betroffene nach dem Meistbegünstigungsprinzip immer noch eine Nichtigkeitsfeststellungsklage (§ 43 Abs. 1 Alt. 2) erheben. Das Widerspruchsverfahren wird hierdurch nicht unterlaufen, da es für die Klage nach § 43 Abs. 1 Alt. 2 nicht vorgesehen ist.[45]

23 Nach dem eindeutigen Wortlaut des § 54 Abs. 3 BeamtStG, der die Geltung der Vorschriften des 8. Abschnitts der VwGO ohne Einschränkungen anordnet, gilt die Widerspruchsfrist des § 70 Abs. 1 S. 1 auch in beamtenrechtlichen Streitigkeiten (vertiefend → § 68 Rn. 99–101).

24 **1. Fristdauer. a) Fristberechnung – anzuwendendes Recht.** Die Widerspruchserhebung hat innerhalb eines Monats, nachdem der Verwaltungsakt dem Beschwerten bekannt gegeben worden ist, zu erfolgen. Ob die Fristberechnung nach der sog. verwaltungsprozessualen Lösung (§ 57 i.V.m. § 222 ZPO, §§ 187 ff. BGB)[46] oder nach der sog. verwaltungsverfahrensrechtlichen Lösung (§§ 79, 31 VwVfG

---

42 *P. Weides* 226; *ders.*, JuS 1964, 279.
43 BVerwGE 50, 248; OVG Münster DÖV 1972, 798; *Kopp/Schenke* § 70 Rn. 4; *P. Kothe*, in: Redeker/v. Oertzen § 70 Rn. 1 c; *K.-P. Dolde/W. Porsch*, in: Schoch/Schneider/Bier § 70 Rn. 10.
44 So auch BVerwG DVBl 1972, 423; *Kopp/Schenke* § 70 Rn. 3.
45 *P. Kothe*, in: Redeker/v. Oertzen § 70 Rn. 3; *Hufen* § 18 Rn. 33.
46 So BVerwGE 39, 257, 258 f.; 44, 294, 296; ebenso BGH HFR 1984, 23; *E. Allesch*, Anwendbarkeit der Verwaltungsverfahrensgesetze auf das Widerspruchsverfahren nach der VwGO, 1984, 62 ff.; *M. Funke-Kaiser*, in: Bader § 70 Rn. 4; *Kopp/Schenke* § 70 Rn. 8; *Pietzner/Ronellenfitsch* § 33 Rn. 1127; *Schenke* Rn. 673; *K.-P. Dolde/W. Porsch*, in: Schoch/Schneider/Bier § 70 Rn. 15; *K. Rennert*, in: Eyermann § 70 Rn. 4. Unentschieden: *Würtenberger/Heckman* Rn. 302; *Jäde* Rn. 136.

i.V.m. §§187ff. BGB) (→ §68 Rn. 59)[47] erfolgt, ist umstr., letztlich aber ohne praktische Relevanz, da beide Lösungen auf die §§187ff. BGB zurückführen. Der Dogmatik entspricht die zweite Lösung mehr, da das Vorverfahren ein Verwaltungsverfahren ist und durch die §§68ff. nicht abschließend geregelt wird (→ §68 Rn. 52ff.), ferner auch, weil §70 zwar auf die §§58 und 60 verweist, nicht aber auf §57. Damit gilt §79 letzter Hs. VwVfG, der auf §31 VwVfG weiterverweist (→ §68 Rn. 59). Entsprechend verdrängt §31 Abs. 3 VwVfG (insbes. auch dessen S. 2) den §193 BGB. Die Widerspruchsfrist ist Ereignisfrist i.S.v. §187 Abs. 1 BGB, sodass der Tag der Bekanntgabe des Verwaltungsakts bei der Fristberechnung nicht mitzählt.

b) Unterbliebene oder mangelhafte Rechtsbehelfsbelehrung. Der Beginn der Monatsfrist des §70   25
Abs. 1 S. 1 setzt voraus, dass die Behörde dem Adressaten bei Bekanntgabe des Verwaltungsakts eine ordnungsgemäße Rechtsbehelfsbelehrung schriftlich erteilt hat (§§70 Abs. 2, 58 Abs. 1).
Enthält die Rechtsbehelfsbelehrung die in §58 Abs. 1 zwingend geforderten Angaben nicht, ist sie feh-   26
lerhaft (→ §58 Rn. 50ff.). Dasselbe gilt, wenn sich unzutreffende bzw. irreführende Zusätze in ihr finden (→ §58 Rn. 64ff.). Eine fehlerhafte Belehrung führt nicht zur Rechtswidrigkeit des Verwaltungsaktes, sondern nach §70 Abs. 2 i.V.m. §58 Abs. 2 zum Ersatz der Monats- durch die Jahresfrist (→ §58 Rn. 74ff.).

c) Sonderfälle. Abweichend von §70 Abs. 1 S. 1 sehen zahlreiche Regelungen eine kürzere Wider-   27
spruchsfrist vor, so §33 Abs. 1 S. 1 WPflG, §6 Abs. 1 WBO (WBO vom 11.9.1972 [BGBl I 1737]), §72 Abs. 2 ZDG, §18 Abs. 1 S. 1 KDVNG[48] und §§59 Abs. 5, 141 Abs. 1 S. 2 FlurbG.

2. Fristbeginn. a) Bekanntgabe. Der Fristbeginn richtet sich nach der wirksamen Bekanntgabe des   28
Verwaltungsakts nach den jeweils einschlägigen Normen.[49] Sofern nicht speziellere Normen eine besondere Form vorschreiben, richtet sich die Wirksamkeit der Bekanntgabe nach §§41, 43 Abs. 1 VwVfG. Ohne wirksame Bekanntgabe beginnt keine Frist zu laufen (→ §68 Rn. 87),[50] auch nicht die nach §58 Abs. 2 S. 1; dies gilt auch, wenn der Betroffene anderweitig Kenntnis vom Inhalt des Verwaltungsakts nimmt.[51] Andernfalls ließe sich die Widerspruchsfrist nur schwer berechnen, da die Kenntnis des Betroffenen vom Zufall abhinge. Allenfalls in Sonderfällen kommt eine Verwirkung der Widerspruchsmöglichkeit wegen mangelnden Rechtsschutzbedürfnisses in Betracht (→ §69 Rn. 63; zum verwirkten Nachbarwiderspruchs → Rn. 33f.). Ist ein Bevollmächtigter bestellt, so setzt sowohl die Bekanntgabe an diesen (§41 Abs. 1 S. 2 VwVfG) als auch an den Betroffenen die Widerspruchsfrist in Gang.[52] Eine wirksame Bekanntgabe fehlt, wenn der Adressat des Verwaltungsakts geschäfts- und/oder handlungsunfähig ist. Wird der Betroffene später wieder geschäfts- und/oder handlungsfähig und erhält er in diesem Zustand Kenntnis von dem Verwaltungsakt, wird die Bekanntgabe wirksam und der Fristlauf beginnt.[53]

---

47 OVG Magdeburg NVwZ 1994, 1227; *Hufen* §6 Rn. 28; *P. Weides* 261; *P. Kothe*, in: Redeker/v. Oertzen §70 Rn. 2; *D. Kallerhoff*, in: Stelkens/Bonk/Sachs §31 Rn. 16; *J.-D. Busch*, in: Knack/Henneke §79 Rn. 30; *Meyer/Borgs* §79 Rn. 12.

48 Gesetz zur Neuordnung des Rechts der Kriegsdienstverweigerung und des Zivildienstes (Kriegsdienstverweigerungs-Neuordnungsgesetz) vom 28.2.1983 (BGBl 203).

49 *Hufen* §6 Rn. 29; *K. Rennert*, in: Eyermann §70 Rn. 4; *Kopp/Schenke* §70 Rn. 6a ff. *K. Füßer* LKV 1996, 314 schränkt dies für die Fälle, in denen der Landesgesetzgeber Erleichterungen für die Bekanntgabe vorsieht, ein. Zur Bekanntgabe von verkehrsregelnden Anordnungen und Verkehrszeichen: BVerwGE 59, 221, 226; 92, 32, 34; OVG Münster OVGE 31, 126, 128; NJW 1990, 2835; VGH Mannheim NVwZ-RR 1990, 59; *P. Weides* 261; *G. Manssen*, NZV 1992, 465, 468. Bei der Widerspruchseinlegung gegen Verkehrszeichen (zu deren Rechtsnatur *Maurer* §9 Rn. 36 m.w.N.) findet §70 Abs. 1 keine Anwendung, da die Rechtsbehelfsbelehrung fehlt. Die Frist des §58 Abs. 2 beginnt im Zeitpunkt der sog. erstmaligen Konfrontation mit dem Zeichen (hierzu HmbOVG NZV 2003, 351; *M. Funke-Kaiser*, in: Bader §70 Rn. 5).

50 BVerwGE 22, 14, 15; BVerwG NVwZ 1989, 649; *P. Weides* 193; *Pietzner/Ronellenfitsch* §33 Rn. 1132; *Kopp/Schenke* §70 Rn. 6g; *K.-P. Dolde/W. Porsch*, in: Schoch/Schneider/Bier §70 Rn. 17.

51 BVerwGE 22, 14ff.; 44, 294, 296; *K. Rennert*, in: Eyermann §70 Rn. 4; *Hufen* §6 Rn. 29; *P. Weides* 193; *Pietzner/Ronellenfitsch* §33 Rn. 1132; *P. Kothe*, in: Redeker/v. Oertzen §70 Rn. 2a; *Kopp/Schenke* §70 Rn. 6h; *K.-P. Dolde/W. Porsch*, in: Schoch/Schneider/Bier §70 Rn. 16.

52 So auch VGH Kassel NVwZ-RR 1993, 432; *Kopp/Schenke* §70 Rn. 6a; *K.-P. Dolde/W. Porsch*, in: Schoch/Schneider/Bier §70 Rn. 17.

53 BVerwG NJW 1994, 2633f.; *Pietzner/Ronellenfitsch* §33 Rn. 1133.

29   Für den Fristbeginn gilt § 41 VwVfG; im Regelfall postalischer Bekanntgabe gilt der Brief am dritten Tag nach der Aufgabe zur Post als bekannt gegeben (§ 41 Abs. 2 VwVfG),[54] desgleichen bei Bekanntgabe durch Einschreiben (§ 41 Abs. 5 VwVfG i.V.m. § 4 Abs. 1 VwZG), auch wenn dieser Tag ein Samstag oder Sonntag ist. Zugegangen ist der Brief mit Aushändigung an den Empfangsberechtigten, nicht schon mit Einlegung des Auslieferungsscheins in den Briefkasten (VGH Mannheim NVwZ 1992, 799 f.). Ist förmliche Zustellung vorgeschrieben,[55] setzt eine andere Art der Bekanntmachung die Frist nicht in Gang.[56] Anders als bei der formlosen Bekanntgabe *muss* die Zustellung, wenn ein Bevollmächtigter schriftliche Vollmacht vorgelegt hat, gegenüber diesem erfolgen (§ 41 Abs. 5 VwVfG i.V.m. § 7 Abs. 1 S. 2 VwZG), sonst beginnt die Frist nicht zu laufen.[57] Bei mangelhafter Bekanntgabe oder Zustellung läuft keine Frist (→ § 56 Rn. 81),[58] jedoch kann das Widerspruchsrecht verwirkt werden. Vereitelt der Adressat die Zustellung, so ist er entsprechend §§ 162, 242 BGB so zu behandeln, als sei ihm die Zustellung wie bei pflichtgemäßem Verhalten zugegangen (→ § 56 Rn. 87).[59] In der Verweigerung der Annahme eines Einschreibens kann aber eine treuwidrige Zustellungsvereitelung noch nicht gesehen werden.

30   **b) Fristlauf bei mehreren Beteiligten.** Ist ein Verwaltungsakt an mehrere Adressaten gerichtet, so ist er auch jedem bekannt zu geben, es sei denn, die Adressaten haben sich gegenseitig zur Entgegennahme des Verwaltungsakts bevollmächtigt.[60] Die Frist beginnt dann je nach individueller Bekanntgabe.[61] Anders als in § 155 Abs. 5 S. 1 AO reicht die Zustellung nur einer Ausfertigung eines an beide Ehegatten gerichteten Verwaltungsakts für eine wirksame Bekanntgabe nicht aus, wenn diese sich nicht gegenseitig zur Empfangnahme bevollmächtigt haben (BVerwG NJW 1993, 2884).

31   Wird eine Baugenehmigung dem Nachbarn nicht oder fehlerhaft bekannt gegeben, beginnt die Widerspruchsfrist für diesen nicht zu laufen. Die überwiegende Meinung nimmt jedoch an, dass sich der Nachbar nach dem Grundsatz von Treu und Glauben, den das BVerwG aus dem „nachbarlichen Gemeinschaftsverhältnis" herleitet (BVerwGE 44, 294, 298; 77, 85, 89; 78, 88 f.; krit. → § 42 Rn. 353), auch bei fehlender bzw. fehlerhafter Bekanntgabe ab dem Zeitpunkt, von dem an er von der erteilten Baugenehmigung zuverlässig Kenntnis erlangt hat oder sich hätte verschaffen können, so behandeln lassen muss, als sei ihm die Genehmigung wirksam bekannt gegeben worden. Ab diesem Zeitpunkt beginnt dann die Jahresfrist nach § 58 Abs. 2 analog zu laufen (→ § 74 Rn. 25).[62]

---

54 Die Regelung des § 31 Abs. 3 VwVfG soll nach h.M. nicht zur Anwendung gelangen, BayVGH BayVBl 1990, 693 m.w.N.

55 BVerwGE 22, 14, 15; BVerwG NVwZ 1989, 648, 649; *Pietzner/Ronellenfitsch* § 33 Rn. 1141; *K.-P. Dolde/W. Porsch*, in: Schoch/Schneider/Bier § 70 Rn. 17.

56 BVerwGE 22, 14, 16; 25, 20, 21; BVerwG NJW 1993, 2884; VGH Mannheim NVwZ 1989, 76, 77; NVwZ-RR 1992, 396 f.; *P. Kothe*, in: Redeker/v. Oertzen § 70 Rn. 2; *Kopp/Schenke* § 70 Rn. 6 e; *P. Weides* 261; *Brühl*, JuS 1994, 153, 156; *K.-P. Dolde/W. Porsch*, in: Schoch/Schneider/Bier § 70 Rn. 17; *Pietzner/Ronellenfitsch* § 33 Rn. 1133. Nach § 1 Abs. 3 VwZG kann die Zustellung durch Rechtsvorschrift – z.B. § 73 Abs. 3; § 44 Abs. 1 WPflG (hierzu BVerwGE 85, 213); § 71 Abs. 2 ZDG; § 175 BBG (hierzu BVerwGE 83, 40); § 332 Abs. 2 LAG; für Baugenehmigungen nach LBO BW (hierzu VGH Mannheim NVwZ 1989, 76, 77); Art. 36 Abs. 7 VwZVG (hierzu BayVGH BayVBl 1991, 338 f.) – oder behördliche Anordnung vorgeschrieben sein.

57 HmbOVG NVwZ-RR 1993, 110; VGH Kassel NVwZ-RR 1993, 432, 434; *A. Schlatmann*, in: Engelhardt/App/Schlatmann, VwVG/VwZG, ¹¹2017, VwZG § 7 Rn. 7; VGH Mannheim VBlBW 1995, 317; *K.-P. Dolde/W. Porsch*, in: Schoch/Schneider/Bier § 70 Rn. 17.

58 GmSOGB BVerwGE 51, 378, 380; 39, 258, 259; BVerwG DVBl 1985, 959, 960; BGH NJW 1980, 1168; BFH NVwZ 1988, 288; *Kopp/Schenke* § 70 Rn. 6 g; *Jäde* Rn. 135 Fn. 30.

59 BVerwGE 85, 213, 215; BVerwG NVwZ 1987, 793 f.; BVerwG DÖV 1991, 27; *K.-P. Dolde/W. Porsch*, in: Schoch/Schneider/Bier § 70 Rn. 19; *M. Funke-Kaiser*, in: Bader § 70 Rn. 7.

60 BVerwGE 44, 294, 296; BVerwG NJW 1969, 1133; OVG Münster NVwZ-RR 1995, 623; *P. Kothe*, in: Redeker/v. Oertzen § 70 Rn. 2 a; *P. Weides* 262; *K.-P. Dolde/W. Porsch*, in: Schoch/Schneider/Bier § 70 Rn. 16; *Pietzner/Ronellenfitsch* § 33 Rn. 1135; die Rspr. d. BVerwG fortführend – für die Fiktion einer amtlichen Bekanntgabe gegenüber einem Nachbarn – VGH Mannheim DVBl 2012, 1181.

61 BVerwGE 44, 294, 296; BVerwG NJW 1969, 1133; OVG Bautzen, 23.5.2012 – 4 A 21/12 (1. Leitsatz); OVG Münster NVwZ-RR 1995, 623; *P. Kothe*, in: Redeker/ v. Oertzen § 70 Rn. 2 a; Eyermann/*Rennert* Rn. 4; *P. Weides* 262; *K.-P. Dolde/W. Porsch*, in: Schoch/Schneider/Bier § 70 Rn. 16.

62 OVG Weimar LKV 2003, 35; *Hufen* § 6 Rn. 39; *Pietzner/Ronellenfitsch* § 33 Rn. 1137 ff.; *M. Funke-Kaiser*, in: Bader § 70 Rn. 8 ff.; *Schenke* Rn. 676; *Schmitt Glaeser/Horn* Rn. 199; *P. Weides* 262; K. Rennert, in: Eyermann § 70 Rn. 5; *P. Kothe*, in: Redeker/v. Oertzen § 70 Rn. 2 a; *Jäde* Rn. 137.

c) Heilung. Nach § 8 VwZG kann ein Zustellungsfehler geheilt werden. § 8 VwZG erfasst nicht den 32 Fall der Widerspruchsfrist,[63] sodass der Verwaltungsakt in dem Zeitpunkt als zugestellt gilt, in dem nachgewiesen werden kann, dass der Empfangsberechtigte ihn tatsächlich erhalten hat. Das Landesrecht kann andere Regelungen vorsehen; in diesem Fall muss die Zustellung wiederholt werden.

Die Heilungsmöglichkeit nach § 8 VwZG besteht nach dem Wortlaut nur, wenn eine Zustellung vor- 33 liegt.[64] Eine analoge Anwendung kommt aber in Betracht, wenn bei der *Ausführung der Bekanntgabe* in der gesetzlich vorgeschriebenen oder ermöglichten Weise ein Fehler unterlaufen ist,[65] z.B. bei einer versehentlichen Übergabe des Schriftstücks an eine andere Person als den Adressaten. Eine Heilung scheidet dagegen aus, wenn die Behörde keinen Bekanntgabewillen hatte oder der Verwaltungsakt in anderer als der gesetzlich geforderten Form erlassen wurde.[66]

3. Fristwahrung. a) Maßgeblicher Zeitpunkt. Der Widerspruch muss Ausgangs- oder Widerspruchs- 34 behörde innerhalb der Frist (d.h. nicht schon vor deren Beginn)[67] zugegangen sein,[68] d.h. das Widerspruchsschreiben muss in deren Verfügungsbereich gelangt sein.[69] Auf die tatsächliche Kenntnisnahmemöglichkeit kommt es nicht an, da Fristen voll ausgeschöpft werden dürfen.[70] Daher reicht es aus, wenn der Widerspruch vor Mitternacht des letzten Fristtages zugeht.[71] Die Behörde hat hierfür Vorkehrungen zu treffen (Nachtbriefkasten).[72] Verfügt die Behörde nicht über einen Nachtbriefkasten, muss sie dem Widerspruchsführer im Zweifel Wiedereinsetzung gewähren, wenn sie das Schreiben am Morgen vorfindet.

Die Einlegung in ein Postabholfach der Behörde bewirkt den Zugang an diesem Tag. Unerheblich ist, 35 ob das Fach tatsächlich noch geleert wird, oder dies erst am nächsten Tag erfolgt;[73] dies gilt auch für Einschreiben (VGH Kassel NJW 1968, 1979 f.). In der Praxis erfolgt der Nachweis des Zugangs durch den behördlichen Eingangsstempel.[74] Zur Fristwahrung ist es aber nicht ausreichend, wenn das Widerspruchsschreiben an einen Beamten der Behörde nach Dienstschluss und außerhalb der Behörde übergeben wird (für die Klageerhebung ebenso → § 74 Rn. 43).[75] Im Übrigen gelten die Erläuterungen zur rechtzeitigen Klageerhebung entsprechend (→ § 74 Rn. 39 ff.).

Entscheidet über den Widerspruch ein Ausschuss (z.B. die Rechtsausschüsse in Rheinland-Pfalz), ist 36 die Einlegung bei der Behörde, bei der der Ausschuss gebildet ist, fristgerecht.[76] Wird der Widerspruch bei einer unzuständigen Behörde erhoben, wird die Frist nicht gewahrt, der Widerspruch ist unzulässig (zur Anwendbarkeit der §§ 17–17 b GVG im Verwaltungsprozess → § 83 Rn. 3–42).[77] Anders als in § 17a GVG besteht keine Verweisungspflicht der unzuständigen an die zuständige Behörde.[78] Dies

---

63 BVerwG Buchholz 340 § 9 VwZG Nr. 10; NVwZ 1989, 648, 649; VGH Mannheim NVwZ-RR 1994, 384; NVwZ-RR 1995, 623; BGH NJW 1972, 1238; *Pietzner/Ronellenfitsch* § 33 Rn. 1141; *Jäde* Rn. 134; *P. Weides* 261; *P. Kothe*, in: Redeker/v. Oertzen § 70 Rn. 2.

64 BVerwGE 16, 165, 166 f.; 29, 321, 322; BVerwG NJW 1988, 1612, 1613; NVwZ 1989, 648, 650; VGH Mannheim NVwZ 1989, 76, 77; *Pietzner/Ronellenfitsch* § 33 Rn. 1136.

65 BVerwG DVBl 1994, 810, 812; *Ule/Laubinger* § 53 Rn. 10; *Pietzner/Ronellenfitsch* § 33 Rn. 1136; zur Heilung *Kopp/Ramsauer* § 41 Rn. 77 f.

66 Dazu auch BVerwGE 104, 301; BVerwG NJW 1988, 1612, 1613; OVG Münster NJW 1989, 120 f.; BayVGH NJW 1984, 2845; näher: *P. Stelkens*, in: Stelkens/Bonk/Sachs § 41 Rn. 222 ff.

67 Der „vorfristige" Widerspruch ist unzulässig; vgl. *Th. I. Schmidt*, DÖV 2001, 857 m.w.N.

68 BVerwG NJW 1993, 1874; *P. Kothe*, in: Redeker/v. Oertzen § 70 Rn. 4; *K. Rennert*, in: Eyermann § 70 Rn. 6; *Kopp/Schenke* § 70 Rn. 8 a; *K.-P. Dolde/W. Porsch*, in: Schoch/Schneider/Bier § 70 Rn. 25.

69 *K. Rennert*, in: Eyermann § 70 Rn. 6.

70 Vgl. BVerfGE 42, 128; 52, 203; 57, 117, 120; BVerfG NJW 1986, 244 f.; BVerfGE 18, 51; BVerfG NJW 1974, 73; BGH NJW 1981, 1789; abgrenzend BVerfGE 42, 128.

71 *Pietzner/Ronellenfitsch* § 33 Rn. 1129; *K.-P. Dolde/W. Porsch*, in: Schoch/Schneider/Bier § 70 Rn. 25.

72 Vgl. BVerwG NJW 1962, 1268; fortentwickelt durch BVerwG DVBl 1964, 406; *P. Kothe*, in: Redeker/v. Oertzen § 70 Rn. 4; *K. Rennert*, in: Eyermann § 70 Rn. 6; *K.-P. Dolde/W. Porsch*, in: Schoch/Schneider/Bier § 70 Rn. 25.

73 *K.-P. Dolde/W. Porsch*, in: Schoch/Schneider/Bier § 70 Rn. 25. Für die Klageerhebung: BVerwG DVBl 1961, 828; NJW 1964, 788; BGH NJW 1986, 2646, 2647; BSG MDR 1978, 83; BayVGH BayVBl 1983, 439; → § 74 Rn. 41; OLG Frankfurt NStZ-RR 2007, 206; a.A. BVerwGE 10, 293; BSGE 42, 140; *K. Rennert*, in: Eyermann § 70 Rn. 6; *P. Kothe*, in: Redeker/v. Oertzen § 70 Rn. 4.

74 Der Gegenbeweis (§ 418 Abs. 2 ZPO) ist zulässig (vgl. BVerwG Buchholz 310 § 70 Nr. 5; *K. Rennert*, in: Eyermann § 70 Rn. 6; *P. Kothe*, in: Redeker/v. Oertzen § 70 Rn. 4; *Pietzner/Ronellenfitsch* § 33 Rn. 1131).

75 A.M. *Kothe*, in: Redeker/v. Oertzen § 70 Rn. 4.

76 *P. Kothe*, in: Redeker/v. Oertzen § 70 Rn. 9.

77 Zu einem Sonderfall BVerwG Buchholz 407.4 § 17 FStrG Nr. 35.

78 *Hufen* § 6 Rn. 27.

ist hinnehmbar, da die zuständige Widerspruchsbehörde in der Rechtsbehelfsbelehrung bezeichnet wird. Im Übrigen ist die fälschlich angegangene Behörde nach § 25 VwVfG verpflichtet, den Widerspruchsführer an die zuständige Behörde zu verweisen.[79] Nach a.A. ist sie sogar verpflichtet, den Widerspruch an die zuständige Ausgangsbehörde weiterzuleiten.[80] Der Widerspruchsführer trägt aber das Risiko des rechtzeitigen Eingangs. Die Frist ist nur dann gewahrt, wenn das Widerspruchsschreiben rechtzeitig der zuständigen Behörde zugeht.[81] Nicht ungewöhnliche Verzögerungen stellen in diesem Zusammenhang keinen Wiedereinsetzungsgrund dar.[82] Etwas anderes gilt nur, wenn bei pflichtgemäßer Weiterleitung die Frist noch gewahrt worden wäre.

37   **b) Sonderfälle der Fristwahrung. aa) Klageerhebung.** Nach mittlerweile fast einhelliger Meinung wahrt die Erhebung der Klage die Widerspruchsfrist nicht (→ § 68 Rn. 116).[83] Sie verlängert oder hemmt sie auch nicht.[84] In der Klage kann auch keine konkludente Widerspruchseinlegung gesehen werden.[85] Dies gilt auch, wenn dem Beklagten mit der Klageschrift eine Kopie des Widerspruchsschreibens vom Gericht zugestellt wird.[86]

38   **bb) Notwendige Streitgenossenschaft.** Bei einer notwendigen Streitgenossenschaft reicht die Einhaltung der Widerspruchsfrist durch einen Streitgenossen nach § 64 i.V.m. § 62 ZPO aus (→ § 68 Rn. 75; → § 64 Rn. 88).[87]

39   **c) Heilung durch Sachentscheidung.** Entgegen der Rspr. und der h.M. kann die Widerspruchsbehörde die Verfristung eines Widerspruchs nicht durch Sachentscheidung heilen (ausf. → § 68 Rn. 40 ff.).

40   **4. Wiedereinsetzung in den vorigen Stand. a) Voraussetzungen.** Eine Wiedereinsetzung in den vorigen Stand richtet sich gem. § 70 Abs. 2 nach den §§ 60 Abs. 1–4. Diese verdrängen § 32 VwVfG.[88] Generell kann daher auf die Ausführungen zu § 60 verwiesen werden.

41   **aa) Fristversäumnis.** Nach § 70 Abs. 2 i.V.m. § 60 Abs. 1 ist eine Wiedereinsetzung möglich, wenn der Widerspruchsführer es versäumt hat, innerhalb der Frist wirksam Widerspruch einzulegen. Eine Wiedereinsetzung ist damit auch bei Formunwirksamkeit des Widerspruchs möglich.[89] Versäumt der Widerspruchsführer auch die Wiedereinsetzungsfrist des § 60 Abs. 2 S. 1, so ist auch hierfür eine Wiedereinsetzung zulässig, da auch diese eine gesetzliche Frist i.S.d. § 60 Abs. 1 ist.[90]

42   **bb) Verhinderung ohne Verschulden.** Voraussetzung für die Wiedereinsetzung ist die schuldlose Versäumung der Widerspruchsfrist. Der strengere straf- oder haftungsrechtliche Verschuldensbegriff ist nicht anwendbar.[91] Von einer unverschuldeten Versäumnis ist auszugehen:

- bei einem Irrtum des Widerspruchsführers über Form oder Inhalt der Entscheidung;

---

79 *Hufen* § 6 Rn. 27.
80 *K. Rennert*, in: Eyermann § 70 Rn. 16; *Kopp/Schenke* § 70 Rn. 16; *K.-P. Dolde/W. Porsch*, in: Schoch/Schneider/Bier § 70 Rn. 24; nach VG Freiburg VerwRspr 10 Nr. 223 gilt dies auch für das VG.
81 BVerwG NJW 1981, 835; dazu auch BVerwG NJW 1993, 1874; *Kopp/Schenke* § 70 Rn. 16; *K. Rennert*, in: Eyermann § 70 Rn. 16; *Jäde* Rn. 138; *Pietzner/Ronellenfitsch* § 33 Rn. 1128; *G. Haverkate*, VVDStRL 46 (1988), 215, 243 ff.; *K.-P. Dolde/W. Porsch*, in: Schoch/Schneider/Bier § 70 Rn. 24; *H.-U. Erichsen*, Jura 1992, 645, 647; *Brühl*, JuS 1994, 153, 157.
82 *K. Rennert*, in: Eyermann § 70 Rn. 16; *P. Kothe*, in: Redeker/v. Oertzen § 70 Rn. 9; *Jäde* Rn. 138; *K.-P. Dolde/W. Porsch*, in: Schoch/Schneider/Bier § 70 Rn. 24; *Kopp/Schenke* § 70 Rn. 16.
83 VGH Mannheim ESVGH 9, 174, 175; BayVGH BayVBl 1975, 591, 592; *A. v. Mutius*, Widerspruchsverfahren, 1969, 188 ff.; *P. Kothe*, in: Redeker/v. Oertzen § 70 Rn. 9; *Kopp/Schenke* § 70 Rn. 3; a.A. noch *K. A. Bettermann*, DVBl 1959, 308, 313; *F. O. Kopp*, [10]1994, § 68 Rn. 3; BVerwGE 4, 203, 204.
84 *P. Kothe*, in: Redeker/v. Oertzen § 70 Rn. 9; *K. Rennert*, in: Eyermann § 68 Rn. 22; *Kopp/Schenke* § 70 Rn. 3.
85 BVerwG DVBl 1960, 107; VGH Mannheim NVwZ-RR 2002, 407; *K.-P. Dolde/W. Porsch*, in: Schoch/Schneider/Bier § 70 Rn. 26; a.A. BVerwG Buchholz 427.3 § 335 a LAG Nr. 31.
86 So auch *K. Rennert*, in: Eyermann § 70 Rn. 16; a.A. BVerwGE 91, 334, 335.
87 *Schunck/De Clerck* § 73 Rn. 3; *K. Rennert*, in: Eyermann § 70 Rn. 6; vgl. demgegenüber zur Widerspruchseinlegung durch eine Gesellschaft bürgerlichen Rechts OVG Bln NJW 2002, 1218.
88 *Schmitt Glaeser/Horn* Rn. 202; *Hufen* § 6 Rn. 33; *P. Kothe*, in: Redeker/v. Oertzen § 70 Rn. 5; *Jäde* Rn. 139; *P. Weides* 265; *K.-P. Dolde/W. Porsch*, in: Schoch/Schneider/Bier § 70 Rn. 28.
89 So auch BVerwGE 50, 248; VGH Kassel HessVGRspr 1980, 81, 82; *A. v. Mutius*, Widerspruchsverfahren, 1969, 201 ff.; *K.-P. Dolde/W. Porsch*, in: Schoch/Schneider/Bier § 70 Rn. 28; a.A. noch VGH Kassel DVBl 1964, 599; *P. Weides* 267 Fn. 39.
90 BVerwG DVBl 1986, 287; BayVGH BayVBl 1978, 246; *Schmitt Glaeser/Horn* Rn. 202; *Pietzner/Ronellenfitsch* § 34 Rn. 1147; *P. Weides* 267.
91 *Hufen* § 6 Rn. 34.

- bei einer nicht nur unerheblichen Abwesenheit vom Wohnort infolge von Urlaub oder Krankheit;[92]
- wenn der Widerspruchsführer der deutschen Sprache nicht mächtig ist[93] oder aufgrund allgemeiner Hilflosigkeit außer Stande war, Widerspruch einzulegen;
- wenn sein Widerspruch durch eine ungewöhnlich lange Postlaufzeit nicht rechtzeitig bei der Behörde angekommen ist.[94]

Anders ist es, wenn er selbst nicht mit der erforderlichen Sorgfalt tätig geworden ist, etwa sein Postfach nicht überwacht hat.[95] Im Übrigen ist auf die Ausführungen zu § 60 zu verweisen.

Die Möglichkeit einer unverschuldeten Fristversäumnis reicht nicht aus. Vielmehr müssen konkrete **43** Umstände dargetan und glaubhaft gemacht werden, die ein Verschulden mit überwiegender Wahrscheinlichkeit ausschließen. So stellt eine falsche Adressierung des Widerspruchsschreibens, infolge dessen der Widerspruch nicht bei der zuständigen Behörde erhoben wurde, keinen Wiedereinsetzungsgrund dar (BVerwG NJW 1990, 1747). Dagegen ist Wiedereinsetzung zu gewähren, wenn es die Behörde versäumt hat, einen anstandslos entgegengenommenen mündlichen Widerspruch zu protokollieren (BVerwGE 50, 248, 254 f.) bzw. sich weigert, einen solchen zur Niederschrift entgegenzunehmen.[96]

Ein Verschulden des Vertreters und seiner Erfüllungsgehilfen ist dem Vertretenen nach § 70 **44** Abs. 2 i.V.m. §§ 60 Abs. 1, 173 entsprechend § 85 Abs. 2 ZPO zuzurechnen.[97] Ein Verschulden des Anwalts liegt nur dann nicht vor, wenn er sein Personal zuverlässig ausgewählt hat und durch organisatorische Vorkehrungen alles Erforderliche und Zumutbare getan hat, um eine Fristüberschreitung zu vermeiden.[98]

Ein Ehegatte muss sich eine vom anderen verschuldete Verspätung nur zurechnen lassen, wenn Letzterer im Auftrag des Ersteren gehandelt hat (zu einer solchen Fallkonstellation OVG Münster NJW **45** 1995, 2508).

cc) Fehlende Begründung. Ein gesetzlich geregelter Fall unverschuldeter Fristversäumnis ist § 45 **46** Abs. 3 VwVfG (§ 126 Abs. 3 AO stellt eine inhaltsgleiche Regelung dar), der nach § 79 VwVfG anwendbar ist (→ § 68 Rn. 63). Fehlt einem Verwaltungsakt die erforderliche Begründung oder ist die erforderliche Anhörung eines Beteiligten vor dem Erlass unterblieben und ist dadurch die rechtzeitige Anfechtung versäumt worden, so gilt die Versäumung als unverschuldet. An den Kausalitätsnachweis sind keine strengen Anforderungen zu stellen.[99]

dd) Antrag. Die Wiedereinsetzung bedarf grds. eines Antrags des Betroffenen. Die Nachholung des **47** Widerspruchs innerhalb der Zweiwochenfrist des § 60 kann jedoch einen Antrag ersetzen.[100] Ein eigener Antrag i.R.d. Widerspruchs ist entbehrlich;[101] es reicht aus, wenn sich im Wege der Auslegung ergibt, dass der Widerspruchsführer unter Berufung auf eine unverschuldete Fristversäumung Wiedereinsetzung begehrt.[102]

Wird allerdings ein eigenständiger Antrag gestellt, ist die Form umstritten. Nach einer älteren Ansicht **48** bedarf der Antrag keiner besonderen Form, sondern kann auch stillschweigend gestellt werden.[103]

---

92 BVerfGE 40, 88, 91 f.; bei zu erwartenden Zustellungen ist der Sorgfaltsmaßstab strenger, vgl. BVerwG NJW 1975, 1574.
93 BayVGH NJW 1977, 1213 sieht darin nur dann einen Wiedereinsetzungsgrund, wenn es dem Betroffenen nicht möglich war, eine Übersetzungs- und Rechtshilfe zu finden (großzügiger VGH Kassel NJW 1977, 543). Zu den Voraussetzungen, unter denen einem sprachunkundigen Asylbewerber wegen Verfassungs wegen Wiedereinsetzung zu gewähren ist: BVerfGE 86, 280 und dies bestätigend BVerfG DVP 2009, 125.
94 Vgl. u.a. BVerfGE 40, 42, 46; 41, 23, 25 ff.; 42, 258; 43, 151, 153 ff.; 44, 302, 305; 45, 360, 362; 53, 148, 151.
95 BVerwG NJW 1994, 1672. Zum Fall, in dem der Benachrichtigungsschein über eine Zustellung durch Niederlegung (§ 182 ZPO, § 3 Abs. 3 VwZG) nur verloren ging, weil der Betroffene keinen ordnungsgemäßen Briefkasten hatte: BVerfGE 41, 332, 336; BVerwG NJW 1977, 542, 543.
96 P. Kothe, in: Redeker/v. Oertzen § 70 Rn. 1.
97 BVerwG Buchholz 340 § 3 VwZG Nr. 4 (S. 12); vgl. BVerfGE 60, 253, 265 ff.; OVG Münster NJW 1995, 2508; Pietzner/Ronellenfitsch § 34 Rn. 1146, § 26 Rn. 954; Hufen § 6 Rn. 34.
98 Zur Verfassungsmäßigkeit einer solchen Zurechnung BVerfGE 35, 41; 60, 253, 265 ff.
99 Hufen § 6 Rn. 34; wohl auch P. Weides 266.
100 So Pietzner/Ronellenfitsch § 34 Rn. 1147.
101 H. Rotter, DVBl 1971, 379.
102 BayVerfGH BayVBl 1977, 177; Pietzner/Ronellenfitsch § 34 Rn. 1147.
103 OVG Lüneburg NJW 1971, 72; P. Weides 266.

Nach ganz überwiegender Auffassung bedarf der Antrag derselben Form, die für die versäumte Rechtshandlung vorgeschrieben ist, bei der Widerspruchseinlegung also Schriftform oder behördliche Niederschrift.[104]

49 Die Zuständigkeit für die Entscheidung über den Antrag richtet sich nach § 60 Abs. 4. Danach kann sowohl die Abhilfe- (§ 72) als auch die Widerspruchsbehörde (§ 73) zuständig sein. Die Abhilfebehörde ist jedoch nur insoweit zuständig, als sie dem Widerspruch auch in der Sache abhelfen will (→ § 72 Rn. 9). Andernfalls kann sie nicht selbst über den Antrag entscheiden,[105] sondern hat sie der Widerspruchsbehörde mit vorzulegen.

50 ee) **Antragsfrist.** Nach § 60 Abs. 2 S. 1 ist der Antrag grds. innerhalb von zwei Wochen nach Wegfall des Hindernisses zu stellen, spätestens jedoch innerhalb eines Jahres nach Fristablauf (§ 60 Abs. 3). Der Antrag ist auch noch nach einem Jahr möglich, wenn der Betroffene ihn infolge höherer Gewalt nicht innerhalb der Jahresfrist stellen konnte (§ 60 Abs. 3). Nach § 60 Abs. 2 S. 3 ist innerhalb der Antragsfrist die versäumte Handlung (die Widerspruchseinlegung) nachzuholen. Für die Fristberechnung gilt § 57 Abs. 2 i.V.m. § 222 ZPO. Eine Verwirkung vor Ablauf der in § 60 Abs. 2, 3 klar bestimmten Frist ist abzulehnen.

51 ff) **Glaubhaftmachung.** Nach § 60 Abs. 2 S. 2 sind die Tatsachen zur Begründung des Antrags bei der Antragstellung oder im Verfahren über den Antrag glaubhaft zu machen. Zu Begriff und Einzelheiten der Glaubhaftmachung wird auf die Ausführungen zu § 60, zu Einzelfällen auch auf die Kommentierungen des § 294 ZPO verwiesen.

52 b) **Entscheidung.** Die Widerspruchsbehörde muss über einen Antrag auf Wiedereinsetzung entscheiden. Sie kann dies i.R. der Sachentscheidung oder in einem gesonderten Bescheid in der Form des § 73 Abs. 3 S. 1 tun;[106] die Entscheidung kann auch konkludent erfolgen,[107] sofern für die Sachentscheidung die Form des § 73 Abs. 3 S. 1 gewahrt wurde. Eine konkludente Wiedereinsetzung ist anzunehmen, wenn die Behörde die vom Widerspruchsführer vorgetragenen Wiedereinsetzungsgründe in der Widerspruchsentscheidung berücksichtigt. Nimmt die Behörde dagegen zum Antrag auf Wiedereinsetzung überhaupt keine Stellung, kann nicht ausgeschlossen werden, dass sie die Fristversäumung nur übersehen hat.[108]

53 Liegen die Voraussetzungen für eine Wiedereinsetzung im Übrigen vor, muss sie entgegen der „kann"-Formulierung von Amts wegen gewährt werden, da aus rechtsstaatlichen Gründen unverschuldete Fristversäumnisse nicht zulasten des Antragstellers gehen und die Rechtsschutzgewährung nicht vom Gutdünken der Behörde abhängig sein soll.[109]

54 c) **Rechtsfolgen. aa) Allgemein.** Die Entscheidung über den Wiedereinsetzungsantrag ist ein verfahrensgestaltender Verwaltungsakt, da die durch Fristablauf eingetretene Unanfechtbarkeit des Ausgangsverwaltungsakts zugunsten des Widerspruchsführers wieder aufgehoben wird.[110] § 70 Abs. 2 nimmt die Unanfechtbarkeit der Wiedereinsetzungsentscheidung nach § 60 Abs. 5 ausdrücklich von

---

104 So auch: *Pietzner/Ronellenfitsch* § 34 Rn. 1148; *J. Schmidt*, in: Eyermann § 60 Rn. 22; *Kopp/Schenke* § 60 Rn. 25; *W. Bier*, in: Schoch/Schneider/Bier § 60 Rn. 57; *M. Redeker*, in: Redeker/v. Oertzen § 60 Rn. 16.
105 *Pietzner/Ronellenfitsch* § 34 Rn. 1149; *E. Buri*, DÖV 1963, 498, 499; *ders.*, DÖV 1964, 693 f.; *P. Kothe*, in: Redeker/ v. Oertzen § 70 Rn. 5; *M. Sachs*, NVwZ 1982, 421, 422; *Schmitt Glaeser/Horn* Rn. 203 Fn. 88; *Kopp/Schenke* § 72 Rn. 4; *K.-P. Dolde/W. Porsch*, in: Schoch/Schneider/Bier § 70 Rn. 29; a.A. OVG Brem NVwZ 1982, 455, 456; *E. Weller*, DÖV 1964, 691 f.
106 *Kopp/Schenke* § 70 Rn. 11; *Pietzner/Ronellenfitsch* § 34 Rn. 1151; *Schmitt Glaeser/Horn* Rn. 203.
107 H.M., BVerwGE 21, 47, 48; BVerwG DVBl 1980, 879, 880 f.; *P. Kothe*, in: Redeker/v. Oertzen § 70 Rn. 5; *F. O. Kopp*, [10]1994, § 70 Rn. 11; *M. Wallerath*, DÖV 1970, 653, 657; *Jäde* Rn. 140.
108 So auch BVerwGE 38, 60, 66; *Pietzner/Ronellenfitsch* § 34 Rn. 1151; *Kopp/Schenke* § 70 Rn. 11. Nach a.A. kann über einen Wiedereinsetzungsantrag ausschließlich ausdrücklich entschieden werden, so *A. v. Mutius*, Widerspruchsverfahren, 1969, 199; *K. A. Bettermann*, JZ 1965, 265, 267; *P. Weides* 267; *E. Buri*, DÖV 1962, 483, 485; *J. Schmidt*, DÖV 1981, 229, 231.
109 Ebenso *Kopp/Schenke* § 70 Rn. 11.
110 Vgl. BVerwGE 11, 322; VGH Mannheim NJW 1973, 727; NVwZ 1982, 316 f.; *Lorenz* § 19 Rn. 40; *Pietzner/Ronellenfitsch* § 34 Rn. 1151; *P. Weides* 266; *E. Buri*, DÖV 1963, 498 ff.; *Meyer/Borgs* § 32 (S. 16); *K.-P. Dolde/W. Porsch*, in: Schoch/Schneider/Bier § 70 Rn. 32; *Schmitt Glaeser/Horn* Rn. 203; a.A. *Traszkalik*, Widerspruchsverfahren, 1972, 65 (prozessuale Entscheidung).

seinem Normverweis aus, sodass sowohl der Widerspruchsführer als auch ein betroffener Dritter,[111] ja sogar die beklagte Behörde[112] gegen die Gewährung bzw. die Versagung der Wiedereinsetzung gerichtlichen Rechtsschutz in Anspruch nehmen können. Das Gericht entscheidet dann i.R. der Begründetheitsprüfung, ob der Verwaltungsakt bereits bestandskräftig gewesen ist, weil die Gewährung der Wiedereinsetzung zu Unrecht erfolgt war.

bb) Keine Bindungswirkung im Verwaltungsprozess. Umstr. ist, ob das Gericht daran gebunden ist, 55 wenn die Behörde Wiedereinsetzung gewährt, den Widerspruch in der Sache jedoch zurückweist. Manche befürworten dies, da auch die Wiedereinsetzung gewährende Behörde an ihre Entscheidung so lange gebunden sei, wie sie von Dritten nicht angefochten ist.[113] Die überwiegende Meinung folgt dem zu Recht nicht, da das Gericht von Amts wegen selbst die Zulässigkeitsvoraussetzungen der Klage – mithin auch die Rechtzeitigkeit der Widerspruchserhebung einschließlich der Frage zulässiger Wiedereinsetzung – zu prüfen hat.[114]

d) Wiedereinsetzung durch das VG. Umstr. ist, ob auch das VG Wiedereinsetzung gewähren kann. 56 Nach h.M. hat das VG alle Zulässigkeitsvoraussetzungen von Amts wegen zu prüfen.[115] Dazu gehört auch die Prüfung der fristgerechten Widerspruchserhebung, da davon die Zulässigkeit der Klage abhängt. Das Gericht ist daher nicht nur befugt, die Entscheidung der Widerspruchsbehörde zu überprüfen, sondern auch dazu, selbst Wiedereinsetzung zu gewähren, wenn die Behörde dies rechtswidrig verweigert hat.[116] Dies folgt aus dem Rechtsgedanken des § 60 Abs. 4 (Konnexitätsgrundsatz), aus dem Gebot des rechtlichen Gehörs, aus Art. 19 Abs. 4 GG und auch aus prozessökonomischen Gründen.[117] Das Gleiche gilt, wenn die Verfristung des Widerspruchs erst im Hauptsacheprozess erkannt wird.[118]

Nach einer Gegenmeinung kann nur die Behörde selbst über die Wiedereinsetzung nach § 70 57 Abs. 2 i.V.m. § 60 Abs. 4 entscheiden. Diese Meinung muss, will sie nicht in Widerspruch zu Art. 19 Abs. 4 GG geraten, konsequenterweise eine Verpflichtungsklage auf Wiedereinsetzung zulassen.[119]

Alternativ kann der Widerspruchsführer auch den Widerspruchsbescheid isoliert anfechten, da die zu 58 Unrecht versagte Wiedereinsetzung einen wesentlichen Verfahrensmangel i.S.v. § 79 Abs. 2 S. 2 darstellt.[120] Damit kann er erreichen, dass die Widerspruchsbehörde nun in der Sache entscheiden muss,[121] was v.a. bei Ermessensentscheidungen von Bedeutung sein kann.

111 BVerwG NJW 1977, 542; BGH DVBl 1981, 395, 396; *Pietzner/Ronellenfitsch* § 34 Rn. 1152; *Hufen* § 6 Rn. 36; *P. Kothe*, in: Redeker/v. Oertzen § 70 Rn. 6; *P. Weides* 266; *Jäde* Rn. 140; *Schmitt Glaeser/Horn* Rn. 204; *Stern* Rn. 316; a.A. *Bosch/Schmidt/Vondung* § 26 IV 2 e.

112 Vgl. BVerwG NJW 1977, 542; 1983, 1923.

113 So VGH Mannheim NVwZ-RR 2002, 6; *P. Kothe*, in: Redeker/v. Oertzen § 70 Rn. 6; *M. Wallerath*, DÖV 1970, 653, 657; *Bosch/Schmidt/Vondung* § 26 IV 2 e.

114 BVerwG NJW 1977, 542; *A. v. Mutius*, Widerspruchsverfahren, 1969, 195; *Pietzner/Ronellenfitsch* § 34 Rn. 1154; *K.-P. Dolde/W. Porsch*, in: Schoch/Schneider/Bier § 70 Rn. 35; *Kopp/Schenke* § 70 Rn. 12; *K. A. Bettermann*, JZ 1965, 268; *E. Buri*, DÖV 1963, 498, 501.

115 Somit hat das Gericht (sogar das Revisionsgericht) auch die Rechtzeitigkeit der Widerspruchserhebung bzw. bei verfristeter Einlegung die Voraussetzungen der Wiedereinsetzung zu prüfen.

116 BVerwGE 21, 43, 50; 44, 104, 108; BVerwG NJW 1977, 542; DÖV 1981, 636; NJW 1983, 1923 f.; NVwZ 1989, 648, 649; OVG Münster VerwRspr 27, 761; VGH Kassel ESVGH 27, 175, 176 f.; NVwZ-RR 1993, 432, 434; VGH Mannheim NJW 1970, 347; DÖV 1981, 228; *A. v. Mutius*, Widerspruchsverfahren, 1969, 195 f.; *K. Rennert*, in: Eyermann § 70 Rn. 14; *K.-P. Dolde/W. Porsch*, in: Schoch/Schneider/Bier § 70 Rn. 33; *Kopp/Schenke* § 70 Rn. 13; *Bosch/Schmidt/Vondung* § 34 I 3 f bb; *A. Ganter*, VBlBW 1984, 402, 404; *Jäde* Rn. 140; *Hufen* § 6 Rn. 36; *Schenke* Rn. 682 a.

117 Vertiefend *Pietzner/Ronellenfitsch* § 34 Rn. 1152.

118 BVerwG GewArch 1962, 190; VGH Mannheim NJW 1970, 347; BayVGH VerwRspr 14, 358; BayVBl 1972, 308; a.A. OVG Lüneburg DVBl 1963, 335; *P. Weides* 268; *P. Kothe*, in: Redeker/v. Oertzen § 70 Rn. 5.

119 OVG Lüneburg DVBl 1963, 335; VGH Mannheim NVwZ 1982, 316, 317; *P. Kothe*, in: Redeker/v. Oertzen § 70 Rn. 5; *J. Schmidt*, DÖV 1981, 229; *ders.*, VBlBW 1983, 97; *E. Buri*, DÖV 1963, 498, 500; *P. Weides* 268; krit. *Kopp/Schenke* § 70 Rn. 15.

120 BVerwG DÖV 1976, 167; VBlBW 1987, 332; OVG Münster VerwRspr 27, 761; VGH Mannheim DÖV 1981, 228, 229; *A. v. Mutius*, Widerspruchsverfahren, 1969, 196; *M. Wallerath*, DÖV 1970, 653, 654; *K.-P. Dolde/W. Porsch*, in: Schoch/Schneider/Bier § 70 Rn. 33; *Kopp/Schenke* § 70 Rn. 14.

121 OVG Brem NJW 1985, 1619; BayVGH BayVBl 1985, 468; *Kopp/Schenke* Vorbem. § 68 Rn. 13, § 79 Rn. 11; a.A. BayVGH BayVBl 1983, 530.

§ 71 [Anhörung]

Ist die Aufhebung oder Änderung eines Verwaltungsakts im Widerspruchsverfahren erstmalig mit einer Beschwer verbunden, soll der Betroffene vor Erlaß des Abhilfebescheids oder des Widerspruchs-bescheids gehört werden.

Schrifttum

E. Allesch, Die Anwendbarkeit der Verwaltungsverfahrensgesetze auf das Widerspruchsverfahren nach der VwGO, 1984; *J. Feucht-hofen,* Der Verfassungsgrundsatz des rechtlichen Gehörs und seine Ausgestaltung im Verwaltungsverfahren, DVBl 1984, 170; *M.-E. Geis,* Mehr Handlungsfreiheit durch Rücknahme der verwaltungsgerichtlichen Kontrolldichte?, in: Jan Ziekow (Hrsg.), Handlungsspielräume der Verwaltung, 1999, 97; *H.-G. König,* Der Grundsatz des rechtlichen Gehörs im verwaltungsbehördlichen Verfahrens, DVBl 1959, 189; *H.-W. Laubinger,* Zur Erforderlichkeit der Anhörung des Antragstellers vor Ablehnung seines Antrags durch die Verwaltungsbehörde, VerwArch 75 (1984), 55.

Vgl. auch die Literaturangaben bei §§ 68, 69.

I. Bedeutung der Vorschrift; Neufassung

1   § 71 ist lex specialis zu § 28 VwVfG. Die Gesetzgebungskompetenz des Bundes ist nicht unstr.: § 71 ist keine Sachurteilsvoraussetzung, sondern „nur" eine Verfahrensvorschrift. Überwiegend wird dem Bund eine Kompetenz kraft Sachzusammenhangs zugebilligt, weil die Vorschrift das „bundesrechtliche Minimum" für die Anhörung im Widerspruchsverfahren festlege.[1] Durch das 6. VwGOÄndG wurde § 71 neu gefasst und als einzige Bestimmung der VwGO mit einer amtlichen Überschrift versehen.[2] Grund war eine Folgeänderung zu § 68 Abs. 2 S. 2 Nr. 2 (BT-Drs. 13/5098, 2; BT-Drs. 13/339, 18 f.). Es wurde klargestellt, dass jeder, für den die Aufhebung oder Änderung des Verwaltungsakts mit einer Beschwer verbunden ist, vor Erlass angehört werden soll. Der Abhilfebescheid wird außerdem explizit neben dem Widerspruchsbescheid aufgeführt; der frühere Streit um eine analoge Anwendung des § 71 oder von § 28 VwVfG ist also erledigt.[3]

II. Verfassungsrechtliche Grundlagen der Anhörungspflicht

2   Der Grundsatz des rechtlichen Gehörs (Art. 103 Abs. 1 GG) gilt nur für Gerichtsverfahren. Aus dem Rechtsstaatsprinzip (Art. 20 Abs. 3 GG) wird aber seit jeher abgeleitet, dass Personen, die von einem Verwaltungsakt beschwert werden können, vor dessen Erlass gehört werden sollen.[4]

III. Anwendungsbereich

3   **1. Betroffener.** „Betroffener" kann auch der Widerspruchsführer sein, wenn die Behörde den Ausgangsverwaltungsakt zu seinen Ungunsten ändern oder aufheben will.[5] Gleiches gilt, wenn die Behörde den Widerspruch aus einem dem Widerspruchsführer bisher unbekannten und auch nicht mit ihm erörterten Grund zurückweisen will.[6]

4   **2. Beschwer.** § 71 setzt voraus, dass die Aufhebung oder Änderung des Verwaltungsakts mit einer Beschwer verbunden ist. Entgegen des Wortlautes besteht die Anhörungspflicht auch dann, wenn die Beschwer nicht erst im Widerspruchs- oder Abhilfebescheid erfolgt, da der Gesetzgeber nicht hinter die frühere Rechtslage zurückfallen wollte (BT-Drs. 13/3993, 1128). Allerdings führt ein Verstoß gegen § 71 nur dann zu einem relevanten Verfahrensmangel, wenn der Abhilfe- oder Widerspruchsbescheid eine erstmalige Beschwer zur Folge hat.[7]

---

1   BVerwG DVBl 1965, 26, 28; *E. Allesch,* Anwendbarkeit, 1984, 96; *K. Rennert,* in: Eyermann § 71 Rn. 1.
2   *Kopp/Schenke* § 71 Rn. 1.
3   *K.-P. Dolde/W. Porsch,* in: Schoch/Schneider/Bier § 71 Rn. 6; *Kopp/Schenke* § 71 Rn. 2; zum Streit über die analoge Anwendung VGH München BayVBl 1987, 210 f.; *P. Weides* 230.
4   St. Rspr., BVerfGE 9, 89, 95; 49, 343, 348; BVerfG NJW 1984, 719; BVerwGE 43, 38, 40; BVerwG DVBl 1965, 26, 28; *P. Badura,* in: Erichsen § 37 Rn. 13; *J. Feuchthofen,* DVBl 1984, 172; *Kopp/Schenke* § 71 Rn. 1; *Schenke* Rn. 28.
5   *P. Kothe,* in: Redeker/v. Oertzen § 71 Rn. 1 a; *K.-P. Dolde/W. Porsch,* in: Schoch/Schneider/Bier § 71 Rn. 2; *K. Rennert,* in: Eyermann § 71 Rn. 3.
6   *Hufen* § 8 Rn. 22.
7   *K.-P. Dolde/W. Porsch,* in: Schoch/Schneider/Bier § 71 Rn. 9.

Beschwer ist jede Verschlechterung gegenüber dem Ausgangsbescheid.[8] Für Adressaten belastender 5
Verwaltungsakte ergibt sich die Beschwer regelmäßig aus dem Bescheid selbst; Dritte müssen sie begründen. Allein die Möglichkeit einer für Dritte günstigeren Entscheidung durch die Widerspruchsbehörde löst die Anhörungspflicht nicht aus.[9] Soll eine bereits im Ausgangsbescheid enthaltene Beschwer
aufrechterhalten werden, so bedarf es nur dann einer erneuten Anhörung, wenn die Widerspruchsentscheidung auf neue tatsächliche Umstände oder eine neue Rechtslage gestützt werden soll.[10]

3. Pflicht zur Anhörung. Der Grundsatz des rechtlichen Gehörs führt bei belastender Abänderung 6
oder Aufhebung eines Verwaltungsakts regelmäßig zur Anhörungspflicht. Die Sollvorschrift des § 71
ist verfassungskonform im Regelfall als Mussvorschrift auszulegen.[11] Für sachgerechte Ausnahmen
gilt § 28 Abs. 2, 3 VwVfG entsprechend.[12] Danach kann von der Anhörung abgesehen werden, wenn
sie nicht ohne Gefahr für das öffentliche Interesse oder die Betroffenen möglich wäre oder andere
überwiegende Gründe entgegenstehen.

4. Form und Inhalt der Anhörung. Art und Weise der Anhörung regelt § 71 nicht. In der Ausgestal- 7
tung des Verfahrens sind Widerspruchs- und Ausgangsbehörde frei, soweit keine besonderen Rechtsvorschriften bestehen (§ 79 VwGO i.V.m. § 10 VwVfG).[13] Zweck der Anhörung ist es, den Betroffenen von der beabsichtigten Entscheidung in Kenntnis zu setzen und ihm Gelegenheit zu geben, sich zu
den wesentlichen Entscheidungsgrundlagen nach angemessener Frist zu äußern (VGH Mannheim
NVwZ 1987, 1087; VGH München BayVBl 1987, 210 f.). Das Recht auf Anhörung bezieht sich auf
Tatsachen, insbes. Ermittlungsergebnisse und Ergebnisse von Beweisaufnahmen, die sich zulasten des
Betroffenen auswirken können, auf Rechtsfragen und auf neue Gesichtspunkte.[14] Die Anhörung kann
schriftlich erfolgen, z.B. durch Übersenden des Widerspruchs eines Dritten mit der Aufforderung zur
schriftlichen Stellungnahme oder durch Ladung zu einem Erörterungstermin und hinreichender Aufklärung über den Verhandlungsgegenstand.[15] Die Behörde muss ihre rechtliche Einschätzung jedoch
nicht darlegen.[16] Eine bloße Befragung zur Aufklärung einzelner Punkte genügt nicht (OVG Brem
NJW 1983, 1869).

Äußert sich der Betroffene nicht innerhalb angemessener Frist, kann die Behörde ohne Verstoß gegen 8
§ 71 entscheiden.[17] Als angemessen wurde es etwa angesehen, wenn die Widerspruchsbehörde auf
eine angekündigte weitere Begründung des Widerspruchs einen Monat vergeblich wartet und dann
entscheidet (VGH Mannheim NVwZ 1987, 1087). Gleiches gilt, wenn der Betroffene auf eine Ladung
nicht erscheint. Ein Anspruch auf persönliche Anhörung in mündlicher Verhandlung besteht grds.
nicht.[18] Ergeben sich im Verfahren neue Tatsachen und Anhaltspunkte, muss die Behörde die Beteiligten zur Wahrung des Rechts auf Gehör darauf hinweisen (VGH München BayVBl 1985, 399, 401).

5. Hinzuziehung weiterer Beteiligter (§ 13 Abs. 2 VwVfG). Das Vorverfahren kennt keine Beteiligten 9
i.S.d. verwaltungsgerichtlichen Verfahrens. Es handelt sich nicht um ein kontradiktorisches Verfahren
zwischen Widerspruchsführer und Behörde vor einer dritten Stelle, sondern es bleibt ein zweipoliges
Verfahren zwischen Widerspruchsführer und Verwaltung, bei dem Letztere ihre Entscheidung zu überprüfen hat.[19] Infolgedessen wird das Recht bzw. die Pflicht der Widerspruchs-/Abhilfebehörde zur Beiladung (Hinzuziehung) Dritter gem. § 79 VwVfG i.V.m. § 13 Abs. 1 Nr. 4, Abs. 2 (L)VwVfG von § 71
VwGO nicht verdrängt.[20] Nur soweit Sachurteilsvoraussetzungen betroffen sind, enthalten die
§§ 68 ff. eine abschließende Regelung. Wie erwähnt, ist § 71 keine Sachurteilsvoraussetzung, sondern

8   K.-P. Dolde/W. Porsch, in: Schoch/Schneider/Bier § 71 Rn. 4.
9   K.-P. Dolde/W. Porsch, in: Schoch/Schneider/Bier § 71 Rn. 4.
10 BVerwGE 43, 38, 40; E. Allesch, Anwendbarkeit, 1984, 126.
11 Hufen § 8 Rn. 21; P. Kothe, in: Redeker/v. Oertzen § 71 Rn. 2; Kopp/Schenke § 71 Rn. 4; K.-P. Dolde/W. Porsch, in:
    Schoch/Schneider/Bier § 71 Rn. 8.
12 OVG Brem NJW 1983, 1869; E. Allesch, Anwendbarkeit, 1984, 130; Kopp/Schenke § 71 Rn. 4; P. Kothe, in: Rede-
    ker/v. Oertzen § 71 Rn. 2; anders BVerwG DVBl 1965, 26, 28 f.
13 Pietzner/Ronellenfitsch Rn. 1049 ff.; K.-P. Dolde/W. Porsch, in: Schoch/Schneider/Bier § 71 Rn. 7.
14 OVG Brem NJW 1983, 1869; VGH München BayVBl 1985, 399, 401; Kopp/Schenke § 71 Rn. 3.
15 VGH Kassel NJW 1956, 1940 f.; P. Kothe, in: Redeker/v. Oertzen § 71 Rn. 3; Kopp/Schenke § 71 Rn. 5.
16 K. Rennert, in: Eyermann § 71 Rn. 4.
17 P. Kothe, in: Redeker/v. Oertzen § 71 Rn. 3.
18 BVerwGE 20, 160, 166; 37, 307, 309.
19 P. Kothe, in: Redeker/v. Oertzen § 71 Rn. 1.
20 Kopp/Schenke § 71 Rn. 9.

nur „Mindeststandard" für die sachgemäße Durchführung des Vorverfahrens. Daher ist der Rückgriff auf das VwVfG zulässig.[21]

10   Die Hinzuziehung verfolgt auch inhaltlich andere Zwecke als die Anhörung: Die Wirksamkeit der Endentscheidung soll auf den Hinzugezogenen erstreckt werden, um i.S.d. Verfahrensökonomie weitere Verfahren zu vermeiden.[22] Die Anhörungspflicht wird erst aktuell, wenn die Behörde ernsthaft in Betracht zieht, den Betroffenen durch den Widerspruchsbescheid erstmalig zu beschweren. Es ist nicht Zweck der Anhörung, dem Betroffenen vom Beginn des Widerspruchsverfahrens an eine vorbeugende Verteidigung seiner Rechtsposition zu ermöglichen. Dagegen ist es Aufgabe der Hinzuziehung, den Dritten zur Wahrung seiner Rechte möglichst frühzeitig in das Verfahren einzubeziehen.[23]

11   **6. Anhörung bei reformatio in peius.** Nach hier vertretener Auffassung ist eine reformatio in peius zulässig (→ § 68 Rn. 222 ff.). Anders als § 367 Abs. 2 AO verpflichtet die VwGO die Widerspruchsbehörde nicht, den Widerspruchsführer auf die Möglichkeit einer reformatio in peius hinzuweisen und ihm Gelegenheit zur Äußerung zu geben. Früher war umstr., ob und inwieweit § 28 VwVfG zu einer Anhörung vor einer reformatio in peius verpflichte.[24] Dieser Streit ist nach der Neufassung des § 71 entschieden, da eine Anhörung auch bei „erstmaliger Beschwer" im Widerspruchsbescheid erfolgen soll.

IV.   Verletzung der Anhörungspflicht

12   Eine Verletzung der Anhörungspflicht ist vor Erlass eines Abhilfe- und eines Widerspruchsbescheids denkbar.[25]

13   **1. Rechtsfolgen unterlassener oder mangelhafter Anhörung.** Ein Verstoß gegen § 71 bei unterlassener Anhörung liegt zwar auch vor, wenn der Abhilfe-/Widerspruchsbescheid nicht zu einer erstmaligen Beschwer führt (→ Rn. 4), er bleibt jedoch folgenlos.[26] Kommt es dagegen zur erstmaligen Beschwer, macht die Verletzung der Anhörungspflicht den Abhilfe-/Widerspruchsbescheid fehlerhaft und damit aufhebbar, es sei denn, der Fehler hat die Sachentscheidung offensichtlich nicht beeinflusst (§ 46 VwVfG).[27] Die Verletzung ist ein wesentlicher Verfahrensfehler, auf den eine isolierte Anfechtungsklage gegen den Widerspruchsbescheid gestützt werden kann, sofern der Inhalt des Bescheids darauf beruht (§ 79 Abs. 1 Nr. 2, Abs. 2 S. 2).[28] Die unterlassene Anhörung berührt Bestand, Wirksamkeit und Rechtmäßigkeit des Ausgangsverwaltungakts jedoch nicht.[29]

14   **2. Heilung.** Ein Anhörungsfehler im Vorverfahren ist nach § 45 Abs. 1 Nr. 3 VwVfG heilbar. Mit der Erstreckung der Heilungsmöglichkeit bis zum Abschluss des verwaltungsgerichtlichen Verfahrens in § 45 Abs. 2 VwVfG wurde die Streitfrage über die Zulässigkeit einer Nachholung nach dem Erlass des Widerspruchbescheids entschieden.[30] Das Gericht kann das Verfahren sogar nach § 94 S. 2 aussetzen, um Gelegenheit zur Heilung zu geben. Diese Ausdehnung von Heilungsmöglichkeiten dient zwar der Verfahrensvereinfachung, ist aber dennoch rechtspolitisch fragwürdig. Letztlich dürfte kein Verwaltungsakt mehr an einem Anhörungsfehler scheitern, was rechtsstaatlich bedenklich ist, da dies die Verfahrensstellung des Betroffenen erheblich entwertet und den Kontrollzweck des Vorverfahrens unterläuft.[31]

---

21   *E. Allesch*, Anwendbarkeit, 1984, 96; a.M. *Schunk/De Clerk* §§ 69, 70 Anm. 3 a; *Meyer/Borgs* § 13 Rn. 8; *K. Rennert*, in: Eyermann § 71 Rn. 7.

22   *E. Allesch*, Anwendbarkeit, 1984, 96.

23   *E. Allesch*, Anwendbarkeit, 1984, 99.

24   Zum früheren Streit: OVG Koblenz NVwZ 1992, 386; VGH Mannheim NVwZ 95, 1220; vgl. aber *M. Sachs*, in: Stelkens/Bonk/Sachs § 48 Rn. 74.

25   *K. Rennert*, in: Eyermann § 71 Rn. 5.

26   *K.-P. Dolde/W. Porsch*, in: Schoch/Schneider/Bier § 71 Rn. 9.

27   Zu § 46 a.F.: BVerwG DÖV 1981, 178, 179; NVwZ 1987, 215.

28   Dazu OVG Brem NJW 1983, 1869; *P. Kothe*, in: Redeker/v. Oertzen § 71 Rn. 2.; *K.-P. Dolde/W. Porsch*, in: Schoch/Schneider/Bier § 71 Rn. 9.

29   *Kopp/Schenke* § 71 Rn. 6.

30   Dazu *K. Rennert*, in: Eyermann § 71 Rn. 5.

31   Hierzu *M.-E. Geis*, in: Ziekow, Handlungsspielräume, 1999, 97, 102 ff.

Die Nachholung heilt den Fehler ex nunc (§ 45 Abs. 2 VwVfG).[32] Eine gerichtliche Aufhebung des Be- 15
scheids wegen des Fehlers ist dann nicht mehr möglich; wohl aber, sofern eine Beschwer fortbesteht,
bis zur Heilung des Fehlers.[33] Dies ist v.a. bei Verwaltungsakten mit Dauerwirkung bedeutsam.

Ist die Anhörung im Abhilfeverfahren unterblieben, kann sie durch die Widerspruchsbehörde nachge- 16
holt werden.[34] Wurde sie hingegen vor Erlass des Widerspruchbescheids unterlassen, kommt eine Heilung durch die Widerspruchsbehörde nur in Betracht, wenn deren Zuständigkeit auch nach Erlass des
Widerspruchsbescheids fortbesteht: Grds. endet mit Zustellung des Widerspruchsbescheids der Devolutiveffekt und damit die Sachherrschaft der Widerspruchsbehörde.[35] Dies gilt jedoch nicht bei einem
Widerspruchsbescheid, der eine selbständige Beschwer enthält. Da dieser mit einer isolierten Anfechtungsklage angreifbar wäre und die Widerspruchsbehörde die Sachherrschaft im Prozess hätte, ist ihr
diese nicht zwischenzeitlich entzogen (→ § 73 Rn. 59). Sie bleibt bis zum Abschluss des gerichtlichen
Verfahrens für die Heilung zuständig.

§ 72 [Abhilfe]

Hält die Behörde den Widerspruch für begründet, so hilft sie ihm ab und entscheidet über die Kosten.

Schrifttum

1. Monographien und Beiträge in Sammelbänden: *E. Allesch*, Die Anwendbarkeit der Verwaltungsverfahrensgesetze auf das Widerspruchsverfahren nach der VwGO, 1984; *A. Günther/S. Blum*, Das Widerspruchsverfahren, ³1994; *H. Hofmann*, Das Widerspruchsverfahren als Sachentscheidungsvoraussetzung und als Verwaltungsverfahren, in: FS Menger, 1985, 605; *Ch. Huxholl*, Erledigung eines Verwaltungsakts im Widerspruchsverfahren, 1995; *A. v. Mutius*, Das Widerspruchsverfahren der VwGO als Verwaltungsverfahren und Prozeßvoraussetzung, 1969; *M. Oerder*, Das Widerspruchsverfahren der Verwaltungsgerichtsordnung, 1989.

2. Beiträge in Zeitschriften: *R. Altenmüller*, Die Kostenentscheidung im Vorverfahren, DÖV 1978, 906; *R. Brühl*, Sachbericht, Gutachten und Bescheid im Widerspruchsverfahren, JuS 1994, 153; *M. Cornils*, Zur Anwendbarkeit des § 50 VwVfG: Wahlfreiheit der Verwaltung oder Vorrang des Widerspruchsverfahrens?, Verw 33 (2000), 485; *H. Dreier*, Fortsetzungsfeststellungswiderspruch und Kostenentscheidung bei Erledigung des Verwaltungsaktes im Vorverfahren, NVwZ 1987, 474; *K. Engst*, Das Widerspruchsverfahren als ein- oder zweistufiges Verwaltungsverfahren, Jura 2006, 166; *H. Freitag*, Die reformatio in peius im Verwaltungsverfahren, VerwArch 56 (1965), 314; *M.-E. Geis/S. Hinterseh*, Grundfälle zum Widerspruchsverfahren, JuS 2001, 1074 u. 1176, JuS 2002, 34; *I. Kraft*, Änderungsbescheide im Widerspruchsverfahren und Verwaltungsprozeß, BayVBl 1995, 519; *G. Meister*, Kostenerstattung im Vorverfahren bei Rücknahme statt Abhilfe, DÖV 1985, 146; *J. Oberrath/O. Hahn*, Die Abhilfeentscheidung im Widerspruchsverfahren, JA 1995, 886; *E. Pache/M. Knauff*, Zum Verhältnis von Ausgangs- und Widerspruchsbehörde nach den Regelungen der VwGO, DÖV 2004, 656; *R. Pietzner*, Die Kostenentscheidung im Widerspruchsverfahren, BayVBl 1979, 107; *L. Renck*, Probleme des verwaltungsgerichtlichen Vorverfahrens, DÖV 1973, 264; *B. Renz*, Die Kompetenzen der Widerspruchsbehörde und die reformatio in peius, DÖV 1991, 138; *R. Schiedermair*, Widerspruchs- und Aufsichtsverfahren, BayVBl 1961, 357; *H. Scholler*, Die Sachherrschaft der Widerspruchsbehörde, DÖV 1966, 232; *W. Skouris*, Bescheidungsform bei Identität von Ausgangs- und Widerspruchsbehörde, DÖV 1982, 133.

---

32 *Kopp/Schenke* § 71 Rn. 7; *K.-P. Dolde/W. Porsch*, in: Schoch/Schneider/Bier § 71 Rn. 10.
33 *Kopp/Schenke* § 71 Rn. 7; *K.-P. Dolde/W. Porsch*, in: Schoch/Schneider/Bier § 71 Rn. 10.
34 *K. Rennert*, in: Eyermann § 71 Rn. 5.
35 BVerwGE 27, 78, 79; 58, 100, 105; OVG Münster JZ 1984, 339 f.; VGH Mannheim NVwZ-RR 1995, 476 f.; VGH München BayVBl 1983, 216; *K. Rennert*, in: Eyermann § 73 Rn. 24; *Schenke* Rn. 686 a.

I. Zweck des Abhilfeverfahrens

1 **1. Regelfall und Bedeutung.** Das Abhilfeverfahren ist kein eigenständiges Verwaltungsverfahren,[1] sondern Teil des Widerspruchsverfahrens; es setzt also die Einlegung eines Widerspruchs voraus.[2] Sein Sinn besteht darin, der Ausgangsbehörde eine nochmalige Selbstkontrolle zu ermöglichen, bevor sich unter erhöhtem Aufwand und erhöhten Kosten die Widerspruchsbehörde damit befasst.[3] Die Behörde, die den angefochtenen Verwaltungsakt erlassen oder den beantragten Verwaltungsakt abgelehnt hat, hat dem Widerspruch abzuhelfen und über die Kosten zu entscheiden, wenn sie den ursprünglichen Bescheid in tatsächlicher und rechtlicher Hinsicht nochmals überprüft hat und für begründet hält.

2 **2. Sonderfälle. a) Selbstverwaltungsangelegenheiten.** Bei Ermessensentscheidungen ist die Ausgangsbehörde nach § 68 Abs. 1 S. 1 verpflichtet, neben der Recht- auch die Zweckmäßigkeit nochmals zu überprüfen.[4] Von Bedeutung ist dies namentlich in Selbstverwaltungsangelegenheiten, wenn nicht die Selbstverwaltungsbehörde zugleich Widerspruchsbehörde ist (→ § 73 Rn. 11 f.). In diesem Fall ist es der Widerspruchsbehörde verwehrt, die Zweckmäßigkeit der Entscheidung zu überprüfen; ihre Überprüfung ist auf die Rechtmäßigkeit beschränkt (vgl. z.B. § 8 Abs. 1 S. 2 und § 8 Abs. 2 i.V.m. Abs. 1 S. 2 AGVwGO BW). Daher hat, sofern dies nicht im Landesrecht ohnehin ausdrücklich bestimmt ist, die Selbstverwaltungsbehörde (= Ausgangsbehörde) die Zweckmäßigkeit des Verwaltungshandelns i.R. des Abhilfeverfahrens zu überprüfen.[5]

3 **b) Identität von Ausgangs- und Widerspruchsbehörde.** § 72 geht von dem Normalfall aus, dass der Widerspruchsbescheid nicht von der Ausgangsbehörde, sondern von der nächsthöheren Behörde erlassen wird (vgl. § 73 Abs. 1 S. 2 Nr. 1).[6] Ausgangs- und Widerspruchsbehörde können jedoch auch identisch sein (→ § 73 Rn. 4), einmal kraft gesetzlicher Sonderregelung (§ 73 Abs. 1 S. 2 Nr. 2 u. 3), oder wenn die Nachprüfung eines Verwaltungsakts einer obersten Bundes- oder Landesbehörde gesetzlich vorgeschrieben ist, § 68 Abs. 1 S. 2 Nr. 1 i.V.m. § 73 Abs. 1 S. 2 Nr. 2 (z.B. § 54 Abs. 2 S. 2, BeamtStG, § 55 PersBefG, § 37 Abs. 1 SchwbG). In diesen Fällen ist umstr., ob ein Abhilfeverfahren durchgeführt werden muss oder ob nicht sogleich ein Widerspruchsbescheid ergehen kann.[7] Eine ältere Ansicht leitet aus dem Wortlaut des § 73 Abs. 1 S. 1 ab, dass ein Abhilfeverfahren obligatorisch sei.[8] Da Abhilfeverfahren und Devolutiveffekt aber von der Existenz zweier selbständiger Entscheidungsinstanzen ausgehen, kann es bei Identität von Ausgangs- und Widerspruchsbehörde entfallen; es ergeht dann gleich ein Widerspruchsbescheid.[9]

4 **c) Spezialvorschriften.** Die Abhilfebefugnis der Ausgangsbehörde kann durch bundesgesetzliche Sonderregeln ausgeschlossen sein. Ein Bsp. ist § 21 Abs. 1 SeeUG bei Widersprüchen gegen einen Spruch des Seeamts nach § 17 SeeUG.[10]

---

1   *P. Weides* 228.
2   BVerwGE 29, 99; *P. Kothe*, in: Redeker/v. Oertzen § 72 Rn. 1; *K. Rennert*, in: Eyermann § 72 Rn. 1; *A. v. Mutius*, Widerspruchsverfahren, 1969, 65; *P. Weides* 228.
3   *P. Kothe*, in: Redeker/v. Oertzen § 72 Rn. 1; *K. Rennert*, in: Eyermann § 72 Rn. 8; *Hufen* § 8 Rn. 7; *A. Günther/S. Blum*, Widerspruchsverfahren, 1994, § 2 B, 15.
4   *K. Rennert*, in: Eyermann § 72 Rn. 1; *A. v. Mutius*, Widerspruchsverfahren, 1969, 65; *Schenke* Rn. 667; *Bosch/Schmidt* § 26 V 1, 159.
5   Vgl. BVerwG BayVBl 1991, 570; *Schmitt Glaeser/Horn* Rn. 200; *Hufen* § 8 Rn. 6; *Kopp/Schenke* § 72 Rn. 1; *K.-P. Dolde/W. Porsch*, in: Schoch/Schneider/Bier § 72 Rn. 14; *J. Oberrat/O. Hahn*, JA 1995, 886, 887.
6   *Kopp/Schenke* § 72 Rn. 1; *Schmitt Glaeser/Horn* Rn. 199; *K.-P. Dolde/W. Porsch*, in: Schoch/Schneider/Bier § 72 Rn. 2; *W. Skouris*, DÖV 1982, 133.
7   Hierzu *W. Skouris*, DÖV 1982, 133, 134.
8   *P. Weides* 229; *Kopp/Schenke* § 72 Rn. 1; *P. Kothe*, in: Redeker/v. Oertzen § 72 Rn. 2.
9   BVerwGE 70, 4, 12; *W. Skouris*, DÖV 1982, 133; *Kopp/Schenke* § 72 Rn. 1; *B. Renz*, DÖV 1991, 138; *Schmitt Glaeser/Horn* Rn. 200; *K.-P. Dolde/W. Porsch*, in: Schoch/Schneider/Bier § 72 Rn. 7; *K. Rennert*, in: Eyermann § 72 Rn. 3; *Bosch/Schmidt* § 26 V 1, 145; *H. Linhart*, Schreiben, Bescheide und Vorschriften in der Verwaltung, ³1989, § 20 Rn. 31.
10 I.d.F. des 4. VwGOÄndG vom 17.12.1990 (BGBl I 2809, 2821). Dazu *K.-P. Dolde/W. Porsch*, in: Schoch/Schneider/Bier § 72 Rn. 3; *P. Kothe*, in: Redeker/v. Oertzen § 72 Rn. 2.

II. Abhilfegegenstand

Abhilfegegenstand ist der angefochtene Verwaltungsakt, den die Ausgangsbehörde ursprünglich erlas-   5
sen bzw. der beantragte Verwaltungsakt, den sie abgelehnt hat.

III. Durchführung des Abhilfeverfahrens

1. Verwaltungsverfahren – anzuwendende Normen. Das Abhilfeverfahren ist kein eigenständiges Ver-   6
waltungsverfahren (→ Rn. 1). Der Abhilfebescheid stellt nur dann eine Endentscheidung über den Widerspruch dar, wenn die Ausgangsbehörde dem Widerspruch in vollem Umfang abhilft; in diesem Fall
hat der Rechtsbehelfsführer sein Verfahrensziel erreicht, der Devolutiveffekt kann nicht mehr eintreten.[11] Verfahrensrechtlich gelten auch für das Abhilfeverfahren primär die §§ 68 ff., subsidiär die Regelungen des Verwaltungsverfahrensrechts (§ 79 VwVfG).[12]
Die Neufassung des § 71 durch das 6. VwGOÄndG hat die Anhörungspflicht auf den Abhilfebescheid   7
ausgedehnt. Der alte Streit um eine analoge Anwendung[13] ist daher obsolet; auch ein Rückgriff auf
das VwVfG ist damit nicht nötig. Die Pflicht zur Begründung des Abhilfebescheids folgt aus § 79
VwVfG i.V.m. § 39 Abs. 1 S. 1 VwVfG;[14] eine analoge Anwendung des § 73 Abs. 3[15] ist mangels Regelungslücke abzulehnen. Auch im Übrigen ist über § 79 VwVfG auf die allgemeinen Bestimmungen
der §§ 35 ff. VwVfG zurückzugreifen.[16] Sowohl für die Abhilfe- als auch für die Widerspruchsbehörde
gelten damit sinnvollerweise einheitliche Verfahrensnormen.[17]

2. Beginn des Abhilfeverfahrens. Legt der Widerspruchsführer bei der Ausgangsbehörde Wider-   8
spruch ein (§ 70 Abs. 1 S. 1), so beginnt damit unmittelbar das Abhilfeverfahren. Wird der Widerspruch bei der Widerspruchsbehörde eingelegt (§ 70 Abs. 1 S. 2), muss die Widerspruchsbehörde den
Widerspruch vorab der Abhilfebehörde zuleiten.[18] In diesem Fall beginnt das Abhilfeverfahren mit der
Zuleitung des Widerspruchs an die Ausgangsbehörde.

3. Befugnis der Ausgangsbehörde zur Abhilfe und ihre Wirkung. § 72 begründet für die Ausgangsbe-   9
hörde sowohl eine Befugnis als auch eine Pflicht, die Möglichkeit einer Abhilfe zu prüfen.[19] Die Abhilfebefugnis der Ausgangsbehörde bleibt auch dann bestehen, wenn sie den Widerspruch bereits an die
Widerspruchsbehörde weitergeleitet hat. Dies gilt auch dann, wenn der Widerspruch nicht bei der
Ausgangs-, sondern zunächst bei der Widerspruchsbehörde eingelegt worden ist (§ 70 Abs. 1 S. 2). Der
Devolutiveffekt des Widerspruchs steht also einer abhelfenden Entscheidung nicht entgegen, auch
wenn die Widerspruchsbehörde schon mit der Sache befasst war.[20] Erst eine Entscheidung der Widerspruchsbehörde lässt auch die Abhilfebefugnis der Erstbehörde erlöschen. Nach dem Prioritätsgrundsatz endet das Vorverfahren durch die zuerst ergehende Entscheidung.[21] Bei Erlass eines Teilabhilfebescheids endet das Verfahren erst mit dem Erlass des abschließenden Widerspruchsbescheids.

---

11   So auch VGH München BayVBl 1965, 65, 67; *L. Renck*, DÖV 1973, 264, 265.
12   *A. v. Mutius*, Widerspruchsverfahren, 1969, 66; *L. Renck*, DÖV 1973, 264, 266; *G. Meister*, DÖV 1985, 146, 149.
13   Dazu noch der Hinweis bei *Pietzner/Ronellenfitsch* Rn. 1032 ff. m.w.N.
14   So schon § 68 Rn. 60; *K. Obermayer*, Grundzüge, 215; *W. Skouris*, DÖV 1982, 133, 135.
15   So einst *L. Renck*, DÖV 1973, 264, 266.
16   *P. Weides* 229; *Hufen* § 5 Rn. 10; *Schmitt Glaeser/Horn* Rn. 203; *Kopp/Schenke* § 72 Rn. 3; *A. Günther/S. Blum*, Wi-
     derspruchsverfahren, ³1994, § 2 B, 16.
17   *A. v. Mutius*, Widerspruchsverfahren, 1969, 65.
18   *Pietzner/Ronellenfitsch* Rn. 1038; *P. Kothe*, in: Redeker/v. Oertzen § 72 Rn. 1; *Kopp/Schenke* § 72 Rn. 1; *A. v. Mutius*,
     Widerspruchsverfahren, 1969, 206; *K.-P. Dolde/W. Porsch*, in: Schoch/Schneider/Bier § 72 Rn. 5; *P. Weides* 229;
     A. Günther/S. Blum, Widerspruchsverfahren, ³1994, § 2 B, 15; *Bosch/Schmidt* § 26 V 1, 159.
19   *M. Oerder*, Widerspruchsverfahren, 1989, 137; *J. Oberrath/O. Hahn*, JA 1995, 886, 887; *A. Günther/S. Blum*, Wi-
     derspruchsverfahren, ³1994, § 2 B, 15; *K.-P. Dolde/W. Porsch*, in: Schoch/Schneider/Bier § 72 Rn. 5.
20   BVerwGE 82, 336, 338 und NVwZ 1987, 224, 225; OVG Koblenz NVwZ 1987, 1098; OVG Lüneburg NVwZ-RR
     2003, 326; VGH Mannheim VBlBW 1989, 53; VGH München BayVBl 1987, 465 und BayVBl 1988, 628, 629; *Pietz-
     ner/Ronellenfitsch* Rn. 1037, § 26 Rn. 4; *Hufen* § 8 Rn. 4; *Kopp/Schenke* § 72 Rn. 2; *Schoch*, NVwZ 1983, 255;
     E. Allesch, Anwendbarkeit, 1984, 150; *C. Huxholl*, Erledigung, 1995, 167 f.; *K.-P. Dolde/W. Porsch*, in: Schoch/
     Schneider/Bier § 72 Rn. 7; *P. Kothe*, in: Redeker/v. Oertzen § 73 Rn. 16; *K. Rennert*, in: Eyermann § 72 Rn. 9; a.Ma
     P. Schmidt, BayVBl 1982, 89; *E. Pache/M. Knauff*, DÖV 2004, 656, 658.
21   *Pietzner/Ronellenfitsch* Rn. 1041; *Kopp/Schenke* § 72 Rn. 2; *K.-P. Dolde/W. Porsch*, in: Schoch/Schneider/Bier § 72
     Rn. 7; *L. Renck*, DÖV 1973, 264, 265.

10 **4. Mängel des Abhilfeverfahrens.** Das Abhilfeverfahren ist obligatorisch.[22] Für die Mitteilung der Widerspruchsbehörde an die Ausgangsbehörde nach § 70 Abs. 1 S. 2 ist keine bestimmte Form vorgeschrieben.[23] Der Zweck des § 72 erfordert aber einen aktenmäßig dokumentierbaren „Mindeststandard"; ein bloßer Telefonanruf[24] ist daher nicht ausreichend. In der Praxis ist es üblich, dass die Widerspruchsbehörde in diesem Fall der Ausgangsbehörde die Widerspruchsschrift mit der Bitte um Prüfung einer Abhilfe übersendet.

11 §§ 20 und 21 VwVfG sind auch im Abhilfeverfahren anwendbar (zur Anwendbarkeit im Widerspruchsverfahren → § 68 Rn. 55). Nach überwiegender Auffassung[25] ist ein im Abhilfeverfahren tätiger Beamter nicht schon deshalb als befangen anzusehen, weil er bereits im Ausgangsverfahren beteiligt war. Das Abhilfeverfahren umfasst auch die Chance zur Selbstreflexion des Erstentscheiders. Gleichwohl dürfte es der Kontrollfunktion des Vorverfahrens noch mehr entgegenkommen, wenn ein anderer Beamter der Behörde die Abhilfemöglichkeit prüft, namentlich dann, wenn die Überprüfung der Zweckmäßigkeit ansonsten in der Hand einer einzigen Person läge[26] (zum Widerspruchsverfahren selbst → § 68 Rn. 55).

12 **5. Rechtsfolgen eines mangelhaften Abhilfeverfahrens.** Wird das Abhilfeverfahren nicht oder fehlerhaft durchgeführt, so leidet ein dennoch erlassener Widerspruchsbescheid an einem wesentlichen Verfahrensmangel i.S.v. § 79 Abs. 2 S. 2,[27] der nach S. 1 zur isolierten Anfechtung des Widerspruchsbescheids im verwaltungsgerichtlichen Verfahren berechtigt. Führt aufgrund besonderer Umstände die Sachbehandlung durch den Beamten, der schon im Ausgangsverfahren Entscheidungsträger war, zu dessen Befangenheit, liegt ebenfalls ein wesentlicher Verfahrensmangel gem. § 79 Abs. 2 S. 2 vor.

IV. Abhilfeentscheidung

13 **1. Nicht-Abhilfe.** Hilft die Ausgangsbehörde dem Widerspruch nicht ab, so muss sie den Widerspruch, wenn sie nicht selbst Widerspruchsbehörde ist, der nach § 73 Abs. 1 S. 2 zuständigen Widerspruchsbehörde vorlegen.[28] Die Entscheidung hierüber hat nur verwaltungsinterne Wirkung; sie ist keine Regelung mit unmittelbarer Außenwirkung gegenüber dem Bürger und stellt somit keinen Verwaltungsakt i.S. des § 35 S. 1 VwVfG dar.[29] Sie kann deshalb auch nicht gesondert angefochten werden. Die Sachentscheidung trifft in diesem Fall nicht die Ausgangs-, sondern die Widerspruchsbehörde.

14 **2. Abhilfe. a) Rechtsnatur.** Anders ist es, wenn die Ausgangsbehörde den angefochtenen Verwaltungsakt ganz oder teilweise aufhebt bzw. beim Verpflichtungswiderspruch den beantragten Verwaltungsakt erlässt. In diesen Fällen gestaltet die Ausgangsbehörde selbst mit der Abhilfeentscheidung das Verwaltungsrechtsverhältnis; es handelt sich um eine Abänderung der ursprünglichen Entscheidung.[30] Die Abhilfeentscheidung ist daher Verwaltungsakt i.S. des § 35 S. 1 VwVfG.[31] Die Abhilfeentscheidung stellt hingegen keinen Widerspruchsbescheid dar.[32]

15 Umstr. ist, ob § 72 die Behörde bei Vorliegen der Voraussetzungen verpflichtet, einen Abhilfebescheid zu erlassen, oder ob der Behörde insoweit, wie bei §§ 48 ff. VwVfG, ein Ermessen zusteht. Nach dem

---

22 *Hufen* § 8 Rn. 11.
23 *Pietzner/Ronellenfitsch* Rn. 1038; *Schmitt Glaeser/Horn* Rn. 211.
24 So noch *Kopp/Schenke* § 72 Rn. 1; *K. Rennert*, in: Eyermann § 72 Rn. 2.
25 Vgl. nur *J.-D. Busch*, in: Knack/Henneke § 79 Rn. 88.
26 So auch *R. Brühl*, JuS 1994, 56, 57; ähnl. *P. Weides* 229.
27 *Pietzner/Ronellenfitsch* Rn. 1038; *A. v. Mutius*, Widerspruchsverfahren, 1969, 206 f.; *P. Kothe*, in: Redeker/v. Oertzen § 72 Rn. 1; *K. Rennert*, in: Eyermann § 72 Rn. 2; *K.-P. Dolde/W. Porsch*, in: Schoch/Schneider/Bier § 72 Rn. 20; *P. Weides* 229; *Kopp/Schenke* § 72 Rn. 1; *Bosch/Schmidt* § 26 V 1, 145; *Hufen* § 8 Rn. 8; *Schenke* Rn. 243; *A. Günther/ S. Blum*, Widerspruchsverfahren, ³1994, § 2 B, 15; *Schmitt Glaeser/Horn* Rn. 207.
28 *M. Oerder*, Widerspruchsverfahren, 1989, 105, 135; *P. Kothe*, in: Redeker/v. Oertzen § 72 Rn. 4; *K.-P. Dolde/W. Porsch*, in: Schoch/Schneider/Bier § 72 Rn. 19.
29 Vgl. *M. Oerder*, Widerspruchsverfahren, 1989, 135; *P. Kothe*, in: Redeker/v. Oertzen § 72 Rn. 4; *K.-P. Dolde/W. Porsch*, in: Schoch/Schneider/Bier § 72 Rn. 19, 22; *Hufen* § 8 Rn. 16.
30 *P. Kothe*, in: Redeker/v. Oertzen § 72 Rn. 2; *Hufen* § 8 Rn. 11; *M. Oerder*, Widerspruchsverfahren, 1989, 135.
31 *Schmitt Glaeser/Horn* Rn. 211; *W. Skouris*, DÖV 1982, 133, 135; *A. Günther/S. Blum*, Widerspruchsverfahren, ³1994, § 2 B, 16; *K.-P. Dolde/W. Porsch*, in: Schoch/Schneider/Bier § 72 Rn. 15; *M. Oerder*, Widerspruchsverfahren, 1989, 135; *J. Oberrath/O. Hahn*, JA 1995, 886, 887; *Kopp/Schenke* § 72 Rn. 3; *P. Kothe*, in: Redeker/v. Oertzen § 72 Rn. 2; *K. Rennert*, in: Eyermann § 72 Rn. 6; *Hufen* § 8 Rn. 11.
32 *Hufen* § 8 Rn. 11; *K. Rennert*, in: Eyermann § 72 Rn. 7; *Kopp/Schenke* § 72 Rn. 3.

klaren Wortlaut handelt es sich bei § 72 um eine gebundene Entscheidung.[33] Liegen seine Voraussetzungen vor, *muss* die Behörde einen Abhilfebescheid erlassen. Davon zu unterscheiden ist der Fall, dass die Ausgangsentscheidung eine Ermessensentscheidung war. Die Ausgangsbehörde kann dann auch im Abhilfeverfahren das Ermessen erneut ausüben und die Zweckmäßigkeit erneut überprüfen.[34]

b) Form. Die VwGO sieht keine bestimmte Form des Abhilfebescheids vor; § 73 ist nicht analog anzuwenden. Vielmehr gelten die allgemeinen Vorschriften über Verwaltungsakte.[35] Nach § 79 VwVfG i.V.m. §§ 10 S. 1, 37 Abs. 2 S. 1 VwVfG muss der Abhilfebescheid nicht unbedingt schriftlich ergehen; in der Praxis ist dies freilich die Regel.   16

Wird dem Widerspruch ganz oder teilweise abgeholfen, bedarf es einer ausdrücklichen Entscheidung der Ausgangsbehörde.[36] Andernfalls hat die Ausgangsbehörde den Widerspruch mitsamt den dazugehörenden Akten unverzüglich der Widerspruchsbehörde zur Entscheidung vorzulegen und dabei in einem sog. Vorlagebericht (Vorlageschreiben) den Sachverhalt und die Rechtslage aus ihrer Sicht darzulegen. Da das Verfahren hierdurch nicht beendet wird, ist ein ausdrücklicher und dem Widerspruchsführer bekanntzugebender Nichtabhilfebeschluss nicht erforderlich.[37] Die Abhilfebehörde ist jedoch nicht daran gehindert, dem Widerspruchsführer formlos mitzuteilen, dass dem Widerspruch nicht abgeholfen und dieser an die Widerspruchsbehörde weitergeleitet wurde.   17

Ist die Ausgangsbehörde zugleich Widerspruchsbehörde, dann entfällt, wie oben bereits ausgeführt (→ Rn. 3), das Abhilfeverfahren und es ergeht sogleich ein Widerspruchsbescheid.[38]   18

3. Inhaltliche Entscheidung. a) Voraussetzung. Nach dem Wortlaut des § 72 ist die Begründetheit des Widerspruchs – also Rechtswidrigkeit oder Zweckwidrigkeit des Verwaltungsakts – einzige Voraussetzung für den Erlass einer Abhilfeentscheidung. Nach ganz h.M.[39] muss aufgrund des Vorschaltcharakters des Widerspruchs jedoch auch die Zulässigkeit des Widerspruchs gegeben sein, da der behördliche Rechtsschutz insoweit nicht über den gerichtlichen hinausgehen kann. Voraussetzung einer Abhilfeentscheidung sind also Zulässigkeit *und* Begründetheit des Widerspruchs.   19

b) Stattgabe; Teilstattgabe. Hält die Ausgangsbehörde den Widerspruch für zulässig und in der Sache für begründet, so gibt sie ihm statt und hilft ihm ab. Abhilfe i.S. des § 72 ist die antragsgemäße Aufhebung oder Abänderung des Verwaltungsakts bzw. der Erlass des beantragten, aber zunächst abgelehnten Verwaltungsakts. Der Widerspruchsführer hat sein Verfahrensziel erreicht, das Vorverfahren ist damit beendet.[40] Die Abhilfe kann auch darin bestehen, dass die Ausgangsbehörde bei der Überprüfung des Verwaltungsakts i.R. des Abhilfeverfahrens zu dem Ergebnis gelangt, dass dieser nichtig ist; sie hat dies dann nach § 44 Abs. 5 VwVfG im Abhilfebescheid festzustellen.[41]   20

Hebt die Ausgangsbehörde auf den Widerspruch des Betroffenen hin förmlich die angegriffene Entscheidung in vollem Umfang auf, so handelt es sich hierbei auch dann um eine Abhilfeentscheidung,[42]   21

---

33 VGH Mannheim VBlBW 1989, 53, 54; VGH München BayVBl 1983, 213 f.; *Hufen* § 8 Rn. 14; *A. v. Mutius*, Widerspruchsverfahren, 1969, 45; *Pietzner/Ronellenfitsch* Rn. 1045; *J. Kratzer*, BayVBl 1960, 167; *L. Renck*, DÖV 1973, 264, 266; *W.-R. Schenke*, DÖV 1983, 323; *G. Meister*, DÖV 1985, 148; a.M. *M. Oerder*, Widerspruchsverfahren, 1989, 143.

34 So auch *K.-P. Dolde/W. Porsch*, in: Schoch/Schneider/Bier § 72 Rn. 11; *M. Oerder*, Widerspruchsverfahren, 1989, 143 f.; *K. Rennert*, in: Eyermann § 72 Rn. 5.

35 *Kopp/Schenke* § 72 Rn. 3; *A. Günther/S. Blum*, Widerspruchsverfahren, ³1994, § 2 B, 16; *P. Weides* 229; *P. Kothe*, in: Redeker/v. Oertzen § 72 Rn. 2.

36 So auch *Kopp/Schenke* § 72 Rn. 3.

37 *Kopp/Schenke* § 72 Rn. 3; *Bosch/Schmidt* § 26 V 1, 159 f.; *K.-P. Dolde/W. Porsch*, in: Schoch/Schneider/Bier § 72 Rn. 19; *M. Sachs*, NVwZ 1982, 421, 422; *A. v. Mutius*, Widerspruchsverfahren, 1969, 205; *A. Günther/S. Blum*, Widerspruchsverfahren, ³1994, § 2 B, 16. A.M. *P. Weides*, 230.

38 BVerwGE 70, 4, 12; zum Gedanken der Verfahrensherrschaft auch BFH StRK DVStB 1975 § 10 R. 3; *W. Skouris*, DÖV 1982, 133; *Kopp/Schenke* § 72 Rn. 1; *U. Gailus/D. Verleger*, JuS 1989, 401; *B. Renz*, DÖV 1991, 138; *K.-P. Dolde/W. Porsch*, in: Schoch/Schneider/Bier § 72 Rn. 6; *K. Rennert*, in: Eyermann § 72 Rn. 3; *Bosch/Schmidt* § 26 V 1, 145.

39 *Kopp/Schenke* § 72 Rn. 3; *P. Weides* 228; *Ule/Laubinger* § 46 Rn. 4; *R. Brühl*, JuS 1994, 56, 57; *Pietzner/Ronellenfitsch* Rn. 1045; *A. v. Mutius*, Widerspruchsverfahren, 1969, 44; *K. Rennert*, in: Eyermann § 72 Rn. 5; *J. Oberrath/O. Hahn*, JA 1995, 886, 888; *Bosch/Schmidt* § 26 V 3 c, 161; *A. Günther/S. Blum*, Widerspruchsverfahren, ³1994, § 2 B, 15. A.M. *P. Kothe*, in: Redeker/v. Oertzen § 72 Rn. 2.

40 *Pietzner/Ronellenfitsch* Rn. 1041; *P. Kothe*, in: Redeker/v. Oertzen § 72 Rn. 2; *K. Rennert*, in: Eyermann § 72 Rn. 6; *A. Günther/S. Blum*, Widerspruchsverfahren, ³1994, § 2 B, 16.

41 *Hufen* § 8 Rn. 12.

42 BVerwGE 88, 41 ff.; *P. Kothe*, in: Redeker/v. Oertzen § 72 Rn. 2; *Hufen* § 8 Rn. 12.

wenn sie gleichzeitig oder später eine neue Entscheidung mit gleichem oder ähnlichem Inhalt (Zweitbescheid) erlässt.

22   Ist die Behörde der Auffassung, dass der Widerspruch zwar zulässig, aber nur teilweise begründet ist, so kann sie nach richtiger Auffassung einen sog. Teilabhilfebescheid erlassen; sie ist jedoch hierzu nicht verpflichtet.[43] Dies ergibt einmal der Gegenschluss aus § 113 Abs. 1 S. 1, der eine Teilaufhebung ausdrücklich vorsieht. Auch endet das Vorverfahren erst, wenn über den Widerspruch insgesamt entschieden worden ist. Auch bei einem Teilabhilfebescheid muss daher in jedem Falle noch ein Widerspruchsbescheid ergehen. Hierbei ist die Widerspruchsbehörde an den Teilabhilfebescheid nicht gebunden; sie kann diesen im Widerspruchsbescheid aufheben und durch Zurückweisung des Widerspruchs den Ausgangsbescheid wiederherstellen. Aus diesem Grund enthält ein Teilabhilfebescheid keine Kostenentscheidung, da erst mit dem Abschluss des Widerspruchsverfahrens feststeht, wer die Kosten zu tragen hat (zur Kostenentscheidung bei der Teilabhilfe → Rn. 29). Oft dürfte es daher für beide Seiten zweckmäßiger sein, auf den Erlass eines Teilabhilfebescheids ganz zu verzichten.[44] Die Abhilfebehörde stellt dann die Berechtigung einer Teilabhilfe in ihrem Vorlageschreiben an die Widerspruchsbehörde dar. Auch hier ist aber die Widerspruchsbehörde nicht in ihrer Entscheidung gebunden.

23   c) Keine reformatio in peius. Die Ausgangsbehörde kann den Widerspruch nicht als unzulässig oder unbegründet zurückweisen. Ihr steht nur das Recht zu, den angefochtenen Verwaltungsakt ganz oder teilweise aufzuheben bzw. den beantragten Verwaltungsakt ganz oder teilweise zu erlassen. Andernfalls ist sie verpflichtet, der Widerspruchsbehörde den Widerspruch vorzulegen. Die Abhilfebefugnis ist mithin auf eine positive Entscheidung zugunsten des Widerspruchsführers beschränkt; auch eine Abänderung des ursprünglichen Verwaltungsakts zum Nachteil des Widerspruchsführers (reformatio in peius) ist ihr verwehrt.[45]

24   4. Kostenentscheidung. a) Vollabhilfe.   Nach § 72 *muss* die Ausgangsbehörde, wenn sie dem Widerspruch in vollem Umfang abhilft, eine Kostenentscheidung treffen.[46] Hilft sie dem Widerspruch erst nach der Vorlage an die Widerspruchsbehörde ab, so muss sie ebenfalls über die Kosten entscheiden, denn ein stattgebender Abhilfebescheid verbraucht den Widerspruch und beendet das Widerspruchsverfahren.[47] Enthält die Abhilfeentscheidung nach § 72 keine Kostenentscheidung, kann der Widerspruchsführer analog § 120 deren Ergänzung verlangen.[48] An die Frist des § 120 Abs. 2 ist er dabei nach überwiegender Meinung nicht gebunden.[49]

25   Der *Inhalt der Kostenentscheidung* ist weder in § 72 noch in § 73 geregelt. Die Entscheidung über Kostenlast und Erstattungsumfang richtet sich ausschließlich nach § 80 VwVfG bzw. den entsprechenden Parallelvorschriften in den LVwVfG (→ § 68 Rn. 79 m.w.N.).[50] Eine stattgebende Abhilfeentscheidung ist eine „bestandskräftige Widerspruchsentscheidung" i.S.v. Art. 13 BayKAG i.V.m. § 236 AO und führt zu einer Verzinsung des Erstattungsbetrages (VGH München BayVBl 2004, 244).

---

43   VGH München BayVBl 1988, 628, 629; *P. Kothe*, in: Redeker/v. Oertzen § 72 Rn. 2; *Kopp/Schenke* § 72 Rn. 3; *R. Pietzner*, VerwArch 73 (1982), 236; *H. Linhart*, Schreiben, Bescheide und Vorschriften in der Verwaltung, ³1989, § 20 Rn. 18, 19; *P. Weides* 229; *J. Oberrath/O. Hahn*, JA 1995, 886, 887.

44   So auch *J. Oberrath/O. Hahn*, JA 1995, 886, 887; *A. Günther/S. Blum*, Widerspruchsverfahren, ³1994, § 2 B, 17; offen *P. Weides* 230.

45   So auch OVG Brem BauR 1989, 191, 193; *Kopp/Schenke* § 72 Rn. 3; *G. Meister*, DÖV 1985, 146, 149; *K.-P. Dolde/W. Porsch*, in: Schoch/Schneider/Bier § 72 Rn. 13; *Pietzner/Ronellenfitsch* Rn. 1045; *A. v. Mutius*, Widerspruchsverfahren, 1969, 46, Fn. 97; *H. Freitag*, VerwArch 56 (1965), 315, 320; *W. Skouris*, DÖV 1982, 133; *B. Renz*, DÖV 1991, 138, 139; *J. Oberrath/O. Hahn*, JA 1995, 886, 887; a.M. *M. Oerder*, Widerspruchsverfahren, 1989, 162 ff.

46   BVerwGE 40, 313, 322; BVerwG NVwZ 1997, 272 ff.; *D. Kallerhoff*, in: Stelkens/Bonk/Sachs § 80 Rn. 18; *P. Kothe*, in: Redeker/v. Oertzen § 72 Rn. 3, § 73 Rn. 33; *Pietzner/Ronellenfitsch* Rn. 1294; a.M. *R. Altenmüller*, DÖV 1978, 910; *K. Bangert*, AnwBl 1988, 57; offen VGH München NVwZ-RR 1989, 221 f.

47   *Pietzner/Ronellenfitsch* Rn. 1303; *K.-P. Dolde/W. Porsch*, in: Schoch/Schneider/Bier § 72 Rn. 17; *L. Renck*, DÖV 1973, 264, 266; *E. Allesch*, Anwendbarkeit, 1984, 234 f.; *R. Altenmüller*, DVBl 1978, 285, 289; *P. Kothe*, in: Redeker/v. Oertzen § 73 Rn. 16; a.M. VGH München BayVBl 1983, 246.

48   BVerwGE 68, 1 ff.; *P. Kothe*, in: Redeker/v. Oertzen § 72 Rn. 3, § 73 Rn. 33.

49   *R. Pietzner*, BayVBl 1979, 107; *P. Kothe*, in: Redeker/v. Oertzen § 73 Rn. 33; offen BVerwGE 68, 1 ff.

50   BVerwG Buchholz Nr. 33 zu 316 § 80; *D. Kallerhoff*, in: Stelkens/Bonk/Sachs § 80 Rn. 1; *Kopp/Ramsauer* § 80 Rn. 11 f., 20; *H. Dürr*, in: Knack/Henneke § 80 Rn. 3 f.; *K.-P. Dolde/W. Porsch*, in: Schoch/Schneider/Bier § 72 Rn. 17; *Pietzner/Ronellenfitsch* Rn. 1045; *K. Rennert*, in: Eyermann § 73 Rn. 27.

b) Teilabhilfe. Erlässt die Ausgangsbehörde einen Teilabhilfebescheid, trifft sie keine Kostenentschei- 26
dung, da eine sonst erforderliche Kostenaufspaltung zwischen Ausgangs- und Widerspruchsbehörde
dem Prinzip der Einheitlichkeit der Kostenentscheidung (§§ 72, 73 Abs. 3 S. 2, 80 VwVfG) widerspräche.[51]

5. Rücknahme und Widerruf der Abhilfeentscheidung. Wie jeder Verwaltungsakt kann auch die *Ab-* 27
hilfeentscheidung von der Ausgangsbehörde nach §§ 48, 49 ff. VwVfG zurückgenommen bzw. widerrufen werden.[52]

V. Sonstige Beendigung des Abhilfeverfahrens

Weitere Möglichkeiten der Beendigung des Abhilfeverfahrens sind die *Rücknahme der Widerspruchs-* 28
erklärung, die *Erledigung in der Hauptsache,* wenn sie bereits in der Abhilfephase eintritt und dadurch das Widerspruchsverfahren insgesamt gegenstandslos macht, der *Verzicht* und der Abschluss eines *Vergleiches.*

VI. Rechtsbehelfe gegen den Abhilfebescheid

Abhilfebescheid oder Teilabhilfebescheid sind Verwaltungsakte i.S. des § 35 S. 1 VwVfG und damit, 29
soweit ihr Regelungsgegenstand reicht, anfechtbar. Von Relevanz ist dies vor allem bei Verwaltungsakten mit Drittwirkung. Das 6. VwGOÄndG hat in § 68 Abs. 1 S. 2 Nr. 2 n.F. klargestellt, dass es keines neuerlichen Vorverfahrens bedarf, wenn durch den Abhilfebescheid ein Dritter erstmals beschwert wird und damit eine alte Streitfrage entschieden. Der erstmals beschwerte Dritte kann also innerhalb der Frist des § 74 sogleich Klage erheben.
Die Kostenentscheidung nach § 72 ist ein selbständiger Verwaltungsakt;[53] der Widerspruchsführer 30
kann gegen sie mit Widerspruch und (isolierter) Anfechtungsklage vorgehen.[54]

VII. Der Zweitbescheid

1. Allgemeines. Die Bestandskraft eines Verwaltungsakts schließt nicht die Befugnis der Behörde aus, 31
ihn nach §§ 48 ff. VwVfG bzw. den entsprechenden Spezialvorschriften wieder aufzuheben. Dies gilt
auch während eines Widerspruchsverfahrens (arg e § 50 VwVfG). Von Bedeutung ist diese Möglichkeit vor allem bei einer verspäteten oder aus sonstigen Gründen unzulässigen Widerspruchseinlegung;
ferner dann, wenn zwar der Ausgangsbescheid rechtswidrig, aber kein subjektives Recht des Widerspruchsführers beeinträchtigt ist.
Die Ausgangsbehörde kann daher einen Verwaltungsakt auch während eines anhängigen Wider- 32
spruchsverfahrens zurücknehmen oder widerrufen.[55] Sie erlässt dann einen sog. Zweitbescheid, also
einen neuen Ausgangsbescheid, der den ursprünglichen Verwaltungsakt ersetzt; das Widerspruchsverfahren erledigt sich infolge Wegfalls des Verfahrensgegenstands und ist einzustellen (zur Problematik
der Zulässigkeit eines sog. Fortsetzungsfeststellungswiderspruchs → § 68 Rn. 108 f. sowie → § 113
Rn. 139).[56]

---

51 BVerwGE 88, 41, 46; BVerwG Buchholz 424.01, § 147 FlurbG Nr. 3 (S. 2); *Pietzner/Ronellenfitsch* Rn. 1303; *P. Kothe,* in: Redeker/v. Oertzen § 72 Rn. 3; *D. Kallerhoff,* in: Stelkens/Bonk/Sachs § 80 Rn. 20; *K. Rennert,* in: Eyermann § 72 Rn. 8, § 73 Rn. 25; *R. Pietzner,* VerwArch 73 (1982), 231, 235 f.; *K.-P. Dolde/W. Porsch,* in: Schoch/Schneider/Bier § 72 Rn. 17; *J. Oberrath/O. Hahn,* JA 1995, 886, 887 (Fn. 17); *H. Dreier,* NVwZ 1987, 475 (Fn. 7); a.M. VGH Mannheim NVwZ-RR 1992, 54; VBlBW 1982, 13; VGH München DÖV 1988, 978; *Kopp/Schenke* § 72 Rn. 5; *B. Renz,* DÖV 1991, 138.
52 *Kopp/Schenke* § 72 Rn. 1, 3; *D. Kallerhoff,* in: Stelkens/Bonk/Sachs § 79 Rn. 37; OVG Lüneburg NVwZ 1990, 675 (zu § 45 SGB X). Unklar dazu *K. Rennert,* in: Eyermann § 72 Rn. 10.
53 BVerwG NJW 1955, 318; *P. Weides* 311; *P. Kothe,* in: Redeker/v. Oertzen § 72 Rn. 3; *Pietzner/Ronellenfitsch* Rn. 1332.
54 BVerwG NJW 1955, 318; Buchholz 316 § 80 VwVfG Nr. 33; VGH Mannheim VBlBW 1982, 46; VGH München BayVBl 1981, 469; *P. Weides* 311; *P. Kothe,* in: Redeker/v. Oertzen § 72 Rn. 3; *K. Rennert,* in: Eyermann § 73 Rn. 30; *D. Kallerhoff,* in: Stelkens/Bonk/Sachs § 80 Rn. 24; *Pietzner/Ronellenfitsch* Rn. 1332.
55 BVerwGE 101, 64, 69 f.; BVerwG DVBl 1996, 1315; *G. Meister,* DÖV 1985, 146, 147 f.; *P. Kothe,* in: Redeker/v. Oertzen § 72 Rn. 5; *U. Knoke,* Rechtsfragen der Rücknahme von Verwaltungsakten, 1989, 298; *K. Rennert,* in: Eyermann § 72 Rn. 11; *C. Huxholl,* Erledigung, 1995, 152; *Pietzner/Ronellenfitsch* Rn. 1039, 1044 f.; *P. Weides* 264; *I. Kraft,* BayVBl 1995, 521; zusammenfassend *M. Cornils,* Verw 33 (2000), 485.
56 *Pietzner/Ronellenfitsch* Rn. 1045; *J. Oberrath/O. Hahn,* JA 1995, 886, 888; *E. Allesch,* Anwendbarkeit, 1984, 235.

33   Bei einem verfristeten und deshalb unzulässigen Widerspruch hat die Behörde die Möglichkeit, entweder eine „wiederholende Verfügung" oder einen „Zweitbescheid" zu erlassen. Eine wiederholende Verfügung liegt vor, wenn die Behörde unter Berufung auf die eingetretene Bestandskraft eine erneute Prüfung des Verwaltungsakts ablehnt.[57] Ein Zweitbescheid liegt vor, wenn die Behörde das Verfahren wieder aufgreift und in der Sache dann entweder gleichwohl ablehnend (negativer Zweitbescheid) oder aber, dem Antrag entsprechend, positiv entscheidet (positiver Zweitbescheid).[58] Ein Zweitbescheid ist Verwaltungsakt i.S. des § 35 S. 1 VwVfG, da er eine neue Regelung trifft.[59]

34   **2. Zweitbescheid und Abhilfebescheid.   a) Abgrenzung.**   Weil die Ausgangsbehörde im Zuge des Widerspruchsverfahrens sowohl einen Abhilfebescheid als auch einen Zweitbescheid erlassen kann, besteht gelegentlich die Notwendigkeit zur genauen Abgrenzung. Nicht immer kommt im Bescheid der Ausgangsbehörde klar zum Ausdruck, ob er als Abhilfebescheid oder als Zweitbescheid ergeht. Unterschiede ergeben sich jedoch sowohl im Hinblick auf die Voraussetzungen als auch auf die Rechtsfolgen:[60]

35   ▪ Die Ausgangsbehörde hilft dem Widerspruch ab, wenn der Widerspruch zulässig und in der Sache voll begründet ist. Da das Widerspruchsverfahren aber kein objektives Beanstandungsverfahren darstellt, sondern auf die Verteidigung subjektiver Rechte gerichtet ist, muss der Widerspruchsführer widerspruchsbefugt sein (→ § 69 Rn. 51–63). Bei der Aufhebung nach den §§ 48 ff. VwVfG oder entsprechender Spezialvorschriften ist dies anders; hier reicht die objektive Rechts- und/oder Zweckwidrigkeit aus, denn diese Vorschriften dienen nicht nur dem Vertrauensschutz des Bürgers, sondern auch der Wahrung der Gesetz- und Zweckmäßigkeit des Verwaltungshandelns.

36   ▪ Die Abhilfeentscheidung ist eine gebundene Entscheidung. Die Behörde ist daher, wenn der Widerspruch zulässig und begründet ist, zur Abhilfe *verpflichtet*. Die Entscheidung über eine Aufhebung nach §§ 48, 49 VwVfG steht dagegen im pflichtgemäßen Ermessen der Behörde („kann"). Grds. hat die Behörde ein Wahlrecht zwischen beiden Formen, sofern sie nicht treuwidrig handelt (BVerwG NVwZ-RR 2003, 871). Dies gilt allerdings bei Drittwidersprüchen nur eingeschränkt: Ein inhaltlich gerechtfertigter Nachbarwiderspruch kann jedoch nicht durch Rücknahme statt Abhilfe im Wege der Ermessensentscheidung unterlaufen werden. In diesem Fall ist eine Ermessensreduktion auf Null anzunehmen, sodass eventuelle Ermessensfehler nicht etwa zum unberechtigten Vorteil eines Bauherrn führen können (OVG Lüneburg NVwZ-RR 2003, 326).

37   ▪ Die Abhilfe ist auf eine positive Entscheidung zugunsten des Widerspruchsführers beschränkt. Nach den §§ 48, 49 VwVfG ist dagegen der Erlass eines verschlechternden Zweitbescheids möglich.[61] Der Erlass eines solchen Zweitbescheids beendet oder erledigt das Widerspruchsverfahren daher nicht ipso iure, der durch ihn veränderte Sachstand wird allerdings entsprechend § 79 Abs. 1 Nr. 1 in die Widerspruchsentscheidung einbezogen.[62]

38   ▪ Mit der Abhilfeentscheidung wird das Widerspruchsverfahren formell beendet. Eine Aufhebungsentscheidung per Zweitbescheid führt dagegen zur Erledigung des Widerspruchs. Da die Zulässigkeit eines sog. Fortsetzungsfeststellungswiderspruchs abzulehnen ist (→ § 68 Rn. 107–109 und → § 113 Rn. 139), ist das Verfahren in diesem Fall einzustellen.

39   ▪ Nach § 72 ist stets die Ausgangsbehörde für die Abhilfeentscheidung zuständig. Die Zuständigkeit für die Aufhebung eines Verwaltungsakts außerhalb des Widerspruchsverfahrens richtet sich dagegen nach § 3 VwVfG, nach dessen Unanfechtbarkeit sogar unabhängig davon, ob die zuständige Behörde den aufzuhebenden Verwaltungsakt erlassen hat oder nicht (§§ 48 Abs. 5, 49 Abs. 5 VwVfG).

40   ▪ Nach § 72 hat bei Abhilfe eine Kostenentscheidung zu ergehen. Bei einer Aufhebung oder Änderung außerhalb des Widerspruchsverfahrens (insbes. nach §§ 48 ff. VwVfG oder Spezialvorschriften) ist dies nicht generell vorgesehen. Anderes kann sich allerdings aus dem Landesrecht ergeben,

---

57   Dazu *Maurer* § 11 Rn. 56.
58   *M. Sachs*, in: Stelkens/Bonk/Sachs § 51 Rn. 38 ff.; *Maurer* § 11 Rn. 56; *H. Maurer*, JuS 1976, 25, 31.
59   BVerwG VerwRspr 16, 767, 768; auch BVerwGE 17, 256, 259; *Schmitt Glaeser/Horn* Rn. 138; *Maurer* § 11 Rn. 56; *Schenke* Rn. 199.
60   Vgl. *Pietzner/Ronellenfitsch* Rn. 1045; *G. Meister*, DÖV 1985, 146, 148 f.
61   BVerwGE 65, 315 f. (Erlass eines Zweitbescheids nach dem BImSchG); VGH München BayVBl 1982, 439 f.
62   BVerwGE 62, 80, 82; *I. Kraft*, BayVBl 1995, 519 f.; *Pietzner/Ronellenfitsch* Rn. 1045.

z.B. aus § 80 Abs. 1 S. 5 VwVfG BW, § 80 Abs. 1 S. 6 ThürVwVfG und Art. 80 Abs. 1 S. 5 Bay-VwVfG.

Wie die Behörde ihren Bescheid bezeichnet (als Abhilfe- oder als Rücknahme-/Widerrufsbescheid), ist   41
nur ein – wenngleich wichtiges – *Indiz* für die Rechtsnatur; es kommt darauf an, ob die Begründung des Bescheids (ausschließlich) widerspruchsbezogen ist oder außerhalb des Widerspruchsverfahrens liegende Umstände einbezieht.[63] Bestehen danach noch Zweifel, ist von einem Abhilfebescheid auszugehen.[64] Kann ein Verwaltungsakt jedoch aus mehreren Gründen aufgehoben werden und sind nicht alle Gründe widerspruchsbezogen, stellt sich die Frage, ob die Behörde wählen darf, aus welchen Gründen sie den Verwaltungsakt aufhebt. In der Praxis ist dies vor allem hinsichtlich der oben erwähnten kostenrechtlichen Problematik von Bedeutung. Gelegentlich hat die Behördenpraxis von einer Abhilfe abgesehen, um keinen Kostenerstattungsanspruch des Widerspruchsführers entstehen zu lassen. Das BVerwG ist dem entgegengetreten (BVerwGE 101, 64 f.) und verlangt, dass die Behörde ihre Entscheidung (Aufhebung nach den §§ 48 ff. VwVfG bzw. entsprechender Spezialvorschriften oder Abhilfebescheid nach § 72) sachgerecht begründet. Die bloße Kostenvermeidung sei kein tragfähiger Grund (BVerwGE 101, 64, 71). Dagegen ist es sachlich gerechtfertigt, wenn die Ausgangsbehörde (Fahrerlaubnisbehörde) i.R. eines Widerspruchsverfahrens es dem Betroffenen zur Bedingung ihrer Mitwirkung bei einer ärztlichen Begutachtung macht, auf Kostenerstattung insgesamt zu verzichten, wenn er es selbst zuvor ohne ausreichenden Grund an der gebotenen Mitwirkung zur Aufklärung von Eignungsbedenken hat fehlen lassen (OVG Münster NWVBl 2003, 231).

b) Umdeutung.   Die grds. zulässige Wahl zwischen Abhilfe und Rücknahme/Widerruf hat nach   42
pflichtgemäßem Ermessen zu erfolgen.[65] Ist danach ein Abhilfebescheid angezeigt, geht die Behörde jedoch *ausdrücklich* den Weg über §§ 48, 49 VwVfG, so stellt sich die Frage nach der Möglichkeit einer Umdeutung der ermessensfehlerhaften Rücknahmeentscheidung in eine Abhilfeentscheidung. Nach der „Gsimsl"-Entscheidung des VGH München ist eine solche Umdeutung zulässig (VGH München BayVBl 1983, 212, 213 f.). Lässt die Auslegung der Entscheidung nur die Deutung zu, dass die Behörde sich aus sachwidrigen Gründen für die Form der Rücknahme entschieden hat, ist eine Umdeutung in eine sachgerechte Abhilfeentscheidung nach § 47 VwVfG zulässig:[66] Die Abhilfe ist auf das gleiche, objektiv zu bestimmende Ziel - nämlich die Aufhebung der Ausgangsentscheidung - gerichtet. Die Absicht der Behörde, eine Kostenerstattung zu verhindern, könne der gesetzmäßig handelnden Verwaltung nicht schlechterdings unterstellt werden; auch § 47 Abs. 2 S. 1 VwVfG stehe daher einer Umdeutung nicht entgegen. Überdies sei die Umdeutung für den Widerspruchführer günstiger. Die Zulässigkeit der Umdeutung steht nicht im Widerspruch zu der zitierten Entscheidung des BVerwG, nach der ein Rücknahmebescheid *kostenrechtlich* nicht gleichzeitig als Abhilfebescheid angesehen werden könne (BVerwGE 101, 64, 69). Gegenstand der Entscheidung war nämlich nicht die Zulässigkeit der Umdeutung an sich, sondern die Frage nach der sachgerechten Wahl zwischen Rücknahme und Abhilfe. Das BVerwG billigte die Alternativität beider Varianten, sah aber im konkreten Fall die Wahl als sachgerecht an. Eine Umdeutung kam daher von vornherein nicht in Betracht.

§ 73 [Widerspruchsbescheid]

(1) ¹Hilft die Behörde dem Widerspruch nicht ab, so ergeht ein Widerspruchsbescheid. ²Diesen erläßt

1. die nächsthöhere Behörde, soweit nicht durch Gesetz eine andere höhere Behörde bestimmt wird,
2. wenn die nächsthöhere Behörde eine oberste Bundes- oder oberste Landesbehörde ist, die Behörde, die den Verwaltungsakt erlassen hat,

---

63 So auch BVerwG NVwZ 1992, 669, 670; Buchholz 310 § 72 Nr. 9, 4 f.; VGH München BayVBl 1982, 439 f.; *G. Meister*, DÖV 1985, 146, 149; *B. Renz*, DÖV 1991, 138; *C. Huxholl*, Erledigung, 1995, 157, 158, 161; *E. Allesch*, Anwendbarkeit, 1984, 235; *K. Rennert*, in: Eyermann § 72 Rn. 11; *Helmut Linhart*, Schreiben, Bescheide und Vorschriften in der Verwaltung, ³1989, § 20 Rn. 23.
64 So auch *Kopp/Schenke* § 72 Rn. 8; *Pietzner/Ronellenfitsch* Rn. 1046; *K.-P. Dolde/W. Porsch*, in: Schoch/Schneider/Bier § 72 Rn. 16.
65 A.M. *Pietzner/Ronellenfitsch* Rn. 1046; *C. Huxholl*, Erledigung, 1995, 159 f.
66 *F. Hufen*, Fehler im Verwaltungsverfahren, Rn. 830; *M. Sachs*, in: Stelkens/Bonk/Sachs § 47 Rn. 38; a.M. *K. Rennert*, in: Eyermann, § 72 Rn. 11.

3. in Selbstverwaltungsangelegenheiten die Selbstverwaltungsbehörde, soweit nicht durch Gesetz anderes bestimmt wird.

[3]Abweichend von Satz 2 Nr. 1 kann durch Gesetz bestimmt werden, dass die Behörde, die den Verwaltungsakt erlassen hat, auch für die Entscheidung über den Widerspruch zuständig ist.

(2) [1]Vorschriften, nach denen im Vorverfahren des Absatzes 1 Ausschüsse oder Beiräte an die Stelle einer Behörde treten, bleiben unberührt. [2]Die Ausschüsse oder Beiräte können abweichend von Absatz 1 Nr. 1 auch bei der Behörde gebildet werden, die den Verwaltungsakt erlassen hat.

(3) [1]Der Widerspruchsbescheid ist zu begründen, mit einer Rechtsmittelbelehrung zu versehen und zuzustellen. [2]Zugestellt wird von Amts wegen nach den Vorschriften des Verwaltungszustellungsgesetzes. [3]Der Widerspruchsbescheid bestimmt auch, wer die Kosten trägt.

Schrifttum

1. Monographien: *E. Allesch*, Die Anwendbarkeit der Verwaltungsverfahrensgesetze auf das Widerspruchsverfahren nach der VwGO, 1984; *Ch. Huxholl*, Die Erledigung eines Verwaltungsakts im Widerspruchsverfahren, 1995; *H. Köstering/A. Günther*, Das Widerspruchsverfahren als Voraussetzung des Verwaltungsprozesses, 1983; *U. Meier*, Die Entbehrlichkeit des Widerspruchsverfahrens, 1992; *A. v. Mutius*, Das Widerspruchsverfahren der VwGO als Verwaltungsverfahren und Prozeßvoraussetzung, 1969; *M. Oerder*, Das Widerspruchsverfahren der Verwaltungsgerichtsordnung, 1989.

2. Beiträge in Zeitschriften: *W. Albracht/ H. Naujoks*, Die zuständige Widerspruchsbehörde nach § 73 I 2 Nr. 1 VwGO, NVwZ 1990, 640; *E. Allesch*, Zustellungsmängel und Wirksamkeit von Verwaltungsakten, NVwZ 1993, 544; *R. Altenmüller*, Die Kostenerstattung im Widerspruchsverfahren, DVBl 1978, 285; *H.-J. Böhm*, Die Kostenentscheidung im verwaltungsgerichtlichen Vorverfahren, NJW 1977, 1720; *R. Brühl*, Sachbericht, Gutachten und Bescheid im Widerspruchsverfahren, JuS 1994, 56 ff., 153 ff., 330 ff. u. 420 ff.; *H.-P. Bull*, „Dienstliche Anweisung" statt Widerspruchsbescheid, DVBl 1970, 243; *J.-D. Busch*, Nochmals: Der zweite Bescheid, BayVBl 1981, 296; *K.-H. Friese*, Die Erstattung der Vorverfahrenskosten bei nachfolgendem Verwaltungsrechtsstreit, DÖV 1974, 264; *M.-E. Geis/S. Hinterseh*, Grundfälle vom Widerspruchsverfahren, JuS 2001, 1074 ff., 1176 ff.; JuS 2002, 34 ff.; *F. O. Kopp*, Die Heilung von Mängeln des Verwaltungsverfahrens und das Nachschieben von Gründen im Verwaltungsprozeß, VerwArch 61 (1970), 219; *W. Müller*, Ministerialfreie Räume, JuS 1985, 497; *E. E. Noack*, Die Rechtsmittelbelehrung als Voraussetzung für den Fristenlauf, DÖV 1961, 216; *E. Pache/M. Knauff*, Zum Verhältnis von Ausgangs- und Widerspruchsbehörde nach den Regelungen der VwGO, DÖV 2004, 656; *R. Pietzner*, Die Kostenentscheidung im Widerspruchsverfahren, BayVBl 1979, 107; *ders.*, Nochmals: Die Kostenentscheidung im Widerspruchsverfahren, DÖV 1979, 779; *ders.*, Kostenfragen im außergerichtlichen Rechtsbehelfsverfahren – §§ 72, 73 Abs. 3 S. 2 VwGO, 80 VwVfG, 80 a AO 1977, VerwArch 73 (1982), 231; *W. Riotte/E. Waldecker*, Zur Einordnung der Pflichtaufgaben zur Erfüllung nach Weisung in den Zuständigkeitskatalog des § 73 Abs. 1 VwGO, NVBl 1995, 401; *E. Röper*, Rechtsausschüsse zur Entlastung der Verwaltungsgerichte, DÖV 1978, 313; *H. Rotter*, Wie weit reicht die aufschiebende Wirkung des Widerspruchs, DÖV 1970, 660; *F. Sahlmüller*, Der zweite Widerspruchsbescheid, BayVBl 1980, 650; *W.-R. Schenke/P. Baumeister*, Probleme des Rechtsschutzes bei der Vollstreckung von Verwaltungsakten, NVwZ 1993, 1; *H. Scholler*, Die Sachherrschaft der Widerspruchsbehörde, DÖV 1966, 232; *M. Schröder*, Reformatio in peius durch Rechtsausschüsse, NVwZ 2005, 1029; *W. Skouris*, Bescheidungsform bei Identität von Ausgangs- und Widerspruchsbehörde, DÖV 1982, 133; *U. Steiner*, Der „beliehene Unternehmer", JuS 1969, 69; *W. Steiniger*, Die Zuständigkeit der Handwerkskammer als Widerspruchsbehörde für Entscheidungen des Gesellenprüfungsausschusses, GewArch 1984, 258; *K. Stern*, Die unzulässige Ermessensausübung, BayVBl 1964, 381.

I. Allgemeines

1. Rechtsnatur des Widerspruchsbescheids. Der Widerspruchsbescheid ist Verwaltungsakt i.S.d. § 35 [1] VwVfG.[1] Für den Fall der Zurückweisung des Widerspruchs wird dies (nur) von *Oerder* bestritten: Der zurückweisende Widerspruchsbescheid sei – ähnlich einer wiederholenden Verfügung – nur ein Verweis auf die Ausgangsentscheidung ohne eigenen Regelungsgehalt, der nur prozessuale Bedeutung habe.[2] Auch § 79 beantwortet diese Frage nicht eindeutig; sie kann indes auch offenbleiben, da die Sonderregelungen der VwGO (§ 79 u.a.) insoweit die Frage nach der Rechtsnatur überflüssig machen. Ohnehin unproblematisch ist es beim stattgebenden Bescheid: Er ist rechtsgestaltend und für den Widerspruchsführer begünstigend, für weitere Beteiligte möglicherweise belastend. Konsequenter ist es, den Widerspruchsbescheid unabhängig von seinem Inhalt generell als Verwaltungsakt zu qualifizieren.

2. Anspruch auf Erlass eines Widerspruchsbescheids. Der Adressat eines Verwaltungsakts hat ein [2] subjektives Recht auf den Erlass eines Widerspruchsbescheids. Dies folgt im Gegenschluss aus § 75, der ausschließlich den Interessen des Widerspruchsführers dient, nicht aber der Behörde eine Möglichkeit eröffnen soll, sich durch Herbeiführung einer Untätigkeitsklage einer Kontrolle der Zweckmäßigkeit zu entziehen. Die Rspr. erkennt dieses Recht bislang allerdings nicht an (→ § 68 Rn. 5 ff.).

II. Zuständige Behörde (Abs. 1)

1. Sachliche Zuständigkeit. Die Zuständigkeit der Widerspruchsbehörde ergibt sich aus § 73 [3] Abs. 1 i.V.m. den Vorschriften des jeweils einschlägigen Bundes- oder Landesrechts über den Behördenaufbau.[3] § 73 Abs. 1 nimmt in allen Varianten Bezug auf die Ausgangsbehörde. Unklar ist, wie § 73 auszulegen ist, wenn eine unzuständige Ausgangsbehörde gehandelt hat: Nach seinem Wortlaut ist die der (unzuständigen) Ausgangsbehörde übergeordnete Behörde (Nr. 1) bzw. die Ausgangsbehörde selbst (Nr. 2, 3) zuständig. Nach dem „Meistbegünstigungsprinzip" kann jedoch auch die „eigentlich zuständige" Behörde entscheiden, also die Behörde, die zur Widerspruchsentscheidung berufen wäre, hätte die richtige Ausgangsbehörde gehandelt.[4]

a) Nächsthöhere Behörde (Abs. 1 Nr. 1). aa) Grundsatz. Grds. entscheidet die „nächsthöhere" Be- [4] hörde (§ 73 Abs. 1 Nr. 1). Das ist die im Behördenaufbau unmittelbar übergeordnete Behörde,[5] regelmäßig also diejenige, die zur Rechts- und Fachaufsicht zuständig ist.[6] Auch wenn Aufsichts- und Widerspruchsbehörde identisch sind, sind deren Funktionen zu unterscheiden. Gibt es keine höhere Behörde (weil eine oberste Bundes- oder Landesbehörde die Ausgangsentscheidung getroffen hat), so fin-

---

1 *Hufen* § 9 Rn. 1; *Kopp/Schenke* § 73 Rn. 1.
2 *M. Oerder*, Widerspruchsverfahren, 1989, 136.
3 VGH Kassel NVwZ 1990, 677, 678; VG Gießen NVwZ-RR 1989, 367; *Kopp/Schenke* § 73 Rn. 3; *Schmitt Glaeser/Horn* Rn. 204. Nach VG Berlin LKV 2003, 568 bleibt die Zuständigkeit der Widerspruchsbehörde nach § 74 a Nr. 2 BauOBln bestehen, auch wenn nach Teilabhilfe eine andere Zuständigkeit gegeben wäre.
4 *Kopp/Schenke* § 73 Rn. 3; a.A. *K.-P. Dolde/W. Porsch*, in: Schoch/Schneider/Bier § 73 Rn. 6 und *K. Rennert*, in: Eyermann § 73 Rn. 1 a. Zur Problematik sog. inkorrekter Entscheidung *Kopp/Schenke* Vorbem. § 124 Rn. 22 ff.
5 VGH Kassel NVwZ 1990, 677, 678; VG Gießen NVwZ-RR 1989, 367; *W. Albracht/H. Naujoks*, NVwZ 1990, 640; *K.-P. Dolde/W. Porsch*, in: Schoch/Schneider/Bier § 73 Rn. 6; *Kopp/Schenke* § 73 Rn. 3; *Pietzner/Ronellenfitsch* § 37 Rn. 1173.
6 VGH Kassel NVwZ 1990, 677, 678; VG Gießen NVwZ-RR 1989, 367; *K.-P. Dolde/W. Porsch*, in: Schoch/Schneider/Bier § 73 Rn. 6.

det im Regelfall kein Vorverfahren statt (§ 68 Abs. 1 S. 2 Nr. 1); in gesetzlich geregelten Gegenausnahmen entscheidet mangels übergeordneter Stelle die Behörde selbst.[7]

5   Nach ganz h.M. räumt § 73 Abs. 1 S. 2 Nr. 1 der „nächsthöheren" Behörde eine eigene Kompetenz ein, mit Wirkung nach außen tätig zu werden (Devolutiveffekt).[8] Er geht insofern über das Verwaltungsorganisationsrecht hinaus, das regelmäßig nur interne Weisungsrechte gegenüber der nachgeordneten Behörde begründet. Wie weit der Handlungsspielraum der Widerspruchsbehörde genau geht, ist eine Frage der Sachentscheidungskompetenz (→ § 68 Rn. 210 ff.).

6   **bb) Sonderfall: Beliehene.**   Über den Widerspruch gegen Verwaltungsakte von Beliehenen entscheidet nach h.M. die beleihende bzw. die Aufsichtsbehörde, auch wenn dies nicht ausdrücklich gesetzlich geregelt ist.[9] So wird die für die öffentlich-rechtliche Kontrolltätigkeit des nach §§ 8 Abs. 1, 13 ff. SchfHwG beliehenen („bevollmächtigten") Bezirksschornsteinfegers zuständige Widerspruchsbehörde nach Landesrecht bestimmt (§§ 21 Abs. 1 S. 1, 23 SchfHwG). Sofern staatlich anerkannte Privatschulen öffentlich-rechtliche Funktionen wahrnehmen (z.B. Aufnahme- und Abschlussprüfungen sowie Zeugniserteilungen),[10] ist die staatliche Schulaufsichtsbehörde Widerspruchsbehörde. Für den Versammlungsausschluss durch den nach § 11 VersG beliehenen Versammlungsleiter ist die Versammlungsbehörde zuständige Widerspruchsbehörde; regelmäßig wird hier ein Fall des – hier als zulässig anerkannten – Fortsetzungsfeststellungswiderspruchs vorliegen. Da die Luftaufsicht nach § 31 Abs. 2 Nr. 18 LuftVG grds. den zuständigen Landesministerien obliegt, ist der beliehene Luftfahrzeugführer (§ 29 Abs. 3 LuftVG) nach § 73 Abs. 1 S. 2 Nr. 2 (→ Rn. 7) selbst zuständige Widerspruchsbehörde, es sei denn, die Luftaufsicht ist – wie etwa in BW – auf die Regierungspräsidien delegiert, die dann auch Widerspruchsbehörden sind. Bei öffentlich-rechtlichen Maßnahmen des Jagdaufsehers (§ 25 Abs. 1, 2 BJagdG) entscheidet über den Widerspruch die nach Landesrecht zuständige Aufsichtsbehörde (z.B. in Bayern das Landratsamt als untere Jagdbehörde, Art. 41 Abs. 2 S. 1, 52 Abs. 3, 49 Abs. 2 Nr. 3 BayJG); ebenso bei solchen des Fischereiaufsehers (in Bayern wiederum das Landratsamt, Art. 71 Abs. 1 S. 1, 73 Abs. 1 S. 2 BayFiG); gegen solche des Forstaufsehers die zuständigen Forstämter (§§ 65 Abs. 1 Nr. 6, 62 WaldG BW). Für die (allerdings nicht sehr weitreichende) Beleihung nach § 33 Abs. 1 PostG ist die Regulierungsbehörde (§ 44 PostG i.V.m. § 66 TKG) Widerspruchsbehörde. Für Widersprüche gegen Maßnahmen der NGS als „Zentrale Stelle" zur Organisation der Sonderabfallentsorgung ist es das für Abfallwirtschaft zuständige Ministerium (§ 41 Abs. 1 NdsAbfG) als oberste Abfallbehörde (§ 15 Abs. 3 NdsAbfG).

7   Ist die Aufsichtsbehörde eine oberste Bundes- bzw. Landesbehörde, ist nach § 73 Abs. 1 S. 2 Nr. 2[11] über den Widerspruch vom Beliehenen selbst zu entscheiden.

8   Immer noch umstr. ist die Frage nach der zuständigen Widerspruchsbehörde, wenn ein TÜV-Sachverständiger die Prüfplakette nach § 29 StVZO verweigert. Nach der Rspr. ist der Leiter der Prüfstelle zuständig, der der Sachverständige als Beliehener nach §§ 11, 29 Abs. 2 S. 2 StVZO angehört (OVG Lüneburg DÖV 1979, 604 f.; BayVGH DÖV 1975, 211). Eine ältere Auffassung in der Lit. sieht in den TÜV-Prüfern Organe der KfZ-Zulassungsstelle und hält daher deren übergeordnete Behörde für zuständig.[12] Dem steht jedoch die mangelnde Eingliederung des Prüfers in die behördliche Organisation entgegen. Eine dritte Meinung betrachtet den Sachverständigen als Ein-Mann-Behörde; da dann zur Aufsicht i.d.R. oberste Landesbehörden berufen seien, sei er für Widersprüche selbst zuständig.[13] Dies ist zwar dogmatisch nach dem weiten Behördenbegriff in § 1 Abs. 4 VwVfG vertretbar. Es läuft aber den Interessen der Betroffenen und dem Kontrollzweck des Vorverfahrens entgegen, wenn Kontrollierter und Kontrollierender auch personell identisch sind, da hier – anders als bei Selbstverwaltungsbehörden – keine Möglichkeit zur internen Zuweisung an eine andere Abteilung besteht. Die Po-

---

7   *K.-P. Dolde/W. Porsch*, in: Schoch/Schneider/Bier § 73 Rn. 11.

8   BVerwGE 37, 47, 52; BVerwG Buchholz 232 § 8 Nr. 14; NVwZ 1979, 791, 792; 1982, 116, 117; DÖV 1986, 109, 110; NVwZ 1986, 199; OVG Saarlouis DÖV 1983, 821; *P. Weides* 257.

9   *K.-P. Dolde/W. Porsch*, in: Schoch/Schneider/Bier § 73 Rn. 7; *Kopp/Schenke* Rn. 3; *K. Rennert*, in: Eyermann § 73 Rn. 2; *P. Weides* 258; *Steiner*, JuS 1969, 74.

10   Zur Eröffnung des Verwaltungsrechtswegs in diesen Fällen BVerwGE 17, 41; 45, 117.

11   *K.-P. Dolde/W. Porsch*, in: Schoch/Schneider/Bier § 73 Rn. 7; *Kopp/Schenke* § 73 Rn. 3 a.E.; *R. Michaelis*, Der Beliehene, 1969, 208; *U. Steiner*, JuS 1969, 69, 74.

12   *H. Borchert*, JuS 1974, 723, 726; *V. Götz*, DÖV 1975, 211, 212.

13   *U. Steiner*, NJW 1975, 1795, 1798; *C. F. Menger*, VerwArch 67 (1976), 209; *Pietzner/Ronellenfitsch* § 37 Rn. 1174.

sition der Rspr. ist deshalb vorzugswürdig, weil nach ihr eine weitere sachkundige Instanz mit der Frage befasst wird.

cc) Ausnahmen durch Gesetz. Durch formelles Bundes- oder Landesgesetz können andere Behörden 9 zu Widerspruchsbehörden bestimmt werden (§ 73 Abs. 1 S. 2 Nr. 1 Hs. 2),[14] untergesetzliches Recht (Rechtsverordnungen, Satzungen) genügt nicht.[15] Die gesetzlich benannte Behörde muss eine „höhere" sein; außerhalb der Nr. 3 darf also nicht die Ausgangsbehörde zur Widerspruchsbehörde erklärt werden.[16] Dieser Vorbehalt wirkt allerdings nur gegenüber den Landesgesetzgebern, da der Bundesgesetzgeber jederzeit Spezialgesetze erlassen kann. Ein Beispielsfall ist die größenabhängige Zuständigkeit nach § 74 a BauOBln (VG Berlin LKV 2003, 568).

b) Höhere Behörden (Abs. 1 Nr. 2). Ist einer Behörde nur noch eine oberste Landes- oder Bundesbehörde 10 übergeordnet, ist sie selbst Widerspruchsbehörde. Typische Bsp. sind die Bundes- oder Landesoberbehörden[17] sowie die Regierungspräsidien bzw. Bezirksregierungen. Sinn ist, die Verwaltungsspitze von kapazitätsverzehrenden Einzelfallentscheidungen freizuhalten.[18]

c) Selbstverwaltungsbehörden (Abs. 1 Nr. 3). aa) Allgemeines. In Selbstverwaltungsangelegenheiten 11 entscheiden die Behörden über Widersprüche gegen ihre Verwaltungsakte nach § 73 Abs. 1 Nr. 3 selbst.[19] Relevant ist dies v.a. bei Gebietskörperschaften (Kreisen und Gemeinden): Bei Gemeinden bezieht sich § 73 Abs. 1 Nr. 3 nur auf die weisungsfreien Angelegenheiten des eigenen Wirkungskreises, nicht die Auftragsangelegenheiten (bzw. Aufgaben des übertragenen Wirkungskreises, Pflichtaufgaben nach Weisung).[20] Abweichende Regelungen der Zuständigkeit durch formelles Bundes- oder Landesgesetz sind möglich. Soweit Selbstverwaltungsbehörden verfassungsrechtlichen Schutz genießen (Art. 28 Abs. 2, 5 Abs. 3 GG), können sich hieraus Schranken für die Übertragbarkeit ergeben (Einzelheiten → § 68 Rn. 183).

Der Begriff der Selbstverwaltungsbehörde in Nr. 3 ist nach Sinn und Zweck der Vorschrift nicht zu 12 eng aufzufassen. Da die Norm dem Schutz der jeweiligen Selbstverwaltungs*körperschaft* dient, ist der Begriff der Selbstverwaltungs*behörde* als Synonym zu verstehen. Innerhalb der Körperschaft sollte allerdings nicht die gleiche Stelle entscheiden, die den Ausgangsverwaltungsakt erlassen hat. Vielmehr sollte jede Selbstverwaltungsbehörde eine separate interne Zuständigkeit für Rechtsschutzangelegenheiten vorsehen.[21][22] Exemplarisch liegt etwa die Zuständigkeit für den Erlass eines Widerspruchsbescheids in IHK-Prüfungsangelegenheiten nicht beim Prüfungsausschuss, sondern beim Präsidenten oder Hauptgeschäftsführer;[23] allerdings ist der Prüfungsmaßstab beschränkt auf die Rechtmäßigkeit (BVerwGE 70, 4). Nur wenn die Körperschaft keine nennenswerte institutionelle Untergliederung aufweist (z.B. bei Kleingemeinden), entscheidet die identische Stelle, die auch die Ausgangsentscheidung getroffen hat.[24]

bb) Selbstverwaltungsangelegenheiten. Selbstverwaltungsangelegenheiten gibt es v.a. im Kommunal- 13 recht, im Hochschulrecht[25] und im Recht der berufsständischen Kammern. Im Kommunalrecht handelt es sich um den Bereich, der landesrechtlich mit „eigener Wirkungskreis", „eigene Aufgaben" etc. umschrieben wird.[26] Typische Bsp. sind die Entscheidungen über die Zulassung zu öffentlichen gemeindlichen Einrichtungen wie Stadthallen, Märkten etc. (OVG Münster NVwZ-RR 1993, 354) oder die Zuständigkeit im AsylbLG (OVG Münster NWVBl 2004, 109). Keine Selbstverwaltungsangele-

---

14 Eingefügt durch das Zuständigkeitslockerungsgesetz vom 10.3.1975, BGBl I 685.
15 *P. Kothe*, in: Redeker/v. Oertzen § 73 Rn. 1 mit § 68 Rn. 8, 8 a.
16 *K.-P. Dolde/W. Porsch*, in: Schoch/Schneider/Bier § 73 Rn. 8 a; *K. Rennert*, in: Eyermann § 73 Rn. 1 a.
17 *Ule* 125.
18 *K.-P. Dolde/W. Porsch*, in: Schoch/Schneider/Bier § 73 Rn. 10.
19 *Schmitt Glaeser/Horn* Rn. 208.
20 *K.-P. Dolde/W. Porsch*, in: Schoch/Schneider/Bier § 73 Rn. 14; *Pietzner/Ronellenfitsch* § 37 Rn. 1182; *P. Kothe*, in: Redeker/v. Oertzen § 73 Rn. 2; *K. Rennert*, in: Eyermann § 73 Rn. 5.
21 *E. Pache/M. Knauff*, DÖV 2004, 656.
22 Z.B. ein Rechtsamt oder Justitiariat.
23 BVerwGE 70, 4, 7; BayVGH NJW 1982, 2685, 2686; *J. Herkert*, BBiG, 1997, § 38 Rn. 21.
24 VGH Mannheim DÖV 1963, 767; *K.-P. Dolde/W. Porsch*, in: Schoch/Schneider/Bier § 73 Rn. 15.
25 Dazu ausf. *M.-E. Geis*, in: Hailbronner/Geis, HR-BL, § 58 HRG Rn. 27 ff.
26 Die Bezeichnung hängt davon ab, ob der kommunale Aufgabenbereich im Landesrecht monistisch oder dualistisch konzipiert ist, dazu *Maurer* § 23 Rn. 12 ff.

genheiten sind die Aufgaben, bei denen die Gemeinde die Funktion der unteren staatlichen Verwaltungsbehörde (Kreisverwaltungsbehörde, übertragener Wirkungskreis), namentlich polizei- bzw. sicherheitsrechtliche oder bauordnungsrechtliche Aufgaben wahrnimmt;[27] Vollstreckungsakte sind Selbstverwaltungsangelegenheiten, wenn es auch die zugrundeliegenden Verwaltungsakte sind. Bei der Erhebung von Verwaltungskosten und Gebühren wird überwiegend davon ausgegangen, dass eine Selbstverwaltungsangelegenheit auch dann vorliegt, wenn die kostenauslösende Amtshandlung zwar nicht in den Bereich der Selbstverwaltung fällt, das Gebührenaufkommen jedoch der Gemeinde zusteht.[28]

14   Selbstverwaltungsangelegenheiten sind auch die Forschung und Lehre betreffenden Entscheidungen der Hochschulen, insbes. der Universitäten (§§ 4, 37 HRG).[29] Hierzu zählen namentlich die Entscheidungen über Zulassung (sofern den Hochschulen zugewiesen), Prüfungsentscheidungen, die Verleihung von akademischen Graden, die Promotion und die Habilitation. Auch hier wird intern regelmäßig eine andere Abteilung mit der Behandlung von Widersprüchen betraut sein (z.B. ein Zentraler Prüfungsausschuss, das Justitiariat etc.). Bei manchen hochschulrechtlichen Entscheidungen entfällt das Vorverfahren, so etwa nach § 102 Abs. 2 UG BW bei Ordnungsmaßnahmen des Rektors oder Präsidenten.

15   Weitere Selbstverwaltungsangelegenheiten sind die Entscheidungen der Prüfungsausschüsse von Industrie- und Handelskammern (BVerwGE 70, 4, 6) und der Gesellenprüfungsausschüsse der Handwerkskammern.[30] Dagegen sind die Meisterprüfungsausschüsse staatliche Behörden (§ 47 Abs. 1 S. 2 HwO); ihre Tätigkeit ist also keine Selbstverwaltungsangelegenheit.[31] Auch im Bereich der Heilberufe gibt es Selbstverwaltungsangelegenheiten; allerdings können der Verwaltungsrechtsweg und damit auch das Vorverfahren wegen spezieller Zuständigkeit einer Berufsgerichtsbarkeit verdrängt sein.[32]

16   **d) Ausschüsse, Beiräte (Abs. 2). aa) Allgemeines.** § 73 Abs. 2 erlaubt es, die Zuständigkeit für die Widerspruchsentscheidung an Ausschüsse oder Beiräte zu übertragen, die auch bei der Ausgangsbehörde gebildet werden können (S. 2). Die Vorschrift erfasst entgegen ihrem Wortlaut nicht nur Normen, die bei ihrem Erlass bereits bestanden (dazu BVerwG MDR 1963, 870), sondern erlaubt auch neue Delegationsregelungen.[33] Ein formelles Gesetz ist nicht erforderlich, Rechtsverordnungen reichen aus.[34] § 73 Abs. 2 genügt den Anforderungen des Art. 80 Abs. 1 GG. Eine rein behördeninterne Einrichtung von Ausschüssen reicht jedoch nicht aus. Umstr. ist, ob Ausschüsse mit rein beratender Funktion sich auf § 73 Abs. 2 stützen können.[35] Bsp. sind die Ausschüsse nach den §§ 7 ff. HessAGVwGO und § 114 BSHG. Wortlaut und Zweck des § 73 Abs. 2, nämlich die Regelung der Entscheidungswege vor einem Verwaltungsprozess, treffen auf sie gerade nicht zu. Daher macht es den Widerspruchsbescheid nach der Rspr. des VGH Kassel nicht fehlerhaft, wenn gegen die §§ 7–12 HessAGVwGO verstoßen wird (VGH Kassel ESVGH 41, 105, 106).

17   Bundesrechtlich bestimmte Ausschüsse sind die Musterungsausschüsse (§ 33 Abs. 3 WpflG) sowie die – allerdings in der Bedeutung stark reduzierten – Kammern für Kriegsdienstverweigerung (§ 18 Abs. 1

---

27   OVG Münster OVGE 21, 348; *Pietzner/Ronellenfitsch* § 37 Rn. 1182; *K.-P. Dolde/W. Porsch,* in: Schoch/Schneider/Bier § 73 Rn. 14.

28   So VGH Kassel ESVGH 17, 235, 236; 20, 111 ff.; *K.-P. Dolde/W. Porsch,* in: Schoch/Schneider/Bier § 73 Rn. 14; *P. Kothe,* in: Redeker/v. Oertzen § 73 Rn. 2; a.A. VGH Mannheim VBlBW 1986, 22 für den Fall einer unmittelbaren Ausführung (§ 8 Abs. 2 PolG BW) durch den Bürgermeister.

29   Ausf. *M.-E. Geis,* in: Hailbronner/Geis, HR-BL, § 58 HRG.

30   BVerwG GewArch 1990, 68 f.; VGH Mannheim GewArch 1965, 79, 80; *J. Kratzer,* GewArch 1961, 170; *K. Schotthöfer,* GewArch 1981, 259, 261; *W. Steiniger,* GewArch 1984, 258 f.

31   BVerwG GewArch 1990, 68 f.; *K.-P. Dolde/W. Porsch,* in: Schoch/Schneider/Bier § 73 Rn. 14.

32   Hier handelt es sich regelmäßig um Landesrecht; vgl. etwa Art. 66 ff. des Bayer. Gesetzes über die Berufsausübung, die Berufsvertretungen und die Berufsgerichtsbarkeit der Ärzte, Zahnärzte, Tierärzte, Apotheker sowie der Psychologischen Psychotherapeuten und der Kinder- und Jugendlichenpsychotherapeuten (HKaG) vom 6.2.2002 (GVBl 42).

33   BVerfGE 20, 238, 239; *K.-P. Dolde/W. Porsch,* in: Schoch/Schneider/Bier § 73 Rn. 19; *Ule* 127.

34   *P. Kothe,* in: Redeker/v. Oertzen § 73 Rn. 4.

35   Dafür *Hufen* § 6 Rn. 45; dagegen *K.-P. Dolde/W. Porsch,* in: Schoch/Schneider/Bier § 73 Rn. 19.

KDVNG).[36] Landesrechtliche Regelungen über Ausschüsse finden sich in Hamburg,[37] Rheinland-Pfalz[38] und im Saarland.[39]

bb) Funktion der Ausschüsse. Der Sinn von Widerspruchsausschüssen liegt darin, eine dem Verfahren nach gerichtsähnliche Entscheidung herbeizuführen und damit die Chancen für ihre allseitige Akzeptanz zu erhöhen. Dies spiegelt sich regelmäßig in der Weisungsfreiheit der Ausschussmitglieder[40] und in einer obligatorischen mündlichen Verhandlung (§§ 7 Abs. 2, 16 AGVwGO RP) wider. Gleichwohl sind diese Ausschüsse nicht der Judikative zuzuordnen, sondern bleiben Teil der Verwaltung; ihre Entscheidungen sind Verwaltungsakte.[41] Die Lockerung der exekutiven Verantwortung[42] durch die Weisungsfreiheit wird durch die Verfahrensförmlichkeit kompensiert; als Regulativ dient eine besondere Klagemöglichkeit der Aufsichtsbehörde gegen die Entscheidungen der Ausschüsse.[43]   18

Das Konzept der Widerspruchsausschüsse ist nicht unumstr. Die Ausschüsse sind nicht Rechtsweg i.S.v. Art. 19 Abs. 4 GG[44] und können die Möglichkeit einer gerichtlichen Kontrolle nicht ersetzen. Nach Erfahrungen in Rheinland-Pfalz und im Saarland ist aber die Befriedungsfunktion solcher Ausschüsse hoch einzuschätzen.[45] Die Rationalität der Gremienentscheidung entspricht daher den demokratischen und rechtsstaatlichen Anforderungen. Gelegentlich wird jedoch bezweifelt, ob die Ausschüsse eine effektive Entlastungswirkung haben.[46]   19

e) Ausnahmen. aa) §§ 185 Abs. 2, 195 Abs. 2. § 73 Abs. 1 geht vom Modell eines dreistufigen Verwaltungsaufbaus aus. In den Ländern Brandenburg, Mecklenburg-Vorpommern, Schleswig-Holstein, Saarland und Bremen gibt es keine Mittelinstanzen, in Hamburg, Bremen und Berlin keine (Land-)Kreise.[47] Folgerichtig lässt § 185 Abs. 2 (i.V.m. § 195 Abs. 2) in diesen Ländern Abweichungen von der Zuständigkeitsverteilung nach § 73 Abs. 1 S. 2 zu. Gebrauch gemacht haben von dieser Ermächtigung Berlin,[48] Bremen (Art. 9 Abs. 1 AGVwGO), Hamburg (§ 7 Abs. 1, 2 AGVwGO i.V.m. der Widerspruchsausschussverordnung [GVBl 1987, 85]), das Saarland (§ 6 Abs. 1 Nr. 4, 5 AGVwGO; §§ 136 S. 2, 193 Abs. 1, 218 SaarlKSVG) und Schleswig-Holstein (§ 119 LVwG i.V.m. der ZVOWiBe [GVOBl 1996, 75]).   20

bb) § 54 Abs. 2 BeamtStG (bis 2009: § 126 Abs. 3 Nr. 2 BRRG). Die Norm geht als lex specialis der VwGO vor. Danach entscheidet über Widersprüche, die das Beamtenverhältnis betreffen, die oberste Dienstbehörde, für staatliche Beamte also regelmäßig das jeweilige Ressortministerium. Sie entscheidet auch bei der Versetzung politischer Beamter in den einstweiligen Ruhestand, obwohl die Versetzungsentscheidung in diesem Fall der Bundespräsident (§ 36 Abs. 1 BBG) bzw. der Ministerpräsident trifft.[49] Für Beamte bei Verfassungsorganen (z.B. Bundestag, Bundesrat, BVerfG) ist der Präsident des Verfassungsorgans bzw. der Bundespräsident zuständig. Für kommunale Beamte ist das Kommunalrecht einschlägig.[50] Die oberste Dienstbehörde kann die Zuständigkeit in allen Fällen, in denen sie nicht selbst den Ausgangsverwaltungsakt erlassen hat, durch allgemeine Anordnung weiterdelegieren (§ 54 Abs. 3 S. 2 BeamtStG). Solche Delegationen sind aus arbeitsökonomischen Gründen sinnvoll und erfolgen dementsprechend in weitem Umfang.[51]   21

---

36 *Hufen* § 8 Rn. 19.
37 § 7 Abs. 2 AGVwGO i.V.m. der Verordnung über Widerspruchsausschüsse vom 24.3.1987 (GVBl 85), geändert durch VO vom 6.6.1989 (GVBl 97) und VO vom 19.2.1991 (GVBl 59).
38 § 6 Abs. 1 AGVwGO; Einzelheiten bei *K.-P. Dolde/W. Porsch*, in: Schoch/Schneider/Bier § 73 Rn. 22.
39 § 5 Abs. 1 SaarlAGVwGO.
40 § 7 Abs. 1 AGVwGO RP.
41 *E. Röper*, DÖV 1978, 312, 313; vgl. auch BVerfGE 20, 238, 252 f.; OVG Koblenz AS 11, 131 f.; AS 11, 408, 409 f.
42 Vgl. BVerfGE 9, 268, 282; 22, 106, 111.
43 § 17 AGVwGO RP; dazu *K.-P. Dolde/W. Porsch*, in: Schoch/Schneider/Bier § 73 Rn. 22.
44 *E. Röper*, DÖV 1978, 312, 319.
45 *E. Röper*, DÖV 1978, 312, 315.
46 *K. W. Lotz*, BayVBl 1987, 738, 742.
47 *Kopp/Schenke* § 185 Rn. 1; *K.-P. Dolde/W. Porsch*, in: Schoch/Schneider/Bier § 73 Rn. 11.
48 § 27 Abs. 1 AZG Bln; Widerspruchszuständigkeitsverordnung BauWohn (GVBl 1995, 61); § 67 ASOG Bln.
49 BVerwGE 71, 251, 254 f.; BVerwG Buchholz 230 § 126 BRRG Nr. 18; RiA 1982, 170, 172; *N. Nierhaus*, JuS 1978, 596, 602; *Pietzner/Ronellenfitsch* § 37 Rn. 1177.
50 Vgl. zu diesen Fragen *Pietzner/Ronellenfitsch* § 37 Rn. 1177.
51 Die Delegationsanordnungen der Bundesverwaltung finden sich unter der Gliederungsnummer 2030-14 im Fundstellennachweis A zum BGBl I. *Pietzner/Ronellenfitsch* § 37 Rn. 1178; *Plog/Wiedow* § 126 BBG 2009 Rn. 52.

22   **2. Örtliche Zuständigkeit.** Mit der sachlichen Zuständigkeit wird nach § 73 Abs. 1 zugleich die örtliche Zuständigkeit festgelegt. Hat eine örtlich unzuständige Ausgangsbehörde gehandelt, so gilt das unter → Rn. 3 zum „Meistbegünstigungsprinzip" Ausgeführte.

23   **3. Entscheidung durch unzuständige Widerspruchsbehörde.** Die Zuständigkeit der Widerspruchsbehörde ist selbst keine Zulässigkeitsvoraussetzung, da es nach § 70 Abs. 1 S. 1 ausreicht, wenn bei der Ausgangsbehörde Widerspruch eingelegt wird. Sie ist aber Sachentscheidungsvoraussetzung: Entscheidet eine Behörde über den Widerspruch, die nach § 73 Abs. 1 oder einer Sonderregelung nicht zuständig ist, so ist der Widerspruchsbescheid formell rechtswidrig.[52] Er kann dann nach § 79 Abs. 2 S. 2 isoliert angefochten werden.[53] Die zwischenzeitliche Heilungsmöglichkeit in § 94 S. 2 a.F. wurde wegen erheblicher Bedenken im Hinblick auf den Grundsatz der Gewaltenteilung wieder revidiert (Gesetz vom 20.12.2001 [BGBl I 3987]).

III.   Form des Widerspruchsbescheids (Abs. 3 S. 1)

24   **1. Schriftform, elektronische Form. a) Tatbestand.** Dass der Widerspruchsbescheid in Schriftform zu erlassen ist, steht nicht ausdrücklich in der VwGO, ergibt sich jedoch aus dem Zustellungserfordernis (§ 73 Abs. 3), da grundsätzlich nur Schriftstücke zustellbar sind.[54] Vor diesem Hintergrund ist allerdings zu beachten, dass nach § 5 Abs. 5 VwZG auch elektronische Dokumente zugestellt werden können und die Schriftform nach § 79 VwVfG i.V.m. § 3a Abs. 2 VwVfG durch die elektronische Form ersetzt werden kann, weshalb der Widerspruchsbescheid auch in elektronischer Form erlassen werden kann.[55] Die Übermittlung durch die Behörde per Telefax genügt hingegen nicht (OVG Münster NVwZ 1995, 395 f.). Nach § 79 VwVwG i.V.m. § 37 Abs. 3 VwVfG muss der Bescheid die erlassende Behörde erkennen lassen und muss die Unterschrift oder jedenfalls den Namen des Behördenleiters bzw. dessen Vertreters/Beauftragten enthalten.[56] Eine Formerleichterung nach § 37 Abs. 5 VwVfG kommt allerdings nicht in Betracht. Zwar ist dessen Anwendung weder nach seiner systematischen Stellung, noch nach dem Wortlaut von § 73 ausgeschlossen, allerdings steht § 37 Abs. 5 VwVfG nach seinem Sinn und Zweck[57] in einem unauflöslichen Gegensatz zur Kontrollfunktion des Widerspruchsverfahrens.[58] Die explizite Bezeichnung als „Widerspruchsbescheid" ist nicht erforderlich, doch muss diese Eigenschaft dem Adressaten nach Treu und Glauben erkennbar sein.[59] Fassen die Beteiligten umgekehrt eine Entscheidung nach dem Empfängerhorizont als Widerspruchsbescheid auf, so ist ein solcher anzunehmen, auch wenn die Behörde dies eigentlich nicht beabsichtigt hatte (BayVGH BayVBl 1972, 412). Der Erlass setzt voraus, dass der Bescheid *mit Wissen und Willen* der Behörde bekannt gegeben worden ist.[60]

25   **b) Verletzung.** Die Nichtbeachtung der Schrift- bzw. elektronischen Form führt zur Nichtigkeit des Widerspruchsbescheids.[61] Dies folgt zwingend aus Abs. 3.

26   **2. Äußere Gestaltung.** Die weitere Gestaltung des Widerspruchsbescheids ist nach der VwGO freigestellt. Es ist Sache der Verwaltung, ob sie den Bescheid in einer dem gerichtlichen Beschluss nachgebildeten Form erlässt oder eine eher persönliche Briefform wählt.[62]

---

52   Hierzu *Hufen* § 6 Rn. 42.
53   *A. v. Mutius,* Widerspruchsverfahren, 1969, 207 f.; *K.-P. Dolde/W. Porsch,* in: Schoch/Schneider/Bier § 73 Rn. 24; *Kopp/Schenke* § 79 Rn. 13 f.; *P. Kothe,* in: Redeker/v. Oertzen § 79 Rn. 9; s.a. BVerwGE 84, 3 ff.
54   *Hufen* § 9 Rn. 2; *Kopp/Schenke* § 73 Rn. 6; *P. Kothe,* in: Redeker/v. Oertzen § 73 Rn. 18; *Pietzner/Ronellenfitsch* § 41 Rn. 1235.
55   *Kopp/Schenke* Rn. 6.
56   *Hufen* § 9 Rn. 2; *Pietzner/Ronellenfitsch* § 41 Rn. 1235.
57   *Kopp/Ramsauer* VwVfG § 37 Rn. 39; *M. Sachs,* in: Stelkens/Bonk/Sachs VwVfG § 37 Rn. 130 f.; *P. Tiedemann,* in: Bader/Ronellenfitsch VwVfG § 37 Rn. 50.
58   So auch *Hufen* § 9 Rn. 2; a.A. wohl OVG Saarlouis NVwZ-RR 2017, 342, 343.
59   *Kopp/Schenke* § 73 Rn. 6.
60   *Kopp/Schenke* § 73 Rn. 6.
61   *Kopp/Schenke* § 73 Rn. 6.; nicht vertretbar insoweit OVG Münster NVwZ 1995, 395 f.
62   *Hufen* § 9 Rn. 2; Einzelheiten bei *R. Brühl,* JuS 1994, 56 ff., 153 ff., 330 ff., 420 ff.; *H. Köstering/G. Günther,* Widerspruchsverfahren, 1983, 45; *Pietzner/Ronellenfitsch* § 41 Rn. 1237 ff.

3. Begründung. a) Allgemeines. Die Begründungspflicht ist Konsequenz des Rechtsstaatsprinzips 27
und eines effektiven Grundrechtsschutzes.[63] Sie dient dem Adressaten, indem sie über die Motive der
Behörde, Rechenschaft und Selbstkontrolle und die Chancen gerichtlichen Vorgehens aufklärt.[64]

b) Anwendbare Rechtsnormen. § 73 Abs. 3 verdrängt als lex specialis § 39 Abs. 1 VwVfG; die Ein- 28
schränkungen des § 39 Abs. 2 VwVfG bleiben aber anwendbar[65] (zum Abhilfebescheid → § 68
Rn. 61). Soweit § 39 Abs. 1 S. 2 und S. 3 VwVfG die Anforderungen an die Begründung präzisieren,
gelten sie über § 79 VwVfG ergänzend (→ § 68 Rn. 61).[66]

c) Tatbestand. § 73 enthält das formelle Erfordernis einer Begründung. Ob die (angegebenen) Grün- 29
de den Widerspruchsbescheid tragen, ist dagegen eine Frage der materiellen Rechtmäßigkeit. § 73
Abs. 3 stellt jedoch Mindestanforderungen: Die Begründung darf nicht nur formelhaft erfolgen; sie
muss erkennen lassen, von welchen konkreten tatsächlichen und rechtlichen Voraussetzungen und
Überlegungen die Behörde ausgegangen ist.[67] Unzureichend ist daher die ausschließliche Verwendung
von stereotypen Textbausteinen. Ein Gericht muss in die Lage versetzt werden, den Ausgangsverwaltungsakt in Gestalt des Widerspruchsbescheids (§ 79 Abs. 1 S. 1) anhand der Begründung überprüfen
zu können (BVerwGE 39, 197, 204; BVerwG NVwZ 1986, 919; VGH Mannheim NVwZ 1992, 898,
899). Dabei kann auf die Begründung der Ausgangsentscheidung verwiesen werden, wenn erkennbar
wird, dass die Widerspruchsbehörde sich die dort angeführten Argumente zu eigen macht.[68] Nach der
Rspr. genügt es, wenn die Widerspruchsbehörde ihre Auffassung dem Widerspruchsführer in der Form
des § 73 während des Verfahrens mitgeteilt hat.[69] Die Begründung muss auf die Argumente des Widerspruchsführers konkret eingehen.[70] Auch sind die wesentlichen Gesichtspunkte für eine Ermessensausübung zu nennen.[71] Es reicht aber aus, wenn nur die Gründe genannt werden, die die Entscheidung tragen (BVerwG VerwRspr 11, 879 Nr. 209; NJW 1961, 2228). Im Einzelnen richten sich Art
und Umfang der erforderlichen Begründung nach den Umständen und dem Rechtsgebiet.[72] An Ermessensentscheidungen sind regelmäßig höhere Anforderungen zu stellen als an gebundene Entscheidungen.

d) Verletzung. Fehlt die Begründung oder entspricht sie nicht den genannten Anforderungen, so liegt 30
ein Verfahrensfehler vor.[73] Der Widerspruchsbescheid ist formell rechtswidrig, nicht dagegen nichtig.[74] Er kann isoliert angefochten werden (§ 79 Abs. 2).[75] Die Rechtmäßigkeit des Ausgangsverwaltungsakts wird durch den fehlerhaften Widerspruchsbescheid nicht berührt.[76] Auch der begründungslose Widerspruchsbescheid setzt die Klagefrist nach § 74 Abs. 1 S. 1 in Gang.[77] Ist die Begründung formal in Ordnung, aber sachlich falsch, so ist § 73 Abs. 3 nicht verletzt.[78] Es ist dann zu prüfen, ob sich

---

63 BVerfGE 6, 32, 44; BVerwGE 1, 12, 13; 1, 311, 313; 10, 37, 43; *F. Kopp*, VerwArch 61 (1970), 219, 244; *C. H.
Ule/F. Becker*, Verwaltungsverfahren im Rechtsstaat, 1964, 54; *K. Stern*, BayVBl 1964, 381 ff.; *Kopp/Schenke* § 73
Rn. 11.
64 *Hufen* § 9 Rn. 3.
65 Mit *Schmitt Glaeser/Horn* Rn. 223 ist eine Begründung entbehrlich, wenn dem Widerspruch in jeder Hinsicht stattgegeben und ein Dritter nicht belastet wird; a.A. *Pietzner/Ronellenfitsch* § 43 Rn. 1288.
66 *W. Skouris*, DÖV 1982, 133, 135; *E. Allesch*, Widerspruchsverfahren, 1984, 160; *J.-D. Busch*, in: Knack/Henneke
§ 79 Rn. 33; *K.-P. Dolde/W. Porsch*, in: Schoch/Schneider/Bier § 73 Rn. 52; *Kopp/Schenke* § 73 Rn. 11; *P. Kothe*, in:
Redeker/v. Oertzen § 73 Rn. 22.
67 *K.-P. Dolde/W. Porsch*, in: Schoch/Schneider/Bier § 73 Rn. 52; *Hufen* § 9 Rn. 4; *Kopp/Schenke* § 73 Rn. 12; *Pietzner/
Ronellenfitsch* § 43 Rn. 1286; *P. Kothe*, in: Redeker/ v. Oertzen § 73 Rn. 22; *Schmitt Glaeser/Horn* Rn. 223.
68 *Hufen* § 9 Rn. 4; *Kopp/Schenke* § 73 Rn. 12.
69 Bejahend VGH Mannheim NVwZ 1992, 898; dagegen *P. Kothe*, in: Redeker/v. Oertzen § 73 Rn. 22; *K. Rennert*, in:
Eyermann § 73 Rn. 20.
70 *Hufen* § 9 Rn. 4.
71 *Hufen* § 9 Rn. 4; *Pietzner/Ronellenfitsch* § 43 Rn. 1287; *P. Kothe*, in: Redeker/ v. Oertzen § 73 Rn. 22.
72 BVerwGE 22, 215 ff.; 74, 196, 205; bestätigend BSG, 6 RKa 16/92; BVerwG Buchholz 406.11 § 35 BauGB Nr. 168;
P. Kothe, in: Redeker/v. Oertzen § 73 Rn. 22.
73 *Hufen* § 9 Rn. 5.
74 *K.-P. Dolde/W. Porsch*, in: Schoch/Schneider/Bier § 73 Rn. 53; *P. Kothe*, in: Redeker/v. Oertzen § 73 Rn. 23; *K. Rennert*, in: Eyermann § 73 Rn. 20.
75 VGH Mannheim NVwZ 1990, 1085 ff.; *F. Kopp*, VerwArch 61 (1970), 219, 246; *K.-P. Dolde/W. Porsch*, in: Schoch/
Schneider/Bier § 73 Rn. 53; *Hufen* § 9 Rn. 5.
76 *Kopp/Schenke* § 73 Rn. 13.
77 *R. Zschacke*, NJW 1954, 413, 414; *Kopp/Schenke* § 73 Rn. 13; *P. Kothe*, in: Redeker/v. Oertzen § 73 Rn. 23; a.A.
OVG Bln NJW 1955, 567; *Schunck/De Clerck* 434.
78 *Kopp/Schenke* § 73 Rn. 14.

auch eine tragfähige Begründung findet. Ist dies nicht der Fall, so ist der Bescheid rechtswidrig. Gibt es eine Begründung, so ist ein gebundener Verwaltungsakt rechtmäßig. Bei Ermessensverwaltungsakten indiziert eine falsche Begründung zwar regelmäßig einen Ermessensfehler, der seit 1997 geltende § 114 S. 2[79] lässt allerdings eine Ergänzung der Ermessenserwägungen durch die Behörde noch im Prozess zu. Die Vorschrift ist verfassungsrechtlich bedenklich, führt in der Praxis jedoch dazu, dass Klagen, die Ermessensfehler aus einer mangelnden Begründung herleiten, wegen der „Nachbesserungsmöglichkeit" so gut wie aussichtslos sind.

31   **e) Heilung, Unbeachtlichkeit.** Formelle Verstöße gegen die Begründungspflicht im Widerspruchsbescheid sind nach § 45 Abs. 1 Nr. 2 bis zum Abschluss des verwaltungsgerichtlichen Verfahrens[80] durch Nachholung heilbar. Ob daneben auch § 46 VwVfG auf den ohne Begründung ergangenen Widerspruchsbescheid anwendbar ist, oder ob § 79 Abs. 2 S. 2 hier eine Sonderregelung darstellt, ist umstr.,[81] aber wohl im letzteren Sinn zu bejahen, wenn man die Kontrollfunktion des Vorverfahrens und seinen erzieherischen Sinn nicht noch weiter aushöhlen will.

IV. Inhalt der Widerspruchsentscheidung

32   **1. Allgemeines.** Die Widerspruchsbehörde trifft eine eigene Entscheidung i.R. ihrer Sachentscheidungskompetenz (→ § 68 Rn. 181). Ihre Entscheidungsmöglichkeiten richten sich danach, ob der Widerspruch zulässig und/oder begründet ist. Hinsichtlich der Tenorierung macht die VwGO jedoch keine Vorgabe. Dass der unzulässige Widerspruch *zurück-*, der unbegründete hingegen *abzuweisen* sei,[82] ist eine geläufige Terminologie, die allerdings nicht zwingend ist.[83]

33   **2. Unzulässiger und/oder unbegründeter Widerspruch.** Ist der Widerspruch unzulässig und/oder unbegründet, so *muss* er zurückgewiesen werden (→ § 68 Rn. 214 ff.). Unbegründet ist der Widerspruch auch dann, wenn ein *prima facie* rechtswidriger Ausgangsverwaltungsakt nach § 47 VwVfG in einen rechtmäßigen Verwaltungsakt umgedeutet werden kann.[84] Ist der Widerspruch in der Sache begründet aber unzulässig, will die Widerspruchsbehörde den rechtswidrigen Ausgangsverwaltungsakt aber gleichwohl aus der Welt schaffen, so kann sie dem Widerspruch zwar nicht stattgeben, als vorgesetzte Behörde aber die Ausgangsbehörde anweisen, ihren Verwaltungsakt zurückzunehmen bzw. zu widerrufen.[85]

34   **3. Zulässiger und begründeter Widerspruch.** Einem zulässigen und begründeten Widerspruch *muss* die Behörde stattgeben. Ist der Widerspruch nur teilweise zulässig und begründet, so ist ihm stattzugeben, soweit die Rechtswidrigkeit des Ausgangsverwaltungsakts reicht und der Widerspruchsführer in seinen Rechten verletzt ist (§ 113).[86] Eine Stattgabe kann sowohl in Form einer eigenen Sachentscheidung als auch durch Zurückverweisung erfolgen.

35   **a) Anfechtungswiderspruch. aa) Hauptsacheentscheidung.** Prüft die Widerspruchsbehörde den Ausgangsverwaltungsakt, nachdem die Ausgangsbehörde die Abhilfe verweigert hat und hält sie ihn für rechtswidrig, so muss sie nach dem eindeutigen Wortlaut des § 73 Abs. 1 selbst einen Widerspruchsbe-

---

79 Eingef. durch Art. 1 Nr. 19 nach Maßgabe des Art. 10 Gesetz vom 1.11.1996 I 1626 (6. VwGOÄndG) m.W. vom 1.1.1997.
80 *Hufen* § 9 Rn. 5; *P. Kothe*, in: Redeker/v. Oertzen § 73 Rn. 23; *Schmitt Glaeser/Horn* Rn. 224; *M. Sachs*, in: Stelkens/Bonk/Sachs § 45 Rn. 178; a.A. *K.-P. Dolde/W. Porsch*, in: Schoch/Schneider/Bier § 73 Rn. 54. Nachw. zur älteren Rechtslage bei *A. v. Mutius*, Widerspruchsverfahren, 1969, 210 und *E. Allesch*, Widerspruchsverfahren, 1984, 185 ff.; *M. Oerder*, Widerspruchsverfahren, 1989, 115 f., 118.
81 Für Anwendbarkeit des § 46 VwVfG *Schmitt Glaeser/Horn* Rn. 217, 224 und wohl *K. Rennert*, in: Eyermann § 73 Rn. 20 i.V.m. *M. Happ*, in: Eyermann § 79 Rn. 24b; dagegen VGH Mannheim ESVGH 46, 309; *W.-R. Schenke*, JZ 1996, 998, 1011; *Kopp/Schenke* § 79 Rn. 14; allg. zu dem Problem des Verhältnisses der § 46 VwVfG, § 79 Abs. 2 S. 2 VwGO *P. Kothe*, in: Redeker/v. Oertzen § 79 Rn. 10.
82 So *Kopp/Schenke* § 73 Rn. 7; *K.-P. Dolde/W. Porsch*, in: Schoch/Schneider/Bier § 73 Rn. 31, 33.
83 Von Stattgabe vs. Zurückweisung sprechen *Hufen* § 9 Rn. 7, 8; *P. Kothe*, in: Redeker/v. Oertzen § 73 Rn. 19; *Schmitt Glaeser/Horn* Rn. 218. Auch die Terminologie der AO wird nicht übernommen, nach der der unzulässige Einspruch zu *verwerfen* ist (§ 358 AO).
84 Vgl. BayVGH BayVBl 1983, 212 ff.; *Hufen* § 9 Rn. 13; zur Umdeutung im Vorverfahren *J. Martens*, JuS 1978, 761, 764.
85 *K.-P. Dolde/W. Porsch*, in: Schoch/Schneider/Bier § 73 Rn. 32, § 70 Rn. 38.
86 *Hufen* § 9 Rn. 11; *Pietzner/Ronellenfitsch* § 42 Rn. 1261.

scheid erlassen.[87] Sie darf nicht das Verfahren „zurückdrehen", indem sie lediglich die Ausgangsbehörde anweist, jetzt noch einen Abhilfebescheid zu erlassen.[88] Andererseits schließt die VwGO die organisationsrechtliche Weisungsbefugnis der Widerspruchsbehörde jedenfalls für Landesbehörden nicht aus.[89] § 73 Abs. 1 statuiert also eine Pflicht der Widerspruchsbehörde zum Erlass eines Widerspruchsbescheids, nicht aber – bei Stattgabe – auch zur eigenständigen Aufhebung des beanstandeten Verwaltungsakts. Zwar kann sie dies tun, es steht ihr jedoch frei, stattdessen die Ausgangsbehörde zur Aufhebung anzuweisen. Entscheidend ist, dass sie dies im Widerspruchsbescheid oder in Zusammenhang mit einem solchen tut.

Ist der angefochtene Verwaltungsakt nichtig, so hat die Widerspruchsbehörde das im Bescheid festzustellen.[90]   36

bb) Folgenbeseitigung. Gelegentlich ist im Zusammenhang mit einer stattgebenden Widerspruchsentscheidung über einen Folgenbeseitigungsantrag zu entscheiden.[91] Dogmatisch liegt in der Gewährung bzw. Ablehnung der Folgenbeseitigung ein eigenständiger Verwaltungsakt. Er kann schon vor der Unanfechtbarkeit des stattgebenden Widerspruchsbescheids erlassen werden;[92] die Vollziehbarkeit ist nach allgemeinen Regeln zu beurteilen. Für den nachfolgenden gerichtlichen Rechtsschutz gilt dann: Ist bloß die Folgenbeseitigung, nicht aber der eigentliche Widerspruch zurückgewiesen worden, so kann mangels Haupt- auch kein Annexantrag nach § 113 Abs. 1 S. 2 bei Gericht gestellt werden. Stattdessen ist, je nachdem ob die Folgenbeseitigung einen Real- oder einen Verwaltungsakt erfordert, Leistungs- oder Verpflichtungsklage auf die begehrte Handlung zu erheben.[93]   37

b) Verpflichtungswiderspruch. In den Fällen des Verpflichtungswiderspruchs ist es mit der Aufhebung des (ablehnenden) Ausgangsverwaltungsakts nicht getan, vielmehr muss der Erlass des begehrten Verwaltungsakts hinzukommen. Dies kann und wird die Widerspruchsbehörde i.d.R. selber vornehmen. Anders ist es, wenn die Entscheidung von einer Ermessensausübung oder einer fachwissenschaftlichen oder höchstpersönlichen Beurteilung abhängt und der entsprechende Spielraum der Widerspruchsbehörde nicht zusteht (→ § 68 Rn. 185 f.). Ob die Widerspruchsbehörde über diese Fälle hinaus einen „Bescheidungswiderspruch" erlassen darf, mit der sie die Ausgangsbehörde zum Erlass des begehrten Verwaltungsakts oder zur erneuten Entscheidung anweist, ist str.[94] Sinnvollerweise ist wie beim Anfechtungswiderspruch zu entscheiden (→ Rn. 35): Da die Vorschriften der VwGO einerseits einen Widerspruchsbescheid verlangen, andererseits organisationsrechtliche Weisungsrechte nicht ausschließen, ist die Zurückverweisung möglich, wenn sie im Widerspruchsbescheid ausgesprochen wird. Eine Pflicht zur Zurückverweisung findet sich in § 6 Abs. 3 AGVwGO RP für die Widerspruchsausschüsse. Mit der im zurückverweisenden Widerspruchsbescheid ausgesprochenen Rechtsauffassung bindet die Behörde zwar die Ausgangsbehörde, nicht aber sich selbst für den Fall, dass sie noch einmal mit der Frage befasst wird.[95]   38

---

87 *R. Altenmüller*, DVBl 1978, 285, 287; *H. P. Bull*, DVBl 1970, 243 ff.; *J.-D. Busch*, in: Knack/Henneke § 79 Rn. 167; *Hufen/Siegel*, Fehler im Verwaltungsverfahren, Rn. 838; *B. Renz*, DÖV 1991, 138, 140.

88 A.M. OVG Münster BauR 1992, 347; BayVGH BayVBl 1965, 65, 67; diff. *E. Allesch*, Widerspruchsverfahren, 1984, 154 und *K. Rennert*, in: Eyermann § 73 Rn. 14: Anweisung zu vollständiger Abhilfe möglich, wenn nicht ein Dritter erstmals beschwert wird.

89 *K.-P. Dolde/W. Porsch*, in: Schoch/Schneider/Bier § 73 Rn. 35.

90 *Hufen* § 9 Rn. 9; *Schmitt Glaeser/Horn* Rn. 218: Die Nichtigkeit ist festzustellen; dogmatisch widersprüchlich *Schenke* Rn. 686: Der nichtige Verwaltungsakt ist aufzuheben. Die Differenzen sind aber praktisch unerheblich.

91 *K.-P. Dolde/W. Porsch*, in: Schoch/Schneider/Bier § 73 Rn. 36; *Pietzner/Ronellenfitsch* § 42 Rn. 1262; vgl. auch BVerwGE 46, 286, 283; *W. R. Schenke/P. Baumeister*, NVwZ 1993, 1, 3.

92 So auch *Kopp/Schenke* § 73 Rn. 8.

93 *Hufen* § 9 Rn. 14.

94 Dafür: BVerwGE 21, 142; 37, 47, 52 f.; BVerwG DÖV 1979, 791, 792; NVwZ 1982, 116, 117; VGH Mannheim ESVGH 22, 238, 239; *E. Allesch*, Widerspruchsverfahren, 1984, 144; *R. Altenmüller*, DVBl 1978, 285, 287; *R. Brühl*, JuS 1994, 330, 333; *H.-U. Erichsen*, Jura 1992, 645, 653; *Kopp/Schenke* § 73 Rn. 7; *M. Oerder*, Widerspruchsverfahren, 1989, 188 f.; dagegen: *K.-P. Dolde/W. Porsch*, in: Schoch/Schneider/Bier § 73 Rn. 39; *K. Rennert*, in: Eyermann § 73 Rn. 15; *C. Trzaskalik*, Das Widerspruchsverfahren der Verwaltungsgerichtsordnung im Lichte der allgemeinen Prozeßrechtslehre, 1970, 49 ff.; tendenziell abl. *Hufen* § 9 Rn. 10, 12.

95 BVerwGE 10, 183 ff.; 21, 142 ff.; *P. Kothe*, in: Redeker/v. Oertzen § 73 Rn. 19.

39   **4. Rücknahme oder Erledigung des Widerspruchs.** In den Fällen der Rücknahme oder Erledigung wird das Widerspruchsverfahren eingestellt. Ein förmlicher Einstellungsbescheid kann ergehen;[96] er hat zu ergehen, wenn die Erledigung streitig ist, z.B., wenn der Widerspruchsführer auf einer Sachentscheidung beharrt.[97] Ergeht der Bescheid, so besteht jedenfalls die Möglichkeit der Klage dagegen. Im Sonderfall des – hier für zulässig gehaltenen – Fortsetzungsfeststellungswiderspruchs ergeht keine Feststellungsentscheidung nach § 113 Abs. 1 S. 4 analog (→ § 68 Rn. 105–111).[98] Wird sie entgegen diesen Grundsätzen doch getroffen, entfällt das Rechtsschutzbedürfnis für eine Fortsetzungsfeststellungsklage.[99]

V.   Kostenentscheidung (Abs. 3 S. 2)

40   **1. Allgemeines.** Die Kostenentscheidung ist Teil des Widerspruchsbescheids. Sie ist gleichzeitig ein eigener Verwaltungsakt.[100] § 73 Abs. 3 S. 1 statuiert sowohl die Zuständigkeit als auch die Entscheidungspflicht der Widerspruchsbehörde zur Kostenentscheidung. Diese hat von Amts wegen zu ergehen; der Widerspruchsbescheid ist jedoch auch ohne Kostenregelung wirksam.[101] Ergeht kein Widerspruchsbescheid, so kann nach Bundesrecht auch keine Kostenregelung nach § 73 Abs. 3 S. 1 getroffen werden[102] und eine Kostenerstattung nicht stattfinden.[103] Abweichende Regelungen enthalten die VwVfG von Baden-Württemberg, Bayern und Thüringen (in § 80 Abs. 1 S. 5: Kostenentscheidung nach billigem Ermessen).

41   § 73 regelt nur die Kostenentscheidung dem Grunde nach (Kostenlastentscheidung). Davon zu unterscheiden ist die Kostenfestsetzung. Der Inhalt richtet sich dagegen nach den einschlägigen Verfahrens- und Kostengesetzen[104] (→ Rn. 42). Auch sie obliegt nach § 80 Abs. 3 VwVfG im Regelfall der Widerspruchsbehörde.[105] Die Bedeutung der Kostenentscheidung durch die Widerspruchsbehörde wird dadurch relativiert, dass das VG in einem späteren Prozess in jedem Fall auch noch einmal über die Kosten des Vorverfahrens entscheidet (§ 162 Abs. 1).

42   **2. Anwendbares Recht. a) § 80 VwVfG.** Wie die Kostenentscheidung inhaltlich auszusehen hat, bestimmt sich nach den jeweiligen Verfahrens- und Kostengesetzen. Wichtigste Norm ist § 80 VwVfG[106] (bzw. das entsprechende Landesrecht). Unklar ist die rechtliche Situation, wenn eine inhaltliche Kostenregelung wie § 80 VwVfG fehlt. Die analoge Anwendung von §§ 154 ff. VwGO oder § 80 VwVfG lässt sich mangels planwidriger Regelungslücke nicht rechtfertigen.[107] Denn § 80 VwVfG entstand als bewusste und abschließende Reaktion auf die Rspr. des BVerwG, die eine analoge Anwendung der VwGO-Kostenvorschriften für unzulässig hielt (BVerwGE 22, 278, 281; 40, 313 ff.). Es kann also zu der Situation kommen, dass der obsiegende Widerspruchsführer seine Kosten selbst zu tragen hat. Das BVerfG hält dies in Ausnahmefällen für zulässig (vgl. BVerfGE 74, 78 ff.; BVerfG NJW 1970, 133 f.). Nicht anwendbar ist § 80 VwVfG allerdings häufig in Kommunalabgabensachen,[108] hier gelten häufig die entsprechenden Vorschriften der AO.

---

96   *Pietzner/Ronellenfitsch* § 42 Rn. 1277; a.A. *K.-P. Dolde/W. Porsch,* in: Schoch/Schneider/Bier § 73 Rn. 42; *P. Kothe,* in: Redeker/v. Oertzen § 73 Rn. 17: grds. kein Einstellungsbescheid; nach *Kopp/Schenke* § 68 Rn. 2 ergeht ein solcher Bescheid hingegen grds.

97   *R. Altenmüller,* DVBl 1978, 285, 286; *H. Geiger,* BayVBl 1979, 101, 104; *R. Pietzner,* BayVBl 1979, 107, 111; *K. Rennert,* in: Eyermann § 73 Rn. 11; vgl. BVerwG BayVBl 1980, 725.

98   BVerwGE 26, 161, 167; 81, 226, 229; a.A. *Kopp/Schenke* § 73 Rn. 9 m.w.N.

99   BVerwGE 83, 242, 244; *K. Rennert,* in: Eyermann § 73 Rn. 11.

100   *Kopp/Schenke* § 73 Rn. 15.

101   *P. Kothe,* in: Redeker/v. Oertzen § 73 Rn. 33.

102   BVerwGE 62, 296, 300; OVG Münster DÖV 1992, 122 ff.; *Kopp/Schenke* § 73 Rn. 16 a.

103   BVerwGE 62, 201 ff.; 62, 296; a.A. VGH Mannheim DVBl 1981, 39; *P. Kothe,* in: Redeker/v. Oertzen § 73 Rn. 31, 33; offenbar auch *K.-P. Dolde/W. Porsch,* in: Schoch/Schneider/Bier § 73 Rn. 62.

104   BVerwGE 22, 281; 62, 201; BVerwG Buchholz 316 § 80 VwVfG Nr. 33; *Kopp/Schenke* § 73 Rn. 16; *K.-P. Dolde/W. Porsch,* in: Schoch/Schneider/Bier § 73 Rn. 57; *K. Rennert,* in: Eyermann § 73 Rn. 27; *Schmitt Glaeser/Horn* Rn. 221.

105   *Hufen* § 9 Rn. 23.

106   Dazu *O. Böhm,* NJW 1977, 1720; *R. Pietzner,* BayVBl 1979, 108; *R. Pietzner,* DÖV 1979, 779, 782; *R. Altenmüller,* DVBl 1978, 285; *H. Jäde,* BayVBl 1989, 201 sowie die Komm. zu § 80 VwVfG.

107   BVerwGE 62, 201, 204 f.; 70, 58, 61; 82, 336, 342; *K.-P. Dolde/W. Porsch,* in: Schoch/Schneider/Bier § 73 Rn. 58; *Kopp/Schenke* § 73 Rn. 17; *K. Rennert,* in: Eyermann § 73 Rn. 27.

108   BVerwGE 82, 336; BFH BFHE 180, 529; NVwZ 1992, 585; VGH Mannheim NVwZ 1992, 584 f.; a.A. OVG Saarlouis NVwZ 1987, 508 f. Anders hier § 1 SächsVwVfG, der dezidiert auf § 80 VwVfG verweist; danach besteht ein

b) Andere Rechtsgrundlagen. Die einzige Möglichkeit, in diesen Fällen zu einer Kostenerstattung zu 43 kommen, besteht darin, ggf. Ansprüche aus Amtspflichtverletzung,[109] Enteignung[110] oder Fürsorgepflichtverletzung zuzuerkennen. Problematisch ist hierbei, dass diese Ansprüche mit Ausnahme des Letzteren nicht dem Verwaltungsrechtsweg unterliegen (zum Anspruch wegen Fürsorgepflichtverletzung vgl. BVerwGE 44, 52, 55) und daher auch nicht durch Verwaltungsakt (Widerspruchsbescheid) festgesetzt werden können.

c) Einzelfälle. Neben den genannten Kommunalabgabenangelegenheiten sind folgende Fälle durch 44 § 80 VwVfG nicht abgedeckt:

■ *Erledigung:*[111] Ergeht im Falle der Erledigung ein Einstellungsbescheid, erfolgt keine Kostenentscheidung nach § 80 Abs. 1 S. 5 VwVfG; der Widerspruch ist ja nicht „erfolgreich".[112] Ein Fall der Erledigung ist auch die Aufhebung des Ausgangsverwaltungsakts nach §§ 48, 49 VwVfG während des Widerspruchsverfahrens durch die Ausgangsbehörde.[113] Daher ist es wichtig, dass die Widerspruchsbehörde eine entsprechende Anweisung an die Ausgangsbehörde im Widerspruchsbescheid trifft: So kann sie die Pflicht zur Kostenlastentscheidung nicht umgehen (→ Rn. 35). Die Kosten des Widerspruchsverfahrens können aber durch Gebührenbescheid nach dem LGebG geltend gemacht werden (VG Stuttgart VBlBW 2002, 82).

■ *Anwaltskosten im Ausgangsverfahren:* Auch in umfangreicheren und arbeitsaufwändigen Verfah- 45 ren können Anwaltskosten, die *vor* dem Vorverfahren entstanden sind, mangels entsprechender Regelungen nicht ersetzt werden (BVerwG NVwZ 1990, 59 f. ebenso OVG Münster – 6 E 1402/09).

■ Auch *Kosten eines beteiligten Dritten* sind regelmäßig nicht ersatzfähig;[114] eine Ausnahme besteht 46 in Art. 80 Abs. 2 S. 2 BayVwVfG.

3. Rechtsschutz. a) Gegen die Kostenentscheidung. Aus § 162 ergibt sich mittelbar, dass sich die 47 Hauptsacheklage gegen den Widerspruchsbescheid automatisch auch gegen die Kostenentscheidung richtet.[115] Umstr. ist, ob auch im vorläufigen Rechtsschutz (§§ 80, 123) über die Kosten des Vorverfahrens mitentschieden wird. Die Frage ist schon deshalb zu verneinen, weil der vorläufige Rechtsschutz nicht erfordert, dass ein Vorverfahren schon stattgefunden hat.[116]

Auch eine isolierte Klage gegen die Kostenentscheidung ist möglich. In Betracht kommen eine Anfech- 48 tungsklage oder eine Verpflichtungsklage auf Erlass einer günstigeren Kostenregelung. Ob dann ein erneutes Vorverfahren erforderlich ist, ist str.,[117] nach dem Rechtsgedanken des § 79 Abs. 2 S. 1 konsequenterweise aber zu verneinen: Wird – wie regelmäßig – die gesamte Widerspruchsentscheidung einschließlich Kostenregelung angefochten, findet auch keine behördeninterne Kontrolle der Kostenentscheidung mehr statt. Die Frist des § 74 ist jedoch einzuhalten.[118] Klagegegner ist der Rechtsträger der Widerspruchsbehörde bzw. nach Landesrecht diese selbst (§ 78 Abs. 1 Nr. 1 und 2).[119]

Anspruch auf Erstattung der Gebühren und Auslagen eines Rechtsanwalts bei notwendiger Zuziehung, was im Kommunalabgabenrecht regelmäßig zu bejahen ist (so VG Leipzig NVwZ 2002, 891).

109 BVerwGE 40, 313, 322; BGHZ 21, 369; BayVGH BayVBl 1990, 435; VerwRspr 27, 806; *R. Hein*, BB 1981, 229; *R. Pietzner*, VerwArch 73 (1982), 231, 241; *J. W. Hidien*, NJW 1987, 2211.

110 BVerwGE 40, 254, 255; BGH DVBl 1969, 204, 208; 1974, 130; NJW 1984, 1172; 1993, 1258; *Kopp/Schenke* § 73 Rn. 18.

111 *Schmitt Glaeser/Horn* Rn. 229 treten hier für eine Analogie zu § 161 Abs. 2 ein; das ist aus den in → Rn. 38 genannten Gründen abzulehnen.

112 VG Stuttgart VBlBW 2002, 82; einen Anspruch auf Kostenerstattung verneint auch BVerwG NJW 1982, 1827 f.; a.A. offenbar *Kopp/Schenke* § 73 Rn. 17. Allg. zum Problem C. *Huxholl*, Erledigung, 1995, 250 ff.

113 Hier erkennt BVerwGE 101, 64, 70 ausnahmsweise an, dass eine Kostenfreistellung geboten sein kann.

114 BVerwGE 70, 61; BVerwG NVwZ 1987, 490 f.; VGH Kassel ESVGH 35, 5; *K. Rennert*, in: Eyermann § 73 Rn. 27; a.A. VGH Mannheim VBlBW 1981, 16.

115 *Kopp/Schenke* § 73 Rn. 19; *K.-P. Dolde/W. Porsch*, in: Schoch/Schneider/Bier § 73 Rn. 67.

116 OVG Koblenz DVBl 1989, 892; OVG Lüneburg OVGE 28, 366, 369; NJW 1974, 2022; VGH Mannheim VBlBW 1983, 168; *K.-H. Friese*, DÖV 1974, 264 f.; a.A. OVG Münster OVGE 28, 31; VG Köln NJW 1973, 1015 m.Anm. *H. Grave*; *P. Kothe*, in: Redeker/v. Oertzen § 162 Rn. 13.

117 Dafür: *U. Meier*, Entbehrlichkeit, 1992, 64 ff.; *A. v. Mutius*, Widerspruchsverfahren, 1969, 323; *Meyer/Borgs* § 80 Rn. 35; dagegen BayVGH BayVBl 1990, 757 f.; *K.-P. Dolde/W. Porsch*, in: Schoch/Schneider/Bier § 73 Rn. 65 f.; *Kopp/Schenke* § 73 Rn. 19; *R. Pietzner*, BayVBl 1979, 109, 114.

118 *K.-P. Dolde/W. Porsch*, in: Schoch/Schneider/Bier § 73 Rn. 65, 66.

119 *K.-P. Dolde/W. Porsch*, in: Schoch/Schneider/Bier § 73 Rn. 65.

49   **b) Fehlende Kostenentscheidung.** Fehlt die Kostenentscheidung, kann nach h.M. nicht sogleich Verpflichtungsklage erhoben werden. Stattdessen ist analog § 120 Abs. 1 die Kostenentscheidung als „ergänzender Verwaltungsakt" zu beantragen. Ob eine Antragsfrist besteht, ist umstr.[120] Verneint man dies mit der h.M., besteht jedenfalls die Möglichkeit der Verwirkung.[121] Nach einer Meinung kann erst gegen die Ablehnung des Antrags bzw. bei Untätigkeit geklagt werden; für diese Untätigkeitsklage müsse jedoch die Frist nach § 75 nicht abgewartet werden. Indes erscheint angesichts der ohnehin stattfindenden Kostenentscheidung nach §§ 161, 162 auch eine sofortige Klage ohne vorherigen Antrag vertretbar.[122] Die gleichen Grundsätze gelten, wenn nur um Teile der Kostenentscheidung gestritten wird – z.B. um die besonders wichtige Frage, ob die Zuziehung eines Anwalts erforderlich war (§ 80 Abs. 3 S. 2 VwVfG). Im Übrigen ist auch ohne Antrag eine Ergänzung des Widerspruchsbescheids um die Kostenregelung von Amts wegen möglich.[123]

VI. Rechtsbehelfsbelehrung

50   **1. Allgemeines.** Der Widerspruchsbescheid ist mit einer Rechtsbehelfsbelehrung zu versehen. Unterbleibt diese, so wird mit der Zustellung nicht die Klagefrist des § 74 Abs. 1, sondern die Jahresfrist nach § 58 Abs. 1, 2 in Lauf gesetzt. § 73 Abs. 3 S. 1 enthält keine darüber hinausgehende Aussage. Insbes. führt das Unterbleiben der dogmatisch hier fälschlich sog. „Rechtsmittelbelehrung"[124] nicht zur Rechtswidrigkeit oder gar Unwirksamkeit des Widerspruchsbescheids.[125] Nach h.L. statuiert § 73 Abs. 3 S. 1 eine Begründungspflicht zwar auch für ausschließlich begünstigende Widerspruchsbescheide,[126] da er als lex specialis § 39 Abs. 2 VwVfG vorgeht. Dies ist auch bei Drittwirkung sinnvoll. Doch begründet die Verletzung dieser Pflicht keinen „wesentlichen" Verfahrensfehler i.S.d. § 79 Abs. 2 S. 2 und führt daher nicht zur isolierten Anfechtbarkeit.[127] Eine Anfechtung ist bei Stattgeben mangels Rechtsschutzbedürfnis i.d.R. auch sinnlos.

51   **2. Tatbestand. a) Notwendiger Inhalt.** Wenn die Rechtsbehelfsbelehrung Sinn haben soll, muss sie für den Adressaten verständlich sein. Es gibt zwar keinen Anspruch von Ausländern auf Belehrung in einer ihnen verständlichen Sprache (vgl. § 23 VwVfG). Versäumt aber ein des Deutschen unkundiger Betroffener deswegen eine Rechtsbehelfsfrist, darf er wegen seines Rechts auf ein faires Verfahren nicht schlechter gestellt werden, als wenn die Belehrung unterblieben sei.[128] Verfahrensrechtlich kann diesem Gebot durch entsprechende Wiedereinsetzung in den vorigen Stand Folge geleistet werden. Maßgeblich ist im Einzelfall, ob der Adressat mit einem Verwaltungsakt bzw. seiner Verfristung rechnen musste und ihm insoweit eine Nachforschungspflicht oblag.[129] Der notwendige Inhalt der Rechtsbehelfsbelehrung im Widerspruchsbescheid ergibt sich aus § 58 Abs. 1 (Einzelheiten → § 58 Rn. 49 ff.).[130]

52   ■ *Art des Rechtsbehelfs*: Dies ist die Klage. Eine genauere Bezeichnung (Anfechtungs- oder Verpflichtungsklage) ist nicht erforderlich. Es muss klar werden, dass gegen den Ausgangsverwal-

---

120 Für Frist des § 74: VG Düsseldorf NJW 1969, 859; *K. Rennert*, in: Eyermann § 73 Rn. 30; für Zweiwochenfrist analog § 120: VG Bremen NJW 1966, 564; *L. Renck*, DÖV 1973, 264, 267; gegen Fristgebundenheit BVerwGE 77, 268 ff.; BayVGH BayVBl 1981, 635; *R. Pietzner*, BayVBl 1979, 107, 114; *P. Kothe*, in: Redeker/v. Oertzen § 73 Rn. 33; offen BVerwGE 68, 1.
121 *Kopp/Schenke* § 73 Rn. 19.
122 VG Münster NJW 1968, 1004; *K.-P. Dolde/W. Porsch*, in: Schoch/Schneider/Bier § 73 Rn. 65.
123 OVG Bln NJW 1982, 2516; *K.-P. Dolde/W. Porsch*, in: Schoch/Schneider/Bier § 73 Rn. 64.
124 „Rechtsmittel" sind nur Rechtsbehelfe, mit denen eine gerichtliche Entscheidung angefochten wird (Berufung, Revision, Beschwerde); die VwGO ist ansonsten redaktionell korrekt. Vgl. *M. Oerder*, Widerspruchsverfahren, 1989, 124 f.
125 *Kopp/Schenke* § 73 Rn. 21; *P. Kothe*, in: Redeker/v. Oertzen § 73 Rn. 37; *Würtenberger* Rn. 368.
126 *K.-P. Dolde/W. Porsch*, in: Schoch/Schneider/Bier § 73 Rn. 69; *Kopp/Schenke* § 73 Rn. 20; *P. Kothe*, in: Redeker/v. Oertzen § 73 Rn. 37; *P. Weides* 308; *K. Rennert*, in: Eyermann § 73 Rn. 20.
127 *M. Oerder*, Widerspruchsverfahren, 1989, 125.
128 BVerfGE 40, 95, 98; BVerfG NJW 2004, 50; a.A. *Pietzner/Ronellenfitsch* § 46 Rn. 1345; BVerwG Buchholz 310 § 58 VwGO Nr. 27.
129 Hierzu BVerfGE 42, 120 ff.; BVerfG NJW 2003, 1516; NVwZ 1992, 262 f.; DVP 2009, 125, jeweils m.w.N.
130 S.a. *Pietzner/Ronellenfitsch* § 46 Rn. 1347.

tungsakt geklagt werden kann; ein Hinweis auf isolierte Anfechtbarkeit nach § 79 Abs. 1 Nr. 2 bzw. § 79 Abs. 2 i.V.m. § 78 Abs. 2 genügt nicht.[131]

- *Stelle, bei dem der Rechtsbehelf anzubringen ist:* Dies ist das nach § 52 örtlich zuständige VG, soweit nicht ausnahmsweise OVG oder BVerwG nach den §§ 48, 50 sachlich zuständig sind.

- *Sitz:* Es muss nur der Ort angegeben werden, in dem das Gericht seinen Sitz hat. Die Anschrift muss nicht mitgeteilt werden.[132] Etwas anderes kann bei Verwechslungsgefahr gelten.[133]

- *Frist:* Es muss abstrakt auf die Klagefrist nach § 74 hingewiesen werden, die genaue Berechnung kann dem Adressaten überlassen werden.[134] Wird für den Fristbeginn auf die „Bekanntgabe" statt korrekterweise auf die „Zustellung" abgestellt, schadet das nicht, wenn die Zeitpunkte zusammenfallen.

b) Fakultativer Inhalt. Belehrungen über weitere Aspekte der Klage (Gerichtsanschrift, Form der Klage, notwendiger oder auch Soll-Inhalt der Klageschrift) fordert die VwGO nicht. Solche Angaben finden sich häufig dennoch.[135] Das ist auch durchaus sinnvoll. Es muss jedoch darauf geachtet werden, dass sich hier keine Fehler einschleichen. Ist die Belehrung fehlerhaft, hat das nämlich den gleichen Effekt, wie wenn sie ganz fehlt, sofern sie abstrakt geeignet ist, die Einlegung des Rechtsbehelfs zu erschweren.[136]   53

VII. Zustellung

1. Begriff und anwendbares Recht. Der Widerspruchsbescheid ist zuzustellen, § 73 Abs. 3, § 56 Abs. 1; normale Bekanntgabe nach § 43 VwVfG reicht nicht aus. Nach Abs. 3 S. 2 ist stets das VwZG des Bundes anzuwenden, auch wenn der Widerspruchsbescheid von einer Länderbehörde erlassen wurde.[137] Die umstr. Kompetenz des Bundes hierfür ergibt sich aus dem Sachzusammenhang mit der Klagefrist des § 74.[138] Lücken hat die bundesrechtliche Regelung auf dem Gebiet der Zustellung in Massenverfahren. Hier sind die Zustellungsgesetze der Länder ergänzend heranzuziehen.[139]   54

Förmliche Zustellung ist auch dann erforderlich, wenn die Widerspruchsentscheidung zunächst verkündet oder mündlich eröffnet wird.[140] Zugestellt werden muss an alle, die durch den Widerspruchsbescheid rechtlich betroffen sind, gleich ob die Betroffenen begünstigt oder belastet werden.[141] Auch hier gilt das VwZG; insbes. sind die Vorschriften über die Zustellung an Bevollmächtigte (§ 8 Abs. 1 S. 1 VwZG) einzuhalten (dazu OVG Münster NVwZ-RR 2004, 38 [Zustellung an Rechtsanwalt]).   55

2. Rechtsfolgen. a) Wirksamkeit. Für die Wirksamkeit des Widerspruchsbescheids gegenüber einem Betroffenen genügt die einfache Bekanntgabe. Wird entgegen § 73 Abs. 3 bzw. § 56 Abs. 1 statt der Zustellung eine andere Form der Bekanntgabe gewählt oder leidet diese an Mängeln, so ist der Bescheid nach überwiegender Ansicht wirksam i.S.v. § 43 Abs. 1 VwVfG.[142] Die ordnungsgemäße Zu-   56

---

131 VGH Kassel NJW 1983, 242; BayVGH BayVBl 1987, 278 f.; *C. Meissner/W. Schenk,* in: Schoch/Schneider/Bier § 58 Rn. 34; zu einer Ausnahme vgl. BVerwG Buchholz 310 § 58 VwGO Nr. 54 und *Pietzner/Ronellenfitsch* § 46 Rn. 1347.

132 BVerwGE 25, 261; 85, 298, 300; *E. E. Noack,* DÖV 1961, 216, 217.

133 VGH Kassel ESVGH 19, 119; *J. Schmidt,* in: Eyermann § 58 Rn. 7.

134 BVerfGE 31, 388, 390; BVerwG MDR 1970, 531; ZBR 1984, 19; 1991, 508, 509; Buchholz 310 § 60 VwGO Nr. 132.

135 Amtliche Muster finden sich für den Bund im Rundschreiben des Ministeriums des Innern vom 3.11.1972 (GMBl 1972, 656). Weitere Nachw. sowie Muster bei *Pietzner/Ronellenfitsch* § 46 Rn. 1348 f.

136 Hierzu BVerwGE 25, 191; 28, 178 f.; 37, 85; 57, 188, 190; OVG Frankfurt (Oder) NVwZ-RR 2004, 315; OVG Münster NJW 1975, 2087 f.; VGH Kassel NJW 1983, 242.

137 BVerwGE 39, 257, 259; BVerwG NJW 1980, 1482; 1983, 2345; BayVGH BayVBl 1978, 278; *Kopp/Schenke* § 73 Rn. 22; *K. Rennert,* in: Eyermann § 73 Rn. 22; *W. Skouris,* DÖV 1982, 133, 135; a.A. *T. G. Langohr,* DÖV 1987, 138; *H. Scholler,* DÖV 1968, 756; *P. Weides* 308 f.

138 *K.-P. Dolde/W. Porsch,* in: Schoch/Schneider/Bier § 73 Rn. 73; *Kopp/Schenke* § 73 Rn. 22 a. Dagegen geht Art. 1 S. 2 BayVwZG offenbar davon aus, die Geltung des VwZG des Bundes für den Widerspruchsbescheid anordnen zu müssen.

139 *Kopp/Schenke* § 73 Rn. 22 a; a.A. *Schmitt Glaeser/Horn* Rn. 233.

140 *K.-P. Dolde/W. Porsch,* in: Schoch/Schneider/Bier § 73 Rn. 72; *P. Kothe,* in: Redeker/v. Oertzen § 73 Rn. 38.

141 *Kopp/Schenke* § 73 Rn. 22 a; *Hufen* § 9 Rn. 27; a.A. BayVGH NVwZ 1983, 161 f.: Zustellung nur an Klagebefugte.

142 GmSOGB NJW 1977, 621 f.; BVerwGE 55, 299, 301; BVerwG NVwZ 1992, 565, 566; VGH Kassel NVwZ 1986, 138, 139; VGH Mannheim VBlBW 1991, 340, 341; NVwZ-RR 1992, 396, 397 f.; *E. Allesch,* NVwZ 1993, 544; *K. Rennert,* in: Eyermann § 73 Rn. 22; *Schmitt Glaeser/Horn* Rn. 227; a.A. OVG Koblenz DÖV 1974, 714; NVwZ 1987, 899, 900; OVG Münster NVwZ 1995, 395 f.; *M. Oerder,* Widerspruchsverfahren, 1989, 127; widersprüchlich

stellung ist jedoch konstitutiv für den Beginn der Klagefrist nach § 74 Abs. 1. Wurde gar nicht oder fehlerhaft zugestellt, beginnt die Klagefrist nicht zu laufen.[143] Eine zeitliche Begrenzung des Klagerechts kommt dann nur durch Verwirkung in Betracht.[144]

57 **b) Keine Heilung von Zustellungsmängeln.** Nach § 9 Abs. 2 VwZG sind Zustellungsmängel nicht heilbar. Die Klagefrist kann also nur durch erneute Zustellung ex nunc in Gang gesetzt werden. Da die ordnungsgemäße Zustellung nicht Voraussetzung der Wirksamkeit ist, ist insofern eine Heilung nicht erforderlich (→ Rn. 55). Die Gegenmeinung, die die Zustellung für ein Wirksamkeitserfordernis hält, kommt allerdings durch die Annahme einer Heilung des Zustellungsmangels durch rügelose Klage zum gleiches Ergebnis (so OVG Münster NVwZ 1995, 395 f.).

VIII. Wirkungen des Widerspruchsbescheids

58 **1. Abschluss des Widerspruchsverfahrens. a) Ende des Devolutiveffekts.** Mit Zustellung des Widerspruchsbescheids ist das Widerspruchsverfahren beendet.[145] Der Devolutiveffekt des Widerspruchs entfällt; die Sachherrschaft der Widerspruchsbehörde ist beendet.[146] Umstr. ist dies allerdings für den Widerspruchsbescheid, der eine selbständige Beschwer enthält und somit isoliert anfechtbar ist. Nach einer Ansicht soll hier die Zuständigkeit der Widerspruchsbehörde bis zur Unanfechtbarkeit andauern, da ja auch eine isolierte Klage gegen die Widerspruchsbehörde zu richten sei.[147] Nach a.A. lebt die Sachherrschaft (erst) mit der isolierten Klageerhebung wieder auf.[148] Beide Ansätze gehen davon aus, dass die beklagte Behörde im Prozess die Sachherrschaft haben muss (schon wegen der Möglichkeit eines Vergleichs). Dann ist es aber nicht einzusehen, wieso diese ihr zwischenzeitlich entzogen sein sollte. Beim selbständig belastenden Widerspruchsbescheid dauert die Sachherrschaft der Widerspruchsbehörde also bis zur Unanfechtbarkeit fort. Sie erstreckt sich aber nur auf die weitere Zuständigkeit für die[149] Rücknahme bzw. den Widerruf; denn der wirksame Bescheid bindet von Anfang an auch die Widerspruchsbehörde.

59 Mit dem Ende des Devolutiveffekts verliert die Widerspruchsbehörde die Möglichkeit, mit Wirkung nach außen über den Widerspruchsgegenstand zu verfügen. Selbst wenn sie – im Falle eines Verpflichtungswiderspruchs – einen Verwaltungsakt erlassen hat, ist nunmehr wieder ausschließlich die Ausgangsbehörde für dessen Rücknahme oder Widerruf zuständig.[150] Der Widerspruchsbehörde bleibt nur die Möglichkeit, offenbare Unrichtigkeiten nach den §§ 79, 42 VwVfG zu korrigieren.[151]

60 **b) Ende des Suspensiveffekts.** Im Gegensatz zum Devolutiveffekt endet der Suspensiveffekt des Widerspruchs erst mit der Unanfechtbarkeit des Widerspruchsbescheids.[152]

61 **2. Bindungswirkung. a) Sofortige Wirksamkeit.** Der Widerspruchsbescheid gibt dem Ausgangsverwaltungsakt seinen endgültigen Inhalt nach § 79 Abs. 1 Nr. 1. Er bindet alle Beteiligten wie jeder andere Verwaltungsakt.[153] Die Widerspruchsbehörde hat daher keine „Korrekturbefugnis" bis zur Un-

---

Kopp/Schenke § 73 Rn. 22 einerseits (Wirksamkeit erst mit Zustellung), Rn. 23 andererseits (Formmängel der Zustellung für Wirksamkeit unbeachtlich).

143 BVerwG NJW 1983, 1076; Kopp/Schenke § 73 Rn. 23; Schmitt Glaeser/Horn Rn. 227.

144 BVerwGE 44, 294; BVerwG NVwZ 1991, 1182, weiterentwickelt durch VGH Mannheim DVBl 2012, 1181; HmbOVG GewArch 1992, 300; M. Oerder, Widerspruchsverfahren, 1989, 126; P. Kothe, in: Redeker/v. Oertzen § 73 Rn. 38; vgl. ausf. C. Meissner/W. Schenk, in: Schoch/Schneider/Bier § 58 Rn. 72.

145 BVerwGE 55, 299, 302; K.-P. Dolde/W. Porsch, in: Schoch/Schneider/Bier § 73 Rn. 43.

146 BVerwGE 58, 100, 105 m.w.N.; OVG Münster JZ 1984, 339 f.; VGH Mannheim NVwZ-RR 1995, 476 f.; VBlBW 1995, 359; BayVGH BayVBl 1983, 216; Hufen § 9 Rn. 28; K. Rennert, in: Eyermann § 73 Rn. 24; Schenke Rn. 686 a; H. Scholler, DÖV 1966, 232, 235.

147 Kopp/Schenke § 73 Rn. 25; H. Scholler, DÖV 1966, 232, 237.

148 BayVGH BayVBl 1991, 19, 20; BayVBl 1995, 763; J.-D. Busch, BayVBl 1981, 296, 298; K.-P. Dolde/W. Porsch, in: Schoch/Schneider/Bier § 73 Rn. 48; F. Sahlmüller, BayVBl 1980, 650, 651.

149 Isolierte Rücknahme: M. Sachs, in: Stelkens/Bonk/Sachs § 48 Rn. 292.

150 BVerwGE 27, 78, 79.

151 Kopp/Schenke § 73 Rn. 24; K.-P. Dolde/W. Porsch, in: Schoch/Schneider/Bier § 73 Rn. 44.

152 BVerwG DVBl 1993, 256; OVG Brem DÖV 1973, 280; OVG Saarlouis GewArch 1975, 301; VGH Mannheim DÖV 1970, 684; BayVGH BayVBl 1976, 177; H. Rotter, DÖV 1970, 660 ff.; H.-U. Erichsen, Jura 1984, 414, 424; R. Brühl, JuS 1995, 627, 628; F. Schoch, in: Schoch/Schneider/Bier § 80 Rn. 121; a.A. HmbOVG DVBl 1966, 280; NVwZ 1987, 515; M. Redeker, in: Redeker/v. Oertzen § 80 Rn. 7 f.

153 BVerfGE 2, 380; BVerwGE 10, 183; 15, 259; 27, 78, 79; 39, 128 ff.; BVerwG DVBl 1979, 821; Hufen § 9 Rn. 28; Kopp/Schenke § 73 Rn. 24; F. Sahlmüller, BayVBl 1980, 650, 651.

anfechtbarkeit des Widerspruchsbescheids.[154] Die Ausgangsbehörde ist ihrerseits an die Widerspruchsentscheidung gebunden, wenn die Sache zurückverwiesen wird; die Grundsätze über die Bindung von Rechtsmittelentscheidungen sind entsprechend anwendbar.[155] Die Bindung der Ausgangsbehörde kann nur durch rechtmäßige Rücknahme oder Widerruf durchbrochen werden.[156] Die Widerspruchsbehörde ist dagegen nicht an ihre Entscheidung gebunden, wenn sie nach einem zurückverweisenden Widerspruchsbescheid erneut mit der Sache befasst wird.[157]

b) Bestandskraft. Mit der Bestandskraft (Unanfechtbarkeit) endet die Möglichkeit der isolierten Aufhebung des Widerspruchsbescheids durch die Widerspruchsbehörde.[158] Wird der Ausgangsverwaltungsakt jetzt durch die Ausgangsbehörde aufgehoben, hat sich der Widerspruchsbescheid erledigt[159] (§ 43 Abs. 2 VwVfG). Der Widerspruchsbescheid als solcher steht nicht zur Disposition der Ausgangsbehörde (OVG Münster DVBl 1981, 56).   62

§ 74 [Klagefrist]

(1) ¹Die Anfechtungsklage muß innerhalb eines Monats nach Zustellung des Widerspruchsbescheids erhoben werden. ²Ist nach § 68 ein Widerspruchsbescheid nicht erforderlich, so muß die Klage innerhalb eines Monats nach Bekanntgabe des Verwaltungsakts erhoben werden.

(2) Für die Verpflichtungsklage gilt Absatz 1 entsprechend, wenn der Antrag auf Vornahme des Verwaltungsakts abgelehnt worden ist.

Schrifttum

1. Monographien und Beiträge in Sammelwerken: *A. Menzel*, Grundfragen der Verwirkung, 1987.

2. Beiträge in Zeitschriften: *G. Andersson*, Untätigkeitsklage, Jahresfrist und Unanfechtbarkeit, DÖV 1969, 666; *H. Bauer*, Die Verwirkung von Nachbarrechten im öffentlichen Baurecht, DV 1990, 211; *C. Deckenbrock/S. Patzer*, Grundfälle zu Widerspruchs- und Klagefrist im Verwaltungsprozess, Jura 2003, 476; *D. Ehlers*, Neues zur Fortsetzungsfeststellungsklage, Jura 2001, 415; *A. Jaekel*, Klagefrist bei Klageänderung durch Beklagtenwechsel, DÖV 1985, 479; *F. Kopp*, Verwirkung des Klagerechts bei der Untätigkeitsklage, DÖV 1977, 199; *V. Lemke*, Die Wahrung der Klagefrist bei verwaltungsgerichtlichen Klagen, JA 1999, 422; *J. Rozek*, Neues zur Fortsetzungsfeststellungsklage: Fortsetzung folgt? – BVerwGE 109, 203, JuS 2000, 1162; *R. P. Schenke*, Neue Wege im Rechtsschutz gegen vorprozessual erledigte Verwaltungsakte?, NVwZ 2000, 1255; *J. P. Terhechte*, Rechtswegzuweisungen im Sog der Föderalismusreform – Zum Verhältnis von § 126 BRRG und § 54 BeamtStG, NVwZ 2010, 996; *A. de Vivie/R. Barsuhn*, Die verwaltungsgerichtliche Rechtsprechung zur Verwirkung nachbarrechtlicher Abwehrrechte im Baurecht, BauR 1995, 492; *M. Wehr*, Abschied von der Fortsetzungsfeststellungsklage analog § 113 Abs. 1 Satz 4, DVBl 2001, 785; *M. Winkler*, Der Beginn der Klagefrist für den durch den Widerspruchsbescheid erstmalig beschwerten Dritten, BayVBl 2000, 235.

I. Entstehung der Norm

Aufgrund ihrer weit reichenden inhaltlichen Affinität lassen sich die Vorschriften der Verwaltungsgerichtsgesetze in der amerikanischen Besatzungszone[1] sowie die Vorgaben der für die britische Zone er-   1

---

154 So aber früher BVerwG NJW 1955, 806; OVG Koblenz VerwRspr 27, 120, 121; DÖV 1970, 325 (bzgl. Kostenentscheidung); BayVGH BayVBl 1955, 61.

155 OVG Münster NVwZ-RR 2003, 327; BayVGH BayVBl 1999, 150; *Kopp/Schenke* § 73 Rn. 26.

156 *Kopp/Schenke* § 73 Rn. 26.

157 BVerwGE 10, 183; 21, 142; *K. Rennert*, in: Eyermann § 73 Rn. 23.

158 *K.-P. Dolde/W. Porsch*, in: Schoch/Schneider/Bier § 73 Rn. 51; *Kopp/Schenke* § 73 Rn. 25; a.A. VG Oldenburg NVwZ 1985, 68 f.

159 BayVGH VerwRspr 10, 889; *Kopp/Schenke* § 73 Rn. 28; *P. Kothe*, in: Redeker/v. Oertzen § 73 Rn. 39.

1 Es waren dies das Bayerische Gesetz Nr. 39 vom 25.9.1946 (BayGVBl 281), das hessische Gesetz vom 31.10.1946 (GVBl Hess 194) und das württemberg-badische Gesetz Nr. 110 vom 16.10.1946 (RegBl 221). Bremen hatte bereits durch Gesetz vom 1.2.1946 das Verwaltungsgerichtsgesetz vom 6.1.1924 wieder in Kraft gesetzt, das nach der Wiedereingliederung Bremens in die amerikanische Besatzungszone am 5.8.1947 novelliert wurde (GBl Brem 117), hierzu *W. Jellinek*, DRZ 1948, 269. Vgl. zu dem Themenkomplex näher *C. H. Ule*, FS Menger, 1985, 81; *G.-C. v. Unruh*, in: K. G. A. Jeserich/ H. Pohl/ G.-C. v. Unruh, Deutsche Verwaltungsgeschichte, Bd. 5, 1987, Kap. XXV.

lassenen Verordnung Nr. 165 als unmittelbare Vorläufer des § 74 begreifen. Nach § 43 S. 1 des Verwaltungsgerichtsgesetzes betrug die Klagefrist zur Erhebung der unmittelbaren Anfechtungsklage *zwei Wochen* nach Eröffnung oder Zustellung des beschwerenden Verwaltungsaktes; S. 2 bestimmte, dass bei Unterlassung einer beantragten Amtshandlung die Anfechtungsklage an keine Frist gebunden ist. Nach § 48 der Verordnung Nr. 165 konnte innerhalb eines Monats nach Eröffnung oder Zustellung des Einspruchsbescheides Klage erhoben werden.

2 Die ab 1949[2] datierenden Bemühungen um die Kodifizierung einer Verwaltungsgerichtsordnung[3] mündeten zunächst in den Entwurf einer Verwaltungsgerichtsordnung, dessen § 76 Abs. 1 die Monatsfrist für die Anfechtungsklage vorsah. Auch der 1953 vorgelegte Entwurf einer Verwaltungsgerichtsordnung der Bundesregierung[4] enthielt in seinem § 75 die *Monatsfrist* für Anfechtungsklagen; begründet wurde dies mit der Erwägung, dass es mit Rücksicht darauf, dass es mit Rücksicht darauf, dass der verwaltungsgerichtliche Prozess einen Anwaltszwang nicht kenne, angezeigt sei, die Klagefrist nicht wie nach dem süddeutschen Verwaltungsgerichtsgesetz auf zwei Wochen, sondern in Anlehnung an die Verordnung Nr. 165 auf einen Monat festzulegen, um auch dem unerfahrenen Rechtsuchenden eine ausreichende Überlegungsfrist zu gewähren.[5] Der jeweilige § 75 der in der zweiten und dritten Legislaturperiode von der Bundesregierung eingebrachten Entwürfe einer Verwaltungsgerichtsordnung[6] stimmte wortwörtlich mit dem Entwurf aus der ersten Legislaturperiode überein. Die VwGO trat dann am 1.4.1960 in Kraft,[7] wobei die Regelung über die Klagefrist ihren Platz in § 74 fand.

3 Vergleichbare Vorschriften über Klagefristen finden sich in § 26 EGGVG, wonach der Antrag auf gerichtliche Entscheidung innerhalb eines Monats nach Zustellung oder schriftlicher Bekanntgabe des Bescheides bzw. nach Zustellung des Beschwerdebescheides zu stellen ist, sowie in § 87 SGG und § 47 FGO.[8] Hingegen sieht § 74 Abs. 1 AsylG eine Klagefrist von *lediglich zwei Wochen* nach Zustellung der Entscheidung vor.[9] Ist ein Antrag nach § 80 Abs. 5 gegen die Abschiebungsandrohung aufgrund von § 36 Abs. 3 S. 1 AsylG innerhalb einer Woche nach Bekanntgabe zu stellen, so ist auch die Klage innerhalb einer Woche zu erheben, § 74 Abs. 1 Hs. 2 AsylG. Das *Gesetz zur Regelung offener Vermögensfragen* enthält keine Fristvorgaben für den Antrag auf Nachprüfung durch das Gericht nach § 37 VermögensG; daher spricht vieles dafür, auch insoweit von einer Monatsfrist auszugehen.[10] Eine Reihe weiterer fachgesetzlicher Sonderregelungen, die die Möglichkeit eines Schiedsspruchs vorsehen, sorgen allerdings für eine zunehmende Unübersichtlichkeit in Sachen Fristbestimmung.[11]

II. Verfassungsrechtliche Vorgaben.

4 § 74 begrenzt die Möglichkeit der Klageerhebung in zeitlicher Hinsicht für Anfechtungs- und Verpflichtungsklagen. Wird nicht innerhalb der Monatsfrist Klage zum Verwaltungsgericht erhoben, so ist die nach Ablauf dieser Frist erhobene Klage verspätet und damit unzulässig. Da die Versäumung der Klagefrist zur *formellen und materiellen Bestandskraft* eines Verwaltungsaktes führt, kommt der Bestimmung des § 74 Ordnungsfunktion zu. Sie dient neben der Befriedung aber auch der Rechtssicherheit und trägt nicht zuletzt deshalb eine hinreichende verfassungsrechtliche Absicherung in sich. Die Tatsache, dass nach Ablauf der Klagefrist der durch Art. 19 Abs. 4 GG gewährleistete Rechtsweg

---

2 Aufgrund der Tatsache, dass nach Gründung der Bundesrepublik im Jahre 1949 bis zum Inkrafttreten der VwGO noch 11 Jahre vergehen sollten, wurden zwischen 1951 und 1958 weitere Verwaltungsgerichtsgesetze der Länder erlassen, die Vorschriften über Klagefristen enthielten, vgl. hierzu die Übersicht bei *C.-H. Ule*, FS Menger, 1985, 81, 88 ff. Die Bestimmungen traten jedoch mit Inkrafttreten der VwGO ebenso außer Kraft wie die bereits früher erlassenen Gesetze über die Verwaltungsgerichtsbarkeit und die Verordnung Nr. 165 (vgl. § 19).

3 Hierzu der Entwurf einer Bundesverwaltungsgerichtsordnung, aufgestellt von der Vereinigung der Präsidenten der Verwaltungsgerichte des Bundesgebiets in Zusammenarbeit mit der Arbeitsgemeinschaft der Innenministerien der Länder der Bundesrepublik, veröffentlicht als Beilage zu DVBl 1951, Heft 18. Vgl. auch *P. van Husen*, DVBl 1951, 558; *Naumann*, DVBl 1952, 584.

4 BT-Drs. 1/4278.

5 BT-Drs. 1/4278, 41.

6 Da der von der Bundesregierung in der 2. Legislaturperiode eingebrachte Entwurf unerledigt blieb, wurde er in der 3. Legislaturperiode unverändert den gesetzgebenden Körperschaften zugeleitet, vgl. BT-Drs. 3/55.

7 BGBl I 17.

8 Näher *C. Meissner*, in: Schoch/Schneider/Bier § 74 Rn. 5.

9 Näher *C. Meissner*, in: Schoch/Schneider/Bier § 74 Rn. 19 f.; *P. Kothe*, in: Redeker/v. Oertzen § 74 Rn. 1 b.

10 Überzeugend begründet bei *P. Kothe*, in: Redeker/v. Oertzen § 74 1 a ; *K. Rennert*, in: Eyermann § 74 Rn. 1.

11 Vgl. z.B. § 83 TierSG – zwischenzeitlich aufgehoben –, § 45 LFGB, § 25 TierZG.

verschlossen ist, schließt eine Prüfung in der Sache aus; gleichwohl steht angesichts der Zugangsregelung zu den Verwaltungsgerichten nach Maßgabe von § 40 Abs. 1 S. 1 der Rechtsweg jedenfalls auch nach Ablauf der Klagefrist insoweit offen, als das Verwaltungsgericht mit der Frage befasst werden kann, ob die Klagefrist tatsächlich versäumt wurde und ob möglicherweise eine Wiedereinsetzung in Betracht kommt.[12]

Im Hinblick auf *Klagen von Beamten*, die ihren Grund im Beamtenverhältnis finden, haben die durch **4a** die Föderalismusreform I bedingten Änderungen des Beamtenrechts zunächst zu gewissen Irritationen geführt. Nachdem die – aufgrund von § 63 Abs. 3 S. 2 BeamtStG fortgeltende – Sonderzuweisung des § 126 Abs. 3 BRRG[13] die Konzentration sämtlicher Streitigkeiten aus dem Beamtenverhältnis bei den Verwaltungsgerichten bezweckt hatte, um eine einheitliche Auslegung und Anwendung der beamtenrechtlichen Regelungen sicherzustellen,[14] und die Bestimmung nicht zuletzt aus diesem Grund vorsieht, dass für alle Klagearten, mithin auch für Feststellungs- und Leistungsklagen, der 8. Abschnitt der VwGO Geltung besitzen soll, enthält § 54 Abs. 2 BeamtStG lediglich die Vorgabe, dass „vor allen Klagen ein Vorverfahren nach den Vorschriften des 8. Abschnitts der VwGO durchzuführen ist"; bei diesem Verweis findet mithin die Klagefrist des § 74 keine Erwähnung, so dass die Auffassung vertreten werden könnte, dass § 74 nicht auf Leistungs- und Feststellungsklagen entsprechend anwendbar wäre. Angesichts der Tatsache, dass der Gesetzgeber ausweislich der Gesetzesmaterialien insoweit Kontinuität verwirklichen wollte, zudem eine Änderung des Gehalts des § 126 BRRG im Gesetzgebungsverfahren nie in Rede stand, und im Übrigen die Bestimmungen des 8. Abschnitts der VwGO in einem inneren Zusammenhang stehen, dürfte die Engführung des § 54 Abs. 2 S. 1 BeamtStG indes als Redaktionsversehen zu begreifen sein, so dass § 74 VwGO auch in Zukunft im Hinblick auf Leistungs- und Feststellungsklagen zur Anwendung kommt.[15] Während § 126 Abs. 3 BRRG im Hinblick auf Landesbeamte damit i.V.m. § 63 Abs. 3 S. 2 BeamtStG, § 54 Abs. 2 S. 1 BeamtStG zur Anwendung kommt, verfügt das BBG für Bundesbeamte mit der Bestimmung des § 126 BBG zwischenzeitlich über eine mit § 54 BeamtStG gleichlautende Bestimmung.

Obgleich der Zugang zu den Gerichten weder für sämtliche Gerichtsbarkeiten noch in allen Verfahrensarten an die Einhaltung von Fristen gebunden ist,[16] sind Klagefristen in Verwaltungsprozessen, in **5** denen gegen einen Verwaltungsakt vorgegangen oder dessen Erlass begehrt wird, typisch und kennzeichnend. Insbes. unter Berücksichtigung der sich aus *Art. 19 Abs. 4 GG* ergebenden Anforderungen stehen der Einführung von Klagefristen verfassungsrechtliche Hürden jedenfalls nicht entgegen,[17] da das Gebot der Gewährleistung umfassenden gerichtlichen Rechtsschutzes nicht ausschließt, dass die Beschreitung des Rechtsweges in einer Prozessordnung von der Einhaltung bestimmter formaler Voraussetzungen abhängig gemacht wird.[18] Auf diese Weise wird neben der Wahrung des Gebots der *Rechtssicherheit*[19] und des Rechtsfriedens[20] mit Blick auf die *Verwaltungseffizienz*[21] aber auch dem Anliegen Rechnung getragen, an getroffene Entscheidungen anknüpfen und – im Falle verfristeter Klagen und der daraus resultierenden formellen Bestandskraft von Verwaltungsakten – administrative Folgeentscheidungen treffen zu können.[22] Neben dem Bürger muss auch die Verwaltung wissen, ab welchem Zeitpunkt eine Entscheidung als bestandskräftig und damit als unangreifbar angesehen werden kann;[23] daher kommt Klagefristen auch eine *Befriedungsfunktion* namentlich in mehrseitigen

---

12 C. *Meissner*, in: Schoch/Schneider/Bier § 74 Rn. 3; *Schmidt-Aßmann*, in: Maunz/ Dürig, Art. 19 IV Rn. 235.
13 Ausf. zu der Frage, warum § 126 BRRG nicht durch § 54 BeamtStG abgelöst wurde, *J. P. Terhechte*, NVwZ 2010, 996, 998 f. Vgl. in diesem Kontext auch BVerwGE 148, 217, 220 ff.
14 Vgl. etwa BVerwGE 50, 301, 304; 66, 39, 41.
15 So zutr. *J. P. Terhechte*, NVwZ 2010, 996, 997 f., auch unter Bezugnahme auf VG Trier 22.9.2009 – 1 K 365/09, BeckRS 2009, 40016. So auch *Brink*, in: Posser/Wolff § 74 Rn. 6.
16 So sieht bspw. das ganz wesentlich vom Grundsatz der Privatautonomie durchdrungene Zivilprozessrecht jenseits der üblichen Rechtsmittelfristen nur im Ausnahmefall Klagefristen vor, vgl. etwa §§ 569, 958, 1044 ZPO.
17 S.a. C. *Meissner* in: Schoch/Schneider/Bier § 74 Rn. 4.
18 BVerfGE 9, 194, 199 f.; 10, 264, 267 f.; 27, 297, 310; 60, 253, 269 f. Vgl. auch *P. M. Huber*, in: v. Mangoldt/Klein/ Starck, GG, Art. 19 Rn. 498 ff. im Hinblick auf die Ausstrahlung von Art. 19 Abs. 4 GG auf das gerichtliche Verfahren.
19 BVerfGE 60, 253, 269 f.
20 BVerwGE 105, 288, 295.
21 BVerfGE 60, 253, 270; StGH Hess NJW 1982, 1382.
22 E. *Schmidt-Aßmann*, in: Maunz/Dürig Art. 19 Abs. IV Rn. 235.
23 BVerfGE 60, 253, 268 f.

Rechtsverhältnissen sowie die Funktion zu, die Handlungs- und Gestaltungsfreiheit und damit die Leistungsfähigkeit der Verwaltung zu sichern. Vor diesem Hintergrund dienen Klagefristen letztlich der Gewährleistung der Freiheit aller; sie lassen sich deshalb auch als Konkretisierung des aus Art. 19 Abs. 4 GG abzuleitenden verfassungsrechtlichen *Optimierungsgebots* begreifen.[24] Letztlich dienen Klagefristen mithin dazu, einen verhältnismäßigen Ausgleich zwischen den Geboten der Rechtsschutzgewährleistung und der Rechtssicherheit im Wege des Prozessrechts zu gewährleisten.[25]

6   Jedenfalls kommt dem Gesetzgeber bei der Festlegung und Ausgestaltung von Klagefristen ein *weit reichender Gestaltungsspielraum* zu. Ein Verstoß gegen die Vorgaben des Art. 19 Abs. 4 GG würde daher erst begründet werden, wenn aufgrund von Fristbestimmungen der Weg zu den Gerichten in unzumutbarer, aus Sachgründen nicht mehr zu rechtfertigender Weise erschwert würde.[26] Letztlich resultiert dieser weite Gestaltungsspielraum des Gesetzgebers auch daraus, dass sich dem Grundgesetz detaillierte Vorgaben für Klagefristen ohnehin nicht entnehmen lassen, wenngleich eine Dreitagesfrist für den Einspruch beim Arbeitsgericht vom Bundesverfassungsgericht als zeitlicher Mindestspielraum bezeichnet wurde, der den Gebrauch des Rechtsbehelfs überhaupt noch möglich macht;[27] eine Zwei- oder gar eine Eintagesfrist wird man daher aus der Sicht des Verfassungsrechts wohl in jedem Fall als unzulässig zu erachten haben.[28] Ungeachtet dessen ist der Gesetzgeber bei der Ausgestaltung von Klagefristen gehalten, einen *verhältnismäßigen Ausgleich* zwischen den widerstreitenden Belangen der Rechtssicherheit und der Befriedung auf der einen und dem Interesse potentieller Kläger an der Verfolgung ihrer Rechte auf der anderen Seite zu verwirklichen. Im Hinblick auf die Angemessenheit der Klagefrist müssen dabei auf Seiten des Klägers eine hinreichende Überlegungszeit, die Möglichkeit der Einholung von Rechtsrat und die technische Abwicklung einer Klage berücksichtigt werden.[29] Diesem Ausgleichserfordernis entspricht *regelmäßig eine Monatsfrist*. Eine Wochenfrist, obgleich vom Bundesverfassungsgericht als Minimum für zulässig erachtet,[30] dürfte wegen der zunehmenden Komplexität und Technizität des Rechts den Interessen des Einzelnen wohl kaum gerecht werden und erscheint daher zumindest im Regelfall als zu kurz. Von Ausnahmefällen abgesehen (vgl. § 74 Abs. 1 AsylG), gilt dies auch für eine Zweiwochenfrist.[31]

III.   Klagefristeinhaltung als Sachurteilsvoraussetzung

7   Das Erfordernis der Wahrung der Klagefrist stellt eine *Sachurteils- bzw. Sachentscheidungsvoraussetzung* dar. Obgleich vielfach als Prozessvoraussetzung qualifiziert,[32] erscheint es zutreffender, von der Einhaltung der Klagefrist als einer Sachurteils- bzw. Sachentscheidungsvoraussetzung zu sprechen,[33] was aus der Tatsache folgt, dass das mit der Klageerhebung entstehende Prozessrechtsverhältnis unabhängig davon begründet wird, ob die Klagefrist eingehalten ist oder nicht.[34] Eine Entscheidung des Gerichts in der Sache kommt danach nur bei Wahrung der Klagefrist bzw. dann in Betracht, wenn nach Fristversäumung Wiedereinsetzung gewährt wurde; andernfalls hat das Gericht die Klage als unzulässig abzuweisen. Dies bedeutet gleichzeitig, dass das Gericht die Wahrung der Klagefrist *von Amts wegen* und vor Eintritt in die Begründetheitsprüfung klären muss,[35] auch im Falle einer offensichtlichen Unbegründetheit der Klage. Wegen der unterschiedlichen Rechtskraft von Prozessurteilen und Sachurteilen (vgl. § 121) scheidet daher auch die Abweisung einer nach Ablauf der Klagefrist eingereichten Klage als „jedenfalls unbegründet" oder als „auch unbegründet" aus, da ansonsten Gegen-

---

24   *P. M. Huber*, in: v. Mangoldt/Klein/Starck, GG Art. 19 Rn. 474 ff.

25   BVerwG 11.4.2011, BeckRS 2011, 50609 unter Bezugnahme auf BVerwG 18.3.2009, Buchholz 310 § 74 VwGO Nr. 15 S. 2 Rn. 22.

26   BVerfGE 10, 264, 268; 36, 298, 302 f.; 40, 272, 275; 41, 323, 326 f.

27   BVerfGE 36, 298, 303.

28   A.A. *E. Schmidt-Aßmann*, in: Maunz/Dürig Art. 19 Abs. IV Rn. 235.

29   *W.-R. Schenke*, in: BK Art. 19 Abs. IV Rn. 182 ff.

30   BVerfGE 40, 237, 257 f.; 42, 128, 131.

31   Vgl. BT-Drs. 1/4278, 41 unter Hinweis auf eine ausreichende Überlegungsfrist auch für einen unerfahrenen Rechtsuchenden.

32   Vgl. etwa *Schenke* Vorbem. § 40 Rn. 10 ff., § 74 Rn. 3.

33   I.d.S. auch *C. Meissner*, in: Schoch/Schneider/Bier § 74 Rn. 3; *D. Krausnick*, in: Gärditz § 74 Rn. 3.

34   Vgl. *Ule* § 31 I. I.d.S. auch *Pietzner/Ronellenfitsch* 136; *M. Redeker*, in: Redeker/v. Oertzen § 109 Rn. 3.

35   BVerwGE 40, 25, 32; VGH München BayVBl 1984, 755, 757.

stand und Umfang der Rechtskraft im Ungewissen blieben.[36] Ist die Fristversäumnis eindeutig, so kann die Abweisung der Klage als unzulässig auch durch Gerichtsbescheid (§ 84) erfolgen,[37] da Fristberechnungen weder Schwierigkeiten tatsächlicher noch rechtlicher Art aufweisen.

IV. Anwendungsbereich

Das Erfordernis der Einhaltung der Klagefrist[38] – die als eigentliche Frist eine gesetzliche, d.h. nur in   8
den gesetzlich ausdrücklich vorgesehenen Fällen[39] verlängerbare Frist ist – gilt für die *Anfechtungsklage* (Abs. 1 S. 1) und die *Verpflichtungsklage* (Abs. 2) gleichermaßen, einschließlich der *Versagungsgegenklage*.[40] Beschränkt der Kläger indes seine fristgemäße Anfechtung auf einen Teil des Verwaltungsakts, so steht einer im Lauf des verwaltungsgerichtlichen Verfahrens erfolgenden späteren Erweiterung der Klage auf den gesamten Verwaltungsakt der teilweise Fristablauf bzgl. des ursprünglich nicht angefochtenen Teils des Verwaltungsaktes entgegen.[41] Da der erweiterte Antrag erst durch Schriftsatzeinreichung bzw. durch Antragstellung in der mündlichen Verhandlung rechtshängig wird, kann die bereits erfolgte Verfristung nicht durch einen nachträglichen Antrag beseitigt werden. Deshalb gilt in diesen Fällen die Klagefrist im Hinblick auf die Erweiterung als nicht gewahrt, mit der Folge, dass die Klage hinsichtlich der nachträglichen Erweiterung unzulässig ist. Keine Anwendung findet die Klagefrist nach § 74 Abs. 1 S. 2 bei der Einbeziehung eines Änderungsbeschlusses in ein anhängiges Klageverfahren gegen den von der Änderung betroffenen Planfeststellungsbeschluss, wenn die verbleibenden Regelungsbestandteile des ursprünglichen Planfeststellungsbeschlusses und die durch den Änderungsbeschluss hinzutretenden Regelungsbestandteile inhaltlich unteilbar sind, wie das regelmäßig der Fall ist.[42]

Umstr. ist die Frage der Anwendbarkeit des § 74 auf die *Fortsetzungsfeststellungsklage*, die voraus-   9
setzt, dass sich der Verwaltungsakt bereits erledigt hat. Insoweit ist eine Differenzierung danach vorzunehmen, ob sich der Verwaltungsakt nach oder bereits vor Klageerhebung erledigt hat; maßgeblich ist mithin auf den Zeitpunkt der Erledigung des Verwaltungsakts abzustellen.[43]

Dabei ist nach allgemeiner Auffassung davon auszugehen, dass in den Fällen, in denen sich der Ver-   10
waltungsakt *nach Klageerhebung erledigt* hat, eine verspätet erhobene Anfechtungsklage auch zur Unzulässigkeit einer Fortsetzungsfeststellungsklage nach § 113 Abs. 1 S. 4, der in dieser Konstellation unmittelbar zur Anwendung kommt, führt.[44] Hat es der Kläger demnach versäumt, fristgerecht Widerspruch gegen einen sich erst nach Klageerhebung erledigenden Verwaltungsakt einzulegen, so ist nicht nur die vor Erledigung erhobene Anfechtungsklage, sondern auch die nach Erledigung erhobene Fortsetzungsfeststellungsklage unzulässig.[45] Dies folgt aus der Überlegung, dass in dieser Konstellation kein Grund ersichtlich ist, vom zwingenden Erfordernis der vorgängigen fristgerechten Durchführung des Widerspruchsverfahrens abzuweichen, da das Widerspruchsverfahren auch insoweit seiner Rechtsschutzfunktion gerecht zu werden vermag, die Funktion der Selbstkontrolle der Verwaltung trotz der Erledigung des Verwaltungsakts ihren Sinn nicht verliert und im Übrigen auf diese Weise die Verwaltungsgerichte entlastet werden können.

Komplizierter stellt sich die Rechtslage für den Fall dar, dass sich die in analoger Anwendung von   11
§ 113 Abs. 1 S. 4 erhobene Fortsetzungsfeststellungsklage gegen einen Verwaltungsakt richtet, der sich bereits *vor Klageerhebung erledigt* hat. Im Hinblick auf die Beurteilung dieser Konstellation stehen sich zwei Auffassungen gegenüber. Dabei begreift eine Auffassung die Fortsetzungsfeststellungsklage

---

36 *Thomas/Putzo* Vorbem. § 253 Rn. 8. Anderes wäre lediglich für den Fall vorstellbar, dass feststeht, dass keinem der Beteiligten aus der Abweisung der Klage als jedenfalls unbegründet ein Nachteil erwachsen kann, insbes. im Hinblick auf die Rechtskraft.
37 *Hufen* § 14 Rn. 114; *Ule* § 37 I 2.
38 Überblick über fachgesetzliche Sonderregelungen bei *C. Meissner*, in: Schoch/Schneider/Bier § 74 Rn. 18 ff.
39 Für die Klagefrist sieht das Gesetz eine Verlängerung indes nicht vor.
40 *Schenke* Rn. 703.
41 BVerwGE 40, 25, 32; OVG Münster DVBl 1987, 1023.
42 BVerwG NVwZ 2010, 63.
43 *Ogorek*, JA 2014, 278, 281.
44 Vgl. etwa *D. Ehlers*, Jura 2001, 415, 422; *F. Fechner*, NVwZ 2000, 121, 123; *Schenke* § 74 Rn. 2; *K. Rennert*, in: Eyermann § 74 Rn. 2; *J. Rozek*, Jus 1995, 697, 700; *Schenke* Rn. 703; *R. P. Schenke*, NVwZ 2000, 1255, 1256 f.; *Würtenberger* Rn. 658.
45 S.a. BVerwG DVBl 1967, 379, 381; *Schenke*, Rn. 665.

als Unterfall der Anfechtungsklage[46] und geht aus diesem Grund konsequenterweise davon aus, dass auch für die nach § 113 Abs. 1 S. 4 in analoger Anwendung erhobene Fortsetzungsfeststellungsklage die Zulässigkeitsvoraussetzungen der Anfechtungsklage einschließlich § 74 analog zur Anwendung kommen.[47] Dies bedeutet, dass die Klage nach Durchführung des Widerspruchsverfahrens innerhalb eines Monats seit Bekanntgabe des Widerspruchsbescheids, der sich konsequenterweise auf den erledigten Verwaltungsakt bezieht, zu erheben ist.[48] Nach dieser Auffassung ist kein Grund ersichtlich, warum ein Kläger, der sich gegen einen an ihn gerichteten, indes bereits vor Erhebung der Klage erledigten Verwaltungsakt wenden will, besser gestellt werden soll als derjenige, der Adressat eines Verwaltungsaktes ist, der sich erst nach Klageerhebung erledigt, zumal im Einzelfall mit der Feststellung der Rechtswidrigkeit durch die Behörde dem Satisfaktionsinteresse des Klägers bereits Genüge getan sein und sich deswegen eine Klage erübrigen kann. Zudem liefe insoweit die „Rechtsschutzfunktion des Widerspruchsverfahrens" leer.[49]

12   Löst man hingegen die Zulässigkeitsvoraussetzungen einer nach § 113 Abs. 1 S. 4 in analoger Anwendung erhobenen Fortsetzungsfeststellungsklage von den Zulässigkeitsvoraussetzungen einer Anfechtungsklage ab und hält ein Widerspruchsverfahren deshalb für entbehrlich und nicht statthaft, weil eine Aufhebung des Verwaltungsakts durch den Widerspruchsbescheid ohnehin nicht mehr in Betracht kommt,[50] so lässt sich in Übereinstimmung mit dem BVerwG § 74 für unanwendbar halten, zumal die Ratio des § 74, die Bestandskraft des Verwaltungsakts zu sichern, bei einem erledigten Verwaltungsakt nicht mehr zum Tragen kommt.[51] Freilich wird hierbei der Zusammenhang zwischen Anfechtungs- und Fortsetzungsfeststellungsklage weitgehend aufgelöst. Als maßgebliche Frist wird man bei dieser, die Klage unmittelbar gegen den Verwaltungsakt zulassenden Sicht der Dinge die Jahresfrist des § 58 Abs. 2 zumindest dann anzunehmen haben, wenn über diese Konstellation in der Rechtsbehelfsbelehrung nicht belehrt worden ist. Gleiches wird für den Fall anzunehmen sein, dass die Behörde einen Einstellungsbescheid erlässt;[52] belehrt sie hingegen in diesem Bescheid über die Möglichkeit der Fortsetzungsfeststellungsklage, so spricht vieles dafür, dass sie damit analog § 74 die Monatsfrist in Lauf setzt, die mit der Bekanntgabe der Mitteilung (§ 74 Abs. 1 S. 2) beginnt.[53]

13   Im Gegensatz zur nicht fristgebundenen Nichtigkeitsfeststellungsklage nach § 43 ist die Klagefrist des § 74 auch bei der Anfechtung eines *nichtigen Verwaltungsakts* zu wahren.[54] Gleiches gilt für Leistungs- und Feststellungsklagen der Beamten aus dem Beamtenrechtsverhältnis gem. § 126 Abs. 3 BRRG i.V.m. § 63 Abs. 3 S. 2 BeamtStG, § 54 Abs. 2 S. 1 BeamtStG, § 126 Abs. 2 S. 1 BBG.[55] Sonstige allgemeine Leistungsklagen und Feststellungsklagen nach § 43 unterliegen hingegen nicht dem Klagefristerfordernis des § 74,[56] was nicht ausschließt, dass im Einzelfall wegen einer unredlichen und gegen Treu und Glauben verstoßenden Verzögerung der Klageerhebung Verwirkung (→ Rn. 56 ff.) anzunehmen sein kann. Bei Untätigkeit der Behörde bzw. der Widerspruchsbehörde bemisst sich die Zulässigkeit der Klage nach § 75; die Frist des § 74 ist insoweit nicht einschlägig.

14   Im Hinblick auf Klagen, mit denen ein *Verstoß gegen Unionsrecht* geltend gemacht und namentlich ein Verstoß gegen Rechte aus einer noch nicht ordnungsgemäß in nationales Recht umgesetzten EG-

---

46   So mit Recht *Schenke* Rn. 321, 665 f.

47   In diese Richtung VGH Mannheim DVBl 1998, 835, 836; *Schenke* § 74 Rn. 2; *C. Meissner*, in: Schoch/Schneider/Bier § 74 Rn. 11 ff.; *K. Rennert*, in: Eyermann § 74, Rn. 2; *R. P. Schenke*, NVwZ 2000, 1255, 1256; *Württemberger*, Rn. 658.

48   Vgl. OVG Koblenz NJW 1982, 1301; *I. Becker*, MDR 1973, 981, 983; *G. Robbers*, DÖV 1987, 272, 276. A.A. VGH Mannheim DVBl 1970, 512: Frist von 4 Monaten zwischen Erledigung und Klage ausreichend; VGH Mannheim NJW 1981, 364 hält Klageerhebung innerhalb der Jahresfrist des § 58 Abs. 2 für ausreichend; *D. Krausnick*, in: Gärditz § 74 Rn. 8.

49   Zutr. *Schenke* Rn. 666 m. weiteren Argumenten.

50   BVerwGE 109, 203, 207. Vgl. auch BVerwGE 26, 161, 165 ff.; BayVGH NVwZ-RR 1992, 218, 219. S. zudem *C. Deckenbrock/S. Patzer*, Jura 2003, 476, 482; *D. Ehlers*, Jura 2001, 415, 422; *J. Rozek*, JuS 2000, 1162, 1164.

51   *Schenke* Rn. 703, mit dem Hinweis darauf, dass die Rechtswidrigkeit des Verwaltungsakts z.B. i.R. eines Amtshaftungsanspruchs oder eines Anspruchs aus enteignungsgleichem Eingriff unbeschränkt geltend gemacht werden kann.

52   *C. Meissner*, in: Schoch/Schneider/Bier § 74 Rn. 30.

53   So *C. Meissner*, in: Schoch/Schneider/Bier § 74 Rn. 30.

54   BFH NVwZ 1987, 359; a.A. BFH NJW 1987, 920; *D. Krausnick*, in: Gärditz § 74 Rn. 11.

55   BVerwG VerwRspr 27, 951, 955. Vgl. auch *C. Meissner*, in: Schoch/Schneider/Bier § 74 Rn. 7; a.M. *D. Krausnick*, in: Gärditz § 74 Rn 5.

56   So auch *C. Meissner*, in: Schoch/Schneider/Bier § 74 Rn. 15.

Richtlinie gerügt wird, hat der EuGH in der Rs. Emmott[57] zunächst allgemein und kategorisch die Auffassung vertreten, dass sich ein Mitgliedstaat, der es verabsäumt hat, eine Richtlinie ordnungs- und fristgemäß umzusetzen, gegenüber dem klägerischen Begehren, mit dem einzelne Rechte aus dieser Richtlinie geltend gemacht werden, nicht auf die Versäumung einer nationalen Klagefrist berufen könne. Indes wurde diese – in der Literatur durchaus kritisierte[58] – Auffassung dann später in einer Reihe von Entscheidungen deutlich relativiert[59] und letztlich auf einen Sonderfall beschränkt.[60] Dies erscheint auch gerechtfertigt, da eine generelle Fristenhemmung bei fehlender oder unzureichender Umsetzung von Unionsrecht in das mitgliedstaatliche Recht einen nicht hinnehmbaren Eingriff in die Verfahrensautonomie und das Prozessrecht eines Mitgliedstaates bedeuten würde, der durch das Unionsrecht nicht gedeckt wäre.[61] Klagefristen sind demnach grds. auch dann zulässig, wenn ein Mitgliedstaat eine Richtlinie nicht oder nicht ordnungsgemäß umgesetzt hat; die Frist wird nicht gehemmt, solange keine (korrekte) Umsetzung erfolgt ist.[62] Allerdings muss die nationale Ausschlussfrist in gleicher Weise für rein nationale Sachverhalte gelten und zudem angemessen sein.[63] Im Falle einer verspäteten rückwirkenden Umsetzung einer Richtlinie besteht freilich ein Anspruch auf Wiederaufgreifen des Verfahrens nach § 51 Abs. 1 Nr. 1 2. Alt. VwVfG.[64] Erfolgt keine rückwirkende Umsetzung, so ist zumindest von einem Ermessensanspruch auf einen Zweitbescheid nach § 48 i.V.m. § 51 Abs. 5 VwVfG auszugehen;[65] im letzteren Fall kann ein Wiederaufgreifen auch ermessensfehlerfrei abgelehnt werden.[66] Diese Grundsätze gelten in gleicher Weise bei nach Unanfechtbarkeit festgestellten Verstößen gegen Unionsrecht.[67]

V. Beginn des Laufs der Klagefrist

Der Lauf der Klagefrist des § 74, von der landesrechtlich nicht[68] und bundesrechtlich nur durch nach 15
Inkrafttreten der VwGO erlassene Bundesgesetze abgewichen werden kann[69] – sofern nicht bereits
durch die Übergangsbestimmung des § 190 von § 74 abweichende Klagefristbestimmungen aufrechterhalten wurden[70] –, beginnt entweder mit der *Zustellung* als der gewollten, in gesetzlich bestimmter Form vorzunehmenden und zu beurkundenden körperlichen Übergabe des Widerspruchsbescheides (§ 74 Abs. 1 S. 1)[71] oder, bei Entbehrlichkeit des Widerspruchsverfahrens, mit der *Bekanntgabe* des Verwaltungsakts bzw. der Ablehnung des beantragten Verwaltungsakts (§ 74 Abs. 1 S. 2).[72] Dabei ist für den Beginn der Klagefrist der Verwaltungsakt als Ganzes maßgeblich; wird eine Leistung durch Verwaltungsakt dem Grunde nach abgelehnt, so beginnt die Klagefrist daher auch hinsichtlich der Höhe der Leistung mit der Bekanntgabe des Verwaltungsakts zu laufen. Wählt die Behörde, obwohl sie das Gesetz dazu nicht verpflichtet, die Zustellung als Bekanntgabeform, so ist sie den einschlägigen Zustellungserfordernissen unterworfen; erfolgt daher die vom Gesetz nicht vorgeschriebene Zustellung fehlerhaft, so wird die Klagefrist aufgrund dieser Selbstbindung der Verwaltung auch nicht in Lauf gesetzt;[73] die Umdeutung der fehlerhaften Zustellung in eine einfache Bekanntgabe scheidet insoweit aus.

---

57 EuGHE 1991 I-4269.
58 *Stadie*, NVwZ 1994, 435; *S. Müller-Franken*, DVBl 1998, 758.
59 EuGHE 1993 I-5475; 1994 I-5483; 1995 I-1883; 1995 I-4101; 1997 I-2163; 1997 I-6783 = NVwZ 1998, 833 Tz. 77.
60 BVerwG NVwZ 2000, 193.
61 Krit. insoweit m. überzeugenden Argumenten auch *Schenke* § 74 Rn. 4 sowie *C. Meissner*, in: Schoch/Schneider/Bier § 74 Rn. 4 a a. Bereits *H. Stadie*, NVwZ 1994, 435; a.M. *D. Krausnick*, in: Gärditz § 74 Rn. 20.
62 BVerwG NVwZ 2000, 193.
63 EuGHE 1976, 1989; 1994 I-4583;1996 I-389; 2003 I-1877, 2003 I-9375.
64 *Funke-Kaiser*, in: Bader/Funke-Kaiser/Stuhlfauth/v. Albedyll/Kuntze § 74 Rn. 4.
65 *Funke-Kaiser*, in: Bader/Funke-Kaiser/Stuhlfauth/v. Albedyll/Kuntze § 74 Rn. 4.
66 EuGHE 2004 I-837.
67 BVerwG InfAuslR 2010, S. 91.
68 BVerfGE 21, 106, 114 ff.; offen gelassen von OVG Koblenz AS 9, 130, 136 f.
69 BVerfGE 21, 106, 115; vgl. z.B. § 26 BWGöD: 3 Monate, hierzu BVerwGE 25, 348, 350.
70 Nach früherer Rechtslage z.B. § 190 Abs. 1 S. 4 i.V.m. § 142 Abs. 1 FlurbG: 2 Wochen.
71 Zur öffentlichen Urkunde als Beweismittel des Datums der Zustellung OVG Münster – 6 a 2127/10, BeckRS 2011, 53800.
72 VG Augsburg 3.11.2016 – Au 5 K 16.1175, juris Rn. 34.
73 *Schenke* § 74 Rn. 4.

16 Für den nach §§ 73 Abs. 3 S. 1, 56 Abs. 2 förmlich zuzustellenden Widerspruchsbescheid gelten, auch im Falle der *Zustellung* durch Länderbehörden,[74] gem. § 73 Abs. 3 S. 2 die Bestimmungen des Verwaltungszustellungsgesetzes. Dabei ist die ordnungsgemäße Zustellung Voraussetzung für den Beginn der Klagefrist; ist die Zustellung nicht ordnungsgemäß erfolgt, wird die Klagefrist überhaupt nicht in Lauf gesetzt.[75] Die Behörde muss in diesen Fällen erneut und insbes. korrekt zustellen, um die Klagefrist erstmalig in Lauf zu setzen. Unberührt hiervon bleibt die Möglichkeit der Klageverwirkung (→ Rn. 56 ff.). Zu beachten bleibt freilich die Möglichkeit der Heilung von Zustellungsmängeln nach § 8 VwZG; lässt sich danach die formgerechte Zustellung eines Dokuments nicht nachweisen oder ist das Dokument unter Verletzung wesentlicher Zustellungsvorschriften zugegangen, so gilt dieses als in dem Zeitpunkt als zugestellt, in dem es dem Empfangsberechtigten tatsächlich zugegangen ist. § 8 VwZG fingiert mithin die wirksame Zustellung. Damit wird letztlich dem Anliegen Rechnung getragen, dass Verstöße gegen Vorschriften des VwZG jedenfalls dann ohne Rechtsfolgen bleiben sollen, wenn auch ohne ihre Einhaltung der Zweck der Zustellung, nämlich der tatsächliche Zugang des Dokuments beim Zustellungsadressaten, erreicht worden ist.[76]

17 Auf die *Bekanntgabe* des belastenden Verwaltungsakts nach § 41 VwVfG bzw. die Ablehnung des beantragten Verwaltungsakts hingegen ist abzustellen, wenn ein Widerspruchsverfahren nicht vorgesehen ist. Der Begriff der Bekanntgabe, der in § 41 VwVfG zwar vorausgesetzt, nicht jedoch definiert ist, ist gegenüber der Zustellung insofern weiter, als von ihm neben der Zustellung und der namentlich bei Allgemeinverfügungen wichtigen öffentlichen Bekanntgabe (§ 41 Abs. 3, 4 VwVfG) auch die Verkündung, etwa vor einem Ausschuss, sowie die formlose Eröffnung umfasst werden.[77] Verlangt das Gesetz eine bestimmte Art der Bekanntgabe, so kann nur die in dieser Form erfolgte Bekanntgabe die Klagefrist in Lauf setzen.[78] Die Bekanntgabe, in welcher Form auch immer, setzt jedenfalls die Eröffnung des Verwaltungsakts mit Wissen und Wollen der Behörde, die den Verwaltungsakt erlässt, mithin deren Bekanntgabewillen, voraus.[79] Zufälliges Bekanntwerden ohne Wissen und Wollen der Behörde genügt daher für eine wirksame Bekanntgabe nicht und setzt die Klagefrist nicht in Lauf; andernfalls würde wegen damit verbundener Zufälligkeiten und Unsicherheiten wie auch wegen der Erschwerung des Nachweises der Bekanntgabe eine nicht hinnehmbare Unsicherheit in die Fristvorschrift hineingetragen werden.[80] Eine im Falle der unwirksamen Bekanntgabe erhobene Klage macht diese aber jedenfalls nicht unzulässig, da der Verwaltungsakt, wenn auch nicht ergangen, so doch existent geworden ist.[81]

18 Ist die Klage unmittelbar gegen einen Ausgangsbescheid zulässig, und wird dieser wiederholt bekannt gegeben, so ist für den Beginn der Klagefrist nur die erstmalige Bekanntgabe maßgeblich.[82] Gleiches gilt für den Fall der mehrmaligen Bekanntgabe des bereits bestandskräftigen Widerspruchsbescheides, auch bei dessen förmlicher Zustellung; die nachträgliche Bekanntmachung des bereits bestandskräftigen Widerspruchsbescheides stellt sich als bloß zusätzliches Handeln der Verwaltung dar, das rechtlich ohne Bedeutung ist und das seiner Natur nach weder die Bestandskraft des Widerspruchsbescheides beeinflussen noch eine zweite Klagefrist in Lauf setzen kann.[83]

19 Unschädlich ist die *Klageerhebung vor Erlass* und damit vor Bekanntgabe bzw. Zustellung des Verwaltungsakts wie auch des Widerspruchsbescheids, der ebenfalls ein Verwaltungsakt ist; die Klage wird jedoch erst zum Zeitpunkt des Erlasses des Verwaltungsakts zulässig.[84] Angesichts unterschiedlicher Auffassungen zu dieser Konstellation spricht indes manches dafür, die Klageerhebung durch eine

---

74 BVerwGE 39, 257, 259; BVerwG MDR 1973, 522. A.M. *Bosch/Schmidt* § 33 II 3 a; *T. Langohr*, DÖV 1987, 138 f.
75 BVerwGE 55, 299, 301; 58, 100, 105; *D. Krausnick*, in: Gärditz § 74 Rn. 12.
76 *Engelhart/App/Schlatmann/Glotzbach*, VwVG, VwZG, § 8 Rn. 2, m. weiteren Einzelheiten
77 *P. Kothe*, in: Redeker/v. Oertzen § 70 Rn. 2; vgl. auch BVerwGE 22, 14.
78 OVG Koblenz AS 4, 406.
79 BVerwGE 22, 14; BVerwG DÖV 1991, 27 m.w.N.
80 BVerwGE 22, 14.
81 *F. Dehner*, BayVBl 1986, 663, 665.
82 BVerwGE 58, 106 = NJW 1980, 1480; VGH Kassel NVwZ 1998, 1313; OVG Bln-Bbg 29.3.2016 – OVG 7 N 16.15, juris Rn. 4.
83 BVerwGE 58, 100, 106; *D. Krausnick*, in: Gärditz § 74 Rn. 14.
84 So BVerwGE 63, 187, 188 zu § 14 Abs. 4 S. 1 WBO; a.m. *Schenke* § 74 Rn. 4 a; *M. Funke-Kaiser* in: Bader/Funke-Kaiser/Stuhlfauth/Albedyll § 74 Rn. 8.

spätere schriftliche Äußerung innerhalb der Klagefrist zu bestätigen, um das Risiko auszuschließen, dass die Klage als unzulässig erachtet wird.[85]

Beim Tod eines Widerspruchsführers findet gem. § 173 die Regelung der §§ 239 Abs. 1, 249 Abs. 1 ZPO jedenfalls insoweit entsprechende Anwendung, als die Klagefrist des § 74 endet bzw. nicht zu laufen beginnt, sofern kein Prozessbevollmächtigter bestellt ist. Danach wird das Verfahren durch den Tod des Widerspruchsführers unterbrochen mit der Folge, dass der Lauf einer jeden Frist aufhört bzw. nicht beginnt.[86]   20

Die Klagefrist beginnt *für jeden Kläger gesondert* zu laufen; wird daher ein Bescheid mehreren Personen zugestellt, so wird die Klagefrist je unterschiedlich mit dem Zeitpunkt der individuellen Bekanntgabe in Gang gesetzt. Insbes. kommt es auf den Zeitpunkt der behördlichen Entscheidung für den Fristbeginn nicht an. Fehlt daher etwa die Bekanntgabe gegenüber einem Drittbetroffenen, so beginnt für diesen die Klagefrist auch nicht zu laufen. Wurde im Vorverfahren ein *Vertreter* bestellt und wurde diese Bestellung der Widerspruchsbehörde mitgeteilt, so ist, wenn eine schriftliche Vollmacht vorgelegt wurde, dem Bevollmächtigten gegenüber zuzustellen, § 41 Abs. 5 VwVfG i.V.m. § 7 Abs. 1 S. 2 VwZG, wobei es für die Wirksamkeit der Zustellung gleichgültig ist, ob der Vertreter das Schriftstück dem Vertretenen aushändigt oder nicht;[87] die Zustellung an einen anderen Betroffenen genügt nicht.[88] Für den Lauf der Frist ist mithin nur die Zustellung des Widerspruchsbescheids an den Bevollmächtigten maßgeblich.[89] In den Fällen hingegen, in denen die Bekanntgabe des angefochtenen Verwaltungsakts ausreichend ist, beginnt die Klagefrist neben der Bekanntgabe an einen für das Verwaltungsverfahren bestellten Bevollmächtigten auch mit der Eröffnung des Verwaltungsakts gegenüber dem Betroffenen zu laufen, da § 41 Abs. 1 S. 2 VwVfG im Gegensatz zu § 7 Abs. 1 S. 2 VwZG die Bekanntgabe an den Bevollmächtigten nicht zwingend vorschreibt.[90]   21

Der – bei mehreren Personen ggf. unterschiedliche – Fristbeginn wirkt auch im Hinblick auf einen etwaigen *Rechtsnachfolger*, sei er Rechtsnachfolger kraft Gesetzes oder kraft Rechtsgeschäfts, etwa bei dinglichen Verwaltungsakten, und zwar für und gegen diesen. Da der Rechtsnachfolger umfassend in die Rechte und Pflichten des Rechtsvorgängers eintritt, bedeutet dies, dass sich der Rechtsnachfolger die Tatsache, dass die Klagefrist gegenüber dem Rechtsvorgänger verstrichen ist, zurechnen lassen muss,[91] was die Möglichkeit der Wiedereinsetzung (§ 60) jedoch nicht ausschließt. Selbstredend kommt die Wahrung der Klagefrist durch den Rechtsvorgänger dem die Klage fortführenden Rechtsnachfolger zugute. Hat der Rechtsvorgänger einen Klageverzicht erklärt, so ist dieser auch für den Rechtsnachfolger bindend.[92]   22

Sind mehrere Kläger zu einer *Streitgenossenschaft* nach § 64 i.V.m. §§ 59–63 ZPO verbunden, so ist zu unterscheiden. Handelt es sich um eine *einfache* Streitgenossenschaft, bei der die einzelnen Streitgenossen hinsichtlich ihres jeweiligen Prozesses selbständig bleiben und an Prozesshandlungen ebenso wenig wie an Erklärungen der anderen Streitgenossen gebunden werden, so wirkt die Wahrung der Klagefrist durch einen Streitgenossen nicht gleichzeitig auch zugunsten des oder der anderen; die jeweiligen Verfahren bleiben auch insoweit selbständig. Liegt hingegen eine *notwendige* Streitgenossenschaft vor, so bleiben zwar die einzelnen Streitgenossen im Hinblick auf ihre Prozesshandlungen gleichfalls grds. selbständig. Hinsichtlich der Wahrung von Fristen und Terminen sieht § 62 Abs. 1 ZPO jedoch vor, dass die säumigen Streitgenossen als durch die nicht säumigen vertreten angesehen werden, sodass die Wahrung der Klagefrist durch einen Streitgenossen auch dem oder den die Frist versäumenden anderen Streitgenossen zugute kommt.[93] Das Gesetz fingiert in diesem Fall die Vertretung des säumigen durch den nichtsäumigen Kläger mit der Rechtsfolge der Fristwahrung und der Abwendung der Folgen der Fristversäumnis auch für den Säumigen. Ist die Klagefrist für den Säumigen jedoch bereits abgelaufen, so kann die Klageerhebung durch einen Streitgenossen die Versäumung der   23

85 Vgl. insoweit *M. Funke-Kaiser* in: Bader/Funke-Kaiser/Stuhlfauth/Albedyll § 74 Rn. 8, 25.
86 BVerwG NVwZ 2001, 319.
87 Vgl. § 41 Abs. 1 S. 2 VwVfG sowie BVerwGE 39, 257, 261; HmbOVG NVwZ 1985, 350; *Schenke* § 74 Rn. 5; *P. Kothe*, in: Redeker/v. Oertzen § 70 Rn. 2 b.
88 VGH München BayVBl 1978, 212.
89 *C. Meissner*, in: Schoch/Schneider/Bier § 74 Rn. 25; *D. Krausnick*, in: Gärditz § 74 Rn. 16.
90 *C. Meissner*, in: Schoch/Schneider/Bier § 74 Rn. 25.
91 BVerwG NVwZ 1989, 967.
92 VGH Kassel DÖV 1984, 860, 861.
93 VG Freiburg NVwZ 1985, 444, 445.

Frist nicht heilen;[94] eine für den einzelnen Streitgenossen bereits abgelaufene Frist kann durch die Vertretungsfiktion nicht überwunden werden.

24   Die Klagefrist beginnt nur zu laufen, wenn der Kläger gem. § 58 Abs. 1 schriftlich, vollständig und richtig *belehrt* wurde, sei es im Widerspruchsbescheid oder, wenn ein Widerspruch nicht erforderlich ist, im Ausgangsbescheid; fehlt die Rechtsbehelfsbelehrung, ist sie fehlerhaft bzw. unvollständig oder enthält sie unrichtige Zusätze, die generell geeignet sind, die Einlegung des in Betracht kommenden Rechtsmittels zu erschweren,[95] so ist für die Klageerhebung die Jahresausschlussfrist des § 58 Abs. 2 seit Zustellung bzw. Bekanntgabe maßgeblich;[96] dies gilt insbes. für den Widerspruchsbescheid. Nach Ablauf der Jahresfrist des § 58 Abs. 2 ist die Klage mithin unzulässig.[97] In diesem Fall scheidet regelmäßig auch eine Wiedereinsetzung aus. Auch beginnt die Jahresfrist des § 58 Abs. 2 zu laufen, wenn die Rechtsbehelfsbelehrung unrichtig ist, die Unrichtigkeit die Versäumung der einmonatigen Klagefrist aber nicht verursacht hat.[98] Die ordnungsgemäße Nachholung der Rechtsbehelfsbelehrung setzt aber die Klagefrist nachträglich ab deren Bekanntgabe in Gang.[99] Eine fehlerhafte Rechtsbehelfsbelehrung dahingehend, dass die Klagefrist nach der Bekanntgabe statt nach der Zustellung des Widerspruchsbescheides zu laufen beginne, ist dann unschädlich, wenn Bekanntgabe und Zustellung zeitlich zusammenfallen.[100] Ist hingegen eine fehlerhafte Rechtsbehelfsbelehrung in der Weise erfolgt, dass darauf hingewiesen wird, dass ein Rechtsbehelf überhaupt nicht gegeben ist, so greift auch die Jahresfrist des § 58 Abs. 2 nicht;[101] ein solcher Fehler der Behörde kann nicht zulasten des Klägers gehen. Wird nach Ablauf der Jahresfrist Klage erhoben, so ist die Klage mit Ausnahme der Fälle des § 58 Abs. 2 S. 1 Hs. 2 unzulässig. Einer Belehrung über die Möglichkeit der Untätigkeitsklage bedarf es nicht.[102] Wird in der Rechtsbehelfsbelehrung eine längere als die gesetzliche Frist angegeben, so gilt diese, nicht die Jahresfrist des § 58 Abs. 2, obgleich die Rechtsbehelfsbelehrung insoweit fehlerhaft ist.[103] Die Klagefrist wird in diesem Fall also in Lauf gesetzt.

25   Der Lauf der Jahresfrist setzt in jedem Fall die ordnungsgemäße Zustellung bzw. Bekanntgabe voraus.[104] Fehlt es an einer solchen, so ist § 58 überhaupt nicht einschlägig und wird weder die Frist des § 74 noch die des § 58 Abs. 2 in Gang gesetzt. Erhebt daher ein von einem Verwaltungsakt mit Drittwirkung Betroffener Klage gegen den Verwaltungsakt (z.B. der Nachbar gegen die Baugenehmigung), so läuft die Frist des § 58 Abs. 2 aus Gründen der Rechtsklarheit und Rechtssicherheit weder unmittelbar noch entsprechend.[105] Der Drittbetroffene muss sich aber ggf. nach dem Grundsatz von *Treu und Glauben* die Kenntnis bzw. die Möglichkeit der Kenntniserlangung des Verwaltungsakts und aufgrund dessen den Einwand der *Verwirkung* seines Widerspruchs- bzw. Klagerechts – die von der Verwirkung des der Klage zugrunde liegenden materiell-rechtlichen Anspruchs zu trennen ist[106] – entgegenhalten lassen, wenn er z.B. hätte erkennen müssen, dass eine Genehmigung erteilt wurde bzw. wenn er hiervon auf andere Weise zuverlässig Kenntnis erlangt hat.[107] Diese Konstellation ist so zu behandeln, als ob die Genehmigung ohne Rechtsbehelfsbelehrung amtlich bekannt gegeben worden ist, mit der Folge, dass die Jahresfrist des § 58 Abs. 2 zur Anwendung kommt. Namentlich das nachbarschaftliche Gemeinschaftsverhältnis soll in diesen Fällen den Kläger in gleicher Weise wie eine amtliche Bekanntmachung der Genehmigung zur Geltendmachung seiner Einwendungen in angemessener Frist veranlassen,[108] mit der Folge, dass die wegen der fehlenden Rechtsbehelfsbelehrung einschlägige

---

94   BVerwG Buchholz 310 § 173 Anh.: § 62 Nr. 1; a.M. *Schenke* § 74 Rn. 6, § 64 Rn. 11.
95   BVerwGE 37, 85, 86 f.; 57, 188. Vgl. auch *Wienbracke*, VR 2015, 93, 98.
96   VG Berlin 20.10.2016 – 2 K 568.15, juris Rn. 16. Zu den Folgen fehlerhafter Rechtsbehelfsbelehrungen *F. Stollmann*, BayVBl 1993, 200.
97   BVerwGE 7, 54 ff.
98   VGH Kassel NVwZ-RR 1989, 583, 584.
99   *K. Rennert*, in: Eyermann § 58 Rn. 16.
100 VGH Kassel NVwZ-RR 1989, 583, 584.
101 *Ule* § 37 IV 3.
102 *M. Redeker*, in: Redeker/v. Oertzen § 58 Rn. 1.
103 BVerwG NJW 1967, 591; VGH Mannheim VerwRspr 10, 628; ESVGH 8, 110; VGH München BayVGH (N.F.) 5, 101.
104 VGH Mannheim DÖV 1976, 68.
105 BVerwGE 44, 294, 296 f. Zweifelnd noch BVerwG Buchholz 406.11 § 34 BBauG Nr. 24 (S. 50).
106 BVerfGE 32, 299, 305; BVerwGE 44, 294, 298; BVerwG NJW 1981, 364; DÖV 1988, 32; NVwZ 1991, 1182.
107 OVG Münster 19.10.2016 – 8 B 594/16, juris Rn. 13: „Sichere Kenntnis".
108 BVerwGE 44, 294, 300; BVerwG NJW 1988, 839.

Frist des § 58 Abs. 2 für den Nachbarn so läuft, als sei diesem die Baugenehmigung zu dem Zeitpunkt amtlich bekannt gegeben worden, in dem er von ihr sichere Kenntnis erlangt hat oder sich hätte verschaffen können und müssen.[109] Das aus dem Grundsatz von Treu und Glauben abgeleitete, dem öffentlichen Interesse am Rechtsfrieden dienende[110] Institut der Verwirkung soll mithin die Klageerhebung zu einem Zeitpunkt ausschließen, an dem mit einer Klage nicht mehr gerechnet werden musste und auf die Nichterhebung einer Klage vertraut werden durfte.[111] Freilich ist der für die Verwirkung eines materiellen Rechts, etwa des nachbarlichen Abwehrrechts gegen ein Bauvorhaben, maßgebliche Zeitraum deutlich länger zu bemessen als die Zeit, die dem Berechtigten nach den im Regelfall geltenden verfahrensrechtlichen Rechtsbehelfsfristen für die Geltendmachung seines Rechts eingeräumt ist.[112] Eine Verwirkung ist jedoch regelmäßig nach Ablauf der Jahresfrist des § 58 Abs. 2 anzunehmen, gerechnet von dem Zeitpunkt an, an dem der Dritte von dem Verwaltungsakt Kenntnis erlangt hat oder hätte erlangen müssen, und ab dem von ihm die Geltendmachung seines Rechts hätte erwartet werden können.[113] Die Jahresfrist des § 58 Abs. 2 lässt sich damit als Richtwert für die Unzulässigkeit der Rechtsausübung begreifen.[114] Allerdings können insoweit auch einzelfallbezogene Elemente Berücksichtigung finden.[115]

Im Einzelfall kann allerdings eine Verwirkung auch schon *vor Ablauf der Jahresfrist* des § 58 Abs. 2 in   26
Betracht kommen. *Nach Ablauf der Jahresfrist,* deren Ablauf als Verhaltensmaßstab für eine Verwirkung durch den Kläger heranzuziehen ist,[116] ist eine Klage bzw. ein Widerspruch jedenfalls grds. unzulässig, es sei denn, dass besondere, von der Regel abweichende und vom Dritten darzulegende Umstände nach Treu und Glauben eine Ausnahme gebieten; der Kläger muss mit anderen Worten den Gegenbeweis dafür antreten, dass trotz Zeitablaufs die Erhebung der Klage aus besonderen Gründen nicht gegen den Grundsatz von Treu und Glauben verstößt, das Klagerecht mithin nicht verwirkt ist.[117] Auch für den Fall der *beamtenrechtlichen Konkurrentenklage* ist von dem übergangenen Bewerber zu erwarten, dass er sich innerhalb einer angemessenen Zeit um den Fortgang seiner Bewerbung kümmert, da ihm andernfalls nach dem Grundsatz von Treu und Glauben die Berufung auf die fehlende Mitteilung bzw. Nichtkenntnis von der Ernennung des Mitbewerbers versagt werden kann.[118] Allerdings wird auch in diesen Fällen eine Verwirkung der Jahresfrist des § 58 Abs. 2, in der ein allgemeiner Rechtsgedanke zum Ausdruck kommt,[119] nur bei Vorliegen besonderer, von der Regel abweichender Umstände anzunehmen sein.

VI. Fristberechnung

Die Berechnung der Klagefrist bemisst sich gem. § 57 Abs. 2 i.V.m. § 222 Abs. 1 ZPO nach §§ 187   27
Abs. 1, 188 Abs. 2 BGB.[120] Zu laufen beginnt die Klagefrist nach § 57 Abs. 1 mit der Zustellung oder, wenn diese nicht vorgeschrieben ist, mit der Eröffnung oder Verkündung; für den exakten Beginn der

---

109 BVerwGE 44, 294, 298; BVerwG NJW 1974, 1260; BVerwG 25.4.2016 – 4 B 10/16, juris Rn. 7; OVG Lüneburg NVwZ 1985, 506, 507; OVG Münster NJW 1980, 1413; VGH Mannheim DVBl 1975, 552; OVG Münster 19.10.2016 – 8 B 594/16, juris Rn. 13; 18.12.2015 – 8 B 1108/15, juris Rn. 24 f.; 4.12.2015 – 7 A 825/14, juris Rn. 41; 4.12.2015 – 7 A 823/14, juris Rn. 39. Demgegenüber geht die Ansicht des VG Berlin (NVwZ 1985, 932), wonach nicht der Zeitpunkt maßgeblich sein soll, zu dem der Nachbar vom tatsächlichen Baubeginn Kenntnis erlangt hat, sondern erst der Zeitpunkt, zu dem das Vorhaben in seiner Eigenschaft als potentiell umweltbelastend für den Nachbarn erkennbar ist, zu weit; da das das Nachbarverhältnis prägende Gebot der Rücksichtnahme vom Nachbarn fordert, sich unverzüglich Kenntnis von der Tragweite des Vorhabens zu verschaffen, wobei Indiz der Baubeginn ist, beginnt die Jahresfrist des § 58 Abs. 2 ab diesem Zeitpunkt zu laufen, so zutr. *Pietzner/Ronellenfitsch* Rn. 555.
110 BVerwGE 72, 302, 309.
111 VGH München BayVBl 1983, 120.
112 BVerwG NJW 1992, 1123.
113 I.d.S. BVerfGE 32, 299, 305; BVerwGE 44, 294, 300; BVerwG Buchholz 406.11 § 31 Nr. 9; BauR 1987, 661; ZfBR 1988, 144; OVG Münster NJW 1980, 1413; *K. Rennert,* in: Eyermann § 58 Rn. 18. A.M. wohl Ule § 37 IV 4; *Stollmann,* Öffentliches Baurecht § 21 Rn. 22.
114 So zutr. *Schenke* Rn. 675, 710.
115 BVerwG Buchholz 436.36 § 24 Nr. 10.
116 BVerwG DVBl 1976, 78, 79; BFHE 106, 134, 137.
117 BVerwGE 44, 294, 301.
118 Ule § 37 IV 4.
119 BVerwG NJW 1974, 1260; BFHE 106, 134, 137; OVG Münster NJW 1980, 1413.
120 Vgl. auch *Brandmeier/ Wolff,* JuS 2015, 530, 534.

Frist ist über § 57 Abs. 2 und § 222 Abs. 1 ZPO die Bestimmung des § 187 Abs. 1 BGB maßgebend, wonach der Tag der Zustellung bzw. der Bekanntgabe bei der Fristberechnung nicht mitgerechnet wird,[121] da es sich um eine Ereignisfrist handelt. Vielmehr ist der der Zustellung folgende Tag der erste Tag der Frist, wobei gleichgültig ist, ob dieser Tag ein Samstag, ein Sonntag oder ein Feiertag ist.[122] Die Klagefrist endet aufgrund des Verweises in § 57 Abs. 2, § 222 Abs. 1 ZPO nach § 188 Abs. 2 BGB mit Ablauf desjenigen Tages des nächsten Monats, der durch seine Benennung oder seine Zahl dem Tag der Zustellung bzw. der Bekanntgabe entspricht. Fehlt bei einer nach Monaten bestimmten Frist ein entsprechender Tag des für den Fristablauf maßgebenden Monats, so endet die Klagefrist nach § 188 Abs. 3 BGB am letzten Tag dieses Monats (Zustellung am 31. Januar, Fristende am 28. bzw. 29. Februar). Fällt das Ende der Klagefrist auf einen Samstag, einen Sonntag oder einen Feiertag, so endet die Frist mit Ablauf des nächsten Werktages, § 222 Abs. 2 ZPO. Werktage sind bei der Fristberechnung auch dann zu berücksichtigen, wenn dienstfrei ist.

VII. Fristwahrung

28   Die Klagefrist wird nur gewahrt durch rechtzeitige schriftliche Erhebung der Klage mittels Einreichung der Klageschrift oder einer Erklärung zu Protokoll, § 81 Abs. 1. Unschädlich ist dabei die fehlerhafte Bezeichnung einer Klage beim Verwaltungsgericht als „Widerspruch", wenn sich aus dem an das Verwaltungsgericht gerichteten Schriftsatz im Wege der Auslegung das Ansinnen entnehmen lässt, dass gerichtlicher Rechtsschutz gegen einen näher bezeichneten Verwaltungsakt in Anspruch genommen wird.[123] Im Gegensatz zum Zivilprozessrecht, das die Erhebung der Klage an die Zustellung der Klageschrift an den Beklagten knüpft (vgl. § 253 Abs. 1 ZPO), kommt es für die Fristwahrung im Verwaltungsprozess nicht auf den Zeitpunkt der Zustellung der Klage an den Beklagten an; insbes. bedarf es für die Einreichung der Klage nicht der Annahme durch einen zuständigen Behörden- bzw. Gerichtsangehörigen.[124] Durch die Klageerhebung innerhalb der Frist des § 74 mittels Eingang der Klageschrift beim Gericht oder mit Abschluss der Niederschrift durch den Urkundsbeamten der Geschäftsstelle wird die Streitsache rechtshängig (vgl. § 90 Abs. 1), unabhängig davon, ob die Klage zulässig ist oder nicht.

29   Erhebt der Kläger jedoch statt beim Verwaltungsgericht fälschlicherweise bei einem Gericht eines anderen Gerichtszweiges Klage, so unterwirft er sich damit der für dieses Gericht geltenden Prozessordnung, mit allen Konsequenzen auch für die fristgemäße Klageerhebung. Ordnet diese Prozessordnung daher für eine wirksame Erhebung der Klage etwa die Zustellung der Klageschrift an den Beklagten an, so ist die Klage wirksam erst mit Erfüllung dieses Erfordernisses erhoben;[125] dies folgt daraus, dass von dem Kläger erwartet werden kann, dass er sich vor Erhebung der Klage gerade bei diesem Gericht hinreichende Kenntnis über die maßgeblichen Bestimmungen der insoweit einschlägigen Prozessordnung verschafft hat. Die Unterwerfung unter eine andere Prozessordnung gilt jedoch nicht für den Fall, dass die Klage richtig adressiert ist und lediglich versehentlich bei einem Gericht eingereicht wird, nach dessen Prozessordnung die Zustellung der Klageschrift an den Beklagten erforderlich ist. Hier bedarf es offensichtlich keiner Zustellung an den Beklagten; für die Fristwahrung kommt es in diesem Fall vielmehr auf den rechtzeitigen Eingang der Klageschrift bei dem Gericht an, an das die Klage adressiert ist (→ Rn. 30 f.).

30   Obgleich die Klage grds. beim örtlich und sachlich zuständigen Gericht einzureichen ist, wahrt die Klageerhebung beim *sachlich* oder *örtlich unzuständigen Gericht* die Klagefrist;[126] ob die nach Klageerhebung erfolgende Verweisung an das zuständige Gericht während des Laufs oder nach Ablauf der Klagefrist erfolgt, ist gleichgültig, da der Ablauf der Klagefrist insoweit unschädlich ist;[127] zu beachten sind dabei jedoch die Bestimmungen der jeweils maßgeblichen Prozessordnung, denen sich der Kläger bei Klageerhebung bei einem bestimmten Gericht unterwirft (→ Rn. 29). Unschädlich ist insbes. die

---

121 BGH NJW 1984, 1358; *Thomas/Putzo* § 222 Rn. 2.
122 Näher *H. Heinrichs*, in: Palandt § 187 Rn. 1; *Heinrich*, in: Bamberger/Roth § 187 Rn. 2.
123 BVerfG NJW 1991, 508.
124 BVerwGE 18, 51, 52; *D. Krausnick*, in: Gärditz § 74 Rn. 22.
125 A.M. *Schenke* § 74 Rn. 10; *K. Rennert*, in: Eyermann § 74 Rn. 9.
126 BVerwG BayVBl 2002, 611, 612; *D. Krausnick*, in: Gärditz § 74 Rn. 26.
127 BVerwG DVBl 1993, 562; OVG Bln-Bbg 13.4.2016 – OVG 10 A 9.13, juris Rn. 27.

Klageerhebung beim Gericht statt der in der Rechtsbehelfsbelehrung benannten auswärtigen Kammer.[128]

Die Regelung des § 83, die sowohl im Hinblick auf die sachliche als auch auf die örtliche Zuständig- 31 keit auf die – an sich nur auf den Rechtsweg bezogenen – Bestimmungen der §§ 17–17b GVG verweist, macht deutlich, dass dem Kläger keine Nachteile durch die Anrufung eines sachlich oder örtlich unzuständigen Gerichts entstehen sollen,[129] er insbes. nicht mit der Sanktion des Fristablaufs konfrontiert werden soll. Dies gilt zumal in den Fällen, in denen Unklarheiten bzgl. des Rechtsweges bestehen; der Kläger soll nicht zum Opfer eines Zuständigkeitsstreits zwischen verschiedenen Gerichten werden.[130] Damit stellt sich die nach der früheren Rechtslage denkbare Konstellation, dass das angerufene Gericht nicht an das zuständige Verwaltungsgericht weiterverweisen konnte, was die Unzulässigkeit der Klage zur Folge hatte,[131] aufgrund der Neufassung von § 17a GVG nicht mehr. Als gleichfalls die Klagefrist wahrend muss die Klageerhebung bei einem instanziell unzuständigen Gericht angesehen werden; zum einen gilt die Verweisungsvorschrift des § 83 auch für Fälle instanzieller Unzuständigkeit;[132] zum anderen erschiene es inkonsequent, zumal unter dem Aspekt der Nachteilsvermeidung für den Kläger, die Klageerhebung nur bei einem sachlich oder örtlich unzuständigen Gericht, nicht hingegen bei einem instanziell unzuständigen Gericht für fristwahrend erachten zu wollen.[133]

Keine Wahrung der Klagefrist liegt hingegen vor im Falle einer Klageerhebung bei der Behörde, die 32 den ursprünglichen Verwaltungsakt erlassen hat, oder bei der Widerspruchsbehörde;[134] auch die Einreichung der Klage beim Finanzamt statt beim Finanzgericht wirkt nicht fristwahrend,[135] ebenso wenig wie die Erhebung einer Dienstaufsichtsbeschwerde.[136]

Die Frist wahrende Konstellation, dass die Klage beim sachlich, örtlich oder instanziell unzuständigen 33 Gericht eingereicht wird, ist, auch vor dem Hintergrund der Regelung des § 83, von dem Fall zu unterscheiden, dass eine an das zuständige Gericht adressierte Klage bei einem unzuständigen Gericht eingereicht wird. Eine solche Klage wahrt ebenso wenig die Frist[137] wie die Einreichung einer an ein unzuständiges Gericht adressierten Klage beim zuständigen Gericht oder die versehentlich an das Amtsgericht adressierte, ihrem Inhalt nach jedoch eindeutig für das Verwaltungsgericht bestimmte Klageschrift.[138] Es ist nicht Sinn der Verweisungsvorschrift des § 83 i.V.m. §§ 17–17b GVG, Unachtsamkeiten des Klägers auszugleichen. Die wirksame, Frist wahrende Klageerhebung setzt mithin voraus, dass die Klage auch bei dem Gericht erhoben wird, an das sie adressiert ist, weil der Kläger dieses für zuständig erachtet.[139] Letztlich ergibt sich dies aus der Überlegung, dass ein Gericht nicht die Funktion hat, lediglich als Zustellungsempfänger für das selbst vom Kläger nicht für zuständig erachtete Gericht und damit letztlich als dessen Bote zu fungieren;[140] insbes. ist es nicht Aufgabe von Gerichten, Unachtsamkeiten des Klägers zu bereinigen. Für diese Sicht der Dinge ist von Bedeutung, dass die Einreichung eines fristgebundenen Schriftstücks bei Gericht eine einseitige Prozesshandlung der jeweiligen Partei darstellt, die keiner Mitwirkung eines Bediensteten des betreffenden Gerichts, etwa in Form einer Inempfangnahme, bedarf.[141] Für die Fristwahrung in diesen Konstellationen kommt es mithin darauf an, ob die Klage beim zuständigen Gericht noch innerhalb der Klagefrist eingeht.

Da ein bei einer ebenfalls für das an sich zuständige Gericht verantwortlichen gemeinsamen Einlauf- 34 stelle eingereichter Schriftsatz bei dem Gericht eingeht, an das er adressiert ist, geht folgerichtig ein

---

128 BVerwG DVBl 1959, 709; BAG NJW 1982, 119; BFH BB 1981, 1759; BGH NJW 1967, 107; OLG Karlsruhe NJW 1984, 744.
129 VGH Mannheim NVwZ-RR 1989, 512, 513.
130 BVerwGE 79, 110, 112.
131 BVerwGE 53, 139, 140.
132 BVerwGE 18, 53, 58; 48, 201, 202.
133 Wie hier *Schenke* § 74 Rn. 8; *Schenke* Rn. 445; a.M. BGH NJW 1987, 2586, 2587; VGH Mannheim NJW 1988, 222.
134 BVerwG NJW 1976, 1419; BVerwGE 55, 61 ff.; VGH München BayVBl 1982, 242, 245.
135 BFH BStBl 1975 II, 337.
136 HmbOVG MDR 1950, 440.
137 BVerfGE 60, 243, 246 f.; VGH Mannheim NJW 1991, 1845; vgl. auch BVerwGE 46, 259, 260; *D. Krausnick,* in: Gärditz § 74 Rn. 27.
138 BVerwG BayVBl 2002, 611, 612.
139 BVerwG BayVBl 2002, 611; vgl. auch VGH Mannheim NJW 1991, 1845; *Schenke* § 74 Rn. 8.
140 OVG Koblenz NJW 1981, 1005.
141 BVerfGE 52, 203, 208 f.; 57, 117, 120 f.

unrichtig adressiertes Schriftstück mit der Einreichung bei einer gemeinsamen Einlaufstelle dem zuständigen Gericht auch dann nicht zu, wenn dieses der Einlaufstelle angeschlossen ist.[142] Eine Auslegung des Willens des Klägers dahingehend, dass die Klage dem zuständigen Gericht zugehen soll, scheidet insoweit aus. Dies folgt daraus, dass die Einreichung einer Klageschrift eine Prozesshandlung darstellt, die als reine Tathandlung, als Realakt, auf die Verschaffung der tatsächlichen Verfügungsgewalt des Gerichts gerichtet ist; es handelt sich bei der Klageschrift nicht um eine der Auslegung zugängliche prozessuale Willenserklärung.[143]

35   Frist wahrend wirkt es hingegen, wenn eine falsche Bezeichnung des Gerichts erkannt und die Klageschrift innerhalb der Klagefrist an das zuständige Gericht weitergeleitet wird, oder wenn eine Berichtigung einer falschen Adressierung des Gerichts so rechtzeitig erfolgt, dass die Klageschrift innerhalb der Klagefrist beim zuständigen Gericht eingeht.[144]

36   In den genannten Konstellationen kommt es für die Fristwahrung mithin darauf an, ob die Klage rechtzeitig beim zuständigen Gericht,[145] wegen der Verweisungsmöglichkeit des § 83 i.V.m. §§ 17–17 b GVG auch beim sachlich oder örtlich unzuständigen Gericht, in jedem Fall aber bei dem Gericht eingeht, an das die Klage adressiert ist. Auch in den Fällen einer Weiterleitung ist der tatsächliche Eingang bei dem Gericht maßgeblich, bei dem nach dem Willen des Klägers die Klage erhoben werden soll. Da auch eine Klage bei einem instanziell unzuständigen Gericht als fristwahrend erhoben gilt, kommt es auf den Eingang beim instanziell zuständigen Gericht nicht an; lediglich in den Fällen, in denen das Gericht, an das die Klage adressiert ist, und das Gericht, bei dem die Klage eingereicht wird, auseinander fallen, ist mithin der tatsächliche Eingang der Klage bei dem vom Kläger für zuständig erachteten Gericht maßgeblich. Nach Ansicht des OLG Zweibrücken[146] soll es für die Wahrung der Frist sogar ausreichen, wenn das unzuständige Gericht innerhalb der Klagefrist die Klageerhebung dem zuständigen Gericht mitteilt und dort hierüber eine Aktennotiz gemacht wird; unterbleiben Mitteilung oder Aktenvermerk, so soll Wiedereinsetzung gewährt werden. Diese Ansicht verwässert indes die klare Linie des BVerwG, wonach es auf den rechtzeitigen, tatsächlichen Eingang der Klage beim zuständigen Gericht ankommt, und ist daher abzulehnen.

37   Soll die Klagefrist gewahrt werden, so muss jedenfalls erkennbar eine Klage eingereicht werden. Daher wirkt die Einlegung eines Widerspruchs in den Fällen, in denen ein Vorverfahren nicht erforderlich ist, nicht fristwahrend. Auch die Einreichung eines Prozesskostenhilfegesuchs wahrt die Klagefrist nicht.[147]

38   Ist die Klage bereits vor Ablauf der Klagefrist bei Gericht eingegangen, so stellt sich die Frage der *Beweisbarkeit des rechtzeitigen Eingangs*. Es obliegt grds. dem Gericht, dafür Sorge zu tragen, dass der Zeitpunkt des Eingangs einer Klage zutreffend festgehalten wird, da dem Bürger hierfür die entsprechenden Möglichkeiten fehlen. Insbes. ist das Gericht dafür verantwortlich, die Mechanismen, die den Zeitpunkt des Eingangs der Klage bei Gericht festhalten, zu überwachen und für deren richtiges Funktionieren Sorge zu tragen. In diesem Zusammenhang auftretende Fehler, etwa ein defekter Nachtbriefkasten, dürfen nicht zulasten des Bürgers gehen. Daher ist in Zweifelsfällen zugunsten des Klägers der rechtzeitige Eingang der Klage bei Gericht anzunehmen, sofern der Kläger den rechtzeitigen Eingang der Klage glaubhaft macht.[148] Die Anforderungen an die Glaubhaftmachung sind reduziert; es genügt insoweit, dass eine Fristversäumnis mit überwiegender Wahrscheinlichkeit ausgeschlossen werden kann bzw. es darf die verspätete Einlegung nicht definitiv und zur Überzeugung des

142 BGH NJW 1983, 123; BayObLG NJW 1984, 1050 unter ausdrückl. Aufgabe von BayObLGSt 1982, 26.
143 BGH NJW 1983, 123.
144 BGH NJW 1983, 123. Einen Sonderfall betraf der Beschluss des BGH vom 30.9.1981 (VersR 1981, 1182), in dem eine unrichtig adressierte Klageschrift persönlich in einer Einlaufstelle abgegeben worden war, aber durch das Verhalten des Prozessvertreters des Klägers zweifelsfrei zum Ausdruck gebracht worden war, dass das Schriftstück nicht an das bezeichnete Gericht weitergeleitet, sondern an das der Einlaufstelle angeschlossene zuständige Gericht gehen sollte; in einem solchen Fall ist die Wahrung der Klagefrist zu bejahen, da der Adressat der Klage entgegen der fehlerhaften Bezeichnung und diese gleichsam korrigierend eindeutig bezeichnet wird und damit die fehlerhafte Adressierung obsolet wird.
145 BVerwGE 53, 139, 141; BGH NJW 1961, 361; NJW 1978, 1165; OLG Zweibrücken FamRZ 1977, 729, 732.
146 NJW 1982, 1008.
147 OVG Lüneburg OVGE 1, 227.
148 BVerwG NJW 1969, 1730, 1731; *D. Krausnick*, in: Gärditz § 74 Rn. 28.

Gerichts feststehen.[149] Demgemäß ist eine Klage auch dann als fristgerecht eingelegt zu betrachten, wenn der Zustellungsnachweis vernichtet wurde und sich deshalb urkundlich nicht mehr nachweisen lässt, ob eine Klage rechtzeitig eingelegt wurde.[150] Die entgegenstehende Ansicht, dass die Frist nachweislich gewahrt sein muss,[151] geht zu weit, da sie eine Beweislastverteilung voraussetzt, die vom Kläger zu seinen Gunsten nicht umgekehrt werden kann. Der den Eingang der Klageschrift regelmäßig festhaltende Eingangsstempel kann daher, wenn eine gewisse Wahrscheinlichkeit für die Unrichtigkeit des Datums des Eingangsstempels besteht, in seiner Beweiskraft, etwa durch Parteivernehmung,[152] erschüttert werden, wenn ein Defekt im Empfangsmechanismus des Gerichts vorliegt und die entsprechenden Umstände, die zu einem früheren Zugang der Klageschrift geführt haben, glaubhaft gemacht werden.[153]

VIII. Fristablauf

Die Klagefrist läuft um 24.00 Uhr des letzten Tages der Monatsfrist ab.[154] Bis zu diesem Zeitpunkt muss die Klage bei Gericht eingehen, wobei die Ausnutzung der Frist bis zur letzten Sekunde zulässig ist;[155] in diesem Fall ist der Kläger jedoch erhöhten Sorgfaltspflichten unterworfen.[156] Maßgeblich kommt es insoweit darauf an, dass die Klageschrift vor Ablauf der Frist in die *Verfügungsgewalt des Gerichts* gelangt ist.[157] Insbes. kommt es nicht, wie bei § 130 BGB für den Zugang von Willenserklärungen, darauf an, wann bei üblichem Verlauf mit einer Kenntnisnahme durch das Gericht zu rechnen ist,[158] sondern allein darauf, zu welchem Zeitpunkt die Klage tatsächlich in die Verfügungsgewalt des Gericht gelangt; nicht maßgeblich ist daher, ob zu einem bestimmten Zeitpunkt mit einer Kenntnisnahme durch das Gericht zu rechnen ist.[159] Auch eine amtliche In-Empfangnahme der Klageschrift durch einen Gerichtsbediensteten ist nicht geboten.[160] Zudem kommt es auf das Ende der Dienstzeit nicht an.[161] 39

Bei einem Poststreik treffen den Kläger erhöhte Sorgfaltsanforderungen, die auch die Wiedereinsetzung in den vorigen Stand ausschließen können; in einer solchen Streiksituation kann nicht auf die Einhaltung üblicher Postlaufzeiten vertraut, sondern muss auf zumutbare sichere Übermittlungswege, wie etwa die Benutzung eines Telefaxgerätes oder den Einwurf in den Gerichtsbriefkasten am Ort, ausgewichen werden. Wird der Postweg gleichwohl eingeschlagen, so ist der Kläger gehalten, das ihm im Zeitpunkt des Briefeinwurfs bekannte Risiko durch Nachfrage nach dem Eingang der Sendung bei Gericht aufzufangen.[162] 40

In die Verfügungsgewalt des Gerichts[163] kommt die Klageschrift durch Einwurf in den Briefkasten des Gerichts,[164] durch Einlegen in das Postfach, auch wenn dieses erst am nächsten Tag geleert wird,[165] 41

---

149 Vgl. BVerfGE 26, 315, 320; 38, 35, 39; BVerwG NJW 1969, 1730, 1731; DÖV 1972, 798; BGH NJW 1960, 2202, 2203; BayObLG NJW 1966, 947; OLG Stuttgart NJW 1981, 471.
150 BSG NJW 1973, 535; VGH München BayVBl 1975, 561.
151 BVerwG NJW 1962, 1268 – Gewährung von Wiedereinsetzung; BGH VersR 1980, 90.
152 Vgl. BVerwG Buchholz 310 § 70 VwGO Nr. 5.
153 Zum Gegenbeweis gegen den Eingangsstempel BGH VersR 1982, 652.
154 BVerfGE 40, 42, 44; 41, 23, 26; 41, 323, 326 f.; 42, 128, 130; 44, 302, 305; 51, 352, 355; 52, 203, 207; 62, 334, 337; BVerwGE 18, 51, 52; BVerwG Buchholz 310 § 60 Nr. 28; NJW 1974, 73.
155 BVerfGE 40, 40, 44; 41, 323, 328; 69, 381, 385; BVerfG NJW 1986, 244; NJW 1991, 2076.
156 Zum Verschulden von Hilfspersonal eines bevollmächtigten Anwalts im Zusammenhang mit der Einhaltung der Klagefrist VGH München 24.11.2010, BeckRS 2010, 56225.
157 BVerfGE 52, 203, 209; 57, 117, 120; 60, 243, 246; 69, 381, 385 f.; BGH NJW 1980, 580; NJW 1981, 1216; NJW 1984, 1237; NJW 1986, 2646; NJW 1987, 2875.
158 Demnach ist es auch gleichgültig, wenn zum Zeitpunkt der Einreichung der Klageschrift mit einer Kenntnisnahme durch das Gericht nicht mehr zu rechnen ist, vgl. BVerfGE 52, 203, 209.
159 BVerfGE 52, 203, 209; vgl. auch BGH NJW 1987, 2875; enger BGH NJW 1981, 1789, wo darauf abgestellt wurde, ob mit einer rechtzeitigen Leerung zu rechnen ist.
160 BVerfGE 52, 203 ff.
161 BVerfGE 41, 323, 327; 42, 128, 131 f.; 69, 381, 386.
162 BVerfG NJW 1995, 1210.
163 Vgl. auch *Schenke* § 74 Rn. 11.
164 BVerfGE 42, 128 ff.; BVerwG NJW 1962, 1268, für den Fall der Einlegung von Rechtsbehelfen gegenüber Behörden; BVerwGE 18, 51, 52; BGH NJW 1981, 1216.
165 BVerwG DVBl 1961, 827; NJW 1964, 788; BGH NJW 1986, 2646; BSG MDR 1978, 83; VGH München BayVBl 1983, 439: bis 24 Uhr, wenn der Zugang zum Postfach vor Beginn und über das Ende der Dienstzeit bei Gericht hinaus eröffnet ist. Die Ansicht von BVerwGE 10, 193, wonach das Einlegen in das Postfach nur dann ausreicht,

oder in das Postschließ- oder Postsammelfach des Gerichts,[166] sowie bei rechtzeitiger Übermittlung der Klageschrift durch die Post und mittels Fax; bei der Übermittlung durch die Post geht die Klage mit Aushändigung durch den Postbeamten an das Gericht zu. In jedem Fall muss die Klageschrift dem Gericht tatsächlich zugegangen sein; ein bloßer Benachrichtigungszettel der Post, dass eine Einschreibsendung zur Abholung bereit liegt, wahrt die Frist nicht, auch wenn es dem Gericht zuzurechnen ist, dass die Sendung nicht rechtzeitig abgeholt wurde.[167] Der Einwurf der Klageschrift in den Nachtbriefkasten des Gerichts bzw. bei Fehlen eines solchen in den normalen Briefkasten des Gerichts enthebt den Kläger von der Verantwortung für gerichtsintern bedingte Verzögerungen;[168] dies gilt auch für den Einwurf in den Nachtbriefkasten des Gerichts während der regulären Dienstzeit, wenn dessen Benutzung zur Tageszeit nicht ausgeschlossen ist.[169]

42 Auch der Eingang bei der Postverteilungsstelle eines Gerichts, die eine gemeinsame Einrichtung des Gerichts und des Anwaltsvereins darstellt, ist ausreichend, da die Klage mit Einreichung in der Postverteilungsstelle in die Verfügungsgewalt des Gerichts gelangt ist; ein Schild mit dem Hinweis, dass Fristsachen auf der Geschäftsstelle oder einer gemeinsamen Briefannahmestelle abzugeben sind, ist insoweit unbeachtlich,[170] ebenso das Einlegen der Klageschrift in ein falsches Fach.[171] Auch die Einreichung der Klage bei einer Stelle im Gericht, die zwar nicht ausdrücklich als gemeinsame Einlaufstelle bestimmt ist, aber als solche nach der Übung des Gerichts fungiert, ist zur Wahrung der Klagefrist ausreichend.[172]

43 Wird die Klageschrift nicht mit der Post verschickt, sondern im Gericht abgegeben, so erlangt das Gericht die Verfügungsgewalt nicht schon mit dem bloßen Hinterlassen der Klageschrift in den Räumlichkeiten des Gerichts. Erforderlich ist vielmehr, dass der Kläger dafür Sorge trägt, dass dem Gericht die Möglichkeit der Kenntnisnahme gegeben wird; dies setzt voraus, dass die Klageschrift in den ordnungsgemäßen Geschäftsgang des Gerichts eingeschleust wird. Hierfür ist es erforderlich, dass die Klageschrift in den hierfür bereitgestellten Räumlichkeiten hinterlegt wird, und zwar in einer Art und Weise, die eine Kenntnisnahme ermöglicht. Hinterlässt der Kläger die Klageschrift an einem beliebigen Ort innerhalb des Gerichtsgebäudes, z.B. auf einer Bank oder einem Tisch vor einem Gerichtssaal, so erlangt das Gericht keine Verfügungsgewalt über die Klageschrift; Gleiches gilt für das bloße Durchschieben der Klageschrift unter der Tür des Gerichts. Wird die Klageschrift einer Person übergeben, so gelangt sie in die Verfügungsgewalt des Gerichts nur durch Übergabe an solche Personen, die für die Entgegennahme von Schriftstücken zuständig sind; nur auf diese Weise kann sichergestellt werden, dass die Klageschrift in den ordnungsgemäßen Geschäftsgang des Gerichts eingebracht wird. Ebenso wenig ausreichend ist deshalb etwa auch die Übergabe der Klageschrift an eine unzuständige Person, wie etwa die Reinigungskraft des Gerichts.[173] Erfolgt die Übergabe der Klageschrift an eine – auch zur Entgegennahme befugte – Person, so ist ein räumlicher Bezug zum Gerichtsgebäude freilich unentbehrlich. Da die Klageerhebung bei der Institution Gericht erfolgen muss,[174] gilt eine z.B. einem Richter bei einer privaten Feier außerhalb des Gerichtsgebäudes übergebene Klageschrift als nicht in die Verfügungsgewalt des Gerichts übergegangen. Dies gilt auch für Anträge nach § 80 Abs. 5 oder § 123; die regelmäßige Eilbedürftigkeit solcher Anträge stellt keinen hinreichenden Grund dar, vom Erfordernis der Anbindung der Einreichung der Klageschrift bei der Institution Gericht Abstand zu nehmen.[175]

44 Hat der Kläger mit der ordnungsgemäßen Einreichung der Klageschrift das seinerseits Erforderliche zur Wahrung der Klagefrist getan, so ist er von der Verantwortlichkeit für allein in der Sphäre des Ge-

---

wenn im Zeitpunkt der Einlegung noch mit Abholung zu rechnen ist, dürfte überholt sein; sie ist zudem wegen der damit verbundenen Unsicherheiten abzulehnen.

166 BVerwGE 10, 293 ff.; BVerwG DVBl 1961, 827; NJW 1964, 788.
167 BAG NJW 1986, 1373; BFH BStBl 1976 II, 76.
168 Vgl. BVerfGE 42, 128 ff.; BVerwG NJW 1962, 1268; BVerwGE 18, 51, 52; BFH NJW 1975, 1384; BFHE 123, 122, 124; BGH NJW 1981, 1216; NJW 1984, 1237; OLG Hamm NJW 1976, 747; a.M. BAG NJW 1960, 1543; BGHZ 2, 31 ff.; BayObLG NJW 1969, 201; MDR 1976, 67.
169 OVG Münster NWVBl 1990, 168, 169.
170 BVerfGE 57, 117, 120 f.
171 BVerfGE 57, 117, 120.
172 BGH NJW 1984, 1239, 1240.
173 Vgl. etwa BVerwGE 46, 260, 261; OVG Münster DÖV 1974, 105.
174 BVerwGE 46, 260, 261.
175 So auch Schenke § 74 Rn. 12.

richts liegende und zu Fristwahrungsverzögerungen geeignete Gegebenheiten befreit;[176] solche Verzögerungen gehen nicht zulasten des Klägers. Dies schließt Fälle ein, in denen ein Gerichtsangehöriger pflichtwidrig handelt,[177] wie auch technische Defekte im Verantwortungsbereich des Gerichts, bspw. ein defektes Telefaxgerät.

Zu einer Fristversäumnis führende Verzögerungen bei der Entgegennahme der Klage durch das Gericht, die ihre Ursache in der Sphäre des Gerichts haben, sind vom Gericht zu vertreten; in einem solchen Fall ist Wiedereinsetzung zu gewähren.[178] Dies schließt den Fall eines eigenen gerichtlichen Abholdienstes bei der Post ein, der den Abschluss der Sortiervorgänge bei der Post nicht berücksichtigt; der Bürger darf in diesem Fall nicht schlechter gestellt werden als bei der Anlieferung von Schriftstücken durch Zusteller der Post an das Gericht.[179] Verhindert das Gericht den im Einzelfall möglichen rechtzeitigen Zugang der Klageschrift, so gilt die Frist nach den Grundsätzen von Treu und Glauben ebenfalls als gewahrt;[180] auf die Voraussetzungen einer Wiedereinsetzung kommt es insoweit nicht an. 45

Wird die Klage nach Fristablauf bei Gericht erhoben, so ist sie unzulässig. Ihre Abweisung kann durch Gerichtsbescheid nach § 84 Abs. 1 erfolgen. War der Kläger ohne Verschulden gehindert, die Klagefrist einzuhalten, so ist ihm auf Antrag Wiedereinsetzung zu gewähren (§ 60). Eine zunächst wegen Fristablaufs abgewiesene Klage wird jedoch zulässig, wenn die Widerspruchsbehörde erst nach Einlegung der Berufung sachlich über den Widerspruch entscheidet.[181] Es liegt im Ermessen der Widerspruchsbehörde, ob sie durch eine Sachentscheidung nach Fristablauf den Rechtsweg wieder eröffnen will oder nicht. 46

IX. Klageverzicht

Der Klageverzicht bedeutet die eindeutige, unmissverständliche und unzweifelhafte, wenngleich auch konkludent mögliche Erklärung des Klägers, auf die gerichtliche Geltendmachung eines ihm zustehenden Rechts verzichten zu wollen.[182] Hat der Kläger fristgerecht Klage erhoben und verzichtet er anschließend auf sein Klagerecht, etwa auch in der Weise, dass er erklärt, einen Rechtsbehelf nicht einlegen zu wollen, so wird die Klage unzulässig;[183] dies gilt auch für nicht fristgebundene Klagen. Erklären sämtliche Beteiligten, dass sie auf die Einlegung von Rechtsbehelfen verzichten wollen, so führt dies unmittelbar zu Unanfechtbarkeit und damit Bestandskraft des Verwaltungsakts.[184] Die Wirksamkeit des Klageverzichts ist insbes. nicht daran geknüpft, dass die Klage zulässig war. Mit dem Klageverzicht entfällt auch die aufschiebende Wirkung der Anfechtungsklage. Verzichtet der Kläger hingegen auf den vom Klageverzicht zu unterscheidenden materiell-rechtlichen Anspruch, so führt dies zur Unbegründetheit der Klage. Der Klageverzicht gilt grds. auch für einen Rechtsnachfolger.[185] Insbes. in den Fällen, in denen die Klagefrist noch läuft, kann wegen der unterschiedlichen Rechtswirkungen von Verzicht und Rücknahme aber ggf. zu prüfen sein, ob der Kläger mit seinem „Verzicht" nicht in Wahrheit die Rücknahme der Klage meint. 47

Beim Klageverzicht gilt es *zu unterscheiden*.[186] Handelt es sich um einen gegenüber dem Gericht erklärten, von Amts wegen zu beachtenden einseitigen Verzicht, so liegt eine einseitige prozessuale Willenserklärung des Klägers vor;[187] dieser einseitige Verzicht kann erst erklärt werden, wenn der Verwaltungsakt oder die sonstige Entscheidung, auf den bzw. auf die sich die Klage bezogen hätte, ergangen ist.[188] Dementsprechend setzt der Verzicht auf die Berufung das Ergehen des erstinstanzlichen Urteils 48

---

176 BVerfGE 44, 302, 306; 52, 203, 207; 62, 216, 221; 69, 381, 386; BVerfG NJW 1991, 2076; BGH NJW 1984, 1240.
177 BVerwGE 9, 89, 90; BSGE 32, 60.
178 BVerfGE 41, 23, 27; 41, 323, 327 f.; 44, 302, 306; 62, 216, 221.
179 BVerfGE 62, 216, 222, unter Verweis auf BVerfGE 41, 23, 27; 41, 323, 327 f.; 44, 302, 306 f.
180 VGH Kassel NJW 1987, 2765.
181 VGH München BayVGH (N.F.) 26, 57; vgl. auch BVerwG DÖV 1971, 393.
182 Vgl. etwa BVerwGE 55, 355, 357; BGHZ 2, 112, 117; BGH NJW 1985, 2335; NStZ 1986, 277; OVG Saarlouis NVwZ 1984, 657, 658.
183 BVerfG DÖV 1972, 312; BVerwGE 19, 159; VGH München DÖV 1960, 391; BayVBl 1965, 100, 101; BayVBl 1977, 404; *B. Rimmelspacher*, JuS 1988, 953; *D. Krausnick*, in: Gärditz § 74 Rn. 29.
184 OLG Düsseldorf NJW 1965, 403.
185 Vgl. VGH Kassel DÖV 1984, 861.
186 Vgl. *M. Redeker*, in: Redeker/v. Oertzen § 126 Rn. 11 ff.
187 BGHZ 27, 60, 61; BGH NJW 1985, 2334.
188 BVerwG DVBl 1964, 874, 875.

voraus. Möglich ist jedoch die Erklärung des einseitigen Klageverzichts unter der auflösenden Bedingung, dass die Entscheidung in einem bestimmten Sinn ergehen wird.[189] Diese Form des Klageverzichts, die wirksam nur dem Gericht gegenüber erklärt werden kann, ist bedingungsfeindlich.[190] Der einseitige Klageverzicht kann als Erklärung des Verfahrensrechts grds. weder angefochten noch zurückgenommen bzw. widerrufen werden; seine Wirksamkeit ist vielmehr allein nach den Maßstäben des Verfahrensrechts zu beurteilen,[191] was, bei Vorliegen eines Wiederaufnahmegrundes, die Wiederaufnahme des Verfahrens selbstredend nicht ausschließt.[192] Das Gericht hat den ihm gegenüber erklärten Verzicht von Amts wegen zu beachten.[193] Der dem Gericht gegenüber erklärte Klageverzicht führt unmittelbar zur Unzulässigkeit der Klage.

49 Ob daneben der Klageverzicht einseitig auch gegenüber den Beteiligten schriftlich oder mündlich erklärt werden kann, mit der Folge, dass von diesen der Klageverzicht durch Einrede geltend gemacht werden kann, was gleichfalls zur Unzulässigkeit der Klage führt, kann jedoch unter dem Gesichtspunkt fraglich erscheinen, dass das Verfahren für das Gericht nur überschaubar bleibt, wenn die Verzichtserklärung ihm gegenüber abgegeben wird.[194] Der vom BGH vertretenen Ansicht, dass der außergerichtlich dem Prozessgegner gegenüber erklärte Verzicht vom Gericht auf eine entsprechende Einrede des Prozessgegners hin zu berücksichtigen ist, mit der Folge der Unzulässigkeit der Klage,[195] ist gleichwohl zuzustimmen, da es dem Verwaltungsprozess nicht fremd ist, dass eine Sachurteilsvoraussetzung vom Gericht nur auf Einrede hin berücksichtigt wird, wie etwa im Falle einer Klageerhebung, die eine unzulässige Rechtsausübung darstellt, oder der Klageerhebung trotz Ausschluss des Klageweges durch Schiedsvertrag.[196] Der außergerichtlich dem oder den Beteiligten gegenüber erklärte einseitige Klageverzicht kann nach den allgemeinen Vorschriften widerrufen werden.

50 Ebenfalls zulässig ist der unter den Beteiligten *rechtsgeschäftlich vereinbarte Verzicht*, der den Vorschriften des materiellen Rechts unterliegt und der gleichfalls im Prozess als Einrede geltend gemacht werden muss.[197] Da der rechtsgeschäftlich vereinbarte Klageverzicht ein außergerichtlicher, durch Vertrag zwischen den Beteiligten vereinbarter Verzicht ist, unterliegt er auch den allgemeinen Vertragsregeln und kann daher – im Gegensatz zum dem Gericht gegenüber erklärten Verzicht – vertraglich wieder aufgehoben sowie nach den Vorschriften des BGB angefochten werden.[198] Dies ist jedoch nur möglich, solange die Entscheidung des Gerichts, gegen die der Rechtsbehelf eingelegt werden kann, noch nicht ergangen ist. Wird die Einrede des rechtsgeschäftlich vereinbarten Klageverzichts erhoben, so begründet dies die Unzulässigkeit der Klage.[199]

51 Die Unwirksamkeit eines Verzichts ist dann anzunehmen, wenn dieser durch eine unzutreffende Belehrung des Gerichts herbeigeführt wurde.[200] Gleiches gilt für den Fall, dass der Vergleich durch eine Täuschung des Klagegegners,[201] eine Drohung oder durch eine sonstige unzulässige Beeinflussung von dessen Seite[202] zustande gekommen ist. Bedeutet die Berufung des Prozessgegners auf den Klageverzicht ein arglistiges oder rechtsmissbräuchliches Handeln, so ist der Verzicht gleichfalls unwirksam. Da es im Hinblick auf die Wirksamkeit des Klageverzichts hingegen auf die Motive, die zu dem Verzicht geführt haben, nicht ankommt, ist es unbeachtlich, wenn der Verzicht durch finanzielle Gegen-

---

189 BVerwGE 19, 159 ff.; 26, 50 ff.

190 Die Ansicht, dass der einseitige Verzicht bereits vor Erlass des Verwaltungsakts unter der auflösenden Bedingung erklärt werden kann, dass die Entscheidung in einem bestimmten Sinn ergehen wird (vgl. BVerwGE 19, 159 ff.; 26, 50 ff.), ist abzulehnen.

191 RGZ 105, 351, 355; BGH NJW 1985, 2334; vgl. auch *Schenke* Vorbem. § 40 Rn. 15; *C. Meissner*, in: Schoch/Schneider/Bier § 74 Rn. 46.

192 BGHZ 12, 284 ff.; BGH NJW 1985, 2334; NJW 1985, 2335.

193 BGHZ 27, 60 ff.; BGH NJW 1985, 2334.

194 So *M. Redeker*, in: Redeker/v. Oertzen § 126 Rn. 13.

195 BGH NJW 1985, 2334; NJW 1985, 2335; OVG Saarlouis NVwZ 1984, 657, 658.

196 Wie hier *Schenke* § 74 Rn. 24.

197 BGH NJW 1985, 2334; NJW 1985, 2335; OVG Saarlouis NVwZ 1984, 657, 658; *Schenke* § 74 Rn. 23; *M. Redeker*, in: Redeker/v. Oertzen § 126 Rn. 13.

198 RGZ 150, 392, 395; BGH JZ 1953, 153; NJW 1985, 2334; NJW 1985, 2335.

199 Vgl. etwa BGH NJW 1984, 805.

200 OLG Hamm NJW 1976, 1952.

201 HmbVerfG DVBl 1955, 265; *D. Krausnick*, in: Gärditz § 74 Rn. 30.

202 BVerwG NJW 1957, 1374; BVerwGE 19, 159 ff.; VGH München BayVBl 1977, 404, für den Fall des Versprechens eines gesetzlich ohnehin vorgesehenen Vorteils.

leistungen eines Dritten bewirkt wurde.[203] Für den Fall, dass eine Behörde mit einem durch einen Verwaltungsakt Betroffenen einen Vergleich vereinbaren will, ist für dessen Wirksamkeit Voraussetzung, dass sich dieser über die Tragweite des Rechtsgeschäfts im Klaren ist.[204]

X. Klageänderung

Nimmt der Kläger eine Klageänderung vor, so ist zu vergegenwärtigen, dass für die geänderte Klage gesondert und unabhängig von der Zulässigkeit der Klageänderung nach § 91 sämtliche regulären Sachurteilsvoraussetzungen gegeben sein müssen;[205] dabei kommt es auf die Zulässigkeit der ursprünglich erhobenen Klage nicht an.[206] Dies bedeutet, dass bei Anfechtungs- und Verpflichtungsklagen die Wahrung der Klagefrist bei der *objektiven Klageänderung* im Hinblick auf den geänderten und erweiterten Klageantrag gegeben sein muss; daher wird eine geänderte Klage im Hinblick auf die Erweiterung wegen Ablaufs der Klagefrist regelmäßig unzulässig sein, wenn die ursprüngliche Klage zunächst inhaltlich beschränkt war, also bspw. ein Verwaltungsakt ursprünglich nur teilweise angefochten wurde, zumal dann, wenn ein weiter gehendes Klageziel bei Klageerhebung ausdrücklich ausgeschlossen wurde.[207] Die Unanfechtbarkeit eines Verwaltungsakts kann nicht durch nachträgliche Anträge beseitigt werden, nicht zuletzt deswegen, weil Gründe der Prozessökonomie insoweit keine Rolle spielen.[208] Nichts anderes kann aus Gründen der Rechtssicherheit für den Beklagten auch für den Fall gelten, dass der ursprüngliche Klageantrag nicht ausdrücklich, sondern konkludent durch eine nur teilweise Anfechtung inhaltlich beschränkt war. Der Grund dafür, dass die Wahrung der Klagefrist insoweit gesondert und erneut überprüft werden muss, liegt darin, dass der geänderte Klageantrag erst mit dem Zeitpunkt der Klageänderung rechtshängig wird, und die Rechtshängigkeit nicht auf den Zeitpunkt der Erhebung der ursprünglichen Klage zurückwirkt;[209] dies gilt zumal dann, wenn ein Dritter durch den angefochtenen Verwaltungsakt mit Ablauf der Klagefrist eine bestandskräftige Rechtsposition erworben hat. Maßgeblich für die Fristwahrung ist insoweit der Zeitpunkt, zu dem die Änderung dem Gericht nach § 81 mitgeteilt wird.[210] — 52

Liegt eine *subjektive Klageänderung* in der Form der Auswechslung des *Klägers* vor, so ist zu berücksichtigen, dass die Vorschrift des § 74 hierdurch nicht unterlaufen werden darf. Die Klagefrist muss daher in der Person des Klägers gewahrt sein, was bedeutet, dass im Falle des Parteiwechsels auf der Klägerseite die Klagefrist in der Person des nunmehrigen Klägers eingehalten sein muss,[211] wobei als Zeitpunkt sein Eintritt in das Verfahren maßgeblich ist. Sofern der neue Kläger nicht Rechtsnachfolger des ursprünglichen Klägers geworden ist, kommt dem neuen Kläger die Wahrung der Frist durch den ursprünglichen Kläger nicht zugute.[212] — 53

Anders liegt der Fall hingegen, wenn der ursprüngliche Kläger zunächst eine dem Fristerfordernis nicht unterworfene allgemeine Leistungs- oder Feststellungsklage erhoben hat und diese später auf eine Anfechtungs- oder Verpflichtungsklage umstellt. In diesem Fall ist der Zeitpunkt der Erhebung der ursprünglichen Klage für die Wahrung der Frist maßgeblich.[213] Gleiches muss für den Fall gelten, dass der Kläger Klage auf Erlass eines Widerspruchsbescheids in einem Fall erhebt, in dem ein Widerspruchsverfahren nicht vorgesehen ist, sofern er auch nach Ablauf der Klagefrist seine Klage auf eine — 54

---

203 BGHZ 79, 131 ff.; hierzu auch *H.-G. Knothe*, JuS 1983, 18.
204 BVerwG NJW 1957, 1374.
205 BVerwG MDR 1972, 717, 719; BVerwGE 65, 45, 49 m.w.N.
206 BVerwG MDR 1972, 717, 719; BVerwGE 65, 45, 49; VGH München BayVBl 1987, 22, 23.
207 BFH – GS – NVwZ 1990, 598.
208 BVerwGE 40, 25, 32.
209 BVerwGE 40, 25, 32 f.; BVerwG NJW 1989, 3168; BFHE 135, 154 ff.; 145, 125 ff.; 147, 323 ff.; VGH München BayVBl 1976, 495; *W. Dänzer-Vanotti*, DStZ 1984, 219; a.M. etwa *G. Rößler*, DStZ 1984, 316, 317.
210 BVerwGE 40, 25, 32; BFHE 135, 154 ff. unter Aufgabe der früheren abweichenden Rspr.
211 So auch VG Karlsruhe NVwZ-RR 2006, 621, wonach bei Vornahme eines Parteiwechsels Zulässigkeitserfordernis der Klage ist, dass in Bezug auf die neue Partei die Klagefrist zum Zeitpunkt des Parteiwechsels noch nicht abgelaufen ist.
212 OVG Münster VerwRspr 21, 502; VG Freiburg NVwZ 1985, 444; *W. Franz*, DVBl 1969, 628; *C. Meissner*, in: Schoch/Schneider/Bier § 74 Rn. 40; a.M. OVG Lüneburg DVBl 1967, 425, 426, unter Hinweis auf den Sinn der Klageänderung, der Prozesswirtschaftlichkeit zu dienen und zu verhindern, dass sachliche Recht scheitern zu lassen.
213 A.M. *Schenke* § 74 Rn. 7; vgl. auch BVerwG NJW 1989, 3168.

Anfechtungsklage gegen den belastenden Verwaltungsakt bzw. auf eine Verpflichtungsklage auf Erlass des abgelehnten Verwaltungsakt umstellt.[214]

55   Findet hingegen der Parteiwechsel auf der *Beklagtenseite* statt, so ist der Zeitpunkt der Klageerhebung maßgeblich. Daher scheidet nach Ablauf der Klagefrist eine subjektive Klageänderung durch Auswechslung des Beklagten aus;[215] diese ist nur innerhalb der Klagefrist möglich und kann insbes. nicht dazu benutzt werden, um nach Ablauf der Klagefrist einen neuen Beklagten in den laufenden Prozess einzuführen, obwohl eine neue Klage gegen den nunmehrigen Beklagten als unzulässig abzuweisen wäre.[216] Nach einer verbreiteten Ansicht hingegen ist die Person des Beklagten im Verwaltungsprozess für den Kläger oft nur schwer erkennbar, weshalb die Sachentscheidung nicht an der Notwendigkeit einer Auswechslung des Beklagten scheitern soll.[217] Nach dieser Sicht soll es für die Wahrung der Klagefrist gleichfalls ausreichend sein, wenn der Beklagte zunächst nicht bezeichnet war.

XI. Verwirkung

56   Die Versäumung der Klagefrist ist zu unterscheiden von der – prozessualen – Verwirkung des Klagerechts; diese geht jedoch häufig mit einer Verwirkung des durch das Prozessrecht geschützten materiellrechtlichen Anspruchs einher, mit der Folge des Fehlens der Klagebefugnis nach § 42 Abs. 2.[218] Durch Zeitablauf verwirkt werden kann insbes. das Klagerecht bei nicht fristgebundenen Klagen. Da es für den Beginn der Klagefrist auf den Zeitpunkt der Verwaltungsentscheidung nicht ankommt, sondern vielmehr auf deren Bekanntgabe, überwindet eine nach einer Verwirkung erfolgende Bekanntgabe einer Verwaltungsentscheidung die Verwirkung und beginnt die Klagefrist mit der Bekanntgabe des Verwaltungsakts zu laufen.[219]

57   Die Verwirkung als Unterfall der unzulässigen Rechtsausübung bzw. des Rechtsmissbrauchs setzt einen längeren Zeitraum voraus, während dessen die Möglichkeit der Klageerhebung bestand, was dem Berechtigten bewusst gewesen sein muss.[220] Zudem ist erforderlich, dass der Verpflichtete infolge eines bestimmten Verhaltens des Berechtigten darauf vertrauen durfte, dass dieser das betreffende Recht nach so langer Zeit nicht mehr geltend machen wird (Vertrauensgrundlage), der Verpflichtete ferner tatsächlich darauf vertraut hat, dass das Recht nicht mehr ausgeübt wird (Vertrauenstatbestand) und sich infolgedessen in seinen Vorkehrungen und Maßnahmen so eingerichtet hat, dass ihm durch die verspätete Durchsetzung des Rechts ein unzumutbarer Nachteil entstehen würde (Vertrauensbetätigung). Diese Voraussetzungen werden ergänzt durch das Erfordernis eines Verstoßes gegen das öffentliche Interesse am Rechtsfrieden.[221] Die Verwirkung knüpft damit an ein vorangegangenes Tun des Klägers an und sanktioniert späteres, im Vergleich zu vorangegangenem Tun widersprüchliches oder gar kontradiktorisches und zudem unredliches und gegen Treu und Glauben verstoßendes Verhalten dahingehend, dass die Klage dem Verdikt der Unzulässigkeit unterfällt.[222] Auch der Aspekt der Dispositionssicherheit für die Behörde spielt insoweit eine Rolle, wenn die Behörde für den Bürger

---

214 A.M. *Schenke* § 74 Rn. 7.
215 Vgl. BVerwG 27.7.1989 – 4 B 98/88, juris m.w.N. Das Auswechseln des Beklagten nach Ablauf der Klagefrist macht die Klage aber jedenfalls dann nicht wegen Fristversäumnis unzulässig, wenn die angefochtenen Verwaltungsakte und der erstrebte begünstigende Verwaltungsakt schon mit der Erhebung der Klage eindeutig bezeichnet worden sind, vgl. BVerwG 20.1.1993, DVBl 1993, 562.
216 VG München 13.2.2008 – M 22 K 08.297, juris Rn. 18.
217 OVG Lüneburg DVBl 1967, 425, 426; DÖV 1967, 687; VGH Mannheim DÖV 1982, 750; VG Freiburg NVwZ 1985, 444; VG Münster MDR 1962, 1018; *C. H. Ule*, DVBl 1964, 156; a.M. BFHE 130, 14 ff.; LVG Gelsenkirchen MDR 1955, 764; *W. Franz*, DVBl 1969, 628, 630; *A. Jaekel*, DÖV 1985, 479, 484; *P. Kothe*, in: Redeker/v. Oertzen § 91 Rn. 26; *F. Sieveking*, MDR 1955, 765.
218 *Schenke* Rn. 590. Zur Verwirkung eines materiellen Rechts etwa BVerwG BayVBl 1991, 726, 728; vgl. auch BVerfGE 32, 305 ff.; BVerwGE 44, 294 ff.; BVerwG DÖV 1988, 32 m.w.N.; BVerwG NVwZ 1991, 1182; OVG Koblenz NJW 1984, 445; OVG Lüneburg NJW 1981, 598.
219 BVerwGE 1, 55 ff.; VGH München BayVGH (N.F.) 1, 139 ff., für den Fall, dass eine gesetzliche Fiktion der Ablehnung eines Verwaltungsakts durch einen nachträglichen Bescheid ersetzt wird.
220 BVerwG BayVBl 2001 727.
221 BVerfGE 72, 302, 309; BVerwG BayVBl 2001, 727.
222 BVerfGE 32, 305, 308; BVerwG DÖV 1968, 846; BVerwGE 44, 294, 299 ff.; BVerwG DVBl 1987, 1276; BFHE 106, 134 ff.; BFH BayVBl 1986, 221; BSG NJW 1972, 2103; OVG Bln NVwZ 1983, 164, 165; OVG Münster NJW 1980, 1413; NJW 1981, 598; VGH Kassel NJW 1981, 2315; VG Schleswig NVwZ 1987, 163; a.M. noch die frühere Rspr. des BVerwG (DVBl 1960, 678), wonach die Verwirkung die Klage unbegründet macht.

erkennbar von der Bestandskraft ihrer Entscheidung ausgeht.[223] Dass der Kläger einen Verwaltungsakt zunächst befolgt hat und ihn später angreift, begründet für sich genommen aber noch nicht den Tatbestand der Verwirkung.[224]

Für die Verwirkung gilt es *zu trennen*, ob dem Kläger der Verwaltungsakt ordnungsgemäß bekannt 58 gegeben (verkündet, zugestellt oder eröffnet) und mit einer zutreffenden Rechtsbehelfsbelehrung versehen worden ist, ob ihm der Verwaltungsakt zwar ordnungsgemäß bekannt gegeben, eine Rechtsbehelfsbelehrung jedoch unterblieben ist bzw. diese unrichtig erteilt wurde, ob es an einer ordnungsgemäßen Bekanntgabe fehlte oder ob ihm der Verwaltungsakt überhaupt nicht bekannt gegeben worden ist.

Liegt der Fall der ordnungsgemäßen, mit einer Rechtsbehelfsbelehrung versehenen Bekanntgabe des 59 Verwaltungsakts an den Kläger vor, so stellt sich die Frage der Verwirkung allenfalls bei den nicht fristgebundenen Klagen, da sich die Klagefrist bei der Anfechtungs- und der Verpflichtungsklage nach der Monatsfrist des § 74 bemisst und nach deren Ablauf eine Verwirkung ohnehin nicht mehr in Betracht kommt.

Handelt es sich hingegen um den Fall einer ordnungsgemäßen Bekanntgabe eines Verwaltungsakts, 60 bei der indes eine Rechtsbehelfsbelehrung unterblieben ist bzw. diese unrichtig erteilt wurde, so greift anstelle der für den Rechtsbehelf an sich vorgesehenen gesetzlichen Frist die Jahresfrist des § 58 Abs. 2 ein, welche eine Ausschlussfrist darstellt. Die Folge der unterbliebenen oder unrichtig erteilten Rechtsbehelfsbelehrung erschöpft sich jedoch in der Ersetzung der regulären gesetzlichen Monatsfrist durch den Fristlauf des § 58 Abs. 2. Daher stellt sich auch hier die Frage nach einer Verwirkung allenfalls bei nicht fristgebundenen Klagen.

Fehlt eine ordnungsgemäße Bekanntgabe der Entscheidung, d.h. ist die Zustellung, Verkündung oder 61 Eröffnung des Verwaltungsakts mangelhaft und damit unwirksam, so greift § 58 Abs. 2 hingegen nicht ein, die Jahresfrist läuft in diesem Fall überhaupt nicht.[225] Rechtsbehelfe sind in diesem Fall mithin auch nach Ablauf der Jahresfrist möglich, solange nicht eine Verwirkung zu bejahen ist.

Gleiches gilt für den Fall, dass eine Bekanntgabe überhaupt nicht vorliegt; dieser Fall tritt häufig bei 62 Verwaltungsakten mit Dritt- oder Doppelwirkung auf, da hier regelmäßig eine Bekanntgabe des Verwaltungsakts an den Drittbetroffenen nicht erfolgt.

Während sich bei nicht fristgebundenen Klagen sowie bei einer fehlerhaften Bekanntgabe die Annah- 63 me einer Verwirkung nach den oben dargelegten Grundsätzen (→ Rn. 58 ff.) bemisst, sind bei einer fehlenden Bekanntgabe des Verwaltungsakts gegenüber dem Kläger die Verwirkungsvoraussetzungen regelmäßig dann erfüllt, wenn der Kläger bereits längere Zeit von dem Ereignis, das Anlass zur Klage gibt, wusste bzw. hätte wissen müssen und gleichwohl erst später Klage erhebt, und zwar zu einem Zeitpunkt, zu dem mit einer Klage nicht mehr zu rechnen war, weder für den Beklagten noch für sonstige Beteiligte. Voraussetzung für die Verwirkung ist mithin das berechtigte Vertrauen sämtlicher Beteiligter darauf, dass der in Rede stehende Verwaltungsakt nicht mehr angegriffen und keine Klage mehr erhoben wird.[226]

Obgleich im Falle fehlerhafter oder fehlender Bekanntgabe des Verwaltungsakts die Frist nach § 58 64 Abs. 2 nicht zu laufen beginnt, stellt doch die *Jahresfrist* ein gewisses *Indiz* für den Zeitraum dar, nach dessen Ablauf eine Verwirkung anzunehmen sein kann, und damit ein Zeitmaß für solches klägerisches Verhalten, das eine Verwirkung begründen kann.[227] Da § 58 Abs. 2 Ausdruck eines allgemeinen Rechtsgedankens ist,[228] wird eine Klageverwirkung regelmäßig jedoch nicht vor Ablauf der Jahresfrist angenommen werden können; Ausnahmen von diesem Grundsatz sind gleichwohl in besonders gelagerten Fällen möglich, namentlich bei Verwaltungsakten mit Doppelwirkung, bei denen i.d.R. eine

---

223 BVerwG Buchholz 310 § 81 Nr. 13; VG München NJW 1979, 1375.
224 VG Schleswig NVwZ 1987, 163.
225 Vgl. etwa VGH Mannheim DÖV 1976, 68.
226 Vgl. BVerwG VerwRspr 27, 951, 955; BVerwGE 44, 294 ff.; BVerwG NJW 1992, 1123; BAGE 6, 165, 167; BGHZ 43, 289, 292; VGH Kassel NJW 1981, 2315; VGH Mannheim VerwRspr 26, 981, 985; VGH München BayVBl 1978, 670; BayVBl 1983, 120; *H. Dürr*, NVwZ 1982, 296, 297.
227 BVerwG DVBl 1976, 78, 79; BFHE 106, 134, 137; BFH BayVBl 1986, 221; *H.-U. Erichsen/U. Knoke*, NVwZ 1983, 185, 186; *F. Kopp*, NJW 1976, 1961, 1965 f.; *ders.*, DÖV 1977, 199, 202; *D. Krausnick*, in: Gärditz § 74 Rn. 33.
228 BVerwG NJW 1974, 1260; BFHE 106, 134, 137; BFH BayVBl 1986, 221; OVG Münster NJW 1980, 1413; *F. Kopp*, NJW 1976, 1961, 1965 f.

frühere Geltendmachung des klägerischen Rechts erwartet werden kann.[229] Unberührt von dieser Regelvermutung bleibt die Möglichkeit für den Kläger, den Gegenbeweis dahingehend anzutreten, dass die späte Erhebung der Klage aus von ihm darzulegenden Gründen nicht gegen Treu und Glauben verstieß und daher eine Verwirkung nicht angenommen werden kann.[230]

65   Namentlich das besondere *nachbarschaftliche Gemeinschaftsverhältnis* kann einen hinreichenden Grund für eine Verwirkung darstellen; wird etwa der Widerspruchsbescheid aufgrund eines Nachbarwiderspruchs eines Ehegatten nur an diesen, nicht hingegen an den anderen Ehegatten zugestellt, so ist eine Verwirkung zu bejahen, wenn die Ehegatten wegen der fehlerhaften Zustellung erst nach Ablauf eines Jahres seit der Zustellung Klage erheben.[231] Im Falle eines baurechtlichen Widerspruchs des Nachbarn hat das BVerwG[232] sogar angenommen, dass die Frist nach § 58 Abs. 2 so läuft, als sei dem Nachbarn die Baugenehmigung zu dem Zeitpunkt amtlich bekannt gegeben worden, in dem er von ihr sichere Kenntnis erlangt hat oder sich hätte verschaffen können und müssen. Die Jahresfrist des § 58 Abs. 2 wird vom Gericht auch in diesen Fällen als Indiz für die Verwirkung gewertet, obwohl es insoweit an einer Bekanntgabe fehlt und daher an sich überhaupt keine Frist zu laufen begann. In besonders gelagerten, außergewöhnlichen Fällen kann das nachbarschaftliche Gemeinschaftsverhältnis sogar dazu führen, dass ein Recht schon verwirkt wird, bevor es überhaupt entsteht.[233]

§ 75 [Klage bei Untätigkeit der Behörden]

[1]Ist über einen Widerspruch oder über einen Antrag auf Vornahme eines Verwaltungsakts ohne zureichenden Grund in angemessener Frist sachlich nicht entschieden worden, so ist die Klage abweichend von § 68 zulässig. [2]Die Klage kann nicht vor Ablauf von drei Monaten seit der Einlegung des Widerspruchs oder seit dem Antrag auf Vornahme des Verwaltungsakts erhoben werden, außer wenn wegen besonderer Umstände des Falles eine kürzere Frist geboten ist. [3]Liegt ein zureichender Grund dafür vor, daß über den Widerspruch noch nicht entschieden oder der beantragte Verwaltungsakt noch nicht erlassen ist, so setzt das Gericht das Verfahren bis zum Ablauf einer von ihm bestimmten Frist, die verlängert werden kann, aus. [4]Wird dem Widerspruch innerhalb der vom Gericht gesetzten Frist stattgegeben oder der Verwaltungsakt innerhalb dieser Frist erlassen, so ist die Hauptsache für erledigt zu erklären.

Schrifttum

a) Monographien und Beiträge in Sammelwerken: *O. Bachof*, Die verwaltungsgerichtliche Klage auf Vornahme einer Amtshandlung, 2. Aufl. 1968; *F. O. Kopp*, Die Rechtsschutzfunktion des Widerspruchsverfahrens nach §§ 68 ff. VwGO, in: Rechtsstaat zwischen Sozialgestaltung und Rechtsschutz. FS für Konrad Redeker, 1993, 543; *U. Meier*, Die Entbehrlichkeit des Widerspruchsverfahrens, 1992; *A. v. Mutius*, Das Widerspruchsverfahren der VwGO als Verwaltungsverfahren und Prozessvoraussetzung, 1969; *P. Stegelmann-Nolten*, Das Widerspruchsverfahren vor der Fortsetzungsfeststellungsklage analog § 113 Abs. 1 S. 4 VwGO, der allgemeinen Leistungsklage, der Untätigkeitsklage, der Feststellungsklage und dem verwaltungsgerichtlichen Normenkontrollverfahren, 1994.

b) Beiträge in Zeitschriften: *G. Andersson*, Untätigkeitsklage, Jahresfrist und Unanfechtbarkeit, DÖV 1969, 666; *K. A. Bettermann*, Das erfolglose Vorverfahren als Prozessvoraussetzung des verwaltungsgerichtlichen Verfahrens, DVBl 1959, 308; *ders.*, Der verwaltungsgerichtliche Rechtsschutz bei Nichtbescheidung des Widerspruchs oder des Vornahmeantrages, NJW 1960, 1981; *D. Ehlers*, Die Problematik eines Vorverfahrens nach der gerichtlichen Aussetzung der Untätigkeitsklage, DVBl 1976, 71; *ders.*, Neues zur Fortsetzungsfeststellungsklage, Jura 2001, 415; *J. Hager*, Die Beteiligung der Gemeinden an der Erteilung von Baugenehmigungen, BayVBl 1980, 131; *K. Hansmann*, Beschleunigung und Vereinfachung immissionsschutzrechtlicher Genehmigungsverfahren, NVwZ 1997, 105; *F. Hufen*, Heilung und Unbeachtlichkeit grundrechtsrelevanter Verfahrensfehler, NJW 1982, 2160; *H. Johlen*, Inhalt und prozessuale Geltendmachung des Anspruches auf Ergänzung eines Planfeststellungsbeschlusses, DVBl 1989, 287; *M. Kloepfer*, Verfahrensdauer und Verfassungsrecht, JZ 1979, 209; *F. O. Kopp*, Individueller Rechtsschutz und öffentliches Interesse in der Verwaltungsgerichtsbarkeit, BayVBl 1980, 263; *ders.*, Die Verwirkung des Klagerechts bei der Untätigkeitsklage, DÖV 1977, 199; *A. Leisner*, Die untätige Behörde, VerwArch 2000, 227; *C.-F. Menger/H.-U. Erichsen*, Aus der Praxis der Verwaltung und der Verwaltungsgerichtsbarkeit. Höchstrichterliche Rechtsprechung zum Verwaltungsrecht, VerwArch 58 (1967), 70; *L. Messerschmidt*, Zur Heilung und Folgenlosigkeit von Verfahrens- und Formfehlern bei Verwaltungsakten gem. §§ 45 und 46 VwVfG,

---

229   BVerfGE 32, 305; BVerwGE 44, 294, 301 f.; BVerwG Buchholz 436.36 § 24 Nr. 10; BauR 1987, 661; ZfBR 1988, 144; OVG Münster NJW 1980, 1413; *K. Rennert*, in: Eyermann § 58 Rn. 21.
230   BVerwGE 44, 294, 301.
231   BVerwG NJW 1988, 1228.
232   BVerwGE 44, 294, 298; vgl. auch BVerwG NJW 1974, 1260; DÖV 1988, 32; OVG Lüneburg NVwZ 1985, 506, 507; OVG Münster NJW 1980, 1413.
233   BVerwG DÖV 1975, 715.

NVwZ 1985, 877; *F. Müller,* Vorverfahren und Untätigkeitsklage, NJW 1970, 1073; *H.-J. Odenthal,* Die Heilung von Verfahrensfehlern gem. § 45 VwVfG nach erhobener Untätigkeitsklage, NVwZ 1995, 668; *R. Pietzner,* Zur übereinstimmenden Erledigungserklärung im Verwaltungsprozess, VerwArch 75 (1984), 79; *R. Postier,* Die Untätigkeitsklage, LKV 1992, 232; *W.-M. Ring,* Kostenentscheidung, NVwZ 1995, 1191; *J. Rozek,* Neues zur Fortsetzungsfeststellungsklage: Fortsetzung folgt? – BVerwGE 109, 203, JuS 2000, 1162; *C. v. Schledorn,* Zulässigkeit einer Klage auf Widerspruchsbescheidung, NVwZ 1995, 250; *W.-R. Schenke,* Der Anspruch des Widerspruchsführers auf Erlass eines Widerspruchsbescheids und seine gerichtliche Durchsetzung, DÖV 1996, 529; *ders.,* Neue Wege im Rechtsschutz gegen vorprozessual erledigte Verwaltungsakte?, NVwZ 2000, 1255; *S. Smid,* Zur Untätigkeitsklage gemäß § 75 VwGO, NJ 1990, 482; *C. H. Ule,* Verfassungsrecht und Verwaltungsprozessrecht, DVBl 1959, 537; *M. Wehr,* Abschied von der Fortsetzungsfeststellungsklage analog § 113 Abs. 1 Satz 4, DVBl 2001, 785; *P. Weides/R. Bertrams,* Die nachträgliche Verwaltungsentscheidung im Verfahren der Untätigkeitsklage, NVwZ 1988, 673; *R. Wimmer,* Mit der sozialgerichtlichen Untätigkeitsklage das Vorverfahren überspringen, NJW 1999, 3690; *P. Wittmann,* Die verwaltungsgerichtliche Untätigkeitsklage in der gerichtlichen Praxis, JuS 2017, 842; *R. Zuck/M. Quaas,* Rechtsprobleme des Pflegesatzverfahrens, NJW 1987, 687.

I. Entstehung der Norm

Vorbild der in § 75 vorgenommenen und bis heute unverändert gebliebenen Ausgestaltung der Untätigkeitsklage waren die entsprechenden Vorschriften in den Gesetzen über die Verwaltungsgerichtsbarkeit der Länder sowie die Verordnung Nr. 165 über die Verwaltungsgerichtsbarkeit in der britischen Besatzungszone vom 15.9.1948,[1] die freilich durchaus unterschiedliche Ansätze verfolgten: Während etwa das rheinland-pfälzische Landesgesetz über die Verwaltungsgerichtsbarkeit in § 21 Abs. 3 die Klage zuließ, wenn der Einspruch oder die Beschwerde nicht innerhalb einer bestimmten Frist abschließend verbeschieden wurde, fingierten die Verordnung Nr. 165 in § 48 Abs. 2 S. 1, die süddeutschen Verwaltungsgerichtsgesetze in § 42 Abs. 2 S. 2 sowie § 44 Abs. 2 S. 2 SaarlVGG nach Ablauf einer bestimmten bzw. angemessenen Frist die Ablehnung des Einspruchs oder der Beschwerde; z.T. war in dieser Ausgestaltung zudem eine Ausschlussfrist vorgesehen, innerhalb derer die Klage spätestens erhoben werden musste.[2] In der ursprünglichen Ausgestaltung der VwGO ließ § 75 in Abweichung von § 68 die Untätigkeitsklage drei Monate nach Einlegung des ohne zureichenden Grund in angemessener Frist sachlich nicht entschiedenen Widerspruchs bzw. Antrags zu; darüber hinaus sah § 76 a.F. eine Ausschlussfrist von einem Jahr vor. Doch wurde die Bestimmung des § 76 bereits durch Gesetz vom 24.8.1976 mit Wirkung zum 1.1.1977 aufgehoben[3] (näher zu § 76 und zur Verwirkung des Klagerechts → § 75 Rn. 81 ff.).

II. Allgemeines

Die VwGO sieht aufgrund von § 68 für Anfechtungs- und Verpflichtungsklagen als Regelfall die Durchführung eines Widerspruchsverfahrens vor Klageerhebung vor. Da indes § 74 Abs. 1 S. 1, Abs. 2 die zulässige Klageerhebung an die Zustellung eines Widerspruchsbescheids knüpft, hätte es letztlich die den Widerspruchsbescheid erlassende Behörde in der Hand, aufgrund eigener Untätigkeit darüber zu befinden, ob überhaupt und wann der Beschwerdeführer den Gang zum Verwaltungsgericht antreten könnte: ohne Widerspruchsbescheid keine Klage. Da eine solche in die Hand der Verwaltung ge-

1

2

---

1 VOBl BrZ 263 (Nr. 41). Zum dogmengeschichtlichen Hintergrund *A. Leisner,* VerwArch 2000, 227, 228 ff.
2 Vgl. die Ausführungen bei *K. A. Bettermann,* NJW 1960, 1081.
3 BGBl I 2437. Anlass hierfür war ein Urteil des BVerfG, vgl. BVerfGE 35, 382, 405 = NJW 1974, 227, 228; ausf. hierzu *K.-P. Dolde/W. Porsch,* in: Schoch/Schneider/Bier § 76 Rn. 1; *ders.,* NJW 1974, 1043.

legte eigenmächtige Verzögerung, Erschwerung oder gar Vereitelung des Zugangs zum Gericht mit der in Art. 19 Abs. 4 GG verfassungsrechtlich verankerten Garantie umfassenden und namentlich effizienten gerichtlichen Rechtsschutzes nicht vereinbar wäre,[4] sieht § 75 in Abweichung von §§ 68, 74 für den Kläger die Möglichkeit vor, nach Ablauf einer bestimmten, nämlich angemessenen Frist auch ohne Vorliegen des an sich erforderlichen Widerspruchsbescheids Verwaltungsklage erheben zu können – woran deutlich wird, dass die Untätigkeitsklage in gewissem Sinn als Gegenstück zur Versagungsgegenklage begriffen werden kann.[5] Auf diese Weise wird der Verwaltung die Möglichkeit genommen, durch Untätigkeit das Klagerecht des Bürgers de facto leerlaufen zu lassen. Der Zweck der Norm besteht mithin darin, dass für den nicht vom Kläger zu vertretenden Fall des aufgrund behördlichen Untätigbleibens nicht abgeschlossenen Vorverfahrens gleichwohl Klage erhoben werden kann. Aus der behördlichen Untätigkeit sollen dem Kläger mit anderen Worten für die Wahrnehmung seines Klagerechts keine Nachteile erwachsen. Insofern ist die Vorschrift ein verfassungsrechtlich gebotenes Korrelat zu der in §§ 68, 74 geregelten Notwendigkeit eines Vorverfahrens.[6] Nicht erforderlich ist es indes, die bloße Untätigkeit der Behörde als stillschweigend-negativen Bescheid auszulegen; eine solche Interpretation wird vielmehr von § 75 ausgeschlossen.[7]

3   Die vollständige oder vorübergehende Untätigkeit einer Behörde im Hinblick auf die Verbescheidung eines eingelegten Widerspruchs bzw. eines Antrags vermag daher weder eine Klageerhebung zu verhindern noch gibt sie der Behörde die Möglichkeit an die Hand, durch Hinauszögern der von ihr zu treffenden Entscheidung jedenfalls mittelbar über den Zeitpunkt der Klageerhebung zu bestimmen. § 75 eröffnet in diesen Fällen behördlicher Untätigkeit unabhängig von den Vorgaben der §§ 68, 74 die Möglichkeit der Erhebung einer Anfechtungs- bzw. Verpflichtungsklage, woraus sich im Übrigen auch der Begriff der Untätigkeitsklage erklärt.[8] Nur auf diese Weise kann letztlich sichergestellt werden, dass dem auch in zeitlicher Hinsicht Wirkung entfaltenden verfassungsgebotenen Erfordernis einer umfassenden Rechtsschutzgarantie Rechnung getragen wird, und zwar für einen Bürger, der ja seinerseits alles Erforderliche getan hat, um die Sachurteilsvoraussetzungen einer Anfechtungs- bzw. Verpflichtungsklage zu erfüllen und der eine auf Seiten der Verwaltung entstehende Verzögerung nicht zu vertreten hat.

4   Die Bestimmung wahrt auch das in Art. 6 EMRK enthaltene Gebot der Gewährleistung gerichtlichen Rechtsschutzes innerhalb einer angemessenen Frist.[9] Dieses Erfordernis würde letztlich ausgehöhlt werden, wenn der Verwaltung die Möglichkeit gegeben wäre, über den Zeitpunkt der Einlegung einer Klage befinden zu können. Auch jenseits der Vorgaben des Art. 6 EMRK dient § 75 damit dem Anspruch des Bürgers auf Durchführung eines gerichtlichen Verfahrens in angemessener Frist[10] sowie der Beschleunigung verwaltungsgerichtlichen Rechtsschutzes. Die Untätigkeitsklage ist damit in der Lage, einer unangemessenen Verzögerung im Vorverfahren durch unmittelbare Klageerhebung wirksam zu begegnen.[11]

5   Parallelvorschriften mit allerdings unterschiedlichen Sperrfristen finden sich in den §§ 27 EGGVG, 46 FGO, 88 SGG. Anders als nach § 75 S. 2 Hs. 2 kann bei § 88 SGG die Frist von drei Monaten aber grds. nicht unterschritten werden[12] und sind Untätigkeitsklagen zu Sozialgerichten im Unterschied zu den verwaltungs- und finanzgerichtlichen Verfahren auf die Verurteilung der Behörde zur Bescheidung

---

4   Näher *E. Schmidt-Aßmann*, in: Maunz/Dürig Art. 19 Abs. IV Rn. 1 ff., 249. Vgl. auch *K. A. Bettermann*, DVBl 1959, 308, 309; *ders.*, NJW 1960, 1081; *Kopp* § 75 Rn. 1; *U. Meier*, Entbehrlichkeit, 1992, 43; *C. H. Ule*, DVBl 1959, 537, 539; *P. Weides/R. Bertrams*, NVwZ 1988, 673; OVG Greifswald NJ 1997, 273, 274. Vgl. auch den Hinweis von *S. Smid*, NJ 1990, 482, auf die Bedeutung der Norm im Zusammenhang mit der Verhinderung administrativen Unrechts.
5   Vgl. *O. Bachof*, Die verwaltungsgerichtliche Klage, 1968, 8.
6   BVerfGE 40, 237, 257 zu § 27 EGGVG.
7   *Schenke* § 75 Rn. 1 a; *R. Zuck/M. Quaas*, NJW 1987, 687, 692.
8   Vgl. *O. Bachof*, Die verwaltungsgerichtliche Klage, 1968, 8. Freilich stellt die Untätigkeitsklage keine selbständige Klageart dar, sondern eine Sonderform der Anfechtungs- oder Verpflichtungsklage, so mit Recht *P. Wittmann*, JuS 2017, 842.
9   *M. Kloepfer*, JZ 1979, 209; *Brink*, in: Posser/Wolff Einl. § 75; s.a. BVerfGE 60, 253, 304; BVerwGE 147, 146, 152.
10 BVerfGE 40, 237, 257; BbgVerfG NVwZ 1997, 785; *M. Kloepfer*, JZ 1979, 209, 212; *F. O. Kopp*, BayVBl 1980, 263, 267. S.a. BGH NVwZ 1993, 299; BayObLG BayVBl 1991, 282, 284 zur angemessenen Bearbeitungsfrist in einem behördlichen Verfahren. Zum Anspruch auf rechtzeitige Ermessensausübung BVerfGE 60, 16, 41 f.
11 BVerwGE 147, 147, 152.
12 Vgl. *Meyer-Ladewig* § 88 Rn. 5 b; anders, wenn die Behörde eindeutig erkennen lässt, dass sie nicht entscheiden wird.

gerichtet.[13] Weiterhin ist zu berücksichtigen, dass § 27 Abs. 3 EGGVG eine dem § 76 a.F. entsprechende Ausschlussfrist von einem Jahr enthält.[14]

Spezialvorschriften enthalten § 14 a BImSchG und § 142 Abs. 2 FlurbG. Der 1996 eingefügte § 14 a [6] BImSchG stimmt hinsichtlich der Entbehrlichkeit des Widerspruchsverfahrens im Wesentlichen mit der Regelung des § 75 überein; anders als bei § 75 S. 3 sind dabei jedoch zureichende Gründe für die Nichtentscheidung nicht zu berücksichtigen.[15] Darüber hinaus fehlt es an einer vergleichbaren Regelung für den Fall der Untätigkeit bei einem Antrag auf Vornahme eines Verwaltungsaktes. Insoweit dürfte § 75 aber aus Gründen der Verfahrensbeschleunigung neben der spezielleren Vorschrift des § 14 a BImSchG anwendbar bleiben.[16] Gleiches muss für den von einer immissionsschutzrechtlichen Genehmigung betroffenen Dritten gelten.[17]

Dagegen schließt die in § 142 Abs. 2 FlurbG für das flurbereinigungsgerichtliche Verfahren getroffene [7] Sonderregelung die Anwendbarkeit des § 75 vollständig aus. Zusätzlich enthält § 142 Abs. 2 S. 2 FlurbG ähnlich wie § 27 Abs. 3 EGGVG noch eine dem § 76 a.F. entsprechende Ausschlussfrist von drei Monaten.

Neben der auf § 75 gestützten Untätigkeitsklage sind zudem Schadensersatzansprüche denkbar, die [8] mit der Verletzung des Beschleunigungsgrundsatzes durch eine zu langsame Bearbeitung oder eine Verzögerung ohne ausreichenden sachlichen Grund begründet werden,[18] also insbes. Ansprüche aus Amtshaftung[19] und aus enteignungsgleichem Eingriff.[20] In diesem Zusammenhang ist von Bedeutung, dass § 75 auch allgemeine Maßstäbe für den zulässigen Zeitraum einer Verwaltungsentscheidung setzen kann, mithin für die Beurteilung der Frage, ab wann die verzögerte Sachbehandlung regelmäßig als rechtswidrig zu begreifen ist, auch wenn im Einzelfall eine kürzere oder längere Frist als drei Monate angemessen sein kann.[21]

III. Inhalt und Normzweck der Untätigkeitsklage

§ 75 soll letztlich verhindern, dass, sofern der Kläger das seinerseits Erforderliche getan hat, um eine [9] von ihm begehrte verwaltungsbehördliche Entscheidung herbeizuführen, die Verwaltung, indem sie untätig bleibt, darüber befinden kann, ob und ggf. wann der Kläger Klage erheben kann. Die Bestimmung überwindet damit gleichsam die Stufe der verwaltungsinternen Prüfung – die Entscheidung der Behörde über den Widerspruch bzw. über den Antrag des Klägers – und eröffnet dem Kläger nach Ablauf der Frist unmittelbar den Weg zum Verwaltungsgericht. Um dies zu erreichen, erklärt die Norm im Falle der Untätigkeit der Verwaltung die Klageerhebung grds. nach Ablauf einer angemessenen Frist, frühestens aber nach Ablauf von drei Monaten für zulässig – wobei freilich eine auf Bescheidung des Widerspruchs schlechthin gerichtete Untätigkeitsklage unzulässig ist.[22] Damit soll zum einen die

---

13 Krit. *R. Wimmer*, NJW 1999, 3690. S.a. *Meyer-Ladewig* § 88 Rn. 9 ff.

14 Die entsprechenden Regelungen in §§ 46 Abs. 2 a.F. FGG, 88 Abs. 2 S. 2 SGG wurden dagegen zusammen mit § 76 a.F. durch Gesetz vom 24.8.1976 mit Wirkung zum 1.1.1977 aufgehoben (BGBl I 2437).

15 Nur in diesem Zusammenhang kommt der Regelung des § 14 a BImSchG gegenüber § 75 eine eigenständige Bedeutung zu, dazu *K. Hansmann*, NVwZ 1997, 105, 110. S.a. *K.-P. Dolde/W. Porsch*, in: Schoch/Schneider/Bier § 75 Rn. 4 a, der § 14 a BImSchG als "überflüssig" ansieht und im Hinblick auf eine Verfahrensbeschleunigung für "ungeeignet" hält. Krit. auch *G. Schiller*, in: Landmann/Rohmer § 14 a Rn. 2.

16 So *K.-P. Dolde/W. Porsch*, in: Schoch/Schneider/Bier § 75 Rn. 4 a; *P. Kothe*, in: Redeker/v. Oertzen § 75 Rn. 5 a; *D. Krausnick*, in: Gärditz § 75 Rn. 6.

17 *P. Kothe*, in: Redeker/v. Oertzen § 75 Rn. 5 a; s.a. *G. Schiller*, in: Landmann/Rohmer § 14 a Rn. 4 m.w.N.

18 Ausf. *Schenke* § 75 Rn. 3 m.w.N.

19 Hierzu BGH NVwZ 1993, 299; BayObLG BayVBl 1991, 282.

20 BGHZ 65, 182, 189; a.A. BayObLG BayVBl 1991, 282, 283.

21 *Schenke* § 75 Rn. 3; BayObLG BayVBl 1991, 282, 283; s.a. BGH NVwZ 1993, 299. A.A. *K. Rennert*, in: Eyermann § 75 Rn. 2: Über den Inhalt der behördlichen Amtspflicht besagt die Vorschrift unmittelbar nichts.

22 OVG Brem DÖV 2010, 152. Wird eine solche Klage gleichwohl erhoben, so stellt es jedoch eine sachdienliche Klageänderung dar, wenn der Kläger nach Erlass des Widerspruchsbescheids einen Verpflichtungsantrag stellt und die Klage nunmehr gegen den Träger der Ausgangsbehörde statt gegen den Träger der Widerspruchsbehörde richtet, so OVG Brem ebenda. Indes ist eine Rechtsverfolgung mutwillig, wenn der Kläger zunächst eine auf Bescheidung seines Widerspruchs schlechthin gerichtete Untätigkeitsklage erhebt, dann nach Erlass des Widerspruchsbescheids den Rechtsstreit für erledigt erklärt und sodann erneut Klage in Form einer Verpflichtungsklage erhebt, vgl. OVG Brem ebd. Nicht hingegen wird eine bereits als Untätigkeitsklage erhobene Anfechtungs- oder Verpflichtungsklage dadurch mutwillig, dass während des bereits eingeleiteten Klageverfahrens ein den Antragsteller materiell-rechtlich beschwerender Bescheid ergeht, der Antragsteller daraufhin den Rechtsstreit in der Hauptsache für erledigt erklärt und sodann eine weitere Klage gegen den ihn belastenden Bescheid erhebt; ein solches Vorgehen kann auch mit Blick auf das prozessuale Disposi-

Verwaltung angehalten werden, zügig zu entscheiden, um die Entscheidung ggf. einer verwaltungsgerichtlichen Überprüfung zugänglich machen zu können. Zum anderen wird hierdurch dem Gebot umfassenden und namentlich effizienten Rechtsschutzes Rechnung getragen, das nicht nur von Art. 19 Abs. 4 GG,[23] sondern auch von Art. 6 Abs. 1 EMRK statuiert wird. Entscheidet die Verwaltung hingegen innerhalb der Dreimonatsfrist, so ist kein Raum mehr für die Erhebung einer Untätigkeitsklage.

10   Selbstredend bleibt es dem Kläger unbenommen, im Falle der Untätigkeit der Behörde auf die Erhebung einer Untätigkeitsklage zu verzichten und eine ggf. später ergehende Entscheidung der Behörde abzuwarten, um diese nach den allgemeinen Vorschriften mit der Anfechtungs- bzw. Verpflichtungsklage anzufechten. Allerdings läuft der Kläger bei diesem Vorgehen Gefahr, im Falle fortdauernder Untätigkeit der Behörde sein Klagerecht durch Verwirkung zu verlieren (→ Rn. 81 ff.).

11   Vor dem Hintergrund dieser Vorgaben sieht § 75 zwei Möglichkeiten für die Erhebung der Untätigkeitsklage vor: Diese soll zum einen zulässig sein, wenn die Behörde über einen Widerspruch ohne zureichenden Grund innerhalb angemessener Frist nicht entscheidet (→ Rn. 17). Zum anderen soll die Untätigkeitsklage erhoben werden können, wenn über einen Antrag auf Vornahme eines Verwaltungsaktes ohne zureichenden Grund innerhalb angemessener Frist nicht entschieden wird (→ Rn. 16). Als angemessene Frist wertet das Gesetz den Zeitraum von drei Monaten nach Einlegung des Widerspruchs bzw. nach Antragstellung; wegen besonderer Umstände (→ Rn. 45) kann jedoch eine kürzere Frist als die Dreimonatsfrist geboten sein.

12   Liegt hingegen ein zureichender Grund für die Nichtentscheidung der Behörde vor, so setzt das Gericht das Verfahren bis zum Ablauf einer von ihm bestimmten, verlängerbaren Frist aus (§ 75 S. 3). In diesem Fall wird die Klage vom Gericht nicht als unzulässig abgewiesen. Trifft die Behörde innerhalb dieser Frist eine Entscheidung, so ist die Hauptsache für erledigt zu erklären, da insoweit dem Begehren des Klägers Rechnung getragen wurde. Trifft hingegen die Behörde auch innerhalb der vom Gericht gesetzten Frist keine Entscheidung, so nimmt das Untätigkeitsbegehren des Klägers seinen Fortgang.

IV. Prozessualer Umfang des Untätigkeitsklagebegehrens

13   § 75 gilt für Anfechtungs- und Verpflichtungsklagen, für die ein Widerspruchsverfahren nach §§ 68 ff. vorgeschrieben ist, aber auch für alle sonstigen, außerhalb der VwGO vorgesehenen Anfechtungs- und Verpflichtungsklagen, in denen das Gesetz die Durchführung eines Vorverfahrens anordnet und im Hinblick auf die Untätigkeitsklage keine abweichende Regelung trifft (sog. Untätigkeitsklage i.w.S.). Wichtigster Fall ist die beamtenrechtliche Klage nach § 126 BRRG i.V.m. § 63 Abs. 3 S. 2 BeamtStG, § 54 Abs. 2 S. 1 BeamtStG, § 126 Abs. 2 S. 1 BBG. Wegen dieser Vorgaben findet § 75 auch in Baulandsachen nach §§ 212, 217 BauGB sinngemäße Anwendung[24] und wird durch § 37 Abs. 1 VermG nicht ausgeschlossen.[25]

14   Dabei ist für die Entscheidung des Gerichts grds. die Sach- und Rechtslage im Zeitpunkt der Entscheidung maßgeblich.[26] Mit Ausnahme der Tatsache, dass in diesen Fällen das Vorverfahren vom Gesetz für entbehrlich erklärt wird, unterscheidet sich die Untätigkeitsklage im Hinblick auf Klageart und Klageziel jedoch nicht von der regulären Anfechtungs- bzw. Verpflichtungsklage.[27]

15   Systematisiert man die von § 75 umfassten Konstellationen, so lassen sich folgende Varianten unterscheiden:

16   **1. Kein Ausgangsbescheid.** Eine erste Fallgruppe erfasst die Untätigkeit der Ausgangsbehörde, d.h. die Behörde verbescheidet den Antrag auf Erlass eines Verwaltungsaktes nicht. Gegenstand des klägerischen Untätigkeitsbegehrens ist in diesen Fällen die Verurteilung der Behörde zum *Erlass des Verwal-*

tionsrecht eines Antragstellers allenfalls die Mutwilligkeit der später erhobenen Klage begründen, so OVG Münster 9.3.2012, BeckRS 2012, 48672.
23 I.d.S. auch VG Freiburg BauR 2003, 1345, 1347.
24 BGH NJW 1966, 1267; bestätigt in BGH NJW 1977, 716; 1983, 1793, 1794; BGHZ 86, 104, 108 f; *D. Krausnick,* in: Gärditz § 75 Rn. 5.
25 BVerwG VIZ 1994, 242 = ZIP 1994, 657; KreisG Leipzig-Stadt VIZ 1992, 201; VG Weimar ThürVBl 1996, 22.
26 VGH Kassel NVwZ-RR 1993, 432; HmbOVG NZV 1997, 247.
27 *K.-P. Dolde/W. Porsch,* in: Schoch/Schneider/Bier § 75 Rn. 2; *P. Kothe,* in: Redeker/v. Oertzen § 75 Rn. 2; *Pietzner/Ronellenfitsch* § 10 Rn. 319 ; SächsOVG 18.8.2015 – 1 D 41/15; VGH Kassel NVwZ-RR 1993, 432.

tungsaktes, eine Konstellation mithin, die einen Unterfall der Verpflichtungsklage darstellt.[28] Dies schließt all diejenigen Fälle ein, in denen der Erlass eines Verwaltungsaktes begehrt werden kann.[29]

2. Kein Widerspruchsbescheid. Weiterhin eröffnet § 75 eine von den Vorgaben des § 68 abweichende **17** Klagemöglichkeit bei Anfechtungs- und Verpflichtungsklagen in den Fällen, in denen nach erforderlicher Einlegung eines Widerspruchs (bei der Verpflichtungsklage nach vorgängiger Antragstellung und Ablehnung des Antrags) aufgrund der Untätigkeit der Verwaltung ein Widerspruchsbescheid bislang nicht ergangen ist; dessen Erlass erklärt die Norm für nicht mehr erforderlich und entbehrlich. In Fällen dieser Art ist eine Klage daher nicht auf die *Widerspruchs-*, sondern auf die *Sachentscheidung* gerichtet. Aus diesem Grund ist die Klage auch gegen die Ausgangsbehörde, nicht hingegen gegen die Widerspruchsbehörde zu richten. Anderes muss freilich gelten, wenn sich ein Drittbetroffener, der nicht Widerspruchsführer ist, auf § 75 beruft.[30]

3. Weitere Anwendungsfälle. Des Weiteren unterfallen der Vorschrift Leistungs- und Feststellungsklagen nach § 126 Abs. 3 BRRG i.V.m. § 63 Abs. 3 S. 2 BeamStG, § 54 Abs. 2 S. 1 BeamstG, § 126 Abs. 2 **18** S. 1 BBG.[31]

4. Klageantrag auf Bescheidung. Im Hinblick auf die Frage, ob der Klageantrag der Untätigkeitsklage **19** auch auf Verbescheidung des Widerspruchs, d.h. auf Erlass des Widerspruchsbescheids oder gar auf Bescheidung schlechthin gerichtet werden kann, ist zu differenzieren:[32]

Zunächst gilt es festzuhalten, dass § 75 nicht in sämtlichen Fällen verlangt, dass mit der Untätigkeits- **20** klage bereits eine abschließende Sachentscheidung begehrt wird. Lässt man nämlich im Falle von *Ermessensentscheidungen* bei der Verpflichtungsklage eine Bescheidungsklage zu, wie es das BVerwG tut,[33] so kann auch der Klageantrag der Untätigkeitsklage auf Verpflichtung der Behörde zur *Bescheidung des Antrags* gerichtet, d.h. beschränkt werden;[34] die prozessuale Situation bei der Untätigkeitsklage unterscheidet sich insoweit nicht von der Verpflichtungsklage, sodass eine unterschiedliche Behandlung nicht gerechtfertigt erscheint. Bei dem auf Erlass einer begehrten Entscheidung gerichteten Klagebegehren kommt es daher – wie bei der Verpflichtungsklage auch – maßgeblich auf die Spruchreife an. Die gegenteilige Ansicht würde dazu führen, dass wegen der Beschränkung der gerichtlichen Überprüfung einer Ermessensentscheidung durch die Vorgaben von § 114 gegenüber der weiterreichenden Überprüfungsbefugnis der Widerspruchsbehörde im Widerspruchsverfahren eine Verkürzung der Reichweite des Rechtsschutzes eintreten würde.[35]

Freilich dürfte eine Ausnahme hiervon für den Fall anzunehmen sein, dass die Klage auf Erlass eines **21** Verwaltungsaktes sachdienlich ist; in diesen Fällen ist das Rechtsschutzbedürfnis für eine Bescheidungsklage zu verneinen.[36]

Hingegen ist es nicht möglich, bei *gebundenen Entscheidungen* anstelle der Untätigkeitsklage Ver- **22** pflichtungsklage auf Erlass des Widerspruchsbescheids zu erheben. Zwar hat der Widerspruchsführer grds. einen Anspruch auf Durchführung des Widerspruchsverfahrens und auf Erlass einer Widerspruchsentscheidung. Ist jedoch im Falle einer gebundenen Entscheidung eine Untätigkeitsklage möglich, so fehlt für die Erhebung der auf Erlass des Widerspruchsbescheids gerichteten Verpflichtungskla-

---

28 BVerwG Buchholz 310 § 75 Nr. 9.
29 Vgl. etwa BVerwGE 12, 86 für Lastenausgleichssachen.
30 Zur Untätigkeitsklage gegen die Widerspruchsbehörde, die nicht über den gegen eine Baugenehmigung eingelegten Nachbarwiderspruch entschieden hat, auf Verpflichtung zur Zurückweisung des Widerspruchs VGH Mannheim ESVGH 43, 142; NVwZ 1995, 280; *W.-R. Schenke*, DÖV 1996, 529.
31 BVerwGE 148, 217, 221.
32 Hierzu auch *P. Wittmann*, JuS 2017 842, 843 f.
33 BVerwGE 48, 237, 238; 69, 198, 201 = NVwZ 1985, 35, 36; DVBl 1981, 773, 774, DÖV 1982, 785; s.a. VGH München BayVBl 1974, 435. A.A. OVG Münster DÖV 1974, 97; VGH Koblenz NJW 1971, 1855, 1856; AuAS 2016, 242 ff.
34 Zur Bescheidung im Falle des fehlenden Ausgangsbescheids BVerwG NVwZ 1991, 1180, 1181; *K. Rennert*, in: Eyermann § 75 Rn. 3. Für die Klage auf Erlass eines Widerspruchsbescheids *K.-P. Dolde/W. Porsch*, in: Schoch/Schneider/Bier § 75 Rn. 2; *C. v. Schledorn*, NVwZ 1995, 250, 251; zweifelnd *P. Kothe*, in: Redeker/v. Oertzen § 75 Rn. 2. Weiter *Schenke* Rn. 1 a: auch bei gebundenen Entscheidungen. A.A. *K. Rennert*, in: Eyermann § 75 Rn. 4: nur in Drittbeteiligungsfällen.
35 *K. A. Bettermann*, NJW 1960, 1081, 1088; *C. v. Schledorn*, NVwZ 1995, 250, 251.
36 Für den Fall der Erhebung der Verpflichtungsklage VGH München DÖV 1974, 321, 322.

ge das Rechtsschutzbedürfnis[37] (→ Rn. 5); der Aspekt der Gleichbehandlung und das Argument des Verlustes einer Instanz vermögen gegenüber der Tatsache, dass die Behörde ohnehin nur eine bestimmte Entscheidung treffen kann, nicht durchzuschlagen. Maßgeblich ist daher in diesen Fällen der vom Kläger gestellte ursprüngliche, nicht verbeschiedene Antrag.[38] Ungeachtet der Tatsache, dass dem Kläger damit die Möglichkeit der erneuten Überprüfung der Zweckmäßigkeit des Verwaltungsaktes entgeht, spricht für diese Ansicht neben dem fehlenden Rechtsschutzbedürfnis auch der Grundsatz der Prozessökonomie.[39]

23   Für die Fälle eines von einem *Dritten* eingelegten Widerspruchs gilt, dass der Adressat des begünstigenden Verwaltungsakts, sofern die weiteren Voraussetzungen des § 75 vorliegen, Untätigkeitsklage gegen die nicht entscheidende Behörde erheben kann. Das Klageziel ist in diesen Fällen darauf gerichtet, den Widerspruch des Dritten zurückzuweisen (Nachw. → Rn. 17).

V. Die Tatbestandsvoraussetzungen im Einzelnen

24   § 75 gilt zunächst nur für den Fall, dass die Klage vor einer Entscheidung über den Widerspruch bzw. den Antrag auf Vornahme eines Verwaltungsakts erhoben wird. Liegt der Widerspruchsbescheid bzw. Verwaltungsakt dagegen (spätestens) im Zeitpunkt der Klageerhebung vor, so gelten die allgemeinen Voraussetzungen für eine Klageerhebung (→ Rn. 31).[40] Die weiteren, nachfolgend genannten Voraussetzungen der Untätigkeitsklage müssen hingegen erst im Zeitpunkt der letzten mündlichen Verhandlung bzw. beim schriftlichen Verfahren im Zeitpunkt der Zustellung des Urteils vorliegen,[41] was seinen Grund darin findet, dass das Gericht bei seiner Entscheidung berücksichtigen muss, dass eine Klage durch bloßen Zeitablauf zulässig werden kann.

25   **1. Antrag des Klägers.** § 75 verlangt zunächst ein Tätigwerden des Klägers. Die Behörde muss sich mit dem Vorbringen des Klägers auseinandersetzen können, was ihr nur möglich ist, wenn sie sein Begehren kennt. Daher muss der Kläger vor Erhebung der Untätigkeitsklage entweder Widerspruch eingelegt oder einen Antrag auf Erlass eines Verwaltungsakts gestellt haben;[42] nur so wird der Behörde Gelegenheit zu einer fundierten Sachentscheidung gegeben. Der Antrag muss die der Sache nach erforderlichen Angaben und Unterlagen enthalten.[43] Wurde daher der Widerspruch noch nicht eingelegt oder fehlt der Antrag, so kommt die Erhebung einer Untätigkeitsklage nicht in Betracht; ohne Widerspruch bzw. Antrag ist die Klage unzulässig.[44] Insbes. ist ein Antrag auch dann erforderlich, wenn der Verwaltungsakt ohne Antrag ergehen kann oder gar von Amts wegen erlassen werden muss.[45] Der Antrag stellt eine im Verwaltungsprozess nicht nachholbare Sachurteilsvoraussetzung dar.[46]

26   Wurde jedoch Widerspruch eingelegt bzw. der erforderliche Antrag gestellt, und bleibt im Anschluss hieran die Behörde untätig, so geht die Handlungsverantwortung gleichsam von der Sphäre des Klägers auf die der Behörde über; der Kläger hat das seinerseits Erforderliche getan. Dies gilt auch für den Fall der Verweigerung der Annahme eines Antrags durch eine Behörde.[47]

---

37 BVerwG VerwRspr 15, 367; MDR 1962, 1010; OVG NW ZFSH/SGB 2000, 729, 730, unter Berufung auf BVerwG Buchholz 421.0 Prüfungswesen Nr. 380; *C. v. Schledorn*, NVwZ 1995, 250, 251; *Pietzner/Ronellenfitsch* § 9 Rn. 301 m.w.N.; *F. O. Kopp*, FS Redeker, 1993, 543, 551; *ders.*, JuS 1994, 742, 746; unentschieden *P. Kothe*, in: Redeker/v. Oertzen § 75 Rn. 2. Die sozialgerichtliche Untätigkeitsklage ist dagegen grds. auf die Bescheidung gerichtet.
38 *P. Kothe*, in: Redeker/v. Oertzen § 75 Rn. 2; OVG Koblenz NJW 1967, 2329; VGH Mannheim NJW 1970, 1143; VGH München BayVBl 1976, 241; OVG Münster DÖV 1974, 97; offen VGH Kassel NJW 1974, 1721.
39 Vgl. BVerwG VerwRspr 15, 367; *C. v. Schledorn*, NVwZ 1995, 250, 251.
40 OVG Münster NJW 1954, 1903.
41 BVerwG NVwZ 1987, 969, 970; NVwZ 1995, 80; VGH München NJW 1993, 3090; *K.-P. Dolde/W. Porsch*, in: Schoch/Schneider/Bier § 75 Rn. 6; *K. A. Bettermann*, NJW 1960, 1081, 1083; a.A. *A. v. Mutius*, Widerspruchsverfahren, 1969, 185 f.: Voraussetzungen müssen bei Klageerhebung vorliegen.
42 BVerwG 57, 204, 210; NVwZ 1987, 412, 413; NJW-RR 2010, 1504, 1505; VGH München NVwZ-RR 1990, 551, 553; VG Berlin NVwZ-RR 2002, 310; *P. Weides/R. Bertrams*, NVwZ 1988, 673; *D. Krausnick*, in: Gärditz § 75 Rn. 7.
43 VGH Mannheim BauR 2003, 1345, 1347; BayVGH 3.6.2016 – 15 BV 15.2441. Wie hier BayVGH 3.6.2016 – 15 BV 15.2441, Rn. 14 ff., insbes. 15.
44 BVerwG 57, 204, 210; 66, 342, 344 f. = DVBl 1983, 849, 850; 99, 158, 160 = DVBl 1996, 309 = NJW 1996, 1977, 1978 = NVwZ 1996, 921 (Ls.); VGH München NVwZ-RR 1990, 551, 553; *J. Hager*, BayVBl 1980, 131, 134.
45 BVerwGE 99, 158; VGH BW VBlBW 2000, 106; VGH BW AuAS 2000, 201.
46 VGH BW AuAS 2000, 201; VGH BW VBlBW 2000, 106.
47 VGH München BayVBl 1980, 376.

Aufgrund der Tatsache, dass der Antrag eine Sachurteilsvoraussetzung darstellt, kann ein fehlender 27
Antrag des Klägers nicht durch die Klage und kann die Ablehnung des Antrages nicht durch eine Klageerwiderung der zuständigen Behörde zur Sache ersetzt oder nachgeholt werden.[48] Ansonsten würde
nicht nur die vom Gesetz vorgesehene, letztlich vom Grundsatz der Gewaltenteilung vorgegebene originäre Verwaltungszuständigkeit ausgehöhlt, sondern zudem gegen den Wortlaut der Norm verstoßen
werden.

Wegen der der Behörde zu gewährenden hinreichenden Bearbeitungs- und Prüfungszeit, aber auch mit 28
Blick auf die Selbstkontrolle der Verwaltung, die Entlastung der Gerichte und den Rechtsschutz des
Bürgers gilt das Antrags- bzw. Widerspruchserfordernis auch bei gebundenen und von Amts wegen zu
treffenden Entscheidungen;[49] diese Voraussetzung einer Untätigkeitsklage ist auch bei antragsunab-
hängigen Leistungen zu beachten.[50]

Bei Leistungen der Sozialhilfe ist zu berücksichtigen, dass diese stets nur für einen bestimmten Zeit- 29
raum gewährt werden, sodass die Voraussetzungen für die Gewährung stets aufs Neue zu prüfen sind.
Aus diesem Grund ist die Untätigkeitsklage jeweils auf den Zeitraum beschränkt, in dem die Behörde
zum Zeitpunkt der Klageerhebung konkret untätig war.[51] Die Klage kann daher nicht „auf Vorrat"
erhoben werden, sodass insbes. der Streitgegenstand nicht um spätere Zeiträume erweitert werden
kann.[52]

Beim Sonderfall des Wohngeldes soll dagegen nach der Rspr. des BVerwG ein (erneuter) Antrag für 30
weitere Bewilligungszeiträume während eines anhängigen Prozesses nicht erforderlich sein.[53]

2. Untätigkeit der Verwaltung. a) Sachliche Nichtentscheidung. § 75 setzt des Weiteren die Untätig- 31
keit der Verwaltung in der Form voraus, dass entweder über einen Widerspruch oder über einen Antrag auf Vornahme eines Verwaltungsaktes durch die zuständige Behörde, d.h. die Erst- oder die Widerspruchsbehörde, *sachlich* nicht entschieden wurde. Dies bedeutet umgekehrt, dass in den Fällen, in
denen der zunächst noch ausstehende Widerspruchsbescheid bzw. der ausstehende Verwaltungsakt
zum Zeitpunkt der Klageerhebung vorliegt, die Klage (wieder) den regulären Zulässigkeitsvoraussetzungen einer Anfechtungs- bzw. Verpflichtungsklage unterworfen wird; insoweit gelten dann die allgemeinen Vorschriften der §§ 68 ff., 74.[54] Die Untätigkeitsklage ist also nur möglich vor Ergehen einer
Sachentscheidung der Behörde, d.h. der Entscheidung über den Widerspruch oder über den Erlass des
begehrten Verwaltungsaktes. Ist die Klage jedoch zulässigerweise als Untätigkeitsklage erhoben worden, so bleibt sie als solche auch dann grds. zulässig, wenn die behördliche Entscheidung später doch
noch ergeht (→ Rn. 65 ff.).

Eine *Sachentscheidung* der zuständigen Behörde, die die Untätigkeitsklage ausschließt, setzt damit 32
zweierlei voraus: die sachliche Befassung der Behörde mit dem Antrag bzw. dem Widerspruch sowie
eine abschließende Äußerung zur Hauptsache. Dabei ist es unerheblich, ob die Entscheidung auf materielle oder auf formelle Gründe gestützt wird; auch die Zurückweisung des Widerspruchs oder die
Ablehnung des Antrags als unzulässig sind Sachentscheidungen.[55] Insbes. ist das Vorliegen einer Sachentscheidung auch dann zu bejahen, wenn die Entscheidung aufgrund eines Missverständnisses erging.[56] Desgleichen ist im Hinblick auf den Erstbescheid keine bestimmte Form der Entscheidung erforderlich, da auch der Erlass eines Verwaltungsaktes nicht an bestimmte Formerfordernisse gebunden
ist, dieser vielmehr grds. formfrei ergehen kann (vgl. § 39 Abs. 2 VwVfG). Allerdings muss immer eine

---

48 *K. Rennert,* in: Eyermann § 75 Rn. 5.
49 BVerwGE 99, 158, 160; *K.-P. Dolde/W. Porsch,* in: Schoch/Schneider/Bier § 75 Rn. 5. S.a. *H. Johlen,* DVBl 1989, 287,
    291.
50 Hierzu BVerwG DVBl 1996, 309 = NJW 1996, 1977.
51 BVerwGE 66, 342, 344 = DVBl 1983, 849 f.; OVG Münster NVwZ-RR 1995, 178; VGH Mannheim VBlBW 1996,
    150. S.a. *K. Rennert,* in: Eyermann § 75 Rn. 11.
52 BVerwGE 66, 342, 344 = DVBl 1983, 849 f.; OVG Münster NVwZ-RR 1995, 178 = NWVBl 1994, 426; VGH Mann-
    heim VBlBW 1996, 150. *K. Rennert,* in: Eyermann § 75 Rn. 19 m.w.N.
53 BVerwGE 69, 198, 199 = NVwZ 1985, 35, 36.
54 OVG Münster NJW 1954, 1902, 1903. Vgl. auch VGH BW 2.12.2003 – 6 S. 2036/03 mit dem Hinweis, dass jede
    verbindliche behördliche Sachentscheidung über das Begehren eines Bürgers die Erhebung der Untätigkeitsklage aus-
    schließt.
55 VGH München BayVBl 1972, 412; *K. A. Bettermann,* NJW 1960, 1081, 1084.
56 BSG DVBl 1990, 212; *Schenke* § 75 Rn. 6.

Bekanntgabe des Verwaltungsakts erfolgen (§ 41 VwVfG).[57] Für den Widerspruchsbescheid ist § 73 Abs. 3 zu berücksichtigen.

33   Eine solche Sachentscheidung, die die Untätigkeitsklage ausschließt und das Begehren des Klägers den regulären Vorschriften über die Klageerhebung für die Anfechtungs- oder Verpflichtungsklage unterwirft, stellt auch die Zurückweisung eines Widerspruchs wegen Verfristung dar. Nicht hingegen gilt dies für eine Auskunft über den Sach- oder Verfahrensstand oder für einen die Sache nicht abschließenden Zwischenbescheid.[58] Weigert sich die Behörde, sich mit dem Antrag bzw. dem Widerspruch zu beschäftigen, so liegt gleichfalls keine Entscheidung zur Sache vor, weshalb auch insoweit die Untätigkeitsklage zulässig ist.[59] Ebenso wenig liegt eine Sachentscheidung vor, wenn die Behörde das Vorliegen eines Widerspruchs verneint und deshalb keinen Widerspruchsbescheid erlässt[60] oder sie bei einem Antrag auf Erlass eines Zweitbescheids lediglich auf den ersten Bescheid hinweist.[61]

34   **b) Nichtentscheidung innerhalb angemessener Frist.** Die unter Abweichung von § 68, d.h. unter Auslassung des Widerspruchsverfahrens zulässige Erhebung der Untätigkeitsklage setzt weiterhin voraus, dass die Behörde innerhalb angemessener Frist und ohne Vorliegen eines zureichenden Grundes sachlich nicht entschieden hat. Das Erfordernis der Entscheidung innerhalb einer „angemessenen Frist" konkretisiert, sofern ein zureichender Grund für eine Verzögerung nicht vorliegt, letztlich die Verpflichtung der Verwaltung, über Anträge und Rechtsbehelfe zügig, wenngleich mit der gebotenen Gründlichkeit, zu entscheiden,[62] und korrespondiert gleichzeitig mit dem Anspruch des Bürgers auf rechtzeitige Entscheidung.[63]

35   Das Tatbestandsmerkmal der angemessenen Frist lässt sich pauschal kaum quantifizieren. Zu berücksichtigen ist dabei aber jedenfalls, dass der Behörde – je nach Komplexität der zu treffenden Entscheidung in rechtlicher Hinsicht, aber auch im Hinblick auf eine ggf. erforderliche umfängliche Sachverhaltsaufklärung und Tatsachenermittlung – eine hinreichende Überlegungs- und Bearbeitungszeit eingeräumt werden muss; an einer überstürzten und daher möglicherweise „schlechten" oder ggf. sogar rechtswidrigen Entscheidung können weder die Behörde noch der Antragsteller ein Interesse haben. Für die Bemessung der Länge der „angemessenen" Frist dürfte daher auch allenfalls am Rande von Bedeutung sein, dass das Gesetz seinerseits vom Bürger verlangt, innerhalb der Monatsfrist Widerspruch einzulegen bzw. Klage zu erheben. Bei der Bemessung der angemessenen Frist spielt aber jedenfalls ein laufendes Verfahren im einstweiligen Rechtsschutz regelmäßig keine Rolle; ohne Zustimmung des Betroffenen darf jedenfalls der Ausgang eines solchen Verfahrens nicht abgewartet werden.[64]

36   Verallgemeinernd lässt sich sagen, dass im Hinblick auf die Angemessenheit der Frist auf die Dringlichkeit der Entscheidung für den Kläger abzustellen ist wie auch auf die der Behörde zuzubilligende Entscheidungsdauer unter Berücksichtigung des Arbeitsanfalls, der Schwierigkeit der Tatsachenermittlung und des rechtlichen Schwierigkeitsgrades; zwischen den genannten Aspekten ist eine Abwägung vorzunehmen.[65]

37   Aufgrund der in S. 2 der Bestimmung festgelegten Regelfrist von drei Monaten kommt der Auslegung der „angemessenen Frist" in der Praxis jedoch nur geringe Bedeutung zu; dies gilt insbes. angesichts der bei behördlichen Entscheidungen doch üblichen Entscheidungsdauer von mehr als drei Monaten. Ein Sachurteil kommt – auch wenn die Klage nach Ablauf der Sperrfrist des S. 2 erhoben wurde und damit zulässig ist – gleichwohl nur dann in Betracht, wenn das Verstreichen der „angemessenen Frist" als zusätzliche Sachurteilsvoraussetzung vorliegt.[66]

---

57   Hierzu *K. Rennert*, in: Eyermann § 75 Rn. 6; *D. Krausnick*, in: Gärditz § 75 Rn. 11.
58   S.a. VG Dessau LKV 1996, 74, 75 zum „Begleitschreiben"; VG Gera VIZ 1994, 681, 683 zum „Vorbescheid" nach § 32 Abs. 1 VermG.
59   *Schenke* § 75 Rn. 6.
60   S. nur BVerwG DÖV 1968, 496, 497.
61   Anders aber, wenn sie den Erlass eines Zweitbescheids ablehnt, s. BVerwG Buchholz 310 § 75 Nr. 5.
62   BGHZ 15, 305, 312; 30, 19, 26 f.
63   BVerfG NJW 1985, 2019, 2020.
64   VGH München 27.12.2010, BeckRS 2011, 47201.
65   *K. Rennert*, in: Eyermann § 75 Rn. 9; *P. Kothe*, in: Redeker/v. Oertzen § 75 Rn. 5; *D. Krausnick*, in: Gärditz § 75 Rn. 14. Zur Erhebung der Untätigkeitsklage bei einem zu erwartenden positiven Abhilfebescheid BayVerfGH BayVBl 2002, 143.
66   *K. Rennert*, in: Eyermann § 75 Rn. 9.

aa) Die Regelfrist von drei Monaten. Um Auslegungsschwierigkeiten hinsichtlich des angemessenen **38** Zeitraums zu vermeiden, sieht die Norm in S. 2 vor, dass die Klage nach Ablauf einer Sperrfrist von drei Monaten seit Einlegung des Widerspruchs bzw. seit dem Antrag auf Vornahme des Verwaltungsakts zulässigerweise erhoben werden kann; in diesem Fall stellt sich die Frage nach der Länge der angemessenen Frist regelmäßig nicht, da das Gesetz insoweit mit der – in gewissem Sinn das Kriterium der Angemessenheit konkretisierenden – Vermutung arbeitet, dass ein Zeitraum von drei Monaten i.d.R. eine hinreichende, d.h. eine angemessene Frist für eine behördliche Entscheidung darstellt.[67] Insofern dient die Sperrfrist einerseits dem Rechtsschutzinteresse des Klägers und nimmt ihm das Risiko ab, selbst über die Voraussetzungen des S. 1 urteilen zu müssen; andererseits soll sie einer verfrühten Klageerhebung entgegenwirken, um dadurch der Behörde eine zeitlich angemessene Sachprüfung zu ermöglichen und die Gerichte zu entlasten.[68]

Die Einhaltung der Dreimonatsfrist stellt eine Sachurteilsvoraussetzung dar,[69] nach deren Ablauf die **39** Untätigkeitsklage bei Vorliegen der sonstigen Klagevoraussetzungen, aber – im Unterschied zur Anfechtungs- und Verpflichtungsklage – ohne Abschluss des Vorverfahrens bei Vorliegen der sonstigen Sachurteilsvoraussetzungen jedenfalls zulässig ist, während die zuvor erhobene Klage an sich unzulässig sein müsste (→ Rn. 40 ff.). Auf die Kenntnis des Klägers von einem (zureichenden) Verzögerungsgrund auf Seiten der Behörde i.S.d. S. 1 kommt es für die Frage der Zulässigkeit nicht an; die Bestimmung stellt lediglich auf den Fristablauf ab.[70]

Der Ablauf der Dreimonatsfrist hat mithin zur Folge, dass das Gericht eine nach Ablauf der Frist er- **40** hobene Klage nicht als verfrüht und damit als unzulässig ablehnen kann.[71] Liegen aber die sonstigen Klagevoraussetzungen zum Zeitpunkt des Fristablaufs nicht vor, so ist die Klage zumindest als Untätigkeitsklage unzulässig.[72] Fraglich ist in diesem Zusammenhang, ob auch der zureichende Grund und der Ablauf der ggf. zu setzenden Frist weitere Prozessvoraussetzungen darstellen.[73] Gegen die Auffassung, wonach die Klage schon vorher zulässig ist,[74] spricht, dass im Falle des S. 3 eine Sachentscheidung gerade nicht in Betracht kommt. Eine Sachentscheidung ist aber nur dann nicht möglich, wenn noch nicht alle Klagevoraussetzungen zum Zeitpunkt der Entscheidung des Gerichts vorliegen. Auch für den Fall, dass die Prüfung der Untätigkeitsklage von vornherein ergibt, dass das geltend gemachte Sachbegehren offensichtlich unter keinem rechtlichen Gesichtspunkt Erfolg haben kann, weil der mit dem Antrag verfolgte materielle Anspruch tatsächlich nicht besteht, unterliegt diese unmittelbar der Abweisung, weil der Kläger durch die Unterlassung des von ihm materiell zu Unrecht begehrten Verwaltungsakts nicht in seinen Rechten verletzt ist.[75]

Als maßgeblich für den *Zeitpunkt* des Fristablaufs erachtet die Rspr. den Zeitpunkt der letzten münd- **41** lichen Verhandlung, nicht hingegen den Zeitpunkt der Klageerhebung,[76] sodass auch die Klageerhebung vor Ablauf der Dreimonatsfrist zunächst zulässig ist. Dies erscheint jedoch angesichts des insoweit eindeutigen Wortlauts von § 75 („erhoben") fragwürdig, da die Einreichung der Klage bei Gericht bereits deren Erhebung bedeutet, die nach dem Gesetzeswortlaut gerade nicht vor Ablauf von drei Monaten erfolgen können soll.[77] Vor dem Hintergrund dieser Auffassung erscheint letztlich auch die Rspr. im Sozialhilferecht konsequent, dass bei einer Untätigkeitsklage nach § 75 auf Gewährung

---

67 Indes ist eine nach Ablauf der nach § 46 Abs. 1 S. 3 FGO maßgeblichen Regel-Sperrfrist von sechs Monaten erhobene Untätigkeitsklage nicht ohne Weiteres zulässig; sie kann jedoch in die Zulässigkeit hineinwachsen, so BFH NVwZ 2007 120.
68 BVerwGE 42, 108, 110. Ausf. zu der Dreimonatsfrist *A. Leisner*, VerwArch 2000, 227, 241 ff.
69 BVerwGE 23, 135, 137; 42, 108, 110.
70 *Schenke* § 75 Rn. 9.
71 BVerwGE 42, 108, 110, 112; NVwZ 1987, 969, 970.
72 BVerwGE 29, 239, 243; Buchholz 310 § 75 VwGO Nr. 11.
73 So etwa *Schenke* § 75 Rn. 8; *U. Meier*, Widerspruchsverfahren, 1992, 46; wohl auch BVerwGE 42, 108, 111; DVBl 1986, 1159; VGH Mannheim NJW 1986, 149.
74 So wohl BVerwG NVwZ 1987, 969, 970; *K. A. Bettermann*, NJW 1960, 1081, 1085; *P. Kothe*, in: Redeker/v. Oertzen § 75 Rn. 6; *P. Weides/R. Bertrams*, NVwZ 1988, 673, 674.
75 OVG Magdeburg 25.10.2011 – 2 O 126/11 unter Bezugnahme auf BVerwGE 29, 239, 242 ff.
76 BVerwGE 23, 135, 137 = NJW 1966, 750; 42, 108, 110; OVG Bln-Bbg 1.3.2016 – OVG 4 N 59.14, Rn. 4; NVwZ 1995, 80; *P. Weides/R. Bertrams*, NVwZ 1988, 673, 674; *U. Meier*, Widerspruchsverfahren, 1992, 43 f., m.w.N.
77 So auch *D. Krausnick*, in: Gärditz § 75 Rn. 16. Vgl. auch *A. v. Mutius*, Widerspruchsverfahren, 1969, 185 f., wonach die Voraussetzungen der S. 1 und 2 bereits bei Klageerhebung vorliegen müssen.

von Sozialhilfe nur solche Ansprüche geltend gemacht werden können, die mindestens drei Monate vor Klageerhebung entstanden sind (→ Rn. 29).[78]

42 Fehlt die Sachurteilsvoraussetzung des Fristablaufs zum Zeitpunkt der Erhebung der Klage bzw. – folgt man der Rspr. – zum Zeitpunkt der letzten mündlichen Verhandlung, so ist das Verfahren analog § 75 S. 3 auszusetzen;[79] die Klage dem Verdikt der Unzulässigkeit mit der Folge der Abweisung unterwerfen zu wollen,[80] würde übermäßigem Formalismus frönen, da der Mangel durch Zeitablauf heilbar ist und die Klage nach Ablauf der Sperrfrist erneut erhoben werden könnte.

43 **bb) Klageerhebung vor Ablauf von drei Monaten wegen besonderer Umstände.** Als letztlich vom Gebot effektiven Rechtsschutzes vorgegebener Ausnahmefall von der Dreimonatsfrist sieht S. 2 vor, dass vor Ablauf der drei Monate besondere Umstände eine Entscheidung der Behörde in kürzerer Frist, also in weniger als drei Monaten, gebieten können. Hier gilt es maßgeblich auf die Sphäre des Klägers, d.h. auf dessen Rechtsschutzinteresse an einer schnelleren Entscheidung der Behörde, abzustellen,[81] da das Gesetz als Regelfall ja der Behörde eine dreimonatige Entscheidungsfrist zugesteht. Hält die Behörde aus anderen, in ihrer Sphäre liegenden Gründen eine frühere Entscheidung für geboten, so bleibt es ihr selbstredend unbenommen, diese vor Ablauf der Dreimonatsfrist zu erlassen.

44 Liegen besondere Umstände auf Seiten des Klägers vor, so kann die Klage jedenfalls bereits vor Ablauf der Dreimonatsfrist erhoben werden. Sie kann dann nicht vom Gericht als verfrüht und damit als unzulässig abgewiesen werden.

45 Derartige *besondere Umstände*, die eine frühzeitige Entscheidung der Behörde als geboten erscheinen lassen können, sind dann anzunehmen, wenn dem Kläger das Abwarten der Dreimonatsfrist schwere und unverhältnismäßige Nachteile zufügen würde. Dabei kann aber nicht schon jeder materielle Nachteil, wie etwa die drohende Gefahr einer Kostensteigerung aufgrund der Dauer der behördlichen Bearbeitungszeit, ausreichen, da das Gesetz von der Behörde eine in sachlicher und rechtlicher Hinsicht zureichende Überprüfung des Sachverhalts sowie eine rechtlich korrekte, mithin rechtmäßige Entscheidung fordert, was naturgemäß eine bestimmte Zeit in Anspruch nehmen kann. Daher ist darauf abzustellen, ob für den Kläger gravierende, nicht wiedergutzumachende Nachteile entstehen, wenn die Behörde die Dreimonatsfrist ausschöpft, ohne eine Entscheidung zu treffen. Als Bsp. sind insoweit etwa die Entscheidung über die Anfechtung einer Schulprüfung, eine dringende Fürsorgebedürftigkeit oder die – zwischenzeitlich freilich obsolete – bevorstehende Einberufung zum Wehrdienst zu nennen.[82] Auch dürfte eine Klage im Falle der (endgültigen) Verweigerung der Annahme eines Antrags bzw. einer Entscheidung ohne Einhaltung der Sperrfrist des S. 2 sofort zulässig sein.[83]

46 Welcher Charakter der verkürzten Frist zukommt, ist umstr. Gegen die Annahme einer gesetzlichen Frist, wonach kraft Gesetzes auszusetzen ist, wenn die entsprechenden Umstände vorliegen,[84] lässt sich allenfalls die Tatsache anführen, dass es das Gesetz in die Hand des Verwaltungsgerichts legt, darüber zu entscheiden, ob Nachteile vorliegen und wie verkürzt wird.[85] Jedenfalls ist diese Entscheidung aber auch für die höheren Instanzen verbindlich.[86]

47 **c) Nichtentscheidung ohne zureichenden Grund.** Schließlich kann die Klage im Falle der Nichtentscheidung innerhalb einer angemessenen Frist bzw. nach Ablauf der Sperrfrist von drei Monaten nur dann erhoben werden, wenn die Behörde keinen zureichenden Grund für die Nichtentscheidung gel-

---

78 S. nur OVG Münster NVwZ-RR 1995, 178 f. Krit. hierzu *K.-P. Dolde/W. Porsch,* in: Schoch/Schneider/Bier § 75 Rn. 6, Fn. 25.

79 H.M. in Rspr. und Lit., vgl. etwa BVerwGE 23, 135, 139 = NJW 1966, 750; *K. A. Bettermann,* NJW 1960, 1081, 1086; *U. Meier,* Widerspruchsverfahren, 1992, 44 f.; *Schenke* § 75 Rn. 17. Gegen eine Aussetzung nach S. 3 *P. Kothe,* in: Redeker/v. Oertzen § 75 Rn. 11. S.a. *K. Rennert,* in: Eyermann § 75 Rn. 8: Zweckmäßiger sei schlichtes Zuwarten.

80 So aber *A. v. Mutius,* Widerspruchsverfahren, 1969, 185 ff.

81 *Schenke* § 75 Rn. 12.

82 Weitere Bsp. bei *Schenke* § 75 Rn. 12; *P. Kothe,* in: Redeker/v. Oertzen § 75 Rn. 6; *D. Krausnick,* in: Gärditz § 75 Rn. 15.

83 VGH München BayVBl 1980, 376; VG Kassel NVwZ 1985, 217; s.a. VGH Kassel NVwZ 1988, 266 zu dem Fall, dass der Kläger mit einer Entscheidung der Behörde nicht mehr rechnen kann.

84 H.M., s. nur *K. Rennert,* in: Eyermann § 75 Rn. 9; *P. Kothe,* in: Redeker/v. Oertzen § 75 Rn. 6; *K. A. Bettermann,* NJW 1960, 1081, 1083.

85 *Koehler* § 75 III.

86 BVerwGE 23, 135, 138: „nach der maßgebenden Auffassung des Verwaltungsgerichts".

tend macht.[87] Kann die Behörde einen solchen Grund[88] nicht anführen, so ist die Klage zulässig. Aber auch wenn ein solcher zureichender Grund auf Seiten der Verwaltung vorliegt – was nach objektiven Gesichtspunkten zu entscheiden ist –,[89] führt dies nach überwiegender Auffassung nicht zur Unzulässigkeit der gleichwohl erhobenen Klage (zum Streitstand → Rn. 40 ff.), da ja das Gericht zunächst zu überprüfen hat, ob der von der Verwaltung geltend gemachte Grund stichhaltig ist, bevor es der Behörde dann ggf. eine Frist setzt. In diesem Fall setzt das Gericht das Verfahren mit dem Ziel der Nachholung der behördlichen Entscheidung bis zum Ablauf einer von ihm bestimmten, verlängerbaren Frist aus, S. 3. Unabhängig aber von der Frage, ob es sich bei dem Vorliegen eines zureichenden Grundes um eine weitere Prozessvoraussetzung handelt, kommt eine Sachentscheidung jedenfalls nur in Betracht, wenn entweder kein zureichender Grund vorliegt oder die gesetzte Frist ohne Erlass einer behördlichen Entscheidung verstrichen ist.[90]

Für die Frage, ob ein zureichender Grund für die Nichtentscheidung vorliegt und das Gericht damit 48 eine Aussetzung nach S. 3 vorzunehmen hat, ist auf den Zeitpunkt der letzten mündlichen Verhandlung, nicht hingegen auf den Zeitpunkt der Klageerhebung abzustellen.[91]

Das Vorliegen eines zureichenden Grundes ist nach *objektiven Gesichtspunkten* zu beurteilen.[92] Als 49 Richtmaß lässt sich insoweit formulieren, dass ein zureichender Grund nicht vorliegen kann, wenn nach dem Sachstand und der gegenwärtigen Geschäftsbelastung der Behörde eine Entscheidung bereits hätte ergehen müssen. Insbes. in den Fällen, in denen Entscheidungsreife vorliegt, dürfte ein zureichender Grund für eine Hinauszögerung der behördlichen Entscheidung regelmäßig nicht vorliegen.[93] Auch ist davon auszugehen, dass die Verletzung von Mitwirkungspflichten durch den Kläger keinen zureichenden Grund darstellt, da eine Untätigkeit der Behörde schon begrifflich nicht vorliegt, wenn sie mangels eines vollständigen Antrags zu einer Bearbeitung und Sachentscheidung nicht in der Lage ist.[94]

Nicht in Rechnung zu stellen ist eine insoweit möglicherweise bestehende besondere Dringlichkeit der 50 Angelegenheit für den Kläger, da das Gesetz die Tatsache des Vorliegens eines zureichenden Grundes lediglich der Sphäre der Behörde zuordnet, nicht hingegen eine Art Gesamtabwägung zwischen den Interessen des Klägers und der Behörde im Hinblick auf den Entscheidungszeitpunkt anordnet;[95] dies gilt auch für Fälle, in denen eine Verzögerung einen besonderen Nachteil für den Kläger darstellen kann.[96] Die Möglichkeit für die Behörde, einen zureichenden Grund für einen längeren als den angemessenen Entscheidungszeitraum geltend machen zu können, stellt das Korrelat der gesetzgeberischen Wertung für – vom Regelfall der Entscheidung innerhalb angemessener Frist abweichenden – besondere Konstellationen dar, die das Gesetz jedoch ausschließlich im Verantwortungsbereich der Behörde verortet. Demgegenüber stellt S. 2 auf die Sphäre des Klägers ab, wenn die Bestimmung wegen besonderer Umstände des Falles eine Entscheidung der Behörde vor Ablauf der Dreimonatsfrist erfordert; solche besonderen Umstände lassen eine Berücksichtigung subjektiver Belange des Klägers zu.

---

87 Ob die Behörde einen zureichenden Grund für ihre Untätigkeit hatte, ist für die Zulässigkeit der nach Ablauf der dreimonatigen Sperrfrist erhobenen Untätigkeitsklage unerheblich, vgl. BVerwGE 42, 108, 112; hierauf Bezug nehmend VGH Mannheim BeckRS 2012, 53413.

88 Zu der – im Ergebnis bejahten – Frage, ob der unbestimmte Rechtsbegriff des „zureichenden Grundes" eine Regelungsbefugnisse der Länder ausschließende „Vollregelung" darstellt oder nicht, OVG Greifswald BeckRS 2012, 60667.

89 VGH Mannheim NVwZ-RR 2011, 224.

90 BVerwGE 42, 108, 111; NVwZ 1987, 969, 970; *K.-P. Dolde/W. Porsch*, in: Schoch/Schneider/Bier § 75 Rn. 7. Vgl. auch BVerwG NJW 1990, 1378, 1379; *K. Rennert*, in: Eyermann § 75 Rn. 10: anders, wenn die Klage offensichtlich unbegründet ist.

91 BVerwG NVwZ 1995, 80; VGH Kassel NVwZ-RR 1993, 432; *Schenke* § 75 Rn. 11.

92 BVerwG NVwZ 1991, 1180, 1181; VGH Mannheim NVwZ-RR 2011, 224. Vgl. auch *P. Wittmann*, JuS 2017, 842, 844 f.

93 So auch *P. Kothe*, in: Redeker/v. Oertzen § 75 Rn. 4.

94 VG Freiburg BauR 2003, 1345, 1348.

95 A.A. *M. Funke-Kaiser*, in: Bader/Funke-Kaiser/Stuhlfauth/v. Albedyll/ Kuntze, § 75 Rn. 12: angemessener Ausgleich zwischen Dringlichkeit für den Kläger und Bearbeitungsdauer für die Behörde.

96 A.A. *K. Rennert*, in: Eyermann § 75 Rn. 9; *Schenke* § 75 Rn. 14; *P. Weides/R. Bertrams*, NVwZ 1988, 673, 674; *M. Funke-Kaiser*, in: Bader/Funke-Kaiser/Stuhlfauth/v. Albedyll § 75 Rn. 12.

51 Als zureichender Grund i.S.v. S. 3 kann nur ein solcher in Betracht kommen, der mit der Rechtsordnung in Einklang steht.[97] Insoweit besteht Einigkeit darüber, dass als zureichender Grund der besondere Umfang und die besondere Schwierigkeit der Sachaufklärung sowie die besondere Schwierigkeit des zu entscheidenden Falles in Betracht kommen.[98] Daher sind zureichende Gründe typischerweise Ausdruck mangelnder Entscheidungsreife infolge noch fehlender, für die Sachverhaltsfeststellung notwendiger Informationen sowie noch ausstehender Verfahrensschritte.[99] Auch eine besondere Belastung oder gar die Überlastung der Behörde aufgrund einer Gesetzesänderung fallen hierunter.[100] Hat die Behörde aufgrund gesetzlicher Anordnung die Stellungnahme einer oder mehrerer anderer Behörden vor der Entscheidung einzuholen, so stellt dies wegen der damit zwangsläufig verbundenen zeitlichen Verzögerung der Entscheidungsfindung gleichfalls einen zureichenden Grund dar;[101] dies gilt etwa für den Fall, dass das Gesetz Benehmens- oder gar Einvernehmenserfordernisse zwischen der entscheidenden und einer anderen Behörde vorschreibt. Gleiches gilt für die Konstellation, dass für die Entscheidung wesentliche und vom Kläger beizubringende Unterlagen noch ausstehen;[102] dies muss auch für solche Fälle gelten, in denen entscheidungserhebliche Unterlagen von Dritten beigebracht werden müssen, wobei der Behörde allerdings aufgegeben ist, für eine zügige Beibringung Sorge zu tragen. Auch die Schwierigkeiten, die mit dem Behördenaufbau in den neuen Bundesländern zunächst verbunden waren, sind als zureichender Grund von der Rspr. anerkannt worden;[103] angesichts der insoweit eingetretenen Normalisierung ist dies jedoch inzwischen anders zu beurteilen.[104] Wird ein neuer Behördenzweig eingerichtet, so dürften in der Anfangszeit auftretende Verzögerungen gleichfalls einen zureichenden Grund für die Nichtentscheidung innerhalb angemessener Frist darstellen. Liegen die Voraussetzungen des § 79 Abs. 2 AufenthG vor und besteht deshalb ein verfahrensrechtliches Hindernis für die Erteilung einer begehrten Aufenthaltserlaubnis, führt dies zum Vorliegen eines zureichenden Grundes i.S.v. § 75 S. 1, mit der Folge, dass das Verwaltungsgericht ein bei ihm anhängiges Klageverfahren nach § 73 S. 3 aussetzen wird.[105]

52 *Keinen* zureichenden Grund stellen hingegen Verzögerungen dar, die ihren Grund in behördeninternen Bearbeitungsengpässen finden, wie etwa urlaubs- und krankheitsbedingte Abwesenheiten.[106] Auch eine Vielzahl von eingelegten Widersprüchen stellt keinen zureichenden Grund dar,[107] ebenso wenig die permanente Arbeitsüberlastung einzelner Behörden, Referate oder gar einzelner Sachbearbeiter, da es in einem solchen Fall Aufgabe des zuständigen Ministeriums bzw. der Behördenleitung ist, für hinreichenden Ersatz zu sorgen[108] oder entsprechende organisatorische Maßnahmen zu treffen;[109] anderes dürfte nur dann gelten, wenn sich die Behörde kurzfristig mit einer besonderen Geschäftsbelastung konfrontiert sieht.[110] Auch die Entscheidung verzögernde Unsorgfältigkeiten im Arbeitsablauf der Be-

97 BVerwG NVwZ 1991, 1180, 1181; ZOV 2004, 93; VGH Mannheim NVwZ-RR 2008 242; NVwZ-RR 2011, 224; *K.-P. Dolde/W. Porsch*, in: Schoch/Schneider/Bier § 75 Rn. 8; Ausf. zu der Problematik A. *Leisner*, VerwArch 2000, 227, 240 ff., 245 ff.

98 BFH JZ 1959, 570, 571; BayVerfGH BayVBl 2002, 143; OVG Lüneburg MDR 1964, 625 = NJW 1964, 1637; VGH Mannheim NVwZ-RR 2008 242 mit Blick auf § 7 Abs. 1 g AtG als einer „rechtlich komplexen und normativ nicht im Einzelnen determinierten Vorschrift". S. aber VG Düsseldorf NVwZ 1994, 811, 812. Hierzu auch A. *Leisner*, VerwArch 2000, 227, 247 ff; *D. Krausnick*, in: Gärditz § 75 Rn. 19.

99 BayVGH 14.10.2003 – 5 C 03.2024. Auch solange die Baugenehmigungsbehörde einen Bauantrag nicht bearbeiten muss, liegt ein zureichender Grund dafür vor, dass eine beantragte Baugenehmigung noch nicht erlassen ist; in einem solchen Fall ist das Klageverfahren nach § 75 S. 3 auszusetzen, vgl. BVerwG NVwZ 2012, 51.

100 OVG Lüneburg MDR 1964, 625 = NJW 1964, 1637; *Schmitt Glaeser/Horn* Rn. 185.

101 S. VG Köln NVwZ 1985, 217, 219, zum Antrag eines 17-Jährigen auf Anerkennung als Kriegsdienstverweigerer bei fehlender Musterung. Streit besteht insoweit im Hinblick auf das erforderliche Alter des Klägers, vgl. VG Kassel NVwZ 1985, 217: Rechtsschutzbedürfnis nur bei Wehrpflicht (ab 18 Jahren) und Feststellung der Verfügbarkeit.

102 Vgl. etwa VGH München BayVBl 1976, 632.

103 KreisG Leipzig-Stadt VIZ 1992, 201.

104 VG Meiningen LKV 1998, 38 f.

105 Vgl. OVG Münster 26.4.2012, BeckRS 2012, 50532.

106 *D. Krausnick*, in: Gärditz § 75 Rn. 21. Zur Zurechnung von Verzögerungen bei der Bearbeitung eines vollständigen Antrags an die Behörde VG Freiburg BauR 2003 1345, 1348.

107 SächsOVG 16.7.2001 – 1 E 59/01 zu dem Fall, dass nach 11 Monaten noch nicht über einen Widerspruch entschieden war.

108 HmbOVG NJW 1990, 1379 f.; VG Düsseldorf NVwZ 1994, 810, 811; VG Bremen NVwZ-RR 1997, 768; *Schenke* § 75 Rn. 13; *P. Kothe*, in: Redeker/v. Oertzen § 75 Rn. 4; *D. Krausnick*, in: Gärditz § 75 Rn. 21. Zum Zusammenhang zwischen Behördenuntätigkeit und Verwaltungsorganisation A. *Leisner*, VerwArch 2000, 227, 234 ff.

109 SächsOVG 16.7.2001 – 1 E 59/01. Vgl. auch HmbOVG NJW 1990, 1379, 1380.

110 BVerwGE 42, 108, 111 f. (Umzug, organisatorische Änderungen); s.a. *Schenke* § 75 Rn. 13.

hörde sowie eine Vielzahl von vorliegenden Anträgen und eine dadurch bedingte längere Bearbeitungszeit[111] vermögen keinen zureichenden Grund darzustellen; dies gilt etwa für den Fall, dass die Behörde Akten zu einer anderen Behörde weitergeleitet oder zu Gericht gegeben hat, ohne sie vorher zu kopieren, um den Fall weiter bearbeiten zu können.[112] Das Vorliegen eines zureichenden Grundes ist auch abzulehnen, wenn die Ausgangsbehörde die Angelegenheit der Widerspruchsbehörde noch nicht vorgelegt hat, sodass diese keine Entscheidung treffen konnte. Auch sonstige Unsorgfältigkeiten der Behörde vermögen einen sachlichen Grund nicht darzustellen, so etwa, wenn die Behörde ein offensichtlich als Antrag bzw. als Widerspruch angelegtes und so zu verstehendes Schreiben nicht als Antrag bzw. als Widerspruch erkannt und daher nicht bearbeitet hat.[113] Gleiches gilt für den Fall, dass die Behörde gar keine Entscheidung trifft, weil sie der Meinung ist, dass es eines Vorverfahrens nicht bedarf;[114] dies hat zur Folge, dass die Klage als Untätigkeitsklage sofort zulässig ist.[115] Auch die Weigerung der Behörde, sich mit einem Antrag bzw. Widerspruch überhaupt zu befassen, stellt keinen zureichenden Grund dar und begründet die sofortige Zulässigkeit der Klage.[116] Schließlich bedeutet auch die Auffassung der Behörde, dass der Widerspruch unzulässig sei, keinen zureichenden Grund für die Nichtentscheidung;[117] in diesem Fall hat die Behörde eine Entscheidung dahingehend zu treffen, dass der Widerspruch zurückgewiesen wird.

Ist die vom Kläger angegangene Behörde unzuständig, so kann dies ebenfalls keinen zureichenden   53
Grund für eine Nichtentscheidung darstellen. Davon abgesehen, dass in einem solchen Fall die Behörde nicht einfach untätig bleiben darf, sondern den Antragsteller bzw. Widerspruchsführer auf die Zuständigkeitsbedenken hinzuweisen oder die Sache an die zuständige Behörde weiterzuleiten hat, ist die Nichtentscheidung in diesem Fall sachlich nicht begründet.[118]

Auch Hinweise auf eine bislang fehlende Verwaltungspraxis, auf fehlende Richtlinien zur Steuerung   54
des behördlichen Ermessens oder auf eine nicht unmittelbar verbindliche Weisung der übergeordneten Behörde vermögen einen zureichenden Grund nicht darzustellen.[119]

Steht der Erlass eines neuen oder die Änderung eines bestehenden Gesetzes bzw. einer Rechtsverord-   55
nung – auch in absehbarer Zeit – an, so ist das noch kein zureichender Grund i.S.d. S. 3; wegen allfälliger Verzögerung würde dies dem Interesse des Klägers an einer Entscheidung ebenso wenig gerecht werden wie dem Aspekt der Rechtssicherheit. Ergeht das neue Gesetz bzw. die neue Rechtsverordnung tatsächlich während des anhängigen Verwaltungsverfahrens, so kann die neue Rechtslage in diesem Verfahren ebenso wie in einer späteren gerichtlichen Auseinandersetzung – insbes. bei der Verpflichtungsklage – berücksichtigt werden. Gleiches gilt für den Erlass einer EG-Verordnung und insbes. für den Erlass einer EG-Richtlinie, da die insoweit notwendige mitgliedstaatliche Umsetzung u.U. längere Zeit in Anspruch nimmt und – wegen der in Richtlinien regelmäßig enthaltenen Umsetzungsfristen – auch in Anspruch nehmen darf. Etwas anderes kann nur dann gelten, wenn sich der Kläger mit der Nichtentscheidung einverstanden erklärt.

Die Anhängigkeit eines *Musterprozesses* oder eines Prozesses, in dem die gleiche Rechtsfrage zu beur-   56
teilen ist, stellt ebenfalls keinen zureichenden Grund dar, da die Behörde in eigener Verantwortung über den ihr zur Entscheidung unterbreiteten Sachverhalt entscheiden muss,[120] ohne auf anderweitige Verfahren, auch wenn es sich dabei um einen Musterprozess handelt, verweisen zu können.[121] Die Untätigkeit der Behörde ist in einem solchen Fall nur mit Zustimmung des Klägers gerechtfertigt, der damit konkludent sein Einverständnis zur Zurückstellung der Entscheidung der Behörde zum Aus-

---

111   InfAuslR 2001, 228, 229.
112   OVG Münster NVwZ-RR 1992, 453.
113   *Schenke* § 75 Rn. 15.
114   Vgl. BVerwGE 37, 87, 88; 39, 261, 265; DÖV 1968, 496, 497; *P. Kothe*, in: Redeker/v. Oertzen § 75 Rn. 4.
115   *U. Meier*, Widerspruchsverfahren, 1992, 81 f.; vgl. *Bosch/Schmidt* § 27 III 2; *Schenke* § 75 Rn. 12.
116   BVerwG DÖV 1968, 496, 497; VG Kassel NVwZ 1985, 217; s.a. VGH Kassel NVwZ 1988, 266.
117   VGH Kassel NVwZ-RR 1993, 432, 433.
118   *Schenke* § 75 Rn. 15; *K. Rennert*, in: Eyermann § 75 Rn. 9; *D. Krausnick*, in: Gärditz § 75 Rn. 20.
119   VGH München DVBl 1990, 783; *P. Kothe*, in: Redeker/v. Oertzen § 75 Rn. 4; *K.-P. Dolde/W. Porsch*, in: Schoch/
      Schneider/Bier § 75 Rn. 8.
120   So auch *K.-P. Dolde/W. Porsch*, in: Schoch/Schneider/Bier § 75 Rn. 8; *P. Kothe*, in: Redeker/v. Oertzen § 75 Rn. 4;
      a.A. *Schenke* § 75 Rn. 13 im Falle baldiger Entscheidung.
121   S. etwa OVG Münster NVwZ-RR 1992, 453: kein zureichender Grund beim Abwarten auf den Ausgang eines auf
      vorläufigen Rechtsschutz gerichteten Verfahrens; VGH München NVwZ-RR 1995, 237: kein zureichender Grund
      bei Anhängigkeit eines Beschwerdeverfahrens nach § 80 Abs. 5.

druck bringt; allerdings verliert damit die Untätigkeitsklage letztlich auch ihre wesentliche Legitimation. Gleiches gilt für den Fall, dass Kläger und Behörde in Verhandlungen über eine gütliche Einigung eingetreten sind; diesen Fall nicht als zureichenden Grund anzuerkennen, würde bedeuten, die Position des Klägers über das erforderliche Maß hinaus zu stärken.

VI.   Die Aussetzung und Fristsetzung nach S. 3

57   Folge des Vorliegens eines zureichenden Grundes ist, dass das Gericht das Verfahren nach S. 3 aussetzt und der Behörde eine Frist setzt, bis zu deren Ablauf die Entscheidung der Behörde nachgeholt werden soll.[122] In jedem Fall ist dafür ein ausdrücklicher Beschluss des Gerichts erforderlich; eine bloße, an die Behörde gerichtete Aufforderung zur Entscheidung reicht nicht aus.[123] In dem Beschluss ist die Dauer der Frist so zu bestimmen, dass die Behörde bei ihrer Entscheidung dem von ihr geltend gemachten und vom Gericht akzeptierten Verzögerungsgrund hinreichend Rechnung tragen kann. Das Gericht hat also in gewissem Sinn eine den Verzögerungsgrund hinreichend beachtende Prognose zu stellen. Es muss zu erwarten sein, dass die Behörde unter Berücksichtigung des zureichenden Grundes innerhalb der vom Gericht zu setzenden Frist die Entscheidung treffen kann.[124] Trifft die Behörde innerhalb der gesetzten Frist eine Entscheidung, so hat das Gericht gem. S. 4 die Hauptsache für erledigt zu erklären; andernfalls, d.h. wenn die Behörde auch innerhalb der ihr vom Gericht gesetzten Frist nicht entscheidet, ist das Verfahren fortzusetzen und kann das Gericht zur Sache entscheiden,[125] da in diesem Fall sämtliche Zulässigkeitsvoraussetzungen der Klage zum Zeitpunkt der gerichtlichen Entscheidung erfüllt sind. Anstelle einer Fortsetzung des Verfahrens besteht gem. S. 3 aber auch die Möglichkeit einer Fristverlängerung.

58   Bedurfte es dagegen einer Aussetzung und Fristsetzung nicht mehr, etwa weil die Behörde den beantragten Verwaltungsakt zwischenzeitlich versagt hat, so ist die Klage gleichwohl zulässig und kann das Gericht zur Sache entscheiden, wenn zum Zeitpunkt der mündlichen Verhandlung ein zureichender Grund für die Verzögerung nicht oder nicht mehr bestand.[126]

59   Dass es bei Vorliegen eines zureichenden Grundes eine zeitliche Begrenzung nach oben für die Nichtentscheidung der Behörde wie auch für die Fristsetzung des Gerichts gibt, lässt sich dem Gesetz nach Aufhebung von § 76 nicht mehr entnehmen. Hier wird auf die Umstände des Einzelfalles abzustellen sein. Der Kläger wird jedoch vor dem Risiko einer Klageabweisung als unzulässig dadurch geschützt, dass er bereits nach Ablauf der Dreimonatsfrist Klage erheben kann.

60   In analoger Anwendung von S. 3 hat das Gericht der Behörde nach überwiegender Auffassung eine Frist zu setzen, wenn die Klage vor Ablauf der angemessenen bzw. der Dreimonatsfrist etwa aus dem Grund erhoben wurde, dass der Kläger nach S. 2 eine kürzere Frist für angemessen hielt, das Gericht im Gegensatz dazu das Vorliegen der Voraussetzungen der vorzeitigen Zulässigkeit der Klageerhebung jedoch nicht als gegeben erachtet;[127] die analoge Anwendung von S. 3 resultiert daraus, dass eben keine verspätete Entscheidung der Behörde vorliegt und deswegen gerade kein zureichender Grund bestehen muss.

61   Eine Klageabweisung würde in diesem Fall jedoch unter prozessökonomischen Gesichtspunkten keinen Sinn machen, da die Klage spätestens in dem im Anschluss an das abweisende Urteil möglichen Berufungsverfahren zulässig werden würde.[128] Demgegenüber ist das an sich zutreffende Argument nachrangig, dass die Aussetzung die Zulässigkeit der Klage voraussetzt.[129] Hiervon unberührt bleibt

---

122   BVerwGE 42, 108, 110; NVwZ 1987, 969, 970; s.a. OVG RhPf 19.1.2016 – 7 D 11044/15; VGH Mannheim VBlBW 1997, 59 = NVwZ-RR 1997, 395, 396. Vgl. auch *P. Wittmann*, JuS 2017, 842, 845.

123   BVerwGE 88, 254, 256 = NVwZ 1992, 180 = DVBl 1992, 290, 291.

124   *K.-P. Dolde/W. Porsch*, in: Schoch/Schneider/Bier § 75 Rn. 9; *D. Krausnick*, in: Gärditz § 75 Rn. 47. Vgl. auch Sächs-OVG 16.7.2001 – 1 E 59/01, zur Aussetzung eines verwaltungsgerichtlichen Verfahrens in dem Fall, dass sich das VG lediglich durch eine noch ausstehende behördliche Entscheidung an der ansonsten nach normalen Lauf der Dinge in der von der Aussetzung erfassten Frist zu erwartenden gerichtlichen Entscheidung gehindert sieht.

125   BVerwGE 42, 108, 111. S.a. *Schenke* § 75 Rn. 9: erst dann ist die Klage nach § 75 „voll" zulässig.

126   BVerwG NVwZ 1987, 969, 970.

127   Vgl. *Schenke* § 75 Rn. 17.

128   BVerwGE 23, 135, 138. Zum Streit → Rn. 40 ff.

129   So *P. Kothe*, in: Redeker/v. Oertzen § 75 Rn. 11; *C.-F. Menger/H.-U. Erichsen*, VerwArch 58 (1967), 70, 80 ff.

selbstverständlich die Möglichkeit des Gerichts, die Klage abzuweisen, wenn sie aus einem anderen Grund unzulässig und daher entscheidungsreif ist.[130]

Der Aussetzungsbeschluss stellt die Entscheidung über den Zwischenstreit dar, ob ein zureichender 62 Grund vorliegt. Gegen die Aussetzung bzw. ihre Ablehnung wie auch gegen die damit verbundene – auch nachträgliche – Verlängerung der Frist bzw. die Ablehnung einer Fristverlängerung ist – bei Beschwer des Klägers bzw. der beklagten Behörde – die Beschwerde nach § 146 zulässig.[131] Ein Grund dafür, dass die Beschwerde die Fristverlängerung nicht einschließen können soll, ist nicht ersichtlich, da es sich bei der Fristsetzung nicht um eine gleichsam isolierte Fristbestimmung i.S.v. § 146 Abs. 2 handelt; die Fristsetzung ist vielmehr Teil der Aussetzung.[132] Erfolgt eine Anfechtung des Beschlusses nicht, so haben das Berufungs- und Revisionsgericht bindend davon auszugehen, dass ein zureichender Grund für die Untätigkeit vorlag. Die Möglichkeit, Beschwerde einzulegen, scheidet jedoch aus, wenn das Gericht die Entscheidung über die Aussetzung bzw. Fristverlängerung erst zusammen mit der Entscheidung in der Hauptsache trifft; in diesem Fall sind Rechtsbehelfe nur gegen die Hauptsacheentscheidung möglich.[133]

Das Verwaltungs- bzw. Widerspruchsverfahren wird während der Aussetzung i.R. der Untätigkeitskla- 63 ge fortgeführt. Dabei ist die bisherige Streitfrage hinsichtlich der Anwendbarkeit des § 45 Abs. 2 VwVfG nach Erhebung der Untätigkeitsklage[134] durch Änderung der Norm überholt. Ergeht innerhalb der Aussetzungsfrist nach § 75 Abs. 3 der Widerspruchsbescheid, so wird die Klage indes nicht unzulässig; vielmehr wird der Widerspruchsbescheid bei seinem Erlass kraft Gesetzes in die anhängige Untätigkeitsklage einbezogen, sodass es insoweit auf die Klagefrist des § 74 Abs. 1 S. 1 nicht ankommt.[135]

VII. Das Verfahren nach Klageerhebung

Im Hinblick auf das Verfahren nach Erhebung der Klage ist danach zu unterscheiden, ob der noch 64 ausstehende Verwaltungsakt bzw. Widerspruchsbescheid mit dem vom Kläger angestrebten Inhalt ergeht oder ob die begehrte Entscheidung abgelehnt wird; zudem sind der Zeitpunkt der Klageerhebung (vor oder nach Ablauf der Sperrfrist) sowie der Zeitpunkt der Behördenentscheidung (während der Sperrfrist, vor oder nach der gesetzten Nachfrist) von Bedeutung. Im Einzelnen gilt Folgendes:

1. Erlass der begehrten Entscheidung. Erlässt die Behörde nach Erhebung der Untätigkeitsklage die 65 vom Kläger begehrte Entscheidung, sei es den Widerspruchsbescheid oder den Verwaltungsakt mit dem vom Kläger gewünschten Inhalt, so ist der Kläger klaglos gestellt. Ergeht die Entscheidung innerhalb der nach S. 3 vom Gericht gesetzten Frist, so ist die Hauptsache gem. § 75 S. 4 für erledigt zu erklären, sodass nur noch über die Kosten entschieden werden muss. Gleiches gilt in den Fällen, in denen eine Frist nicht gesetzt war, die Behörde aber gleichwohl entscheidet, oder die Entscheidung der Behörde nach Fristablauf ergeht.[136] Voraussetzung hierfür ist allerdings, dass die Zulässigkeitsvoraussetzungen der Klage erfüllt sind.

Wurde die Klage dagegen vor Ablauf der angemessenen bzw. der Dreimonatsfrist erhoben und wäre 66 damit unzulässig gewesen, so ist bei einer Entscheidung der Behörde vor Ablauf der Sperrfrist gleich-

---

130 BVerwG NJW 1966, 1043; s.a. *K. Rennert*, in: Eyermann § 75 Rn. 10.

131 § 146 Rn. 40; BVerwGE 42, 108, 113; *K.-P. Dolde/W. Porsch*, in: Schoch/Schneider/Bier § 75 Rn. 10; *P. Kothe*, in: Redeker/v. Oertzen § 75 Rn. 9; *D. Krausnick*, in: Gärditz § 75 Rn. 28; *P. Weides/R. Bertrams*, NVwZ 1988, 673, 674; *D. Ehlers*, DVBl 1976, 71 in Fn. 1.

132 So auch *K. Rennert*, in: Eyermann § 75 Rn. 10 unter Aufgabe der zuvor vertretenen a.A.; a.A. *Schenke* § 75 Rn. 18 unter Berufung auf *K. A. Bettermann*, NJW 1960, 1081, 1086.

133 *Schenke* § 75 Rn. 18; *K. Rennert*, in: Eyermann § 75 Rn. 10.

134 Für die Anwendbarkeit BVerwG NVwZ 1986, 913; BSG NVwZ 1986, 596; dagegen OVG Koblenz NVwZ 1986, 654. Dazu *H.-J. Odenthal*, NVwZ 1995; *L. Messerschmidt*, NVwZ 1985, 877; *F. Hufen*, NJW 1982, 2160.

135 VG Weimar LKV 2002, 40, mit Hinweis auf die Vergleichbarkeit dieser Situation mit jener, in der während einer bereits anhängigen Untätigkeitsklage der den Vornahmeantrag ablehnende Verwaltungsakt ergeht. In dieser Situation ist der Verwaltungsakt nach BVerwGE 42, 108, 114 bereits bei seinem Erlass mit dem in der Untätigkeitsklage antizipierten Widerspruch behaftet, sodass Gleiches auch für den Erlass des Widerspruchsbescheids während eines laufenden Untätigkeitsrechtsstreits zu gelten hat; auch der Widerspruchsbescheid ist schon bei Erlass mit der Klage behaftet, so mit Recht VG Weimar LKV 2003, 40.

136 *K. A. Bettermann*, NJW 1960, 1081, 1087; *U. Meier*, Widerspruchsverfahren, 1992, 47; *Schenke* § 75 Rn. 19; *K.-P. Dolde/W. Porsch*, in: Schoch/Schneider/Bier § 75 Rn. 19.

falls von einer Erledigung der Hauptsache aufgrund des Wegfalls des Rechtsschutzinteresses auszugehen.[137] Erklärt der Kläger den Rechtsstreit nicht für erledigt, so ist die Klage abzuweisen; eine Feststellung der Erledigung von Amts wegen ist nicht zulässig.[138] Unbenommen bleibt dem Kläger in diesen Fällen freilich die Möglichkeit der Rücknahme der Klage nach § 92.[139] Daneben steht diesem die Option offen, das Verfahren der Hauptsache im Wege der Fortsetzungsfeststellungsklage nach § 113 Abs. 1 S. 4 fortzuführen, sofern deren Voraussetzungen gegeben sind; in diesem Fall ist der Antrag des Klägers darauf gerichtet, dass das Gericht feststellen möge, dass der ergangene Verwaltungsakt oder die Nichtentscheidung über den Antrag oder den Widerspruch rechtswidrig war.[140]

67 Bei der Entscheidung über die Kosten ergeben sich Unterschiede im Hinblick auf den Zeitpunkt der Klageerhebung und dem der Behördenentscheidung:[141] Erklären Kläger und Beklagter, wenn die behördliche Entscheidung mit dem vom Kläger begehrten Inhalt ergeht, die Hauptsache für erledigt, so bemisst sich die Kostenentscheidung grds. nach § 161 Abs. 3; dies gilt auch dann, wenn das Gericht gar keine Frist gesetzt hatte oder die Behördenentscheidung erst nach Fristablauf erging.[142] Bei einer Behördenentscheidung innerhalb der gesetzten Nachfrist ist allerdings darüber hinaus entscheidend, ob der Kläger den „zureichenden Grund" für die verzögerte Bearbeitung seines Antrags bzw. Widerspruchs kannte oder kennen musste.[143]

68 Nimmt der Kläger in diesen Fällen die Klage nach Erlass der begehrten Entscheidung zurück, statt sie für erledigt zu erklären, so bemisst sich die Kostenentscheidung ebenfalls nach dem spezielleren § 161 Abs. 3, nicht nach § 155 Abs. 2.[144] Führt der Kläger das Verfahren mit der Fortsetzungsfeststellungsklage fort, so richtet sich die Kostenentscheidung nicht nach dem insoweit nicht anwendbaren § 161 Abs. 3, sondern nach den §§ 154, 155.[145]

69 War die Klage jedoch wegen Nichteinhaltung der Sperrfrist nach S. 1 oder 2 verfrüht und ergeht die begehrte Sachentscheidung auch vor Ablauf der Sperrfrist, so wäre es unbillig, hier § 161 Abs. 3 zur Anwendung kommen zu lassen, der die Kosten der Behörde auferlegt. In diesem Fall hat vielmehr der Kläger die Kosten gem. § 154 Abs. 1 zu tragen, wenn er den Rechtsstreit nicht für erledigt erklärt; ansonsten richtet sich die Kostenentscheidung nach § 161 Abs. 2 oder § 155 Abs. 2.[146]

70 **2. Ablehnung der begehrten Entscheidung.** Enthält der Verwaltungsakt bzw. der Widerspruchsbescheid dagegen die Ablehnung der vom Kläger begehrten Entscheidung, so sind folgende Konstellationen zu unterscheiden:

71 **a) Klageerhebung nach Ablauf der Frist des S. 1 und 2.** War die Untätigkeitsklage zulässig erhoben worden, d.h. insbes. nach Ablauf der Frist des S. 1 oder 2, hängt das weitere Verfahren entscheidend von dem Zeitpunkt der Behördenentscheidung ab, außer wenn der Behörde vom Gericht gar keine Frist gesetzt und das Verfahren nicht ausgesetzt worden ist.

72 Im letzten Fall kann der Kläger bei einer für ihn negativen Entscheidung der Behörde die Untätigkeitsklage als Anfechtungs- bzw. Verpflichtungsklage aufrechterhalten und fortführen,[147] und zwar unter Einbeziehung des ergangenen Verwaltungsaktes bzw. des Widerspruchsbescheides.[148] Die Durchfüh-

---

137 *K.-P. Dolde/W. Porsch*, in: Schoch/Schneider/Bier § 75 Rn. 19.

138 *R. Pietzner*, VerwArch 75 (1984), 79, 90 f.; *Schenke* § 75 Rn. 19; a.A. *P. Kothe*, in: Redeker/v. Oertzen § 75 Rn. 9; *P. Weides/R. Bertrams*, NVwZ 1988, 673, 675.

139 *K. Rennert*, in: Eyermann § 75 Rn. 13.

140 Vgl. *P. Weides/R. Bertrams*, NVwZ 1988, 673, 675; *Schenke* § 75 Rn. 20; zweifelnd *K. Rennert*, in: Eyermann § 75 Rn. 13; *D. Krausnick*, in: Gärditz § 75 Rn. 30. S.a. OVG Münster NVwZ-RR 1997, 400.

141 Näher zu den Kostenaspekten auch *P. Wittmann*, JuS 2017, 842, 845 f.

142 *Schenke* § 75 Rn. 20; *K.-P. Dolde/W. Porsch*, in: Schoch/Schneider/Bier § 75 Rn. 20. A.A. *K. Rennert*, in: Eyermann § 75 Rn. 18: nach Fristablauf gilt § 161 Abs. 2, wenngleich zumeist mit demselben Ergebnis.

143 Jedenfalls bei einer verfrühten Klage durfte der Kläger danach nicht mit einer Entscheidung der Behörde rechnen, vgl. *K. Rennert*, in: Eyermann § 75 Rn. 16. In diesem Fall verbleibt es bei § 161 Abs. 2 (bzw. § 155 Abs. 2), VGH München BayVBl 1976, 632.

144 § 166 Abs. 3 ist lex specialis: BVerwG NVwZ 1991, 1180, 1181; VG Schleswig NJW 1966, 268; *Schenke* § 75 Rn. 20; *P. Kothe*, in: Redeker/v. Oertzen § 75 Rn. 7; a.A. VGH Kassel NVwZ 1990, 1088.

145 *K. A. Bettermann*, NJW 1960, 1081, 1087; *K.-P. Dolde/W. Porsch*, in: Schoch/Schneider/Bier § 75 Rn. 21; *P. Kothe*, in: Redeker/v. Oertzen § 75 Rn. 7; *P. Weides/R. Bertrams*, NVwZ 1988, 673, 676.

146 *K. Rennert*, in: Eyermann § 75 Rn. 13; *P. Weides/R. Bertrams*, NVwZ 1988, 673, 675.

147 BVerwGE 100, 221, 224; VGH Mannheim VBlBW 1997, 59, 60 = NVwZ-RR 1997, 395, 396; *Schenke* § 75 Rn. 21.

148 VGH München BayVBl 1962, 387, 388; VGH Mannheim DÖV 1985, 208 (Ls.) = NJW 1986, 149.

rung eines Vorverfahrens ist insoweit nicht erforderlich.[149] Es wäre unbillig, dem Kläger die bereits zulässige Klage wieder zu nehmen.[150] Denn solange das Gericht keine Nachfrist bestimmt, greift die Dreimonatsfrist mit der Folge, dass die Entscheidung der Behörde als verspätet gilt. Die Behörde kann jedoch die Bestimmung einer Nachfrist ggf. mit einer Beschwerde durchsetzen.[151] Wenn allerdings der Bescheid unmittelbar nach Klageerhebung und damit vor der Möglichkeit einer Nachfristsetzung erging, dürfte auf das Verfahren bei der Entscheidung innerhalb der gesetzten Nachfrist abzustellen sein.[152] Nach Auffassung des BVerwG soll deshalb das Gericht der Widerspruchsbehörde in dieser Konstellation eine Frist nach S. 3 für die Entscheidung über den Widerspruch setzen, wenn der Kläger gegen die vor der Fristsetzung ergangene ablehnende Entscheidung Widerspruch eingelegt hat.[153]

Wurde der Behörde vom Gericht wegen Vorliegens zureichender Gründe für eine Verzögerung der 73 Entscheidung indes eine Frist nach S. 3 gesetzt und das Verfahren ausgesetzt, so bedarf es, sofern die Behörde erst nach Ablauf dieser vom Gericht gesetzten Frist eine ablehnende Entscheidung trifft, ebenfalls keines Vorverfahrens.[154] Dem Kläger kann auch hier nicht die bereits zulässige Klage wieder genommen werden, da die Behörde ja nicht in der maßgeblichen Frist entschieden hat.[155]

Wurde der Behörde vom Gericht wegen Vorliegens zureichender Gründe für eine Verzögerung der 74 Entscheidung eine Frist nach S. 3 gesetzt und das Verfahren ausgesetzt, so bedarf es aber der Durchführung eines Vorverfahrens, wenn die Behörde innerhalb dieser Frist den Antrag des Klägers auf Erlass eines Verwaltungsakts ablehnt;[156] erst nach dessen Durchführung ist die gerichtliche Sachentscheidung zulässig. Da die Klage aber auch nicht als unzulässig abgewiesen werden kann, ist der Rechtsstreit aus diesem Grund auszusetzen.[157] Nach a.A. bedarf es keines Vorverfahrens, da die Einlassung zur Sache im gerichtlichen Verfahren ausreichen soll.[158] Gegen die Entbehrlichkeit des Vorverfahrens spricht jedoch die Tatsache, dass die Behörde die ihr vom Gesetz zugebilligte Dreimonatsfrist aus zureichenden Gründen überschritten und damit letztlich noch in angemessener Frist entschieden hat. Denn die Zulässigkeit der Untätigkeitsklage beruht in diesem Fall ja nicht auf der unangemessenen Verzögerung der Verwaltungsentscheidung, sondern auf dem Unvermögen des Klägers, diese Gründe für die zulässige Verzögerung zu erkennen und zutreffend zu bewerten. Insofern ist der Anwendungsbereich des § 75 S. 1, der die gerichtliche Sachentscheidung ohne vorherige Durchführung des Widerspruchsverfahrens zulässt, gerade nicht eröffnet.[159]

Fraglich ist jedoch, ob es dabei der ausdrücklichen Einlegung eines Widerspruchs bedarf. Teilweise 75 wird der erforderliche Widerspruch aufgrund der weiterhin anhängigen Klage für entbehrlich gehalten; die zulässigerweise erhobene Untätigkeitsklage schließe den Widerspruch gewissermaßen schon mit ein.[160] Dagegen spricht jedoch, dass der Widerspruch erst nach Ergehen des Verwaltungsakts

149 BVerwGE 66, 342, 344 = NJW 1983, 2276, 2277 = DVBl 1983, 849 f.; E 88, 254, 255 f. = NVwZ 1992, 180 = DVBl 1992, 290, 291; OVG Lüneburg NVwZ 1983, 49, 50; *P. Weides/R. Bertrams*, NVwZ 1988, 673, 678; *Schenke* § 75 Rn. 22; *P. Kothe*, in: Redeker/v. Oertzen § 75 Rn. 8; *K.-P. Dolde/W. Porsch*, in: Schoch/Schneider/Bier § 75 Rn. 26; *D. Krausnick*, in: Gärditz § 75 Rn. 32.

150 VGH München BayVBl 1962, 387, 388; VGH Mannheim DÖV 1985, 208 (Ls.) = NJW 1986, 149.

151 Vgl. *K. Rennert*, in: Eyermann § 75 Rn. 20.

152 Vgl. BVerwG DVBl 1986, 1159; NVwZ 1987, 969, 970. A.A. *K.-P. Dolde/W. Porsch*, in: Schoch/Schneider/Bier § 75 Rn. 28: Widerspruch möglich, aber nicht zwingend.

153 BVerwG NVwZ 1987, 969, 970. A.A. VGH Mannheim VBlBW 1996, 97, 98.

154 BVerwGE 42, 108, 111; *P. Weides/R. Bertrams*, NVwZ 1988, 673, 676.

155 *K.-P. Dolde/W. Porsch*, in: Schoch/Schneider/Bier § 75 Rn. 25; *Schenke* § 75 Rn. 23; *P. Kothe*, in: Redeker/v. Oertzen § 75 Rn. 8.

156 BVerwGE 42, 108. S.a. BVerwGE 66, 342, 344 = NJW 1983, 2276, 2277 = DVBl 1983, 849 f.; NVwZ 1987, 969, 970; *P. Weides/R. Bertrams*, NVwZ 1988, 673, 677. Ergeht die negative Entscheidung der Behörde nicht innerhalb der vom Gericht gesetzten Nachfrist, so kann die Klage unter Einbeziehung der Ablehnung ohne Durchführung eines Vorverfahrens nach § 68 sowie ohne Beachtung der Klagefrist des § 74 als Verpflichtungsklage fortgeführt werden; insoweit bedarf es keiner weiteren Verfahrenshandlung des von der Antragsablehnung betroffenen Klägers, da dieser im Besetz der Vergünstigung des § 75 S. 1 bleiben soll, OVG Münster DVBl 2010, 1309, 1311, m.w.N. = BauR 2010, 2087.

157 BVerwGE 42, 108, 112.

158 *P. Kothe*, in: Redeker/v. Oertzen § 75 Rn. 10; *Pietzner/Ronellenfitsch* § 31 Rn. 28; s.a. *D. Ehlers*, DVBl 1976, 71, 72; *K. A. Bettermann*, NJW 1960, 1081, 1087; OVG Münster DVBl 2010, 1309; *D. Krausnick*, in: Gärditz § 75 Rn. 32.

159 Ausf. BVerwGE 42, 108, 111 f.

160 BVerwGE 42, 108, 114; *P. Weides/R. Bertrams*, NVwZ 1988, 673, 677; *K.-P. Dolde/W. Porsch*, in: Schoch/Schneider/Bier § 75 Rn. 24; § 68 Rn. 20.

möglich ist und daher nicht bereits in der Klage „antizipiert" sein kann.[161] Der Kläger muss daher gesondert Widerspruch einlegen.

76 Wenn dann der Widerspruchsbescheid von der Behörde ohne zureichenden Grund unangemessen verzögert wird, kann das Gericht analog S. 1 und 2 eine Sachentscheidung treffen.[162] Bei Erfolg des Widerspruchs erledigt sich der Rechtsstreit, sodass „ein Fall des § 75" vorliegt und die Kostenentscheidung gem. § 161 Abs. 3 zu treffen ist.[163] Im Falle eines negativen Widerspruchsbescheids kann der Kläger zwar auch die Klage zurücknehmen; für die Kostenentscheidung kommt es insofern aber entscheidend darauf an, ob der Kläger mit einer Entscheidung vor Klageerhebung rechnen durfte.[164] Eine weitere Möglichkeit besteht für den Kläger darin, den Rechtsstreit unter Einbeziehung der ergangenen Bescheide als gewöhnliche Verpflichtungsklage (im Beamtenrecht als Leistungs- bzw. Feststellungsklage) fortzuführen.[165]

77 Gleiches gilt für den Fall, dass der erhobene Widerspruch i.R. der Untätigkeitsklage noch innerhalb der gesetzten Nachfrist zurückgewiesen wird.[166] Insoweit kommt nicht nur eine Fortführung als Verpflichtungsklage, sondern auch eine Fortführung als Anfechtungsklage in Betracht.

78 **b) Klageerhebung vor Ablauf der Frist.**   Wird die Klage vor Ablauf der Sperrfrist nach S. 1 und S. 2 erhoben, so entfällt die Vergünstigung des S. 1, wenn die Behörde die begehrte Entscheidung ebenfalls vor Ablauf der Sperrfrist ablehnt. In diesem Fall muss das Vorverfahren, soweit es erforderlich ist, durchgeführt werden, da die Voraussetzungen für eine Untätigkeitsklage nicht vorliegen;[167] allerdings kann der Mangel eines fehlenden Widerspruchsverfahren bis zur gerichtlichen Sachentscheidung nachgeholt und damit geheilt werden, da es sich insoweit um eine Prozessvoraussetzung im Sinne einer Sachentscheidungsvoraussetzung handelt.[168] Ungeachtet dessen kann die Klage als Verpflichtungsklage (im Beamtenrecht als Leistungs- bzw. Feststellungsklage) fortgeführt werden; eine Klagerücknahme ist nicht erforderlich, da das Gericht das Verfahren zur Durchführung des fehlenden Vorverfahrens aussetzt.[169] Bei einem Erfolg des Widerspruchs erledigt sich der Rechtsstreit; andernfalls kann der Kläger die Klage, wenn er sie nicht fortführen will, zurücknehmen. Für die Kostenentscheidung findet § 161 Abs. 3 keine Anwendung; es bleibt bei den Regelungen der §§ 155 Abs. 2, 161 Abs. 2.

79 Wird der Widerspruch noch während der Sperrfrist zurückgewiesen, kann der Kläger die Klage entweder mit der Kostenfolge des § 155 Abs. 2 zurücknehmen oder sie als gewöhnliche Anfechtungs- oder Verpflichtungsklage fortsetzen.

80 Ergeht der ablehnende Bescheid dagegen erst nach Ablauf der Sperrfrist, so ist die Klage inzwischen zulässig geworden, sodass für das weitere Verfahren auf die Ausführungen zur Klageerhebung nach Ablauf der Sperrfrist verwiesen werden kann (→ Rn. 71 ff.). Somit ist nach wohl überwiegender Auffassung ein Vorverfahren erforderlich und wird die förmliche Einlegung des Widerspruchs nicht durch die Klageerhebung ersetzt.

VIII. Die Verwirkung des Klagerechts

81 § 76 a.F. sah für die Klage nach § 75 eine Ausschlussfrist von einem Jahr vor, sodass eine Klage nach Ablauf dieser Frist nur noch bei Vorliegen besonderer Umstände des Einzelfalls erhoben werden konnte – etwa dann, wenn der Kläger infolge höherer Gewalt an der Klageerhebung gehindert war.[170] Mit

---

161 Ebenso *Schenke* § 75 Rn. 23; *K. Rennert*, in: Eyermann § 75 Rn. 14; *D. Ehlers*, DVBl 1976, 71, 72.
162 BVerwGE 42, 108, 114 f.
163 *K. Rennert*, in: Eyermann § 75 Rn. 17; VG Gelsenkirchen NJW 1970, 485.
164 BVerwG NVwZ 1991, 1180; *P. Weides/R. Bertrams*, NVwZ 1988, 673, 679; a.A. BVerwG Buchholz 310 § 161 VwGO Nr. 46. S.a. *W.-M. Ring*, NVwZ 1995, 1191 ff. Kosten für die Vorbereitung einer nicht erhobenen Untätigkeitsklage stellen keine erstattungsfähigen Aufwendungen dar und können daher nicht erstattet werden, vgl. OVG Münster 27.2.2012, BeckRS 2012, 48102.
165 Nicht einheitlich wird dabei die Frage beantwortet, ob die Einbeziehung innerhalb der Frist des § 74 zu erfolgen hat, vgl. *K. Rennert*, in: Eyermann § 75 Rn. 14.
166 *Schenke* § 75 Rn. 21.
167 Wohl allg. Auffassung, *K.-P. Dolde/W. Porsch*, in: Schoch/Schneider/Bier § 75 Rn. 24; *P. Kothe*, in: Redeker/v. Oertzen § 75 Rn. 13; § 68 Rn. 22. S.a. *K. Rennert*, in: Eyermann § 75 Rn. 14; *D. Krausnick*, in: Gärditz § 75 Rn. 33.
168 OVG Magdeburg 8.11.2010, BeckRS 2010, 56204.
169 BVerwGE 42, 108, 111 f. A.A. *K. A. Bettermann*, NJW 1960, 1081, 1083: Klagerücknahme oder Abweisung als unzulässig.
170 *Schenke* § 76 a.F. Rn. 1.

der Aufhebung dieser Vorschrift besteht für die Untätigkeitsklage keine Klagefrist mehr. Auch wenn damit die Erhebung einer Klage nach § 75 grds. zeitlich unbefristet zulässig ist, so kann das Klagerecht gleichwohl nach allgemeinen Grundsätzen verwirkt werden.[171]

1. Voraussetzungen für eine Verwirkung. Eine Verwirkung als Unterfall der unzulässigen Rechtsausübung bzw. des Rechtsmissbrauchs kommt freilich nur dann in Betracht, wenn die Behörde infolge des Verhaltens des Klageberechtigten darauf vertrauen durfte, dass dieser seinen Antrag auf Erlass eines Verwaltungsakts oder seinen Widerspruch nicht mehr geltend machen würde.[172] Eine solche Vertrauensgrundlage setzt zunächst voraus, dass seit der Möglichkeit der Klageerhebung längere Zeit verstrichen ist. Für die Klärung der Frage, wann diese Voraussetzung als erfüllt angesehen werden kann, kann jedenfalls nicht auf die der vormaligen Regelung des § 76 a.F. zugrunde liegende Jahresfrist zurückgegriffen werden. Es widerspräche dem ausdrücklichen Willen des Gesetzgebers, der diese Vorschrift aufgehoben hat, diese Ausschlussfrist und die dazu ergangene Rspr. für den Zeitpunkt der Verwirkung heranzuziehen.[173] Ebenso wenig ergibt sich aus §§ 58 Abs. 2, 60 Abs. 3 oder aus § 76 a.F., dass eine Verwirkung überhaupt nur nach einem Jahr eintreten kann; diese Jahresfristen können allenfalls „Orientierungspunkte" für die Annahme einer Verwirkung liefern.[174] Eine starre zeitliche Grenze für die Erhebung der Untätigkeitsklage besteht damit nicht. 82

Bevor eine Verwirkung bejaht werden kann, gilt es zudem stets zu berücksichtigen, dass der Betroffene, indem er seinen Antrag oder Widerspruch eingereicht hat, seinerseits alles Erforderliche getan hat und daher die Behörde verpflichtet ist, tätig zu werden. Schon aus diesem Grund kann eine Verwirkung nicht allein durch Zeitablauf eintreten.[175] Dies gilt gleichermaßen für den Fall eines Verwaltungsakts mit Drittwirkung: Auch hier hat der Dritte mit der Einlegung seines Widerspruchs alles Erforderliche getan; der durch den angefochtenen Verwaltungsakt Begünstigte kann entweder nach § 80 a vorgehen oder Untätigkeitsklage erheben. Die bloße Untätigkeit des Dritten führt mithin nicht dazu, dass er sein Recht zur Klage nach § 75 durch Zeitablauf verwirkt.[176] 83

Für die Verwirkung als Hauptanwendungsfall des venire contra factum proprium (Verbot widersprüchlichen Verhaltens) müssen daher grds. besondere Umstände des Einzelfalls hinzutreten, die die späte Klageerhebung als ein widersprüchliches Verhalten erscheinen lassen.[177] Erforderlich ist jedenfalls ein Verhalten des Klageberechtigten, aus dem sich für einen anderen Beteiligten wie den Beklagten oder den Beigeladenen ergibt, dass das Klagerecht nicht mehr wahrgenommen wird.[178] Dabei muss der Beteiligte tatsächlich darauf vertraut haben, dass das Recht nicht mehr geltend gemacht wird, und infolgedessen bereits entsprechende Vorkehrungen und Maßnahmen getroffen haben. Zusammenfassend kann daher konstatiert werden, dass die sich nach allgemeinen Grundsätzen bestimmende Frage der Verwirkung neben einem Zeitmoment auch ein sog. Umstandsmoment voraussetzt, mithin ein Verhalten des Betroffenen, aus dem die Behörde schließen kann, dass dieser kein Interesse mehr an seinem Antrag bzw. seinem Widerspruch hat und keine Verbescheidung mehr wünscht bzw. keine Klage mehr erheben wird.[179] 84

2. Rechtsfolgen der Verwirkung. Mit der Verwirkung des Klagerechts wird der Verwaltungsakt unanfechtbar und, als materiellrechtliche Folge der prozessualen Wirkung, auch bestandskräftig.[180] 85

Grds. unberührt bleibt davon selbstverständlich das Recht des Betroffenen, im Falle der Nichtbescheidung seines ersten Antrags nochmals einen Antrag zu stellen und damit ein neues Verwaltungsverfah- 86

---

171 S. nur *K.-P. Dolde/W. Porsch*, in: Schoch/Schneider/Bier § 75 Rn. 12 ff.; *K. Rennert*, in: Eyermann § 75 Rn. 21 ff.; *P. Kothe*, in: Redeker/v. Oertzen § 75 Rn. 14 ff.; *Stern* § 16 III.

172 S. *Brink* in: Beck OK-VwGO § 75 Rn. 22 f.; *T. Kühn*, NZA 2008, 1328, 1329.

173 So ausdrückl. *K.-P. Dolde/W. Porsch*, in: Schoch/Schneider/Bier § 75 Rn. 12; *K. Rennert*, in: Eyermann § 75 Rn. 23; a.A. *P. Kothe*, in: Redeker/v. Oertzen § 75 Rn. 15.

174 *K. Rennert*, in: Eyermann § 75 Rn. 22; s.a. *K.-P. Dolde/W. Porsch*, in: Schoch/Schneider/Bier § 75 Rn. 12.

175 *K.-P. Dolde/W. Porsch*, in: Schoch/Schneider/Bier § 75 Rn. 13 f.; *K. Rennert*, in: Eyermann § 75 Rn. 23. A.A. *P. Kothe*, in: Redeker/v. Oertzen § 75 Rn. 15, 16, bei Antrag und Widerspruch im Hinblick auf einen begünstigenden Verwaltungsakt. Vgl. auch BayVGH 12.1.2010 – 14 ZB 09.2080; *T. Kühn*, NZA 2008, 1328, 1329.

176 Anders wohl *F. O. Kopp*, DÖV 1977, 199, 202.

177 *Bosch/Schmidt* § 27 III 5. S.a. BVerwGE 44, 339, 343; 52, 16, 25; *F. O. Kopp*, DÖV 1977, 199, 202.

178 Hierzu *K. Rennert*, in: Eyermann § 75 Rn. 22. Näher zu dem Grundsatz im Arbeitsrecht *T. Kühn*, NZA 2008, 1328.

179 BayVGH 12.1.2010 – 14 ZB 09.2080, juris Rn. 11.

180 H.M., s. nur *Schenke* § 76 a.F. Rn. 4; vgl. auch BVerwGE 28, 305, 307; DVBl 1976, 78, 79, zu § 76 a.F. Dagegen *K.-P. Dolde/W. Porsch*, in: Schoch/Schneider/Bier § 75 Rn. 16.

ren zu eröffnen.[181] Denn die Verwirkung des Klagerechts hat ja nicht die Ablehnung des Antrags und damit einhergehend eine Rechtskraftwirkung zur Folge.[182] Inwieweit der geltend gemachte Anspruch (noch) besteht und ob etwaige Antragsfristen gewahrt werden, hängt maßgebend allein vom zweiten Antrag ab.[183]

87   Besteht dagegen schon ein Ausgangsbescheid, der mit Eintritt der Verwirkung unanfechtbar und damit auch bestandskräftig wird, so richtet sich ein Wiederaufgreifen des Verfahrens nach den allgemeinen Regeln.[184]

88   Allerdings kann das Verfahren auch dann wieder eröffnet werden, wenn die Behörde trotz Klageverwirkung einen sachlichen (Widerspruchs-)Bescheid erlässt.[185] Dies kommt aber nur in Betracht, wenn kein Drittwiderspruch vorliegt, da die Widerspruchsbehörde die gesicherte Rechtsposition des Begünstigten nicht im Nachhinein mindern kann.[186]

§ 76   (weggefallen)

§ 77   [Ausschließlichkeit des Widerspruchsverfahrens]

(1) Alle bundesrechtlichen Vorschriften in anderen Gesetzen über Einspruchs- oder Beschwerdeverfahren sind durch die Vorschriften dieses Abschnitts ersetzt.

(2) Das gleiche gilt für landesrechtliche Vorschriften über Einspruchs- oder Beschwerdeverfahren als Voraussetzung der verwaltungsgerichtlichen Klage.

Schrifttum

W. *Henke*, Die Staatsverwaltung unter der Verwaltungsgerichtsordnung, DVBl 1961, 109; K. *Stiefel*, Zum Fortbestand der Verwaltungsrechtsbehelfe in den Ländern, DÖV 1960, 19.

I. Zweck der Norm

1   Mit der Vorschrift des § 77 sollten zum Zeitpunkt des Inkrafttretens der VwGO sämtliche in anderen Bundesgesetzen vorgesehenen Einspruchs- und Beschwerdeverfahren abgelöst werden; das Widerspruchsverfahren in der Ausgestaltung der VwGO sollte mit anderen Worten aus Gründen der Einheitlichkeit der Regelung des Vorverfahrens,[1] aber auch aus Gründen der Vereinfachung grds. an die Stelle dieser Einspruchs- und Beschwerdeverfahren treten. Dies bedeutet, dass es seit Inkrafttreten der VwGO nurmehr *das einheitliche Widerspruchsverfahren* und – von Einzelausnahmen abgesehen – kein bundesrechtliches Einspruchs- oder Beschwerdeverfahren mehr gibt.

2   Die Ersetzung landesrechtlicher Vorschriften über Einspruchs- und Beschwerdeverfahren durch das Widerspruchsverfahren war dem Bundesgesetzgeber aufgrund kompetentieller Vorgaben jedoch nur insoweit möglich, als solche Verfahren als Voraussetzung für die Erhebung der verwaltungsgerichtlichen Klage ausgestaltet waren, da der Bund nur hierfür die Gesetzgebungskompetenz besitzt (→ § 42 Rn. 11); ein Eingriff in die Kompetenz der Bundesländer zur Regelung des landeseigenen Verwaltungsverfahrens war dem Bund nach den Kompetenzvorschriften, die für den Erlass der VwGO bestimmend waren und nach wie vor sind, nicht möglich. Ungeachtet dessen haben die Länder zwischenzeitlich eine weit reichende Angleichung der landesrechtlichen Vorschriften über die Rechtsmittel im Verwaltungsverfahren an die in der VwGO enthaltenen Bestimmungen über das Widerspruchsverfahren vorgenommen. Die landesrechtliche Verankerung eines Verwaltungseinspruchs- oder Verwaltungsbeschwerdeverfahrens bleibt damit auch nach der Regelung des § 77 weiterhin möglich; wird der Lan-

---

181   Vgl. VGH Mannheim DVBl 1974, 817.
182   *P. Kothe*, in: Redeker/v. Oertzen § 75 Rn. 15 d.
183   So schon *K. A. Bettermann*, NJW 1960, 1081, 1084; a.A. *P. Kothe*, in: Redeker/v. Oertzen § 75 Rn. 15 d: Antragsteller kann sich zur Fristwahrung auch auf den ersten Antrag berufen.
184   *Schenke* § 76 a.F. Rn. 4.
185   *Pietzner/Ronellenfitsch* § 42 Rn. 1254 ff.; s.a. BVerwG DVBl 1976, 78, 79.
186   So *K. Rennert*, in: Eyermann § 75 Rn. 26; a.A. *K.-P. Dolde/W. Porsch*, in: Schoch/Schneider/Bier § 75 Rn. 17: Pflicht der Widerspruchsbehörde zur Entscheidung über den Widerspruch besteht auch bei Verwirkung der Untätigkeitsklage fort.
  1   *Schenke* § 77 Rn. 1; *D. Krausnick*, in: Gärditz § 77 Rn. 1.

desgesetzgeber insoweit tätig, so ändert dies jedoch nichts an der Tatsache der alleinigen Maßgeblichkeit des Widerspruchsverfahrens als Voraussetzung für die Erhebung der verwaltungsgerichtlichen Klage.

§ 77 gilt auch für die neuen Bundesländer im Hinblick auf nach Art. 9 EV als Bundes- oder Landes- 3
recht fortgeltendes DDR-Recht; die Bestimmung verdrängt demnach eine nach früherem DDR-Recht vorgesehene Beschwerde.[2]

II. Ersetzung bundesrechtlicher Vorgaben

Im Hinblick auf das Bundesrecht hat die Vorschrift alle vor Inkrafttreten der VwGO bestehenden 4
bundesrechtlichen Einspruchs- und Beschwerdeverfahren als Voraussetzung der verwaltungsgerichtlichen Klage durch das Widerspruchsverfahren der §§ 68 ff. ersetzt, sofern nicht in den Übergangsbestimmungen der §§ 190 ff. Ausnahmeregelungen enthalten waren, die von der Vorgabe des § 77 abwichen, wie etwa die Beschwerdebestimmungen der §§ 336, 337 LAG und des § 23 WBO sowie die Bestimmungen der §§ 141, 142 FlurbG über Beschwerde und Einspruch. Mit der Beseitigung des Einspruchs- und Beschwerdeverfahrens wurde mithin die Zweispurigkeit des Verfahrens insoweit aufgehoben, als es als Rechtsbehelf nur mehr den Widerspruch und das den Weg zum Verwaltungsgericht eröffnende Vorverfahren nach den §§ 68 ff. geben sollte.[3] Unberührt von der Vorschrift des § 77 bleiben selbstredend nach Inkrafttreten der VwGO erlassene Bundesgesetze, die ein von den Vorschriften der §§ 68 ff. abweichendes Verfahren vorsehen. Auch lässt die Norm formlose Rechtsbehelfe wie etwa Gegenvorstellungen, Aufsichtsbeschwerden und Dienstaufsichtsbeschwerden sowie das Petitionsrecht unberührt.

Die Bedeutung des § 77 ist auf Einspruchs- und Beschwerdeverfahren als *Voraussetzung der verwal-* 5
tungsgerichtlichen Klage beschränkt.[4] § 77 bezieht sich demnach nicht auf Fälle, in denen sich an ein Einspruchs- bzw. Beschwerdeverfahren ein gerichtliches Verfahren vor Gerichten anderer Rechtszweige anschließt. In nichtverwaltungsrechtlichen Verfahren bestehende Einspruchs- oder Beschwerdeverfahren werden mithin durch § 77 nicht ersetzt, was seinen Grund darin findet, dass § 77 lediglich die Vereinheitlichung des Vorverfahrens im Hinblick auf die Erhebung der verwaltungsgerichtlichen Klage zum Inhalt hat. Aus diesem Grund wurde z.B. auch das Verfahren nach den §§ 51 ff., 63 ff. GWB nicht durch das Widerspruchsverfahren abgelöst. Auch wird eine gesetzlich vorgesehene Beschwerde von § 77 nicht berührt, soweit ein ergehender Bescheid die Höhe der Entschädigung zum Gegenstand hat, da nach Art. 14 Abs. 3 S. 3 GG wegen der Höhe der Enteignungsentschädigung im Streitfall der Rechtsweg vor den ordentlichen Gerichten gegeben ist.[5]

Die Tatsache, dass § 77 verbindlich die Ersetzung von Einspruchs- und Beschwerdeverfahren durch 6
das Widerspruchsverfahren anordnet, macht deutlich, dass sich die Norm nur auf Verfahren bezieht, die eine *Nachprüfung von Verwaltungsakten* zum Inhalt haben, mithin auf Anfechtungs- und Verpflichtungsklagen.[6] Zwar erschließt sich dies nicht unmittelbar aus dem Wortlaut der Bestimmung; da das Widerspruchsverfahren jedoch auf Verwaltungsakte ausgerichtet ist, macht die Ersetzung von Einspruchs- und Beschwerdeverfahren durch das Widerspruchsverfahren nur Sinn, wenn ein Verwaltungsakt vorliegt, der angefochten werden soll. Auf das Verwaltungsverfahren, das nicht zu einer verwaltungsgerichtlichen Anfechtungs- oder Verpflichtungsklage führt, bezieht sich die Vorschrift des § 77 ebenso wenig wie auf Einspruchs- und Beschwerdeverfahren, die im Zusammenhang mit Entscheidungen stehen, denen kein Verwaltungsaktscharakter zukommt. Auch gilt die Bestimmung nicht für Verfahren, die lediglich dem Erlass von Verwaltungsakten vorgeschaltet sind bzw. die für deren Erlass Voraussetzung sind; auch auf nur vorläufige Entscheidungen findet die Norm keine Anwendung,[7] ebenso wenig auf Wahlen,[8] da diese keine Verwaltungsakte darstellen. Unberührt von der Regelung bleibt auch die Anhörung von Ausschüssen.

---

2 KreisG Gera-Stadt DÖV 1991, 562, 563.
3 *P. Kothe,* in: Redeker/v. Oertzen § 77 Rn. 1.
4 BGH DVBl 1983, 339; *Ule* § 25 I 1; *D. Krausnick,* in: Gärditz § 77 Rn. 3; a.M. *Schenke* § 77 Rn. 2.
5 BGH DVBl 1983, 339, 340 im Hinblick auf § 33 Abs. 2 WasserverbandsVO vom 3.9.1937.
6 BGH DVBl 1983, 339; vgl. auch *K. Stiefel,* DÖV 1960, 19.
7 Vgl. etwa BVerwG DVBl 1982, 590, 591.
8 BVerwG VerwRspr 24, 858, 859.

III. Vorgaben für das Landesrecht

7   Da der Bund lediglich die Gesetzgebungskompetenz für die Regelung der Voraussetzungen der Erhebung einer verwaltungsgerichtlichen Klage besitzt, kommt ihm nicht die Rechtsmacht zu, über die Einführung bzw. Beibehaltung von Einspruchs- und Beschwerdeverfahren durch den Landesgesetzgeber zu befinden,[9] sofern diese nicht als verwaltungsgerichtliche Sachurteilsvoraussetzung ausgestaltet sind; die Gesetzgebungskompetenz des Bundes reicht nur so weit, wie ein unmittelbarer Zusammenhang mit dem Verwaltungsprozessrecht besteht. Daher beschränkt sich die Vorgabe in § 77 Abs. 2 auch ausdrücklich auf die Ersetzung von Einspruchs- und Beschwerdeverfahren durch das Widerspruchsverfahren als *Voraussetzung der verwaltungsgerichtlichen Klage*; zur Regelung des Verwaltungsverfahrens der Länder fehlt dem Bund die Gesetzgebungskompetenz. Dies bedeutet, dass die Länder kompetenzrechtlich in der Lage sind, die Ersetzung von Rechtsbehelfen, die das Landesrecht für das Verwaltungsverfahren vorsah oder vorsieht, durch das Widerspruchsverfahren anzuordnen,[10] oder auch deren Aufrechterhaltung zu verfügen, soweit sie nicht als Voraussetzung für die Klageerhebung ausgestaltet sind. Es liegt insoweit jedenfalls ausschließlich an den Ländern, diese Zweispurigkeit zu beseitigen oder auch aufrechtzuerhalten. Im letztgenannten Fall kann jedoch das Einspruchs- oder Beschwerdeverfahren das Vorverfahren nach § 68 bzw. die Klage nicht ausschließen. Auch bleibt es dem Landesgesetzgeber unbenommen, ein Einspruchsverfahren einzuführen bzw. aufrechtzuerhalten, das die Einleitung dieses Verfahrens von strengeren Voraussetzungen abhängig macht, als die VwGO für das Widerspruchsverfahren regelt.[11]

8   Danach können Einspruchs- und Widerspruchsverfahren i.R. der landesrechtlichen Gesetzgebungskompetenz zur Regelung des Verwaltungsverfahrens vorgesehen werden bzw. für fortgeltend erklärt werden; sie können jedoch nicht anstelle des – als Klagevoraussetzung bundesrechtlich zwingend vorgeschriebenen – Widerspruchsverfahrens treten. Daher ist es auch nicht möglich, dass die Einlegung eines Einspruchs bzw. einer Beschwerde die Widerspruchsfrist wahrt, sofern nicht rechtzeitig Widerspruch eingelegt wird. Wird zwar Einspruch bzw. Beschwerde, nicht hingegen Widerspruch eingelegt, so wird der Eintritt der Unanfechtbarkeit des Verwaltungsakts nicht gehindert. Umgekehrt darf niemand darauf verwiesen werden, dass er vor Erhebung des Widerspruchs erst Verwaltungsbeschwerde oder einen sonstigen Rechtsbehelf einzulegen habe. Davon unberührt bleibt die Möglichkeit der Umdeutung des Einspruchs bzw. der Beschwerde in einen Widerspruch.[12] Sofern der Betroffene jedoch ausdrücklich Verwaltungsbeschwerde erhebt und die Widerspruchsfrist verstreichen lässt, kann dies nur als Verzicht auf die Anfechtung des ursprünglichen Verwaltungsaktes angesehen werden.[13] Gleichwohl ist jedoch zu berücksichtigen, dass die Beschwerdeentscheidung ihrerseits selbst einen Verwaltungsakt darstellt und daher der Anfechtung im verwaltungsgerichtlichen Verfahren – ggf. nach Durchführung des Vorverfahrens – unterliegt.[14]

§ 78 [Beklagter]

(1) Die Klage ist zu richten

1. gegen den Bund, das Land oder die Körperschaft, deren Behörde den angefochtenen Verwaltungsakt erlassen oder den beantragten Verwaltungsakt unterlassen hat; zur Bezeichnung des Beklagten genügt die Angabe der Behörde,
2. sofern das Landesrecht dies bestimmt, gegen die Behörde selbst, die den angefochtenen Verwaltungsakt erlassen oder den beantragten Verwaltungsakt unterlassen hat.

(2) Wenn ein Widerspruchsbescheid erlassen ist, der erstmalig eine Beschwer enthält (§ 68 Abs. 1 Satz 2 Nr. 2), ist Behörde im Sinne des Absatzes 1 die Widerspruchsbehörde.

---

9   *K.-P. Dolde,* in: Schoch/Schneider/Bier § 77 Rn. 6.
10   Vgl. etwa § 14 Abs. 1 AGVwGO Bay: „Soweit nichts anderes bestimmt wird, tritt der Widerspruch an die Stelle aller förmlichen Rechtsbehelfe, die das Landesrecht für das Verwaltungsverfahren einräumt."
11   BVerwG VerwRspr 24, 858, 859.
12   Hierzu VG Darmstadt NVwZ-RR 1999, 707, 708.
13   *P. Kothe,* in: Redeker/v. Oertzen § 77 Rn. 3 unter Verweis auf BVerfGE 9, 194; *D. Krausnick,* in: Gärditz § 77 Rn. 8.
14   *K. Rennert,* in: Eyermann/Fröhler § 77 Rn. 5; *P. Kothe,* in: Redeker/v. Oertzen § 77 Rn. 3.

Schrifttum

1. Monographien und Beiträge in Sammelwerken: *D. Ehlers*, Der Beklagte im Verwaltungsprozess, FS Menger, 1985, S. 379; *P. Fösel*, Der Widerspruch als isolierter Klagegegenstand, 1988; *A. Juhnke*, Die Passivlegitimation bei Anfechtungs- und Verpflichtungsklage, 1985.

2. Beiträge in Zeitschriften: *M. Beckmann*, Zur Wahl des Beklagten beim Folgenbeseitigungsanspruch im Sinne von § 113 Abs. 1 S. 2 VwGO, DVBl 1994, 1342; *D. Czybulka*, Verwaltungsprozessuale Probleme bei der Klage gegen die Festlegung von „Flugrouten", DÖV 1991, 410; *S. Desens*, Sinn und Unsinn des „Behördenprinzips" – § 78 I Nr. 2 VwGO in der Rechtspraxis, NVwZ 2013, 471; *A. Diewald*, Passivlegitimation bei der Anfechtung von im Wege der Ersatzvornahme erlassenen Verwaltungsakten durch Drittbetroffene, BayVBl 2006, 40; *H. O. Freitag*, Behörden als Zurechnungsobjekt relativer Rechtsbeziehungen kraft normativer Anordnung – Zur Bestimmung der Passivlegitimation durch Prozessvorschriften, VerwArch 67 (1976), 26; *H. Grube*, Der Beklagte im Verwaltungsrechtsstreit bei Wechsel der behördlichen Zuständigkeit, BayVBl 1963, 236; *W. Grunsky*, Die Prozessführungsbefugnis des Beklagten, ZZP 79, 49; *M. Hoffmann-Becking*, Die Beteiligungsfähigkeit und passive Prozessführungsbefugnis nichtrechtsfähiger Gliedkörperschaften der Universitäten im Verwaltungsprozess, DVBl 1972, 299; *M. Jestaedt*, Der „richtige" Beklagte? – Ein Beitrag zum juristischen Zweck und zur dogmatischen Einordnung des § 78 VwGO, NWVBl 1989, 45; *A. Juhnke*, Richtiger Beklagter im Verwaltungsprozess, APF 1987, 57; *ders.*, Prozessuale Probleme der reformatio in peius im Widerspruchsverfahren, BayVBl 1991, 136; *F.-L. Knemeyer*, Verwaltungsgerichtliche Überprüfung von Maßnahmen der Kommunalaufsicht, BayVBl 1977, 129; *J. Kölble*, Grundgesetz und „gemeinsame Ländereinrichtungen". Zugleich eine Besprechung der Schrift Franz-josef Knapp „Die verfassungsrechtliche Zulässigkeit gemeinsamer Ländereinrichtungen", DVBl 1965, 867; *F. Kopp*, Die „isolierte" verwaltungsgerichtliche Klage gegen Widerspruchsbescheide – VGH Mannheim NVwZ 1990 –, JuS 1994, 742; *R. Kreutzer*, Vertretungsbefugnis vor dem Verwaltungsgericht bei Erlass des Verwaltungsaktes durch einen unabhängigen Ausschuss, NJW 1961, 1197; *J. Rozek*, Verwirrspiel um § 78 VwGO? – Richtiger Klagegegner, passive Prozessführungsbefugnis und Passivlegitimation, JuS 2007, 601; *W. Schäfer*, Nochmals: Vertretungsbefugnis vor den Verwaltungsgerichten bei Erlass des Verwaltungsaktes durch einen Ausschuss, NJW 1961, 2243; *E. Strassfeld*, Behörde als „richtige" Beteiligte? Rechtsträgerprinzip versus Behördenprinzip, SGb 2010, 520; *R. Wahl*, Der Klagegegner bei Handeln der unteren Verwaltungsbehörde, VBlBW 1984, 123; *W. Zimmerling*, Zur Frage des richtigen Beklagten in Promotionsstreitigkeiten, WissR 10 (1977), 147; *K. Zwingenberger*, Zur Problematik des richtigen Beklagten sowie zur Vertretung der Bundesrepublik Deutschland in Verwaltungsstreitverfahren im Zusammenhang mit der Durchführung des Wehrpflichtgesetzes, DÖV 1963, 234.

I. Bedeutung und Standort der Norm

§ 78 bestimmt, gegen wen der Kläger im Verwaltungsprozess seine Klage zu richten hat. Von Gesetzes wegen ist es damit nicht in das Belieben des Klägers gestellt, wen er verklagen möchte; vielmehr gibt die VwGO dem Kläger – gewissermaßen in Form eines *Verhaltensgebotes*[1] – vor, seine Klage gegen den „richtigen" Beklagten zu richten – und dies ist derjenige, dem gegenüber das Klagebegehren *wirksam durchgesetzt* werden kann.[2] Der richtige Beklagte i.S.v. § 78 ist daher von dem Beklagten *zu unterscheiden*, den der Kläger in der Klageschrift nach *§ 82 Abs. 1* bezeichnet hat.[3] Dieser erlangt zwar die Beklagteneigenschaft durch die Bezeichnung in der Klageschrift und damit als Folge der Klageerhebung; für die Beantwortung der Frage, ob der in der Klageschrift Bezeichnete auch derjenige ist, der als Anspruchsgegner der Klage sachlich zum Erfolg verhelfen kann, ist § 82 Abs. 1 indes nicht einschlägig.

Jenseits dieser Aussage mag bei genauerer Betrachtung bei dem Blick auf *§ 78 Abs. 1 Nr. 1 fraglich* erscheinen, ob die Norm eine *Regelung der Prozessführungsbefugnis* enthält oder eine solche der *Passivlegitimation* des Klägers.[4] Während unter Prozessführungsbefugnis das Recht verstanden wird, den Prozess über das streitbefangene Recht zu führen – der Prozessführungsbefugte ist damit derjenige, gegenüber dem das Gericht die Sachentscheidung erlassen darf –, betrifft die auf Seiten des Beklagten bestehende Sachlegitimation – im Gegensatz zur Aktivlegitimation des Klägers mithin die Passivlegitimation – die Frage, wer Träger des behaupteten Rechts bzw. der behaupteten Verbindlichkeit sein

1 *C. Meissner*, in: Schoch/Schneider/Bier § 78 Rn. 3.
2 So eindeutig OVG Münster 14.1.2011, BeckRS 2011, 45899.
3 Hierzu auch *J. Rozek*, JuS 2007, 601.
4 Überblick über den Streitstand und den Konsequenzen für den Klausuraufbau bei *J. Rozek*, JuS 2007, 601. S.a. ausf. *D. Krausnick*, in: Gärditz § 78 Rn. 12 ff.

kann.[5] Dabei wird die Prozessführungsbefugnis regelmäßig mit der Passivlegitimation zusammenfallen[6] – was auch der Grund für die vielfache Gleichsetzung der Begriffe sein dürfte[7] –, muss dies aber nicht zwangsläufig tun, wie insbes. an § 78 Abs. 1 Nr. 2 deutlich wird. Das Ergebnis des Streits wird daher ohnehin nur in den Fällen virulent werden, in denen auf Beklagtenseite Passivlegitimation und Verfügungsbefugnis nicht identisch sind.[8]

3   Vor dem Hintergrund der Intention der Norm, die Klage auf den richtigen Beklagten zu lenken, spricht daher vieles dafür, § 78 Abs. 1 Nr. 1 mit dem BVerwG als *Regelung der Passivlegitimation* zu begreifen,[9] da die Bestimmung ein Problem des materiellen Rechts ausformt: Mit der Passivlegitimation,[10] der *Sachlegitimation des Beklagten*, ist nämlich die Frage angesprochen, ob es gerade der Beklagte oder ein anderer ist, der Schuldner des durch die Klage geltend gemachten Anspruchs und damit derjenige ist, gegen den das geltend gemachte Klagebegehren wirksam durchgesetzt werden kann. Und für die Beantwortung dieser materiell-rechtlichen Frage nach dem „richtigen" Beklagten ist auch das *materielle Recht* einschlägig. Dies hat zur Folge, dass eine gegen einen falschen Beklagten gerichtete Klage im Falle von § 78 Abs. 1 Nr. 1 unbegründet ist, da dieser falsche Beklagte eben nicht der materiell-rechtlich Verpflichtete ist.[11] Gewissermaßen lediglich in der Konsequenz dessen liegt es, dass der falsche Beklagte nicht prozessführungsbefugt ist.

4   Die in der *Lit.*[12] zunehmend häufiger vertretene Position, dass § 78 Abs. 1 Nr. 1 eine Regelung der Prozessführungsbefugnis des Beklagten[13] bzw. der Beklagtenbefugnis enthalte, und zwar die der aktiven Prozessführungsbefugnis in § 42 Abs. 2 korrespondierende[14] *passive Prozessführungsbefugnis*, die Norm sich mithin mit der Zulässigkeit einer Klage beschäftige – mit der Folge, dass die Nichtbeachtung des § 78 Abs. 1 Nr. 1 zur Unzulässigkeit,[15] nicht hingegen zur Unbegründetheit einer Anfechtungs-, Verpflichtungs- und Fortsetzungsfeststellungsklage führen soll –, vermag hingegen nicht zu überzeugen. Die Argumente, die zur Untermauerung dieser Auffassung ins Feld geführt werden – Wortlaut, systematische Stellung der Norm im 8. Abschnitt der VwGO, der die besonderen Zulässigkeitsvoraussetzungen der Anfechtungs- und der Verpflichtungsklage regelt,[16] – verkennen, dass es zwar das Anliegen der passiven Prozessführungsbefugnis ist, sicherzustellen, dass ein Prozess gerade gegen denjenigen geführt wird, der über das in Streit stehende Recht auch im Prozess verfügungsbefugt ist, dass die Ausgestaltung dieser prozessualen Verfügungsbefugnis auf Seiten des Beklagten indes nicht in § 78 enthalten ist; insbes. enthält § 78 Abs. 1 Nr. 1 keine dahingehende Regelung einer ungeschriebenen Sachurteilsvoraussetzung. Die Aussage, dass die Klage gegen den Rechtsträger der handelnden Behörde zu richten ist, ist als Prozessstandschaft des Rechtsträgers vielmehr eine Folge des materiellen Rechts und bestätigt in prozessualer Hinsicht das, was materiell-rechtlich vorgegeben ist,

---

5   Vgl. nur *C. Meissner*, in: Schoch/Schneider/Bier § 78 Rn. 7 m.w.N. sowie *Schmitt Glaeser/Horn*, Rn. 238.

6   Regelmäßig ist der nach materiellem Recht Verpflichtete auch der für den Prozess Verfügungsbefugte, sodass sich in diesem Fall keine Schwierigkeiten mit der passiven Prozessführungsbefugnis ergeben.

7   Hierauf weist zutr. *C. Meissner*, in: Schoch/Schneider/Bier § 78 Rn. 7 hin.

8   Von Bedeutung ist die Unterscheidung zwischen Passivlegitimation und passiver Prozessführungsbefugnis danach v.a. in den Fällen, in denen das materielle Recht eine Partei kraft Amtes vorsieht. Auch ist die Unterscheidung von Bedeutung, wenn eine eigentlich notwendige Streitgenossenschaft (§ 64 VwGO, § 62 Abs. 1 ZPO) auf Seiten des Beklagten besteht, vgl. *M. Happ*, in: Eyermann, § 78 Rn. 2.

9   BVerwGE 31, 235, 236; 45, 43; 80, 128 = NVwZ 1989, 157; 116, 76; BVerwG NVwZ-RR 1990, 44; 2007, 400; VGH München BayVBl 1981, 470; BayVBl 1988, 628, 630; BayVBl 1990, 312; OVG Münster VerwRspr 13, 709, 711; unter Bezugnahme auf diesen Kommentar OVG Münster 10.12.2009, BeckRS 2010, 45031. Vgl. auch *M. Happ*, in: Eyermann § 78 Rn. 1, mit einer Auseinandersetzung mit der gegenteiligen Auffassung in Rn. 2; *M. Beckmann* DVBl 1994, 1342, 1345; *A. Decker*, in: Wolff/Decker, VwGO/VwVfG, § 78 VwGO, Rn. 2. *P. Kothe*, in: Redeker/v. Oertzen § 78 Rn. 11; a.A. *Schenke* § 78 Rn. 1 m.w.N. Plädoyer für eine diff. Lösung bei *J. Rozek*, JuS 2007, 601, 602 f., mit Bsp.

10   Zum Inhalt der Passivlegitimation auch *R. Greger*, in: Zöller, Vorbem. § 253 Rn. 25.

11   Vgl. VG Potsdam, LKV 2004, 92. So auch *Schmitt Glaeser/Horn*, Rn. 238.

12   Zu der Frage ausf. i.d.S. *Schenke* § 78 Rn. 1 m.w.N.; *Hufen* § 12 Rn. 29 f.; *P. Kothe*, in: Redeker/v. Oertzen § 78 Rn. 11; *Schenke* Rn. 543 ff.; ausf. *C. Meissner*, in: Schoch/Schneider/Bier § 78 Rn. 4 ff., 8 ff.; *D. Ehlers*, FS Menger, 1985, 379, 381 ff.; *M. Jestaedt*, NWVBl 1989, 45, 47 ff.; *Stern* Rn. 247; *D. Krausnick*, in: Gärditz § 78 Rn. 12 ff. In diese Richtung auch OVG Münster NVwZ-RR 1989, 576; OVG Münster NVwZ 1990, 188; OVG Münster NJW 1991, 2586.

13   So etwa *W. Grunsky*, ZZP 76, 49.

14   *Schenke*, § 78 Rn. 1.

15   *Schenke*, § 78 Rn. 1. Hierzu auch *J. Rozek*, JuS 2007, 601.

16   Vgl. etwa *Schenke* § 78 Rn. 1. So auch *J. Rozek*, JuS 2007, 601, 602 f.

nämlich die Maßgabe, dass die Klage gegen den Hoheitsträger zu richten ist, der nach materiellem Recht verpflichtet und gebunden ist.[17]

Anders stellt sich die Situation hingegen bei § 78 Abs. 1 Nr. 2 dar. Ungeachtet der Tatsache, dass nach materiellem Recht ja nicht die Behörde, sondern der Rechtsträger verpflichtet ist, ermöglicht die Bestimmung dem Landesgesetzgeber, eine gesetzliche Prozessstandschaft auf Beklagtenseite für die Behörde, eine *passive Prozessstandschaft*, zu begründen.[18] Daher enthält die Norm keine Regelung der Passivlegitimation: Für den Fall, dass die Klage gegen den Rechtsträger gerichtet ist, ist sie wegen fehlender passiver Prozessführungsbefugnis des Beklagten unzulässig, was deutlich macht, dass die Norm die Regelung einer Sachurteilsvoraussetzung zum Inhalt hat. Hieran wird erkennbar, dass – wie bei der Frage nach dem richtigen Beklagten i.S.v. § 78 Abs. 1 Nr. 1 – auch in den Fällen des § 78 Abs. 1 Nr. 2 nach dem Rechtsträger zu fragen ist; doch ist nicht dieser, sondern dessen Behörde zu verklagen. 5

II. Entstehungsgeschichte

Wie andere Bestimmungen der VwGO (→ § 75 Rn. 1), so schließt auch § 78 mit der in der Norm enthaltenen *Grundentscheidung für das Rechtsträgerprinzip* an die süddeutsche Vorgängerregelung des § 46 VVG an. Die Ausgestaltung, dass nicht die Behörde, die im konkreten Einzelfall gehandelt hat, sondern vielmehr die juristische Person des öffentlichen Rechts, die hinter der handelnden Behörde steht, zu verklagen ist, ist damit nicht neu; sie war im Übrigen auch bereits im Bundesverwaltungsgerichtsgesetz vom 23.9.1952[19] enthalten, welches in seinem § 26 Abs. 2 vorsah, dass die Klage nicht gegen die Bundesbehörde, die tätig geworden oder untätig geblieben war, zu richten war, sondern gegen den Bund. § 78 erteilte damit anderen Vorgängerregelungen eine deutliche Abkehr.[20] Unberührt von dieser Grundentscheidung bleibt indes die den Ländern eingeräumte, mit einer gewissen Relativierung des Rechtsträgerprinzips verbundene Möglichkeit, auf der Grundlage der Ermächtigung des § 78 Abs. 1 Nr. 2 in Form landesrechtlicher Regelungen das Behördenprinzip aufrechtzuerhalten bzw. wieder einzuführen.[21] Da sich die Ausgestaltung der Norm im Wesentlichen bewährt hat, ist § 78 *seit Inkrafttreten der VwGO nicht geändert* worden und gilt nach wie vor in seiner Ursprungsfassung. 6

III. Die Grundstruktur der Vorschrift

§ 78 Abs. 1 Nr. 1 Hs. 1 normiert das *Rechtsträgerprinzip*; nach diesem Prinzip bestimmt sich der richtige Klagegegner. Damit ist Beklagter in einem Anfechtungs- oder Verpflichtungsprozess, auch bei der Fortsetzungsfeststellungsklage,[22] regelmäßig die juristische Person des öffentlichen Rechts, deren Behörde tätig geworden ist oder tätig werden soll, die juristische Person mithin, die „hinter der Behörde steht". § 78 Abs. 1 Nr. 1 Hs. 1 erteilt danach zumindest im Grundsatz der in diesem Kontext gleichfalls vorstellbaren Konstellation, dass die handelnde Behörde zu verklagen ist, eine Absage. Die Abschwächung dieser Vorgabe durch § 78 Abs. 1 Nr. 1 Hs. 2, wonach zur Bezeichnung des Beklagten die Angabe der Behörde ausreicht, stellt keine Abkehr von dem Rechtsträgerprinzip dar. Die Regelung kommt lediglich dem rechtsunerfahrenen Kläger entgegen und verhindert die Klageabweisung lediglich aus dem Grund, dass die Klage gegen die Behörde, nicht hingegen gegen deren Rechtsträger gerichtet ist.[23] 7

Eine wirkliche *Ausnahme* von dem Grundsatz, dass die Klage gegen den Rechtsträger zu richten ist, stellt hingegen § 78 Abs. 1 Nr. 2 dar. Nach der Bestimmung können die Länder von dem Rechtsträgerprinzip abweichen und – für ihren Zuständigkeitsbereich – dem Behördenprinzip zur Geltung verhelfen. § 78 Abs. 1 Nr. 2 stellt damit den Fall einer gesetzlichen Prozessstandschaft auf Beklagtenseite dar (→ Rn. 5), mit der Folge, dass die Klage zwingend gegen die Behörde zu richten ist und nicht gegen 8

---

17 So zutr. *M. Happ*, in: Eyermann § 78 Rn. 3.

18 BVerwGE 80, 127, 128. Vgl. auch *Schenke* Rn. 550, sowie *M. Happ*, in: Eyermann, § 78 Rn. 4.

19 BGBl I 625.

20 Vgl. etwa § 50 MRVO 165, § 38 VVG RP.

21 Vorschläge, die Möglichkeit der Behördenbeteiligung für das verwaltungsgerichtliche Verfahren vollständig zu beseitigen (BT-Drs. 3/55, 37), konnten sich nicht durchsetzen. Es war seinerzeit der auf Vorschlag des Bundesrats (BT-Drs. 1/4278, 63) gefundene Kompromiss, der mit der im Gesetz verankerten Vorbehaltsklausel den Ländern die Möglichkeit sichere, am Behördenprinzip festzuhalten bzw. dieses zu verwirklichen.

22 *Schenke* Rn. 543.

23 So mit Fug *C. Meissner* in: Schoch/Schneider/Bier § 78 Rn. 14.

den Rechtsträger gerichtet werden kann.[24] Damit gilt zwischen § 78 Abs. 1 Nr. 1 und Nr. 2 ein Ausschlussverhältnis: Entweder ist die Klage gegen den Rechtsträger der Behörde oder gegen die Behörde selbst zu richten; eine Alternativität besteht in den Fällen, in denen der Landesgesetzgeber von der Ermächtigung der Nr. 2 Gebrauch gemacht hat, nicht.[25]

9   Zum richtigen Beklagten lässt sich § 78 Abs. 2 keine Äußerung entnehmen. Die Bestimmung macht – lediglich – deutlich, dass es in den Fällen, in denen ein Widerspruchsbescheid erlassen worden ist, der erstmalig eine Beschwer enthält, die Behörde Widerspruchsbehörde ist, die den Weg zum richtigen Beklagten nach Abs. 1 Nr. 1 eröffnet bzw. selbst den Beklagten i.S.v. Abs. 1 Nr. 2 darstellt. Die Ausgangsbehörde ist insoweit verdrängt.

IV. Der Anwendungsbereich der Norm

10   Geltung kommt § 78 Abs. 1 und 2 zunächst im Hinblick auf *Anfechtungs- und Verpflichtungsklagen* zu; die Bestimmung umfasst damit sowohl Klagen wegen erlassener wie auch wegen unterlassener Verwaltungsakte. Auf diese beiden Klagearten ist die Bestimmung zugeschnitten, was sich schon daraus ergibt, dass die in § 78 Abs. 2 genannten Widerspruchsbescheide nur im Vorverfahren zu Anfechtungs- und Verpflichtungsklagen existieren.[26] Mit Blick auf § 78 Abs. 1 folgt dies daraus, dass § 78 in den 8. Abschnitt der VwGO eingebettet ist, welcher die besonderen Sachentscheidungsvoraussetzungen speziell für Anfechtungs- und Verpflichtungsklagen regelt.[27] Dabei erlangt die Bestimmung Geltung sowohl für Untätigkeitsklagen als auch für Klagen auf Erlass eines abgelehnten Verwaltungsakts, die sog. Vornahmeklagen.[28]

11   Im Hinblick auf *andere Verfahrensarten* ergibt sich für die Anwendbarkeit des § 78 Abs. 1 folgendes Bild.[29] *Keine Anwendung* findet die Norm für das verwaltungsgerichtliche *Normenkontrollverfahren*, da § 47 Abs. 2 S. 2 insoweit eine besondere Regelung bereithält, die sich am Rechtsträgerprinzip orientiert; damit ist ein entsprechender Antrag gegen das Land bzw. gegen die Körperschaft, Anstalt oder Stiftung zu richten, die die in Rede stehende Rechtsvorschrift erlassen hat.[30] Auch findet die Bestimmung keine Anwendung bei Kommunalverfassungsstreitverfahren.[31] Ebenso wenig ist die Bestimmung einschlägig für die *allgemeine Leistungsklage*, da sich in diesen Fällen die Passivlegitimation nach dem materiellen Recht und dem Rechtsträgerprinzip richtet; daher ist die Klage insoweit gegen den Rechtsträger zu richten, der nach den Vorgaben des materiellen Rechts zur Erfüllung des geltend gemachten Anspruchs bzw. zum Unterlassen verpflichtet ist. Auch für die *allgemeine Feststellungsklage* nach § 43 findet die Bestimmung keine Anwendung,[32] da insoweit ein Verwaltungsakt nicht in Rede steht und der Beklagte zudem nicht danach bestimmt werden kann, wer der nach materiellem Recht Verpflichtete ist, da der Kläger insoweit keinen materiellen Anspruch auf ein Handeln oder Unterlassen geltend macht. Bei der Feststellungsklage ist richtiger Beklagter der Rechtsträger, dem gegenüber das Bestehen oder Nichtbestehen eines Rechtsverhältnisses festgestellt werden soll.

12   *Anwendung* findet § 78 Abs. 1 hingegen auf die echte wie auf die unechte *Fortsetzungsfeststellungsklage*, da diese keinen eigenen Klagetypus darstellt, sondern vielmehr für den Fall der Erledigung des Verwaltungsaktes eine zulässig erhobene Anfechtungsklage voraussetzt, für die selbstredend die Voraussetzung des § 78 Abs. 1 erfüllt sein muss; wird auch nach Erledigung des Verwaltungsakts noch

---

24 *P. Kothe*, in: Redeker/v. Oertzen § 78 Rn. 8; *C. Meissner*, in: Schoch/Schneider/Bier § 78 Rn. 15; LKV 2016, 85, 85.
25 Vgl. auch BGH NJW-RR 2008 717, 718; unklar *M. Happ*, in: Eyermann § 78 Rn. 5.
26 Als Ausnahmen hiervon sind allerdings § 54 Abs. 2 BeamtStG und der gem. § 126 Abs. 3 BeamtStG fortgeltende § 126 Abs. 3 BRRG i.V.m. § 54 Abs. 2 BeamtStG sowie § 126 Abs. 2 BBG zu erwähnen; näher zu den beamtenrechtlichen Neuregelungen *J. P. Terhechte* NVwZ 2010, 996, 998 f.
27 *C. Meissner*, in: Schoch/Schneider/Bier § 78 Rn. 16. Zum Anspruch auf – eine Eingriffslage abwehrende – Folgenbeseitigung BVerwG NVwZ 2002, 718, 722.
28 *P. Kothe*, in: Redeker/v. Oertzen § 78 Rn. 1; *Schmitt Glaeser/Horn* Rn. 301, 311.
29 Jenseits der Normenkontrolle jede analoge Anwendung des § 78 Abs. 1 Nr. 1 Hs. 1 auf andere Klagearten und den vorläufigen Rechtsschutz abl. *M. Happ*, in: Eyermann § 78 Rn. 7.
30 *J. Hyckel*, JuS 2015, 162, 165.
31 So eindeutig SächsOVG 19.4.2011 – 4 C 32/08.
32 H.M., vgl. etwa *S. Eisele/J. Hyckel*, VR 2016, 129, 136; *M. Happ*, in: Eyermann § 78 Rn. 10; *M. Hoffmann-Becking*, DVBl 1972, 299, 302; *M. Jestaedt*, NWVBl 1989, 45, 49; *Schenke* § 78 Rn. 2; *D. Krausnick*, in: Gärditz § 78 Rn. 6, 8; *C. Meissner*, in: Schoch/Schneider/Bier § 78 Rn. 21; *Schunck/de Clerck* Anm. 4; *Stern* Rn. 250; A.A. im Hinblick auf die allg. Leistungsklage *Schmitt Glaeser/Horn* Rn. 393. A.A. im Hinblick auf die Feststellungsklage OVG NRW 23.4.2008 – 1 A 1703/07, juris Rn. 73.

eine Sachentscheidung begehrt, so bemisst sich der richtige Klagegegner ebenfalls nach § 78 Abs. 1.[33] I.Ü. spricht vieles dafür, den richtigen Antragsgegner im Verfahren des *vorläufigen Rechtsschutzes* nach § 80 Abs. 5, § 80 a Abs. 3 und § 123 analog § 78 Abs. 1 zu bestimmen.[34] Zudem ist § 78 entsprechend anwendbar auf die *Nichtigkeitsfeststellungsklage*, da bei dieser um einen Verwaltungsakt gestritten wird.[35] Hier einen Unterschied machen zu wollen zu anderen Verfahren, in denen gleichfalls um die Rechtmäßigkeit eines Verwaltungsakts gestritten wird – wie bei Anfechtungs- und Verpflichtungsklagen –, wäre wenig überzeugend. Schließlich wird bei beamtenrechtlichen Klagen § 78 durch § 54 Abs. 2 BeamtStG und § 126 Abs. 3 BRRG sowie § 126 Abs. 2 BBG für anwendbar erklärt.[36]

Keine Bedenken bestehen hingegen dagegen, die Bestimmung des *§ 78 Abs. 1 Nr. 1 Hs. 2* über die Bezeichnung des Beklagten auf *alle weiteren Klagearten* einschließlich der Verfahren des vorläufigen Rechtsschutzes anzuwenden.[37] Dem Kläger dieses Privileg nur bei Anfechtungs- und Verpflichtungsklagen und den sonstigen, § 78 Abs. 1 unterfallenden, nicht hingegen bei anderen Klagearten gewähren zu wollen, käme reinem Formalismus gleich.   13

Die Ermächtigung des *§ 78 Abs. 1 Nr. 2* ist in ihrem Anwendungsbereich wegen des Wortlauts der Bestimmung auf die Anfechtungs- und Verpflichtungsklage beschränkt, wobei die Bestimmung neben der ausdrücklich genannten Untätigkeitsklage analog für die Versagungsgegenklage gilt.[38] Wegen des eng gefassten Wortlauts, aber auch aufgrund ihres Ausnahmecharakters greift die Bestimmung bei anderen Normen nicht.   14

V. Bund, Land, Körperschaft als Beklagte

1. Der Begriff der Behörde. In Anfechtungs- bzw. Verpflichtungsverfahren sowie in den Klageverfahren, in denen § 78 Abs. 1 Nr. 1 zur Anwendung kommt, ist nach dem insoweit geltenden Rechtsträgerprinzip Beklagter die juristische Person des öffentlichen Rechts, deren Behörde tätig geworden ist bzw. tätig werden soll. Dies bedeutet, dass das Klagebegehren, das sich gegen eine Maßnahme einer Behörde richtet bzw. auf den Erlass einer Maßnahme gerichtet ist, jenseits der in § 78 Abs. 1 Nr. 2 zugelassenen Ausnahme nicht gegenüber der Behörde selbst geltend gemacht werden kann, sondern lediglich gegenüber dem Rechtsträger dieser Behörde. Dabei wird – nicht zuletzt mit Blick auf die in *Art. 19 Abs. 4 GG* verankerte umfassende Rechtsschutzgewährleistung[39] – in einem *weiten Begriffsverständnis* unter Behörde i.S.v. § 78 jede Stelle verstanden werden müssen, die durch organisationsrechtliche Rechtssätze gebildet, vom Wechsel ihrer Amtsinhaber unabhängig und nach der einschlägigen Zuständigkeitsregelung dazu berufen ist, unter eigenem Namen für den Staat oder einen anderen Träger öffentlicher Verwaltung Aufgaben der öffentlichen Verwaltung eigenständig wahrzunehmen.[40] Letztlich liegt diesem weiten Verständnis der *funktionsbezogene Behördenbegriff des Verwaltungsverfahrensrechts* zugrunde, den § 1 Abs. 4 VwVfG verwendet.[41] Ohne Bedeutung für die Behördenqualität ist dabei, ob die handelnden Stellen „nach der einschlägigen Zuständigkeitsregelung berufen sind, [...] durch Verwaltungsakt zu entscheiden",[42] was seinen Grund darin findet, dass die Zuständigkeit und   15

---

33 So auch *Schenke* § 78 Rn. 2; *D. Krausnick*, in: Gärditz § 78 Rn. 4; *Schmitt Glaeser/Horn* Rn. 358.

34 So *T. Arnold*, ThürVBl. 2016, 49, 52; *J. Hyckel*, JURA 2016, 424, 430; *C. Meissner*, in: Schoch/Schneider/Bier § 78 Rn. 20, 53 f., auch mit Blick auf die Konstellation, dass im Verfahren nach § 123 eine vorläufige Maßnahme erstritten werden soll, die im Hauptsacheverfahren nur durch eine Verpflichtungsklage eingeklagt werden kann; so auch OVG Bln-Bbg 7.11.2012, BeckRS 2012, 59315; OVG Münster 19.9.2011, BeckRS 54444. Diff. *D. Krausnick*, in: Gärditz § 78 Rn. 5.

35 Vgl. i.d.S. auch *Schmitt Glaeser/Horn* Rn. 351; *C. Meissner*, in: Schoch/Schneider/Bier § 78 Rn. 21; a.A. *D. Krausnick*, in: Gärditz § 78 Rn. 7, mit dem Argument, dass dies eine Missachtung des Willens des Gesetzgebers darstellen würde.

36 OVG Münster NVwZ-RR 1991, 332. Ob § 54 Abs. 2 BeamtStG und § 126 Abs. 2 BBG nur auf das Vorverfahren gem. §§ 68 ff. VwGO oder auf den gesamten 8. Abschnitt (und damit auch auf § 78 VwGO) verweisen, ist umstritten. Für einen Verweis auf den gesamten 8. Abschnitt etwa *J. P. Terhechte* NVwZ 2010, 996, 997. Dagegen u.a. *D. Krausnick*, in: Gärditz § 78 Rn. 9.

37 So auch *M. Happ*, in: Eyermann § 78 Rn. 8; *Schenke* Rn. 554 f.

38 *M. Happ*, in: Eyermann § 78 Rn. 9.

39 BVerwG DÖV 1958, 660, 661.

40 OVG Münster NVwZ 1986, 761; NVwZ-RR 1989, 576; NJW 1991, 2586; vgl. auch BVerwGE 14, 172, 178; OVG Bln-Bbg LKV 2016, 85 f. S.a. *M. Funke-Kaiser*, in: Bader/Funke-Kaiser/Stuhlfauth/v. Albedyll/Kunze § 78 Rn. 10 ff.

41 In diesem Zusammenhang *C. Meissner*, in: Schoch/Schneider/Bier § 78 Rn. 24, unter Verweis auf Stern Rn. 237, sowie *D. Ehlers*, FS Menger, 1985, 379, 389, und *P. Kothe*, in: Redeker/v. Oertzen (Voraufl.) § 42 Rn. 64.

42 I.d.S. OVG Münster, NVwZ 1986, 761.

die Befugnis zum Handeln durch Verwaltungsakt Fragen der Rechtmäßigkeit des Handelns betreffen.[43] I.Ü. wird der Behördenbegriff des § 78 Abs. 1 Nr. 1 in gleicher Weise verwendet wie in § 61 Nr. 3, nicht zuletzt deshalb, weil beide Vorschriften in einem engen Regelungszusammenhang stehen.[44] Behörden in diesem Verständnis sind daher etwa auch weisungsfreie Ausschüsse mit Behördencharakter.[45] Allerdings kann ein nichtrechtsfähiges Sondervermögen eines Bundeslandes nicht Beteiligter sein, sodass die Klage in diesem Fall gegen das Land zu richten ist.[46]

16   Insbes. gelten auch *beliehene Unternehmer* als Behörden i.S.v. § 78, private Unternehmer mithin, die durch Gesetz oder aufgrund Gesetzes mit der Wahrnehmung öffentlicher Aufgaben im eigenen Namen betraut sind.[47] Dies findet seinen Grund darin, dass die beliehenen Unternehmer die ihnen anvertrauten hoheitlichen Befugnisse als eigene Angelegenheiten und in eigener Rechtspersönlichkeit ausüben.[48] Zu den Beliehenen zählen insbes. der *TÜV*[49] bei der Erteilung der Prüfplakette nach § 29 StVZO,[50] aber auch die Bezirksschornsteinfeger bei der Bauabnahme und der Feuerstättenschau,[51] sowie die staatlich anerkannten Privatschulen im Hinblick auf Aufnahme, Versetzung und Abschlussprüfung.[52] Indes ist bei beliehenen Unternehmern die *Klage gegen diese zu richten*, nicht hingegen gegen den Verwaltungsträger, dessen Aufgaben wahrgenommen werden, was u.U. dazu führt, dass Klagegegner eine natürliche Person ist.[53]

17   Sog. *Verwaltungshelfer* bzw. unselbständige Verwaltungsmittler, die einer Behörde Hilfsdienste leisten, ohne indes eine eigene hoheitliche Tätigkeit zu entfalten, besitzen keine Behördeneigenschaft, da in den Fällen, in denen sich die Behörde bei der Ausführung des Verwaltungsakts von einem privaten Dritten helfen lässt, erkennbar bleibt, dass die Behörde, nicht hingegen der private Dritte den Verwaltungsakt erlassen hat. Bsp. hierfür sind etwa das Ausbaggern verseuchten Erdreichs oder das Abschleppen eines verkehrswidrig geparkten Fahrzeugs durch einen Privatunternehmer.[54] Im Lichte dieser Vorgaben unterfallen daher dem Behördenbegriff auch nicht Bauunternehmer, die als Erfüllungsgehilfen der Kreisverwaltungsbehörde Verkehrszeichen aufstellen,[55] TÜV-Prüfer, sofern sie als sachverständige Gehilfen und Boten der Behörde bei der Erteilung von Fahrerlaubnissen tätig werden,[56] sowie der Landesjustizprüfungsausschuss als Organ des Justizprüfungsamtes.[57] Im Hinblick auf eine solche Aufgabenwahrnehmung durch Private wird als Leitlinie zu gelten haben, dass jenseits einer gesetzlichen Regelung im Zweifel unselbständiges Handeln lediglich als unselbständiger Verwaltungsmittler anzunehmen ist.[58]

18   **2. Behörde und Rechtsträger der Behörde.** Aufgrund des Rechtsträgerprinzips ist die Klage gegen den hinter der handelnden Behörde stehenden Rechtsträger zu richten. Dabei kann im Einzelfall problematisch sein, welchem Rechtsträger die handelnde Behörde zuzurechnen ist. In den Fällen, in denen eine Behörde eine Doppelfunktion wahrnimmt bzw. ihr *Doppelcharakter* in der Weise zukommt, dass *hinter ihr mehrere Rechtsträger stehen*, die Behörde mithin Organ mehrerer juristischer Personen ist, richtet sich die Beantwortung der Frage, gegen welchen Rechtsträger die Klage zu erheben ist, danach, in welcher Eigenschaft die Behörde bei Erlass des Verwaltungsakts tätig geworden ist bzw. tätig werden soll, mit anderen Worten danach, welchem der hinter der Behörde stehenden Rechtsträger der in

---

43 I.d.S. zutr. *M. Happ*, in: Eyermann § 78 Rn. 15; *D. Krausnick*, in: Gärditz § 78 Rn. 19. Enger als das OVG auch *D. Ehlers*: in FS Menger, 1985, 389.
44 So *C. Meissner*, in: Schoch/Schneider/Bier § 78 Rn. 23.
45 BVerwGE 14, 330; 22, 82. Vgl. auch *R. Kreutzer*, NJW 1961, 1197; *W. Schäfer*, NJW 1961, 2243.
46 VGH Kassel ESVGH 18, 55.
47 Vgl. BVerwGE 61, 222, 224; *Schenke* § 78 Rn. 5; *C. Meissner*, in: Schoch/Schneider/Bier § 78 Rn. 25; *P. Stelkens/H. Schmitz*, in: Stelkens/Bonk/Sachs § 1 Rn. 135.
48 *C. Meissner*, in: Schoch/Schneider/Bier § 78 Rn. 25.
49 VGH München NJW 1975, 1796; OVG Lüneburg DÖV 1979, 604. In diesem Zusammenhang auch VGH München NJW 1995, 1796.
50 Zum Streit, welches insoweit die handelnde Behörde ist, *D. Ehlers*, FS Menger, 1985, 379, 387 ff.
51 OLG Hamm NJW 1972, 2088.
52 BVerwGE 17, 41, 42.
53 *Schenke* § 78 Rn. 3; *C. Meissner*, in: Schoch/Schneider/Bier § 78 Rn. 32; diff. *P. Kothe*, in: Redeker/v. Oertzen § 78 Rn. 1 a.
54 Vgl. *Maurer* § 23 Rn. 60, sowie OVG Münster NJW 1980, 1974.
55 BVerwGE 35, 335.
56 OVG Lüneburg DÖV 1968, 133.
57 OVG Münster DÖV 1975, 361 m.w.N.
58 OVG Lüneburg DÖV 1979, 604.

Brenner

Rede stehende Verwaltungsakt zuzurechnen ist. Vorrangig ist von dieser Konstellation das Tätigwerden des *Landratsamtes* (bzw. des Landrats) umschlossen; dieses kann sowohl als untere staatliche Verwaltungsbehörde als auch als Behörde des Landkreises tätig werden.[59] Handelt es als untere staatliche Verwaltungsbehörde, fällt mithin die in Rede stehende Maßnahme in den Bereich staatlicher Aufgaben, so ist Rechtsträger des Landratsamtes und damit richtiger Klagegegner das Land.[60] Hat hingegen das Landratsamt als Behörde des Landkreises gehandelt bzw. soll das Landratsamt als Behörde des Landkreises zu einem bestimmten Handeln verpflichtet werden, so wird es – sei es im eigenen oder im übertragenen Wirkungskreis – als Selbstverwaltungsorgan der Selbstverwaltungskörperschaft Landkreis tätig,[61] weshalb in dieser Konstellation der Landkreis zu verklagen ist. Die Frage kann sich aber gleichermaßen auch bei *Universitäten*[62] und *Fakultäten*,[63] etwa in Prüfungsangelegenheiten, stellen. Zu beachten bleibt, dass in den Fällen, in denen eine Behörde eine *Hoheitsbefugnis zugleich für mehrere juristische Personen* ausübt, diese sämtlich Beklagte sind, und zwar als notwendige Streitgenossen, § 64.[64]

Ist *hingegen* eine *Behörde ausschließlich einem bestimmten Rechtsträger zugeordnet*, obgleich ihr durch Gesetz auch die Wahrnehmung staatlicher Aufgaben übertragen ist, so ist der Rechtsträger zu verklagen, dem die Behörde ausschließlich zugeordnet ist. Dies gilt insbes. in den Fällen, in denen die *Gemeinde* bestimmte staatliche Aufgaben, die ihr durch Gesetz übertragen worden sind, wahrnimmt. Rechtsträger ist in diesem Fall die Gemeinde, nicht hingegen der Staat, auch wenn die Gemeinde übertragene Angelegenheiten wahrnimmt.[65] Mit anderen Worten stellt es keinen Fall einer behördlichen Doppelfunktion dar, wenn die kommunale Körperschaft in ihren beiden Wirkungskreisen tätig wird. Daher ist bei Verwaltungsakten, die von Körperschaften, namentlich von Gemeinden, i.R. ihrer Aufgabenerfüllung im *übertragenen Wirkungskreis* wahrgenommen werden, stets die Körperschaft zu verklagen, nicht hingegen der Staat.[66] Diesem Fall vergleichbar ist die teilweise in den neuen Bundesländern anzutreffende Situation, wonach das Landratsamt als Behörde ausschließlich dem Landkreis zugeordnet ist, zugleich aber auch staatliche Aufgaben wahrnimmt (vgl. § 1 Abs. 4 SächsLKrO). Auch insoweit gilt, dass dann, wenn das Landratsamt im übertragenen Wirkungskreis handelt, wegen der insoweit eindeutigen Zuordnung der Landkreis, nicht hingegen das Land zu verklagen ist. Auch für den Fall, dass eine Landes- oder Kommunalbehörde i.R. der *Bundesauftragsverwaltung* tätig wird, gilt, dass der angefochtene bzw. der begehrte Verwaltungsakt dem Rechtsträger der handelnden bzw. zum Handeln aufgeforderten Behörde zuzuordnen ist, mithin dem Land bzw. der Selbstverwaltungskörperschaft.[67] Daher ist in diesen Fällen das Land bzw. die Kommune zu verklagen, nicht hingegen der Bund; dies gilt auch dann, wenn der Bund zu dem beanstandeten Handeln angewiesen hat.[68] Erfüllt ein Rechtsträger in *Organleihe* oder aufgrund eines Mandats Aufgaben für einen anderen Rechtsträger, so ist nur Letzterer richtiger Beklagter.[69]

In Fällen der *Amtshilfe* ist die ersuchte Behörde, die handelt, zu verklagen;[70] dies gilt auch für den Fall der echten *polizeilichen Vollzugshilfe*.[71] Bei der unechten Vollzugshilfe indes,[72] bei der die Polizei nach außen erkennbar lediglich als Helfer, mithin als verlängerter Arm der Behörde auftritt, ist die Klage gegen den Rechtsträger der Behörde zu richten, nicht hingegen gegen die Polizei; hier ist die Behörde

19

20

---

59 Vgl. etwa Art. 37 S. 2 BayLKrO; § 1 Abs. 3 S. 1 und 2 LKrO BW.
60 OVG Münster 1.3.2011, BeckRS 2011, 48487 = NWVBl 2011 269, unter Bezugnahme auf diesen Kommentar.
61 Vgl. hierzu etwa BVerwG DVBl 1966, 933; *M. Happ,* in: Eyermann § 78 Rn. 14; *Schenke* § 78 Rn. 6; *C. Meissner,* in: Schoch/Schneider/Bier § 78 Rn. 33.
62 VGH München BayVBl 1971, 233; BayVBl 1974, 280. Zur Universität als Beklagte nach dem Rechtsträgerprinzip im Zusammenhang mit der vorläufigen Zulassung zum Studium OVG Münster 19.9.2011, BeckRS 2011, 54444.
63 VGH München BayVBl 1972, 280.
64 Zum gemeinsamen Prüfungsamt dreier Länder vgl. BVerwGE 6, 328; vgl. auch *J. Kölble,* DVBl 1965, 867; *D. Krausnick,* in: Gärditz § 78 Rn. 24.
65 So zutr. *C. Meissner,* in: Schoch/Schneider/Bier § 78 Rn. 34. S.a. *R. Wahl,* VBlBW 1984, 123, 124.
66 H.M., vgl. nur BVerwG DÖV 1993, 1053; *Schenke* § 78 Rn. 7; *Schenke* Rn. 549; *R. Wahl,* VBlBW 1984, 123, 125 f.
67 BVerfGE 63, 1, 40; BVerwGE 62, 342, 344; VGH München DVBl 1962, 341; vgl. auch *P. Lerche* in: Maunz/Dürig, GG Art. 85 Rn. 85; *ders.,* BayVBl 1987, 321; s.a. *Schenke* § 78 Rn. 3; *P. Kothe,* in: Redeker/v. Oertzen § 78 Rn. 2; *C. Meissner* in: Schoch/Schneider/Bier § 78 Rn. 35; a.A. *D. Czybulka,* DÖV 1991, 410, 414.
68 Hierzu BVerwGE 52, 226, 229 ff.
69 *Schenke* § 78 Rn. 3.
70 Vgl. § 7 Abs. 2 S. 2 VwVfG.
71 Vgl. etwa Art. 50 BayPAG.
72 Vgl. z.B. Art. 37 Abs. 2 BayVwZVG.

für das Vollzugsgeschehen verantwortlich.[73] Wird eine Behörde im Wege der *Ersatzvornahme* für einen anderen Rechtsträger tätig, so ist die Klage eines Dritten wegen der anstelle des anderen Rechtsträgers verfügten Maßnahme gegen den Träger der (Aufsichts-)Behörde zu richten.[74] In Fällen, in denen eine Behörde aufgrund einer *Weisung* einer anderen Behörde, die einem anderen Rechtsträger angehört, handelt, erlässt die angewiesene Behörde den Verwaltungsakt, sodass aus diesem Grund auch der Rechtsträger dieser Behörde der richtige Beklagte ist. Bei *mehrstufigen Verwaltungsakten* schließlich kommt es auf den Rechtsträger an, dessen Behörde den Verwaltungsakt gegenüber dem Bürger erlässt.[75]

21   Schreitet die *Rechtsaufsichtsbehörde* gegenüber der Gemeinde im Wege der Aufhebung, Ersetzung bzw. Vornahme eines Verwaltungsaktes ein, und zwar in dem Bereich, der dem eigenen Wirkungskreis der Gemeinde unterfällt, so ist eine gegen die kommunalaufsichtliche Maßnahme gerichtete Klage der Gemeinde gegen den Staat zu richten, der Träger der Rechtsaufsichtsbehörde ist und dem die Aufsichtsmaßnahme allein zuzurechnen ist; die Rechtsaufsichtsbehörde handelt insoweit nicht in (gesetzlicher) Vertretung der Selbstverwaltungskörperschaft;[76] für die Bestimmung des richtigen Beklagten ist mithin auf die Behörde abzustellen, die dem Bürger gegenüber den Verwaltungsakt erlässt.

22   **3. Bund, Land, Körperschaft als Rechtsträger.**   Nach § 78 Abs. 1 Nr. 1 kommen nach dem Rechtsträgerprinzip als mögliche Beklagte der Bund, die Länder sowie Körperschaften in Betracht, die in der Lage sind, durch eigene Behörden zu handeln. In diesem Zusammenhang ist zu beachten, dass der in § 78 verwendete Körperschaftsbegriff hier nicht in einem klassischen Sinn gebraucht wird,[77] sondern *weit zu verstehen* ist, er mithin einen nicht ganz korrekten Sammelnamen darstellt.[78] Ihm unterfallen zunächst die Körperschaften des öffentlichen Rechts, die in der Lage sind, durch Verwaltungsakte hoheitlich zu handeln, wozu etwa die Hochschulen, insbes. aber die Gemeinden, Gemeindeverbände und Landkreise zählen; dabei ist im Hinblick auf Gemeinden und Gemeindeverbände irrelevant, ob diese im eigenen oder im übertragenen Wirkungskreis tätig werden, da die Kommunalkörperschaften auch im übertragenen Wirkungskreis als Körperschaften handeln und nicht etwa als Behörden des Staates.

23   Insbes. aber unterfallen dem Körperschaftsbegriff nach nahezu einhelliger Auffassung aber auch die rechtsfähigen *Anstalten und Stiftungen des öffentlichen Rechts,*[79] obgleich sie in § 78 Abs. 1 Nr. 1 nicht ausdrücklich genannt sind; indes folgt aus § 52 Nr. 2, dass § 78 Abs. 1 Nr. 1 analog auch auf Anstalten und Stiftungen anzuwenden ist.[80] Als Körperschaft i.S.v. § 78 Abs. 1 Nr. 1 ist daher auch die Börse anzusehen, die als nicht rechtsfähige Anstalt richtige Beklagte in Verwaltungsstreitverfahren gegen Entscheidungen ihrer Organe ist,[81] aber auch die *Zentralstelle für die Vergabe von Studienplätzen (ZVS),* die gleichfalls eine Anstalt darstellt.[82] Dies hat zur Folge, dass für Klagen im Zusammenhang mit der Vergabe von Studienplätzen in Studiengängen, für die ein numerus clausus gilt, die ZVS richtige Beklagte ist, nicht hingegen eine Universität. Gleiches gilt im Hinblick auf die Zulassung zu einem Auswahltest für das Studium in einem Fach, in dem der numerus clausus besteht,[83] sowie in den Fällen, in denen um Studienplätze gestritten wird, die sich aus nicht ausgewiesenen Kapazitätsüberhängen ergeben.[84] Auch handelt der Gemeindewahlausschuss nach § 8 SächsKomWG nicht als Behörde; er stellt vielmehr als Körperschaft i.S.v. § 78 Abs. 1 Nr. 1 ein unabhängiges Wahlorgan dar, dem eigene

---

73   *M. Happ,* in: Eyermann § 78 Rn. 15.
74   OVG Münster NWvZ-RR 1990, 23. A.A. VGH München BayVBl 1976, 49.
75   BVerwGE 31, 235 f.; 37, 45 f.
76   Hierzu OVG Münster NWvZ-RR 1990, 23; VGH München BayVBl 1961, 24; *D. Ehlers,* FS Menger, 1985, 379, 390; *F.-L. Knemeyer,* BayVBl 1977, 129, 131, m.w.N.; *Schenke* § 78 Rn. 7; *Schenke* Rn. 549, sowie ausf. *C. Meissner,* in: Schoch/Schneider/Bier § 78 Rn. 35.
77   So zutr. *C. Meissner,* in: Schoch/Schneider/Bier § 78 Rn. 29.
78   So *Schmitt Glaeser/Horn* Rn. 238.
79   Vgl. etwa *C. Meissner,* in: Schoch/Schneider/Bier § 78 Rn. 29; s.a. *M. Happ,* in: Eyermann § 78 Rn. 13; *Schenke* § 78 Rn. 4; *D. Krausnick,* in: Gärditz § 78 Rn. 23; *P. Kothe,* in: Redeker/v. Oertzen § 78 Rn. 1a; *Schmitt Glaeser/Horn* Rn. 238. Zur GEZ als Behörde einer Landesrundfunkanstalt VG Frankfurt a. M. NVwZ-RR 2007, 438.
80   Vgl. *M. Happ,* in: Eyermann § 78 Rn. 13.
81   OVG Kassel NJW-RR 1997, 110.
82   Vgl. Art. 1 Abs. 1 S. 1 des Staatsvertrages über die Vergabe von Studienplätzen vom 18.1.1993, BayGVBl S. 14. In diesem Zusammenhang siehe auch VG München NVwZ-RR 1989, 473 zur staatlichen Zentralstelle für Fernunterricht des Landes Nordrhein-Westfalen.
83   OVG Münster DVBl 1981, 588; OVG Bln DVBl 1981, 589.
84   VGH Mannheim NJW 1975, 1427; a.A. *C. Meissner,* in: Schoch/Schneider/Bier § 78 Rn. 31.

Rechte zustehen.[85] Schließlich können auch *Vereinigungen* vom Körperschaftsbegriff des § 78 Abs. 1 Nr. 1 umfasst sein, wenn sie nach § 61 Nr. 2 – soweit ihnen ein Recht zustehen kann – oder aber nach spezialgesetzlichen Vorschriften fähig sind, am verwaltungsgerichtlichen Verfahren beteiligt zu sein. Voraussetzung hierfür ist indes, dass es in diesen Fällen gerade die Vereinigung sein müsste, die verpflichtet wäre, das vom Kläger geltend gemachte Recht zu erfüllen, wenn es denn bestünde.[86] Faktische Bedeutung kann die Frage bei *Fachbereichen der Universität* erlangen. Sind die Fachbereiche als teilrechtsfähige Gliedkörperschaften der Universitäten organisiert, so sind sie zu verklagen, nehmen sie hingegen lediglich der Universität zugeordnete Rechte wahr, so muss die Klage gegen die Universität gerichtet werden.[87] Klagen wegen Maßnahmen der Deutschen *Post* AG, der Deutschen *Postbank* AG und der Deutschen *Telekom* AG *gegenüber den dort tätigen Bundesbeamten* sind aufgrund der Sonderregelung des Art. 143b GG, § 2 Abs. 3 PostPersRG gegen die Bundesrepublik Deutschland zu richten; dies gilt auch im Hinblick auf die Deutsche *Bahn* AG und die nach § 25 DBGrG ausgegliederten Unternehmensbereiche (Art. 143a Abs. 1 GG).[88] Antragsgegner in einem gegen den Geschäftsverteilungsplan des BGH gerichteten Verfahren, durch den ein Richter einem bestimmten Senat zugewiesen wird, ist nach dem Amtsträgerprinzip die Bundesrepublik Deutschland als Dienstherrin, nicht hingegen das Präsidium des Gerichts.[89]

VI. Die Bezeichnung des Beklagten

Die Klage ist gegen den Rechtsträger zu richten, dessen Behörde den angefochtenen Verwaltungsakt 24 erlassen bzw. den beantragten Verwaltungsakt unterlassen hat. Erlassbehörde ist im Regelfall diejenige Behörde, die den Verwaltungsakt tatsächlich erlassen hat, nicht hingegen diejenige, die für den Erlass richtigerweise zuständig gewesen wäre.[90] Allerdings genügt nach § 78 Abs. 1 Nr. 1 Hs. 2 zur Bezeichnung des Beklagten die Angabe der Behörde, auch wenn diese nicht der eigentliche Beklagte ist. Der Sinn dieser Regelung besteht darin, dass dem Kläger die Entscheidung abgenommen werden soll, wer Beklagter ist;[91] es ist damit *Aufgabe des Gerichts*, die oft schwierige Frage zu klären, welcher Körperschaft die handelnde Behörde zuzurechnen ist.[92] Vor diesem Hintergrund spricht vieles dafür, die Bestimmung bzw. jedenfalls den hinter ihr stehenden Rechtsgedanken[93] auch auf andere Klagen gegen öffentliche Rechtsträger entsprechend anzuwenden,[94] ebenso auf Anträge gem. §§ 80, 123.[95] Kommt es nach Erlass einer Sachentscheidung, aber noch vor Klageerhebung zu einem vollständigen Zuständigkeitswechsel, ist die Klage abweichend von § 78 Abs. 1 Nr. 1 gegen den Rechtsträger der nunmehr zuständigen Behörde zu richten.[96]

Zu beachten bleibt, dass in den Fällen, in denen der *Widerspruchsbescheid nicht Klagegegenstand ist*, 25 der Kläger aber gleichwohl die Widerspruchsbehörde zur Bezeichnung des richtigen Beklagten angibt, dies nur dann unschädlich ist, wenn die Ausgangs- und die Widerspruchsbehörde derselben Körperschaft angehören; andernfalls entspricht die Klage nicht den Erfordernissen des § 82 Abs. 1, was zur Folge hat, dass sie der Kläger nach dahingehender Aufforderung durch den Vorsitzenden (§ 82 Abs. 2) entsprechend zu ergänzen hat.[97] Hieran wird indes deutlich, dass die Vorschrift des § 78 Abs. 1 Nr. 1 Hs. 2 den ihr zugedachten Zweck, dem Kläger die Entscheidung abzunehmen, wer Beklagter ist, nur in begrenztem Maße zu erfüllen vermag; dies ergibt sich im Übrigen auch aus § 78 Abs. 2, da für den

---

85 OVG Bautzen SächsVBl 1999, 211.
86 *C. Meissner*, in: Schoch/Schneider/Bier § 78 Rn. 31.
87 VGH BW DVBl 1986, 630; OVG Münster NWVBl 1987, 15 sowie ausf. *C. Meissner*, in: Schoch/Schneider/Bier § 78 Rn. 31.
88 *M. Happ*, in: Eyermann § 78 Rn. 13, unter Bezugnahme auf BVerwGE 108, 274. Vgl. auch NdsOVG 14.4.2008 – 5 ME 4/08, mit Blick auf die Deutsche Post AG.
89 VGH Mannheim NJW-RR 2011, 861.
90 OVG Magdeburg NVwZ-RR 2010, 702, unter Berufung auf OVG Magdeburg BeckRS 2008, 32542.
91 Vgl. Begründung zu § 79 Regierungsentwurf. Krit. zum Standort der Bestimmung *M. Happ*, in: Eyermann § 78 Rn. 6.
92 Vgl. BVerwGE 14, 333, 332; BVerwG NVwZ-RR 1990, 44; vgl. auch *C. Meissner*, in: Schoch/Schneider/Bier § 78 Rn. 36; *P. Kothe*, in: Redeker/v. Oertzen § 78 Rn. 4.
93 So *Schenke* § 78 Rn. 9.
94 *Schenke* Rn. 554 f.; a.A. *P. Kothe*, in: Redeker/v. Oertzen § 82 Rn. 2.
95 VGH München BayVBl 1979, 437.
96 VGH Mannheim VBlBW 2011, 275, 276, unter Bezugnahme auf *Ehlers*, FS Menger, 1985, 379, 395.
97 Vgl. § 82 Abs. 2, OVG Lüneburg DVBl 1967, 425.

durch einen Widerspruchsbescheid erstmalig Beschwerten „Behörde" i.S.d. Abs. 1 die Widerspruchsbehörde, für alle anderen Betroffenen hingegen die Ausgangsbehörde ist.

26   Eine Aussage darüber, wer die beklagte Körperschaft im Verwaltungsprozess vertritt, lässt sich § 78 Abs. 1 Nr. 1 nicht entnehmen. Aus diesem Grund muss der Kläger den *Prozessvertreter des Beklagten* auch nicht feststellen, weshalb eine unrichtige Angabe unschädlich ist.[98] Insoweit gelten die allgemeinen Vertretungsregeln des Bundes- (Art. 65 GG) bzw. des Landesverfassungsrechts, gesetzliche Bestimmungen über die Vertretung[99] sowie die Vertretungsordnungen der Bundes- und Landesministerien.[100]

VII.   Die Behörde als Beklagte (§ 78 Abs. 1 Nr. 2)

27   Nach § 78 Abs. 1 Nr. 2 kann das Landesrecht – gewissermaßen in *Abkehr vom Rechtsträgerprinzip* – bestimmen, dass die Anfechtungs- oder Verpflichtungsklage[101] gegen die Behörde selbst, die den angefochtenen Verwaltungsakt erlassen oder den beantragten Verwaltungsakt unterlassen hat, gerichtet wird,[102] wobei der Behördenbegriff identisch mit dem in § 78 Abs. 1 Nr. 1 verwendeten ist. Erlassbehörde ist danach im Regelfall diejenige Behörde, die den Verwaltungsakt tatsächlich erlassen hat, nicht hingegen diejenige, die für den Erlass richtigerweise zuständig gewesen wäre.[103] Dabei ist unter *Landesrecht* i.S.v. § 78 Abs. 1 Nr. 2 aufgrund von § 195 Abs. 2 solches zu verstehen, das nach Verkündung der VwGO und zu deren Vollzug erlassen worden ist. Die in der Norm vorgesehene Ermächtigung – ungeachtet der Tatsache, dass im Hinblick auf die Verpflichtungsklage lediglich die Untätigkeitsklage genannt ist – umschließt in entsprechender Anwendung auch die Versagungsgegenklage; für andere Klagearten kommt sie hingegen nicht zur Anwendung.[104]

28   § 78 Abs. 1 Nr. 2 ermöglicht es den Ländern, für ihren Zuständigkeitsbereich die *passive Prozessführungsbefugnis* im verwaltungsgerichtlichen Verfahren durch Landesrecht in der Weise zu regeln, dass diese von dem jeweiligen Rechtsträger auf die Behörden des Rechtsträgers übertragen wird, wobei der Behördenbegriff in Abs. 1 Nr. 2 mit dem in Abs. 1 Nr. 1 verwendeten identisch ist;[105] allerdings setzt die Bestimmung die erforderliche landesrechtliche Erklärung der Beteiligtenfähigkeit der Behörden nach § 61 Nr. 3 voraus.[106] Folge der Inanspruchnahme der Ermächtigung nach § 78 Abs. 1 Nr. 2 ist zum einen, dass die Klage nicht gegen den Rechtsträger erhoben werden kann, obgleich dieser allein Verpflichteter des materiell-rechtlichen Anspruchs ist[107] und daher durch das Urteil ausschließlich der Träger der Behörde, nicht hingegen die beklagte Behörde selbst verpflichtet wird;[108] durch die landesrechtliche Regelung erhält die verklagte Behörde nicht die Stellung eines Rechtsträgers. Zum anderen folgt aus der Regelung des § 78 Abs. 1 Nr. 2, dass die Behörde für den Rechtsträger, dem sie organisatorisch zugeordnet ist,[109] als *passive Prozessstandschafterin* tätig wird.[110]

---

98   BVerwGE 14, 330.
99   Vgl. hinsichtlich der Vertretung des Bundes etwa § 20 S. 3 des Gesetzes über die Verbreitung jugendgefährdender Schriften. Für die Länder s. die Ermächtigung in § 36 Abs. 1 S. 2 hinsichtlich des Vertreters des öffentlichen Interesses.
100   Näher etwa *P. Kothe*, in: Redeker/v. Oertzen § 78 Rn. 5.
101   VGH Mannheim DÖV 1980, 579.
102   Hierzu allg. *H. O. Freitag* VerwArch 67 (1976), 26; krit. zum Behördenprinzip *Desens*, NVwZ 2013, 471.
103   OVG Magdeburg NVwZ-RR 2010, 702, unter Berufung auf OVG Magdeburg BeckRS 2008, 32542.
104   *M. Happ*, in: Eyermann § 78 Rn. 19; *Schenke* § 78 Rn. 11.
105   Gebrauch gemacht haben von der Regelung des § 78 Abs. 1 Nr. 2 Brandenburg (§ 8 Abs. 2 BbgVwGG), Mecklenburg-Vorpommern (§ 14 Abs. 2 AGGStrG M-V) und das Saarland (§ 19 Abs. 2 AGVwGO) allg., des Weiteren Niedersachsen (§ 8 Abs. 2 AGVwGO; hierzu etwa OLG Celle 21.3.2011 – Not 20/10), Sachsen-Anhalt (§ 8 Abs. 2 AGVwGO LSA) sowie Schleswig-Holstein (§ 6 S. 2 AGVwGO SH), alle drei für Landesbehörden. Diese Länder haben in dem jeweils gleichen Gesetz für die Behörden, auf die sich die passive Prozessführungsbefugnis nach § 78 Abs. 1 Nr. 2 erstreckt, ausdrücklich auch die notwendige Regelung über die Beteiligtenfähigkeit nach § 61 Nr. 3 getroffen. Nordrhein-Westfalen hat das Behördenprinzip im Jahr 2010 wieder abgeschafft, vgl. das Gesetz über die Justiz im Land Nordrhein-Westfalen (GVBl. 2010 S. 29 ff.). Hierzu *J. Wahlhäuser*, NWVBl 2010, 466 sowie *S. Desens*, NVwZ 2013, 471.
106   Hierzu *D. Ehlers*, FS Menger, 1985, 379, 380.
107   So zutr. *C. Meissner*, in: Schoch/Schneider/Bier § 78 Rn. 38; s.a. *M. Hoffmann-Becking*, DVBl 1972, 299, 302.
108   BVerwGE 80, 127, 128.
109   Vgl. für den Fall der Beiladung einer in der Sache auch betroffenen neben der nach § 78 Abs. 1 Nr. 2 beklagten Behörde desselben Rechtsträgers BVerwG DVBl 2003, 67, 68 = NVwZ 2003, 216.
110   Vgl. BVerwGE 80, 127, 128; OVG Münster NJW 1979, 1057; *D. Ehlers*, FS Menger, 1985, 379, 390; *M. Hoffmann-Becking*, DVBl 1972, 299, 302; *M. Jestaedt*, NWVBl 1989, 45, 49; *Schenke* § 78 Rn. 10; *C. Meissner*, in:

Zu beachten ist, dass § 78 Abs. 1 Nr. 1 und Nr. 2 jeweils zwingende Vorschriften darstellen, sodass sie 29
sich gegenseitig ausschließen.[111] Daher kann, solange keine landesrechtliche Bestimmung getroffen
worden ist, die Klage nicht gegen die Behörde gerichtet werden, und kann andererseits nicht der
Rechtsträger verklagt werden, wenn eine landesrechtliche Bestimmung über die Prozessführungsbefugnis der Behörde ergangen ist.[112] Allerdings ermächtigt § 78 Abs. 1 Nr. 2 die Länder nicht, Vorschriften über die Vertretung des Bundes im Rechtsstreit zu treffen.[113] § 78 Abs. 1 Nr. 2 stellt eine
Ausnahme von der gesetzgeberischen Grundentscheidung für das Rechtsträgerprinzip dar; daher würde das Regel-Ausnahme-Verhältnis in das Gegenteil verkehrt werden, wenn den Ländern die Befugnis
zukäme, eine vom Bundesgesetzgeber grds. nicht gewollte passive Prozessführungsbefugnis von Behörden durch Regelungen auf der Grundlage von § 78 Abs. 1 Nr. 2 auch für den Bund vorzuschreiben.[114]
Für Bundesbehörden steht den Landesgesetzgebern mithin kein solches Bestimmungsrecht zu.

Vor diesem Hintergrund können, sofern eine landesrechtliche Regelung i.S.v. § 78 Abs. 1 Nr. 2 be- 30
steht, bspw. Fakultäten passiv prozessführungsbefugt sein,[115] ebenso wie ein durch Satzung der Fakul-
tätskonferenz bestellter Beauftragter für studienbegleitende Leistungskontrollen,[116] *nicht* hingegen
Prüfungsausschüsse, selbst bei Vorliegen einer landesrechtlichen Regelung i.S.v. § 78 Abs. 1 Nr. 2, da
sie ad hoc für einen Prüfungstermin gebildet werden und nicht durch organisationsrechtliche Rechtssätze geschaffen sind.[117] Die Anfechtung einer Reifeprüfung ist daher nicht gegen den Reifeprüfungs-
ausschuss, sondern gegen die Schule zu richten.[118]

VIII. Die Klage gegen den Widerspruchsbescheid (§ 78 Abs. 2)

§ 78 Abs. 2 trägt der Tatsache Rechnung, dass der *Widerspruchsbescheid alleiniger Gegenstand einer* 31
Klage sein kann, und zwar in den Fällen, in denen er erstmalig eine Beschwer (§ 79 Abs. 1 Nr. 2) oder
gegenüber dem ursprünglichen Verwaltungsakt eine zusätzliche selbständige Beschwer enthält (§ 79
Abs. 2 S. 1);[119] nur in diesen Fällen ist der Rechtsträger der Widerspruchsbehörde überhaupt am verwaltungsgerichtlichen Verfahren beteiligt.[120] Allerdings greift § 78 Abs. 2 von den verschiedenen Konstellationen einer Klage gegen den Widerspruchsbescheid nur den Fall auf, dass der Widerspruchsbescheid erstmalig eine Beschwer enthält. Für den Fall, dass der Widerspruchsbescheid eine zusätzliche
selbständige Beschwer aufweist, gilt § 78 Abs. 2 jedoch wegen § 79 Abs. 2 S. 3 entsprechend.[121] Mit
§ 78 Abs. 2 nimmt das Gesetz damit gewissermaßen eine Abkehr vom Regelfall des § 78 Abs. 1 vor,
der von der Vorstellung ausgeht, dass Streitgegenstand der Verwaltungsakt in der Form ist, die er
durch den Widerspruchsbescheid gefunden hat (§ 79 Abs. 1 Nr. 1), mit der Folge, dass die Klage gegen
den Rechtsträger der Behörde (bzw. in Fällen des § 78 Abs. 1 Nr. 2 gegen diese Behörde selbst) zu richten ist, und zwar der Behörde, die den ursprünglichen Verwaltungsakt erlassen hat. Enthält der Widerspruchsbescheid damit erstmalig eine Beschwer bzw. gegenüber dem ursprünglichen Verwaltungsakt

Schoch/Schneider/Bier § 78 Rn. 38; *M. Redeker*, in: Redeker/v. Oertzen § 61 Rn. 6. Krit. hierzu *H. O. Freitag*, Verw-
Arch 67 (1976), 26, 29 ff., 43 ff.

111 Vor diesem Hintergrund hat das BVerwG, NJW 2007, 711, 712, klargestellt, dass die auf § 78 Abs. 1 Nr. 2 gestützte
Einführung einer von § 78 Abs. 1 Nr. 1 abweichenden Parteibezeichnung auf eine Erleichterung der Formalien bei
der Klageerhebung abziele, eine solche Regelung je jedoch einem Gericht versage, für das betreffende Bundesland im
Prozess mehrere Behörden nebeneinander zu beteiligen.

112 So zutr. *H.-J. v. Oertzen*, NJW 1961, 768. Zur divergierenden Rspr. des BSG *E. Strassfeld*, SGb 2010, 520.

113 BVerwGE 14, 330; 20, 21, 22; 92, 266; BVerwG, DVBl 1993, 889; *D. Ehlers*, FS Menger, 1985, 379; *C. Meissner*,
in: Schoch/Schneider/Bier § 78 Rn. 39; *P. Kothe*, in: Redeker/v. Oertzen § 78 Rn. 8. Zur Möglichkeit für den Bund,
auf der Grundlage von Art. 74 Nr. 1 GG die Klage auch gegen Bundesbehörden vorzusehen, vgl. *Schenke* § 78
Rn. 10.

114 Vgl. BVerwGE 14, 330, 331 f.; BVerwGE 20, 21, 22.

115 *C. Meissner*, in: Schoch/Schneider/Bier § 78 Rn. 40, unter Verweis auf *M. Hoffmann-Becking*, DVBl 1972, 299, 302.

116 OVG Münster NJW 1991, 2581, mit dem Argument, dass dem Beauftragten durch die hochschulinterne Zuständigkeitsregelung Aufgaben der öffentlichen Verwaltung zur eigenständigen Wahrnehmung zugewiesen sind.

117 Vgl. für die Prüfungsausschüsse bei Schulen BVerwG DVBl 1966, 36; vgl. auch VGH Mannheim DÖV 1989, 1267
(Ls.); für Prüfungsausschüsse bei pädagogischen Prüfungsämtern OVG Münster, OVGE 22, 267, 268; für Prüfungs-
ausschüsse beim Justizprüfungsamt OVG Münster OVGE 30, 20, sowie für Prüfungsausschüsse bei Industrie- und
Handelskammern BVerwGE 70, 4, 10.

118 BVerwG DVBl 1966, 36.

119 Vgl. etwa OVG Bautzen, NVwZ-RR 2002, 74.

120 BGH 7.2.2008 – III ZR 76/07, juris Rn. 13.

121 Vgl. BVerwG DVBl 1987, 238; VG Leipzig SächsVBl 1995, 20; *Schenke* § 78 Rn. 12.

eine zusätzliche selbständige Beschwer, so trägt § 78 Abs. 2 dieser Konstellation in der Weise Rechnung, dass in diesen beiden Fällen *Behörde i.S.d. Abs. 1 die Widerspruchsbehörde* ist, was bedeutet, dass dann, wenn Klagegegenstand allein der Widerspruchsbescheid ist, die *Klage gegen den Rechtsträger der Widerspruchsbehörde* zu erheben ist bzw. – in Fällen der landesrechtlichen Bestimmung i.S.v. § 78 Abs. 1 Nr. 2 – gegen die Widerspruchsbehörde selbst. Keine analoge Anwendung findet die Bestimmung indes auf eine von der Widerspruchsbehörde getroffene Vollzugsanordnung nach §§ 80 Abs. 2 Nr. 4, 80 a Abs. 2.[122]

32   § 78 Abs. 2 ist damit nur in den Fällen von Bedeutung, in denen der *Widerspruchsbescheid allein* und *selbständig Klagegegenstand* ist. Nicht zur Anwendung kommt die Bestimmung mithin in Fällen, in denen der Widerspruchsbescheid zusammen mit dem Erstbescheid angegriffen wird. Eine solche von § 78 Abs. 2 umschlossene typische Konstellation liegt etwa dann vor, wenn sich der Bauherr gegen die auf einen Nachbarwiderspruch hin aufgehobene Baugenehmigung wendet. Hier wird dem Begehren des Klägers – der Wiedergewinnung der Baugenehmigung – dadurch Rechnung getragen, dass der ihn belastende und dem Land zuzurechnende Widerspruchsbescheid aufgehoben wird.[123] Beschränkt der Kläger während des Prozesses seine Klage auf die Anfechtung der Verböserung, nachdem er zunächst eine Auflage insgesamt angefochten hatte, so verbleibt es beim ursprünglichen Beklagten auch dann, wenn die Änderung erst im Berufungsverfahren erfolgt;[124] in einem solchen Fall kann regelmäßig nicht davon ausgegangen werden, dass der Kläger mit einer solchen Beschränkung seine Klage ändern wollte.

33   Zu beachten bleibt, dass sich in den Fällen, in denen sich die *Klage gegen den ursprünglichen Verwaltungsakt* in der – ggf. auch verbösernden – Gestalt, die er durch den Widerspruchsbescheid gefunden hat, *wendet,* der *Streitgegenstand nach § 79 Abs. 1 Nr. 1 bemisst;* dies gilt auch, wenn dem Verwaltungsakt durch die Widerspruchsbehörde eine weitere Beschwer hinzugefügt oder er in sein Gegenteil verkehrt wurde.[125] Die Klage hat sich damit gegen die Behörde, die den Verwaltungsakt in seiner ursprünglichen Gestalt erlassen hat, zu richten, was daraus folgt, dass das Handeln der Ausgangs- und der Widerspruchsbehörde als Einheit zu sehen ist.[126] Hieraus erhellt, dass Voraussetzung für die Anwendbarkeit von § 78 Abs. 2 ist, dass der Widerspruchsbescheid selbständig und allein Gegenstand der Klage ist.

34   Praktische Bedeutung kommt § 78 Abs. 2 indes nur dann zu, wenn Ausgangs- und Widerspruchsbehörde unterschiedlichen Rechtsträgern zugeordnet sind.[127] Zudem ist die Bedeutung der Bestimmung im Wesentlichen auf Anfechtungsklagen beschränkt, wenngleich sie auch Bedeutung entfalten kann bei Verpflichtungsklagen, die z.B. auf Erlass einer Kostenentscheidung nach § 73 Abs. 3 S. 3 gerichtet sind, oder auf die Hinzuziehung eines Bevollmächtigten gem. § 80 Abs. 3 S. 2 VwVfG.[128]

IX. Der falsche Beklagte

35   Bei einer gegen den falschen Beklagten gerichteten Klage ist zunächst *zu beachten*, dass eine fehlerhafte Bezeichnung des Beklagten u.U. vom Gesetz gedeckt ist; hieraus erhellt, dass die gegen den falschen Beklagten gerichtete Klage nicht schon von vornherein unbegründet sein muss. Damit ist der Fall des *§ 78 Abs. 1 Nr. 1 Hs. 2* angesprochen, der zulässt, dass die Angabe der Behörde als Beklagte zulässig ist, obgleich nach dem Rechtsträgerprinzip des § 78 Abs. 1 Nr. 1 Hs. 1 der Rechtsträger der verklagten Behörde richtiger Beklagter ist (→ Rn. 25 ff.). Liegt ein solcher Fall vor, so hat das Gericht von Amts wegen die korrekte Bezeichnung des richtigen Beklagten in das Rubrum aufzunehmen[129] und eine entsprechende Sachentscheidung zu treffen.

122 OVG Lüneburg NVwZ 1989, 885.
123 Zum Fall der immissionsschutzrechtlichen Auflage C. *Meissner*, in: Schoch/Schneider/Bier § 78 Rn. 44.
124 BVerwG NVwZ 1987, 215; VGH München NJW 1978, 443; *Schenke* § 78 Rn. 13; D. *Krausnick*, in: Gärditz § 78 Rn. 40; krit. hierzu C. *Meissner*, in: Schoch/Schneider/Bier § 78 Rn. 44.
125 BVerwG Buchholz 448.11 § 19 ZDG Nr. 4; VGH Mannheim DÖV 1974, 607; VGH München BayVBl 1964, 65.
126 VGH Mannheim DÖV 1974, 607; M. *Happ*, in: Eyermann § 78 Rn. 23; C. *Meissner*, in: Schoch/Schneider/Bier § 78 Rn. 44.
127 C. *Meissner*, in: Schoch/Schneider/Bier § 78 Rn. 42.
128 So M. *Happ*, in: Eyermann § 78 Rn. 22 unter Hinweis auf VGH München BayVBl 1988, 628, 630.
129 Vgl. BVerwG NVwZ-RR 1990, 44. S. insoweit etwa OVG Münster 17.11.2011, BeckRS 2012, 51029; SächsOVG 11.5.2015 – 3 D 33/16.

Jenseits einer solchen an sich fehlerhaften, vom Gesetz aber als zulässig gewerteten Bezeichnung des 36
Beklagten ist die Klage im Hinblick auf den richtigen Beklagten im Falle seiner falschen Bezeichnung
zunächst *auszulegen*, jedenfalls dann, wenn erkennbar ist, gegen wen sich die Klage in Wahrheit richtet;[130] in diesem Fall ist das *Rubrum* dann entsprechend – auch formlos – *zu berichtigen,*[131] auch nach
Ablauf der Klagefrist.[132] Richtet sich die Klage jedoch auch bei einer zutreffenden Auslegung des Klageschriftsatzes gegen den falschen Beklagten, so ist sie als unbegründet abzuweisen (→ Rn. 2 ff.);[133] es
handelt sich insoweit um eine *fehlgerichtete Klage.*[134] Allerdings ist der Abweisung der Klage in den
Fällen, in denen sie sich gegen den falschen Beklagten richtet, die Möglichkeit vorgeschaltet, durch
eine *Klageänderung* nach § 91 den richtigen Beklagten zu bezeichnen.[135] Diese Konstellation stellt
einen Beklagtenwechsel dar (§ 86 Abs. 3, § 87), wobei ein solcher Fall des gewillkürten Parteiwechsels
nach den in § 91 enthaltenen Regeln über die Klageänderung zu beurteilen ist.[136] Dabei ist im Hinblick auf die Einhaltung der Klagefrist nach § 74 auf die Erhebung der Klage abzustellen, nicht hingegen auf den Parteiwechsel.[137]

Auf die Möglichkeit, den Beklagten zu wechseln, ist der Kläger vom Gericht *hinzuweisen*. Eine Ver- 37
pflichtung des Vorsitzenden, auf die Möglichkeit des Beklagtenwechsels hinzuweisen, dürfte indes
nicht bestehen, wenn der Parteiwechsel nicht sinnvoll ist, etwa die Klage schon aus anderen Gründen
abgewiesen werden müsste.[138]

Die *Änderung rechtlicher Umstände* – etwa bei einem Zuständigkeitswechsel – bemisst sich nach 38
§ 173 VwGO i.V.m. § § 239 ff. ZPO; es handelt sich insoweit um einen Fall des gesetzlichen Parteiwechsels, nicht hingegen um einen Fall der Klageänderung.[139] Für den Fall einer *Änderung der tatsächlichen Umstände* sind die Regeln über den gewillkürten Parteiwechsel zu beachten.[140]

§ 79 [Gegenstand der Anfechtungsklage]

(1) Gegenstand der Anfechtungsklage ist

1. der ursprüngliche Verwaltungsakt in der Gestalt, die er durch den Widerspruchsbescheid gefunden
   hat,
2. der Abhilfebescheid oder Widerspruchsbescheid, wenn dieser erstmalig eine Beschwer enthält.

(2) [1]Der Widerspruchsbescheid kann auch dann alleiniger Gegenstand der Anfechtungsklage sein,
wenn und soweit er gegenüber dem ursprünglichen Verwaltungsakt eine zusätzliche selbständige Beschwer enthält. [2]Als eine zusätzliche Beschwer gilt auch die Verletzung einer wesentlichen Verfahrensvorschrift, sofern der Widerspruchsbescheid auf dieser Verletzung beruht. [3]§ 78 Abs. 2 gilt entsprechend.

Schrifttum
1. Monographien und Beiträge in Sammelwerken: *E. Allesch,* Die Anwendbarkeit der Verwaltungsverfahrensgesetze auf das Widerspruchsverfahren der VwGO, 1984; *S. Detterbeck,* Streitgegenstand und Entscheidungswirkungen im öffentlichen Recht, 1995;
P. Fösel, Der Widerspruchsbescheid als isolierter Klagegegenstand, 1988; *W. Kahl,* Verwaltungsprozessuale Probleme der reformatio in peius, FS Schenke, 2011, 901; *F. O. Kopp,* Die Rechtsschutzfunktion des Widerspruchsverfahrens nach §§ 68 ff. VwGO, FS
Redeker, 1993, 543; *A. v. Mutius,* Das Widerspruchsverfahren der VwGO als Verwaltungsverfahren und Prozessvoraussetzung,
1969; *M. Oerder,* Das Widerspruchsverfahren der Verwaltungsgerichtsordnung, 1989; *W. Scheerbarth,* Die verwaltungsbehördliche reformatio in peius und ihre prozessuale Problematik, 1996.

---

130 BVerwGE 14, 330; 20, 21; BGH NJW 1983, 2448; *Schenke* § 78 Rn. 16.
131 BVerwG NVwZ-RR 90, 44; BGH NJW 1983, 2448.
132 VGH München BayVBl 1984, 407.
133 I.Ü. hierzu BVerfGE 80, 127, 128; BVerwGE 31, 233, 236; 45, 29, 43; BVerwG NVwZ-RR 1990, 44. Vgl. auch
    Schmitt Glaeser/Horn Rn. 238; *Schunck/de Clerck* Anm. 1 a.
134 So die Bezeichnung von *C. Meissner,* in: Schoch/Schneider/Bier § 78 Rn. 59.
135 Hierzu BVerwGE 65, 45, 49; 44, 148; VGH Mannheim DÖV 1982, 750; *Schenke* § 78 Rn. 16; *D. Krausnick,* in:
    Gärditz § 78 Rn. 43; *C. Meissner,* in: Schoch/Schneider/Bier § 78 Rn. 59.
136 BVerwG NJW 1988, 1228.
137 VGH Mannheim DÖV 1982, 750.
138 Näheres bei *C. Meissner,* in: Schoch/Schneider/Bier § 78 Rn. 59.
139 BVerwGE 44, 148, 150.
140 So *M. Happ,* in: Eyermann § 78 Rn. 27.

2. Beiträge in Zeitschriften: *K. A. Bettermann*, Verwaltungsakt und Rechtsmittelbescheid als Gegenstand der Anfechtungsklage, NJW 1958, 81; *M. Dawin*, Der Gegenstand der Anfechtungsklage nach § 79 Abs. 1 Nr. 1 VwGO, NVwZ 1987, 872; *H.-H. Gotzen*, Das Verhältnis von Ausgangs- und Widerspruchsbescheid (insbes. § 79 VwGO), VR 1995, 253; *W. Kahl/P. Hilbert*, Die reformatio in peius, JURA 2011, 660; *I. Kraft*, Änderungsbescheide im Widerspruchsverfahren und VerwaltungsProzess, BayVBl 1995, 519; *J. Meister*, Die reformatio in peius im Widerspruchsverfahren, JA 2002, 567; *H. J. Müller*, Der Verfahrensgegenstand von Anfechtungs- und Verpflichtungsklagen und der Zeitpunkt der rechtlichen Beurteilung von Verpflichtungsklagen, NJW 1982, 1370; *B. Preusche*, Zum Ändern und Ersetzen angefochtener Verwaltungsakte, DVBl 1992, 797; *F. Sahlmüller*, Der Widerspruchsbescheid als Prozessgegenstand, BayVBl 1973, 541; *W.-R. Schenke*, Der Anspruch des Widerspruchsführers auf Erlass eines Widerspruchsbescheids und seine gerichtliche Durchsetzung, DÖV 1996, 529; insbes. *C. v. Schledorn*, Zulässigkeit einer Klage auf Widerspruchsbescheidung, NVwZ 1995, 250; *M.-J. Seibert*, Die isolierte Aufhebung von Widerspruchsbescheiden, BayVBl 1983, 174.

I. Entstehung der Norm

1 Grundlage für die in § 79 getroffene Regelung über den Gegenstand der Anfechtungsklage waren die Vorschriften der im Wesentlichen gleich lautenden Gesetze über die Verwaltungsgerichtsbarkeit der Länder der amerikanischen Besatzungszone, die im Wege der Landesgesetzgebung erlassen worden waren,[1] sowie die VO Nr. 165 über die Verwaltungsgerichtsbarkeit in der britischen Besatzungszone vom 15.9.1948.[2] Bereits in diesen Regelungen war der Grundsatz festgelegt worden, dass der „beschwerende" bzw. „der angefochtene Verwaltungsakt" und der „Einspruchsbescheid" Gegenstand der Anfechtungsklage sind.[3]

2 Durch das Sechste Gesetz zur Änderung der Verwaltungsgerichtsordnung und anderer Gesetze (6. VwGOÄndG) vom 1.11.1996,[4] in Kraft getreten am 1.1.1997, erhielt § 79 Abs. 1 Nr. 2 seine nunmehr geltende Fassung.[5] Die damit verbundene Berücksichtigung des Abhilfebescheides stellt eine Folgeänderung zu der Änderung von § 68 Abs. 1 S. 2 Nr. 2 dar,[6] dessen Änderung wiederum auf die Beschlussempfehlung des Bundesrates[7] und des Rechtsausschusses[8] unter dem Gesichtspunkt der Verfahrensbeschleunigung zurückging.

3 *Vergleichbare Regelungen* zu § 79 Abs. 1 Nr. 1 enthalten § 95 SGG und § 44 Abs. 2 FGO, die den ursprünglichen Verwaltungsakt und den Widerspruchsbescheid gleichfalls als Einheit behandeln. Demgegenüber enthalten § 96 Abs. 1 SGG und § 68 S. 1 FGO Regelungen über die Einbeziehung von Änderungen des Verwaltungsakts nach Klageerhebung, die die VwGO nicht kennt.[9]

---

1 S. nur § 45 des Bayerischen Gesetzes Nr. 39 vom 25.9.1946 (GVBl 281) und § 45 des hessischen Gesetzes vom 31.10.1946 (GVBl 194); w.N. in § 74 Fn. 2, 3.

2 VOBl BrZ 263 (Nr. 41).

3 Vgl. § 45 VGG, § 75 Abs. 1 S. 1 VO Nr. 165.

4 BGBl I 1626.

5 Bis zu dieser Änderung lautete § 79 Abs. 1 Nr. 2: „(...) der Widerspruchsbescheid, wenn ein Dritter durch ihn erstmalig beschwert wird."

6 BT-Drs. 13/5098, 23.

7 BT-Drs. 13/3993, 18; Zustimmung der Bundesregierung in der Gegenäußerung zur Stellungnahme des Bundesrates, BT-Drs. 13/4069, 2.

8 BT-Drs. 13/5098, 17, 23.

9 Der Vorschlag des Regierungsentwurfs vom 19.1.1996 (BR-Drs. 30/96, 5 f.; s.a. den Entwurf vom 6.3.1996, BT-Drs. 13/3993, 12), die Regelung des § 68 FGO als § 94 Abs. 2 zu übernehmen, wurde durch das 6. VwGOÄndG nicht be-

II. Inhalt

Eine Anfechtungsklage ist – sieht man von den in § 68 Abs. 1 S. 2 genannten Fällen ab – nach § 68   4
Abs. 1 S. 1 nur dann zulässig, wenn der Kläger vor Klageerhebung Widerspruch gegen den Verwaltungsakt eingelegt hat und damit Rechtmäßigkeit und Zweckmäßigkeit des Verwaltungsakts in einem Vorverfahren nachgeprüft worden sind. Die Einleitung und Durchführung des Widerspruchsverfahrens hat zur Folge, dass durch die Entscheidung der Widerspruchsbehörde neben den ursprünglichen Verwaltungsakt der Widerspruchsbescheid tritt, dem gleichfalls Verwaltungsaktsqualität zukommt[10] und der – wiewohl inhaltlich Bezug nehmend auf den Ausgangsverwaltungsakt – eine eigenständige Regelung aufweist mit der Folge, dass dem Gericht zwei Verwaltungsakte vorliegen, über die es zu befinden hat. Diese bei der Anfechtungsklage – die als Gestaltungsklage die Aufhebung des Verwaltungsakts zum Inhalt hat – besondere Situation hinsichtlich des Klagegegenstandes hat § 79 zum Inhalt, der den Gegenstand der Anfechtungsklage nach Durchführung eines Widerspruchsverfahrens bestimmt; die Bestimmung korrespondiert insoweit mit § 68.

Die Notwendigkeit einer sich auf das Verhältnis von ursprünglichem Verwaltungsakt und Wider-   5
spruchsbescheid beziehenden Regelung ist dadurch bedingt, dass im Hinblick auf eine Klage verschiedene Konstellationen im Verhältnis von Ausgangsverwaltungsakt und Widerspruchsbescheid denkbar sind, die sich ihrerseits entscheidend auf die Bestimmung des Klagegegenstandes auswirken. Vorstellbar ist insoweit zunächst, dass der Widerspruch als unzulässig oder als unbegründet zurückgewiesen werden kann, mit der Folge, dass die Gestalt des ursprünglichen Verwaltungsakts unverändert bleibt. Dem Widerspruch kann aber auch ganz bzw. teilweise stattgegeben und der Ausgangsverwaltungsakt dementsprechend ganz bzw. teilweise aufgehoben werden. Daneben kann der Widerspruchsbescheid auch eine neue Belastung aufgrund einer reformatio in peius enthalten, indem er den Verwaltungsakt abändert.[11] Daraus ergibt sich die Notwendigkeit einer Klärung des – nicht mit dem Streitgegenstand zu verwechselnden – Klagegegenstandes im Hinblick auf Ausgangsverwaltungsakt und Widerspruchsbescheid. Im Hinblick auf diese verschiedenen Konstellationen und damit für die Bestimmung des Klagegegenstandes lassen sich folgende Grundaussagen treffen:

Gegenstand der Anfechtungsklage ist nach der Grundsatzregel des § 79 Abs. 1 Nr. 1 der ursprüngliche   6
Verwaltungsakt in der Gestalt – d.h. mit dem Inhalt und der Begründung –, die er durch den Widerspruchsbescheid gefunden hat. Aus dieser Grundsatzregel folgt, dass § 79 Abs. 1 Nr. 1 beide Verwaltungsakte als prozessuale Einheit behandelt,[12] die Norm aber gleichwohl das Schwergewicht auf die Entscheidung legt, die den Kläger erstmals beschwert hat, da insoweit von dem „ursprünglichen Verwaltungsakt" die Rede ist. Der Widerspruchsbescheid ist gewissermaßen nur in seiner die Gestalt des Ausgangsverwaltungsaktes prägenden Wirkung miteinbezogen;[13] er gibt dem Ausgangsverwaltungsakt gewissermaßen den letzten Schliff, gibt der behördlichen Entscheidung die für das Klageverfahren maßgebliche Gestalt[14] und stellt das letzte Wort der Verwaltung in der Sache dar, ggf. auch im Hinblick auf die Begründung, z.B. hinsichtlich etwaiger Ermessenserwägungen.[15] Das Ausgangsverfahren bildet mithin mit dem Widerspruchsverfahren eine Einheit; es schließt erst mit einem etwaigen Widerspruchsbescheid ab.[16] Dies gilt auch bei solchen beamtenrechtlichen Streitigkeiten, bei denen der Gesetzgeber ausdrücklich ein Vorverfahren nach § 68 ff. vorgesehen hat, mithin in Verfahren nach § 126 BRRG Abs. 3 i.V.m. § 63 Abs. 3 S. 2 BeamtStG sowie nach § 54 Abs. 3 BeamtStG.[17] In der Konsequenz dessen liegt es, dass der ursprüngliche Verwaltungsakt nur angefochten werden kann, sofern und soweit er nach Durchführung des Widerspruchsverfahrens den Betroffenen überhaupt noch be-

---

rücksichtigt, da nach einer Stellungnahme des Bundesrates die Vorschrift des § 68 FGO im finanzgerichtlichen Verfahren zu einer „Verkomplizierung der verfahrensrechtlichen Situation" geführt habe (BT-Drs. 13/3993, 20 f.); dagegen *K. Redeker*, NVwZ 1996, 521, 524.

10 BVerwG DVBl 1967, 237; *D. Krausnick*, in: Gärditz § 79 Rn. 1.
11 Zu den verschiedenen Konstellationen ausf. *K. A. Bettermann*, NJW 1958, 81.
12 BVerwGE 19, 327, 330; 84, 178, 181; BVerwG NVwZ 2006, 1294; *Schenke* § 79 Rn. 1 u 2; *Happ*, in: Eyermann § 79 Rn. 5 Vgl. auch BVerwG NVwZ 2002, 1252, wonach der ursprüngliche Bescheid und der Widerspruchsbescheid eine einheitliche Verwaltungsentscheidung darstellen.
13 *J. Pietzcker*, in: Schoch/Schneider/Bier § 79 Rn. 1.
14 BVerwG NVwZ 2006, 1294.
15 *Schenke* § 79 Rn. 1.
16 BVerwG NJW 2010, 3592, 3594, unter Bezugnahme auf BVerwGE 82, 336, 338 = NVwZ 1990, 651.
17 BVerwG NJW 2010, 3592, 3594.

schwert; der ursprüngliche Verwaltungsakt gilt gegenüber dem Betroffenen so, wie ihn der Widerspruchsbescheid gestaltet – also bestätigt oder verändert – hat.[18]

7   Ausnahmen von diesem Grundsatz der Einheit enthalten § 79 Abs. 1 Nr. 2 sowie Abs. 2. Danach ist der *Widerspruchsbescheid* zunächst zwingend alleiniger Gegenstand der Anfechtungsklage, wenn er erstmalig eine Beschwer enthält (Abs. 1 Nr. 2). Diese Sachlage kommt in Betracht, wenn ein Dritter gegen einen den Adressaten begünstigenden, ihn, den Dritten, selbst aber belastenden Verwaltungsakt erfolgreich Widerspruch einlegt, oder wenn ein Antragsteller gegen die Ablehnung eines Bescheides mit Erfolg Widerspruch erhoben hat und durch den Bescheid ein Dritter belastet wird. Darüber hinaus erkennt das Gesetz den *Widerspruchsbescheid* als eigenständig anfechtbaren Verwaltungsakt an, wenn und soweit er gegenüber dem Ausgangsverwaltungsakt eine zusätzliche selbständige Beschwer enthält (Abs. 2). Darunter ist nach h.M. jede Änderung des ursprünglichen Verwaltungsakts zuungunsten des durch den Verwaltungsakt Betroffenen, insbes. jede Verböserung, zu verstehen (ausf. → Rn. 39–46).

8   Korrespondierend zu § 68 Abs. 1 S. 2 Nr. 2 kann nach § 79 Abs. 1 Nr. 2 zudem der *Abhilfebescheid* Gegenstand der Anfechtungsklage sein, wenn er erstmalig eine Beschwer enthält; denn in diesem Fall entfällt nach § 68 Abs. 1 S. 2 Nr. 2 bei seiner Anfechtung das Vorverfahren. Eine erstmalige Beschwer kann der Abhilfebescheid insbes. im Falle eines Verwaltungsakts mit Drittwirkung enthalten, wenn z.B. die Behörde aufgrund des Widerspruchs eines Dritten eine dem Antragsteller erteilte Genehmigung wieder aufhebt.

9   Schließlich ist die Konstellation zu erwähnen, bei der der ursprüngliche Verwaltungsakt oder der Widerspruchsbescheid vor oder während des Rechtsstreits von der Behörde geändert wird, indem sie z.B. einen der Bescheide teilweise oder ganz beseitigt und durch einen neuen Akt ersetzt. Eine vor Erlass des Widerspruchsbescheides von der Ausgangsbehörde vorgenommene Änderung oder Ersetzung ist zumeist bereits durch Bezugnahme im Widerspruchsbescheid Gegenstand des Verfahrens; aber auch sonst bestimmt eine solche Änderung den Gegenstand der Klage i.S.d. § 79 Abs. 1 Nr. 1 mit.[19]

10 Schwieriger ist hingegen die *Änderung während des laufenden Verfahrens* zu beurteilen. Da die VwGO keine den § 96 Abs. 1 SGG, § 68 S. 1 FGO entsprechende Bestimmung über die Behandlung eines während des Verfahrens ergehenden ändernden bzw. ersetzenden Verwaltungsakts enthält,[20] kann dieser ändernde oder ersetzende Bescheid nicht automatisch,[21] sondern – bei lediglich verminderter Beschwer – nur durch Beschränkung des Klageantrags oder im Wege einer Klageänderung gem. § 91 in das anhängige Verfahren einbezogen werden.[22] Eines erneuten Widerspruchsverfahrens bedarf es insoweit nicht.[23] Falls sich der ursprüngliche Verwaltungsakt durch den Änderungsbescheid vollständig erledigt hat, kann der Kläger die Hauptsache für erledigt erklären[24] oder nach § 113 Abs. 1 S. 4 einen Fortsetzungsfeststellungsantrag stellen.[25] Zu berücksichtigen ist in diesem Zusammenhang allerdings auch § 45 Abs. 2 VwVfG, wonach die dort aufgeführten Verfahrensmängel noch bis zum Abschluss des verwaltungsgerichtlichen Verfahrens geheilt werden können (zum Verhältnis von § 45 VwVfG zu § 79 → Rn. 56). Weitergehend hat das BVerwG die Änderung des Ausgangsverwaltungsakts nach Erhebung der verwaltungsgerichtlichen Klage für zulässig erachtet, um etwa Rechtsfehler oder inhaltliche Mängel zu beseitigen, sofern dies nicht ausdrücklich durch Gesetz ausgeschlossen wird.[26]

---

18 BVerwGE 13, 195, 197 f.; BVerwG BayVBl 1976, 26, 27. S. zur richtigen Rechtsbehelfsbelehrung für die Klage nach § 79 Abs. 1 Nr. 1 gegen den Ausgangsbescheid VGH München NVwZ 1987, 901 f.
19 BVerwGE 62, 80, 82; OVG Weimar ThürVBl 2002, 281, 281.
20 § 96 SGG und § 68 FGO können nicht – auch nicht entsprechend – angewendet werden, da es sich insoweit um keinen für die gesamte Verwaltungsgerichtsbarkeit geltenden allg. Grundsatz handelt; hierzu OVG Münster DÖV 1966, 726 f.
21 So aber BFH BStBl II 1976, 551; BStBl II 1977, 517 f.
22 BVerwG DVBl 1993, 734; VGH München BayVBl 1973, 383; NJW 1984, 680, 681; OVG Münster DÖV 1966, 726, 727; ausf. zum Ganzen I. *Kraft*, BayVBl 1995, 519 ff. Eine solche Klageänderung dürfte auch zumeist sachdienlich sein; *Schenke* § 79 Rn. 4; *B. Preusche*, DVBl 1992, 797, 801.
23 BVerwGE 32, 243, 247; *Schmitt Glaeser/Horn* Rn. 149; *B. Preusche*, DVBl 1992, 797, 801.
24 VGH München BayVBl 1973, 383; VGH München NVwZ 1983, 615, 616.
25 BVerwGE 75, 214, 220 f.; *B. Preusche*, DVBl 1992, 797, 802 f.; *P. Kothe*, in: Redeker/v. Oertzen § 79 Rn. 7.
26 BVerwG NVwZ 1992, 789, 790 f., für einen Planfeststellungsbeschluss; BVerwGE 87, 241, 244 f. für die im förmlichen Verwaltungsverfahren ergangene Anordnung einer Grundabtretung.

III. Anwendungsbereich

§ 79 ist sowohl in seinem Abs. 1 als auch in seinem Abs. 2 **lediglich auf die Anfechtungsklage bezogen.** 11
Entsprechende Anwendung findet § 79 jedoch auf Anträge nach §§ 80 Abs. 5, 80 a Abs. 3 mit der Folge, dass der Antrag grds. gegen die Körperschaft zu richten ist, deren Behörde den Verwaltungsakt erlassen hat. Dies muss auch für den Fall, dass erst die Widerspruchsbehörde die sofortige Vollziehung angeordnet hat, gelten.[27] Insoweit kann wegen des inneren Zusammenhangs zwischen Verwaltungsakt und Anordnung der sofortigen Vollziehung auf die Regel der §§ 78 Abs. 1 Nr. 1, 79 Abs. 1 Nr. 1 zurückgegriffen werden, der zufolge das Ausgangs- und das Widerspruchsverfahren grds. eine Einheit bilden und die Ausgangsbehörde das Handeln der Widerspruchsbehörde mit zu vertreten hat. Der Auffassung, nach der die Regelung des § 78 Abs. 1 Nr. 2 und Abs. 2 entsprechend anzuwenden sei,[28] ist entgegenzuhalten, dass die in diesen Vorschriften geregelten Konstellationen dadurch gekennzeichnet sind, dass der Widerspruchsbescheid gegenüber dem Ausgangsbescheid selbständig beurteilt werden kann. Dies trifft für das Verhältnis von Verwaltungsakt und Anordnung seiner sofortigen Vollziehung – nicht zuletzt wegen des Charakters des Eilverfahrens nach § 80 Abs. 5 als „Nebenverfahren"– nicht zu; denn die Anordnung der sofortigen Vollziehung durch die über den Widerspruch entscheidende Behörde ändert nichts am Inhalt des ursprünglichen Verwaltungsakts.

Anderes muss lediglich dann gelten, wenn sich die Frage der Vollziehbarkeit auf einen nach § 79 12
Abs. 1 Nr. 2, Abs. 2 isoliert anfechtbaren Widerspruchsbescheid bezieht, so z.B. wenn der Widerspruchsbescheid einen Dritten erstmals beschwert und die Widerspruchsbehörde die sofortige Vollziehung anordnet. In diesem Fall ist die Widerspruchsbehörde entsprechend §§ 78 Abs. 2, 79 Abs. 1 Nr. 2 der Antragsgegner.[29]

Problematisch ist auch die Anwendbarkeit des § 79 auf *Verpflichtungsklagen*. Eine *unmittelbare* Anwendung ist nicht allein wegen der ausdrücklichen Beschränkung des Wortlauts auf die Anfechtungsklage, sondern darüber hinaus auch deshalb mit einem Fragezeichen zu versehen, weil bei der Verpflichtungsklage nicht die Rechtswidrigkeit der Ablehnung, sondern der begehrte Anspruch auf Erlass des Verwaltungsakts im Vordergrund steht.[30] Gleichwohl stellt sich die Frage, ob und inwieweit eine *entsprechende* Anwendung der Bestimmung auf die Verpflichtungsklage in Betracht kommen kann. Zwar ist die Situation bei der Verpflichtungsklage grds. nicht mit der bei einer Anfechtungsklage vergleichbar, da es bei ihr für den Klagegegenstand im Allgemeinen unerheblich ist, „ob die Verwaltung den Antrag ein- oder mehrmals ganz oder z.T. abgelehnt hat".[31] In erster Linie geht es dem Kläger um das Verpflichtungsbegehren; dem darin notwendig enthaltenen Aufhebungsbegehren hinsichtlich der versagenden Verwaltungsentscheidung und des diese bestätigenden Widerspruchsbescheids kommt keine selbständige Bedeutung zu.[32] Ungeachtet dessen ist jedoch für Verpflichtungsklagen in Form der Versagungsgegenklage § 79 Abs. 1 Nr. 1 bei Ermessensentscheidungen insoweit entsprechend anzuwenden, als es um die Bestimmung des Gegenstands der gerichtlichen Prüfung geht; für die Beurteilung der Ermessensausübung ist dies der ursprüngliche Verwaltungsakt in der Gestalt, die er durch den Widerspruchsbescheid gefunden hat.[33]

Teilweise wird weitergehend vertreten, den Widerspruchsbescheid in entsprechender Anwendung von 14
§ 79 Abs. 2 zum Gegenstand einer Verpflichtungsklage zu machen.[34] Insoweit ist danach zu differenzieren, ob der Widerspruchsbescheid noch gar nicht ergangen ist oder ob der Kläger den Widerspruchsbescheid für fehlerhaft hält, sei es, dass die Behörde verfahrensfehlerhaft nicht in der Sache entschieden hat, sei es, dass sie ihr Ermessen nicht ausgeübt hat; schließlich besteht die Möglichkeit, dass die Widerspruchsbehörde den Bescheid der Ausgangsbehörde, der dem Antrag des Klägers im-

---

27 VGH Kassel NVwZ 1990, 677 f.; OVG Lüneburg NJW 1989, 2147, 2148; VGH München BayVBl 1984, 598; 1988, 86; OVG Bautzen NVwZ-RR 2002, 74; *Finkelnburg/Jank* Rn. 969; *Schenke* § 80 Rn. 140.

28 VGH Mannheim NVwZ-RR 1995, 174; *Hufen* § 32 Rn. 37; *M. Redeker,* in: Redeker/v. Oertzen § 80 Rn. 56 b; i.d.S. auch *F. Schoch,* in: Schoch/Schneider/Bier § 80 Rn. 467; *Kopp/Schenke,* § 80 Rn. 140.

29 So auch *Finkelnburg/Jank* Rn. 969; *Schenke* § 80 Rn. 140; VGH Mannheim NVwZ 1995, 1220, 1221.

30 Abl. etwa *J. Pietzcker,* in: Schoch/Schneider/Bier § 79 Rn. 17.

31 *P. Kothe,* in: Redeker/v. Oertzen § 79 Rn. 1.

32 *Jäde* Rn. 162; *S. Detterbeck,* Streitgegenstand, 1995, 209 ff.

33 VGH Mannheim DÖV 1984, 214; *M. Happ,* in: Eyermann § 79 Rn. 1; *Schenke* § 79 Rn. 3; vgl. auch VGH München BayVBl 1989, 757, 758, für die Anwendung des Rechtsgedankens des § 79 Abs. 2 S. 2 auf die Versagungsgegenklage.

34 *Schenke* § 79 Rn. 3 (Klage auf Erlass eines Widerspruchsbescheids); *F. O. Kopp,* FS Redeker, 1993, 543, 552 f; a.A. etwa *D. Krausnick,* in: Gärditz § 79 Rn. 12.

merhin teilweise entsprochen hat, weiter eingeschränkt hat. In diesen Konstellationen kann der Kläger ausnahmsweise dazu berechtigt sein, den Widerspruchsbescheid unter den Voraussetzungen des § 79 Abs. 2 isoliert anzufechten, wenn er ein Interesse an der nochmaligen fehlerfreien behördlichen Entscheidung hat; insoweit ist § 79 unmittelbar anzuwenden.[35] Klagt er hingegen auf Verpflichtung, muss das Gericht in der Sache und damit über den Verpflichtungsantrag entscheiden;[36] eine isolierte Aufhebung des Widerspruchsbescheids kommt nicht in Betracht, weil dafür in aller Regel das Rechtsschutzbedürfnis fehlt.[37] Hat die Behörde noch gar keinen Widerspruchsbescheid erlassen, besteht für die Klage auf Widerspruchsbescheidung kein Rechtsschutzbedürfnis, da § 75 unter den dort genannten Voraussetzungen die Möglichkeit eröffnet, unmittelbar in der Hauptsache zu klagen.[38]

IV. Klagegegenstand als Sachurteilsvoraussetzung

15   § 79 behandelt den Gegenstand der Anfechtungsklage; von diesem in § 79 geregelten Klagegegenstand zu unterscheiden ist die Frage nach dem Streitgegenstand der Anfechtungsklage. Der „Gegenstand der Anfechtungsklage" i.S.d. § 79 Abs. 1 Nr. 1 erläutert den Gegenstand der Prüfung, gewissermaßen das Objekt, gegen das sich der Kläger mit seiner Klage wendet,[39] indem er zwei selbständige Verwaltungsakte (Ausgangsbescheid und Widerspruchs- oder Abhilfebescheid), die ansonsten eigenständige Angriffsgegenstände darstellten, prozessual zu einer Einheit, zu einem einzigen Klagegegenstand verbindet. Demgegenüber bestimmt sich der Streitgegenstand nach der Rechtsbehauptung des Klägers hinsichtlich der Rechtswidrigkeit des Verwaltungsakts und der dadurch verursachten Rechtsverletzung; er betrifft damit also u.a. die Rechtskraftwirkung des Urteils (§ 121).[40]

16   Die Vorschriften über den Widerspruchsbescheid als alleinigen Gegenstand einer Anfechtungsklage (§ 79 Abs. 1 Nr. 2, § 79 Abs. 2) treffen indes neben der Benennung des Gegenstands der gerichtlichen Prüfung noch eine weitere Aussage: Sie regeln, in welchen Fällen sich der Kläger auf die Anfechtung des Widerspruchsbescheids beschränken darf und sind insofern als weitere Sachurteilsvoraussetzung für eine Anfechtungsklage gegen den Widerspruchsbescheid anzusehen.[41] Das Gleiche muss für die auf den Abhilfebescheid begrenzte Anfechtungsklage im Fall des § 79 Abs. 1 Nr. 2 gelten.

V. § 79 Abs. 1 Nr. 1: Anfechtung des Ausgangsbescheids in der Gestalt des Widerspruchsbescheids

17   § 79 Abs. 1 Nr. 1 stellt den Grundsatz der gemeinsamen Anfechtung von Ausgangs- und Widerspruchsbescheid auf. Danach ist Gegenstand der Anfechtungsklage der ursprüngliche Verwaltungsakt in der Gestalt, die er durch den Widerspruchsbescheid gefunden hat, mit der Folge, dass die Verwaltungsakte als prozessuale Einheit anzusehen sind; es ist mithin erst der Widerspruchsbescheid, der dem Verwaltungsakt die für die gerichtliche Kontrolle maßgebliche Gestalt und Begründung gibt, was insbes. im Hinblick auf Ermessenserwägungen von Bedeutung ist.[42] I.d.S. bildet das Ausgangsverfahren mit dem Widerspruchsverfahren eine Einheit.[43]

18   **1. Reichweite der prozessualen Einheit.** Unterschiedlich wird indes die Reichweite der prozessualen Einheit beurteilt. Unstr. ist lediglich, dass der Widerspruchsbescheid aufgrund der Anfechtung des ursprünglichen Verwaltungsakts keine Bestandskraft erlangen kann;[44] er wird in die gerichtliche Überprüfung mit einbezogen, auch wenn die Widerspruchsbehörde mit der Ausgangsbehörde nicht identisch und daher eigentlich gar nicht am Prozess beteiligt ist. Insoweit wirkt die Entscheidung des

---

35 So auch *P. Fösel,* Widerspruchsbescheid, 1988, 194 ff.; OVG Bln OVGE 14, 53, 54.

36 *J. Pietzcker,* in: Schoch/Schneider/Bier § 79 Rn. 17.

37 BVerwGE 77, 240, 244; 69, 90, 92; BVerwG NVwZ 1987, 320; VGH Mannheim NVwZ 1995, 280; *D. Krausnick,* in: Gärditz § 79 Rn. 13; a.A. *F. O. Kopp,* FS Redeker, 1993, 543, 552 f.; *W.-R. Schenke,* DÖV 1996, 529, 537 f.

38 Insoweit *C. v. Schledorn,* NVwZ 1995, 250, 251, der allerdings in Ausnahmefällen ein Rechtsschutzbedürfnis für eine Klage auf Widerspruchsbescheidung mit dem Argument der ratio legis des § 79 Abs. 2 bejaht.

39 *M. Happ,* in: Eyermann § 79 Rn. 3; *J. Pietzcker,* in: Schoch/Schneider/Bier § 79 Rn. 3.

40 *P. Kothe,* in: Redeker/v. Oertzen § 79 Rn. 3; *M. Happ,* in: Eyermann § 79 Rn. 3; zum Verhältnis von Gegenstand der Anfechtungsklage und Streitgegenstand *S. Detterbeck,* Streitgegenstand, 1995, 170 ff.

41 *M. Happ,* in: Eyermann § 79 Rn. 4; *Hufen* § 14 Rn. 45.

42 OVG Münster 16.12.2009, BeckRS 2010, 45475.

43 BVerwG NJW 2010, 3592, 3594.

44 *J. Pietzcker,* in: Schoch/Schneider/Bier § 79 Rn. 3.

Brenner

Gerichts unmittelbar für und gegen die Widerspruchsbehörde, ohne dass es einer förmlichen Beteiligung i.S.d. § 63 bedürfte.[45] In der Konsequenz dieser Einheitsbetrachtung liegt es auch, dass die Ausgangsbehörde für mögliche Fehler der Widerspruchsbehörde einzustehen hat.[46] Dafür spricht schon die Regelung der §§ 78 Abs. 1 Nr. 1, 79 Abs. 1 Nr. 1, wonach die Klage allein gegen die Ausgangsbehörde zu richten ist. Denn auch wenn der ursprüngliche Verwaltungsakt Klagegegenstand ist, so unterliegt er der gerichtlichen Nachprüfung aber doch mit dem Inhalt und der Begründung, die er durch den Widerspruchsbescheid erhalten hat. Dies gilt auch dann, wenn der Widerspruchsbescheid gegenüber dem Ausgangsbescheid inhaltliche Rechtsfehler aufweist, es sei denn, allein der Widerspruchsbescheid enthält für den Betroffenen eine „zusätzliche selbständige Beschwer" i.S.d. § 79 Abs. 2 S. 1 (→ Rn. 19).[47]

Problematisch erscheint des Weiteren, ob der Widerspruchsbescheid als solcher mit angefochten ist oder ob Verfahrensgegenstand allein der Ausgangsbescheid ist.[48] Von praktischer Bedeutung ist dies für die Frage, ob auch bei einer Anfechtung nach § 79 Abs. 1 Nr. 1 allein der Widerspruchsbescheid aufgehoben werden kann.[49] Geht man insofern von der Vorstellung aus, dass Ausgangs- und Widerspruchsbescheid eine im verwaltungsgerichtlichen Verfahren untrennbare Einheit darstellen, so kommt eine isolierte Aufhebung des Widerspruchsbescheids nicht in Betracht.[50] Begründet wird diese strenge prozessuale Einheit mit dem Hinweis auf das Verhältnis von § 79 Abs. 1 Nr. 1 und Nr. 2 bzw. Abs. 2. § 79 Abs. 1 Nr. 1 müsse, so wird vorgebracht, in diesem Zusammenhang so verstanden werden, dass allein der Ausgangsbescheid – allerdings in der Fassung, die ihm der Widerspruchsbescheid gegeben hat – Klagegegenstand des verwaltungsgerichtlichen Verfahrens sei. Wenn aber der Widerspruchsbescheid schon gar nicht Gegenstand der Klage sei, so müsse auch die isolierte Anfechtung des Widerspruchsbescheides im Falle einer Klage nach § 79 Abs. 1 Nr. 1 ausscheiden; diese Möglichkeit komme lediglich nach § 79 Abs. 1 Nr. 2 bzw. Abs. 2 in Betracht.[51] Gegen diese Auffassung lässt sich indes der Wortlaut des § 113 Abs. 1 S. 1 anführen, wonach das Gericht, soweit es die Klage für begründet erachtet, den Verwaltungsakt und den Widerspruchsbescheid aufhebt. Darüber hinaus zeigt die Regelung in § 79 Abs. 2, dass ein isoliertes Vorgehen gegen den Widerspruchsbescheid möglich ist und insoweit keine untrennbare Einheit zwischen ursprünglichem Verwaltungsakt und Widerspruchsbescheid vorliegt. Deshalb ist auch bei einer Klage nach § 79 Abs. 1 Nr. 1 der in § 79 Abs. 2 zum Ausdruck kommende Gedanke heranzuziehen.[52] Dies bedeutet, dass das Gericht auch im Falle des § 79 Abs. 1 Nr. 1 den Aufhebungsanspruch auf den Widerspruchsbescheid beschränken kann, wenn es den ursprünglichen Verwaltungsakt für rechtmäßig, den Widerspruchsbescheid dagegen für rechtswidrig hält, etwa weil der Widerspruchsbescheid auf wesentlichen Verfahrensfehlern beruht[53] oder weil die Widerspruchsbehörde irrtümlich davon ausging, bei der Entscheidung keinen Ermessensspielraum zu haben.[54] Es ist kein überzeugender Grund erkennbar, warum nicht lediglich der Widerspruchsbescheid aufzuheben sein soll, wenn der Kläger nicht nur den rechtswidrigen Widerspruchsbescheid, sondern

19

---

45 VGH München BayVBl 1990, 370, 371; i.E. zust. *H. Jäde*, BayVBl 1990, 696.
46 BVerwGE 78, 3, 6; VGH Mannheim NVwZ 1990, 1085; *J. Pietzcker*, in: Schoch/Schneider/Bier § 79 Rn. 3; a.M. *Schenke* § 79 Rn. 1, unter Hinweis auf die Möglichkeit einer isolierten Aufhebung des Widerspruchsbescheids.
47 BVerwGE 78, 3, 6; VGH Mannheim NVwZ 1990, 1085; s.a. BVerwG NVwZ 1987, 215 für den Fall, dass der Kläger erst im Berufungsverfahren die Klage auf die vom Widerspruchsbescheid ausgehende Beschwer beschränkt. Dabei kann sich auch das Problem der isolierten Aufhebung des Widerspruchsbescheids bei einer Klage nach § 79 Abs. 1 Nr. 1 ergeben.
48 Beide Bescheide als Verfahrensgegenstand: *Schenke* § 79 Rn. 4; *Schenke* Rn. 237; dagegen VGH Mannheim NVwZ 1990, 1085; *M. Dawin*, NVwZ 1987, 872, 873; *M. Happ*, in: Eyermann § 79 Rn. 6; *H. J. Müller*, NJW 1982, 1370, 1371.
49 Unterschiedlich wird auch die Frage beantwortet, ob bei einer Klage nach § 79 Abs. 1 Nr. 1 die Überprüfung durch das Gericht strikt auf den Ausgangsverwaltungsakt beschränkt ist, so *H. Jäde*, BayVBl 1990, 696. Nach ganz h.M. hat das Verwaltungsgericht jedoch das Recht, die aus beiden Bescheiden resultierende Belastung umfassend zu prüfen, s. nur BVerwGE 13, 195, 198 f.; VGH München BayVBl 1990, 370, 371. Ausf. zum Streitstand *W. Scheerbarth*, Verwaltungsbehördliche reformatio in peius, 1996, 61 ff.
50 OVG Münster 16.12.2009, BeckRS 2010, 45475, unter Bezugnahme auf BVerwGE 19, 327; 81, 356; BVerwG Buchholz 310 § 79 VwGO Nr. 18; *Schenke* § 79 Rn. 2.
51 So BVerwGE 19, 327, 330; *M. Dawin*, NVwZ 1987, 872, 873 f.; *H. J. Müller*, NJW 1982, 1370, 1371.
52 BVerwGE 13, 195, 198; 70, 196, 197; *H.-H. Gotzen*, VR 1995, 253, 255; *F. Kopp*, JuS 1994, 742, 746; *J. Pietzcker*, in: Schoch/Schneider/Bier § 79 Rn. 3.
53 VGH München BayVBl 1990, 370, 371.
54 *Schmitt Glaeser/Horn* Rn. 147; *F. Kopp*, JuS 1994, 742; s.a. VGH Kassel MDR 1967, 245 (fehlende Beteiligung als Verfahrensmangel); *M.-J. Seibert*, BayVBl 1983, 174 (sachlich unzuständige Widerspruchsbehörde); a.A. VGH Mannheim NVwZ 1990, 1085.

gleichzeitig auch den Ausgangsbescheid irrtümlich anficht.[55] Schon Gründe der Prozessökonomie sprechen dagegen, in diesem Fall beide Verwaltungsakte aufzuheben, da dann die Ausgangsbehörde eine erneute Entscheidung treffen müsste, obwohl das Gericht bereits die Rechtmäßigkeit des ersten Bescheides festgestellt hat. Deshalb dürfte es der Intention des Gesetzgebers entsprechen, die Aufhebung auf den rechtswidrigen und zusätzlich belastenden Teil der Gesamtentscheidung zu beschränken.[56] Die Aufhebung allein des Widerspruchsbescheids hat zur Folge, dass der ursprüngliche Verwaltungsakt „in der Schwebe" bleibt, während die Widerspruchsbehörde unter Beachtung der Rechtsauffassung des Gerichts erneut über den Widerspruch entscheiden muss.[57] Unter diesen Voraussetzungen ist es nach § 79 Abs. 1 Nr. 1 auch nicht ausgeschlossen, nur den Widerspruchsbescheid durch Teilurteil aufzuheben und das Verfahren vorläufig bis zu einer erneuten Entscheidung der Widerspruchsbehörde auszusetzen.[58] Dies gilt allerdings nur dann, wenn der Widerspruchsbehörde Ermessen eingeräumt ist; bei rechtlich gebundenen Entscheidungen fehlt dem Kläger insoweit das Rechtsschutzbedürfnis[59] (→ Rn. 53), da das Widerspruchsverfahren zu keinem anderen Ergebnis führen kann als die gerichtliche Überprüfung.[60]

20   Gegen eine isolierte Aufhebung des Widerspruchsbescheides im Falle einer Klage nach § 79 Abs. 1 Nr. 1 wird schließlich noch angeführt, dass hier die Ausgangsbehörde verklagt wurde, während im Falle des § 79 Abs. 2 die Widerspruchsbehörde zu verklagen ist. Dies ist indes kein Gegenargument im Hinblick auf die Zulässigkeit einer isolierten Aufhebung, da auch im Normalfall des § 79 Abs. 1 Nr. 1 der Widerspruchsbescheid der gerichtlichen Kontrolle unterworfen wird und diese Entscheidung Rechtskraftwirkung für die Widerspruchsbehörde entfaltet, ohne dass diese am Verfahren beteiligt ist (→ Rn. 18). Da die Ausgangsbehörde insofern für Fehler der Widerspruchsbehörde die Verantwortung tragen muss, kann es der Widerspruchsbehörde im Gegenzug auch zugemutet werden, dass der Prozess von der Ausgangsbehörde fortgeführt wird.[61] Eine auf den Widerspruchsbescheid beschränkte Beschwer ist jedoch nur dann zulässig, wenn die Voraussetzungen des Abs. 1 Nr. 2 bzw. des Abs. 2 vorliegen, da kein Grund dafür besteht, die Rechte des Klägers insofern auszuweiten.[62]

21   Bei seinem Klageantrag muss sich der Kläger grds. entscheiden, ob er die Einheitsklage nach Abs. 1 Nr. 1 oder die Anfechtung nur des Widerspruchsbescheids nach Abs. 1 Nr. 2 bzw. Abs. 2 wählt.[63] Wenn das Gericht den Ausgangsbescheid allerdings für rechtmäßig und nur den Widerspruchsbescheid für rechtswidrig hält, würde es bloße Förmelei bedeuten, von dem Kläger neben seinem Klageantrag nach § 79 Abs. 1 Nr. 1 zusätzlich einen Antrag auf Aufhebung des Widerspruchsbescheids zu fordern.[64] Sowohl der § 113 Abs. 1 S. 1 nachgebildete übliche Klageantrag – gerichtet auf Aufhebung von Verwaltungsakt und Widerspruchsbescheid – als auch der Klageantrag nach § 79 Abs. 1 Nr. 1, wonach der Ausgangsbescheid in der Gestalt des Widerspruchsbescheids aufgehoben werden soll, ent-

55 A.A. OVG Bautzen NVwZ-RR 2002, 409, 410.
56 *Hufen* § 14 Rn. 45; *W. Scheerbarth*, Verwaltungsbehördliche reformatio in peius, 1996, 71 f.
57 BVerwGE 13, 195, 198; 57, 130, 147 f.; BVerwG DÖV 1979, 791. Für eine Aufhebung auch des Ausgangsbescheides BVerwGE 19, 327, 330; *H. J. Müller*, NJW 1982, 1370, 1371; *D. Krausnick*, in: Gärditz § 79 Rn. 19.
58 BVerwGE 70, 196, 197; BVerwG DÖV 1979, 791; SächsOVG SächsVBl 2002, 91, 94; so auch *Schenke* § 79 Rn 5 m.w.N. S.a. VGH Kassel DÖV 1976, 607: isolierte Aufhebung des rechtswidrigen Widerspruchsbescheids und Klageabweisung i.Ü.; MDR 1967, 245 f.: isolierte Aufhebung des Widerspruchsbescheids und Klageabweisung i.Ü. wegen mangelnder Spruchreife.
59 BVerwGE 61, 45, 47; VGH München BayVBl 1983, 530; BayVBl 1987, 622, 625; *D. Krausnick*, in: Gärditz § 79 Rn. 19; a.M. LSG RhPf 30.9.2010, BeckRS 65261, unter 3., mit dem Argument, dass § 79 keinen Unterschied macht zwischen Ermessens- und gebundenen Verwaltungsentscheidungen; *Schenke* § 79 Rn. 5; *W.-R. Schenke*, DÖV 1996, 529, 537 f.
60 Bei Ermessensentscheidungen reicht die Prüfungszuständigkeit der Widerspruchsbehörde weiter als die des Gerichts, da sie nicht nur die Rechtmäßigkeit, sondern auch die Zweckmäßigkeit und Billigkeit überprüfen darf, vgl. BVerwGE 61, 45, 47; VGH München BayVBl 1987, 622, 625; *J. Pietzcker*, in: Schoch/Schneider/Bier § 79 Rn. 6; *M.-J. Seibert*, BayVBl 1983, 174, 175; s.a. *K. A. Bettermann*, NJW 1958, 81, 83.
61 I.E. BVerwG NVwZ 1987, 215; VGH München BayVBl 1990, 370, 371.
62 *J. Pietzcker*, in: Schoch/Schneider/Bier § 79 Rn. 3.
63 Für eine Antragstellung von Haupt- und Hilfsantrag im Hinblick auf den Widerspruchsbescheid *H. Jäde*, BayVBl 1990, 696. Für objektive Klagehäufung auch *M. Happ*, in: Eyermann § 79 Rn. 29; BVerwG Buchholz 310 § 79 VwGO Nr. 18; VGH Mannheim NVwZ-RR 1997, 447. Dagegen VGH München BayVBl 1990, 370, 371; *Schenke* § 79 Rn. 2 wegen der anderweitigen Rechtshängigkeit des Streitgegenstands „Widerspruchsbescheid".
64 So aber BVerwG Buchholz 310 § 79 VwGO Nr. 7 und 18; VGH Mannheim NVwZ-RR 1997, 447.

halten konkludent als Minus das Begehren der alleinigen Aufhebung des Widerspruchsbescheids im Falle der Rechtmäßigkeit des Ausgangsbescheids.[65]

2. Die Gestalt durch den Widerspruchsbescheid. Nach § 79 Abs. 1 Nr. 1 ist Klagegegenstand der ur- 22 sprüngliche Verwaltungsakt in der Gestalt, die er durch den Widerspruchsbescheid gefunden hat. Zur „Gestalt" i.d.S. zählen der Tenor und die Begründung des Verwaltungsakts,[66] nicht dagegen das Verfahren, welches dem Erlass des Ausgangsbescheids vorangeht.[67] Eine Gestaltänderung liegt also nur vor, wenn der Verfügungssatz und/oder die Begründung geändert werden. Der Inhalt des Widerspruchsbescheids ist deshalb für den Ausgang des Gerichtsverfahrens entscheidend, sobald er dem ursprünglichen Verwaltungsakt eine andere Gestalt gibt. Eine solche Gestaltänderung durch den Widerspruchsbescheid liegt etwa vor, wenn dieser eine zusätzliche Beschwer (reformatio in peius) oder neue Ermessenserwägungen enthält.[68] Insofern ist im Gerichtsverfahren für die Beurteilung der Rechtmäßigkeit einer Ermessensentscheidung allein die Begründung des Widerspruchsbescheids entscheidend, soweit diese von den Gründen des Ausgangsbescheids abweicht.[69] Denn wird ein dem Ausgangsverwaltungsakt anhaftender inhaltlicher Mangel durch den Widerspruchsbescheid beseitigt – etwa weil die Widerspruchsbehörde unsachgemäße Ermessenserwägungen der Ausgangsbehörde durch sachgerechte eigene ersetzt hat –, so ist der Ausgangsbescheid in der für das Gericht maßgebenden Gestalt, die er durch den Widerspruchsbescheid gefunden hat, nicht rechtswidrig.[70] Dies gilt auch dann, wenn die Widerspruchsbehörde den Ausgangsbescheid i.E. ändert. Umgekehrt ist es ebenso denkbar, dass der Ausgangsbescheid zunächst rechtmäßig war und der Verwaltungsakt erst durch den Widerspruchsbescheid fehlerhaft wird – so bei der Ersetzung sachgerechter Gründe durch sachwidrige[71] (allerdings besteht in diesem Fall auch die Möglichkeit einer isolierten Aufhebung des Widerspruchsbescheids, → Rn. 7, 19).

Das Widerspruchsverfahren selbst ist für die Gestalt des ursprünglichen Verwaltungsakts unbeacht- 23 lich; diesbezügliche Verfahrensfehler führen nicht zur Aufhebung des Ausgangsbescheids, sondern gem. § 79 Abs. 2 S. 2 allein zur Aufhebung des Widerspruchsbescheids.[72] Insofern kann das Gericht auf eine sachgerechte Fassung der Anträge gem. § 86 Abs. 3 hinwirken bzw. allein den Widerspruchsbescheid aufheben, wenn es den Ausgangsbescheid für rechtmäßig hält.

Umstr. ist schließlich, ob eine Gestaltänderung vorliegt, wenn eine schlichte Willenserklärung der Be- 24 hörde erst nachträglich durch den Widerspruchsbescheid den Charakter eines Verwaltungsakts bekommt.[73] Das BVerwG führt hierzu unter Hinweis auf § 79 Abs. 1 Nr. 1 aus, dass schlichtes Verwaltungshandeln mit dem Erlass des Widerspruchsbescheids zum Verwaltungsakt geworden sei, da die Widerspruchsbehörde dem ursprünglichen Handeln der Ausgangsbehörde diese „Gestalt" gegeben habe.[74] Dagegen spricht indes der Wortlaut des § 79 Abs. 1 Nr. 1, wonach ein ursprünglicher „Verwaltungsakt" vorliegen muss, damit dieser überhaupt durch die Widerspruchsbehörde eine „Gestalt" erhalten kann.[75] Ähnlich gelagert ist die Problemstellung auch bei einem verspäteten Widerspruch,

---

65 *Schenke* § 79 Rn. 2; *W. Scheerbarth*, Verwaltungsbehördliche reformatio in peius, 1996, 69 f.

66 BVerwGE 62, 80, 81; OVG Münster NWVBl 1998, 356, 358.

67 *M. Happ*, in: Eyermann § 79 Rn. 9, 10: „Ein in fehlerhaftem Verfahren ergangener Ausgangsbescheid erhält also nicht die Gestalt eines fehlerfreien Widerspruchsverfahrens. Verfahrensfehler des Ausgangsbescheids können aber nach Maßgabe des § 45 VwVfG geheilt werden oder gem. § 46 VwVfG unbeachtlich sein."

68 *Happ*, in: Eyermann § 79 Rn. 10 a; S.a. VGH München NVwZ-RR 1997, 23: Ein von der Widerspruchsbehörde für erledigt erklärter Verwaltungsakt kann nurmehr als solcher Klagegegenstand sein, d.h. als ein erledigter, nicht mehr in der Hauptsache zu prüfender Verwaltungsakt.

69 BVerwGE 19, 327, 329 f.; BVerwG NJW 1982, 1413; NVwZ 1989, 768, 769; BVerwGE 84, 220, 231 f.; 140, 245, 252; BVerwG 15.6.2016 – 8 C 5/15, juris Rn. 22; OVG Münster NWVBl 1998, 356, 358. Ausf. *J. Pietzcker*, in: Schoch/Schneider/Bier § 79 Rn. 4.

70 OVG Bautzen 13.6.2016 – 5 A 503/13, juris Rn. 11; 29.5.2015 – 5 A 41/13, juris Rn. 13.

71 BVerwGE 19, 327, 330; BVerwG Buchholz 310 § 68 VwGO Nr. 29; *M. Dawin*, NVwZ 1987, 872, 873.

72 BVerwGE 13, 195, 198; *J. Pietzcker*, in: Schoch/Schneider/Bier § 79 Rn. 4 a.

73 Dafür BVerwGE 78, 3, 4 f.; bestätigend *Schenke* § 79 Rn. 1; krit. *L. Renck*, BayVBl 1988, 409; *ders.*, NVwZ 1989, 117, 119; s.a. *J. Martens*, NVwZ 1988, 684, 689; abl. *M. Happ*, in: Eyermann § 79 Rn. 11.

74 BVerwGE 41, 305, 307 f; 57, 158, 161; 61, 164, 168; 78, 3, 4 f.; 140, 245, Rn. 20; BVerwG NVwZ 2012, 506, 508 Rn. 20. I.d.S. auch *Redeker/v. Oertzen* § 79 Rn. 2; *Schenke*, § 79 Rn. 1; a.M. *J. Pietzcker*, in: Schoch/Schneider/Bier § 79 Rn. 3 Vgl. zu dem Fall, dass ein Gemeinderatsbeschluss durch Erlass des Widerspruchsbescheides zum Verwaltungsakt wird, OVG Magdeburg NVwZ 2000, 208, 209 unter Berufung auf BVerwG NVwZ 1988, 51, 51, und OVG Magdeburg LKV 1998, 278.

75 VG Gelsenkirchen 14.12.2007 –15 K 3397/05, juris Rn. 46.

wenn die Widerspruchsbehörde durch eine sachliche Entscheidung aufgrund ihrer Sachherrschaft nach h.M. den Rechtsweg wieder eröffnet.[76] In beiden Fällen ist aber wohl jedenfalls eine zusätzliche selbständige Beschwer i.S.d. Abs. 2 S. 1 bzw. die Verletzung einer wesentlichen Verfahrensvorschrift i.S.d. Abs. 2 S. 2 gegeben.[77]

25   Die bloße Bestätigung des ursprünglichen Verwaltungsakts durch den Widerspruchsbescheid – wie z.B. eine Zurückweisung des Widerspruchs ohne Neufassung, Änderung oder Ergänzung der Begründung im Vergleich zum Ausgangsbescheid – stellt keine Gestaltänderung dar.[78] Die gegenteilige Auffassung des BVerwG erklärt sich dadurch, dass der Verwaltungsakt zum Zeitpunkt des Ausgangsbescheids noch keine ordnungsgemäße Rechtsgrundlage hatte, die indes beim Erlass des Widerspruchsbescheids gegeben war, weswegen das Gericht für die Beurteilung der Rechtmäßigkeit des Verwaltungsakts nach § 79 Abs. 1 Nr. 1 auf den Zeitpunkt des Ergehens des Widerspruchsbescheids abstellt.[79] Der maßgebliche Zeitpunkt für die Beurteilung der Rechtmäßigkeit eines Verwaltungsakts bestimmt sich nach zutr. Auffassung jedoch nicht nach § 79 Abs. 1 Nr. 1, sondern nach dem einschlägigen materiellen Recht.[80]

VI.   § 79 Abs. 1 Nr. 2: Anfechtung des Abhilfebescheids oder des Widerspruchsbescheids bei erstmaliger Beschwer

26   § 79 Abs. 1 Nr. 2 betrifft Verwaltungsakte mit Drittwirkung, Fälle also, in denen ein ursprünglich den Adressaten bzw. einen Dritten begünstigender Verwaltungsakt durch den Widerspruchsbescheid zum Nachteil des ursprünglich Begünstigten abgeändert wurde. In diesen Konstellationen ist die Anfechtung nur des Abhilfe- bzw. nur des Widerspruchsbescheids obligatorischer Natur.[81] Dies folgt zwingend aus der Überlegung, dass derjenige, der erstmals durch den Abhilfe- bzw. Widerspruchsbescheid beschwert ist, durch den ursprünglichen Verwaltungsakt ja begünstigt war und deshalb diesen Bescheid schon wegen mangelnder Beschwer gar nicht anfechten kann.[82]

27   § 79 Abs. 1 Nr. 2 hängt eng zusammen mit den Regelungen der §§ 68 Abs. 1 S. 2 Nr. 2, 71. Diesen Vorschriften liegt der Gedanke zugrunde, dass bei erstmaliger Beschwer durch den Abhilfe- oder Widerspruchsbescheid kein erneutes Vorverfahren erforderlich ist, da der Entlastungs- und Selbstkontrollfunktion bereits mit der Durchführung des Vorverfahrens aufgrund des Widerspruchs gegen den Ausgangsbescheid Genüge getan wurde, zumal § 71 insoweit eine vorherige Anhörung des Betroffenen vorsieht. Die Neufassung des § 79 Abs. 1 Nr. 2 durch das 6. VwGOÄndG – eine Folge der in demselben Gesetz vorgenommenen Änderung des § 68 Abs. 1 S. 2 Nr. 2 – hat inhaltlich insofern Veränderungen mit sich gebracht, als § 79 Abs. 1 Nr. 2 nunmehr ausdrücklich auch den Abhilfebescheid nennt. Verzichtet wird darüber hinaus auf die Erwähnung des Begriffs des „Dritten", dessen Bestimmung insbes. im Hinblick auf den Adressaten bei dessen erstmaliger Beschwer Probleme aufwarf.[83]

28   § 79 Abs. 1 Nr. 2 setzt für die isolierte Anfechtung des Abhilfe- bzw. des Widerspruchsbescheids voraus, dass dieser erstmalig eine Beschwer enthält. Eine solche erstmalige Beschwer liegt zum einen vor, wenn dem Adressaten des Ausgangsbescheids eine ihm durch den ursprünglichen Verwaltungsakt gewährte Rechtsposition auf den Widerspruch eines Dritten hin wieder entzogen wird, so z.B., wenn eine Baugenehmigung durch einen Widerspruchsbescheid, der aufgrund eines Widerspruchs des Nachbarn ergangen ist, aufgehoben und der Bauantrag abgelehnt wird.[84] Insofern liegt die Beschwer des Adressaten allein im Widerspruchsbescheid, sodass der Adressat gegen diesen mittels Anfechtungskla-

---

76   BVerwGE 15, 306, 310; BVerwG NVwZ 1983, 608; VGH München BayVBl 1992, 51, 52; a.M. *F. Kopp*, BayVBl 1992, 758; abl. *W. Funk/H. Frohn*, BayVBl 1992, 471, 472, 473 f.; *K. Judick*, NVwZ 1984, 356, 358. Ausf. *Schenke* § 70 Rn. 9 m.w.N.

77   So auch *J. Pietzcker*, in: Schoch/Schneider/Bier § 79 Rn. 13, 14.

78   *M. Happ*, in: Eyermann § 79 Rn. 11; a.A. BVerwG NVwZ-RR 1997, 132, 133; *P. Kothe*, in: Redeker/v. Oertzen § 79 Rn. 2; *D. Krausnick*, in: Gärditz § 79 Rn. 22; s.a. BVerwGE 84, 220, 231 f. zur klarstellenden Beeinflussung durch die Begründung des Widerspruchsbescheids.

79   BVerwG NVwZ-RR 1997, 132, 133; *M. Dawin*, NVwZ 1987, 872, 873; s.a. *G. Schmidt*, NVwZ 1994, 857, 863 f.

80   So auch *Schenke* § 79 Rn. 4; *M. Happ*, in: Eyermann § 79 Rn. 11; zu den unterschiedlichen Auffassungen s. nur *Schenke* § 113 Rn. 29 ff.

81   *D. Krausnick*, in: Gärditz § 79 Rn. 25; a.A., indes ohne plausible Begründung, *M. Happ*, in: Eyermann § 79 Rn. 16.

82   BVerwGE 14, 151, 153.

83   S. nur BVerwGE 14, 151, 153; BVerwG NVwZ-RR 1995, 613, 614.

84   VGH München NVwZ-RR 1990, 594.

ge – und nicht im Wege der Verpflichtungsklage auf Wiedererlangung der Begünstigung[85] – vorzugehen hat. In jedem Fall ist genau zu untersuchen, ob nicht bereits der ursprüngliche Verwaltungsakt eine Beschwer für den Adressaten enthielt. Keine erstmalige Beschwer i.S.d. § 79 Abs. 1 Nr. 2 liegt nämlich vor, wenn der den Adressaten begünstigende Ausgangsbescheid bereits mit belastenden Auflagen versehen ist und diese Auflagen aufgrund eines Nachbarwiderspruchs im Widerspruchsbescheid weiter verschärft werden.[86]

Zum anderen ist eine erstmalige Beschwer denkbar, wenn die Rechtsstellung eines Dritten durch den   29
Ausgangsbescheid überhaupt nicht berührt wird, die Änderung im Widerspruchsbescheid für ihn aber eine belastende Entscheidung bedeutet. Von einer solchen Konstellation ist z.B. auszugehen, sobald eine den Nachbarn in seinen Rechten verletzende Baugenehmigung von der Ausgangsbehörde versagt, auf den Widerspruch des Adressaten hin aber von der Widerspruchsbehörde erteilt wird.[87] Ohne Bedeutung ist dabei, ob eine Klage gegen den Ausgangsbescheid wegen Ablaufs der Klagefrist unzulässig wäre.[88]

Die erstmalige Beschwer muss dabei nicht unbedingt eine im Abhilfebescheid bzw. im Widerspruchs-   30
bescheid enthaltene Maßnahme sein, sondern kann auch in der Verletzung einer Verfahrensvorschrift i.S.d. § 79 Abs. 2 S. 2 (z.B. in einer unterbliebenen Anhörung nach § 71) liegen (→ Rn. 53).[89] Ebenso liegt eine erstmalige Beschwer vor, wenn die Widerspruchsbehörde aufgrund des Widerspruchs eines Dritten, dessen eigene Rechte durch die Rechtswidrigkeit nicht verletzt sind, den Verwaltungsakt aufhebt, anstatt ihn zulässigerweise nach § 48 VwVfG zurückzunehmen bzw. nach § 49 VwVfG zu widerrufen.[90]

Schließlich können auch Selbstverwaltungskörperschaften wie Gemeinden oder Universitäten einen   31
Widerspruchsbescheid gem. § 79 Abs. 1 Nr. 2 angreifen, sofern sie den Ausgangsbescheid in einer Selbstverwaltungsangelegenheit erlassen haben.[91] Im Bereich des übertragenen Wirkungskreises ist die Selbstverwaltungskörperschaft dagegen nicht klagebefugt, da sie insoweit staatliche Aufgaben wahrnimmt und eine abweichende Entscheidung der Widerspruchsbehörde sie deshalb schon nicht in ihren Rechten i.S.d. § 42 Abs. 2 verletzen kann.[92]

Gegensätzlich beantwortet wird die Frage, ob die Vorschrift des § 79 Abs. 1 Nr. 2 auf die Kostenlas-   32
tentscheidung im Widerspruchs- bzw. Einstellungsbescheid Anwendung finden kann. Teilweise werden § 79 Abs. 1 Nr. 2 und § 79 Abs. 2 für nicht anwendbar erklärt, weil die Kostenentscheidung im Widerspruchsverfahren lediglich Gestalt gebend für den ursprünglichen Verwaltungsakt sei. Deshalb müsse nach § 79 Abs. 1 Nr. 1 der ursprüngliche Verwaltungsakt in der Gestalt des Widerspruchsbescheids angegriffen werden, auch wenn nur die Kostenlastentscheidung für fehlerhaft erachtet wird.[93] Von einer Gestaltung des Ausgangsbescheids durch den Widerspruchsbescheid kann aber nur dann gesprochen werden, wenn der Widerspruchsbescheid diesen in der Sache abändert. Das ist aber bei einer Kostenentscheidung im Widerspruchsbescheid nicht der Fall, weil die Entscheidung über die Kosten sich nur auf das Widerspruchsverfahren bezieht – nämlich eine Regelung trifft, welcher Beteiligte die Kosten des Widerspruchsverfahrens tragen muss. Insofern ist § 79 Abs. 1 Nr. 2 auch auf die Kosten-

---

85 I.d.S. auch *Hufen* § 14 Rn. 18; a.M. *P. Kothe*, in: Redeker/v. Oertzen § 79 Rn. 4; *D. Krausnick*, in: Gärditz § 79 Rn. 25; für das Namensänderungsrecht OVG Münster NJW 1997, 409; offenlassend *Hufen* § 14 Rn. 18; wie hier BVerwGE 14, 151, 153; 36, 317; *Schenke* Rn. 281 a.

86 *J. Pietzcker*, in: Schoch/Schneider/Bier § 79 Rn. 9: Der Kläger kann in diesem Fall wählen, ob er nach § 79 Abs. 1 Nr. 1 oder nach Abs. 2 vorgeht.

87 S.a. VGH Mannheim NVwZ 1992, 992: Die Aufhebung einer Abbruchanordnung durch die Widerspruchsbehörde hat gegenüber dem Nachbarn für den gerichtlichen Prüfungsrahmen die gleiche Wirkung wie die Ablehnung des Antrags auf Erlass einer Abbruchanordnung durch die Baurechtsbehörde.

88 BVerwG NVwZ-RR 1995, 613, 614.

89 OVG Brem NJW 1983, 1869; *H.-H. Gotzen*, VR 1995, 253, 256; *Schenke* § 79 Rn. 8. Bei gebundenen Entscheidungen liegt aber bei fehlender Anhörung wohl keine rechtlich relevante Beschwer vor, wenn bei fehlerfreiem Verfahren die Entscheidung nicht anders ausgefallen wäre, insoweit BVerwGE 61, 45, 47 zu § 79 Abs. 2 S. 1 und 2.

90 BVerwG BayVBl 1969, 99 m. zust. Anm. *A. Simon*, BayVBl 1969, 100; BVerwGE 65, 313, 318 f.

91 BVerwG NVwZ 1988, 1120, 1121; DÖV 1982, 283; BVerwGE 19, 121, 123; *Schenke* § 42 Rn. 140.

92 BVerwG NVwZ 1995, 165, 166.

93 VGH München BayVBl 1965, 65, 68 m. zust. Anm. *J. Kratzer*; VGH München BayVBl 1975, 56, 57; 1976, 495, 496.

entscheidung anzuwenden.[94] Über die Kostenfestsetzung für das Widerspruchsverfahren ergeht dagegen regelmäßig ein gesonderter Bescheid, der deshalb auch eigenständig angegriffen werden kann.[95]

33   Im Verfahren nach § 80 Abs. 5 ist § 79 Abs. 1 Nr. 2 dagegen nicht entsprechend anwendbar, selbst wenn erst die Widerspruchsbehörde die sofortige Vollziehung angeordnet hat (→ Rn. 11).

34   Die Anfechtungsklage gegen den Abhilfe- oder Widerspruchsbescheid nach § 79 Abs. 1 Nr. 2 ist gem. § 78 Abs. 2 immer gegen den Rechtsträger zu richten, dem die Widerspruchsbehörde angehört, bzw., sofern die Widerspruchsbehörde selbst gem. § 78 Abs. 1 Nr. 2 Beklagte sein kann, gegen diese selbst.

VII.   § 79 Abs. 2: Anfechtung des Widerspruchsbescheids bei zusätzlicher selbständiger Beschwer

35   Nach § 79 Abs. 2 kann der Kläger allein gegen den Widerspruchsbescheid vorgehen, wenn dieser eine „zusätzliche selbständige Beschwer" enthält. Diese Anfechtung ist im Gegensatz zur Anfechtung nach § 79 Abs. 1 Nr. 2 fakultativ, d.h. § 79 Abs. 2 eröffnet dem Kläger die Wahlmöglichkeit, ob er die Klage lediglich gegen den Widerspruchsbescheid oder gegen den Ausgangsbescheid in der Gestalt des Widerspruchsbescheids richten will.[96] Insoweit stellt § 79 Abs. 2 eine Ausnahme zu Abs. 1 Nr. 1 dar. Zu denken ist dabei an Fälle, in denen bereits der Ausgangsbescheid eine Beschwer für den Kläger bedeutet, der Widerspruchsbescheid ihn aber zusätzlich beschwert. Einen Sonderfall der zusätzlichen selbständigen Beschwer nennt § 79 Abs. 2 S. 2.

36   **1. Zweck der isolierten Anfechtung.** Der Zweck der Bestimmung besteht sowohl darin, ein objektiv einwandfreies Verfahren der Widerspruchsbehörde als auch effektiven Rechtsschutz bei der Verfolgung des betreffenden materiell-rechtlichen Begehrens zu gewährleisten.[97] Daher hebt im Falle der Begründetheit einer Anfechtung nach § 79 Abs. 2 das Gericht gem. § 115 nur den Widerspruchsbescheid auf, mit der Folge, dass die Widerspruchsbehörde bei Ermessens- oder Beurteilungsentscheidungen erneut über den Widerspruch zu entscheiden hat.[98] Der ursprüngliche Verwaltungsakt wird dabei nicht bestandskräftig, sodass der Kläger nach Erlass des Widerspruchsbescheids ggf. erneut gem. § 79 Anfechtungsklage erheben kann.[99] Entsprechendes gilt für die Anfechtung nach § 79 Abs. 1 Nr. 2.

37   Ein Vorgehen nach § 79 Abs. 2 kann deshalb für den Kläger zum einen dann sinnvoll sein, wenn er sich etwa mit dem Ausgangsbescheid zufrieden geben will oder den Ausgangsbescheid im Gegensatz zum Widerspruchsbescheid nur für unzweckmäßig, nicht aber für rechtsfehlerhaft hält, nunmehr aber eine im Widerspruchsbescheid zusätzlich enthaltene selbständige Beschwer angreifen will, da er sich im Falle des § 79 Abs. 1 Nr. 1 dem Risiko einer teilweisen Klageabweisung aussetzen würde. Zum anderen kommt die Möglichkeit der isolierten Anfechtung gem. § 79 Abs. 2 dem Interesse des Klägers entgegen, wenn er gerade an einer erneuten Entscheidung der Widerspruchsbehörde nach einer gerichtlichen Aufhebung des Widerspruchsbescheids ein Interesse hat, insbes. weil er mit einer für ihn günstigeren neuen Entscheidung rechnet. Das ist bei Ermessensentscheidungen oder Entscheidungen mit Beurteilungsspielraum insofern denkbar, als die Widerspruchsbehörde einen größeren Entscheidungsspielraum hat als das Verwaltungsgericht. Ausgeschlossen ist dagegen ein alternatives oder kumulatives Vorgehen gegen Ausgangs- und Widerspruchsbescheid im Wege der Klagehäufung gem.

---

94   VGH München BayVBl 1985, 467, 468; *P. Fösel*, Widerspruchsbescheid, 1988, 164 ff.; *Schenke* § 79 Rn. 9; *F. Sahlmüller*, BayVBl 1973, 541, 543 f.; *P. Schmidt*; BayVBl 1977, 19; s.a. BVerwGE 17, 246, 249; VGH München BayVBl 1989, 757, 758.

95   *P. Fösel*, Widerspruchsbescheid, 1988, 160. § 79 Abs. 1 Nr. 2 ist aber entsprechend anwendbar, wenn die Kosten ausnahmsweise im Widerspruchsbescheid festgesetzt werden, so allg. *Schenke* § 79 Rn. 9.

96   S. insoweit auch *M. Möstl*, in: Posser/Wolff § 79 Rn. 21, sowie *Kahl/Hilbert*, Jura 2011, 660/667 f.

97   OVG Münster NVwZ-RR 2003, 615, 616, unter Berufung auf BVerwGE 61, 45 = NVwZ 1981, 1683.

98   *F. Sahlmüller*, BayVBl 1973, 541, 546.

99   BVerwGE 13, 195, 198; VGH München BayVBl 1990, 370, 371; *F. Kopp*, JuS 1994, 742, 746; *J. Pietzcker*, in: Schoch/Schneider/Bier § 79 Rn. 15 (für die Fälle des Abs. 2 S. 2). S.a. *P. Theuersbacher*, BayVBl 1978, 18, 19: Wenn sich der Kläger im Laufe des Verfahrens auf die Anfechtung des Widerspruchsbescheids beschränkt, kann der Ausgangsbescheid bestandskräftig werden; a.A. VG Dresden NVwZ-RR 1994, 367, 368, wonach im Falle der Zurückweisung des Widerspruchs als unzulässig der Widerspruchsbescheid und der ursprüngliche Verwaltungsakt mittels einer Stufenklage anzugreifen sind.

§ 44;[100] sobald der Kläger auch den ursprünglichen Verwaltungsakt angreifen will, kommt allein eine Klage nach § 79 Abs. 1 Nr. 1 in Betracht.

2. Zusätzliche selbständige Beschwer i.S.d. § 79 Abs. 2 S. 1. Wie der Vergleich mit § 79 Abs. 2 S. 2 38 zeigt, betrifft § 79 Abs. 2 S. 1 nur eine weitere materielle Belastung des Klägers.[101] Das Erfordernis einer „zusätzlichen selbständigen Beschwer" i.S.d. § 79 Abs. 2 S. 1 ist danach bei jeder Änderung des Ausgangsbescheids zuungunsten des durch diesen Verwaltungsakt Belasteten erfüllt.[102] Dagegen wird teilweise vertreten, dass die zusätzliche selbständige Beschwer eine Wesensänderung des ursprünglichen Verwaltungsakts voraussetze,[103] ohne dass allerdings näher erklärt würde, was unter einer solchen Wesensänderung zu verstehen ist und warum sie überhaupt vorliegen muss. Diese Auffassung lässt sich i.Ü. weder aus dem Wortlaut des § 79 Abs. 2 S. 1 ableiten, noch entspricht sie dem Sinn der Vorschrift. Darüber hinaus mangelt es diesem Merkmal an der erforderlichen Präzision, sodass eine solche Einengung des § 79 Abs. 2 S. 1 auch unter dem Gesichtspunkt effektiven Rechtsschutzes abzulehnen ist.[104]

Des Weiteren wird auch die Frage unterschiedlich beantwortet, ob die Worte „zusätzlich" und „selb- 39 ständig" zur Erfassung der Bedeutung dieses Tatbestandsmerkmals einzeln betrachtet werden müssen[105] oder ob sie bedeutungsgleich sind.[106] Für eine synonyme Betrachtungsweise spricht, dass jede zusätzliche Beschwer stets zugleich dadurch, dass sie erst durch den Widerspruchsbescheid hinzugefügt wird, auch eine selbständige Beschwer ist. Darüber hinaus verzichtet § 79 Abs. 2 S. 2 auch auf das Attribut der Selbständigkeit.[107]

a) Reformatio in peius. Eine zusätzliche selbständige Beschwer ist zum einen gegeben, wenn die im 40 Widerspruchsbescheid mit dem Tenor getroffene Regelung eine weitere Belastung ausspricht, sei es, dass durch die angefochtene Auflage eine Begünstigung verschärft[108] oder eine Untersagung erweitert[109] wird, sei es, dass eine geforderte Geldzahlung erhöht[110] oder eine Bewilligung aufgehoben[111] wird. In diesen Fällen der Verböserung (reformatio in peius)[112] ist die isolierte Anfechtung nach h.M. immer zulässig.[113] Nach a.A. unterfällt die reformatio in peius nie der Anfechtungsmöglichkeit des § 79 Abs. 2 S. 1, weil insoweit keine selbständige Beschwer vorliegen soll.[114] Der reformierende Verwaltungsakt sei notwendigerweise abhängig vom Ausgangsbescheid und könne deshalb lediglich nach § 79 Abs. 1 Nr. 1 als Einheit mit diesem angegriffen werden, wobei aber die Möglichkeit einer Teilanfechtung der zusätzlichen Beschwer i.R. der Klage nach § 79 Abs. 1 Nr. 1 zulässig sei.[115] Das Problem

---

100 *Schenke* § 79 Rn. 11; *P. Kothe*, in: Redeker/v. Oertzen § 79 Rn. 8; *M. Möstl*, in: Posser/Wolff § 79 Rn. 11; vgl. auch *M. Happ*, in: Eyermann § 79 Rn. 13, 29.

101 *Jäde* Rn. 160; *J. Pietzcker*, in: Schoch/Schneider/Bier § 79 Rn. 14.

102 BVerwGE 17, 148, 150; VGH München BayVBl 1973, 554, 555; *A. Juhnke*, BayVBl 1991, 136, 138; *J. Meister*, JA 2002, 567, 568; *Schmitt Glaeser/Horn* Rn. 148.

103 VGH Mannheim DÖV 1974, 607; *P. Kothe*, in: Redeker/v. Oertzen § 79 Rn. 9; *F. Sahlmüller*, BayVBl 1973, 541, 542.

104 Ebenso *A. Juhnke*, BayVBl 1991, 136, 138; *D. Krausnick*, in: Gärditz § 79 Rn. 35; *C.-F. Menger/H.-U. Erichsen*, VerwArch 57 (1966), 270, 284; *J. Pietzcker*, in: Schoch/Schneider/Bier § 79 Rn. 12.

105 So *W. Scheerbarth*, Verwaltungsbehördliche reformatio in peius, 1996, 86 ff. *H.-H. Gotzen*, VR 1995, 253, 257 kommt demgegenüber nach einer Untersuchung der „Selbständigkeit der Beschwer" zu dem Ergebnis, dass diesem Begriff keine eigenständige Bedeutung beigemessen werden dürfe. Einzelne Betrachtung des Begriffspaars auch bei BVerwGE 17, 148, 150; *H. Geiger*, BayVBl 1979, 101, 106.

106 So *M. Happ*, in: Eyermann § 79 Rn. 19; *D. Krausnick*, in: Gärditz § 79 Rn. 35; *J. Pietzcker*, in: Schoch/Schneider/Bier § 79 Rn. 12, unter Hinweis auf *K. A. Bettermann*, ZZP 77 (1964), 3, 22, der dies sowohl im Hinblick auf die Regelung des § 79 Abs. 2 S. 2 als auch zur Vorbildvorschrift des § 568 Abs. 2 ZPO vertritt.

107 *K. A. Bettermann*, ZZP 77 (1964), 3, 21 f.

108 *B. Renz*, DÖV 1991, 138, 140 f. mit verschiedenen Bsp. für eine Verböserung.

109 HmbOVG LKV 1991, 144.

110 BVerwG DVBl 1987, 238.

111 OVG Koblenz DÖV 1992, 315.

112 Allg. zur Rspr. zur reformatio in peius *R. Pietzner*, VerwArch 81 (1990), 261.

113 S. nur *Schenke* § 79 Rn. 11; *Stein*, VR 2011, 56, 58. S.a. *Jäde* Rn. 161; *D. Krausnick*, in: Gärditz § 79 Rn. 36; *C.-F. Menger/H.-U. Erichsen*, VerwArch 57 (1966), 270, 284; *J. Pietzcker*, in: Schoch/Schneider/Bier § 79 Rn. 13; *Kahl/Hilbert*, Jura 2011, 660, 668; *Kahl*, FS Schenke, 901, 907 ff. S.a. BVerwG NVwZ 1987, 215; OVG Koblenz NVwZ 1992, 386.

114 *W. Scheerbarth*, Verwaltungsbehördliche reformatio in peius, 1996, 98 ff., unter Hinweis auf *Schunck/De Clerck* § 79 Anm. 2 b und *P. Kothe*, in: Redeker/v. Oertzen § 79 Rn. 9.

115 *W. Scheerbarth*, Verwaltungsbehördliche reformatio in peius, 1996, 93 ff.

der Zulässigkeit einer Anfechtung der reformatio in peius nach § 79 Abs. 2 S. 1 hängt mit der soeben dargestellten unterschiedlichen Betrachtungsweise von „zusätzlich und selbständig" zusammen; bei der oben vertretenen Annahme von Synonyma kann deshalb auch die reformatio in peius als selbständige Beschwer angesehen werden; dies um so mehr, als es sich bei dieser Form der Verböserung um den zahlenmäßig wohl häufigsten Fall der zusätzlichen Beschwer handelt.[116] Die Möglichkeit, im Wege einer Teilanfechtung der zusätzlichen Beschwer bei einer Klage nach § 79 Abs. 1 Nr. 1 vorzugehen, stellt sich dagegen als wenig praktikabel dar, zumal sich eine solche Klage nicht gegen die Widerspruchsbehörde bzw. deren Rechtsträger (§ 79 Abs. 2 S. 3 i.V.m. § 78 Abs. 2) (→ Rn. 56), sondern nach § 78 Abs. 1 gegen den Rechtsträger der Ausgangsbehörde (Nr. 1) oder gegen diese selbst (Nr. 2) richtet.

41   I.E. regelt § 79 Abs. 2 S. 1 somit die prozessualen Möglichkeiten bei einer reformatio in peius. Zweifelhaft ist, ob die Vorschrift darüber hinaus hinsichtlich der Problematik ihrer Zulässigkeit eine Aussage trifft. Diese in Rspr. und Lit. diskutierte und umstr. Problematik betrifft die Frage, ob eine Verböserung des Ausgangsbescheids im Widerspruchsverfahren durch die Ausgangs- oder die Widerspruchsbehörde zulasten des Widerspruchsführers zulässig ist. Um kein Problem der reformatio in peius handelt es sich allerdings bei der Verböserung eines Verwaltungsakts mit Drittwirkung im Falle der Anfechtung durch den Drittbetroffenen.[117]

42   Ob eine reformatio in peius im Widerspruchsverfahren zulässig oder unzulässig ist, lässt sich der VwGO nicht entnehmen. Gegenteilige Auffassungen, die etwa aus § 79 Abs. 2 oder §§ 68 Abs. 1 S. 2 Nr. 2, 71, 78 Abs. 2 ihre Zulässigkeit ableiten wollen,[118] können nicht überzeugen, da diese Vorschriften zwar von der Möglichkeit einer „zusätzlichen selbständigen Beschwer" des Widerspruchsbescheids ausgehen, aber nichts darüber aussagen, ob und inwieweit der Widerspruchsbescheid eine solche Regelung enthalten darf.[119] Ebenso wenig folgt aus der Funktion des Widerspruchsverfahrens als Verfahren der Selbstkontrolle der Verwaltung zwingend die Zulässigkeit der Abänderung des Ausgangsbescheids zuungunsten des Widerspruchsführers.[120] Aus diesen Gründen lässt sich die Frage nach der Zulässigkeit der reformatio in peius allein mit Hilfe des jeweils einschlägigen Organisationsrechts sowie des materiellen Verwaltungsverfahrensrechts beantworten.[121] Festzuhalten ist daher, dass § 79 Abs. 2 S. 1 jedenfalls keine materiellrechtliche Aussage zur Zulässigkeit der reformatio in peius enthält, sondern lediglich von dieser Möglichkeit ausgeht und die Konsequenzen für das gerichtliche Verfahren regelt.[122]

43   **b) Weitere Beispiele für eine zusätzliche selbständige Beschwer.** Eine zusätzliche selbständige Beschwer kann des Weiteren zum einen darin liegen, dass nicht die Regelung selbst eine über den Ausgangsbescheid hinausgehende Belastung enthält, sondern sich lediglich die *Begründung* gegenüber dem ursprünglichen Verwaltungsakt geändert hat, so z.B., wenn die Widerspruchsbehörde überhaupt keine Ermessenserwägungen anstellt[123] oder wenn die geänderte Begründung geeignet ist, dem Ausgangsbescheid einen anderen Inhalt zu geben.[124] Problematisch ist jedoch, ob auch bei einem Ermessensfehler des Widerspruchsbescheids eine zusätzliche selbständige Beschwer bejaht werden kann, wenn der Entscheidungstenor des Widerspruchsbescheids nicht von dem des Ausgangsbescheids abweicht. Hierzu wird einerseits vertreten, dass fehlerhafte Ermessenserwägungen weder einen Mangel im Verfahren nach Abs. 2 S. 2 darstellten noch eine zusätzliche Beschwer bedeuteten. Andere Ermessenserwägungen seien im Gegensatz zur gänzlich fehlenden Ermessensausübung noch „Gestaltgebung", nicht „zusätzliche Beschwer"; es handle sich insoweit um einen inhaltlichen Mangel des Verwaltungsakts, den die Ausgangsbehörde mit zu vertreten habe.[125] Nach a.A. kann jedoch nicht zwi-

---

116   Nach *P. Fösel*, Widerspruchsbescheid, 1988, 60 ff., handelt es sich insoweit um eine Gesetzeslücke, die deshalb im Wege der teleologischen Extension zu schließen sei.
117   Zu weiteren Ausnahmen *Schenke* § 68 Rn. 10.
118   S. z.B. *L. Determann*, Jura 1997, 350, 353.
119   BVerwGE 51, 310, 314.
120   BVerwGE 51, 310, 314.
121   BVerwGE 65, 319; BVerwG DVBl 1996, 1318; hierzu ausf. *Schenke* § 68 Rn. 10 b f.; *Pietzner/Ronellenfitsch* § 40.
122   BVerwGE 51, 310, 314. In diese Richtung auch BVerwG NVwZ-RR 2002, 3, 4; *K.-P. Dolde*, in: Schoch/Schneider/Bier* § 68 Rn. 48; *C.-F. Menger/H.-U. Erichsen*, VerwArch 57 (1966), 270, 284.
123   VGH Mannheim NVwZ 1990, 1085, 1086; *W.-R. Schenke*, JZ 1996, 998, 1010.
124   BVerwGE 84, 220, 231 f.
125   VGH Mannheim NVwZ 1990, 1085, 1086.

schen einer fehlenden und einer fehlerhaften Ermessensausübung unterschieden werden. Auch im Falle eines nur der Widerspruchsentscheidung anhaftenden Ermessensfehlers sei eine selbständige Beschwer anzunehmen, da die Begründung bei Ermessensentscheidungen einen wesentlichen Teil des Verwaltungsakts ausmache und dessen Rechtmäßigkeit nicht ohne Berücksichtigung der Gründe beurteilt werden könne.[126] Entscheidend dürfte insoweit aber sein, ob der Ermessensfehler im Einzelfall wirklich geeignet ist, den Inhalt des Ausgangsbescheids zu verändern, oder ob er tatsächlich für sich gesehen eine zusätzliche Belastung für den Kläger darstellt.[127]

Eine zusätzliche selbständige Beschwer liegt zum anderen bei einem sog. Selbsteintritt der Widerspruchsbehörde vor.[128] Die Abgrenzung zur reformatio in peius kann allerdings problematisch sein: Entscheidend ist insoweit, ob sich die Widerspruchsbehörde i.R. des Devolutiveffekts des Widerspruchs gehalten hat; hat sie diesen Bereich überschritten, so ist von einem Selbsteintritt auszugehen. In diesem Fall besteht einzig die Klagemöglichkeit nach Abs. 2 S. 1, nicht aber nach Abs. 1 Nr. 1.[129] Weitere Fälle des § 79 Abs. 2 S. 1 können in der fehlenden Berücksichtigung einer veränderten Rechts- oder Sachlage[130] oder in der fehlenden umfassenden Nachprüfung des Erstbescheids – trotz entsprechender Befugnis der Widerspruchsbehörde – zu sehen sein[131] (zur im Einzelfall problematischen Abgrenzung → Rn. 47). Ebenso ist Abs. 2 S. 1 einschlägig, wenn die Widerspruchsbehörde zur Sache entscheidet, obwohl der Widerspruch unzulässig ist.[132] Behandelt die Widerspruchsbehörde ein schlichtes Verwaltungshandeln der Ausgangsbehörde als Verwaltungsakt und entscheidet über den Widerspruch zur Sache, so liegt auch darin – entgegen einer Entscheidung des BVerwG (→ Rn. 24)[133] – eine Beschwer i.S.d. Abs. 2 S. 1.[134] 44

3. Verletzung einer wesentlichen Verfahrensvorschrift, sofern der Widerspruchsbescheid auf dieser Verletzung beruht (§ 79 Abs. 2 S. 2). Als eine zusätzliche Beschwer i.S.d. § 79 Abs. 2 S. 1 ist auch die Verletzung einer wesentlichen Verfahrensvorschrift anzusehen, sofern der Widerspruchsbescheid auf ihr beruht, § 79 Abs. 2 S. 2. Die Frage, ob es sich bei dieser Vorschrift um eine Fiktion[135] handelt oder ob Abs. 2 S. 2 einen Sonderfall der zusätzlichen Beschwer[136] definiert, ist für die praktische Anwendung unerheblich, da jedenfalls klargestellt ist, dass bestimmte Verfahrensfehler im Widerspruchsverfahren beachtlich sind.[137] Vorausgesetzt wird dabei jedoch, dass der Widerspruchsbescheid auch auf der Verletzung der Verfahrensvorschrift beruht, da es nicht Zweck dieser Regelung ist, ein objektiv einwandfreies Verfahren zu garantieren, sondern vor allem den Rechtsschutz bei der Verfolgung subjektiv-rechtlicher Begehren zu sichern.[138] Zu beachten ist, dass § 79 Abs. 2 S. 2 zwar an § 79 Abs. 2 S. 1 anknüpft, aber dennoch auch i.R. des § 79 Abs. 1 Nr. 2 Geltung beanspruchen kann.[139] 45

Schwierig kann sich im Einzelfall die Abgrenzung zu materiellrechtlichen Fehlern i.S.d. § 79 Abs. 2 S. 1 gestalten;[140] so kann z.B. die fehlende Begründung einerseits einen Verfahrensmangel darstellen, 46

---

126 *Schenke* Rn. 242; *W.-R. Schenke*, JZ 1996, 998, 1010.
127 Allg. für die geänderte Begründung *J. Pietzcker*, in: Schoch/Schneider/Bier § 79 Rn. 13.
128 *M. Happ*, in: Eyermann § 79 Rn. 22; *Jäde* Rn. 160.
129 *M. Happ*, in: Eyermann § 79 Rn. 10, 22; a.A. *D. Krausnick*, in: Gärditz § 79 Rn. 40.
130 BVerwGE 2, 55, 62 f.; VGH Kassel NVwZ 1988, 743, 744 f.; *P. Kothe*, in: Redeker/v. Oertzen § 79 Rn. 9; *J. Pietzcker*, in: Schoch/Schneider/Bier § 79 Rn. 13; *Schenke* Rn. 242.
131 *Funke-Kaiser*, in: Bader/Funke-Kaiser/Stuhlfauth/v. Albedyll/Kuntze, § 79 Rn. 18; OVG Koblenz DÖV 1982, 828; OVG Münster NVwZ 1986, 134, 135; VGH München BayVBl 1982, 404, 406; a.A. *M. Happ*, in: Eyermann § 79 Rn. 25; teilweise wird dieses aber auch als Verfahrensfehler i.S.d. Abs. 2 S. 2 angesehen.
132 BVerwG DVBl 1991, 60, 62; BVerwG DVBl 1989, 873, 874, für den Fall, dass sich der Verwaltungsakt vor Erlass des Widerspruchsbescheids erledigt hat. S.a. BVerwGE 61, 45: Fehlendes Rechtsschutzinteresse bei einem Widerspruchsbescheid ohne Sachentscheidung, da der Verfahrensfehler durch das Gericht heilbar sei (die Widerspruchsbehörde ging von der Unzulässigkeit des Widerspruchs aus).
133 BVerwGE 78, 3, 6.
134 Wohl h.M., vgl. *Schenke* § 79 Rn. 11; *J. Martens*, NVwZ 1988, 684, 689; *J. Pietzcker*, in: Schoch/Schneider/Bier § 79 Rn. 13; *L. Renck*, NVwZ 1989, 117, 119.
135 So OVG Münster VerwRspr 27, 761, 762; *H.-H. Gotzen*, VR 1995, 253, 257.
136 *Jäde* Rn. 161; *P. Kothe*, in: Redeker/v. Oertzen § 79 Rn. 9.
137 Vgl. auch die Vorschrift des § 568 Abs. 2 ZPO zum Beschwerdeverfahren.
138 BVerwGE 61, 45, 47.
139 OVG Brem NJW 1983, 1869; VGH Mannheim ESVGH 46, 309, 312.
140 Die Nichtausübung der Befugnis der Widerspruchsbehörde zur umfassenden Nachprüfung des Ausgangsbescheids wird teils als materielle Beschwer i.S.d. Abs. 2 S. 1 (→ Rn. 44), teils offenbar als Verfahrensmangel gem. Abs. 2 S. 2 angesehen (unklar insoweit BVerwGE 13, 195, 198; 57, 148; BVerwG DÖV 1979, 791, 793). S.a. *J. Pietzcker*, in: Schoch/Schneider/Bier § 79 Rn. 14.

wenn sie gänzlich unterblieben ist, andererseits einen materiellrechtlichen Fehler bedeuten, wenn die Begründung nur unzureichend ist. Ebenso ist es nicht ausgeschlossen, in einer fehlerhaften Zurückweisung des Widerspruchs wegen Fristversäumnis nicht nur eine Verletzung wesentlicher Verfahrensvorschriften, sondern auch einen inhaltlichen Mangel zu sehen.[141]

47 **a) Verletzung einer wesentlichen Verfahrensvorschrift.** Wesentlich i.S.d. § 79 Abs. 2 S. 2 sind nicht allein die Vorschriften der VwGO über das Vorverfahren und die Ausführungsgesetze der Länder zur VwGO, sondern darüber hinaus die auch im Widerspruchsverfahren geltenden Vorschriften des VwVfG (vgl. § 79 VwVfG) bzw. der entsprechenden Landesgesetze, allgemeine Grundsätze des Verwaltungsverfahrensrechts sowie von der VwGO abweichende, aber aufrecht erhaltene Bestimmungen in Bundesgesetzen.[142] Entscheidend kommt es letztlich darauf an, dass es sich um Rechtsnormen und nicht lediglich um Verwaltungsvorschriften – z.B. im Hinblick auf interne Mitwirkungsrechte anderer Behörden[143] – handelt, die zumindest auch dem Schutz des Betreffenden dienen und nicht bloße Ordnungsvorschriften darstellen.[144]

48 Als Bsp. für Verfahrensvorschriften i.S.d. § 79 Abs. 2 S. 2 sind etwa Vorschriften über die Beteiligung anderer Behörden, deren Mitwirkung im Interesse des Klägers vorgeschrieben ist,[145] über die erforderliche Beteiligung sozial erfahrener Personen,[146] über die Anhörung des Betroffenen (§ 71),[147] über die Zuständigkeit der Widerspruchsbehörde (§ 73 Abs. 1 S. 2)[148] oder über die Fristwahrung (§ 70 Abs. 1 S. 1)[149] zu nennen. Eine Verletzung wesentlicher Verfahrensvorschriften kann weiterhin bei unvorschriftsmäßiger Besetzung anzunehmen sein, falls die Widerspruchsbehörde ein Ausschuss ist.[150] § 79 Abs. 2 S. 2 ist darüber hinaus auch bei einer Entscheidung ohne die nach § 73 Abs. 3 S. 1 vorgeschriebene Begründung,[151] durch einen befangenen Amtsträger,[152] bei der Einstellung des Verfahrens anstelle einer Sachentscheidung[153] oder bei einer Entscheidung unter Verletzung vorgeschriebener Mündlichkeit[154] einschlägig. Unterschiedlich wird dagegen die Frage beantwortet, ob auch die Verletzung der nach §§ 79, 24 VwVfG bestehenden Pflicht zur Erforschung des Sachverhalts einen wesentlichen Verfahrensmangel darstellt oder ob darin ggf. eine materielle Beschwer i.S.d. § 79 Abs. 2 S. 1 liegen kann.[155]

49 Die Verfahrensfehler sind in zeitlicher Hinsicht bis zur Beendigung des Widerspruchsverfahrens durch Zustellung des Widerspruchsbescheids beachtlich.[156] Falls im gerichtlichen Verfahren eine Heilung dieser Fehler in Betracht kommt (vgl. § 87 Abs. 1 S. 2 Nr. 7, § 94 S. 2, § 45 Abs. 1 und 2 VwVfG; zum

---

141 So *J. Pietzcker*, in: Schoch/Schneider/Bier § 79 Rn. 14; s.a. *Schenke* § 79 Rn. 11; vgl. auch BVerwGE 61, 45, 47 – kein Rechtsschutzinteresse; VG Dresden NVwZ-RR 1994, 367, 368; *A. v. Mutius*, Widerspruchsverfahren, 1969, 193.
142 *M. Happ*, in: Eyermann § 79 Rn. 25; *P. Kothe*, in: Redeker/v. Oertzen § 79 Rn. 10.
143 BVerwGE 71, 251; BVerwG DÖV 1986, 109.
144 *H.-H. Gotzen*, VR 1995, 253, 257; *Jäde* Rn. 161; *Schenke* § 79 Rn. 13; *D. Krausnick*, in: Gärditz § 79 Rn. 39; a.A. *F. E. Schnapp*, SGb 1988, 309, 315; *M. Happ*, in: Eyermann § 79 Rn. 25.
145 BVerwGE 13, 195, 198.
146 S. § 114 Abs. 2 BSHG; dazu BVerwGE 21, 208, 210; 39, 261, 265; 66, 342, 343; 70, 196. S.a. BVerwGE 9, 69 zur Anhörung sozial erfahrener Personen.
147 OVG Brem NJW 1983, 1869. Umstr. ist hierbei jedoch die Frage, ob die Beschwer des Klägers auch bei gebundenen Entscheidungen auf der fehlenden Anhörung „beruhen" kann (→ Rn. 51). S.a. *P. Stelkens*, NVwZ 1982, 81, 83 f., für eine Ausweitung von § 79 Abs. 2 S. 2 auf gebundene Entscheidungen der Verwaltung.
148 VGH München BayVBl 1987, 622, 625; *M. Happ*, in: Eyermann § 79 Rn. 25; *P. Kothe*, in: Redeker/v. Oertzen § 79 Rn. 10.
149 OVG Koblenz VerwRspr 27, 120; OVG Münster VerwRspr 27, 761.
150 VGH Kassel VerwRspr 20, 743, 748 ff.
151 VGH Mannheim NVwZ 1990, 1085, 1086; *M. Happ*, in: Eyermann § 79 Rn. 25.
152 *Schenke* § 79 Rn. 13.
153 *P. Kothe*, in: Redeker/v. Oertzen § 79 Rn. 10. S.a. OVG Koblenz 15.2.2012, BeckRS 47868; für eine entsprechende Anwendung des § 79 Abs. 2: VGH Kassel NJW 1971, 1717; *Schenke* § 79 Rn. 11. A.A. VGH München BayVBl 1976, 495, 496; *H. Geiger*, BayVBl 1979, 101, 102. S.a. *F. Petermann*, BayVBl 1973, 349.
154 OVG Lüneburg ZMR 1957, 390, 391; *P. Kothe*, in: Redeker/v. Oertzen § 79 Rn. 10.
155 Für Verfahrensmangel *Schenke* § 79 Rn. 13; *J. Martens*, DÖV 1988, 949, 956 (Fn. 71); *J. Pietzcker*, in: Schoch/Schneider/Bier § 79 Rn. 14; *F. E. Schnapp*, SGb 1988, 309, 314; a.M. *M. Happ*, in: Eyermann § 79 Rn. 25; *Funke-Kaiser*, in: Bader/Funke-Kaiser/Stuhlfauth/v. Albedyll/Kuntze § 79 Rn. 18.
156 BVerwGE 55, 299, 303. Auch Mängel des Widerspruchsbescheids selbst können (wie im Prozessrecht) Verfahrensfehler i.S.d. § 79 Abs. 2 S. 2 sein, vgl. hierzu BVerwG BayVBl 1980, 725, 726.

Verhältnis von § 79 Abs. 2 S. 2 zu § 45 VwVfG → Rn. 54),[157] so wird die Klage dadurch nicht unzulässig. Der Kläger kann in diesem Fall vielmehr die Hauptsache für erledigt erklären[158] und beantragen, dem Beklagten die Kosten aufzuerlegen.[159]

b) Beruhen. Die Verletzung einer wesentlichen Verfahrensvorschrift ist allerdings nur dann gesondert 50 angreifbar, wenn der Widerspruchsbescheid auf dieser Verletzung „beruht", d.h. der formelle Mangel muss für die im Widerspruchsbescheid getroffene Entscheidung kausal gewesen sein. Es muss jedoch insoweit kein Nachweis erbracht werden, dass bei fehlerfreiem Verfahren die Entscheidung der Widerspruchsbehörde anders ausgefallen wäre; ausreichend ist es, wenn dies nicht ausgeschlossen werden kann.[160] Insofern entspricht das „Beruhen" i.S.d. Abs. 2 S. 2 dem Maßstab der Regelungen im Revisionsrecht (§ 132 Abs. 2 Nr. 3, § 137 Abs. 1 sowie § 545 Abs. 1 ZPO)[161] und der Vorschrift des § 46 VwVfG.[162]

Unterschiedlich wird in diesem Zusammenhang die Frage beantwortet, ob auch gebundene Entschei- 51 dungen[163] auf einem Verfahrensfehler „beruhen" können oder ob insoweit nicht das Rechtsschutzbedürfnis verneint werden muss.[164] Bedeutsam ist hierbei, dass § 79 Abs. 2 S. 2 nicht allein der Einhaltung von Verfahrensvorschriften im Hinblick auf die Rechtsschutzfunktion des Widerspruchsverfahrens dient,[165] sondern vielmehr durch die Möglichkeit der gesonderten Anfechtung ein zweckmäßiger und effektiver Rechtsschutz vermittelt werden soll.[166] Grds. ist insoweit zunächst festzustellen, dass § 79 Abs. 2 S. 2 selbst nicht zwischen gebundenen und Ermessensentscheidungen differenziert. Denkbar sind auch weitere Vorteile für den Kläger bei einer isolierten Anfechtung wie etwa die Möglichkeit eines geringeren Kostenrisikos,[167] die zusätzliche Chance einer korrekten Sachentscheidung der Widerspruchsbehörde[168] oder das einfachere Wiederaufgreifen des Verfahrens bei einer Behördenentscheidung.[169] Darüber hinaus wird in diesem Zusammenhang auch die Frage nach einem Anspruch auf Erlass eines Widerspruchsbescheids[170] diskutiert, und werden Fälle herangezogen, in denen der Kläger auch bei gebundenen Entscheidungen Interesse an einer nochmaligen Entscheidung über den Widerspruch haben könnte.[171] Diese denkbaren Vorteile, die für die Zulässigkeit einer isolierten Anfechtung bei gebundenen Entscheidungen herangezogen werden, können jedoch i.E. nicht das dafür erforderliche umständliche und zeitraubende Verfahren aufwiegen. Angesichts der Alternativlosigkeit, die aufgrund der fehlenden Möglichkeit, Ermessens- oder Beurteilungsspielräume zu nutzen, bei der Anfechtung von gebundenen Entscheidungen wegen eines Verfahrensfehlers besteht, kann der Kläger daher nicht nach § 79 Abs. 2 S. 2 vorgehen.[172] Dieses Ergebnis wird auch durch § 46 VwVfG unter-

---

157 Zu den durch die Neufassung des § 45 Abs. 2 VwVfG sich ergebenden Änderungen (und den Folgeänderungen in §§ 87 Abs. 1 S. 2 Nr. 7, 94 Abs. 3) s.a. *Dürr,* in: Knack/Henneke § 79 Rn. 22 ff., sowie *H. Meyer,* in: Knack § 45 Rn. 45; *M. Sachs,* in: Stelkens/Bonk/Sachs § 45 Rn. 112 ff., 201 ff.

158 Zur ein- und beiderseitigen Erledigungserklärung ausf. *Schenke* § 161 Rn. 7 ff.

159 Dazu auch *M. Sachs,* in: Stelkens/Bonk/Sachs § 45 Rn. 125 ff.

160 OVG Brem NJW 1983, 1869; *K. A. Bettermann,* FS Ipsen, 1977, 271, 293; *Schenke* Rn. 244.

161 *Schenke* § 79 Rn. 14, 244.

162 OVG Brem NJW 1983, 1869; *Jäde* Rn. 161; s.a. *J. Pietzcker,* in: Schoch/Schneider/Bier § 79 Rn. 15 unter Hinweis auf § 214 Abs. 3 S. 2 BauGB.

163 Bei Ermessensentscheidungen und Entscheidungen mit Beurteilungsspielraum wird das allg. bejaht; statt vieler *A. Juhnke,* BayVBl 1991, 136, 139, m.w.N. zur st. Rspr. des BVerwG.

164 Unter dem Gesichtspunkt des „Beruhens" wird diese Problematik u.a. von *J. Pietzcker,* in: Schoch/Schneider/Bier § 79 Rn. 15, sowie *Schenke* § 79 Rn. 14 und *D. Krausnick,* in: Gärditz § 79 Rn. 42 angesprochen. Die Rspr. und ein Teil der Lit. prüft diese Frage i.R.d. Rechtsschutzbedürfnisses, vgl. BVerwGE 49, 307, 308 f.; 61, 45, 47; M.-J. Seibert, BayVBl 1983, 174, 175; *Jäde* Rn. 161, ohne dass sich i.E. aber Unterschiede feststellen ließen.

165 *A. v. Mutius,* Widerspruchsverfahren, 1969, 124; *P. Fösel,* Widerspruchsbescheid, 1988, 118; *Schenke* Rn. 244.

166 BVerwGE 61, 45, 47; 49, 307, 308: Nicht garantiert werden soll dagegen ein objektiv einwandfreies Verfahren der Widerspruchsbehörde.

167 *W.-R. Schenke,* JZ 1996, 998, 1011.

168 *O. Groschupf,* DVBl 1962, 627, 634; OVG Bln OVGE 14, 53, 54; a.A. *K. A. Bettermann,* NJW 1958, 81, 83.

169 OVG Münster VerwRspr 27, 761, 763.

170 *K. A. Bettermann,* NJW 1960, 1081, 1088.

171 *Schenke* § 79 Rn. 14; *P. Kothe,* in: Redeker/v. Oertzen § 79 Rn. 9; s.a. *O. Groschupf,* DVBl 1962, 627, 634.

172 BVerwGE 78, 93, 94 ff.; BVerwG NVwZ 1987, 215; NVwZ 1988, 346, 347; NVwZ 1989, 756; OVG Münster NVwZ-RR 2003, 615 = DÖV 2004, 400; VGH München BayVBl 1987, 622, 625; BayVBl 1989, 757, 758; BayVBl 1990, 370, 371; *Bosch/Schmidt/ Vondung* Rn. 446, 447; *H.-H. Gotzen,* VR 1995, 253, 258; *Pietzner/Ronellenfitsch* Rn. 301; s.a. die ausf. Darstellung bei *P. Fösel,* Widerspruchsbescheid, 1988, 118 ff. Vermittelnde Ansicht LSG Nds-Brem 5.7.2012, BeckRS 72489.

mauert, dem insoweit der gleiche Rechtsgedanke zugrunde liegt, dass nämlich eine Aufhebung des Verwaltungsakts allein wegen eines Verfahrensfehlers dann nicht in Betracht kommt, wenn offensichtlich ist, dass die Verletzung die Entscheidung in der Sache nicht beeinflusst hat[173] (→ Rn. 50).

52 **c) Verhältnis von § 79 Abs. 2 S. 2 zu § 44 a, §§ 45, 46 VwVfG und vergleichbaren Vorschriften.** Grds. gilt § 44 a auch für das Widerspruchsverfahren, sodass Verfahrensfehler während des laufenden Verfahrens nicht isoliert angefochten werden können. Mit Erlass des Widerspruchsbescheids eröffnet jedoch § 79 Abs. 2 S. 2, der insoweit lex specialis gegenüber § 44 a ist, die Möglichkeit, den Widerspruchsbescheid allein wegen eines wesentlichen Verfahrensfehlers, auf dem der Widerspruchsbescheid beruht, anzugreifen.[174]

53 Problematischer ist demgegenüber das Verhältnis von § 79 Abs. 2 S. 2 zu §§ 45, 46 VwVfG. Dabei ist zunächst festzuhalten, dass das Vorverfahren zugleich ein Verwaltungsverfahren darstellt[175] und damit die Anwendung der §§ 45, 46 VwVfG jedenfalls nicht von vornherein ausgeschlossen ist. Welches Recht anwendbar ist, richtet sich nach der Grundregel des § 79 VwVfG, wonach für Rechtsbehelfe gegen Verwaltungsakte – also auch den Widerspruch – die VwGO (nebst Ausführungsgesetzen der Länder) gilt, soweit durch Gesetz nicht etwas anderes bestimmt ist. Die Vorschriften der §§ 68 ff. gelten nach h.M. primär, und dies auch ohne die Regelung des § 79 Hs. 1 VwVfG.[176] Jedoch enthalten die VwGO und die Ausführungsgesetze zur VwGO keine vollständige Regelung des Vorverfahrens, sodass insoweit nach § 79 Hs. 2 VwVfG auch die Vorschriften des VwVfG gelten (→ § 68 Rn. 44 ff.). Für das Verhältnis von § 79 Abs. 2 S. 2 zu den §§ 45, 46 VwVfG ist deshalb entscheidend, inwieweit § 79 Abs. 2 S. 2 eine abschließende Regelung enthält.

54 § 45 Abs. 2 VwVfG sieht vor, dass die Heilung eines Verfahrensfehlers bis zum Abschluss des gerichtlichen Verfahrens möglich ist. Damit ist aber die zuvor in § 45 Abs. 2 VwVfG geregelte Beschränkung von nachträglichen Maßnahmen auf das Verwaltungsverfahren entfallen, sodass jetzt auch die Widerspruchsbehörde die in § 45 Abs. 1 VwVfG genannten Handlungen noch nachholen kann.[177] Dies wiederum kann sich sowohl auf Klagen gegen den Ausgangsbescheid in Gestalt des Widerspruchsbescheids als auch auf Klagen gegen den Widerspruchsbescheid etwa nach § 79 Abs. 2 S. 2 auswirken, sodass § 45 VwVfG auch i.R.d. § 79 Abs. 2 S. 2 anwendbar sein muss.[178]

55 Im Hinblick auf § 46 VwVfG wird dagegen vielfach vertreten, dass § 79 Abs. 2 S. 2 als lex specialis angesehen werden müsse.[179] Zur Begründung wird hierzu vorgetragen, dass sich § 46 VwVfG nur an die Widerspruchsbehörde richte und damit für die Beurteilung eines Widerspruchsbescheids durch das Verwaltungsgericht gar nicht anwendbar sei,[180] dass es sich bei § 79 Abs. 2 S. 2 um eine abschließende Regelung handele,[181] oder dass insoweit aufgrund der unterschiedlichen Gesetzgebungskompetenzen von Bund und Ländern auch nur unterschiedliche Bereiche geregelt werden könnten.[182] Nach a.A. gilt § 46 VwVfG auch für den Widerspruchsbescheid und ergänzt insoweit die Regelung des § 79 Abs. 2

---

173 *Pietzner/Ronellenfitsch* Rn. 301.
174 *Schenke* § 79 Rn. 14; *P. Kothe*, in: Redeker/v. Oertzen § 79 Rn. 10; *P. Stelkens/D. Kallerhoff*, in: Stelkens/Bonk/Sachs § 79 Rn. 23; a.A. *P. Fösel*, Widerspruchsbescheid, 1988, 131 ff.: verschiedene Regelungsziele von § 44 a und § 79 Abs. 2 S. 2. Unterschiede in den praktischen Auswirkungen ergeben sich daraus jedoch nicht.
175 H.M.: BVerwG NVwZ 1987, 224, 225; BVerwGE 84, 178, 181; *Schenke* Vorbem. § 68 Rn. 14 ff.; *P. Kothe*, in: Redeker/v. Oertzen § 68 Rn. 1; s.a. *Hufen* § 9 Rn. 9 ff. m.w.N.
176 Die Vorschrift des § 79 VwVfG ist als späteres Bundesrecht nicht vorrangig gegenüber den §§ 68 ff., da auch sie unter die Subsidiaritätsklauseln des § 1 Abs. 1 und 2 VwVfG fällt, s. *P. Kothe*, in: Redeker/v. Oertzen § 68 Rn. 1 a; *P. Stelkens/D. Kallerhoff*, in: Stelkens/Bonk/Sachs § 79 Rn. 28.
177 Vgl. *H. Meyer*, in: Knack/Henneke § 45 Rn. 45, für eine verfassungskonforme Beschränkung dieser Heilungsmöglichkeit nach Erhebung der Klage an Abs. 1 Nr. 1, 4 und 5.
178 Wie hier auch *Dürr*, in: Knack/Henneke § 79 Rn. 36; *Schenke* Vorbem. § 68 Rn. 18; *M. Sachs*, in: Stelkens/Bonk/Sachs § 45 Rn. 175 ff.; a.A. für die alte Rechtslage BVerwGE 61, 45, 50 f.; *E. Allesch*, Anwendbarkeit, 1984, 186 ff.; *M. Oerder*, Widerspruchsverfahren, 1989, 102 ff.
179 *Schenke* § 79 Rn. 14; *J. Pietzcker*, in: Schoch/Schneider/Bier § 79 Rn. 15 (); *Schenke* Rn. 244; VGH Mannheim ESVGH 46, 309, 311 f; s.a. *K. A. Bettermann*, FS Ipsen, 1977, 271, 294 ff.: kaum Differenzen zwischen § 79 Abs. 2 S. 2 und § 46 VwVfG.
180 *P. Kothe*, in: Redeker/v. Oertzen § 79 Rn. 10.
181 *E. Allesch*, Anwendbarkeit, 1984, 200.
182 *M. Oerder*, Widerspruchsverfahren, 1989, 102 f.

S. 2.[183] Für eine Anwendbarkeit des § 46 VwVfG auch auf das Widerspruchsverfahren spricht dessen Änderung durch das GenBeschlG,[184] wodurch sich der Anwendungsbereich der Vorschrift auf Fälle offensichtlich fehlender Kausalität des Verfahrensfehlers für die Entscheidung erweitert hat.[185] Unter Berücksichtigung der Zweckrichtung dieses Gesetzes muss dies auch für das Widerspruchsverfahren und den Widerspruchsbescheid gelten. Zu berücksichtigen ist jedoch, dass § 46 VwVfG schon aufgrund der fehlenden Gesetzgebungskompetenz nicht die durch § 79 Abs. 2 S. 2 vorgegebenen prozessualen Möglichkeiten ergänzen kann; § 46 VwVfG hat lediglich Einfluss auf die formelle Rechtswidrigkeit und ist damit ein Problem der Begründetheit der Klage.

4. § 79 Abs. 2 S. 3: Entsprechende Anwendung des § 78 Abs. 2. Richtiger Beklagter ist, wenn sich die   56
Klage von vornherein nur gegen den Widerspruchsbescheid richtet, in entsprechender Anwendung des § 78 Abs. 2 i.V.m. Abs. 1 Nr. 1 die Körperschaft, der die Widerspruchsbehörde angehört, bzw. im Falle des Abs. 1 Nr. 2 die Widerspruchsbehörde selbst.[186] Deshalb besteht die Möglichkeit, dass im Falle eines Verwaltungsakts mit Drittwirkung sowohl die Widerspruchsbehörde als auch die Ausgangsbehörde verklagt wird. In diesem Fall bestimmt entsprechend § 53 Abs. 1 Nr. 3, Abs. 3 das nächsthöhere Gericht das zuständige Gericht, wobei sich insoweit der Gedanke des § 52 Nr. 3 S. 2 heranziehen lässt.[187]

§ 80 [Aufschiebende Wirkung]

(1) ¹Widerspruch und Anfechtungsklage haben aufschiebende Wirkung. ²Das gilt auch bei rechtsgestaltenden und feststellenden Verwaltungsakten sowie bei Verwaltungsakten mit Doppelwirkung (§ 80 a).

(2) ¹Die aufschiebende Wirkung entfällt nur

1. bei der Anforderung von öffentlichen Abgaben und Kosten,
2. bei unaufschiebbaren Anordnungen und Maßnahmen von Polizeivollzugsbeamten,
3. in anderen durch Bundesgesetz oder für Landesrecht durch Landesgesetz vorgeschriebenen Fällen, insbesondere für Widersprüche und Klagen Dritter gegen Verwaltungsakte, die Investitionen oder die Schaffung von Arbeitsplätzen betreffen,
4. in den Fällen, in denen die sofortige Vollziehung im öffentlichen Interesse oder im überwiegenden Interesse eines Beteiligten von der Behörde, die den Verwaltungsakt erlassen oder über den Widerspruch zu entscheiden hat, besonders angeordnet wird.

²Die Länder können auch bestimmen, daß Rechtsbehelfe keine aufschiebende Wirkung haben, soweit sie sich gegen Maßnahmen richten, die in der Verwaltungsvollstreckung durch die Länder nach Bundesrecht getroffen werden.

(3) ¹In den Fällen des Absatzes 2 Nr. 4 ist das besondere Interesse an der sofortigen Vollziehung des Verwaltungsakts schriftlich zu begründen. ²Einer besonderen Begründung bedarf es nicht, wenn die Behörde bei Gefahr im Verzug, insbesondere bei drohenden Nachteilen für Leben, Gesundheit oder Eigentum vorsorglich eine als solche bezeichnete Notstandsmaßnahme im öffentlichen Interesse trifft.

(4) ¹Die Behörde, die den Verwaltungsakt erlassen oder über den Widerspruch zu entscheiden hat, kann in den Fällen des Absatzes 2 die Vollziehung aussetzen, soweit nicht bundesgesetzlich etwas anderes bestimmt ist. ²Bei der Anforderung von öffentlichen Abgaben und Kosten kann sie die Vollziehung auch gegen Sicherheit aussetzen. ³Die Aussetzung soll bei öffentlichen Abgaben und Kosten erfolgen, wenn ernstliche Zweifel an der Rechtmäßigkeit des angegriffenen Verwaltungsakts bestehen

---

183 *Dürr*, in: Knack/Henneke § 79 Rn. 37; *M. Happ*, in: Eyermann § 79 Rn. 24 b; *D. Krausnick*, in: Gärditz § 79 Rn. 43; *M. Sachs*, in: Stelkens/Bonk/Sachs § 46 Rn. 87; BVerwGE 61, 360, 365; BVerwG NVwZ 1987, 215; offenlassend BVerwGE 70, 196 im Hinblick auf § 42 SGB X; a.M. für die alte Rechtslage BVerwGE 61, 45, 49 f.
184 BGBl 1996 I 1354.
185 Hierzu *Peuker*, in: Knack/Henneke § 46 Rn. 33 ff.; *Dürr*, in: Knack/Henneke § 79 Rn. 37.
186 Zur Möglichkeit einer anderen Lesart des § 79 Abs. 2 S. 3 s. VGH München BayVBl 1978, 16, 17, m. abl. Anm. *P. Theuersbacher*.
187 S. OVG Lüneburg DVBl 1995, 933, 934; *M. Redeker*, in: Redeker/v. Oertzen § 53 Rn. 3, für den Fall, dass verschiedene Gerichte zuständig sind (§§ 53 Abs. 1 Nr. 3, 52).

oder wenn die Vollziehung für den Abgaben- oder Kostenpflichtigen eine unbillige, nicht durch überwiegende öffentliche Interessen gebotene Härte zur Folge hätte.

(5) [1]Auf Antrag kann das Gericht der Hauptsache die aufschiebende Wirkung in den Fällen des Absatzes 2 Nr. 1 bis 3 ganz oder teilweise anordnen, im Falle des Absatzes 2 Nr. 4 ganz oder teilweise wiederherstellen. [2]Der Antrag ist schon vor Erhebung der Anfechtungsklage zulässig. [3]Ist der Verwaltungsakt im Zeitpunkt der Entscheidung schon vollzogen, so kann das Gericht die Aufhebung der Vollziehung anordnen. [4]Die Wiederherstellung der aufschiebenden Wirkung kann von der Leistung einer Sicherheit oder von anderen Auflagen abhängig gemacht werden. [5]Sie kann auch befristet werden.

(6) [1]In den Fällen des Absatzes 2 Nr. 1 ist der Antrag nach Absatz 5 nur zulässig, wenn die Behörde einen Antrag auf Aussetzung der Vollziehung ganz oder zum Teil abgelehnt hat. [2]Das gilt nicht, wenn

1. die Behörde über den Antrag ohne Mitteilung eines zureichenden Grundes in angemessener Frist sachlich nicht entschieden hat oder
2. eine Vollstreckung droht.

(7) [1]Das Gericht der Hauptsache kann Beschlüsse über Anträge nach Absatz 5 jederzeit ändern oder aufheben. [2]Jeder Beteiligte kann die Änderung oder Aufhebung wegen veränderter oder im ursprünglichen Verfahren ohne Verschulden nicht geltend gemachter Umstände beantragen.

(8) In dringenden Fällen kann der Vorsitzende entscheiden.

Schrifttum

1. Monographien und Beiträge in Sammelwerken: *K. Beckmann*, Vorläufiger Rechtsschutz und aufschiebende Wirkung. Eine kritische Bestandsaufnahme unter besonderer Berücksichtigung von unaufschiebbaren Anordnungen und Maßnahmen von Polizeivollzugsbeamten, 2008; *D. Birk*, Verfassungsfragen bei der Gewährung vorläufigen Rechtsschutzes im finanzgerichtlichen Verfahren, in: FS Menger, 1985, 161; *B. Burkholz*, Der Untersuchungsgrundsatz im verwaltungsgerichtlichen Eilverfahren, 1988; *C. D. Classen*, Die Europäisierung der Verwaltungsgerichtsbarkeit, 1996; *K.-D. Daumann*, Der Suspensiveffekt des § 80 VwGO als Vollzugs- oder Wirkungshemmung, 1964; *T. Dünchheim*, Verwaltungsprozeß unter europäischem Einfluß, 2003; *U. v. Fragstein*, Die Einwirkungen des EG-Rechts auf den vorläufigen Rechtsschutz nach deutschem Verwaltungsrecht, 1997; *K. J. Grigoleit*, Die Anordnung der sofortigen Vollziehbarkeit gemäß § 80 Abs. 2 Nr. 4 VwGO als Verwaltungshandlung, 1997; *G. Haibach*, Gemeinschaftsrecht und vorläufiger Rechtsschutz durch mitgliedstaatliche Gerichte, 1995; *D. Heckmann*, Der Sofortvollzug staatlicher Geldforderungen, 1992; *S. Krull*, Der „Hängebeschluss" im System des vorläufigen Rechtsschutzes der Verwaltungsgerichtsordnung; *G. Knoll*, Grundzüge eines europäischen Standards für den einstweiligen Rechtsschutz gegen Verwaltungsakte: paradigmatische Regelungen des einstweiligen Rechtsschutzes in Deutschland, Frankreich, im Vereinigten Königreich sowie in der EMRK und der Europäischen Gemeinschaft?, 2002; *S. Kwanka*, Die Einwirkungen des Europarechts auf den vorläufigen Rechtsschutz im nationalen Verwaltungsprozess, 2005; *S. Lehr*, Einstweiliger Rechtsschutz und Europäische Union, 1997; *J. Limberger*, Probleme des vorläufigen Rechtsschutzes bei Großprojekten, 1985; *D. Lorenz*, Die verfassungsrechtlichen Vorgaben des Art. 19 Abs. 4 GG für das Verwaltungsprozeßrecht, in: FS Menger, 1985, 143; *W. Martens*, Suspensiveffekt, Sofortvollzug und vorläufiger gerichtlicher Rechtsschutz bei atomrechtlichen Genehmigungen, 1983; *C.-F. Menger*, Rechtskraft bei vorläufigem Rechtsschutz?, in: Recht und Staat im sozialen Wandel. FS für Hans Ulrich Scupin, 1983, 847; *J. Pietzcker*, Richtervorlage im Eilverfahren?, in: Verfassungsrecht im Wandel – Zum 180jährigen Bestehen der Carl Heymanns Verlag KG, 1995, 623; *M. Pöcker*, Die Rechtsfolgen der Einlegung von Widerspruch und Anfechtungsklage, 2001; *C. Rohde*, Vorläufiger Rechtsschutz unter dem Einfluß des Gemeinschaftsrechts, 1998; *M. Ronellenfitsch*, Vorläufiger Rechtsschutz, in: Willi Blümel/Wolfgang Bernet (Hrsg.), Verwaltungsverfahrensrecht und Verwaltungsprozeßrecht, 1990, 121; *T. Schmitt*, Richtervorlagen in Eilverfahren?, 1997; *F. Schoch*, Vorläufiger Rechtsschutz und Risikoverteilung im Verwaltungsrecht, 1988; *G. Scholz*, Die aufschiebende Wirkung von Widerspruch und Anfechtungsklage nach § 80 VwGO, 1964; *ders.*, Die aufschiebende Wirkung von Widerspruch und Anfechtungsklage gem. § 80 VwGO, in: System des verwaltungsgerichtlichen Rechtsschutzes, FS Menger, 1985, 641; *J. Schuy*, Vorläufiger Rechtsschutz im atomrechtlichen Genehmigungsverfahren, 1986; *J. Schwarze*, Vorläufiger Rechtsschutz im Widerstreit von Gemeinschaftsrecht und nationalem Verwaltungsverfahrens- und Prozeßrecht, in: Europarecht, Energierecht, Wirtschaftsrecht. FS für Bodo Börner, 1992, 389; *D. Sellner*, Die Anordnung der sofortigen Vollziehung durch das Gericht nach § 80 a Abs. 3 VwGO, in: FS für Peter Lerche, 1993, 815; *K.-P. Sommermann*, Der vorläufige Rechtsschutz zwischen europäischer Anpassung und staatlicher Verschlankung, in: Planung – Recht – Rechtsschutz. FS für Willi Blümel, 1999, 523; *E.-A. Timmler*, Maßstab und Rechtsnatur der Aussetzungsentscheidung nach § 80 Abs. 5 Satz 1 VwGO, 1993; *C. Tomuschat*, Völkerrechtliche Grundlagen der Verwaltungsgerichtsbarkeit, in: Rechtsstaat zwischen Sozialgestaltung und Rechtsschutz. FS für Konrad Redeker, 1993, 273; *M. Weber*, Vorläufiger Rechtsschutz bei subventionsrechtlichen Konkurrentenklagen im Verwaltungsprozeßrecht der Bundesrepublik Deutschland und im Prozeßrecht der Europäischen Gemeinschaften, 1990; *K.-H. Weingärtner*, Aufschiebende Wirkung bei Unzulässigkeit von Widerspruch und Anfechtungsklage. Insbesondere die Bedeutung der Rechtsbehelfsfrist und der Voraussetzungen der §§ 40, 42 VwGO für den Geltungsbereich des § 80 Abs. 1 VwGO, 1975; *W. Wieseler*, Der vorläufige Rechtsschutz gegen Verwaltungsakte, 1967; *A. Windoffer*, Die Klärungsbedürftigkeit und -fähigkeit von Rechtsfragen im verwaltungsgerichtlichen Verfahren des einstweiligen Rechtsschutzes, 2005; *K. Windthorst*, Der verwaltungsgerichtliche einstweilige Rechtsschutz. Zugleich eine Untersuchung des Erkenntnis- und Steuerungspotentials der Rechtsdogmatik, 2009.

2. Beiträge in Zeitschriften: *M. Bäumerich*, Grundlagen der Schutzschrift im Verwaltungsprozess, DVBl 2015, 352; *K. Beckmann*, Die Kostenanforderung im Focus des § 80 Abs. 2 S. 1 Ziff. 1 VwGO, VR 2003, 181; *ders.*, Welche Rechtswirkungen löst ein Widerspruch gegen eine eingeschränkte Erlaubnis bzw. Genehmigung aus? VR 2003, 253; *ders.*, Sind die in der Literatur und Judikatur vertretenen diversen Theorien zur Zuständigkeitskonkurrenz zwischen Erlass- und Widerspruchsbehörde gem. § 80 II 1 Nr. 4 VwGO nachvollziehbar und schlüssig?, NVwZ 2004, 184; *K. A. Bettermann*, Sofortiger Vollzug und Erfolgsaussichten der Anfechtung, DVBl 1976, 64; *M. Borchmann*, Einstweiliger Rechtsschutz bei behördlicher Nichtbeachtung der aufschiebenden Wirkung nach § 80 Abs. 1 VwGO, VR 1977, 384; *C.-D. Bracher*, Vorläufiger Rechtsschutz im Streit um Beförderungsplanstellen und Beförderungsdienstposten, ZBR 1989, 139; *I. Brinker*, Vorläufiger Rechtsschutz im nationalen Gerichtsverfahren und Europarecht, NJW 1996, 2851; *J. Buchheister*, Vorläufiger Rechtsschutz nach der VwGO aus richterlicher Sicht – Das Eilverfahren als Ersatz für das Hauptsacheverfahren?, DVBl 2017, 610; *F. Czermak*, Rechtsfolgen behördlicher Verfahrensfehler im gerichtlichen Vollziehungsaussetzungsverfahren, DÖV 1962, 816; *W. Dänzer-Vanotti*, Der Gerichtshof der Europäischen Gemeinschaften beschränkt vorläufigen Rechtsschutz, BB 1991, 1015; *ders.*, Unzulässige Rechtsfortbildung des Europäischen Gerichtshofs, RIW 1992, 733; *A. G. Debus*, Überwiegendes Vollzugsinteresse wegen gesetzlichen Ausschlusses der aufschiebenden Wirkung?, NVwZ 2006, 49; *C.-C. Dressel*, Gedanken zur Reform des vorläufigen Rechtsschutzes der VwGO, BayVBl 1995, 388; *F. Ekardt/K. Beckmann*, Sind verwaltungsgerichtliche Hängebeschlüsse zulässig?, VR 2006, 337; *dies.*, Polizeivollzugsbeamte und aufschiebende Wirkung – grammatische versus teleologische Auslegungsmethode im öffentlichen Recht, VerwArch 99 (2008), 241; *dies.*, Vorläufiger Rechtsschutz zwischen Beschleunigungs- und Internationalisierungstendenzen im Verwaltungsrecht, DÖV 2006, 672; *D. Emrich*, Nochmals: Anordnung der sofortigen Vollziehung und rechtliches Gehör, DÖV 1985, 396; *ders.*, Rechtsschutz gegen Verwaltungskostenentscheidungen, NVwZ 2000, 163; *W. Erbguth*, Zum Gehalt und zur verfassungs- wie europarechtlichen Vereinbarkeit der verwaltungsprozessual ausgerichteten Beschleunigungsgesetzgebung, UPR 2000, 81; *J. Erdmann*, Suspensiveffekt von Rechtsbehelfen gegen Vollstreckungskostenbescheide?, NVwZ 1988, 508; *H.-U. Erichsen/R. Klenke*, Rechtsfragen der „aufschiebenden Wirkung" des § 80 VwGO, DÖV 1976, 833; *G. Franz*, Die „Gegenleistung" des Abgabenschuldners für das vorläufige Absehen von Vollstreckungs- bzw. Beitreibungsmaßnahmen, NVwZ 2005, 747; *M. Fröhlinger*, Zum vorläufigen Rechtsschutz in verwaltungsgerichtlichen Massenverfahren, DÖV 1983, 363; *A. Ganter*, Anordnung der sofortigen Vollziehung und rechtliches Gehör, DÖV 1984, 970; *A. Gern*, Zur Anwendbarkeit der Abgabenordnung und des § 80 Abs. 2 Nr. 1 auf die Fehlbelegungsabgabe, VBlBW 1991, 130; *H. Goerlich*, Vorlagepflicht und Eilverfahren, JZ 1983, 57; *A. Guckelberger*, Zulässigkeit und Anfechtbarkeit verwaltungsgerichtlicher Hängebeschlüsse, NVwZ 2001, 275; *H. Guthardt*, Der Anspruch auf Anordnung der sofortigen Vollziehung eines Verwaltungsakts mit Drittwirkung, DVBl 1972, 567; *P. Häberle*, „Fiskalische" Interessen als „öffentliche" Interessen i. S. des § 80 Abs. 2 Nr. 4 VwGO?, DVBl 1967, 220; *G. Haibach*, Vorläufiger Rechtsschutz im Spannungsfeld von Gemeinschaftsrecht und Grundgesetz, DÖV 1996, 60; *M. Happ*, Verfassungsrechtliches zu einer Interessenabwägung im Verfahren nach § 80 V VwGO?, NVwZ 2005, 282; *G. Haurand/J. Vahle*, Das Eilverfahren in der VwGO, VR 1992, 117; *M. Hellriegel/B. Malmendier*, Isolierte Anfechtung von Nebenbestimmungen und vorläufiger Rechtsschutz: ein Unterfall des faktischen Vollzugs?, DVBl 2010, 486; *G. Henn*, Zur aktuellen Problematik von Eignungsüberprüfung, Entziehung der Fahrerlaubnis und vorläufigem Rechtsschutz, NJW 1993, 3169; *C. Heydemann*, Der Vorrang einer behördlichen Entscheidung vor dem einstweiligen Rechtsschutz durch das Verwaltungsgericht, NVwZ 1993, 419; *R. Hörtnagl/R.-C. Stratz*, Die Neuordnung des vorläufigen Rechtsschutzes durch das 4. VwGOÄndG, VBlBW 1991, 326; *G. Hofe/A. Müller*, Wandel der Staatsfunktionen – Wandel in Verwaltungsverfahren und Verwaltungsprozeß, BayVBl 1995, 225; *B.-F. Hoffmann*, Die neue verwaltungsgerichtliche „Eilverfahrensordnung" – zur richterlichen Fortbildung des § 80 Abs. 5 VwGO, DÖV 1976, 371; *J. Holzheuser*, Die Rechtswegverweisung in den verwaltungsgerichtlichen Eilverfahren, DÖV 1994, 807; *O. Huber*, Begründungszwang bei der Anordnung sofortiger Vollziehung, BayVBl 1967, 56; *H. Jäde*, Sofortvollzug bei aussichtslosem Nachbarwiderspruch?, NVwZ 1986, 101; *ders.*, Die Anordnung der sofortigen Vollziehung (§ 80 Abs. 2 Nr. 4 VwGO), APF 1987, 169; *P. Jacob*, Die sofortige Vollziehbarkeit von Maßnahmen in der Verwaltungsvollstreckung, oder: § 187 III VwGO und eine Vorschrift, die in beengte Verhältnisse geraten ist, VBlBW 1991, 361; *R. Jahn*, Anordnung sofortiger Vollziehung von Verwaltungsakten bereits vor Rechtsbehelfseinlegung?, BayVBl 1988, 552; *A. Jannasch*, Vorläufiger Rechtsschutz und Europarecht, VBlBW 1997, 361; *G. R. Joliet*, Protection juridictionnelle provisoire et droit communautaire, RDE 1992, 253; *M. Kaltenborn*, Die formellen Anforderungen an eine Anordnung der sofortigen Vollziehbarkeit gem. § 80 Abs. 2 Satz 1 Nr. 4, Abs. 3 VwGO, DVBl 1999, 828; *M. Kamp*, Das gerichtliche Abänderungsverfahren im einstweiligen Rechtsschutz – insbesondere sein Verhältnis zum Beschwerdeverfahren, NWVBl 2005, 248; *K. Kersting*, Vorläufiger Rechtsschutz durch aufschiebende Wirkung – Zu Inhalt und Funktion von § 80 VwGO, DVP 1982, 12; *S. Kirste*, Rechtsschutz bei faktischem Vollziehung, DÖV 2001, 397; *B. Klein*, Auf dem Weg zum 5. VwGO-Änderungsgesetz, BayVBl 1992, 196; *A. Koch*, Säumniszuschläge als Anforderung öffentlicher Abgaben i. S. des § 80 II 1 Nr. 1 VwGO?, NVwZ 2007, 782; *ders.*, Zur Vorlagepflicht nationaler Gerichte an den EuGH in Verfahren des vorläufigen Rechtsschutzes, NJW 1995, 2331; *F. Kopp*, Aussetzung der Vollziehung eines Verwaltungsaktes, DÖV 1967, 843; *ders.*, Rechtliche Bedeutung und Tragweite der aufschiebenden Wirkung der Anfechtungsklage, BayVBl 1972, 649; *H. Korber*, Die vorläufige und formlose (vor allem telefonische) Mitteilung besonders eilbedürftiger verwaltungsgerichtlicher Beschlüsse nach §§ 80 V, 123 VwGO, NVwZ 1983, 85; *M. Kotulla*, Der Suspensiveffekt des § 80 Abs. 1 VwGO, ein Rechtsschutzinstrument auf Abruf?, Verw. 2000, 521; *H.-J. Krieger*, Vorläufiger Rechtsschutz gegen Gesamtplanungen, NuR 1983, 257; *W. Kuhla*, Der vorläufige Rechtsschutz im Planfeststellungsrecht, NVwZ 2002, 542; *W. Leiner*, Rechtsschutz binnen Wochenfrist: Die Eilentscheidung nach § 36 AsylVfG, NVwZ 1994, 239; *H. Leupold*, Keine Letztentscheidungskompetenz des EuGH im Verfahren des einstweiligen Rechtsschutzes, NVwZ 1995, 553; *T. Mann*, Der verwaltungsgerichtliche Hängebeschluss – ein schwarzes Loch des Verwaltungsprozessrechts, NWVBl 2017, 60; *ders./S. Blasche*, Zur Tenorierung verwaltungsrechtlicher Beschlüsse in den Verfahren des vorläufigen Rechtsschutzes, Teil I (Beschlüsse im Rahmen des § 80 VwGO), NWVBl 2009, 33; *W. Martens*, Tendenzen der Rechtsprechung zum Sofortvollzug der Zulassung von großtechnischen Anlagen, DVBl 1985, 541; *J. Meyer-Ladewig*, Einstweiliger Rechtsschutz im Entwurf einer Verwaltungsprozeßordnung, DVBl 1982, 117; *A. Müller*, Die Anhörungspflicht bei der Anordnung der sofortigen Vollziehung gem. § 80 II Nr. 4 VwGO, NVwZ 1988, 702; *A. v. Mutius*, Zum Suspensiveffekt „unzulässiger" Rechtsbehelfe, VerwArch 66 (1975), 405; *H.-J. Odenthal*, Strafbewehrter Verwaltungsakt und verwaltungsgerichtliches Eilverfahren, NStZ 1991, 418; *P. Oliver*, Interim Measures: some recent developments, CML Rev 29 (1992), 7; *H.-J. Papier*, Ungelöste Fragen im vorläufigen Rechtsschutz im öffentlich-rechtlichen Nachbarrecht, VerwArch 64 (1973), 283 und 399; *ders.*, Einstweiliger Rechtsschutz bei Abgaben, StuW 1978, 332; *J. Pietzcker*, Rechtsschutz gegen Nebenbestimmungen – unlösbar?, NVwZ 1995, 15; *R. Pietzner*, Rechtsschutz in der Verwaltungsvollstreckung, VerwArch 84 (1993), 261; *R. Postier*, Der vorläufige Rechtsschutz gegen die Vollziehung verspätet angefochtener Verwaltungsakte nach der VwGO, NVwZ 1995, 95; *E. Proksch*, Die Wiederherstellung der aufschiebenden Wirkung bei nichtiger Anordnung der sofortigen Vollziehung, BayVBl 1976, 546; *H. Quaritsch*, Die einstweilige Anordnung im Verwaltungsprozeß, VerwArch 51 (1960), 210 und 342; *K. Redeker*, Die Neugestaltung des vorläufigen Rechtsschutzes in der Verwaltungsgerichtsordnung, NVwZ 1991, 526; *ders.*, Neuordnung der Verfahrensabläufe bei nachbarlichen Rechtsbehelfen im Baurecht, BauR 1991, 525; *P. Reimer*, Zur Dogmatik des Abänderungsverfahrens nach § 80 Abs. 7 VwGO,

DÖV 2010, 688; *L. Renck*, Verwaltungsaktswirkungen, Rechtsmittelwirkungen und vorläufiger Rechtsschutz, BayVBl 1994, 161; *ders.*, Gesetzgebungsbefugnis und sofortige Vollziehbarkeit, BayVBl 1991, 743; *ders.*, Rechtsschutz bei vorläufiger Vollziehbarkeit von Verwaltungsakten, NJW 1968, 93; *ders.*, Die sofortige Vollziehbarkeit von Verwaltungsakten und die aufschiebende Wirkung von Rechtsbehelfen, DÖV 1972, 343; *ders.*, Sofort vollziehbares Unrecht?, NVwZ 1988, 700; *ders.*, Ernstliche Zweifel an der Rechtmäßigkeit des angefochtenen Verwaltungsakts, NVwZ 1992, 338; *G. Renner*, Zur gerichtlichen Aussetzung des Sofortvollzugs im Verwaltungsprozeß, MDR 1979, 887; *W. Rieger*, Rechtsschutz gegen die Zurückstellung von Baugesuchen, BauR 2003, 1512; *T. Roeser/A. Hänlein*, Das Abänderungsverfahren nach § 80 VII VwGO und der Grundsatz der Subsidiarität der Verfassungsbeschwerde, NVwZ 1995, 1082; *M. Ronellenfitsch*, Der vorläufige Rechtsschutz im beamtenrechtlichen Konkurrentenstreit, VerwArch 82 (1991), 121; *ders.*, Vorläufiger Rechtsschutz im Verwaltungsprozeß, Staatswissenschaften und Staatspraxis 1993, 683; *A. Roßnagel*, Die Interessenabwägung im Verfahren des vorläufigen Rechtsschutzes gegen mehrstufige Anlagengenehmigungen, GewArch 1980, 145; *M. Ruffert*, Suspensiveffekt und Wirtschaftsstandort Deutschland: Vorläufiger Rechtsschutz nach dem 6. VwGOÄndG, NVwZ 1997, 654; *M. Sauthoff*, Sofortvollzug und vorläufiger Rechtsschutz, NVwZ 1988, 697; *A. W. Schäfer*, Der Begründungszwang bei der Anordnung des sofortigen Vollzuges, DÖV 1967, 477; *M. Scheier*, Zulassung des vorzeitigen Beginns – Probleme beim Vollzug der §§ 9 a WHG, 7 a AbfG und 15 a BImSchG, NVwZ 1993, 529; *W.-R. Schenke*, Zum Zeitpunkt der Aussetzung der gerichtlichen Vollziehung eines Verwaltungsakts, MDR 1969, 813; *ders.*, Strafbarkeit der Zuwiderhandlung gegen einen sofort vollziehbaren, nachträglich aufgehobenen strafbewehrten Verwaltungsakt?, JR 1970, 449; *ders.*, Probleme des vorläufigen Rechtsschutzes gemäß § 80 Abs. 5 VwGO, DVBl 1986, 9; *ders.*, Der vorläufige Rechtsschutz zwischen Rechtsbewahrung und Flexibilitätsanforderungen, VBlBW 2000, 56; *ders.*, Probleme der Vollziehungsanordnung gemäß § 80 Abs. 2 Satz 1 Nr. 4, § 80 a Abs. 1 Nr. 1 und Abs. 2 VwGO, VerwArch 91 (2000), 587; *ders.*, Rechtsprechungsübersicht zum Verwaltungsprozeß – Teil 4, JZ 1996, 1155; *S. Schlemmer-Schulte*, Gemeinschaftsrechtlicher vorläufiger Rechtsschutz und Vorlagepflicht, EuZW 1991, 307; *H. K. Schmaltz*, Probleme des vorläufigen Rechtsschutzes im Baunachbarrecht, DVBl 1992, 230; *D. J. Schmidt*, Sind Verkehrszeichen kraft Gesetzes sofort vollziehbar?, DÖV 1970, 663; 342; *J. Schmidt*, Probleme des Verwaltungsprozeßrechts, VBlBW 1983, 131; *ders.*, Zum richtigen Antragsgegner im Aussetzungsverfahren nach § 80 Abs. 5 VwGO, VBlBW 1985, 369; *T. I. Schmidt*, Die Tenorierung verwaltungsgerichtlicher Entscheidungen im einstweiligen Rechtsschutz erster Instanz, JA 2002, 885; *W. Schmidt*, Rechtsschutz gegen ein Begründungsdefizit bei Verwaltungsentscheidungen über öffentliche Interessen, DÖV 1976, 577; *ders.*, Die Aufrechnung mit einer in einem angefochtenen Leistungsbescheid konkretisierten Gegenforderung – BVerwGE 66, 218, JuS 1984, 28; *L. Schmitt*, Die Anordnung der sofortigen Vollziehung, BayVBl 1977, 554; *A. Schmitt Glaeser*, Die Unzulänglichkeiten der Richternorm des § 80 Abs. 5 VwGO, ZAR 2002, 409; *H. Schnellenbach*, Konkurrentenrechtsschutz bei Stellenbesetzung im öffentlichen Dienst, DÖD 1990, 153; *ders.*, Zum vorläufigen Rechtsschutz bei der Einstellungs- und Beförderungsamts-Konkurrenz, NVwZ 1990, 637; *ders.*, Die Änderung der Verwaltungsgerichtsordnung durch das Gesetz zur Entlastung der Rechtspflege, DVBl 1993, 230; *F. Schoch*, Suspensiveffekt unzulässiger Rechtsbehelfe nach § 80 Abs. 1 VwGO?, BayVBl 1983, 358; *ders.*, Der vorläufige Rechtsschutz im 4. VwGO-Änderungsgesetz, NVwZ 1991, 1121; *ders.*, Grundfragen des verwaltungsgerichtlichen vorläufigen Rechtsschutzes, VerwArch 82 (1991), 145; *ders.*, Die Europäisierung des Allgemeinen Verwaltungsrechts, JZ 1995, 109; *ders.*, Die Europäisierung des vorläufigen Rechtsschutzes, DVBl 1997, 289; *M. Schröder*, Anhörung vor Anordnung der sofortigen Vollziehbarkeit?, VBlBW 1995, 384; *M. Schubert*, Ende der aufschiebenden Wirkung bei Verwaltungsakten mit Doppelwirkung, NVwZ 1990, 638; *E. Schwerdtner*, Aufschiebende Wirkung der Rechtsbehelfe nur bei Zulässigkeit?, BWVP 1976, 26; *ders.*, Die aufschiebende Wirkung – Notwendigkeit eines effektiven Rechtsschutzes, NVwZ 1987, 473; *G. Specht*, Gerichtliche Aussetzungsanordnung nach § 80 Abs. 5 VwGO und späterer gegensätzlicher Widerspruchsbescheid, DVBl 1978, 169; *R. Stober*, Rechtsbehelfsbelehrungspflicht bei Anordnung der sofortigen Vollziehung?, BayVBl 1976, 169; *H. von Stülpnagel*, Der einstweilige Rechtsschutz nach § 80 VwGO und die Durchführung verwaltungsrechtlicher Verordnungen, DÖV 2001, 932; *M. Terwiesche*, Der Verstoß gegen die Begründungspflicht in § 80 Abs. 3 S. 1 VwGO und seine Rechtsfolgen, NWVBl 1996, 461; *P. Tiedemann*, Vorläufiger Rechtsschutz gegen die Vollziehung nicht vollziehbarer Verwaltungsakte, MDR 1979, 717; *C. Traumann*, Die sog. Risiko- und Verpflichtungserklärung bei der Vollzugsanordnung nach § 80 VwGO, NVwZ 1988, 415; *C. Tietje*, Die Heilung von Begründungsmängeln nach § 80 Abs. 3 Satz 1 VwGO im verwaltungsgerichtlichen Verfahren, DVBl 1998, 124; *D. Triantafyllou*, Zur Europäisierung des vorläufigen Rechtsschutzes, NVwZ 1992, 129; *C. H. Ule*, Verantwortung der Verwaltungsgerichte für wirtschaftliches Risiko? – Über die Voraussetzungen an Anordnungen nach § 80 Abs. 5 VwGO im Bau- und Immissionsschutzrecht, GewArch 1978, 73; *ders.*, Vor einer einheitlichen Verwaltungsprozeßordnung?, DVBl 1981, 363; *C. Vedder*, Die Anordnung der sofortigen Vollziehung eines Verwaltungsaktes als Folge des Gemeinschaftsrechts, EWS 1991, 10; *R. Voss*, Einstweiliger Rechtsschutz bei Zweifeln an der Gültigkeit von europäischem Gemeinschaftsrecht, RIW 1996, 417; *H. Weidemann/T. F. Barthel*, Die behördliche Anordnung der sofortigen Vollziehung, DVP 2003, 165; *B. Wilhelm*, Aufschiebende Wirkung der Rechtsbehelfe nur bei Zulässigkeit?, BayVBl 1965, 199; *B. Wittkowski*, Die Konkurrentenklage im Beamtenrecht (unter besonderer Berücksichtigung des vorläufigen Rechtsschutzes), NJW 1993, 817; *C. Wüterich*, Aussetzung der Vollziehung und Säumniszuschläge, NVwZ 1987, 959.

I. Die Entwicklung des Normbestands

1   **1. Entstehung des § 80.** Der verwaltungsgerichtliche vorläufige Rechtsschutz war bis zum Inkrafttreten der VwGO am 1.4.1960 in mehreren besatzungs-, landes- und bundesrechtlichen Vorschriften geregelt.[1] § 80 VwGO lehnt sich mit der Regelung des Grundsatzes der aufschiebenden Wirkung von Rechtsbehelfen gegen Verwaltungsakte, der Ausnahmen von der aufschiebenden Wirkung, der Aussetzung der Vollziehung durch die Behörde sowie der Anordnung oder Wiederherstellung der aufschiebenden Wirkung durch das Gericht an die Regelungen seiner Vorläufer an.[2]

2   **2. Änderungen.** Im Zuge der Bestrebungen zur Vereinheitlichung des Verwaltungsprozessrechts für alle öffentlich-rechtlichen Gerichtszweige sahen die §§ 133 ff. des *Entwurfs einer Verwaltungsprozeßordnung – VwPO* (BT-Drs. 10/3437) auch Änderungen für die Gewährung vorläufigen Rechtsschutzes durch aufschiebende Wirkung vor. Zu den wesentlichen Neuerungen des Entwurfs gehörten die Regelung des vorläufigen Rechtsschutzes für Verwaltungsakte mit Doppelwirkung (§ 133 Abs. 1 S. 2, § 136 VwPO-Entwurf), eine Ausdehnung des gesetzlichen Ausschlusses der aufschiebenden Wirkung (§ 134 Abs. 1 VwPO-Entwurf) sowie eine gesetzliche Befristung der aufschiebenden Wirkung (§ 137 VwPO-Entwurf).

3   Durch das *4. VwGOÄndG* (Viertes Gesetz zur Änderung der VwGO vom 17.12.1990, BGBl I 2809) wurden neben anderem auch einige der Vorschläge aus dem VwPO-Entwurf ins geltende Recht übernommen. Der neu gefasste § 80 Abs. 1 S. 2 stellt klar, dass die aufschiebende Wirkung nicht nur bei verfügenden und rechtsgestaltenden, sondern auch bei feststellenden Verwaltungsakten (entspricht § 133 Abs. 1 S. 2 des VwPO-Entwurfs) sowie bei Verwaltungsakten mit Doppelwirkung (§ 80 a) eintritt. Die Streitfrage, wonach bei Verwaltungsakten mit Doppelwirkung vorläufiger Rechtsschutz zu gewähren sei, entscheidet § 80 Abs. 1 S. 2 i.V.m. dem neu eingefügten § 80 a und § 123 Abs. 5 zugunsten von § 80. In § 80 Abs. 4 S. 1 wird neben der Widerspruchsbehörde auch die Ausgangsbehörde ermächtigt, die nach § 80 Abs. 2 kraft Gesetzes bestehende oder behördlich angeordnete sofortige Vollziehung eines Verwaltungsaktes auszusetzen. Weiter wird bei allen Abgabesachen verbindlich ein behördliches Aussetzungsverfahren vorgeschaltet (§ 80 Abs. 6). Der neu gefasste Abs. 7 zu den Voraussetzungen einer Abänderung von Beschlüssen nach § 80 Abs. 5 entspricht dem Vorschlag in § 135 Abs. 3 des VwPO-Entwurfs. Zur Beschleunigung des Verfahrens und der Entlastung der Gerichte wurde durch das Gesetz zur Entlastung der Rechtspflege vom 11.1.1993 (BGBl I 50) die Möglichkeit beseitigt, gegen die Entscheidung des Vorsitzenden nach § 80 Abs. 8 die Kammer anzurufen (so zuvor in § 80 Abs. 8 S. 2). Außerdem wurde in § 146 Abs. 4 die Beschwerde gegen solche gerichtlichen Eilentscheidungen ausgeschlossen, für die im Hauptsacheverfahren die Berufung nach § 133 Abs. 2 der Zulassung bedürfte.

4   Das am 1.1.1997 in Kraft getretene *6. VwGOÄndG* (Sechstes Gesetz zur Änderung der VwGO und anderer Gesetze vom 1.11.1996, BGBl I 1626) war Bestandteil eines „Beschleunigungspaketes",[3] mit dem der Gesetzgeber durch Verfahrensvereinfachungen und -verkürzungen neben einer Straffung von Planungs- und Genehmigungsverfahren auch eine Beschleunigung des verwaltungsgerichtlichen Verfahrens erreichen wollte. Diese Maßnahmen sollten unter anderem dazu beitragen, Deutschland als Wirtschaftsstandort wettbewerbsfähiger zu machen.[4] Auch im Bereich des vorläufigen Rechtsschutzes brachte das 6. VwGOÄndG mehrere Neuerungen. Der Verfahrensbeschleunigung sollte vor allem der neue § 80 b mit Regelungen über die zeitliche Begrenzung der aufschiebenden Wirkung dienen. Dazu schuf § 80 Abs. 2 weitere Möglichkeiten für Ausnahmen vom Grundsatz der aufschiebenden Wirkung eines Rechtsmittels. Nr. 3 des § 80 Abs. 2 S. 1 wurde um die Bestimmung ergänzt, dass die aufschiebende Wirkung auch in durch Landesgesetz vorgeschriebenen Fällen entfällt. Dieser gesetzlich ange-

---

1   Neuregelungen nach 1945 in § 51 VGG, § 51 MRVO Nr. 165, § 45 SaarlVGG, §§ 21 Abs. 1, 43 VGG RP, § 29 BVerwGG sowie Rückgriffe auf vor 1933 geltende Verwaltungsrechtsnormen in Württemberg-Hohenzollern, Baden und Berlin, im Einzelnen dazu W. *Wieseler,* Der vorläufige Rechtsschutz gegen Verwaltungsakte, 1967, 114 ff.
2   Zur ursprünglichen Fassung des § 80 H. *De Clerck,* NJW 1961, 2233 ff.
3   Zusammen mit dem Gesetz zur Beschleunigung von Genehmigungsverfahren (GenBeschlG) vom 12.9.1996, BGBl I 1354, und dem Gesetz zur Beschleunigung und Vereinfachung immissionsschutzrechtlicher Genehmigungsverfahren vom 9.10.1996, BGBl I 1498; zum Zusammenhang mit diesen Gesetzen H.-P. *Schmiesek,* NVwZ 1996, 1151, 1152.
4   Gesetzentwurf der Bundesregierung, BT-Drs. 13/3993, 1; zu früheren Beschleunigungsversuchen durch Änderungen der VwGO, den Diskussionen im Vorfeld des 6. VwGOÄndG und zum Ablauf des Gesetzgebungsverfahrens eingehend R. *Wilke/A. Teschner,* SchlHA 1997, 25 ff.

ordnete Wegfall sollte insbes. Rechtsbehelfe Dritter gegen Verwaltungsakte zum Gegenstand haben, die Investitionen oder die Schaffung von Arbeitsplätzen betreffen. Mit dem neu eingefügten § 80 Abs. 2 S. 2 wurden daneben bisher in § 187 Abs. 3 geregelte Ausnahmen der aufschiebenden Wirkung bei der Verwaltungsvollstreckung in den § 80 aufgenommen. Für Maßnahmen nach Landesrecht konnten die Länder nach dem neuen § 80 Abs. 2 S. 1 Nr. 3 die aufschiebende Wirkung entfallen lassen. Für Fälle der Verwaltungsvollstreckung nach Bundesrecht traf der neue Satz 2 des § 80 Abs. 2 eine entsprechende Regelung. § 187 Abs. 3 konnte damit gestrichen werden.

Nachdem das 6. VwGOÄndG in §§ 124, 124a die allgemeine Zulassungsberufung einführte, ordnete   5
der geänderte § 146 Abs. 4 folgerichtig auch die Zulassungsbeschwerde an. Danach war eine Beschwerde gegen einen Beschluss des VG über die Aussetzung der Vollziehung nach § 80 oder § 80a nur zulässig, wenn sie vom OVG in entsprechender Anwendung der Zulassungsgründe des § 124 Abs. 2 zugelassen worden war. Die *Zulassungsbeschwerde* wurde durch Art. 1 Nr. 19 b) und c) RmBereinVpG[5] zum 1.1.2002 wieder *abgeschafft*. Neben der unverändert gebliebenen Beschwerdefrist von zwei Wochen (§ 147 Abs. 1) verlangt der neu gefasste Art. 146 Abs. 4 nunmehr die Vorlage einer Beschwerdebegründung innerhalb eines Monats nach Bekanntgabe der Entscheidung (S. 1). Die Beschwerde ist als unzulässig zu verwerfen, wenn die Begründung nicht den erhöhten Anforderungen des Art. 146 Abs. 4 S. 3 entspricht (S. 4). Das Beschwerdegericht befasst sich ausschließlich mit den dargelegten Gründen (S. 6).[6]

II. Vorläufiger Rechtsschutz in der VwGO (§§ 47 Abs. 6, 80, 80 a, 80 b und 123)

Der vorläufige Rechtsschutz im Verwaltungsprozess hat in den vergangenen Jahrzehnten immer mehr   6
an Bedeutung gewonnen und tritt nicht selten an die Stelle des Hauptsacheverfahrens. Dies hat zum einen mit dem immer häufigeren gesetzgebereichen Ausschluss der aufschiebenden Wirkung von Rechtsbehelfen und zum anderen mit der zunehmenden Dauer verwaltungsgerichtlicher Hauptsacheverfahren zu tun.[7] Er wird durch die Bestimmungen der § 47 Abs. 6, §§ 80, 80a, 80b und 123 geregelt. Diese Normen gewähren Rechtsschutz im Wege der einstweiligen Anordnung oder der aufschiebenden Wirkung. Es hängt grds. von der *Handlungsform der Verwaltung nach materiellem Recht* ab, welche der Bestimmungen eingreift. Im Anwendungsbereich der *Normenkontrolle des § 47*, also bei rechtssatzförmigem Verwaltungshandeln, richtet sich der vorläufige Rechtsschutz nach § 47 Abs. 6 und wird durch Erlass einer einstweiligen Anordnung gewährt. Vorläufiger Rechtsschutz durch *aufschiebende Wirkung eines Rechtsmittels nach § 80* kommt immer dann in Betracht, wenn die Verwaltung in der Form des Verwaltungsakts handelt und dabei in Rechte des Bürgers eingreift, richtige Klageart hiergegen also die Anfechtungsklage wäre. § 80a betrifft den Sonderfall des *Verwaltungsakts mit Doppelwirkung*, d.h. den des Verwaltungsakts, durch den zugleich einer der Beteiligten begünstigt und ein anderer belastet wird. Dabei regelt § 80b für die Fälle der §§ 80 und 80a, wie lange der vorläufige Rechtsschutz durch die aufschiebende Wirkung des Rechtsmittels anhält. § 123 schließlich stellt vorläufigen Rechtsschutz in der Form der *einstweiligen Anordnung grds. für die übrigen Fallgestaltungen* zur Verfügung, insbes. in Fällen, in denen im Verfahren der Hauptsache richtige Klageart eine Verpflichtungsklage, eine allgemeine Leistungsklage, eine Unterlassungs- oder Feststellungsklage ist. Dabei sind die *§§ 80, 80a gegenüber § 123 spezieller* (§ 123 Abs. 5). Durch die aufschiebende Wirkung des Rechtsmittels gegen einen belastenden Verwaltungsakt nach § 80 Abs. 1 erhält der Betroffene i.d.R. ausreichenden Schutz, da der status quo vorläufig gewahrt bleibt. Entfällt die aufschiebenden Wirkung des Rechtsmittels aufgrund gesetzlicher Bestimmung (§ 80 Abs. 2 S. 1 Nr. 1–3 und S. 2) oder aufgrund behördlicher Anordnung (§ 80 Abs. 2 S. 1 Nr. 4), muss der Betroffene einen Antrag auf vorläufigen Rechtsschutz stellen. Er kann sich dazu an die Behörde wenden, die die Vollziehung nach § 80 Abs. 4 aussetzen kann, oder an das Gericht, das die aufschiebende Wirkung des Rechtsmittels anordnen (§ 80 Abs. 5 S. 1 Alt. 1) oder wiederherstellen (§ 80 Abs. 5 S. 1 Alt. 2) kann. Nach Ende der aufschiebenden Wirkung kann zudem ihre Fortdauer beantragt werden (§ 80b Abs. 2). Für Verwaltungsakte mit Doppelwirkung sieht § 80a Abs. 1 Nr. 2 i.V.m. Abs. 3 vor, dass bei einem Bedürfnis

---

5 Gesetz zur Bereinigung des Rechtsmittelrechts im Verwaltungsprozess vom 20.12.2001, BGBl I 3987.
6 Zum Streit um den Wegfall des Zulassungserfordernisses im Gesetzgebungsverfahren und der gefundenen Kompromisslösung einer verschärften Begründungspflicht B. *Kienemund*, NJW 2002, 1231, 1234.
7 J. *Buchheister*, DVBl 2017, 610, 611 f., mit statistischen Angaben.

nach weiter gehendem Schutz Behörde und Gericht zusätzlich einstweilige Maßnahmen zur Sicherung der Rechte des Dritten treffen können. Ein Antrag nach § 123 kommt bei belastenden Verwaltungsakten grds. nur in Betracht, wenn der durch §§ 80, 80 a gewährte Rechtsschutz nicht ausreichen würde, weil etwa zusätzliche Maßnahmen der Behörde zum Schutz des Betroffenen bis zur Hauptsache erforderlich wären. Zum Anwendungsbereich der §§ 80, 80 a und 123 sowie zur Abgrenzung der Bestimmungen → Rn. 19 ff. und → § 123 Rn. 27 ff.

III. Verfassungsrechtliche und europarechtliche Vorgaben

7 **1. Die Garantie effektiven Rechtsschutzes nach dem GG.** Der vorläufige Rechtsschutz nach den §§ 80, 80 a und 123 ist Ausfluss verfassungsrechtlicher Anforderungen, wie sie sich aus der Rechtsschutzgarantie des Art. 19 Abs. 4 GG (BVerfGE 35, 263, 274; 35, 382, 401; 79, 69, 74; 94, 166, 216) i.V.m. dem Rechtsstaatsprinzip (BVerfGE 35, 382, 401) und aus im Einzelfall weiteren betroffenen Grundrechten[8] ergeben können. Art. 19 Abs. 4 GG verlangt umfassenden und tatsächlich wirksamen gerichtlichen[9] Rechtsschutz gegenüber der Exekutive (BVerfGE 51, 268, 284 m.w.N.). Erlässt die Verwaltung einen belastenden Verwaltungsakt, ist der Betroffene den im Verwaltungsakt angeordneten Rechtsfolgen ausgesetzt, sobald äußere und innere Wirksamkeit des Verwaltungsakts eingetreten sind (→ Rn. 29). Eine wirksame richterliche Kontrolle der vollziehenden Gewalt würde illusorisch, wenn die Verwaltung vollendete Tatsachen schaffen könnte, die nicht mehr rückgängig gemacht werden können, nachdem sich nach gerichtlicher Überprüfung das Verwaltungshandeln als rechtswidrig herausgestellt hat.[10] Auch Maßnahmen der Verwaltung, die keine Verwaltungsakte darstellen, sowie die Unterlassung oder Ablehnung einer beantragten Amtshandlung können zur Schaffung vollendeter Tatsachen mit schweren und unzumutbaren Nachteilen für den Betroffenen führen (BVerfGE 46, 166, 178 f.).

8 Das GG schreibt allerdings nicht vor, in welcher prozessualen Form vorläufiger Rechtsschutz zu gewähren ist, solange Eilrechtsschutz überhaupt gegeben ist.[11] Die bei belastenden Verwaltungsakten i.d.R. vorgesehene aufschiebende Wirkung von Widerspruch und Anfechtungsklage ist nach der Rspr. des BVerfG eine adäquate Ausprägung der Rechtsschutzgarantie des Art. 19 Abs. 4 GG (BVerfGE 35, 263, 272; 35, 382, 402; 69, 315, 372). Der Verfassung entsprechender effektiver Rechtsschutz kann bei Verwaltungsakten jedoch auch auf andere Weise als durch die aufschiebende Wirkung eines eingelegten Rechtsbehelfs gewährt werden, etwa durch eine einstweilige Anordnung nach § 123 (BVerfGE 51, 268, 285). Für andere Formen des Verwaltungshandelns oder für behördliches Unterlassen entspricht die einstweilige Anordnung nach § 123 den verfassungsrechtlichen Anforderungen an einen effektiven vorläufigen Rechtsschutz (BVerfGE 79, 69, 74).

9 Im Schrifttum werden häufig Passagen aus Entscheidungen des BVerfG zitiert, wonach die aufschiebende Wirkung als fundamentaler Grundsatz des öffentlich-rechtlichen Prozesses (BVerfGE 35, 263, 272; 35, 382, 402; 69, 315, 372) die Regel sei, die sofortige Vollziehung die Ausnahme bleiben müsse und eine Verwaltungspraxis, die dieses Regel-Ausnahme-Verhältnis umkehre, und etwa Verwaltungsakte generell für sofort vollziehbar erklärte, mit der Verfassung nicht mehr vereinbar wäre (BVerfGE 35, 382, 402; 51, 268, 284 f.; BVerfG [K] NVwZ-RR 1991, 365). Auf diese Zitate wird teilweise die Ansicht gestützt, von Verfassungs wegen bestehe ein Rangverhältnis zwischen aufschiebender Wirkung und Anordnung der sofortigen Vollziehung.[12] Die in § 80 Abs. 1 vorgesehene aufschiebende Wirkung räumt dem Bürger bei belastenden Verwaltungsakten zwar eine besonders günstige Rechtspositi-

---

8 Etwa BVerfGE 35, 263, 277 (Art. 14 Abs. 1 S. 1 GG); 67, 43, 58 (Art. 16 Abs. 2 S. 2 GG); 79, 69, 74 (Art. 33 Abs. 3 S. 1, Art. 4 Abs. 1 GG).

9 Art. 19 Abs. 4 GG eröffnet nur den Rechtsschutz zu den Gerichten und enthält daher keine Anforderungen für den vorprozessualen vorläufigen Rechtsschutz, dazu näher *F. Schoch*, Vorläufiger Rechtsschutz, 1988, 1121 f.

10 BVerfGE 35, 263, 274; 35, 382, 400 f.; 37, 150, 153; 51, 268, 284; 67, 43, 58; 69, 315, 372; 80, 244, 252; BVerwGE 1, 11 f.; 16, 289, 292; 53, 51; BVerwG DVBl 1974, 566; NJW 1993, 1610, 1611.

11 BVerfG (K) DVBl 1999, 1204, 1205; *E. Schmidt-Aßmann*, in: Maunz/Dürig Art. 19 Abs. 4 Rn. 274 f.; *F. Schoch*, Vorläufiger Rechtsschutz, 1988, 1118 ff.; *E.-A. Timmler*, Maßstab und Rechtsnatur der Aussetzungsentscheidung nach § 80 Abs. 5 Satz 1 VwGO, 1993, 27.

12 *W. Erbguth*, UPR 2000, 81, 82 f.; *J. Erdmann*, NVwZ 1988, 508, 509; *Hufen* § 31 Rn. 3 f.; *M. Sauthoff*, NVwZ 1988, 697; weitere Nachw. bei *F. Schoch*, Vorläufiger Rechtsschutz, 1988, 1116 f.; a.M. *Pietzner/Ronellenfitsch* § 49 Rn. 1390; vgl. auch *F. Schoch*, a.a.O., 1116 ff.; *E.-A. Timmler*, Maßstab und Rechtsnatur der Aussetzungsentscheidung nach § 80 Abs. 5 Satz 1 VwGO, 1993, 25 ff.

on ein, weil er automatisch Rechtsschutz durch Aufrechterhaltung des status quo bekommt, ohne dass er hierfür ein besonderes Aufschubinteresse darlegen muss. Aber auch das Verfahren nach § 80 Abs. 5 ist eine adäquate Ausprägung des grundgesetzlich garantierten Rechtsschutzes (BVerfGE 35, 263, 275). Art. 19 Abs. 4 GG fordert die aufschiebende Wirkung der Rechtsbehelfe im Verwaltungsprozess nicht schlechthin.[13] So kann der *Gesetzgeber* für einen bestimmten Sachbereich wegen dessen Besonderheiten die sofortige Vollziehbarkeit der Verwaltungsakte *generell anordnen*. Es muss in diesem Fall allerdings gewährleistet sein, dass der Betroffene umgehend eine gerichtliche Entscheidung darüber herbeiführen kann, ob im konkreten Einzelfall das öffentliche Interesse an der sofortigen Vollziehung oder aber das Interesse des Einzelnen an der Aussetzung der Vollziehung bis zur Nachprüfung der Rechtswidrigkeit der Maßnahme überwiegt.[14] Grds. wird daher Art. 19 Abs. 4 GG verletzt, wenn der Gesetzgeber nicht nur die aufschiebende Wirkung des Rechtsmittels ausschließt, sondern auch den Weg zur gerichtlichen Überprüfung des Ausschlusses versperrt. Im Bereich des *Asylverfahrens* wird Art. 19 Abs. 4 GG allerdings durch Art. 16 a Abs. 2 S. 3 und Abs. 4 GG modifiziert. Das BVerfG erklärte daher den früheren *§ 34 a Abs. 2 AsylVfG*, der die Aussetzung der Abschiebung in einen sicheren Drittstaat nach § 80 oder § 123 ausschloss,[15] in einer restriktiven, auf den Regelfall der Vollziehung einer Abschiebungsandrohung beschränkten Auslegung für verfassungsgemäß.[16]

Auch die *Verwaltung* darf bei Vorliegen überwiegender öffentlicher Belange den Rechtsschutzanspruch eines Grundrechtsträgers einstweilen zurückstellen, um unaufschiebbare Maßnahmen im Interesse des Allgemeinwohls rechtzeitig treffen zu können. Die *Verwaltung* darf aber *nicht generell* für einen bestimmten Sachbereich die Anordnung der sofortigen Vollziehung aussprechen. Hier betont das BVerfG die Gesetzesbindung der Verwaltung, und nur so dürften die umstrittenen Aussagen des BVerfG zum Regel-Ausnahme-Verhältnis zwischen aufschiebender Wirkung und sofortiger Vollziehbarkeit zu verstehen sein. In Fällen, in denen sich der Gesetzgeber grds. für die aufschiebende Wirkung entschieden hat, muss die Verwaltung das (gesetzlich vorgesehene) Regel-Ausnahme-Verhältnis zwischen aufschiebender Wirkung und Sofortvollzug beachten und darf nicht allgemein, sondern nur im Einzelfall nach Abwägung zwischen öffentlichem Interesse am Sofortvollzug und Aufschubinteresse des Bürgers die sofortige Vollziehung anordnen.[17] Dabei ist der Rechtsschutzanspruch des Betroffenen umso höher zu bewerten, je schwerer die ihm auferlegte Belastung ist, und je mehr die Maßnahme der Verwaltung Unabänderliches bewirkt (BVerfGE 35, 382, 402; 37, 150, 153; 69, 220, 228). 10

Darüber hinaus ist effektiver Rechtsschutz nach Art. 19 Abs. 4 GG nur gewährleistet, wenn dem Betroffenen nach Erlass einer Maßnahme oder einer gerichtlichen Eilentscheidung noch ausreichend Zeit bleibt, um Rechtsschutz zu erlangen.[18] Art. 19 Abs. 4 GG verbietet auch einen *faktischen* Ausschluss der mit der Rechtsmitteleinlegung verbundenen aufschiebenden Wirkung. Abgesehen von besonders gelagerten Ausnahmefällen muss daher dem Pflichtigen zur Befolgung eines mit einer Zwangsmittelandrohung verbundenen Verwaltungsakts eine angemessene Frist gesetzt werden, die ihm noch vor Beginn der zwangsweisen Durchsetzung die Erhebung von Rechtsmitteln ermöglicht (BVerwGE 16, 289, 291 ff.; 17, 83, 85 f.; BVerwG DÖV 1973, 785, 786). 11

Bei einem *Verwaltungsakt mit Doppelwirkung* i.S.d. § 80 a, der einen Betroffenen begünstigt und einen anderen belastet, stehen i.d.R. gleichrangige Grundrechtspositionen der Betroffenen miteinander in Konflikt (BVerfG [K] NVwZ 2009, 240, 242; vgl. auch BVerfG [K] NVwZ 2009, 581, 583). Hier haben beide Seiten aus Art. 19 Abs. 4 GG und aus dem jeweils betroffenen Grundrecht – bei einer Baugenehmigung etwa aus den jeweiligen Eigentumsrechten von Bauherrn und Nachbar – Anspruch auf effektiven Rechtsschutz (vgl. BVerfGE 35, 263, 276 f.). Die betroffenen Grundrechtspositionen sind in einem solchen Fall über eine gerechte Interessenabwägung zum Ausgleich zu bringen (BVerfG [K] GewArch 1985, 16). 12

2. Europarechtliche Anforderungen. a) Vorgaben des Rechts der Europäischen Union. Von wenigen Bereichen des Unionsrechts abgesehen, wie etwa dem Wettbewerbsrecht, wird *EU-Recht* nicht durch 13

---

13 BVerfG (K) NVwZ 2009, 240, 241 f.; vgl. auch BVerfG 13, 174, 177 ff.; 35, 382, 402; 51, 268, 284; 80, 244, 252.
14 Vgl. BVerfGE 51, 268, 285; 65, 1, 70 f.; 67, 43, 58 ff.; BVerfG (K) NVwZ 2009, 240, 242.
15 Nunmehr § 34 a AsylG. Abs. 2 wurde 2013 neu gefasst und sieht wieder Anträge nach § 80 Abs. 5 innerhalb Wochenfrist vor.
16 BVerfGE 94, 49 (104, 113).
17 BVerfGE 35, 382, 402; 51, 268, 284 f.; BVerfG (K) NVwZ 1982, 241; NVwZ-RR 1991, 365; DVBl 1995, 1297 f.
18 BVerfG (K) NVwZ 2007, 1178 f.; NvWZ 2009, 1430; StGH BW NVwZ 2014, 1514, 1515.

EU-Organe, sondern *durch nationale Behörden und Gerichte aufgrund nationaler Verfahrensvorschriften vollzogen*. Verwaltungsakte deutscher Behörden werden folglich häufig auf der Grundlage und zur Durchsetzung von Unionsrecht erlassen. In Fällen mit Unionsbezug *stellt nach der Rspr. des EuGH auch das Unionsrecht Anforderungen* an die *Anordnung der sofortigen Vollziehung* eines auf Unionsrecht beruhenden nationalen Verwaltungsakts durch die nationale Behörde sowie an die *Gewährung vorläufigen Rechtsschutzes durch nationale Gerichte*.

14   Im deutschen innerstaatlichen Recht gilt Europarecht nach der Rspr. des BVerfG aufgrund des Rechtsanwendungsbefehls des Art. 23 Abs. 1 S. 2 GG (vor Gründung der EU: Art. 24 Abs. 1 GG) i.V.m. dem Zustimmungsgesetz nach Art. 59 Abs. 2 S. 1 GG zu dem jeweiligen Vertrag (BVerfGE 75, 223, 244; vgl. auch BVerfGE 31, 145, 173 ff.). Bei einem Widerspruch zu deutschem Gesetzesrecht kommt den Rechtsakten der Union auch vor deutschen Gerichten *Anwendungsvorrang* zu (BVerfGE 75, 223, 244). Damit ist auch die Rspr. des EuGH innerstaatlich wirksam, darin eingeschlossen seine richterliche Rechtsfortbildung (BVerfGE 75, 223, 242 f.), die innerstaatlich allerdings nur bis zur Grenze der Vertragserweiterung Verbindlichkeit beanspruchen kann (BVerfGE 89, 155, 210). Bei *Zweifeln an der innerstaatlichen Verbindlichkeit von Europarecht* kommt grds. eine *Richtervorlage* nach Art. 100 Abs. 1 GG, bei Grundrechtsberührung auch eine *Verfassungsbeschwerde* gegen den auf die betreffende Europarechtsnorm gestützten Akt deutscher Hoheitsgewalt in Betracht.[19] Zwar nimmt das Bundesverfassungsgericht für sich in Anspruch, Rechtsakte der Organe und Einrichtungen der Union, einschließlich der Entscheidungen des Gerichtshofs, daraufhin zu überprüfen, ob sie sich im Rahmen der ihnen vertraglich eingeräumten Hoheitsrechte halten.[20] Es beschränkt diese *Ultra-vires-Kontrolle* allerdings auf *„hinreichend qualifizierte“* Kompetenzüberschreitungen der europäischen Organe.[21] Wird die Verletzung deutscher Grundrechte durch sekundäres Europarecht geltend gemacht, sind Verfassungsbeschwerden und Richtervorlagen nur zulässig, wenn dargelegt werden kann, dass der europarechtliche Grundrechtsschutz *generell unter das vom GG geforderte Mindestniveau* abgesunken ist (BVerfGE 102, 147, 161 ff.).

15   **aa) Anordnung der sofortigen Vollziehung durch deutsche Behörden.**   Wegen der aufschiebenden Wirkung von Rechtsbehelfen nach § 80 Abs. 1 kann nach Erhebung von Widerspruch oder Klage ein auf Europarecht beruhender Verwaltungsakt einer deutschen Behörde nicht durchgesetzt und dem Europarecht somit vorläufig keine Geltung verschafft werden. Der EuGH entschied im Tafelwein-Fall, dass Deutschland dadurch gegen seine Verpflichtungen zur Gemeinschaftstreue nach Art. 10 EGV (jetzt „Grundsatz der loyalen Zusammenarbeit“, Art. 4 Abs. 3 EUV n.F.) und die den angegriffenen Verwaltungsakten zugrunde liegende Verordnung verstoßen hatte, dass die deutschen Behörden von der Möglichkeit keinen Gebrauch gemacht hatten, die sofortige Vollziehung der angegriffenen Verwaltungsakte anzuordnen (EuGH C-217/88 [Kommission/Deutschland], Slg. 1990, I-2879). Den Einwand der Bundesrepublik, dass in diesem Fall die nach der deutschen innerstaatlichen Rechtslage erforderlichen Voraussetzungen für eine Anordnung der sofortigen Vollziehung nicht gegeben gewesen seien, erklärte der *EuGH* für unbeachtlich, da die *Verwirklichung des Europarechts entgegenstehendem nationalen Recht vorgehe* (EuGH Slg. 1990, I-2879, Rn. 25 f.). Aufgrund dieser Rspr. des EuGH ist *§ 80 Abs. 2 S. 1 Nr. 4 europarechtskonform auszulegen und anzuwenden*. Eine Anordnung der sofortigen Vollziehung von Verwaltungsakten, die zur Durchsetzung von Unionsrecht ergehen, ist daher auch dann in Betracht zu ziehen, wenn bei rein innerstaatlichen Sachverhalten die Voraussetzungen nicht gegeben wären[22] (zur europarechtskonformen Auslegung des Begriffs „öffentliches Interesse“ i.S.v. § 80 Abs. 2 S. 1 Nr. 4 → Rn. 88). Die genannte Entscheidung des Gerichtshofs stellt auf die Durchsetzung des Europarechts im Einzelfall ab. Europarecht gebietet daher nicht, bei derartigen Verwaltungsakten die aufschiebende Wirkung von Widerspruch oder Anfechtungsklage generell entfallen zu lassen.[23] Deshalb besteht auch kein Bedürfnis, das Unionsrecht in den Begriff „Bundesgesetz“ nach

---

19 BVerfGE 75, 223, 235; 89, 155, 188; 126, 286, 298 f.; vgl. auch BVerfG (K) EuZW 1995, 126 f. (In diesem Fall ging es um die grundrechtsbeeinträchtigende Anwendung der Rspr. des EuGH durch den VGH Kassel.).
20 BVerfGE 89, 155, 188; 123, 267, 353 f.; 126, 286, 302; NJW 2016, 2473, 2478, Rn. 143 ff.
21 BVerfGE 126, 286, 304 f.; NJW 2016, 2473, 2478 f. Rn. 147 ff.
22 Vgl. dazu *C. Tomuschat*, FS Redeker, 1993, 273, 289; anders *C. Vedder*, EWS 1991, 10, 17, der für eine Ergänzung des § 80 de lege ferenda durch eine zusätzliche Ziffer zur Berücksichtigung des Europarechts eintritt.
23 OVG Lüneburg − 10 ME 43/12, BeckRS 2012, 51108; VG Halle − 6 B 164/13 HAL, BeckRS 2013, 56535; so aber der Vorschlag von *D. Triantafyllou*, NVwZ 1992, 129, 133; vgl. dazu *C. Tomuschat*, FS Redeker, 1993, 273, 289.

§ 80 Abs. 2 S. 1 Nr. 3 hineinzuinterpretieren, um auf diesem Weg zu einer sofortigen Vollziehbarkeit aller auf Europarecht beruhender Verwaltungsakte zu gelangen (→ Rn. 69).[24]

bb) Gewährung vorläufigen Rechtsschutzes durch deutsche Gerichte. In einem nach Unionsrecht zu 16 beurteilenden Rechtsstreit *muss* nach Auffassung des EuGH das *nationale Gericht in der Lage sein, vorläufige Maßnahmen zu erlassen.* Dies verlange der Grundsatz effektiven gerichtlichen Schutzes der Rechte, die den Einzelnen durch das Europarecht verliehen worden sind. Vorläufiger Rechtsschutz müsse gewährt werden können, wenn er erforderlich sei, *um die volle Wirksamkeit der späteren Gerichtsentscheidungen über das Bestehen der betreffenden, aus dem Europarecht hergeleiteten Rechte sicherzustellen.*[25] Eine entgegenstehende Bestimmung des nationalen Verfahrensrechts darf in einem solchen Fall vom Gericht nicht angewandt werden.[26] Diese Verpflichtung ergibt sich auch aus dem EU-Grundrecht auf wirksamen Rechtsschutz nach Art. 47 GRCh, das die Mitgliedstaaten nach Art. 19 Abs. 1 UAbs. 2 EUV gewährleisten müssen.[27] Nachdem der vorläufige Rechtsschutz nicht nur im deutschen Verwaltungsprozessrecht in den § 47 Abs. 6, §§ 80, 80 a und 123, sondern auch verfassungsrechtlich abgestützt ist, dürfte es in Deutschland i.d.R. keine prozessrechtlichen Schwierigkeiten bereiten, dieser Anforderung des EuGH nachzukommen. Bei Auslegung und Anwendung der Normen des deutschen Verwaltungsprozessrechts ist in Fällen mit Europarechtsbezug darüber hinaus die Rspr. des EuGH zur Ausgestaltung des nationalen vorläufigen Rechtsschutzes heranzuziehen.

Für die Frage, ob das nationale Gericht bei Europarechtsbezug im vorläufigen Rechtsschutzverfahren 17 besondere Verfahrensregeln des Unionsrechts zu beachten hat, sind *zwei Fallkonstellationen* zu unterscheiden: zum einen Fälle, in denen *Zweifel an der Vereinbarkeit des betreffenden deutschen Rechtsakts mit Europarecht* bestehen, und zum anderen Fälle, in denen das deutsche Gericht *Zweifel an der Gültigkeit des dem deutschen Verwaltungsakt zugrunde liegenden europäischen Rechtsakts* hegt. Sollen die Wirkungen nationaler Rechtsvorschriften vorläufig ausgesetzt werden, also die aufschiebende Wirkung eines Verwaltungsakts angeordnet oder wiederhergestellt werden, weil der *deutsche Rechtsakt möglicherweise im Widerspruch zum Europarecht* steht, existieren hierfür *keine einschlägigen Europarechtsregeln.* Unter welchen Voraussetzungen in einem solchen Fall vorläufiger Rechtsschutz zum Schutz der dem Einzelnen aus dem Unionsrecht erwachsenen Rechte zu gewähren ist, beurteilt sich daher nach nationalem Recht.[28] Zu beachten sind dabei lediglich der *europarechtliche Grundsatz der Gleichwertigkeit (Äquivalenzgebot),* wonach die in Fällen mit Europarechtsbezug angelegten Maßstäbe für den Einzelnen nicht weniger günstig ausgestaltet werden dürfen als die für entsprechende Verfahren mit rein innerstaatlichem Bezug, und der *europarechtliche Grundsatz der Effektivität,* wonach die nationalen Vorschriften die Ausübung der durch Europarecht verliehenen Rechte nicht praktisch unmöglich machen oder übermäßig erschweren dürfen.[29] Stellt sich dem Gericht eine europarechtliche Auslegungsfrage, kann das nationale Gericht zwar das Verfahren aussetzen und die Frage dem EuGH nach Art. 267 AEUV vorlegen. Wegen der Eilbedürftigkeit dürfte eine solche Verfahrensverzögerung aber i.d.R. nicht tunlich sein. Nach der Rspr. des EuGH besteht daher in Verfahren des vorläufigen Rechtsschutzes keine Vorlagepflicht, auch nicht für das Beschwerdegericht als letztinstanzlichem Gericht i.S.v. Art. 267 Abs. 3 AEUV. Dem Ziel des Vorlageverfahrens, die einheitliche Auslegung und Anwendung des Europarechts sicherzustellen, werde durch die erneute Prüfung im Hauptsacheverfahren mit dortiger Vorlageverpflichtung an den EuGH Genüge getan[30] (anders aber bei Zweifeln an der Gültigkeit abgeleiteten Europarechts → Rn. 17 a).

24 Dazu näher, aber i.E. abl. *H. von Stülpnagel,* DÖV 2001, 932, 933 f.; *C. Vedder,* EWS 1991, 10, 14.

25 EuGH C-213/89 (Factortame), Slg. 1990, I-2433, Rn. 20 f.; C-226/99 (Siples), Slg. 2001, I-277, Rn. 19; C-432/05 (Unibet), Slg. 2007, I-2271, Rn. 67, 77.

26 EuGH C-213/89 (Factortame), Slg. 1990, I-2433, Rn. 20 f. Die Entscheidung betraf einen Fall aus Großbritannien, in dem nach dem anwendbaren britischen Recht keine einstweiligen Anordnungen gegen die Krone hätten erlassen werden dürfen.

27 Schlussanträge der Generalanwältin Kokott vom 19.4.2012 in der C-416/10 (Krizan), Ziff. 172, BeckRS 2012, 81392.

28 EuGH C-432/05 (Unibet), Slg. 2007, I-2271, Rn. 80 f.

29 EuGH C-432/05 (Unibet), Slg. 2007, I-2271, Rn. 82.

30 EuGH 107/76 (Hoffmann-La Roche), Slg. 1977, 957, Rn. 5 f.; EuGH, verb. 35 und 36/82 (Morson), Slg. 1982, 3723, Rn. 8 f.; i.S. auch BVerfG (K) NJW 2007, 1521, 1522; NVwZ 2017, 470, 471; BVerfG – 1 BvR 1928/17, BeckRS 2017, 129756; OVG Koblenz NVwZ 2006, 1426, 1429; OVG Saarlouis NVwZ-RR 2008, 95, 96; VGH Mannheim DVBl 2006, 188, 192; VGH München NVwZ 2006, 1430, 1434.

17a   Strengere Voraussetzungen stellt der EuGH allerdings für die Aussetzung der Vollziehung eines auf einem europäischen Rechtsakt beruhenden, von einer nationalen Behörde erlassenen Verwaltungsakts auf, wenn das Gericht Zweifel an der *Gültigkeit des zugrunde liegenden europäischen Rechtsakts*[31] hat. Zwar gesteht der EuGH dem nationalen Gericht grds. die Befugnis zu, die Vollziehung auch eines auf Europarecht beruhenden Verwaltungsakts vorläufig auszusetzen.[32] Er verlangt dann aber *von jedem – auch einem nicht-letztinstanzlichen – nationalen Gericht* die Vorlage der Streitfrage zur Gültigkeit des europäischen Rechtsakts nach Art. 267 AEUV, es sei denn, der Gerichtshof wäre bereits mit dieser Frage befasst.[33] Im Gegensatz zu einer Vorlage im Hauptsacheverfahren ist das deutsche Gericht wegen der Eilbedürftigkeit des vorläufigen Rechtsschutzverfahrens jedoch *nicht verpflichtet, das Verfahren auszusetzen und die Entscheidung des EuGH abzuwarten.* Im Interesse einer einheitlichen Gewährung vorläufigen Rechtsschutzes in der Union hat der EuGH – in Anlehnung an seine eigene Befugnis zur Gewährung vorläufigen Rechtsschutzes nach Art. 278, 279 AEUV – eine Reihe weiterer Voraussetzungen entwickelt, unter denen eine Aussetzung der Vollziehung des Verwaltungsakts durch das nationale Gericht aus der Sicht des Europarechts nur zulässig ist[34] (→ EVR Rn. 245 ff.). Das nationale Gericht muss *erhebliche Zweifel an der Gültigkeit* der zugrundeliegenden Europarechtsnorm hegen. Weiter muss die Aussetzung *dringlich* sein, d.h. dem Antragsteller ein *schwerer und nicht wiedergutzumachender Schaden* drohen, der eintreten kann, bevor der EuGH über die Gültigkeit der gerügten Unionshandlung entscheiden kann. Ein reiner Geldschaden erfüllt i.d.R. diese Voraussetzung nicht. Das nationale Gericht hat bei seiner Aussetzungsentscheidung ferner das *Interesse der Union an einer möglichst vollen Wirksamkeit* der fraglichen Europarechtsnorm angemessen zu beachten. Ggf. ist eine Aussetzung nur gegen Sicherheitsleistung des Antragstellers zu gewähren. Bei der Prüfung der genannten Voraussetzungen hat das nationale Gericht *Entscheidungen des Gerichtshofs und des Gerichts* über die Rechtmäßigkeit der betreffenden Unionshandlung sowie im vorläufigen Rechtsschutzverfahren auf Unionsebene ergangene Beschlüsse *zu beachten.*[35] Schließlich kann die Vollziehung eines Verwaltungsakts im vorläufigen Rechtsschutzverfahren *nur so lange ausgesetzt werden, bis der Gerichtshof über die Gültigkeit* des str. Unionshandelns *entschieden* hat. Kommt es zu einem Hauptsacheverfahren, und hat das mit der Hauptsache befasste Gericht ebenfalls Zweifel an der Gültigkeit oder Wirksamkeit des Unionsrechtsakts, hat das Gericht die Vorabentscheidung des EuGH seiner Entscheidung zugrunde zu legen. Das Europarecht nimmt es allerdings hin, wenn es aus Gründen des nationalen Prozessrechts später nicht zu einem Hauptsacheverfahren kommen sollte.[36]

18   Diese Rspr. des EuGH wurde als *bedenkliche Kompetenzüberschreitung* kritisiert.[37] Der EuGH, der sich in einer Entscheidung aus dem Jahr 1987 ausdrücklich die Verwerfungskompetenz für Gemeinschaftshandlungen vorbehalten hat (EuGH 314/85 [Foto-Frost], Slg. 1987, 4199, Rn. 15 ff.), hält seine Anforderungen an die Gewährung vorläufigen Rechtsschutzes gegenüber nationalen Verwaltungsakten mit Europarechtsgrundlage lediglich für eine den nationalen Gerichten zugestandene Ausnahme von seiner Verwerfungskompetenz, da den nationalen Gerichten zumindest vorläufig erlaubt werde, über die Gültigkeit von Europarecht zu entscheiden.[38] Das nationale Gericht trifft im vorläufigen Rechtsschutzverfahren jedoch kein Urteil über die Gültigkeit von Europarecht, sondern hält die Frage nur bis zu einer Entscheidung in der Hauptsache offen. Mit der Aufstellung einer Vorlagepflicht für alle nationalen Gerichte, nicht nur für die Gerichte letzter Instanz, geht der EuGH auch über den insoweit eindeutigen Wortlaut des Art. 267 Abs. 3 AEUV hinaus. Überdies gibt er Bedingungen für die Ge-

---

31   Dazu zählen neben Verordnungen auch Kommissionsentscheidungen, OVG Münster NVwZ 2002, 612 f., und Richtlinien, vgl. BVerfG (K) NVwZ 2004, 1346, 1347; a.M. *T. Dünchheim*, Verwaltungsprozeß unter europäischem Einfluß, 2003, 226 ff.

32   EuGH verb. C-143/88 und C-92/89 (Süderdithmarschen), Slg. 1991, I-415, Rn. 18 ff.; EuGH C-334/95 (Krüger), Slg. 1997, I-4517, Rn. 43 ff.

33   EuGH verb. C-143/88 und C-92/89 (Süderdithmarschen), Slg. 1991, I-415, Rn. 24 (betraf die Gewährung einstweiligen Rechtsschutzes nach § 69 FGO); bestätigt in EuGH C-465/93 (Atlanta I), Slg. 1995, I-3761, Rn. 32, 36 (betraf einstweilige Anordnungen); EuGH C-334/95 (Krüger), Slg. 1997, I-4517, Rn. 44, 47, 50. Zur Verfassungsbeschwerde als einzigem Rechtsmittel der Beteiligten bei Verstoß gegen die Vorlagepflicht *W. Roth*, NVwZ 2009, 345, 347 ff.

34   EuGH Slg. 1991, I-415, Rn. 23 ff. (Süderdithmarschen); EuGH C-334/95 (Krüger), Slg. 1997, I-4517, Rn. 44, 47.

35   EuGH Slg. 1997, I-4517, I-4552 ff. (Krüger) unter Hinweis auf EuGH Slg. 1995, I-3761 (Atlanta I).

36   Vgl. die Schlussanträge des Generalanwalts Lenz in der C-143/88, EuGH Slg. 1991, I-477, I-486 f.

37   *W. Dänzer-Vanotti*, BB 1991, 1015; *ders.*, RIW 1992, 733, 739 f.; *G. Gornig*, JZ 1992, 39, 40; *W.-R. Schenke*, VBlBW 2000, 56, 65; *S. Schlemmer-Schulte*, EuZW 1991, 307.

38   Vgl. *R. Joliet*, RDE 1992, 253, 281.

währung vorläufigen Rechtsschutzes durch nationale Gerichte gegen nationale Rechtsakte vor und greift damit in die Kompetenzverteilung ein, wie sie in Art. 267 AEUV zwischen den nationalen Gerichten und dem EuGH vorgesehen ist. Es erscheint zweifelhaft, ob bei dieser Entscheidung des EuGH die Voraussetzungen für eine richterliche Rechtsfortbildung gegeben waren.[39]

b) Anforderungen der Europäischen Menschenrechtskonvention. Bei der Gewährung vorläufigen Rechtsschutzes sind auch die Anforderungen der EMRK, insbes. *Art. 6 Abs. 1 (rechtsstaatliche Verfahrensgarantien) und Art. 13 (Recht auf wirksame Beschwerde)* zu beachten. Die EMRK nimmt im deutschen Recht aufgrund der Transformation in deutsches Recht durch das deutsche Zustimmungsgesetz zwar (nur) den Rang eines einfachen Bundesgesetzes ein. Die Bestimmungen der EMRK in ihrer Auslegung durch die Rspr. des Europäischen Gerichtshofs für Menschenrechte werden vom BVerfG allerdings zur Auslegung der Grundrechte und rechtsstaatlichen Grundsätze des Grundgesetzes herangezogen.[40] *Deutsche Gerichte haben die EMRK wie anderes Gesetzesrecht des Bundes* im Rahmen methodisch vertretbarer Auslegung *zu beachten und anzuwenden.*[41] Bei Verstößen gegen die EMRK ist nach Erschöpfung des deutschen Rechtswegs[42] eine *Individualbeschwerde* gegen die Bundesrepublik Deutschland zum EGMR gem. Art. 34 EMRK möglich. 18a

Seine frühere Rspr., wonach die Verfahrensgarantien des *Art. 6 Abs. 1 EMRK* (zum Gewährleistungsinhalt des Art. 6 Abs. 1 → EVR Rn. 294 ff.) grds. keine Anwendung auf einstweilige Verfügungen oder Anordnungen nach staatlichem Recht finden, gab der EGMR im Jahr 2009 auf.[43] Art. 6 Abs. 1 EMRK ist allerdings nur *unter zwei Voraussetzungen*[44] anwendbar. Zum einen muss es sich nach dem Wortlaut des Art. 6 Abs. 1 um eine Entscheidung über *„civil rights and obligations/ droits et obligations de caractère civil"* handeln. Bei der Beurteilung, ob der Rechtsstreit „zivilrechtliche" Ansprüche oder Verpflichtungen betrifft, orientiert sich der EGMR nicht an der innerstaatlichen Qualifikation, sondern berücksichtigt den materiellen Inhalt und die Auswirkungen des Anspruchs. Daher gehören dazu nicht nur Ansprüche des klassischen kontinentaleuropäischen Zivilrechts, sondern auch Rechte, die nach deutscher Begrifflichkeit dem öffentlichen Recht entstammen. Der EGMR zählt dazu insbes (Einzelheiten → EVR Rn. 290 ff.).[45] Streitigkeiten mit Auswirkungen auf das Eigentum, vertragliche Rechtsbeziehungen im Schutzbereich der Berufs- und Erwerbsfreiheit, sozialversicherungsrechtliche und bestimmte beamtenrechtliche Streitigkeiten[46] sowie Verfahren, die einen vermögenswerten Gegenstand oder ein vermögenswertes Recht betreffen. Als weitere Voraussetzung der Anwendbarkeit des Art. 6 Abs. 1 verlangt der EGMR, dass das innerstaatliche Gericht tatsächlich eine *Entscheidung über den materiellen Anspruch* trifft, sei es auch nur für eine kurze Dauer. Es reicht also, wenn über den Anspruch lediglich vorläufig bis zur Hauptsacheentscheidung entschieden wird. Verfahrensrechtliche Entscheidungen im Rahmen des vorläufigen Rechtsschutzverfahrens, z.B. über die Zuständigkeit des Gerichts oder die Gewährung von Prozesskostenhilfe, fallen hingegen nicht unter Art. 6 EMRK.[47] Der EGMR erlaubt in Ausnahmefällen, bspw. bei besonderer Eilbedürftigkeit der Entscheidung, eine Abweichung von den rechtsstaatlichen Standards des Art. 6 Abs. 1.[48] Im Streitfall trägt der beklagte Mitgliedstaat allerdings für das Vorliegen solcher Umstände die Darlegungslast.[49] Zum von *Art. 13 EMRK gewährleisteten Recht auf eine wirksame Beschwerde* kann auch *vorläufiger Rechtsschutz ge-* 18b

---

39 Näher dazu W. *Dänzer-Vanotti*, BB 1991, 1015, 1016 ff.; *ders.*, RIW 1992, 733, 739 f.; F. *Schoch*, DVBl 1997, 289, 294 f.; *ders.*, in: Schoch/Schneider/Bier § 80 Rn. 393; S. *Schlemmer-Schulte*, EuZW 1991, 307, 309 f.

40 BVerfGE 111, 307, 317; 74, 358, 370.

41 BVerfGE 111, 307, 317.

42 Zur Erschöpfung des Rechtswegs (Art. 35 EMRK) gehört nach der st. Rspr. des EGMR in Deutschland auch die Verfassungsbeschwerde, J. *Meyer-Ladewig*, EMRK – Europäische Menschenrechtskonvention, ⁴2017, Art. 35 Rn. 12.

43 EGMR 15.10.2009 – 17056/06 (Micallef v. Malta), Ziff. 78 ff., abrufbar unter http://hudoc.echr.coe.int.

44 EGMR 15.10.2009 – 17056/06 (Micallef v. Malta), Ziff. 84 f.; EGMR 13.1.2011 – 32715/06 (Kübler v. Germany), Ziff. 47 (deutsche Übersetzung: NJW 2011, 3703, 3704); Urteile abrufbar unter http://hudoc.echr.coe.int.

45 S.a. *Chr. Grabenwarter/K. Pabel*, Europäische Menschenrechtskonvention, ⁶2016, § 24 Rn. 5 ff.; J. *Meyer-Ladewig*, EMRK – Europäische Menschenrechtskonvention, ⁴2017, Art. 6 Rn. 8 ff.

46 Dazu EGMR 13.1.2011 – 32715/06 (Kübler v. Germany), auszugsweise deutsche Übersetzung in NJW 2011, 3703 (Nichtbeachtung einer einstweiligen Anordnung des BVerfG in einem Streit um Zugang zu einem öffentlichen Amt).

47 J. *Meyer-Ladewig*, EMRK – Europäische Menschenrechtskonvention, ⁴2017, Art. 6 Rn. 22 m.w.N.

48 EGMR 5.4.2016 – 33060/10 (Blum v. Austria), Ziff. 68 ff., insbes. 71 (zur Entbehrlichkeit einer mündlichen Verhandlung).

49 EGMR 15.10.2009 – 17056/06 (Micallef v. Malta), Ziff. 86 (allerdings niemals Verzicht auf Unabhängigkeit und Unparteilichkeit des Gerichts).

hören. Der EGMR hält dann vorläufigen Rechtsschutz für geboten, wenn die Durchführung von konventionswidrigen Maßnahmen droht, deren Auswirkungen potentiell irreversibel sind.[50]

IV. Anwendungsbereich des § 80[51]

19   **1. Vorliegen eines belastenden Verwaltungsakts.** Grds. ist § 80 anwendbar bei allen *belastenden Verwaltungsakten*, gegen die im Verfahren der Hauptsache ein Anfechtungsrechtsbehelf gegeben ist (Anfechtungsklage nach § 42 Abs. 1 mit ggf. vorgeschaltetem Widerspruch gem. § 68), und im Hauptsacheverfahren zur Wahrung des Rechtsschutzinteresses die Aufhebung des Verwaltungsakts genügt (→ § 123 Rn. 28 f.). Wie § 80 Abs. 1 S. 2 ausdrücklich feststellt, haben Widerspruch und Anfechtungsklage aufschiebende Wirkung auch bei *rechtsgestaltenden* und *feststellenden*[52] Verwaltungsakten. Wesentlich ist hierbei, dass der Verwaltungsakt einer belastenden Vollziehung fähig ist. Das Rechtsmittel kann auch dann die Wirkung des § 80 Abs. 1 auslösen, wenn der Verwaltungsakt die Rechtsposition des Betroffenen nur teilweise verschlechtert.

20   § 80 setzt tatbestandlich einen Verwaltungsakt voraus (VGH Mannheim NVwZ 1991, 1195; VG Berlin NVwZ-RR 2002, 586, 587). Von der Qualifizierung einer belastenden Maßnahme als Verwaltungsakt hängt entscheidend ab, ob vorläufiger Rechtsschutz nach §§ 80, 80 a oder nach § 123 zu suchen ist. Zu Einzelfällen → § 42 Rn. 103 ff. Da § 80 einen Verwaltungsakt verlangt, haben Rechtsbehelfe gegen *Nicht-Verwaltungsakte* keine aufschiebende Wirkung. Vorläufiger Rechtsschutz gegen behördliche Eingriffsmaßnahmen ohne Verwaltungsaktcharakter, insbes. gegen *Realakte*, kann nur durch einstweilige Anordnung nach § 123 gewährt werden; § 80 ist auch nicht analog anwendbar.[53] Ebenfalls keine Anwendung findet § 80 gegenüber *nichtigen Verwaltungsakten*.[54] Der nichtige Verwaltungsakt i.S.v. § 44 VwVfG ist unwirksam (vgl. § 43 Abs. 3 VwVfG), daher juristisch gesehen ein Nullum und erfüllt ebenfalls nicht die Tatbestandsvoraussetzungen des § 80 (zu der Frage, ob bei nichtigen Verwaltungsakten überhaupt ein Anfechtungsrechtsbehelf gegeben ist → § 42 Rn. 23). Setzt die Behörde hingegen den Rechtsschein eines Verwaltungsakts, indem sie z.B. einer vorbereitenden Verfahrenshandlung der äußeren Form nach die Gestalt eines Verwaltungsakts gibt (*Schein-Verwaltungsakt*), kann sich der Betroffene dagegen ausnahmsweise mit einer Anfechtungsklage wenden. Der vorläufige Rechtsschutz richtet sich dementsprechend nach § 80.[55]

21   **2. Arten der Verwaltungsakte – Fallgruppen. a) Versagungsbescheide.** Der Rechtsbehelf gegen einen Verwaltungsakt, mit dem ein gestellter Antrag lediglich abgelehnt wird, hat grds. *keine aufschiebende Wirkung*, da der nur ablehnende Verwaltungsakt die rechtliche Stellung des Antragstellers i.d.R. nicht verschlechtert. Die aufschiebende Wirkung kann den Betroffenen nur vorläufig vor Beeinträchtigungen seiner Rechtsposition schützen, diese jedoch nicht erweitern (BVerwGE 47, 169, 175; 55, 94, 99). Um die begehrte Begünstigung zu erreichen, muss der Antragsteller eine Verpflichtungsklage erheben; vorläufiger Rechtsschutz ist daher nach § 123 zu beantragen.[56] *Anders ist es, wenn die Ablehnung des Antrages die Rechtsposition des Antragstellers verschlechtert*, er etwa zugleich mit der Ablehnung eine bereits bestehende Rechtsstellung verliert. Dies kann im *Ausländerrecht* der Fall sein. Wird die Erteilung oder Verlängerung eines Aufenthaltstitels versagt, verliert der Betroffene ein fiktives Verweilrecht in der Bundesrepublik Deutschland, das seine Antragstellung unter bestimmten Voraussetzungen begründet hatte (§ 81 Abs. 3 und 4 AufenthG). Vorläufiger Rechtsschutz ist in solchen Fällen nach § 80 zu suchen, wegen des Wegfalls der aufschiebenden Wirkung von Rechtsbehelfen nach § 84 Abs. 1

---

50 EGMR 5.2.2002 – 51564/99 (Čonka v. Belgium), Ziff. 79 unter Berufung auf EGMR 11.7.2000 – 40035/98 (Jabari v. Turkey), Ziff. 50, abrufbar unter http://hudoc.echr.coe.int.

51 Zur Abgrenzung zwischen §§ 80, 80 a und § 123 → Rn. 6 und → § 123 Rn. 27 ff.

52 Die feststellenden Verwaltungsakte wurden durch das 4. VwGOÄndG vom 17.12.1990, BGBl I 2809, in den Text des § 80 Abs. 1 S. 2 aufgenommen. Damit wurde die bis dahin h.M. kodifiziert, vgl. dazu *K. Redeker*, NVwZ 1991, 526, 527; *F. Schoch*, NVwZ 1991, 1121, 1122.

53 OVG Bln OVGE Bln 13, 188, 189; OVG Saarlouis RiA 1985, 259, 260; VGH Mannheim ZBR 1981, 204; NVwZ 1991, 1195 f.; *Kopp/Schenke* § 80 Rn. 5, 16; a.M. *Kopp*[10] § 80 Rn. 6.

54 OVG Münster NVwZ-RR 1993, 234; a.M. VGH Mannheim NVwZ 1991, 1195 f. (obiter dictum); *Kopp/Schenke* § 80 Rn. 5, 16.

55 VGH Mannheim – 1 S 1662/16, BeckRS 2016, 54407 Rn. 13.

56 Zu den Besonderheiten des Rechtsschutzes gegen die Zurückstellung von Baugesuchen *W. Rieger*, BauR 2003, 1512, 1517 ff.

Nr. 1 AufenthG im Wege eines Anordnungsantrages gem. § 80 Abs. 5.[57] Tritt die Fiktionswirkung nicht ein, kann vorläufiger Rechtsschutz nur im Wege einer einstweiligen Anordnung gewährt werden, mit der die Behörde zum Erlass einer vorläufigen Duldung verpflichtet wird.[58] Begehrt der Antragsteller neben der vorläufigen Sicherung seines Aufenthaltes durch Aufrechterhaltung des fiktiven Verweilrechts nach § 81 AufenthG noch eine weitere Begünstigung, ist vorläufiger Rechtsschutz nach § 80 Abs. 5 *und* nach § 123 zu gewähren.[59]

b) Zahlungseinstellungsbescheide. Hatte die Behörde aufgrund eines Leistungsgesetzes gezahlt und   22
stellt sie die laufende Leistung zum Ende eines Bewilligungsabschnitts ein oder kürzt die Leistung, muss gegen die Zahlungseinstellung i.d.R. vorläufiger Rechtsschutz nach § 123 gesucht werden, da der Antragsteller eine Begünstigung begehrt, die er im Hauptsacheverfahren mit einer Verpflichtungs- oder Leistungsklage verfolgen müsste. Ähnlich wie bei einem Versagungsbescheid ist ein Anfechtungsrechtsbehelf und damit *vorläufiger Rechtsschutz nach § 80 nur gegeben, wenn mit der Zahlungseinstellung in eine bestehende Rechtsposition des Leistungsempfängers eingegriffen wird.* Dies ist denkbar, wenn für einen bestimmten Zeitraum bereits ausdrücklich eine bestimmte Leistung bewilligt war und die Einstellung als Rücknahme oder Widerruf eines begünstigenden Verwaltungsakts einzustufen wäre,[60] etwa die Herabsetzung der durch Verwaltungsakt festgesetzten Dienstbezüge eines Beamten durch einen nachfolgenden Bescheid. Laufende Hilfe zum Lebensunterhalt (§ 27a SGB XII) ist nach der Rspr. des BVerwG Hilfe in einer gegenwärtigen Notlage, deren Notwendigkeit ständig zu überprüfen ist (BVerwGE 25, 307, 308; 57, 237, 239; vgl. auch BVerwGE 28, 216, 217). Daher ist deren Einstellung auch nicht als Rücknahme oder Widerruf eines Dauerverwaltungsaktes zu werten, sondern als Versagung einer erneuten Bewilligung, wogegen vorläufiger Rechtsschutz nur nach § 123 zur Verfügung steht.[61]

c) Allgemeinverfügungen. Widerspruch und Anfechtungsklage gegen Allgemeinverfügungen i.S.v.   23
§ 35 S. 2 VwVfG haben grds. ebenfalls aufschiebende Wirkung (BVerwG DVBl 1978, 640f.). Vorläufiger Rechtsschutz wird hier nach § 80 und nicht nach § 123 gewährt, so etwa gegen eine *Widmung* (zum Verwaltungsaktcharakter von Widmungen → § 42 Rn. 284). Auch bei *Organisationsakten*, die in der Form des Verwaltungsakts ergehen, findet nach heute überwiegender Meinung ausschließlich § 80 Anwendung.[62] Die frühere Auffassung des OVG Münster[63] zu schulischen Organisationsakten, wonach wegen des schwer überschaubaren Interessengeflechts zwischen Lehrern, Eltern und Schülern der auf nur zweiseitige Rechtsverhältnisse zugeschnittene § 80 zugunsten des § 123 zurücktreten müsse, wurde vom Gericht selbst aufgegeben (OVG Münster DÖV 1979, 303 [LS]). Durch Anordnung der sofortigen Vollziehung nach § 80 Abs. 2 S. 1 Nr. 4 kann ggf. die aufschiebende Wirkung ausgeschlossen werden, wenn die ansonsten nur gegenüber den jeweiligen Rechtsbehelfsführern eintretende aufschiebende Wirkung das öffentliche Interesse beeinträchtigen würde.[64] Auf Verkehrsregelungen in der Form von *Verkehrszeichen* (zum Verwaltungsaktcharakter von Verkehrszeichen → § 42 Rn. 295 ff.) findet nach ganz h.M. § 80 Abs. 2 S. 1 Nr. 2 entsprechende Anwendung (BVerwG DVBl 1978, 640f.; → Rn. 65). Kann effektiver vorläufiger Rechtsschutz ausnahmsweise nur durch eine Beseitigung des Verkehrszeichens gewährt werden, kommt die Anordnung der aufschiebenden Wirkung des Rechtsmittels nach § 80 Abs. 5 S. 1 Alt. 1 durch das VG sowie die Anordnung der Beseitigung des

---

57 Zu § 81 Abs. 3, 4 AufenthG: VGH Kassel NVwZ 2006, 111; VGH Mannheim – 11 S 2364/07, BeckRS 2007, 28218; VG Darmstadt NVwZ-RR 2011, 38; zur alten Rechtslage: BVerwGE 34, 325, 327 ff.; VGH Kassel NVwZ-RR 1991, 426 f.; DVBl 1993, 1016.
58 VGH Kassel NVwZ-RR 1998, 777, 778; VGH Mannheim NVwZ-Beilage 11/2000, 122 f. (jeweils zur alten Rechtslage).
59 VGH Mannheim NVwZ-RR 2007, 277, 278 (hier: Recht zur Aufnahme einer Erwerbstätigkeit).
60 *Pietzner/Ronellenfitsch* § 50 Rn. 1412.
61 *Pietzner/Ronellenfitsch* § 50 Rn. 1413; vgl. auch *H. Quaritsch*, VerwArch 51 (1960), 210, 229 f.; a.M. vgl. VGH Mannheim NJW 1962, 1172 f. (zur Fürsorgeunterstützung).
62 BVerwG DVBl 1978, 640 f.; HmbOVG NJW 1980, 2146; OVG Münster DÖV 1979, 303 (LS); VG Gelsenkirchen NJW 1982, 120, 121; VG Schleswig DVBl 1978, 117 f.; vgl. auch HmbOVG DVBl 1981, 51, 53.
63 OVG Münster DVBl 1976, 948; NJW 1978, 286; vgl. dazu auch BVerfGE 51, 268, 283 ff., wonach die Gewährung vorläufigen Rechtsschutzes sowohl nach § 123 als auch nach § 80 den verfassungsrechtlichen Anforderungen entspricht.
64 *G. Lüke*, NJW 1978, 81, 86.

Verkehrszeichens entsprechend § 80 Abs. 5 S. 3 in Betracht (OVG Brem NVwZ 1991, 1194, 1195; VGH Kassel NVwZ-RR 1993, 389 f.).

24 **d) Teilanfechtung belastender Nebenbestimmungen eines Verwaltungsakts.** Begünstigende Verwaltungsakte, die für den Adressaten zugleich belastende Teilregelungen enthalten, werden in der Lit. auch als Verwaltungsakte mit Doppelwirkung (im engeren Sinn) bezeichnet.[65] Bei derartigen *Nebenbestimmungen i.S.v.* § 36 *VwVfG* handelt es sich um Auflagen, Bedingungen, Befristungen, Widerrufs- oder Auflagenvorbehalte, mit denen bspw. eine Genehmigung von Anfang an verbunden wird oder die ihr nachträglich beigefügt werden. Nach st. Rspr. des BVerwG ist *gegen belastende Nebenbestimmungen* eines Verwaltungsakts *unabhängig von ihrer Art die Anfechtungsklage zulässig.*[66] Ob diese Klage auch zur isolierten Aufhebung der Nebenbestimmung führen kann, hängt davon ab, ob der begünstigende Verwaltungsakt ohne die Nebenbestimmung sinnvoller- und rechtmäßigerweise bestehen bleiben kann, er also einen teilbaren Inhalt besitzt. Das BVerwG betrachtet dies als Frage der Begründetheit und nicht der Zulässigkeit. Eine isolierte Anfechtung ist nur dann unzulässig, wenn eine isolierte Aufhebbarkeit offenkundig von vornherein ausscheidet.[67] Abgesehen von diesen Ausnahmefällen ist also richtige Klageart gegen eine belastende Nebenbestimmung die Anfechtungsklage. Der Anfechtungsrechtsbehelf zieht somit die *Wirkung des § 80 Abs. 1* nach sich. Bei sofortiger Vollziehbarkeit des isoliert anfechtbaren belastenden Teils muss ein Antrag nach § 80 Abs. 4 oder 5 gestellt werden.[68] Vom – nicht angefochtenen – begünstigenden Teil kann der Adressat inzwischen Gebrauch machen.[69] Ist aufgrund der isolierten Anfechtung der belastenden Nebenbestimmung aufschiebende Wirkung eingetreten, ignoriert die Behörde diesen Umstand aber und *droht, die Nebenbestimmung zu vollziehen*, handelt es sich um den Fall einer sog. *faktischen Vollziehung*. Der Betroffene kann hiergegen in entsprechender Anwendung des § 80 Abs. 5 S. 1 die *gerichtliche Feststellung der aufschiebenden Wirkung* seines Widerspruchs bzw. seiner Klage beantragen (OVG Magdeburg NVwZ-RR 2009, 239; → Rn. 50, 164). Gleiches gilt, wenn die Behörde trotz der isolierten Anfechtung der Nebenbestimmung zu Unrecht auch den begünstigenden Teil des Verwaltungsakts von der aufschiebenden Wirkung des Rechtsbehelfs mit umfasst sieht und dem davon Begünstigten *mit der Untersagung der ursprünglich genehmigten Handlung droht*. Auch diese Konstellation ist eine Spielart des faktischen Vollzuges. Hier irrt die Behörde zwar nicht über den Eintritt der aufschiebenden Wirkung, sondern über ihre Reichweite. Auch bei dieser Fallgestaltung verkennt die Behörde aber die Wirkungen des Anfechtungsrechtsbehelfs.[70] Enthält der begünstigende Verwaltungsakt einen anderen, weniger günstigen Inhalt als beantragt, liegt eine sog. *modifizierende Auflage oder Gewährung* vor.[71] Hiergegen kann sich der Antragsteller im Hauptsacheverfahren nur mit der *Verpflichtungsklage* wenden. Vorläufiger Rechtsschutz kann daher nur im Wege einer einstweiligen Anordnung *nach § 123* gewährt werden.[72]

25 **e) Verwaltungsakte mit Doppelwirkung.** Enthält ein Verwaltungsakt eine Begünstigung für einen Beteiligten und zugleich eine Belastung für einen anderen Beteiligten, bezeichnen die § 80 Abs. 1 S. 2, § 80a diese Art des Verwaltungsakts als „Verwaltungsakt mit Doppelwirkung". In der Lit. findet sich hierfür häufig auch die Bezeichnung Verwaltungsakt mit Drittwirkung[73] oder Verwaltungsakt mit drittbelastender oder drittbegünstigender Doppelwirkung.[74] § 80a unterscheidet zwischen einem Verwaltungsakt, der den Adressaten begünstigt, gleichzeitig aber einen Dritten belastet (Abs. 1) – etwa

---

65 *Pietzner/Ronellenfitsch* § 50 Rn. 1399, 1402; *Schmitt Glaeser/Horn* Rn. 252.
66 BVerwGE 112, 221 Rn. 23 m.w.N.; OVG Magdeburg NVwZ-RR 2009, 239; zu abw. Ansichten zum Rechtsschutz gegen den Verwaltungsakt vor Anfang an beigefügte Nebenbestimmungen z.B. VGH Mannheim NVwZ-RR 1997, 679 f. (Bedingung); s.a. die Nachw. bei *Schenke* § 6 Rn. 292 f.
67 BVerwGE 112, 221 Rn. 23 m.w.N.; OVG Magdeburg NVwZ-RR 2009, 239; für solche Ausnahmefälle OVG Bln NVwZ 2001, 1059, 1060; OVG Weimar NVwZ-RR 2004, 206, 208, das folglich § 123 für einschlägig hält.
68 OVG Münster NVwZ-Beilage 3/2004, 18 (Anordnungsantrag nach § 80 Abs. 5 gegen das einer ausländerrechtlichen Duldung beigefügte Verbot einer Erwerbstätigkeit).
69 *K. Beckmann*, VR 2003, 253 f.; *M. Hellriegel/B. Malmendier*, DVBl 2010, 486, 490; *J. Pietzcker*, NVwZ 1995, 15, 19; *Schmitt Glaeser/Horn* Rn. 252.
70 OVG Magdeburg NVwZ-RR 2010, 381; *M. Hellriegel/B. Malmendier*, DVBl 2010, 486, 490 f.
71 Zur Begrifflichkeit *Schenke* § 6 Rn. 288 ff.
72 OVG Münster NVwZ-RR 2003, 838; VGH München NVwZ-RR 1997, 167.
73 *Pietzner/Ronellenfitsch* § 50 Rn. 1399; *Schmitt Glaeser/Horn* Rn. 253; *F. Schoch*, NVwZ 1991, 1121, 1123.
74 *K. Finkelnburg*, in: Finkelnburg/Dombert/Külpmann Rn. 636; *G. Lüke*, NJW 1978, 81; *H.-J. Papier*, VerwArch 64 (1973), 283.

eine Baugenehmigung, die nachbarschützende Bestimmungen berührt – und einem Verwaltungsakt, der den Adressaten belastet, zugleich jedoch einen Dritten begünstigt (Abs. 2) – etwa die Schließung eines Biergartens zum Schutze der Nachbarn vor Lärm. Grds. hat auch ein Rechtsbehelf gegen einen Verwaltungsakt mit Doppelwirkung aufschiebende Wirkung (→ § 80 a Rn. 2 ff.).

f) Konkurrentenklagen.[75] **aa) Zur Abwehr von Wettbewerbsbeeinträchtigungen.** Wenn durch einen 26 Verwaltungsakt ein Teilnehmer am Wirtschaftsverkehr gegenüber einem anderen begünstigt wird, ist an einen Anfechtungsrechtsbehelf des benachteiligten Konkurrenten gegen den begünstigenden Verwaltungsakt zu denken, der wiederum die Rechtsfolge des § 80 Abs. 1 auslösen würde. Derartige Fallkonstellationen finden sich bspw. im Berufszulassungs- und Subventionsrecht.[76] Problematisch ist in diesen Fällen allerdings die *mögliche Rechtsverletzung des Konkurrenten*. Die Erhöhung der Wettbewerbschancen des Begünstigten muss sich zugleich als Eingriff in die Rechtsposition des Konkurrenten darstellen und nicht nur als Beeinträchtigung öffentlicher Interessen. Ansonsten würde aus dem Anfechtungsrechtsbehelf ein generelles Kontrollinstrument für die Rechtmäßigkeit derartiger Verwaltungsakte im Sinne einer Popularklage (→ § 42 Rn. 365 ff., 446 ff.).

bb) Ausschließende Konkurrentenklagen, Mitbewerberklagen. Bemühen sich mehrere Bewerber um 27 *kontingentierte hoheitliche Begünstigungen*, etwa Standplätze, Konzessionen, Genehmigungen oder Zulassungen, die wegen ihrer begrenzten Zahl aber nur einem oder einigen der Bewerber zugeteilt werden können, muss die Klage des nicht zum Zuge gekommenen Mitbewerbers darauf gerichtet sein, die erstrebte Begünstigung anstelle des begünstigten Dritten selbst zu erhalten. Hier ist zwischen *zwei Situationen* zu unterscheiden. Zum einen kann es darum gehen, dass *ein Bewerber eine ihm bislang noch nicht eingeräumte Begünstigung begehrt*. Berücksichtigt ihn die Behörde nicht, ist richtige Klageart gegen den Ablehnungsbescheid die *Verpflichtungsklage*; vorläufiger Rechtsschutz richtet sich somit nach § 123.[77] Entscheidet die Behörde hingegen neu über die Zuweisung eines bereits verteilten Kontingents und *entzieht sie dem zurückgesetzten Bewerber seine bisherige Rechtsposition*, kommt hiergegen eine *Anfechtungsklage* in Betracht.[78] Vorläufiger Rechtsschutz ist folglich nach *§ 80 Abs. 5* zu suchen, wenn wegen sofortiger Vollziehbarkeit des Verwaltungsakts der Rechtsbehelf keine aufschiebende Wirkung besitzt. Nur wenn diese Klage „in eigener Sache"[79] und der ggf. erforderliche Antrag auf vorläufigen Rechtsschutz keinen ausreichenden Rechtsschutz bieten, kommt *zusätzlich eine Anfechtungsklage gegen den den Dritten begünstigenden Verwaltungsakt* in Betracht.[80] Da es sich bei dieser Begünstigung regelmäßig um einen *Verwaltungsakt mit Doppelwirkung* i.S.v. § 80 Abs. 1 S. 2 handelt, der den nicht berücksichtigten Konkurrenten beeinträchtigt,[81] richtet sich der vorläufige Rechtsschutz dagegen nach §§ 80 Abs. 1 S. 2 oder §§ 80 a Abs. 3 S. 2, 80 Abs. 5 (→ § 80 a Rn. 4). Um eine doppelte Inanspruchnahme gerichtlichen Rechtsschutzes durch die Klage „in eigener Sache" sowie die drittgerichtete Anfechtungsklage und damit die Gefahr unvereinbarer gerichtlicher Entscheidungen zu vermeiden, ist nach der Rspr. des *BVerwG für die Anfechtungsklage gegen die Drittbegünstigung allerdings ein besonderes Rechtsschutzbedürfnis* darzutun.[82] Nachdem bei der Anfechtung einer Entziehung der Begünstigung das gesamte Auswahlverfahren auf dem Prüfstand steht und Rechtsfehler zum Klageerfolg führen, mangelt es in dieser Konstellation an einem solchen Rechtsschutzbedürfnis.[83] Anders kann es in der Situation einer Verpflichtungsklage sein, wenn bspw. wegen eines Auswahlermessens der Behörde lediglich ein Bescheidungsurteil in Betracht kommt. Damit bei dem neuen Auswahl-

---

75 Zur Unterscheidung zwischen den verschiedenen Erscheinungsformen M. *Ronellenfitsch*, VerwArch 82 (1991), 121, 128 f.

76 Dazu *Wassilios Skouris*, Verletztenklagen und Interessentenklagen im Verwaltungsprozeß, 1979, 180 ff.

77 OVG Greifswald GewArch 1996, 76, 77; s.a. BVerwGE 132, 64 Rn. 20 (Verpflichtungsklage als richtige Klageart).

78 BVerwGE 132, 64 Rn. 20, 23.

79 So der in BVerwGE 132, 64 Rn. 21 f. geprägte Begriff.

80 In der Regel können mangels Außenwirkung nicht die Auswahlentscheidung selbst, sondern nur die entsprechenden Umsetzungsentscheidungen (Einräumung, Ablehnung oder Entzug der Begünstigung) angegriffen werden, *K. Rennert*, DVBl 2009, 1333, 1335 f.

81 OVG Greifswald GewArch 1996, 76, 77; i.d.S. auch OVG Greifswald NVwZ-RR 1997, 139 f.; VGH München BayVBl 1997, 146, 147; a. M. *K. Rennert*, DVBl 2009, 1333, 1339.

82 BVerwGE 132, 64 Rn. 22; anders HmbOVG – 3 Bs 131/10, BeckRS 2011, 53110, das vorläufigen Rechtsschutz nach § 123 so lange ablehnt, wie der Antragsteller nicht die Drittbegünstigung angefochten und ggf. nach § 80 Abs. 5 vorläufigen Rechtsschutz beantragt hat.

83 BVerwGE 132, 64 Rn. 23.

verfahren eine längere Zeit bestehende Begünstigung des Dritten sich nicht faktisch zum Nachteil des unterlegenen Bewerbers auswirkt, kann ein besonderes Interesse auf Aufhebung der Drittbegünstigung und entsprechenden vorläufigen Rechtsschutz bestehen.[84]

27a Aus Rechtsgründen kann *in manchen Fällen die Begünstigung des Dritten nachträglich nicht mehr rückgängig* gemacht werden. Dies kann bspw. im Beamtenrecht, im Hochschulzulassungsrecht oder im Vergaberecht der Fall sein.[85] Da nachträglicher (auch vorläufiger) Rechtsschutz gegen die Drittbegünstigung dem Mitbewerber nicht mehr zum gewünschten Erfolg verhelfen kann, muss er hier *vor Umsetzung der Auswahlentscheidung* der Behörde durch Gewährung der Begünstigung an den Dritten eine *vorbeugende Unterlassungsklage gegen die Begünstigung des Dritten* und einen *Antrag nach § 123* auf Erlass einer entsprechenden einstweiligen Anordnung stellen (→ § 123 Rn. 34 f.)

28   g) Maßnahmen des sofortigen Vollzuges. Zur Verhinderung einer rechtswidrigen Tat oder zur Abwehr einer drohenden Gefahr kann *Verwaltungszwang auch ohne vorausgegangenen Verwaltungsakt* angewendet werden (vgl. § 6 Abs. 2 VwVG). Es ist *strittig*, ob derartige Maßnahmen des sofortigen Vollzuges *Verwaltungsakte oder Realakte* darstellen.[86] Nach ausdrücklichen Bestimmungen im Bundesverwaltungsvollstreckungsgesetz[87] und einigen Landesverwaltungsvollstreckungsgesetzen[88] stehen dem Betroffenen jedoch hiergegen die Rechtsmittel zur Verfügung, die gegen Verwaltungsakte allgemein gegeben sind. Der nachträgliche vorläufige Rechtsschutz beurteilt sich hier unabhängig vom Streit über die Verwaltungsaktqualität der Maßnahmen des sofortigen Vollzuges daher nach § 80 und nicht nach § 123.[89]

V. Die aufschiebende Wirkung von Rechtsbehelfen gegen Verwaltungsakte (§ 80 Abs. 1)

29   1. Unmittelbare Rechtswirksamkeit des Verwaltungsakts und aufschiebende Wirkung als Regelfall. Durch einen Verwaltungsakt regelt die Behörde einen Einzelfall mit verfügender, rechtsgestaltender oder feststellender Wirkung. Mit dem *Erlass eines Verwaltungsakts verschafft sich die Behörde einen Titel,* ohne dass es der Einschaltung eines Gerichts bedürfte.[90] Ein Verwaltungsakt, auch ein mit Rechtsfehlern behafteter, ist mit seiner Bekanntgabe grds. unmittelbar wirksam (vgl. § 43 Abs. 1 VwVfG). Mit der äußeren Wirksamkeit tritt häufig zugleich auch seine innere Wirksamkeit ein. Die Verwaltung kann jedoch für das Inkrafttreten der durch den Verwaltungsakt verfügten Regelung einen anderen Zeitpunkt bestimmen, etwa durch Befristung oder aufschiebende Bedingung (vgl. dazu BVerwGE 13, 1, 7; 55, 212, 215; 57, 69, 70). Für die Wirksamkeit des Verwaltungsakts kommt es auf seine Unanfechtbarkeit nicht an. Bis zur Unanfechtbarkeit ist der Verwaltungsakt zwar nur schwebend wirksam. Bereits vor der Bestandskraft können jedoch die Verwaltung, der Adressat sowie bei Verwaltungsakten mit Doppelwirkung auch Dritte die nach dem Inhalt des Verwaltungsakts angeordneten rechtlichen Folgerungen ziehen. Mit § 80 Abs. 1 wird zugunsten des vom Verwaltungsakt in seiner Rechtsposition beeinträchtigten Betroffenen vorläufig, d.h. bis zur Entscheidung über einen von ihm eingelegten Rechtsbehelf, eine Regelung getroffen, die ihm zeitweilig den status quo sichert und ihn davor schützt, dass vor der Entscheidung über sein Rechtsmittel durch eine Verwirklichung des Verwaltungsakts vollendete Tatsachen geschaffen werden.

30   Gesetzessystematisch ist die *aufschiebende Wirkung* des Rechtsbehelfs nach § 80 Abs. 1 der *Regelfall.*[91] § 80 Abs. 2 bestimmt die Voraussetzungen, unter denen ein Verwaltungsakt trotz Rechtsbehelfs-

---

84 BVerwGE 132, 64 Rn. 22; *K. Rennert,* DVBl 2009, 1333, 1340; für weitere Fallgestaltungen, in denen die zusätzliche Drittanfechtung für erforderlich gehalten wurde OVG Koblenz NVwZ-RR 1996, 651; VGH München NJW 1982, 2134, 2135; 4 CE 97.1222, BeckRS 1997, 18963.

85 Näher *K. Rennert,* DVBl 2009, 1333, 1336 f.

86 Zum Meinungsstand *R. Pietzner,* VerwArch 84 (1993), 261, 264 f.; *U. Stelkens,* in: Stelkens/Bonk/Sachs § 35 Rn. 93 ff.

87 § 18 Abs. 2 VwVG, der für landesrechtliche Vollstreckungsmaßnahmen auch entsprechend angewandt wird, OVG Münster NVwZ-RR 1994, 549, 550.

88 § 8 Abs. 1 VwVfG Bln i.V.m. § 18 Abs. 2 VwVG Bund, Art. 38 Abs. 2, 3 BayVwZVG, § 46 Abs. 7 S. 4 ThürVwZVG.

89 Dazu OVG Münster NVwZ-RR 1994, 549; VGH München BayVBl 1987, 437 f.; a.M. *R. Pietzner,* VerwArch 84 (1993), 261, 283 ff.

90 Zum Verwaltungsakt als Titel vgl. VGH München BayVBl 1962, 281, 282; 1975, 590, 591; *L. Renck,* BayVBl 1977, 76; *ders.,* BayVBl 1994, 161, 163 f.; *G. Scholz,* FS Menger, 1985, 641, 642.

91 Dazu ausf. *J. Limberger,* Probleme des vorläufigen Rechtsschutzes bei Großprojekten, 1985, 64 ff.; *F. Schoch,* Vorläufiger Rechtsschutz, 1988, 1128 ff.

einlegung weiter vollziehbar ist. Der gesetzlich bestimmte Wegfall der aufschiebenden Wirkung nach § 80 Abs. 2 S. 1 Nr. 1–3 und S. 2[92] sowie Anordnungen der sofortigen Vollziehung durch die Verwaltung nach § 80 Abs. 2 S. 1 Nr. 4[93] führen in manchen Bereichen des Verwaltungsrechts dazu, dass die Zahl der sofort vollziehbaren Verwaltungsakte die der anderen, bei denen ein Rechtsmittel aufschiebende Wirkung hat, übersteigt. Die Zahl der Ausnahmefälle im Vergleich zur Zahl der Regelfälle ändert jedoch nicht grds. das Regel-Ausnahme-Verhältnis zwischen § 80 Abs. 1 und 2[94] (zur Diskussion über eine verfassungsrechtliche Verankerung eines Regel-Ausnahme-Verhältnisses → Rn. 9).

2. Anforderungen an den Rechtsbehelf. Die aufschiebende Wirkung tritt *unabhängig davon ein, ob* 31 der eingelegte *Rechtsbehelf begründet* ist.[95] Es ist gerade Sinn der Regelung des § 80 Abs. 1, den Betroffenen bis zur Klärung der diesbezüglichen Fragen im Hauptsacheverfahren vorläufig vor einer Verwirklichung des Verwaltungsakts zu schützen. Umstritten ist, ob die aufschiebende Wirkung auch bei *unzulässigen Rechtsbehelfen* eintritt. Der Auffassung, dass Widerspruch oder Klage stets zulässig sein müssen, um die Rechtswirkung des § 80 Abs. 1 auszulösen,[96] ist zwar zuzugeben, dass der unzulässige Rechtsbehelf im Hauptsacheverfahren nie zu einer Beseitigung der angegriffenen Belastung führen kann und der Rechtssuchende daher auch im Vorfeld des Hauptsacheverfahrens eigentlich nicht schutzwürdig ist. Ebenso wie beim unbegründeten Rechtsbehelf ist die Frage der *Zulässigkeit aber häufig zweifelhaft* und kann erst im Hauptsacheverfahren geklärt werden. Es läge im Vorfeld dann an der Verwaltung zu beurteilen, ob sie den Rechtsbehelf für zulässig hält und eine aufschiebende Wirkung für gegeben ansieht. Das würde jedoch dem System des § 80 widersprechen. Als Gegengewicht zur Titelhaftigkeit des Verwaltungsakts (→ Rn. 29) stellt § 80 Abs. 1 dem Betroffenen die aufschiebende Wirkung seines Rechtsmittels zur Verfügung. Allerdings erscheint auch die Gegenmeinung,[97] die unter Verweis auf den offenen Wortlaut des § 80 Abs. 1 den Eintritt der aufschiebenden Wirkung durch Rechtsbehelfseinlegung schlechthin, also unabhängig von der Zulässigkeit des Rechtsbehelfs befürwortet, nicht zwingend. Die VwGO macht auch an anderen Stellen für die Folgen einer Verfahrenshandlung keine näheren Angaben zu deren Zulässigkeit.[98] Auch der Hinweis auf § 80 Abs. 2 geht fehl, da die Auflistung der Verwaltungsakte, die nicht mit aufschiebender Wirkung angefochten werden können, keine Rückschlüsse auf die zu fordernde Qualität des Rechtsmittels i.S.v. § 80 Abs. 1 erlaubt. Art. 19 Abs. 4 GG gebietet ebenfalls nicht, dem unzulässigen Rechtsbehelf aufschiebende Wirkung beizulegen, da das GG nur wirksamen gerichtlichen vorläufigen Rechtsschutz verlangt, nicht jedoch die aufschiebende Wirkung vorschreibt (→ Rn. 7 ff.; zum Rechtsschutz bei „faktischer Vollziehung" → Rn. 33, 50, 164).

Es sind daher die einzelnen Zulässigkeitsmängel zu untersuchen. Dabei ergeben sich *vier Gruppen von* 32 *Zulässigkeitsmängeln, die eine aufschiebende Wirkung bereits von vornherein ausschließen.* Wenn keine deutsche Gerichtsbarkeit besteht oder der Verwaltungsrechtsweg nicht gegeben ist,[99] findet die VwGO bereits keine Anwendung. Liegt kein Verwaltungsakt vor,[100] sind im Hauptsacheverfahren Widerspruch und Anfechtungsklage keine statthaften Rechtsbehelfe und können daher auch keine aufschiebende Wirkung auslösen. Bei Popularrechtsbehelfen, also wenn unter keinem denkbaren Ge-

---

92 Dazu *M. Kotulla*, Verw. 2000, 521, 532 ff.; *P. Stelkens*, NVwZ 1995, 325, 327.
93 Z.B. im Ausländerrecht, dazu *A. Schmitt Glaeser*, ZAR 2002, 409, 410; bei Großprojekten im Umwelt- und Fachplanungsrecht, dazu *J. Limberger*, Probleme des vorläufigen Rechtsschutzes bei Großprojekten, 1985, 33 ff., 84 ff.; *F. Schoch*, Vorläufiger Rechtsschutz, 1988, 198, 204, 227, 308.
94 Dazu *J. Limberger*, Probleme des vorläufigen Rechtsschutzes bei Großprojekten, 1985, 65 f.
95 BVerwGE 13, 1, 8 (obiter dictum); OVG Lüneburg NVwZ 1987, 999, 1000; VGH Mannheim NVwZ-RR 1991, 176, 177; VGH München GewArch 1984, 164; einschränkend *J. Schmidt*, in: Eyermann § 80 Rn. 14 (Ausnahme bei materieller Präklusion); a.M. (keine aufschiebende Wirkung bei offensichtlicher Unbegründetheit): OVG Koblenz NJW 1976, 908.
96 OVG Münster NJW 1975, 794, 795 m.w.N.; *H. K. Schmaltz*, DVBl 1992, 230, 231; *W. Skouris*, DVBl 1975, 920 f.
97 OVG Bln DVBl 1972, 42, 43; OVG Lüneburg NVwZ 1986, 322 f. (allerdings Ausnahme bei Drittanfechtung öffentlichrechtlicher Zulassungen, hier keine aufschiebende Wirkung eines offensichtlich unzulässigen Rechtsbehelfs).
98 Vgl. *K. Finkelnburg*, in: Finkelnburg/Dombert/Külpmann Rn. 646.
99 *K. Finkelnburg*, in: Finkelnburg/Dombert/Külpmann Rn. 647; *F. Schoch*, BayVBl 1983, 358, 361; vgl. auch OVG Lüneburg NVwZ 1987, 999, 1000.
100 OVG Bln DVBl 1976, 949, 950; *K. Finkelnburg*, in: Finkelnburg/Dombert/Külpmann Rn. 648; *F. Schoch*, BayVBl 1983, 358, 361.

sichtspunkt eine Rechtsverletzung des Rechtsmittelführers vorliegen kann,[101] entfällt die Schutzbedürftigkeit des Antragstellers. Aus Gründen der Rechtssicherheit haben auch Rechtsmittel gegen bestandskräftige Verwaltungsakte keine aufschiebende Wirkung.[102] Zwar besteht die Möglichkeit, bei Fristversäumung Wiedereinsetzung in den vorigen Stand zu erlangen (§ 60). Die Bestandskraft wird jedoch erst mit gewährter Wiedereinsetzung beseitigt.[103] Vertreter einer „Evidenztheorie" stellen nicht auf bestimmte Gruppen von Zulässigkeitsmängeln ab, sondern machen die aufschiebende Wirkung lediglich davon abhängig, ob der Rechtsbehelf offensichtlich unzulässig ist.[104] Diese Auffassung ist abzulehnen, da sie nicht auf die objektive Rechtslage abstellt, sondern nach der subjektiven Einschätzung der Verwaltung fragt, die aufschiebende Wirkung also von der Beurteilungskraft der Behörde abhängig macht.

33   Ist die Verwaltungsbehörde fälschlicherweise der Ansicht, dass ein Rechtsbehelf keine aufschiebende Wirkung hat, kann der Betroffene *gegen die drohende Vollziehung* des Verwaltungsakts in analoger Anwendung von § 80 Abs. 5 S. 1 die *gerichtliche Feststellung* über die aufschiebende Wirkung seines Rechtsbehelfs herbeiführen.[105] Ist der Verwaltungsakt bereits vollzogen, liegt ein Fall der *„faktischen Vollziehung"* vor. Der Betroffene kann eine Aufhebung der Vollziehung beantragen (zur faktischen Vollziehung → Rn. 50, 164). Das Gericht beschränkt sich hierbei auf die Prüfung, ob das eingelegte Rechtsmittel wegen der oben genannten Gründe (→ Rn. 32) unzulässig ist. Ist der Verwaltungsakt allerdings bereits bestandskräftig geworden, kommt als Rechtsgrundlage für die Gewährung vorläufigen Rechtsschutzes gegen eine drohende Vollziehung nur noch § 123 in Betracht (VGH Kassel DÖV 1989, 361 [LS]).

34   **3. Rechtsnatur der aufschiebenden Wirkung.   a) Aufschiebende Wirkung und Suspensiveffekt.** § 80 Abs. 1 S. 1 bestimmt, dass die Rechtsbehelfe Widerspruch und Anfechtungsklage „aufschiebende Wirkung" haben. Die aufschiebende Wirkung wird in Rspr. und Lit. häufig auch als Suspensiveffekt bezeichnet. Gemeint ist damit *nicht der Suspensiveffekt im Sinne einer Rechtskrafthemmung*[106] (vgl. § 705 S. 2 ZPO). Die rechtzeitige Einlegung eines Rechtsmittels hemmt die formelle Rechtskraft einer Entscheidung. Jedoch hemmen Rechtsbehelfe bei allen Verwaltungsakten die Bestandskraft, auch bei den in § 80 Abs. 2 genannten Verwaltungsakten, bei denen eine aufschiebende Wirkung gerade nicht eintreten soll. „Aufschiebende Wirkung" bedeutet vielmehr, dass nach Erhebung von Widerspruch oder Anfechtungsklage sich der Verwaltungsakt vorläufig, d.h. bis zur Entscheidung über das Rechtsmittel, in einer Art Schwebezustand befindet und nicht verwirklicht werden kann.

35   **b) Wirksamkeitshemmung oder Vollziehbarkeitshemmung?** Umstritten ist die Rechtsnatur der aufschiebenden Wirkung. Nach der „Wirksamkeitstheorie"[107] steht die aufschiebende Wirkung nicht nur einer Realisierung des Verwaltungsakts entgegen, sondern beseitigt vorläufig seine Wirksamkeit. Nach der vor allem vom BVerwG, einer Reihe von OVG und in Teilen der Lit. vertretenen „Vollziehbar-

101 BVerwG NJW 1993, 1610, 1611; NVwZ 2013, 85, 86; OVG Lüneburg NVwZ 1987, 999, 1000; VGH Kassel NVwZ-RR 1990, 185; VGH Mannheim NVwZ 1983, 41; 1984, 254, 255; *K. Finkelnburg,* in: Finkelnburg/Dombert/Külpmann Rn. 650; *G. Lüke,* NJW 1978, 81, 83 (stellt generell auf fehlende Klagebefugnis ab); *F. Schoch,* BayVBl 1983, 358, 362; a.M. OVG Saarlouis AS 14, 176, 185 (wonach die Klagebefugnis keine Rolle spielen soll).
102 OVG Weimar LKV 1994, 408; VGH Kassel ESVGH 21, 97, 99; VGH Mannheim NJW 2004, 2690 f.; *K. Finkelnburg,* in: Finkelnburg/Dombert/Külpmann Rn. 651.
103 BVerwGE 20, 240, 243; *G. Lüke,* NJW 1978, 81, 83 Fn. 22; *F. Schoch,* BayVBl 1983, 358, 362; *weiter gehend* (nur bei offensichtlich aussichtslosem Wiedereinsetzungsantrag keine aufschiebende Wirkung): OVG Koblenz AS 12, 311 f.; NJW 1976, 908; vgl. auch OVG Münster NVwZ 1987, 334 (aufschiebende Wirkung zu bejahen, wenn gerade Verfristung streitig ist); NVwZ-RR 1990, 378, 379 (bei nicht offensichtlich aussichtslosem Wiedereinsetzungsantrag entweder Bejahung der aufschiebenden Wirkung oder Anordnung der aufschiebenden Wirkung bis zur Entscheidung über den Wiedereinsetzungsantrag); VGH Kassel DÖV 1989, 361 (LS).
104 VGH Mannheim NVwZ 1984, 254, 255; VBlBW 1990, 137; 6 S 346/16, BeckRS 2016, 56103 Rn 2 f.; VGH München BayVBl 1994, 407, 408; *H. Dürr,* DÖV 1994, 841, 852; *J. Schmidt,* in: Eyermann § 80 Rn. 13; *Schmitt Glaeser/Horn* Rn. 249.
105 OVG Saarlouis AS 14, 176, 186; OVG Schleswig NVwZ-RR 2001, 586; OVG Weimar LKV 1994, 408, 409; VGH Kassel VerwRspr 27, 1010, 1012 f.; VGH Mannheim DÖV 1968, 493, 494; DVBl 1974, 473, 474; *K. Finkelnburg,* in: Finkelnburg/Dombert/Külpmann Rn. 652; *F. Schoch,* BayVBl 1983, 358, 362.
106 Missverständlich insofern BVerwGE 13, 1, 5; vgl. auch *L. Renck,* BayVBl 1991, 743, 744.
107 *J. Schmidt,* in: Eyermann § 80 Rn. 6; *F. Schoch,* Vorläufiger Rechtsschutz, 1988, 1171 ff.; *G. Scholz,* FS Menger 1985, 641, 643 f.

keitstheorie"[108] hat die aufschiebende Wirkung keinen Einfluss auf die Wirksamkeit, sondern hemmt nur die Vollziehbarkeit des Verwaltungsakts. In Rspr. und Lit. werden verschiedene Formen der Vollziehbarkeitstheorie, der Wirksamkeitstheorie sowie einer zwischen beiden Anschauungen vermittelnden „verfahrensrechtlichen" Meinung[109] vertreten. Zwar führen in der Praxis in den meisten Fällen alle Theorien zu gleichen Ergebnissen, vor allem wenn sie nicht eng gefasst werden. Der Meinungsstreit ist daher in der Vergangenheit auch als „Gefecht um Worte" und Ausdruck von Begriffsjurisprudenz bezeichnet worden.[110] Zu unterschiedlichen Lösungen können die Theorien allerdings bei der Frage führen, ob trotz aufschiebender Wirkung dennoch rechtliche Folgerungen aus dem Verwaltungsakt gezogen werden dürfen. Nach dem durch das 4. VwGOÄndG neu gefassten § 80 Abs. 1 S. 2 tritt die aufschiebende Wirkung auch bei rechtsgestaltenden und feststellenden Verwaltungsakten ein. Da diese Verwaltungsakte nicht vollzogen werden können, liefert diese Bestimmung nunmehr ein gewichtiges Argument gegen die Vollziehbarkeitstheorie.[111] Richtigerweise *hemmt die aufschiebende Wirkung die Wirksamkeit des Verwaltungsakts.* Die Hemmung tritt allerdings wegen des Sicherungszwecks des vorläufigen Rechtsschutzverfahrens *nicht endgültig, sondern nur vorläufig* ein. Fällt die aufschiebende Wirkung später weg, wird der Verwaltungsakt ex tunc, also rückwirkend zum Zeitpunkt seines Erlasses wirksam (→ Rn. 41). Während der Dauer der Wirksamkeitshemmung verbietet es die aufschiebende Wirkung, rechtliche oder tatsächliche Folgerungen aus dem Verwaltungsakt zu ziehen (→ Rn. 51).

c) Der Begriff der Vollziehung in § 80. Die Frage, welche Konsequenzen die aufschiebende Wirkung 36 für den Verwaltungsakt hat, hängt vor allem mit dem Vollziehungsbegriff des § 80 zusammen. Die Begriffe der aufschiebenden Wirkung und der Vollziehung bedingen sich gegenseitig. Wie sich aus dem Wortlaut der Abs. 2 S. 1 Nr. 4, Abs. 3, 4 und 5 des § 80 ergibt, wird durch die Rechtsfolge des § 80 Abs. 1 die Vollziehung des Verwaltungsakts bis zur Entscheidung über das Rechtsmittel in der Hauptsache aufgeschoben. Die aufschiebende Wirkung ist somit das Korrelat zur Vollziehung.[112]

Vom Begriff der Vollziehung ist der der *Vollstreckung* abzuheben. Bei der Verwirklichung des Verwal- 37 tungsakts durch *behördliche* Maßnahmen nimmt die zwangsweise Vollstreckung eine Sonderstellung ein. Bei der Vollstreckung hat die Verwaltung die einschlägigen Normen des Verwaltungsvollstreckungsrechts zu beachten. Danach darf ein belastender Verwaltungsakt mit Mitteln des Verwaltungszwangs grds. nur durchgesetzt werden, wenn er unanfechtbar ist, wenn sein sofortiger Vollzug angeordnet worden ist (§ 80 Abs. 2 S. 1 Nr. 4), oder wenn dem Rechtsmittel keine aufschiebende Wirkung zukommt (§ 80 Abs. 2 S. 1 Nr. 1–3).[113]

Unter Vollziehung können aber *nicht nur Maßnahmen im vollstreckungsrechtlichen Sinn* verstanden 38 werden. Das ergibt sich bereits aus § 80 Abs. 1 S. 2. Rechtsgestaltende und feststellende Verwaltungsakte regeln Sachverhalte unmittelbar mit Eintritt ihrer inneren Wirksamkeit und sind daher einer besonderen behördlichen Durchsetzungshandlung weder bedürftig noch fähig (vgl. BVerwGE 13, 1, 7 f.). Vollziehung i.S.d. § 80 kann auch nicht ausschließlich ein Handeln der Behörde bedeuten, wie in der Vergangenheit teilweise angenommen wurde.[114] Durch das 4. VwGOÄndG hat der Gesetzgeber in § 80 Abs. 1 S. 2 i.V.m. § 80a ausdrücklich geregelt, dass bei Verwaltungsakten mit Doppelwirkung der Rechtsbehelf des Belasteten aufschiebende Wirkung gegenüber der Begünstigung hat und der Begünstigte wiederum im Wege des vorläufigen Rechtsschutzes die Anordnung der sofortigen Vollziehung erreichen kann. Daraus ergibt sich, dass das Gebrauchmachen und die Ausnutzung einer Begünstigung

---

108 BVerwGE 13, 1, 5 ff.; 24, 92, 98; 66, 218, 222; BVerwG DÖV 1968, 417, 418; BayVBl 1983, 311; NVwZ 2016, 1333, 1334; OVG Bln OVGE Bln 14, 151, 154; OVG Koblenz AS 14, 266, 270; OVG Lüneburg DÖV 1987, 36; OVG Münster NVwZ-RR 1988, 126; VGH Kassel ESVGH 26, 237, 239; VGH Mannheim VBlBW 1987, 141, 142; VGH München NVwZ-RR 1990, 594; BayVBl 1991, 19, 20; *K. Finkelnburg,* in: Finkelnburg/Dombert/Külpmann Rn. 630; *H. Gersdorf,* in: Posser/Wolff, BeckOK VwGO § 80 Rn. 29 (i.w.S. einer Verwirklichungs- und Ausnutzungshemmung); *Pietzner/Ronellenfitsch* § 51 Rn. 1420, 1429 (in der Form der erweiterten Verwirklichungstheorie); *M. Redeker,* in: Redeker/v. Oertzen § 80 Rn. 4.
109 *F. Kopp,* BayVBl 1972, 649, 651; *Kopp/Schenke* § 80 Rn. 22.
110 *O. Bachof,* JZ 1966, 473, 475 f.; vgl. auch *R. Breuer,* DVBl 1983, 431, 439; *Pietzner/Ronellenfitsch* § 51 Rn. 1421.
111 VG Augsburg NVwZ-RR 1995, 382, 384; *J. Schmidt,* in: Eyermann § 80 Rn. 6.
112 I.d.S. BVerwGE 13, 1, 6; zweifelnd *H.-U. Erichsen/R. Klenke,* DÖV 1976, 833, 834.
113 Vgl. etwa § 6 Abs. 1 VwVG Bund; Art. 19 Abs. 1 BayVwZVG; § 2 LVwVG BW; § 2 HessVwVG; § 2 LVwVG RP.
114 *H.-J. Papier,* VerwArch 1973, 283, 287; vgl. auch *F. Kopp,* BayVBl 1972, 649, 650.

durch einen Privaten ebenfalls als Vollziehung i.S.d. § 80 zu qualifizieren sind (so auch etwa VGH Kassel GewArch 1992, 113, 114).

39 Darüber hinaus zählt zur Vollziehung eines Verwaltungsaktes i.S.v. § 80 auch *jede sonstige rechtliche oder tatsächliche Folgerung unmittelbarer oder mittelbarer Art*, die durch behördliches oder privates Handeln aus dem Verwaltungsakt gezogen wird und auf Verwirklichung des Inhalts des Verwaltungsakts gerichtet ist. Dies schließt nicht nur eine *strafrechtliche Ahndung von Zuwiderhandlungen*,[115] *sondern bereits der Hinweis auf ihre Strafbarkeit*[116] ein. Auch das in Art. 19 Abs. 4 GG enthaltene Gebot der Gewährung effektiven Rechtsschutzes erfordert einen weiten Vollziehungsbegriff.[117] Vollziehung als Gegenstück zur aufschiebenden Wirkung ist daher in einem umfassenden Sinn zu verstehen.[118] Zweck des § 80 Abs. 1 ist es, den von einem Verwaltungsakt Belasteten vorläufig bis zur Entscheidung über sein Rechtsmittel vor einer Verschlechterung seiner Rechtsposition durch Aufrechterhaltung des status quo zu schützen. Nur wenn unter Vollziehung jegliche rechtliche oder tatsächliche Folgerung verstanden wird, die die Verwaltung, der Adressat selbst oder Dritte aus dem Verwaltungsakt ziehen, und unter aufschiebender Wirkung – als Gegenstück zur Vollziehung – das Verbot, solche Folgerungen zu ziehen, wird das Ziel des § 80 Abs. 1 erreicht. Daher ist auch die *Aufrechnung mit einer Forderung im angegriffenen Verwaltungsakt* eine *unzulässige Vollziehung*.[119] Es ist allerdings ausreichend, nur solche Folgerungen auszuschließen, die auf eine Verwirklichung des Inhalts des Verwaltungsakts gerichtet sind, denn der Betroffene soll vorläufig nur vor einer Rechtsbeeinträchtigung geschützt werden, die sich aus der Durchsetzung gerade des angegriffenen Verwaltungsakts ergibt. Eine Verbesserung der Rechtsstellung des Betroffenen hingegen ist nicht Sinn der aufschiebenden Wirkung.[120]

40 Der *Gesetzgeber* kann für Materien, in denen ein besonderes Bedürfnis nach einer Eingrenzung der aufschiebenden Wirkung besteht, eine *abweichende Regelung* treffen und vorsehen, dass trotz aufschiebender Wirkung der Rechtsmittel aus dem Verwaltungsakt noch Folgerungen gezogen werden können. Dies ist etwa in § 84 Abs. 2 S. 1 AufenthG (Nachfolgevorschrift des § 72 Abs. 2 S. 1 AuslG) geschehen, wonach Widerspruch und Klage die Wirksamkeit einer Ausweisung oder eines sonstigen aufenthaltsbeendenden Verwaltungsakts nicht entfallen lassen.

41 d) Ex-tunc-Wirkung der Hauptsacheentscheidung. Die Auffassung einiger Vertreter der Wirksamkeitstheorie, dass die aufschiebende Wirkung eine *endgültige* Hemmung der Wirksamkeit für die Dauer des Rechtsschutzverfahrens hervorrufe,[121] geht über das Schutzziel des § 80 Abs. 1 hinaus. Danach würde etwa der Beamte, der seine Entlassungsverfügung angreift, die während der Dauer des Rechtsschutzverfahrens mit Rücksicht auf die aufschiebende Wirkung weitergezahlten Bezüge zu Recht erhalten haben, selbst wenn im Hauptsacheverfahren letztlich die Rechtmäßigkeit der Entlassung bestätigt oder der Bescheid auf andere Weise bestandskräftig würde. Sofern nicht besondere beamtenrechtliche Regelungen entgegenstehen, hätte diese Auffassung zur Folge, dass der zu Recht entlassene Beamte, der Rechtsmittel einlegt, grds. nicht zur Rückzahlung der fortgezahlten Bezüge verpflichtet wä-

115 *H.-J. Odenthal*, NStZ 1991, 418, 419; zur Androhung, einen Bußgeldtatbestand zu verfolgen, als Vollziehung VGH München NJW 2006, 2282 f.

116 VGH Mannheim NVwZ-RR 2010, 463 f. (Hinweis in einem feststellenden Verwaltungsakt).

117 BVerfG (K) NJW 2006, 351, 3552 (Wegen der engen rechtlichen Verknüpfung zwischen Nichtzahlung einer Studiengebühr und der Exmatrikulation sei auch die Exmatrikulation als Vollziehung des Gebührenbescheides anzusehen.).

118 Für einen umfassenden Begriff der Vollziehung: VGH Mannheim NVwZ-RR 2010, 463, 464; *O. Bachof*, JZ 1966, 473, 475; *K. Finkelnburg*, in: Finkelnburg/Dombert/Külpmann Rn. 631; *Kopp/Schenke* § 80 Rn. 23; *F. Kopp*, BayVBl 1972, 649, 652; *H.-J. Odenthal*, NStZ 1991, 418, 419 (zur straf- oder bußgeldrechtlichen Ahndung von strafbewehrten Verwaltungsakten); zur Kritik an einer weiten Fassung des Begriffs: *F. Schoch*, Vorläufiger Rechtsschutz, 1988, 1172 f.

119 OVG Lüneburg NVwZ-RR 1997, 655, 656; NVwZ-RR 2007, 293 f.; *H. Gersdorf*, in: Posser/Wolff, BeckOK VwGO § 80 Rn. 32; *Kopp/Schenke* § 80 Rn. 30; *W. Schmidt*, JuS 1984, 28, 30 f.; *F. Schoch*, Vorläufiger Rechtsschutz, 1988, 1170 ff.; a.M. unter Berufung auf die Vollziehbarkeitstheorie BVerwGE 66, 218, 221 f.; BVerwG DVBl 1986, 146; OVG Magdeburg NVwZ-RR 2009, 226; VG Oldenburg NVwZ-RR 2006, 135 f. Einschränkend BVerwG NJW 2009, 1099 f. (Aufrechnung mit einer durch angefochtenen Leistungsbescheid geltend gemachten Gegenforderung sei grds. zulässig. Wegen des „spezifisch öffentlich-rechtliche[n] Rechtsschutzkonzept[s]" des § 80 Abs. 1 hindere aber die aufschiebende Wirkung die Aufrechenbarkeit).

120 OVG Bln OVGE Bln 14, 151, 153 f. unter Berufung auf die Vollziehbarkeitstheorie (Zurückstellung der Beförderung einer Polizeibeamtin aufgrund ihrer Klage gegen Verfügungen, die sie zum Tragen einer Dienstwaffe verpflichteten).

121 *H.-U. Erichsen/R. Klenke*, DÖV 1976, 837 ff.; *Eyermann/Fröhler* § 80 Rn. 4; so wird die Wirksamkeitstheorie offenbar auch verstanden von BVerwGE 13, 1, 8 f.; BVerwG DÖV 1968, 417, 418; *F. Kopp*, BayVBl 1972, 649, 650 f.

re. Damit würde das vorläufige Rechtsschutzverfahren den Rechtsmittelführer gegenüber demjenigen bevorzugen, der den Verwaltungsakt bestandskräftig werden lässt.

Es ist jedoch nicht Aufgabe des § 80 Abs. 1, dem Rechtsmittelführer eine zusätzliche und dauerhafte **42** Verbesserung seiner Rechtsposition zu verschaffen. Ihm soll lediglich im Zeitraum zwischen der Einlegung des Rechtsmittels und der Entscheidung hierüber Schutz vor einer irreparablen Vereitelung seines Rechtsanspruchs gewährt werden. Durch die Entscheidung über das Rechtsmittel des Betroffenen *wird der Verwaltungsakt rückwirkend zum Zeitpunkt seines Erlasses beseitigt*, wenn er in der Hauptsache obsiegt, *oder mit ex tunc-Wirkung bestätigt*, wenn er verliert.[122] Der entlassene Beamte ist daher nach Rechtsbehelfseinlegung weiterzubeschäftigen und auch weiterhin zu besolden. Nach der Entscheidung über den Rechtsbehelf entfällt bei Obsiegen des Beamten die Wirksamkeit der Entlassungsverfügung ex tunc. Bei Obsiegen der Verwaltung gilt der Verwaltungsakt als von Anfang an wirksam; der entlassene Beamte hat die Besoldung nach Bereicherungsgrundsätzen zurückzugewähren.[123]

Die Ex-tunc-Wirkung der Hauptsacheentscheidung darf nicht dazu führen, dass *Handlungen im zwei-* **43** *seitigen Rechtsverhältnis*, die *während des Rechtsschutzverfahrens im Vertrauen auf die aufschiebende Wirkung vorgenommen oder unterlassen* worden sind, nachträglich wegen der Erfolglosigkeit des Rechtsmittels mit Sanktionen belegt werden.[124] § 80 Abs. 1 ist Ausdruck des verfassungsrechtlichen Gebotes aus Art. 19 Abs. 4 GG und gewährt effektiven Rechtsschutz durch vorläufige Aufrechterhaltung des status quo für den vom Verwaltungsakt Belasteten bis zum Hauptsacheverfahren. Die aufschiebende Wirkung würde ihren Sinn verlieren, wenn der Rechtsmittelführer die im angegriffenen Verwaltungsakt enthaltenen Gebote oder Verbote befolgen müsste, weil er ansonsten bei einer gerichtlichen Bestätigung des Verwaltungsakts nachträgliche Sanktionen riskierte. Für eine strafrechtliche Verfolgung kommt es ohnehin auf die Rechtslage zum Zeitpunkt der Tat an.[125] Anders ist die *Rechtslage hingegen bei einem Verwaltungsakt mit Doppelwirkung* i.S.v. § 80 a zu beurteilen, wenn die aufschiebende Wirkung durch ein Rechtsmittel des Belasteten herbeigeführt wurde. Nutzt der Begünstigte die im Verwaltungsakt enthaltene Begünstigung aus und verstößt damit gegen die aufschiebende Wirkung, handelt er illegal.[126] Er kann sich nicht auf Art. 19 Abs. 4 GG berufen, da er das Rechtsmittel nicht eingelegt hat. Wegen der vorläufigen Wirksamkeitshemmung existiert bis zu einer Anordnung des Sofortvollzuges oder einer Entscheidung in der Hauptsache keine Begünstigung, von der der Begünstigte hätte Gebrauch machen können. Hat das Rechtsmittel des Belasteten in der Hauptsache keinen Erfolg, gilt der Verwaltungsakt als von Anfang an als wirksam. Zwar kann die Verwaltung bis zur Hauptsacheentscheidung Maßnahmen auf die Illegalität des Verhaltens des Begünstigten stützen. Bei einem Misserfolg des Rechtsmittels sind diese jedoch rückgängig zu machen, ggf. ist Folgenbeseitigung zu leisten.

4. Folgen der aufschiebenden Wirkung. a) Eintritt der aufschiebenden Wirkung. Die aufschiebende **44** Wirkung ergibt sich aus der Einlegung des jeweiligen Rechtsbehelfs und tritt *automatisch* ein. Ein entsprechender Wille des Rechtsmittelführers ist nicht erforderlich. Dieser muss daher neben Widerspruch oder Anfechtungsklage keine weiteren Maßnahmen treffen, etwa einen Antrag auf Anordnung der aufschiebenden Wirkung stellen oder eine besondere Gefährdung seiner Rechte darlegen. Durch ausdrückliche Erklärung gegenüber der Behörde kann der Betroffene allerdings auch auf die aufschiebende Wirkung seines Rechtsmittels verzichten.[127]

Für *Inhalt und Umfang* der aufschiebenden Wirkung kommt es darauf an, wogegen sich der Rechts- **45** behelf wendet. Die aufschiebende Wirkung des Rechtsbehelfs tritt grds. nur hinsichtlich des Verwaltungsakts ein, gegen den sich der Rechtsbehelf richtet. Wendet sich eine Klage *ausschließlich gegen den Widerspruchsbescheid*, tritt die aufschiebende Wirkung auch nur hinsichtlich des Widerspruchsbescheids ein. Bei einem *Großvorhaben*, das in mehreren Schritten durch eine erste Teil- oder Grund-

---

122 *O. Bachof*, JZ 1966, 473, 475 f.; vgl. auch BGH NVwZ 2013, 1430, 1432.
123 I.E. ebenso aber unter Berufung auf die Vollziehbarkeitstheorie BVerwGE 24, 92, 98; 66, 75, 77; BVerwG DÖV 1968, 417, 418; vgl. auch BVerwG NJW 1983, 2042; OVG Koblenz AS 12, 306, 308 f. (zur Rückgewähr von Blindenhilfe aufgrund öffentlich-rechtlichen Erstattungsanspruchs).
124 So aber die Befürchtung von *H.-U. Erichsen/R. Klenke*, DÖV 1976, 837 f.
125 *K. Finkelnburg*, in: Finkelnburg/Dombert/Külpmann Rn. 633; *H.-J. Odenthal*, NStZ 1991, 418, 419 m.w.N.
126 VGH München GewArch 1967, 125, 126; *D. Sellner*, Immissionsschutzrecht und Industrieanlagen, 21988, Rn. 489; a.M. VGH Kassel GewArch 1992, 113, 114; VGH Mannheim NVwZ-RR 1989, 123, 124.
127 *K. Finkelnburg*, in: Finkelnburg/Dombert/Külpmann Rn. 660.

satzgenehmigung sowie mehrere Folgebescheide genehmigt wird, erstreckt sich die aufschiebende Wirkung eines Rechtsbehelfs gegen die erste Teilgenehmigung nicht auch automatisch auf die Folgegenehmigungen (OVG Münster NJW 1979, 380, 381 f.). Diese sind selbständig anfechtbare Verwaltungsakte. Ihr rechtliches Schicksal hängt zwar von der ersten grundsätzlichen Genehmigung des Gesamtvorhabens ab. Während die Grundsatzgenehmigung den Rahmen des Gesamtvorhabens im Großen und Ganzen absteckt, werden die Einzelabschnitte des Vorhabens erst in den späteren Teilgenehmigungen durch diesbezüglich eigenständige neue Regelungen konkretisiert. Eine aufschiebende Wirkung kann hier nur ein gegen die jeweilige Teilgenehmigung selbst gerichteter Rechtsbehelf hervorrufen. Gleiches gilt für *Vollstreckungsmaßnahmen*. Soweit Maßnahmen zur Vollstreckung des angefochtenen Verwaltungsakts selbst angreifbare Verwaltungsakte sind,[128] erstreckt sich die aufschiebende Wirkung des Rechtsmittels gegen den zu vollstreckenden Verwaltungsakt nicht auch automatisch auf sie (OVG Münster NJW 1979, 380, 381). Soll eine aufschiebende Wirkung eintreten, ist gegen die Vollstreckungsmaßnahme selbst ein Rechtsbehelf einzulegen sowie im Falle des Ausschlusses der aufschiebenden Wirkung gesondert um vorläufigen Rechtsschutz nachzusuchen.

46   Die *aufschiebende Wirkung* tritt jedoch *erst mit Einlegung des Rechtsbehelfs* ein. Die bloße Möglichkeit, Widerspruch oder Klage zu erheben, reicht allein nicht, um zur aufschiebenden Wirkung zu führen.[129] Zur aufschiebenden Wirkung als automatischer Wirkung des Rechtsbehelfs kommt es nicht, wenn der Verwaltungsakt kraft gesetzlicher Regelung sofort vollziehbar ist (§ 80 Abs. 2 S. 1 Nr. 1–3 und S. 2), oder die Verwaltung den Automatismus unterbricht, indem sie die sofortige Vollziehbarkeit des Verwaltungsakts gem. § 80 Abs. 2 S. 1 Nr. 4 anordnet. Unter besonderen Umständen kann es rechtsmissbräuchlich und daher unbeachtlich sein, wenn sich ein Rechtsmittelführer auf die aufschiebende Wirkung beruft. Dies ist insbes. dann der Fall, wenn er seine Rechtsstellung treuwidrig erlangt hat oder treuwidrig von ihr Gebrauch macht (BVerwGE 43, 273, 276 f.).

47   **b) Wirkung auf behördliches oder privates Handeln zwischen Erlass des Verwaltungsakts und Eintritt der aufschiebenden Wirkung.   aa) Vollzugshandlungen.** Die aufschiebende Wirkung, die mit der Rechtsbehelfseinlegung eintritt, *wirkt auf den Zeitpunkt des Erlasses des belastenden Verwaltungsaktes zurück*.[130] Bei einem *Verwaltungsakt, der mit einer Zwangsmittelandrohung* verbunden ist, muss die Frist, die dem Bürger zur Befolgung der Verfügung gewährt wird, so bemessen sein, dass er noch vor Beginn der zwangsweisen Durchsetzung ein Rechtsmittel einlegen und die aufschiebende Wirkung auslösen kann (→ Rn. 11).[131] Die Regelungen des Verwaltungsvollstreckungsrechts gewähren dem vom Verwaltungsakt Betroffenen bis zur Einlegung seines Rechtsbehelfs einen gewissen Schutz, da danach ein belastender Verwaltungsakt grds. nur zwangsweise durchgesetzt werden darf bei Unanfechtbarkeit, Anordnung der sofortigen Vollziehung (§ 80 Abs. 2 S. 1 Nr. 4) oder fehlender aufschiebender Wirkung des Rechtsmittels (§ 80 Abs. 2 S. 1 Nr. 1–3).[132] Dies gilt jedoch nur für den Einsatz behördlicher Zwangsmittel; vollzogen werden kann ein Verwaltungsakt bereits ab seiner Wirksamkeit (zum Begriff der Vollziehung → Rn. 36 ff.).

48   Hat die Verwaltung zwischen Erlass des Verwaltungsaktes und Eintritt der aufschiebenden Wirkung Vollzugsmaßnahmen eingeleitet, folgt aus der durch § 80 Abs. 1 bedingten Aufschiebung der Vollziehung, dass alle Handlungen rückgängig zu machen sind, die in Vollziehung des angefochtenen Verwaltungsakts bereits vorgenommen worden sind (BVerwG DÖV 1973, 785, 787; zur gerichtlichen Geltendmachung → Rn. 163). Auch Vollzugshandlungen Dritter werden davon erfasst, ebenso wenn der Adressat in Befolgung eines im Verwaltungsakt enthaltenen Gebots freiwillig Handlungen vornimmt.[133] Nach a.M. sind bereits vorgenommene Vollzugshandlungen nicht in jedem Fall rückgängig zu machen, sondern nur wenn eine Interessenabwägung ein Überwiegen der Interessen des betroffenen Bürgers ergibt (OVG Münster VerwRspr 21, 246, 250 f.; VGH Mannheim DÖV 1974, 605). Durch

---

128   Dazu etwa *R. Pietzner*, VerwArch 84 (1993), 261, 266 ff.
129   VGH Mannheim, NVwZ-RR 2010, 277; vgl. auch *K. Finkelnburg*, in: Finkelnburg/Dombert/Külpmann Rn. 654.
130   BVerwG DÖV 1973, 785, 787; OVG Münster OVGE 34, 240, 242; VGH Mannheim ESVGH 16, 183, 185; VGH München GewArch 1984, 164; BayVBl 1989, 731; *K. Finkelnburg*, in: Finkelnburg/Dombert/Külpmann Rn. 658; *Pietzner/Ronellenfitsch* § 51 Rn. 1441.
131   BVerwGE 16, 289, 291 ff.; 17, 83, 85 f.; BVerwG DÖV 1973, 785, 786.
132   Vgl. § 6 Abs. 1 VwVG Bund für die einer Vollstreckung zugänglichen Verwaltungsakte auf Herausgabe einer Sache, Vornahme einer Handlung, Duldung oder Unterlassung.
133   Münster OVGE 28, 128, 130 ff.; *Schmitt Glaeser/Horn* Rn. 257.

Eintritt der aufschiebenden Wirkung wird jedoch den bereits durchgeführten Vollzugsmaßnahmen die Rechtsgrundlage bis zu einer Entscheidung in der Hauptsache entzogen. Ordnet die Behörde nicht die sofortige Vollziehung des Verwaltungsakts an, beginnt mit seiner Vollziehung aber dennoch vor Eintritt der Unanfechtbarkeit, trägt sie das Risiko der Rechtsmitteleinlegung. Daher ist die Behörde auch zur Folgenbeseitigung verpflichtet, wenn dem Betroffenen durch die Vollziehung vor Rechtsbehelfseinlegung ein Schaden entsteht.[134]

bb) Strafrechtliche Sanktionen. Ein Verwaltungsakt kann bereits in dem Zeitraum zwischen Wirk 49 samwerden und Einlegung des Rechtsbehelfs vollzogen werden (zu den Auswirkungen der aufschiebenden Wirkung auf Vollzugshandlungen → Rn. 47 f.). Davon zu trennen ist die Frage, ob eine Zuwiderhandlung gegen eine im Verwaltungsakt enthaltene behördliche Anordnung auch bereits in der Zeit vor Ablauf der Rechtsbehelfsfrist strafrechtlich geahndet werden kann. Zwar entfaltet der Verwaltungsakt bereits vor seiner Bestandskraft Wirksamkeit. Mit Widerspruch oder Klage tritt jedoch die auf den Zeitpunkt des Erlasses des Verwaltungsakts zurückwirkende Rechtsfolge des § 80 Abs. 1 ein, die die *Wirksamkeit vorläufig hemmt und damit der Strafbarkeit die Rechtsgrundlage entzieht.* Für die Strafbarkeit oder Straflosigkeit einer Tat kann es nicht auf ein zukünftiges Ereignis, nämlich ob tatsächlich ein Rechtsmittel eingelegt wird, ankommen. Strafrechtliche Sanktionen wegen Zuwiderhandlung gegen einen Verwaltungsakt dürfen daher nicht in der Zeit verhängt werden, in der es der Betroffene jederzeit in der Hand hat, durch Widerspruch oder Klage die aufschiebende Wirkung herbeizuführen.[135]

c) Faktische Vollziehung. Trifft die Behörde Maßnahmen zur Vollziehung eines Verwaltungsakts oder 50 setzt solche Maßnahmen fort, obwohl inzwischen durch Rechtsbehelfseinlegung die aufschiebende Wirkung eingetreten ist, spricht man von „faktischer" Vollziehung.[136] Auch wenn ein privater Begünstigter von einem Verwaltungsakt mit Doppelwirkung i.S.v. § 80 a Gebrauch macht, obwohl die aufschiebende Wirkung eingetreten ist, wird der Verwaltungsakt faktisch vollzogen. Gegen Maßnahmen der faktischen Vollziehung kann nachträglicher vorläufiger Rechtsschutz vor Gericht beantragt werden (→ Rn. 164, → § 80 a Rn. 36 und → § 80 b Rn. 24). *Keine* faktische Vollziehung liegt hingegen vor, wenn eine Privatperson *ohne Vorliegen eines Verwaltungsakts eigenmächtig handelt.* Da es an einem anzufechtenden Verwaltungsakt fehlt, kommt in diesem Fall ein Verfahren nach § 80 nicht in Betracht. Kann ein Anspruch auf behördliches Einschreiten bejaht werden, ist die Verpflichtungsklage die richtige Klageart und damit vorläufiger Rechtsschutz nach § 123 gegeben.[137]

d) Wirkung auf weitere Folgen des Verwaltungsakts. Im zweiseitigen Rechtsverhältnis darf die Ver 51 waltung während der Dauer der aufschiebenden Wirkung keine tatsächlichen oder rechtlichen Folgerungen aus dem Verwaltungsakt ziehen. Der vom Verwaltungsakt Belastete ist demgemäß auch nicht verpflichtet, einem im Verwaltungsakt enthaltenen Gebot Folge zu leisten (zu Sanktionen und strafrechtlichen Folgen → Rn. 43). Bei Verwaltungsakten mit Doppelwirkung darf nach Einlegung des Rechtsbehelfs gemäß der ausdrücklichen Regelung in § 80 Abs. 1 S. 2, § 80 a der Begünstigte vorläufig keinen Gebrauch vom Verwaltungsakt, etwa einer Baugenehmigung, mehr machen. Während der Zeit der aufschiebenden Wirkung können im Verwaltungsakt festgesetzte *Fristen* zur Durchführung einer Handlung gegenstandslos werden.[138] Die Verwaltung kann in diesem Fall eine neue Frist setzen oder die Bestandskraft des Verwaltungsakts abwarten und erst danach eine neue Frist bestimmen (BVerwG NJW 1979, 1054, 1055; VGH München BayVBl 1980, 50, 51). Zwar ändert die aufschiebende Wirkung nichts an der materiellen Rechtslage, sodass eine in einem Verwaltungsakt *geltend gemachte Forderung* in der Zeit bis zur Hauptsacheentscheidung *fällig werden kann.*[139] Da die aufschiebende Wirkung auf den Erlass des Verwaltungsakts zurückwirkt und seine Wirksamkeit einstweilen hemmt, darf

---

134 *Schmitt Glaeser/Horn* Rn. 258.
135 BGHSt 23, 86, 91 f.; BayObLGSt 1962, 26, 30; OLG Hamm MDR 1979, 516; NJW 1980, 1476; *H.-J. Odenthal,* NStZ 1991, 418, 420; a.M. *K. Finkelnburg,* in: Finkelnburg/Dombert/Külpmann Rn. 633.
136 Zu den Ursachen *F. Schoch,* Vorläufiger Rechtsschutz, 1988, 1485.
137 OVG Lüneburg OVGE 21, 450, 454; vgl. zum Anspruch auf Einschreiten der Bauordnungsbehörde *H.-C. Sarnighausen,* NJW 1993, 1623 ff.
138 VGH München BayVBl 1980, 50, 51; a.M. noch VGH München BayVGH (n. F.) 28, 64, 68.
139 OVG Lüneburg NVwZ-RR 2008, 336, 337; *Kopp/Schenke* § 80 Rn. 34; *F. Schoch,* in: Schoch/Schneider/Bier § 80 Rn. 105.

die Verwaltung aus dieser Fälligkeit jedoch *vorläufig keine Folgerungen ziehen*. Daher braucht der Betroffene zum Fälligkeitszeitpunkt keine Leistungen zu erbringen.[140] Bei durch Verwaltungsakt angeordneter Zahlung von Abgaben sind für die Dauer der aufschiebenden Wirkung vorbehaltlich besonderer gesetzlicher Regelung keine *Verzugszinsen* oder *Säumniszuschläge* zu entrichten (zur Wirkung einer Entscheidung nach § 80 Abs. 5 S. 1 auf Säumnisfolgen → Rn. 170). Die *Verjährung* der Forderung ist für die Dauer der aufschiebenden Wirkung gehemmt.[141] Wehrt sich der Betroffene mit seinem Rechtsbehelf gegen den Entzug einer Gebührenbegünstigung, nimmt die gebührenpflichtige Leistung aufgrund der aufschiebenden Wirkung seines Rechtsbehelfs aber weiter in Anspruch, muss er bei Erfolglosigkeit seines Rechtsmittels die Differenz zwischen dem begünstigten Tarif und der normalen Gebühr nachzahlen (BVerwG NJW 1977, 823 [Zulassung zum Postzeitungsdienst]).

52   **e) Ende der aufschiebenden Wirkung.**   Die *aufschiebende Wirkung* wird *durch den ersten eingelegten Rechtsbehelf ausgelöst*, also vom Widerspruch, wenn ein Vorverfahren vorgesehen ist, ansonsten von der Anfechtungsklage. Der mit dem 6. VwGOÄndG eingefügte *§ 80 b* regelt seit 1.1.1997 *das Ende der aufschiebenden Wirkung*. Wird der die aufschiebende Wirkung auslösende Widerspruch zurückgewiesen, folgt daraus nicht, dass die aufschiebende Wirkung endet und durch die Klage neu begründet wird (VGH Kassel NVwZ 2015, 533, 534; NVwZ-RR 2015, 498). Denn nach § 80 b Abs. 1 S. 1 Hs. 1 endet die aufschiebende Wirkung eines Rechtsmittels erst mit der *Unanfechtbarkeit des Verwaltungsakts*. Im Klageverfahren endet sie grds. mit der Rechtskraft der verwaltungsgerichtlichen Entscheidung. Wird die *Anfechtungsklage in der Hauptsache* jedoch in der ersten Instanz *abgewiesen*, endet die aufschiebende Wirkung bereits *drei Monate nach Ablauf der Rechtsmittelbegründungsfrist* (§ 80 b Abs. 1 S. 1 Hs. 2). Zu den Einzelheiten vgl. die Komm. zu § 80 b.

53   Im Übrigen endet die aufschiebende Wirkung eines Rechtsbehelfs, wenn die Verwaltung nach § 80 Abs. 2 S. 1 Nr. 4 die sofortige Vollziehung anordnet. Sie endet auch, wenn der Rechtsbehelf zurückgenommen wird (vgl. VGH Kassel ESVGH 22, 93, 94) oder sich die Hauptsache in sonstiger Weise erledigt. Die Beendigung tritt automatisch ein, wenn die Voraussetzungen dafür vorliegen. Ein besonderer Beschluss ist dazu nicht erforderlich.

VI. Die gesetzlichen Ausnahmen vom Grundsatz der aufschiebenden Wirkung (§ 80 Abs. 2 S. 1 Nr. 1–3 und S. 2)

54   § 80 Abs. 1 sieht vor, dass vorläufiger Rechtsschutz gegen Verwaltungsakte regelmäßig dadurch gewährt wird, dass Widerspruch oder Anfechtungsklage aufschiebende Wirkung zukommt. Es gibt allerdings Bereiche, in denen aus der Sicht des Gesetzgebers das öffentliche Interesse an einer sofortigen Vollziehung generell das Individualinteresse an einer aufschiebenden Wirkung von Rechtsbehelfen überwiegt und zwischen dem Individualinteresse und dem öffentlichen Interesse ein tragbarer Ausgleich gefunden werden muss (vgl. dazu die Begründung zum Regierungsentwurf BT-Drs. 3/55, 39). § 80 Abs. 2 enthält die gesetzlich festgelegten Ausnahmen, bei denen trotz Einlegung eines Rechtsbehelfs die Vollziehung des Verwaltungsakts weiterhin zulässig ist. Die Betroffenen können in diesen Fällen bei der Verwaltung nach § 80 Abs. 4 und beim Gericht der Hauptsache nach § 80 Abs. 5 um vorläufigen Rechtsschutz nachsuchen.

55   **1. Sofortvollzug bei öffentlichen Abgaben und Kosten (§ 80 Abs. 2 S. 1 Nr. 1). a) Normzweck.** Zweck dieser Regelung ist es, zu einer *geordneten Haushaltsplanung* dadurch beizutragen, dass den öffentlichen Haushalten ein *stetiger Zufluss an Einnahmen gesichert* sowie für die Deckung von Auslagen der Verwaltung gesorgt wird. Hätten Rechtsmittel gegen Abgaben- und Kostenbescheide aufschiebende Wirkung, könnte der Einzelne dadurch einen Aufschub seiner Zahlungspflicht erreichen. Wegen damit verbundener möglicher Zinsgewinne wäre ein Anreiz zur Einlegung von Rechtsmitteln allein schon aus diesem Grund gegeben. Zudem wäre die Möglichkeit, eine Stundung zu erwirken, in das Belieben des betroffenen Bürgers gestellt. Der dadurch unregelmäßige und zeitlich nicht kalkulier-

---

140 *Kopp/Schenke* § 80 Rn. 34; *F. Schoch*, in: Schoch/Schneider/Bier § 80 Rn. 105.
141 BVerwG NJW 1977, 823 f. (in entsprechender Anwendung von § 202 Abs. 1 BGB a.F.).

bare Mittelzufluss in die öffentlichen Kassen würde letztlich eine ordnungsgemäße und planvolle Finanzierung der öffentlichen Aufgaben gefährden.[142]

b) Abgaben. Unter dem Begriff der *öffentlichen Abgaben* sind alle hoheitlich geltend gemachten öffentlich-rechtlichen Geldforderungen zu verstehen, die den Zweck haben, den Finanzbedarf des Hoheitsträgers für die Erfüllung seiner öffentlichen Aufgaben zu decken[143] (BVerwG DVBl 1993, 441, 442; VGH München BayVBl 1990, 469, 471). § 80 Abs. 2 S. 1 Nr. 1 erfasst daher jedenfalls Steuern, Gebühren und Beiträge. Unter *Steuern* sind einmalige oder laufende Geldleistungen zu verstehen, die nicht eine Gegenleistung für eine besondere Leistung darstellen und von einem öffentlich-rechtlichen Gemeinwesen zur Erzielung von Einkünften allen auferlegt werden, bei denen der Tatbestand zutrifft, an den das Gesetz die Leistungspflicht knüpft (s. § 3 Abs. 1 AO). Zu den Steuern, für die der Verwaltungsrechtsweg gegeben ist, gehören die kommunalen Verbrauchs- und Aufwandsteuern (z.B. Zweitwohnungsteuer, Getränkesteuer, Hundesteuer) und die den Gemeinden zufließenden Realsteuern (Grundsteuer, Gewerbesteuer). Die *Gebühr* ist ein Entgelt für die Inanspruchnahme der öffentlichen Verwaltung oder einer öffentlichen Einrichtung (z.B. Art. 8 Abs. 1 S. 1 KAG BY; § 4 Abs. 2 KAG NRW). *Beiträge* werden für das Angebot einer gruppennützigen öffentlichen Einrichtung erhoben.[144] Da nur hoheitliche Abgabenforderungen unter § 80 Abs. 2 S. 1 Nr. 1 fallen, ist insbes. bei Gebühren und Beiträgen zu prüfen, ob die betreffende Geldleistung tatsächlich aufgrund einer öffentlich-rechtlichen Abgabennorm und nicht aufgrund eines privatrechtlichen Anspruchs gefordert wird. 56

Str. ist, ob *neben Steuern, Gebühren und Beiträgen auch andere Abgaben* erfasst werden. Die Vertreter eines engen Abgabenbegriffs fassen unter § 80 Abs. 2 S. 1 Nr. 1 nur Abgaben, die der allgemeinen staatlichen Haushaltsplanung dienen und zählen zu den öffentlichen Abgaben grds. nur Steuern, Gebühren und Beiträge.[145] Begründet wird dies damit, dass § 80 Abs. 2 S. 1 Nr. 1 die ordnungsgemäße Haushaltsplanung sichern solle, also nur Abgaben umfasse, die der Deckung des allgemeinen Finanzbedarfs des Staates dienten. Wolle der Gesetzgeber die sofortige Vollziehbarkeit auch bei öffentlichen Geldanforderungen, bei denen die Finanzierungsfunktion nur einen Nebenzweck darstelle, müsse er eine eigene Regelung nach § 80 Abs. 2 S. 1 Nr. 3 treffen.[146] Insbes. *Sonderabgaben*, deren Aufkommen nicht zur Finanzierung allgemeiner Staatsaufgaben, sondern nur für Sonderaufgaben eingesetzt werden darf, sollen daher von der sofortigen Vollziehbarkeit nicht erfasst sein. 57

§ 80 Abs. 2 S. 1 Nr. 1 erfasst allerdings nicht nur Geldleistungspflichten, die allein der Deckung des allgemeinen Finanzbedarfs des Staates dienen. Zwar erfüllen Steuern dieses Merkmal und sind von der Allgemeinheit der Staatsbürger zu leisten. Gebühren und Beiträge jedoch, die nach einhelliger Meinung ebenfalls zu den „öffentlichen Abgaben" des § 80 Abs. 2 S. 1 Nr. 1 zählen, werden zur Deckung eines besonderen Finanzbedarfs von einzelnen Bürgern oder bestimmten Gruppen erhoben. Es kann daher nicht auf die Allgemeinheit der Finanzierung durch eine Abgabe ankommen, sondern es ist auf die *Finanzierungsfunktion* der Abgabe abzustellen. Nach der Rspr. des BVerwG, einer Reihe von OVG sowie Stimmen in der Lit. zählen zum Anwendungsbereich von § 80 Abs. 2 S. 1 Nr. 1 daher neben Steuern, Gebühren und Beiträgen *auch sonstige Abgaben mit Finanzierungsfunktion*. Die Abgabe muss danach nicht primär auf die staatliche Einnahmenerzielung ausgerichtet sein. Es reicht aus, wenn die öffentliche Geldlast neben anderen Funktionen – etwa einer Lenkungs-, Antriebs-, Zwangs- oder Straffunktion – *auch* die der Deckung des öffentlichen Finanzbedarfs besitzt.[147] Die Finanzierungsfunktion darf allerdings gegenüber den übrigen Zwecken der Abgabe nicht so weit in den Hin- 58

---

142 OVG Bln NVwZ-RR 2005, 304; OVG Greifswald NVwZ-RR 2001, 401 f.; *D. Heckmann*, Der Sofortvollzug staatlicher Geldforderungen, 1992, 59 ff. m.w.N.

143 Soweit der Verwaltungsrechtsweg nach § 40 für derartige Streitigkeiten überhaupt gegeben ist.

144 S. z.B. Art. 5 Abs. 1 S. 1 KAG BY; § 8 Abs. 2 KAG NRW; s.a. BVerwG NVwZ 2016, 1333, 1334 (Straßenausbaubeitrag); VG Potsdam NVwZ-RR 2001, 402 (Kanalanschlussbeitrag).

145 OVG Münster DVBl 1984, 353; BBauBl 1984, 354 (aufgegeben in OVG Münster DVBl 1993, 563 f.); VGH Kassel NVwZ 1984, 45; *H. Gersdorf*, in: Posser/Wolff, BeckOK VwGO § 80 Rn. 49 f.; *D. Heckmann*, Der Sofortvollzug staatlicher Geldforderungen, 1992, 136 ff.; *J. Schmidt*, in: Eyermann § 80 Rn. 19; *F. Schoch*, Vorläufiger Rechtsschutz, 1988, 1204 ff.

146 *H. Gersdorf*, in: Posser/Wolff, BeckOK VwGO § 80 Rn. 50; *F. Schoch*, Vorläufiger Rechtsschutz, 1988, 1208 ff.

147 BVerwG DVBl 1993, 441, 442 ff.; OVG Bln NVwZ 1987, 61; HmbOVG NVwZ-RR 2006, 156, 157; OVG Koblenz NVwZ 1987, 64 f.; VGH Kassel NVwZ-RR 1992, 378; 1995, 158; VGH München BayVBl 1986, 727 ff.; NVwZ 1987, 63, 64; *Pietzner/Ronellenfitsch* § 52 Rn. 1453.

tergrund treten, dass sie nur noch als Nebeneffekt erscheint.[148] Die Rspr. bewertet die Finanzierungsfunktion bei den einzelnen Abgaben teilweise uneinheitlich.

59   Zu den Geldleistungspflichten, bei denen die Finanzierungsfunktion neben anderen Zwecken zumindest gleichrangig ist und die deshalb als öffentliche Abgaben i.S.v. § 80 Abs. 2 S. 1 Nr. 1 einzustufen sind, zählen bspw.: der *Ausgleichsbetrag nach § 154 Abs. 1 S. 1 BauGB* (BVerwG DVBl 1993, 441; OVG Bln-Bbg NVwZ 2012, 711); der *Ausgleichsbetrag nach dem* früheren § 41 *Städtebauförderungsgesetz* (OVG Lüneburg DVBl 1983, 948); der *Erschließungsbeitrag* nach § 127 BauGB (VGH Mannheim – 2 S 1685/15, BeckRS 2015, 55115); die *Fehlbelegungsabgabe* nach dem Gesetz über den Abbau der Fehlsubventionierung im Wohnungswesen;[149] der *jugendhilferechtliche Kostenbeitrag* nach § 92 *SGB VIII* (OVG Schleswig – 2 MB 12/09, BeckRS 2009, 39707); die *Kreisumlage* (VGH Kassel NVwZ-RR 1992, 378 f.) sowie *Haftungsbescheide, Duldungsbescheide gem.* § 191 *AO 1977* (VG Gießen NVwZ-RR 2002, 709 f.). *Stundungszinsen* und *Aussetzungszinsen* fallen als Nebenleistungen von Abgaben ebenfalls in den Anwendungsbereich des § 80 Abs. 2 S. 1 Nr. 1. Sie sind mit dem Schicksal der Hauptsacheforderung verknüpft und stehen in unmittelbarem Zusammenhang mit der Abgabe, sodass sie selbst wie eine Abgabe zu behandeln sind. Darüber hinaus werden sie als Abgeltung für den Zahlungsaufschub erhoben und dienen somit ebenfalls der Deckung des öffentlichen Finanzbedarfs.[150] *Säumniszuschläge* sollen den Abgabenschuldner zur pünktlichen Zahlung anhalten und haben somit Zwangs- oder sogar Strafcharakter. Neben der Funktion als Druckmittel steht allerdings ihre Finanzierungsfunktion in der Form eines Ausgleichs für die Wertminderung infolge verzögerten Zahlungseingangs (dazu eingehend HmbOVG NVwZ-RR 2006, 156, 157; VGH Kassel NVwZ-RR 1995, 158). Sie sind daher ebenfalls als „öffentliche Abgaben" einzustufen.[151]

60   *Keine öffentlichen Abgaben* i.S.v. § 80 Abs. 2 S. 1 Nr. 1 sind die folgenden Zahlungsverpflichtungen, da ihnen eine allenfalls ganz untergeordnete Finanzierungsfunktion zukommt: Geldleistungen zur *Ablösung der Stellplatzpflicht* (OVG Greifswald UPR 2005, 117; OVG Münster NVwZ 1987, 62), Geldleistungen nach § 25 *WoBindG* (OVG Münster 31.8.1994 – 14 B 1195/94; VG Düsseldorf ZMR 1994, 291), die *Rückforderung von Finanzausgleichsleistungen* (OVG Lüneburg NVwZ-RR 1997, 655 f.), die *Schwerbehindertenabgabe* nach § 77 SGB IX,[152] der *Altenpflegeausbildungsausgleichsbetrag.*[153] *Zwangsgelder* (vgl. § 11 VwVG Bund) dienen vorrangig dazu, den Pflichtigen zur Befolgung einer Verwaltungsanordnung anzuhalten und fallen daher ebenfalls nicht unter § 80 Abs. 2 S. 1 Nr. 1.

61   c) Kosten. Kosten i.S.v. § 80 Abs. 2 S. 1 Nr. 1 sind die öffentlich-rechtlichen *Gebühren und Auslagen,* die in einem förmlichen Verwaltungsverfahren nach den Vorschriften der Verwaltungskostengesetze auferlegt werden.[154] Typisch für *Gebühren* ist, dass sie nach allgemeingültigen Regeln und Tarifen mit festen Sätzen erhoben werden (vgl. § 4 VwKostG Bund).[155] *Auslagen* müssen nicht mit einer gebührenpflichtigen Verwaltungstätigkeit verbunden sein. Sie erfassen allerdings nicht jede Art von Ausgabenersatz, sondern betreffen Gruppen von einfachen Verwaltungstätigkeiten, die in den Kostengeset-

---

148 OVG Frankfurt (Oder) LKV 2004, 474 („Finanzierungsfunktion nicht … von nur ganz untergeordneter Bedeutung"); OVG Münster DVBl 1993, 563, 564 („nicht unerhebliche Finanzierungsfunktion"); VGH Mannheim NVwZ-RR 2006, 816 (muss „zumindest in nennenswertem Umfang auch … der Deckung des Finanzierungsbedarfs eines Gemeinwesens" dienen); *K. Finkelnburg,* in: Finkelnburg/Dombert/Külpmann Rn. 681; strenger OVG Lüneburg NVwZ-RR 1997, 655 (Deckung des öffentlichen Finanzbedarfs ist „vornehmlicher oder neben anderen gleichrangiger Zweck").

149 OVG Bln NVwZ 1987, 61; OVG Koblenz NVwZ 1993, 286 (LS); OVG Münster DVBl 1993, 563, 564 f.; VGH München BayVBl 1992, 54; vgl. auch OVG Münster 31.8.1994 – 14 B 1195/94; a.M.: *Kopp/Schenke* § 80 Rn. 61; *J. Schmidt,* in: Eyermann § 80 Rn. 22.

150 OVG Lüneburg DÖV 1989, 866; VGH Kassel NVwZ-RR 1995, 235; VGH Mannheim VBlBW 1992, 470; VGH München NVwZ 1987, 63, 64.

151 OVG Brem NVwZ 1987, 65 (LS); HmbOVG NVwZ-RR 2006, 156, 157; OVG Münster NVwZ 1984, 395; VGH Kassel NVwZ-RR 1995, 158 (unter Aufgabe von VGH Kassel ESVGH 26, 184); a.M. OVG Koblenz NVwZ 1987, 64, 65; OVG Magdeburg NVwZ-RR 2011, 846, 847 f.; VGH Mannheim VBlBW 1985, 133; 1992, 470; VGH München NVwZ 1987, 63, 64; *K. Finkelnburg,* in: Finkelnburg/Dombert/Külpmann Rn. 687; *F. Schoch,* Vorläufiger Rechtsschutz, 1988, 1221.

152 Wegen der vorrangigen Anreizfunktion Schwerbehinderte einzustellen, *K. Finkelnburg,* in: Finkelnburg/Dombert/Külpmann Rn. 687; *Kopp/Schenke* § 80 Rn. 61; a.M. VGH München BayVBl 1980, 181.

153 VGH Mannheim NVwZ-RR 2006, 816 f.

154 OVG Koblenz NVwZ 1987, 64, 65; *K. Finkelnburg,* in: Finkelnburg/Dombert/Külpmann Rn. 690.

155 VGH Kassel NVwZ-RR 2016, 696, 697 (in Gebührensatzung konkretisierte öffentlich rechtliche Ansprüche).

zen aufgezählt werden.[156] § 80 Abs. 2 S. 1 Nr. 1 *schließt die aufschiebende Wirkung für Rechtsbehelfe gegen alle Kostenentscheidungen aus*, gleichgültig ob sie mit Sachentscheidungen verbunden oder selbständig ergangen sind, ob es sich bei der Sachentscheidung um eine (ggf. mit aufschiebender Wirkung) anfechtbare Belastung oder um die Ablehnung einer Begünstigung handelt.[157] Für die in Teilen von Rspr. und Lit. vertretene Auffassung, dass § 80 Abs. 2 S. 1 Nr. 1 nicht solche Kostenentscheidungen betreffe, die im Zusammenhang mit einer Sachentscheidung ergangen sind und zusammen mit dieser angegriffen werden,[158] findet sich weder im Wortlaut von Abs. 2 S. 1 Nr. 1 eine Stütze, noch sprechen zwingende Argumente für eine teleologische Reduktion. Zwar ist eine Kostenentscheidung, wenn sie als Nebenentscheidung zu einer Sachentscheidung ergeht, von deren rechtlichem Schicksal abhängig. Denn sie setzt die Vornahme einer wirksamen und kraft Gesetzes gebührenpflichtigen Amtshandlung voraus. Auch wenn sich der Rechtsbehelf gegen die Sachentscheidung auf die damit verbundene Kostenentscheidung erstreckt,[159] folgt aus einem solchen Anfechtungsverbund nicht zwingend, dass sich die aufschiebende Wirkung des Rechtsbehelfs gegen die Sachentscheidung auch auf die Kostenentscheidung erstrecken müsste.[160] Eine solche Erstreckung käme ohnehin nur in Anfechtungssachen in Betracht und würde eine Gruppe von Kostenschuldnern ohne zwingenden Grund begünstigen.[161] Zum anderen liefe die durch die aufschiebende Wirkung bewirkte Verzögerung des Mittelzuflusses dem Zweck des § 80 Abs. 2 S. 1 Nr. 1 zuwider, nämlich der Verwaltung den konstanten Zufluss der zur Deckung ihres Finanzbedarfs vorgesehenen Mittel zu sichern, zumal die unselbständige Kostenentscheidung der gesetzlich vorgesehene Regelfall ist (OVG Koblenz NVwZ-RR 2004, 157; OVG Münster DÖV 2003, 864 f.). Zum Prüfungsmaßstab bei mit einer Sachentscheidung verbundene Kostenentscheidungen → Rn. 141 a.

Keine Kosten i.S.v. § 80 Abs. 2 S. 1 Nr. 1 sind *Geldforderungen der Behörde*, die lediglich einen Ersatz solcher finanzieller Aufwendungen darstellen, *für die sie in Vorlage getreten ist.* Denn es handelt sich hierbei um die Erstattung konkreter Ausgaben und nicht um eine Einnahmequelle zur Deckung des allgemeinen Finanzbedarfs der Verwaltung. Derartige Aufwendungen (Grundstücksanschlusskosten,[162] Bestattungskosten [VGH Mannheim DVBl 1999, 1733, 1734], Kosten der Ausreise eines Ausländers,[163] Unterbringungskosten von Tieren nach § 16 a TierSchG,[164] Forderung von Schadensersatz[165]) sind auch keine dem Kostenbegriff des § 80 Abs. 2 S. 1 unterfallenden Auslagen (→ Rn. 61), da sie nach Art und Höhe nicht den einfachen Verwaltungstätigkeiten entsprechen, die die Auslagenvorschriften der Verwaltungskostengesetze benennen. Ebenso zählen Kosten der *unmittelbaren Ausführung* und des *Sofortvollzugs* nicht zu den Kosten i.S.v. § 80 Abs. 2 S. 1 Nr. 1, da es sich auch hier lediglich um die Erstattung für solche Maßnahmen handelt, die die Behörde selbst oder durch einen Beauftragten durchgeführt hat, weil der Pflichtige nicht oder nicht rechtzeitig erreichbar war.[166] Die *Kosten einer Ersatzvornahme*, die bei der Durchsetzung vertretbarer Handlungspflichten erhoben wer- 62

---

156 Vgl. § 10 VwKostG Bund (u.a. Post-, Telefon-, Verwahrgebühren, Aufwendungen für Kopien, öffentliche Bekanntmachung, Übersetzungen); s.a. HmbOVG DÖV 2000, 780, 782.
157 OVG Koblenz NVwZ-RR 2004, 157; OVG Lüneburg NVwZ-RR 1993, 279; OVG Magdeburg NVwZ-RR 2017, 347, 348 f.; OVG Münster DÖV 2003, 804; OVG Weimar NVwZ-RR 2004, 393, 394; VGH Kassel NVwZ-RR 1998, 463; VGH Mannheim VBlBW 2004, 352, 353 K. *Beckmann*, VR 2003, 181, 182; D. *Emrich*, NVwZ 2000, 163, 164 f.; H. *Grams*, KStZ 1995, 109, 110 ff.
158 OVG Lüneburg OVGE 30, 382, 383; VGH München BayVGH (n. F.) 13, 118, 119; M. *Funke-Kaiser*, in: Bader § 80 Rn. 30; H. *Gersdorf*, in: Posser/Wolff, BeckOK VwGO § 80 Rn. 54; *Kopp/Schenke* § 80 Rn. 62; M. *Redeker*, in: Redeker/v. Oertzen § 80 Rn. 16 a; J. *Schmidt*, in: Eyermann § 80 Rn. 23; F. *Schoch*, Vorläufiger Rechtsschutz, 1988, 1215 f.
159 So ausdrücklich vorgesehen in § 22 Abs. 1 Hs. 2 VwKostG Bund; zum Anfechtungsverbund bei fehlender gesetzlicher Regelung z.B. VGH Mannheim VBlBW 2004, 352, 353.
160 OVG Bautzen NVwZ-RR 2011, 225; OVG Koblenz NVwZ-RR 2004, S. 157; OVG Magdeburg NVwZ-RR 2017, 347, 348 f.; VGH Mannheim VBlBW 2004, 352, 353; D. *Emrich*, NVwZ 2000, 163, 165; K. *Finkelnburg*, in: Finkelnburg/Dombert/Külpmann Rn. 696.
161 Zur Kritik an der willkürlichen Bildung von Fallgruppen H. *Grams*, KStZ 1995, 109, 111.
162 OVG Greifswald NVwZ-RR 2001, 401, 402 (Grundstücksanschlusskosten ohne Einbindung in die Erhebung eines Beitrages); OVG Lüneburg NVwZ-RR 2004, 894 f.; K. *Finkelnburg*, in: Finkelnburg/Dombert/Külpmann Rn. 687; vgl. auch OVG Lüneburg NVwZ-RR 2008, 752, 753 (Gebühren eines Prüfingenieurs kein „Durchlaufposten" – im Gegensatz zu Grundstücksanschlusskosten –, da dieser als verlängerter Arm der Gemeinde handle).
163 HmbOVG DÖV 2000, 780, 781 f. (zu § 82 AuslG); I. *Bauer*, in: Bergmann/Dienelt, [11]2016, § 67 AufenthG Rn. 18.
164 VGH Mannheim NVwZ-RR 2007, 296; a.M. VGH München NVwZ-RR 2006, 305.
165 OVG Lüneburg – 13 ME 21/14, BeckRS 2014, 49380.
166 Vgl. VGH Mannheim NVwZ-RR 2007, 296.

den (vgl. § 10 VwVG Bund), fallen ebenfalls *nicht* unter § 80 Abs. 2 S. 1 Nr. 1. Die Ersatzvornahme dient der Vollstreckung eines Verwaltungsakts und gehört somit zu den Zwangsmitteln. Im Gegensatz zum Zwangsgeld ist aber nicht vorrangiger Grund der Geldleistungspflicht, Druck auf den Pflichtigen auszuüben, sondern die Auslagen der Verwaltung zu decken, die ihr aus der Ausführung durch einen anderen entstanden sind. Aber auch hier geht es um den Ersatz konkret entstandener Aufwendungen und nicht um die Deckung eines allgemeinen Finanzbedarfs der öffentlichen Hand.[167] Bei den *Kosten des unmittelbaren Zwangs*, die für die Durchsetzung unvertretbarer Handlungspflichten auferlegt werden,[168] steht der Zwangscharakter im Vordergrund, sodass Rechtsbehelfe hiergegen aufschiebende Wirkung haben.[169]

63   **d) Anforderung von öffentlichen Abgaben und Kosten.** Die „*Anforderung*" von öffentlichen Abgaben und Kosten erfasst nicht nur die Anforderung der Geldleistung selbst, sondern alle Handlungen der Verwaltung, die auf die Verwirklichung des öffentlichen Anspruchs gerichtet sind, da nur so der Finanzierungszweck des § 80 Abs. 2 S. 1 Nr. 1 erreicht werden kann. Daher sind *Leistungsbescheid und Vollstreckungsmaßnahmen zur Durchsetzung des Leistungsbescheides* gleich zu behandeln, d.h. der Ausschluss der aufschiebenden Wirkung gilt auch für die Rechtsmittel gegen Vollstreckungsakte, die im Vollzug der Abgaben- oder Kostenbescheide ergehen.[170] Die *Rücknahme* oder der *Widerruf eines Bescheides, mit dem öffentliche Abgaben und Kosten gestundet wurden,* ist hingegen keine Anforderung i.S.v. § 80 Abs. 2 S. 1. Die bloße Beseitigung der Stundungsentscheidung fordert noch nichts; die Anforderung liegt erst im Zahlungsbescheid.[171]

64   **2. Sofortvollzug bei unaufschiebbaren Akten von Polizeivollzugsbeamten (§ 80 Abs. 2 S. 1 Nr. 2).** Auch bei diesen Verwaltungsakten nimmt der Gesetzgeber ein i.d.R. bestehendes überwiegendes öffentliches Interesse an der sofortigen Vollziehung an. § 80 Abs. 2 S. 1 Nr. 2 erfasst nur polizeiliche Maßnahmen, bei denen zwei Voraussetzungen vorliegen. Es muss sich zum einen um *Anordnungen oder Maßnahmen von Polizeivollzugsbeamten* handeln. Die Regelung betrifft die Vollzugspolizei im institutionellen Sinn, d.h. die Schutzpolizei, zu der insbes. die Verkehrs-, Kriminal-, Bereitschafts- und Wasserschutzpolizei sowie die Bundespolizei (ehemaliger Bundesgrenzschutz) zählen. Nicht gemeint sind die allgemeinen Sicherheits- und Ordnungsbehörden (vgl. OVG Münster OVGE 34, 240, 242) oder Maßnahmen der Sitzungspolizei.[172] Zum anderen muss eine sofortige Durchsetzung des Verwaltungsakts erforderlich sein, um den jeweiligen Gesetzeszweck zu erreichen; die Anordnung oder Maßnahme muss *unaufschiebbar* sein. Dies bedeutet, dass ein sofortiges polizeiliches Eingreifen erforderlich sein muss, oder der mit dem Verwaltungsakt verfolgte Zweck mit hoher Wahrscheinlichkeit nur bei sofortiger Durchsetzung zu erreichen sein wird.[173] Derartige unaufschiebbare Anordnungen und Maßnahmen ergehen i.d.R. durch tatsächliches Handeln oder Vollzugsmaßnahmen (BVerwG NJW 1979, 1054, 1055). Werden polizeiliche Verfügungen schriftlich erlassen, spricht eine – widerlegbare – Vermutung dafür, dass keine Unaufschiebbarkeit i.S.v. § 80 Abs. 2 S. 1 Nr. 2 vorliegt, sondern die Zeit

---

167 OVG Bln-Bbg NVwZ-RR 2006, 376, 377; OVG Greifswald NVwZ-RR 2017, 123, 124; OVG Koblenz NVwZ-RR 1999, 27 f.; OVG Lüneburg OVGE 30, 382, 383; OVG Münster – 13 B 663/10, BeckRS 2010, 51048; OVG Schleswig NVwZ-RR 2001, 586; VGH München NVwZ-RR 2009, 787, 788; *J. Erdmann,* NVwZ 1988, 508; *D. Heckmann,* Der Sofortvollzug staatlicher Geldforderungen, 1992, 139; *Pietzner/Ronellenfitsch* § 52 Rn. 1456; a.M. VGH München NVwZ-RR 1994, 471; DÖV 1994, 1013.

168 Vgl. § 12 VwVG Bund; *J. Erdmann,* NVwZ 1988, 508.

169 *J. Erdmann,* NVwZ 1988, 508; a.M: VGH Mannheim NVwZ 1985, 202.

170 OVG Münster OVGE 25, 195, 196; *H. Gersdorf,* in: Posser/Wolff, BeckOK VwGO § 80 Rn. 55; *Pietzner/Ronellenfitsch* § 52 Rn. 1458; *F. Schoch,* Vorläufiger Rechtsschutz, 1988, 1217; i.d.S. auch OVG Saarlouis NJW 2008, 250; a.M. VGH München NJW 1993, 953; *M. Funke-Kaiser,* in: Bader § 80 Rn. 32.

171 OVG Greifswald NVwZ-RR 2015, 283, 284; VGH München NVwZ 1988, 745; a.M. VGH München BayVBl 1974, 194. Aufgabe der Meinung in der 4. Aufl.

172 *K. Finkelnburg,* in: Finkelnburg/Dombert/Külpmann Rn. 699; a.M. OLG Karlsruhe DVBl 1980, 77, 78 (analoge Anwendung auf Ausschluss eines Gemeinderatsmitglieds von der Gemeinderatssitzung); *F. Ekardt/K. Beckmann,* VerwArch 99 (2008), 241.

173 VG Frankfurt NVwZ 1990, 1100, 1101; VG Schleswig NVwZ-RR 2004, 848, 849 (verneint bei Anordnung einer erkennungsdienstlichen Behandlung).

ausgereicht hätte, um ggf. eine Anordnung nach § 80 Abs. 2 S. 1 Nr. 4 zu treffen.[174] Daher werden von § 80 Abs. 2 S. 1 Nr. 2 auch *nicht Fahrtenbuchauflagen* erfasst.[175]

Auch *Verkehrszeichen* sind sofort vollziehbar. Verkehrszeichen sind Allgemeinverfügungen verkehrs- 65 polizeilicher Art (BVerwGE 27, 181, 182; 59, 221, 224 f.; BVerwG NJW 1978, 656 – st. Rspr); ihre Beachtung duldet ihrer Natur nach keinen Aufschub. § 80 Abs. 2 S. 1 Nr. 2 wird daher analog auf amtliche Verkehrszeichen angewandt.[176] Wenn vorläufiger Rechtsschutz effektiv nur durch eine Beseitigung des Verkehrszeichens gewährt werden kann, hat das Gericht die aufschiebende Wirkung des Rechtsmittels nach § 80 Abs. 5 S. 1 sowie die Beseitigung des Verkehrszeichens entsprechend § 80 Abs. 5 S. 3 anzuordnen (OVG Brem NVwZ 1991, 1194, 1195; VGH Kassel NVwZ-RR 1993, 389 f.). § 80 Abs. 2 S. 1 Nr. 2 ist analog auch auf alle Verkehreinrichtungen i.S.v. § 43 Abs. 1 StVO anzuwenden (BVerwG DÖV 1988, 694), wie etwa *Parkuhren*, die nach Ablauf der zulässigen Parkzeit ein sofort vollziehbares Wegfahrgebot darstellen,[177] oder *Verkehrsampeln*. In der Bekanntgabe eines *Smog-Alarms* liegt ein feststellender Verwaltungsakt,[178] gegen den Rechtsmittel in analoger Anwendung des § 80 Abs. 2 S. 1 Nr. 2 ebenfalls keine aufschiebende Wirkung haben.[179]

3. Sofortvollzug in anderen bundesgesetzlich oder landesgesetzlich geregelten Fällen (§ 80 Abs. 2 S. 1 66 **Nr. 3, S. 2).** Das 6. VwGOÄndG ermöglicht durch die Änderung des Abs. 2 S. 1 Nr. 3 seit 1.1.1997 nicht nur dem Bundesgesetzgeber, sondern auch dem Landesgesetzgeber, die aufschiebende Wirkung entfallen zu lassen. Mit der Einfügung einer *landesrechtlichen Öffnungsklausel* kam das 6. VwGOÄndG einer Forderung der Länder nach.[180] Die Länder wollten nicht nur auf dem Gebiet der Verwaltungsvollstreckung (früher geregelt in § 187 Abs. 3), sondern auch in anderen Fällen eine sofortige Vollziehbarkeit gesetzlich anordnen können. Für *nach Inkrafttreten der VwGO erlassene Bundesgesetze* hat Abs. 2 S. 1 Nr. 3 nur klarstellende Bedeutung, da der Bundesgesetzgeber aufgrund der lex-posterior Regel durch spätere Gesetze ohnehin abweichende Regelungen treffen kann. Auch *Bundesgesetze, die vor dem Inkrafttreten der VwGO erlassen* worden sind, sowie *frühere Reichsgesetze*, die nach Art. 124, 125 GG als Bundesrecht fortgelten, können den Ausschluss der aufschiebenden Wirkung von Rechtsbehelfen anordnen.[181]

Seit 1.1.1997 sind auch alle Maßnahmen der *Verwaltungsvollstreckung durch die Länder* in § 80 67 Abs. 2 einbezogen, sofern dabei in der Form eines Verwaltungsakts[182] gehandelt wird. Soweit sich die Rechtsbehelfe gegen Ländermaßnahmen richten, die in der Verwaltungsvollstreckung *nach Landesrecht* getroffen werden, können die Länder den Wegfall der aufschiebenden Wirkung auf § 80 Abs. 2 S. 1 Nr. 3 stützen. Soweit sich die Rechtsbehelfe gegen Ländermaßnahmen richten, die in der Verwaltungsvollstreckung *nach Bundesrecht* getroffen werden,[183] enthält der durch das 6. VwGOÄndG eingefügte Abs. 2 S. 2 eine entsprechende Regelung. Der vormalige § 187 Abs. 3 konnte damit entfallen. Durch die Aufnahme dieser Ermächtigung in § 80 Abs. 2 stellte der Gesetzgeber klar, dass auch bei Vollstreckungsmaßnahmen vorläufiger Rechtsschutz ausschließlich nach den § 80 Abs. 4–7, § 80 a gewährt werden kann.[184] Zu den Vollstreckungsmaßnahmen i.S.v. § 80 Abs. 2 S. 2 gehören alle Verwal-

---

174 VG Frankfurt NVwZ 1990, 1100, 1101; *K. Finkelnburg*, in: Finkelnburg/Dombert/Külpmann Rn. 700.

175 BVerwG NJW 1979, 1054, 1055; *K. Finkelnburg*, in: Finkelnburg/Dombert/Külpmann Rn. 700; *Pietzner/Ronellenfitsch* § 52 Rn. 1464.

176 BVerwG NJW 1978, 656 f.; 1978, 2211; 1982, 348; BGHSt 23, 86, 89 f.; OVG Münster OVGE 24, 200; NJW 1969, 765; DÖV 1971, 103; abweichend: VGH Mannheim ESVGH 24, 81, 83 f.; NJW 1978, 1279 (Rechtsanalogie zu § 80 Abs. 2 Nr. 1–3); a.M. *M. Kotulla*, Verw. 2000, 521, 530 f.; *H. K. Schmaltz*, NJW 1969, 1318; *J. Schmidt*, DÖV 1970, 663, 665 f.

177 BVerwG DÖV 1988, 694; *Hufen* § 32 Rn. 11; a.M. *Kopp/Schenke* § 80 Rn. 64.

178 Zweifelnd *M. Kotulla*, Verw. 2000, 521, 531.

179 *R. Jacobs*, NVwZ 1987, 100, 105; *H. D. Jarass*, NVwZ 1987, 95, 98; a.M. *H. Gersdorf*, in: Posser/Wolff, BeckOK VwGO § 80 Rn. 58; *W. Kluth*, NVwZ 1987, 960; *M. Kotulla*, Verw. 2000, 521, 530 f; *J. Schmidt*, in: Eyermann § 80 Rn. 27.

180 Vgl. dazu die Begründung im Gesetzentwurf des Bundesrates BT-Drs. 13/1433, 11; *G. Hofe/A. Müller*, BayVBl 1995, 225, 229. Zur Kritik an der landesrechtlichen Öffnungsklausel *C. Meissner*, VBlBW 1997, 81, 86.

181 VGH München BayVBl 1988, 372; *K. Finkelnburg*, in: Finkelnburg/Dombert/Külpmann Rn. 703; *Schmitt Glaeser/Horn* Rn. 264; a.M. *W.-R. Schenke*, GewArch 1968, 221, 223.

182 Zur Unterscheidung zwischen Vollstreckung durch Verwaltungsakt und Vollstreckung durch Verwaltungsrealakt (sog. sofortiger Vollzug) vgl. *R. Pietzner*, VerwArch 84 (1993), 261 ff.

183 Dazu zählt z.B. die Abschiebung gem. §§ 58 ff. AufenthG als bundesrechtlich geregelter Fall des unmittelbaren Zwangs; vgl. *W. Albrecht/H. Naujoks*, NVwZ 1986, 26; *W. Meyer*, NVwZ 1984, 13, 23 (zur alten Rechtslage).

184 So zu § 187 Abs. 3 a.F.: *R. Pietzner*, VerwArch 84 (1993), 261, 284 f.; a.M. OVG Koblenz DVBl 1989, 890 f.

tungsakte, die der zwangsweisen Durchsetzung einer Pflicht dienen. Nicht zu den Vollstreckungsmaßnahmen zählt die *Anforderung von Kosten einer durchgeführten Vollstreckungsmaßnahme (Ersatzvornahme* oder *unmittelbarer Zwang).* Die Anforderung von Kosten ist ein Leistungsbescheid, der nicht *in* der Vollstreckung, sondern nur *infolge* der Vollstreckung erlassen wird. Die Vollstreckung selbst ist mit der Vollstreckungsmaßnahme beendet.[185] Auch wenn die Kosten nicht erst nach durchgeführter Vollstreckungsmaßnahme, sondern als Vorauszahlung verlangt werden, gehört dieser Leistungsbescheid nicht zu den Vollstreckungsmaßnahmen.[186] Die *Kosten einer Ersatzvornahme* und *die Kosten für die Anwendung unmittelbaren Zwangs* zählen zudem nicht zu den Kosten i.S.v. § 80 Abs. 2 S. 1 Nr. 1. Ein Rechtsbehelf gegen den entsprechenden Leistungsbescheid hat daher aufschiebende Wirkung (→ Rn. 62).

68   Bei § 187 Abs. 3 a.F. war str., ob die Länder die aufschiebende Wirkung nur für solche Vollstreckungsmaßnahmen ausschließen dürfen, die der Vollstreckung eines zuvor ergangenen Grundverwaltungsakts dienen, oder aber auch für Verwaltungsakte, die zur Vollstreckung einer unmittelbaren gesetzlichen Pflicht[187] erlassen werden.[188] Jedenfalls *nach der Änderung durch das 6. VwGOÄndG* sind die Länder jedoch *zum Ausschluss der aufschiebenden Wirkung für alle Vollstreckungsmaßnahmen ermächtigt,* gleichgültig ob die Vollstreckungsmaßnahme einen Grundverwaltungsakt oder eine unmittelbare gesetzliche Pflicht betrifft. Soweit § 80 Abs. 2 S. 1 Nr. 3 den Ausschluss der aufschiebenden Wirkung für Ländermaßnahmen ermöglicht, die in der Verwaltungsvollstreckung *nach Landesrecht* getroffen werden, ist diese Ermächtigung so weit formuliert, dass die aufschiebende Wirkung für alle Arten von Vollstreckungsmaßnahmen, die in der Form des Verwaltungsakts ergehen, ausgeschlossen werden kann. Es ist nicht erkennbar, dass der Gesetzgeber Unterschiede zwischen der Vollstreckung der Länder nach Landesrecht und der nach Bundesrecht machen und in § 80 Abs. 2 S. 2 eine Ermächtigung von geringerem Umfang für Vollstreckungsmaßnahmen aufgrund von Bundesrecht schaffen wollte. Der Gesetzgeber des 6. VwGOÄndG ließ sich vielmehr bei seiner Änderung des § 80 Abs. 2 insgesamt vom Beschleunigungsgedanken leiten und wollte durch vermehrten Ausschluss der aufschiebenden Wirkung Verfahrensverzögerungen vermeiden (vgl. die Begründung im Gesetzentwurf des Bundesrates BT-Drs. 12/8553, 11). Nachdem er in § 80 Abs. 2 S. 1 Nr. 3 dem Landesgesetzgeber den Ausschluss der aufschiebenden Wirkung bei Vollstreckungsmaßnahmen aufgrund Landesrechts umfassend ermöglicht, widerspräche es seinem Beschleunigungsanliegen, wenn die Ermächtigung für Vollstreckungsmaßnahmen aufgrund Bundesrechts einschränkend ausgelegt würde. Allerdings ist *bei der Anwendung der landesrechtlichen Vorschriften,* die die Ermächtigung in § 80 Abs. 2 S. 1 Nr. 3 und Abs. 2 S. 2 umgesetzt haben, *zu beachten, wie weit der landesrechtlich festgelegte Ausschluss überhaupt geht.* Zwar haben alle Länder die Ermächtigung in Anspruch genommen, nicht aber überall wurde von ihr in vollem Umfang Gebrauch gemacht. Z.T. wurde die aufschiebende Wirkung nur für bestimmte Vollstreckungsmaßnahmen oder nur unter bestimmten Voraussetzungen ausgeschlossen.[189] So haben jedenfalls die Länder, die den Ausschluss der aufschiebenden Wirkung lediglich in ihren VwVG regeln, diejenigen Vollstreckungsmaßnahmen nicht in den Ausschluss einbezogen, die aufgrund unmittelbarer gesetzlicher Pflichten ergriffen werden.[190] Denn die VwVG der Länder erstrecken regelmäßig ihren Anwendungsbereich nur auf Vollstreckungsmaßnahmen, die der Vollstreckung eines

---

185   VGH Mannheim VBlBW 1991, 215, 216; VGH München NVwZ-RR 2009, 787 f.; vgl. auch OVG Bautzen NVwZ-RR 2003, 475; *J. Erdmann,* NVwZ 1988, 508, 509; *Pietzner/Ronellenfitsch* § 52 Rn. 1470; a.M. OVG Bln NVwZ-RR 1999, 156 f.; NVwZ-RR 2006, 376, 377.

186   OVG Koblenz NVwZ-RR 1999, 27, 28 f.; VGH Mannheim VBlBW 1991, 215, 216.

187   Bspw. die Vollstreckung der bereits kraft Gesetzes vollziehbaren Ausreisepflicht nach § 58 Abs. 2 S. 1 AufenthG (ehemals § 42 Abs. 2 S. 1 AuslG) durch Androhung der Abschiebung gem. § 59 AufenthG (ehemals § 50 AuslG).

188   Keine Ermächtigung bei Vollstreckung unmittelbarer gesetzlicher Pflichten: *Kopp,* [10]1994, § 187 Rn. 8; wohl auch *P. Jacob,* VBlBW 1991, 361, 362 f.; a.M. VGH Mannheim VBlBW 1991, 383, 384 f.

189   Die aufschiebende Wirkung von Rechtsbehelfen wurde umfassend ausgeschlossen von Berlin (§ 4 Abs. 1 AGVwGO), Hessen (§ 16 AGVwGO), dem Saarland (§ 20 AGVwGO), Sachsen-Anhalt (§ 9 AGVwGO, § 53 Abs. 4 S. 1 Sicherheits- und Ordnungsgesetz; dazu OVG Magdeburg NVwZ 1995, 614 f.) und Thüringen (§ 8 S. 1 AGVwGO). In den übrigen Ländern finden sich Teilausschlüsse: z.B. Baden-Württemberg (§ 12 S. 1 VwVG), Bayern (Art. 21 a S. 1 VwZVG), Brandenburg (§ 16 VwVG), Bremen (Art. 11 S. 1 AGVwGO), Hamburg (§ 29 Abs. 1 S. 1 VwVG), Sachsen (§ 11 S. 1 VwVG), Niedersachsen (§ 66 VwVG, dazu OVG Lüneburg NVwZ-RR 1989, 325, 326 f., und § 70 Abs. 1 VwVG i.V.m. § 64 Abs. 4 S. 1 Sicherheits- und Ordnungsgesetz), Mecklenburg-Vorpommern (§ 99 Abs. 1 S. 2 Sicherheits- und Ordnungsgesetz).

190   So zu § 12 S. 1 VwVG BadWürtt P. *Jacob,* VBlBW 1991, 361, 364; a.M. VGH Mannheim VBlBW 1991, 383, 384 f., NVwZ 1992, 700, 702.

zugrunde liegenden Verwaltungsakts dienen. In den nicht einbezogenen Fällen bleibt es bei der aufschiebenden Wirkung des Rechtsbehelfs nach § 80 Abs. 1, sofern nicht der Sofortvollzug nach § 80 Abs. 2 S. 1 Nr. 4 angeordnet wird.

Nach dem Wortlaut des § 80 Abs. 2 S. 1 Nr. 3 kann die aufschiebende Wirkung *nur durch ein formelles Bundes- oder Landesgesetz* ausgeschlossen werden; eine Rechtsverordnung reicht dazu nicht aus. Eine *Ausnahme* gilt *nach § 80 Abs. 2 S. 2* für Rechtsbehelfe gegen Maßnahmen der Länder, die diese in der Verwaltungsvollstreckung nach Bundesrecht treffen. Nach dem Wortlaut dieser Norm („Die Länder können auch bestimmen,...") reichen in diesem Bereich für einen Ausschluss der aufschiebenden Wirkung auch Rechtsverordnungen der Länder aus.[191] Wegen des Ausnahmecharakters gegenüber der in § 80 Abs. 1 enthaltenen Grundnorm muss der Ausschluss der aufschiebenden Wirkung *ausdrücklich* und *eindeutig* erfolgen.[192] Aus diesem Grund eignet sich § 80 Abs. 2 S. 1 Nr. 3 auch *nicht* zu einer *europarechtskonformen Auslegung* in dem Bemühen, der in der Rspr. des EuGH entwickelten europarechtlichen Verpflichtung zur sofortigen Vollziehung von auf Unionsrecht beruhenden Verwaltungsakten nachzukommen (→ Rn. 15). Zwar könnte wegen des Vorranges des Unionsrechts dieses auch als Bundesrecht i.S.d. Vorschrift verstanden werden. Eine „Europäisierung" ist aber abzulehnen, weil im bloßen Europarechtsbezug eines Verwaltungsakts noch kein eindeutiger und ausdrücklicher Ausschluss der aufschiebenden Wirkung liegt.[193] Mangels anderslautender ausdrücklicher Regelung im entsprechenden Bundes- oder Landesgesetz *erstreckt sich der Ausschluss der aufschiebenden Wirkung nur auf den Verwaltungsakt selbst*, nicht jedoch auf nachfolgende selbständig anfechtbare Vollzugsakte.[194]

69

Mit dem Ausschluss der aufschiebenden Wirkung geht der Bundes- oder Landesgesetzgeber davon aus, dass bei der entsprechenden Rechtsmaterie im Regelfall das öffentliche Interesse an der sofortigen Vollziehung überwiegt. § 80 Abs. 2 S. 1 Nr. 3 überlässt es grds. dem Bundes- oder Landesgesetzgeber, in welchen Rechtsbereichen dieser einen Vorrang des öffentlichen Interesses an der sofortigen Vollziehung bejaht und daher einen generellen Ausschluss der aufschiebenden Wirkung anordnet. Auch der mit dem 6. VwGOÄndG eingefügte Zusatz, dass die aufschiebende Wirkung „insbesondere für Widersprüche und Klagen Dritter *gegen Verwaltungsakte, die Investitionen oder die Schaffung von Arbeitsplätzen betreffen*", ausgeschlossen werden soll, führt zu keiner Einschränkung. Wie aus dem Wort „insbesondere" hervorgeht, erlaubt § 80 Abs. 2 S. 1 Nr. 3 den gesetzlichen Ausschluss der aufschiebenden Wirkung weiterhin auch zu anderen Zwecken. Die Ziele der Investitionsförderung und Arbeitsplatzschaffung werden gegenüber anderen gesetzgeberischen Zielen allerdings seitdem besonders herausgestellt. Der Gesetzgeber des 6. VwGOÄndG sah in der gesetzlich angeordneten sofortigen Vollziehbarkeit gegenüber Rechtsbehelfen Dritter ein weiteres Mittel zur Verfahrensbeschleunigung, das verstärkt bei Rechtsmaterien angeordnet werden soll, die Investitionen und die Schaffung von Arbeitsplätzen betreffen.[195] Die besondere Hervorhebung der Zwecke der Investitions- und Arbeitsplatzförderung ist damit i.R. eines Verfahrens vor der Behörde nach § 80 a Abs. 1 Nr. 2, § 80 Abs. 4 oder i.R. eines gerichtlichen Verfahrens nach § 80 a Abs. 3, § 80 Abs. 5 zu beachten. Bei der erforderlichen Abwägung, ob das Interesse des Begünstigten oder das Interesse des Dritten im Einzelfall überwiegt, ist dem öffentlichen Interesse an der sofortigen Vollziehung besonderes Gewicht beizumessen, wenn der gesetzliche Ausschluss der aufschiebenden Wirkung gegenüber Drittanfechtungen vorrangig diesen Anliegen dient[196] (→ § 80 a Rn. 33). Ob ein gesetzlicher Ausschluss der aufschiebenden Wirkung von Rechtsbehelfen Dritter vorrangig auf die Förderung von Investitionen oder die Schaffung von Arbeitsplätzen abzielt, ist durch Auslegung der betreffenden Gesetzesbestimmungen zu ermitteln. Bsp. hierfür sind § 18 e Abs. 2 S. 1 AEG, § 212 a BauGB, § 17 e Abs. 2 S. 1 FStrG, § 29 Abs. 6 S. 2 PBefG.

70

---

191 *Schmitt Glaeser/Horn* Rn. 264; a.M. *M. Funke-Kaiser*, in: Bader § 80 Rn. 41; *H. Gersdorf*, in: Posser/Wolff, BeckOK VwGO § 80 Rn. 64.
192 VGH München NJW 1977, 166; *H. D. Jarass*, NVwZ 1987, 95, 98 Fn. 37.
193 *T. Dünchheim*, Verwaltungsprozeß unter europäischem Einfluß, 2003, 222; *H. v. Stülpnagel*, DÖV 2001, 932, 933 f.; *C. Vedder*, EWS 1991, 10, 14; so i.E. auch OVG Lüneburg – 10 ME 43/12, BeckRS 2012, 51108.
194 *Kopp/Schenke* § 80 Rn. 66; offengelassen in VGH München BayVBl 1984, 371.
195 Gegenäußerung der Bundesregierung zur Stellungnahme des Bundesrates zum 6. VwGOÄndG, BT-Drs. 13/4069, 2.
196 Gegenäußerung der Bundesregierung zur Stellungnahme des Bundesrates zum 6. VwGOÄndG, BT-Drs. 13/4069, 2; i.d.S. auch *R. Jahn*, GewArch 1997, 129, 133; a.M. *M. Ruffert*, NVwZ 1997, 654 f. (Bestimmung hat nur Appellfunktion für den Gesetzgeber).

71   Grds. ist ein *Ausschluss der aufschiebenden Wirkung durch Gesetz von Verfassungs wegen nicht zu beanstanden* (→ Rn. 9). Ein Verstoß gegen Art. 19 Abs. 4 GG könnte allenfalls dann vorliegen, wenn nicht nur die aufschiebende Wirkung des Rechtsmittels ausgeschlossen wäre, sondern auch eine gerichtliche Überprüfung des Ausschlusses.[197] Bisher hat der Bundesgesetzgeber von der Ausschlussmöglichkeit des § 80 Abs. 2 S. 1 Nr. 3 regen Gebrauch gemacht, sodass auf vielen Gebieten des Verwaltungsrechts das Regel-Ausnahme-Verhältnis zwischen § 80 Abs. 1 und 2 in sein Gegenteil verkehrt worden ist.[198]

VII.   Die Anordnung der sofortigen Vollziehung durch die Behörde (§ 80 Abs. 2 S. 1 Nr. 4)

72   Der in § 80 Abs. 1 vorgesehene Automatismus, dass die Rechtsbehelfseinlegung eine aufschiebende Wirkung hervorruft, kann, wenn kein Fall des § 80 Abs. 2 S. 1 Nr. 1–3 oder des § 80 Abs. 2 S. 2 vorliegt, auch durch eine besondere Anordnung der Behörde durchbrochen werden. Die Anordnung der sofortigen Vollziehung lässt die aufschiebende Wirkung nicht eintreten bzw. beseitigt sie, wenn sie erst nach Rechtsbehelfseinlegung getroffen wird, mit Wirkung ex-nunc. Die sofortige Vollziehung kann auch für rechtsgestaltende und feststellende Verwaltungsakte i.S.v. § 80 Abs. 1 S. 2 angeordnet werden. Die Anordnung führt dazu, dass aus dem Verwaltungsakt trotz Rechtsmitteleinlegung weiterhin rechtliche oder tatsächliche Folgerungen gezogen werden können. „Vollziehung" i.S.v. § 80 Abs. 2 S. 1 Nr. 4 ist nicht in einem nur rein vollstreckungsrechtlichen, sondern in einem umfassenden Sinn zu verstehen (zum Begriff der Vollziehung → Rn. 36 ff.).

73   Für *Verwaltungsakte mit Doppelwirkung* enthält § 80 a eine Sonderregelung. Im Falle des § 80 a Abs. 1 Nr. 1 kann bei einem begünstigenden Verwaltungsakt, gegen den ein Dritter einen Rechtsbehelf eingelegt hat, die Behörde die sofortige Vollziehung anordnen. Bei einem belastenden Verwaltungsakt, der einen Dritten begünstigt, kann bei Rechtsbehelfseinlegung des Belasteten die Behörde ebenfalls eine Anordnung der sofortigen Vollziehung treffen (§ 80 a Abs. 2).

74   Die Anordnung der sofortigen Vollziehung ist abzugrenzen von *vorläufigen Regelungen* (sog. *vorläufige Verwaltungsakte*).[199] Eine Anordnung nach § 80 Abs. 2 S. 1 Nr. 4 bewirkt, dass ein Verwaltungsakt bereits vor Unanfechtbarkeit verwirklicht werden kann, ohne dass die Einlegung eines Rechtsbehelfs hieran etwas ändert. Vorläufige Regelungen hingegen, zu denen spezialgesetzliche Vorschriften ermächtigen,[200] ermöglichen der Behörde den Erlass eines eigenständigen Verwaltungsakts, mit dem Belasteten vorläufig eine Rechtsposition entzogen wird[201] oder dem Begünstigten einstweilen ein bestimmtes Verhalten, i.d.R. der vorzeitige Beginn eines Vorhabens, gestattet wird.

75   **1. Zuständige Behörde.** Für die Anordnung der sofortigen Vollziehung ist neben der Ausgangsbehörde auch die Widerspruchsbehörde zuständig. Hierbei handelt es sich um eine *Zuständigkeitskonkurrenz*: Die *Widerspruchsbehörde* kann eine Anordnung der sofortigen Vollziehung bereits erlassen, bevor der Betroffene ein Widerspruchsverfahren eingeleitet hat.[202] Dies dürfte *im zweiseitigen Rechtsverhältnis* in der Praxis kaum vorkommen, da die Widerspruchsbehörde i.d.R. vor Widerspruchseinlegung von der Angelegenheit nichts erfährt. Bei *Verwaltungsakten mit Doppelwirkung* i.S.v. § 80 a kann der Begünstigte allerdings ein Interesse daran haben, schon vor Widerspruchseinlegung bei der Widerspruchsbehörde den Sofortvollzug zu beantragen (§ 80 a Abs. 1 Nr. 1 i.V.m. § 80 Abs. 2 S. 1

---

197   Vgl. BVerfGE 35, 263, 274; 35, 382, 401 f.; 37, 150, 153; 51, 268, 284 f.; 67, 43, 58 ff. Zur Verfassungsmäßigkeit des Ausschlusses einer gerichtlichen Nachprüfung im früheren § 34 a Abs. 2 AsylVfG BVerfGE 94, 49 (104, 113) und → Rn. 9.

198   Dazu näher *M. Kotulla*, Verw. 2000, 521, 532 ff. m. zahlr. Bsp.; *P. Stelkens*, NVwZ 1995, 325, 327.

199   Die Bezeichnung ist missverständlich, da es sich um reguläre Verwaltungsakte handelt, die lediglich unter dem Vorbehalt der Nachprüfung und des jederzeitigen Widerrufs stehen.

200   Z.B. § 38 BDG, § 11 Abs. 1 GastG; § 37 KrWG, § 8 a BImSchG, § 20 Abs. 1 PBefG, § 17 WHG; *M. Scheier*, NVwZ 1993, 529, 530; s. insbes. zum Erfordernis einer ausdrücklichen gesetzlichen Grundlage *J. Eschenbach*, DVBl 2002, 1247 ff.

201   Zu § 23 BadWürttDiszG VGH Mannheim NVwZ-RR 2010, 277 f. (aufschiebende Wirkung der Anfechtungsklage gegen vorl. Dienstenthebung u. Einbehaltung der Bezüge).

202   VGH Mannheim ESVGH 22, 109 f.; VBlBW 1991, 297 f.; NVwZ-RR 1992, 348 f.; VGH München BayVBl 1988, 152; *C. Külpmann*, in: Finkelnburg/Dombert/Külpmann Rn. 729; *M. Kaltenborn*, DVBl 1999, 828, 829; *Pietzner/Ronellenfitsch* § 53 Rn. 1473; a.M.: *C.-C. Dressel*, BayVBl 1995, 388, 391; *R. Jahn*, BayVBl 1988, 552, 553 ff. (wonach die Anordnung der sofortigen Vollziehung vor Rechtsbehelfseinlegung generell nicht auf § 80 Abs. 2 Nr. 4 gestützt werden könne); *W.-R. Schenke*, VerwArch 91 (2000), 587, 590 f.

Nr. 4), wenn er ihr mehr vertraut als der Ausgangsbehörde.[203] Mit der Zustellung des Widerspruchsbescheides endet die Sachherrschaft der Widerspruchsbehörde; sie ist daher danach nicht mehr zum Erlass einer Anordnung der sofortigen Vollziehung zuständig.[204] Die *Ausgangsbehörde* hingegen bleibt ununterbrochen bis zum rechtskräftigen Abschluss des verwaltungsgerichtlichen Verfahrens zur Anordnung der sofortigen Vollziehung berufen. Auch wenn bereits Widerspruch eingelegt worden ist, ist sie neben der Widerspruchsbehörde zuständig zum Erlass einer Vollzugsanordnung. Nach Abschluss des Widerspruchsverfahrens bleibt die Ausgangsbehörde allein zuständig. Wegen des Hierarchieprinzips ist die Ausgangsbehörde außerhalb von Selbstverwaltungsangelegenheiten an eine vorangegangene Entscheidung der Widerspruchsbehörde über den Sofortvollzug gebunden. Dies gilt aber nicht bei einer Änderung der Sach- oder Rechtslage, da dann die Ausgangsbehörde auf neuer Tatsachen- oder Rechtsgrundlage mit Wirkung ex nunc entscheidet und nicht die Entscheidung der Widerspruchsbehörde nachprüft.[205]

2. Zeitpunkt und Dauer der behördlichen Anordnung. Die Anordnung der sofortigen Vollziehung 76 kann bereits *mit dem Verwaltungsakt verbunden* werden[206] *oder später getrennt vom Verwaltungsakt* ergehen. Von der Möglichkeit, die sofortige Vollziehung bereits mit Erlass des Verwaltungsakts anzuordnen, wird in der Praxis häufig Gebrauch gemacht. Wurde die sofortige Vollziehung vor Einlegung des Rechtsbehelfs angeordnet, braucht sie nach Widerspruchseinlegung oder Klageerhebung nicht wiederholt zu werden. Hat ein Betroffener zunächst die Anordnung in einem nicht für sofort vollziehbar erklärten Verwaltungsakt freiwillig befolgt, später jedoch einen Rechtsbehelf eingelegt, muss die sofortige Vollziehung angeordnet werden, wenn die aufschiebende Wirkung des Rechtsbehelfs beseitigt werden soll (OVG Münster DÖV 1973, 649 [LS]). Die Anordnung der sofortigen Vollziehung ist bis zum rechtskräftigen Abschluss des verwaltungsgerichtlichen Verfahrens möglich. Wenn die Anordnung der sofortigen Vollziehung nicht ohnehin bereits mit dem Verwaltungsakt verbunden wird, wirkt die Vollzugsanordnung grds. nur *ex nunc*.[207] Die Vollzugsanordnung bleibt solange bestehen, bis sie von der Verwaltung aufgehoben wird oder die aufschiebende Wirkung vom Gericht in einem Verfahren nach § 80 Abs. 5 wiederhergestellt wird. Bei einer Änderung der Umstände, die die Verwaltung zu einer Anordnung der sofortigen Vollziehung bewogen haben, entfällt die Vollzugsanordnung nicht automatisch. Der Betroffene muss vielmehr hiergegen durch einen Antrag auf Aussetzung der Vollziehung nach § 80 Abs. 4, auf Wiederherstellung der aufschiebenden Wirkung nach § 80 Abs. 5 oder einen Abänderungsantrag nach § 80 Abs. 7 S. 2 vorgehen.

3. Form und Umfang der Vollzugsanordnung. Nach dem Wortlaut des § 80 Abs. 2 S. 1 Nr. 4 („von 77 der Behörde... besonders angeordnet") muss die sofortige Vollziehung *von der Behörde ausdrücklich angeordnet* und *dem Betroffenen kundgegeben* werden. Die aufschiebende Wirkung von Rechtsbehelfen wird also nicht ausgeschlossen, wenn sich ein darauf gerichteter Wille der Verwaltung nur konkludent aus dem Verwaltungsakt ergibt, etwa durch Fristsetzung (HmbOVG – Bs V 171/94, BeckRS 1994, 14088; VGH Kassel VerwRspr 28, 138) oder einer Rechtsbehelfsbelehrung des Inhalts, dass Rechtsmittel keine aufschiebende Wirkung hätten (OVG Brem MDR 1972, 721, 722; VGH Mannheim ESVGH 18, 232, 235). Auch in einer Widerrufsverfügung (VGH Mannheim NVwZ 1995, 813) oder der Einleitung einer Vollstreckung liegt keine den gesetzlichen Bestimmungen genügende Vollzugsanordnung.[208] Zwar ist in § 80 Abs. 2 S. 1 Nr. 4 für die Anordnung der sofortigen Vollziehung keine Schriftform vorgesehen. Im Hinblick auf das Erfordernis einer schriftlichen Begründung nach

---

203 *K. Beckmann*, NVwZ 2004, 184, 185.

204 VGH Mannheim VBlBW 1991, 180; VGH München NVwZ 1988, 746; BayVBl 1988, 86; außer bei isolierter Anfechtung des Widerspruchsbescheids: *W.-R. Schenke*, VerwArch 91 (2000), 587, 592 f.; a.M. *M. Kaltenborn*, DVBl 1999, 828, 829 f.; *C. Petzke/D. Kugele*, BayVBl 1988, 87; *F. Schoch*, in: Schoch/Schneider/Bier § 80 Rn. 237 ff.

205 VGH München NVwZ-RR 1990, 594; vgl. auch OVG Bautzen LKV 1993, 97; *W.-R. Schenke*, JZ 1996, 1155, 1157; a.M. OVG Brem NordÖR 1999, 284 (erneute Anordnung der sofortigen Vollziehung durch Ausgangsbehörde ohne Bindung an Aussetzungsentscheidung der Widerspruchsbehörde).

206 So die überwiegende Ansicht in Rspr. und Lit., vgl. z.B. die Sachverhalte bei BVerwGE 24, 92; OVG Bln NVwZ 1993, 198; OVG Lüneburg OVGE 32, 377; NVwZ-RR 1993, 586; VGH Mannheim NVwZ-RR 1992, 348, 349; VGH München DVBl 1992, 454, 456; sowie *H. Jäde*, APF 1987, 169, 174; *Pietzner/Ronellenfitsch* § 53 Rn. 1475; a.M. *R. Jahn*, BayVBl 1988, 552, 553 ff.

207 BVerwGE 55, 280, 287; OVG Brem DVBl 1961, 678; NordÖR 1999, 284; *C. Külpmann*, in: Finkelnburg/Dombert/Külpmann Rn. 791; *Schmitt Glaeser/Horn* Rn. 270.

208 OVG Koblenz NJW 1961, 1597, 1599; OVG Münster NJW 1970, 1812; VGH Mannheim NJW 1962, 1172, 1173.

§ 80 Abs. 3 hat sie jedoch i.d.R. *schriftlich* zu erfolgen. Bei Gefahr im Verzug, wenn nach § 80 Abs. 3 S. 2 keine besondere Begründung zu geben ist, kann die Anordnung der sofortigen Vollziehung auch mündlich erlassen werden.

78   Der Vollzugsanordnung muss grds. *keine Rechtsbehelfsbelehrung* beigefügt werden.[209] Rechtsbehelfe gegen die Anordnung der sofortigen Vollziehung nach § 80 Abs. 4 und 5 sind i.d.R. ohnehin nicht fristgebunden, so dass im äußersten Fall eine Verwirkung in Betracht käme. Zudem fällt ein Antrag nach § 80 Abs. 5 nicht unter den Begriff des Rechtsbehelfs i.S.v. § 58 Abs. 1.[210] Wenn der Antrag auf Wiederherstellung der aufschiebenden Wirkung nur innerhalb einer bestimmten Frist gestellt werden kann, ordnet der Gesetzgeber allerdings in einigen Fällen zugleich eine Rechtsbehelfsbelehrung an (z.B. in § 18 e Abs. 3 S. 2 AEG, § 17 e Abs. 3 S. 2 FStG). Str. ist, ob eine Belehrung auch in den anderen fristgebundenen Fällen gegeben werden muss.[211] Aus Art. 19 Abs. 4 GG ergibt sich keine generelle Verpflichtung der Behörde, auf § 80 Abs. 4 und 5 hinzuweisen. Eine Rechtsbehelfsbelehrung kann nur verfassungsrechtlich geboten sein, um unzumutbare Schwierigkeiten des Rechtswegs aufgrund komplizierter und schwer erfassbarer Formerfordernisse auszugleichen.[212] Ein Hinweis auf die Rechtsmittel nach § 80 Abs. 4 S. 1 und § 80 Abs. 5 ist daher nur ausnahmsweise rechtlich geboten, aber gerade gegenüber rechtsunkundigen Bürgern sachdienlich.[213]

79   Die Anordnung der sofortigen Vollziehung kann mit *Befristungen, Bedingungen* oder mit *Auflagen* versehen werden.[214] Auch der Zeitpunkt ihrer Wirksamkeit kann hinausgeschoben werden. Sie kann *auf bestimmte Teile* eines Verwaltungsakts *beschränkt* werden.[215] Enthält ein Verwaltungsakt sowohl begünstigende als auch belastende Teile, die in einem untrennbaren Zusammenhang stehen, ist es allerdings nicht zulässig, die Anordnung der sofortigen Vollziehung auf die belastenden Teile zu beschränken. Eine Anordnung der sofortigen Vollziehung für den belastenden Teil ist nur zulässig, wenn der belastende Teil einer selbständigen Vollstreckung fähig ist (OVG Lüneburg NVwZ 1992, 387, 388). Die sofortige Vollziehung eines Verwaltungsakts kann auch nur gegenüber bestimmten Personen angeordnet werden. Den Rechtsmitteln anderer Personen, etwa weiterer betroffener Nachbarn, kommt dann aufschiebende Wirkung zu (VGH München BayVBl 1993, 85).

80   **4. Rechtsnatur und Verfahren.**   Die Anordnung der sofortigen Vollziehung ist *kein Verwaltungsakt*, da sie keine Regelung i.S.v. § 35 S. 1 VwVfG trifft.[216] Die sachliche Regelung, nämlich die Begründung, Aufhebung, Änderung oder Feststellung von Rechten oder Pflichten, ist bereits vollständig in dem Verwaltungsakt enthalten, auf den sich die Anordnung der sofortigen Vollziehung bezieht. Überdies schafft die Anordnung der sofortigen Vollziehung keine Bestandskraft, da Anträge auf Wiederherstellung der aufschiebenden Wirkung nach § 80 Abs. 4 und 5 bis auf gesetzlich geregelte Ausnahmen ohne Fristbeschränkung gestellt werden können.[217] Die Vollzugsanordnung hat lediglich eine verfahrensrechtliche Wirkung, indem sie die aufschiebende Wirkung des Rechtsbehelfs ausschließt. Sie ist damit als *verfahrensrechtliche Nebenentscheidung zum Verwaltungsakt* zu qualifizieren,[218] mangels materieller Regelung jedoch nicht als Nebenbestimmung i.S.v. § 36 VwVfG.[219] Daraus folgt, dass auf

209   D. *Emrich*, DÖV 1985, 396; C. *Külpmann*, in: Finkelnburg/Dombert/Külpmann Rn. 737 f.; F. *Schoch*, Vorläufiger Rechtsschutz, 1988, 1251 Fn. 85; vgl. auch R. *Stober*, BayVBl 1976, 169 ff.

210   Dazu ausf. OVG Lüneburg NVwZ-RR 1995, 176, 177; offen gelassen von BVerwG NVwZ 2005, 943, 944 (zu § 17 Abs. 6 a a.F. FStrG); J. *Schmidt*, in: Eyermann § 58 Rn. 3; F. *Schoch*, in: Schoch/Schneider/Bier § 80 Rn. 262; a.M. (nur für fristgebundene Anträge nach § 80 Abs. 5, § 80 a Abs. 3) C. *Meissner/W. Schenk*, in: Schoch/Schneider/Bier § 58 Rn. 25.

211   Bejahend: C. *Külpmann*, in: Finkelnburg/Dombert/Külpmann Rn. 738; F. *Schoch*, in: Schoch/Schneider/Bier § 80 Rn. 263; → § 58 Rn. 29; verneinend: M. *Redeker*, in: Redeker/v. Oertzen § 58 Rn. 4.

212   BVerfG (K) VIZ 1998, 623, 624 (zu § 12 Abs. 2 S. 1 InVorG; abgelehnt jedenfalls bei anwaltlicher Vertretung).

213   I. E. auch H. *Jäde*, APF 1987, 169, 175; *Pietzner/Ronellenfitsch* § 53 Rn. 1507; K. *Redeker*, BauR 1991, 525, 526.

214   OVG Münster NJW 1961, 1551; VG Hannover NJW 1984, 1644.

215   VGH Kassel NVwZ-RR 1991, 177 (Teilvollzug allerdings nur bei Teilbarkeit des Verwaltungsakts, hier eines Planfeststellungsbeschlusses).

216   BVerwGE 24, 92, 94; OVG Bln NVwZ 1993, 198; OVG Koblenz NVwZ 1988, 748; OVG Schleswig DÖV 1993, 169; VGH Mannheim NVwZ 1995, 292, 293; NVwZ-RR 1995, 174, 175; D. *Emrich*, DÖV 1985, 396, 397; W.-R. *Schenke*, VerwArch 91 (2000), 587, 588 f.; H. K. *Schmaltz*, DVBl 1992, 230, 232; F. *Schoch*, Vorläufiger Rechtsschutz, 1988, 1251; R. *Stober*, BayVBl 1976, 169, 170; P. *Weides*, JA 1984, 648, 655; a.M. A. *Ganter*, DÖV 1984, 970; M. *Terwiesche*, NWVBl 1996, 461, 464; *offengelassen:* BVerwG NVwZ-RR 1995, 299.

217   OVG Koblenz NVwZ 1988, 748; VGH Mannheim NVwZ-RR 1990, 561; A. *Müller*, NVwZ 1988, 702.

218   F. *Schoch*, Vorläufiger Rechtsschutz, 1988, 1251; s.a. *Pietzner/Ronellenfitsch* § 53 Rn. 1475.

219   *Pietzner/Ronellenfitsch* § 53 Rn. 1475.

die Anordnung der sofortigen Vollziehung die Bestimmungen der Verwaltungsverfahrensgesetze keine Anwendung finden, die für Verwaltungsakte gelten, etwa zur Anhörung (zur Anhörung → Rn. 81) oder zur Begründung (eine Sondervorschrift zur Begründung enthält § 80 Abs. 3, → Rn. 96).[220]

Insbes. ist vor Erlass der Anordnung der sofortigen Vollziehung *keine gesonderte Anhörung* – auch 81 nicht eines betroffenen Dritten (§ 80a Abs. 1 Nr. 1) – i.S.v. § 28 VwVfG erforderlich.[221] Auch eine analoge Anwendung der Vorschriften über die Anhörung bei Verwaltungsakten ist nicht geboten.[222] Die Interessenlage des Betroffenen bei einer Anordnung der sofortigen Vollziehung ist nicht mit der bei einem Verwaltungsakt gleichzusetzen. Einwände gegen den zugrunde liegenden Verwaltungsakt können nur in einem fristgebundenen und zeitaufwändigen Verfahren überprüft werden. Im Gegensatz zum Verwaltungsakt kann die Vollzugsanordnung nicht in Bestandskraft erwachsen. Einwände hiergegen, die nicht schon ohnehin i.R. der für den zugrunde liegenden Verwaltungsakt grds. erforderlichen Anhörung zur Sprache gekommen sind, kann ein Betroffener i.d.R. jederzeit in den vergleichsweise raschen Verfahren nach § 80 Abs. 4 und § 80 Abs. 5 vorbringen.

Gegen eine Anordnung der sofortigen Vollziehung kann der Betroffene *vorgehen*, indem er entweder 82 um eine behördliche Aussetzungsentscheidung nach § 80 Abs. 4 nachsucht oder eine gerichtliche Überprüfung nach § 80 Abs. 5 beantragt. Die Anordnung der sofortigen Vollziehung kann nur mit den Rechtsbehelfen der §§ 80, 80a angegriffen werden; eine Anfechtungsklage kommt nicht in Betracht.[223] Ist zweifelhaft, ob die Maßnahme deren sofortige Vollziehung angeordnet wurde, ein Verwaltungsakt ist, ist gegen die Vollzugsanordnung dennoch vorläufiger Rechtsschutz nach §§ 80, 80a und nicht nach § 123 zu suchen[224] (zur Umdeutung von Anträgen → § 123 Rn. 66)

5. Gründe für eine Anordnung der sofortigen Vollziehung. Die sofortige Vollziehung darf nur ange- 83 ordnet werden, wenn daran ein besonderes Interesse besteht. § 80 Abs. 2 S. 1 Nr. 4 enthält zwei Alternativen: die sofortige Vollziehung im öffentlichen Interesse und die sofortige Vollziehung im überwiegenden Interesse eines Beteiligten.

a) Anordnung der sofortigen Vollziehung im öffentlichen Interesse (§ 80 Abs. 2 S. 1 Nr. 4 Alt. 1). Für 84 die Anordnung der sofortigen Vollziehung nach § 80 Abs. 2 S. 1 Nr. 4 Alt. 1 muss ein (zusätzliches) öffentliches Interesse gerade daran bestehen, dass Rechtsbehelfe keine aufschiebende Wirkung haben. Erforderlich ist ein „besonderes Interesse" (vgl. § 80 Abs. 3 S. 1) an der sofortigen Vollziehung des Verwaltungsakts. Dieses besondere Interesse ist nicht gleichzusetzen mit dem Interesse am Erlass des zugrunde liegenden Verwaltungsakts; es geht vielmehr über dieses hinaus. Es bezieht sich gerade auf den Sofortvollzug und muss so gewichtig sein, dass es gerechtfertigt erscheint, aufgrund dieses Interesses den durch die aufschiebende Wirkung ansonsten eintretenden Rechtsschutz des Betroffenen einstweilen zurückzustellen.[225] Die sofortige Vollziehung ist also nur dann gerechtfertigt, wenn *ein das Rechtsschutzinteresse des Betroffenen überwiegendes öffentliches Vollzugsinteresse* besteht.[226] Bei

---

220 A.M. *Hufen* § 32 Rn. 16 (analoge Anwendung der Vorschriften des VwVfG bei vom Verwaltungsakt getrennter Anordnung); *H. Jäde*, APF 1987, 169, 174 (zumindest analoge Anwendung).

221 OVG Bautzen LKV 1993, 97; OVG Bln NVwZ 1993, 198; OVG Koblenz NVwZ 1988, 748; OVG Schleswig DÖV 1993, 169; VGH Mannheim VBlBW 1992, 295 f.; NVwZ 1995, 292, 293; NVwZ-RR 1995, 174, 175; *A. Hamann*, DVBl 1992, 737, 739; *Schmitt Glaeser/Horn* Rn. 265; vgl. auch *H. K. Schmaltz*, DVBl 1992, 230, 232 f. (Anhörungspflicht bei Verwaltungsakten mit Doppelwirkung unter bestimmten Voraussetzungen); a.M. OVG Brem DVBl 1980, 420, 422; NordÖR 1999, 284, 285; VGH München BayVBl 1988, 369 f.; 1990, 211; *K. Redeker*, BauR 1991, 525, 528.

222 OVG Lüneburg NVwZ-RR 2007, 348; VGH Mannheim NVwZ-RR 1990, 561; NVwZ 1995, 292, 293; NVwZ-RR 1995, 174, 175; *H. K. Schmaltz*, DVBl 1992, 230, 232; a.M. OVG Lüneburg NVwZ-RR 1993, 586 (nur bei zeitlichem Abstand zwischen Erlass des Verwaltungsakts und Anordnung der sofortigen Vollziehung); *C. Külpmann*, in: Finkelnburg/Dombert/Külpmann Rn. 732; *Hufen* § 32 Rn. 16; *A. Müller*, NVwZ 1988, 702 f.; für eine ausnahmsweise Anhörungspflicht nur bei drohender Schaffung vollendeter Tatsachen: *W.-R. Schenke*, VerwArch 91 (2000), 587, 594.

223 BVerwGE 24, 92, 95; BVerwG NVwZ-RR 1995, 299; *W.-R. Schenke*, VerwArch 91 (2000), 587, 589, 604 ff.

224 OVG Münster NVwZ-RR 2013, 423, 424.

225 BVerfGE 35, 382, 402; 38, 52, 58; 51, 268, 284; 69, 220, 228; BVerfG (K) NVwZ 2007, 946 f.; BVerwG DVBl 1974, 566; OVG Schleswig NVwZ 1992, 688, 689; OVG Weimar NVwZ-Beilage I 11/2003, 90, 91; VGH Mannheim NVwZ 1985, 58; 9 S 1937/10, BeckRS 2010, 55353; 11 S 1305/11, BeckRS 2011, 52105; VGH München DVBl 1992, 454, 456; *C. Külpmann*, in: Finkelnburg/Dombert/Külpmann Rn. 759.

226 *Schmitt Glaeser/Horn* Rn. 267.

gleichermaßen gewichtigen Interessen auf beiden Seiten darf die aufschiebende Wirkung nicht ausgeschlossen werden.[227]

85   Die Behörde ermittelt das besondere Vollzugsinteresse durch eine Abwägung aller Umstände des *konkreten Einzelfalles* (OVG Münster NJW 1986, 1894, 1895; OVG Weimar ThürVBl 1994, 137, 138). In die Abwägung einzustellen sind alle Gesichtspunkte, die für die sofortige Vollziehung des Verwaltungsakts sprechen, sowie alle, die für eine Aufrechterhaltung des in § 80 Abs. 1 vorgesehenen Rechtsschutzes des Betroffenen sprechen. Dieser *Rechtsschutzanspruch des Betroffenen* hat hierbei ein *umso höheres Gewicht* gegenüber dem öffentlichen Vollzugsinteresse, *je schwerwiegender die* durch den Verwaltungsakt auferlegte *Belastung* ist und *je mehr die Maßnahmen der Behörde Unabänderliches* bewirken.[228] In einem Fall, in dem die sofortige Vollziehung des Verwaltungsakts für den Betroffenen schwere und nicht rückgängig zu machende Folgen hätte, muss das öffentliche Interesse am Sofortvollzug von besonderem Gewicht sein.

86   Die Behörde darf die Anordnung der sofortigen Vollziehung *nicht lediglich auf die* ihrer Meinung nach *geringen oder fehlenden Erfolgsaussichten eines Rechtsbehelfs stützen*. Die Rechtmäßigkeit des zugrunde liegenden Verwaltungsakts ist Voraussetzung für den Erlass dieses Verwaltungsakts. Zwar kann an der sofortigen Vollziehbarkeit eines *rechtswidrigen Verwaltungsakts* kein öffentliches Interesse bestehen. Aus der *Rechtmäßigkeit des Verwaltungsakts* folgt andererseits aber *nicht zwangsläufig auch ein besonderes Interesse an seiner sofortigen Vollziehung*. Die Rechtmäßigkeit eines Verwaltungsakts allein, auch wenn sie offensichtlich sein sollte, kann somit die Vollzugsanordnung nicht begründen.[229]

87   Das besondere öffentliche Interesse am Sofortvollzug kann sich im Einzelfall *auch aus denselben Umständen* ergeben, *wie das Interesse am Erlass des Verwaltungsakts* selbst. Nicht jeder Verwaltungsakt, der zur *Gefahrenabwehr* erlassen wird, trägt allerdings bereits die Vermutung eines besonderen öffentlichen Interesses am Sofortvollzug in sich. Dies ergibt sich auch daraus, dass in § 80 Abs. 2 S. 1 Nr. 2 nur für solche Rechtsmittel gegen gefahrenabwehrende Verwaltungsakte die aufschiebende Wirkung generell ausgeschlossen wurde, die unaufschiebbare Anordnungen und Maßnahmen von Polizeivollzugsbeamten betreffen. Ein besonderes öffentliches Interesse liegt nur dann vor, wenn gewichtige Anhaltspunkte den dringenden Verdacht einer Gefahr für die Öffentlichkeit schon in der Zeit bis zu einer gerichtlichen Entscheidung über die Hauptsache begründen.[230] Liegt eine solche Fallkonstellation vor, kann die Behörde allerdings die sofortige Vollziehbarkeit auch in der Masse der Fälle anordnen.[231] Ein besonderes öffentliches Interesse an einer sofortigen Vollziehung ergibt sich nicht dann automatisch aus dem Verwaltungsakt selbst, wenn wie bei *Planfeststellungsbeschlüssen*, der zugrunde liegende Verwaltungsakt nur nach einer umfassenden Abwägung aller für und gegen das Vorhaben sprechenden öffentlichen und privaten Belange ergehen durfte. Die Begründung, die zum Erlass des Verwaltungsakts selbst gegeben wurde, würde für eine Anordnung der sofortigen Vollziehung nur dann ausreichen, wenn die dort getroffene Abwägung sich nicht nur auf die Rechtfertigung des Verwaltungsakts selbst, sondern auch auf das davon zu unterscheidende Interesse am Sofortvollzug bezieht.[232] Hat der Gesetzgeber bereits für den Erlass des zu vollziehenden Verwaltungsakts *besonders enge Tatbestandsvoraussetzungen* in der betreffenden Ermächtigungsgrundlage festgelegt, so folgt da-

---

227   C. *Külpmann*, in: Finkelnburg/Dombert/Külpmann Rn. 763.

228   BVerfGE 35, 382, 402; 69, 220, 228; BVerfG (K) NVwZ 2005, 1053, 1054; NJW 2008, 1369; NJW 2010, 2268 f.; vgl. auch BVerfG (K) NJW 1991, 1530, 1531; NVwZ-RR 2004, 545; OVG Saarlouis NJW 2004, 2033; VGH Mannheim NVwZ-RR 2014, 302 f. (das bei Eingriffen in Freiheitsrechte eine zusätzliche Verhältnismäßigkeitsprüfung verlangt).

229   BVerfG (K) DÖV 1982, 450; OVG Brem DVBl 1980, 420 f.; OVG Lüneburg DVBl 1976, 81, 82 f.; OVG Münster NJW 1986, 1449; 1986, 1894, 1895; VGH München BayVBl 1989, 117; C. *Külpmann*, in: Finkelnburg/Dombert/Külpmann Rn. 759; H. *Jäde*, APF 1987, 169, 172.

230   BVerfGE 38, 52, 58; VGH Mannheim DVBl 1970, 743, 744 f.; C. *Külpmann*, in: Finkelnburg/Dombert/Külpmann Rn. 759 m.w.N.; vgl. OVG Münster DÖV 1981, 544 (eingeschränkte Anforderungen für Gewerbeuntersagung); VGH Mannheim VBlBW 1997, 390, 392.

231   HmbOVG NJW 2006, 1367 (regelmäßig angeordneter Sofortvollzug der Entziehung der Fahrerlaubnis bei ungeeigneten und daher für andere Verkehrsteilnehmer gefährlichen Kraftfahrern).

232   OVG Schleswig NVwZ 1992, 688, 690; vgl. auch VGH Kassel ESVGH 40, 294, 297; anders VGH Mannheim VBlBW 1997, 305 (geringere Anforderungen für eine Anordnung der sofortigen Vollziehung bei beamtenrechtlichen Abordnungen und Versetzungen).

raus nicht ohne Weiteres auch ein besonderes Interesse an der sofortigen Vollziehung.[233] Schließlich steht dem Gesetzgeber die Möglichkeit eines ausdrücklichen gesetzlichen Ausschlusses der aufschiebenden Wirkung nach § 80 Abs. 2 S. 1 Nr. 3 und S. 2 offen, wenn er aufgrund der besonderen Interessenlage bei der geregelten Materie eine sofortige Vollziehbarkeit generell für erforderlich hält. Das besondere öffentliche Vollzugsinteresse kann sich ausnahmsweise bereits aus der Art der getroffenen Maßnahme ergeben, wenn der mit dem Verwaltungsakt vom Gesetzgeber angestrebte Zweck nur bei Sofortvollzug erreicht werden kann.[234]

Grds. kann jedes öffentliche Interesse im Einzelfall die Unaufschiebbarkeit der Vollziehung begründen. 88 In der Praxis findet sich häufig das *Interesse der Gefahrenabwehr*,[235] des *Gemeinwohls*[236] und des *öffentlichen Dienstes*.[237] Auch *fiskalische Interessen* können das besondere öffentliche Interesse ausmachen.[238] Das *Interesse an der Wahrung der Rechtsordnung* kann den Sofortvollzug nur in besonders gelagerten Fällen begründen, wenn etwa eine rechtswidrige Handlung die besondere Gefahr der erheblichen Nachahmungswirkung in sich birgt.[239] Bei der Untersagung *strafbaren Verhaltens* durch Verwaltungsakt ist ein besonderes öffentliches Interesse hingegen regelmäßig zu bejahen, vorausgesetzt dass die Strafbarkeit des Verhaltens in tatsächlicher wie rechtlicher Hinsicht mit hinreichender Wahrscheinlichkeit angenommen werden kann (vgl. BVerfG [K] NVwZ 2005, 1303, 1304). Wegen der gebotenen europarechtskonformen Auslegung und Anwendung des § 80 Abs. 2 S. 1 Nr. 4 (→ Rn. 15) gehört bei Verwaltungsakten, die auf Europarecht beruhen, zum öffentlichen Interesse auch das *Unionsinteresse am wirksamen Vollzug des Europarechts*.[240] Europarechtsbezug allein reicht für eine Vollzugsanordnung allerdings nicht aus. Auch hier muss das europäische Vollzugsinteresse das Rechtsschutzinteresse des Betroffenen im konkreten Fall überwiegen.[241] Dies kann etwa dann der Fall sein, wenn der Zweck einer europarechtlichen Maßnahme nur innerhalb einer bestimmten Frist erreicht werden kann.[242]

Ob die Voraussetzung einer Anordnung der sofortigen Vollziehung, also *das besondere, das Rechts-* 89 *schutzinteresse des Betroffenen übersteigende öffentliche Interesse, vorliegt, ist eine Rechtsfrage.*[243]

---

233 OVG Schleswig NVwZ 1992, 688, 689; einschränkend VGH Kassel ESVGH 40, 294, 297.
234 VGH Mannheim NVwZ 1985, 58 (zu § 60 Abs. 2 S. 1 NatSchG BW); NJW 1991, 2366 (zu § 6 Abs. 1 der Bundesärzteordnung); vgl. auch OVG Bln NVwZ 1993, 198 (Beschäftigungsverbot nach dem MuSchG); OVG Lüneburg NVwZ-RR 2007, 239, 240 (Beseitigung eines ungenehmigten Gewässerausbaus); VGH Mannheim VBlBW 1997, 390, 392.
235 Bsp.: BVerfGE 38, 52 (Ausweisung eines Ausländers, dessen weiterer Aufenthalt eine Gefahr für die öffentliche Sicherheit und Ordnung darstellt; hier verneint); BVerwG NVwZ 1995, 587; 1995, 590; 1995, 595 (Verbot von Vereinen und Ersatzorganisationen wegen Gefährdung der inneren Sicherheit); OVG Bln NVwZ 1993, 198 (Beschäftigungsverbot für werdende Mutter zum Schutz vor Gesundheitsgefahren); OVG Münster NJW 1986, 1894, 1895; VGH Kassel NVwZ 1994, 717 f. (Versammlungsverbot wegen Gefahr von massiven Verstößen gegen das BtMG); VGH Mannheim NJW 1991, 2366 (Anordnung des Ruhens der ärztlichen Approbation wegen Betäubungsmittelmissbrauchs); NVwZ-RR 1995, 174, 175 (Entzug der Fahrerlaubnis wegen besonderer Gefährlichkeit für andere Verkehrsteilnehmer).
236 OVG Schleswig NVwZ 1992, 688, 690 (straßenrechtlicher Planfeststellungsbeschluss wegen ungewöhnlicher, unzumutbarer Belastung auf den bisherigen Verkehrswegen; hier verneint); VGH Mannheim NVwZ-RR 2008, 228, 230 (städtebauliche Aufwertung durch Umsetzung eines Straßenbeleuchtungskonzepts); VGH München NJW 1982, 2134 (Sicherstellung ordnungsgemäßer Arzneimittelversorgung); LG Hannover RdE 1995, 84 (Sicherung der Energieversorgung).
237 OVG Lüneburg OVGE 32, 377 (Entlassung wegen mangelnder Verfassungstreue); VGH Kassel DÖV 1974, 605 (Verbot der weiteren Führung der Dienstgeschäfte zur Abwendung dienstlicher Nachteile); VGH Mannheim VBlBW 1997, 305 (Versetzung eines Beamten); BGH – AR (Ri) 2/93, BeckRS 1994, 31173213 (Entlassung eines Richters wegen krankhafter Störungen, die dem Ansehen der Justiz Schaden zuzufügen drohen).
238 VGH Kassel NVwZ 1983, 747, 748; *Schmitt Glaeser/Horn* Rn. 267; einschränkend: OVG Münster – 13 B 663/10, BeckRS 2010, 51048; Kosten einer durchgeführten Ersatzvornahme); VGH Mannheim VBlBW 1993, 259; vgl. auch BFH NJW 1991, 2792; *C. Külpmann*, in: Finkelnburg/Dombert/Külpmann Rn. 772 ff.
239 OVG Lüneburg BauR 1994, 611 f. ; OVG Magdeburg – 2 M 41/14, BeckRS 2014, 56177 Rn. 10; OVG Saarlouis NVwZ-RR 2015, 101, 102; VGH München BayVBl 1989, 117 (abstrakte Nachahmungsgefahr allein genügt nicht); *C. Külpmann*, in: Finkelnburg/Dombert/Külpmann Rn. 781; *M. Terwiesche*, NWVBl 1996, 461, 463; vgl. auch OVG Münster NWVBl 1997, 106, 107; a.M. HmbOVG NVwZ-RR 2016, 809, 814 (Sofortvollzug einer vorläufigen Baueinstellung bei nur formeller Illegalität wegen Ordnungsfunktion des Denkmalschutzrechts).
240 OVG Bln EuZW 2006, 91, 94; OVG Lüneburg – 10 ME 43/12, BeckRS 2012, 51108; OVG Münster NVwZ-RR 2017, 41; *T. Dünchheim*, Verwaltungsprozeß unter europäischem Einfluß, 2003, 222 f.; *A. Jannasch*, NVwZ 1999, 495, 496; *H. von Stülpnagel*, DÖV 2001, 932, 934 f.; → EVR Rn. 243; krit. *F. Schoch*, JZ 1995, 109, 112, 114.
241 OVG Münster NVwZ-RR 2017, 41; *T. Dünchheim*, Verwaltungsprozeß unter europäischem Einfluß, 2003, 223.
242 So im vom OVG Lüneburg entschiedenen Fall, 10 ME 43/12, BeckRS 2012, 51108.
243 *Schmitt Glaeser/Horn* Rn. 267.

Eine Abwägung zwischen dem öffentlichen Interesse an der Vollziehung bereits vor der Unanfechtbarkeit des Verwaltungsakts und dem Rechtsschutzanspruch des Betroffenen auf aufschiebende Wirkung seines Rechtsbehelfs hat also auf der *Tatbestandsseite* zu erfolgen.[244] Hat die Abwägung ein besonderes, andere Interessen überwiegendes öffentliches Vollzugsinteresse ergeben, liegt die Anordnung der sofortigen Vollziehung im *pflichtgemäßen Entschließungsermessen* der Verwaltung.[245]

90 **b) Anordnung der sofortigen Vollziehung im überwiegenden Interesse eines Beteiligten (§ 80 Abs. 2 S. 1 Nr. 4 Alt. 2).** § 80 Abs. 2 S. 1 Nr. 4 Alt. 2 betrifft die *Verwaltungsakte mit Doppelwirkung* i.S.v. § 80 a, bei denen sich regelmäßig ein vom Verwaltungsakt Begünstigter und ein vom Verwaltungsakt Belasteter gegenüberstehen. Grds. tritt bei einem Rechtsmittel des Belasteten gegen den Verwaltungsakt aufschiebende Wirkung ein und hindert den Begünstigten daran, von dem Verwaltungsakt Gebrauch zu machen (§ 80 Abs. 1 S. 2). Die Anordnung der sofortigen Vollziehung ermöglicht hier eine rasche Verwirklichung des Verwaltungsakts.

91 Wie sich aus dem Wortlaut der Bestimmung ergibt, ist für eine Vollzugsanordnung nach § 80 Abs. 2 S. 1 Nr. 4 Alt. 2 ein überwiegendes Interesse eines Beteiligten gefordert. *Beteiligter* im Sinne dieser Vorschrift ist entsprechend §§ 63, 65 jeder, der von dem Verwaltungsakt in seinen rechtlich geschützten Interessen berührt wird. Auch bei Verwaltungsakten mit Doppelwirkung kann allerdings *neben den Beteiligteninteressen ein öffentliches Interesse am Sofortvollzug* bestehen, das neben das Interesse des Adressaten des Verwaltungsakts oder des Dritten tritt. Liegt ein die Beteiligteninteressen überragendes öffentliches Interesse gerade am Sofortvollzug vor, kann dies bei einer Anordnung der sofortigen Vollziehung den Ausschlag geben (BVerwG BayVBl 1966, 279). Ist jedoch ein besonderes öffentliches Interesse an der Anordnung der sofortigen Vollziehung nicht festzustellen, stehen sich allein die widerstreitenden Interessen von Adressat und Drittem gegenüber (OVG Koblenz NVwZ-RR 1994, 381, 383 f.). In dieser Situation tritt die Frage des wirksamen Rechtsschutzes des Einzelnen gegen eine ihn belastende staatliche Maßnahme i.S.v. Art. 19 Abs. 4 GG in den Hintergrund. Vielmehr streitet das Interesse des vom Verwaltungsakt Begünstigten an dessen rascher Verwirklichung mit dem Rechtsschutzinteresse des Belasteten. Hierbei ist die Rechtsposition des vom Verwaltungsakt Begünstigten nicht weniger schützenswert als die des vom Verwaltungsakt Belasteten.[246] Die Entscheidung der Behörde über den Sofortvollzug besteht bei einer solchen Fallkonstellation in einer *Abwägung zwischen grds. gleichrangigen Beteiligteninteressen* und trägt einen eher schiedsrichterlichen Charakter.[247]

92 Die sofortige Vollziehung im überwiegenden Beteiligteninteresse darf – ähnlich wie bei § 80 Abs. 2 S. 1 Nr. 4 Alt. 1 – nur angeordnet werden, wenn sich das Interesse eines Beteiligten gerade darauf richtet, dass der Verwaltungsakt bereits vor seiner Unanfechtbarkeit vollzogen werden kann. Zu fordern ist auch hier ein *besonderes* Interesse (§ 80 Abs. 3 S. 1), das über das regelmäßige Interesse des Beteiligten am Gebrauchmachen des ihm günstigen Verwaltungsakts hinausgeht und das Rechtsschutzinteresse des vom Verwaltungsakt belasteten Beteiligten überwiegt.[248] Zur Klärung der Frage, ob ein überwiegendes Beteiligteninteresse am Sofortvollzug besteht, sind von der Verwaltung auch die *Erfolgsaussichten eines Rechtsbehelfs des anderen Beteiligten* zu berücksichtigen[249] (→ § 80 a Rn. 29). Denn je geringer die Aussichten eines Beteiligten sind, mit seinem Rechtsbehelf Erfolg zu haben, desto geringer ist auch sein Rechtsschutzinteresse. Ein Indiz für ein überwiegendes Interesse des vom Verwaltungsakt Begünstigten am Sofortvollzug liegt daher dann vor, wenn das Rechtsmittel des anderen Beteiligten voraussichtlich erfolglos bleiben wird. Darüber hinaus muss auch ein Interesse des Begünstigten gerade am Sofortvollzug bestehen. Daher ist zusätzlich zu prüfen, ob *eine Fortdauer der aufschiebenden*

---

244 *Pietzner/Ronellenfitsch* § 53 Rn. 1488, 1492 („Tatbestandslösung"); a.M. *H. Gersdorf*, in: Posser/Wolff, BeckOK VwGO § 80 Rn. 101.

245 OVG Koblenz NVwZ-RR 1994, 381, 383; *J. Limberger*, Probleme des vorläufigen Rechtsschutzes bei Großprojekten, 1985, 49.

246 BVerfG (K) GewArch 1985, 16; VGH Mannheim – 10 S 1469/15, BeckRS 2015, 54505 Rn. 3 f.

247 BVerwG BayVBl 1966, 279; OVG Schleswig SchlHA 1994, 267; VGH Kassel NVwZ 1991, 88, 89; VGH München BayVBl 1991, 723, 724.

248 *L. Schmitt*, BayVBl 1977, 554.

249 BVerwG BayVBl 1966, 279; VGH München BayVBl 1980, 117, 118; a.M. VGH Mannheim NVwZ 1984, 451 (obiter dictum); vgl. auch *J. Limberger*, Probleme des vorläufigen Rechtsschutzes bei Großprojekten, 1985, 54 f. (die für die Anordnung der sofortigen Vollziehung im überwiegenden Beteiligteninteresse ebenso wie für die Anordnung der sofortigen Vollziehung im öffentlichen Interesse die Berücksichtigung der Erfolgsaussichten des Rechtsbehelfs zulassen will, in beiden Fällen jedoch nur in eingeschränktem Umfang).

Wirkung des Rechtsmittels dem Begünstigten gegenüber *unbillig* erschiene.[250] Dabei muss ein Dringlichkeitsinteresse des Begünstigten festzustellen sein, das über das (normale) Verwirklichungsinteresse am zugrunde liegenden Verwaltungsakt hinausgeht. So kann es etwa unbillig sein, wenn ein Bauwerber möglicherweise jahrelang auf die Verwirklichung seines genehmigten Bauvorhabens und damit auf die Nutzung seines Eigentums warten muss.[251] Kann nicht festgestellt werden, dass das Interesse des Begünstigten das des Belasteten überwiegt, bleibt es bei der aufschiebenden Wirkung des Rechtsmittels.[252] Eine Anordnung der sofortigen Vollziehung unter *Bedingungen* oder *Auflagen* ist zulässig (→ Rn. 79) und wird gerade bei Verwaltungsakten mit Doppelwirkung häufig in Betracht kommen.

Der vom Verwaltungsakt Begünstigte kann *im Einzelfall* einen *Anspruch auf Anordnung der sofortigen Vollziehung* haben. Die Frage, ob ein überwiegendes Interesse eines Beteiligten am Sofortvollzug vorliegt, gehört zum Tatbestand des § 80 Abs. 2 S. 1 Nr. 4 Alt. 2 und ist daher ebenso wie das Bestehen eines besonderen öffentlichen Interesses bei § 80 Abs. 2 S. 1 Nr. 4 Alt. 1 eine Rechtsfrage. Ob die Behörde bei Vorliegen der Voraussetzungen die sofortige Vollziehung anordnet, steht auch hier in ihrem pflichtgemäßen Ermessen.[253] Im Regelfall allerdings geht es für den Begünstigten um die Verwirklichung von materiellen Grundrechten, etwa um die Nutzung seines Eigentumsrechts bei der Verwirklichung einer Baugenehmigung. Ist ein überwiegendes Interesse des Begünstigten an der Anordnung der sofortigen Vollziehung zu bejahen und sind keine sonstigen Umstände ersichtlich, die ein Absehen vom Sofortvollzug begründen könnten,[254] verdichtet sich der Anspruch des Begünstigten auf fehlerfreie Ermessensausübung zu einem Anordnungsanspruch.[255] Der vom Verwaltungsakt Begünstigte kann diesen Anspruch gerichtlich allerdings nicht mit den für den Hauptsachestreit infrage kommenden Klagearten durchsetzen, sondern ist auf die Möglichkeiten des vorläufigen Rechtsschutzes verwiesen.[256] 93

c) Die regelmäßige Anordnung der sofortigen Vollziehung bei Großprojekten. In der Praxis scheint 94 das Regel-Ausnahme-Verhältnis zwischen § 80 Abs. 1 und 2 von der Verwaltung in einigen Bereichen des Verwaltungsrechts durch die systematische Anordnung der sofortigen Vollziehung umgekehrt. Dies ist vor allem bei Großprojekten im Umwelt- und Fachplanungsrecht der Fall, bei denen mit einer regelmäßigen Anfechtung aller Verwaltungsakte durch betroffene Dritte gerechnet wird.[257] Die Anordnung der sofortigen Vollziehung hat jedoch auch bei Großprojekten uneingeschränkt den Anforderungen des § 80 Abs. 2 S. 1 Nr. 4 zu genügen.

Das verfassungsrechtliche Gebot des effektiven Rechtsschutzes verlangt, dass der Bürger Schutz vor 95 rechtswidrigen staatlichen Maßnahmen erlangen kann und zwar auch für die Zeit bis zum Abschluss der gerichtlichen Überprüfung der Maßnahme in einem Hauptsacheverfahren. Dieser vorläufige Rechtsschutz muss nicht unbedingt im Wege der aufschiebenden Wirkung gewährt werden. Entscheidet sich der Gesetzgeber, wie in § 80 Abs. 1 geschehen, grds. für die aufschiebende Wirkung von Rechtsbehelfen, darf die Verwaltung nicht beliebig von diesem Grundsatz abweichen (→ Rn. 10). Auch bei Großprojekten ist es daher erforderlich, dass eine Anordnung der sofortigen Vollziehung nur unter den Voraussetzungen des § 80 Abs. 2 S. 1 Nr. 4 erfolgt. Wenn der Gesetzgeber nicht nach § 80 Abs. 2 S. 1 Nr. 3 die aufschiebende Wirkung für einen bestimmten Bereich ausgeschlossen hat, darf die Verwaltung die sofortige Vollziehung hier nicht generell anordnen. Eine *Analogie zu § 80 Abs. 2 S. 1*

---

250 BVerwG BayVBl 1966, 279; OVG Schleswig SchlHA 1994, 267; VGH Mannheim – 10 S 1469/15, BeckRS 2015, 54505 Rn. 3; VGH München BayVBl 1991, 723, 724.
251 BVerwG BayVBl 1966, 279; vgl. auch VGH München BayVBl 1976, 368; 1977, 566; a.M. *J. Limberger*, Probleme des vorläufigen Rechtsschutzes bei Großprojekten, 1985, 54 f. (die darin kein besonderes Vollzugsinteresse sieht).
252 OVG Saarlouis NJW 1977, 2092; VGH Kassel HessVGRspr 1984, 57, 58; *C. Külpmann*, in: Finkelnburg/Dombert/Külpmann Rn. 814.
253 *J. Limberger*, Probleme des vorläufigen Rechtsschutzes bei Großprojekten, 1985, 60; *L. Schmitt*, BayVBl 1977, 554, 555.
254 *F. Schoch*, Vorläufiger Rechtsschutz, 1988, 1273.
255 Vgl. OVG Saarlouis AS 11, 419, 420 f.; DÖV 1976, 574 (LS); NJW 1977, 2092; VGH Mannheim ESVGH 25, 110, 113; *C. Külpmann*, in: Finkelnburg/Dombert/Külpmann Rn. 811; *J. Limberger*, Probleme des vorläufigen Rechtsschutzes bei Großprojekten, 1985, 60; *Pietzner/Ronellenfitsch* § 53 Rn. 1503; *L. Schmitt*, BayVBl 1977, 554, 555; *F. Schoch*, Vorläufiger Rechtsschutz, 1988, 1271 ff.; a.M VGH Mannheim NJW 1971, 1196 f.
256 BVerwG NJW 1969, 202 f.; *Pietzner/Ronellenfitsch* § 53 Rn. 1504.
257 Dazu näher *J. Limberger*, Probleme des vorläufigen Rechtsschutzes bei Großprojekten, 1985, 33 ff., 84 ff.; *F. Schoch*, Vorläufiger Rechtsschutz, 1988, 198, 204, 227, 308.

Nr. 1 verbietet sich wegen der Begrenzung der Bestimmung ausdrücklich auf Geldleistungspflichten.[258] Die besonderen Schwierigkeiten bei der Realisierung eines Großprojektes rechtfertigen es somit nicht, ein regelmäßig bestehendes Vollzugsinteresse anzunehmen und auf eine Abwägung der betroffenen Interessen der Allgemeinheit oder von Beteiligten am Sofortvollzug mit den Rechtsschutzinteressen der vom Verwaltungsakt Belasteten zu verzichten. Grds. unterscheiden sich die beteiligten Interessen bei Großprojekten in ihrer Qualität nicht von denen bei sonstigen Verwaltungsakten mit Doppelwirkung. Bei der *Abwägung im Einzelfall* kann sich allerdings wegen der Komplexität der Planung und der besonderen Bedeutung des Großprojektes für die Allgemeinheit ein überwiegendes Vollzugsinteresse ergeben. Allein das Bedürfnis, bei der Errichtung und Inbetriebnahme von Großvorhaben Zeitpläne einzuhalten, kann i.d.R. jedoch eine sofortige Vollziehung nicht rechtfertigen, da bei rechtzeitiger Planung auch Verzögerungen durch Rechtsmittel Betroffener eingerechnet werden können.[259] Da die meisten Großprojekte im öffentlichen Interesse errichtet werden und häufig auch ein überwiegendes Interesse der Öffentlichkeit am Sofortvollzug der hierfür erforderlichen Genehmigungen festgestellt werden kann, wird die Zahl der Anordnungen der sofortigen Vollziehung in diesem Bereich stets hoch liegen, sofern die aufschiebende Wirkung der Rechtsbehelfe nicht ohnehin gesetzlich ausgeschlossen ist. Eine Sonderstellung von Großprojekten besteht im System des vorläufigen Rechtsschutzes jedenfalls nicht.

96   **6. Begründung (§ 80 Abs. 3).** Nach § 80 Abs. 3 S. 1 ist das besondere Interesse an der sofortigen Vollziehung schriftlich zu begründen. Die Begründungspflicht des § 80 Abs. 3 S. 1 ist *nicht nur formellrechtlicher,* sondern *auch materiell-rechtlicher* Natur. In diesem Zusammenhang können nicht die Vorschriften der VwVfG über die Begründung von Verwaltungsakten herangezogen werden. Da die Anordnung der sofortigen Vollziehung kein Verwaltungsakt ist, finden die §§ 39, 43, 44 VwVfG und die entsprechenden Landesbestimmungen keine, auch keine entsprechende, Anwendung (→ Rn. 80). § 80 Abs. 3 regelt die Begründung der Vollzugsanordnung vielmehr abschließend.[260] Aus Sinn und Zweck der Vorschrift ergibt sich, dass § 80 Abs. 3 auch materielle Anforderungen an die Begründung stellt. Die Begründungspflicht dient dem *Rechtsschutz des Bürgers* und ermöglicht ihm aufgrund der Kenntnis der für die Verwaltung maßgeblichen Gründe, seine Rechte wahrzunehmen und die Erfolgsaussichten seiner Rechtsbehelfe zu beurteilen. Außerdem hat § 80 Abs. 3 S. 1 eine *Warnfunktion für die Behörde* und zwingt sie zu einer besonders sorgfältigen Prüfung der Voraussetzungen einer Vollzugsanordnung.[261] Darüber hinaus *liefert die Begründung dem Gericht* in einem Verfahren nach § 80 Abs. 5 *die Basis für die Beurteilung* der Frage, ob die Behörde das *Vorliegen der Voraussetzungen für eine Anordnung der sofortigen Vollziehung* richtig eingeschätzt hat.[262] Wegen der auch verfassungsrechtlich verankerten (dazu eingehend OVG Schleswig NVwZ 1992, 688, 689) Bedeutung dieser Zwecke kann es nicht genügen, dass eine Begründung lediglich vorhanden ist. Eine den Zwecken des § 80 Abs. 3 S. 1 entsprechende Begründung liegt nur vor, wenn diese sich schlüssig mit dem konkreten Einzelfall auseinandersetzt und dabei die wesentlichen rechtlichen und tatsächlichen Erwägungen substantiiert darlegt, die zur Annahme eines besonderen Vollzugsinteresses führen[263] (zur gerichtlichen Entscheidung bei fehlender oder mangelhafter Begründung → Rn. 153 ff.). Allerdings ist es zur Beurteilung der Anforderungen des § 80 Abs. 3 S. 1 unerheblich, ob die zur Begründung der Vollziehungsanordnung angeführten Gründe den Sofortvollzug tatsächlich rechtfertigen und ob die für die sofortige Vollziehung angeführten Gründe erschöpfend und zutreffend dargelegt sind.[264] Trägt die gegebene Begründung den Sofortvollzug nicht, ist die aufschiebende Wirkung nicht wegen Verstoßes gegen Abs. 3 S. 1, sondern wegen Verstoßes gegen Abs. 2 S. 1 Nr. 4 wiederherzustellen.

---

258   J. *Limberger,* Probleme des vorläufigen Rechtsschutzes bei Großprojekten, 1985, 84 ff.; a.M. W. *Martens,* Suspensiveffekt, Sofortvollzug und vorläufiger gerichtlicher Rechtsschutz bei atomrechtlichen Genehmigungen, 1983, 17 f.

259   Näher J. *Limberger,* Probleme des vorläufigen Rechtsschutzes bei Großprojekten, 1985, 77 ff.

260   L. *Schmitt,* BayVBl 1977, 554, 556; F. *Schoch,* Vorläufiger Rechtsschutz, 1988, 1277 m.w.N.

261   OVG Lüneburg DVBl 1976, 81, 82; NVwZ-RR 2005, 93, 94; OVG Münster NJW 1986, 1894, 1895; OVG Schleswig NVwZ 1992, 688; OVG Weimar ThürVBl 1994, 137, 138; vgl. auch VGH München BayVBl 1989, 117, 118.

262   OVG Bln NVwZ-RR 2008, 727, 728; C. *Külpmann,* in: Finkelnburg/Dombert/Külpmann Rn. 741; L. *Schmitt,* BayVBl 1977, 554, 555 f.

263   OVG Greifswald NVwZ-RR 2010, 266; OVG Schleswig NVwZ 1992, 688, 689.

264   OVG Brem NVwZ-RR 2017, 540, 541; HmbOVG NVwZ 2014, 1528, 1532; VGH Kassel NVwZ-RR 2016, 578; VGH Mannheim NVwZ 2014, 1253 f.

a) Inhalt der Begründung. Die schriftliche Begründung muss in nachvollziehbarer Weise die Erwä- 97
gungen erkennen lassen, die die Behörde zur Anordnung der sofortigen Vollziehung veranlasst haben.
Die Behörde ist verpflichtet, abgestellt auf den *konkreten Fall* das besondere Interesse an der sofortigen Vollziehung sowie die Ermessenserwägungen, die sie zur Anordnung der sofortigen Vollziehung
bewogen haben, darzulegen.[265] Formelhafte und pauschale Begründungen oder Wendungen, mit denen lediglich der Gesetzestext wiederholt wird, reichen nicht aus.[266] Gleichen sich bei speziellen Fallgruppen typische Interessenlagen, muss die Behörde zwar immer noch eine einzelfallbezogene Begründung liefern; sie kann jedoch dabei stärker typisierende Argumentationsmuster verwenden.[267] Nach
dem Wortlaut von § 80 Abs. 3 S. 1 ist lediglich das besondere Vollzugsinteresse zu begründen. Die Begründungspflicht erstreckt sich daher nicht auf der Vollzugsanordnung beigefügte Nebenbestimmungen, wie etwa Bedingungen (VG Frankfurt a. M. NVwZ 2000, 1324).

Da das für die sofortige Vollziehung erforderliche Interesse sich qualitativ vom Interesse am Erlass des 98
zugrunde liegenden Verwaltungsakts unterscheidet, müssen i.d.R. zur Begründung des besonderen
Vollzugsinteresses *andere Gründe* angeführt werden, *als zur Rechtfertigung des zu vollziehenden Verwaltungsakts.*[268] Wenn sich im Einzelfall die Gründe für den Erlass des Verwaltungsakts mit denen für
die Anordnung der sofortigen Vollziehung decken, kann aber auch auf die Begründung des zugrunde
liegenden Verwaltungsakts Bezug genommen oder die dort bereits genannte Begründung wiederholt
werden.[269] Aus der Begründung des Verwaltungsakts müssen aber in einem solchen Fall auch die Erwägungen der Behörde zum besonderen Interesse am Sofortvollzug deutlich hervorgehen. Die Behörde
muss zudem ausdrücklich feststellen, dass sie in der Begründung zum Verwaltungsakt auch die Gründe für die Anordnung der sofortigen Vollziehung sieht.[270] Selbst wenn die Begründung des Verwaltungsakts bereits alle Erwägungen auch für die Anordnung der sofortigen Vollziehung enthält, ist eine
Begründung gem. § 80 Abs. 3 S. 1 dennoch erforderlich (VGH Kassel DÖV 1974, 605; vgl. auch
BVerfGE 38, 52, 58 f.). Von der Pflicht zu einer schriftlichen Begründung ihrer Vollzugsanordnung ist
die Behörde auch nicht befreit, wenn die Gründe offensichtlich oder dem Betroffenen bereits bekannt
sind.[271] Hier kann es aber genügen, wenn die Behörde in ihrer Begründung auf die offensichtlichen
oder bekannten Umstände hinweist.[272] Bei Allgemeinverfügungen, die öffentlich bekannt gegeben
werden, ist es nicht erforderlich, dass auch die Begründung zur Anordnung der sofortigen Vollziehung
öffentlich bekannt gegeben wird. Es reicht aus, wenn in diese Begründung, ebenso wie in die zum Verwaltungsakt selbst, Einsicht genommen werden kann (OVG Brem NVwZ 1986, 1038).

b) Nachholbarkeit der Begründung? Da die in § 80 Abs. 3 S. 1 aufgestellte Begründungspflicht nicht 99
eine bloße Formvorschrift darstellt, sondern auch materiell-rechtlichen Charakter hat, muss die erforderliche Begründung *spätestens zum Zeitpunkt der Anordnung der sofortigen Vollziehung vollständig*
vorliegen. Umstritten ist, ob die Behörde eine unzureichende oder fehlende Begründung später ergän-

---

265 OVG Brem NVwZ-RR 2017, 540, 541; VGH München NVwZ-RR 2016, 763; *K. Kersting,* DVP 1982, 12, 14; *L.
Schmitt,* BayVBl 1977, 554, 555; *F. Schoch,* Vorläufiger Rechtsschutz, 1988, 1279.
266 OVG Lüneburg NVwZ-RR 2005, 93, 94; OVG Schleswig NVwZ 1992, 688, 689; OVG Weimar ThürVBl 1994,
137, 138; VGH Kassel DÖV 1983, 386; ESVGH 40, 294, 297; VGH Mannheim NVwZ-RR 1995, 174, 175; VGH
München BayVBl 1982, 756, 757; NVwZ-RR 2016, 763; VG Freiburg NVwZ-RR 2003, 113.
267 OVG Lüneburg – 7 ME 121/13, BeckRS 2014, 50142; NVwZ-RR 2018, 229, 232 (Sofortvollzug zur Bekämpfung
der Glücksspielsucht); VGH Mannheim NVwZ-RR 2006, 168 f. (Baueinstellung: Eingehen auf den konkreten Einzelfall nicht erforderlich, da sich das besondere öffentliche Interesse aus der Art der getroffenen Maßnahme und
ihrem generellen Zweck ergibt); VG Hamburg NVwZ-RR 2010, 370 (Untersagungsverfügung für das Aufstellen von
Reisemobilen zur Ausübung der Prostitution); *M. Funke-Kaiser,* in: Bader § 80 Rn. 50. Zu weit hingegen OVG Saarlouis – 2 B 367/09, BeckRS 2009, 35521 (keine einzelfallbezogene Begründung erforderlich bei formeller Illegalität
der Nutzungsänderung eines Bürogebäudes in Bordellbetrieb wegen „typischer" Interessenlage).
268 OVG Magdeburg NVwZ-RR 2017, 402, 404; OVG Schleswig NVwZ 1992, 688, 689; vgl. auch BVerfGE 38, 52,
58 f.
269 OVG Münster NVwZ-RR 2004, 316; OVG Schleswig NVwZ-RR 2007, 187; VGH Mannheim NJW 1991, 2366;
NJW 2010, 2821; VGH München NJW 1977, 166; a.M. OVG Bautzen DÖV 1997, 424 (keine auf den konkreten
Fall eingehende Begründung erforderlich).
270 OVG Koblenz NVwZ-RR 1991, 307, 308; OVG Schleswig NVwZ 1992, 688, 689 f.; VGH Mannheim NJW 1977,
165; VGH München GewArch 1981, 228 f.; VG Freiburg NVwZ-RR 2003, 113; *L. Schmitt,* BayVBl 1977, 554,
556; eingeschränkt: OVG Münster NJW 1986, 1449.
271 OVG Weimar ThürVBl 1994, 137, 139; VGH Mannheim NJW 1977, 165; *L. Schmitt,* BayVBl 1977, 554, 556.
272 OVG Weimar ThürVBl 1994, 137, 139; VGH München GewArch 1987, 296; *M. Schreiber,* BayVBl 1983, 182; vgl.
auch *J. Schmidt,* VBlBW 1983, 131, 133.

zen oder nachholen und den Begründungsmangel damit heilen kann. *Gegen eine Heilungsmöglichkeit* spricht, dass die in § 80 Abs. 3 S. 1 aufgestellte Begründungspflicht leerliefe, wenn die Behörde ihre Begründung nachträglich, ggf. sogar noch im gerichtlichen Verfahren nach § 80 Abs. 5, vorlegen könnte. Zwar könnte auch eine nachträglich gelieferte Begründung den Betroffenen über die Erwägungen der Behörde informieren. Jedoch käme der für den Rechtsschutz des Betroffenen essentielle Zweck der Begründungspflicht, die Behörde zu veranlassen, die Voraussetzungen des Sofortvollzuges besonders sorgfältig zu prüfen, nicht mehr zum Tragen. Die Behörde würde dann nur noch bereits Geschehenes nachträglich rechtfertigen.[273] Auf die Regelungen in § 45 VwVfG über die Heilung von Formfehlern kann nicht zurückgegriffen werden, da die Anordnung der sofortigen Vollziehung kein Verwaltungsakt ist (→ Rn. 80). Eine analoge Anwendung von § 45 Abs. 1 Nr. 2, Abs. 2 VwVfG scheidet ebenfalls aus, da § 80 Abs. 3 die Begründungsanforderungen für die Anordnung der sofortigen Vollziehung abschließend regelt und eine solche Analogie zulasten des Bürgers gegen den Grundsatz des Vorbehalts des Gesetzes verstieße.[274] Gerade die Befürworter einer Analogie verweisen allerdings häufig auf Gründe der Prozessökonomie. Der Behörde müsse ein Nachholen der Begründung bis zum Prozess ermöglicht werden, da es reiner Formalismus sei, im Verfahren nach § 80 Abs. 5 die Vollzugsanordnung aufzuheben, nur damit die Behörde danach die Anordnung der sofortigen Vollziehung erneut und diesmal mit vollständiger Begründung erlassen könne.[275] Der erneute Erlass einer Vollzugsanordnung ist jedoch nur mit geringem Verfahrens- und Zeitaufwand verbunden, der im Hinblick auf den besonderen rechtsstaatlichen Schutzzweck des § 80 Abs. 3 hinnehmbar erscheint. Zu bedenken ist allerdings, dass die zuständige Behörde bis zu einer gerichtlichen Entscheidung nach § 80 Abs. 5, § 80a Abs. 3 jederzeit befugt ist, eine fehlerhafte Vollzugsanordnung durch eine fehlerfreie zu ersetzen. *Holt die Behörde eine Begründung schriftlich nach*, die den formellen Anforderungen des § 80 Abs. 3 entspricht, ist daher zu prüfen, *ob diese Erklärung nicht als erneute Vollzugsanordnung* – ggf. unter konkludenter Aufhebung einer vorangegangenen rechtswidrigen Anordnung – *ausgelegt werden kann*. Da die Vollzugsanordnung ausdrücklich erfolgen muss, ist bei schriftsätzlichem Vorbringen der Behörde im Prozess ein *ausreichendes Maß an Deutlichkeit und Erkennbarkeit* für den Betroffenen zu verlangen.[276] Zur gerichtlichen Entscheidung nach § 80 Abs. 5 bei Verstoß gegen die Begründungspflicht bei → Rn. 153.

100 **c) Keine Begründungspflicht bei Notstandsmaßnahmen (§ 80 Abs. 3 S. 2).**   Eine Begründung für die Anordnung der sofortigen Vollziehung ist entbehrlich, wenn die Behörde eine Notstandsmaßnahme im öffentlichen Interesse trifft. Ein Notstand i.S.v. § 80 Abs. 3 S. 2 liegt vor, wenn für ein wesentliches Rechtsgut Gefahr im Verzug besteht. Dabei ist die in der Vorschrift genannte Aufzählung der Rechtsgüter nicht abschließend, worauf das Wort „insbesondere" hinweist. Die Notstandsmaßnahme muss *im öffentlichen Interesse* getroffen werden, ein lediglich überwiegendes Interesse eines Beteiligten reicht nicht aus. Die Ausnahmevorschrift des § 80 Abs. 3 S. 2 entbindet die Behörde nur von ihrer Pflicht zur Begründung des Sofortvollzuges, nicht aber von dem Erfordernis einer eigenen Vollzugsanordnung sowie der ausdrücklichen Bezeichnung der behördlichen Verfügung als Notstandsmaßnahme.[277] Das Erfordernis, den Verwaltungsakt ausdrücklich als Notstandsmaßnahme kennzeichnen zu müssen, hat Warnfunktion für die Behörde und soll sie auf die besondere Einschränkung des vorläufigen Rechtsschutzes aufmerksam machen. Sie muss daher spätestens zusammen mit der Anordnung der sofortigen Vollziehung vorliegen und kann nach diesem Zeitpunkt nicht mehr nachgeholt werden.[278] Vollzugsanordnung und Bezeichnung des Verwaltungsakts als Notstandsmaßnahme können,

---

273 VGH Mannheim NJW 1977, 165; vgl. auch OVG Schleswig NVwZ 1992, 688, 690; VGH Kassel DÖV 1974, 606; VGH München BayVBl 1989, 117, 118; 1997, 409, 410; NVwZ-RR 2016, 763, 764; *F. Schoch*, Vorläufiger Rechtsschutz, 1988, 1284 ff. m.w.N.; vgl. auch *L. Schmitt*, BayVBl 1977, 554, 556; a.M. OVG Brem NJW 1968, 1539, 1540; DÖV 1980, 572; NordÖR 1999, 284; OVG Münster NJW 1986, 1894, 1895.

274 *W.-R. Schenke*, VerwArch 91 (2000), 587, 597 f.; a.M. OVG Greifswald NVwZ-RR 1999, 409; OVG Koblenz – 1 B 10136/12.OVG, BeckRS 2012, 51183; *C. Külpmann*, in: Finkelnburg/Dombert/Külpmann Rn. 750; *Pietzner/Ronellenfitsch* § 53 Rn. 1511; *C. Tietje*, DVBl 1998, 124, 126 ff.

275 OVG Bln NVwZ-RR 2008, 727 f.; OVG Greifswald NVwZ-RR 1999, 409; OVG Lüneburg – 7 ME 121/13, BeckRS 2014, 50142; OVG Münster NJW 1986, 1894, 1895; *C. Külpmann*, in: Finkelnburg/Dombert/Külpmann Rn. 751; *C. Tietje*, DVBl 1998, 124, 129.

276 *W.-R. Schenke*, VerwArch 91 (2000), 587, 600.

277 *Pietzner/Ronellenfitsch* § 53 Rn. 1508.

278 *C. Külpmann*, in: Finkelnburg/Dombert/Külpmann Rn. 754.

da das Erfordernis der Schriftlichkeit nur für eine abzugebende Begründung nach § 80 Abs. 3 S. 1 gilt, auch mündlich erlassen werden.

VIII. Die Aussetzung der Vollziehung durch die Behörde (§ 80 Abs. 4)

Durch behördliche Entscheidung können die Ausnahmen von der aufschiebenden Wirkung auch wieder rückgängig gemacht werden. In den Fällen, in denen die aufschiebende Wirkung gesetzlich ausgeschlossen ist (§ 80 Abs. 2 S. 1 Nr. 1–3 und S. 2) wie auch in den Fällen, in denen sie aufgrund einer behördlichen Vollzugsanordnung entfallen ist (§ 80 Abs. 2 S. 1 Nr. 4), kann die Verwaltung die Vollziehung aussetzen oder ändern, vorausgesetzt, dies ist nicht durch Bundesgesetz ausgeschlossen.[279] Die Behörde wird dabei *auf Antrag oder von Amts* wegen tätig.[280] Beabsichtigt die Behörde bei einem gesetzlich sofort vollziehbaren Planfeststellungsbeschluss während eines längeren Zeitraums keine Vollzugsmaßnahmen, kann zur Vermeidung von Anträgen der Betroffenen nach § 80 Abs. 5 eine Aussetzung von Amts wegen sogar geboten sein (BVerwG NVwZ 2012, 571, 572; NVwZ 2013, 1019). In der Praxis spielt die Aussetzung durch die Behörde nur eine geringe Rolle. Grds. steht es dem Betroffenen frei, ob er sich zunächst an die Behörde wenden will, um eine Aussetzung der Vollziehung nach § 80 Abs. 4 zu erreichen, oder ob er sofort beim Gericht um vorläufigen Rechtsschutz nach § 80 Abs. 5 nachsucht. Eine *vorherige Anrufung der Behörde* ist lediglich *gem. § 80 Abs. 6* in Fällen des § 80 Abs. 2 S. 1 Nr. 1, also bei der Anforderung von öffentlichen Abgaben und Kosten vorgeschrieben. Str. ist allerdings, wie bei *Verwaltungsakten mit Doppelwirkung* die Verweisung in § 80 a Abs. 3 S. 2 auf § 80 Abs. 6 zu verstehen ist (→ § 80 a Rn. 16 ff.). 101

1. Zuständige Behörde. Durch das 4. *VwGOÄndG* (vom 17.12.1990, BGBl I 2809) wurde in § 80 Abs. 4 S. 1 neben der Widerspruchsbehörde ausdrücklich auch die Behörde, die den Verwaltungsakt erlassen hat, ermächtigt, die sofortige Vollziehung eines Verwaltungsaktes auszusetzen. *Zuständige Behörde* ist somit die *Ausgangsbehörde oder die Widerspruchsbehörde*. Der Betroffene hat die Wahl, an welche dieser Behörden er seinen Antrag richtet. Ist für den zugrunde liegenden Verwaltungsakt ein Vorverfahren nach § 68 Abs. 1 S. 2 nicht gegeben, bleibt es bei der alleinigen Zuständigkeit der Ausgangsbehörde. Die Zuständigkeiten von Ausgangsbehörde und Widerspruchsbehörde stehen nach dem Wortlaut des § 80 Abs. 4 S. 1 nebeneinander. Die *Aussetzungskompetenz der Ausgangsbehörde* beginnt bereits mit Erlass des Verwaltungsakts. Dabei sind die Fälle des Sofortvollzuges kraft Gesetzes (§ 80 Abs. 2 S. 1 Nr. 1–3 und S. 2) nicht anders zu behandeln als die Verwaltungsakte, die mit einer Vollzugsanordnung der Behörde nach § 80 Abs. 2 S. 1 Nr. 4 versehen worden sind.[281] Die Ausgangsbehörde bleibt auch nach Weiterleitung eines Widerspruchs zur Aussetzung der Vollziehung zuständig. Ihre Aussetzungskompetenz endet erst mit der Bestandskraft des Verwaltungsakts oder der Rechtskraft der Hauptsacheentscheidung.[282] Die *Widerspruchsbehörde* ist – ebenso wie im entgegengesetzten Fall einer Anordnung der sofortigen Vollziehung – zu einer Aussetzungsentscheidung bereits zuständig, bevor ein Widerspruch eingelegt worden ist.[283] Das 4. VwGOÄndG ließ in § 80 Abs. 4 die Formulierung „Nach der Einlegung des Widerspruchs", die die Zuständigkeit der Widerspruchsbehörde an die Einlegung des Rechtsbehelfs geknüpft hatte, entfallen. Die Zuständigkeit der Widerspruchsbehörde endet wie bei der Anordnung der sofortigen Vollziehung mit Abschluss des Widerspruchsverfahrens.[284] 102

§ 80 Abs. 4 bestimmt eine Zuständigkeitskonkurrenz zwischen Ausgangs- und Widerspruchsbehörde, trifft jedoch keine Entscheidung zur *Bindungswirkung* der Aussetzungsentscheidung einer Behörde auf 103

---

279 Z.B. § 39 S. 2 Bundesleistungsgesetz. Die dort nur für die Widerspruchsbehörde vorgesehene Beschränkung muss nach der Erweiterung der Aussetzungsbefugnis auf die Ausgangsbehörde durch das 4. VwGOÄndG auch für die Ausgangsbehörde gelten, da der Zweck einer solchen Bestimmung nur erreicht werden kann, wenn beide in § 80 Abs. 4 nunmehr genannten Behörden erfasst werden.

280 BVerwG NVwZ-RR 2002, 153; OVG Magdeburg NVwZ-RR 2012, 384; *Schmitt Glaeser/Horn* Rn. 272.

281 Näher *F. Schoch*, NVwZ 1991, 1121, 1122; a.M. *R. Hörtnagl/R.-C. Stratz*, VBlBW 1991, 326, 327.

282 *R. Hörtnagl/R.-C. Stratz*, VBlBW 1991, 326, 327; *F. Schoch*, NVwZ 1991, 1121, 1122; für eine Fortdauer der Zuständigkeit zumindest während des Widerspruchsverfahrens auch *K. Redeker*, NVwZ 1991, 526, 528; a.M. *B. Klein*, BayVBl 1992, 196, 199.

283 *Schmitt Glaeser/Horn* Rn. 273; vgl. auch *F. Schoch*, NVwZ 1991, 1121, 1122; a.M. *R. Hörtnagl/R.-C. Stratz*, VBlBW 1991, 326, 327; *B. Klein*, BayVBl 1992, 196, 199; *Kopp/Schenke* § 80 Rn. 110.

284 *R. Hörtnagl/R.-C. Stratz*, VBlBW 1991, 326, 327; *F. Schoch*, NVwZ 1991, 1121, 1122 f.; a.M. OVG Saarlouis AS 14, 196.

die andere. Aus dem Grundsatz der Über- und Unterordnung in der Verwaltung folgt, dass außerhalb des Selbstverwaltungsbereichs die Ausgangsbehörde an die Aussetzungsentscheidung der Widerspruchsbehörde gebunden ist.[285] *Ändert sich die Sach- oder Rechtslage* nach einer Entscheidung der Widerspruchsbehörde, ist die Ausgangsbehörde aber nicht gehindert, erneut über die Aussetzung der Vollziehung zu befinden. Eine auf neue Tatsachen gegründete Entscheidung wirkt nur ex nunc und läuft der hierarchischen Ordnung der Verwaltung nicht zuwider, da sie Ergebnis eines neuen Verfahrens über die Frage der sofortigen Vollziehung des Verwaltungsakts ist und keine Nachprüfung der Entscheidung der Widerspruchsbehörde darstellt.[286]

104   **2. Umfang und Wirkung der Aussetzungsentscheidung.** Die Aussetzungsentscheidung stellt als Gegenstück zum gesetzlich oder behördlich angeordneten Sofortvollzug die aufschiebende Wirkung des Rechtsmittels mit *Ex-nunc-Wirkung* wieder her.[287] Ebenso wie die Anordnung der sofortigen Vollziehung (→ Rn. 79) kann die Behörde die Aussetzung der Vollziehung auf einen selbständig vollziehbaren Teil eines Verwaltungsakts *beschränken*, sie *befristen* oder mit *Auflagen* oder *Bedingungen* versehen. Eine *Aussetzung der Vollziehung gegen Sicherheitsleistung* ist in § 80 Abs. 4 S. 2 zwar ausdrücklich nur für Anforderungen öffentlicher Abgaben und Kosten vorgesehen. In entsprechender Anwendung von § 80 Abs. 5 S. 4 kann die Vollziehung auch bei anderen Verwaltungsakten gegen Sicherheitsleistung ausgesetzt werden.[288] Die Behörde kann wie das Gericht (§ 80 Abs. 7 S. 1) grds. die Aussetzungsentscheidung jederzeit wieder von Amts wegen oder auf Antrag der Betroffenen aufheben oder ändern, indem sie etwa nachträglich Auflagen anordnet[289] (zur Bindung der Ausgangsbehörde an eine Entscheidung der Widerspruchsbehörde → Rn. 103). Die Behörde kann eine Aussetzungsentscheidung grds. bis zur Unanfechtbarkeit des Verwaltungsakts treffen, im Klageverfahren also bis zum Erlass einer rechtskräftigen Hauptsacheentscheidung. Will die Behörde vermeiden, dass ihre Aussetzungsentscheidung nach erstinstanzlicher Klageabweisung gem. § 80 b Abs. 1 S. 2 ihre Wirkung verliert und das Ende der aufschiebenden Wirkung eintritt, muss sie ausdrücklich bis zur Unanfechtbarkeit aussetzen (→ § 80 b Rn. 6, 7). Ist der zugrunde liegende Verwaltungsakt bereits vollzogen worden, kann die Behörde *analog § 80 Abs. 5 S. 3* die Vollziehung aufheben. Bei *faktischer Vollziehung*, also wenn trotz aufschiebender Wirkung des Rechtsbehelfs der Verwaltungsakt rechtswidrig von der Behörde vollzogen wurde, ist in entsprechender Anwendung des § 80 Abs. 4 die Vollziehung einzustellen. Bereits durchgeführte Maßnahmen sind analog § 80 Abs. 5 S. 3 aufzuheben.[290]

105   **3. Verhältnis zu einer ablehnenden Entscheidung des Gerichts nach § 80 Abs. 5.** Bleibt ein Antrag nach § 80 Abs. 5 ohne Erfolg (zur Bindungswirkung der gerichtlichen Entscheidung auch → Rn. 171), ist die Behörde durch die ablehnende Gerichtsentscheidung nicht gehindert, dennoch die Aussetzung der Vollziehung anzuordnen.[291] Gerichtsentscheidung und Behördenentscheidung sind voneinander grds. unabhängig. Die Behörde kann zudem im Gegensatz zum Gericht Zweckmäßigkeitserwägungen berücksichtigen. Die weiterbestehende Aussetzungsmöglichkeit der Behörde wirkt auch zum Vorteil des Bürgers und soll deshalb nicht ausgeschlossen werden, da sie ihm eine zusätzliche Möglichkeit des vorläufigen Rechtsschutzes eröffnet. Bei *Verwaltungsakten mit Doppelwirkung* kann die Situation allerdings anders sein, da hier eine ablehnende Gerichtsentscheidung nach § 80 Abs. 5 zwar den unterlegenen Beteiligten belastet, den anderen Beteiligten jedoch begünstigen kann. Hat das Gericht einen Antrag nach § 80 Abs. 5 *im überwiegenden Interesse eines Beteiligten* abgelehnt, ist daher die Behörde an die Gerichtsentscheidung gebunden.[292]

285 *R. Hörtnagl/R.-C. Stratz*, VBlBW 1991, 326, 327; vgl. auch VGH München NVwZ-RR 1990, 594 (zur Anordnung der sofortigen Vollziehung).

286 *Pietzner/Ronellenfitsch* § 54 Rn. 1516; a.M. OVG Saarlouis AS 14, 196, 199 f.; *F. Schoch*, in: Schoch/Schneider/Bier § 80 Rn. 314.

287 *Pietzner/Ronellenfitsch* § 54 Rn. 1518; a.M. OVG Magdeburg NVwZ-RR 2012, 384; *C. Külpmann*, in: Finkelnburg/Dombert/Külpmann Rn. 841; *F. Schoch*, Vorläufiger Rechtsschutz, 1988, 1307 (Verwaltungsakt wird nur bis auf weiteres nicht vollzogen).

288 *Kopp/Schenke* § 80 Rn. 117; *Pietzner/Ronellenfitsch* § 54 Rn. 1518.

289 OVG Münster NVwZ-RR 2004, 725; einschränkend BVerwG NVwZ-RR 2002, 153 f. (Änderung oder Aufhebung nur bei veränderten Umständen).

290 *C. Külpmann*, in: Finkelnburg/Dombert/Külpmann Rn. 840.

291 *Kopp/Schenke* § 80 Rn. 173; *Pietzner/Ronellenfitsch* § 54 Rn. 1520; *Schmitt Glaeser/Horn* Rn. 273.

292 *Kopp/Schenke* § 80 Rn. 173; *Pietzner/Ronellenfitsch* § 54 Rn. 1520.

4. Prüfungsmaßstab. Die Behörde hat die Vollziehung des Verwaltungsakts auszusetzen, wenn die ge- 106 setzlichen Voraussetzungen für seine sofortige Vollziehung zum Zeitpunkt der Behördenentscheidung nicht oder nicht mehr bestehen. Bei sofort vollziehbaren Verwaltungsakten nach § 80 Abs. 2 S. 1 Nr. 1–3 und S. 2 kommt eine Aussetzung der Vollziehung in Betracht, wenn *besondere Umstände für eine Ausnahme vom gesetzlich bestimmten Sofortvollzug* vorliegen. Hatte die Verwaltung die sofortige Vollziehung nach § 80 Abs. 2 S. 1 Nr. 4 angeordnet, ist die Vollziehung regelmäßig dann auszusetzen, wenn die *gesetzlichen Voraussetzungen für die Anordnung des Sofortvollzuges nicht vorgelegen haben oder später weggefallen* sind.

Einen *ausdrücklichen Prüfungsmaßstab* für die Aussetzungsentscheidung der Behörde enthält § 80 107 Abs. 4 S. 3 nur für die Verwaltungsakte, die öffentliche Abgaben und Kosten anfordern und nach § 80 Abs. 2 S. 1 Nr. 1 sofort vollziehbar sind. Hiernach soll die Aussetzung erfolgen, wenn *ernstliche Zweifel an der Rechtmäßigkeit* des angegriffenen Verwaltungsakts bestehen oder wenn die Vollziehung für den Pflichtigen eine unbillige, nicht durch überwiegende öffentliche Interessen gebotene *Härte* zur Folge hätte (da dieser Prüfungsmaßstab auch für die gerichtliche Entscheidung Anwendung findet, → Rn. 141 ff.). § 80 Abs. 4 enthält keinen Prüfungsmaßstab für die Fälle des *§ 80 Abs. 2 S. 1 Nr. 2 und 3 sowie S. 2*. Hier ist – ebenso wie bei der gerichtlichen Entscheidung – *§ 80 Abs. 4 S. 3 entsprechend* anzuwenden[293] (→ Rn. 146 ff.).

§ 80 Abs. 4 S. 3 ist als *Sollvorschrift* ausgestattet. Die Aussetzung hat danach bei Vorliegen der dort 108 genannten Voraussetzungen im Regelfall zu erfolgen, es sei denn besondere Umstände rechtfertigten eine Ausnahme.[294] Bei Verwaltungsakten *im zweiseitigen Rechtsverhältnis* kann die Verwaltung die sofortige Vollziehung des betreffenden Verwaltungsaktes *auch aus Zweckmäßigkeitserwägungen* aussetzen, selbst wenn nur geringe Zweifel an der Rechtmäßigkeit bestehen und kein Härtefall gegeben ist.[295] In derartigen Fällen schafft eine Aussetzung der Vollziehung stets vorläufigen Rechtsschutz zugunsten des Betroffenen.

In Fällen, in denen die sofortige Vollziehbarkeit auf einer vorangegangenen behördlichen Anordnung 109 beruht (§ 80 Abs. 2 S. 1 Nr. 4) hat die Behörde das Vorliegen der *Voraussetzungen des § 80 Abs. 2 S. 1 Nr. 4*, insbes. das Bestehen eines überwiegenden Vollzugsinteresses, sowie der ordnungsgemäßen Begründung nach § 80 Abs. 3 S. 1 zu überprüfen (→ Rn. 83 ff., 96 ff.). Auch hier kann *im zweiseitigen Rechtsverhältnis* die Vollziehung ausschließlich aus *Zweckmäßigkeitserwägungen* ausgesetzt werden.

5. Rechtsbehelf gegen eine Entscheidung nach § 80 Abs. 4. Gegen Entscheidungen der Behörde nach 110 § 80 Abs. 4 besteht für den Betroffenen *kein Klagerecht*; es kommt *nur ein Antrag an das Gericht* nach § 80 Abs. 5 bzw. nach § 80 a Abs. 3 i. V. m. § 80 Abs. 5 bei Verwaltungsakten mit Doppelwirkung in Betracht.[296] Dies gilt auch, wenn die Behörde den Antrag auf Aussetzung der Vollziehung nicht bescheidet. Gegen eine Entscheidung der Ausgangsbehörde nach § 80 Abs. 4 kann sich der Betroffene auch an die Widerspruchsbehörde wenden. Setzt die Widerspruchsbehörde die Vollziehung aus, kann die *Ausgangsbehörde*, die den Verwaltungsakt erlassen hat, *gegen die Entscheidung der Widerspruchsbehörde* hingegen *nicht vorgehen*. Auch ein Antrag nach § 80 Abs. 5 ist nicht zulässig. Die Aussetzung durch die Widerspruchsbehörde wendet sich nicht gegen die Entscheidung der Ausgangsbehörde, sondern stellt eine vorläufige Maßnahme im Hinblick auf die zu erwartende Widerspruchsentscheidung dar. Darüber hinaus ist es auch nicht wegen Art. 19 Abs. 4 GG geboten, der Ausgangsbehörde eine dem betroffenen Bürger vergleichbare Rechtsposition einzuräumen, da sich die Behörde bei der Erfüllung öffentlicher Aufgaben nicht auf Art. 19 Abs. 4 GG berufen kann.[297]

---

293 C.-C. *Dressel*, BayVBl 1995, 388, 392; einschränkend C. *Külpmann*, in: Finkelnburg/Dombert/Külpmann Rn. 834 ff. (nur Orientierung an der Interessenbewertung des § 80 Abs. 4 S. 3); *Pietzner/Ronellenfitsch* § 54 Rn. 1525 (analoge Anwendung nur in Ausnahmefällen); a. M. *Kopp/Schenke* § 80 Rn. 116.

294 OVG Münster OVGE 16, 44, 45; C. *Külpmann*, in: Finkelnburg/Dombert/Külpmann Rn. 831; *Pietzner/Ronellenfitsch* § 54 Rn. 1521; *F. Schoch*, Vorläufiger Rechtsschutz, 1988, 1307 ff.

295 C. *Külpmann*, in: Finkelnburg/Dombert/Külpmann Rn. 833; a. M. *Pietzner/Ronellenfitsch* § 54 Rn. 1524.

296 VGH München NVwZ-RR 1988, 127; C. *Külpmann*, in: Finkelnburg/Dombert/Külpmann Rn. 842; *Kopp/Schenke* § 80 Rn. 119; vgl. auch OVG Koblenz DÖV 1991, 1030.

297 VGH München NVwZ-RR 1988, 127 f.; a. M. OVG Koblenz DÖV 1991, 1030 (Rechtsschutz für die Ausgangsbehörde erforderlich, wenn diese den Verwaltungsakt in Ausübung ihres Selbstverwaltungsrechts erlassen hat).

IX. Gerichtliche Entscheidung über die Ausnahmen vom Grundsatz der aufschiebenden Wirkung (§ 80 Abs. 5)

111   Das Gericht entscheidet in den Fällen gesetzlich bestimmten Sofortvollzugs (§ 80 Abs. 2 S. 1 Nr. 1–3 und S. 2) über die Anordnung der aufschiebenden Wirkung und in den Fällen einer behördlichen Anordnung der sofortigen Vollziehung (§ 80 Abs. 2 S. 1 Nr. 4) über die Wiederherstellung der aufschiebenden Wirkung des Rechtsbehelfs. Ferner kann es feststellen, dass ein Rechtsbehelf aufschiebende Wirkung besitzt. In den Fällen des § 80 a Abs. 3 i.V.m. Abs. 1 Nr. 1 und Abs. 2 kann das Gericht die sofortige Vollziehung anordnen. Ist der Verwaltungsakt bereits ganz oder teilweise vollzogen worden, ist es zur Aufhebung der Vollziehung nach § 80 Abs. 5 S. 3 befugt.

112   Im *Verhältnis zum Hauptsacheverfahren* ist das Verfahren nach § 80 Abs. 5 *selbständig* (BVerfGE 35, 382, 397 m.w.N.; VGH Kassel ESVGH 15, 94 f.) und erfordert eine eigene Zulässigkeits- und Begründetheitsprüfung. Grds. finden auf das vorläufige Rechtsschutzverfahren auch die für Anfechtungsklagen geltenden allgemeinen Vorschriften und Verfahrensgrundsätze entsprechend Anwendung, soweit der Eilcharakter des Verfahrens dem nicht entgegensteht.

113   **1. Zulässigkeitsvoraussetzungen.   a) Rechtsweg.**   Ein Antrag nach § 80 Abs. 5 ist nur zulässig, wenn für das Hauptsacheverfahren der Verwaltungsrechtsweg gegeben ist. Hält das Gericht den beschrittenen Verwaltungsrechtsweg für unzulässig, spricht es in entsprechender Anwendung von § 17 a Abs. 2 S. 1 GVG i.V.m. § 173 S. 1 VwGO dies von Amts wegen aus und verweist den Rechtsstreit zugleich an das zuständige Gericht des zulässigen Rechtswegs.[298] Zu Rechtsmitteln gegen den Rechtswegverweisungsbeschluss → § 123 Rn. 55.

114   **b) Zuständiges Gericht, Einzelrichter und Entscheidung des Vorsitzenden (§ 80 Abs. 8).**   Um die Verfahrenseinheit zwischen dem Verfahren des vorläufigen Rechtsschutzes und dem Hauptsacheverfahren zu gewährleisten, ist das *Gericht der Hauptsache* zuständig. Nachdem gem. § 80 Abs. 5 S. 2 der Antrag nach § 80 Abs. 5 bereits vor Erhebung der Anfechtungsklage gestellt werden kann, ist er *vor Klageerhebung* an das Gericht zu richten, das örtlich und sachlich zur Entscheidung über eine künftige Anfechtungsklage zuständig wäre. *Nach Klageerhebung* ist das Gericht zuständig, das mit der Klage tatsächlich befasst ist, es sei denn, dieses Gericht wäre offensichtlich unzuständig.[299]

115   Als *erstinstanzliches Gericht* ist regelmäßig das VG zuständig, sofern keine Sonderzuständigkeit des OVG nach § 48 oder des BVerwG nach § 50 besteht. Die Zuständigkeit des VG endet mit Anhängigkeit des Rechtsstreits in der nächsten Instanz. Sofern das VG die Berufung zugelassen hat (§ 124 a Abs. 1 S. 1), wird der Rechtsstreit *mit Einlegung der Berufung* beim OVG anhängig. Im Übrigen wird der Rechtsstreit *mit Eingang des Antrages auf Zulassung der Berufung* gem. § 124 a Abs. 4 beim Berufungsgericht anhängig (VGH München NVwZ 2002, 1268; vgl. auch VGH München NVwZ 2000, 210, 211). Der Zulassungsantrag besitzt Devolutiveffekt, da über ihn das OVG zu entscheiden hat (→ § 124 Rn. 38).[300] Nach § 124 a bilden Zulassungs- und Berufungsverfahren eine Einheit. Eine förmliche Berufungseinlegung ist nicht mehr vorgesehen; bei Zulassung der Berufung wird das Antragsverfahren vielmehr automatisch als Berufungsverfahren fortgesetzt (§ 124 a Abs. 5 S. 5). Im Falle der vom VG im Urteil bereits zugelassenen Sprungrevision (§ 134 Abs. 1 S. 1) oder – bei gesetzlichem Berufungsausschluss – der dort bereits zugelassenen Revision (§ 135 S. 2) endet die Zuständigkeit des VG *mit Eingang der Revisionsschrift.* Über den Antrag auf Zulassung der Sprungrevision nach § 134 Abs. 1 ist hingegen vom VG zu entscheiden. Er besitzt somit keinen Devolutiveffekt. Wird ein solcher Antrag gestellt, endet die Zuständigkeit des VG daher erst mit Eingang des Antrages auf Zulassung zur Berufung (§ 134 Abs. 3 S. 1 i.V.m. § 124 a) oder mit Eingang der Revisionsschrift (§ 134 Abs. 3 S. 2 i.V.m. § 139 Abs. 1). Hatte das VG bei gesetzlichem Berufungsausschluss die Revision in seinem Urteil nicht zugelassen, kann Beschwerde gegen die Nichtzulassung eingelegt werden (§ 135 S. 2, 3). Die Zuständigkeit des VG endet in diesem Fall mit der Entscheidung, der Beschwerde nicht abzuhelfen (§ 133 Abs. 5 S. 1). Die *Zuständigkeit des Berufungsgerichts* als Gericht der Hauptsache beginnt

---

298   OVG Bln NVwZ 1992, 685; NVwZ-RR 1998, 464; DVBl 2006, 1250; OVG Münster DVBl 1994, 215; NJW 1998, 1579; VGH Kassel NVwZ 2003, 238; VGH Mannheim VBlBW 1992, 471; VGH München BayVBl 1993, 309 f.; a.M. OVG Koblenz DVBl 1993, 260; *J. Holzheuser,* DÖV 1994, 807 ff.; *Pietzner/Ronellenfitsch* § 55 Rn. 1533.

299   OVG Bln LKV 1991, 373; *Pietzner/Ronellenfitsch* § 55 Rn. 1534; vgl. allerdings VG Oldenburg NVwZ-RR 2004, 48, 49 (Besonderheiten der örtlichen Zuständigkeit bei Entlassung eines Soldaten).

300   *R. Rudisile,* in: Schoch/Schneider/Bier § 124 a Rn. 66.

mit Eingang des Antrages auf Zulassung der Berufung beim VG (§ 124 a Abs. 4 S. 2) und endet mit Eingang der Revisionsschrift. Sofern Nichtzulassungsbeschwerde eingelegt wird, endet seine Zuständigkeit sobald es entschieden hat, der Beschwerde nicht abzuhelfen (§ 133 Abs. 5 S. 1).[301] Das *BVerwG wird zum Gericht der Hauptsache* vor allem dann, wenn es im Revisionsverfahren zuständig geworden ist oder wenn das Verfahren aufgrund einer Nichtzulassungsbeschwerde bei ihm anhängig ist. Im vorläufigen Rechtsschutzverfahren kann das BVerwG auch Tatsachen ermitteln und Beweise erheben (BVerwGE 1, 45, 47; 39, 229, 231; BVerwG Buchholz 310 § 80 VwGO Nr. 48). Die Zuständigkeit des BVerwG endet mit der Zurückverweisung der Sache gem. § 144 Abs. 3 Nr. 2. Hierbei ist auf die Verkündung der Entscheidung oder, wenn die Entscheidung ohne mündliche Verhandlung ergeht, auf die Zustellung der Entscheidung abzustellen.[302] Ab dann ist zur Entscheidung über einen Antrag nach § 80 Abs. 5 das Gericht zuständig, an das verwiesen wurde.

Ist über einen Antrag nach § 80 Abs. 5 noch nicht entschieden worden, bevor der Rechtsstreit auf- 116 grund eines Rechtsmittels in die nächste Instanz gelangt, geht der Antrag nach § 80 Abs. 5 mit dem Rechtsmittel *automatisch in die nächste Instanz* über. Für eine Entscheidung des Rechtsmittelgerichts nach § 80 Abs. 5 ist somit kein weiterer Antrag erforderlich.[303]

Bei *Massenverfahren* mit einer Vielzahl von Klägern, die sich jedoch alle gegen dasselbe Vorhaben 117 wenden, können die Hauptsacheverfahren verschiedener Kläger in verschiedenen Instanzen anhängig sein. Damit sind auch für die – meist inhaltlich gleichen – Anträge nach § 80 Abs. 5 unterschiedliche Gerichte zuständig. Der VGH München versuchte, in dieser Situation zu einer einheitlichen Rechtsanwendung dadurch zu kommen, dass er in analoger Anwendung des § 53 Abs. 1 die in der unteren Instanz zum selben Streitobjekt anhängigen Verfahren „heraufholte" (VGH München DVBl 1982, 210, 211; aufgegeben in BayVBl 1985, 52, 53). Das BVerwG erklärte diese Entscheidung jedoch wegen „extremer" Rechtswidrigkeit für unwirksam (BVerwGE 64, 347).

Hält sich das angerufene Gericht für örtlich, sachlich oder instanziell für unzuständig, verweist es in 118 analoger Anwendung von § 83 S. 1 VwGO i.V.m. § 17 a Abs. 2 S. 1 GVG an das zuständige Gericht.[304]

Über Anträge nach § 80 Abs. 5 entscheidet grds.[305] der Spruchkörper, also beim VG die Kammer, 119 beim OVG und BVerwG der Senat. Der *Einzelrichter* kann unter den Voraussetzungen des § 6 (Übertragung auf den Einzelrichter) oder des § 87 a Abs. 2, 3 (konsentierter Einzelrichter; zur analogen Anwendung → § 87 a Rn. 3) eine Entscheidung im vorläufigen Rechtsschutzverfahren treffen. Auch wenn noch kein Hauptsacheverfahren anhängig ist, kann das Antragsverfahren auf den Einzelrichter übertragen werden (→ § 6 Rn. 16).[306] In *dringenden Fällen* kann nach *§ 80 Abs. 8* der *Vorsitzende* entscheiden. Ob ein Fall dringend ist, hängt von der Bedeutung der Nachteile ab, die durch die Verzögerung entstehen können. Bei mangelnder Dringlichkeit kann in der Entscheidung durch den Vorsitzenden ein Verstoß gegen das Recht auf den gesetzlichen Richter (Art. 101 Abs. 1 S. 2 GG) liegen. Zwar reicht für einen Verfassungsverstoß ein nur irrtümlicher Verfahrensfehler nicht aus. Der Vorsitzende muss Bedeutung und Tragweite des Art. 101 Abs. 1 S. 2 GG vielmehr grundlegend verkannt haben oder sich in objektiv willkürlicher Weise an die Stelle der Kammer oder des Senats gesetzt haben. Sofern die Dringlichkeit nicht offenkundig ist, muss sie jedoch zumindest in dem Beschluss dargelegt werden.[307] Sind der Vorsitzende und der stellvertretende Vorsitzende nicht erreichbar, entscheidet ein anderer Richter der Kammer bzw. des Senats (VG Wiesbaden NVwZ 1988, 90, 91). Die in § 80 Abs. 8 S. 2 a.F. vorgesehene Möglichkeit, gegen die Entscheidung des Vorsitzenden das Kollegium an-

---

301 *C. Külpmann,* in: Finkelnburg/Dombert/Külpmann Rn. 869; *Pietzner/Ronellenfitsch* § 55 Rn. 1535; *D. Sellner,* FS Lerche, 1993, 815, 819; *J. Schmidt,* in: Eyermann § 80 Rn. 63.

302 *D. Sellner,* FS Lerche, 1993, 815, 819 f.

303 BVerwGE 39, 229, 230; BVerwG VerwRspr 28, 616, 617; OVG Münster DVBl 1981, 691; *Pietzner/Ronellenfitsch* § 55 Rn. 1536; a.M.: *J. Schmidt,* in: Eyermann § 80 Rn. 63 (Verweisung erforderlich).

304 I.d.S. BVerwG DVBl 2004, 1046, 1047; DVBl 2005, 916; s.a. BVerwG NVwZ 2013, 1219 (zu § 123, direkte Anwendung von § 83); *C. Külpmann,* in: Finkelnburg/Dombert/Külpmann Rn. 863; a.M. *Kopp/Schenke* § 83 Rn. 4; offen gelassen von VGH München NVwZ 2000, 210.

305 Vorbehaltlich anderer gesetzlicher Regelung, z.B. § 76 Abs. 4 S. 1 AsylG; zur Pflicht des Einzelrichters zur Rückübertragung auf die Kammer BVerfG (K) NVwZ 2017, 470, 472.

306 A.M. *M. Redeker,* in: Redeker/v. Oertzen § 6 Rn. 11, § 80 Rn. 57 a.

307 BVerfG NVwZ 2018, 321 f. (zu § 155 Abs. 2 S. 2 SGG); s. auch OVG Bln-Bbg NVwZ-RR 2011, 526, 528 (beachtlicher Verfahrensfehler nur bei willkürlicher oder manipulativer Anwendung des § 80 Abs. 8).

zurufen, wurde durch das Gesetz zur Entlastung der Rechtspflege vom 11.1.1993 „im Interesse der Beschleunigung des Verfahrens und der Entlastung der Gerichte" (BT-Drs. 12/1217, 55) gestrichen. Der Vorsitzende bleibt aber weiterhin berechtigt, in Fällen, in denen er dies für angebracht hält,[308] bis zur endgültigen Entscheidung durch die Kammer bzw. den Senat zeitlich befristete vorläufige Rechtsschutzentscheidungen zu treffen (→ Rn. 167). War das Verfahren auf den *Einzelrichter* übertragen, *entscheidet dieser auch in dringenden Fällen.* Die von § 80 Abs. 8 beabsichtigte Beschleunigungswirkung kann hier durch eine (weitere) Übertragung auf den Vorsitzenden nicht mehr erreicht werden (→ § 6 Rn. 73).[309]

120 c) **Antrag.** Für die gerichtliche Entscheidung ist ein Antrag des Betroffenen erforderlich. Für den Inhalt des Antrages gilt § 82 sinngemäß. Der Antrag ist in entsprechender Anwendung von § 81 Abs. 1 S. 1 *beim Gericht der Hauptsache* zu stellen. Grds. ist der Antrag *schriftlich* einzureichen. Entsprechend § 81 Abs. 1 S. 2 kann er beim VG auch zur Niederschrift des Urkundsbeamten der Geschäftsstelle gestellt werden. In außergewöhnlichen Fällen, in denen es wegen der Eilbedürftigkeit dem Antragsteller nicht möglich ist, den Antrag schriftlich zu formulieren und auch ein Urkundsbeamter der Geschäftsstelle nicht erreichbar ist, kann auch ein *telefonisch übermittelter Antrag* ausreichen. Art. 19 Abs. 4 GG gebietet, in Ausnahmefällen auf das Schriftlichkeitserfordernis zu verzichten, wenn ansonsten die Gefahr bestünde, dass der Rechtsschutz zu spät käme, um die für den Betroffenen zu befürchtenden Nachteile abzuwenden (VG Wiesbaden NVwZ 1988, 90 [zu § 123]). Eine *Vollmacht* erstreckt sich nach § 82 ZPO i.V.m. § 173 VwGO auch auf die Nebenverfahren des vorläufigen Rechtsschutzes.

121 Es ist entsprechend § 82 Abs. 1 S. 2 nicht erforderlich aber zweckdienlich, einen *bestimmten* Rechtsschutzantrag zu stellen. Der Antrag richtet sich auf Anordnung der aufschiebenden Wirkung in den Fällen gesetzlich bestimmten Sofortvollzugs (§ 80 Abs. 2 S. 1 Nr. 1–3), auf Wiederherstellung der aufschiebenden Wirkung in den Fällen einer behördlichen Anordnung der sofortigen Vollziehung (§ 80 Abs. 2 S. 1 Nr. 4), auf Feststellung der aufschiebenden Wirkung eines Rechtsbehelfs insbes. in den Fällen des faktischen Vollzuges sowie auf Anordnung der sofortigen Vollziehung in den Fällen des § 80 a Abs. 3 i.V.m. Abs. 1 Nr. 1 und Abs. 2. Wenn der Verwaltungsakt bereits ganz oder teilweise vollzogen wurde, ist auch die Aufhebung der Vollziehung (§ 80 Abs. 5 S. 3) zu beantragen. Der Antragsteller kann auch *kumulativen Rechtsschutz* nach § 80 Abs. 5 und § 123 begehren (VGH München NJW 1982, 2134).

122 Entspricht der Antrag nicht den Anforderungen i.S.v. § 82 Abs. 1 hat der Vorsitzende oder der Berichterstatter den Antragsteller analog § 82 Abs. 2 S. 1 fristgebunden zu Ergänzungen aufzufordern.[310] In entsprechender Anwendung von § 88 ist das Gericht nicht an die Fassung des Antrages gebunden. Das Gericht orientiert sich vielmehr am *Rechtsschutzziel des Antragstellers* (OVG Bautzen SächsVBl 1998, 61) und deutet ggf. einen Antrag auf Erlass einer einstweiligen Anordnung in einen solchen nach § 80 Abs. 5 oder § 80 a Abs. 3 i.V.m. § 80 Abs. 5 um (→ § 123 Rn. 66).[311] Auch eine *Umdeutung* innerhalb der Bestimmung des § 80 Abs. 5, wie die Umdeutung eines Antrages auf Wiederherstellung der aufschiebenden Wirkung in einen Antrag auf Feststellung der aufschiebenden Wirkung ist möglich (VGH München BayVBl 1993, 85). Grds. scheidet eine Umdeutung aus, wenn ein *anwaltlich vertretener Antragsteller* ausdrücklich einen bestimmten Antrag stellt (HmbOVG NVwZ-RR 2012, 92, 94). Lässt sich jedoch eindeutig erkennen, dass das wahre Antragsziel von der Antragsfassung abweicht, hat das Gericht auch bei einem anwaltlich vertretenen Antragsteller den Antrag auszulegen oder umzudeuten, weil eine Abweisung wegen Unzulässigkeit den Rechtsweg unzumutbar erschweren würde.[312]

---

308 Dazu *H. Schnellenbach*, DVBl 1993, 230, 235, der derart befristete Entscheidungen insbes. in Fällen befürwortet, in denen eine Übertragung auf den Einzelrichter nach § 6 Abs. 1 voraussichtlich nicht in Betracht kommt.

309 *M. Funke-Kaiser*, in: Bader § 80 Rn. 148; *M. Redeker*, in: Redeker/v. Oertzen § 80 Rn. 57 a.

310 VGH München DVBl 2012, 1389 (wegen Art. 19 Abs. 4 GG keine zu strengen Anforderungen in vorl. Rechtsschutzverfahren).

311 Vgl. etwa OVG Frankfurt (Oder) NVwZ-RR 1997, 555, 556; VGH Mannheim NJW 1962, 1172, 1173; NVwZ-RR 1991, 176; VGH München BayVBl 1988, 17, 18; NVwZ 2002, 1268.

312 OVG Magdeburg NVwZ-RR 2017, 347, 348 unter Verweis auf BVerfG (K) NVwZ 2008, 417, 418; HmbOVG NVwZ-RR 2017, 650, 651.

Der *Antrag* kann in entsprechender Anwendung des § 92 bis zur Unanfechtbarkeit der gerichtlichen 123
Entscheidung über den Antrag ohne Einwilligung des Gegners *jederzeit zurückgenommen* werden
(VGH München BayVBl 1982, 631; 1985, 407).

d) Vorliegen eines sofort vollziehbaren Verwaltungsakts. Der Antrag ist nur zulässig, wenn er sich ge- 124
gen die sofortige Vollziehbarkeit eines *belastenden Verwaltungsakts* (→ Rn. 19 ff.) wendet, *der bereits
erlassen ist.* Den Erlass eines erst bevorstehenden Verwaltungsakts muss der Betroffene mit einer vorbeugenden Unterlassungsklage zu verhindern suchen. Somit kann diesbezüglich vorläufiger Rechtsschutz nur nach § 123 begehrt werden (→ § 123 Rn. 39).

Gegen eine behördliche Anordnung der sofortigen Vollziehung kann im Wege des § 80 Abs. 5 grds. 125
erst dann vorgegangen werden, wenn diese von der Behörde erlassen worden ist. *Ausnahmsweise*
kann der Betroffene um *vorläufigen vorbeugenden Rechtsschutz durch einstweilige Anordnung* nach
§ 123 Abs. 1 nachsuchen, wenn die Behörde den Erlass bereits angedroht hat und wegen der besonderen Eilbedürftigkeit des Falles wirksamer Rechtsschutz nur auf diese Weise erreicht werden kann
(→ § 123 Rn. 39).[313]

e) Beteiligte und richtiger Antragsgegner. Wer zu den *Beteiligten* im vorläufigen Rechtsschutzverfah- 126
ren gehört, richtet sich nach dem Hauptsacheverfahren. Beteiligte sind i.d.R. Antragsteller und Antragsgegner, nach § 65 Beigeladene und ggf. der Oberbundesanwalt (§ 35) bzw. der Vertreter des öffentlichen Interesses (§ 36). Das Gericht wird von der einfachen Beiladung nach § 65 Abs. 1, die in seinem Ermessen steht, bei besonders eilbedürftigen Verfahren keinen Gebrauch machen (VGH Mannheim VBlBW 1985, 254, 255).

Hat nicht schon die Ausgangsbehörde, sondern erst die Widerspruchsbehörde die Anordnung der so- 127
fortigen Vollziehung oder den von Gesetzes wegen sofort vollziehbaren Verwaltungsakt erlassen, ist
str., wer der *richtige Antragsgegner in einem Verfahren auf Wiederherstellung oder Anordnung der
aufschiebenden Wirkung* ist. Vertreten wird, dass in entsprechender Anwendung der §§ 78 Abs. 2, 79
Abs. 1 Nr. 2, Abs. 2 der Antrag gegen den Rechtsträger der Widerspruchsbehörde zu richten ist.[314]
Nach der Gegenmeinung sind hier die §§ 78 Abs. 1 Nr. 1, 79 Abs. 1 Nr. 1 entsprechend anzuwenden,
sodass der richtige Antragsgegner die Körperschaft wäre, deren Behörde den Ausgangsbescheid erlassen hat.[315] Beim VGH Mannheim etwa wurde in der Vergangenheit je nach Senat die eine oder die
andere Meinung vertreten.[316] Für die Entscheidung über den richtigen Antragsgegner ist der Grundsatz der Akzessorietät des vorläufigen Rechtsschutzverfahrens ausschlaggebend.[317] Das Verfahren
nach § 80 Abs. 5 ist zwar ein eigenständiges Verfahren, trifft jedoch eine Zwischenregelung für die
Zeit bis zur Entscheidung über die Hauptsache und ist daher an der Hauptsache orientiert und auf sie
bezogen (OVG Frankfurt [Oder] VIZ 1999, 539). Demgemäß betraut § 80 Abs. 5 S. 1 auch das Gericht der Hauptsache mit der Entscheidung über den vorläufigen Rechtsschutz. Auch die Beteiligten
des vorläufigen Rechtsschutzverfahrens müssen mit den Parteien des Hauptsacheverfahrens übereinstimmen. Der *richtige Antragsgegner bestimmt sich* daher *danach, wer richtiger Klagegegner im
Hauptsacheverfahren ist. Wird der ursprüngliche Verwaltungsakt angefochten,* ist Gegenstand des
Hauptsacheverfahrens der ursprüngliche Verwaltungsakt in der Gestalt, die er durch den Widerspruchsbescheid gefunden hat. Richtiger Klagegegner und demzufolge auch richtiger Antragsgegner
im Verfahren nach § 80 Abs. 5 ist die Körperschaft, deren Behörde den Verwaltungsakt erlassen hat
(§ 78 Abs. 1 Nr. 1 analog) bzw. die *Ausgangsbehörde* selbst (§ 78 Abs. 1 Nr. 2 analog). *Wird hingegen
der Widerspruchsbescheid isoliert angefochten,* weil er erstmalig oder zusätzlich eine Beschwer enthält
(§ 79 Abs. 1 Nr. 2, Abs. 2), ist dieser der alleinige Klagegegenstand (§ 79 Abs. 2). Richtiger Klagegegner und daher richtiger Antragsgegner im vorläufigen Rechtsschutzverfahren ist dann der Rechtsträger

---

313 VGH Mannheim VBlBW 2004, 111; anders BezG Erfurt DVBl 1992, 778, 779 (Feststellung nach § 80 Abs. 5).
314 OVG Münster UPR 1993, 316, 317; NJW 1995, 2242 (gestützt auf § 78 Abs. 1 Nr. 2); VGH Kassel NVwZ-RR
    2005, 519 f.; VGH Mannheim VBlBW 1985, 143; DÖV 1987, 405; vgl. auch OVG Münster DÖV 1993, 1103 (LS);
    Pietzner/Ronellenfitsch § 55 Rn. 1539.
315 OVG Frankfurt (Oder) VIZ 1999, 539; OVG Lüneburg NJW 1989, 2147 f.; VGH Kassel NVwZ 1990, 677; VGH
    Mannheim DÖV 1974, 607; VGH München BayVBl 1988, 86; *W.-R. Schenke,* VerwArch 91 (2000), 587, 608; *J.
    Schmidt,* VBlBW 1985, 369.
316 Dazu VGH Mannheim NVwZ-RR 1995, 174; *J. Schmidt,* VBlBW 1983, 131, 132; *ders.,* VBlBW 1985, 369, jeweils
    m.w.N.
317 *W.-R. Schenke,* JZ 1996, 1155, 1161.

der Widerspruchsbehörde oder die Widerspruchsbehörde selbst (§ 78 Abs. 2 analog). Wurde der Antrag nach Auffassung des Gerichts nicht gegen den richtigen Antragsgegner gerichtet, muss das Gericht den Antragsteller darauf hinweisen, damit dieser analog § 91 eine entsprechende Antragsänderung vornehmen kann.[318]

128   **f) Frist und Zeitpunkt der Antragstellung.**   Grds. sind Anträge nach § 80 Abs. 5 an keine Frist gebunden. Ausnahmen sind gesetzlich geregelt, z.B. die Frist von drei Tagen in § 18 a Abs. 4 S. 1 AsylG, die Wochenfrist in § 36 Abs. 3 S. 1 AsylG und in § 58 a Abs. 4 S. 2 AufenthG, die Frist von zwei Wochen in § 12 Abs. 2 S. 1 InVorG, die Monatsfrist in § 18 e Abs. 2 S. 2, Abs. 3 S. 1, Abs. 4 S. 1 AEG, in § 17 e Abs. 2 S. 2, Abs. 3 S. 1, Abs. 4 S. 1 FStrG, in §§ 6 Abs. 6 S. 2, 10 Abs. 4 S. 2, 4 LuftVG, in § 29 Abs. 6 S. 3, 4 PBefG und in § 14 e Abs. 2 S. 2, Abs. 3 S. 1, Abs. 4 S. 1 WaStrG.

129   Der Antrag kann *längstens bis zur Bestandskraft des zugrunde liegenden Verwaltungsakts oder bis zur rechtskräftigen Entscheidung in der Hauptsache* gestellt werden.[319] Lässt sich im Verfahren des § 80 Abs. 5 nicht entscheiden, ob der Verwaltungsakt bestandskräftig geworden ist, weil die fristgerechte Widerspruchseinlegung im Rahmen der nur summarischen Prüfung (→ Rn. 136) nicht festgestellt werden kann, ist der Antrag zulässig.[320] Der Antrag ist *bereits vor Widerspruchseinlegung* zulässig. Zwar scheint nach dem Wortlaut des § 80 Abs. 5 S. 1 eine gerichtliche Anordnung oder Wiederherstellung der aufschiebenden Wirkung einen Rechtsbehelf vorauszusetzen, um dessen aufschiebende Wirkung es dann im Verfahren nach § 80 Abs. 5 gehen kann. § 80 Abs. 5 S. 2 bestimmt allerdings, dass der Antrag *bereits vor Erhebung der Anfechtungsklage* gestellt werden kann, wobei die Vorschrift nicht zwischen Fällen mit und ohne Vorverfahren nach § 68 unterscheidet. In besonders eiligen Fällen kann es für den Antragsteller eine Erschwerung und sogar eine Gefährdung seines Anspruchs auf effektiven vorläufigen Rechtsschutz bedeuten, wenn er gezwungen wäre, zunächst bei der Behörde den Widerspruch einzulegen und erst dann einen Antrag nach § 80 Abs. 5 zu stellen. Die Einleitung eines Verfahrens nach § 80 Abs. 5 ist daher *auch schon vor Einlegung des Widerspruchs* zulässig.[321] Erforderlich ist aber stets, dass die Rechtsbehelfsfrist noch nicht abgelaufen ist.[322]

130   Eine *Verwirkung* des Antragsrechts dürfte in zweiseitigen Rechtsverhältnissen wegen der grundrechtlichen Verankerung des vorläufigen Rechtsschutzes kaum in Betracht kommen.[323] Bei Verwaltungsakten mit Doppelwirkung kann die Situation anders sein, weil sich hier die Rechtsschutzansprüche der Beteiligten grds. gleichrangig gegenüberstehen.[324]

131   **g) Vorverfahren.**   Begehrt der Antragsteller die Anordnung der aufschiebenden Wirkung bei einem Anforderungsbescheid für öffentliche Abgaben oder Kosten (§ 80 Abs. 2 S. 1 Nr. 1), bestimmt § 80 Abs. 6, dass grds. ein behördliches Vorverfahren stattfinden hat. Das Erfordernis eines Vorverfahrens stellt eine Ausnahme für die Fälle des § 80 Abs. 2 S. 1 Nr. 1 dar und kann nicht auf die nach § 80 Abs. 2 S. 1 Nr. 2–4 sofort vollziehbaren Verwaltungsakte ausgedehnt werden (→ Rn. 182).

132   **h) Antragsbefugnis, Rechtsschutzinteresse.**   Die auch für einen Antrag nach § 80 Abs. 5 erforderliche *Antragsbefugnis* i.S.v. § 42 Abs. 2 analog liegt bei belastenden Verwaltungsakten im zweiseitigen Rechtsverhältnis i.d.R. unproblematisch vor, da die sofortige Vollziehbarkeit für den Adressaten nachteilig ist.[325] Auch der von einem Verwaltungsakt mit Doppelwirkung Belastete wird durch die sofortige Vollziehbarkeit zusätzlich beschwert. Das *Rechtsschutzinteresse fehlt* hingegen, wenn ein gerichtliches Offenhalten der Hauptsache zur Gewährung effektiven Rechtsschutzes nicht erforderlich ist. In entsprechender Anwendung der für Klageverfahren geltenden Grundsätze ist dabei ein strenger Maß-

318   VGH Mannheim NVwZ-RR 1995, 174, 175; einschränkend VGH Kassel NVwZ-RR 2005, 519 (Gewährung rechtlichen Gehörs nur bei Abweichung von bisheriger Rspr.).
319   OVG Münster NVwZ-RR 2011, 753; vgl. VGH München BayVBl 1988, 17, 18.
320   OVG Magdeburg NVwZ-RR 2013, 85 f.
321   VGH München BayVBl 1988, 17, 18; vgl. auch VGH Mannheim NVwZ 1995, 813; *F. Kopp*, DÖV 1967, 843 ff. (analoge Anwendung des § 80 Abs. 5); *L. Renck*, NJW 1968, 93 (unmittelbare Anrufung des Gerichts nur für gem. § 80 Abs. 2 S. 1 Nr. 4 sofort vollziehbare Verwaltungsakte); *Schmitt Glaeser/Horn* Rn. 279; vgl. auch *F. Schoch*, NVwZ 1991, 1121, 1124 (Fn. 58); a.M. OVG Koblenz NJW 1995, 1043; *Pietzner/Ronellenfitsch* § 55 Rn. 1545.
322   *L. Renck*, BayVBl 1994, 161, 165; *Schmitt Glaeser/Horn* Rn. 279.
323   OVG Saarlouis DÖV 1976, 607 (LS); *C. Külpmann*, in: Finkelnburg/Dombert/Külpmann Rn. 892.
324   *Pietzner/Ronellenfitsch* § 55 Rn. 1546.
325   Beispiel für fehlende Antragsbefugnis: OVG Lüneburg NVwZ-RR 2007, 121 (keine Verletzung der Planungshoheit einer Gemeinde durch Planfeststellungsbeschluss).

stab anzulegen und im Zweifel das Rechtsschutzinteresse zu bejahen (OVG Magdeburg NVwZ-RR 2015, 409, 410). Das Rechtsschutzinteresse kann fehlen, wenn effektiver Rechtsschutz allein schon durch Durchführung des Hauptsacheverfahrens erreicht werden könnte.[326] Auch wenn die Vollziehung nach § 80 Abs. 4 ausgesetzt wurde oder besondere Umstände darauf hindeuten, dass mit einer Vollziehung des Verwaltungsakts nicht zu rechnen ist, etwa weil sämtliche Beteiligte von einer aufschiebenden Wirkung des Rechtsmittels ausgehen (VGH Kassel DVBl 1992, 780), fehlt das Rechtsschutzbedürfnis. Die Erklärung eines Vollstreckungsverzichts bis zur Bestandskraft des Verwaltungsakts reicht allerdings nicht aus, weil die Behörde dennoch weitere Folgerungen aus dem Verwaltungsakt ziehen könnte (OVG Greifswald NVwZ-RR 2017, 123, 124). Die Gewährung vorläufigen Rechtsschutzes verbessert die rechtliche Lage eines Antragstellers ebenfalls nicht, wenn dieser sich des behördlich untersagten Verhaltens ohnehin aus eigenem Entschluss enthalten will (VG Frankfurt/Oder NVwZ-RR 2008, 384). Wenn sich mehrere einfache Streitgenossen gegen die sofortige Vollziehbarkeit eines Verwaltungsakts wenden, lässt das Obsiegen eines *Streitgenossen* grds. nicht das Rechtsschutzbedürfnis der übrigen Antragsteller entfallen, da nicht sicher ist, dass es bei der Aussetzung des Sofortvollzuges bleibt. Etwas anderes kann ausnahmsweise in *Massenverfahren* gelten, in denen aufgrund der Zahl der Antragsteller und der Publizität des Verfahrens nicht ernstlich mit einer Änderung der Aussetzung ohne Wissen der übrigen Antragsteller zu rechnen ist (VGH München BayVBl 1984, 212). Wenn sich im Verfahren nach § 80 Abs. 5 die *Hauptsache erledigt* hat, besteht i.d.R. *kein Rechtsschutzinteresse* mehr.[327] Nach Erledigung der Hauptsache gibt es keinen vollziehbaren Verwaltungsakt mehr, gegen den vorläufiger Rechtsschutz durch aufschiebende Wirkung erreicht werden müsste. Auch an der *Feststellung der Rechtswidrigkeit einer Anordnung der sofortigen Vollziehung* kann der Antragsteller kein berechtigtes Interesse dartun, denn das vorläufige Rechtsschutzverfahren dient lediglich der Entscheidung über die Risikotragung bis zur Hauptsacheentscheidung, nicht jedoch der Klärung der Rechtmäßigkeit oder Rechtswidrigkeit einer behördlichen Anordnung; § 113 Abs. 1 S. 4 ist nicht entsprechend heranzuziehen.[328] Herrscht allerdings Uneinigkeit darüber, *ob* sich die Hauptsache erledigt hat, ist ein *Antrag auf Feststellung der Erledigung* zulässig (VGH Mannheim NVwZ-RR 2011, 932, 933).

Hingegen kann einem Antragsteller das Rechtsschutzinteresse nicht allein deswegen abgesprochen **133** werden, weil er sich vor Anrufung des Gerichts nicht um eine *Aussetzungsentscheidung der Behörde nach § 80 Abs. 4* bemüht hat. Die Verfahren nach § 80 Abs. 4 und § 80 Abs. 5 bestehen nebeneinander (OVG Koblenz NJW 1961, 1597, 1598; OVG Münster NJW 1961, 2034); das nach § 80 Abs. 6 vorgesehene Vorverfahren ist nur bei einem Anforderungsbescheid für öffentliche Abgaben oder Kosten i.S.v. § 80 Abs. 2 S. 1 Nr. 1 erforderlich. Hat die Behörde den Verwaltungsakt bereits ganz oder teilweise vollzogen, entfällt dadurch noch nicht das Rechtsschutzinteresse, da noch nach § 80 Abs. 5 S. 3 die Aufhebung der Vollziehung erreicht werden kann.

2. Entscheidung des Gerichts im vorläufigen Rechtsschutzverfahren und Vorlagepflichten. Grds. be- **134** steht im vorläufigen Rechtsschutzverfahren keine Pflicht zur *Vorlage an das BVerfG nach Art. 100 Abs. 1 GG* (BVerfGE 86, 382, 389). Auch wenn das Fachgericht eine entscheidungserhebliche Vorschrift für mit höherrangigem Recht für unvereinbar hält, hindert das Verwerfungsmonopol des BVerfG das Gericht nicht, auf der Grundlage seiner eigenen Rechtsauffassung vorläufigen Rechtsschutz zu gewähren, wenn ihm dies für einen effektiven Rechtsschutz nach den Umständen des Einzelfalles geboten erscheint und die Hauptsache dadurch nicht vorweggenommen wird.[329] Zwar werden in der Rspr. für die Nichtanwendung eines Gesetzes im formellen Sinn im Hinblick auf das Verwerfungsmonopol des BVerfG z.T. besonders hohe Anforderungen gestellt und eine offensichtliche Verfas-

---

326 VGH München NVwZ-RR 2009, 310 f. (Unzulässigkeit eines Abänderungsantrages nach § 80 Abs. 7 S. 2).

327 VGH Mannheim NVwZ 1988, 747; 10 S 1851/09, BeckRS 2009, 41728; NVwZ-RR 2011, 932, 934; s. aber VG Hamburg NVwZ-RR 2009, 84 (keine Erledigung bei Dauerwirkung eines Handlungsgebotes der Behörde); a.M. OVG Magdeburg NVwZ-RR 2014, 822 f (Erledigungsfeststellungsantrag auch im vorläufigen Rechtsschutzverfahren zulässig).

328 OVG Lüneburg – 7 M 42/90, BeckRS 2004, 27598; VGH München NVwZ-RR 2016, 887, 888; a.M *J. Schmidt*, in: Eyermann § 80 Rn. 113 (Ausnahme bei Wiederholungsgefahr).

329 BVerfGE 86, 382, 389; OVG Münster DVBl 1992, 1372; VGH München – 22 CS 14.2323, BeckRS 2015, 41067.

sungswidrigkeit des Gesetzes verlangt.[330] Im vorläufigen Rechtsschutzverfahren ist jedoch ein Ausgleich mit dem Erfordernis eines effektiven Rechtsschutzes nach Art. 19 Abs. 4 GG herzustellen. Die Nichtanwendung auch eines formellen Gesetzes ist geboten, wenn ohne die Gewährung vorläufigen Rechtsschutzes schwere und unzumutbare, anders nicht abwendbare Nachteile entstünden, insbes. eine erhebliche Verletzung von Grundrechten droht, die durch die Entscheidung in der Hauptsache nicht mehr beseitigt werden kann (vgl. BVerfGE 46, 166, 179; 79, 69, 74 f.). Daher kann sich in einem solchen Fall das Fachgericht auf die von ihm angenommene Unvereinbarkeit eines formellen Gesetzes mit höherrangigem Recht stützen – im Gegensatz zum Hauptsacheverfahren, in dem Art. 100 Abs. 1 GG die vorherige Feststellung der Verfassungswidrigkeit durch das BVerfG erfordert (vgl. BVerfGE 79, 256, 266). *Ausnahmsweise* ist jedoch auch im Verfahren des vorläufigen Rechtsschutzes eine *Vorlage an das BVerfG erforderlich*, dann nämlich, wenn die beantragte vorläufige Regelung die endgültige Entscheidung weitgehend vorwegnimmt und damit etwas gewähren würde, dem im Hauptsacheverfahren nach Auffassung des Gerichts die Verfassungswidrigkeit der zugrunde liegenden Norm entgegenstehen würde (BVerfGE 46, 43, 51).

135   Zur Vorlage an den *EuGH nach Art. 267 AEUV*, zu der nach der Rspr. des Gerichtshofs im vorläufigen Rechtsschutzverfahren *jedes deutsche Gericht verpflichtet* ist, wenn es Zweifel an der Gültigkeit eines dem deutschen Verwaltungsakt zugrunde liegenden europäischen Rechtsakts hegt, → Rn. 17 a f.

136   **3. Prüfungsumfang und -dichte.**   Auch für das vorläufige Rechtsschutzverfahren gilt der Untersuchungsgrundsatz des § 86 (→ § 86 Rn. 52).[331] Bei der Frage, welchen Umfang und welche Intensität die anzustellenden Ermittlungen haben müssen, ist einerseits der Eilcharakter des Verfahrens und andererseits die Gefahr einer Abweichung von der späteren Entscheidung in der Hauptsache durch nicht ausreichende Zulässigkeits- und Begründetheitsprüfung sowie nicht umfassender Aufklärung des Sachverhalts zu berücksichtigen. Grds. ist es nur Aufgabe des Eilverfahrens, über die Vollziehbarkeit des Verwaltungsakts bis zur Hauptsacheentscheidung zu beschließen. Für die rasche Entscheidung über die Frage, wer den mit dem Zeitablauf bis zur Hauptsacheentscheidung verbundenen Nachteil und das Fehlentscheidungsrisiko[332] in der Zwischenzeit zu tragen hat, ist i.d.R. *eine nur summarische Prüfung der Sach- und Rechtslage* geboten und ausreichend. Die Entscheidung kann dabei auf die von den Beteiligten vorgelegten oder in angemessener Zeit erreichbaren Beweismittel[333] sowie auf glaubhaft gemachte Tatsachen[334] und überwiegende Wahrscheinlichkeiten (OVG Bln DVBl 1992, 286, 287; VGH München BayVBl 1976, 368) gestützt werden. Zwar wird gefordert, dass die Sach- und Rechtslage hinsichtlich der Hauptsache dann besonders intensiv geprüft werden müsse, wenn die Vollziehung für den Antragsteller besonders gewichtige Nachteile hervorriefe und die Folgen des Verwaltungsakts nur schwierig oder gar nicht mehr rückgängig zu machen wären.[335] Dies gilt aber nur, soweit das Gericht im Einzelfall dazu auch die nötige Zeit hat. Eine Vollprüfung der materiellen Rechtslage der Hauptsache bereits im vorläufigen Rechtsschutzverfahren kann, wenn sie einen hohen Zeitaufwand erfordert, dem Beschleunigungserfordernis entgegenstehen.[336] Die Prüfung hat sich von dem Grundsatz leiten zu lassen, dass der Rechtsschutzanspruch des Bürgers umso stärker ist, je schwerer die ihm auferlegte Belastung wiegt und je mehr die Maßnahmen der Verwaltung Unabänderliches bewirken können (BVerfGE 35, 382, 402; 67, 43, 59; vgl. auch BVerfG [K] NVwZ 2004, 93, 94). Ist dem Gericht eine vollständige Aufklärung der Sach- und Rechtslage wegen der Eilbedürftigkeit nicht möglich, hat es *anhand einer Folgenabwägung unter umfassender Berücksichtigung der grundrechtli-*

---

330 HmbOVG NVwZ-RR 2016, 809, 810; vgl. auch VGH Kassel – 8 TG 2493/07, BeckRS 2008, 34344 (zur Vereinbarkeit mit der Hessischen Landesverfassung).

331 OVG Bln-Bbg NVwZ-RR 2016, 325, 328; OVG Münster NVwZ-RR 2011, 855, 856.

332 Dazu *F. Schoch*, Vorläufiger Rechtsschutz, 1988, 895 ff.

333 OVG Bln-Bbg NVwZ-RR 2016, 325, 328; VGH Mannheim NVwZ-RR 1993, 19; *C. Külpmann*, in: Finkelnburg/Dombert/Külpmann Rn. 916; s.a. VGH Mannheim NVwZ-RR 2014, 265 (grds. keine Einholung von Sachverständigengutachten).

334 OVG Bln DVBl 1992, 286, 287; VGH München BayVBl 1987, 372, 373; *C. Külpmann*, in: Finkelnburg/Dombert/Külpmann Rn. 917.

335 BVerfG (K) NVwZ 2008, 880, 881 (zur Leistungspflicht der gesetzlichen Krankenversicherung nach SGB V); NVwZ 2009, 1221, 1225; DVBl 2013, 367, 369 (Versammlungsrecht); NVwZ 2017, 149, 150; OVG Lüneburg DVBl 1961, 520, 521; 1975, 190, 193 ff.; OVG Weimar NVwZ-Beilage I 11/2003, 90, 91.

336 BVerfG (K) GewArch 1985, 16, 17; NJW 2002, 2225 f.; VGH Kassel NVwZ-RR 2004, 792 f.; VGH München BayVBl 1985, 500; s.a. OVG Lüneburg DVBl 1961, 520, 522; OVG Schleswig NVwZ 1992, 687, 688.

chen Belange des Antragstellers zu entscheiden.[337] *Unsicherheiten in tatsächlicher und rechtlicher Hinsicht* sind dabei *entsprechend der Schwere der für den Antragsteller drohenden Nachteile zu seinen Gunsten* zu berücksichtigen.[338] Zu den Besonderheiten bei Verwaltungsakten mit Doppelwirkung → § 80 a Rn. 24.

4. Prüfungsmaßstab. § 80 Abs. 5 enthält keinen ausdrücklichen Prüfungsmaßstab für die gerichtliche   137
Entscheidung. Bei seiner Entscheidung hat das Gericht *zwei Aspekte* zu berücksichtigen. Zum einen ist zu entscheiden, *wer für den Zeitraum bis zur Hauptsacheentscheidung das Risiko zu tragen hat,* das mit der sofortigen Vollziehung des Verwaltungsakts oder aber der Aussetzung des Sofortvollzuges einhergeht. Zum anderen ist zu bedenken, dass der *Zweck* des vorläufigen Rechtsschutzverfahrens in der *Sicherung des Hauptsacherechtsschutzes* liegt. Daher ist in die Entscheidung des Gerichts auch der Ausgang des Hauptsacheverfahrens einzubeziehen, sofern dieser aufgrund des nur summarischen Prüfungsumfangs bereits voraussehbar ist.

a) Gerichtliche Ermessensentscheidung? Die häufig formelhaft benutzte Wendung von der eigenen,   138
originären Ermessensentscheidung,[339] die das Gericht bei seiner Entscheidung nach § 80 Abs. 5 zu treffen habe, ist zumindest missverständlich. Wegen des Grundsatzes der Gewaltenteilung kann das Gericht auch im vorläufigen Rechtsschutzverfahren nur rechtsprechend, nicht aber verwaltend tätig werden. Das Gericht ist nicht frei in seiner Entscheidung. Es hat einerseits die verfassungsrechtlichen Vorgaben, insbes. Art. 19 Abs. 4 GG, und andererseits die gesetzlichen Vorgaben und die Systematik des § 80 zu beachten. Aus dem Wort *„kann" in § 80 Abs. 5 ergibt sich lediglich eine Befugnis des Gerichts, nicht jedoch ein Entscheidungsspielraum.*[340] Kennzeichen einer Ermessensentscheidung wäre die Wahlmöglichkeit zwischen mehreren gleichermaßen rechtmäßigen Verhaltensweisen.[341] Für die Beurteilung der Frage, *ob* der Verwaltungsakt sofort vollziehbar sein soll oder nicht, ist dem Gericht eine solche Wahlmöglichkeit jedoch nicht eingeräumt. Zwar hat das Gericht in vielen Fällen bei seiner Entscheidung auch die Interessen der Allgemeinheit und der Beteiligten am Sofortvollzug einerseits sowie an der aufschiebenden Wirkung andererseits abzuwägen. Dies ist jedoch Bestandteil der Prüfung der tatbestandlichen Voraussetzungen für eine richterliche Aussetzung oder Anordnung der sofortigen Vollziehung. Auch eine Abwägungsentscheidung kennt nur *ein* rechtmäßiges Ergebnis. Bei der Ermittlung des „Ob" der sofortigen Vollziehung eines Verwaltungsakts handelt es sich daher um eine Rechtsanwendung.[342]
Bei der Frage, *wie* die Aussetzungsentscheidung aussehen soll, geben § 80 Abs. 5 S. 1 (Aussetzung   139
ganz oder teilweise) sowie § 80 Abs. 5 S. 4 und S. 5 (Aussetzung gegen Sicherheitsleistung, Auflagen und befristet) dagegen die Wahl unter den Mitteln zur vorläufigen Regelung. Hier ist dem Gericht ein *gewisses Gestaltungsermessen* eingeräumt, wobei es auch bei dessen Ausübung den grundrechtlich gesicherten Anspruch auf einen effektiven Rechtsschutzes zu beachten hat.[343]

b) Gerichtliche Überprüfung einer gesetzlich angeordneten sofortigen Vollziehung (§ 80 Abs. 2 S. 1   140
Nr. 1–3 und S. 2). In den Fällen des § 80 Abs. 2 S. 1 Nr. 1–3 und S. 2 besitzen Widerspruch und An-

---

337 BVerfG (K) NVwZ 2008, 880, 881; NVwZ-RR 2011, 420, 421; NVwZ 2012, 104, 105; DVBl 2013, 367, 369; NVwZ 2017, 149, 150; OVG Weimar NVwZ-RR 2016, 97 f.; s.a. BVerfG (K) NVwZ 2017, 470, 471 f. (ungeklärte unionsrechtliche Rechtsfrage, die im Hauptsacheverfahren dem EuGH vorzulegen wäre).

338 *B. Burkholz,* Der Untersuchungsgrundsatz, 1988, 108 f.; vgl. auch VGH München NVwZ 1991, 1002, 1003 (nur einem vorläufigen Rechtsschutzverfahren angemessene Prüfung; Aussetzung zur Vermeidung vollendeter Tatsachen) sowie BVerfG (K) NJW 1991, 1530, 1531 f. (besonders schwerer Grundrechtseingriff).

339 OVG Koblenz NVwZ 2013, 883, 885; OVG Lüneburg DVBl 1976, 81, 82; NVwZ-RR 2008, 686; DVBl 2011, 635, 636; VGH Kassel ESVGH 40, 294, 298; VGH München GewArch 1981, 228; 1983, 170; BayVGH (n.F.) 33, 34, 37; BayVBl 1997, 146, 147; NVwZ-RR 2003, 9, 10; VG Dresden NVwZ-RR 2003, 848, 849; ferner die zahlr. Nachw. bei *F. Schoch,* Vorläufiger Rechtsschutz, 1988, 1380 ff.

340 *L. Renck,* NVwZ 1992, 338, 339; *F. Schoch,* Vorläufiger Rechtsschutz, 1988, 1394.

341 *E.-A. Timmler,* Maßstab und Rechtsnatur der Aussetzungsentscheidung nach § 80 Abs. 5 Satz 1 VwGO, 1993, 159.

342 *H. Gersdorf,* in: Posser/Wolff, BeckOK VwGO § 80 Rn. 170 ff.; *L. Renck,* BayVBl 1994, 161, 165; *G. Renner,* MDR 1979, 887, 890; *F. Schoch,* Vorläufiger Rechtsschutz, 1988, 1393 ff.; *D. Sellner,* FS Lerche, 1993, 815, 822 f.; *E.-A. Timmler,* Maßstab und Rechtsnatur der Aussetzungsentscheidung nach § 80 Abs. 5 Satz 1 VwGO, 1993, 163 ff; für eine Rechtsentscheidung jedenfalls in Fällen des § 80 Abs. 2 Nr. 4: VGH München BayVBl 1972, 166; krit. *M. Funke-Kaiser,* in: Bader § 80 Rn. 87; anders *J. Schmidt,* in: Eyermann § 80 Rn. 71, der den Unterschied zwischen Ermessensbetätigung und Rechtsanwendung für unbeachtlich hält.

343 BVerfG (K) NVwZ-RR 2010, 29 f. (zu den Voraussetzungen der Anordnung einer Sicherheitsleistung nach § 69 FGO).

fechtungsklage kraft Gesetzes keine aufschiebende Wirkung. Nach § 80 Abs. 5 S. 1 Alt. 1 kann das Gericht im vorläufigen Rechtsschutzverfahren die aufschiebende Wirkung anordnen. Nach der Wertung des Gesetzgebers besteht bei den von § 80 Abs. 2 S. 1 Nr. 1–3 und S. 2 umfassten Verwaltungsakten generell ein öffentliches Interesse an ihrer sofortigen Vollziehung, wobei dieses Vollzugsinteresse grds. im Hinblick auf entgegenstehende Beteiligteninteressen überwiegt. Das Gericht hat zu prüfen, ob es die Gewährung effektiven Rechtsschutzes i.S.v. Art. 19 Abs. 4 GG erfordert, trotz der generellen Ausschlussentscheidung des Gesetzgebers im Einzelfall die aufschiebende Wirkung anzuordnen. Es müssen daher *im Einzelfall besondere Umstände* vorliegen, die eine ausnahmsweise Aussetzung der Vollziehung rechtfertigen.[344] Dabei hat das Gericht als *Maßstab* zum einen den *verfassungsrechtlichen Anspruch auf effektiven Rechtsschutz* und zum anderen *Zweck und Ausmaß der gesetzlichen Ausschlussentscheidung* nach § 80 Abs. 2 S. 1 Nr. 1–3 und S. 2 heranzuziehen. Auch bei einer gesetzlichen Anordnung des Sofortvollzuges ist der Rechtsschutzanspruch des Bürgers umso stärker und darf umso weniger zurückstehen, je schwerwiegender die ihm auferlegte Belastung ist und je mehr die Maßnahme der Verwaltung Unabänderliches bewirkt (BVerfG [K] NVwZ 2007, 1302, 1304; NVwZ-RR 2011, 420, 421).

141   **aa) Bei der Anforderung von öffentlichen Abgaben und Kosten (§ 80 Abs. 2 S. 1 Nr. 1).** Für die Aussetzungsentscheidung der Behörde bei Abgaben- und Kostenbescheiden enthält *§ 80 Abs. 4 S. 3* Kriterien, wann eine Aussetzung erfolgen soll. Dieser *Prüfungsmaßstab* wird von der ganz überwiegenden Meinung in Rspr.[345] und Lit.[346] auf die gerichtliche Entscheidung nach § 80 Abs. 5 in Fällen des § 80 Abs. 2 S. 1 Nr. 1 *entsprechend angewandt.* Nach § 80 Abs. 4 S. 3 Alt. 1 soll eine Aussetzungsentscheidung der Behörde und entsprechend eine Anordnung der aufschiebenden Wirkung durch das Gericht erfolgen, wenn *ernstliche Zweifel* an der Rechtmäßigkeit des zugrunde liegenden Verwaltungsakts bestehen. Nach der Härteklausel des § 80 Abs. 4 S. 3 Alt. 2 ist ferner auszusetzen, wenn die Vollziehung für den Betroffenen eine unbillige, nicht durch überwiegende öffentliche Interessen gebotene *Härte* zur Folge hätte.

141a   Zugrundeliegender Verwaltungsakt ist die Abgaben- oder Kostenentscheidung selbst. Wird die *Anordnung der aufschiebenden Wirkung gegen die Festsetzung einer mit einer Sachentscheidung verbundenen Kostenentscheidung* begehrt (→ Rn. 61), prüft das Gericht im vorläufigen Rechtsschutzverfahren i.d.R. *nicht inzident auch die Rechtmäßigkeit der Sachentscheidung,* sondern beschränkt sich auf rein gebührenrechtliche Fragen. Nur wenn effektiver Rechtsschutz gegen die der Kostenerhebung zugrundeliegende Sachentscheidung nicht (mehr) zu erlangen ist, z.B. weil sich die Sachentscheidung erledigt hat und nur die Gebührenforderung rechtshängig geblieben ist, gebietet Art. 19 Abs. 4 GG, ausnahmsweise auch die Rechtmäßigkeit der die Gebühr auslösenden Sachentscheidung zu prüfen (OVG Bln-Bbg NVwZ-RR 2017, 600, 601).

142   *§ 80 Abs. 4 S. 3 Alt. 1* erfordert für den Regelfall keine Abwägung zwischen Vollzugsinteressen einerseits und Aufschubinteressen andererseits, denn der Gesetzgeber hat mit seiner Entscheidung in § 80 Abs. 2 S. 1 Nr. 1 bereits das Überwiegen des Vollzugsinteresses generell vorgegeben.[347] Zur Beurteilung der Frage, ob eine vom Regelfall abweichende Situation vorliegt, stellt § 80 Abs. 4 S. 3 auf den *voraussichtlichen Ausgang des Hauptsacheverfahrens* ab. Zwar spricht § 80 Abs. 4 S. 3 nur von Zweifeln an der „Rechtmäßigkeit des angegriffenen Verwaltungsakts". Gemeint ist aber die Berücksichtigung des Zwecks des vorläufigen Rechtsschutzverfahrens, der in der Sicherung des Hauptsacherechtsschutzes liegt. Daher ist auf den Erfolg in der Hauptsache abzustellen und somit neben der Rechtmäßigkeit des Verwaltungsakts auch die Zulässigkeit des Rechtsbehelfs sowie die Verletzung in eigenen

344 BVerfG (K) NVwZ 2004, 93, 94; NVwZ 2007, 1302, 1304; NVwZ-RR 2011, 420, 421; BVerwG Buchholz 310 § 80 VwGO Nr. 57; NVwZ 2005, 689, 690 (mit Einschränkungen für das Verkehrswegeplanungsrecht); a.M. BVerwG NVwZ-RR 2002, 153 (zu § 5 Abs. 2 S. 1 VerkPBG); G. *Renner,* MDR 1979, 887, 888 f.

345 BVerwG BayVBl 1982, 442; OVG Brem DVBl 1985, 1182, 1183; OVG Koblenz DVBl 1984, 1134 f.; OVG Lüneburg KStZ 1990, 137; OVG Münster OVGE 16, 44, 49; 22, 209, 211; NVwZ 1989, 588; DVBl 1990, 720; NVwZ-RR 1994, 617; VGH Kassel NVwZ-RR 2007, 554; VGH Mannheim NVwZ-RR 2006, 420; VGH München BayVBl 1961, 286, 287; 1975, 171; s.a. die Nachw. bei C. *Külpmann,* in: Finkelnburg/Dombert/Külpmann Rn. 980, Fn. 121.

346 Kopp/Schenke § 80 Rn. 157; C. *Külpmann,* in: Finkelnburg/Dombert/Külpmann Rn. 980; *Pietzner/Ronellenfitsch* § 56 Rn. 1557; E.-A. *Timmler,* Maßstab und Rechtsnatur der Aussetzungsentscheidung nach § 80 Abs. 5 Satz 1 VwGO, 1993, 69; D. *Wilke,* DVBl 1984, 1136, 1137.

347 D. *Wilke,* DVBl 1984, 1136, 1139; a.M. G. *Renner,* MDR 1979, 887, 888 f.

Rechten zu berücksichtigen.[348] Wenn der *zugrunde liegende Verwaltungsakt rechtswidrig ist und das Hauptsacheverfahren erfolgreich* sein wird, kann *kein öffentliches Interesse* an der sofortigen Vollziehung des Verwaltungsakts bestehen. Ist nach summarischer Prüfung der Erfolg im Hauptsacheverfahren offensichtlich, hat daher das Gericht die aufschiebende Wirkung anzuordnen. Umgekehrt ist bei offensichtlicher Erfolglosigkeit der Antrag nach § 80 Abs. 5 abzulehnen.

Problematisch ist die Entscheidung, wenn der *Ausgang des Hauptsacheverfahrens nicht offensichtlich* erscheint. Nach § 80 Abs. 4 S. 3 sollen *„ernstliche Zweifel"* an der Rechtmäßigkeit des zugrunde liegenden Verwaltungsakts zu einer Anordnung der aufschiebenden Wirkung führen. Dabei ist umstritten, ob ernstliche Zweifel an der Rechtmäßigkeit eines Abgabenbescheids bereits dann vorliegen, wenn sich die Gründe für und gegen den Erfolg in der Hauptsache die Waage halten[349] oder erst dann, wenn ein Erfolg des Rechtsbehelfs im Hauptsacheverfahren wahrscheinlicher erscheint als ein Misserfolg.[350] Die gesetzlich generell bestimmte sofortige Vollziehbarkeit würde allerdings ihren Zweck nicht erreichen, wenn die aufschiebende Wirkung schon bei *offenem* Ausgang der Hauptsache angeordnet werden müsste, denn nach der gesetzlichen Wertung soll gerade das Vollziehungsrisiko nicht bei der Verwaltung, sondern beim Bürger liegen. Ist der Ausgang des Hauptsacheverfahrens offen, sprechen also gleich gewichtige Argumente für und gegen den Erfolg, ist es daher bei der gesetzlichen Regelung der sofortigen Vollziehbarkeit zu belassen.[351] Die „ernstlichen Zweifel" können sich auf jeden Mangel gründen, der zur vollständigen oder teilweisen Aufhebung des zugrunde liegenden Verwaltungsakts im Hauptsacheverfahren führen kann, auch auf Zweifel an der Verfassungsmäßigkeit einer anzuwendenden Norm.[352]

Sind ernstliche Zweifel zu bejahen, *hat die Behörde grds. die Vollziehung auszusetzen und das Gericht* 144 *entsprechend die aufschiebende Wirkung anzuordnen,* da sich der gesetzlich generell bestimmte Vorrang des öffentlichen Vollzugsinteresses hier nicht mehr durchsetzen kann („Die Aussetzung soll... erfolgen...").[353] In Ausnahmefällen kann jedoch das *öffentliche Interesse am Sofortvollzug* so gewichtig sein, dass trotz ernstlicher Zweifel an der Rechtmäßigkeit des betreffenden Verwaltungsakts der Antrag abzulehnen ist. Nach der Rspr. des *BFH* zum weitgehend wortgleichen § 69 Abs. 2 S. 2 FGO kann ein solcher Ausnahmefall dann vorliegen, wenn sich die Rechtmäßigkeitsbedenken aus *ernstlichen Zweifeln an der materiellen Verfassungsmäßigkeit* der dem angegriffenen Steuerbescheid zugrunde liegenden Steuerrechtsnorm ergeben. Eine Aussetzung der Vollziehung eines Steuerbescheids kann in einem solchen Fall eine Vielzahl weiterer Steuerpflichtiger zu Einsprüchen veranlassen und aufgrund dieser Breitenwirkung das öffentliche Interesse an einer geordneten öffentlichen Haushaltswirtschaft gefährden. Daher betont der BFH den Geltungsanspruch jedes formell verfassungsgemäß zustande gekommenen Gesetzes und verlangt eine Abwägung zwischen der konkreten Gefährdung der öffentlichen Haushaltsführung und den individuellen Interessen des Steuerpflichtigen an einer Ausset-

---

348 H.-J. *Papier,* StuW 1978, 332, 337 f.; *E.-A. Timmler,* Maßstab und Rechtsnatur der Aussetzungsentscheidung nach § 80 Abs. 5 Satz 1 VwGO, 1993, 71.

349 BVerwG BayVBl 1982, 442; OVG Lüneburg KStZ 1990, 137; OVG Münster OVGE 16, 44, 50; 22, 209, 213; OVG Schleswig NVwZ-RR 2017, 71; *Kopp/Schenke* § 80 Rn. 116; *D. Wilke,* DVBl 1984, 1136; vgl. auch *F. Schoch,* Vorläufiger Rechtsschutz, 1988, 1295 ff.; so auch die vorherrschende Auffassung zu § 69 Abs. 2 S. 2, Abs. 3 S. 1 FGO: *R. Seer,* in: *Tipke/Kruse* § 69 FGO Rn. 89 m.w.N.

350 OVG Bln NVwZ-RR 2005, 304, 305; NVwZ 2006, 356; OVG Bbg Mitt. StGB Bbg. 1997, 22, 23; OVG Brem DVBl 1985, 1182, 1183; OVG Koblenz DVBl 1984, 1134, 1135; NVwZ 1996, 90, 91; OVG Magdeburg NVwZ-RR 2012, 595, 596; OVG Münster NVwZ 1989, 588; NVwZ-RR 1990, 54; DVBl 1990, 720; OVG Saarlouis DÖV 1987, 1115; OVG Weimar NVwZ-RR 2004, 393; VGH Kassel – 8 TG 2493/07, BeckRS 2008, 34344; VGH Mannheim VBlBW 2004, 352, 353 f.; NVwZ-RR 2006, 420; NVwZ-RR 2013, 658; 2 S 1685/15, BeckRS 2015, 55115 Rn. 13; VGH München BayVBl 1961, 286, 287; 1975, 171; *C. Külpmann,* in: Finkelnburg/Dombert/Külpmann Rn. 829, 980; *L. Renck,* NVwZ 1992, 338, 339; *E.-A. Timmler,* Maßstab und Rechtsnatur der Aussetzungsentscheidung nach § 80 Abs. 5 Satz 1 VwGO, 1993, 77.

351 OVG Brem DVBl 1985, 1182, 1183; VGH München BayVBl 1975, 171; *L. Renck,* NVwZ 1992, 338, 339.

352 BVerfGE 12, 177, 186; BVerfG (K) NVwZ-RR 2011, 305, 306; BFH BStBl 1984, 454, 455; BFH NJW 2007, 2943 f.; NJW 2009, 3263; HmbOVG NJW 1986, 3100 f.; vgl. auch *F. Schoch,* Vorläufiger Rechtsschutz, 1988, 1298 ff.; a.M: *D. Birk,* FS Menger 1985, 161, 170 ff.

353 OVG Münster OVGE 16, 44, 50; *C. Külpmann,* in: Finkelnburg/Dombert/Külpmann Rn. 831, 980; vgl. aber *E.-A. Timmler,* Maßstab und Rechtsnatur der Aussetzungsentscheidung nach § 80 Abs. 5 Satz 1 VwGO, 1993, 80 (die stets eine Interessenabwägung fordert).

zung der Vollziehung.[354] Jedoch zählt auch im Steuerrecht die geschilderte Gefährdung öffentlicher Haushaltsinteressen zu den absoluten Ausnahmesituationen[355] und ist nicht zu verallgemeinern. Hegen die Behörde oder das Gericht ernstliche Zweifel an der Rechtmäßigkeit des angegriffenen Verwaltungsakts aufgrund von *Bedenken gegen die Verfassungsmäßigkeit der zugrunde liegenden Norm*, gelten daher grds. *keine strengeren Anforderungen*, als wenn die Rechtswidrigkeit des Verwaltungsakts lediglich auf einer fehlerhaften Rechtsanwendung beruht.[356]

145   Die *Härteklausel des § 80 Abs. 4 S. 3 Alt. 2* ist eine Ausprägung des verfassungsrechtlichen Verhältnismäßigkeitsgrundsatzes. Auf die Erfolgsaussichten der Hauptsache kommt es bei dieser Prüfungsalternative nicht an.[357] Eine unbillige Härte besteht dann, wenn durch die sofortige Vollziehung ein Nachteil entsteht, der über die sofortige Zahlung hinausgeht und zu einem später nicht oder nur schwer rückgängig zu machenden Schaden führt, wie etwa die wirtschaftliche Existenzvernichtung.[358] Aufgrund der Härteklausel ist die Vollziehung nur auszusetzen, wenn die Härte nicht durch überwiegende öffentliche Interessen geboten ist. Überwiegende öffentliche Interessen können etwa bei der Beitreibung vorsätzlich hinterzogener Abgaben in Betracht kommen.[359]

146   **bb) Bei gesetzlich angeordneter sofortiger Vollziehung in anderen Fällen (§ 80 Abs. 2 S. 1 Nr. 2 und 3 sowie S. 2).** Für die anderen Fälle, in denen durch Gesetz generell der Ausschluss der aufschiebenden Wirkung von Rechtsbehelfen bestimmt worden ist, nennt § 80 keinen ausdrücklichen Prüfungsmaßstab.[360] Es ist str., ob *§ 80 Abs. 4 S. 3 analog* auf die Aussetzungsentscheidung nach § 80 Abs. 4 und auf die gerichtliche Entscheidung nach § 80 Abs. 5 in den Fällen des § 80 Abs. 2 S. 1 Nr. 2 und 3 sowie S. 2 anzuwenden ist.[361] Eine entsprechende Anwendung von § 80 Abs. 4 S. 3 wird abgelehnt mit dem Argument, dass es sich um eine speziell auf Abgabensachen zugeschnittene Sonderregelung handele.[362] § 80 Abs. 4 S. 3 enthält jedoch einen *allgemeinen Rechtsgedanken* des vorläufigen Rechtsschutzes für die Fälle, in denen nach dem Willen des Gesetzgebers das Vollzugsrisiko grds. beim betroffenen Bürger liegen soll. Insoweit ist die Regelung auch in den Fällen des § 80 Abs. 2 S. 1 Nr. 2 und 3 sowie S. 2 entsprechend anwendbar.

147   Als Ausprägung des Verhältnismäßigkeitsgrundsatzes besitzt die *Härteklausel* des *§ 80 Abs. 4 S. 3 Alt. 2* allgemeine Geltung und findet daher auch in Fällen des § 80 Abs. 2 S. 1 Nr. 2 und 3 sowie S. 2 Anwendung.[363]

148   Aber auch die Regelung in *§ 80 Abs. 4 S. 3 Alt. 1 („ernstliche Zweifel")* enthält einen allgemeinen Rechtsgedanken. Durch die Regelung in § 80 Abs. 2 S. 1 Nr. 2 und 3 sowie S. 2 wird – ebenso wie durch § 80 Abs. 2 S. 1 Nr. 1 – *nach dem Willen des Gesetzgebers eine Entscheidung* darüber getroffen, dass *im Regelfall der betroffene Bürger das Vollzugsrisiko zu tragen hat*. Für eine Abwägung zwischen Vollzugsinteresse der Verwaltung und Aufschubinteresse des Betroffenen bleibt daher für den Regelfall

---

354   BFH BStBl II 2003, 516, 518 f.; BStBl II 2003, 523, 525 f.; BFH/NV 2004, 780, 781; BFH/NV 2005, 176, 177; BFH/NV 2005, 178, 180; BFH NJW 2010, 2302, f.; NVwZ-RR 2015, 151, 152; a.M. *R. Seer*, in: *Tipke/Kruse* § 69 FGO Rn. 97.

355   *D. Gosch*, in: Beermann (Begr.)/Gosch (Hrsg.), AO/FGO-Kommentar, 136. Akt. (Dez. 2017), § 69 FGO Rn. 181.

356   BVerfG (K) NVwZ-RR 2011, 305, 306 (zu § 69 FGO); *R. Seer*, in: *Tipke/Kruse* § 69 FGO Rn. 97.

357   BVerfG (K) NVwZ-RR 2011, 305, 306 (zu § 69 FGO); VGH München BayVBl 1961, 286; 1988, 727; a.M. BFHE 92, 314, 319 (zu § 69 FGO); *E.-A. Timmler*, Maßstab und Rechtsnatur der Aussetzungsentscheidung nach § 80 Abs. 5 Satz 1 VwGO, 1993, 85; vgl. auch *F. Schoch*, Vorläufiger Rechtsschutz, 1988, 1300 ff.

358   OVG Brem DVBl 1985, 1182, 1183; OVG Magdeburg NVwZ-RR 2011, 846 f.; VGH München BayVBl 1988, 727; vgl. auch BFHE 87, 600, 601; 92, 314, 319; *C. Külpmann*, in: Finkelnburg/Dombert/Külpmann Rn. 830, 980; *Pietzner/Ronellenfitsch* § 54 Rn. 1523.

359   *C. Külpmann*, in: Finkelnburg/Dombert/Külpmann Rn. 830, 980.

360   Anders die spezialgesetzliche Sonderregelung in § 4 a Abs. 3 UmwRG a.F.; aufgehoben mit Wirkung vom 2.6.2017 durch Gesetz v. 29.5.2017 (BGBl I 1298).

361   Bejahend: VGH Mannheim NVwZ-RR 2009, 764; VGH München BayVBl 1975, 171 (für andere Leistungsbescheide als die des § 80 Abs. 2 Nr. 1); BayVBl 1984, 182, 183; VG Lüneburg NVwZ-RR 2004, 217; *L. Renck*, NVwZ 1992, 338, 339; *ders.*, BayVBl 1994, 161, 165; *Schmitt Glaeser/Horn* Rn. 276; vgl. auch *F. Schoch*, Vorläufiger Rechtsschutz, 1988, 1305 f.; *E.-A. Timmler*, Maßstab und Rechtsnatur der Aussetzungsentscheidung nach § 80 Abs. 5 Satz 1 VwGO, 1993, 93 (nur Abwägungsrichtschnur).

362   OVG Lüneburg DVBl 1976, 81, 82; KStZ 1990, 137; *A. G. Debus*, NVwZ 2006, 49, 50; *Kopp/Schenke* § 80 Rn. 116, 157; *C. Külpmann*, in: Finkelnburg/Dombert/Külpmann Rn. 834, 982; *W.-R. Schenke*, VBlBW 2000, 56, 57; vgl. auch *J. Limberger*, Probleme der vorläufigen Rechtsschutzes bei Großprojekten, 1985, 160 f.

363   Vgl. auch *E.-A. Timmler*, Maßstab und Rechtsnatur der Aussetzungsentscheidung nach § 80 Abs. 5 Satz 1 VwGO, 1993, 94 (Anwendung der Härteregelung i.R. der Interessenabwägung); *C. Külpmann*, in: Finkelnburg/Dombert/Külpmann Rn. 836, 973 (nur Heranziehung des Gedankens des § 80 Abs. 4 S. 3 Alt. 2).

kein Raum. Die gesetzlich angeordnete Risikoüberbürdung auf den betroffenen Bürger wirkt jedenfalls in den Fällen, *in denen der Rechtsbehelf des Betroffenen offensichtlich keinen Erfolg* hat. Aber auch, wenn der *Ausgang des Hauptsacheverfahrens offen* ist, kommt die gesetzliche Risikoverteilung zum Tragen. Hier ist der Wertung des Gesetzgebers nach einem generellen Vorrang des Vollzugsinteresses zu folgen, wenn nicht ausnahmsweise besondere Umstände des Einzelfalls eine abweichende Entscheidung rechtfertigen.[364] Stellt das Gericht hingegen schon nach summarischer Prüfung der Sach- und Rechtslage fest, dass die Verwaltung in der Hauptsache unterliegen wird, kann grds. kein öffentliches Interesse am Sofortvollzug eines derart mit Rechtsmängeln behafteten Verwaltungsakts bestehen. Dies ist jedenfalls dann der Fall, wenn der Erfolg des Rechtsmittels im Hauptsacheverfahren offensichtlich ist.[365]

Gleiches gilt für die Fälle, in denen die Wahrscheinlichkeit, dass das Rechtsmittel des Betroffenen im   149 Hauptsacheverfahren Erfolg hat, größer ist als die Wahrscheinlichkeit seines Misserfolges, also *„ernstliche Zweifel"* i.S.v. § 80 Abs. 4 S. 3 bestehen. Nach einer Meinung[366] unterscheiden sich die Fälle des gesetzlich bestimmten Sofortvollzuges in § 80 Abs. 2 S. 1 Nr. 1 einerseits und in Abs. 2 Nr. 2 und 3 andererseits hinsichtlich der Bedeutung des öffentlichen Interesses an der sofortigen Vollziehung. Weil die sofortige Vollziehung von Abgabenbescheiden insbes. der Missbrauchsabwehr diene, sei das öffentliche Interesse am Sofortvollzug von Abgaben- und Kostenbescheiden bei ernstlichen Rechtmäßigkeitszweifeln gering. Somit liege bei § 80 Abs. 2 S. 1 Nr. 1 ein Eingriffsüberschuss vor, der mit Rücksicht auf das Verhältnismäßigkeitsprinzip dadurch kompensiert werde, dass bereits bei ernstlichen Zweifeln der Sofortvollzug entfallen solle. Nur wenn in Fällen des § 80 Abs. 2 S. 1 Nr. 2 und 3 ein ähnlicher Eingriffsüberschuss vorliege, solle daher bereits bei ernstlichem Zweifel das Gericht aussetzen. Aus der Existenz eines Prüfungsmaßstabes für die sofortige Vollziehung von Abgaben- und Kostenbescheiden ergibt sich allerdings nicht zwingend, dass der Gesetzgeber die Bedeutung des öffentlichen Vollzugsinteresses in § 80 Abs. 2 S. 1 Nr. 1 bei ernstlichen Rechtmäßigkeitszweifeln regelmäßig geringer einschätzt als in den übrigen Fällen. Auch bei ernstlichen Zweifeln am Obsiegen der Verwaltung im Hauptsacheverfahren bei nach § 80 Abs. 2 S. 1 Nr. 2 und 3 sowie S. 2 sofort vollziehbaren Verwaltungsakten liegt ein „Eingriffsüberschuss" vor, da ein überragendes Vollzugsinteresse dann nur selten bejaht werden kann.[367] Daher ist auch hier bei ernstlichen Rechtmäßigkeitszweifeln grds. die aufschiebende Wirkung anzuordnen.[368]

Ebenso wie im Bereich der Abgaben- und Kostenbescheide kann es in den übrigen Fällen gesetzlich   150 bestimmten Sofortvollzuges allerdings sein, dass *trotz ernstlicher Rechtmäßigkeitszweifel ein überragendes öffentliches Vollzugsinteresse* gegeben ist. Ob ein solcher Ausnahmefall vorliegt, ist durch Auslegung des Gesetzeszwecks und durch Abwägung der beteiligten Interessen zu ermitteln (→ Rn. 144). Dabei kann es Fallgruppen geben, in denen wegen der Natur der Regelung ein derart besonders gewichtiges Vollzugsinteresse häufiger anzunehmen sein wird, bspw. bei Verkehrszeichen (vgl. OVG Münster DÖV 1971, 103, 104). Zu den Besonderheiten bei gesetzlich sofort vollziehbaren Verwaltungsakten mit Doppelwirkung → § 80a Rn. 30 ff.

---

364 SaarlVerfGH NVwZ, 2014, 147, 149 f.; BVerwG NVwZ 2005, 689, 690 (so für den Regelfall; eine Ausnahme soll für das Verkehrswegeplanungsrecht gelten, wo der Ausschluss der aufschiebenden Wirkung durch den Gesetzgeber die gebotene Abwägung zwar „gesetzlich vorstrukturiert, aber nicht präjudiziert"); OVG Brem NVwZ-RR 2007, 337; i.d.S. auch BVerfG (K) NVwZ 2004, 93, 94; NVwZ 2007, 948, 949; NVwZ 2007, 1302, 1304; s.a. BVerwG NVwZ 2007, 1207, 1209 (hier nimmt BVerwG zwar eine Interessenabwägung i.S. einer Folgenabwägung vor, berücksichtigt dabei aber die gesetzliche Wertung zulasten des Antragstellers); VGH Kassel DVBl 2012, 1445, 1446 (bei rechtmäßigem Verwaltungsakt nur Anordnung der aufschiebenden Wirkung bei überwiegenden privaten Interessen des Antragstellers). Eine generelle Interessenabwägung verlangen hingegen VGH Kassel NVwZ-Beilage I 1/2003, 3; *C. Külpmann*, in: Finkelnburg/Dombert/Külpmann Rn. 838, 983; vgl. auch *E.-A. Timmler*, Maßstab und Rechtsnatur der Aussetzungsentscheidung nach § 80 Abs. 5 Satz 1 VwGO, 1993, 93 ff. (Anwendung des § 80 Abs. 4 S. 3 nur als Abwägungsregel).
365 OVG Münster DÖV 1971, 103 f.; VGH Kassel DVBl 2012, 1445, 1449; vgl. auch BVerwG DVBl 1974, 566 (zu § 80 Abs. 2 Nr. 4).
366 *Pietzner/Ronellenfitsch* § 54 Rn. 1525; i.d.S. auch *C. Külpmann*, in: Finkelnburg/Dombert/Külpmann Rn. 832 ff., 980 ff.
367 Vgl. auch *F. Schoch*, Vorläufiger Rechtsschutz, 1988, 1305 f.
368 OVG Saarlouis DÖV 1993, 124; vgl. auch BVerfG (K) NVwZ 2017, 470, 471 (Antrag nach § 80 Abs. 5 kann abgelehnt werden, wenn keine ernstlichen Zweifel bestehen); BVerwG NVwZ 2017, 1057.

151 **c) Gerichtliche Überprüfung einer Anordnung der sofortigen Vollziehung nach § 80 Abs. 2 S. 1 Nr. 4.** Der Sofortvollzug aufgrund einer behördlichen Vollzugsanordnung unterscheidet sich von den in § 80 Abs. 2 S. 1 Nr. 1–3 genannten Fällen dadurch, dass das Vollzugsrisiko nicht durch eine generelle gesetzliche Wertung auf den betroffenen Bürger übertragen wurde, sondern eine Anordnung der Behörde die Überwälzung des Risikos auslöst. Mit seinem Antrag an das Gericht wendet sich der Betroffene gegen die behördliche Anordnung und begehrt die Wiederherstellung des gesetzlichen Regelfalls.

152 Zwar enthält § 80 Abs. 5 auch für die Überprüfung der behördlichen Anordnung der sofortigen Vollziehung *keinen ausdrücklichen Prüfungsmaßstab*. Aus § 80 Abs. 2 S. 1 Nr. 4 und § 80 Abs. 3 lassen sich jedoch die Kriterien entnehmen, unter denen die Abweichung vom gesetzlich vorgesehenen Regelfall des § 80 Abs. 1 nur zulässig ist. Das Gericht hat daher unter Anwendung dieser Kriterien zu prüfen, ob im Einzelfall die gesetzlichen Voraussetzungen für eine sofortige Vollziehbarkeit des Verwaltungsakts vorliegen.

153 **aa) Fehlende oder unzureichende Begründung.** Ein Verstoß gegen die Begründungspflicht des § 80 Abs. 3 S. 1 führt zwingend[369] zur gerichtlichen Wiederherstellung der aufschiebenden Wirkung im Verfahren nach § 80 Abs. 5 (zum Streit, ob die Vollzugsanordnung aufzuheben ist → Rn. 154). Eine *Heilung* des Begründungsmangels durch Nachholung im gerichtlichen Verfahren in direkter oder analoger Anwendung von § 45 Abs. 1 Nr. 2, Abs. 2 VwVfG ist *nicht möglich*. Eine im Prozess nachträglich gegebene Begründung kann bei entsprechender Deutlichkeit und Erkennbarkeit für den Betroffenen allerdings als erneute Vollzugsanordnung unter Aufhebung einer vorangegangenen fehlerhaften Anordnung *ausgelegt* werden (→ Rn. 99). Bei fehlender oder unzureichender Begründung ist die Vollzugsanordnung rechtswidrig,[370] jedoch nicht nichtig.[371] Nichtigkeit ist nicht anzunehmen, da es sich bei einem Begründungsmangel entsprechend dem in § 44 Abs. 1 VwVfG enthaltenen allgemeinen Rechtsgrundsatz (§ 44 VwVfG Bund und die entsprechenden Landesnormen sind nicht anwendbar, da es sich bei der Anordnung der sofortigen Vollziehung nicht um einen Verwaltungsakt handelt, → Rn. 80, 96) um keinen besonders schweren Fehler handelt, der bei verständiger Würdigung aller in Betracht kommender Umstände offenkundig wäre.[372]

154 Die *Folgen einer Verletzung des Begründungserfordernisses* sind streitig. Die Rspr. ist in der Frage geteilt, ob bei fehlender oder mangelhafter Begründung das Gericht die aufschiebende Wirkung des Rechtsbehelfs wiederherstellen muss, oder ob vorläufiger Rechtsschutz entgegen dem Wortlaut des § 80 Abs. 5 S. 1 Alt. 2 nur in der Form der Aufhebung der Vollzugsanordnung zu gewähren ist. Die Meinungsverschiedenheit hat ihre Ursache in der Frage des gerichtlichen Prüfungsumfangs und der daraus folgenden *Bindungswirkung der gerichtlichen Entscheidung*. Setzt das Gericht die Vollziehung allein wegen fehlender oder unzureichender Begründung aus, hat es i.d.R. das Bestehen der gesetzlichen Voraussetzungen für eine Vollzugsanordnung nicht geprüft. Es wird vertreten, dass es der Behörde im Anschluss an die gerichtliche Entscheidung dann nur möglich sei, die aufschiebende Wirkung durch eine erneute, fehlerfreie Vollzugsanordnung zu beseitigen, wenn das Gericht die vorherige behördliche Vollzugsanordnung lediglich aufgehoben habe. Das Gericht habe nur dann nicht in der Sache entschieden.[373] Bei einer fehlenden oder unzureichenden Begründung hat das Gericht jedoch die *aufschiebende Wirkung des Rechtsbehelfs wiederherzustellen*. Eine Aufhebung der behördlichen Anordnung der sofortigen Vollziehung ist in § 80 Abs. 5 nicht vorgesehen. Für eine derartige Entscheidung besteht auch kein Bedürfnis. Wenn die Behörde die Anordnung der sofortigen Vollziehung mit

---

369 VGH Mannheim – 1 S 2554/11, BeckRS 2011, 55095. Die früher vereinzelt vertretene Meinung, dass Begründungsmängel keinen Einfluss auf die Rechtsbeständigkeit der Anordnung der sofortigen Vollziehung haben (*F. Czermak*, DÖV 1962, 816, 817; *O. Huber*, BayVBl 1967, 56 f.), wird soweit ersichtlich nicht mehr verfolgt; vgl. dazu *F. Schoch*, Vorläufiger Rechtsschutz, 1988, 1281; *E.-A. Timmler*, Maßstab und Rechtsnatur der Aussetzungsentscheidung nach § 80 Abs. 5 Satz 1 VwGO, 1993, 100.

370 *C. Külpmann*, in: Finkelnburg/Dombert/Külpmann Rn. 749; *W.-R. Schenke*, VerwArch 91 (2000), 587, 596; *Schmitt Glaeser/Horn* Rn. 268; *F. Schoch*, Vorläufiger Rechtsschutz, 1988, 1281 f.

371 Für Nichtigkeit: *G. Haurand/J. Vahle*, VR 1992, 117, 119; *J. Schmidt*, in: Eyermann § 80 Rn. 45; offenbar auch *E. Proksch*, BayVBl 1976, 6.

372 *C. Külpmann*, in: Finkelnburg/Dombert/Külpmann Rn. 749; *F. Schoch*, Vorläufiger Rechtsschutz, 1988, 1281 f.; *E.-A. Timmler*, Maßstab und Rechtsnatur der Aussetzungsentscheidung nach § 80 Abs. 5 Satz 1 VwGO, 1993, 99.

373 Dazu ausf. OVG Weimar ThürVBl 1994, 137, 139 mit zahlr. Nachw.; vgl. auch HmbOVG NJW 1978, 2167; OVG Lüneburg NJW 1969, 478; VGH Mannheim DVBl 1976, 948; 1 S 2554/11, BeckRS 2011, 55095; VGH München BayVBl 1982, 756, 757; BayVGH (n. F.) 33, 34, 37; NVwZ 1985, 663.

einer ausreichenden Begründung erneut ausspricht, setzt sie sich damit nicht zur vorangegangenen Entscheidung des Gerichts in Widerspruch. Der Beschluss des Gerichts und damit seine Bindungswirkung können nicht weiter gehen, als die Gründe, die ihn tragen.[374] Ist aus den Entscheidungsgründen ersichtlich, dass das Gericht seine Prüfung nicht auf die in § 80 Abs. 2 S. 1 Nr. 4 enthaltenen weiteren Voraussetzungen einer Anordnung der sofortigen Vollziehung erstreckt hat, ist die Behörde diesbezüglich auch nicht gebunden.[375] Erlässt die Behörde eine erneute Vollzugsanordnung mit ausreichender Begründung, entfällt die Wirkung des gerichtlichen Beschlusses. Der Betroffene muss ggf. mit einem weiteren Antrag nach § 80 Abs. 5 gegen die erneute Vollzugsanordnung vorgehen.[376]

bb) Fehlendes Vollzugsinteresse im zweiseitigen Rechtsverhältnis.[377] Nach § 80 Abs. 2 S. 1 **155** Nr. 4 Alt. 1 darf die sofortige Vollziehung nur angeordnet werden, wenn ein Interesse der Allgemeinheit am Sofortvollzug des Verwaltungsakts vorliegt, das das Aufschubinteresse des Betroffenen übersteigt. Die Aufgabe des Gerichts liegt zum einen darin, die Anordnung der sofortigen Vollziehung der Behörde zu überprüfen. Insoweit hat das Verfahren nach § 80 Abs. 5 Rechtsbehelfscharakter. Da das Gericht das Bestehen eines überwiegenden Vollzugsinteresses jedoch zum Zeitpunkt der gerichtlichen Entscheidung zu beurteilen hat (zum maßgeblichen Zeitpunkt für die gerichtliche Entscheidung → Rn. 162), prüft es nicht nur das Verwaltungshandeln nach, sondern muss eine *eigene Entscheidung über das Bestehen der Voraussetzungen* des § 80 Abs. 2 S. 1 Nr. 4 fällen.[378] Dabei darf sich das Gericht nicht auf bloße Vermutungen stützen, sondern muss hinreichend belastbare Feststellungen treffen.[379] Dem Gericht ist bei seiner Entscheidung *kein Ermessen* eingeräumt (→ Rn. 138). Kommt das Gericht – ggf. nach eigener Abwägung der beteiligten Vollzugs- und Aufschubinteressen – zu dem Ergebnis, dass ein überwiegendes Vollzugsinteresse nicht besteht, hat es zwingend die aufschiebende Wirkung des Rechtsbehelfs wiederherzustellen.

aaa) Berücksichtigung der Erfolgsaussichten in der Hauptsache. Str. ist, in welcher Weise das Gericht **156** die *Erfolgsaussichten des Rechtsbehelfs in der Hauptsache* zu berücksichtigen hat. Dass das Gericht auch den Ausgang der Hauptsache in den Blick nehmen muss, ergibt sich bereits daraus, dass das vorläufige Rechtsschutzverfahren letztlich den Rechtsschutz in der Hauptsache sichern soll. Nach der gesetzlichen Vorgabe in § 80 Abs. 2 S. 1 Nr. 4 Alt. 1 ist die Anordnung der sofortigen Vollziehung jedoch nur bei überwiegendem Vollzugsinteresse der Allgemeinheit zulässig. Das Gericht hat daher grds. zu prüfen, ob ein öffentliches Vollzugsinteresse besteht, sowie im Wege der Abwägung mit dem Aufschubinteresse des Betroffenen festzustellen, ob das Vollzugsinteresse überwiegt. Die Erkenntnisse des Gerichts über die Erfolgsaussichten in der Hauptsache können daher nicht unmittelbar Entscheidungsgrundlage sein, sondern höchstens als Gesichtspunkte für die Gewichtung und Abwägung der beteiligten Interessen dienen.[380]

Auch bei offensichtlicher Erfolglosigkeit des Rechtsbehelfs in der Hauptsache kann auf das Erfordernis **157** eines überwiegenden öffentlichen Vollzugsinteresses nicht verzichtet werden. Die behördliche Vollzugsanordnung stellt eine Ausnahme vom Regelfall des § 80 Abs. 1 dar. Ein Abweichen vom Regelfall darf nur unter den im Gesetz festgelegten Voraussetzungen erfolgen. Es kann daher nicht ausreichen, wenn das Gericht feststellt, dass der zugrunde liegende Verwaltungsakt rechtmäßig ist und der Rechtsbehelf voraussichtlich erfolglos bleiben wird, denn daraus folgt noch nicht automatisch das Bestehen

374 OVG Magdeburg DÖV 1994, 352; *E. Proksch,* BayVBl 1976, 6, 7; *W.-R. Schenke,* VerwArch 91 (2000), 587, 605; *Schmitt Glaeser/Horn* Rn. 281; a.M. OVG Brem NJW 1968, 1539, 1540; *C. Külpmann,* in: Finkelnburg/Dombert/Külpmann Rn. 1032 f.
375 OVG Koblenz VerwRspr 21, 877, 883; OVG Lüneburg NVwZ-RR 2001, 362; OVG Magdeburg DÖV 1994, 352; OVG Münster NJW 1986, 1894, 1895; OVG Schleswig NVwZ-RR 1992, 590, 591; NordÖR 2000, 372; VGH Kassel NJW 1983, 2404; VGH München NVwZ-RR 1997, 445, 446; *Hufen* § 32 Rn. 21; *Schmitt Glaeser/Horn* Rn. 281; *M. Terwiesche,* NWVBl 1996, 461, 466; a.M. OVG Brem NJW 1968, 1539, 1540; DVBl 1980, 420, 421 f.; DÖV 1980, 572 (Behörde kann Begründung nachholen und muss dann nach § 80 Abs. 7 eine Änderung des Gerichtsbeschlusses beantragen).
376 OVG Schleswig NVwZ-RR 1992, 590 f.; a.M. OVG Brem NJW 1968, 1539, 1540; DVBl 1980, 420, 421 f.; DÖV 1980, 572 (Wirkung des gerichtlichen Beschlusses kann nur durch das Gericht selbst aufgrund eines Antrages der Behörde nach § 80 Abs. 7 beseitigt werden).
377 Zum Verwaltungsakt mit Doppelwirkung → § 80 a Rn. 34.
378 OVG Koblenz NJW 2003, 3793, 3794; VGH Mannheim NJW 2012, 3321, 3322.
379 BVerfG (K) NVwZ 2005, 1053, 1055; VGH München NVwZ 2006, 227; NVwZ 2006, 1306, 1311.
380 OVG Schleswig NVwZ 1992, 687; vgl. auch OVG Lüneburg DVBl 1976, 81, 83; OVG Weimar NVwZ-Beilage I 11/2003, 90, 91; VGH München NVwZ-RR 1997, 445, 446.

eines öffentlichen Vollzugsinteresses, das das Aufschubinteresse des Betroffenen übersteigt.[381] Für eine sofortige Vollziehung stellt § 80 Abs. 2 S. 1 Nr. 4 gegenüber dem Regelfall des § 80 Abs. 1 eine zusätzliche Hürde in Form des überwiegenden Vollzugsinteresses auf. Wenn das Gericht bereits nach summarischer Prüfung der Sach- und Rechtslage eine offensichtliche Erfolglosigkeit des Rechtsbehelfs in der Hauptsache feststellt, hat es daher dennoch nach dem Bestehen eines überwiegenden Vollzugsinteresses zu fragen.[382] Liegt nach Auffassung des Gerichts ein solches Interesse nicht vor, ist der Regelfall des § 80 Abs. 1 durch Wiederherstellung der aufschiebenden Wirkung herbeizuführen.

158 *Bei offensichtlichem Erfolg in der Hauptsache oder bei ernstlichen Rechtmäßigkeitszweifeln* setzt sich ein öffentliches Vollzugsinteresse nur in Ausnahmefällen durch. Ist der Erfolg in der Hauptsache offensichtlich, hat das Gericht grds. den Sofortvollzug auszusetzen. An der sofortigen Vollziehung eines rechtswidrigen Verwaltungsakts, der im Hauptsacheverfahren aufgehoben werden wird, kann im Allgemeinen kein öffentliches Vollzugsinteresse bestehen.[383] Dies ergibt sich bereits aus Art. 19 Abs. 4 GG, wonach der Einzelne einen Anspruch darauf hat, gerichtlich wirksam vor rechtswidrigem Verwaltungshandeln geschützt zu werden (HmbOVG NJW 1981, 1750 [LS]). Nur in Ausnahmefällen kann auch bei einem als offensichtlich rechtswidrig erkanntem Verwaltungsakt ein öffentliches Interesse am Sofortvollzug bestehen, dann etwa, wenn der Verwaltungsakt nur aus formellen Gründen rechtswidrig ist und ein formell ordnungsmäßiger Verwaltungsakt mit identischem, rechtmäßigem Inhalt in angemessener Zeit erlassen wird (VGH München NVwZ 1988, 749). Auch wenn das Gericht *ernstliche Zweifel* am Obsiegen der Verwaltung in der Hauptsache hat, ist im Regelfall ein überwiegendes Vollzugsinteresse nicht anzunehmen. Insoweit enthält § 80 Abs. 4 S. 3 einen allgemeinen Rechtsgedanken.[384] „Ernstliche Zweifel" bestehen dann, wenn ein Erfolg des Rechtsbehelfs im Hauptsacheverfahren wahrscheinlicher ist als ein Misserfolg (→ Rn. 143). Grds. hat das Gericht bei ernstlichen Rechtmäßigkeitszweifeln den Sofortvollzug auszusetzen. In Ausnahmefällen ist es jedoch möglich, dass ein besonders gewichtiges öffentliches Vollzugsinteresse dennoch das Aussetzungsinteresse des Betroffenen überwiegt (→ Rn. 144).

159 *Bei offenem Ausgang der Hauptsache* ist stets eine Interessenabwägung erforderlich. Kann das Gericht i.R. der summarischen Prüfung keine überwiegende Wahrscheinlichkeit für einen Erfolg oder Misserfolg in der Hauptsache feststellen und ist weitere Aufklärung wegen der i.d.R. nur knappen Zeit und des vorläufigen Charakters des Verfahrens nach § 80 Abs. 5 nicht möglich, sind die Voraussetzungen des § 80 Abs. 2 S. 1 Nr. 4 durch eine sorgfältige Ermittlung und Abwägung der beteiligten Interessen zu klären.[385]

160 Da die Härteregelung in § 80 Abs. 4 S. 3 Alt. 2 eine Ausprägung des Verhältnismäßigkeitsgrundsatzes ist, gilt sie als allgemeiner Grundsatz auch in Fällen des § 80 Abs. 2 S. 1 Nr. 4. Somit ist die aufschiebende Wirkung unabhängig vom Ausgang der Hauptsache auch dann wiederherzustellen, wenn die Vollziehung eine *unbillige Härte* für den Betroffenen darstellte (VGH München DVBl 1992, 454, 456). Bei unbilliger Härte kann eine Vollziehung ausnahmsweise dennoch rechtmäßig sein. Dazu muss jedoch nicht nur das in § 80 Abs. 2 S. 1 Nr. 4 genannte überwiegende öffentliche Vollzugsinteresse bestehen; zusätzlich muss auch gerade diese Härte für den Betroffenen i.S.v. § 80 Abs. 4 S. 3 durch überwiegende öffentliche Interessen geboten sein.

---

381 BVerfG (K) NVwZ 1996, 58, 59 f.; OVG Lüneburg DVBl 1976, 81, 82; VGH Kassel DVBl 1985, 1184; VGH Mannheim VBlBW 1997, 390 ff.; DVBl 2010, 583, 584; *F. Schoch*, Vorläufiger Rechtsschutz, 1988, 1594 f.; einschränkend *C. Külpmann*, in: Finkelnburg/Dombert/Külpmann Rn. 975 ff. (Sofortvollzugsinteresse von ganz untergeordneten Gewicht reicht aus); a.M. BVerwG DVBl 1974, 566 (das bei erfolglosem Rechtsbehelf das Bestehen eines besonderen öffentlichen Interesses *regelmäßig* annimmt); VG Potsdam NVwZ-RR 2001, 402; *J. Schmidt*, in: Eyermann § 80 Rn. 74; vgl. auch *E.-A. Timmler*, Maßstab und Rechtsnatur der Aussetzungsentscheidung nach § 80 Abs. 5 Satz 1 VwGO, 1993, 137 ff.

382 OVG Lüneburg – 8 ME 24/14, BeckRS 2014, 49116; OVG Schleswig NVwZ 1992, 687; vgl. auch BVerwG NVwZ 1995, 587, 590; 1995, 595, 598; OVG Münster NVwZ 1984, 804 ff.; a.M. OVG Brem NVwZ 1986, 1038.

383 BVerwG NVwZ 1995, 587; 1995, 590; 1995, 595; OVG Brem ZBR 1991, 316, 317; HmbOVG NJW 1981, 1750 (LS); OVG Schleswig NVwZ 1992, 687; VGH Kassel NVwZ 1994, 717, 718; VGH München BayVBl 1977, 567, 568; 1997, 146, 147; vgl. auch BVerwG DVBl 1974, 566; OVG Weimar NVwZ-Beilage I 11/2003, 90, 91; *E.-A. Timmler*, Maßstab und Rechtsnatur der Aussetzungsentscheidung nach § 80 Abs. 5 Satz 1 VwGO, 1993, 137.

384 VGH München DVBl 1992, 454, 456; *F. Schoch*, Vorläufiger Rechtsschutz, 1988, 1591 ff. m.w.N.; vgl. auch *E.-A. Timmler*, Maßstab und Rechtsnatur der Aussetzungsentscheidung nach § 80 Abs. 5 Satz 1 VwGO, 1993, 142 ff. (Abwägungsrichtschnur).

385 HmbOVG – 1 Bs 87/10, BeckRS 2010, 50239; OVG Lüneburg NJW 2010, 2905, 2906; OVG Schleswig NVwZ 1992, 687, 688; VGH Mannheim DVBl 1997, 377, 378; VG Dresden NVwZ-RR 2003, 848, 849.

bbb) Bewertung und Abwägung der Interessen. Die Anordnung der sofortigen Vollziehung nach § 80 **161**
Abs. 2 S. 1 Nr. 4 Alt. 1 erfordert einzelfallbezogen ein *besonderes öffentliches Interesse* an der sofortigen Vollziehung des Verwaltungsakts, das über das regelmäßige Interesse am Erlass des zugrunde liegenden Verwaltungsakts hinausgeht und das Rechtsschutzinteresse des Betroffenen überwiegt (→ Rn. 84 ff.). Bei der Bewertung des Aufschubinteresses ist zu beachten, dass nach Art. 19 Abs. 4 GG der Rechtsschutzanspruch des Bürgers umso stärker ist, je schwerwiegender die ihm auferlegte Belastung ist und je mehr die Maßnahmen der Verwaltung Unabänderliches bewirken.[386] Auch der Zweck der gesetzlichen Regelung, auf der der zugrunde liegende Verwaltungsakt beruht, ist bei der Gewichtung der beteiligten Interessen zu berücksichtigen.[387] Hat die Verwaltung unter Missachtung der aufschiebenden Wirkung Tatsachen geschaffen, dürfen diese nicht zu ihren Gunsten gewertet werden (HmbOVG DVBl 1980, 486 f.).

5. Maßgeblicher Zeitpunkt für die Entscheidung. Z.T. wird ohne weitere Differenzierung vertreten, **162**
dass das Gericht bei seiner Entscheidung auf die Sach- und Rechtslage abzustellen habe, die im Zeitpunkt der gerichtlichen Eilentscheidung bestehe.[388] Es ist jedoch zu unterscheiden zwischen dem *Zeitpunkt, der für die Beurteilung der Erfolgsaussichten in der Hauptsache maßgeblich ist und dem Zeitpunkt, der für die Beurteilung der Eilbedürftigkeit* entscheidend ist. Da das vorläufige Rechtsschutzverfahren der Sicherung des Hauptsacherechtsschutzes dient, muss sich der maßgebliche Zeitpunkt für die Beurteilung des Hauptsacheerfolges im vorläufigen Rechtsschutzverfahren nach dem Hauptsacheverfahren richten.[389] Nach den dort geltenden Grundsätzen (→ § 113 Rn. 97 ff.) ist dies im Allgemeinen der Zeitpunkt der letzten Behördenentscheidung. Für die Bewertung der Vollzugs- und Aufschubinteressen i.R. des Sofortvollzuges hat das Gericht demgegenüber auch Umstände zu berücksichtigen, die erst nachträglich entstanden oder bekannt geworden sind. Hierfür ist somit im Verfahren nach § 80 Abs. 5 oder § 80 Abs. 7 die gerichtliche Eilentscheidung der maßgebliche Zeitpunkt.[390]

6. Aufhebung der Vollziehung (§ 80 Abs. 5 S. 3). Hat das Gericht die aufschiebende Wirkung ange- **163**
ordnet oder wiederhergestellt, kann die Rückgängigmachung in der Vergangenheit bereits durchgeführter Vollziehungshandlungen dadurch erreicht werden, dass das Gericht gemäß § 80 Abs. 5 S. 3 die Aufhebung der Vollziehung ganz oder teilweise anordnet (→ Rn. 48). Als Annexregelung zu § 80 Abs. 5 S. 1 kann das Verfahren nach S. 3 nicht isoliert durchgeführt werden, sondern setzt die Anordnung oder Wiederherstellung der aufschiebende Wirkung voraus.[391] Der Begriff der Vollziehung ist im oben (→ Rn. 36 ff.) dargestellten weiten Sinne zu verstehen. Aufhebung der Vollziehung meint daher die Rückgängigmachung der rechtlichen oder tatsächlichen Folgerungen unmittelbarer oder mittelbarer Art, die durch behördliches oder privates Handeln aus dem Verwaltungsakt gezogen wurden und auf die Verwirklichung des Inhalts des Verwaltungsakts gerichtet waren. Die Aufhebung der Vollziehung kann daher auch angeordnet werden, wenn Private von einer Erlaubnis Gebrauch gemacht haben oder der Verwaltungsakt nicht zwangsweise, sondern freiwillig vollzogen wurde.[392] Voraussetzung ist ein entsprechender, ggf. im Wege der Auslegung ermittelter (OVG Brem NVwZ 1991, 1194, 1195) Antrag.[393] Hat sich der Verwaltungsakt durch vollständigen Vollzug derart erledigt, dass das Regelungsobjekt weggefallen ist, bspw. durch Abriss eines Gebäudes, ist ein Antrag auf Aufhebung der Vollziehung wegen fehlender Aussetzungsbefugnis des Gerichts unzulässig.

§ 80 Abs. 5 S. 3 ermöglicht dem Antragsteller, im Verfahren nach § 80 Abs. 5 mit einem Antrag zu- **163a**
sätzlich zu dem auf Aufhebung oder Wiederherstellung der aufschiebenden Wirkung nach S. 1 auch die zwischen Erlass des Verwaltungsaktes und Eintritt der aufschiebenden Wirkung vorgenommene

---

386 BVerfGE 35, 382, 402; BVerfG (K) DVBl 1995, 1297; NVwZ 2007, 1302, 1304; OVG Schleswig NVwZ 1992, 687; VGH Mannheim DVBl 1997, 377, 378; NVwZ-RR 2005, 472, 474.
387 OVG Münster NVwZ-RR 1994, 223, 224; VGH Mannheim NJW 1991, 2366; NVwZ-RR 1993, 19.
388 OVG Lüneburg DVBl 1976, 81, 82; VGH München NVwZ 2006, 1430, 1433; E. Proksch, BayVBl 1976, 6.
389 OVG Brem – 1 B 89/09, BeckRS 2009, 39386; OVG Münster DVBl 2008, 1515, 1517; VGH Kassel ESVGH 36, 21, 22; VGH München BayVBl 1984, 182; 1985, 500; F. Schoch, Vorläufiger Rechtsschutz, 1988, 1655.
390 OVG Koblenz – 6 B 11013/10.OVG, 6 B 11013/10, BeckRS 2010, 56756; OVG Lüneburg NVwZ-RR 2008, 483, 484; OVG Münster – 18 B 331/09, BeckRS 2009, 37416; U. Mager, Der maßgebliche Zeitpunkt für die Beurteilung der Rechtswidrigkeit von Verwaltungsakten, 1994, 156 ff.; vgl. VGH Mannheim ESVGH 35, 278 f.; VGH München BayVBl 1972, 166.
391 F. Schoch, in: Schoch/Schneider/Bier § 80 Rn. 341.
392 VGH München NVwZ-RR 1990, 328, 329; Kopp/Schenke § 80 Rn. 179.
393 M. Funke-Kaiser, in: Bader § 80 Rn. 114; vgl. BVerwG NVwZ 1995, 590, 595.

Vollzugsmaßnahmen aufheben zu lassen, ohne einen ansonsten erforderlichen weiteren Antrag nach § 123 stellen zu müssen. Neben dieser verfahrensrechtlichen Funktion enthält § 80 Abs. 5 S. 3 wie § 80 a Abs. 3 i.V.m. § 80 a Abs. 1 Nr. 2, 2. Alt. (aber im Gegensatz zu § 113 Abs. 1 S. 2) zugleich die Rechtsgrundlage für die gerichtliche Aufhebungsentscheidung. Da die gerichtliche Entscheidung über die Aufhebung oder Wiederherstellung der aufschiebenden Wirkung grds. ex tunc, d.h. auf den Zeitpunkt des Erlasses des Verwaltungsakts zurück wirkt, entfällt rückwirkend auch die Rechtsgrundlage für bereits getroffene Vollzugsmaßnahmen (OVG Brem NVwZ-RR 2006, 692, 693; → Rn. 48, 169). Für den Zeitraum bis zur Hauptsacheentscheidung besitzt der Betroffene daher einen Vollzugsbeseitigungsanspruch (OVG Brem a.a.O.). Dabei handelt es sich um einen besonderen Anspruch im vorläufigen Rechtsschutzverfahren zur Sicherung des status quo. Ein Rückgriff auf den allgemeinen Folgenbeseitigungsanspruch i.V.m. dem für das Hauptsacheverfahren anzuwendende materielle Recht ist daher nicht angebracht.[394] § 80 Abs. 5 S. 3 differenziert nicht nach der Art der Vollstreckungsmaßnahme. Das Gericht kann daher nicht nur die Aufhebung von Realakten, sondern auch von Verwaltungsakten anordnen.[395] Wegen des Zwecks des vorläufigen Rechtsschutzes, nur eine Zwischenregelung bis zur Hauptsacheentscheidung zu treffen, soll die Aufhebung der Vollziehung allerdings grds. *nur eine vorläufige Regelung* darstellen. Nur in Ausnahmefällen, wenn es zur Gewährung effektiven Rechtsschutzes unabdingbar ist, kann im Wege der Aufhebung der Vollziehung auch eine Maßnahme angeordnet werden, die nur schwer rückgängig zu machen ist oder die Hauptsache vorwegnimmt (VGH Kassel NVwZ-RR 1993, 389, 390; VGH Mannheim NVwZ-RR 2007, 419, 421).

164   **7. Entscheidung des Gerichts bei faktischer Vollziehung.**   Vollzieht die Behörde einen Verwaltungsakt, obwohl aufschiebende Wirkung eingetreten ist, liegt ein Fall der faktischen Vollziehung vor. Dabei ist nur von Bedeutung, dass *es im Zeitpunkt der Vollziehung an der Vollziehbarkeit des Verwaltungsakts mangelt.* Unerheblich ist, ob der Verwaltungsakt in der Vergangenheit einmal vollziehbar war und die Vollziehbarkeit durch eine Aussetzungsentscheidung später weggefallen ist, oder ob der Verwaltungsakt nie sofortige Vollziehbarkeit besaß (VGH München DVBl 1982, 1012, 1014; → Rn. 50). Um einen Fall der faktischen Vollziehung handelt es sich auch, wenn zwischen Betroffenem und Behörde Uneinigkeit hinsichtlich der zulässigen Einlegung eines die aufschiebenden Wirkung auslösenden Rechtsbehelfs[396] oder der Reichweite einer grds. anerkannten aufschiebenden Wirkung eines Rechtsbehelfs bzw. der Aussetzungsentscheidung der Behörde besteht.[397] Str. ist, ob vorläufiger Rechtsschutz gegen die faktische Vollziehung nach § 80 Abs. 5 analog oder § 123 zu gewähren ist. Ursache der Meinungsverschiedenheit ist die Frage, auf welche Weise der Antragsteller zu einem Vollstreckungstitel kommt. Denn wenn die Behörde die faktische Vollziehung nicht freiwillig aufhebt, ist ein Vollstreckungstitel erforderlich. Vertreter der Meinung, dass Beschlüsse nach § 80 Abs. 5 nicht Entscheidungen nach § 168 Abs. 1 gleichgestellt werden könnten und daher keine Vollstreckungstitel seien, befürworten daher z.T. den Weg über § 123.[398] Nach der Gesetzessystematik ist jedoch allein der vorläufige Rechtsschutz nach § 80 Abs. 5 für den Bereich der Anfechtungsklage vorgesehen. § 123 Abs. 5 a.F., der die einstweilige Anordnung gegenüber der „Vollziehung des angefochtenen Verwaltungsaktes" als vorläufiges Rechtsschutzmittel ausschloss, machte das besonders deutlich.[399] Außerdem könnte die Behörde durch ihr Verhalten die Form des vorläufigen Rechtsschutzes steuern. Bei faktischer Vollziehung müsste der Weg über § 123 beschritten werden, der den Antragsteller u. U. Schadensersatzansprüchen nach § 945 ZPO aussetzt, bei Anordnung der sofortigen Vollziehung und darauffolgendem Vollzug der Weg über § 80 Abs. 5 ohne Haftungsrisiko. Daher ist der Meinung zu folgen, dass *in entsprechender Anwendung des § 80 Abs. 5 S. 1* das Gericht die aufschiebende Wirkung von Wider-

394   F. *Schoch*, in: Schoch/Schneider/Bier § 80 Rn. 343; M. *Funke-Kaiser*, in: Bader § 80 Rn. 115; i.d.S. aber mit auf den Wortlaut der Normen gestützter Begründung auch H. *Gersdorf*, in: Posser/Wolff, BeckOK VwGO § 80 Rn. 155; a.M. OVG Münster NVwZ-RR 2007, 492, 493; VGH Mannheim – 13 S 195/05, BeckRS 2005, 27098; *Kopp/Schenke* § 80 Rn. 176; C. *Külpmann*, in: Finkelnburg/Dombert/Külpmann Rn. 1017.
395   OVG Bautzen NVwZ-RR 2007, 68 f. (Pfändungs- und Einziehungsverfügung).
396   VGH Mannheim – 6 S 346/16, BeckRS 2016, 56103 Rn. 3 (Streit um fristgerechte Widerspruchseinlegung).
397   BVerwG NVwZ 2012, 1126, 1127; HmbOVG – 5 Es 1/11.P, 5 Es 1/11, BeckRS 2011, 52412.
398   VGH Kassel ESVGH 26, 237, 241; L. *Renck*, BayVBl 1994, 161, 166; J. *Schmidt*, in: Eyermann § 80 Rn. 110; s.a. BVerwG VBlBW 1981, 114; VGH München DVBl 1992, 452, 453.
399   H.-J. *Papier*, VerwArch 64 (1973), 399, 403; vgl. auch OVG Münster DÖV 1970, 685.

spruch bzw. Klage feststellen kann.[400] Da eine solche Feststellung nicht vollstreckbar ist, kann das Gericht – falls bereits Vollzugsmaßnahmen getroffen wurden – auf Antrag *gem. § 80 Abs. 5 S. 3 analog* die Behörde zur Unterlassung der weiteren Vollziehung verpflichten und die Beseitigung bereits erfolgter Maßnahmen anordnen.[401] Entscheidungen nach § 80 Abs. 5 S. 3 sind allerdings nur sinnvoll, wenn diese dann vollstreckbar sind.[402] Ansonsten müsste bei Nichtbefolgen der Aufhebungsentscheidung der Betroffene noch zusätzlich den Umweg über § 123 einschlagen. Da Beschlüsse auf Aufhebung der (faktischen) Vollziehung nach § 80 Abs. 5 S. 3 analog einen vollstreckbaren Inhalt haben und der Rechtskraft fähig sind, sind sie gem. § 168 Abs. 1 Nr. 1 vollstreckbar (→ Rn. 173).[403] Zu den Besonderheiten einer faktischen Vollziehung bei *Verwaltungsakten mit Doppelwirkung* → § 80 a Rn. 36. Bei seiner Entscheidung kann sich das Gericht nicht auf eine summarische Prüfung oder Interessenabwägung beschränken, denn es geht hier nicht – wie bei der Gewährung vorläufigen Rechtsschutzes nach § 80 Abs. 5 S. 1 – um eine Eilentscheidung über die Risikotragung bis zur Hauptsache, sondern um die Frage, ob ein Rechtsbehelf aufschiebende Wirkung hatte. Diese Frage muss das Gericht abschließend und vollständig klären.[404]

8. Form und Inhalt der gerichtlichen Entscheidung. Das Gericht der Hauptsache entscheidet durch *Beschluss*,[405] der nach § 122 Abs. 2 S. 2 stets einer *Begründung* bedarf und zuzustellen ist. In besonderen Eilfällen kann der schriftlich festgehaltene Tenor vorab auf telefonischem Wege den Beteiligten bekannt gegeben werden (VG Wiesbaden NVwZ 1988, 90, 91; vgl. auch VGH Mannheim VBlBW 1984, 374; VBlBW 1992, 344). Da das Verfahren nach § 80 Abs. 5 ein eigenständiges Rechtsschutzverfahren zur Anordnung oder Wiederherstellung der aufschiebenden Wirkung eines Rechtsbehelfs darstellt, ist eine Fortführung des Eilverfahrens als Hauptsacheverfahren in der VwGO nicht vorgesehen (VGH Kassel NVwZ 2013, 576). 165

Eine *mündliche Verhandlung* ist nicht erforderlich (§ 101 Abs. 3). Das Gericht entscheidet unter Berücksichtigung der Dringlichkeit des Antrages im Einzelfall, ob es eine mündliche Verhandlung für zweckmäßig hält. Wenn keine Verzögerung bei der Gewährung vorläufigen Rechtsschutzes zu befürchten ist, kann über Hauptsacheverfahren und Verfahren nach § 80 Abs. 5 gemeinsam mündlich verhandelt werden.[406] In bestimmten vorläufigen Rechtsschutzverfahren nach dem AsylG soll die Entscheidung allerdings im schriftlichen Verfahren ergehen (§§ 18 a Abs. 4 S. 5, 36 Abs. 3 S. 4, 71 Abs. 4, 71 a Abs. 4 AsylG). Grds. besteht auch im Verfahren nach § 80 Abs. 5 die Pflicht aus Art. 103 Abs. 1 GG, vor einer Entscheidung alle Beteiligten anzuhören. Dabei genügt es im Regelfall, wenn sich alle Beteiligten einmal zur Sache äußern können (VGH München NVwZ-RR 2007, 371). Die *Anhörungspflicht* kann nur entfallen, wenn der Schutz gewichtiger Interessen der Beteiligten eine sofortige Entscheidung gebietet.[407] Die Anhörung ist dann so bald wie möglich nachzuholen und daraufhin ggf. der Beschluss nach § 80 Abs. 7 zu ändern (BVerfG BayVBl 1986, 45, 46). Um eine Anhörung auch bei besonderer Eilbedürftigkeit des Antrages zu gewährleisten, sind alle verfügbaren technischen Möglichkeiten auszunutzen. 166

In Ausnahmefällen kann das Gericht (ggf. nach § 80 Abs. 8 der Vorsitzende) auf Antrag oder von Amts wegen auch einen *„Hängebeschluss"* (Zwischenentscheidung, Schiebeverfügung) erlassen. Damit wird die Vollziehung eines Verwaltungsakts vorläufig bis zur endgültigen Entscheidung über den Antrag nach § 80 Abs. 5 ausgesetzt. Ein solcher Beschluss, der sich unmittelbar auf Art. 19 Abs. 4 GG stützen kann, kommt nur bei Rechtsschutzbegehren in Betracht, die nicht von vornherein völlig aussichtslos oder offensichtlich rechtsmissbräuchlich erscheinen und bei denen effektiver Rechtsschutz 167

---

400 BVerwG NVwZ 2013, 85; HmbOVG NVwZ-RR 2011, 854; OVG Münster NVwZ-RR 2000, 121 f.; VGH Mannheim NVwZ-RR 1991, 176 f.; NVwZ-RR 2006, 816; NVwZ-RR 2007, 296; NVwZ-RR 2010, 463; 6 S 346/16, BeckRS 2016, 56103 Rn. 2; VGH München BayVBl 1997, 342, 343; NJW 2006, 2282; *S. Kirste,* DÖV 2001, 397, 400 f.; *C. Külpmann,* in: Finkelnburg/Dombert/Külpmann Rn. 1045 ff.; *Schenke* § 25 Rn. 1015; *Schmitt Glaeser/Horn* Rn. 284; *F. Schoch,* BayVBl 1983, 358, 364.
401 VGH Mannheim – 6 S 346/16, BeckRS 2016, 56103 Rn. 2; *Schenke* § 25 Rn. 1016.
402 VGH München DVBl 1982, 1012, 1014; *Pietzner/Ronellenfitsch* § 56 Rn. 1596; *W.-R. Schenke,* DVBl 1986, 9, 13 f.
403 *C. Külpmann,* in: Finkelnburg/Dombert/Külpmann Rn. 1014, 1055; *Schenke* § 25 Rn. 1016.
404 VGH Mannheim – 6 S 346/16, BeckRS 2016, 56103 Rn. 4.
405 Zur Tenorierung *T. I. Schmidt,* JA 2002, 885 ff.; s.a. *M. Kment,* JuS 2005, 608 f.
406 *C. Külpmann,* in: Finkelnburg/Dombert/Külpmann Rn. 909.
407 Vgl. BVerfGE 65, 227, 233 ff.; *C. Külpmann,* in: Finkelnburg/Dombert/Külpmann Rn. 911.

nicht anders gewährt werden kann.[408] Da das Betreiben eines Verfahrens nach § 80 Abs. 5 allein noch keine aufschiebende Wirkung entfaltet, braucht die Behörde vor der Durchführung von Vollziehungsmaßnahmen grds. den Ausgang des gerichtlichen Verfahrens nicht abzuwarten.[409] Steht im konkreten Einzelfall die Gefahr der Vollziehung des Verwaltungsakts unmittelbar bevor, benötigt das Gericht wegen des Umfangs oder der Schwierigkeiten des Falles jedoch zu seiner Entscheidung nach § 80 Abs. 5 noch Zeit, können mit einem Hängebeschluss unangemessene Ergebnisse vermieden werden (HmbOVG DÖV 1988, 887; OVG Saarlouis NVwZ-RR 1993, 391). Das Gericht darf sich mithilfe einer Zwischenentscheidung jedoch nicht lediglich allgemein weitergehende zeitliche Dispositionsmöglichkeiten verschaffen wollen (OVG Saarlouis – 2 B 7/13, 5 L 15/13, BeckRS 2013, 45989).

168   Das Gericht hat beim „Wie" der Aussetzungsentscheidung ein gewisses Gestaltungsermessen. So kann es die aufschiebende Wirkung ganz oder teilweise anordnen bzw. wiederherstellen (§ 80 Abs. 5 S. 1). Eine solche teilweise Anordnung oder Wiederherstellung setzt jedoch eine Teilbarkeit der Gesamtregelung voraus; der von der Anordnung oder Wiederherstellung der aufschiebenden Wirkung betroffene Teil muss ein bloßes Minus zur Gesamtregelung darstellen (OVG Bln NVwZ 2003, 1524). Nach § 80 Abs. 5 S. 4 kann das Gericht eine Sicherheitsleistung,[410] Auflagen[411] sowie eine Befristung (§ 80 Abs. 5 S. 5)[412] anordnen. Eine stattgebende Entscheidung unter einer – aufschiebenden oder auflösenden – Bedingung ist jedoch nicht zulässig. § 80 Abs. 5 sieht Bedingungen zu Recht nicht vor, da sie Klarheit und Rechtssicherheit beeinträchtigen würden und dem Prozessrecht fremd sind.[413] Über den Wortlaut hinaus gilt § 80 Abs. 5 S. 4 nicht nur für die Wiederherstellung, sondern auch für die Anordnung der aufschiebenden Wirkung.[414] § 80 Abs. 5 S. 4 enthält nur eine Regelung für den Fall, dass dem Antrag entsprochen wird. In der Praxis werden Auflagen allerdings nicht nur bei einem erfolgreichen Eilantrag zulasten des Antragstellers, sondern auch bei einer ablehnenden Entscheidung zulasten des Antragsgegners oder bei Verwaltungsakten mit Doppelwirkung zulasten des begünstigten Dritten in analoger Anwendung von § 80 Abs. 5 S. 4 angeordnet.[415] Diese Praxis ist jedoch abzulehnen. Ihr steht der eindeutige Wortlaut des § 80 Abs. 5 S. 4 entgegen. Eine Analogie verbietet sich, weil die Regelung nicht auf einen vergleichbaren, sondern auf den gerade gegenteiligen Fall (auf die Ablehnung des Eilantrags statt der im Gesetz vorgesehenen stattgebenden Entscheidung) angewendet werden soll. Außerdem würde dabei das Gericht, ohne dazu (ausnahmsweise) gesetzlich ermächtigt zu sein, in die Rolle der Verwaltung schlüpfen. Es ist Aufgabe der Rspr., über die Risikotragung bis zur Entscheidung in der Hauptsache unter Anwendung rechtlicher Maßstäbe zu entscheiden, nicht aber zur Aufrechterhaltung des Sofortvollzugs Mängel der behördlichen Entscheidung durch Auflagen zulasten der Behörde nachzubessern.[416] Da § 80a Abs. 3 S. 1 i.V.m. Abs. 1 Nr. 2 die Rechtsposition des begünstigten Dritten abschließend regelt, verbieten sich bei Verwaltungsakten mit Doppelwirkung auch Auflagen zulasten des begünstigten Dritten.[417]

169   **9. Wirkung der gerichtlichen Entscheidung.** Mit der gerichtlichen Entscheidung, die sofortige Vollziehung anzuordnen oder wiederherzustellen, wird der Zustand herbeigeführt, der – wäre der Verwaltungsakt nicht sofort vollziehbar gewesen – durch die Einlegung des Rechtsbehelfs nach § 80 Abs. 1 eingetreten wäre. Der Beschluss des Gerichts wirkt daher grds. auf den Zeitpunkt des Erlasses des an-

---

408   BVerfG (K) NVwZ 2014, 363 f.; OVG Greifswald NVwZ-RR 2017, 904 f.; VGH Mannheim NVwZ-RR 2017, 951; zu den Voraussetzungen im Einzelnen A. Guckelberger, NVwZ 2001, 275, 277 f.; C. Külpmann, in: Finkelnburg/ Dombert/Külpmann Rn. 918 a; T. Mann, NWVBl 2017, 60, 63 f.; s.a. OVG Saarlouis – 2 B 201/14, BeckRS 2014, 50240 (zum baurechtlichen Nachbarstreit).

409   HmbOVG InfAuslR 1998, 225, 226; J. Raabe, ZRP 2004, 108, 110; zu den Folgeproblemen bei freiwilligem Absehen der Behörde von Beitreibungsmaßnahmen in Abgabesachen G. Franz, NVwZ 2005, 747 ff.; a.M. F. Ekardt/ K. Beckmann, VR 2006, 337 ff.

410   Dabei darf es nicht zu einer Übersicherung kommen, OVG Bln NVwZ-RR 2005, 761, 762.

411   Z.B. OVG Koblenz – 6 B 10500/16.OVG, BeckRS 2016, 49936 Rn. 43 ff.; OVG Saarlouis NVwZ-RR 2009, 282; VGH Mannheim NVwZ-RR 2005, 472 ff.

412   OVG Bln DVBl 2007, 1123 (nur LS).

413   OVG Lüneburg NJW 1978, 2523, 2524; M. Funke-Kaiser, in: Bader § 80 Rn. 111.

414   Kopp/Schenke § 80 Rn. 169.

415   Z.B. OVG Lüneburg DVBl 1975, 190, 197; NJW 1978, 2523, 2524; VGH Mannheim NJW 1987, 1717, 1719; VGH München DVBl 2017, 1510, 1515; so auch Kopp/Schenke § 80 Rn. C. Külpmann, in: Finkelnburg/Dombert/ Külpmann Rn. 1004; J. Schmidt, in: Eyermann § 80 Rn. 90.

416   M. Funke-Kaiser, in: Bader § 80 Rn. 105; F. Schoch, in: Schoch/Schneider/Bier § 80 Rn. 438.

417   F. Schoch, in: Schoch/Schneider/Bier § 80 Rn. 438; i.d.S. auch M. Funke-Kaiser, in: Bader § 80 Rn. 105.

gefochtenen Verwaltungsakts zurück.[418] In seiner Entscheidung kann das Gericht allerdings die Rückwirkung einschränken oder sogar die Wirkungen des Beschlusses erst ex nunc eintreten lassen.[419] Dies kann etwa dann in Betracht kommen, wenn der Betroffene den nicht fristgebundenen Antrag nach § 80 Abs. 5 erst längere Zeit nach Rechtsbehelfseinlegung gestellt und dadurch dazu beigetragen hat, dass es zu belastenden Folgen für den Betroffenen, bspw. zu Säumniszuschlägen bei der Anforderung von Abgaben, gekommen ist. Hier hat das Gericht unter Berücksichtigung der Interessen der Beteiligten zu prüfen, inwieweit seiner Entscheidung Rückwirkung zukommen soll (vgl. BVerwG NVwZ 2016, 1333, 1334; VGH München NVwZ 1987, 63 f.).

Bewirkt die gerichtliche Entscheidung die aufschiebende Wirkung des Rechtsmittels, sind für die Zeit der aufschiebenden Wirkung *keine Verzugszinsen, Mahngebühren* oder *Säumniszuschläge* zu entrichten, da für den Belasteten in dieser Zeit keine Zahlungspflicht besteht.[420] Grds. erstreckt sich die Rückwirkung der gerichtlichen Entscheidung auch auf bereits *vor* Eintritt der aufschiebenden Wirkung eingetretene Säumnisfolgen, es sei denn, das Gericht hätte die Rückwirkung seiner Entscheidung eingeschränkt.[421] Bereits vor Erlass des Beschlusses verwirkte Säumniszuschläge entfallen daher rückwirkend wieder, wenn das Gericht im Tenor oder in den tragenden Gründen seiner Entscheidung keine andere Anordnung getroffen hat.[422] Der Gesetzgeber kann allerdings Ausnahmen anordnen und die Folgen der aufschiebenden Wirkung einschränken, etwa die Zahlung von Aussetzungszinsen auch für die Dauer der aufschiebenden Wirkung vorsehen.[423] 170

Die gerichtliche Entscheidung erwächst gem. § 121 analog in materielle Rechtskraft und *bindet die Beteiligten.* Bei Erfolg eines Antrages nach § 80 Abs. 5 darf die Verwaltung aufgrund der Bindungswirkung des gerichtlichen Beschlusses keine zum Nachteil des Betroffenen abweichende Entscheidung mehr treffen. Die Behörde kann allerdings eine Anordnung der sofortigen Vollziehung i.R. ihres pflichtgemäßen Ermessens grds. jederzeit wieder aufheben oder beschränken, auch wenn diese durch einen gerichtlichen Beschluss bestätigt worden ist. Dies gilt allerdings uneingeschränkt nur bei zweiseitigen Rechtsverhältnissen. Bei Verwaltungsakten mit Doppelwirkung hingegen hat die Aufhebung einer Anordnung der sofortigen Vollziehung zugunsten eines Beteiligten zugleich eine negative Auswirkung zulasten des anderen Beteiligten (→ § 80 a Rn. 10). Der Umfang der Bindungswirkung ergibt sich aus dem Tenor und den tragenden Gründen des Beschlusses (→ Rn. 154). Die Behörde darf die gerichtliche Entscheidung nicht dadurch umgehen, dass sie den bisherigen Verwaltungsakt aufhebt, durch einen neuen, jedoch inhaltsgleichen ersetzt und diesen dann für sofort vollziehbar erklärt.[424] Dies gilt auch, wenn sich die Sach- oder Rechtslage seit der gerichtlichen Entscheidung geändert hat. Für diesen Fall bestimmt § 80 Abs. 7 den Vorrang der gerichtlichen Entscheidungszuständigkeit. Bei geänderter Sach- und Rechtslage ist es der Behörde daher nicht nur verwehrt, den Sofortvollzug ihres ursprünglichen Verwaltungsakts (erneut) anzuordnen. Sie darf auch nicht unter Aufhebung des früheren Verwaltungsakts einen neuen, im Wesentlichen inhaltsgleichen Verwaltungsakt erlassen und ihn mit einer Anordnung der sofortigen Vollziehung verbinden. In diesen Fällen muss die Behörde vielmehr ein Abänderungsverfahren nach § 80 Abs. 7 S. 2 einleiten.[425] Missachtet die Behörde die gericht- 171

---

418 BVerwG NVwZ 2016, 1333, 1334; OVG Bautzen NVwZ-RR 2007, 54, 55; OVG Brem NVwZ-RR 2006, 692 f.; OVG Greifswald NVwZ-RR 2017, 123, 124; OVG Lüneburg NVwZ 1990, 270, 271; VGH München NVwZ 1987, 63.

419 BVerwG NVwZ 2016, 1333, 1334; OVG Lüneburg NVwZ 1990, 270, 271; VGH München NVwZ 1987, 63.

420 OVG Lüneburg NVwZ 1990, 270, 271; vgl. auch BFH NJW 1979, 832 (LS); VGH München BayVBl 1990, 757, 758.

421 OVG Bautzen NVwZ-RR 2007, 54, 55; OVG Lüneburg NVwZ 1990, 270, 271 f. (unter ausdrücklicher Aufgabe von NVwZ 1987, 65); vgl. auch BFH BStBl II 1987, 389, 391; C. *Wüterich,* NVwZ 1987, 959; a.M. VGH München BayVBl 1990, 757, 758; OVG Greifswald NVwZ-RR 2004, 212, 213 (bei einer Abgabe i.S.v. § 80 Abs. 2 S. 1 Nr. 1 aus Billigkeitsgründen Rückwirkung nur bis zur Stellung des vorläufigen Rechtsschutzantrages bei Gericht).

422 OVG Lüneburg NVwZ 1990, 270, 271; s.a. BVerwG NVwZ 2016, 1333, 1334.

423 Zur durch Landesrecht angeordneten entsprechenden Anwendung von § 237 AO BVerwG NVwZ 1984, 435 f.; OVG Lüneburg NVwZ 1984, 246 f.

424 VGH München BayVBl 1985, 52; OVG Brem NVwZ 1991, 1194, 1195; OVG Koblenz NVwZ-RR 2011, 671; OVG Lüneburg NVwZ-RR 2012, 385 f.; OVG Münster – 13 B 659/10, BeckRS 2010, 56461; a.M. VGH Mannheim NVwZ 1991, 1000; *J. Schmidt,* in: Eyermann § 80 Rn. 99.

425 OVG Lüneburg NVwZ-RR 2012, 385 f.; VGH Kassel NVwZ-RR 2007, 822 f.; vgl. auch OVG Lüneburg NVwZ-RR 2001, 362 (Zulässigkeit des Erlasses eines inhaltlich *geänderten* Verwaltungsakts und Anordnung der sofortigen Vollziehung); a.M. OVG Koblenz NVwZ-RR 2011, 671 (Verbot des Erlasses eines inhaltsgleichen Verwaltungsakts mit Anordnung der sofortigen Vollziehung nur bei missbräuchlicher Umgehung der gerichtlichen Entscheidung).

liche Entscheidung und vollzieht den Verwaltungsakt (faktische Vollziehung), kann das Gericht auf Antrag in analoger Anwendung des § 80 Abs. 5 S. 3 die weitere Vollziehung untersagen und die Aufhebung bereits ergriffener Vollzugsmaßnahmen anordnen (→ Rn. 164).[426]

172   Der Beschluss des Gerichts entfaltet *Wirksamkeit grds. bis zur Unanfechtbarkeit des Verwaltungsakts bzw. bis zur rechtskräftigen Entscheidung in der Hauptsache.*[427] Wird allerdings *die Anfechtungsklage in der ersten Instanz abgewiesen*, verliert der Beschluss nach dem durch das 6. VwGOÄndG eingefügten § 80 b vorzeitig seine Wirksamkeit. Die Wirkung endet dann bereits *drei Monate nach Ablauf der gesetzlichen Rechtsmittelbegründungsfrist* (§ 80 b Abs. 1 S. 1 und 2; zur Berechnung der Frist → § 80 b Rn. 9 ff.). Mit Eintritt von Unanfechtbarkeit oder Rechtskraft in der Hauptsache sowie mit Ablauf der in § 80 b Abs. 1 S. 1 genannten Frist wird der Beschluss nach § 80 Abs. 5 gegenstandslos. Er muss somit nicht förmlich aufgehoben werden.

173   Der Beschluss des Gerichts ist eine der Rechtskraft fähige, gerichtliche Entscheidung. Er kann daher nach § 168 Abs. 1 Nr. 1 *Vollstreckungstitel* sein, soweit der Beschluss einen vollstreckungsfähigen Inhalt hat. Das ist insbes. bei Beschlüssen auf Aufhebung der Vollziehung nach § 80 Abs. 5 S. 3 der Fall[428] (zur analogen Anwendung von § 80 Abs. 5 S. 3 bei der faktischen Vollziehung → Rn. 164).

174   **10. Kostenentscheidung und Streitwert.**   Das Verfahren nach § 80 Abs. 5 ist ein selbständiges Rechtsschutzverfahren. Das Gericht hat daher auch eine *eigene Kostenentscheidung* nach §§ 154 ff. zu treffen und den *Streitwert festzusetzen.*[429] Bei einer Entscheidung in dringenden Fällen nach § 80 Abs. 8 hat *auch der Vorsitzende* über die Kosten und die Streitwertfestsetzung zu entscheiden. Der Streitwert gem. § 53 Abs. 2 Nr. 2, § 52 Abs. 1 GKG bestimmt sich nach der Bedeutung der Sache für den Antragsteller, soweit nichts anderes bestimmt ist.[430] Kann die Bedeutung im Einzelfall nicht beziffert werden, ist der Auffangwert des § 52 Abs. 2 GKG maßgebend. Ziff. 1.5 des Streitwertkatalogs für die Verwaltungsgerichtsbarkeit 2013 (abgedruckt in NVwZ Beilage 2/2013, 57 ff.) empfiehlt, in Verfahren des vorläufigen Rechtsschutzes i.d.R. die Hälfte, in den Fällen des § 80 Abs. 2 S. 1 Nr. 1 und bei sonstigen auf bezifferte Geldleistungen gerichteten Verwaltungsakten ein Viertel des für das Hauptsacheverfahren maßgeblichen Streitwertes festzusetzen, und übernimmt dabei die Regelung des Streitwertkatalogs 2004 (abgedruckt in DVBl 2004, 1525 ff.).[431] Teilweise wird befürwortet, wie bei Entscheidungen nach § 123 (→ § 123 Rn. 121) den Streitwert bis zur Höhe des für das Hauptsacheverfahren anzunehmenden Streitwerts anzuheben, wenn die Entscheidung die Hauptsache ganz oder z.T. vorwegnimmt.[432] Eine Vorwegnahme ist im Verfahren nach § 80 Abs. 5 – im Gegensatz zum Verfahren nach § 123 - allerdings nur in Ausnahmefällen denkbar. Da nur über einen Aufschub eines belastenden Verwaltungsakts bis zur Hauptsache, nicht aber über seinen rechtlichen Bestand entschieden wird,[433] kommt eine Vorwegnahme der Hauptsache und damit eine Streitwertanhebung nur in Betracht, wenn die belastende Wirkung des Verwaltungsakts befristet ist und die aufschiebende Wirkung gerade den Zeitraum der Belastung abdeckt.[434] Für einen *Hängebeschluss* (→ Rn. 167) ist keine gesonderte Kostenentscheidung zu treffen. Die durch dieses Verfahren entstehenden Kosten einschließlich des Be-

---

426   C. *Külpmann*, in: Finkelnburg/Dombert/Külpmann Rn. 1014.

427   OVG Weimar NVwZ-RR 1999, 698; VGH Mannheim DÖV 1970, 684; vgl. auch OVG Brem NJW 1968, 1539; 1973, 341.

428   VGH München DVBl 1982, 1012, 1014 (allerdings für eine analoge Anwendung von § 168 Abs. 1 Nr. 1 und Nr. 2); *Kopp/Schenke* § 80 Rn. 205; C. *Külpmann*, in: Finkelnburg/Dombert/Külpmann Rn. 1014; F. *Schoch*, in: Schoch/Schneider/Bier § 80 Rn. 540 f.; a.M. OVG Koblenz NJW 1965, 881, 882; OVG Lüneburg OVGE 30, 365 ff.

429   HmbOVG DVBl 1966, 282; NJW 1968, 174 f.; OVG Lüneburg NJW 1968, 174; OVG Münster OVGE 25, 111, 112; VGH Kassel ESVGH 15, 94 f.

430   Z.B. OVG Lüneburg NVwZ-RR 2009, 406; VGH Kassel NVwZ-RR 2015, 920; VGH Mannheim NVwZ-RR 2008, 430.

431   Halber Hauptsachestreitwert z.B. OVG Weimar NVwZ-RR 2017, 432; OVG Münster NVwZ-RR 2015, 319; VGH Kassel NVwZ-RR 2015, 920; VGH Mannheim NVwZ-RR 2014, 703, 704; VGH München NVwZ-RR 2011, 422 f.; anders VGH Mannheim NVwZ-RR 2006, 420, 422 (1/4 des Hauptsachestreitwerts in Abgabesachen); VG Frankfurt a. M. NVwZ 2000, 1324 (1/10 des hälftigen Streitwerts bei Wegfall einer mit der Anordnung des Sofortvollzuges verbundenen Bedingung).

432   OVG Lüneburg NVwZ-RR 2008, 143; VGH Mannheim DVBl 2009, 536 (nur LS); NVwZ-RR 2010, 335, 336; C. *Külpmann*, in: Finkelnburg/Dombert/Külpmann Rn. 1107.

433   OVG Bautzen NVwZ-RR 2006, 851; i.E. auch OVG Lüneburg NVwZ-RR 2006, 220, 221.

434   So die Fallgestaltung in OVG Lüneburg – 2 OA 124/09, BeckRS 2009, 34390 (3-monatiger Ausschluss vom Unterricht).

schwerdeverfahrens sind Kosten des vorläufigen Rechtsschutzverfahrens nach § 80 Abs. 5.[435] Das *Abänderungsverfahren gem. § 80 Abs. 7* ist ein gegenüber der vorangegangenen Entscheidung nach § 80 Abs. 5 selbständiges Verfahren. Daher sind hier eine eigene Kostenentscheidung zu treffen und ein eigener Streitwert festzusetzen.[436] Auch wenn der Abänderungsantrag nach § 80 Abs. 7 S. 2 von einem anderen Beteiligten gestellt wurde, bemisst sich der Streitwert nicht nach dem Interesse dieses Beteiligten, sondern weiterhin nach dem Interesse des Antragstellers des ursprünglichen Verfahrens (VGH Mannheim NVwZ-RR 2012, 910 f.).

11. Rechtsbehelfe gegen die gerichtliche Entscheidung. a) Beschwerde. Gegen Beschlüsse des VG – 175 auch Entscheidungen des Vorsitzenden nach Abs. 8 oder Hängebeschlüsse[437] (→ Rn. 167) – kommt die *Beschwerde* nach § 146 Abs. 1 in Betracht, sofern sie nicht gesetzlich ausgeschlossen ist.[438] Neben der zweiwöchigen Beschwerdefrist (§ 147 Abs. 1) ist Art. 146 Abs. 4 zu beachten:[439] die Monatsfrist zur Vorlage einer Beschwerdebegründung (S. 1) und die besonderen Anforderungen ihren Inhalt (S. 3). Ein Verstoß gegen die verschärften Begründungsanforderungen führt zur Unzulässigkeit der Beschwerde (S. 4). Das OVG prüft lediglich die dargelegten Gründe (S. 6). Gegen Entscheidungen der OVG (§ 152 Abs. 1) und des BVerwG ist kein Rechtsmittel vorgesehen. Auf Entscheidungen dieser Gerichte hin ist allenfalls ein Abänderungsantrag nach § 80 Abs. 7 S. 2 denkbar (→ Rn. 183 ff.). Da Rechtsfragen der §§ 80, 80 a und 123 somit nur ausnahmsweise bis zum BVerwG gelangen, fehlt die vereinheitlichende Kraft höchstrichterlicher Rspr. in diesem Rechtsbereich. Zur *Beschwerdebefugnis* → § 146 Rn. 40.

b) Weitere Rechtsbehelfe. Gegen ein zu zögerliches Eilverfahren kann der Betroffene seit der Schaf- 175a fung eines *Entschädigungsanspruchs wegen überlanger Verfahrensdauer* (§ 198 Abs. 1 S. 1 GVG) im Jahr 2011[440] mit der *Verzögerungsrüge* (§ 198 Abs. 3 GVG) und einer anschließenden *Klage auf Entschädigung* (§ 198 Abs. 5 GVG) vorgehen (→ § 123 Rn. 142). Seit 2005 stellt § 152 a auch im Verfahren des vorläufigen Rechtsschutzes den außerordentlichen Rechtsbehelf der *Anhörungsrüge* zur Verfügung, mit der eine Verletzung des Anspruchs auf rechtliches Gehör geltend gemacht werden kann. Da die Anhörungsrüge als subsidiärer Rechtsbehelf ausgestaltet ist, ist bei statthafter Beschwerde der Gehörsverstoß im Beschwerdeverfahren geltend zu machen (§ 152 a Abs. 1 Ziff. 1, 1. Alt.). Zu den *anderweitigen Rechtsbehelfen i.S.v. § 152 a Abs. 1 Ziff. 1, 2. Alt.* zählen *weder die Verfassungsbeschwerde noch das Abänderungsverfahren* (§ 80 Abs. 7). Die *Verfassungsbeschwerde* ist ein außerordentlicher Rechtsbehelf. Da die Anhörungsrüge in Befolgung des Gesetzgebungsauftrages des BVerfG nach Schaffung fachgerichtlicher Abhilfemöglichkeit bei Gehörsverstößen eingeführt wurde,[441] gehört sie nicht zu den in § 152 a Abs. 1 Ziff. 1 genannten anderen Rechtsbehelfen. Der Grundsatz der Subsidiarität der Verfassungsbeschwerde verlangt vielmehr im Gegenteil bei Gehörsverstößen die vorherige Erhebung der Anhörungsrüge (→ Rn. 176). Auch das *Abänderungsverfahren nach § 80 Abs. 7* (→ Rn. 183 ff.) geht der Anhörungsrüge nicht vor. Zwar hatte das BVerfG entschieden, dass ein Verstoß gegen Art. 103 Abs. 1 GG vor Erhebung der Verfassungsbeschwerde in einem Abänderungsverfahren geltend gemacht werden müsse.[442] Die daraus folgende Rspr. des BVerfG, § 80 Abs. 7 VwGO im Hinblick auf Art. 103 Abs. 1 GG so auszulegen, dass über eine Änderung der Sach- und Rechtslage hinaus auch eine Gehörsrüge den Antrag zulässig und begründet machen könne,[443] dürfte aber dem Bemühen des BVerfG geschuldet gewesen sein, zu seiner Entlastung den Grundsatz der Subsidiarität auf alle nur denkbaren fachgerichtlichen Rechtsbehelfe zu erstrecken. Mit der Anhörungsrüge wurde

---

435 OVG Greifswald NVwZ-RR 2017, 904, 905; VGH Mannheim NVwZ-RR 2017, 951, 952.
436 OVG Lüneburg NVwZ-RR 1999, 813; OVG Münster OVGE 26, 240, 243; VGH Kassel NVwZ-RR 2016, 479; VG Darmstadt NJW 1975, 1716.
437 HmbOVG NVwZ 2004, 1135; OVG Greifswald NVwZ-RR 2017, 904; OVG Koblenz NVwZ-RR 2013, 295, 296; OVG Münster – 8 B 1631/08, BeckRS 2008, 40256; a.M. OVG Bln NVwZ-RR 1999, 212; dazu näher A. Guckelberger, NVwZ 2001, 275, 278 f. m.w.N. und → § 146 Rn. 25, 54.
438 Z.B. § 80 AsylG; OVG Bautzen NVwZ-RR 2010, 125 (zu § 80 AsylVfG; auch keine außerordentliche Beschwerde statthaft).
439 Zur Frage der Anwendbarkeit auf Hängebeschlüsse T. Mann, NWVBl 2017, 60, 66.
440 Durch Gesetz über den Rechtsschutz bei überlangen Gerichtsverfahren und strafrechtlichen Ermittlungsverfahren vom 24.11.2011 (BGBl I 2302).
441 BVerfGE 107, 395 ff.; s.a. Entwurf des Anhörungsrügengesetzes, BT-Drs. 15/3706, 1.
442 BVerfGE 70, 180, 187 ff. (zu § 80 Abs. 6 a.F.).
443 BVerfG (K) NVwZ 2003, 859, 862 m.w.N.

nunmehr ein besonderer fachgerichtlicher Rechtsbehelf für Gehörsrügen geschaffen. Als lex specialis geht § 152 a daher seit dem 1.1.2005 dem Abänderungsverfahren vor.[444]

176   Bei einer *Verfassungsbeschwerde* nach Art. 93 Abs. 1 Nr. 4 a GG i.V.m. § 13 Nr. 8 a, §§ 90 ff. BVerfGG gegen Entscheidungen im vorläufigen Rechtsschutzverfahren ist insbes. der *Grundsatz der Subsidiarität* der Verfassungsbeschwerde (BVerfGE 70, 180, 185 ff. m.w.N.) zu beachten. Danach hat der Beschwerdeführer vor Anrufung des BVerfG nicht nur den Rechtsweg im engeren Sinn nach § 90 Abs. 2 S. 1 BVerfGG zu erschöpfen, also ggf. das Beschwerdeverfahren nach § 146 durchzuführen, sondern auch alle sonstigen prozessuale Möglichkeiten zu ergreifen, um eine Korrektur der Verfassungsverletzung zu erreichen. Dies bedeutet, dass die *Erschöpfung des Rechtsweges* im vorläufigen Rechtsschutzverfahren dann nicht ausreicht, wenn eine *Verzögerungsrüge mit Entschädigungsklage nach § 198 GVG,* eine *Anhörungsrüge nach § 152 a,* ein *Abänderungsverfahren nach § 80 Abs. 7*[445] oder auch erst das *Hauptsacheverfahren* ausreichende Möglichkeiten bieten, der behaupteten Grundrechtsverletzung abzuhelfen, und dieser Weg dem Beschwerdeführer zumutbar[446] ist. Auf das Hauptsacheverfahren braucht sich der Betroffene nur dann verweisen zu lassen, wenn es um Grundrechtsverletzungen geht, die sich auf die Hauptsache beziehen, wenn die Entscheidung weiterer tatsächlicher und einfachrechtlicher Aufklärung bedarf und wenn dem Beschwerdeführer durch die Verweisung kein schwerer und unabwendbarer Nachteil entsteht.[447] Rügt der Beschwerdeführer dagegen *Grundrechtsverletzungen, die in der Entscheidung des vorläufigen Rechtsschutzverfahrens selbst vorgekommen sind,* etwa die Verletzung des Art. 19 Abs. 4 GG durch Versagung vorläufigen Rechtsschutzes, braucht er das Hauptsacheverfahren nicht abzuwarten.[448] Mit einem Antrag auf Erlass einer einstweiligen Anordnung gem. § 32 BVerfGG im Verfahren der Verfassungsbeschwerde kann ein Verwaltungsgericht nicht zur Eile angetrieben werden. Zwar sind die Gerichte in Verfahren des vorläufigen Rechtsschutzes zur zügigen Herbeiführung einer Sachentscheidung verpflichtet.[449] Für überlange Eilverfahren steht jedoch seit 2011 die vorrangig zu erhebende Verzögerungsrüge mit anschließender Entschädigungsklage nach § 198 GVG zur Verfügung. Außerdem könnte das BVerfG bei einer überlangen Verfahrensdauer im Verfassungsbeschwerdeverfahren lediglich eine Verletzung des Art. 19 Abs. 4 GG feststellen. Da es durch einstweilige Anordnung keine andere Entscheidung als in der Hauptsache treffen kann, *kommt eine Beschleunigung eines fachgerichtlichen Verfahrens durch einstweilige Anordnung nicht in Betracht* (BVerfG [K] NVwZ-RR 2011, 89, 90). Bei *Verfassungsbeschwerden gegen Beschlüsse im Verfahren nach § 80 Abs. 7* ist die vom BVerfG aus § 93 Abs. 1 BVerfGG abgeleitete Fristvorwirkung zu beachten. Obwohl der Antrag nach § 80 Abs. 7 S. 2 grds. nicht fristgebunden ist, muss er dennoch innerhalb eines Monats nach Zustellung des Beschlusses gestellt werden, gegen den sich der Abänderungsantrag richtet.[450]

177   Eine *Wiederaufnahme* des Verfahrens gem. § 153 Abs. 1 VwGO i.V.m. §§ 578 ff. ZPO ist nicht zulässig.[451] Im Hinblick auf das Abänderungsverfahren nach § 80 Abs. 7 besteht hierfür auch kein Bedarf.

X. Schadensersatzansprüche

178   Für die Fälle, dass die Behörde die sofortige Vollziehung anordnet, oder nach § 80 Abs. 4 oder Abs. 5 keine Aussetzungsentscheidung getroffen wird, der belastende Verwaltungsakt später im Hauptsacheverfahren aber aufgehoben wird, sieht § 80 im Gegensatz zur von Anfang an ungerechtfertigten einst-

---

444   I.d.S. VGH Kassel – 6 B 870/17.R, BeckRS 2017, 111164; VGH Mannheim NVwZ 2006, 219; *M. Funke-Kaiser,* in: Bader § 80 Rn. 129; *C. Külpmann,* in: Finkelnburg/Dombert/Külpmann Rn. 1176; *R. Rudisile,* in: Schoch/Schneider/Bier § 152 a Rn. 16; a.M. *A. Guckelberger,* NVwZ 2005, 11, 12 und → § 152 a Rn. 15; *R. Zuck,* NVwZ 2006, 1119, 1121; zweifelnd *Kopp/Schenke* § 80 Rn. 197.

445   BVerfG – 2 BvR 1385/16, BeckRS 2016, 49618; BVerfG NVwZ 2017, 229.

446   BVerfGE 79, 275, 279; BVerfG (K) NVwZ 2005, 438 (keine Zumutbarkeit, wenn sich Widerspruchsverfahren ohne erkennbaren Grund erheblich verzögert); s.a. BVerfG (K) NVwZ 2014, 62, 63 (zur Verzögerungsrüge und Entschädigungsklage im Verfahren nach § 123).

447   BVerfGE 77, 381, 401 f.; 78, 290, 301 f.; BVerfG (K) DStZ 1990, 437; NVwZ 2005, 78; NVwZ-RR 2011, 305, 307; s.a. BVerfGE 53, 30, 53 f. (Zulässigkeit, wenn kein weiterer tatsächlicher Aufklärungsbedarf und i.S.v. § 90 Abs. 2 S. 2 BVerfGG allgemeine Bedeutung vorliegt oder bei Verweisung auf die Hauptsache ein schwerer und unabwendbarer Nachteil entstünde).

448   BVerfGE 79, 275, 279; BVerfG (K) NVwZ 2007, 1302.

449   BVerfG (K) NVwZ-RR 2011, 89, 90; NVwZ 2014, 62, 63.

450   BVerfG (K) NVwZ-Beil. 1995, 2; zur Kritik *F. Schoch,* in: Schoch/Schneider/Bier § 80 Rn. 580.

451   *Kopp/Schenke* § 80 Rn. 204; vgl. auch VGH München DÖV 1984, 895, 896; a.M. *Kopp*[10] § 80 Rn. 117.

weiligen Anordnung (§ 123 Abs. 3 VwGO i.V.m. § 945 ZPO) *keine Schadensersatzpflicht* vor. Nach § 123 Abs. 5 ist § 945 ZPO nicht auf die Vollziehung eines angefochtenen Verwaltungsakts oder auch die Beseitigung der aufschiebenden Wirkung eines Rechtsbehelfs anzuwenden. Dem Betroffenen verbleibt nur die Möglichkeit, einen Ersatzanspruch nach den allgemeinen Regeln des Staatshaftungsrechts, insbes. einen (Vollzugs-)Folgenbeseitigungsanspruch oder einen Amtshaftungsanspruch nach Art. 34 GG, § 839 BGB, geltend zu machen.[452] Legt bei einem Verwaltungsakt mit Doppelwirkung der belastete Dritte Rechtsmittel ein, lassen sich aus dem Fehlen einer Schadensersatzpflicht keine Folgerungen zugunsten des Begünstigten im vorläufigen Rechtsschutzverfahren ziehen. Trotz mangelnden Schadensersatzanspruchs des Begünstigten hat der Rechtsbehelf des Dritten regelmäßig aufschiebende Wirkung.[453]

XI. Vorgeschaltetes Aussetzungsverfahren bei Abgabesachen (§ 80 Abs. 6)

§ 80 Abs. 6 wurde durch das 4. VwGOÄndG (vom 17.12.1990, BGBl I 2809) eingefügt. Im Gegensatz zu sonstigen Verfahren nach § 80 Abs. 5 muss sich der Betroffene *in Abgabe- und Kostensachen* (§ 80 Abs. 2 S. 1 Nr. 1) vor einer Anrufung des Gerichts *zunächst erfolglos an die Behörde gewandt* haben. Eine ähnliche Regelung galt bereits seit längerem im finanzgerichtlichen Verfahren. Art. 3 § 7 VGF-GEntlG bestimmte, dass ein Antrag auf Aussetzung der Vollziehung an das Finanzgericht grds. (Ausnahmen von diesem Grundsatz enthielt Art. 3 § 7 S. 2 Nr. 1–4 VGFGEntlG) nur zulässig sein sollte, wenn zuvor die Finanzbehörde einen entsprechenden Antrag ganz oder teilweise abgelehnt hatte. Diese Regelung wurde durch Gesetz vom 21.12.1992 in § 69 Abs. 4 FGO überführt.[454] Mit der Vorschaltung eines behördlichen Aussetzungsverfahrens sollten der Vorrang der verwaltungsinternen Kontrolle gestärkt und die Gerichte entlastet werden.[455] Nach § 80 Abs. 6 S. 1 hat der Rechtsuchende zunächst sein Begehren nach Aussetzung der Vollziehung an die Behörde zu richten. Hierbei hat er die Wahl, ob er seinen Antrag bei der *Ausgangsbehörde oder der Widerspruchsbehörde* stellt (→ Rn. 102).[456] Erst wenn die Behörde den Antrag abgelehnt hat, kann er das Gericht anrufen. Mangels einer Formvorschrift in Abs. 6 S. 1 bedürfen *weder der Aussetzungsantrag noch seine Ablehnung der Schriftform*. Der Antragsteller trägt jedoch die materielle Beweislast für die vorherige erfolglose Anrufung der Behörde (OVG Münster DVBl 1997, 672, 673). Da Abs. 6 nur Anträge nach Abs. 5 erwähnt, muss vor einem Antrag auf ein *Abänderungsverfahren nach § 80 Abs. 7 S. 2* kein erneuter Antrag nach § 80 Abs. 6 gestellt werden, wenn ein behördliches Vorverfahren bereits vor dem ursprünglichen Antrag nach § 80 Abs. 5 stattgefunden hatte. Ein besonderes Vorverfahren nach Abs. 6 ist vor einem Abänderungsverfahren auf Antrag lediglich dann erforderlich, wenn die Behörde in eigener Zuständigkeit mit der Aussetzung bislang nicht befasst war (VGH München BayVBl 1997, 50).

Die Vorschrift des § 80 Abs. 6 S. 1 enthält nicht eine bloße Sachentscheidungsvoraussetzung für den Beschluss des Gerichts nach § 80 Abs. 5, sondern eine *echte Zugangsvoraussetzung*, bei deren Fehlen der Antrag unzulässig ist. Das Verfahren nach § 80 Abs. 6 bei der Behörde muss vor Anrufung des Gerichts abgeschlossen sein, es sei denn, eine der Ausnahmen des § 80 Abs. 6 S. 2 läge vor. Im Laufe des gerichtlichen Verfahrens kann das Verwaltungsaussetzungsverfahren *nicht mehr wirksam nachgeholt* werden.[457] Eine Heilung erfolgt auch nicht dadurch, dass sich die Behörde in einem gerichtlichen Verfahren sachlich auf den Antrag einlässt (HmbOVG DVBl 1993, 566 [LS]; OVG Koblenz DÖV

179

180

452 BVerwG NVwZ 1991, 270; *C. Külpmann*, in: Finkelnburg/Dombert/Külpmann Rn. 1123 ff.; vgl. auch *G. Henn*, NJW 1993, 3169, 3172; a.M. *L. Renck*, BayVBl 1991, 743, 745; *ders.*, BayVBl 1994, 161, 166.
453 OVG Münster – 13 B 278/09, BeckRS 2009, 33126.
454 BGBl I 2109. Dabei wurden die vier Ausnahmetatbestände des Art. 3 § 7 S. 2 Nr. 1–4 VGFGEntlG auf zwei reduziert, die denen des § 80 Abs. 6 S. 2 Nr. 1 und 2 entsprechen. S.a. BFH NVwZ-RR 2013, 704, wonach die besondere Zugangsvoraussetzung des § 69 Abs. 4 S. 1 FGO neben Anträgen auf Aussetzung der Vollziehung auch Anträge auf Aufhebung der Vollziehung erfasst.
455 Vgl. die Begründung der Bundesregierung zu ihrem Gesetzentwurf zum 4. VwGOÄndG, BT-Drs. 11/7030, 24.
456 *K. Redeker*, NVwZ 1991, 526, 528.
457 OVG Bln NVwZ 2006, 356; OVG Bautzen NVwZ-RR 1994, 240 (LS); OVG Greifswald NVwZ-RR 2004, 797; OVG Koblenz NVwZ-RR 1992, 589 f.; OVG Lüneburg NVwZ-RR 2010, 865 f. (nicht nur § 80 Abs. 6 S. 1, sond. auch S. 2 enthält Zugangsvoraussetzungen); OVG Münster NVwZ-RR 2008, 594, 595; NVwZ-RR 2012, 748; VGH Kassel NVwZ-RR 1994, 367 (LS); VGH Mannheim ESVGH 42, 241 f.; VGH München BayVBl 1993, 214; 1993, 499 f. m.w.N.; 1997, 50; a.M. VGH München NVwZ-RR 2009, 135 f. (Nichtnachholbarkeit sei reiner Formalismus, der erheblichen Bedenken im Hinblick auf Art. 19 Abs. 4 S. 1 GG begegne).

1992, 976). Da das behördliche Aussetzungsverfahren dem gerichtlichen Verfahren zeitlich vorangehen muss, kann ein Antrag nach § 80 Abs. 5 an das Gericht auch nicht gleichzeitig als Aussetzungsantrag an die Behörde i.S.v. § 80 Abs. 6 gedeutet werden (VGH München BayVBl 1993, 499, 500).

181   In § 80 Abs. 6 S. 2 sind die *Ausnahmen* geregelt. Der Bürger kann unmittelbar beim Gericht um vorläufigen Rechtsschutz nachsuchen, wenn die Behörde nicht in angemessener Frist entschieden hat (§ 80 Abs. 6 S. 2 Nr. 1) oder eine Vollstreckung droht (§ 80 Abs. 6 S. 2 Nr. 2). Die Ausnahmen sind abschließend aufgeführt. Ein vorgeschaltetes behördliches Verfahren auf Aussetzung der Vollziehung ist daher auch in den Fällen erforderlich, in denen nach § 68 Abs. 1 S. 2 ein Widerspruchsverfahren als Klagevoraussetzung nicht durchgeführt werden muss (VGH Kassel NVwZ 1995, 235). Es ist auch dann nicht entbehrlich, wenn die Behörde bereits hat erkennen lassen, dass sie einen Aussetzungsantrag negativ bescheiden wird.[458] Die *„angemessene Frist"* i.S.v. § 80 Abs. 6 S. 2 Nr. 1 beginnt mit Stellung des Antrages bei der Behörde. Dabei liegt ein *Antrag* des Betroffenen nur dann vor, wenn seinem Begehren – unter Heranziehung der allgemeinen Auslegungsgrundsätze des § 133 BGB – zu entnehmen ist, dass er eine Aussetzungsentscheidung der Behörde begehrt. Der bloße Widerspruch gegen einen Abgabenbescheid enthält nicht automatisch auch einen Aussetzungsantrag (OVG Saarlouis NVwZ 1993, 490). Welche Frist noch als angemessen anzusehen ist, hängt von der Eilbedürftigkeit des Einzelfalles ab.[459] Die 3-Monats-Frist des § 75 betrifft das Klageverfahren, nicht jedoch das vorläufige Rechtsschutzverfahren. Daher eignet sich diese Bestimmung nicht als generelle Leitlinie.[460] Als „Faustregel" wurde – vorbehaltlich besonderer Umstände des Einzelfalles – eine Frist von einem Monat noch als angemessen angesehen.[461] Die *Vollstreckung* i.S.v. § 80 Abs. 6 S. 2 Nr. 2 droht nicht bereits schon dann, wenn alle tatbestandlichen Voraussetzungen für eine Einleitung der Zwangsvollstreckung vorliegen, sondern erst dann, wenn die Behörde konkrete Schritte zur zwangsweisen Beitreibung der Schuld angekündigt oder bereits eingeleitet hat.[462]

182   *Über den Bereich der Abgabesachen hinaus* kann die Voraussetzung eines vorgeschalteten behördlichen Aussetzungsverfahrens *nicht ausgedehnt* werden.[463] Nach Auffassung der Bundesregierung in ihrer Begründung zum Entwurf des 4. VwGOÄndG ist in anderen Verfahren als Abgabesachen, in denen die aufschiebende Wirkung eines Rechtsbehelfs kraft Gesetzes ausgeschlossen ist, regelmäßig eine besondere Eilbedürftigkeit anzunehmen und deshalb ein sofortiger Zugang zum Gericht zu ermöglichen. Dies gelte erst recht bei der behördlichen Anordnung der sofortigen Vollziehung nach § 80 Abs. 2 S. 1 Nr. 4 (BT-Drs. 11/7030, 25). Str. ist, ob § 80 Abs. 6 wegen der Verweisung in § 80 a Abs. 3 S. 2 analog auf *Verwaltungsakte mit Doppelwirkung* anzuwenden ist (→ § 80 a Rn. 16 ff.).

XII.   Änderung oder Aufhebung des Beschlusses (§ 80 Abs. 7)

183   Nach § 80 Abs. 7 können im Verfahren nach § 80 Abs. 5 ergangene Beschlüsse des Gerichts wieder abgeändert werden. Abs. 7 tritt an die Stelle des früheren Abs. 6, der lapidar bestimmte: „Beschlüsse über Anträge nach Abs. 5 können jederzeit geändert oder aufgehoben werden.". Abs. 7 wurde durch das 4. VwGOÄndG mit Wirkung ab dem 1.1.1991 neu gefasst und entspricht dem Vorschlag des § 135 Abs. 3 des Entwurfs einer Verwaltungsprozeßordnung – VwPO (BT-Drs. 10/3437, 33). § 80 Abs. 7 regelt die *Abänderung von Amts wegen* (S. 1) und die *Abänderung auf Antrag der Beteiligten* (S. 2). § 80 Abs. 7 stellt eine besondere Änderungsvorschrift für das vorläufige Rechtsschutzverfahren dar und *verdrängt die Wiederaufnahmeregelung des § 153 Abs. 1.*[464] Soll hingegen eine Verletzung des

---

458   OVG Saarlouis NVwZ 1993, 490, 491; C. *Heydemann*, NVwZ 1993, 419, 424.
459   OVG Bln NVwZ 2006, 356; OVG Greifswald NVwZ-RR 2004, 797; OVG Münster NVwZ-RR 2008, 594, 595.
460   R. *Hörtnagl/R.-C. Stratz*, VBlBW 1991, 326, 328; i.E. auch OVG Münster NVwZ-RR 2008, 594; a.M. VGH Mannheim ESVGH 42, 241 f. (der jedoch auch die Gegebenheiten des Einzelfalles in den Vordergrund stellt); K. *Redeker*, NVwZ 1991, 526, 528; vgl. auch C. *Heydemann*, NVwZ 1993, 419, 424.
461   OVG Bln-Bbg NVwZ 2006, 356; s.a. OVG Brem NVwZ-RR 2010, 866 f. (längere Bearbeitungsdauer aufgrund großer Zahl von Aussetzungsanträgen angemessen).
462   HmbOVG NVwZ-RR 2007, 364, 365; OVG Lüneburg NVwZ-RR 2010, 865; OVG Münster NVwZ-RR 2012, 748; OVG Saarlouis NVwZ 1993, 490, 491; OVG Schleswig NVwZ-RR 2006, 65 f.; VGH München NVwZ-RR 2009, 135, 136; vgl. auch BFHE 143, 414, 415 (zu Art. 3 § 7 Abs. 1 S. 2 Nr. 3 VGFGEntlG); R. *Hörtnagl/R.-C. Stratz*, VBlBW 1991, 326, 328; K. *Redeker*, NVwZ 1991, 526, 528.
463   Begründung der Bundesregierung zum Entwurf des 4. VwGOÄndG, BT-Drs. 11/7030, 25; C. *Heydemann*, NVwZ 1993, 419; F. *Kopp*, BayVBl 1994, 524, 525; s.a. OVG Weimar ThürVBl 1997, 16, 19.
464   HmbOVG NVwZ-RR 2011, 384; VG Dessau NJ 1999, 331 f. m.Anm. T. *Flint*.

rechtlichen Gehörs geltend gemacht werden, ist eine *Anhörungsrüge* nach § 152a zu erheben. Das Abänderungsverfahren stellt diesbezüglich keinen Rechtsbehelf i.S.v. § 152a Abs. 1 Ziff. 1, 2. Alt. dar (→ Rn. 185, 175a).[465] Das Abänderungsverfahren ist ein *gegenüber dem vorangegangenen Verfahren nach § 80 Abs. 5 neues, selbständiges Verfahren,* das *keinen Rechtsbehelfscharakter hat.*[466] Im Abänderungsverfahren wird die Fortdauer der im Verfahren nach § 80 Abs. 5 getroffenen Entscheidung geprüft, nicht deren ursprüngliche Richtigkeit oder die Feststellung sonstiger behördlicher Befugnisse.[467] Da das Abänderungsverfahren auf die Zukunft gerichtet ist, unterliegt ihm nur der verfügende Teil des ursprünglichen Beschlusses, nicht aber die Kostenentscheidung (VGH Mannheim DVBl 1996, 111, 112). Es betrifft grds. *denselben Streitgegenstand wie das Ausgangsverfahren.* Durch die *Einführung neuer entscheidungserheblicher Umstände* können die Beteiligten allerdings *Einfluss auf den Streitgegenstand* nehmen. Besonderheiten weist der vorläufige Rechtsschutz gegen Baugenehmigungen auf, wenn die Behörde im Laufe des Verfahrens eine Nachtragsbaugenehmigung erteilt mit Änderungen oder Ergänzungen der ursprünglichen Baugenehmigung. Wird ein solcher *„Tekturbescheid"* nach einer für den Nachbarn günstigen Entscheidung nach § 80 Abs. 5 erlassen, kann sich der Bauherr auf den Tekturbescheid als veränderten Umstand in seinem Antrag nach § 80 Abs. 7 S. 2 stützen, wenn damit die gerichtlich beanstandeten Nachbarrechtsverletzungen behoben werden. Ziel des Abänderungsverfahrens ist dann eine entsprechende Änderung, i.d.R. die Ablehnung, des zunächst erfolgreichen Antrages nach § 80 Abs. 5.[468] *Streitgegenstand* des Abänderungsverfahrens ist die *ursprüngliche Genehmigung in Gestalt der Nachtragsbaugenehmigung.* Voraussetzung hierfür ist allerdings, dass – unabhängig von ihrer Bezeichnung – tatsächlich eine Tekturgenehmigung vorliegt, also dass die Nachtragsbaugenehmigung nur kleinere Modifikationen vornimmt und die Identität des Bauvorhabens nicht ändert.[469] Bei wesentlicher Änderung liegt die Genehmigung eines anderen Vorhabens vor (aliud) mit selbständigem Streitgegenstand. Sie tritt neben den alten Bescheid und wird bestandskräftig, falls sie nicht vom Nachbarn gesondert mit Rechtsmitteln angegriffen wird. Die alte, als rechtswidrig erkannte Baugenehmigung wird sich i.d.R. erledigen, weil der Bauherr sie nicht mehr nutzen will. *Zuständig für das Abänderungsverfahren ist* das jeweilige *Gericht der Hauptsache*[470] (→ Rn. 114ff.). Das bedeutet, dass nicht unbedingt das Gericht, das den Beschluss erlassen hat, auch über dessen Abänderung befindet. Der Abänderungsbeschluss nach § 80 Abs. 7 ist eine neue, selbständige Entscheidung auf der Grundlage der vom Gericht gewonnenen Rechtserkenntnis über die Fortdauer eines formell unanfechtbar abgeschlossenen Verfahrens nach § 80 Abs. 5. Auch wenn das nunmehr zuständige Gericht der Hauptsache die nächsthöhere Instanz sein sollte, stellt die Entscheidung keine Rechtsmittelentscheidung gegen einen in der Vorinstanz getroffenen Beschluss nach § 80 Abs. 5 dar.[471]

Abänderung von Amts wegen: Nach S. 1 kann das Gericht seinen Beschluss „jederzeit" ändern oder 184 aufheben. Diese Formulierung ist zeitlich zu verstehen und bedeutet, dass die Abänderungsbefugnis des Gerichts nicht an Fristen gebunden ist.[472] Für die Entscheidung von Amts wegen, die auch auf einer Anregung der Beteiligten beruhen kann, brauchen sich die Umstände nicht geändert zu haben. Es reicht aus, dass das Gericht zu einer anderen Beurteilung der Rechtslage gekommen ist oder die

---

465 VGH München – 1 CS 10.2629, BeckRS 2011, 45921.

466 OVG Bautzen – 1 B 400/09, BeckRS 2010, 46511; C. Külpmann, in: Finkelnburg/Dombert/Külpmann Rn. 1170.

467 HmbOVG DVBl 1981, 51, 52; OVG Lüneburg – 8 ME 111/10, BeckRS 2010, 49514; DVBl 2009, 1058 (LS); VGH Mannheim DVBl 1996, 111; NVwZ-RR 2002, 908, 909.

468 Zur Erforderlichkeit eines Abänderungsverfahrens, damit der Bauherr die geänderte Genehmigung nutzen kann: VGH Mannheim – 3 S 2303/15, BeckRS 2016, 43127 Rn. 18; VGH München NVwZ-RR 2013, 671.

469 OVG Bautzen – 1 B 400/09, BeckRS 2010, 46511; i.d.S. auch VGH München NVwZ-RR 2013, 671, 672. Zur Abgrenzung zwischen Tekturbescheid und Änderungsgenehmigung (aliud) OVG Münster – 2 B 1095/12, BeckRS 2012, 60652; VGH Mannheim – 3 S 2303/15, BeckRS 2016, 43127 Rn. 19f.; VGH München – 25 CS 06.1474, BeckRS 2009, 40594.

470 BVerwG NVwZ 2005, 1422; NVwZ 2007, 1207, 1208; OVG Bautzen NVwZ-RR 2016, 472; VGH Kassel NVwZ 2011, 1530; OVG Lüneburg NVwZ-RR 2009, 983; VGH Mannheim NVwZ-RR 2007, 419; s.a. OVG Lüneburg – 8 ME 111/10, BeckRS 2010, 49514 (keine Zuständigkeit des Beschwerdegerichts).

471 BVerwG Buchholz 310 § 80 VwGO Nr. 48; BVerwG NVwZ 2005, 1422; NVwZ-RR 2016, 357, 358; vgl. auch VGH Mannheim NVwZ-RR 2002, 908, 909.

472 Auch keine analoge Anwendung spezialgesetzlicher Fristen für Anträge nach § 80 Abs. 5, BVerwG NVwZ-RR 2003, 618, 619 (zu § 17 Abs. 6a S. 6 FStrG).

frühere Interessenabwägung nachträglich als korrekturbedürftig erachtet.[473] Ein Beteiligter hat keinen Anspruch auf eine erneute gerichtliche Sachentscheidung nach § 80 Abs. 7 S. 1. Ein solcher besteht nur unter den Voraussetzungen des Abs. 7 S. 2 (OVG Lüneburg – 8 ME 111/10, BeckRS 2010, 49514).

185   *Abänderung auf Antrag der Beteiligten:* Veränderte Umstände sind im Verfahren auf Antrag der Beteiligten (§ 80 Abs. 7 S. 2) erforderlich. S. 2 wurde von der für die Finanzgerichtsbarkeit geltenden Vorschrift des Art. 3 § 7 Abs. 2 VGFGEntlG, nunmehr § 69 Abs. 6 FGO, übernommen. Die Voraussetzung veränderter Umstände bei Abänderung auf Antrag soll die Gerichte entlasten. § 80 Abs. 7 S. 2 gestattet den Beteiligten und damit auch einem Beigeladenen (VGH München NVwZ-RR 2007, 821), neue entscheidungserhebliche[474] Umstände in das Verfahren einzuführen. Eine *Veränderung der Umstände* (§ 80 Abs. 7 S. 2, 1. Alt.) kann in nachträglich eingetretenen tatsächlichen Verhältnissen,[475] in einer nachträglichen Änderung der Prozesslage[476] oder der Rechtslage[477] bestehen. Nach früherer Rspr. des BVerfG konnte im Hinblick auf Art. 103 Abs. 1 GG auch eine substantiierte Rüge der Verletzung rechtlichen Gehörs den Antrag zulässig und begründet machen.[478] Die 2005 geschaffene – fristgebundene – Anhörungsrüge (§ 152 a) geht nunmehr für Gehörsrügen dem Abänderungsverfahren vor und lässt in ihrem Anwendungsbereich das Rechtsschutzbedürfnis für einen Abänderungsantrag entfallen (→ Rn. 175 a).[479] Nach § 80 Abs. 7 S. 2, 2. Alt. müssen die Umstände nicht in jedem Fall nachträglich entstanden sein. Es reicht auch aus, wenn der Beteiligte sie schuldlos im ursprünglichen Verfahren nicht vorbringen konnte. Für den Verschuldensmaßstab ist auf § 60 Abs. 1 zurückzugreifen.[480] Folgen in der gleichen Sache mehrere Änderungsverfahren nach Abs. 7 S. 2 aufeinander, ist maßgeblicher Zeitpunkt für die Beurteilung nachträglicher Änderungen oder unverschuldeten Nichtvorbringens der Zeitpunkt des jeweils letzten Beschlusses nach Abs. 7 S. 2 (VGH Mannheim NVwZ-RR 2002, 911). Anträge nach Abs. 7 S. 2 sind grds. *nicht fristgebunden*. Gesetzlich vorgesehene Antragsfristen für den vorläufigen Rechtsschutz nach § 80 Abs. 5 (→ Rn. 128) gelten i.d.R. nur für den Erstantrag und sind im Abänderungsverfahren nicht mehr zu prüfen.[481] Ist jedoch für den Fall später eingetretener Tatsachen eine Frist für Anträge nach § 80 Abs. 5 ausnahmsweise gesetzlich bestimmt, gilt diese Fristbestimmung entsprechend auch für Anträge nach Abs. 7 S. 2 gerechnet vom Zeitpunkt, in dem der Beschwerte von den Tatsachen Kenntnis erlangt.[482] Zur Fristvorwirkung für eine Verfassungsbeschwerde gegen einen Abänderungsbeschluss → Rn. 176. Solange gegen einen Beschluss nach § 80 Abs. 5 noch die Möglichkeit der *Beschwerde* besteht, ist ein Abänderungsantrag nach § 80 Abs. 7 S. 2 unzulässig. Auch im Beschwerdeverfahren ist der Vortrag veränderter Umstände in entsprechender Anwendung des § 128 S. 2 zu berücksichtigen. Da in einem solchen Fall das Beschwerdeverfahren denselben Streitgegenstand wie das Abänderungsverfahren beträfe, bestünde ansonsten die Gefahr einander widersprechender Entscheidungen.[483]

473 HmbOVG NVwZ 1995, 1004, 1005; VGH Kassel NVwZ-RR 1997, 446 f.; VGH Mannheim DVBl 1996, 111, 112; NVwZ-RR 2002, 908, 910; NVwZ-RR 2015, 637; VGH München BayVBl 1983, 503; *R. Hörtnagl/R.-C. Stratz*, VBlBW 1991, 326, 329; *M. Kamp*, NWVBl 2005, 248, 250; *K. Redeker*, NVwZ 1991, 526, 528; *F. Schoch*, NVwZ 1991, 1121, 1123; a.M. OVG Greifswald NVwZ-RR 2006, 365, 367 (Voraussetzungen des § 80 Abs. 7 S. 2 entsprechend berücksichtigen); OVG Münster NVwZ 1999, 894 f. (bloßer Meinungswandel des Gerichts reicht nicht).
474 OVG Greifswald NVwZ-RR 2011, 959; OVG Münster DVBl 2016, 714, 716.
475 OVG Münster NVwZ-RR 2015, 14 (erst nachträglich zur Verfügung stehende Beweismittel); VGH Mannheim NVwZ 1987, 625 (Änderung der Ausreisefrist); s.a. VGH München NVwZ-RR 2015, 198 (rechtsmissbräuchliche Berufung auf veränderte Umstände, die der Antragsteller unter Zuwiderhandlung gegen einen Beschluss nach § 80 Abs. 5 selbst herbeigeführt hat – Weiterbau trotz Baustopps).
476 BVerwG NVwZ 2007, 1207, 1208; OVG Greifswald NVwZ-RR 2006, 365, 366.
477 BVerfG (K) NVwZ 2005, 438 f. (geänderte Rspr. des EuGH); OVG Lüneburg NVwZ 2005, 236, 237; OVG Münster DVBl 2016, 714, 715 (Unanwendbarkeit nationalen Rechts aufgrund EuGH-Entscheidung); VGH Mannheim NVwZ-RR 2007, 419.
478 BVerfGE 70, 180, 188 (zu § 80 Abs. 6 a.F.); BVerfG (K) NVwZ 2003, 859, 862.
479 *C. Külpmann*, in: Finkelnburg/Dombert/Külpmann Rn. 11761177.
480 OVG Lüneburg – 8 ME 111/10, BeckRS 2010, 49514; VGH Mannheim NVwZ-RR 2002, 908, 909; *R. Hörtnagl/R.-C. Stratz*, VBlBW 1991, 326, 329; *F. Schoch*, NVwZ 1991, 1121, 1123.
481 *P. Reimer*, DÖV 2010, 688, 691; *F. Schoch*, in: Schoch/Schneider/Bier § 80 Rn. 578.
482 BVerwG NVwZ 1999, 650 (zu § 20 Abs. 5 S. 6 AEG, § 5 Abs. 2 S. 3 VerkPBG); VGH Kassel NVwZ-RR 2003, 462 f. (zu § 17 Abs. 6 a S. 6 FStrG, § 5 Abs. 2 S. 3 VerkPBG).
483 OVG Bautzen DVBl 1996, 118, 119; OVG Weimar NVwZ-RR 1995, 179 f.; VGH Mannheim – 2 S 598/13, BeckRS 2013, 51696; *C. Külpmann*, in: Finkelnburg/Dombert/Külpmann Rn. 1175; a.M. OVG Koblenz NVwZ-RR 2005, 748; *M. Kamp*, NWVBl 2005, 248, 251 f. (Wahlrecht); *F. Schoch*, in: Schoch/Schneider/Bier § 80 Rn. 552 ff.

Im Übrigen gelten für die Entscheidung über die Aufhebung oder Abänderung nach § 80 Abs. 7 die 186
gleichen Grundsätze wie für eine Entscheidung nach § 80 Abs. 5 (VGH Kassel NVwZ 2011, 1530).
Auch im Verfahren nach § 80 Abs. 7 kann ein Antrag in jedem Verfahrensstadium ohne Einwilligung
des Gegners zurückgenommen werden (vgl. VGH München DVBl 1982, 1011 f.). Da das Abänderungsverfahren keine Rechtsmittelentscheidung ist, sondern einen formell rechtskräftigen Beschluss
nach § 80 Abs. 5 S. 1 abändert, *wirkt der Abänderungsbeschluss lediglich ex nunc* gerechnet vom Eingang des Abänderungsantrages. Eine *Aufhebung der Vollziehung in analoger Anwendung des § 80
Abs. 5 S. 3 kommt nicht in Betracht*, weil diese eine Rückwirkung ex tunc, d.h. auf den Zeitpunkt des
Erlasses des Verwaltungsakts voraussetzt (→ Rn. 163 a) und einer solchen die formelle Rechtskraft des
nach § 80 Abs. 5 S. 1 getroffenen Beschlusses entgegensteht.[484] Sofern kein Abänderungsverfahren von
Amts wegen vorliegt, ist derjenige, der das Verfahren nach § 80 Abs. 7 S. 2 betreibt, in diesem Verfah-
ren als *Antragsteller* zu bezeichnen, gleichgültig welche Rechtsstellung er im vorangegangenen Verfahren nach § 80 Abs. 5 innehatte.[485] *Nur gegen einen Beschluss des VG* nach § 80 Abs. 7 S. 2 (Abänderung auf Antrag der Beteiligten) ist das Rechtsmittel der *Beschwerde* gegeben (§ 146 Abs. 1, § 152
Abs. 1). Mit der Beschwerde ist das Vorliegen bzw. Nichtvorliegen der Voraussetzungen des § 80
Abs. 7 S. 2 geltend zu machen. Gegen den Beschluss des Gerichts nach § 80 Abs. 7 S. 1 (Abänderung
von Amts wegen) ist dagegen *kein Rechtsmittel* gegeben. Abs. 7 S. 2 soll die Gerichte dadurch entlasten, dass Beteiligte einen Abänderungsantrag nur bei Vorliegen veränderter Umstände stellen können.
Daher besitzen die Beteiligten keinen Anspruch auf ein Tätigwerden des Gerichts nach Abs. 7 S. 1, das
keine veränderten Umstände voraussetzt. Folglich können sie einen Abänderungsbeschluss nach
Abs. 7 S. 1 auch nicht mit der Beschwerde einfordern. Auch wenn man dem Antragsteller lediglich
einen mit der Beschwerde durchsetzbaren Anspruch auf ermessensfehlerfreie Entscheidung über eine
Abänderung von Amts wegen zugestände, stünde dies im Widerspruch zur Systematik der Beschränkungen des Satzes 2 und würde die Entlastungsfunktion des Abs. 7 S. 2 praktisch leerlaufen lassen.[486]

§ 80 a [Verwaltungsakte mit Doppelwirkung]

(1) Legt ein Dritter einen Rechtsbehelf gegen den an einen anderen gerichteten, diesen begünstigenden
Verwaltungsakt ein, kann die Behörde

1. auf Antrag des Begünstigten nach § 80 Abs. 2 Nr. 4 die sofortige Vollziehung anordnen,
2. auf Antrag des Dritten nach § 80 Abs. 4 die Vollziehung aussetzen und einstweilige Maßnahmen
    zur Sicherung der Rechte des Dritten treffen.

(2) Legt ein Betroffener gegen einen an ihn gerichteten belastenden Verwaltungsakt, der einen Dritten
begünstigt, einen Rechtsbehelf ein, kann die Behörde auf Antrag des Dritten nach § 80 Abs. 2 Nr. 4
die sofortige Vollziehung anordnen.

(3) ¹Das Gericht kann auf Antrag Maßnahmen nach den Absätzen 1 und 2 ändern oder aufheben
oder solche Maßnahmen treffen. ²§ 80 Abs. 5 bis 8 gilt entsprechend.

Schrifttum

1. Monographien und Beiträge in Sammelwerken: *G.-D. Buhren*, Der gerichtliche Rechtsschutz gegen Verwaltungsakte mit drittbelastender Doppelwirkung, 1973; *N. Große-Hündfeld*, Zum vorläufigen Rechtsschutz im Baurecht nach §§ 80, 80a VwGO, in:
FS für Konrad Gelzer, 1991, 303; *H.-W. Laubinger*, Der Verwaltungsakt mit Doppelwirkung, 1967; *M. Schmidt-Preuß*, Kollidierende Privatinteressen im Verwaltungsrecht, 1992; *D. Sellner*, Die Anordnung der sofortigen Vollziehung durch das Gericht nach
§ 80 a Abs. 3 VwGO, in: FS für Peter Lerche, 1993, 815.

2. Beiträge in Zeitschriften: *A. Budroweit/A. Wuttke*, Der vorläufige Rechtsschutz bei Verwaltungsakten mit Drittwirkung (§§ 80,
80 a VwGO), JuS 2006, 876; *A. G. Debus*, Vorläufiger Rechtsschutz des Nachbarn im öffentlichen Baurecht, JURA 2006, 487;
H. Heberlein, Der Verwaltungsakt mit Doppelwirkung im Sofortverfahren, BayVBl 1991, 396; *ders.*, Die Verweisung auf § 80
Abs. 6 VwGO – ein Redaktionsversehen?, BayVBl 1993, 743; *C. Heydemann*, Der Vorrang einer behördlichen Entscheidung vor
dem einstweiligen Rechtsschutz durch das Verwaltungsgericht, NVwZ 1993, 419; *N. Huber*, § 212a I BauGB und die Auswirkungen auf den einstweiligen Rechtsschutz nach § 80 V VwGO, NVwZ 2004, 915; *H. Jäde*, Vorrang der Behördenentscheidung beim

---

484 VGH Mannheim – 13 S 195/05, BeckRS 2005, 27098 (befürwortet allerdings ausnahmsweise Aufhebung der Vollziehung in atypischen Fällen); *C. Külpmann*, in: Finkelnburg/Dombert/Külpmann Rn. 1193.
485 OVG Bautzen – 1 B 400/09, BeckRS 2010, 46511; *Pietzner/Ronellenfitsch* § 56 Rn. 1670.
486 HmbOVG NVwZ 1995, 1004, 1005; VGH Mannheim NVwZ-RR 2002, 908, 910; s.a. *M. Kamp*, NWVBl 2005,
248, 250.

einstweiligen Nachbarrechtsschutz?, UPR 1991, 295; *W. Kiehne*, Fehlt ein § 123 a VwGO oder ein echtes besonderes Vollzugsinteresse als Voraussetzung des § 80 a II, III 1 VwGO?, NVwZ 2017, 1670; *N. Kollmer*, Einstweiliger Rechtsschutz nach § 80 a VwGO im Pipeline-Genehmigungsverfahren, NuR 1994, 15; *F. Kopp*, Die Verweisung auf § 80 Abs. 6 VwGO – ein Redaktionsversehen? Erwiderung auf Heberlein, BayVBl 1993, 743 und 1991, 396, BayVBl 1994, 524; *G. Korbmacher*, Vorläufiger Rechtsschutz im bau- und bodenrechtlichen Nachbarrechtsstreit – dargestellt an der Rechtsprechung des Bundesverwaltungsgerichts, VBlBW 1981, 97; *I. Kraft*, Folgenbeseitigung in dreipoligen Rechtsverhältnissen, BayVBl 1992, 456; *G. Lüke*, Vorläufiger Rechtsschutz bei Verwaltungsakten mit Drittwirkung, NJW 1978, 81; *D. Mampel*, Vorläufiger Rechtsschutz gegen Verwaltungsakte mit Doppelwirkung nach dem 6. VwGOÄndG, DVBl 1997, 1155; *ders.*, Teilweise Aussetzung der Vollziehung einer Baugenehmigung?, BauR 2000, 1817; *W. Müller-Wiesenhaken/R. Götze*, Rechtsgestaltende Wirkung von Eilentscheidungen der Verwaltungsgerichte in tripolaren Konstellationen nach §§ 80 Abs. 5, 80 a Abs. 3 VwGO im Anlagenzulassungsrecht und ihre Durchsetzung, BauR 2011, 1910; *K. Redeker*, Neuordnung der Verfahrensabläufe bei nachbarlichen Rechtsbehelfen im Baurecht, BauR 1991, 525; *ders.*, Die Neugestaltung des vorläufigen Rechtsschutzes in der Verwaltungsgerichtsordnung, NVwZ 1991, 526; *H. K. Schmaltz*, Probleme des vorläufigen Rechtsschutzes im Baunachbarrecht, DVBl 1992, 230; *ders.*, Zum Ausschluß der aufschiebenden Wirkung von Rechtsbehelfen des Nachbarn nach § 10 Abs. 2 BBauGB-MaßnahmenG 1993, BauR 1994, 283; *F. Schoch*, Der vorläufige Rechtsschutz im 4. VwGO-Änderungsgesetz, NVwZ 1991, 1121; *M. Schönfelder*, Neue Rechtslage im Baunachbarstreit? – Zum Vorrang der Behördenentscheidung im Verfahren des einstweiligen Rechtsschutzes, VBlBW 1993, 287; *M. Seibel*, Verwaltungsakte mit Drittwirkung, BauR 2006, 1845; *M. Uechtritz*, Vorläufiger Rechtsschutz nach §§ 80 a Abs. 3, 80 Abs. 5 VwGO im Fall des § 10 Abs. 2 BauGB-Maßnahmengesetz, BauR 1992, 1; *C. H. Ule*, Vor einer einheitlichen Verwaltungsprozeßordnung?, DVBl 1981, 363; *H. Wüstenbecker*, Die Anordnung der sofortigen Vollziehung rechtswidriger Verwaltungsakte – Irrwege bei der Anwendung des § 80 a VwGO, BauR 1995, 313.

Vgl. im Übrigen die Literaturangaben bei § 80.

I. Entstehung des § 80 a und Normzweck

1   Mit der Einfügung des § 80 a im Jahre 1991 (durch das 4. VwGOÄndG vom 17.12.1990, BGBl I 2809) regelte der Gesetzgeber den vorläufigen Rechtsschutz bei solchen Verwaltungsakten, die zugleich einen Beteiligten begünstigen und einen anderen belasten. Damit wurde die alte Streitfrage[1] entschieden, ob bei diesen „Verwaltungsakten mit Doppelwirkung" – so die in § 80 Abs. 1 S. 2 gewählte Bezeichnung – bzw. „mit Drittwirkung"[2] dieser Rechtsschutz über eine Anwendung des § 80 oder des § 123 zu erlangen sei. Nachdem eine einheitliche Rspr. wegen mangelnder Zuständigkeit des BVerwG auch nicht durch höchstrichterliche Klärung zu erreichen war,[3] konnte letztlich nur eine gesetzliche Regelung Klarheit schaffen und einer Zersplitterung der Rspr. begegnen. In §§ 131 Abs. 1 S. 2, 136 des Entwurfs zu einer Verwaltungsprozeßordnung (VwPO)[4] war daher eine Regelung des vorläufigen Rechtsschutzes für Verwaltungsakte mit Doppelwirkung vorgesehen. Der Wortlaut des § 80 a lehnt sich an § 136 des VwPO-Entwurfs an.

---

1   Zum Streitstand etwa *J. Limberger*, Probleme des vorläufigen Rechtsschutzes bei Großprojekten, 1985, 28 f.; *H.-J. Papier*, VerwArch 64 (1973), 399 ff.; *F. Schoch*, Vorläufiger Rechtsschutz, 1988, 355 ff. m.w.N.
2   Zur Begrifflichkeit *M. Sachs*, in: *Stelkens/Bonk/Sachs* § 50 Rn. 8 f.; *Schmitt Glaeser/Horn* Rn. 253.
3   *G. Korbmacher*, VBlBW 1981, 97.
4   BT-Drs. 10/3437.

Durch die Aufnahme von Verwaltungsakten mit Doppelwirkung in § 80 Abs. 1 S. 2 und die Sonderre- 1a
gelung des § 80 a i.V.m. dem ausdrücklichen Ausschluss der einstweiligen Anordnung durch § 123
Abs. 5 ist nunmehr geklärt, dass sich *der vorläufige Rechtsschutz gegen Verwaltungsakte mit Doppelwirkung nach §§ 80, 80 a richtet*. Wegen der wechselseitigen Bezugnahmen und Verweisungen in § 80
und § 80 a sind beide Vorschriften zur Regelung von Verwaltungsakten mit Doppelwirkung heranzuziehen. § 80 a ergänzt die Bestimmungen des § 80 und enthält spezielle Vorschriften für Verwaltungsakte mit Doppelwirkung. Soweit § 80 a Regelungslücken aufweist, sind diese durch Rückgriff auf § 80
zu schließen. § 80 a regelt in *Abs. 1 und 2 den vorläufigen Rechtsschutz durch die Behörde* und in
Abs. 3 den durch das Gericht. Allerdings sind einige der Regelungen in § 80 a unnötig kompliziert,
insbes. die nur historisch erklärbare und praktisch nicht relevante Unterscheidung nach dem Adressaten des Verwaltungsakts (→ Rn. 5 f.). Das Nebeneinander von § 80 und § 80 a ist nicht durchdacht. So
enthält § 80 a Regelungen, die sich bereits in § 80 finden und auf die überflüssigerweise verwiesen
wird.[5] Dazu gehört bspw. die Befugnis der Behörde zur Anordnung der sofortigen Vollziehung (§ 80 a
Abs. 1 Nr. 1, Abs. 2), die bereits in § 80 Abs. 2 S. 1 Nr. 4 geregelt ist, sowie zur Aussetzung der Vollziehung (§ 80 a Abs. 1 Nr. 2), die sich bereits in § 80 Abs. 4 findet. Auch die Verweisung für das gerichtliche Verfahren in § 80 a Abs. 3 S. 2 auf § 80 Abs. 5–8 ist überflüssig. Andererseits hat der Gesetzgeber
in seinem Bemühen, nach dem Adressaten des Verwaltungsakts zu differenzieren und dabei alle
Rechtsschutzkonstellationen zu erwähnen, die des belasteten Adressaten, dessen Rechtsbehelf keine
aufschiebende Wirkung hat, vergessen (→ Rn. 11 a). Eine gegenüber den Regelungen des § 80 besondere Bestimmung ist die in § 80 a Abs. 1 Nr. 2 geregelte Befugnis der Behörde und (über die Verweisung in Abs. 3 S. 1) auch des Gerichts zur *Anordnung von Sicherungsmaßnahmen*. Auch die in § 80 a
Abs. 3 S. 1 i.V.m. Abs. 1 Nr. 1 ausdrücklich geregelte *Befugnis des Gerichts, selbst die sofortige Vollziehung anzuordnen*, ist eine Besonderheit und entspricht der früher überwiegenden Rspr.[6] sowie verfassungsrechtlichen Anforderungen.[7]

II. Grundsatz der aufschiebenden Wirkung bei Verwaltungsakten mit Doppelwirkung

1. Begriff des Verwaltungsakts mit Doppelwirkung. Der Verwaltungsakt mit Doppelwirkung ist da- 2
durch gekennzeichnet, dass *derselbe Verwaltungsakt zugleich einen Beteiligten belastet und einen anderen begünstigt*. Diese unterschiedlichen Auswirkungen des Verwaltungsakts müssen in einem *untrennbaren Zusammenhang* stehen. Die Begünstigung des einen muss sich gleichsam reflexartig aus
der Belastung des anderen ergeben und umgekehrt, sodass der eine Betroffene ein positives und der
andere Betroffene ein negatives Interesse an Entstehung, Fortbestand und Beseitigung des Verwaltungsakts hat. Dabei reicht es nicht aus, dass der Verwaltungsakt irgendwelche Interessen der Beteiligten berührt. Betroffen sein müssen vielmehr rechtlich geschützte Interessen, die Gegenstand einer verwaltungsgerichtlichen Klage sein können.[8]
Auch ein *Planfeststellungsbeschluss* ist ein Verwaltungsakt mit Doppelwirkung i.S.v. § 80 Abs. 1 S. 2, 3
§ 80 a. Er hat gegenüber dem Träger des Vorhabens die Wirkung einer öffentlich-rechtlichen Genehmigung und stellt gegenüber planbetroffenen Dritten eine Allgemeinverfügung dar.[9] Der Planfeststellungsbeschluss begünstigt den Träger des Vorhabens insoweit, als er das Vorhaben für öffentlich-
rechtlich zulässig erklärt, und belastet Dritte insoweit, als er dadurch in Rechte und rechtlich geschützte Belange Planbetroffener eingreift.[10]
Bei *Mitbewerberklagen*, bei denen sich mehrere Konkurrenten um eine hoheitliche Begünstigung, 4
bspw. eine Zulassung oder Konzession bemühen (→ § 80 Rn. 27),[11] ist der Verwaltungsakt, mit dem
die Begünstigung zugeteilt wird, ein Verwaltungsakt mit Doppelwirkung. Er begünstigt nicht nur den
Empfänger der behördlichen Zuteilung, sondern beeinträchtigt gleichzeitig den unterlegenen Konkur-

5 Zur Kritik *Kopp/Schenke* § 80 a Rn. 1; *F. Schoch*, in: Schoch/Schneider/Bier § 80 a Rn. 5, 9.
6 *J. Schmidt*, in: Eyermann § 80 a Rn. 1.
7 *F. Schoch*, Vorläufiger Rechtsschutz, 1988, 1479 ff., 1665 f.
8 BVerfGE 69, 315, 370; *H.-W. Laubinger*, Der Verwaltungsakt mit Doppelwirkung, 1967, 1 f., 14 f., 29; *M. Sachs*, in:
Stelkens/Bonk/Sachs § 50 Rn. 12 ff.; vgl. auch *N. Kollmer*, NuR 1994, 15, 17 f.
9 *W. Neumann*, in: Stelkens/Bonk/Sachs § 74 Rn. 19 f. m.w.N.
10 OVG Schleswig SchlHA 1994, 267; vgl. auch *J. Limberger*, Probleme des vorläufigen Rechtsschutzes bei Großprojekten, 1985, 28.
11 Vgl. auch *M. Schmidt-Preuß*, Kollidierende Privatinteressen, 1992, 591 f.

renten in rechtlich geschützten Interessen.[12] Dies gilt auch für die Ernennung, mit der ein beamtenrechtliches Auswahlverfahren abgeschlossen wird. Das BVerwG betrachtet die *Ernennung eines Beamten* als Verwaltungsakt mit Doppelwirkung,[13] da sie den Ernannten begünstigt und zugleich in die Bewerbungsverfahrensrechte der unterlegenen Bewerber aus Art. 33 Abs. 2 GG unmittelbar eingreift[14] (→ § 123 Rn. 34 f.).

5   § 80 a unterscheidet zwischen *zwei Arten von Verwaltungsakten mit Doppelwirkung. § 80 a Abs. 1* behandelt den Verwaltungsakt, der den *Adressaten begünstigt und einen Dritten belastet*. Ein Beispiel hierfür ist eine Baugenehmigung, die zugleich nachbarschützende Normen des öffentlichen Baurechts berührt. Wenn die Einlegung eines Rechtsbehelfs des Dritten die aufschiebende Wirkung auslöst, können Behörde oder Gericht die sofortige Vollziehung anordnen (§ 80 a Abs. 1 Nr. 1, § 80 a Abs. 3). Ist der Verwaltungsakt sofort vollziehbar, sei es aufgrund einer gesetzlichen Regelung (z.B. § 212 a Abs. 1 BauGB), sei es aufgrund einer Vollzugsanordnung der Behörde, kann der Dritte bei Behörde oder Gericht die Aussetzung der Vollziehung sowie einstweilige Maßnahmen zur Sicherung seiner Rechte erreichen (§ 80 a Abs. 1 Nr. 2, § 80 a Abs. 3). *§ 80 a Abs. 2* behandelt den Verwaltungsakt, *der den Adressaten belastet, dabei aber einen Dritten begünstigt*. Ein Beispiel hierfür ist die Untersagung des Betriebs einer Anlage zum Schutze der Gesundheit von Nachbarn. Damit ein Rechtsbehelf des Belasteten keine aufschiebende Wirkung auslöst, kann der Dritte bei Behörde oder Gericht die Anordnung der sofortigen Vollziehung erwirken (§ 80 a Abs. 2, § 80 a Abs. 3). *§ 80 a regelt allerdings nicht* den Fall, dass ein *Rechtsbehelf des belasteten Adressaten kraft Gesetzes keine aufschiebende Wirkung* hat, bspw. eine an einen Störer gerichtete, unaufschiebbare polizeiliche Anordnung i.S.d. § 80 Abs. 2 S. 1 Nr. 2, die zugleich dem Schutz eines Dritten dient (→ Rn. 11 a).

6   Die Unterscheidung nach dem Adressaten hat ihre Ursache in der Geschichte des VwPO-Entwurfs, auf dessen § 136 der nunmehrige § 80 a beruht. Der Koordinierungsausschuss hatte in seinem § 152 vorgeschlagen, nur Rechtsbehelfen aufschiebende Wirkung zu verleihen, die der belastete Adressat einlegt, nicht dagegen Rechtsbehelfen eines Dritten gegen den einen anderen begünstigenden Verwaltungsakt.[15] Dies wurde jedoch im VwPO-Entwurf nicht übernommen, sondern generell Rechtsbehelfen bei allen Arten von Verwaltungsakten mit Doppelwirkung aufschiebende Wirkung beigelegt. Die Unterscheidung nach dem Adressaten wurde in § 136 des VwPO-Entwurfs und dann in § 80 a jedoch beibehalten. Sie hat jetzt allerdings keine praktische Bedeutung.

7   **2. Eintritt der aufschiebenden Wirkung.** Widerspruch oder Anfechtungsklage lassen auch beim Verwaltungsakt mit Doppelwirkung die aufschiebende Wirkung eintreten (§ 80 Abs. 1 S. 2). Dass im System des Eilrechtsschutzes nach § 80 *keine Schadensersatzpflicht* vorgesehen ist im Gegensatz zur von Anfang an ungerechtfertigten einstweiligen Anordnung (§ 123 Abs. 3 VwGO i.V.m. § 945 ZPO), ändert daran nichts.[16] Da die aufschiebende Wirkung zugleich die Rechtsposition des gegnerischen Beteiligten berührt, dieser aber von der Einlegung des Rechtsbehelfs bei Verwaltung oder Gericht nicht unbedingt Kenntnis hat, ist es aus rechtsstaatlichen Gründen erforderlich, den gegnerischen Beteiligten von der Rechtsbehelfseinlegung zu unterrichten. Bei einem gerichtlichen Verfahren ist er ohnehin nach § 65 Abs. 2 notwendig beizuladen. Die aufschiebende Wirkung tritt allerdings nicht erst mit Kenntniserlangung durch den Gegner,[17] sondern bereits automatisch mit Einlegung des Rechtsbehelfs ein[18] (→ § 80 Rn. 44 ff.; zu den Anforderungen an den Rechtsbehelf → § 80 Rn. 31 f.). Dies ergibt sich aus § 80 Abs. 1, der diesbezüglich keinen Unterschied zwischen Verwaltungsakten im zweiseitigen Rechtsverhältnis und Verwaltungsakten mit Doppelwirkung macht.

---

12 VGH Mannheim NJW 1990, 340, 341; VGH München BayVBl 1990, 179, 180; a.M. *K. Rennert*, DVBl 2009, 1333, 1339.

13 Das BVerwG bezeichnet sie allerdings als Verwaltungsakt mit Drittwirkung, BVerwGE 138, 102, Leitsatz 1.

14 BVerwGE 138, 102 Rn. 17, 19 und dem BVerwG folgend OVG Bautzen DÖD 2011, 267; OVG Lüneburg DVBl 2011, 972; *W.-R. Schenke*, NVwZ 2011, 321 f.; *S. Schönrock*, ZBR 2013, 26, 28; *F. Wieland/A. Seulen*, DÖD 2011, 69, 70; zur vormals überwiegenden Auffassung in der Rspr., die einen Verwaltungsakt mit Doppelwirkung ablehnte *C.-D. Munding*, DVBl 2011, 1512, 1513 m.w.N.

15 Dazu *C. H. Ule*, DVBl 1981, 363 f.; *ders.*, GewArch 1978, 73, 79.

16 OVG Münster – 13 B 278/09, BeckRS 2009, 33126.

17 So aber *W.-R. Schenke*, DVBl 1986, 9, 10.

18 *M. Schmidt-Preuß*, Kollidierende Privatinteressen, 1992, 588; vgl. auch *F. Schoch*, Vorläufiger Rechtsschutz, 1988, 1187.

III. Maßnahmen der Behörde nach § 80 a

Die *Behörde* kann die *sofortige Vollziehung* im Interesse des begünstigten Adressaten oder des begüns- **8** tigten Dritten *anordnen* (§ 80 a Abs. 1 Nr. 1, Abs. 2). Sie kann ferner die *Vollziehung* im Interesse des begünstigten Dritten *aussetzen* sowie zu seinen Gunsten *einstweilige Sicherungsmaßnahmen* treffen (§ 80 a Abs. 1 Nr. 2). Die Unterscheidung in § 80 a Abs. 1 und Abs. 2 nach den Adressaten ist lediglich historisch bedingt und in der Praxis ohne Bedeutung (→ Rn. 6). §§ 80 und 80 a regeln den vorläufigen Rechtsschutz für Verwaltungsakte mit Doppelwirkung in einem gesetzgeberisch wenig durchdachten Nebeneinander (→ Rn. 1 a). § 80 a enthält Sonderregelungen für Verwaltungsakte mit Doppelwirkung. Trotz weitgehender Verweisung auf § 80 regelt § 80 a nicht alle Rechtsschutzkonstellationen und Anforderungen an den vorläufigen Rechtsschutz. Soweit § 80 a keine Regelungen enthält, sind verbleibende Lücken durch *Rückgriff auf § 80* zu schließen.

1. Antragserfordernis und Zeitpunkt der Antragstellung. Zwar erwähnt § 80 a Abs. 1 und 2, dass die **9** Behörde *auf Antrag* handelt. Dies bedeutet jedoch nicht, dass sie bei entsprechendem öffentlichem Interesse nicht *auch von Amts wegen* tätig werden darf. Es gibt keine Anhaltspunkte dafür, dass der Gesetzgeber mit der Einfügung des § 80 a bei Verwaltungsakten mit Doppelwirkung die Handlungsmöglichkeiten der Behörde einschränken wollte gegenüber ihren Befugnissen bei Verwaltungsakten im zweiseitigen Rechtsverhältnis, wo sie auch von Amts wegen tätig werden kann.[19] Der *Begünstigte* kann einen *Antrag auf Anordnung der sofortigen Vollziehung* bei der Ausgangsbehörde *bereits vor Erlass des Verwaltungsakts* stellen. Für diese Möglichkeit besteht insbes. in Fällen ein Bedürfnis, in denen mit Rechtsbehelfen belasteter Dritter zu rechnen ist, etwa bei Planfeststellungsbeschlüssen.[20] Die Behörde kann dann die Anordnung der sofortigen Vollziehung zugleich mit dem Erlass des Verwaltungsakts treffen. Im Interesse eines effektiven vorläufigen Rechtsschutzes kann der *Belastete* einen *Antrag auf Aussetzung der Vollziehung bereits vor Einlegung seines Rechtsbehelfs* bei der Ausgangsbehörde stellen. Allerdings darf die Rechtsbehelfsfrist bei Stellung des Antrages noch nicht abgelaufen sein (zur ähnl. Interessenlage bei Anträgen nach § 80 Abs. 5 bereits vor Widerspruchseinlegung → § 80 Rn. 129). Der *Antragsteller hat die Wahl, ob er bei der Behörde einen Antrag* auf eine Vollzugsanordnung im Beteiligteninteresse stellt bzw. die Aussetzung der Vollziehung beantragt, *oder ob er sofort beim Gericht um vorläufigen Rechtsschutz nach § 80 a Abs. 3 nachsucht*, da das Verfahren bei der Behörde und das gerichtliche Verfahren gleichberechtigt nebeneinander stehen (Rn. 21; zur Entbehrlichkeit eines behördlichen Vorverfahrens Rn. 16 ff.).

2. Entscheidungsgrundsätze, insbesondere Interessenabwägung. Bei ihrer Entscheidung hat die Be- **10** hörde im Dreiecksverhältnis zwischen Behörde, Begünstigtem und Belastetem die ggf. vorhandenen öffentlichen Interessen sowie die Interessen des Adressaten und des Dritten zu ermitteln. Sofern im Einzelfall die öffentlichen Interessen nicht ausnahmsweise überwiegen (zur Anordnung der sofortigen Vollziehung im öffentlichen Interesse → § 80 Rn. 84 ff., zur Aussetzung der Vollziehung → § 80 Rn. 106 ff.), führt eine reine Interessenabwägung allerdings nicht weiter. Denn die *verfassungsrechtlichen Positionen von Adressat und Drittem sind grds. gleichberechtigt.* Daher kann *kein genereller Vorrang* etwa *zugunsten des Rechtsbehelfsführers* für eine aufschiebende Wirkung des Rechtsbehelfs bestehen (dazu BVerfG [K] GewArch 1985, 16). Private Beteiligte können sich i.d.R. gleichermaßen auf Grundrechte berufen, insbes. auf das in Art. 19 Abs. 4 GG enthaltene Grundrecht auf Gewährung effektiven Rechtsschutzes sowie auf weitere Grundrechte, z.B. im Baurechtsstreit sowohl Bauherr als auch Nachbar auf Art. 14 Abs. 1 GG. Bei der Entscheidung kommt daher den Erfolgsaussichten des eingelegten Rechtsbehelfs große Bedeutung zu. Je geringer die Erfolgswahrscheinlichkeit des Rechtsbehelfs in der Hauptsache ist, desto geringer ist auch das Interesse des Belasteten zu werten. Weisen zusätzlich vorhandene öffentliche Interessen in dieselbe Richtung wie die eines der Beteiligten, verstärken sie dessen Interessenposition. Bei offenem Ausgang der Hauptsache kommt vorläufiger Rechtsschutz regelmäßig nicht in Betracht, da sich hier die grds. gleichberechtigten Positionen der Beteiligten

---

19 OVG Münster – 10 B 961/99, BeckRS 2004, 25822; VG Neustadt a.d.W. NVwZ-RR 2011, 227 f.; *U. Battis*, in: Battis/Krautzberger/Löhr, BauGB, [13]2016, § 212 a Rn. 2; *Kopp/Schenke* § 80 a Rn. 7 und 13; *H. K. Schmaltz*, DVBl 1992, 230, 232; vgl. auch *H. Jäde*, APF 1987, 169, 174; a.M. HmbOVG NVwZ 2002, 356, 357 (aber Heilung im Verfahren möglich); VG Frankfurt a. M. NVwZ-RR 2000, 844; *C. Külpmann*, in: Finkelnburg/Dombert/Külpmann Rn. 799; *Schmitt Glaeser/Horn* Rn. 266.

20 OVG Schleswig SchlHA 1994, 267; VGH Mannheim NVwZ 1995, 292, 293.

entgegenstehen (→ Rn. 11 f., 25 f.). Die Behörde trifft ihre Entscheidung nach *pflichtgemäßem Ermessen* und hat dabei den *Verhältnismäßigkeitsgrundsatz* zu wahren. Da eine Entscheidung zugunsten eines Beteiligten zugleich eine negative Auswirkung auf die Rechtsposition des anderen Beteiligten hat, ist der Ermessensspielraum der Behörde wesentlich eingeschränkter als bei Verwaltungsakten im zweiseitigen Rechtsverhältnis und wird hinsichtlich der Frage, ob der Verwaltungsakt sofort vollziehbar ist oder der Rechtsbehelf aufschiebende Wirkung hat, in aller Regel auf Null reduziert sein.[21] Im zweiseitigen Rechtsverhältnis kann die Verwaltung die sofortige Vollziehung eines Verwaltungsaktes bspw. auch aus reinen Zweckmäßigkeitserwägungen aussetzen, da dies stets die Rechtsposition des Betroffenen verbessert. Bei Verwaltungsakten mit Doppelwirkung ist dies hingegen nicht zulässig, da eine Aussetzung der Vollziehung zum Vorteil der Interessen des einen Beteiligten und zum Nachteil der Interessen des anderen Beteiligten wirkt.

11 **3. Maßnahmen der Behörde im Einzelnen. a) Anordnung der sofortigen Vollziehung (§ 80 a Abs. 1 Nr. 1, Abs. 2).** Da auch bei Verwaltungsakten mit Doppelwirkung der Rechtsbehelf des Belasteten aufschiebende Wirkung hat (§ 80 Abs. 1 S. 2), kann der begünstigte Adressat (§ 80 a Abs. 1 Nr. 1) oder der begünstigte Dritte (§ 80 a Abs. 2) Interesse an einer Anordnung der sofortigen Vollziehung haben, um schnellstmöglich vom Verwaltungsakt Gebrauch machen zu können. *§ 80 Abs. 2 S. 1 Nr. 4 Alt. 2 regelt bereits diese Anordnung der sofortigen Vollziehung im überwiegenden Interesse eines Beteiligten.* Daher sind § 80 a Abs. 1 Nr. 1 und Abs. 2, die auf diese Bestimmung verweisen, überflüssig (zu den Einzelheiten einer Anordnung der sofortigen Vollziehung im Beteiligteninteresse, insbes. zum Prüfungsmaßstab → § 80 Rn. 90 ff.). Auch für die Vollzugsanordnung im Beteiligteninteresse *ist das besondere Interesse im Regelfall schriftlich zu begründen* (→ § 80 Rn. 96 ff.). § 80 Abs. 3 ist hier unmittelbar[22] anzuwenden, da § 80 Abs. 3 S. 1 auf beide Alternativen des § 80 Abs. 2 S. 1 Nr. 4 verweist. Der Umstand, dass § 80 a nicht ausdrücklich auch § 80 Abs. 3 nennt, schadet nicht, da der vorläufige Rechtsschutz bei Verwaltungsakten mit Doppelwirkung in einem Nebeneinander von § 80 und § 80 a geregelt wird und bei Lücken in der ohnehin wenig abgestimmten und durchdachten Vorschrift des § 80 a auf die Regelungen des § 80 zurückzugreifen ist (→ Rn. 8).

11a **b) Aussetzung der Vollziehung (§ 80 a Abs. 1 Nr. 2).** § 80 a erwähnt für den Fall eines den Adressaten begünstigenden Verwaltungsakts die Befugnis der Behörde zur Aussetzung der Vollziehung (§ 80 a Abs. 1 Nr. 2), wenn der Rechtsbehelf des Dritten keine aufschiebende Wirkung hat. Nachdem die *Aussetzung der Vollziehung bereits in § 80 Abs. 4 geregelt ist,* verweist § 80 a Abs. 1 Nr. 2 konsequenterweise auf diese Vorschrift. Der Gesetzgeber übersah bei der Einfügung des § 80 a allerdings die Fallkonstellation, dass ein den Adressaten belastender Verwaltungsakt erlassen wird, der kraft Gesetzes (gem. § 80 Abs. 2 S. 1 Nr. 1–3) oder aufgrund behördlicher Anordnung (§ 80 Abs. 2 S. 1 Nr. 4) sofort vollziehbar ist (Rn. 1 a). In diesem Fall hat der Rechtsbehelf des belasteten Adressaten keine aufschiebende Wirkung. Der Adressat kann deshalb ebenfalls ein Interesse an der Aussetzung der Vollziehung haben. Da § 80 a für diese Rechtsschutzkonstellation eine Lücke aufweist, richtet sich die Aussetzung der Vollziehung hier unmittelbar nach § 80 Abs. 4. *Auch im Interesse des belasteten Adressaten* kann die Behörde somit die *Vollziehung aussetzen.*[23] Bei Verwaltungsakten mit Doppelwirkung führt sowohl die Anordnung der sofortigen Vollziehung nach § 80 a Abs. 1 Nr. 1, Abs. 2 wie auch die Aussetzung der Vollziehung nach § 80 a Abs. 1 Nr. 2, § 80 Abs. 4 zur Begünstigung des einen Beteiligten und zugleich zur Belastung des anderen Beteiligten. Wegen der gleichen Interessenlage ist in *analoger Anwendung von § 80 Abs. 3 auch die Aussetzung der Vollziehung gesondert begründungpflichtig.*[24] Die Behörde muss in ihrer schriftlichen Begründung das besondere Interesse des Belasteten an der Aussetzungsentscheidung darlegen (zum Inhalt der Begründung → § 80 Rn. 97 f.). Im Übrigen ist für den Prüfungsmaßstab auf § 80 Abs. 4 zurückzugreifen (→ § 80 Rn. 106 ff.). Auch hier kommt neben dem

---

21 Dazu *N. Kollmer,* NuR 1994, 15, 19.
22 *M. Funke-Kaiser,* in: Bader § 80 a Rn. 13; vgl. auch OVG Lüneburg NVwZ-RR 2008, 686; VGH Mannheim NVwZ 1995, 292, 293.
23 *M. Funke-Kaiser,* in: Bader § 80 a Rn. 6; *Kopp/Schenke* § 80 a Rn. 16; *F. Schoch,* in: Schoch/Schneider/Bier § 80 a Rn. 15; a.M. *H. Gersdorf,* in: Posser/Wolff, BeckOK VwGO § 80 a Rn. 12, 18, 30 (analoge Anwendung der Regelungen des § 80 a).
24 VG Neustadt a.d.W. NVwZ-RR 2011, 227, 228; *Kopp/Schenke* § 80 a Rn. 13 b; *M. Funke-Kaiser,* in: Bader § 80 a Rn. 19.

Bestehen eines besonderen Aussetzungsinteresses des Belasteten den Erfolgsaussichten des Rechtsbehelfs in der Hauptsache wesentliche Bedeutung für die Bewertung der Interessen der Beteiligten zu.

4. Umfang und Inhalt der behördlichen Entscheidung, Sicherungsmaßnahmen. Da grds. beide Seiten 12 gleichrangige grundrechtlich abgesicherte Rechtspositionen haben, hat die Behörde nach pflichtgemäßem Ermessen Möglichkeiten der Entscheidung auch jenseits der schlichten Bejahung oder Verneinung der sofortigen Vollziehung des Verwaltungsakts zu prüfen, die dem Rechtsschutzinteresse beider Seiten gerecht werden. Dazu kann die Behörde ebenso wie bei Verwaltungsakten im zweiseitigen Rechtsverhältnis ihre Maßnahmen des vorläufigen Rechtsschutzes mit *Bedingungen, Befristungen* oder mit *Auflagen* versehen. Sie können auf bestimmte Teile eines Verwaltungsakts *beschränkt* oder nur *gegen Sicherheitsleistung* vorgenommen werden (→ § 80 Rn. 79, 104). § 80a Abs. 1 Nr. 2 ermächtigt die Behörde darüber hinaus zu *einstweiligen Maßnahmen zur Sicherung der Rechte* des Dritten. Hierbei handelt es sich um eine eigenständige verfahrensrechtliche Befugnis,[25] die es der Behörde ermöglicht, nicht nur zusätzlich zur Aussetzung des Sofortvollzuges Maßnahmen zur Verhinderung des Vollzuges zu treffen, sondern auch Maßnahmen, mithilfe derer der Begünstigte zwar vorläufig vom Verwaltungsakt Gebrauch machen kann, die Rechte des Belasteten dennoch geschützt werden. Die Befugnis zur Anordnung von Sicherungsmaßnahmen findet auch *entsprechende Anwendung bei der Anordnung der sofortigen Vollziehung.*[26] Eine Grenze der möglichen Maßnahmen liegt im Verbot, die gesetzlichen Haftungsregelungen zu umgehen (→ Rn. 38).

5. Entscheidung der Behörde bei faktischer Vollziehung. Beachtet der von einem Verwaltungsakt Be- 13 günstigte die aufschiebende Wirkung des vom anderen Beteiligten eingelegten Rechtsbehelfs nicht und macht weiterhin vom Verwaltungsakt Gebrauch, liegt ein Fall der faktischen Vollziehung vor[27] (→ § 80 Rn. 50). Vorläufiger Rechtsschutz gegen eine derartige faktische Vollziehung ist in § 80a nicht ausdrücklich geregelt. Da nach dem gesetzlichen System, wie es in § 123 Abs. 5 i.V.m. § 80a zum Ausdruck kommt, der vorläufige Rechtsschutz gegen Verwaltungsakte mit Doppelwirkung ausschließlich i.R. der §§ 80, 80a gewährt werden soll, ist hier *§ 80a Abs. 1 Nr. 2 entsprechend anzuwenden.* Danach kann die Behörde eine *Anordnung,* dass von dem Verwaltungsakt vorläufig kein Gebrauch gemacht werden darf, sowie *weitere Sicherungsmaßnahmen* treffen.[28]

IV. Entscheidung des Gerichts (§ 80a Abs. 3)

Nach § 80a Abs. 3 S. 1 besitzt das Gericht die Befugnis zum Erlass der gleichen Maßnahmen wie die 14 Verwaltung (Anordnung der sofortigen Vollziehung, Aussetzung der Vollziehung und Sicherungsmaßnahmen). Ferner kann es die Maßnahmen der Verwaltung ändern oder aufheben. § 80a Abs. 3 S. 2 verweist für das gerichtliche Verfahren auf § 80 Abs. 5–8. Für Zulässigkeitsvoraussetzungen und Verfahren kann daher auf die Komm. zu § 80 verwiesen werden (→ § 80 Rn. 111 ff.). Im Folgenden werden lediglich einige Besonderheiten für die Entscheidung bei Verwaltungsakten mit Doppelwirkung genannt.

1. Besonderheiten bei der Zulässigkeitsprüfung. a) Antrag. Das Gericht wird – mit Ausnahme des 15 Abänderungsverfahrens nach § 80a Abs. 3 S. 2, § 80 Abs. 7 (→ § 80 Rn. 183 ff.) – *nur auf Antrag* hin tätig. Der Wortlaut von § 80a Abs. 1 und 2 deutet darauf hin, dass vor Antragstellung ein Rechtsbehelf eingelegt worden sein muss. Wegen der Verweisung über § 80a Abs. 3 S. 2 auf § 80 Abs. 5 S. 2 ist der Antrag jedenfalls *bereits vor Erhebung der Anfechtungsklage* zulässig. Der Antrag kann aber *auch bereits vor Einlegung des Widerspruchs* gestellt werden.[29] Da die aufschiebende Wirkung automatisch mit Einlegung des Rechtsbehelfs und nicht erst mit Kenntnis des anderen Beteiligten von Widerspruch oder Anfechtungsklage eintritt (→ Rn. 7), kann es in den Fällen des § 80a Abs. 1 Nr. 1 und § 80a Abs. 2 den Anspruch auf Gewährung effektiven Rechtsschutzes des Begünstigten gefährden, wenn er

25 OVG Lüneburg NVwZ-RR 2014, 550, 551; *M. Funke-Kaiser,* in: Bader § 80a Rn. 21; *Kopp/Schenke* § 80a Rn. 14; *F. Schoch,* in: Schoch/Schneider/Bier § 80a Rn. 40.
26 *N. Große-Hündfeld,* FS Gelzer, 1991, 303, 306; *Kopp/Schenke* § 80a Rn. 6a; *K. Redeker,* BauR 1991, 525, 530.
27 OVG Koblenz DÖV 1994, 1012; vgl. auch VGH Kassel DVBl 1992, 780; *S. Kirste,* DÖV 2001, 397, 402 f.; *M. Schmidt-Preuß,* Kollidierende Privatinteressen, 1992, 592.
28 OVG Koblenz DÖV 1994, 1012; OVG Lüneburg NVwZ-RR 2014, 550, 551; *S. Kirste,* DÖV 2001, 397, 403 f.; *M. Schmidt-Preuß,* Kollidierende Privatinteressen, 1992, 592 (der die Rechtsgrundlage in § 80 Abs. 1 sieht).
29 A.M. offenbar *D. Sellner,* FS Lerche, 1993, 815, 818.

für die Zulässigkeit seines Antrages zuwarten müsste, bis er von der Rechtsbehelfseinlegung erfährt. In den Fällen des § 80 a Abs. 1 Nr. 2 ist zwar Rechtsbehelfsführer und Antragsteller dieselbe Person. Ebenso wie bei Verwaltungsakten im zweiseitigen Rechtsverhältnis (→ § 80 Rn. 129) kann jedoch auch hier in besonderen Eilfällen das Recht auf effektiven Rechtsschutz erschwert oder unmöglich gemacht werden, wenn vor einer Antragstellung bei Gericht zunächst Widerspruchseinlegung bei der Verwaltung verlangt würde. In den Fällen des § 80 a Abs. 1 Nr. 1 und § 80 a Abs. 2 ist zu prüfen, ob es an einem Rechtsschutzinteresse deswegen mangeln kann, weil im Einzelfall Anzeichen dafür bestehen, dass der belastete Betroffene nicht beabsichtigt, überhaupt einen Rechtsbehelf einzulegen. Das – von gesetzlichen Ausnahmen abgesehen (→ § 80 Rn. 128) – nicht fristgebundene Antragsrecht nach §§ 80 a, 80 kann *verwirkt* werden, wenn der Antragsteller seit der ersten Möglichkeit der Antragstellung eine längere Zeit hat verstreichen lassen und besondere Umstände hinzutreten, die die verspätete Antragstellung als Verstoß gegen Treu und Glauben erscheinen lassen.[30]

16   **b) Vorverfahren.**   Mit Ausnahme von Verwaltungsakten mit Doppelwirkung in Abgaben- und Kostensachen erfordert es die Verweisung des § 80 a Abs. 3 S. 2 auf § 80 Abs. 6 nicht, vor Anrufung des Gerichts zunächst einen entsprechenden Antrag auf Gewährung vorläufigen Rechtsschutzes bei der Behörde zu stellen, da es sich um eine Rechtsgrundverweisung handelt.[31] Über die Frage, ob und unter welchen Voraussetzungen in Fällen des § 80 a ein behördliches Vorverfahren durchzuführen ist, herrscht allerdings Streit. Nach der *vor Einführung des § 80 a* vorherrschenden Rechtsmeinung wurde bei einem *Antrag auf Aussetzung der Vollziehung* keine vorherige Befassung der Behörde für erforderlich gehalten, weil es sich bei den Verfahren nach § 80 Abs. 4 einerseits und § 80 Abs. 5 andererseits um selbständige Verfahren handele und wegen der Eilbedürftigkeit nach Art. 19 Abs. 4 GG ein Recht auf direkte Anrufung des Gerichts zu bejahen sei.[32] Begehrte der Begünstigte eines Verwaltungsakts mit Doppelwirkung hingegen die *Anordnung der sofortigen Vollziehung*, hielt man überwiegend einen vorherigen erfolglosen Antrag bei der Behörde für erforderlich. Das Rechtsschutzinteresse für eine unmittelbare Anrufung des Gerichts wurde verneint, weil eine Befugnis des Gerichts zur Anordnung der sofortigen Vollziehung nicht ausdrücklich in § 80 Abs. 5 genannt sei und die Anordnung der sofortigen Vollziehung wegen § 80 Abs. 2 S. 1 Nr. 4 als ureigene Aufgabe der Verwaltung anzusehen sei.[33]

17   Diejenigen, die auch *nach Einfügung des § 80 a* ein Vorverfahren fordern, sehen in der Verweisung des § 80 a Abs. 3 S. 2 ein Gebot zur Anwendung des § 80 Abs. 6 auch bei Verwaltungsakten mit Doppelwirkung in anderen als in Abgaben- und Kostensachen. Allerdings werden unterschiedliche Auffassungen zu der Frage vertreten, ob ein Vorverfahren für alle gerichtlichen Entscheidungen im Zusammenhang mit Verwaltungsakten mit Doppelwirkung erforderlich ist. Nach einer Auffassung sei § 80 a Abs. 3 S. 2 eine Rechtsfolgenverweisung und damit ein genereller Befehl des Gesetzgebers zur Anwendung des § 80 Abs. 6 auf alle Fälle des § 80 a Abs. 3 i.V.m. Abs. 1 und 2.[34] Nach einer anderen Auffassung liege der Sinn der Verweisung darin, dass zunächst eine Interessenbewertung und -abwägung durch die Verwaltung stattfindet; daher sei die Behörde nur dann nicht vorher anzurufen, wenn die sofortige Vollziehung bereits auf einer Anordnung der Behörde beruhe.[35] Probleme mit diesen Auffassungen, die eine breite Anwendung des § 80 Abs. 6 befürworten, werden in Fällen gesehen, in denen ein Antrag auf Gewährung vorläufigen Rechtsschutzes fristgebunden ist. Dies galt insbes. bei Bauge-

30   OVG Koblenz NVwZ-RR 1994, 381, 382; vgl. auch *K. Redeker*, BauR 1991, 525, 529.
31   OVG Brem BauR 1992, 608; HmbOVG – 1 Bs 266/16, BeckRS 2017, 107317 Rn. 7 ff.; OVG Koblenz NVwZ-RR 2004, 224; VGH Kassel NVwZ 1993, 491, 492; VGH Mannheim NVwZ 1995, 292, 293; 1995, 1004; *F. Kopp*, BayVBl 1994, 524; vgl. auch *U. Battis*, in: Battis/Krautzberger/Löhr, BauGB, [13]2016, § 212 a Rn. 2; *R. Hörtnagl/R.-C. Stratz*, VBlBW 1991, 326, 331 f.
32   OVG Koblenz AS 8, 166, 169; OVG Münster NJW 1961, 2034 f.; *F. Schoch*, Vorläufiger Rechtsschutz, 1988, 1546 m.w.N.
33   VGH Kassel DVBl 1972, 585, 586; VGH Mannheim NVwZ 1991, 687; VGH München NVwZ 1982, 575; BayVBl 1990, 755, 756; *H.-J. Papier*, VerwArch 64 (1973), 399, 415; *F. Schoch*, Vorläufiger Rechtsschutz, 1988, 1546 m.w.N.; *G. Scholz*, FS Menger, 1985, 641, 654.
34   OVG Koblenz BauR 1993, 718; OVG Lüneburg DVBl 1993, 123, 124; BauR 1994, 358 f.; NVwZ-RR 2005, 69 f.; NVwZ 2007, 478; NVwZ-RR 2010, 552; OVG Weimar ThürVBl 1995, 64, 65 f.; VG Meiningen NVwZ 1997, 926; *H. Heberlein*, BayVBl 1991, 396, 397; *ders.*, BayVBl 1993, 743, 746 f.; *N. Kollmer*, NuR 1994, 15, 19; *M. Schmidt-Preuß*, Kollidierende Privatinteressen, 1992, 593 f.
35   *H. Jäde*, UPR 1991, 295, 296 f.; vgl. auch *C. Heydemann*, NVwZ 1993, 419, 423; *H. K. Schmaltz*, DVBl 1992, 230, 234.

nehmigungen für Wohnbauten, bei denen nach § 10 Abs. 2 BauGBMaßnG[36] Rechtsbehelfe keine aufschiebende Wirkung hatten, ein Aussetzungsantrag jedoch nur innerhalb eines Monats bei Gericht gestellt werden konnte.[37] Daher wurden in diesen Fällen Ausnahmen von der Pflicht zur vorrangigen Einholung einer Behördenentscheidung zugelassen.[38] Eine dritte Meinung beschränkt das Erfordernis eines behördlichen Vorverfahrens auf Anträge auf Anordnung der sofortigen Vollziehung, weil es sich hierbei um eine genuin verwaltungsbehördliche Angelegenheit handele.[39]

Folgte man der weiten Auffassung, die in § 80 a Abs. 3 eine Verweisung auf § 80 Abs. 6 für alle ge- **18** richtlichen Entscheidungen sieht, würde dies jedenfalls für die Anträge auf Aussetzung der Vollziehung eine Abkehr von der vorherigen Rechtslage bedeuten. Außerdem würde für Verwaltungsakte mit Doppelwirkung stets ein Vorverfahren verlangt im Gegensatz zu Verwaltungsakten im zweiseitigen Rechtsverhältnis, bei denen ein Vorverfahren nur für Abgabenbescheide i.S.v. § 80 Abs. 2 S. 1 Nr. 1 nötig ist (→ § 80 Rn. 182).[40] Nach den Gesetzgebungsmaterialien hatte der Gesetzgeber nicht die Absicht, den Anwendungsbereich des § 80 Abs. 6 über die Verwaltungsakte, mit denen öffentliche Abgaben und Kosten angefordert werden, hinaus auszudehnen.[41] Bei einer Beschränkung von § 80 Abs. 6 lediglich auf Abgaben- und Kostensachen auch bei Verwaltungsakten mit Doppelwirkung liefe die Verweisung auf § 80 Abs. 6 nicht leer.[42] Es gibt auch in Abgaben- und Kostensachen Verwaltungsakte mit Doppelwirkung, wenn auch der Anwendungsbereich gering ist.[43] Zwar kann es der Entlastung der Verwaltungsgerichtsbarkeit dienen, wenn dem Gericht in allen Fällen eine vorangegangene behördliche Einschätzung der sofortigen Vollziehbarkeit des Verwaltungsakts vorgelegt wird.[44] Das Gericht kann sich allerdings ohnehin nicht auf eine reine Nachprüfung der behördlichen Entscheidung beschränken (VGH Kassel NVwZ 1993, 491, 492), da es hinsichtlich der Bewertung der Vollzugs- und Aufschubinteressen auf den Zeitpunkt seiner Entscheidung abzustellen hat (→ § 80 Rn. 162) und daher ggf. zusätzliche Umstände berücksichtigen muss. Darüber hinaus sinkt die Effektivität des Rechtsschutzes bei einer Pflicht zur Durchführung eines Vorverfahrens. Gerade bei Verwaltungsakten mit Doppelwirkung ist eine schnelle gerichtliche Entscheidung oft besonders dringlich, da die Benachteiligung des einen Betroffenen dadurch eintritt, dass der andere, begünstigte Beteiligte den Verwaltungsakt ausnutzt.[45] Daher kann ein vorheriger erfolgloser Antrag bei der Behörde mit Ausnahme der in § 80 Abs. 6 ausdrücklich genannten Abgaben- und Kostenbescheide nicht gefordert werden.

Das Erfordernis eines behördlichen Vorverfahrens besteht im Gegensatz zur früheren Rspr. nun *auch* **19** *nicht mehr für einen Antrag auf Anordnung der sofortigen Vollziehung.* In § 80 a Abs. 3 S. 1 wird aus-

---

36 Außer Kraft getreten ab 1.1.1998, Art. 11 Abs. 2 BauROG, BGBl 1997 I 2081, abgelöst von § 212 a Abs. 1 BauGB, der keine Frist mehr vorsieht.

37 Zur Problematik OVG Lüneburg BauR 1994, 358 f.; VG Würzburg 11.4.1994 – W 4 S 94.346, Umdruck S. 6 f.; *H. K. Schmaltz*, BauR 1994, 283, 287.

38 OVG Lüneburg DVBl 1993, 123, 124 (wonach wegen des gesetzlich bestimmten Sofortvollzuges stets die Vollstreckung drohe und daher § 80 Abs. 6 S. 2 Nr. 2 anwendbar sei); NVwZ 1994, 82 f. (wenn sich die Behörde bereits bei Erteilung der Baugenehmigung mit den Besonderheiten des Einzelfalles befasst habe); VG Würzburg 11.4.1994 – W 4 S 94.346, Umdruck S. 7 f.; vgl. auch OVG Weimar ThürVBl 1995, 64, 66; *H. K. Schmaltz*, BauR 1994, 283, 287 f.

39 HmbOVG – 1 Bs 266/16, BeckRS 2017, 107317 Rn. 24 ff.; *F. Schoch*, NVwZ 1991, 1121, 1126; *M. Schönfelder*, VBlBW 1993, 287, 293 (Die vorrangige Behördenentscheidung soll allerdings nur Sachentscheidungsvoraussetzung sein).

40 *W.-R. Schenke*, JZ 1996, 1155, 1160 f.

41 Dazu die Begründung der Bundesregierung zum Entwurf des 4. VwGOÄndG, wonach eine Ausdehnung über den Bereich der Abgabesachen hinaus nicht in Betracht komme, da in anderen Verfahren als Abgabensachen, in denen die aufschiebende Wirkung eines Rechtsbehelfs kraft Gesetzes entfalle, regelmäßig eine besondere Eilbedürftigkeit anzunehmen und deshalb ein sofortiger Zugang zum Gericht zu ermöglichen sei. Dies gelte erst recht bei der behördlichen Anordnung der sofortigen Vollziehung nach § 80 Abs. 2 S. 1 Nr. 4. Nach § 80 Abs. 3 könne das Gericht auch anstelle der Behörde entscheiden (BT-Drs. 11/7030, 25). Vgl. auch OVG Koblenz NVwZ 1993, 591; VGH Kassel NVwZ 1993, 491, 492; VGH Mannheim NVwZ 1995, 292, 293; 1995, 1004; *C. Külpmann*, in: *Finkelnburg/Dombert/Külpmann* Rn. 1064; a.M. *H. Heberlein*, BayVBl 1993, 743, 745, der auf die nachrangige Bedeutung der Gesetzesmaterialien verweist.

42 So aber OVG Lüneburg NVwZ-RR 2005, 69, 70; *H. Heberlein*, BayVBl 1993, 743, 745; *H. Jäde*, UPR 1991, 295, 296; *F. Schoch*, NVwZ 1991, 1121, 1125.

43 Bsp. bei HmbOVG – 1 Bs 266/16, BeckRS 2017, 107317, Rn. 9; *M. Schönfelder*, VBlBW 1993, 287, 291; s.a. *F. Kopp*, BayVBl 1994, 524; *Pietzner/Ronellenfitsch* § 55 Rn. 1543.

44 Diesen Aspekt betont etwa *H. Heberlein*, BayVBl 1993, 743, 745 f.

45 OVG Brem BauR 1992, 608. Das OVG Lüneburg, das in st. Rspr. ein Vorverfahren verlangt, prüft in solchen Fällen eine Ausnahme vom Vorverfahren wegen drohender Vollstreckung nach § 80 a Abs. 3 S. 2 i.V.m. § 80 Abs. 6 S. 2 Nr. 2: OVG Lüneburg NVwZ-RR 2010, 552 f.; NVwZ-RR 2011, 185.

drücklich die Befugnis des Gerichts genannt, alle die Maßnahmen des vorläufigen Rechtsschutzes, die nach § 80 a Abs. 1 und 2 die Behörde treffen kann, auch selbst treffen zu können. Damit wurde zugleich eine gesetzliche Grundlage für eine eigenständige gerichtliche Anordnung der sofortigen Vollziehung geschaffen, die zuvor vermisst und mit einer Analogie zu § 80 Abs. 5 i.V.m. § 80 Abs. 2 S. 1 Nr. 4 überbrückt wurde (VGH München BayVBl 1991, 723; → Rn. 27). Das Gericht ist daher zu allen Maßnahmen des § 80 a Abs. 1 und 2 gleichermaßen befugt. Der Anordnung der sofortigen Vollziehung kann nicht mehr mit dem Argument, es handle sich um eine genuine Verwaltungstätigkeit, eine Sonderstellung eingeräumt werden. Eine generelle vorrangige Behördenentscheidung ist daher nicht erforderlich.[46]

20   **c) Antragsbefugnis, Rechtsschutzinteresse.**   Zulässigkeitsvoraussetzung ist eine *Antragsbefugnis* des Antragstellers in entsprechender Anwendung von § 42 Abs. 2.[47] Während diese beim Adressaten eines belastenden Verwaltungsakts unproblematisch vorliegt, bedarf sie bei Verwaltungsakten im dreiseitigen Rechtsverhältnis dann einer besonderen Prüfung, wenn sich der Antragsteller gegen den einen anderen begünstigenden Verwaltungsakt wendet.[48]

21   Daneben kann das *allgemeine Rechtsschutzinteresse* fehlen, wenn der Antragsteller seine Rechte auf einfachere Weise schützen kann. Es fehlt allerdings nicht deshalb, weil die Behörde vor Anrufung des Gerichts nicht über einen entsprechenden Rechtsschutzantrag entschieden hat. Denn ein behördliches Vorverfahren ist nur bei Verwaltungsakten mit Doppelwirkung in Abgaben- und Kostensachen geboten (→ Rn. 16 ff.). Obgleich auch für einen *Antrag auf Anordnung der sofortigen Vollziehung* kein Vorverfahren aufgrund der Verweisung des § 80 a Abs. 3 S. 2 auf § 80 Abs. 6 erforderlich ist (→ Rn. 19), wird dennoch z.T. eine vorherige Befassung der Behörde verlangt. Dem Antragsteller fehle das Rechtsschutzbedürfnis, wenn sich die Behörde nicht zuvor ablehnend geäußert habe.[49] Diese Auffassung gründet sich auf die Rechtslage vor Einführung des § 80 a, aufgrund derer mit guten Gründen vertreten werden konnte, dass mangels einer ausdrücklichen Befugnis des Gerichts zur Anordnung der sofortigen Vollziehung diese Maßnahme des vorläufigen Rechtsschutzes eine genuine Angelegenheit der Verwaltung und die Behörde daher stets vorrangig damit zu befassen sei. Nach Einführung einer ausdrücklichen gesetzlichen Befugnis des Gerichts auch zum selbständigen Erlass von Anordnungen der sofortigen Vollziehung in § 80 a Abs. 3 S. 1 (→ Rn. 19, 27) ist jedoch eine vorherige Anrufung der Behörde nicht mehr geboten. Das behördliche und das gerichtliche Rechtsschutzverfahren stehen vielmehr selbständig nebeneinander.

22   **d) Beiladung.**   Der gegnerische Beteiligte ist stets beizuladen. Es handelt sich um einen Fall der notwendigen Beiladung nach § 65 Abs. 2, da der Beschluss des Gerichts zugleich eine Regelung über die rechtlich geschützten Interessen des anderen Beteiligten trifft, eine Entscheidung gegenüber dem Begünstigten und dem Belasteten somit nur einheitlich ergehen kann, und die andere Seite die Möglichkeit haben muss, sich zu dem Antrag zu äußern.[50] Für Großverfahren, in denen mehr als fünfzig Personen beizuladen wären, trifft § 65 Abs. 3 eine Sonderregelung.

23   **e) Vorliegen eines Verwaltungsakts mit Doppelwirkung.**   Der Antrag an das Gericht ist erst dann zulässig, wenn der Verwaltungsakt mit Doppelwirkung erlassen ist[51] (→ § 80 Rn. 124 f.). Liegt kein Verwaltungsakt vor, sondern verletzt eine Person die rechtlich geschützten Interessen einer anderen durch tatsächliches, rechtswidriges Handeln, etwa durch Errichtung eines Schwarzbaus, kann Rechtsschutz mangels zugrunde liegenden Verwaltungsakts nicht nach §§ 80, 80 a gesucht werden. Ggf. kann ein

---

46   So ohne nähere Begründung OVG Brem BauR 1992, 608; *D. Sellner*, FS Lerche, 1993, 815, 818 f.; vgl. auch *F. Schoch*, Vorläufiger Rechtsschutz, 1988, 1546 (der eine vorrangige Anrufung der Behörde bejaht, solange eine gesetzliche Grundlage für die gerichtliche Eilentscheidung fehlt); a.M. HmbOVG – 1 Bs 266/16, BeckRS 2017, 107317 Rn. 24 ff.; offenbar auch *F. Schoch*, NVwZ 1991, 1121, 1126 (der aufgrund der Verweisung auf § 80 Abs. 6 weiterhin eine vorrangige Behördenentscheidung fordert).

47   OVG Weimar ThürVBl 1997, 41; VGH Mannheim NVwZ-RR 1995, 17; VGH München NVwZ-RR 2004, 886; NVwZ-RR 2007, 371, 372, 378.

48   Bspw. OVG Lüneburg DVBl 2014, 257 f. (Rechtsschutzbedürfnis hier verneint, da kein Konkurrenzverhältnis zw. Begünstigtem und Drittem).

49   OVG Brem BauR 1992, 608; HmbOVG – 1 Bs 266/16, BeckRS 2017, 107317, Rn. 24 ff.; VGH München BayVBl 1991, 723; *D. Sellner*, FS Lerche, 1993, 815, 818 f.

50   *N. Kollmer*, NuR 1994, 15, 16; *K. Redeker*, BauR 1991, 525, 529; *D. Sellner*, FS Lerche, 1993, 815, 820.

51   *D. Sellner*, FS Lerche, 1993, 815, 818.

Einschreiten der Behörde im Wege einer einstweiligen Anordnung nach § 123 erreicht werden (→ § 80 Rn. 50).

2. Prüfungsumfang und -dichte. Der Zweck des vorläufigen Rechtsschutzverfahrens ist eine rasche 24
Entscheidung über die Risikotragung bis zur Hauptsacheentscheidung. Eine Vollprüfung muss daher grds. dem Hauptsacheverfahren vorbehalten bleiben (BVerfG [K] GewArch 1985, 16, 17). Ebenso wie bei Verwaltungsakten im zweiseitigen Rechtsverhältnis (→ § 80 Rn. 136) ist daher i.d.R. eine *nur summarische Prüfung der Sach- und Rechtslage* erforderlich und ausreichend. Zwar sind grds. umso höhere Anforderungen an Prüfungsumfang und -dichte zu stellen, je schwerer die Nachteile für einen der Beteiligten sind und je größer die Gefahr ist, dass sich die Folgen einer Vollziehung nur mehr schwer oder überhaupt nicht rückgängig machen lassen[52] (→ § 80 Rn. 136). Dennoch ist unter Berücksichtigung von Art. 19 Abs. 4 GG in einer derartigen Situation eine umfassende und vertiefte Prüfung dann nicht zulässig, wenn dies in Konflikt mit der Eilbedürftigkeit der vorläufigen Rechtsschutzentscheidung käme.[53] Unsicherheiten bei der Sach- und Rechtslage sind bei der Abwägung zwischen Vollzugs- und Aufschubinteressen der Beteiligten entsprechend der Schwere der zu befürchtenden Nachteile und der Irreparabilität der durch die sofortige Vollziehung geschaffenen Tatsachen zu berücksichtigen.[54] Dabei sollte einem Wirtschaftsunternehmen das Risiko einer Investition bei unsicherer Rechtslage auch bei Großprojekten nicht vom Gericht abgenommen werden.[55]

3. Prüfungsmaßstab. Zwar enthält § 80 a ebenso wie § 80 Abs. 5 keine ausdrückliche Aussage darüber, anhand welchen Prüfungsmaßstabes das Gericht seine Entscheidung zu fällen hat. Aus der Verfassung einerseits und dem System des vorläufigen Rechtsschutzes in § 80 andererseits, insbes. den Vorgaben in § 80 Abs. 2 S. 1 Nr. 4 und § 80 Abs. 4, auf die § 80 a Abs. 1 und 2 verweisen, lassen sich jedoch Entscheidungskriterien gewinnen. Bei einem Verwaltungsakt mit Doppelwirkung stehen – vorbehaltlich eines überwiegenden öffentlichen Interesses – *grds. gleichrangige Rechtspositionen der Beteiligten* gegenüber. Begünstigter und Belasteter können sich beide gleichermaßen auf das in Art. 19 Abs. 4 GG verankerte Grundrecht auf Gewährung effektiven Rechtsschutzes berufen. Zudem sind i.d.R. auf beiden Seiten weitere Grundrechtspositionen, bspw. aus Art. 14 Abs. 1, 12 Abs. 1, 2 Abs. 1 GG, betroffen. Das Gericht hat darüber zu entscheiden, *welche Seite bis zur Hauptsacheentscheidung das mit der sofortigen Vollziehung oder der Aussetzung der Vollziehung verbundene Risiko des Zeitablaufs und einer eventuellen abweichenden Hauptsacheentscheidung zu tragen hat.* Aus der Verfassung lässt sich nicht entnehmen, dass die Interessen einer Seite, etwa desjenigen, der den Verwaltungsakt anficht, grds. vorrangig zu behandeln wären.[56] Auch aus dem System des vorläufigen Rechtsschutzes in § 80 geht nicht hervor, dass etwa der den Verwaltungsakt anfechtende Belastete gegenüber dem Begünstigten in einer verfahrensrechtlich besseren Position sein soll. Das Gericht hat vielmehr eine gleichsam „schiedsrichterliche" Entscheidung zwischen den beteiligten rechtlich geschützten Interessen zu treffen.[57] Bestehen allerdings im Einzelfall neben den Interessen des Adressaten und des Dritten auch öffentliche Interessen und weisen diese in dieselbe Richtung, wie die eines der Beteiligten, können sie seine Position verstärken.[58]

Zur Bewertung der Beteiligteninteressen ist maßgeblich auf die *Erfolgsaussichten des Rechtsbehelfs 26
des Belasteten* abzustellen.[59] Das Aufschubinteresse des Belasteten ist umso geringer je geringer seine Aussichten sind, mit seinem Rechtsmittel im Hauptsacheverfahren einen Erfolg zu erzielen. Entschei-

---

52 OVG Lüneburg NVwZ-RR 2017, 807, 808; OVG Münster NVwZ-RR 2011, 855, 856 m.w.N.
53 OVG Schleswig NVwZ 1992, 687, 688; *J. Limberger,* Probleme des vorläufigen Rechtsschutzes bei Großprojekten, 1985, 187; *C. H. Ule,* GewArch 1978, 73, 77 ff.; vgl. aber *D. Sellner,* FS Lerche, 1993, 815, 826 f.; a.M. OVG Lüneburg DVBl 1961, 520, 521; 1975, 190, 193 ff.; *D. Mampel,* DVBl 1997, 1155, 1156 f.
54 VGH München NVwZ 1991, 1002, 1003.
55 *C. H. Ule,* GewArch 1978, 73, 81.
56 BVerfG (K) GewArch 1985, 16; NVwZ 2009, 240, 242; VGH Kassel ESVGH 40, 294, 298; VGH München BayVBl 1988, 86, 87.
57 BVerwG BayVBl 1966, 279; OVG Schleswig SchlHA 1994, 267; VGH Kassel ESVGH 40, 294, 298; i.d.S. auch OVG Lüneburg NVwZ-RR 2004, 131 f.
58 Bspw. die Interessenabwägung bei OVG Bln-Bbg NVwZ-RR 2010, 877, 880 f.; OVG Koblenz NVwZ-RR 2016, 331, 333.
59 OVG Lüneburg NVwZ-RR 2004, 131, 132; NVwZ 2007, 478 f.; OVG Magdeburg NVwZ-RR 2017, 23; OVG Münster – 13 B 1013/08, BeckRS 2008, 38969; DVBl 2008, 1515, 1516; 13 B 278/09, BeckRS 2009, 33126; vgl. *D. Sellner,* FS Lerche, 1993, 815, 825.

dend ist hierbei allerdings nicht die objektive Rechtmäßigkeit oder Rechtswidrigkeit des Verwaltungsakts, sondern die Frage, ob sein Rechtsbehelf Erfolg haben wird, d.h. im *Fall des § 80 a Abs. 1* die Frage, ob eine *Verletzung der Rechte des anfechtenden Dritten* vorliegt.[60] Stellte man auf die objektive Rechtslage ab, würde im vorläufigen Rechtsschutzverfahren ein anderer Entscheidungsmaßstab für die Beurteilung der Hauptsache zugrunde gelegt als im Hauptsacheverfahren selbst. Dies widerspräche dem Zweck des vorläufigen Rechtsschutzes als Sicherung des Hauptsacherechtsschutzes. Auch aus Art. 19 Abs. 4 GG i.V.m. Art. 2 Abs. 1 GG lässt sich nicht ableiten, dass der Prüfungsrahmen über die Verletzung subjektiver Rechte des Dritten hinaus ausgedehnt werden müsste. Die Rechtsschutzgarantie sichert lediglich die Individualrechte des Betroffenen gegenüber der öffentlichen Gewalt, vermittelt dem Bürger hingegen keinen allgemeinen Gesetzesvollziehungsanspruch.[61] Ausnahmsweise kommt es auf die Verletzung der Rechte des Dritten nicht an, dann nämlich, wenn bereits feststeht – etwa aufgrund einer Weisung –, dass der Verwaltungsakt in naher Zukunft von der Behörde rechtmäßig zurückgenommen werden wird (OVG Bautzen LKV 1993, 97; vgl. auch VGH München BayVBl 1991, 723, 724). Im – in der Praxis selteneren – *Fall des § 80 a Abs. 2*, bei dem der Dritte die einen anderen belastende Maßnahme bereits vor der Hauptsacheentscheidung vollzogen sehen möchte, kommt es ebenfalls grds. auf die Erfolgsaussichten des Rechtsbehelfs des Belasteten an. Allerdings ist auch hier die *Frage nach der Verletzung der Rechte des Dritten in die Prüfung einzubeziehen.* Ist der Rechtsbehelf des belasteten Adressaten voraussichtlich erfolgreich, der Verwaltungsakt also rechtswidrig, kann kein Interesse des Dritten am Sofortvollzug bestehen. Ist der Rechtsbehelf aber voraussichtlich erfolglos oder ist der Ausgang des Hauptsacheverfahrens offen, kann eine sofortige Vollziehung nur angeordnet werden, wenn der Nichtvollzug des Verwaltungsakts zugleich Rechte des Dritten derart verletzen würde, dass der Dritte einen Anspruch auf entsprechendes Einschreiten der Behörde hat (OVG Lüneburg NVwZ 2007, 478, 479).

27 a) **Gerichtliche Anordnung der sofortigen Vollziehung.** § 80 a Abs. 3 S. 1 i.V.m. § 80 a Abs. 1 Nr. 1 und Abs. 2 regelt ausdrücklich die *Befugnis des Gerichts zur Anordnung der sofortigen Vollziehung im Interesse des Begünstigten* eines Verwaltungsakts mit Doppelwirkung. Bereits vor Schaffung des § 80 a hatte die Rspr. diese Möglichkeit in entsprechender Anwendung des § 80 Abs. 5 i.V.m. § 80 Abs. 2 S. 1 Nr. 4 anerkannt (vgl. BVerwG NJW 1969, 202 f.; a.M. bspw. VGH Mannheim DVBl 1972, 586, 587 f.). Der Streit, ob das Gericht nur eine Verpflichtung der Behörde aussprechen kann, eine Anordnung der sofortigen Vollziehung zu erlassen,[62] oder ob es die sofortige Vollziehung selbst anordnen kann,[63] wurde durch § 80 a Abs. 3 S. 1 zugunsten einer Befugnis des Gerichts zur Anordnung der sofortigen Vollziehung entschieden (OVG Münster NVwZ-RR 2007, 510, 511).

28 Beruht die aufschiebende Wirkung des Rechtsbehelfs auf einer *behördlichen Aussetzungsentscheidung nach § 80 a Abs. 1 Nr. 2,* hat das Gericht neben der Einhaltung des *Begründungserfordernisses (§ 80 Abs. 3 analog,* → Rn. 11 a) insbes. das Bestehen eines *besonderen Aussetzungsinteresses des Belasteten* zu prüfen sowie im Wege der Abwägung zu ermitteln, ob es gegenüber dem Vollzugsinteresse des Begünstigten überwiegt. Beruht die aufschiebende Wirkung des Rechtsbehelfs hingegen auf *§ 80 Abs. 1 S. 2* hat das Gericht unter Anlegung der Maßstäbe des *§ 80 Abs. 2 S. 1 Nr. 4* zunächst zu klären, ob ein *besonderes öffentliches Interesse am Sofortvollzug* vorliegt, das die Beteiligteninteressen überwiegt. In diesem Fall ist nach *§ 80 Abs. 2 S. 1 Nr. 4 Alt. 1* die sofortige Vollziehung anzuordnen (→ § 80 Rn. 91). Ist kein öffentliches Vollzugsinteresse festzustellen, das den Ausschlag gibt, richtet sich die Anordnung der sofortigen Vollziehung nach *§ 80 Abs. 2 S. 1 Nr. 4 Alt. 2.* In dieser Situation stehen sich *grds. gleichrangige Rechtspositionen der Betroffenen* gegenüber. Eine Anordnung der so-

---

60 OVG Bautzen LKV 1993, 97; OVG Magdeburg NVwZ-RR 2017, 23; OVG Münster BauR 1995, 80 f.; 13 B 1013/08, BeckRS 2008, 38969; DVBl 2008, 1515, 1516; 13 B 278/09, BeckRS 2009, 33126; OVG Schleswig NVwZ-RR 1995, 252; OVG Weimar ThürVBl 1997, 20, 21; VGH Kassel DVBl 1992, 45, 46; 1992, 780, 781; VGH Mannheim NVwZ 1991, 1004, 1005; NVwZ-RR 2003, 27; VGH München BayVBl 1977, 565; 1988, 369, 370; 1991, 723, 724; vgl. auch OVG Münster NVwZ-RR 1995, 61; a.M. H. *Wüstenbecker,* BauR 1995, 313 ff.

61 BVerfG (K) NVwZ 2009, 240, 242; OVG Magdeburg NVwZ-RR 2017, 23; OVG Münster – 13 B 278/09, BeckRS 2009, 33126.

62 So etwa VGH München BayVBl 1977, 565; 1980, 117, 118; NVwZ 1982, 575; BayVBl 1990, 755, 756; *H.-J. Papier,* VerwArch 64 (1973), 399, 414 f.; *W.-R. Schenke,* NJW 1970, 270 f.; *ders.,* DVBl 1986, 9, 10; *G. Scholz,* FS Menger, 1985, 641, 654.

63 BVerwG NJW 1969, 202 (obiter dictum); VGH Mannheim NVwZ 1991, 687; *F. Schoch,* Vorläufiger Rechtsschutz, 1988, 1666 m.w.N.

fortigen Vollziehung kann nur dann getroffen werden, wenn das Interesse des begünstigten Beteiligten am Sofortvollzug das Interesse des belasteten Beteiligten an der aufschiebenden Wirkung seines Rechtsbehelfs überwiegt. Der *Begünstigte*, der die Anordnung der sofortigen Vollziehung begehrt, muss dabei ein *besonderes Interesse* i.S.v. § 80 Abs. 3 *gerade an der sofortigen Vollziehbarkeit* vorweisen. Dieses besondere Interesse muss über sein regelmäßiges Interesse an der Ausnutzung eines ihm günstigen Verwaltungsakts hinausgehen und sich gerade auf den Sofortvollzug beziehen[64] (→ § 80 Rn. 92). Art. 19 Abs. 4 GG lässt sich für diese Fallkonstellation nicht entnehmen, dass eine der beiden einander gegenüberstehenden Rechtspositionen zu bevorzugen wäre oder zusätzlich ein besonderes öffentliches Interesse vorliegen müsste.[65] Gibt es im Einzelfall allerdings öffentliche Interessen, die zwar nicht so stark sind, dass sie überwiegen, aber mit der Interessenlage eines der Beteiligten gleichlaufen, verstärken sie die Position dieses Beteiligten.

Ein besonderes Vollzugsinteresse des Begünstigten wird jedenfalls dann *nicht* anzunehmen sein, wenn 29 das *Rechtsmittel des anderen Beteiligten* voraussichtlich *erfolgreich* sein wird. Wenn das Rechtsmittel des anderen Beteiligten voraussichtlich *erfolglos* bleiben wird, folgt daraus andererseits nicht unbedingt eine Anordnung der sofortigen Vollziehung. Da der Begünstigte nach § 80 Abs. 2 S. 1 Nr. 4 Alt. 2 ein *besonderes Interesse gerade am Sofortvollzug* vorweisen muss, wird zusätzlich gefordert, dass dem Begünstigten gegenüber eine Fortdauer der aufschiebenden Wirkung unbillig erscheinen muss.[66] Das besondere Interesse am Sofortvollzug kann der Begünstigte jedenfalls dann nicht vorweisen, wenn der begünstigende Verwaltungsakt erkennbar objektiv rechtswidrig ist. In einem solchen Fall darf das Gericht die sofortige Vollziehung nicht anordnen.[67] Der voraussichtliche Erfolg oder Misserfolg des Rechtsbehelfs in der Hauptsache muss mit dem Maß an Sicherheit, das aufgrund der nur summarischen Prüfung im vorläufigen Rechtsschutzverfahren erlangt werden kann, zur Überzeugung des Gerichts feststehen (vgl. VGH München BayVBl 1977, 565). Bei *offenem Ausgang der Hauptsache* hat eine Abwägung zwischen Aufschubinteresse des Belasteten und Vollzugsinteresse des Begünstigten stattzufinden (OVG Koblenz NVwZ-RR 1994, 381, 383). Kann kein Überwiegen des Interesses einer Seite festgestellt werden, bleibt es bei der aufschiebenden Wirkung des Rechtsbehelfs. Besteht ein überwiegendes Interesse des Begünstigten am Sofortvollzug, ist i.d.R. auch ein *Anspruch* des Begünstigten auf Anordnung der sofortigen Vollziehung gegeben (→ § 80 Rn. 93).

b) Gerichtliche Aussetzung der Vollziehung oder Anordnung bzw. Wiederherstellung der aufschieben- 30 **den Wirkung.** Auch gegen den gesetzlich oder behördlich angeordneten Sofortvollzug kann der belastete Adressat oder Dritte bei Gericht um vorläufigen Rechtsschutz nachsuchen. *Str. ist, ob das Gericht* – ebenso wie beim zweiseitigen Rechtsverhältnis – bei einem Verwaltungsakt mit Doppelwirkung *die aufschiebende Wirkung des Rechtsbehelfs* in den Fällen des gesetzlich bestimmten Sofortvollzuges (§ 80 Abs. 2 S. 1 Nr. 1–3) *anordnen* und im Falle der behördlichen Vollzugsanordnung (§ 80 a Abs. 1 Nr. 1 und Abs. 2 i.V.m. § 80 Abs. 2 S. 1 Nr. 4) *die aufschiebende Wirkung wiederherstellen* kann, oder ob der Tenor des Gerichts und dementsprechend auch der statthafte Rechtsbehelf auf die *Aussetzung der Vollziehung* zu lauten hat. Ein Großteil der Gerichte befürwortet wegen der Verweisung in *§ 80 a Abs. 3 S. 2 auf § 80 Abs. 5* auch bei Verwaltungsakten mit Doppelwirkung im Erfolgsfall die Anordnung oder Wiederherstellung der aufschiebenden Wirkung.[68] Andere Gerichte sind der Auffassung, dass wegen *§ 80 a Abs. 3 S. 1 i.V.m. Abs. 1 Nr. 2* das Gericht auf die Aussetzung der Vollziehung zu erkennen hat.[69] Teilweise werden als Rechtsgrundlage für die gerichtliche Entscheidung auch § 80 a

---

64 S.a. W. *Kiehne,* NVwZ 2017, 1670, 1672.
65 BVerfG (K) NVwZ 2009, 240, 242.
66 OVG Magdeburg NVwZ-RR 2017, 23; OVG Schleswig SchlHA 1994, 267 ff.; VGH München BayVBl 1991, 723, 724; s.a. OVG Magdeburg NVwZ-RR 2014, 875 f. (seit 20 Jahren vorhandener Wintergarten trotz Nachbarrechtsverstoßes keine unzumutbare Beeinträchtigung des Nachbarn); s.a. OVG Lüneburg NVwZ 2007, 478, 479 (das nach nicht verantwortbaren endgültigen, irreparablen Folgen fragt).
67 Zweifelnd aber offengelassen von OVG Münster – 13 B 1013/08, BeckRS 2008, 38969; DVBl 2008, 1515, 1516.
68 Z.B. BVerwG NVwZ 1995, 903; OVG Bln NJW 1994, 2717; OVG Bln-Bbg NVwZ-RR 2010, 877, 878; OVG Koblenz NVwZ-RR 2004, 224; OVG Lüneburg NVwZ-RR 2008,686; OVG Münster NVwZ-RR 2006, 173; OVG Saarlouis – 2 B 231/11, BeckRS 2011, 52660; VGH Kassel NVwZ-RR 1997, 10; VGH Mannheim DVBl 1993, 163, 164; NVwZ 1995, 292.
69 VGH Mannheim NVwZ 1995, 716; VGH München NVwZ 1992, 275; NVwZ-RR 1995, 430, 431; BayVBl 1995, 762; NVwZ-RR 2003, 9, 10.

Abs. 1 Nr. 2, Abs. 3 und § 80 Abs. 5 S. 1 nebeneinander genannt.[70] Die Unklarheit, wie die Verweisung in § 80a Abs. 3 zu verstehen ist, geht auf die mangelnde Abstimmung mit den Regelungen des § 80 bei der Schaffung des § 80a zurück (→ Rn. 1a).[71] Zwischen der Anordnung oder Wiederherstellung der aufschiebenden Wirkung einerseits und der Aussetzung der Vollziehung andererseits besteht lediglich ein terminologischer, jedoch *kein sachlicher Unterschied*.[72] Sowohl mit einer Entscheidung, die das Gericht als Aussetzung der Vollziehung bezeichnet, wie auch mit einem Beschluss, der auf Anordnung oder Wiederherstellung der aufschiebenden Wirkung lautet, beseitigt das Gericht den Sofortvollzug und führt die Wirkung des Rechtsbehelfs auf die Regelung des § 80 Abs. 1 zurück. Dabei unterscheidet sich die gerichtliche Maßnahme in ihrer Rechtsqualität bei einem dreiseitigen Verhältnis nicht von der gerichtlichen Entscheidung bei einem zweiseitigen Verhältnis. In beiden Fallkonstellationen sollten die gerichtlichen Maßnahmen daher auch gleich bezeichnet werden, also *auch beim Verwaltungsakt mit Doppelwirkung der Tenor auf Anordnung oder Wiederherstellung der aufschiebenden Wirkung lauten* (§ 80a Abs. 3 S. 2 i.V.m. § 80 Abs. 5 S. 1).[73] Die gesetzgeberische Unachtsamkeit bei der Formulierung des § 80a Abs. 3 *darf jedenfalls nicht auf Kosten des Antragstellers* gehen. Nach Auffassung des Gerichts unrichtig formulierte Anträge (auf Aussetzung der Vollziehung statt auf Anordnung bzw. Wiederherstellung der aufschiebenden Wirkung oder umgekehrt) sind daher *umzudeuten*, wobei es nicht darauf ankommen darf, ob der Antragsteller anwaltlich vertreten ist (→ § 80 Rn. 122).

31 **aa) Bei gesetzlich angeordnetem Sofortvollzug.** Für *Verwaltungsakte im zweiseitigen Rechtsverhältnis* ist im Regelfall keine Abwägung zwischen öffentlichem Vollzugsinteresse und Aufschubinteresse erforderlich, da der gesetzliche Sofortvollzug bereits die Wertung des Gesetzgebers enthält, dass ein überwiegendes öffentliches Vollzugsinteresse besteht. Nur bei offensichtlichem Erfolg des Rechtsmittels in der Hauptsache oder bei ernstlichen Zweifeln i.S.v. § 80 Abs. 4 S. 3 greift diese Wertung des Gesetzgebers nicht mehr (→ § 80 Rn. 141 ff., Rn. 146 ff.). Bei *Verwaltungsakten mit Doppelwirkung* ergibt sich aus der gesetzlichen Anordnung des Sofortvollzuges nicht automatisch das Überwiegen eines der Beteiligteninteressen. Aus der Tatsache, dass die sofortige Vollziehung gesetzlich festgelegt wurde, kann bei Verwaltungsakten mit Doppelwirkung nur geschlossen werden, dass ein besonderes Interesse des Begünstigten gerade am Sofortvollzug *vorliegt*, nicht jedoch dass sein Interesse in jedem Fall *überwiegt*. Denn bei einem Verwaltungsakt mit Doppelwirkung haben die Beteiligten verfassungsrechtlich gleichrangige Rechtspositionen inne, da sie gleichermaßen die Gewährung effektiven Rechtsschutzes und Beachtung ihrer jeweiligen Grundrechte verlangen können. Als Maßstab für eine Risikoüberbürdung bis zur Hauptsache ist daher vorrangig der *voraussichtliche Ausgang der Hauptsache* heranzuziehen. Bei Anfechtung durch den Dritten stellt das Gericht bei seiner summarischen Prüfung allerdings nicht auf die *objektive* Rechtmäßigkeit des Verwaltungsakts ab, sondern beleuchtet die Erfolgsaussichten in der Hauptsache stets nur unter dem Gesichtspunkt, ob der Verwaltungsakt Rechte des Dritten verletzt (→ Rn. 26). Die Wertung des Gesetzgebers, die in der Anordnung des Sofortvollzuges liegt, gibt nur den Ausschlag, wenn der Erfolg der Hauptsache nicht vorhersehbar ist und beide widerstreitenden Interessen in etwa gleich großes Gewicht haben.

32 Auch bei Verwaltungsakten mit Doppelwirkung mit gesetzlich angeordnetem Sofortvollzug ist der Rechtsgedanke des § 80 Abs. 4 S. 3 Alt. 1 grds. entsprechend heranzuziehen. D.h., dass *bei offensichtlichem Erfolg des Rechtsmittels des Belasteten in der Hauptsache* oder *bei ernstlichen Zweifeln an der Rechtmäßigkeit des Verwaltungsakts* die aufschiebende Wirkung anzuordnen ist. Auch wenn der Gesetzgeber mit der generellen Anordnung des Sofortvollzuges ein Vollzugsinteresse des Begünstigten bejaht, kann jedenfalls *bei offensichtlichem Erfolg des Rechtsmittels des Belasteten im Hauptsacheverfahren* dieses Vollzugsinteresse nicht mehr überwiegen; vielmehr ist hier dem Aufschubinteresse des Belasteten Vorrang einzuräumen (OVG Weimar ThürVBl 1997, 20, 21). Hegt das Gericht nach summarischer Prüfung ernstliche Zweifel an der Rechtmäßigkeit des angegriffenen Verwaltungsakts (bei

---

70 OVG Saarlouis – 2 B 215/10, BeckRS 2010, 52672 (das dann eine Anordnung der aufschiebenden Wirkung in Betracht zieht).

71 So auch *J. Schmidt*, in: Eyermann § 80a Rn. 13 („sprachlich missglückt").

72 VGH Mannheim VBlBW 1992, 344, 345; vgl. auch VGH Mannheim NVwZ 1997, 401 (das offenbar keinen Unterschied zwischen gerichtlicher Aussetzung der Vollziehung und Wiederherstellung der aufschiebenden Wirkung sieht).

73 I.d.S. auch *Schenke* § 25 Rn. 989; *J. Schmidt*, in: Eyermann § 80a Rn. 13; a.M. *F. Schoch*, in: Schoch/Schneider/Bier § 80a Rn. 50.

Drittanfechtung nur im Hinblick auf die Rechte des anfechtenden Dritten), stuft es die Wahrscheinlichkeit eines Erfolges des Rechtsmittels höher ein als die eines Misserfolges. Auch hier setzt sich das Interesse des „Erfolgsnäheren", also das Aufschubinteresse des Belasteten durch. Bei *offensichtlicher Erfolglosigkeit des Rechtsmittels in der Hauptsache* hingegen behauptet sich das Vollzugsinteresse des Begünstigten, da das Aufschubinteresse des Belasteten wegen des voraussichtlichen Scheiterns seines Rechtsbehelfs nicht relevant ist.[74] Es bleibt daher beim gesetzlich angeordneten Sofortvollzug. Ist der *Ausgang in der Hauptsache offen*, hat das Gericht das Aufschubinteresse des Belasteten gegen das Vollzugsinteresse des Begünstigten abzuwägen.[75] Erweisen sich die Interessen als in etwa gleich stark, kommt die Wertung des Gesetzgebers zur Geltung. Es bleibt dann ebenfalls bei der gesetzlich bestimmten Anordnung des Sofortvollzuges.

Eine große Zahl der Anträge auf Aussetzung der Vollziehung oder auf Anordnung der aufschiebenden **33** Wirkung entstammt dem *Baunachbarrecht* wegen § 212 a Abs. 1 BauGB, der die aufschiebende Wirkung von Rechtsbehelfen gegen die bauaufsichtliche Zulassung von Vorhaben ausschließt.[76] Im Baunachbarrecht stellt sich in besonderem Maße das *Problem der Schaffung vollendeter Tatsachen* durch die vorläufige Rechtsschutzentscheidung. Bei Verwirklichung des Bauvorhabens droht Irreversibilität für den Nachbarn, weil ein Abriss des bereits errichteten Gebäudes aus tatsächlichen oder rechtlichen Gründen i.d.R. später nicht mehr möglich ist. Bei Aufschub der Vollziehung können andererseits für den Bauherrn nicht mehr rückgängig zu machende Folgen eintreten, wenn durch den Zeitverlust Mehrkosten entstehen oder Gewinne nicht eingebracht werden können. Um dieser Gefahr zu begegnen, wird vertreten, dass der Gesetzgeber mit der Anordnung des Sofortvollzuges in § 212 a Abs. 1 BauGB lediglich eine verfahrensrechtliche Regelung getroffen habe, die den Nachbarn zur Anrufung des Gerichts zwingt. Die aufschiebende Wirkung nach § 80 Abs. 1 S. 1 sei der Regelfall. Es mache keinen Unterschied, ob der Sofortvollzug auf einer gesetzgeberischen Entscheidung oder einer behördlichen Anordnung (§ 80 Abs. 2 S. 1 Nr. 4) beruhe. Zur Vermeidung vollendeter Tatsachen sei regelmäßig die aufschiebende Wirkung anzuordnen, sofern der Bauherr nicht ein ganz besonderes Dringlichkeitsinteresse geltend machen könne.[77] Diese Auffassung begünstigt jedoch grds. den Nachbarn und berücksichtigt dabei nicht ausreichend den Zweck des Ausschlusses des Sofortvollzuges. Bei Baugenehmigungen handelt es sich regelmäßig um *Verwaltungsakte, die i.s.v. § 80 Abs. 2 S. 1 Nr. 3 Investitionen oder die Schaffung von Arbeitsplätzen* betreffen[78] (→ § 80 Rn. 70). Der Gesetzgeber wollte mit der beschleunigten Verwirklichung solcher Entscheidungen den Wirtschaftsstandort Deutschland stärken. Er hat die Ziele der Investitionsförderung und Arbeitsplatzschaffung in § 80 Abs. 2 S. 1 Nr. 3 gegenüber allen anderen Zielen, die mit dem gesetzlichen Ausschluss der aufschiebenden Wirkung verfolgt werden, betont und ihnen damit besonderes Gewicht verliehen. Bei der Einfügung von § 212 a Abs. 1 BauGB (wie zuvor bei der Schaffung von § 10 Abs. 2 BauGBMaßnG) dürfte dem Gesetzgeber klar gewesen sein, dass bei der Realisierung von Bauvorhaben typischerweise irreversible Zustände geschaffen werden. *Die Gefahr vollendeter Tatsachen allein rechtfertigt daher keine Abweichung von der Wertung des Gesetzgebers, Bauabsichten generell Vorrang zu geben.* Kommt das Gericht bei offenem Ausgang der Hauptsache bei der Interessenabwägung zu dem Ergebnis, dass den Interessen beider Beteiligter gleich großes Gewicht zukommt, gibt auch im Baunachbarrecht die gesetzlichen Wertung den Ausschlag und der Aussetzungsantrag ist abzulehnen.[79]

bb) Bei behördlich angeordnetem Sofortvollzug. Beruht die sofortige Vollziehbarkeit des Verwal- **34** tungsakts auf einer behördlichen Anordnung der sofortigen Vollziehung nach § 80 a Abs. 1 Nr. 1 i.V.m. § 80 Abs. 2 S. 1 Nr. 4 *Alt. 2,* hat das Gericht neben der Einhaltung des *Begründungserfor-*

74 OVG Weimar ThürVBl 1997, 20, 21; i.E. ebenfalls so VGH Kassel DVBl 1992, 780, 781; NVwZ 1993, 491, 492; VGH München NVwZ 1991, 1002, 1003; vgl. auch VGH München NVwZ 1992, 275 f.
75 OVG Magdeburg NVwZ 2012, 119, 120, 122; VGH Mannheim NVwZ-RR 2015, 288, 289, 291.
76 Zur Ablösung von § 10 Abs. 2 BauGBMaßnG durch § 212 a BauGB *N. Gronemeyer,* BauR 1998, 413 f.
77 VGH Mannheim NVwZ 1991, 1004, 1005 (zu § 10 Abs. 2 BauGBMaßnG); NVwZ-RR 2011, 715, 717; VGH München NVwZ 1991, 1002, 1003 (zu § 10 Abs. 2 BauGBMaßnG); NVwZ-RR 2003, 9, 11.
78 OVG Saarlouis NVwZ 1999, 1006, 1008; *N. Huber,* NVwZ 2004, 915, 916 f.
79 OVG Koblenz NVwZ-RR 2016, 331 f.; OVG Lüneburg NVwZ-RR 2005, 17 f.; 1 ME 177/06, BeckRS 2007, 20927; NVwZ-RR 2017, 807, 808; OVG Saarlouis DÖV 1993, 124; NVwZ 1999, 1006, 1008; VGH Kassel NVwZ 1993, 491; VG Meiningen NVwZ 1997, 926, 927; *N. Huber,* NVwZ 2004, 915, 918 f.; vgl. auch OVG Saarlouis – 2 B 231/11, BeckRS 2011, 52660 zum Aussetzungsbegehren einer Gemeinde wegen Verletzung ihres Selbstverwaltungsrechts durch die Baugenehmigung.

dernisses nach § 80 Abs. 3[80] (→ Rn. 11 und → § 80 Rn. 153 f.) insbes. das Bestehen eines Vollzugsinteresses des Begünstigten zu prüfen sowie im Wege der Abwägung zu ermitteln, ob dieses Vollzugsinteresse das Aufschubinteresse des Belasteten überwiegt. Für die Bewertung des Aufschubinteresses des Belasteten kommt es hierbei auch auf die Erfolgsaussichten seines Rechtsbehelfs in der Hauptsache an. Bei offensichtlicher Erfolglosigkeit in der Hauptsache setzt sich ein bestehendes Vollzugsinteresse des Begünstigten durch.[81] Bei offensichtlichem Erfolg des Rechtsbehelfs kann hingegen kein Interesse des Begünstigten am Vollzug bestehen. Bei offenem Ausgang in der Hauptsache sind die beteiligten Interessen abzuwägen (OVG Münster NVwZ 1992, 187; VGH München BayVGH [n.F.] 33, 34, 39 f.). Dabei ist das Interesse des Rechtsbehelfsführers an der aufschiebenden Wirkung seines Rechtsbehelfs umso geringer, je geringer seine Aussichten sind, im Hauptsacheverfahren zu gewinnen[82] (→ § 80 Rn. 92). Kann ein überwiegendes Vollzugsinteresse nicht festgestellt werden, ist die aufschiebende Wirkung wiederherzustellen.

35 **4. Sicherungsmaßnahmen.** Anordnungen nach § 80 a Abs. 3 i.V.m. § 80 a Abs. 1 Nr. 2 dienen dazu, diejenigen Rechte des Dritten zu schützen, die bei Nichtbeachtung der aufschiebenden Wirkung seines Rechtsbehelfs bedroht sind (OVG Münster NVwZ-RR 2001, 297; vgl. auch OVG Münster NVwZ 1993, 383 [LS]). Ebenso wie bei der Befugnis der Behörde zu Sicherungsmaßnahmen (→ Rn. 12) handelt es sich dabei um eine eigenständige verfahrensrechtliche Grundlage für die gerichtliche Sicherungsmaßnahme; sie tritt neben entsprechende rechtsgebietsspezifische Anordnungsbefugnisse der Behörde.[83] Bevor das Gericht Maßnahmen zum Schutz der Rechte des betroffenen Dritten trifft, ist zunächst eine Entscheidung über den Fortbestand einer sofortigen Vollziehbarkeit des Verwaltungsakts zu fällen. Ein Antrag auf Erlass von Sicherungsmaßnahmen ist daher ggf. dahingehend auszulegen, dass *zunächst die Aussetzung der Vollziehung und anschließend der Erlass von Sicherungsmaßnahmen* begehrt werden (OVG Münster NVwZ 1991, 1001; vgl. auch OVG Münster NVwZ 1991, 1003). Sicherungsmaßnahmen sind von der Existenz des zugrunde liegenden Verwaltungsakts abhängig. § 80 a Abs. 3 i.V.m. § 80 a Abs. 1 Nr. 2 ermächtigt daher das Gericht nicht, derartige Maßnahmen auch für die Zeit nach einer etwaigen Aufhebung des angefochtenen Verwaltungsakts zu treffen (OVG Münster NVwZ-RR 2001, 297 ff.). Stellt der Dritte nachträglich, nachdem das Gericht die aufschiebende Wirkung des Rechtsbehelfs angeordnet bzw. wiederhergestellt oder den Sofortvollzug ausgesetzt hat (zur Tenorierung → Rn. 30), den Antrag, zusätzlich einstweilige Maßnahmen zur Sicherung seiner Rechte zu treffen, ist dies ein neues selbständiges Verfahren. Hierfür ist, wenn sich der Fall bereits im Beschwerdeverfahren befindet, nicht das Beschwerdegericht, sondern entsprechend § 80 Abs. 7 das Gericht der Hauptsache zuständig (VGH München BayVBl 1993, 533). Da i.d.R. zu erwarten ist, dass die Beteiligten einen gerichtlichen Aussetzungsbeschluss respektieren, *dürfen einem Aussetzungsbeschluss nicht vorbeugend und quasi automatisch Sicherungsmaßnahmen beigefügt* werden. Sicherungsmaßnahmen bedürfen vielmehr eines *hinreichend konkreten Grundes* (VGH München NVwZ-RR 2010, 346). Gerichtliche Beschlüsse über Sicherungsmaßnahmen können, da sie ebenso wie Beschlüsse auf Aufhebung der Vollziehung nach § 80 Abs. 5 S. 3 einen vollstreckbaren Inhalt haben (→ § 80 Rn. 173), gem. § 168 Abs. 1 Nr. 1 *Vollstreckungstitel* sein (→ § 168 Rn. 31).

36 **5. Gerichtliche Entscheidung bei faktischer Vollziehung.** *Missachtet der Begünstigte die aufschiebende Wirkung eines Rechtsbehelfs* und macht weiter vom Verwaltungsakt Gebrauch (faktische Vollziehung; → Rn. 13), kann gerichtlicher vorläufiger Rechtsschutz hiergegen nach §§ 80, 80 a beantragt werden. Ein Rückgriff auf § 123 ist ausgeschlossen, da der vorläufige Rechtsschutz gegen Verwaltungsakte mit Doppelwirkung ausschließlich i.R. der §§ 80, 80 a geregelt werden sollte.[84] Da Maßnahmen gegen die faktische Vollziehung nicht ausdrücklich in § 80 a vorgesehen sind, kommt nur eine *analoge Anwendung* der vorhandenen Rechtsgrundlagen in Betracht. Nach der vor Einführung des § 80 a i.R. des § 80 vertretenen Auffassung konnte in entsprechender Anwendung von § 80 Abs. 5 S. 1

---

80 OVG Lüneburg NVwZ-RR 2008, 686; DVBl 2011, 635, 636; VGH München BayVBl 1997, 409, 410; VG Weimar ThürVBl 1995, 186, 187.
81 OVG Koblenz NVwZ-RR 2016, 331, 332 f.; OVG Lüneburg NVwZ-RR 2008, 686; VGH Mannheim VBlBW 1992, 295, 296; VGH München BayVBl 1988, 369, 370; VG Weimar ThürVBl 1995, 186, 188.
82 VGH Kassel ESVGH 40, 294, 299 ff.; VGH Mannheim NVwZ 1995, 292, 293.
83 VGH Mannheim NVwZ 2014, 752, 754 f. m.w.N.
84 Dazu die Begründung der Bundesregierung zu § 123 im Entwurf des 4. VwGOÄndG, BT-Drs. 11/7030, 31.

die Feststellung, dass der Rechtsbehelf aufschiebende Wirkung hat, sowie gem. § 80 Abs. 5 S. 3 analog die Aufhebung der Vollziehung beantragt werden.[85] Nach Einfügung des § 80 a ist eine *Analogie zu § 80 a Abs. 3 S. 1 i. V. m. § 80 a Abs. 1 Nr. 2* zu ziehen,[86] wonach das Gericht *auch Sicherungsmaßnahmen zugunsten des Belasteten* treffen kann. Diese umfassen neben der Feststellung der aufschiebenden Wirkung auch die Untersagung der weiteren Vollziehung sowie die vorläufige Aufhebung getroffener Vollzugsmaßnahmen i. S. v. § 80 Abs. 5 S. 3. Allein die Missachtung der aufschiebenden Wirkung des Rechtsbehelfs durch den Begünstigten rechtfertigt schon eine entsprechende gerichtliche Anordnung. Für eine an den Erfolgsaussichten des Rechtsbehelfs orientierte Interessenabwägung ist kein Raum, da die Missachtung der aufschiebenden Wirkung per se ein rechtswidriges Verhalten darstellt.[87]

V. Schadensersatz

Eine dem § 945 ZPO entsprechende *Schadensersatzregelung* im Verhältnis zwischen Begünstigtem und Belastetem *existiert i. R. der §§ 80 a Abs. 3, 80 Abs. 5 nicht.* Zwar wäre es aus verfassungsrechtlicher Sicht nicht ausgeschlossen, dem Rechtsmittelführer ein begrenztes Schadensersatzrisiko aufzuerlegen.[88] Eine entsprechende ausdrückliche Regelung ist jedoch nicht getroffen worden.[89] Für den vorläufigen Rechtsschutz nach §§ 80, 80 a gilt gem. § 123 Abs. 5 die Verweisung des § 123 Abs. 3 auf § 945 ZPO nicht.[90] Gegenüber der Behörde stehen dem geschädigten Betroffenen ebenfalls keine Schadensersatzansprüche aus § 945 ZPO zu (vgl. BVerwG NVwZ 1991, 270). In Betracht kommen lediglich staatshaftungsrechtliche Ansprüche, insbes. (Vollzugs-)Folgenbeseitigungsansprüche[91] und Amtshaftungsansprüche (Art. 34 GG, § 839 BGB).[92]   **37**

Die fehlende Schadensersatzregelung darf *nicht durch entsprechende Bedingungen oder Auflagen umgangen* werden. Es hat Baugenehmigungsbehörden gegeben, die die sofortige Vollziehung einer Baugenehmigung nur angeordnet haben, wenn der Bauherr eine *Risiko- und Verpflichtungserklärung* für den Fall der späteren Aufhebung der Baugenehmigung abgegeben und sich dadurch zur Haftung gegenüber Dritten verpflichtet hat. Diese Praxis versucht, die Verantwortung der Behörde auf den Bauherrn zu verlagern und stellt eine unzulässige Umgehung der gesetzlichen Haftungsregelungen dar.[93]   **38**

§ 80 b [Ende der aufschiebenden Wirkung]

(1) [1]Die aufschiebende Wirkung des Widerspruchs und der Anfechtungsklage endet mit der Unanfechtbarkeit oder, wenn die Anfechtungsklage im ersten Rechtszug abgewiesen worden ist, drei Monate nach Ablauf der gesetzlichen Begründungsfrist des gegen die abweisende Entscheidung gegebenen Rechtsmittels. [2]Dies gilt auch, wenn die Vollziehung durch die Behörde ausgesetzt oder die aufschiebende Wirkung durch das Gericht wiederhergestellt oder angeordnet worden ist, es sei denn, die Behörde hat die Vollziehung bis zur Unanfechtbarkeit ausgesetzt.

---

85 Vgl. etwa OVG Koblenz NJW 1977, 595, 596 f.; VGH München DVBl 1982, 1012, 1013 ff.; dazu ausf. *F. Schoch*, Vorläufiger Rechtsschutz, 1988, 1497 ff. m. w. N.

86 VGH Kassel NVwZ-RR 2003, 345, 346; *S. Kirste*, DÖV 2001, 397, 404 f.; *W.-R. Schenke*, JZ 1996, 1155, 1164 f.; *Schenke* § 25 Rn. 1016; a. M. OVG Münster NVwZ-RR 2008, 757 (§§ 80 a Abs. 3, 80 Abs. 5 S. 1 analog für die Feststellung, dass der Rechtsbehelf aufschiebende Wirkung hat); vgl. auch BVerwG NVwZ 2012, 570, 571 (wo es um die Missachtung einer gerichtlichen Aussetzung des Sofortvollzuges ging und das Gericht sich direkt auf §§ 80 Abs. 5, 80 a Abs. 1 Nr. 2 stützte).

87 VGH Kassel NVwZ-RR 2003, 345, 346; VGH Mannheim NVwZ 2014, 752, 755.

88 *E. Schmidt-Aßmann*, in: Maunz/Dürig Art. 19 Abs. 4 Rn. 275.

89 Dazu die Begründung der Bundesregierung zu § 136 VwPO-Entwurf, BT-Drs. 10/3437, 143, wonach das Risiko einer Schadensersatzleistung den vorläufigen Rechtsschutz für einen Dritten weitgehend unmöglich machen könnte.

90 *C. Külpmann*, in: Finkelnburg/Dombert/Külpmann Rn. 1120, 1132; vgl. OVG Lüneburg NVwZ-RR 2004, 131, 132; a. M. (für eine analoge Anwendung von § 123 Abs. 3 VwGO, § 945 ZPO) *Kopp*, [10]1994, § 80 Rn. 121.

91 *C. Külpmann*, in: Finkelnburg/Dombert/Külpmann Rn. 1126.

92 Dazu etwa LG Hannover RdE 1995, 84 ff. (Haftung aus Art. 34 GG, § 839 BGB wegen unterlassener Anordnung der sofortigen Vollziehung).

93 Vgl. *C. Traumann*, NVwZ 1988, 415; a. M. VGH München BayVBl 1980, 117, 118; VG Frankfurt a. M. NVwZ 2000, 1324.

(2) Das Oberverwaltungsgericht kann auf Antrag anordnen, daß die aufschiebende Wirkung fortdauert.

(3) § 80 Abs. 5 bis 8 und § 80 a gelten entsprechend.

Schrifttum

K. Beckmann, Kritische Gesamtschau des neuen § 80 b VwGO, NVwZ 1998, 373; *ders.*, Die überfällige Abschaffung des § 80 b VwGO, VR 2011, 289; *H. Fliegauf*, Grundlegende Änderungen des Verwaltungsprozeßrechts, BWGZ 1997, 21; *R. Jahn*, Beschleunigung von Verwaltungsverfahren und Straffung des verwaltungsgerichtlichen Rechtsschutzes, GewArch 1997, 129; *W. Kuhla/ J. Hüttenbrink*, Endstation Einzelrichter – Kritische Betrachtung der Entwürfe von Bundesrat und Bundesregierung zur 6. VwGO-Novelle, DVBl 1996, 717; *K. W. Lotz*, Sechstes Gesetz zur Änderung der Verwaltungsgerichtsordnung – Intentionen des Gesetzgebers und Fragen der Praxis, BayVBl 1997, 257; *C. Meissner*, Die Novellierung des Verwaltungsprozeßrechts durch das Sechste Gesetz zur Änderung der Verwaltungsgerichtsordnung – Analyse und Konsequenzen für die Praxis, VBlBW 1997, 81; *J. Meyer-Ladewig*, Einstweiliger Rechtsschutz im Entwurf einer Verwaltungsprozeßordnung, DVBl 1982, 117; *U. Numberger/T. Schönfeld*, Neuerungen in der VwGO, UPR 1997, 89; *J. D. Oberrath/O. Hahn*, Ende des effektiven Rechtsschutzes? Die Änderungen der VwGO und des VwVfG, VBlBW 1997, 241; *K. Redeker*, Neue Experimente mit der VwGO?, NVwZ 1996, 521; *M. Ruffert*, Suspensiveffekt und Wirtschaftsstandort Deutschland: Vorläufiger Rechtsschutz nach dem 6. VwGOÄndG, NVwZ 1997, 654; *W.-R. Schenke*, „Reform" ohne Ende – Das Sechste Gesetz zur Änderung der Verwaltungsgerichtsordnung und anderer Gesetze (6. VwGOÄndG), NJW 1997, 81; *H.-P. Schmieszek*, Sechstes Gesetz zur Änderung der Verwaltungsgerichtsordnung und anderer Gesetze (6. VwGOÄndG), NVwZ 1996, 1151; *J. Vahle*, Novellierung der Verwaltungsgerichtsordnung – Überblick über das 6. VwGOÄndG, DVP 1997, 3; *R. Wilke/A. Teschner*, Der Verwaltungsprozeß im „Standort Deutschland" – Anmerkungen zur Reform der Verwaltungsgerichtsordnung, SchlHA 1997, 25.

I. Die Entstehung des § 80 b

1 § 80 b wurde durch das 6. VwGOÄndG[1] in die VwGO eingefügt. Die Regelung ist Bestandteil eines „Pakets" zur Verfahrensbeschleunigung (→ § 80 Rn. 4) und soll durch Festlegung einer zeitlichen Grenze für die aufschiebende Wirkung der Straffung der gerichtlichen Verfahren und der Entlastung der Gerichte dienen. In der Vergangenheit war bereits verschiedentlich vorgeschlagen worden, die aufschiebende Wirkung zeitlich zu begrenzen.[2] So sah auch der Entwurf einer Verwaltungsprozessordnung (VwPO) aus dem Jahr 1985 (BT-Drs. 10/3437, 33, 143) in § 137 vor, die aufschiebende Wirkung mit Beendigung eines klageabweisenden erstinstanzlichen Verfahrens entfallen zu lassen. Trotz der Bemühungen des Bundesrates wurde damals der Regelungsvorschlag des § 137 VwPO-Entwurf mit dem 4. VwGOÄndG von 1990 nicht ins geltende Recht übernommen.[3]

II. Normzweck

2 § 80 b soll Beteiligte von der Einlegung unnötiger Rechtsmittel abhalten und so die Verwaltungsgerichtsbarkeit entlasten. Kernstück der Regelung ist die Bestimmung, dass im Klageverfahren die aufschiebende Wirkung der Klage nicht in jedem Fall bis zur Rechtskraft der gerichtlichen Entscheidung bestehen bleibt, sondern bei Abweisung der Anfechtungsklage in der ersten Instanz vorzeitig endet

---

1 Vom 1.11.1996, BGBl I 1626. Das Gesetz trat am 1.1.1997 in Kraft.
2 Vgl. *J. Meyer-Ladewig*, DVBl 1982, 117, 121 f. sowie die Nachw. in BT-Drs. 12/8553, 11 f.
3 Stellungnahme des Bundesrates zum Entwurf des 4. VwGOÄndG, BT-Drs. 11/7030, 44.

Puttler

(Abs. 1 S. 1 Hs. 2). Diese Regelung entspreche „praktischen Bedürfnissen der Verwaltungsgerichtsbarkeit". Sie solle verhindern, dass Rechtsmittel nur deshalb eingelegt werden, um den Eintritt der Rechtskraft des Urteils und damit das Ende der aufschiebenden Wirkung möglichst lange hinauszuzögern.[4] Nach § 80 b Abs. 2 kann in den Fällen, in denen die aufschiebende Wirkung vorzeitig endet, eine gerichtliche Anordnung der Fortdauer der aufschiebenden Wirkung beantragt werden. Die Drei-Monats-Frist des § 80 b Abs. 1 S. 1 Hs. 2 steht mit der Rechtsschutzmöglichkeit des § 80 b Abs. 2 in Zusammenhang. Die aufschiebende Wirkung soll nicht mit Klageabweisung in der ersten Instanz, sondern erst drei Monate nach Ende der Rechtsmittelfrist enden. Damit soll dem Rechtsmittelgericht, das über die Hauptsache und über den Antrag nach § 80 b Abs. 2 zu entscheiden hat, ausreichend Zeit für die Entscheidung über das vorläufige Rechtsschutzbegehren gegeben werden (BT-Drs. 13/3993, 12).

Es ist allerdings zweifelhaft, ob die Vorschrift erforderlich ist und den angestrebten Zweck überhaupt 3 erreichen kann. Selbst die Bundesregierung stellte in ihrer Stellungnahme zum Gesetzentwurf des Bundesrates aus dem Jahr 1994 die entlastende Wirkung des bereits damals vom Bundesrat vorgeschlagenen § 80 b infrage (BT-Drs. 12/8553, 16 f.). Nachdem die Bundesregierung den Bundesratsvorschlag in ihren Gesetzentwurf aus dem Jahr 1996 übernommen hatte, äußerte der Bundesrat seinerseits Bedenken, ob angesichts der damals geplanten Einführung von Zulassungsberufung und Zulassungsbeschwerde eine zusätzliche Begrenzung der aufschiebenden Wirkung noch erforderlich sei (BT-Drs. 13/3993, 19). Eine Sonderregelung zur Verkürzung der aufschiebenden Wirkung bei Klageabweisung in der ersten Instanz ist in der Tat nicht geboten. Zum einen kann die Verwaltung bei Vorliegen eines besonderen öffentlichen oder Individualinteresses durch Anordnung der sofortigen Vollziehung nach § 80 Abs. 2 S. 1 Nr. 4 einer befürchteten Hinauszögerung der aufschiebenden Wirkung durch Rechtsmitteleinlegung entgegenwirken. Zum anderen wird die angestrebte Entlastung der Gerichte zunichte gemacht, wenn vermehrt Anträge nach § 80 b Abs. 2 auf Anordnung der Fortdauer der aufschiebenden Wirkung gestellt werden. § 80 b kann also im Gegenteil die Gerichtsbarkeit belasten, weil sich das Rechtsmittelgericht zusätzlich mit der Frage befassen muss, ob die aufschiebende Wirkung nach erstinstanzlicher Klageabweisung fortdauern soll.[5]

III. Ende der aufschiebenden Wirkung (Abs. 1)

1. Grundsatz: Ende mit Unanfechtbarkeit des Verwaltungsakts (Abs. 1 S. 1 Hs. 1). Nach § 80 b 4 Abs. 1 S. 1 Hs. 1 endet die aufschiebende Wirkung eines Rechtsmittels grds. mit der *Unanfechtbarkeit* des Verwaltungsakts. Damit entscheidet § 80 b die alte Streitfrage, ob die aufschiebende Wirkung bereits mit Erlass der Rechtsbehelfsentscheidung oder erst mit der Unanfechtbarkeit des Verwaltungsakts endet, i.S.d. bisher schon vorherrschenden Auffassung. Hat der Betroffene Widerspruch eingelegt und die Verwaltung nicht zwischenzeitlich die sofortige Vollziehung des Verwaltungsakts angeordnet, endet die aufschiebende Wirkung somit nicht schon mit Erlass des Widerspruchsbescheides, sondern dauert bis zur Unanfechtbarkeit des Verwaltungsakts an.[6] Im Klageverfahren endet die aufschiebende Wirkung grds. mit der Rechtskraft der verwaltungsgerichtlichen Entscheidung über die Hauptsache.

2. Ausnahme: Ende bei erstinstanzlicher Klageabweisung (Abs. 1 S. 1 Hs. 2). § 80 b Abs. 1 S. 1 Hs. 2 5 enthält eine *Ausnahme* vom Grundsatz, dass im Klageverfahren die aufschiebende Wirkung erst mit Rechtskraft der gerichtlichen Entscheidung endet. Die Ausnahme tritt ein, wenn *in der ersten Instanz die Anfechtungsklage in der Hauptsache abgewiesen* wird. Dann endet die aufschiebende Wirkung bereits drei Monate nach Ablauf der gesetzlich vorgesehenen Rechtsmittelbegründungsfrist (→ Rn. 9 ff.). Obsiegt der Kläger hingegen in der ersten Instanz, bleibt es beim Ende der aufschiebenden Wirkung erst mit rechtskräftigem Abschluss des gerichtlichen Verfahrens. Für Anfechtungsklagen ist in der ers-

---

4 Begründung der Bundesregierung zum Entwurf des 6. VwGOÄndG, BT-Drs. 13/3993, 11.

5 Zur Kritik an der Regelung auch *K. Beckmann*, VR 2011, 289; *R. Jahn*, GewArch 1997, 129, 134; *M. Kotulla*, Verw. 2000, 521, 545; *C. Meissner*, VBlBW 1997, 81, 86; *K. Redeker*, NVwZ 1996, 521, 525 f.; *M. Ruffert*, NVwZ 1997, 654, 656.

6 Zur Rechtslage nach Einfügung des § 80 b: VGH Kassel NVwZ-RR 2007, 822, 823; NVwZ 2015, 533, 534; NVwZ-RR 2015, 498; *M. Redeker*, in: Redeker/v. Oertzen § 80 Rn. 7 a; *Schmitt Glaeser/Horn* Rn. 259; vgl. auch OVG Lüneburg NVwZ-RR 2009, 872, 873; i.d.S. zur alten Rechtslage: BVerwGE 78, 192, 209; OVG Brem NJW 1973, 341; OVG Saarlouis AS 14, 196, 199; VGH Mannheim ESVGH 16, 183, 185; VGH München BayVBl 1991, 19, 20; a.M. (Ende mit Zurückweisung des Widerspruchs, Neubegründung mit Klageerhebung): HmbOVG DVBl 1966, 280; NVwZ 1984, 256; OVG Münster VerwRspr 21, 247, 249; NJW 1975, 794.

ten Instanz i.d.R. das VG zuständig (§ 45). Da § 80 b Abs. 1 S. 1 Hs. 2 allgemein von der „Anfechtungsklage im ersten Rechtszug" spricht, gilt die Vorschrift aber auch, wenn nach § 48 in der ersten Instanz eine Sonderzuständigkeit des OVG gegeben ist. *Verfassungsrechtliche* Bedenken bestehen gegen die Schaffung einer vorzeitigen Vollziehbarkeit nach erstinstanzlicher Klageabweisung nicht. *§ 80 b steht im Einklang mit dem Gebot des effektiven Rechtsschutzes*, da Art. 19 Abs. 4 GG nicht erfordert, dass Rechtsbehelfe im Verwaltungsprozess stets aufschiebende Wirkung haben. Es reicht aus, wenn der Betroffene vorläufigen Rechtsschutz durch einen Eilantrag bei Gericht erlangen kann (zu den verfassungsrechtlichen Vorgaben im Verfahren des vorläufige Rechtsschutzes → § 80 Rn. 7 ff.). Dies ist mit dem Verfahren nach § 80 b Abs. 2 gewährleistet, in dem das vorzeitig eintretende Ende der aufschiebenden Wirkung gerichtlich überprüft wird.[7]

6   **a) Ausnahme von der Ausnahme: Behördliche Aussetzung bis zur Unanfechtbarkeit (Abs. 1 S. 2 Hs. 2).** Nach § 80 b Abs. 1 S. 2 tritt das Ende der aufschiebenden Wirkung bei erstinstanzlicher Klageabweisung auch dann ein, wenn die Behörde zuvor nach § 80 Abs. 4, § 80 a Abs. 1 Nr. 2 die aufschiebende Wirkung im Falle eines nach § 80 Abs. 2 vollziehbaren Verwaltungsakts ausgesetzt hatte. Gleiches gilt, wenn eine gerichtliche Entscheidung nach § 80 Abs. 5, § 80 a Abs. 3 S. 1 die aufschiebende Wirkung zuvor wiederhergestellt oder angeordnet hatte. Die *Behörde kann* allerdings *diese Rechtsfolge vermeiden*, wenn sie die *Vollziehung bis zur Unanfechtbarkeit des Verwaltungsakts aussetzt* (§ 80 b Abs. 1 S. 2 Hs. 2). Dies kann bspw. dann geboten sein, wenn die Sach- oder Rechtslage zweifelhaft ist.[8] Zwar folgt die Befugnis der Behörde zur Aussetzung aus § 80 Abs. 4, § 80 a Abs. 1 Nr. 2 und wird in § 80 b Abs. 1 S. 2 lediglich vorausgesetzt.[9] Allerdings erlaubt § 80 b Abs. 1 S. 2 (nur) der behördlichen Aussetzungsentscheidung, das regelmäßige Ende der aufschiebenden Wirkung nach einer abweisenden erstinstanzlichen Gerichtsentscheidung (§ 80 b Abs. 1 S. 1 Hs. 2) auszuschließen (→ Rn. 8).

7   Die Behörde muss *diese Bestimmung jedoch ausdrücklich* treffen. Zum einen formuliert § 80 b Abs. 1 S. 2 Hs. 2 die Aussetzung bis zur Unanfechtbarkeit als Ausnahme, sodass eine diesbezüglich eindeutige Festlegung der Behörde vorliegen muss. Zum anderen vermag nur eine ausdrücklich bis zur Unanfechtbarkeit verlängerte Aussetzung Streitigkeiten über das Ende der aufschiebenden Wirkung zu vermeiden. Wollte man eine stillschweigende Festlegung der Behörde ausreichen lassen, müsste vermehrt mit Anträgen an das Gericht gerechnet werden, die auf die Feststellung gerichtet sind, dass die aufschiebende Wirkung des Rechtsbehelfs weiter fortbesteht (zu dieser Möglichkeit näher → § 80 Rn. 111, 121 f., 164, → § 80 a Rn. 36). Dies würde aber dem vom Gesetzgeber angestrebten Beschleunigungseffekt des § 80 b gerade zuwiderlaufen.[10] Allerdings gibt die Formulierung „*bis zur Unanfechtbarkeit*" der Behörde *nur eine äußerste Grenze* vor. Die Behörde kann auch einen kürzeren Zeitraum wählen und bspw. die Vollziehung nur bis zur Entscheidung im Berufungszulassungsverfahren aussetzen (OVG Lüneburg – 8 MC 138/11, BeckRS 2011, 53695).

8   Nach dem eindeutigen Wortlaut des § 80 b Abs. 1 S. 2 kann *nur die Behörde, nicht aber das Gericht* in seiner Entscheidung nach § 80 Abs. 5, § 80 a Abs. 3 S. 1 die Rechtsfolge des § 80 b Abs. 1 von vornherein ausschließen.[11] Zwar sieht § 80 b Abs. 2 die Möglichkeit der gerichtlichen Anordnung der Fortdauer der aufschiebenden Wirkung vor. Dabei handelt es sich jedoch um ein separates Verfahren, das nichts mit einer vorherigen gerichtlichen Entscheidung nach § 80 Abs. 5, § 80 a Abs. 3 S. 1 zu tun hat (→ Rn. 23).

9   **b) Das „gegen die abweisende Entscheidung gegebene Rechtsmittel" (Abs. 1 S. 1 Hs. 2).** Wurde die Anfechtungsklage in der ersten Instanz abgewiesen und hatte auch die Behörde nicht nach § 80 b Abs. 1 S. 2 Hs. 2 die Vollziehung des Verwaltungsakts ausdrücklich bis zur Unanfechtbarkeit ausgesetzt, endet die aufschiebende Wirkung der Klage drei Monate nach Ablauf der gesetzlichen Begründungsfrist „des gegen die abweisende Entscheidung gegebenen Rechtsmittels" (§ 80 b Abs. 1 S. 1 Hs. 2). Es hängt von der Art der erstinstanzlichen Entscheidung und dem entscheidenden Gericht ab, um welchen Rechtsbehelf es sich hierbei handeln kann.

---

7   *M. Ruffert*, NVwZ 1997, 654, 656.
8   Vgl. die Begründung zum Gesetzentwurf der Bundesregierung BT-Drs. 13/3993, 12.
9   OVG Münster NVwZ-RR 2014, 11, 12.
10 *M. Redeker*, in: Redeker/v. Oertzen § 80 b Rn. 8.
11 *Kopp/Schenke* § 80 b Rn. 12; *F. Schoch*, in: Schoch/Schneider/Bier § 80 b Rn. 33; a.M. BVerwG NVwZ 2012, 376 (allerdings ohne nähere Begründung).

Voraussetzung des Fristlaufs in § 80 b Abs. 1 S. 1 Hs. 2 ist allerdings, dass die Entscheidung des Ge- **10** richts *mit einem zulässigen Rechtsmittel angegriffen wird.* Ansonsten tritt mit Ablauf der Rechtsmittelfrist die formelle Rechtskraft der gerichtlichen Entscheidung ein (§ 173 VwGO i.V.m. § 705 ZPO). Damit entfällt auch die aufschiebende Wirkung bereits zu diesem Zeitpunkt.

aa) Rechtsmittel gegen eine erstinstanzliche Entscheidung des VG. Nach erfolgloser Anfechtungskla- **11** ge vor dem VG als Gericht des ersten Rechtszugs *endet die aufschiebende Wirkung immer spätestens fünf Monate nach Zustellung des Urteils*, gleichgültig ob gegen das Urteil das Rechtsmittel der Berufung oder das Rechtsmittel der Revision in Betracht kommt. Besonderheiten sind zu beachten, wenn das VG durch Gerichtsbescheid entscheidet, oder wenn ein Antrag auf Zulassung der Sprungrevision gestellt wird.

(1) Berufung. Nach den durch das RmBereinVpG[12] mit Wirkung vom 1.1.2002 neu gefassten **12** §§ 124, 124 a kann die Berufung durch das VG von Amts wegen (§ 124 a Abs. 1) oder vom OVG auf Antrag (§ 124 a Abs. 4) zugelassen werden. Wurde die *Berufung durch das VG zugelassen*, endet die aufschiebende Wirkung spätestens drei Monate nach Ablauf der Frist zur Berufungsbegründung (§ 124 a Abs. 3 S. 1), also *fünf Monate nach Zustellung des vollständigen Urteils.* Eine Verlängerung der Berufungsbegründungsfrist durch das Gericht (§ 124 a Abs. 3 S. 3) schiebt dabei das Ende der aufschiebenden Wirkung nicht hinaus. Denn es kommt nach dem klaren Wortlaut des § 80 b Abs. 1 S. 1 hier nur auf die *gesetzliche* Begründungsfrist an.

Wird *Antrag auf Zulassung der Berufung* gestellt, endet die aufschiebende Wirkung *spätestens fünf* **13** *Monate nach Zustellung des Urteils.* Bei der antragsabhängigen Zulassung ist dabei der *Zulassungsantrag nach § 124 a Abs. 4 S. 1* das Rechtsmittel i.S.v. § 80 b Abs. 1 S. 1 Hs. 2[13] und die Begründungsfrist, ab deren Ende die Drei-Monats-Frist des § 80 b Abs. 1 S. 1 Hs. 2 zu laufen beginnt, die Frist für die Begründung des Zulassungsantrages nach § 124 a Abs. 4 S. 4. Zwar muss im Falle des erfolgreichen Zulassungsantrages die Berufung zusätzlich gesondert begründet werden; diese Monatsfrist beginnt mit Zustellung des Zulassungsbeschlusses (§ 124 a Abs. 6 S. 1). Auf diese Berufungsbegründungsfrist kann es für die Berechnung des Endes der aufschiebenden Wirkung allerdings nicht ankommen, da eine förmliche Berufungseinlegung bei der Zulassung der Berufung auf Antrag nicht vorgesehen ist. Bereits der Zulassungsantrag hat Suspensiveffekt (§ 124 a Abs. 4 S. 6). Lässt das OVG die Berufung zu, wird das Verfahren automatisch als Berufungsverfahren fortgesetzt (§ 124 a Abs. 5 S. 5). Das Zulassungs- und das Berufungsverfahren bilden damit eine Einheit, wobei der Zulassungsantrag lediglich den ersten Schritt auf dem Weg zur Berufungsentscheidung darstellt.[14] Für die Berechnung des Endes der aufschiebenden Wirkung ist daher der Ablauf der Zweimonatsfrist für die *Begründung des Zulassungsantrags als erster gesetzlicher Begründungsfrist* im Rahmen des zweistufigen Berufungsverfahrens zu sehen. Diese Auslegung entspricht auch dem Beschleunigungszweck der Norm.[15] Es kann zudem nicht im Sinne des Gesetzgebers sein, dass die aufschiebende Wirkung bei einer Berufung, die nicht bereits von Amts wegen, sondern erst auf Antrag zugelassen wurde, also von vorneherein weniger aussichtsreich sein dürfte, erst erheblich später enden soll als bei einer vom VG zugelassenen Berufung.

Bei der antragsabhängigen Zulassung kann die aufschiebende Wirkung auch schon *früher enden*, **14** wenn das OVG die Berufung nicht zulässt und der entsprechende ablehnende Beschluss vor Ablauf der Frist des § 80 b Abs. 1 S. 1 Hs. 2 ergeht. Mit der Ablehnung wird das Urteil der ersten Instanz rechtskräftig (§ 124 a Abs. 5 S. 4) und die aufschiebende Wirkung endet bereits zu diesem Zeitpunkt.

(2) Revision. *Im verwaltungsgerichtlichen Urteil bereits zugelassene Revision:* Im Falle der Revisions- **15** einlegung endet die aufschiebende Wirkung grds. *spätestens fünf Monate nach Zustellung des vollständigen Urteils.* Hat das VG in seinem Urteil die Sprungrevision (§ 134 Abs. 1 S. 1) oder – bei gesetzlichem Berufungsausschluss – die Revision zugelassen (§ 135 S. 2), handelt es sich bei dem Rechtsmittel i.S.v. § 80 b Abs. 1 S. 1 Hs. 2 um die Revision. Da die Revision innerhalb von zwei Monaten

---

12 Gesetz zur Bereinigung des Rechtsmittelrechts im Verwaltungsprozess (RmBereinVpG) vom 20.12.2001 (BGBl I 3987).
13 BVerwG NVwZ 2016, 1492, 1493; OVG Magdeburg NVwZ-RR 2016, 806 f.; *Kopp/Schenke* § 80 b Rn. 7; a.M. *M. Funke-Kaiser*, in: Bader § 80 b Rn. 9 ff.
14 I.d.S. auch *K. W. Lotz*, BayVBl 1997, 257, 262 (zu § 124 a a.F.).
15 Dazu die Begründung der Bundesregierung zum Entwurf des 6. VwGOÄndG BT-Drs. 13/3993, 9.

nach Urteilszustellung zu begründen ist (§ 139 Abs. 3 S. 1), endet die aufschiebende Wirkung nach § 80 b Abs. 1 S. 1 spätestens drei Monate danach, also fünf Monate nach Urteilszustellung.

16   *Antrag auf Zulassung der Sprungrevision:* Wurde die Sprungrevision vom VG im Urteil nicht zugelassen, ist ein Antrag auf Zulassung der Sprungrevision möglich (§ 134 Abs. 1). Im Gegensatz zum Antrag auf Zulassung der Berufung (→ Rn. 13) und der Beschwerde gegen die Nichtzulassung der Revision nach § 135 S. 2 (→ Rn. 17) ist *dieser Antrag kein Rechtsmittel* i.S.v. § 80 b Abs. 1 S. 1 Hs. 2. Zum einen entscheidet über ihn das VG; er hat also keinen Devolutiveffekt. Zum anderen ist das Antragsverfahren Voraussetzung für ein Revisionsverfahren, bildet aber mit dem Revisionsverfahren keine Einheit, wie das beim Berufungsverfahren nach vorgeschaltetem Zulassungsverfahren sowie beim Revisionsverfahren nach erfolgreicher Nichtzulassungsbeschwerde der Fall ist. Selbst bei erfolgreichem Antrag ist noch eine förmliche Revisionseinlegung erforderlich (§ 139 Abs. 1 S. 1 i.V.m. § 134 Abs. 3 S. 2). Bei erfolglosem Antrag beginnt mit Zustellung des ablehnenden Beschlusses die Antragsfrist für die Berufungszulassung erneut zu laufen (§ 134 Abs. 3 S. 1). Wird Antrag auf Zulassung der Sprungrevision gestellt, ist Rechtsmittel i.S.v. § 80 b Abs. 1 S. 1 Hs. 2 erst das auf den verwaltungsgerichtlichen Beschluss hin gegebene Rechtsmittel. Bei durch das VG zugelassener Revision beginnt die Drei-Monats-Frist des § 80 b Abs. 1 S. 1 erst mit Ablauf der Revisionsbegründungsfrist des § 139 Abs. 3 S. 1 Hs. 1. Eine mögliche Verlängerung der Begründungsfrist nach § 139 Abs. 3 S. 3 kann dabei das Ende der aufschiebende Wirkung nicht hinauszögern, da es nach dem klaren Wortlaut des § 80 b Abs. 1 S. 1 nur auf die *gesetzliche* Begründungsfrist ankommt. *Die aufschiebende Wirkung endet somit fünf Monate nach Zustellung des Beschlusses über die Zulassung der Revision.* Bei Ablehnung der Revisionszulassung durch das VG beginnt die Drei-Monats-Frist des § 80 b Abs. 1 S. 1 erst mit Ablauf der Begründungsfrist für den Antrag auf Zulassung der Berufung nach § 134 Abs. 3 S. 1 i.V.m. § 124 a Abs. 4. Die *aufschiebende Wirkung endet* in diesem Fall also *spätestens fünf Monate nach Zustellung des Beschlusses über die Ablehnung der Revisionszulassung.* Zu beachten ist hierbei, dass die *Frist für den Antrag auf Berufungszulassung* nach § 134 Abs. 3 S. 1 nur *erneut zu laufen beginnt,* wenn der Antrag auf Revisionszulassung den *gesetzlichen Frist- und Formvorschriften* entsprochen hatte und die *Zustimmungserklärung* von Kläger und Beklagtem beigefügt war. Waren diese Voraussetzungen nicht erfüllt, ist für die Fristberechnung nach § 80 b Abs. 1 S. 1 an die mit Urteilszustellung laufende Frist für die Begründung des Antrages auf Berufungszulassung anzuknüpfen. *Bei nicht § 134 Abs. 3 S. 1 entsprechendem Antrag* auf Revisionszulassung endet daher die aufschiebende Wirkung *fünf Monate nach Urteilszustellung.*

17   *Nichtzulassungsbeschwerde bei gesetzlichem Berufungsausschluss:* Wenn bei bundesgesetzlichem Ausschluss der Berufung das VG die Revision nicht in seinem Urteil zugelassen hatte, kann dagegen Nichtzulassungsbeschwerde eingelegt werden (§ 135 S. 2 und 3 i.V.m. § 133). Die Beschwerde ist als Rechtsmittel i.S.v. § 80 b Abs. 1 S. 1 Hs. 2 anzusehen, da sie bei Erfolg der erste Schritt zu einer Revisionsentscheidung ist. Im Falle der Abhilfe durch das VG oder der Zulassung durch das BVerwG wird das Beschwerdeverfahren automatisch als Revisionsverfahren fortgesetzt; eine förmliche Revisionseinlegung ist nicht vorgesehen (§ 139 Abs. 2 S. 1). *Die aufschiebende Wirkung endet* daher spätestens drei Monate nach Ablauf der Beschwerdebegründungsfrist des § 133 Abs. 3 S. 1, d.h. *spätestens fünf Monate nach Zustellung des verwaltungsgerichtlichen Urteils.*

18   Die aufschiebende Wirkung kann dann *früher* enden, wenn die Nichtzulassungsbeschwerde bereits vor Ablauf der Fünf-Monats-Frist abgelehnt wird. Ergeht ein ablehnender Beschluss des BVerwG, wird das verwaltungsgerichtliche Urteil damit rechtskräftig (§ 135 S. 3 i.V.m. § 133 Abs. 5 S. 3). Zu diesem Zeitpunkt endet dann auch die aufschiebende Wirkung.

19   **bb) Rechtsmittel gegen eine erstinstanzliche Entscheidung des OVG.**   Bei einer erfolglosen Anfechtungsklage vor dem OVG als Gericht des ersten Rechtszugs endet die aufschiebende Wirkung in jedem Fall *spätestens fünf Monate nach Zustellung des vollständigen Urteils.* Gegen ein erstinstanzliches Urteil des OVG besteht das Rechtsmittel der Zulassungsrevision (§ 132). Hatte das OVG die Revision bereits in seinem Urteil zugelassen, ist Rechtsmittel i.S.v. § 80 b Abs. 1 S. 1 Hs. 2 die *Revision.* Bei ihr beträgt die Begründungsfrist zwei Monate seit Zustellung des vollständigen Urteils (§ 139 Abs. 3 S. 1). Auf eine mögliche richterliche Verlängerung der Revisionsbegründungsfrist (§ 139 Abs. 3 S. 3) kommt es nach dem eindeutigen Wortlaut des § 80 b Abs. 1 S. 1 für die Fristberechnung nicht an. Hatte das OVG die Revision hingegen nicht zugelassen, stellt die *Beschwerde gegen die Nichtzulassung* den ers-

ten Schritt im Revisionsverfahren dar. Denn bei erfolgreicher Nichtzulassungsbeschwerde wird das Verfahren automatisch in das Revisionsverfahren übergeleitet, ohne dass es einer weiteren Rechtsmittteleinlegung bedürfte (§ 139 Abs. 2 S. 1). Bei dem Rechtsmittel i.S.v. § 80 b Abs. 1 S. 1 Hs. 2 handelt es sich in diesem Fall somit um die Nichtzulassungsbeschwerde. Auch die Nichtzulassungsbeschwerde muss innerhalb von zwei Monaten nach Zustellung des vollständigen Urteils begründet werden (§ 133 Abs. 3 S. 1).

cc) Besonderheit bei Rechtsbehelfen gegen einen Gerichtsbescheid. Entscheidet das VG oder das 20 OVG durch *Gerichtsbescheid* (§ 84; ein Gerichtsbescheid ist in allen erstinstanzlichen Klageverfahren zulässig, → § 84 Rn. 9 ff.), können dagegen unter den in § 84 Abs. 2 genannten Voraussetzungen die gleichen Rechtsbehelfe wie gegen ein Urteil eingelegt werden. Da der Gerichtsbescheid in diesen Fällen als Urteil wirkt (§ 84 Abs. 3 Hs. 1), endet die aufschiebende Wirkung wie bei einem erstinstanzlichen Urteil des VG bzw. OVG (→ Rn. 11 ff., 19). Eine Besonderheit gilt im Falle der mündlichen Verhandlung. Wird statt Einlegung eines anderen gegebenen Rechtsbehelfs *mündliche Verhandlung* beantragt oder findet bei Einlegung unterschiedlicher Rechtsbehelfe nach § 84 Abs. 2 Nr. 2 oder Nr. 4 mündliche Verhandlung statt, *endet die aufschiebende Wirkung noch nicht.* Bei mündlicher Verhandlung bleibt der Rechtsstreit in der ersten Instanz. Da diese Instanz noch nicht beendet und somit über die Anfechtungsklage im ersten Rechtszug noch nicht entschieden worden ist, kann auch die Rechtsfolge des § 80 b Abs. 1 S. 1 Hs. 2 nicht eintreten.[16]

3. Sonstige Beendigungsgründe und Wirkung der Beendigung. Neben den in § 80 b Abs. 1 genannten 21 Fällen endet die aufschiebende Wirkung eines Rechtsmittels stets dann, wenn die Verwaltung nach § 80 Abs. 2 S. 1 Nr. 4 die sofortige Vollziehung anordnet. Im Übrigen endet die aufschiebende Wirkung mit der Rücknahme des Rechtsbehelfs (vgl. VGH Kassel ESVGH 22, 93, 94) oder mit einer Erledigung der Hauptsache in sonstiger Weise. *Wenn die Voraussetzungen für das Ende der aufschiebenden Wirkung bestehen, endet die aufschiebende Wirkung automatisch*, ohne dass dazu ein besonderer Beschluss ergehen müsste.

IV. Anordnung der Fortdauer der aufschiebenden Wirkung (Abs. 2, 3)

Für den Fall, dass wegen einer erfolglosen Anfechtungsklage in der ersten Instanz nach § 80 b Abs. 1 22 S. 1 Hs. 2 die aufschiebende Wirkung der Klage enden würde, schafft § 80 b Abs. 2 die Möglichkeit, eine gerichtliche Anordnung der Fortdauer der aufschiebenden Wirkung herbeizuführen.

1. Verhältnis zum gerichtlichen Verfahren nach § 80 Abs. 5 und 7. Der Antrag nach § 80 b Abs. 2 ist 23 ein *spezieller Rechtsbehelf zur Anordnung der Fortdauer der aufschiebenden Wirkung.* Die Vorschrift ist nur anwendbar, wenn der nach § 80 b Abs. 1 S. 1 Hs. 2 eintretende Wegfall der aufschiebenden Wirkung rückgängig gemacht werden soll. Die *Anfechtungsklage muss daher* ursprünglich *aufschiebende Wirkung gehabt haben*, denn ansonsten könnte ihre Wirkung nicht nach § 80 b Abs. 1 S. 1 enden und ihre Fortdauer nicht nach § 80 b Abs. 2 angeordnet werden.[17] Nach § 80 b Abs. 3 i.V.m. § 80 Abs. 7 kann das Gericht die Entscheidung nach § 80 b Abs. 2 jederzeit wieder ändern oder aufheben. Für alle anderen, auch spätere in der Rechtsmittelinstanz auftretenden Fälle der gerichtlichen Entscheidung im vorläufigen Rechtsschutzverfahren, die nicht die Rückgängigmachung des gesetzlichen Wegfalls der aufschiebenden Wirkung nach § 80 b Abs. 1 S. 1 Hs. 2 betreffen, richtet sich das Verfahren nach § 80 Abs. 5, bei Verwaltungsakten mit Doppelwirkung i.V.m. § 80 a Abs. 3 S. 2 (vgl. OVG Münster NVwZ-RR 1998, 312, 313). Auch *nach Erlass der klageabweisenden Entscheidung kann das Gericht des ersten Rechtszuges* (regelmäßig das VG) in der kurzen Zeit, in der es noch Gericht der Hauptsache ist (bis zur Rechtskraft oder Anhängigkeit des Rechtsstreits in der nächsten Instanz, → § 80 Rn. 115), *Beschlüsse im vorläufigen Rechtsschutzverfahren treffen.* Hier kann es sich insbes. um einen Beschluss nach § 80 Abs. 7 handeln, mit dem das Gericht aufgrund neuer Erkenntnisse im Hauptsacheverfahren einen vorangegangenen Beschluss nach § 80 Abs. 5 aufhebt und damit die vormals angeordnete oder wiederhergestellte aufschiebende Wirkung der Klage beseitigt. § 80 b Abs. 2 steht einer solchen „vorzeitigen" Beendigung der aufschiebende Wirkung nicht entgegen, regelt er

---

16 S.a. *K. W. Lotz*, BayVBl 1997, 257, 262.
17 OVG Magdeburg NVwZ-RR 2016, 806; VGH München – 10 ZB 14.1475, BeckRS 2015, 47046 Rn. 10 f. (für eine Konstellation, in der dies nicht der Fall war).

doch nur die Anordnung der *Fortdauer* der aufschiebenden Wirkung über die in § 80 b Abs. 1 S. 1 S. 1 genannte Frist hinaus.[18]

24 Für eine besondere Konstellation der *faktischen Vollziehung* ist § 80 b Abs. 2 entsprechend anzuwenden. Geht die Behörde fälschlich davon aus, dass nach § 80 b Abs. 1 S. 1 S. 1 Hs. 2 das Ende der aufschiebenden Wirkung eingetreten ist, und trifft Maßnahmen zur Vollziehung des Verwaltungsakts, liegt ein Fall der faktischen Vollziehung vor. Gleiches gilt, wenn ein privater Begünstigter eines Verwaltungsakts mit Doppelwirkung von dem Verwaltungsakt Gebrauch macht, obwohl das Ende der aufschiebende Wirkung kraft Gesetzes nicht eingetreten ist (zur faktischen Vollziehung i.Ü. → § 80 Rn. 50). Da in solchen Fällen über den Eintritt der Rechtsfolge des § 80 b Abs. 1 S. 1 Hs. 2 Streit besteht, kann das Gericht *in entsprechender Anwendung von § 80 b Abs. 2* die aufschiebende Wirkung der Klage feststellen (VGH München BayVBl 1997, 342 f.). Das Gericht kann *in analoger Anwendung von § 80 b Abs. 2, Abs. 3 i.V.m. § 80 Abs. 5 S. 3 oder § 80 a Abs. 3 S. 1, § 80 a Abs. 1 Nr. 2* auch die Aufhebung der Vollziehung anordnen. In allen übrigen Fällen der faktischen Vollziehung ergeht eine gerichtliche Entscheidung nach § 80 Abs. 5 analog oder § 80 a Abs. 3 S. 1 i.V.m. § 80 a Abs. 1 Nr. 2 analog (→ § 80 Rn. 164 und → § 80 a Rn. 36).

25 **2. Zuständiges Gericht.** Zwar erwähnt § 80 b Abs. 2 ausdrücklich als zuständiges Gericht nur das OVG. Nach dem Sinn der Vorschrift und dem Willen des Gesetzgebers ist für die Entscheidung nach § 80 b Abs. 2 jedoch allgemein das *Rechtsmittelgericht* zuständig.[19] War gegen ein *erstinstanzliches Urteil des VG* die Berufung durch das VG zugelassen worden oder wurde Antrag auf Zulassung der Berufung gestellt, ist daher für das Verfahren nach § 80 b Abs. 2 das *OVG* zuständig. Im Falle einer zugelassenen Sprungrevision (§ 134 Abs. 1 S. 1) oder vom VG zugelassenen Revision bei gesetzlichem Ausschluss der Berufung (§ 135 S. 2) gegen die erstinstanzliche Entscheidung des VG ist zuständiges Gericht i.S.v. § 80 b Abs. 2 das *BVerwG.* Dies gilt auch, wenn Beschwerde gegen die Nichtzulassung der Revision (§ 135 S. 2, 3 i.V.m. § 133) eingelegt wurde. Das *BVerwG* kann auch *als Revisionsgericht* i.S.v. § 132 Abs. 1 zuständig sein, wenn das OVG als Berufungsgericht tätig war, während des Berufungsverfahrens aber keine Entscheidung nach § 80 b Abs. 2 beantragt wurde (BVerwG NVwZ 2011, 1342). Hat *das OVG als Gericht erster Instanz* (§ 48) die Anfechtungsklage abgewiesen, ist für den Antrag nach § 80 b Abs. 2 das *BVerwG* zuständig (BVerwG NVwZ 2007, 1097 f.). In *dringenden Fällen* kann nach *§ 80 b Abs. 3 i.V.m. § 80 Abs. 8* eine Entscheidung auch vom jeweiligen *Vorsitzenden* getroffen werden.

26 Nach dem Gesetzentwurf des Bundesrates von 1994 sollte nach § 80 b Abs. 2 S. 1 „das Gericht des ersten Rechtszuges… in der klageabweisenden Entscheidung anordnen" können, „daß die aufschiebende Wirkung fortdauert". Im Entwurf eines § 80 b Abs. 2 S. 2 war vorgesehen: „Auf Antrag kann das Gericht der Hauptsache diese Anordnung aufheben." Gemeint war in S. 2 das *Rechtsmittelgericht,* da der Antrag nach § 80 b Abs. 2 S. 2 i.d.R. erst nach Einlegung des Rechtsmittels gestellt werden würde (BT-Drs. 12/8553, 4 f., 12). Auch die Einführung der Drei-Monats-Frist in § 80 b Abs. 1 S. 1 Hs. 2 weist auf das Rechtsmittelgericht als zuständiges Gericht nach dem vorgeschlagenen § 80 b Abs. 2 S. 2. Die aufschiebende Wirkung sollte deshalb nicht mit Klageabweisung, sondern erst drei Monate nach Ablauf der Rechtsmittelfrist enden, um dem dann mit der Hauptsache befassten Gericht, also dem Rechtsmittelgericht, ausreichend Zeit zu geben, über das vorläufige Rechtsschutzbegehren zu entscheiden (BT-Drs. 12/8553, 12). Der Gesetzentwurf der Bundesregierung von 1996 übernahm diesen Vorschlag (BT-Drs. 13/3993, 4, 12). § 80 Abs. 2 erhielt erst im Vermittlungsausschuss seine jetzige Fassung (Beschlussempfehlung des Vermittlungsausschusses BT-Drs. 13/5642). Das Verfahren wurde dadurch weiter gestrafft, dass nicht mehr zunächst das Gericht des ersten Rechtszuges mit einer Entscheidung über die Fortdauer der aufschiebenden Wirkung befasst ist, sondern die Entscheidung ausschließlich dem Rechtsmittelgericht überlassen bleibt.

---

18 VG Sigmaringen NVwZ 2009, 1319, 1320; a.A. OVG Lüneburg – 1 ME 93/08, BeckRS 2009, 30512.
19 BVerwG NVwZ 2007, 1097 f.; NVwZ 2011, 1342; i.d.S. auch *W.-R. Schenke,* VBlBW 2000, 56, 58; *F. Schoch,* in: Schoch/Schneider/Bier § 80 b Rn. 43 f.; a.M. *M. Funke-Kaiser,* in: Bader § 80 b Rn. 4 f. (der den Anwendungsbereich des Abs. 2 auf den Regelfall der Praxis reduziert, dass das VG als erstinstanzliches Gericht die Klage abgewiesen hatte).

Im Gesetzgebungsprozess wurde dann allerdings übersehen, dass *als Rechtsmittelgericht gegen eine* 27 *erstinstanzliche Entscheidung nicht nur das OVG in Betracht kommt.*[20] Es würde der Verfahrensbeschleunigung, dem Hauptzweck des § 80 b, zuwiderlaufen, *in den Fällen der §§ 134, 135,* in denen das *BVerwG Rechtsmittelgericht für die erstinstanzliche Entscheidung des VG* darstellt, das in diesen Verfahren ansonsten unbeteiligte OVG für einen Antrag nach § 80 b Abs. 2 einzuschalten. Ist das Verfahren in der Hauptsache nach einer Berufungsentscheidung des OVG beim *BVerwG als Revisionsgericht* anhängig, könnte eine fortbestehende Zuständigkeit des OVG in bestimmten Fallkonstellationen zu einer gespaltenen Zuständigkeit zwischen OVG und BVerwG in Angelegenheiten des vorläufigen Rechtsschutzes führen und auch dadurch die angestrebte Verfahrensbeschleunigung zunichte machen. Hat die Behörde nämlich nur für einzelne Regelungen des Verwaltungsakts die sofortige Vollziehbarkeit angeordnet und es für andere Regelungen bei der aufschiebenden Wirkung belassen, müsste über den Antrag auf Wiederherstellung der aufschiebenden Wirkung nach § 80 Abs. 5 das BVerwG als Gericht der Hauptsache in der Revisionsinstanz entscheiden, das OVG wäre hingegen nach § 80 b Abs. 2 für die Entscheidung über die Fortdauer der aufschiebenden Wirkung in Bezug auf die nicht für sofort vollziehbar erklärten Regelungen des Verwaltungsakts zuständig (BVerwG NVwZ 2011, 1342).

Entscheidet *das OVG im ersten Rechtszug,* trifft die *Entscheidung über einen Antrag nach § 80 b* 27a *Abs. 2 das BVerwG.* Denn nach der im Vermittlungsausschuss gestrafften Fassung des § 80 b Abs. 2 soll das Gericht erster Instanz gerade nicht mehr mit der Frage der Fortdauer der aufschiebenden Wirkung befasst werden, sondern nur noch das Rechtsmittelgericht. Da bei erstinstanzlicher Klageabweisung durch das OVG die aufschiebende Wirkung ohnehin erst endet, wenn sich das Verfahren bereits beim BVerwG befindet, widerspräche es zudem dem Beschleunigungsgedanken, das Antragsverfahren nach § 80 b Abs. 2 noch vor dem OVG zu führen. Ein weiteres Argument für die Zuständigkeit des BVerwG als Rechtsmittelgericht gegen erstinstanzliche Urteile des OVG liefern auch hier die Fälle, bei denen es um mehrere Regelungen geht, von denen aber nur einzelne aufgrund entsprechender Anordnungen der Verwaltung sofort vollziehbar sind, während es bei den übrigen bei der aufschiebenden Wirkung bleibt. Hat das OVG der Beschwerde gegen die Nichtzulassung der Revision nicht abgeholfen, wäre für einen Antrag auf Wiederherstellung der aufschiebenden Wirkung der sofort vollziehbaren Regelungen das BVerwG als Gericht der Hauptsache zuständig (→ § 80 Rn. 115). Über die Anordnung der Fortdauer der aufschiebenden Wirkung müsste hingegen, wenn man sich strikt an den Wortlaut des § 80 b Abs. 2 hielte, das OVG entscheiden. Der Gesetzgeber kann eine solche Aufspaltung der Zuständigkeiten nicht gewollt haben, da sie zu einer Verzögerung des vorläufigen Rechtsschutzes führen würde (BVerwG NVwZ 2007, 1097, 1098).

3. Weitere Zulässigkeitsvoraussetzungen. § 80 b Abs. 3 verweist auf § 80 Abs. 5–8 und § 80 a, sodass 28 die übrigen Zulässigkeitsvoraussetzungen grds. denen in diesen Verfahren entsprechen (→ § 80 Rn. 113 ff.; → § 80 a Rn. 15 ff.). Für Anträge nach § 80 b Abs. 2 sind lediglich einige Besonderheiten zu beachten.

Vertretungserfordernis: Wegen § 67 Abs. 4 S. 1 und 2, der für alle Verfahren und alle Prozesshandlun- 29 gen vor dem OVG und dem BVerwG gilt (→ § 67 Rn. 47, 51), ist für einen Antrag nach § 80 b Abs. 2 in jedem Fall die Vertretung durch einen Anwalt oder Rechtslehrer an einer deutschen Hochschule erforderlich.

Zeitpunkt der Antragstellung: Ein Antrag nach § 80 b Abs. 2 ist grds. nicht fristgebunden. Er kann 30 *auch nachträglich,* d.h. *nach Ablauf der Drei-Monats-Frist* des 80 b Abs. 1 S. 1 Hs. 2 gestellt werden.[21] Der Wortlaut der Bestimmung, wonach das Gericht anordnen kann, dass die aufschiebende Wirkung „fortdauert", steht dem nicht entgegen.[22] Sonst müssten Betroffene vorsorglich Anträge nach § 80 b Abs. 2 innerhalb der 3-Monats-Frist stellen, auch wenn zu diesem Zeitpunkt keine Anzeichen dafür bestehen, dass eine Vollziehung des Verwaltungsakts überhaupt beabsichtigt ist. Da der Antrag nach § 80 b Abs. 2 die Beendigung der aufschiebenden Wirkung nicht hemmt, dürfte das Rechtsmittelge-

---

20 BVerwG NVwZ 2007, 1097, 1098; NVwZ 2011, 1342; *K. W. Lotz,* BayVBl 1997, 257, 263; *M. Redeker,* in: Redeker/v. Oertzen § 80 b Rn. 3, 4.
21 BVerwG NVwZ 2007, 1097, 1098; NVwZ 2011, 1342, 1343; OVG Brem NVwZ 2000, 942 f.; OVG Lüneburg – 8 MC 138/11, BeckRS 2011, 53695; OVG Magdeburg NVwZ-RR 2016, 806; OVG Münster NVwZ-RR 2002, 76; VGH München – 10 AS 13.1315, BeckRS 2013, 54620.
22 BVerwG NVwZ 2007, 1097, 1098; VGH München 22.10.2009 – 10 AS 09.2124; 10 AS 09.2332, BeckRS 2009, 45201; a.M. *F. Schoch,* in: Schoch/Schneider/Bier § 80 b Rn. 40 c.

richt zudem die Fortdauer der aufschiebenden Wirkung dann nicht mehr anordnen, wenn der Antrag zwar vor Beendigung der aufschiebenden Wirkung gestellt worden war, das Gericht aber erst nach deren Ende entscheidet.

30a Der Antrag nach § 80 b Abs. 2 ist *frühestens nach Erlass der klageabweisenden Entscheidung* zulässig. Vor diesem Zeitpunkt besteht noch kein Rechtsschutzbedürfnis, da offen ist, ob in dem betreffenden Fall die aufschiebende Wirkung ausnahmsweise bereits vor rechtskräftigem Abschluss des Verfahrens enden wird. Obwohl die aufschiebende Wirkung erst einige Monate nach der erstinstanzlichen Entscheidung wegfällt, kann der Antrag nach § 80 b Abs. 2 bereits ab Erlass der klageabweisenden Entscheidung gestellt werden. Bereits zu diesem Zeitpunkt ist das Vorliegen eines Rechtsschutzbedürfnisses zu bejahen, da mit der Klageabweisung die entscheidende Ursache für das gesetzliche Ende der aufschiebenden Wirkung gesetzt wurde. Auch der Gesetzgeber ging davon aus, dass der Antrag i.d.R. bald nach Erlass des erstinstanzlichen Urteils gestellt wird. Er bemaß die Frist des § 80 b Abs. 1 S. 1 deshalb so großzügig, damit das Gericht ausreichend Zeit hat, über einen Antrag nach § 80 b Abs. 2 zu entscheiden (BT-Drs. 13/3993, 12). In der Praxis dürfte der Antrag nach § 80 b Abs. 2 häufig zusammen mit der Einlegung der Berufung, dem Antrag auf Zulassung der Berufung, der Revisionseinlegung oder der Nichtzulassungsbeschwerde eingereicht werden, weil für beides dasselbe Gericht zuständig ist. Der Antrag kann in sinngemäßer Anwendung des § 80 Abs. 5 S. 2 aber auch schon vor Einlegung des Rechtsbehelfs gestellt werden. Allerdings darf bei Stellung des Antrages nach § 80 b Abs. 2 die Frist für die Einlegung eines zulässigen Rechtsmittels i.S.v. § 80 b Abs. 1 S. 1 Hs. 2 noch nicht abgelaufen sein. Denn mit Fristablauf ist die erstinstanzliche Entscheidung rechtskräftig; eine Anordnung nach § 80 b Abs. 2 wäre ausgeschlossen.

31 *Kein generelles Vorverfahren nach § 80 Abs. 6:* Mit Ausnahme von Abgaben- und Kostensachen ist es nicht erforderlich, vor Antragstellung nach § 80 b Abs. 2 bei der Behörde die Aussetzung der Vollziehung bis zur Unanfechtbarkeit nach § 80 Abs. 4 zu beantragen.[23] Zwar hat der Gesetzgeber in § 80 b Abs. 3 mit seiner pauschalen Verweisung auf die Abs. 5–8 des § 80 – ähnlich wie bereits bei seiner pauschalen Verweisung in § 80 a Abs. 3 S. 2 (→ § 80 a Rn. 16 ff.) – Anlass zu Zweifeln darüber gegeben, ob ein Vorverfahren nach § 80 Abs. 6 nicht in allen Verfahren nach § 80 b Abs. 2 erforderlich sein soll. Die Bestimmung des § 80 Abs. 6 besitzt jedoch Ausnahmecharakter und ist *nur auf Abgaben- und Kostensachen* anwendbar. Bei der Schaffung des § 80 Abs. 6 beabsichtigte der Gesetzgeber nicht, dass der Anwendungsbereich der Vorschrift auch auf andere Verwaltungsakte erweitert wird (→ § 80 a Rn. 18). Im Übrigen dürfte nach Erlass der klageabweisenden Entscheidung im Hauptsacheverfahren in den meisten Fällen die Vollstreckung drohen, sodass dann auch bei Verwaltungsakten, mit denen öffentliche Abgaben und Kosten angefordert werden, ein behördliches Vorverfahren nach § 80 b Abs. 3 i.V.m. § 80 Abs. 6 S. 2 Nr. 2 entbehrlich ist.

32 **4. Prüfungsmaßstab.** In § 80 b Abs. 2 sind keine Kriterien genannt, nach denen das Gericht zu entscheiden hat, ob die Fortdauer der aufschiebenden Wirkung angeordnet werden soll. *Entsprechend heranzuziehen* sind hier die bei den Verfahren für zweiseitige Verwaltungsakte nach *§ 80 Abs. 5* (→ § 80 Rn. 137 ff.)[24] und für Verwaltungsakte mit Doppelwirkung nach *§ 80 a Abs. 3 i.V.m. § 80 Abs. 5* (→ § 80 a Rn. 25 ff.) *genannten Entscheidungskriterien.* Auch im Verfahren nach § 80 b Abs. 2 hat das Gericht mit Blick auf den möglichen Ausgang des Hauptsacheverfahrens abzuwägen, welche Seite bis zum rechtskräftigen Abschluss des Verfahrens das Risiko zu tragen hat, das mit der sofortigen Vollziehung einerseits oder der Fortdauer der aufschiebenden Wirkung andererseits einhergeht. Bei der Entscheidung ist allerdings *zusätzlich der Normzweck des § 80 b Abs. 1 zu beachten*, wonach verhindert werden soll, dass eigentlich aussichtslose Rechtsmittel nur eingelegt werden, um das Ende der aufschiebenden Wirkung möglichst lange hinauszuzögern. Nachdem bereits einmal die Hauptsache vom Gericht des ersten Rechtszugs geprüft worden ist, wird im Verfahren nach § 80 b Abs. 2 eine Anordnung der Fortdauer der aufschiebenden Wirkung in erster Linie dann in Betracht kommen, wenn das Rechtsmittelgericht Zweifel an der erstinstanzlichen Hauptsacheentscheidung hegt. Die *Zulassung der Berufung oder der Revision führt nicht regelmäßig zur Anordnung der Fortdauer der auf-*

23 OVG Münster NVwZ-RR 2014, 11, 12; W.-R. *Schenke*, VBlBW 2000, 56, 58; F. *Schoch*, in: Schoch/Schneider/Bier § 80 b Rn. 51.
24 BVerwG NVwZ 2007, 1097, 1098; NVwZ 2011, 1342, 1343.

1816   *Puttler*

schiebenden Wirkung.[25] Angesichts der Unterschiedlichkeit der Zulassungsgründe lässt nicht jede Rechtsmittelzulassung auch einen Erfolg des Rechtsmittels erwarten. Zur Parallelität zwischen Zulassungsentscheidung und Anordnung der Fortdauer der aufschiebenden Wirkung dürfte es regelmäßig nur dann kommen, wenn ernstliche Zweifel an der Richtigkeit der erstinstanzlichen Entscheidung bestehen (s. für die Berufung den Zulassungsgrund des § 124 Abs. 2 Nr. 1; vgl. für die Revision § 137 Abs. 1 i.V.m. § 144 Abs. 4). Grds. reicht hier eine summarische Prüfung der Sach- und Rechtslage aus. Ist wegen der Komplexität der aufgeworfenen Fragen der Ausgang des Rechtsmittelverfahrens offen, ist die Entscheidung unter Einbeziehung der gegenüberstehenden Interessen aufgrund einer Folgenabwägung zu treffen.[26]

5. Form sowie Kosten- und Streitwertentscheidung. Wie im Verfahren nach § 80 Abs. 5, auf den 33 § 80 b Abs. 3 verweist, ergeht die Entscheidung des Gerichts nach § 80 b Abs. 2 als *Beschluss*, der zu begründen und zuzustellen ist. Vgl. dazu im Übrigen die Komm. zu § 80 (→ § 80 Rn. 165 f.). Die frühere *Gerichtskosten*freiheit des Verfahrens nach § 80 b Abs. 2[27] wurde bereits im GKG 2004 beseitigt[28] und findet sich in Teil 5, Hauptabschnitt 2 der Anl. 1 zu § 3 Abs. 2 GKG 2014. Der *Streitwert* richtet sich wie in den Verfahren des § 80 Abs. 5 und Abs. 7 nach § 53 Abs. 2 Nr. 2, § 52 Abs. 1 GKG und wird i.d.R. halbiert (→ § 80 Rn. 174).[29]

6. Kein Rechtsmittel gegen die gerichtliche Entscheidung. Da Beschlüsse nach § 80 b Abs. 2 stets vom 34 Rechtsmittelgericht, also vom OVG oder vom BVerwG, getroffen werden, können sie nicht mit der Beschwerde angefochten werden (s. § 152 zum Beschwerdeausschluss für Beschlüsse des OVG).

---

25 BVerwG NVwZ 2007, 1097, 1098; OVG Magdeburg NVwZ-RR 2016, 806, 807; a.M. OVG Brem NVwZ 2000, 942; OVG Koblenz NVwZ 1999, 896; i.d.S. auch OVG Münster NVwZ-RR 2002, 76, 77.
26 OVG Magdeburg NVwZ-RR 2016, 806, 807.
27 Wegen fehlender Aufnahme in das Kostenverzeichnis der Anl. 1 zu § 11 Abs. 1 GKG a.F., dazu OVG Bautzen NVwZ-RR 1999, 616; OVG Münster NVwZ-RR 2002, 76, 77.
28 Durch das Gesetz zur Modernisierung des Kostenrechts (Kostenrechtsmodernisierungsgesetz – KostRMoG) vom 5.5.2004, BGBl I 718.
29 OVG Münster NVwZ-RR 2014, 11, 12.

§ 81 [Klageerhebung]

(1) ¹Die Klage ist bei dem Gericht schriftlich zu erheben. ²Bei dem Verwaltungsgericht kann sie auch zu Protokoll des Urkundsbeamten der Geschäftsstelle erhoben werden.

(2) Der Klage und allen Schriftsätzen sollen vorbehaltlich des § 55 a Absatz 5 Satz 3 Abschriften für die übrigen Beteiligten beigefügt werden.

Schrifttum

1. Monographien und Beiträge in Sammelwerken: *J. Bizer*, Beweissicherheit im elektronischen Rechtsverkehr, in: Haratsch/Kugelmann/Repkewitz (Hrsg.), Herausforderungen an das Recht der Informationsgesellschaft, 1996, 141; *J. Habermas*, Faktizität und Geltung, 1992; *J. Heinemann*, Neubestimmung der prozessualen Schriftform, 2002; *N. Luhmann*, Das Recht der Gesellschaft, 1993; *J. Schaper*, Studien zur Theorie und Soziologie des gerichtlichen Verfahrens, 1985; *R. Pitschas*, Verwaltungsverantwortung und Verwaltungsverfahren, 1990; *ders.*, Verwaltung und Verwaltungsgerichtsbarkeit im staatlichen Modernisierungsprozess, in: W. Blümel/R. Pitschas, Verwaltungsverfahren und Verwaltungsprozess im Wandel der Staatsfunktionen, 1997, 27.

2. Beiträge in Zeitschriften: *S. Broß*, Probleme des Schriftformerfordernisses im Prozessrecht, VerwArch 81 (1990), 451; *B. Clausing*, Aktuelles Verwaltungsprozessrecht, JuS 2003, 170; *P. Ebnet*, Rechtsprobleme bei der Verwendung von Telefax, NJW 1992, 2985; *W. Haensle*, Das Schriftformgebot bei der Erhebung der verwaltungsgerichtlichen Klage (§ 81 Abs. 1 Satz 1 VwGO) im digitalen Zeitalter – Wahrung auch durch E-Mail?, VerwArch 2013, 208; *M. Karst*, Zum Nachweis der Prozessvollmacht gem. § 80 I ZPO durch Telefax, NJW 1995, 3278; *F. Koehl*, Die Klageerhebung und -zustellung im Verwaltungsprozess, NVwZ 2017, 1089; *G. Lüke/C. Kerwer*, Eine neuartige Klagehäufung, NJW 1996, 2121; *M. Mrosk*, Der Nachweis des Zugangs von Willenserklärungen im Rechtsverkehr, NJW 2013, 1481; *M. Notthoff*, Telefax, Computerfax und elektronische Medien – Der aktuelle Stand zum Schriftformerfordernis im Verfahrensrecht, DStR 1999, 1076; *T. Tschentscher*, Beweis und Schriftform bei Telefaxdokumenten, CR 1991, 141; *B. Willms*, Die Unterschrift bei Klageschriften im Verwaltungsprozess, NVwZ 1987, 479.

A. Die Entstehungsgeschichte der Norm

1 Abs. 1 besteht seit Einführung der VwGO ohne Veränderung. Abs. 2 wurde durch das Justizkommunikationsgesetz (JKomG) vom 22.3.2005 (→ § 55 a Rn. 1 ff.) geändert. Art. 5 Nr. 5 des Gesetzes zur Förderung des elektronischen Rechtsverkehrs mit den Gerichten (BGBl 2013 I 3786 ff.) passt den

Normverweis an den geänderten § 55 a an; die Änderung tritt gem. Art. 26 Abs. 1 am 1.1.2018 in Kraft.

B. Charakteristika der Klageerhebung

I. Transformation eines sozialen in einen rechtlichen Konflikt

Mit der Klageerhebung wird ein vordem sozialer Konflikt in einen rechtlichen transformiert. 2

1. Klageerhebung als Verfahrensbeginn. Der Verwaltungsprozess ist wie jedes andere Gerichtsverfah- 3 ren durch die Vorhaltung sachlicher und personeller Ressourcen institutionalisiert. Die Institutionalisierung als solche ermöglicht den Verwaltungsprozess aber nur grundsätzlich. Ein konkretes verwaltungsgerichtliches Verfahren muss erst von außen in einer Form angestoßen werden, die innerhalb der Institution als solcher Anstoß erkannt wird.[1] Die in § 81 geregelte Klageerhebung ist der Beginn des Gerichtsverfahrens als der zeitlich begrenzten Episode, die mit der Klage eingeleitet und mit einer Entscheidung beendet wird; sie stellt damit eine deutliche Zäsur im Konflikt dar.[2]

2. Komplexitätsreduktion. Die Transformation eines sozialen in einen rechtlichen Konflikt bewirkt 4 eine Komplexitätsreduktion. Die vielfältigen sozialen Aspekte der Kontroverse verlieren an Bedeutung; die Auseinandersetzung wird zu einem singulären gesellschaftlichen Ereignis focussiert und durch das Gerichtsverfahren entschieden. Hierzu konstituiert und fixiert das Prozessrecht eine Kommunikationssituation, indem es Parteirollen – Kläger und Beklagter, Antragsteller und Antragsgegner – zuweist und den Streitgegenstand festlegt. Aus der Interaktion der Prozessbeteiligten, ihrem Zusammen- oder Gegeneinanderwirken, entwickelt sich das gerichtliche Verfahren.[3] Bei Klageerhebung ist die Entscheidung ungewiss; diese Ungewissheit motiviert die Prozessbeteiligten zur Mitwirkung, spezifiziert Rollen, Beiträge und Konflikte bis schließlich die Entscheidung geradezu aus den Ergebnissen des Verfahrens folgt.[4]

3. Zweck des gerichtlichen Verfahrens. Das gerichtliche Verfahren verfolgt dabei den Zweck, das ma- 5 terielle Recht, namentlich subjektive Rechte, zu gewährleisten und Gerechtigkeit, Rechtssicherheit, Rechtsfrieden und Menschenwürde zu realisieren.[5] Eine nähere Zweckbestimmung hat der Gesetzgeber für die einzelnen Verfahrensarten vorgenommen (zum Folgenden und insbes. zu den unterschiedlichen Prozesszwecken ausf. → § 173 Rn. 19 ff.): Der Verwaltungsprozess bildet, soweit es um Anfechtungs-, Verpflichtungs-, Leistungs- oder Feststellungsklagen geht, ebenso wie der Zivilprozess ein vom Staat zur Verfügung gestelltes und durchgeführtes Verfahren, in dem dieser durch neutrale und unabhängige Organe den Streit der Parteien entscheidet und erforderlichenfalls durch Einsatz seiner Machtmittel dafür sorgt, dass die richterlichen Erkenntnisse auch verwirklicht werden.[6] Die verwaltungsgerichtliche Normenkontrolle nimmt dabei durch ihr Ziel, das objektive Recht zu realisieren (ausf. → § 47 Rn. 22 ff.), jedoch bereits eine Sonderrolle ein.

Im Zentrum des gerichtlichen Verfahrens steht dabei naturgemäß die Entscheidung. Die Durchsetzung 6 des materiellen Rechts, Gerechtigkeit, Rechtssicherheit, Rechtsfrieden und Menschenwürde sind demgegenüber nachrangig. Die gerichtliche Entscheidung wirkt ebenso wie die Klageerhebung als Zäsur im Konflikt. Diese wie jene unterbricht den Zusammenhang von Vergangenheit und Zukunft und stellt ihn wieder her. Die Entscheidung verbindet Vergangenheit und Zukunft; sie ist nur in der Gegenwart und immer auch anders möglich. Richtige, gerechte, konsensorientierte, Rechtsfrieden, Rechtssicherheit und Menschenwürde realisierende Entscheidungen mögen wünschenswert sein;[7] unabdingbar ist allein, dass die Gerichte entscheiden. Dem den Gerichten auferlegten Zwang zu entscheiden, korrespondiert die Freiheit, nach Gründen für diese Entscheidung zu suchen. Entscheidungszwang und die Freiheit der Entscheidungsbegründung werden zwar durch die anderen Zwecke des Gerichtsverfah-

---

1 *J. Schaper*, Studien, 1985, 249.
2 *N. Luhmann*, Recht der Gesellschaft, 1993, 207 f.
3 *R. Pitschas*, Verwaltungsverantwortung, 1990, 547.
4 *N. Luhmann*, Recht der Gesellschaft, 1993, 333.
5 Zur Verwaltungsgerichtsbarkeit im staatlichen Modernisierungsprozess *R. Pitschas*, in: W. Blümel/R. Pitschas, Verwaltungsverfahren und Verwaltungsprozess, 1997, 27 ff.
6 *R. Pitschas*, Verwaltungsverantwortung, 1990, 546 f.
7 Zur Rationalität der Rspr. z.B. *J. Habermas*, Faktizität und Geltung, 1992, 238 ff.

rens eingeschränkt; das Verbot der Justizverweigerung und der damit einhergehende Entscheidungszwang sind gleichwohl der Ausgangspunkt des Rechtssystems.[8]

II. Die Klageerhebung als Prozesshandlung

7 Prozesshandlungen sind alle den Prozessablauf gestaltenden oder bestimmenden Handlungen der Beteiligten eines gerichtlichen Verfahrens (Parteihandlungen) oder eines Gerichts bzw. gerichtlichen Organs (Prozesshandlungen des Gerichts). Die in § 81 geregelte Klageerhebung ist daher ebenso wie die Klageänderung (§ 91 Abs. 1), der Vergleich (§ 106), der Parteiwechsel, die Erledigungserklärung, der Verzicht, das Anerkenntnis, die Anträge auf Ergänzung des Urteils (§ 120), die Beweisanträge, die Einlegung und Rücknahme der Klage (zur Klagerücknahme → § 92 Rn. 1, 28 ff., 39.) oder von Rechtsmitteln etc. eine Prozesshandlung (→ § 62 Rn. 4 ff.).[9]

8 Prozesshandlungen sind Willenserklärungen, die besonderen Regeln unterliegen (BVerwG NJW 1991, 508, 509 f.). Die vielfach vorgenommene strikte Trennung zwischen Prozesshandlungen einerseits und Willenserklärungen andererseits beruht auf einem Missverständnis. Entscheidend ist weniger die Differenzierung zwischen Prozesshandlungen und Willenserklärungen, als vielmehr die Unterscheidung von nach materiellem Recht zu beurteilendem Rechtsgeschäft einerseits und den der jeweiligen Verfahrensordnung unterliegenden Prozesshandlungen andererseits. Die strikte Differenzierung zwischen Willenserklärung und Prozesshandlung resultiert aus der fälschlichen Gleichsetzung von Willenserklärung und Rechtsgeschäft. Zwar gehen auch die Motive zum BGB (Mot. I 126) und das BGB selbst von einer Identität zwischen Willenserklärungen und Rechtsgeschäften aus. Auch besteht ein Rechtsgeschäft notwendigerweise aus einer oder mehreren Willenserklärungen. Rechtsgeschäfte erschöpfen sich aber i.d.R. nicht in einer Willenserklärung. Rechtsgeschäft ist der aus einer oder mehreren Willenserklärungen allein oder in Verbindung mit anderen Tatsachen bestehende tatbestandsmäßige Sachverhalt, an den die Rechtsordnung den Eintritt des willenserklärungsgemäßen rechtlichen Erfolges knüpft. Rechtsgeschäfte dienen im Gegensatz zu den Prozesshandlungen der Realisierung der Privatautonomie. Willenserklärung ist schon die Äußerung eines auf die Herbeiführung einer Rechtswirkung gerichteten Willens. Voraussetzungen und Rechtsfolgen von Willenserklärungen sind zwar zuvörderst im BGB geregelt. Der Bedeutungsgehalt von Willenserklärungen ist aber nicht auf das materielle Zivilrecht beschränkt. Das Zivilrecht enthält insoweit allgemeine Rechtsgrundsätze, die zwar im BGB normiert und konkretisiert sind, die aber unabhängig davon allen Rechtsbereichen gleichsam als Rechtssätze des allgemeinen Teils des Rechts vorgegeben sind und daher auch im öffentlichen Recht unmittelbar gelten. Für das materielle allgemeine Verwaltungsrecht ist dies grds. auch anerkannt.

9 Dass auch Prozesshandlungen Willenserklärungen sind, wird umso deutlicher, wenn man den Blick auf den traditionellen Streit über den Geltungsgrund von Willenserklärungen richtet. Während nach der sog. Willenstheorie der tatsächliche subjektive Wille des Erklärenden entscheidend sein soll, stellt die sog. Erklärungstheorie darauf ab, wie der Erklärungsempfänger das Verhalten des anderen nach Treu und Glauben deuten darf. Dieses letztere Verständnis kommt im Gegensatz zum ersteren den Anforderungen an Prozesshandlungen nach Bestimmtheit und Klarheit weitgehend entgegen.

10 Damit wird nicht bezweifelt, dass ein äußerlich einheitlicher Lebenssachverhalt, z.B. ein Vergleich, sich rechtlich als Prozesshandlung – und damit als Willenserklärung, die besonderen Regeln unterliegt – und zugleich als materiell-rechtliche Willenserklärung darstellen kann, sog. Doppelnatur (z.B. BVerwG NJW 1994, 2306 sowie → Rn. 42).

C. Voraussetzungen der Klageerhebung

11 § 81 Abs. 1 regelt explizit nur die Klageerhebung, ist aber auf Anträge nach den §§ 47, 80, 80 a, 123 jedenfalls entsprechend anwendbar (→ § 80 Rn. 120; → § 47 Rn. 282). Darüber hinaus gilt er für alle bestimmenden Schriftsätze. Im Gegensatz zu vorbereitenden Schriftsätzen kündigen bestimmende nicht nur ein Vorbringen in der Verhandlung an, sondern enthalten selbst die Prozesshandlung. Die Prozesserklärung ist mit der Einreichung bei Gericht vollzogen. Bestimmende Schriftsätze sind insbes.

---

8 *N. Luhmann*, Recht der Gesellschaft, 1993, 297 ff., 304, 317.
9 *F. Koehl*, NVwZ 2017, 1089, 1090.

solche, die – wie die Klageerhebung – das Verfahren im Ganzen oder einen einzelnen Abschnitt eröffnen.

I. Willenserklärung

Die in § 81 geregelte Klageerhebung setzt wie jede Willenserklärung ein objektives und ein subjektives Element voraus. 12

1. Klageerhebung versus Schriftlichkeit. Rspr. und h.M. neigen dazu, die Voraussetzungen einer Willenserklärung bei Prozesshandlungen und insbes. im Fall der Klageerhebung weitgehend ungeprüft zu lassen. Problematisiert wird stattdessen jeweils erst die Frage der Einhaltung der von § 81 vorgeschriebenen Schriftform. Das Problem, „ob sich aus dem bestimmenden Schriftsatz allein oder in Verbindung mit beigefügten Unterlagen die Urheberschaft und der Wille, das Schreiben in den Verkehr zu bringen, hinreichend sicher ergeben, ohne dass darüber Beweis erhoben werden müsste" (BVerwGE 81, 32, 36), gewinnt aber erst dann Relevanz, wenn überhaupt eine Willenserklärung bzw. Prozesshandlung vorliegt. Diese Frage und das Problem der Einhaltung des Schriftformerfordernisses mögen vielfach ineinanderfließen; deckungsgleich sind sie nicht. Wird eine formgerecht erstellte und unterzeichnete Klageschrift ohne Willen des Klägers dem Gericht übersandt, ist zwar die Form eingehalten, es fehlt aber die für die Klageerhebung erforderliche Prozesshandlung. 13

Richtigerweise stellt die in § 81 Abs. 1 S. 1 vorgeschriebene Schriftlichkeit auch keinen Selbstzweck dar. Das Schriftformerfordernis soll vielmehr einerseits dem gerade bei Prozesshandlungen bestehenden gesteigerten Bedürfnis nach Rechtssicherheit Rechnung tragen (Klarstellungs- und Beweisfunktion) und andererseits dem Kläger bzw. seinem Prozessbevollmächtigten die Bedeutung der Klageerhebung (→ Rn. 2 ff.) vor Augen führen (Warnfunktion). Die Anordnung der Schriftform in § 81 Abs. 1 S. 1 für die Klageerhebung soll mithin sicherstellen, dass eine wirksame Klageerhebung vorliegt. Hierfür ist erforderlich, dass die Prozesshandlungsvoraussetzungen eingehalten sind und die Klageerhebung zurechenbar ist. Das BVerwG selbst betont, dass durch das Schriftformerfordernis in § 81 Abs. 1 S. 1 „die verläßliche Zurechenbarkeit des Schriftsatzes sichergestellt werden [soll]. Es muss gewährleistet sein, dass nicht nur ein Entwurf, sondern eine gewollte Prozesserklärung vorliegt, ferner, dass die Erklärung von einer bestimmten Person herrührt und diese für den Inhalt die Verantwortung übernimmt" (BVerwG NJW 1989, 1175). Entscheidend ist daher weniger die Einhaltung der Schriftform als vielmehr die Dokumentation der Klageerhebung durch einen bestimmten Kläger. 14

Die Warn-, Klarstellungs- und Beweisfunktion kann angesichts des technischen Fortschritts und der wachsenden Bedeutung und Verbreitung elektronischer Willenserklärungen aber nicht mehr allein durch das Schriftformerfordernis gewährleistet werden. Entscheidend ist daher weniger die Wahrung der in § 81 Abs. 1 S. 1 angeordneten Schriftform als solcher, als vielmehr eine ausreichende Dokumentation des klägerischen Willens zur Klageerhebung in Kenntnis der Bedeutung dieser Handlung. Dem kann auch anders als durch Einhaltung der Schriftform Rechnung getragen werden. Diese Einschätzung wird durch § 81 Abs. 1 S. 2 und die hierzu ergangene Rspr. bestätigt. 15

2. Objektives Element. In objektiver Hinsicht ist eine Manifestation des Willens zur Klageerhebung erforderlich. Der subjektive Handlungswille, das Erklärungsbewusstsein und der Geschäftswille müssen sich in einer nach außen erkennbaren Weise manifestiert haben. 16

a) Handlungswille. Die Klageerhebung muss von einem sich auch nach außen manifestierenden Handlungswillen getragen sein. Ein Verhalten, das ohne Bewusstsein zustande kommt, ist keine Handlung, sondern nur der Schein einer solchen. Die Klageerhebung ist wie jede Prozesshandlung oder Willenserklärung von einem Handlungswillen getragen, wenn sie auf einem Willen des Erklärenden beruht. 17

Eine vom Kläger oder dessen Bevollmächtigtem entworfene und ohne oder gegen seinen Willen abgesandte Klageschrift stellt mangels des erforderlichen Handlungswillens keine wirksame Klageerhebung dar. Dies gilt auch dann, wenn ein Dritter die Klageschrift im Namen des Klägers abfasst und mit dessen Namen unterzeichnet, ohne dass der Kläger dies weiß und will. Ebenso ist die Einreichung einer mit Faksimile-Stempel unterzeichneten Klageschrift jedenfalls dann zu bewerten, wenn der Kläger bzw. sein Bevollmächtigter dieses Vorgehen nicht im konkreten Fall anordnet oder ausdrücklich billigt. Mit der Verwendung eines Faksimile-Stempels können weder Verkehrswille noch Urheberschaft 18 zuverlässig dokumentiert werden. Die Erstellung einer Unterschrift mittels Faksimile-Stempel stellt – anders als etwa die Kopie der bereits unterschriebenen Klageschrift – keine Vervielfältigung einer ursprünglich eigenhändig geleisteten Unterschrift dar. Die für die Anfertigung des Faksimile-Stempels geleistete Unterschrift wird allein zu dessen Herstellung und unabhängig von der später mit ihm versehenen Klageschrift abgegeben.[10] Dementsprechend kommt auch digitalisierten Dienstsiegeln, die mit dem Dokument ausgedruckt werden, keine Beweiskraft zu.

19   Andererseits genügt die Einreichung einer Klageschrift mit vervielfältigter Unterschrift ebenso wie die Übersendung einer Kopie der eigenhändig unterschriebenen Klageschrift in einem Briefumschlag mit handschriftlicher Absenderabgabe (BVerwG VerwRspr 26, 252) für eine wirksame Klageerhebung.

20   **b) Erklärungsbewusstsein.** Die Manifestation eines Erklärungsbewusstseins setzt voraus, dass dem Handelnden bewusst ist, eine rechtsgeschäftliche Erklärung abzugeben.

21   **c) Geschäftswille.** Erforderlich ist schließlich auch die Manifestation eines Geschäftswillens des Klägers. Die Klageschrift muss den Willen des Klägers dokumentieren, gerade diese Klage einreichen zu wollen. Obwohl Mängel des Geschäftswillens bei der Klageerhebung zumeist unbeachtet bleiben, gehört dieser zum Tatbestand von Prozesserklärungen. Die Nichtbeachtung eines fehlenden oder fehlerhaften Geschäftswillens resultiert allein aus dem Gebot der Sicherheit im Prozess.

22   Ausreichend sind daher weder eine maschinenschriftliche, nicht unterschriebene Klageschrift (OVG Münster OVGE 27, 115), auch wenn sie auf dem Kopfbogen eines Anwalts abgefasst ist (BFH NJW 1973, 80), noch die persönliche Abgabe einer nicht unterzeichneten Klageschrift bei Gericht, wenn keine weiteren Anhaltspunkte vorliegen. Dies gilt selbst dann, wenn gleichzeitig eine Empfangsbestätigung ausgehändigt wird (BGH NJW 1980, 291).

23   **3. Subjektives Element.** Der Tatbestand einer Willenserklärung setzt neben einem objektiven auch ein subjektives Element voraus: Daher genügt die Manifestation des Handlungs-, Erklärungs- und Geschäftswillens grds. nicht. Die Erklärung selbst und jedes ihrer Elemente muss vielmehr vom Willen des Erklärenden getragen sein. Der objektiven Manifestation muss mithin jeweils auch ein subjektiver Handlungs-, Erklärungs- und Geschäftswille korrespondieren. Anders als bei rechtsgeschäftlichen Willenserklärungen, die widerrufen oder angefochten werden können, kommt dem subjektiven Element der Willenserklärung bei Prozesshandlungen aber allenfalls eine untergeordnete Bedeutung zu. Im Hinblick auf die bereits angesprochene (→ Rn. 14 ff.) vorrangige Bedeutung der Warn-, Beweis- und Klarstellungsfunktion knüpft die Klageerhebung weniger an den inneren, als vielmehr an den äußeren Tatbestand der Willenserklärung an.

24   **4. Entäußerung.** Ein Rechtsanwalt, der eine Prozesserklärung per Telefax übermittelt, darf sich auch hinsichtlich der Richtigkeit der Telefaxnummer des Gerichts auf sein zuverlässiges Personal verlassen (BGH NJW-RR 1990, 1149; NJW 1994, 329; 1995, 2105). Er genügt seiner Verpflichtung, für eine wirksame Ausgangskontrolle zu sorgen, aber nur dann, wenn er die Weisung erteilt, dass der bei der Übermittlung zu erstellende Sendebericht auch daraufhin kontrolliert wird, ob die Telekopie störungsfrei an die richtige Empfängernummer übermittelt worden ist.[11] Eine zu wahrende Frist darf erst gelöscht werden, wenn ein vom Telefaxgerät des Absenders ausgedruckter Einzelnachweis vorliegt, der die ordnungsgemäße Übermittlung belegt.[12]

25   Wird die Klageerhebung per Telefax übersandt und die Originalurkunde als Briefsendung nachgereicht, begründet letztere kein selbständiges Verfahren (VGH Kassel NJW 1992, 3055). Eine noch fristgemäß bei Gericht eingehende, zunächst wirkungslose Originalurkunde soll aber dann wirksam werden, wenn die per Telefax vorgenommene Prozesserklärung ihre Wirksamkeit verliert (BGH NJW 1993, 3141).

---

10   Zur Verwendung eines Faksimile-Stempels VG Darmstadt HessVGRspr 1994, 6; 1994, 71; VG Wiesbaden NJW 1994, 537; HessVGRspr 1995, 31.
11   BGH NJW 1993, 1655; OVG Koblenz NJW 1994, 1815; BayObLG NJW 1995, 668; OLG München WM 1996, 1822.
12   BGH NJW 1994, 1879 m.Anm. *T. Hoeren*, WiB 1994, 659; BGH VersR 1994, 497; OLG Nürnberg MDR 1993, 386.

II. Zugang

Die Klageschrift ist gegenüber dem sachlich, örtlich und instanziell zuständigen Gericht abzugeben. 26
Sie wird erst dann wirksam, wenn sie dem Gericht, an das sie adressiert ist, zugegangen ist (→ § 74
Rn. 32 ff., 43 ff.).[13] Zugang erfordert dabei nicht Kenntnisnahme; es genügt, dass die Erklärung tatsächlich in den Verfügungsbereich des Gerichts gelangt ist (BVerfGE 52, 203, 209; 57, 117, 120). Dabei kommt es weder auf das Ende der Dienstzeit (BVerfG NJW 1976, 747; 1976, 1255) noch auf die
Mitwirkung eines Bediensteten des Gerichts an (BVerfGE 52, 203). Wann bei üblichem Verlauf mit
einer Kenntnisnahme durch das Gericht gerechnet werden darf, ist unerheblich. Etwaige Fristversäu-
mungen, die auf einer verzögerten Entgegennahme der Sendung durch das Gericht beruhen, dürfen
weder dem Kläger noch seinem Prozessbevollmächtigten angelastet werden (BVerfG NJW 1977,
1233).
Die für den Zugang schriftlicher Verwaltungsakte geltende und nunmehr auch elektronisch übermittelte, namentlich auch eine Übermittlung durch Telefax erfassende Drei-Tages-Frist des § 41 Abs. 2
VwVfG gilt hier weder direkt noch analog. Gem. § 55 a Abs. 2 ist ein elektronisches Dokument eingereicht, sobald die für den Empfang bestimmte Einrichtung des Gerichts es aufgezeichnet hat. Außerhalb des Anwendungsbereichs von Rechtsverordnungen auf der Grundlage des § 55 a Abs. 1 wird man
auf § 55 a Abs. 2 aber nur als Ausdruck eines allgemeinen Rechtsgedankens rekurrieren dürfen.
Eine Klageerhebung durch Fernschreiben an die Fernschreibstelle des Gerichts ist wirksam.[14] Eben 27
dies gilt auch für eine durch Telekopie übermittelte Prozesserklärung, wenn sie einem Empfangsgerät
des zuständigen Gerichts oder der Post zugeht und von dort auf postalischem Weg (Telebrief) dem Gericht zugeleitet wird (BAG NJW 1984, 199; 1990, 3165; BFHE 136, 38; BGH NJW 1981, 1618;
1983, 1498). Wird die Klageschrift hingegen an einen nicht für das Gericht eingerichteten Fernschrei-
bempfänger übermittelt, wird sie auch nicht dadurch wirksam, dass sie von der Empfangsstelle an das
zuständige Gericht weitergegeben wird. Ein Wiedereinsetzungsantrag gegen eine Fristversäumung ist
in diesem Fall unbegründet (BGH NJW-RR 1988, 893).
Wird ein Schriftsatz während der Dienstzeit des Gerichts in den dortigen, von der Benutzung zu dieser 28
Zeit nicht durch einen Hinweis ausgeschlossenen Nachtbriefkasten eingeworfen, ist er mit dem Zeitpunkt des Einwurfs bei Gericht eingegangen (OVG Münster VBlNW 1990, 168).

1. Richtiger Adressat und Empfänger. Wird die Klage bei einer sachlich, örtlich oder instanziell unzu- 29
ständigen Stelle erhoben, ist zwischen zwei Fallkonstellationen strikt zu differenzieren: § 83 VwGO
i.V.m. §§ 17 ff. GVG relativiert die Auswirkungen von Rechtsirrtümern; eine an ein unzuständiges Gericht adressierte Klage kann verwiesen werden. Wird eine an das zuständige Gericht gerichtete Klage
hingegen einer unzuständigen Stelle zugeleitet, ist die Klage nicht zugegangen. Dies gilt auch dann,
wenn eine an das falsche Gericht adressierte Klage dem richtigen zugeleitet wird (→ § 74 Rn. 36).
Eine an das örtlich zuständige Gericht adressierte, aber einem örtlich unzuständigen Gericht zugefaxte 30
Klageschrift ist nicht zugegangen. Der Inhalt der Prozesserklärung ist nämlich nicht derart in den
Machtbereich des zuständigen Gerichts gelangt, dass dieses sich bei normaler Verfahrensweise Kenntnis von dem Inhalt der Sendung verschaffen kann und als angerufenes Gericht durch eine Entscheidung des zuständigen Spruchkörpers tätig werden muss. Das unzuständige Gericht, bei dem die Klageschrift eingeht, ist zu einer prozessualen Behandlung weder verpflichtet noch berechtigt. Es ist allenfalls gehalten, die Prozesserklärung zurückzusenden oder weiterzuleiten. Die versehentliche Zuleitung
an ein anderes als das angesprochene Gericht unterscheidet sich damit qualitativ nicht von der irrtümlichen Zuleitung der Klageschrift an einen beliebigen Dritten. Im Gegensatz zum Rechtsirrtum, der
zur Anrufung des falschen Gerichts führt und den der Gesetzgeber nachsichtig behandelt hat (§ 83;
vgl. die Komm. zu § 83 und → § 74 Rn. 35, 37), ist sie daher ebenso wenig unschädlich wie eine sonstige Nachlässigkeit bei der Übermittlung.[15] Dies gilt erst recht, wenn die Klageschrift einem sachlich
unzuständigen Gericht zugeleitet wird, das einer anderen Prozessordnung unterliegt, die – wie § 253
Abs. 1 ZPO – die Rechtshängigkeit einer Streitsache erst an die Zustellung der Klage an den Beklagten

---

13 OVG Münster NJW 1996, 334. Allg. für gerichtliche Prozesshandlungen – im entschiedenen Fall nach § 697 Abs. 1
ZPO – BGH NJW 1997, 1777.
14 BGH NJW 1986, 1759 m.Anm. *W. Zeiss*, JR 1986, 417.
15 BFHE 114, 402; BGH NJW 1994, 1354; OVG Koblenz NJW 1981, 1005; OVG Münster NJW 1996, 334 f. m.Anm.
J. Schmittmann, VR 1996, 69; VGH Mannheim NJW 1991, 1845.

knüpft (→ § 74 Rn. 33). Eine nur versehentliche Adressierung der Klage an ein unzuständiges Gericht stellt keinen Rechtsirrtum dar. Die Klageschrift geht auch in diesem Fall erst dann zu, wenn sie in den Verfügungsbereich des zuständigen Gerichts kommt (VGH Mannheim NJW 1991, 1845).

31   Der BFH hat demgegenüber eine Klage als zugegangen betrachtet, wenn sie beim Finanzamt statt beim Finanzgericht eingereicht und durch die Finanzbehörde wie ihre eigene Post behandelt und geöffnet wird (BFHE 123, 122; a.A. BFH BStBl 1975 II, 337). Dies soll auch für eine Klage gelten, die beim instanziell unzuständigen Gericht oder statt bei einer auswärtigen Kammer beim Gericht selbst eingereicht wird (→ § 74 Rn. 34 f.; a.A. OVG Münster NJW 1996, 334; VGH München NJW 2000, 1131).

32   Eine Prozesserklärung, die an den Telefaxanschluss einer anderen Justizbehörde desselben Gebäudekomplexes gefaxt wird, ist nicht zugegangen (LG Frankfurt NJW 1992, 3043). Dies gilt auch dann, wenn die Behörde, an deren Telefax-Anschluss gefaxt wird, fristgebundene Prozessschriften in der Vergangenheit rechtzeitig weitergeleitet hat (LAG Nürnberg NZA 1994, 334). Gibt ein Gericht auf seinen Briefbögen hingegen die Telex-Nummer der Fernschreibstelle einer anderen Justizbehörde an, so ist eine an das Gericht gerichtete Prozesserklärung unabhängig davon eingegangen, wann es von der angegebenen Fernschreibstelle an das Gericht weitergeleitet wird.[16]

33   **2. Übermittlungsrisiko.** Wird die Übermittlung fristwahrender Schriftsätze per Telefax durch ein Gericht eröffnet, so dürfen die aus den technischen Gegebenheiten dieses Kommunikationsmittels herrührenden besonderen Risiken – wie insbes. Störungen des Empfangsgeräts, aber auch der Übermittlungsleitung – nicht auf den Nutzer dieses Mediums abgewälzt werden, sondern liegen in der Sphäre des Gerichts. Von einem Rechtsanwalt, der sich und seine organisatorischen Vorkehrungen darauf eingerichtet hat, einen Schriftsatz durch Fax zu übermitteln, kann beim Scheitern der gewählten Übermittlung infolge eines Defekts des Empfangsgeräts oder wegen Leitungsstörungen nicht verlangt werden, dass er innerhalb kürzester Zeit eine andere als die gewählte, vom Gericht offiziell eröffnete Zugangsart verwendet. Der Nutzer hat mit der Wahl eines anerkannten Übermittlungsmediums und der ordnungsgemäßen Nutzung der Empfängernummer das seinerseits Erforderliche zur Fristwahrung getan, wenn er so rechtzeitig mit der Übermittlung beginnt, dass unter normalen Umständen mit ihrem Abschluss bis zum Fristablauf zu rechnen ist.[17] Lässt ein Rechtsanwalt dem Gericht die Klageschrift am letzten Tag der Frist übermitteln, unterliegt er einer erhöhten Sorgfaltspflicht und muss daher bei Erhalt der Eingangsbestätigung des Gerichts selbst überprüfen, ob die Klagefrist gewahrt worden ist (VGH München NJW 2000, 1131).

34   Wird der Zugang zum Gericht über ein Telefaxgerät eröffnet, müssen die Justizbehörden auch nach Dienstschluss für dessen Funktionsfähigkeit sorgen (BGH NJW 1992, 244). Die Rspr. stellt für den Zugang einer durch Telefax übermittelten Prozesserklärung in teilweise nicht unbedenklicher Weise auf den Ausdruck durch das gerichtliche Empfangsgerät ab (BGH NJW 1987, 2586; 1994, 1881; 1994, 2097). Fristgemäß zugegangen sollen danach nur die vor Fristablauf durch das gerichtliche Faxgerät ausgedruckten Seiten sein. Die Klageerhebung ist im Ergebnis häufig unwirksam, weil die letzte Seite und damit auch die Unterschrift nicht übermittelt werden.

35   Wird durch einen Fehler im Telefaxgerät des Gerichts eine Prozesserklärung zwar elektronisch gespeichert, aber erst später ausgedruckt, ohne dass für den Absender der Fehler erkennbar war, ist von Amts wegen Wiedereinsetzung in den vorigen Stand zu gewähren. Die bloße Möglichkeit eines solchen Fehlers verpflichtet den Kläger nicht, sich des Zugangs seiner Prozesserklärung auf andere Weise zu versichern (VGH Mannheim NJW 1994, 538). Teilweise wird in derartigen Fällen weiter gehend zu Recht von einem im Zeitpunkt der Telefaxübermittlung erfolgten Eingang der Prozesserklärung bei Gericht ausgegangen.[18] Dies gilt umso mehr deshalb, weil der Empfänger bei moderneren Faxgeräten selbst bestimmen kann, ob und wann eingehende Telefaxe ausgedruckt werden.

36   Geht das Telefax nicht bei Gericht ein oder bleibt der Eingang nach Ausschöpfung aller Erkenntnisquellen unaufklärbar, ist die Klage unzulässig. Der Absender trägt die alleinige Verantwortung dafür, dass der Schriftsatz vollständig vom Sendegerät eingelesen wird. Fehlerhafter Papiereinzug (Doppel-

---

16 Zur Fristwahrung durch Fernschreiben, die über die Fernschreibstelle einer anderen Behörde (im entschiedenen Fall der StA) eingehen, BVerfG NJW 1986, 244; BGH NJW 1987, 2586.
17 BVerfG NJW 1996, 2857 m.Anm. *J. Eckert/Scalia*, DStR 1997, 169.
18 BGH NJW 1994, 1881; *P. Ebnet*, NJW 1992, 2985, 2987; *T. Tschentscher*, CR 1991, 141, 148.

einzug oder Überlappung von Seiten) mit der Folge der mangelhaften Übermittlung ist nur entschuldbar, wenn eine optische Kontrolle beim Einlesen erfolgt (OLG Naumburg NJW 1993, 2543). Ist der fehlende oder nicht nachgewiesene Zugang der Schrift auf ein technisches Versagen zurückzuführen, kommt Wiedereinsetzung in den vorigen Stand in Betracht (OLG Karlsruhe NStZ 1994, 200). Dabei kommt es auf die Umstände des Einzelfalls an, ob der Absender einer Telekopie deren Zugang beim Empfänger hinreichend dargelegt hat. Es kann ausreichend sein, wenn der Absender das Original des übermittelten Schreibens, den Sendebericht und ein weiteres Schreiben vorlegt, aus dem sich ergibt, dass auf ein zuvor übermitteltes Telefax Bezug genommen wird.[19] Der Sendebericht allein wird auch dann für unzureichend gehalten, wenn er einen „OK"-Vermerk trägt. Denkbar ist nämlich auch eine Übermittlungsstörung, die weder vom Absende- noch vom Empfangsgerät, sondern durch eine Leitungsstörung verursacht wird.[20]

Wird eine Prozesserklärung per Telefax unter einer falschen Nummer, die die Telefonvermittlung des 37 Gerichts dem Büropersonal des klägerischen Prozessbevollmächtigten angegeben hatte, an das gerichtliche Empfangsgerät gesandt, rechtfertigt dies die Wiedereinsetzung (BGH NJW 1989, 589). Scheitert die Übermittlung einer Klageschrift zu einem Zeitpunkt, zu dem möglicherweise noch eine anderweitige fristgerechte Übermittlung erfolgen konnte, so kann Wiedereinsetzung in den vorigen Stand jedoch nur gewährt werden, wenn mit dem Wiedereinsetzungsantrag das Fehlen oder die Unzumutbarkeit dieser anderen Übermittlungsarten dargelegt wird.[21]

Wer versuchsweise mit einem neuen Kommunikationssystem arbeitet, mit dessen Modalitäten er noch 38 nicht voll vertraut ist, trägt das Risiko für Schäden, die aus einer Fehlbedienung resultieren.[22]

III. Auslegung

Die Auslegung von Erklärungen darf auch im Prozessrecht nicht am buchstäblichen Sinn des Ausdrucks haften, sondern hat den wirklichen Willen der Partei zu erforschen. Entscheidend ist, wie die Erklärung im Augenblick ihrer Abgabe unter Berücksichtigung der aus den Akten erkennbaren Umstände verstanden werden muss. 39

Die Auslegungsregeln für die rechtsgeschäftlichen Willenserklärungen des BGB sind größtenteils allgemein gültig und daher auf Prozesshandlungen entsprechend anwendbar (BVerwG NJW 1991, 508). Dies gilt insbes. für den Grundsatz, dass empfangsbedürftige Willenserklärungen aus der Sicht des Erklärungsempfängers auszulegen sind.[23] 40

Dabei ist eine Berichtigung einer Prozesshandlung nicht ausgeschlossen, sofern es sich um einen offensichtlichen Irrtum handelt (BGH NJW-RR 1994, 568). Bei Auslegung der Klageschrift ist trotz eines gegenteiligen, eindeutigen Wortlauts stets davon auszugehen, dass der Kläger mit seiner Prozesshandlung das bezweckt, was nach den Maßstäben der Rechtsordnung vernünftig ist und seiner recht verstandenen Interessenlage entspricht.[24] 41

Aus einer Klageschrift kann sich neben der Prozesshandlung eine rechtsgeschäftliche Willenserklärung 42 ergeben, wenn der Schriftsatz mit hinreichender Deutlichkeit erkennen lässt, dass neben der Vornahme der Prozesshandlung auch die Abgabe einer materiellrechtlichen Willenserklärung erfolgen soll (sog. Doppelnatur)[25] (→ Rn. 10).

---

19 OLG München NJW 1994, 527; OLG Rostock NJW 1996, 1831. Restriktiver OLG München NJW 1993, 2447.
20 Zur Bedeutung eines „OK"-Vermerks im Sendebericht eines Faxgerätes BGH NJW 1995, 665 m.Anm. *P. Schmid*, WiB 1995, 355; *J. Fritzsche*, JZ 1995, 628; *Marly*, LM Heft 5/1995, § 144 ZPO Nr. 12; *A. Wiebe*, CR 1995, 143 sowie VG Karlsruhe NJW 1988, 664; OLG Dresden NJW-RR 1994, 1485; LAG Hamm NZA 1994, 335; LG Darmstadt NJW 1993, 2448.
21 BAG NJW 1995, 743 m.Anm. *J. Schmittmann*, WiB 1995, 128. Allg. zum Nachw. des Zugangs von Willenserklärungen im Rechtsverkehr *M. Mrosk*, NJW 2013, 1481.
22 OLG Köln NJW 1990, 1608 für den Abruf eingegangener Willenserklärungen im BTX-Telex-Dienst der Deutschen Bundespost.
23 *Rosenberg/Schwab/Gottwald* § 65 III.
24 So BGH NJW-RR 1995, 1183 m.Anm. *H. Gummert*, WiB 1995, 883 sogar für den Zivilprozess. Für den Verwaltungsprozess vgl. § 86 Abs. 3.
25 BGH NJW-RR 1997, 203; BayObLG NJW 1981, 2197.

IV. Wirksamkeitsvoraussetzungen

43   Die Wirksamkeit der Klageerhebung ist allein nach Prozessrecht, nicht nach materiellem Recht und namentlich nicht nach Maßgabe des BGB zu beurteilen. Als Prozesshandlung muss die Klageerhebung die Prozesshandlungsvoraussetzungen erfüllen.

44   Für die Beurteilung des Vorliegens der Prozesshandlungsvoraussetzungen ist dabei der Zeitpunkt entscheidend, zu dem die Prozesserklärung dem Gericht zugeht.

45   Wirksamkeitsvoraussetzungen für die Klageerhebung sind die Partei- (→ § 61 Rn. 1 ff.) und Prozessfähigkeit (→ § 62 Rn. 1 ff.) sowie die Einhaltung der Formvorschriften. Darüber hinaus muss die Klage unbedingt erhoben werden, darf nicht widerrufen worden sein, muss an das richtige Gericht adressiert sein und den vorgeschriebenen Inhalt aufweisen (→ § 82 Rn. 4 ff.).

46   **1. Form.** Die Klage ist gem. § 81 Abs. 1 entweder schriftlich oder beim VG zu Protokoll des Urkundsbeamten der Geschäftsstelle zu erheben. Sie ist in deutscher Sprache einzureichen (BVerwG NJW 1990, 3103); Gerichtssprache ist gem. § 55 VwGO i.V.m. § 184 GVG deutsch (ausf. → § 55 Rn. 52 ff.). In Verfahren mit Vertretungszwang (§§ 67, 67a) hat der postulationsfähige Prozessbevollmächtigte die Formvorschriften zu erfüllen. Gem. § 81 Abs. 2 sollen der Klage und allen Schriftsätzen Abschriften für alle Beteiligten beigefügt werden.

47   **a) Schriftform.** Die Klage ist gem. § 81 Abs. 1 S. 1 schriftlich bei Gericht zu erheben.[26] Dies setzt i.d.R. voraus, dass eine Urkunde vom Aussteller eigenhändig durch Namensunterschrift unterzeichnet wird (BVerwG NJW 1989, 1175).

48   **aa) § 126 BGB.** § 126 BGB ist ebenso wie die in jüngerer Zeit eingefügten Regelungen zur elektronischen (§ 126a BGB) und zur Textform (§ 126b BGB) jedenfalls nicht unmittelbar anwendbar; die Vorschrift gilt nur für die Fälle, in denen das BGB oder eine sonstige Vorschrift des Privatrechts Schriftform anordnet. Für das öffentliche Recht gilt § 126 BGB nur ausnahmsweise dann, wenn dies – wie für den öffentlich-rechtlichen Vertrag in § 62, § 57 VwVfG – ausdrücklich angeordnet ist. Auch im Prozessrecht ist § 126 BGB daher grds. nicht anwendbar.[27]

49   Auch wenn § 126 BGB nach dem Gemeinsamen Senat der Obersten Gerichtshöfe des Bundes weder unmittelbar noch entsprechend anwendbar ist, entspricht es doch der Verkehrsauffassung und ist auch dem Rechtsunkundigen geläufig, dass das Erfordernis der Schriftlichkeit unter dem Aspekt der Rechtssicherheit regelmäßig erst bei eigenhändiger Unterschrift erfüllt ist (BVerwGE 10, 1, 2; a.A. OVG Weimar ThürVGRspr 2000, 161).

50   **bb) Urkunde.** Die Klageschrift muss schriftlich abgefasst sein. Die Art der Herstellung der Urkunde ist dabei unerheblich. Sie kann vom Kläger oder seinem Bevollmächtigten oder von einem Dritten gefertigt sein. Sie kann hand- oder maschinenschriftlich geschrieben, gedruckt oder vervielfältigt werden. Das Material, auf dem die Urkunde erstellt wird, ist ebenfalls irrelevant; ausreichend ist, dass es Schriftzeichen dauerhaft festhalten kann.

51   **cc) Eigenhändige Unterschrift der Urkunde.** Ob die Klageschrift vom Kläger oder seinem Prozessbevollmächtigten eigenhändig unterschrieben werden muss, ist streitig.

52   **(1) Schriftlichkeit als bloßer Authentizitätsnachweis.** Die h.M. hält die eigenhändige Unterzeichnung der Klageschrift für erforderlich und verweist auf deren Charakter als bestimmender Schriftsatz. Für sie ist die Schriftlichkeit „das im Rechtsverkehr typische Merkmal, um den Urheber eines Schriftstücks und seinen Willen festzustellen, die niedergeschriebene Erklärung in den Verkehr zu bringen. Ein Schriftsatz ohne eigenhändige Unterschrift stellt zunächst einen Entwurf und noch keine schriftlich zu erhebende Klage dar, weil erst die eigenhändige Unterschrift zum Ausdruck bringt, dass das Schriftstück, das bis dahin ein unfertiges Internum war, nunmehr für den (Rechts-)Verkehr bestimmt ist. Zur Wahrung der Schriftform gehört daher grds. das Bekenntnis zum Inhalt der Klageschrift durch die eigenhändige Unterschrift. Diese Formenstrenge stellt letztlich auch nur geringe Anforderungen, die ohne Schwierigkeiten zu erfüllen sind." (BVerwG NJW 1989, 1175)

---

26 *F. Koehl*, NVwZ 2017, 1089, 1090 f.
27 GmSOGB BVerwGE 58, 359, 365; BGHZ 24, 300.

Die Gegenmeinung[28] lehnt diese Forderung als unzumutbare Erschwerung des Zugangs zu den Ge- 53
richten ab und sieht sich durch die auch von der h.M. gewährten Erleichterungen bestätigt. Diese Bedenken erkennt auch das BVerwG, wenn es ausführt: „Da aber Verfahrensvorschriften nicht Selbstzweck sein dürfen, schließt das Erfordernis der Schriftlichkeit die eigenhändige Unterzeichnung nicht
um ihrer selbst willen, sondern deshalb ein, weil in der Regel allein sie die Verlässlichkeit der Eingabe
sicherstellt." (BVerwG NJW 1989, 1175 f.) Tatsächlich bejaht die h.M. die Prozesshandlungsvoraussetzungen und namentlich die für eine Willenserklärung geltenden Anforderungen zumeist ohne vertiefte Prüfung (→ Rn. 13 ff.). Stattdessen wird bei unklaren Fallkonstellationen zumeist die Schriftform problematisiert und (überzogenen) Anforderungen unterstellt. Diese vielfach anscheinend selbst
als zu weitgehend empfundenen Forderungen an die Schriftform werden sodann durch vielfältige Ausnahmen relativiert.[29]

Überzeugender erscheint demgegenüber eine andere Vorgehensweise: Zunächst wird sorgsam geprüft, 54
ob überhaupt die Voraussetzungen einer Willenserklärung gegeben sind (→ Rn. 16 ff.). Damit werden
Fallkonstellationen, in denen der Kläger bzw. sein Prozessbevollmächtigter keine Handlung vornehmen wollte, eine Handlung zwar vornehmen wollte, ihr aber keine rechtliche Bedeutung beimaß oder
jedenfalls keine Klageerhebung mit seiner Handlung verband, von vornherein ausgeschieden. Sodann
wird untersucht, ob die Schriftform eingehalten ist. Dabei werden insbes. im Hinblick auf den technischen Fortschritt geringere Anforderungen gestellt. Dem Erfordernis der Schriftlichkeit der Klageerhebung kommt bei diesem Verständnis weniger eine originäre und absolute als vielmehr eine eher akzessorische und relative Bedeutung zu. Das Schriftformerfordernis wird vorrangig als Forderung nach
einer Manifestation des Handlungs-, Erklärungs- und Geschäftswillens verstanden. Eine eigenhändig
unterschriebene, dem Gericht eingereichte Klageschrift manifestiert die an eine Willenserklärung zu
richtenden Voraussetzungen und begründet eine Vermutung dafür, dass eine wirksame Klageerhebung
vorliegt. Diese Vermutung kann nur durch den Vortrag gegenteiliger Tatsachen – etwa der Rechtsanwalt habe seine Kanzleiangestellte ausdrücklich angewiesen, die bereits versandfertig vorbereitete Klageschrift nicht einzureichen, weil er die Klageerhebung nochmals überdenken oder Rücksprache mit
seinem Mandanten nehmen wollte – entkräftet werden. Umgekehrt können die Voraussetzungen des
§ 81 Abs. 1 nach dieser Betrachtungsweise auch dann als erfüllt angesehen werden, wenn die Klageschrift zwar nicht schriftlich bzw. ohne eigenhändige Unterschrift eingereicht wurde, Handlungs-, Er-
klärungs- und Geschäftswille sich aber anderweitig manifestiert haben (BVerfG NJW 2002, 3534).

Dieses Verständnis ermöglicht es im Gegensatz zur Ansicht der h.M., modernen Kommunikations- 55
technologien ohne Weiteres und ohne dogmatische Brüche Rechnung zu tragen.

(2) Unterschrift. Eine Unterschrift muss den unterschriebenen Text räumlich abschließen. 56
Unterschriften, die über oder neben dem zu bestätigenden Text angebracht werden, erfüllen diese An- 57
forderung grds. ebenso wenig wie Unterschriften auf dem Briefumschlag, in den das Schriftstück eingelegt wird, sofern nicht ausnahmsweise eine handschriftlich erhobene Klage zusammen mit einer
handschriftlichen Absenderangabe auf dem Briefumschlag als einheitliche Urkunde zu werten ist.[30]
Eben dieser Grundsatz gilt auch für Blankounterschriften, da der zu bestätigende Text zurzeit der Unterschriftsleistung noch gar nicht vorhanden ist. Gleichwohl will die Rspr. die Verwendung von Blankounterschriften in unvorhergesehenen Fällen und aufgrund einer an sich auf jeden Einzelfall bezogenen Anleitung und Überwachung zulassen (OLG München NJW 1983, 1447; 1989, 1166). Die wei-
sungsgemäße Fertigstellung einer blanko unterschriebenen Prozesserklärung soll dann ausreichen
(BGH ZZP 1980, 315).

Die Anforderungen der Schriftform sind auch erfüllt, wenn zwar die Originalurkunde nicht oder nicht 58
formgerecht unterzeichnet ist, wohl aber die handschriftliche und eigenhändige Beglaubigung einer
Abschrift vorliegt. Dies gilt insbes. für Behörden und Körperschaften oder Anstalten des öffentlichen
Rechts, wenn der Verfasser nur maschinenschriftlich unterzeichnet und ein handschriftlicher Beglaubigungsvermerk des dafür zuständigen Beamten mit oder ohne Beifügung eines Dienstsiegels beigegeben
worden ist (GmSBGH BGHZ 75, 348).

---

28 *B. Willms*, NVwZ 1987, 479.
29 Krit. hierzu *S. Broß*, VerwArch 81 (1990), 451, 453 f.
30 BVerwGE 81, 32; VG Hamburg 4.6.03 – 6 VG 2659/2000. Eine Vernichtung des Briefumschlags durch das Gericht
darf dem Kl. dabei nicht zum Nachteil gereichen (OVG Bbg AuAS 2000, 200).

59   **(3) Eigenhändig.**   Eine Unterschrift ist eigenhändig, wenn der Unterzeichnende sie selbst fertigt. Eine Schreibhilfe ist zulässig, nicht aber die Verwendung mechanischer Hilfsmittel wie Autopen, Stempel oder Faksimile (BAG NJW 2009, 3596). Zulässig ist auch die Unterzeichnung der Klageschrift durch einen anderen Anwalt einer Sozietät, wenn der sachbearbeitende Rechtsanwalt abwesend ist (BVerwG NJW 1984, 1474). Dies gilt jedenfalls dann, wenn der Mandant die Sozietät und nicht nur einen einzelnen Anwalt mandatiert hat.

60   Unzulässig ist hingegen die Unterzeichnung mit einem fremden Namen (VGH Mannheim NJW 1996, 3162). Das Unterzeichnen unter fremden Namen ist geradezu das Gegenteil der Eigenhändigkeit. Dass nach bürgerlichem Recht ein Handeln unter fremden Namen zulässig sein kann und der Gebrauch eines fremden Namens für den Straftatbestand des Herstellens einer unechten Urkunde nicht ohne Weiteres ausreicht, führt zu keinem anderen Ergebnis. Auch das Zivil- und Strafrecht lassen ein Handeln unter fremden Namen nämlich nur dann zu, wenn es auf die Identität des Handelnden nicht ankommt, weil Eigenhändigkeit weder gesetzlich vorgeschrieben ist noch vom Rechtsverkehr erwartet wird (VGH Mannheim NJW 1996, 3162). Die Unterzeichnung mit fremden Namen bleibt selbst dann mindestens bedenklich, wenn der Kläger bzw. sein Prozessbevollmächtigter wünscht, dass für ihn mit seinem Namen unterschrieben wird.

61   **(4) Namensunterschrift.**   Die Unterschrift muss die Person des Unterzeichnenden erkennbar machen. Hierfür genügt die Signatur mit dem Familiennamen. Darüber hinaus reicht auch die Unterzeichnung mit einem Teil eines Doppelnamens[31] oder mit einem Pseudonym aus.

62   Die Unterschrift muss ein die Identität des Unterzeichnenden ausreichend kennzeichnender individueller Schriftzug sein, der einmalig ist, entsprechend charakteristische Merkmale aufweist und sich als Wiedergabe eines Namens darstellt und der die Absicht einer vollen Unterschrift erkennen lässt, selbst wenn er nur flüchtig niedergelegt und von einem starken Abschleifungsprozess gekennzeichnet ist. Die Unterzeichnung mit einer Verwandtschaftsbezeichnung, einem Titel oder einer Rechtsstellung ist grds. ebenso wenig ausreichend wie eine bloße Paraphe (BGH NJW-RR 2017, 445; OLG Hamm NJW 1989, 3289 zu § 212 a ZPO). Gegenteiliges gilt ausnahmsweise dann, wenn eine Behörde handelt und ein Beglaubigungsvermerk vorliegt oder wenn trotz einer bloßen Paraphe an der Identität des Urhebers kein vernünftiger Zweifel bestehen kann.

63   Die Unterschrift muss nicht lesbar sein, aber Andeutungen von Buchstaben erkennen lassen.

64   Grds. unzureichend ist eine Unterschrift nur „im Auftrag" oder „i. A.". Lassen sich aber juristische Personen des öffentlichen Rechts gem. § 67 Abs. 2 S. 2 Nr. 1 durch eigene Beamte oder Angestellte vertreten, wird die Wirksamkeit einer Prozesshandlung nicht dadurch berührt, dass der Unterschrift des Vertreters der Zusatz „Im Auftrag" vorausgestellt ist (BVerwG NVwZ 1996, 798; BVerwG Buchholz 310 § 67 VwGO Nr. 80 S. 9, 11).

65   Der amtlich bestellte Vertreter eines Rechtsanwalts, der gem. § 53 Abs. 7 BRAO die gleichen Befugnisse wie der vertretene Anwalt hat, unterzeichnet „als amtlich bestellter Vertreter für ...". Unabhängig hiervon reicht es indessen für die Wirksamkeit der Prozesshandlung eines gem. § 53 BRAO als Vertreter bestellten Rechtsanwalts aus, wenn sich sein Handeln als Vertreter aus den Umständen hinreichend deutlich erkennbar ergibt (BGH NJW 1993, 1925).

66   **(5) Unterzeichnung der Urkunde.**   Grds. verlangt § 81 Abs. 1 S. 1, dass die Originalurkunde unterzeichnet wird. Eine handschriftlich und eigenhändig beglaubigte Abschrift kann aber an die Stelle des Originals treten (BFH NJW 1974, 1582; BGH VersR 1993, 459). Auch die Unterzeichnung eines der Klageerhebung fest beigehefteten Begleitschreibens genügt (BGH NJW 1986, 1760) jedenfalls dann, wenn sich aus dem Text des Begleitschreibens eindeutig ergibt, dass sein Unterzeichner die eigentliche Klage schon und noch einreichen will. Ausnahmsweise kann auch eine nicht eigenhändig unterschriebene Klage beachtlich sein, wenn sich aus anderen Anhaltspunkten eine der Unterschrift vergleichbare Gewähr für die Urheberschaft und den Willen, das Schreiben in den Rechtsverkehr zu geben, ergibt. Solche Umstände ergeben sich insbes. nicht schon daraus, dass jeweils ein form- und inhaltsgleicher eigenhändig unterzeichneter Schriftsatz nach Fristablauf bei Gericht eingegangen ist (BVerwG Buchholz 310 § 81 VwGO Nr. 16).

---

31   OLG Frankfurt NJW 1989, 3030; abl. *S. Broß*, VerwArch 81 (1990), 451, 453 f.

dd) Technischer Fortschritt und Schriftform – Auswirkungen. Dem technischen Fortschritt tragen 67
Rspr. und h.M. bei der Interpretation des Schriftformerfordernisses durch eine Rücknahme der Anforderungen Rechnung. Dabei können mehrere Entwicklungslinien unterschieden werden:

(1) Verzicht auf Übermittlung der Originalurkunde. Bei fernmeldetechnischer Zuleitung der Klage- 68
rhebung sieht die Rspr. von der Übermittlung der Originalurkunde ab. Sie lässt daher auch Telefax,
Fernschreiben, Telegramm, Telekopie und Telebrief genügen.[32] Eine gegenteilige Einschätzung würde
nach Ansicht des BVerfG gegen den Grundsatz des gleichen Zugangs aller Bürger zu den Gerichten
verstoßen (BVerfG NJW 1987, 2067). Obwohl eine Abweichung von dieser obergerichtlichen Rspr.
damit aus verfassungsrechtlichen Gründen kaum mehr vertretbar ist, treten gleichwohl nach wie vor
Friktionen auf: Der BFH[33] verlangt zwar einerseits die Vorlage einer Prozessvollmacht im Original;
die Übermittlung der Prozessvollmacht durch Telekopie oder Telefax vom Prozessbevollmächtigten an
das Gericht soll eine nach § 62 Abs. 6 FGO gesetzte Ausschlussfrist nicht wahren. Andererseits ist
aber eine zur Einreichung einer Prozessvollmacht gesetzte Frist mit ausschließender Wirkung eingehalten, wenn der Prozessbevollmächtigte innerhalb dieser Frist dem Gericht die ihm vom Kläger durch
Telefax erteilte Prozessvollmacht vorlegt (BFH BStBl II 1994, 763 dazu *M. Karst*, NJW 1995, 3278).
Der BGH bejaht allgemein namentlich im Prozessrecht zwar großzügig die Einhaltung der Schriftformerfordernisse. Einer Bürgschaftserklärung durch Telefax spricht er aber die Einhaltung der nach
§ 766 S. 1 BGB erforderlichen Schriftform ab.[34]
Vor diesem Hintergrund erfüllen auch Klageschriften, die im Anhang einer E-Mail übermittelt werden
und eine eingescannte Unterschrift aufweisen, jedenfalls dann das Schriftformerfordernis, wenn der
Schriftsatz zunächst erstellt, ausgedruckt, unterzeichnet und sodann der unterzeichnete Schriftsatz
wieder eingescannt und an eine E-Mail-Anschrift des Gerichts übermittelt wird, welche dieses für den
Empfang von Mitteilungen allgemein zur Verfügung gestellt und veröffentlicht hat. Der Dateianhang
muss dabei hinreichend gegen Veränderungen geschützt sein. Im Hinblick auf die Rspr. zum Computerfax (→ Rn. 75) ist es auch ausreichend, wenn die Datei ohne Ausdruck und Unterzeichnung mit
einer eingescannten Unterschrift versehen direkt aus dem PC versandt wird. Die Anforderungen des
§ 55 a können, müssen aber nicht eingehalten sein (ähnl. FG Düsseldorf CR 2010, 399). Den Gerichten obliegt es, einen Dateianhang einer E-Mail ebenso auszudrucken wie ein empfangenes Fax.
Die Rspr. ist heterogen. Nach dem BGH[35] ist eine Berufungsbegründung in schriftlicher Form eingereicht, sobald dem Berufungsgericht ein Ausdruck der als Anhang einer elektronischen Nachricht
übermittelten, die vollständige Berufungsbegründung enthaltenden Bilddatei (dort: PDF-Datei) vorliegt. Ist die Datei durch Einscannen eines vom Prozessbevollmächtigten unterzeichneten Schriftsatzes
hergestellt, ist auch dem Unterschriftserfordernis des § 64 Abs. 2 S. 4 FamFG und des § 130 Nr. 6
ZPO genügt. Das OLG Brandenburg (27.11.2008 – 5 U 179/07 m.Anm. *J. Skrobotz*, jurisPR-ITR
6/2009 Anm. 3) hält es für unbedenklich, wenn eine Berufungsbegründung unsigniert und nicht unterschrieben über den „Elektronischen Gerichtsbriefkasten" eingereicht wird.
Das LSG Chemnitz (26.6.2012 – L 7 AS 205/11 B ER m.Anm. *J. Skrobotz*, JurisPR-ITR 7/2013
Anm. 6) hingegen verneint eine Verpflichtung des Empfängers, die Datei auszudrucken. Werde sie
nicht ausgedruckt, entstehe zu keiner Zeit eine körperliche Urkunde beim Empfänger. Die Schriftform
sei in diesem Falle nicht gewahrt. Das Risiko, dass ein als PDF-Datei per E-Mail übermitteltes Schreiben nicht ausgedruckt werde und damit nicht die Schriftform erlange, trage der Absender. Drucke der
Adressat die Datei jedoch aus, entstehe – ebenso wie beim Computerfax – eine körperliche Urkunde.

---

32 BVerfG NJW 1987, 2067; BVerwG NJW 1987, 2098; 1991, 1193; BVerwGE 81, 164; BAGE 50, 348; BFH NJW
1989, 2646; BGH NJW 1983, 1498; 1984, 199; 1987, 341; 1993, 3141; BayVerfGH NJW 1993, 1125; VG Frankfurt HessVGRspr 1993, 71; VG Wiesbaden NJW 1994, 537; OLG Koblenz NStZ 1984, 236. – Das ArbG Gelsenkirchen (CR 1989, 823) sieht die Schriftform i.S.d. § 126 BGB nicht gewahrt, wenn eine Kündigungserklärung in Form
einer Telekopie durch einen Boten überbracht wird; a.A. für die Übermittlung einer Gegendarstellung durch Telekopie
OLG Saarbrücken NJW-RR 1992, 730.
33 BFH NJW 1996, 871; 1996, 2183 m.Anm. *R. Bork*, JZ 1997, 255; BFH NJW 1996, 3366; BFHE 179, 5 m.Anm.
M. Zärban, BB 1996, 519.
34 BGH NJW 1993, 1126 m.Anm. *Bülow*, ZEuP 1994, 496; OLG Frankfurt NJW 1991, 2154; *Pecher*, LM Heft 7/1993,
§ 766 BGB Nr. 26; *M. Vollkommer/I. Gleußner*, JZ 1993, 1007.
35 NJW 2015, 1527 m.Anm *H. Habermann*; *F. Fischer*, JuS 2015, 1083; *J. Skrobotz*, jurisPR-ITR 24/2015 Anm. 2; NJW
2008, 2649

Nach dem LSG München[36] genügt eine als Anhang einer E-Mail übermittelte PDF-Datei, die ein handschriftlich unterzeichnetes Schriftstück abbildet, derzeit nicht dem Schriftformerfordernis. Das OVG Münster (NVwZ-RR 2015, 923) nimmt demgegenüber zu Recht an, dass ein unterschriebenes Schriftstück, das als pdf-Datei eingescannt, als Anhang einer E-Mail übersandt und vom Empfänger ausgedruckt wird, die Schriftform erfüllt, wenn der Empfänger diese Übersendungsform zur Einreichung auch schriftlicher Erklärungen bereitgestellt hat. Dabei wird man Letzteres schon dann annehmen dürfen, wenn eine E-Mail-Anschrift angegeben und keine ausdrückliche Nutzungseinschränkung getroffen wird. Darüber hinaus wird es auf das „Ob" und „Wann" eines Ausdrucks durch das Gericht jedenfalls dann nicht ankommen können, wenn das Original nachgereicht wird. Angesichts der modernen Technik kann auch der Versender eines klassischen Telefaxes nicht wissen, ob es bei Gericht noch um 23.59 Uhr am Tag des Fristendes ausgedruckt oder nur gespeichert und später gedruckt wird.

Für Dokumente, die einem schriftlich zu unterzeichnenden Schriftstück gleichstehen, bestimmt nach Ansicht des BVerwG,[37] des OVG Bln (11.6.2009 – OVG 5 M 16.09 m.Anm. *J. Skrobotz*, jurisPR-ITR 1/2012 Anm. 6) und des OVG Bautzen (NVwZ-RR 2016, 404) § 55a Abs. 1 S. 3, dass in der in der Übermittlung elektronischer Dokumente zulassenden Rechtsverordnung eine qualifizierte elektronische Signatur i.S.d. § 2 Nr. 3 des Signaturgesetzes vorzuschreiben sei. Ebenfalls die Erfüllung der Anforderungen verneinend VG Minden (17.6.2010 – 12 L 212/10 m.Anm. *F. Albrecht*, jurisPR-ITR 22/2010 Anm. 6).

Zusammengefasst erfüllt auch eine elektronisch übermittelte und mit eingescannter Unterschrift versehene Klageschrift die Anforderungen des § 81, wenn sie beim Absender oder bzw. und beim Empfänger ausgedruckt wird. Dann handelt es sich nämlich um kein (ausschließlich) elektronisches Dokument (dazu auch BVerwGE 143, 50 m.Anm. *D. Deisterroth*, jurisPR-BVerwG 18/2012 Anm 6). § 55a darf nicht dazu führen, dass die Anforderungen an Übermittlungen, die vor dem Inkrafttreten dieser Sonderregel für die elektronische Datenübermittlung bereits als zulässig angesehen wurden, rechtswidrig werden. Angesichts der divergierenden Rspr. kann die Einreichung einer Klageschrift per E-Mail mit eingescannter Unterschrift aber weiterhin nicht empfohlen werden.

69   Zulässig ist es auch, wenn der Anwalt seine Prozesserklärung nicht von einem eigenen Telefax-Anschluss, sondern von dem des Klägers, der Bundespost oder auch von dem Privatanschluss eines Dritten an das Postamt des Bestimmungsortes übermittelt und die Prozesserklärung von dort dem Gericht per Telebrief zugestellt wird.[38]

70   Teilweise wird sogar erwartet, dass der Kläger zur Kostenersparnis (BVerfG NJW-RR 1995, 441) oder kurz vor Fristablauf seine Prozesserklärung per Telefax dem Gericht übermittelt (LSG RhPf NJW-RR 1993, 1216): Ein Prozessbevollmächtigter, der seine Prozesserklärung einen Tag vor Fristablauf zum Postversand gibt, obwohl zu diesem Zeitpunkt durch Mitteilungen in Presse, Rundfunk und Fernsehen bekannt war, dass Streikmaßnahmen im Postzustelldienst zu Verzögerungen bei der Zustellung führen können, verletzt seine Sorgfaltspflicht, wenn er die Prozesserklärung nicht vorab mit dem ihm zur Verfügung stehenden Telefax-Gerät dem Gericht übermittelt (VGH Kassel NJW 1993, 750).

71   Die Übermittlung der Klageschrift durch Telebrief, Telefax oder Telekopie entbindet aber (noch) nicht vom Erfordernis der eigenhändigen Unterschrift. Die bei Gericht eingehende Klage muss vielmehr die (eigenhändige) Unterschrift des Klägers oder seines Prozessbevollmächtigten wiedergeben.[39] Ist der Kläger anwaltlich vertreten, muss die Prozesserklärung vom Anwalt eigenhändig unterzeichnet sein. Dies soll sogar dann gelten, wenn im betreffenden Verfahren kein Vertretungszwang besteht (BGH NJW 1985, 328).

---

36   24.2.2012 – L 8 SO 9/12 B ER m.Anm. *E. Geuer/M. Pfeifer*, jurisPR-ITR 11/2012 Anm. 2; *R. Köbler*, FA 2012, 234 f.; *O. Elzer*, IMR 2012, 344
37   BVerwGE 143, 50 m.Anm. *D. Deisterroth*, jurisPR-BVerwG 18/2012 Anm 6.
38   BFH NJW 1991, 2927; BAG NJW 1989, 1822; a.A. die Vorinstanz LAG Hamm NJW 1988, 3286; auf der Linie des BAG dagegen schon LAG SchlH NJW-RR 1989, 441. Das OLG Hamburg (NJW 1989, 3167) verlangt demgegenüber, dass die Prozesserklärung unter Ausschluss privater Personen und Einrichtungen übermittelt wird (ähnl. BGH NJW 1981, 1618).
39   BVerwG NVwZ 1985, 34; NJW 1987, 2098; BayVBl 1990, 670; BAG NJW 1990, 3165; BAGE 50, 348; BPatG GRUR 1992, 601; BSG MDR 1985, 1053; OVG Münster NJW 1991, 1197; VGH Mannheim VBlBW 1989, 208; LSG RhPf NZA 1992, 524 L; OLG Hamburg NJW 1989, 3167.

(2) Entbehrlichkeit der eigenhändigen Unterschrift. Zwar ist die eigenhändige Unterschrift das im 72 Rechtsverkehr typische Merkmal, um den Urheber eines Schriftstücks und seinen Willen, die niedergeschriebene Erklärung in den Verkehr zu bringen, festzustellen (BVerwGE 81, 32, 33). Angesichts des technischen Fortschritts, bedingt durch dessen Möglichkeiten und aufgrund der Eilbedürftigkeit haben Rspr. und h.M. aber bereits früh nicht nur auf die Übermittlung des Originaldokuments, sondern auch auf die eigenhändige Unterschrift an sich verzichtet.

So ist eine Klageerhebung per Telegramm nicht nur dann wirksam, wenn das Aufgabetelegramm un 73 terschrieben wird. Auch eine per Telefax oder Telebrief übermittelte Prozesserklärung muss zwar vor ihrer Absendung grds. eigenhändig unterschrieben worden sein. Da aber Verfahrensvorschriften nicht Selbstzweck sein dürfen, wird die eigenhändige Unterschrift nicht um ihrer selbst willen, sondern allein deshalb gefordert, weil nur sie i.d.R. die Verlässlichkeit der Eingabe sicherstellt. Die eigenhändige Unterschrift ist daher entbehrlich, wenn durch andere objektive und ohne Beweiserhebung sicher feststellbare Umstände zuverlässig gewährleistet ist, dass die Prozesserklärung vom Kläger bzw. dessen Prozessbevollmächtigten herrührt und mit dessen Willen dem Gericht zugeleitet worden ist.[40]

Bei einer Klageerhebung durch Btx-Mitteilung hält die Rspr. nicht nur die technisch unmögliche eigen 74 händige Unterschrift für entbehrlich, sondern verzichtet darüber hinaus sogar auf den Abschluss der Klageschrift durch den maschinengeschriebenen Namen des Klägers bzw. seines Prozessbevollmächtigten. Die Übersendung einer Klageschrift, in der die Beteiligten, Streitgegenstand und Prozessziel eindeutig bezeichnet sind, unmittelbar vor Fristablauf und von dem privaten, mit Codenummer gekennzeichneten Teilnehmeranschluss des Klägers bzw. seines Prozessbevollmächtigten unter der vollen Absenderangabe lässt die Absendung durch einen Dritten oder die versehentliche Übersendung eines internen Vorganges durch den Kläger bzw. seinen Prozessbevollmächtigten ausgeschlossen erscheinen. Die Ankündigung einer folgenden Begründung und der Hinweis auf eine vollständige Übermittlung – „last page" – weisen ebenfalls darauf hin, dass die Klageschrift mit Willen des Klägers bzw. seines Prozessbevollmächtigten in den Rechtsverkehr gebracht worden ist (BVerwG NJW 1995, 2121).

Dies gilt auch für die elektronische Übertragung einer Textdatei auf ein Faxgerät des Gerichts (Com 75 puterfax), wenn die Unterschrift eingescannt ist oder einen Zusatz enthält, wonach das Fax durch elektronische Medien übermittelt wurde und daher keine Unterschrift trägt (GmSOGB NJW 2000, 2340) sowie für ein „Funkfax" (BVerwG NJW 2006, 1989). Daran ist auch nach Einfügung des § 55 a festzuhalten, da Computer- und Funkfaxe ohne qualifizierte elektronische Signatur keine elektronischen Dokumente i.S.d. § 55 a darstellen (→ § 55 a Rn. 68). Das OLG Brandenburg (10.12.2012 – 1 Ws 218/12 m.Anm. *J. Skrobotz*, jurisPR-ITR 3/2013 Anm. 5) sieht die Schriftform einer Berufung auch durch Übermittlung der Berufungsschrift mittels des „SMS-to-Fax-Service" gewahrt, wenn sich die Identität des Absenders aus dem Telefax, d.h. der auf seine Veranlassung am Empfangsort erstellten körperlichen Urkunde, eindeutig ergibt.

(3) Verzicht auf die Originalurkunde an sich. Neben dem Verzicht auf die Übermittlung der Original 76 urkunde und die eigenhändige Unterschrift ist auch die Entbehrlichkeit der Originalurkunde an sich bereits seit längerem anerkannt. Schon bei einer Klageerhebung per Telegramm ist eine telefonische Telegrammaufgabe möglich. Hierbei wird ebenso wenig eine Originalurkunde auch nur erstellt wie im Fall einer Klageerhebung durch Btx-Mitteilung.

ee) Technischer Fortschritt und Schriftform – Rückwirkungen. Die durch den technischen Fortschritt 77 großzügige Interpretation der von § 81 Abs. 1 S. 1 geforderten Schriftform wird teilweise fälschlich als Verzicht auf die Schriftform insgesamt (miss-)verstanden. Auf den ersten Blick mag es zwar befremdlich erscheinen, dass einerseits die Voraussetzungen des § 81 Abs. 1 S. 1 nicht gewahrt sein sollen, wenn der Rechtsanwalt die von ihm gefertigte, versehentlich nicht unterzeichnete Klageschrift selbst bei der Einlaufstelle des Gerichts abgibt, während andererseits bei einer Klageerhebung mittels Telegramm weder eine Klageschrift noch deren Unterzeichnung erforderlich sind. Wird ein Schriftsatz nicht auf elektronischem Wege, sondern herkömmlicherweise mittels Telefax und/oder mit Briefpost übermittelt, müssen die übermittelte Telekopie und/oder der per Post aufgegebene Originalschriftsatz unterschrieben sein (BVerwG Buchholz 310 § 81 VwGO Nr. 16; BFH/NV 2002, 1597). Diese Diffe

---

40 BVerwG NJW 1995, 2121; BVerwGE 81, 32, 36; OVG Lüneburg 15.6.2010 – 8 LC 102/08; OVG SchlH 27.1.1996 – 5 L 212/95.

renzierung findet ihre Rechtfertigung aber in den Unterschieden der einzelnen Kommunikationsmedien. Telefonisch aufgegebene oder übermittelte Telegramme und Btx-Mitteilungen können nicht schriftlich abgefasst und eigenhändig unterzeichnet werden. Es müssen daher die schon geschilderten reduzierten Anforderungen an die Form der Klageerhebung hingenommen werden, will man nicht den Einsatz moderner Kommunikationsmittel generell ausschließen. Bei der herkömmlichen Klageschrift dokumentiert die eigenhändige Unterschrift, dass der Kläger bzw. sein Prozessbevollmächtigter Klage erhebt und dies auch will. Diese Dokumentationsfunktion übernimmt beim Telegramm der Anruf bei der Telegrammannahme und bei der Btx-Mitteilung der Befehl zum Senden der im Computer erstellten Klage. Diese divergierenden Anforderungen an die Form der Klageerhebung bestätigen zugleich, dass das Vorliegen einer Willenserklärung, nicht aber das Schriftformerfordernis konstitutiv für die Klageerhebung ist. Hieraus lässt sich auch schließen, dass die bei modernen Übertragungstechniken derzeit weit zurückgenommenen Formanforderungen wieder erhöht werden können und müssen, wenn hierfür vergleichbare Dokumentationsmöglichkeiten – insbes. digitale Signaturen[41] – zur Verfügung stehen.

78   **b) Zu Protokoll des Urkundsbeamten der Geschäftsstelle.** Gem. § 81 Abs. 1 S. 2 kann eine Klage vor dem VG auch zu Protokoll (bis 31.12.2016: zur Niederschrift)[42] des Urkundsbeamten der Geschäftsstelle erhoben werden.[43] Ob dies nur unmittelbar persönlich oder auch telefonisch erfolgen kann,[44] ist ebenso streitig wie die Frage, ob § 81 Abs. 1 S. 2 nur für das VG als unterster Instanz oder auch für das OVG/den VGH und das BVerwG gilt.

79   Auf Verfahren vor dem BVerwG und vor dem OVG bzw. VGH ist § 81 Abs. 1 S. 2 schon im Hinblick auf den in diesen Verfahren bestehenden Vertretungszwang (§ 67 Abs. 4 S. 1) nicht anwendbar (BVerwG NVwZ 1995, 901 f. für erstinstanzliche Verfahren vor dem BVerwG). Der Vertretungszwang gilt bereits für die Klageerhebung; der Klägervertreter soll schon vor Klageerhebung eine eigene Prüfung, Sichtung und rechtliche Durchdringung des Streitstoffs vornehmen.

80   Die Ablehnung einer telefonischen Klageerhebung zu Protokoll des Urkundsbeamten der Geschäftsstelle ist weniger damit zu erklären, dass hierdurch der Warn-, Klarstellungs- und Beweisfunktion nicht hinreichend Rechnung getragen würde (→ Rn. 14 f.). Angesichts der zunehmenden Verbreitung von ISDN-Anschlüssen ist der Anrufer vielfach mindestens ebenso identifizierbar wie der Absender einer Btx-Mitteilung, die den Anforderungen des § 81 Abs. 1 genügt. Darüber hinaus wäre die Identität des Anrufers durch einen Rückruf ohne Weiteres feststellbar. Hinter der Ablehnung einer telefonischen Klageerhebung zu Protokoll des Urkundsbeamten der Geschäftsstelle dürfte vielmehr die – nicht unberechtigte – Sorge stehen, Kläger und Prozessbevollmächtigte könnten diese Möglichkeit missbrauchen und das Gericht bzw. dessen Geschäftsstelle zu einem Sekretariat der Anwälte und Kläger mutieren.

81   Dem entspricht es, dass ausnahmsweise auch ein telefonisch vorgetragenes Eilbegehren dann ausreicht, wenn andernfalls die Gefahr bestünde, dass der Rechtsschutz zu spät käme, um die befürchteten Nachteile abzuwenden (VG Wiesbaden NVwZ 1988, 90 f.).

82   Der Urkundsbeamte muss den Kläger nicht rechtlich beraten, aber über Form und Inhalt der Klage belehren. Der Kläger muss das Protokoll unterschreiben oder nach Vorlesen genehmigen. Neben dem Ziel des Rechtsschutzbegehrens sind vom Urkundsbeamten die zur Begründung dienenden Tatsachen zusammenfassend und in knapper Form sowie ggf. die notwendigen Beweismittel zu protokollieren. Andere Erklärungen brauchen nicht aufgenommen zu werden; insbes. kann nicht verlangt werden, dass umfangreiche Rechtsausführungen protokolliert oder Leseabschriften handschriftlicher Schreiben erstellt werden (HmbOVG NVwZ-RR 2000, 125).

---

41 Dazu das Gesetz zur digitalen Signatur (Signaturgesetz – SigG), verkündet als Art. 3 des Gesetzes zur Regelung der Rahmenbedingungen für Informations- und Kommunktionsdienste (Informations- und Kommunikationsdienste-Gesetz – IuKDG) v. 22.7.1997, BGBl I 1870 sowie z.B. *J. Bizer,* in: Haratsch/Kugelmann/Repkewitz, Herausforderungen an das Recht der Informationsgesellschaft, 1996, 141 ff. - s.a. § 55 a.

42 „Niederschrift" ist anders als „Protokoll" sprachlich eng mit der Papierform verbunden. Durch die Ersetzung des Terminus „Niederschrift" durch den Begriff „Protokoll" soll sprachlich nur verdeutlicht werden, dass „Niederschriften" bei elektronischer Aktenführung auch in elektronischer Form erstellt werden können (BT-Drs. 18/9416, 59).

43 *F. Koehl,* NVwZ 2017, 1089, 1091.

44 Eine telefonische Klageerhebung wird von BGH NJW 1980, 1290; VG Wiesbaden NVwZ 1988, 90; OLG Düsseldorf NJW 1969, 1361 für zulässig gehalten. Abl. hingegen BVerwGE 17, 166; 93, 45; BFHE 80, 325; *B. Clausing,* JuS 2003, 170, 172 f.; *Kopp/Schenke* § 81 Rn. 10.

Mit der Klageerhebung zu Protokoll des Urkundsbeamten ist keine Möglichkeit zur mündlichen Klageerhebung eröffnet. Entscheidend ist in diesem Fall das – schriftliche – Protokoll.

c) Abschriften. Gem. § 81 Abs. 2 sollen der Klage und allen Schriftsätzen Abschriften für die übrigen 83 Beteiligten beigefügt werden.[45] Abschriften sollen auch von den sonstigen Unterlagen, die der Klage bzw. den Schriftsätzen beigefügt sind und den übrigen Beteiligten zugeleitet werden, eingereicht werden (ausdrückl. § 93 S. 1 SGG). Dies gilt insbes. für Anlagen und auch dann, wenn diese den Beteiligten bereits vorliegen (OVG Bautzen 29.5.2009 – 2 A 166/08). Als Beteiligte sind dabei der Vertreter des öffentlichen Interesses und der Oberbundesanwalt unabhängig davon zu berücksichtigen, ob sie sich bereits beteiligt haben.

Übermittelt eine Partei die Klage oder einen Schriftsatz per Telefax, muss sie Abschriften hiervon in- 84 nerhalb der ihr gesetzten Frist jedenfalls dann nachreichen, wenn sie bereits im Telefax Abschriften in Aussicht gestellt hat (VGH Kassel NJW 1991, 316). Die von der Rspr. eröffnete Möglichkeit, Abschriften sogleich per Telefax zu übersenden, erscheint unzweckmäßig. Hierbei wird das gerichtliche Faxgerät gleichsam als Kopierer genutzt; der Kläger hat die anfallenden Telefonkosten zu tragen, das Gericht jedoch die sonstigen Kosten. In dieser Fallkonstellation ist es daher angezeigt, die Abschriften durch das Gericht anfertigen zu lassen und dem Kläger die Kosten hierfür zu überbürden.

Wird die Klage oder der Schriftsatz durch Telefax übermittelt und wird dabei die Zusendung beglau- 85 bigter Abschriften angekündigt, liegt allein in der Zusendung dieser Schriftstücke an das Gericht keine erneute Vornahme der Prozesshandlung (BAG NJW 1996, 1365; BGH NJW 1993, 3141).

Die Nichtbeachtung dieser Sollvorschrift hindert die Wirksamkeit der Klage nicht. Das Gericht for- 86 dert ggf. zur Einreichung der Abschriften auf; werden keine Abschriften vorgelegt, veranlasst das Gericht selbst die Anfertigung (vgl. § 93 S. 2 SGG). Die hierfür dem Kläger in Rechnung zu stellenden Kosten sind nicht erstattungsfähig (§§ 162, 155 Abs. 4).

2. Bedingungslosigkeit. a) Bedingungsfeindlichkeit der Klageerhebung. Die Klageerhebung muss un- 87 bedingt erfolgen.[46]

Prozesshandlungen sind als den Prozess gestaltende und bestimmende Handlungen im Interesse der 88 Rechtssicherheit grds. bedingungsfeindlich. Sie dürfen nicht von einem außerprozessualen Ereignis abhängig gemacht werden; die Gestaltungswirkung einer bedingten Prozesshandlung bliebe hierbei ungewiss. Zulässig sind indessen innerprozessuale Bedingungen, d.h. die Anknüpfung an Erfolg oder Misserfolg einer eigenen Prozesshandlung oder einer solchen des Gegners. Eine bedingte Klageerhebung ist danach schon begrifflich unmöglich; eine innerprozessuale Bedingung kann nämlich nur vorliegen, wenn bereits ein unbedingtes Prozessrechtsverhältnis besteht.

b) Zulässige und unzulässige Bedingungen. Zulässig sind danach hilfsweise erhobene Klagen und 89 hilfsweise gestellte Anträge, bedingte Prozessvergleiche, eine hilfsweise Aufrechnung, Eventualwiderklagen (→ § 89 Rn. 16) und der hilfsweise Antrag auf Verweisung für den Fall, dass das Gericht seine Zuständigkeit verneint.

Eine eventuelle (objektive) Klagehäufung (Haupt- und Hilfsantrag) liegt vor, wenn der Kläger einen 90 unbedingten Hauptantrag und einen oder mehrere Hilfsanträge stellt. Ein Hilfsantrag liegt vor, wenn der Kläger hiermit einen im Verhältnis zur Hauptsache anderen Streitgegenstand (→ § 82 Rn. 18 ff.) vorträgt; stützt der Kläger hingegen nur einen auf einem Lebenssachverhalt beruhenden Antrag auf eine andere materiellrechtliche Grundlage, liegt eine bloße Hilfsbegründung vor. Nach dem Inhalt der Bedingung wird zwischen der eigentlichen und der uneigentlichen Eventualklagehäufung (→ § 44 Rn. 5 f.) differenziert: Bei der eigentlichen Eventualklagehäufung wird der Hilfsantrag für den Fall der Erfolglosigkeit, d.h. Unzulässigkeit oder Unbegründetheit, des Hauptantrags gestellt. Wird der Hilfsantrag umgekehrt für den Fall des Erfolgs, d.h. Zulässigkeit und Begründetheit des Hauptantrags, gestellt, liegt eine uneigentliche Eventualklagehäufung vor.

Über eine Eventualklage oder einen Eventualantrag kann dabei nur befunden werden, wenn zunächst 91 über die Hauptsache entschieden wurde; ein Anerkenntnis führt nicht zur Rechtshängigkeit der Hilfs-

---

45 *F. Koehl*, NVwZ 2017, 1089, 1091.
46 Hierzu sowie zum Folgenden BVerfGE 40, 272, 275; 68, 132, 142; BVerwGE 53, 62 f.; 59, 302, 304 f.; BFHE 128, 135; BGHZ 99, 274, 277.

klage bzw. des Hilfsantrags (OLG Zweibrücken OLGZ 1987, 371). Dabei ist die Abweisung der Hauptsache durch Teilurteil grds. zulässig (BGHZ 56, 79; BGH NJW 1995, 2361).

92 Eine Eventualwiderklage kann auch für den Fall erhoben werden, dass der Widerkläger mit seinem Hauptvortrag obsiegt und daran anschließend die Feststellung des Nichtbestehens eines weiter gehenden oder weiteren Anspruchs, der in seinen Entstehungsvoraussetzungen von dem mit der Klage geltend gemachten Anspruch nicht abhängig ist, bedingt für den Fall seines Obsiegens mit dem Hauptvorbringen, begehrt.[47] Diese Konstellation könnte man – entsprechend der Terminologie bei der Eventualklagehäufung – als uneigentliche oder unregelmäßige Eventualwiderklage bezeichnen.

93 Ebenfalls zulässig ist die bedingte Einlegung einer Anschlussberufung. Die Bedingung kann an jeden innerprozessualen Vorgang anknüpfen. Tritt diese Bedingung nicht ein, wird die aufschiebend bedingte unselbständige Anschließung nicht wirksam (VGH Mannheim VBlBW 1994, 449).

94 Eine „für den Fall der Armenrechtsbewilligung und in deren Umfang" erhobene Klage ist bedingt erhoben und damit unwirksam (BVerwG NJW 1981, 698). Wird bei Gericht gleichzeitig mit einem Prozesskostenhilfegesuch ein Schriftsatz eingereicht, der allen an eine Klageschrift zu stellenden Anforderungen entspricht, wird neben dem Prozesskostenhilfeverfahren auch der Rechtsstreit als solcher anhängig, es sei denn, der Antragsteller stellt eindeutig klar, dass der Schriftsatz lediglich einen zur Begründung des Prozesskostenhilfeantrags dienenden Entwurf einer erst zukünftig zu erhebenden Klage darstellt. Eine solche Klarstellung kann im verwaltungsgerichtlichen Verfahren – anders als nach der Rspr. der Zivilgerichte (vgl. BGH NJW-RR 2005, 1015) nicht durch die Erklärung erreicht werden, über die Prozesskostenhilfe solle „vorab" entschieden werden (VGH Mannheim 26.9.2008 – 2 S 2847/07). Bedingt erhoben und damit unwirksam ist auch eine Klage, die gegen einen von mehreren (nicht notwendigen) Streitgenossen nur unter der Bedingung erhoben wird, dass die verbundene Klage gegen den anderen Streitgenossen keinen Erfolg hat, s. g. eventuelle subjektive Klagehäufung (VGH Kassel DÖV 1983, 777). Nicht möglich ist es auch, einen einheitlichen Streitgegenstand aufzuteilen, die daraus resultierenden Teilansprüche miteinander zu verbinden und sie in einem uneigentlichen Eventualverhältnis zur Entscheidung des Gerichts zu stellen.[48]

95 **c) Wirkung der Bedingung.** Eine zulässige Bedingung bewirkt, dass das bedingt erhobene Klagebegehren sofort, aber auflösend bedingt, rechtshängig wird. Dieser sofortigen, aber aufschiebend bedingten Rechtshängigkeit korrespondiert eine aufschiebend bedingte Entscheidungsbefugnis des Gerichts. Über den unter einer Bedingung gestellten Antrag bzw. die bedingt erhobene (Wider-)Klage darf damit sofort verhandelt, aber erst nach einer streitigen Entscheidung in der Hauptsache befunden werden (BGHZ 72, 341).

96 Bei eigentlicher Eventualklagehäufung erlischt die Rechtshängigkeit des Hilfsanspruchs rückwirkend mit Rechtskraft einer dem Hauptantrag stattgebenden Entscheidung, da dann endgültig feststeht, dass es zu keiner Entscheidung über den Hilfsantrag kommt. Eben dies gilt umgekehrt bei einer uneigentlichen Eventualklagehäufung bei Rechtskraft einer den Hauptantrag abweisenden Entscheidung. Die – eigentliche bzw. uneigentliche – Eventualwiderklage ist entsprechend zu behandeln.

97 Das Gericht ist nur dann zur Entscheidung über den Hilfsantrag befugt, wenn die vom Kläger gesetzte Bedingung – bei der eigentlichen Eventualklagehäufung der Erfolg, bei der uneigentlichen Eventualklagehäufung der Misserfolg des Hauptantrags – eintritt. Entscheidungen über den Hilfsantrag vor Bedingungseintritt sind unzulässig. Tritt die aufschiebende Bedingung nicht ein, ergeht eine Entscheidung nur über den Hauptantrag ohne Ausspruch zum Hilfsantrag. Für die gerichtliche Entscheidungsbefugnis über eine Eventualwiderklage gilt dies entsprechend.

98 **3. Widerruf.** Prozesserklärungen sind grds. unwiderruflich und nicht wegen Willensmängeln anfechtbar (BGH NJW-RR 1986, 1327; VGH Mannheim VBlBW 1983, 369).

99 Ein Widerruf einer Prozesshandlung kommt nur in Betracht, wenn die zu widerrufende Prozesserklärung noch keine Wirkung entfaltet hat. So kann z.B. eine Erklärung, der Rechtsstreit sei in der Hauptsache erledigt, zurückgenommen werden, solange der Prozessgegner der Erledigung nicht zugestimmt hat (BVerwG NVwZ-RR 1992, 276). Der Widerruf der Klageerhebung müsste dem Gericht noch vor

---

47 BGH NJW 1996, 2306 m.Anm. *Goette*, DStR 1996, 1574; *H. Gummert*, WiB 1996, 782; *Heidenhain*, LM Heft 10/1996, § 24 GmbHG Nr. 2.
48 *G. Lüke/C. Kerwer*, NJW 1996, 2121.

der Klageschrift zugehen. Eben dies gilt auch dann, wenn die Prozesshandlung aufgrund einer Täuschung vorgenommen wurde (BGH StrV 1994, 64; HmbOVG NVwZ-RR 1994, 239).

4. Richtiger Adressat. Die Klageerhebung muss an das sachlich, örtlich und instanziell zuständige 100
Gericht gerichtet sein (→ Rn. 29 ff.).

V. Rechtsfolgen fehlender Prozesshandlungsvoraussetzungen

1. Heilung. Eine unwirksame Prozesshandlung kann durch Bezugnahme genehmigt werden (BGH 101
NJW 1990, 3085). Die ordnungsgemäße Unterzeichnung der Klageschrift kann innerhalb der Klagefrist nachgeholt werden. Nach Ablauf der Klagefrist ist nur Wiedereinsetzung in den vorigen Stand
(§ 60) möglich. Eine rückwirkende Heilung eines Formmangels scheidet aus, da der Verwaltungsakt
bereits bestandskräftig ist (VG Frankfurt NJW 2002, 2488). § 82 Abs. 2 gilt nicht für das Erfordernis
der eigenhändigen Unterzeichnung (BVerwG Buchholz 310 § 81 VwGO Nr. 9; VGH Mannheim NJW
1996, 3162).

2. Entscheidung: Abweisung der Klage als unzulässig. Wird eine Klage nicht formgerecht erhoben, ist 102
sie durch Prozessurteil als unzulässig abzuweisen.

D. Rechtswirkungen der Klageerhebung

Im Verwaltungsprozess wird die Klage – anders als im Zivilprozess (§ 253 Abs. 1 ZPO) – bereits mit 103
Eingang der Klageschrift bei Gericht (§ 81 Abs. 1 S. 1) bzw. mit Abschluss der Protokollierung durch
den Urkundsbeamten der Geschäftsstelle (§ 81 Abs. 1 S. 2) nicht nur anhängig, sondern rechtshängig,
§ 90 (→ § 90 Rn. 8).[49] Nutzt der Absender eines Klageschriftsatzes das angerufene Gericht lediglich
als Bote und bittet um Weiterleitung an das zuständige Gericht, fehlt es an einer wirksamen Klageerhebung. In diesen Fällen wird die Klage weder anhängig noch rechtshängig, sodass sie weder registriert noch beschieden werden muss (OVG Münster NJW 2009, 2615 m.Anm. *I. Schübel-Pfister*, JuS
2010, 406 ff.; a.A. OLG Schleswig NJW-RR 2009, 152).

§ 82 [Inhalt der Klageschrift]

(1) ¹Die Klage muß den Kläger, den Beklagten und den Gegenstand des Klagebegehrens bezeichnen.
²Sie soll einen bestimmten Antrag enthalten. ³Die zur Begründung dienenden Tatsachen und Beweismittel sollen angegeben, die angefochtene Verfügung und der Widerspruchsbescheid sollen (nur noch
bis 01.07.2014: in Urschrift oder) in Abschrift beigefügt werden.

(2) ¹Entspricht die Klage diesen Anforderungen nicht, hat der Vorsitzende oder der nach § 21g des
Gerichtsverfassungsgesetzes zuständige Berufsrichter (Berichterstatter) den Kläger zu der erforderlichen Ergänzung innerhalb einer bestimmten Frist aufzufordern. ²Er kann dem Kläger für die Ergänzung eine Frist mit ausschließender Wirkung setzen, wenn es an einem der in Absatz 1 Satz 1 genannten Erfordernisse fehlt. ³Für die Wiedereinsetzung in den vorigen Stand gilt § 60 entsprechend.

Schrifttum

1. Monographien und Beiträge in Sammelwerken: *G. Barbey*, Bemerkungen zum Streitgegenstand im Verwaltungsprozess, in: FS
Menger, 1985, 177; *K. P. Dolde*, Die Beteiligungsfähigkeit im Verwaltungsprozess (§ 61 VwGO), in: FS Menger, 1985, 423; *D.
Ehlers*, Der Beklagte im Verwaltungsprozess, in: FS Menger, 1985, 379; ; *H. Johlen*, Beck'sches Prozessformularbuch, ¹²2013; *K.
H. Klein/D. Czajka*, Gutachten und Urteil im Verwaltungsprozess, ⁴1995; *R. Köhler-Rott*, Der Untersuchungsgrundsatz im Verwaltungsprozess und die Mitwirkungslast der Beteiligten, 1997; *B. Kohlndorfer*, Die Anwendung von § 295 ZPO im verwaltungs-, sozial- und finanzgerichtlichen Verfahren, 1994; *H.-W. Laubinger*, Die isolierte Anfechtungsklage, in: FS Menger, 1985, 443; *J. Martens/A. Koch*, Mustertexte zum Verwaltungsprozess, ³2009; *M. Nierhaus*, Beweismaß und Beweislast, Untersuchungsgrundsatz und
Beteiligtenmitwirkung im Verwaltungsprozess, 1989.

2. Beiträge in Zeitschriften: *A. Decker*, Die Angabe einer „ladungsfähigen Anschrift" als Zulässigkeitsvoraussetzung verwaltungsgerichtlicher Rechtsbehelfe, VerwArch 86 (1995), 266; *G. Felix*, Die Strafsenate des BGH und der gesetzliche Richter, NJW 1992,
1607; *W. Fichte*, Die Bestellung zum Berichterstatter Bestimmung des gesetzlichen Richters?, SGb 1996, 93; *H. Geiger*, Anmerkungen zum neuen Streitwertkatalog für die Verwaltungsgerichtsbarkeit, BayVBl 1997, 106; *C. Gusy*, Die ladungsfähige Anschrift des
Obdachlosen, JuS 1992, 28; *O. Katholnigg*, Zur Geschäftsverteilung bei den obersten Gerichtshöfen des Bundes und innerhalb

---

49 *V. Lessing*, RpflStud 2003, 65.

ihrer Senate, NJW 1992, 2256; *F. Koehl*, Die Klageerhebung und -zustellung im Verwaltungsprozess, NVwZ 2017, 1089; *W. Leber*, Rechtsbehelfsbelehrung, Streitgegenstand und Klagebegehren, NVwZ 1996, 668; *W. Leisner*, „Gesetzlicher Richter" – vom Vorsitzenden bestimmt?, NJW 1995, 285; *H. List*, Verstößt die Bestimmung des gesetzlichen Richters und der Geschäftsverteilungsplan beim BFH gegen das Grundgesetz?, DStR 1992, 697; *B. Maiwald*, Streitwertkatalog für die Verwaltungsgerichtsbarkeit 1996, GewArch 1996, 462; *O. Mallmann*, Erstattung von Anwaltskosten im Widerspruchsverfahren: von der Regel zur Ausnahme?, NVwZ 1983, 338; *B. Sangmeister*, Aus dem Richtertum folgt das Führertum?, ZRP 1995, 297; *ders.*, Grundsätzliches vom Bundesgerichtshof, NJW 1995, 289; *I. Schübel-Pfister*, Aktuelles Verwaltungsprozessrecht, JuS 2012, 993; *M. Wiebel*, Die Bestimmung des Berichterstatters, BB 1995, 1197; *C. Zülch*, Zur Verteilung der Geschäfte in den Zivilsenaten des BGH, NJW 1992, 2744.

A. Die Entstehungsgeschichte der Norm

1 § 82 wurde durch das 4. VwGOÄndG vom 17.12.1990 (BGBl I 2809) neu gefasst und teilweise inhaltlich geändert. Art. 5 Nr. 6 des Gesetzes zur Förderung des elektronischen Rechtsverkehrs mit den Gerichten (BGBl 2013 I 3786 ff.) streicht die Beifügung der angefochtenen Verfügung und des Widerspruchsbescheids in Urschrift und beschränkt die Sollvorschrift auf die Beifügung von Abschriften; die Änderung tritt gem. Art. 26 Abs. 4 am 1.7.2014 in Kraft.

2 § 82 Abs. 1 S. 1 verlangt jetzt nicht mehr die Bezeichnung des Streitgegenstandes, sondern nur die Angabe des Gegenstandes des Klagebegehrens. Hierdurch sollte verhindert werden, dass der Meinungsstreit über den Streitgegenstandsbegriff durch § 82 Abs. 1 S. 1 thematisiert wird (ausf. → Rn. 18 ff.). Als rein redaktionelle Änderung wurde § 82 Abs. 1 zudem in drei statt vordem zwei Sätze gefasst.

3 In § 82 Abs. 2 wurde eine Legaldefinition des Berichterstatters aufgenommen. Darüber hinaus wurde dem Gericht die Möglichkeit eingeräumt, dem Kläger für die erforderlichen Mindestangaben eine Ausschlussfrist zu setzen.

B. Formvorschriften für die Klageerhebung

4 Während § 81 die zwingenden Anforderungen für eine wirksame Klageerhebung bestimmt (→ § 81 Rn. 43 ff.), regelt § 82 Abs. 1 den notwendigen Inhalt der Klageschrift.

I. „Soll"- und „Muss"-Vorschriften

Die durch § 82 Abs. 1 S. 1 geforderten Angaben von Kläger, Beklagtem und Gegenstand des Klagebegehrens stellen dabei essentialia dar. Neben diesen Mindestangaben sehen die Sollvorschriften des § 82 Abs. 1 S. 2 und 3 weitere Angaben vor. Die Angabe eines bestimmten Antrags, der zur Begründung dienenden Tatsachen und Beweismittel sowie die Beifügung der angefochtenen Verfügung und des Widerspruchsbescheids sind keine Wirksamkeitsvoraussetzungen. Die Anforderungen des § 82 Abs. 1 S. 1 einerseits und des § 82 Abs. 1 S. 2, 3 andererseits unterscheiden sich dabei durch die jeweilige Sanktion: Während ein Verstoß gegen eine Sollvorschrift sanktionslos bleibt, kann die Klage bei Fehlen einer der in § 82 Abs. 1 S. 1 genannten Voraussetzungen als unzulässig abgewiesen werden, wenn der Mangel nicht bis zum Abschluss der mündlichen Verhandlung bzw. bis zum Ablauf einer dem Kläger gem. § 82 Abs. 2 S. 2 gesetzten Frist beseitigt wird.[1]

Die Differenz von „Soll"- und „Muss"-Vorschriften darf dabei nicht überschätzt werden. Zwar dürfen „Soll"-Vorschriften in Rechtsbehelfsbelehrungen (§ 58) nicht als „Muss"-Vorschriften deklariert werden (→ § 58 Rn. 67). Gleichwohl begründen aber auch reine „Soll"-Vorschriften Pflichten, von deren Erfüllung der Kläger nur im Ausnahmefall absehen darf. Ziel einer Sollvorschrift ist es, Rechtsnachteile für den Kläger zu vermeiden;[2] eine weiter gehende Sanktion bei einer Nichterfüllung besteht nicht. Dass die Erfüllung der durch § 82 Abs. 1 S. 2, 3 angeordneten Pflichten nicht im freien Belieben des Klägers steht, bestätigt schon § 82 Abs. 2 S. 1. Danach hat, wenn die Klage den Anforderungen des § 82 Abs. 1 nicht entspricht, der Vorsitzende oder Berichterstatter den Kläger zu der erforderlichen Ergänzung innerhalb bestimmter Frist aufzufordern.

II. Bezeichnung des Klägers, Beklagten und des Gegenstandes des Klagebegehrens (Abs. 1 S. 1)

Die Bezeichnung des Klägers, des Beklagten und des Gegenstandes des Klagebegehrens ist für die Konstitution des Prozessrechtsverhältnisses unabdingbar.

1. Kläger. Zur Bezeichnung des Klägers i.S.d. § 82 Abs. 1 S. 1 bzw. des Antragstellers in einem selbständigen Verfahren gehört auch die Angabe der ladungsfähigen Anschrift,[3] d.h. der Anschrift unter welcher der Kläger tatsächlich zu erreichen ist. Bei einer natürlichen Person ist dies i.d.R. die Wohnungsanschrift. Dies gilt unabhängig davon, ob der Kläger von einem Prozessbevollmächtigten vertreten wird (VGH München AuAS 2003, 164). Die Angabe der ladungsfähigen Anschrift des Klägers soll nämlich nicht nur dessen hinreichende Individualisier- und Identifizierbarkeit sicherstellen und die Zustellung von Entscheidungen, Ladungen sowie gerichtlichen Verfügungen ermöglichen; sie soll vielmehr darüber hinaus auch gewährleisten, dass der Kläger nach entscheidungserheblichen Tatsachen befragt und sich im Fall des Unterliegens seiner Kostentragungspflicht (a.A. anscheinend VGH Kassel NJW 1990, 140) nicht entziehen kann.[4] Dementsprechend wird ein Rechtsschutzgesuch unzulässig, wenn der Rechtsuchende einer gerichtlichen Aufforderung, seine während des Verfahrens geänderte Anschrift binnen einer bestimmten Frist mitzuteilen, ohne triftigen Grund nicht nachkommt.[5] Ob eine Anschrift im Ausland genügt, ist dabei mindestens zweifelhaft,[6] da die Erreichbarkeit des Klägers und der Zugriff auf ihn hierdurch unzumutbar erschwert werden.

Die Angabe der ladungsfähigen Anschrift ist im Hinblick auf den Verhältnismäßigkeitsgrundsatz und dem aus Art. 19 Abs. 4 GG sich ergebenden Gebot, den Zugang zu den Gerichten nicht unnötig zu erschweren, nur ausnahmsweise dann entbehrlich, wenn die Erfüllung dieser Pflicht unmöglich oder unzumutbar ist (BVerfG NJW 1996, 1272; BVerwG NJW 1999, 2608) oder wenn sich die ladungsfähige Anschrift bereits aus den von der Behörde vorzulegenden Akten ergibt, sonstwie bekannt ist oder sich auf andere Weise ohne Schwierigkeiten ermitteln lässt (BVerwG NJW 1999, 2608, 2610). Erfor-

---

1 *A. Decker*, VerwArch 86 (1995), 266 ff.
2 *K. Kuchinke*, JuS 1967, 295, 300.
3 BVerwG NJW 1999, 2608; BGH NJW 1988, 2114; OVG Münster NVwZ-RR 1994, 124; 1997, 390; DVBl 1997, 678; VGH Kassel NJW 1990, 138; NVwZ-RR 1996, 179; OLG Frankfurt MDR 1992, 610; HessFG NVwZ 1986, 968; a.A. VGH Mannheim NVwZ 1997, 1233.
4 Vgl. OVG Münster NVwZ-RR 1997, 390; ausf. *A. Decker*, VerwArch 86 (1995), 266, 272 ff.
5 OVG Münster NVwZ-RR 1994, 124; 1997, 390; AuAS 1998, 236; 30.7.2003 – 17 B 1070/03.
6 Bejahend VGH Mannheim EzAR 013 Nr. 2; verneinend OVG Münster 20.2.2001 – 22 A 3200/97.

derlich sind besondere, dem Gericht mitzuteilende Gründe, etwa fehlender Wohnort wegen Obdachlosigkeit oder ein schutzwürdiges Geheimhaltungsinteresse.[7]

Auch eine Parteibezeichnung in einer Klageschrift ist grds. auslegungsfähig.[8] Dabei ist auf das Verständnis aus der Sicht der Empfänger, also namentlich des Gerichts und des Beklagten, abzustellen.[9] Eine falsche Bezeichnung des Gegners kann auch noch im Rechtsmittelverfahren entsprechend § 82 Abs. 2 klargestellt werden (BVerwG BayVBl 1993, 380; VGH München BayVBl 2000, 52).

9   Die Zustellung von Entscheidungen, Ladungen und gerichtlichen Verfügungen an den Kläger ist faktisch nur möglich, wenn dessen ladungsfähige Anschrift vorliegt. Gem. § 56 Abs. 1, 2 sind Anordnungen und Entscheidungen, durch die eine Frist in Lauf gesetzt wird, sowie Terminbestimmungen nach den Bestimmungen der ZPO zuzustellen.

10   Das Erfordernis, die ladungsfähige Anschrift des Klägers anzugeben, ergibt sich darüber hinaus auch aus § 173 VwGO i.V.m. § 130 Nr. 1 ZPO. § 130 ZPO stellt sich hierbei entgegen seinem Wortlaut nicht nur als bloße Sollvorschrift dar, da durch die Klageschrift als bestimmendem Schriftsatz eine möglichst sichere Rechtsgrundlage geschaffen und das Prozessrechtsverhältnis begründet werden soll (BGH NJW 1988, 2114). § 117 Abs. 2 Ziff. 1 bestätigt die Ansicht der h.M. zusätzlich, wenn er die Angabe auch des Wohnortes des Klägers im Urteil verlangt.

11   Gibt der Kläger seine Anschrift mit postlagernd an, genügt die Klage nicht den Zulässigkeitsanforderungen des § 82 Abs. 1 S. 1 (OVG Münster NVwZ-RR 1994, 124). Dies gilt auch, wenn der Kläger statt seiner Wohnungsanschrift nur ein Postfach benennt (BVerwG NJW 1999, 2608; VGH Mannheim NJW 1997, 2064). Kommen nach dem Inhalt der Klageschrift aus einem eingegrenzten Personenkreis mehrere Personen als Kläger bzw. Antragsteller in Betracht, ist durch eine richterliche Verfügung nach § 82 Abs. 2 zu klären, wer von diesen Kläger sein soll. Ein Urteil gegen eine Person, deren anfänglich zweifelhafte Klägereigenschaft aufgrund unverzüglich erfolgter Klarstellung zu verneinen ist, ist wirkungslos. Wird ein solches Urteil mit Rechtsmitteln angegriffen, ist es zur Klarstellung der Rechtslage aufzuheben (VGH Mannheim VBlBW 1986, 379).

12   Zweifel an der von der h.M. geforderten Angabe der ladungsfähigen Anschrift werden nur vereinzelt und zumeist für besondere Konstellationen geäußert. Zur Begründung führt die Gegenansicht[10] an, § 82 schreibe die Angabe der ladungsfähigen Anschrift nicht ausdrücklich vor. Den mit der Angabe der ladungsfähigen Anschrift verfolgten Zwecken könne auch anderweitig Rechnung getragen werden. Die ladungsfähige Anschrift sei kein geeignetes Identifizierungs- und Individualisierungsmerkmal, da die Anschrift jederzeit veränderbar sei; geeigneter seien neben Name und Vorname der Geburtstag und Geburtsort. Zustellungen könnten formlos auch an eine Postfachanschrift bzw. „postlagernd" erfolgen. § 130 Nr. 1 ZPO sei nur eine Sollvorschrift, die der Ordnung und Erleichterung des Verfahrens diene. Darüber hinaus wird auf Art. 19 Abs. 4 GG verwiesen.

13   Eine ohne Angabe einer ladungsfähigen Anschrift des Klägers eingelegte Berufung ist grds. unzulässig (VGH Mannheim Justiz 1995, 101). Eine Berufung wird grds. unzulässig, wenn der Kläger trotz Aufforderung mit Fristsetzung keine aktuelle ladungsfähige Anschrift angibt (VGH München 9.11.2007 – 24 B 06.2067; HmbOVG NJW 2006, 3082). Dies gilt aber dann nicht, wenn der Berufungsführer gerade geklärt haben will, ob seine ohne ladungsfähige Anschrift erhobene Klage zulässig ist (OVG Münster NVwZ-RR 1994, 124). In ähnlicher Weise hält *Gusy*[11] im Hinblick auf Art. 19 Abs. 4 GG Klagen von Obdachlosen ohne Angabe einer ladungsfähigen Anschrift für zulässig, wenn diese ihr Recht auf Wohnung geltend machen.

14   Eine Falschbezeichnung des Klägers als „Hausgemeinschaft" (OVG Saarlouis 8.1.1998 – 2 W 4/97; VGH München BayVBl 1979, 20) oder „Wohnungseigentümergemeinschaft" (OVG Brem NJW 1985, 2660) ist unschädlich, wenn der richtige Kläger unschwer zu erkennen ist, weil die hierzu gehörenden natürlichen Personen namentlich angeführt sind. Wird im Namen einer Gesellschaft Klage erhoben, müssen die Rechtsform und die zur Vertretung der Gesellschaft Berechtigten in der Klage bezeichnet werden (BVerwG 27.6.2011 – 8 A 1/10 m.Anm *D. Deiseroth*, jurisPR-BVerwG 14/2012 Anm. 3). Dabei sind aber insbes. in Eilverfahren keine überzogenen Anforderungen zu stellen (VGH München

---

7   St. Rspr. BVerwG NJW 2012, 1527 m.Anm *F. Hufen*, JuS 2012, 1055; BVerwG, NJW 1999, 2608.
8   BVerwG Buchholz 310 § 82 VwGO Nr. 20; BVerwG 30.12.1997 – 8 B 240.97; 21.6.2000 – 7 B 20.00.
9   BVerwG Buchholz 310 § 82 VwGO Nr. 20; BVerwG 21.6.2000 – 7 B 20.00.
10   VGH Kassel NJW 1990, 140; VGH Mannheim Justiz 1982, 170; VGH München BayVBl 1992, 594.
11   C. *Gusy*, JuS 1992, 28 ff.

DVBl 2012, 1389). Klagt ein minderjähriges Kind, sind die Wohnanschriften des gesetzlichen Vertreters und des Kindes erforderlich (OVG Bln NJW 2012, 633).

2. Beklagter. § 82 Abs. 1 S. 1 verlangt zur Begründung eines Prozessrechtsverhältnisses nur die Bezeichnung eines Beklagten; § 78 regelt demgegenüber den „richtigen" Beklagten. Ein Prozessrechtsverhältnis als Dreiecksverhältnis zwischen Kläger, Beklagtem und Gericht kommt nur zustande, wenn der Kläger einen Beklagten angibt. Der vom Kläger bezeichnete Beklagte ist allein dadurch und unabhängig davon am Verfahren beteiligt, ob er beteiligungsfähig oder der richtige Beklagte ist. Die Beteiligtenstellung bestimmt sich rein formal und allein nach der Klageerhebung. Beklagter ist derjenige, gegen den Rechtsschutz begehrt wird.[12]   15

Die Klage ist gem. § 78 Abs. 1 Nr. 1 grds. gegen die juristische Person des öffentlichen Rechts zu richten, deren Behörde den angegriffenen Verwaltungsakt erlassen bzw. den Erlass des beantragten Verwaltungsakts abgelehnt oder die begehrte Entscheidung unterlassen hat (sog. Rechtsträgerprinzip). Die betroffene Behörde selbst ist nur dann richtige Beklagte, wenn das Landesrecht von der Möglichkeit des § 78 Abs. 1 Nr. 2 und damit notwendigerweise auch von § 61 Nr. 3 Gebrauch gemacht hat.[13] Diese Chance, das Rechtsträgerprinzip durch eine Beibehaltung des früheren norddeutschen Behördenprinzips zu durchbrechen,[14] haben Brandenburg, Mecklenburg-Vorpommern, Niedersachsen, Nordrhein-Westfalen, das Saarland, Sachsen-Anhalt und Schleswig-Holstein genutzt (→ § 61 Rn. 33 ff.)   16

Zur Bezeichnung des Beklagten genügt auch die Angabe der Behörde unabhängig davon, ob durch entsprechendes Landesrecht das Behördenprinzip beibehalten wurde (OVG Weimar 26.1.2009 – 4 ZKO 553/08). Für das grds. geltende Rechtsträgerprinzip ergibt sich dies ausdrücklich aus § 78 Abs. 1 Nr. 1 a.E.   17

3. Klagegegenstand. Der Kläger bestimmt nicht nur, ob er überhaupt und ggf. gegen wen er klagen will; ihm obliegt vielmehr auch die Bestimmung des Streitprogramms. § 82 Abs. 1 S. 2 verlangt dabei zwingend die Angabe des Klage-, nicht aber des Streitgegenstandes. Für diese von der h.M. vertretene Ansicht spricht neben der Entstehungsgeschichte des § 82 Abs. 1 in seiner derzeitigen Fassung auch dessen Wortlaut. Der Gesetzgeber des Vierten Gesetzes zur Änderung der Verwaltungsgerichtsordnung wollte nämlich gerade vermeiden, dass die Kontroverse um den Streitgegenstandsbegriff durch § 82 Abs. 1 thematisiert wird. Aus eben diesem Grund wurde die früher geforderte Bezeichnung des „Streitgegenstandes" durch die Angabe des „Klagegegenstandes" ersetzt (→ Rn. 2). Darüber hinaus schreibt § 82 Abs. 1 S. 1 vor, dass die Klage den Klagegegenstand beschreiben muss. Die Angabe eines bestimmten Antrages soll die Klageschrift hingegen nach § 82 Abs. 1 S. 2 zwar enthalten, sie muss es aber nicht.[15]   18

Mit der h.M. ist dabei anzunehmen, dass die Wirksamkeit der Klageerhebung zwar einerseits nur die Bezeichnung des Klagegegenstandes, nicht aber die des Streitgegenstandes voraussetzt. Andererseits muss der Streitgegenstand im Verlauf des Prozesses aber gleichwohl allein schon deshalb festgelegt werden, weil das Gericht gem. § 88 nicht über das Klagebegehren hinausgehen darf. Die Herrschaft für die Bestimmung des Klagebegehrens liegt allein bei den Parteien.[16] Aufgabe des Klägers ist es damit zwar nicht, den Streitgegenstand selbst und allein zu bestimmen. Das Gericht ist nach § 88 nur an das Klagebegehren und den darin enthaltenen Streitgegenstand, nicht aber an dessen Bewertung durch den Kläger gebunden. Es hat vielmehr darauf hinzuwirken, dass sachdienliche Anträge gestellt und ungenügende tatsächliche Angaben ergänzt werden. Dem Kläger obliegt es, den Rechtsstreit so weit zu individualisieren, dass ihn das Gericht rechtlich erkennen kann. Aufgabe des Gerichts, nicht des Klägers ist es sodann, den Rechtsstreit auf dieser Grundlage zu identifizieren.[17] Von einer derartigen Zweiteilung – Vorgabe eines Rahmens durch den Kläger, nähere Erforschung durch das Gericht – geht auch § 86 Abs. 1 S. 1 aus, demzufolge das Gericht den Sachverhalt des vorgetragenen Vorfalls er-   19

---

12 *D. Ehlers,* FS Menger, 1985, 379 ff.
13 *D. Ehlers,* FS Menger, 1985, 379 ff., 390 f.
14 *K.-P. Dolde,* FS Menger, 1985, 423 ff.
15 Zur Unterscheidung von Klagegegenstand und Streitgegenstand *W. Leber,* NVwZ 1996, 668.
16 *R. Köhler-Rott,* Der Untersuchungsgrundsatz, 1997, 28
17 *G. Barbey,* FS Menger, 1985, 177 ff., 180 f; *R. Köhler-Rott,* Der Untersuchungsgrundsatz, 1997, 28 („Auswahl des Theaterstücks durch den Kl. im Gegensatz zu dessen Inszenierung durch das Gericht").

forscht. § 86 Abs. 1 S. 1 setzt damit voraus, dass eine Vorgabe, die es durch das Gericht zu erforschen gilt, vorhanden ist.

20　Der Gegenstand des Klagebegehrens ist schon dann bezeichnet, wenn der Sachverhalt, über den das Gericht entscheiden soll, angegeben wird (BVerwG, NVwZ 2017, 489 Rn. 12). Ein bestimmter Antrag ist – anders als nach § 253 Abs. 2 Nr. 2 ZPO – nicht erforderlich. Die VwGO differenziert klar zwischen dem Gegenstand des Klagebegehrens und dem Antrag. Ersterer muss gem. § 82 Abs. 1 S. 1, letzterer soll nach § 82 Abs. 1 S. 2 angegeben werden. Der Streitgegenstand ergibt sich aus dem im Lichte des Klagebegehrens ausgelegten Antrag. Er bestimmt gem. § 88 die Entscheidungskompetenz des Gerichts und nach § 121 die Rechtskraft(§ 88 Rn. 33 ff.). Eine zulässige Klageerhebung erfordert es, dass der Kläger sein Klageziel zum Ausdruck bringt; dies ist dann nicht der Fall, wenn weder ein Gegner noch Bescheide angegeben werden, gegen die der Kläger sich wenden möchte (OVG Bautzen SächsVBl 1998, 16).

21　Die zur Bezeichnung des Klagegegenstandes erforderlichen Angaben sind von der gewählten Klageart abhängig.

22　a) Anfechtungs- und Verpflichtungsklage. Bei der Anfechtungsklage (VGH München BayVBl 1992, 438 f.) muss der Verwaltungsakt angegeben werden, den der Kläger anficht bzw. dessen Erlass er begehrt.

23　b) Feststellungsklage. Die Bezeichnung des Klagebegehrens setzt bei der Feststellungsklage voraus, dass das Rechtsverhältnis, dessen Bestehen oder Nichtbestehen festgestellt werden soll, geschildert wird (BVerwG NVwZ 1990, 1173).

24　c) Leistungsklage. Bei der Leistungsklage sind der Leistungsanspruch und der Leistungsgrund anzugeben.

III. Bestimmter Antrag (Abs. 1 S. 2)

25　Während die Klageschrift Kläger, Beklagten und den Gegenstand des Klagebegehrens bezeichnen *muss*, *soll* ein bestimmter Antrag nur enthalten sein (zur Unterscheidung von „Soll"- und „Muss"-Vorschriften in diesem Zusammenhang → Rn. 5 f.).

26　Der Antrag wird dabei in der Klageschrift nur angekündigt, gestellt wird er gem. § 103 Abs. 3 erst in der mündlichen Verhandlung. Der Vorsitzende hat gem. § 86 Abs. 3 Alt. 2 und 3 darauf hinzuwirken, dass unklare Anträge erläutert und sachdienliche Anträge gestellt werden.

27　Die bereits festgestellte Nähe der Sollvorschriften zu Mussvorschriften (→ Rn. 5 f.) bestätigt sich auch in diesem Zusammenhang: Obwohl die Stellung eines bestimmten Klageantrags ein bloßes Sollerfordernis ist, wird die Klage unzulässig, wenn der Antrag als Umschreibung des Klageziels trotz Aufforderung des Gerichts bis zum Schluss der mündlichen Verhandlung bzw. bei Verzicht auf diese bis zur Herausgabe der Entscheidung nicht gestellt wird (BVerwG Buchholz 406.25 § 41 BImSchG Nr. 24). Außerdem steht der Klageantrag in engem Zusammenhang mit der dem Kläger obliegenden Wahl der richtigen Klageart. Darüber hinaus ist die Antragstellung neben der Bezeichnung des Gegenstandes der Klage das entscheidende Mittel für die Prozesssteuerung.

28　1. Hauptantrag. Die Formulierung des Hauptantrags hängt vom jeweiligen Klagebegehren und der hieraus resultierenden Klageart ab.

29　a) Anfechtungsklage. Die Anfechtungsklage kann auf vollständige Kassation, auf Folgenbeseitigung, teilweise Aufhebung, Änderung oder Kassation und Leistung gerichtet sein oder als isolierte Anfechtungsklage auftreten.

30　aa) Kassationsantrag. Bei einer auf kassatorische Entscheidung gerichteten Anfechtungsklage (→ § 42 Rn. 15 ff.) ist entweder die Aufhebung des Bescheids des … vom … und des Widerspruchsbescheids des … vom … zu beantragen oder der Antrag zu stellen, den Bescheid des … vom … in der Gestalt des Widerspruchsbescheids des … vom … aufzuheben.[18]

18　Die angegriffenen Behördenentscheidungen müssen exakt bezeichnet werden. Hierzu ist insbes. die Angabe des Datums erforderlich; das Aktenzeichen muss nur angegeben werden, wenn dies zur Unterscheidung von anderen, unter dem gleichen Datum erlassenen Beschl. zweckmäßig ist. Die Behörde wird nur angeführt, wenn sie nicht Organ des Bekl. ist oder wenn eine andere Behörde Beklagte ist; i.Ü. wird nur „der Bescheid des Beklagten" formuliert.

Die erstere Formulierung orientiert sich an § 113 Abs. 1 S. 1 und ist in der Praxis sowohl als Antrag 31
als auch als Tenorierung verbreitet. Die letztere Antragsformulierung entspricht § 79 Abs. 1 Nr. 1; darüber hinaus wird sie Ansichten gerecht, denen zufolge sich der Widerspruchsbescheid mit der Aufhebung des Ausgangs-Verwaltungsakts erledigt.[19] Vorzugswürdig erscheint hierbei die an § 113 Abs. 1
S. 1 angelehnte Fassung, zumal § 79 Abs. 1 Nr. 1 impliziert, dass der Ausgangs-Verwaltungsakt durch
den Widerspruchsbescheid modifiziert wurde (zur gesamten Problematik → § 113 Rn. 135 ff.).

bb) Antrag auf Folgenbeseitigung. Soll das Gericht bei einem bereits vollzogenen Verwaltungsakt 32
gem. § 113 Abs. 1 S. 2, 3 auch einen Folgenbeseitigungsausspruch treffen, muss der geschilderte Kassationsantrag durch einen Antrag, das Gericht möge aussprechen, dass und wie die Verwaltungsbehörde den bereits vollzogenen Verwaltungsakt rückgängig machen soll, ergänzt werden. Hierzu ist zu
beantragen, den Beklagten zu verpflichten, die Vollziehung des Bescheids des ... vom... und des Widerspruchsbescheids des ... vom ... bzw. in Gestalt des Widerspruchsbescheids des ... vom ... durch ...
rückgängig zu machen. Dieser Antrag kann zugleich mit dem Kassationsantrag oder später – auch erst
in der Revisionsinstanz – gestellt werden (→ § 113 Rn. 187 ff.).

cc) Teilweise Aufhebung und Änderung. Hat ein Verwaltungsakt einen teilbaren Inhalt (dazu auch 33
§ 44 Abs. 4 VwVfG sowie → § 42 Rn. 19 ff.) und wird nur die teilweise Aufhebung dieses Bescheids
begehrt, wird beantragt, den Bescheid des ... vom ... und den Widerspruchsbescheid des ... vom ...
bzw. den Bescheid des ... vom ... in der Gestalt des Widerspruchsbescheids des ... vom ... insoweit aufzuheben, als darin ... festgesetzt worden ist.

Als problematisch erweist sich in diesem Zusammenhang § 113 Abs. 2 (→ § 113 Rn. 323 ff.). Gem. 34
§ 113 Abs. 1 S. 1 kann das Gericht, wenn der Kläger die Änderung eines Verwaltungsakts verlangt,
der einen Geldbetrag festsetzt oder eine darauf bezogene Feststellung trifft, den Betrag in anderer Höhe festsetzen oder die Feststellung durch eine andere ersetzen. Nach § 113 Abs. 2 S. 2, 3 kann sich das
Gericht, wenn die Ermittlung des festzusetzenden oder festzustellenden Betrags einen nicht unerheblichen Aufwand erfordert, in seinem Urteil darauf beschränken, die Änderung des Verwaltungsakts
durch Angabe der zu Unrecht berücksichtigten oder nicht berücksichtigten tatsächlichen oder rechtlichen Verhältnisse so zu bestimmen, dass die Behörde den Betrag aufgrund der Entscheidung errechnen
kann.

Dabei wird teilweise zwischen einer Teilaufhebung nach § 113 Abs. 1 S. 1 einerseits und einer Abände- 35
rung nach § 113 Abs. 2 andererseits strikt unterschieden und dem Kläger ein Wahlrecht zwischen beiden Entscheidungen eingeräumt. Zur Begründung wird angeführt, bei einer Teilaufhebung könne die
Behörde, soweit die Aufhebungsgründe nicht entgegenstünden, eine Neuregelung treffen. Die Abänderung des Verwaltungsaktes durch das Gericht führe hingegen dazu, dass der angefochtene Bescheid in
geänderter Form weiterwirke und die Behörde mit der Angelegenheit nicht nochmals befasst werde.
Dem ist entgegenzuhalten, dass ein gesonderter Antrag auf Abänderung des Verwaltungsaktes zwar
üblich, aber nicht erforderlich ist. Da das Gericht wegen des Verbots der reformatio in peius keinesfalls einen höheren Betrag festsetzen darf, kommt die Abänderung einer durch eine Zahlenangabe prä-
zisierten Teilaufhebung gleich. Für eine besondere Kategorie reformatorischer Entscheidungen besteht
kein Bedürfnis. § 113 Abs. 2 erweitert nur die gerichtlichen Entscheidungsmöglichkeiten. Liegen die
Voraussetzungen für eine Abänderung des Verwaltungsaktes durch das Gericht vor, liegt es in dessen
Ermessen, ob es von dieser Möglichkeit Gebrauch macht. Der in der Praxis gleichwohl übliche Abänderungsantrag kann lauten: Der Bescheid des ... vom ... und der Widerspruchsbescheid des ... vom ...
bzw. der Bescheid des ... vom ... in der Gestalt des Widerspruchsbescheids des ... vom ... wird dahingehend geändert, dass der Betrag X durch den Betrag Y ersetzt wird.

Ein weiteres Problem wirft § 113 Abs. 2 S. 2, 3 auf, demzufolge das Gericht der Behörde aufgeben 36
kann, den Geldbetrag auf der Grundlage der in den Entscheidungsgründen enthaltenen Angaben zu
den maßgebenden tatsächlichen und rechtlichen Verhältnisse neu zu berechnen, festzusetzen und dem
Kläger mitzuteilen. § 113 Abs. 2 S. 2, 3 gibt einerseits die Möglichkeit, komplizierte Berechnungen der
Verwaltung aufzugeben. Man wird daher andererseits in derartigen Konstellationen auch vom Kläger
nicht verlangen können, dass er seinen Klageantrag genau beziffert. Der Kläger kann sich – ebenso
wie das Gericht in seinem Urteil – auf folgenden Antrag beschränken: Der Bescheid des ... vom ... und

---

19 *M. Dawin*, NVwZ 1987, 872, 873.

der Widerspruchsbescheid des ... vom ... bzw. der Bescheid des ... vom ... in der Gestalt des Widerspruchsbescheids des ... vom ... wird dadurch abgeändert, dass der Betrag X durch einen vom Beklagten nach Maßgabe der Klagebegründung neu zu berechnenden Betrag ersetzt wird.

37   **dd) Kassations- und Leistungsantrag.** Begehrt der Kläger neben der Aufhebung eines Bescheids eine Leistung ist dies im Hinblick auf § 113 Abs. 4 neben der Kassation zu beantragen. Nach § 113 Abs. 4 kann der Beklagte neben der Aufhebung eines Verwaltungsaktes zu einer bestimmten Leistung oder zum Erlass eines Verwaltungsaktes verurteilt werden. Zu beantragen ist dann, den Beklagten unter Aufhebung des Bescheids des ... vom ... und des Widerspruchsbescheids des ... vom ... bzw. unter Aufhebung des Bescheids des ... vom ... in der Gestalt des Widerspruchsbescheids des ... vom ... zu verurteilen, an den Kläger ... Euro zu bezahlen oder einen Bescheid zu erteilen.

38   **ee) Isolierte Anfechtungsklage.** Sog. isolierte Anfechtungsklagen sind in zweifacher Hinsicht denkbar: Zum einen kann sich die Klage nur gegen den Widerspruchsbescheid, nicht aber gegen den Ausgangs-Verwaltungsakt richten. Zum anderen kann sich der Kläger auf eine Anfechtungsklage beschränken, obwohl er den Erlass eines abgelehnten Verwaltungsaktes im Wege der Verpflichtungsklage geltend machen könnte (→ § 42 Rn. 33).[20]

39   Im letzteren Fall ist der bereits angeführte (→ Rn. 30) Kassationsantrag zu stellen; im ersteren wird nur die Aufhebung des Widerspruchsbescheids des ... vom ... beantragt.

40   **b) Verpflichtungsklage.** Bei der Verpflichtungsklage als Versagungsgegenklage (→ § 42 Rn. 31 ff.) sind der Vornahme- und der Bescheidungsantrag zu unterscheiden.

41   **aa) Vornahmeantrag.** Im Fall der Verpflichtungsklage als Vornahmeklage lautet der Antrag im Hinblick auf § 113 Abs. 5 S. 1, unter Aufhebung des Bescheids des ... vom ... in der Gestalt des Widerspruchsbescheids des ... vom ... bzw. unter Aufhebung des Bescheids des ... vom ... und des Widerspruchsbescheids des ... vom ... den Beklagten zu verpflichten, dem Kläger den mit Antrag vom ... beantragten Verwaltungsakt zu erteilen.

42   **bb) Bescheidungsantrag.** Bei einer Bescheidungsklage ist im Hinblick auf § 113 Abs. 5 S. 2 zu beantragen, den Bescheid des ... vom ... und den Widerspruchsbescheid des ... vom ... bzw. den Bescheid des ... vom ... in der Gestalt des Widerspruchsbescheids des ... vom ... aufzuheben und den Beklagten zu verpflichten, über den Antrag des Klägers vom ... unter Berücksichtigung der Rechtsauffassung des Gerichts erneut zu befinden.

43   Der Ausspruch und dementsprechend der Antrag „unter Berücksichtigung der Rechtsauffassung des Gerichts" wird dabei teilweise für überflüssig gehalten. Er ist aber in der Praxis üblich und sinnvoll, da ein Rechtsmittelurteil zur „Berücksichtigung der Rechtsauffassung des Berufungsgerichts" verurteilen kann.

44   **c) Untätigkeitsklage.** Die nach § 75 mögliche Untätigkeitsklage bietet für die Antragstellung keine Besonderheiten. Es ist der für die Anfechtungs- bzw. Verpflichtungsklage zutreffende Antrag zu stellen.

45   **d) Allgemeine Leistungsklage.** Bei der allgemeinen Leistungsklage richtet sich die Antragstellung nach dem Klageziel (zur allg. Leistungsklage als Vornahme- oder Unterlassungsklage → § 42 Rn. 39 ff.). Im Fall der Vornahmeklage wird beantragt, den Beklagten zur Vornahme der begehrten Leistung zu verurteilen, z.B. an den Kläger ... Euro nebst ... % Zinsen seit dem ... zu zahlen. Wird eine Unterlassung begehrt, ist ein diesbezüglicher Antrag zu stellen.

46   **e) Feststellungsklage. aa) Allgemeine Feststellungsklage.** Im Fall der allgemeinen Feststellungsklage kann der Kläger gem. § 43 die Feststellung des Bestehens oder Nichtbestehens eines Rechtsverhältnisses bzw. der Nichtigkeit eines Verwaltungsakts beantragen.

47   **bb) Fortsetzungsfeststellungsklage.** Bei einer Fortsetzungsfeststellungsklage ist die Feststellung zu beantragen, dass der Bescheid des ... vom ... – ggf. und der Widerspruchsbescheid des ... vom ... bzw. der Bescheid des ... vom ... in der Gestalt des Widerspruchsbescheids des ... vom ... – rechtswidrig war.

---

20   *H.-W. Laubinger*, FS Menger, 1985, 443 ff.

2. Nebenanträge. a) Streitwertangabe, Kostenentscheidung, Zuziehung eines Bevollmächtigten im 48
Vorverfahren. Obwohl § 61 GKG vorschreibt, dass der Kläger den Wert des Streitgegenstandes angeben muss, bleibt die Nichtangabe im Verwaltungsprozess sanktionslos. Die Höhe des Streitwerts regelt § 52 GKG; im Einzelnen orientiert sich die Praxis hierbei nach wie vor am Streitwertkatalog.[21] Gem. § 6 Abs. 1 Nr. 4 GKG ist in Prozessverfahren vor den Gerichten der Verwaltungs-, Finanz- und Sozialgerichtsbarkeit die Verfahrensgebühr mit der Einreichung der Klage-, Antrags-, Einspruchs- oder Rechtsmittelschrift oder mit der Abgabe der entsprechenden Erklärung zu Protokoll fällig.

Ein Antrag, dem Beklagten die Kosten des Verfahrens aufzuerlegen, ist in der Praxis üblich, aber über- 49
flüssig. Gem. § 161 Abs. 1 entscheidet das Gericht über die Kosten von Amts wegen.

Erforderlich ist hingegen im Hinblick auf § 162 Abs. 2 S. 2 ggf. ein Antrag, die Zuziehung eines Be- 50
vollmächtigten für das Vorverfahren für notwendig zu erklären, da andernfalls dessen Gebühren und
Auslagen nicht erstattungsfähig sind.[22]

b) Vorläufige Vollstreckbarkeit. Obwohl das Gericht über die vorläufige Vollstreckbarkeit gem. § 167 51
Abs. 1 VwGO i.V.m. § 708 ZPO von Amts wegen entscheidet, sind diesbezügliche Anträge in der Praxis üblich. Dabei können verwaltungsgerichtliche Urteile wegen der grundsätzlichen Bedingungsfeindlichkeit hoheitlicher Verwaltungstätigkeit zumeist nur hinsichtlich der Kosten für vorläufig vollstreckbar erklärt werden. Für Anfechtungs- und Verpflichtungsklagen regelt § 167 Abs. 2 dies explizit. Für Klagen auf Unterlassung eines Verwaltungsaktes, Klagen nach § 113 Abs. 1 S. 2 und § 113 Abs. 4, sowie für schlicht-hoheitliches Verwaltungshandeln betreffende Leistungsklagen gilt dies ebenso.

IV. Angabe von Tatsachen und Beweismitteln (Abs. 1 S. 3 Hs. 1)

Gem. § 82 Abs. 1 S. 3 Hs. 1 sollen die zur Begründung dienenden Tatsachen und Beweismittel angege- 52
ben werden. Die weitgehende Einebnung des Unterschieds zwischen „Soll"- und „Muss"-Vorschriften,
die sich bereits i.R. der Antragstellung (→ Rn. 5 f.) ergeben hat, zeigen hier § 82 Abs. 1 S. 3 Hs. 1 und
§ 87 b erneut. Nach § 82 Abs. 1 S. 3 Hs. 1 sollen die zur Begründung dienenden Tatsachen und Beweismittel nur angegeben werden. § 87 b ermöglicht es aber dem Gericht gleichwohl auch bei Nichtbeachtung dieser bloßen Sollvorschrift eine Präklusion herbeizuführen. Darüber hinaus entscheidet das Gericht gem. § 108 Abs. 1 S. 1 nach seiner freien, aus dem Gesamtergebnis des Verfahrens gewonnenen Überzeugung. Diese Überzeugung gewinnt das Gericht nicht nur aus der Beweisaufnahme, dem Inhalt der Akten, sonstigen Urkunden und Auskünften, der tatsächlichen und rechtlichen Erörterung der Streitsache in der mündlichen Verhandlung, sondern auch aus dem Prozessstoff, wie er sich aus dem Vorbringen und den Schriftsätzen der Parteien ergibt.

Die zur Begründung dienenden Tatsachen und Beweismittel werden zumeist i.R. einer Sachverhalts- 53
schilderung dargestellt. Zwischen der Sachverhaltsschilderung und der Bezeichnung des Klagebegehrens ist zu unterscheiden. Der Sachverhalt bildet nur eine, wenn auch wichtige, Grundlage für das
Klagebegehren; das Klagebegehren selbst lässt sich hieraus zumeist noch nicht ersehen. Eine rechtliche
Begründung des Klagebegehrens ist zwar sinnvoll, aber nicht unabdingbar.

§ 82 Abs. 1 S. 3 Hs. 1 thematisiert das Spannungsverhältnis zwischen dem verwaltungsprozessualen 54
Untersuchungsgrundsatz (§ 86 Abs. 1 S. 1 Hs. 1) einerseits und der Mitwirkungslast der Beteiligten andererseits. Die Auflösung dieses Spannungsverhältnisses ist umstritten (→ § 86 Rn. 60 ff.).[23] Während
teilweise die Verantwortung für die Feststellung der entscheidungserheblichen Tatsachen allein dem
Gericht zugewiesen wird, wollen andere die Beteiligten jedenfalls einbeziehen oder sehen eine gemeinsame Verantwortung von Gericht und Beteiligten für die Tatsachenfeststellung.[24] Die Rspr. ist demgegenüber durch das Bestreben geprägt, die richterliche Ermittlung des Sachverhalts einzuschränken.[25]
Der durch die Rspr. geprägte „Anfang-Ende-Satz", demzufolge die Verpflichtung des Gerichts zur Erforschung des Sachverhalts dort endet, wo die Partei ihrer Obliegenheit zur Mitwirkung am Rechts-

---

21 Der Streitwertkatalog für die Verwaltungsgerichtsbarkeit 2004 ist in NVwZ 2004, 1327 ff. abgedruckt. Zum Streitwertkatalog 1996 *H. Geiger*, BayVBl 1997, 106 ff.; *B. Maiwald*, GewArch 1996, 462 ff.
22 Zur Erstattung von Anwaltskosten im Widerspruchsverfahren als Regel- oder Ausnahmefall *O. Mallmann*, NVwZ 1983, 338.
23 *R. Köhler-Rott*, Der Untersuchungsgrundsatz, 1997, 18 ff.
24 *M. Nierhaus*, Beweismaß und Beweislast, 290.
25 *R. Köhler-Rott*, Der Untersuchungsgrundsatz, 21 ff.

streit nicht nachkommt, bestätigt nochmals, dass die Formulierung des § 82 Abs. 1 S. 3 Hs. 1 als „Soll"-Vorschrift im Ergebnis eher einer „Muss"-Vorschrift entspricht (→ Rn. 5 f.).

55   Als Beweismittel kommen Zeugenvernehmung, Sachverständigengutachten, Augenschein, Urkunden und die Vernehmung von Beteiligten in Betracht. Die Angabe von Beweismitteln nach § 82 Abs. 1 S. 3 Hs. 1 ist dabei von einem förmlichen Beweisantrag (→ § 86 Rn. 83 ff.) nach § 86 Abs. 2, der nur durch begründeten Gerichtsbeschluss abgelehnt werden kann, zu unterscheiden. Der förmliche Beweisantrag ist in der mündlichen Verhandlung zu stellen; er kann in der Klageschrift nur angekündigt werden. Darüber hinaus muss ein förmlicher Beweisantrag nicht nur Beweismittel, sondern auch ein Beweisthema angeben und darlegen, welche Tatsachenbehauptung durch das Beweismittel bewiesen werden soll.

V. Beifügung der angefochtenen Verfügung und des Widerspruchsbescheids (Abs. 1 S. 3 Hs. 2)

56   Die in § 82 Abs. 1 S. 3 Hs. 2 vorgesehene Beifügung der angefochtenen Verfügung und des Widerspruchsbescheids konkretisiert die Sachverhaltsdarstellung und präzisiert den Gegenstand des Klagebegehrens. Die Benennung der angefochtenen Entscheidungen wird dabei mittelbar durch § 82 Abs. 1 S. 1 zwingend vorgeschrieben. Der Gegenstand des Klagebegehrens (→ Rn. 18 ff.) kann nämlich sinnvollerweise nur unter Angabe der angefochtenen Entscheidungen bezeichnet werden. § 82 Abs. 1 S. 3 Hs. 2 ermöglicht dem Gericht schon bei Eingang der Klageschrift einen ersten Überblick über den Prozessstoff. Seine Nichtbeachtung ist sanktionslos, wenn sich aus der Klageschrift im Übrigen ergibt oder jedenfalls bis zum Ende der mündlichen Verhandlung feststeht, welche Entscheidungen angefochten werden. Die ab 1.7.2014 geltende Streichung der Urschriften in § 82 Abs. 1 S. 3 Hs. 2 (→ Rn. 1) soll vermeiden, dass bei einer Übertragung Urschriften vernichtet werden (BT-Drs. 17/12634, 37).

C. Aufforderung zur Ergänzung der Klage (Abs. 2)

I. Spruchkörper, Vorsitzender und Berichterstatter

57   Gem. § 82 Abs. 2 sind der Vorsitzende oder der Berichterstatter für die Aufforderung zur Ergänzung der Klage zuständig. § 82 Abs. 2 S. 1 beinhaltet in diesem Zusammenhang eine Legaldefinition des Berichterstatters. Fraglich bleibt, ob neben dem Vorsitzenden oder dem Berichterstatter auch der Spruchkörper insgesamt zuständig ist.

58   **1. Legaldefinition des Berichterstatters (Abs. 2 S. 1).** Entspricht die Klage den Anforderungen des § 82 Abs. 1 nicht, hat gem. § 82 Abs. 2 S. 1 der Vorsitzende oder der nach § 21 g GVG zuständige Berufsrichter (Berichterstatter) den Kläger zu der erforderlichen Ergänzung innerhalb einer bestimmten Frist aufzufordern.

59   § 82 Abs. 2 S. 1 enthält damit eine – allerdings wenig geglückte – Legaldefinition des Berichterstatters. Entgegen dem Wortlaut des § 82 Abs. 2 S. 1 – „der Vorsitzende oder der nach § 21 g GVG zuständige Berufsrichter (Berichterstatter)" – und obwohl § 87 Abs. 1 S. 1, Abs. 3 S. 1 und insbes. § 87 a Abs. 3 ebenfalls zwischen Vorsitzendem und Berichterstatter trennen, kann nämlich zum einen auch der Vorsitzende selbst Berichterstatter sein. Zum anderen lässt die Legaldefinition nicht erkennen, ob der Berichterstatter durch den Vorsitzenden ad hoc und im Einzelfall bestimmt werden kann oder ob eine Regelung in einem senats- bzw. kammerinternen Geschäftsverteilungsplan erforderlich ist. Diese Problematik ist durch die Anwendung des § 21 g GVG allein nicht erledigt, weil für diesen ebenfalls umstritten ist, ob der Geschäftsverteilungsplan auch die Bestellung des Berichterstatters zu beinhalten hat oder diese nach wie vor dem Vorsitzenden vorbehalten bleiben kann.[26]

60   Entgegen der Ansicht der Rspr., die vielfach (BFH NVwZ 1996, 102; NJW 1996, 78; DB 1996, 2062) eine Ad-hoc-Bestimmung des Berichterstatters durch den Vorsitzenden zulässt, ist mit der vornehmlich in der Literatur verbreiteten Gegenmeinung[27] anzunehmen, dass die Auswahl der Berichterstatter im

---

26   BeckOK StPO/*Valerius* § 21 g GVG Rn. 3.

27   BSG NJW 1996, 2181 m.Anm. *P.-A. Zeihe*, SGb 1996, 604; *G. Felix*, NJW 1992, 1607; *ders.*, BB 1995, 1665; *W. Fichte*, SGb 1996, 93; *O. Katholnigg*, NJW 1992, 2256; *M. Wiebel*, BB 1995, 1197; *P.-A. Zeihe*, SGb 1997, 68; *C. Zülch*, NJW 1992, 2744; a.A. *H. List*, DStR 1992, 697.

Hinblick auf Art. 101 Abs. 1 GG und § 21 g GVG in einem kammer- bzw. senatsinternem Geschäftsverteilungsplan geregelt sein muss. Teilweise wird letzteres nur für unter- oder überbesetzte Spruchkörper gefordert.

Das BVerfG stellt die Verteilung der richterlichen Aufgaben innerhalb einer Kammer oder eines Senats **61** grds. in das Ermessen des Vorsitzenden (BVerfGE 18, 344, 351 f.; 69, 112, 120 f.; 82, 286, 301 f.). Dabei muss jedoch die Möglichkeit einer gerichtsinternen Manipulation ausgeschlossen werden (BVerfGE 18, 344, 349), auch wenn die bloße Möglichkeit noch keinen Verstoß gegen Art. 101 Abs. 1 GG begründet (BVerfGE 18, 423, 427). Bei einer Überbesetzung von Spruchkörpern wird zunehmend auch von der Rspr.[28] die Festlegung schriftlicher Grundsätze für erforderlich gehalten. So muss nach Ansicht der Vereinten Großen Senate des BGH der vom Vorsitzenden eines überbesetzten Zivilsenats nach § 21 g Abs. 2 GVG aufzustellende senatsinterne Geschäftsverteilungsplan mit abstrakten Merkmalen regeln, welche Richter an der Entscheidung mitzuwirken haben. Die dort niedergelegten Mitwirkungsgrundsätze müssen ein System in der Weise ergeben, dass die Besetzung des Spruchkörpers bei der einzelnen Entscheidung im Regelfall aus ihnen ableitbar ist. Dieser senatsinterne Geschäftsverteilungsplan muss schriftlich abgefasst werden. Senatsinterne Geschäftsverteilungspläne, die hiervon abweichen, sind nicht per se, sondern nur bei schwerwiegenden Fehlern vorschriftswidrig und verstoßen gegen § 21 g GVG (BGH NJW 1995, 332). Für die Zuordnung der einzelnen Sache zu einer bestimmten Richterbank im Wege der Terminierung genügt es nach Ansicht der Vereinten Großen Senate des BGH, dass die Terminierung nicht willkürlich, sondern in Ausübung pflichtgemäßem richterlichen Ermessens aus sachgerechten Gründen erfolgte[29]. Dem folgt in neuerer Zeit im Gegensatz zu seiner früheren Rspr. auch das BVerfG. Danach gebietet Art. 101 Abs. 1 S. 2 GG, dass der Vorsitzende eines überbesetzten Spruchkörpers vor Beginn des Geschäftsjahres nach abstrakt-generellen Kriterien zu bestimmen hat, welche Mitglieder des Spruchkörpers bei den einzelnen richterlichen Geschäften mitwirken.[30]

Richtigerweise muss sich der Berichterstatter grds. allgemein und abstrakt aus einem vom Vorsitzen- **62** den aufgestellten kammer- oder senatsinternen Geschäftsverteilungsplan ergeben. Zwar handelt der Berichterstatter im Gegensatz zum Einzelrichter vornehmlich vorbereitend und i.R. der Kammer oder des Senats. Das vorbereitende Hauptsacheverfahren etwa, in dem der Berichterstatter die in § 87 a Abs. 1 vorgesehenen Entscheidungen treffen darf, ist mit dem Eintritt in die mündliche Verhandlung beendet (OVG Weimar ThürVBl 1995, 15).

Auch entscheidet der Einzelrichter i.S.d. § 6 den Rechtsstreit, wenn er ihm übertragen wird, insgesamt **63** allein, während der Berichterstatter nur einzelne Entscheidungen fällt. Gleichwohl kommen im Vorbereitungsverfahren auch dem Berichterstatter Entscheidungsbefugnisse namentlich gem. § 87 a zu. So ist für eine Entscheidung nach Erledigung des Rechtsstreits in der Hauptsache der Berichterstatter selbst dann zuständig, wenn die Kammer oder der Senat in der für Kollegialentscheidungen vorgeschriebenen Besetzung einen Beweisbeschluss erlassen hatte (VGH Mannheim NVwZ-RR 1992, 443). Auch hat nach Inkrafttreten des § 87 a bei einer Berufungsrücknahme im vorbereitenden Verfahren das zum Berichterstatter bestimmte Senatsmitglied als Einzelrichter die dadurch veranlassten Entscheidungen zu treffen (VGH Kassel NVwZ 1991, 594). Im Verfahren des vorläufigen Rechtsschutzes obliegt die Entscheidung bei Erledigung des Rechtsstreits in der Hauptsache ebenfalls dem Berichterstatter und nicht der Kammer oder dem Senat (VGH Mannheim NVwZ 1991, 274; 1991, 593; a.A. VGH Mannheim NVwZ 1991, 275). Auch über die Rücknahme einer Beschwerde entscheidet der Berichterstatter (VGH München NVwZ 1991, 896; a.A. VGH Mannheim NVwZ 1991, 275).

Eine Bestimmung des Berichterstatters ohne entsprechende allgemeine Festlegung allein nach Gutdün- **64** ken des Vorsitzenden wäre überdies mit der von der Rspr. zugelassenen Möglichkeit, nach einem Ausscheiden des Berichterstatters ohne diesen zu entscheiden (BFH DB 1996, 2062), schwerlich vereinbar.

---

28 BGH NJW 1993, 1596 m.Anm. G. *Felix*, ZIP 1993, 617 und B. *Sangmeister*, JZ 1993, 733; BGH NJW 1994, 1735; 1995, 332; 1995, 335; W. *Leisner*, NJW 1995, 285; a.A. OLG Hamm OLGZ 1994, 585, das eine schriftliche Regelung der Mitwirkung zwar einerseits für zweckmäßig hält, hierin aber andererseits keine Wirksamkeitsvoraussetzung sieht.

29 BGH NJW 1994, 1735 m.Anm. O. *Katholnigg*, NStZ 1994, 443; O. *Kissel*, JZ 1994, 1178; W. *Leisner*, NJW 1995, 285; J. *Martens*, MDR 1994, 1179; B. *Sangmeister*, NJW 1995, 289. Allg. zur Stellung des Vors. im Hinblick hierauf B. *Sangmeister*, ZRP 1995, 297.

30 BVerfG NJW 1995, 2703 m.Anm. M. *Zärban*, MDR 1995, 1202.

Eben dies gilt auch für die Ansicht der Rspr., dass das Einverständnis des Beteiligten mit einer Entscheidung durch den Berichterstatter nach § 87 a Abs. 2, 3 unwiderruflich ist (BVerwG NVwZ-RR 1997, 259) und grds. auch für den Fall einer Änderung der Zuständigkeit des Spruchkörpers durch den Geschäftsverteilungsplan fort gilt (BVerwG BayVBl 1996, 508).

Nach Abs. 2 S. 1 den nach § 21 g GVG zuständigen Berufsrichter als Berichterstatter definiert, gelten für den Berichterstatter im Verwaltungsprozess die Kriterien des § 21 g GVG.

65　Eine Regelung der Geschäftsverteilung innerhalb eines Spruchkörpers durch das Präsidium des Gerichts statt durch den Vorsitzenden stellt keine Verletzung des Art. 101 Abs. 1 S. 2 GG dar (BVerwG NVwZ 1988, 725).

66　**2. Kumulative Zuständigkeit des Vorsitzenden und des Berichterstatters.** Für die Aufforderung des Klägers, seine Klage zu ergänzen, ist sowohl der Vorsitzende als auch der Berichterstatter zuständig („oder"). Da eine dem § 87 a Abs. 3 entsprechende Regelung fehlt, ist eine alleinige Zuständigkeit nur des Vorsitzenden oder nur des Berichterstatters zu verneinen. Insoweit besteht eine Zuständigkeitskonkurrenz, Vorsitzender und Berichterstatter sind nebeneinander zuständig.[31] Der Grundsatz des gesetzlichen Richters steht dem, soweit der Rechtsstreit nicht auf den Einzelrichter übertragen wurde, nicht entgegen, weil es sich insoweit nicht um eine Entscheidung über das Klagebegehren handelt.

67　**3. Zuständigkeit des Spruchkörpers.** Aus der Formulierung („hat") ergibt sich, dass der vorbereitende Richter – Vorsitzender oder Berichterstatter – allein zuständig ist. Eine Zuständigkeit der Kammer bzw. des Senats ist nicht vorgesehen (→ § 87 Rn. 8).

II.　Aufforderung zur Ergänzung der Klage (Abs. 2 S. 1)

68　Erfüllt die Klage einzelne Anforderungen des § 82 Abs. 1 nicht, sieht § 82 Abs. 2 vor, den Kläger zur Ergänzung aufzufordern. Auch eine unvollständige Klage ist im Verwaltungsprozess grds. – anders als im Zivilprozess (§ 253 Abs. 1 ZPO) – bereits mit Eingang der Klageschrift bei Gericht (§ 81 Abs. 1 S. 1) bzw. mit Abschluss der Protokollierung durch den Urkundsbeamten der Geschäftsstelle (§ 81 Abs. 1 S. 2) nicht nur anhängig, sondern rechtshängig, § 90, (→ § 81 Rn. 103). Als nachträgliche Ergänzungen der Klage, zu denen aufgefordert werden kann, kommen insbes. die nähere Bestimmung des Klageantrags sowie die genauere Bezeichnung des Klägers und des Beklagten in Betracht. Für das Erfordernis der eigenhändigen Unterzeichnung gilt § 82 Abs. 2 indessen nicht (→ § 81 Rn. 101).

69　**1. Ergänzbare Klage versus unwirksame Klageerhebung.** Str. ist insbes., ob auch die von § 82 Abs. 1 S. 1 vorgeschriebenen Mindestangaben ergänzbar sind. Richtigerweise ist anzunehmen, dass auch die Aufforderung zur Ergänzung einzelner, nicht aber mehrerer oder aller der von § 82 Abs. 1 S. 1 vorgeschriebenen Mindestanforderungen möglich ist. Fehlen mehrere oder alle von § 82 Abs. 1 S. 1 vorgeschriebenen notwendigen Angaben, ist bereits die Wirksamkeit der Klageerhebung an sich mindestens zweifelhaft. Gegenansichten, denen zufolge auch einzelne essentialia der Klage nicht ergänzbar sind, steht umgekehrt § 82 Abs. 2 S. 2, der gerade hierfür eine Aufforderung zur Klageergänzung unter einer Ausschlussfrist vorsieht, entgegen. Eine Klage, die den Anforderungen des § 82 Abs. 1 S. 1 nur unvollständig entspricht, kann auch nach Ablauf der Klagefrist noch vervollständigt werden.[32] Die Klagefrist wird trotz fehlerhafter Bezeichnung der angefochtenen Bescheide im angekündigten Antrag der anwaltlichen Klageschrift mit dem Datum früherer, von der Behörde schon aufgehobener Bescheide gewahrt, wenn sich das Datum der anzufechtenden Bescheide durch Auslegung des Klagebegehrens wegen Beifügung der betreffenden Bescheide in Kopie eindeutig ermitteln lässt (OVG Bbg NJ 2004, 377).

70　**2. Inhalt und Form der Aufforderung.** Die Ergänzungsaufforderung muss den zu ergänzenden Inhalt der Klage enthalten. Ggf. kann die Ergänzungsaufforderung mit einer Aufforderung nach § 87 b verbunden werden.

71　Gem. § 56 Abs. 1 ist die Ergänzungsaufforderung zuzustellen. Die Praxis weicht hiervon jedoch häufig ab und fordert formlos zur Klageergänzung auf.

31　F. Koehl, NVwZ 2017, 1089, 1093.
32　BVerwG 17.5.2004 – 9 B 29/04; Buchholz 310 § 124 VwGO Nr. 24; Buchholz 310 § 82 VwGO Nr. 13.

3. Ergänzungsaufforderung als prozessleitende Verfügung. Die Aufforderung zur Klageergänzung er- 72
folgt durch eine gem. § 146 Abs. 2 nicht beschwerdefähige prozessleitende Verfügung. Dies gilt auch
für eine hierbei erfolgte Fristsetzung oder die Versagung einer beantragten Verlängerung einer bereits
gesetzten Frist.

4. Unterbleiben einer Klageergänzung. Klageergänzungen sind – mit oder ohne richterliche Aufforde- 73
rung – grds. bis zum Abschluss der letzten mündlichen Verhandlung, auch noch in der Rechtsmittelinstanz, möglich.

Ergänzt der Kläger die in § 82 Abs. 1 S. 2, 3 vorgesehenen Sollangaben nicht, hat dies grds. keine un- 74
mittelbaren rechtlichen Folgen. Die Klage darf nicht allein wegen der Verletzung des § 82 Abs. 1 S. 2,
3 durch Prozessurteil als unzulässig abgewiesen werden. Eine Ausnahme hiervon gilt nur bei Fehlen
eines bestimmten Antrags, da dem Gericht in diesem Fall keine Sachentscheidung möglich ist
(→ Rn. 25 ff.). Darüber hinaus können dem Kläger gem. § 155 Abs. 4 die sich aus seiner Nachlässigkeit ergebenden Mehrkosten auferlegt werden.

Unterbleibt die Ergänzung innerhalb einer gesetzten Frist, kann auf Antrag diese gem. § 57 Abs. 2 75
VwGO i.V.m. § 224 Abs. 2 ZPO verlängert oder gem. § 82 Abs. 2 S. 3 i.V.m. § 60 Wiedereinsetzung in
den vorigen Stand gewährt werden. Ohne Antrag kann der Kläger nach Ablauf einer ersten Frist erneut zur Klageergänzung aufgefordert werden.

III. Ausschlussfrist bei fehlenden Essentialia (Abs. 2 S. 2)

Die Fristsetzung nach § 82 Abs. 2 S. 2 bezieht sich nur auf die notwendigen Angaben des § 82 Abs. 1 76
S. 1. Die in § 82 Abs. 1 S. 2, 3 genannten Sollangaben sind hiervon nicht betroffen. § 82 Abs. 2 S. 2
stellt es in das Ermessen des Vorsitzenden bzw. Berichterstatters, ob er eine Ausschlussfrist setzen will
oder nicht.

Eine Ergänzungsaufforderung mit richterlicher Ausschlussfrist gem. § 82 Abs. 2 S. 2 muss eine ange- 77
messene und bestimmte Frist beinhalten und den Kläger über die Folgen einer unterlassenen Ergänzung belehren (str.). Darüber hinaus muss eine Ergänzungsaufforderung mit Ausschlussfrist gem. § 56
Abs. 1 zugestellt werden.

Nimmt der Kläger innerhalb einer ihm gem. § 82 Abs. 2 S. 2 gesetzten Ausschlussfrist keine Ergän- 78
zung seiner Klage vor, ist die Klage durch Prozessurteil als unzulässig abzuweisen. Insoweit besteht
kein Ermessen. Nach Fristablauf vorgenommene Ergänzungen bleiben unberücksichtigt, wenn weder
eine Fristverlängerung gem. § 57 Abs. 2 VwGO i.V.m. § 224 Abs. 2 ZPO noch eine Wiedereinsetzung
in den vorigen Stand nach § 82 Abs. 2 S. 3 i.V.m. § 60 beantragt und gewährt wurde. Eine erneute
Fristsetzung kommt hier im Gegensatz zu § 82 Abs. 2 S. 1 nicht in Betracht, da hierdurch der Beklagte
benachteiligt würde. Aus eben diesem Grund ist auch eine nach Ablauf der Ausschlussfrist erfolgende
Klageergänzung – anders als im Fall des § 82 Abs. 2 S. 1 – unbeachtlich.

IV. Wiedereinsetzung (Abs. 2 S. 3)

§ 82 Abs. 2 S. 3 erklärt den nur auf gesetzliche Fristen bezogenen § 60 auch für die richterlichen Fris- 79
ten des § 82 Abs. 2 für anwendbar. Die Möglichkeit einer Fristverlängerung gem. § 57 Abs. 2 VwGO
i.V.m. § 224 Abs. 2 ZPO übernimmt bei richterlichen Fristen die Funktionen einer Wiedereinsetzung
in den vorigen Stand nur unvollständig. Anders als ein Wiedereinsetzungsantrag (§ 60 Abs. 2, 3) muss
ein Antrag auf Fristverlängerung nämlich noch vor Ablauf der Frist bei Gericht eingehen.

Die Abweisung einer Klage als unzulässig, bevor das Gericht ermittelt hat, ob dem Kläger wegen der 80
Versäumung einer richterlichen Frist gem. § 82 Abs. 2 S. 2 Wiedereinsetzung zu gewähren ist, begründet einen wesentlichen Verfahrensmangel i.S.d. § 130 Abs. 1 Nr. 2 (VGH Kassel NVwZ-RR 1996,
179).

V. Keine Heilung von Mängeln

Entgegen einer frühen Entscheidung des BVerwG (BVerwG NJW 1956, 1811) werden aus der Verlet- 81
zung des § 82 Abs. 1 resultierende Mängel einer Klage nicht dadurch geheilt, dass sie durch die Beteiligten nicht gerügt werden und das Gericht ein Sachurteil erlässt. § 295 ZPO kann insoweit nicht als
Begründung herangezogen werden. Die in § 82 Abs. 1 S. 1 geregelten essentialia der Klageschrift sind

unverzichtbar i.S.d. § 295 Abs. 2 ZPO. Die Missachtung der in § 82 Abs. 1 S. 2, 3 geregelten Sollanforderungen begründet keinen Verfahrensfehler, sondern beeinträchtigt nur die Schlüssigkeit bzw. Begründetheit der Klage.[33]

§ 83   [Sachliche und örtliche Zuständigkeit]

[1]Für die sachliche und örtliche Zuständigkeit gelten die §§ 17 bis 17 b des Gerichtsverfassungsgesetzes entsprechend. [2]Beschlüsse entsprechend § 17 a Abs. 2 und 3 des Gerichtsverfassungsgesetzes sind unanfechtbar.

Schrifttum

Beiträge in Zeitschriften: *U. Hoffmann*, § 17 Abs. 2 S. 1 GVG und der allgemeine Gerichtsstand des Sachzusammenhangs, ZZP 107 (1994), 3; *J. Holzheuser*, Die Rechtswegverweisung in den verwaltungsgerichtlichen Eilverfahren, DÖV 1994, 807 ff; *F. Koehl*, Die Klageerhebung und -zustellung im Verwaltungsprozess, NVwZ 2017, 1089; *H.-H. Rupp*, Zur Aufrechnung mit rechtswegsfremden Forderungen im Prozess, NJW 1992, 3274; *W.-R. Schenke/J. Ruthig*, Die Aufrechnung mit rechtswegsfremden Forderungen im Prozess. Zur Rechtslage nach der Neufassung des § 17 Abs. 2 GVG, NJW 1992, 2505; *dies.*, Zur Aufrechnung mit rechtswegsfremden Forderungen im Prozess, NJW 1993, 1374; *M. Sennekamp*, Die Verweisung summarischer Verfahren an das zuständige Gericht, NVwZ 1997, 642; *A. Spickhoff*, Gerichtsstand des Sachzusammenhangs und Qualifikation von Anspruchsgrundlagen, ZZP 109 (1996), 493.

I. Entstehungsgeschichte

1   Das am 1.1.1991 in Kraft getretene 4. VwGOÄndG vom 17.12.1990 (BGBl I 2809) strich die früheren Bestimmungen der VwGO über die Rechtsweg- und Zuständigkeitsverweisungen nach den §§ 41 und 83 sowie über die Folgen der Rechtshängigkeit nach § 90 Abs. 2, 3 ersatzlos bzw. ersetzte sie durch Verweisungen auf das GVG. Die für alle Gerichtsbarkeiten geltenden Neuregelungen in den §§ 17–17 b GVG sollten über § 83 S. 1 bzw. § 173 auch für die Verwaltungsgerichtsbarkeit analog gelten.

2   Bei Unzuständigkeit des angerufenen Gerichts kommt jetzt eine Abweisung der Klage als unzulässig nicht mehr in Betracht, da eine Verweisung von Amts wegen an das zuständige Gericht zwingend vorgeschrieben ist. Das gilt sowohl bei Unzulässigkeit des Rechtsweges als auch bei örtlicher oder sachlicher Unzuständigkeit.

3   Bei der Anwendung der §§ 17–17 b GVG ist zwischen der Eröffnung des Verwaltungsrechtswegs (§ 40) einerseits und der sachlichen (§§ 45, 47, 48, 50) und örtlichen (§ 52) Zuständigkeit andererseits zu differenzieren. Während für die Frage der Rechtswegeröffnung die §§ 17–17 b GVG über § 173 anzuwenden sind (dazu die Komm. zu § 41 §§ 17–17 b GVG), gelten sie für die örtliche und sachliche Zuständigkeit gem. § 83 S. 1 entsprechend. § 83 ist auf Verweisungsentscheidungen einer Vergabekammer (OLG Dresden 26.6.2012 – Verg 0004/12) und einer Strafvollstreckungskammer (OLG Celle 22.6.2012 – 1 Ws 205/12) entsprechend anwendbar.

II. Geltung der §§ 17–17 b GVG für die örtliche und sachliche Zuständigkeit

4   Das VG hat i.R. der allgemeinen Sachentscheidungsvoraussetzungen nicht nur über die Eröffnung des Verwaltungsrechtsweges, sondern darüber hinaus auch über seine sachliche und örtliche Zuständigkeit auf Grund der gesetzlichen Vorschriften zu entscheiden. Die sachliche Zuständigkeit regelt die Frage, welches Gericht zur erstinstanzlichen Entscheidung einer ihrem sachlichen Gehalt nach bestimmten Streitigkeit berufen ist (hierzu sowie zum Verhältnis von sachlicher, funktioneller und örtlicher Zuständigkeit → § 45 Rn. 3 ff.). Gem. § 83 S. 1 sind für diese Entscheidung die §§ 17–17 b GVG entsprechend anzuwenden. Für die sachliche und örtliche Zuständigkeit gilt damit grundsätzlich das gleiche wie für die Rechtswegbestimmung durch richterliche Entscheidung (dazu die Komm. zu § 41 §§ 17–17 b GVG). Danach sind Verweisungsentscheidungen hier wie dort von Amts wegen zu treffen.

5   **1. perpetuatio fori.** Gem. § 83 S. 1 VwGO i.V.m. § 17 Abs. 1 S. 1 GVG ist die Zuständigkeit des Gerichts im Zeitpunkt der Rechtshängigkeit der Sache entscheidend. Fehlt es für einen geänderten Klageantrag an der örtlichen Zuständigkeit des befassten Gerichts, ist die Klageänderung unsachdienlich.

---

33   *B. Kohlndorfer*, Die Anwendung von § 295 ZPO, 1994, 110 f.

Eine Verweisung gem. § 83 S. 1 VwGO i.V.m. § 17a Abs. 2 S. 1 GVG kommt dann nicht in Betracht (OVG Münster NVwZ 1993, 588).

2. Umfassende Entscheidungskompetenz. § 83 S. 1 VwGO i.V.m. § 17 Abs. 2 S. 1 GVG konzentriert 6 den Rechtsschutz; § 17 Abs. 2 S. 2 GVG hat für die örtliche und sachliche Zuständigkeit keine Bedeutung. § 17 Abs. 2 GVG, der von einer umfassenden Prüfungszuständigkeit eines Gerichts des zulässigen Rechtswegs ausgeht (BVerfG NVwZ 2010, 1482 ff.), ist dabei auch im Fall der örtlichen Zuständigkeit verschiedener Gerichte entsprechend anzuwenden (OLG Frankfurt NJW-RR 1996, 1341). Eine teilweise sachliche Unzuständigkeit in einem Verfahren nach § 123 führt zu keiner Teilverweisung (VGH München 23.7.2012 – 11 AE 12.1013).

3. Bindungswirkung. Gem. § 83 S. 1 VwGO i.V.m. § 17a Abs. 1, 2 GVG sind andere Gerichte so- 7 wohl an eine positive wie auch an eine negative Zuständigkeitsentscheidung gebunden.[1] Die Bindungswirkung setzt dabei die Identität der Streitgegenstände voraus (BVerwGE 143, 335 ff.). So ist der Beschluss, mit dem sich das VG gem. § 83 S. 1 VwGO i.V.m. § 17a Abs. 2 GVG für örtlich oder sachlich unzuständig erklärt und den Rechtsstreit an das nach seiner Auffassung zuständige Gericht verweist, gem. § 83 S. 1 VwGO i.V.m. § 17a Abs. 2 S. 3 GVG für dieses bindend. Eine Bindungswirkung des Verweisungsbeschlusses besteht nur ausnahmsweise dann nicht, wenn dieser offensichtlich gesetzwidrig ist. Einem – auch mit den einschlägigen Zuständigkeitsvorschriften nicht in Einklang stehenden – Verweisungsbeschluss mangelt es dann nicht an einer Bindungswirkung, wenn die Verweisung auf horizontaler Ebene von einem VG an ein anderes VG ausgesprochen worden ist und hierdurch der Anspruch auf Gewährleistung effektiven Rechtsschutzes nicht geschmälert wird (VGH Kassel NVwZ-RR 1996, 611). Die Bindungswirkung eines Verweisungsbeschlusses nach § 83 S. 1 VwGO i.V.m. § 17a Abs. 2 S. 3 GVG darf auch nicht dadurch umgangen werden, dass das VG, an welches der Rechtsstreit verwiesen worden ist, sich seinerseits für unzuständig erklärt und das BVerwG zur Bestimmung des örtlich zuständigen Gerichts anruft (BVerwG NVwZ 1995, 372). Verweist ein VG gem. § 83 wegen fehlender örtlicher Zuständigkeit an ein gleichfalls örtlich unzuständiges Gericht, kann es aber den Verweisungsbeschluss abändern, wenn die Bestimmung des zuständigen Gerichts auf einem Versehen beruht, und das Gericht, an das versehentlich verwiesen worden ist, sich sachlich noch nicht mit der Streitsache befasst hat (VG Bremen NVwZ-RR 1992, 671).

4. Wirkung der Verweisung. Die Verweisung erhält, auch wenn sie erst nach Ablauf der Klage- oder 8 Rechtsmittelfrist erfolgt, gem. § 83 S. 1 VwGO i.V.m. § 17b Abs. 1 S. 2 GVG die Rechtshängigkeit der Sache. Damit bleiben insbes. eingehaltene Klagefristen auch nach Verweisung gewahrt.
Die Einhaltung der Klagefrist durch Klageerhebung beim örtlich zuständigen VG ist nach der Verwei- 9 sung an das zuständige Gericht auch dann gewahrt, wenn der Kläger mit ordnungsgemäßer Rechtsmittelbelehrung über die Zuständigkeit belehrt worden ist (OVG Koblenz NVwZ-RR 1996, 181).

5. Rechtsmittel. Der Verweisungsbeschluss gem. § 83 S. 1 VwGO i.V.m. § 17a Abs. 2 GVG und der 10 Beschluss über die Bejahung der eigenen Zuständigkeit gem. § 83 S. 1 VwGO i.V.m. § 17a Abs. 3 GVG sind gem. § 83 S. 2 unanfechtbar. Das Berufungsgericht hat bei der Überprüfung eines erstinstanzlichen Urteils von einer in dem Urteil ausdrücklich oder stillschweigend bejahten örtlichen Zuständigkeit des betreffenden VG ohne Weiteres auszugehen. Hat das VG die Klage mangels Klagebefugnis als unzulässig abgewiesen, so muss es seine örtliche Zuständigkeit angenommen haben (BVerwG NVwZ-RR 1995, 300).

III. Gerichtsinterne Zuständigkeit

Auf die gerichtsinterne Zuständigkeit zwischen verschiedenen Kammern oder Senaten des gleichen 11 Gerichts finden die § 83 VwGO, §§ 17 ff. GVG keine Anwendung. Eine Weitergabe der Streitsachen innerhalb des jeweiligen Gerichts richtet sich nach dem Geschäftsverteilungsplan; sie kann danach durch Beschluss oder durch Verfügung des Vorsitzenden erfolgen.

---

1 *F. Koehl,* NVwZ 2017, 1089, 1095.

§ 84 [Gerichtsbescheid]

(1) [1]Das Gericht kann ohne mündliche Verhandlung durch Gerichtsbescheid entscheiden, wenn die Sache keine besonderen Schwierigkeiten tatsächlicher oder rechtlicher Art aufweist und der Sachverhalt geklärt ist. [2]Die Beteiligten sind vorher zu hören. [3]Die Vorschriften über Urteile gelten entsprechend.

(2) Die Beteiligten können innerhalb eines Monats nach Zustellung des Gerichtsbescheids,

1. Berufung einlegen, wenn sie zugelassen worden ist (§ 124 a),
2. Zulassung der Berufung oder mündliche Verhandlung beantragen; wird von beiden Rechtsbehelfen Gebrauch gemacht, findet mündliche Verhandlung statt,
3. Revision einlegen, wenn sie zugelassen worden ist,
4. Nichtzulassungsbeschwerde einlegen oder mündliche Verhandlung beantragen, wenn die Revision nicht zugelassen worden ist; wird von beiden Rechtsbehelfen Gebrauch gemacht, findet mündliche Verhandlung statt,
5. mündliche Verhandlung beantragen, wenn ein Rechtsmittel nicht gegeben ist.

(3) Der Gerichtsbescheid wirkt als Urteil; wird rechtzeitig mündliche Verhandlung beantragt, gilt er als nicht ergangen.

(4) Wird mündliche Verhandlung beantragt, kann das Gericht in dem Urteil von einer weiteren Darstellung des Tatbestandes und der Entscheidungsgründe absehen, soweit es der Begründung des Gerichtsbescheides folgt und dies in seiner Entscheidung feststellt.

Schrifttum

1. Monographien und Beiträge in Sammelwerken: *E. Bosch/J. Schmidt/R. u. U. Vondung*, Praktische Einführung in das verwaltungsgerichtliche Verfahren, [9]2012; *K. H. Klein/D. Czajka*, Gutachten und Urteil im Verwaltungsprozess, [4]1995; *J. Martens/A. Koch*, Mustertexte zum Verwaltungsprozess, [3]2009.

2. Beiträge in Zeitschriften: *C. Burkiczak*, Zum notwendigen Inhalt der gerichtlichen Anhörungsmitteilung vor Erlass eines Gerichtsbescheides, BayVBl 2008, 556; *H. Hansens*, Die Änderungen der BRAGO aufgrund des Rechtspflegevereinfachungsgesetzes und des Vierten Gesetzes zur Änderung der VwGO, NJW 1991, 1137; *T. Jacob*, Verfügungstechnik im verwaltungsrichterlichen Dezernat, JuS 2012, 218 ff.; *M. Kävenheim*, Das FGO-Änderungsgesetz, NJW 1993, 1372; *F. Kopp*, Änderungen der Verwaltungsgerichtsordnung zum 1.1.1991, NJW 1991, 521; *J. Meyer-Ladewig*, Das Gesetz zur Beschleunigung verwaltungsgerichtlicher und finanzgerichtlicher Verfahren, NJW 1985, 1985; *U. Morgenstern*, Der Gerichtsbescheid im Assessorexamen, JA 2001, 319; *W. Roth*, Zur Unvereinbarkeit des Gerichtsbescheides (§ 84 VwGO) mit Art. 6 Abs. 1 EMRK, NVwZ 1997, 656; *H. Schnellenbach*, Die Änderung der Verwaltungsgerichtsordnung durch das Gesetz zur Entlastung der Rechtspflege, DVBl 1993, 230; *P. Stelkens*, Das Gesetz zur Neuregelung des gerichtlichen Verfahrens (4. VwGOÄndG) – das Ende einer Reform?, NVwZ 1991, 209; *ders.*, Verwaltungsgerichtsbarkeit im Umbruch – Eine Reform ohne Ende?, NVwZ 1995, 325.

I. Entstehungsgeschichte der Norm

1   **1. § 84.**   Die Entstehungsgeschichte des heute in § 84 geregelten Gerichtsbescheids ist ebenso lang wie wechselhaft. So bestand bereits vor Inkrafttreten der VwGO die Möglichkeit, unzulässige und teilweise auch offenbar unbegründete Klagen ohne mündliche Verhandlung durch Vorbescheid abzuweisen. Einen derartigen Vorbescheid sah § 84 auch in der bei Inkrafttreten der VwGO geltenden Fassung vor.

2   Hieraus erklärt sich auch der systematische Standort des Gerichtsbescheids. Nach § 84 konnte ein Vorbescheid damals nur vor Anberaumung einer mündlichen Verhandlung, sogar bereits vor der erst in der nachfolgenden Vorschrift, dem § 85, geregelten Zustellung der Klage ergehen.

3   Eine instanzabschließende Entscheidung ermöglichte § 84 in seiner damaligen Fassung nicht, da er als Rechtsbehelf stets den Antrag auf mündliche Verhandlung vorsah. Dies wurde in der Folgezeit als Mangel empfunden. Der Gesetzgeber führte daher durch das Gesetz zur Entlastung der Gerichte in der Verwaltungs- und Finanzgerichtsbarkeit vom 31.3.1978 (BGBl I 446), dessen Geltung

bis 31.12.1983 befristet war, dann aber zunächst bis 31.12.1985, danach nochmals bis 31.12.1988 und schließlich bis 31.12.1990 verlängert wurde,[1] den Gerichtsbescheid ein. Dieser war im Gegensatz zu dem in § 84 damals nach wie vor geregelten Vorbescheid auch noch nach Anberaumung der mündlichen Verhandlung möglich, wenn die Kammer einstimmig der Auffassung war, dass die Streitsache keine besonderen Schwierigkeiten tatsächlicher oder rechtlicher Art aufweist und der Sachverhalt geklärt ist. Als Rechtsbehelf war grds. die Berufung, ausnahmsweise die Revision vorgesehen.

Mit dem 4. VwGOÄndG vom 17.12.1990[2] hob der Gesetzgeber den bis dahin in § 84 geregelten Vorbescheid auf und übernahm stattdessen die nach dem Entlastungsgesetz geltende befristete Regelung des Gerichtsbescheids im wesentlichen als Dauerrecht in die VwGO.[3] Dabei wurden die Voraussetzungen für den Erlass eines Gerichtsbescheids weiter zurückgenommen: Der Gerichtsbescheid war jetzt auch nach Anberaumung einer mündlichen Verhandlung und nach der Durchführung einer Beweisaufnahme möglich; Einstimmigkeit war nicht mehr erforderlich.   4

Gem. § 84 Abs. 2 Nr. 3 i.d.F. des 4. VwGOÄndG war der Antrag auf mündliche Verhandlung nur statthaft, wenn kein Rechtsmittel gegeben war. § 84 schaffte daher in dieser Fassung am ehesten die Voraussetzungen für die Erfüllung des mit ihm verfolgten Zwecks der Entlastung der Gerichte.   5

Das 6. VwGOÄndG vom 1.11.1996 (BGBl I 1626) passte § 84 an das grundlegend geänderte Berufungsverfahren an. Während vor dem 6. VwGOÄndG Berufung gegen nahezu alle Urteile und Gerichtsbescheide des Verwaltungsgerichts statthaft war, ist die allgemeine zulassungsfreie Berufung seit dem 1.1.1997 abgeschafft. Statthaft ist eine Berufung nur noch, wenn das Berufungsgericht sie auf besonderen Antrag gem. § 124 a zulässt.   6

Die Anpassung des § 84 an dieses Modell der Annahmeberufung hat indessen weitreichende Folgen: Nachdem zunächst der Vorbescheid durch den Gerichtsbescheid abgelöst wurde, ist nach der Anpassung des § 84 durch das 6. VwGOÄndG von diesem nur noch die Bezeichnung geblieben. Der Gerichtsbescheid wurde faktisch wieder durch den Vorbescheid abgelöst. § 84 Abs. 2 n.F. eröffnet nämlich in jeder Konstellation die Möglichkeit, eine mündliche Verhandlung zu beantragen; § 84 Abs. 2 Nr. 3 macht hiervon nur scheinbar eine Ausnahme, weil die Möglichkeit einer mündlichen Verhandlung in einer Tatsacheninstanz gewährleistet werden muss. In seiner derzeit geltenden Form ermöglicht § 84 einen Instanzabschluss durch Gerichtsbescheid und ohne mündliche Verhandlung nur noch dann, wenn diese nicht beantragt wird. Damit wurde zugleich der vorrangige Zweck des § 84, Gerichtsverfahren zu beschleunigen und die Gerichte zu entlasten, erheblich eingeschränkt.   7

2. FGO und SGG. FGO und SGG kennen den Gerichtsbescheid in modifizierter Form. § 105 SGG umschreibt die Rechtsbehelfe abweichend von § 84. § 90 a Abs. 1 FGO lässt einen Gerichtsbescheid im Gegensatz zu § 84 in allen „geeigneten Fällen" zu.   8

II. Voraussetzungen eines Gerichtsbescheids

1. Gericht i.S.d. § 84 Abs. 1 S. 1. „Gericht" i.S.d. § 84 Abs. 1 S. 1 ist jedes erstinstanzliche Verwaltungsgericht, d.h. neben dem VG auch das OVG bzw. der VGH oder das BVerwG, soweit diese als Gerichte erster Instanz angerufen sind. Die frühere Beschränkung des Gerichtsbescheids auf das Klageverfahren allein vor dem Verwaltungsgericht ist entfallen.   9

Vor dem Verwaltungsgericht wird der Gerichtsbescheid gem. § 5 Abs. 3 S. 2 durch die Kammer ohne Mitwirkung der ehrenamtlichen Richter erlassen. Ist die Streitsache dem Einzelrichter übertragen, kann auch dieser durch Gerichtsbescheid entscheiden. Als sog. konsentierte Einzelrichter können gem. § 87 a Abs. 2, 3 auch der Vorsitzende und der Berichterstatter Gerichtsbescheide erlassen.[4] Die VwGO unterstellt zwar die Übertragung des Rechtsstreits an den Einzelrichter gem. § 6 Abs. 1 S. 1 einerseits und den Gerichtsbescheid nach § 84 Abs. 1 S. 1 andererseits ähnlichen Anforderungen. Ursächlich hierfür ist, dass sich sowohl § 6 Abs. 1 als auch § 84 Abs. 1 S. 1 an § 348 Abs. 1 ZPO orientieren. Beide Verfahrensstrategien verfolgen mit der Beschleunigung des Verfahrens und der Entlastung der Ver-   10

---

1 *J. Meyer-Ladewig*, NJW 1985, 1985, 1986.
2 Gesetz zur Neuregelung des verwaltungsgerichtlichen Verfahrens vom 17.12.1990 (BGBl I 2809).
3 *F. Kopp*, NJW 1991, 521, 522.
4 Dazu → § 87 a Rn. 3 f.; *H. Geiger*, in: Eyermann § 84 Rn. 6; *M. Kävenheim*, NJW 1993, 1372, 1373; *Kopp/Schenke* § 84 Rn. 3; *L. Kretzschmar*, DStZ 1993, 265, 266; *H. Schnellenbach*, DVBl 1993, 230, 234; a.A. *P. Stelkens*, NVwZ 1991, 209, 216; *ders.*, NVwZ 1995, 325, 326.

waltungsgerichtsbarkeit überdies vergleichbare Ziele. Der Gerichtsbescheid soll den Gerichten die Möglichkeit bieten, einfach gelagerte Fälle zügig zu entscheiden, um mehr Zeit für bedeutendere Verfahren zu gewinnen, und hierdurch den Rechtsschutz zu verbessern (BVerwGE 72, 59, 62). Hieraus kann jedoch nicht gefolgert werden, dass die Übertragung auf den Einzelrichter und die Entscheidung durch Gerichtsbescheid alternativ zueinander stünden.[5] Vielmehr spricht gerade die Zweckidentität beider Strategien für deren kumulative Anwendung, um eine optimale Zweckerreichung zu erzielen. Die von der Gegenmeinung befürchtete Aushöhlung der verfahrensrechtlichen Sicherungen bei einer Kombination von Einzelrichterübertragung und Gerichtsbescheid ist nach der Neufassung des § 84 durch das 6. VwGOÄndG ausgeräumt. § 84 Abs. 2 eröffnet nämlich jedenfalls die Möglichkeit, mündliche Verhandlung zu beantragen; § 84 Abs. 2 Nr. 3 macht hiervon nur scheinbar eine Ausnahme.

11 Da für den Gerichtsbescheid gem. § 84 Abs. 1 S. 3 die Vorschriften über Urteile entsprechend gelten, entscheiden OVG bzw. der VGH und das BVerwG in der für Urteile maßgebenden Besetzung, § 9 Abs. 3 S. 1 bzw. § 10 Abs. 3.

12 Der Gerichtsbescheid steht für alle erstinstanzlichen Klageverfahren, nicht aber für Berufungs- und Revisionsverfahren (§§ 125 Abs. 1 S. 2, 141 S. 1) zur Verfügung. Dies ergibt sich schon aus der systematischen Stellung des § 84 im neunten Abschnitt der VwGO, der das Verfahren im ersten Rechtszug regelt. Im Berufungsverfahren übernimmt die Zurückweisung durch Beschluss nach § 130 a eine ähnliche Rolle. Für das Revisionsverfahren ist keine dem Gerichtsbescheid entsprechende Regelung vorgesehen; § 130 a gilt gem. § 141 S. 2 nicht. Auf Normenkontrollverfahren nach § 47 ist § 84 ebenfalls nicht anwendbar. § 47 Abs. 5 S. 1 eröffnet aber die Möglichkeit einer Entscheidung ohne mündliche Verhandlung durch Beschluss (ausf. → § 47 Rn. 347 ff.).

13 Auf Verfahren des vorläufigen Rechtsschutzes nach §§ 80, 80 a, 123 ist § 84 nicht anwendbar.

14 Im Klageverfahren kann der Gerichtsbescheid jedes Urteil, also nicht nur ein Endurteil, sondern auch ein Zwischen- (z.B. BFH BB 1994, 1139) oder Grundurteil ersetzen. Dabei sind auch Kombinationen von Zwischen- oder Grundurteil und Gerichtsbescheid denkbar.

15 **2. Ohne mündliche Verhandlung i.S.d. § 84 Abs. 1 S. 1.** § 84 Abs. 1 S. 1 ermöglicht einen Gerichtsbescheid auch noch nach mündlicher Verhandlung und erfolgter Beweisaufnahme, wenn keine Schlussentscheidung getroffen wurde. Die Vorschrift besagt nur, dass der Gerichtsbescheid auch ohne mündliche Verhandlung ergehen kann, nicht aber muss. Die Fortsetzung und Beendigung einer mündlichen Verhandlung durch Gerichtsbescheid ist nicht möglich.

16 Mit Einverständnis der Parteien kann gem. § 101 Abs. 2 auch durch Urteil ohne mündliche Verhandlung entschieden werden.

17 **3. Keine besonderen Schwierigkeiten tatsächlicher oder rechtlicher Art.** Gem. § 84 Abs. 1 S. 1 kann das Gericht nur dann durch Gerichtsbescheid entscheiden, wenn die Sache keine besonderen Schwierigkeiten tatsächlicher oder rechtlicher Art aufweist und der Sachverhalt geklärt ist. Der Erlass eines Gerichtsbescheids kommt dabei nur in Betracht, wenn beide Anforderungen – keine besonderen Schwierigkeiten tatsächlicher oder rechtlicher Art und geklärter Sachverhalt – vorliegen.

18 Der genauere Inhalt der ersten Anforderung – keine besonderen Schwierigkeiten tatsächlicher oder rechtlicher Art – ist streitig, obwohl § 84 Abs. 1 S. 1 insoweit mit § 6 Abs. 1 Nr. 1 wortgleich ist.

19 Weitgehende Einigkeit besteht darüber, dass die besonderen Schwierigkeiten tatsächlicher oder rechtlicher Art in der konkreten Sache und nicht nur abstrakt für die Fallgruppe, der der anhängige Rechtsstreit zuzuordnen ist, vorliegen müssen. Dies gilt nach wie vor, obwohl § 348 Abs. 1 ZPO eine gegenteilige Tendenz erkennen lässt.

20 Besondere Schwierigkeiten tatsächlicher oder rechtlicher Art bestehen in Fällen, in denen die in jedem Prozess auftretenden Schwierigkeiten in erheblichem Maße gesteigert sind. § 84 stellt damit zwar einerseits nicht die normale Entscheidungsform dar, ist aber andererseits auch nicht auf ganz einfach gelagerte Fälle beschränkt. Beachtung verdient in diesem Zusammenhang insbes., dass § 84 im Gegensatz zu § 6 Abs. 1 Nr. 2 Rechtssachen mit grundsätzlicher Bedeutung jedenfalls nicht ausdrücklich vom Anwendungsbereich des Gerichtsbescheids ausschließt. Auch Sachen von grundsätzlicher Bedeutung können deshalb durch Gerichtsbescheid entschieden werden, wenn sie keine besonderen Schwie-

---

5 So im Ergebnis aber *P. Stelkens*, NVwZ 1991, 209, 216.

rigkeiten aufweisen. Entscheidend ist, dass die jeweilige Rechtssache nicht über die durchschnittliche Komplexität eines verwaltungsgerichtlichen Verfahrens hinausgeht (BVerwG 21.9.2005 – 2 A 5/04).

Besondere Schwierigkeiten tatsächlicher oder rechtlicher Art können gleichermaßen beim Erfassen des 21 Sachverhalts, bei der Erhebung der Beweise, bei ihrer Würdigung und bei der Rechtsanwendung auftreten. Der besondere Umfang einer Streitsache oder die Notwendigkeit einer Beweiserhebung an sich begründen noch keine besonderen Schwierigkeiten tatsächlicher oder rechtlicher Art. Der Rechtsstreit muss qualitativ, nicht nur quantitativ schwierig sein. Ziel des § 84 ist es gerade, die Kammer bzw. den Senat quantitativ zu entlasten.

Der Erlass eines Gerichtsbescheides kommt danach insbes. in Betracht, wenn die Streitsache im vor- 22 ausgehenden Verwaltungsverfahren erschöpfend und zutreffend behandelt wurde und keine neuen Gesichtspunkte vorgetragen werden. Darüber hinaus erscheint der Gerichtsbescheid als geeignete Entscheidungsform, wenn das Gericht über eine Sachverhaltskonstellation bereits mehrfach entschieden und hierbei eine einheitliche Rspr. entwickelt hat, ohne dass die Parteien nunmehr in der Sache neue Argumente vortragen. Der Gerichtsbescheid kann überdies eine Möglichkeit sein, Gerichtsverfahren, die die Parteien erkennbar nicht mehr betreiben, abzuschließen.

Ungeeignet erscheint der Erlass eines Gerichtsbescheids umgekehrt namentlich dann, wenn erstmals 23 eine Norm, Verwaltungsvorschrift oder Verwaltungspraxis für rechtswidrig erklärt wird oder zur vorliegenden Sachverhaltskonstellation gegensätzliche Judikate anderer Gerichte ergangen sind bzw. eine erhebliche Kontroverse in der Literatur besteht. In derartigen Fällen kommt ein Gerichtsbescheid nur ausnahmsweise dann in Betracht, wenn die Parteien den Instanzenzug möglichst schnell durchschreiten wollen. Die Auslegung und Anwendung einer neuen gesetzlichen Vorschrift, durch die eine vom bisherigen Rechtszustand abweichende Regelung der Rechtslage erfolgt und zu der es eine höchstrichterliche Rspr. des zuständigen obersten Gerichtshofes des Bundes noch nicht gibt, weist aber stets besondere Schwierigkeiten rechtlicher Art auf (BSGE 88, 274). Dies gilt auch, wenn das einfache Gericht von Entscheidungen der Berufungs- oder Revisionsinstanz abweicht.

4. Geklärter Sachverhalt. „Geklärt" ist ein Sachverhalt i.S.d. § 84 Abs. 1 S. 1, wenn aufgrund des 24 klägerischen Vortrags und des Inhalts der beigezogenen Akten Zweifel hinsichtlich des Sachverhalts vernünftigerweise ausgeschlossen erscheinen und namentlich auch keine Anhaltspunkte dafür sprechen, dass eine mündliche Verhandlung neue Gesichtspunkte ergeben könnte.

5. Beurteilungsspielraum und Ermessen des Gerichts. § 84 Abs. 1 S. 1 wird wesentlich durch unbe- 25 stimmte Rechtsbegriffe geprägt. Dies gilt insbes. für das Erfordernis, dass die Sache keine besonderen Schwierigkeiten tatsächlicher oder rechtlicher Art aufweist. Das BVerwG hat den Erlass eines Gerichtsbescheids mit der Begründung, die Sache weise keine besonderen Schwierigkeiten auf, nur dann als verfahrensfehlerhaft eingestuft, wenn dieser Beurteilung sachfremde Erwägungen oder grobe Fehleinschätzungen zugrunde liegen (BVerwG NVwZ 1990, 963).

Ob der Sachverhalt i.S.d. § 84 Abs. 1 S. 1 geklärt ist, beurteilt das Gericht i.R. der ihm gem. § 108 26 obliegenden richterlichen Beweiswürdigung.

Bejaht das Gericht die tatbestandlichen Voraussetzungen des § 84 Abs. 1 S. 1, steht der Erlass eines 27 Gerichtsbescheids im richterlichen Ermessen („kann"). Die durch das Gericht gewählte Entscheidungsart ist nur bei sachfremden Erwägungen oder grober Fehleinschätzung verfahrensfehlerhaft (BVerwG NJW 1988, 2552; Buchholz 312 EntlG Nr. 25).

III. Verfahren

1. Anhörung. Gem. § 84 Abs. 1 S. 2 sind die Beteiligten vor dem Erlass eines Gerichtsbescheids anzu- 28 hören. Das Anhörungsverfahren dient dazu, den Beteiligten vor einer Entscheidung durch Gerichtsbescheid Gelegenheit zu geben, innerhalb der gesetzten Frist den bisherigen Sachvortrag zu ergänzen, Beweisanträge zu stellen und etwaige Bedenken gegen eine Entscheidung ohne mündliche Verhandlung geltend zu machen (BVerwG NJW 1988, 1280 zu Art. 2 § 5 EntlG). Durch das Anhörungsverfahren soll mithin sichergestellt werden, dass den Beteiligten das rechtliche Gehör nicht verkürzt wird (BVerwG Buchholz 312 EntlG Nr. 21 zu Art. 2 § 5 EntlG). Es sind alle Beteiligten anzuhören, unabhängig davon, ob sie durch den Gerichtsbescheid belastet werden oder nicht. War ein Beteiligter mit einer Entscheidung ohne mündliche Verhandlung nicht einverstanden, hindert dies eine Entscheidung durch Gerichtsbescheid nicht von vorneherein (OVG Lüneburg 18.9.2012 – 5 LA 226/12). Der nicht einverstandene Beteiligte kann gem. Abs. 2 Nr. 2 als Rechtsbehelf gegen den Gerichtsbescheid die Durchführung einer mündlichen Verhandlung beantragen. Soweit statt dieses Rechtsbehelfs ein Antrag auf Zulassung der Berufung gestellt wird, kann sich der Betroffene nicht auf eine Verletzung seines Anspruchs auf Gewährung rechtlichen Gehörs berufen, weil er alle prozessualen Möglichkeiten auszuschöpfen hat, um sich in der Instanz, in der sich die Streitsache befindet, Gehör zu verschaffen (BayVGH 7.11.2016 – 7 ZB 16.438).

29   Das Gericht muss die Beteiligten auf die Möglichkeit, durch Gerichtsbescheid zu entscheiden, hinweisen (BVerwG NJW 1980, 1810; VGH München BayVBl 1979, 273). Zur Anhörung nach § 84 Abs. 1 S. 2 gehört es dabei, dass die Verfahrensbeteiligten durch eine gerichtliche Verfügung darauf hingewiesen werden, dass das Gericht die Voraussetzungen für eine Entscheidung über die Klage durch Gerichtsbescheid für gegeben hält und deshalb den Beteiligten nochmals Gelegenheit zur abschließenden Stellungnahme gegeben wird (VGH Kassel NJW 1981, 69). In der Anhörungsmitteilung muss dabei jedenfalls einem nicht durch einen Rechtsanwalt vertretenen Beteiligten eröffnet werden, dass der in Betracht kommende Gerichtsbescheid ohne mündliche Verhandlung ergeht (VGH Kassel NJW 1981, 2771). Der Inhalt des gerichtlichen Anhörungsschreibens vermag dementsprechend andererseits auch dann kein Misstrauen in die Unparteilichkeit des Richters zu begründen, wenn darin zum Ausdruck kommt, dass eine von der Partei für notwendig gehaltene Beweiserhebung nicht beabsichtigt ist (VGH Mannheim NVwZ-RR 1994, 183). Ein Hinweis des Gerichts auf den beabsichtigten Inhalt seiner Entscheidung ist nicht geboten. Etwas anderes kann nur ausnahmsweise dann gelten, wenn andernfalls eine nicht vorhersehbare inhaltliche Überraschungsentscheidung droht.[6]

30   Wird die Anhörungsmitteilung mit einer Fristsetzung verbunden, bedarf das Schreiben gem. § 56 Abs. 1 der Zustellung. Das Original der Verfügung muss unterschrieben werden; eine bewusste und gewollte Namensabkürzung (Handzeichen, Paraphe) ist nicht ausreichend (OVG Münster NVwZ-RR 1997, 760). Als richterliche Frist kann diese auf Antrag gem. § 57 Abs. 2 VwGO i.V.m. § 224 Abs. 2 ZPO verlängert werden. Über einen Verlängerungsantrag ist vor einer Entscheidung zur Hauptsache zu entscheiden (BVerwG NJW 1988, 1280). Die Setzung einer angemessenen Frist ist im Hinblick auf einen adäquaten Prozessfortschritt sinnvoll, obwohl das Gericht auch nachträgliches Vorbringen der Beteiligten berücksichtigen muss, wenn der es enthaltende Schriftsatz vor Hinausgabe der Entscheidung durch die Geschäftsstelle an die Post bei Gericht eingeht (VGH Mannheim NVwZ-RR 1992, 152). Das Gericht muss eine von ihm selbst gesetzte Äußerungsfrist beachten (BVerwG VIZ 1993, 450).

31   Ein Verstoß gegen § 84 Abs. 1 S. 2 verletzt den Anspruch auf rechtliches Gehör und stellt gem. § 138 Nr. 3 einen absoluten Revisionsgrund bzw. einen wesentlichen Verfahrensfehler (§ 124 Abs. 2) dar.

32   **2. Form des Gerichtsbescheids.** Form und Inhalt des Gerichtsbescheids entsprechen gem. § 84 Abs. 1 S. 3 i.V.m. § 117 derjenigen des Urteils, zumal der Gerichtsbescheid wie das Urteil den Zweck verfolgt, den Rechtsstreit verbindlich zu entscheiden. Der Gerichtsbescheid ergeht danach „im Namen des Volkes" und enthält die in § 117 Abs. 2 aufgeführten Bestandteile. Hieraus rechtfertigt sich auch die Entlastungsvorschrift des § 84 Abs. 4. Der Gerichtsbescheid ist gem. § 84 Abs. 1 S. 3, § 116 Abs. 3, § 56 Abs. 2 nach den Vorschriften der ZPO zuzustellen (BVerwG NVwZ 1999, 183, 184; OVG Münster 15.3.2012 – 12 A 440/12).

33   Ein gesonderter Beschluss des Gerichts, durch Gerichtsbescheid zu entscheiden, ist nicht veranlasst. Die gerichtliche Entscheidung, dass durch Gerichtsbescheid entschieden werden soll, ist nicht gesondert angreifbar (VGH München 14.1.2008 – 21 ZB 07.2918). Zweckmäßig ist es jedoch in der Begründung des Gerichtsbescheids auf das Vorliegen der Voraussetzungen des § 84 Abs. 1 S. 1 hinzuweisen bzw. – wenn die Parteien mit einer Entscheidung durch Gerichtsbescheid nicht einverstanden waren – diese zu erörtern. Beendet der Gerichtsbescheid das Verfahren in der jeweiligen Instanz, erhält die Rechtsvertretung eine Terminsgebühr (OVG Münster 12.12.2011 – 18 E 848/11).

---

6   C. *Burkiczak*, BayVBl 2008, 556 ff.

IV. Rechtsbehelfe

Gem. § 84 Abs. 2 kann nach Ergehen eines Gerichtsbescheids grds. mündliche Verhandlung beantragt 34 werden.

Auch § 84 Abs. 2 Nr. 3 macht hiervon nur scheinbar für den Fall eine Ausnahme, dass die Revision 35 zugelassen wurde. Kommt es nämlich in dem Verfahren im Wesentlichen auf Tatsachen an und haben sich die Parteien einer Entscheidung durch Gerichtsbescheid widersetzt, genügt § 84 Abs. 2 Nr. 3 dem Art. 6 EMRK nicht. Art. 6 Abs. 1 EMRK gewährleistet den Anspruch, einen Rechtsstreit mindestens in einer Instanz in mündlicher Verhandlung sowohl unter rechtlichen als auch unter tatsächlichen Aspekten erörtern zu können. Auf derartige Fälle ist § 84 Abs. 2 Nr. 5 entsprechend anzuwenden (a.A. BFH NVwZ 1996, 518); entgegen einer neueren Ansicht kann nicht verlangt werden, dass Revision eingelegt wird und das Revisionsgericht die Sache zur mündlichen Verhandlung in der Tatsacheninstanz zurückverweist.

§ 84 Abs. 2 allgemein und § 84 Abs. 2 Nr. 2 insbes. eröffnen grds. ein Wahlrecht zwischen dem Antrag 36 auf mündliche Verhandlung oder dem gegen Urteile eröffneten Rechtsmittel bzw. dem Antrag auf dessen Zulassung. Ausnahmsweise ist jedoch der Antrag auf mündliche Verhandlung auch dann vorrangig, wenn keiner der Beteiligten einen entsprechenden Antrag stellt: Wendet sich ein Beteiligter gegen einen Gerichtsbescheid allein mit der Begründung, ihm sei rechtliches Gehör versagt worden, so ist er gehalten, Antrag auf mündliche Verhandlung zu stellen, um sich rechtliches Gehör zu verschaffen. Unterlässt er dies, hat ein allein hierauf gestützter Antrag auf Zulassung der Berufung durch das OVG keinen Erfolg.[7] Dies gilt entsprechend, wenn geltend gemacht wird, das Gericht habe durch eine unterbliebene Beweiserhebung seine Pflicht verletzt, den Sachverhalt von Amts wegen aufzuklären (BVerwG NVwZ-RR 2003, 902, 903). Das Wahlrecht enthebt nicht von der allgemeinen Obliegenheit, alle Möglichkeiten zu nutzen, sich schon in der Vorinstanz rechtliches Gehör zu verschaffen (VGH München 20.8.2010 – 6 ZB 10.1023; OVG Greifswald 3.12.2009 – 2 L 148/09). Wird Nichtzulassungsbeschwerde nach § 84 Abs. 2 Nr. 4 erhoben, müssen sich die Beteiligten auf die vom VG festgestellte Tatsachengrundlage einlassen. Sie können mit der Nichtzulassungsbeschwerde keine Verfahrensrügen erheben, die sich gegen die Richtigkeit der festgestellten Tatsachen richten (BVerwG ZOV 2006, 282).

Ein unzulässiger Antrag auf Berufungszulassung eines Rechtsanwalts kann dabei nicht in einen Antrag 37 auf mündliche Verhandlung umgedeutet werden (BVerwG DVBl 1996, 105). Die Erklärung, in der mündlichen Verhandlung einen bestimmten Antrag stellen zu wollen, stellt keinen Antrag auf Anberaumung einer mündlichen Verhandlung dar (BFH NVwZ 1996, 518). Die Umdeutbarkeit von Anträgen nicht anwaltlich vertretener Beteiligter in einen Gerichtsbescheid ist streitig (bejahend OVG Magdeburg NVwZ 2009, 854; verneinend VGH München 10.1.2011 – 8 ZB 10.2994).

Der Antrag auf mündliche Verhandlung muss sich nicht auf den gesamten Gerichtsbescheid beziehen. 38 Er kann sich auf einen oder mehrere gesonderte und abtrennbare Streitpunkte beschränken. Hinsichtlich der nicht in den Antrag auf mündliche Verhandlung miteinbezogenen Streitpunkte wirkt der Gerichtsbescheid als Urteil (BFH DB 2003, 2264). Wird die Klage nach dem Antrag auf mündliche Verhandlung zurückgenommen, lebt der Gerichtsbescheid nicht wieder auf (VGH München 7.11.2012 – 21 ZB 12.30394). Wird mündliche Verhandlung beantragt, muss diese trotz § 84 Abs. 2 nicht zwingend stattfinden. Das Gericht kann vielmehr gem. § 101 Abs. 2 im Einverständnis der Beteiligten ohne mündliche Verhandlung entscheiden. Das Einverständnis kann bereits im Antrag auf mündliche Verhandlung erklärt werden. Anders als beim Erlass des Gerichtsbescheids wirken bei einer Entscheidung nach § 101 Abs. 2 aber die Laienrichter mit. Das Gericht kann auch nach einem Antrag auf mündliche Verhandlung ausnahmsweise erneut durch einen Gerichtsbescheid entscheiden, wenn damit keinem Beteiligten das Recht auf eine mündliche Verhandlung entzogen wird und sich gegenüber dem ersten Gerichtsbescheid bspw. durch die Einschränkung des Klageantrags die Prozesslage wesentlich geändert hat (BFHE 199, 271). Wird der Antrag auf mündliche Verhandlung zurückgenommen, lebt der Gerichtsbescheid wieder auf.

---

7 BVerwG 3.3.2016 –3 PKH 3/15, 3 PKH 2/15; BVerwG NVwZ-RR 2003, 902, 903; OVG Münster 29.4.2013 – 4 A764/12; VGH München NVwZ-RR 2007, 719; OVG Bln 31.1.07 – 11 N 12.07; OVG Lüneburg NVwZ-RR 2005, 697; OVG Koblenz DÖV 1999, 36; OVG Weimar NVwZ-Beil. 1997, 44; VGH Kassel NVwZ-RR 2001, 207; VGH Mannheim NVwZ-RR 2001, 409.

39   Eine verwaltungsgerichtliche Entscheidung durch Gerichtsbescheid hindert das Berufungsgericht nicht, eine unzulässige Berufung gem. § 125 Abs. 2 durch Beschluss zu verwerfen (BVerwG DVBl 1996, 105; HmbOVG MDR 1970, 266; VGH Kassel NVwZ-RR 1996, 543.); Art. 6 Abs. 1 EMRK steht dem nicht entgegen. Gegen diesen Beschluss ist entsprechend § 125 Abs. 2 S. 4 das Rechtsmittel des Antrags auf Zulassung der Berufung nach § 124 a gegeben (HmbOVG DVBl 1998, 487). Unzulässig ist aber eine Entscheidung durch Beschluss ohne mündliche Verhandlung im sog. vereinfachten Berufungsverfahren nach § 130 a zulasten des Klägers, wenn der Klage in erster Instanz durch Gerichtsbescheid stattgegeben wurde (BVerwG NVwZ 2002, 993). Wird der Antrag auf mündliche Verhandlung verspätet gestellt, ist durch Urteil die Beendigung des Verfahrens durch den Gerichtsbescheid festzustellen.[8]

40   Der Antrag auf mündliche Verhandlung ist mangels Devolutiveffekt kein Rechtsmittel, sondern ein sonstiger Rechtsbehelf. Soweit den Beteiligten die Möglichkeit eröffnet ist, gegen einen Gerichtsbescheid mündliche Verhandlung zu beantragen, verstößt § 84 nicht gegen Art. 6 Abs. 1 EMRK. Nach hiesiger Ansicht ist diese Voraussetzung in allen Fällen des § 84 Abs. 2, insbes. auch in dem des § 84 Abs. 2 Nr. 3 erfüllt (→ Rn. 35). Bedenken, das Gericht habe sich durch den Gerichtsbescheid bereits festgelegt, die an dem Gerichtsbescheid mitwirkenden Richter seien daher befangen und eine mündliche Verhandlung nach einem Gerichtsbescheid sei daher qualitativ ein aliud gegenüber einer mündlichen Verhandlung vor dem Erlass eines Gerichtsbescheids,[9] bestehen nicht, zumal sowohl das Verfahrens- und Prozessrecht derartige Konstellationen häufig vorsehen. Umgekehrt bedeutet die in § 84 Abs. 4 vorgesehene Bezugnahme des Gerichts auf die Gründe des vorangegangenen Gerichtsbescheids nicht, dass das Gericht damit der Mühe enthoben wäre, die gegen die Begründung des Gerichtsbescheids vorgetragenen Argumente in Erwägung zu ziehen und – soweit es sich um einen für die Rechtsverfolgung und Rechtsverteidigung wesentlichen neuen Vortrag handelt – in den Entscheidungsgründen seines Urteils zu verarbeiten (BVerwG 23.7.2002 – 7 B 53/02).

41   Wird ein Gerichtsbescheid erlassen, ohne dass die Voraussetzungen des Abs. 1 S. 1 vorgelegen haben, so wird ggf. gegen eine verfahrensrechtliche Regelung verstoßen; es handelt sich dagegen nicht um eine Vorschrift mit materiellrechtlichem Gehalt, an welcher der Entscheidungssatz des Verwaltungsgerichts i.S.d. § 124 Abs. 2 Nr. 1 gemessen werden könnte (BayVGH 12.5.2016 – 22 ZB 16.549).

§ 85   [Klagezustellung]

[1]Der Vorsitzende verfügt die Zustellung der Klage an den Beklagten. [2]Zugleich mit der Zustellung ist der Beklagte aufzufordern, sich schriftlich zu äußern; § 81 Abs. 1 Satz 2 gilt entsprechend. [3]Hierfür kann eine Frist gesetzt werden.

Schrifttum

E. Bosch/J. Schmidt/R. u. U. Vondung, Praktische Einführung in das verwaltungsgerichtliche Verfahren, [9]2012; T. Jacob, Verfügungstechnik im verwaltungsrichterlichen Dezernat, JuS 2012, 218 ff.; F. Koehl, Die Klageerhebung und -zustellung im Verwaltungsprozess, NVwZ 2017, 1089; J. Martens/A. Koch, Mustertexte zum Verwaltungsprozess, [3]2009.

I.   Entstehungsgeschichte der Norm

1   § 85 besteht seit Inkrafttreten der VwGO in unveränderter Form.

II.   Die Eingangsverfügung des Vorsitzenden

2   Mit seiner Eingangsverfügung verfolgt der Vorsitzende vornehmlich zwei Zwecke: Zum einen muss das Gerichtsverfahren als Kommunikationssituation durch die Benachrichtigung des Beklagten und weiterer potenzieller Beteiligter konstituiert werden. Zum anderen lenkt der Vorsitzende in der Eingangsverfügung durch gezielte Auflagen die schriftliche Vorbereitung des Prozesses durch die Beteiligten.

---

8   VGH Kassel ESVGH 28, 220; VGH München DÖV 1981, 639; a.A. HmbOVG DVBl 1998, 487 (Entsch. durch Beschl. analog § 125 Abs. 2).
9   W. Roth, NVwZ 1997, 656 ff.

1. Klagezustellung und Verfahrenskonstitution (S. 1). Im Verwaltungsprozess wird die Klage – anders als im Zivilprozess (§ 253 Abs. 1 ZPO) – bereits mit Eingang der Klageschrift bei Gericht (§ 81 Abs. 1 S. 1) bzw. mit Abschluss der Protokollierung durch den Urkundsbeamten der Geschäftsstelle (§ 81 Abs. 1 S. 2) nicht nur anhängig, sondern rechtshängig, § 90 (→ § 81 Rn. 103). Gleichwohl schreibt § 85 S. 1 die Zustellung der Klage von Amts wegen nach § 56 Abs. 2, 3 vor. 3

Die Zustellung der Klage an den Beklagten ist Voraussetzung für die Konstitution des gerichtlichen Verfahrens als Kommunikationssituation (→ § 81 Rn. 4). Sie weist den Beklagten auf das durch die wirksame Klageerhebung bereits entstandene Prozessrechtsverhältnis hin. Das Prozessrechtsverhältnis beschränkt sich dabei nicht nur auf Kläger, Beklagten und Gericht, sondern bezieht ggf. auch die Beigeladenen und den Vertreter des öffentlichen Interesses mit ein. Daher gilt § 85 für die Zustellung an andere Beteiligte, namentlich Beigeladene und Vertreter des öffentlichen Interesses, jedenfalls ab deren förmlicher Beteiligung entsprechend. Der Vertreter des öffentlichen Interesses ist im Hinblick auf §§ 36 Abs. 2, 35 Abs. 2 von der Klageerhebung auch bereits vor einer förmlichen Beteiligungserklärung zu unterrichten, sofern hierauf nicht allgemein oder im Einzelfall verzichtet wurde. 4

Eine formlose Mitteilung der Klage im Übrigen widerspricht zwar dem Gebot der förmlichen Zustellung nach § 85 S. 1 i.V.m. § 56. Im Hinblick auf die rein informatorische Bedeutung der Zustellung im Verwaltungsprozess genügt aber auch sie, wenn der Beklagte zur Klage in der Sache Stellung nimmt (BVerwGE 8, 149). 5

Darüber hinaus gilt § 85 nicht nur für die Klage, sondern auch für Rechtsbehelfe sowie allgemein für bestimmende Schriftsätze. 6

Der Vorsitzende verfügt dabei die Klagezustellung nur; ausgeführt wird diese durch die Geschäftsstelle. Die Geschäftsstelle bestimmt dabei auch die Form der Zustellung, sofern der Vorsitzende hierzu nicht ausnahmsweise nähere Bestimmungen getroffen hat. 7

2. Verfahrenslenkung durch Äußerungsaufforderung unter Fristsetzung. § 85 verfolgt neben der reinen Prozesskonstitution auch den Zweck, die Verfahrensvorbereitung zu lenken.[1] 8

a) Aufforderung des Beklagten zur Äußerung (S. 2). § 85 S. 2 sieht einerseits zwingend vor, dass der Vorsitzende den Beklagten auffordert, sich schriftlich zur Klage zu äußern. Andererseits sanktioniert die VwGO die Nichtbeachtung dieser Aufforderung allenfalls dadurch, dass dem Beklagten gem. § 155 Abs. 4 eventuelle Mehrkosten auferlegt werden können. Entgegen dem Wortlaut des § 85 S. 2 erscheint es daher angebracht, dem Beklagten eine Stellungnahme zur Klage jedenfalls anheim zu stellen, solange diese noch nicht begründet ist. Aus § 85 S. 2 ergibt sich kein Anspruch auf schriftliche Äußerung zu einer Berufung bzw. zur Berufungsbegründung; § 85 S. 1 und 2 beziehen sich nur auf den Antrag auf Zulassung der Berufung (OVG Münster NVwZ 2001, 212). 9

Die Klageerwiderung muss – ebenso wie die Klageerhebung – schriftlich (→ § 81 Rn. 47 ff.) oder zu Protokoll des Urkundsbeamten der Geschäftsstelle (→ § 81 Rn. 78 ff.) erfolgen. Obwohl § 85 zwar auf § 81 Abs. 1 S. 2, nicht aber auf § 81 Abs. 2 verweist, besteht auch für den Beklagten und ggf. die übrigen Prozessbeteiligten aus ihrer Verpflichtung zur Förderung des Prozesses eine Obliegenheit zur Einreichung von Abschriften. 10

b) Fristsetzung für die Klageerwiderung (S. 3). Anders als die Aufforderung zur Klageerwiderung, zu der der Vorsitzende gem. § 85 S. 2 verpflichtet ist, steht die Fristsetzung im Ermessen des Vorsitzenden. Zur zeitlichen Strukturierung des Prozesses ist eine Fristsetzung aber sinnvoll und in der Praxis üblich. 11

Eine Frist nach § 85 S. 3 ist keine Ausschlussfrist. Äußerungen nach Fristablauf sind beachtlich. Auch kann die Frist erforderlichenfalls auf Antrag oder von Amts wegen verlängert werden. Eine nachträgliche Verkürzung der Frist ist demgegenüber unzulässig, da hierdurch das rechtliche Gehör beeinträchtigt würde.

Auf andere, außer dem Beklagten, am Verfahren Beteiligte, kann zwar nicht § 85 S. 3 angewendet werden; sie können aber gem. § 86 Abs. 4 S. 1, 2 zur Vorlage vorbereitender Schriftsätze aufgefordert werden. 12

---

1 *F. Koehl*, NVwZ 2017, 1089, 1094 f.

13   **3. Die Eingangsverfügung als Reaktion auf die Klageschrift.** In der Praxis orientiert sich der Inhalt der Eingangsverfügungen weniger an den formalen, teilweise wenig praktikablen Voraussetzungen des § 85 als vielmehr an der jeweiligen Klageschrift und den hieraus resultierenden praktischen Bedürfnissen. Darüber hinaus können in der Eingangsverfügung üblicherweise auch bereits Anordnungen nach § 87 Abs. 1 S. 2 Nr. 1, §§ 87 b, 99 Abs. 1 S. 1, § 100 etc. getroffen bzw. diesbezügliche Hinweise gegeben werden.[2]

14   **a) Eintragung der Streitsache.** Ist der Spruchkörper des Vorsitzenden für die Klage zuständig, ist – sofern noch nicht veranlasst – die Eintragung der Streitsache in dessen Verfahrensregister zu veranlassen.

15   **b) Vollständige Klage. aa) Schreiben an den Beklagten.** Ist die Klage bereits begründet, wäre ein Schreiben an den Beklagten zu verfügen, in dem diesem mitgeteilt wird, dass in der durch Angabe der Parteien konkret zu bezeichnenden Rechtssache Klage erhoben wurde. Der Beklagte sollte dabei auf das Datum der Klageschrift, deren Eingangsdatum sowie das Aktenzeichen des Gerichts hingewiesen werden. Darüber hinaus sollte ihm unter Hinweis auf § 85 eine Abschrift der Klage mit der Aufforderung, sich zu dieser innerhalb einer genau bezeichneten Frist schriftlich oder zu Protokoll des Urkundsbeamten der Geschäftsstelle zu äußern, übersandt werden. Anzuschließen wäre die Bitte, jeweils die erforderliche Anzahl von Abschriften einzureichen und die Verwaltungsvorgänge (§ 99 Abs. 1 S. 1) vorzulegen.

16   **bb) Schreiben an den Kläger.** Zugleich wäre dem Kläger bzw. dessen Prozessbevollmächtigten mitzuteilen, dass seine Klageschrift vom ... in der wiederum durch Angabe der Parteien konkret zu bezeichnenden Rechtssache beim Gericht eingegangen ist. Darüber hinaus sollten dem Kläger das Eingangsdatum der Klage und das Aktenzeichen des Gerichts mit der Bitte mitgeteilt werden, künftige Schriftsätze unter Angabe des Aktenzeichens und mit den erforderlichen Abschriften einzureichen.

17   **cc) Schreiben an Beigeladene.** Darüber hinaus kann – sofern die Klageschrift hierzu hinreichende Angaben enthält – der Spruchkörper, nicht der Vorsitzende, die Beiladung beschließen. Hiervon kann der Beigeladene in ähnlicher Weise wie der Beklagte informiert werden; dabei ist der Beiladungsbeschluss auch zuzustellen.

18   **dd) Schreiben an den Vertreter des öffentlichen Interesses.** Zudem ist der Vertreter des öffentlichen Interesses von der Streitsache in Kenntnis zu setzen.

19   **ee) Berichterstatter.** Darüber hinaus kann das Verfahren bereits in diesem Stadium dem sich aus der senats- bzw. kammerinternen Geschäftsverteilung ergebenden Berichterstatter zugewiesen werden (→ § 82 Rn. 58 ff.).

20   **ff) Zustellung.** Soweit der Vorsitzende hierzu Vorgaben treffen will, ist zu verfügen, ob die Klage durch Empfangsbekenntnis, Zustellungsurkunde oder durch eingeschriebenen Brief zugestellt werden soll.

21   **gg) Wiedervorlage.** Abschließend ist die Wiedervorlage mit Eingang bzw. spätestens zu einem festzulegenden Termin zu bestimmen.

22   **c) Unvollständige Klage. aa) Schreiben an den Beklagten.** Dem Beklagten ist mitzuteilen, dass in der durch die Angabe der Parteien bezeichneten Rechtssache Klage erhoben wurde. Dabei ist der Beklagte auf das Datum der Klageschrift, deren Eingangsdatum und das Aktenzeichen hinzuweisen. Zudem kann dem Beklagten eine Abschrift des Schreibens an den Kläger mit der Aufforderung, die Klage zu vervollständigen, übersandt werden. Die von § 85 vorgesehene Aufforderung an den Beklagten, sich ggf. unter Fristsetzung schriftlich zur Klage zu äußern, erscheint in diesem Verfahrensstadium untunlich, da für den Beklagten ohne Klagebegründung die Angriffsrichtung des Klägers nicht erkennbar ist. Es wird daher sinnvoller sein, dem Beklagten allenfalls anheim zu stellen, sich jetzt schon zur Klage zu äußern.

23   **bb) Schreiben an den Kläger.** Die Eingangsbestätigung an den Kläger sollte neben den Mitteilungen, die bei einer vollständigen Klage angebracht sind, den Kläger auffordern, seine Klage zu ergänzen und

---

2   *T. Jacob*, JuS 2012, 218 f.

sie zu begründen. Näheres hierzu ergibt sich aus § 82 (→ § 82 Rn. 68 ff.). Dabei kann auch zur Ergänzung einzelner, nicht aber mehrerer oder aller der von § 82 Abs. 1 S. 1 für eine Klageerhebung vorgeschriebenen Mindestanforderungen aufgefordert werden. Im Übrigen kann zu den von § 82 Abs. 1 S. 2, 3 vorgesehenen Angaben aufgefordert werden, also insbes. zur näheren Bestimmung des Klageantrags sowie zur Angabe der zur Begründung dienenden Tatsachen und Beweismittel sowie zur Vorlage der angefochtenen Verfügung und des Widerspruchsbescheids.

cc) Schreiben an den Vertreter des öffentlichen Interesses und Beigeladene – Bestimmung des Berichterstatters. Diese Schreiben sind nur zu verfügen, wenn der Inhalt der Klage hierfür bereits hinreichend erkennbar ist. Eben dies gilt auch für die Bestimmung des Berichterstatters. 24

dd) Zustellung. Gem. § 56 Abs. 1 ist die Ergänzungsaufforderung zuzustellen. Die Praxis weicht hiervon jedoch häufig ab und fordert formlos zur Klageergänzung auf (→ § 82 Rn. 72). 25

ee) Wiedervorlage. Abschließend ist auch hier die Wiedervorlage mit Eingang bzw. spätestens zu einem festzulegenden Termin zu bestimmen. 26

§ 86 [Untersuchungsgrundsatz; Aufklärungspflicht; vorbereitende Schriftsätze]

(1) [1]Das Gericht erforscht den Sachverhalt von Amts wegen; die Beteiligten sind dabei heranzuziehen. [2]Es ist an das Vorbringen und an die Beweisanträge der Beteiligten nicht gebunden.

(2) Ein in der mündlichen Verhandlung gestellter Beweisantrag kann nur durch einen Gerichtsbeschluß, der zu begründen ist, abgelehnt werden.

(3) Der Vorsitzende hat darauf hinzuwirken, daß Formfehler beseitigt, unklare Anträge erläutert, sachdienliche Anträge gestellt, ungenügende tatsächliche Angaben ergänzt, ferner alle für die Feststellung und Beurteilung des Sachverhalts wesentlichen Erklärungen abgegeben werden.

(4) [1]Die Beteiligten sollen zur Vorbereitung der mündlichen Verhandlung Schriftsätze einreichen. [2]Hierzu kann sie der Vorsitzende unter Fristsetzung auffordern. [3]Die Schriftsätze sind den Beteiligten von Amts wegen zu übermitteln.

(5) [1]Den Schriftsätzen sind die Urkunden oder elektronischen Dokumente, auf die Bezug genommen wird, in Abschrift ganz oder im Auszug beizufügen. [2]Sind die Urkunden dem Gegner bereits bekannt oder sehr umfangreich, so genügt die genaue Bezeichnung mit dem Anerbieten, Einsicht bei Gericht zu gewähren.

Schrifttum

1. Monographien und Beiträge in Sammelwerken: *F. Baur*, Richterliche Hinweispflicht und Untersuchungsgrundsatz, in: W. Weber, Rechtsschutz im Sozialrecht, 1965, 35; *W. Berg*, Die verwaltungsgerichtliche Entscheidung bei ungewissem Sachverhalt, 1980; *ders.*, Grundsätze des verwaltungsgerichtlichen Verfahrens, in: FS Menger, 1985, 537; *F. Bopp*, Die Untersuchungsmaxime im deutschen und französischen Verwaltungsprozess, 1969; *B. Burkholz*, Der Untersuchungsgrundsatz im verwaltungsgerichtlichen Eilverfahren, 1988; *Th. Falk*, Die Anwendung der ZPO und des GVG nach § 173 VwGO, 1975; *O. Jauernig*, Verhandlungsmaxime, Untersuchungsmaxime und Streitgegenstand, 1967; *M. Kaufmann*, Untersuchungsgrundsatz und Verwaltungsgerichtsbarkeit, 2002; *B. Kropshofer*, Untersuchungsgrundsatz und anwaltliche Vertretung im Verwaltungsprozess, 1981; *M. Marx*, Die Notwendigkeit und Tragweite der Untersuchungsmaxime in den Verwaltungsprozessgesetzen, 1984; *O. Mühl*, Zur Struktur des Verfassungs- und Verwaltungsprozesses im Verhältnis zum Zivilprozess, in: GS Bruns, 1980, 145; *A. v. Mutius*, Gerichtsverfahren und Verwaltungsverfahren, in: FS Menger, 1985, 575; *M. Nierhaus*, Beweismaß und Beweislast, 1989; *E. Nowak*, Richterliche Aufklärungspflicht und Befangenheit, 1990; *K. Redeker*, Verfahrensrechtliche Bindungen der Untersuchungsmaxime im Verwaltungsprozess, in: Staatsbürger und Staatsgewalt, Bd. 2, 1963, 475; *H. Schutzbach*, Die Herstellung der Spruchreife im Verwaltungsstreitverfahren, 1964; *H.-P. Vierhaus*, Beweisrecht im Verwaltungsprozess, 2011; *G. Willms*, Zur Problematik der Wahrunterstellung, in: Politik als gelebte Verfassung: aktuelle Probleme des modernen Verfassungsstaates. FS für Karl Schäfer, 1980, 274.

2. Beiträge in Zeitschriften: *J. Arntz*, Untersuchungsgrundsatz und anwaltliche Mitwirkung im Verwaltungsprozess, DVBl 2008, 78; *M. Bertrams*, Die Rechtsprechung des BVerwG zu den Beweisgrundsätzen und Wahrscheinlichkeitsmaßstäben im Asylverfahren vor dem Hintergrund der allgemeinen Asylproblematik, DVBl 1987, 1181; *H. Bürck*, Die Mitwirkung der Beteiligten bei der Sachaufklärung im sozialgerichtlichen Verfahren, DÖV 1982, 223; *N. Burke*, Abbau oder Zunahme der verwaltungsgerichtlichen Kontrolle, DVBl 1994, 994; *D. Czajka*, Der Stand von Wissenschaft und Technik als Gegenstand richterlicher Sachaufklärung, DÖV 1982, 99; *G. Dapprich*, Der Amtsermittlungsgrundsatz und seine Grenzen, SGb 1962, 257; *E. Döhring*, Fachliche Kenntnisse des Richters und ihre Verwertung im Prozess, JZ 1968, 641; *K.-P. Dolde*, Zusammenarbeit zwischen Richter und Rechtsanwalt im verwaltungsgerichtlichen Verfahren, VBlBW 1985, 248; *L. Fastrich*, Revisibilität der Ermittlung ausländischen Rechts, ZZP 97 (1984), 423; *U. Guttenberg*, Zur Problematik von Anerkenntnis- und Verzichtsurteilen im Verwaltungsprozess, VBlBW 1992, 244;

P. Jacob, Der Amtsermittlungsgrundsatz vor dem Verwaltungsgericht, JuS 2011, 510; *K. Kares*, Beweislast im Verwaltungsprozess, insbesondere bei der Feststellungsklage, BayVBl. 2009, 718; *F. Knöpfle*, Tatbestands- und Feststellungswirkung als Grundlage der Verbindlichkeit von gerichtlichen Entscheidungen und Verwaltungsakten, BayVBl 1982, 225; *F. Kopp*, Die Ablehnung von Beweisanträgen und Beweisermittlungsanträgen als Verletzung des Rechts auf Gehör gemäß Art. 103 Abs. 1 GG, NJW 1988, 1708; *A. Lang*, Untersuchungs- und Verhandlungsmaxime im Verwaltungsprozess, VerwArch 52 (1961), 60; *A. Lifschütz*, Das Sonderfachwissen des Richters, NJW 1969, 305; *G. Lüke/H. Schröder*, Grundsätze des Verwaltungsprozesses, JuS 1961, 41; *J. Martens*, Einführung in die Praxis des Verwaltungsprozesses, JuS 1973, 619; *S. Martin*, Wechselwirkungen zwischen Mitwirkungspflichten und Untersuchungspflicht im finanzgerichtlichen Verfahren, BB 1986, 1021; *H. Mösbauer*, Befugnisgrenzen finanzgerichtlicher Sachaufklärung, BB 1977, 505; *F. Nicklisch*, Technische Regelwerke – Sachverständigengutachten im Rechtssinne?, NJW 1983, 841; *K. Redeker*, Untersuchungsgrundsatz und Mitwirkung der Beteiligten im Verwaltungspozess, DVBl 1981, 83; *A. Rittstieg*, Das „Antizipierte Sachverständigengutachten" – eine falsa demonstratio?, NJW 1983, 1098; *R. Rothkegel*, Anforderungen aus Art. 16 Abs. 2 S. 2 GG an die Tatsachenfeststellung im Asylverfahren, NVwZ 1990, 717; *ders.*, Verfassungsrechtliche Anforderungen an die Tatsachenfeststellung im Asylbereich außerhalb des Art. 16 II 2 GG, NVwZ 1992, 313; *H. Rupp*, Zur neuen Verwaltungsgerichtsordnung, AöR 85 (1960), 149; *J. Samtleben*, Der unfähige Gutachter und die ausländische Rechtspraxis, NJW 1992, 3057; *L. Schmitt*, Die Ablehnung von Beweisanträgen im Verwaltungsprozess, DVBl 1964, 465; *H. Schwan*, Amtsermittlungsgrundsatz im Verwaltungsprozess, ThürVBl. 2015, 181; *H. Sendler*, Richter und Sachverständige, NJW 1986, 2907; *K. Sommerlad*, Grundsätze für die Ermittlung ausländischen Rechts im Zivilprozess, RIW 1991, 856; *K. Sommerlad/J. Schrey*, Die Ermittlung ausländischen Rechts im Zivilprozess und die Folgen der Nichtermittlung, NJW 1991, 1377; *D. Stelkens*, Verwaltungsgerichtsbarkeit – Gerichtsbarkeit ohne Verwaltung?, NVwZ 1982, 81; *H. Weidemann*, Verwaltungsgerichtliches Verfahren und behördliche Aktenvorlage, JA 2007, 884; *H.-P. Vierhaus*, Beweisantragsrecht im Verwaltungsprozess, DVBl. 2009, 629; *J. Ziekow*, Die Pflicht der Behörden zur Gewährung von Informationen an die Verwaltungsgerichte, BayVBl 1992, 132; *M. Zimmer*, Gerichtliche Ermittlungspflicht und Mitwirkung der Beteiligten bei der Aufklärung naturwissenschaftlicher und technischer Fragen im Verwaltungsprozess, LKRZ 2009, 285.

A. Entstehungsgeschichte der Norm

1   § 86 Abs. 1 fast wörtlich entsprechende Normen enthielten die Verwaltungsgerichtsgesetze der Länder der amerikanischen Besatzungszone in ihrem § 63.[1] Inhaltliche Übereinstimmung bestand ferner mit

---

1   Bayern: Gesetz Nr. 39 vom 25.9.1946 (BayGVBl 281); Bremen: Gesetz vom 5.8.1947 (GBl Brem 171); Hessen: Gesetz vom 31.10.1946 (GVBl Hess 149) i.d.F. vom 30.6.1949 (GVBl Hess 137); Württemberg-Baden: Gesetz Nr. 110 vom 16.10.1946 (RegBl 212).

§ 61 MRVO Nr. 165 der britisch besetzten Zone vom 15.9.1948[2] und § 52 VGG RP vom 14.4.1950 (GVBl RP I 103) sowie mit § 38 Abs. 1 BVerwGG vom 23.9.1952 (BGBl I 625). Vorläufernorm von § 86 Abs. 2 war die Vorschrift des § 38 BVerwGG, dem § 86 Abs. 2 VwGO wörtlich entspricht. § 86 Abs. 3 geht zurück auf § 71 Abs. 3 des Gesetzes über die Allgemeine Landesverwaltung in Preußen vom 30.7.1883.[3] Eine Vorläufernorm zu § 86 Abs. 5 findet sich im Gesetz über die Allgemeine Landesverwaltung in Preußen vom 30.7.1883.[4] § 86 VwGO ist gegenüber der ursprünglichen Fassung vom 21.1.1960 (BGBl I 17) bis auf kleinere Anpassungen fast unverändert geblieben.[5] In Abs. 4 wurde mit dem 4. VwGOÄndG vom 17.12.1990 (BGBl I 2809) die ursprüngliche Formulierung „zuzustellen" durch den Begriff „übersenden", und mit dem JKomG vom 22.3.2005 (BGBl I 837) wiederrum durch das Wort „übermitteln" ersetzt. In Abs. 5 fanden durch das JKomG die „elektronischen Dokumente" als Alternative zu den Urkunden Erwähnung und durch Gesetz vom 10.10.2013 (BGBl I 3786) wurden die Wörter „in Urschrift oder" gestrichen.

B. Allgemeines: § 86 im System der Prozessmaximen

Nach *§ 86 Abs. 1 S. 1 Hs. 1* erforscht das Gericht den Sachverhalt von Amts wegen. Diese Formulierung charakterisiert das verwaltungsgerichtliche Verfahren nach einhelliger Auffassung als einen dem *Untersuchungsgrundsatz (der Inquisitionsmaxime)* verpflichteten Prozess[6] und betont zugleich den prinzipiellen Unterschied zum zivilgerichtlichen Verfahren, das vom sog. *Beibringungsgrundsatz (Verhandlungsmaxime)* beherrscht wird.[7] Anders als im Regelfall Zivilrichter(innen) haben Verwaltungsrichter(innen) in eigener Verantwortung den Sachverhalt zu erforschen. Sie dürfen ihre Entscheidung lediglich auf solche Umstände stützen, von deren Vorliegen er/sie sich selbst überzeugt hat. Sie sind dementsprechend auch „an das Vorbringen und an die Beweisanträge der Beteiligten nicht gebunden" (§ 86 Abs. 1 S. 2) → Rn. 78 ff. Auf der anderen Seite darf der Richter oder die Richterin im Verwaltungsprozess auch Umstände für die Entscheidung heranziehen, die von keinem der Beteiligten vorgebracht wurden.[8]

Wegen der skizzierten grundsätzlichen Differenz zwischen Verwaltungsprozess und Zivilprozess findet die *Verhandlungsmaxime* auch über § 173 auf das verwaltungsgerichtliche Verfahren keine Anwendung. Die in der Vorschrift getroffene Anordnung, lückenfüllend auf das GVG bzw. die ZPO zurückzugreifen, steht nämlich unter dem Vorbehalt, dass „die grundsätzlichen Unterschiede der beiden Verfahrensarten dies nicht ausschließen". Einen solch prinzipiellen Unterschied bringt jedoch die Statuierung des Untersuchungsgrundsatzes in § 86 Abs. 1 S. 1 gerade zum Ausdruck.[9]

Die Terminologie, welche die (idealtypischen) Gegensatzpaare des Maximensystems kennzeichnet, sollte mit Sorgfalt verwendet werden.[10] *Verhandlungsmaxime* und *Untersuchungsgrundsatz* sind nicht miteinander vereinbar. Sowohl das Institut der Klagerücknahme als auch die Abhängigkeit des Prozesses von einem verfahrenseinleitenden Akt sind Indizien für die Anwendbarkeit der *Dispositionsmaxime* im Verwaltungsprozess.[11] Die Dispositionsmaxime aber bezieht sich wie ihr Gegenstück, die Offi-

2 VOBl BrZ 1948, 263; dort war allerdings eine Heranziehung der Beteiligten bei der Sachverhaltsermittlung nicht vorgesehen.
3 PrGS 1883, 195; zur Geschichte der Hinweispflicht vergleiche insbes. die Darstellung bei *E. Nowak*, Richterliche Aufklärungspflicht, 1990, 3.
4 PrGS 1883, 195; § 66: „Allen Schriftstücken sind die als Beweismittel in Bezug genommenen Urkunden im Original oder in Abschrift beizufügen. Von allen Schriftstücken und deren Anlagen sind Duplikate einzureichen. Das Gericht kann geeignetenfalls gestatten, das statt der Einreichung von Duplikaten die Anlagen selbst zur Einsicht der Beteiligten in seinem Geschäftslokale offen gelegt werden".
5 Umfassend zur historischen Entwicklung *M. Kaufmann*, Untersuchungsgrundsatz, 2002, 62 ff.
6 *Kopp/Schenke* § 86 Rn. 1.
7 BVerfGE 67, 39, 42; BGH NJW 1990, 3151; *E. Nowak*, Richterliche Aufklärungspflicht, 1990, 23; sowie *M. Kaufmann*, Untersuchungsgrundsatz, 2002, 112 ff.; zum Untersuchungsgrundsatz im sozialrechtlichen Verwaltungsverfahren vgl. *W. Böttiger/D. Waschull*, in: Diering/Timme SGB X, [4]2016, § 20 Rn. 1 ff.
8 *J. Arntz*, DVBl 2008, 78, 80; *H. Weidemann*, JA 2007, 884; *W. Berg*, Verwaltungsgerichtliche Entscheidung, 1980, 36; *B. Kropshofer*, Untersuchungsgrundsatz, 1981, 18.
9 *H. v. Nicolai*, in: Redeker/v. Oertzen § 173 Rn. 2; *Kopp/Schenke* § 173 Rn. 2.
10 Die Abgrenzung zwischen den Gegensatzpaaren der Prozessmaximen wird aber teilweise verwischt; so bspw. bei *J. Rautenberg*, NJW 1955, 1545, 1546 und *A. Lang*, VerwArch 52 (1961), 60; w.N. bei *G. Lüke/H. Schröder*, JuS 1961, 41; *B. Kropshofer*, Untersuchungsgrundsatz, 1981, 15.
11 *U. Guttenberg*, VBlBW 1992, 244, 246; *O. Mühl*, GS Bruns, 1980, 145, 161.

zialmaxime, auf prozessuale Grundentscheidungen, die sich auf das angestrebte Prozess*ziel* beziehen; demgegenüber thematisieren Verhandlungsgrundsatz wie sein Gegensatz, die Untersuchungsmaxime,[12] den Problembereich der Sammlung des Tatsachenstoffes.[13]

5   Die *Dispositionsmaxime* (*Verfügungsgrundsatz*)[14] gewährt den Parteien die Verfügungsfreiheit über den Streitgegenstand,[15] der durch Klageanspruch und Klagegrund konkretisiert wird.[16] Die Dispositionsmaxime *gilt auch für den Verwaltungsprozess*.[17] Das Gericht entscheidet dementsprechend i.d.R. nur auf Antrag (vgl. §§ 42 Abs. 1, 43, 47 Abs. 1, 80 Abs. 5, 80 a, 123 Abs. 1 S. 1). Es ist an diese Anträge der Beteiligten gebunden (nicht aber an deren Wortlaut, vergleiche § 88), es darf insbes. nicht über sie hinaus entscheiden („ne ultra petita", § 88). Da der Kläger über den Beginn und grds. auch das Ende des Verfahrens bestimmen kann, darf er die Klage zurücknehmen (§ 92) und auch ändern (§ 91) (→ Rn. 82).[18] Dass gem. § 124 Abs. 1 i.V.m. § 63 Nr. 4 der VöI Berufung einlegen kann, ist ebenso wenig eine Durchbrechung der Dispositionsmaxime wie die Bindung verschiedener prozessualer Gestaltungsrechte an die Zustimmung des VBI beim BVerwG oder des VöI (vgl. § 91 Abs. 1, 92 Abs. 2, 126 Abs. 1 S. 2). Maßgeblich ist vielmehr, dass alleine die sonstigen Beteiligten das *Initiativrecht* haben. Nur sie bestimmen „Bestand, Inhalt und Entwicklung" des Prozessrechtsverhältnisses.[19] Die Geltung der Dispositionsmaxime im Verwaltungsprozess bedeutet zugleich, dass ihr Gegensatz, die *Offizialmaxime*,[20] im verwaltungsgerichtlichen Verfahren keine Anwendung findet. Dies stellt § 88 klar.[21]

6   Die vorstehende skizzenhafte Verortung des durch § 86 maßgeblich geprägten Verwaltungsprozesses im System der *Prozessmaximen* bedeutet kein Plädoyer für einen „Maximen-Dogmatismus".[22] Die Bedeutung der Maximen-Typologie liegt in ihrer analytisch-systematisierenden *Orientierungsfunktion*. Es bleibt aber immer zu beachten, dass die Verfahrensgrundsätze keine unmittelbare Rechtsregel in dem Sinne darstellen, dass sie als ausnahmslos zu befolgende Direktiven bestimmte Prozessordnungen in „Reinkultur" prägen.[23] Bereits *N. Thaddäus von Gönner*, auf den die Formulierungen und Abstrahierungen des Begriffspaares „Verhandlungs- und Untersuchungsmaxime" zurückgehen, hat auf mögliche Überschneidungen der Verfahrensgrundsätze hingewiesen.[24] Die Prozessmaximen sind v.a. „Material im Arsenal des Gesetzgebers" auf das dieser bei der Ausformung der einzelnen Verfahrensordnungen auch kombinierend zurückgreifen kann.[25] Dies wird durch die Fortentwicklung der Prozessordnung sowie deren konkretisierende Handhabung durch die Gerichte bestätigt.[26]

12   *B. Thürmer*, in: Hübschmann/Hepp/Spitaler FGO § 76 Rn. 41, Rn. 44 f.; *G. Dapprich*, SGb 1962, 257; *G. Lüke/H. Schröder*, JuS 1961, 41, 42; *Th. Falk*, Anwendung der ZPO, 1975, 93.

13   Vgl. *F. Baur*, in: Weber, Rechtsschutz im Sozialrecht, 1965, 39.

14   Vgl. *K. Reichold*, in: *Thomas/Putzo* Einl I Rn. 5; *N. Wimmer*, in: Gärditz § 86 Rn. 4.

15   *B. Kropshofer*, Untersuchungsgrundsatz, 1981, 66; *M. Kaufmann*, Untersuchungsgrundsatz, 2002, 236.

16   Knappe Darstellung des immer noch offenen Streits um die verschiedenen Streitgegenstandsbegriffe bei *M. Nierhaus*, Beweislast, 1989, 282 ff.

17   BVerwG NVwZ 1993, 681, 685 r. Sp.; NVwZ 1993, 689, 690 r. Sp.; DÖV 1997, 376; *P. Kothe*, in: Redeker/v. Oertzen § 86 Rn. 2; *H. Schwan*, ThürVBl. 2015, 181.

18   Auf diese Punkte auch hinweisend *G. Lüke/H. Schröder*, JuS 1961, 41, 42; *F. Bopp*, Untersuchungsgrundsatz, 1969, 22; *N. Wimmer*, in: Gärditz § 86 Rn. 4.

19   *H. Schutzbach*, Spruchreife, 1964, 86; ebenso *G. Lüke/H. Schröder*, JuS 1961, 41, 42; hierzu auch BVerwGE 9, 143, 144.

20   *G. Lüke/H. Schröder*, JuS 1961, 41; *G. Dapprich*, SGb 1962, 257; *Th. Falk*, Anwendung der ZPO, 1975, 93, 97.

21   So schon *C.-F. Menger*, in: Staatsbürger und Staatsgewalt II, 427, 435; *H. Geiger*, in: Eyermann § 86 Rn. 3; fälschlich a.M. *A. Arndt*, JZ 1960, 273, 274.

22   Zur diesbezüglichen Kritik etwa *F. Bomsdorf*, Prozeßmaximen und Rechtswirklichkeit, 1971, 159; *J. Rödig*, Die Theorie des gerichtlichen Erkenntnisverfahrens, 1973, 104.

23   S.a. *M. Nierhaus*, Beweislast, 1989, 272.

24   S. *Gönner*, in: Handbuch des deutschen und gemeinen Prozesses I, ²1804, 176 ff.; zur Annäherung der Verfahrensmaximen s.a. *M. von Schultzenstein*, ZZP 43 (1913), 301.

25   So *C.-F. Menger*, in: Staatsbürger und Staatsgewalt II, 427, 433; umfassend dazu *M. Kaufmann*, Untersuchungsgrundsatz, 2002, 337 ff.

26   S.a. *M. Nierhaus*, Beweislast, 1989, 273.

C. Die verwaltungsgerichtliche Amtsermittlungspflicht gem. § 86 Abs. 1 S. 1 Hs. 1

I. Geltungsgrund, Inhalt und Grenzen des Amtsermittlungsgrundsatzes

1. Geltungsgrund und verfassungsrechtliche Fundierung. Ganz grds. ist der rechtsprechenden Gewalt 7 die Aufgabe zugewiesen, einen Rechtssatz des objektiven Rechts auf den zur Entscheidung anstehenden Einzelfall anzuwenden. Dabei besteht generell ein öffentliches Interesse daran, dass die staatlichen Streitentscheidungsinstanzen sachlich richtige Entscheidungen treffen.[27] Im Verwaltungsprozess besitzt das öffentliche Interesse an einer angemessenen Entscheidung allerdings ein besonderes Gewicht. In Zivilprozessen geht es regelmäßig um die Schlichtung und den Ausgleich lediglich der Privatinteressen der Prozessgegner, während die VG Exekutivhandlungen zu kontrollieren haben, die eine Vielzahl von öffentlichen und privaten Interessen zum Ausgleich bringen. Bereits hieraus – und aus dem Umstand, dass der Staat (verstanden als zusammenfassender Sammelbegriff für alle Hoheitssubjekte) mit der ihm eigenen Macht agiert – resultiert eine gesteigerte Pflicht des Gerichts, eigene Anstrengungen zur Sachverhaltsaufklärung zu unternehmen.[28]

Im Garantiebereich des *Art 19 Abs. 4 GG* obliegt dementsprechend die Verantwortung für die Ermitt- 8 lung der entscheidungserheblichen Tatsachen grds. dem Gericht selbst.[29] Es steht außer Zweifel, dass die VG die ihnen obliegende Rechtsschutzfunktion verfassungsgemäß nur erfüllen können, wenn nicht nur Rechtsfragen, sondern auch tatsächliche Feststellungen und Behauptungen nachgeprüft werden, die als realitätsbasierte Bedingung ihrer Rechtsfolgen von den Normen in Bezug genommen werden. Der verwaltungsgerichtliche Rechtsschutz intendiert damit eine Entscheidung auf einer möglichst vollständig und zutreffend ermittelten Tatsachenbasis.[30] Im Blick auf diese verfassungsrechtliche Fundierung der Untersuchungsmaxime ist die Regelung des § 86 im Kern deklaratorischer Natur. Wenn Art. 19 Abs. 4 GG nach der Judikatur des BVerfG die vollständige Überprüfung des Verhaltens der öffentlichen Gewalt nicht nur in rechtlicher, sondern auch in tatsächlicher Hinsicht erfordert,[31] so liegt darin die Anerkennung einer verfassungsrechtlichen Garantie der Untersuchungsmaxime.[32]

Es bedarf daher auch nicht des Rückgriffs auf die *Figur der prozessualen Waffengleichheit*, um die ver- 9 fassungsnormative Dignität des Untersuchungsgrundsatzes zu begründen.[33] Abgesehen davon, dass die beteiligten Behörden keineswegs immer über einen Informationsvorsprung verfügen müssen, lässt die vorgenannte These außer Acht, dass die amtswegige Sachverhaltsermittlung sich nicht nur auf diejenigen Tatsachen beschränkt, die für den Bürger günstig sind. Die Untersuchungsmaxime kann eben neben der unbestreitbar positiven Freistellung von Beweisführungslasten (→ Rn. 17) durchaus auch für den Bürger negative, eben inquisitorische Wirkungen entfalten.[34] Gerade dieser Aspekt macht aber deutlich, dass die Verpflichtung auf die Untersuchungsmaxime ganz wesentlich objektiv-rechtstaatlichen Kontrollzwecken dient, die die Gerichte aus Anlass des subjektiven Rechtsschutzes zugleich wahrnehmen.[35] Indem Art. 19 Abs. 4 GG der Sicherung des in Art. 20 Abs. 3 GG angesprochenen Prinzips des Vorrangs des Gesetzes verpflichtet ist, der Gesetzesvorrang seinerseits jedoch die Geltung des Untersuchungsgrundsatzes für das Verwaltungsverfahren beinhaltet, muss konsequenterweise auch das der Kontrolle des Verwaltungshandelns dienende Verfahren nach Maßgabe des Art. 19 Abs. 4 GG vom Untersuchungsgrundsatz beherrscht werden.[36]

---

27 S.a. *K. E. v. Turegg*, FS Lehmann Bd. 2, 1956, 849, 855.
28 Dazu auch *M. Kaufmann*, Untersuchungsgrundsatz, 2002, 286 ff., der auch auf die historischen Bedingungen eingeht, die zur Geltung der Amtsermittlungspflicht geführt haben.
29 S. etwa *E. Schmidt-Aßmann*, in: Maunz/Dürig Art. 19 Abs. 4 Rn. 219; *W.-R. Schenke*, in: BK Art. 19 Abs. 4 Rn. 138 – jeweils m.w.N.
30 S.a. *M. Nierhaus*, Beweislast, 1989, 26 m.N.
31 S. z.B. BVerfGE 15, 275, 282; 18, 203, 212; 21, 191, 194; 31, 113, 117; 51, 304, 312.
32 S.a. *B. Kropshofer*, Untersuchungsgrundsatz, 1981, 49; *W.-R. Schenke*, in: BK Art. 19 Abs. 4 Rn. 138; *H. Schwan*, ThürVBl. 2015, 181; *N. Wimmer*, in: Gärditz § 86 Rn. 15.
33 So aber *Schmitt Glaeser/Horn* Rn. 541; *C.-F. Menger*, in: Staatsbürger und Staatsgewalt II, 427, 434; *G. Lüke/H. Schröder*, JuS 1961, 41, 43; *D. Stelkens*, NVwZ 1982, 81, 83; vgl. dazu auch *M. Kaufmann*, Untersuchungsgrundsatz, 2002, 272 ff.
34 S.a. *E. Schmidt-Aßmann*, in: Maunz/Dürig Art. 19 Abs. 4 Rn. 219; ferner *B. Kropshofer*, Untersuchungsgrundsatz, 1981, 33.
35 I.d.S. *E. Schmidt-Aßmann*, in: Maunz/Dürig Art. 19 Abs. 4 Rn. 219; *W. Berg*, FS Menger, 1985, 537, 542; vgl. auch BVerfGE 60, 253, 290; für eine Verknüpfung von subjektiv-rechtlichen und objektiv-rechtlichen Ableitungen *M. Nierhaus*, Beweislast, 1989, 259, 342.
36 Hier auch *W.-R. Schenke*, in: BK Art. 19 Abs. 4 Rn. 139; *M. Nierhaus*, Beweislast, 1989, 259, 342.

10　**2. Inhalt und Strukturelemente der Amtsermittlungspflicht. a) Grundsätzliches.** Die Formulierung, mit der § 86 Abs. 1 S. 1 Hs. 1 den verwaltungsgerichtlichen Untersuchungsgrundsatz umschreibt, enthält drei Elemente:

- ■　Sachverhalt,
- ■　Erforschung,
- ■　von Amts wegen.

11　Unbestritten ist zunächst, dass sich die Amtsermittlungspflicht allein auf den *rechtserheblichen Sachverhalt* bezieht. Dieser Sachverhalt wird dabei durch die Tatbestandsmerkmale derjenigen Vorschriften begrenzt, um deren Anwendung gestritten wird. Die rechtlich relevanten Tatsachen festzulegen, ist dabei ausschließlich Sache des Gerichts.[37]

12　Der Aspekt der *Erforschung* des Sachverhalts wirft das grundsätzliche Abgrenzungsproblem auf, inwieweit die Inquisitionsmaxime durch die sich aus dem Verfügungsgrundsatz ergebende Befugnis des Klägers begrenzt ist, über das Ob und Worüber der Streitsache selbst zu bestimmen. Insoweit kommt auch das dritte Element, das Tätigwerden *von Amts wegen* ins Spiel, und zwar im Blick auf die Regelung des § 86 Abs. 1 S. 2. Die darin statuierte Bindungsfreiheit des Gerichts einerseits und die Begrenzung durch den Streitgegenstand (§ 82 Abs. 1 S. 1) andererseits markiert dabei ein Spannungsverhältnis, das sich wie folgt auflösen lässt: Zwar muss sich die Amtsermittlung des Gerichts i.R. des durch den Sachverhaltskern markierten Streitgegenstands halten; jenseits dieser Grenze aber, d.h. im Bereich des „Schon-Sachverhaltsvortrages",[38] ist das Gericht an das Vorbringen und die Beweisanträge der Beteiligten nicht gebunden (§ 86 Abs. 1 S. 2).[39] Vor diesem Hintergrund ist es zumindest eine missverständliche Einschätzung, die Subjektstellung der Beteiligten des Verfahrens beeinflusse die Amtsermittungspflicht des Gerichts.[40]

13　Dass der Beteiligte Subjekt des Verfahrens ist, hat nicht zur Folge, dass dem Gericht das Objekt seiner Aufklärungspflicht entzogen worden wäre. Das Gericht hat vielmehr die Pflicht, i.R. der ihm gegebenen Möglichkeiten (im Unterschied zum Zivilprozess) den „wahren" Sachverhalt zu erforschen und zum Gegenstand seiner Entscheidung zu machen. Dass der Beteiligte hierzu Anträge stellen *darf*, entbindet das Gericht nicht von der ihm obliegenden notwendigen Erarbeitung der tatsächlichen Entscheidungsgrundlagen.

14　**b) Pflicht zur Tatsachenermittlung.** Der Untersuchungsgrundsatz des § 86 Abs. 1 S. 1 Hs. 1 verpflichtet das Gericht, von sich aus alles zu tun, um den Tatsachenstoff für eine richtige rechtliche Beurteilung zusammenzutragen.[41] Bereits hieraus ergibt sich, dass eine *Klageabweisung wegen Unschlüssigkeit* des klägerischen Vorbringens im Verwaltungsprozess *ausgeschlossen* ist.[42] Die Amtsermittlungspflicht besteht auch dann, wenn es der Beteiligte an *substantiiertem Sachvortrag* fehlen lässt.[43]

15　Die Pflicht zur Sachverhaltsaufklärung ist umfassend. Sie ist nicht auf solche Konstellationen beschränkt, in denen sich dem Gericht (weitere) Aufklärungsmaßnahmen *aufdrängen*.[44] Demgegenüber ist die neuere Rspr. des BVerwG durch eine zunehmende Aufweichung des Amtsermittlungsprinzips gekennzeichnet (insbes. zur Betonung der Mitwirkungspflichten der Beteiligten → Rn. 66 ff.). Damit weicht das Gericht von seiner früheren Judikatur ab, in der es vertreten hatte, dass das Gericht „alle Möglichkeiten der Aufklärung des Sachverhaltes auszuschöpfen" habe und von weiteren Ermittlungen

---

37　S.a. BVerwG Buchholz 232 § 79 BBG Nr. 68 (S. 15); Buchholz 232.5 § 35 BeamtVG Nr. 2 (S. 4) – jeweils m.w.N.; ferner *M. Nierhaus*, Beweislast, 1989, 281; vgl. *M. Kaufmann*, Untersuchungsgrundsatz, 2002, 346 ff.
38　Zum Begriff *B. Kropshofer*, Untersuchungsgrundsatz, 1981, 46.
39　Zum Ganzen auch *M. Nierhaus*, Beweislast, 1989, 281.
40　Dazu *K. Redeker*, DVBl 1981, 83, 85.
41　A.M. *H. Schutzbach*, Spruchreife, 1964, 87: „Möglichkeit eigener Sachverhaltsermittlungen ..."; zur Amtsermittlungspflicht und zur objektiven Beweislast s.a. *W. Böttiger/D. Waschull*, in: Diering/Timme SGB X § 20 Rn. 29 f.
42　*H. Rupp*, AöR 85 (1960), 149, 190; *J. Arntz*, DVBl 2008, 78, 80.
43　Anders aber *P. Kothe*, in: Redeker/v. Oertzen § 86 Rn. 18.
44　So aber BVerwG NVwZ 1988, 1019, 1020; 28.11.2006 – 8 B 26/06; NVwZ 2008, 230; NVwZ-RR 2011, 986, 989 (Rn. 25); 26.9.2012 – 2 B 97/11, juris Rn. 14; OVG Bautzen SächsVBl 2001, 94; zust. *K. Redeker*, DVBl 1981, 83, 84; *B. Thürmer*, in: Hübschmann/Hepp/Spitaler FGO § 76 Rn. 74; *S. Leitherer*, in: Meyer-Ladewig/Keller/Leitherer SGG, ¹¹2014, § 103 Rn. 5, 20; *M. Zimmer*, LKRZ 2009, 285, 286; N. Wimmer, in: Gärditz § 86 Rn. 7; dazu auch *M. Kaufmann*, Untersuchungsgrundsatz, 2002, 350 ff.; vgl. auch BVerwG NJW 2002, 2807; abl.: *W. Berg*, FS Menger, 1985, 537, 546: „juristische Leerformel"; *ders.*, Verwaltungsgerichtliche Entscheidung, 1980, 56; *J. Arntz*, DVBl 2008, 78, 79: „Die Aussage, ... ist ... zumindest missverständlich."

erst dann absehen dürfe, wenn „alle vernünftigerweise in Betracht kommenden Beweismittel versagen" (BVerwG NJW 1956, 604). Dieser Tendenz ist entschieden zu widersprechen. § 86 Abs. 1 S. 1 Hs. 1 formuliert die Amtsermittlungspflicht des Gerichts unmissverständlich; eine Beschränkung auf mehr oder weniger offenkundige Anlässe oder Anregungen der Beteiligten ist der Norm – auch unter Berücksichtigung des Hs. 2 – nicht zu entnehmen. Es ist deshalb daran festzuhalten, dass die Sachaufklärungspflicht des Gerichts verletzt ist, wenn nicht oder nicht ausreichend unter Ausschöpfung aller Aufklärungsmöglichkeiten ermittelt wurde. Verbleiben Zweifel hinsichtlich des festgestellten Sachverhaltes und sind die in der Unzumutbarkeit und Unmöglichkeit liegenden Grenzen der Amtsermittlungspflicht noch nicht erreicht, ist das Gericht zu weiterer Aufklärungsarbeit verpflichtet.[45]

Allerdings kann sich die Unzumutbarkeit bzw. Unmöglichkeit zu weiterer amtswegiger Sachverhaltsaufklärung auch aus dem Prozessverhalten der Beteiligten ergeben. Insoweit kommt es maßgeblich auf die Intensität der Mitwirkungsobliegenheit der Beteiligten gem. § 86 Abs. 1 S. 1 Hs. 2 an. Anhaltspunkte für ein Absehen von weiteren Ermittlungen sind gravierende Widersprüche im klägerischen Vortrag und bisheriges prozessverschleppendes Verhalten des Klägers. Anlass für weitere Nachforschungen besteht hingegen meist dann, wenn der schlüssige Vortrag des Klägers nach der allgemeinen Lebenserfahrung nicht unwahrscheinlich klingt oder Umstände dafür sprechen, dass die Behörde ihrer Mitwirkungspflicht bei der Sachverhaltsaufklärung (§ 86 Abs. 1 S. 1 Hs. 2) nicht in ausreichendem Maß nachzukommen gewillt ist (→ Rn. 60 ff.). 16

Bereits hier ist indessen klarzustellen, dass es eine *Beweisführungslast* im Verwaltungsstreitverfahren nicht gibt (→ § 108 Rn. 107).[46] Dieser Befund darf auch nicht über eine unangemessene Ausdehnung der Beteiligtenmitwirkungspflicht unterlaufen werden. Dies würde das in § 86 Abs. 1 S. 1 Hs. 1 statuierte Gebot richterlicher Amtsermittlung massiv unterminieren.[47] 17

Nach Maßgabe dieser Vorgaben ist bspw. die Auffassung nicht vertretbar, eine weitere Sachverhaltsaufklärung dränge sich dann nicht auf, wenn die Beteiligten einen bestimmten Streitpunkt zwar im ersten Schriftsatz angeführt hätten, hierauf aber später nicht mehr zurückgekommen wären.[48] Der Verzicht auf weitere Aufklärungen von Amts wegen hinsichtlich solcher Tatsachen, die in den Schriftsätzen als streitig erscheinen und sich auf die Entscheidung auswirken können, bedeutet vielmehr einen revisionsbewehrten Aufklärungsfehler. Auch das BVerwG hat klargestellt, dass einem Beteiligten, der erstinstanzlich obsiegt hatte, die Wiederholung eines dort gestellten Beweisantrages in der zweiten Instanz nicht zur Pflicht gemacht werden dürfe; das Gericht habe vielmehr aufgrund des Amtsermittlungsgebotes Beweis über streitentscheidende Tatsachen zu erheben (BVerwG NJW 1994, 2243). Auch für den Fall einer Entscheidung nach § 130 a ist das Fehlen eines Beweisantrages unschädlich, weil dann kein förmlicher Beweisantrag in einer Verhandlung gestellt werden kann (BVerwG BauR 2014, 1763, 1764). 18

Der Untersuchungsgrundsatz wird in seinem prinzipiellen Geltungsanspruch ferner nicht dadurch infrage gestellt, dass unter bestimmten Voraussetzungen die fachlichen und finanziellen Mittel für die Einholung kostspieliger Analysen und Gutachten fehlen (*kein Fiskalvorbehalt bei der Amtsermittlung*).[49] Das Gericht hat nicht die Möglichkeit, einen *Vorschuss* für die Ladung eines Zeugen zu verlangen (§ 379 ZPO), da der Anwendung dieser Norm im Rahmen des § 98 der Untersuchungsgrundsatz entgegensteht.[50] Ebenso keine Vorschusspflicht gibt es demzufolge – trotz der Verweisungskette der §§ 402, 379 ZPO, § 98 VwGO – für die Bestellung von Sachverständigen.[51] Entsprechendes gilt schließlich im Blick auf § 17 Abs. 3 GKG: Auch wenn das Gericht befugt ist, vor der Einholung von 19

---

45 Weit übereinstimmend *Kopp/Schenke* § 86 Rn. 5; M. *Nierhaus*, Beweislast, 1989, 338; krit. zur Rspr. des BVerwG auch W. *Berg*, FS Menger, 1985, 537, 546.

46 BVerwGE 109, 174; Buchholz 402.242 § 60 Abs. 2 ff. AufenthG Nr. 31; H. *Rupp*, AöR 85 (1960), 149, 191; W. *Berg*, FS Menger, 1985, 537, 544; H. *Bürck*, DÖV 1982, 223; S. *Leitherer*, in: Meyer-Ladewig/Keller/Leitherer § 103 Rn. 19; F. *Bopp*, Untersuchungsgrundsatz, 1969, 48; Th. *Falk*, Anwendung der ZPO, 1975, 95; w.N. bei M. *Nierhaus*, Beweislast, 1989, 251 Fn. 722; eine sog. materielle bzw. objektive Beweislast existiert jedoch auch im Verwaltungsprozess, dazu ausf. H.-P. *Vierhaus*, Beweisrecht im Verwaltungsprozess, 2011, Rn. 353 ff.; K. *Kares*, BayVBl. 2009, 718.

47 S.a. M. *Nierhaus*, Beweislast, 1989, 264.

48 I.d.S. aber BVerwG NVwZ 1988, 1019, 1020; vgl. auch BVerfG NJW-RR 1995, 828.

49 In dieser Richtung aber F. *Hufen*, Verwaltungsprozessrecht, 10 2016, § 35 Rn. 22.

50 H. *Geiger*, in: Eyermann § 98 Rn. 9; C. *Weißenberger*, GewArch 2009, 465, 470.

51 C. *Weißenberger*, GewArch 2009, 465, 470.

Sachverständigengutachten einen Vorschuss zur Deckung der Auslagen zu verlangen (§ 17 Abs. 3 GKG), kann es die Einholung eines solchen Sachverständigengutachtens nicht davon *abhängig* machen, dass der Auslagenvorschuss zuvor einbezahlt wird. § 17 Abs. 3 GKG enthält nämlich gerade keine dem § 17 Abs. 1 S. 2 GKG entsprechende Norm.[52] Von dieser Problematik zu unterscheiden ist die Frage der endgültigen Kostentragungspflicht für eine erfolgte Beweisaufnahme. Nach § 154 Abs. 1 hat der unterliegende Teil die Kosten zu tragen, zu denen als Auslagen gem. § 3 Abs. 2 GKG i.V.m. Nr. 9005 KV, § 1 Abs. 1 S. 1 Nr. 1, §§ 8 ff. JVEG auch die Auslagen für Sachverständigengutachten zählen.[53]

20   **c) Exkurs: Ermittlung ausländischen Rechts.** Nach § 86 Abs. 1 Hs. 1 erforscht das Gericht den *Sachverhalt* von Amts wegen. Jedoch ist auch das dem Rechtsstreit zugrunde liegende *ausländische Recht* vom Gericht von Amts wegen[54] zu ermitteln, was sich aus § 173 VwGO i.V.m. § 293 ZPO – nicht aber aus einer analogen Anwendung von § 86 Abs. 1[55] – ergibt. In Zeiten der „Globalisierung", jedenfalls der fortschreitenden „Europäisierung" und damit des faktischen Bezugs in Deutschland anwendbarer öffentlich-rechtlicher Normen auf Auslandssachverhalte ist diese Ermittlungspflicht von großer Bedeutung. § 293 ZPO normiert lediglich, dass das Gericht die Beteiligten zur Feststellung des ausländischen Rechts heranziehen kann, soweit es diesen möglich und zumutbar ist. Doch auch im Zivilprozess bedeutet dies nicht, dass etwa ausländisches Recht zu beweisen sei, denn Rechtssätze sind keine Tatsachen.[56] Das entscheidungserhebliche ausländische Recht festzustellen, ist vielmehr eine von Amts wegen durch das Gericht wahrzunehmende Aufgabe (iura novit curia).[57] Umso mehr gilt diese Feststellung im vom Untersuchungsgrundsatz beherrschten Verwaltungsprozess. Dabei zählt das primäre europäische Vertragsrecht und das sekundäre, von den entsprechenden Organen erlassene Unionsrecht nicht zum ausländischen Recht, sondern ist wie deutsches Recht zu behandeln.[58]

21   Die für den Zivilprozess vertretene Ansicht, ausländisches Recht sei nur dann von Amts wegen zu ermitteln, wenn es selbst die entscheidende Rechtsfolge regele,[59] nicht aber wenn die ausländische Rechtslage nur Tatbestandsvoraussetzung für die Anwendung einer deutschen Norm sei, kann für den Verwaltungsprozess keine Geltung beanspruchen. So ist ggf. auch das Vorliegen von gesetzlichen „Verfolgungsnormen" im Ausland für die Frage einer nach deutschem Recht vorliegenden Asylberechtigung von Amts wegen zu ermitteln.[60] Ggf. ist hierzu ein Sachverständiger (z.B. Industrie- und Handelskammer, [außer-]universitäre wissenschaftliche Institute oder eine fachlich ausgewiesene Nicht-Regierungs-Organisation [NGO]) einzuschalten (vgl. zum Zivilprozess BGH NJW 1987, 591). Innerhalb Europas besteht die Möglichkeit, von den Unterzeichnerstaaten des Europäischen Auskunftsübereinkommens[61] über die von den Landesregierungen der Bundesländer (§ 9 Abs. 2 S. 2, 3 des Ausführungsgesetzes) bestimmten Behörden Auskünfte über Teilbereiche ihres Rechts zu erlangen (dies sind i.d.R. die Landesjustizministerien).

22   Die Art und Weise der Ermittlung des entscheidungserheblichen Rechts steht im *Ermessen* des Gerichts.[62] Das Ermessen bei der Aufklärung ausländischen Rechts ist regelmäßig dann ordnungsgemäß ausgeübt, wenn ein *Gutachten* eines mit Fragen des ausländischen Rechts beauftragten (wissenschaftlichen) Instituts eingeholt wird (→ Rn. 21).[63] In (ausnahmsweise) völlig einfach gelagerten Fällen ist auch die Auskunft einer deutschen Auslandsvertretung ausreichend, zu der diese nach § 99 Abs. 1 verpflichtet wäre. Die Aufklärungspflicht ist jedenfalls dann verletzt, wenn sich das Gericht „eine ihm unmöglich zur Verfügung stehende Sachkunde zuschreibt oder seine Entscheidungsgründe auf mangeln-

---

52   Vgl. VGH Mannheim NVwZ-RR 1990, 592.
53   Zu beachten sind aber die Bereiche, in denen für den Kläger Kostenfreiheit herrscht (§ 188 S. 2; § 83 b AsylG).
54   S. BGH NJW 1991, 1418, 1419; *S. Leitherer*, in: Meyer-Ladewig/Keller/Leitherer § 103 Rn. 3.
55   So aber *Kopp/Schenke* § 86 Rn. 1 b.
56   Vgl. BGH NJW-RR 2005, 1071; *N. Wimmer*, in: Gärditz § 86 Rn. 25; *Baumbach/Lauterbach/Albers/Hartmann* § 293 Rn. 6; *K. Sommerlad/J. Schrey*, NJW 1991, 1377, 1378; *L. Fastrich*, ZZP 97 (1984), 423, 427.
57   Vgl. *K. Sommerlad/J. Schrey*, NJW 1991, 1377; *N. Wimmer*, in: Gärditz § 86 Rn. 24.
58   *H. Geiger*, in: Eyermann § 86 Rn. 7.
59   *K. Sommerlad/J. Schrey*, NJW 1991, 1377.
60   Vgl. auch BVerfG InfAuslR 2008, 264, zur Asylrelevanz einer strafrechtlichen Verurteilung durch ein türkisches Staatssicherheitsgericht.
61   Abgedruckt in: Baumbach/Lauterbach/Albers/Hartmann § 293 Rn. 14.
62   BVerwG Buchholz § 86 Abs. 1 VwGO Nr. 224; *J. Samtleben*, NJW 1992, 3057, 3061; BGH NJW 1991, 1418, 1419; 1991, 1377, 1378 m.w.N.; 1995, 1032; *N. Wimmer*, in: Gärditz § 86 Rn. 26.
63   BGH NJW 1991, 1418, 1419.

de Sachkunde schließen lassen" (BVerwG Buchholz § 98 VwGO Nr. 41). Zur Feststellung des entscheidungserheblichen ausländischen Rechts wird sich der erkennende Richter zunächst anhand der beim Gericht vorhandenen (i.d.R.: wenigen) Literatur und Dokumente kundig machen und ggf. Auskünfte bei Kollegen einholen. Die so erlangte Kenntnis darf er ohne Beweiserhebung für die Entscheidung verwenden,[64] muss sie aber wegen des Grundsatzes des rechtlichen Gehörs (Art. 103 GG) ausdrücklich in den Prozess einführen. Wenn sich die Notwendigkeit weiterer Ermittlungen „aufdrängt", muss das Gericht sodann weitere Aufklärungsversuche betreiben (BVerwG NJW 1989, 3107). Dies ist insbes. dann der Fall, wenn die bisherigen Erkenntnisquellen (Gutachten, Auskünfte und so weiter) „grobe Mängel oder unlösbare Widersprüche aufweisen", „Zweifel an der Sachkunde oder Unvoreingenommenheit des Verfassers" entstehen oder sich die Begutachtung als für den zunächst ausgewählten Sachverständigen zu schwierig erweist (BVerwG Buchholz § 98 VwGO Nr. 41). So ist das Gutachten eines Sachverständigen dann keine ausreichende Entscheidungsbasis, wenn das erkennende Gericht feststellen muss, dass es sich um ein „Lehrbuchgutachten" handelt, der Gutachter sich seine Kenntnisse also (unter Umständen erstmalig) erst anlässlich der Gutachtenerstattung aus der Literatur erworben hat (*„law in the books"*), also insbes. die gelebte Normpraxis (*„law in action"*), d.h. die reale Normhandhabung in Verwaltungs- und Gerichtspraxis, nicht berücksichtigt hat. Führt dann einer der Beteiligten an, das Recht werde bspw. nicht in der vom Gutachter beschriebenen Form in der konkreten Rechtspraxis angewendet, so liegt ein Verstoß gegen die Aufklärungspflicht vor, wenn das Gericht nicht weitere Erkenntnisquellen ausschöpft.[65] Nötigenfalls ist auch ein zweites Gutachten eines in dem betreffenden Land arbeitenden Rechtskundigen (Hochschullehrer) einzuholen.[66]

Handelt es sich bei dem Verfahren um eines im *einstweiligen Rechtsschutz*, verdichtet sich die Mitwirkungspflicht (§ 86 Abs. 1 S. 1 Hs. 2) des Beteiligten, der aus der ausländischen Norm für sich positive Rechtsfolgen herleitet, zu einer intensivierten Substantiierungslast. Lediglich vage Andeutungen sind dann nicht geeignet, vertiefte Nachforschungen durch das Gericht auszulösen.[67] Die fehlende Mitwirkung der Beteiligten bei der Feststellung ausländischen Rechts bedeutet andererseits nicht, dass das Gericht keine weiteren eigenen Ermittlungen vorzunehmen hätte, sie besagt lediglich, dass die Beteiligten als Auskunftsquelle zur Feststellung des ausländischen Rechts ausfallen.[68] Wann immer die Beteiligten durch präsente Erkenntnisquellen die Behauptung eines bestimmten Inhalts des ausländischen Rechts aufstellen (etwa indem sie die Stellungnahme einer auch im Ausland vertretenen Anwaltskanzlei vorlegen – in Zeiten transnational agierender *law firms* kein fernliegender Fall), so muss das Gericht dieser Behauptung auch nachgehen.[69]   **23**

d) Pflicht zur Herstellung der Spruchreife. Wichtiges Element der Amtsermittlungspflicht gem. § 86 Abs. 1 S. 1 Hs. 1 ist die Verpflichtung des Gerichts, die Streitsache – insbes. bei Verpflichtungsklagen – *spruchreif* zu machen.[70] An dieser Pflicht ist trotz vereinzelter Kritik[71] festzuhalten. So ist es bspw. nicht zulässig, bei Verpflichtungsklagen eine rechtswidrig ablehnende (gebundene) Verwaltungsentscheidung lediglich aufzuheben, im Übrigen aber die weitere Sachverhaltsaufklärung auf die Verwaltungsbehörde zurückzuübertragen.[72] Der *Begriff der Spruchreife* ist ein an materiellrechtliche Kriterien anknüpfender (BVerwGE 85, 368, 379), diese aber nicht modifizierender Terminus (BVerwGE 78, 177, 180). Er bezeichnet diejenige prozessuale Lage, in der das erkennende Gericht aufgrund seiner nunmehr abgeschlossenen (und mit den Beteiligten hinreichend erörterten) rechtlichen Prüfungen und einer umfassenden eigenen Tatsachenfeststellung imstande ist, das Vorliegen der Tatbestandsseite einer   **24**

---

64   *K. Sommerlad/J. Schrey*, NJW 1991, 1377, 1379.
65   Vgl. *K. Sommerlad/J. Schrey*, NJW 1991, 1377, 1381.
66   BGH NJW 1991, 1418, 1419, mit deutlicher Antwort von *J. Samtleben*, NJW 1992, 3057; BGH WM 2001, 502, 504.
67   Zum Zivilprozess auch *K. Sommerlad/J. Schrey*, NJW 1991, 1377, 1381.
68   Vgl. *L. Fastrich*, ZZP 97 (1984), 423, 426.
69   *L. Fastrich*, ZZP 97 (1984), 423, 427.
70   BVerwGE 66, 237, 240; 69, 198, 201; NVwZ 2011, 1277 (Rn. 15); VGH Kassel NVwZ 1982, 136, 138; VGH Mannheim DVBl 1981, 1011; *A. v. Mutius*, FS Menger, 1985, 575, 603; *U. Herbert*, in: Gräber, FGO, [8]2015, § 76 Rn. 14; *B. Kropshofer*, Untersuchungsgrundsatz, 1981, 69; *N. Wimmer*, in: Gärditz § 86 Rn. 27.
71   BVerwGE 7, 100 (vgl. dort insbes. S. 106: „wohlverstandene Pflicht" zur Sachverhaltsaufklärung, um die Sache spruchreif zu machen); *Kopp/Schenke* § 86 Rn. 4 u.a. mit nicht zutr. Berufung auf VGH Mannheim NVwZ 1990, 58 (wobei VGH Mannheim NVwZ 1990, 585 gemeint sein dürfte).
72   BVerwGE 69, 198, 201; s.a. schon BVerwGE 2, 135, 136; *B. Thürmer*, in: Hübschmann/Hepp/Spitaler FGO § 76 Rn. 80.

streitentscheidenden Norm zu beurteilen und daraus eine exakt zu definierende Rechtsfolge abzulesen, welche die Behörde zu einem bestimmten, klar umrissenen und außenwirksamen Handeln verpflichtet. In diesen Fällen ergeht ein sog. Vornahmeurteil.[73] Mit dieser Umschreibung ist zugleich klargestellt, dass Spruchreife und verfahrensabschließende Entscheidungsmöglichkeit keine inhaltsidentischen Kategorien sind. Denn ein Urteil nach § 113 Abs. 5 S. 2 kann ergehen, obwohl die Streitsache noch nicht im oben beschriebenen Sinne spruchreif ist. Auch wenn ein solches Urteil nur mit einem Tenor ergeht, der die Behörde verpflichtet, den Kläger „unter Beachtung der Rechtsauffassung des Gerichts zu bescheiden", liegt darin eine abschließende Entscheidung über den Antrag des Klägers.[74] Der Kläger kann allerdings gem. § 86 Abs. 3 Alt. 3 darauf hingewiesen werden, dass er sein Klagebegehren auf eine Neubescheidung zu beschränken habe.[75] Zur Pflicht, bei der Anfechtung gebundener Verwaltungsakte danach zu forschen, ob der Verwaltungsakt aus anderen als von der Behörde genannten Gründen rechtmäßig ist BVerwG NVwZ 2014, 530, 531.

25   Die Verpflichtung des Gerichts, Spruchreife herbeizuführen, kann ggf. auch dadurch erfüllt werden, dass der *Verwaltungsbehörde eine zusätzliche Sachverhaltsaufklärung aufgetragen wird.*[76] Die Behörden sind sowohl nach § 99 Abs. 1 S. 1 als auch nach § 86 Abs. 1 S. 1 Hs. 2 als Beteiligte (bzw. deren Organe) zu Auskünften verpflichtet. Bei allen Verfahren, bei denen langwierige Berechnungen erforderlich wären, welche die Behörde i.R. *ihrer* Amtsermittlungspflicht sowieso hätte anstellen müssen, ist es zulässig, dass das Gericht der Behörde unter Mitteilung der nach Ansicht des Gerichts entscheidenden Rechtsansicht i.R. ihrer Mitwirkungspflicht auferlegt, diese Berechnungen nach Anleitung durch das Gericht anzustellen. Entscheidend ist hier das Gebot des effektiven Rechtsschutzes (Art. 19 Abs. 4 GG) und die Beachtung der Konzentrationsmaxime. Im jeweiligen Einzelfall muss also eine auf möglichst effektive Ergebnisse zielende Entscheidung zwischen eigenen Sachverhaltsermittlungen des Gerichts und der Beauftragung der Behörde gefällt werden. Auch das BVerwG hat sich der Ansicht angeschlossen, dass (bspw. i.R. sozialrechtlicher Leistungsbegehren) der Behörde i.R. ihrer Mitwirkungspflicht aufgegeben werden darf, Berechnungen über Grund und Höhe eines Anspruches anzustellen und diese dem Gericht mitzuteilen, damit dieses danach die Entscheidung über das Klagebegehren treffen kann.[77] Daher ist aber auch der Hinweis auf die „Unpraktikabilität" gerichtlicher Aufklärungsversuche nicht geeignet, die Amtsermittlungspflicht einzuschränken.[78]

26   Auf der anderen Seite umfasst die Pflicht, die Spruchreife herzustellen, nicht die Befugnis des Gerichts, neue Tatsachen zu „schaffen". So ist bspw. die Vergabe von *Kapazitäten* unter Anwendung des Zufallsprinzips durch das Gericht selbst weder Bestandteil der Spruchreifmachungspflicht noch ist das Gericht überhaupt zu einer solchen Vorgehensweise berechtigt. Das *Verlosen von Studienplätzen* (deren Vorhandensein das Gericht festzustellen hat) durch das Gericht wäre keine ihm nach § 86 Abs. 1 S. 1 obliegende Sachverhaltsaufklärung, sondern eine „kompetenzüberschreitende Gestaltung von Verwaltungsverfahren" (VGH Mannheim DVBl 1981, 1011). Im Unterschied zur Feststellung einer Rangliste von Bewerbern anhand bereits bekannter Kriterien ist die Verlosung keine Rechtsanwendung mehr, sondern administrative Gestaltung, welche das Gericht nach dem Gewaltenteilungsprinzip (Art. 20 Abs. 2 S. 2 GG) weder vornehmen darf noch gar muss.[79]

27   Auch im Fall der sog. *Untätigkeitsklage* nach § 75 hat das Gericht die Pflicht, bei einer begehrten gebundenen Entscheidung durch eigene Ermittlungen die *Spruchreife* herzustellen (BVerwGE 12, 184, 186: Recht zur Spruchreifmachung). Dass die Behörde „das letzte Wort" noch nicht gesprochen hat, ist für die Spruchreifmachungs- und damit auch für die Amtsermittlungspflicht unerheblich. Gibt die Behörde durch Nichtbescheidung kund, dass sie (insbes. nach Fristsetzung, § 75 S. 3) nicht in der Lage oder nicht gewillt ist, den begehrten Verwaltungsakt zu erlassen, so ist es für den Kläger unzumutbar, nach Verschleppung durch die Behörde und dem weiteren Versuchen des Gerichts, eine Entscheidung herbeizuführen, erneut abzuwarten, bis die Behörde auf Anordnung des Gerichts (in einem etwaigen

---

73 Ähnl. *H. Schutzbach*, Spruchreife, 1964, 7.
74 S.a. *H. Schutzbach*, Spruchreife, 1964, 8.
75 So bspw. VG Aachen NVwZ 1987, 256, 258; ansonsten droht ihm teilweise Klageabweisung (→ § 113 Rn. 451).
76 S. aber *Kopp/Schenke* § 86 Rn. 8, der dies für unzulässig hält.
77 BVerwGE 69, 198, 201; *W. Berg*, FS Menger, 1985, 537, 545; weiter gehend aber *R. Zschacke*, NJW 1958, 1420, 1423.
78 BVerwGE 69, 198, 201; ähnl. *R. Zschacke*, NJW 1958, 1420.
79 Vgl. VGH Mannheim DVBl 1981, 1011. A.M. *H. J. Menzel*, NJW 1978, 26, 27.

Bescheidungsurteil) weitere langwierige Sachverhaltsermittlungen angestellt hat. Es entspricht vielmehr dem Gebot effektiven Rechtsschutzes (Art. 19 Abs. 4 GG), dass das Gericht selber feststellt, ob der Anspruch des Klägers gegeben ist; denn der Erlass eines *Bescheidungsurteils* ist nur unvollkommener Ersatz für eine Sachentscheidung. Ein solches kommt aus rechtsstaatlichen Gründen nur dort in Betracht, wo eine Spruchreifmachung unmöglich ist.[80] Die Spruchreife liegt nicht vor, wenn der Behörde für die begehrte Entscheidung ein *Entscheidungsspielraum* verbleibt, in den das Gericht nicht eingreifen darf. In diesen Fällen kann das Gericht wegen des Gewaltenteilungsprinzips keine Spruchreife herbeiführen und ist daher auch nicht verpflichtet, weitere Ermittlungen anzustellen.[81] Der wichtigste Fall der fehlenden Pflicht zur weiteren Amtsermittlung sind *Ermessensentscheidungen.*[82]

Dem Gebot, die Spruchreife herzustellen, korrespondiert das grundsätzliche *Verbot, die Sache an die* 28 *Behörde zurückzuverweisen.*[83] Dies folgt letztlich aus der organisatorischen und funktionellen Trennung von Verwaltung und Verwaltungsgerichtsbarkeit.[84] Für *Verpflichtungsklagen* folgt aus dem Zurückverweisungsverbot: Sind mehrere rechtliche Begründungen denkbar, welche die Ablehnung des beantragten Verwaltungsaktes rechtfertigen könnten, und greift nach Feststellung des Gerichts der von der Behörde angeführte Versagungsgrund nicht, so darf es die Behörde nicht lediglich anweisen, den begehrten Verwaltungsakt nicht aus dem inkriminierten Grund abzulehnen. Das Gericht hat vielmehr alle in Betracht kommenden Gründe selbst zu prüfen und in tatsächlicher Hinsicht aufzuklären. Es kann sich nicht mit der Aufhebung der Versagungsentscheidung begnügen und die weitere Aufklärung der Behörde übertragen.[85] *§ 113 Abs. 3 gilt ausschließlich für Anfechtungsklagen* (dahingestellt bei BVerwG DVBl 1995, 857, 858). Auch eine entsprechende Anwendung des § 113 Abs. 3 auf Verpflichtungsklagen kommt nicht in Betracht. Der Verweis auf die Entstehungsgeschichte geht insoweit fehl. § 125 Abs. 2 VwPO,[86] auf den sich diese Argumentation stützt, enthielt keine dem § 113 Abs. 3 vergleichbare Regelung.[87] § 125 Abs. 2 S. 1 VwPO entsprach inhaltlich dem § 113 Abs. 5 S. 2, während § 125 Abs. 2 S. 2 VwPO die Möglichkeit eines Bescheidungsurteils für den Fall vorsah, dass es wegen Art oder Umfang der erforderlichen Ermittlungen oder Berechnungen sachdienlich sei, die *Höhe der Leistung* im Verwaltungsverfahren festzusetzen. D.h. § 125 Abs. 2 VwPO bezog sich ausdrücklich nur auf Geldleistungen (wenn auch in der Begründung des Gesetzesentwurfs gefordert wurde, dass diese Regelung nicht auf Geldleistungen beschränkt werden sollte).[88] Demgegenüber enthielt schon § 124 Abs. 2 VwPO a.F. eine dem § 113 Abs. 3 inhaltlich entsprechende Regelung, beschränkt aber ausschließlich auf Anfechtungsklagen.

3. Grenzen der Amtsermittlungspflicht. Die Amtsermittlungspflicht des Gerichts gem. § 86 Abs. 1 S. 1 29 Hs. 1 ist keine grenzenlose. Zum einen lassen sich sachlich-gegenständliche Eingrenzungen benennen (→ Rn. 30–47); zum anderen ergeben sich Relativierungen hinsichtlich des Maßes der Sachverhaltsaufklärung (→ Rn. 48 ff.).

a) Sachlich-gegenständliche Grenzen. Die sachlich-gegenständlichen Begrenzungen der Amtsermitt- 30 lungspflicht betreffen im Wesentlichen:

- gesetzliche Restriktionen (→ Rn. 31–34);
- Präjudizien (→ Rn. 35–41);
- exekutive Beurteilungsspielräume (→ Rn. 42–47).

aa) Gesetzliche Einschränkungen der Amtsermittlungspflicht. Eine Relativierung der Amtsermitt- 31 lungspflicht lässt sich für die Fälle von *Schadensschätzungen* konstatieren. Insoweit gelangt über § 173

---

80 Zum letzteren ebenso BVerwGE 12, 186, 189, nicht ganz eindeutig BVerwG NVwZ 1991, 1180, 1181. A.M. VG Gießen NJW 1995, 2430, 2431.
81 Vgl. VGH Kassel NVwZ 82, 136, 138; *H. Schutzbach,* Spruchreife, 1964, 123; *R. Zschacke,* NJW 1958, 1420, 1422.
82 *R. Zschacke,* NJW 1958, 1420, 1423.
83 *J. Hüttenbrink,* in: Kuhla/Hüttenbrink/Endler E Rn. 156 (S. 334); *N. Wimmer,* in: Gärditz § 86 Rn. 28. A.M. offenbar BVerwG DVBl 1995, 857, 858.
84 Ähnl. *A. v. Mutius,* FS Menger, 1985, 575, 603.
85 BVerwG VerwRspr 12, 982, 983 und *H. Schutzbach,* Spruchreife, 1964, 110; *S. Leitherer,* in: Meyer-Ladewig/Keller/Leitherer § 103 Rn. 10 a. A.M. offenbar VGH Kassel ESVGH 21, 201, 207, dazu die Kritik *J. Rautenberg,* NJW 1955, 1545; ebenso a.M. auch VGH Mannheim NVwZ 1987, 66 für den Fall langwieriger Sachverhaltsermittlungen.
86 Vgl. Entwurf der Bundesregierung BT-Drs. 9/1851, 31 i.d.F. BT-Drs. 10/3437, 31.
87 So wohl aber auch *P. Stelkens,* NVwZ 1991, 209, 217.
88 Vgl. BT-Drs. 9/1851, 134; 10/3437, 134.

die Vorschrift des § 287 ZPO zur Anwendung.[89] Die Schätzung setzt aber immer voraus, dass das Gericht die Tatsachen, welche der Schätzung zugrunde gelegt werden, verlässlich feststellt.[90] Die Feststellung der Tatsachen, die der Schadensschätzung zugrunde gelegt werden, ist in den Urteilsgründen darzulegen. Nur so kann die Überprüfbarkeit der Schätzung gewährleistet werden.

32 Darüber hinaus können spezialgesetzliche Normierungen die Amtsermittlungspflicht begrenzen. Präklusionsvorschriften,[91] selbst falls sich ihre Wirkung auf das gerichtliche Verfahren erstreckt, zählen dazu allerdings nur indirekt, weil sie nicht die Ermittlung von Tatsachen, sondern deren Berücksichtigungsfähigkeit betreffen. Zu § 87 b Abs. 3 → Rn. 69.

33 § 36 Abs. 4 S. 2 AsylG reduziert das Gebot zur Amtsermittlung, indem er die Mitwirkungspflicht der Beteiligten steigert. Nach § 36 Abs. 4 S. 2 AsylG muss das Gericht Tatsachen und Beweismittel, die von dem Beteiligten nicht angegeben worden sind, unberücksichtigt lassen, wenn sie nicht gerichtsbekannt oder offenkundig sind.[92] Für das verwaltungsgerichtliche Verfahren resultiert aus § 36 Abs. 4 S. 2 AsylG das Verbot, in Eilverfahren weitere Auskünfte zu neuen Anhaltspunkten bzgl. der Entwicklungen im Herkunftsstaat des Asylbewerbers einzuholen, wenn dieser keine Tatsachen oder Beweismittel angegeben hat. Zu beachten ist aber, dass übereinstimmende Presseberichte das darin Berichtete zu allgemeinkundigen Tatsachen machen können.[93] Wenn der Asylsuchende den *Einreiseweg* über ein sicheres Drittland bestreitet, so ist damit zugleich bestritten, dass er nach Art. 16 a Abs. 2 GG vom Asylrecht ausgeschlossen ist. Solange sich das VG über diesen Punkt keine hinreichende Sicherheit verschafft hat, ist aber vom Schutz des Art. 16 a Abs. 1 GG auszugehen. Auch § 36 Abs. 4 S. 3 AsylG reduziert die Amtsermittlungspflicht, indem bestimmte vom Ausländer im Verwaltungsverfahren anzugebende Tatsachen unberücksichtigt bleiben können, wenn andernfalls die Entscheidung verzögert würde. Nur indirekt mit der Amtsermittlungspflicht hängen § 81 AsylG sowie der nach dessen Vorbild geschaffene § 92 Abs. 2 VwGO zusammen.[94] Nach § 81 Abs. 1 AsylG gilt die Klage in einem Asylstreitverfahren als zurückgenommen, wenn der Kläger trotz einer gerichtlichen Aufforderung das Verfahren länger als einen Monat nicht betreibt. Diese Norm, die noch weniger Voraussetzungen als § 92 Abs. 2 hat,[95] ist Ausfluss der besonderen Mitwirkungspflicht im Asylverfahren,[96] betrifft aber eher die Dispositionsmaxime als den Untersuchungsgrundsatz (zur Notwendigkeit der Trennung dieser Grundsätze → Rn. 4).[97] Sie stellt jedoch jedenfalls einen Fremdkörper im Verwaltungsprozess dar.[98] Als solche ist sie restriktiv zu interpretieren.[99] So greift die Rücknahmefiktion nur dann, wenn überhaupt kein „Betreiben“ der Klage vorliegt.[100]

34 Streitig ist die Ausschlusswirkung des § 82 AufenthG. Sie wird z.T. wegen Verstoßes gegen Art. 20 Abs. 3, Art. 3 Abs. 1 und 3 GG für verfassungswidrig gehalten.[101] Die durch die Vorschrift angeordnete *Präklusionswirkung* (Ausschluss verspäteten Vorbringens) erstreckt sich aber nicht auf das gerichtliche Verfahren und begrenzt daher die Amtsermittlungspflicht nicht.[102]

---

89 BVerwGE 35, 178, 182; 40, 308, 310; *Kopp/Schenke* § 108 Rn. 16.
90 BVerwGE 40, 308, 310; BVerwG Buchholz § 86 Abs. 3 VwGO Nr. 32; NJW 1995, 2303, 2306.
91 Bsp. bei *H. Schwan*, ThürVBl. 2015, 181, 182.
92 Eine i.Ü. terminologisch ungenaue Differenzierung, da offenkundige Tatsachen allgemeinkundige und gerichtskundige Tatsachen sind.
93 Zum Ganzen *K. Rennert*, DVBl 1994, 717, 722.
94 Zu diesen Normen VGH Kassel ESVGH 43, 184, 186; *J. Bergmann*, in: Bergmann/Dienelt, [11]2016, AsylG § 81 Rn. 4.
95 Dazu *K. Rennert*, in: Eyermann § 92 Rn. 13.
96 VG Darmstadt HessVGRspr 1994, 71, 72.
97 A.A. (Einschränkung des Amtsermittlungsgrundsatzes) *J. Bergmann*, in: Bergmann/Dienelt, [11]2016, AsylG § 81 Rn. 4; ähnl. VG Darmstadt HessVGRspr 1994, 71, 72.
98 *J. Bergmann*, in: Bergmann/Dienelt, [11]2016, AsylG § 81 Rn. 4.
99 BVerfG DVBl 1993, 1000, 1001 zu § 33 AsylVfG a.F.; VGH Kassel ESVGH 43, 184, 187; *K. Rennert*, DVBl 1994, 717, 723. Zu § 92 Abs. 2 ebenso *K. Rennert*, in: Eyermann § 92 Rn. 14.
100 *J. Bergmann*, in: Bergmann/Dienelt, [11]2016, AsylG § 81 Rn. 17; zu den Voraussetzungen, unter denen das Gericht ein „Betreiben“ der Klage für den Fall annehmen kann, in dem sich der Kläger zu einer ungenügenden Unterschrift unter einem bestimmten Schriftsatz nicht äußert vgl. VG Darmstadt HessVGRspr 1994, 71.
101 Ausf. zu verfassungsrechtlichen Bedenken vgl. *M. Funke-Kaiser*, in: Fritz/Vormeier, Aufenthaltsgesetz, Stand: August 2016, § 82 Rn. 7 ff.
102 Wie hier *G. Renner*, Verfahrensrechtliche Aspekte der Ausländerreform, in: Klaus Barwig/Bertold Huber/Klaus Lörcher u.a., Das neue Ausländerrecht, 1991, 263, 267; *K-C. Samel*, in: Bergmann/Dienelt, [11]2016, AufenthG § 82 Rn. 23. A.M. *J. v. Boeckel*, ZAR 1992, 166, 168.

bb) Präjudizielle Bindungswirkungen. Eine weitere *Grenze der Amtsermittlungspflicht* sind sog. *prä-* 35
judizielle Entscheidungen des entscheidenden Gerichts selbst. Hierunter fallen über § 173 VwGO
i.V.m. § 318 ZPO die von ihm selbst erlassenen *End- und Zwischenurteile.* Zwar entfalten Zwischenurteile über die *Zulässigkeit* (§ 109) über § 173 VwGO i.V.m. § 318 ZPO keine Bindungswirkung hinsichtlich einzelner Klagegründe (BVerwGE 60, 123, 125). Zwischenurteile über den *Grund* (§ 304
ZPO, § 111 VwGO) können dagegen Bindungswirkung zeitigen (BVerwGE 60, 123, 126). Da § 329
Abs. 1 S. 2 ZPO nicht auf § 318 ZPO verweist, haben *Beschlüsse* des Gerichts keine Bindungswirkung
(VGH Kassel NJW 1987, 1354 m.w.N.); hierzu gehören auch Beweisbeschlüsse.[103]

Die *Entscheidungen anderer Gerichte* können ebenfalls *Bindungswirkung* für das VG haben (insge- 36
samt → § 108 Rn. 55 ff.). So bindet bspw. die Nichtigerklärung einer Norm nach *§ 47 Abs. 6 S. 2* jedes Gericht. Nach *§ 130 Abs. 3* ist das VG ferner an die rechtliche Beurteilung der Berufungsentscheidung gebunden; *§ 144 Abs. 6* erklärt die rechtliche Beurteilung des Revisionsgerichts für bindend.

Auch Entscheidungen anderer Gerichte *außerhalb der Verwaltungsgerichtsbarkeit* können für die VG 37
bindend sein. So entfaltet nach *§ 17a Abs. 1 GVG* die Entscheidung über den Rechtsweg Bindungswirkung. Die Entscheidungen des BVerfG entfalten nach *§ 31 BVerfGG* Wirkung gegenüber jedermann. *Entscheidungen der Zivilgerichte* binden die VG i.R. ihrer Rechtskraftwirkung. Dies gilt insbes.
für die gerichtliche Vaterschaftsfeststellung nach *§ 1599 ff. BGB, § 182 FamFG* und für gerichtliche
Entscheidungen in Bezug auf Ehescheidungen nach *§ 1564 S. 2 BGB.* Nach *§ 57 Abs. 1 S. 1 BDG* sind
die Disziplinargerichte an die tatsächlichen Feststellungen im Straf- und Bußgeldverfahren gebunden.
Es besteht jedoch die Möglichkeit eines „Lösungsbeschlusses" nach § 57 Abs. 1 S. 2 BDG.[104] *Ent-*
scheidungen der Strafgerichte müssen i.d.R. keiner erneuten sachlichen Prüfung unterzogen werden,[105]
bei der Verwertung ist aber zu beachten, dass eine strikte Bindung an die dort getroffenen Feststellungen nicht besteht (BVerwG Buchholz § 24 AuslG Nr. 12).

Die Bindungswirkung von *§ 4 Abs. 3 S. 2 StVG* ist Gegenstand mehrerer Entscheidungen des BVerwG 38
gewesen.[106] Bei Bundeszentralregistereintragungen ist die Tilgungswirkung nach *§ 51 BZRG* zu beachten (vgl. aber dort die Ausnahmeklausel des § 52 Abs. 1 Nr. 4 BZRG, die etwa bei Beantragung
einer Zulassung zu einem Gewerbe oder bei geplanter Einstellung in den öffentlichen Dienst gilt).

Die Verwertung einer im *arbeitsgerichtlichen Verfahren* schriftlich fixierten Aussage eines Zeugen 39
auch im Verwaltungsprozess ist grds. zulässig (OVG Münster NWVBl 1989, 378, 380).

Vor der Verwertung von Erkenntnissen anderer Gerichte müssen die Beteiligten darauf hingewiesen 40
werden und Gelegenheit zur Stellungnahme erhalten (VGH Kassel ESVGH 43, 173, 176). An die Entscheidungen von *Behörden* sind die Gerichte grds. insoweit gebunden, als diesen nach materiellem
Recht ausnahmsweise eine Letztentscheidungskompetenz zukommen kann, bspw. hinsichtlich der Re-
gelungswirkungen nicht angefochtener Verwaltungsakte.[107] Grds. gilt insoweit aber, dass Art. 19
Abs. 4 GG *die Bindungswirkung bzgl. der von der Verwaltungsbehörde getroffenen Feststellungen*
ausschließt (BVerfGE 15, 275, 282; 78, 214, 226; 84, 34, 49).

Das BVerwG hat vereinzelt *Verwaltungsvorschriften* als *„antizipierte Sachverständigengutachten"* 41
qualifiziert, die wegen des in ihnen verkörperten Sachverstandes regelmäßig auch den Richter binden
sollen (BVerwGE 55, 250, 253 f. zur TA-Luft). Hierzu ist festzuhalten: Technische Richtlinien sind im
Verwaltungsstreitverfahren lediglich Informationsmöglichkeiten des Gerichts; sie sind kein Sachverständigengutachten. Gleichwohl können sie die Bedeutung von Erfahrungssätzen haben, sodass bei
fehlenden Anhaltspunkten für die Möglichkeit eines „atypischen", der Verwaltungsvorschrift widersprechenden Geschehensablaufes von weiteren Ermittlungsbemühungen des Gerichts abgesehen wer-

---

103 BVerwG Buchholz § 86 Abs. 1 VwGO Nr. 207; *N. Wimmer*, in: Gärditz § 86 Rn. 31.
104 Vgl. BVerwGE 73, 31, 32; *F. Knöpfle*, BayVBl 1982, 225, 230. Zu § 16 ThürDG BVerwG NVwZ-RR 2016, 428,
    432.
105 BVerwG NJW 1987, 1501, 1502.
106 Vgl. BVerwGE 80, 43, 48 ff. und BVerwG NJW 1995, 70. In diesen Entscheidungen ging es allerdings vorrangig um
    Fragen der Bindung der Verwaltungsbehörden an die strafgerichtlichen Entscheidungen.
107 Dazu *H. Geiger*, in: Eyermann § 86 Rn. 16; vgl. *Kopp/Schenke* § 86 Rn. 5; *H. Schwan*, ThürVBl. 2015, 181, 182;
    zum Baurecht BVerwGE 48, 271, 278; zur Bindungswirkung des „positiven vorläufigen Gesamturteils" atomrechtli-
    cher Teilgenehmigungen BVerwGE 72, 300, 308 f.; vgl. auch *F. Knöpfle*, BayVBl 1982, 225 ff. (zu § 18 Abs. 1 S. 2
    der früheren BDO).

den kann.[108] Dies ist aber nicht die Folge einer materiellen Bindungswirkung,[109] sondern Ausdruck der „Anscheinsbeweis"-Wirkung der Verwaltungsvorschrift.[110] Sofern Anhaltspunkte für abweichende Erkenntnisse vorliegen, muss das Gericht stets weitere Ermittlungen vornehmen.[111]

42   cc) **Exekutiver Beurteilungsspielraum.** *Ausnahmsweise* kommt schließlich eine Einschränkung der Amtsermittlungspflicht des Gerichts im Falle einer *exekutiven Beurteilungskompetenz* in Betracht.[112] Allerdings ist grds. von einer strikten Gesetzesbindung der Verwaltung auszugehen. Mit Art. 19 Abs. 4 GG ist dementsprechend unvereinbar eine Bindung der Gerichte an tatsächliche oder rechtliche Feststellungen der Verwaltung, die in dem Verfahren getroffen wurden, das zum mit dem Rechtsbehelf gerügten Verwaltungshandeln geführt hat. Dem korrespondiert eine prinzipiell vollständige gerichtliche Kontrolle (s.a. BVerfGE 64, 261, 279). Auch mit der besonderen Komplexität oder Dynamik einer geregelten Materie[113] kann eine pauschale Zurücknahme der fachgerichtlichen Prüfungsdichte nicht begründet werden (BVerfGE 88, 40, 58).

43   Indes schließt der lückenlose Rechtsschutz, den Art. 19 Abs. 4 GG gewährt,[114] „normativ eröffnete Gestaltungs-, Ermessens- und Beurteilungsspielräume der Verwaltung nicht von vornherein aus" (so BVerfGE 88, 40, 56 unter Bezugnahme auf BVerfGE 61, 82, 111; 84, 34, 50). Eine Begrenzung der gerichtlichen Kontrolle – und damit auch der verwaltungsgerichtlichen Amtsermittlungspflicht gem. § 86 Abs. 1 S. 1 Hs. 1 – kann folglich nur angenommen werden, wenn und soweit die Behörde durch das jeweilige Gesetz zur abschließenden Beurteilung ermächtigt worden ist (sog. normative Ermächtigungslehre).[115] Diese Beurteilungsermächtigungen beziehen sich aber nicht auf die Auslegung unbestimmter Rechtsbegriffe, sondern nur auf die sich an die Auslegung anschließenden Bewertungen.[116] Unter besonderer Berücksichtigung der Judikatur lassen sich die Konstellationen, in denen ein entsprechender exekutiver Beurteilungsspielraum diskutiert wird, wie folgt skizzieren:

44   *Prüfungsentscheidungen:* Seit dem Grundsatzurteil des BVerwG vom 25.4.1959 (BVerwGE 8, 272 ff.) wurde im Prüfungsrecht ein exekutiver Beurteilungsspielraum mit der Begründung anerkannt, es handele sich um fachlich-wissenschaftliche – im Schulbereich auch um pädagogische – Bewertungen, die Prüfungssituation sei meist nicht wiederholbar, und für nachträgliche gerichtliche Kontrolle im Einzelfall fehle der notwendige Vergleich mit den Prüfungsleistungen anderer Kandidaten. Die gerichtliche Kontrolle beschränke sich demgemäß darauf, ob der Prüfer die Verfahrensvorschrift eingehalten hatte, von einem zutreffenden Sachverhalt ausgegangen war, allgemein anerkannte Bewertungsmaßstäbe zugrundegelegt und sich nicht von sachfremden Erwägungen hatte leiten lassen. In zwei Grundsatzentscheidungen vom 17.4.1991 hat das BVerfG diese Rspr. für berufsbezogene Prüfungen als nicht in vollem Umfang mit Art. 12 Abs. 1, Art. 3 Abs. 1 und Art. 19 Abs. 4 GG für vereinbar erklärt (BVerfGE 84, 34 ff. und 59 ff.). Nach dieser Judikatur ist zwischen prüfungsspezifischen Wertungen, für die nach wie vor ein Bewertungsspielraum anerkannt werden könne, und fachwissenschaftlichen Richtigkeitskontrollen, für die eine solche exekutive Beurteilungskompetenz abzulehnen sei, zu unterscheiden. Die VG müssen deshalb fachliche Beurteilungen erforderlichenfalls unter Zuhilfenahme von Sachverständigen vollständig überprüfen.[117]

45   *(Weitere) Entscheidungen im Schulbereich:* Insbes.[118] im Blick auf das Tatbestandsmerkmal „besonderes pädagogisches Interesse" in Art. 7 Abs. 5 GG bei der Entscheidung über die Zulassung einer priva-

---

108   Hierzu *W. Berg*, FS Menger, 1985, 537, 547; ebenso *D. Czajka*, DÖV 1982, 99, 106; *A. Rittstieg*, NJW 1983, 1098, 1100.

109   *D. Czajka*, DÖV 1982, 99, 106.

110   *A. Rittstieg*, NJW 1983, 1098, 1100.

111   *D. Czajka*, DÖV 1982, 99, 106. Wie hier auch *G. Breunig*, in: BeckOK VwGO § 86 Rn. 42.1.

112   Dazu *N. Wimmer*, in: Gärditz § 86 Rn. 33 ff.

113   Zu diesbezüglichen „Funktionsgrenzen" der gerichtlichen Kontrolle BVerfGE 84, 34, 49 ff.; 116, 188, 191.

114   Dazu *H. Sendler*, DVBl 1994, 1089 f.

115   Zust. *G. Breunig*, in: BeckOK VwGO § 86 Rn. 34. Überblick über die Entwicklung des Diskussionsstandes etwa bei *Maurer*, Allgemeines Verwaltungsrecht, [18]2011, § 7 Rn. 31 ff.

116   BVerfGE 88, 40, 56; ebenso auch BVerwGE 91, 262, 265; OVG Münster NVwZ-RR 94, 585, 586; BVerfG NVwZ 2010, 435, 438 (Rn. 58). Daher handelt es sich auch nur im weiteren Sinne um Einschränkungen des Amtsermittlungsgrundsatzes: Nicht die Überprüfung der zugrunde gelegten Tatsachen wird ausgeschlossen, sondern deren abweichende Bewertung durch das Gericht.

117   Zu den ersten Reaktionen der verwaltungsgerichtlichen Judikatur etwa BVerwG DVBl 1993, 842, 848; OVG Münster DVBl 1992, 1049 ff., 1993, 58 ff.; vgl. auch OVG Münster NVwZ-RR 1994, 585, 586.

118   Zu weiteren Fällen vgl. etwa OVG Lüneburg OVGE 24, 327 ff. und VGH Kassel ESVGH 24, 225 ff.

ten Grundschule hat das BVerwG ebenfalls einen exekutiven Beurteilungsspielraum anerkannt (s. BVerwGE 75, 275 ff.). Auch dem ist das BVerfG entgegengetreten (BVerfGE 88, 40, 56 ff.). *Entscheidungen wertender Art durch weisungsfreie, mit Sachverständigen bzw. pluralistisch besetzte* 46 *Ausschüsse* (dazu etwa BVerwGE 12, 20 ff.; 59, 213 ff.; 62, 330, 337 ff.; 72, 195 ff.): Auch in diesem Bereich ist es zu einer gewissen Korrektur der verwaltungsgerichtlichen Rspr. (BVerwGE 39, 197, 203) durch das BVerfG gekommen. Im Blick auf die Entscheidungen der Bundesprüfstelle für jugendgefährdende Medien hat das BVerfG nunmehr eine eigenständige verwaltungsgerichtliche Prüfung hinsichtlich der Möglichkeit eines „schädlichen Einflusses" gefordert (BVerfGE 83, 130, 147). Dem ist das BVerwG zwar grds. gefolgt (BVerwGE 91, 211, 213), doch geht es davon aus, die Frage der Abwägung zwischen der Kunstfreiheit und den gefährdeten Rechtsgütern sei weiterhin der Entscheidungsprärogative der Bundesprüfstelle zugewiesen.[119]

Weitere Anwendungsbereiche betreffen z.B.: *Beamtenrechtliche Beurteilungen;*[120] *Prognoseentschei-* 47 *dungen und Risikobewertungen namentlich im Umwelt- und öffentlichen Wirtschaftsrecht;*[121] *Entscheidungen hinsichtlich Faktoren insbes. verwaltungspolitischer Art* (BVerwGE 26, 65, 77; 39, 291, 299) und *verteidigungspolitischer Art* (vgl. BVerwG DVBl 1995, 242, 244).

b) Zum Maß der gerichtlichen Amtsermittlungspflicht. Der in § 86 Abs. 1 S. 1 Hs. 1 statuierte Amts- 48 ermittlungsgrundsatz macht es dem Gericht zur Pflicht, den Sachverhalt „bis zur Grenze des Zumutbaren" aufzuklären.[122] Der Aufklärungspflicht des Gerichts sind also durch die *Zumutbarkeit* der Aufklärungsanstrengungen Grenzen gezogen.[123] Hierauf zielt auch die Formulierung des BVerfG, die Grenzen der verwaltungsgerichtlichen Kontrolle ergäben sich „aus der Natur der Sache" (BVerfGE 85, 36, 58). Das Verfassungsrecht und insbes. das jeweilige streitbefangene Grundrecht erfordern aber, dass die VG die von den Verwaltungsbehörden *angeführten Begründungen nachvollziehen,* *Streitpunkten* nach dem jeweils aktuellen Forschungsstand *nachgehen* und *etwaiges Vorbringen der Beteiligten würdigen* (BVerfGE 85, 36, 58; vgl. auch BVerfG NJW 1995, 2095, 2096). *Begründungswidersprüche* sind somit immer aufzuklären (BVerfGE 85, 36, 65). Die Aufklärungspflicht stößt jedoch dort an ihre natürliche Grenze, wo in Groß- oder Massenverfahren eine große Zahl komplexester Sachverhalts- und Rechtsfragen zu behandeln ist. Im Verfahren über die Genehmigung von Infrastruktur-Großprojekten kann bspw. kein VG alle denkbar problematischen Punkte vollständig von sich aus ermitteln, ohne die Grenzen seiner Kapazität zu überschreiten oder die Wirkung der Sachentscheidung in inhaltlicher oder zeitlicher Hinsicht zu gefährden. Deshalb wird sich das Gericht in diesen Fällen in erster Linie an den vorgetragenen Rügen ausrichten.[124]

Indes ist das Gericht nicht verpflichtet, in nicht durch entsprechendes Vorbringen oder andere konkre- 49 te Anhaltspunkte veranlasste Nachforschungen darüber einzutreten, ob vielleicht irgendein bisher nicht entdeckter Umstand auf die Rechtmäßigkeit des zu beurteilenden Verwaltungshandelns von Einfluss gewesen sein könnte (BVerwGE 66, 237, 238). Wann ein solcher „konkreter Anhaltspunkt" vorliegt, ist indes schwer zu bestimmen. Als Grundsatz kann gelten, dass ein Zuviel an Aufklärung nicht schadet. Nach Ansicht des BVerwG ist eine in der Rspr. „gelegentlich ausgesprochene Mahnung, die Tatsachengerichte sollten sich nicht ‚gleichsam ungefragt' auf Fehlersuche begeben", kein Rechtssatz, sondern „lediglich eine Maxime richterlichen Handelns", stellt also den Amtsermittlungsgrundsatz nicht infrage.[125] Solange noch Zweifel bestehen, die nicht nur ein generelles Unbehagen an der Rechtsproblematik oder eine von fallbezogenen Tatsachen abstrahierende Skrupulosität reflektieren,

---

119 BVerwGE 91, 211, 216; ebenso BVerwGE 91, 217, 222 – cold steel; 91, 223, 227 – Zärtliche Rituale; vgl. zum ganzen auch *J. Würkner/B. Kerst-Würkner,* NJW 1993, 1446.
120 S. etwa BVerwGE 21, 127 ff.; 60, 245 ff.; 61, 176, 185 f.; 80, 224, 225 f.; BVerwG DVBl 1991, 867; VGH Kassel HessVGRspr 1995, 63, 64.
121 Hierzu etwa BVerwGE 72, 300, 316 f.; 79, 208, 213 ff.; 81, 12, 17; 81, 195, 190 ff.; 82, 295, 299 ff.; *H. Gersdorf,* WiVerw 2016, 155, 158 ff.; *T. Jacob/M. Lau,* NVwZ 2015, 241, 243; *D. Mumm/H. Schattke,* DVBl 1982, 629, 630; *D. Czajka,* DÖV 1982, 99, 107.
122 BVerwGE 71, 38, 41; BVerwG NVwZ 2016, 308, 312; *R. Rothkegel,* NVwZ 1990, 717, 721; *J. Arntz,* DVBl 2008, 78 m.w.N.; *H. Schwan,* ThürVBl. 2015, 181, 182.
123 *Kopp/Schenke* § 86 Rn. 5; *J. Arntz,* DVBl 2008, 78.
124 Dazu *P. Jacob,* JuS 2011, 510, 512 f.
125 BVerwGE NVwZ 2010, 1026, 1031; 2007, 223. Eine solche Mahnung ist bspw. in BVerwGE 116, 188, 191 f. zu finden. Dazu ausf. *H. Schwan,* ThürVBl. 2015, 181, 183 ff. Zur Frage, ob eine ungefragte Fehlersuche auch geboten ist → Rn. 66 ff. Dazu auch *T. Mayen,* DVBl 2006, 1008, 1011.

muss das Gericht daher alle geeigneten Erkenntnismittel ausschöpfen.[126] Dies kann zwar, muss aber nicht im Wege einer Beweiserhebung stattfinden. Zu den Mitteln der Sachverhaltsaufklärung von Amts wegen zählt auch die informatorische Befragung der Beteiligten (vgl. §§ 86 Abs. 1 S. 1 Hs. 2, 87 Abs. 1 S. 2 Nr. 1 und 2).

50　Grds. gilt, dass die *Art und Weise* der gerichtlichen Sachverhaltsaufklärung in das *Ermessen* des Gerichts gestellt ist.[127] Reduziert wird dieses Ermessen aber in den Konstellationen, in denen das Gericht sich einen *unmittelbaren Eindruck* von der entscheidungserheblichen Tatsache verschaffen muss. Dies ist v.a. dann der Fall, wenn die entscheidungserhebliche Norm nicht eindeutig beschreibbare oder messbare Tatsachen als Voraussetzung der Entscheidung bestimmt, sondern einen *Eindruck* für rechtserheblich erklärt, den eine Tatsache auf andere macht. In diesen Fällen ist es erforderlich, dass das erkennende Gericht sich durch *Inaugenscheinnahme* selbst unmittelbar diesen Eindruck verschafft. Beispiele hierfür sind gerichtliche Entscheidungen hinsichtlich *Entstellungen* des Klägers, zur Verhältnismäßigkeit einer Beseitigungsverfügung oder einer Beeinträchtigungen des *Landschaftsbildes* im Baurecht.[128] Das Ermessen des Tatsachengerichtes zu entscheiden, ob es selbst für Aufklärung und Würdigung des Sachverhaltes die nötige Sachkunde besitzt, ist überschritten, wenn „es sich eine ihm unmöglich zur Verfügung stehende Sachkunde zuschreibt und sich nicht mehr in den Lebens- und Erkenntnisbereichen bewegt, die den ihm angehörenden Richtern allgemein zugänglich sind" oder wenn „seine Sachkunde ernstlich zweifelhaft ist" und es nicht dargelegt hat, „dass ihm das erforderliche Wissen in genügendem Maße zur Verfügung steht, oder wenn die Entscheidungsgründe sonst auf eine mangelnde Sachkunde schließen lassen".[129]

51　Im Übrigen sind im Hinblick auf die Modalitäten der Amtsermittlung folgende – noch näher zu behandelnde – Grundsätze zu beachten.

- Das Gericht ist nicht an das *Vorbringen der Beteiligten* gebunden (§ 86 Abs. 1 S. 2) → Rn. 78 ff.
- *Beweisanträge* der Beteiligten dürfen nur unter bestimmten Voraussetzungen abgelehnt werden (§ 86 Abs. 2) → Rn. 83 ff.). Die Pflicht zur Amtsermittlung geht zumindest soweit, wie die Pflicht reicht, einem in der mündlichen Verhandlung gestellten Beweisantrag entsprechen zu müssen.
- Die Amtsermittlungspflicht wird durch die *Hinweispflicht* nach § 86 Abs. 3 Alt. 3–5 ergänzt → Rn. 111 ff.

II. Amtsermittlung und verwaltungsprozessualer Eilrechtsschutz

52　Der Grundsatz der Amtsermittlung beherrscht den gesamten Verwaltungsprozess. Sein Geltungsanspruch erstreckt sich damit auch auf den *einstweiligen Rechtsschutz*. Dies gilt sowohl für das Verfahren gem. § 123[130] als auch für den Eilrechtsschutz gem. § 80.[131] Allerdings steht im Eilrechtsschutzverfahren der Amtsermittlungsgrundsatz in erhöhtem Maße in einem Spannungsverhältnis mit dem Anspruch auf effektiven Rechtsschutz.[132]

53　Im Anordnungsverfahren nach *§ 123* sind allerdings dessen Besonderheiten zu beachten. Hierbei ergibt sich namentlich folgendes Auslegungsdilemma: Nach § 123 Abs. 3 VwGO i.V.m. § 920 Abs. 2 ZPO hat der Antragsteller den *Anordnungsgrund* und den *Anordnungsanspruch* glaubhaft zu machen (vgl. auch § 294 ZPO). Wenn aber der Antragsteller die Voraussetzungen der einstweiligen Anordnung glaubhaft zu machen hat, so braucht das Gericht dem Grunde nach nichts mehr zu erforschen. Doch auch eine gegenläufige Argumentation ist denkbar: Wenn das Gericht die entscheidungserheblichen Tatsachen von Amts wegen erforscht bzw. zu erforschen hat, so ist der Anwendungsbereich des

---

126　BVerwG NVwZ-RR 1993, 38; *W. Berg*, FS Menger, 1985, 537, 545; *B. Thürmer*, in: Hübschmann/Hepp/Spitaler FGO § 76 Rn. 105 ff.

127　BVerwGE 2, 135, 136; BVerwG Buchholz 310 § 86 Abs. 1 VwGO Nr. 230; *Schmitt Glaeser/Horn* Rn. 542; krit. *H. Bürck*, DÖV 1982, 223.

128　Zur Entstellung BSG MDR 1994, 812, 813. Zur Beseitigungsverfügung BVerwG BauR 2007, 2039.

129　BVerwG 14.1.2016 – 7 B 19/15, juris Rn. 4 m.w.N.

130　OVG Bln DVBl 1977, 647; *M. Dombert*, in: *Finkelnburg/Dombert/Külpmann* Rn. 321 ff.; VGH Kassel ESVGH 26, 196, 199; VGH München NVwZ-RR 2001, 477.

131　Vgl. OVG Münster NVwZ-RR 1997, 759; OVG Münster AGS 2002, 60; *C. Külpmann*, in: *Finkelnburg/Dombert/ Külpmann* Rn. 914; *N. Wimmer*, in: Gärditz § 86 Rn. 41; ebenso Kopp/Schenke § 86 Rn. 2.

132　*H. Schwan*, ThürVBl. 2015, 181, 182.

§ 920 Abs. 2 ZPO im Bereich des Anordnungsverfahrens zurückgedrängt. Die VwGO gibt auf diese Fragen keine ausdrückliche Antwort.[133]

Bei der Lösung dieses Problems sind folgende grundsätzlichen Erwägungen zu beachten: Im Bereich des Anordnungsverfahrens trägt der Antragsteller (nach § 123 Abs. 3 VwGO i.V.m. § 920 Abs. 2 ZPO) die *Darlegungslast* (BVerfGE 51, 268, 286; VGH München DVBl 1982, 1012, 1014). Dies bedeutet jedoch nicht, dass das Erfordernis der *Glaubhaftmachung* eigene Ermittlungen des Gerichts nach § 86 ausschließen würde.[134] § 920 Abs. 2 ZPO bestimmt i.R. des verwaltungsgerichtlichen Anordnungsverfahrens einerseits die Aufforderung an den Antragsteller, die für die Entscheidung erforderlichen Beweismittel bereits gleichzeitig mit seinem Antrag vorzulegen, um so das Verfahren zu beschleunigen. [54]

Andererseits darf das Gericht wegen der grundsätzlichen Geltung des Untersuchungsgrundsatzes im Anordnungsverfahren den Eilantrag nicht mit der Begründung ablehnen, der Antragsteller habe die Voraussetzungen der begehrten einstweiligen Anordnung nicht glaubhaft gemacht. Der fehlende bzw. unzureichende Tatsachenvortrag oder die ungenügende Benennung von Beweismitteln geben im Anordnungsverfahren allerdings Anlass zu der weiteren Erwägung, ob das Gericht eigene Ermittlungen anstellen muss.[135] Bei dieser Entscheidung ist zu berücksichtigen, dass weitere Sachverhaltsermittlungen des Gerichts zwar die Wahrscheinlichkeit einer „gerechten" Entscheidung erhöhen können, dass aber im Anordnungsverfahren alsbald zu entscheiden ist. Das amtsermittlungsbedingte Hinauszögern einer Entscheidung im Eilverfahren kann aber gerade die vom Antragsteller befürchtete Beeinträchtigung seiner Rechte zur Folge haben. Die Entscheidung im Spannungsfeld der Anwendung des Untersuchungsgrundsatzes und der Pflicht zur Glaubhaftmachung hat also aufgrund einer Abwägung zwischen dem etwaigen Nutzen weiterer Amtsermittlungstätigkeit des Gerichts und den durch die Dauer der Entscheidung für den Antragsteller möglicherweise entstehenden Benachteiligungen stattzufinden. Hierbei ist insbes. auch die Schwere der drohenden Rechtsbeeinträchtigungen zu berücksichtigen.[136] [55]

Im Übrigen ist im Anordnungsverfahren die *gesteigerte Mitwirkungspflicht* des Antragstellers zu beachten:[137] Legt er eine entscheidungserhebliche Tatsache (auf Aufforderung des Gerichts) nicht dar oder versäumt er es, entsprechende Beweismittel, die i.R. einer Glaubhaftmachung ausreichen würden, vorzulegen, so besteht auch für das Gericht kein Anlass, den Sachverhalt durch eigene Ermittlungen weiter aufzuklären. Es kann dann vom Erlass einer einstweiligen Anordnung absehen. [56]

Wenn andererseits die Tatsachen nur glaubhaft zu machen sind, d.h., wenn ihr Vorliegen nur wahrscheinlich sein muss, so kann das Gericht, wenn der Antragsteller seiner Mitwirkungspflicht in ausreichendem Maße nachgekommen ist und die vom Gesetz (§ 123 Abs. 3) verlangte Darlegung der Wahrscheinlichkeit erbracht hat, die begehrte Entscheidung erlassen. Es ist dann nicht mehr zu weiteren amtswegigen Ermittlungen gezwungen mit dem Ziel, den vollen Beweis der entscheidungserheblichen Tatsachen zu erbringen. [57]

Im Verfahren des einstweiligen Rechtsschutzes gem. *§ 80 Abs. 5* trifft den Antragsteller keine Verpflichtung zur Glaubhaftmachung; eine entsprechende Verweisung auf § 920 Abs. 2 ZPO fehlt hier.[138] Im Anwendungsbereich des Aussetzungsverfahrens nach § 80 Abs. 5 ist allerdings folgender Umstand zu beachten: Reichen die vom Antragsteller vorgebrachten Tatsachen und Beweismittel nicht aus, um weitere Ermittlungen des Gerichts entbehrlich zu machen, so sind die Erfolgsaussichten in der Hauptsache nicht offensichtlich. Entscheidungserheblich ist dann ggf. allein eine Interessenabwägung.[139] In dieser Situation verlangt die Mitwirkungsobliegenheit des § 86 Abs. 1 S. 1 Hs. 2 vom Antragsteller, seinen Antrag mit hinreichendem Tatsachenvortrag und Beweismittelbenennung zu stützen. Einer analogen Anwendung des § 920 Abs. 2 ZPO i.R. des Aussetzungsverfahrens nach 80 Abs. 5 bedarf es deshalb nicht.[140] Der Antragsteller muss also die Tatsachen vortragen, und hierfür ggf. Beweis anbieten, [58]

---

133 Zum Ganzen B. *Burkholz*, Untersuchungsgrundsatz, 1988, 17
134 Vgl. *Kopp/Schenke* § 123 Rn. 32.
135 Zust. G. *Breunig*, in: BeckOK VwGO § 86 Rn. 11.
136 Vgl. B. *Burkholz*, Untersuchungsgrundsatz, 1988, 86 ff.
137 P. *Jacob*, JuS 2011, 510, 513.
138 BVerfGE 51, 268, 286. A.M. OVG Bln DVBl 1992, 286, 287; unklar M. *Redeker*, in: Redeker/v. Oertzen § 80 Rn. 52 („ ... genügt aber die Glaubhaftmachung ..." – hier wird offenbar die *Möglichkeit* der Glaubhaftmachung bejaht und eine *Pflicht* zur Glaubhaftmachung verneint).
139 Vgl. B. *Burkholz*, Untersuchungsgrundsatz, 1988, 165.
140 Vgl. auch B. *Burkholz*, Untersuchungsgrundsatz, 1988, 106 f.

aus denen sich sein Interesse am Aufschub der Vollziehung des Verwaltungsaktes ergibt. Folgt hieraus noch nicht das Überwiegen des Vollziehungs- bzw. des Aussetzungsinteresses, so ist das Gericht aufgrund des Untersuchungsgrundsatzes gem. § 86 Abs. 1 S. 1 Hs. 1 zu weiterer Aufklärung verpflichtet. Je bedeutender indes die gefährdeten Rechtsgüter für den Antragsteller sind, desto eher verbietet sich eine zeitaufwändige Sachverhaltserforschung von Amts wegen. Wenn und soweit eine langwierige Aufklärungstätigkeit zu einer Verletzung der Rechte des Antragstellers durch bloßen Zeitablauf führen würde, muss das Gericht von einer solchen Sachverhaltsermittlung absehen und die aufschiebende Wirkung unter der Voraussetzung anordnen, dass die summarische Prüfung und Würdigung der vom Antragsteller vorgebrachten Tatsachen und Beweismittel eine Verletzung wichtiger Rechtsgüter hinreichend wahrscheinlich macht.

III. Folgen fehlerhafter Amtsermittlung

59   Die Verletzung der Aufklärungspflicht aus § 86 Abs. 1 S. 1 ist ein die sog. *„Verfahrensrevision"* rechtfertigender Verfahrensmangel i.S.d. § 132 Abs. 2 Nr. 3.[141] Eine unzureichende Sachverhaltsaufklärung liegt aber nur dann vor, wenn der nicht aufgeklärte Sachverhalt auch nach Ansicht des erkennenden Gerichts entscheidungserheblich gewesen wäre.[142] Das BVerwG erkennt die Möglichkeit einer Verfahrensrevisionsrüge nur unter einschränkenden Voraussetzungen an: Danach ist die Rüge der Nichterfüllung der Aufklärungspflicht nur dann zulässig, wenn die Beteiligten im Verfahren entsprechende substantiierte Beweisanträge gestellt haben oder zumindest auf die Notwendigkeit weiterer Sachaufklärung gedrängt bzw. hingewiesen haben oder sich dem Gericht die Notwendigkeit weiterer Sachaufklärungen *aufdrängen* musste.[143] Voraussetzung der Verfahrensrüge ist jedoch, dass das Beweisantragsrecht nicht nach § 87b Abs. 2 Nr. 1, Abs. 3 verwirkt wurde. Die Nichtberücksichtigung sachlich erheblicher Beweisanträge verletzt das Recht der Beteiligten auf rechtliches Gehör nach Art. 103 Abs. 1 GG, „wenn sie im Prozessrecht keine Stütze mehr findet."[144]

D. Die Mitwirkungsobliegenheit der Beteiligten gem. § 86 Abs. 1 S. 1 Hs. 2

I. Zum grundsätzlichen Verhältnis von Amtsermittlungspflicht des Gerichts und Mitwirkungsobliegenheit der Beteiligten

60   1. Amtsermittlungspflicht und Mitwirkungsobliegenheit im Regelungssystem des § 86 Abs. 1 S. 1. Grds. schließt die Untersuchungsmaxime Dispositionsakte der Verfahrensbeteiligten und die Abhängigkeit der gerichtlichen Sachaufklärung vom Parteivortrag aus.[145] Dennoch gilt, was das BVerwG in seiner Judikatur mehrfach hervorgehoben hat: „Will ein Prozessbeteiligter nicht Gefahr laufen, dass die Ungewissheit über eine Tatsache, die nach Erschöpfen der dem Gericht bekannten Erkenntnismöglichkeiten verbleibt, zu seinen Lasten geht, so muss er auch in einem Verfahren, das vom Untersuchungsgrundsatz beherrscht wird, die nur ihm bekannten Tatsachen und Erkenntnismöglichkeiten dem Gericht mitteilen".[146]

61   Idealtypisch betrachtet gibt es zwei Möglichkeiten, mit denen der Prozessordnungsgesetzgeber richterliche Amtsermittlungstätigkeit und sachverhaltsaufklärende Parteiaktivität einander zuordnen kann: Einerseits ist denkbar, dass die Aufklärungspflicht einer Prozesspartei an die richterliche Aufklärungstätigkeit anknüpft; andererseits kann die amtswegige Sachaufklärung in den Rahmen eines vorgegebenen Systems von Risikozuweisungen und Parteipflichten eingebunden sein.[147] Die VwGO ist ihrer all-

---

141   *Kopp/Schenke* § 132 Rn. 21.
142   BVerwG NVwZ 1993, 572, 576; Buchholz § 86 Abs. 1 VwGO Nr. 197, 153; Buchholz 418.00 Nr. 60; *S. Leitherer*, in: Meyer-Ladewig/Keller/Leitherer § 103 Rn. 4 a; *J. Arntz*, DVBl 2008, 78, 80 f.
143   BVerwGE 57, 55, 57; 74, 222, 224; BVerwG NVwZ 1993, 62, 63; 1993, 268; NVwZ-RR 1993, 330, 331; NVwZ 2008, 230; 14.1.2016 – 7 B 19/15, juris Rn. 4; *N. Wimmer*, in: Gärditz § 86 Rn. 20.
144   BVerwG NVwZ 2008, 230; NVwZ-RR 2014, 887, 888; 2016, 428, 431; BVerfGE 50, 32, 36; 60, 250, 252; 65, 305, 307; 69, 141, 144; BVerfG NJW 1993, 254.
145   I.d.S. etwa *C. Pestalozza*, in: Verwaltungsverfahren. FS zum 50-jährigen Bestehen des Richard-Boorberg-Verlages, 1977, 185, 186; *J. Martens*, Verwaltungsvorschriften zur Beschränkung der Sachverhaltsermittlung, 1980, 70 Tz. 59.
146   BVerwGE 19, 87, 94; 26, 30, 31; Buchholz 310 § 86 Abs. 1 VwGO Nr. 82 und Nr. 88.
147   Dazu grundlegend *R. Stürner*, Die Aufklärungspflicht der Parteien des Zivilprozesses, 1976, 62 ff.

gemeinen Grundstruktur nach, v.a. aber ausweislich der besonderen Regelung des § 86 Abs. 1 eindeutig als „Richterprozess" ausgestaltet, in dem die Aufklärungspflicht der Parteien nicht einem Bereich vorgeformter Parteipflichten zugeordnet ist, sondern in einem systematischen Zusammenhang mit der richterlichen Aufklärungstätigkeit und der amtswegen Beweiserhebung steht. Hierin unterscheidet er sich deutlich vom Zivilprozess.[148]

Der in § 86 Abs. 1 S. 1 Hs. 1 statuierte Untersuchungsgrundsatz verweist auf das Gericht als dasjenige   62
Verfahrenssubjekt, das als „Herr des Verfahrens"[149] mit der Sachverhaltsermittlung aktiv befasst ist und lediglich die Aufklärungsbeiträge der Beteiligten aufnimmt. Nach § 86 Abs. 1 S. 1 sind die Beteiligten *bei* der Amtsermittlung heranzuziehen.[150] Demgemäß hat der Vorsitzende nach § 86 Abs. 3 etwa darauf hinzuwirken, dass ungenügende tatsächliche Angaben ergänzt und alle für die Feststellung und Beurteilung des Sachverhalts wesentlichen Erklärungen abgegeben werden (→ Rn. 116 ff.). In dieser Perspektive wird deutlich, dass die Mitwirkung der Beteiligten ein Aufklärungs- bzw. Beweismittel ist, dessen sich das VG zur Erfüllung *seiner* Amtsermittlungspflicht bedient.[151] Die Parteienmitwirkung ist somit Bestandteil der amtswegigen Sachverhaltsaufklärung; der Mitwirkungs-„Pflichtige" erscheint somit als „Erforschungsgehilfe" des Richters.[152]

Die Mitwirkungsobliegenheit der Parteien ist dementsprechend keine eigenständige Sachaufklärungs-   63
pflicht, sondern unselbständiges Element der gerichtlichen Sacherforschungspflicht.[153] Auch in diesem Zusammenhang erweist sich wieder (→ Rn. 7 f.), dass die spezifische positiv-rechtliche Ausgestaltung primärer Anknüpfungspunkt der Konkretisierungsarbeit zu sein hat, nicht aber typologische Maximen-Argumente (→ Rn. 6). Wenig hilfreich sind deshalb auch Versuche, mit Begriffen wie „Kooperationsmaxime" oder „Untersuchungsverhandlungsgrundsatz" neue Erklärungsmuster einzuführen.[154]

Die Vorschrift des § 86 Abs. 1 S. 1 Hs. 2 statuiert nach allem eine prozessuale *Mitwirkungsobliegen-*   64
heit[155] bzw. *Mitwirkungslast.* Der Begriff der prozessualen Obliegenheit oder Last verweist dabei auf den Umstand, dass bei Nichterfüllung der Mitwirkung ein bestimmter Nachteil eintreten kann, ohne dass die Mitwirkung als solche erzwungen werden könnte (zur Terminologie s.a. OVG Koblenz AS 20, 343, 347 f.). Die damit im eigenen Interesse der Beteiligten positivierte Aufklärungs-„Pflicht" ist zugleich Ausdruck des Grundsatzes des rechtlichen Gehörs i.S.v. Art. 103 Abs. 1 GG.[156] Auf seinen unterschiedlichen Realisierungsstufen beinhaltet die grundrechtsgleiche Gewährleistung nicht nur einen Anspruch auf Information und Stellungnahme, sondern auch auf Berücksichtigung (→ § 108 Rn. 186).[157]

So betrachtet, schränken Tatsachenvortrag und Beweisanträge der Beteiligten nicht nur die Amtsauf-   65
klärungspflicht des Gerichts nicht ein, sondern erweitern sie sogar.[158] Die gerichtliche Amtsermittlung stößt auf strukturelle Grenzen des prozessökonomischen Erkenntnisvermögens, wenn sich die Parteien in ihrem Sachvortrag passiv verhalten und dem Gericht keine Anhaltspunkte für eine weitere Erforschung des Sachverhaltes vorliegen.[159] Andererseits können die Parteien dem Richter durch ihren Vortrag bzw. durch Beweisantritte neue Erkenntnismöglichkeiten erschließen und damit die Amtsermittlungspflicht ggf. (erneut) aktivieren.[160]

---

148 S.a. *M. Nierhaus*, Beweislast, 1989, 277; *R. Stürner*, Die Aufklärungspflicht der Parteien des Zivilprozesses, 1976, 62 ff.
149 *H. Schumann*, DStZ 1986, 583, 584.
150 S.a. *G. Lüke/H. Schröder*, JuS 1961, 43.
151 *N. Wimmer*, in: Gärditz § 86 Rn. 43.
152 Hierzu *R. Eder*, DStZ 1975, 357; *B. Kropshofer*, Untersuchungsgrundsatz, 1981, 34; *M. Nierhaus*, Beweislast, 1989, 277 f.
153 *M. Nierhaus*, Beweislast, 1989, 278.
154 S. etwa *K. A. Bettermann*, ZZP 91 (1978), 365, 389 ff.; *R. Naumann*, Der Verfahrensgrundsatz im Prozess um Verwaltungsprivatrecht. Versuch zu einem Untersuchungsverhandlungsgrundsatz, 1972.
155 So auch BVerwG NVwZ 1985, 36, 37; OVG NRW 23.5.2011 – 12 A 149/10, juris Rn. 7; *N. Wimmer*, in: Gärditz § 86 Rn. 42; anders („Mitwirkungspflicht") BVerwG GewArch 1995, 152, 154.
156 S.a. *B. Kropshofer*, Untersuchungsgrundsatz, 1981, 62.
157 S.a. *F.-L. Knemeyer*, HdbStR VIII, ³2010, § 178 Rn. 28 ff.; *H. Rüping*, in: BK Art. 103 Abs. 1 Rn. 77, Rn. 84, 108; *E. Schmidt-Aßmann*, in: Maunz/Dürig Art. 103 Abs. 1 Rn. 69 ff.; s.a. BVerfG NJW 1995, 2095, 2096.
158 S.a. *J. Arntz*, DVBl 2008, 78, 79.
159 Zur Mitwirkungspflicht der Beteiligten im Denkmalschutzrecht OVG Greifswald 8.1.2008 – 3 L 155/07 NordÖR 2008, 243 (LS).
160 I.d.S. auch *M. Nierhaus*, Beweislast, 1989, 278 f.; *J. Arntz*, DVBl 2008, 78, 79.

66 **2. Der „Anfang-Ende-Satz" des BVerwG.** Vor dem soeben skizzierten Hintergrund begegnet die bundesverwaltungsgerichtliche Rspr. zu den Mitwirkungsobliegenheiten der Beteiligten Bedenken. Sie wird in der Tendenz durch eine *Aufweichung des Amtsermittlungsprinzips* geprägt.[161] Die Judikatur hat die Mitwirkungs„pflichten" gem. § 86 Abs. 1 S. 1 Hs. 2 weit in den Anwendungsbereich des § 86 Abs. 1 S. 1 Hs. 1 ausgedehnt und damit die richterliche Amtsermittlungspflicht erheblich relativiert.[162] Paradigmatisch für diese Position ist die vielfach vertretene These, die Verpflichtung des Gerichts zur Erforschung des Sachverhalts ende dort, wo die Partei ihrer Obliegenheit zur Mitwirkung am Rechtsstreit nicht nachkomme.[163] Dieser äußerst umstrittene[164] „Anfang-Ende-Satz"[165] führt in der bundesverwaltungsgerichtlichen Judikatur zu der prozessualen Konsequenz, dass der Kläger die aus seiner nicht erfüllten Mitwirkungsverpflichtung entstehenden nachteiligen Rechtsfolgen zu tragen hat (s. etwa BVerwG Buchholz 310 § 86 Abs. 1 VwGO Nr. 116 [S. 15]). Indes bleibt der Kläger, der seinen Mitwirkungsobliegenheiten nicht nachkommt, dem Gericht nichts „schuldig"[166] in dem Sinne, dass das Gericht auf die Nichterfüllung eines entsprechenden „Anspruchs" mit der Selbstbeschränkung seiner Amtsermittlungspflicht reagieren dürfte. Das Gebot, den Sachverhalt von Amts wegen zu erforschen, steht nicht unter einer auflösenden Bedingung. Die gerichtliche Amtsermittlungspflicht endet deshalb auch nicht bereits dann, wenn der Kläger Umstände, zu denen er sich äußern könnte, nicht vorträgt.[167] Dies gilt auch in dem Fall, in dem ein Beteiligter mit Nichtwissen bestreitet und die Rspr. eine Substantiierungslast der Zweifel in Form „nachvollziehbarer Gründe" fordert (BVerwG NVwZ 2008, 230). Zwar besteht grds. ein Interesse an einer Grenzziehung zwischen pauschalem Behaupten bzw. Bestreiten und notwendiger Sachverhaltsaufklärung. Der Amtsermittlungspflicht genügt aber ein klägerischer Vortrag, der nach der allgemeinen Lebenserfahrung nicht unwahrscheinlich klingt (→ Rn. 16). Für den Fall des Bestreitens mit Nichtwissen folgt daraus, dass keine überspannten Anforderungen an eine Substantiierungspflicht des Bestreitenden gestellt werden dürfen. Dies würde i.E. zu einer weiteren Aufweichung der Amtsermittlungspflicht führen. Auch nach der Rspr. des BVerwG dürfen keine „überzogenen Anforderungen an die Substanz des Vorbringens" gestellt werden, die dazu führen, dass sich das Gericht „einer sachlichen Auseinandersetzung mit den vorgetragenen Argumenten entzieht".[168] Auch hat bspw. die fehlende Mitwirkung der Beteiligten bei der Feststellung ausländischen Rechts (→ Rn. 20 ff.) nicht etwa zur Folge, dass das Gericht keine weiteren eigenen Ermittlungen vorzunehmen hätte. Aus ihr resultiert lediglich, dass die Beteiligten als Auskunftsquelle ausfallen, weitere Ermittlungsanstrengungen des Gerichts jedoch indiziert sind.[169] Zumindest setzt der Verzicht auf weitere eigene Ermittlungen voraus, dass das Gericht den Kläger zuvor gem. § 86 Abs. 3 zu einer Ergänzung seines Vortrages auffordert. Dies wird durch die Regelung des § 108 Abs. 2 unterstrichen. Ebenso wenig, wie eine Entscheidung auf Tatsachen beruhen darf, zu denen sich die Beteiligten nicht äußern konnten, darf sie auf das Fehlen von Umständen gestützt werden, die der Kläger unter Um-

---

161　S.a. die Wertung bei *M. Nierhaus*, Beweislast, 1989, 338.

162　Vgl. *K. Redeker*, DVBl 1981, 85

163　BVerwGE 16, 241, 245; 19, 87, 94; 26, 30; 66, 237, 238; 109, 174, 177 f.; 145, 354, 167; BVerwG Buchholz 427.3 § 339 LAG Nr. 81; DÖV 1983, 207 m.w.N.; NVwZ 1987, 404, 405; ebenso OVG Bautzen 28.4.2015 – 5 A 8/12; Kritik bei *S. Martin*, BB 1986, 1021, 1025; *W. Berg*, Verwaltungsrechtliche Entscheidung, 1980, 52.

164　Zust. etwa: *A. Baltzer*, NJW 1967, 1551; *G. Breunig*, in: BeckOK VwGO § 86 Rn. 47; *F. Haneisen*, NJW 1966, 765; *F. Ossenbühl*, DVBl 1978, 4; *J. Schmidt*, FS Maunz, 1981, 297, 310; *F. Kopp*, Verfassungsrecht und Verwaltungsverfahrensrecht, 1971, 36; *W. Ohlms*, Die Beweislast und die Verantwortung für die Aufklärung der Besteuerungsgrundlagen, 1968, 36. Abl. u.a.: *K. A. Bettermann*, Verhandlungen des 46. DJT, 1967, Bd. II, E 26, 30 ff.; *R. Eder*, DStZ 1975, 356, 357; *C.-F. Menger*, VerwArch 55 (1964), 376, 388 ff.; *C. Pestalozza*, in: Verwaltungsverfahren. FS zum 50-jährigen Bestehen des Richard-Boorberg-Verlags, 1977, 185, 192; *B. Kropshofer*, Untersuchungsgrundsatz, 1981, 39 ff.; *W. Bernhardt*, JR 1966, 322, 325; *H. Zapf*, Beweislast und Beweisführungslast im Steuerprozess, 1976, 21 f. Ablehnend für das Verfahren der Finanzbehörden m. ausf. Begr. *H. Söhn*, in: Hübschmann/Hepp/Spitaler AO § 88 Rn. 92 ff., Rn. 100.

165　So *K. A. Bettermann*, in: Verhandlungen des 46. DJT, 1967, Bd. II, E 26, 33; dazu auch *M. Kaufmann*, Untersuchungsgrundsatz, 2002, 361 f.

166　Formulierung in BVerwGE 66, 237, 239; BVerwG Buchholz § 86 Abs. 1 VwGO Nr. 136.

167　Anders aber BVerwG NVwZ 1994, 1123, 1124; 2008, 230; wie hier *F. Baur*, in: Weber, Rechtsschutz im Sozialrecht, 1965, 35, 45; ähnl. wie hier BFH BB 1995, 1236, 1237.

168　BVerwG Buchholz 310 § 108 Abs 2 VwGO Nr 91.

169　Vgl. *L. Fastrich*, ZZP 97 (1984), 423, 426.

ständen doch hätte vortragen können, wenn ihm bewusst gewesen wäre, dass das Gericht seine Entscheidung auf deren Nichtvorhandensein stützen will.[170]

Das BVerwG hat allerdings in der Vergangenheit die Akzente anders gesetzt: Die gerichtliche Aufklärungspflicht beinhalte nicht, zugunsten eines Verfahrensbeteiligten „in nicht durch entsprechendes Vorbringen oder andere konkrete Anhaltspunkte veranlasste Nachforschungen darüber einzutreten, ob vielleicht irgendein bisher nicht entdeckter Umstand auf die Rechtmäßigkeit des zu beurteilenden Verwaltungshandelns von Einfluss sein könnte".[171] Dazu, dass solche Nachforschungen nach der neueren, einschränkenden Rspr. des BVerwG trotzdem möglich sind → Rn. 49. Auf der gleichen Linie liegen auch solche Judikate, in denen die Mitwirkungsobliegenheit des Klägers auf solche Tatsachen beschränkt wird, die in seiner Sphäre bzw. in seinem Erkenntnisbereich liegen.[172] 67

Eine abschließende Wertung legt eine „Verabschiedung" des zumindest missverständlichen Anfang-Ende-Satzes, der die Möglichkeit einer Dispositionsmacht der Partei über den Umfang der Aufklärungspflicht des Gerichts andeutet, nahe.[173] Eine sach- und problemadäquate Zuordnung von Aufklärungspflicht und Mitwirkungslast – also von Hs. 1 und Hs. 2 des § 86 Abs. 1 S. 1 – lässt sich nach allem in die Formel fassen, dass „die Aufklärungspflicht des Gerichts dort endet, wo die Beteiligten in Kenntnis entscheidungsrelevanter Umstände, die für das Gericht auch bei sorgfältiger Erforschung des Sachverhalts nicht ersichtlich waren, ihre Mitwirkung unterlassen".[174] Darüber hinaus muss zwischen der Verweigerung, der Mitwirkungsobliegenheit nachzukommen, und dem Aufklärungsdefizit ein Kausalzusammenhang in dem Sinne bestehen, dass gerade infolge der mangelhaften Mitwirkung die Erforschung des Sachverhaltes erheblich erschwert worden ist (→ Rn. 73).[175] 68

II. Folgen der Verletzung der Mitwirkungslast

Es gehört zu den alltäglichen Erfahrungen aus der Praxis des Verwaltungsprozessrechts, dass Prozessbeteiligte ihrer Mitwirkungslast bei der Sachverhaltserforschung nicht oder nicht hinreichend nachkommen. Die Frage nach den *prozessualen Konsequenzen* eines solchen Verhaltens liegt damit auf der Hand. Mehrere Antworten sind insoweit denkbar: Zunächst könnte erwogen werden, dass ein Verstoß gegen die Mitwirkungsobliegenheit zu einem *Einwendungsausschluss* im verwaltungsgerichtlichen Verfahren (materielle Präklusion) führt. Dies ist indes *nicht* der Fall. Zwischen materieller Präklusion und der Mitwirkungslast gem. § 86 Abs. 1 S. 1 Hs. 2 bestehen erhebliche Unterschiede. Insbes. bezeichnet die letztere nicht einen „Verwirkungs"-Tatbestand; außerdem betrifft die Präklusion nicht unmittelbar die Sachverhaltsermittlung, sondern die materielle Rechtslage.[176] Mitwirkungspassives Verhalten der Beteiligten hat i.d.R. auch nicht die formelle Präklusion zur Folge.[177] § 87b Abs. 3 und die dort vorgesehene Möglichkeit, verspätetes Vorbringen und zu spät bezeichnete Beweismittel zurückzuweisen, ist keine Durchbrechung der Untersuchungsmaxime,[178] sondern markiert vielmehr lediglich die Grenzlinie zwischen einer erschöpfenden gerichtlichen Sachverhaltsaufklärung und den systembedingten Kapazitätsgrenzen. Insbes. § 87b Abs. 3 S. 3 macht deutlich, dass damit keine Durchbrechung der Untersuchungsmaxime statuiert wird.[179] 69

Auch eine denkbare zweite Reaktion auf mangelnde Beteiligtenmitwirkung, nämlich eine *Reduzierung des Beweismaßes, scheidet aus*. Jeder Versuch, das Regelbeweismaß der Überzeugungsgewissheit im Blick auf eine unzureichende Erfüllung von Mitwirkungsobliegenheiten generell herabzusetzen, ist schon wegen Verstoßes gegen die Regelung des § 108 Abs. 1 VwGO unzulässig.[180] 70

---

170 Restriktiver BVerwGE 66, 237, 239: „ ... *ggf.* nach Aufforderung ... ".

171 BVerwG Buchholz 310 § 86 Abs. 1 VwGO Nr. 129.

172 „Sphäre": BVerwG Buchholz 402.24 § 28 AuslG Nr. 44; Buchholz 402.242 § 60 Abs. 2 ff. AufenthG Nr. 31. „Erkenntnisbereich": BVerwG Buchholz 310 § 86 Abs. 1 VwGO Nr. 109; beides in BVerwG NVwZ 1987, 404, 405; 2013, 1160, 1162.

173 So *M. Nierhaus*, Beweislast, 1989, 341.

174 So *W.-R. Schenke*, in: BK Art. 19 Abs. 4 Rn. 140; zust. *M. Nierhaus*, Beweislast, 1989, 341.

175 Dazu *M. Nierhaus*, Beweislast, 1989, 480 f.

176 Näher zum Problemkreis *M. Nierhaus*, Beweislast, 1989, 319 ff.

177 S.a. *F. Hufen*, Verwaltungsprozessrecht, [10]2016, § 36 Rn. 16.

178 Vgl. auch VGH Mannheim NVwZ 1995, Beilage 6, 44, 45. Anders *H. Geiger*, in: Eyermann § 87b Rn. 4.

179 Zur Präklusionswirkung im Asylstreitverfahren vgl. auch *J. Bergmann*, in: Bergmann/Dienelt, [11]2016, AsylG § 74 Rn. 28 ff.; vgl. auch VGH Mannheim NVwZ 1995, 816, 817.

180 Eingehend hierzu *M. Nierhaus*, Beweislast, 1989, 48 ff.; s.a. 335.

71 Rückwirkungen auf die richterliche Amtsermittlungspflicht sind nur in dem oben (→ Rn. 68) beschriebenen Umfang zulässig: Die Aufklärungspflicht des Gerichts endet erst dort, wo die Beteiligten in Kenntnis entscheidungsrelevanter Umstände, die für das Gericht auch bei sorgfältiger Erforschung des Sachverhalts nicht erkennbar waren, ihre Mitwirkung unterlassen.

72 Die Verletzung der prozessualen Mitwirkungsobliegenheit hat auch *keine Umkehr der Beweislast* zur Folge,[181] denn diese setzt – eine im Verwaltungsstreitverfahren nicht vorliegende – Beweisführungslast voraus.[182]

73 Es bleibt damit nur eine letzte prozessuale Reaktion auf eine unzureichende Beteiligtenmitwirkung bei der Sachverhaltserforschung: eine *Berücksichtigung bei der Beweiswürdigung*.[183] Allerdings kann das Gericht in die Beweiswürdigung eines passiven Mitwirkungsverhaltens erst dann eintreten, wenn allein der Beteiligte der Wissensträger, der für die Beweissicherung Verantwortliche oder derjenige ist, der den Sachverhalt aufzuklären vermag. Zwischen Mitwirkungsverweigerung und Aufklärungsmangel muss demnach ein Kausalzusammenhang (beispielhafte gesetzliche Regelung: § 66 Abs. 1 S. 1 SGB I) bestehen (→ Rn. 68).

74 Namentlich eine Vereitelung der Sachverhaltsermittlung durch den Kläger kann durch das Gericht negativ gewürdigt werden, wenn eine Sachverhaltsaufklärung anders als durch ihn nicht möglich ist (BVerwG Buchholz § 108 VwGO Nr. 186; NVwZ 2014, 530, 531 m.w.N.). Allerdings muss der Kläger vor einer hierauf gestützten Klageabweisung auf die Konsequenzen hingewiesen werden; dies gilt grds. nicht nur in besonders gelagerten Einzelfällen (a.M. BVerwG BayVBl 1984, 87). So lange die Möglichkeit besteht, dass der Kläger infolge einer Belehrung seine Weigerung aufgibt und dadurch eine weitere Aufklärung des Sachverhalts erfolgen kann, ist die gerichtliche Aufklärungskapazität noch nicht erschöpft (s.a. BVerwGE 8, 29, 30). Eine Klageabweisung wegen des Nichtstellens eines Beweisantrages ist demnach ebenfalls unzulässig.[184] Hieraus ergibt sich zugleich, dass eine negative Beweiswürdigung mitwirkungspassiven Verhaltens der Beteiligten nur zulässig ist, wenn diese der Vorwurf eines Sorgfaltsverstoßes trifft[185] (dies ist insbes. bei anwaltlich nicht vertretenen Parteien zu beachten).[186] Die Mitwirkungspflicht wird überdehnt, wenn von einer erstinstanzlich obsiegenden Partei die *Wiederholung eines* bereits im ersten Verfahren gestellten *Beweisantrages* auch in der zweiten Tatsacheninstanz verlangt wird.[187] Die Anhörung der Beteiligten, die lediglich der Klarstellung und Ergänzung ihres Vortrages dienen soll, ist im Übrigen nicht mit einer der Beweiswürdigung zugänglichen Beweiserhebung durch Vernehmung der Beteiligten zu verwechseln.[188]

75 Einer besonderen *Fristsetzung* nach § 356 S. 1 ZPO zur Mitwirkung der Beweiserhebung bedarf es nicht, da die Norm durch § 98 nicht in Bezug genommen wird und sie wegen der Amtsermittlungspflicht im Verwaltungsstreitverfahren grds. keine Anwendung findet.[189] Auch § 87b Abs. 2 Nr. 1 ist nicht einschlägig. Die Regelung betrifft lediglich die Bezeichnung der Beweismittel, nicht aber die Mitwirkung bei der Beweiserhebung. Gleichwohl ist es zweckdienlich, wenn das Gericht dem Kläger zu erkennen gibt, dass er innerhalb eines angemessen zu bestimmenden Zeitraumes bei der Beweiserhebung mitwirken soll (s. aber auch *H. Bürck*, DÖV 1982, 223, 230: Pflicht zum Hinweis).

76 Die *Nichtteilnahme an der mündlichen Verhandlung* allein berechtigt das Gericht nicht, von einer weiteren Sachverhaltsaufklärung abzusehen, wenn mit der Ladung zum Termin das persönliche Erschei-

---

181 BVerwG BayVBl 1984, 87; Buchholz § 108 VwGO Nr. 186; *M. Marx*, Untersuchungsmaxime, 1984, 176; ausf. hierzu *M. Nierhaus*, Beweislast, 1989, 370 ff.
182 *M. Marx*, Untersuchungsmaxime, 1984, 176.
183 Dies entspricht auch der weit verbreiteten Auffassung in Rspr. und Lit.; aus der Rspr.: BVerwGE 8, 29 ff.; 63, 176, 178 f.; BVerwG NJW 1985, 1179 f.; OVG Koblenz NVwZ 1986, 665; OVG Münster NJW 1981, 1398 f.; VGH Kassel NVwZ 1982, 136, 138 f.; VGH München BayVBl 1986, 118 f.; VGH BW 23.9.2008 – 10 S 1037/07, juris Rn. 35; aus der Lit. s. etwa *J. Haverkämper*, Die verfassungsrechtlichen Grundlagen der Maximen des Verwaltungsprozessrechts, 1973, 66 ff.; *M. Pfeifer*, Der Untersuchungsgrundsatz und die Offizialmaxime im Verwaltungsverfahren, 1980, 56 ff.; *B. Kropshofer*, Untersuchungsgrundsatz, 1981, 62 ff.; *F. Hufen*, Fehler im Verwaltungsverfahren, 1986, 102 ff.
184 *F. Baur*, in: Weber, Rechtsschutz im Sozialrecht, 1965, 45.
185 S. BVerwG NJW 1954, 673, 674; NVwZ 2014, 530, 532; *M. Nierhaus*, Beweislast, 1989, 347.
186 Vgl. auch BVerwG ZBR 1982, 85, 87.
187 BVerwG NJW 1994, 2343; vgl. auch BVerwG Buchholz § 86 Abs. 1 VwGO Nr. 146 zur Wiederholung schriftsätzlicher Beweisanträge in der mündlichen Verhandlung und BVerfG NJW-RR 1995, 828; vgl. auch *N. Wimmer*, in: Gärditz § 86 Rn. 47.
188 BVerwG NJW 1981, 1748; vgl. auch *K.-P. Dolde*, VBlBW 1985, 248, 251.
189 BVerwG BayVBl 1984, 87, 88; vgl. *P. Kothe*, in: Redeker/v. Oertzen § 98 Rn. 2.

nen nicht angeordnet worden ist (vgl. §§ 102 Abs. 1, 95 Abs. 1 S. 1). Fehlt eine entsprechende Anordnung, so können die Beteiligten nicht damit rechnen, dass das Gericht aus ihrem Nichterscheinen nachteilige Schlüsse zieht.[190] Der allgemeine Ladungshinweis auf die Folgen des Ausbleibens im Termin (§ 102 Abs. 2) ist jedenfalls in Fällen anwaltlicher Vertretung kein ausreichender Anknüpfungspunkt für Würdigungen zulasten des Beteiligten.

Zu beachten ist schließlich, dass sich aus Art. 103 Abs. 1 GG und dem Anspruch auf rechtliches Gehör ergibt, dass ein Prozessbeteiligter keinesfalls mit entscheidungserheblichem Vorbringen ausgeschlossen sein darf, wenn er *ohne eigenes Verschulden* diese Umstände zu spät vorbringt.[191] 77

E. Fehlende Bindung an das Vorbringen der Beteiligten (§ 86 Abs. 1 S. 2)

I. Grundsatz

Nach *§ 86 Abs. 1 S. 2* ist das Gericht *an das Vorbringen und die Beweisanträge der Beteiligten nicht* 78 *gebunden.* Die Vorschrift betont für den Verwaltungsprozess noch einmal nachdrücklich die Abkehr von der den Zivilprozess beherrschenden Verhandlungsmaxime (→ Rn. 3). Es ist Aufgabe des Gerichts, von Amts wegen alle Tatsachen zu erforschen; dies gilt unabhängig davon, ob die Beteiligten sie in den Prozess eingeführt haben oder sie – bewusst oder nicht – dem Gericht vorenthalten haben.[192] Wegen des eindeutigen Wortlauts der Vorschrift und im Hinblick auf die Funktion des Untersuchungsgrundsatzes für den effizienten Rechtsschutz gem. Art. 19 Abs. 4 GG (→ Rn. 7 ff.) kann der Ansicht nicht gefolgt werden, die für eine sachgerechte Handhabung der Amtsermittlung eine Orientierung am Beteiligtenvorbringen fordert.[193] Hieraus ergeben sich wichtige Folgerungen für die Bewertung von Prozesshandlungen der Beteiligten.

II. Folgerungen für die Beurteilung von Prozesshandlungen der Beteiligten im Einzelnen

1. Geständnis und übereinstimmender Sachverhaltsvortrag. Das *Geständnis* der Beteiligten ist im 79 Verwaltungsprozess für das erkennende Gericht nicht bindend.[194] § 288 Abs. 1 ZPO gelangt nicht über § 173 zu einer entsprechenden Anwendung.[195] Eine solche ist vielmehr ausgeschlossen, weil grundsätzliche Unterschiede der Verfahrensarten des Verwaltungs- und des Zivilprozesses dem entgegenstehen. Nur in von der Verhandlungsmaxime beherrschten Verfahren ist § 288 ZPO anwendbar.[196] Der Verwaltungsprozess ist im Unterschied dazu von der Pflicht des Gerichts beherrscht, den Sachverhalt von Amts wegen zu erforschen (Untersuchungsgrundsatz, § 86 Abs. 1 S. 1). In solchen, vom Amtsprüfungsverfahren beherrschten Verfahren ist aber die Bestimmung der Beteiligten über die – spezifisch forensische – „Wahrheit" nicht hinnehmbar.[197] Aus der Amtsermittlungspflicht folgt ferner, dass im Verwaltungsprozess ein *Versäumnisurteil unmöglich* ist,[198] da dieses letztlich auf einem fingierten Geständnis beruht (§ 331 Abs. 1 ZPO).[199]

Da das Gericht gem. § 86 Abs. 1 S. 2 bei der Feststellung des entscheidungserheblichen Sachverhaltes 80 nicht an das Vorbringen der Beteiligten gebunden ist, entfaltet auch das *beiderseitige übereinstimmende Vorbringen* der Beteiligten für die verwaltungsrichterliche Erkenntnis des Sachverhaltes keine Bindungswirkung.[200] Dies wird durch die Vorschrift des § 101 Abs. 2 unterstrichen, wonach das Gericht

---

190   Vgl. auch BVerfG NVwZ 1994, Beilage 7, 50, 51; BVerwG NJW 1995, 799, 800.

191   BVerwG NJW 1994, 673, 674; zum Zivilprozessrecht E. Nowak, Aufklärungspflicht, 1990, 68.

192   Wie hier *J. Arntz*, DVBl 2008, 78, 80 m.w.N. in Fn. 29.

193   So aber *T. Mayen*, DVBl 2006, 1008, 1011.

194   BVerwG NVwZ 2007, 1196 Rn. 15; *Kopp/Schenke* § 86 Rn. 16; *G. Dapprich*, SGb 1962, 257, 258; *F. Bopp*, Untersuchungsmaxime, 1969, 69.

195   BVerwG JZ 1972, 119, 120 und schon in BVerwGE 4, 312, 314; ebenso *H. Prütting*, in: MüKoZPO § 288 Rn. 15; *G. Lüke/H. Schröder*, JuS 1961, 41, 44; *S. Leitherer*, in: Meyer-Ladewig/Keller/Leitherer SGG § 103 Rn. 9; *F. Bopp*, Untersuchungsmaxime, 1969, 69; *Th. Falk*, Anwendung der ZPO, 1975, 74; *N. Wimmer*, in: Gärditz § 86 Rn. 53.

196   *H. Prütting*, in: MüKoZPO § 288 Rn. 14.

197   *H. Prütting*, in: MüKoZPO § 288 Rn. 14.

198   Teilweise so *H. Rupp*, AöR 85 (1960), 149, 191; *G. Lüke/H. Schröder*, JuS 1961, 41, 46; *F. Bopp*, Untersuchungsmaxime, 1969, 90; vgl. aber *C.-H. Ule*, DVBl 1954, 137, 145. A.M. wohl *H. Schröder*, JuS 1961, 48, 50.

199   I.E. ebenso *Kopp/Schenke* § 103 Rn. 3; *Th. Falk*, Anwendung der ZPO, 1975, 97; *N. Wimmer*, in: Gärditz § 86 Rn. 53.

200   *J. Martens*, JuS 1973, 619, 621.

mit Einverständnis der Beteiligten von der Durchführung einer mündlichen Verhandlung absehen kann. Die Entscheidung über den Verzicht auf diese weitere Sachverhaltsaufklärung steht also im Ermessen des Gerichts, das durch die Verzichtserklärung der Beteiligten nicht präjudiziert wird.

81   Das Geständnis – wie jedes andere übereinstimmende Vorbringen der Beteiligten auch – hat aber *Auswirkungen auf das Maß der Nachforschungspflicht* des Gerichts. Ist der von allen Beteiligten deckungsgleich geschilderte Tatsachenstoff frei von logischen Widersprüchen und liegen auch sonst keine Umstände vor, die Zweifel an der Wahrheit des Vorgebrachten aufkommen lassen, so ist das Gericht zu keinen weiteren Ermittlungen und Nachfragen verpflichtet.[201] Gleichwohl kann es jederzeit derartige Nachforschungen anstellen.

82   **2. Anerkenntnis und Verzicht.** Umstritten ist die Zulässigkeit von Anerkenntnis und Verzicht im Verwaltungsprozess. Der Verzicht enthält das Zugeständnis, dass ein geltend gemachter Anspruch nicht besteht, das Anerkenntnis hingegen ein solches dahingehend, dass er besteht. Anerkenntnis und Verzicht sind damit prozessuale Gegenstücke.[202] Anerkenntnis wie auch Verzicht betreffen nicht alleine den Fortgang des Verfahrens, sondern auch und vornehmlich den geltend gemachten materiellen Anspruch[203] – sie betreffen nur indirekt den Untersuchungsgrundsatz, sondern sind Ausdruck der Dispositionsmaxime, die auch im Verwaltungsprozess gilt (zur Geltung der Dispositionsmaxime → Rn. 5; zur Notwendigkeit der Trennung dieser Grundsätze → Rn. 4).[204] Daraus, und aus der Erwähnung von Anerkenntnis und Verzicht in § 87a Abs. 1 Nr. 2 und § 156, ergibt sich jedoch nicht, dass nach § 173 VwGO i.V.m. § 306 bzw. § 307 ZPO immer ein Verzichts- bzw. Anerkenntnisurteil zu ergehen hat, wenn die entsprechenden prozessualen Erklärungen vorliegen und der jeweils andere Beteiligte den Antrag stellt,[205] sondern hieraus folgt lediglich, dass Anerkenntnis und Verzicht im Verwaltungsprozess *möglich* sind, nicht aber, dass sie jederzeit bindende Wirkung haben müssen (wie hier BSGE 16, 61, 62).[206] Voraussetzung ist, dass die Beteiligten über den Verfahrensgegenstand verfügen können, was anzunehmen ist, wenn keine zwingenden öffentlich-rechtlichen Bestimmungen entgegenstehen.[207] Regeln über die Rücknahme eines Verwaltungsaktes (s. etwa §§ 48, 49 VwVfG) deuten auf die Disponierbarkeit eines Verfahrensgegenstandes hin; was Gegenstand eines öffentlich-rechtlichen Vertrages (§ 55 VwVfG) sein kann, kommt auch als Gegenstand eines Anerkenntnisses oder eines Vergleiches in Betracht.[208] Eine solche Dispositionsbefugnis ist bspw. im Abgabenrecht allenfalls ausnahmsweise denkbar.[209] Im Normenkontrollverfahren (§ 47) ist ein Anerkenntnis ausgeschlossen, denn der Normgeber kann zwar über den Streitgegenstand, nicht aber über die Frage der Normnichtigkeit verfügen.[210]

F.   Die Ablehnung von Beweisanträgen (Abs. 2)

I.   Zum Zweck der Norm und zu den allgemeinen Voraussetzungen einer Beweisablehnung

83   **1. Zweck der Vorschrift.** § 86 Abs. 2 verfolgt ein Doppelziel. Zum einen soll das Gericht dazu veranlasst werden, vor dem Erlass einer Sachentscheidung Überlegungen über die Entscheidungserheblichkeit eines Beweisantrages anzustellen. Zum anderen sollen die Beteiligten auf die durch die Ablehnung eines Beweisantrages entstandene prozessuale Lage hingewiesen werden (BVerwG NVwZ 1994, 1095). Der Antragsteller soll die zur Ablehnung seines Antrags führenden rechtlichen und tatsächlichen Erwägungen des Gerichts erkennen können, damit er sich in der Verfolgung seiner Rechte darauf

---

201 Ähnl. auch BVerwG Buchholz § 65 VwGO Nr. 104; Buchholz § 1 AsylVfG Nr. 66; *U. Herbert*, in: Gräber § 76 Rn. 17; *S. Leitherer*, in: Meyer-Ladewig/Keller/Leitherer § 103 Rn. 7a.
202 *Baumbach/Lauterbach/Albers/Hartmann* Einf. § 306 ff. Rn. 1.
203 Vgl. OVG Münster OVGE 11, 93, 95; *U. Guttenberg*, VBlBW 1992, 244, 246.
204 Zum Ganzen VGH Mannheim NJW 1991, 859.
205 In diese Richtung aber *P. Kothe*, in: Redeker/v. Oertzen § 86 Rn. 5; *Schmitt Glaeser/Horn* Rn. 539; *G. Lüke*, JuS 1961, 41, 46.
206 Gegen eine Anwendbarkeit des § 307 ZPO im Anfechtungsprozess BVerwGE 62, 18, 19; offen gelassen in NVwZ 2015, 1528, 1529; für die Anwendbarkeit *H. Geiger*, in: Eyermann § 86 Rn. 3.
207 Hierzu BVerwG WM 1963, 327; HmbOVG NJW 1977, 214; *Kopp/Schenke* § 86 Rn. 16; *N. Wimmer*, in: Gärditz § 86 Rn. 54.
208 *U. Guttenberg*, VBlBW 1992, 244, 247 f.
209 Vgl. BVerwG DVBl 1984, 192, 193.
210 Vgl. *A. Lang*, VerwArch 52 (1961), 60, 91.

einrichten kann – allein diese Kenntnis versetzt ihn in die Lage, ggf. einen zweckdienlichen neuen oder ergänzenden Beweisantrag zu stellen, neue Tatsachen vorzutragen und/oder sich mit der sich aus dem Beschluss ergebenden Auffassung des Gerichts auseinanderzusetzen.[211] Ziel des § 86 Abs. 2 ist es zudem, das Gericht zu veranlassen, sich vor dem Erlass der Sachentscheidung über die Entscheidungserheblichkeit des Beweisantrages schlüssig zu werden (BVerwGE 12, 268, 269; BVerwG Buchholz Nr. 32 zu Entlastungsgesetz). Die durch Beschluss erfolgende förmliche Ablehnung eines Beweisantrages dient außerdem den in der Instanz nachfolgenden Gerichten zur Nachprüfung der Erwägungen der Vorinstanz (BVerwGE 12, 268, 269).

nicht besetzt **84**

2. Zeitpunkt des Ablehnungsbeschlusses. Den Beteiligten muss es möglich sein, sich auf die neue Verfahrenslage einzustellen, die durch die Ablehnung des Beweisantrages entstanden ist.[212] Daher muss der Ablehnungsbeschluss vor der Entscheidung in der Sache ergehen.[213] Es ist *unzulässig, Sachentscheidung und Ablehnungsbeschluss gleichzeitig zu verkünden.*[214] Der ablehnende Beschluss muss den Beteiligten zudem rechtzeitig genug zugehen, damit diese noch Gelegenheit haben, ggf. eine erneute mündliche Verhandlung zu beantragen.[215] Gibt allerdings der Beweisantragsteller deutlich zu erkennen, dass er die oben genannten prozessualen Reaktionsmöglichkeiten nicht auszuschöpfen gedenkt (indem er bspw. nach Stellung der Anträge die Sitzung verlässt), ist es durchaus zulässig, den Beweisantrag erst nach Schluss der mündlichen Verhandlung zu bescheiden.[216] Die gleichzeitige Bekanntgabe von Sachentscheidung und Ablehnungsbeschluss ist ebenfalls zulässig, wenn der Beweisantrag bereits vor dem Verzicht auf mündliche Verhandlung (§ 101 Abs. 2) gestellt war oder gleichzeitig mit diesem gestellt wird, sowie bei einem Beweisantrag in einem nachgelassenen Schriftsatz.[217] **85**

3. Zum Vorliegen eines Beweisantrages. Ein Beschluss über das Begehren einer Beweiserhebung muss nach § 86 Abs. 2 lediglich dann erfolgen, wenn ein *Beweisantrag* durch den Beteiligten gestellt wurde. Ein Beweisantrag liegt nur dann vor, wenn einer der Beteiligten für bestimmte Tatsachenbehauptungen ausdrücklich bestimmte Beweismittel anbietet.[218] Die bloße Angabe eines Beweismittels reicht nicht aus; der das Beweismittel Benennende muss vielmehr auch angeben, welche Tatsachenbehauptungen er durch das Beweismittel bewiesen haben will.[219] **86**

Keine Beweisanträge i.S.d. § 86 Abs. 2 sind sog. *Beweisermittlungsanträge* (BVerwGE 12, 268, 269). Entsprechendes gilt für sog. *Ausforschungsbeweisanträge* (BVerwG 31.3.2016 – 2 B 12/15, juris Rn. 17). Ein solcher liegt insbes. dann vor, wenn „willkürliche, aus der Luft gegriffene Behauptungen, für die tatsächliche Grundlagen ganz fehlen", aufgestellt werden[220] und hierfür „Beweis" angeboten und/oder kein bestimmtes Beweisthema oder -mittel genannt wird.[221] Ein unzulässiger Ausforschungsbeweisantrag liegt bspw. dann vor, wenn der Kläger ohne nähere Schilderung behauptet, die Behörde wende eine für ihn ungünstige Verwaltungsvorschrift generell nicht an, sodass sie es wegen Art. 3 GG in seinem Falle ebenfalls nicht tun dürfe.[222] Das Gericht hat Ausforschungsbeweisanträgen allerdings **87**

---

211 Vgl. BVerwGE 12, 268, 269; BVerwG Buchholz 310 § 86 Abs. 2 VwGO Nr. 26; BVerfG NVwZ 1987, 785; *F. Kopp*, NJW 1988, 1708.

212 Zur Frage, welche Reaktionsmöglichkeiten die Parteien nach der Ablehnung haben und wie viel Zeit einer Partei, deren Beweisantrag abgelehnt wurde, einzuräumen ist, um auf die veränderte Beweislage im Prozess adäquat reagieren zu können *H.-P. Vierhaus*, Beweisrecht im Verwaltungsprozess, 2011, Rn. 244 ff.; *ders.*, DVBl 2009, 629, 633 ff.

213 *H.-P. Vierhaus*, Beweisrecht im Verwaltungsprozess, 2011, Rn. 126; *N. Wimmer*, in: Gärditz § 86 Rn. 61.

214 BVerwGE 12, 268, 270; so auch BVerwGE 71, 38, 47; BVerwG NJW 1964, 787 und Buchholz 310 § 86 Abs. 2 VwGO Nr. 29: Bekanntgabe der Ablehnungsgründe vor Urteilsverkündung; *P. Kothe*, in: Redeker/v. Oertzen § 86 Rn. 24; *J. Martens*, JuS 1973, 619, 623; *K. Redeker* in: Staatsbürger und Staatsgewalt II, 427, 481; *H.-P. Vierhaus*, DVBl 2009, 629, 631.

215 Vgl. BVerwG NJW 1965, 2418: 10 Tage vor Erlass des durch Zustellung ergehenden Urteils.

216 Zumindest einen Verfassungsverstoß verneint in einem solchen Falle BVerfG NVwZ 1987, 785; ähnl. *Kopp/Schenke* § 86 Rn. 20.

217 BVerwG NVwZ 2012, 376, 377 Rn. 10 m.w.N.

218 BVerwG DVBl 1964, 193; BFH BB 1995, 1236 f.; BVerwG 19.5.2016 – 6 B 1/16, juris Rn. 32; BSG 7.10.2016 – B 9 V 28/16 B, juris Rn. 14; *Kopp/Schenke* § 86 Rn. 18 a; *P. Kothe*, in: Redeker/v. Oertzen § 86 Rn. 23, Rn. 27; *B. Kropshofer*, Untersuchungsgrundsatz, 1981, 86.

219 BVerwG DVBl 1964, 193; 1999, 100; Buchholz § 86 Abs. 1 VwGO Nr. 196; Buchholz § 86 Abs. 1 VwGO Nr. 142.

220 Vgl. BVerfG DVBl 1993, 1002, 1003; BVerwG Buchholz § 86 Abs. 1 VwGO Nr. 196; 279; 286; 320; vgl. BVerwG NVwZ-RR 2016, 428, 432.

221 *L. Schmitt*, DVBl 1964, 465, 467.

222 *J. Martens*, JuS 1973, 619, 621.

insoweit nachzugehen, als diese geeignet sind, i.R. der Pflicht zur Amtsermittlung weitere Maßnahmen zu veranlassen.[223] So müssen bspw. vom Beteiligten vorgebrachte gewichtige Bedenken gegen eine (öffentliche) Konkretisierung insbes. hinsichtlich der *Zeugen* sorgfältig geprüft werden (Bsp.: drohende Verfolgung der Zeugen).[224] Nennt der Antragsteller aufgrund (von ihm dann zu schildernder) bestimmter Umstände Tatsachen aus der Sphäre des jeweiligen Gegners, die er weder genau kennt noch kennen kann, so muss die *Beweiserhebung* durchgeführt werden.[225]

88   Ein *Beweisantrag* i.S.d. § 86 Abs. 2 liegt ferner dann nicht vor, wenn der Antrag *hilfsweise* gestellt wird,[226] lediglich für den Fall gestellt wird,[227] dass es auf das Beweisthema ankommen solle, oder nur vorsorglich gestellt wird.[228] Der Grund hierfür ergibt sich aus dem Zweck des § 86 Abs. 2, den Beteiligten ein Recht darauf einzuräumen, schon vor Erlass des Urteils die Auffassung des Gerichts über die Erheblichkeit eines Beweisthemas kennenzulernen, um sich darauf einstellen und ggf. Stellungnahmen dazu abgeben zu können (→ Rn. 83). Ein Beweisantrag i.S.d. § 86 Abs. 2 kann dementsprechend auch nur dann vorliegen, wenn der Antragsteller „nach den Umständen eine alsbaldige Bescheidung des Antrags" begehrt (BVerwGE 30, 57, 58). Dies ist bspw. bei vorsorglich gestellten Anträgen nicht der Fall, da der Antragsteller hierdurch gerade zu erkennen gibt, dass er nur für den Fall, dass die Sache selbst zur Entscheidung kommt, wünscht, dass das Gericht sich mit seinem „Beweisantrag" befasst (vgl. BVerwGE 30, 57, 59). Der BGH vermutet in Hilfsbeweisanträgen zudem zutreffend einen *Verzicht* auf die Bekanntgabe der Ablehnungsgründe vor der Urteilsverkündung (BGHSt 32, 10, 13). Hilfsbeweisanträge bewirken keinen Verzicht auf das Recht, die im Urteil erfolgte Ablehnung des Antrags mit der Begründung zu rügen, dass sie im Prozessrecht keine Stütze findet; dergleichen lässt sich aus § 86 Abs. 2 nicht herleiten (OVG Bautzen NVwZ-RR 2006, 741; VerfGH Bln NVwZ 2007, 813, 818).

89   § 86 Abs. 2 betrifft ausdrücklich nur die in der *mündlichen* Verhandlung gestellten Beweisanträge.[229] Entscheidet das Gericht jedoch im allseitigen Einverständnis im *schriftlichen Verfahren* (§ 101 Abs. 2), so sind auch die schriftsätzlich gestellten Beweisanträge entsprechend einem in der mündlichen Verhandlung gestellten Beweisantrag zu behandeln.[230] § 86 Abs. 2 findet also auf im schriftlichen Verfahren gestellte Beweisanträge entsprechende Anwendung (vgl. BVerwGE 15, 175, 176; BVerwG Buchholz Nr. 32 Entlastungsgesetz).

90   Problematisch ist die Rspr. des BVerwG, wonach nur *protokollierte Beweisanträge* Beweisanträge i.S.d. § 86 Abs. 2 seien.[231] Seinem Wortlaut nach verlangt § 86 Abs. 2 lediglich, dass der Beweisantrag in der mündlichen Verhandlung gestellt wurde. Der Ansicht des BVerwG liegt offenbar die Überlegung zugrunde, dass ein Beweisantrag stets zu protokollieren und erst danach eine verfahrensrechtlich relevante Erklärung sei. Nach Auffassung des BVerwG (4. Senat) gehört ein Beweisantrag nach § 86 Abs. 2 zu den wesentlichen Vorgängen der Verhandlung, die gem. § 105 VwGO i.V.m. § 160 Abs. 2 ZPO in das Protokoll aufzunehmen seien. Daher begründe ein Protokoll, in dem ein solcher Beweisantrag nicht aufgeführt ist, den vollen Beweis dafür, dass dieser auch nicht gestellt wurde (BVerwG Buchholz Nr. 32 zu § 86 Abs. 2 VwGO; NVwZ 2012, 512). Dementsprechend wird auch im Zivilprozessrecht die Ansicht vertreten, § 160 Abs. 3 Nr. 2 ZPO („im Protokoll sind festzustellen ... die Anträge") erfasse auch die gestellten Beweisanträge.[232]

---

223   Vgl. *L. Schmitt*, DVBl 1964, 465, 467.
224   BVerwG 310 Buchholz § 60 VwGO Nr. 155
225   Vgl. BVerwG § 15 BFG Nr. 28; BGH NJW 1995, 1160, 1161; *F. Kopp*, NJW 1988, 1708, 1709, vgl. auch *K. Schmidt*, JuS 1995, 648.
226   BVerwG Buchholz § 25 WPflG Nr. 111; Buchholz 310 § 86 Abs. 2 VwGO Nr. 55; *B. Kropshofer*, Untersuchungsgrundsatz, 1981, 86; *N. Wimmer*, in: Gärditz § 86 Rn. 59.
227   A.M. *L. Schmitt*, DVBl 1964, 465, 470.
228   BVerwGE 30, 57, 58; BVerwG 25.10.2006 – 5 B 31/06; *H. Geiger*, in: Eyermann § 86 Rn. 25 f.; für die Berufungsinstanz vgl. BVerwG NVwZ 1994, 1095.
229   BVerwGE 18, 216, 217; vgl. auch *N. Wimmer*, in: Gärditz § 86 Rn. 58 mit Fn. 189.
230   A.M. offenbar *J. Hüttenbrink*, in: Kuhla/Hüttenbrink/Endler E Rn. 211 (S. 353).
231   BVerwGE 21, 184, 185; BVerwG Buchholz § 86 Abs. 2 VwGO Nr. 26; NVwZ 2012, 512, 513. Der Rspr. zust. *H. Geiger*, in: Eyermann § 86 Rn. 30; *P. Kothe*, in: Redeker/v. Oertzen § 86 Rn. 25; *K. Redeker*, in: Staatsbürger und Staatsgewalt II, 427, 481 f.; *L. Schmitt*, DVBl 1964, 465, 470; *N. Wimmer*, in: Gärditz § 86 Rn. 58.
232   Vgl. *H. Roth*, in: Stein/Jonas III § 160 III Rn. 6; vgl. *Baumbach/Lauterbach/Albers/Hartmann* § 165 Rn. 5. Teilweise wird auch vertreten, ein Prozessantrag sei als wesentliche Förmlichkeit nach § 160 Abs. 2 ZPO aufzunehmen, so *H. Wöstmann* in: Saenger, ZPO, ⁶2015, § 160 Rn. 5.

Nach zutreffender Ansicht fallen jedoch unter die in § 160 Abs. 3 Nr. 2 ZPO genannten und zu proto- 91
kollierenden Anträge ausschließlich die sog. Sachanträge, nicht hingegen die bloßen Prozessanträge.[233]
Zu den Prozessanträgen aber zählen auch die Beweisanträge.[234] Daher gehören auch Beweisanträge
nicht zu den nach § 105 VwGO i.V.m. § 165 ZPO durch das Protokoll zu beweisenden „Förmlichkeiten" (vgl. den Wortlaut von § 165 ZPO). Insoweit übereinstimmend hat denn auch der 4. Senat des
BVerwG entschieden, dass bspw. Anträge nach § 91 (also Prozessanträge) nicht der Protokollierungspflicht gem. § 105 VwGO i.V.m. § 160 Abs. 3 ZPO unterlägen (BVerwG NJW 1988, 1228). Zudem
hat das BVerwG (BVerwG Buchholz Nr. 32 zu § 86 Abs. 2 VwGO) ausdrücklich den Gegenbeweis
nach § 415 Abs. 2 ZPO zugelassen, dass das Protokoll insoweit unvollständig sei.

Es ist demnach davon auszugehen, dass Beweisanträge nicht zwingend in das Protokoll aufzunehmen 92
sind. Die fehlende Protokollierung allein lässt demgemäß nicht den Schluss zu, ein Beweisantrag i.S.v.
§ 86 Abs. 2 sei nicht gestellt worden. Gleichwohl ist es ratsam, gem. § 105 VwGO i.V.m. § 160 Abs. 4
S. 1 ZPO zu beantragen, den Beweisantrag in das Protokoll aufzunehmen. Hierdurch macht der Beteiligte auch klar, dass er nicht bloß eine Anregung zur weiteren Sachverhaltsermittlung von Amts wegen
geben will, sondern einen förmlichen Beweisantrag stellt. Ggf. muss der Vorsitzende gem. § 86 Abs. 3
darauf hinwirken.[235]

Der Beschluss über den in der mündlichen Verhandlung gestellten Beweisantrag ist zu begründen (§ 86 93
Abs. 2). Der Inhalt der Begründung zählt nicht zu den wesentlichen Vorgängen der Verhandlung und
muss daher nicht protokolliert werden.[236] Der ablehnende Beschluss nach § 86 Abs. 2 ist auch zu verkünden (§ 173 VwGO i.V.m. § 329 Abs. 1 S. 1 ZPO), wobei eine mündliche Begründung genügt.[237]
Allerdings muss das Gericht, soweit es die Erhebung eines beantragten Beweises mangels Entscheidungserheblichkeit ablehnt (→ Rn. 100), seine Rechtsauffassung in der mündlichen Verhandlung
nicht im Einzelnen darlegen; dies kann es vielmehr den schriftlichen Entscheidungsgründen vorbehalten.[238] „Eine Ausnahme hiervon gilt allerdings dann, wenn das Gericht bei seiner Entscheidung auf
einen rechtlichen Gesichtspunkt abstellen will, mit dem auch ein gewissenhafter und kundiger Prozessbeteiligter nach dem bisherigen Prozessverlauf – selbst unter Berücksichtigung der Vielfalt vertretbarer Rechtsauffassungen – nicht zu rechnen brauchte."[239]

II. Ablehnung von Beweisanträgen

1. Ablehnungsgründe. Die *Ablehnung eines Beweisantrages* kommt nur in Betracht, wenn einer der 94
nachfolgenden (→ Rn. 96 ff.; s.a. VGH Kassel DÖV 2004, 628) Ablehnungsgründe vorliegt;[240] eine
unrechtmäßige Ablehnung von Beweisanträgen verletzt Art. 103 Abs. 1 GG.[241] Das Vorliegen eines
Ablehnungsgrundes bedeutet indes nicht, dass der beantragte Beweis nicht erhoben werden dürfte.[242]
Aufgrund der zentralen Direktive des § 86 Abs. 1 S. 1 ist es dem Gericht vielmehr freigestellt, Beweise
auch dann zu erheben, wenn es sie für zweckdienlich hält, mag auch einer der im folgenden geschilderten Ablehnungsgründe vorliegen.

Da der Verwaltungsprozess ebenso wie der Strafprozess vom Grundsatz der Amtsermittlung be- 95
herrscht ist, bestimmt sich die Möglichkeit zur *Ablehnung eines Beweisantrages* u.a. nach *§ 244
Abs. 3–5 StPO* in *analoger* Anwendung,[243] da es sich zumindest für diese Prozessarten insoweit um
allgemeine Rechtsgedanken handelt.[244]

---

233 Vgl. *Baumbach/Lauterbach/Albers/Hartmann* § 160 Rn. 9 m.w.N; a.A. *J. Fritsche* in: MüKoZPO § 160 Rn. 5.
234 *Baumbach/Lauterbach/Albers/Hartmann* § 297 Rn. 5.
235 Ähnl. *J. Fritsche,* in: MüKoZPO § 139 Rn. 30.
236 BVerwG 27.8.2003 – B B 69/03; *H.-P. Vierhaus,* DVBl. 2009, 629, 632.
237 Vgl. *L. Schmitt,* DVBl 1964, 465, 469; vgl. auch OVG Münster NVwZ 1995, Beilage 8, 59, 60; s.a. BVerwG BayVBl
    2004, 94.
238 BVerwG 14.4.2011 – 4 B 77/09, juris Rn. 90.
239 BVerwG NVwZ 2004, 1510 mit Verweis auf BVerfGE 86, 133, 144 f.
240 Dazu ausf. *H.-P. Vierhaus,* Beweisrecht im Verwaltungsprozess, 2011, Rn. 136 ff.
241 *F. Kopp,* NJW 1988, 1708.
242 A.M. *L. Schmitt,* DVBl 1964, 465, 466.
243 BVerwG VerwRspr 24, 413; NVwZ-RR 2015, 357: „entsprechend"; VGH München 25.1.2011 – 2 ZB 09.30031,
    juris Rn. 4; VerfGH Bln NVwZ 2007, 813, 819; vgl. *P. Kothe,* in: Redeker/v. Oertzen § 86 Rn. 29, Rn. 34. A.M.
    B. Kropshofer, Untersuchungsgrundsatz, 1981, 88; *N. Wimmer,* in: Gärditz § 86 Rn. 64.
244 Ebenso BGHZ 53, 245, 258 – Anastasia.

96   *Offenkundigkeit:* Bei *offenkundigen Tatsachen* muss kein Beweis erhoben werden (§ 244 Abs. 3 S. 2 StPO analog).[245] Offenkundige Tatsachen sind *allgemeinkundige* oder *gerichtskundige* Tatsachen.[246] *Allgemeinkundig* sind solche Tatsachen und Erfahrungssätze, von denen verständige und erfahrene Menschen regelmäßig ohne Weiteres Kenntnis haben oder über die sie sich aus allgemein zugänglichen Quellen unschwer unterrichten können.[247] Hierunter fallen z.B. historische oder politische Vorgänge,[248] Naturvorgänge und geographische Verhältnisse,[249] über die sich der Richter aber auch noch während des Prozesses informieren darf.[250] *Gerichtskundige* Tatsachen und Erfahrungssätze sind solche, die der Richter im Zusammenhang mit seiner *dienstlichen Tätigkeit* in Erfahrung gebracht hat; bei Kollegialgerichten genügt hierfür die Kenntnis eines Richters.[251] Offenkundige Tatsachen müssen in der mündlichen Verhandlung erörtert werden, um sie der Urteilsfindung zugrunde legen zu können.[252] Ausf. zu offenkundigen Tatsachen → § 108 Rn. 27 ff.

97   *Unzulässigkeit:* Das Gericht darf einen Beweisantrag auch dann ablehnen, wenn er oder die beantragte Beweiserhebung *unzulässig* ist (§ 244 Abs. 3 S. 1 StPO analog).[253] Unter diesen Ausschlusstatbestand fällt bspw. der Antrag auf Zeugenvernehmung trotz einer bereits geäußerten *Zeugnisverweigerung* oder einer *fehlenden Aussagegenehmigung.*[254] Auch ein Antrag auf *Inaugenscheinnahme* nicht verwertbarer *Tonaufnahmen*[255] oder *privater Aufzeichnungen* ist unzulässig (vgl. auch §§ 136 a, 69 Abs. 3 StPO). Gleiches gilt ferner für den Antrag auf eine Begutachtung durch bereits erfolgreich *abgelehnte Sachverständige*[256] und Beweisanträge bzgl. solcher Umstände, auf die sich das Beratungsgeheimnis bezieht (vgl. § 43 DRiG). Ein Antrag auf Beweiserhebung über den Bestand und die Auslegung des *inländischen Rechts* ist, da dieses dem Beweis nicht zugänglich ist, ebenfalls unzulässig (BGH NJW 1968, 1293).

98   *Untauglichkeit/Ungeeignetheit:* Einem Beweisantrag muss ebenfalls nicht entsprochen werden, wenn das angebotene Beweismittel *„schlechterdings untauglich"* ist,[257] d.h. nicht erfolgreich sein kann (BVerwG NVwZ 1982, 244). Der Begriff der Untauglichkeit ist gleichbedeutend mit dem der *völligen Ungeeignetheit* (§ 244 Abs. 3 S. 2 StPO analog).[258] Ungeeignetheit bzw. Untauglichkeit ist anzunehmen, wenn von vornherein jede Möglichkeit ausgeschlossen ist, dass die Erhebung des Beweises Sachdienliches ergibt.[259] Dass das Gericht befürchtet, das Beweismittel könne *unergiebig* sein, reicht für die Ablehnung eines Beweisantrages nicht aus.[260] Auch etwaige *Schwierigkeiten bei der Beweiserhebung* (z.B. bei einer Zeugenvernehmung im Rechtshilfeverfahren[261]) rechtfertigen nicht die Ablehnung eines Beweisantrages. Eine im Ausland unter Verstoß gegen das Gebot der Parteiöffentlichkeit erfolgte Zeugenvernehmung darf im Übrigen nicht dazu benutzt werden, die Sachdienlichkeit einer weiteren Beweiserhebung zu verneinen (BVerwGE 25, 88, 90). Ungeeignet sind *Zeugen*, die wegen ihrer *Gebre-*

---

245   BVerwGE 31, 212, 216; BGHZ 53, 245, 260; vgl. *U. Herbert*, in: Gräber § 76 Rn. 16; *S. Leitherer*, in: Meyer-Ladewig/Keller/Leitherer § 103 Rn. 7 b; *M. Bertrams*, DVBl 1990, 1132, 1134; *F. Bopp*, Untersuchungsmaxime, 1969, 60.

246   *F. Bopp*, Untersuchungsmaxime, 1969, 60.

247   *M. Wenske/G. Moldenhauer*, in: Seitz/Büchel, Beck'sches Richter-Handbuch, ³2012, E. II. Rn. 280; ähnl. *N. Wimmer*, in: Gärditz § 86 Rn. 67.

248   *L. Schmitt*, DVBl 1964, 465, 467.

249   *Meyer-Goßner/Schmitt* § 244 Rn. 51; *M. Wenske/G. Moldenhauer*, in: Seitz/ Büchel, Beck'sches Richter-Handbuch, ³2012, E. II. Rn. 280.

250   BVerwG Buchholz § 86 Abs. 1 VwGO Nr. 224; *E. Döhring*, JZ 1968, 641.

251   *Meyer-Goßner/Schmitt* § 244 Rn. 53; BVerwG 12.6.2007 – 9 B 25/07.

252   BVerwG Buchholz § 86 Abs. 1 VwGO Nr. 228 für die Darlegung der Sachkunde; vgl. auch BVerfGE 48, 206, 209; BVerwG 67, 83 f.; *E. Nowak*, Aufklärungspflicht, 1990, 78.

253   BGHZ 53, 245, 260; OVG NRW 23.9.2009 – 13 A 987/09, juris Rn. 15 f.; vgl. *H. Geiger*, in: Eyermann § 86 Rn. 34, 36.

254   *L. Schmitt*, DVBl 1964, 465, 468; *Meyer-Goßner/Schmitt* § 244 Rn. 66; *K. Reichold*, in: *Thomas/Putzo* § 284 Rn. 5; *N. Wimmer*, in: Gärditz § 86 Rn. 66.

255   *K. Reichold*, in: Thomas/Putzo § 284 Rn. 5.

256   Zum Strafprozessrecht *Meyer-Goßner/Schmitt* § 244 Rn. 49.

257   BVerwGE 71, 38, 41; BVerwG MDR 1978, 76, 77; NJW 1984, 2962; NVwZ 1993, 377, 378; Buchholz § 86 Abs. 1 VwGO Nr. 192.

258   BVerfG DVBl 1993, 1002; NJW 1993, 254, 255 zum Zivilprozess; BGHZ 53, 245, 260; a.M. noch BVerwG Buchholz § 86 Abs. 1 VwGO Nr. 192; vgl. aber nun NVwZ-RR 2015, 357.

259   BVerwG NVwZ 1993, 377, 378; DokBer B 1997, 170; *H. Geiger*, in: Eyermann § 86 Rn. 40; *L. Schmitt*, DVBl 1964, 465, 467; vgl. auch BGH NStZ 1995, 45.

260   BVerwG NVwZ 1993, 377, 378; NVwZ-RR 1999, 336; Buchholz LMBG Nr. 17; *L. Schmitt*, DVBl 1964, 465, 467.

261   BVerwG MDR 1978, 76, 77; aber hierzu auch BGH JZ 1995, 209, 212 m.Anm. *W. Perron*.

chen körperlicher oder geistiger Art oder einer vorübergehenden *geistigen Störung* während der Zeit, in der sie ihre beweiserhebliche Wahrnehmung gemacht haben, nicht in der Lage sind, über den Beweisgegenstand Angaben zu machen.[262] Ungeeignet sind auch Zeugen, die nach dem Beweisantrag über Vorgänge im Inneren eines Menschen aussagen sollen, für die kein äußeres Indiz ersichtlich war.[263] Gleiches gilt, wenn Zeugen über Tatsachen aussagen sollen, für deren beweiserhebliche Wahrnehmung ein besonderer Sachverstand erforderlich ist, über den sie nicht verfügen.[264] Ein *Sachverständiger* ist dann ein ungeeignetes Beweismittel, wenn das von ihm zu erstattende Gutachten auf nicht ausgereiften Untersuchungsmethoden beruhen würde (BGH NStZ 1985, 515). Der Einsatz von Polygraphen wird auch vom BVerwG nicht als taugliches Beweismittel anerkannt (NVwZ-RR 2014, 887). Entsprechendes dürfte für den Fall einer parapsychologischen Begutachtung gelten.[265] Ungeeignet als Beweismittel ist ein Sachverständiger auch dann, wenn ihm die erforderliche Sachkunde fehlt. Eine *Inaugenscheinnahme* ist als Beweisaufnahme ungeeignet, wenn sie nicht rekonstruierbare Verhältnisse an einem bestimmten Ort beweisen soll, obwohl sich jene bereits geändert haben (vgl. BGH DAR 1962, 74).

Unerreichbarkeit: Ebenfalls keine Beweiserhebung ist erforderlich, wenn das Beweismittel *unerreichbar* ist (§ 244 Abs. 3 S. 2 StPO analog).[266] Die Unerreichbarkeit kann aber nur dann bejaht werden, wenn alle gerichtlichen Versuche, das Beweismittel herbeizuschaffen, erfolglos geblieben sind oder sein werden und keine Aussicht auf eine alsbaldige Herbeischaffung des Beweismittels besteht.[267] Diese Voraussetzungen sind erfüllt bei einem *Zeugen unbekannten Aufenthaltes.*[268] Unerreichbar ist auch ein Zeuge, dessen Vernehmung im Ausland für ihn eine Gefährdung an Leib und Leben bedeuten würde.[269] Art. 2 Abs. 2 S. 1 GG gebietet den staatlichen Gerichten, auch bei der Prüfung der Möglichkeiten zur Beweiserhebung das Recht auf Leben und körperliche Unversehrtheit zu achten. Unerreichbarkeit ist dagegen zu verneinen, wenn der Zeuge lediglich an einem beabsichtigten Terminstag nicht erreichbar ist (BGH NStZ 1983, 130).

Unerheblichkeit/Wahrunterstellung: Eine Beweiserhebung ist ebenfalls dann nicht erforderlich, wenn es auf die zu beweisende Tatsache nach Ansicht des Gerichts *nicht ankommt* (§ 244 Abs. 3 S. 2 StPO analog),[270] also diese bar jeder Relevanz für den Verfahrensgegenstand ist. Ein Beweisantrag kann auch dann abgelehnt werden, wenn die Beweisaufnahme nicht notwendig ist, weil die Beweistatsache zugunsten des Betroffenen als *wahr unterstellt* werden kann.[271] Dies ist allerdings nur dann möglich, wenn das Gericht auch ohne Beweiserhebung vom Vorliegen der behaupteten Tatsache überzeugt ist oder die Behauptung für unwiderlegbar hält bzw. die betreffende Tatsache alleine den prozessualen Anspruch des Beweisantragstellers nicht zu tragen vermag.[272] Wenn also der Kläger mit seinem prozessualen Anspruch nur bei kumulativem Vorliegen der Tatbestandsmerkmale A und B einer Norm durchdringen kann, das Gericht aber vom Fehlen der Voraussetzung A überzeugt ist, so muss über den Umstand B nicht mehr Beweis erhoben werden; dieser kann dann als wahr unterstellt werden.

99

100

---

262 *Meyer-Goßner/Schmitt* § 244 Rn. 59; *M. Wenske/G. Moldenhauer,* in: Seitz/Büchel, Beck'sches Richter-Handbuch, ³2012, E. II. Rn. 283.
263 BGH StV 1987, 236; *M. Wenske/G. Moldenhauer,* in: Seitz/Büchel, Beck'sches Richter-Handbuch, ³2012, E. II. Rn. 283.
264 *Meyer-Goßner/Schmitt* § 244 Rn. 59; *K. Reichold,* in: Thomas/Putzo § 284 Rn. 7.
265 *Meyer-Goßner/Schmitt* § 244 Rn. 59 a.
266 *L. Schmitt,* DVBl 1964, 465, 468; *K. Reichold,* in: *Thomas/Putzo* § 284 Rn. 7; *S. Leitherer,* in: Meyer-Ladewig/Keller/Leitherer § 103 Rn. 8; *U. Herbert,* in: Gräber § 76 Rn. 26.
267 *Meyer-Goßner/Schmitt* § 244 Rn. 62 a; *M. Wenske/G. Moldenhauer,* in: Seitz/Büchel, Beck'sches Richter-Handbuch, ³2012, E. II. Rn. 284.
268 *L. Schmitt,* DVBl 1964, 465, 468.
269 *L. Schmitt,* DVBl 1964, 465, 468.
270 BVerwGE 71, 38, 41; 77, 150, 157; BVerwG MDR 1978, 76, 77; NVwZ 1993, 377, 378; 1994, 1119, 1120; BGHZ 53, 245, 260; VGH Mannheim VBlBW 1998, 101; *H. Geiger,* in: *Eyermann* § 86 Rn. 38; *L. Schmitt,* DVBl 1964, 465, 467; *U. Herbert,* in: Gräber § 76 Rn. 26; vgl. insbes. auch *U. Holzapfel,* Die Ablehnung von Beweisanträgen, 1994.
271 BVerfG NVwZ 1988, 523, 524 zur verfassungsrechtlichen Unbedenklichkeit der Ablehnung der Beweisaufnahme; BVerwGE 71, 38, 41; 77, 150, 154; BVerwG MDR 1978, 76, 77; NVwZ 1982, 244; BVerwG 30.6.1994 – 4 B 136/94; *S. Leitherer,* in: Meyer-Ladewig/Keller/Leitherer § 103 Rn. 8; *U. Herbert,* in: Gräber § 76 Rn. 26. A.M. *M. Bertrams,* DVBl 1990, 1129, 1134.
272 *L. Schmitt,* DVBl 1964, 465, 468.

101   Eine Beweiserhebung braucht ferner dann nicht stattzufinden, wenn die unter Beweis gestellte Tatsache bereits erwiesen ist.[273] Hier ist genau zu unterscheiden: Grds. unzulässig ist eine *Vorwegnahme der Beweiswürdigung*.[274] Ein Beweisantrag darf dementsprechend nicht abgelehnt werden, weil das Gericht bereits vom Gegenteil der unter Beweis gestellten Tatsache überzeugt ist bzw. sie für sehr wahrscheinlich hält.[275] Nur ausnahmsweise darf ein Beweisantrag dann abgelehnt werden, wenn nach dem Ergebnis einer bereits durchgeführten (!) Beweisaufnahme feststeht, dass der Beweisantrag nichts Sachdienliches ergeben und die gegenteilige Überzeugung des Gerichts nicht erschüttern kann.[276] Es muss sich dabei aber um Fälle von „eindeutiger und nahezu absoluter Gewissheit" handeln[277] (*Bsp.*: Antrag auf Einholung eines *erbbiologischen Gutachtens* trotz eines die behauptete Tatsache ausschließenden Blutgruppengutachtens; in solchen Fällen liegt dann ein sog. *untaugliches Beweismittel* vor.)[278] → Rn. 98.

102   Die gesetzliche Beweisregel des *§ 418 Abs. 1 ZPO* alleine rechtfertigt es allerdings wegen des nach § 418 Abs. 2 ZPO möglichen Beweises des Gegenteils nicht, vom „Feststehen" des Beweisergebnisses im oben genannten Sinne auszugehen (BVerwG NJW 1984, 2962).

103   Eine Beweiserhebung darf nicht deshalb abgelehnt werden, weil zu ihrer Durchführung die *Amtshilfe ausländischer Gerichte* erforderlich ist;[279] § 96 Abs. 2 (Ersuchen eines anderen deutschen Gerichts um Beweisaufnahme) ist keine die Amtsermittlungspflicht beschränkende Norm (BVerwG MDR 1978, 76, 77).

104   Außerhalb des Anwendungsbereiches von *§ 287 Abs. 1 ZPO* (→ Rn. 31) stellt es im Übrigen einen Verstoß gegen Art. 103 Abs. 1 GG dar, eine beantragte Beweiserhebung nur deshalb abzulehnen, weil dies *„höchst unökonomisch"* sei (BVerfGE 50, 32, 34). Auch politische Verwicklungen mit anderen Staaten sind kein Grund, von einer beantragten Beweiserhebung abzusehen. Dies ist insbes. im Asylrecht zu beachten.

105   Ebenfalls kein Beweis muss (und darf unter Umständen) erhoben werden hinsichtlich derjenigen Tatsachen, für die bereits präjudizielle Entscheidungen desselben oder anderer Gerichte vorliegen (→ Rn. 35 ff.). Allerdings ist hierbei genau zu prüfen, ob bzw. inwieweit die früheren Gerichtsentscheidungen vorgreiflich sind.

106   **2. Insbes.: Sachverständigengutachten.** Besondere Regelungen gelten für die Beantwortung der Frage, ob das Gericht einen beantragten *Sachverständigenbeweis* erheben muss oder davon absehen kann. Zwar steht die Einholung von Sachverständigengutachten grds. im Ermessen des Gerichts.[280] Doch müssen die VG insbes. bei fehlender *eigener Sachkunde* Sachverständige in Anspruch nehmen (vgl. auch § 244 Abs. 4 S. 1 StPO).[281]

107   Das Ermessen über die Einholung von Sachverständigengutachten wird allerdings fehlerhaft ausgeübt, wenn sich die Notwendigkeit einer weiteren Beweiserhebung aufdrängt.[282] Auch der Umstand, dass ein anderer Sachverständiger über bessere Erkenntnismöglichkeiten verfügt, kann die Pflicht zur Ein-

---

273   BVerfG NJW 1993, 254, 255 zum Zivilprozess; *L. Schmitt*, DVBl 1964, 465, 467.

274   BVerfG NVwZ 1987, 785; NJW 1993, 254, 255 zum Zivilprozess; BVerwGE 2, 329, 330; 71, 38, 40 f.; BVerwG NVwZ 1982, 244; 1993, 377, 378; Buchholz 310 § 86 Abs. 1 VwGO Nr. 310; BGHZ 53, 245, 260; *K. Redeker* in: Staatsbürger und Staatsgewalt II, 475, 482; *U. Herbert*, in: Gräber § 76 Rn. 26.

275   BVerwGE 71, 38, 40 f.; BVerwG NVwZ 1993, 377, 378; Buchholz § 86 Abs. 1 VwGO Nr. 229; BVerfG NJW 1993, 254, 255 und BGHZ 53, 245, 260 zum Zivilprozess; BGH StV 1986, 418 zum Strafprozess; *K. Redeker*, in: Staatsbürger und Staatsgewalt II, 475, 482; *H. Geiger*, in: Eyermann § 86 Rn. 39; *L. Schmitt*, DVBl 1964, 465, 467.

276   BVerfG NJW 1993, 254, 255 zum Zivilprozess; BVerwG NJW 1984, 2962; NVwZ 1993, 377, 378; *H. Geiger*, in: Eyermann § 86 Rn. 39; *S. Leitherer*, in: Meyer-Ladewig/Keller/Leitherer § 103 Rn. 8 d.

277   BVerwG NVwZ 1982, 244.

278   BVerwG NVwZ 1993, 377, 378.

279   BVerwG MDR 1978, 76, 78; *H. Geiger*, in: Eyermann § 86 Rn. 40.

280   BVerwG NVwZ 1993, 268; NJW 1994, 2633 f.; Buchholz § 1 AsylVfG Nr. 117; der dortige Verweis auf § 412 ZPO geht aber fehl, da § 412 ZPO sich nicht auf Sachverständigengutachten als Parteivortrag bezieht; BVerwG Buchholz 310 § 86 Abs. 1 VwGO Nr. 302; 304; 308; 319; BGH NJW 1995, 1619.

281   BVerwG Buchholz 310 § 88 VwGO Nr. 41; VGH Kassel NVwZ 1982, 136, 138; *U. Herbert*, in: Gräber § 76 Rn. 25; zur Verwertung der Fachkenntnisse vgl. *E. Döhring*, JZ 1968, 641 ff.; s.a. BVerwG NJW 2002, 455.

282   BVerwG NVwZ 1993, 268; Buchholz 418.00 Nr. 60; ebenso BVerwGE 71, 38, 41; 74, 222, 224; BVerwG Buchholz § 86 Abs. 1 Nr. 238 zur Einholung weiterer Sachverständigengutachten. Vgl. hierzu und zum Folgenden auch BVerwG NVwZ 2016, 308, 312 f.

holung eines weiteren Sachverständigengutachtens begründen.[283] Ermessensfehlerhaft ist ferner *die Nichteinholung eines (weiteren) Sachverständigengutachtens*, wenn ein vorliegendes Gutachten auch für einen Laien erkennbare Mängel aufweist (BVerwGE 71, 38, 45). Dies ist namentlich dann gegeben, wenn das Gutachten von falschen Tatsachen ausgeht oder unlösbare Widersprüche beinhaltet. Entsprechendes gilt, wenn Zweifel an der Sachkunde oder Unparteilichkeit des Sachverständigen bestehen[284] oder der Kläger das erste Gutachten schlüssig infrage stellt.[285] Auch wenn ein Beteiligter Tatsachen substantiiert bestreitet, auf denen das Gutachten beruht, darf das Gericht das Gutachten nicht ohne nähere Prüfung dieser Befundtatsachen verwerten (BVerfG NJW 1995, 40).

Wenn das Gericht auf die Einschaltung eines Sachverständigen verzichtet, so erfordert die Pflicht zur **108** Amtsermittlung (§ 86 Abs. 1 S. 1), dass das Gericht darlegt, dass es und weshalb es über eine hinreichende eigene Sachkunde verfügt.[286] Das Fehlen entsprechender Angaben indiziert eine Verletzung der Aufklärungspflicht (BVerwG Buchholz 310 zu § 98 VwGO Nr. 41).

Aussagepsychologische Gutachten muss ein Gericht grds. nicht einholen, weil die Beurteilung der **109** Glaubwürdigkeit der Zeugen und der Glaubhaftigkeit ihrer Aussagen Aufgabe des Gerichtes ist – eine Ausnahme kann sich bspw. dann ergeben, wenn Anhaltspunkte für psychische Störungen des Zeugen vorliegen, sodass die Beurteilung der Aussage Fachwissen erfordert (BVerwG NVwZ-RR 2014, 887, 888 m.w.N.).

3. Beweisbeschluss. Das Gericht hat stets dann einen förmlichen Beweisbeschluss zu erlassen, wenn **110** die Beweisaufnahme ein „besonderes Verfahren" erfordert (§ 98 VwGO i. V. m § 358 ZPO) oder die Vernehmung eines Beteiligten angeordnet wird (§ 98 VwGO i.V.m. § 450 Abs. 1 S. 1 ZPO). Zur Änderung eines Beweisbeschlusses vgl. § 98 VwGO i.V.m. § 360 ZPO. Der Inhalt des Beweisbeschlusses richtet sich nach § 98 VwGO i.V.m. § 359 ZPO. Der Bezeichnung der Beteiligten, die sich auf das Beweismittel berufen (§ 98 VwGO i.V.m. § 359 Nr. 3 ZPO) bedarf es im Verwaltungsstreitverfahren nicht, weil dieses eine subjektive[287] Beweisführungslast nicht kennt[288] (→ Rn. 17, 72 und → § 108 Rn. 107). Die *Ablehnung eines Beweisbeschlusses* ist, wie auch der Beweisbeschluss selber, eine prozessleitende Verfügung,[289] die als solche nach § 146 Abs. 2 nicht mit der Beschwerde anfechtbar ist.[290] Das Gericht kann auch darauf verzichten, einen bereits erlassenen Beweisbeschluss *auszuführen*. Dies ist den Beteiligten jedoch mitzuteilen, damit diese Gelegenheit haben, sich darauf einzustellen und ggf. dazu Stellung zu nehmen.[291] Unterlässt es dies, so liegt darin eine Versagung des rechtlichen Gehörs (BVerwGE 17, 172, 173). Zu den einzelnen Beweismitteln, der Durchführung des Beweistermins und den sonstigen Vorschriften zur Beweisaufnahme vgl. §§ 96–98, zur Beweiswürdigung vgl. § 108.

---

283 Vgl. BVerwGE 71, 38, 45; BVerwG NVwZ 1993, 572, 578; BGHZ 53, 245, 259; *L. Schmitt*, DVBl 1964, 465, 469; *M. Wenske/G. Moldenhauer*, in: Seitz/Büchel, Beck's ches Richter-Handbuch, ³2012, E. II. Rn. 288; Gleiches gilt auch für neue Erkenntnisse bei *„antizipierten Sachverständigengutachten"*, *D. Czajka*, DÖV 1982, 99, 103.
284 Vgl. BVerwGE 71, 38, 45; BGHZ 53, 245, 259 – Anastasia; *S. Leitherer*, in: Meyer-Ladewig/Keller/Leitherer § 103 Rn. 11 c.
285 BVerfG NVwZ 1988, 523, 524; 1993, 572, 578; BVerwGE 69, 70, 73 f.; 74, 222, 224; BVerwG Buchholz § 86 Abs. 1 VwGO Nr. 238.
286 BVerfG DVBl 1993, 1002, 1003; BVerwG MDR 1978, 76, 78; NJW 1995, 2303, 2307; DVBl 1999, 1206; Buchholz § 86 Abs. 1 VwGO Nr. 224; Buchholz § 86 Abs. 1 VwGO Nr. 228; Buchholz 418.00 Nr. 60; Buchholz 310 § 86 Abs. 1 VwGO Nr. 315; Buchholz 310 § 86 Abs. 2 VwGO Nr. 46; VGH Mannheim NVwZ 1995, Beilage 4, 27, 28; *Kopp/Schenke* § 86 Rn. 9; *S. Leitherer*, in: Meyer-Ladewig/Keller/Leitherer § 103 Rn. 7 b; *N. Wimmer*, in: Gärditz § 86 Rn. 74; vgl. auch BVerwG NVwZ 1987, 47, 48: „sollte das VG diese Sachkunde besessen haben, hätte es dies darlegen müssen. Da es das nicht getan hat, liegt ein Verstoß gegen § 86 Abs. 1 VwGO vor"; ähnl. BVerwG Buchholz § 1 AsylVfG Nr. 117.
287 Ausf. hierzu *H.-P. Vierhaus*, Beweisrecht im Verwaltungsprozess, 2011, Rn. 353 ff.; *K. Kares*, BayVBl. 2009, 718.
288 *J. Martens*, JuS 1973, 619, 622.
289 Vgl. *Kopp/Schenke* § 146 Rn. 10.
290 *H. Geiger*, in: Eyermann § 86 Rn. 32.
291 BVerwGE 69, 70, 80; *P. Kothe*, in: Redeker/v. Oertzen § 86 Rn. 41; *D. Leipold*, in: Stein/Jonas III § 139 Rn. 42 am Ende; *J. Martens*, JuS 1973, 619, 622. A.M. wohl *Baumbach/Lauterbach/Albers/Hartmann* § 139 Rn. 58: „Beweisbeschluss: ... *mag* ein entsprechender Hinweis ... notwendig sein".

G. Die Hinweispflicht gem. § 86 Abs. 3

I. Grundsätzliche Bedeutung

111 Die Deutung der grundsätzlichen Funktion der Vorschrift des § 86 Abs. 3 ist nicht einheitlich. In den unterschiedlichen Charakterisierungen der Regelung offenbaren sich zugleich Unsicherheiten hinsichtlich der tragenden Funktion der sog. *Hinweispflicht.* § 86 Abs. 3 ist nicht Ausdruck der Offizialmaxime,[292] denn auch im Verwaltungsprozess bleiben die Beteiligten grds. Herr des Streitgegenstandes (→ Rn. 5). Auch die Bezeichnung als „Aufklärungspflicht"[293] ist zumindest missverständlich. Die Verwendung dieses Begriffs sollte beschränkt bleiben auf das in § 86 Abs. 1 S. 1 Hs. 1 statuierte Gebot verwaltungsgerichtlicher Sachaufklärung. Die Hinweispflicht des § 86 Abs. 3 geht darüber hinaus; sie beinhaltet auch weiter gehende Hinweispflichten hinsichtlich der Anträge etc.[294]

112 Richtig erscheint es, in der Regelung des § 86 Abs. 3 eine *verfahrensspezifische Konkretisierung des Verfassungsgrundsatzes des rechtlichen Gehörs gem. Art. 103 Abs. 1 GG* zu sehen (→ Rn. 114). Die gehörspezifischen Vorschriften der einzelnen Prozessordnungen, zu denen § 86 Abs. 3 VwGO gehört, haben die Aufgabe, die Grundelemente des Art. 103 Abs. 1 GG aufzunehmen und sie im Blick auf die Besonderheit der jeweiligen Verfahrensart näher auszuformen. I.d.S. sind Bestimmungen, die gerichtliche Hinweis- und Aufklärungspflichten oder ein Rechtsgespräch vorsehen, Erweiterungen der verfassungsrechtlichen Basisgarantie. Sie enthalten einen verfassungsrechtlichen Kern, gehen über diesen aber hinaus und sind damit einfachgesetzliche Konkretisierungen des verfassungsrechtlichen Grundsatzes des Art. 103 Abs. 1 GG.[295]

113 In Übereinstimmung mit der Direktive des § 173 VwGO i.V.m. § 279 Abs. 3 ZPO zielt § 86 Abs. 3 auf die Verhinderung überraschender gerichtlicher Entscheidungen.[296] Insbes. die Unbeholfenheit und mangelnde Vertrautheit des Klägers mit den rechtlichen Vorschriften sollen kein Hinderungsgrund für die Erfolgsaussicht der Klage sein.[297] Das Gebot der Gewährung rechtlichen Gehörs gebietet daher, dass die Beteiligten Gelegenheit haben müssen, sich abschließend zum Gesamtergebnis des Verfahrens zu *äußern* (BVerfG NJW 1991, 2823; BVerwGE 18, 315, 317 f.). § 86 Abs. 3 garantiert so auch ein Mindestmaß prozessualer Chancengleichheit.[298]

II. Allgemeines zum Inhalt und Ausmaß der sog. Hinweispflicht

114 Die weit ausgreifend konzipierte Hinweispflicht des § 86 Abs. 3 muss auch als verfahrensrechtliches Gebot zum *Rechtsgespräch* zwischen Gericht und Beteiligten verstanden werden (→ Rn. 112 und → § 108 Rn. 179). Dies ergibt sich aus dem Zusammenhang mit § 104 Abs. 1.[299] Die Erörterung und Erläuterung der entscheidungsrelevanten Rechtsprobleme hat v.a. Bedeutung für solche Instanzgerichte, vor denen kein Vertretungszwang besteht (vgl. § 67). Zwar darf ein solches Rechtsgespräch[300] nicht mit einer unzulässigen Rechtsberatung der Beteiligten verwechselt werden, doch ergeben sich Art und Umfang der im Einzelnen auszuübenden Hinweispflicht und das Herausarbeiten eines sachdienlichen Antrages i.d.R. erst aus einer bestimmten Rechtsansicht, die das Gericht seiner Entscheidung zugrunde legen will.[301] Allerdings ist nach der Rspr. des BVerwG in diesem Zusammenhang

---

292 So aber *F. Hufen* § 36 Rn. 13.
293 So aber *Schmitt Glaeser/Horn* Rn. 545.
294 Kritik an der Beschränkung auf den Begriff der „Hinweispflicht" aber bei *E. Nowak,* Aufklärungspflicht, 1990, 9.
295 Allg. hierzu *E. Schmidt-Aßmann,* in: Maunz/Dürig Art. 103 Rn. 21 f.
296 BVerwGE 36, 264, 266; BVerwG NVwZ-RR 1998, 711; 1998, 783; *Kopp/Schenke* § 86 Rn. 22; *H. Geiger,* in: Eyermann § 86 Rn. 50; *B. Thürmer,* in: Hübschmann/Hepp/Spitaler FGO § 76 Rn. 16; vgl. auch BGH NJW-RR 1994, 1085, 1086.
297 BVerwGE 9, 94, 98; 21, 217, 218; BVerwG NVwZ 1985, 36, 37; Buchholz 310 § 86 Abs. 3 VwGO Nr. 48; *U. Herbert,* in: Gräber § 76 Rn. 54; *S. Leitherer,* in: Meyer-Ladewig/Keller/Leitherer § 106 Rn. 2; Kritik bei *W. Tietgen,* DVBl 1963, 780, 782; *N. Wimmer,* in: Gärditz § 86 Rn. 83.
298 Vgl. *E. Nowak,* Aufklärungspflicht, 1990, 11 zum Zivilprozessrecht.
299 BVerwGE 21, 217; *H. Geiger,* in: Eyermann § 86 Rn. 50. Zurückhaltender *B. Thürmer,* in: Hübschmann/Hepp/Spitaler FGO § 76 Rn. 157 (die einzelnen für die Entscheidung erheblichen Gesichtspunkte seien nicht zwingend anzudeuten); vgl. aber auch BGH NJW-RR 1994, 1085, 1086; *K.-P. Dolde,* VBlBW 1985, 248, 251 und BVerfGE 86, 133, 145.
300 Dazu auch *K.-M. Ortloff,* NVwZ 1995, 28 ff.
301 Auf diesen Aspekt hinweisend auch *E. Nowak,* Aufklärungspflicht, 1990, 9; vgl. auch BVerwG 6.7.2001 – 4 B 50/01 sowie 19.3.2007 – 9 B 20/06.

auch § 86 Abs. 3 nur dann verletzt, wenn mit den vom Gericht vorgebrachten Gesichtspunkten „auch ein gewissenhafter und kundiger Prozessbeteiligter nach dem bisherigen Prozessverlauf – selbst unter Berücksichtigung der Vielfalt vertretener Rechtsauffassungen – nicht zu rechnen brauchte" (BVerwG NVwZ-RR 2016, 494, 498). Es ist aber davon auszugehen, dass eine gerichtliche Entscheidung ohne vorherige Erörterung der Rechtslage zulässig ist, wenn der *Beteiligte* ordnungsgemäß geladen war (§ 102) bzw. das persönliche Erscheinen angeordnet wurde (§ 95) und der Beteiligte *nicht erscheint*. Wenn § 102 Abs. 2 es erlaubt, dass ohne den ordnungsgemäß Geladenen „verhandelt und entschieden" wird, hängt eine gerichtliche Entscheidung nicht von der weiteren Voraussetzung ab, dass der nichterschienene Beteiligte eventuell in einem neuen Termin auf die Rechtslage hingewiesen wird.[302]

III. Die Hinweispflicht im Einzelnen

1. Hinweispflicht gem. § 86 Abs. 3 Var. 1. Die Hinweispflicht gem. § 86 Abs. 3 Var. 1 betreffend die   115 Beseitigung von „*Formfehlern*" bezieht sich nicht auf das Schriftformerfordernis des § 81 Abs. 1 S. 1, da ohne die Wahrung der Schriftform keine Klage erhoben werden kann. Sie bezieht sich vielmehr auf die in § 82 Abs. 1 S. 1 genannten Merkmale einer *Klageschrift*.[303] § 86 Abs. 3 Var. 1 hat in § 82 Abs. 2 eine näher spezifizierte Ausformung erhalten.

2. Hinweispflicht gem. § 86 Abs. 3 Var. 2 und 3. § 86 Abs. 3 bezieht sich in seinen *Var. 2 und 3* auf   116 die Hinweispflicht bzgl. der *Anträge* der Beteiligten. Der Vorsitzende hat darauf hinzuwirken, dass *unklare Anträge erläutert (Var. 2)* und *sachdienliche Anträge gestellt (Var. 3)* werden. In der Praxis dürfte die Hinweispflicht gem. § 86 Abs. 3 Var. 2 i.d.R. hinter der Hinweispflicht gem. § 86 Abs. 3 Var. 3 zurücktreten.

Da das Gericht nur dann eine Entscheidung treffen kann, wenn das Klagebegehren hinreichend deut-   117 lich zum Ausdruck gekommen ist (vgl. § 88),[304] ist die Stellung eines eindeutigen Antrages von großer Bedeutung. Dies gilt umso mehr, als nach § 82 Abs. 1 S. 2 ein eindeutiger Antrag nicht Voraussetzung für die Zulässigkeit einer Klage ist. Dementsprechend gebietet § 86 *Abs. 3 Var. 2* dem Vorsitzenden, darauf hinzuwirken, dass die Beteiligten *unklare Anträge erläutern*. Dabei hat er jedoch darauf zu achten, dass er lediglich den wirklichen Willen (vgl. BVerwG NVwZ 1993, 62) erforscht, nicht aber den Antragsteller zu ausschließlich ihm günstigen Prozesserklärungen drängt. Andernfalls kann dies die Ablehnung wegen der Besorgnis der Befangenheit rechtfertigen.[305]

„*Sachdienlich*" i.S.d. *§ 86 Abs. 3 Var. 3* sind solche Anträge, die den Prozesszweck und die Durchfüh-   118 rung des Verfahrens fördern.[306] Der Begriff der Sachdienlichkeit ist dabei subjektiv auszulegen.[307] Maßgeblich ist also, was die Beteiligten als Prozessziel anstreben, nicht etwa, welches Ziel dem erkennenden Gericht adäquat erscheint.[308] „Sachdienliche Anträge" sind daher solche, welche die Streitfrage einer wirklichen Erledigung zuführen.[309] Die „*Sachdienlichkeit*" ist dagegen zu verneinen, wenn durch eine Klageänderung *neuer* Streitstoff in den Prozess eingeführt werden soll,[310] im Prozess bereits gefundene Ergebnisse nicht mehr verwertbar wären oder der Rechtsstreit, so wie er bislang geführt wurde, bereits entscheidungsreif ist.[311]

Im Hinblick auf § 86 Abs. 3 Var. 2 und 3 ist es auch zulässig, dass der Vorsitzende selbst einen sach-   119 dienlichen Antrag formuliert (BVerwG NJW 1977, 1465). Dies gilt insbes., wenn und soweit der betreffende Beteiligte (mag er auch anwaltlich vertreten sein) nicht in der Lage ist, einen dem Rechtsstreit förderlichen Antrag zu stellen. Die Pflicht zur *richterlichen Unparteilichkeit* (vgl. BVerfGE 21, 139, 145 f.), die insbes. auch in § 54 ihren Niederschlag gefunden hat, steht einem entsprechenden Hinweis nicht entgegen. Denn auch das Willkürverbot des Art. 3 Abs. 1 GG gebietet dem Richter die

---

302 *U. Herbert*, in: Gräber § 76 Rn. 55; ähnl. BVerwG 9.12.1994 – 6 B 32.94; anders BVerwGE 36, 264, 266.
303 *N. Wimmer*, in: Gärditz § 86 Rn. 86.
304 BVerwG NJW 1977, 1465.
305 Vgl. *H. Geiger*, in: Eyermann § 86 Rn. 52.
306 *H. Geiger*, in: Eyermann § 86 Rn. 53.
307 *D. Leipold*, in: Stein/Jonas III § 139 Rn. 47; str., vgl. die Nachw. bei *E. Nowak*, Aufklärungspflicht, 1990, 58 f.
308 So für den Zivilprozess auch *S. Bruinier*, in: Seitz/Büchel, Beck'sches Richter-Handbuch, ³2012, A. IX. Rn. 11.
309 *H. Geiger*, in: Eyermann § 86 Rn. 53.
310 BGH NJW 1977, 49; vgl. *Baumbach/Lauterbach/Albers/Hartmann* § 139 Rn. 64; *E. Nowak*, Aufklärungspflicht, 1990, 67; *N. Wimmer*, in: Gärditz § 86 Rn. 88.
311 BGH NJW 1977, 49; vgl. *J. Fritsche*, in: MüKoZPO § 139 Rn. 29.

Herbeiführung einer sachgerechten Entscheidung i.R. der Gesetze „unter dem Blickpunkt materialer, wertorientierter Gerechtigkeit" (BVerfGE 42, 64, 78). Eine Ablehnung wegen der Besorgnis der *Befangenheit* nach § 54 Abs. 1 VwGO i.V.m. § 42 Abs. 1 und 2 ZPO kommt daher nicht in Betracht.[312] Die Grenze zulässiger Hinweise wird aber durch den Umstand markiert, dass im Verwaltungsstreitverfahren nicht die *Offizialmaxime* gilt (→ Rn. 5). Der Vorsitzende darf also einem Beteiligten keinen Antrag aufzwingen, den er nicht stellen wollte, oder dessen Inhalt und mögliche Auswirkungen er offenbar nicht erkennen konnte. Bei etwaigen Zweifeln, ob nicht doch eine Belehrung hinsichtlich des Antrages angezeigt gewesen wäre, kommt eine entsprechende Auslegung bzw. ggf. Umdeutung (BVerwG DVBl 1967, 857, 858) des Klageantrages nach § 88 in Betracht.

120   Die Hinweispflicht aus *§ 86 Abs. 3 Var. 3* bezieht sich nicht nur auf die prozessualen Anträge, sondern erfasst auch die *materiellen* Anträge.[313] Auch die Anregung einer *Klageänderung* kann daher in geeigneten Fällen Gegenstand der Hinweispflicht des Gerichts sein.[314] Die Formulierung des § 86 Abs. 3 Var. 3 („sachdienliche Anträge gestellt") lässt aber nicht die Schlussfolgerung zu, dass der Hinweis auf eine mögliche Klageänderung nur in dem Fall erfolgen muss, wenn sich diese Anregung geradezu *„aufdrängt"* (so aber BVerwGE 21, 217, 218). Zweck der Hinweispflicht ist vielmehr, im Interesse aller Beteiligten und auch des Gerichts den Rechtsstreit, so wie ihn der Antragsteller tatsächlich führen will, endgültig einer Entscheidungsreife zuzuführen. Daher ist insoweit der wirkliche Wille des Antragstellers zu erforschen, wozu die mündliche Verhandlung ausreichende Gelegenheit gibt. Die Möglichkeit einer Klageänderung ist also bei jedem hinreichenden Anhaltspunkt hierfür zu prüfen.

121   Die Hinweispflicht nach *§ 86 Abs. 3 Var. 3* umfasst auch die Anregung zur Stellung von *Hilfsanträgen*.[315]

122   **3. Hinweispflicht gem. § 86 Abs. 3 Var. 4 und 5.**   Nach § 86 Abs. 3 Var. 4 und 5 hat der Vorsitzende darauf hinzuwirken, dass ungenügende *tatsächliche Angaben ergänzt (Var. 4)* und *alle für die Feststellung und Beurteilung des Sachverhaltes wesentlichen Erklärungen abgegeben (Var. 5)* werden. Bei schwierigen und umfangreichen Erklärungen, die das Gericht vom jeweiligen Beteiligten erwartet, muss dieser *Hinweis so rechtzeitig* ergehen, dass der Betroffene der Anregung auch nachkommen kann.[316]

123   Die Hinweispflicht gem. § 86 Abs. 3 Var. 4 wird nur dann prozessrelevant, wenn das Gericht die Unvollständigkeit des Beteiligtenvortrages erkennen musste.[317] Daher gebietet es die Hinweispflicht auch, Widersprüche im Vortrag der Beteiligten aufzuklären.[318] *§ 86 Abs. 3 Var. 5* erfasst die in der Praxis bedeutsame Pflicht, die Beteiligten aufzufordern, *geeignete Beweismittel* namhaft zu machen.[319] Dies gilt insbes. für den Fall, dass bereits eine Beweisaufnahme stattgefunden hat, diese aber unergiebig war.[320] Die Hinweispflicht erstreckt sich ferner auf die Aufklärung, ob überhaupt ein Beweisantrag gestellt wurde. Dies gilt bspw. für den Fall, dass ein schriftsätzlich angekündigter Beweisantrag in der mündlichen Verhandlung nicht gestellt wird.[321] Auch die Pflicht, auf die *ungenügende Bestimmtheit des Beweismittels* („Zeuge NN") hinzuweisen, ist Bestandteil der Hinweispflicht nach § 86 Abs. 3 Var. 5.[322] Ggf. ist der Beteiligte unter Fristsetzung (!) zur Substantiierung seines Beweisantrages aufzufordern (BGH NJW 1974, 188; BAG NJW 1977, 727). Für den Fall anwaltlicher Vertretung hat das BVerwG eine entsprechende Pflicht jedoch verneint (DÖV 1963, 886). Darüber hinaus beinhaltet *§ 86 Abs. 3 Var. 5* die Pflicht, die Beteiligten auf die Folgen einer *Beweisvereitelung* hinzuweisen; nur so kann die Amtsermittlungspflicht in ausreichendem Maße realisiert werden (→ Rn. 132). Die Auffor-

---

312 Zu diesem Problemkreis insbes. *E. Nowak,* Aufklärungspflicht, 1990, 85–115.

313 Vgl. *H. Geiger,* in: Eyermann § 86 Rn. 53; *Baumbach/Lauterbach/Albers/Hartmann* § 139 Rn. 34 zum Zivilprozess.

314 BVerwGE 21, 217 und schon BVerwGE 16, 94, 98; BVerwG Buchholz § 86 Abs. 3 VwGO Nr. 31; *E. Nowak,* Aufklärungspflicht, 1990, 63; zur *Auswechslung der Beteiligten* s. *H. Fliegauf,* DVBl 1963, 664, 665; zurückhaltend *Baumbach/Lauterbach/Albers/Hartmann* § 139 Rn. 64.

315 Zum Zivilrecht *K. Reichold,* in: Thomas/Putzo § 139 Rn. 10; *P. Baumbach/Lauterbach/Albers/Hartmann* § 139 Rn. 63.

316 BVerwG DVBl 1980, 598, 599; vgl. auch *K.-P. Dolde,* VBlBW 1985, 248, 250.

317 BVerwG NVwZ 1985, 36, 37: „erkennen *konnte*"; vgl. auch BVerwG Buchholz § 86 Abs. 3 VwGO Nr. 42.

318 *H. Geiger,* in: Eyermann § 86 Rn. 54; zum Zivilprozessrecht vgl. *E. Nowak,* Aufklärungspflicht, 1990, 53.

319 *J. Fritsche,* in: MüKoZPO § 139 Rn. 28.

320 *M. Lepa,* DRiZ 1969, 5, 8; im Zivilrecht a.M. *E. Nowak,* Aufklärungspflicht, 1990, 70.

321 *J. Fritsche,* in: MüKoZPO § 139 Rn. 30; RG LZ 1914, 1719.

322 Zum Zivilprozessrecht *K. Reichold,* in: Thomas/Putzo § 139 Rn. 8; *D. Leipold,* in: Stein/Jonas III § 139 Rn. 41; *E. Nowak,* Aufklärungspflicht, 1990, 69.

derung zur *Klagebegründung* (§ 82 Abs. 2) ist ebenfalls Bestandteil der Hinweispflicht gem. § 86 Abs. 3 Var. 5.[323]

Wichtiges Mittel zur Erfüllung der Amtsermittlungspflicht entsprechend Abs. 3 Var. 4 und 5 ist vor   124 der mündlichen Verhandlung die sog. Aufklärungsanordnung, die in § 87 Abs. 1 geregelt ist. Mangels einer ausdrücklichen Normierung ist sie nicht formbedürftig;[324] Aufklärungsanordnungen dürfen z.B. auch fernmündlich ergehen. Allerdings ergibt sich schon aus dem Wortlaut der „Anordnung", dass diese unmissverständlich, eindeutig und insbes. ausdrücklich zu erfolgen hat.[325] Nach § 87 Abs. 2 sind alle Beteiligten von den Aufklärungsanordnungen zu benachrichtigen. Z.T. wird die Auffassung vertreten, das Unterlassen der Benachrichtigung stelle immer einen wesentlichen Verfahrensfehler dar und verletze zugleich das Recht auf rechtliches Gehör.[326] Dies ist aber in dieser Pauschalität nicht zutreffend. Die zur Stützung jener Ansicht herangezogenen Urteile des BVerwG befassen sich, soweit sie überhaupt einschlägig sind (nicht einschlägig BVerwG DVBl 1980, 598), ausschließlich mit der Frage, ob Aufklärungsanordnungen, die eine Beweiserhebung anordnen, den Beteiligten vorher mitzuteilen sind (vgl. BVerwGE 25, 88; 34, 77). Für diesen Teil der Aufklärungsanordnung greift unmittelbar § 97 S. 1. Nicht alle Aufklärungsanordnungen hingegen beinhalten die Anordnung von Beweisaufnahmen (vgl. § 87 Abs. 1 S. 2 Nr. 1, 2, 5). Wenn und soweit die Beteiligten lediglich etwa dazu aufgefordert werden, ihren Tatsachenvortrag zu ergänzen, ist nicht ersichtlich, wieso eine fehlende vorherige Mitteilung dieser Anordnung an die anderen Beteiligten deren Recht auf rechtliches Gehör verletzen sollte. Dieses gebietet zwar, dass die Beteiligten zu allen streitentscheidenden Punkten Stellung nehmen können müssen. Dies ist aber auch dann möglich, wenn der Vorsitzende oder der Berichterstatter, nachdem die Anordnung zu einem Erfolg geführt hat, die anderen Beteiligten über die Anordnung informiert und ihnen das Ergebnis der Anordnung mitteilt. Hierfür spricht insbes. auch der Wortlaut des § 87 Abs. 2, wonach die Beteiligten von jeder Anordnung zu benachrichtigen sind und nicht etwa vor einer Anordnung.

H. Vorbereitende Schriftsätze und Vorlage von Urkunden (§ 86 Abs. 4 und 5)

I. Allgemeines

Die Vorschriften der Abs. 4 und 5 des § 86 zielen darauf ab, dem Gericht die Entscheidung des   125 Rechtsstreits möglichst in einer Verhandlung zu ermöglichen. Beide Vorschriften sind damit Konkretisierungen der *Konzentrationsmaxime*.[327] Erfüllen die Beteiligten ihre Obliegenheiten aus § 86 Abs. 4, 5 nicht, so hat dies keine unmittelbaren prozessualen Folgen.[328] Dies gilt zumindest dann, wenn die betreffende Handlung bis zur Entscheidung in der Hauptsache nachgeholt wird.[329] Allerdings kann die Nichterfüllung der Obliegenheiten aus § 86 Abs. 4 und 5 die *Kostentragungspflicht gem. § 155 Abs. 4* auslösen,[330] denn wie sich aus § 87b ergibt, gehört die rechtzeitige Befassung mit den im Prozess geforderten Erklärungen zur Mitwirkungspflicht der Beteiligten.[331]

---

323   *K.-P. Dolde,* VBlBW 1985, 248. – Demgegenüber ist die Aufforderung nach § 81 AsylG, das Verfahren weiter zu betreiben, keine Aufforderung i.S.d. § 86 Abs. 3, sondern eine spezialgesetzliche Regelung zur Verwirklichung der im Asylverfahrensrecht gesteigerten Mitwirkungspflicht, *J. Bergmann,* in: Bergmann/Dienelt, [11]2016, AsylG § 81 Rn. 12 ff.; vgl. VGH Kassel InfAuslR 1995, 78.

324   Nach BVerwG NVwZ 2006, 700 bedarf es aber eines Beweisbeschlusses oder einer sonstigen förmlichen Äußerung des Hauptsachegerichts, wenn eine Behörde gem. § 99 die Geheimhaltungsbedürftigkeit von Akten geltend macht.

325   Vgl. *Kopp/Schenke* § 87 Rn. 7, wonach auch unmissverständliches konkludentes Verhalten ausreichen kann.

326   *Kopp/Schenke* § 87 Rn. 8.

327   Ähnl. für den Zivilprozess: *Baumbach/Lauterbach/Albers/Hartmann* § 131 Rn. 2.

328   *Kopp/Schenke* § 86 Rn. 30; nach Ansicht des BVerwG handelt es sich zumindest bei § 86 Abs. 4 S. 1 lediglich um eine „Ordnungsvorschrift"; s. BVerwGE 71, 213, 219.

329   *Kopp/Schenke* § 57 Rn. 14

330   *G. Lüke/H. Schröder,* JuS 1961, 41, 48.

331   *P. Kothe,* in: Redeker/v. Oertzen § 155 Rn. 6; wohl auch *G. Lüke/H. Schröder,* JuS 1961, 41, 48. – Eine Besonderheit ist für den *Asylprozess* zu beachten. Hier kann die Nichtbeachtung einer Fristsetzung nach § 86 Abs. 4 S. 2 als Nichtbetreiben des Verfahrens nach den §§ 33 Abs. 1, 81 S. 1 AsylG gewertet werden, BVerwGE 71, 213, 219.

II. Die Regelung des § 86 Abs. 4

126   Nach § 86 Abs. 4 S. 1 sollen die Beteiligten zur Vorbereitung der mündlichen Verhandlung *Schriftsätze einreichen*. Den Schriftsätzen sollen gem. § 81 Abs. 2 *Abschriften* für die übrigen Beteiligten beigefügt werden. Da die Zustellung der Klageschrift gem. § 85 von Amts wegen erfolgt, kann bei fehlenden Abschriften eine Kostentragungspflicht für die *Anfertigung von Kopien* nach § 28 Abs. 1 S. 2 GKG entstehen (VGH München BayVBl 1979, 380, 381). Etwas anderes gilt jedoch für sonstige Schriftsätze, da diese nach *§ 86 Abs. 4 S. 3* lediglich zu „übermitteln" sind. Eine Zustellung ist also nicht mehr erforderlich (so aber die alte Gesetzesfassung vor dem 4. VwGOÄndG). Die endgültige Kostentragungspflicht für die Anfertigung von Kopien als erstattungsfähige Kosten trifft nach § 154 Abs. 1 den unterliegenden Teil.[332]

127   Die *Fristsetzung* zur Einreichung von Schriftsätzen *(§ 86 Abs. 4 S. 2)* ist eine sog. *richterliche Frist*, die in exakt bestimmten bzw. bestimmbaren Zeiträumen zu bemessen ist. Dies ergibt sich aus dem für Prozesshandlungen geltenden Gebot der Rechtssicherheit und -klarheit (OVG Koblenz NJW 1993, 2457). Die Verwendung der Begriffe „unverzüglich" oder „umgehend" ist also unzureichend. Für die *Berechnung der Frist* gilt § 57. Sie ist so zu bemessen, dass ein sich seiner Mitwirkungslast bewusster Beteiligter bei Aufwendung der erforderlichen Sorgfalt den betreffenden Schriftsatz auch tatsächlich erstellen kann.

128   Die Anwendung der *Wiedereinsetzungs*vorschriften über den ausdrücklichen Bereich des § 60 hinaus wurde vom BVerwG wegen Art. 103 Abs. 1 GG, also dem Anspruch auf rechtliches Gehör, vereinzelt bejaht (vgl. BVerwG NJW 1994, 673, 674).

129   Kann sich ein Beteiligter auf ein verspätetes Vorbringen des Gegners nicht erklären, so kann das Gericht nach § 173 VwGO i.V.m. § 283 S. 1 ZPO eine *Schriftsatzfrist* einräumen. Der Ablauf dieser Frist ist abzuwarten; denn der Anspruch auf rechtliches Gehör (Art. 103 Abs. 1 GG) verlangt, dass das Gericht nicht vorher entscheidet.[333] Für die Berücksichtigung von Vorbringen, welches erst *nach* einer Schriftsatzfrist gem. § 173 VwGO i.V.m. § 283 S. 1 ZPO beim Gericht eingeht, gilt allerdings wegen der den Verwaltungsprozess beherrschenden Untersuchungsmaxime nicht § 283 S. 2 ZPO, sondern die Vorschrift des § 87 b Abs. 3 – was allerdings voraussetzt, dass neben den Voraussetzungen des § 173 VwGO i.V.m. § 283 S. 1 ZPO auch die Voraussetzungen des § 87 b Abs. 1 oder Abs. 2 vorliegen, denn auf diese (nicht auf § 173 VwGO i.V.m. § 283 S. 1 ZPO) verweist § 87 b Abs. 3. Wenn einem Beteiligten das Nachreichen von Schriftsätzen nicht vorbehalten wurde, so muss das Gericht gleichwohl, wenn noch weiterer Vortrag erfolgt, diesen wegen der Amtsermittlungspflicht berücksichtigen, soweit er entscheidungserheblich ist. Dies gilt indes nicht, wenn die Voraussetzungen des § 87 b Abs. 3 (Fristsetzung und Belehrung) vorliegen. Will das Gericht einen derartigen Vortrag dennoch berücksichtigen, so müssen auch die anderen Beteiligten hierzu gehört werden. Insofern ist die Wiedereröffnung der mündlichen Verhandlung nach § 104 Abs. 3 S. 2 angezeigt.[334]

130   Bedeutung im Hinblick auch auf die *materielle Rechtslage* erlangen die Schriftsätze schließlich insoweit, als sie wegen der Übersendungspflicht (§ 86 Abs. 4 S. 3) auch als *konkludente Anträge* an die Behörde gewertet werden können (BVerwG NVwZ 1995, 75 und 1995, 76, 77).

III. Die Regelung des § 86 Abs. 5

131   Die den Schriftsätzen beizufügenden *Urkunden (§ 86 Abs. 5 S. 1)* können dem Gericht nur noch in Abschrift vorgelegt werden (→ Rn. 1). Die Vorlagepflicht besteht auch, wenn die „Bezugnahme" auf die Urkunden lediglich indirekt oder konkludent geschieht.[335] Die Beifügung eines Urkunden*auszuges* (§ 86 Abs. 5 S. 1 a. E.) ist nur in dem durch § 173 VwGO i.V.m. § 131 Abs. 2 ZPO vorgeschriebenen Mindestumfang zulässig.

132   Wenn die Beteiligten ihrer Pflicht zur Vorlage beweiserheblicher Urkunden nicht nachkommen, so kann das Gericht dies zu ihrem Nachteil bei *der Beweiswürdigung* berücksichtigen.[336] Im vorbereitenden Verfahren nach *§ 87 Abs. 1 S. 2 Nr. 2* kann den Beteiligten eine *Frist zur Vorlage von Urkunden*

---

332   Für den Zivilprozess *J. Fritsche*, in: MüKoZPO § 131 Rn. 7; wohl a.A. *R. Greger*, in: Zöller § 131 Rn. 3.

333   Vgl. BVerfGE 53, 219, 222 m.w.N.; 61, 37, 42.

334   Vgl. BVerwG NJW 1995, 2303, 2308 und *S. Leitherer*, in: Meyer-Ladewig/Keller/Leitherer § 108 Rn. 2.

335   *Baumbach/Lauterbach/Albers/Hartmann* § 131 Rn. 9.

336   Vgl. *Kopp/Schenke* § 98 Rn. 19.

gesetzt werden. Sind die Urkunden dem Gegner bereits bekannt, so genügt gem. § 86 Abs. 5 S. 2 die genaue Bezeichnung mit dem Anerbieten, Einsicht bei Gericht, also in den Räumlichkeiten des Gerichtssitzes, zu gewähren. Von einem „Bekanntsein" i.S.d. Vorschrift kann allerdings nur dann ausgegangen werden, wenn nach Ansicht des Gerichts der Gegner von der Urkunde noch so Kenntnis hat, dass es nach Treu und Glauben überflüssig wäre, ihm die Urkunde auch nur auszugsweise abschriftlich vorzulegen; ein *Kennenmüssen* im Sinne einer grob fahrlässigen Unkenntnis reicht insoweit nicht aus.[337]

„*Sehr umfangreich*" i.S.d. § 86 Abs. 5 S. 2 sind Urkunden, wenn den Beteiligten die Anfertigung von   133 Abschriften nicht zugemutet werden kann; dies gilt bspw. für Akten sowie umfangreiche Korrespondenz.[338] Ohne Bedeutung ist dabei, wenn sich der Umfang möglicherweise erst aus einer Vielzahl kleinerer Urkunden ergibt.[339] Die Grenze der Zumutbarkeit dürfte etwa bei 200 Seiten liegen.[340] Sie ist aber auch abhängig von der Zahl der Beteiligten, für die Abschriften zu erstellen sind.

Auf die *Urkunden* des § 86 Abs. 5 S. 2 bezieht sich, da Urkunden Teil der Prozessakten sind,[341] auch   134 das Einsichtsrecht nach § 100 Abs. 1.

§ 86 a (weggefallen)

§ 87 [Vorbereitendes Verfahren]

(1) ¹Der Vorsitzende oder der Berichterstatter hat schon vor der mündlichen Verhandlung alle Anordnungen zu treffen, die notwendig sind, um den Rechtsstreit möglichst in einer mündlichen Verhandlung zu erledigen. ²Er kann insbesondere

1. die Beteiligten zur Erörterung des Sach- und Streitstandes und zur gütlichen Beilegung des Rechtsstreits laden und einen Vergleich entgegennehmen;
2. den Beteiligten die Ergänzung oder Erläuterung ihrer vorbereitenden Schriftsätze, die Vorlegung von Urkunden, die Übermittlung von elektronischen Dokumenten und die Vorlegung von anderen zur Niederlegung bei Gericht geeigneten Gegenständen aufgeben, insbesondere eine Frist zur Erklärung über bestimmte klärungsbedürftige Punkte setzen;
3. Auskünfte einholen;
4. die Vorlage von Urkunden oder die Übermittlung von elektronischen Dokumenten anordnen;
5. das persönliche Erscheinen der Beteiligten anordnen; § 95 gilt entsprechend;
6. Zeugen und Sachverständige zur mündlichen Verhandlung laden.

(2) Die Beteiligten sind von jeder Anordnung zu benachrichtigen.

(3) ¹Der Vorsitzende oder der Berichterstatter kann einzelne Beweise erheben. ²Dies darf nur insoweit geschehen, als es zur Vereinfachung der Verhandlung vor dem Gericht sachdienlich und von vornherein anzunehmen ist, daß das Gericht das Beweisergebnis auch ohne unmittelbaren Eindruck von dem Verlauf der Beweisaufnahme sachgemäß zu würdigen vermag.

Schrifttum

B. Schulte, (In)Kompetenzen des Verwaltungsrichters bei der örtlichen Augenscheinseinnahme, NJW 1988, 1006; *H. Geiger*, Qualitätsdiskussion in der Verwaltungsgerichtsbarkeit: Erörterungstermin und richterliche Hinweise, BayVBl 2008, 585; *K.-M. Ortloff*, Mediation außerhalb und innerhalb des Verwaltungsprozesses, NVwZ 2004, 385; *N. Pantle*, Revisionsrechtliche Risiken der Einzelrichterbeweisaufnahme gem. § 524 Abs. 2 S. 2 ZPO, NJW 1991, 1279; *J. Raabe*, „Informatorische Anhörung" und förmliche Vernehmung von Zeugen und Beteiligten im Verwaltungsprozess, NVwZ 2003, 1193; *T. Roth*, Gesetzlicher Richter und variable Spruchkörperbesetzungen, NJW 2000, 3692; *W.-R. Schenke*, „Reform" ohne Ende – Das Sechste Gesetz zur Änderung der Verwaltungsgerichtsordnung und anderer Gesetze, NJW 1997, 81; *H.-P. Schmieszek*, Sechstes Gesetz zur Änderung der Verwaltungsgerichtsordnung und anderer Gesetze, NVwZ 1996, 1151; *P. Stelkens*, Das Gesetz zur Neuregelung des verwaltungsgerichtlichen Verfahrens (4. VwGOÄndG) – das Ende einer Reform?, NVwZ 1991, 209; *J. Ziekow*, Mediation in der Verwaltungsgerichtsbarkeit – Möglichkeit der Implementation und rechtliche Folgerungen, NVwZ 2004, 390.

---

337 *Baumbach/Lauterbach/Albers/Hartmann* § 131 Rn. 15.
338 *Baumbach/Lauterbach/Albers/Hartmann* § 131 Rn. 16.
339 *D. Leipold*, in: Stein/Jonas III § 131 Rn. 6.
340 Dem stimmt *H. Geiger* in: Eyermann § 86 Rn. 63 zu.
341 *Kopp/Schenke* § 100 Rn. 3.

I. Allgemeines

1 1. Normgenese. Die Regelung wurde in ihrer heutigen Fassung im Wesentlichen durch Art. 1 Nr. 17 des Vierten Gesetzes zur Änderung der VwGO (4. VwGOÄndG) vom 17.12.1990[1] geschaffen. Diese Neuregelung trat m.W.v. 1.1.1991 in Kraft (Art. 23). In der Vorgängerfassung des § 87 war nur allgemein die Verpflichtung des Vorsitzenden oder des Berichterstatters niedergelegt, vor der mündlichen Verhandlung alle notwendigen Anordnungen zu treffen, um den Rechtsstreit möglichst in einer mündlichen Verhandlung zu erledigen. Außerdem war dort die Möglichkeit der Ladung zu einem Erörterungstermin zur gütlichen Beilegung des Rechtsstreits und zur Entgegennahme eines Vergleichs vorgesehen. Mit der Neufassung im Jahre 1990 war die Erwartung nach Verfahrenseffektivierung verbunden.[2] Durch das Sechste Gesetz zur Änderung der VwGO (6. VwGOÄndG) vom 1.11.1996,[3] in Kraft getreten am 1.1.1997, erfolgte eine Ergänzung des § 87 Abs. 1 S. 2 um eine Nr. 7. Dieser sah eine gerichtliche Hinweispflicht für eine Heilung von Verfahrens- und Formfehlern vor. Nur wenige Jahre später wurde diese Regelung wieder gestrichen durch das Gesetz zur Bereinigung des Rechtsmittelrechts im Verwaltungsprozess vom 20.12.2001,[4] in Kraft seit dem 1.1.2002. Grund hierfür waren die deutlichen Bedenken gegen eine solche einseitige Hinweisgebung durch das Gericht.[5] Ergänzt wurden seither m.W.v. 1.4.2005 nur noch Nr. 2 und 4 durch die Zusätze „Übermittlung von elektronischen Dokumenten" – im Rahmen des elektronischen Rechtsverkehrs – durch das Justizkommunikationsgesetz vom 22.3.2005.[6]

2 2. Normzweck. Die Regelung dient – zusammen mit §§ 87 a, 87 b sowie § 82 Abs. 2 S. 1 und 2, § 95 und § 96 Abs. 2 – der Beschleunigung und Konzentration des gerichtlichen Verfahrens[7] und damit auch der Verfahrensökonomie.[8] Dies ist geleitet von dem verfassungsrechtlichen Gebot des effektiven Rechtsschutzes (Art. 19 Abs. 4 GG).[9]

3 Dazu werden hier verschiedene Maßnahmen der Verfahrensförderung und der vorbereitenden Sachverhaltsermittlung normiert, die der Vorsitzende oder der Berichterstatter als sog. „vorbereitender Richter"[10] ergreifen kann. Auf diese Weise soll die Entscheidungsreife der Sache frühzeitig herbeigeführt werden und so die Möglichkeit der Erledigung in einem einzigen Termin zur mündlichen Verhandlung eröffnet werden (§ 87 Abs. 1 S. 1).

4 Zusätzlich besteht unter dem Gesichtspunkt der Beschleunigung auch die Möglichkeit, den Rechtsstreit schon vor einem Termin zur mündlichen Verhandlung gütlich beizulegen (§ 87 Abs. 1 S. 2 Nr. 1) und damit quasi vorzeitig zu beenden.

---

1 BGBl I 2809; Begründung des Gesetzentwurfs BT-Drs. 11/7030.
2 *H.-P. Schmieszek*, NVwZ 1991, 522.
3 BGBl I 1626; Gesetzesbegründung BT-Drs. 13/3993.
4 BGBl I 3987; Gesetzesbegründung BT-Drs. 14/6393, 14/6854 sowie Ausschussbericht BT-Drs. 14/7474.
5 *K. Meier*, NVwZ 1998, 688, 689; *K. Beckmann*, NVwZ 1998, 146, 147.
6 BGBl I 837; Gesetzesbegründung BT-Drs. 15/4067 und BT/Drs. 15/4952.
7 BVerwG NJW 1995, 1231; *K.-M. Ortloff/K.-U. Riese*, in: Schoch/Schneider/Bier § 87 Rn. 33; *T. Jacob*, in: Gärditz § 87 Rn. 1.
8 *S. Brink*, in: Posser/Wolff Vorbem. § 87 Rn. 1.
9 *H. Sodan*, in: ders. Art. 19 Rn. 27, 31.
10 Begriff aus BT-Drs. 11/7030, 1, 27 (Gesetzesbegründung des 4. VwGOÄndG).

Schließlich eröffnet der Abs. 3 die Möglichkeit, die Kammer von einzelnen Beweisaufnahmen zu entlasten, die unter Umständen einen erheblichen Zeitbedarf mit sich bringen. 5

3. Anwendungsbereich. § 87 gilt für alle Verfahren, in denen aufgrund mündlicher Verhandlung zu 6 entscheiden ist, also im erstinstanzlichen Klageverfahren (§ 45) – einschließlich der erstinstanzlichen Verfahren vor dem OVG/VGH (§§ 47, 48) und dem BVerwG (§ 50). Auch im Berufungsverfahren (§ 125 Abs. 1) findet die Regelung Anwendung, einschließlich des Berufungszulassungsverfahrens, § 124a Abs. 4 S. 1.[11] Für das Revisionsverfahren gilt § 87 formal gleichfalls, weil § 141 S. 2 diesen nicht ausschließt.[12] In der Sache bleibt für eine Anwendung indes wenig Raum, weil Anordnungen zur Sachverhaltsaufklärung im Revisionsverfahren naturgemäß ausscheiden.[13] Entsprechend heranzuziehen ist die Regelung des § 87 für Verfahren, in denen keine mündliche Verhandlung vorgesehen ist, gleichwohl auch hier ein vorbereitendes Verfahren stattfindet.[14] Sie gilt damit auch für Gerichtsbescheide (§ 84 Abs. 1), im schriftlichen Verfahren (§ 101 Abs. 2) und bei Beschlüssen im Eilverfahren (§§ 80 Abs. 5, 80a Abs. 3, 123), im Beschwerdeverfahren sowie im Berufungsverfahren ohne mündliche Verhandlung (§ 130a).[15]

Der zeitliche Anwendungsbereich der Norm scheint auf den ersten Blick eindeutig zu sein. Aus dem 7 Wortlaut *„schon vor der mündlichen Verhandlung"* könnte sich ableiten lassen, dass auch *nach* der mündlichen Verhandlung die Regelung uneingeschränkt anwendbar ist. Dem könnte jedoch die Beschränkung aus § 6 Abs. 2 entgegenstehen, wonach eine Einzelrichterbefassung nach mündlicher Verhandlung vor der Kammer grds. ausgeschlossen ist. Bei dieser Norm handelt es sich jedoch um eine lex specialis für die Einzelrichterübertragung nach § 6, die auf das vorbereitende Verfahren des § 87 nicht übertragbar ist.[16] Es entspricht deshalb dem Normzweck und ist sachgerecht, den Rückgriff auf § 87 nach Ende der mündlichen Verhandlung insoweit zuzulassen, als diese nicht zum Verfahrensabschluss geführt hat, also kein Urteil ergangen ist und auch keine nicht-streitige Verfahrensbeendigung eingetreten ist – etwa durch Klagerücknahme, Hauptsacheerledigungserklärungen oder Vergleichsschluss.[17] Wird die Verhandlung also vertagt, beginnt erneut eine Vorbereitungsphase für den Verfahrensabschluss mit einer (weiteren) mündlichen Verhandlung und ist § 87 erneut anwendbar.[18] Dies gilt auch dann, wenn die Beteiligten nach einer mündlichen Verhandlung ins schriftliche Verfahren übergehen und auf eine (weitere) mündliche Verhandlung verzichten (§ 101 Abs. 2).[19]

4. „Vorbereitender Richter". Der „vorbereitende Richter" i.S.v. § 87 ist der gesetzliche Richter nach 8 Art. 101 Abs. 1 S. 2 GG.[20] Handlungen der Kammer scheiden gleichwohl nicht aus, weil es allein um vorbereitende Maßnahmen und – anders als bei § 87a – nicht um verfahrensabschließende Entscheidungen geht. Die Regelung des § 87 ist so zu verstehen, dass der „vorbereitende Richter" die Befugnis für einzelne Maßnahmen erhält, um die übrigen Kammermitglieder – i.S. einer Entlastung – von der Mitwirkung freizustellen.[21] Ein Ausschluss der übrigen Kammermitglieder ist dagegen nicht beabsichtigt, der „vorbereitende Richter" ist für die Kammer tätig und nicht – wie der Einzelrichter nach § 6 – anstelle der Kammer.[22] Deshalb ist auch eine Beratung der Kammer über vorbereitende Maßnahmen nach § 87 Abs. 1 keinesfalls ausgeschlossen.[23]

---

11 *W.-R. Schenke*, in: Kopp/Schenke § 87 Rn. 1; *P. Stelkens*, NVwZ 1991, 209, 214.
12 *T. Jacob*, in: Gärditz § 87 Rn. 11; *S. Brink*, in: Posser/Wolff § 87 Rn. 1.
13 Generelle Verneinung der Anwendbarkeit für das Revisionsverfahren: *K.-M. Ortloff/K.-U. Riese*, in: Schoch/Schneider/Bier § 87a Rn. 21; *W.-R. Schenke*, in: Kopp/Schenke § 87 Rn. 1; s.a. 4. Aufl. Rn. 18.
14 Denn auch insoweit ist ein „vorbereitendes Verfahren" vor der Endentscheidung gegeben, vgl. *F. Kopp*, NJW 1991, 1264, 1266.
15 *S. Brink*, in: Posser/Wolff § 87 Rn. 1.
16 *T. Jacob*, in: Gärditz § 87 Rn. 14; anders die 4. Aufl. (Rn. 19).
17 VGH München NVwZ-RR 2001, 543, 544; OVG Saarlouis 31.5.2000 – 9 R 19/98, BeckRS 2002, 21567, Rn. 1.
18 *K.-M. Ortloff/K.-U. Riese*, in: Schoch/Schneider/Bier § 87 Rn. 3; anders die 4. Aufl. (Rn. 19).
19 VGH München 28.3.2001 – 2 B 98.2104.
20 Vgl. *T. Roth*, NJW 2000, 3692, 3693.
21 *H. Geiger*, in: Eyermann § 87 Rn. 2.
22 *T. Jacob*, in: Gärditz § 87 Rn. 8 f.
23 *P. Kothe*, in: Redeker/v. Oertzen § 87 Rn. 3.

9 Abweichend von der Regelung des § 87 a Abs. 3 sind hier der Vorsitzende und der Berichterstatter[24] nebeneinander als „vorbereitende Richter" berechtigt, Anordnungen nach § 87 Abs. 1 und 3 zu treffen.[25] Infolgedessen ist es notwendig und zweckmäßig, dass sich beide abstimmen, wer welche Maßnahmen anordnet.[26] Diese können sich ergänzen und sogar widersprechen, ohne dass hier eine Konfliktregelung vorgesehen ist.[27] Bei sich ergänzenden Anordnungen ist es für die Beteiligten möglich und zumutbar, den unterschiedlichen Verfügungen zu folgen. Bei widersprüchlichen Anordnungen erscheint es naheliegend, dem Vorsitzenden aufgrund seiner Kammerleitungsbefugnis und seiner besonderen Hinweispflicht (§ 86 Abs. 3) einen Vorrang einzuräumen.[28] Die Alternative, bei Widersprüchlichkeiten der Anordnungen die Befolgungspflicht der Beteiligten zu suspendieren,[29] widerspräche dem Beschleunigungsgebot und ist deshalb abzulehnen.

10 Der Einzelrichter (§ 6 Abs. 1) übt die Funktion nach § 87 ausschließlich aus, weil er an die Stelle der gesamten Kammer tritt und deshalb auch den Vorsitzenden der Kammer verdrängt. Ein Proberichter im ersten Dienstjahr, der nach § 6 Abs. 1 S. 2 noch nicht als Einzelrichter fungieren darf, kann die Befugnisse nach § 87 als Berichterstatter gleichwohl ausüben. Insofern besteht hier – anders als bei § 6 – keine Beschränkung, weil es sich allein um vorbereitende Maßnahmen handelt.

II. Maßnahmen im Einzelnen

11 Die aufgezählten Maßnahmen in 87 Abs. 1 S. 2 stellen keinen abschließenden Katalog dar, wie sich aus der Wendung „kann insbesondere" ergibt. Zusätzliche vorbereitende Maßnahmen können Hinweise entsprechend § 86 Abs. 3 sein oder die Anregung zum Verzicht auf mündliche Verhandlung (§ 101 Abs. 2).[30] Außerdem ist aus dieser Wendung abzuleiten, dass dem Vorsitzenden oder dem Berichterstatter Ermessen bei der Frage eingeräumt wird, in welchem Umfang er oder sie von den vorbereitenden Maßnahmen Gebrauch machen will.[31] Eine generelle Förderungspflicht des „vorbereitenden Richters" ist § 87 Abs. 1 S. 1 – unter dem Aspekt des Beschleunigungsgebots und der Konzentrationsmaxime – indes zu entnehmen, weil es dort ausdrücklich heißt „hat … alle Anordnungen zu treffen". Nicht das „Ob", sondern nur das „Wie" der Verfahrensförderung ist mithin in das richterliche Ermessen des Vorsitzenden oder des Berichterstatters gestellt.[32] Dieses Ermessen ist normgeleitet auszuüben i.S. einer frühzeitigen und effektiven Verfahrensförderung.[33]

12 „Anordnungen" i.S.v. § 87 Abs. 1 S. 1 sind alle richterlichen Verfügungen, die auf eine Vorbereitungsmaßnahme gerichtet sind. Diese ergehen typischerweise schriftlich, um die notwendige Dokumentation in der Gerichtsakte zu gewährleisten und auch die übrigen Beteiligten unkompliziert benachrichtigen zu können (§ 87 Abs. 2). Eine förmliche Zustellung der Anordnung ist grds. nicht erforderlich, ausgenommen die Anordnung des persönlichen Erscheinens eines Beteiligten, verbunden mit der Androhung eines Ordnungsgeldes (§§ 87 Abs. 1 S. 2 Nr. 5, 95 Abs. 1). Für die Ladung zum Erörterungstermin (§ 87 Abs. 1 S. 2 Nr. 1) und für die Beweisaufnahme (§ 87 Abs. 3) gelten die jeweiligen Formvorschriften.[34]

13 Auch mündliche oder telefonische Anordnungen sind nach dem Wortlaut des Gesetzestextes nicht ausgeschlossen, bedürfen aber eines anschließenden schriftlichen Vermerks in der Gerichtsakte und entsprechender Mitteilung an die übrigen Beteiligten nach Abs. 2.[35] Die Verfügung und der Vermerk

---

24 Begriff „Berichterstatter" (§ 82 Abs. 2 S. 1): der nach dem internen Geschäftsverteilungsplan des Spruchkörpers (§ 21 g GVG i.V.m. § 4) dezernatsmäßig zuständige Berufsrichter. Dies kann auch der Vorsitzende selbst für sein Dezernat sein, so dass dann „Vorsitzender" und „Berichterstatter" identisch sind.

25 *H. Geiger*, in: Eyermann § 82 Rn. 14; *T. Jacob*, in: Gärditz § 87 Rn. 7.

26 Unprobl. ist dabei naturgemäß der Fall, dass der Vorsitzende selbst in einer Sache seines eigenen Dezernats Berichterstatter ist (s. Fn. 24).

27 *W. Porz*, in: HK-VwGO § 87 Rn. 3.

28 *H. Geiger*, in: Eyermann § 87 Rn. 5; *P. Kothe*, in: Redeker/v. Oertzen § 87 Rn. 3; *T. Jacob*, in: Gärditz § 87 Rn. 9; anders die 4. Aufl. (Rn. 20).

29 *K.-M. Ortloff/K.-U. Riese*, in: Schoch/Schneider/Bier § 87 Rn. 4.

30 *H. Geiger*, in: Eyermann § 87 Rn. 2.

31 *W. Porz*, in: HK-VwGO § 87 Rn. 1.

32 Den Appellcharakter der Regelung betont *T. Jacob*, in: Gärditz § 87 Rn. 12.

33 *K.-M. Ortloff/K.-U. Riese*, in: Schoch/Schneider/Bier § 87 Rn. 4 a.

34 *P. Kothe*, in: Redeker/v. Oertzen § 87 Rn. 3.

35 *K.-M. Ortloff/K.-U. Riese*, in: Schoch/Schneider/Bier § 87 Rn. 7; *C. Bamberger*, in: Wysk § 87 Rn. 1; *P. Kothe*, in: Redeker/v. Oertzen § 87 Rn. 3.

müssen vom Urheber (Vorsitzender oder Berichterstatter) abgezeichnet sein. Hierbei reicht eine Paraphe zur – allein notwendigen – Verbürgung der Urheberschaft aus (anders wenn eine Präklusionsfrist nach § 87b gesetzt werden soll → § 87b Rn. 16).

Die Anordnungen sind im Übrigen als prozessleitende Verfügungen bzw. Aufklärungsanordnungen nicht selbstständig anfechtbar (§ 146 Abs. 2).[36] Insoweit ist nur eine formlose Gegenvorstellung möglich.[37] Allein mit dem Rechtsmittel gegen die Endentscheidung ist auch die Rüge von Verfahrensfehlern aus § 87 möglich, soweit nicht durch eine rügelose Einlassung in der mündlichen Verhandlung (§ 173 i.V.m. § 295 Abs. 1 ZPO) bereits ein Rügeverlust eingetreten ist.[38]

Eine Ausnahme gilt hierbei nur für die Ordnungsgeldfestsetzung (§§ 95 Abs. 1 S. 3, 87 Abs. 1 S. 2 Nr. 5).[39] Bei schuldhaftem Ausbleiben eines Beteiligten setzt der „vorbereitende Richter" das angedrohte Ordnungsgeld fest.[40] Hiergegen ist die Erinnerung (§ 151) und anschließend die Beschwerde statthaft (§ 146 Abs. 1) (→ Rn. 30).

In allen anderen Fällen kann das Gericht keine speziellen Sanktionen verhängen, wenn ein Beteiligter einer Anordnung nach § 87 nicht nachkommt. Dieser verstößt insofern gegen seine grundsätzliche Mitwirkungspflicht an der Sachaufklärung (§ 86 Abs. 1 S. 1) mit eventuell negativen Folgen für den Prozessausgang (→ Rn. 26). Auch können ihm nach § 155 Abs. 4 Kosten auferlegt werden.[41]

1. Erörterung (Nr. 1). Die Durchführung eines Erörterungstermins kann unterschiedlichen Zielrichtungen folgen. Diese kann allgemein der Vorbereitung der mündlichen Verhandlung dienen, hierbei können einerseits die weitere Sachverhaltsaufklärung (auch durch einen Ortstermin) und andererseits die Erörterung der Sach- und Rechtslage im Vordergrund stehen. Der Termin bietet die Gelegenheit, mit den Beteiligten den Gesamtkomplex des Rechtsstreits zu besprechen, die Auffassung des Gerichts zu wesentlichen Fragen offenzulegen, rechtliche Hinweise zu geben und Maßnahmen der weiteren Verfahrensförderung festzulegen.[42] Wird der Erörterungstermin als Ortstermin durchgeführt, so kann dies auch mit einer Beweisaufnahme durch Augenscheinseinnahme (§ 371 ZPO i.V.m. §§ 98, 87 Abs. 3) verbunden werden, wenn dies sachdienlich i.S.v. § 87 Abs. 3 S. 2 ist.

Zusätzlich oder vorrangig kann der Termin die gütliche Beilegung des Rechtsstreits zum Ziel haben.[43] Die gütliche Beilegung erfolgt im Verwaltungsprozess regelmäßig durch einen sog. „unechten" (materiellrechtlichen) Vergleich.[44] Dieser beinhaltet regelmäßig ein Nachgeben der Behörde, etwa durch Modifikation der streitgegenständlichen Verfügung oder durch Zusicherung einer neuen begünstigenden Entscheidung. Dies wird verbunden mit einer Klage- bzw. Antragsrücknahme (§ 92 Abs. 1) oder einer Verfahrensbeendigung durch übereinstimmende Hauptsacheerledigungserklärungen (§ 161 Abs. 2). Ggf. wird auch nur eine vorläufige Verfahrensbeendigung durch Ruhendstellung des Verfahrens (§ 251 ZPO i.V.m. § 173 S. 1) herbeigeführt. Daneben ist die Beendigung des Verfahrens durch einen – häufig vom Gericht vorgeschlagenen – (prozessrechtlichen) Vergleich möglich (§ 106), wodurch ein gerichtlicher Vollstreckungstitel neu geschaffen wird (§ 168 Abs. 1 Nr. 3).

Weiterhin besteht die Möglichkeit, im Anschluss an einen Erörterungstermin in die mündliche Verhandlung überzugehen.[45] Dies setzt das Einverständnis der Beteiligten voraus in einen Verzicht auf Ladung und Ladungsfrist zur mündlichen Verhandlung (§ 102 Abs. 1). Praktisch bedeutsam ist dies für solche Sachen, die durch die Kammer bereits auf den Einzelrichter übertragen worden sind (§ 6) oder wenn ein Einverständnis der Beteiligten mit einer Entscheidung durch den Vorsitzenden oder den Berichterstatter besteht (§ 87a Abs. 2 und 3), das auch im Erörterungstermin noch erklärt werden kann. Typischerweise wird jedoch in der gerichtlichen Praxis nach einem Erörterungstermin nicht die mündliche Verhandlung durchgeführt, sondern die Beteiligten verzichten auf mündliche Verhandlung und

---

36 *K.-M. Ortloff/K.-U. Riese,* in: Schoch/Schneider/Bier § 87 Rn. 6.
37 *S. Brink,* in: Posser/Wolff § 87 Rn. 24.
38 BVerwGE 41, 174, 176; BVerwG NJW 1994, 1975.
39 *C. Bamberger,* in: Wysk § 87 Rn. 1.
40 *C. Bamberger,* in: Wysk § 95 Rn. 10.
41 *S. Brink,* in: Posser/Wolff § 87 Rn. 23; *W.-R. Schenke,* in: Kopp/Schenke § 95 Rn. 3.
42 *P. Kothe,* in: Redeker/v. Oertzen § 87 Rn. 5.
43 Ob der Richter stets auf eine gütliche Einigung „bedacht" sein soll, entsprechend § 278 Abs. 1 ZPO, ist zweifelhaft, vgl. *T. Jacob,* in: Gärditz § 87 Rn. 17. Dagegen spricht die besondere Struktur des Verwaltungsprozesses mit Amtsermittlung und die Bindung der beklagten Behörde an Recht und Gesetz (vgl. 4. Aufl. Rn. 23).
44 Vgl. *T. Jacob,* in: Gärditz § 87 Rn. 19.
45 Dann ist gem. § 169 GVG i.V.m. § 55 die Öffentlichkeit der Sitzung herzustellen.

stimmen einer Entscheidung im schriftlichen Verfahren zu (§ 101 Abs. 2). Diese Erklärung kann vom Vorsitzenden oder vom Berichterstatter im Erörterungstermin auch für eine anschließende Entscheidung der Kammer eingeholt werden, wenn die Beteiligten mit einer Entscheidung des Vorsitzenden oder des Berichterstatters nicht einverstanden sind oder eine Übertragung auf den Einzelrichter (§ 6 Abs. 1) nicht in Betracht kommt.

20 Weniger praktisch ist es, am Ende eines Erörterungstermins zum Erlass eines Gerichtsbescheides anzuhören (§ 84 Abs. 1 S. 2).[46] Denn mit dem Erlass eines Gerichtsbescheides wird die Möglichkeit eröffnet, binnen eines Monats die Durchführung einer mündlichen Verhandlung zu beantragen (§ 84 Abs. 2 Nr. 2, 4, 5), womit eine zeitnahe Beendigung der Instanz nach dem Erörterungstermin offen ist.[47]

21 Entsprechend dem Wortlaut des § 87 Abs. 1 S. 1 findet der Erörterungstermin vor dem Vorsitzenden oder dem Berichterstatter statt. Eine (informelle) Teilnahme der übrigen Mitglieder des Spruchkörpers ist jedoch nicht ausgeschlossen. Insofern ist die Regelung des § 87 Abs. 1 S. 1, die primär der Entlastung der übrigen Spruchkörpermitglieder dient, nicht als Verbot von deren Teilnahme an einem Erörterungstermin zu verstehen.[48] Entsprechend dem Wortlaut des § 87 Abs. 1 S. 2 Nr. 1 ist es Sache des „vorbereitenden Richters", die Beteiligten zu dem Erörterungstermin zu laden. Dies sollte der Vorsitzende oder der Berichterstatter nach vorheriger Abstimmung und im Einverständnis mit den übrigen Kammermitgliedern tun, wenn diese an dem Erörterungstermin teilnehmen werden.[49] Bedeutung hat die Durchführung eines solchen Erörterungstermins in Eilsachen (§§ 80 Abs. 5, 123), bei denen die streitige Entscheidung durch Beschluss der Kammer (§ 5 Abs. 3 S. 2) und ohne mündliche Verhandlung erfolgt (§ 101 Abs. 3). Hier kann es zweckmäßig sein, einen Erörterungstermin quasi anstelle einer mündlichen Verhandlung in der Besetzung der Berufsrichter durchzuführen (§ 5 Abs. 3 S. 2), die später im streitigen Verfahren über die Sache zu entscheiden haben. Da dieser Erörterungstermin allein der Entscheidungsvorbereitung und nicht der Entscheidung selbst dient, ist ein Verstoß gegen den Grundsatz des gesetzlichen Richters nicht gegeben, selbst wenn man eigentlich allein den „vorbereitenden Richter" nach § 87 Abs. 1 S. 2 Nr. 1 für befugt hielte, einen Erörterungstermin abzuhalten.[50]

22 Der Erörterungstermin findet nicht-öffentlich statt (§ 55 i.V.m. § 169 GVG), nur die Beteiligten und ihre Bevollmächtigten dürfen hieran teilnehmen.[51] Die Teilnahme weiterer Personen ist im Einverständnis der Beteiligten jedoch möglich.[52]

23 Verlauf und Ergebnis des Erörterungstermins sind in einem gerichtlichen Protokoll festzuhalten (§§ 159, 160 Abs. 3 Nr. 10 ZPO i.V.m. § 105). Der Inhalt des Protokolls darf – entsprechend dem vorbereitenden Charakter des Erörterungstermins – in einer späteren mündlichen Verhandlung verwertet werden.[53]

24 Eine Ladungsfrist ist für die Ansetzung eines Erörterungstermins nicht einzuhalten, weil die Regelung des § 102 Abs. 1 nur auf mündliche Verhandlungen Anwendung findet. Auch eine förmliche Zustellung der Ladung (§ 56 Abs. 1) ist praktisch entbehrlich, weil das Ausbleiben eines Beteiligten nicht die Folge des § 102 Abs. 2 hat. Nur die Anordnung des persönlichen Erscheinens eines Beteiligten, verbunden mit der Androhung eines Ordnungsgeldes (§§ 87 Abs. 1 S. 2 Nr. 5, 95 Abs. 1), wäre zuzustellen.[54] In der gerichtlichen Praxis wird der Erörterungstermin tunlichst vorab mit den Beteiligten abzustimmen sein, sowohl hinsichtlich Ort und Zeit als auch hinsichtlich einer generellen Bereitschaft der Beteiligten zur vertieften Erörterung der Sache und der Auslotung von Einigungsmöglichkeiten.

---

46 So aber C. *Bamberger*, in: Wysk § 87 Rn. 6.

47 In Asylsachen gilt hier eine Zwei-Wochen-Frist (§ 78 Abs. 7 AsylG).

48 W.-R. *Schenke*, in: Kopp/Schenke § 87 Rn. 5; T. *Jacob*, in: Gärditz § 87 Rn. 18; C. *Bamberger*, in: Wysk § 87 Rn. 4; aA K.-M. *Ortloff/K.-U. Riese*, in: Schoch/Schneider/Bier § 87 Rn. 10 mit dem Argument, die Besetzung für den Erörterungstermin und eine vorbereitende Beweisaufnahme sei durch § 87 Abs. 1 und 3 vorgegeben und eine beliebig variable „Mischbesetzung" vom Prozessrecht nicht vorgesehen.

49 Die Frage, ob allein der Vorsitzende als „vorbereitender Richter" eine solche Ladung zum Erörterungstermin vor der Kammer verfügen kann (so H. *Geiger*, in: Eyermann § 87 Rn. 7), ist damit ohne praktische Bedeutung.

50 K.-M. *Ortloff/K.-U. Riese*, in: Schoch/Schneider/Bier § 87 Rn. 10 Fn. 37.

51 P. *Kothe*, in: Redeker/v. Oertzen § 87 Rn. 5; anders die 4. Aufl. (Rn. 25).

52 BVerwG NVwZ-RR 1990, 669, 670.

53 BVerwG Buchholz 310 § 87 Nr. 8; T. *Jacob*, in: Gärditz § 87 Rn. 18.

54 K.-M. *Ortloff/K.-U. Riese*, in: Schoch/Schneider/Bier § 87 Rn. 7.

Das Güterichterverfahren ist von dem Erörterungstermin zur gütlichen Beilegung des Rechtsstreits zu 25 unterscheiden. Der Erörterungstermin findet vor dem zuständigen „vorbereitenden Richter" statt, der – ggf. zusammen mit den Mitgliedern des Spruchkörpers – entscheidungsbefugt ist. Der Güterichter ist dagegen ein besonderer und nicht entscheidungsbefugter Richter, der auch nicht Mitglied des zuständigen Spruchkörpers sein darf. Dies folgt aus § 278 Abs. 5 S. 1 ZPO i.V.m. § 173 S. 1. Vielmehr käme – etwa nach einem Erörterungstermin – die Verweisung an den Güterichter in Betracht. Dieser hat entsprechend § 278a ZPO i.V.m. § 173 S. 1 alle Methoden der Konfliktbeilegung einschließlich der Mediation zur Verfügung.

2. Maßnahmen der Verfahrensförderung und der Amtsermittlung. a) Verfahrensförderung durch 26 **richterliche Hinweise und Aufforderungen (Nr. 2).** Die Vorschrift erstreckt die Befugnisse des Vorsitzenden aus § 86 Abs. 3–5 auf den „vorbereitenden Richter".[55] Adressat der Anordnungen nach Nr. 2 sind allein die Beteiligten (§ 63). Der richterliche Hinweis zur Förderung des Verfahrens kann schriftlich, mündlich oder telefonisch gegenüber den Beteiligten erfolgen mit der Aufforderung, bisheriges Vorbringen zu ergänzen oder zu erläutern. Dies wird regelmäßig speziell zu Punkten angefordert werden, die aus Sicht des Gerichts entscheidungserheblich sind. Die Aufforderung sollte stets mit Fristsetzung erfolgen, um dem Verfahren ausreichend Fortgang zu geben, ohne dass es sich dabei um eine Ausschlussfrist handelt.[56] Entsprechend ist auch eine Zustellung der Aufforderung (§ 56) grds. entbehrlich. Ebenso unter Fristsetzung sollte die Aufforderung zur Urkundenvorlage (vgl. §§ 415, 416, 418 ZPO), zur Übermittlung von elektronischen Dokumenten oder zur Einreichung von anderen geeigneten Gegenständen erfolgen. Hierbei handelt es sich um Maßnahmen der Amtsermittlung. Eine Mitwirkungspflicht der Beteiligten dazu erwächst aus § 86 Abs. 1 S. 1, Abs. 4 u. 5. Die Nichtbefolgung der Aufklärungsanordnung ist mit keinen unmittelbaren prozessualen Konsequenzen verbunden.[57] Allerdings kann das Gericht eine verweigerte Mitwirkung im Einzelfall zu Lasten des Beteiligten würdigen, wenn dieser keine guten Gründe für die Weigerung geltend macht.[58]

b) Auskunftseinholung (Nr. 3). Die Einholung einer Auskunft dient gleichfalls der Amtsermittlung. 27 Dabei ist das Gericht nicht auf die Einholung amtlicher Auskünfte beschränkt, sondern kann jeden Beteiligten und jeden Dritten zur Abgabe einer Auskunft auffordern. Diese sind aber durch Nr. 3 nicht mit einer allgemeinen Auskunftspflicht belegt.[59] Vielmehr kann eine solche Pflicht nur aus anderweitigen normativen Regelungen erwachsen. Bei Behörden ist dies, unabhängig von § 99 Abs. 1 S. 1, die Rechts- und Amtshilfepflicht (Art. 35 GG, § 14),[60] bei Beteiligten im Übrigen die Mitwirkungspflicht aus § 86 Abs. 1 S. 1, jedenfalls soweit sich die Auskunft auf Umstände bezieht, die in die Sphäre des Beteiligten fallen.[61] Behördliche Auskünfte stellen ein selbständiges Beweismittel dar, das durch Freibeweis verwertet werden kann.[62] Andere schriftliche Auskünfte, die nicht lediglich informatorisch herangezogen werden sollen, können ggf. als Urkundenbeweis verwertet werden.[63] Wird die Abgabe einer Auskunft verweigert, so besteht die Möglichkeit, die Auskunftspersonen als Zeugen oder Sachverständigen zu laden und zu vernehmen.[64]

c) Anordnung der Vorlage von Urkunden und Übermittlung von elektronischen Dokumenten (Nr. 4). 28 Diese Regelung stellt eine teilweise Wiederholung der Nr. 2 dar. Ein eigenständiger Regelungsgehalt besteht insoweit, als die Anordnung zur Vorlage nicht nur gegenüber Beteiligten, sondern auch gegenüber Dritten erfolgen kann. Diese sind indes regelmäßig nicht verpflichtet, Urkunden und elektronische Dokumente vorzulegen; eine allgemeine derartige Rechtspflicht besteht nicht und wird auch nicht durch Nr. 4 statuiert.[65] Für Behörden besteht eine Vorlagepflicht grds. aus § 99 Abs. 1 S. 1 bzw. der

---

55 *W. Porz,* in: HK-VwGO § 87 Rn. 5.
56 *T. Jacob,* in: Gärditz § 87 Rn. 22.
57 *T. Jacob,* in: Gärditz § 87 Rn. 24.
58 Vgl. *W.-R. Schenke,* in: Kopp/Schenke § 86 Rn. 12.
59 *P. Kothe,* in: Redeker/v. Oertzen § 87 Rn. 6.
60 BVerwGE 30, 154, 157.
61 *W.-R. Schenke,* in: Kopp/Schenke § 86 Rn. 11.
62 BVerwG NVwZ 2010, 1162, 1164; vgl. § 273 II Nr. 2 ZPO.
63 *T. Jacob,* in: Gärditz § 87 Rn. 26.
64 *H. Geiger,* in: Eyermann § 87 Rn. 9.
65 *P. Kothe,* in: Redeker/v. Oertzen § 87 Rn. 6.

Rechts- und Amtshilfepflicht (Art. 35 GG, § 14).[66] Existiert im Einzelfall keine Rechtspflicht zur Vorlage, so bleibt eine Verweigerung sanktionslos. Notfalls hat der Beteiligte, der sich auf die im Besitz eines Dritten befindliche Urkunde beruft, diesen auf Herausgabe nach §§ 429, 431 ZPO i.V.m. § 98 zu verklagen.[67]

29   **3. Vorbereitung der mündlichen Verhandlung. a) Anordnung des persönlichen Erscheinens der Beteiligten (Nr. 5).** Die Anordnung des persönlichen Erscheinens eines Beteiligten dient regelmäßig der Vorbereitung einer weiteren Sachverhaltsaufklärung sowie einer vertieften Erörterung. Dies gilt sowohl für den Erörterungstermin nach Nr. 1 als auch für die mündliche Verhandlung.[68] Häufig ist es ratsam, für das Ausloten von Einigungsmöglichkeiten eine persönliche Anwesenheit jedenfalls des Klägers anzuordnen. Auch das Erscheinen eines vertretungsbefugten und sachkundigen Behördenvertreters kann entsprechend § 95 Abs. 3 angeordnet werden.

30   Durch den Verweis auf § 95 in der Nr. 5 wird die Möglichkeit eröffnet, gegen den ausbleibenden Beteiligten ein Ordnungsgeld zu verhängen. Bei unentschuldigtem Ausbleiben setzt der „vorbereitende Richter" (Vorsitzender oder Berichterstatter) das angedrohte Ordnungsgeld fest. Gegen diese Festsetzung ist in entsprechender Anwendung von § 151 die Anrufung des Gerichts, also der Rechtsbehelf der Erinnerung, statthaft.[69] Das Gericht entscheidet seinerseits durch begründeten Beschluss (§ 122 Abs. 2 S. 1), der mit der Beschwerde anfechtbar ist (§ 146 Abs. 1).

31   **b) Ladung von Zeugen und Sachverständigen zur mündlichen Verhandlung (Nr. 6).** Zeugen und Sachverständige können nach dieser Regelung zur mündlichen Verhandlung prozessleitend geladen werden. Eines gerichtlichen Beweisbeschlusses (§ 358 ZPO i.V.m. § 98) bedarf es im Zeitpunkt der Ladung nicht, weil diese vorsorglich erfolgt. Zur Orientierung des Geladenen sollte das voraussichtliche Beweisthema mitgeteilt werden.[70] Die Ladung ist zuzustellen (§ 56 Abs. 1); zweckmäßigerweise verfügt der Vorsitzende dies zusammen mit der Ladung zur mündlichen Verhandlung (§ 102 Abs. 1).[71]

32   **4. Weitere Maßnahmen.** Die vorgenannten Regelungen des § 87 Abs. 1 S. 2 sind nicht abschließend, wie aus dem *„insbesondere"* folgt. Weitere verfahrensfördernde Maßnahmen durch den Vorsitzenden oder den Berichterstatter bleiben diesen unbenommen.

33   Zusätzliche vorbereitende Maßnahmen können Hinweise entsprechend § 86 Abs. 3 und die Anregung zum Verzicht auf mündliche Verhandlung (§ 101 Abs. 2) sein, wenn eine solche entbehrlich erscheint. Auch die Einholung einer schriftlichen Zeugenerklärung, die jedenfalls informatorisch verwertbar ist, erscheint als denkbar.[72]

34   **5. Erhebung einzelner Beweise vorab (Abs. 3).** Die Erhebung einzelner Beweise durch den Vorsitzenden oder den Berichterstatter kann nach dieser Regelung schon vor der mündlichen Verhandlung erfolgen. Insoweit liegt hier eine Ausnahme vom Prinzip der Unmittelbarkeit der Beweiserhebung vor, weshalb nicht die gesamte Beweisaufnahme bereits im vorbereitenden Verfahren durchgeführt werden darf (s.a. zur ähnlichen Regelung des § 96 Abs. 2 → Rn. 10, 12).[73] Zudem ist zu berücksichtigen, dass die Erhebung nur solcher Beweise statthaft und zweckmäßig ist, die keine persönliche Anwesenheit der anderen Spruchkörpermitglieder notwendig voraussetzt.[74] Ein typisches Beispiel hierfür ist die Ortsbesichtigung (Augenscheinseinnahme). Über deren Ergebnis kann – auf Grundlage des Protokolls und ggf. ergänzender Lichtbilder – der übrige Spruchkörper häufig zureichend unterrichtet werden, was eine zeitaufwendige Befassung der übrigen Richterinnen und Richter der Kammer entbehrlich macht.[75] Ob eine Zeugenaussage in ähnlicher Weise seitens des Vorsitzenden oder eines Berichterstatters entgegengenommen werden sollte, ist im Einzelfall zu prüfen. Bei einer Zeugenaussage kommt es regelmäßig auf den persönlichen Eindruck vom Zeugen an, um dessen Glaubwürdigkeit beurteilen zu

---

66   *W. Porz*, in: HK-VwGO § 87 Rn. 7.
67   *H. Geiger*, in: Eyermann § 87 Rn. 10.
68   *H. Geiger*, in: Eyermann § 87 Rn. 11; *S. Brink*, in: Posser/Wolff § 87 Rn. 15.
69   *P. Kothe*, in: Redeker/v. Oertzen § 87 Rn. 10; *C. Bamberger*, in: Wysk § 95 Rn. 10.
70   *K.-M. Ortloff/K.-U. Riese*, in: Schoch/Schneider/Bier § 87 Rn. 24.
71   *T. Jacob*, in: Gärditz § 87 Rn. 31.
72   *C. Bamberger*, in: Wysk § 87 Rn. 12; formelle schriftliche Zeugenaussagen sind nur nach § 377 Abs. 3 i.V.m. § 98 verwertbar (*W.-R. Schenke*, in: Kopp/Schenke § 98 Rn. 10).
73   BVerwG NVwZ-RR 1998, 524.
74   BGH NJW 2013, 2516, 2518.
75   *H. Geiger*, BayVBl 2007, 225.

können. Im Zweifel sollte von der Beweisaufnahme durch den „vorbereitenden Richter" Abstand genommen werden, um die sonst möglicherweise notwendig werdende Wiederholung der Beweisaufnahme durch den gesamten Spruchkörper zu vermeiden.

Für die Durchführung der Beweiserhebung bedarf es keines gesonderten Beweisbeschlusses des **35** Spruchkörpers. Die prozessleitende Verfügung des „vorbereitenden Richters" reicht insoweit aus, weil dieser durch § 87 Abs. 3 S. 1 allgemein zur Vorwegerhebung einzelner Beweise ermächtigt ist.[76] Die Beteiligten sind zu dem Beweistermin zu laden; dieser ist entsprechend § 97 S. 1 beteiligtenöffentlich.[77] Über die Beweisaufnahme ist eine Niederschrift zu fertigen. Dieses Protokoll ist für das weitere Verfahren als Urkundenbeweis verwertbar. Infolgedessen sind auch unmittelbare Eindrücke des vernehmenden Richters in die Niederschrift aufzunehmen, um so deren Berücksichtigung im weiteren Verfahren zu ermöglichen.[78]

III. Benachrichtigung der Beteiligten (Abs. 2)

Alle Verfahrensbeteiligten (§ 63) sind von jeder Anordnung des Vorsitzenden oder des Berichterstat- **36** ters zu benachrichtigen (Abs. 2). Diese Informationspflicht resultiert verfassungsrechtlich aus dem Anspruch auf rechtliches Gehör (Art. 103 Abs. 1 GG).[79] Aus dem gleichen verfassungsrechtlichen Grund ist den Beteiligten auch das Ergebnis der einzelnen Anordnungen mitzuteilen und ihnen Gelegenheit zur Stellungnahme zu geben. Andernfalls würde eine Verwertung einen durchgreifenden Verfahrensfehler bedeuten (§ 108 Abs. 2).[80] Dieser ist jedoch folgenlos, wenn die Beteiligten auf die Benachrichtigung verzichtet haben (§ 295 ZPO i.V.m. § 173 S. 1) oder eine Rüge des erkannten Verstoßes unterlassen.[81]

§ 87 a [Entscheidung im vorbereitenden Verfahren]

(1) Der Vorsitzende entscheidet, wenn die Entscheidung im vorbereitenden Verfahren ergeht,

1. über die Aussetzung und das Ruhen des Verfahrens;
2. bei Zurücknahme der Klage, Verzicht auf den geltend gemachten Anspruch oder Anerkenntnis des Anspruchs, auch über einen Antrag auf Prozesskostenhilfe;
3. bei Erledigung des Rechtsstreits in der Hauptsache, auch über einen Antrag auf Prozesskostenhilfe;
4. über den Streitwert;
5. über Kosten;
6. über die Beiladung.

(2) Im Einverständnis der Beteiligten kann der Vorsitzende auch sonst anstelle der Kammer oder des Senats entscheiden.

(3) Ist ein Berichterstatter bestellt, so entscheidet dieser anstelle des Vorsitzenden.

Schrifttum

H. Geiger, Der Einzelrichter im Verwaltungsprozess, BayVBl 2007, 225; *H. Goerlich*, Konsentierte Einzelrichter auch im Eilverfahren?, NVwZ 1991, 541; *W. Hamann*, Das Kollegialprinzip und der „Einzelrichter" nach der 4. Novelle zur VwGO, VerwArch 1992, 20; *F. Kopp*, Zur Entscheidung des Vorsitzenden oder des Berichterstatters nach § 87 a VwGO i.d.F. des 4. VwGO Änderungsgesetzes, NJW 1991, 1264; *H. Pagenkopf*, Die VwGO-Novelle – Augenmaß und Schlichtheit, DVBl 1991, 285; *H.-P. Schmieszek*, Die Novelle zur Verwaltungsgerichtsordnung – Ein Versuch, mit den Mitteln des Verfahrensrechts die Ressource Mensch besser zu nutzen, NVwZ 1991, 522; *M.-J. Seibert*, Berufungszulassung durch den Einzelrichter?, NVwZ 2004, 821; *P. Stelkens*, Das Gesetz zur Neuregelung des verwaltungsgerichtlichen Verfahrens (4. VwGOÄndG) – das Ende einer Reform?, NVwZ 1991, 209; *V. Wahrendorf*, Änderungen der VwGO für die Verfahren erster Instanz, NWVBl 1991, 109.

---

76 *H. Geiger*, in: Eyermann § 87 Rn. 15; *W.-R. Schenke*, in: Kopp/Schenke § 87 Rn. 5 a; aA *P. Kothe*, in: Redeker/v. Oertzen § 87 Rn. 9 mit dem Argument der notwendigen Trennung der Beweisaufnahme von anderen Verfahrensabschnitten, was indes dem Beschleunigungs- und Vereinfachungsgedanken des § 87 nicht ausreichend Rechnung trägt (*K.-M. Ortloff/K.-U. Riese*, in: Schoch/Schneider/Bier § 87 Rn. 31 Fn. 77).
77 *H. Geiger*, in: Eyermann § 87 Rn. 16.
78 *N. Pantle*, NJW 1991, 1279, 1280; *W. Porz*, in: HK-VwGO § 87 Rn. 10.
79 *H. Sodan*, in: ders. Art. 103 Rn. 4.
80 BVerwG NJW 1980, 900; *P. Kothe*, in: Redeker/v. Oertzen § 87 Rn. 4.
81 *C. Bamberger*, in: Wysk § 87 Rn. 13.

I. Entstehungsgeschichte

1 Die Regelung wurde in ihrer heutigen Fassung im Wesentlichen durch Art. 1 Nr. 18 des Vierten Gesetzes zur Änderung der VwGO (4. VwGOÄndG) vom 17.12.1990[1] geschaffen. Vorläufer in der VwGO gab es nicht. Diese Neuregelung trat m.W.v. 1.1.1991 in Kraft (Art. 23). Durch das Erste Gesetz zur Modernisierung der Justiz (1. Justizmodernisierungsgesetz) vom 24.8.2004[2] wurden m.W.v. 1.9.2004 die Nr. 2 und 3 durch den Zusatz „auch über einen Antrag auf Prozesskostenhilfe" ergänzt und die Nr. 6 „über die Beiladung" angefügt.

II. Normzweck

2 § 87 a ergänzt § 87 und gehört – zusammen mit § 87 b sowie §§ 82 Abs. 2 S. 1 und 2, 95 und 96 Abs. 2 – zu den Beschleunigungs- und Straffungsregelungen, die verschiedene Mittel für eine zügige Verfahrensförderung und auch eine rasche Verfahrensbeendigung geben.[3] Während § 87 die vorbereitende Verfahrensförderung und Sachverhaltsermittlung im Fokus hat, wird in § 87 a Abs. 1, 3 die Entscheidungskompetenz des „vorbereitenden Richters" (Vorsitzender/Berichterstatter) fixiert. Hierbei steht die Entlastung des Spruchkörpers von Nebenentscheidungen im Vordergrund.[4] Daneben wird in § 87 a Abs. 2, 3 die Option einer generellen Entscheidungskompetenz des „vorbereitenden Richters" bei einem Einverständnis der Beteiligten normiert.

III. Anwendungsbereich

3 § 87 a findet Anwendung auf alle erstinstanzlichen Verfahren, also auf alle erstinstanzlichen Verfahren vor dem VG (§ 45), dem OVG/VGH (§ 48) und dem BVerwG (§ 50).[5] Auch im Berufungsverfahren ist die Norm gem. § 125 Abs. 1 S. 1 – einschließlich des Berufungszulassungsverfahrens, § 124 a Abs. 4 S. 1 – anwendbar.[6] Für das Revisionsverfahren gilt § 87 a dagegen nicht, weil § 141 S. 2 dessen Anwendung ausdrücklich ausschließt. Anwendbar ist die Regelung des § 87 a darüber hinaus für Verfahren, bei denen ein vorbereitendes Verfahren vor der abschließenden Entscheidung ohne mündliche Verhandlung stattfindet.[7] Sie gilt damit auch für Gerichtsbescheide (§ 84 Abs. 1) und im schriftlichen Verfahren (§ 101 Abs. 2).[8] Im selbständigen Antragsverfahren (§ 47), Eilverfahren (§§ 80 Abs. 5, 80 a Abs. 3, 123) und im Beschwerdeverfahren ist § 87 a entsprechend anwendbar, denn es kommt nach dem Wortlaut der Norm nicht darauf an, dass in dem Verfahren eine mündliche Verhandlung vorgesehen ist.[9] Auch der Gedanke der Prozessökonomie spricht für diese Lösung, denn im Beschlussverfahren besteht gleichfalls Anlass für eine vereinfachte Entscheidung in der Vorbereitungsphase.[10] Für

---

1 BGBl I 2809; Begründung des Gesetzentwurfs BT-Drs. 11/7030.
2 BGBl I 2198; Begründung des Gesetzentwurfs BT-Drs. 15/1508 sowie Ausschussbericht BT-Drs. 15/3482.
3 BVerwG NJW 1995, 1231; *K.-M. Ortloff/K.-U. Riese,* in: Schoch/Schneider/Bier § 87 a Rn. 2; *T. Jacob,* in: Gärditz § 87 a Rn. 1.
4 *C. Bamberger,* in: Wysk § 87 a Rn. 2.
5 BVerwG NVwZ 2006, 479, 480.
6 BVerwGE 111, 69, 70; OVG Bln-Bbg NVwZ-RR 2006, 360, 361; VGH Kassel NVwZ 1991, 594; *K.-M. Ortloff/K.-U. Riese,* in: Schoch/Schneider/Bier § 87 a Rn. 20 a.
7 *F. Kopp,* NJW 1991, 1264, 1266; *K.-M. Ortloff/K.-U. Riese,* in: Schoch/Schneider/Bier § 87 a Rn. 13 ff.
8 *S. Brink,* in: Posser/Wolff § 87 a Rn. 1.
9 VGH München NVwZ 1991, 896; VGH Mannheim NVwZ 1991, 593, 594; *C. Bamberger,* in: Wysk § 87 a Rn. 18 f.; *P. Kothe,* in: Redeker/v. Oertzen § 87 a Rn. 2; aA *S. Brink,* in: Posser/Wolff § 87 a Rn. 3 f.
10 *H. Geiger,* in: Eyermann § 87 a Rn. 2.

dringende Fälle sehen die Regelungen der §§ 80 Abs. 8, 123 Abs. 2 S. 3 daneben eine Eilkompetenz des Vorsitzenden für eine Sachentscheidung vor. Diese kann nicht in eine Kollision zu § 87a Abs. 1 treten, der sich allein auf das vorbereitende Verfahren bezieht und nicht auf eine Endentscheidung in der Sache. Soweit die Beteiligten kurzfristig ihr Einverständnis nach § 87a Abs. 2 und 3 erklärt haben sollten, ginge diese Zuständigkeit der Eilkompetenz des Vorsitzenden vor, denn damit wäre bereits die Intention der Eilkompetenzregelung der §§ 80 Abs. 8, 123 Abs. 2 S. 3 erfüllt, dass zur Beschleunigung ein einzelner Richter anstelle des Spruchkörpers entscheidet. Insoweit bedürfte es dann nicht der zusätzlichen Voraussetzung eines „dringenden Falls".[11]

Der zeitliche Anwendungsbereich der Norm wird durch den Begriff der „Entscheidung im vorberei- 4 tenden Verfahren" bezeichnet. Entsprechend der Auslegung von § 87 Abs. 1 ist es auch bezogen auf § 87a sachgerecht und dem Normzweck entsprechend, den Begriff des „vorbereitenden Verfahrens" weit zu verstehen.[12] Lediglich die verfahrensabschließende Entscheidung und eine vorangehende mündliche Verhandlung vor dem Spruchkörper gehören nicht mehr dazu. Kommt es also in der mündlichen Verhandlung zu einer Klagerücknahme oder einer Erledigung des Rechtsstreits durch übereinstimmende Erklärungen in der Hauptsache, so sind die dazu notwendigen Entscheidungen von der Kammer zu treffen.[13] Gleiches gilt für die Streitwertfestsetzung im Zusammenhang mit einer Endentscheidung. Auch wenn der Kläger seine Klage nach Erlass der Endentscheidung in der noch offenen Rechtsmittelfrist zurücknimmt, so fällt das Verfahren nicht erneut in das Stadium der Vorbereitung zurück, so dass auch hier der Spruchkörper den Einstellungsbeschluss zu erlassen hat.[14] Führt die mündliche Verhandlung nicht zu einem Verfahrensabschluss, ergeht also kein Urteil und auch keine nicht-streitige Verfahrensbeendigung (etwa durch Klagerücknahme, Hauptsacheerledigungserklärungen, Vergleichsabschluss) ist weiterhin ein Rückgriff auf § 87a geboten.[15] Wird die Verhandlung vertagt, so beginnt erneut eine Vorbereitungsphase, während derer wieder die Zuständigkeit des „vorbereitenden Richters" nach § 87a Abs. 1 eingreift.[16] Dies gilt auch für den Fall, dass nach der mündlichen Verhandlung ein Beweisbeschluss ergeht, der auszuführen ist.[17] Gleiches ist anzunehmen, wenn die Beteiligten in der mündlichen Verhandlung ihr Einverständnis erklären mit einer Entscheidung durch Gerichtsbescheid (§ 84 Abs. 1) oder im schriftlichen Verfahren und auf (weitere) mündliche Verhandlung verzichten (§ 101 Abs. 2).[18]

Unterbreitet der Vorsitzende oder der Berichterstatter als „vorbereitender Richter" einen Vergleichs- 5 vorschlag (§ 87 Abs. 1 S. 2 Nr. 1), so bleibt er auch für Nebenentscheidungen nach § 87a Abs. 1 zuständig, weil die Sache damit im vorbereitenden Verfahren erledigt worden ist.[19]

IV. Entscheidungen im vorbereitenden Verfahren

1. Entscheidungskompetenz. Anders als bei § 87, wo allein vorbereitende Anordnungen und keine 6 Entscheidungen zu treffen sind (→ § 87 Rn. 3), kann zur Wahrung des Gebots des gesetzlichen Richters (Art. 101 Abs. 1 S. 2) hier nur ein bestimmtes Mitglied des Spruchkörpers zuständig sein.[20]

Berufen ist grds. der Vorsitzende des Spruchkörpers. Ist ein Berichterstatter bestellt, so entscheidet die- 7 ser anstelle des Vorsitzenden (§ 87a Abs. 3). Der Begriff des „Berichterstatters" folgt aus § 82 Abs. 2 S. 1: Es ist der nach dem internen Geschäftsverteilungsplan des Spruchkörpers (§ 21g GVG i.V.m. § 4) dezernatsmäßig zuständige Berufsrichter. Regelmäßig ist durch die interne Geschäftsverteilung bereits mit Eingang der Sache diese – etwa aufgrund des vergebenen Aktenzeichens – einem bestimmten Berufsrichter als Berichterstatter zugewiesen und damit eine Bestellung i.S.v. Abs. 3 vorgenommen. Der Vorsitzende wird deshalb durchweg nur als Berichterstatter der Sachen seines eigenen Dezernats als

11 A. *Bostedt*, in: HK-VwGO § 80 Rn. 198.
12 VGH München NVwZ-RR 2001, 543.
13 BVerwG NVwZ 2005, 466; W. *Porz*, in: HK-VwGO § 87a Rn. 3.
14 H. *Geiger*, in: Eyermann § 87a Rn. 3.
15 BVerwG NVwZ 2005, 466; OVG Saarlouis 31.5.2000 – 9 R 19/98, BeckRS 2002, 21567, Rn. 1.
16 S. *Brink*, in: Posser/Wolff § 87a Rn. 4.
17 VGH Mannheim NVwZ-RR 1992, 443.
18 VGH München 28.3.2001 – 2 B 98.2104.
19 OVG Bautzen 20.5.2009 – 2 B 364/08.
20 Vgl. H. *Sodan*, in: ders. Art. 101 Rn. 6.

„Einzelrichter" nach § 87 a zuständig sein.[21] Nur wenn die Berichterstatterbestellung erst zu einem späteren Zeitpunkt erfolgen sollte, wäre der Vorsitzende zunächst allein zuständig.[22]

8   Diese Regelung gilt uneingeschränkt auch für Proberichter. Insoweit findet bei diesen die Einschränkung des § 6 Abs. 1 S. 2 keine Anwendung, ebenso wenig § 76 Abs. 5 AsylG.

9   Bei der Regelung des Abs. 1 handelt es sich um eine zwingende und abschließende Regelung.[23] Entscheidet im vorbereitenden Verfahren der gesamte Spruchkörper anstelle des eigentlich zuständigen Vorsitzenden oder des Berichterstatters, so liegt eine Verletzung der Gewährleistung des gesetzlichen Richters (Art. 101 Abs. 1 S. 2 GG) vor.[24] Dieser Mangel kann durch eine Entscheidung des zuständigen „vorbereitenden Richters" im Nichtabhilfeverfahren bei Beschwerden (insbes. Entscheidungen zu Nr. 1 und 4) geheilt werden.[25]

10   **2. Entscheidungen im Einzelnen (Abs. 1). a) Verfahrensbeendigung. aa) Aussetzung und Ruhen des Verfahrens (Nr. 1).** Die Entscheidungen über eine Aussetzung (§§ 75 S. 3, 94) sowie über ein Ruhen des Verfahrens (§ 251 ZPO i.V.m. § 173 S. 1) stellen Entscheidungen über eine vorläufige Verfahrensbeendigung dar. Das Verfahren ist damit zwar prozessual weiterhin anhängig, aber erst nach Wiederaufnahme durch die Beteiligten weiter zu betreiben. Infolgedessen wird ein solches Verfahren auch in der Justizstatistik nach einiger Zeit (sechs Monaten) aus dem Bestand der laufenden Sachen ausgetragen.

11   Nicht erfasst wird hier die Entscheidung nach § 93 a Abs. 2. Gegenstand dort ist eine Sachentscheidung in einem wegen eines Musterverfahrens ausgesetzten Verfahren. Das Gericht entscheidet dort in der Besetzung nach § 5 Abs. 3 S. 2 durch Beschluss.[26] Gleichfalls nicht erfasst werden Entscheidungen über eine Verweisung des Rechtsstreits.[27]

12   **bb) Klagerücknahme, Verzicht, Anerkenntnis (Nr. 2).** Ebenso vom Vorsitzenden bzw. vom Berichterstatter zu treffen sind die Entscheidungen bei Klage- bzw. Antragsrücknahme (§ 92 Abs. 1); dies gilt parallel bei der Rücknahme eines Berufungszulassungsantrages bzw. einer Berufung (§ 126 Abs. 1).[28] Hierbei ist jeweils ein deklaratorischer Ausspruch über die Verfahrenseinstellung vorzunehmen (§§ 92 Abs. 3, 126 Abs. 3).[29]

13   Entsprechend ist im Fall der Rücknahmefiktion (§§ 92 Abs. 2, 126 Abs. 2) für die Feststellung der Rücknahme, die Verfahrenseinstellung und die Entscheidung über die Kostentragung der Vorsitzende bzw. der Berichterstatter zuständig. Wird die Klagerücknahme im Berufungs- oder Berufungszulassungsverfahren erklärt, ist zudem das erstinstanzliche Urteil für wirkungslos zu erklären.[30]

14   Eine Ausnahme bildet nur der Fall, wenn ein Einstellungsbeschluss zu erlassen ist bei der Rücknahme einer Beschwerde gegen die Nichtzulassung der Revision vor einer Abhilfeentscheidung des Senats und der Weiterleitung an das BVerwG. In dieser besonderen Konstellation ist der gesamte Spruchkörper zuständig, weil die Anwendung des § 87 a entsprechend § 141 S. 2 ausgeschlossen ist.[31]

15   Darüber hinaus gehört auch ein Verzichts- oder Anerkenntnisurteil über den erklärten Verzicht auf den geltend gemachten Anspruch und das Anerkenntnis des Anspruchs (§§ 306, 307 ZPO i.V.m. § 173 S. 1) zur Zuständigkeit des Vorsitzenden bzw. des Berichterstatters, der ohne mündliche Verhandlung durch Urteil entscheidet (zum eingeschränkten Anwendungsbereich von Verzichts- und Anerkenntnisurteilen im Verwaltungsprozess → § 107 Rn. 22 ff.).[32]

16   **cc) Hauptsacheerledigung (Nr. 3).** Bei beiderseitiger Erledigungserklärung über den Rechtsstreit in der Hauptsache kann das Verfahren – wie bei der Rücknahme (§ 92 Abs. 3 S. 1) – deklaratorisch ein-

---

21 *H. Geiger*, in: Eyermann § 87 a Rn. 4.
22 *W. Porz*, in: HK-VwGO § 87 a Rn. 12.
23 *P. Kothe*, in: Redeker/v. Oertzen § 87 a Rn. 4.
24 OVG Münster NVwZ-RR 2014, 823; *S. Brink*, in: Posser/Wolff § 87 a Rn. 6.
25 VGH München NVwZ 1991, 1198, 1199.
26 *C. Bamberger*, in: Wysk § 93 a Rn. 13.
27 *W. Porz*, in: HK-VwGO § 87 a Rn. 5.
28 *W.-R. Schenke*, in: Kopp/Schenke § 87 a Rn. 2; hierbei handelt es sich um eine zur Klagerücknahme vergleichbare Vorschrift.
29 OVG Bautzen SächsVBl 2007, 189; *W.-R. Schenke*, in: Kopp/Schenke § 87 a Rn. 6; aA VGH München BayVBl 2001, 21.
30 *P. Kothe*, in: Redeker/v. Oertzen § 87 a Rn. 4.
31 VGH München BayVBl 2013, 59; OVG Bautzen SächsVBl 2011, 140; *C. Bamberger*, in: Wysk § 87 Rn. 11.
32 Vgl. OVG Bautzen LKV 2010, 381, 382; *W. Porz*, in: HK-VwGO § 87 a Rn. 6.

gestellt werden, worüber der Vorsitzende bzw. der Berichterstatter zu entscheiden hat. Damit wird klargestellt, dass eine Verfahrensbeendigung eingetreten ist.[33]

Wie bei der Rücknahme kann auch das Berufungsverfahren oder das Berufungszulassungsverfahren 17 übereinstimmend in der Hauptsache für erledigt erklärt werden, so dass auch hier der Vorsitzende bzw. der Berichterstatter zu entscheiden hat.

Bei teilweiser Erledigung ist durch den Spruchkörper eine Abtrennung des erledigten Teils notwendig 18 (§ 93 S. 2), um insoweit durch Beschluss nach Nr. 3 entscheiden zu können. Ob eine solche Abtrennung vorgenommen wird, steht im Ermessen des Spruchkörpers und hängt von der Zweckmäßigkeit im Einzelfall ab.[34] Unterbleibt eine Abtrennung, ist über die Kostentragungsfrage im Rahmen der Endentscheidung zu befinden.[35] Andernfalls ist die Entscheidung insgesamt durch den Spruchkörper zu treffen, der für die streitige Entscheidung zuständig ist. Die Frage der Kostentragung nach § 161 Abs. 2 ist dann Teil der Kostenentscheidung in der Hauptsache (sog. unechter Tenorbestandteil).

Nicht in den Anwendungsbereich der Nr. 3 fällt die Entscheidung, ob in einem Rechtsstreit tatsächlich 19 die Hauptsachenerledigung eingetreten ist. Ist dies zwischen den Beteiligten streitig, hat das Gericht darüber regelmäßig durch Urteil aufgrund Feststellungsantrages zu entscheiden.[36]

b) Nebenentscheidungen. aa) Streitwert (Nr. 4). Die Streitwerthöhe ist nach § 63 GKG im vorberei- 20 tenden Verfahren durch den Vorsitzenden bzw. den Berichterstatter festzusetzen. Dies ist regelmäßig eine Nebenentscheidung bei Nr. 2 und Nr. 3. In der Beschwerdeinstanz entscheidet dann gem. §§ 68 Abs. 2 S. 6, 66 Abs. 6 S. 1 GKG gleichfalls der Berichterstatter.[37]

bb) Kosten (Nr. 5). Diese Regelung schließt bezüglich der nach §§ 154 ff. zu treffenden Kostenent- 21 scheidungen an Nr. 2 und 3 an. Die Regelung ist im Übrigen weit auszulegen. Hierunter fällt auch die Erinnerung gegen einen Kostenfestsetzungsbeschluss des Urkundsbeamten der Geschäftsstelle.[38]

cc) Prozesskostenhilfe (Nr. 2 und Nr. 3). Im Zusammenhang mit den Entscheidungen über Klage- 22 rücknahme, Verzicht, Anerkenntnis und Hauptsachenerledigung ist zusätzlich die Entscheidung über einen aufrechterhaltenen Prozesskostenhilfeantrag zu treffen (zur Statthaftigkeit der rückwirkenden Bewilligung von Prozesskostenhilfe nach Abschluss der Instanz → § 166 Rn. 43 ff.).

c) Beiladung (Nr. 6). Die Beiladung (§ 65) beinhaltet eine Verfahrenseinbeziehung von Dritten, deren 23 rechtliche Interessen durch die Entscheidung berührt werden oder die an dem streitigen Rechtsverhältnis derart beteiligt sind, dass die Entscheidung auch ihnen gegenüber nur einheitlich ergehen kann. Rechtsfolge in allen Fällen der Beiladung ist eine Erstreckung der Rechtskraft einer Entscheidung auf den Dritten (§ 121). Die Zuständigkeit gilt entsprechend auch für die Ablehnung der Beiladung und für die spätere Aufhebung des Beiladungsbeschlusses.[39]

V. Konsentierter Einzelrichter

1. Verhältnis zum Einzelrichter nach § 6. Der Vorsitzende kann auch im Übrigen – also über die Re- 24 gelungsgegenstände des Abs. 1 hinaus – anstelle der Kammer oder des Senats entscheiden, wenn die Beteiligten hierzu ihr Einverständnis erteilen (Abs. 2). Der Berichterstatter tritt gem. Abs. 3 an die Stelle des Vorsitzenden. Letzterer hat sich dann jeder entscheidungsbezogenen Handlung zu enthalten.

Diese Zuständigkeit des Vorsitzenden bzw. des Berichterstatters ist zu unterscheiden von der Übertra- 25 gung des Rechtsstreits auf den Einzelrichter durch Beschluss der Kammer (§ 6 Abs. 1). Während dort die Einzelrichterübertragung konstitutiv durch Beschluss erfolgt (§ 6 Abs. 4 S. 1), erwächst die Entscheidungskompetenz bei § 87 Abs. 2 und 3 aus dem Einverständnis der Beteiligten und ist Teil von deren Dispositionsbefugnis. Dementsprechend ist ein Tätigkeitsausschluss von Proberichtern im ersten Jahr nach ihrer Ernennung (§ 6 Abs. 1 S. 2) nicht notwendig. Den Beteiligten ist hier bei § 87 Abs. 2

---

33 *W.-R. Schenke,* in: Kopp/Schenke § 87a Rn. 7.
34 *C. Bamberger,* in: Wysk § 87a Rn. 13.
35 VGH Mannheim NVwZ-RR 1992, 442.
36 BVerwG NVwZ-RR 1994, 362; *K.-M. Ortloff/K.-U. Riese,* in: Schoch/Schneider/Bier § 87a Rn. 32.
37 HmbOVG NVwZ-RR 2011, 303; *C. Bamberger,* in: Wysk § 87a Rn. 15.
38 BVerwG NVwZ 1996, 786.
39 *W. Porz,* in: HK-VwGO § 87a Rn. 10.

und 3 die Möglichkeit eröffnet, ihr Einverständnis für einen Richter auf Probe zu versagen, der erst am Beginn seiner Dienstzeit steht.

26　Teilweise wird bezweifelt, ob die Regelung des Abs. 2 und 3 anwendbar ist, wenn die Voraussetzungen der Einzelrichterübertragung nach § 6 Abs. 1 vorliegen.[40] Dies wird daraus abgeleitet, dass das intendierte Übertragungsermessen[41] aus § 6 Abs. 1 S. 1 den Spruchkörper zu einer Einzelrichterübertragung anhalten solle. Hiergegen spricht jedoch, dass ein normativer Vorrang von § 6 Abs. 1 gegenüber § 87 a Abs. 2 und 3 nicht ersichtlich ist. Beide Regelungen stehen selbständig nebeneinander.[42] Viel spricht sogar dafür, dass § 87 a Abs. 2 und 3 die gegenüber § 6 Abs. 1 vorrangige Regelung ist. Denn diese ist Ausdruck der Dispositionsmaxime, die auch für den Verwaltungsprozess leitend ist. Dementsprechend ist diese Regelung inhaltlich deutlich weitergehend und anders als § 6 nicht auf das erstinstanzliche Verfahren beschränkt. Auch kann das Einverständnis nach § 87 a Abs. 2 und 3 noch erteilt werden, wenn der Spruchkörper bereits in der Sache mündlich verhandelt hat, ohne jedoch eine Endentscheidung zu treffen. In diesem Fall ist – abweichend von § 6 Abs. 2 – noch eine abschließende Entscheidung durch den Vorsitzenden oder den Berichterstatter möglich. Darüber hinaus kann das Einverständnis nach Abs. 2 und 3 auch in solchen Rechtssachen erteilt werden, die grundsätzliche Bedeutung haben. Deshalb dürfte eine Einzelrichterübertragung nach § 6 Abs. 1 vorrangig dann in Betracht zu ziehen sein, wenn es an einem Einverständnis der Beteiligten nach § 87 a Abs. 2 und 3 fehlt. Liegt dagegen das Einverständnis nach § 87 a Abs. 2 und 3 bereits vor, ist die Anwendung von § 6 gesperrt. Andernfalls würde die weiterreichende Stellung des konsentierten Einzelrichters nachträglich durch den Übertragungsbeschluss des Spruchkörpers nach § 6 beschränkt, was dem Willen der Beteiligten widerspräche.

27　**2. Inhalt der Einverständniserklärung.** Das Einverständnis ist von sämtlichen Beteiligten (§ 63) übereinstimmend abzugeben, also auch von den Beigeladenen (§ 65) sowie den Vertretern des öffentlichen Interesses, die sich am Verfahren beteiligen (§§ 35, 36).

28　Die Erklärung wird typischerweise schriftsätzlich oder zu Protokoll in einem Erörterungstermin (§ 87 Abs. 1 S. 2 Nr. 1) oder in der mündlichen Verhandlung (§ 101 Abs. 1) abgegeben. Auch eine Erklärung zur Niederschrift des Urkundsbeamten der Geschäftsstelle (entsprechend § 81 Abs. 1 S. 2) ist möglich wie auch eine Erklärung auf elektronischem Wege (§ 55 a Abs. 1). Ein telefonisch erklärtes Einverständnis bedarf der schriftlichen Bestätigung, vorzugsweise durch einen nachfolgenden Schriftsatz oder durch einen schriftlichen und unterschriebenen Vermerk in der Gerichtsakte (→ § 101 Rn. 22 m.w.N.).[43]

29　Als Prozesserklärung muss das Einverständnis vorbehaltlos, klar und zweifelsfrei abgegeben werden. Insbes. muss auch deutlich sein, auf welches konkrete Verfahren sich das Einverständnis bezieht. Dabei sind für ein Eilverfahren und ein dazugehöriges Hauptsacheverfahren gesonderte Erklärungen abzugeben.[44]

30　Das Einverständnis kann auch generell erklärt werden. Dies ist etwa als behördliche Erklärung in Massenverfahren denkbar. Gegenwärtig hat etwa das Bundesamt für Migration und Flüchtlinge (BAMF) eine solche Generalerklärung abgegeben.

31　Die Einverständniserklärung ist als Prozesshandlung unwiderruflich und unanfechtbar (→ § 101 Rn. 25 ff. m.w.N.). Auch eine Änderung der Prozesslage führt grds. weder zur Unwirksamkeit der einmal abgegebenen Erklärung noch zu deren Widerrufbarkeit.[45] Ausnahmen werden nur bei einer wesentlichen Änderung zugelassen.[46] Hierzu reicht es bspw. nicht aus, dass eine Änderung der Geschäftsverteilung eingetreten ist und damit ein Berichterstatterwechsel.[47] Auch die Tatsache, dass der Berichterstatter eine von der bisherigen Auffassung der Kammer abweichende Rechtsauffassung vertritt, berechtigt nicht zum Widerruf der Erklärung.[48]

40　*K.-M. Ortloff/K.-U. Riese*, in: Schoch/Schneider/Bier § 87 a Rn. 44.
41　BVerwG NVwZ-RR 2002, 150, 151.
42　*H. Geiger*, in: Eyermann § 87 a Rn. 16; *W.-R. Schenke*, in: Kopp/Schenke § 87 a Rn. 3.
43　Vgl. BVerwG NVwZ 1984, 645, 646 (zum telefonisch erklärten Verzicht auf weitere mündliche Verhandlung).
44　OVG Münster NVwZ-RR 1994, 619, 620.
45　BVerwG Buchholz 310 § 87 a VwGO Nr. 5; BVerwG NVwZ-RR 2014, 740, 742.
46　Vgl. BGHZ 105, 270, 275 unter Heranziehung von § 128 Abs. 2 S. 1 ZPO.
47　BVerwG Buchholz 310 § 87 a VwGO Nr. 1.
48　*S. Brink*, in: Posser/Wolff § 87 a Rn. 21.

3. Reichweite der Entscheidungskompetenz. Das Einverständnis nach Abs. 2 und 3 eröffnet die Mög- 32
lichkeit, nicht jedoch die Pflicht („kann") einer Entscheidung des konsentierten Einzelrichters.[49] Es
bleibt dem pflichtgemäßen Ermessen des Vorsitzenden bzw. des Berichterstatters überlassen, ob er von
der Ermächtigung durch die Beteiligten Gebrauch machen will.[50]

Erfasst von dem Einverständnis wird auch ein Anhörungsrügeverfahren (§ 152 a), das sich an die Ent- 33
scheidung des Vorsitzenden bzw. des Berichterstatters anschließt.[51] Auch die Berufung (§ 124 a Abs. 1
S. 1) oder Revision (§ 132 Abs. 1) bzw. Sprungrevision (§ 134 Abs. 1 S. 1) kann der konsentierte Einzelrichter wirksam zulassen.[52] Insofern ergibt sich hier – anders als bei der Einzelrichterübertragung
nach § 6 Abs. 1 – keine Friktion, weil dieser auch Rechtssachen von grundsätzlicher Bedeutung entscheiden kann (→ Rn. 26).[53]

In dem Beschlussverfahren nach § 130 a S. 1 sind die Abs. 2 und 3 dagegen nicht anwendbar.[54] Dies 34
wird aus dem Erfordernis der Einstimmigkeit in der Regelung abgeleitet. Daraus folgt, dass der Senat
diese Entscheidung nur als kollegialer Spruchkörper treffen darf, um eine erhöhte Richtigkeit zu gewährleisten. Weiterhin sind Entscheidungen nach § 99 Abs. 2 nicht durch den konsentierten Einzelrichter zulässig; der entsprechende Beschluss hat durch den mit drei Berufsrichtern besetzten Fachsenat nach § 189 zu erfolgen.[55] Auch die Befugnis für eine Richtervorlage nach Art. 100 Abs. 1 GG soll
wegen der besonderen Bedeutung von der Befugnis nach Abs. 2 und 3 nicht erfasst sein.[56]

§ 87 b [Fristsetzung, Fristversäumnis]

(1) ¹Der Vorsitzende oder der Berichterstatter kann dem Kläger eine Frist setzen zur Angabe der Tatsachen, durch deren Berücksichtigung oder Nichtberücksichtigung im Verwaltungsverfahren er sich
beschwert fühlt. ²Die Fristsetzung nach Satz 1 kann mit der Fristsetzung nach § 82 Abs. 2 Satz 2 verbunden werden.

(2) Der Vorsitzende oder der Berichterstatter kann einem Beteiligten unter Fristsetzung aufgeben, zu
bestimmten Vorgängen

1. Tatsachen anzugeben oder Beweismittel zu bezeichnen,
2. Urkunden oder andere bewegliche Sachen vorzulegen sowie elektronische Dokumente zu übermitteln, soweit der Beteiligte dazu verpflichtet ist.

(3) ¹Das Gericht kann Erklärungen und Beweismittel, die erst nach Ablauf einer nach den Absätzen 1
und 2 gesetzten Frist vorgebracht werden, zurückweisen und ohne weitere Ermittlungen entscheiden,
wenn

1. ihre Zulassung nach der freien Überzeugung des Gerichts die Erledigung des Rechtsstreits verzögern würde und
2. der Beteiligte die Verspätung nicht genügend entschuldigt und
3. der Beteiligte über die Folgen einer Fristversäumung belehrt worden ist.

²Der Entschuldigungsgrund ist auf Verlangen des Gerichts glaubhaft zu machen. ³Satz 1 gilt nicht,
wenn es mit geringem Aufwand möglich ist, den Sachverhalt auch ohne Mitwirkung des Beteiligten zu
ermitteln.

Schrifttum

F. *Kopp*, Änderungen der Verwaltungsgerichtsordnung zum 1.1.1991, NJW 1991, 521; P. *Stelkens*, Das Gesetz zur Neuregelung
des verwaltungsgerichtlichen Verfahrens (4. VwGOÄndG) das Ende einer Reform?, NVwZ 1991, 209.

49 W. *Porz*, in: HK-VwGO § 87 a Rn. 11.
50 K.-M. *Ortloff/K.-U. Riese*, in: Schoch/Schneider/Bier § 87 a Rn. 44.
51 C. *Bamberger*, in: Wysk § 87 a Rn. 19.
52 BVerwG DVBl 2009, 125.
53 M.-J. *Seibert*, NVwZ 2004, 821, 823.
54 BVerwGE 111, 69, 71; aA T. *Jakob*, in: Gärditz § 87 a Rn 32.
55 H. *Geiger*, in: Eyermann § 87 a Rn. 2.
56 S. *Brink*, in: Posser/Wolff § 87 a Rn. 9, 16.

I. Überblick

1   **1. Hintergrund und praktische Bedeutung.** Guter Rechtsschutz ist i.d.R. schneller Rechtsschutz. Die Dauer von Verwaltungsprozessen wird nicht erst seit der Flut von Asylverfahren beklagt.[1] Dabei dauern erstinstanzliche Verwaltungsprozesse in Deutschland bis zu einem Urteil durchschnittlich 15,5 Monate[2] und damit nicht signifikant länger als landgerichtliche Zivilprozesse (15 Monate).[3]

2   Der Gesetzgeber sah sich dennoch veranlasst, den Verwaltungsgerichten mit § 87 b[4] eine weitere Beschleunigungsmöglichkeit zu geben,[5] obwohl Präklusionsvorschriften wie § 87 b, aber auch § 82 Abs. 2 dem vom Amtsermittlungs- und Untersuchungsgrundsatz (§ 86 Abs. 1) geprägten Verwaltungsprozess an sich wesensfremd sind.[6] Die entsprechende Anwendung der zivilprozessualen Präklusionsregelungen hatte die Rspr. abgelehnt.[7]

3   Die Bestimmung hat deshalb, aber noch mehr wegen der hohen Voraussetzungen für die Zurückweisung nicht fristgerechten Tatsachenvorbringens praktisch nur geringe Bedeutung erlangt.[8] Gerichtliche Anordnungen nach § 87 b schaffen gleichwohl eine gewisse „Drohkulisse", die zumindest faktisch den gewünschten Beschleunigungseffekt haben kann.

4   **2. Systematik der Norm.** Die Vorschrift untergliedert sich systematisch in zwei Teile. Im ersten Teil – den Abs. 1 und 2 – ist festgelegt, was Gegenstand einer Präklusion sein kann. Danach kann das Gericht den Kläger nach Abs. 1 im Wesentlichen nur zur Ergänzung seiner Klage auffordern. Nach Abs. 2 kann das Gericht alle Beteiligten (§ 63) auffordern, fristgerecht Tatsachen und Beweismittel zu bezeichnen und, soweit sie auf anderer Grundlage dazu verpflichtet sind, zur Vorlage von Urkunden und Sachen auffordern.

5   Der systematisch zweite Teil der Bestimmung besteht aus Abs. 3. Er enthält die Voraussetzungen, unter denen verfristetes Vorbringen nach ordnungsgemäßer Fristsetzung (§ 87 b Abs. 1 und 2) durch das Gericht zurückgewiesen und ohne Berücksichtigung dieses Vorbringens entschieden werden kann.

6   **3. Anwendungsbereich.** § 87 b ist, wie sich schon aus seiner systematischen Stellung innerhalb der VwGO ergibt, in erstinstanzlichen Klageverfahren anwendbar. Die Vorschrift findet aber ebenso im Berufungs- (§ 125 Abs. 1 S. 1), im vereinfachten Berufungsverfahren gem. § 130 a,[9] im Revisions-

---

1   Vgl. nur Berliner Morgenpost vom 6.3.2015, abrufbar unter https://www.morgenpost.de/berlin/article138138290/Klagen-am-Berliner-Verwaltungsgericht-dauern-immer-laenger.html.
2   Statistisches Bundesamt, Fachserie 10 Reihe 2.4, S. 26 für das Jahr 2016.
3   Statistisches Bundesamt, Fachserie 10 Reihe 2.1, S. 56 für das Jahr 2016.
4   Eingefügt durch Gesetz zur Neuregelung des verwaltungsgerichtlichen Verfahrens (Viertes Gesetz zur Änderung der Verwaltungsgerichtsordnung – 4. VwGOÄndG) v. 17.12.1990 (BGBl I 2809); zu den gesetzgeberischen Erwägungen zu der Bestimmung s. BT-Drs. 11/7030, 28.
5   W.-R. Schenke, in: Kopp/Schenke § 87 b Rn. 1.
6   W.-R. Schenke, in: Kopp/Schenke § 87 b Rn. 1.
7   W.-R. Schenke, in: Kopp/Schenke § 87 b Rn. 1; F. Kopp, NJW 1991, 521, 524.
8   F. Kopp, NJW 1991, 521, 524 ging bei der Einführung der Bestimmung noch davon aus, dass sie ein wichtiges Mittel zur Beschleunigung von Verfahren sei.
9   BVerwG NVwZ 2000, 1042.

(§ 141 Abs. 1 S. 1 i.V.m. § 125 Abs. 1 S. 1)[10] und im Beschwerdeverfahren[11] Anwendung. Unanwendbar ist § 87b dagegen im Berufungszulassungsverfahren gem. § 124a.[12] Mit der Frist für die Zulassungsbegründung (§ 124a Abs. 4 S. 4) hat der Gesetzgeber eine speziellere und abschließende Regelung zur Beschleunigung des Zulassungsverfahrens getroffen, die insoweit keinen Raum für die Anwendung des § 87b lässt. Ähnliches gilt für das Erfordernis der Berufungs- und Revisionsbegründungsfrist (§§ 124a Abs. 3 S. 1, 4 und 5, 139 Abs. 3 S. 1, 4 und 5, 143).

§ 87b kann auch in Verfahren des einstweiligen Rechtsschutzes (§§ 80, 80a, 123) Anwendung finden.[13] Die Gegenansicht bestreitet dies damit, dass ein ausdrücklicher Anwendungsbefehl, wie für das Berufungs- und das Revisionsverfahren, fehlt und rechtsschutzeinschränkende Präklusionsvorschriften restriktiv auszulegen sind.[14] Die Anwendung des § 87b zur weiteren Beschleunigung in Eilverfahren spielt praktisch aber keine Rolle, insbes. weil Anträge auf Gewährung einstweiligen Rechtsschutzes durch das Gericht schon bei fehlender Glaubhaftmachung der notwendigen Voraussetzungen abgelehnt werden können und die Präklusionsfolge für eine kurzfristige Entscheidung nicht notwendig ist.[15]

7

Ob § 87b im Normenkontrollverfahren vor dem OVG gem. § 47 anwendbar ist, erscheint zweifelhaft.[16] Das verwaltungsgerichtliche Normenkontrollverfahren dient einerseits zweifellos dem individuellen Rechtsschutz des Bürgers. Seine Funktion geht als objektives Rechtsbeanstandungsverfahren aber über den Individualrechtsschutz hinaus, so dass das allgemeine Interesse an der erschöpfenden und der ggf. zeitaufwendigen Feststellung der Rechtmäßig- bzw. Rechtswidrigkeit das Beschleunigungsinteresse überwiegt. Gleichwohl kann auch in Normenkontrollverfahren vor dem OVG – wie in den übrigen Verfahrensarten – das Bedürfnis bestehen, die Prozessverschleppungsabsicht eines Beteiligten (§ 87b Abs. 2) zu sanktionieren. Die Präklusionsmöglichkeit im Normenkontrollverfahren vereitelt auch nicht den objektiven Prozesszweck dieser Verfahrensart. Denn dem Gericht wird lediglich die *Möglichkeit* der Präklusion gegeben. Über deren Eintritt entscheidet das Gericht aber gesondert. Deshalb beeinträchtigt die Anwendung des § 87b die Qualität eines Normenkontrollverfahrens nicht notwendigerweise. Grds. dürfte § 87b daher auch im Normenkontrollverfahren anwendbar sein. Bei der Ausübung des Ermessens über den Eintritt der Präklusionswirkung wird das Gericht den besonderen Charakter des Normenkontrollverfahrens zu berücksichtigen haben. Im Hinblick auf die weitreichenden Folgen einer Präklusion bedarf es ohnehin in jedem Einzelfall einer sorgfältigen Prüfung, ob die gesetzlichen Vorgaben in verfassungskonformer Handhabung, d.h. bei strikter Wahrung der Verfahrenszwecke und der Verhältnismäßigkeit, erfüllt sind.[17]

8

II. Anordnung nach § 87b Abs. 1

Gem. § 87b Abs. 1 kann das Gericht dem Kläger eine Frist setzen zur Angabe der Tatsachen, durch deren Berücksichtigung oder Nichtberücksichtigung im Verwaltungsverfahren er sich beschwert fühlt. Die Bestimmung gibt dem Gericht die Möglichkeit, nicht aber die Pflicht,[18] den Kläger zur Er-

9

10 Allg. Auffassung: *K.M. Ortloff/K.-U. Riese,* in: Schoch/Schneider/Bier § 87b Rn. 17; *S. Brink,* in: Posser/Wolff § 87b Rn. 1; *C. Bamberger,* in: Wysk § 87b Rn. 1; *W. Porz,* in: HK-VwGO § 87b Rn. 2; *P. Kothe,* in: Redeker/v. Oertzen § 87b Rn. 1; *H. Geiger* in: Eyermann/Happ § 87b Rn. 1; *Kugele* § 87b Rn. 1; *P. Stelkens,* NVwZ 1991, 209, 214.

11 *W.-R. Schenke,* in: Kopp/Schenke § 87b Rn. 2; *C. Bamberger,* in: Wysk § 87b Rn. 1; *P. Kothe,* in: Redeker/v. Oertzen § 87b Rn. 1; *H. Geiger* in: Eyermann/Happ § 87b Rn. 1; *P. Stelkens,* NVwZ 1991, 209, 214; a.A.: *K.M. Ortloff/K.-U. Riese,* in: Schoch/Schneider/Bier § 87b Rn. 19.

12 So auch *K.M. Ortloff/K.-U. Riese,* in: Schoch/Schneider/Bier § 87b Rn. 17; *W. Porz,* in: HK-VwGO § 87b Rn. 2.

13 VG Augsburg 18.12.2017 – Au 6 S 17.50497; *W.-R. Schenke,* in: Kopp/Schenke § 87b Rn. 2; *C. Bamberger,* in: Wysk § 87b Rn. 1; *P. Kothe,* in: Redeker/v Oertzen § 87b Rn. 1; *H. Geiger* in: Eyermann/Happ § 87b Rn. 1; *Kugele* § 87b Rn. 1; *U. Stelkens,* NVwZ 1991, 209, 214; a.A.: *K.M. Ortloff/K.-U. Riese,* in: Schoch/Schneider/Bier § 87b Rn. 18; *S. Brink,* in: Posser/Wolff § 87b Rn. 1; *P. Stelkens,* NVwZ 1991, 209, 214.

14 Vgl. nur *K.M. Ortloff/K.-U. Riese,* in: Schoch/Schneider/Bier § 87b Rn. 12 und 18; *S. Brink,* in: Posser/Wolff § 87b Rn. 1; zur restriktiven Auslegung der Regelung generell *P. Stelkens,* NVwZ 1991, 209, 213.

15 *Kugele* § 87b Rn. 1.

16 Dafür *K.M. Ortloff/K.-U. Riese,* in: Schoch/Schneider/Bier § 87b Rn. 19; abl. *W. Porz,* in: HK-VwGO § 87b Rn. 2; *P. Kothe,* in: Redeker/v. Oertzen § 87b Rn. 1; *H. Geiger* in: Eyermann/Happ § 87b Rn. 1; *Kugele* § 87b Rn. 1; *W. Porz,* in: HK-VwGO § 87b Rn. 2.

17 BVerwG NVwZ 2000, Beilage 9, 99, 102.

18 BGH 6.2.2012 – AnwZ (Brfg) 42/11.

füllung seiner Mitwirkungspflichten im Verwaltungsprozess anzuhalten und eine Verletzung dieser Pflicht ggf. zu sanktionieren.[19]

10   **1. Adressat der Anordnung.** Adressat der Anordnung ist allein der Kläger. Wegen der engen Anknüpfung des Rechtsschutzes im Verwaltungsprozess an die Verletzung subjektiver Rechte und die im Übrigen auch im verwaltungsgerichtlichen Verfahren geltende Dispositionsmaxime ist der Kläger i.R. seiner Mitwirkungsobliegenheit gehalten, Tatsachen anzugeben, aus denen sich seine Beschwer ergibt. Durch eine Anordnung gem. § 87 b Abs. 1 kann das Verwaltungsgericht dem Kläger diese Obliegenheit verdeutlichen und unter den Voraussetzungen des Abs. 3 verspätetes Vorbringen ausschließen.

11   **2. Zuständigkeit für die Anordnung.** Die Anordnung kann nach dem Wortlaut des § 87 b Abs. 1 vom Vorsitzenden und vom Berichterstatter (nebeneinander) getroffen werden (→ § 87 Rn. 9).[20] Sofern die Kammer den Rechtsstreit bereits gem. § 6 Abs. 1 auf den Berichterstatter als Einzelrichter übertragen hat, kann auch der Einzelrichter dem Kläger die Frist gem. § 87 b Abs. 1 setzen.[21] Ergeht ein Aufklärungsbeschluss mit einer Anordnung gem. § 87 b Abs. 1 kann der Spruchkörper zuständig sein.[22]

12   **3. Inhalt der Anordnung.** Voraussetzung für eine Anordnung gem. § 87 b Abs. 1 ist, dass sie den Eintritt der Entscheidungsreife beschleunigt. Dafür ist erforderlich, dass der Kläger eindeutig erkennen kann, zu welchen Tatsachen er ergänzend vortragen soll, er Kenntnis von diesen Tatsachen hat oder sich diese Kenntnis – anders als das Gericht selbst – verschaffen kann und die Dauer der gesetzten Frist im Hinblick auf den Zeitaufwand für die Zusammenstellung und ggf. Ermittlung der Tatsachen durch den Kläger angemessen ist.

13   **a) Bestimmtheit der Anordnung.** Die Anordnung gem. § 87 b Abs. 1 kann ihre Funktion nur erfüllen, wenn sie bestimmt ist. D.h., dass der Kläger aus der Anordnung erkennen muss, welche Tatsachen er zur Erfüllung der gerichtlichen Auflage mitteilen muss. Das Gericht muss somit dem Kläger – so genau wie nach der vorläufigen Würdigung des Gerichts möglich – mitteilen, zu welchen Fragen oder Themen noch Tatsachenvortrag gewünscht ist.[23] Allgemeine Umschreibungen, die für einen objektiven Empfänger nicht hinreichend die geforderten Tatsachen erkennen lassen, wie z.B. „Asylgründe" oder „Begründung der Klage" reichen nicht aus.[24] Die Auffassung, dass bestimmte aufklärungsbedürftige Tatsachen durch das Gericht nicht bezeichnet werden müssen,[25] ist in ihrer Pauschalität unzutreffend. Denn in aller Regel wird das Gericht jedenfalls mit dem Eingang der Klageerwiderung und der zugehörigen Verwaltungsvorgänge eine grobe Vorstellung des Sachverhalts und der damit verbundenen rechtlichen Fragen haben. Dies ermöglicht dem Gericht, die nachgeforderten Angaben konkret zu bezeichnen.

14   **b) Erfüllbarkeit der Anordnung.** Die Anordnung geht ins Leere und kann somit die Präklusionswirkung gem. Abs. 3 nicht auslösen, wenn sie für den Kläger nicht erfüllbar ist. Dies ist der Fall, wenn der Kläger die geforderten Tatsachen nicht kennt und sich davon auch keine Kenntnis verschaffen kann, also insbes. wenn das Gericht die Darlegung von Tatsachen verlangt, die nicht in der Sphäre des Klägers liegen und für ihn auch nicht ermittelbar sind.[26]

---

19 *K.M. Ortloff/K.-U. Riese*, in: Schoch/Schneider/Bier § 87 b Rn. 2; *H. Geiger* in: Eyermann/Happ § 87 b Rn. 6; *P. Kothe*, in: Redeker/v. Oertzen § 87 b Rn. 1; *Kugele* § 87 b Rn. 5.

20 *W.-R. Schenke*, in: Kopp/Schenke, § 87 b Rn. 3; *K.M. Ortloff/K.-U. Riese*, in: Schoch/Schneider/Bier § 87 b Rn. 20; *S. Brink*, in: Posser/Wolff § 87 b Rn. 11; *C. Bamberger*, in: Wysk § 87 b Rn. 2; *H. Geiger* in: Eyermann/Happ § 87 b Rn. 5; *P. Kothe*, in: Redeker/v. Oertzen § 87 b Rn. 5; *Kugele* § 87 b Rn. 3; *T. Jacob*, in: Gärditz § 87 b Rn. 7.

21 *W. Porz*, in: HK-VwGO § 87 b Rn. 3; *P. Kothe*, in: Redeker/v. Oertzen § 87 b Rn. 5; *T. Jacob*, in: Gärditz § 87 b Rn. 7.

22 *K.M. Ortloff/K.-U. Riese*, in: Schoch/Schneider/Bier § 87 b Rn. 20; *P. Kothe*, in: Redeker/v. Oertzen § 87 b Rn. 5; *T. Jacob*, in: Gärditz § 87 b Rn. 7.

23 OVG Bautzen 22.9.2010 – 2 L 168/09; *K.M. Ortloff/K.-U. Riese*, in: Schoch/Schneider/Bier § 87 b Rn. 21; *S. Brink*, in: Posser/Wolff § 87 b Rn. 9; *C. Bamberger*, in: Wysk § 87 b Rn. 3; *W. Porz*, in: HK-VwGO § 87 b Rn. 4; *P. Kothe*, in: Redeker/v. Oertzen § 87 b Rn. 4; *H. Geiger* in: Eyermann/Happ § 87 b Rn. 7; *Kugele* § 87 b Rn. 5; *T. Jacob*, in: Gärditz § 87 b Rn. 11.

24 *W.-R. Schenke*, in: Kopp/Schenke § 87 b Rn. 1; *K.M. Ortloff/K.-U. Riese*, in: Schoch/Schneider/Bier § 87 b Rn. 21; *S. Brink*, in: Posser/Wolff § 87 b Rn. 9; *C. Bamberger*, in: Wysk § 87 b Rn. 3; *P. Kothe*, in: Redeker/v. Oertzen § 87 b Rn. 4; *H. Geiger* in: Eyermann/Happ § 87 b Rn. 7; *Kugele* § 87 b Rn. 5; *T. Jacob*, in: Gärditz § 87 b Rn. 12.

25 So *T. Jacob*, in: Gärditz § 87 b Rn. 11.

26 *W.-R. Schenke*, in: Kopp/Schenke § 87 b Rn. 1; *H. Geiger* in: Eyermann/Happ § 87 b Rn. 6; *Kugele* § 87 b Rn. 5; *T. Jacob*, in: Gärditz § 87 b Rn. 13.

c) Fristsetzung angemessen. Die dem Kläger vom Gericht gesetzte Frist muss unter Berücksichtigung 15 des bisherigen Verfahrensverlaufs – einschließlich der Behandlung der Sache durch das Gericht – und dem Inhalt der konkreten Anordnung gem. § 87 b Abs. 1 angemessen und exakt bestimmt sein.[27] Divergenzen zwischen der verfügten und der den Beteiligten mitgeteilten Frist, setzen eine Frist nicht in Gang.[28] Pauschale Aussagen zu der Länge der Frist verbieten sich wegen der zu berücksichtigenden Besonderheiten im jeweiligen Einzelfall. Ordnet das Gericht bspw. eine umfassende Ergänzung der den Kläger beschwerenden Tatsachen an, muss die Frist regelmäßig länger bemessen sein als bei geringfügigen Tatsachennachträgen. Bei der Bestimmung der Frist hat das Gericht das Beschleunigungsinteresse einerseits und das Interesse der Beteiligten (an einer inhaltlich richtigen Entscheidung) zu berücksichtigen.[29] In der Praxis finden sich regelmäßig Fristen zwischen vier und sechs Wochen.[30] Dies dürfte zumindest für die Mehrzahl der erstinstanzlichen Verfahren eine plausible Orientierungsgröße sein.

4. Form der Anordnung. Die Anordnung gem. § 87 b Abs. 1 ergeht gegenüber dem Kläger schrift- 16 lich.[31] Das ergibt sich schon aus der nach § 87 b Abs. 3 S. 1 Nr. 3 erforderlichen Belehrung. Sie wird von dem bzw. den zuständigen Richter(n) mit voller Unterschrift unterzeichnet; anderenfalls wird die gesetzte Frist nicht in Gang gesetzt.[32] Die bloße Paraphierung der Anordnung reicht nicht aus. Sie wird gem. § 56 zugestellt, da durch sie eine Frist in Gang gesetzt wird. Gem. § 87 b Abs. 1 S. 2 kann die Anordnung auch mit einer Fristsetzung gem. § 82 Abs. 2 – also der Aufforderung zur Ergänzung der Klageschrift – verbunden werden.

5. Verlängerung der Frist. Auf Antrag des Klägers kann die Frist gem. § 87 b Abs. 1 durch den Vorsit- 17 zenden und den Berichterstatter verlängert werden.[33]

III. Anordnung nach § 87 b Abs. 2

1. Adressat der Anordnung. Der Vorsitzende oder der Berichterstatter kann Anordnungen gem. 18 § 87 b Abs. 2 an alle Beteiligten i.S.d. § 63 richten, soweit dies zur Förderung des Verfahrens sachdienlich erscheint. Anders als bei Abs. 1 erfolgt keine Beschränkung auf den Kläger. Im Hinblick auf die gerichtliche Zuständigkeit ergeben sich gegenüber den Anordnungen gem. Abs. 1 keine Unterschiede (→ Rn. 11).

2. Inhalt der Anordnung. Während Abs. 1 das Gericht in den Stand versetzt, den Streitgegenstand zu 19 ermitteln und zu bestimmen, greift Abs. 2 erst, wenn der Streitgegenstand so bestimmt ist, dass das Gericht im vorbereitenden Verfahren abschätzen kann, welche Punkte noch aufklärungs- oder ggf. sogar beweisbedürftig sind. Abs. 2 eröffnet dem Gericht die Möglichkeit, die Beteiligten zur Erfüllung ihrer prozessualen Mitwirkungspflichten zu motivieren. Abs. 2 kann somit den Untersuchungsgrundsatz effektivieren. Fristsetzungen nach Abs. 2 werden daher auch in der Praxis häufig gemeinsam mit der Ladung verbunden,[34] um in der mündlichen Verhandlung nicht überraschend mit neuem Sachvortrag konfrontiert zu werden und dadurch den Rechtsstreit nicht aufgrund einer einzigen mündlichen Verhandlung erledigen zu können.[35]

Um die Entscheidungsreife herzustellen bzw. die Beweiserheblichkeit einzelner Fragen beurteilen zu 20 können, kann das Gericht den Beteiligten unter Fristsetzung aufgeben, zu bestimmten Vorgängen Tat-

---

27 OVG Bautzen 22.9.2010 – 2 L 168/09; *W.-R. Schenke*, in: Kopp/Schenke § 87 b Rn. 7; *K.M. Ortloff/K.-U. Riese*, in: Schoch/Schneider/Bier § 87 b Rn. 22; *S. Brink*, in: Posser/Wolff § 87 b Rn. 8; *C. Bamberger*, in: Wysk § 87 b Rn. 2; *P. Kothe*, in: Redeker/v. Oertzen § 87 b Rn. 6; *H. Geiger* in: Eyermann/Happ § 87 b Rn. 8; *Kugele* § 87 b Rn. 4; *T. Jacob*, in: Gärditz § 87 b Rn. 18.
28 OVG Bautzen 22.9.2010 – 2 L 168/09.
29 *W.-R. Schenke*, in: Kopp/Schenke § 87 b Rn. 7; *W. Porz*, in: HK-VwGO § 87 b Rn. 3.
30 So auch *W.-R. Schenke*, in: Kopp/Schenke § 87 b Rn. 7; *T. Jacob*, in: Gärditz § 87 b Rn. 18.
31 *K.M. Ortloff/K.-U. Riese*, in: Schoch/Schneider/Bier § 87 b Rn. 24; *C. Bamberger*, in: Wysk § 87 b Rn. 4; *P. Kothe*, in: Redeker/v. Oertzen § 87 b Rn. 5; *Kugele* § 87 b Rn. 4; *T. Jacob*, in: Gärditz § 87 b Rn. 19.
32 *W.-R. Schenke*, in: Kopp/Schenke § 87 b Rn. 6; *K.M. Ortloff/K.-U. Riese*, in: Schoch/Schneider/Bier § 87 b Rn. 24; *S. Brink*, in: Posser/Wolff § 87 b Rn. 11; *C. Bamberger*, in: Wysk § 87 b Rn. 4; *W. Porz*, in: HK-VwGO § 87 b Rn. 3; *P. Kothe*, in: Redeker/v. Oertzen § 87 b Rn. 5; *H. Geiger* in: Eyermann/Happ § 87 b Rn. 8; *Kugele* § 87 b Rn. 4; *T. Jacob*, in: Gärditz § 87 b Rn. 19.
33 *K.M. Ortloff/K.-U. Riese*, in: Schoch/Schneider/Bier § 87 b Rn. 23; *Kugele* § 87 b Rn. 4; *T. Jacob*, in: Gärditz § 87 b Rn. 18.
34 So z.B. im Fall des OVG Münster 18.1.2018 – 9 A 2837/17 A.
35 *K. Brink*, in: Posser/Wolff § 87 b Rn. 5; *T. Jacob*, in: Gärditz § 87 b Rn. 18.

sachen anzugeben, Beweismittel zu bezeichnen, Urkunden oder andere bewegliche Sachen vorzulegen sowie elektronische Dokumente zu übermitteln. Die Pflicht zur Vorlage von Urkunden und Sachen kann sich u.a. aus §§ 99, 98 i.V.m. § 421 ZPO und anderen Rechtsvorschriften ergeben.[36] § 87 b Abs. 2 enthält selbst keine materielle Befugnis, die Vorlegung von Urkunden und Sachen zu verlangen.[37]

21   Für die Anordnung gelten dieselben Maßstäbe wie bei Abs. 1. Auch die Anordnung nach Abs. 2 muss bestimmt sein. Dies gilt umso mehr als die Anordnung gem. Abs. 2 in der Praxis regelmäßig zu einem späteren Verfahrensstand als Anordnungen nach Abs. 1 getroffen werden – das Gericht also auch ein vertieftes Verständnis der Sach- und Rechtslage hat und dementsprechend exakter abgegrenzte Anordnungen treffen kann. Die Anordnung muss selbstverständlich durch den Beteiligten, an den sie gerichtet ist, erfüllbar sein; die Länge der Frist muss angemessen sein. Bei der Bemessung der Frist ist zu beachten, dass die übrigen Beteiligten vor der mündlichen Verhandlung noch ausreichend Zeit haben sollten, zu dem fristgerecht eingegangenen Vortrag zu erwidern.[38] Anderenfalls wäre die Erledigung des Rechtsstreits in einer mündlichen Verhandlung möglicherweise gefährdet.

22   Im Hinblick auf die Form und die Verlängerbarkeit der Frist ergeben sich gegenüber Anordnungen nach Abs. 1 keine Unterschiede (→ Rn. 16, 17).

IV. Zurückweisung verspäteten Vorbringens

23   § 87 b Abs. 3 bestimmt, unter welchen Voraussetzungen das Gericht verfristetes Vorbringen zurückweisen und bei seiner Entscheidung unberücksichtigt lassen kann.

24   **1. Zuständigkeit.** Die Entscheidung über die Zurückweisung verspäteten Vorbringens trifft das Gericht in seiner Sachentscheidung.[39] Es ergeht keine gesonderte, isolierte Entscheidung nach § 87 b Abs. 3.[40] Daraus folgt, dass über den Eintritt der Präklusionswirkung der jeweils zuständige Richter bzw. der jeweils zuständige Spruchkörper entscheidet.[41] Dies kann nach den allgemeinen Regeln neben der Kammer, der Einzelrichter, aber auch mit dem Einverständnis der Beteiligten der Vorsitzende oder der Berichterstatter (jeweils ohne vorherige Einzelrichterübertragung) gem. § 87 a Abs. 2 und 3 sein. Davon zu unterscheiden ist die verbleibende Zuständigkeit des Vorsitzenden oder des Berichterstatters für Anordnungen nach Abs. 1 und 2 (→ Rn. 11, 18).

25   **2. Voraussetzungen der Zurückweisung.** Unter engen Voraussetzungen kann das Gericht verfristetes Vorbringen eines Beteiligten zurückweisen. Notwendig dazu ist, dass die Zulassung des Vorbringens nach der freien Überzeugung des Gerichts die Erledigung des Rechtsstreits verzögern würde, der Beteiligte die Verspätung nicht oder nicht genügend entschuldigt und vorab über die Folgen einer Fristversäumung belehrt worden ist.

26   **a) Ablauf der gesetzten Frist.** Verspätet ist das Vorbringen eines Beteiligten, für dessen Eingang dem Beteiligten eine Frist gesetzt wurde und das erst nach Ablauf der Frist bei Gericht eingeht. Vorbringen zu anderen Tatsachen und vertiefendes Vorbringen bleibt dagegen beachtlich und kann nicht zurückgewiesen werden.[42]

27   Mit dem Ablauf der gem. Abs. 1 und 2 ordnungsgemäß gesetzten Frist kann das Gericht entscheiden, wenn der Rechtsstreit entscheidungsreif ist. Das Gericht ist nicht gezwungen, nach Fristablauf eine Karenzzeit abzuwarten, um dem Beteiligten verspätetes Vorbringen zu ermöglichen.[43] Vor Ablauf der Frist kann das Gericht nicht ohne einen Verstoß gegen den Grundsatz des rechtlichen Gehörs (Art. 103 Abs. 1 GG) entscheiden.[44] Ist das Vorbringen des Beteiligten innerhalb der Frist unzurei-

---

36   *K.M. Ortloff/K.-U. Riese,* in: Schoch/Schneider/Bier § 87 b Rn. 29; *S. Brink,* in: Posser/Wolff § 87 b Rn. 7; *C. Bamberger,* in: Wysk § 87 b Rn. 5; *W. Porz,* in: HK-VwGO § 87 b Rn. 4.

37   *W.-R. Schenke,* in: Kopp/Schenke § 87 b Rn. 5.

38   *K.M. Ortloff/K.-U. Riese,* in: Schoch/Schneider/Bier § 87 b Rn. 22; *S. Brink,* in: Posser/Wolff § 87 b Rn. 5; *T. Jacob,* in: Gärditz § 87 b Rn. 18.

39   *W.-R. Schenke,* in: Kopp/Schenke § 87 b Rn. 10.

40   *K.M. Ortloff/K.-U. Riese,* in: Schoch/Schneider/Bier § 87 b Rn. 35; *P. Kothe,* in: Redeker/v. Oertzen § 87 b Rn. 8.

41   *K.M. Ortloff/K.-U. Riese,* in: Schoch/Schneider/Bier § 87 b Rn. 35; *S. Brink,* in: Posser/Wolff § 87 b Rn. 15; *Kugele* § 87 b Rn. 6.

42   VGH Kassel 1.10.2013 – 9 C 574/12.T; VGH München 16.7.2013 – 22 A 12.40073.

43   BVerwG 27.5.1998 – 9 B 101.98; *C.Bamberger,* in: Wysk § 87 b Rn. 11.

44   BVerwG 27.5.1998 – 9 B 101.98.

chend, liegt kein Fall des § 87 b Abs. 3 vor. Das Gericht muss dieses fristgemäße Vorbringen zum Gegenstand seiner Entscheidungsfindung machen.[45]

b) Verzögerung des Rechtsstreits. Ob die Zulassung des nach Fristablauf eingegangenen Vorbringens 28 den Rechtsstreit verzögert, hat das Gericht aufgrund einer eigenen Prognose zu entscheiden.[46] Dabei hat es einen weiten Beurteilungsspielraum. Ausreichend ist eine nachvollziehbare und plausible Prognose anhand objektiver Kriterien.[47] Von einer Verzögerung kann das Gericht unter Geltung des absoluten Verzögerungsbegriffs ausgehen, wenn das Verfahren bei Zulassung des verfristeten Vorbringens länger dauern würde als bei dessen Zurückweisung.[48] Die hypothetische Frage, ob das Verfahren bei rechtzeitigem Eingang des Vorbringens ebenso lange gedauert hätte, spielt dagegen für die Entscheidung nach § 87 b Abs. 3 keine Rolle.[49]

Diskutiert wird, ob die Verzögerung wesentlich oder erheblich sein muss.[50] Diese Frage stellt sich 29 praktisch nicht, weil die Verzögerung i.d.R. wesentlich sein wird. Im Übrigen erscheint die Einführung eines Wesentlichkeitskriteriums auch dogmatisch verfehlt,[51] da Fristen eine rechtssichere und abschließende Bemessung von Zeiträumen ermöglichen sollen. Dies würde durch die Frage nach der Wesentlichkeit der Verzögerung ausgehebelt. Der Gesetzgeber hat im Übrigen auch nicht erkennen lassen, dass er dieses ungeschriebene Merkmal für erforderlich hielt.[52]

Eine zurechenbare Verzögerung i.S.d. § 87 b Abs. 3 tritt nur dann ein, wenn die Verzögerung kausal 30 durch verfristetes Vorbringen verursacht würde.[53] Hat die Verzögerung dagegen andere Ursachen (z.B. fehlende Terminvorbereitung durch das Gericht,[54] unzulängliche Verfahrensleitung), die dem verpflichteten Beteiligten nicht zuzurechnen sind, kann das verfristete Vorbringen nicht zurückgewiesen werden.[55]

c) Keine Entschuldigung. Die Verzögerung muss schließlich auch von dem Beteiligten verschuldet 31 sein, d.h. ihm jedenfalls zurechenbar sein. Für den Maßstab des Verschuldens gelten, abgesehen von der dort statuierten zweiwöchigen Frist,[56] die gleichen Grundsätze wie in § 60 Abs. 1.[57] Wenn dem Beteiligten eine Wiedereinsetzung in den vorigen Stand zu gewähren wäre, ist eine Verzögerung des Vorbringens als entschuldigt i.S.d. § 87 b Abs. 3 S. 1 Nr. 2 zu bewerten. Auf Verlangen des Gerichts muss der Beteiligte die Gründe für die Verspätung seines Vorbringens glaubhaft machen (§§ 87 b Abs. 2 S. 2, 167 Abs. 1, 294 ZPO). Die Entschuldigungsgründe, die plausibel und substantiiert vorgetragen müssen,[58] sollten – obwohl die Vorschrift dies nicht ausdrücklich vorsieht – zugleich mit dem Vorbringen verbunden werden, um dem Gericht die Möglichkeit zu geben, abschließend über die Zu-

---

45 *S. Brink*, in: Posser/Wolff § 87 b Rn. 18.
46 OVG Saarlouis 7.7.2006 – 3 Q 8/06; VGH Mannheim NVwZ-Beilage 6, 44; *C. Bamberger*, in: Wysk § 87 b Rn. 12; *P. Kothe*, in: Redeker/v. Oertzen § 87 b Rn. 10; *H. Geiger* in: Eyermann/Happ § 87 b Rn. 7.
47 OVG Saarlouis 7.7.2006 – 3 Q 8/06; VGH Mannheim NVwZ-Beilage 6, 44; *C. Bamberger*, in: Wysk § 87 b Rn. 12; *P. Kothe*, in: Redeker/v. Oertzen § 87 b Rn. 10; *H. Geiger* in: Eyermann/Happ § 87 b Rn. 7.
48 BVerwG NJW 2012, 1827; BVerwG 27.5.2010 – 8 B 112/09; BVerwG NVWZ-RR 1998, 592; VGH Mannheim NVwZ-RR 2000, 471; *W.-R. Schenke*, in: Kopp/Schenke § 87 b Rn. 11; *K.M. Ortloff/K.-U. Riese*, in: Schoch/Schneider/Bier § 87 b Rn. 38; *S. Brink*, in: Posser/Wolff § 87 b Rn. 17; *C. Bamberger*, in: Wysk § 87 b Rn. 3; *H. Geiger* in: Eyermann/Happ § 87 b Rn. 11; *Kugele* § 87 b Rn. 8; *T. Jacob*, in: Gärditz § 87 b Rn. 22.
49 A.A. *P. Kothe*, in: Redeker/v. Oertzen § 87 b Rn. 10.
50 Dafür BVerwG 27.5.2010 – 8 B 112/09; *W.-R. Schenke*, in: Kopp/Schenke, § 87 b Rn. 11; *S. Brink*, in: Posser/Wolff § 87 b Rn. 17; *W. Porz*, in: HK-VwGO § 87 b Rn. 6; *H. Geiger* in: Eyermann/Happ § 87 b Rn. 11; *Kugele* § 87 b Rn. 8; skeptisch *T. Jacob*, in: Gärditz § 87 b Rn. 24.
51 So auch *C. Bamberger*, in: Wysk § 87 b Rn. 11; *T. Jacob*, in: Gärditz § 87 b Rn. 21.
52 *T. Jacob*, in: Gärditz § 87 b Rn. 24.
53 BVerfG NJW 1995, 1417; OVG Lüneburg NVwZ 2001, 1062; *K.M. Ortloff/K.-U. Riese*, in: Schoch/Schneider/Bier § 87 b Rn. 40; *P. Kothe*, in: Redeker/v. Oertzen § 87 b Rn. 10 *H. Geiger* in: Eyermann/Happ § 87 b Rn. 11; *Kugele* § 87 b Rn. 8; *T. Jacob*, in: Gärditz § 87 b Rn. 22 f.
54 VGH München 18.7.2017 – 20 ZB 17.30785.
55 *K.M. Ortloff/K.-U. Riese*, in: Schoch/Schneider/Bier § 87 b Rn. 40; *H. Geiger* in: Eyermann/Happ § 87 b Rn. 11; *T. Jacob*, in: Gärditz § 87 b Rn. 23.
56 *T. Jacob*, in: Gärditz § 87 b Rn. 25.
57 BVerwG NVwZ 2000, 1042; VG Düsseldorf 3.5.2016 – 17 K 5067/15; *W.-R. Schenke*, in: Kopp/Schenke § 87 b Rn. 12; *K.M. Ortloff/K.-U. Riese*, in: Schoch/Schneider/Bier § 87 b Rn. 41; *S. Brink*, in: Posser/Wolff § 87 b Rn. 20; *C. Bamberger*, in: Wysk § 87 b Rn. 14; *P. Kothe*, in: Redeker/v. Oertzen § 87 b Rn. 11; *H. Geiger* in: Eyermann/Happ § 87 b Rn. 10; *Kugele* § 87 b Rn. 9; *T. Jacob*, in: Gärditz § 87 b Rn. 25.
58 VGH München 9.9.2013 – 9 ZB 13.30178.

rückweisung gem. § 87 b Abs. 3 entscheiden zu können.[59] Dies ist auch im Interesse der Beteiligten. Denn ein Beteiligter kann seine Schuldlosigkeit an der Fristversäumung nur noch im Rechtsbehelfsverfahren gegen die Sachentscheidung geltend machen, wenn das Gericht entscheidungserhebliches Vorbringen als verspätet zurückgewiesen hatte, ohne dem Beteiligten zuvor die Möglichkeit zu geben, seine Säumnis zu entschuldigen.[60]

32　**d) Ordnungsgemäße Belehrung.** Wegen der erheblichen Wirkungen der Zurückweisung verpflichtet der Gesetzgeber das Gericht, die betroffenen Beteiligten über die Folgen der Fristversäumung zu belehren. Um die Warnfunktion erfüllen zu können, muss die Belehrung eindeutig und verständlich gefasst sein.[61] Der Beteiligte muss die Nachteile, die ihm im Falle der Fristversäumung drohen, erkennen können. Vom Wortlaut her muss der Beteiligte nur über die Folgen der Fristversäumung belehrt werden. Ob dies auch die Pflicht zur Belehrung über die Entschuldigungsmöglichkeit beinhaltet, erscheint fraglich.[62]

33　Die Belehrung kann in der Wiederholung des Gesetzeswortlauts bestehen, es sei denn, dies ist wegen Besonderheiten in der Person eines (insbes. anwaltlich nicht vertretenen) Beteiligten offensichtlich unzureichend.[63] Der bloße Verweis auf § 87 b Abs. 3 wird der Warnfunktion nicht gerecht.[64] Die Belehrung kann, muss aber nach den gesetzlichen Vorgaben nicht mit der Fristsetzung verbunden sein.[65] Letzteres erscheint aber praktisch sehr empfehlenswert, um dem nicht anwaltlich vertretenen Beteiligten den Zusammenhang zwischen Fristsetzung und den Folgen der Fristversäumung zu verdeutlichen.

34　**e) Eigene Ermittlungsmöglichkeit des Gerichts.** Die Zurückweisung verspäteten Vorbringens kommt gem. § 87 b Abs. 3 S. 3 nicht in Betracht, wenn es dem Gericht mit geringem Aufwand möglich ist, den Sachverhalt auch ohne Mitwirkung des Beteiligten zu ermitteln. In diesen vertypten Fällen tritt die Mitwirkungsobliegenheit der Beteiligten zugunsten des Untersuchungsgrundsatzes – auch aus Gründen der Verhältnismäßigkeit – in den Hintergrund.

35　Der Ausschluss der Zurückweisungsmöglichkeit setzt zweierlei voraus. Zum einen kann das Gericht nur Tatsachen ermitteln, die nicht in der Person oder der persönlichen Sphäre eines Beteiligten liegen und die daher nur der Beteiligte selbst aufklären kann.[66] Zum anderen darf der Aufwand zur Ermittlung des Sachverhalts nur gering sein. Dies ist anzunehmen, wenn hierfür keine oder nur geringe finanzielle Mittel notwendig sind;[67] die Einholung eines ausführlichen schriftlichen Sachverständigengutachtens ist davon bspw. nicht umfasst.

36　Auf den zeitlichen Aufwand kommt es dagegen bei der Beurteilung des geringen Aufwands nicht an.[68] Denn diesen Aspekt prüft das Gericht bereits bei der Frage der Verzögerung (§ 87 b Abs. 3 S. 1 Nr. 1). Die Beiziehung umfangreicher Akten oder die Einholung von Behördenauskünften kann daher durchaus geringer Aufwand i.S.d. Abs. 3 S. 3 sein.

37　**3. Ermessensentscheidung des Gerichts.** Nach Abs. 3 S. 1 *kann* das Gericht das verspätete Vorbringen zurückweisen. Es handelt sich nach dem Wortlaut der Regelung um eine Ermessensbestimmung, so dass das Gericht das verspätete Vorbringen bei Vorliegen der Voraussetzungen des Abs. 3 S. 1 nicht zwingend zurückweisen *muss*. Zweifelhaft erscheint aber, ob das Gericht bei der Entscheidung über die Zurückweisung freies Ermessen hat.[69]

59　*S. Brink*, in: Posser/Wolff § 87 b Rn. 22.
60　BVerwG NVwZ 2000, 1042; *Bamberger*, in: Wysk § 87 b Rn. 15.
61　*W.-R. Schenke*, in: Kopp/Schenke § 87 b Rn. 8; *K.M. Ortloff/K.-U. Riese*, in: Schoch/Schneider/Bier § 87 b Rn. 42; *S. Brink*, in: Posser/Wolff § 87 b Rn. 10; *C. Bamberger*, in: Wysk § 87 b Rn. 16; *P. Kothe*, in: Redeker/v. Oertzen § 87 b Rn. 7; *H. Geiger* in: Eyermann/Happ § 87 b Rn. 9; *Kugele* § 87 b Rn. 10; *T. Jacob*, in: Gärditz § 87 b Rn. 27.
62　So auch *T. Jacob*, in: Gärditz § 87 b Rn. 26.
63　*S. Brink*, in: Posser/Wolff § 87 b Rn. 10 *C. Bamberger*, in: Wysk § 87 b Rn. 18; *H. Geiger* in: Eyermann/Happ § 87 b Rn. 9; *Kugele* § 87 b Rn. 9; *T. Jacob*, in: Gärditz § 87 b Rn. 27.
64　*S. Brink*, in: Posser/Wolff § 87 b Rn. 10 *C. Bamberger*, in: Wysk § 87 b Rn. 18; *H. Geiger* in: Eyermann/Happ § 87 b Rn. 9; *Kugele* § 87 b Rn. 9; *T. Jacob*, in: Gärditz § 87 b Rn. 27.
65　Darauf macht berechtigterweise aufmerksam *T. Jacob*, in: Gärditz § 87 b Rn. 26.
66　*H. Geiger* in: Eyermann/Happ § 87 b Rn. 12.
67　*H. Geiger* in: Eyermann/Happ § 87 b Rn. 12; *T. Jacob*, in: Gärditz § 87 b Rn. 2.
68　*H. Geiger* in: Eyermann/Happ § 87 b Rn. 12; a.A. *T. Jacob*, in: Gärditz § 87 b Rn. 28.
69　*W.-R. Schenke*, in: Kopp/Schenke § 87 b Rn. 9; *K.M. Ortloff/K.-U. Riese*, in: Schoch/Schneider/Bier § 87 b Rn. 44; *S. Brink*, in: Posser/Wolff § 87 b Rn. 27; *C. Bamberger*, in: Wysk § 87 b Rn. 19; *H. Geiger* in: Eyermann/Happ § 87 b Rn. 13; *Kugele* § 87 b Rn. 56 *T. Jacob*, in: Gärditz § 87 b Rn. 29; *F. Kopp*, NJW 1991, 521, 525.

Dies würde zur Folge haben, dass die Beteiligten die Entscheidung des Gerichts über die Zurückweisung oder deren Ablehnung schwerlich absehen können. Das stößt mit Blick auf den Grundsatz des fairen Verfahrens auf Bedenken. Ferner besteht die Gefahr, dass es zu einer Besserstellung eines Beteiligten kommt, wenn das Gericht von seiner Zurückweisungsmöglichkeit keinen Gebrauch macht.[70] Abs. 3 S. 1 ist daher i.E. so zu verstehen, dass das Gericht durch die Grundentscheidung für eine Anordnung nach Abs. 1 oder Abs. 2 bereits die Richtung der Ermessensausübung vorzeichnet und damit indiziert. Damit entsteht zwar noch keine Bindung des Gerichts, denn das Gericht kann mit sachlichen Gründen – insbes. unter Beachtung des Verhältnismäßigkeitsgrundsatzes – immer noch auf die Zurückweisung des Vorbringens verzichten.[71] Die Darlegungsanforderungen an die Begründung der Ermessensentscheidung dürften aber in diesen Fällen höher anzusetzen sein als bei der Entscheidung für die Zurückweisung des Vorbringens, die den Standardfall darstellt. Die Anforderungen an die sachlichen Gründe für eine Zulassung des verspäteten Vorbringens dürften weniger hoch sein als in den Fällen des sog. intendierten Ermessens. Denn insoweit liegt – anders als beim intendierten Ermessen – kein Abweichen von einem gesetzgeberisch bestimmten Normalfall vor. Vielmehr ist eine einzelfallbezogene Abwägung zwischen dem Interesse an einer tatsächlich und rechtlich richtigen Entscheidung und der Beschleunigung des Verfahrens vorzunehmen.[72] In dieser ist als ein Abwägungsbelang auch die Anordnung nach Abs. 1 bzw. 2 als prozessuales Vorverhalten des Gerichts zu berücksichtigen.

Die Ermessensentscheidung des Gerichts ist nicht isoliert kontrollfähig und kann lediglich in einem Rechtsbehelfsverfahren gegen die Sachentscheidung des Gerichts zur Prüfung gestellt werden.[73]

4. Inhalt und Form der Zurückweisung. Die Entscheidung über die Zurückweisung verspäteten Vorbringens ergeht i.R. der Sachentscheidung. Es findet im Interesse der Beschleunigung keinerlei Zwischenverfahren statt. Das Gericht ist verpflichtet in seiner Entscheidung die tatsächlichen und rechtlichen Voraussetzungen des § 87 b darzulegen. Dazu gehört auch die Begründung der Erforderlichkeit einer Anordnung nach Abs. 1 und Abs. 2. Ferner muss das Gericht die Verspätung, die Verzögerung, das Fehlen von Entschuldigungsgründen begründen und die Erwägungen zur Ermessenausübung darlegen.[74]

Entsprechend dem auf Verfahrenskonzentration und Verfahrensbeschleunigung gerichteten Zweck des § 87 b kann sich die Begründung für die Zurückweisung unentschuldigt verspäteten, zu einer Verfahrensverzögerung führenden neuen Vorbringens schon aus der Darlegung ergeben, dass die tatbestandlichen Voraussetzungen für eine Zurückweisung nach § 87 b vorliegen. Die Anforderungen an eine ausreichende Begründung entziehen sich indes einer generellen Festlegung. Sie hängen von den Umständen des jeweiligen Einzelfalls ab, wobei der Begründungsbedarf regelmäßig mit dem Gewicht der Präklusionsfolgen für den Betroffenen steigen wird.[75]

Dass sich die Begründunganforderungen nach dem Gewicht der Betroffenheit des Beteiligten richten,[76] geht aus der Vorschrift nicht hervor. Richtigerweise steigt die Überzeugungskraft gerichtlicher Entscheidungen durch die ausführliche Begründung der rechtlichen Punkte, die zum Unterliegen eines Beteiligten geführt haben. Eine Rechtspflicht dazu ist aber weder aus § 87 b Abs. 3 noch aus § 117 zu entnehmen.[77]

V. Rechtsbehelfe

Weder gegen die Anordnungen nach Abs. 1 und 2 noch gegen die Zurückweisung verspäteten Vorbringens nach Abs. 2 sind isolierte Rechtsbehelfe statthaft. Denkbar ist aber in jedem Verfahrensstadium eine Gegenvorstellung.

---

70 *K.M. Ortloff/K.-U. Riese*, in: Schoch/Schneider/Bier § 87 b Rn. 44.
71 BVerwG 5.10.2006 – 7 B 46/06; VGH Mannheim ZAR 2017, 337, 338; VG München 12.10.2015 – M 8 K 14.4951; HmbOVG 14.11.2016 – 3 Bf 207/15; *W.-R. Schenke*, in: Kopp/Schenke § 87 b Rn. 9.
72 *W.-R. Schenke*, in: Kopp/Schenke, § 87 b Rn. 9; *P. Stelkens*, NVwZ 1991, 209, 214.
73 *K.M. Ortloff/K.-U. Riese*, in: Schoch/Schneider/Bier § 87 b Rn. 44.
74 BVerwG NVwZ 2000, 1042; VGH Mannheim ZAR 2017, 337, 338; VGH München 24.1.2014 – 13 a ZB 13.30379.
75 BVerwG 27.5.2010 – 8 B 112/09; BVerwG NVwZ 2000, 1042.
76 So VGH Mannheim ZAR 2017, 337, 338.
77 A.A. VGH Mannheim ZAR 2017, 337, 338.

45   **1. Gegen die Anordnungen gem. § 87 b Abs. 1 und 2.**   Die Anordnung gem. Abs. 1 und 2 ergeht i.d.R. durch Verfügung des zuständigen Richters bzw. durch Beschluss des Spruchkörpers. Verfügungen unterliegen als vorbereitende Verfahrenshandlungen des Gerichts keiner isolierten Anfechtungsmöglichkeit.[78] Ein Aufklärungsbeschluss ist, soweit er eine Anordnung nach Abs. 1 und/oder 2 enthält auch nicht mit der Beschwerde gem. § 146 angreifbar, weil diese Möglichkeit in § 146 Abs. 2 ausgeschlossen ist.

46   **2. Gegen die Zurückweisung verspäteten Vorbringens.**   Die Zurückweisung verspäteten Vorbringens kann nur im Wege der gegen die Sachentscheidung statthaften Rechtsbehelfe gerügt werden.[79] Im Berufungsverfahren kann gem. § 128 a die Zulassung des Vorbringens beantragt werden.[80] Dabei findet im Hinblick auf die gerichtliche Ermessensausübung gem. § 87 b Abs. 3 S. 1 nur eine eingeschränkte (Willkür-)Kontrolle statt.[81]

47   Die unterbliebene Zurückweisung unentschuldigt verspäteten Vorbringens eines anderen Beteiligten kann durch die übrigen Beteiligten nicht geltend gemacht werden. Insoweit fehlt es schon an der Beschwerdebefugnis. Die Befugnis des Gerichts, nach Maßgabe des Abs. 3 S. 1 verspätetes Vorbringen zurückzuverweisen, vermittelt keinen Drittschutz. Sie ist auf die Beschleunigung des Verwaltungsprozesses gerichtet.

§ 88   [Bindung an Klagebegehren]

Das Gericht darf über das Klagebegehren nicht hinausgehen, ist aber an die Fassung der Anträge nicht gebunden.

Schrifttum

1. Monographien und Beiträge in Sammelwerken: *K. Finkelnburg, M. Dombert, C. Külpmann,* Vorläufiger Rechtsschutz im Verwaltungsverfahren, 7. Auflage, 2017; *W.-R. Schenke,* Verwaltungsprozessrecht, 12. Auflage, 2009.

2. Beiträge in Zeitschriften: *C. Külpmann,* Grundsätze der guten fachlichen Praxis: Keine Verbotsnormen nach § 67 Abs. 1 BNatSchG, jurisPR-BVerwG 2/2017 Anm. 4; *J. F. Lindner,* Die „reformatio in peius" im Lichte des europäischen Gemeinschaftsrechts, DVBl 2009, 224; *N. Reich,* Verlangt das Gemeinschaftsrecht ein „Verbot des Verbots der ‚reformatio in peius'"? Kurzbesprechung der Schlussanträge des Generalanwalts Yves Bot vom 6.5.2008 in der Rechtssache C-455/06 (Heemskerk BV u.a./Productschap Vee en Vlees), EuZW 2008, 325; *K. Rennert,* Der Streitgegenstand im Asylprozess, DVBl 2001, 161; *J. P. Seibert LL.M.,* Ermittlung der statthaften Klageart und richterlichen Hinweispflicht im Verwaltungsprozess, JuS 2017, 122; *H. Sendler,* Grundsatz der Planerhaltung im Abwind?, NJW 1999, 1834; *K. Ziegler,* JuS 1999, 481.

I.   Allgemeines

1   **1. Normzweck.**   Die Bindung des Gerichts an das klägerische Begehren stellt einen zentralen Grundsatz der VwGO dar.[1] Vergleichbare Regelungen finden sich auch in anderen Prozessordnungen.[2] Der Sinn und Zweck der Norm besteht zum einen darin, das Gericht an das klägerische Begehren zu binden – die Norm ist damit Ausfluss der Dispositionsmaxime[3] – und den Streitgegenstand einzugrenzen,

---

78   *W.-R. Schenke,* in: Kopp/Schenke § 87 b Rn. 14; *W. Porz,* in: HK-VwGO § 87 b Rn. 7.
79   BVerwG NVwZ 2000, 1042.
80   *W. Porz,* in: HK-VwGO § 87 b Rn. 7.
81   *W.-R. Schenke,* in: Kopp/Schenke § 87 b Rn. 11.
1   Vgl. BVerfG 25.3.1980 – 2 BvL 10/79, BeckRS 1980, 03384, Rn. 39.
2   Vgl. § 308 ZPO, § 123 SGG, § 96 Abs. 1 S. 2 FGO.
3   Vgl. *K. Rennert,* in: Eyermann/Fröhler § 88 Rn. 2.

soweit dieser durch die klägerische Seite definiert wird.[4] Als Voraussetzung hierfür muss die Klage nach § 82 Abs. 1 S. 1 neben dem Kläger und dem Beklagten auch den Gegenstand des Klagebegehrens bezeichnen; andernfalls ist sie nach Maßgabe des § 82 Abs. 2 unzulässig.

Darüber hinaus regelt § 88, dass das Gericht an die Fassung der Anträge nicht gebunden ist. Damit soll dem Umstand Rechnung getragen werden, dass vor dem Verwaltungsgericht eine anwaltliche Vertretung nach § 67 Abs. 1 S. 1 nicht zwingend erforderlich ist und es Nicht-Rechtskundigen oftmals Schwierigkeiten bereitet, einen sachdienlichen, ihr Begehren präzise erfassenden Antrag zu formulieren.[5] Der Ausschluss der Bindung des Gerichts an den wörtlichen Klageantrag ergänzt die gerichtliche Fürsorgepflicht[6] und den Untersuchungsgrundsatz. 2

2. Anwendungsbereich. Die Norm gilt unmittelbar nur für das Klageverfahren. Sie betrifft nicht nur die Klageerhebung, sondern alle der klägerischen Disposition unterliegenden Prozesshandlungen.[7] 3

§ 88 findet jedoch keine Anwendung auf von Amts wegen zu treffende Entscheidungen des Gerichts, die nicht zur Disposition der Beteiligten stehen, wie z.B. Kostenentscheidungen nach §§ 154 ff., Entscheidungen über die vorläufige Vollstreckbarkeit der Kostenentscheidung nach § 167 VwGO i.V.m. §§ 708 ff. ZPO oder die Streitwertfestsetzung nach §§ 52 ff. GKG.[8] § 88 gilt auch nicht für Anträge, die das Verfahren selbst betreffen, wie z.B. Beweisanträge oder Protokollanträge.[9] Die Norm ist auch dann nicht anwendbar, wenn das Gericht über eine zurückgenommene oder eine erledigte Klage entscheidet.[10] 4

§ 88 wird vielfach entsprechend angewandt. Dies gilt zunächst nach § 122 Abs. 1 für Beschlüsse, also insbes. Verfahren des vorläufigen Rechtsschutzes nach §§ 80 Abs. 5, 80 a und 123. § 88 findet auch im Normenkontrollverfahren nach § 47 Anwendung.[11] Nach § 125 Abs. 1, welcher die entsprechende Geltung der Vorschriften des Teils II der VwGO regelt, ist auch das Berufungsgericht an das klägerische Begehren gebunden. Gleiches gilt nach § 141 S. 1 i.V.m. § 125 Abs. 1 für das Revisionsverfahren und nach § 150 i.V.m. § 122 Abs. 1 für das Beschwerdeverfahren. Ergänzend zu § 88 darf nach § 129 das Berufungsgericht ein erstinstanzliches Urteil nur insoweit ändern, als eine Änderung beantragt ist;[12] Entsprechendes gilt gem. § 141 S. 1 i.V.m. § 129 im Revisionsverfahren. 5

Nach dem HmbOVG darf das Rechtsmittelgericht im Falle einer Beschwerde gegen die erstinstanzliche Festsetzung des Gegenstandswertes mit dem Ziel der Werterhöhung jedenfalls dann, wenn der Beschwerdeführer die Festsetzung auf einen bestimmten Wert beantragt, entsprechend § 88 über das Begehren nicht hinausgehen.[13] 6

§ 88 gilt auch entsprechend für der Disposition anderer Beteiligter – insbes. der Beklagtenseite – unterliegende Prozesshandlungen; hierunter fallen z.B. das Anerkenntnis, der Verzicht und die Prozessaufrechnung.[14] 7

II. Bindung des Gerichts

Die Bindung des Gerichts besteht darin, dass dieses dem Kläger weder mehr („ne ultra petita" → Rn. 9 ff.), noch etwas anderes (aliud → Rn. 14) zusprechen darf, als dieser begehrt. Es ist jedoch nicht daran gehindert, weniger (→ Rn. 12 f.) zuzusprechen, als das klägerische Begehren umfasst, solange es die Klage im Übrigen abweist; maßgeblich ist insofern, dass das Gericht über das klägerische Begehren in seiner Gesamtheit entscheidet. Diese Bindung des Gerichts an das klägerische Begehren gilt nach dem BVerwG nicht nur für den Urteilstenor, sondern auch für die Urteilsgründe,[15] die kein anderes Begehren als das klägerische zum Gegenstand haben dürfen. Das Gericht ist jedoch nicht da- 8

---

4 Vgl. hierzu: *K.-M. Ortloff/K.-U. Riese*, in: Schoch/Schneider/Bier § 88 Rn. 2.
5 Vgl. OVG Bln 12.5.2003 – 3 S 22.02, juris Rn. 5; *K. Rennert* in: Eyermann/Fröhler § 88 Rn. 9.
6 Vgl. *K. Rennert*, in: Eyermann/Fröhler § 88 Rn. 3.
7 Vgl. *S. Haack*, in: Gärditz § 88 Rn. 2.
8 Vgl. *D. Kugele* § 88 Rn. 1.
9 Vgl. *K. Rennert*, in: Eyermann/Fröhler § 88 Rn. 5.
10 Vgl. *K. Rennert*, in: Eyermann/Fröhler § 88 Rn. 6.
11 Vgl. *K. Rennert*, in: Eyermann/Fröhler § 88 Rn. 4; *H. Sendler*, NJW 1999, 1834, 1835.
12 Vgl. BVerwG NVwZ 2002, 855, 856 m.w.N.
13 Vgl. HmbOVG NVwZ-RR 1997, 503.
14 Vgl. *K. Rennert*, in: Eyermann/Fröhler § 88 Rn. 5.
15 Vgl. BVerwG 10.5.1993 – 7 B 27/93, juris Rn. 4; a.A. offenbar: *S. Haack*, in: Gärditz § 88 Rn. 10.

ran gehindert, der Klage in dem von dem Kläger begehrten Sinne aus anderen oder weiteren als den von dem Kläger geltend gemachten Rechtsgründen stattzugeben.[16] Denn der Kläger hat es grds. nicht in der Hand, das Gericht in der Entscheidungsfindung auf die Prüfung bestimmter rechtlicher Erwägungen festzulegen.[17] Vielmehr ist sein Begehren nicht abhängig von den benannten oder naheliegenden Normen, sondern unter sämtlichen in Betracht kommenden Anspruchsgrundlagen zu prüfen.

9   **1. Mehr („Ne ultra petita").** Das Gericht darf über das Klagebegehren nicht hinausgehen.[18] Dieses Gebot ist bspw. verletzt, wenn das Verwaltungsgericht auf die Klage eines Reeders gegen das Ergebnis einer Seeunfalluntersuchung in den Gründen seiner Entscheidung dem Kläger ein im Spruch des Seeamtes nicht festgestelltes Fehlverhalten bescheinigt.[19] Eine Verletzung des Gebots nicht über das Klagebegehren hinauszugehen wäre auch in einem Fall anzunehmen, in dem der Kläger sein Klagebegehren von Anfang an auf den Erlass eines Bescheidungsurteils beschränkt – also gerade keine Verpflichtung des Beklagten begehrt – hat, das Gericht jedoch Erwägungen dazu anstellt, ob der Beklagte weitergehend zur Zahlung des vom Kläger im Verwaltungsverfahren beantragten Wohngeldes zu verpflichten sei.[20]

10 Beschränkt ein Kläger sein Begehren auf eine teilweise Änderung eines Verwaltungsakts, darf das Gericht nicht den vollständigen Verwaltungsakt oder Bescheid aufheben, auch wenn dieser rechtswidrig ist.[21] So hat das BVerwG entschieden, dass die in einem Bescheid des Amtes zur Regelung offener Vermögensfragen ausgesprochene Feststellung der Entschädigungsberechtigung als selbständige Teilentscheidung Bestand hat, wenn sie nicht angefochten wird. Das Verwaltungsgericht durfte die in dem angefochtenen Bescheid festgestellte Berechtigung der Klägerinnen, die mit ihrer Klage allein die Rückübertragung eines Grundstücks begehrt hatten, nicht mehr überprüfen und verneinen. Das Verwaltungsgericht hat den Klageantrag unter Verletzung von § 88 dahingehend verstanden, dass damit auch die Berechtigung der Klägerinnen erneut zur Entscheidung gestellt werde.[22]

11 Das Gericht darf allerdings dann über das Klagebegehren hinausgehen, wenn der Verwaltungsakt nicht – entsprechend der klägerischen Vorstellung – teilbar ist[23] oder ein anderer Beteiligter, den entsprechenden Verwaltungsakt in demselben Verfahren zum Gegenstand der gerichtlichen Prüfung macht.[24]

12 **2. Weniger.** Das Gericht ist verpflichtet, vollständig über das klägerische Begehren zu entscheiden. Wird das Klagebegehren nur unvollständig geprüft, so ist § 88 verletzt. Es verbietet sich, ein Endurteil, welches das Klagebegehren nur unvollständig prüft, als Teilurteil nach § 110 zu interpretieren. Ein solches stellt sich zwar „im Ergebnis als Urteil nur über einen Teil des Streitgegenstandes" dar. Jedoch ist, auch wenn man hierfür die Begriffe eines „verdeckten", „unbewussten" oder „unbeabsichtigten" Teilurteils verwendet, zu beachten, dass es sich gerade nicht um ein Teilurteil i.S.d. § 110 handelt.[25]

13 Die Bindung des Gerichts an das Klagebegehren hindert jedoch nicht daran, dem Kläger weniger zuzusprechen als von diesem begehrt und die Klage im Übrigen abzuweisen, wenn die Klage nur zu einem – rechtlich selbständigen – Teil zulässig oder begründet ist. Hierunter fallen z.B. die Verurteilung des Beklagten zur Zahlung einer geringeren als der begehrten Summe oder die Aufhebung des angegriffenen Verwaltungsakts und Verpflichtung zur Neubescheidung des begehrten Antrags anstelle des begehrten Verwaltungsakts – jeweils unter Abweisung der Klage im Übrigen.[26]

14 **3. Etwas anderes – aliud.** Das Gericht darf dem Kläger zwar unter den o.g. Voraussetzungen weniger (→ Rn. 12 f.) – nicht aber der Art nach etwas anderes zusprechen, als dieser begehrt (aliud). Dies hindert das Gericht allerdings grds. nicht, einer Klage entsprechend dem Klagebegehren, aber aus anderen als den in der Klagebegründung genannten Gründen stattzugeben (→ Rn. 8). Bspw. kann das Ge-

---

16 Vgl. *C. Bamberger*, in: Wysk § 88 Rn. 4; *W.-R. Schenke*, in: Kopp/Schenke § 88 Rn. 5.
17 Vgl. BVerwG NVwZ 2007, 104, 106.
18 Vgl. BVerfG 25.3.1980 – 2 BvL 10/79, BeckRS 1980, 03384, Rn. 39; BVerwG NJW 1981, 67, 68..
19 Vgl. BVerwG 10.5.1993 – 7 B 27/93.
20 Vgl. BVerwG NVwZ 1985, 35, 36.
21 Vgl. *K. Rennert*, in: Eyermann/Fröhler § 88 Rn. 11 m.w.N.
22 BVerwG 16.4.1998 – 7 C 32/97, juris Rn. 8.
23 Vgl. *K. Rennert*, in: Eyermann/Fröhler § 88 Rn. 11 m.w.N.
24 Vgl. BVerwG 16.4.1998 – 7 C 32/97, juris Rn. 8.
25 BVerwG NVwZ 1994, 1117.
26 Vgl. zum Vorgesagten insgesamt: *W.-R. Schenke*, in: Kopp/Schenke § 88 Rn. 1 mit weiteren Beispielen.

richt den Beklagten im Falle einer von dem Kläger begehrten und durch Leistungsklage verfolgten Wiederherstellung des früheren Zustandes nicht zur Wiederherstellung des früheren Zustandes unter Übernahme eines Kostenanteils durch den Kläger verpflichten. Denn diese Verpflichtung ist nicht als „Minus" in dem klägerischen Begehren enthalten.[27] Ebenso darf das Gericht das klägerische Begehren nicht einer anderen Person zusprechen.[28]

4. Verbot der Reformatio in peius. Aus der Bindung des Gerichts an das Klagebegehren ergibt sich auch das grds. Verbot[29] der reformatio in peius – Verböserungsverbot, also einer Abänderung der Verwaltungsentscheidung zu Lasten des Klägers.[30]   15

Ebenso wie eine Stattgabe aus anderen als den von dem Kläger benannten Gründen grds. mit § 88 vereinbar ist, verstößt es nicht gegen das Verbot der reformatio in peius, wenn das Gericht die Klage mit einer anderen Begründung abweist, als von der beklagten Behörde in dem streitgegenständlichen Verwaltungsakt aufgeführt.[31] Ein solcher Fall liegt z.B. vor, wenn das Auswärtige Amt den Antrag auf Erteilung eines Visums zum Nachzug zu einem ausländischen Ehegatten nach § 27 Abs. 1 Nr. 1a AufenthG mit der Begründung ablehnt, die Ehe sei ausschließlich zu dem Zweck geschlossen worden, dem Nachziehenden die Einreise in das und den Aufenthalt im Bundesgebiet zu ermöglichen, und das Verwaltungsgericht zwar von einer ernsthaften Eheführungsabsicht ausgeht, die Verpflichtungsklage aber mit der Begründung abweist, der Lebensunterhalt nach § 5 Abs. 1 Nr. 1 AufenthG sei nicht gesichert.   16

Das Verbot der reformatio in peius findet grds. in allen Verfahren der ersten Instanz sowie i.R. der Berufung und Revision Anwendung. Für die Berufung ist es in § 129 sogar ausdrücklich geregelt. Eine Ausnahme des Verbots der reformatio in peius gilt allerdings bei der Widerklage (vgl. § 89), der abweichenden Antragstellung eines notwendigen Streitgenossen oder notwendigen Beigeladenen und bei Anschlussrechtsmitteln (vgl. § 127).[32]   17

Das BVerwG nahm einen Verstoß gegen § 88 unter dem Gesichtspunkt der reformatio in peius in folgendem Fall an: Die Kläger griffen einen Bescheid mit der Begründung an, dass rechtswidrig zu ihren Lasten die Zuschlagsfähigkeit bestimmter einzelner Leistungspositionen festgestellt worden sei. Nicht vom Klagebegehren umfasst waren andere Leistungspositionen, für welche die Zuschlagsrelevanz zugunsten der Kläger verneint wurde. Das Gericht entschied im Klageverfahren der Kläger auch über eine letzterer Leistungspositionen und nahm deren Zuschlagsfähigkeit zum Nachteil der Kläger an.[33]   18

Das Verbot der reformatio in peius gilt auch in Zusammenhang mit dem europäischen Recht. Nach dem EuGH verpflichtet das Gemeinschaftsrecht nationale Gerichte nicht dazu, von Amts wegen eine Vorschrift des Gemeinschaftsrechts anzuwenden, wenn es infolge einer derartigen Anwendung das im einschlägigen nationalen Recht verankerte Prinzip des Verbots der reformatio in peius durchbrechen müsste.[34] Denn es gilt der „Grundsatz der Verfahrensautonomie", wonach nationale Gerichte Gemeinschaftsrecht nach Maßgabe ihrer nationalen Vorschriften anwenden dürfen.[35]   19

III. Klagebegehren

1. Rechtsschutzziel. Maßgebend für den Umfang des Klagebegehrens, an welches das Gericht gebunden ist, ist das aus dem gesamten Parteivorbringen, insbes. der Klagebegründung, zu entnehmende wirkliche Rechtsschutzziel.[36] Das Klagebegehren ist damit nicht mit dem Streitgegenstand (§ 90) identisch, sondern stellt ausschließlich das vom Kläger verfolgte Klageziel dar. Demgegenüber wird der Streitgegenstand auch von den übrigen Beteiligten definiert.[37]   20

---

27 Vgl. BVerwG NVwZ-RR 1991, 334, 336.
28 Vgl. *K. Rennert*, in: Eyermann/Fröhler § 88 Rn. 6.
29 Vgl. *J. F. Lindner*, DVBl 2009, 224, 226; *W.-R. Schenke*, in: Kopp/Schenke § 88 Rn. 1.
30 Vgl. OVG Koblenz NVwZ-RR 2004, 723; *D. Kugele* § 88 Rn. 3; *J. F. Lindner*, DVBl 2009, 224.
31 Vgl. hierzu: *P. Kothe*, in: Redeker/von Oertzen § 88 Rn. 5.
32 *W.-R. Schenke*, in: Kopp/Schenke § 88 Rn. 7; vgl. hierzu: *P. Kothe*, in: Redeker/von Oertzen § 88 Rn. 4; *J. F. Lindner*, DVBl 2009, 224, 226.
33 Vgl. BVerwG 22.5.2014 – 3 C 8/13, BeckRS 2014, 55364, Rn. 17 f.
34 Vgl. EuGH NVwZ 2009, 168 (LS); i.d.S. auch: *N. Reich*, EuZW 2008, 325, 326.
35 Vgl. *N. Reich*, EuZW 2008, 325, 326.
36 BVerfG NVwZ 2016, 238, 241; BVerwG NVwZ 2012, 375 m.w.N.; BVerwG 25.6.2009 – 9 B 20.09, BeckRS 2009, 35598, Rn. 2; st.Rspr.; vgl. OVG Bln 12.5.2003 – 3 S 22.02, juris Rn. 5.
37 Vgl. *P. Kothe*, in: Redeker/von Oertzen § 88 Rn. 1; *K.-M. Ortloff/K.-U. Riese*, in: Schoch/Schneider/Bier § 88 Rn. 9.

21 **2. Ermittlung des Klagebegehrens.** Die Norm erlegt dem Gericht die Pflicht auf, das klägerische Begehren erschöpfend[38] zu ermitteln. Dies gilt umso mehr bei anwaltlich nicht vertretenen Klägern sowie solchen Klägern, die erkennbar – trotz anwaltlicher Vertretung – einer gesteigerten richterlichen Fürsorge bedürfen. Bleibt das klägerische Begehren dennoch unklar, so ist die Klage unter den Voraussetzungen des § 82 Abs. 2 unzulässig.

22 In den eilbedürftigen Verfahren des vorläufigen Rechtsschutzes muss das Gericht ein unklares klägerisches Begehren jedoch nicht (zeit-)aufwendig aufklären; vielmehr kann ein solches zur Ablehnung des Antrags führen.[39]

23 **a) Quellen für die Ermittlung des Klagebegehrens.** Neben dem Klageantrag (→ Rn. 33 ff.) hat das Gericht vor allem die Klagebegründung zur Auslegung des klägerischen Begehrens heranzuziehen.[40] Grundlage der Ermittlung des klägerischen Begehrens unter diesem Gesichtspunkt ist die Klageschrift, welche dieses nach § 82 Abs. 1 S. 1 zu bezeichnen hat. Auch die dortigen Überschriften können für die Ermittlung des Klagebegehrens relevant sein.[41] Das Klagebegehren muss nicht bereits vollständig in der Klageschrift mitgeteilt werden, sondern kann auch noch durch nachfolgende Äußerungen, weitere Schriftsätze oder sonstige Umstände bis zum Abschluss der mündlichen Verhandlung, in der die Beteiligten nach § 103 Abs. 3 Gelegenheit erhalten, ihre Anträge zu begründen, bzw. im schriftlichen Verfahren bis zur Entscheidung des Gerichts präzisiert werden.[42]

24 Zur Ermittlung des Klagebegehrens kann das Gericht auch die Schriftsätze oder Erklärungen der übrigen Beteiligten, von ihnen vorgelegte Beweismittel wie Urkunden, die beigezogenen Verwaltungsvorgänge einschließlich des angegriffenen bzw. versagenden Bescheides oder weitere Gerichtsakten parallelgeführter Verfahren heranziehen.[43] Darüber hinaus kann das Gericht das Klagebegehren i.R. der mündlichen Verhandlung im Erörterungstermin sowie zuvor schriftlich oder telefonisch durch Erklärungen und Befragung des Klägers ggf. auch der übrigen Beteiligten ermitteln.[44] Auch die nach § 82 Abs. 1 S. 1 zwingende Angabe der Verfahrensbeteiligten lässt insofern Rückschlüsse auf das Klagebegehren zu, als aus ihr die streitgegenständliche Rechtsbeziehung ermitteln lässt.[45]

25 **b) Auslegung.** Maßgeblich für die Ermittlung des Klagebegehrens ist der geäußerte Parteiwille, wie er sich aus der prozessualen Erklärung und sonstigen Umständen ergibt;[46] dieser begründet zugleich die Grenze der richterlichen Auslegung (zur Abgrenzung der Auslegung von der Umdeutung → Rn. 26). Eine Auslegung des Klagebegehrens gegen oder im Widerspruch zum klägerischen Willen ist schlechthin unzulässig.[47] Entsprechend §§ 133, 157 BGB ist der wirkliche Wille zu erforschen, der sich aus dem gesamten Prozessstoff ergeben kann,[48] und nicht an dem buchstäblichen Sinn des Ausdrucks zu haften; der klägerische Vortrag ist so auszulegen, wie Treu und Glauben mit Rücksicht auf die Verkehrssitte es erfordern. Im Zweifel ist das klägerische Begehren zugunsten des Klägers so auszulegen, als habe er den in Betracht kommenden Rechtsbehelf eingelegt und seine Klage gegen den richtigen Beklagten gerichtet.[49] § 88 legitimiert das Gericht allerdings nicht, den Wesensgehalt der Auslegung zu überschreiten und dabei an die Stelle dessen, was eine Partei erklärtermaßen will, das zu setzen, was sie – nach Meinung des Gerichts – zur Verwirklichung ihres Bestrebens wollen sollte.[50]

---

38 Vgl. BVerfG NVwZ 1992, 259, 260.
39 Vgl. hierzu: *K.-M. Ortloff/K.-U. Riese*, in: Schoch/Schneider/Bier § 88 Rn. 2 a.
40 Vgl. BVerfG NVwZ 1992, 259, 260.
41 Vgl. OVG Bln 12.5.2003 – 3 S 22.02, juris Rn. 6.
42 Vgl. *C. Bamberger*, in: Wysk § 88 Rn. 7; *S. Brink*, in: Posser/Wolff § 88 Rn. 6.
43 Vgl. zum Vorstehenden insgesamt: *K.-M. Ortloff/K.-U. Riese*, in: Schoch/Schneider/Bier § 88 Rn. 4 f.; vgl. auch: *D. Kugele* § 88 Rn. 3; *K. Ziegler*, JuS 1999, 481, 482.
44 Vgl. *K.-M. Ortloff/K.-U. Riese*, in: Schoch/Schneider/Bier § 88 Rn. 6.
45 Vgl. *K. Ziegler*, JuS 1999, 481, 482.
46 BVerwG NVwZ 2012, 375 m.w.N.; vgl. BVerwG NVwZ-RR 2017, 187, 188.
47 Vgl. BVerfG 25.3.1980 – 2 BvL 10/79, BeckRS 1980, 03384, Rn. 41 m.w.N.; BVerwG NVwZ 2002, 855, 856.
48 Vgl. Beispiele hierfür unter: *K.-M. Ortloff/K.-U. Riese*, in: Schoch/Schneider/Bier § 88 Fn. 17.
49 Vgl. *S. Brink*, in: Posser/Wolff § 88 Rn. 12 f.; *W.-R. Schenke*, in: Kopp/Schenke § 88 Rn. 3 m.w.N.; vgl. auch: *W.-R. Schenke* Rn. 42 a, der hier eine Auslegung dahingehend fordert, dass Parteihandlungen eines Bürgers so auszulegen sind, dass sie diesem ein Maximum an Rechtsschutz bieten.
50 OVG Bln 12.5.2003 – 3 S 22.02, juris Rn. 5 m.w.N.; vgl. auch: *K. Rennert*, in: Eyermann/Fröhler § 88 Rn. 7 f.; *W.-R. Schenke*, in: Kopp/Schenke § 88 Rn. 3.

Bei der Auslegung eines nicht anwaltlich verfassten Schriftsatzes ist ein großzügigerer Maßstab anzu- 26
legen, als bei einem anwaltlich vertretenen Kläger.[51] Von Rechtsunkundigen, die ihren Verwaltungsrechtsstreit selbst führen, kann – insbes. nachdem vor dem Verwaltungsgericht gem. § 67 Abs. 1 kein
Anwaltszwang gilt – nicht erwartet werden, dass sie juristische Fachbegriffe beherrschen, insbes. zwischen Widerspruch und Klage zu unterscheiden vermögen, und die prozessuale Bedeutung und Tragweite von Willensbekundungen erkennen.[52] Entsprechend ist der gerichtliche Spielraum bei der Auslegung auch geringer, wenn der Kläger zwar nicht anwaltlich vertreten ist, aber aus anderem Grund erkennbar über verwaltungsrechtlichen Sachverstand verfügt.[53]

Neben dem geäußerten Parteiwillen ist auch die Interessenlage des Klägers bei der Auslegung zu be- 27
rücksichtigen, soweit sie sich aus dem Parteivortrag und sonstigen für das Gericht und den Beklagten
als Empfänger der Prozesserklärung erkennbaren Umständen ergibt.[54]

Bspw. ist das Rechtsschutzbegehren des im Verwaltungsverfahren erfolglos gebliebenen Asylsuchen- 28
den auf Abschiebungsschutz auch im Falle eines uneingeschränkt formulierten Antrags i.d.R. sachdienlich dahingehend auszulegen, dass Abschiebungsschutz nicht weltweit, sondern nur bezüglich des
Staates oder der Staaten begehrt wird, für welche die Behörde in dem streitgegenständlichen Bescheid
festgestellt hat, dass Abschiebungshindernisse nicht vorliegen, oder die in der Abschiebungsandrohung
ausdrücklich als Zielstaaten bezeichnet werden.[55]

Bei einer Klage, die auch die Befristung des gesetzlichen Einreise- und Aufenthaltsverbots nach § 11 29
AufenthG betrifft, ist im Wege der Auslegung zu ermitteln, ob die Klägerin eine Verkürzung der Befristungsentscheidung, welche im Wege der Verpflichtungsklage zu verfolgen ist, oder aber lediglich
eine Aufhebung der Befristungsentscheidung als Annex zu dem Begehren der Aufhebung der Ablehnung ihres Asylantrags als unzulässig, welche durch die Anfechtungsklage erreicht werden kann, begehrt.[56]

Die Grenzen der Auslegung sind z.B.[57] überschritten, wenn das Gericht einen weiteren, bisher noch 30
nicht benannten Beklagten in das Verfahren einbezieht.[58] Gleiches gilt, wenn das Gericht eigenmächtig einen weiteren Bescheid oder Verwaltungsakt einbezieht.[59]

Die von dem Kläger begehrte Neuberechnung des mit bestandskräftigem Beitragsbescheid festgesetz- 31
ten fiktiven Geschossflächenbeitrags bspw. kann nicht dahingehend ausgelegt werden, dass in dieser
das Verlangen nach Rücknahme des Beitragsbescheides enthalten sei.[60]

Allein aus dem Umstand, dass ein Schriftsatz nach Bekanntgabe einer Entscheidung bei Gericht ein- 32
geht, kann nicht geschlossen werden, dass der Rechtsschutzsuchende zwangsläufig auch Beschwerde
gegen die bereits ergangene Entscheidung einlegen will.[61]

c) **Klageantrag.** Zwar sollte das Gericht zur Ermittlung des Klagebegehrens zunächst den Klagean- 33
trag heranziehen. Jedoch ist das Gericht an die Fassung der Anträge – aller Beteiligten – nicht gebunden, sondern hat vielmehr das in dem Klageantrag und in dem gesamten Parteivorbringen zum Ausdruck kommende Rechtsschutzziel zu ermitteln.[62]

Anders als die Benennung des Klagebegehrens ist eine Antragstellung nicht zwingend notwendig, son- 34
dern in § 82 Abs. 1 S. 2 nur als Sollvorschrift normiert. In der mündlichen Verhandlung erhalten die
Beteiligten nach § 103 Abs. 3 das Wort, um ihre durch das Gericht zu protokollierenden[63] Anträge zu
stellen.

---

51 Vgl. HmbOVG NJW 1996, 1226.
52 Vgl. BVerwG NJW 1991, 508, 509 f.; vgl. auch: *K. Rennert*, in: Eyermann/Fröhler § 88 Rn. 3; *J. P. Seibert*, JuS 2017,
   122, 123.
53 Vgl. *Porz*, in: Fehling/Kastner/Störmer § 88 Rn. 6.
54 Vgl. BVerwG NVwZ-RR 2017, 187, 188; BVerwG NVwZ 2012, 375 m.w.N.
55 Vgl. BVerwG 4.12.2001 – 1 C 11/01, juris Rn. 10.
56 Vgl. VG Berlin 30.11.2017 – VG 23 K 463.17 A, juris Rn. 16.
57 Weitere Beispiele finden sich bei: *W.-R. Schenke*, in: Kopp/Schenke § 88 Rn. 3.
58 Vgl. BVerfG NVwZ 1992, 259, 260.
59 *K. Rennert*, in: Eyermann/Fröhler § 88 Rn. 7.
60 BVerwG 25.6.2009 – 9 B 20.09, BeckRS 2009, 35598, Rn. 3 f.
61 HmbOVG NJW 1996, 1226.
62 Vgl. BVerfG NVwZ 2016, 238, 241; BVerwG NVwZ-RR 2017, 187, 188 m.w.N.; BVerwG NVwZ 2002, 855, 856;
   BVerwG NJW 1981, 67, 68 m.w.N.; st.Rspr.
63 Vgl. § 105 VwGO i.V.m. § 160 Abs. 3 Nr. 2 ZPO.

35   Wiederum ist zugunsten anwaltlich nicht vertretener Beteiligter bei der Heranziehung des Klageantrags zur Ermittlung des klägerischen Begehrens ein großzügigerer Maßstab anzulegen als bei anwaltlich Vertretenen (→ Rn. 21, 26). Vor diesem Hintergrund genügt bspw. für die ordnungsgemäße schriftliche Stellung eines Anfechtungsantrags durch nicht anwaltlich vertretene Rechtsunkundige, dass aus ihrem an das Verwaltungsgericht gerichteten Schriftsatz im Wege der Auslegung hinreichend der Wille zu entnehmen ist, gerichtlichen Rechtsschutz gegen einen bezeichneten angegriffenen Verwaltungsakt in Anspruch zu nehmen.[64]

36   Ist aber ein Kläger bei der Fassung des Klageantrags anwaltlich vertreten, kommt der Antragsformulierung gesteigerte Bedeutung für die Ermittlung des tatsächlich Gewollten zu. Selbst dann darf die Auslegung jedoch vom Antragswortlaut abweichen, wenn die Klagebegründung, die beigefügten Bescheide oder sonstige Umstände eindeutig erkennen lassen, dass das wirkliche Klageziel der Antragsfassung nicht entspricht.[65]

37   **d) Umdeutung des Klageantrags.** Entspricht ein Antrag nicht dem mit diesem verfolgten Begehren, so obliegt es dem Gericht, diesen umzudeuten; dies gilt grds. auch bei anwaltlicher Vertretung. Anders als die Auslegung (→ Rn. 25 ff.), die darauf gerichtet ist, den tatsächlichen klägerischen Willen zu ermitteln, geht es bei der Umdeutung darum, dem hypothetischen Willen des Klägers nach dem Rechtsgedanken des § 140 BGB gerecht zu werden und seinen Antrag dementsprechend zugrunde zu legen; wobei die Grenzen zwischen Auslegung und Umdeutung fließend sind.[66] Soweit das Klageziel durch den Antrag und seine Begründung eindeutig bestimmt ist, ist eine Befugnis des Gerichts zur Umdeutung nicht gegeben.[67]

38   Eine Umdeutung ist zulässig, wenn ein entsprechender hypothetischer klägerischer Wille genügend deutlich erkennbar ist und keine schutzwürdigen Interessen des Beklagten entgegenstehen.[68] Bei Auseinanderfallen des vom Kläger formulierten Antrags und seines Begehrens kann aus § 88 sogar eine Verpflichtung des Gerichts zur Umdeutung eines Antrags auch hinsichtlich der Klageart[69] erwachsen. Es gilt der in Urteilen und in der juristischen Ausbildung viel zitierte Grundsatz: „Die statthafte Klageart richtet sich nach dem Klagebegehren, § 88 VwGO".[70]

39   Der gestellte Antrag ist so umzudeuten, dass er den zu erkennenden Interessen des rechtsschutzsuchenden Bürgers bestmöglich Rechnung trägt.[71] Nach dem BVerfG ist eine Leistungsklage in eine Anfechtungsklage umzudeuten, wenn der Kläger übersieht, dass es sich bei den angegriffenen behördlichen Entscheidungen um Verwaltungsakte handelt.[72] Das BVerwG hält entsprechend die Umdeutung einer mangels Verwaltungsaktqualität unzulässigen dem wörtlichen Klageantrag nach erhobenen Anfechtungsklage in eine andere Klageart für zulässig und sogar geboten; etwas anderes sei ggf. nur dann anzunehmen, wenn der Kläger trotz eines richterlichen Hinweises auf die Unzulässigkeit der gewählten Klageart ausdrücklich allein an dieser festhalte.[73]

40   Nicht mit § 88 vereinbar ist der Austausch von Haupt- und Hilfsantrag durch das Gericht; es darf also nicht über einen Hilfsantrag entscheiden, ohne eine Entscheidung über den Hauptantrag getroffen zu haben.[74] Eine Verletzung von § 88 hat das BVerwG in einem Fall angenommen, in dem der Kläger mit dem Hauptantrag im Wege der allgemeinen Feststellungsklage nach § 43 die Feststellung der Genehmigungsfreiheit eines von ihm durchgeführten Grünlandumbruchs und nur hilfsweise die Erteilung

---

64   Vgl. BVerwG NJW 1991, 508, 509 f.; vgl. auch: *K. Rennert*, in: Eyermann/Fröhler § 88 Rn. 3; *J. P. Seibert*, JuS 2017, 122, 123.
65   Vgl. zum Vorstehenden insgesamt: BVerwG NVwZ 2012, 375, 376; BVerwG 12.3.2012 – 9 B 7.12, BeckRS 2012, 48920; vgl. auch: BVerfG NVwZ 2008, 417, 418, das die Frage, inwieweit bei der Auslegung gestellter Anträge danach unterschieden werden kann und muss, ob der Antragsteller anwaltlich vertreten ist oder nicht, ausdrücklich offen gelassen hat.
66   *W.-R. Schenke*, Verwaltungsprozessrecht Rn. 42 a.
67   VGH Mannheim NJW 1982, 2450, 2460.
68   Vgl. *K. Ziegler*, JuS 1999, 481, 482.
69   Vgl. auch: BVerfG NVwZ 2016, 238, 241; *S. Haack*, in: Gärditz § 88 Rn. 6; *D. Kugele* § 88 Rn. 4 m.w.N.; *K. Rennert*, in: Eyermann/Fröhler § 88 Rn. 10 m.w.N.
70   Vgl. *J. P. Seibert*, JuS 2017, 122.
71   Vgl. BVerwG NVwZ-RR 2017, 187, 188.
72   BVerfG NVwZ 2016, 238, 241.
73   Vgl. BVerwG NJW 1981, 67, 68 f.; vgl. auch: *M. Dombert*, in: Finkelnburg/Dombert/Külpmann, Vorläufiger Rechtsschutz im Verwaltungsverfahren, § 20 Rn. 270.
74   Vgl. BVerwG NVwZ 1987, 216.

einer dahingehenden Verbotsbefreiung beantragt hat. Das Gericht ist dem von dem Kläger verfolgten Rechtsschutzziel nicht gerecht geworden, denn es hat das Klagebegehren einheitlich als Verpflichtungsklage nach § 42 Abs. 1 Var. 2 behandelt und den Verpflichtungsteil abgewiesen, jedoch dem seiner Ansicht nach in diesem enthaltenen Anfechtungsannex stattgegeben.[75]

Besondere Bedeutung kommt der Umdeutung im Falle des vorläufigen Rechtsschutzes zu, wenn das Antragsbegehren mit einer nicht-statthaften Antragsart verfolgt wird, wie z.B. dem Antrag auf Anordnung oder Wiederherstellung der aufschiebenden Wirkung gem. § 80 Abs. 5 anstelle des Antrags auf Erlass einer einstweiligen Anordnung nach § 123 Abs. 1 oder umgekehrt. Das Gebot effektiven Rechtsschutzes nach Art. 19 Abs. 4 GG sowie die gerichtliche Verpflichtung, auf sachdienliche Anträge hinzuwirken, nach § 86 Abs. 3 VwGO und die ausdrückliche Regelung in § 88 VwGO dahingehend, dass das Gericht an die Anträge nicht gebunden ist, haben nach h.M. zur Folge, dass das Gericht den Antrag auf vorläufigen Rechtsschutz in einem solchen Fall nicht einfach als unzulässig ablehnen darf, sondern entweder mit Hilfe eines rechtlichen Hinweises auf die Stellung eines sachdienlichen Antrags hinzuwirken oder – wenn Eile geboten ist – den Antrag von sich aus umzudeuten hat.[76] Im Zweifel sind Anträge im vorläufigen Rechtsschutz – jedenfalls sofern diese von anwaltlich nicht Vertretenen gestellt werden – ohne Rücksicht auf die gewählte Bezeichnung so zu interpretieren, wie es der in der Sache in Betracht kommenden Rechtsschutzmöglichkeit am besten entspricht.[77] 41

Etwas anderes gilt jedoch im Falle anwaltlich vertretener Antragsteller. Eine Minderansicht schließt eine Umdeutung im Verfahren des vorläufigen Rechtsschutzes zwar auch in diesen Fällen nur dann aus, wenn es ausdrücklich der Wille des Antragstellers ist, einen unzulässigen Eilantrag zu stellen.[78] Nach überzeugender Ansicht ist aber auch im Verfahren des vorläufigen Rechtsschutzes bei anwaltlicher Vertretung die Grenze der Umdeutung grds. erreicht, wenn das Gewollte deutlich zu Tage tritt – und nicht erst, wenn ausdrücklich ein unzulässiger Eilantrag gewollt ist. Ein ausdrücklich gestellter Antrag nach § 80 Abs. 5 darf bei anwaltlicher Vertretung nicht in einen Antrag nach § 123 Abs. 1 umgedeutet werden und umgekehrt.[79] So ist ein durch einen Rechtsanwalt gestellter Antrag auf Erlass einer einstweiligen Anordnung nach § 123 VwGO gegen eine Abschiebungsandrohung nach § 34 a AsylG unzulässig[80] und der Umdeutung nicht zugänglich, denn § 34 a Abs. 2 S. 1 AsylG sieht für einen solchen Fall ausdrücklich einen Antrag nach § 80 Abs. 5 VwGO vor. Allerdings kann das Gericht bei Zweifeln über das Gewollte eine Klarstellung durch den Anwalt anregen.[81] 42

Auch im Rechtsmittelverfahren ist die Möglichkeit der Umdeutung eines von einem Rechtsanwalt gestellten Antrags begrenzt. Legt ein anwaltlich vertretener Kläger der Bezeichnung nach trotz zutreffender Rechtsmittelbelehrung ein unzulässiges Rechtsmittel ein, scheidet eine Umdeutung nach h.M. aus.[82] Ein von einem Anwalt eindeutig eingelegter Rechtsbehelf kann jedenfalls dann nicht in einen anderen umgedeutet werden, wenn die Rechtsbehelfe unterschiedlichen Zwecken dienen; dies gilt z.B. hinsichtlich der Berufung und des Antrags auf Zulassung der Berufung[83] sowie bzgl. der Revision und der Beschwerde.[84] 43

---

75 Vgl. zum Vorstehenden insgesamt: BVerwG NVwZ-RR 2017, 187, 188; vgl. auch *C. Külpmann*, jurisPR-BVerwG 2/2017 Anm. 4.

76 Vgl. OVG Bln 12.5.2003 – 3 S 22.02, juris Rn. 7; vgl. auch: *M. Dombert*, in: Finkelnburg/Dombert/Külpmann, Vorläufiger Rechtsschutz im Verwaltungsverfahren, § 20 Rn. 270; *K.-M. Ortloff/K.-U. Riese*, in: Schoch/Schneider/Bier § 88 Rn. 16 m.w.N.; *W.-R. Schenke*, in: Kopp/Schenke § 80 Rn. 21, § 123 Rn. 4.

77 *W.-R. Schenke*, in: Kopp/Schenke § 80 Rn. 21; vgl. auch: *K. Ziegler*, JuS 1999, 481, 482.

78 Vgl. *K.-M. Ortloff/K.-U. Riese*, in: Schoch/Schneider/Bier § 88 Rn. 16.

79 Vgl. OVG Bln 12.5.2003 – 3 S 22.02, juris Rn. 7 m.w.N.; *D. Kugele* § 88 Rn. 4; a.A. wohl: *S. Brink*, in: Posser/Wolff § 88 Rn. 7.

80 Vgl. VG Berlin 11.2.2016 – VG 23 L 41.16 A, juris Rn. 4.

81 Vgl. hierzu: *M. Dombert*, in: Finkelnburg/Dombert/Külpmann, Vorläufiger Rechtsschutz im Verwaltungsverfahren, § 20 Rn. 271.

82 Vgl. BVerwG NVwZ 1999, 641, 642; BVerwG NVwZ 1998, 1297; BVerwG NJW 1985, 2658, 2660 m.w.N.; st.Rspr.; *K.-M. Ortloff/K.-U. Riese*, in: Schoch/Schneider/Bier § 88 Rn. 17.

83 Vgl. BVerwG NVwZ 1999, 641, 642; BVerwG NVwZ 1998, 1297; BVerwG 13.6.1994 – 9 B 37494, BeckRS 1994, 31253518.

84 Vgl. BVerwG NVwZ 1998, 1297.

IV. Folgen eines Verstoßes

44   Ein Verstoß gegen die Bindung des Gerichts an das Klagebegehren stellt einen Verfahrensfehler dar, der einen im Berufungsverfahren von Amts wegen zu beachtenden[85] Berufungsgrund (vgl. § 124 Abs. 2 Nr. 5) oder im Revisionsverfahren einen Revisionsgrund (vgl. § 132 Abs. 2 Nr. 3) zu begründen geeignet ist.[86]

45   Mit einem Verstoß gegen § 88 VwGO kann auch ein Verstoß gegen den Anspruch auf rechtliches Gehör bzw. auf effektiven Rechtsschutz nach Art. 19 Abs. 4 GG einhergehen,[87] der ggf. im Wege der Verfassungsbeschwerde geltend gemacht werden kann.[88]

46   Verletzt das Gericht § 88 und stellt einen Teil des klägerischen Begehrens nicht im Tatbestand dar, scheidet eine Urteilsergänzung nach § 120 Abs. 1 aus.[89] Etwas anderes gilt nur dann, wenn das Gericht das Klagebegehren zutreffend erkannt, im Tatbestand dargestellt und lediglich versehentlich hierüber nicht entschieden hat.[90]

47   Allerdings kann ein Verstoß gegen § 88 ggf. in der Folgeinstanz geheilt werden, indem sich der Kläger den gerichtlichen Ausführungen anschließt. Dies nahm das BVerwG z.B. in einem Fall an, in dem das erstinstanzliche Urteil insoweit gegen § 88 verstieß, als es die Beklagte zur Zahlung von Zinsen verurteilte, welche die Klägerin nicht beantragt hatte. Dieser Verstoß wurde aber auch ohne eigene (Anschluss-)Berufung der Klägerin dadurch geheilt, dass sie im Berufungsverfahren die Zurückweisung der Berufung der Beklagten gegen das Urteil des Verwaltungsgerichts beantragt, sich damit dessen Urteilsausspruch zu eigen gemacht und ihr Klagebegehren entsprechend erweitert hat.[91]

§ 89 [Widerklage]

(1) ¹Bei dem Gericht der Klage kann eine Widerklage erhoben werden, wenn der Gegenanspruch mit dem in der Klage geltend gemachten Anspruch oder mit den gegen ihn vorgebrachten Verteidigungsmitteln zusammenhängt. ²Dies gilt nicht, wenn in den Fällen des § 52 Nr. 1 für die Klage wegen des Gegenanspruchs ein anderes Gericht zuständig ist.

(2) Bei Anfechtungs- und Verpflichtungsklagen ist die Widerklage ausgeschlossen.

Ähnliche Vorschriften:
§ 33 ZPO, § 100 SGG.

I. Entstehungsgeschichte

1   § 89 besteht seit Inkrafttreten der VwGO am 1.4.1960 (BGBl 1960 I 17) ohne Veränderung. Die Bundesregierung hat die noch heute bestehende Fassung der Vorschrift i.R. eines Entwurfs einer VwGO (als § 90) in den Deutschen Bundestag eingebracht.[1] Die Vorschrift ist im Rechtsausschuss nicht geändert worden.[2] Nach der knappen Gesetzesbegründung entspricht der heutige § 89 dem § 33 Abs. 1 ZPO. Damit sei auch die Streitfrage, ob der rechtliche Zusammenhang zwischen Klage und Widerklage Zulässigkeitsvoraussetzung der Widerklage oder nur Voraussetzung des besonderen Gerichtsstandes ist, durch die Stellung der Vorschrift im Neunten Abschnitt der VwGO zugunsten der ersten Auffassung entschieden. In der Gesetzesbegründung ist zudem ausgeführt, die Widerklage sei der Anfechtungs- und der Verpflichtungsklage nicht wesensgemäß, weil diese ein Subordinationsverhältnis voraussetze.[3]

---

85 Vgl. BVerwG NVwZ-RR 2017, 187, 188; *K.-M. Ortloff/K.-U. Riese*, in: Schoch/Schneider/Bier § 88 Rn. 13.
86 Vgl. Beispielfälle bei *D. Kugele* § 88 Rn. 6.
87 Vgl. *S. Brink*, in: Posser/Wolff § 88 Rn. 20.
88 Vgl. BVerfG NVwZ 2016, 238, 240 f.
89 *K.-M. Ortloff/K.-U. Riese*, in: Schoch/Schneider/Bier § 88 Rn. 13 m.w.N.
90 Vgl. *K. Rennert*, DVBl 2001, 161, 163.
91 BVerwG NVwZ 2017, 1142; das BVerwG ließ dahinstehen, ob dies auch im Fall einer echten Klageänderung in Form einer nachträglichen Klagehäufung gelten würde.
1   BT-Drs. III/55, 13.
2   BT-Drs. III/1094, 9, 46.
3   BT-Drs. III/55, 41.

II. Allgemeines

Die Widerklage ermöglicht dem Beklagten gegen den Kläger einen Anspruch im selben Verfahren geltend zu machen, ohne dass dafür die örtliche Zuständigkeit des Gerichts gegeben sein muss (zur Ausnahme → Rn. 12). Weitere Rechtsstreitigkeiten zwischen den Beteiligten sollen dadurch vermieden und die Gerichte insoweit entlastet werden. Die praktische Bedeutung der Widerklage im verwaltungsgerichtlichen Verfahren ist gering. Dies dürfte auch auf den Ausschluss der Widerklage bei Anfechtungs- und Verpflichtungsklagen (§ 89 Abs. 2) und damit der überwiegenden Zahl der bei den Verwaltungsgerichten anhängigen Klagen zurückzuführen sein. § 89 ist im Übrigen nur für Klageverfahren anwendbar, nicht jedoch für Eilrechtsschutzverfahren[4] und Normenkontrollverfahren[5] nach § 47.

III. Voraussetzungen

1. Rechtshängige Klage. Eine Widerklage kann erhoben werden, solange die Klage noch rechtshängig ist. Eine während der Rechtshängigkeit der Klage erhobene Widerklage bleibt auch nach Wegfall von deren Rechtshängigkeit zulässig. Eine Widerklage kann noch zwischen **dem Schluss der mündlichen Verhandlung** und der Urteilsverkündung erhoben werden.[6] Haben die Beteiligten den Rechtsstreit bereits vollständig für erledigt erklärt bzw. ist die **Erledigungserklärung** des Beklagten zu fingieren (§ 162 Abs. 2 S. 2) oder hat der Kläger **die Klage zurückgenommen** bzw. gilt die Klage als zurückgenommen (§ 92 Abs. 2) oder haben die Beteiligten einen **gerichtlichen Vergleich** geschlossen (§ 106), ist die Rechtshängigkeit entfallen.[7] Auf den Zeitpunkt der das gerichtliche Verfahren abschließenden Kostenbeschlüsse (§§ 161 Abs. 2 S. 1, 92 Abs. 3) kommt es nicht an.[8]

Die Widerklage kann auch im **Berufungsverfahren** erhoben werden (§§ 125 Abs. 1, 89), **nicht** jedoch **im Berufungszulassungsverfahren,** weil es sich hierbei um ein Zwischenverfahren handelt. Umstr. ist, ob bei der Erhebung der Widerklage erst in der Berufungsinstanz die Zustimmung des Widerbeklagten oder eine Sachdienlichkeit erforderlich ist. Dies wird zwar vereinzelt verneint,[9] aber überwiegend und zutreffend unter Verweis auf § 533 Nr. 1 ZPO (i.V.m. § 173 S. 1 VwGO) bejaht,[10] der die Zulässigkeit der Widerklage im Berufungsverfahren von der Zustimmung des Gegners bzw. der Sachdienlichkeit abhängig macht. Z.T. werden die Zustimmung des Widerbeklagten oder eine Sachdienlichkeit unter Verweis auf die Voraussetzungen für eine Klageänderung (§ 91) gefordert.[11] Bei der Entscheidung über die Sachdienlichkeit ist zu berücksichtigen, dass der Widerbeklagte eine Instanz verliert.[12] Liegen die geforderten Voraussetzungen nicht vor, soll die Widerklage nicht an das zuständige Eingangsgericht verwiesen, sondern als unzulässig abgewiesen werden.[13]

2

3

4

---

4 VGH Kassel DVBl 1992, 780; *S. Haack,* in: Gärditz § 89 Rn. 2; *K. Rennert,* in: Eyermann § 89 Rn. 3; **a.A.** *Kopp/Schenke* § 89 Rn. 1 und 6 (die § 89 – ohne nähere Begründung – analog im Eilrechtsschutzverfahren anwenden wollen); *C. Bamberger,* in: Wysk § 89 Rn. 1; *P. Kothe,* in: Redeker/v. Oertzen § 89 Rn. 12 („theoretisch denkbar").

5 *Kopp/Schenke* § 89 Rn. 2; *P. Kothe,* in: Redeker/v. Oertzen § 89 Rn. 12; *K. Rennert,* in: Eyermann § 89 Rn. 3.

6 *P. Kothe,* in: Redeker/v. Oertzen § 89 Rn. 8; mit ausf. Begründung: *K.-M. Ortloff/K.-U. Riese,* in: Schoch/Schneider/Bier § 89 Rn. 8; *K. Rennert,* in: Eyermann § 89 Rn. 6; *H. A. Wolff,* in: Posser/Wolff § 89 Rn. 4; **a.A.** d.h. auf den Zeitpunkt der mündlichen Verhandlung in Anlehnung an §§ 256 Abs. 2, 261 Abs. 2 ZPO abstellend: *C. Bamberger,* in: Wysk § 89 Rn. 3; *S. Haack,* in: Gärditz § 89 Rn. 6 (der anscheinend die Wiedereröffnung der mündlichen Verhandlung für die Erhebung der Widerklage für zulässig hält); *Kopp/Schenke* § 89 Rn. 4; *W. Porz,* in: HK-VwGO § 89 Rn. 4.

7 Vgl. für übereinstimmende Erledigungserklärungen BVerwG 12.12.2017 – 8 B 16.17.

8 *Kopp/Schenke* § 89 Rn. 4; *H. A. Wolff,* in: Posser/Wolff § 89 Rn. 4; **a.A.** *P. Kothe,* in: Redeker/v. Oertzen § 89 Rn. 8.

9 *C. Bamberger,* in: Wysk § 89 Rn. 11, der meint, eine über § 173 S. 1 VwGO entsprechende Anwendung von § 533 ZPO sei wegen einer ausdrücklichen Anordnung in § 125 Abs. 1 S. 1 VwGO ausgeschlossen.

10 OVG Bautzen 2.3.2016 – 5 A 10/14; *Kopp/Schenke* § 89 Rn. 7; *K. Rennert,* in: Eyermann § 89 Rn. 10; *P. Kothe,* in: Redeker/v. Oertzen § 89 Rn. 11; *K.-M. Ortloff/K.-U. Riese,* in: Schoch/Schneider/Bier § 89 Rn. 17; *H. A. Wolff,* in: Posser/Wolff § 89 Rn. 6; *W. Porz,* in: HK-VwGO § 89 Rn. 5.

11 *P. Kothe,* in: Redeker/v. Oertzen § 89 Rn. 11; *Kugele* § 89 Rn. 3 (§ 91 analog anwendend und anscheinend ausschließlich Sachdienlichkeit fordernd).

12 *K. Rennert,* in: Eyermann § 89 Rn. 10.

13 *S. Haack,* in: Gärditz § 89 Rn. 4; *K. Rennert,* in: Eyermann § 89 Rn. 14.

5 Die Erhebung der Widerklage im **Revisionsverfahren** ist unzulässig.[14] Das BVerwG schlussfolgert dies aus dem Grundgedanken des § 142. Diese Vorschrift lässt Klageänderungen im Revisionsverfahren nicht zu. Dahinter steht der Gedanke, dass entsprechend der auf eine Rechtskontrolle beschränkten Funktion des Revisionsgerichts kein neuer Streitstoff eingeführt werden soll und keine weiteren Beteiligten hinzutreten können, weil anderenfalls eine dem Revisionsgericht verschlossene neue Tatsachenprüfung erforderlich wäre.[15] Von der grundsätzlichen Unzulässigkeit der Widerklage im Revisionsverfahren hat das BVerwG eine **Ausnahme** zugelassen, wenn folgende Voraussetzungen erfüllt sind: Der Widerbeklagte stimmt der Erhebung zu, es treten keine weiteren Beteiligten hinzu und durch die Widerklage wird kein neuer Streitstoff eingeführt, sondern nur ein von Beginn des Rechtsstreits an unter den Beteiligten erörterter Anspruch aufgegriffen, über den diese schon in den Vorinstanzen gestritten haben und der deshalb keiner nachzuholenden tatsächlichen Begründung bedarf.[16] Diese Auffassung wird zurecht als dogmatisch bedenklich hinterfragt.[17]

6 Von der Erhebung der Widerklage im Revisionsverfahren ist die Erhebung der Widerklage vor dem **BVerwG** zu unterscheiden, wenn dieses **in erster und letzter Instanz zuständig ist**. In diesem Fall ist die Widerklage – unter den allgemeinen Voraussetzungen – zulässig.[18]

7 **2. Sachzusammenhang zwischen Klage und Widerklage.** Der Begriff des Zusammenhangs zwischen Anspruch und Gegenanspruch bzw. zwischen Anspruch und gegen diesen vorgebrachten Verteidigungsmitteln ist umstr. und daher auslegungsbedürftig. Einigkeit besteht darüber, dass bei bloßer Verneinung des Klageanspruchs der erforderliche Zusammenhang fehlt und, dass allein die Verbindung von Kläger und Beklagtem durch die Klage nicht ausreicht. Die Widerklage muss einen selbständigen Gegenstand aufweisen. Umstr. ist, ob der Zusammenhang rechtlicher Art sein muss[19] (Anspruch und Gegenanspruch resultieren aus ein und demselben Rechtsverhältnis, z.B. einem öffentlich-rechtlichen Vertrag) oder ob ein tatsächlicher Zusammenhang genügt.[20] Vorzugswürdig ist die erstgenannte Auffassung. Nicht jeder tatsächliche Zusammenhang rechtfertigt eine Durchbrechung der örtlichen Zuständigkeitsvorschriften. Ein solcher dürfte sich bei einem Kläger und einem Beklagten, die sich bereits in einem Rechtsstreit befinden, leicht konstruieren lassen. Dies liefe dem Ausnahmecharakter von § 89 zuwider.

8 Fehlt der Sachzusammenhang ist die Klage abzutrennen (§ 93 S. 2) und bei Unzuständigkeit des angegangenen Gerichts an das zuständige Gericht zu verweisen.[21] Die Widerklage mit einem rechtswegfremden Anspruch ist unzulässig.[22]

9 **3. Weitere Voraussetzungen für die Erhebung der Widerklage.** Die Widerklage ist wie eine Klage zu erheben (§ 81). Die Klageerhebung in der mündlichen Verhandlung zu Protokoll ist zulässig (§ 173 S. 1 VwGO, § 261 Abs. 2 ZPO).[23] Die für Klagen geltenden **Sachentscheidungsvoraussetzungen** müssen grds. vorliegen.[24] Eine Ausnahme gilt lediglich hinsichtlich der örtlichen Zuständigkeit des Gerichts. Diese muss grds. nicht vorliegen (Ausnahme: Abs. 1 S. 2, → Rn. 12).

14 *S. Haack*, in: Gärditz § 89 Rn. 3; *W. Porz*, in: HK-VwGO § 89 Rn. 5; *K. Rennert*, in: Eyermann § 89 Rn. 11; **weniger streng**: *C. Bamberger*, in: Wysk § 89 Rn. 10; *Kugele* § 89 Rn. 3; *P. Kothe*, in: Redeker/v. Oertzen § 89 Rn. 11; *H. A. Wolff*, in: Posser/Wolff § 89 Rn. 6.
15 BVerwGE 44, 351.
16 BVerwGE 44, 351; BVerwG NVwZ 2006, 703.
17 *K. Rennert*, in: Eyermann § 89 Rn. 11.
18 BVerwGE 116, 175 zur Widerklage in einem **Bund-Länder-Streit** (§ 50 Abs. 1 Nr. 1).
19 *S. Haack*, in: Gärditz § 89 Rn. 9.
20 *Kopp/Schenke* § 89 Rn. 5; einen wirtschaftlichen oder rechtlichen Zusammenhang fordern *K.-M. Ortloff/K.-U. Riese*, in: Schoch/Schneider/Bier § 89 Rn. 5; *K. Rennert*, in: Eyermann § 89 Rn. 8 und *P. Kothe*, in: Redeker/v. Oertzen § 89 Rn. 4 begründen ihre weitere Auslegung des Zusammenhangs damit, dass dem Kläger nach § 44 die Verbindung von zusammengehörenden tatsächlichen Ansprüchen in einer Klage gestattet sei und die Chancengleichheit gebiete, dem Widerkläger diese Möglichkeit durch Zulässigkeit der Erhebung einer Widerklage einzuräumen. Dies überzeugt nicht. Eine Ausnahme von den örtlichen Zuständigkeitsvorschriften lässt sich mit § 44 nicht begründen. Diese Vorschrift setzt die örtliche Zuständigkeit des Gerichts für die verschiedenen in einer Klage zusammengefassten Ansprüche voraus; ohne Begründung lediglich einen tatsächlichen Zusammenhang fordert *C. Bamberger*, in: Wysk § 89 Rn. 7 und wohl auch *H. A. Wolff*, in: Posser/Wolff § 89 Rn. 10.
21 *S. Haack*, in: Gärditz § 89 Rn. 10; *K. Rennert*, in: Eyermann § 89 Rn. 14.
22 *K. Rennert*, in: Eyermann § 89 Rn. 13.
23 *C. Bamberger*, in: Wysk § 89 Rn. 9; *S. Haack*, in: Gärditz § 89 Rn. 7; *Kopp/Schenke* § 89 Rn. 8; *P. Kothe*, in: Redeker/v. Oertzen § 89 Rn. 13; *W. Porz*, in: HK-VwGO § 89 Rn. 7; *H. A. Wolff*, in: Posser/Wolff § 89 Rn. 8.
24 Statt vieler: *Kopp/Schenke* § 89 Rn. 3 a.E.

Die Widerklage ist **keine Klageänderung**.[25] Die in § 91 aufgeführten Voraussetzungen müssen nicht 10 vorliegen[26] (zu den Besonderheiten bei der Erhebung der Widerklage im Berufungsverfahren → Rn. 4).

4. Widerkläger und Widerbeklagter. Die Widerklage kann nur durch den Beklagten erhoben werden. 11 Dies kann auch der Beklagte einer Widerklage sein (sog. Widerwiderklage).[27] Die Widerklage ist gegen den Kläger (zumindest einen von mehreren Klägern) zu erheben. Eine **Widerklagebefugnis des (notwendig) Beigeladenen** ist abzulehnen.[28] § 89 ist als Ausnahmevorschrift eng auszulegen. Zudem ist ein Bedürfnis für die Erstreckung der Widerklagemöglichkeit auf (notwendig) Beigeladene nicht ersichtlich. Einem Bedürfnis nach gemeinsamer Verhandlung und Entscheidung kann bei bestehender örtlicher Zuständigkeit des Gerichts der Klage und bei Vorliegen der Voraussetzungen des § 93 S. 1 durch eine Verbindung Rechnung getragen werden. Ebenso abzulehnen ist die **Widerklage gegen einen (notwendig) Beigeladenen**. § 89 ist auch insoweit als Ausnahmevorschrift eng auszulegen.[29] Unzulässig ist schließlich die **Drittwiderklage** (Widerklage gegen einen Dritten).[30] Aus dem Wortlaut oder der Gesetzesbegründung ergibt sich die Zulässigkeit nicht. Ein Bedürfnis dafür, Dritte unter Durchbrechung der Vorschriften über die örtliche Zuständigkeit des Gerichts in ein Verfahren einzubeziehen, ist nicht ersichtlich.

5. Ausschluss der Widerklage bei abweichendem dinglichen Gerichtsstand (Abs. 1 S. 2). Die Durch- 12 brechung der Vorschriften über die örtliche Zuständigkeit des Gerichts bei Widerklagen erfährt in Abs. 1 S. 2 eine Einschränkung. Ist für die Widerklage der besondere Gerichtsstand der Belegenheit der Sache nach § 52 Nr. 1 einschlägig und danach ein anderes Gericht zuständig, kann die Widerklage nicht bei dem Gericht der Klage erhoben werden. Eine dennoch erhobene Widerklage ist abzutrennen und an das örtlich zuständige Gericht zu verweisen.[31]

6. Widerklage bei Anfechtungs- und Verpflichtungsklagen (Abs. 2). Abs. 2 schließt eine Widerklage 13 aus, wenn die Klage eine Anfechtungs- oder Verpflichtungsklage ist. Dagegen darf die Widerklage eine Anfechtungs- oder Verpflichtungsklage sein.[32] Zur Begründung dieses Ausschlusses hat der Gesetzgeber lediglich angegeben, die Widerklage sei der Anfechtungs- und der Verpflichtungsklage nicht wesensgemäß, weil diese ein Subordinationsverhältnis voraussetzten.[33] Trotz des eindeutigen Wortlauts und entsprechender Gesetzesbegründung (→ Rn. 1) legt die Rspr. die Regelung einschränkend aus und lässt **Ausnahmen vom Ausschluss der Widerklage** bei Anfechtungs- und Verpflichtungsklagen zu. Sie begründet dies mit dem Zweck von § 89 Abs. 2. Dieser sei darauf gerichtet, das gerichtliche Verfahren über einen Verwaltungsakt auf die Frage der Rechtmäßigkeit des hoheitlichen Handelns zu konzentrieren und damit dem Rechtsschutz des Bürgers zu dienen. Dieser Zweck werde dann nicht verfehlt, wenn ein Subordinationsverhältnis, aus dem heraus die Behörde den umstrittenen Verwaltungsakt erlassen hat, in Wirklichkeit nicht bestehe und die Widerklage der Behörde denselben Streitstoff betreffe

---

25 Vgl. BVerwGE 44, 351.
26 *C. Bamberger*, in: Wysk § 89 Rn. 11; *S. Haack*, in: Gärditz § 89 Rn. 11; *Kugele* § 89 Rn. 5; *K. Rennert*, in: Eyermann § 89 Rn. 2; *H. A. Wolff*, in: Posser/Wolff § 89 Rn. 3; **a.A.** *Kopp/Schenke* § 89 Rn. 1 a; VG Augsburg 1.10.2002 – Au 9 K 02.537.
27 *Kopp/Schenke* § 89 Rn. 1 a; *K. Rennert*, in: Eyermann § 89 Rn. 5, **a.A.** *S. Haack*, in: Gärditz § 89 Rn. 12 der darin eine Klageänderung sieht, für die die Voraussetzungen von § 91 oder § 44 erfüllt sein müssten.
28 VGH Kassel DVBl 1992, 780; *C. Bamberger*, in: Wysk § 89 Rn. 4; *S. Haack*, in: Gärditz § 89 Rn. 7; *Kopp/Schenke* § 89 Rn. 1; *P. Kothe*, in: Redeker/v. Oertzen § 89 Rn. 5; *H. A. Wolff*, in: Posser/Wolff § 89 Rn. 9; **a.A.** die Voraufl. Rn. 4 sowie *K. Rennert*, in: Eyermann § 89 Rn. 4 und *K.-M. Ortloff/K.-U. Riese*, in: Schoch/Schneider/Bier § 89 Rn. 9.
29 *S. Haack*, in: Gärditz § 89 Rn. 7; **a.A.** *P. Kothe*, in: Redeker/v. Oertzen § 89 Rn. 6; *K.-M. Ortloff/K.-U. Riese*, in: Schoch/Schneider/Bier § 89 Rn. 9; *K. Rennert*, in: Eyermann, § 89 Rn. 5 für den Fall, dass der Dritte nur zusammen mit dem Kläger passiv legitimiert oder Zessionar oder Zedent der Klageforderung sei und nur soweit das Gericht unabhängig von § 89 zuständig sei; *H. A. Wolff*, in: Posser/Wolff § 89 Rn. 9; offen: *C. Bamberger*, in: Wysk § 89 Rn. 5.
30 *S. Haack*, in: Gärditz § 89 Rn. 7; **a.A.** *P. Kothe*, in: Redeker/v. Oertzen § 89 Rn. 6 jedoch weitere Voraussetzungen aufstellend; *Kopp/Schenke* § 89 Rn. 1: wenn zugleich auch gegen den Kläger; offen: *C. Bamberger*, in: Wysk § 89 Rn. 5.
31 *K.-M. Ortloff/K.-U. Riese*, in: Schoch/Schneider/Bier § 89 Rn. 11.
32 VG Berlin 6.7.2017 – 36 K 22.16.
33 BT-Drs. III/55, 41.

wie die Klage.[34] In der Rspr. anerkannt[35] sind Fälle, in denen einer Körperschaft die Befugnis fehlt, ein Rechtsverhältnis durch Verwaltungsakt zu regeln (fehlerhafter Zweckverband,[36] Sondervereinbarungen zwischen den Beteiligten zu Gebühren).[37]

14   Das **Widerklageverbot** wird entgegen des Wortlauts nicht nur einschränkend, sondern auch **erweiternd ausgelegt**. Es wird auf Fälle erstreckt, in denen die Klage zwar keine Anfechtungs- oder Verpflichtungsklage, sondern eine Leistungsklage ist, die widerklagende Behörde ihr Begehren aber mit einem Verwaltungsakt durchsetzen könnte.[38] Zudem soll es auch für die **Fortsetzungsfeststellungsklage** gelten.[39] Angesichts der dem Wortlaut der Vorschrift widersprechenden Auslegungen, die nicht überzeugend auf die Gesetzesbegründung zu § 89 Abs. 2 gestützt werden können, ist eine gesetzgeberische Klarstellung wünschenswert.

IV. Folgen der Widerklageerhebung

15   Eine Widerklage bleibt **anhängig auch nach Wegfall der Klage**. Klage und Widerklage bilden ein Verfahren. Sie werden gemeinsam verhandelt und entschieden. Eine Trennung nach § 93 S. 2 ist grds. möglich. Die örtliche Zuständigkeit des Gerichts bleibt für die Widerklage auch nach der Trennung bestehen.[40] Es ist ein gemeinsamer **Streitwert** festzusetzen (§ 45 Abs. 1 GKG). Das Gericht sollte aber deutlich machen, welcher Anteil am Streitwert auf die Klage und welcher auf die Widerklage entfällt.[41]

V. Formen der Widerklage

16   Die Erhebung der Widerklage für den Fall, dass der Klage stattgegeben wird (**Hilfswiderklage, Eventualwiderklage**), ist zulässig.[42] Auch die **Feststellungswiderklage** ist grds. zulässig.[43] Sie darf jedoch nicht lediglich darauf gerichtet sein, festzustellen, dass der Klageanspruch nicht besteht.[44] Zulässig ist bspw. gegen eine Teilklage eine Feststellungsklage, die darauf gerichtet ist, festzustellen, dass der Kläger auch auf den nicht eingeklagten Teil der Forderung keinen Anspruch hat.[45] Unzulässig ist dagegen die **Drittwiderklage** (→ Rn. 11).

§ 90 [Rechtshängigkeit]

[1]Durch Erhebung der Klage wird die Streitsache rechtshängig. [2]In Verfahren nach dem Siebzehnten Titel des Gerichtsverfassungsgesetzes wegen eines überlangen Gerichtsverfahrens wird die Streitsache erst mit Zustellung der Klage rechtshängig.

Schrifttum

1. Monographien und Beiträge in Sammelwerken: *M. Marx/W. Roderfeld,* Rechtsschutz bei überlangen Gerichts- und Ermittlungsverfahren, 2013.

2. Beiträge in Zeitschriften: *P. Gottwald,* Negative Feststellungsklage und prozessuale Gerechtigkeit, MDR 2016, 936; *O. R. Kissel,* Neues zur Gerichtsverfassung, NJW 1991, 945; *F. Koehl,* Die Klageerhebung und -zustellung im Verwaltungsprozess, NVwZ 2017, 1089; *W. Kogel,* Der familienrechtliche Antrag beim Verwaltungsgericht – Königsweg oder Irrweg, FamRB 2009,

---

34   BVerwG NVwZ 2006, 703 zu einem Fall, in dem die Anfechtungsklage gegen einen Leistungsbescheid damit begründet wurde, dass zwischen den Beteiligten kein Subordinationsverhältnis bestehe und die Beklagte daher zur Geltendmachung ihrer Forderung im Wege des Leistungsbescheides nicht berechtigt gewesen sei und die Beklagte infolgedessen im Wege der Widerklage (Leistungsklage) ihre Forderung geltend macht.
35   Weitere Ausnahmen fordern *Kopp/Schenke* § 89 Rn. 2 (dort Fn. 6 m.w.N.).
36   VG Meiningen 24.2.2011 – 8 K 270/09 ME.
37   VG Augsburg 24.9.2003 – Au 5 K 01.1464.
38   VG Regensburg 23.10.2006 – RO 12 K 05.1913.
39   *S. Haack,* in: Gärditz § 89 Rn. 15.
40   *S. Haack,* in: Gärditz § 89 Rn. 16; *K. Rennert,* in: Eyermann § 89 Rn. 13.
41   Bsp.: VG Karlsruhe 26.11.2015 – 2 K 4241/14.
42   BVerwGE 44, 351; BVerwG NVwZ 2006, 703; VG Schleswig 17.6.2003 – 14 A 140.01; VG Augsburg 24.9.2003 – Au 5 K 01.1464; *Kopp/Schenke* § 89 Rn. 1 a; *K. Rennert,* in: Eyermann § 89 Rn. 12.
43   Beispiele bei *Kopp/Schenke* § 89 Rn. 1 a.
44   *K. Rennert,* in: Eyermann § 89 Rn. 7; Bsp. für eine Hilfsfeststellungsklage: VG Augsburg 17.7.2007 – Au 1 K 04.1033.
45   *K. Rennert,* in: Eyermann § 89 Rn. 7.

164; *C. Kremer*, Die streitige Erledigung der Hauptsache im Verwaltungsprozess, NVwZ 2003, 797; *R. Krüger*, Verwaltungsgerichtliche Klage unzulässig oder gar nicht rechtshängig?, VBlBW 1998, 52; *W. Leber*, Rechtsbehelfsbelehrung, Streitgegenstand und Klagebegehren, NVwZ 1996, 668; *I. Schübel-Pfister*, Aktuelles Verwaltungsprozessrecht, JuS 2015, 1002; *W. Zimmerling/D. Jung*, Die Verzinsung öffentlich-rechtlicher Geldforderungen, DÖV 1987, 94.

I. Allgemeines

1. Normhistorie und -zweck. § 90 S. 1 – die vormalige Absatzbezeichnung „(1)" wurde durch Art. 7 Nr. 2 Buchst. a SachvRuaÄndG[1] aus redaktionellen Gründen gestrichen[2] – regelt seit dem Inkrafttreten des 4. VwGOÄndG[3] am 1.1.1991 nur noch die **Voraussetzungen der Rechtshängigkeit** von verwaltungsgerichtlichen Streitsachen. Die früheren Abs. 2 und 3 wurden aufgehoben und durch den für alle Gerichtszweige geltenden § 17 GVG ersetzt, der seitdem rechtswegübergreifend die Rechtsfolgen regelt (→ § 41 § 17 GVG Rn. 1).[4] Verwaltungsgerichtliche Streitsachen werden – ebenso wie sozial-[5] und finanzgerichtliche[6] – grds.[7] bereits mit der wirksamen Erhebung der Klage rechtshängig; anders als im Zivilprozess[8] ist eine Zustellung der Klage hierfür nicht erforderlich. Die prozessualen Rechtsfolgen der Rechtshängigkeit ergeben sich vor allem aus §§ 89, 91, 92 und über § 83 S. 1 und § 173 S. 1 aus § 17 GVG sowie §§ 265, 266 ZPO. Materielle Rechtsfolgen der Rechtshängigkeit bestimmt die VwGO nicht; diese finden sich vor allem in §§ 204, 209 BGB (Hemmung und Unterbrechung der Verjährung) sowie § 291 BGB (Prozesszinsen). 1

§ 90 S. 2 wurde durch Art. 7 Nr. 2 Buchst. b SachvRuaÄndG m.W.v. 15.10.2016 eingeführt. Danach werden **Entschädigungsklagen wegen überlanger verwaltungsgerichtlicher Verfahren** abweichend von § 90 S. 1 erst mit Zustellung der Entschädigungsklage an das beklagte Land oder den beklagten Bund rechtshängig, wobei die Zustellung gem. §§ 12 a und 12 Abs. 1 GKG erst nach Zahlung der Gerichtsgebühr für das Verfahren im Allgemeinen erfolgt.[9] 2

Vornehmlicher Zweck von § 90 ist die prozessuale Festlegung des Streitstoffs, über den das Gericht zu entscheiden hat.[10] Die Rechtshängigkeit bewirkt, dass ein **Prozessrechtsverhältnis** entsteht, das das Gericht verpflichtet, das Klageverfahren zu betreiben, solange die Verfahrensbeteiligten ihm den Rechtsstreit nicht wieder entziehen. Daneben dient die Vorschrift der Prozessökonomie (§§ 89 und 91 sowie § 17 Abs. 1 S. 1 GVG), der Vermeidung divergierender Entscheidungen über dieselbe oder zusammenhängende Sachen (§ 17 Abs. 1 S. 2 und Abs. 2 GVG sowie § 89) sowie dem Beklagtenschutz (§§ 91 und 92; §§ 265 und 266 ZPO).[11] 3

2. Anwendungsbereich. Die Vorschrift gilt einschließlich ihrer Rechtsfolgen (v.a. § 17 GVG, → § 41 § 17 GVG Rn. 2 ff.) über ihren Wortlaut hinaus nicht nur für Klagen, sondern auch für die anderen Verfahrensarten der VwGO, die wegen ihrer Tragweite (Rechtskraft) und ihres kontradiktorischen Charakters dem Klageverfahren gleichstehen. Demgemäß findet § 90 in Verfahren, in denen gerichtli- 4

---

1 Gesetz zur Änderung des Sachverständigenrechts und zur weiteren Änderung des Gesetzes über das Verfahren in Familiensachen und in den Angelegenheiten der freiwilligen Gerichtsbarkeit sowie zur Änderung des Sozialgerichtsgesetzes, der Verwaltungsgerichtsordnung, der Finanzgerichtsordnung und des Gerichtskostengesetzes vom 11.10.2016 (BGBl I 2222).
2 BT-Drs. 18/9092, 22.
3 Gesetz zur Neuregelung des verwaltungsrechtlichen Verfahrens (Viertes Gesetz zur Änderung der Verwaltungsgerichtsordnung – 4. VwGOÄndG) vom 17.12.1990 (BGBl. I 2809).
4 BT-Drs. 11/7030, 28 und 36 ff.
5 § 94 S. 1 SGG.
6 § 66 S. 1 FGO.
7 Ausnahme: § 90 S. 2.
8 §§ 253 Abs. 1, 261 Abs. 1 ZPO.
9 BT-Drs. 18/9092, 22. Paralleländerungen für das sozial- und finanzgerichtliche Verfahren finden sich in § 94 SGG und § 66 FGG.
10 BVerwG 7.2.2011 – 6 C 11/10, Rn. 3; *T. Stuhlfauth*, in: Bader/Funke-Kaiser/Stuhlfauth/von Albedyll § 90 Rn. 2.
11 *K. Rennert*, in: Eyermann § 90 Rn. 2.

che Beschlüsse an die Stelle von Urteilen treten (**Normenkontrollverfahren** nach § 47 Abs. 5 und **Rechtsmittelentscheidungen** nach §§ 125 Abs. 2, 130 a und 144 Abs. 1), bei streitentscheidenden **Beschlüssen des vorläufigen Rechtsschutzes** (§§ 80 Abs. 5 und 7, 80 a Abs. 3 und 123 Abs. 1) sowie in **Beschwerdeverfahren** (§§ 146 ff.) Anwendung.[12] § 122 Abs. 1 steht dem nicht entgegen, weil sich die Vorschrift nach ihrem Wortlaut und ihrer systematischen Stellung mit Ausnahme der Verweisung auf § 88 auf die Regelungen des 10. Abschnitts des VwGO beschränkt und zu den Bestimmungen der anderen Abschnitte der VwGO keine Aussage trifft.[13] Für Verfahren außerhalb der VwGO gilt § 90 nur dann, wenn eine entsprechende Verweisungsnorm besteht (z.B. § 23 a Abs. 2 WBO für die Wehrbeschwerde gegen truppendienstgerichtliche Entscheidungen).[14]

5   **3. Begriff der Rechtshängigkeit.** Rechtshängigkeit bedeutet nach herkömmlichem Verständnis die **prozessuale Verstrickung des eingeklagten materiellen Rechtsanspruchs**, dies ist die Streitsache bzw. der Streitgegenstand.[15] Der Streitgegenstand wird nach h.A. durch Klageanspruch und Klagegrund bestimmt, also durch den geltend gemachten materiellrechtlichen Anspruch und durch den ihm zugrunde liegenden, d.h. zu seiner Begründung vorgetragenen Sachverhalt (sog. **zweigliedriger Streitgegenstandsbegriff**).[16]

6   Vom Streitgegenstand zu unterscheiden ist der Gegenstand des **Klagebegehrens** (vgl. § 82 Abs. 1 S. 1, 88). Das Klagebegehren ist schon dann hinreichend bezeichnet, wenn der Sachverhalt angegeben wird, über den das Gericht entscheiden soll. Die Herausarbeitung eines bestimmten Antrags, den die Klage gem. § 82 Abs. 1 S. 2 – im Gegensatz zu § 253 Abs. 2 Nr. 2 ZPO – nur enthalten „soll" und der für die Bestimmung des Streitgegenstandes erforderlich ist, kann im weiteren gerichtlichen Verfahren erfolgen.[17] Die an die Bestimmtheit des Klageantrags zu stellenden Anforderungen hängen von der jeweiligen Klageart ab.[18]

7   Die Rechtshängigkeit steht in einem engen Verhältnis zur **Rechtskraft:** Sie endet zeitlich mit dem Eintritt der formellen Rechtskraft und korrespondiert umfänglich grds. mit der materiellen Rechtskraft; nur in den Fällen der Aufrechnung mit einer Gegenforderung durch den Beklagten und bei der Beteiligung Dritter (Beiladung, Rechtsnachfolge) reicht die Rechtskraft der Entscheidung ausnahmsweise weiter als der sachliche und personelle Umfang der (ursprünglichen) Klage.

8   Die Rechtshängigkeit ist schließlich von der **Anhängigkeit** zu unterscheiden: Anhängigkeit meint die formelle prozessuale Zuordnung des Rechtsstreits zu einem bestimmten Gericht (→ § 41 § 17 b GVG Rn. 2).[19] Im Verwaltungsgerichtsprozess fallen Anhängigkeit und Rechtshängigkeit i.d.R. zeitlich zusammen. Im Zivilprozess geht die Anhängigkeit der Rechtshängigkeit grds. voraus (§ 253 ZPO), bzgl. bestimmter Wirkungen (Fristwahrung, Verjährungsbeginn und -hemmung) können Anhängigkeit und Rechtshängigkeit aber auch dort zusammenfallen (§ 167 ZPO). Im Fall der Verweisung folgt die Anhängigkeit beim letztentscheidenden Gericht der Rechtshängigkeit nach, die bereits beim verweisenden Gericht eingetreten ist (§ 17 b Abs. 1 GVG). Inhaltlich umfasst die Anhängigkeit im Gegensatz zur Rechtshängigkeit auch Verfahren, deren abschließende Entscheidung nicht in formelle Rechtskraft erwachsen (bspw. Prozesskostenhilfeverfahren).[20]

II. Beginn und Ende der Rechtshängigkeit

9   **1. Eintritt der Rechtshängigkeit nach § 90 S. 1.** Dem Normwortlaut nach tritt die Rechtshängigkeit mit Erhebung der Klage ein. Diesbezüglich regelt § 81 Abs. 1 formelle Mindestvorgaben. Danach ist die Klage bei dem Gericht **schriftlich** (zur diesbezüglich umfangreichen Kasuistik → § 81 Rn. 47 ff.) oder **elektronisch** (§ 55 a; → § 55 a Rn. 59) zu erheben. Beim Verwaltungs- oder Amtsgericht

---

12   BVerwG 15.11.2000 – 3 B 10/00, Rn. 4 m.w.N; *M. Happ*, in: Eyermann § 122 Rn. 1 und 5.
13   BVerwG 4.10.1999 – 6 C 31.98, Rn. 27 m.w.N. = BVerwGE 109, 336 = NVwZ 2000, 190, 192 = BeckRS 1999 30075836.
14   BVerwG 21.2.1973 – I WB 10.73, BVerwGE 46, 83–87.
15   *K. Rennert*, in: Eyermann § 90 Rn. 2.
16   St. Rspr., vgl. etwa BVerwG 26.10.2006 – 10 C 12.05, Rn. 19 und BVerwG 10.5.1994 – 9 C 501.93, BVerwGE 96, 24, 25 jeweils m.w.N; zuletzt BVerwG 7.7.2017 – 5 C 5/17 D, Rn. 26.
17   BVerwG 22.9.2016 – 2 C 16/15, Rn. 12 und 23.5.2013 – 9 B 46/12, Rn. 4.
18   *I. Schübel-Pfister*, JuS 2015, 1002, 1003; *W.-R. Schenke*, in: Kopp/Schenke § 90 Rn. 7 ff.
19   BT-Drs. 11/7030, 38.
20   *D. Kugele*, § 90 Rn. 3.

(§ 173 i.V.m. § 129 a ZPO) kann die Klage auch **zu Protokoll des Urkundsbeamten der Geschäftsstelle** erhoben werden; diese Möglichkeit gibt es bei den höheren Instanzen nicht.[21] Die Klage ist erhoben, wenn sie beim Gericht eingeht; nicht ausreichend ist dagegen der Eingang bei der Behörde. Die Klage ist eingegangen, wenn sie in den Verfügungsbereich des Gerichts gelangt,[22] auf der für den Empfang bestimmten Einrichtung des Gerichts gespeichert (§ 55 a Abs. 5 S. 1) oder die protokollierte Niederschrift vom Kläger und dem aufnehmenden Urkundsbeamten unterschrieben ist. Anders als im Zivilprozess bedarf es für den Eintritt der Rechtshängigkeit der Zustellung an den Beklagten grds.[23] nicht.

Nach allgemeiner und zutreffender Ansicht tritt die Rechtshängigkeit nur ein, wenn die Klage **wirksam** und **vorbehaltlos** erhoben worden ist.[24] Die Klage ist unwirksam, wenn sie nicht in deutscher Sprache abgefasst ist (vgl. § 55 i.V.m. § 184 GVG)[25] und/oder ihr kein ernsthaftes Rechtschutzbegehren zugrunde liegt, sondern nur prozessfremde Zwecke verfolgt werden, und/oder sie keinerlei sachliches Vorbringen enthält.[26] An die Feststellung der Unwirksamkeit der Klageerhebung sind wegen der Rechtsschutzgarantie des Art. 19 Abs. 4 GG hohe Anforderungen zu stellen;[27] sie wird in der Praxis selten vorkommen. Im verwaltungsgerichtlichen Verfahren vor den Tatsacheninstanzen ist jedenfalls zugunsten eines anwaltlich nicht vertretenen Klägers ein „großzügiger Maßstab" anzulegen. Für die ordnungsgemäße Klageerhebung genügt bspw. regelmäßig, dass aus dem an das Gericht gerichteten Schriftsatz im Wege der Auslegung hinreichend der Wille zu entnehmen ist, gerichtlichen Rechtsschutz gegen einen bezeichneten angegriffenen Verwaltungsakt in Anspruch zu nehmen. Es ist grds. davon auszugehen, dass der Kläger denjenigen Rechtsbehelf einlegen will, der nach Lage der Sache seinen Belangen entspricht und eingelegt werden muss, um den erkennbar angestrebten Erfolg zu erreichen.[28] Verstößt die Klage trotz all dem gegen die Anforderungen des § 81, ist sie nach Ablauf der Klagefrist nicht mehr heilbar (→ § 81 Rn. 101).[29] Dann fehlt es an einem Prozessrechtsverhältnis; eine Abweisung der Klage als unzulässig scheidet konsequenterweise aus (wohl a.A. → § 81 Rn. 102 f.).[30]

Ob die Klageerhebung **weiteren Wirksamkeitsvoraussetzungen** unterliegt, wird nicht einheitlich beantwortet (bspw. → § 81 Rn. 101 f. und → § 82 Rn. 5).[31] Dies betrifft z.B. die Frage, ob die Vorschriften zur Parteifähigkeit (§ 61), Prozessfähigkeit (§ 62), Form (§ 82) und gerichtlichen Zuständigkeit (§ 83) reine Zulässigkeitsvoraussetzungen (innerhalb des mit Eintritt der Rechtshängigkeit bereits entstandenen Prozessrechtsverhältnisses) sind oder ob diese unter Umständen (auch) Auswirkungen auf die Rechtshängigkeit und deren (zeitlichen) Eintritt haben.[32]

Die Bezeichnung des Klägers (→ § 82 Rn. 8 ff.), des Beklagten (→ § 82 Rn. 15 ff.) und des Gegenstands des Klagebegehrens[33] gehört zwar zum gesetzlich vorgeschriebenen notwendigen Mindestinhalt einer Klageschrift (§ 82 Abs. 1 S. 1).[34] Gleichwohl ist auch eine zunächst ohne Angabe des Beklagten erhobene Klage geeignet, die Rechtshängigkeit zu begründen und im Verhältnis zum Kläger den Ein-

---

21 HmbOVG 10.11.2008 – 5 Bf 402/08.Z, Rn. 2; vgl. auch BVerwG 14.10.1997 – 1 B 164/97, Rn. 8.
22 BVerfG 29.4.1981 – 1 BvR 159/80, BVerfGE 57, 117–121, Rn. 12.
23 Ausnahme: § 90 S. 2.
24 BVerwG 27.4.1990 – 8 C 70/88, Rn. 20 m.w.N.; OVG Münster 29.4.2009 – 8 E 147/09, NJW 2009, 2615; *T. Stuhlfauth*, in: Bader/Funke-Kaiser/Stuhlfauth/von Albedyll § 90 Rn. 4; *I. Schübel-Pfister*, JuS 2010, 406, 411.
25 BVerwG 5.2.1990 – 9 B 506/89, Rn. 3; *H. Geiger*, in: Eyermann § 81 Rn. 1–2 a. Dies wirft in der Praxis z.B. Schwierigkeiten bei Asylantragstellern auf, die der deutschen Sprache nicht mächtig sind und ohne Rechtsbeistand oder Sprachmittler in den gerichtlichen Rechtsantragsstellen erscheinen, um fristgemäß gegen ablehnende Asylbescheide vorzugehen, ohne diese (vollständig) vorzulegen.
26 BVerfG 19.7.2001 – 2 BvR 1175/01, NJW 2001, 3615 Rn. 4; VGH Mannheim 11.7.2016 – 1 S 294/16, Rn. 4; VGH München 14.3.1990 – 5 B 89.3542, Rn. 9; *C. Bamberger*, in: Wysk/Bamberger § 81 Rn. 2; *H. Geiger*, in: Eyermann § 81 Rn. 17.
27 BVerfG 19.7.2001 – 2 BvR 1175/01, Rn. 4.
28 BVerwG 27.4.1990 – 8 C 70/88, Rn. 23 m.w.N.
29 BVerwG 9.11.1967 – VIII C 12.67, Buchholz 310 § 82 VwGO Nr. 7; *I. Schübel-Pfister*, JuS 2015, 1002.
30 A.A. auch *F. Koehl*, NVwZ 2017, 1089, 1091.
31 Verneinend: *K.-M. Ortloff/K.-U. Riese*, in: Schoch/Schneider/Bier § 90 Rn. 3; *P. Kothe*, in: Redeker/v. Oertzen § 90 Rn. 2; *T. Stuhlfauth*, in: Bader/Funke-Kaiser/Stuhlfauth/von Albedyll § 90 Rn. 4; *D. Kugele*, § 90 Rn. 4; *W.-R. Schenke*, in: Kopp/Schenke § 90 Rn. 3 und § 82 Rn. 1; bejahend: 4. Aufl. § 90 Rn. 7; *S. Brink*, in: Posser/Wolff § 81 Rn. 12; *H. A. Wolff*, in: Posser/Wolff § 90 Rn. 4; *F. Koehl*, NVwZ 2017, 1089, 1093; nicht eindeutig: *K. Rennert*, in: Eyermann § 90 Rn. 5; *W. Porz*, in: Fehling/Kastner/Störmer § 90 Rn. 3; *C. Bamberger*, in: Wysk/Bamberger § 90 Rn. 2; vgl. auch die Darstellung bei *R. Krüger*, VBlBW 1998, 52.
32 Letzteres wohl bejahend: *R. Krüger*, VBlBW 1998, 52.
33 Zum Unterschied zwischen Klagebegehren und Streitgegenstand → Rn. 5 f. sowie auch: *W. Leber*, NVwZ 1996, 668 f.
34 BVerwG 27.4.1990 – 8 C 70/88, Rn. 20.

tritt der Bestandskraft des angefochtenen Verwaltungsaktes zu verhindern, wenn der Verwaltungsakt schon mit der Erhebung der Klage eindeutig benannt worden ist.[35] Auch der Gegenstand des Klagebegehrens ist schon dann hinreichend bezeichnet, wenn der Sachverhalt, über den das Gericht entscheiden soll, angegeben wird (→ Rn. 6).[36] Entspricht die Klage den in § 82 Abs. 1 genannten Voraussetzungen nicht, so führt dies nicht ohne weiteres zu ihrer Unzulässigkeit. Vielmehr hat der Vorsitzende oder der Berichterstatter den Kläger zu der erforderlichen Ergänzung innerhalb einer bestimmten Frist aufzufordern (§ 82 Abs. 2). Hieraus ergibt sich, dass nicht sämtliche in § 82 Abs. 1 S. 1 genannten Angaben schon in der Klageschrift enthalten sein müssen. Sie können vielmehr im Laufe des Verfahrens bis spätestens zum Zeitpunkt der gerichtlichen Entscheidung nachgereicht werden, die Klagefrist ist insoweit unbeachtlich.[37] Insbes. für die fristwahrende Wirkung der Klage ist es mithin ausreichend, wenn sich (jedenfalls) aus den Umständen entnehmen lässt, wer die Klage erhebt und gegen wen sie sich mit welchem grundsätzlichen Inhalt richtet.[38] Ist dies der Fall, ist die Klage auch insoweit rechtshängig;[39] eine spätere Konkretisierung ändert am Zeitpunkt der Rechtshängigkeit nichts. Lassen sich Kläger, Beklagter oder Klagebegehren aus den mit der Klage eingereichten, ggf. ergänzungsbedürftigen Angaben dagegen nicht ermitteln, wird die Klage (zunächst) auch nicht rechtshängig. Dies hat zur Folge, dass ein Prozessrechtsverhältnis (noch) nicht entstanden ist und über die Klage auch (noch) nicht entschieden werden kann (→ wohl a.A. § 81 Rn. 102 f.: Abweisung durch Prozessurteil).[40]

13   Die Rechtsfolgen der Rechtshängigkeit, insbes. § 17 GVG, wonach die Befassung unterschiedlicher Gerichte mit demselben Streitstoff vermieden und das angerufene Gericht unter Berücksichtigung aller in Betracht kommenden rechtlichen Gesichtspunkte entscheiden soll, erfordern eine **möglichst frühzeitige Fixierung des Streitgegenstands**. In der Praxis können diesbezüglich durchaus Schwierigkeiten entstehen, insbes. wenn und solange der Kläger kein hinreichend bestimmtes oder bestimmbares Klageziel formuliert; nicht selten kristallisiert sich dieses erst im Laufe des Prozesses heraus.[41] Im Grundsatz ist davon auszugehen, dass die Rechtshängigkeit mit der Klageerhebung in dem Umfang aller sich aus dem Klagebegehren möglicherweise ergebenden Ansprüche eintritt, wenn der Kläger mit der Klageschrift kein ausdrückliches Klageziel benennt oder sein Begehren sonst bestimmbar beschränkt. Dies ist von der **Dispositionsmaxime** gedeckt, denn der Kläger hat es selbst in der Hand, den Streitstoff zu beschreiben; tut er dies nicht, ist er insoweit auch nicht schutzwürdig.

14   Diese Grundsätze gelten auch für die **elektronische Klageerhebung**. Zwar gilt ein Dokument, das für das Gericht zur Bearbeitung zunächst nicht geeignet war, nach § 55 a Abs. 6 als zum Zeitpunkt der früheren Einreichung eingegangen, sofern der Absender es unverzüglich in einer für das Gericht zur Bearbeitung geeigneten Form nachreicht und glaubhaft macht, dass es mit dem zuerst eingereichten Dokument inhaltlich übereinstimmt; dem Gericht obliegt die Pflicht, dem Absender die Unwirksamkeit des Eingangs und die geltenden technischen Rahmenbedingungen unverzüglich mitzuteilen. Diese Vorschrift betrifft indes nur den Fall einer Fehlermeldung über ein falsches Dateiformat. Diese Rechtswohltat ist eng auszulegen und erfasst nur den Irrtum über die technischen Rahmenbedingungen. Sie gilt jedoch nicht für den Verstoß gegen die Mindestanforderungen der Klageerhebung, insbes. die Authentizität und Integrität des elektronischen Dokuments.[42]

15   Die unter einer **Bedingung** erhobene Klage wird grds. nicht rechtshängig; im Interesse der Rechtssicherheit und des geordneten Ganges der Rechtspflege gilt die Maxime, dass bestimmende Schriftsätze bedingungsfeindlich sind.[43] Dies folgt aus dem anerkannten Verfahrensgrundsatz, dass Prozesshandlungen, die ein Verfahren einleiten, nicht von einem **außerprozessualen Ereignis** abhängig gemacht

---

35   BVerwG 20.1.1993 – 7 B 158/92, Rn. 7.
36   BVerwG 22.9.2016 – 2 C 16/15, Rn. 12.
37   BVerfG 8.5.1991 – 2 BvR 170/85, Rn. 11 m.w.N.
38   BVerwG 13.4.1999 – 1 C 24/97, Rn. 41.
39   BVerwG 13.4.1999 – 1 C 24/97, Rn. 41; VGH Mannheim 16.4.1996 – 9 S 1013/94, Rn. 18; *S. Brink*, in: Posser/Wolff § 81 Rn. 22; *F. Koehl*, NVwZ 2017, 1089, 1091.
40   A.A. auch *F. Koehl*, NVwZ 2017, 1089, 1091.
41   U.a. deshalb legt das Gericht in gebührenrechtlicher Hinsicht zunächst auch nur einen vorläufigen Streitwert fest (§ 63 Abs. 1 GKG), während die endgültige Streitwertfestsetzung erst nach der verfahrensbeendenden gerichtlichen Entscheidung erfolgt; für die Wertfestsetzung ist nach § 40 GKG gleichwohl das am Anfang des Rechtsstreits bestehende Begehr des Rechtsuchenden maßgeblich (VGH München 14.10.2016 – 22 C 16.1849, Rn. 7 m.w.N.).
42   BT-Drs. 818/12, 34 f., 53.
43   BVerwG 17.1.1980 – 5 C 32/79, BVerwGE 59, 302–310, Rn. 10 zu einer unter der Bedingung der Bewilligung von Prozesskostenhilfe erhobenen Klage.

werden dürfen. Eine unter der (außerprozessualen) Bedingung der Bewilligung von Prozesskostenhilfe erhobene Klage wird demgemäß weder bereits mit Eingang des Prozesskostenhilfeantrags rechtshängig noch verlagert sich deren Rechtshängigkeit im Fall der späteren (fristgemäßen, vgl. §§ 58, 74) Klageerhebung vor. Beim Prozesskostenhilfeverfahren handelt es sich nicht um einen kontradiktorischen Parteienstreit, sondern um ein der staatlichen Daseinsfürsorge zuzurechnendes Antragsverfahren, in dem sich als Beteiligte nur der Antragsteller und das Gericht als Bewilligungsstelle gegenüberstehen (→ § 41 § 17 GVG Rn. 10 ff.); der Prozesskostenhilfebeschluss erwächst auch nicht in materielle Rechtskraft.[44] Dem Kläger verbleibt gleichwohl die Möglichkeit, nach Bewilligung von Prozesskostenhilfe innerhalb der Frist des § 60 Abs. 2 Klage zu erheben und Wiedereinsetzung in den vorigen Stand zu beantragen; die Versäumung der Klagefrist ist in diesem Fall unverschuldet.[45] Die Rechtshängigkeit tritt auch dann jedoch erst mit Erhebung der Klage ein.

Aus dem o.g. Grundsatz ergibt sich gleichsam, dass Bedingungen, die an Prozesshandlungen und/oder -ergebnisse anknüpfen (sog. **innerprozessuale Bedingungen**) ausnahmsweise zulässig sind (→ § 81 Rn. 87 ff.).[46] Eine zulässige Bedingung bewirkt, dass das Klagebegehren sofort, aber auflösend bedingt, rechtshängig wird. Mit dieser sofortigen, aber aufschiebend bedingten Rechtshängigkeit korrespondiert eine aufschiebend bedingte Entscheidungsbefugnis des Gerichts. Über den unter einer Bedingung gestellten Antrag bzw. die bedingt erhobene (Wider-)Klage darf damit sofort verhandelt, aber erst nach einer streitigen Entscheidung in der Hauptsache befunden werden. Bei einer Ankündigung von Haupt- und Hilfsanträgen ist die Klage (mit dem Hauptantrag) unbedingt erhoben; nur der Hilfsantrag steht unter dem (innerprozessualen) Vorbehalt der Entscheidung über den Hauptantrag.[47] 16

Die Klage wird auch durch Erhebung bei einem **unzuständigen Gericht** rechtshängig, sofern der Kläger es für zuständig hielt und die Sache später an das zuständige Gericht verwiesen wird (vgl. § 83 i.V.m. §§ 17a Abs. 2–4, 17b Abs. 1 S. 2 GVG; → § 60 Rn. 97, → § 74 Rn. 28 ff. sowie → § 83 Rn. 1 ff.).[48] Dies gilt selbst dann, wenn die Klage infolge zutreffender Rechtsbehelfsbelehrung schuldhaft beim unzuständigen Gericht erhoben wurde.[49] Nach § 17b Abs. 1 S. 2 GVG bleiben die Wirkungen der Rechtshängigkeit im Falle der Verweisung des Rechtsstreits bestehen. Dies gilt sowohl für die prozessualen als auch für die materiellen Wirkungen der Klage.[50] Grundgedanke der Vorschriften ist, dass die **rechtsirrige Anrufung des falschen Gerichts** nicht zu Lasten des Klägers gehen soll.[51] Deshalb wird die Klagefrist auch dann gewahrt, wenn die Klage binnen der Frist des § 74 bei einem örtlich unzuständigen Gericht eingeht, sofern der Kläger es für zuständig hielt, und die Sache erst nach Ablauf der Klagefrist an das zuständige Gericht verwiesen wird.[52] Unter denselben Voraussetzungen bleibt gem. § 204 Abs. 1 Nr. 1 BGB die Verjährung gehemmt.[53] 17

Dies gilt nicht, wenn der Kläger die Klage **rechtsmissbräuchlich** beim unzuständigen Gericht erhebt, um durch die Beschreitung des fremden Rechtswegs Fristen zu wahren oder einen zeitlichen Vorsprung gegenüber dem Beklagten zu erlangen.[54] Ein Beispiel hierfür ist die Erhebung einer negativen Feststellungsklage beim Verwaltungsgericht, um die erwartete positive Leistungsklage des Beklagten beim Zivilgericht zu sperren; ob letztere überhaupt durch erstere gesperrt würde, hängt allerdings davon ab, ob man den Streitgegenstand von negativer Feststellungsklage und positiver Leistungsklage für identisch hält, was zu verneinen ist.[55] Ein anderes Beispiel ist die Geltendmachung einer offensichtlich zivilrechtlichen Forderung im fremden Rechtsweg der Verwaltungsgerichtsbarkeit, um sich 18

---

44 BGH 3.3.2004 – IV ZB 43/03, Rn. 11 m.w.N; *D. Kugele*, § 90 Rn. 1.
45 *F. Koehl*, NVwZ 2017, 1089, 1090.
46 BVerfG 17.10.1984 – 1 BvR 620/78, BVerfGE 68, 132–143, Rn. 43; *S. Brink*, in: Posser/Wolff § 81 Rn. 9.
47 BGH 5.10.1978 – GSZ 1/78, BGHZ 72, 339–342, Rn. 8; VGH Mannheim 3.9.1991 – 9 S 15/91, Rn. 16; *F. Koehl*, NVwZ 2017, 1089, 1090.
48 OVG Münster 29.8.1995 – 25 A 4760/95.A, NJW 1996, 334, Rn. 3.
49 OVG Koblenz 11.5.1995 – 10 A 11400/95, NVwZ-RR 1996, 181, Rn. 2.
50 *D. Ehlers*, in: Schoch/Schneider/Bier GVG § 17b Rn. 6.
51 *W. Zimmermann*, in: MüKoZPO GVG § 17b Rn. 6–8.
52 OVG Münster 29.8.1995 – 25 A 4760/95.A, NJW 1996, 334, Rn. 3.
53 *O. R. Kissel*, NJW 1991, 945, 950.
54 *P. Kothe*, in: Redeker/v. Oertzen § 90 Rn. 1; *H. A. Wolff*, in: Posser/Wolff § 90 Rn. 5; a.A. SchlHLSG 28.5.2002 – L 1 SF 43/01, FamRZ 2003, 46 und v.a. Teile der zivilrechtlichen Kommentarlit.: *U. Foerste*, in: Musielak/Voit ZPO § 261 Rn. 4; *R. Greger*, in: Zöller § 261 Rn. 3a; *E. Becker-Eberhard*, in: MüKoZPO § 261 Rn. 46f; *Kogel*, FamRB 2009, 164.
55 *P. Gottwald*, MDR 2016, 936, 937.

zunächst den Gerichtskostenvorschuss zu ersparen und von der früheren Rechtshängigkeit zu profitieren.[56]

19   Da das Gesetz nur den Kläger privilegiert, der über die Zuständigkeit des angerufenen Gerichts irrt, ist die Einreichung einer an das zuständige Gericht adressierten schriftlichen Klage bei einem unzuständigen Gericht nicht ausreichend.[57] Nutzt der Absender eines Klageschriftsatzes das angerufene Gericht als Bote und bittet um Weiterleitung an das zuständige Gericht, fehlt es an einer wirksamen Klageerhebung,[58] solange die Klage nicht beim adressierten Gericht eingegangen ist.[59] Im Falle der Klageerhebung durch Niederschrift des Urkundsbeamten der Geschäftsstelle bei einem örtlich unzuständigen Verwaltungsgericht oder einem Amtsgericht (§ 173 i.V.m. § 129 a Abs. 1 ZPO) tritt die Rechtshängigkeit erst mit Zugang des Protokolls bei dem in der Niederschrift bezeichneten Verwaltungsgericht ein (§ 129 a Abs. 2 S. 2 ZPO).[60] Daher genügt die Abgabe zu Protokoll zur Fristwahrung nicht. Wenngleich eine Pflicht des entgegennehmenden Gerichts zur beschleunigten Weiterleitung der Klage an das adressierte Gericht nicht besteht, kann der Erklärende im Einzelfall Wiedereinsetzung in den vorigen Stand (§ 60) beantragen, wenn das entgegennehmende Gericht die Weiterleitung abweichend vom normalen Geschäftsgang verzögert.[61]

20   Für Klageänderungen i.S.v. § 91, die vorliegen, wenn nach Rechtshängigkeit der Klage der Streitgegenstand geändert wird,[62] gilt Folgendes: Die **objektive Klageänderung**, die gegeben ist, wenn der Kläger einen anderen oder weiteren Lebenssachverhalt zur Grundlage seines zur Entscheidung gestellten Anspruchs macht oder sein Klageziel verändert oder erweitert (→ § 91 Rn. 8 ff.),[63] wirkt nicht fristwahrend auf den Zeitpunkt der Klageerhebung zurück, weil die Klagefrist auch hinsichtlich des neuen Streitgegenstands gewahrt sein muss;[64] erst mit der wirksam erklärten Änderung der Klage wird die (neue) Streitsache rechtshängig (§ 173 i.V.m. § 261 Abs. 2 ZPO).[65] Im Fall der Klageerweiterung tritt der neue Streitgegenstand neben den alten. Ergibt die Auslegung der klägerischen Prozesserklärung dagegen (eindeutig), dass der Kläger den Streitstoff austauschen will, entfällt die Rechtshängigkeit des alten Streitgegenstands mit dem Moment der Geltendmachung des neuen Begehrs;[66] anderenfalls würden sich die Rechtshängigkeit des alten und neuen Streitgegenstands – streitwerterhöhend – temporär überlappen, was weder dem klägerischen Willen noch der gesetzlichen Konzeption entspricht.[67] Das mit der Klageänderung einhergehende Risiko etwa eintretender Bestandskraft ausgeschiedenen Streitstoffs, wenn sich die Klageänderung wegen der fehlenden, aber notwendigen Einwilligung der anderen Verfahrensbeteiligten bzw. Sachdienlichkeitsentscheidung des Gerichts als unzulässig herausstellt, geht mit der Dispositionsfreiheit des Klägers einher. Der Kläger ist auch nicht besonders schutzbedürftig, weil er das ursprüngliche Klagebegehren nicht nur kumulativ, sondern auch hilfsweise – allerdings um den Preis der Streitwerterhöhung bei Entscheidung über die ursprüngliche Klage (§ 45 Abs. 1 S. 2 GKG) – aufrechterhalten kann.[68]

56   Diese Gestaltungsmöglichkeiten bejahend: *P. Kogel*, FamRB 2009, 164.
57   OVG Münster 29.8.1995 – 25 A 4760/95.A, NJW 1996, 334, Rn. 5 m.w.N.
58   OVG Münster 29.4.2009 – 8 E 147/09, NJW 2009, 2615.
59   *K.-M. Ortloff/K.-U. Riese*, in: Schoch/Schneider/Bier § 83 Rn. 21.
60   *K.-M. Ortloff/K.-U. Riese*, in: Schoch/Schneider/Bier § 81 Rn. 11.
61   *A. Stadler*, in: Musielak/Voit ZPO § 129 a Rn. 7.
62   BVerwG 24.10.2006 – 6 B 47/06, Rn. 11.
63   Vgl. bspw. BVerwG 17.11.2017 – 2 A 3/17, Rn. 25 f zur Erweiterung des Klagebegehrens um den hilfsweise geltend gemachten Schadensersatzanspruch auf eine Verletzung der in § 78 BBG geregelten Fürsorgepflicht des Dienstherrn; vgl. auch ThürOVG 18.1.2017 – 1 EO 851/16, Rn. 37 zur hilfsweisen Erweiterung der ursprünglich begehrten Erstattung von Schülerbeförderungskosten um eine sozialrechtliche Eingliederungshilfe; *K.-M. Ortloff/K.-U. Riese*, in: Schoch/Schneider/Bier § 91 Rn. 14 und 16.
64   VGH Mannheim 22.8.2014 – 2 S 1472/14, Rn. 15 f.; OVG Lüneburg 27.8.2002 – 8 LA 101/02, Rn. 8; *W.-R. Schenke*, in: Kopp/Schenke § 91 Rn. 32.
65   *K.-M. Ortloff/K.-U. Riese*, in: Schoch/Schneider/Bier § 91 Rn. 79 und 87; *T. Stuhlfauth*, in: Bader/Funke-Kaiser/Stuhlfauth/von Albedyll § 90 Rn. 4; *K. Rennert*, in: Eyermann § 90 Rn. 6; *H. A. Wolff*, in: Posser/Wolff § 90 Rn. 6; *M. Haack*, in: Gärditz § 91 Rn. 40; a.A. *P. Kothe*, in: Redeker/v. Oertzen § 90 Rn. 24.
66   So auch: *K.-M. Ortloff/K.-U. Riese*, in: Schoch/Schneider/Bier § 91 Rn. 85; *K. Rennert*, in: Eyermann § 91 Rn. 35; *C. Bamberger*, in: Wysk/Bamberger § 90 Rn. 14; a.A. 4. Aufl. Rn. 5 und wohl auch § 91 Rn. 72; *H. A. Wolff*, in: Posser/Wolff § 90 Rn. 8; *W.-R. Schenke*, in: Kopp/Schenke § 90 Rn. 6 und § 91 Rn. 29.
67   VGH Mannheim 17.5.2011 – 9 S 1167/11, NVwZ-RR 2011, 918, Rn. 12 ff.; vgl. auch: *D. Kugele*, § 91 Rn. 27.
68   OVG Münster 14.9.1993 – 3 A 1693/92, Rn. 24.

Ändert sich das Prozessrechtsverhältnis zwischen Kläger und Beklagtem (Parteiwechsel oder -beitritt), 21 handelt es sich um eine **subjektive Klageänderung** (→ § 91 Rn. 19 ff.).[69] Im Falle des gewillkürten Parteiwechsels oder -beitritts auf Seiten des Klägers gelten dieselben o.g. Grundsätze wie bei der objektiven Klageänderung.[70] Der gewillkürte Parteiwechsel auf Beklagtenseite hat dagegen jedenfalls dann keinen Einfluss auf die von Anfang an eingetretene Rechtshängigkeit, wenn der angefochtene belastende oder erstrebte begünstigende Verwaltungsakt schon mit der Erhebung der Klage eindeutig bezeichnet worden ist.[71] Ein gesetzlicher Parteiwechsel ist nicht als Klageänderung i.S.d. § 91 anzusehen (→ § 91 Rn. 20); er lässt die ursprüngliche Rechtshängigkeit daher unberührt.

Die **Zwischenfeststellungsklage** und die **Widerklage**, die jeweils echte Klagen mit eigenem Klagebegeh- 22 ren sind, werden ebenfalls mit ihrer Erhebung rechtshängig.[72]

Anders als bei der Widerklage wird die im Wege der **Aufrechnung** in den Prozess eingeführte Gegen- 23 forderung nicht rechtshängig. Die Aufrechnung ist keine (Wider-)Klage, sondern ein Verteidigungsmittel; ein solches kann nach dem Gesetzeswortlaut nicht rechtshängig werden. Hieran ändert auch § 173 i.V.m. § 322 Abs. 2 ZPO nichts, wonach die im Urteil getroffene Entscheidung, dass eine aufgerechnete Gegenforderung des Beklagten nicht besteht, bis zur Höhe des Betrages, für den die Aufrechnung geltend gemacht wurde, der Rechtskraft fähig ist.[73]

Ob das angerufene Gericht über die **Aufrechnung mit einer bestrittenen und nicht rechtskräftig festge-** 24 **stellten rechtswegfremden Forderung** entscheiden darf, ist sehr umstr. Das BVerwG verneint dies: § 17 Abs. 2 S. 1 GVG, der den Gerichten des zulässigen Rechtswegs eine rechtswegüberschreitende Sachkompetenz eröffnet, sei insoweit nicht anzuwenden (→ § 41 § 17 GVG Rn. 44 ff.).[74] Auch andere oberste Bundesgerichte stimmen dieser Auslegung der Norm zu;[75] die Stimmen in der Lit. sind uneinheitlich (zust. u.a. → § 41 § 17 GVG Rn. 45).[76] Das BVerwG vertritt im Weiteren die Auffassung, bei Spruchreife des Klagebegehrens könne, sofern wegen der Gegenforderung bereits ein Klageverfahren beim zuständigen Gericht anhängig ist, durch Vorbehaltsurteil gem. § 173 VwGO i.V.m. § 302 ZPO entschieden und wegen des Nachverfahrens das Klageverfahren wegen der Aufrechnung gem. § 94 VwGO ausgesetzt werden. Das Nachverfahren sei also durch das für die Hauptforderung zuständige Gericht abzuschließen.[77] Demgegenüber meint das BAG, dass nach Entscheidung durch – rechtskräftiges – Vorbehaltsurteil der gesamte Rechtsstreit zur Durchführung des Nachverfahrens an das Gericht der Gegenforderung zu verweisen sei und Letzteres dann darüber entscheide, ob das Urteil des Gerichts der Hauptforderung aufrechterhalten bleibe.[78] Der Bundesfinanzhof ist der Ansicht, dass das (Finanz-)Gericht den Rechtsstreit auszusetzen habe, bis das zuständige Gericht über den Bestand der zur Aufrechnung gestellten rechtswegfremden Gegenforderung entschieden habe. Sei noch keine Klage wegen der Gegenforderung anhängig, so habe das (Finanz-)Gericht dem aufrechnenden Beteiligten zur Erhebung der Klage auf Feststellung des Bestehens dieser Forderung in dem für die Gegenforderung zulässigen Rechtsweg eine Frist zu setzen. Erhebe der Beteiligte die Klage vor dem anderen Gericht nicht innerhalb der ihm gesetzten Frist, so könne das (Finanz-)Gericht in dem bei ihm anhängigen Verfahren das Bestehen der Gegenforderung als nach den Grundsätzen der objektiven Beweislast nicht erwiesen behandeln und ohne Berücksichtigung der Aufrechnung entscheiden.[79]

---

69 *K.-M. Ortloff/K.-U. Riese*, in: Schoch/Schneider/Bier § 91 Rn. 14, 16, 36 ff.; a.A. *W.-R. Schenke*, in: Kopp/Schenke § 91 Rn. 2.

70 *W.-R. Schenke*, in: Kopp/Schenke § 91 Rn. 32.

71 BVerwG 20.1.1993 – 7 B 158/92, Rn. 5 ff.

72 *K. Rennert*, in: Eyermann § 90 Rn. 6.

73 BGH 11.11.1971 – VII ZR 57/70, BGHZ 57, 242–245, Rn. 15 ff.; *K. Rennert*, in: Eyermann § 90 Rn. 6.

74 BVerwG 7.10.1998 – 3 B 68/97, NJW 1999, 160, Rn. 17 f.; a.A. VGH Kassel 28.1.1994 – 3 TG 2026/93, NJW 1995, 1107, Rn. 20 ff.

75 BFH 1.8.2017 – VII R 12/16, BFHE 259, 207, Rn. 13 ff.; BAG 23.8.2001 – 5 AZB 3/01, BAGE 98, 384.

76 Der höchstrichterlichen Rspr. stimmen u.a. zu: *D. Ehlers*, in: Schoch/Schneider/Bier § 17 GVG Rn. 28; *K. Rennert*, in: Eyermann § 40 Rn. 38. Die Gegenauffassung, die die Einheitslösung entsprechend dem Normzweck des § 17 Abs. 2 S. 1 GVG und der von der Verfassung vorgegebenen Gleichwertigkeit der Rechtswege für überzeugend hält, vertreten u.a.: *S. Haack*, in: Gärditz GVG § 17 Rn. 31; *W.-R. Schenke*, in: Kopp/Schenke § 40 Rn. 45; *E. Reimer*, in: Posser/Wolff § 40 Rn. 247; *H. v. Nicolai*, in: Redeker/v. Oertzen § 40 Rn. 19 und *P. Kothe*, in: Redeker/v. Oertzen § 90 Rn. 10.

77 BVerwG 7.10.1998 – 3 B 68/97, NJW 1999, 160, Rn. 17 f.

78 BAG 28.11.2007 – 5 AZB 44/07, BAGE 125, 66.

79 BFH 31.5.2005 – VII R 56/04, BFH/NV 2005, 1759.

25   Bei **Wiederaufnahme** des Verfahrens gem. § 153 Abs. 1 i.V.m. §§ 589 ff. ZPO wird die Rechtskraft der angefochtenen Gerichtsentscheidung rückwirkend beseitigt und die Sache erneut rechtshängig (→ § 153 Rn. 84 m.w.N.).

26   **2. Eintritt der Rechtshängigkeit nach § 90 S. 2.**   § 90 S. 2 wurde auf Empfehlung des Ausschusses für Recht und Verbraucherschutz des Deutschen Bundestages[80] zum Gesetzentwurf der Bundesregierung[81] durch Art. 7 Nr. 2 Buchst. b SachvRuaÄndG m.W.v. 15.10.2016 eingeführt. Mit der Neuregelung wird – parallel zur Änderung in § 94 SGG – für das verwaltungsgerichtliche Verfahren erreicht, dass bei **Entschädigungsklagen wegen eines überlangen Gerichtsverfahrens** nach dem Siebzehnten Titel des GVG die Rechtshängigkeit erst mit Zustellung der Klage eintritt. So wird klargestellt, dass in diesem Verfahren ein Tätigwerden des Gerichts erst nach Zahlung der Gebühr für das Verfahren im Allgemeinen gem. §§ 12 a und 12 Abs. 1 GKG erforderlich ist.[82] Damit reagierte der Gesetzgeber auf die in der Praxis aufgetretene Problematik, dass die Gerichte der Verwaltungs-, Sozial- und Finanzgerichtsbarkeit das Klageverfahren auch dann weiter betreiben mussten, wenn der Entschädigungskläger seiner Vorauszahlungspflicht nicht nachkam. Das Gericht ist nach § 12 a S. 2 GKG verpflichtet darauf hinzuweisen, dass die Klage erst nach Zahlung der Gebühr zugestellt und die **Streitsache erst mit Zustellung der Klage rechtshängig** wird.

27   Mit der Entschädigungsklage hat der Gesetzgeber als Reaktion auf die Rspr. des EGMR[83] und des BVerfG[84] einen **staatshaftungsrechtlichen Entschädigungsanspruch sui generis** geschaffen.[85] Weil die Entschädigungszahlung auch eine Ermessensausübung des Gerichts erfordert (§ 198 Abs. 2 S. 4 GVG), braucht der Kläger die begehrte Entschädigung nach der Rspr. des BVerwG nicht genau zu beziffern. Vielmehr reicht es aus, wenn er die für die Bemessung der Höhe des Anspruchs erforderlichen Tatsachen benennt und die Größenordnung der geltend gemachten Entschädigung angibt, hierfür reicht in Parallelität zum zivilrechtlichen Schmerzensgeldanspruch die Angabe eines Mindestbetrages aus.[86] Maßgeblicher Zeitpunkt für die Einhaltung der sechsmonatigen Wartefrist ist nicht die Einreichung, sondern die Erhebung der Entschädigungsklage durch Zustellung der Klageschrift an das beklagte Land oder den beklagten Bund; eine Rückwirkung der Zustellung der Klageschrift nach § 167 ZPO scheidet aus.[87]

28   **3. Ende der Rechtshängigkeit.**   Die Rechtshängigkeit endet mit dem **Eintritt der formellen Rechtskraft** der streitigen Entscheidung. Dies ist der Fall, wenn die gerichtliche Entscheidung mit ordentlichen Rechtsmitteln nicht mehr angreifbar ist.[88] Außerordentliche Rechtsbehelfe (Wiedereinsetzungsantrag, Wiederaufnahmeklage und Verfassungsbeschwerde) lassen die formelle Rechtskraft zunächst unberührt; erst im Falle ihres Erfolgs wird die Rechtshängigkeit des abgeschlossenen Verfahrens rückwirkend wieder begründet; es wird fingiert, dass die Streitsache fortdauernd rechtshängig gewesen ist.[89]

29   Das Ende der Rechtshängigkeit korrespondiert hinsichtlich des Umfangs grds.[90] mit der Reichweite der Rechtskraft der streitigen Entscheidung. **Endurteile** beenden den Rechtsstreit umfänglich und endgültig. **Teilurteile** (§ 110) sind Endurteile für einen quantitativen, abtrennbaren Teil des Streitgegenstandes.[91] Hat das Gericht einen Teil des Streitgegenstandes übergangen, so erlischt die Rechtshängigkeit insoweit mit Ablauf der Ergänzungsantragsfrist des § 120 Abs. 2 (→ § 110 Rn. 23). Ebenso entfällt im Falle der rechtsirrtümlichen Nichtbescheidung eines Teiles des Streitgegenstandes mit Ablauf der Frist des hierfür gegebenen Rechtsmittels die Rechtshängigkeit. Gerade durch diese Rechtsfolge hinsichtlich des unbeschiedenen Teils des Streitgegenstandes unterscheidet sich das insoweit fehlerhafte Vollendurteil von dem Teilurteil, das die Rechtshängigkeit des (noch) nicht beschiedenen Teils des

---

80   BT-Drs. 18/9092.
81   BT-Drs. 18/6985.
82   BT-Drs. 18/9092, 22.
83   EGMR 8.6.2006 – 75529/01 = NJW 2006, 2389; EGMR 2.9.2010 – 46344/06, NJW 2010, 3355.
84   BVerfG 27.9.2011 – 1 BvR 232/11; BVerfG 17.12.2015 – 1 BvR 3164/13, Rn. 26 ff. m.w.N.
85   *W. Zimmermann*, in: MüKoZPO GVG § 198 Rn. 3; *M. Marx/W. Roderfeld*, 15 f. m.w.N.
86   BVerwG 26.2.2015 – 5 C 5/14 D, NVwZ-RR 2015, 641, Rn. 15.
87   BGH 17.7.2014 – III ZR 228/13, NJW 2014, 2588, Rn. 20; *W. Zimmermann*, in: MüKoZPO GVG § 198 Rn. 75; *M. Marx/W. Roderfeld*, GVG § 198 Rn. 154.
88   *K. Rennert*, in: Eyermann § 90 Rn. 7 und § 121 Rn. 1.
89   *K. Rennert*, in: Eyermann § 153 Rn. 18.
90   Ausnahme: Aufrechnung und Drittbeteiligung.
91   *J. Schmidt*, in: Eyermann § 107 Rn. 3.

Streitgegenstandes bestehen lässt. Der Wegfall der Rechtshängigkeit kann sich unterschiedlich auswirken je nachdem, ob über den Streitgegenstandsteil im Lauf des Rechtsmittelzuges bereits eine Entscheidung ergangen ist oder nicht. Ersterenfalls wird die angefochtene Gerichts- oder Behördenentscheidung rechts- bzw. bestandskräftig, letzterenfalls kann das unbeschiedene Begehren erneut anhängig gemacht werden.[92] **Zwischenurteile** über die Prozess- und Sachurteilsvoraussetzungen (§ 109, § 17a GVG) lassen die Rechtshängigkeit nicht entfallen, sondern halten diese vielmehr aufrecht; im Falle des Nichtvorliegens der Prozess- und Sachurteilsvoraussetzungen ergeht ein klageabweisendes Endurteil. Das Zwischenurteil über den Grund (§ 111) ist nur der formellen, nicht jedoch der materiellen Rechtskraft fähig, da nicht über den gesamten Streitgegenstand entschieden wird. Die Rechtshängigkeit entfällt mithin nicht, allerdings ist das Gericht im Nachverfahren an die Feststellungen zum Grund gebunden.[93] Beim **Vorbehaltsurteil** bleibt der Rechtsstreit in Betreff der zur Aufrechnung gestellten Gegenforderung, über welche die Entscheidung vorbehalten ist, rechtshängig (§ 302 Abs. 4 ZPO).

Das Ende der Rechtshängigkeit tritt außerdem durch **Klagerücknahme** (§ 92), **gerichtlichen Vergleich** 30 (§ 106) und **übereinstimmende Erledigungserklärung** (§ 161)[94] ein. Maßgeblich ist hierbei zunächst der Zeitpunkt der Abgabe der jeweiligen Prozesserklärung gegenüber dem Gericht; auf den nachfolgenden gerichtlichen Einstellungs- bzw. Kostenbeschlusses kommt es nicht an.[95] Im Falle der Klagerücknahme entfällt die Rechtshängigkeit nach allg. Ansicht rückwirkend (§ 173 i.V.m. § 269 Abs. 3 S. 1 ZPO).[96] Für den gerichtlichen Vergleich und die übereinstimmende Erledigungserklärung ist dagegen umstr., ob die Rechtshängigkeit ex tunc[97] oder ex nunc[98] entfällt; der Streit soll sich bei der Bewilligung von Prozesskostenhilfe und der Zahlung von Prozesszinsen auswirken.[99] Allerdings berücksichtigt dies zum einen nicht, dass die ex-tunc-Beendigung bei der Klagerücknahme nicht bedeutet, dass es kein Prozessverhältnis gegeben hätte. Vielmehr sind die Geschehnisse des Prozesses, insbes. gerichtliche Hinweise und Sachverständigengutachten, häufig die Grundlage für die spätere Rücknahme. Außerdem bleiben die Gerichtsgebühren, wenn auch regelmäßig gemindert (Nr. 5111 GKG-Kostenverzeichnis), bestehen. Insoweit besteht kein Unterschied zur Verfahrensbeendigung durch übereinstimmende Erledigungserklärung[100] oder Vergleich. Zum anderen berücksichtigt dies nicht, dass es – vorbehaltlich ausdrücklicher gesetzlicher Regelungen – in der Dispositionsfreiheit der Verfahrensbeteiligten liegt, welche Wirkungen sie ihren Erklärungen beimessen wollen. Die Annahme einer kategorischen ex-nunc-Wirkung ließe sich damit nicht vereinbaren. Vielmehr schränkte dies die prozessualen Gestaltungsmöglichkeiten der Verfahrensbeteiligten unverhältnismäßig ein. Bspw. könnten die Parteien die erstinstanzliche Entscheidung in der Rechtsmittelinstanz nur noch durch streitige Entscheidung oder Rücknahme beseitigen, wenn man der übereinstimmenden Erledigungserklärung und dem Vergleich lediglich ex-nunc-Wirkung zubilligte. Diese Einschränkung dürfte weder dem Willen der Parteien entsprechen noch der Prozessökonomie dienen. Außerdem ist ein sachlicher Grund für eine solche Privilegierung der Klagerücknahme nicht recht ersichtlich. In der Praxis wird die noch nicht rechtskräftige erstinstanzliche Entscheidung daher auch bei der übereinstimmenden Erledigungserklärung in analoger Anwendung des § 92 Abs. 3 für wirkungslos erklärt (→ § 161 Rn. 66 ff.). Im Übrigen ist die Frage nach der ex-tunc- oder ex-nunc-Wirkung nach den ausdrücklichen Erklärungen oder dem durch

92 BVerwG 22.3.1994 – 9 C 529/93, BVerwGE 95, 269–277, Rn. 14; OVG Bln-Bbg 24.3.2016 – 11 N 110.14, Rn. 7 m.w.N.
93 BGH 14.4.1987 – IX ZR 149/86, NJW-RR 1987, 1196, 1197, Rn. 23 m.w.N.; *J. Schmidt*, in: Eyermann § 111 Rn. 3.
94 BVerwG 13.3.1964 – VII ER 412.63, Buchholz 310 § 161 Abs. 2 VwGO Nr. 8.
95 BVerwG 30.11.1999 – 5 B 214/99, Rn. 4; *K. Rennert*, in: Eyermann § 90 Rn. 7; *K.-M. Ortloff/K.-U. Riese*, in: Schoch/Schneider/Bier § 90 Rn. 6; *M. Just*, in: Fehling/Kastner/Störmer § 161 Rn. 27; *C. Bamberger*, in: Wysk/Bamberger § 90 Rn. 14; a.A. *P. Kothe*, in: Redeker/v. Oertzen § 90 Rn. 3.
96 *K. Rennert*, in: Eyermann § 90 Rn. 7 und § 92 Rn. 20; *K.-M. Ortloff/K.-U. Riese*, in: Schoch/Schneider/Bier § 90 Rn. 6; *B. Clausing*, in: Schoch/Schneider/Bier § 92 Rn. 33; *H. A. Wolff*, in: Posser/Wolff § 90 Rn. 7.
97 OVG Weimar 3.12.1997 – 3 ZO 619/95, Rn. 2; *K. Rennert*, in: Eyermann § 90 Rn. 7; *J. Schmidt*, in: Eyermann § 161 Rn. 8.
98 VGH Kassel 12.12.2000 – 6 E 4178/98, Rn. 18; *K.-M. Ortloff/K.-U. Riese*, in: Schoch/Schneider/Bier § 90 Rn. 6; *D. Kugele*, § 90 Rn. 6; jeweils unter Verweis auf *R. Pietzner*, VerwArch 1984, 79, 91; *C. Bamberger*, in: Wysk/Bamberger § 90 Rn. 14.
99 *K.-M. Ortloff/K.-U. Riese*, in: Schoch/Schneider/Bier § 90 Rn. 6.
100 Vielmehr orientiert sich die Kostenentscheidung bei der übereinstimmenden Erledigungserklärung an den Erfolgsaussichten der Klage nach dem bisherigen Sach- und Streitstand.

Auslegung ermittelten Willen der Parteien zu beantworten. Daher entfällt bspw. der Anspruch auf die Zahlung von Prozesszinsen, wenn die Parteien den Rechtsstreit übereinstimmend für erledigt erklären oder sich vergleichen, ohne eine Zinsregelung zu treffen, weil die Prozesszinsen einen (selbständigen) Streitgegenstand bilden[101] und damit Teil des (beendeten) Rechtsstreits sind. Der Kläger ist insoweit nicht schutzbedürftig, denn er hat es in der Hand, vor Abgabe seiner Erledigungserklärung vom Beklagten eine Zinszahlungszusage zu verlangen, seine Erledigungserklärung entsprechend zu beschränken oder einen Vergleich abzuschließen, der die Zinsforderung berücksichtigt. Hinsichtlich der (nachträglichen) Bewilligung von Prozesskostenhilfe dürfte der Streit um die dogmatischen Wirkungen der Prozesserklärungen nicht praxisrelevant sein: Im Ausgangspunkt ist Prozesskostenhilfe nicht zu gewähren, wenn die Rechtsverfolgung oder Rechtsverteidigung nicht mehr beabsichtigt ist; dies gilt ungeachtet der Frage, ob die Rechtshängigkeit nach der entsprechenden Prozesserklärung ex-tunc oder ex-nunc entfällt. Soweit die Rspr. in Ausnahmefällen – ohne Unterscheidung zwischen Rücknahme und übereinstimmender Erledigungserklärung – gleichwohl eine nachträgliche Bewilligung zulässt,[102] folgt dies der Billigkeitserwägung, dass das Gericht vor der Verfahrensbeendigung durch die Parteien über die Prozesskostenhilfe hätte entscheiden können; dies setzt wiederum voraus, dass man ungeachtet der Frage von ex-tunc oder ex-nunc konzediert, dass ein Prozessrechtsverhältnis bestanden hat.

31   Wenn und solange eine **einseitige Erledigungserklärung** vorliegt, ist die Rechtshängigkeit nicht entfallen, weil die Prozesslage zu diesem Zeitpunkt noch nicht abschließend gestaltet ist. Erklärt der Beklagte nicht gleichfalls die Hauptsache für erledigt,[103] sollte der Kläger – neben der Umstellung des Hauptantrags auf Feststellung der Erledigung – seinen ursprünglichen materiellen Antrag ausdrücklich[104] hilfsweise aufrechterhalten, um für den Fall der gerichtlichen Feststellung, dass der Rechtsstreit in der Hauptsache nicht erledigt ist, zu seinem ursprünglichen Sachantrag zurückkehren zu können, ohne Gefahr zu laufen, dass der Antrag zwischenzeitlich verfristet wäre.[105]

32   In den Fällen des **außergerichtlichen Vergleichs**, des **Anerkenntnisses** und des **Verzichts** entfällt die Rechtshängigkeit erst mit der in diesen Fällen notwendigen (§ 173 i.V.m. §§ 306, 307 ZPO) verfahrensbeendenden Entscheidung des Gerichts.

33   **Ruhen** (§ 173 i.V.m. § 291 ZPO) oder **Aussetzen** (§ 94) führen zwar zur Erledigung nach der Aktenordnung, beseitigen die Rechtshängigkeit indes nicht.[106]

III. Folgen der Rechtshängigkeit

34   Die Folgen der Rechtshängigkeit lassen sich in prozessuale (v.a. §§ 89, 91, 92 sowie § 83 S. 1 und § 173 S. 1 i.V.m. § 17 GVG und §§ 265, 266 ZPO) und materiellrechtliche (§§ 204, 209 BGB: Hemmung der Verjährung sowie § 291 BGB: Prozesszinsen) unterscheiden.

35   **1. Prozessuale Folgen der Rechtshängigkeit.** § 17 Abs. 1 S. 1 GVG bewirkt v.a. aus prozesswirtschaftlichen Erwägungen den Fortbestand der Zuständigkeit des Prozessgerichts (**perpetuatio fori** → § 41 § 17 GVG Rn. 18 ff.).

36   § 17 Abs. 1 S. 2 GVG postuliert das **Verbot doppelter Rechtshängigkeit**. Die Vorschrift sperrt die erneute Geltendmachung desselben Streitgegenstandes bei einem anderen Gericht. Dies dient neben der Prozessökonomie auch der Rechtssicherheit, indem einander widersprechende gerichtliche Entscheidungen vermieden werden, sowie dem Schutz des Beklagten: dieser soll sich nicht in derselben Sache in mehreren Verfahren verteidigen müssen. Die Frage, welcher von mehreren gleichzeitig rechtshängigen Rechtssachen mit demselben Begehren[107] und denselben Parteien die Rechtshängigkeit entgegen-

---

101   BVerwG 21.12.2015 – 9 B 32.15, Rn. 14 m.w.N.

102   OVG Weimar 3.12.1997 – 3 ZO 619/95, Rn. 2; OVG Münster 30.6.1993 – 25 E 426/93, NVwZ-RR 1994, 124; OVG Koblenz 25.8.1988 – 13 E 23/88, DÖV 1989, 36 f.

103   Wobei die Fiktionswirkung des § 162 Abs. 2 S. 2 zu beachten ist.

104   BVerwG 25.11.1981 – 1 WB 131/80, BVerwGE 73, 312–317, Rn. 12. In anderen Entscheidungen hat das BVerwG die hilfsweise Aufrechterhaltung fingiert (vgl. bspw. BVerwG 22.1.1998 – 2 C 4.97, Rn. 16), was vor dem Grundsatz der Dispositionsfreiheit krit. zu sehen ist.

105   *C. Kremer*, NVwZ 2003, 797, 803 f. m.w.N.

106   VGH Mannheim 3.9.1991 – 9 S 15/91, Rn. 16; *T. Stuhlfauth*, in: Bader/Funke-Kaiser/Stuhlfauth/von Albedyll § 90 Rn. 5.

107   Identität des Streitgegenstands besteht bspw. zwischen einer Nichtigkeitsfeststellungsklage und der Anfechtungsklage (vgl. BVerwG 7.1.2013 – 8 B 57/12, Rn. 5 m.w.N). Keine Identität i.S. einer Sperrwirkung besteht dagegen zwischen

steht, ist nach der zeitlichen Priorität zu beurteilen; die hieraus resultierende Unzulässigkeit ist von Amts wegen zu berücksichtigen (→ § 41 § 17 GVG Rn. 22 ff.).[108]

§ 17 Abs. 2 GVG ordnet v.a. aus prozessökonomischen Gründen an, dass das zuständige Gericht den **37** Rechtsstreit vorbehaltlich der verfassungsrechtlichen Einschränkungen (Art. 14 Abs. 3 S. 4 und Art. 34 S. 3 GG) **unter allen in Betracht kommenden rechtlichen Gesichtspunkten entscheidet,** sofern der beschrittene Rechtsweg für einen Klagegrund zulässig ist (→ § 41 § 17 GVG Rn. 29 ff.).[109]

Die Rechtshängigkeit schließt das Recht der Verfahrensbeteiligten nicht aus, die **streitbefangene Sache** **38** **zu veräußern** oder den **geltend gemachten Anspruch abzutreten** (§ 265 Abs. 1 ZPO).[110] Streitbefangen ist eine Sache, wenn auf der rechtlichen Beziehung zu ihr die Sachbefugnis einer Partei beruht.[111] Dies ist neben dinglichen Verwaltungsakten auch bei sonstigen Bescheiden der Fall, wenn der rechtshängige Anspruch mit der Sache auf den Erwerber übergeht (§ 265 Abs. 3 ZPO).[112] Daran fehlt es, wenn der Anspruch auf einer besonderen Beziehung – etwa einer besonderen Nutzungsabsicht – gerade des Klägers zu der veräußerten Sache beruht.[113]

Nach § 265 Abs. 2 hat die Veräußerung oder Abtretung auf den Prozess keinen Einfluss; der Rechts- **39** nachfolger ist nicht berechtigt, ohne Zustimmung des Gegners den Prozess als Hauptpartei an Stelle des Rechtsvorgängers zu übernehmen oder eine Hauptintervention zu erheben. Stimmt der Gegner nicht zu, verfolgt der Veräußernde bzw. Abtretende die Rechte im eigenen Namen für den Rechtsnachfolger im Wege gesetzlicher **Prozessstandschaft** weiter.[114] Der Veräußernde bzw. Abtretende muss dann allerdings auf Leistung an den Rechtsnachfolger bzw. Feststellung zu dessen Gunsten klagen.[115] Zweck der Regelung ist es, das Prozessrechtsverhältnis vor materiellrechtlichen Änderungen abzuschirmen und den Prozess unabhängig davon mit demjenigen zu Ende zu führen, mit dem er begonnen wurde. Damit werden der Gegner des Veräußernden bzw. Abtretenden geschützt und unökonomische Doppelprozesse vermieden.[116] Die in § 173 S. 1 VwGO angeordnete entsprechende Anwendung des § 265 ZPO schließt im Verwaltungsrechtsstreit neben dem Kläger und dem Beklagten auch den **notwendig Beigeladenen** ein, der im materiellen Sinne der Streitgegner des Klägers ist.[117] Die Rechtskraft des verwaltungsgerichtlichen Urteils erstreckt sich nach § 121 auch auf die **Rechtsnachfolger** der Beteiligten. Hierdurch wird in zeitlicher Hinsicht auch gebunden, wer schon vor Eintritt der Rechtskraft, aber nach Rechtshängigkeit in das streitbefangene Recht nachfolgt.[118] Die Norm gilt dagegen weder bei Rechtsnachfolge vor Rechtshängigkeit (dann Abweisung durch Sachurteil, wenn kein Parteiwechsel erfolgt) noch bei Nachfolge in titulierte Rechte (dann §§ 727–731 ZPO).[119]

Mit Eintritt der Rechtshängigkeit sind die gerichtlichen **Gebühren** fällig (§ 6 Abs. 1 Nr. 5 GKG),[120] **40** sofern das Verfahren nicht gerichtskostenfrei ist (z.B. § 83b AsylG). Die Verfahrensbeteiligten können die Gerichtsgebühren durch prozessuale Erklärungen unter bestimmten Voraussetzungen dann nur noch mindern (Nr. 5111 GKG-Kostenverzeichnis), jedoch nicht mehr entfallen lassen. Für die Wertberechnung ist der Zeitpunkt der den jeweiligen Streitgegenstand betreffenden Antragstellung maßgebend, die den Rechtszug einleitet (§ 40 GKG) bzw. den Streitgegenstand nachfolgend ändert.

---

dem behördlichen Verfahren nach § 80 Abs. 4 und dem gerichtlichen Eilverfahren nach § 80 Abs. 5. Gleiches gilt für das Verhältnis von Abänderungsverfahren (§ 80 Abs. 7) und Beschwerde (§ 146).

108 BVerwG 2.3.1994 – 1 WB 4/93, Rn. 4; VGH München 2.8.2017 – 20 C 17.881, Rn. 5; VG München 11.1.2017 – M 9 K 15.3873, Rn. 18.
109 BT-Drs. 11/7030, 36; BVerwG 4.3.2015 – 6 B 58/14, Rn. 11.
110 BVerwG 12.12.2000 – 7 B 68/00, NVwZ-RR 2001, 406, Rn. 5 (Abtretung eines Restitutionsanspruchs).
111 BVerwG 12.6.2006 – 3 B 181/05, Rn. 7 (Anliegergrundstück vermittelt Klagebefugnis gegen Verkehrsregelung); OVG Münster 1.10.1991 – 4 A 2162/90, Rn. 21.
112 OVG Münster 1.10.1991 – 4 A 2162/90, Rn. 21 ff. (Veräußerung eines Zeitungsverlages während des Verpflichtungsprozesses um gewerberechtliche Ausnahmegenehmigung).
113 BVerwG 18.4.1986 – 8 C 84/84, Rn. 14 (Klage auf Zweckentfremdungsgenehmigung).
114 BVerwG 25.11.2009 – 6 C 34/08, Rn. 13; BVerwG 1.8.2001 – 4 BN 43/01, Rn. 5; BVerwG 12.12.2000 – 7 B 68/00, Rn. 5.
115 OVG Münster 1.10.1991 – 4 A 2162/90, Rn. 21.
116 BGH 12.7.1973 – VII ZR 170/71, BGHZ 61, 140, Rn. 33; *U. Foerste,* in: Musielak/Voit ZPO § 265 Rn. 1.
117 BVerwG 7.2.2011 – 6 C 11/10, Rn. 4.
118 BVerwG 19.2.2015 – 1 C 13/14, BVerwGE 151, 228, Rn. 22.
119 BGH 26.10.1984 – V ZR 218/83, BGHZ 92, 347, Rn. 13; *U. Foerste,* in: Musielak/Voit ZPO § 265 Rn. 2.
120 *K.-M. Ortloff/K.-U. Riese,* in: Schoch/Schneider/Bier § 90 Rn. 3.

41 **2. Materielle Folgen der Rechtshängigkeit.** Nach der st. Rspr. des BVerwG sind für öffentlich-rechtliche Geldforderungen **Prozesszinsen** unter sinngemäßer Anwendung des § 291 BGB zu entrichten, wenn das jeweils einschlägige Fachrecht keine gegenteilige Regelung trifft oder die Besonderheiten des Rechtsverhältnisses einer Anwendbarkeit entgegenstehen;[121] einen allgemeinen Grundsatz, der zur Zahlung von **Verzugszinsen** im öffentlichen Recht verpflichtet, gibt es dagegen nicht.[122] Die Rechtshängigkeit ist selbständiger Rechtsgrund für die Verpflichtung des Schuldners einer Geldschuld zur Zahlung von sog. Prozesszinsen.[123] Die Vorschrift soll das Verhalten des Schuldners sanktionieren, der seinen Gläubiger zur Klageerhebung zwingt und damit einem Prozessrisiko aussetzt.[124]

42 Bloße Anhängigkeit genügt nicht; daher reicht die Aufrechnung mit einer Forderung im Prozess nicht aus, eine Zinspflicht zu begründen.[125] In zeitlicher Hinsicht setzt der Anspruch auf Erstattung von Prozesszinsen die Einleitung des Prozesses voraus; die Durchführung eines Verwaltungsverfahrens allein reicht nicht.[126] Nach der Rspr. des BVerwG endet die Zinspflicht mit dem Abschluss des Prozesses wegen der Hauptforderung.[127] Diese Begrenzung überzeugt nicht. Ihr steht der Wortlaut des § 291 S. 1 BGB („von dem Eintritt der Rechtshängigkeit an zu verzinsen") sowie Sinn und Zweck der Vorschrift entgegen: Wenn als Grund für die Zinspflicht bereits ausreicht, dass der Schuldner Anlass zur Klage gibt, muss er der Verzinsung erst recht unterliegen, wenn er nach Abschluss des Verfahrens immer noch nicht zahlt.[128]

43 Außer im Fall der (Geld-)Leistungsklage kann der Zinsanspruch auch bei Verpflichtungsklagen auf Erlass eines die Zahlungspflicht unmittelbar auslösenden Verwaltungsakts bestehen. Die Verpflichtung muss allerdings in der Weise konkretisiert sein, dass der Umfang der zu erbringenden Geldleistung eindeutig bestimmt ist oder rechnerisch unzweifelhaft ermittelt werden kann.[129] Gleiches gilt bei Erstattungsklagen nach § 113 Abs. 1 S. 2.[130] Bei einer Klage auf Feststellung des Bestehens oder Nichtbestehens einer Geldforderung tritt deren Rechtshängigkeit ein, wenn die Feststellungsklage im Einzelfall als der Leistungsklage gleichwertig anzusehen und die Forderung nur dem Grunde nach str. ist,[131] dies ist bei der Klage auf Feststellung nicht-amtsangemessener Alimentation nicht der Fall.[132] Steht die Geldleistung dagegen im Ermessen der Behörde, so tritt Fälligkeit der Geldschuld – außer im Fall der Ermessensreduktion auf null – erst mit Spruchreife ein; im Fall der reinen Bescheidungsklage wird die Geldschuld schon gar nicht rechtshängig.[133] Die Erhebung einer Anfechtungsklage genügt nach st. Rspr. des BVerwG für den Anspruch auf Prozesszinsen hingegen nicht. Vielmehr hängt der Zinsanspruch auch hier von der Erhebung einer den Zahlungsanspruch beziffernden oder zumindest bestimmbaren Leistungsklage ab, die der Kläger allerdings mit der Anfechtungsklage verbinden kann.[134]

---

121 BVerwG 22.2.2001 – 5 C 34/00, BVerwGE 114, 61, Rn. 6 m.w.N.; grundlegend: BVerwG 7.6.1958 – V C 272.57, BVerwGE 7, 95, Rn. 22 ff.; *W. Ernst*, in: MüKoBGB BGB § 291 Rn. 3.

122 BVerwG 26.7.2012 – 2 C 29/11, NVwZ-RR 2012, 972, Rn. 45 m.w.N; a.A. *W. Zimmerling/D. Jung*, DÖV 1987, 94 f.

123 BGH 4.4.2006 – X ZR 122/05, BGHZ 167, 139, Rn. 23.

124 BGH 25.1.2013 – V ZR 118/11, NJW-RR 2013, 825, Rn. 19; BGH 28.5.2008 – XII ZB 34/05, NJW 2008, 2710, Rn. 18.

125 BGH 28.5.2008 – XII ZB 34/05, NJW 2008, 2710, Rn. 16; *J. Hager*, in: Erman BGB § 291 Rn. 1 und 3; *C. Grüneberg*, in: Palandt BGB § 291 Rn. 4; a.A. *C. Feldmann*, in: Staudinger BGB § 291 Rn 14.

126 BVerwG 21.4.1971 – V C 45.69, BVerwGE 38, 49 m.w.N., Rn. 11; VGH München 27.4.2012 – 3 ZB 10.1354, Rn. 8; *K. Rennert*, in: Eyermann § 90 Rn. 14; a.A. *W.-R. Schenke*, in: Kopp/Schenke § 90 Rn. 23; *W. Zimmerling/D. Jung*, DÖV 1987, 94, 96.

127 BVerwG 21.4.1971 – V C 45.69, BVerwGE 38, 49 m.w.N., Rn. 11.

128 So auch: *K.-M. Ortloff/K.-U. Riese*, in: Schoch/Schneider/Bier § 90 Rn. 21; *K. Rennert*, in: Eyermann § 90 Rn. 14.

129 BVerwG 27.10.1998 – 1 C 38/97, BVerwGE 107, 304, Rn. 14; BVerwG 4.12.2001 – 4 C 2/00, BVerwGE 115, 274, Rn. 49; *K.-M. Ortloff/K.-U. Riese*, in: Schoch/Schneider/Bier § 90 Rn. 19.

130 BVerwG 4.12.2001 – 4 C 2/00, BVerwGE 115, 274, Rn. 49; *K. Rennert*, in: Eyermann § 90 Rn. 15.

131 BVerwG 22.2.2001 – 5 C 34/00, BVerwGE 114, 61, Rn. 8; BVerwG 26.7.2012 – 2 C 29/11, BVerwGE 143, 381, Rn. 47; *K. Rennert*, in: Eyermann § 90 Rn. 15.

132 BVerwG 25.1.2006 – 2 B 36/05, Rn. 18.

133 BVerwG 28.6.1995 – 11 C 22/94, BVerwGE 99, 53, Rn. 10 f.; i.E. ebenso: *K. Rennert*, in: Eyermann § 90 Rn. 15; a.A. *W. Zimmerling/D. Jung*, DÖV 1987, 94, 96.

134 BVerwG 24.3.1999 – 8 C 27/97, BVerwGE 108, 364 m.w.N., Rn. 22; *K. Rennert*, in: Eyermann § 90 Rn. 16; *K.-M. Ortloff/K.-U. Riese*, in: Schoch/Schneider/Bier § 90 Rn. 19; teilw. a.A. *W. Zimmerling/D. Jung*, DÖV 1987, 94, 97.

Andersherum schuldet der Anfechtungskläger im Fall des Unterliegens aber auch keine Prozesszinsen.[135]

Die Zinshöhe ergibt sich aus § 288 Abs. 1 S. 2 BGB: fünf Prozentpunkte über dem Basiszinssatz für das jeweilige Jahr. Eine analoge Anwendung von § 288 Abs. 2 BGB scheidet bei öffentlich-rechtlichen Erstattungsansprüchen aus.[136]   44

Der öffentlich-rechtliche Rechtsträger kann die **Verjährung** durch Erlass eines Verwaltungsakts hemmen (§ 53 Abs. 1 S. 1 VwVfG). Der Bürger muss hierfür Leistungs- oder Feststellungsklage erheben (§ 204 Abs. 1 Nr. 1 BGB). Da sie einen Unterfall der Leistungsklage darstellt, gilt dies entsprechend auch für die Verpflichtungsklage,[137] nicht jedoch für die Anfechtungsklage gegen einen Leistungsbescheid.[138] Diesbezüglich ist jedoch zu beachten, dass der Lauf der Verjährungsfrist bereits durch Einlegung des Widerspruchs gehemmt wird, wenn die Zulässigkeit der Klage von einem Vorverfahren Behörde abhängt[139] und innerhalb von drei Monaten nach Erledigung des Gesuchs die Klage erhoben wird (§ 204 Abs. 1 Nr. 12 BGB).[140] Unabhängig von der (fehlenden) Rechtshängigkeit wird der Lauf der Verjährungsfrist durch die Geltendmachung der Aufrechnung des Anspruchs im Prozess (§ 204 Abs. 1 Nr. 5 BGB) und den Antrag auf Gewährung von Prozesskostenhilfe – ggf. unter Vorverlagerung gem. § 167 ZPO auf den Zeitpunkt der Einreichung des Antrags – gehemmt (§ 204 Abs. 1 Nr. 14 BGB).   45

Anders als die Unterbrechung nach früherem Recht (§§ 209, 211, 217 BGB a.F.) bewirkt die Hemmung, dass der Zeitraum, während dessen die Verjährung gehemmt ist, in die Verjährungsfrist nicht eingerechnet wird (§ 209 BGB); die Verjährungsfrist beginnt indes nicht neu zu laufen. Die Hemmung endet sechs Monate nach der rechtskräftigen Entscheidung oder anderweitigen Beendigung des eingeleiteten Verfahrens (§ 204 Abs. 2 S. 1 BGB) oder binnen der letzten Verfahrenshandlung der Parteien, des Gerichts oder der sonst mit dem Verfahren befassten Stelle, wenn das Verfahren – z.B. im Falle des Ruhens – nicht betrieben wird (§ 204 Abs. 2 S. 2 BGB).   46

§ 91 [Klageänderung]

(1) Eine Änderung der Klage ist zulässig, wenn die übrigen Beteiligten einwilligen oder das Gericht die Änderung für sachdienlich hält.

(2) Die Einwilligung des Beklagten in die Änderung der Klage ist anzunehmen, wenn er sich, ohne ihr zu widersprechen, in einem Schriftsatz oder in einer mündlichen Verhandlung auf die geänderte Klage eingelassen hat.

(3) Die Entscheidung, daß eine Änderung der Klage nicht vorliegt oder zuzulassen sei, ist nicht selbständig anfechtbar.

Schrifttum

1. Monographien und Beiträge in Sammelwerken: *E. Bosch/J. Schmidt,* Praktische Einführung in das verwaltungsgerichtliche Verfahren, 8. Aufl., 2005; *F. Hufen,* Verwaltungsprozessrecht, 9. Aufl., 2013; *W.-R. Schenke,* Verwaltungsprozessrecht, 12. Aufl., 2009.

2. Beiträge in Zeitschriften: *T. Barczak,* Klageänderung, Klagerücknahme und Erledigung des Rechtsstreits im verwaltungsgerichtlichen Verfahren, JA 2014, 778; *J. Bernreuther,* Die Klageänderung, JuS 1999, 478; *M. Frank,* Probleme beim Übergang von der Fortsetzungsfeststellungsklage zur (unzulässigen) Anfechtungsklage durch den anwaltlich nicht vertretenen Kläger im laufenden Verwaltungsprozess, BayVBl 2013, 200; *R. Jahn,* Zur Entwicklung des Beitragsrechts der Industrie- und Handelskammern, GewArch 2008, 187; *C. Kremer,* Die streitige Erledigung in der Hauptsache im Verwaltungsprozess, NVwZ 2003, 797; *C. Külpmann,* Fortsetzungsfeststellung nach Erledigung einer Verpflichtungsklage vor der mündlichen Verhandlung, juris-PR-BVerwG 11/2015 Anm. 1; *K. Redeker,* Behördlicher Zuständigkeitswechsel während anhängigen Verwaltungsprozesses, NVwZ 2000, 1223; *R. P. Schenke,* Das Nachschieben von Ermessenserwägungen – BVerwGE 106, 351, JuS 2000, 230; *W.-R. Schenke,* Rechtmäßigwerden rechtswidrig erlassener Verwaltungsakte, NVwZ 2015, 1341; *ders.,* Die prozessuale Berücksichtigung einer erst nach der gerichtlichen Anfechtung einer Gewerbeuntersagung gem. § 35 Abs. 1 Satz 1 GewO eingetretenen Unzuverlässigkeit des Gewerbetreibenden, GewArch 2015, 473; *ders.,* Nachschieben von Ermessenserwägungen im verwaltungsgerichtlichen Verfahren, DVBl

---

135 BVerwG 17.2.1971 – IV C 17.69, BVerwGE 37, 239, Rn. 11; *K. Rennert,* in: Eyermann § 90 Rn. 16; *W.-R. Schenke,* in: Kopp/Schenke § 90 Rn. 23.
136 BVerwG 18.3.2004 – 3 C 23/03, NVwZ 2004, 991, Rn. 50.
137 *K.-M. Ortloff/K.-U. Riese,* in: Schoch/Schneider/Bier § 90 Rn. 16.
138 BVerwG 17.8.1995 – 3 C 17/94, BVerwGE 99, 109, Rn. 29 ff.
139 Z.B. § 126 Abs. 3 BRRG.
140 BVerwG 14.4.2011 – 2 B 27/10, Rn. 18; BVerwG 11.4.2011 – 2 B 17/10, Rn. 8.

2014, 285; *G. Schikora*, Zulässigkeit einer Klageänderung bei Unzuständigkeit des Gerichts, MDR 2003, 1160; *M. Schröder*, Verlängerungsverwaltungsakt und Änderungsverwaltungsakt, NVwZ 2007, 532; *I. Schübel-Pfister*, Aktuelles Verwaltungsprozessrecht, JuS 2015, 1002; *R. Störmer*, Verfahren bei einseitig gebliebener Erledigungserklärung des Klägers im Verwaltungsprozess, jurisPR-BVerwG 8/2012 Anm. 1; *K. von der Weiden*, Fortsetzungsfeststellungsklage nach Nichtbeförderung trotz erfolgreichen früheren Konkurrentenantrags, Anm. zu BVerwG 2. Senat 17.11.2016 – 2 C 27/15, jurisPR-BVerwG 11/2017 Anm. 2.

I. Allgemeines

1   **1. Normzweck.** Mit § 91 soll im Interesse der Prozessökonomie die Möglichkeit eröffnet werden, einen bereits rechtshändig gewordenen Streit möglichst umfassend zu entscheiden.[1] Vergleichbare Regelungen finden sich auch in anderen Prozessordnungen.[2] Das klägerische Begehren (→ § 88 Rn. 20 ff.) wird zunächst bei Klageerhebung festgelegt. Im Laufe des gerichtlichen Verfahrens kann es sich jedoch aus verschiedensten Gründen verändern. Dies gilt umso mehr, da verwaltungsgerichtliche Verfahren sich in der aktuellen Gerichtspraxis aufgrund der Vielzahl anhängiger Verfahren über einen längeren Zeitraum erstrecken. § 91 ist – ebenso wie § 88 (→ § 88 Rn. 1) – Ausfluss der Dispositionsmaxime und dient dem Zweck, dem Kläger bei einer solchen veränderten Interessenlage eine Änderung seiner Klage zu ermöglichen. In diesem Fall muss das Gericht nicht mehr über ein Klageziel entscheiden, das sich ggf. bereits überholt hat.

2   Es ist möglich, dass eine Klageänderung nicht im Interesse der übrigen Beteiligten ist. Eine solche soll deshalb – aber auch, weil das Gericht, das die Klage bereits unter dem Gesichtspunkt des bisher definierten, nicht aber des neuen Ziels bearbeitet hat – nicht allein der klägerischen Disposition unterliegen, sondern ist nur unter den in § 91 definierten Voraussetzungen möglich. Liegen diese nicht vor, muss das neue Klageziel mit einer weiteren Klage verfolgt werden. Insofern dient § 91 auch dem Schutz der übrigen Beteiligten.

3   Gegenüber der Erhebung einer völlig neuen Klage bietet die Klageänderung den Vorteil, dass die bisherigen Prozessergebnisse weiter verwendet werden können. Deshalb kann sie durchaus auch dem Interesse der Beklagtenseite und anderer Beteiligter entsprechen.[3] Vor diesem Hintergrund eröffnet § 91 den übrigen Beteiligten die Möglichkeit einer – ausdrücklichen oder konkludenten – Einwilligung in die Klageänderung mit der Folge, dass diese zulässig ist, auch wenn das Gericht sie nicht für sachdienlich hält.

4   **2. Anwendungsbereich.** Die Norm gilt unmittelbar nur für das Klageverfahren. Nach § 125 S. 1 findet § 91 jedoch auch im Berufungsverfahren Anwendung. Allerdings kann eine Klageänderung nach einem stattgebenden Urteil erster Instanz durch den Kläger nur im Wege der Anschlussberufung erklärt werden.[4] Im Revisionsverfahren ist § 91 nach § 142 Abs. 1 S. 1 nicht anwendbar.

5   Im Verfahren auf Zulassung der Berufung (§ 124 Abs. 1) ist eine Klageänderung durch den Wechsel des Beklagten nicht möglich. Die Zulassung der Berufung kann auch nicht allein zum Zweck einer Klageänderung nach § 91 beantragt werden.[5] Das Berufungszulassungsverfahren ist als eine Art Zwischenstreit vom Berufungsverfahren zu unterscheiden. Im Zulassungsverfahren prüft das Gericht den Streitfall nicht umfassend, wie auf die zugelassene Berufung hin, sondern nur im Hinblick darauf, ob

---

1   Vgl. BVerwG NVwZ 1998, 1292, 1293; *W.-R. Schenke*, in: Kopp/Schenke § 91 Rn. 1.
2   Vgl. §§ 263, 267, 268 ZPO, § 99 SGG, § 67 FGO.
3   Vgl. *K.-M. Ortloff/K.-U. Riese*, in: Schoch/Schneider/Bier § 91 Rn. 1.
4   Vgl. BVerwG 23.9.2010 – 7 C 20.09, BeckRS 2010, 55319, Rn. 15 m.w.N.; BVerwG NVwZ 1999, 1252, 1253.
5   BGH 30.1.2017 – AnwZ (BrfG) 57/16, BeckRS 2017, 102670, Rn. 13.

die Zulassungsvoraussetzungen nach § 124 Abs. 2 vorliegen. Die Nachprüfung beschränkt sich deshalb auf die Entscheidung des Verwaltungsgerichts, wie sie zwischen den Beteiligten ergangen ist, und kann insbes. nicht auf Dritte, die im Wege der Klageänderung einbezogen werden sollen, oder auf einen anderen Streitgegenstand erstreckt werden.[6]

§ 91 wird in einer Vielzahl weiterer Verfahren entsprechend angewandt. Dies betrifft Beschlüsse, also 6
insbes. Verfahren des vorläufigen Rechtsschutzes nach §§ 80 Abs. 5, 7, 80 a und 123,[7] aber auch das Normenkontrollverfahren nach § 47,[8] das Wiederaufnahmeverfahren nach § 153 und das Vollstreckungsverfahren nach § 167.[9] § 91 gilt auch im Beschwerdeverfahren,[10] wobei teilweise vertreten wird, dass die Norm nicht für die Beschwerde nach § 146 Abs. 4 gegen Beschlüsse in Verfahren des vorläufigen Rechtsschutzes gilt.[11]

Das OVG Bln-Bbg hielt z.B. im Normenkontrollverfahren nach § 47 die Einbeziehung einer Beitrags- 7
satzung aus dem Jahr 2016 nach § 91 analog für zulässig, nachdem die streitgegenständliche Beitragssatzung aus dem Jahr 2012 im Laufe des Verfahrens außer Kraft getreten und durch die Satzung aus dem Jahr 2016 ersetzt worden war.[12]

II. Klageänderung

1. Begriff. Eine Klageänderung liegt vor, wenn der Streitgegenstand eines anhängigen Verfahrens 8
nach Erhebung der Klage (Eingang bei Gericht)[13] durch klägerische Erklärung geändert wird.[14] Maßgeblich ist eine Veränderung des Klagebegehrens i.S.d. § 88, also des von dem Kläger verfolgten Rechtsschutzziels (→ § 88 Rn. 20 f.). Sie liegt – wie das BVerwG entsprechend § 264 ZPO formuliert – bei einer Veränderung des Klagegrundes vor.[15] Eine Änderung des Klagebegehrens kann z.B. in einer Änderung des Klageantrags zum Ausdruck kommen, wenn dieser nicht nur klargestellt wird.[16] Ebenso liegt eine Klageänderung bei Änderung auf Kläger- oder Beklagtenseite (Parteiwechsel) vor.[17]

2. Objektive Klageänderung. a) Allgemeines. Macht der Kläger einen anderen Lebenssachverhalt 9
zur Grundlage seines zur Entscheidung gestellten Anspruchs, ist eine Klageänderung i.S.d. § 91 gegeben (objektive Klageänderung).[18] Eine objektive Klageänderung aufgrund eines veränderten Lebenssachverhalts liegt z.B. dann vor, wenn ein Kläger die Zahl der Mastflügelplätze, für die er einen Bauvorbescheid begehrt, im Laufe des Verfahrens dahingehend absenkt, dass der Schwellenwert der immissionsschutzrechtlichen Genehmigungsbedürftigkeit nicht mehr erreicht ist. Denn dass die immissionsschutzrechtliche Genehmigungsbedürftigkeit an diesen Schwellenwert anknüpft, zeigt, dass der Gesetzgeber das Erreichen einer bestimmten Zahl von Mastplätzen als qualitative Änderung des Vorhabens bewertet.[19]

Die Änderung des zugrunde liegenden Lebenssachverhalts, also des Klagegrundes, führt auch bei 10
gleichbleibendem Klageantrag zu einer Klageänderung. So ist § 91 anwendbar, wenn der Kläger eine Verpflichtungsklage auf die Erteilung einer Aufenthaltserlaubnis zunächst mit der Begründung erhoben hat, er halte sich zu Studienzwecken in der Bundesrepublik auf und im Laufe des Verfahrens vorträgt, er habe nunmehr aufgrund der Eheschließung mit einer deutschen Staatsangehörigen einen Anspruch auf eine Aufenthaltserlaubnis,[20] die anderen Voraussetzungen unterliegt.

---

6 VGH München 29.1.1998 – 5 ZB 97.1524, juris Rn. 14.
7 Vgl. OVG Weimar 18.1.2017 – 1 EO 851/16, BeckRS 2017, 128949, Rn. 37; VGH Kassel NVwZ 1988, 88, 89; VG Münster, NVwZ 1982, 144, 145.
8 Vgl. OVG Bln-Bbg 29.11.2017 – OVG 11 A 25.13 juris Rn. 44; OVG Münster NVwZ-RR 1996, 623.
9 Vgl. *K.-M. Ortloff/K.-U. Riese*, in: Schoch/Schneider/Bier § 91 Rn. 93.
10 OVG Münster 1.6.2017 – 6 B 455/17, BeckRS 2017, 112401, Rn. 19.
11 Vgl. HmbOVG NVwZ 2003, 1529; *S. Haack*, in: Gärditz § 91 Rn. 3; *W.-R. Schenke*, in: Kopp/Schenke § 91 Rn. 1.
12 Vgl. OVG Bln-Bbg 29.11.2017 – OVG 11 A 25.13, juris Rn. 44.
13 Vgl. *T. Barczak*, JA 2014, 778, 779.
14 Vgl. BVerwG NVwZ 2006, 87, 88.
15 Vgl. BVerwG NVwZ 2006, 87, 88.
16 Vgl. *S. Haack*, in: Gärditz § 91 Rn. 6.
17 Vgl. *P. Kothe*, in: Redeker/von Oertzen § 91 Rn. 1.
18 Vgl. *K.-M. Ortloff/K.-U. Riese*, in: Schoch/Schneider/Bier § 91 Rn. 14, 16.
19 Vgl. BVerwG NVwZ 2006, 87, 88.
20 BVerwG 21.10.1983 – 1 B 11683, BeckRS 1983, 31247761.

11   Die Änderung des Klageantrags kann dagegen ein Indiz dafür sein, dass sich auch der Klagegrund geändert hat.[21] Keine Klageänderung ist allerdings eine Berichtigung des Klageantrags in sachdienlicher Weise zur Präzisierung des Klagebegehrens oder auf richterlichen Hinweis, welche jedoch keine Veränderung des Klagegrundes als Ursache hat[22]

12   Eine Klageänderung ist nicht anzunehmen, wenn der Kläger nur seine Rechtsauffassung ändert und seine Klage auf einen anderen rechtlichen Gesichtspunkt ohne Änderung des Klagegrundes stützt.[23] Keine Klageänderung hat das BVerwG z.B. im Falle einer Bescheidungsklage angenommen, bei der die Klägerin zwar dieselbe Verpflichtung der Beklagten zur Neubescheidung begehrte, jedoch im Laufe des Verfahrens ihr Begehren auf eine andere Rechtsgrundlage stützte. Denn die der Neubescheidung zu Grunde zu legende Rechtsauffassung ist nicht Bestandteil des Streitgegenstandes.[24]

13   **b) Austausch des Klagebegehrens.** Ein häufiger Fall der objektiven Klageänderung nach § 91 VwGO ist der Austausch des Klagebegehrens, ohne dass ein Fall des § 264 ZPO (→ Rn. 24 ff.) gegeben ist. Dieser ist dann anzunehmen, wenn tatsächlich ein „aliud" begehrt wird und nicht lediglich eine Klarstellung oder Berichtigung erfolgt.[25] Ein Austausch des Klagebegehrens liegt z.B. vor, wenn ein Änderungsbescheid zu dem streitgegenständlichen Bescheid in die Anfechtungsklage einbezogen wird.[26] Hierunter fällt auch die durch Verwaltungsakt ausgesprochene Umdeutung eines Verwaltungsakts nach § 47 VwVfG.[27]

14   Differenzierter gestaltet sich der Austausch des Klagebegehrens bei der Verpflichtungsklage. § 91 scheidet aus, wenn die Beklagte nach Erhebung einer Verpflichtungsklage einen ablehnenden Bescheid durch einen anderen ablehnenden Bescheid ersetzt und der Kläger nunmehr die Verpflichtung der Beklagten unter Aufhebung des neuen Bescheids begehrt.[28] Denn hier ändert sich das eigentliche klägerische Begehren – die Verpflichtung des Beklagten – nicht. Eine Klageänderung i.S.d. § 91 durch Austausch des Klagebegehrens hat das BVerwG aber angenommen, als der Kläger von dem Antrag auf Verpflichtung des Beklagten zur Erteilung einer unbedingten Genehmigung, auf einen Antrag überging, der eine Genehmigung unter bestimmten Bedingungen zum Inhalt hatte.[29]

15   Das Nachschieben von Ermessenserwägungen im Falle eines ursprünglichen Ermessensausfalls stellt – anders als die Ergänzung von Ermessenserwägungen nach § 114 S. 2, auf die § 91 nicht anwendbar ist[30] – einen neuen Verwaltungsakt dar, welcher im Wege der Klageänderung in das Verfahren einbezogen werden kann.[31] § 91 gilt auch dann, wenn ein ursprünglich rechtlich gebundener Verwaltungsakt wegen einer nach Rechtshängigkeit der Anfechtungsklage eintretenden Veränderung der Sach- oder Rechtslage nur noch aufgrund einer Ermessensentscheidung aufrecht erhalten werden kann, für die Einbeziehung der neuen Ermessensentscheidung, welche einen neuen Verwaltungsakt darstellt.[32]

16   Nach § 91 kann der Kläger auch einen „Verlängerungsverwaltungsakt", also einen Verwaltungsakt, der einen vorangegangenen Verwaltungsakt fortsetzt, dessen Dauer abläuft, in das Verfahren einbeziehen. Dies erfolgt entweder, indem er durch Erweiterung des Klagebegehrens (→ Rn. 18) zusätzlich zu dem ursprünglichen Verwaltungsakt nunmehr auch den Verlängerungsverwaltungsakt angreift, oder

---

21 Vgl. *K.-M. Ortloff/K.-U. Riese*, in: Schoch/Schneider/Bier § 91 Rn. 18, 20.

22 Vgl. BVerwG NVwZ 2006, 87, 88; *K.-M. Ortloff/K.-U. Riese*, in: Schoch/Schneider/Bier § 91 Rn. 11 m.w.N., 29.

23 Vgl. *J. Bernreuther*, JuS 1999, 478, 479; *K. Rennert*, in: Eyermann/Fröhler § 91 Rn. 10.

24 Vgl. BVerwG NVwZ 2007, 104, 105.

25 Vgl. *P. Kothe*, in: Redeker/von Oertzen § 91 Rn. 2 mit Beispielen.

26 Vgl. OVG Lüneburg 14.9.2017 – 12 LA 15/16, juris Rn. 11; VGH München 17.9.1992 – 6 B 92.2315, juris Rn. 17; vgl. ausf. hierzu: *W.-R. Schenke*, NVwZ 2015, 1341.

27 Vgl. *W.-R. Schenke*, in: Kopp/Schenke § 91 Rn. 12.

28 Vgl. BVerwG 22.5.1987 – 4 C 77/84, juris Rn. 13; OVG Lüneburg – 10 LB 88/10, juris Rn. 33 ff.; *E. Bosch/J. Schmidt*, Praktische Einführung in das verwaltungsgerichtliche Verfahren, § 33, Nr. 3 a); *W.-R. Schenke*, Verwaltungsprozessrecht Rn. 79 a m.w.N.

29 Vgl. BVerwG NJW 1970, 1564.

30 Vgl. BVerwG NVwZ 1999, 425, 428; *S. Haack*, in: Gärditz § 91 Rn. 12; *R. P. Schenke*, JuS 2000, 230, 234; *W.-R. Schenke*, Verwaltungsprozessrecht Rn. 79 a.

31 Vgl. VG München NVwZ 1998, 1325, 1327; vgl. auch: *P. Kothe*, in: Redeker/von Oertzen § 91 Rn. 5; *K.-M. Ortloff/K.-U. Riese*, in: Schoch/Schneider/Bier § 91 Rn. 23 a; *W.-R. Schenke*, GewArch 2015, 473, 478; *ders.*, DVBl 2014, 285, 290 ff.

32 *W.-R. Schenke*, DVBl 2014, 285, 293.

indem er durch Austausch des Klagebegehrens zwar weiterhin gegen den ursprünglichen Verwaltungsakt – jedoch in seiner geänderten Form – klagt.[33]

Die Einbeziehung eines „wiederholenden" Verwaltungsakts, der mit dem verfahrensgegenständlichen Verwaltungsakt faktisch (weitgehend) identisch ist, stellt keine Klageänderung i.S.d. § 91 dar. Etwas anderes gilt nur dann, wenn der neue Verwaltungsakt keine rein wiederholende, sondern eine modifizierende Verfügung beinhaltet.[34]

c) Erweiterung des Klagebegehrens. Eine Klageänderung liegt nicht nur dann vor, wenn das klägerische Begehren ausgetauscht, sondern auch dann, wenn es erweitert wird.[35] Dies gilt etwa, wenn zusätzlich ein neuer Hilfsantrag gestellt wird. Eine Erweiterung der Klage nach § 91 VwGO ist von den Fällen des § 264 Nr. 2 ZPO (→ Rn. 24 ff.) abzugrenzen. Eine Klageänderung i.S.d. § 91 liegt nach dem VG Schleswig z.B. vor, wenn der Kläger die Feststellung begehrt, dass eine bestimmte Tätigkeit zulassungsfrei sei, und später zudem hilfsweise beantragt, die Beklagte zur Löschung des Klägers aus der Handwerksrolle zu verpflichten.[36] Das ThürOVG nahm die Änderung eines Eilantrags nach § 91 an, als der Antragsteller zunächst die Erstattung seiner individuellen Schülerbeförderungskosten begehrte und im Laufe des Verfahrens auch noch hilfsweise beantragte, ihm eine sozialrechtliche Eingliederungshilfe zu gewähren.[37]

3. Subjektive Klageänderung. Eine Klageänderung ist auch dann gegeben, wenn sich das Prozessrechtsverhältnis zwischen Kläger und Beklagtenseite ändert (subjektive Klageänderung).[38] Ein „Parteiwechsel" liegt im Falle des Austauschs einer Partei vor, während ein „Parteibeitritt" bei Hinzutreten eines Dritten auf Seiten der Parteien gegeben ist. Keine Klageänderung stellt demgegenüber einer Veränderung auf Seiten der übrigen Beteiligten dar, wie sie z.B. durch die Beiladung eines weiteren Beteiligten im Laufe des Verfahrens erfolgt.[39] Auch die Berichtigung einer falschen Bezeichnung eines Beteiligten ist keine subjektive Klageänderung.[40]

Eine gewillkürte Parteiänderung durch Erklärung einer bisherigen oder künftigen Partei sowohl auf Kläger-, als auch auf Beklagtenseite ist stets an den Voraussetzungen des § 91 zu messen.[41] Hiervon zu unterscheiden sind spezialgesetzlich geregelte Fälle des Wechsels der Parteien, die § 91 nicht unterfallen und damit insbes. keiner klägerischen Erklärung bedürfen. Solche finden sich z.B. in § 173 VwGO i.V.m. § 239 ZPO (Tod der Partei), § 240 ZPO (Insolvenzverfahren), § 241 ZPO (Prozessunfähigkeit), § 242 ZPO (Nacherbe), § 243 ZPO (Nachlasspflegschaft und Testamentsvollstreckung), § 265 ZPO (Veräußerung oder Abtretung einer Sache) und § 266 ZPO (Veräußerung eines Grundstücks). Kein Fall der Klageänderung i.S.d. § 91, sondern eines gesetzlichen Parteiwechsels, liegt auch dann vor, wenn ein klagender Minderjähriger im Laufe des Verfahrens volljährig wird, und das Klageverfahren nunmehr selbständig fortführt.[42]

Weitere Fälle des gesetzlichen Parteiwechsels auf Beklagtenseite, auf die § 91 nicht anwendbar ist, können sich aus einem Zuständigkeitswechsel – z.B. durch Rechts- oder Funktionsnachfolge – ergeben, was verschiedene außerhalb des Prozesses liegende Gründe haben kann.[43] Nach dem BVerwG ist ein Parteiwechsel aufgrund eines behördlichen Zuständigkeitswechsels deshalb – ungeachtet § 142 – im Revisionsverfahren auch nicht ausgeschlossen.[44] Ein Zuständigkeitswechsel auf Beklagtenseite, auf den § 91 nicht anwendbar ist, kann z.B. gegeben sein, wenn der beklagte Landkreis während des Verfahrens aufgelöst wird und in einem neuen Landkreis aufgeht, der kraft Gesetzes Nachfolger des auf-

---

33 Vgl. zum Vorstehenden insgesamt: *M. Schröder*, NVwZ 2007, 532, 537.

34 Vgl. ausf. zum Vorstehenden insgesamt: *H. A. Wolff*, in: Posser/Wolff § 91 Rn. 17.

35 Vgl. *K.-M. Ortloff/K.-U. Riese*, in: Schoch/Schneider/Bier § 91 Rn. 21 ff.

36 Vgl. VG Schleswig GewArch 2017, 247, 249.

37 Vgl. OVG Weimar 18.1.2017 – 1 EO 851/16, BeckRS 2017, 128949, Rn. 37 f.

38 Vgl. *K.-M. Ortloff/K.-U. Riese*, in: Schoch/Schneider/Bier § 91 Rn. 14, 16, 36 ff.; a. A. *W.-R. Schenke*, in: Kopp/Schenke § 91 Rn. 2.

39 Vgl. *P. Kothe*, in: Redeker/von Oertzen § 91 Rn. 9; *K.-M. Ortloff/K.-U. Riese*, in: Schoch/Schneider/Bier § 91 Rn. 4 ff.

40 Vgl. *F. Hufen*, Verwaltungsprozessrecht, § 36 Rn. 29.

41 Vgl. zum Vorstehenden insgesamt: *K.-M. Ortloff/K.-U. Riese*, in: Schoch/Schneider/Bier § 91 Rn. 37 ff., vgl. auch BVerwG NVwZ 1983, 409, 410.

42 Vgl. BVerwG 10.7.1964 – VII C 124.63, juris Rn. 29; *W.-R. Schenke*, in: Kopp/Schenke § 91 Rn. 13.

43 Vgl. BVerwG 2.11.1973 – IV C 55.70, juris Rn. 13; ausf. hierzu: *K.-M. Ortloff/K.-U. Riese*, in: Schoch/Schneider/Bier § 91 Rn. 45 ff., 48; *K. Redeker*, NVwZ 2000, 1223, 1224.

44 Vgl. BVerwG 2.11.1973 – IV C 55.70, juris Rn. 13.

gelösten Landkreises wird.[45] Eine Klageänderung nach § 91 liegt dagegen vor, wenn die Behörde ihre Zuständigkeit verliert, weil der Kläger während des Verfahrens umzieht.[46]

22   Eine Besonderheit gilt im Falle eines Fortsetzungsfeststellungsbegehrens hinsichtlich eines nicht über den Zeitpunkt des Zuständigkeitswechsels hinauswirkenden Verwaltungsakts: Hier findet ein Parteiwechsel auf Behördenseite aufgrund eines Zuständigkeitswechsels nicht „automatisch" – d.h. ohne klägerische Erklärung – statt.[47] Denn in diesem besonderen Fall ist es durchaus denkbar, dass das klägerische Interesse dem Parteiwechsel auf Beklagtenseite entgegensteht.

23   Ein „automatischer" Parteiwechsel ist auch dann ausgeschlossen, wenn der Kläger sonst ein Interesse daran hat, die Klage gegen den ursprünglich zuständigen Beklagten fortzusetzen.[48] Begehrt der Kläger mit dem Hauptantrag gegen die neue Behörde, aber hilfsweise im Wege der Fortsetzungsfeststellungsklage gegen die alte Behörde, vorzugehen, so liegt ein Fall des § 91 in Bezug auf den ursprünglichen Beklagten vor;[49] der neue Beklagte hingegen ist kraft Gesetzes Partei geworden.

24   **4. Keine Fälle der Klageänderung. a) Gesetzlich geregelte Ausnahmen.** Einige Fälle, die keine Klageänderung darstellen, sind in § 173 VwGO i.V.m. § 264 ZPO ausdrücklich geregelt. Danach ist es nicht als Änderung der Klage anzusehen, wenn ohne eine Änderung des Klagegrundes:

1. die tatsächlichen oder rechtlichen Anführungen ergänzt oder berichtigt werden;
2. der Klageantrag in der Hauptsache oder in Bezug auf Nebenforderungen erweitert oder beschränkt wird;
3. statt des ursprünglich geforderten Gegenstandes wegen einer später eingetretenen Veränderung ein anderer Gegenstand oder das Interesse gefordert wird.

Sobald sich aber (auch) der Klagegrund ändert, greift der gesetzliche Spezialfall zu § 91 nicht mehr ein.[50]

25   Aufgrund von § 264 Nr. 1 ZPO liegt eine Klageänderung nicht vor, wenn der Kläger sein Begehren lediglich klarstellt, denn dies ist eine Form der Ergänzung oder Berichtigung. Eine solche Klarstellung ist die Folge der Ermittlung des klägerischen Begehrens, zu der das Gericht nach § 88 verpflichtet ist (→ § 88 Rn. 21 ff.). So kann der Kläger im Laufe des Verfahrens die Bezeichnung der Beteiligten klarstellen, ohne hierdurch seine Klage zu ändern.[51]

26   Maßgeblich für das Vorliegen eines Falls nach § 264 Nr. 2 ZPO ist, dass der Kläger nach Klageerhebung „mehr" oder „weniger" begehrt, nicht aber etwas anderes („aliud") (→ Rn. 13).[52] Eine Beschränkung des Klageantrags i.S.d. § 264 Nr. 2 ZPO liegt z.B. vor, wenn der bisherige Hauptantrag durch den bereits mit Klageerhebung gestellten Hilfsantrag ersetzt wird.[53] Die Einbeziehung eines erst nach Klageerhebung erlassenen Widerspruchsbescheids zu dem streitgegenständlichen Bescheid begründet eine Erweiterung i.S.d. § 264 Nr. 2 ZPO.[54]

27   Eine Erweiterung des Klageantrags nach § 264 Nr. 2 ZPO stellt auch ein nachträglich gestellter Antrag dar, einen Träger öffentlicher Gewalt zur Vornahme eines Verwaltungsakts zu verurteilen, wenn der Kläger bereits die Aufhebung des die Vornahme ablehnenden Verwaltungsakts mit der Behauptung begehrt hat, er habe einen Rechtsanspruch auf die Vornahme. So nahm der BayVGH einen Fall des § 264 Nr. 2 ZPO an, als der Kläger von einer isolierten Anfechtungsklage gegen die Ablehnung der Erteilung einer Fahrerlaubnis zu einer auf Erteilung der Fahrerlaubnis gerichteten Verpflichtungsklage überging, weil der Kläger bereits in seiner Klagebegründung bzgl. der Aufhebung des Bescheids vorgetragen hatte, einen Anspruch auf die Erteilung der Fahrerlaubnis zu haben.[55]

---

45   Vgl. *K. Redeker*, NVwZ 2000, 1223, 1224.
46   Vgl. *D. Kugele* § 91 Rn. 10 m.w.N.; *K. Rennert*, in: Eyermann/Fröhler § 91 Rn. 24.
47   Vgl. *S. Haack*, in: Gärditz § 91 Rn. 4.
48   Vgl. *K. Redeker*, NVwZ 2000, 1223, 1224.
49   Vgl. *K. Redeker*, NVwZ 2000, 1223, 1224 f.
50   Vgl. auch: OVG Weimar 18.1.2017 – 1 EO 851/16, BeckRS 2017, 128949, Rn. 37.
51   Vgl. *K.-M. Ortloff/K.-U. Riese*, in: Schoch/Schneider/Bier § 91 Rn. 12 m.w.N.; vgl. ausf. hierzu: *W.-R. Schenke*, in: Kopp/Schenke § 91 Rn. 3, 8 a.
52   Vgl. *H. A. Wolff*, in: Posser/Wolff § 91 Rn. 11.
53   Vgl. *W.-R. Schenke*, in: Kopp/Schenke § 91 Rn. 10 m.w.N.
54   Vgl. *W.-R. Schenke*, in: Kopp/Schenke § 91 Rn. 10 m.w.N.
55   VGH München 28.5.2008 – 11 C 08.889, BeckRS 2008, 27971, Rn. 65 f.

Auch bei § 264 Nr. 3 ZPO stellt der Kläger seine Klage nicht auf ein „aliud" (→ Rn. 13) um, sondern 28 trägt vielmehr einer tatsächlichen Veränderung Rechnung, ohne im engeren Sinne etwas anderes zu begehren. Einen Fall des § 264 Nr. 3 nahm das BVerwG an, als die Beklagte, die ein Bauvorhaben des Klägers durch Bescheid abgelehnt hatte, der Gegenstand einer Verpflichtungsklage war, diesen nach Klageerhebung aufhob und das Bauvorhaben durch einen weiteren Bescheid ablehnte, worauf der Kläger nunmehr die Verpflichtung der Beklagten zum Erlass einer Baugenehmigung unter Aufhebung des neuen Bescheids beantragte.[56]

Auch eine Heilung von Verfahrens- oder Formfehlern, welche nicht zur Nichtigkeit eines Verwaltungs- 29 akts nach § 44 VwVfG führen, hat bei Aufrechterhaltung der Klage gegen den entsprechenden Verwaltungsakt keine Klageänderung nach § 91 VwGO, sondern nach § 263 Nr. 3 ZPO zur Folge.[57]

§ 263 Nr. 3 ZPO greift insbes. auch dann ein, wenn das primäre Klagebegehren nicht mehr erreichbar 30 ist und der Kläger seine Klage auf einen sekundären Schadensersatzanspruch umstellt.[58] Auch die Umstellung einer Klage nach Erledigungserklärung auf Feststellung der Erledigung (→ Rn. 38) ist ein Fall des § 264 Nr. 3 ZPO.[59]

b) Fortsetzungsfeststellungsklage. Ein besonderer unabhängig von § 91 zulässiger Fall ist die Umstel- 31 lung eines Klageantrags von einem Anfechtungs- oder Verpflichtungsbegehren auf ein Fortsetzungsfeststellungsbegehren.[60] Das OVG RhPf stützt sich diesbezüglich auf § 113 Abs. 1 S. 4.[61] Das BVerwG und die h.M. der Lit. begründen die Zulässigkeit der Umstellung eines Verpflichtungsbegehrens in ein Fortsetzungsfeststellungsbegehren mit § 173 VwGO i.V.m. § 264 Nr. 2 bzw. 3 ZPO.[62]

Stellt z.B. der in erster Instanz obsiegende Kläger seinen Verpflichtungsantrag, der sich vor der gericht- 32 lichen Entscheidung erledigt hat, in der Berufungsinstanz auf den Antrag um festzustellen, dass die Behörde verpflichtet war, den beantragten Verwaltungsakt zu erteilen, ist der geänderte Antrag als Fortsetzungsfeststellungsantrag unabhängig von § 91 zulässig, wenn sich die Feststellung auf die Rechtslage im Zeitpunkt des erledigenden Ereignisses – genauer: im Zeitpunkt unmittelbar vor Eintritt des erledigenden Ereignisses – bezieht.[63]

Dies gilt allerdings nicht, wenn das ursprüngliche Verpflichtungsbegehren einen anderen Zeitpunkt 33 betrifft, als das spätere Feststellungsbegehren; denn hier ist der Streitgegenstand der Verpflichtungsklage nicht mit dem der geänderten Fortsetzungsfeststellungsklage identisch.[64] In diesem Fall ist die Änderung in eine Fortsetzungsfeststellungsklage an § 91 zu messen.[65]

Auch die Rückkehr vom Fortsetzungsfeststellungsantrag zum Verpflichtungsantrag ist jedenfalls bei 34 einer Ermessensentscheidung eine wesentliche Erweiterung des zuletzt verfolgten Rechtsschutzziels sowie des sachlichen Streitstoffes und damit eine Klageänderung i.S.d. § 91.[66] Die Rückkehr von der Fortsetzungsfeststellungsklage zu einer zuvor schon erhobenen Anfechtungsklage soll demgegenüber kein Fall des § 91 sein, da der Klagegrund in diesem Fall derselbe bleibt.[67]

Eine Klageänderung i.S.d. § 91 liegt nach hier vertretener Auffassung auch dann nicht vor, wenn der 35 Kläger zu Unrecht von einer Erledigung des Verwaltungsakts ausgeht, deshalb zunächst Fortsetzungs-

---

56 BVerwG 22.5.1987 – 4 C 77/84, juris Rn. 13.
57 Vgl. *W.-R. Schenke*, NVwZ 2015, 1341; *H. A. Wolff*, in: Posser/Wolff § 91 Rn. 8.
58 Vgl. *K. Rennert*, in: Eyermann/Fröhler § 91 Rn. 17.
59 Vgl. *W.-R. Schenke*, in: Kopp/Schenke § 91 Rn. 11 m.w.N.
60 Vgl. OVG Koblenz 7.11.2017 – 8 A 10859/17, juris Rn. 21; OVG Magdeburg 17.5.2017 – 2 L 126/15, BeckRS 2017, 116084, Rn. 32; VG Aachen, AfP 2015, 282; VG Regensburg, GewArch 2015, 75, 76; *E. Bosch/J. Schmidt*, Praktische Einführung in das verwaltungsgerichtliche Verfahren, § 33, Nr. 3 a); *W.-R. Schenke*, Verwaltungsprozessrecht Rn. 79 a; *K. von der Weiden*, jurisPR-BVerwG 11/2017 Anm. 2 m.w.N.
61 Vgl. OVG Koblenz 7.11.2017 – 8 A 10859/17, juris Rn. 21; vgl. auch *C. Bamberger*, in: Wysk § 91 Rn. 14.
62 Vgl. BVerwG 4.12.2014 – 4 C 33/13, juris Rn. 11; OVG Münster 12.12.2017 – 5 A 2428/15, juris Rn. 20; VG Aachen, AfP 2015, 282; *T. Barczak*, JA 2014, 778, 779; *S. Haack*, in: Gärditz § 91 Rn. 28; *D. Kugele* § 91 Rn. 15; *K. Rennert*, in: Eyermann/Fröhler § 91 Rn. 15, 18; *K. von der Weiden*, jurisPR-BVerwG 11/2017 Anm. 2 m.w.N.; in diesem Sinne wohl auch: OVG Magdeburg 17.5.2017 – 2 L 126/15, BeckRS 2017, 116084, Rn. 32.
63 Vgl. BVerwG 4.12.2014 – 4 C 33/13, juris Rn. 11 ff.
64 BVerwG NJW 2007, 2790, 2791; vgl. OVG Münster 29.5.2013 – 10 A 2611/11, juris Rn. 66 ff.; VGH München – 7 ZB 16.281, juris Rn. 9.
65 Vgl. *C. Külpmann*, juris-PR-BVerwG 11/2015 Anm. 1.
66 Vgl. BVerwG 26.11.1987 – 2 C 41/87, juris Rn. 20; vgl. ausf. hierzu: *M. Frank*, BayVBl 2013, 200.
67 Vgl. BVerwG 2.7.1982 – 8 C 101/81, juris Rn. 17; vgl. ausf. zur Rückkehr von einer Fortsetzungsfeststellungklage zur ursprünglichen Klageform: *C. Kremer*, NVwZ 2003, 797, 803.

feststellungsklage erhebt und diese im Laufe des Verfahrens auf eine Anfechtungsklage umstellt.[68] Denn in der Sache verfolgt die Klage stets das gleiche Ziel.

36   Unabhängig von der Einordnung des Feststellungsantrags ist zudem eine Klageänderung i.S.e. Klageerweiterung – z.B. hinsichtlich des Zeitraums vor Eintritt des erledigenden Zeitpunkts – nach § 91 auch bei einer Fortsetzungsfeststellungsklage, die selbst erst im Laufe des Verfahrens wegen Erledigung begehrt wurde, zulässig.[69]

37   **c) Klagerücknahme.** Die (teilweise) Klagerücknahme stellt keine Klageänderung dar (zur Abgrenzung der Klageänderung von der Klagerücknahme → § 92 Rn. 8. Dies gilt z.B. für die Umstellung eines Verpflichtungsantrags auf einen Bescheidungsantrag.[70]

38   **d) Einseitige Erledigung.** Erklärt der Kläger den Rechtsstreit für erledigt und schließt sich der Beklagte dieser Erledigungserklärung nicht an, so kann der Kläger die Feststellung der Erledigung des Rechtsstreits beantragen. Hierin liegt keine Klageänderung i.S.d. § 91, denn der Klagegrund hat sich nicht geändert.[71] Das BVerwG spricht von einer „Klageänderung eigener Art".[72] Teilweise wird dies mit § 264 Nr. 3[73] oder Nr. 2 ZPO[74] begründet. Gleiches gilt, wenn der Kläger nach der Umstellung auf die Feststellung der Erledigung wiederum zum ursprünglichen Klageantrag zurückkehrt.[75]

39   **e) Klageverbindung/-trennung und Widerklage.** Die Klageänderung ist von der Klageverbindung/-trennung durch gerichtlichen Beschluss nach § 93 (vgl. die Komm. zu § 89) und von der Widerklage nach § 89 (vgl. die Komm. zu § 93) abzugrenzen; beide stellen keine Klageänderung dar.[76] Eine Widerklage – nicht aber eine Klageänderung – liegt z.B. vor, wenn eine Gemeinde nach ihrer Umbenennung die Bundesbahn auf die Änderung der Bahnhofsbezeichnung verklagt und die Bundesbahn, welche in ihrem Hauptantrag die Klageabweisung begehrt hat, widerklagend die Erstattung von Umbenennungskosten von der Gemeinde verlangt.[77]

40   **5. Verhältnis zur Klagehäufung.** Differenzierter gestaltet sich das Verhältnis der Klageänderung zur Klagehäufung (→ § 41 § 17 GVG Rn. 37 ff.). Bei der Klagehäufung verfolgt die Klage – objektiv bzw. subjektiv – mehrere Ziele, es tritt jedoch nicht zwingend eine Veränderung des Rechtsschutzziels ein. Eine objektive Klagehäufung liegt nach § 44 vor, wenn mehrere Klagebegehren vom Kläger in einer Klage zusammen verfolgt werden, wenn sie sich gegen denselben Beklagten richten, im Zusammenhang stehen und dasselbe Gericht zuständig ist. Demgegenüber liegt eine subjektive Klagehäufung (vgl. §§ 59 ff., 64 ZPO) vor, wenn mehrere Kläger oder Beklagte jeweils als Streitgenossen an dem Verfahren beteiligt sind. Eine Klagehäufung stellt nur dann zugleich auch eine Klageänderung i.S.d. § 91 dar, wenn der Klagegrund (objektiv) oder die Parteien (subjektiv) sich im Laufe des Verfahrens verändern bzw. weitere hinzutreten.[78]

III. Zulässigkeitsvoraussetzungen

41   Die Zulässigkeit der Klageänderung ist eine besondere Sachurteilsvoraussetzung und damit eine Prozessvoraussetzung der Klage in der geänderten Form.[79]

---

68   Offen gelassen: *K. Rennert*, in: Eyermann/Fröhler § 91 Rn. 15, der darauf hinweist, dass maßgeblich für die Einordnung dieses Falls die Beantwortung dessen ist, ob eine Fortsetzungsfeststellungsklage die Bestandskraft eines Verwaltungsakts hindern kann; a.A. *H. A. Wolff*, in: Posser/Wolff § 91 Rn. 11.2.

69   BVerwG NVwZ 1999, 1105, 1106.

70   Vgl. *K.-M. Ortloff/K.-U. Riese*, in: Schoch/Schneider/Bier § 91 Rn. 30.

71   Vgl. BVerwG 1.9.2011 – 5 C 21/10, juris Rn. 10; *P. Kothe*, in: Redeker/von Oertzen § 91 Rn. 8; *C. Kremer*, NVwZ 2003, 797, 800, 804; *R. Störmer*, jurisPR-BVerwG 8/2012 Anm. 1; ausf. hierzu *K.-M. Ortloff/K.-U. Riese*, in: Schoch/Schneider/Bier § 91 Rn. 35.

72   BVerwG NVwZ 1989, 862.

73   Vgl. *S. Haack*, in: Gärditz § 91 Rn. 31.

74   Vgl. *T. Barczak*, JA 2014, 778, 779, 783; *C. Kremer*, NVwZ 2003, 797 Fn. 33 m.w.N.

75   Vgl. BVerwG NVwZ 1999, 404, 405; *K.-M. Ortloff/K.-U. Riese*, in: Schoch/Schneider/Bier § 91 Rn. 35; a.A. *W.-R. Schenke*, in: Kopp/Schenke § 91 Rn. 13 a.

76   Vgl. BVerwG NJW 1974, 1207, 1209.

77   Vgl. BVerwG NJW 1974, 1207.

78   Vgl. zum Vorstehenden insg.: *K.-M. Ortloff/K.-U. Riese*, in: Schoch/Schneider/Bier § 91 Rn. 4 ff.

79   *W.-R. Schenke*, in: Kopp/Schenke § 91 Rn. 29.

1. Klägerische Erklärung. Zwingende Voraussetzung der Klageänderung ist, dass der Streitgegen- 42
stand eines anhängigen Verfahrens durch Erklärung der Klagepartei geändert wird. Fehlt es an einer
solchen Erklärung, liegt kein Fall des § 91 vor. So hat der BayVGH eine Klageänderung in einem Fall
ausgeschlossen, in dem der Klägerbevollmächtigte in der mündlichen Verhandlung ausdrücklich klargestellt hat, dass er die Änderungsbescheide zu den verfahrensgegenständlichen Bescheiden in einem
gesonderten Verfahren überprüfen lassen werde.[80]

Es handelt sich um eine Prozesserklärung, die schriftsätzlich, zu Protokoll des Urkundsbeamten der 43
Geschäftsstelle oder in der mündlichen Verhandlung zu erklären ist. Die nur fernmündliche Erklärung
der Klageänderung ist unwirksam.[81] Die Klageänderung kann auch konkludent erklärt werden.[82]

Eine bedingte Klageänderung ist grds. unzulässig,[83] ebenso wie ein Widerruf der Klageänderungser- 44
klärung.[84] Jedenfalls bei der subjektiven Klageänderung ist eine hilfsweise Erklärung unstreitig ausgeschlossen,[85] denn es muss eindeutig feststehen, wer die Parteien eines gerichtlichen Verfahrens sind.
Umstr. ist, ob eine objektive Klageänderung hilfsweise erklärt werden kann,[86] also ob die objektive
Änderung der Klage unter eine Bedingung gestellt werden darf. Ungeachtet dessen ist die Änderung
einer Klage i.S. einer Erweiterung um einen neuen (weiteren) Hilfsantrag zulässig, denn eine solche
Klageänderung ist nicht bedingt, sondern führt nur zu einer hilfsweisen Ergänzung der bestehenden
Klage.[87]

Eine Klageänderung ist nur während der Anhängigkeit des Verfahrens zulässig. Ist das Verfahren be- 45
endet, so scheidet die Klageänderung auch dann aus, wenn das Gericht noch nicht über die Kosten
entschieden hat. Ggf. ist aber eine verspätet erklärte Klageänderung als Erhebung einer neuen Klage
zu behandeln.[88]

Bei einer gewillkürten subjektiven Klageänderung (→ Rn. 19 ff.) auf Klägerseite durch Eintritt oder 46
Austausch des Klägers bedarf es der Einwilligung des bisherigen Klägers. Zudem bedarf es sowohl bei
dem gewillkürten, als auch bei dem gesetzlichen Klägerwechsel einer Erklärung des eintretenden Klägers, ob er das Verfahren fortführt.[89]

Ein Beklagtenwechsel erfordert eine klägerische Erklärung dahingehend, ob dieser gegen den bisheri- 47
gen oder den neuen Beklagten klagt.[90] Str. ist, ob auch der neue Beklagte zustimmen muss, wogegen
jedoch spricht, dass die Zustimmung der Beklagtenseite zu einer Klageerhebung grds. nie erforderlich
ist.[91]

2. Einwilligung der übrigen Beteiligten. Sind die Beteiligten mit der Klageänderung einverstanden, so 48
ist diese zulässig, auch wenn das Gericht die Klageänderung nicht für sachdienlich hält.[92] Der Wortlaut des § 91 Abs. 1 setzt für die Klageänderung durch Einwilligung ausdrücklich nicht nur die Einwilligung des Beklagten, sondern aller Beteiligten i.S.d. § 63 voraus. Willigt der Beklagte ein, nicht aber
die übrigen Beteiligten, ist umstr., ob die Klageänderung aufgrund der Einwilligung des Beklagten zu-

---

80 Vgl. VGH München 17.9.1992 – 6 B 92.2315, juris Rn. 18; vgl. auch: VG München NVwZ 1998, 1325, 1327; in
einem ähnlichen Fall auch: OVG Lüneburg 14.9.2017 – 12 LA 15/16, juris Rn. 11.
81 Vgl. VGH Mannheim – 3 S 3380/86, juris (LS 1).
82 Vgl. *H. A. Wolff,* in: Posser/Wolff § 91 Rn. 22.
83 BVerwG NJW 1980, 1911; VG Münster NVwZ 1982, 144, 145.
84 Vgl. *S. Haack,* in: Gärditz § 91 Rn. 15.
85 Vgl. *S. Haack,* in: Gärditz § 91 Rn. 15; *K. Rennert,* in: Eyermann/Fröhler § 91 Rn. 26.
86 Abl. BVerwG NJW 1980, 1911; *P. Kothe,* in: Redeker/von Oertzen § 91 Rn. 17; bejahend: *S. Haack,* in: Gärditz § 91
Rn. 15; *W.-R. Schenke,* in: Kopp/Schenke § 91 Rn. 22.
87 Vgl. *K. Rennert,* in: Eyermann/Fröhler § 91 Rn. 26.
88 Vgl. zum Vorstehenden insgesamt: *W.-R. Schenke,* in: Kopp/Schenke § 91 Rn. 21.
89 Vgl. *S. Haack,* in: Gärditz § 91 Rn. 22.
90 Vgl. zum Vorstehenden insgesamt: *K.-M. Ortloff/K.-U. Riese,* in: Schoch/Schneider/Bier § 91 Rn. 56.
91 Nach der h.M. in der Lit. ist die Zustimmung des Beklagten erforderlich, wenn die Änderung des Beklagten erst im
Berufungsverfahren erfolgt, da die Beklagtenseite in diesem Fall auf eine Tatsacheninstanz verzichtet (vgl. *E. Bosch/J.
Schmidt,* Praktische Einführung in das verwaltungsgerichtliche Verfahren, § 33, Nr. 3 b); *S. Haack,* in: Gärditz § 91
Rn. 23, 34; *P. Kothe,* in: Redeker/von Oertzen § 91 Rn. 14; *D. Kugele* § 91 Rn. 21; *K. Rennert,* in: Eyermann/Fröhler
§ 91 Rn. 22; *W.-R. Schenke,* in: Kopp/Schenke § 91 Rn. 16; *H. A. Wolff,* in: Posser/Wolff § 91 Rn. 25). Das BVerwG
hält diese zutr. jedenfalls dann für entbehrlich, wenn der Sachverhalt im Wesentlichen feststeht und unbestr. ist sowie
eine Absicht des Klägers, den Beklagten in seiner Rechtsstellung zu beeinträchtigen, nach Lage des Falles nicht in Betracht kommt (vgl. BVerwG 26.9.1957 – I CB 51.57, juris Orientierungssatz). *W.-R. Schenke* stellt darauf ab, ob der
neue Beklagte als Beigeladener an dem Verfahren in der ersten Instanz beteiligt war (vgl. *W.-R. Schenke,* in: Kopp/
Schenke § 91 Rn. 16).
92 *F. Hufen,* Verwaltungsprozessrecht, § 36 Rn. 29.

lässig ist. Der klare Wortlaut des § 91, der die Einwilligung der übrigen Beteiligten verlangt, steht einer Beschränkung auf den Beklagten entgegen. Allerdings hat dieser Streit keine praktische Relevanz, da die Klageänderung bei Einwilligung des Beklagten i.d.R. jedenfalls sachdienlich und deshalb zulässig sein dürfte.[93]

49   Die Einwilligung stellt ebenso wie die Erklärung der Klageänderung eine Prozesserklärung dar und ist an die gleichen formellen Voraussetzungen geknüpft; sie ist damit auch unwiderruflich, bedingungsfeindlich und nicht wegen Irrtums anfechtbar.[94]

50   **3. Konkludente Einwilligung.** § 91 Abs. 2 regelt ausdrücklich die Voraussetzungen einer konkludenten Einwilligung. Danach ist die Einwilligung des Beklagten in die Änderung der Klage anzunehmen, wenn er sich, ohne ihr zu widersprechen, in einem Schriftsatz oder in einer mündlichen Verhandlung auf die geänderte Klage eingelassen hat. Nach h.M. gilt § 91 Abs. 2 analog auch für die übrigen Beteiligten.[95]

51   § 91 fordert äußere Indizien dafür, dass ein Beklagter mit einer Änderung des Streitgegenstandes einverstanden ist.[96] Diese liegen bei einem bloßen Schweigen zur Klageänderung freilich nicht vor. Eine Einlassung des Beklagten i.S. des § 91 Abs. 2 ist vielmehr gegeben, wenn dieser sich zu der veränderten Klage mit Sachvortrag inhaltlich äußert.[97] Dies ist dann der Fall, wenn er zur Zulässigkeit oder Begründetheit der geänderten Klage Stellung nimmt.[98] Auch das Vorbringen prozesshindernder Einreden begründet eine Einlassung.[99] Allerdings gilt eine inhaltliche Äußerung dann nicht als eine die Klageänderung zulassende Einlassung, wenn der Beklagte zugleich ausdrücklich der Klageänderung widerspricht,[100] denn dann ist die Einlassung als hilfsweise erklärt zu verstehen ist.

52   Ein Klagabweisungsantrag als solcher ist keine Einlassung. Dies ergibt sich aus der mutmaßlichen Zielrichtung des Abweisungsantrages.[101] Denn es ist möglich, dass der Beklagte die Klagabweisung deshalb beantragt, weil er die Klageänderung für unzulässig hält und sich damit gerade nicht inhaltlich zur Klage äußert.

53   **4. Sachdienlichkeit.** Willigen die übrigen Beteiligten oder einer von ihnen nicht in die Änderung der Klage ein, so kann diese nach § 91 Abs. 1 dennoch zulässig sein, wenn das Gericht die Änderung für sachdienlich hält. Wesentlich für den Begriff der Sachdienlichkeit ist der Gesichtspunkt der Prozesswirtschaftlichkeit. Danach ist eine Klageänderung regelmäßig sachdienlich, wenn sie die Möglichkeit bietet, den Streitstoff zwischen den Parteien endgültig zu bereinigen. Das gilt auch dann, wenn durch die Zulassung der Änderung eine Beweisaufnahme notwendig wird oder der Prozessgegner eine zweite Tatsacheninstanz verliert. Gegen Sachdienlichkeit spricht es jedoch, wenn ein völlig neuer Streitstoff zur Beurteilung und Entscheidung gestellt wird, ohne dass dafür das Ergebnis der bisherigen Prozessführung verwertet werden könnte.[102] Auch eine erhebliche Verzögerung eines ansonsten entscheidungsreifen Rechtsstreits spricht gegen die Sachdienlichkeit der Klageänderung.[103]

54   Die Entscheidung, ob eine Klageänderung sachdienlich ist, liegt im Ermessen des Gerichts. Das Revisionsgericht darf die Ermessensausübung des erstinstanzlichen Gerichts nur darauf nachprüfen, ob es den Begriff der Sachdienlichkeit verkannt und damit die Grenzen seines Ermessens überschritten hat.[104]

---

93   Vgl. ausf. zum Streitstand: *K.-M. Ortloff/K.-U. Riese*, in: Schoch/Schneider/Bier § 91 Rn. 58 f.
94   Vgl. *P. Kothe*, in: Redeker/von Oertzen § 91 Rn. 11; *W.-R. Schenke*, in: Kopp/Schenke § 91 Rn. 17 m.w.N.
95   Vgl. *S. Haack*, in: Gärditz § 91 Rn. 20; *P. Kothe*, in: Redeker/von Oertzen § 91 Rn. 18; a.A. *K.-M. Ortloff/K.-U. Riese*, in: Schoch/Schneider/Bier § 91 Rn. 66; *K. Rennert*, in: Eyermann/Fröhler § 91 Rn. 27; *H. A. Wolff*, in: Posser/Wolff § 91 Rn. 30.
96   BVerwG 3.3.1995 – 4 B 26/95, juris Rn. 15.
97   BVerwG 25.6.2009 – 9 B 20.09, BeckRS 2009, 35598, Rn. 5.
98   Vgl. *K.-M. Ortloff/K.-U. Riese*, in: Schoch/Schneider/Bier § 91 Rn. 67; *K. Rennert*, in: Eyermann/Fröhler § 91 Rn. 28.
99   Vgl. *W.-R. Schenke*, in: Kopp/Schenke § 91 Rn. 17.
100   Vgl. *S. Haack*, in: Gärditz § 91 Rn. 21.
101   Vgl. BVerwG 3.3.1995 – 4 B 26/95, juris Rn. 15.
102   St. Rspr.; vgl. zum Vorstehenden insg. z.B.: BVerwG 21.10.1983 – 1 B 11683, BeckRS 1983, 31247761 m.w.N.; vgl. auch: BVerwG NVwZ 2017, 1775, 1777; BVerwG NVwZ 2006, 87, 88; OVG Weimar 18.1.2017 – 1 EO 851/16, BeckRS 2017, 128949, Rn. 38.
103   VGH München NVwZ-RR 2004, 224, 226.
104   BVerwG NVwZ 2006, 87, 88; BVerwG 21.10.1983 – 1 B 11683, BeckRS 1983, 31247761.

Eine sachdienliche objektive Klageänderung liegt z.B. vor, wenn der Kläger die Erteilung eines Bauvor- 55
bescheids für die Errichtung eines Geflügelmaststalls begehrt, jedoch im Laufe des Verfahrens die Anzahl der Mastplätze auf eine Zahl unterhalb des Schwellenwerts der immissionsschutzrechtlichen Genehmigungsbedürftigkeit absenkt.[105]

Der BayVGH nahm eine Sachdienlichkeit in einem Fall an, in dem der Kläger zunächst Anfechtungs- 56
klage gegen einen Bescheid erhoben hatte, mit dem festgestellt wurde, dass er sein Recht auf Einreise
und Aufenthalt in der Bundesrepublik Deutschland verloren hatte, und seine Klage im Berufungsverfahren erstmals um eine Verpflichtungsklage auf die Ausstellung einer Bescheinigung über ein Daueraufenthaltsrecht ergänzte. Denn die Frage, ob dem Kläger ein Daueraufenthaltsrecht zustünde, sei ohnehin inzident im Rahmen der Anfechtungsklage gegen die Verlustfeststellung zu prüfen.[106]

Eine subjektive Klageänderung ist bspw. sachdienlich, wenn der Kläger einen Antrag bei der Behörde 57
der zuständigen Körperschaft gestellt hat, der Antrag jedoch nach behördeninterner Weiterleitung
durch die Behörde einer unzuständigen Körperschaft beschieden worden ist, die zunächst Beklagte ist,
und der Kläger die Klage im Laufe des Verfahrens dahingehend umstellt, dass er nunmehr die zuständige Behörde verklagt.[107]

Eine nicht sachdienliche Klageänderung hat dagegen das VG Schleswig in einem Fall angenommen, in 58
dem der Kläger zunächst die Feststellung begehrt hat, dass eine bestimmte Tätigkeit zulassungsfrei sei,
und später hilfsweise beantragt hat, die Beklagte zur Löschung des Klägers aus der Handwerksrolle zu
verpflichten. Denn es bleibe weder der Streitstoff gleich, noch sei mit einer Beilegung der Auseinandersetzung zu rechnen. Insbes. beziehe der Hilfsantrag sich auf ein gänzlich anderes Verfahren der Hand-
werksordnung als der Hauptantrag.[108]

Die Änderung der Klage in eine unzulässige – z.B. verfristete – Klage ist nie sachdienlich.[109] Denn die 59
Klageänderung steht für das neue Begehren rechtlich einer Klageerhebung gleich. Insofern kommt es
z.B. bzgl. der Fristenberechnung nicht auf die Erhebung der ursprünglichen Klage, sondern auf die Erklärung der Klageänderung an.[110] Aus dem gleichen Grund ist eine subjektive Klageänderung auf Klägerseite dann nicht sachdienlich, wenn der streitgegenständliche Bescheid dem neuen Kläger gegenüber bereits bestandskräftig geworden ist.[111] Eine Sachdienlichkeit scheidet in diesen Fällen nach vorzugswürdiger Ansicht schon deshalb aus, weil die Entscheidung über eine geänderte unzulässige Klage
der materiellen Streitbeilegung zwischen den Beteiligten nicht dienen kann.

Demgegenüber steht die Unbegründetheit der geänderten Klage der Sachdienlichkeit freilich nicht ent- 60
gegen. Denn – anders als bei einer Ablehnung der Zulässigkeit der geänderten Klage – wird durch eine
Entscheidung über die Unbegründetheit der materielle Streitstoff zwischen den Beteiligten endgültig
ausgeräumt.[112]

Trotz des Erfordernisses der Zulässigkeit der geänderten Klage für die Sachdienlichkeit ist ein Aus- 61
wechseln des Beklagten nach Ablauf der Klagefrist möglich, weil die Rechtshängigkeit der Klage gegenüber dem falschen Beklagten dem Eintritt der Bestandskraft des streitgegenständlichen Bescheids
entgegensteht und die Klage vor diesem Hintergrund nicht verfristet ist.[113] Die Berichtigung der irrtümlichen Falschbezeichnung des Beklagten – sofern diese überhaupt im Einzelfall eine Klageänderung
darstellt – ist i.d.R. sachdienlich; es ist insofern nach hier vertretener Auffassung ein großzügiger
Maßstab anzuwenden.[114]

Eine Sachdienlichkeit scheidet nach vorzugswürdiger Ansicht auch dann stets aus, wenn das Gericht 62
mangels örtlicher Zuständigkeit über die geänderte Klage nicht abschließend entscheiden könnte.

---

105 Vgl. BVerwG NVwZ 2006, 87, 88.
106 Vgl. VGH München 18.7.2017 – 10 B 17.339, juris Rn. 64.
107 VGH Kassel 28.10.1996 – 12 UE 628/96, juris Rn. 49.
108 Vgl. VG Schleswig GewArch 2017, 247, 249.
109 Vgl. BVerwG NVwZ 1998, 1292, 1293; *K. Rennert*, in: Eyermann/Fröhler § 91 Rn. 9, 31; a.A. *S. Haack*, in: Gärditz
     § 91 Rn. 18; *D. Kugele* § 91 Rn. 23, 28; *W.-R. Schenke*, in: Kopp/Schenke § 91 Rn. 19; *H. A. Wolff*, in: Posser/Wolff
     § 91 Rn. 28.1.
110 Vgl. VGH Mannheim NVwZ-RR 2015, 118, 119; *I. Schübel-Pfister*, JuS 2015, 1002, 1004.
111 Vgl. *E. Bosch/J. Schmidt*, Praktische Einführung in das verwaltungsgerichtliche Verfahren, § 33, Nr. 3 b); *H. A.
     Wolff*, in: Posser/Wolff § 91 Rn. 20.2.
112 Vgl. BVerwG 26.10.1978 – 5 C 85.77, BeckRS 1978, 106354.
113 Vgl. *E. Bosch/J. Schmidt*, Praktische Einführung in das verwaltungsgerichtliche Verfahren, § 33, Nr. 3 b) m.w.N.; *P.
     Kothe*, in: Redeker/von Oertzen § 91 Rn. 9 m.w.N., 12, 26.
114 Vgl. *K. Rennert*, in: Eyermann/Fröhler § 91 Rn. 23; *H. A. Wolff*, in: Posser/Wolff § 91 Rn. 14.

Auch eine Verweisung der geänderten Klage kommt nicht in Betracht.[115] Denn mit der Entscheidung über die Unzulässigkeit der Klageänderung, die eine besondere Sachurteilsvoraussetzung darstellt, wird die geänderte Klage bei dem Gericht zu keinem Zeitpunkt rechtshängig, so dass für eine Verweisung kein Raum besteht.[116]

63 Da die Klageänderung in eine unzulässige Klage nicht sachdienlich ist (→ Rn. 59), bedarf es grds., wenn eine neue Klage dies erfordert, auch für die entsprechende Klageänderung einer Antragstellung bei der Behörde bzw. der Durchführung eines verwaltungsgerichtlichen Vorverfahrens. So hielt der BayVGH die Änderung einer zunächst auf die Aufhebung konkreter inhaltlicher Beschränkungen eines Planfeststellungsbeschlusses gerichteten Klage dadurch, dass nunmehr hilfsweise die vollständige Aufhebung des Planfeststellungsbeschlusses begehrt wurde, für nicht sachdienlich. Denn die geänderte Klage setzte in der Zulässigkeit eine vorherige – erneute – Antragstellung und Durchführung eines Vorverfahrens voraus, woran es im vorliegenden Fall fehlte.[117]

64 Allerdings kann ein erneutes verwaltungsgerichtliches Vorverfahren bei Klageänderung in einigen Fällen entbehrlich sein und damit der Zulässigkeit und auch der Sachdienlichkeit der geänderten Klage nicht entgegenstehen. Dies hat das BVerwG in dem oben dargestellten Fall zur Errichtung eines Geflügelmaststalls (→ Rn. 9) angenommen, denn die Behörde hatte dem geänderten Vorhaben ihre schon bisher geäußerten Argumente entgegenhalten.[118] Deshalb war der Streitstoff trotz Klageänderung im Wesentlichen derselbe und das Gericht bejahte die Sachdienlichkeit der Klageänderung. Ein Vorverfahren ist dann entbehrlich, wenn der Beklagte sich auf die geänderte Klage einlässt und deren Abweisung beantragt oder – wie in dem vom BVerwG entschiedenen Fall – der Zweck des Vorverfahrens ohnehin nicht mehr erreicht werden kann, weil sich die Widerspruchsbehörde bereits eingehend mit dem Fall befasst hat.[119] Eines Vorverfahrens bedarf es z.B. auch dann nicht, wenn ein vorläufiger Beitragsbescheid der Industrie- und Handelskammer nach Durchlaufen des Vorverfahrens im Klagewege angegriffen und nach Klageerhebung durch einen endgültigen Beitragsbescheid ersetzt wird, den der Kläger nach § 91 in das Verfahren einbezieht.[120] Zwar wird dem Kläger in diesen Fällen ein zusätzlicher Rechtsschutz genommen, hiermit hat er sich jedoch zum Zwecke der Beschleunigung des Rechtsschutzes durch Erklärung der Klageänderung angeschlossen.[121]

65 Eine Sachdienlichkeit scheidet i.d.R. auch dann aus, wenn der neue Antrag eine behördliche Ermessensentscheidung voraussetzt, die nicht bereits im Rahmen der ursprünglichen Klage getroffen wurde,[122] also nicht im Laufe des Verfahrens als neuer Verwaltungsakt ergangen ist, der nach § 91 einbezogen werden könnte (→ Rn. 15).

66 **5. Entscheidung über die Klageänderung.** Bei zulässiger Klageänderung entscheidet das Gericht in seinem Tenor nur über die geänderte Klage; war die Klageänderung unzulässig, so entscheidet das Gericht in seinem Tenor über die alte Klage – es sei denn der Kläger hat diese zurückgenommen – und weist die geänderte Klage ab.[123] Willigen die übrigen Beteiligten nicht in die Klageänderung ein, hat das Gericht über deren Zulässigkeit eine Entscheidung zu treffen, nachdem es den Beteiligten rechtliches Gehör eröffnet hat.[124] Wird eine Klage erst im Laufe der mündlichen Verhandlung geändert und ist ein Beteiligter – in dem vom BVerwG entschiedenen Fall ein Beigeladener – trotz ordnungsgemäßer Ladung nicht erschienen, so darf das Gericht in der Sache über die geänderte Klage nicht entscheiden ohne alle Beteiligten angehört zu haben; andernfalls begeht es einen Verstoß gegen den Anspruch auf rechtliches Gehör des nicht erschienenen Beteiligten.[125] Dies gilt auch, wenn das Gericht die Zulässig-

---

115 Vgl. auch: OVG Münster NVwZ 1993, 588, 591; *P. Kothe*, in: Redeker/von Oertzen § 91 Rn. 27; a.A. *S. Haack*, in: Gärditz § 91 Rn. 41; *H. A. Wolff*, in: Posser/Wolff § 91 Rn. 28.1; für den Fall, dass ausreichender und rechtzeitiger Rechtsschutz nur mittels Verweisung erreicht werden kann, auch: *K.-M. Ortloff/K.-U. Riese*, in: Schoch/Schneider/ Bier § 91 Rn. 63; diff. *G. Schikora*, MDR 2003, 1160, 1161.
116 Vgl. VGH München 18.7.2001 – 8 B 00.1298, BeckRS 2001, 23165, Rn. 70; *H. A. Wolff*, in: Posser/Wolff § 91 Rn. 36.1.
117 Vgl. VGH München NVwZ-RR 1990, 551, 553.
118 BVerwG NVwZ 2006, 87, 88.
119 Vgl. *D. Kugele* § 91 Rn. 29 m.w.N.
120 Vgl. *R. Jahn*, GewArch 2008, 187, 194.
121 *W.-R. Schenke*, GewArch 2015, 473, 478.
122 Vgl. *P. Kothe*, in: Redeker/von Oertzen § 91 Rn. 13; → Rn. 15.
123 *J. Bernreuther*, JuS 1999, 478, 481.
124 Vgl. *W.-R. Schenke*, in: Kopp/Schenke § 91 Rn. 23.
125 Vgl. BVerwG NJW 2001, 1151.

keit der Klageänderung mangels Sachdienlichkeit ablehnen würde, denn die nicht sachdienliche Klageänderung kann durchaus auch im Interesse des nicht erschienenen Beteiligten sein (→ Rn. 3), dem auf diese Weise die Möglichkeit genommen würde, die Klageänderung durch seine Zustimmung zulässig werden zu lassen.

Hält das Gericht die Klageänderung für sachdienlich, muss es diese zulassen. Hält das Gericht die Klageänderung für nicht sachdienlich und unzulässig, so weist es die Klage (insofern) durch Prozessurteil als unzulässig ab.[126]   67

Einer Entscheidung des Gerichts bedarf es auch, wenn die Beteiligten darüber streiten, ob überhaupt   68
eine Klageänderung vorliegt. Geht das Gericht davon aus, dass eine Klageänderung nicht gegeben ist, muss es dies feststellen. Hält das Gericht eine Klageänderung für gegeben, hat es eine Entscheidung zu deren Sachdienlichkeit zu treffen.

Streiten die Beteiligten darüber, ob eine Einwilligung der übrigen Beteiligten gegeben ist, so hat das   69
Gericht die Einwilligung festzustellen bzw. – wenn eine Einwilligung nicht vorliegt oder hilfsweise – über die Sachdienlichkeit zu entscheiden.[127]

Das Gericht entscheidet i.d.R. unselbständig in seinem Urteil über die Klageänderung. Die Klageände-   70
rung wird im Tatbestand des Urteils als Prozessgeschichte nach dem Klägervorbringen und vor dem klägerischen Antrag dargestellt.[128] In den Urteilsgründen stellt die Zulässigkeit der Klageänderung eine besondere Sachurteilsvoraussetzung im Rahmen der Zulässigkeit der Klage dar.[129] Besteht ausnahmsweise das Bedürfnis, vor Erlass des Endurteils eine Entscheidung über die Klageänderung zu treffen, so kommt ein Zwischenurteil in Betracht.[130] Es ist umstr., ob die gerichtliche Entscheidung auch stillschweigend durch Verhandlung und Entscheidung in der Sache erfolgen kann.[131]

Nach § 91 Abs. 3 kann ein gegen das Urteil statthaftes Rechtsmittel nicht allein auf die Fehlerhaftig-   71
keit der Entscheidung über die Klageänderung gestützt werden; diese kann jedoch als einer von mehreren Gründen im Rechtsmittelverfahren vorgetragen werden.[132] § 91 Abs. 3 ist dahin zu verstehen, dass über die Frage, ob eine Klageänderung sachdienlich ist, kein gesonderter Rechtsstreit geführt werden soll. Der geltend gemachte Verfahrensfehler kann aus diesem Grunde auch kein selbständiger Beschwerdegrund i.S.d. § 132 Abs. 2 Nr. 3 sein.[133]

IV. Rechtsfolgen der Klageänderung

Bei einem Austausch des Klagegegenstands oder der Beteiligten durch wirksame Klageänderung ent-   72
scheidet das Gericht nunmehr in der Hauptsache ausschließlich über den neuen Streitgegenstand bzw. allein über den Streit zwischen den neuen Parteien;[134] etwas anderes kann bzgl. der Kosten gelten (→ Rn. 75). Die Klageänderung führt dazu, dass die bisherigen Ergebnisse des Prozesses Bestand haben; hierzu zählen auch bereits durchgeführte Beweisaufnahmen.[135] Bei einem Parteiwechsel in der Rechtsmittelinstanz wird das Urteil hinsichtlich der ausgeschiedenen Partei gegenstandslos, was das Gericht durch Beschluss festzustellen hat.[136]

Mit der klägerischen Erklärung über eine wirksame Klageänderung wird die geänderte Klage rechts-   73
hängig.[137] Bei Wegfall eines Klagegegenstands oder Beteiligten besteht Streit darüber, wann die Rechtshängigkeit der alten Klage entfällt.[138] Nach h.M. entfällt die Rechtshängigkeit der alten Klage ex nunc mit dem Vorliegen der Einwilligung der Beteiligten bzw. mit der gerichtlichen Entscheidung

---

126 Vgl. S. Haack, in: Gärditz § 91 Rn. 42; W.-R. Schenke, in: Kopp/Schenke § 91 Rn. 24; ders., Verwaltungsprozessrecht Rn. 80.
127 Vgl. zum Vorstehenden insgesamt auch: K.-M. Ortloff/K.-U. Riese, in: Schoch/Schneider/Bier § 91 Rn. 70 ff., 89.
128 Vgl. ausf. hierzu: J. Bernreuther, JuS 1999, 478, 481.
129 Vgl. J. Bernreuther, JuS 1999, 478, 481.
130 Vgl. W.-R. Schenke, in: Kopp/Schenke § 91 Rn. 23 f.; ausf. hierzu: K.-M. Ortloff/K.-U. Riese, in: Schoch/Schneider/Bier § 91 Rn. 75.
131 Vgl. S. Haack, in: Gärditz § 91 Rn. 35; W.-R. Schenke, in: Kopp/Schenke § 91 Rn. 18. m.w.N.
132 Vgl. P. Kothe, in: Redeker/von Oertzen § 91 Rn. 22; K.-M. Ortloff/K.-U. Riese, in: Schoch/Schneider/Bier § 91 Rn. 77.
133 BVerwG NVwZ-RR 2000, 260.
134 Vgl. D. Kugele § 91 Rn. 26.
135 K.-M. Ortloff/K.-U. Riese, in: Schoch/Schneider/Bier § 91 Rn. 86.
136 Vgl. W.-R. Schenke, in: Kopp/Schenke § 91 Rn. 30.
137 Vgl. S. Haack, in: Gärditz § 91 Rn. 40; K.-M. Ortloff/K.-U. Riese, in: Schoch/Schneider/Bier § 91 Rn. 79.
138 Vgl. ausf. hierzu: K.-M. Ortloff/K.-U. Riese, in: Schoch/Schneider/Bier § 91 Rn. 82 ff.

über die Sachdienlichkeit der Klage.[139] Nach anderer Ansicht ist auf den Zeitpunkt der klägerischen Erklärung abzustellen.[140]

74 Die vorherige Bewilligung von Prozesskostenhilfe gilt nicht für eine nachträgliche Klageänderung. Denn die in § 114 ZPO vorgeschriebene Prüfung der Erfolgsaussichten wäre sinnlos, wenn der Antragsteller nach der Bewilligungsentscheidung einen anderen Lebenssachverhalt oder einen anderen Antrag „nachschieben" könnte.[141] Es bedarf daher nach Klageänderung eines neuen Antrags auf Bewilligung von Prozesskostenhilfe.[142]

75 Bzgl. der Kosten gilt § 155 Abs. 2, wonach der Zurücknehmende die Kosten zu tragen hat, entsprechend, soweit für das alte Klagebegehren ausscheidbare Kosten entstanden sind, die allein durch dessen Besonderheiten verursacht wurden.[143] Dies gilt etwa bei den Kosten einer Beweisaufnahme nur dann, wenn diese im geänderten Verfahren nicht verwertbar ist.[144] Bei einem Parteiwechsel ist hinsichtlich der Kosten der ausgeschiedenen Partei eine gesonderte Kostenentscheidung durch isolierten Beschluss oder durch Endurteil zu treffen.[145]

76 Maßgeblich für die Bestimmung des Streitwerts ist bei Austausch des Klagegegenstandes der geänderte Streitgegenstand.[146] Auch ein Parteiwechsel führt nicht zur Verdoppelung des Streitwerts.[147]

§ 92 [Klagerücknahme]

(1) [1]Der Kläger kann bis zur Rechtskraft des Urteils seine Klage zurücknehmen. [2]Die Zurücknahme nach Stellung der Anträge in der mündlichen Verhandlung setzt die Einwilligung des Beklagten und, wenn ein Vertreter des öffentlichen Interesses an der mündlichen Verhandlung teilgenommen hat, auch seine Einwilligung voraus. [3]Die Einwilligung gilt als erteilt, wenn der Klagerücknahme nicht innerhalb von zwei Wochen seit Zustellung des die Rücknahme enthaltenden Schriftsatzes widersprochen wird; das Gericht hat auf diese Folge hinzuweisen.

(2) [1]Die Klage gilt als zurückgenommen, wenn der Kläger das Verfahren trotz Aufforderung des Gerichts länger als zwei Monate nicht betreibt. [2]Absatz 1 Satz 2 und 3 gilt entsprechend. [3]Der Kläger ist in der Aufforderung auf die sich aus Satz 1 und § 155 Abs. 2 ergebenden Rechtsfolgen hinzuweisen. [4]Das Gericht stellt durch Beschluß fest, daß die Klage als zurückgenommen gilt.

(3) [1]Ist die Klage zurückgenommen oder gilt sie als zurückgenommen, so stellt das Gericht das Verfahren durch Beschluß ein und spricht die sich nach diesem Gesetz ergebenden Rechtsfolgen der Zurücknahme aus. [2]Der Beschluß ist unanfechtbar.

Schrifttum

1. Monographien und Beiträge in Sammelwerken: *W. Henckel*, Die Klagerücknahme als gestaltende Verfahrenshandlung, in: Festschrift für Bötticher, 1969, 173; *R.P. Schenke*, Der Erledigungsrechtsstreit im Verwaltungsprozess, 1996; *R. Walther*, Klageänderung und Klagerücknahme, 1969.

2. Beiträge in Zeitschriften: *M. App*, Rücknahme der Klage im Verwaltungsprozess, Verwaltungsrundschau 1992, 431; *T. Barczak*, Klageänderung, Klagerücknahme und Erledigung des Rechtsstreits im verwaltungsgerichtlichen Klageverfahren, JA 2014, 778; *J. Brammsen/S. Leible*, Die Klagerücknahme, JuS 1997, 54; *T. Bremkamp*, Klagerücknahme und Erledigung im Zivil- und Verwaltungsprozess, JA 2010, 207; *J.M. Bühs*, Der Fortsetzungsstreit, NVwZ 2017, 1736; *C.M. Burkiczak*, Klagerücknahmefiktion bei Nichtbetreiben im sozialgerichtlichen Verfahren – zugleich Überblick über die verwaltungsgerichtliche Praxis, DVP 2008, 360; *A. Decker*, Die Fiktion der Klagerücknahme nach § 92 Abs. 2 VwGO n.F., BayVBl 1997, 673; *H. Schäfer*, Die nichtstreitige Erledigung des Verwaltungsprozesses (Rücknahme, Hauptsacheerledigung und Vergleich), JA 2001, 330; *S. Schifferdecker*, Einwilligungsfiktion zur Klagerücknahme im Veraltungsprozess, NVwZ 2003, 925; *M. Skolik*, Die fingierte Klage- und Berufungsrücknahme im allgemeinen Verwaltungsprozess, SächsVBl 2012, 297; *R. Walther*, Klageänderung und Klagerücknahme, NJW 1994, 423.

---

139 Vgl. *J. Bernreuther*, JuS 1999, 478, 480; *S. Haack*, in: Gärditz § 91 Rn. 40; *K. Rennert*, in: Eyermann/Fröhler § 91 Rn. 35; *W.-R. Schenke*, in: Kopp/Schenke § 91 Rn. 29; *H. A. Wolff*, in: Posser/Wolff § 91 Rn. 34.
140 Vgl. *K.-M. Ortloff/K.-U. Riese*, in: Schoch/Schneider/Bier § 91 Rn. 85.
141 Vgl. BGH NJW-RR 2006, 429, unter Verweis auf den entsprechenden Streitstand in der Lit.
142 OVG Magdeburg NVwZ-RR 2010, 701, 703.
143 Vgl. *T. Barczak*, JA 2014, 778, 780; *P. Kothe*, in: Redeker/von Oertzen § 91 Rn. 27; *D. Kugele* § 91 Rn. 27; *W.-R. Schenke*, in: Kopp/Schenke § 91 Rn. 30.
144 Vgl. *K. Rennert*, in: Eyermann/Fröhler § 91 Rn. 37.
145 Vgl. *W.-R. Schenke*, in: Kopp/Schenke § 91 Rn. 30.
146 VGH Mannheim NVwZ-RR 2011, 918; vgl. auch: *D. Kugele* § 91 Rn. 27.
147 Vgl. *K. Rennert*, in: Eyermann/Fröhler § 91 Rn. 37.

A. Allgemeines

I. Begriff der Klagerücknahme

Die Klagerücknahme ist eine Prozesshandlung, die zur Beendigung des Verfahrens führt. Der Kläger [1] erklärt, den Rechtsstreit nicht fortsetzen zu wollen. Die Rücknahme des Antrages auf gerichtlichen Rechtsschutz stellt damit das Gegenstück zur Klageerhebung dar.

1. Dispositionsgrundsatz. Das Recht zur Klagerücknahme ist Ausfluss des Dispositionsgrundsatzes.[1] [2] Der Kläger verfügt über den Streitgegenstand. Er bestimmt nicht nur über die Einleitung und den Gegenstand des gerichtlichen Verfahrens. Solange das Verfahren noch nicht beendet ist, kann der Kläger den Gegenstand der Klage einer gerichtlichen Prüfung auch wieder entziehen. Da § 92 für diesen Fall

---

1 *B. Clausing*, in: Schoch/Schneider/Bier § 92 Rn. 2; *W.-R. Schenke*, in: Kopp/Schenke § 92 Rn. 1; *K. Rennert*, in: Eyermann § 92 Rn. 2.

eine Entscheidung des Gerichts in der Sache entbehrlich macht, leistet die Vorschrift zugleich einen Beitrag zur Prozessökonomie.[2]

3   Abs. 1 S. 2 schränkt die Dispositionsbefugnis des Klägers ein. Nach Stellen der Anträge kann der Kläger nur noch mit der Zustimmung des Beklagten über den Streitgegenstand verfügen. Das Gesetz erkennt damit in einem fortgeschrittenen Verfahrensstadium ein schutzwürdiges Interesse des Beklagten an, dem ein absehbarer Prozesserfolg nicht mehr durch einseitige Erklärung des Klägers genommen werden soll;[3] in der Regelung soll zugleich ein öffentliches Interesse an einer Sachentscheidung des Gerichts Ausdruck finden.[4] Die gesetzgeberische Entscheidung für ein Einwilligungserfordernis geht dabei zu Lasten der Prozessökonomie.

4   **2. Wirkungen.** Die Klagerücknahme führt zur unmittelbaren Beendigung des Verfahrens. Die Rechtshängigkeit entfällt rückwirkend auf den Zeitpunkt der Klageerhebung (§ 173 S. 1 VwGO i.V.m. § 269 Abs. 3 S. 1 Hs. 1 ZPO). Einer erneuten Klageerhebung steht die Klagerücknahme nicht entgegen.

II. Abgrenzung zu anderen verfahrensbeendenden Instituten

5   Die Klagerücknahme ist von anderen verfahrensbeendenden Instituten zu unterscheiden. Für die Abgrenzung, die wegen der unterschiedlichen Rechtswirkungen nicht offenbleiben kann, gelten folgende Grundsätze:

6   **1. Erledigungserklärung. a) Wirkungen.** Mit der Erledigungserklärung zieht der Kläger seine Klage nicht aufgrund freier Disposition zurück, sondern gibt zu erkennen, dass er den Rechtsstreit für gegenstandslos erachtet, weil er eine gerichtliche Sachentscheidung für nicht mehr möglich hält.[5] Sie ist die Reaktion auf eine zwischenzeitlich eingetretene außerprozessuale Änderung der Sach- und Rechtslage. Die klägerische Erklärung lässt die Rechtshängigkeit anders als bei der Klagerücknahme weder unmittelbar noch – grds. (Abs. 1 S. 2) – einseitig, sondern erst mit der übereinstimmenden Erklärung des Beklagten mit Wirkung ex nunc entfallen. Erledigungserklärung und Klagerücknahme haben unterschiedliche Kostenfolgen (§§ 161 Abs. 2, 155 Abs. 2).

7   **b) Abgrenzung.** Ob eine Klagerücknahme oder eine Erledigungserklärung vorliegt, ist im Einzelfall durch Auslegung zu ermitteln.[6] Maßgebliche Indizwirkung kommt dem Wortlaut der Erklärung zu;[7] bei der gebotenen Würdigung können auch weitere Umstände wie etwa der Kostenantrag[8] Berücksichtigung finden. Verbleiben Zweifel, ist der Inhalt der abgegebenen Erklärung durch Nachfrage (§ 86 Abs. 3) zu klären. Eine Erledigungserklärung kann grds. nicht in eine Klagerücknahme umgedeutet werden.[9] Dies gilt auch dann, wenn die Erledigungserklärung grundlos erfolgt ist; die Annahme einer sog. „verschleierten Klagerücknahme" ist nicht zulässig.[10] Einer „Flucht in die Erledigungserklärung" ist allerdings dadurch Rechnung zu tragen, dass dem Kläger regelmäßig nach § 161 Abs. 2 die Kosten aufzuerlegen sind.[11]

8   **2. Klageänderung.** Anders als bei der Klagerücknahme möchte der Kläger mit der Klageänderung den Rechtsstreit nicht (teilweise) beenden, sondern mit geändertem Streitgegenstand (Aliud) fortsetzen. Die Zulässigkeit und die Rechtsfolgen der Klageänderung bestimmen sich nach § 91. Die (teilwei-

---

2   *K. Rennert*, in: Eyermann § 92 Rn. 2.

3   BVerwGE 141, 311, 324; *B. Clausing*, in: Schoch/Schneider/Bier § 92 Rn. 2; *K. Rennert*, in: Eyermann § 92 Rn. 2; *H. A. Wolff*, in: Posser/Wolff § 92 Rn. 1. Krit. zur Sinnhaftigkeit der Regelung im Verwaltungsprozess *Clausing*, a.a.O. (Geltung des Grundsatzes der Gesetzmäßigkeit der Verwaltung ungeachtet eines gerichtlichen Verfahrens); *S. Haack*, in: Gärditz § 92 Rn. 20 (behördliches Interesse am Eintritt der Bestandskraft bei fristgebundenen Klagen gegen Verwaltungsakte); s.a. *W.-R. Schenke*, in: Kopp/Schenke § 92 Rn. 12.

4   *K. Rennert*, in: Eyermann § 92 Rn. 2.

5   Vgl. BVerwGE 73, 312, 313. Ausf. → § 161 Rn. 26 ff.

6   Vgl. BVerwG Buchholz 406.17 Bauordnungsrecht Nr. 29.

7   *H. A. Wolff*, in: Posser/Wolff § 92 Rn. 2.

8   *S. Haack*, in: Gärditz § 92 Rn. 10.

9   BVerwG Buchholz 451.54 MStG Nr. 11; Buchholz 406.17 Bauordnungsrecht Nr. 29; *B. Clausing*, in: Schoch/Schneider/Bier § 92 Rn. 7; *K. Rennert*, in: Eyermann § 92 Rn. 5; *C. Bamberger*, in: Wysk § 92 Rn. 9; für eine Ausnahme im besonderen Einzelfall *W.-R. Schenke*, in: Kopp/Schenke § 92 Rn. 5.

10   VGH Mannheim NVwZ-RR 1989, 443, 444; *B. Clausing*, in: Schoch/Schneider/Bier § 92 Rn. 7; *K. Rennert*, in: Eyermann § 92 Rn. 5.

11   BVerwGE 46, 81, 83; Buchholz 310 § 161 Abs. 2 VwGO Nr. 41; Buchholz 406.17 Bauordnungsrecht Nr. 29; *B. Clausing*, in: Schoch/Schneider/Bier § 92 Rn. 7; *K. Rennert*, in: Eyermann § 92 Rn. 5; *C. Bamberger*, in: Wysk § 92 Rn. 9.

se) Klagerücknahme und die Klageänderung schließen sich aus.[12] Ihre Abgrenzung ist im Einzelnen umstr.[13] Die nachträgliche quantitative Beschränkung des Klagebegehrens (Minus) stellt regelmäßig eine Teilklagerücknahme dar.[14] Eine solche ist zu bejahen, wenn der Kläger – bei teilbarem Streitgegenstand[15] – einen von mehreren selbständigen Ansprüchen nicht oder ein teilbares Begehren nicht vollständig weiterverfolgt oder den Hauptantrag fallenlässt, um nur noch den Hilfsantrag geltend zu machen.[16] Auch die nach § 173 S. 1 VwGO i.V.m. § 264 Nr. 2 ZPO zulässige Beschränkung der Klage, welche das Minus, nicht aber das Aliud erfasst, zieht die Rechtsfolgen des § 92 Abs. 3 nach sich.[17] Schließlich stellt das Ausscheiden eines von mehreren Beklagten (Parteiwechsel) grds. eine teilweise Rücknahme der Klage dar.[18]

3. Klageverzicht. Der Klageverzicht (§ 173 S. 1 VwGO i.V.m. § 306 ZPO) ist die unwiderrufliche **9** Prozesshandlung des Klägers, den streitgegenständlichen Anspruch – auch zu einem späteren Zeitpunkt – nicht mehr geltend zu machen.[19] Er führt zur Klageabweisung durch Verzichtsurteil. Anders als bei der Klagerücknahme ist jede weitere Klageerhebung unzulässig. Hiervon zu unterscheiden ist der vor Klageerhebung erklärte Verzicht auf die gerichtliche Geltendmachung eines Anspruchs; die gleichwohl erhobene Klage ist als unzulässig abzuweisen.[20]

4. Prozessvergleich. Die Vereinbarung einer Klagerücknahme als Gegenstand eines gerichtlichen Vergleichs hat keine eigenständige Wirkung.[21] Der (echte) gerichtliche Vergleich (§ 106) beendet den **10** Rechtsstreit unmittelbar. Eine weitere prozessuale Erklärung ist weder erforderlich noch zulässig.[22] § 92 Abs. 3 S. 1 findet keine Anwendung. Die Kostenfolge richtet sich nach § 160; hierbei soll eine derartige Abrede im Einzelfall als Verpflichtung des Klägers zur Übernahme der Verfahrenskosten angesehen werden können.[23]

5. Außergerichtliche Verpflichtung zur Klagerücknahme. Die außergerichtlich – vergleichsweise oder **11** auf sonstige Weise[24] – übernommene Verpflichtung zur Klagerücknahme[25] bedarf zu ihrer Umsetzung einer entsprechenden prozessualen Erklärung gegenüber dem Gericht.[26] Führt der Kläger das Verfahren gleichwohl fort, ist die Klage auf Einrede des Beklagten als unzulässig abzuweisen.[27] Einer (Wider-)Klage des Beklagten auf Abgabe der Rücknahmeerklärung fehlt dagegen das Rechtsschutzbedürfnis.[28]

---

12 Vgl. VGH Mannheim NVwZ-RR 2011, 918; *S. Haack*, in: Gärditz § 92 Rn. 6; *Ortloff/Riese*, in: Schoch/Schneider/Bier § 91 Rn. 17.

13 Grundlegend *Walther*, Klageänderung und Klagerücknahme, 1969.

14 *B. Clausing*, in: Schoch/Schneider/Bier § 92 Rn. 11.

15 *S. Haack*, in: Gärditz § 92 Rn. 7; *K. Rennert*, in: Eyermann § 92 Rn. 8.

16 BVerwG Buchholz 310 § 80 VwGO Nr. 63; *B. Clausing*, in: Schoch/Schneider/Bier § 92 Rn. 11; *K. Rennert*, in: Eyermann § 91 Rn. 5; s.a. *H. A. Wolff*, in: Posser/Wolff § 92 Rn. 6.

17 *K. Rennert*, in: Eyermann § 91 Rn. 6 und 13 m.w.N.; *W.-R. Schenke*, in: Kopp/Schenke § 92 Rn. 5; a.A. *Walther*, NJW 1994, 423, 426.

18 *S. Haack*, in: Gärditz § 92 Rn. 8; *W.-R. Schenke*, in: Kopp/Schenke § 91 Rn. 13; mit Ausnahme von Anfechtungs- und Verpflichtungsklagen auch *K. Rennert*, in: Eyermann § 91 Rn. 6; a.A. *Ortloff/Riese*, in: Schoch/Schneider/Bier § 91 Rn. 17 m.w.N.

19 Vgl. *B. Clausing*, in: Schoch/Schneider/Bier § 92 Rn. 10; *S. Haack*, in: Gärditz § 92 Rn. 12; *W.-R. Schenke*, in: Kopp/Schenke § 92 Rn. 5; *H. A. Wolff*, in: Posser/Wolff § 92 Rn. 2.

20 BVerwGE 55, 355, 357; Buchholz 448.11 § 24 ZDG Nr. 8; *B. Clausing*, in: Schoch/Schneider/Bier § 92 Rn. 10 (Fn. 51); *W.-R. Schenke*, in: Kopp/Schenke § 92 Rn. 5.

21 *B. Clausing*, in: Schoch/Schneider/Bier § 92 Rn. 8; *P. Kothe*, in: Redeker/Oertzen § 92 Rn. 6.

22 *S. Haack*, in: Gärditz § 92 Rn. 12.

23 So *B. Clausing*, in: Schoch/Schneider/Bier § 92 Rn. 8.

24 Dies schließt eine schriftsätzlich oder zu Protokoll erklärte Einigung im gerichtlichen Verfahren, welche nicht die Voraussetzungen eines gerichtlichen Vergleichs i.S.d. § 106 erfüllt, ein; hierzu → § 106 Rn. 75.

25 Zur Zulässigkeit eines solchen Klagerücknahmeversprechens vgl. *B. Clausing*, in: Schoch/Schneider/Bier § 92 Rn. 9.

26 Die Frage, ob die Kostenentscheidung in einem solchen Fall aus § 155 Abs. 2 oder – auf der Grundlage des § 160 – vorrangig aus einer Kostenregelung der außergerichtlichen Vereinbarung folgt, ist str. Hierzu → § 160 Rn. 15, 23; *B. Clausing*, in: Schoch/Schneider/Bier § 92 Rn. 9 (Fn. 47); *W.-R. Schenke*, in: Kopp/Schenke § 92 Rn. 5; s.a. BVerwG 24.1.2017 – 3 A 1.17.

27 BVerwG Buchholz 310 § 92 VwGO Nr. 6; OVG Münster 6.5.2014 – 13 A 1591/13, juris Rn. 6; *B. Clausing*, in: Schoch/Schneider/Bier § 92 Rn. 9; *P. Kothe*, in: Redeker/Oertzen § 92 Rn. 9; *K. Rennert*, in: Eyermann § 92 Rn. 7; *W.-R. Schenke*, in: Kopp/Schenke § 92 Rn. 6.

28 BVerwG Buchholz 310 § 92 VwGO Nr. 6; *B. Clausing*, in: Schoch/Schneider/Bier § 92 Rn. 9; *K. Rennert*, in: Eyermann § 92 Rn. 7; dagegen für die Zulässigkeit einer entsprechenden Widerklage *P. Kothe*, in: Redeker/Oertzen § 92 Rn. 9.

12　**6. Anspruchsverzicht.**　Der Verzicht auf den materiell-rechtlichen Anspruch führt mangels prozess-rechtlicher Wirkung zur Abweisung der gleichwohl erhobenen Klage als unbegründet.[29]

13　**7. Rücknahme des behördlichen Antrages.**　Die Rücknahme des dem Verfahren zugrundeliegenden Antrages auf Erlass eines Verwaltungsaktes, die auch noch nach Antragstellung in der mündlichen Verhandlung zulässig ist, hat die Erledigung der Hauptsache zur Folge.[30]

14　**8. Rücknahme des Rechtsmittels.**　Die Rücknahme von Rechtsmitteln ist gesondert geregelt (§§ 126, 140).[31] Die Rechtsmittelrücknahme beseitigt nicht die Rechtshängigkeit, sondern führt zur Rechts-kraft der vorinstanzlichen Entscheidung. Erklärt der Kläger beides, geht die Klagerücknahme als wei-tergehende Prozesshandlung vor.[32]

III.　Entstehungsgeschichte und Systematik der Vorschrift

15　**1. Entstehungsgeschichte.**　Unverändert seit Inkrafttreten gelten § 92 Abs. 1 S. 1 und 2. Die Unan-fechtbarkeit des Einstellungsbeschlusses (§ 92 Abs. 3 S. 2) geht auf das Vierte Gesetz zur Änderung der VwGO (4. VwGOÄndG)[33] zurück. Das Sechste Gesetz zur Änderung der VwGO (6. VwGOÄndG)[34] fügte mit Wirkung zum 1.1.1997 die Abs. 2 und 3 ein und schuf nach dem Vorbild des § 81 AsylG[35] die Möglichkeit einer Betreibensaufforderung im Verwaltungsprozess. Mit dem Ziel der Verfahrens-straffung[36] verkürzte das Erste Gesetz zur Modernisierung der Justiz (1. Justizmodernisierungsge-setz)[37] die Betreibensfrist in Abs. 2 von drei auf zwei Monate und regelte in Abs. 1 S. 3 die fingierte Einwilligung in die Klagerücknahme.

16　**2. Parallele Vorschriften.**　Die Klagerücknahme ist in § 102 SGG, § 72 FGO und § 269 ZPO unter-schiedlich geregelt. Die weitreichendsten Abweichungen finden sich in § 102 SGG. § 81 AsylG enthält eine besondere Regelung der Betreibensaufforderung für das Asylverfahren. Die Regelung unterschei-det sich von § 92 Abs. 2 maßgeblich durch die kürzere Betreibensfrist von nur einem Monat.

IV.　Anwendungsbereich

17　§ 92 findet über seinen Wortlaut hinaus nicht nur im Klageverfahren Anwendung. Die Vorschrift gilt entsprechend auch im selbständigen Beschlussverfahren, wie etwa bei Anträgen auf Gewährung vor-läufigen Rechtsschutzes nach §§ 80 und 123; hiervon ausgenommen ist allerdings das Einwilligungser-fordernis in Abs. 1 S. 2.[38] Gleiches gilt für die Rücknahme des Antrages auf mündliche Verhandlung bei Entscheidung durch Gerichtsbescheid gem. § 84 Abs. 2 Nr. 2, 4 und 5 oder des Sachantrages eines Beigeladenen.[39] Ohne Einschränkungen ist § 92 im Normenkontrollverfahren nach § 47 anwendbar.[40]

29　*S. Haack*, in: Gärditz § 92 Rn. 13; *W.-R. Schenke*, in: Kopp/Schenke § 92 Rn. 5; *H. A. Wolff*, in: Posser/Wolff § 92 Rn. 2.

30　BVerwG Buchholz 406.17 Bauordnungsrecht Nr. 29; *W.-R. Schenke*, in: Kopp/Schenke § 92 Rn. 5; s. hierzu auch *S. Haack*, in: Gärditz § 92 Rn. 11; *P. Kothe*, in: Redeker/Oertzen § 92 Rn. 2.

31　Auf die Rücknahme der Beschwerde findet § 126 entsprechende Anwendung.

32　BFHE 87, 559, 561; VGH Kassel NVwZ-RR 2000, 334; *B. Clausing*, in: Schoch/Schneider/Bier § 92 Rn. 12; *W.-R. Schenke*, in: Kopp/Schenke § 92 Rn. 9; *K. Rennert*, in: Eyermann § 92 Rn. 6.

33　Art. 1 Nr. 20 des Gesetzes v. 17.12.1990 (BGBl I 2809).

34　Art. 1 Nr. 16 des Gesetzes v. 1.11.1996 (BGBl I 1626).

35　Vgl. BT-Drs 13/3993, 12.

36　BT-Drs 15/1508, 28.

37　Art. 6 Nr. 2 lit. a des Gesetzes v. 24.8.2004 (BGBl I 2198).

38　*B. Clausing*, in: Schoch/Schneider/Bier § 92 Rn. 83; *K. Rennert*, in: Eyermann § 92 Rn. 3; *W.-R. Schenke*, in: Kopp/Schenke § 92 Rn. 2; *H. A. Wolff*, in: Posser/Wolff § 92 Rn. 4.

39　*W.-R. Schenke*, in: Kopp/Schenke § 92 Rn. 2.

40　BVerwG NVwZ 2002, 990; *B. Clausing*, in: Schoch/Schneider/Bier § 92 Rn. 84; *K. Rennert*, in: Eyermann § 92 Rn. 3; *H. A. Wolff*, in: Posser/Wolff § 92 Rn. 4.

B. Klagerücknahme (Abs. 1)

I. Rechtshängige Klage

Die Rücknahme setzt die Rechtshängigkeit der Klage voraus. Hieran fehlt es, wenn die Klage schon 18
nicht wirksam erhoben[41] oder über die Klage bereits rechtskräftig entschieden worden ist; gleiches
gilt, wenn die Rechtshängigkeit aufgrund übereinstimmender Erledigungserklärung oder eines Pro-
zessvergleiches (§ 106) entfallen ist.

Andererseits kann die Klage bis zum Eintritt der formellen Rechtskraft (§ 92 Abs. 1 S. 1) und damit 19
auch noch im Rechtsmittelverfahren zurückgenommen werden. Die Klagerücknahme ist dann von der
Rücknahme des Rechtsmittels zu unterscheiden. Ein bereits ergangenes Urteil wird gegenstandslos.[42]

II. Rücknahmeerklärung (S. 1)

1. Befugnis. Grds. kann der einzelne unvertretene Kläger die Klage selbst zurücknehmen. 20

a) Vertretungszwang. Im Verfahren vor dem BVerwG und OVG ist der Vertretungszwang nach § 67 21
Abs. 4 zu beachten; im Rechtsmittelverfahren ist eine wirksame Klagerücknahme daher nur durch den
Bevollmächtigten möglich.[43] Die Rspr. lässt hiervon allerdings Ausnahmen zu. So kann der Kläger
eine von ihm unter Missachtung des Vertretungserfordernisses bei dem Rechtsmittelgericht anhängig
gemachte Klage auch persönlich zurücknehmen.[44] Auch als Rechtsmittelbeklagter muss der Kläger für
die Klagerücknahmeerklärung nicht eigens einen Anwalt beauftragen.[45]

b) Streitgenossenschaft. Im Falle einer einfachen Streitgenossenschaft kann jeder Streitgenosse die 22
Klage mit Wirkung für sich zurücknehmen. Er bedarf hierzu keiner Zustimmung der anderen Streitgenossen; deren Rechtsschutzbegehren bleiben von der Klagerücknahme unberührt. Demgegenüber ist
für die notwendige Streitgenossenschaft umstr., ob der einzelne Kläger die Klage wirksam zurücknehmen kann und die Klage der übrigen Streitgenossen aufgrund der nur gemeinsamen Prozessführungsbefugnis damit unzulässig wird.[46]

c) Vollmachtloser Vertreter. Der vollmachtlose Vertreter kann eine von ihm erhobene Klage auch 23
wieder zurücknehmen; er hat dann die Verfahrenskosten zu tragen.[47]

2. Adressat: Prozessgericht. Die Klagerücknahme ist gegenüber dem Gericht zu erklären, bei dem die 24
Klage anhängig ist (vgl. § 173 S. 1 VwGO i.V.m. § 269 Abs. 2 S. 1 ZPO). Dies ist ab dem Zeitpunkt
der Einlegung eines Rechtsmittels das Rechtsmittelgericht. Eine gegenüber der Behörde erklärte Klagerücknahme wird erst wirksam, wenn sie mit Wissen und Wollen des Klägers bei Gericht eingeht.[48]

Die Erklärung kann gegenüber dem zuständigen Spruchkörper in der mündlichen Verhandlung oder 25
gegenüber dem Berichterstatter oder Vorsitzenden im vorbereitenden Verfahren (§ 87 a Abs. 1 Nr. 2)
oder in einem Erörterungstermin (§ 87 Abs. 1 S. 2 Nr. 1) abgegeben werden. Überdies können auch
der beauftragte und ersuchte Richter (§ 96 Abs. 2)[49] und der Güterichter (§ 173 VwGO i.V.m. § 278
Abs. 5 ZPO)[50] zulässiger Empfänger sein.

3. Form. Die Klagerücknahme kann – wie die Klageerhebung – in den Formen des § 81 (schriftlich 26
oder zur Niederschrift des Urkundsbeamten der Geschäftsstelle) erfolgen oder in der mündlichen Verhandlung (vgl. § 173 S. 1 VwGO i.V.m. § 269 Abs. 2 S. 2 ZPO) oder einem anderen der genannten
Termine (→ Rn. 25) erklärt werden. Die Rücknahmeerklärung ist gem. § 105 VwGO i.V.m. § 160

---

41 Eine entsprechende Anwendung des § 92 dürfte allerdings wohl unbedenklich sein; so *B. Clausing*, in: Schoch/Schnei-
der/Bier § 92 Rn. 15.
42 Vgl. die Nachweise in Fn. 183.
43 Vgl. BVerwG Buchholz 310 § 67 VwGO Nr. 8; *B. Clausing*, in: Schoch/Schneider/Bier § 92 Rn. 18.
44 BVerwG NVwZ 2009, 192; *K. Rennert*, in: Eyermann § 92 Rn. 9; *C. Bamberger*, in: Wysk § 92 Rn. 3.
45 BVerwG Buchholz 310 § 67 VwGO Nr. 31; OVG Bautzen NVwZ-RR 2013, 902.
46 So *B. Clausing*, in: Schoch/Schneider/Bier § 92 Rn. 16; *H. A. Wolff*, in: Posser/Wolff § 92 Rn. 4 jeweils m.w.N.; a.A.
D. Kugele, § 92 Rn. 6.
47 *B. Clausing*, in: Schoch/Schneider/Bier § 92 Rn. 15.
48 *B. Clausing*, in: Schoch/Schneider/Bier § 92 Rn. 19 m.w.N.
49 *K. Rennert*, in: Eyermann § 92 Rn. 9.
50 *B. Clausing*, in: Schoch/Schneider/Bier § 92 Rn. 20; Voraussetzung ist, dass auf Antrag der Beteiligten gem. § 105
VwGO i.V.m. § 159 Abs. 2 S. 2 ZPO ein Protokoll über die Güteverhandlung geführt wird.

Abs. 3 Nr. 8 ZPO zu protokollieren; das Protokoll bedarf insoweit der Genehmigung (§ 162 Abs. 1 ZPO). Die Nichtbeachtung dieser Protokollierungsvorschriften lässt die Wirksamkeit der Klagerücknahme indes unberührt.[51]

27　**4. Inhalt. a) Eindeutigkeit.** Die Rücknahmeerklärung muss eindeutig sein. Sie darf für Zweifel keinen Raum lassen. Der Inhalt der abgegebenen Erklärung ist durch Auslegung (§§ 133, 157 BGB)[52] und ggf. Nachfrage zu ermitteln. Bestehen keine Zweifel, kann die Klagerücknahme auch durch konkludentes Verhalten, wie etwa einen reduzierten Klageantrag,[53] erfolgen.[54] Im bloßen Schweigen, einer unterlassenen Antragstellung oder einem nicht eindeutigen Verhalten des Klägers kann eine Klagerücknahme dagegen nicht gesehen werden.[55]

28　**b) Bedingungsfeindlichkeit.** Als Prozesshandlung ist die Klagerücknahme bedingungsfeindlich.[56] Die unter einer Bedingung erklärte Klagerücknahme ist unwirksam. Zulässig ist dagegen die Verknüpfung der Klagerücknahme mit einer innerprozessualen Bedingung; die Rücknahme wird hierbei von solchen Vorgängen abhängig gemacht, die das Gericht in Ausübung seiner prozessualen Befugnisse selbst herbeigeführt hat oder herbeizuführen in der Lage ist.[57] Eine hilfsweise Klagerücknahme ist nicht möglich.[58]

29　**5. Bindungswirkung. a) Indisponibilität.** Die Rücknahmeerklärung entfaltet sofortige Wirkung, die auch bis zu einer erforderlichen Einwilligung des Beklagten nicht mehr beseitigt werden kann.[59] Allerdings gilt die Erklärung als nicht abgegeben, wenn vor oder gleichzeitig mit ihr ein Widerruf bei Gericht eingeht.[60] Die Beteiligten können die mit der Klagerücknahme entfallene Rechtshängigkeit auch nicht durch einvernehmliche Regelung wiederherstellen; denn die gesetzlich angeordnete Wirkung von Prozesshandlungen ist nicht disponibel.[61]

30　**b) Unanfechtbarkeit und Unwiderruflichkeit.** Die wirksame Rücknahmeerklärung ist grds. unanfechtbar und unwiderruflich.[62] Auf einen Irrtum kann der Kläger sich daher nicht berufen.[63] Richtigerweise gilt dies auch dann, wenn die Klagerücknahme durch einen unzutreffenden gerichtlichen Hinweis – etwa auf die Unzulässigkeit der Klage – veranlasst worden ist.[64] Die gegenteilige Ansicht,[65] die eine Anfechtungsmöglichkeit u.a. bei einem durch ein Kanzleiversehen in sein Gegenteil verkehrten Hinweis des Berichterstatters[66] oder einem von einer hochbetagten, rechtunkundigen Klägerin missverstandenen Telefonat[67] bejaht, ist mit dem Gebot der Rechtssicherheit nur schwer zu vereinbaren.

31　**c) Ausnahmen.** In der höchstrichterlichen Rspr. ist allerdings anerkannt, dass eine Prozesshandlung unter bestimmten Umständen ausnahmsweise widerrufen werden kann. Ein Widerruf kommt hiernach

---

51　BVerwG Buchholz 310 § 92 VwGO Nr. 7 (LS); *B. Clausing*, in: Schoch/Schneider/Bier § 92 Rn. 20 m.w.N.
52　BVerwG Buchholz 303 § 265 ZPO Nr. 5.
53　*K. Rennert*, in: Eyermann § 92 Rn. 9.
54　Vgl. OVG Münster NVwZ-RR 1994, 423.
55　*B. Clausing*, in: Schoch/Schneider/Bier § 92 Rn. 21; *C. Bamberger*, in: Wysk § 92 Rn. 5.
56　BVerwG Buchholz 310 § 92 VwGO Nr. 1; *B. Clausing*, in: Schoch/Schneider/Bier § 92 Rn. 18; *K. Rennert*, in: Eyermann § 92 Rn. 10; *W.-R. Schenke*, in: Kopp/Schenke § 92 Rn. 11; *C. Bamberger*, in: Wysk § 92 Rn. 6.
57　BVerwG Buchholz 310 § 92 VwGO Nr. 15.
58　*B. Clausing*, in: Schoch/Schneider/Bier § 92 Rn. 18.
59　OVG Lüneburg NVwZ-RR 2010, 862; OVG Münster NWVBl 2008, 75, 76; *B. Clausing*, in: Schoch/Schneider/Bier § 92 Rn. 23; *S. Haack*, in: Gärditz § 92 Rn. 17; *K. Rennert*, in: Eyermann § 92 Rn. 10.
60　*B. Clausing*, in: Schoch/Schneider/Bier § 92 Rn. 23; *P. Kothe*, in: Redeker/Oertzen § 92 Rn. 4; *H. A. Wolff*, in: Posser/Wolff § 92 Rn. 7.
61　*B. Clausing*, in: Schoch/Schneider/Bier § 92 Rn. 23; *S. Haack*, in: Gärditz § 92 Rn. 17; *P. Kothe*, in: Redeker/Oertzen § 92 Rn. 9.
62　Vgl. BVerwGE 57, 342, 346; Buchholz 310 § 126 VwGO Nr. 3; Buchholz 310 § 134 VwGO Nr. 54 m.w.N.; VGH München 7.3.2016 – 8 ZB 16.60, juris Rn. 13 f.; *W.-R. Schenke*, in: Kopp/Schenke § 92 Rn. 11; *C. Bamberger*, in: Wysk § 92 Rn. 6; vgl. zum Ganzen auch OVG Münster NWVBl 2008, 75, 76 f.
63　BVerwG Buchholz 310 § 92 VwGO Nr. 5; OVG Lüneburg NVwZ-RR 2010, 862; *B. Clausing*, in: Schoch/Schneider/Bier § 92 Rn. 22 m.w.N.
64　Vgl. BVerwG Buchholz 310 § 92 VwGO Nr. 5; Buchholz 448.6 § 14 KDVG Nr. 6; *B. Clausing*, in: Schoch/Schneider/Bier § 92 Rn. 22; *K. Rennert*, in: Eyermann § 92 Rn. 10.
65　BFHE 210, 4 (sogar bei Vertretung durch einen rechtskundigen Prozessbevollmächtigten); *W.-R. Schenke*, in: Kopp/Schenke § 92 Rn. 11; vorsichtiger *C. Bamberger*, in: Wysk § 92 Rn. 8.
66　OVG Lüneburg NVwZ-RR 2011, 848 (LS).
67　OVG Münster NVwZ-RR 2013, 250, 251.

in Betracht, wenn ein Wiederaufnahmegrund (§ 153 VwGO i.V.m. §§ 579, 580 ZPO) vorliegt[68] oder es mit dem Grundsatz von Treu und Glauben unvereinbar wäre, einen Beteiligten an seiner Prozesshandlung festzuhalten.[69] Dies ist der Fall, wenn die Rücknahme durch ein strafbares Verhalten (§ 580 Nr. 4 ZPO) oder eine arglistige Täuschung[70] des Beklagten herbeigeführt worden oder dem Gericht und dem Beklagten als offensichtliches Versehen erkennbar ist.[71]

III. Zustimmungserfordernis (S. 2 und 3)

Abs. 1 S. 2 regelt eine weitere Wirksamkeitsvoraussetzung der Klagerücknahme.[72] 32

1. Reichweite. a) Persönlich. Die Klagerücknahme bedarf nach Stellung der Anträge in der mündlichen Verhandlung der Einwilligung des Beklagten. Hat ein Vertreter des öffentlichen Interesses an der mündlichen Verhandlung teilgenommen, ist auch dessen Einwilligung erforderlich. Entsprechendes gilt für den Vertreter des Bundesinteresses beim BVerwG (§ 36).[73] Der Beigeladene muss dagegen in die Rücknahme nicht einwilligen.[74] 33

b) Zeitlich. Das Gesetz regelt den Zeitpunkt, in dem für die Rücknahme der Klage eine Einwilligung des Beklagten erforderlich wird, nur unvollständig. 34

aa) Mündliche Verhandlung. Findet eine mündliche Verhandlung statt, kommt es auf die Stellung der Sachanträge (§ 103 Abs. 3) durch alle anwesenden Hauptbeteiligten an;[75] die schriftsätzliche Ankündigung eines Antrages genügt nicht.[76] Soweit die Auffassung vertreten wird, dass allein auf den Klageabweisungsantrag des Beklagten abzustellen sei,[77] steht dem der Wortlaut des Abs. 1 S. 2 entgegen. Richtigerweise bedarf die Rücknahme der Klage – nach klägerischer Antragstellung in der mündlichen Verhandlung – daher auch dann der Einwilligung, wenn der Beklagte zum Termin nicht erschienen ist.[78] 35

bb) Verzicht auf mündliche Verhandlung. Wird von den Beteiligten auf die Durchführung einer mündlichen Verhandlung verzichtet (§ 101 Abs. 2), ist eine einwilligungsfreie Rücknahme der Klage bis zum Erlass des Urteils möglich.[79] Ordnet das Gericht gleichwohl einen Termin an, kann der Kläger die Klage in jedem Falle (wieder) ohne die Einwilligung des Beklagten bis zur Antragstellung in der mündlichen Verhandlung zurücknehmen.[80] Die abweichende Ansicht, wonach bereits der Eingang der letzten Verzichtserklärung bei Gericht das Einwilligungserfordernis nach § 92 Abs. 1 S. 2 auslösen soll,[81] findet im Wortlaut der Vorschrift keine Stütze. Sie lässt sich auch in der Sache kaum begründen. Denn dieser Zeitpunkt muss nicht zwangsläufig auch einem – der Antragstellung in der mündlichen Verhandlung vergleichbaren – fortgeschrittenen Verfahrensstand entsprechen. Überdies könnte eine 36

---

68 BVerwG Buchholz 310 § 92 VwGO Nr. 3 und 5; s.a. BVerwGE 57, 342, 346; Buchholz 310 § 126 VwGO Nr. 3; Buchholz 310 § 134 VwGO Nr. 54; OVG Lüneburg NVwZ-RR 2010, 862; *B. Clausing*, in: Schoch/Schneider/Bier § 92 Rn. 23; *P. Kothe*, in: Redeker/Oertzen § 92 Rn. 4; *K. Rennert*, in: Eyermann § 92 Rn. 10.

69 Vgl. BVerwG Buchholz 310 § 161 VwGO Nr. 115 und 120; Buchholz 310 § 134 VwGO Nr. 54; Buchholz 310 § 126 VwGO Nr. 3.

70 *K. Rennert*, in: Eyermann § 92 Rn. 10.

71 Vgl. hierzu BVerwG Buchholz 310 § 126 VwGO Nr. 3; *K. Rennert*, in: Eyermann § 92 Rn. 10; s.a. *B. Clausing*, in: Schoch/Schneider/Bier § 92 Rn. 22, der für diesen Fall die Unwirksamkeit der Klagerücknahme bereits ohne vorherige Anfechtung bejaht.

72 Anders als die Einwilligung des Beklagten in die Änderung der Klage (§ 91 Abs. 2), die eine Zulässigkeitsvoraussetzung darstellt.

73 *D. Kugele*, § 92 Rn. 12; *H. A. Wolff*, in: Posser/Wolff § 92 Rn. 10.

74 BVerwGE 30, 27, 28; *S. Haack*, in: Gärditz § 92 Rn. 20; *P. Kothe*, in: Redeker/Oertzen § 92 Rn. 7; *K. Rennert*, in: Eyermann § 92 Rn. 11; *W.-R. Schenke*, in: Kopp/Schenke § 92 Rn. 12.

75 *K. Rennert*, in: Eyermann § 92 Rn. 11; *W.-R. Schenke*, in: Kopp/Schenke § 92 Rn. 14.

76 *W.-R. Schenke*, in: Kopp/Schenke § 92 Rn. 14; *H. A. Wolff*, in: Posser/Wolff § 92 Rn. 11.

77 *B. Clausing*, in: Schoch/Schneider/Bier § 92 Rn. 25; *D. Kugele*, § 92 Rn. 12; jeweils unter Berufung auf die Entwurfsbegründung, BT-Drs. III/55, 41.

78 A.A. *B. Clausing*, in: Schoch/Schneider/Bier § 92 Rn. 25; *D. Kugele*, § 92 Rn. 12.

79 *B. Clausing*, in: Schoch/Schneider/Bier § 92 Rn. 27; *S. Haack*, in: Gärditz § 92 Rn. 21; *P. Kothe*, in: Redeker/Oertzen § 92 Rn. 7; *K. Rennert*, in: Eyermann § 92 Rn. 11; *W.-R. Schenke*, in: Kopp/Schenke § 92 Rn. 14; *H. A. Wolff*, in: Posser/Wolff § 92 Rn. 12; s.a. BVerwGE 132, 254, 256 ff.

80 BVerwGE 132, 254, 256 ff.

81 Vgl. BVerwGE 26, 143, 144, für § 140 Abs. 1 S. 2; so auch *D. Kugele*, § 92 Rn. 12; *C. Bamberger*, in: Wysk § 92 Rn. 15.

Zustimmung des Beklagten zunächst erforderlich und – bei späterer Anberaumung einer mündlichen Verhandlung – sodann wieder entbehrlich sein. Nicht zuletzt die prozessuale Klarheit spricht daher für die hier vertretene Auffassung.

37　**cc) Ergangene Endentscheidung.**　Ein Einwilligungserfordernis ist schließlich immer auch dann zu bejahen, wenn in der Sache bereits eine Endentscheidung ergangen ist. Hierzu gehört neben einem Urteil auch ein Gerichtsbescheid.[82] Auch bei Erlass eines Gerichtsbescheides, gegen den die mündliche Verhandlung beantragt worden ist, ist ein Verfahrensstand erreicht, welcher der Stellung der Anträge i.S.d. Abs. 1 S. 2 vergleichbar ist.[83] Gleiches soll für einen Normenkontrollantrag nach Art. 100 Abs. 1 GG oder ein Vorabentscheidungsersuchen nach Art. 267 Abs. 2 AEUV gelten.[84]

38　**c) Verfahren.**　Das Einwilligungserfordernis gilt nach seinem Wortlaut nur im Klageverfahren. Keine Anwendung findet die Regelung im Verfahren vorläufigen Rechtsschutzes.[85] Im Berufungs- und Revisionsverfahren ist die Einwilligung des Beklagten stets erforderlich.[86]

39　**2. Zustimmungserklärung. a) Regelfall.**　Der Beklagte kann seine Einwilligung in die Klagerücknahme ausdrücklich oder konkludent[87] – etwa durch das Stellen eines entsprechenden Kostenantrages[88] – erklären. Bloßes Schweigen begründet, soweit nicht die Voraussetzungen des Abs. 1 S. 3 vorliegen, keine Zustimmung.[89] Die Einwilligung kann auch vorab erklärt werden; die Klagerücknahme wird dann sofort wirksam.[90] Als Prozesshandlung ist die Einwilligungserklärung bedingungsfeindlich, unanfechtbar und unwiderruflich.[91]

40　**b) Fiktion.**　Nach Abs. 1 S. 3 gilt die Einwilligung als erteilt, wenn der Klagerücknahme nicht innerhalb von zwei Wochen seit Zustellung des die Rücknahme enthaltenden Schriftsatzes widersprochen wird und das Gericht auf diese Folge hingewiesen hat. Die Zweiwochenfrist ist nicht verlängerbar (§ 224 Abs. 2 ZPO); allerdings kann die Wiedereinsetzung i.R. eines Antrages auf Fortsetzung des Verfahrens beantragt werden.[92] Auch wenn der Wortlaut der Vorschrift nur die schriftsätzliche Klagerücknahme erwähnt, findet Abs. 1 S. 3 nach Sinn und Zweck gleichermaßen auf die zu Protokoll erklärte Klagerücknahme Anwendung.[93] Die Zweiwochenfrist wird zur Wahrung der Interessen des Beklagten mit der Zustellung des Protokolls einschließlich des nach § 92 Abs. 1 S. 3 Hs. 2 erforderlichen gerichtlichen Hinweises und nicht bereits mit der tatsächlichen Kenntnisnahme in der mündlichen Verhandlung in Gang gesetzt.[94]

41　**c) Verweigerte Zustimmung.**　Verweigert der Beklagte die Einwilligung in die Klagerücknahme – ausdrücklich oder konkludent durch Verhandeln zur Sache[95] –, ist die klägerische Rücknahmeerklärung verbraucht; eine spätere Zustimmung geht, vorbehaltlich einer erneuten Rücknahme, ins Leere.[96]

82　BVerwG Buchholz 310 § 92 VwGO Nr. 9; *B. Clausing*, in: Schoch/Schneider/Bier § 92 Rn. 28; *K. Rennert*, in: Eyermann § 92 Rn. 11; *C. Bamberger*, in: Wysk § 92 Rn. 15.

83　*B. Clausing*, in: Schoch/Schneider/Bier § 92 Rn. 28; *P. Kothe*, in: Redeker/Oertzen § 92 Rn. 7.

84　*K. Rennert*, in: Eyermann § 92 Rn. 11; *H. A. Wolff*, in: Posser/Wolff § 92 Rn. 11.

85　OVG Bln-Bbg 30.1.2015 – OVG 1 S 1.15, juris Rn. 6; *S. Haack*, in: Gärditz § 92 Rn. 22; *K. Rennert*, in: Eyermann § 92 Rn. 3; *H. A. Wolff*, in: Posser/Wolff § 92 Rn. 4.

86　Vgl. BVerwGE 26, 143; *B. Clausing*, in: Schoch/Schneider/Bier § 92 Rn. 29; *S. Haack*, in: Gärditz § 92 Rn. 23; *C. Bamberger*, in: Wysk § 92 Rn. 15.

87　*B. Clausing*, in: Schoch/Schneider/Bier § 92 Rn. 30; *P. Kothe*, in: Redeker/Oertzen § 92 Rn. 8; *K. Rennert*, in: Eyermann § 92 Rn. 12; *H. A. Wolff*, in: Posser/Wolff § 92 Rn. 13.

88　*B. Clausing*, in: Schoch/Schneider/Bier § 92 Rn. 30; *K. Rennert*, in: Eyermann § 92 Rn. 12; *H. A. Wolff*, in: Posser/Wolff § 92 Rn. 13.

89　*K. Rennert*, in: Eyermann § 92 Rn. 12.

90　*P. Kothe*, in: Redeker/Oertzen § 92 Rn. 8; *K. Rennert*, in: Eyermann § 92 Rn. 12.

91　*S. Haack*, in: Gärditz § 92 Rn. 24; *P. Kothe*, in: Redeker/Oertzen § 92 Rn. 8; *K. Rennert*, in: Eyermann § 92 Rn. 12; *H. A. Wolff*, in: Posser/Wolff § 92 Rn. 13.

92　*K. Rennert*, in: Eyermann § 92 Rn. 12.

93　OVG Münster NWVBl 2008, 75, 76 f.; *B. Clausing*, in: Schoch/Schneider/Bier § 92 Rn. 30 a; *S. Haack*, in: Gärditz § 92 Rn. 25; *P. Kothe*, in: Redeker/Oertzen § 92 Rn. 8; a.A. *H. A. Wolff*, in: Posser/Wolff § 92 Rn. 14.

94　OVG Münster NWVBl 2008, 75, 77; a.A. *S. Haack*, in: Gärditz § 92 Rn. 25.

95　*K. Rennert*, in: Eyermann § 92 Rn. 12.

96　*B. Clausing*, in: Schoch/Schneider/Bier § 92 Rn. 31; *P. Kothe*, in: Redeker/Oertzen § 92 Rn. 8; *K. Rennert*, in: Eyermann § 92 Rn. 12; *H. A. Wolff*, in: Posser/Wolff § 92 Rn. 14.

Die Verweigerung der Zustimmung zu einer Klagerücknahme ist grds. nicht missbräuchlich; der Be- 42
klagte muss sein Interesse an der Fortsetzung des Verfahrens nicht begründen.[97] Ein rechtsmissbräuchliches Verhalten soll allerdings vorliegen, wenn die Einwilligung aus offensichtlich prozessfremden
Motiven verweigert wird; dann soll die Klagerücknahme ausnahmsweise ohne Einwilligung wirksam
sein.[98] Es erscheint indes zweifelhaft, ob es zum Schutze des Klägers überhaupt einer derartigen mit
§ 92 Abs. 1 S. 2 kaum zu vereinbarenden Konstruktion bedarf. Denn der Kläger kann auf eine verweigerte Zustimmung reagieren. Er kann den behördlichen Antrag zurücknehmen oder einen Anspruchsverzicht erklären.

C. Fiktion der Klagerücknahme (Abs. 2)

Neben der erklärten Klagerücknahme regelt § 92 Abs. 2 die fingierte Klagerücknahme. Hiernach gilt 43
die Klage als zurückgenommen, wenn der Kläger das Verfahren trotz Aufforderung des Gerichts länger als zwei Monate nicht betreibt.

I. Allgemeines

1. Ratio. Die Vorschrift dient einem geordneten Gang und einer Beschleunigung des gerichtlichen 44
Verfahrens und damit in einem weiteren Sinne auch der Gewährleistung effektiven Rechtsschutzes. § 92 Abs. 2 beruht auf der Grundannahme, dass bei Nichtbetreiben des Verfahrens eine Vermutung für den Wegfall des Rechtsschutzinteresses spricht.[99] Dies bildet den Maßstab für die Auslegung
und Anwendung der Regelung. Die gerichtliche Betreibensaufforderung darf allein der Klärung von
Zweifeln an einem fortbestehenden Rechtsschutzinteresse dienen.[100] Eine missbräuchliche Verwendung als Instrument zur Sachaufklärung ist unzulässig.[101]

2. Entstehungsgeschichte und Systematik. § 92 Abs. 2 beruht auf dem Vorbild des § 81 AsylG 45
(→ Rn. 15). Bei einer Übertragung der von der Rspr. entwickelten Grundsätze zur Betreibensaufforderung im Asylverfahren ist indes Vorsicht geboten.[102] Denn im Asylprozess trifft den Kläger eine besondere Prozessförderungspflicht; die gesetzlich festgelegten Mitwirkungspflichten im AsylG reichen über
jene der VwGO hinaus.[103]

Die Befugnis zum Erlass einer Betreibensaufforderung ist Teil der gerichtlichen Prozessleitung. Als sol- 46
che tritt die Vorschrift im systematischen Zusammenhang der VwGO neben weitere Bestimmungen,
die das Gericht – wie § 82 Abs. 2 oder § 87 b – dazu ermächtigen, den Kläger anzuhalten, seinen Mitwirkungspflichten nachzukommen.

§ 92 Abs. 2 stellt keine abschließende Sonderregelung dar, die eine Klageabweisung wegen fehlenden 47
Rechtsschutzbedürfnisses im Übrigen ausschließt.[104]

3. Anwendungsbereich. Unmittelbare Geltung beansprucht die Regelung für das Klageverfahren. Den 48
Adressatenkreis der Betreibensaufforderung schränkt das Gesetz dabei nicht ein. Die Verfügung kann
daher auch gegen einen (klagenden) Hoheitsträger gerichtet sein.[105] Im Berufungs- und Revisionsverfahren ist ein Rückgriff auf § 92 Abs. 1 nur möglich, soweit der Kläger Rechtsmittelbeklagter ist;[106]

---

97 *B. Clausing,* in: Schoch/Schneider/Bier § 92 Rn. 32.
98 *B. Clausing,* in: Schoch/Schneider/Bier § 92 Rn. 32; *W.-R. Schenke,* in: Kopp/Schenke § 92 Rn. 13; jeweils unter Be-
    rufung auf BGHZ 21, 281, 285.
99 BVerwGE 71, 213, 218; *A. Decker,* BayVBl 1997, 673; *K. Rennert,* in: Eyermann § 92 Rn. 13.
100 *D. Kugele,* § 92 Rn. 16.
101 *W.-R. Schenke,* in: Kopp/Schenke § 92 Rn. 19.
102 Vgl. *K. Rennert,* in: Eyermann § 92 Rn. 13; s.a. *B. Clausing,* in: Schoch/Schneider/Bier § 92 Rn. 38.
103 So ist etwa der Kläger im Asylprozess bereits von Gesetzes wegen verpflichtet, dem Gericht jederzeit seine aktuelle
    ladungsfähige Anschrift mitzuteilen (§ 10 Abs. 1 AsylG), während es nach § 82 Abs. 2 S. 1 einer entsprechenden ge-
    richtlichen Aufforderung bedarf.
104 Vgl. BVerwG 14.4.2016 – 1 B 2.16, juris Rn. 5; BVerwGE 101, 323, 327 f.; a.A. wohl *W.-R. Schenke,* in: Kopp/
    Schenke § 92 Rn. 18.
105 *B. Clausing,* in: Schoch/Schneider/Bier § 92 Rn. 42; *P. Kothe,* in: Redeker/Oertzen § 92 Rn. 9 c.
106 *B. Clausing,* in: Schoch/Schneider/Bier § 92 Rn. 41; *K. Rennert,* in: Eyermann § 92 Rn. 14; a.A. *H. A. Wolff,* in: Pos-
    ser/Wolff § 92 Rn. 16.

für den Kläger als Berufungskläger ist dagegen § 126 Abs. 2 vorrangig.[107] Schließlich findet die Vorschrift des § 92 Abs. 2 S. 1 entsprechende Anwendung auch auf Anträge auf gerichtliche Entscheidung nach der Wehrbeschwerdeordnung (§ 23 a Abs. 2 WBO).[108]

49 Darüber hinaus ist § 92 Abs. 2 im Normenkontrollverfahren anwendbar.[109] Richtigerweise gilt Gleiches für die Verfahren nach §§ 80 und 123.[110] Denn die Anwendung der Vorschrift im selbständigen Beschlussverfahren ist – wie für § 92 Abs. 1 – normativ nicht ausgeschlossen. Allenfalls stellt sich die Frage nach ihrer Sinnhaftigkeit. Praktisch dürfte es hierauf indes regelmäßig nicht ankommen. Denn im vorläufigen Rechtsschutzverfahren ermöglichen es dem Gericht bereits das Erfordernis der Glaubhaftmachung (§ 123) und die Darlegungs- und Beweislast (§ 80 Abs. 5), eine fehlende oder unzureichende Mitwirkung des Antragstellers zu berücksichtigen.

50 **4. Verfassungsrechtlich gebotener Ausnahmecharakter.** Die Regelung des § 92 Abs. 2 begegnet als solche keinen verfassungsrechtlichen Bedenken.[111] Die Entlastung der Gerichte von Verfahren, an denen der Kläger kein Interesse mehr hat, ist ein verfassungsrechtlich legitimes Ziel.[112] Seine Verwirklichung findet allerdings ihre Grenze in den grundgesetzlichen Gewährleistungen effektiven Rechtsschutzes (Art. 19 Abs. 4 GG) und rechtlichen Gehörs (Art. 103 Abs. 1 GG). Hieraus folgt ein bei Auslegung und Anwendung zu beachtender strenger Ausnahmecharakter der Vorschrift.[113] Die Betreibensaufforderung ist kein Instrument zur vorsorglichen Sanktionierung prozessleitender Verfügungen und kein Hilfsmittel zur bequemen Erledigung lästiger Verfahren. Ihr Erlass ist vielmehr nur dann zulässig, wenn begründete Anhaltspunkte dafür vorliegen, dass ein Rechtsschutzinteresse des Klägers tatsächlich entfallen ist. Diese zur Wahrung der Verfassungskonformität gebotene ungeschriebene Voraussetzung des § 92 Abs. 2 führt bei ihrer Anwendung nicht selten zu Rechtsunsicherheit und Streit über den wirksamen Eintritt der Rücknahmefiktion. Auch wenn es sich hierbei um keinen zwingenden Bestandteil der Betreibensaufforderung handelt, empfiehlt es sich daher unter praktischen Gesichtspunkten, die Zweifel an einem fortbestehenden Rechtsschutzinteresse kurz zu begründen.

II. Voraussetzungen

51 Die Fiktion der Klagerücknahme hat drei Voraussetzungen. Es bedarf begründeter Anhaltspunkte dafür, dass ein Rechtsschutzinteresse des Klägers nicht mehr gegeben ist (1.), und der Kläger darf auf eine ordnungsgemäße Betreibensaufforderung (2.) das Verfahren binnen einer Frist von zwei Monaten nicht weiter betrieben haben (3.). Bei fortgeschrittenem Verfahrensstadium ist überdies die Zustimmung des Beklagten erforderlich (4.). Das Fehlen auch nur einer der genannten Voraussetzungen führt dazu, dass die Fiktion nicht eintritt. Bei unzulässiger Annahme eines entfallenen Rechtsschutzinteresses oder einer aufgrund mangelnder Bestimmtheit oder unvollständiger Belehrung fehlerhaften Betreibensaufforderung führt daher auch ein Nichtbetreiben des Klägers nicht zur fingierten Klagerücknahme.[114]

52 **1. Wegfall des Rechtsschutzinteresses. a) Maßstab.** Ungeschriebene Voraussetzung der Rücknahmefiktion sind tatsächlich begründete Anhaltspunkte für den Wegfall des klägerischen Rechtsschutzinteresses.[115] Nur dann besteht Anlass für den Erlass einer gerichtlichen Betreibensaufforderung. Ein sicherer Schluss ist nicht erforderlich; es genügen begründete Zweifel an einem fortbestehenden Rechts-

107 *B. Clausing*, in: Schoch/Schneider/Bier § 92 Rn. 41; *S. Haack*, in: Gärditz § 92 Rn. 28; s.a. VGH München 29.12.2017 – 11 ZB 17.30852.
108 BVerwG Buchholz 450.1 § 23 a WBO Nr. 3.
109 BVerwG 7.7.2005 – 10 BN 1.05; OVG Greifswald NVwZ-RR 2005, 596 ff.; OVG Bautzen SächsVBl 2004, 7; *P. Kothe*, in: Redeker/Oertzen § 92 Rn. 9 b; *K. Rennert*, in: Eyermann § 92 Rn. 14; *H. A. Wolff*, in: Posser/Wolff § 92 Rn. 16.
110 *B. Clausing*, in: Schoch/Schneider/Bier § 92 Rn. 83; *W.-R. Schenke*, in: Kopp/Schenke § 92 Rn. 17; a.A. *K. Rennert*, in: Eyermann § 92 Rn. 3; *P. Kothe*, in: Redeker/Oertzen § 92 Rn. 9 c; *S. Haack*, in: Gärditz § 92 Rn. 28; *H. A. Wolff*, in: Posser/Wolff § 92 Rn. 16.
111 BVerfG NVwZ 2013, 136, 137; vgl. hierzu ausf. *B. Clausing*, in: Schoch/Schneider/Bier § 92 Rn. 39.
112 BVerfG NVwZ 2013, 136, 137; *B. Clausing*, in: Schoch/Schneider/Bier § 92 Rn. 39.
113 BVerfG NVwZ 2013, 136, 138; BVerwG Buchholz 310 § 92 VwGO Nr. 13; *W.-R. Schenke*, in: Kopp/Schenke § 92 Rn. 18.
114 Vgl. BVerwGE 71, 213, 218; *W.-R. Schenke*, in: Kopp/Schenke § 92 Rn. 23.
115 BVerfG NVwZ 2013, 136, 138; BVerwG Buchholz 310 § 92 VwGO Nr. 13; OVG Bautzen SächsVBl 2014, 216; VGH Mannheim NVwZ-RR 2009, 503, 504.

schutzinteresse.[116] Diese müssen ihre Grundlage im bisherigen Prozessverhalten des Klägers finden. Einen konkreten Anhaltspunkt kann die Verletzung prozessualer Mitwirkungspflichten bieten.[117] Diese treffen den Kläger im Verwaltungsprozess indes regelmäßig nicht schon von Gesetzes wegen, sondern werden – wie etwa bei §§ 82 Abs. 2 S. 1, 86 Abs. 3 und 4, 87 Abs. 1 Nr. 2, 87b Abs. 1 und 2 – erst durch eine konkrete richterliche Aufforderung begründet.[118] Auch ein sonstiges Verhalten kann im Einzelfall den Schluss rechtfertigen, dass der Kläger kein Interesse an einer Fortsetzung des Rechtsstreits hat.[119]

b) Beispiele. Ob Zweifel am klägerischen Rechtsschutzinteresse begründet sind, bedarf einer Würdigung der konkreten Umstände des Einzelfalls. Die Rspr. hat hierzu eine umfangreiche Kasuistik entwickelt.[120] 53

aa) Fortbestehendes Rechtsschutzinteresse. Die trotz gerichtlicher Aufforderung unterlassene Begründung der Klage liefert für sich genommen noch keinen begründeten Anhaltspunkt für ein entfallenes Rechtsschutzinteresse.[121] Gleiches gilt regelmäßig für das bloße Schweigen auf eine prozessleitende Verfügung des Gerichts, wie etwa die Anfrage, ob auf eine mündliche Verhandlung verzichtet wird.[122] Nicht ausreichend ist auch die Mitteilung der abschiebenden Ausländerbehörde, dass ihr eine neue ladungsfähige Anschrift des Ausländers nicht bekannt sei.[123] Geradezu abwegig erscheint es, Zweifel an einem fortbestehenden Rechtsschutzinteresse damit zu begründen, dass der Kläger nach versagter Bewilligung von Prozesskostenhilfe nicht die Klagerücknahme erklärt.[124] Einen derartigen Schluss erlaubt auch die ausbleibende Reaktion auf einen ablehnenden Beschluss im parallelen Eilverfahren nicht.[125] Unschädlich ist es schließlich, wenn der Kläger die mit der Klageerhebung fällige Verfahrensgebühr nicht gezahlt hat.[126] 54

bb) Zweifelhaftes Rechtsschutzinteresse. Ein Interesse an einer Fortführung des Rechtsstreits kann dagegen zu verneinen sein, wenn der Kläger konkreten gerichtlichen Aufforderungen zur Stellungnahme (etwa zur Klageerwiderung)[127] oder Vorlage bestimmter Unterlagen nicht nachkommt.[128] Gleiches gilt, wenn eine angekündigte Klagebegründung trotz gerichtlicher Erinnerung ausbleibt.[129] Für ein fehlendes Rechtsschutzinteresse spricht überdies das unentschuldigte Fehlen im Erörterungs- oder Verhandlungstermin;[130] der hiergegen erhobene Einwand, ein solches Verhalten sei anderweitig sanktioniert,[131] übersieht, dass es sich bei dem Erlass einer Betreibensaufforderung gerade nicht um ein Sanktionsmittel handelt. Zweifel sind berechtigt, wenn der Kläger für das Gericht oder seinen Prozessbevollmächtigten nicht mehr erreichbar ist.[132] Die Annahme eines entfallenen Rechtsschutzinteresses ist immer auch dann gerechtfertigt, wenn sich der Rechtsstreit – etwa durch einen von dem Beklagten mitgeteilten außergerichtlichen Vergleich[133] – erkennbar erledigt hat[134] und der Kläger hierauf nicht 55

---

116 BVerwG 7.7.2005 – 10 BN 1.05, juris Rn. 4.
117 BVerwG Buchholz 310 § 92 VwGO Nr. 12; Buchholz 310 § 92 VwGO Nr. 13; VGH Mannheim NVwZ-RR 2009, 503, 504.
118 *K. Rennert,* in: Eyermann § 92 Rn. 16; *W.-R. Schenke,* in: Kopp/Schenke § 92 Rn. 19; *C. Bamberger,* in: Wysk § 92 Rn. 20.
119 OVG Bautzen SächsVBl 2014, 216.
120 Vgl. hierzu *W.-R. Schenke,* in: Kopp/Schenke § 92 Rn. 18 f.
121 Vgl. VGH München 6.6. 2016 – 22 B 16.611, juris Rn. 24 ff.; OVG Saarlouis 23.7.2008 – 3 D 239/08, juris Rn. 19; *A. Decker,* BayVBl 1997, 673, 675; *D. Kugele,* § 92 Rn. 19; *H. A. Wolff,* in: Posser/Wolff § 92 Rn. 17.1; *C. Bamberger,* in: Wysk § 92 Rn. 21; a.A. *S. Haack,* in: Gärditz § 92 Rn. 30.
122 *B. Clausing,* in: Schoch/Schneider/Bier § 92 Rn. 49; *K. Rennert,* in: Eyermann § 92 Rn. 16.
123 VGH Mannheim NVwZ-RR 2009, 503, 504.
124 Vgl. OVG Koblenz DVBl 2012, 250, 251.
125 *K. Rennert,* in: Eyermann § 92 Rn. 16; a.A. OVG Greifswald NordÖR 2002, 224 (LS).
126 Vgl. hierzu *B. Clausing,* in: Schoch/Schneider/Bier § 92 Rn. 48 a; a.A. VG Hannover NVwZ-RR 2011, 176.
127 *W.-R. Schenke,* in: Kopp/Schenke § 92 Rn. 19.
128 BVerwG Buchholz 310 § 92 VwGO Nr. 13.
129 VGH Mannheim DÖV 2000, 210; *B. Clausing,* in: Schoch/Schneider/Bier § 92 Rn. 46; *H. A. Wolff,* in: Posser/Wolff § 92 Rn. 17.1.
130 *K. Rennert,* in: Eyermann § 92 Rn. 16; *W.-R. Schenke,* in: Kopp/Schenke § 92 Rn. 19; a.A.
131 So *P. Kothe,* in: Redeker/Oertzen § 92 Rn. 9 e.
132 *P. Kothe,* in: Redeker/Oertzen § 92 Rn. 9 d; bejaht auch für die Mitteilung an die Ausländerbehörde, freiwillig in das Herkunftsland ausreisen zu wollen, von VGH München 29.12.2017 – 11 ZB 17.30845.
133 *P. Kothe,* in: Redeker/Oertzen § 92 Rn. 9 d.
134 *B. Clausing,* in: Schoch/Schneider/Bier § 92 Rn. 48.

reagiert. Einen derartigen Schluss kann schließlich das vorbehaltlose Befolgen des angefochtenen Verwaltungsaktes erlauben;[135] richtigerweise kann diese allerdings nur bei aufschiebender Wirkung des Rechtsbehelfs gelten.

56   **2. Betreibensaufforderung.** Bestehen danach begründete Zweifel an einem fortbestehenden Rechtsschutzinteresse, kann das Gericht den Kläger auffordern, das Verfahren zu betreiben; es ist hierzu indes nicht verpflichtet. Die Aufforderung kann in jedem Verfahrensstadium ergehen, nicht aber wenn der Rechtsstreit entscheidungsreif ist.[136]

57   **a) Zuständigkeit.** Zuständig für den Erlass der Betreibensaufforderung ist das Gericht der Hauptsache. Das ist nach Stellung des Antrages auf Zulassung der Berufung das Berufungsgericht.[137] Auffordern kann im vorbereitenden Verfahren der Berichterstatter oder der Vorsitzende (§§ 87 Abs. 1 S. 1, 87 a), aber auch die Kammer oder der Senat durch Beschluss.[138]

58   **b) Bestimmtheit.** Die Betreibensaufforderung muss bestimmt sein. Sie muss dem Kläger deutlich machen, welches konkrete Verhalten von ihm verlangt wird; diesem muss erkennbar sein, welche verfahrensfördernde Handlung er vorzunehmen hat, um sein fortbestehendes Rechtsschutzinteresse zu belegen.[139] Richtigerweise wird die unbeachtet gebliebene gerichtliche Mitwirkungsaufforderung zu wiederholen sein. Dies kann auch eine Aufforderung zur (ergänzenden) Begründung der Klage sein.[140] Den Gesetzeswortlaut zu wiederholen oder den Kläger pauschal dazu aufzufordern, das Verfahren zu betreiben, genügt dagegen nicht.[141] Gleiches soll für ein nicht weiter spezifiziertes Verlangen gelten, die Klage unter Auseinandersetzung mit den Gründen eines ablehnenden Beschlusses im Eilverfahren ergänzend zu begründen.[142] Zusätzliche Handlungsfristen, die über die gesetzliche Zweimonatsfrist hinausgehen, sollten zur Vermeidung von Missverständnissen grds. vermieden werden.

59   **c) Form. aa) Prozessleitende Verfügung.** Die Betreibensaufforderung ist eine prozessleitende Verfügung. Sie kann sowohl in der Form einer Verfügung als auch eines Beschlusses ergehen.[143] Als prozessleitende Verfügung ist die Betreibensaufforderung gem. § 146 Abs. 2 unanfechtbar. Dies gilt auch dann, wenn sie in der Form eines Beschlusses erlassen worden ist.[144]

60   **bb) Belehrung.** Abs. 2 S. 3 verpflichtet das Gericht, den Kläger zu belehren. Die gerichtliche Aufforderung hat den Kläger dabei auf die Rechtsfolgen eines fruchtlosen Ablaufs der Zweimonatsfrist hinzuweisen. Hierzu gehört neben der kraft Gesetzes erfolgenden Verfahrensbeendigung ohne Sachentscheidung[145] nach dem klaren Wortlaut der Vorschrift auch die Kostenfolge aus § 155 Abs. 2.[146] Die Vorschrift selbst muss dagegen nicht zitiert werden.[147] Vom Gesetzeswortlaut nicht erfasst ist die Mit-

---

135   *H. A. Wolff*, in: Posser/Wolff § 92 Rn. 17.1.

136   *K. Rennert*, in: Eyermann § 92 Rn. 17.

137   *W.-R. Schenke*, in: Kopp/Schenke § 92 Rn. 19. Eine Anordnung des VG ist dann nicht mehr zulässig; gleichwohl für die Wirksamkeit einer solchen Betreibensaufforderung – mit der nicht überzeugenden Begründung, dass dieser Zuständigkeitsmangel nicht offensichtlich sei – VGH Kassel 11.3.2004 – 8 UZ 83/04.A, juris Rn. 3.

138   Vgl. BVerwGE 71, 213, 215 f.; Buchholz 402.25 § 33 AslyVfg Nr. 11; *S. Haack*, in: Gärditz § 92 Rn. 31; *D. Kugele*, § 92 Rn. 21; *K. Rennert*, in: Eyermann § 92 Rn. 17.

139   *B. Clausing*, in: Schoch/Schneider/Bier § 92 Rn. 51; *P. Kothe*, in: Redeker/Oertzen § 92 Rn. 9 e; *D. Kugele*, § 92 Rn. 21; *K. Rennert*, in: Eyermann § 92 Rn. 17; *H. A. Wolff*, in: Posser/Wolff § 92 Rn. 18.

140   VG Berlin 4.12.2014 – VG 19 K 288.14; *H. A. Wolff*, in: Posser/Wolff § 92 Rn. 18.

141   *W.-R. Schenke*, in: Kopp/Schenke § 92 Rn. 20; s.a. OVG Bln-Bbg 8.5.2014 – OVG 10 M 46.12, juris Rn. 10.

142   BVerwG Buchholz 310 § 92 VwGO Nr. 6; *C. Bamberger*, in: Wysk § 92 Rn. 22.

143   Vgl. BVerwGE 71, 213, 216; *B. Clausing*, in: Schoch/Schneider/Bier § 92 Rn. 50; *W.-R. Schenke*, in: Kopp/Schenke § 92 Rn. 21; *H. A. Wolff*, in: Posser/Wolff § 92 Rn. 19.

144   OVG Lüneburg, NVwZ 1998, 529; *B. Clausing*, in: Schoch/Schneider/Bier § 92 Rn. 55; *C. Bamberger*, in: Wysk § 92 Rn. 26.

145   Die hierbei – soweit ersichtlich allein – von *Bamberger* vertretene Ansicht, dass eine Wiedergabe des Gesetzeswortlautes nur bei anwaltlich vertretenem oder selbst als Rechtsanwalt zugelassenem Kläger zulässig sein soll (*C. Bamberger*, in: Wysk § 92 Rn. 24), begegnet Zweifeln; die Formulierung des Abs. 2 S. 1 dürfte auch einem Laien hinreichend verständlich sein.

146   *B. Clausing*, in: Schoch/Schneider/Bier § 92 Rn. 52; *S. Haack*, in: Gärditz § 92 Rn. 32; *H. A. Wolff*, in: Posser/Wolff § 92 Rn. 20; *C. Bamberger*, in: Wysk § 92 Rn. 23.

147   BVerwG Buchholz 402.25 § 33 AsylVfG Nr. 11.

teilung des – aus § 57 folgenden – Beginns der Betreibensfrist.[148] Gleichwohl sollte das Gericht im Interesse der Rechtsklarheit stets die Zustellung der Aufforderung als Fristbeginn benennen.[149]

cc) **Unterschrift.** Die Aufforderung ist durch den Richter handschriftlich zu unterzeichnen. Eine Paraphe genügt nicht;[150] auch eine Unterzeichnung „auf Anordnung" ist unzureichend.[151]   61

d) **Zustellung.** Da sie die gesetzliche Zweimonatsfrist in Gang setzt, bedarf die Betreibensaufforderung nach § 56 Abs. 1 der förmlichen Zustellung.[152]   62

3. **Nichtbetreiben. a) Maßstab.** Der Kläger betreibt das Verfahren i.S.d. Abs. 2 S. 1 nicht, wenn er innerhalb von zwei Monaten kein Verhalten zeigt, welches sein fortbestehendes Rechtsschutzinteresse substantiiert belegt.[153] Mit Blick auf die großzügig bemessene Frist ist dabei grds. ein strenger Maßstab anzulegen.[154] I.d.R. ist die Vornahme der von dem Gericht geforderten verfahrensfördernden Handlung zu verlangen. Ausnahmsweise kann der Kläger das Verfahren allerdings auch auf andere Weise betreiben.[155] Es bedarf einer Würdigung sämtlicher Umstände des Einzelfalls.[156]   63

b) **Beispiele. aa) Kein Betreiben.** Nicht ausreichend sind Bekräftigungen des Klägers, das Verfahren fortsetzen zu wollen oder weiter ein Rechtsschutzinteresse zu haben.[157] Auch ein Antrag auf Fristverlängerung[158] oder ein Befangenheitsgesuch[159] stellen für sich genommen kein Betreiben des Verfahrens dar. Gleiches gilt für ein kurz vor Ablauf der Frist eingehendes Akteneinsichtsgesuch zur Vorbereitung einer Klagebegründung oder einen Hinweis des Prozessbevollmächtigten auf eine fehlende Information durch den Mandanten.[160] Anders soll es im Einzelfall bewertet werden können, wenn kurzfristig erstmalig ein Rechtsanwalt oder ein neuer Rechtsanwalt beauftragt worden ist.[161]   64

bb) **Betreiben.** Wird der Kläger zur ausstehenden Begründung der Klage aufgefordert, erfordert dies i.d.R. eine Darlegung der wesentlichen tatsächlichen und rechtlichen Beanstandungen, auf die er sein Rechtsschutzbegehren im Kern stützt. Ausnahmsweise kann es genügen, wenn der Kläger auf sein Vorbringen im Verwaltungsverfahren verweist; dies setzt allerdings voraus, dass bereits ein hinreichend substantiierter Vortrag vorliegt und der Kläger nachvollziehbar erklärt, dass aus seiner Sicht keine Ergänzungen erforderlich sind. Äußert sich der Kläger auf eine Betreibensaufforderung im Klageverfahren allein im parallel anhängigen Eilverfahren, kann dies im Einzelfall ausreichen, um ein fortbestehendes Rechtsschutzinteresse auch für das Hauptsachverfahren zu belegen.[162]   65

Die Frage, wie es zu bewerten ist, wenn der Kläger einer Aufforderung zu mehreren Verfahrenshandlungen nur teilweise nachkommt, wird unterschiedlich beantwortet. Richtigerweise kommt es auf den konkreten Inhalt der einzelnen Betreibensaufforderung an. Maßgeblich ist, ob das Gericht die kumulative oder alternative Erfüllung der bezeichneten Mitwirkungspflichten verlangt. Dies ist durch Auslegung zu ermitteln; im Zweifel bedarf es der Vornahme sämtlicher Handlungen.[163]   66

---

148 VGH München NVwZ 1998, 528, 529.
149 *B. Clausing*, in: Schoch/Schneider/Bier § 92 Rn. 53; *C. Bamberger*, in: Wysk § 92 Rn. 25.
150 *C. Bamberger*, in: Wysk § 92 Rn. 26.
151 *W.-R. Schenke*, in: Kopp/Schenke § 92 Rn. 21.
152 BVerwGE 71, 216; *B. Clausing*, in: Schoch/Schneider/Bier § 92 Rn. 54; *W.-R. Schenke*, in: Kopp/Schenke § 92 Rn. 21.
153 BVerfG NVwZ 2013, 136, 138; NVwZ 1994, 62, 63; BVerwG Buchholz 402.25 § 33 AsylVfG Nr. 6; *B. Clausing*, in: Schoch/Schneider/Bier § 92 Rn. 58; *W.-R. Schenke*, in: Kopp/Schenke § 92 Rn. 22.
154 *B. Clausing*, in: Schoch/Schneider/Bier § 92 Rn. 59.
155 *H. A. Wolff*, in: Posser/Wolff § 92 Rn. 21.1.
156 Vgl. OVG Lüneburg 1.9.2017 – 13 LA 203/17, juris Rn. 7.
157 BVerwG Buchholz 402.25 § 33 AsylVfG Nr. 6; OVG Greifswald NVwZ-RR 2005, 597; VGH München BayVBl 2001, 21, 22; *B. Clausing*, in: Schoch/Schneider/Bier § 92 Rn. 60; *D. Kugele*, § 92 Rn. 19; *K. Rennert*, in: Eyermann § 92 Rn. 18; *W.-R. Schenke*, in: Kopp/Schenke § 92 Rn. 22.
158 BVerwG 25.3.1999 – 3 B 147/98, juris Rn. 7; *P. Kothe*, in: Redeker/Oertzen § 92 Rn. 9 f; *H. A. Wolff*, in: Posser/Wolff § 92 Rn. 21.1.
159 VG Hannover NVwZ-RR 2011, 176.
160 *B. Clausing*, in: Schoch/Schneider/Bier § 92 Rn. 59.
161 *B. Clausing*, in: Schoch/Schneider/Bier § 92 Rn. 59.
162 *B. Clausing*, in: Schoch/Schneider/Bier § 92 Rn. 59; s.a. OVG Bautzen 8.2.2012 – 5 A 727/09.
163 *B. Clausing*, in: Schoch/Schneider/Bier § 92 Rn. 58; *C. Bamberger*, in: Wysk § 92 Rn. 28; s.a. OVG Lüneburg 1.9.2017 – 13 LA 203/17, juris Rn. 7; a.A. OVG Bautzen 30.3.2012 – 4 A 484/11, juris Rn. 6; *D. Kugele*, § 92 Rn. 21; *W.-R. Schenke*, in: Kopp/Schenke § 92 Rn. 22.

67 Schließlich kann der Kläger sein schützenswertes Interesse an einer Fortsetzung des Rechtsstreits ausnahmsweise dadurch glaubhaft machen, dass er schlüssig und substantiiert darlegt, warum seines Erachtens nichts weiter vorzutragen ist[164] oder er an einer Vornahme der geforderten Handlung gehindert ist.[165]

68 **c) Frist.** Die Zweimonatsfrist des Abs. 2 S. 2 ist eine gesetzliche Frist.[166] Als solche kann sie nicht verlängert werden.[167] Eine Wiedereinsetzung kommt weder in unmittelbarer noch in entsprechender Anwendung des § 60 in Betracht.[168] Eine Ausnahme macht die Rspr. in Anlehnung an den Rechtsgedanken des § 60 Abs. 3 nur für den Fall höherer Gewalt.[169] Höhere Gewalt ist bei Naturereignissen und anderen unabwendbaren Zufällen gegeben,[170] die unter den gegebenen Umständen auch durch die größte nach den Umständen des konkreten Falles vernünftigerweise von dem Betroffenen unter Anlegung subjektiver Maßstäbe – namentlich unter Berücksichtigung seiner Lage, Bildung und Erfahrung – zu erwartende und zumutbare Sorgfalt nicht abgewendet werden konnten.[171]

69 Das Gericht kann die Wirkung des Fristablaufs auch nicht dadurch beseitigen, dass es die Betreibensaufforderung aufhebt.[172] Dem steht die kraft Gesetzes eingetretene Fiktionswirkung entgegen, welche nicht in die nachträgliche Disposition des Gerichts gestellt ist. Ein unzulässiges Wiedereinsetzungsbegehren wird allerdings regelmäßig als Antrag auf Fortsetzung des Verfahrens auszulegen sein.[173]

70 **4. Zustimmung des Beklagten (S. 2).** Das Gesetz ordnet die entsprechende Anwendung des Einwilligungserfordernisses (Abs. 1 S. 2) auch für die fingierte Klagerücknahme an. Der Zeitpunkt, ab dem es einer Einwilligung des Beklagten bedarf, ist nach den gleichen Grundsätzen wie bei der erklärten Klagerücknahme zu bestimmen (→ Rn. 34). Unter praktischen Gesichtspunkten ist es zweckmäßig, den Beklagten bereits mit der Übersendung der Abschrift der Betreibensaufforderung zur Stellungnahme aufzufordern, ob er – was zulässig ist – vorab in eine fingierte Klagerücknahme einwilligt. Im Übrigen genügt eine formlose gerichtliche Mitteilung über den fruchtlosen Ablauf der Zweimonatsfrist.

71 Aufgrund des Verweises auf Abs. 1 S. 3 kann die Einwilligung des Beklagten auch fingiert werden. Hierzu ist die gerichtliche Mitteilung, dass die Rücknahmefiktion eingetreten ist, an den Beklagten förmlich zuzustellen.[174] Nur so ist die geforderte nachgewiesene Kenntnisnahme und Belehrung des Beklagten gewährleistet.[175] Eine gesonderte Zustellung des Beschlusses nach Abs. 2 S. 4, dass die Klage als zurückgenommen gilt, scheidet für diesen Zweck aus, da die Einwilligung des Beklagten nach der Systematik der Vorschrift gerade Voraussetzung für diese Feststellung ist.[176]

III. Feststellungsbeschluss (S. 4)

72 Nach Abs. 2 S. 4 stellt das Gericht durch Beschluss fest, dass die Klage als zurückgenommen gilt. Dieser Feststellungsbeschluss ist von dem Einstellungsbeschluss nach § Abs. 3 S. 1 zu unterscheiden. Re-

---

164 BVerfG NVwZ 2013, 136, 138; *B. Clausing,* in: Schoch/Schneider/Bier § 92 Rn. 60; *K. Rennert,* in: Eyermann § 92 Rn. 18.

165 BVerfG NVwZ 1994, 62, 63 (Unmöglichkeit der Finanzierung eines für die Begründung der Klage erforderlichen Dolmetschers); *P. Kothe,* in: Redeker/Oertzen § 92 Rn. 9 f; *W.-R. Schenke,* in: Kopp/Schenke § 92 Rn. 22.

166 BVerwG Buchholz 402.25 § 33 AsylVfG Nr. 4.

167 BVerwG 25.3.1999 – 3 B 147/98, juris Rn. 7; *B. Clausing,* in: Schoch/Schneider/Bier § 92 Rn. 56; *D. Kugele,* § 92 Rn. 21; *K. Rennert,* in: Eyermann § 92 Rn. 18; *H. A. Wolff,* in: Posser/Wolff § 92 Rn. 18.

168 BVerwG Buchholz 402.25 § 33 AsylVfG Nr. 11; Buchholz 310 § 92 VwGO Nr. 17 und 19; ausf. *B. Clausing,* in: Schoch/Schneider/Bier § 92 Rn. 57 m.w.N.; *P. Kothe,* in: Redeker/Oertzen § 92 Rn. 9 f; *K. Rennert,* in: Eyermann § 92 Rn. 18; *W.-R. Schenke,* in: Kopp/Schenke § 92 Rn. 22.

169 BVerwG Buchholz 310 § 92 VwGO Nr. 17; OVG Greifswald 25.2.2016 – 1 L 244/12, juris Rn. 13 ff.; *B. Clausing,* in: Schoch/Schneider/Bier § 92 Rn. 57; *D. Kugele,* § 92 Rn. 21; *K. Rennert,* in: Eyermann § 92 Rn. 18; *W.-R. Schenke,* in: Kopp/Schenke § 92 Rn. 22.

170 *C. Bamberger,* in: Wysk § 92 Rn. 29.

171 BVerwG 10.12.2013 – 8 C 25.12, juris Rn. 30.

172 So aber *K. Rennert,* in: Eyermann § 92 Rn. 18.

173 OVG Münster 19.5.2008 – 12 A 2915/06, juris Rn. 14; *B. Clausing,* in: Schoch/Schneider/Bier § 92 Rn. 57; *C. Bamberger,* in: Wysk § 92 Rn. 29.

174 *B. Clausing,* in: Schoch/Schneider/Bier § 92 Rn. 67a; *W.-R. Schenke,* in: Kopp/Schenke § 92 Rn. 24; *C. Bamberger,* in: Wysk § 92 Rn. 30.

175 A.A. *H. A. Wolff* (in: Posser/Wolff § 92 Rn. 22), der für den Beginn der Zweiwochenfrist des Abs. 1 S. 2 auf den Ablauf der Zweimonatsfrist abstellen will.

176 *B. Clausing,* in: Schoch/Schneider/Bier § 92 Rn. 67a; a.A. *S. Haack,* in: Gärditz § 92 Rn. 35; *K. Rennert,* in: Eyermann § 92 Rn. 19.

gelmäßig werden Feststellungs- und Einstellungsbeschluss in einer Entscheidung ergehen. Dies ist richtigerweise auch dann zulässig, wenn die Zustimmung des Beklagten erforderlich ist, da diese bereits Voraussetzung für die Feststellung der wirksamen Rücknahmefiktion ist.[177] Der Feststellungsbeschluss hat nach einhelliger Ansicht nur deklaratorischen Charakter.[178]

Zuständig für den Erlass des Feststellungsbeschlusses ist nach § 87a Abs. 1 Nr. 2, Abs. 3 der Vorsitzende oder der Berichterstatter.[179] Der Wortlaut der Vorschrift („bei Zurücknahme der Klage") erfasst auch den Beschluss nach § 92 Abs. 2 S. 4;[180] einer entsprechenden Anwendung bedarf es daher nicht.[181]   73

Der Feststellungsbeschluss ist in entsprechender Anwendung des § 92 Abs. 3 S. 2 unanfechtbar.[182] 74 Hierfür spricht neben seinem nur deklaratorischen Charakter auch der Umstand, dass dem Kläger hierdurch kein Nachteil entsteht. Denn der Kläger kann jederzeit die Fortsetzung des Verfahrens beantragen.

D. Rechtsfolgen der Klagerücknahme

I. Beendigung des Verfahrens

1. Klageverfahren. Die Klagerücknahme führt zur unmittelbaren Beendigung des Verfahrens. Die   75 Rechtshängigkeit entfällt rückwirkend auf den Zeitpunkt der Klageerhebung (§ 173 S. 1 VwGO i.V.m. § 269 Abs. 3 S. 1 Hs. 1 ZPO). Bereits ergangene Entscheidungen einschließlich eines noch nicht rechtskräftigen Urteils werden wirkungslos (§ 269 Abs. 3 S. 1 Hs. 2 ZPO).[183] Die Streitwertfestsetzung ist hiervon ausgenommen.[184] Ein nach wirksamer Klagerücknahme verkündetes oder zugestelltes Urteil ist nichtig;[185] wegen des von ihm ausgehenden Rechtsscheins kann es im Rechtsmittelwege angefochten werden.[186] Unberührt bleibt die Rechtshängigkeit der vor Klagerücknahme erhobenen Widerklage (§ 89).[187]

2. Nebenverfahren. Selbständige Nebenverfahren werden von den Wirkungen der Klagerücknahme   76 nicht erfasst. Ein Antrag auf Gewährung vorläufigen Rechtsschutzes, der nicht zurückgenommen worden ist, wird mit der Rücknahme der Klage im Hauptsacheverfahren indes regelmäßig unzulässig werden. Gibt der Antragsteller keine verfahrensbeendende Erklärung ab, ist der Antrag als unzulässig abzuweisen.[188] Ein im vorläufigen Rechtsschutzverfahren bereits ergangener stattgebender Beschluss entfaltet keine Rechtswirkungen mehr.[189] Unselbständige Nebenverfahren werden mit der Rücknahme regelmäßig gegenstandslos.[190] Prozesskostenhilfe kann unter bestimmten Voraussetzungen auch auf einen vor Klagerücknahme gestellten Antrag rückwirkend bewilligt werden (→ § 166 Rn. 156).

3. Erneute Klageerhebung. Die Klagerücknahme steht einer erneuten Klageerhebung nicht entgegen.   77 Einer erneuten Klage fehlt insbes. nicht das erforderliche Rechtsschutzbedürfnis.[191] Allerdings müssen auch die weiteren Zulässigkeitsvoraussetzungen erfüllt sein. Die Klage hat namentlich die Klagefrist

---

177 A.A. S. *Haack*, in: Gärditz § 92 Rn. 35; *K. Rennert*, in: Eyermann § 92 Rn. 19.

178 OVG Brem 28.5.1998 – 2 BB 48/98, juris Rn. 16 ff.; vgl. ausf. *B. Clausing*, in: Schoch/Schneider/Bier § 92 Rn. 68 f.; s.a. *D. Kugele*, § 92 Rn. 22; *H. A. Wolff*, in: Posser/Wolff § 92 Rn. 23.

179 OVG Bautzen SächsVBl 2004, 7; a.A. – für § 126 Abs. 2 S. 4 – VGH München BayVBl 2001, 21; *Skolik*, SächsVBl 2012, 297, 302 f.: ganzer Spruchkörper.

180 *B. Clausing*, in: Schoch/Schneider/Bier § 92 Rn. 70; *S. Haack*, in: Gärditz § 92 Rn. 36; *H. A. Wolff*, in: Posser/Wolff § 92 Rn. 21.

181 So aber *D. Kugele*, § 92 Rn. 22; *K. Rennert*, in: Eyermann § 92 Rn. 19.

182 VGH Mannheim 2.4.1998 – 8 S 356/98; *S. Haack*, in: Gärditz § 92 Rn. 37; *D. Kugele*, § 92 Rn. 22; *K. Rennert*, in: Eyermann § 92 Rn. 19; *H. A. Wolff*, in: Posser/Wolff § 92 Rn. 24; ausf. *B. Clausing*, in: Schoch/Schneider/Bier § 92 Rn. 71 ff.; a.A. VG Stuttgart NVwZ-RR 1997, 766; *A. Decker*, BayVBl 1997, 673, 679.

183 BVerwGE 26, 297, 300; *B. Clausing*, in: Schoch/Schneider/Bier § 92 Rn. 35; *K. Rennert*, in: Eyermann § 92 Rn. 20; *W.-R. Schenke*, in: Kopp/Schenke § 92 Rn. 3.

184 OVG Münster 5.2.2013 – 20 A 1774/10.

185 Vgl. BVerwG Buchholz 310 § 140 VwGO Nr. 1; Buchholz 310 § 126 VwGO Nr. 3; OVG Weimar ThürVBl 2001, 213; *B. Clausing*, in: Schoch/Schneider/Bier § 92 Rn. 36; *K. Rennert*, in: Eyermann § 92 Rn. 20.

186 Vgl. BVerwG Buchholz 310 § 92 VwGO Nr. 15.

187 *B. Clausing*, in: Schoch/Schneider/Bier § 92 Rn. 34; *P. Kothe*, in: Redeker/Oertzen § 92 Rn. 10.

188 *B. Clausing*, in: Schoch/Schneider/Bier § 92 Rn. 34; *K. Rennert*, in: Eyermann § 92 Rn. 21.

189 Vgl. VGH München BayVBl 1992, 245; *K. Rennert*, in: Eyermann § 92 Rn. 21.

190 *B. Clausing*, in: Schoch/Schneider/Bier § 92 Rn. 34; *K. Rennert*, in: Eyermann § 92 Rn. 21.

191 *W.-R. Schenke*, in: Kopp/Schenke § 92 Rn. 3; OVG Magdeburg NVwZ-RR 2015, 409, 410.

zu wahren. Der Beklagte kann die Einlassung in die erneute Klage verweigern, solange die Kosten der früheren Klage noch nicht erstattet sind (§ 173 S. 1 VwGO i.V.m. § 269 Abs. 6 ZPO).[192]

II. Einstellung durch Beschluss (Abs. 3)

78   Ist die Klage zurückgenommen oder gilt sie als zurückgenommen, so stellt das Gericht das Verfahren ein und spricht die sich nach diesem Gesetz ergebenden Rechtsfolgen der Zurücknahme aus (Abs. 3 S. 1).

79   **1. Zuständigkeit.** Zuständig ist das Gericht, bei dem das Verfahren im Zeitpunkt der wirksamen Klagerücknahme anhängig war.[193] Eine Verweisung des Rechtsstreits findet nicht mehr statt.[194] Ab der Einlegung eines Rechtsmittels ist das Rechtsmittelgericht zuständig. Sieht das Gesetz für ein Rechtsmittel die Möglichkeit der Abhilfe vor, bleibt das Instanzgericht bis zu seiner Entscheidung über die Abhilfe zuständig.[195] Wird ein Rechtsmittel nach der Rücknahmeerklärung des Klägers und vor der erforderlichen Zustimmung des Beklagten eingelegt, bestimmt sich das zuständige Gericht nach dem Zeitpunkt der Einwilligung; denn erst mit dieser wird die Klagerücknahme wirksam.

80   Die Entscheidung nach Abs. 3 S. 1 trifft gem. § 87 a Abs. 1 Nr. 2 der Berichterstatter oder Vorsitzende. Nach Abschluss des vorbereitenden Verfahrens ist der gesamte Spruchkörper zuständig;[196] in der mündlichen Verhandlung schließt dies die ehrenamtlichen Richter ein (§ 5 Abs. 3).[197] Wird die Klagerücknahme nach Eingang einer Nichtzulassungsbeschwerde erklärt, hat der Senat und nicht der Berichterstatter des Berufungsgerichts zu entscheiden, da wegen der systematischen Zuordnung der Nichtzulassungsbeschwerde zum Revisionsverfahren § 87 a entsprechend § 141 S. 2 keine Anwendung findet (→ § 87 a Rn. 14).[198]

81   **2. Gegenstand (S. 1).** Das Gericht stellt das Verfahren ein und spricht die Rechtsfolgen der Rücknahme aus. Hierbei hat es über die Kosten zu entscheiden. Die Kostenfolge ergibt sich regelmäßig aus § 155 Abs. 2; im Einzelfall können auch die Vorschriften der §§ 155 Abs. 1 S. 3, 155 Abs. 4 oder 161 Abs. 3 heranzuziehen sein.[199] Überdies hat das Gericht bereits ergangene Entscheidungen für wirkungslos zu erklären.[200] Auch insoweit handelt es sich um eine Rechtsfolge, die sich aus der Verwaltungsprozessordnung (§ 173 S. 1 VwGO i.V.m. § 269 Abs. 4 ZPO) ergibt;[201] ungeachtet dessen sollte ein solcher Ausspruch jedenfalls im Interesse der Rechtsklarheit erfolgen.[202] Bei vorangegangener Zurückverweisung der Sache kann dies auch Entscheidungen der Rechtsmittelinstanz umfassen.[203] Einer Begründung bedarf der Beschluss nicht (vgl. § 122 Abs. 2).

82   **3. Wirkungen (S. 2).** Die Entscheidung nach Abs. 3 S. 1 ergeht durch Beschluss. Der Beschluss hat deklaratorische Bedeutung, soweit er das Verfahren einstellt und ein bereits erlassenes Urteil für unwirksam erklärt.[204] Denn bereits die Klagerücknahme selbst und nicht erst die gerichtliche Einstellungsentscheidung beendet das Verfahren. Konstitutive Wirkung kommt allein der Kostenregelung zu.

83   Der Beschluss ist unanfechtbar (Abs. 3 S. 2). Ein gleichwohl gegen den Einstellungsbeschluss gerichtetes und als solches unstatthaftes Rechtsmittel, mit dem eine Klagerücknahme verneint und eine Sachentscheidung begehrt wird, ist regelmäßig als Antrag auf Fortsetzung des Verfahrens anzusehen.[205]

---

192   B. *Clausing*, in: Schoch/Schneider/Bier § 92 Rn. 36; K. *Rennert*, in: Eyermann § 92 Rn. 21; W.-R. *Schenke*, in: Kopp/Schenke § 92 Rn. 3; a.A. P. *Kothe*, in: Redeker/Oertzen § 92 Rn. 15.

193   BVerwG NVwZ 1991, 60; VGH München NVwZ-RR 2006, 735.

194   OVG Lüneburg NVwZ-RR 2010, 660.

195   OVG Bln-Bbg 7.3.2017 – OVG 5 B 4.16, juris Rn. 2 m.w.N.; K. *Rennert*, in: Eyermann § 92 Rn. 24.

196   Vgl. OVG Bln-Bbg 19.5.2016 – 3 B 1.16, juris Rn. 2.

197   K. *Rennert*, in: Eyermann § 92 Rn. 24.

198   OVG Bln-Bbg 7.3.2017 – OVG 5 B 4.16, juris Rn. 2; VGH München 24.11.2016 – 8 B 15.2552, juris Rn. 4; OVG Bautzen 5.4.2016 – 5 A 684/11, juris Rn. 2.

199   Vgl. hierzu B. *Clausing*, in: Schoch/Schneider/Bier § 92 Rn. 75.

200   Vgl. beispielhaft OVG Münster 16.10.2017 – 4 A 1852/14.

201   Vgl. K. *Rennert*, in: Eyermann § 92 Rn. 23; s.a. D. *Kugele*, § 92 Rn. 23.

202   H. A. *Wolff*, in: Posser/Wolff § 92 Rn. 26; C. *Bamberger*, in: Wysk § 92 Rn. 33.

203   Vgl. VGH München NVwZ-RR 2006, 735.

204   B. *Clausing*, in: Schoch/Schneider/Bier § 92 Rn. 74 f.; K. *Rennert*, in: Eyermann § 92 Rn. 23; W.-R. *Schenke*, in: Kopp/Schenke § 92 Rn. 27; H. A. *Wolff*, in: Posser/Wolff § 92 Rn. 26 f.

205   S. *Haack*, in: Gärditz § 92 Rn. 41; W.-R. *Schenke*, in: Kopp/Schenke § 92 Rn. 27; H. A. *Wolff*, in: Posser/Wolff § 92 Rn. 28.

Ein Antrag auf Wiederaufnahme (§ 153 Abs. 1 VwGO i.V.m. §§ 578 ff. ZPO) eines durch Klagerücknahme beendeten und lediglich deklaratorisch nach Abs. 3 S. 1 eingestellten Verfahrens kommt nicht in Betracht.[206] Der Einstellungsbeschluss kann auch nicht unmittelbar mit der Verfassungsbeschwerde angegriffen werden; dem steht die Subsidiarität der Verfassungsbeschwerde (§ 90 Abs. 2 S. 1 BVerfGG) entgegen. Vor ihrer Erhebung hat der Kläger daher zunächst die Fortsetzung des Verfahrens zu beantragen.[207]

4. Teilklagerücknahme. Bei teilweiser Klagerücknahme kann der hiervon betroffene Streitgegenstand 84 abgetrennt, das Verfahren eingestellt und insoweit über die Kosten entschieden werden. Regelmäßig wird ein solches Vorgehen nur bei vollständigem Ausscheiden eines Beteiligten sinnvoll erscheinen.[208] Im Übrigen bleiben die Einstellung des Verfahrens und die Kostenentscheidung auch bei Teilrücknahme dem abschließenden Urteil in dem weiter anhängigen Verfahren vorbehalten; dies gebietet die Einheitlichkeit der Kostenentscheidung.[209] Die Entscheidungen bleiben auch hier unanfechtbar.[210]

III. Streitige Wirksamkeit der Klagerücknahme

1. Fortsetzung des Verfahrens. Bestreitet einer der Beteiligten – nicht zwingend der Kläger oder der 85 Beklagte[211] – die Wirksamkeit der Klagerücknahme, ist das Verfahren fortzusetzen. Die schlüssige und substantiierte Rüge muss die Unwirksamkeit der Klagerücknahme zumindest möglich erscheinen lassen.[212] Zweifel können bestehen, ob überhaupt eine Rücknahmeerklärung vorliegt, ob die erforderliche Einwilligung erteilt worden ist oder ob die Voraussetzungen der fingierten Klagerücknahme nach Abs. 2 erfüllt sind.

Unerheblich ist, ob ein Einstellungsbeschluss bereits ergangen ist.[213] Hat das Gericht nach Eingang 86 der Rücknahmeerklärung oder Ablauf der Zweimonatsfrist des Abs. 2 S. 1 (und ggf. erforderlicher Zustimmung) noch nicht entschieden und wird die Wirksamkeit der Rücknahme(fiktion) angefochten, unterbleibt ein Beschluss nach Abs. 3 S. 1. Auch eine bereits erfolgte deklaratorische Verfahrenseinstellung hindert eine Fortsetzung des Verfahrens nicht. Eine Frist regelt das Gesetz für den Fortsetzungsantrag nicht; wird die Fortsetzung allerdings nicht innerhalb eines Jahres beantragt, ist das Antragsrecht i.d.R. verwirkt.[214]

Die Klage entfaltet, soweit die Voraussetzungen hierfür vorliegen, während des Fortsetzungsstreits 87 weiter aufschiebende Wirkung.[215]

2. Entscheidung durch Urteil. Sowohl vor als auch nach einem Einstellungsbeschluss entscheidet das 88 Gericht bei bestrittener Wirksamkeit der Klagerücknahme durch Urteil.[216] Liegen die entsprechenden Voraussetzungen vor, kann auch eine Entscheidung durch Gerichtsbescheid (§ 84 Abs. 1 S. 1) oder Beschluss (§ 130 a) zulässig sein.[217] Zuständig ist der Spruchkörper, der über die Klage selbst zu entscheiden hat; § 87 a Abs. 1 Nr. 2 findet keine Anwendung.[218]

206 VGH München 2.8.2017 – 20 C 17.338, juris Rn. 6.
207 BVerfG 17.9.2016 – 1 BvR 661/13, juris Rn. 8.
208 Vgl. *B. Clausing*, in: Schoch/Schneider/Bier § 92 Rn. 76; *D. Kugele*, § 92 Rn. 23.
209 Vgl. hierzu ausf. *K. Rennert*, in: Eyermann § 92 Rn. 24; s.a. *B. Clausing*, in: Schoch/Schneider/Bier § 92 Rn. 76.
210 BVerwG Buchholz 310 § 92 VwGO Nr. 4; s.a. Buchholz 310 § 161 VwGO Nr. 115; *B. Clausing*, in: Schoch/Schneider/Bier § 92 Rn. 76; *K. Rennert*, in: Eyermann § 92 Rn. 24.
211 OVG Münster, DVBl 1960, 736; *B. Clausing*, in: Schoch/Schneider/Bier § 92 Rn. 77; *K. Rennert*, in: Eyermann § 92 Rn. 26; a.A. *S. Haack*, in: Gärditz § 92 Rn. 41.
212 *B. Clausing*, in: Schoch/Schneider/Bier § 92 Rn. 77. Hieran fehlt es nach *B. Clausing* etwa, wenn ein Beigeladener die Unwirksamkeit der Klagerücknahme allein mit seiner fehlenden Einwilligung begründet; in diesem Fall ist das Verfahren nicht fortzusetzen.
213 *B. Clausing*, in: Schoch/Schneider/Bier § 92 Rn. 77 m.w.N.
214 OVG Lüneburg NVwZ-RR 2012, 533, 534 f.; OVG Münster 15.3.2012 – 1 A 1885/10, juris Rn. 6 ff.; *B. Clausing*, in: Schoch/Schneider/Bier § 92 Rn. 77; *W.-R. Schenke*, in: Kopp/Schenke § 92 Rn. 28.
215 VGH München 31.3.207 – M 11 S 17.50839.
216 BVerwG Buchholz 310 § 92 VwGO Nr. 4 und 5; *B. Clausing*, in: Schoch/Schneider/Bier § 92 Rn. 78; *W.-R. Schenke*, in: Kopp/Schenke § 92 Rn. 29; *H. A. Wolff*, in: Posser/Wolff § 92 Rn. 30.
217 Vgl. BVerwGE 71, 213, 215; Buchholz 310 § 130 a VwGO Nr. 9; OVG Münster DÖV 1982, 373; *B. Clausing*, in: Schoch/Schneider/Bier § 92 Rn. 78.
218 *B. Clausing*, in: Schoch/Schneider/Bier § 92 Rn. 78.

89 **a) Wirksame Klagerücknahme.** Bejaht das Gericht die Voraussetzungen für eine wirksame Rücknahme(fiktion), stellt es durch Urteil fest, dass die Klage zurückgenommen ist (als zurückgenommen gilt).[219] Aus Gründen der Rechtsklarheit empfiehlt es sich, den bereits ergangenen Einstellungs- und Feststellungsbeschluss aufzuheben;[220] zwingend ist dies aber nicht.[221] Für eine einheitliche verfahrensabschließende Entscheidung streitet allerdings das Gebot der einheitlichen Kostenentscheidung. Die Rechtsfolgen der Klagerücknahme sind dann im Urteil (erneut) zu tenorieren; ist ein Beschluss nach Abs. 3 S. 1 noch nicht ergangen, gilt dies ohnehin. Hierzu gehört neben der Feststellung der Unwirksamkeit bereits ergangener Entscheidungen auch der Ausspruch über die Kosten. Die (einheitliche) Kostenentscheidung hat die weiteren Kosten des Fortsetzungsverfahrens demjenigen aufzuerlegen, der die Wirksamkeit der Klagerücknahme ohne Erfolg in Frage gestellt hat (§ 154 Abs. 1).[222]

90 Das Urteil ist ein Endurteil, das mit denselben Rechtsmitteln angefochten werden kann, die gegen ein Prozessurteil statthaft sind.[223] Entscheidet das Gericht fehlerhaft durch – streitentscheidenden oder die Fortsetzung ablehnenden – Beschluss, soll hiergegen auch das Rechtsmittel eingelegt werden können, welches gegen ein Urteil statthaft wäre.[224]

91 **b) Unwirksame Klagerücknahme.** Erweist sich die Klagerücknahme als nicht wirksam, kann das Gericht durch Zwischenurteil nach § 109 über die Zulässigkeit der Klage entscheiden[225] oder i.R. der abschließenden Sachentscheidung über die Wirksamkeit der Klagerücknahme befinden. Als zulässig wird es überdies angesehen, die Unwirksamkeit der Klagerücknahme durch ein nicht selbständig anfechtbares Zwischenurteil nach § 173 S. 1 VwGO i.V.m. § 303 ZPO auszusprechen.[226] In jedem Falle ist der Beschluss nach Abs. 3 S. 1 aufzuheben.

§ 93 [Verbindung und Trennung von Verfahren]

[1]Das Gericht kann durch Beschluß mehrere bei ihm anhängige Verfahren über den gleichen Gegenstand zu gemeinsamer Verhandlung und Entscheidung verbinden und wieder trennen. [2]Es kann anordnen, daß mehrere in einem Verfahren erhobene Ansprüche in getrennten Verfahren verhandelt und entschieden werden.

Schrifttum
Grabolle/Wilske, Die gemeinsame Verhandlung nicht verbundener Zivilprozesse, MDR 2007, 1405.

Ähnliche Vorschriften: § 113 SGG, §§ 145, 147 ZPO, § 73 FGO, § 66 BVerfGG, § 47 WEG, § 246 AktG.

---

219 BVerwGE 132, 254, 256; *B. Clausing,* in: Schoch/Schneider/Bier § 92 Rn. 78 („Es wird festgestellt, dass das Verfahren beendet ist"); *P. Kothe,* in: Redeker/Oertzen § 92 Rn. 13; *W.-R. Schenke,* in: Kopp/Schenke § 92 Rn. 29.

220 *S. Haack,* in: Gärditz § 92 Rn. 42; *D. Kugele,* § 92 Rn. 24; *H. A. Wolff,* in: Posser/Wolff § 92 Rn. 29; *C. Bamberger,* in: Wysk § 92 Rn. 39.

221 Vgl. ausf. *B. Clausing,* in: Schoch/Schneider/Bier § 92 Rn. 79.

222 *B. Clausing,* in: Schoch/Schneider/Bier § 92 Rn. 79.

223 BVerwG Buchholz 310 § 130a VwGO Nr. 9; OVG Koblenz DVBl 2012, 250, 251; *B. Clausing,* in: Schoch/Schneider/Bier § 92 Rn. 81; *W.-R. Schenke,* in: Kopp/Schenke § 92 Rn. 29.

224 BVerwGE 71, 213, 215; VGH Mannheim VBlBW 1984, 413; *B. Clausing,* in: Schoch/Schneider/Bier § 92 Rn. 81; *P. Kothe,* in: Redeker/Oertzen § 92 Rn. 13; *H. A. Wolff,* in: Posser/Wolff § 92 Rn. 30.

225 *W.-R. Schenke,* in: Kopp/Schenke § 92 Rn. 29; *C. Bamberger,* in: Wysk § 92 Rn. 38; s.a. *B. Clausing,* in: Schoch/Schneider/Bier § 92 Rn. 82; a.A. *K. Rennert,* in: Eyermann § 92 Rn. 26.

226 Vgl. BVerwG Buchholz 310 § 126 VwGO Nr. 3; *B. Clausing,* in: Schoch/Schneider/Bier § 92 Rn. 82; *K. Rennert,* in: Eyermann § 92 Rn. 26; s.a. *W.-R. Schenke,* in: Kopp/Schenke § 92 Rn. 29; *H. A. Wolff,* in: Posser/Wolff § 92 Rn. 30.

I. Entstehungsgeschichte

§ 93 besteht seit Inkrafttreten der VwGO am 1.4.1960 (BGBl 1960 I 17) ohne Veränderung. Die Bun-   1
desregierung hat die noch heute bestehende Fassung der Vorschrift i.R. eines Entwurfs einer VwGO
(als § 94) in den Deutschen Bundestag eingebracht.[1] Die Vorschrift ist im Rechtsausschuss nicht geändert worden.[2] Der knappen Begründung zufolge dient sie der Prozessökonomie und entspricht der Regelung in den süddeutschen Gesetzen über die Verwaltungsgerichtsbarkeit.[3]

II. Allgemeines

§ 93 ermöglicht die Verbindung und Trennung von an einem Gericht anhängigen Verfahren **in jedem**   2
Verfahrensstadium. Eine Verbindung oder Trennung kann auch in der **Rechtsmittelinstanz** erfolgen.[4]
Unzulässig ist jedoch die Verbindung von Verfahren, die in **unterschiedlichen Instanzen** anhängig sind.
Die Vorschrift ist für **alle Klagearten** (Anfechtungsklage, Leistungsklage, etc.) sowie Normenkontroll-   3
verfahren gem. § 47[5] anwendbar. Eine Verbindung oder Trennung ist auch bei Verfahren des **vorläufi-**
gen Rechtsschutzes zulässig.[6] Dass § 122 Abs. 1 nicht auf § 93 verweist, hindert dessen Anwendbarkeit nicht. Denn die Aufzählung der für das vorläufige Rechtsschutzverfahren anwendbaren Normen
in § 122 Abs. 1 ist nicht abschließend (→ § 122 Rn. 10).[7]

III. Verbindung

1. Voraussetzungen. Die zu verbindenden Verfahren müssen bei dem **gleichen Gericht** anhängig sein   4
und den **gleichen Gegenstand** haben.
Eine Verbindung von Verfahren, die an unterschiedlichen Gerichten anhängig sind, ist nach § 93 S. 1   5
nicht möglich (vgl. zur Zuständigkeit der Verbindungsentscheidung innerhalb des Gerichts
→ Rn. 20 ff.).
Der Begriff des gleichen Gegenstandes in § 93 S. 1 ist nicht mit dem des Streitgegenstandes (→ § 121   6
Rn. 42 ff., → § 90 Rn. 5) gleichzusetzen. Anderenfalls liefe § 93 S. 1 leer, denn bei einer Anhängigkeit
mehrerer Verfahren mit identischem Streitgegenstand besteht eine doppelte Rechtshängigkeit. Diese ist
unzulässig (§ 173 S. 1 VwGO i.V.m. § 17 Abs. 1 S. 2 GVG).[8]
Ein gleicher Gegenstand liegt vor, wenn das Begehren im Wesentlichen auf **denselben oder gleicharti-**   7
gen tatsächlichen oder[9] **rechtlichen Gründen** beruht.[10] Dies kann nicht nur der Fall sein, wenn zwischen denselben Beteiligten mehrere Verfahren anhängig sind, sondern auch, wenn verschiedene Klä-

---

1 BT-Drs. III/55, 13.
2 BT-Drs. III/1094, 47.
3 Für Fundstellen zu diesen Gesetzen s. BGBl 1960 I 41 f. dort § 195 Abs. 2 Nr. 3; s.a. BT-Drs. III/55, 41.
4 *Kopp/Schenke* § 93 Rn. 5.
5 Bsp. bei VGH München 26.8.2015 – 9 N 12.2592.
6 Bsp. bei VGH München 24.1.2014 – 10 CE 13.2551 u.a.
7 *R. Rudisile*, in: Schoch/Schneider/Bier § 93 Rn. 4.
8 Vgl. zur Zulässigkeit einer Verbindung von Verfahren bei doppelter Rechtshängigkeit: *C. Garloff*, in: Posser/Wolff
§ 93 Rn. 4; *S. Haack*, in: Gärditz § 93 Rn. 7; *Kugele* § 93 Rn. 4; *K. Rennert*, in: Eyermann § 93 Rn. 3; a.A. *R. Rudisi-*
le, in: Schoch/Schneider/Bier § 93 Rn. 9; s.a. BVerwGE 109, 74.
9 Anscheinend ein Beruhen auf gleichartigen tatsächlichen und rechtlichen Gründen fordernd: *Kugele* § 93 Rn. 4.
10 BVerwGE 48, 1 („gleichartige Streitigkeiten"); *C. Bamberger*, in: Wysk § 93 Rn. 4; *C. Garloff*, in: Posser/Wolff § 93
Rn. 2; *S. Haack*, in: Gärditz § 93 Rn. 7; *Kopp/Schenke* § 93 Rn. 4; *P. Kothe*, in: Redeker/v. Oertzen § 93 Rn. 2; *K.*
Rennert, in: Eyermann § 93 Rn. 2 („im Zusammenhang stehende Streitgegenstände"); *R. Rudisile*, in: Schoch/Schnei-
der/Bier § 93 Rn. 9.

ger, Beklagte oder Beigeladene beteiligt sind.[11] Das Gericht kann daher die Verfahren verschiedener Kläger,[12] Beklagter oder Beigeladener verbinden.

8   Ein gleicher Gegenstand ist immer anzunehmen, wenn die Verfahren von den Beteiligten selbst hätten verbunden werden können,[13] so bei **objektiver Klagehäufung**[14] (→ § 44 Rn. 14), **Streitgenossenschaft** und **Widerklage**.[15] Ein gleicher Gegenstand kann auch bei Verfahren mit unterschiedlichen Klagearten (z.B. Anfechtungs- und Leistungsklage) gegeben sein. Deren Verbindung ist dann ebenfalls zulässig.[16] Dagegen verbietet sich eine Verbindung von Urteils- mit Beschlussverfahren[17] (z.B. Klagen mit vorläufigen Rechtsschutzverfahren). Eine Verbindung von Klagen mit **Normenkontrollen**[18] und von Verfahren, die in unterschiedlichen Instanzen anhängig sind, ist ebenfalls **unzulässig**.

9   **2. Ermessensentscheidung des Gerichts.**   Die Entscheidung über eine Verbindung von Verfahren steht im Ermessen des Gerichts. Dieses ist an **prozessökonomischen Überlegungen** zu orientieren (z.B. Ersparnis von Kosten und Zeit für Gericht und Beteiligte, Gefahr widersprechender Entscheidungen).[19]

10   I.R. des Ermessens soll berücksichtigt werden können, ob ein Verfahrensbeteiligter möglicherweise als **Zeuge** in dem anderen zu verbindenden Verfahren in Betracht kommt.[20] Eine Verbindung würde dazu führen, dass der betroffene Verfahrensbeteiligte dann Beteiligter des Gesamtverfahrens wird und kein Zeuge mehr sein kann.

11   Das Ermessen ist reduziert, wenn Kläger oder Beklagte[21] **notwendige Streitgenossen** sind. Dann sind die Verfahren zu verbinden. Regelmäßig zu verbinden sind Verfahren auch, wenn ein Kläger einen Ausgangsbescheid und den dazugehörigen Widerspruchsbescheid in zwei Verfahren angreift.[22]

12   **3. Folgen der Verbindung.**   Die Verbindung wirkt **ex-nunc**.[23] Bis zum Zeitpunkt der Verbindung vorgenommene Maßnahmen bleiben wirksam.

13   **a) Verbindung zur gemeinsamen Verhandlung und Entscheidung.**   Das Gericht kann zur gemeinsamen Verhandlung **und** Entscheidung verbinden. Dies ergibt sich aus dem Wortlaut von § 93 S. 1.

14   Eine Verbindung zur gemeinsamen Verhandlung und Entscheidung hat zur Folge, dass die Verfahren zu einem Verfahren werden. Die verbundenen Verfahren werden gemeinsam verhandelt, über sie wird gemeinsam Beweis erhoben und entschieden. Es ergeht eine einheitliche Kostenentscheidung. Die Verbindung entbindet das Gericht jedoch nicht davon, für jedes Klagebegehren die **Prozessvoraussetzungen** zu prüfen.[24] Stellt es nach der Verbindung bspw. die Verfristung der Klage hinsichtlich eines Klagebegehrens fest, ist die Klage insoweit abzuweisen. Die Verbindung wirkt für den weiteren Instanzenzug,[25] kann aber vom Gericht aufgehoben werden (→ Rn. 28)

15   **b) Verbindung zur gemeinsamen Verhandlung.**   Eine Verbindung **nur** zur gemeinsamen Verhandlung ist entgegen einer verbreiteten Auffassung[26] zulässig.[27] Der Wortlaut des § 93 S. 1 schließt dies nicht aus. Prozessökonomische Gründe können die gemeinsame Verhandlung rechtfertigen.[28]

---

11 *S. Haack*, in: Gärditz § 93 Rn. 8; *Kopp/Schenke* § 93 Rn. 4; *R. Rudisile*, in: Schoch/Schneider/Bier § 93 Rn. 9.
12 Bsp. bei VGH München 12.6.2003 – 1 N 01.1044.
13 Vgl. den entsprechenden Wortlaut in § 113 Abs. 1 SGG.
14 *C. Garloff*, in: Posser/Wolff § 93 Rn. 2; *Kugele* § 93 Rn. 4; *K. Rennert*, in: Eyermann § 93 Rn. 2; *R. Rudisile*, in: Schoch/Schneider/Bier § 93 Rn. 9.
15 *Kugele* § 93 Rn. 4; *K. Rennert*, in: Eyermann § 93 Rn. 2; *R. Rudisile*, in: Schoch/Schneider/Bier § 93 Rn. 9.
16 *Kopp/Schenke* § 93 Rn. 4.
17 *Kopp/Schenke* § 93 Rn. 4; vgl. zur Besonderheit bei Verfahren nach § 47 Abs. 5 und Abs. 6: *R. Rudisile*, in: Schoch/ Schneider/Bier § 93 Rn. 10.
18 *W. Porz*, in: HKVerwR § 93 Rn. 3.
19 *W. Porz*, in: HKVerwR § 93 Rn. 4.
20 *W. Porz*, in: HKVerwR § 93 Rn. 9.
21 BVerwGE 143, 335.
22 *S. Haack*, in: Gärditz § 93 Rn. 6; *W. Porz*, in: HKVerwR § 93 Rn. 4.
23 *S. Haack*, in: Gärditz § 93 Rn. 5.
24 Vgl. zu dem insoweit vergleichbaren § 113 SGG: BSG 29.7.1991 – 7 BAr 142/89.
25 *K. Rennert*, in: Eyermann § 93 Rn. 5.
26 Wie hier anscheinend *Kopp/Schenke* § 93 Rn. 5; *P. Kothe*, in: Redeker/v. Oertzen § 93 Rn. 2; *K. Rennert*, in: Eyermann § 93 Rn. 1; *S. Haack*, in: Gärditz § 93 Rn. 13; wohl auch *R. Rudisile*, in: Schoch/Schneider/Bier § 93 Rn. 19.
27 Wie hier anscheinend: VGH Mannheim NVwZ-RR 2006, 855 sowie VGH München BayVBl. 2001, 541; für eine entsprechende Anwendung von § 93: *W. Porz*, in: HKVerwR § 93 Rn. 9.
28 Für Beispiele im Zivilprozess vgl. *Grabolle/Wilske*, MDR 2007, 1405, 1407.

Von der auf einer förmlichen Verbindung beruhenden gemeinsamen Verhandlung mehrerer Verfahren 16 ist die in der gerichtlichen Praxis gelegentlich anzutreffende gemeinsame Verhandlung eines vorläufigen Rechtsschutzverfahrens mit dem dazugehörigen Klageverfahren zu unterscheiden. Die verschiedenen Verfahrensarten dürfen zwar nicht nach § 93 S. 1 verbunden werden.[29] Eine gleichzeitige Verhandlung wird jedoch als zulässig angesehen.[30]

Bei einer Verbindung nur zur gemeinsamen Verhandlung bleiben die Verfahren bezüglich der Entschei- 17 dung und des weiteren Instanzenzuges selbstständig.

c) Verbindung zur gemeinsamen Entscheidung. Die Verbindung von Verfahren **nur** zur gemeinsamen 18 Entscheidung ist zulässig.[31] Eine solche Verbindung kommt bspw. in Fällen in Betracht, in denen keine mündliche Verhandlung durchgeführt wird (vgl. § 101 Abs. 2 und 3 [schriftliche Entscheidungen, Beschlussverfahren]) oder in denen bereits mündliche Verhandlungen stattgefunden haben.[32]

Die Folgen einer Verbindung nur zur gemeinsamen Entscheidung entsprechen denjenigen einer Verbin- 19 dung zur gemeinsamen Verhandlung und Entscheidung (→ Rn. 15 ff.), mit der Ausnahme, dass keine gemeinsame Verhandlung und Beweisaufnahme stattfindet.

4. Verfahren. a) Zuständigkeit. Zuständig für die Entscheidung ist das Gericht. Dies ist am Verwal- 20 tungsgericht vor der Einzelrichterübertragung die **Kammer** (§ 5 Abs. 2 VwGO, Ausnahme in § 76 Abs. 4 AsylG) und danach der **Einzelrichter** (§ 6 VwGO, § 76 AsylG). Am Oberverwaltungsgericht und dem BVerwG ist der **Senat** (§§ 9 Abs. 2, 10 Abs. 2) zuständig. Mit Zustimmung der Beteiligten kann am Verwaltungsgericht und am Oberverwaltungsgericht der **Berichterstatter** die Entscheidung treffen (§ 87a Abs. 2 und 3, § 125 Abs. 1; nicht jedoch am BVerwG, § 141). Eine Entscheidung des Berichterstatters auf der Grundlage von § 87a Abs. 1 kommt nicht in Betracht, weil die Verbindung von Verfahren in der abschließenden Aufzählung in § 87a Abs. 1 (→ § 87a Rn. 9) nicht genannt ist. Eine Verbindungsentscheidung kann auch nicht auf § 87 Abs. 1 gestützt werden, da diese Vorschrift den Berichterstatter nur zu vorbereitenden Anordnungen, nicht aber zu Entscheidungen ermächtigt.

Die Zuständigkeit für die Verbindungsentscheidung ist eindeutig, wenn für die zu verbindenden Ver- 21 fahren dasselbe Gericht, d.h. derselbe Einzelrichter, dieselbe Kammer oder derselbe Senat zuständig sind. Problematisch ist die Zuständigkeit, wenn die Verfahren innerhalb einer Kammer (**spruchkörperintern**) bereits auf verschiedene Einzelrichter übertragen worden sind bzw. verschiedene Einzelrichter aufgrund Gesetzes zuständig sind (vgl. § 76 Abs. 4 AsylG). Eine Verbindung begegnet dann mit Blick auf das Prinzip des **gesetzlichen Richters** (Art. 101 Abs. 1 GG) Bedenken.[33] In einem solchen Fall kann die (Rück-)Übertragung der Rechtssachen auf die Kammer in Betracht kommen.[34] Allerdings dürften die Voraussetzungen dafür nicht immer vorliegen (vgl. § 6 Abs. 3 S. 1 VwGO, § 76 Abs. 4 S. 2 AsylG). Zudem dürfte dann eine erneute Übertragung auf den Einzelrichter nach der Verfahrensverbindung ausscheiden (vgl. § 6 Abs. 3 S. 2).

Davon zu unterscheiden ist der Fall, in dem sich die Zuständigkeit desjenigen Richters, zu dessen Ver- 22 fahren ein anderes Verfahren verbunden werden soll, bereits aus einem spruchkörperinternen Geschäftsverteilungsplan ergibt. Die Verbindung erfolgt dann im Anschluss an eine (formlose) Abgabe des Verfahrens an den zuständigen Richter durch diesen.

Eine **spruchkörperübergreifende Verbindung** dürfte wegen des Verstoßes gegen das Prinzip des gesetz- 23 lichen Richters unzulässig sein.[35] Eine spruchkörperübergreifende Verbindung liegt nicht vor, wenn die Zuständigkeit für ein Verfahren bereits aufgrund des **Geschäftsverteilungsplanes des Gerichts** bei einem anderen Spruchkörper liegt, als bei demjenigen bei dem das Verfahren gerade geführt wird.[36]

---

29 K. *Rennert*, in: Eyermann § 93 Rn. 2; a.A. *Kugele* § 93 Rn. 4.
30 R. *Rudisile*, in: Schoch/Schneider/Bier § 93 Rn. 19.
31 BVerwGE 48, 1; s.a. BFH, NJW-RR 1996, 57.
32 BVerwG NJW 1975, 1853; C. *Bamberger*, in: Wysk § 93 Rn. 7; S. *Haack*, in: Gärditz § 93 Rn. 13; K. *Rennert*, in: Eyermann § 93 Rn. 1.
33 Vgl. zum Meinungsstand: R. *Rudisile*, in: Schoch/Schneider/Bier § 93 Rn. 6 ff.; vgl. zur Auffassung, dass diesen Bedenken in der Ermessensentscheidung des Gerichts Rechnung getragen werden könne: OVG Bautzen 20.6.2016 – 3 A 195/16.
34 R. *Rudisile*, in: Schoch/Schneider/Bier § 93 Rn. 8.
35 C. *Bamberger*, in: Wysk § 93, Rn. 3.
36 I.E. ebenso K. *Rennert*, in: Eyermann § 93 Rn. 2 sowie S. *Haack*, in: Gärditz § 93 Rn. 11; vgl. zum Fehlen einer spruchkörperübergreifenden Geschäftsverteilungsregelung bspw. VG Hannover 11.1.2016 – 7 A 5037/15.

Das Verfahren ist dann an den geschäftsverteilungsplanmäßig zuständigen Spruchkörper abzugeben und in diesem Spruchkörper ist über die Verbindung zu entscheiden.[37]

24 **b) Beteiligungserfordernisse.** Eine **Anhörung** ist schon deshalb angezeigt, um allen Beteiligten (einschließlich Beigeladenen) vor der zu treffenden Ermessensentscheidung Gelegenheit zur Darlegung ihrer für und gegen eine Verbindung sprechenden Argumente zu geben.[38] Die Auffassung des BVerwG,[39] welches ohne Begründung eine Anhörungspflicht verneint, ist daher kritisch zu hinterfragen.

25 **c) Form der Entscheidung.** Die Entscheidung über die Verbindung ergeht gem. § 93 S. 1 durch (konstitutiven) Beschluss. Angesichts des Wortlauts der Vorschrift ist für eine formlose oder stillschweigende Verbindung kein Raum.[40] Die Verbindungsentscheidung kann auch im Urteil als unechter Tenorbestandteil erfolgen.[41]

26 Beantragt ein Beteiligter die Verbindung von Verfahren und lehnt das Gericht eine solche ab, ist eine entsprechende Beschlussfassung schon aus Klarstellungsgründen angezeigt.

27 **d) Rechtsmittel.** Der Beschluss über die Verbindung von Verfahren kann nicht mit der Beschwerde angegriffen werden (§ 146 Abs. 2). Er ist **unanfechtbar.** Dies gilt auch für einen die Verbindung von Verfahren ablehnenden **Beschluss.**[42] Der Beschluss unterliegt infolgedessen nicht der Nachprüfung durch das Berufungs- oder das Revisionsgericht (§ 173 S. 1 VwGO i.V.m. §§ 512, 557 Abs. 2 ZPO). Ein Rechtsmittelführer kann jedoch Mängel rügen, die als Folge der beanstandeten oder unterbliebenen Verbindung der angegriffenen Entscheidung selbst anhaften. Auf diese Weise kann das Rechtsmittelgericht inzident prüfen, ob die (unterbliebene) Verbindung Fehler der Sachentscheidung nach sich gezogen hat (vgl. §§ 124 Abs. 2 Nr. 5, 132 Abs. 2 Nr. 3).[43]

28 **e) Aufhebung und Änderung.** Der Verbindungsbeschluss kann **von Amts wegen** oder auf Anregung der Beteiligten aufgehoben oder geändert werden (§ 173 S. 1 VwGO, § 150 ZPO).[44] Die Aufhebung hat zur Folge, dass die Verbindung für das weitere Verfahren mit Wirkung **ex-nunc** aufgehoben ist. Die Beteiligten sollten zuvor gehört werden. Der Verbindungsbeschluss kann auch durch das Gericht der nachfolgenden Instanz aufgehoben werden.[45]

29 **f) Kosten.** Die Verbindung von Verfahren wirkt sich kostenrechtlich aus. Der Streitwert ist für die Zeit vor der Verbindung (Streitwerte für jedes Verfahren) und nach der Verbindung (einheitlicher Streitwert) festzusetzen.

30 Die Verbindung lässt die in den einzelnen Verfahren mit der Einreichung der jeweiligen Klage angefallenen **Gerichtskosten** (vgl. § 6 Abs. 1 S. 1 Nr. 5 GKG) unberührt; diese bleiben auch nach der Prozessverbindung bestehen.[46]

31 Hinsichtlich der **außergerichtlichen Kosten** hat der Rechtsanwalt ein aus § 15 RVG folgendes Wahlrecht: Er kann entweder die Gebühren aus dem verbundenen Verfahren oder die bereits verdienten Gebühren aus den ursprünglich selbstständigen gebührenrechtlichen Angelegenheiten (regelmäßig die **Verfahrensgebühren** und Auslagenpauschalen) zuzüglich erstmalig nach Verbindung verwirklichter Gebührentatbestände (häufig die **Terminsgebühr**) geltend machen.[47]

---

37 BAGE 156, 359 sieht eine Pflicht des Gerichtspräsidiums im Geschäftsverteilungsplan eine Regelung der Zuständigkeit in Verbindungfällen zu treffen.

38 So auch BAGE 156, 359 für § 145 ZPO.

39 BVerwG, Buchholz 451.55 Subventionsrecht Nr. 100 und sich dem anschließend: *Kopp/Schenke* § 93 Rn. 6; *S. Haack*, in: Gärditz § 93 Rn. 3; *Kugele* § 93 Rn. 8; vgl. zur Gewährung rechtlichen Gehörs nach dem Verbindungsbeschluss *P. Kothe*, in: Redeker/v. Oertzen § 93 Rn. 4 m.w.N.

40 A.A. *Kopp/Schenke* § 93 Rn. 6; *C. Bamberger*, in: Wysk § 93 Rn. 8; wie hier *S. Haack*, in: Gärditz § 93 Rn. 3.

41 Bsp. bei VGH München 12.6.2003 – 1 N 01.1044.

42 Vgl. zur Frage, ob eine unterbliebene Verbindung einen Verfahrensmangel darstellt: OVG Bautzen 20.4.2011 – 4 A 102.11.

43 BVerwGE 150, 200; vgl. zur Zurückweisung eines geltend gemachten Verfahrensmangels als rechtsmissbräuchlich, wenn ein Kläger einer Verbindung nach § 113 SGG zunächst widerspricht und die unterbliebene Verbindung später im Rechtsmittelverfahren als verfahrensfehlerhaft rügt: BSG 17.6.2009 – B 6 KA 36/08 B.

44 *Kopp/Schenke* § 93 Rn. 7.

45 BSG 8.10.1981 – 7 RAr 72/80.

46 BGH NJW 2013, 2824, zum AktG, m.w.N.; *Hartmann*, Kostengesetze, 47. Aufl. 2017, § 6 Rn. 8.

47 BGH NJW-RR 2010, 1697, zum AktG.

Verbindet das Gericht **nach Aufruf der Sache** mehrere Verfahren zur gemeinsamen Verhandlung, kann 32
eine nach dem RVG zuvor bereits entstandene **Terminsgebühr** dadurch nicht mehr beeinflusst werden.[48] Die Terminsgebühr für die Vertretung in einem Verhandlungstermin entsteht, wenn dieser Termin durch Aufruf der Sache beginnt und der Rechtsanwalt zu diesem Zeitpunkt vertretungsbereit anwesend ist.

IV. Trennung

1. Voraussetzungen. Nach § 93 S. 2 können **mehrere** in einem Verfahren erhobene **Ansprüche** in ge- 33
trennten Verfahren verhandelt und entschieden werden.
Der Begriff des Anspruchs deckt sich mit demjenigen des Streitgegenstandes.[49] Mehrere Ansprüche lie- 34
gen bei einer Mehrheit – mindestens zwei[50] – von Streitgegenständen vor (**objektive Klagehäufung**,
§ 44), nicht hingegen dann, wenn ein Klagebegehren lediglich i.S. einer Anspruchsnormenkonkurrenz
auf mehrere Rechtsgrundlagen gestützt wird.[51] Als selbständige abtrennbare Streitgegenstände hat die
Rspr. bspw. anerkannt:

- Anfechtung eines Zurückstellungsbescheides und Antrag auf Erlass einer Baugenehmigung;[52]
- Anfechtung der Rücknahme eines Bewilligungsbescheides und Anfechtung eines Rückforderungsbescheides;[53]
- Feststellung der Rechtswidrigkeit einer Passentziehung und Feststellung der Rechtswidrigkeit der Zusammenarbeit einer deutschen Botschaft mit ausländischen Behörden.[54]

Hinsichtlich eines Dauerverwaltungsaktes hat das BVerwG die Abtrennbarkeit verschiedener Zeitabschnitte als zulässig befunden.[55]
Von mehreren Ansprüchen ist zudem bei **einfacher Streitgenossenschaft** (§ 64) und bei einer Widerkla- 35
ge (§ 89) auszugehen. Eine Trennung ist in solchen Verfahren grds. zulässig. Unzulässig ist dagegen die
Trennung von Haupt- und Hilfsanträgen[56] und die Trennung bei **notwendiger Streitgenossenschaft**
(§ 65).[57]

2. Ermessensentscheidung des Gerichts. Die Entscheidung über eine Trennung von Verfahren steht 36
im Ermessen des Gerichts. Nach Auffassung des BVerwG hat sich eine Trennungsentscheidung am
Maßstab der **Ordnung des Prozessstoffes** im Interesse besserer Übersichtlichkeit auszurichten.[58] Die
Trennung darf nicht willkürlich sein.[59]
Zweckmäßig kann die **Trennung nach Beigeladenen** sein;[60] ebenso die Trennung von Ansprüchen hin- 37
sichtlich derer das Verfahren durch **Eröffnung eines Insolvenzverfahrens** unterbrochen ist (§ 173 S. 1
VwGO, § 240 S. 1 ZPO)[61] und die Trennung von **Haupt- und Widerklage**.[62]
Bei **subjektiven Klagehäufungen** kann es zweckmäßig sein, diejenigen Beteiligten, deren Verfahren be- 38
reits in der Sache beendet ist, durch eine Verfahrenstrennung und die nachfolgenden abschließenden
(Neben-)Entscheidungen endgültig aus dem Prozessrechtsverhältnis zu entlassen. Das Interesse der
verbleibenden Kläger an einem möglichst geringen Kostenrisiko kann demgegenüber zurücktreten.[63]

---

48 BVerwG NJW 2010, 1391 mit Hinweis auf a.A.
49 BVerwG AfP 2016, 564.
50 BVerwG NJW 2015, 2599.
51 BVerwG AfP 2016, 564 zur zulässigen Trennung von Auskunftsansprüchen nach Presserecht und Informationsfreiheitsrecht.
52 VGH München 15.9.2017 – 15 ZB 17.848.
53 HmbOVG NVwZ-RR 2017, 798.
54 BVerwG NJW 2015, 2599.
55 BVerwG Buchholz 11 Art. 12 GG Nr. 286.
56 A.A. für den Fall der Unzulässigkeit des Hauptantrages VGH München 8.1.2002 – 1 N 94.183; wie hier: W. *Porz*, in: HK VerwR § 93 Rn. 6.
57 *S. Haack*, in: Gärditz § 93 Rn. 6; s.a. BVerwGE 143, 335; W. *Porz*, in: HK VerwR § 93 Rn. 6.
58 BVerwG 17.9.2012 – 7 A 22.11.
59 Vgl. BVerfG NJW 1997, 649 zu § 145 ZPO.
60 BVerwG NVwZ-RR 1998, 685.
61 HmbOVG NVwZ-RR 2017, 798.
62 *Kopp/Schenke* § 93 Rn. 1 m.w.N.; *K.-M. Ortloff/K.-U. Riese*, in: Schoch/Schneider/Bier § 89 Rn. 15 für den Fall der Erhebung einer unstatthaften Widerklage.
63 BVerwG 17.9.2012 – 7 A 22.11; OVG Münster NJW 2010, 871.

39   Im Fall übereinstimmender **Teilerledigungserklärungen** kann es zweckmäßig sein, ein teilbares Klage-begehren abzutrennen,[64] das Verfahren hinsichtlich des für erledigt erklärten Teils durch selbststän-digen Beschluss einzustellen und eine Kostenentscheidung zu treffen (§ 161 Abs. 2).[65] Üblicher ist indes eine einheitliche Entscheidung durch Urteil.

40   Soweit unterschiedliche Spruchkörper für einen Streitgegenstand zuständig sind, besteht **kein Ermes-sen**. Das Gericht hat abzutrennen.[66] Dies gilt auch in folgenden Fällen: die Verweisung einzelner Kla-gebegehren an ein anderes Gericht wird beantragt;[67] Klage und Widerklage stehen nicht in dem von § 89 geforderten Zusammenhang;[68] Antrag auf Zulassung der Berufung und gleichzeitig Wiederauf-nahmeantrag.[69]

41   Kein Ermessen besteht bei **notwendiger Streitgenossenschaft**. Das Gericht hat in dem Fall von einer Trennung abzusehen.[70]

42   **3. Folgen der Trennung.** Die Trennung bewirkt die Verselbstständigung der Verfahren. Die Verfahren erhalten eigene Aktenzeichen, sie werden einzeln weitergeführt und entschieden.

43   **a) Trennung zur gesonderten Verhandlung und Entscheidung.** Die Trennung zur gesonderten Ver-handlung und Entscheidung ist zulässig. Dies ergibt sich aus dem Wortlaut von § 93 S. 2.

44   **b) Trennung nur zur gesonderten Verhandlung.** Unabhängig davon, ob es in der Praxis Verfahren gibt, in denen eine Trennung zur gesonderten Verhandlung zweckmäßig sein kann, sind keine über-zeugenden Gründe ersichtlich, die für die Unzulässigkeit einer Trennung nur zur gesonderten Ver-handlung sprechen. Die von der Lit. mehrheitlich vertretene Ablehnung einer Trennung nur zur geson-derten Verhandlung mag mit Blick auf ein fehlendes Bedürfnis für eine solche Trennung verständlich sein. Die angeführten Begründungen[71] für die Unzulässigkeit einer Trennung überzeugen jedoch nicht.

45   **c) Trennung nur zur gesonderten Entscheidung.** Die Trennung nur zur gesonderten Entscheidung ist zulässig.[72] Prozessökonomische Gründe können dies gebieten. Denkbar ist bspw., dass sich nach mündlicher Verhandlung herausstellt, dass der Rechtsstreit lediglich hinsichtlich eines Streitgegenstan-des entscheidungsreif ist, das Gericht hinsichtlich dieses Streitgegenstandes eine Entscheidung zu tref-fen beabsichtigt und die Berufung und/oder die Sprungrevision wegen grundsätzlicher Bedeutung der Sache zugelassen werden soll (vgl. §§ 124, 134). Eine Trennung hätte insbes. den Vorteil, dass hin-sichtlich beider Streitgegenstände das Verfahren ohne Verzögerungen fortgesetzt werden könnte. Infol-ge der Trennung stünde dem Rechtsmittelgericht (die Einlegung eines Rechtsmittels vorausgesetzt) hinsichtlich des bereits entschiedenen Streitgegenstandes eine aus Anlass der Trennung angelegte Ge-richtsakte ebenso zur Verfügung wie dem erstinstanzlichen Gericht hinsichtlich des noch nicht ent-scheidungsreifen Streitgegenstandes.

46   **4. Verfahren. a) Zuständigkeit.** Zuständig für die Entscheidung ist – wie bei der Verbindung – das Gericht. Entsprechend sind die Zuständigkeiten völlig parallel gestaltet: Zuständig ist am Verwal-tungsgericht vor der Einzelrichterübertragung die **Kammer** (§ 5 Abs. 2 VwGO, Ausnahme in § 76 Abs. 4 AsylG) und danach der **Einzelrichter** (§ 6 VwGO, § 76 AsylG). Am Oberverwaltungsgericht und dem BVerwG ist der **Senat** (§§ 9 Abs. 2, 10 Abs. 2) zuständig. Mit Zustimmung der Beteiligten kann am Verwaltungsgericht und am Oberverwaltungsgericht der **Berichterstatter** die Entscheidung

---

64   VGH München 15.9.2017 – 15 ZB 17.848.
65   Deckenbrock/Dötsch, JuS 2004, 589.
66   *W. Porz*, in: HKVerwR § 93 Rn. 6; Beispiele bei BVerwG AfP 2016, 564 (Trennung von Auskunftsansprüchen nach Presserecht und Informationsfreiheitsrecht) und VGH München 12.12.2002 – 19 C 02.1954.
67   *S. Haack*, in: Gärditz § 93 Rn. 16; *Kopp/Schenke* § 93 Rn. 3; *W. Porz*, in: HKVerwR § 93 Rn. 6.
68   *S. Haack*, in: Gärditz § 93 Rn. 16; *K.-M. Ortloff/K.-U. Riese*, in: Schoch/Schneider/Bier § 89 Rn. 15.
69   BVerwG Buchholz 310 § 153 VwGO Nr. 35: die Verfahren sind zu trennen und die Wiederaufnahmeklage ist an das zuständige vorinstanzliche Gericht zu verweisen.
70   *S. Haack*, in: Gärditz § 93 Rn. 6; s.a. BVerwGE 143, 335; *W. Porz*, in: HKVerwR § 93 Rn. 6.
71   *S. Haack*, in: Gärditz § 93 Rn. 17 („nicht notwendig", „um die Anforderungen des § 93 S. 2 nicht zu verwässern"); *Kugele* § 93 Rn. 9 („Eine Trennung allein zur Verhandlung macht keinen Sinn und ist deshalb nicht zulässig, weil durch die Trennung selbständige Verfahren entstehen, die auch getrennt abgeschlossen werden müssen."); *K. Rennert*, in: Eyermann § 93 Rn. 7 (ohne Begründung); *R. Rudisile*, in: Schoch/Schneider/Bier § 93 Rn. 25 („aus systematischen Gründen"); wohl auch *Kopp/Schenke* § 93 Rn. 2.
72   *S. Haack*, in: Gärditz § 93 Rn. 17; a.A. *R. Rudisile*, in: Schoch/Schneider/Bier § 93 Rn. 25 jedoch nur hinsichtlich der Verfahren mit mündlicher Verhandlung und hinsichtlich solcher Verfahren, die nach mündlicher Verhandlung insge-samt entscheidungsreif sind.

treffen (§ 87 a Abs. 2 und 3, § 125 Abs. 1; nicht jedoch am BVerwG, § 141). Eine Entscheidung des Berichterstatters auf der Grundlage von § 87 a Abs. 1 kommt nicht in Betracht, weil die Trennung von Verfahren in der abschließenden Aufzählung in § 87 a Abs. 1 nicht genannt ist. Eine Trennungsentscheidung kann auch nicht auf § 87 Abs. 1 gestützt werden, da diese Vorschrift den Berichterstatter nur zu vorbereitenden Anordnungen, nicht aber zu Entscheidungen ermächtigt.

b) Beteiligungserfordernisse. Eine **Anhörung** ist angezeigt, um allen Beteiligten (einschließlich Beige- 47 ladenen) vor der zu treffenden Ermessensentscheidung Gelegenheit zur Darlegung ihrer für und gegen eine Trennung sprechenden Argumente zu geben.[73]

c) Form der Entscheidung. Die Entscheidung über die Trennung ergeht ungeachtet des unterschiedli- 48 chen Wortlauts von § 93 S. 1 („durch Beschluß") und § 93 S. 2 („anordnen") durch Beschluss.[74] Eine formlose oder stillschweigende Trennung kommt bereits aus Gründen der Rechtsklarheit nicht in Betracht.[75]

Beantragt ein Beteiligter die Trennung von Verfahren und lehnt das Gericht eine solche ab, ist eine 49 entsprechende Beschlussfassung schon aus Klarstellungsgründen angezeigt.

d) Rechtsmittel. Der Beschluss über die Trennung von Verfahren kann nicht mit der Beschwerde an- 50 gegriffen werden (§ 146 Abs. 2). Er ist **unanfechtbar.** Dies gilt auch für einen die Trennung von Verfahren ablehnenden Beschluss.[76] Der Beschluss unterliegt infolgedessen nicht der Nachprüfung durch das Berufungs- oder das Revisionsgericht (§ 173 S. 1 VwGO i.V.m. §§ 512, 557 Abs. 2 ZPO). Ein Rechtsmittelführer kann jedoch Mängel rügen, die als Folge der beanstandeten oder unterbliebenen Trennung der angegriffenen Entscheidung selbst anhaften. Auf diese Weise kann das Rechtsmittelgericht inzident prüfen, ob die Trennung Fehler der Sachentscheidung nach sich gezogen hat (vgl. §§ 124 Abs. 2 Nr. 5, 132 Abs. 2 Nr. 3).[77] Dies ist bspw. der Fall, wenn das Gericht einen nicht abtrennbaren Prozessstoff abgetrennt hat.

e) Aufhebung und Änderung. Der Trennungsbeschluss kann **von Amts wegen** oder auf Anregung der 51 Beteiligten aufgehoben oder geändert werden (§ 173 S. 1 VwGO, § 150 ZPO).[78] Dies hat zur Folge, dass die Trennung für das weitere Verfahren mit Wirkung **ex-nunc** aufgehoben ist. Die Beteiligten sollten zuvor angehört werden. Der Trennungsbeschluss kann auch durch das Gericht der nachfolgenden Instanz aufgehoben werden.

f) Kosten. Die Trennung von Verfahren wirkt sich kostenrechtlich aus. Der **Streitwert** ist für die Zeit 52 vor der Trennung (Gesamtstreitwert) und nach der Trennung (mehrere Streitwerte) festzusetzen.

Die Trennung lässt die mit der Einreichung des ursprünglichen (einheitlichen) Verfahrens anfallenden 53 **Gerichtsgebühren** unberührt (§ 6 Abs. 1 S. 1 Nr. 5 GKG). Bei einer **nicht sachgerechten Trennung**[79] von Verfahren kann die Nichterhebung von Gerichtskosten nach § 21 GKG in Betracht kommen.[80]

In durch Trennung verselbstständigten Verfahren fallen **Verfahrensgebühren** aus den jeweiligen gerin- 54 geren Streitwerten auch dann (erneut) an, wenn eine solche Gebühr vor der Verfahrenstrennung bereits aus dem Gesamtstreitwert erwachsen ist.[81] Nach einer Verfahrenstrennung hat der **Rechtsanwalt** ein Wahlrecht, ob er die **Verfahrensgebühren** nach dem RVG aus dem anteiligen Gesamtstreitwert oder aus den einzelnen Streitwerten nach der Trennung fordert.[82] Nebeneinander kann er die Verfahrensgebühren wegen der Regelung in § 15 Abs. 2 RVG nicht geltend machen.

---

73 Vgl. zur Gewährung rechtlichen Gehörs nach einem Verbindungsbeschluss *P. Kothe,* in: Redeker/v. Oertzen § 93 Rn. 4 m.w.N.; vgl. zur Auffassung des BVerwG, eine Anhörung vor einer Verbindung nach § 93 S. 1 sei entbehrlich: BVerwG Buchholz 451.55 Subventionsrecht Nr. 100.

74 So mit umfangreichen Nachweisen zum Meinungsstand: OVG Münster 17.7.2014 – 1 E 708/14.

75 A.A. *Kopp/Schenke* § 93 Rn. 6; *C. Bamberger,* in: Wysk § 93 Rn. 8; wie hier *S. Haack,* in: Gärditz § 93 Rn. 3.

76 Vgl. zur Frage, ob eine unterbliebene Verbindung einen Verfahrensmangel darstellt: OVG Bautzen 20.4.2011 – 4 A 102.11.

77 BVerwG NJW 2015, 2599.

78 *Kopp/Schenke* § 93 Rn. 7; VGH München NVwZ-RR 2004, 458.

79 Vgl. zum Streitstand hinsichtlich der Frage, ob ein offensichtlicher Fehler vorliegen muss oder ob ein leichter Fehler ausreicht: Hartmann, Kostengesetze, 47. Aufl. 2017, § 21 Rn. 8 ff.

80 OVG Bln-Bbg 13.1.2009 – OVG 5 S 21.08.

81 BVerwG RVGreport 2010, 60.

82 OVG Bln-Bbg 10.11.2016 – OVG 3 K 97.16; VGH München AGS 2017, 449.

55 Die **Pauschale für Entgelte für Post- und Telekommunikationsdienstleistungen** kann für jedes Verfahren in vollem Umfang geltend gemacht werden.[83]

§ 93 a [Musterverfahren]

(1) [1]Ist die Rechtmäßigkeit einer behördlichen Maßnahme Gegenstand von mehr als zwanzig Verfahren, kann das Gericht eines oder mehrere geeignete Verfahren vorab durchführen (Musterverfahren) und die übrigen Verfahren aussetzen. [2]Die Beteiligten sind vorher zu hören. [3]Der Beschluß ist unanfechtbar.

(2) [1]Ist über die durchgeführten Verfahren rechtskräftig entschieden worden, kann das Gericht nach Anhörung der Beteiligten über die ausgesetzten Verfahren durch Beschluß entscheiden, wenn es einstimmig der Auffassung ist, daß die Sachen gegenüber rechtskräftig entschiedenen Musterverfahren keine wesentlichen Besonderheiten tatsächlicher oder rechtlicher Art aufweisen und der Sachverhalt geklärt ist. [2]Das Gericht kann in einem Musterverfahren erhobene Beweise einführen; es kann nach seinem Ermessen die wiederholte Vernehmung eines Zeugen oder eine neue Begutachtung durch denselben oder andere Sachverständige anordnen. [3]Beweisanträge zu Tatsachen, über die bereits im Musterverfahren Beweis erhoben wurde, kann das Gericht ablehnen, wenn ihre Zulassung nach seiner freien Überzeugung nicht zum Nachweis neuer entscheidungserheblicher Tatsachen beitragen und die Erledigung des Rechtsstreits verzögern würde. [4]Die Ablehnung kann in der Entscheidung nach Satz 1 erfolgen. [5]Den Beteiligten steht gegen den Beschluß nach Satz 1 das Rechtsmittel zu, das zulässig wäre, wenn das Gericht durch Urteil entschieden hätte. [6]Die Beteiligten sind über dieses Rechtsmittel zu belehren.

I. Überblick

1 **1. Hintergrund und praktische Bedeutung.** Als Reaktion auf Massenverfahren gegen Planfeststellungs- und Planänderungsbeschlüsse – insbes. für die Flughafenplanung[1] – in den 1980er-Jahren hat der Gesetzgeber durch das Gesetz zur Neuregelung des verwaltungsgerichtlichen Verfahrens (4.VwGOÄndG)[2] den § 93 a mit Wirkung zum 1.1.1991 in die VwGO eingefügt. Ziel der Vorschrift ist es, Erleichterungen für das gerichtliche Verfahren in Massensachen zu schaffen,[3] indem eine mündliche Verhandlung nicht erforderlich ist und bereits in einem Musterverfahren erhobene Beweise in weitere Verfahren eingeführt werden können. In seinen Erleichterungen und den Wirkungen des Mus-

---

83 VGH München AGS 2017, 449.
1 *R. Rudisile*, in: Schoch/Schneider/Bier § 93 a Rn. 1; *W. Porz*, in: HK-VwGO § 93 a Rn. 1; *P. Kothe*, in: Redeker/v. Oertzen § 93 a Rn. 1.
2 BGBl I 2809.
3 BT-Drs. 11/7030, 28; *C. Bamberger*, in: Wysk § 93 a Rn. 1.

terverfahrens bleibt § 93 a weit hinter dem Diskussionsentwurf zu einem Gesetz zur Einführung einer Musterfeststellungsklage[4] zurück.

Die Bedeutung der Vorschrift ist vergleichsweise gering,[5] wenngleich in jüngerer Zeit Entscheidung 2 der Obergerichte dazu ergangen sind.[6]

2. Anwendungsbereich. Der typische Anwendungsfall des Musterverfahrens sind erstinstanzliche Ver- 3 waltungsprozesse, insbes. vor den Verwaltungsgerichten.[7] § 93 a ist aber nicht auf erstinstanzliche Verfahren beschränkt, sondern kann auch im Berufungs-, Beschwerde- und eher theoretisch im Revisionsverfahren[8] Anwendung finden.[9] Dasselbe gilt für selbständige Beschlussverfahren gem. §§ 80, 80 a, 123 und das Normenkontrollverfahren gem. § 47.[10] In einstweiligen Rechtsschutzverfahren ist der Raum für die praktische Anwendung des Musterverfahrens wegen der regelmäßig fehlenden Beweisaufnahme und mündlichen Verhandlung dagegen sehr beschränkt.[11]

3. Systematik der Norm. Die Vorschrift besteht systematisch aus zwei Teilen. Abs. 1 trifft Regelungen 4 zu den Voraussetzungen, den Verfahrensanforderungen und der Entscheidungsform des Musterverfahrens. Die rechtlichen Vorgaben zu den Nachverfahren und deren Abschluss finden sich in Abs. 2.[12] Keine Regelung trifft 93 a darüber, nach welchen Regeln das Musterverfahren selbst durchgeführt wird. Daraus ist zu folgern, dass für das Musterverfahren selbst keinerlei prozessuale Sonderregeln gelten und dies wie jedes andere Verfahren zu führen ist.

II. Auswahlverfahren

Das zuständige Gericht *kann* ein oder mehrere Musterverfahren durchführen, wenn es dies für zweck- 5 mäßig hält. Einschränkungen des gerichtlichen Ermessens bestehen insoweit nicht.

1. Voraussetzungen. Die Durchführung eines Musterverfahrens setzt voraus, dass mehr als 20 Ver- 6 fahren gegen eine behördliche Maßnahme geführt werden und die Beteiligten vor einer Entscheidung des Gerichts zur Durchführung eines oder mehrerer Musterverfahren angehört wurden.

a) Gleicher Gegenstand. Für die Zulässigkeit eines Musterverfahrens gem. § 93 a ist es erforderlich, 7 dass die Rechtmäßigkeit *einer* behördlichen Maßnahme Gegenstand der Verfahren ist.[13] Ob die Rechtmäßigkeit einer oder mehrere behördlicher Maßnahmen in Frage steht, kann im Einzelfall schwierig zu beurteilen sein. Wegen der Wirkungen eines Musterverfahrens ist der Begriff der behördlichen Maßnahme eng zu verstehen. Dies kann grds. ein Verwaltungsakt, ein Bebauungsplan oder eine städtebauliche Satzung, eine gem. § 47 Abs. 1 Nr. 2 kontrollfähige Rechtsnorm oder auch die Anordnung der sofortigen Vollziehbarkeit sein. Nicht ausreichend ist dagegen, wenn in einer Vielzahl von Verfahren inhaltlich gleichlautende, aber selbständige behördliche Maßnahmen angegriffen werden (z.B. Erschließungsbeitragsbescheide, Ablehnung von Hochschulzulassungen in numerus-clausus-Verfahren).[14]

4 Abrufbar unter https://www.bmjv.de/SharedDocs/Gesetzgebungsverfahren/Dokumente/DiskE_Musterfeststellungsklage.pdf;jsessionid=AF65C9AFC37C8C105C61569C33D4664E.1_cid297?__blob=publicationFile&v=3.
5 *R. Rudisile,* in: Schoch/Schneider/Bier § 93 a Rn. 35; *H. Geiger,* in: Eyermann/Happ § 93 a Rn. 1.
6 BVerwG 14.6.2017 – 4 B 22/16; BVerwG 4.5.2017 – 4 B 57/15; VGH Kassel 21.2.2017 – 9 C 318/13.T; *P. Kothe,* in: Redeker/v. Oertzen § 93 a Rn. 1 meint einen zunehmenden Gebrauch des Musterverfahrens feststellen zu können.
7 *R. Rudisile,* in: Schoch/Schneider/Bier § 93 a Rn. 8; *C. Garloff,* in: Posser/Wolff § 93 a Rn. 3; *H. Geiger* in: Eyermann/Happ § 93 a Rn. 4.
8 A.A. *P. Kothe,* in: Redeker/v. Oertzen § 93 a Rn. 2 – nur für Tatsacheninstanzen.
9 *T. Jacob,* in: Gärditz § 93 a Rn. 6.
10 *R. Rudisile,* in: Schoch/Schneider/Bier § 93 a Rn. 8; *C. Garloff,* in: Posser/Wolff § 93 a Rn. 2; *C. Bamberger,* in: Wysk § 93 a Rn. 1; *H. Geiger* in: Eyermann/Happ § 93 a Rn. 4; *P. Kothe,* in: Redeker/v. Oertzen § 93 a Rn. 2; *T. Jacob,* in: Gärditz § 93 a Rn. 6.
11 *R. Rudisile,* in: Schoch/Schneider/Bier § 93 a Rn. 8; *H. Geiger* in: Eyermann/Happ § 93 a Rn. 4.
12 *R. Rudisile,* in: Schoch/Schneider/Bier § 93 a Rn. 5.
13 *W.-R. Schenke,* in: Kopp/Schenke § 93 a Rn. 3; *R. Rudisile,* in: Schoch/Schneider/Bier § 93 a Rn. 9; *C. Garloff,* in: Posser/Wolff § 93 a Rn. 1; *C. Bamberger,* in: Wysk § 93 a Rn. 3; *H. Geiger* in: Eyermann/Happ § 93 a Rn. 6; *W.Porz,* in: HK-VwGO § 93 a Rn. 5; *P. Kothe,* in: Redeker/v. Oertzen § 93 a Rn. 2; *Kugele* § 93 a Rn. 4; *T. Jacob,* in: Gärditz § 93 a Rn. 7.
14 *W.-R. Schenke,* in: Kopp/Schenke § 93 a Rn. 1; *R. Rudisile,* in: Schoch/Schneider/Bier § 93 a Rn. 9; *C. Garloff,* in: Posser/Wolff § 93 a Rn. 1; *H. Geiger* in: Eyermann/Happ § 93 a Rn. 6; *W.Porz,* in: HK-VwGO § 93 a Rn. 5; *Kugele* § 93 a Rn. 4; *T. Jacob,* in: Gärditz § 93 a Rn. 7.

8　**b) Anzahl der Verfahren.** Nach Auffassung des Gesetzgebers besteht für Musterverfahren bereits bei mehr als 20 Verfahren ein praktisches Bedürfnis.[15] Für die Ermittlung, ob mehr als 20 Verfahren rechtshängig sind (§ 90), werden nur gleichartige Verfahren berücksichtigt. Zur Ermittlung der Anzahl sind nur Verfahren in der gleichen Prozessart,[16] die überdies auch noch dasselbe Rechtsschutzziel haben, zu berücksichtigen.[17]

9　Die Mindestanzahl kann sich auch erst aus einer Trennung von Verfahren gem. § 93 ergeben.[18] Für die Beurteilung, ob 21 oder mehr Verfahren vorliegen, kommt es auf den Zeitpunkt des Beschlusses gem. Abs. 1 S. 3 an. Später eintretende Verringerungen der Anzahl (z.B. durch Klagerücknahmen oder Hauptsacheerledigungen) sind unbeachtlich.[19]

10　**c) Anhörung der Beteiligten.** Bevor das Gericht über die Durchführung eines Musterverfahrens entscheidet, sind *alle* Beteiligten der möglicherweise betroffenen Verfahren zuvor anzuhören.[20] Die Anhörung dient einerseits der Gewährung rechtlichen Gehörs vor der gerichtlichen Entscheidung. Zugleich hat sie aber auch die Funktion, dem Gericht Stoff für die zweckmäßige Auswahl des bzw. der Musterverfahren zu liefern.[21]

11　In der Praxis erfolgt die Anhörung standardisiert mit entsprechender Fristsetzung, um überflüssigen Aufwand zu vermeiden. Die Bedenken der Vorauflage[22] im Hinblick auf eine etwaige Überlastung des Gerichts und eine dadurch bedingte Verfahrensverzögerung werden nicht geteilt.[23]

12　**2. Gerichtliche Ermessensentscheidung.** Ob das Gericht sich für die Durchführung eines Musterverfahrens entscheidet oder nicht, liegt in seinem Ermessen.[24] Dasselbe gilt für die Auswahl und die Bestimmung der Anzahl der ausgewählten Verfahren. Eine Mindest- oder Höchstzahl der vom Gericht ausgewählten Musterverfahren ist von Gesetzes wegen nicht vorgegeben.

13　Bei der Ausübung des Ermessens hat das Gericht die Effektivität der Rechtsschutzgewährung und den rechtstaatlichen Anspruch auf Einzelfallgerechtigkeit[25] zu berücksichtigen und gegeneinander abzuwägen.[26]

14　Bei der Auswahl der als Musterverfahren geeigneten Prozesse wird sich das Gericht von Gesichtspunkten leiten lassen, die eine umfassende Erledigung der rechtshängigen Verfahren durch das bzw. die vorgreiflichen Musterverfahren erwarten lassen.[27] D.h., dass als Musterverfahren solche Verfahren in Betracht kommen, die die Möglichkeit bieten, umfassend die relevanten Sach- und Rechtsfragen, die auch in den übrigen Verfahren von Belang sind, zu klären.[28] Kostennachteile für Kläger und zeitliche Verzögerungen in den ausgewählten Verfahren, z.B. weil ihnen die Möglichkeit einer Klagerücknahme nach Abschluss des oder der Musterverfahren versagt bleibt, sind dagegen bei der Entscheidung unbeachtlich und durch die Kläger hinzunehmen.[29]

15　**3. Entscheidung.** Das Gericht entscheidet über die Auswahl eines oder mehrerer Verfahren als Musterverfahren und die Aussetzung der übrigen Verfahren durch unanfechtbaren Beschluss (Abs. 1

15　BT-Drs. 13/3993, 12.

16　*R. Rudisile*, in: Schoch/Schneider/Bier § 93 a Rn. 9; *C. Garloff*, in: Posser/Wolff § 93 a Rn. 2; *C. Bamberger*, in: Wysk § 93 a Rn. 3; *H. Geiger* in: Eyermann/Happ § 93 a Rn. 6; *P. Kothe*, in: Redeker/v. Oertzen § 93 a Rn. 2; *T. Jacob*, in: Gärditz § 93 a Rn. 8.

17　*R. Rudisile*, in: Schoch/Schneider/Bier § 93 a Rn. 9; *C. Garloff*, in: Posser/Wolff § 93 a Rn. 2; *C. Bamberger*, in: Wysk § 93 a Rn. 2; *H. Geiger* in: Eyermann/Happ § 93 a Rn. 6; *W. Porz*, in: HK-VwGO § 93 a Rn. 5.

18　*C. Garloff*, in: Posser/Wolff § 93 a Rn. 3; *P. Kothe*, in: Redeker/v. Oertzen § 93 a Rn. 2.

19　*R. Rudisile*, in: Schoch/Schneider/Bier § 93 a Rn. 9; *H. Geiger*: in: Eyermann/Happ § 93 a Rn. 7; *P. Kothe*, in: Redeker/v. Oertzen § 93 a Rn. 2; *T. Jacob*, in: Gärditz § 93 a Rn. 8.

20　A.A. noch die Voraufl. Rn. 18.

21　*W.Porz*, in: HK-VwGO § 93 a Rn. 6; *P. Kothe*, in: Redeker/v. Oertzen § 93 a Rn. 4.

22　Rn. 18.

23　*R. Rudisile*, in: Schoch/Schneider/Bier § 93 a Rn. 10.

24　*W.-R. Schenke*, in: Kopp/Schenke, § 93 a Rn. 5; *C. Garloff*, in: Posser/Wolff § 93 a Rn. 5; *C. Bamberger*, in: Wysk § 93 a Rn. 4; *H. Geiger* in: Eyermann/Happ § 93 a Rn. 8; *W. Porz*, in: HK-VwGO § 93 a Rn. 7.

25　Dazu auch die Gesetzesbegründung BT-Drs. 11/7030, 28; *T. Jacob*, in: Gärditz § 93 a Rn. 1.

26　BVerwG 19.8.2008 – 4 A 1001.08; *R. Rudisile*, in: Schoch/Schneider/Bier § 93 a Rn. 11 und *P. Kothe*, in: Redeker/v. Oertzen § 93 a Rn. 3; *T. Jacob*, in: Gärditz § 93 a Rn. 10 lassen sachliche Kriterien genügen.

27　*W.-R. Schenke*, in: Kopp/Schenke § 93 a Rn. 6.

28　BVerwG NVwZ 2008, 1007; *C. Garloff*, in: Posser/Wolff § 93 a Rn. 5; *C. Bamberger*, in: Wysk § 93 a Rn. 4; *H. Geiger* in: Eyermann/Happ § 93 a Rn. 8; *W. Porz*, in: HK-VwGO § 93 a Rn. 7.

29　*R. Rudisile*, in: Schoch/Schneider/Bier § 93 a Rn. 3; *H. Geiger* in: Eyermann/Happ § 93 a Rn. 3; *W. Porz*, in: HK-VwGO § 93 a Rn. 2; *T. Jacob*, in: Gärditz § 93 a Rn. 14.

S. 3).[30] Für die Entscheidung ist der jeweils gesetzliche Richter zuständig. I.d.R. wird dies die Kammer oder der Senat sein,[31] in besonderen Fällen könnte dies theoretisch auch der Einzelrichter nach § 6 Abs. 1 oder der konsentierte Berichterstatter gem. § 87 a Abs. 2 und 3 sein.[32] In den beiden letzteren Fällen lässt der Zusammenhang mit Abs. 2, der Einstimmigkeit – entsprechend § 130 a S. 1 – für die Anwendung der Verfahrenserleichterungen verlangt, darauf schließen, dass das gesetzgeberische Leitbild die Entscheidung durch den Spruchkörper ist.[33]

§ 93 a Abs. 1 S. 1 sieht keine weiteren formalen Anforderungen an den Beschluss vor. Eine Begründung des Beschlusses ist gem. § 122 Abs. 2 nicht notwendig.[34] Es erscheint aus Transparenzgründen empfehlenswert, die Gründe für die getroffene Auswahl in dem Beschluss darzulegen. 16

Das Gericht kann die einmal getroffene Entscheidung über die Auswahl des bzw. der Musterverfahren ganz oder teilweise aufheben, z.B. weil die Eignung eines Verfahrens als Musterverfahren nachträglich weggefallen oder weil sich dieses Verfahren erledigt hat.[35] 17

4. Rechtsbehelfe. Der Auswahl- und Aussetzungsbeschluss ist gem. Abs. 1 S. 3 unanfechtbar. Er ist nicht beschwerdefähig.[36] Denkbar ist aber, die Entscheidung als Verfahrensmangel in einem Rechtsmittelverfahren gegen ein Urteil im Nachverfahren geltend zu machen, wenn der Mangel dort weiterwirkt.[37] 18

III. Durchführung der Musterverfahren

Für die Durchführung des Musterverfahrens selbst sieht § 93 a keine prozessualen Besonderheiten vor. Das Musterverfahren richtet sich somit nach den für die jeweilige Prozessart geltenden allgemeinen Vorschriften. Es gelten die üblichen Verfahrensvorschriften. Erforderlich ist das volle Beweismaß (§§ 96 ff., 108).[38] 19

IV. Nachverfahren

Beim Vorliegen der Voraussetzungen des Abs. 2 S. 1 hat das Gericht die Möglichkeit – nicht aber die Pflicht[39] – im vereinfachten Beschlussverfahren gem. Abs. 2 zu entscheiden. Alternativ kann das Gericht stets auch durch Urteil oder Gerichtsbescheid entscheiden. 20

Die Entscheidung im vereinfachten Beschlussverfahren setzt voraus, dass das Musterverfahren rechtskräftig entschieden worden ist, das Gericht die Beteiligten der ausgesetzten Verfahren angehört hat und einstimmig der Auffassung ist, dass die Sache gegenüber rechtskräftig entschiedenen Musterverfahren keine wesentlichen Besonderheiten tatsächlicher oder rechtlicher Art aufweist und der Sachverhalt geklärt ist (Abs. 2 S. 1). 21

1. Rechtskraft der Entscheidung im Musterverfahren. Für die Entscheidung im vereinfachten Beschlussverfahren muss das bzw. müssen die Musterverfahren rechtskräftig abgeschlossen sein. Der Wortlaut des § 93 a Abs. 2 S. 1 geht davon aus, dass in aller Regel mehrere Musterverfahren durchge- 22

30 *W.-R. Schenke*, in: Kopp/Schenke § 93 a Rn. 7; *R. Rudisile*, in: Schoch/Schneider/Bier § 93 a Rn. 13.
31 *W.-R. Schenke*, in: Kopp/Schenke § 93 a Rn. 5.
32 *C. Garloff*, in: Posser/Wolff § 93 a Rn. 4; *C. Bamberger*, in: Wysk § 93 a Rn. 5; *H. Geiger* in: Eyermann/Happ § 93 a Rn. 5; *T. Jacob*, in: Gärditz § 93 a Rn. 11; abl. *W.-R. Schenke*, in: Kopp/Schenke § 93 a Rn. 5; *R. Rudisile*, in: Schoch/Schneider/Bier § 93 a Rn. 12.
33 *R. Rudisile*, in: Schoch/Schneider/Bier § 93 a Rn. 12; *C. Garloff*, in: Posser/Wolff § 93 a Rn. 4; *H. Geiger* in: Eyermann/Happ § 93 a Rn. 10.
34 *C. Garloff*, in: Posser/Wolff § 93 a Rn. 4; *C. Bamberger*, in: Wysk § 93 a Rn. 5; *H. Geiger* in: Eyermann/Happ § 93 a Rn. 12.
35 BVerfG NVwZ 2011, 611; *R. Rudisile*, in: Schoch/Schneider/Bier § 93 a Rn. 16; *C. Garloff*, in: Posser/Wolff § 93 a Rn. 5 a; *W. Porz*, in: HK-VwGO § 93 a Rn. 7; *P. Kothe*, in: Redeker/v. Oertzen § 93 a Rn. 5.
36 *C. Bamberger*, in: Wysk § 93 a Rn. 5.
37 *R. Rudisile*, in: Schoch/Schneider/Bier § 93 a Rn. 14; *W. Porz*, in: HK-VwGO § 93 a Rn. 8.
38 *R. Rudisile*, in: Schoch/Schneider/Bier § 93 a Rn. 13; *C. Garloff*, in: Posser/Wolff § 93 a Rn. 5; *T. Jacob*, in: Gärditz § 93 a Rn. 15.
39 *W.-R. Schenke*, in: Kopp/Schenke § 93 a Rn. 8; *R. Rudisile*, in: Schoch/Schneider/Bier § 93 a Rn. 17; *C. Garloff*, in: Posser/Wolff § 93 a Rn. 6; *C. Bamberger*, in: Wysk § 93 a Rn. 13; *H. Geiger* in: Eyermann/Happ § 93 a Rn. 13.

führt wurden und alle rechtskräftig abgeschlossen sein müssen.[40] In Ausnahmefällen mag es für die Durchführung des vereinfachten Beschlussverfahrens gem. § 93 a Abs. 2 auch ausreichend sein, wenn nur ein Musterverfahren rechtskräftig abgeschlossen ist.[41] In solchen Fällen ist aber schon wegen des Wortlauts des Abs. 2 S. 1 zu verlangen, dass die übrigen Musterverfahren mit an Sicherheit grenzender Wahrscheinlichkeit kurzfristig mit dem gleichen Ergebnis abgeschlossen werden.[42] Anderenfalls würden die engen Voraussetzungen für die Anwendung des Abs. 2 umgangen.

23   Die Entscheidung(en) in den Musterverfahren führen zu keiner rechtlichen Bindung des Gerichts in den Nachverfahren[43] oder gar einer Rechtskrafterstreckung.[44] Vielmehr steht es dem Gericht im Nachverfahren frei, abweichend von den rechtskräftig abgeschlossenen Musterverfahren zu entscheiden. Dies dürfte bei gleicher Sach- und Rechtslage aber praktisch ohne Durchführung einer mündlichen Verhandlung mit Beweisaufnahme eher die Ausnahme bleiben.[45] Anders kann es sich darstellen, wenn zwischenzeitlich neue Tatsachen und Beweismittel bekannt werden, die eine Neubewertung der Tatsachen und ggf. der Beweislage rechtfertigen oder wenn sich in dem Nachverfahren wider Erwarten Tat- oder Rechtsfragen stellen, die in dem Musterverfahren noch nicht behandelt wurden. Selbstverständlich kann das Gericht die im Musterverfahren durchgeführte Beweisaufnahme wiederholen.

24   **2. Keine wesentlichen Besonderheiten des Folgeverfahrens.** Die Vorarbeiten des Gerichts in dem Musterverfahren und dessen Präjudizwirkung kommen nur zum Tragen, wenn sich das Muster- und das ausgesetzte Nachverfahren nicht in wesentlichen Aspekten unterscheiden, sondern in den entscheidungserheblichen Punkten identisch sind.[46] Der Sachverhalt ist geklärt, wenn das Gericht keine weiteren eigenen Ermittlungen oder Beweiserhebungen über die Einführung der Beweise aus dem Musterverfahren hinaus, anstellen muss.[47] Für die Beurteilung, ob der Sachverhalt geklärt ist, kommt es auf den Zeitpunkt an, in dem das ausgesetzte Verfahren fortgesetzt werden soll.[48]

25   **3. Einstimmige Feststellung.** Dass keine wesentlichen Besonderheiten des Nachverfahrens bestehen und der Sachverhalt geklärt ist, muss durch den Spruchkörper einstimmig festgestellt werden. Das Einstimmigkeitserfordernis bezieht sich dagegen nicht auf die Entscheidung, das vereinfachte Beschlussverfahren durchzuführen. Auch wenn das Gesetz keine Dokumentation der Einstimmigkeit in der Gerichtsakte oder in einem gesonderten Beschluss verlangt,[49] empfiehlt es sich die Einstimmigkeit in der Gerichtakte in Form eines Vermerks zu dokumentieren und den Beteiligten aus Transparenzgründen mitzuteilen, dass das Gericht die Voraussetzungen des Abs. 2 bejaht.[50]

26   **4. Anhörung der Beteiligten.** Vor der Durchführung des vereinfachten Beschlussverfahrens ist das Gericht gem. Abs. 2 S. 1 verpflichtet, die Beteiligten des Nachverfahrens anzuhören. Die Anhörung soll sich nach der gesetzlichen Regelung auf die Wahl der Verfahrensart beziehen.[51] Dieser Verfahrensschritt dient der Gewährung rechtlichen Gehörs zugunsten der Beteiligten. Die Anhörung soll das Gericht aber auch in die Lage versetzen zu entscheiden, ob ggf. Gründe bestehen, das ausgesetzte Verfahren nach allgemeinen Verfahrensgrundsätzen und nicht im vereinfachten Beschlussverfahren fortzuset-

---

40   *R. Rudisile*, in: Schoch/Schneider/Bier § 93 a Rn. 18; *H. Geiger* in: Eyermann/Happ § 93 a Rn. 17; *P. Kothe*, in: Redeker/v. Oertzen § 93 a Rn. 6; *T. Jacob*, in: Gärditz § 93 a Rn. 20; etwas weniger streng *W.-R. Schenke*, in: Kopp/Schenke, § 93 a Rn. 9.
41   *W.-R. Schenke*, in: Kopp/Schenke § 93 a Rn. 9; abl. *H. Geiger* in: Eyermann/Happ § 93 a Rn. 17.
42   Etwas anders *W.-R. Schenke*, in: Kopp/Schenke § 93 a Rn. 9: „repräsentatives Musterverfahren".
43   *W.-R. Schenke*, in: Kopp/Schenke § 93 a Rn. 10; *R. Rudisile*, in: Schoch/Schneider/Bier § 93 a Rn. 23; *C. Garloff*, in: Posser/Wolff § 93 a Rn. 6; *C. Bamberger*, in: Wysk § 93 a Rn. 14; *H. Geiger* in: Eyermann/Happ § 93 a Rn. 20; *Kugele* § 93 a Rn. 12; *T. Jacob*, in: Gärditz § 93 a Rn. 18; a.A. *P. Kothe*, in: Redeker/v. Oertzen § 93 a Rn. 7.
44   *R. Rudisile*, in: Schoch/Schneider/Bier § 93 a Rn. 2 weist darauf hin, dass dies wegen eines Verstoßes gegen Art. 19 Abs. 4 GG wohl auch verfassungswidrig wäre.
45   *W.-R. Schenke*, in: Kopp/Schenke § 93 a Rn. 10; *H. Geiger* in: Eyermann/Happ § 93 a Rn. 20.
46   BVerwG NVwZ 2008, 1007; *C. Garloff*, in: Posser/Wolff § 93 a Rn. 6; *C. Bamberger*, in: Wysk § 93 a Rn. 8; *H. Geiger* in: Eyermann/Happ § 93 a Rn. 18; *W. Porz*, in: HK-VwGO § 93 a Rn. 10.
47   *R. Rudisile*, in: Schoch/Schneider/Bier § 93 a Rn. 20; *H. Geiger* in: Eyermann/Happ § 93 a Rn. 18; *P. Kothe*, in: Redeker/v. Oertzen § 93 a Rn. 9; *Kugele* § 93 a Rn. 14; *T. Jacob*, in: Gärditz § 93 a Rn. 24 f.
48   *R. Rudisile*, in: Schoch/Schneider/Bier § 93 a Rn. 20.
49   *H. Geiger* in: Eyermann/Happ § 93 a Rn. 19.
50   *R. Rudisile*, in: Schoch/Schneider/Bier § 93 a Rn. 21; *W. Porz*, in: HK-VwGO § 93 a Rn. 11.
51   *R. Rudisile*, in: Schoch/Schneider/Bier § 93 a Rn. 22.

zen. Die Beteiligten müssen nach Ablauf der Anhörungsfrist mit einer umgehenden Entscheidung des Gerichts rechnen.[52]

5. Erleichterungen des Verfahrens. Die Durchführung eines vereinfachten Beschlussverfahrens bringt 27 eine erhebliche Beschleunigung und Vereinfachung des gerichtlichen Verfahrens mit sich. Liegen die Voraussetzungen des Abs. 2 S. 1 vor, kann das Gericht auf eine mündliche Verhandlung und eine Beweisaufnahme verzichten. Es kann Beweise, die bereits in den abgeschlossenen Musterverfahren erhoben worden sind, in das Verfahren einführen. Etwaige Beweisanträge der Beteiligten muss das Gericht nicht vorab durch gesonderten Beschluss bescheiden, sondern kann dies in der Endentscheidung tun.

a) Keine obligatorische mündliche Verhandlung. Gem. § 101 Abs. 3 kann das Gericht im vereinfach- 28 ten Beschlussverfahren eine mündliche Verhandlung durchführen, muss dies aber nicht zwingend.[53] Regelmäßig werden Gründe der Vereinfachung und Beschleunigung dagegen sprechen, eine mündliche Verhandlung anzuberaumen.

b) Keine obligatorische Beweisaufnahme/Einführung von Beweisen aus dem/den Musterverfahren. 29 Abweichend von § 96 muss das Gericht im vereinfachten Beschlussverfahren Beweise nicht unmittelbar erheben, sondern kann die in dem bzw. den Musterverfahren gewonnenen Erkenntnisse und Beweisergebnisse in das Folgeverfahren einführen.[54] Dies geschieht durch Beiziehung der Akten aus dem Musterverfahren, also in Gestalt des Urkundenbeweises.[55] Dabei fingiert die Vorschrift aber, dass die Beweisqualität der des Musterverfahrens entspricht.[56] Das Gericht muss den Beteiligten die Beweisergebnisse bekannt geben und ihnen dazu rechtliches Gehör gewähren.[57]

c) Ablehnung von Beweisanträgen in der Endentscheidung. § 93a Abs. 2 S. 3 und 4 enthalten Spezial- 30 regelungen zum Umgang mit Beweisanträgen und verdrängen für das Folgeverfahren insoweit § 86 Abs. 2. Danach kann das Gericht Beweisanträge zu Tatsachen im Folgeverfahren ablehnen, über die bereits im Musterverfahren Beweis erhoben wurde, wenn ihre Zulassung nach seiner freien Überzeugung nicht zum Nachweis neuer entscheidungserheblicher Tatsachen beitragen und die Erledigung des Rechtsstreits verzögern würde (Abs. 2 S. 3). Damit gewährt Abs. 2 S. 3 dem Gericht die Vorwegnahme der Beweiswürdigung, wenn die Beweiserhebung die gerichtliche Entscheidung verzögern würde.[58] Insoweit gilt der absolute Verzögerungsbegriff.[59] Es kommt somit nur darauf an, ob der Rechtsstreit bei Zulassung des Beweisantrags länger dauern würde als bei dessen Zurückweisung.

Hat das Gericht an den vorliegenden Beweisergebnissen Zweifel oder drängt sich die Fehlerhaftigkeit 31 der Beweiserhebung auf,[60] kann das Gericht die Beweisaufnahme wiederholen. Wenn einer der Beteiligten neue entscheidungserhebliche Tatsachen unter Beweis stellt, muss das Gericht eine neue Beweisaufnahme durchführen.[61]

Das Gericht kann einen im Folgeverfahren gestellten Beweisantrag sowohl gem. § 86 Abs. 2 durch 32 einen begründeten Beschluss als auch durch den das Folgeverfahren abschließenden Beschluss bescheiden (§ 93a Abs. 2 S. 4).[62]

6. Rechtsbehelfe. Im Hinblick auf etwaige Rechtsmittel steht der Beschluss gem. § 93a Abs. 2 S. 1 33 einem Urteil gleich. D.h., gegen den Beschluss nach § 93a Abs. 2 S. 1 sind solche Rechtsmittel gegeben, die auch gegen ein Urteil des Gerichts statthaft wären (§ 93a Abs. 2 S. 5). In den selbständigen

---

52 C. *Bamberger*, in: Wysk § 93a Rn. 7.
53 C. *Bamberger*, in: Wysk § 93a Rn. 13.; H. *Geiger* in: Eyermann/Happ § 93a Rn. 23.
54 Skeptisch dazu unter dem Gesichtspunkt der Unmittelbarkeit der Beweisaufnahme W.-R. *Schenke*, in: Kopp/Schenke § 93a Rn. 2; R. *Rudisile*, in: Schoch/Schneider/Bier § 93a Rn. 25 ff. setzt sich mit der Qualität der Beweise durch Einführung in das Folgeverfahren auseinander.
55 R. *Rudisile*, in: Schoch/Schneider/Bier § 93a Rn. 25; H. *Geiger* in: Eyermann/Happ § 93a Rn. 24; P. *Kothe*, in: Redeker/v. Oertzen § 93a Rn. 9; *Kugele* § 93a Rn. 13; T. *Jacob*, in: Gärditz § 93a Rn. 26.
56 T. *Jacob*, in: Gärditz § 93a Rn. 26.
57 W.-R. *Schenke*, in: Kopp/Schenke § 93a Rn. 11; C. *Garloff*, in: Posser/Wolff § 93a Rn. 7; C. *Bamberger*, in: Wysk § 93a Rn. 10; H. *Geiger* in: Eyermann/Happ § 93a Rn. 24.
58 W.-R. *Schenke*, in: Kopp/Schenke, § 93a Rn. 12; R. *Rudisile*, in: Schoch/Schneider/Bier § 93a Rn. 30.
59 R. *Rudisile*, in: Schoch/Schneider/Bier § 93a Rn. 30; H. *Geiger* in: Eyermann/Happ § 93a Rn. 25; T. *Jacob*, in: Gärditz § 93a Rn. 29.
60 H. *Geiger* in: Eyermann/Happ § 93a Rn. 25.
61 W.-R. *Schenke*, in: Kopp/Schenke § 93a Rn. 12.
62 C. *Garloff*, in: Posser/Wolff § 93a Rn. 2; C. *Bamberger*, in: Wysk § 93a Rn. 12; H. *Geiger* in: Eyermann/Happ § 93a Rn. 26.

Beschlussverfahren (§§ 80, 80 a, 123) verbleibt es auch nach der Durchführung eines Muster- und eines Folgeverfahrens bei der Möglichkeit, gegen erstinstanzliche Beschlüsse im Folgeverfahren Beschwerde zu erheben.[63] Über die Rechtsmittel sind die Beteiligten gem. Abs. 2 S. 6 entsprechend zu belehren.[64]

§ 94   [Aussetzung des Verfahrens]

Das Gericht kann, wenn die Entscheidung des Rechtsstreits ganz oder zum Teil von dem Bestehen oder Nichtbestehen eines Rechtsverhältnisses abhängt, das den Gegenstand eines anderen anhängigen Rechtsstreits bildet oder von einer Verwaltungsbehörde festzustellen ist, anordnen, daß die Verhandlung bis zur Erledigung des anderen Rechtsstreits oder bis zur Entscheidung der Verwaltungsbehörde auszusetzen sei.

Schrifttum

1. Monographien und Beiträge in Sammelwerken: *I. Mittenzwei*, Die Aussetzung des Prozesses zur Klärung von Vorfragen, 1971; *F. Schoch*, Die Europäisierung des Verwaltungsprozessrechts, in: Festgabe – 50 Jahre Bundesverwaltungsgericht, 2003.

2. Beiträge in Zeitschriften: *C. Bamberger*, Der ruhende Verwaltungsprozess – Ein Beitrag zur Dogmatik des § 173 S. 1 VwGO, NVwZ 2015, 942; *M. Foerster*, Vorabentscheidungsersuchen nach Art. 267 AEUV und Anhängigkeit derselben Rechtsfrage am EuGH, EuZW 2011, 901; *K. Füßer/K. Höher*, Das „parallele Vorabentscheidungsverfahren" – Zulässigkeit und Grenzen der Beweiserhebung während eines Verfahrens gemäß Art. 234 EGV, EuR 2001, 784; *M. Gaa*, Die Aufrechnung mit einer rechtswegfremden Gegenforderung, NJW 1997, 3343; *L. Kähler*, Verfahrensaussetzung bei zu erwartender Leitentscheidung?, NJW 2004, 1132; *B. Kienemund*, Das Gesetz zur Bereinigung des Rechtsmittelrechts im Verwaltungsprozess, NJW 2002, 1231; *H. Kreutz/G. Franz/R. Maske*, Die Ruhensanordnung im Verwaltungsprozess, DVBl 2006, 221; *C. Latzel/T. Streinz*, Das richtige Vorabentscheidungsersuchen, NJOZ 2013, 97; *C. Leroux/P. Sittig-Behm*, Zum Zustimmungserfordernis eines notwendig Beigeladenen zum Ruhen des Verfahrens, NVwZ 2016, 1061; *K. Redeker*, Neue Experimente mit der VwGO?, NVwZ 1996, 521; *H. Rupp*, Zur Aufrechnung mit rechtswegfremden Forderungen im Prozeß, NJW 1992, 3274; *W.-R. Schenke/J. Ruthig*, Zur Aufrechnung mit rechtswegfremden Forderungen im Prozeß, NJW 1992, 2505 und NJW 1993, 1374; *J. Schwarze*, Europäische Rahmenbedingungen für die Verwaltungsgerichtsbarkeit, NVwZ 2000, 241; *V. Skouris*, Die schwebende Rechtssatzprüfung als Aussetzungsgrund gerichtlicher Verfahren, NJW 1975, 713.

---

63   *H. Geiger* in: Eyermann/Happ § 93 a Rn. 27; *Kugele* § 93 a Rn. 17; *T. Jacob*, in: Gärditz § 93 a Rn. 33.
64   *C. Garloff*, in: Posser/Wolff § 93 a Rn. 8; *C. Bamberger*, in: Wysk § 93 a Rn. 15.

I. Allgemeines

1. Entstehungsgeschichte. Die Norm ist nach dem Vorbild des wortgleichen § 148 ZPO verfasst (vgl. BT-Drs. III/55, 73). Der heutige § 94 entspricht wieder der ursprünglichen Fassung bei Inkrafttreten der VwGO. Von 1997 bis 2001 enthielt die Vorschrift einen zweiten Satz, der durch das Sechste Gesetz zur Änderung der Verwaltungsgerichtsordnung vom 1.11.1996 (BGBl I 1626) angefügt worden war. Er lautete: „Auf Antrag kann das Gericht die Verhandlung zur Heilung von Verfahrens- und Formfehlern aussetzen, soweit das i.S. der Verfahrenskonzentration sachdienlich ist." Die Regelung sollte einem konzentrierten Prozessieren und der Vermeidung von mehrfachen Auseinandersetzungen in derselben Sache dienen.[1] Die damit für die Verwaltung geschaffenen Heilungsmöglichkeiten wurden – ebenso wie der in thematischem Zusammenhang stehende § 87 Abs. 1 S. 2 Nr. 7 – wegen verfassungsrechtlicher Bedenken kritisiert: Die einseitige Beratung einer Prozesspartei mit dem Ziel, sie zu Handlungen zu veranlassen, die eine an sich berechtigte Klage gegenstandslos machen, sei mit der unabhängigen und unparteilichen Stellung des Richters unvereinbar.[2] Durch Art. 1 Nr. 11 des Gesetzes zur Bereinigung des Rechtsmittelrechts im Verwaltungsprozess vom 20.12.2001 (BGBl I 3987) wurde S. 2 mit der Begründung, die Regelung habe sich nicht bewährt,[3] gestrichen.

2. Sinn und Zweck. Die Regelung soll zum einen Rechtssicherheit und Rechtseinheit fördern, indem widersprechende Entscheidungen vermieden werden, und verfolgt zum anderen prozessökonomische Ziele.[4] Dem Gedanken der Prozessökonomie entspricht es etwa, wenn durch das Abwarten der vorgreiflichen Gerichts- oder Verwaltungsentscheidung die Expertise der sachnächsten Stelle fruchtbar gemacht wird[5] sowie der eigene Ermittlungsaufwand und damit ggf. auch zusätzliche Kosten reduziert werden.[6]

Der zu diesen Zwecken mögliche vorübergehende Stillstand des Verfahrens führt i.d.R. zu einer Verzögerung der gerichtlichen Entscheidung und steht damit in einem Spannungsverhältnis zu dem in Art. 19 Abs. 4 GG verankerten Anspruch auf wirksamen Rechtsschutz in angemessener Zeit. Die Zielsetzungen des § 94 einerseits und das aus Art. 19 Abs. 4 GG abgeleitete Beschleunigungsgebot[7] andererseits sind bei der richterlichen Ermessensentscheidung, ob von der Aussetzung Gebrauch gemacht wird, zu berücksichtigen (zum Ermessen → Rn. 15 ff.).

3. Anwendungsbereich. Die Aussetzung ist in jedem verwaltungsgerichtlichen Verfahren zulässig. Auch in Verfahren des vorläufigen Rechtsschutzes ist die Anwendung nicht grds. ausgeschlossen.[8] Allerdings wird aufgrund des besonderen Eilbedürfnisses eine Aussetzung im vorläufigen Rechtsschutz in aller Regel ermessensfehlerhaft sein.[9] Grds. kann die Aussetzung in jedem Verfahrensstadium angeordnet werden. Ist die Sache bereits entscheidungsreif, dürfte jedoch das Interesse der Beteiligten an einer zügigen Beendigung des Rechtsstreits bei der vom Gericht zu treffenden Ermessensentscheidung besonderes Gewicht erlangen und einer Verzögerung der Entscheidung durch Aussetzung meist entgegenstehen.[10]

Der Anwendungsbereich des § 94 erstreckt sich auf alle Instanzen (§§ 125 Abs. 1 S. 1, 141 S. 1). Das OVG kann auch ein Normenkontrollverfahren (§ 47) gem. § 94 aussetzen. Die Sonderregelung des § 47 Abs. 4, wonach das Normenkontrollverfahren bis zur Entscheidung eines Verfassungsgerichts über die Gültigkeit der Rechtsnorm ausgesetzt werden kann, steht dem nicht entgegen. Allein aus dem Umstand, dass der Gesetzgeber für diesen Fall eine spezielle Aussetzungsmöglichkeit geschaffen hat,

---

1 Vgl. Begründung zum Gesetzentwurf des Bundesrates, BT-Drs. 13/1433, 13 zu Nr. 12 (§ 94 a) sowie Beschlussempfehlung und Bericht des Rechtsausschusses, BT-Drs. 13/5098, 24 zu Nr. 12.
2 *K. Redeker*, NVwZ 1996, 521, 523.
3 Beschlussempfehlung des Rechtsausschusses, BT-Drs. 14/7474, 15; vgl. auch *B. Kienemund*, NJW 2002, 1237.
4 Vgl. VGH München 11.12.2017 – 11 C 17.2256; BVerwG 8.12.2000 – 4 B 75/00, BVerwGE 123, 322; *T. Jacob*, in: Gärditz § 94 Rn. 2; *W.-R. Schenke*, in: Kopp/Schenke § 94 Rn. 1.
5 *R. Rudisile*, in: Schoch/Schneider/Bier § 94 Rn. 11.
6 *T. Jacob*, in: Gärditz § 94 Rn. 1.
7 S. dazu etwa *E. Schmidt-Aßmann*, in: Maunz-Dürig, GG, 81. EL, Art. 19 Abs. 4, Rn. 263.
8 A.A.: *R. Rudisile*, in: Schoch/Schneider/Bier § 94 Rn. 12; *C. Bamberger*, in: Wysk § 94 Rn 1.
9 *K. Rennert*, in: Eyermann § 94 Rn. 2; *T. Jacob*, in: Gärditz § 94 Rn. 6; *P. Kothe*, in: Redeker/von Oertzen § 94 Rn. 5; *D. Kugele* § 94 Rn. 1; *W. Porz*, in: HK-VwGO § 94 Rn. 2.
10 *D. Kugele* § 94 Rn. 2; aus diesem Grunde eine Aussetzungsmöglichkeit bei Entscheidungsreife grds. verneinend: *R. Rudisile*, in: Schoch/Schneider/Bier § 94 Rn. 35.

kann nicht geschlossen werden, dass dem Gericht eine Unterbrechung aus anderen Gründen nach den allgemeinen Regeln verwehrt werden sollte.[11] In der Revisionsinstanz dürfte der Vorschrift kaum praktische Bedeutung zukommen. Denn die von § 94 vorausgesetzte Vorgreiflichkeit ist nicht gegeben, wenn das andere Verfahren zu Feststellungen auf tatsächlichem Gebiet führen soll, die das Revisionsgericht gem. § 137 Abs. 2 grds. nicht berücksichtigen darf.[12]

6   **4. Parallelvorschriften.** Dem § 94 vergleichbare Aussetzungsvorschriften finden sich auch in anderen Prozessordnungen. Wortgleich mit § 94 ist die Aussetzung zum einen in § 148 ZPO geregelt, der als Vorbild für die verwaltungsprozessuale Norm diente, sowie in § 74 FGO. Lit. und Rspr. zu diesen Vorschriften kann angesichts der gleichlautenden Formulierung bei der Auslegung des § 94 hilfreich sein – freilich unter Berücksichtigung der Besonderheiten des Verwaltungsprozesses. Für die Sozialgerichte bestimmt sich die Aussetzung nach § 114 SGG. Gem. § 114 Abs. 2 S. 2 SGG kann das Verfahren auch zur Heilung von Verfahrens- und Formfehlern ausgesetzt werden. Im Verwaltungsprozess besteht diese Möglichkeit nach Streichung des § 94 S. 2 nicht mehr. Der Strafprozess kann nach § 262 StPO ausgesetzt werden, um eine Entscheidung über zivilrechtliche Vorfragen abzuwarten. Das BVerfG ist nach § 33 Abs. 1 BVerfGG befugt, das Verfahren auszusetzen, wenn eine Feststellung oder Entscheidung eines anderen Gerichts von Bedeutung für die zu treffende Entscheidung ist.

II. Voraussetzungen

7   **1. Rechtsverhältnis.** § 94 setzt voraus, dass der zu entscheidende Rechtsstreit von dem Bestehen oder Nichtbestehen eines Rechtsverhältnisses abhängt, das Gegenstand eines anderen Gerichts- oder Verwaltungsverfahrens ist. Der nicht näher erläuterte Begriff des Rechtsverhältnisses entspricht dem in § 43 Abs. 1. Zur näheren Begriffsbestimmung kann daher auf die von Rspr. und Lit. zur Feststellungsklage entwickelte Definition zurückgegriffen werden. Danach sind unter einem Rechtsverhältnis diejenigen rechtlichen Beziehungen zu verstehen, die sich aus einem konkreten Sachverhalt aufgrund einer diesen Sachverhalt betreffenden Norm für das Verhältnis von natürlichen oder juristischen Personen untereinander oder einer Person zu einer Sache ergeben (→ § 43 Rn. 9). Ein Rechtsverhältnis liegt somit vor, wenn sich Rechtsbeziehungen verdichtet haben. Im Allgemeinen sind Rechtsverhältnisse durch subjektive Rechte und ihnen korrespondierende Pflichten gekennzeichnet (→ § 43 Rn. 9).

8   Abzugrenzen sind Rechtsverhältnisse von abstrakten Rechtsfragen, die vom Tatbestand des § 94 nicht erfasst werden.[13] Stellt sich in dem anderen Verfahren lediglich dieselbe Rechtsfrage, etwa zur Auslegung einer bestimmten Norm, kommt daher eine Aussetzung nicht in Betracht.[14] Das gilt auch dann, wenn eine revisionsgerichtliche Entscheidung erwartet wird.[15] Das Gericht kann in diesem Fall jedoch im Einverständnis mit den Beteiligten das Ruhen des Verfahrens anordnen, soweit es zweckmäßig ist (→ Rn. 34 ff.). Ist Gegenstand des anderen Verfahrens die Frage der Gültigkeit einer streitentscheidenden Norm, fehlt es ebenfalls an einem konkreten Rechtsverhältnis.[16] Entfaltet die zu erwartende Normgültigkeitsentscheidung jedoch allgemeine Bindungswirkung, wird ganz überwiegend eine Aussetzungsmöglichkeit in analoger Anwendung des § 94 bejaht (→ Rn. 48 ff.).

9   **2. Abhängigkeit.** Nach § 94 muss der zu entscheidende Rechtsstreit von dem Bestehen oder Nichtbestehen des Rechtsverhältnisses abhängen. Diese sog. Vorgreiflichkeit ist jedenfalls dann gegeben, wenn in dem anderen Verfahren eine Entscheidung über einen Teil der Tatbestandsmerkmale zu treffen ist, die im vorliegenden Rechtsstreit zur Entscheidung stehen.[17] Erforderlich ist eine Art der rechtlichen Verbindung beider Entscheidungsgegenstände, nicht aber, dass die Entscheidung im anderen Verfahren eine Bindungswirkung für den auszusetzenden Rechtsstreit entfaltet. Eine rechtliche Verbindung ist zu

---

11   *R. Rudisile*, in: Schoch/Schneider/Bier § 94 Rn. 12; *T. Jacob*, in: Gärditz § 94 Rn. 6.

12   BVerwG 16.1.1965 – III CB 104.64, NJW 1965, 832; *R. Rudisile*, in: Schoch/Schneider/Bier § 94 Rn. 12; *K. Rennert*, in: Eyermann § 94 Rn. 2.

13   BVerwG 11.2.2009 – 2 A 7.06; BVerwG 16.3.2011 – 6 C 14/10.

14   Allg. Auffassung, vgl. nur BVerwG 11.2.2009 – 2 A 7.06; OVG Lüneburg 9.1.2018 – 5 OB 224/17; OVG Magdeburg 12.12.2008 – 1 O 153/08 m.w.N. aus der Rspr.

15   OVG Magdeburg 12.12.2008 – 1 O 153/08; VGH München 4.6.1991 – 8 C 91.1185 – NVwZ-RR 1992, 334; *C. Garloff*, in: Posser/Wolff § 94 Rn. 3 a; a.A.: VGH Mannheim 21.3.2012 – 6 S 2325/11; *W.-R. Schenke*, in: Kopp/Schenke § 94 Rn. 4 a.

16   Allg. Auffassung, vgl. nur BVerwG 30.11.1995 – 4 B 248/95.

17   *R. Rudisile*, in: Schoch/Schneider/Bier § 94 Rn. 18.

bejahen bei einem gesetzlich angeordneten oder rechtslogischen Einfluss mit unmittelbaren Auswirkungen auf das zu entscheidende Verfahren.[18] Nicht ausreichend ist, dass sich lediglich die Rechtsschutzziele in beiden Verfahren gleichen und die andere Entscheidung als „Musterprozess" abgewartet werden soll.[19]

3. Gegenstand eines anhängigen Rechtsstreits. Das vorgreifliche Rechtsverhältnis muss Gegenstand 10 eines anhängigen Rechtsstreits sein (Var. 1). Der Bezugsrechtsstreit kann grds. allen Gerichtsbarkeiten entstammen. „Gegenstand" eines anderen Rechtsstreits ist das Rechtsverhältnis nur dann, wenn die Entscheidung darüber i.R. der rechtskräftigen Regelung erfolgt. Nicht ausreichend ist damit, dass das Rechtsverhältnis im anderen Verfahren nur eine Vorfrage betrifft.[20]

In der Lit. wird teilweise die Ansicht vertreten, eine unmittelbare Anwendung von § 94 komme nur 11 bei vorgreiflichen Entscheidungen inländischer Gerichte in Betracht, während eine Aussetzung mit Blick auf ausländische oder internationale Gerichtsentscheidungen nur in analoger Anwendung möglich sei.[21] Eine Beschränkung auf innerstaatliche Gerichte ergibt sich jedoch weder aus dem Wortlaut noch aus Sinn und Zweck der Norm. Die in der Lit. angeführte Erwägung, dem Gesetzgeber könne nicht unterstellt werden, er habe die Zurückstellung des eigenen Rechtsschutzes grds. unabhängig von der Akzeptanz der jeweiligen fremden Entscheidung zulassen wollen,[22] gebietet eine einschränkende Auslegung der Vorschrift nicht. Denn es besteht kein Automatismus zwischen Vorgreiflichkeit einer Entscheidung und Aussetzung des Verfahrens. Das Gericht hat vielmehr i.R. seines Ermessens, ob der Ausgang des anderen Rechtsstreits zunächst abgewartet wird oder nicht, Bindungswirkungen und Akzeptanz der jeweiligen Entscheidung eines ausländischen oder supranationalen Gerichts zu berücksichtigen. Soweit dieses über ein vorgreifliches Rechtsverhältnis entscheidet, kann das Verfahren daher in unmittelbarer Anwendung des § 94 ausgesetzt werden.[23]

Der Bezugsrechtsstreit muss dem Wortlaut nach bereits anhängig sein. Eine Aussetzung in analoger 12 Anwendung des § 94 vor Anhängigkeit des Bezugsrechtsstreits ist allein für den Fall der Aufrechnung mit einer bestrittenen rechtswegfremden Gegenforderung anerkannt (zu dieser Konstellation → Rn. 18): Auch wenn ein Rechtsstreit über die Gegenforderung bei dem dafür allein zuständigen Gericht noch nicht anhängig ist, darf ein Verwaltungsprozess nach der Rspr. des BVerwG ausgesetzt werden, ggf. aber nur unter Fristsetzung zur Erhebung der anderen Klage und Erlass eines Vorbehaltsurteils über das Klagebegehren.[24]

4. Feststellung durch eine Verwaltungsbehörde. Soweit nicht ein anderweitig anhängiges Gerichtsver- 13 fahren abgewartet werden soll, muss das vorgreifliche Rechtsverhältnis von einer Verwaltungsbehörde festzustellen sein (Var. 2). Teilweise wird vertreten, die Norm beziehe sich unmittelbar nur auf Verfahren deutscher Verwaltungsbehörden, während bei Feststellungen ausländischer oder supranationaler Behörden eine Aussetzung in analoger Anwendung des § 94 in Betracht komme.[25] Insoweit gilt jedoch wie bei den abzuwartenden Gerichtsverfahren, dass eine Einschränkung auf deutsche Behörden weder vom Wortlaut noch von Sinn und Zweck der Vorschrift vorgegeben ist (→ Rn. 11). § 94 findet daher unmittelbar auch auf vorgreifliche Entscheidungen etwa der Europäischen Kommission oder ausländischer Verwaltungsbehörden Anwendung.[26]

Das Verfahren der Verwaltungsbehörde über das vorgreifliche Rechtsverhältnis muss dem Wortlaut 14 nach, anders als das gerichtliche Bezugsverfahren, noch nicht eingeleitet sein. Um Aussetzungen eines Rechtsstreits ohne absehbares Ende auszuschließen, die einer Rechtsschutzverweigerung gleichkämen,

---

18 *T. Jacob*, in: Gärditz § 94 Rn. 7; mit Beispielen aus der Rspr.: *K. Rennert*, in: Eyermann § 94 Rn. 4, sowie *C. Garloff*, in: Posser/Wolff § 94 Rn. 2.1 f.

19 Vgl. VGH Mannheim 26.5.1998 – 14 S 812/98, VBlBW 1998, 348; VGH München 8.1.1996 – 20 C 95.2962, DÖV 1996, 886.

20 *W.-R. Schenke*, in: Kopp/Schenke § 94 Rn. 4; *C. Garloff*, in: Posser/Wolff § 94 Rn. 1; *R. Rudisile*, in: Schoch/Schneider/Bier § 94 Rn. 25; *Rennert*, in: Eyermann § 94 Rn. 4; VGH Mannheim 7.1.2013 – 2 S 2189/12.

21 *T. Jacob*, in: Gärditz § 94 Rn. 14; *R. Rudisile*, in: Schoch/Schneider/Bier § 94 Rn. 57.

22 *R. Rudisile*, in: Schoch/Schneider/Bier § 94 Rn. 57.

23 I.d.S. auch: *V. Schmid*, Voraufl., § 94 Rn. 22; *W. Porz*, in: HK-VwGO § 94 Rn. 3.

24 Vgl. BVerwG 12.2.1987 – 3 C 22/86, BVerwGE 77, 19; BVerwG 31.3.1993 – 7 B 5/93, NJW 1993, 2255; VGH Mannheim 2.12.1996 – 7 S 2235/95, NJW 1997, 3394.

25 *R. Rudisile*, in: Schoch/Schneider/Bier § 94 Rn. 57; *T. Jacob*, in: Gärditz § 94 Rn. 14; *C. Bamberger*, in: Wysk § 94 Rn. 8.

26 Ebenso *V. Schmid*, Voraufl., § 94 Rn. 21; *W. Porz*, in: HK-VwGO § 94 Rn. 3.

ist die Norm jedoch einschränkend dahin auszulegen, dass zumindest mit einer unverzüglichen Einleitung des Verwaltungsverfahrens zu rechnen ist.[27] Gesichert werden kann die Einleitung des behördlichen Verfahrens ggf. durch eine gerichtliche Fristsetzung.[28]

III. Ermessen

15 **1. Allgemeine Leitlinien.** Auch wenn dem Wortlaut nach nur die „Verhandlung" ausgesetzt werden kann, ist allgemein anerkannt, dass § 94 dem Gericht die Möglichkeit einräumt, das Verfahren an sich auszusetzen.[29] Die Entscheidung, ob das Verfahren ausgesetzt wird, wenn die tatbestandlichen Voraussetzungen erfüllt sind, liegt im richterlichen Ermessen. Das Gericht hat grds. die Wahl, ob es die vorgreifliche Frage inzident selbst entscheidet oder das Verfahren aussetzt.

16 Bei der Ausübung des Ermessens sind auf der einen Seite das durch Art. 19 Abs. 4 GG geschützte Interesse des Rechtsschutzsuchenden an einer zügigen Entscheidung zu berücksichtigen und auf der anderen Seite die an Entscheidungsharmonie und Prozessökonomie orientierten Zwecksetzungen der Regelung (→ Rn. 2). Die Entscheidung, welchem der widerstreitenden Belange mehr Gewicht beigemessen wird, hängt mit davon ab, in welcher Zeit mit einer klärenden Entscheidung zu rechnen ist und wie weit die eigenen Ermittlungen schon vorangeschritten sind.[30] In die Ermessensabwägung wird regelmäßig mit einfließen, ob die Beteiligten mit einer Aussetzung einverstanden sind oder diese sogar selbst beantragt haben.[31] Schließlich kann bei der Abwägung eine Rolle spielen, inwiefern die vorgreifliche Entscheidung Bindungswirkungen entfaltet.[32]

17 **2. Ermessensreduzierung.** Eine zur Aussetzungspflicht führende Ermessensreduzierung wird nur ausnahmsweise in Betracht kommen, wenn eine sachgerechte Entscheidung anders nicht möglich ist.[33] Von einer Ermessensreduzierung auf Null sind die Fälle zu unterscheiden, in denen das Gericht aufgrund einer besonderen gesetzlichen Regelung zur Aussetzung verpflichtet ist. Dazu gehört insbes. die Aussetzungs- und Vorlagepflicht an das BVerfG, die aus Art. 100 Abs. 1 und 2 GG folgt.

18 **a) Aufrechnung mit einer rechtswegfremden Gegenforderung.** Eine der wenigen Konstellationen, in denen – zumindest überwiegend – eine Aussetzungspflicht des Gerichts angenommen wird, ist die Aufrechnung mit einer bestrittenen rechtswegfremden Gegenforderung (→ Rn. 12 sowie → § 90 Rn. 24). Im Verwaltungsrechtsstreit kann eine zur Aufrechnung gestellte Gegenforderung, für die ein anderer Rechtsweg gegeben ist, bei der Entscheidung über das Klagebegehren nicht berücksichtigt werden, solange die Gegenforderung nicht bestands- oder rechtskräftig festgestellt oder unbestritten ist.[34] Eine eigene Entscheidung über die Gegenforderung im Verwaltungsprozess soll in diesem Fall trotz der Regelung in § 17 Abs. 2 S. 1 GVG, wonach das Gericht des zulässigen Rechtsweges den Rechtsstreit unter allen in Betracht kommenden rechtlichen Gesichtspunkten entscheidet, unzulässig sein. Für die Aufrechnung mit einem Enteignungsentschädigungsanspruch und mit einem Schadensersatzanspruch wegen Amtspflichtverletzung ergibt sich dies unmittelbar – und insoweit unstr. – aus § 17 Abs. 2 S. 2 GVG, wonach die im GG verankerte Zuständigkeit der ordentlichen Gerichtsbarkeit für diese Ansprüche (Art. 14 Abs. 3 S. 4 und Art. 34 S. 3 GG) unberührt bleibt. Im Übrigen wird in Rspr. und Lit. überwiegend die Auffassung vertreten, dass die nach § 322 Abs. 2 ZPO in Rechtskraft erwachsende Entscheidung über eine zur Aufrechnung gestellte Forderung generell kein rechtlicher Gesichtspunkt i.S.d. § 17 Abs. 2 S. 1 GVG sei, über den das Gericht unabhängig von der Rechtswegezuständigkeit mitentscheiden dürfe.[35] Nach dieser Ansicht muss insoweit eine Klärung durch die zuständige Gerichtsbarkeit abgewartet werden, bevor der Verwaltungsrechtsstreit zu Ende geführt werden kann. Das Gericht hat jedoch die Möglichkeit, über die spruchreife Klageforderung durch Vorbehaltsurteil gem. § 173

---

27 Vgl. *T. Jacob*, in: Gärditz § 94 Rn. 14; *R. Rudisile*, in: Schoch/Schneider/Bier § 94 Rn. 27.
28 Vgl. *R. Rudisile*, in: Schoch/Schneider/Bier § 94 Rn. 27.
29 *D. Kugele* § 94 Rn. 21.
30 Vgl. *L. Kähler*, NJW 2004, 1132, 1133.
31 *D. Kugele* § 94 Rn. 18; *R. Rudisile*, in: Schoch/Schneider/Bier § 94 Rn. 31 mit Hinweis darauf, dass dies aber nicht zu einer Regel-Ausnahme-Entscheidung führe.
32 Näher dazu *R. Rudisile*, in: Schoch/Schneider/Bier § 94 Rn. 31.
33 BVerwG 5.4.2005 – 6 B 2/05.
34 BVerwG 7.10.1998 – 3 B 68/97, NJW 1999, 160.
35 Vgl. etwa BFH 1.8.2017 – VII R 12/16; a.A.: *W.-R. Schenke/J. Ruthig*, NJW 1992, 2505.

S. 1 i.V.m. § 302 ZPO zu entscheiden und nur das Nachverfahren über die Aufrechnung auszusetzen.[36]

b) Überdenkungsverfahren im Prüfungsrechtsstreit. Die Aussetzung eines Rechtsstreits über eine berufsbezogene Prüfung kann nach der Rspr. des BVerwG geboten sein, wenn der Kläger dies zur Durchführung eines verwaltungsinternen Überdenkungsverfahrens beantragt.[37] Der in Art. 12 Abs. 1 S. 1 GG verankerte Anspruch des Prüflings auf ein Überdenken der Prüfungsentscheidung durch die Prüfer stellt einen Ausgleich für die nur eingeschränkt mögliche Kontrolle der Prüfungsentscheidung durch die Verwaltungsgerichte dar und besteht zusätzlich zu dem Anspruch auf gerichtlichen Rechtsschutz.[38] Durch die Aussetzung des Klageverfahrens soll sichergestellt werden, dass die verwaltungsinterne Kontrolle eigenständig und unabhängig durchgeführt und vor einer gerichtlichen Entscheidung abgeschlossen wird.[39] Einer Aussetzung bedarf es indes nicht, wenn die Prüfer ihre Bewertung auf entsprechende Rügen des Prüflings hin bereits vor Klageerhebung, insbes. i.R. eines Widerspruchverfahrens überdacht haben. Ferner besteht häufig die Möglichkeit, das Überdenkungsverfahren ohne Verzögerung der gerichtlichen Entscheidung und unbeeinflusst von richterlichen Wertungen zügig zu Beginn des Klageverfahrens nachzuholen, so dass eine förmliche Aussetzung entbehrlich ist.[40]

c) Verfassungswidrige Rechtslage. Eine Aussetzungspflicht besteht grds. dann, wenn das BVerfG die Verfassungswidrigkeit einer Norm festgestellt, diese aber nicht für nichtig erklärt, sondern dem Gesetzgeber eine Frist zur Neuregelung gesetzt hat. Nach der Rspr. des BVerfG müssen Gerichte in diesem Fall anhängige Verfahren, bei denen die Entscheidung von der verfassungswidrigen Norm abhängt, aussetzen, bis die Neuregelung in Kraft tritt, längstens jedoch bis zum Ablauf der für die Neuregelung gesetzten Frist.[41] In dieser Konstellation kommt eine Aussetzung jedoch nur in analoger Anwendung des § 94 in Betracht, da es an einem konkreten vorgreiflichen Rechtsverhältnis fehlt.

IV. Aussetzungsentscheidung

1. Verfahren und Form. Vor einer Aussetzung sind die Beteiligten anzuhören. Eine angemessene Frist zur Stellungnahme ist insbes. im Hinblick darauf zu gewähren, dass die Aussetzung auch gegen den Willen der Beteiligten angeordnet werden kann und deren Anspruch auf Rechtsschutz in angemessener Zeit berührt.[42]

Die Aussetzung erfolgt von Amts wegen, ohne dass es eines Antrags bedarf.[43] Das Gericht entscheidet durch förmlichen Beschluss, der ohne mündliche Verhandlung ergehen kann (§ 101 Abs. 3). Zuständig im vorbereitenden Verfahren ist gem. § 87a Abs. 1 Nr. 1 und Abs. 3 der Vorsitzende bzw. der Berichterstatter. Aus dem Tenor des Aussetzungsbeschlusses sollte der zeitliche Umfang der Aussetzung hervorgehen. Der rechtsmittelfähige Beschluss des VG ist zu begründen (§ 122 Abs. 2). In der Begründung sind neben den tatbestandlichen Voraussetzungen insbes. die Ermessenserwägungen des Gerichts darzulegen.[44] Die Ablehnung einer von einem oder mehreren Beteiligten beantragten Aussetzung kann zusammen mit der abschließenden Sachentscheidung begründet werden und bedarf nicht zwingend eines vorherigen Beschlusses.[45]

---

36 BVerwG 7.10.1998 – 3 B 68/97, NJW 1999, 160.
37 BVerwG 24.2.1993 – 6 C 32.92, BVerwGE 92, 132; BVerwG 30.6.1994 – 6 C 4/93; BFH 31.5.1994 – VII B 42/94; VG Augsburg 5.10.2016 – Au 3 K 15.1425; s. zu den Einzelheiten *Niehues/Fischer/Jeremias*, Prüfungsrecht, 6. Aufl., Rn. 800 f.
38 BVerwG 24.2.1993 – 6 C 32.92, BVerwGE 92, 132; näher dazu *Niehues/Fischer/Jeremias*, Prüfungsrecht, 6. Aufl., Rn. 786 ff.
39 BVerwG 30.6.1994 – 6 C 4/93.
40 Vgl. *Niehues/Fischer/Jeremias*, Prüfungsrecht, 6. Aufl., Rn. 800.
41 BVerfG 30.5.1990 – 1 BvL 2/83 u.a., BVerfGE 82, 125, 155 betreffend anhängige Kündigungsschutzprozesse; nicht von einer Aussetzungspflicht, zumindest aber einer Prüfpflicht, ob im Hinblick auf die notwendige Übergangsregelung eine Aussetzung geboten ist, ging das BVerfG noch in seiner Entscheidung vom 21.5.1974 (BVerfGE 37, 217) aus.
42 Vgl. auch *R. Rudisile*, in: Schoch/Schneider/Bier § 94 Rn. 38.
43 VGH München 26.1.1984 – 8 CS 83 A.3000, NJW 1986, 2068.
44 Vgl. OVG Magdeburg 10.7.2007 – 1 O 46/07.
45 BVerwG 15.4.1983 – 1 B 133/82; *W.-R. Schenke*, in: Kopp/Schenke § 94 Rn. 6; *T. Jacob*, in: Gärditz § 94 Rn. 16; *D. Kugele* § 94 Rn 23; *R. Rudisile*, in: Schoch/Schneider/Bier § 94 Rn. 38; VG Düsseldorf 18.5.2017 – 6 K 6022/16 (zum Ruhensantrag nach § 173 S. 1 i.V.m. § 251 ZPO); a.A.: *K. Rennert*, in: Eyermann § 94 Rn. 8, um dem Antragsteller nicht die Beschwerdemöglichkeit zu nehmen.

23 **2. Wirkung.** Die in der VwGO nicht bestimmten Wirkungen der Aussetzung richten sich nach § 249 ZPO, der über § 173 S. 1 zur Anwendung kommt. Gem. § 249 Abs. 1 ZPO führt die Aussetzung dazu, dass der Lauf einer jeden Frist aufhört und nach Beendigung der Aussetzung die volle Frist von neuem zu laufen beginnt. Erfasst sind allein prozessuale Fristen, nicht hingegen Fristen des materiellen Rechts wie Verjährungsfristen.[46] Zu den prozessualen Fristen zählen gesetzliche wie richterliche Fristen.[47] Die prozessuale Frist endet mit Wirksamwerden der Aussetzung und beginnt von neuem, sobald die Aussetzung mit Erlass der abgewarteten Entscheidung bzw. deren Rechtskraft endet. Datumsfristen müssen neu gesetzt werden.[48]

24 Als weitere Folge bestimmt § 249 Abs. 2 ZPO, dass während der Aussetzung von einer Partei in Ansehung der Hauptsache vorgenommene Prozesshandlungen der anderen Partei gegenüber ohne rechtliche Wirkung sind. Prozesshandlungen, die gegenüber dem Gericht vorzunehmen sind, sind hingegen auch während der Aussetzung voll wirksam.[49] Ein Beteiligter kann daher während der Aussetzung wirksam ein Rechtsmittel einlegen, über das nach Beendigung der Aussetzung zu entscheiden ist.[50] Das Gericht selbst darf während des durch Aussetzung eingetretenen Verfahrensstillstandes grds. keine nach außen wirkenden Handlungen, die die Hauptsache betreffen, vornehmen.[51]

25 **3. Zeitlicher Umfang und Ende der Aussetzung.** Wie lange das Verfahren ausgesetzt wird, liegt im Ermessen des Gerichts. In Betracht kommt eine Aussetzung bis zur ersten Sachentscheidung im vorgreiflichen Verfahren oder bis zu deren Rechtskraft. Sobald die vorgreifliche Entscheidung ergeht bzw. rechtskräftig wird oder das andere Verfahren ohne Sachentscheidung endet, muss das Gericht das ausgesetzte Verfahren weiter betreiben, ohne dass es einer Aufnahme durch die Beteiligten bedarf.[52] Das Prozessgericht kann den Verfahrensstillstand auch durch Aufhebung seines Aussetzungsbeschlusses beenden, wenn veränderte Umstände für den Fortgang des Verfahrens sprechen.[53]

V. Rechtsmittel

26 **1. Beschwerde.** Sofern kein spezialgesetzlicher Beschwerdeausschluss greift (wie etwa nach § 80 AsylG für Entscheidungen im Asylrechtsstreit), steht den Beteiligten gegen den Aussetzungsbeschluss des VG gem. § 146 Abs. 1 die Beschwerde zu. Denn bei der Aussetzung handelt es sich weder um eine prozessleitende Maßnahme i.S.d. § 146 Abs. 2, noch lässt sich der VwGO sonst ein Beschwerdeausschluss für Aussetzungsbeschlüsse entnehmen.[54] Auch ein Beigeladener ist befugt, Beschwerde einzulegen, weil es sich bei der Anfechtung einer Entscheidung über die Aussetzung nicht um ein Recht handelt, das ausdrücklich oder seiner Natur nach den Hauptbeteiligten vorbehalten ist (→ § 66 Rn. 16).[55] Die Beschwerde unterliegt gem. § 67 Abs. 4 S. 1 und 2 dem Vertretungszwang.[56] Die von der Rspr. entwickelte Ausnahme vom Vertretungszwang für Beschwerden gegen (ablehnende) Aussetzungsbeschlüsse[57] dürfte jedenfalls seit der Neufassung des § 67 durch das Gesetz zur Neuregelung des Rechtsberatungsgesetzes (BGBl 2008 I 2840) nicht mehr gelten.

27 Die Beschwerde gegen eine sog. faktische Aussetzung durch längeres Nichtterminieren kommt grds. nicht in Betracht.[58] Offengehalten wurde eine Beschwerdemöglichkeit nach § 146 von der Rspr. zwar für den Fall, dass die Terminierung willkürlich in offensichtlich nicht mehr zu rechtfertigender Weise

---

46 H.-J. *Musielak/W. Voit* ZPO § 249 Rn. 2; *N. Stackmann,* in: MüKoZPO, § 249 Rn. 5.
47 *N. Stackmann,* in: MüKoZPO, § 249 Rn. 6.
48 H.-J. *Musielak/W. Voit* ZPO § 249 Rn. 2.
49 *N. Stackmann,* in: MüKoZPO, § 249 Rn. 17.
50 OVG Lüneburg 13.12.1994 – 3 M 6147/94, NVwZ-RR 1995, 236 (Beschwerde gegen Ablehnung einer Beiladung während Unterbrechung des Verfahrens durch Konkurs); *D. Kugele* § 94 Rn. 20.
51 Vgl. BVerwG 9.6.1999 – 3 C 82/76 (Erlass einer Entscheidung während der Unterbrechung des Verfahrens durch Tod eines Beteiligten); *D. Kugele* § 94 Rn. 20.
52 *R. Rudisile,* in: Schoch/Schneider/Bier § 94 Rn. 35.
53 Vgl. *K. Rennert,* in: Eyermann § 94 Rn. 7; *P. Kothe,* in: Redeker/von Oertzen § 94 Rn. 4.
54 Allg. Auffassung, vgl. nur OVG Lüneburg 9.1.2018 – 5 OB 224/17; nach Ansicht von *R. Rudisile,* in: Schoch/Schneider/Bier § 94 Rn. 39 sowie *K. Rennert,* in: Eyermann § 94 Rn. 8 soll allerdings die Beschwerde ausscheiden, wenn lediglich die Länge der Aussetzungsfrist angegriffen wird, weil insoweit § 146 Abs. 2 vorrangig sei.
55 VGH Kassel 27.7.1988 – 3 TE 1829/88, NJW 1989, 1180; OVG Münster 6.6.2012 – 2 E 482/12.
56 A.A. *K. Rennert,* in: Eyermann § 94 Rn. 8.
57 VGH Mannheim 22.7.1997 – 1 S 1647/97, DVBl 1997, 1329.
58 VGH Mannheim 20.3.2003 – 12 S 228/03, NVwZ 2003, 1541; a.A.: *R. Rudisile,* in: Schoch/Schneider/Bier § 94 Rn. 40; *D. Kugele* § 94 Rn. 25.

verzögert wird, weil dies einer Anordnung der Aussetzung oder des Ruhens des Verfahrens gleichkäme.[59] Seit Inkrafttreten des Gesetzes über den Rechtsschutz bei überlangen Gerichtsverfahren und strafrechtlichen Ermittlungsverfahren vom 24.11.2011 (BGBl 2011 I 2302) dürfte in Fällen unangemessener Verfahrensdauer jedoch allein auf die durch § 198 GVG geschaffenen Instrumentarien zurückzugreifen sein.[60] Die Beteiligten können danach eine Verzögerungsrüge erheben und unter bestimmten Voraussetzungen daran anschließend einen Entschädigungsanspruch geltend machen.

Entscheidungen des OVG über die Anordnung oder Ablehnung einer Aussetzung sind gem. § 152 **28** Abs. 1 unanfechtbar. Ein Verstoß gegen § 94 ist im Revisionsverfahren grds. nicht als Verfahrensmangel rügefähig.[61]

2. Prüfung durch das Beschwerdegericht. Das OVG prüft, ob die tatbestandlichen Voraussetzungen **29** für eine Aussetzung vorliegen und ob das Gericht sein Ermessen ordnungsgemäß ausgeübt hat. Die Kontrolle der tatbestandlichen Voraussetzungen erfolgt auf Grundlage der Rechtsauffassung des Verwaltungsgerichts.[62] Andernfalls würde das Beschwerdegericht in dem Zwischenstreit über die Aussetzung den ganzen Streitstoff beurteilen und damit dem Ausgangsgericht praktisch sein Urteil in der Hauptsache vorgeben, worin eine Verletzung des gesetzlich geregelten Ganges der Entscheidungsfindung und eine Aufhebung der Selbstständigkeit der verschiedenen Instanzen läge.[63] Eine darüber hinausgehende, umfassende Prüfung der Voraussetzungen nimmt das Beschwerdegericht nur dann vor, wenn das Ausgangsgericht die materielle Rechtslage offensichtlich grob fehlerhaft beurteilt oder seine Überzeugung erkennbar fehlerhaft nicht aus dem Gesamtergebnis des Verfahrens gewonnen hat oder ein Aufklärungsmangel vorliegt.[64]

Eine Kostenentscheidung hat das Beschwerdegericht nur dann zu treffen, wenn die Beschwerde verworfen oder zurückgewiesen wird. In diesem Fall entstehen Gerichtskosten (Nr. 5502 der Anl. 1 zu §3 Abs. 2 GKG – Kostenverzeichnis), die der erfolglose Beschwerdeführer gem. § 154 Abs. 2 tragen **30** muss.[65] Für ein erfolgreiches Beschwerdeverfahren fallen keine Gerichtsgebühren an. Sonstige Kosten des nichtstreitigen Zwischenverfahrens über die Aussetzung, in dem sich die Beteiligten nicht als Gegner gegenüber stehen, sind Teil der Kosten des Rechtsstreits in der Hauptsache.[66]

VI. Stillstand des Verwaltungsprozesses nach anderen Regelungen

Die VwGO enthält eine spezielle Regelung zur Aussetzung des Verfahrens in § 93a Abs. 1 S. 1, wo- **31** nach das Gericht während der Durchführung von Musterverfahren unter bestimmten Voraussetzungen die Parallelverfahren aussetzen kann. Weitere besondere Aussetzungsvorschriften finden sich in § 75 S. 3 zur Untätigkeitsklage sowie in § 51 im Zusammenhang mit Klagen gegen Vereinsverbote. Für den Verwaltungsprozess sind darüber hinaus auch spezialgesetzliche Regelungen zur Aussetzung, insbes. zum Zwecke der Vorlage (→ Rn. 32 f.), und vor allem die zivilprozessualen Vorschriften zum Ruhen des Verfahrens (→ Rn. 34 ff.) relevant. Ferner kann der Verwaltungsprozess in entsprechender Anwendung zivilprozessualer Normen kraft Gesetzes unterbrochen sein (→ Rn. 42 ff.).

1. Aussetzung zum Zwecke der Vorlage. Die Aussetzung des Verfahrens, um i.R. der konkreten Nor- **32** menkontrolle dem Bundes- oder einem Landesverfassungsgericht eine Frage zur Gültigkeit einer Rechtsnorm vorzulegen, richtet sich unmittelbar nach Art. 100 Abs. 1 GG. Danach ist das Verfahren auszusetzen und die Entscheidung des Landes- bzw. BVerfG einzuholen, wenn ein Gericht ein Gesetz, auf dessen Gültigkeit es bei der Entscheidung ankommt, für verfassungswidrig hält. Art. 100 Abs. 1

---

59 VGH München 21.3.2003 – 7 C 03.330.
60 Vgl. VGH München 8.1.2013 – 3 C 11.1707; *C. Garloff*, in: Posser/Wolff § 94 Rn. 8; *K. Rennert*, in: Eyermann § 94 Rn. 8.
61 BVerwG 5.6.2013 – 5 B 11/13; BVerwG 31.3.2011 – 10 C 2/10.
62 OVG Lüneburg 9.1.2018 – 5 OB 224/17; VGH Mannheim 2.11.1999 – 11 S 1770/99; OVG München 4.6.1991 – 8 C 91.1185, NVwZ-RR 1992, 334.
63 OVG Lüneburg 9.1.2018 – 5 OB 224/17; OVG München 4.6.1991 – 8 C 91.1185, NVwZ-RR 1992, 334.
64 OVG Bln-Bbg 1.2.2018 – OVG 3 L 150.17; OVG Lüneburg 5.7.2017 – 4 OB 160/17; VGH Mannheim 2.11.1999 – 11 S 1770/99.
65 VGH Mannheim 19.9.2001 – 9 S 1474/01; VGH München 9.7.2001 – 1 C 01.970.
66 Vgl. OVG Lüneburg 9.1.2018 – 5 OB 224/17 m.w.N. aus der Rspr.

GG geht insoweit als speziellere Norm dem § 94 vor; einer analogen Anwendung des § 94 bedarf es in diesem Fall nicht.[67]

33   Eine spezielle Regelung, nach der sich die Aussetzung des innerstaatlichen Gerichtsverfahrens bei Vorabentscheidungsersuchen an den EuGH richtet, fehlt indes. Das vorlegende Gericht kann in diesem Fall daher das Verfahren in analoger Anwendung des § 94 aussetzen (→ Rn. 55 ff.).

34   **2. Ruhen des Verfahrens. a) Entsprechende Anwendung des § 251 ZPO.** In Fällen, in denen die tatbestandlichen Voraussetzungen des § 94 nicht erfüllt sind, das Gericht und die Beteiligten eine Unterbrechung des Verfahrens jedoch für sachdienlich halten, kommt eine Ruhensanordnung in Betracht. In der VwGO ist die Möglichkeit, das Verfahren ruhend zu stellen, nicht geregelt. Sie wird aber in § 87 a Abs. 1 Nr. 1, wonach der Vorsitzende (bzw. i.V.m. Abs. 3 der Berichterstatter) im vorbereitenden Verfahren über die Aussetzung und das Ruhen entscheidet, vorausgesetzt. Im Verwaltungsprozess kommt daher die zivilprozessuale Regelung entsprechend zur Anwendung.[68] Gem. § 251 S. 1 ZPO hat das Gericht das Ruhen des Verfahrens anzuordnen, wenn beide Parteien dies beantragen und anzunehmen ist, dass wegen Schwebens von Vergleichsverhandlungen oder aus sonstigen wichtigen Gründen diese Anordnung zweckmäßig ist.

35   **b) Zustimmung des Beigeladenen?** Anders als bei der Aussetzung nach § 94 ist erforderlich, dass Kläger und Beklagter das Ruhen beantragen oder zumindest ihr Einverständnis damit erklären.[69] Umstr. ist, ob neben dem Einverständnis der Hauptbeteiligten auch die Zustimmung eines notwendig Beigeladenen (§ 65 Abs. 2) erforderlich ist. Dem § 251 ZPO lässt sich zu dieser Frage nichts entnehmen, da die Figur des Beigeladenen dem Zivilprozess unbekannt ist. Befürworter eines solchen Zustimmungserfordernisses stellen im Wesentlichen darauf ab, dass der notwendig Beigeladene ebenso wie die Hauptbeteiligten ein nach Art. 19 Abs. 4 GG schützenswertes Interesse an einer baldigen Klärung des Streitgegenstandes haben könne, das einer aufgedrängten Verfahrensverzögerung entgegenstehe.[70] In der Lit. wird zudem auf Parallelen zum streitgenössischen Nebenintervenienten hingewiesen, der im Zivilprozess ein eigenes Antragsrecht i.R. des § 251 ZPO habe.[71] Dem wird entgegengehalten, dass dem Interesse des Beigeladenen an raschem Rechtsschutz i.R. der richterlichen Zweckmäßigkeitsprüfung und der Möglichkeit, das Verfahren jederzeit wieder aufzunehmen, hinreichend Rechnung getragen werden könne.[72] Zu Schwierigkeiten könne ein Zustimmungserfordernis zudem in Verfahren führen, die dem Vertretungszwang unterliegen: Ein notwendig Beigeladener müsse dann ggf. nur deshalb einen Verfahrensbevollmächtigten bestellen, um dem Ruhen zustimmen zu können.[73]

36   Ein Zustimmungserfordernis des einfach Beigeladenen (§ 65 Abs. 1) besteht nach wohl einhelliger Auffassung nicht. Allerdings sind auch einfach Beigeladene vor einer Ruhensanordnung anzuhören und ihre Interessen, die für oder gegen eine Unterbrechung sprechen können, in die gerichtliche Zweckmäßigkeitsprüfung einzubeziehen.[74]

37   **c) Zweckmäßigkeitsprüfung.** Voraussetzung der Ruhensanordnung ist die Annahme, dass das Ruhen aus wichtigen Gründen zweckmäßig ist. Teilweise wird aus dem Kriterium der Zweckmäßigkeit abgeleitet, dass die Entscheidung im Ermessen des Gerichts liege.[75] Überzeugender ist jedoch die in der obergerichtlichen Rspr. vertretene, am Wortlaut orientierte Auffassung, wonach es sich um eine gebundene Entscheidung handelt und die Zweckmäßigkeit als unbestimmter Rechtsbegriff im Beschwer-

---

67 I.d.S. auch *R. Rudisile*, in: Schoch/Schneider/Bier § 94 Rn. 47; *K. Rennert*, in: Eyermann § 94 Rn. 3; *D. Kugele* § 94 Rn. 2; *W.-R. Schenke*, in: Kopp/Schenke § 94 Rn 2; *C. Bamberger*, in: Wysk § 94 Rn. 1; a.A., allerdings ohne Begründung: *T. Jacob*, in: Gärditz § 94 Rn. 12, Fn. 20; *W. Porz*, in: HK-VwGO § 94 Rn. 6.
68 Allg. Auffassung, vgl. nur BVerwG 14.5.1997 – 1 B 93/97, NVwZ-RR 1997, 621.
69 Vgl. statt vieler OVG Bln-Bbg 8.3.2011 – OVG 2 L 7.11.
70 Vgl. OVG Münster 16.9.2009 – 12 E 1219/09; OVG Lüneburg 21.2.2002 – 1 OB 3332/01; *C. Leroux/P. Sittig-Behm*, NVwZ 2016, 1061, 1063; das Zustimmungserfordernis ohne Begründung bejahend: *H. Kreutz/G. Franz/R. Maske*, DVBl 2006, 221, 222; *W.-R. Schenke*, in: Kopp/Schenke § 94 Rn. 1.
71 *C. Leroux/P. Sittig-Behm*, NVwZ 2016, 1061, 1063.
72 OVG Lüneburg 27.1.2012 – 7 KS 209/11, NVwZ-RR 2012, 496; *C. Bamberger*, NVwZ 2015, 942, 943.
73 OVG Lüneburg 27.1.2012 – 7 KS 209/11, NVwZ-RR 2012, 496.
74 Vgl. VGH München 26.7.2004 – 22 C 04.1198.
75 BFH 20.3.2009 – III B 219/08; VG Düsseldorf 18.5.2017 – 6 K 6022/16; VG Köln 21.1.2014 – 14 K 3986/11; *R. Rudisile*, in: Schoch/Schneider/Bier § 94 Rn. 124; *W.-R. Schenke*, in: Kopp/Schenke § 94 Rn. 1; *C. Bamberger*, NVwZ 2015, 942, 943; *H. Kreutz/G. Franz/R. Maske*, DVBl 2006, 221, 222; *C. Garloff*, in: Posser/Wolff § 94 Rn. 14.

deverfahren der vollen Überprüfung unterliegt.[76] Aus wichtigen Gründen zweckmäßig kann das Ruhen außer in Fällen der ausdrücklich genannten Vergleichsverhandlungen bspw. dann sein, wenn die Klärung entscheidungserheblicher Rechtsfragen durch ein oberes oder oberstes Gericht erwartet wird.[77]

Ohne weitere Zweckmäßigkeitsprüfung hat das Gericht das Ruhen anzuordnen, wenn sich die Beteiligten zur Durchführung einer Mediation oder eines anderen Verfahrens der außergerichtlichen Konfliktbeilegung entscheiden. Dieser Sonderfall ist in § 278a ZPO geregelt, der ebenfalls über § 173 S. 1, in dem er ausdrücklich Erwähnung findet, im Verwaltungsprozess zur Anwendung kommt (→ § 173 Rn. 22). — 38

d) Anordnung, Wirkung und Ende des Ruhens. Das Gericht ordnet das Ruhen durch Beschluss an. — 39 Zuständig ist im vorbereitenden Verfahren gem. § 87a Abs. 1 Nr. 1, Abs. 3 der Vorsitzende bzw. der Berichterstatter. Gegen die Anordnungs- oder Ablehnungsentscheidung des VG, die zu begründen ist (§ 122 Abs. 2), ist die Beschwerde gem. § 146 Abs. 1 statthaft,[78] sofern kein spezialgesetzlicher Beschwerdeausschluss greift. Die Entscheidung des OVG über das Ruhen des Verfahrens ist unanfechtbar (§ 152 Abs. 1).

Die Wirkungen der Ruhensanordnung richten sich grds. nach § 173 S. 1 i.V.m. § 249 ZPO — 40 (→ Rn. 23 f.). Allerdings bestimmt § 251 S. 2 insoweit einschränkend, dass die Anordnung des Ruhens auf den Lauf der in § 233 ZPO bezeichneten Fristen, also Notfristen, Rechtsbehelfs- und Rechtsmittelbegründungsfristen sowie Wiedereinsetzungsfristen, keinen Einfluss hat. Während des Ruhens sind nach außen wirkende Handlungen des Gerichts, etwa eine Beiladung, nicht zulässig.[79] Das Ruhen führt auch bei langer Dauer nicht zu einer Beendigung des Rechtsstreits.[80] Es lässt die Rechtshängigkeit und die aufschiebende Wirkung der Anfechtungsklage unberührt.[81]

Das Verfahren muss auf Antrag eines Beteiligten, der jederzeit möglich ist, fortgesetzt werden.[82] Auch — 41 das Gericht kann das Verfahren von Amts wegen wieder aufnehmen, wenn das Ruhen etwa wegen veränderter Umstände nicht mehr zweckmäßig erscheint. In beiden Fällen empfiehlt sich jedenfalls aus Gründen der Klarheit ein förmlicher Aufhebungsbeschluss, auch wenn eine konkludente Aufhebung der Ruhensanordnung, bspw. durch Anberaumung eines Termins oder Vornahme vorbereitender Maßnahmen, möglich ist.[83]

3. Unterbrechungen des Verfahrens kraft Gesetzes. Neben den Unterbrechungstatbeständen des Todes eines Beteiligten (→ Rn. 43 ff.) und der Eröffnung des Insolvenzverfahrens über das Vermögen eines Beteiligten (→ Rn. 46 f.) finden im Verwaltungsprozess über § 173 S. 1 weitere, in der Praxis jedoch eher weniger relevante Vorschriften der ZPO über die Unterbrechung des Verfahrens Anwendung. Dazu gehören die Fälle der nachträglichen Prozessunfähigkeit eines Beteiligten (§§ 241, 246 ZPO), der Nacherbfolge (§§ 242, 246 ZPO), des Anwaltsverlustes im Anwaltsprozess (§ 244 ZPO) sowie des Stillstands der Rechtspflege (§ 245 ZPO).[84] — 42

a) Tod eines Beteiligten. Im Falle des Todes eines Beteiligten tritt gem. § 173 S. 1 i.V.m. § 239 ZPO — 43 eine Unterbrechung des Verfahrens bis zu dessen Aufnahme durch die Rechtsnachfolger ein. Dies gilt nur dann nicht, wenn der Verstorbene durch einen Prozessbevollmächtigten vertreten wurde. In diesem Fall wird das Verfahren gem. § 173 S. 1 i.V.m. § 246 Abs. 1 ZPO mit Wirkung für und gegen die – ggf. noch unbekannten – Erben fortgesetzt.[85] Das Gericht hat im Falle anwaltlicher Vertretung allerdings die Aussetzung des Verfahrens anzuordnen, wenn der Bevollmächtigte oder der Gegner dies be-

---

76 OVG Bln-Bbg 8.3.2011 – OVG 2 L 7.11; OVG Lüneburg 28.1.2011 – 4 OB 9.11; OVG Münster 24.11.1983 – 1 B 1452/83.
77 Vgl. OVG Bln-Bbg 28.1.2016 – OVG 10 A 21.15; zu weiteren Fallgruppen vgl. *H. Kreutz/G. Franz/R. Maske*, DVBl 2006, 221, 222 f.
78 Vgl. OVG Bln-Bbg 8.3.2011 – OVG 2 L 7.11.
79 Vgl. VGH München 31.1.2012 – 1 C 11.3033.
80 BVerwG 14.5.1997 – 1 B 93/97, NVwZ-RR 1997, 221.
81 BVerwG 14.5.1997 – 1 B 93/97, NVwZ-RR 1997, 221.
82 Vgl. OVG Saarlouis 5.12.2011 – 2 A 279/11.
83 Vgl. *R. Rudisile*, in: Schoch/Schneider/Bier § 94 Rn. 125.
84 Vgl. zur Anwendbarkeit der Vorschriften im Verwaltungsprozess *P. Kothe*, in: Redeker/von Oertzen § 94 Rn. 6 ff.; *R. Rudisile*, in: Schoch/Schneider/Bier § 94 Rn. 105 ff.
85 Vgl. BVerwG 24.9.2009 – 20. F 6/09.

antragen (§ 173 S. 1 i.V.m. § 246 Abs. 1 ZPO). Eine prozessuale Erklärung des Bevollmächtigten, dessen Prozessvollmacht gem. § 173 S. 1 i.V.m. § 86 ZPO über den Tod hinaus fortbesteht, ist als Erklärung der – ggf. noch unbekannten – Erben wirksam.[86] Können die Erben noch nicht namentlich benannt werden, steht dies einer auf „die Erben" abstellenden Kostenentscheidung nicht entgegen, da die davon betroffenen Personen eindeutig bestimmbar sind.[87] Die §§ 239, 246 ZPO sind entsprechend auch im Kostenfestsetzungsverfahren anwendbar.[88]

44 Die Unterbrechung nach § 173 S. 1 i.V.m. § 239 ZPO tritt kraft Gesetzes unmittelbar mit dem Tod des Klägers oder des Beklagten ein. Darüber hinaus führt nach der Rspr. des BVerwG grds. auch der Tod eines notwendig Beigeladenen zur Unterbrechung des Verfahrens, weil dieser eine verfahrensrechtliche Stellung vergleichbar derjenigen eines streitgenössischen Streithelfers einnehme, für den die Anwendung der §§ 239, 246 ZPO allgemein anerkannt sei.[89] Uneinheitlich beantwortet wird die Frage, ob dem Tod eines Beteiligten das Erlöschen einer juristischen Person gleichsteht, soweit Gesamtrechtsnachfolge eintritt.[90]

45 Wurde um höchstpersönliche Rechte oder Pflichten des Verstorbenen gestritten, wird das Verfahren nach überwiegender Ansicht in Rspr. und Lit. nicht unterbrochen. In diesem Fall soll vielmehr mit dem Tod des Beteiligten ipso iure Erledigung der Hauptsache eintreten mit der Folge, dass nur noch gem. § 161 Abs. 2 eine Kostenentscheidung zu treffen ist.[91]

46 **b) Eröffnung des Insolvenzverfahrens.** Im Falle der Eröffnung des Insolvenzverfahrens über das Vermögen einer Partei ist das Verfahren, wenn es die Insolvenzmasse betrifft, gem. § 173 S. 1 i.V.m. § 240 S. 1 ZPO unterbrochen, bis es nach den für das Insolvenzverfahren geltenden Vorschriften aufgenommen oder das Insolvenzverfahren beendet wird. Entsprechendes gilt, wenn die Verwaltungs- und Verfügungsbefugnis über das Vermögen des Schuldners auf einen vorläufigen Insolvenzverwalter übergeht (§ 173 S. 1 i.V.m. § 240 S. 2 ZPO). „Betroffen" ist die Insolvenzmasse, wenn das anhängige Verfahren in rechtlicher oder wirtschaftlicher Beziehung zu ihr steht.[92] Unproblematisch ist diese Voraussetzung bspw. gegeben, wenn um einen Rückforderungsbescheid gestritten wird und die Forderung nur aus der Insolvenzmasse befriedigt werden kann.[93] Nicht zur Insolvenzmasse gehören personenbezogene Rechte wie das berufliche Betätigungsrecht des Gewerbetreibenden, dem die Ausübung des Gewerbes wegen Unzuverlässigkeit untersagt wurde.[94] Knüpft jedoch eine den Gewerbebetrieb betreffende ordnungsrechtliche Untersagungsverfügung nicht an die Person des Gewerbetreibenden an, kann die Insolvenzmasse jedenfalls dann betroffen sein, wenn sich die Untersagung auf wirtschaftlich wesentliche Elemente der Geschäftstätigkeit auswirkt.[95]

47 Die Aufnahme eines unterbrochenen Verfahrens richtet sich nach den §§ 85 ff. der InsO.[96] Bis das Verfahren ordnungsgemäß aufgenommen oder das Insolvenzverfahren beendet wird, darf in dem von Gesetzes wegen unterbrochenen Verwaltungsprozess keine Sachentscheidung ergehen. Trifft das Gericht dennoch während der Unterbrechung eine Entscheidung, ist diese nicht unwirksam, sondern lediglich mit dem allgemein zulässigen Rechtsmittel angreifbar.[97]

---

86 Vgl. BVerwG 24.9.2009 – 20. F 6/09 (betr. Erledigungserklärung).
87 BVerwG 25.9.2000 – 1 B 49.00.
88 VG Frankfurt (Oder) 20.1.2016 – 5 KE 68.15.
89 BVerwG 23.10.1998 – 7 B 248/98; eine Ausnahme nimmt der VGH Kassel in der Entscheidung vom 17.10.2017 (1 B 1426/17) an, wenn jedes rechtliche Interesse des Beigeladenen bzw. seiner Rechtsnachfolger an einer Entscheidung mit dem Tod des Beigeladenen entfallen ist und eine aktive Beteiligung der Rechtsnachfolger am weiteren Verfahren nicht in Betracht kommt.
90 Eine Unterbrechung bejaht *R. Rudisile*, in: Schoch/Schneider/Bier § 94 Rn. 106; A.A.: VG Berlin 17.5.2013 – 4 K 271.10 unter Bezugnahme auf *O. Feiber*, in: MüKoZPO, 2. Aufl., § 239 Rn. 17.
91 BVerwG 25.9.2000 – 1 B 49.00 (Status als Deutscher); BVerwG 15.2.1963 – 1 C 93.62; VG Sigmaringen 23.5.2015 – 5 K 268/15 (Asylanerkennung); *C. Garloff*, in: Posser/Wolff § 94 Rn. 12; a.A.: *R. Rudisile*, in: Schoch/Schneider/Bier § 94 Rn. 107.
92 BVerwG 13.12.2006 – 6 C 17/06.
93 Vgl. HmbOVG 7.6.2017 – 3 Bf 96/15, auch zur Abtrennung eines von der Unterbrechung nicht betroffenen Verfahrensgegenstandes.
94 BVerwG 14.5.2015 – 8 C 6/14; BVerwG 18.1.2006 – 6 C 21/05; VGH München 16.8.2012 – 22 ZB 12.949; OVG Münster 23.11.2009 – 4 A 3724/06.
95 BVerwG 13.12.2006 – 6 C 17/06 (Untersagung eines Laserdrome-Spiels).
96 Vgl. zur ordnungsgemäßen Aufnahme OVG Bln-Bbg 16.9.2014 – 6 N 76.14.
97 OVG Bln-Bbg 16.9.2014 – 6 N 76.14; OVG Koblenz 5.9.2012 – 1 A 10423/12.

VII. Analoge Anwendung des § 94

1. Allgemeines. Für einige Fallkonstellationen, in denen die tatbestandlichen Voraussetzungen des 48 § 94 nicht erfüllt sind und keine der o.g. spezielleren Regelungen greift, ist eine Aussetzung des Verfahrens in analoger Anwendung der Norm anerkannt. Dies gilt v.a. für Fälle, in denen es in dem Verfahren, dessen Ergebnis abgewartet werden soll, nicht um ein „Rechtsverhältnis", sondern um die Gültigkeit einer Norm und damit eine abstrakte Rechtsfrage geht. Ist die Norm entscheidungserheblich, besteht eine mit der von § 94 erfassten Konstellation vergleichbare Interessenlage. Eine planwidrige Regelungslücke wird in diesen Fällen allerdings nur dann angenommen, wenn die andere Entscheidung Bindungswirkung entfaltet, da kein Urteil ergehen soll, das mit einer demnächst zu erwartenden, bindenden Entscheidung in Widerspruch steht.[98] Dementsprechend kommt eine analoge Anwendung mit Blick auf anhängige Normgültigkeitsprüfungen vor dem OVG (→ Rn. 49) bzw. einem Verfassungsgericht (→ Rn. 50 ff.) in Betracht. Überwiegend wird wegen zumindest faktisch ähnlicher Bindungswirkungen auch eine Aussetzung nach § 94 analog im Hinblick auf Verfahren vor dem EuGH (→ Rn. 55 ff.) und dem EGMR (→ Rn. 59) bejaht, soweit die Gültigkeit von Unionssekundärrecht bzw. die Konventionswidrigkeit von nationalem Recht in Streit steht. Keine unbeabsichtigte Regelungslücke ist hingegen anzunehmen, wenn in dem anderen Verfahren ohne Bindungswirkung lediglich über dieselbe Rechtsfrage entschieden werden soll. In diesen Fällen bleibt jedoch die Möglichkeit, das Verfahren im Einverständnis mit den Beteiligten ruhend zu stellen (→ Rn. 34 ff.).

2. Anhängige verwaltungsgerichtliche Normenkontrolle (§ 47). Kommt es in dem zu entscheidenden 49 Rechtsstreit auf eine landesrechtliche untergesetzliche Norm an, deren Gültigkeit in einem bereits anhängigen Verfahren bei einem OVG nach § 47 überprüft wird, scheidet eine Aussetzung in unmittelbarer Anwendung des § 94 aus, da lediglich eine abstrakte Rechtsfrage vorgreiflich ist. Wegen der Allgemeinverbindlichkeit einer Unwirksamerklärung gem. § 47 Abs. 5 S. 2 kann eine Aussetzung gleichwohl geboten sein. Die Möglichkeit, den Rechtsstreit nach § 94 analog auszusetzen, um das Ergebnis der Normenkontrolle durch das OVG abzuwarten, ist daher allgemein anerkannt.[99] Keine Aussetzung nach § 94 analog kommt hingegen in Betracht, wenn die Vereinbarkeit einer streitentscheidenden untergesetzlichen Norm mit höherrangigem Recht lediglich inzident in anderen (ober-)verwaltungsgerichtlichen Verfahren überprüft wird.[100] Denn eine Bindungswirkung von Gesetzes wegen besteht bei der inzidenten Normenkontrolle nicht.

3. Anhängige verfassungsgerichtliche Normenkontrolle (Art. 100 Abs. 1 GG). Hält ein Gericht ein 50 Gesetz, auf dessen Gültigkeit es bei der Entscheidung ankommt, für verfassungswidrig, ist das Verfahren grds. gem. Art. 100 Abs. 1 GG auszusetzen und die Entscheidung eines Landes- oder des BVerfG einzuholen (→ Rn. 32). Umstr. ist, ob das von der Verfassungswidrigkeit überzeugte Gericht abweichend von dieser Vorlagepflicht das Verfahren ausnahmsweise lediglich nach § 94 analog[101] aussetzen darf, sofern es das Verfassungsgericht zu der Gültigkeitsfrage bereits angerufen oder ein anderes Gericht ein Normenkontrollverfahren initiiert hat. In der Rspr. wird eine solche Möglichkeit überwiegend bejaht[102] und dies im Wesentlichen mit prozessökonomischen Erwägungen begründet.[103] Gerade bei einer Vielzahl gleichgelagerter Fälle kann es dem Gericht, das selbst bereits ein Normenkontrollverfahren eingeleitet hat, unzweckmäßig erscheinen, zahlreiche gleichlautende Vorlagebeschlüsse zu verfassen und damit das Verfassungsgericht zu beschäftigen. Wurde die Normenkontrolle von einem anderen Gericht oder unter anderen tatsächlichen oder rechtlichen Umständen eingeleitet, ist jedoch genau zu prüfen, ob nicht durch eine eigene bzw. weitere Vorlage zusätzliche, bislang nicht vorgetragene Aspekte eingeführt werden können, die für die verfassungsrechtliche Prüfung nicht Ballast, sondern Bereicherung bedeuten.

---

98 Vgl. OVG Lüneburg 9.1.2018 – 5 OB 224/17.
99 BVerwG 8.12.2000 – 4 B 75/00, NVwZ-RR 2001, 483; VGH München 9.7.2007 – 26 C 06.3297; VGH Mannheim 11.9.1992 – 10 S 1450/91; *R. Rudisile*, in: Schoch/Schneider/Bier § 94 Rn. 45; *C. Garloff*, in: Posser/Wolff § 94 Rn. 3; *T. Jacob*, in: Gärditz § 94 Rn. 11; *D. Kugele* § 94 Rn. 13.
100 Vgl. OVG Lüneburg 9.1.2018 – 5 OB 224/17.
101 Für eine direkte Anwendung fehlt das konkrete „Rechtsverhältnis".
102 BVerwG 20.5.2009 – 3 C 22/08; BVerwG 3.11.2006 – 6 B 21/06; OVG Bln-Bbg 12.10.2017 – OVG 5 B 4.17; a.A.: *R. Rudisile*, in: Schoch/Schneider/Bier § 94 Rn. 47; *K. Rennert*, in: Eyermann § 94 Rn. 5; OVG Magdeburg 13.6.2016 – 4 O 72/16.
103 OVG Bln-Bbg 12.10.2017 – OVG 5 B 4.17.

51   Eine entsprechende Option zur Aussetzung des Verfahrens besteht auch dann, wenn das Gericht von einer Vorlage absieht, weil es selbst nicht von der Verfassungswidrigkeit der Norm überzeugt ist, deren Gültigkeit jedoch von einem anderen Gericht mit beachtlichen Gründen angezweifelt wird und jenes ein Normenkontrollverfahren eingeleitet hat.[104] Der maßgebliche Grund, der auch hier eine Verfahrensverzögerung rechtfertigen kann, ist die allgemeine Bindungswirkung der erwarteten verfassungsgerichtlichen Entscheidung (§ 31 BVerfGG bzw. entsprechende landesrechtliche Normen). Auch die Unzulässigkeit der Zwangsvollstreckung aus einem Urteil, das auf einer vom BVerfG für nichtig erklärten Norm beruht (§ 79 Abs. 2 S. 2 BVerfGG) kann hierfür angeführt werden.[105] Der Möglichkeit, das Verfahren mit Blick auf eine bevorstehende verfassungsgerichtliche Entscheidung auszusetzen, steht allerdings keine entsprechende Pflicht gegenüber. Dies insbes. dann nicht, wenn sich das Gericht gegen eine Aussetzung entscheidet, weil es die Gültigkeit der vom Verfassungsgericht zu prüfenden Norm in Übereinstimmung mit der obergerichtlichen bzw. höchstrichterlichen Rspr. bejaht.[106]

52   Unter denselben Gesichtspunkten ist eine Aussetzungsmöglichkeit in analoger Anwendung des § 94 gegeben, wenn eine entscheidungserhebliche Norm Gegenstand eines abstrakten Normenkontrollverfahrens vor dem BVerfG nach Art. 93 Abs. 1 Nr. 2 BVerfGG oder vor einem Landesverfassungsgericht ist.[107]

53   **4. Anhängige Verfassungsbeschwerde (Art. 93 Abs. 1 Nr. 4 a GG).** Eine Aussetzung nach § 94 analog kommt auch dann in Betracht, wenn die Gültigkeit einer entscheidungserheblichen Norm bereits Gegenstand einer Verfassungsbeschwerde ist. Dies gilt in erster Linie dann, wenn das die Aussetzung erwägende Gericht sich noch keine abschließende Meinung über die Vereinbarkeit der Norm mit der Verfassung gebildet hat, oder zumindest nicht von deren Verfassungswidrigkeit überzeugt ist.[108] In den Fällen, in denen das Gericht selbst die Norm für verfassungswidrig hält, ist – ebenso wie bei sonstigen verfassungsgerichtlichen Normenkontrollverfahren (→ Rn. 50 ff.) – umstr., ob eine Aussetzung in entsprechender Anwendung des § 94 ausnahmsweise zulässig ist, oder die Vorlagepflicht gem. Art. 100 Abs. 1 GG greift. In der Rspr. wird die Zulässigkeit einer Aussetzung ohne eigene Vorlage überwiegend bejaht.[109] Für diese Möglichkeit werden in erster Linie prozessökonomische Gesichtspunkte angeführt: Eine erneute Anrufung des Verfassungsgerichts würde dieses zusätzlich belasten, ohne dass davon ein zusätzlicher Erkenntnisgewinn zu erwarten wäre; durch weitere Vorlagen bestünde die Gefahr, dass sich die Beantwortung der entscheidungserheblichen Fragen hinauszögern könnte.[110]

54   Teilweise wird die Zulässigkeit der Aussetzung jedoch davon abhängig gemacht, dass die Verfassungsbeschwerde vom BVerfG zur Entscheidung angenommen wurde.[111] Nur in diesen Fällen sei mit hinreichender Sicherheit zur erwarten, dass das BVerfG eine Entscheidung über die Gültigkeit der Norm oder ihre Vereinbarkeit mit dem GG trifft.[112] Diese Auffassung berücksichtigt jedoch nicht, dass das BVerfG in der Praxis einen von der Sachentscheidung isolierten förmlichen Annahmebeschluss nur ausnahmsweise erlässt.[113] I.d.R. erfolgt die Annahme vielmehr konkludent.[114] Es erscheint daher vorzugswürdig, i.R. der richterlichen Ermessensentscheidung über die Aussetzung jegliche Indizien zu berücksichtigen, die für oder gegen eine verfassungsgerichtliche Entscheidung in absehbarer Zeit sprechen. Außer einer formalen Annahmeentscheidung können bspw. die Zustellung der Verfassungsbeschwerde an die betroffenen Bundesländer oder die Durchführung eines Anhörungsverfahrens eine

---

104   Vgl. OVG Magdeburg 13.6.2016 – 4 O 72/16; *R. Rudisile*, in: Schoch/Schneider/Bier § 94 Rn. 48.
105   Vgl. *L. Kähler*, NJW 2004, 1132, 1134.
106   Vgl. BVerwG 3.11.2006 – 6 B 21/06 (keine Aussetzungspflicht bei Annahme der Normgültigkeit im Einklang mit der BVerwG-Rspr.).
107   Vgl. OVG Magdeburg 13.6.2016 – 4 O 72/16 (paralleles abstraktes Normenkontrollverfahren beim Landesverfassungsgericht); *R. Rudisile*, in: Schoch/Schneider/Bier § 94 Rn. 50.
108   OVG Bln-Bbg 26.9.2006 – 5 L 37.06; *R. Rudisile*, in: Schoch/Schneider/Bier § 94 Rn. 51.
109   OVG Bln-Bbg 12.1.2018 – OVG 11 N 119.17; HmbOVG 23.9.2016 – 4 Bs 134/16; OVG Bln-Bbg 26.9.2006 – 5 L 37.06; a.A.: *R. Rudisile*, in: Schoch/Schneider/Bier § 94 Rn. 51.
110   HmbOVG 23.9.2016 – 4 Bs 134/16.
111   OVG Lüneburg 12.5.2015 – 7 ME 1/15; OVG Brem 10.11.2008 – 1 S 59/08; *R. Rudisile*, in: Schoch/Schneider/Bier § 94 Rn. 51; *C. Garloff*, in: Posser/Wolff § 94 Rn. 3; a.A: HmbOVG 23.9.2016 – 4 Bs 134/16; OVG Bln-Bbg 26.9.2006 – 5 L 37.06; VG Düsseldorf 14.3.2016 – 20 K 938/14.
112   OVG Lüneburg 12.5.2015 – 7 ME 1/15.
113   Vgl. dazu näher HmbOVG 23.9.2016 – 4 Bs 134/16.
114   Vgl. *K. Graßhof*, in: Maunz/Schmidt-Bleibtreu/Klein/Bethge, BVerfGG, 52. EL, § 93 a Rn. 45, § 93 b Rn. 23.

Sachentscheidung ankündigen.[115] Neben dem zeitlichen Aspekt kann für die richterliche Ermessensentscheidung auch die bisherige, insbes. höchstrichterliche Rspr. zur Verfassungsmäßigkeit der Norm eine Rolle spielen.[116]

5. Verfahren vor dem EuGH. a) Aussetzung zum Zwecke der Vorlage. Gem. Art. 19 Abs. 3 lit. b 55
EUV, Art. 267 AEUV kann ein einzelstaatliches Gericht eine entscheidungserhebliche Frage betreffend die Auslegung des EU-Primär- oder Sekundärrechts dem EuGH zur Vorabentscheidung vorlegen, wenn es dies für erforderlich hält. Dasselbe gilt, wenn das Gericht von der Erforderlichkeit einer Vorabentscheidung des EuGH über die Gültigkeit von EU-Sekundärrecht ausgeht. Für Gerichte, deren Entscheidungen unanfechtbar sind, besteht unter den genannten Voraussetzungen eine Pflicht zur Vorlage. Wegen der Voraussetzungen der Vorabentscheidungsersuchen und des Verfahrens vor dem EuGH sei auf die (Kommentar-)Lit. zu Art. 19 EUV, Art. 267 AEUV sowie zur Art. 23 des Protokolls über die Satzung des EuGH verwiesen.

Art. 267 AEUV enthält keine Vorgaben zur Aussetzung des Rechtsstreits, in dem sich die vorzulegende 56
Frage stellt. Dies entspricht dem Grundsatz, dass die Ausgestaltung des Verfahrens vor den innerstaatlichen Gerichten in der Hand der Mitgliedstaaten bleibt.[117] Allerdings wird in Art. 23 Abs. 1 S. 1 des Protokolls über die Satzung des EuGH, in dem die Übermittlung der Vorlageentscheidung an den Gerichtshof geregelt ist, zumindest vorausgesetzt, dass das nationale Gericht sein Verfahren aussetzt.[118] In seinen „Empfehlungen an die nationalen Gerichte bezüglich der Vorlage von Vorabentscheidungsersuchen" (ABl 2016 C-439/4) weist der EuGH zudem zum Zusammenspiel zwischen Vorlage zur Vorabentscheidung und nationalem Verfahren darauf hin, dass letzteres bis zur Entscheidung des Gerichtshofs ausgesetzt wird (Ziff. 23). Auch wenn es sich dabei um keine verbindlichen Vorgaben handelt und die Aussetzung unionsrechtlich nicht zwingend ist,[119] wird i.S. einer möglichst harmonischen Zusammenarbeit der Gerichte genau zu prüfen sein, ob eine parallele Fortführung des Verwaltungsprozesses, etwa zur weiteren Sachverhaltsermittlung zu anderen Fragenkomplexen, angebracht ist.[120] In aller Regel jedenfalls dürfte das nationale Verfahren durch Aussetzung bis zur Entscheidung des EuGH zum Stillstand gebracht werden. Mangels einer speziellen Vorschrift hierzu im deutschen Recht kann der Verwaltungsprozess in entsprechender Anwendung des § 94 ausgesetzt werden.[121] Eine unmittelbare Anwendung des § 94 scheidet zum einen deshalb aus, weil das Verfahren beim EuGH durch das vorlegende Gericht erst anhängig gemacht wird; zum anderen stellt die Frage zu Auslegung oder Gültigkeit des Unionsrechts eine abstrakte Rechtsfrage und kein Rechtsverhältnis i.S.d. § 94 dar. Die Entscheidungen über Aussetzung und Vorlage erfolgen in der Praxis regelmäßig in einem gemeinsamen Beschluss.[122]

Die Frage, ob Aussetzungs- und Vorlageentscheidung anfechtbar sind, ist nicht abschließend geklärt (→ § 146 Rn. 38), wird bislang jedoch überwiegend verneint.[123]

b) Anhängiges Vorabentscheidungsverfahren. Eine Aussetzung des Verfahrens in analoger Anwen- 57
dung des § 94 ist im Hinblick auf ein beim EuGH bereits anhängiges Vorabentscheidungsverfahren anerkannt, wenn dort die Gültigkeit eines EU-Sekundärrechtsakts überprüft wird, der auch im vorliegenden Verwaltungsprozess entscheidungserheblich ist.[124] Insoweit gelten vergleichbare Erwägungen wie bei nationalen Normenkontrollverfahren (→ Rn. 49 ff.). Eine Aussetzung ist hier deshalb gerecht-

---

115 Vgl. HmbOVG 23.9.2016 – 4 Bs 134/16; VG Düsseldorf 14.3.2016 – 20 K 938/14.
116 Vgl. BVerwG 3.11.2006 – 6 B 21/06.
117 Vgl. zum Grundsatz der Verwaltungsautonomie der Mitgliedstaaten *J. Schwarze*, NVwZ 2000, 241, 244.
118 Art. 23 Abs. 1 S. 1 lautet: In den Fällen nach Art. 267 AEUV obliegt es dem Gericht des Mitgliedstaats, das ein Verfahren aussetzt und den Gerichtshof anruft, diese Entscheidung dem Gerichtshof zu übermitteln.
119 Vgl. auch *C. Latzel/T. Streinz*, NJOZ 2013, 97, 100.
120 Für eine Option der parallelen Fortsetzung: *K. Füßer/K. Höher*, EuR 2001, 784; vgl. auch *U. Karpenstein*, in: Grabitz/Hilf/Nettesheim, AEUV Art. 267, EL 50, Rn. 29; *C. Latzel/T. Streinz*, NJOZ 2013, 97, 100.
121 BVerwG 18.2.2008 – 5 C 13/07, NVwZ 2008, 686; *T. Jacob*, in: Gärditz § 94 Rn. 12; *U. Karpenstein*, in: Grabitz/Hilf/Nettesheim, AEUV Art. 267, EL 50, Rn. 29; a.A.: *V. Schmid*, Voraufl., § 94 Rn. 43, der zufolge die Aussetzung unmittelbar nach § 94 i.V.m. § 23 der EuGH-Satzung erfolgt; ohne Nennung einer Vorschrift: BVerwG 7.2.2008 – 10 C 33/07.
122 Vgl. etwa den Tenor in BVerwG 18.2.2008 – 5 C 13/07, NVwZ 2008, 686.
123 BFH 27.1.1981 – VII B 56/80; FG BW 14.6.2017 – 2 K 2413/15; VGH Mannheim 17.4.1986 – 11 S 216/86; VG Berlin 21.4.2017 – 14 K 172.16; VG Berlin 14.10.2015 – 19 K 355.13 V.
124 BVerwG 15.3.2007 – 6 C 20.06; *R. Rudisile*, in: Schoch/Schneider/Bier § 94 Rn. 59; *C. Garloff*, in: Posser/Wolff § 94 Rn. 3.

fertigt, weil ein Vorabentscheidungsurteil, in dem der EuGH eine Unionshandlung für ungültig erklärt, allgemeine Bindungswirkung entfaltet. Diese folgt aus dem Erfordernis der einheitlichen Anwendung des Unionsrechts und dem im Falle der Ungültigkeitserklärung besonders zwingenden Erfordernis der Rechtssicherheit.[125] Letztinstanzliche Gerichte haben allerdings zu berücksichtigen, dass ihre Vorlagepflicht nach Art. 267 Abs. 3 AEUV einer bloßen Aussetzung des Verfahrens entgegenstehen kann.[126]

58   Umstr. ist, ob eine Aussetzung nach § 94 analog auch dann zulässig ist, wenn ein anhängiges Vorabentscheidungsverfahren abgewartet werden soll, das nicht die Gültigkeit, sondern die Auslegung von Unionsrecht zum Gegenstand hat. Eine Bindung der Instanzgerichte an das Vorabentscheidungsurteil besteht in diesen Fällen nicht in gleichem Maße wie bei Ungültigkeitserklärungen des EuGH.[127] Gleichwohl wird auch in dieser Konstellation überwiegend die Möglichkeit bejaht, das Verfahren auszusetzen.[128] Das Gericht hat i.R. seiner Ermessensentscheidung jedoch sorgfältig abzuwägen, ob ein Abwarten der EuGH-Entscheidung im Einzelfall gerechtfertigt ist. Insbes. ist zu prüfen, ob nicht wegen Besonderheiten des vorliegenden Falles und damit einhergehenden zusätzlichen Erwägungen zur Auslegung des Unionsrechts eine eigene Vorlage an den EuGH angezeigt ist.[129] Für letztinstanzliche Gerichte gilt die Vorlagepflicht nach Art. 267 Abs. 3 AEUV.

59   **6. Verfahren vor dem EGMR.** Eine Aussetzung des Verfahrens ist in analoger Anwendung des § 94 grds. auch im Hinblick auf ein beim EGMR anhängiges Verfahren möglich, wenn Gegenstand der erwarteten Entscheidung die Vereinbarkeit einer inländischen Rechtsnorm mit der EMRK ist.[130] Zwar kann der EGMR – anders als das BVerfG – eine inländische Rechtsnorm nicht mit allgemeinverbindlicher Wirkung für nichtig erklären. Entscheidet der EGMR jedoch, dass der Beschwerdeführer aufgrund der bestehenden Rechtslage in Deutschland in seinen Konventionsrechten verletzt ist, ist die Bundesrepublik als Beschwerdegegnerin an das Urteil gebunden und zur Umsetzung verpflichtet (Art. 46 Abs. 1 EMRK). Neben der auf das konkrete Verfahren und ihre Beteiligten beschränkten Rechtskraftwirkung kann einem EGMR-Urteil zudem eine über den Einzelfall hinausreichende Orientierungs- und Leitfunktion zukommen, die von sämtlichen staatlichen Organen zu berücksichtigen ist.[131] Diese direkten oder indirekten Bindungswirkungen der EGMR-Entscheidung können die Aussetzung eines Rechtsstreits rechtfertigen. Allerdings hat das Gericht sein Ermessen auch hier besonders sorgfältig auszuüben und genau zu prüfen, ob die Verzögerung des Verfahrens im Einzelfall gerechtfertigt ist.[132]

§ 95 [Persönliches Erscheinen]

(1) ¹Das Gericht kann das persönliche Erscheinen eines Beteiligten anordnen. ²Für den Fall des Ausbleibens kann es Ordnungsgeld wie gegen einen im Vernehmungstermin nicht erschienenen Zeugen androhen. ³Bei schuldhaftem Ausbleiben setzt das Gericht durch Beschluß das angedrohte Ordnungsgeld fest. ⁴Androhung und Festsetzung des Ordnungsgelds können wiederholt werden.

(2) Ist Beteiligter eine juristische Person oder eine Vereinigung, so ist das Ordnungsgeld dem nach Gesetz oder Satzung Vertretungsberechtigten anzudrohen und gegen ihn festzusetzen.

---

125   *J. Schwarze*, in: Schwarze/Becker/Hatje/Schoo, EU-Kommentar, 3. Aufl., AEUV § 267 Rn. 69.

126   Vgl. dazu näher *R. Rudisile*, in: Schoch/Schneider/Bier § 94 Rn. 62 f.; das BVerwG hat seine Pflicht zur Vorlage in Fällen, in denen die entscheidungserheblichen Fragen bereits Gegenstand anhängiger Verfahren vor dem EuGH waren, verneint, s. BVerwG 10.11.2000 – 3 C 3/00 sowie 15.3.2007 – 6 C 20.06.

127   Näher zur Bindungswirkung von Auslegungsentscheidungen *J. Schwarze*, in: Schwarze/Becker/Hatje/Schoo, EU-Kommentar, 3. Aufl., AEUV § 267 Rn. 71.

128   BVerwG 15.3.2007 – 6 C 20.06; VGH München 25.9.2007 – 24 B 07.304; VGH Mannheim 19.9.2001 – 9 S 1464/01; *R. Rudisile*, in: Schoch/Schneider/Bier § 94 Rn. 60; a.A.: *V. Schmid*, Voraufl., § 94 Rn. 46.

129   Vgl. *C. Latzel*, ZESAR 2016, 458, der sich sehr krit. gegenüber der Aussetzungs- und Nichtvorlagepraxis bei scheinbar gleichgelagerten Fällen äußert.

130   VGH München 13.2.2014 – M 11 K 12.4185; VGH München 29.11.2012 – 19 BV 12.1462; VGH München 9.9.2009 – 19 BV 09.3; *T. Jacob*, in: Gärditz § 94 Rn. 13; *R. Rudisile*, in: Schoch/Schneider/Bier § 94 Rn. 67; *C. Garloff*, in: Posser/Wolff § 94 Rn. 3.

131   Vgl. BVerfG 14.10.2004 – 2 BvR 1481/04, BVerfGE 111, 307; BVerfG 4.5.2011 – 2 BvR 2365/09, BVerfGE 128, 326.

132   S.a. *R. Rudisile*, in: Schoch/Schneider/Bier § 94 Rn. 67; *V. Schmid*, Voraufl., § 94 Rn. 49.

(3) Das Gericht kann einer beteiligten öffentlich-rechtlichen Körperschaft oder Behörde aufgeben, zur mündlichen Verhandlung einen Beamten oder Angestellten zu entsenden, der mit einem schriftlichen Nachweis über die Vertretungsbefugnis versehen und über die Sach- und Rechtslage ausreichend unterrichtet ist.

Schrifttum

J. Burger, Unter welchen Voraussetzungen kann im Zivilprozeß ein Ordnungsgeld gegen eine unentschuldigt ausgebliebene Partei, deren persönliches Erscheinen angeordnet war, festgesetzt werden?, MDR 1982, 91; *C. Heckel*, Die Videokonferenz im Verwaltungsprozess, VBlBW 2001, 1; *R. Meyke*, Zur Anhörung der Parteien im Zivilprozeß, MDR 1987, 358; *J. Raabe*, Wo drückt der Schuh? Handlungsbedarf im Verwaltungsprozessrecht, ZRP 2004, 108; *M. Schmid*, Verhängung eines Ordnungsgeldes nach § 141 III ZPO, JR 1981, 8; *M. Schöpflin*, Die Parteianhörung als Beweismittel, NJW 1996, 2134; *M. Schulzenstein*, Die Anordnung des persönlichen Erscheinens einer Partei im preußischen Verwaltungsstreitverfahren, VerwArch 26 (1918), 131; *M. Terbille*, Parteianhörung und Parteivernehmung im Rechtsstreit um die Leistungspflicht des Versicherers aus Diebstahlversicherungsverträgen, VersR 1996, 408; *M. Vonderau*, Anordnung des persönlichen Erscheinens von juristischen Personen, NZA 1991, 336.

I. Entstehungsgeschichte

Der VwGO-Gesetzgeber konnte bei der Fassung des § 95 auf historische Vorbilder zurückgreifen. § 95 vergleichbare Regelungen fanden sich dabei nicht nur in der ZPO als „klassischem" Vorbild, sondern auch in den verwaltungsgerichtlichen Vorläufernormierungen.[1] Unterschiede bestanden insoweit zumeist darin, dass die Vorläuferregelungen strengere Sanktionen bei verschuldetem Ausbleiben zuließen.[2]   **1**

Auch die nicht praktisch gewordenen Entwürfe der Vereinigung der Präsidenten der Verwaltungsgerichte zu einer Bundesverwaltungsgerichtsordnung[3] sowie derjenige zu einer einheitlichen Verwaltungsprozessordnung (VwPO)[4] enthielten – wenn auch mit einigen Abweichungen – Vorschriften über die Anordnung des persönlichen Erscheinens.   **2**

In der im Rahmen des Gesetzgebungsverfahrens zur VwGO geführten Diskussion spielte die in § 96 des Regierungsentwurfs[5] (= § 95) enthaltene Androhung der Haft bei schuldhaftem Fernbleiben eine Rolle. Rechts- und Innenausschuss hielten insoweit die Androhung einer Geldstrafe für ausreichend (vgl. BT-Drs. 3/1094, 10). Nachdem in der Ursprungsfassung der VwGO die härtere Strafandrohung zunächst erhalten geblieben war (vgl. Text der VwGO vom 21.1.1960, BGBl I 17), wurde durch Art. 114 des EGStGB vom 2.3.1974 (vgl. BGBl I 469) die Zwangsmittelandrohung in Abs. 1 ent-   **3**

---

1 Vgl. zunächst § 95 Abs. 2 der Landesverwaltungsordnung für Thüringen vom 10.6.1926 (GS 177). Neben den häufig unter dem Namen südd. VGG zusammengefassten folgenden VwGG, dem Gesetz Nr. 39 über die Verwaltungsgerichtsbarkeit in Bayern vom 25.9.1946 (GVBl I 281), dort § 67, dem Gesetz über die Verwaltungsgerichtsbarkeit in Bremen vom 5.8.1947 (GBl 171), dort § 67, dem Gesetz über die Verwaltungsgerichtsbarkeit in Baden-Württemberg vom 12.5.1948 (GBl I 131, 140 ff.), dort § 67, und dem Gesetz über die Verwaltungsgerichtsbarkeit in Rheinland-Pfalz vom 20.4.1950 (GVBl I 103), dort § 59, sind noch das Gesetz über das Bundesverwaltungsgericht vom 23.9.1952 (BGBl I 625), das sich in § 42 mit einem Generalverweis auf die §§ 141 f. ZPO begnügte, sowie die Verordnung Nr. 165 über die Verwaltungsgerichtsbarkeit in der britischen Zone vom 15.9.1948 (VOBl BrZ 263) zu nennen, die in § 59 die Anordnung des persönlichen Erscheinens in das Ermessen des Gerichts stellte, die Entscheidung insoweit aber bereits in der gesetzlichen Formulierung an das Vorliegen eines besonderen Grundes band.

2 Vgl. etwa § 67 Abs. 1 des bayerischen Gesetzes über die Verwaltungsgerichtsbarkeit: Geldstrafe von 3–100 RM oder 1–14 Tage Haft. Vergleichbar gestaltete sich die Rechtslage in Bremen, Baden-Württemberg und Rheinland-Pfalz.

3 Vgl. § 94 des Entwurfs einer Bundesverwaltungsgerichtsordnung, aufgestellt von der Vereinigung der Präsidenten der Verwaltungsgerichte des Bundesgebietes in Zusammenarbeit mit der Arbeitsgemeinschaft der Innenminister der Länder der Bundesrepublik, abgedruckt in: DVBl 1951, 567 ff.

4 Vgl. den Gesetzesentwurf der Bundesregierung zu einer VwPO vom 31.5.1985, BT-Drs. 10/3437.

5 Vgl. Entwurf einer VwGO vom 5.12.1957, BT-Drs. 3/55, 13.

schärft und die Möglichkeit, das Erscheinen eines Beteiligten durch Androhung und Festsetzung einer Haftstrafe zu erzwingen, gestrichen.[6]

II. Praktische Bedeutung und Funktion der Norm

4   Die praktische Bedeutung der Anordnung des persönlichen Erscheinens in § 95 ist nicht gering zu veranschlagen. Von der durch die Vorschrift eröffneten Befugnis wird i.d.R. Gebrauch gemacht. Gegenstand kontroverser richterlicher Entscheidungen ist die Norm in neuerer Zeit indes selten. Dies liegt zum einen darin begründet, dass die aufgrund von § 95 ergehenden – oder unterbleibenden – Entscheidungen nicht selbständig anfechtbar sind, § 146 Abs. 2 (→ Rn. 24). Zum anderen sind im Anwendungsbereich der Vorschrift auftretende Auslegungs- und Anwendungsprobleme durch die Möglichkeit inzidenter Anfechtung im Rahmen von Berufung und Revision durch die Rspr. weitgehend geklärt worden.

5   § 95 stellt ein gewisses Korrektiv zu § 102 dar. Nach dieser Vorschrift brauchen die Beteiligten nicht zur mündlichen Verhandlung zu erscheinen. Gleichwohl ist das Gericht aufgrund des im VwGO-Verfahren geltenden Untersuchungsgrundsatzes (§ 86 Abs. 1) verpflichtet, den Sachverhalt von Amts wegen zu erforschen.[7] Ein Versäumnisurteil dergestalt, dass bei Säumnis einer Partei der bis dato vorgetragene Sachverhalt die Entscheidungsgrundlage bildet, kann es deshalb im Verwaltungsprozess nicht geben.[8] Um in dieser Konstellation der Gefahr eines „Steckenbleibens" des Prozesses zu begegnen, gibt das Gesetz dem Gericht Möglichkeiten an die Hand, das persönliche Erscheinen Beteiligter im Rahmen der durch die Abs. 2 und 3 eröffneten Sanktionsmöglichkeiten zu erzwingen. Erreicht werden kann damit allerdings lediglich das persönliche Erscheinen eines Beteiligten (zum Beteiligtenbegriff § 63, zu den möglichen Adressaten der Anordnung → Rn. 17–23) – nicht aber eines Prozessbevollmächtigten[9] –, wobei der Beteiligte zwar erscheinen muss, im Termin aber nicht gezwungen werden kann, sich zu erklären.[10] Auch dies entspricht der überkommenen Auffassung.[11]

6   Die Befugnis, das persönliche Erscheinen der Beteiligten anzuordnen, entspricht der prozessualen Mitwirkungspflicht der Beteiligten, vor allem aber auch der Amtsermittlungspflicht des Verwaltungsgerichts[12] (vgl. auch bereits Begründung zum Entwurf einer VwGO, BT-Drs. 3/55, 41).

7   Zweck der Vorschrift ist es, die Anwesenheit der Personen zu veranlassen, die in der mündlichen Verhandlung benötigt werden, um die Erledigung des Rechtsstreits ohne Vertagung der mündlichen Verhandlung sicherzustellen.[13] I.d.S. dient die Anordnung nach § 95 auch der Verfahrensbeschleunigung.[14] Das Streben nach Beschleunigung darf nicht zu einer Versagung des rechtlichen Gehörs führen, Art. 103 Abs. 1 GG.[15] Gerade dieser letzte Aspekt bildet auch den Kern der zu § 95 ergangenen Judikate.[16] Art. 103 Abs. 1 GG verpflichtet das Gericht indes nicht, das persönliche Erscheinen anzuordnen.[17]

III. Anordnung des persönlichen Erscheinens

8   **1. Anwendungsbereich.** Eine weite Fassung des Anwendungsbereiches der Norm ergibt sich aus den Aspekten der beschleunigten Sachverhaltsaufklärung und dem Streben nach einer gütlichen Eini-

---

6 Gleichzeitig wurden in Abs. 2 die in der Urfassung enthaltenen Worte „die Strafe" durch die Worte „das Ordnungsgeld" ersetzt.

7 Die Rspr. des BVerwG hat diese Aufgabe der Gerichte bereits früh eingefordert, vgl. nur BVerwGE 10, 202, 204; 11, 95, 100; 12, 186, 188.

8 *Hufen* § 37 Rn. 8; *P. Kothe*, in: Redeker/v. Oertzen § 102 Rn. 8.

9 *Klinger* § 95 Anm. B 3; *R. Rudisile*, in: Schoch/Schneider/Bier § 95 Rn. 10.

10 VGH München 5.10.1998 – 24 C 98.2213; *Klinger* § 95 Anm. D 4; *R. Rudisile*, in: Schoch/Schneider/Bier § 95 Rn. 21.

11 Bereits *R. Knauth/K. Wagner*, Landesverwaltungsordnung für Thüringen, 1927, § 95 Anm. 4: „Ein Zwang, sich zu erklären, kann gegen die erschienene Partei nicht ausgeübt werden".

12 *Geiger*, in: Eyermann § 95 Rn. 3; s.a. bereits die Begründung zum Entwurf einer VwGO, BT-Drs. 3/55, 41.

13 Zu § 111 SGG vgl. *Meyer-Ladewig* § 111 Rn. 2.

14 OVG Greifswald NVwZ-RR 2011, 127, 128; OVG Lüneburg NVwZ-RR 1989, 591, 592; OVG Münster NJW 1988, 221; *R. Rudisile*, in: Schoch/Schneider/Bier § 95 Rn. 7.

15 Vgl. BVerwGE 44, 307, 309; 50, 275, 278; BVerwG 27.4.1982 – 9 C 912/80.

16 Vgl. etwa BVerwGE 36, 264, 266; 50, 275, 278; BVerwG 27.4.1982 – 9 C 912/80; DÖV 1983, 247.

17 VGH München 19.6.2017 – 20 ZB 17.30454, BeckRS 2017, 116478, Rn. 10.

gung.[18] Angesichts der beschriebenen ratio des § 95, die Sachverhaltsaufklärung zu beschleunigen bzw. das Verfahren einer gütlichen Einigung zuzuführen (BVerwG Buchholz 310 § 95 VwGO Nr. 6), verwundert es nicht, dass der **Anwendungsbereich** der Norm denkbar weit gefasst wird. Anordnen kann das Gericht das persönliche Erscheinen deshalb nicht nur zur mündlichen Verhandlung, sondern auch zu Beweis- und Erörterungsterminen.[19] Die Vorschrift findet weiterhin in allen Verfahrensarten (Urteils-, Beschluss und Normenkontrollverfahren) Anwendung und ungeachtet ihrer Stellung im 9. Abschnitt auch in allen Instanzen.[20]

2. Befugnis zur Anordnung. Angeordnet werden kann das persönliche Erscheinen nach dem eindeuti- 9
gen Gesetzeswortlaut vom Gericht, nach § 5 Abs. 2 beim Verwaltungsgericht, also von der Kammer. Dabei variiert kammerintern die Befugnis zur Anordnung je nach der Art und dem Stand des Verfahrens. Im vorbereitenden Verfahren liegt die Zuständigkeit beim Vorsitzenden oder beim Berichterstatter (§ 87 Abs. 1 S. 1).[21] Während der mündlichen Verhandlung ergeht die Anordnung demgegenüber durch den Spruchkörper in Form eines – allerdings ungeachtet dieser Form – unanfechtbaren Beschlusses (vgl. HmbOVG NJW 1968, 1348, 1349).

Nach der Neufassung des § 6 (durch Art. 9 des Rechtspflege-Entlastungsgesetzes vom 11.1.1993, 10
BGBl I 50) dürfte nicht mehr streitig sein, dass die Anordnungsbefugnis auch dem Einzelrichter zusteht.[22] Denn durch die Übertragung des Rechtsstreits auf den Einzelrichter ist dieser das Gericht erster Instanz (BVerwG Buchholz 402.25 § 31 AsylVfG Nr. 1) und übernimmt u.a. auch die Befugnisse des Vorsitzenden.[23]

3. Voraussetzungen. Im Unterschied zu den Vorgängerregelungen lässt sich aus dem Wortlaut des 11
§ 95 Abs. 1 S. 1 heute nicht mehr schließen, unter welchen Voraussetzungen die Anordnung des persönlichen Erscheinens erfolgen soll. Der VwGO-Gesetzgeber hat die Vorschrift entgegen der Vorläuferregelungen mit der Intention knapper gefasst, deren Anwendungsbereich insoweit zu öffnen, als die Norm nunmehr auch der Erzielung einer gütlichen Einigung dient.[24] Die historisch gewachsene Aufgabe der Norm, der Sachverhaltsaufklärung zu dienen, beansprucht freilich unverändert weiter Geltung.[25] Weitergehende Änderungen hatte der VwGO-Gesetzgeber nicht beabsichtigt. Einigkeit besteht deshalb heute auch weitgehend darüber, dass mit der Formulierungsänderung zwar eine Öffnung des Anwendungsbereichs in dem beschriebenen Sinne bewirkt werden sollte, dass § 95 aber keine Grundlage für eine Beweisaufnahme durch Vernehmung eines Beteiligten bietet.[26] Soweit es im Prozess deshalb auf eine förmliche Beweisaufnahme ankommt, sind hierfür die speziellen Vorschriften der § 98 i.V.m. §§ 445 ff. ZPO und die dort normierten Voraussetzungen zu beachten (BVerwGE 14, 146; OVG Münster NJW 1968, 2160; → § 98 Rn. 11 ff.). Weil die Anordnung nach § 95 nicht der förmlichen Beweiserhebung dient, wird bei anwaltlicher Vertretung auch keine Beweisgebühr fällig.[27]

Das BVerwG hat die ratio des § 95 in der Formulierung zusammengefasst, die Anordnung des persön- 12
lichen Erscheinens dürfe nur der Klärung des Sachverhalts, der Beschleunigung des Verfahrens oder der gütlichen Beilegung des Rechtsstreits dienen (OVG Greifswald NVwZ-RR 2011, 127, 128; BVerwG Buchholz 310 § 96 VwGO Nr. 6; vgl. weiter OVG Münster NJW 1968, 2160).

Liegen diese Voraussetzungen vor, steht es im Ermessen des Gerichts, ob es das persönliche Erscheinen 13
anordnet. Aus Gründen der Praktikabilität (z.B. Beteiligter wohnt sehr weit vom Prozessort entfernt)

---

18 BVerwG Buchholz 310 § 95 VwGO Nr. 6; *R. Rudisile,* in: Schoch/Schmidt-Aßmann/Pietzner § 95 Rn. 7.
19 Vgl. § 87 Abs. 1 S. 2 Nr. 5 und § 87 Abs. 3 sowie → § 87 Rn. 16; aus der Rspr. HmbOVG NJW 1968, 1348, 1349; s.a. *R. Rudisile,* in: Schoch/Schneider/Bier § 95 Rn. 9.
20 Verweisungsnormen sind § 125 Abs. 1 für die Berufung und § 141 i.V.m. § 125 Abs. 1 für die Revision; ebenso *R. Rudisile,* in: Schoch/Schneider/Bier § 95 Rn. 9.
21 HmbOVG NJW 1968, 1348, 1349; VGH Mannheim DÖV 1985, 414; *R. Rudisile,* in: Schoch/Schneider/Bier § 95 Rn. 14.
22 Vgl. *P. Kothe,* in: Redeker/v. Oertzen § 87 Rn. 3; *J. Hüttenbrink,* in: Kuhla/Hüttenbrink/Endler E Rn. 62.
23 *P. Kothe,* in: Redeker/v. Oertzen § 6 Rn. 9.
24 Dieser Aspekt erschließt sich nicht zuletzt aufgrund des systematischen Bezugs zu § 87 Abs. 1 Nr. 1.
25 Vgl. *R. Knauth/K. Wagner,* Landesverwaltungsordnung für Thüringen, 1927, § 95 Anm. 4.
26 Vgl. BVerwGE 17, 127, 129; BVerwG NJW 1981, 1748; ebenso *R. Rudisile,* in: Schoch/Schneider/Bier § 95 Rn. 8; die im Schrifttum vertretene Gegenauffassung (vgl. *Koehler* § 95 Anm. II 2. sowie *E. Eyermann/L. Fröhler,* 1988, § 95 Rn. 1) „... dient auch der Beweisaufnahme ...“ ist vereinzelt geblieben und mittlerweile aufgegeben worden; nunmehr im Sinne der h.M. *H. Geiger,* in: Eyermann § 95 Rn. 3: „... bereitet keine Beweisaufnahme in Gestalt einer Parteivernehmung vor“.
27 OVG Münster NJW 1968, 2160; OLG Stuttgart MDR 1981, 945; *H. Thomas,* in: Thomas/Putzo § 141 Rn. 2.

wird die Einräumung eines gerichtlichen Ermessens allgemein für geeigneter gehalten, auftretenden Besonderheiten Rechnung zu tragen, als eine gesetzlich angeordnete Pflicht zur Anordnung des persönlichen Erscheinens.[28] Entgegen der Formulierung des § 141 ZPO stellt die VwGO deshalb klar, dass der Beteiligte geladen werden kann. Wie generell bei Ermessensausübungen bestehen insoweit Bindungen durch die ratio der Norm. Das Ermessen ist mithin so auszuüben, wie es der Erfüllung des Normzwecks dienlich ist. In diesem Zusammenhang kann auf das „Vorbild" des § 141 ZPO und anderer verwaltungsgerichtlicher Vorläuferregelungen zurückgegriffen werden, die die Abwägung in einer Kombination von gerichtlichem Interesse an (weiterer) Sachaufklärung einerseits (vgl. § 141 Abs. 1 S. 1 ZPO) und Zumutbarkeit der Erscheinungspflicht (§ 141 Abs. 1 S. 2 ZPO), insbes. der durch das persönliche Erscheinen entstehende Aufwand des Betroffenen beteiligten,[29] andererseits vornehmen.[30] Von Bedeutung kann deshalb auch sein, ob das Gericht die gebotene Sachaufklärung auf andere Weise erreichen kann.[31]

Weil das gerichtliche Ermessen dabei aber auch tatsächlich ausgeübt werden muss und die Befugnis aus § 95 nach dem Gesagten durch die Erreichung des Normzwecks gebunden ist, ist – worauf im Schrifttum bereits hingewiesen wurde[32] – die in der Praxis zu beobachtenden Übung, das persönliche Erscheinen formularmäßig mit der Ladung gleich mitzuverfügen, dogmatisch nicht unbedenklich.[33]

14 Der im früheren Schrifttum vertretenen Auffassung, der Antrag eines Beteiligten auf Anordnung des persönlichen Erscheinens sei nur als Anregung zu sehen, der sich nicht zu einem Anspruch verdichten könne,[34] kann nicht gefolgt werden. Zwar steht die Anordnung des persönlichen Erscheinens grds. im Ermessen des Gerichts.[35] Wie bei jeder Ermessensentscheidung kann sich aber auch im Rahmen des § 95 nur ausnahmsweise ein Anspruch aus der Befugnisnorm ergeben, wenn jede andere Entscheidung ermessensfehlerhaft wäre. Ein Anspruch auf Anordnung des persönlichen Erscheinens setzt dabei zunächst voraus, dass der Kläger durch sein Erscheinen Beschleunigung des Verfahrens, der Klärung des Sachverhaltes oder der gütlichen Beilegung des Rechtsstreits dienen kann (OVG Greifswald, NVwZ-RR 2011, 127, 128; BVerwG Buchholz 310 § 95 VwGO Nr. 6). Ermessensreduzierend kann dann insbes. der Grundsatz des rechtlichen Gehörs wirken.[36] In gewissem Kontrast hierzu hat das BVerwG allerdings entschieden, dass ein anwaltlich vertretener inhaftierter Kläger grds. keinen Anspruch auf Anordnung des persönlichen Erscheinens hat.[37] Den Anforderungen des Art. 103 Abs. 1 GG könne auch durch die Vermittlung eines Prozessbevollmächtigten Rechnung getragen werden (BVerwG DÖV 1974, 825). Hält also ein Kläger sein persönliches Erscheinen vor Gericht trotz anwaltlicher Vertretung für unerlässlich, so muss er substantiiert die für die Notwendigkeit seiner Anwesenheit sprechenden Gründe vortragen und entweder die Verlegung des Termins zur mündlichen Verhandlung oder die Anordnung seines persönlichen Erscheinens beantragen.[38] Zu beachten ist jedoch, dass selbst dann, wenn eine Anordnung des persönlichen Erscheinens angezeigt gewesen wäre, ihr Unterbleiben regel-

---

28 Vgl. zu diesem Motiv den von dem Koordinierungsausschuss zur Vereinheitlichung der VwGO, der FGO und des SGG vorgelegten Entwurf einer VwPO, hrsg. v. Bundesminister der Justiz, 1978, Begründung zu § 105 (entspricht § 95 VwGO), S. 265.

29 BVerwG 12.1.2017 – 5 B 41.16 D, BeckRS 2017, 101712 Rn. 6.

30 Dazu *H. Geiger*, in: Eyermann § 95 Rn. 5; *R. Rudisile*, in: Schoch/Schneider/Bier § 95 Rn. 15; zu weiteren Abwägungsaspekten vgl. *Baumbach/Lauterbach/Albers/Hartmann* § 141 Rn. 17 f.; zu § 141 ZPO s.a. *M. Terbille*, VersR 1996, 408, 409; zu weiteren Funktionen des § 141 ZPO *R. Meyke*, MDR 1987, 358, 359 sowie *M. Schöpflin*, NJW 1996, 2134, 2135 ff.: „Beweisfunktion"; BVerwG 12. 1.2017 – 5 B 41.16 D, BeckRS 2017, 101712 Rn. 5.

31 *H. Geiger*, in: Eyermann § 95 Rn. 5; vgl. für § 80 FGO *K. Tipke*, in: Tipke/Kruse § 80 FGO Rn. 3; zum freilich vom Wortlaut her als Ermessensnorm ausgestalteten § 141 Abs. 3 S. 1 ZPO s.a. OLG Hamm MDR 1997, 1061.

32 *P. Kothe*, in: Redeker/v. Oertzen § 95 Rn. 4.

33 Sie ist i.d.R. gleichwohl sachgerecht, weil sie in den meisten Fällen der Beschleunigung des Verfahrens dienlich sein kann. Zur Beschleunigungswirkung OVG MV NVwZ-RR 2011, 127 f.; s.a. *W. Porz*, in: Fehling/Kastner/Störmer § 95 Rn. 7.

34 *Klinger* § 95 Anm. C 1; rechtshistorisch auch *M. Schulzenstein*, VerwArch 26 (1918), 131, 152.

35 So bereits BVerwG Buchholz 310 § 95 VwGO Nr. 6; BVerfG 1.12.1999 – 1 BvR 176/94.

36 A.M. VG Saarlouis 26.9.2014 – 3 K 2058/13 „...so war die seitens des Klägers geforderte Anordnung des persönlichen Erscheinens des Behördenleiters des Beklagten, des Bürgermeisters der Gemeinde S. persönlich, die gemäß § 95 Abs. 2, Abs. 1 Satz 1 VwGO im Ermessen des Gerichts steht und auf die der Kläger ohnehin keinen Anspruch hat..."; ebenso *R. Rudisile*, in: Schoch/Schneider/Bier § 95 Rn. 17.

37 BVerwG Buchholz 310 § 95 VwGO Nr. 6; BVerwG 25.7.1990 – 1 B 112/90; VGH München 19.4.2011 – VGH 10 ZB 10.1749, juris Rn. 20; OVG Bln-Bbg 5.10.2016 – OVG 11 N 57.16, BeckRS 2016, 53121 Rn. 6; so auch bei einem nicht inhaftierten Beteiligten OVG Bln-Bbg 18.9.2017 – OVG 11 N 149.16.

38 OVG NRW 28.6.2012, 13 A 1158/12.A, juris Rn. 10; OVG LSA 5.4.2016 – 1 O 25/13.

mäßig nicht zu einer Verletzung des rechtlichen Gehörs führen wird, sondern lediglich zu einer vom Regelungsbereich des Art. 103 Abs. 1 GG nicht umfassten Verletzung der Aufklärungspflicht des § 86 Abs. 1.[39] Der aus dem Grundsatz des rechtlichen Gehörs folgende Anspruch, sich zu allen entscheidungserheblichen Fragen vor Erlass der Entscheidung sachgerecht, zweckentsprechend, erschöpfend und unter zumutbaren Bedingungen zu äußern, kann allerdings dann verletzt sein, wenn der Beteiligte ohne die persönliche Anhörung außer Stande wäre, sich in gebotenem Umfang rechtliches Gehör zu verschaffen.[40]

Wird das persönliche Erscheinen angeordnet und stellt der betreffende Beteiligte einen (begründeten) Vertagungsantrag, stellt eine Entscheidung zur Sache einen Verstoß gegen den Grundsatz rechtlichen Gehörs dar, wenn nicht zuvor über den gestellten Antrag entschieden wird.[41]   15

Die Gegenauffassung[42] überzeugt nicht, da die Anordnung nicht nur der Sachverhaltsaufklärung, sondern eben auch der Wahrung des rechtlichen Gehörs dient. Zudem setzt sich das Gericht dem Vorwurf widersprüchlichen Verhaltens aus, wenn es „durchentscheidet", obwohl es durch die zuvor ausgesprochene Anordnung des persönlichen Erscheinens zu verstehen gegeben hat, dass es das persönliche Erscheinen des Beteiligten für erheblich hält.[43] In evidenten Missbrauchsfällen behilft sich die Praxis damit, dass zunächst die das persönliche Erscheinen anordnende Verfügung aufgehoben und damit der Weg zu einer Sachentscheidung freigemacht wird.   16

4. Adressat. Adressat einer auf § 95 Abs. 1 gestützten Anordnung kann nur ein Beteiligter sein. Beteiligte sind gem. § 63 der Kläger, der Beklagte, der Beigeladene, der Vertreter des öffentlichen Interesses[44] sowie der beim BVerwG bestellte Oberbundesanwalt (vgl. § 35). Bei letzteren kommt die Anordnung des persönlichen Erscheinens aber nur in Betracht, wenn sie sich zuvor am Verfahren beteiligt haben, weil sie nur dann gem. § 63 Nr. 4 Beteiligter geworden sind.[45]   17

Ist der adressierte Beteiligte der Anordnung keine natürliche, sondern eine juristische Person oder eine sonstige Vereinigung, so stellt § 95 Abs. 2 ausdrücklich klar, dass zum Erscheinen deren gesetzliche oder satzungsmäßige Vertreter verpflichtet sind (vgl. LAG Düsseldorf MDR 1996, 98). In diesen und anderen Problemfällen folgt die Erscheinungspflicht also der sich aus den allgemeinen Regeln ergebenden Vertretungsbefugnis.   18

Die entsprechend § 95 Abs. 3 erlassene Anordnung stellt keine Beweisaufnahme – etwa in Form der Einvernahme eines sachverständigen Zeugen – dar, sondern dient der Aufklärung des Sachverhalts sowie der gütlichen Einigung (vgl. VGH München BayVBl 1973, 51). Nicht zuletzt deshalb kann die Anordnung seitens des Gerichts nicht auf einen bestimmten – etwa als besonders kompetent angesehenen – Behördenvertreter bezogen sein. Es bleibt Sache der Behörde, zu entscheiden, welchen Beamten oder Angestellten sie als geeignet ansieht. Kommt der Betreffende der Anordnung nicht nach, stehen dem Gericht keine Zwangsmittel zur Verfügung. Androhung und Festsetzung nach Abs. 1 S. 2 und 3 finden im Rahmen der nach Abs. 3 ergehenden Anordnungen keine Anwendung.[46]   19

---

39 OVG LSA 25.8.2010 – 4 L 177/10, juris Rn. 6.
40 OVG LSA 25.8.2010 – 4 L 177/10, juris Rn. 6.
41 BVerwG NJW 1961, 892. V.a. kann dann dem Beteiligten nur unter engen Voraussetzungen der Einwand entgegengesetzt werden, seine Anwesenheit sei nicht notwendig, vgl. dazu VGH Kassel NVwZ-RR 1998, 404, 405 sowie § 95 Rn. 39; s.a. *R. Rudisile*, in: Schoch/Schneider/Bier § 95 Rn. 22.
42 SächsOVG 22.7.2014 – 3 A 791/13, Rn. 12; OVG NRW 6.10.2016 – 11 A 1155/13, BeckRS 2016, 53614 Rn. 15 f.; vgl. *Kopp/Schenke* § 95 Rn. 4, wo ausdrücklich auch für ein Durchentscheiden bei unverschuldetem Ausbleiben votiert wird.
43 BVerwGE 50, 275; *R. Rudisile*, in: Schoch/Schneider/Bier § 95 Rn. 22; für die Rechtslage nach § 80 FGO ebenso *K. Tipke*, in: Tipke/Kruse § 80 FGO Rn. 3.
44 Einen VöI haben bisher die folgenden Länder bestimmt: Baden-Württemberg, Bayern, Mecklenburg-Vorpommern, Nordrhein-Westfalen, Rheinland-Pfalz und Schleswig-Holstein.
45 Nach *Schunck/De Clerck* § 95 Anm. 1 b kommt hinsichtlich des Bundesanwaltes sowie dem VöI nur eine Anordnung nach Abs. 3 in Betracht; weiter gehend *Klinger* § 95 Anm. B 1: Vorschrift „kann ... nicht auch für den VöI gelten"; wie hier *R. Rudisile*, in: Schoch/Schneider/Bier § 95 Rn. 13.
46 So bereits *Klinger* § 95 Anm. B 2.

20   Ergeht eine auf § 95 Abs. 1 S. 1 gestützte Anordnung an eine natürliche Person, muss diese persönlich anwesend sein. Die Entsendung eines Vertreters oder gesetzlichen Vertreters stellt keine persönliche Anwesenheit i.d.S. dar.[47]

21   Ist ein Beteiligter allerdings prozessunfähig, erscheint es sinnvoll, die Anordnung sowohl auf den gesetzlichen Vertreter als auch auf den Beteiligten zu beziehen, weil auch letzterer zur Sachverhaltsaufklärung beitragen kann.[48]

22   Die Anordnung muss sowohl dem Prozessbevollmächtigten als auch dem Beteiligten (BVerwG Buchholz 310 § 95 VwGO Nr. 7; VGH Kassel NVwZ-RR 1998, 404) zugestellt werden.[49] § 67 Abs. 3 S. 3, wonach Zustellungen oder Mitteilungen des Gerichts an einen von dem Beteiligten bestellten Bevollmächtigten zu richten sind, greift also im speziellen Fall der Anordnung des persönlichen Erscheinens nicht ein (VGH Kassel NVwZ-RR 1998, 404, 405).

23   Das Erscheinen eines Prozessbevollmächtigten kann mit der Anordnung des persönlichen Erscheinens nicht erzwungen werden[50]. Daher kann gegen ihn auch nicht aufgrund § 95 Abs. 1 S. 2 ein Ordnungsgeld verhängt werden.[51]

24   **5. Rechtsmittel gegen die Anordnung des persönlichen Erscheinens.** Ein solches besteht nicht, § 146 Abs. 2. Gleiches gilt, wenn nicht das persönliche Erscheinen angeordnet wird, sondern umgekehrt trotz entsprechender Anregung des Beteiligten unterbleibt. Nur mittelbar kann der Beteiligte dann im Rahmen eines gegen die Entscheidung insgesamt geführten Rechtsmittels unter Umständen mit einer auf die unterbliebene Anordnung gestützten Verfahrensrüge durchdringen.[52] Entscheidend ist dann aber, dass der Betroffene sein diesbezügliches Rügerecht rechtzeitig ausgeübt hat, § 173 S. 1 i.V.m. §§ 295 Abs. 1, 534 ZPO (OVG Bln-Bbg 4.2.2013, OVG 12 N 83.11, juris Rn. 10).

IV. Androhung und Festsetzung des Ordnungsgeldes

25   § 95 Abs. 1 S. 2 und 3 stellen dem Gericht gestufte Zwangsmittel zur Durchsetzung der Anordnung des persönlichen Erscheinens zur Verfügung.

26   **1. Voraussetzungen der Androhung.** Zunächst kann nach § 95 Abs. 1 S. 2 für den Fall des Ausbleibens eines Beteiligten, dessen persönliches Erscheinen nach Abs. 1 S. 1 angeordnet war, Ordnungsgeld angedroht werden. Dieses muss der Höhe nach bestimmt sein;[53] den ausschöpfbaren Rahmen gibt dabei Art. 6 Abs. 1 EGStGB vor (vgl. Art. 6 Abs. 1 des EGStGB vom 9.3.1974 [BGBl I 469]). In der Praxis wird die Androhung des Zwangsmittels zumeist direkt mit der Anordnung des persönlichen Erscheinens verbunden. Die Androhung muss dabei allerdings gleichwohl förmlich erfolgen (OVG Münster 22.8.1996 – 25 A 7536/95, BeckRS 1996, 23174; VGH Kassel DÖV 1964, 568). Wie die Anordnung des persönlichen Erscheinens selbst, steht auch die Androhung im Ermessen des Gerichts.[54]

27   **2. Voraussetzungen der Festsetzung.** Bleibt ein Beteiligter trotz ordnungsgemäßer Ladung und Anordnung des persönlichen Erscheinens schuldhaft aus, setzt das Gericht das Ordnungsgeld fest. Etwas anderes gilt, wenn sich die Sanktionierung als willkürlich darstellt, etwa weil schon die Voraussetzungen für eine Anordnung des persönlichen Erscheinens oder die Androhung eines Ordnungsgelds nicht

---

47   BT-Drs. 3/55, 41. Die fehlende Entsendungsbefugnis ist auch heute nicht umstr., vgl. nur *P. Kothe*, in: Redeker/v. Oertzen § 95 Rn. 5; s.a. *W. Porz*, in: Fehling/Kastner/Störmer § 95 Rn. 4 sowie *R. Rudisile*, in: Schoch/Schneider/Bier § 95 Rn. 11.

48   Vgl. Buchholz 310 § 86 Abs. 1 VwGO Nr. 15; *Klinger* § 95 Anm. B 1; *P. Kothe*, in: Redeker/v. Oertzen § 95 Rn. 2; *W. Porz*, in: Fehling/Kastner/Störmer § 95 Rn. 4; *R. Rudisile*, in: Schoch/Schneider/Bier § 95 Rn. 11; aus dem Zivilrecht vgl. BGH NJW 1965, 106; OLG Köln MDR 1976, 937; *Baumbach/Lauterbach/Albers/Hartmann* § 141 Rn. 7, 26.

49   S.a. *R. Rudisile*, in: Schoch/Schneider/Bier § 95 Rn. 19, der zu Recht auf die Zweckmäßigkeit der Zustellung gemeinsam mit der Ladung hinweist.

50   *Klinger* § 95 Anm. B 3.

51   Vgl. für § 141 ZPO *Baumbach/Lauterbach/Albers/Hartmann* § 141 Rn. 8; zu § 51 ArbGG *M. Vonderau*, NZA 1991, 336, 339.

52   Vgl. *Hufen* § 35 Rn. 23; a.A. *R. Rudisile*, in: Schoch/Schneider/Bier § 95 Rn. 26.

53   *Kopp/Schenke* § 95 Rn. 3.

54   S.a. *R. Rudisile*, in: Schoch/Schneider/Bier § 95 Rn. 29 unter Hinweis auf den Wortlaut des § 95 Abs. 1 S. 2.

vorgelegen haben.[55] Die Verfassungsmäßigkeit der Vorschrift dürfte durch die Rspr. des BVerfG geklärt sein.[56]

Die Festsetzung setzt, wie sich aus dem Gesetzeswortlaut („... das angedrohte Ordnungsgeld") ergibt, **28** eine entsprechende Androhung voraus. Hat das Gericht von einer solchen Androhung abgesehen, ist eine Festsetzung also auch bei Säumnis des Beteiligten unzulässig, insbes. ersetzt der Hinweis in der Ladung auf die Folgen des Ausbleibens die unterbliebene Androhung nicht (VGH Kassel DÖV 1964, 568 [LS]).

Schuldhaft ist das Ausbleiben, wenn der Beteiligte bei den Bemühungen, seine Teilnahme am Termin **29** sicherzustellen, nicht die erforderliche Sorgfalt hat walten lassen.[57] Für eine Zurechnung des Verschuldens eines Prozessbevollmächtigten ist dabei kein Raum.[58]

Als Anhalt für eine Entschuldigung können die in § 141 Abs. 1 HS. 2 ZPO und den Vorläuferregelun- **30** gen (→ Rn. 1) genannten Beispiele dienen, also weite Entfernung vom Gerichtssitz, wichtige persönliche Gründe wie Erkrankung, Überlastung etc.[59]

Der Wortlaut des Gesetzes deutet bei schuldhaftem Ausbleiben auf eine Verpflichtung des Gerichts zur **31** Festsetzung hin, so dass fraglich ist, ob gleichwohl Ermessenserwägungen bei der Entscheidung über die Festsetzung zur Geltung gebracht werden können. Da die Erscheinungspflicht keinen Selbstzweck darstellt, sondern der Sachverhaltsaufklärung bzw. der gütlichen Beilegung des Rechtsstreits dient (→ Rn. 32),[60] kann das Gericht auch von der Festsetzung des Ordnungsgeldes absehen, wenn trotz schuldhaften Ausbleibens eines Beteiligten die genannten Zwecke anders erreicht werden können.[61] Für eine Qualifizierung als Ermessensvorschrift und einen zurückhaltenden Gebrauch der Möglichkeit, Ordnungsgeld festzusetzen, spricht weiterhin die Überlegung, dass eine Partei – auch wenn sie zum Termin erscheint – nicht zur Abgabe einer Erklärung gezwungen werden kann.[62]

Eine Festsetzung kann demgegenüber geboten sein, wenn im Nichterscheinen eine bewusste Missach- **32** tung der gerichtlichen Anordnung oder des Gesetzes zum Ausdruck kommt oder wenn ausnahmsweise das Nichterscheinen das Verfahren nachhaltig verzögert, etwa weil es einen neuen Termin erforderlich macht.[63]

Zudem ist das Gericht grds. auch nicht gehindert, aus der Verletzung der prozessualen Mitwirkungspflicht, die das schuldhafte Ausbleiben darstellt, für den betreffenden Beteiligten nachteilige Schlüsse im Rahmen der Würdigung substantiierten Vorbringens bzw. der Beweise zu ziehen.[64]

Hat das Gericht das persönliche Erscheinen hingegen nicht angeordnet, darf es aus einem Fernbleiben **33** keine für den Beteiligten nachteiligen Schlüsse ziehen (BVerfG DVBl 1994, 1403, 1404). Ist nämlich das Gericht bei der Ladung selbst nicht von der Notwendigkeit der persönlichen Anhörung ausgegangen, muss es beim Erkennen weiteren Aufklärungsbedarfs vertagen und zum neuen Termin das persönliche Erscheinen anordnen (BVerfG InfAuslR 1991, 171, 174).

Grenzen der Festsetzung von Zwangsmitteln ergeben sich daraus, dass aufgrund von § 95 zwar das **34** Erscheinen, nicht aber eine Aussage erzwungen werden kann.[65] Deshalb darf eine Anordnung, persön-

---

55 OVG Bautzen LKV 2016, 138; ebenso R. *Rudisile*, in: Schoch/Schneider/Bier § 95 Rn. 4.

56 Vgl. BVerfG NJW 1998, 892 zu § 141 Abs. 3 ZPO; für eine Abschaffung der Ahndungsmöglichkeiten M. *Schmid*, JR 1981, 8, 9 f.

57 H. *Geiger*, in: Eyermann § 95 Rn. 6; W. *Porz*, in: Fehling/Kastner/Störmer § 95 Rn. 8.

58 Vgl. LAG Köln NZA 1995, 864 zu §§ 141 Abs. 3, 85 Abs. 2 ZPO; vgl. auch R. *Rudisile*, in: Schoch/Schneider/Bier § 95 Rn. 23 m.w.N.; a.M. M. *Vonderau*, NZA 1991, 336, 339.

59 Vgl. auch *Koehler* § 95 Anm. IV 3.

60 J. *Burger*, MDR 1982, 91, 93.

61 R. *Rudisile*, in: Schoch/Schneider/Bier § 95 Rn. 31; vgl. auch § 118 Abs. 3 SGG, wo ausdrücklich die Zweckvereitelung aufgegriffen wird; vgl. für § 80 FGO K. *Tipke*, in: Tipke/Kruse § 80 FGO Rn. 3; s.a. OLG Hamm MDR 1997, 1061.

62 Dem zustimmend R. *Rudisile*, in: Schoch/Schneider/Bier § 95 Rn. 31.

63 Dazu VGH München 5.10.1998 – 24 C 98.2213; OLG Frankfurt NJW-RR 1986, 997; OLG Köln NJW-RR 1992, 827; LAG LSA BB 1995, 1962; strenger OLG Düsseldorf OLGZ 1994, 576; auf dieser Linie auch OLG Frankfurt MDR 1991, 545: i.d.R. Ordnungsgeld. Die Ratio des § 95 gebietet keine strenge Auslegung; s.a. R. *Rudisile*, in: Schoch/Schneider/Bier § 95 Rn. 31, keine Pflicht zur Festsetzung.

64 Vgl. R. *Greger*, in: Zöller § 141 Rn. 11; E. *Schneider*, MDR 1997, 781; zu den Grenzen bei Zwangsmitteln vgl. OLG Köln NJW 1974, 1003; E. *Schneider*, MDR 1997, 781, 782; ebenso nun OLG Köln FamRZ 1995, 100. Zu den Grenzen nachteiliger Beweiswürdigung BVerfG NVwZ 1994, Beilage Nr. 7, 50 f. sowie BVerwGE 50, 275, 277 f.

65 OLG Karlsruhe NJW 1978, 2247; zu den Grenzen der Festsetzung der Zwangsmittel VGH München 5.10.1998 – 24 C 98.2213.

lich zu erscheinen, nicht ergehen und ihre Durchsetzung nicht erzwungen werden, wenn der Beteiligte hat wissen lassen, dass er zur Aussage nicht bereit ist.[66]

35 **3. Keine weiteren Zwangsmittel.** Die Verhängung weiterer Zwangsmittel als derjenigen der Anordnung und Festsetzung des Ordnungsgeldes ist nicht möglich. Auf die Zwangsmittel des § 380 Abs. 1 S. 2, Hs. 2 ZPO („Ordnungshaft") sowie des § 380 Abs. 2 („zwangsweise Vorführung") wird in § 95 nämlich nicht Bezug genommen. § 95 ist zwar § 141 ZPO nachgebildet. Für den Zivilprozess ist aber ebenfalls anerkannt, dass nur das in § 141 ZPO genannte Zwangsmittel „Ordnungsgeld", nicht aber die in § 380 ZPO genannten weiteren Zwangsmittel statthaft sind.[67] Die Anwendung der genannten Zwangsmittel ist daher im Rahmen des § 95 auch nicht zulässig (OVG Magdeburg NVwZ 2016, 984 Rn. 4; OVG Lüneburg SchlHA 1991, 100).[68]

36 Für dieses Ergebnis spricht zudem, dass die in den verwaltungsprozessualen Vorläufergesetzen enthaltene Möglichkeit der Zwangshaft (→ Rn. 1) vom VwGO-Gesetzgeber gerade nicht übernommen wurde.

37 **4. Verfahren bei Verstößen und Rechtsmittel.** Bei der Beantwortung der Frage, wie bei Verstößen gegen § 95 zu verfahren ist und welche Rechtsmittel Beteiligten im Zusammenhang mit Entscheidungen nach § 95 zur Verfügung stehen, gilt es zunächst, sich die folgenden Grundsätze vor Augen zu halten: Nach Art. 103 Abs. 1 GG hat der an einem gerichtlichen Verfahren Beteiligte Anspruch darauf, dass er sich zu dem einer gerichtlichen Entscheidung zugrunde liegenden Sachverhalt vor Erlass der Entscheidung äußern kann.[69] Einer gerichtlichen Entscheidung dürfen mithin nur solche Tatsachen und Beweisergebnisse zugrunde gelegt werden, zu denen Stellung zu nehmen, den Beteiligten Gelegenheit gegeben war. Ein Anspruch darauf, dass dies in einer mündlichen Verhandlung geschieht, besteht dabei allerdings nicht (BVerfGE 6, 19, 20; 11, 232, 234; 15, 303, 307; BVerwGE 57, 272, 273). Das verfassungsrechtliche Anhörungsrecht des Betroffenen ist damit auch im schriftlichen Verfahren gewahrt (BVerfGE 11, 232, 234; BVerwGE 57, 272, 273). Wird freilich ein mündlicher Verhandlungstermin anberaumt, entstehen weitere Bindungen;[70] insbes. kann das Gericht dann nicht unter Berufung auf die in der VwGO enthaltene Beschleunigungsmaxime das rechtliche Gehör verkürzen (BVerwGE 44, 307, 309; 50, 275, 276).

38 Vor diesem Hintergrund ist im Hinblick auf § 95 zu differenzieren:

39 Hat das Gericht das persönliche Erscheinen eines Beteiligten angeordnet und sieht sich dieser gleichwohl nicht in der Lage, an der Verhandlung teilzunehmen, kann er – was natürlich noch kein Rechtsmittel darstellt – Vertagungsantrag stellen. Auch wenn dem Beteiligten dabei ein Entschuldigungsgrund zur Seite steht, entbindet ihn dies nicht von seiner prozessualen Mitwirkungslast, rechtzeitig einen begründeten Vertagungsantrag zu stellen (BVerwG NJW 1989, 601; VGH Kassel NVwZ-RR 1998, 404). Hierbei kommt der Anordnung des persönlichen Erscheinens seitens des Gerichts freilich insoweit eine erleichternde Wirkung zu, als der Beteiligte seinen Vertagungsantrag nun nicht mehr substantiiert begründen muss (BVerwGE 50, 275, 277). Es wäre widersprüchliches Verhalten, ordnete das Gericht das persönliche Erscheinen eines Beteiligten an und zweifelte im Falle eines Vertagungsantrags die Notwendigkeit an, dass der betreffende Beteiligte am Termin teilnähme. Gleichwohl ist nicht ausgeschlossen, dass das Gericht auch in den angesprochenen Fallkonstellationen einen Vertagungsantrag ablehnt. Es entstehen dann aber erhöhte Argumentationslasten, sodass das Gericht substantiiert dartun muss, weshalb es trotz der Anordnung des persönlichen Erscheinens den Rechtsstreit für entscheidungsreif ansieht (VGH Kassel NVwZ-RR 1998, 404).

---

66 Vgl. OLG Jena NStZ-RR 1996, 114; OLG Hamburg MDR 1997, 596 zu § 613 ZPO m. zust. Anm. *E. Schneider*, MDR 1997, 781, 782; a.A. *R. Rudisile*, in: Schoch/Schneider/Bier § 95 Rn. 15, 31.

67 Vgl. *Baumbach/Lauterbach/Albers/Hartmann* § 141 Rn. 39 f.; OLG Köln FamRZ 1993, 339;

68 Ebenso *R. Rudisile*, in: Schoch/Schneider/Bier § 95 Rn. 32; *W. Porz*, in: Fehling/Kastner/Störmer § 95 Rn. 9.

69 BVerwGE 19, 231, 237; 34, 77, 79; BVerwG 27.4.1982 – 9 C 912/80; vgl. auch BVerfGE 20, 280, 282; 21, 132, 137 sowie BVerfG NVwZ 1998, Beilage Nr. 1, 1, 2.

70 So stellt es i.d.R. einen Gehörsverstoß dar, wenn das Gericht das persönliche Erscheinen eines Klägers anordnet und gleichwohl ohne ihn verhandelt und entscheidet, vgl. BVerwGE 50, 275. Anders liegen die Dinge, wenn der Beteiligte ordnungsgemäß geladen wurde, ohne dass sein persönliches Erscheinen angeordnet wurde. Sofern der ordnungsgemäß Geladene auf eine Teilnahme an der Verhandlung verzichtet, begibt er sich insoweit seines Anspruchs auf rechtliches Gehör, vgl. BVerwG NJW 1984, 251.

Hat das Gericht demgegenüber das persönliche Erscheinen nicht angeordnet und erachtet ein anwalt- 40
lich vertretener Beteiligter sein Erscheinen gleichwohl für notwendig, muss der Betreffende unter substantiierter Darlegung der für die Notwendigkeit seiner Anwesenheit sprechenden Gründe die Verlegung des Termins zur mündlichen Verhandlung oder die Anordnung seines persönlichen Erscheinens
vor Gericht beantragen (BVerwG 27.4.1982 – 9 C 912/80). Tut er dies nicht, wobei die Rüge in der
nächsten Verhandlung erhoben werden muss (vgl. BVerwG NJW 1983, 2275), stellt eine ohne ihn ergehende Verhandlung und Entscheidung keine Verletzung rechtlichen Gehörs dar.[71]
Unterbleibt die gebotene persönliche Ladung zur mündlichen Verhandlung, stellt dies eine Verletzung 41
des rechtlichen Gehörs dar. Im Unterschied zu den grundsätzlichen Anforderungen an das Erfordernis
substantiierter Gehörsrügen braucht der Beteiligte hier ausnahmsweise nicht substantiiert vorzutragen, was er bei ausreichender Gewährung rechtlichen Gehörs vorgetragen hätte und inwiefern sein
Vortrag geeignet gewesen wäre, in der Sache eine günstigere Entscheidung herbeizuführen (VGH Kassel NVwZ 1996, 817). Denn die angeführten Grundsätze gelten nicht, wenn der Beteiligte aufgrund
der gerichtlichen Entscheidung überhaupt keine Gelegenheit hatte, sich im Rahmen einer mündlichen
Verhandlung umfassend zur Sach- und Rechtslage zu äußern (vgl. VGH Kassel NVwZ-RR 1998,
404 f.). Wollte man anders entscheiden, wäre der Beteiligte gezwungen, in seinem Antrag nicht nur
umfassend zum gesamten Prozessstoff Stellung zu nehmen, sondern darüber hinaus dazu, vorsorglich
auf etwaige Einwände und Vorbehalte des Gerichts sowie auf Argumente der Gegenseite einzugehen
(BVerfG NVwZ 1995, Beilage 8, 57). Damit würden die Anforderungen an Gehörsrügen überspannt.
Bei den Rechtsmitteln ist zu unterscheiden. Gegen die Anordnung des persönlichen Erscheinens be- 42
steht als sog. prozessleitende Verfügung nach allgemeiner Meinung aufgrund der Formulierung in
§ 146 Abs. 2 kein Rechtsmittel.[72] Diese Auffassung entspricht der tradierten Rechtslage.[73]
Ob gleiches hinsichtlich der Androhung des Ordnungsgeldes gilt, ist umstr.[74] Überwiegend wird die 43
selbständige Anfechtbarkeit der Androhung aber verneint.[75] Für diese Ansicht dürfte auch die ratio
des § 146 Abs. 2 streiten. Die Norm dient der Verfahrensbeschleunigung (OVG Lüneburg NVwZ-RR
1989, 592, 593; OVG Münster NJW 1988, 221). Dieser Zweck würde aber infrage gestellt, wenn jede
Ermessensentscheidung des Gerichts ohne Rücksicht auf die darin liegende Beschwer (vgl. OVG Lüneburg NVwZ-RR 1989, 591, 592) mit der Beschwerde überprüfbar wäre.
Dem Streit entzogen ist wiederum die Frage nach dem Rechtsmittel gegen die Festsetzung. Hier ist 44
nach allgemeiner Auffassung die Beschwerde nach § 146 Abs. 1 statthaft,[76] wobei darauf hinzuweisen
ist, dass die Grenze des § 146 Abs. 3 nicht für das Ordnungsgeld gilt.[77]
Wird das Ordnungsgeld durch den Vorsitzenden oder den Berichterstatter nach § 87 Abs. 1 S. 2 Nr. 5, 45
§ 95 Abs. 1 S. 2 gegen einen schuldhaft nicht erschienen Beteiligten festgesetzt, kann dagegen in analoger Anwendung des § 151 die Entscheidung des Gerichts beantragt werden (→ § 87 Rn. 18).[78]

---

71 BVerwGE 19, 231, 237; 36, 264, 266; 50, 275, 276; BVerwG DÖV 1983, 247, 248; VGH Kassel MDR 1996, 637;
     OVG Lüneburg 18.2.1998 – 11 L 111/98, BeckRS 2005, 20601.
72 Vgl. OVG Lüneburg NVwZ-RR 1989, 591, 592; *Schenke* Rn. 47; s.a. OLG Düsseldorf NZA 1995, 291.
73 Bereits § 95 Abs. 3 LVO Thüringen vom 10.6.1926 (GS 177); s.a. die in Rn. 1 zitierten verwaltungsgerichtlichen Vor-
     läuferregelungen, die in § 116 der jeweiligen Gesetze, Beschlüsse im Zusammenhang mit der Anordnung des persönli-
     chen Erscheinens von der Beschwerdefähigkeit ausnahmen (vgl. z.B. § 116 Abs. 3 des Gesetzes Nr. 39 über die Verwal-
     tungsgerichtsbarkeit in Bayern vom 25.9.1946 (GVBl I 281), wonach u.a. Aufklärungsanordnungen nach § 67 (= An-
     ordnung des persönlichen Erscheinens, → Rn. 1) mit der Beschwerde nicht angefochten werden können; zu der im
     preußischen Verwaltungsstreitverfahren vorgesehenen Beschwerdemöglichkeit gegen die Anordnung des persönlichen
     Erscheinens *M. Schulzenstein*, VerwArch 26 (1918), 131, 153 f.
74 Für Beschwerdemöglichkeit etwa KG OLGZ 1988, 418; *Kopp/Schenke* § 95 Rn. 3.
75 So auch OVG Lüneburg NVwZ-RR 1989, 591, 592 unter Berufung auf die Entstehungsgeschichte der VwGO (BT-
     Drs. 3/55) sowie das „Vorbild" der sog. südd. VGG (→ Rn. 1), wo prozessleitende Verfügungen gem. § 116 Abs. 3
     nicht anfechtbar waren; gegen selbständige Anfechtbarkeit auch *H. Geiger*, in: Eyermann § 95 Rn. 7; *R. Rudisile*, in:
     Schoch/Schneider/Bier § 95 Rn. 33.
76 OVG Lüneburg NVwZ-RR 1990, 591, 592; OVG Magdeburg NVwZ-RR 2016, 984; OVG Magdeburg 3.2.2016 –
     1 O 9/16, BeckRS 2016, 47540 Rn. 2; *M. Redeker*, in: Redeker/v. Oertzen § 146 Rn. 3; *R. Rudisile*, in: Schoch/Schnei-
     der/Bier § 95 Rn. 34.
77 VGH Kassel DÖV 1964, 568 (LS); *H. Geiger*, in: Eyermann § 95 Rn. 7.
78 *H. Geiger*, in: Eyermann § 87 Rn. 14; *R. Rudisile*, in: Schoch/Schneider/Bier § 95 Rn. 34.

§ 96 [Unmittelbarkeit der Beweisaufnahme]

(1) ¹Das Gericht erhebt Beweis in der mündlichen Verhandlung. ²Es kann insbesondere Augenschein einnehmen, Zeugen, Sachverständige und Beteiligte vernehmen und Urkunden heranziehen.

(2) Das Gericht kann in geeigneten Fällen schon vor der mündlichen Verhandlung durch eines seiner Mitglieder als beauftragten Richter Beweis erheben lassen oder durch Bezeichnung der einzelnen Beweisfragen ein anderes Gericht um die Beweisaufnahme ersuchen.

Schrifttum

1. Monographien und Beiträge in Sammelwerken: *W. Berg*, Grundsätze des verwaltungsgerichtlichen Verfahrens, in: FS Menger, 1985, 537; *P. Kothe/M. Redeker*, Beweisantritt und Amtsermittlung im Verwaltungsprozess, 2012; *M. Nierhaus*, Beweismaß und Beweislast, 1989; *J. Schmidt*, Technische Berater für die Gerichte der Verwaltungsgerichtsbarkeit?, in: Festschrift für Theodor Maunz zum 80. Geb., 1981, 297; *F. E. Schnapp*, Parteiöffentlichkeit bei Tatsachenfeststellungen durch den Sachverständigen, in: FS Menger, 1985, 557; *R. Seer*, Der Einsatz von Prüfungsbeamten durch das FG – Zulässigkeit und Grenzen der Delegation richterlicher Sachaufklärung auf nichtrichterliche Personen, 1992.

2. Beiträge in Zeitschriften: *K. Böhm*, Die Verwertung mittelbarer Beweismittel im Verwaltungsgerichtsprozeß, NVwZ 1996, 427; *H.-J. Bruns*, Präjudizielle Randbemerkungen zum „Vorlage"-Beschluß des BGH 2 StR 792/82 vom 4.5.1983, StV 1983, 382; *ders.*, Der Beschluß des Großen Senates zum strafprozessualen V-Mann-Problem, MDR 1984, 177; *D. Dahm*, Ablehnung von Beweisanträgen, ZAR 2002, 355; *H. Fliegauf*, Bedienstete von technischen Fachbehörden als Sachverständige im Verwaltungsprozeß, DVBl 1962, 254; *A. Ganter*, Der ersuchte Richter in der Verwaltungsgerichtsbarkeit, NVwZ 1985, 173; *K. Geppert*, Der Zeuge vom Hörensagen, Jura 1991, 538; *Ch. Heckel*, Die Videokonferenz im Verwaltungsprozess, VBlBW 2001, 1; *R. Hinze*, Verwaltungsprozeßordnung, ZRP 1980, 24; *A. Kleinschnittger*, Beweisanträge in verwaltungsgerichtlichen Verfahren, NWVBl 2013, 226; *B. Kohlndorfer*, Die Anwendung von § 295 ZPO im verwaltungsgerichtlichen Verfahren, DVBl 1988, 474; *E. Kretschmer*, Die Beteiligtenvernehmung nach der VwGO als Hauptbeweismittel, NJW 1965, 383; *K.-J. Melullis*, Aus der Rechtsprechung der Verwaltungsgerichte, MDR 1989, 1060; *N. Pantle*, Die Pflicht des Berufungsgerichts zur Wiederholung einer erstinstanzlich durchgeführten Beweisaufnahme, NJW 1987, 3160; *ders.*, Revisionsrechtliche Risiken der Einzelrichterbeweisaufnahme gem. § 524 II 2 ZPO, NJW 1991, 1279; *J. Raabe*: „Informatorische Anhörung" und förmliche Vernehmung von Zeugen und Beteiligten im Verwaltungsprozess, NVwZ 2003, 1193; *B. Schulte*, (In-)Kompetenzen des Verwaltungsrichters bei der örtlichen Augenscheinseinnahme, NJW 1988, 1006; *W. Skouris*, Grundfragen des Sachverständigenbeweises im Verwaltungsverfahren und im Verwaltungsprozeß, AöR 107 (1982), 215; *H. Wagner*, Rechtliche Relevanz der Aussagen wissenschaftlich-technischer Sachverständiger bei der Genehmigung großtechnischer Anlagen, BB 1982, 210; *S. Weth*, Der Grundsatz der Unmittelbarkeit der Beweisaufnahme, JuS 1991, 34.

I. Entstehungsgeschichte

1   Ebenso wie der Zivil- wird auch der Verwaltungsprozess von den Grundsätzen der Öffentlichkeit, Mündlichkeit und Unmittelbarkeit bestimmt. Der Öffentlichkeitsgrundsatz gebietet, dass auch am Verfahren unbeteiligte Personen freien Zutritt zu den Verhandlungsräumen haben können, soweit es die örtlichen und räumlichen Verhältnisse gestatten.[1] Weiterhin stellt der Verwaltungsprozess – jedenfalls soweit es sich um die Verhandlung vor dem erkennenden Gericht handelt – grds. ein mündliches Verfahren dar (vgl. § 139).[2] In engem Zusammenhang mit den genannten Prinzipien steht schließlich der das Verwaltungsprozessrecht ebenfalls dirigierende Grundsatz der Unmittelbarkeit.

2   Wie in den anderen Prozessordnungen,[3] fehlt allerdings auch für die VwGO außerhalb des Anwendungsbereichs des § 96 eine ausdrückliche Normierung des Unmittelbarkeitsgrundsatzes.

---

1 *Schenke* Rn. 32. Die zentrale Bedeutung des Öffentlichkeitsgrundsatzes im Hinblick auf die Verwirklichung des Rechtsstaats betont *W. Berg*, FS Menger, 1985, 537, 553, 556.

2 *Ule* § 29 I.

3 Zur ZPO *R. Greger*, in: Zöller Vorbem. § 128 Rn. 13; zur StPO *Meyer-Goßner* § 250 Rn. 1; zum SGG *W. Keller*, in: Meyer-Ladewig Vorbem. § 60 Rn. 7; zur FGO *Tipke/Kruse* § 81 FGO Rn. 23 ff.; zum ArbGG vgl. § 58 ArbGG; im Verfahren der freiwilligen Gerichtsbarkeit gilt der Verfahrensgrundsatz der Unmittelbarkeit der Beweisaufnahme nur insoweit, als das Gericht eine förmliche Beweisaufnahme anordnet (vgl. BayObLG NJW-RR 1996, 583); zum Verfahren vor

Soweit der Regelungsgehalt des § 96 auf die Beweisaufnahme in der mündlichen Verhandlung und die 3 – früher freilich enumerative – Aufzählung dem Gericht zur Verfügung stehender Beweismittel bezogen ist, konnte der Gesetzgeber an historische Vorbilder anknüpfen.[4] Der in § 96 aber ebenfalls zum Ausdruck kommende Unmittelbarkeitsgrundsatz war demgegenüber in fast allen verwaltungsprozessualen Normierungen vor Inkrafttreten der VwGO nur mit kräftigen Relativierungen[5] normiert. Seine umfassende Geltung ist heute – trotz wiederum zunehmender Einschränkungen durch den Gesetzgeber[6] – gleichwohl allgemein anerkannt.[7]

II. Unmittelbarkeitsgrundsatz

Der Unmittelbarkeitsgrundsatz genießt gleichwohl keinen Verfassungsrang (so bereits BVerfGE 1, 4 418, 429). Weder Art. 103 Abs. 1 GG noch der Grundsatz auf ein faires Verfahren gewähren deshalb einen Anspruch auf ein bestimmtes Beweismittel (BVerfG NJW 1996, 3145, 3146). Verfassungsrechtlich lässt sich infolgedessen kein Verbot der Verwertung mittelbarer Beweismittel herleiten (BVerfGE 57, 250, 276 – für den Strafprozess). Es besteht auch kein starres Vorrangverhältnis im Sinne eines abstrakten Vorrangs unmittelbarer oder „sachnäherer" Beweismittel vor den mittelbaren oder weniger „sachnahen" Beweismitteln; entscheidend ist vielmehr die jeweilige prozessuale Situation.[8] Ausstrahlungswirkung kommt dem Unmittelbarkeitsgrundsatz insoweit allerdings zum einen im Rahmen der Beweiswürdigung zu.[9] Hier ist das Gericht gehalten, dem Umstand Rechnung zu tragen, dass der Beweisaufnahme ein „nur" mittelbares Beweismittel zugrunde liegt (BVerfGE 57, 250, 278). Dabei dürfte in Fällen mittelbarer Beweiserhebung häufig das Verbot vorweggenommener Beweiswürdigung in Rede stehen, wenn sich das Gericht ohne sachlichen Grund auf die Verwertung mittelbarer statt unmittelbarer Beweismittel stützt (zu diesem Aspekt BVerwG Buchholz 310 § 96 VwGO Nr. 24). Nach dem Sinn der Regelung in § 96 lassen sich also auch Maßstäbe für die Auswahl zwischen mehreren zur Verfügung stehenden Beweismitteln entnehmen (sog. materielle Unmittelbarkeit der Beweisaufnahme).[10]

Zum anderen wird durch den Unmittelbarkeitsgrundsatz dem Gericht die Verpflichtung auferlegt, das 5 „qualitativ bessere" und d.h. i.d.R. das unmittelbarere Beweismittel zu verwenden.[11] Insoweit sind die Gerichte durch den Grundsatz der Unmittelbarkeit der Beweisaufnahme zumeist gehindert, wesentliche entscheidungserhebliche Tatsachen aus mittelbaren Erkenntnisquellen zu gewinnen, wenn unmittelbare Erkenntnismöglichkeiten zur Verfügung stehen.[12]

---

dem BVerfG vgl. § 26 Abs. 1 S. 1 BVerfGG sowie *G. Zöbeley/F.-W. Dollinger*, in: Umbach/Clemens, Bundesverfassungsgerichtsgesetz, 2. Aufl. 2005, § 26 Rn. 15: „.... in Satz 1 vorausgesetzten Grundsatz der Unmittelbarkeit der Beweisaufnahme".

4 Historische Vorläufer zu der Regelung in § 96 enthielten u.a.: das Gesetz Nr. 39 über die Verwaltungsgerichtsbarkeit in Bayern vom 25.9.1946 (GVBl I 281), dort §§ 64, 66; das Gesetz über die Verwaltungsgerichtsbarkeit in Bremen vom 5.8.1947 (GBl 171), dort §§ 64, 66; das Gesetz über die Verwaltungsgerichtsbarkeit in Baden-Württemberg vom 12.5.1948 (GBl I 131, 140 ff.), dort §§ 64, 66; die Verordnung Nr. 165 über die Verwaltungsgerichtsbarkeit in der britischen Zone vom 15.9.1948 (VOBl BrZ 263), dort § 62; das Gesetz über die Verwaltungsgerichtsbarkeit in Rheinland-Pfalz vom 20.4.1950 (GVBl I 103), dort §§ 53, 54; das Gesetz über das Bundesverwaltungsgericht vom 23.9.1952 (BGBl I 625), dort § 39.

5 So sah noch etwa § 103 Abs. 1 der LVO für Thüringen vom 10.6.1926 (GS 177) ausdrücklich eine mittelbare Beweisaufnahme vor. Auch die §§ 64 der VwGO in Bayern, Bremen, Baden-Württemberg sowie § 62 Abs. 2 der MRVO Nr. 165 enthielten die Möglichkeit, die Beweisaufnahme auf eine durch das Gericht ersuchte Verwaltungsstelle zu übertragen. Diese mittelbare Form fand sich allerdings in § 53 Abs. 1 S. 2 der VwPO Rheinland-Pfalz ebenso wenig wie in § 39 Abs. 1 S. 2 BVerwGG.

6 Vgl. *Hufen* § 35 Rn. 28.

7 Vgl. statt vieler *Schmitt Glaeser/Horn* Rn. 548.

8 BVerwG 3.1.2012 – 2 B 72/11, juris Rn. 10; BVerwG Buchholz 310 § 96 VwGO Nr. 60; VG Trier 18.11.2014 – 1 K 523/14.TR, juris Rn. 51; *Kugele*, jurisPR-BVerwG 12/2012 Anm. 2; OVG Sachsen-Anhalt 15.9.2017 – 2 L 23/16, juris Rn. 16; BVerwG 20.6.2017 – 2 B 84/16. juris Rn. 26.

9 VG Trier 18.11.2014 – 1 K 523/14, juris Rn. 51.

10 BVerwG Buchholz 310 § 96 VwGO Nr. 60.

11 BVerfGE 57, 250, 277; vgl. OVG Münster 21.11.2014 – 6 A 76/14, BeckRS 2014, 58805; BVerwG 14.9.1999 – 5 B 44.99.

12 Vgl. BVerwG 13.10.1994 – 8 B 162/94 unter Berufung auf BSG NJW 1990, 1558; a.A. *R. Rudisile*, in: Schoch/Schneider/Bier § 96 Rn. 20.

6   § 96 regelt die Art und Weise der gerichtlichen Sachverhaltsaufklärung.[13] Der Grundsatz der Unmittelbarkeit hat zum Inhalt, dass Verhandlung und Beweisaufnahme grds. vor dem erkennenden Gericht stattfinden müssen.[14] Das Gericht soll demnach die zugrunde liegenden Tatsachen soweit wie möglich aus eigener unmittelbarer Wahrnehmung kennen (sog. formelle Unmittelbarkeit der Beweisaufnahme)[15].[16] Negativ gewendet lässt sich dem Grundsatz der Unmittelbarkeit das Verbot eines Dazwischentretens richterlicher Mittelspersonen bei der Entscheidungsfindung entnehmen.[17] Dieser Grundsatz wird nicht dadurch verletzt, dass an der Entscheidung eine Richterin mitgewirkt hat, die an der vorangegangenen Ortsbesichtigung nicht beteiligt gewesen war. Ändert sich nach einer Beweiserhebung die Besetzung des Gerichts, so muss die Beweisaufnahme nicht zwingend wiederholt werden. Ob die Beweise trotz Richterwechsels verwertbar sind, entscheidet das Tatsachengericht nach seinem Ermessen (BVerwG BauR 2004, 1266, 1268). Auch verstößt das Gericht, welches etwa den Sachvortrag eines Asylbewerbers ohne dessen persönliche Anhörung unter Übernahme der entsprechenden Würdigung durch das Bundesamt für unglaubwürdig hält, dann nicht gegen das Unmittelbarkeitsgebot, wenn die protokollierte Aussage solche Widersprüche, Ungereimtheiten oder Unvereinbarkeiten mit gesicherten Erkenntnissen des Gerichts aufweist, dass sie die Wahrheit der behaupteten Tatsache auch ohne einen persönlichen Eindruck von vornherein ausschließen (BVerwG DVBl 2002, 1213; VGH München 21.7.2008 – 1 ZB 08.30252).

7   **1. Bedeutung für die Beweisaufnahme und Anwendungsbereich.** Nach der Rspr. des BVerwG soll § 96 das Gericht dazu anhalten, seiner Entscheidung das in der jeweiligen prozessualen Situation geeignete und erforderliche Beweismittel zu Grunde zu legen, um dem Grundsatz des rechtlichen Gehörs, dem Gebot des fairen Verfahrens und vor allem auch dem Recht der Verfahrensbeteiligten auf Beweisteilhabe zu entsprechen.[18] Es geht – so das BVerwG weiter - letztlich um die Herbeiführung einer vollständigen und zutreffenden tatsächlichen Entscheidungsgrundlage; zugleich soll damit jedem Verfahrensbeteiligten die Möglichkeit gegeben werden, auf die Ermittlung des Sachverhalts Einfluss zu nehmen. Der Regelung in § 96 kann jedoch nicht entnommen werden, mit welcher Intensität und Detailschärfe das Gericht den Sachverhalt zu erforschen hat; dies ergibt sich vielmehr aus § 86 Abs. 1.[19]

7a   § 96 setzt diese Vorgaben für die Beweisaufnahme um. Grds. werden deshalb Zeugen und Sachverständige sowie Beteiligte in der mündlichen Verhandlung vernommen, erhebliche Urkunden in der mündlichen Verhandlung verlesen und wird der Augenschein außerhalb der mündlichen Verhandlung vom Gericht selbst eingenommen.[20] Dabei darf das Gericht bei seiner Entscheidung nur das berücksichtigen, was auf der Wahrnehmung aller an der Entscheidung beteiligten Richter beruht oder aktenkundig ist und wozu die Beteiligten sich zu erklären Gelegenheit hatten (BGHZ 53, 245, 247; BGH NJW 1991, 1302). Aus dem Gesagten ergibt sich auch, dass eine Übertragung der Beweisaufnahme auf Private, etwa Sachverständige oder auch Verwaltungsbehörden,[21] unzulässig ist (BGHZ 23, 207, 213; 40, 239, 246).[22]

8   Aufgrund der systematischen Stellung im Gesetz findet § 96 in allen erstinstanzlichen Verfahren sowie im Normenkontrollverfahren nach § 47 Anwendung.[23] Weiterhin erstreckt sich der Anwendungsbereich des § 96 aufgrund eindeutiger Verweisungsnormen auf alle Instanzen (vgl. § 125 Abs. 1 für die Berufung sowie § 141 S. 1, § 125 Abs. 1 für die Revision). Sofern es in einem Beschlussverfahren zu

---

13   BVerwG, Buchholz 310 § 96 VwGO Nr. 60.
14   Vgl. *Schmitt Glaeser* Rn. 548.
15   BVerwG Buchholz 310 § 96 VwGO Nr. 60.
16   BVerwG NJW 1983, 695; VG Trier 18.11.2014 – 1 K 523/14, BeckRS 2015, 42616; *R. Rudisile*, in: Schoch/Schneider/Bier § 96 Rn. 3; *W. Keller, in:* Meyer-Ladewig Vorbem. § 60 Rn. 7.
17   Dazu *Tipke/Kruse* § 81 FGO Rn. 23, wo die von *August Hegler* (Mündlichkeit und Unmittelbarkeit im Prozess, Bd. I, 1931, 192 und 213) geprägte bildhafte Formulierung aufgegriffen wird, das Unmittelbarkeitsprinzip statuiere „ein Verbot, gewissermaßen durch Auge und Ohr eines Vertreters Kenntnis von den Beweisen zu erlangen"; *K.Reichold*, in: Thomas/Putzo Einl I Rn. 8; *S. Weth*, JuS 1991, 34.
18   BVerwG 3.1.2012 – 2 B 72/11; BVerwG Buchholz 310 § 96 VwGO Nr. 60; OVG Münster 21.11.2014 – 6 A 76/14, BeckRS 2014, 58805.
19   BVerwG 3.1.2012 – 2 B 72/11; BVerwG Buchholz 310 § 96 VwGO Nr. 60.
20   *Klinger* § 96 Anm. A 1 a.
21   Vgl. Fn. 5 sowie etwa *Klinger* § 96 Anm. A 1 b.
22   *S. Weth*, JuS 1991, 34.
23   *H. Geiger*, in: Eyermann § 96 Rn. 2.

einer mündlichen Verhandlung kommt, muss sie ebenfalls unter der Direktive des Unmittelbarkeitsgrundsatzes durchgeführt werden (OLG München NJW 1974, 1514).[24]

Die Formulierung des § 96 Abs. 1 erfasst die Möglichkeit eines besonderen Beweistermins. Bei beste- **9** hender Notwendigkeit steht dem die Formulierung in § 96 also nicht entgegen.[25]

2. Gesetzliche Durchbrechungen. Der durch die Vorschrift normierte Grundsatz, dass das Gericht, **10** d.h. alle Mitglieder des Spruchkörpers (ausdrücklich betont von BVerwGE 41, 174, 175), sich einen persönlichen Eindruck von dem jeweiligen Beweismittel verschaffen müssen,[26] wird vom Gesetz mit Blick auf die Konzentrationsmaxime in den §§ 87 Abs. 3 sowie 96 Abs. 2 durchbrochen (vgl. BT-Drs. 11/7030, 17). Auch der Öffentlichkeitsgrundsatz wird hierbei tangiert, weil die Verhandlung vor dem ersuchten oder beauftragten Richter nicht öffentlich im genannten Sinne ist; an dessen Stelle tritt der in § 97 normierte Grundsatz der Parteiöffentlichkeit.

Nach § 96 Abs. 2 kann in geeigneten Fällen schon vor der mündlichen Verhandlung durch ein Mit- **11** glied des Gerichts als beauftragtem Richter Beweis erhoben oder durch Bezeichnung der einzelnen Beweisfragen ein anderes Gericht mit der Beweisaufnahme betraut werden. Ähnliches gilt für den Vorsitzenden oder Berichterstatter nach § 87 Abs. 3.[27] Die Regelung in § 87 Abs. 3 entspricht der für den Einzelrichter im zivilgerichtlichen Verfahren geltenden Vorschrift des § 524 Abs. 2 S. 2 ZPO. In der Praxis ist die Durchführung der Beweisaufnahme durch den Berichterstatter als Einzelrichter der Regelfall.[28] Ist der Rechtsstreit auf den Einzelrichter übertragen, ist dieser das Gericht.[29]

Grds. sehen die Vorschriften der VwGO als gesetzlich geregelten Normalfall die Beweisaufnahme **12** durch den vollbesetzten Spruchkörper vor. Soweit das Gesetz in §§ 96 Abs. 2, 98 VwGO i.V.m. §§ 361, 362 ZPO Durchbrechungen dieses Grundsatzes durch die Übertragung der Beweisaufnahme auf den beauftragten Richter oder ein ersuchtes Gericht zulässt, sind die Voraussetzungen einer solchen Übertragung eng auszulegen. Deshalb ist es zu Recht anerkannt, dass das Gericht nicht nach Belieben bestimmte Mitglieder des Gerichts (etwa den Vorsitzenden und den Berichterstatter gemeinsam) mit der Beweisaufnahme betrauen kann, weil dadurch das Gleichgewicht innerhalb des Spruchkörpers gestört wäre.[30] Denn den nicht an der Beweisaufnahme beteiligten Richtern dürfte es Schwierigkeiten bereiten, unvoreingenommen gegen die Sichtweise der unmittelbar an der Beweisaufnahme beteiligten Richter zu argumentieren (BVerwGE 25, 251, 255). Aus diesen Gründen ist in einem Hauptsacheverfahren auch eine nur durch die Berufsrichter ohne Beteiligung der ehrenamtlichen Richter durchgeführte Beweisaufnahme unzulässig.[31]

Das BVerwG hat entschieden, dass für die Frage, ob ein zur Beweisaufnahme geeigneter Fall i.S.v. § 96 **13** Abs. 2 vorliegt, auf die Kriterien zurückgegriffen werden kann, die für die Beweisaufnahme nach § 87 Abs. 3 S. 2 gelten.[32] Nach dieser Vorschrift kommt eine Beweiserhebung durch den Berichterstatter u.a. dann in Betracht, wenn von vornherein anzunehmen ist, dass das Gericht das Beweisergebnis auch ohne unmittelbaren Eindruck von dem Verlauf der Beweisaufnahme sachgemäß zu würdigen vermag.[33] Entscheidend ist mithin, ob das Gericht sich seine aus dem Gesamtergebnis des Verfahrens gewonnene Überzeugung (vgl. § 108 Abs. 1 S. 1) auch ohne einen unmittelbaren persönlichen Eindruck von einzelnen festzustellenden Tatsachen, die Gegenstand der Beweisaufnahme durch den beauftragten Richter waren, verschaffen kann.[34] Insgesamt steht die Frage, ob ein geeigneter Fall i.S.v. § 96 Abs. 2 vorliegt, im Ermessen des Gerichts.[35]

---

24 Zust. *R. Rudisile*, in: Schoch/Schneider/Bier § 96 Rn. 15 a.
25 Dazu die Begründung zu § 99 des Entwurfs einer VwPO, BT-Drs. 10/3437, 121.
26 *J. Hüttenbrink*, in: Kuhla/Hüttenbrink/Endler E Rn. 226.
27 So *Schmitt Glaeser/Horn* Rn. 548.
28 *J. Hüttenbrink*, in: Kuhla/Hüttenbrink/Endler E Rn. 226; s.a. die Zahlen bei *B. Schulte*, NJW 1988, 1006, 1007 (Fn. 3).
29 *H. Geiger*, in: Eyermann § 96 Rn. 2; *Hufen* § 35 Rn. 28.
30 BVerwGE 25, 251, 254 f.; zur Frage, in welcher Besetzung das ersuchte Gericht tätig werden darf, *A. Ganter*, NVwZ 1985, 173.
31 *B. Schulte*, NJW 1988, 1006, 1007 (Fn. 2).
32 BVerwG NJW 1994, 1975; OVG Münster 17.1.2007 – 8 A 2042/06, BeckRS 2007, 23497.
33 BVerwG NVwZ 2015, 1769, 1771; BVerwG NVwZ-RR 2015, 94.
34 OVG Münster 17.1.2007 – 8 A 2042/06, BeckRS 2007, 23497; BVerwG NJW 1994, 1975; BGH NJW 1991, 1302.
35 BVerwG Buchholz 310 § 96 VwGO Nr. 29 (S. 2); OVG Münster 29.7.1998 – 12 A 7539/95, BeckRS 1998, 16893 Rn. 61.

14   **3. Gegenstand der Beweisaufnahme.** Zu den einzelnen Beweismitteln vgl. zunächst § 98.

15   Gegenstand des Beweises sind in erster Linie, aber nicht nur, äußere und innere Tatsachen, Erfahrungssätze und Gebräuche, in seltenen Fällen auch die tatsächlichen Geltungsgrundlagen von Gewohnheitsrecht.[36]

16   Das Gesetz nennt hierzu fünf Beweismittel, versteht diese Aufzählung ausweislich des Wortlauts („insbesondere") indes nicht als abschließend, sodass neben den in § 96 genannten weitere Beweismittel, etwa auch die Einholung amtlicher Auskünfte i.S.d. § 87 Abs. 1 S. 2 Nr. 3 sowie die Beiziehung von Akten (§ 99 Abs. 1 S. 1) in Betracht kommt. Die VwGO überlässt es dem Gericht, welcher Beweismittel es sich zur Aufklärung des entscheidungserheblichen Sachverhalts bedienen will. Die in Betracht kommenden Beweismittel sind grds. einander gleichwertig.[37]

17   Keines Beweises bedürfen – wie § 291 ZPO zeigt – offenkundige und gerichtsbekannte Tatsachen (vertiefend zur Frage der Offenkundigkeit → § 98 Rn. 40 ff.).[38]

III. Abgrenzungsfragen und Verletzungstatbestände

18   Angesichts der fehlenden Legaldefinition und der umstr. Reichweite des Unmittelbarkeitsgrundsatzes verwundert es nicht, dass Rspr. und Lit. im Blick auf die Erfordernisse der Unmittelbarkeit der Beweisaufnahme vielfach Abgrenzungsfragen zu lösen gehabt haben, die namentlich die Voraussetzungen und Grenzen betreffen, unter denen die Verwendung mittelbarer Beweismittel zulässig ist.

19   Mittelbare Beweismittel sind solche, die den wirklichen oder vermeintlichen sachlichen Inhalt der dem Beweisthema nächsten Originalbeweismittel lediglich berichten (BVerfGE 57, 250, 276). Gegen ihre Verwertung ist unter Beachtung der unter → Rn. 4 angeführten Vorgaben verfassungsrechtlich nichts zu erinnern (BVerfGE 1, 418, 429; BVerfG NJW 1994, 2347), obgleich sie typischerweise einen weniger zuverlässigen Weg zur Erforschung der Wahrheit darstellen.

20   Bei der Frage, wann ein Verstoß gegen § 96 vorliegt, lässt sich die bereits angedeutete Differenzierung zwischen den Adressaten des Unmittelbarkeitsgrundsatzes und der Frage, welche Bedeutung dem Unmittelbarkeitsgrundsatz im Hinblick auf die Auswahl unter verschiedenen Beweismitteln zukommt, aufgreifen. Dabei sind die Anforderungen des Unmittelbarkeitsgrundsatzes strenger, wenn in Rede steht, durch wen ein bestimmter Beweis erhoben werden muss (Grundsatz der sog. formellen Unmittelbarkeit). Nur abgeschwächt beansprucht der Unmittelbarkeitsgrundsatz hingegen Geltung bei der Frage, auf welches von mehreren zur Verfügung stehenden Beweismitteln zurückgegriffen werden muss.[39]

21   Der Grundsatz der formellen Unmittelbarkeit besagt, dass nach der gesetzlichen Konzeption des § 96 Abs. 1 die Beweisaufnahme unmittelbar, d.h. ohne Dazwischentreten richterlicher Mittelspersonen zu erfolgen hat.[40] Grundidee hierbei ist, dass derjenige, der selbst den unmittelbaren Eindruck einer Beweisaufnahme – etwa einer Zeugenaussage – gewonnen hat, am geeignetsten sein dürfte, „eine einigermaßen gerechte Würdigung"[41] des Beweismittels vorzunehmen und die Entscheidung zu verantworten (vgl. OLG Düsseldorf NJW 1992, 187, 188).

22   Mit der materiellen Unmittelbarkeit wird der Problembereich des dem Beweisthema am nächsten stehenden Beweismittels angesprochen. Hier ist noch vieles umstr.,[42] sodass Einzelfragen nachfolgend bei den jeweiligen Beweismitteln erörtert werden. Unter Zugrundelegung der Rspr. des BVerwG wird man nur von einer eingeschränkten Geltung des materiellen Unmittelbarkeitsgrundsatzes sprechen können (BVerwG DVBl 1960, 731). Jedenfalls steht es nach dessen Rspr. im Ermessen des Gerichts, mit welchem der Beweismittel der Spruchkörper zu dem Grad der richterlichen Überzeugung in Bezug auf eine beweiserhebliche Tatsache kommt, der gem. § 108 Abs. 1 erforderlich ist.[43]

---

36   M. *Nierhaus*, Beweislast, 1989, 30; s.a. *R. Rudisile*, in: Schoch/Schneider/Bier § 96 Rn. 10.

37   BVerwG Buchholz 402.242 § 31 AufenthG Nr. 1 m.w.N.; *R. Rudisile*, in: Schoch/Schneider/Bier § 96 Rn. 5.

38   Vgl. BVerwG NVwZ 1990, 571 zur Anwendbarkeit des § 291 ZPO.

39   Grundsatz der sog. materiellen Unmittelbarkeit. Zu dieser Differenzierung *K. Böhm*, NVwZ 1996, 427, 429 f. sowie vertiefend *Tipke/Kruse* § 81 FGO Rn. 23–30.

40   *Schwab*, in: *Rosenberg/Schwab/Gottwald* § 80 Rn. 1; *K. Böhm*, NVwZ 1996, 428, 429.

41   *Baumbach/Lauterbach/Albers/Hartmann* § 355 Rn. 2.

42   Vgl. etwa *R. Seer*, in: *Tipke/Kruse* § 81 FGO Rn. 26–30.

43   Vgl. BVerwG Buchholz 310 § 96 VwGO Nr. 41; Buchholz 402.242 § 31 AufenthG Nr. 1; aus dem Schrifttum etwa *K.-J. Melullis*, MDR 1989, 1060, 1063.

Unter Anwendung dieser Maßstäbe lässt sich als Faustregel festhalten, dass Beeinträchtigungen der 23
formellen Unmittelbarkeit entweder aufgrund eindeutiger gesetzlicher Regelungen erlaubt oder sonst
gesondert gerechtfertigt werden müssen, während Beeinträchtigungen der materiellen Unmittelbarkeit
keine Vermutung eines Verfahrensverstoßes in sich tragen. Dieses – auch in § 96 Abs. 2 aufscheinende
– Regel-Ausnahme-Prinzip kann zur Lösung der bei den einzelnen Beweismitteln auftretenden Ab-
grenzungs- und Streitfragen fruchtbar gemacht werden.

1. Zeugenbeweis. Zeuge kann nur eine natürliche Person sein, die ihr Wissen über bestimmte Tatsa- 24
chen bekunden soll.[44] Geschäftsfähigkeit i.S.d. BGB ist – wie in der zivilrechtlichen Rspr. und Lit. zu
Recht hervorgehoben wird – nicht erforderlich.[45] Freilich muss es im Hinblick auf das in Art. 3 GG
enthaltende Verbot der Diskriminierung aus Altersgründen verwundern, wenn in der Kommentarliteratur besonders herausgestellt wird, dass auch ein Greis als Zeuge in Betracht kommen könne.[46] Zeuge kann nicht sein, wer Beteiligter des Rechtsstreits ist (zu den Einzelheiten vgl. die Komm. zu § 98).

Bei der Beweiserhebung mittels Zeugen kommt wegen der dabei notwendigen Glaubwürdigkeitsbeur- 25
teilung der Beachtung des Unmittelbarkeitsgrundsatzes eine überragende Bedeutung zu.[47] Dadurch
werden jedoch besondere Probleme aufgeworfen.

Die Frage, wer an der Zeugenvernehmung teilnehmen muss, wird durch § 96 Abs. 1 beantwortet. Da- 26
nach ist Adressat des Unmittelbarkeitsgrundsatzes zunächst das Gericht. Die Beweisaufnahme muss
demnach grds. vor dem gesamten Spruchkörper erfolgen (BGH NJW 1995, 1292, 1293). Bei einem
Kollegialgericht ist es deshalb nicht ausreichend, dass ein Mitglied des Gerichts an einer Zeugenvernehmung teilnimmt und die übrigen zur Entscheidung berufenen Richter formlos über seine persönlichen Eindrücke unterrichtet (BGH NJW 1997, 1586, 1587). Soweit es um die Glaubwürdigkeit eines
Zeugen geht, muss das erkennende Gericht in seiner Spruchbesetzung einen persönlichen Eindruck
von dem Zeugen gewonnen haben[48] oder auf eine aktenkundige und der Stellungnahme durch die
Parteien (Beteiligten) zugängliche Beurteilung zurückgreifen können (BGH NJW 1997, 1586, 1587;
BayObLG NJW-RR 1995, 653). Deshalb muss der mit der Beweisaufnahme beauftragte Einzelrichter
die Umstände, die für die Würdigung der Glaubwürdigkeit von Zeugen maßgeblich sein sollen, zumindest im Protokoll niederlegen (BGH NJW 1992, 1966, 1967; NJW-RR 1996, 983).

Bezeichnet demgegenüber etwa ein Gericht aufgrund einer Beweisaufnahme, an der nur einer der an 27
der Urteilsfällung beteiligten Richter teilgenommen hat, einen Zeugen als glaubwürdig, dann kann die
Feststellung der Zeuge sei ersichtlich bemüht gewesen, nur das zu bekunden, woran er sich auch erinnern konnte, und es könne nach dem in der Beweisaufnahme gewonnenen persönlichen Eindruck ausgeschlossen werden, dass er eine Gefälligkeitsaussage gemacht habe, nur auf der Würdigung des einen
auch an der Beweisaufnahme beteiligten Richters beruhen. Damit ist der Grundsatz der Unmittelbarkeit der Beweisaufnahme nicht beachtet (BGH NJW-RR 1997, 506; vgl. auch BGH NJW-RR 1995,
1210).

Besteht bei mehreren Zeugen ein objektiver nicht auflösbarer Widerspruch in den Aussagen, kommt 28
es derart auf die Beurteilung der Glaubwürdigkeit der Zeugen an, dass dem Unmittelbarkeitsgrundsatz nur durch die Vernehmung der Zeugen durch alle erkennenden Richter genüge getan wird.[49]

Zu einer Kollision mit dem Unmittelbarkeitserfordernis kann es im Rahmen der Beweisaufnahme wei- 29
terhin etwa infolge eines Richterwechsels kommen. Das BVerwG hat die Beantwortung der Frage, ob
ein Tatsachengericht nach einem Richterwechsel die Wiederholung einer durchgeführten Beweisaufnahme für erforderlich hält, in das Ermessen des Gerichts gestellt.[50] Zur Verwertung der Ergebnisse
einer früheren Beweisaufnahme nach einem Richterwechsel sei nicht einmal die Verlesung der Niederschrift über den Beweistermin zwingend geboten (BVerwG NVwZ-RR 1990, 166). Eine äußerste
Grenze dieser von der Rspr. sanktionierten weiten Durchbrechung des Unmittelbarkeitsgrundsatzes ist

---

44 *Rosenberg/Schwab/Gottwald* § 120 Rn. 1.
45 *Baumbach/Lauterbach/Albers/Hartmann* Übers. § 373 Rn. 4; OLG Düsseldorf MDR 1988, 593.
46 So *Baumbach/Lauterbach/Albers/Hartmann* Übers. § 373 Rn. 4.
47 BVerwG Buchholz 310 § 96 VwGO Nr. 32; aus der zivilgerichtlichen Rspr. vgl. BGH NJW 1991, 1180; NJW 1995,
    1292, 1293; NJW 1997, 1586, 1587.
48 Vgl. BSGE 2, 197; *Schunck/De Clerck* § 96 Anm. 2 a.
49 BGH NJW-RR 1997, 152; OVG Münster 29.7.1998 – 12 A 7539/95, BeckRS 1998, 16893 Rn. 61.
50 OVG Bln 22.2.2017 – OVG 9 N 106.16, BeckRS 2017, 103355 Rn. 23; BVerwG 1.6.2007 – 8 B 85/06; Buchholz 310
    § 96 VwGO Nr. 7; Buchholz 310 § 96 VwGO Nr. 34 (S. 3).

erreicht, wenn keiner der entscheidenden Richter an der Beweisaufnahme teilgenommen hat. Hier verstößt das Gericht gegen den Grundsatz der Unmittelbarkeit der Beweisaufnahme, wenn es bei der Urteilsfindung maßgeblich auf die Glaubwürdigkeit eines Zeugen abstellt (OLG Düsseldorf NJW 1992, 187, 188).

30   Ähnliche Fragen stellen sich bei der Verwertung der Zeugenaussage einer anderen Instanz. Hier muss es keinen Verstoß gegen die Unmittelbarkeit darstellen, wenn das zur Entscheidung berufene Gericht die Beweisaufnahme einer Vorinstanz nicht wiederholt, sondern sich etwa auf deren Zeugenvernehmung[51] stützt. Nach der Rspr. verlangt das Prinzip der Unmittelbarkeit der Beweisaufnahme in diesen Fällen keine Wiederholung der Beweisaufnahme.[52] Nur dann, wenn es entscheidend auf die persönlichen Eindrücke ankommt, muss je nach den Umständen des Falles eine Wiederholung der Zeugenvernehmung in Betracht gezogen werden (BVerwG NJW 1986, 3154, 3155). Dies kommt vor allem dann in Betracht, wenn das Berufungsgericht bspw. die persönliche Glaubwürdigkeit des Zeugen oder auch dessen Aussagen[53] anders beurteilt als die Vorinstanz[54] oder den Aussagen eine vom Wortsinn abweichende Bedeutung beimessen will.[55]

31   Vernimmt ein Gericht beide Parteien in unterschiedlicher Besetzung und hält es die Aussage einer Partei im Hinblick auf vorliegende Urkunden und die Aussage der anderen Partei für nicht glaubhaft, ohne sich mit der nicht einmal in einem Protokollvermerk behandelten Glaubwürdigkeit dieser Partei auseinanderzusetzen, liegt ein Verstoß gegen den Grundsatz der Unmittelbarkeit der Beweisaufnahme vor (BGH NJW-RR 1997, 506).

32   Diese Grundsätze gelten auch dann, wenn das Gericht von zwei Zeugen, auf deren Glaubwürdigkeitsbeurteilung es im Prozess maßgeblich ankommt, nur einen persönlich und den anderen im Wege der Rechtshilfe durch ein ausländisches Gericht vernimmt. Hier liegt ein Verstoß gegen den Unmittelbarkeitsgrundsatz vor, wenn das Gericht aufgrund der als glaubwürdig angesehenen Aussage des vernommenen Zeugen entscheidet, weil es damit konkludent den anderen Zeugen für unglaubwürdig hält, ohne von ihm einen persönlichen Eindruck gewonnen zu haben (vgl. BGH NJW 1990, 3088, 3089).

33   Will das Gericht sich bei der Beweisaufnahme anstatt auf eine Zeugenvernehmung auf die Verwertung eines (früheren) Protokolls der Zeugenvernehmung stützen, so liegt darin – wegen der oben skizzierten elastischeren Anforderungen des materiellen Unmittelbarkeitsgrundsatzes – grds. kein Verstoß gegen den Unmittelbarkeitsgrundsatz.[56] Bei der Beantwortung der Frage, als was solche Beweismittel in den Prozess eingebracht werden können, ist jedoch zu differenzieren.

34   Als Zeugenbeweis kann eine solche Aussage nur gewertet werden, wenn die Beteiligten dem nicht widersprechen.[57] Die VG sind zwar grds. auch ohne Zustimmung der Verfahrensbeteiligten befugt, den Inhalt beigezogener und zum Gegenstand der Verhandlung gemachter Akten im Wege des Urkundenbeweises zu verwerten.[58] Das Gericht darf aber seine Tatsachenfeststellungen nicht allein auf beigezogene Akten und darin enthaltene Vernehmungsprotokolle stützen, wenn eine Zeugenvernehmung von einem Beteiligten ausdrücklich beantragt wird oder sich aus anderen Gründen dem Gericht aufdrän-

---

51   Vgl. BayVerfGH BayVBl 1988, 203, 204; ebenso für die Augenscheinseinnahme BVerwG NJW 1994, 1975; BVerwGE 41, 174, 176; aus dem Schrifttum etwa *Kopp/Schenke* § 96 Rn. 6.

52   Vgl. BVerwG Buchholz 310 § 112 VwGO Nr. 5; BayVerfGH BayVBl 1988, 203, 204, Wiederholung der Beweisaufnahme steht im Ermessen des Gerichts.

53   BVerwG 5.6.2013 – 5 B 11.13, 5 PKH 14.13, BeckRS 2013, 52215 Rn. 12; BGH NJW 1996, 663, 664; Ähnliches gilt, wenn die Aussagen des Zeugen im ersten Rechtszug doppeldeutig sind, vgl. BGH NJW 1968, 1138; *N. Pantle*, NJW 1991, 1279, 1281; zum Problem dieser „Wiederholungslast" vertiefend *ders.*, NJW 1987, 3160, 3161 ff.

54   BVerwG 5.6.2013 – 5 B 11.13, 5 PKH 14.13, BeckRS 2013, 52215 Rn. 12; BGH NJW 1984, 2629; NJW 1985, 3078; NJW 1986, 2885; BGH NJW 1987, 3205; NVwZ-RR 1990, 220, 221; Buchholz 310 § 86 Abs. 1 VwGO Nr. 87. Diese Grundsätze gelten auch dann, wenn ein Zeuge im ersten Rechtszug nicht vor dem Prozessgericht, sondern vom ersuchten Richter vernommen wurde, vgl. BGH NJW 1991, 3285 f.

55   BVerwG 5.6.2013 – 5 B 11.13, 5 PKH 14.13, BeckRS 2013, 52215 Rn. 12; BayVerfGH BayVBl 1988, 203, 204; BGH NJW 1988, 566, 567; NJW 1991, 1183; *R. Rudisile*, in: Schoch/Schneider/Bier § 96 Rn. 41.

56   Vom BVerwG oft betonter Grundsatz, vgl. nur BVerwG Buchholz 310 § 96 VwGO Nr. 29 (S. 3) m.w.N.

57   A.A. *R. Rudisile*, in: Schoch/Schneider/Bier § 96 Rn. 45.

58   BVerwG Buchholz 310 § 96 VwGO Nr. 37 (S. 7); 19.11.1996 – 2 B 47/96; BVerwG NJW 1992, 1186; DÖV 1993, 536; 19.11.1996 – 2 B 47/96; 29.10.1998 – 1 B 103/98; 20.5.2011 – 8 B 73.10, BeckRS 2015, 50788 Rn. 20; OLG Düsseldorf NJW-RR 1996, 638.

gen muss.[59] Denn im Blick auf die in § 96 Abs. 1 zum Ausdruck kommende Fundamentalbedeutung des Unmittelbarkeitsgrundsatzes für die Beweisaufnahme darf das VG nur in ganz bestimmten gesetzlich vorgeschriebenen Fällen von der Vernehmung ihm bekannter Zeugen absehen und die Aussage dieser Zeugen durch eine Verwertung von Urkunden ersetzen (VGH Kassel NJW 1984, 821, 823). Dies kommt nur in engen Ausnahmefällen (vgl. OLG Düsseldorf NJW 1991, 2781, 2782) und namentlich dann in Betracht, wenn eine Vernehmung des Zeugen für diesen eine Lebensgefahr begründete.[60]

Zur Verwertung der genannten Beweismittel im Wege des Urkundenbeweises ist das Gericht indes 35 grds. auch ohne Zustimmung der Verfahrensbeteiligten befugt.[61] Es reicht hierbei i.d.R. aus, wenn das Gericht diese Form der Beweisverwertung für sachdienlich hält (BVerwG Buchholz 310 § 96 VwGO Nr. 25).

Dies kommt in Betracht, wenn bspw. die Richtigkeit der unter Beweis gestellten Tatsache bereits be- 36 wiesen oder das angebotene Beweismittel völlig ungeeignet ist (vgl. BVerfG NJW 1993, 254 für den Zivilprozess). Hierbei ist wegen des Verbots antizipierter Beweiserhebung Zurückhaltung geboten. So macht allein der Umstand, dass in einer mündlichen Verhandlung die ladungsfähige Anschrift einer als Zeuge benannten Person nicht angegeben werden konnte, das Beweismittel nicht unerreichbar, sofern sich der auf das Zeugnis berufende Beteiligte für imstande erklärt hat, die ladungsfähige Anschrift nachzureichen (BVerwG NVwZ 1996, Beilage 10, 75. Vgl. auch BVerwG NVwZ 1996, 1102). Auch ist es den Gerichten verwehrt, etwa aus Praktikabilitätserwägungen, die Beweisaufnahme auf die Behörden zu verlagern (vgl. BFH NVwZ-RR 1995, 616).

Abgrenzungsprobleme zum Urkundenbeweis und damit zur Frage der Einhaltung des Unmittelbar- 37 keitserfordernisses können sich auch ergeben, wenn es um die Verwertung von Privaturkunden geht, die sich der Sache nach als Zeugenaussagen darstellen (→ Rn. 56). Während nämlich an sich die Beweisverwertung bei Urkunden durch Einsichtnahme in die Urkunde stattfindet, kommt – etwa in Asylstreitverfahren – die Verwertung privater Briefe im Wege des Urkundenbeweises nicht in Betracht, wenn solche Briefe Wissenserklärungen des Verfassers über bestimmte Tatsachen enthalten. Denn in einem solchen Fall stellt der Inhalt des Briefes nur Parteivorbringen dar, sodass der Verfasser aufgrund der Vorgaben des § 96 Abs. 1 selbst als Zeuge vernommen werden muss (BVerwG Buchholz 310 § 96 VwGO Nr. 30). Dies gilt nicht, wenn die Zeugenvernehmung nicht möglich oder sonst untunlich ist. So ist in einem Asylanerkennungsverfahren vor einem deutschen VG die Vernehmung von im Verfolgerstaat lebenden Personen als Zeugen i.d.R. ein völlig ungeeignetes Beweismittel (OVG Münster DÖV 1982, 950).[62]

Im Hinblick auf die Erfordernisse des Unmittelbarkeitsgrundsatzes ist auch die Verwertung der Aussa- 38 gen eines sog. Zeugen vom Hörensagen nicht bedenkenfrei. Denn dieser berichtet nicht über eigene Wahrnehmungen, sondern gibt – durch die eigene Subjektivität notwendig gefilterte – fremde Wahrnehmungen wieder.[63] Gleichwohl ist der Zeuge vom Hörensagen in der Rspr. als taugliches Beweismittel grds. anerkannt (vgl. BVerfG BayVBl 1992, 111, 112); allerdings werden dabei besondere Anforderungen an die Beweiswürdigung gestellt (vgl. BVerfG NJW 1996, 448; BVerwG 5.3.2002 – 1 B 194/01, BeckRS 2002, 21303) und dessen Beweiswert ist besonders krit. zu überprüfen (vgl. VGH Mannheim NJW 1984, 2429). Namentlich für das Strafverfahren hat die Rspr. zudem Grenzen der Verwertbarkeit herausgearbeitet, die auch für das Verwaltungsverfahren fruchtbar gemacht werden können. So kann ein „Zeuge vom Hörensagen" Auskunft geben über Schilderungen, Nachrichten und Berichte, die ihm von anderen Personen über deren Wahrnehmungen gemacht worden sind, nicht aber über Kenntnisse, die er aus der Einsicht in Protokolle solcher Vernehmungen erworben hat, an denen er nicht selbst mitgewirkt hat (OLG Köln NStZ 1990, 557). Insgesamt kann die Aussage eines Zeugen vom Hörensagen regelmäßig nur dann Grundlage einer Entscheidung sein, wenn dessen Bekundungen

---

59 BVerwG Buchholz 310 § 96 VwGO Nr. 37 (S. 7); NJW 1992, 1186; auf dieser Linie liegt auch die finanzgerichtliche Rspr., vgl. etwa BFH NJW 1991, 3055; zum Zivilprozess OLG Düsseldorf NJW-RR 1996, 638; VGH München 20.1.1999 – 7 B 98.2357, BeckRS 1999, 23725 Rn. 33.

60 Dazu BGH NJW 1985, 986, 987. Zum Fragenkreis „gefährdeter Zeuge" krit. H.-J. Bruns, StV 1983, 385 f.; zu weiteren Ansätzen einer Wahrung der Anonymität von Zeugen ders., MDR 1984, 177, 181 f.; vgl. weiter G. Fezer, JZ 1984, 433, 434; G. Grünwald, StV 1984, 56, 58; H.-L. Günther, NStZ 1984, 33, 36.

61 BVerwG Buchholz 310 § 96 VwGO Nr. 37 (S. 7); 19.11.1996 – 2 B 47/96; s.a. OLG Düsseldorf NJW-RR 1996, 638.

62 Dazu auch Klatt, NVwZ 2007, 51, 52 f.

63 K. Geppert, Jura 1991, 538, 539.

durch andere, nach Überzeugung des Tatrichters wichtige Beweisanzeichen bestätigt werden (BGH StV 1991, 197; StV 1996, 583).

39 **2. Sachverständiger und sachverständiger Zeuge.** Der Sachverständige soll dem Gericht Fachwissen vermitteln und die Richter in die Lage versetzen, den unterbreiteten Sachverhalt sachkundig zu beurteilen.[64] Dies kann durch die Übermittlung von Kenntnissen über Erfahrungssätze oder deren Anwendung auf dem besonderen Wissensgebiet des Sachverständigen oder durch Schlussfolgerungen auf einen Sachverhalt geschehen.[65] Faktisch kommt damit dem Sachverständigen eine gewisse Sonderstellung zwischen den Beweismitteln und dem Richter mit einer gewissen Nähe zur Richterstellung zu.[66] Rechtlich betrachtet bleibt der Sachverständige gleichwohl Gehilfe des Gerichts.[67] Deshalb ist unter Unmittelbarkeitsgesichtspunkten die Feststellung des entscheidungserheblichen Sachverhalts allein Aufgabe des Gerichts. Dem Sachverständigen darf weder die rechtliche Würdigung von Tatsachen (vgl. aber BVerwG NVwZ 1999, 187) noch gar die Entscheidung übertragen werden.[68] Das BVerwG hat aus diesen Grundsätzen weiter das an das Gericht adressierte Verbot abgeleitet, ein Sachverständigengutachten ungeprüft zu übernehmen (BVerwG NVwZ 1999, 187, 188). Es muss die im Gutachten enthaltenen Feststellungen und Schlussfolgerungen im Rahmen seiner tatrichterlichen Würdigung unter Berücksichtigung aller Umstände, der eigenen Sachkunde und der allgemeinen Lebenserfahrung selbstverantwortlich überprüfen, nachvollziehen und ggf. aufgrund dieser Prüfung übernehmen (BVerwG Buchholz 232 § 139 BBG Nr. 9).

40 Daraus ergeben sich verschiedene Konsequenzen.

41 Der Tatrichter muss auf die Aufklärung von Widersprüchen hinwirken, die sich sowohl innerhalb der Begutachtung durch einen Sachverständigen als auch aus einem von der Partei vorgelegten Privatgutachten ergeben können (BVerwGE 31, 149, 156; BGH NJW 1996, 1597, 1598; *R. Hinze*, ZRP 1980, 24). Deshalb darf sich auch das Berufungsgericht bei seiner Entscheidungsfindung nicht allein auf das Gutachten des zweitinstanzlichen Gutachters stützen, sondern muss sich auch mit dem zuvor erstatteten Gutachten auseinandersetzen und auf die Aufklärung von Widersprüchen – auch innerhalb des zweitinstanzlichen Gutachtens – hinwirken (BGH NJW 1997, 794). Insoweit gelten keine anderen Maßstäbe als bei der abweichenden Beurteilung von Zeugenaussagen.[69]

42 Gleichwohl ist ein Gericht zur Beiziehung eines Sachverständigen nur verpflichtet, soweit es sich keine genügende Sachkenntnis zutrauen darf. Ob seine eigene Sachkenntnis ausreicht, hat es nach pflichtgemäßem Ermessen selbst zu beurteilen (so der VGH Kassel MDR 1997, 97 unter Berufung auf BVerfGE 54, 87, 92).

43 Verzichtet das Gericht – etwa weil ein Mitglied des Gerichts in Bezug auf die Beurteilung der der Streitfrage zugrunde liegenden Tatsachen über besondere Kenntnisse verfügt –, auf die Einholung eines Sachverständigengutachtens, muss es allerdings die in Anspruch genommene eigene Sachkunde in einer von den Parteien und vom Revisionsgericht nachprüfbaren Weise im Urteil darlegen (BVerwG Buchholz 310 § 96 VwGO Nr. 39).

44 Legt ein vom Gericht bestellter Sachverständiger ein schriftliches Gutachten vor und ist über das eingeholte Gutachten – und sei es auch nur nach Auffassung eines Beteiligten – weitere Aufklärung geboten, ist das Gericht gem. § 98 VwGO i.V.m. §§ 402, 397 ZPO i.d.R. verpflichtet, das Erscheinen des gerichtlich bestellten Sachverständigen zur Erläuterung seines schriftlichen Gutachtens anzuordnen, wenn ein Beteiligter dies beantragt, weil er dem Sachverständigen Fragen stellen möchte (BVerwG NJW 1984, 2645, 2646). Dabei sind die Anforderungen an einen solchen Antrag nicht zu überspannen. Es reicht aus, wenn ihm entnommen werden kann, in welche allgemeine Richtung eine weitere Aufklärung herbeigeführt werden soll (BVerwG MDR 1973, 339). Von dem Beteiligten kann nicht verlangt werden, dass er die Fragen, die er an den Sachverständigen richten will, im Voraus im Einzel-

---

64 Vgl. *L. Schmidt*, FS Maunz, 1981, 297, 300; *F. E. Schnapp*, FS Menger, 1985, 557, 566.
65 Zu diesen drei Funktionen *R. Seer*, Einsatz von Prüfungsbeamten, 1992, 127.
66 Dazu *R. Seer*, in: Tipke/Kruse § 81 FGO Rn. 15.
67 Vgl. BGHZ 23, 207, 213; OLG Düsseldorf MDR 1979, 409; *W. Skouris*, AöR 107 (1982), 215, 246; *F. E. Schnapp*, FS Menger, 1985, 557, 566.
68 BVerwG Buchholz 232 § 139 BBG Nr. 9; NVwZ 1999, 187, 188. Vgl auch *H. Wagner*, BB 1982, 210, 212 ff.
69 BGH NJW 1993, 2380, 2381; VersR 1985, 839, 841; zur abweichenden Beurteilung bei Zeugenaussagen → Rn. 30 sowie BVerwG NVwZ-RR 1990, 220, 221; Buchholz 310 § 86 Abs. 1 VwGO Nr. 87; BGH NJW 1987, 3205.

nen formuliert (BVerwG VerwRspr 32, 895). I.d.R. werden sich solche und weitere Fragen auch erst im Rahmen der Erläuterung ergeben können.

Unter den Voraussetzungen der §§ 406 Abs. 1, 41 und 42 ZPO, auf die § 98 verweist, können die Beteiligten des Verwaltungsprozesses Sachverständige erfolgreich ablehnen.[70]   45

3. Beteiligtenvernehmung. Grds. stellt die Beteiligtenvernehmung – wie sich aus der nicht ausgeschlossenen Anwendbarkeit des § 450 Abs. 2 ZPO ergibt – ein subsidiäres Beweismittel dar.[71] Das Gericht darf darauf nur zurückgreifen, wenn trotz Ausschöpfung aller anderen Beweismittel noch Zweifel bleiben.[72]   46

In jedem Fall muss das Gericht hinreichend deutlich machen, dass es den Beteiligten vernimmt. Verwertet das Gericht etwa Ausführungen, die ein Beteiligter bei seiner Anhörung gemacht hat, so, als handele es sich um das Ergebnis einer Beweisaufnahme durch Vernehmung dieses Beteiligten, begeht das Gericht einen Verfahrensfehler (BVerwG Buchholz 310 § 96 VwGO Nr. 26; ebenso Buchholz 310 § 96 VwGO Nr. 27).   47

4. Beweis mittels Augenscheinseinnahme. Der Augenschein (§ 98 VwGO i.V.m. §§ 371, 372 ZPO) ist die unmittelbare Sinneswahrnehmung des Gerichts zur Beweisaufnahme.[73] Bei der Beweiserhebung und -verwertung aufgrund des Augenscheins sind die Anforderungen an die Unmittelbarkeit weniger streng. Hier gilt zunächst der in der Rspr. entwickelte Grundsatz, dass eine Beweisaufnahme durch Augenscheinseinnahme nicht von vornherein unmittelbar durch sämtliche Mitglieder des Gerichts erfolgen muss (BVerwG NJW 1994, 1975; BGHZ 53, 251, 254). Insbes. ist auf die folgenden die Rspr. beschäftigenden Ausnahmefälle hinzuweisen. Begründen lässt sich dies aufgrund einer systematischen Auslegung der Abs. 1 und 2 der Vorschrift. Denn die Augenscheinseinnahme als Beweismittel ist in § 96 Abs. 1 S. 2 ausdrücklich erwähnt. Hieran knüpft die die Beweisaufnahme durch den beauftragenden Richter bzw. die Verwertung einer von einem anderen Gericht durchgeführten Beweisaufnahme eröffnende Regelung des Abs. 2 unmittelbar an. So wird der Unmittelbarkeitsgrundsatz nicht verletzt, wenn das Gericht nicht selbst die Augenscheinseinnahme vornimmt, sondern diese dem Berichterstatter überträgt oder sich auf die Augenscheinseinnahme der Vorinstanz stützt (BVerwGE 41, 174, 175 f.; BVerwG NJW 1994, 1975).   48

Verfahrensfehlerhaft ist eine Beweisaufnahme aber dann, wenn die gebotene Augenscheinseinnahme nicht durch den vollbesetzten Spruchkörper bzw. den Berichterstatter, sondern bspw. durch den Vorsitzenden und den Berichterstatter erfolgt.[74]   49

Da es einen allgemeinen Grundsatz des Inhalts, dass ein einmal mit der Sache befasster Richter auch bis zu der Entscheidung mit dieser Sache befasst bleiben muss, weder im Zivil- (BGHZ 53, 245, 257) noch im Verwaltungsprozess (BVerwG Buchholz 310 § 112 VwGO Nr. 5 m.w.N.) gibt, ist es unschädlich, wenn der Vorsitzende eines zur Entscheidung berufenen Gerichts wechselt, nachdem dieses Beweis durch Augenschein erhoben hat (BVerwG Buchholz 310 § 96 VwGO Nr. 34). Deshalb können die Beteiligten unter Berufung auf den Grundsatz der Unmittelbarkeit der Beweisaufnahme in den genannten Fällen auch keine Wiederholung der Beweisaufnahme verlangen. Eine ganz andere Frage ist indes, dass die Wiederholung der Beweisaufnahme im Ermessen des Gerichts steht (BVerwG NJW 1986, 3154, 3155; Buchholz 310 § 112 VwGO Nr. 5), sodass sich insoweit doch eine Korrekturmöglichkeit in Extremfällen ergeben kann.   50

Dem beschriebenen Ermessen korrespondiert die Befugnis des Gerichts, einen Beweisbeschluss zu ändern oder darauf zu verzichten, einen noch nicht erledigten Beweisbeschluss auszuführen (vgl. BVerwG Buchholz 310 § 96 VwGO Nr. 18), sofern es dies den Beteiligten rechtzeitig mitteilt und ihnen Gelegenheit zur Stellungnahme gibt, bevor es sein Urteil verkündet (BVerwGE 17, 172, 173; BVerwG NJW 1984, 2645, 2647).   51

---

70 Vertiefend W. *Skouris*, AöR 107 (1982), 215, 237 ff.
71 BVerwG 5.6.2013 – 5 B 11/13, 5 B 11/13, 5 PKH 14/13, juris Rn. 11; Buchholz 310 § 96 VwGO Nr. 40; *Ule*   52
    I. A.M. *E. Kretschmer*, NJW 1965, 383, 385: Hauptbeweismittel.
72 BVerwG 5.6.2013 – 5 B 11/13, 5 B 11/13, 5 PKH 14/13, juris Rn. 11; Buchholz 310 § 96 VwGO Nr. 28; Buchholz
    402.242 § 31 AufenthG Nr. 1; insoweit einerseits strenger VGH Mannheim NVwZ 1993, 72; andererseits VGH
    Mannheim VBlBW 1988, 431.
73 *H. Lang*, in: Diering/Timme/Waschull, SGB X, ⁴2016, § 21 Rn. 26.
74 BVerwGE 25, 251, 254; 41, 174, 176; aus der zivilgerichtlichen Rspr. etwa BGH NJW 1960, 1252, 1253.

52 Wie bei der Zeugenvernehmung ist es auch beim Beweis durch Augenscheinseinnahme nach einem Richterwechsel nicht in jedem Falle erforderlich, dass die Beweisaufnahme wiederholt wird.[75] Hier ist es für die gebotene Unterrichtung der mitwirkenden Richter und die Schaffung einer sicheren Entscheidungsgrundlage grds. ausreichend, wenn der Berichterstatter den Sachverhalt einschließlich des bisherigen Prozessverlaufs in der mündlichen Verhandlung vorträgt (BVerwG Buchholz 310 § 111 VwGO Nr. 5; Buchholz 310 § 96 VwGO Nr. 34). Auch können die Ergebnisse eines früheren Augenscheins im Wege des Urkundenbeweises durch Heranziehung des Augenscheinsprotokolls (§ 160 Abs. 3 Nr. 5 ZPO) verwendet werden (BGH NVwZ 1992, 915, 916). Das Gericht darf dann bei der Beweiswürdigung aber nur das berücksichtigen, was auf der persönlichen Erinnerung aller an der Entscheidung beteiligten Richter beruht oder aktenkundig ist und wozu die Parteien sich erklären konnten. Eindrücke, die nicht in das Verhandlungsprotokoll aufgenommen worden sind, dürfen dagegen nach einem Richterwechsel nicht verwertet werden, selbst wenn bspw. bei drei Richtern nur einer an der Beweisaufnahme nicht teilgenommen hat (BGH NJW 1991, 1180; NVwZ 1992, 915, 916).

53 **5. Urkundenbeweis.** Die Erhebung des Beweises durch vorhandene Urkunden oder amtliche Auskünfte erfordert kein besonderes mündliches Verfahren. Diese Beweismittel können also formlos in den Prozess eingeführt und ohne besonderes Beweisaufnahmeverfahren durch Einsichtnahme in die Urkunden und Kenntnisnahme vom Inhalt der amtlichen Auskünfte verwertet werden.[76] Dabei ist das Gericht auch befugt, den Inhalt beigezogener und zum Gegenstand der Verhandlung gemachter Akten im Wege des Urkundsbeweises zu verwerten, wenn die Verfahrensbeteiligten dem nicht zugestimmt haben.[77] Dies gilt auch, soweit es um die Heranziehung von Gutachten, amtlichen Auskünften und anderen Unterlagen aus früheren Verfahren geht (BVerwG NJW 1986, 3221; BGH LM § 286 [E] ZPO Nr. 7) und die Verwertung nicht dazu führt, dass die Beteiligten Rechte verlieren, die ihnen zustehen würden, wenn die Beweismittel gerade in ihrem Prozess eingeholt worden wären (BVerwG NJW 1986, 3221).

54 Eine Grenze ergibt sich insoweit erst dann, wenn eine Zeugenvernehmung über die Tatsachen, die Gegenstand der indirekten Beweiserhebung durch die Akten bzw. sonstigen Schriftstücke sein sollen, angeboten wird oder sich aufdrängt (BVerwG DÖV 1993, 536; VGH Kassel NJW 1984, 821, 823).

55 Namentlich in Asylverfahren hat die Rspr. auch die beweisrechtliche Erfassung privater Urkunden – wie bspw. Briefe – beschäftigt (→ Rn. 37). Sie können im Wege des Urkundenbeweises verwertet werden, wenn das Gericht Einsicht nimmt oder die Privaturkunde sonst in den Prozess einführt (BVerwG NVwZ 1984, 791).

56 Hierbei entstehen freilich Abgrenzungsprobleme, wenn sich der Brief seinem Inhalt nach als eine schriftliche Zeugenaussage darstellt (BVerwG Buchholz 310 § 96 VwGO Nr. 1). Um einer unzulässigen Umgehung des Unmittelbarkeitsgrundsatzes zu begegnen, können solche Briefe lediglich als Parteivorbringen in die mündliche Verhandlung eingebracht werden. Dies führt dazu, dass das Gericht über das Vorbringen in der Form unmittelbar Beweis erheben muss, dass es den Briefschreiber als Zeugen vernimmt. Anderes gilt lediglich dann, wenn die Vernehmung des Zeugen als Beweismittel – etwa weil der Zeuge im Ausland wohnt und eine Vernehmung durch die dortigen Gerichte untunlich ist – ausscheidet (BGH MDR 1970, 135). In diesem Fall ist eine Verwertung der Privaturkunde im Wege des Urkundsbeweises statthaft.[78]

57 **6. Beiziehung von Akten.** Vgl. zunächst § 99 Abs. 1 S. 1 und die dortige Komm.

58 Das BVerwG hat entschieden, dass eine lediglich in einem Bescheid mitgeteilte Stellungnahme einer Behörde zu einer entscheidungserheblichen Tatsache vom Berufungsgericht unter Verstoß gegen den Unmittelbarkeitsgrundsatz seiner Entscheidung zugrunde gelegt wird, wenn das Gericht die Stellungnahme der Behörde nicht selbst beizieht oder auf eine erneute Stellungnahme hinwirkt (BVerwG NJW 1983, 695).

---

75 OVG Bln 22.2.2017 – OVG 9 N 106.16, BeckRS 2017, 103355 Rn. 23.
76 OVG Lüneburg 27.2.2009 – 5 LA 126/06, BeckRS 2009, 32032; BVerwG NVwZ 1996, 1102.
77 BVerwG 10.5.2011 – 8 B 76/10 m.w.N.
78 BVerwG NVwZ 1984, 791; für den Zivilprozess *Baumbach/Lauterbach/Albers/Hartmann* § 416 Rn. 3.

7. Weitere Beweismittel. Zu der Einholung amtlicher Auskünfte vgl. zunächst § 87 Abs. 1 S. 2 Nr. 3 59 und die dortige Komm. Bei diesem Beweismittel wird eine vom Gericht gestellte Frage von einer Behörde im Rahmen ihrer Zuständigkeit beantwortet.[79]

Amtliche Auskünfte können verschiedene Aussagen, wie Aufschlüsse über aktenkundige Vorgänge, 60 Tatsachenbehauptungen über präjudizielle Rechtsverhältnisse oder auch sachkundige Äußerungen enthalten.[80]

Nach der Rspr. des BVerwG können amtliche Auskünfte als selbständige und zulässige Beweismittel 61 außerhalb der nach § 96 Abs. 1 S. 2 „insbesondere" zugelassenen Beweismittel gewürdigt werden. Gleiches soll auch für persönliche Auskünfte gelten.[81] Freilich verbleibt insoweit dem Gericht eine Verpflichtung, hinreichend konkretisierten Zweifeln an der Richtigkeit der Auskünfte nachzugehen (BVerwG DÖV 1983, 647). Der Verwertung einer in einem Bescheid wiedergegebenen amtlichen Auskunft im gerichtlichen Verfahren steht regelmäßig der Grundsatz der Unmittelbarkeit entgegen.[82] Sofern es auf den Inhalt der Stellungnahme entscheidungserheblich ankommt, muss das Gericht deshalb die entsprechende Stellungnahme selbst beiziehen (BVerwG NJW 1983, 695).

Werden amtliche Einkünfte eingeholt oder erfolgt eine Beweisaufnahme durch Rückgriff auf vorhan- 62 dene Urkunden, können diese formlos in den Prozess eingeführt und ohne besonderes Beweisaufnahmeverfahren verwertet werden (BVerwG NVwZ 1996, 1102). Die Verwaltungsgerichte sind grds. auch ohne Zustimmung der Verfahrensbeteiligten befugt, den Inhalt beigezogener und zum Gegenstand der Verhandlung gemachter Akten im Wege des Urkundenbeweises zu verwerten (BVerwG NJW 1986, 3221). Allerdings gilt auch hier, dass sie ihre Tatsachenfeststellungen dann nicht allein auf beigezogene Akten und darin enthaltene Vernehmungsprotokolle stützen, wenn eine Zeugenvernehmung von einem Beteiligten entweder ausdrücklich beantragt wird oder sich aus anderen Gründen dem Gericht aufdrängen muss (BVerwG DÖV 1993, 536).

Diese Grundsätze gelten auch dann, wenn die amtlichen Beweismittel an sich für ein anderes Verfah- 63 ren eingeholt wurden. Schließlich dürfen aber auch hier die Beteiligten dabei keine Rechte verlieren, die ihnen zustehen würden, wenn die Beweismittel gerade in ihrem Prozess eingeholt worden wären (BVerwG NJW 1986, 3221).

IV. Verfahren bei Verstößen und Rechtsfolgen

1. Verstoß. Zur Frage, wann im Hinblick auf die konkret infrage stehenden Beweismittel ein Verstoß 64 gegen den Grundsatz der Unmittelbarkeit der Beweisaufnahme vorliegt, zunächst → Rn 18–23. Allgemein lässt sich sagen, dass ein Verstoß naheliegt, wenn das Gericht nicht selbst Beweis erhoben hat und in Betracht kommt, wenn ein mittelbares Beweismittel verwendet wird.

2. Kausalität. Verstöße gegen den Grundsatz der Unmittelbarkeit der Beweisaufnahme sind nach der 65 Rspr. nur dann als beachtlich anzusehen, wenn sie sich in dem Sinne ausgewirkt haben, dass durch sie den entscheidenden Richtern die Entscheidungsgrundlage entzogen worden ist (vgl. BVerwG NJW 1986, 3154, 3155. Deutlich bereits auch BVerwG DÖV 1968, 183).

3. Rügeobliegenheit und Verzicht. Nach § 295 ZPO verliert unter den dort genannten Vorausset- 66 zungen eine Partei die Rüge eines Verfahrensverstoßes. Es war zunächst nicht unumstr., ob die Vorschrift wegen des latenten Spannungsverhältnisses zur richterlichen Aufklärungspflicht des § 86 Abs. 3 auch im Verwaltungsprozess Anwendung finden soll. Das BVerwG hat sich zugunsten einer Anwendung des § 295 ZPO entschieden und den Anwendungsbereich im Laufe der Zeit auch auf die Verletzung der Unmittelbarkeitsvorschriften ausgedehnt.[83] Die Lit. ist dieser Rspr. gefolgt.[84]

---

79 *Würtenberger* Rn. 574.
80 *H. Fliegauf*, DVBl 1962, 254, 255.
81 VG Koblenz 24.2.2012 – 4 K 629/11.KO, juris Rn. 17.
82 *H. Geiger*, in: Eyermann § 96 Rn. 7.
83 Bereits BVerwGE 8, 149, 150 noch zur MRVO Nr. 165; zur VwGO: BVerwGE 41, 174, 176 sowie BVerwG NJW 1961, 379, 380. Vergleichbares gilt im sozialgerichtlichen Verfahren: vgl. *W. Keller*, in: Meyer-Ladewig § 117 Rn. 7 m.w.N.
84 Vgl. *Schmitt Glaeser/Horn* Rn. 548; sowie vertiefend *B. Kohlndorfer*, DVBl 1988, 474, insbes. 476 ff.; *R. Rudisile*, in: Schoch/Schneider/Bier § 86 Rn. 54.

67   Nach § 295 ZPO verliert – wie das Zusammenspiel von § 173 VwGO und § 295 ZPO zeigt – ein Beteiligter das Rügerecht, wenn er auf die Befolgung der verletzten Verfahrensvorschrift verzichtet. Infolgedessen kann auch auf die Rüge einer Verletzung des § 96 wirksam verzichtet werden.[85] Der Verzicht muss dabei nicht ausdrücklich erklärt werden (BVerwG NJW 1989, 601); es reicht auch aus, wenn der Beteiligte in der nächsten mündlichen Verhandlung den Verstoß unbeanstandet lässt, obgleich er ihm bekannt war oder bekannt sein musste.[86] Dabei muss nach der ständigen Rspr. des BVerwG zu § 173 VwGO, § 295 ZPO der geltend gemachte Verfahrensmangel spätestens in der nächsten mündlichen Verhandlung gerügt werden, wobei darunter auch der Teil der mündlichen Verhandlung zu verstehen ist, der sich unmittelbar an den Verfahrensabschnitt anschließt, in dem der Verfahrensrechtsverstoß geschehen sein soll (BVerwG NJW 1989, 678; NJW 1989, 1233 sowie NVwZ 1999, 65, 66).

68   Das BVerwG hat dabei nicht ausdrücklich zu der Frage Stellung genommen, ob ein solcher Rügeverlust nur bei anwaltlicher Vertretung in Betracht kommt (in den entschiedenen Fällen waren die Beteiligten meist anwaltlich vertreten). Dabei ist davon auszugehen, dass das verwaltungsgerichtliche Verfahren grds. keinen Anwaltszwang kennt. Deshalb dürfte es sich regelmäßig als überobligationsmäßig darstellen, Kenntnisse verfahrensrechtlicher Normen den nicht juristisch geschulten Bürgern bei „Strafe" des Verlustes von Verfahrensrügen abzuverlangen. Die Wirkungen des § 295 ZPO können auf Seiten des Bürgers daher nur bei anwaltlicher Vertretung eintreten.

69   **4. Rechtsfolgen.** Ein Verstoß gegen den Unmittelbarkeitsgrundsatz stellt einen wesentlichen Mangel des Verfahrens dar.[87] Er führt allerdings nicht dazu, dass das erkennende Gericht als nicht vorschriftsmäßig besetzt i.S.v. § 138 Nr. 1 qualifiziert werden könnte (BVerwGE 41, 174, 176).[88]

V. Rechtsmittel

70   Beweisbeschlüsse und Beschlüsse über die Ablehnung von Beweisanträgen sind nicht selbständig anfechtbar (§ 146 Abs. 2). Auch Entscheidungen nach Abs. 2 können nicht gesondert, sondern nur im Rahmen eines Rechtsmittels gegen die das Verfahren abschließende Entscheidung angegriffen werden.[89] Die genannten Verfahrens- und Formmängel können aber im Rahmen der gegen die Entscheidung geführten Rechtsmittel geltend gemacht werden, wenn sie zu Fehlern in der Beweiswürdigung führen, auf denen die Entscheidung beruht (→ § 87 Rn. 18).

§ 97 [Beweistermine]

[1]Die Beteiligten werden von allen Beweisterminen benachrichtigt und können der Beweisaufnahme beiwohnen. [2]Sie können an Zeugen und Sachverständige sachdienliche Fragen richten. [3]Wird eine Frage beanstandet, so entscheidet das Gericht.

Schrifttum

1. Monographien und Beiträge in Sammelwerken: *F. Schnapp*, System des Verwaltungsgerichtlichen Rechtsschutzes, in: FS Menger, 1985, 557 f.

2. Beiträge in Zeitschriften: *J. Bader*, Zulassungsberufung und Zulassungsbeschwerde nach der 6. VwGO-Novelle, NJW 1998, 409; *M. Dölp*, Dürfen Fragen von Berufsrichtern anläßlich der Beweisaufnahme beanstandet werden, NStZ 1993, 419; *A. Ganter*, Der ersuchte Richter in der Verwaltungsgerichtsbarkeit, NVwZ 1985, 173; *B. Kohlndorfer*, Die Anwendung von § 295 ZPO im verwaltungsgerichtlichen Verfahren, DVBl 1988, 474; *N. Pantle*, Die Pflicht des Berufungsgerichts zur Wiederholung einer erstinstanzlich durchgeführten Beweisaufnahme, NJW 1987, 3160; *H. Plagemann*, Sachverständigenanhörung im Sozialgerichtsverfahren, NJW 1992, 400; *H. Prütting/S. Weth*, Geheimnisschutz im Prozeßrecht, NJW 1993, 576; *C. Raap*, Grundrechtsschutz bei der Information des Parlaments durch die Bundesregierung, NJW 1997, 508; *P. Schlosser*, Das BVerfG und der Zugang zu den Informationsquellen im Zivilprozeß, NJW 1992, 3275; *A. Schulz*, Die Verwendung von Sachverständigengutachten als Urkunden und das Fragerecht der Beteiligten im Verwaltungsprozess, NVwZ 2000, 1367.

---

85   In DÖV 1968, 183 hat das BVerwG noch offen gelassen, ob die Rüge eines Verstoßes gegen § 96 Abs. 2 verzichtbar ist; für das Zivilrecht etwa OLG Köln NJW 1976, 2218, 2219.
86   BVerwGE 41, 174, 176; BVerwG NJW 1989, 601 m.w.N.; NJW 1994, 1975; Buchholz 310 § 96 VwGO Nr. 29 (S. 3); ebenso BGHZ 40, 179, 183; BGH NJW 1979, 2518; s.a. *H. Bley*, in: Bley/Gitter, Gesamtkommentar Sozialversicherung, 1994, § 117 SGG Anm. 3 a.E.
87   BVerwGE 2, 310; *Koehler* § 96 Anm. II 1.
88   Ebenso *R. Rudisile*, in: Schoch/Schneider/Bier § 96 Rn. 57.
89   Vgl. *M. Happ*, in: Eyermann § 146 Rn. 8.

I. Entstehungsgeschichte der Norm

Das Verbot geheimer Beweiserhebung gehört zu den tradierten prozessualen Rechten.[1] Dementsprechend weist § 97 zahlreiche Vorläuferbestimmungen auf, die teilweise im sachlichen Gewährleistungsgehalt allerdings hinter der Norm zurückblieben. Bereits die Thüringer Landesverwaltungsordnung kannte ein sog. Beweisgehör, das durchaus als Konkretisierung des Grundsatzes rechtlichen Gehörs aufgefasst wurde und den Beteiligten ein Benachrichtigungs- und Teilnahmerecht gewährte.[2] Ähnlich gestaltete sich die Rechtslage in den unmittelbaren Vorläufergesetzen zur VwGO,[3] die allerdings dem Beteiligten auch ein Fragerecht einräumten. 1

Die Vorschrift selbst besteht seit Einführung der VwGO unverändert (vgl. VwGO vom 21.1.1960, BGBl I 17). 2

II. Zweck der Vorschrift

Der in § 97 statuierte Grundsatz der Parteiöffentlichkeit der Beweiserhebung[4] stellt gemeinsam mit der in § 96 normierten Unmittelbarkeit der Beweisaufnahme eine der wichtigsten Regeln des Beweisrechts und einfach-rechtlichen Konkretisierungen des Grundsatzes rechtlichen Gehörs (Art. 103 Abs. 1 GG) dar.[5] Daneben dient die Vorschrift im Interesse der Herbeiführung sachlich-rechtlicher Gerechtigkeit[6] aber auch der umfassenden Sachaufklärung.[7] 3

Inhaltlich gewährt die Vorschrift Beteiligten ein Benachrichtigungs-, Teilnahme- und Fragerecht. Diese wichtigsten „Parteirechte" (vgl. BSG SozR 1500 § 116 SGG Nr. 1) werden mit Nuancierungen von allen Verfahrensordnungen akzeptiert und garantiert.[8] Aufgrund ihrer auch verfassungsrechtlichen Fundierung beanspruchen sie absolute Geltung. Beweisrechtliche Geheimverfahren, bei denen zum Schutz von Betriebs-, Geschäfts-, Unternehmens- oder sonstigen Geheimnissen entweder der Gegenpartei oder dem Richter und der Gegenpartei der konkrete Inhalt der Beweisaufnahme vorenthalten wird, obwohl das Ergebnis der Beweisaufnahme zur Entscheidungsgrundlage gemacht wird, sind mit Art. 103 Abs. 1 GG grds. unvereinbar.[9] Beschränkungen des Grundsatzes der Parteiöffentlichkeit sind nur in extremen Ausnahmefällen denkbar (vgl. OLG München NJW-RR 1991, 896). 4

---

1 Vgl. nur die Begründung des Regierungsentwurfs zur VwGO, BT-Drs. 3/55 Besonderer Teil S. 41 zu § 98 des Entwurfs (= heutiger § 97): „bewährte und selbstverständliche Verfahrensgrundsätze".

2 Dazu *R. Knauth/K. Wagner*, Landesverwaltungsordnung für Thüringen, 1927, § 104 Anm. 2.

3 § 97 vergleichbare Regelungen enthielten u.a. das Gesetz Nr. 39 über die Verwaltungsgerichtsbarkeit in Bayern vom 25.9.1946 (GVBl I 281), dort § 70; das Gesetz über die Verwaltungsgerichtsbarkeit in Bremen vom 5.8.1947 (GBl 171), dort 70 Abs. 1 und 2; das Gesetz über die Verwaltungsgerichtsbarkeit in Baden-Württemberg vom 12.5.1948 (GBl I 131, 140 ff.), dort § 70; die Verordnung Nr. 165 über die Verwaltungsgerichtsbarkeit in der britischen Zone vom 15.9.1948 (VOBl BrZ 263), dort § 64; das Gesetz über die Verwaltungsgerichtsbarkeit in Rheinland-Pfalz vom 20.4.1950 (GVBl I 103), dort § 56; § 96 des Entwurfs einer Bundesverwaltungsgerichtsordnung, aufgestellt von der Vereinigung der Präsidenten der Verwaltungsgerichte des Bundesgebietes in Zusammenarbeit mit der Arbeitsgemeinschaft der Innenministerien der Länder der Bundesrepublik, abgedruckt in DVBl 1951, 569 ff.

4 Vgl. *H. Bley*, in: Bley/Gitter, Gesamtkommentar Sozialversicherung, 1994, § 116 SGG Anm. 5.

5 Vgl. BVerwGE 22, 271, 272; 51, 111, 112; BVerwG DVBl 1982, 635, 636; BayVGH 21.2.2012 – 10 M 12.268, juris Rn. 4, 7; *R. Rudisile*, in: Schoch/Schneider/Bier § 97 Rn. 3; *F. E. Schnapp*, FS Menger, 1985, 557, 561; *H. Plagemann*, NJW 1992, 400, 401.

6 Begriff bei *Baumbach/Lauterbach/Albers/Hartmann* Übers § 355 f. Rn. 2. Das BVerwG spricht von dem das deutsche Verfahrensrecht beherrschenden rechtsstaatlichen Grundsatz der Parteiöffentlichkeit der Beweisaufnahme, vgl. BVerwGE 25, 88, 89.

7 BVerwG NJW 1980, 900; *Kopp/Schenke* § 97 Rn. 1.

8 *H. Plagemann*, NJW 1992, 400, 401; zum Fragerecht eines Beteiligten im Beweisverfahren der freiwilligen Gerichtsbarkeit, wo ebenfalls der Grundsatz der Parteiöffentlichkeit Geltung beansprucht, BayObLG NJW-RR 1996, 583, 584; zu den Grundsätzen der Parteiöffentlichkeit im arbeitsrechtlichen Verfahren vor der Einigungsstelle, LAG Hamm ZIP 1993, 1724.

9 Vgl. *H. Prütting/S. Weth*, NJW 1993, 576, 577. Für diese Sichtweise spricht neben den erwähnten verfassungsrechtlichen Argumenten auch die Tatsache, dass der VwGO-Gesetzgeber die § 247 StPO nachgebildeten Vorläuferregelungen über die Vernehmung von Zeugen in Abwesenheit eines Beteiligten, etwa in § 57 Abs. 1 S. 1 des Gesetzes über die Verwaltungsgerichtsbarkeit in Rheinland-Pfalz vom 20.4.1950 (GVBl I 103) oder in § 71 des Gesetzes über die Verwaltungsgerichtsbarkeit in Bremen vom 5.8.1947 (GBl 171), nicht übernommen hat.

III. Gewährleistungen und Anwendungsfragen

5   **1. Benachrichtigungsrecht.** S. 1 gewährt das **Benachrichtigungsrecht** den Beteiligten, d.h. den in § 63 des Gesetzes genannten Personen und Amtsträgern. Aufgrund der eindeutigen gesetzlichen Formulierung gilt § 97 für alle Beweistermine, also auch der ersuchten bzw. beauftragten Richter.[10] Umstr. ist aber, ob die Benachrichtigungspflicht sowie das Teilnahmerecht auch für andere Formen der Sachverhaltsgewinnung gelten, wie etwa die Ortsbesichtigung durch einen Sachverständigen zur Vorbereitung eines Gutachtens.[11] Gegen eine Geltung wird angeführt, die Vorschrift erfasse nur Beweismittel im technischen Sinne.[12] Andere lassen die Vorschrift unmittelbar nur für die Beweisaufnahme durch das Gericht und nicht für die Ermittlung von Tatsachen durch den Sachverständigen zur Vorbereitung seines Gutachtens gelten, wenden die Norm aber auf Sachverhaltsermittlungen durch den Sachverständigen, insbes. Ortsbesichtigungen, entsprechend an.[13] Bereits die Überlegung, dass die in § 97 gewährten Rechte auch der Sachverhaltsgewinnung dienen, streitet indes für eine erweiternde Auslegung. Entscheidend dürfte letztlich sein, ob die Parteiöffentlichkeit bei der Sachverhaltsermittlung durch Sachverständige geboten ist. Dafür spricht, dass die Sachverhaltsermittlung und die daraus zu ziehenden Schlussfolgerungen häufig dem Sachverständigen überlassen bleiben, sodass dessen Tätigwerden de facto einer Sachverhaltsermittlung durch das Gericht sehr nahe kommt.[14] Die Parteiöffentlichkeit der Beweiserhebung bezieht sich nicht nur auf Beweisaufnahmen durch das Gericht, sondern in entsprechender Anwendung auch auf die Ermittlung von Tatsachen durch Sachverständige zur bereits im Zeitpunkt der Vorbereitung des Gutachtens.[15]

6   Soweit in den weiteren Instanzen Beweise erhoben werden gilt § 97 auch dort,[16] Verweisungsnormen sind für die Berufung § 125 Abs. 1 und für die Revision § 141 i.V.m. § 125 Abs. 1.

7   Die nach § 97 S. 1 gebotene Benachrichtigung erfolgt durch Verkündung in der mündlichen Verhandlung oder durch förmliche Zustellung (§ 56).

8   Erfolgt die Beweisaufnahme in der mündlichen Verhandlung, müssen in der Ladung auch der Beweisgegenstand (BVerwG NJW 1980, 900) und die Beweismittel angegeben werden.[17] Die Benachrichtigung muss rechtzeitig erfolgen, ist aber an keine Frist gebunden, da § 370 Abs. 1 ZPO im Verwaltungsprozess nicht gilt. Ist ein Prozessbevollmächtigter bestellt, so sind gem. § 67 Abs. 3 die Zustellungen oder Mitteilungen des Gerichts an ihn zu richten. In diesem Fall muss die Benachrichtigung des Bevollmächtigten so rechtzeitig erfolgen, dass dieser seine Partei noch rechtzeitig benachrichtigen kann.[18] Wird vom Gericht gleichzeitig das persönliche Erscheinen angeordnet, muss allerdings auch der Beteiligte selbst benachrichtigt werden (→ § 95 Rn. 17).

9   **2. Teilnahmerecht.** Die Vorschrift statuiert ein Teilnahmerecht, auf das der Beteiligte freilich verzichten kann (zum Rügeverlust → Rn. 17–19). Die Anwesenheit der Beteiligten ist mithin keine Voraussetzung für die Durchführung der Beweisaufnahme.[19]

10   Gestaltet sich die Beweisaufnahme schwierig, darf sich eine Partei bspw. bei der richterlichen Augenscheinseinnahme von ihrem Privatgutachter fachkundig beraten lassen, weil nur so sichergestellt werden kann, dass sie ihre Rechte bei der Feststellung und Bewertung eines streitigen Sachverhaltes wahrnehmen kann.[20] Das Teilnahmerecht, als Schutzrecht der im Prozess Beteiligten, schließt die Anwesen-

---

10 BVerwG NJW 1980, 900; NVwZ-RR 1989, 167, 168; *Klinger* § 97 Anm. B 3; vgl. weiter *R. Seer*, in: Tipke/Kruse § 83 FGO Rn. 1; zu den Aufgaben des ersuchten und beauftragten Richters auch *A. Ganter*, NVwZ 1985, 173.

11 Für Geltung des § 97: *H. Geiger*, in: Eyermann § 97 Rn. 2; *P. Kothe*, in: Redeker/v. Oertzen § 97 Rn. 1, 1 a; OVG Münster NVwZ-RR 1995, 247, 248; keine entsprechende Anwendung: BVerwG NJW 2006, 2058; BVerwG NVwZ 2014, 744, 745; BVerwG 20.7.2016 – 9 B 64.15, BeckRS 2016, 52829 Rn. 5; VGH München 15.1.2014 – 15 C 12.2250, BeckRS 2014, 48600 Rn. 11; gegen die Geltung: *Kopp/Schenke* § 97 Rn. 1; auch *Schunck/De Clerck* § 97 Anm. 2 a; wobei die jeweiligen Auffassungen indes nicht begründet werden.

12 So etwa *Kopp/Schenke* § 97 Rn. 1; vgl. auch OLG Dresden NJW-RR 97, 1354.

13 OVG Greifswald NordÖR 2014, 135, 137.

14 Ähnl. *R. Seer*, in: Tipke/Kruse § 83 FGO Rn. 5; s.a. *R. Rudisile*, in: Schoch/Schneider/Bier § 97 Rn. 11.

15 BVerwG Buchholz 310 § 97 VwGO Nr. 5; VGH München 15.1.2014 – 15 C 12.2250, BeckRS 2014, 48600 Rn. 11.

16 Ebenso *R. Rudisile*, in: Schoch/Schneider/Bier § 97 Rn. 6.

17 So bereits § 103 Abs. 2 Landesverwaltungsordnung für Thüringen vom 10.6.1926 (GS 177). A.M. *H. Geiger*, in: Eyermann § 97 Rn. 3: keine gesonderte Hinweispflicht bei Urkundsbeweisen; auf dieser Linie auch *R. Rudisile*, in: Schoch/Schneider/Bier § 97 Rn. 7.

18 Vgl. bereits RGZ 100, 174; *Schunck/De Clerck* § 97 Anm. 2 b.

19 *Klinger* § 97 Anm. A 2.

20 So OLG München NJW-RR 1988, 1534, 1535 unter ausdrückl. Hinweis auf Art. 103 Abs. 1 GG.

heit Dritter oder der Öffentlichkeit in isolierten Beweisterminen aus, ein einvernehmlicher Verzicht auf den genannten Schutz ist freilich möglich.[21]

3. Fragerecht. § 97 S. 2 gewährt den Beteiligten ein eigenes Fragerecht. Sie sind also nicht wie i.R. 11 zivilprozessualer (vgl. dort § 397 Abs. 1 ZPO) oder sozialgerichtlicher[22] Verfahren darauf angewiesen, ihre Fragen unter Einschaltung des Vorsitzenden zu stellen. Besteht für einen Beteiligten im Hinblick auf ein erstelltes Sachverständigengutachten Aufklärungsbedarf, muss das Gericht den Sachverständigen zum Beweistermin laden, um dem Beteiligten die Ausübung seines Fragerechts zu ermöglichen.[23] Der Antrag muss sich jedoch eindeutig auf ein bereits vorliegendes Gutachten beziehen und erkennen lassen, in welcher allgemeinen Richtung eine weitere Aufklärung herbeigeführt werden soll.[24] Im Übrigen gilt, dass die Vorschriften über die vom Gericht erhobenen Sachverständigengutachten nach § 98 i.V.m. §§ 397, 402 ZPO nicht auf Parteigutachten anwendbar sind[25] und sich damit auch kein Fragerecht hierauf erstrecken kann.[26] Das Gericht darf ebenso wenig von einem Beweis durch Sachverständige gänzlich absehen und sich auf einen Beweis durch Urkunden zurückziehen, wenn zu diesen Urkunden Sachverständigengutachten aus früheren Verfahren – auch solchen, die bei einem anderen Gericht anhängig waren – gehören. Für den Prozessbeteiligten darf sich nämlich aus der Wahl des Beweismittels keine Verkürzung seiner Rechtsstellung ergeben, die entweder einen effektiven Rechtsschutz, wie er durch Art. 19 Abs. 4 S. 1 GG gewährleistet wird, oder den aus Art. 103 Abs. 1 GG folgenden Anspruch auf rechtliches Gehör einschränkt. Die Verwendung von Sachverständigengutachten als Urkunden würde zu einer solchen Einschränkung führen, wenn dadurch das Fragerecht der Beteiligten nach § 97 S. 2 VwGO ausgeschlossen wäre.[27]

Nach dem Wortlaut des Gesetzes richtet sich das Fragerecht der Beteiligten lediglich an Zeugen und 12 Sachverständige; es besteht jedoch Einigkeit, dass diese sachdienliche Fragen auch an andere Beteiligte stellen können.[28]

Inhaltlich ist das Fragerecht durch die Sachdienlichkeit der Frage begrenzt. Die objektiv zu verstehen- 13 de Sachdienlichkeit einer Frage ist gegeben, wenn deren Beantwortung zur Aufklärung des entscheidungserheblichen Sachverhalts beizutragen vermag.[29] Nicht sachdienlich sind insbes. Fragen außerhalb des Beweisthemas,[30] Fragen, die Persönlichkeitsverletzungen beinhalten, reine Ausforschungs-[31] oder Suggestivfragen.[32]

Eine Frage, die diesen Anforderungen nicht genügt, kann vom Gericht auf Antrag eines Beteiligten, 14 des Befragten selbst oder von Amts wegen zurückgewiesen werden. Unter Umständen kann sich das Beanstandungsrecht auch zu einer Pflicht des Gerichts verdichten, wenn etwa der Gedanke des Persönlichkeitsschutzes[33] oder Ähnliches dies erfordern.

Den Streit über die Sachdienlichkeit einer Frage entscheidet das Gericht. Bei Beweisaufnahmen durch 15 den beauftragten oder ersuchten Richter entscheidet dieser – wie § 98 VwGO i.V.m. §§ 398 Abs. 2, 400 ZPO zeigen – vorläufig.

---

21 VG Ansbach 27.2.2007; *H. Geiger*, in: Eyermann § 97 Rn. 5.
22 Zur sozialgerichtlichen Rechtslage *W. Keller*, in: *Meyer-Ladewig* § 116 Rn. 4. Im finanzgerichtlichen Verfahren steht den Beteiligten wie i.R.d. § 97 ein eigenes Fragerecht zu, vgl. R. Seer, in: Tipke/Kruse § 83 FGO Rn. 6.
23 Vgl. VGH Kassel InfAuslR 1997, 133; zur zivilgerichtlichen Rspr. etwa BGH NJW 1996, 788, 789; VGH Kassel NVwZ 2000, 1428, 1429.
24 BVerwG 19.8.2010 – 10 B 22.10, 10 PKH 11.10, 10 B 22-10, 10 PKH 11/10, BeckRS 2010, 53015.
25 BVerwG 31.1.2012 – 9 B 58.11; BVerwG Buchholz 310 § 98 VwGO Nr. 64; Buchholz 310 § 98 VwGO Nr. 46; VGH Mannheim 25.2.2013 – 2 S 2385/12, BeckRS 2013, 48314.
26 VGH BW 25.2.2013 – 2 S 2385/12, BeckRS 2013, 48314.
27 VGH Kassel NVwZ 2000, 1428, 1429.
28 Vgl. nur *P. Kothe*, in: Redeker/v. Oertzen § 97 Rn. 3.
29 *H. Bley*, in: Bley/Gitter, Gesamtkommentar Sozialversicherung, 1994, § 117 SGG Anm. 6.
30 *Schunck/De Clerck*, § 97 Anm. 3 a.
31 Krit. gegenüber dem Verbot von Ausforschungsfragen etwa *P. Schlosser*, NJW 1992, 3275, 3276 f.
32 *R. Seer*, in: Tipke/Kruse § 83 FGO Rn. 6.
33 Zu grundrechtlichen Begrenzungen der Informationspflicht s.a. *C. Raap*, NJW 1997, 508 f.; zur Frage, ob i.R. strafgerichtlicher Beweisaufnahmen Fragen von Berufsrichtern beanstandet werden dürfen, verneinend *M. Dölp*, NStZ 1993, 419, 420; zum namentlich – aber nicht nur – in Strafverfahren virulent werdenden Spannungsverhältnis von gerichtlicher Pflicht zur Wahrheitserforschung und dem Interesse eines Zeugen an der Erhaltung seines Ansehens vgl. BGH NStZ 1990, 400.

IV. Verfahren bei Verstößen und Rechtsfolgen

16   **1. Verstöße.** Verstöße gegen § 97 sind bei verspäteter oder gar unterbliebener Benachrichtigung, bei einer Verweigerung der Teilnahme an der Beweisaufnahme oder auch bei einem Verstoß gegen das Recht, (unmittelbare) Fragen zu stellen – so verletzt etwa die fernmündliche Einholung einer gutachtlichen Stellungnahme durch den Berichterstatter den Grundsatz der Parteiöffentlichkeit[34] – denkbar. Kein Verstoß ist darin zu sehen, dass das Gericht die Aussage einer Zeugin im Rahmen einer Vernehmung durch ein Landeskriminalamt herangezogen hat, an der die Beteiligten nicht teilgenommen haben.[35]

17   **2. Rügeobliegenheit und Verzicht.** § 97 bürdet den Beteiligten eine Obliegenheit auf (§ 173 VwGO i.V.m. § 295 Abs. 1 ZPO).[36] Das Rügerecht kann mithin insbes. durch unterlassene Geltendmachung des Verfahrensmangels verloren gehen (BVerwGE 19, 231, 234; BVerwG NJW 1980, 900). Gegenüber strengeren Anforderungen im Schrifttum im Hinblick auf die Rechtzeitigkeit der Rüge (in der nächsten mündlichen Verhandlung)[37] war die Rspr. ursprünglich konzilianter (noch im Verfahren der Instanz).[38] Nunmehr muss nach der Rspr. des BVerwG zu § 173 VwGO, § 295 ZPO der geltend gemachte Verfahrensmangel spätestens in der nächsten mündlichen Verhandlung gerügt werden, wobei darunter auch der Teil der mündlichen Verhandlung zu verstehen ist, der sich unmittelbar an den Verfahrensabschnitt anschließt, in dem der Verfahrensrechtsverstoß geschehen sein soll (BVerwG NJW 1989, 678; NJW 1989, 1233; NVwZ 1999, 65, 66). Geschieht dies nicht, macht also etwa eine Partei bei der Anhörung eines Sachverständigen während der gesamten mündlichen Verhandlung in der 1. Instanz keinen Gebrauch, verliert sie – was nach der 6. VwGOÄndG nicht mehr streitig sein dürfte[39] – dieses Recht auch für die nachfolgende Instanz.[40] Dies schließt freilich eine ermessensfehlerfreie Entscheidung des Gerichts zur Wiederholung der mündlichen Anhörung nicht aus (BGH NJW 1961, 2308). Ermessensgebunden kann das Berufungsgericht dabei insbes. dann sein, wenn das Erstgericht einen rechtzeitig gestellten Antrag eines Beteiligten auf mündliche Erläuterung des Gutachtens abgelehnt hat (dazu BGH NJW 1996, 788, 789).

18   Auf die durch § 97 gewährten Rechte kann mithin verzichtet werden.[41] Verzichtet ein Beteiligter auf die Benachrichtigung, kann darin zugleich ein Verzicht auf Anwesenheit bei der Beweisaufnahme liegen.[42] Vorsicht ist aber gegenüber einer allzu großzügigen Annahme konkludenten Verzichts – namentlich bei nicht anwaltlich vertretenen Beteiligten – angebracht (zurückhaltend auch OVG Münster NVwZ-RR 1995, 247, 248).

19   Ist die Benachrichtigung unterblieben und wird der Beteiligte in der mündlichen Verhandlung von der Absicht des Gerichts überrascht, eine Beweisaufnahme durchzuführen, entsteht ein Anspruch auf Vertagung.[43] Um in solchen Fällen die Annahme des Verzichts zu verhindern, muss der Beteiligte allerdings einen Vertagungsantrag stellen.[44]

V. Rechtsfolge

20   Die aus unter Verstoß gegen § 97 durchgeführten Beweiserhebungen gewonnenen Erkenntnisse sind grds. nicht verwertbar (BVerwGE 25, 88, 89; BVerwG NJW 1980, 900). Sie müssen wiederholt werden, weil durch sie der Zweck der Beweisaufnahme, eine verfahrensrechtlich korrekte Ausschöpfung der Beweismittel zu gewährleisten, nicht erreicht wurde.[45] Eine Heilung kann jedoch in Betracht kom-

---

34 Vgl. BVerwG Buchholz 303 § 295 ZPO Nr. 4. Gleichzeitig wird dadurch auch der Grundsatz der Unmittelbarkeit der Beweisaufnahme (§ 96) verletzt.
35 BVerwG 22.2.2016 – 7 B 36.15, BeckRS 2016, 43730 Rn. 17 f.
36 BVerwG NJW 1980, 900.
37 *P. Kothe*, in: Redeker/v. Oertzen § 97 Rn. 5.
38 BVerwGE 8, 149, 150.
39 Hierzu *J. Bader*, NJW 1998, 409.
40 BVerwGE 19, 231, 234 für die Revision; OLG Düsseldorf FamRZ 1984, 699, 701 für die Berufung.
41 BVerwGE 8, 149, 150; 19, 231, 234; BVerwG NJW 1980, 900; *B. Kohlndorfer*, DVBl 1988, 474, 476.
42 Etwas zu weitgehend *Klinger* § 97 Anm. A 1, wonach dies i.d.R. zu gelten habe.
43 *J. Hüttenbrink*, in: Kuhla/Hüttenbrink/Endler E Rn. 297 f., 312.
44 BVerfGE 44, 307, 308; *J. Hüttenbrink*, in: Kuhla/Hüttenbrink/Endler E Rn. 310, 312.
45 Vgl. BGH VersR 1984, 946; *N. Pantle*, NJW 1987, 3160, 3161. Zur Frage, ob dies auch für im Ausland durchgeführte Beweisaufnahmen gilt, vgl. einerseits BGHZ 33, 63 (Verwertung des Beweisergebnisses liegt im Ermessen des Gerichts) sowie andererseits *H. Geiger*, in: Eyermann § 97 Rn. 2; wohl auch *Kopp/Schenke* § 97 Rn. 4; von BVerwGE

men. Hat ein Sachverständiger etwa die Verfahrensbeteiligten unter Verstoß gegen § 97 S. 1 nicht über bevorstehende Ortstermine zur Ermittlung der tatsächlichen Grundlagen für das zu erstellende Gutachten unterrichtet, so kann dieser zur Unverwertbarkeit des Gutachtens führende Mangel regelmäßig dadurch geheilt werden, dass die unterbliebene Beteiligung nachgeholt und ein ergänzendes Gutachten erstellt wird.[46] Von diesem Grundsatz kommen im Wesentlichen zwei Ausnahmen in Betracht.

Einmal fragt es sich, ob ein Verwertungsverbot auch dann besteht, wenn feststeht, dass die Anwesenheit des Ausgebliebenen an dem Ergebnis der Beweisaufnahme nichts geändert hätte.[47] Für ein Verwertungsverbot spricht zunächst die Schwierigkeit der Feststellung, ob das Erscheinen eines Beteiligten oder dessen Prozessbevollmächtigten etwas am Ergebnis der Beweisaufnahme geändert hätte.[48] Zudem gebietet die auch verfassungsrechtliche Fundierung des Grundsatzes der Parteiöffentlichkeit (→ Rn. 3 sowie BVerwG 25, 88, 90) jedenfalls dann eine Sanktion, wenn die ratio der Norm durch den Verfahrensverstoß infrage gestellt wird. Der Grundsatz der Parteiöffentlichkeit will aber gerade eine geheime Beweiserhebung sowie eine vorweggenommene Beweiserhebung (vgl. zu diesem Aspekt des § 97 BVerwGE 25, 88, 90) verhindern. Die Sicherung beider Anliegen wird – und zwar selbst in eindeutigen Fällen – gefährdet, wenn der Verfahrensverstoß aufgrund materieller Überlegungen als unbeachtlich angesehen wird. Wollte man anders entscheiden, könnten unter Berufung auf eine Richtigkeitsgewähr Verstöße gegen Verfahrensnormen beliebig derogiert werden.   21

Anders liegen die Dinge, wenn der ausgebliebene Beteiligte gegen die Beweisaufnahme und deren Ergebnis keine Einwände erhebt, sondern nur die rechtlichen Schlussfolgerungen aus den gutachtlich erfassten Tatsachen angreift.[49] Hier wäre es in der Tat Förmelei eine Beweisaufnahme zu wiederholen, denn es bestünde auch nicht die entfernte Möglichkeit, dass sie ein anderes Ergebnis zeitigte. Der angeführten Bedeutung des Grundsatzes der Parteiöffentlichkeit widerspricht dies nicht, weil hier das Schutzgut, welches durch das Verbot geheimer Beweiserhebung geschützt werden soll, in Wahrheit gar nicht betroffen ist.   22

VI. Rechtsmittel

Ein Verstoß gegen die Vorschrift des § 97 S. 1 kann einen Berufungs-[50] oder Revisionsgrund (§ 138 Nr. 3) darstellen, denn eine Verletzung rechtlichen Gehörs ist auch bei der Verletzung von Verfahrensvorschriften gegeben, die – wie § 97 – der Wahrung des rechtlichen Gehörs dienen.[51] Insbes. kann eine zu Unrecht abgelehnte Frage Revisionsgrund sein (§§ 132 Abs. 2, 138 Nr. 3).   23

Der aufgrund von S. 3 ergehende Beschluss kann allerdings nicht selbständig mit der Beschwerde angefochten werden.[52] Insoweit bleibt nur die Rüge i.R. eines gegen die abschließende Entscheidung geführten Rechtsmittels.   24

§ 98 [Beweisaufnahme]

Soweit dieses Gesetz nicht abweichende Vorschriften enthält, sind auf die Beweisaufnahme §§ 358 bis 444 und 450 bis 494 der Zivilprozeßordnung entsprechend anzuwenden.

25, 88, 89 wurde die Frage offen gelassen, sie dürfte im Hinblick auf die herannahende europäische Einigung zu bejahen sein.

46 BVerwG NVwZ 2014, 744, 745.

47 Für Verwertungsverbot *P. Kothe*, in: Redeker/v. Oertzen § 97 Rn. 2; zur Gegenansicht etwa *Klinger* § 97 Anm. A 1 sowie *E. Eyermann/L. Fröhler*, 1988, § 97 Rn. 5; *H. Geiger*, in: Eyermann § 97 Rn. 6 hat sich wohl der Ansicht angeschlossen, die ein generelles Verwertungsverbot annimmt; das OVG Münster hat in NVwZ-RR 1995, 247, 248 die Frage offengelassen.

48 Darauf hat zu Recht etwa *P. Kothe*, in: Redeker/v. Oertzen § 97 Rn. 2 hingewiesen; *R. Rudisile*, in: Schoch/Schneider/Bier § 97 Rn. 29; *W. Keller*, in: Meyer-Ladewig § 116 Rn. 2 sieht einen Verstoß, wenn „der Beteiligte nicht auf die Einhaltung des rechtlichen Gehörs verzichtet oder sich rügelos einlässt".

49 Vgl. OVG Münster NVwZ-RR 1995, 247, 248; *R. Rudisile*, in: Schoch/Schneider/Bier § 97 Rn. 29; zu § 357 ZPO *Baumbach/Lauterbach/Albers/Hartmann* § 357 Rn. 9.

50 Vgl. *J. Bader*, NJW 1998, 409, 411 zu einzelnen Verfahrensmängeln als Berufungszulassungsgrund i.S.v. § 124 Abs. 2 Nr. 5.

51 BVerwGE 22, 271, 272; 51, 111, 112; BVerwG DVBl 1982, 636; VGH Kassel 9.3.1973 – VII TH 14/73.

52 *Klinger* § 97 Anm. B 3.

Schrifttum

1. Monographien und Beiträge in Sammelwerken: *E. Fricke*, Der Verwaltungsprozess, in: Ernst Fricke/Sieghart Ott, Verwaltungsrecht in der anwaltlichen Praxis, ²2005, § 5; *H.-P. Hüsch*, Verwertungsverbote im Verwaltungsverfahren, 1991; *K. Müller*, Der Sachverständige im gerichtlichen Verfahren, ³1988; *M. Nierhaus*, Beweismaß und Beweislast: Untersuchungsgrundsatz und Beteiligungsmitwirkung im Verwaltungsprozeß, 1989; *G. Schlund*, Begriff, Wesen und Aufgabe des gerichtlichen Sachverständigen und Gutachters, in: Adolf Laufs/Bernd-Rüdiger Kern, Handbuch des Arztrechts, ⁴2010, § 116; *J. Schmidt*, Technische Berater für die Gerichte der Verwaltungsgerichtsbarkeit?, in: FS für Theodor Maunz zum 80. Geb. am 1. September 1981, 1981, 297; *F. E. Schnapp*, Parteiöffentlichkeit bei Tatsachenfeststellungen durch den Sachverständigen, in: FS Menger, 1985, 557; *H. Wagner*, Zur Rolle des wissenschaftlich-technischen Sachverstandes im verwaltungsgerichtlichen Verfahren über die Genehmigung großtechnischer Projekte, 1984; *A. Wegner*, Das Klageverfahren in I. Instanz, in: Jürgen Brandt/Michael Sachs, Handbuch Verwaltungsverfahren und Verwaltungsprozess, ³2009; *K. Wellmann*, Der Sachverständige in der Praxis, ⁷2004.

2. Beiträge in Zeitschriften: *W. Barfuß*, Die Stellung besonderer Vertreter gemäß § 30 BGB in der zivilprozessualen Beweisaufnahme, NJW 1977, 1273; *R. Bell*, Zum Beweiswert von Gutachten, Der Einzelentscheider – Brief 2000, Nr. 6; *M. Bertrams*, Das materielle Asylrecht in der aktuellen höchstrichterlichen Rechtsprechung, DVBl 1990, 1129; *R. Breuer*, Direkte und indirekte Rezeption technischer Regeln durch die Rechtsordnung, AöR 101 (1976), 46; *ders.*, Die rechtliche Bedeutung der Verwaltungsvorschriften nach § 48 BImSchG im Genehmigungsverfahren, DVBl 1978, 28; *S. Broß*, Richter und Sachverständige, dargestellt anhand ausgewählter Probleme des Zivilprozesses, ZZP 102 (1989), 413; *M. Cuypers*, Das selbständige Beweisverfahren in der juristischen Praxis, NJW 1994, 1985; *D. Dahm*, Ablehnung von Beweisanträgen, ZAR 2002, 355; *M. Dawin*, Anforderungen an die richterliche Überzeugungsbildung im Asylprozeß, NVwZ 1995, 729; *T. Eschelbach*, Grundzüge der freiwilligen Gerichtsbarkeit, DtZ-Informationen 1993, 23; *W. Ewer/A. Rapp*, Zur Beweis- und Feststellungslast bei Ansprüchen auf Gewährung von Ermessensleistungen, NVwZ 1991, 549; *G. Fezer*, Die Folgen der Sachverständigenablehnung für die Verwertung seiner Wahrnehmungen, JR 1990, 397; *R. Geiger*, Staatenimmunität: Grundsatz und Ausnahme, NJW 1987, 1124; *M. Geppert*, Richterliche Fachkunde durch „technische Berater", BayVBl 1982, 489; *K. Geppert*, Das Beweisverbot des § 252 StPO, Jura 1988, 305; *ders.*, Der Zeugenbeweis, Jura 1991, 132; *ders.*, Der Zeuge vom Hörensagen, Jura 1991, 538; *ders.*, Der Augenscheinsbeweis, Jura 1996, 307; *K.-M. Groth/D. v. Bubnoff*, Gibt es eine „gerichtsfeste" Vertraulichkeit bei der Mediation?, NJW 2001, 338; *C. Gusy*, Antizipierte Sachverständigengutachten im Verwaltungs- und Verwaltungsgerichtsverfahren, NuR 1987, 156; *ders.*, Probleme der Verrechtlichung technischer Standards, NVwZ 1995, 105; *K. Habscheid*, Das Recht auf Beweis, ZZP 96 (1983), 306; *H. Hansens*, Die wichtigsten Änderungen im Bereich der Zivilgerichtsbarkeit aufgrund des Rechtspflege-Vereinfachungsgesetzes, NJW 1991, 953; *ders.*, Die Immunität internationaler Organisationen im Zivilprozeß, ZZP 110 (1997), 269; *W. Höfling*, Menschenwürde und gute Sitten, NJW 1983, 1582; *F. Hufen*, Beurteilungsspielraum bei Prüfungsentscheidungen und beamtenrechtlicher Leistungsbewertung, JuS 1999, 926; *K. Jankowski*, Der Ortstermin im Zivilprozeßrecht und der Eingriff in die Unverletzlichkeit der Wohnung, NJW 1997, 3347; *T.-A. Jobs*, Zur Verwertung von Sprachanalysen im Asylverfahren, ZAR 2001, 173; *A. Kleinschnittger*, Beweisanträge in verwaltungsgerichtlichen Verfahren, NWVBl 2013, 226; *F. Koehl*, Die Sachverhaltsfeststellung im Verwaltungsprozess, JA 2017, 541; *B. Kohlndorfer*, Die Anwendung von § 295 ZPO im verwaltungsgerichtlichen Verfahren, DVBl 1988, 474; *F. O. Kopp*, Die Ablehnung von Beweisanträgen und Beweisermittlungsanträgen als Verletzung des Rechts auf Gehör gemäß Art. 103 I GG?, NJW 1988, 1708; *E. Kremser*, Verfassungsrechtliche Zulässigkeit technischer Regelwerke bei der Genehmigung von Atomanlagen, DÖV 1995, 275; *E. Kretschmer*, Die Beteiligtenvernehmung nach der VwGO als Hauptbeweismittel, NJW 1965, 383; *W. Maetzel*, Beweisverbote zwecks Geheimniswahrung, DVBl 1966, 665; *P. Mankowski/N. Tarnowski*, Zum Umfang der besonderen Beweiskraft öffentlicher Urkunden, JuS 1992, 826; *J. Martens*, Einführung in die Praxis des Verwaltungsprozesses, JuS 1973, 619; *K.-J. Melullis*, Aus der Rechtsprechung der Verwaltungsgerichte, MDR 1989, 1060; *E. Meyer*, Vermutung der Richtigkeit und Vollständigkeit für privaturkundliche Datums- und Ortsangaben?, ZZP 105 (1992), 287; *R. Meyke*, Die Funktion der Zeugenaussage im Zivilprozeß, NJW 1989, 2032; *H.-R. Mezger*, Aktenvermerke über Beweisaufnahmen, NJW 1961, 1701; *G. Motzke*, Die Ablehnung des Sachverständigen im Beweissicherungsverfahren, BauR 1983, 500; *K. Müller*, Die Funktion des Sachverständigen im deutschen Prozeßrecht – Rechtsgrundlagen für die Aufgaben und die Stellung des Sachverständigen in den deutschen Prozeßordnungen – SGb 1987, 351; *F. Niklisch*, Technische Regelwerke – Sachverständigengutachten im Rechtssinne?, NJW 1983, 841; *H. Plagemann*, Sachverständigenanhörung im Sozialgerichtsverfahren, NJW 1992, 400; *M. Redeker*, Der anwaltliche Beweisantrag im Verwaltungsprozess, AnwBl. 2005, 518; *A. Rittstieg*, Das „antizipierte Sachverständigengutachten" – eine falsa demonstratio?, NJW 1983, 1098; *G. Rößler*, Nochmals: Fördert die neueste finanzgerichtliche Rechtsprechung zum häuslichen Arbeitszimmer die Verbreitung von Spionen?, BB 1994, 1753; *H. Schnellenbach*, Grundsätze des gerichtlichen Verfahrens, JA 1995, 783; *U. v. Schönfeld*, Die Immunität ausländischer Staaten vor deutschen Gerichten, NJW 1986, 2980; *A. Schoreit*, Die kommissarische Vernehmung des anonym bleibenden Vertrauensmannes der Polizei und deren Verwertung als Beweismittel in der neueren Rechtsprechung, MDR 1983, 617; *K. Schreiber*, Das selbständige Beweisverfahren, NJW 1991, 2600; *B. Schulte*, (In-)Kompetenzen des Verwaltungsrichters bei der örtlichen Augenscheinseinnahme, NJW 1988, 1006; *W. B. Schünemann*, Strafprozessuale Verwertbarkeit von Zufallserkenntnissen bei Telefonüberwachung, NJW 1978, 406; *J. Schwabe*, Der „Lügendetektor" vor dem Bundesverfassungsgericht, NJW 1982, 367; *H. Sendler*, Richter und Sachverständige, NJW 1986, 2907; *W. Skouris*, Grundfragen des Sachverständigenbeweises im Verwaltungsverfahren und im Verwaltungsprozeß, AöR 107 (1982), 215; *W. Steinke*, Wirksamer Zeugenschutz de lege ferenda, ZRP 1993, 25; *K.-J. Stumpe*, Behandlung des Antrags auf Einholung von weiteren Sachverständigengutachten und amtlichen Auskünften, wenn bereits Erkenntnisquellen zum Beweisthema beigezogen sind, VBlBW 1995, 172; *J. Titz*, Die Pflichten und die Ablehnung des Sachverständigen, NZFam 2015, 388; *T. Troidl*, Das selbständige Beweisverfahren am Verwaltungsgericht, NVwZ 2011, 780; *J. Vahle*, Ablehnung eines behördlichen Sachverständigen wegen Befangenheit, DVP 2000, 131; *K. Vieweg*, Antizipierte Sachverständigengutachten – Funktion, Verwertungsformen, rechtliche Bedeutung, NJW 1982, 2473; *O. Werner*, Verwertung rechtswidrig erlangter Beweismittel, NJW 1988, 993; *M. Zimmer*, Gerichtliche Ermittlungspflicht und Mitwirkung der Beteiligten bei der Aufklärung naturwissenschaftlicher und technischer Fragen im Verwaltungsprozess, LKRZ 2009, 285.

I. Entstehungsgeschichte

Die Vorläufergesetze zur VwGO enthielten nur vereinzelt dem § 98 vergleichbare Normierungen. Bereits die LVO Thüringen vom 10.6.1926 bestimmte allerdings in § 105, dass auf „den Augenschein-, Zeugen-, Sachverständigen- und Urkundenbeweis (...) die Vorschriften der ZPO entsprechende Anwendung (finden), soweit dieses Gesetz nichts anderes bestimmt" (vgl. Landesverwaltungsordnung für Thüringen vom 10.6.1926, GS 177). In ähnlicher Weise sah § 63 MRVO Nr. 165 vor: „Auf die Beweiserhebung durch Vernehmung von Zeugen und Sachverständigen oder eines Beteiligten finden die Vorschriften der ZPO entsprechende Anwendung".[1] Von den sog. süddeutschen Gesetzen über die Verwaltungsgerichtsbarkeit enthielt nur § 58 S. 1 des rheinland-pfälzischen Verwaltungsgerichtsgesetzes eine Bestimmung über die Inbezugnahme der ZPO-Bestimmungen i.R. der Beweisaufnahme (vgl. VGG RP vom 20.4.1950, GVBl I 103). Schließlich ist noch § 40 BVerwGG zu nennen, der – freilich ohne Vorrangvorbehalt – nahezu wortgleich zu § 98 bestimmte: „Auf die Beweiserhebung sind die Vorschriften der §§ 358–444 und 478–494 der Zivilprozessordnung entsprechend anzuwenden" (vgl. das BVerwGG vom 23.9.1952, BGBl I 625).

Der nach Inkrafttreten der VwGO unternommene Versuch einer einheitlichen Kodifizierung des Verwaltungsprozessrechts in der VwPO (vgl. den Gesetzesentwurf der Bundesregierung zur VwPO, BT-Drs. 10/3437) kam weitgehend ohne Bezugnahme auf die ZPO aus (BT-Drs. 10/3437, 26).

§ 98 selbst besteht seit Einführung der VwGO unverändert (vgl. VwGO vom 21.1.1960, BGBl I 17).

---

1 Vgl. die Verordnung Nr. 165 über der Verwaltungsgerichtsbarkeit in der britischen Zone vom 15.9.1948, VOBl BrZ 263.

II. Überblick

4　Im Verwaltungsprozess gilt der Untersuchungsgrundsatz, § 86 Abs. 1. Das Gericht erforscht also den Sachverhalt von Amts wegen.[2] Demgegenüber gilt im Zivilprozess der Beibringungsgrundsatz, der es als prozessuales Korrelat zur Privatautonomie den Parteien auferlegt, dem Gericht den entscheidungserheblichen Sachverhalt zu unterbreiten.[3]

5　Trotz dieser fundamentalen Differenz hat der VwGO-Gesetzgeber auf eine umfassende Normierung des verwaltungsprozessualen Beweisrechts verzichtet und stattdessen in § 98 eine Reihe von Vorschriften der ZPO für entsprechend anwendbar erklärt. Ungeachtet der scheinbaren Eindeutigkeit dieser Aufzählung wird die Verweisung in § 98 insgesamt als unglücklich angesehen.[4] Dies gilt zum einen deshalb, weil die Aufzählung nicht als enumerativ verstanden wird. Zum anderen entsteht Verwirrung, weil trotz der in § 98 ausdrücklich ausgesprochenen Inbezugnahme bestimmter Vorschriften der ZPO deren Geltung im Verwaltungsprozess wegen des dort herrschenden Amtsermittlungsgrundsatzes im Einzelfall ausgeschlossen ist (vgl. zu den Einzelheiten die Ausführungen bei den jeweiligen Beweismitteln).

6　Die Bestimmungen der ZPO auf die § 98 Bezug nimmt, lassen sich wie folgt unterteilen:

1. Allgemeine Vorschriften über die Beweisaufnahme, §§ 358–363, 365–370 ZPO (→ Rn. 10 ff.),
2. Vorschriften über den Beweis mittels Augenscheinseinnahme, §§ 371–372 a ZPO (→ Rn. 70 ff.),
3. Normen bezüglich des Zeugenbeweises, §§ 373–401 ZPO (→ Rn. 89 ff.),
4. Vorschriften über den Beweis unter Zuhilfenahme von Sachverständigen und sachverständigen Zeugen, §§ 402–414 ZPO (→ Rn. 132 ff.),
5. Vorschriften über den Beweis mittels Urkunden, §§ 415–444 ZPO (→ Rn. 210 ff.),
6. Vorschriften über den Beweis durch Parteivernehmung, §§ 450–454 und über die Abnahme von Eiden und Bekräftigungen, §§ 478–484 ZPO (→ Rn. 250 ff.) und
7. Vorschriften über das selbstständige Beweissicherungsverfahren, §§ 485–494 ZPO (→ Rn. 278 ff.).

7　Mit diesen über § 98 in Bezug genommenen Beweismitteln der ZPO sind die Beweismittel der VwGO – wie die Formulierung in § 96 belegt – nicht abschließend umschrieben.

8　Im Verwaltungsprozess sind daher die – in der ZPO in § 273 Abs. 2 Nr. 2 ZPO allerdings angesprochene – Einholung einer amtlichen Auskunft sowie die den VG im Unterschied zu den Zivilgerichten durch § 99 eröffnete Möglichkeit der Beiziehung von Akten anerkannt.

9　In Abgrenzung zu diesen klassischen Beweismitteln ist noch die schlichte Anhörung der Beteiligten zu nennen, die i.R. der Erörterung beweisrechtlicher Sondertatbestände dargestellt wird (→ Rn. 304 ff.).

III. Grundsätze und Besonderheiten verwaltungsprozessualer Beweisaufnahmen

10　**1. Anwendbare Vorschriften der ZPO.** Allgemeine Vorschriften über die Beweisaufnahme finden sich in den §§ 358–363, 365–370 ZPO. Sie lauten:

§ 358 ZPO Notwendigkeit eines Beweisbeschlusses

Erfordert die Beweisaufnahme ein besonderes Verfahren, so ist es durch Beweisbeschluss anzuordnen.

§ 358 a ZPO Beweisbeschluss und Beweisaufnahme vor mündlicher Verhandlung

Das Gericht kann schon vor der mündlichen Verhandlung einen Beweisbeschluss erlassen. Der Beschluss kann vor der mündlichen Verhandlung ausgeführt werden, soweit er anordnet
1. eine Beweisaufnahme vor dem beauftragten oder ersuchten Richter,
2. die Einholung amtlicher Auskünfte,
3. eine schriftliche Beantwortung der Beweisfrage nach § 377 Abs. 3,
4. die Begutachtung durch Sachverständige,
5. die Einnahme eines Augenscheins.

2　*Schenke* § 98 Rn. 20.
3　*R. Greger*, in: Zöller Vorbem. § 284 Rn. 2.
4　Pointiert *H. Geiger*, in: Eyermann § 98 Rn. 1: „Unsystematik".

§ 359 ZPO Inhalt des Beweisbeschlusses

Der Beweisbeschluss enthält:
1. *die Bezeichnung der streitigen Tatsachen, über die der Beweis zu erheben ist;*
2. *die Bezeichnung der Beweismittel unter Benennung der zu vernehmenden Zeugen und Sachverständigen oder der zu vernehmenden Partei;*
3. *die Bezeichnung der Partei, die sich auf das Beweismittel berufen hat.*

§ 360 ZPO Änderung des Beweisbeschlusses

Vor der Erledigung des Beweisbeschlusses kann keine Partei dessen Änderung auf Grund der früheren Verhandlungen verlangen. Das Gericht kann jedoch auf Antrag einer Partei oder von Amts wegen den Beweisbeschluss auch ohne erneute mündliche Verhandlung insoweit ändern, als der Gegner zustimmt oder es sich nur um die Berichtigung oder Ergänzung der im Beschluss angegebenen Beweistatsachen oder um die Vernehmung anderer als der im Beschluss angegebenen Zeugen oder Sachverständigen handelt. Die gleiche Befugnis hat der beauftragte oder ersuchte Richter. Die Parteien sind tunlichst vorher zu hören und in jedem Falle von der Änderung unverzüglich zu benachrichtigen.

§ 361 ZPO Beweisaufnahme durch beauftragten Richter

(1) Soll die Beweisaufnahme durch ein Mitglied des Prozessgerichts erfolgen, so wird bei der Verkündung des Beweisbeschlusses durch den Vorsitzenden der beauftragte Richter bezeichnet und der Termin zur Beweisaufnahme bestimmt.
(2) Ist die Terminsbestimmung unterblieben, so erfolgt sie durch den beauftragten Richter; wird er verhindert, den Auftrag zu vollziehen, so ernennt der Vorsitzende ein anderes Mitglied.

§ 362 ZPO Beweisaufnahme durch ersuchten Richter

(1) Soll die Beweisaufnahme durch ein anderes Gericht erfolgen, so ist das Ersuchungsschreiben von dem Vorsitzenden zu erlassen.
(2) Die auf die Beweisaufnahme sich beziehenden Verhandlungen übersendet der ersuchte Richter der Geschäftsstelle des Prozessgerichts in Urschrift; die Geschäftsstelle benachrichtigt die Parteien von dem Eingang.

§ 363 ZPO Beweisaufnahme im Ausland

(1) Soll die Beweisaufnahme im Ausland erfolgen, so hat der Vorsitzende die zuständige Behörde um Aufnahme des Beweises zu ersuchen.
(2) Kann die Beweisaufnahme durch einen Konsularbeamten erfolgen, so ist das Ersuchen an diesen zu richten.
(3) Die Vorschriften der Verordnung (EG) Nr. 1206/2001 des Rates vom 28. Mai 2001 über die Zusammenarbeit zwischen den Gerichten der Mitgliedstaaten auf dem Gebiet der Beweisaufnahme in Zivil- oder Handelssachen bleiben unberührt. Für die Durchführung gelten die §§ 1072 und 1073.

§ 365 ZPO Abgabe durch beauftragten oder ersuchten Richter

Der beauftragte oder ersuchte Richter ist ermächtigt, falls sich später Gründe ergeben, welche die Beweisaufnahme durch ein anderes Gericht sachgemäß erscheinen lassen, dieses Gericht um die Aufnahme des Beweises zu ersuchen. Die Parteien sind von dieser Verfügung in Kenntnis zu setzen.

§ 366 ZPO Zwischenstreit

(1) Erhebt sich bei der Beweisaufnahme vor einem beauftragten oder ersuchten Richter ein Streit, von dessen Erledigung die Fortsetzung der Beweisaufnahme abhängig und zu dessen Entscheidung der Richter nicht berechtigt ist, so erfolgt die Erledigung durch das Prozessgericht.
(2) Der Termin zur mündlichen Verhandlung über den Zwischenstreit ist von Amts wegen zu bestimmen und den Parteien bekannt zu machen.

§ 367 ZPO Ausbleiben der Partei

(1) Erscheint eine Partei oder erscheinen beide Parteien in dem Termin zur Beweisaufnahme nicht, so ist die Beweisaufnahme gleichwohl insoweit zu bewirken, als dies nach Lage der Sache geschehen kann.

(2) Eine nachträgliche Beweisaufnahme oder eine Vervollständigung der Beweisaufnahme ist bis zum Schluss derjenigen mündlichen Verhandlung, auf die das Urteil ergeht, auf Antrag anzuordnen, wenn das Verfahren dadurch nicht verzögert wird oder wenn die Partei glaubhaft macht, daß sie ohne ihr Verschulden außerstande gewesen sei, in dem früheren Termin zu erscheinen, und im Falle des Antrags auf Vervollständigung, dass durch ihr Nichterscheinen eine wesentliche Unvollständigkeit der Beweisaufnahme veranlasst sei.

§ 368 ZPO Neuer Beweistermin

Wird ein neuer Termin zur Beweisaufnahme oder zu ihrer Fortsetzung erforderlich, so ist dieser Termin, auch wenn der Beweisführer oder beide Parteien in dem früheren Termin nicht erschienen waren, von Amts wegen zu bestimmen.

§ 369 ZPO Ausländische Beweisaufnahme

Entspricht die von einer ausländischen Behörde vorgenommene Beweisaufnahme den für das Prozessgericht geltenden Gesetzen, so kann daraus, dass sie nach den ausländischen Gesetzen mangelhaft ist, kein Einwand entnommen werden.

§ 370 ZPO Fortsetzung der mündlichen Verhandlung

(1) Erfolgt die Beweisaufnahme vor dem Prozessgericht, so ist der Termin, in dem die Beweisaufnahme stattfindet, zugleich zur Fortsetzung der mündlichen Verhandlung bestimmt.

(2) In dem Beweisbeschluss, der anordnet, dass die Beweisaufnahme vor einem beauftragten oder ersuchten Richter erfolgen solle, kann zugleich der Termin zur Fortsetzung der mündlichen Verhandlung vor dem Prozessgericht bestimmt werden. Ist dies nicht geschehen, so wird nach Beendigung der Beweisaufnahme dieser Termin von Amts wegen bestimmt und den Parteien bekannt gemacht.

11   Von den durch § 98 in Bezug genommenen Vorschriften der ZPO sind nach allgemeiner Auffassung die §§ 358, 361–363, 365–367 Abs. 1, 368–370 im Verwaltungsprozess uneingeschränkt anwendbar.[5]

12   § 358a ZPO wird durch die §§ 96 Abs. 2 und 87 Abs. 3 VwGO verdrängt. Besonderheiten ergeben sich auch bei § 359 ZPO. Hier ist zu differenzieren:

13   Die genaue Bezeichnung der streitigen Tatsachen – wie sie § 359 Nr. 1 ZPO verlangt – ist nur für die Beweisaufnahme vor dem ersuchten Richter notwendig; hinsichtlich des beauftragten Richters gilt § 96 Abs. 2.[6] Ansonsten genügt es im Verwaltungsprozess, wenn der Beweisbeschluss die Richtung erkennen lässt, in der eine Aufklärung für nötig gehalten wird[7] (→ Rn. 60 f.).

14   § 359 Nr. 2 ZPO ist uneingeschränkt anwendbar (BVerwG NJW 1984, 2645). Demgegenüber ist die Anwendung des § 359 Nr. 3 ZPO lediglich zweckmäßig. Das dort normierte Erfordernis der Bezeichnung der Partei, die sich auf das Beweismittel berufen hat, ist im Verwaltungsstreitverfahren nicht erforderlich, weil die VwGO aufgrund des Untersuchungsgrundsatzes keinen Beweisführer kennt.[8]

15   Die Anwendbarkeit des § 360 ZPO ist umstr. Während ein Teil des Schrifttums für eine uneingeschränkte Geltung der Vorschrift über die Änderung des Beweisbeschlusses und der dort normierten Voraussetzungen eintritt,[9] steht die Gegenauffassung zu Recht auf dem Standpunkt, dass die Vorschrift nicht anwendbar ist, weil im Verwaltungsprozess das Gericht einen Beweisbeschluss jederzeit

5   Zur Anwendbarkeit des § 358 ZPO BVerwG NJW 1984, 2645, 2647; zu § 370 ZPO BVerwG DÖV 1981, 536, 537 sowie zu den genannten Vorschriften insgesamt aus dem Schrifttum: *H. Geiger*, in: Eyermann § 98 Rn. 3; *Klinger* § 98 Anm. A I; *Koehler* § 98 Anm. II 1 a; *Kopp/Schenke* § 98 Rn. 1; *P. Kothe*, in: Redeker/v. Oertzen § 98 Rn. 2.

6   Vgl. *H. Geiger*, in: Eyermann § 98 Rn. 3; *P. Kothe*, in: Redeker/v. Oertzen § 98 Rn. 2, § 96 Rn. 2.

7   Vgl. BVerwG Buchholz 310 § 98 VwGO Nr. 32 (S. 6); *K.-J. Melullis*, MDR 1989, 1062; OVG Lüneburg NJW 2015, 104; OVG NRW 27.6.2017 – 1 A 2292/16, juris Rn. 27.

8   BVerwG BayVBl 1984, 87, 88; *H. Geiger*, in: Eyermann § 98 Rn. 3.

9   Vgl. *P. Kothe*, in: Redeker/v. Oertzen § 98 Rn. 2; *Koehler* § 98 Anm. II 1 a; *Klinger* § 98 Anm. A I.

ändern kann.[10] Voraussetzung ist insoweit nur, dass es dies den Beteiligten rechtzeitig mitteilt und diesen Gelegenheit zur Stellungnahme gibt, bevor es seine Entscheidung verkündet (dazu BVerwGE 17, 172, 173; BVerwG NJW 1984, 2645, 2647; → Rn. 62).

Wegen Unvereinbarkeit mit dem dem Verwaltungsstreitverfahren geltenden Untersuchungsgrundsatz ist 16 § 364 ZPO ebenfalls nicht anwendbar.[11] Das Gleiche gilt für § 367 Abs. 2 ZPO.[12]

Weder über § 173 noch über § 98 – was sich hier bereits aus dem insoweit eindeutigen Wortlaut ergibt 17 – ist im Verwaltungsprozess § 356 ZPO anwendbar. Die gegenteilige Auffassung würde der Amtsermittlungspflicht des Gerichts nach § 86 Abs. 1 nicht gerecht (BVerwG BayVBl 1984, 87, 88).

2. Begriff. Beweisaufnahme ist die Aufklärung des entscheidungserheblichen Sachverhaltes durch das 18 Gericht in einem gesetzlich geregelten besonderen Verfahren, dem Beweisverfahren.[13]

Gegenstand des Beweises sind in erster Linie, aber nicht nur, äußere und innere Tatsachen, Erfahrungssätze und Gebräuche, in seltenen Fällen auch die tatsächlichen Geltungsgrundlagen von Gewohnheitsrecht (→ § 96 Rn. 15).[14] Rechtsnormen, die das Gericht kennen bzw. deren Kenntnis es sich verschaffen muss, können, von ausländischen Vorschriften abgesehen, grds. nicht Gegenstand der Beweisaufnahme sein (BVerwG NVwZ 1999, 187).

Tatsachen werden definiert als die konkreten, nach Raum und Zeit bestimmten, vergangenen oder gegenwärtigen Geschehnisse und Zustände der Außenwelt und des Seelenlebens (BGH NJW 1981, 1562). Sie sind zu unterscheiden von Werturteilen.

Werturteile ordnen Tatsachen unter Rechtsbegriffe ein und ziehen Schlussfolgerungen aufgrund besonderen Fachwissens.[15] Im Einzelfall kann die notwendige Abgrenzung schwierig sein. Als Faustformel kann dienen, dass als Tatsachen solche Vorgänge qualifiziert werden, die mit den Mitteln des Beweises überprüft werden können (BGH NJW 1982, 2248).

Juristische Tatsachen- und Wertungsbegriffe – wie etwa „kaufen", „Verschulden", „Rechts- und Sittenwidrigkeit" u.Ä. – muss der Richter im Zweifel in dem Beweis zugängliche Einzelvorgänge auflösen.[16]

Aufgrund des bereits erwähnten in § 86 Abs. 1 normierten Untersuchungsgrundsatzes werden im Verwaltungsprozess alle Beweise von Amts wegen erhoben (→ § 86 Rn. 11 ff.).[17]

Eine formelle Beweislast dergestalt, dass ein Beteiligter den Beweis zu führen habe, gibt es im Verwaltungsprozess nicht (BVerwGE 52, 255, 260; BVerwG NJW 1981, 1389).

Den Umfang der Beweisaufnahme und die Art der Beweismittel bestimmt vielmehr das Gericht nach 25 pflichtgemäßem Ermessen ohne Bindung an das Parteivorbringen.[18]

Dagegen gibt es auch im Verwaltungsprozess den Grundsatz der materiellen Beweislast, wonach die 26 Folgen der Beweislosigkeit einer Tatsache einen Beteiligten treffen.[19] Da insoweit auf die zivilrechtlichen Grundsätze zurückzugreifen ist (BVerwG DVBl 1988, 404; OVG Münster DVBl 1987, 1225 m.w.N.), gilt ungeachtet aller Kritik die von Rosenberg[20] entwickelte Formel, wonach derjenige die nachteiligen Folgen der Beweislosigkeit trägt, der sich auf das Vorhandensein der Voraussetzungen einer ihm günstigen Norm beruft,[21] auch im Verwaltungsprozess. Damit lässt sich als Faustregel festhalten, dass die Behörde die materielle Beweislast für die tatbestandlichen Voraussetzungen einer be-

---

10 *Kopp/Schenke* § 98 Rn. 1; *H. Geiger*, in: Eyermann § 98 Rn. 3 unter Berufung auf BVerwG Buchholz 427.3 § 360 LAG Nr. 52; s.a. *R. Rudisile*, in: Schoch/Schneider/Bier § 98 Rn. 1, modifiziert anwendbar.

11 Vgl. *P. Kothe*, in: Redeker/v. Oertzen § 98 Rn. 2; *H. Geiger*, in: Eyermann § 98 Rn. 3; *Kopp/Schenke* § 98 Rn. 1 durch § 96 Abs. 2 ersetzt.

12 *H. Geiger*, in: Eyermann § 98 Rn. 3; *P. Kothe*, in: Redeker/v. Oertzen § 98 Rn. 2.

13 *H. Bley*, in: Bley/Gitter, Gesamtkommentar Sozialversicherung, 1994, § 118 SGG Anm. 3 a.

14 Vgl. *M. Nierhaus*, Beweismaß und Beweislast, 1989, 30.

15 *K. Reichold*, in: Thomas/Putzo Vorbem. § 284 Rn. 14.

16 *K. Reichold*, in: Thomas/Putzo Vorbem. § 284 Rn. 13.

17 Sowie etwa BVerwG Buchholz 310 § 98 VwGO Nr. 32 (S. 5) und zuvor BVerwG NJW 1981, 1386, 1389; vgl. auch *M. Nierhaus*, Beweismaß und Beweislast, 1989, 6.

18 Vgl. BVerwG Buchholz 310 § 86 Abs. 1 VwGO Nr. 130 sowie → § 86 Rn. 137 und → § 96 Rn. 22; 25.2.2013 – 4 A 7004.12 (4 A 7002.11).

19 BVerwGE 18, 71; 44, 265; 47, 339; *W. Ewer/A. Rapp*, NVwZ 1991, 549 m.w.N.

20 Grundlegend *L. Rosenberg*, Die Beweislast nach der Zivilprozeßordnung und dem Bürgerlichen Gesetzbuch, 1900.

21 Vgl. Rosenberg/Schwab/*Gottwald* § 115 Rn. 9. Das BVerfG hat diese Beweislastregelung auch i.R. der Prüfung anerkannt, ob eine Äußerung eine Verletzung des allgemeinen Persönlichkeitsrechts darstellt, vgl. BVerfG NJW 1980, 2070, 2071 – Eppler.

lastenden Maßnahme trägt.[22] Die materielle Beweislast für die Voraussetzungen einer begünstigenden Maßnahme liegt demgegenüber nach st. Rspr. des BVerwG beim Kläger.[23]

27 **3. Bedeutung von Beweisanträgen im Verwaltungsprozess.** Im Zivilprozess ist die Beweisführung Sache der Parteien; ihnen obliegt damit der Beweisantritt.[24] Statt von Beweisantritt spricht die VwGO von Beweisanträgen, denen für die Sachverhaltsermittlung nicht eine dem Zivilprozess vergleichbare Bedeutung zukommt. Der Grund hierfür liegt ersichtlich in der nach der VwGO geltenden Untersuchungsmaxime, die im Übrigen auch jeder Parteivereinbarung über die Beweisführung im Verwaltungsprozess den Boden entzieht.[25]

28 Gleichwohl sind Beweisanträge auch im Verwaltungsprozess nicht ohne Bedeutung. Denn das Recht, Beweisanträge zu stellen, leitet sich aus dem verfassungsrechtlichen Grundsatz der Gewährung rechtlichen Gehörs ab (vgl. BVerfGE 69, 141, 143; BVerfG NJW 1992, 299). Deshalb ist die Entscheidung des Gerichts nicht rechtsmittelsicher, wenn es keine (weiteren) erheblichen Beweise erhebt, obwohl Beweisanträge gestellt waren.[26]

29 Beweisanträge, auf die es für die Entscheidung ankommt (vgl. BVerfGE 60, 247, 249; 60, 250, 252; 69, 145, 148), können vom Gericht damit nicht ohne Verstoß gegen Art. 103 Abs. 1 GG unberücksichtigt bleiben, sofern nicht Gründe des Prozessrechts es gestatten oder dazu zwingen, sie unbeachtet zu lassen.[27] Beweisangebote dürfen demnach nicht aus Gründen, die außerhalb des Prozessrechts liegen, unberücksichtigt gelassen werden (BVerfGE 50, 32, 35; 53, 205, 206).

30 Aus anwaltlicher Sicht ist zudem auf den Umstand hinzuweisen, dass mit der Aufklärungsrüge geführte Rechtsmittel häufig daran scheitern, dass keine Beweisanträge zu Protokoll des Gerichts gestellt wurden.[28] Ist ein Beweisantrag nicht protokolliert, begründet das Protokoll zunächst den vollen Beweis dafür, dass er nicht gestellt wurde (BVerwG Buchholz 310 § 86 Abs. 2 VwGO Nr. 32). Zwar ist dann der Gegenbeweis, dass das Protokoll unvollständig sei, gleichwohl noch zulässig.[29] Doch liegt es auf der Hand, dass auf fehlender oder unvollständiger Beweiserhebung beruhende Verfahrensmängel bei entsprechend protokollierten Beweisanträgen in der Rechtsmittelinstanz leichter dargetan werden können.

31 Ein Beweisantrag liegt (nur) vor, wenn einer der Beteiligten für bestimmte Tatsachenbehauptungen ausdrücklich bestimmte Beweismittel anbietet (BVerwG DVBl 1964, 193; Buchholz 310 § 86 Abs. 2 VwGO Nr. 21). Die bloße Angabe eines Beweismittels reicht nicht aus. Ungeachtet der geringen Anforderungen, die an den gerichtlichen Beweisbeschluss gestellt werden (→ Rn. 60 f.), muss der das Beweismittel Benennende auch angeben, welche Tatsachenbehauptung er durch das Beweismittel bewiesen haben will (→ § 86 Rn. 153).[30]

32 Unsubstantiierten Beweisanträgen, d.h. Anträgen, die das Beweisthema nicht hinreichend konkretisieren (BVerwG NJW 1988, 1746), braucht das Gericht nicht nachzugehen.[31] Um die Erheblichkeit eines Beweisantrags beurteilen zu können, ist es deshalb unerlässlich, dass der Antrag konkrete Beweisbehauptungen enthält und zudem dargelegt wird, weshalb das benannte Beweismittel hierüber Erkenntnisse zu vermitteln vermag.[32] So bezieht sich etwa die Pflicht zur Substantiierung eines Zeugenbeweisantrags (§ 98 VwGO i.V.m. § 373 ZPO) zum einen auf das Beweisthema, also die Bestimmtheit der

---

22 *Schmitt/Glaeser/Horn* Rn. 544; *E. Fricke*, in: Fricke/Ott, Verwaltungsrecht, 1999, § 5 Rn. 3.
23 Vgl. BVerwGE 14, 181, 186 f.; 18, 66, 71; 47, 365, 375 sowie BVerwG NJW 1994, 468; BVerwG 11.9.2008 – 2 B 69/07.
24 Rosenberg/Schwab/*Gottwald* § 110 Rn. 29.
25 Zu deren Zulässigkeit im Zivilprozess *K. Reichold*, in: Thomas/Putzo Vorbem. § 284 Rn. 41.
26 Vgl. BVerwG Buchholz 310 § 132 VwGO Nr. 135; Buchholz 310 § 86 Abs. 1 VwGO Nr. 147. Das Gleiche gilt, wenn sich dem Gericht die Notwendigkeit weiterer Aufklärung hätte aufdrängen müssen, vgl. BVerwG NVwZ 1988, 1019, 1020; 1996, 1010; zum Verstoß gegen Art. 103 Abs. 1 GG infolge der Nichtberücksichtigung eines in der Vorinstanz gestellten, in der Berufung aber nicht ausdrücklich wiederholten Beweisantrages, vgl. BVerfG NJW 1982, 1636, 1637 sowie BVerwG NJW 1994, 2243.
27 BVerfGE 60, 250, 252; 65, 305, 307; 69, 145, 148; BVerfG NJW-RR 1996, 183, 184; NJW 1996, 2785, 2786.
28 Vgl. *J. Hüttenbrink*, in: Kuhla/Hüttenbrink/Endler E Rn. 205.
29 *A. Wegner*, in: Brandt/Sachs O Rn. 214.
30 Vgl. auch BVerwG DÖV 1983, 647; s. etwa auch BVerfG NVwZ 1985, 785 f.
31 *J. Hüttenbrink*, in: Kuhla/Hüttenbrink/Endler E Rn. 207.
32 BVerwG 24.9.2012 – 5 B 30/12, juris Rn. 9 m.w.N.

Beweistatsachen und deren Wahrheit, und zum anderen darauf, welche einzelnen Wahrnehmungen der angebotene Zeuge in Bezug auf das Beweisthema selbst gemacht haben soll.[33]

Gleiches gilt bei sog. Beweisermittlungs- oder -ausforschungsanträgen, die so unbestimmt sind, dass **33** im Grunde erst die Beweiserhebung selbst die entscheidungserheblichen Tatsachen und Behauptungen aufdecken kann.[34] Die Befugnis zur Ablehnung solcher Beweisanträge ist verfassungsrechtlich nicht zu beanstanden.[35]

Ein Beweisantrag muss in der mündlichen Verhandlung gestellt werden; schriftsätzlich gestellte Be- **34** weisanträge sind demgegenüber nur als Ankündigung von Beweisanträgen zu verstehen.[36]

4. Ablehnung von Beweisanträgen. Zur Ablehnung von Beweisanträgen → § 86 Rn. 164 ff. **35**

Grds. obliegt dem Tatsachengericht eine aus § 86 Abs. 1 resultierende Verpflichtung, jede mögliche **36** Aufklärung des entscheidungserheblichen Sachverhalts bis zur Grenze der Zumutbarkeit zu versuchen.[37] Gleichwohl gibt es von der Regelverpflichtung des Gerichts, den Sachverhalt umfassend zu erforschen, mehrere Ausnahmen.

Nach § 86 Abs. 2 kann das Gericht die in der mündlichen Verhandlung gestellten Beweisanträge **37** durch begründeten Beschluss (zur ratio des § 86 Abs. 2 im Hinblick auf das Beschlusserfordernis → § 86 Rn. 148)[38] in den folgenden Fällen ablehnen:

- wenn die Beweiserhebung unzulässig ist (→ Rn. 39)[39]
- bei offenkundigen Tatsachen (→ Rn. 40 ff.)
- bei Unerheblichkeit (→ Rn. 44 ff.)
- bei Untauglichkeit (→ Rn. 48 ff.)
- bei Unerreichbarkeit (→ Rn. 51)
- bei Wahrunterstellung (→ Rn. 52 ff.)
- bei Präklusion (→ Rn. 56 f.).

Liegt keine der genannten Voraussetzungen vor, muss der Beweis (antragsgemäß) erhoben werden.[40] **38** Ob die Grundsätze über die Ablehnung von Beweisanträgen dabei tatsächlich den Kernbereich des Grundrechts auf Gehör betreffen, ist nicht unumstr.[41] Jedenfalls aber verbürgt Art. 103 Abs. 1 GG auch die Befugnis, durch entsprechende Anträge, die beschieden werden müssen, auf die Beschaffung bestimmter Beweismittel zu dringen, mag damit auch kein Recht auf ein bestimmtes Beweismittel verbunden sein (vgl. BVerfGE 57, 250, 274; BVerfG NJW 1997, 999, 1000). Bei der jeweils gebotenen Abwägung über den gestellten Beweisantrag ist zudem immer zu berücksichtigen, dass jede vorweggenommene Beweiswürdigung vermieden werden muss (vgl. BVerfG NJW 1993, 254). Freilich gilt dieses Prinzip auch nicht uneingeschränkt, sondern erfährt v.a. dann, wenn bereits Beweis erhoben wurde, Modifikationen. Das Gericht darf deshalb bei seiner Entscheidung über ein angebotenes Beweismittel auch berücksichtigen, welche Ergebnisse von der Beweisaufnahme zu erwarten sind und wie diese Ergebnisse zu würdigen wären (BVerfG NJW 1997, 999, 1000). Nur in diesem Umfang ist es zur Realisierung seiner Aufklärungspflicht angehalten. Maßgebendes Kriterium ist mithin, ob die Erhebung des beantragten Beweises ein Gebot der Aufklärungspflicht ist.[42] Ist dies nicht der Fall, ist die

---

33 BVerwG 24.9.2012 – 5 B 30/12, juris Rn. 9.
34 BVerwGE 12, 268, 269; BVerwG NVwZ-RR 1991, 118 sowie jüngst BVerwG NVwZ 1999, 654, 656; vgl. auch J. Martens, JuS 1973, 619, 621. Zu den hierbei gleichwohl entstehenden Beachtungspflichten des Gerichts → § 86 Rn. 156 sowie A. Wegner, in: Brandt/Sachs O Rn. 210.
35 Vgl. BVerfG 26.8.1996 – 2 BvR 1968/94, unter Bezugnahme auf BVerfGE 50, 32, 35; 65, 305, 307; 69, 141, 143; 69, 145, 148.
36 A. Wegner, in: Brandt/Sachs O Rn. 213.
37 Vgl. BVerwG 28.3.2013 – 4 B 15/12, juris Rn. 19; NJW 1986, 2268 sowie etwa Buchholz 310 § 86 Abs. 1 VwGO Nr. 147 (S. 9, 10 m.w.N.).
38 Vgl. Würtenberger Rn. 573.
39 Dazu auch H. Lang, in: Diering/Timme/Waschull, SGB X, ⁴2016, § 21 Rn. 5 ff.
40 Vgl. BVerwG Buchholz 310 § 86 Abs. 1 VwGO Nr. 111 (S. 7, 8 m.w.N.); Buchholz 310 § 86 Abs. 1 VwGO Nr. 112 (S. 10, 11); Buchholz 310 § 86 Abs. 1 VwGO Nr. 117 (S. 15, 16); O. Werner, NJW 1988, 993, 998.
41 Vgl. F. O. Kopp, NJW 1988, 1708, 1709, der für eine Fundierung in Art. 103 Abs. 1 GG eintritt; ähnl. K. Habscheid, ZZP 96 (1983), 306, 308: Recht auf Beweis als Teil des Justizgewährleistungsanspruchs; zum Problem C. Degenhart, in: Sachs Art. 103 Rn. 29–30 m.w.N.
42 Vgl. BGH NJW 1994, 1484; Meyer-Goßner § 244 Rn. 11 f.

Ablehnung eines Beweisantrags verfassungsrechtlich nicht zu beanstanden (vgl. BGH NJW 1994, 1484; BVerfG NJW 1997, 999, 1000).

39 **a) Unzulässige Beweiserhebung.** Das Gericht muss allerdings von einer Beweiserhebung absehen, sofern eine solche bzw. das angebotene Beweismittel unzulässig ist (→ § 86 Rn. 168). Die Unzulässigkeit kann sich dabei aus einfachem Recht (z.B. § 244 Abs. 3–5 StPO analog), aber auch aus Bestimmungen der Verfassung ergeben.[43]

40 **b) Offenkundige Tatsachen.** Sie bedürfen gem. § 173 VwGO i.V.m. § 291 ZPO keines Beweises (BVerfG NVwZ 1992, 561, 562). Offenkundig sind solche Tatsachen, die entweder allgemein- oder gerichtskundig sind.[44]

41 Als allgemeinkundig gelten solche in der Öffentlichkeit als feststehend angesehene Tatsachen, über die sich jedermann ohne besondere Fachkunde aus allgemein zugänglichen Quellen unterrichten kann.[45]

42 Gerichtskundig sind solche Tatsachen, die das Gericht selbst (amtlich) wahrgenommen hat.[46] Dabei kann es sich auch um solche Tatsachen handeln, die der Richter aus seiner jetzigen oder früheren amtlichen Tätigkeit sicher kennt.[47]

43 Allerdings ist zu beachten, dass offenkundige Tatsachen lediglich keines Beweises bedürfen; auch solche Tatsachen müssen vom Gericht aber in den Prozess eingebracht werden, wenn es sie verwerten will (BVerfG NJW 1960, 31). Denn einer gerichtlichen Entscheidung dürfen nur solche Tatsachen und Beweisergebnisse zugrunde gelegt werden, zu denen Stellung zu nehmen den Beteiligten Gelegenheit gegeben war (BVerfGE 64, 135, 144). Andernfalls würde einer Partei in verfassungswidriger Weise die Möglichkeit abgeschnitten, einen Gegenbeweis anzutreten (BVerfGE 10, 177, 182 f.; BVerfG NJW-RR 1996, 183, 184).

44 **c) Unerheblichkeit des Beweismittels.** Die bei der Auswahl der Beweismittel bestehende Ermessensentscheidung kann weiterhin berücksichtigen, ob es auf das angebotene Beweismittel nicht oder nicht mehr ankommt.[48] Auch in diesem Fall kann das Gericht den entsprechenden Beweisantrag unter Hinweis auf die Unerheblichkeit des angebotenen Beweises verfahrensfehlerfrei ablehnen.

45 Grenzen ergeben sich dabei aber zunächst aus dem Verbot antizipierter Beweiswürdigung (BVerfG NVwZ 1987, 785; BVerwG Buchholz 310 § 86 Abs. 1 VwGO Nr. 117). Das Gericht darf deshalb das angebotene Beweismittel grds. nicht mit der Begründung ablehnen, es sei vom Gegenteil der unter Beweis gestellten Tatsache überzeugt (BVerwG MDR 1983, 869) oder es halte den Sachverhalt bereits für hinreichend geklärt (BVerwG NVwZ 1993, 377; Buchholz 310 § 98 VwGO Nr. 41 [S. 16]).

46 Das Gleiche gilt, soweit das Gericht lediglich befürchtet, die Beweisaufnahme werde unergiebig sein (→ § 86 Rn. 169).[49]

47 Ist ein Beweisantrag wegen Bedeutungslosigkeit der behaupteten Beweistatsache zurückgewiesen worden, so ist das Gericht gehindert, die Urteilsgründe auf das Gegenteil der unter Beweis gestellten Tatsache zu stützen. Denn sonst weicht es von der Beurteilung jener Tatsache als bedeutungslos ab, entzieht damit der Ablehnung des Antrags die zur Rechtfertigung herangezogene Grundlage und täuscht das Vertrauen des Antragstellers, der ohne entsprechenden Hinweis auf die weiter unveränderte Beurteilung der Unerheblichkeit vertrauen darf. Dies gilt auch, wenn der gestellte Beweisantrag auf die erneute Vernehmung eines bereits vernommenen Zeugen zielt.[50]

---

43 Etwa aus Art. 1 GG. Zu dem üblicherweise hier angesiedelten Fragenkreis „Lügendetektor" BVerfG NJW 1982, 375 (Verwendung unzulässig) sowie *J. Schwabe*, NJW 1982, 367 und etwa *K. Amelung*, NStZ 1982, 38 ff. Genau besehen handelt es sich dogmatisch um ein Problem der grundrechtlichen Selbstverständnisses sowie des Grundrechtsverzichts, *W. Höfling*, NJW 1983, 1582, 1583 und *M. Sachs*, in: Sachs Vorbem. Art. 1 Rn. 52 ff.; ähnl. *K. Amelung*, NStZ 1982, 38, 39 – Frage der Zulässigkeit einer Einwilligung –, der für eine Zulassung des Lügendetektors plädiert, wenn dies für den Beschuldigten die einzige Möglichkeit darstellt, seine Unschuld zu beweisen.

44 BVerwG NJW 1987, 1433; *Baumbach/Lauterbach/Albers/Hartmann* § 291 Rn. 4 ff.

45 BVerwG NVwZ 1992, 561, 562; BVerwGE 10, 177, 183; BVerwG NJW 1987, 1431, 1433; Buchholz 310 § 108 VwGO Nr. 127. Etwas enger noch BVerfG NJW 1960, 31.

46 BVerfG NJW-RR 1996, 183, 184; VGH Mannheim ZAR 1999, 86; *K. Reichold*, in: Thomas/Putzo § 291 Rn. 2.

47 BVerfG NJW 1960, 31, 32; BVerwG NVwZ 1990, 591, 592. Vgl. *J. Schmidt*, FS Maunz, 1981, 297, 306 ff.

48 BVerwGE 39, 36, 37; BVerwG GewArch 1996, 22, 23; Buchholz 310 § 98 VwGO Nr. 41 (S. 16); VGH Mannheim VBlBW 1995, 152, 153.

49 S.a. *A. Wegner*, in: Brandt/Sachs O Rn. 221.

50 Vgl. BGH StV 1996, 648; s.a. BGH StV 1992, 147 (bei Deckers): Wird in dem Urteil das Gegenteil einer als bedeutungslos zurückgewiesenen Beweisbehauptung festgestellt, ist § 244 Abs. 3 S. 2 StPO verletzt.

d) Untauglichkeit des Beweismittels. Der Richter muss auch keine Beweise erheben, deren Gelingen **48** infolge völliger Ungeeignetheit der benannten Beweismittel von vornherein ausgeschlossen erscheint (zur Untauglichkeit angebotener Beweismittel → § 86 Rn. 169).[51] Diese für das Strafverfahren entwickelten Grundsätze gelten auch für den Verwaltungsprozess (BVerwG Buchholz 310 § 98 VwGO Nr. 41). Dass damit Art. 103 Abs. 1 GG nicht verletzt wird, ist durch die verfassungsgerichtliche Rspr. geklärt (vgl. BVerfG NJW 1993, 254, für den Zivilprozess). So ist etwa in einem Asylanerkennungsverfahren vor einem deutschen VG die Vernehmung von im Verfolgerstaat lebenden Personen als Zeugen i.d.R. ein völlig ungeeignetes Beweismittel (so OVG Münster DÖV 1982, 950).

Die Untauglichkeit eines Beweismittels kann sich darüber hinaus auch daraus ergeben, dass aufgrund **49** bereits erhobener Beweise die entscheidungserheblichen Tatsachen mit einer solchen Gewissheit feststehen, dass die Überzeugung des Gerichtes durch die beantragte weitere Beweiserhebung selbst im Falle ihres Erfolges nicht mehr erschüttert werden kann (vgl. BVerwG NVwZ 1982, 244; NJW 1984, 2962; Buchholz § 138 Nr. 3 VwGO Nr. 5).

Wegen der genannten verfassungsrechtlichen Grundlage des Beweisantragsrechts ist – nicht nur bei **50** der zuletzt angesprochenen Fallkonstellation – bei der Feststellung der Ungeeignetheit eines Beweismittels freilich Zurückhaltung geboten. Denn es ist in aller Regel nicht zulässig, einer Aussage von vornherein jeden Beweiswert abzusprechen (vgl. BVerwG Buchholz § 86 Abs. 1 VwGO Nr. 117; vgl. auch BVerwG MDR 1983, 869). Insbes. rechtfertigt die bloße Unwahrscheinlichkeit einer behaupteten Tatsache es nicht, eine Beweisaufnahme zu unterlassen, deren Verwertbarkeit nicht mit Sicherheit ausgeschlossen werden kann (BVerwG NJW 1984, 2962). Das Beweismittel muss vielmehr völlig ungeeignet – oder wie es das BVerwG ausdrückt „schlechterdings untauglich" sein[52] –, „relative" Ungeeignetheit genügt also nicht.[53] Von einem geminderten, geringen oder auch zweifelhaften Beweiswert eines angebotenen Beweismittels darf nicht auf dessen völlige Ungeeignetheit geschlossen werden (ebenda a.a.O.). Andernfalls stellt sich die Ablehnung des Beweismittels als unzulässige vorweggenommene Beweiswürdigung dar (BVerwG NJW 1984, 2962).

e) Unerreichbarkeit des Beweismittels. Auch die Unerreichbarkeit des Beweismittels rechtfertigt dessen **51** Zurückweisung (zur Unerreichbarkeit von Beweismitteln → § 86 Rn. 174). Ein Beweismittel ist unerreichbar, wenn das Gericht unter Beachtung der ihm obliegenden Aufklärungspflicht alle der Bedeutung des Zeugnisses entsprechenden Bemühungen zur Beibringung des Beweismittels vergeblich entfaltet hat und auch keine begründete Aussicht besteht, dass das Beweismittel in absehbarer Zeit beigebracht werden kann.[54] Die Unerreichbarkeit kann sich dabei aus tatsächlichen (z.B. Aufenthalt des Zeugen ist unbekannt) oder auch aus rechtlichen Gründen ergeben.[55]

f) Wahrunterstellung. Ob das Gericht einen Beweisantrag ablehnen darf, wenn es die Tatsache, die **52** durch das angebotene Beweismittel bewiesen werden soll, als wahr unterstellt (zur Wahrunterstellung im Verwaltungsprozess → § 86 Rn. 100), ist in Rspr. und Lit. nicht eindeutig geklärt.

Die wohl überwiegende Auffassung in Rspr.[56] und Lit.[57] begrenzt die Wahrunterstellung auf nicht ent- **53** scheidungserhebliche Tatsachen. Begründet wird dies mit der einschränkenden Anwendbarkeit des § 244 Abs. 3 S. 2 letzter Hs. StPO im Verwaltungsprozess. Nach dieser Vorschrift können auch beweiserhebliche (entlastende) Tatsachen als wahr unterstellt werden;[58] aus § 86 Abs. 1 und § 108

---

51 Bereits BGH NJW 1952, 191 sowie etwa BVerwGE 71, 38, 41; BVerwG NJW 1986, 2268.

52 So etwa BVerwG Buchholz 310 § 98 VwGO Nr. 41 (S. 16); Buchholz § 86 Abs. 1 VwGO Nr. 112; Buchholz 402.25 § 1 AsylVfG Nr. 2.

53 BGH NJW 1983, 404; *Meyer-Goßner* § 244 Rn. 58.

54 Vgl. BGH NJW 1979, 1788; 1990, 398, 399 zur Unerreichbarkeit von Zeugen; vgl. weiter *Meyer-Goßner* § 244 Rn. 62 sowie vertiefend → § 86 Rn. 174; zur Frage der Erreichbarkeit, wenn sog. V-Männer als Zeugen vernommen werden sollen, *A. Schoreit*, MDR 1983, 617, 619.

55 Vgl. BVerwG NJW 1989, 678, 679; vgl. auch BVerfGE 16, 27, 62; 46, 342, 393; BGH NJW 1979, 1101; *K. Habscheid*, ZZP 110 (1997), 269 ff. einschränkend *U. v. Schönfeld*, NJW 1986, 2980, 2984; dagegen *R. Geiger*, NJW 1987, 1124, 1125; vgl. auch BGH NStZ 1981, 32.

56 Vgl. etwa BVerwG Buchholz 310 § 86 Abs. 1 VwGO Nr. 204; § 86 Abs. 2 VwGO Nr. 28; BVerwGE 77, 150, 157; InfAuslR 1990, 128; BVerwG GewArch 1996, 22, 23; VGH Mannheim VBlBW 1998, 101. Zur verfassungsrechtlichen Unbedenklichkeit dieser Ablehnung eines Beweisantrags BVerfG NVwZ 1988, 523, 524; NJW 1993, 254.

57 *B. Schmidt*, in: *Meyer-Ladewig* § 103 Rn. 8; *A. Wegner*, in: Brandt/Sachs O Rn. 225; *Kopp/Schenke* § 86 Rn. 6, 21; *H. Geiger*, in: Eyermann § 86 Rn. 42; *H. Geiger*, BayVBl 1999, 321, 329; *Kuntze*, in: Bader/Funke-Kaiser/Kuntze/v. Albedyll § 86 Rn. 35; *M. Bertrams*, DVBl 1990, 1129, 1134.

58 *Meyer-Goßner* § 244 Rn. 70.

Abs. 1 ergebe sich aber, dass die volle richterliche Überzeugung hinsichtlich der für die Entscheidung erheblichen Tatsachen vorliegen müsse.[59]

54 Teilweise wird die Wahrunterstellung im Verwaltungsprozess regelmäßig als zulässig angesehen (→ § 86 Rn. 100),[60] sofern die Beweistatsache zugunsten des Betroffenen als wahr unterstellt werden kann.

55 Dieser Auffassung dürfte zuzustimmen sein. Rechtsgrundlage der Wahrunterstellung ist § 244 Abs. 3 S. 2 StPO analog. Es ist nicht einzusehen, warum die ebenfalls unter der Geltung der Untersuchungsmaxime gesetzlich normierten Tatbestände des § 244 Abs. 3–4 StPO nicht auch im Verwaltungsprozess entsprechende Anwendung finden sollten. Insoweit enthält die genannte Vorschrift in der Tat allgemeine Rechtsgedanken, die für alle unter dem Amtsermittlungsgrundsatz geführten Verfahren Anwendung finden können.[61]

56 **g) Präklusion.** Dass von einer Beweiserhebung auch bei präkludiertem Vorbringen abgesehen werden kann, zeigt § 87 b Abs. 3.[62]

57 Die fehlerhafte Anwendung von Präklusionsvorschriften stellt allerdings eine Verletzung des Rechts auf rechtliches Gehör dar (BVerfG NJW 1983, 1307).

58 **5. Zum Erfordernis eines Beweisbeschlusses.** Die Beweisaufnahme ist als gerichtliche Tätigkeit vom Gericht anzuordnen.[63] Ein förmlicher Beweisbeschluss ist gleichwohl nur erforderlich, wenn die Beweisaufnahme ein besonderes Verfahren oder die Vertagung erforderlich macht.[64] Das Gleiche gilt nach § 98 VwGO i.V.m. 450 ZPO bei der Parteivernehmung.[65]

59 Außerhalb der genannten Anwendungsbereiche genügt es, wenn das Gericht hinreichend deutlich macht, dass in Bezug auf das konkrete Beweismittel keine Anhörung, sondern eine Beweisaufnahme erfolgt (BVerwG NJW 1981, 1748). Die Abgrenzung erfolgt unter Zuhilfenahme einer – den erkennbaren Willen des Gerichts freilich besonders beachtenden – verobjektivierten Würdigung der gesamten Umstände (BVerwG NJW 1981, 1748; OVG Münster VerwRspr 25 [1974], 119). Verkennt das Gericht den Unterschied zwischen Anhörung und Vernehmung i.R. seiner Beweiswürdigung, liegt ein Verfahrensfehler vor (BVerwGE 17, 127, 129; BVerwG NJW 1981, 1748).

60 Trotz des Verweises in § 98 auf § 359 Nr. 1 ZPO sind die Anforderungen an die Substantiierung des Beweisthemas im Verwaltungsprozess weniger streng. Während im Zivilprozess eine möglichst genaue Bezeichnung des Beweisthemas verhindern soll, dass der Richter Tatsachen ermittelt, die von den Parteien nicht vorgetragen wurden, obliegt im Verwaltungsprozess auch die Ermittlung der relevanten Tatsachen weitgehend dem Gericht (vgl. BVerwG BayVBl 1984, 87). Deshalb genügt es, wenn das Gericht das Beweisthema angibt[66] und aus dem Beweisbeschluss für die Beteiligten erkennbar wird, in welche Richtung das Gericht eine weitere Sachaufklärung für nötig erachtet (BVerwG Buchholz 310 § 98 VwGO Nr. 32 [S. 6]). Damit ist dem Erfordernis Genüge getan, dass sich die Beteiligten auf die Beweisaufnahme einstellen können.

61 Wie das BVerwG zu Recht herausgestellt hat, stellt diese Lockerung der Anforderungen an den Inhalt eines Beweisbeschlusses eine Konsequenz des Amtsermittlungsgrundsatzes und des Umstandes dar, dass im Verwaltungsstreitverfahren das Gericht ohne Bindung an das Vorbringen der Beteiligten entscheiden kann.[67] Allerdings kommt einem Beweisbeschluss auch die Aufgabe zu, die Entscheidung und Vorgehensweise des Gerichts einer Kontrolle durch die Rechtsmittelinstanz zu öffnen. Deshalb

---

59 *H. Geiger*, in: Eyermann § 86 Rn. 42; *Kopp/Schenke* § 86 Rn. 21; *Kuntze*, in: Bader/Funke-Kaiser/Kuntze/v. Albedyll § 86 Rn. 35.

60 BVerwGE 71, 38, 41; BVerwG NJW 1986, 2268; Buchholz 310 § 86 Abs. 1 VwGO Nr. 111 (S. 7, 8 m.w.N.); Buchholz 310 § 86 Abs. 1 VwGO Nr. 112 (S. 10, 11); Buchholz 310 § 86 Abs. 1 VwGO Nr. 117 (S. 15, 16); Buchholz 310 § 86 Abs. 1 VwGO Nr. 192; Buchholz 310 § 98 VwGO Nr. 41 (S. 16); BVerwG 20.9.1993 – 4 B 125/93.

61 Vgl. VGH Mannheim VGHBW RSpDienst 1995, Beilage 12, B 2; VBlBW 1995, 152; BGHZ 53, 245, 258 sowie die Nachw. in → § 86 Rn. 167.

62 Dazu VGH Kassel NVwZ-RR 1996, 364; OVG Münster NWVBl 1996, 348, 349; *P. Jacob*, VBlBW 1997, 41, 46; *A. Wegner*, in: Brandt/Sachs O Rn. 226; *K. Habscheid*, ZZP 96 (1983), 306, 329.

63 Rosenberg/Schwab/*Gottwald* § 116 Rn. 26.

64 BVerwGE 19, 231, 238; BVerwG DÖV 1982, 161, 162; NVwZ 1984, 791 sowie bereits *Schunck/De Clerck* § 98 Anm. 2 a bb.

65 BVerwG Buchholz 310 § 98 VwGO Nr. 2; *Ule* 281.

66 *H. Geiger*, in: Eyermann § 98 Rn. 3.

67 BVerwG Buchholz 310 § 98 VwGO Nr. 32 (S. 6); aus dem Schrifttum vgl. nur *Hufen* § 35 Rn. 25.

stellen sich uferlos weit gefasste Beweisbeschlüsse als verfahrensfehlerhaft dar (a.M. BVerwG NVwZ 1999, 187 f.).

Einen einmal gefassten Beweisbeschluss kann das Gericht jederzeit aufheben, ändern oder auf dessen Durchführung ganz verzichten (BVerwGE 17, 172; 69, 70, 80). In all diesen Fällen muss es den Beteiligten aber Gelegenheit zur Stellungnahme geben.[68]   62

6. Durchführung der Beweisaufnahme. Nach § 96 Abs. 1 wird der Beweis in der mündlichen Verhandlung erhoben. § 96 Abs. 2 eröffnet daneben die Möglichkeit der Beweiserhebung vor der mündlichen Verhandlung durch den beauftragten bzw. ersuchten Richter.   63

Zum Recht der Beteiligten der Beweisaufnahme beizuwohnen und diese mitzugestalten, vgl. § 97 sowie die dortige Komm.

Aus Verstößen gegen die die Beweiserhebung betreffenden Verfahrensvorschriften resultierenden Rechte können nach § 173 VwGO i.V.m. § 295 ZPO verloren gehen.[69]   64

7. Anwendungsbereich. Die dargestellten Grundsätze finden bei allen Beweisaufnahmen i.R. verwaltungsprozessualer Verfahren Anwendung.[70]   65

8. Beweiswürdigung. Vgl. § 108 sowie die dortige Komm.   66

§ 444 ZPO, wonach die Behauptungen des Gegners über die Beschaffenheit und den Inhalt einer Urkunde als bewiesen angesehen werden, wenn die Urkunde von einer Partei in der Absicht, ihre Benutzung dem Gegner zu entziehen, beseitigt oder zur Benutzung untauglich gemacht wird, hat die Rspr. den Grundgedanken entnommen, dass der Richter i.R. der Beweiswürdigung zuungunsten derjenigen Partei, die eine an sich mögliche Beweisführung durch schuldhaftes Handeln unmöglich macht, den Beweis als geführt ansehen kann.[71]   67

Dieser Grundgedanke ist auch in den vom Amtsermittlungsgrundsatz beherrschten Prozessordnungen anwendbar.[72]   68

IV. Die Regelungen hinsichtlich der einzelnen Beweismittel

Die nach der VwGO zulässigen Beweismittel werden durch die Aufzählung in § 96 nicht erschöpfend benannt. Neben den dort genannten kommt namentlich noch die Einholung amtlicher Auskünfte in Betracht.   69

1. Der Beweis mittels Augenscheinseinnahme. a) Anwendbare Vorschriften der ZPO. Vorschriften über die Einnahme des Augenscheins finden sich in der ZPO in den §§ 371–372a ZPO. Sie lauten: 70

§ 371 ZPO Beweis durch Augenschein

(1) Der Beweis durch Augenschein wird durch Bezeichnung des Gegenstandes des Augenscheins und durch die Angabe der zu beweisenden Tatsachen angetreten. Ist ein elektronisches Dokument Gegenstand des Beweises, wird der Beweis durch Vorlegung oder Übermittlung der Datei angetreten.

(2) Befindet sich der Gegenstand nach der Behauptung des Beweisführers nicht in seinem Besitz, so wird der Beweis außerdem durch den Antrag angetreten, zur Herbeischaffung des Gegenstandes eine Frist zu setzen oder eine Anordnung nach § 144 zu erlassen. Die §§ 422 bis 432 geltend entsprechend.

(3) Vereitelt eine Partei die ihr zumutbare Einnahme des Augenscheins, so können die Behauptungen des Gegners über die Beschaffenheit des Gegenstandes als bewiesen angesehen werden.

---

68 A. *Wegner*, in: Brandt/Sachs O Rn. 216.
69 Bereits BVerwGE 19, 231, 234; BVerwG NJW 1961, 37 sowie Buchholz 303 § 295 ZPO Nr. 4.
70 H. *Geiger*, in: Eyermann § 98 Rn. 2.
71 Vgl. BVerwG DVBl 1988, 404; OVG Münster DVBl 1987, 1225, 1226; BSG NJW 1994, 1303; verhaltener M. *Dawin*, NVwZ 1995, 729, 733 sowie etwa H. *Schnellenbach*, JA 1995, 783, 786. Eine explizite Beweislastumkehr findet dabei aber nicht statt, ausdrückl. BVerwGE 10, 270, 271; M. *Nierhaus*, Beweismaß und Beweislast, 1989, 352; M. *Dawin*, NVwZ 1995, 729, 733; B. *Schulte*, NJW 1988, 1006, 1009; missverständlich daher BSG NJW 1994, 1303.
72 Bereits BVerwGE 10, 270, 272 f.; BSGE 24, 25, 27 f.; BSG NJW 1994, 1303; M. *Nierhaus*, Beweismaß und Beweislast, 1989, 352.

§ 371 a ZPO Beweiskraft elektronischer Dokumente

(1) Auf private elektronische Dokumente, die mit einer qualifizierten elektronischen Signatur versehen sind, finden die Vorschriften über die Beweiskraft privater Urkunden entsprechende Anwendung. Der Anschein der Echtheit einer in elektronischer Form vorliegenden Erklärung, der sich auf Grund der Prüfung der qualifizierten elektronischen Signatur nach Artikel 32 der Verordnung (EU) Nr. 910/2014 des Europäischen Parlaments und des Rates vom 23. Juli 2014 über elektronische Identifizierung und Vertrauensdienste für elektronische Transaktionen im Binnenmarkt und zur Aufhebung der Richtlinie 1999/93/EG (ABl. L 257 vom 28.8.2014, S. 73) ergibt, kann nur durch Tatsachen erschüttert werden, die ernstliche Zweifel daran begründen, dass die Erklärung von der verantwortlichen Person abgegeben worden ist.

(2) Hat sich eine natürliche Person bei einem ihr allein zugeordneten De-Mail-Konto sicher angemeldet (§ 4 Absatz 1 Satz 2 des De-Mail-Gesetzes), so kann für eine von diesem De-Mail-Konto versandte elektronische Nachricht der Anschein der Echtheit, der sich aus der Überprüfung der Absenderbestätigung gemäß § 5 Absatz 5 des De-Mail-Gesetzes ergibt, nur durch Tatsachen erschüttert werden, die ernstliche Zweifel daran begründen, dass die Nachricht von dieser Person mit diesem Inhalt versandt wurde.

(3) Auf elektronische Dokumente, die von einer öffentlichen Behörde innerhalb der Grenzen ihrer Amtsbefugnisse oder von einer mit öffentlichem Glauben versehenen Person innerhalb des ihr zugewiesenen Geschäftskreises in der vorgeschriebenen Form erstellt worden sind (öffentliche elektronische Dokumente), finden die Vorschriften über die Beweiskraft öffentlicher Urkunden entsprechende Anwendung. Ist das Dokument von der erstellenden öffentlichen Behörde oder von der mit öffentlichem Glauben versehenen Person mit einer qualifizierten elektronischen Signatur versehen, gilt § 437 entsprechend. Das Gleiche gilt, wenn das Dokument im Auftrag der erstellenden öffentlichen Behörde oder der mit öffentlichem Glauben versehenen Person durch einen akkreditierten Diensteanbieter mit seiner qualifizierten elektronischen Signatur gemäß § 5 Absatz 5 des De-Mail-Gesetzes versehen ist und die Absenderbestätigung die erstellende öffentliche Behörde oder die mit öffentlichem Glauben versehene Person als Nutzer des De-Mail-Kontos ausweist.

§ 371 b ZPO Beweiskraft gescannter öffentlicher Urkunden

Wird eine öffentliche Urkunde nach dem Stand der Technik von einer öffentlichen Behörde oder von einer mit öffentlichem Glauben versehenen Person in ein elektronisches Dokument übertragen und liegt die Bestätigung vor, dass das elektronische Dokument mit der Urschrift bildlich und inhaltlich übereinstimmt, finden auf das elektronische Dokument die Vorschriften über die Beweiskraft öffentlicher Urkunden entsprechende Anwendung. Sind das Dokument und die Bestätigung mit einer qualifizierten elektronischen Signatur versehen, gilt § 437 entsprechend.

§ 372 ZPO Beweisaufnahme

(1) Das Prozessgericht kann anordnen, dass bei der Einnahme des Augenscheins ein oder mehrere Sachverständige zuzuziehen seien.
(2) Es kann einem Mitglied des Prozessgerichts oder einem anderen Gericht die Einnahme des Augenscheins übertragen, auch die Ernennung der zuzuziehenden Sachverständigen überlassen.

§ 372 a ZPO Untersuchungen zur Feststellung der Abstammung

(1) Soweit es zur Feststellung der Abstammung erforderlich ist, hat jede Person Untersuchungen, insbesondere die Entnahme von Blutproben, zu dulden, es sei denn, dass die Untersuchung dem zu Untersuchenden nicht zugemutet werden kann.
(2) Die §§ 386 bis 390 gelten entsprechend. Bei wiederholter unberechtigter Verweigerung der Untersuchung kann auch unmittelbarer Zwang angewendet werden, insbesondere die zwangsweise Vorführung zur Untersuchung angeordnet werden.

Die Vorschriften sind bis auf diejenige über den Beweisantritt in § 371 ZPO (zur Bedeutung von Be- 71
weisanträgen im Verwaltungsprozess → Rn. 27 ff.) im Verwaltungsprozess ohne Einschränkungen anwendbar.[73]

b) Begriff. Die richterliche Augenscheinseinnahme ist ein Beweismittel, bei dem das Gericht durch 72
unmittelbare sinnliche Wahrnehmung (sehen, hören, fühlen, riechen, schmecken) Beweis über Tatsachen erhebt.[74]

Ihren zentralen Anwendungsbereich hat die meist außerhalb des Gerichts stattfindende Augenscheins- 73
einnahme im Verwaltungsprozess bei den sog. Bauprozessen.[75] Hier ist sie für eine sachgerechte Entscheidungsfindung häufig unerlässlich.[76] Die Vorlage von Photographien kann dabei allerdings eine
Augenscheinseinnahme ohne Verstoß gegen Unmittelbarkeitsaspekte ersetzen (vgl. OLG Hamm WuM
1995, 220).

c) Verfahren. Der Augenschein wird von Amts wegen oder nach einem entsprechenden Beweisantrag 74
eines Beteiligten angeordnet. Das Gericht kann dabei nach seinem *Ermessen* den Augenschein selbst
oder durch einen verordneten Richter durchführen (BGH NJW 1990, 2936). Als maßstäblich für die
Ausübung des genannten Ermessens kann die richterliche Aufklärungspflicht angesehen werden.[77] Die
Durchführung der Beweisaufnahme durch den beauftragten Richter ist in der Praxis die Regel.

Das Ergebnis der Beweisaufnahme ist in das *Protokoll* aufzunehmen.[78] Wird hiergegen verstoßen, ist 75
dies nur relevant, wenn die Entscheidung auf dem Verfahrensfehler beruhen kann (vgl. BVerwG NJW
1988, 2491, 2492).

Weitere Bindungen entstehen dadurch, dass das Berufungsgericht dem vom erstinstanzlichen Gericht 76
protokollierten Ergebnis einer Augenscheinseinnahme ohne eigene Beweiserhebung keine abweichende Bedeutung beimessen darf (BGH NJW-RR 1986, 190, 191; KG NJW-RR 1994, 599).

Fraglich ist, wann die Verwertung der Ergebnisse einer Augenscheinseinnahme nach einem Richter- 77
wechsel gegen das Gebot der Unmittelbarkeit der Beweisaufnahme verstößt (→ § 96 Rn. 52 sowie
BGH NVwZ 1992, 915). Eine durchgeführte Augenscheinseinnahme bleibt als Beweisaufnahme auch
dann eine zulässige Sachverhaltsermittlung, wenn der den Beweis aufnehmende Richter an der späteren Entscheidung nicht mitwirkt.[79]

Urkunden- und Zeugenbeweis sind keine Augenscheinsbeweise.[80] Freilich können hier *Abgrenzungs-* 78
schwierigkeiten entstehen, z.B. dann, wenn ein Zeuge zu vorgelegten Augenscheinsobjekten Erklärungen abgibt. Zeugenbeweis und Augenscheinsbeweis bleiben aber auch dann selbständige, nach unterschiedlichen Regeln zu erhebende Beweise, wenn sie im Zusammenhang und gleichzeitig erhoben werden.[81]

Auch ist nicht jede Wahrnehmung eines Augenscheinsobjekts zugleich eine Beweisaufnahme mittels 79
Augenscheinseinnahme. Die Unterscheidung erfolgt danach, ob die Wahrnehmung durch das Gericht
der Aufklärung entscheidungserheblichen Sachverhalts oder lediglich der Verdeutlichung des Parteivorbringens dient (vgl. VGH Kassel NVwZ-RR 1995, 423; vgl. etwa KG JurBüro 1992, 398).

Abgrenzungsfragen entstehen weiter dann, wenn in die *Augenscheinseinnahme Dritte* – wie etwa 80
Sachverständige – eingeschaltet werden. Wird dabei die Augenscheinseinnahme aufgrund fehlender

---

73 *R. Rudisile*, in: Schoch/Schneider/Bier § 98 Rn. 32 ff.; vgl. auch BVerwG NJW 1994, 1975 zu § 372 ZPO.
74 *H. Bley*, in: Bley/Gitter, Gesamtkommentar Sozialversicherung, 1994, § 118 SGG Anm. 5 a; *W. Keller*, in: *Meyer-Lade-*
wig § 118 Rn. 9; Rosenberg/Schwab/*Gottwald* § 118 Rn. 1.
75 *A. Wegner*, in: Brandt/Sachs O Rn. 232.
76 BVerwG Buchholz 310 § 86 Abs. 1 VwGO Nr. 236. Eine Grundregel ist dies freilich nicht, vgl. nur BVerwG NVwZ
1998, 290.
77 Vgl. *K. Geppert*, Jura 1996, 307, 311.
78 Rosenberg/Schwab/*Gottwald* 696. Beantragt ein Beteiligter die Protokollierung von Wahrnehmungen des Gerichts
während einer Augenscheinseinnahme, muss sein Antrag hinreichend substantiiert die aufzunehmenden Wahrnehmungen bezeichnen, vgl. OLG Bremen NStZ 1986, 183.
79 BVerwG GewArch 1995, 34, 35; Buchholz 310 § 98 VwGO Nr. 44; aus der zivilgerichtlichen Rspr. vgl. BGH NJW-
RR 1986, 190.
80 *H. Lang*, in: Diering/Timme, Lehr- und Praxiskommentar SGB X, [4]2016, § 21 Rn. 27
81 Hierzu BGHSt 14, 339, 341; 18, 51; 33, 217, 221. Erklärungen eines Zeugen zu Augenscheinsobjekten stellen sich
deshalb i.d.R. als Zeugenaussage, nicht als Bestandteil des Augenscheinsbeweises dar, vgl. BGH NJW 1988, 429, 430.

Sachkunde des Richters einem Sachverständigen übertragen, liegt ein Sachverständigenbeweis und keine Augenscheinseinnahme vor.[82]

81　Schwierigkeiten entstehen auch, wenn mithilfe eines Augenscheins *andere Beweismittel* infrage gestellt werden, wenn etwa die Richtigkeit von Bekundungen eines Zeugen zu räumlichen Gegebenheiten *widerlegt* werden sollen. Hier darf das Gericht bei der Zurückweisung des Antrags nicht in vorweggenommener Beweiswürdigung auf eben die Zeugenaussage zurückgreifen, die durch die Augenscheinseinnahme gerade erschüttert werden soll.[83]

82　Der durch das Justizkommunikationsgesetz neu eingefügte § 371 a ZPO hat die Beweiswirkung elektronischer Dokumente zum Gegenstand. Hierbei regelt § 371 a Abs. 1 ZPO die Beweiswirkung privater elektronischer Dokumente. Sie werden den privaten Urkunden gleichgestellt und begründen bei Echtheit vollen Beweis über die enthaltenen Erklärungen des Signaturschlüssel-Inhabers (vgl. BT-Drs. 15/4067, 34). Insoweit stellt § 371 a Abs. 1 ZPO eine gesetzliche Regelung des Beweises des ersten Anscheins dar und erleichtert die Beweisführung.

83　Die Vorschrift des § 371 a Abs. 2 ZPO stellt den Beweiswert öffentlicher elektronischer Dokumente (§§ 3 a, 33, 37 VwVfG) dem Beweiswert entsprechender öffentlicher Dokumente gleich, indem die Vorschriften über die Beweiskraft öffentlicher Dokumente für anwendbar erklärt werden (BT-Drs. 15/4067, 34). Des Weiteren beinhaltet § 371 a Abs. 2 ZPO eine Legaldefinition des elektronischen Dokuments. Die Vorschrift bekräftigt zudem die gesetzgeberische Leitentscheidung des diesen Paragraphen einfügenden Justizkommunikationsgesetzes, wonach elektronische Dokumente dem Augenscheinsbeweis unterfallen sollen. Der § 371 a Abs. 2 S. 2 ZPO gewährt signierten öffentlichen Dokumenten dann die Vermutung der Echtheit durch eine entsprechende Anwendung der für die öffentliche Urkunde geltenden Vorschrift des § 437 ZPO, wenn das Dienstsiegel elektronisch abgebildet wurde (BT-Drs. 15/4067, 35).

84　**aa) Mitwirkungs- und Duldungspflicht.**　Ungeachtet des im Verwaltungsprozess geltenden Untersuchungsgrundsatzes unterliegen die Beteiligten einer Mitwirkungspflicht bei der Erforschung des entscheidungserheblichen Sachverhalts (BVerwG NVwZ 1995, 473). Diese Mitwirkungspflicht der Beteiligten bei der Aufklärung des Sachverhalts durch das Tatsachengericht erstreckt sich aber nicht auf solche Tatsachen, die nicht in ihren Erkenntnisbereich und nicht in ihre Sphäre fallen.[84] Auch dürfen negative Schlüsse aus der verweigerten Mitwirkung nur gezogen werden, wenn die Mitwirkung zumutbar war (BVerwG NVwZ 1995, 473).

85　Aufgrund der Mitwirkungspflicht obliegt den Beteiligten in den Grenzen der Zumutbarkeit eine Obliegenheit zur *Duldung der Augenscheinseinnahme*.[85] Besondere Bedeutung kommt der *Zumutbarkeit* i.R. der ebenfalls als Augenscheinseinnahme zu qualifizierenden Blutentnahme[86] nach § 372 a Abs. 1 ZPO zu, deren Anwendungsbereich in Verwaltungsstreitverfahren freilich die Ausnahme bleiben dürfte.

86　Grds. ist die Mitwirkungspflicht gerichtlich nicht erzwingbar (OLG Stuttgart NJW-RR 1986, 1448). Insbes. ergibt sich aus dem Prozessrechtsverhältnis kein materiell-rechtlicher Anspruch auf Duldung der Augenscheinseinnahme.[87] Ein solcher Anspruch lässt sich in Bezug auf Grundstücke und Wohnungen als Augenscheinsobjekte auch nicht aus einer Analogie zu § 76 Abs. 1 FGO i.V.m. § 99 Abs. 1 AO herleiten.[88]

87　Vielmehr gehörte eine derartige Regelung – so sie denn gewollt wäre – angesichts der Bedeutung des Grundrechts aus Art. 13 GG in die jeweilige Prozessordnung.

82　Rosenberg/Schwab/*Gottwald* § 118 Rn. 25.
83　Vgl. BGH NStZ 1994, 483 zum Strafverfahren sowie bereits BGHSt 8, 177; *K. Geppert*, Jura 1996, 307, 311.
84　BVerwG NVwZ 1987, 404 unter Bezugnahme auf BVerwG Buchholz 310 § 86 VwGO Nr. 109 und Buchholz 402.24 § 28 AuslG Nr. 44.
85　Vgl. *A. Wegner*, in: Brandt/Sachs O Rn. 233, der allerdings von einer Mitwirkungspflicht spricht.
86　OLG Naumburg NJW-RR 1994, 1551: Die Untersuchung einer Person durch Blutentnahme § 372 a Abs. 1 ZPO ist eine Augenscheinseinnahme.
87　Vgl. BGH NJW 1963, 389; LM § 286 ZPO (B) Nr. 11; OLG Koblenz NJW 1968, 897; OLG Stuttgart NJW-RR 1986, 1448; *K. Jankowski*, NJW 1997, 3347, 3348.
88　Vgl. auch *B. Schulte*, NJW 1988, 1006, 1009. Zu finanzgerichtlichen Besonderheiten *G. Rößler*, BB 1994, 1753 ff.

Das Gericht ist aber nicht gehindert aus der *Verweigerung* der Augenscheinseinnahme i.R. der Beweis- 88 aufnahme *nachteilige Schlüsse* zulasten des Verweigernden zu ziehen.[89]

bb) Parteiöffentlichkeit. Nach § 97 haben die Beteiligten ein Recht auf Teilnahme an der Augen- 89 scheinseinnahme.

cc) Verweigerung der Augenscheinseinnahme. → Rn. 88. 90

2. Der Zeugenbeweis. a) Anwendbare Vorschriften der ZPO. Bestimmungen über den Zeugenbe- 91 weis finden sich in der ZPO in den §§ 373–401.
Die Vorschriften lauten:

§ 373 ZPO Beweisantritt

Der Zeugenbeweis wird durch die Benennung der Zeugen und die Bezeichnung der Tatsachen, über welche die Vernehmung der Zeugen stattfinden soll, angetreten.

§ 375 ZPO Beweisaufnahme durch beauftragten oder ersuchten Richter

(1) Die Aufnahme des Zeugenbeweises darf einem Mitglied des Prozessgerichts oder einem anderen Gericht nur übertragen werden, wenn von vornherein anzunehmen ist, dass das Prozessgericht das Beweisergebnis auch ohne unmittelbaren Eindruck von dem Verlauf der Beweisaufnahme sachgemäß zu würdigen vermag, und

1. wenn zur Ausmittlung der Wahrheit die Vernehmung des Zeugen an Ort und Stelle dienlich erscheint oder nach gesetzlicher Vorschrift der Zeuge nicht an der Gerichtsstelle, sondern an einem anderen Ort zu vernehmen ist;

2. wenn der Zeuge verhindert ist, vor dem Prozessgericht zu erscheinen und eine Zeugenvernehmung nach § 128 a Abs. 2 nicht stattfindet;

3. wenn dem Zeugen das Erscheinen vor dem Prozessgericht wegen großer Entfernung unter Berücksichtigung der Bedeutung seiner Aussage nicht zugemutet werden kann und eine Zeugenvernehmung nach § 128 a Abs. 2 nicht stattfindet.

(1 a) Einem Mitglied des Prozessgericht darf die Aufnahme des Zeugenbeweises auch dann übertragen werden, wenn dies zur Vereinfachung der Verhandlung vor dem Prozessgericht zweckmäßig erscheint und wenn von vornherein anzunehmen ist, dass das Prozessgericht das Beweisergebnis auch ohne unmittelbaren Eindruck von dem Verlauf der Beweisaufnahme sachgemäß zu würdigen vermag.

(2) Der Bundespräsident ist in seiner Wohnung zu vernehmen.

§ 376 ZPO Vernehmung bei Amtsverschwiegenheit

(1) Für die Vernehmung von Richtern, Beamten und anderen Personen des öffentlichen Dienstes als Zeugen über Umstände, auf die sich ihre Pflicht zur Amtsverschwiegenheit bezieht, und für die Genehmigung zur Aussage gelten die besonderen beamtenrechtlichen Vorschriften.

(2) Für die Mitglieder der Bundestages, eines Landtages, der Bundes- oder einer Landesregierung sowie für die Angestellten einer Fraktion des Bundestages oder eines Landtages gelten die für sie maßgebenden besonderen Vorschriften.

(3) Eine Genehmigung in den Fällen der Absätze 1, 2 ist durch das Prozessgericht einzuholen und dem Zeugen bekannt zu machen.

(4) Der Bundespräsident kann das Zeugnis verweigern, wenn die Ablegung des Zeugnisses dem Wohl des Bundes oder eines deutschen Landes Nachteile bereiten würde.

(5) Diese Vorschriften gelten auch, wenn die vorgenannten Personen nicht mehr im öffentlichen Dienst oder Angestellte einer Fraktion sind oder ihre Mandate beendet sind, soweit es sich um Tatsachen handelt, die sich während ihrer Dienst-, Beschäftigungs- oder Mandatszeit ereignet haben oder ihnen während ihrer Dienst-, Beschäftigungs- oder Mandatszeit zur Kenntnis gelangt sind.

---

89 Vgl. OLG Stuttgart NJW-RR 1986, 1448: bleibt – aus prozessrechtlicher Sicht – als einzige Sanktion, hieraus prozessrechtliche Folgen unter dem Gesichtspunkt der Beweisvereitelung zu ziehen; *A. Wegner,* in: Brandt/Sachs O Rn. 233 unter Hinweis auf den Grundgedanken des § 444 ZPO; zu der dogmatischen Herleitung der aus einer Verweigerung zu ziehenden prozessualen Konsequenzen als Beweislastumkehr, als Beweisfiktion oder als bloße Berücksichtigungspflicht i.R. der Beweiswürdigung vgl. *K. Jankowski,* NJW 1997, 3347, 3348.

§ 377 ZPO Zeugenladung

(1) Die Ladung der Zeugen ist von der Geschäftsstelle unter Bezugnahme auf den Beweisbeschluss auszufertigen und von Amts wegen mitzuteilen. Sie wird, sofern nicht das Gericht die Zustellung anordnet, formlos übersandt.

(2) Die Ladung muss enthalten:

1. die Bezeichnung der Parteien;

2. den Gegenstand der Vernehmung;

3. die Anweisung, zur Ablegung des Zeugnisses bei Vermeidung der durch das Gesetz angedrohten Ordnungsmittel in dem nach Zeit und Ort zu bezeichnenden Termin zu erscheinen.

(3) Das Gericht kann eine schriftliche Beantwortung der Beweisfrage anordnen, wenn es dies im Hinblick auf den Inhalt der Beweisfrage und die Person des Zeugen für ausreichend erachtet. Der Zeuge ist darauf hinzuweisen, dass er zur Vernehmung geladen werden kann. Das Gericht ordnet die Ladung des Zeugen an, wenn es dies zur weiteren Klärung der Beweisfrage für notwendig erachtet.

§ 378 ZPO Aussageerleichternde Unterlagen

(1) Soweit es die Aussage über seine Wahrnehmungen erleichtert, hat der Zeuge Aufzeichnungen und andere Unterlagen einzusehen und zu dem Termin mitzubringen, wenn ihm dies gestattet und zumutbar ist. Die §§ 142 und 429 bleiben unberührt.

(2) Kommt der Zeuge auf eine bestimmte Anordnung des Gerichts der Verpflichtung nach Absatz 1 nicht nach, so kann das Gericht die in § 390 bezeichneten Maßnahmen treffen; hierauf ist der Zeuge vorher hinzuweisen.

§ 379 ZPO Auslagenvorschuss

Das Gericht kann die Ladung des Zeugen davon abhängig machen, dass der Beweisführer einen hinreichenden Vorschuss zur Deckung der Auslagen zahlt, die der Staatskasse durch die Vernehmung des Zeugen erwachsen. Wird der Vorschuss nicht innerhalb der bestimmten Frist gezahlt, so unterbleibt die Ladung, wenn die Zahlung nicht so zeitig nachgeholt wird, dass die Vernehmung durchgeführt werden kann, ohne dass dadurch nach der freien Überzeugung des Gerichts das Verfahren verzögert wird.

§ 380 ZPO Folgen des Ausbleibens des Zeugen

(1) Einem ordnungsgemäß geladenen Zeugen, der nicht erscheint, werden, ohne dass es eines Antrages bedarf, die durch das Ausbleiben verursachten Kosten auferlegt. Zugleich wird gegen ihn ein Ordnungsgeld und für den Fall, dass dieses nicht beigetrieben werden kann, Ordnungshaft festgesetzt.

(2) Im Falle wiederholten Ausbleibens wird das Ordnungsmittel noch einmal festgesetzt; auch kann die zwangsweise Vorführung des Zeugen angeordnet werden.

(3) Gegen diese Beschlüsse findet die sofortige Beschwerde statt.

§ 381 ZPO Genügende Entschuldigung des Ausbleibens

(1) Die Auferlegung der Kosten und die Festsetzung eines Ordnungsmittels unterbleiben, wenn das Ausbleiben des Zeugen rechtzeitig genügend entschuldigt wird. Erfolgt die Entschuldigung nach Satz 1 nicht rechtzeitig, so unterbleiben die Auferlegung der Kosten und die Festsetzung eines Ordnungsmittels nur dann, wenn glaubhaft gemacht wird, dass den Zeugen an der Verspätung der Entschuldigung kein Verschulden trifft. Erfolgt die genügende Entschuldigung oder die Glaubhaftmachung nachträglich, so werden die getroffenen Anordnungen unter den Voraussetzungen des Satzes 2 aufgehoben.

(2) Die Anzeigen und Gesuche des Zeugen können schriftlich oder zum Protokoll der Geschäftsstelle oder mündlich in dem zur Vernehmung bestimmten neuen Termin angebracht werden.

§ 382 ZPO Vernehmung an bestimmten Orten

(1) Die Mitglieder der Bundesregierung oder einer Landesregierung sind an ihrem Amtssitz oder, wenn sie sich außerhalb ihres Amtssitzes aufhalten, an ihrem Aufenthaltsort zu vernehmen.

(2) Die Mitglieder des Bundestages, des Bundesrates, eines Landtages oder einer zweiten Kammer sind während ihres Aufenthaltes am Sitz der Versammlung dort zu vernehmen.

(3) Zu einer Abweichung von den vorstehenden Vorschriften bedarf es:

für die Mitglieder der Bundesregierung der Genehmigung der Bundesregierung,

für die Mitglieder einer Landesregierung der Genehmigung der Landesregierung,

für die Mitglieder einer der im Absatz 2 genannten Versammlungen der Genehmigung dieser Versammlung.

§ 383 ZPO Zeugnisverweigerung aus persönlichen Gründen

(1) Zur Verweigerung des Zeugnisses sind berechtigt:

1. *der Verlobte einer Partei oder derjenige, mit dem die Partei ein Versprechen eingegangen ist, eine Lebenspartnerschaft zu begründen;*
2. *der Ehegatte einer Partei, auch wenn die Ehe nicht mehr besteht;*
2a. *der Lebenspartner einer Partei, auch wenn die Lebenspartnerschaft nicht mehr besteht;*
3. *diejenigen, die mit einer Partei in gerader Linie verwandt oder verschwägert, in der Seitenlinie bis zum dritten Grad verwandt oder bis zum zweiten Grad verschwägert sind oder waren;*
4. *Geistliche in Ansehung desjenigen, was ihnen bei der Ausübung der Seelsorge anvertraut ist;*
5. *Personen, die bei der Vorbereitung, Herstellung oder Verbreitung von periodischen Druckwerken oder Rundfunksendungen berufsmäßig mitwirken oder mitgewirkt haben, über die Person des Verfassers, Einsenders oder Gewährsmanns von Beiträgen und Unterlagen sowie über die ihnen im Hinblick auf ihre Tätigkeit gemachten Mitteilungen, soweit es sich um Beiträge, Unterlagen und Mitteilungen für den redaktionellen Teil handelt;*
6. *Personen, denen kraft ihres Amtes, Standes oder Gewerbes Tatsachen anvertraut sind, deren Geheimhaltung durch ihre Natur oder durch gesetzliche Vorschrift geboten ist, in Betreff der Tatsachen, auf welche die Verpflichtung zur Verschwiegenheit sich bezieht.*

(2) Die unter Nummern 1 bis 3 bezeichneten Personen sind vor der Vernehmung über ihr Recht zur Verweigerung des Zeugnisses zu belehren.

(3) Die Vernehmung der unter Nummern 4 bis 6 bezeichneten Personen ist, auch wenn das Zeugnis nicht verweigert wird, auf Tatsachen nicht zu richten, in Ansehung welcher erhellt, dass ohne Verletzung der Verpflichtung zur Verschwiegenheit ein Zeugnis nicht abgelegt werden kann.

§ 384 ZPO Zeugnisverweigerung aus sachlichen Gründen

Das Zeugnis kann verweigert werden:

1. *über Fragen, deren Beantwortung dem Zeugen oder einer Person, zu der er in einem der im § 383 Nr. 1 bis 3 bezeichneten Verhältnisse steht, einen unmittelbaren vermögensrechtlichen Schaden verursachen würde;*
2. *über Fragen, deren Beantwortung dem Zeugen oder einem seiner im § 383 Nr. 1 bis 3 bezeichneten Angehörigen zur Unehre gereichen oder die Gefahr zuziehen würde, wegen einer Straftat oder einer Ordnungswidrigkeit verfolgt zu werden;*
3. *über Fragen, die der Zeuge nicht würde beantworten können, ohne ein Kunst- oder Gewerbegeheimnis zu offenbaren.*

§ 385 ZPO Ausnahmen vom Zeugnisverweigerungsrecht

(1) In den Fällen des § 383 Nr. 1 bis 3 und des § 384 Nr. 1 darf der Zeuge das Zeugnis nicht verweigern:

1. *über die Errichtung und den Inhalt eines Rechtsgeschäfts, bei dessen Errichtung er als Zeuge zugezogen war;*
2. *über Geburten, Verheiratungen oder Sterbefälle von Familienmitgliedern;*
3. *über Tatsachen, welche die durch das Familienverhältnis bedingten Vermögensangelegenheiten betreffen;*
4. *über die auf das streitige Rechtsverhältnis sich beziehenden Handlungen, die von ihm selbst als Rechtsvorgänger oder Vertreter einer Partei vorgenommen sein sollen.*

(2) Die im § 383 Nr. 4, 6 bezeichneten Personen dürfen das Zeugnis nicht verweigern, wenn sie von der Verpflichtung zur Verschwiegenheit entbunden sind.

§ 386 ZPO Erklärung der Zeugnisverweigerung

(1) Der Zeuge, der das Zeugnis verweigert, hat vor dem zu seiner Vernehmung bestimmten Termin schriftlich oder zum Protokoll der Geschäftsstelle oder in diesem Termin die Tatsachen, auf die er die Weigerung gründet, anzugeben und glaubhaft zu machen.
(2) Zur Glaubhaftmachung genügt in den Fällen des § 383 Nr. 4, 6 die mit Berufung auf einen geleisteten Diensteid abgegebene Versicherung.
(3) Hat der Zeuge seine Weigerung schriftlich oder zum Protokoll der Geschäftsstelle erklärt, so ist er nicht verpflichtet, in dem zu seiner Vernehmung bestimmten Termin zu erscheinen.
(4) Von dem Eingang einer Erklärung des Zeugen oder von der Aufnahme einer solchen zum Protokoll hat die Geschäftsstelle die Parteien zu benachrichtigen.

§ 387 ZPO Zwischenstreit über Zeugnisverweigerung

(1) Über die Rechtmäßigkeit der Weigerung wird von dem Prozessgericht nach Anhörung der Parteien entschieden.
(2) Der Zeuge ist nicht verpflichtet, sich durch einen Anwalt vertreten zu lassen.
(3) Gegen das Zwischenurteil findet sofortige Beschwerde statt.

§ 388 ZPO Zwischenstreit über schriftliche Zeugnisverweigerung

Hat der Zeuge seine Weigerung schriftlich oder zum Protokoll der Geschäftsstelle erklärt und ist er in dem Termin nicht erschienen, so hat auf Grund seiner Erklärungen ein Mitglied des Prozessgerichts Bericht zu erstatten.

§ 389 ZPO Zeugnisverweigerung vor beauftragtem oder ersuchtem Richter

(1) Erfolgt die Weigerung vor einem beauftragten oder ersuchten Richter, so sind die Erklärungen des Zeugen, wenn sie nicht schriftlich oder zum Protokoll der Geschäftsstelle abgegeben sind, nebst den Erklärungen der Parteien in das Protokoll aufzunehmen.
(2) Zur mündlichen Verhandlung vor dem Prozessgericht werden der Zeuge und die Parteien von Amts wegen geladen.
(3) Auf Grund der von dem Zeugen und den Parteien abgegebenen Erklärungen hat ein Mitglied des Prozessgerichts Bericht zu erstatten. Nach dem Vortrag des Berichterstatters können der Zeuge und die Parteien zur Begründung ihrer Anträge das Wort nehmen; neue Tatsachen oder Beweismittel dürfen nicht geltend gemacht werden.

§ 390 ZPO Folgen der Zeugnisverweigerung

(1) Wird das Zeugnis oder die Eidesleistung ohne Angabe eines Grundes oder aus einem rechtskräftig für unerheblich erklärten Grund verweigert, so werden dem Zeugen, ohne dass es eines Antrages bedarf, die durch die Weigerung verursachten Kosten auferlegt. Zugleich wird gegen ihn ein Ordnungsgeld und für den Fall, dass dieses nicht beigetrieben werden kann, Ordnungshaft festgesetzt.
(2) Im Falle wiederholter Weigerung ist auf Antrag zur Erzwingung des Zeugnisses die Haft anzuordnen, jedoch nicht über den Zeitpunkt der Beendigung des Prozesses in dem Rechtszuge hinaus. Die Vorschriften über die Haft im Zwangsvollstreckungsverfahren gelten entsprechend.
(3) Gegen die Beschlüsse findet die sofortige Beschwerde statt.

§ 391 ZPO Zeugenbeeidigung

Ein Zeuge ist, vorbehaltlich der sich aus § 393 ergebenden Ausnahmen, zu beeidigen, wenn das Gericht dies mit Rücksicht auf die Bedeutung der Aussage oder zur Herbeiführung einer wahrheitsgemäßen Aussage für geboten erachtet und die Parteien auf die Beeidigung nicht verzichten.

§ 392 ZPO Nacheid; Eidesnorm

Die Beeidigung erfolgt nach der Vernehmung. Mehrere Zeugen können gleichzeitig beeidigt werden. Die Eidesnorm geht dahin, dass der Zeuge nach bestem Wissen die reine Wahrheit gesagt und nichts verschwiegen habe.

§ 393 ZPO Uneidliche Vernehmung

Personen, die zur Zeit der Vernehmung das sechzehnte Lebensjahr noch nicht vollendet oder wegen mangelnder Verstandesreife oder wegen Verstandesschwäche von dem Wesen und der Bedeutung des Eides keine genügende Vorstellung haben, sind unbeeidigt zu vernehmen.

§ 394 ZPO Einzelvernehmung

(1) Jeder Zeuge ist einzeln und in Abwesenheit der später abzuhörenden Zeugen zu vernehmen.
(2) Zeugen, deren Aussagen sich widersprechen, können einander gegenübergestellt werden.

§ 395 ZPO Wahrheitsermahnung; Vernehmung zur Person

(1) Vor der Vernehmung wird der Zeuge zur Wahrheit ermahnt und darauf hingewiesen, dass er in den vom Gesetz vorgesehenen Fällen unter Umständen seine Aussage zu beeidigen habe.
(2) Die Vernehmung beginnt damit, dass der Zeuge über Vornamen und Zunamen, Alter, Stand oder Gewerbe und Wohnort befragt wird. Erforderlichenfalls sind ihm Fragen über solche Umstände, die seine Glaubwürdigkeit in der vorliegenden Sache betreffen, insbesondere über seine Beziehungen zu den Parteien vorzulegen.

§ 396 ZPO Vernehmung zur Sache

(1) Der Zeuge ist zu veranlassen, dasjenige, was ihm von dem Gegenstand seiner Vernehmung bekannt ist, im Zusammenhang anzugeben.
(2) Zur Aufklärung und zur Vervollständigung der Aussage sowie zur Erforschung des Grundes, auf dem die Wissenschaft des Zeugen beruht, sind nötigenfalls weitere Fragen zu stellen.
(3) Der Vorsitzende hat jedem Mitglied des Gerichts auf Verlangen zu gestatten, Fragen zu stellen.

§ 397 ZPO Fragerecht der Parteien

(1) Die Parteien sind berechtigt, dem Zeugen diejenigen Fragen vorlegen zu lassen, die sie zur Aufklärung der Sache oder der Verhältnisse des Zeugen für dienlich erachten.
(2) Der Vorsitzende kann den Parteien gestatten und hat ihren Anwälten auf Verlangen zu gestatten, an den Zeugen unmittelbar Fragen zu richten.
(3) Zweifel über die Zulässigkeit einer Frage entscheidet das Gericht.

§ 398 ZPO Wiederholte und nachträgliche Vernehmung

(1) Das Prozessgericht kann nach seinem Ermessen die wiederholte Vernehmung eines Zeugen anordnen.
(2) Hat ein beauftragter oder ersuchter Richter bei der Vernehmung die Stellung der von einer Partei angeregten Frage verweigert, so kann das Prozessgericht die nachträgliche Vernehmung des Zeugen über diese Frage anordnen.
(3) Bei der wiederholten oder der nachträglichen Vernehmung kann der Richter statt der nochmaligen Beeidigung den Zeugen die Richtigkeit seiner Aussage unter Berufung auf den früher geleisteten Eid versichern lassen.

§ 399 ZPO Verzicht auf Zeugen

Die Partei kann auf einen Zeugen, den sie vorgeschlagen hat, verzichten; der Gegner kann aber verlangen, dass der erschienene Zeuge vernommen und, wenn die Vernehmung bereits begonnen hat, dass sie fortgesetzt werde.

§ 400 ZPO Befugnisse des mit der Beweisaufnahme betreuten Richters

Der mit der Beweisaufnahme betraute Richter ist ermächtigt, im Falle des Nichterscheinens oder der Zeugnisverweigerung die gesetzlichen Verfügungen zu treffen, auch sie, soweit dies überhaupt zulässig ist, selbst nach Erledigung des Auftrages wieder aufzuheben, über die Zulässigkeit einer dem Zeugen vorgelegten Frage vorläufig zu entscheiden und die nochmalige Vernehmung eines Zeugen vorzunehmen.

§ 401 ZPO Zeugenentschädigung

Der Zeuge wird nach dem Justizvergütungs- und -entschädigungsgesetz entschädigt.

92   Von den angeführten Vorschriften sind ungeachtet des Wortlauts des § 98 die folgenden Normen im Verwaltungsprozess unanwendbar (Einzelheiten bei den nachfolgenden Untergliederungen):

93   Die Vorschrift hinsichtlich der Beweisaufnahme durch den beauftragten oder ersuchten Richter in § 375 Abs. 1 und 1 a ZPO. Hierzu findet sich in der VwGO in § 96 Abs. 2 eine speziellere Norm (vgl. BVerwG Buchholz 310 § 96 VwGO Nr. 29 [S. 2 f.]).

94   Das Gleiche gilt hinsichtlich des in § 397 ZPO normierten Fragerechts der Parteien, das in § 97 Gegenstand eigener verwaltungsprozessualer Regelung geworden ist.

95   Im Verwaltungsprozess ebenfalls nicht anwendbar ist die Vorschrift über den Auslagenvorschuss in § 379 ZPO, wonach das Gericht die Ladung eines Zeugen von der Zahlung eines hinreichenden Vorschusses abhängig machen kann. Diese Regelung ist mit dem Grundsatz der Amtsermittlung unvereinbar.[90]

96   Aus den gleichen Gründen findet im Verwaltungsprozess auch § 399 ZPO keine Anwendung.[91] Mit der Untersuchungsmaxime ist der in das Belieben der Beteiligten gestellte Verzicht auf einen Zeugen unvereinbar.

97   **b) Begriff.** Zeuge ist eine nicht am Prozess beteiligte dritte Person, die über Tatsachen, die sie wahrgenommen hat, vor Gericht aussagen soll.[92] Weitere Anforderungen stellen weder ZPO noch VwGO. Abweichend von früheren Prozessordnungen beschränkt das Gesetz die Zeugnisfähigkeit insbes. nicht auf Personen, bei denen größere Neutralität zu vermuten und damit einhergehend größere Objektivität zu erwarten ist.[93]

98   Eine Abweichung vom Grundsatz, dass ein Zeuge eigene Wahrnehmungen wiedergibt, entsteht bei der Verwertung von Aussagen des sog. Zeugen vom Hörensagen. Denn dieser berichtet nicht über eigene Wahrnehmungen, sondern gibt – durch die eigene Subjektivität notwendig gefilterte – fremde Wahrnehmungen wieder.[94] Gleichwohl ist der Zeuge vom Hörensagen in der Rspr. als taugliches Beweismittel grds. anerkannt (BVerfG BayVBl 1992, 111, 112); allerdings werden dabei besondere Anforderungen an die Beweiswürdigung gestellt (BVerfG NJW 1996, 448 für die Verwendung im Strafverfahren). So ist der Beweiswert eines „Zeugen vom Hörensagen" besonders krit. zu überprüfen (zu Fragen der Beweiswürdigung → § 96 Rn. 38).[95]

99   I.d.R. erfolgt der Zeugenbeweis mündlich,[96] ausnahmsweise kommt auch eine rein schriftliche Zeugenaussage in Betracht (§ 173 VwGO i.V.m. § 377 Abs. 3 ZPO).[97] Das Gleiche gilt, wenn die Beteiligten einer nur schriftlichen Einvernahme zugestimmt haben.[98]

100 Weisen die schriftlichen Ausführungen eines Zeugen Widersprüche auf und sieht sich das Gericht deshalb an ihrer Verwertung gehindert, muss es sich von dem Zeugen einen persönlichen Eindruck verschaffen und dabei versuchen, die vermeintlichen Widersprüche durch entsprechendes Befragen aufzuklären (wegen des bei schriftlicher Einlassung auftretenden Spannungsverhältnisses zum Unmittelbarkeitsgrundsatz → § 96 Rn. 25 ff.).[99]

101 Zeuge ist nicht, wer lediglich informatorisch angehört wird.[100] Die Abgrenzung erfolgt nicht nach formalen, sondern inhaltlichen Kriterien. Entscheidend ist, ob die Aussage als Zeugenaussage verwertet wird (→ Rn. 81 sowie OLG Hamburg JurBüro 1986, 1669).

---

90   *P. Kothe*, in: Redeker/v. Oertzen § 98 Rn. 6.
91   *Kopp/Schenke* § 98 Rn. 1.
92   Rosenberg/Schwab/*Gottwald* § 120 Rn. 1; *A. Wegner*, in: Brandt/Sachs O Rn. 236.
93   *R. Meyke*, NJW 1989, 2032.
94   *K. Geppert*, Jura 1991, 538, 539.
95   Vgl. VGH Mannheim NJW 1984, 2429 hinsichtlich der Verwertung der Aussagen eines sog. „V-Manns".
96   Wegen des in § 96 Abs. 1 normierten Unmittelbarkeitsgrundsatzes nicht zulässig ist eine fernmündliche Zeugenaussage, vgl. BSGE 2, 197, 199; zu den durch die sog. gefährdeten Zeugen aufgeworfenen Problem W. *Steinke*, ZRP 1993, 253 ff.
97   Vgl. VGH Mannheim NVwZ-RR 1991, 55. Zu den Voraussetzungen einer schriftlichen Zeugenaussage H. *Hansens*, NJW 1991, 953, 956.
98   BVerwGE 2, 310; 34, 77, 78; *A. Wegner*, in: Brandt/Sachs O Rn. 240.
99   BVerwG BayVBl 1988, 219.
100 *A. Wegner*, in: Brandt/Sachs O Rn. 236; zum Beweiswert einer solchen Anhörung vgl. BVerwG Buchholz 310 § 108 VwGO Nr. 237.

Beteiligte können grds. nicht als Zeugen vernommen werden. Ihr Wissen wird entweder durch schlich- 102
te Anhörung oder – wo nötig – durch Beteiligtenvernehmung (§ 98 VwGO i.V.m. § 450 ZPO;
→ Rn. 251 ff.) in den Prozess eingeführt. Ungeachtet der scheinbaren Eindeutigkeit dieser Zuord-
nungsformel entstehen zahlreiche Abgrenzungsprobleme. So kann etwa ein prozessunfähiger Beteiligter regelmäßig als Zeuge vernommen werden.[101] Das Gleiche gilt für den Prozessvertreter eines Beteiligten.

Auf Seiten der prozessbeteiligten Behörden entstehen weitere Abgrenzungsschwierigkeiten. So können 103
zwar Beamte beteiligter Behörden im Prozess durchaus als Zeugen (vgl. BVerwG NJW 1988, 2491)
oder Sachverständige vernommen werden,[102] nicht aber die Behördenleiter oder deren ständige Vertreter.[103]

Soweit der Rspr. des BVerwG die Auffassung entnommen werden könnte, bei einer Beweisaufnahme 104
seien sämtliche Bediensteten der beklagten juristischen Person nur im Wege der Beteiligtenvernehmung
zu hören,[104] kann dem nicht gefolgt werden.

Dies ergibt sich daraus, dass über § 98 die Grundsätze des Zivilprozessrechts über Verfahren, an de- 105
nen juristische Personen des Privatrechts oder Handelsgesellschaften beteiligt sind, auf den Verwaltungsprozess entsprechende Anwendung finden. Im Zivilprozessrecht wird allgemein die Ansicht vertreten, dass nur die gesetzlichen Vertreter einer juristischen Person oder Handelsgesellschaft als Partei
zu vernehmen sind, während alle sonstigen Personen, gleichgültig, ob sie als Mitglied, Gesellschafter
oder Bediensteter mit der juristischen Person oder Handelsgesellschaft verbunden sind und unabhängig davon, ob sie an dem im Streit befindlichen Rechtsgeschäft mitgewirkt haben, als Zeuge zu vernehmen sind.[105] Freilich entspricht es der Lebenserfahrung, dass es im Einzelfall für einen Beamten
oder Angestellten eines beklagten Rechtsträgers schwierig sein kann, im Prozess gegen diesen Stellung
zu beziehen. Dieses Problem lässt sich aber nicht dadurch ausschalten, dass die genannten Personen
nicht als Zeuge vernommen werden können.

Die Vernehmung eines Beteiligten als Zeugen oder umgekehrt wird in der zivilrechtlichen Lit.[106] und 106
Rspr. (BGH NJW 1965, 2254) als ein nach § 295 ZPO verzicht- bzw. heilbarer Mangel angesehen.
Dem ist für den Verwaltungsprozess nur bei anwaltlicher Vertretung zuzustimmen.

Zur Zeugnisfähigkeit vgl. die Komm. bei § 96. 107

c) Zeugnisverweigerungsrechte. Die grds. bestehende Aussageverpflichtung eines Zeugen (→ Rn. 126) 108
wird ergänzt durch Regelungen über das Zeugnisverweigerungsrecht. Hierfür gelten über § 98 VwGO
die Vorschriften der §§ 383 ff. ZPO. Das Gesetz will damit auf besondere Spannungs- und Konfliktlagen
Rücksicht nehmen, die eine Aussageverpflichtung im Einzelfall unzumutbar erscheinen lassen. Deshalb
kann aus bestimmten persönlichen oder sachlichen Gründen Zeugen ein Zeugnisverweigerungsrecht
zustehen. Dieses nur kraft Gesetzes[107] entstehungsfähige Recht stellt dabei eine Einrede gegen den
Anspruch des Staates auf Aussage dar.[108] Aus der Ausgestaltung als Einrede folgt zugleich, dass der Zeuge
sein Zeugnisverweigerungsrecht geltend machen muss.[109]

Macht ein Zeuge von dem ihm zustehenden Zeugnisverweigerungsrecht keinen Gebrauch, führt dies 109
selbst dann nicht zu einem Verwertungsverbot der Aussage, wenn der Zeuge damit zugleich ein Be-
rufsgeheimnis bricht (vgl. BVerwG Buchholz 310 § 98 VwGO Nr. 39 – „Steuerberater").

Das Zeugnisverweigerungsrecht geht weder durch ausdrücklichen noch durch konkludenten – etwa 110
infolge teilweiser Einlassung – Verzicht verloren.[110]

---

101 *K. Reichold*, in: Thomas/Putzo Vorbem. § 373 Rn. 6 f.
102 *A. Wegner*, in: Brandt/Sachs O Rn. 236, 239.
103 VGH Mannheim NJW 1988, 3282; *P. Kothe*, in: Redeker/v. Oertzen § 98 Rn. 4. Zur Vernehmung eines Behördenvertreters, ohne die Behörde selbst als Beteiligte vernommen zu haben, BVerwGE 14, 146; 17, 127, 129; BGH NJW
1960, 100.
104 Sowohl BVerwG NJW 1981, 1748 als auch BVerwG NJW 1988, 2491 ist diese Auffassung aber allenfalls indirekt
zu entnehmen.
105 So zu Recht VGH Mannheim NJW 1988, 3282; vgl. weiter BGHZ 42, 230; *Baumbach/Lauterbach/Albers/Hart-
mann* Übers. § 373 Rn. 14 ff. (Stichwort Gesellschaft); *W. Barfuß*, NJW 1977, 1273.
106 Rosenberg/Schwab/*Gottwald* § 120 Rn. 5 ff.
107 Vgl. LG Frankfurt NJW 1997, 813 – „Psychologin"; vertiefend zum Problem → Rn. 118 sowie *K. Geppert*, Jura 1991,
132, 136.
108 Rosenberg/Schwab/*Gottwald* § 120 Rn. 20.
109 Rosenberg/Schwab/*Gottwald* § 120 Rn. 25 ff.
110 Vgl. *H. Lang*, in: Diering/Timme, ⁴2016, SGB X § 21 Rn. 34.

111   Es ist auch statthaft, dass ein Zeuge sein Zeugnisverweigerungsrecht wiederholt und aus bisher nicht genannten Gründen geltend macht (so schon KG JW 1928, 738). Einem erneuten Antrag auf Vernehmung eines Zeugen, der von seinem Aussageverweigerungsrecht bereits Gebrauch gemacht hat, braucht das Gericht nur stattzugeben, wenn anzunehmen ist, dass er nunmehr aussagen wird.[111]

112   Widerruft ein Zeuge während der Vernehmung den Verzicht auf sein Zeugnisverweigerungsrecht, so kommt eine Beeidigung der vor der Zeugnisverweigerung gemachten Teilaussage nicht in Betracht (vgl. BGH NJW 1988, 716 zu § 52 Abs. 3 S. 2 StPO).

113   Verstöße im Zusammenhang mit Zeugnisverweigerungsrechten machen die Aussagen nicht generell unverwertbar.

114   Wird etwa ein Zeuge nicht nach § 98 VwGO i.V.m. § 383 Abs. 2 ZPO über sein gem. § 383 Abs. 1 Nr. 3 ZPO bestehendes Zeugnisverweigerungsrecht belehrt, ist die erlangte Aussage verwertbar, wenn dies von dem dagegen angehenden Beteiligten nicht in der nächsten mündlichen Verhandlung gerügt wird (§ 173 VwGO i.V.m. § 295 Abs. 1 ZPO).[112] Auch hier wird man dem dargestellten Ergebnis nur bei anwaltlicher Vertretung des Beteiligten zustimmen können.

115   Wird das Vorliegen des Zeugnisverweigerungsrechts von einem oder allen Beteiligten bestritten, entscheidet das Gericht (BGH NJW 1990, 2937) nach Anhörung der Beteiligten (§ 387 Abs. 1 ZPO) durch Zwischenurteil (vgl. § 387 Abs. 3 ZPO).[113]

116   Gegen die Entscheidung des Gerichts ist gem. § 146 Abs. 1 VwGO i.V.m. § 387 Abs. 3 ZPO die Beschwerde gegeben.[114] Die Beschwerde ist auch in diesen Fällen gegeben, in denen nach der ZPO eigentlich die sofortige Beschwerde stattfinden würde.

117   Der Katalog der in § 383 ZPO aufgeführten Zeugnisverweigerungsrechte ist abschließend zu verstehen; eine analoge Anwendung des § 383 Nr. 6 ZPO auf Parteifunktionäre scheidet aus.[115] Für die Zeugnisverweigerungsrechte der StPO wird ebenfalls eine Analogiefähigkeit der Regelungen über die Zeugnisverweigerung verneint.[116] Einem Pressevertreter steht im verwaltungsgerichtlichen Verfahren grds. kein Zeugnisverweigerungsrecht hinsichtlich eigener (berufsbezogener) Wahrnehmungen zu.[117]

118   Eine andere Frage ist es, ob ausnahmsweise aus übergeordneten Rechtssätzen Zeugnisverweigerungsrechte hergeleitet werden können.[118] Solche Ausnahmen sind angesichts der Bedeutung materiell richtiger Entscheidungen aber nicht vorschnell anzuerkennen. Die Zubilligung eines derartigen Rechts

---

111   Vgl. BGH NJW-RR 1987, 445; OLG Köln NJW 1975, 2074; *H.-J. Ahrens*, in: *Wieczorek* § 387 Rn. 23; *Baumbach/Lauterbach/Albers/Hartmann* Einf. §§ 383–389 Rn. 4; vgl. auch *K. Reichold*, in: *Thomas/Putzo* § 383 Rn. 2; *R. Greger*, in: *Zöller* § 383 Rn. 7.

112   VGH Kassel 27.10.1993 – 8 UE 1160/92; aus der zivilrechtlichen Rspr. vgl. BGH NJW 1991, 3285; LM § 295 ZPO Nr. 9; BayVGH 9.8.2017 – 9 ZB 17.766, juris Rn. 21 f.; aus dem Schrifttum *Baumbach/Lauterbach/Albers/Hartmann* § 387 Rn. 1.

113   Ebenso OVG Lüneburg OVGE 33, 431 ff. unter Berufung auf OVG Lüneburg OVGE 12, 448 ff. zu § 63 MRVO Nr. 165; VG Bremen NJW 1968, 1946; *Kopp/Schenke* § 98 Rn. 11; *R. Rudisile*, in: Schoch/Schneider/Bier § 98 Rn. 74; zu § 82 FGO vgl. BFH BStBl II 1971, 808, 811; *R. Seer*, in: Tipke/Kruse § 84 FGO Rn. 8 zu § 387 ZPO; zur zivilrechtlichen Rechtslage BGHZ 91, 395; BGH NJW 1990, 2937 sowie *Baumbach/Lauterbach/Albers/Hartmann* § 387 Rn. 5. Teilweise wird allerdings auch eine Entscheidung durch Beschluss votiert, mit der Folge, dass § 387 Abs. 3 ZPO entsprechend anwendbar ist, *P. Kothe*, in: Redeker/v. Oertzen § 98 Rn. 7. Zugunsten der überwiegenden Auffassung spricht bereits der Gesetzeswortlaut des über § 98 in Bezug genommenen § 387 Abs. 3 ZPO. Der Streit braucht allerdings nicht überbetont zu werden, da jedenfalls Einvernehmen darüber besteht, dass die Entscheidung des Gerichts beschwerdefähig ist.

114   Der dargestellte Streit um die richtige Form der Entscheidung ist für die Zulässigkeit des Rechtsmittels ohne Belang, OVG Bln OVGE 20, 216, 217; OVG Lüneburg, NJW 2015, 104.

115   OVG Bln OVGE 20, 216, 219. Früheren Mitarbeitern des Ministeriums für Staatssicherheit bzw. des Amtes für Nationale Sicherheit steht ein Aussageverweigerungsrecht nach dem Beschluss des ehemaligen Ministerrats der DDR vom 16.5.1990 ebenfalls nicht zu, vgl. KG NStZ 1993, 450.

116   *Meyer-Goßner* § 53 Rn. 2.

117   OVG Münster 13.8.2014 – 6 E 787/14; OVG Lüneburg NJW 2015, 104.

118   Etwa aus Art. 47 GG oder aus Art. 2 Abs. 1 GG; dazu BVerfG 38, 105, 114: Recht des Zeugen, etwaige Verfehlungen geheim zu halten, sind Teil des Persönlichkeitsrechts aus Art. 2 Abs. 1 GG i.V.m. Art. 1 Abs. 1 GG; zum Fragenkreis auch BVerfGE 33, 367, 374 ff.; 38, 312, 325; OVG Lüneburg OVGE 33, 431. Nach OLG Hamm NJW-RR 1992, 583 kann jedenfalls im Verfahren der freiwilligen Gerichtsbarkeit die Berufsgruppe der Sozialpädagogen und Sozialarbeiter nicht generell vom Zeugnisverweigerungsrecht ausgeschlossen werden; ähnl. BVerfG NJW 1988, 2945; 1989, 678, 679 verneint die Ladungsfähigkeit des indischen Verteidigungsministers und VGH Kassel NJW 1989, 3110 gesteht einem als Zeugen geladenen ausländischen Berufsdiplomaten aus einem Signaturstaat des Wiener Übereinkommens über diplomatische Beziehungen ein Zeugnisverweigerungsrecht aus sachlichen Gründen zu.

kommt deshalb nur ausnahmsweise und nur nach einer sorgfältigen am Einzelfall orientierten Abwägung in Betracht (vgl. BVerfG NJW 1996, 1587).

Selbstredend dürfen aus einer befugten Zeugnisverweigerung keinerlei nachteilige Schlüsse gezogen werden (vgl. BGH NJW 1985, 392; StV 1987, 5 – jeweils für den Strafprozess). 119

d) Beeidigung. Die Beeidigung eines Zeugen steht wegen des im Verwaltungsprozess herrschenden 120 Untersuchungsgrundsatzes – vorbehaltlich der sich aus § 393 ZPO ergebenden Ausnahmen – stets im Ermessen des Tatsachengerichts.[119] Dies gilt auch dann, wenn die Verfahrensbeteiligten ausdrücklich auf eine Vereidigung verzichten oder entsprechende Anträge nicht stellen (BVerwGE 52, 11, 16).

Die Überlegungen, die das Gericht bei seiner Ermessensentscheidung leiten, unterliegen dabei nur in 121 Ausnahmefällen einer ausdrücklichen Begründungspflicht. Generell sieht die VwGO sie – anders als die StPO – nicht vor (vgl. BVerwG Buchholz 310 § 98 VwGO Nr. 14).

Hat das Gericht verfahrensfehlerhaft von einer Beeidigung eines Zeugen abgesehen, ist dies nur be- 122 achtlich, wenn der Beteiligte den Verfahrensmangel spätestens in der auf die Beweisaufnahme folgenden mündlichen Verhandlung rügt (§ 173 VwGO i.V.m. § 295 Abs. 1 ZPO). Nächste mündliche Verhandlung muss dabei nicht notwendig ein neuer Termin, sondern kann auch Verhandlung sein, die sich nach § 370 Abs. 1 ZPO an eine Beweisaufnahme anschließt (BVerwGE 50, 344, 346; BVerwG DÖV 1981, 536, 537). Bleibt der Verfahrensmangel ungerügt, kann er weder in der Revisionsinstanz (§ 173 VwGO i.V.m. § 558 ZPO) noch im Verfahren der Nichtzulassungsbeschwerde (§ 132 Abs. 2 Nr. 3) geltend gemacht werden (BVerwG NJW 1989, 379; 1989, 678; 1998, 3369, 3370).

e) Gegenstand der Beweiserhebung mittels Zeugen. Dies sind – wie § 414 ZPO zu erkennen gibt – 123 deren Wahrnehmungen über vergangene Tatsachen und Zustände.[120]

f) Verfahren. Im Unterschied zum Zivilprozess ist nach den obigen Ausführungen im Verwaltungs- 124 prozess kein Beweisantrag durch einen Beteiligten erforderlich. Vielmehr kann das Gericht die Zeugenvernehmung nach eigenem Ermessen anordnen.

Die eigentliche Zeugenvernehmung folgt den in §§ 375–401 ZPO normierten Grundsätzen. Aus §§ 96 125 Abs. 1, 97 ergibt sich, dass die Beweisaufnahme grds. mündlich zu erfolgen hat. Auch unterscheidet sich die verwaltungsprozessuale Durchführung der Beweisaufnahme mittels Zeugen nicht wesentlich von derjenigen unter der Geltung der ZPO.[121]

Grds. besteht Zeugenpflicht. Sie entsteht durch die ordnungsgemäße Ladung und setzt sich zusammen 126 aus der Pflicht zum Erscheinen,[122] der Pflicht zur Aussage und der Pflicht zu deren Beeidigung.[123]

Sollen im Verwaltungsprozess Beamte oder andere Personen des öffentlichen Dienstes über Umstände 127 vernommen werden, die unter die Pflicht zur Amtsverschwiegenheit fallen, ist vom Gericht (vgl. § 376 Abs. 3 ZPO) grds. die Genehmigung des Dienstvorgesetzten einzuholen (§ 376 ZPO, § 61 Abs. 2 BBG, § 39 Abs. 2 BRRG).[124]

Erscheint ein Zeuge trotz ordnungsgemäßer Ladung (§ 377 ZPO) nicht, stehen dem Gericht die Ord- 128 nungsmittel des § 380 ZPO zur Verfügung.[125].[126] Gegen den Beschluss, durch den einem ordnungsgemäß geladenen Zeugen die durch sein Ausbleiben verursachten Kosten auferlegt und gegen ihn ein Ordnungsgeld festgesetzt worden sind, ist die Beschwerde gegeben (VGH Mannheim VBlBW 1986, 64). Die Zulässigkeit einer Beschwerde gegen ein Ordnungsgeld hängt nicht davon ab, ob ein bestimmter Beschwerdewert erreicht wird.[127]

Ein Zeuge, der von einem umfassenden Zeugnisverweigerungsrecht Gebrauch macht, braucht zum 129 Verhandlungstermin nicht zu erscheinen (BFH DStRE 1997, 855).

---

119 Bereits BVerwG Buchholz 310 § 98 VwGO Nr. 1 sowie BVerwG NJW 1998, 3369.
120 Vgl. auch *K. Reichold*, in: Thomas/Putzo Vorbem. § 373 Rn. 1.
121 *H. Geiger*, in: Eyermann § 98 Rn. 4. Vgl. auch §§ 394 ff. ZPO.
122 Sie besteht in der Pflicht zur persönlichen Anwesenheit vor jedem deutschen Gericht an der Terminstelle (§ 219 ZPO), dazu Rosenberg/Schwab/*Gottwald* § 120 Rn. 10; zur Vernehmung von Zeugen im Ausland im Wege der Rechtshilfe durch deutsche Auslandsvertretungen bzw. durch ausländische Gerichte oder Behörden, BVerwG NJW 1984, 574.
123 Rosenberg/Schwab/*Gottwald* § 120 Rn. 10.
124 Dazu und zum weiteren Verfahren *A. Wegner*, in: Brandt/Sachs O Rn. 239 sowie *W. Maetzel*, DVBl 1966, 665, 667.
125 Hierzu *H. Geiger*, in: Eyermann § 98 Rn. 8.
126 Vgl. auch OVG NRW NVwZ-RR 2013, 247 f.
127 OVG Bln-Bbg 18.7.2016 – OVG 12 L 11.16, BeckRS 2016, 49159, Rn. 5.

130 Zum Recht eines Zeugen, einzelne Fragen zu verneinen vgl. § 384 ZPO.

131 Für die Zeugenentschädigung gilt über 98 VwGO i.V.m. § 401 ZPO (zur Anwendbarkeit des § 401 ZPO s.a. VGH Mannheim NVwZ-RR 1996, 478, 479) das ZSEG (BGBl I 1969, 157 zuletzt geändert BGBl I 1976, 3221).

132 **g) Beweiswürdigung.** Vgl. die Komm. zu § 108.

133 Zu den hierbei zu beachtenden Anforderungen an die Unmittelbarkeit vgl. § 96 sowie die dortige Komm. Insbes. fordert § 96 Abs. 1 im Falle eines Richterwechsels nicht zwingend die Wiederholung der Beweisaufnahme, sondern lässt andere Möglichkeiten der Unterrichtung von hinzugetretenen Richtern zu.[128] Eine Wiederholung der Zeugenvernehmung vor den das Urteil fällenden Richtern ist jedoch dann geboten, wenn der persönliche Eindruck des Zeugen für alle Richter unverzichtbar ist.[129] Dies ist regelmäßig dann der Fall, wenn konkrete Anhaltspunkte für Zweifel an der Glaubwürdigkeit des vernommenen Zeugen und der Glaubhaftigkeit seiner Aussagen vorliegen.[130]

134 **3. Der Sachverständigenbeweis. a) Anwendbare Vorschriften der ZPO.** Vorschriften über den Sachverständigenbeweis finden sich in der ZPO in den §§ 402–414 ZPO. Diese werden sämtlich durch § 98 in Bezug genommen. Sie lauten:

§ 402 ZPO Anwendbarkeit der Vorschriften für Zeugen

Für den Beweis durch Sachverständige gelten die Vorschriften über den Beweis durch Zeugen entsprechend, insoweit nicht in den nachfolgenden Paragraphen abweichende Vorschriften enthalten sind.

§ 403 ZPO Beweisantritt

Der Beweis wird durch die Bezeichnung der zu begutachtenden Punkte angetreten.

§ 404 ZPO Sachverständigenauswahl

(1) Die Auswahl der zuzuziehenden Sachverständigen und die Bestimmung ihrer Anzahl erfolgt durch das Prozessgericht. Es kann sich auf die Ernennung eines einzigen Sachverständigen beschränken. An Stelle der zuerst ernannten Sachverständigen kann es andere ernennen.
(2) Vor der Ernennung können die Parteien zur Person des Sachverständigen gehört werden.
(3) Sind für gewisse Arten von Gutachten Sachverständige öffentlich bestellt, so sollen andere Personen nur dann gewählt werden, wenn besondere Umstände es erfordern.
(4) Das Gericht kann die Parteien auffordern, Personen zu bezeichnen, die geeignet sind, als Sachverständige vernommen zu werden.
(5) Einigen sich die Parteien über bestimmte Personen als Sachverständige, so hat das Gericht dieser Einigung Folge zu geben; das Gericht kann jedoch die Wahl der Parteien auf eine bestimmte Anzahl beschränken.

§ 404 a ZPO Leitung der Tätigkeit des Sachverständigen

(1) Das Gericht hat die Tätigkeit des Sachverständigen zu leiten und kann ihm für Art und Umfang seiner Tätigkeit Weisungen erteilen.
(2) Soweit es die Besonderheit des Falles erfordert, soll das Gericht den Sachverständigen vor Abfassung der Beweisfrage hören, ihn in seine Aufgabe einweisen und ihm auf Verlangen den Auftrag erläutern.
(3) Bei streitigem Sachverhalt bestimmt das Gericht, welche Tatsachen der Sachverständige der Begutachtung zugrunde legen soll.
(4) Soweit es erforderlich ist, bestimmt das Gericht, in welchem Umfang der Sachverständige zur Aufklärung der Beweisfrage befugt ist, inwieweit er mit den Parteien in Verbindung treten darf und wann er ihnen die Teilnahme an seinen Ermittlungen zu gestatten hat.
(5) Weisungen an den Sachverständigen sind den Parteien mitzuteilen. Findet ein besonderer Termin zur Einweisung des Sachverständigen statt, so ist den Parteien die Teilnahme zu gestatten.

---

128 BVerwG Buchholz 310 § 96 VwGO Nr. 34; 15.3.2013 – 2 B 12/12, juris Rn. 7.
129 BVerwG 1.6.2007 – 8 B 85.06, juris Rn. 11, BVerwG Buchholz 310 § 103 VwGO Nr. 8; 15.3.2013 – 2 B 12/12, juris Rn. 7.
130 BVerwG 26.10.2011 – 2 B 69.10, juris Rn. 13, 21; 15.3.2013 – 2 B 12/12, juris Rn. 7.

§ 405 ZPO Auswahl durch den mit der Beweisaufnahme betrauten Richter

Das Prozessgericht kann den mit der Beweisaufnahme betrauten Richter zur Ernennung der Sachverständigen ermächtigen. Er hat in diesem Falle die Befugnisse und Pflichten des Prozessgerichts nach den §§ 404, 404 a.

§ 406 ZPO Ablehnung des Sachverständigen

(1) Ein Sachverständiger kann aus denselben Gründen, die zur Ablehnung eines Richters berechtigen, abgelehnt werden. Ein Ablehnungsgrund kann jedoch nicht daraus entnommen werden, dass der Sachverständige als Zeuge vernommen worden ist.

(2) Der Ablehnungsantrag ist bei dem Gericht oder Richter, von dem der Sachverständige ernannt ist, vor seiner Vernehmung zu stellen, spätestens jedoch binnen zwei Wochen nach Verkündung oder Zustellung des Beschlusses über die Ernennung. Zu einem späteren Zeitpunkt ist die Ablehnung nur zulässig, wenn der Antragsteller glaubhaft macht, dass er ohne sein Verschulden verhindert war, den Ablehnungsgrund früher geltend zu machen. Der Antrag kann vor der Geschäftsstelle zu Protokoll erklärt werden.

(3) Der Ablehnungsgrund ist glaubhaft zu machen; zur Versicherung an Eides Statt darf die Partei nicht zugelassen werden.

(4) Die Entscheidung ergeht von dem im zweiten Absatz bezeichneten Gericht oder Richter durch Beschluss.

(5) Gegen den Beschluss, durch den die Ablehnung für begründet erklärt wird, findet kein Rechtsmittel, gegen den Beschluss, durch den sie für unbegründet erklärt wird, findet sofortige Beschwerde statt.

§ 407 ZPO Pflicht zur Erstattung des Gutachtens

(1) Der zum Sachverständigen Ernannte hat der Ernennung Folge zu leisten, wenn er zur Erstattung von Gutachten der erforderten Art öffentlich bestellt ist oder wenn er die Wissenschaft, die Kunst oder das Gewerbe, deren Kenntnis Voraussetzung der Begutachtung ist, öffentlich zum Erwerb ausübt oder wenn er zur Ausübung derselben öffentlich bestellt oder ermächtigt ist.

(2) Zur Erstattung des Gutachtens ist auch derjenige verpflichtet, der sich hierzu vor Gericht bereit erklärt hat.

§ 407 a ZPO Weitere Pflichten des Sachverständigen

(1) Der Sachverständige hat unverzüglich zu prüfen, ob der Auftrag in sein Fachgebiet fällt und ohne die Hinzuziehung weiterer Sachverständiger innerhalb der vom Gericht gesetzten Frist erledigt werden kann. Ist das nicht der Fall, so hat der Sachverständige das Gericht unverzüglich zu verständigen.

(2) Der Sachverständige hat unverzüglich zu prüfen, ob ein Grund vorliegt, der geeignet ist, Misstrauen gegen seine Unparteilichkeit zu rechtfertigen. Der Sachverständige hat dem Gericht solche Gründe unverzüglich mitzuteilen. Unterlässt er dies, kann gegen ihn ein Ordnungsgeld festgesetzt werden.

(3) Der Sachverständige ist nicht befugt, den Auftrag auf einen anderen zu übertragen. Soweit er sich der Mitarbeit einer anderen Person bedient, hat er diese namhaft zu machen und den Umfang ihrer Tätigkeit anzugeben, falls es sich nicht um Hilfsdienste von untergeordneter Bedeutung handelt.

(4) Hat der Sachverständige Zweifel an Inhalt und Umfang des Auftrages, so hat er unverzüglich eine Klärung durch das Gericht herbeizuführen. Erwachsen voraussichtlich Kosten, die erkennbar außer Verhältnis zum Wert des Streitgegenstandes stehen oder einen angeforderten Kostenvorschuss erheblich übersteigen, so hat der Sachverständige rechtzeitig hierauf hinzuweisen.

(5) Der Sachverständige hat auf Verlangen des Gerichts die Akten und sonstige für die Begutachtung beigezogene Unterlagen sowie Untersuchungsergebnisse unverzüglich herauszugeben oder mitzuteilen. Kommt er dieser Pflicht nicht nach, so ordnet das Gericht die Herausgabe an.

(6) Das Gericht soll den Sachverständigen auf seine Pflichten hinweisen.

§ 408 ZPO Gutachtenverweigerungsrecht

(1) Dieselben Gründe, die einen Zeugen berechtigen, das Zeugnis zu verweigern, berechtigen einen Sachverständigen zur Verweigerung des Gutachtens. Das Gericht kann auch aus anderen Gründen einen Sachverständigen von der Verpflichtung zur Erstattung des Gutachtens entbinden.
(2) Für die Vernehmung eines Richters, Beamten oder einer anderen Person des öffentlichen Dienstes als Sachverständigen gelten die besonderen beamtenrechtlichen Vorschriften. Für die Mitglieder der Bundes- oder einer Landesregierung gelten die für sie maßgebenden besonderen Vorschriften.
(3) Wer bei einer richterlichen Entscheidung mitgewirkt hat, soll über Fragen, die den Gegenstand der Entscheidung gebildet haben, nicht als Sachverständiger vernommen werden.

§ 409 ZPO Folgen des Ausbleibens oder der Gutachtenverweigerung

(1) Wenn ein Sachverständiger nicht erscheint oder sich weigert, ein Gutachten zu erstatten, obgleich er dazu verpflichtet ist, oder wenn er Akten oder sonstige Unterlagen zurückbehält, werden ihm die dadurch verursachten Kosten auferlegt. Zugleich wird gegen ihn ein Ordnungsgeld festgesetzt. Im Falle wiederholten Ungehorsams kann das Ordnungsgeld noch einmal festgesetzt werden.
(2) Gegen den Beschluss findet sofortige Beschwerde statt.

§ 410 ZPO Sachverständigenbeeidigung

(1) Der Sachverständige wird vor oder nach Erstattung des Gutachtens beeidigt. Die Eidesnorm geht dahin, dass der Sachverständige das von ihm erforderte Gutachten unparteiisch und nach bestem Wissen und Gewissen erstatten werde oder erstattet habe.
(2) Ist der Sachverständige für die Erstattung von Gutachten der betreffenden Art im allgemeinen beeidigt, so genügt die Berufung auf den geleisteten Eid; sie kann auch in einem schriftlichen Gutachten erklärt werden.

§ 411 ZPO Schriftliches Gutachten

(1) Wird schriftliche Begutachtung angeordnet, setzt das Gericht dem Sachverständigen eine Frist, innerhalb derer er das von ihm unterschriebene Gutachten zu übermitteln hat.
(2) Versäumt ein zur Erstattung des Gutachtens verpflichteter Sachverständiger die Frist, so soll gegen ihn ein Ordnungsgeld festgesetzt werden. Das Ordnungsgeld muss vorher unter Setzung einer Nachfrist angedroht werden. Im Falle wiederholter Fristversäumnis kann das Ordnungsgeld in der gleichen Weise noch einmal festgesetzt werden. Das einzelne Ordnungsgeld darf 3 000 Euro nicht übersteigen. § 409 Abs. 2 gilt entsprechend.
(3) Das Gericht kann das Erscheinen des Sachverständigen anordnen, damit er das schriftliche Gutachten erläutere. Das Gericht kann auch eine schriftliche Erläuterung oder Ergänzung des Gutachtens anordnen.
(4) Die Parteien haben dem Gericht innerhalb eines angemessenen Zeitraums ihre Einwendungen gegen das Gutachten, die Begutachtung betreffende Anträge und Ergänzungsfragen zu dem schriftlichen Gutachten mitzuteilen. Das Gericht kann ihnen hierfür eine Frist setzen; § 296 Abs. 1, 4 gilt entsprechend.

§ 411 a ZPO Verwertung von Sachverständigengutachten aus anderen Verfahren

Die schriftliche Begutachtung kann durch die Verwertung eines gerichtlich oder staatsanwaltschaftlich eingeholten Sachverständigengutachtens aus einem anderen Verfahren ersetzt werden.

§ 412 ZPO Neues Gutachten

(1) Das Gericht kann eine neue Begutachtung durch dieselben oder durch andere Sachverständige anordnen, wenn es das Gutachten für ungenügend erachtet.
(2) Das Gericht kann die Begutachtung durch einen anderen Sachverständigen anordnen, wenn ein Sachverständiger nach Erstattung des Gutachtens mit Erfolg abgelehnt ist.

§ 413 ZPO Sachverständigenvergütung

Der Sachverständige erhält eine Vergütung nach dem Justizvergütungs- und -entschädigungsgesetz.

§ 414 ZPO Sachverständige Zeugen

Insoweit zum Beweis vergangener Tatsachen oder Zustände, zu deren Wahrnehmung eine besondere Sachkunde erforderlich war, sachkundige Personen zu vernehmen sind, kommen die Vorschriften über den Zeugenbeweis zur Anwendung.

Ungeachtet der undifferenzierten Inbezugnahme der angeführten Vorschriften durch § 98 ergeben sich im Einzelfall aufgrund des Untersuchungsgrundsatzes Anwendungskollisionen im Verwaltungsprozess. Dies betrifft namentlich die Normierungen über den Beweisantritt in § 403 ZPO sowie diejenige in § 404 Abs. 5 ZPO, wonach eine Einigung der Parteien auf einen bestimmten Sachverständigen das Gericht bindet. Beide Normierungen sind mit dem Untersuchungsgrundsatz unvereinbar. 135

Ansonsten sind die §§ 402–414 ZPO – mit den gerade genannten Einschränkungen – im Verwaltungsprozess anwendbar (zu § 402 vgl. BVerwG NJW 1986, 3221). 136

b) Begriff und Abgrenzungen. Obgleich der Beweis durch Sachverständige in der Praxis – namentlich in immissions- und atomrechtlichen Genehmigungsverfahren, aber etwa auch bei medizinrechtlichen Fragestellungen – eine überragende Stellung einnimmt, findet sich in den einschlägigen prozessrechtlichen Normen weder eine gesetzliche Definition des Sachverständigen noch eine Beschreibung seiner Tätigkeiten. Dies gilt selbst für die Normierungen des Sachverständigenbeweises in den inhaltlich weitgehend kongruent ausgestatteten „Vorbild"normierungen der ZPO und der StPO.[131] Lückenfüllend kann auch nicht auf § 36 GewO zurückgegriffen werden, weil auch diese sich mit gewerbsmäßiger Sachverständigentätigkeit beschäftigende Norm keine Legaldefinition enthält.[132] 137

Immerhin können aber § 36 Abs. 1 S. 1 GewO (besondere Sachkunde), S. 2 (unabhängig) sowie Abs. 2 der Vorschrift (Feststellung von Tatsachen, Überprüfung) Anhaltspunkte zur Aufgabenbeschreibung entnommen werden.[133] 138

Die Tätigkeit eines Sachverständigen lässt sich demgemäß mit der Prüfung, Beurteilung und Bewertung von Gegenständen, Vorgängen sowie individuellen Leistungen und Verhaltensweisen beschreiben, die ihm im Einzelfall wegen des besonderen Schwierigkeitsgrades, mit Rücksicht auf seine anerkannten Kenntnisse und Fähigkeiten und im Vertrauen auf seine Unabhängigkeit übertragen werden.[134] Ein Antrag auf Sachverständigenbeweis setzt indes nicht voraus, dass einzelne konkrete Tatsachen in das Wissen des Sachverständigen gestellt werden (BVerwG Buchholz 310 § 98 VwGO Nr 60). 139

Als gerichtliche Sachverständige werden sodann diejenigen Personen bezeichnet, die im Einzelfall als prozessual zulässiges Beweismittel vom Richter zur Entscheidung eines gerichtlichen Verfahrens herangezogen werden können.[135] 140

Die Prozessordnungen weisen dem Sachverständigen eine eigentümliche Sonderstellung zu, in dem sie ihn zwischen Richter und Zeugen ansiedeln. Denn einerseits ist der Sachverständige Gehilfe des Gerichts und kann dementsprechend wie ein Richter aufgrund der Besorgnis der Befangenheit abgelehnt werden (→ Rn. 173). Andererseits wird die Nähe zum Zeugenbeweis dadurch hervorgehoben, dass Sachverständigen unter den Voraussetzungen, die auch für das Zeugnisverweigerungsrecht eines Zeugen gelten, ein Gutachtenverweigerungsrecht zusteht (zum Gutachtenverweigerungsrecht → Rn. 171 ff.). 141

Diese *Sonderstellung* des Sachverständigen zwischen Richter und Zeugen *erfordert* eine *Abgrenzung* in mehrfacher Hinsicht. 142

Aufgrund der häufig zentralen Stellung des Sachverständigen bedarf es zunächst eine *Abgrenzung* seiner Tätigkeit von derjenigen des *Richters*. Diese ist mit der Formel, allein dem Gericht obliege die rechtliche Würdigung von Tatsachen und die Entscheidung von Rechtsfragen, nur unvollkommen erfasst. So kann bei schwierigen Fragen, bei denen nicht von vornherein die Trennung zwischen tatsächlichen und bewertenden Gesichtspunkten erkennbar ist und bei denen die Beurteilung tatsächlicher Umstände spezifische Fachkenntnisse erfordert, eine Beratung des Gerichts durch Sachverständige durchaus angezeigt sein (BVerwG NVwZ-RR 1991, 118). 143

---

131 Zur Inbezugnahme der weitgehend angeglichenen Vorschriften der ZPO und der StPO *K. Müller*, Sachverständige, 1988, 31 f. sowie *dens.*, SGb 1987, 351.

132 *P. J. Tettinger*, in: Tettinger/Wank, Gewerbeordnung, ⁷2004, § 36 Rn. 5.

133 So zu Recht *P. J. Tettinger*, in: Tettinger/Wank, Gewerbeordnung, ⁷2004, § 36 Rn. 5.

134 Vgl. OLG München GewArch 1995, 297, 298; *P. J. Tettinger*, in: Tettinger/Wank, Gewerbeordnung, ⁶1999, § 36 Rn. 5.

135 *G. Schlund*, in: Laufs/Kern, Handbuch des Arztrechts, ⁴2010, § 116 Rn. 3.

144   Den Ausgangspunkt der gleichwohl notwendigen Abgrenzung bildet die Verfassung. Die Art. 20, 92 und 97 GG sowie § 1 GVG vertrauen die rechtsprechende Gewalt allein den Richtern an. Nur sie sind Adressat der dort bezeichneten Unabhängigkeit und der Verpflichtung zur Bindung an Recht und Gesetz. Bereits daraus ergibt sich, dass der Richter weder die Entscheidung von Rechtsstreitigkeiten noch auch nur die Ermittlung des relevanten Tatsachenstoffes ausschließlich in die Hände eines Sachverständigen legen darf. Dieser fungiert vielmehr als „Gehilfe" des Gerichts.[136] Als solcher begutachtet er einen grds. vom Gericht festzustellenden (Mindest-)Sachverhalt aufgrund seiner besonderen Sachkunde auf einem Fachgebiet (vgl. BVerwG NJW 1986, 2268; BGH NJW 1962, 1770). Seine Aufgabe besteht dann darin, dem Gericht die besonderen Erfahrungen oder Erkenntnisse des jeweiligen Fachgebiets bzw. die daraus abzuleitenden Schlussfolgerungen so zu vermitteln, dass dieses in die Lage versetzt wird, die entscheidungserheblichen Tatsachen sachkundig beurteilen zu können.[137]

145   Dem Gericht kommt hierbei die Aufgabe zu, die Tätigkeit des Sachverständigen zu leiten (§ 404 a ZPO); es kann ihm unter Wahrung seiner fachlichen Unabhängigkeit und Eigenverantwortlichkeit für Art und Umfang seiner Bemühungen Weisungen erteilen.[138]

146   Bei streitigem Sachverhalt bestimmt das Gericht, von welchem Sachverhalt der Sachverständige auszugehen hat (§ 404 a Abs. 3 ZPO) und inwieweit der Sachverständige zur Sachaufklärung befugt ist (§ 404 a Abs. 4 ZPO).[139]

147   *Abzugrenzen* ist der Sachverständigen- weiter *vom Zeugenbeweis*. Im Gegensatz zum Zeugen, der vor Gericht lediglich über wahrgenommene Tatsachen aussagt, soll der Sachverständige für das Gericht Tatsachen und Erfahrungssätze beurteilen und feststellen.[140]

148   Der Sachverständige ist des Weiteren auch vom *sachverständigen Zeugen* abzugrenzen. Beim sachverständigen Zeugen handelt es sich um eine Person, die ihr Wissen von bestimmten vergangenen Tatsachen oder Zuständen bekundet, zu deren Wahrnehmung zwar eine besondere Sachkunde erforderlich war und die sie auch nur kraft dieser besonderen Sachkunde, aber ohne Zusammenhang mit einem gerichtlichen Gutachtenauftrag wahrgenommen hat.[141] Kennzeichnend für den sachverständigen Zeugen ist zudem, dass er „unersetzbar" ist, da er (nur) von ihm selbst wahrgenommene „vergangene" Tatsachen bekundet (§ 414 ZPO), während ein Sachverständiger in aller Regel gegen einen anderen gleichermaßen Sachkundigen ausgewechselt werden kann.[142]

149   Diese Abgrenzung stellt keinen Selbstzweck dar. Sie hat namentlich Bedeutung für die Anwendung der Vereidigungsvorschriften – der sachverständige Zeuge leistet gem. der §§ 478 ff. ZPO einen Zeugeneid,[143] der Sachverständige wird unter den Voraussetzungen des § 410 ZPO eidlich vernommen – ist aber auch von Belang für das nur gegenüber Sachverständigen bestehende Ablehnungsrecht aufgrund der Besorgnis der Befangenheit (vertiefend → Rn. 171 ff.) und steuert nicht zuletzt die Frage der Entschädigung (zur Entschädigung das ZSEG). Nicht weniger bedeutsam ist die Unterscheidung zwischen Sachverständigen und sachverständigen Zeugen für die Frage, ob das Verwaltungsgericht dem Beweisantrag entsprechen muss. So dürfen Beweisanträge grds. nur abgelehnt werden, wenn das angebotene Beweismittel schlechterdings untauglich ist, wenn es auf die Beweistatsache nicht ankommt oder wenn die Beweistatsache als wahr unterstellt wird (→ Rn. 35 ff.).[144] Liegen folglich diese Voraussetzungen nicht vor, muss das Gericht den (Zeugen-)Beweis antragsgemäß erheben. Beim sachverständigen Zeugen findet insoweit auch keine gerichtliche Auswahl statt.[145] Für die beantragte Einholung eines Sachverständigengutachtens, insbes. eines weiteren Gutachtens, gilt obiger Grundsatz dagegen nicht. Die Auswahl und die Bestimmung des Sachverständigen erfolgt durch das Gericht, welches sich auf die Er-

---

136   Krit. gegenüber dem Wort vom „bloßen Richtergehilfen" *H. Sendler*, NJW 1986, 2907, 2909.
137   BVerwG NVwZ 1999, 654, 657; VGH Mannheim NVwZ-RR 1998, 689; vgl. *M. Gerhardt*, BayVBl 1982, 489, 491.
138   *C. Katzenmeier*, in: Laufs/Katzenmeier/Lipp, Arztrecht, ⁷2015, XII Rn. 26.
139   Rosenberg/Schwab/*Gottwald* § 121 Rn. 7, 33.
140   Vgl. BVerwG Buchholz 232 § 139 BBG Nr. 9 (S. 1, 5); BGH MDR 1974, 382; *H. Bley*, in: Bley/Gitter, Gesamtkommentar Sozialversicherung, 1994, § 188 SGG Anm. 7 a aa.
141   Vgl. BVerwG NJW 1986, 2268; BGH MDR 1974, 382; *Baumbach/Lauterbach/Albers/Hartmann* § 414 Rn. 4.
142   Vgl. BVerwG NJW 1986, 2268; OVG Koblenz NVwZ-RR 1992, 592; VGH Kassel MDR 1997, 97; OVG Münster NVwZ-RR 2008, 214; BGH MDR 1974, 382; *Baumbach/Lauterbach/Albers/Hartmann* § 414 Rn. 4.
143   *Baumbach/Lauterbach/Albers/Hartmann* § 414 Rn. 6.
144   OVG Münster NVwZ-RR 2008, 214.
145   *Baumbach/Lauterbach/Albers/Hartmann* § 414 Rn. 6.

nennung eines einzigen Sachverständigen beschränken kann (§ 404 ZPO). Ob es etwa ein weiteres Gutachten einholt, entscheidet das Gericht nach seinem Ermessen (§ 412 Abs. 1 ZPO).[146]

Der Beweisantrag, der auf die Vernehmung eines sachverständigen Zeugen gerichtet ist (§ 98 VwGO i.V.m. § 414 ZPO), muss neben der Behauptung von dessen besonderer Sachkunde einen substantiierten Vortrag darüber enthalten, welche kraft seiner besonderen Sachkunde wahrgenommenen Tatsachen er bekunden soll.[147] Zur Substantiierung kann es aber genügen, dass das Beweisthema im Beweisantrag hinreichend konkret umschrieben ist.[148]   149a

Auf den sachverständigen Zeugen finden damit insgesamt die Vorschriften über den Zeugenbeweis Anwendung (§ 98 VwGO i.V.m. § 414 ZPO).   150

Weitere *Abgrenzungs*schwierigkeiten entstehen *gegenüber* der beweismäßigen Verwertung *technischer Regelwerke* (wie etwa der TA-Luft, VDI-Richtlinien über Immissionsrichtwerte, TA-Lärm etc.). In den bereits angesprochenen Verfahren um die Genehmigung technischer Großanlagen entstand die Frage, welche Bedeutung solchen technischen Regelwerken im Verwaltungsprozess zukommt. Anfangs wurden solche Regelwerke als *antizipierte Sachverständigengutachten* bewertet,[149] wenn sie zu bestimmten Sachfragen von sachkundigen Gremien in einem förmlichen Verfahren erarbeitet wurden.[150] In dem Dilemma durch umfangreiche Beweiserhebung mittels Sachverständigenbeweis aufgeworfener Kostenprobleme einerseits und der adäquaten Reaktion auf rein prozesstaktisch bedingte – stetig wiederholte – Beweisanträge auf Einholung weiterer Sachverständigengutachten andererseits, erschien es als Königsweg, die genannten Regelwerke als antizipierte Sachverständigengutachten zu bewerten. Dabei lag die Attraktivität dieser Konstruktion in Folgendem: Anders als z.B. eine widerlegbare Vermutung konnte ein „antizipiertes Sachverständigengutachten" im Prozess beweisschaffende Wirkung haben. Der Richter konnte also die als „Gutachten" qualifizierte technische Festlegung seiner Entscheidung als nichtförmliches Beweismittel zugrunde legen, ohne zur Einholung eines weiteren, förmlichen Gutachtens verpflichtet zu sein.[151]   151

Im Ergebnis bedeutete dies, dass solche antizipierten Sachverständigengutachten wegen ihres (angenommenen) naturwissenschaftlichen fundierten fachlichen Aussagegehalts nicht nur die entscheidende Behörde, sondern auch die Entscheidung der kontrollierenden Gerichte weitgehend präjudizierten.[152]   152

Entgegen den Bindungswirkung bejahenden Stimmen im Schrifttum[153] hat sich nunmehr zu Recht die Auffassung durchgesetzt, dass solche Regelwerke i.R. der Beweiswürdigung zwar wertend mit einbezogen werden dürfen, dass aber eine – gleichsam automatische – Bindung des Richters an den Inhalt solcher Regelwerke ausscheidet.[154]   153

Schließlich sind Sachverständigengutachten noch von *Privatgutachten abzugrenzen*. Privatgutachten sind solche Gutachten, die nicht vom Gericht oder einer Behörde eingeholt worden sind,[155] sondern die sich ein Beteiligter bei einem von ihm ausgewählten Sachverständigen beschafft hat.[156] Es unterscheidet sich vom eigentlichen Sachverständigengutachten namentlich in der Art und in der Weise der Verwertung durch das Gericht. Privatgutachten werden primär als Vortrag des das Gutachten vorlegenden Beteiligten gewertet. Dies hat zur Folge, dass sie als dessen substantiierter und urkundlich belegter Vortrag beweismäßig vom Gericht frei zu würdigen sind.[157]   154

---

146 BVerwG 27.3.2013 – 10 B 34/12, juris Rn. 4; OVG Münster NVwZ-RR 2008, 214.
147 BVerwG Buchholz 310 § 98 VwGO Nr. 60; 19.12.2012 – 10 B 28/12, juris Rn. 4.
148 BVerwG Buchholz 310 § 98 VwGO Nr. 60; 19.12.2012 – 10 B 28/12, juris Rn. 4.
149 Grundlegend *R. Breuer*, DVBl 1978, 34 ff. sowie aus der Rspr. BVerwGE 55, 250 ff.
150 *P. Kothe*, in: Redeker/v. Oertzen § 98 Rn. 12 a.
151 So pointiert *A. Rittstieg*, NJW 1983, 1098 unter Bezugnahme auf die Ausführungen von *R. Breuer*, AöR 101 (1976), 46, 83 sowie *ders.*, DVBl 1978, 28, 35.
152 BVerwGE 55, 250, 256 spricht verhaltener von der prägenden Wirkung der Regelwerke.
153 Vgl. etwa *R. Breuer*, AöR 101 (1976), 46, 83; *dens.*, DVBl 1978, 28, 35; *F. Nicklisch*, NJW 1983, 841, 850; *H. Wagner*, BB 1982, 210, 215; aus neuerer Zeit *E. Kremser*, DÖV 1995, 275; krit. aber bereits *K. Vieweg*, NJW 1982, 2473, 2476.
154 Vgl. aus der Rspr. BVerwGE 88, 143 (LS 3); VGH München NVwZ 1996, 1031; aus dem Schrifttum: *P. Kothe*, in: Redeker/v. Oertzen § 98 Rn. 12 a; *A. Rittstieg*, NJW 1983, 1098, 1100; *C. Gusy*, NuR 1987, 156, 164; zur Frage der hinreichenden Legitimation solcher technischer Regelsetzungen *ders.*, NVwZ 1995, 105, 106 f.
155 *A. Wegner*, in: Brandt/Sachs O Rn. 248.
156 *Baumbach/Lauterbach/Albers/Hartmann* Übers. § 402 Rn. 21.
157 *Baumbach/Lauterbach/Albers/Hartmann* Übers. § 402 Rn. 21 m.w.N.

155   Verfahrensmäßig ergibt sich ein weiterer Unterschied dadurch, dass die für die vom Gericht eingeholten Gutachten geltenden Vorschriften der §§ 97, 98 VwGO i.V.m. § 411 Abs. 3 S. 1 ZPO, wonach das Gericht das Erscheinen des Sachverständigen anordnen kann, damit er sein Gutachten erläutere und die Beteiligten sachdienliche Fragen an ihn richten können, für Privatgutachten nicht gelten.[158]

156   Stehen die Ausführungen in einem Privatgutachten zu einem vom Gericht eingeholten Gutachten in deutlichem Widerspruch, so kann das Gericht nicht einfach von einem Vorrang des gerichtlich eingeholten Gutachtens ausgehen. Zwar mag ein solches Gutachten i.d.R. größere Distanz zum Gutachtenauftrag und mehr Neutralität zur Fragestellung aufweisen, doch rechtfertigt dies keine unkritische Übernahme der Bewertungsansätze des gerichtlichen Sachverständigengutachtens.[159]

157   Wird dem entgegen die Richtigkeit eines Privatgutachtens bestritten, so hat das Gericht regelmäßig einen anderen gerichtlichen Gutachter zu bestellen. Davon kann abgesehen werden, wenn das Beteiligtenvorbringen nach freier Überzeugung des Gerichts bereits vollen Beweis erbringt.[160] Es ist also auch nicht ausgeschlossen, dass Privatgutachten dem Gericht die erforderliche Sachkunde vermitteln und dann als Beweismittel dienen.[161]

158   **c) Pflichten und Haftung.**   Rechtliche Grundlagen der Tätigkeit des Sachverständigen sind neben den auch für einen durch ein VG bestellten Gutachter geltenden §§ 407, 407a ZPO[162] der dem Sachverständigen erteilte Auftrag, der bei einer Beauftragung durch das Gericht öffentlich-rechtlicher Natur ist.[163]

159   Grds. besteht keine Verpflichtung zur Erstellung eines Gutachtens. Etwas anderes gilt in den Fällen des § 407 Abs. 1 ZPO sowie dann, wenn sich die Person dem Gericht gegenüber im Einzelfall zur Erstattung eines Gutachtens bereit erklärt hat.[164] Konkrete Pflichten entstehen für den Sachverständigen damit i.d.R. erst durch die Übernahme des Auftrags.

160   Diese Grundsätze gelten auch für Behörden; auch sie sind nur dann zur Gutachtenerstellung verpflichtet, wenn gerade dies auch zu ihrem Aufgabenbereich gehört.[165]

161   An grds.en Anforderungen an einen Sachverständigen und seine Tätigkeit sind Sachkunde, Neutralität und Unabhängigkeit[166] sowie die Pflicht zur eigenverantwortlichen Erstellung und Erstattung des Gutachtens zu nennen.[167] Diese Grundkriterien, die von der Rspr. und Lit. in Anlehnung an punktuelle gesetzliche Hinweise und im Hinblick auf die Funktion des Sachverständigen entwickelt worden sind, gelten für einen gerichtlichen wie für einen außergerichtlichen Sachverständigen.[168]

162   Fehlt einem Sachverständigen die zur Gutachtenstellung erforderliche Sachkunde muss er dies dem Gericht von sich aus anzeigen (§ 98 VwGO i.V.m. § 407a ZPO).[169]

163   Wie bereits § 410 Abs. 1 S. 2 ZPO zeigt, wonach der Sachverständige versichert, dass er sein Gutachten unparteiisch und nach bestem Wissen und Gewissen erstatten werde oder erstattet habe, gehört die *Objektivität* und *Neutralität* zu den Kardinalpflichten des Sachverständigen.[170] Der Sachverständige darf sich also weder von einem Beteiligten noch von Dritten beeinflussen lassen. Insbes. ist es Sachverständigen untersagt, mit einem Beteiligten allein in Kontakt zu treten; in Zweifelsfällen ist eine Abstimmung mit dem Gericht geboten. Wird gegen das Gebot objektiver und neutraler Gutachtenerstellung und -erstattung verstoßen, führt dies zur Unverwertbarkeit des Sachverständigengutachtens (vgl. BVerwG NVwZ 1993, 572).

---

158   BVerwG Buchholz 310 § 98 VwGO Nr. 46 (S. 2 f.); vgl. auch BVerwG 31.1.2012 – 9 B 58.11, juris Rn. 4; BVerwG Buchholz 310 § 98 VwGO Nr. 64; VGH Mannheim 25.2.2013 – 2 S 2385/12, juris Rn. 19; zur Geltung des § 97 bei Tatsachenfeststellungen durch den Sachverständigen *F. E. Schnapp*, FS Menger, 1985, 557, 564 ff.; vgl. auch BVerwG 13.9.1999 – 6 B 61.99.

159   Vgl. BVerfG NJW 1997, 122, 123; BGH NJW 1998, 2735; *A. Wegner*, in: Brandt/Sachs O Rn. 248.

160   Rosenberg/Schwab/*Gottwald* § 121 Rn. 15.

161   *A. Wegner*, in: Brandt/Sachs O Rn. 248 m.w.N.

162   Zu deren Anwendbarkeit im Verwaltungsstreitverfahren *H. Geiger*, in: Eyermann § 98 Rn. 19.

163   Vgl. *G. Schlund*, in: Laufs/Kern, Handbuch des Arztrechts, ⁴2010, § 116 Rn. 10.

164   Vgl. *H. Geiger*, in: Eyermann § 98 Rn. 19.

165   Vgl. *H. Geiger*, in: Eyermann § 98 Rn. 19.

166   *F. Niklisch*, NJW 1981, 841, 847.

167   Vgl. *G. Schlund*, in: Laufs/Uhlenbruck, Arztrecht, ³2002, § 116 Rn. 15.

168   *F. Niklisch*, NJW 1981, 841, 847.

169   Vgl. BVerwG NVwZ 1993, 572

170   *G. Schlund*, in: Laufs/Uhlenbruck, Arztrecht, ³2002, § 122 Rn. 1.

Übernimmt ein Sachverständiger einen Auftrag, ist die *Tätigkeit* an seine *Person gebunden* (vgl. LSG 164
Essen NJW 1983, 360). Die eigenmächtige Übertragung auf einen anderen Sachverständigen oder etwa einen Assistenten ist dem Sachverständigen untersagt.[171] Deshalb darf der gerichtlich ernannte
Sachverständige bei der Vorbereitung und Abfassung seines schriftlichen Gutachtens Hilfspersonen
nur insoweit zu seiner Unterstützung heranziehen, als seine persönliche Verantwortung für das Gutachten gewahrt bleibt.[172] Mit den Pflichten eines öffentlich bestellten Sachverständigen ist es auch
nicht vereinbar, dass Gutachten von ihm vorunterzeichnet werden und die Eintragung der maßgeblichen Werte einer dritten Person unkontrolliert nachträglich überlassen wird (vgl. VG Karlsruhe
GewArch 1982, 156). Allerdings kann der Sachverständige einzelne Untersuchungen auch durch
Hilfskräfte durchführen lassen, wenn sich aus der Eigenart des Gutachtenauftrags nicht ergibt, dass
für bestimmte Untersuchungen die spezielle Sachkunde und Erfahrung des Sachverständigen benötigt
wird oder es auf seinen persönlichen Eindruck während der gesamten Untersuchung ankommt. Ihre
Grenze findet diese Mitwirkung anderer Personen darin, dass die volle persönliche Verantwortung des
vom Gericht ausgewählten Sachverständigen gewahrt bleiben muss.[173]

Ein Gutachten, das nicht in der bezeichneten Weise vom beauftragten Sachverständigen erstattet wur- 165
de, kann dann auch nicht ohne Weiteres als Urkunde verwertet werden (BSG NJW 1968, 223). Jedenfalls darf eine solche Verwertung nicht zur Umgehung der Vorschriften über den selbständigen Sachverständigenbeweis führen, indem das Gutachten unter Missachtung der begrenzten Beweiskraft einer
Urkunde nicht als Urkunde, sondern uneingeschränkt und ohne Weiteres wie ein Gutachten i.S.d.
§§ 402 ff. ZPO gewertet wird (so BSG NJW 1985, 1422, 1423).

Entstehen bei der Gutachtenerstellung *Unklarheiten* oder *Zweifel* über die Aufgabenstellung etc. muss 166
der Sachverständige die *Abstimmung mit* dem *Gericht* suchen. Es ist dann Sache des Gerichts, ggf.
nach einer Beweisaufnahme, dem heranzuziehenden Sachverständigen vorzugeben, von welchem konkreten Sachverhalt er bei seiner Begutachtung auszugehen hat (vgl. BGH NJW-RR 1996, 345).

So kann ein Sachverständiger vom Gericht etwa auch ermächtigt werden, die für die Erstattung seines 167
Gutachtens erforderlichen Anknüpfungstatsachen z.B. durch Einsicht in behördliche Unterlagen selbst
zu beschaffen.[174] Ohne eine solche enge Abstimmung liefe der Sachverständige Gefahr, unbeabsichtigt
seine Kompetenzen zu überschreiten und damit entweder seinen Vergütungsanspruch zu gefährden
(vgl. OVG Schleswig 27.1.1998 – 2 P 1/98) oder sich gar einem etwaigen Schadensersatzanspruch auszusetzen (vgl. OLG Brandenburg BauR 1996, 432).

Die sachgerechte Zuordnung des *Haftungsrisikos* ist bei der Beauftragung von Sachverständigen *nicht* 168
unumstr. Vertragliche Ansprüche werden als ausgeschlossen angesehen, weil die Beziehung zwischen
Gericht und Sachverständigen öffentlich-rechtlicher Natur sei. Deshalb bleibe die Haftung des gerichtlich bestellten Sachverständigen auf unerlaubte Handlungen i.S.v. §§ 823 ff. BGB begrenzt.[175] Nachdem der BGH insoweit zunächst für eine völlige Freistellung des gerichtlich bestellten Sachverständigen von der Haftung eingetreten war (BGH NJW 1974, 312), oblag es dem BVerfG festzuhalten, dass
jedenfalls eine Haftungsfreistellung bei grober Fahrlässigkeit mit den Grundrechten des von den Gutachten Betroffenen nicht vereinbar sei (BVerfG NJW 1979, 305).

Die Bejahung einer Haftung des Sachverständigen auch bei leichter Fahrlässigkeit scheiterte in der an- 169
gesprochenen Entscheidung des BVerfG an der prozessualen Sondersituation eines Pattes, die gem.
§ 15 Abs. 4 S. 3 BVerfGG dazu führt, dass eine Verfassungsverletzung nicht festgestellt werden kann.
Die Diskussion darüber dürfte mit der expliziten Klarstellung in § 839 a BGB abgeschlossen sein.[176]

Da der vom Gericht beauftragte Sachverständige – wie bereits erörtert – nach ganz überwiegender 169a
Meinung nicht im Rahmen eines Dienst- oder Werkvertrages handelt, sondern er seine Tätigkeit als
Gehilfe des Gerichts in Erfüllung einer staatsbürgerlichen Pflicht erbringt, sind auch die zivilrechtli-
chen Regelungen über Leistungsstörungen oder Mängelhaftung hierauf nicht anwendbar.[177] Daraus

---

171 Vgl. LSG Essen NZS 1997, 200; vgl. auch *K. Wellmann*, Sachverständige, 2004, 19.
172 BVerwG NVwZ 1993, 771, 772; BSG NJW 1985, 1422; BVerwG 24.11.2015 – 2 B 37/15; ebenso *H. Plagemann*,
     NJW 1992, 400, 401.
173 BVerwG 24.11.2015 – 2 B 37.15, BeckRS 2016, 40574, Rn. 5.
174 Nach OLG München ZfS 1994, 9 gilt dies sowohl im Beweisverfahren als auch im selbständigen Beweisverfahren.
175 Vgl. *G. Schlund*, in: Laufs/Kern, Handbuch des Arztrechts, ⁴2010, § 125 Rn. 3, 16 f.
176 *G. Schlund*, in: Laufs/Kern, Handbuch des Arztrechts, ⁴2010, § 125 Rn. 16 f.
177 VGH BW 27.8.2012 – 2 S 1538/12, juris Rn. 4.

folgt, dass sachliche Richtigkeit und Überzeugungskraft eines Sachverständigengutachtens kein Maßstab für die Höhe der dem Sachverständigen zu gewährenden Entschädigung ist, sondern es lediglich darauf ankommt, dass die Leistung überhaupt erbracht wurde, nicht dagegen darauf, wie Gericht oder Verfahrensbeteiligte das Gutachten inhaltlich beurteilen.[178] Ein Entschädigungsanspruch besteht ausnahmsweise nur dann nicht, wenn das Gutachten wegen objektiv feststellbarer Mängel unverwertbar ist und der Sachverständige darüber hinaus die Unverwertbarkeit verschuldet hat, wobei ihm zumindest grobe Fahrlässigkeit anzulasten sein muss.[179]

170   **d) Gutachtenverweigerungsrechte.** Ein Sachverständiger darf sein Gutachten aus denselben Gründen verweigern, aus denen einem Zeugen ein Zeugnisverweigerungsrecht zusteht (§ 408 Abs. 1 S. 1 ZPO i.V.m. §§ 383, 384 ZPO; zum Zeugnisverweigerungsrecht → Rn. 106 ff.).[180]

171   Richter, Beamte und andere öffentliche Bedienstete dürfen nicht als Sachverständige vernommen werden, wenn sie eine Bescheinigung ihrer vorgesetzten Behörde (der Bundes- oder Landesregierung) vorlegen, dass ihre Vernehmung den dienstlichen Interessen nachteilig sein würde (§ 408 Abs. 2 ZPO, § 62 BBG, § 39 BRRG).[181]

172   Fehlt es an einer ordnungsgemäßen Ernennung zum Sachverständigen, steht dem Sachverständigen ebenfalls ein Weigerungsrecht zu, das auch nicht über die Zwangsmittel des § 409 ZPO überwunden werden darf (vgl. LSG Essen NJW 1983, 360).

173   **e) Befangenheit.** Aufgrund der Nähe zur Richterstellung (→ § 96 Rn. 39) und um eine unparteiische Gutachtenerstattung zu gewährleisten, kann ein Sachverständiger aus denselben Gründen abgelehnt werden wie ein Richter (§ 98 VwGO i.V.m. §§ 406, 41 f. ZPO, 54 Abs. 1 VwGO).[182] Die Verweisung auf die ZPO hat zur Folge, dass die Sachverständigenablehnung nach den Kriterien beurteilt werden darf, die von der zivilprozessualen Rspr. und Lit. entwickelt worden sind.[183] Hinzu kommen noch die spezifischen Tatbestände, die nach § 54 Abs. 2 und 3 den Ausschluss bzw. die Ablehnung eines Richters im Verwaltungsprozess begründen und die auch auf Sachverständige Anwendung finden (zur Anwendung des § 54 auf Sachverständige → § 54 Rn. 132).[184] Es kommt nicht darauf an, ob der Sachverständige tatsächlich befangen ist. Genügend, aber auch notwendig ist es, dass vom Standpunkt des Beteiligten aus gesehen hinreichende objektive Gründe vorliegen, die bei vernünftiger Würdigung aller Umstände Anlass geben, an der Unparteilichkeit, Unvoreingenommenheit und Unbefangenheit zu zweifeln.[185]

173a Gründe für ein Misstrauen gegen die Unparteilichkeit eines Sachverständigen werden von der Rspr. dann als gegeben erachtet, wenn ein besonnener Beteiligter von seinem Standpunkt bei vernünftiger, objektiver Betrachtung davon ausgehen darf, der Sachverständige werde sein Gutachten nicht unvoreingenommen erstatten.[186] Ein solches Misstrauen liegt desto näher, je enger ein Sachverständiger mit einem Beteiligten verbunden ist. Dauerhaften Beschäftigungsverhältnissen, etwa bei einem Rechtsträger eines Beteiligten, oder anderen nicht unbeträchtlichen Interessenbeziehungen des Sachverständigen zu einem Beteiligten kommt daher entscheidendes Gewicht bei der Frage seiner Befangenheit zu.[187] Ebenso kann das Verhalten des Sachverständigen vor oder während des Prozesses von erheblicher Bedeutung sein, etwa wenn daraus auf eine vorzeitige Festlegung in der Sache oder Ressentiments gegenüber einem Beteiligten geschlossen werden kann.[188]

174   Besteht bei einem Beteiligten der Verdacht, der Sachverständige könne befangen sein, sind hinsichtlich der *Frist*, innerhalb derer ein Ablehnungsgrund geltend zu machen ist, verschiedene Fallkonstellationen auseinander zu halten.

---

178 VGH BW 27.8.2012 – 2 S 1538/12, juris Rn. 4.
179 VGH BW 27.8.2012 – 2 S 1538/12, juris Rn. 4.
180 Nach § 408 Abs. 1 S. 2 ZPO kann ein Sachverständiger auch aus sonstigen Gründen vom Gericht nach dessen Ermessen von der Verpflichtung zur Gutachtenerstellung entbunden werden.
181 Verfassungsrechtliche Bedenken gegen diese Vorschriften bestehen nicht: BVerfGE 57, 250, 284; BVerwGE 66, 39, 41.
182 Vgl. BVerwG NJW 1984, 2055; VGH Mannheim NVwZ-RR 1998, 689, 690.
183 Dazu *K. Müller*, Sachverständige, 1978, 105 ff.
184 *W. Skouris*, AöR 107 (1982), 215, 237.
185 OVG Münster 13.8.2014 – 6 E 787/14, BeckRS 2014, 54979, Rn. 2.
186 BayVGH 22.8.2012 – 22 C 12.770, juris Rn. 12; OVG Bln-Bbg 17.2.2015 – OVG 5 L 60.14, BeckRS 2015, 42405.
187 BVerwG DVBl 1999, 470; BayVGH 22.8.2012 – 22 C 12.770, juris Rn. 12.
188 BayVGH 22.8.2012 – 22 C 12.770, juris Rn. 12 m.w.N.

Die Grundsatzbestimmung findet sich in § 406 Abs. 2 S. 1 ZPO. Danach muss der Ablehnungsantrag 175 *vor der Vernehmung* des Sachverständigen gestellt werden, spätestens jedoch zwei Wochen nach Verkündung oder Zustellung des Beschlusses über die Ernennung.[189] Die formlose Mitteilung der Ernennung genügt für die Ingangsetzung der Frist.[190] Der Ablehnungsantrag ist erst nach der Ernennung des Sachverständigen zulässig.[191] Die Ablehnung eines Sachverständigen, der noch nicht ernannt, aber vom Gericht vorsorglich gem. § 87 Abs. 1 Nr. 6 zur mündlichen Verhandlung geladen wurde, ist ebenfalls unzulässig (VGH Mannheim VBlBW 1998, 56).

Nach dem Beginn *der Vernehmung* oder nach dem Ablauf der Zweiwochenfrist ist die Ablehnung nur 176 noch zulässig, wenn der Beteiligte i.S.v. § 173 VwGO i.V.m. § 294 ZPO glaubhaft machen kann, dass er den Beteiligten nicht früher ablehnen konnte.[192] Dies kommt insbes. dann in Betracht, wenn gerade erst das Gutachten den Befangenheitsgrund aufweist.[193] Auch in diesem Fall wird dem Antragsteller eine angemessene Überlegungs- und Entscheidungsfrist eingeräumt. Aber auch diese Frist, ist wegen des Zusammenhangs zu § 406 Abs. 2 S. 1 ZPO auf zwei Wochen begrenzt.[194]

Über ein Ablehnungsgesuch, das in diesem Fall unverzüglich, also ohne schuldhaftes Zögern (§ 121 177 BGB) nach Zugang des Gutachtens zu stellen ist (VGH Kassel NVwZ 2000, 211 f.), muss durch Beschluss entschieden werden; solange das nicht geschehen ist, darf das Gericht das Sachverständigengutachten bei der Urteilsfindung nicht verwerten (BFH BStBl II 1987, 501).

Gegen den Beschluss, durch den die Ablehnung eines Sachverständigen für unbegründet erklärt wird, 178 ist die *Beschwerde* gegeben.[195] § 146 Abs. 2 gilt für den Sachverständigen, der keine Gerichtsperson ist, nicht (vgl. dazu VGH Mannheim VBlBW 1998, 56).

Gründe für ein Misstrauen gegen die Unparteilichkeit eines Sachverständigen sind dann gegeben, 179 wenn ein Beteiligter von seinem Standpunkt aus bei vernünftiger und objektiver Betrachtung davon ausgehen kann, der Sachverständige werde sein Gutachten nicht unvoreingenommen erstatten.[196] Aufgrund dieses *verobjektivierten Maßstabes* reicht die rein subjektive Besorgnis der Befangenheit, für die bei Würdigung der Tatsachen vernünftigerweise kein Grund ersichtlich ist, zur Ablehnung des Sachverständigen nicht aus.[197]

Im Verwaltungsrechtsstreit kann ein Sachverständiger aber nicht schon deshalb nach § 406 Abs. 1 S. 1 180 ZPO i.V.m. § 42 Abs. 1 ZPO, § 54 Abs. 2 VwGO wegen Befangenheit abgelehnt werden, weil er bereits im vorausgehenden Verwaltungsverfahren eine gutachtliche Stellungnahme abgegeben hat.[198] Dies gilt auch dann, wenn der Sachverständige als Bediensteter demselben Rechtsträger wie die am Rechtsstreit beteiligte Behörde angehört (so BVerwG NJW 1998, 2234; Buchholz 310 § 98 VwGO Nr. 40 [S. 14 f.]).

Anders ist i.d.R. wiederum zu entscheiden, wenn der Sachverständige nicht lediglich dem gleichen 181 Rechtsträger, sondern gar der bescheiderteilenden Behörde angehört. Ein solches „Näheverhältnis" zwischen Sachverständigem und Beteiligtem rechtfertigt i.d.R. eine Ablehnung wegen Befangenheit (so klarstellend BVerwG NJW 1999, 965).

Ein solches die Besorgnis der Befangenheit begründendes „Näheverhältnis" ergibt sich aber nicht aus 182 jedem (zivilrechtlichen) Anstellungs- oder Arbeitsverhältnis. So ist nach der Rspr. des BVerwG etwa in einem Musterungsstreit die Ablehnung eines medizinischen Sachverständigen wegen Besorgnis der Befangenheit nicht deswegen begründet, weil der Sachverständige als Soldat in einem Bundeswehrkrankenhaus ärztlich tätig ist (vgl. BVerwG NVwZ-RR 1992, 311). Ein in dem genannten Sinne inkrimi-

---

189 BVerwG Buchholz 310 § 98 VwGO Nr. 95.
190 BVerwG Buchholz 310 § 98 VwGO Nr. 95.
191 *Baumbach/Lauterbach/Albers/Hartmann* § 406 Rn. 21; *E. Schneider*, MDR 1975, 353.
192 *Baumbach/Lauterbach/Albers/Hartmann* § 406 Rn. 23 m.w.N.
193 *H. Geiger*, in: Eyermann § 98 Rn. 18.
194 VGH München 6.5.2016 – 3 ZB 15.924, BeckRS 2016, 46003, Rn. 19.
195 So VGH Mannheim VBlBW 1998, 56; vgl. auch *R. Seer*, in: Tipke/Kruse § 82 FGO Rn. 67 zur finanzgerichtlichen Rechtslage.
196 BVerwG DÖV 1999, 342; Buchholz 310 § 98 VwGO Nr. 17; *H. Lang*, in: Diering/Timme, SGB X, ⁴2016, § 17 Rn. 4 *R. Rudisile*, in: Schoch/Schneider/Bier § 98 Rn. 139.
197 BVerwG Buchholz 310 § 98 VwGO Nr. 13; Buchholz 310 § 98 VwGO Nr. 40 (S. 14 f.). Vgl. auch BVerwG 14.7.1998 – 6 B 53/98.
198 BVerwG NJW 1999, 965. § 54 Abs. 2 ist nicht entsprechend auf den Dolmetscher übertragbar, so VG Köln NJW 1986, 2207.

niertes Näheverhältnis ergibt sich auch nicht bereits aus einem arbeitsrechtlichen Kollegialverhältnis (vgl. EGMR NJW 1992, 3085).

183   Die Besorgnis der Befangenheit kann sich andererseits auch dann ergeben, wenn der Sachverständige zwar formal nicht der beklagten Behörde angehört, als Bediensteter einer mit Überwachungsaufgaben betrauten Sonderbehörde der für die Entscheidung zuständigen Behörde bei der Abfassung der Entscheidung aber „die Feder (ge)führt" hat (VGH Mannheim NVwZ-RR 1998, 689, 690). Auch aus Sicht einer verständigen Partei ist in einer solchen Konstellation der Verdacht nicht von der Hand zu weisen, dass der betreffende Beamte nicht als Sachverständiger fungieren, sondern gleichsam in amtlicher Eigenschaft Auskunft geben soll (BVerwG Buchholz 310 § 99 VwGO Nr. 20). Damit sind die Voraussetzungen der Besorgnis der Befangenheit im Sinne der § 98 VwGO i.V.m. §§ 406 Abs. 1 S. 1, 42 Abs. 2 ZPO erfüllt.

184   Die *Ablehnung* eines gerichtlich bestellten Sachverständigen wegen Besorgnis der Befangenheit ist regelmäßig auch dann begründet, *wenn* der Sachverständige, sei es auch mit Zustimmung der ablehnenden Partei, für die andere Partei bereits als *Privatgutachter tätig* geworden ist. Die Vernehmung als sachverständiger Zeuge ist hiervon nicht berührt (OLG Oldenburg NdsRPfl 1997, 29). Es ist demnach keine zwingende Folge der Ablehnung des Sachverständigen, dass auf seine Wahrnehmung nicht mehr zurückgegriffen werden darf.[199]

185   Weitere Ablehnungsgründe stellen z.B. *wirtschaftliche Abhängigkeit* des Sachverständigen von einem Prozessbeteiligten oder auch *ständige Geschäftsbeziehungen* zwischen Gutachter und einem Beteiligten dar.[200]

186   Auch das *Verhalten* eines Sachverständigen *im Rahmen der Gutachtenerstellung* kann die Besorgnis der Befangenheit begründen. Dies gilt freilich nicht, wenn das Verhalten – sei es einem Beteiligten auch unerwünscht – zur sachgerechten Erstattung des Gutachtens ggf. in Abstimmung mit dem Gericht erforderlich ist. So rechtfertigt es nicht die Besorgnis der Befangenheit, wenn ein Sachverständiger, der damit beauftragt ist, ein Gutachten zu dem Umfang der von dem Gewerbebetrieb des Beklagten ausgehenden Lärmbeeinträchtigung zu erstellen, das Gericht um die Erlaubnis bittet, die erforderlichen schalltechnischen Messungen ohne eine vorherige Information des Beklagten durchführen zu dürfen (OLG Saarbrücken MDR 1998, 492).

187   Fehlt es an einer solchen Abstimmung mit dem Gericht und stimmt der Sachverständige sein Verhalten (nur) mit einer Behörde ab, kommt eine auf einem Verhalten des Sachverständigen bei der Gutachtenerstellung beruhende Befangenheit nicht in Betracht, wenn der „Fehler" aus dem Verantwortungsbereich der Behörde rührt. Deshalb rechtfertigt es auch nicht die Annahme der Besorgnis der Befangenheit eines Sachverständigen, dass die Behörde mit der vollstreckbaren Anordnung, dem Sachverständigen das ungehinderte Betreten der Anlage zu ermöglichen und ihn bei seiner Tätigkeit zu unterstützen, die Grenzen des ihr zustehenden Ermessens überschritten hat (VGH Kassel NVwZ 1992, 391).

188   Des Weiteren kann sich die Besorgnis der Befangenheit aus der *Erstellung früherer Gutachten* herleiten, wenn der Sachverständige für eine andere Partei in einem den gleichen Gegenstand betreffenden Gutachten zuvor gegenteilige Aussagen getroffen hat (OVG Lüneburg RdE 1995, 116).

189   Wird ein Sachverständiger mit Erfolg wegen Befangenheit abgelehnt, so verliert er seinen Entschädigungsanspruch nur, wenn er seine Befangenheit vorsätzlich oder grob fahrlässig herbeigeführt hat (vgl. VGH Mannheim VBlBW 1984, 415). Eine andere Frage ist, ob der Gutachtenauftraggeber dem Prozessgegner die Kosten der Gutachtenerstellung zu ersetzen hat, wenn der Gutachter der Besorgnis der Befangenheit unterliegt (von OVG Lüneburg RdE 1995, 116 verneint).

190   Ein mit Erfolg (nachträglich) wegen Besorgnis der *Befangenheit* abgelehnter Gutachter darf nicht weiter tätig werden; das Gericht muss die vor der Ablehnung getätigten *Äußerungen* bei seiner Entscheidung *außer Betracht* lassen (vgl. BVerwG NJW 1985, 757). Wird das Gutachten gleichwohl verwertet, ist die gerichtliche Entscheidung nicht rechtsmittelsicher.[201]

191   Die *Entscheidung über* den *Ablehnungsantrag* darf sich – außer bei einem entsprechenden Einverständnis der Beteiligten – nicht erst (konkludent) aus der Endentscheidung ergeben (vgl. BSG MDR 1996, 94).

---

199   *G. Fezer*, JR 1990, 397.
200   *H. Geiger*, in: Eyermann § 98 Rn. 17.
201   *H. Geiger*, in: Eyermann § 98 Rn. 18.

f) Verfahren. Grds. bestimmt das Gericht nach seinem *Ermessen*, ob es seine eigene Sachkunde[202] für ausreichend hält oder ob es einen Sachverständigen hören will.[203] 192

Grenzen ergeben sich dabei allerdings dadurch, dass das Gericht sich keine ihm unmöglich zur Verfügung stehende Sachkunde zuschreiben darf.[204] Auch ist in solchen Fallkonstellationen die gerichtliche Entscheidung nicht rechtsmittelsicher, wenn die Entscheidung auf *mangelnde Sachkunde* schließen lässt.[205] 193

Entscheidet sich das Gericht für das Vorliegen eigener Sachkunde, muss es auch darlegen, woraus diese besondere Sachkunde erwächst.[206] Diese Kenntnis ist den Beteiligten mitzuteilen und in den Urteilsgründen entsprechend darzulegen.[207] 194

Es kann sich daher auch, ohne seine Aufklärungspflicht zu verletzen, auf ein Gutachten stützen, das eine Behörde im Verwaltungsverfahren eingeholt hat.[208] 195

Entscheidet das Gericht ein Sachverständigengutachten einzuholen, so leitet es die Tätigkeit des Sachverständigen nach § 98 VwGO i.V.m § 404 a ZPO. So muss das Gericht bei einem medizinischen Gutachten dem Gutachter sämtliche Anknüpfungstatsachen, insbes. Krankenunterlagen oder Stellungnahmen der behandelnden Ärzte, übermitteln und ihn anhalten, sich mit diesen fachkundigen Stellungnahmen auseinanderzusetzen.[209] 195a

Beantragt ein Beteiligter die Einholung eines Sachverständigengutachtens, reicht nach § 98 VwGO i.V.m. § 403 ZPO – anders als bei der in substantiierter Form vorzunehmenden Bezeichnung der Tatsachen, die ein Zeuge bekunden soll (§ 98 VwGO i.V.m. § 373 ZPO) – eine lediglich *summarische Bezeichnung* der zu begutachtenden Punkte aus, d.h. es genügt, wenn das Begehren in Umrissen Inhalt und Ziel der vom Gutachter zu beantwortenden Fragen hervortreten lässt (BVerwG NJW 1987, 970, 971). 196

Regelmäßig ist das Gericht *verpflichtet*, dem *Antrag* eines Beteiligten auf Anordnung des persönlichen Erscheinens des Gutachters *zu entsprechen*, um dem Beteiligten Fragen zu ermöglichen und die Erläuterung des Gutachtens durch den Sachverständigen zu ermöglichen.[210] Dies gilt auch, wenn der Antrag vor der mündlichen Verhandlung gestellt wird (vgl. BFH BStBl II 1970, 460, 461), er ist umgekehrt in der letzten Verhandlung über das Gutachten rechtzeitig gestellt.[211] 197

Die Regelung in §§ 97, 98 VwGO i.V.m. § 411 Abs. 3 ZPO bezieht sich dabei allerdings nicht auf Gutachter, die von Privaten vorgelegte Privatgutachten erstellt haben (BVerwG Buchholz 310 § 98 VwGO Nr. 46). 198

Der Beteiligte, der die mündliche Erläuterung des gerichtlich eingeholten Sachverständigengutachtens beantragt, muss die aus seiner Sicht erläuterungsbedürftigen Punkte vorab hinreichend konkret bezeichnen (BVerwG NJW 1986, 3221; 1996, 2318). Andernfalls liegt kein zulässiger Beweisantrag vor (VGH Kassel NVwZ 1999, Beilage 3, 23). 199

Ein unter Beachtung dieser Vorgaben gestellter *Beweisantrag* auf Einholung eines weiteren Sachverständigengutachtens kann zunächst aus den im Verwaltungsprozess entsprechend geltenden Gründen des § 244 Abs. 3 S. 2 StPO *abgelehnt* werden.[212] 200

Daneben rechtfertigen § 98 VwGO i.V.m. § 412 ZPO die Ablehnung eines Beweisantrages, der auf eine neue Begutachtung gerichtet ist, wenn dem Gericht Erkenntnisse aus Sachverständigengutachten 201

---

202 Vgl. BGH MDR 1961, 784; Rosenberg/Schwab/*Gottwald* § 121 Rn. 19.
203 BVerwG Buchholz 310 § 98 VwGO Nr. 41 (S. 16); Buchholz 402.242 § 60 Abs. 2 ff AufenthG Nr. 11 m.w.N.; VGH Kassel DVBl 1996, 763; vgl. auch BVerfGE 54, 87, 93.
204 BVerwG 25.3.2009 – 4 B 63.08, juris Rn. 24; BVerwG 30.6.2008 – 5 B 198.07, Buchholz 310 § 98 VwGO, Nr. 98, Rn. 4.
205 BVerwG NJW 1984, 2646; Buchholz 402.24 § 10 AuslG Nr. 127; Buchholz 310 § 86 Abs. 1 VwGO Nr. 270.
206 BVerwG 28.1.2015 – 2 B 15/14; OVG NRW 7.11.2017 – 14 A 2295/17.A, juris Rn. 22.
207 BVerwG Buchholz 310 § 86 Abs. 1 VwGO Nr. 270.
208 Vgl. BVerwG 69, 71, 73; A. Wegner, in: Brandt/Sachs O Rn. 180.
209 BVerwG 20.3.2014 – 2 B 59/12.
210 BVerwGE 69, 70, 77; BVerwG Buchholz 310 § 98 VwGO Nr. 34; Buchholz 310 § 98 VwGO Nr. 46; Buchholz 310 § 98 VwGO Nr. 95; VGH Kassel InfAuslR 1997, 133, 134; dazu auch § 97 Rn. 11. Nach VGH Mannheim VBlBW 1998, 148 soll diese Regelung keine Anwendung auf die Beiziehung und Verwertung der bei Gericht vorhandenen – nicht verfahrensbezogen erhobenen – Gutachten in Asylsachen finden.
211 Vgl. BVerwG NVwZ-RR 1990, 446 sowie *Baumbach/Lauterbach/Albers/Hartmann* § 411 Rn. 12; zur Anwendung des § 411 im Verwaltungsstreitverfahren vgl. BVerwG DÖV 1988, 222; NVwZ-RR 1990, 446; NJW 1996, 2318.
212 VGH Kassel NVwZ 1999, Beilage 3, 23; vgl. etwa BVerwG Buchholz 310 § 98 VwGO Nr. 46 (S. 4).

vorliegen, die in anderen Verfahren gewonnen worden sind und urkundsbeweislich verwertet werden sollen.[213] Entsprechendes soll auch für ein von einem Beteiligten vorgelegtes Privatgutachten gelten, wenn das Gericht aufgrund des durch dieses Gutachten substantiierten Parteivortrags ohne Rechtsfehler zu einer zuverlässigen Beantwortung einer Beweisfrage gelangen kann.[214]

202   Dies gilt freilich nicht, wenn die Ausführungen eines in einem anderen Verfahren erstatteten Gutachtens, das der Richter urkundenbeweislich verwerten kann, nicht ausreichen, um die von der Partei dazu gestellten aufklärungsbedürftigen Fragen zu beantworten. In diesem Fall muss das Gericht einen Sachverständigen hinzuziehen und eine schriftliche oder mündliche Begutachtung anordnen (vgl. BGH NJW 1995, 1294).

203   Einzelheiten hinsichtlich der Beeidigung von Sachverständigen ergeben sich aus dem über § 98 anwendbaren § 410 ZPO.

204   I.d.R. erfolgt die *Vernehmung der Sachverständigen* indes uneidlich (§§ 391, 402 ZPO). Ist ausnahmsweise die Beeidigung geboten, richtet sich das Verfahren nach den §§ 478 ff. ZPO,[215] sodass insbes. die Eidesleistung in Person erfolgen muss. Die Versicherung eines nach § 74 a Abs. 5 ZVG bestellten Sachverständigen, seine Schätzung „nach bestem Wissen und Gewissen" abgegeben zu haben, wird nicht schon dadurch eidlich bekräftigt (§ 410 Abs. 2 ZPO, § 163 StGB), dass der Sachverständige seinem Gutachten einen Stempelaufdruck mit dem Hinweis auf seine öffentliche Bestellung und Vereidigung beifügt (OLG Oldenburg VersR 1989, 108). Weigert sich ein Sachverständiger, sein schriftliches Gutachten durch Abgabe einer eidesstattlichen Versicherung nach § 410 Abs. 1 S. 2 ZPO oder durch Bezugnahme auf seinen allgemein geleisteten Eid zu bekräftigen, so kann er lediglich zu einem entsprechenden Gerichtstermin geladen werden. Eine unmittelbare Sanktion in Form eines Ordnungsgelds nach § 409 Abs. 1 S. 2 ZPO ist nicht möglich (LG Frankfurt NJW-RR 1989, 574). Zur Anordnung des Erscheinens eines gerichtlich bestellten Sachverständigen in der mündlichen Verhandlung zur Erläuterung seines schriftlichen Gutachtens ist das Gericht i.d.R. erst verpflichtet, wenn ein Verfahrensbeteiligter dies beantragt, weil er dem Sachverständigen Fragen stellen will. Hierfür genügt es, dass der Verfahrensbeteiligte, ohne konkrete Fragen zu formulieren, die allgemeine Richtung der weiteren Aufklärung angibt. Von der Ladung des Sachverständigen kann das Gericht hingegen absehen, wenn ausgeschlossen ist, dass die Befragung des Sachverständigen Sachdienliches erbringen könnte.[216]

205   Grds. steht gem. § 98 VwGO i.V.m. §§ 404, 412 ZPO auch die Entscheidung darüber, *ob* ein – *weiteres* – *Gutachten* eingeholt werden soll, i.R. der freien Beweiswürdigung (§ 108 Abs. 1 VwGO) im *Ermessen* des Tatsachengerichts.[217]

206   Dieses Ermessen wird nur dann *verfahrensfehlerhaft* ausgeübt, *wenn* das Gericht von der Einholung eines – weiteren – Gutachtens oder eines Obergutachtens absieht, obwohl die Notwendigkeit dieser weiteren Beweiserhebung sich ihm hätte *aufdrängen* müssen, insbes. weil das bereits vorliegende Sachverständigengutachten nicht geeignet ist, dem Gericht die für die richterliche Überzeugungsbildung notwendigen sachlichen Grundlagen zu vermitteln und ihm dadurch die Bildung der für die Entscheidung notwendigen Überzeugung zu ermöglichen.[218] Hierfür reicht es nicht aus, dass ein Beteiligter das Gutachten für unzureichend erachtet (BVerwG Buchholz 310 § 98 VwGO Nr. 48 [S. 6]).

207   Reicht demgegenüber ein bereits eingeholtes Gutachten aus, um das Gericht in die Lage zu versetzen, die entscheidungserheblichen Fragen sachkundig beurteilen zu können, ist die Einholung eines weiteren Gutachtens oder Obergutachtens weder notwendig noch veranlasst.[219] Dieses gilt, wenn das Ge-

---

213   Vgl. OVG Münster NVwZ-RR 1996, 127; ebenso VGH Mannheim 18.3.1994 – A 16 S 888/93.

214   VGH München 15.7.2008 – 1 N 07.2713, 1 N 07.2917, 1 N 07.2963; dagegen wohl *H. Geiger,* in: Eyermann § 98 Rn. 22, wonach ein Privatgutachten regelmäßig nicht zur Entscheidungsgrundlage gemacht werden könne.

215   *Baumbach/Lauterbach/Albers/Hartmann* § 410 Rn. 5.

216   OVG Münster 27.1.2016 – 15 A 503/15, BeckRS 2016, 43118, Rn. 10.

217   BVerwG NJW 1984, 2962; 1986, 3154, 3156; NVwZ 1996, 1010, 1011 sowie BVerwG NVwZ 1999, 654, 656; NVwZ-RR 2013, 115, 118; BVerwG 28.3.2013 – 4 B 15/12, juris Rn. 19; BVerwG 6.11.2014 – 2 B 97/13; *K.-J. Stumpe,* VBlBW 1995, 174, 173.

218   Vgl. BVerwG NJW 1993, 1284; Buchholz 451.45 § 1 HandwO Nr. 14 (S. 1, 2) sowie Buchholz 232 § 139 BBG Nr. 9 (S. 1, 6 f.) jeweils m.w.N.; Buchholz 310 § 98 VwGO Nr. 9; Buchholz 310 § 98 VwGO Nr. 48; Buchholz 310 § 98 VwGO Nr. 31; NVwZ-RR 2013, 115, 118; BVerwG 25.2.2013 – 2 B 57/12, juris Rn. 5; 28.3.2013 – 4 B 15/12, juris Rn. 19; VGH München 15.7.2008 – 1 N 07.2713, 1 N 07.2917, 1 N 07.2963; VG Gelsenkirchen 16.2.2007 – 19 K 1739/05; BVerwG 15. 7.2015 – 7 B 23/14; VGH München 11.11.2016 – 3 ZB 15.940, BeckRS 2016, 54903, Rn. 7.

219   Vgl. BVerwG Buchholz 310 § 86 Abs. 2 VwGO Nr. 12 (S. 2, 4); Buchholz 310 § 98 VwGO Nr. 25 (S. 5).

richt auch tatsächlich ein (erstes) Gutachten im Wege des Sachverständigenbeweises verwertet hat. Fanden gutachtliche Stellungnahmen im Wege des Urkundenbeweises Eingang in das Verfahren, finden die §§ 402 ff. ZPO keine Anwendung.[220] Das Gericht ist dann gehindert, einen Beweisantrag auf Einholung eines Sachverständigengutachtens unter Berufung auf das hinsichtlich der Einholung weiterer Gutachten anerkannte Ermessen abzulehnen (BVerfG (K) BayVBl 1994, 143, 144).

Wann sich im o. a. Sinne die Einholung eines weiteren Gutachtens aufdrängt, haben Rspr. und Lit. anhand von Fallgruppen herausgearbeitet.   208

Danach kommt eine *Verpflichtung* zur Einholung eines *weiteren Gutachtens* namentlich in den folgenden Fällen in Betracht, wenn (vgl. BVerwG Buchholz 310 § 98 VwGO Nr. 43):[221]   209

1. das vorgelegte Gutachten unvollständig, widersprüchlich oder aus anderen Gründen nicht überzeugend ist (BVerwGE 31, 149, 156; 71, 38, 45; 82, 76, 90),
2. das Gutachten von unzutreffenden tatsächlichen Voraussetzungen ausgeht (BVerwG 35, 50),
3. der Sachverständige erkennbar nicht über die notwendige Sachkunde verfügt oder Zweifel an seiner Unparteilichkeit bestehen (BVerwGE 31, 149, 156),
4. sich durch neuen entscheidungserheblichen Sachvortrag der Beteiligten oder durch eigene Ermittlungstätigkeit des Gerichts die Bedeutung der vom Sachverständigen zu klärenden Fragen verändert,
5. ein anderer Sachverständiger über neue oder überlegenere Forschungsmittel oder über größere Erfahrung verfügt,
6. das Beweisergebnis durch substantiierten Vortrag eines der Beteiligten oder durch eigene Überlegungen des Gerichts ernsthaft erschüttert wird.[222]

Daneben ist noch der Fall zu nennen, in dem das Gericht ohne eigene Sachkunde von einem vorliegenden Gutachten abweichen will.   210

Das BVerwG[223] hat, für den Fall einer Zweitbegutachtung im Zusammenhang mit einer Entbindung von der ärztlichen Schweigepflicht und der Beiziehung einer früheren ärztlichen Begutachtung, entschieden, dass eine solche gerichtliche Anordnung dem Grundsatz der Verhältnismäßigkeit genügen müsse. Dies gelte insbes. bei psychischen Erkrankungen. Die früheren Erkenntnisse müssen nach ärztlicher Auffassung für die neue Begutachtung zwingend erforderlich sein. Dabei darf die Verweigerung einer unverhältnismäßig weitgehenden Schweigepflichtentbindung und einer ebensolchen Aktenbeiziehung nicht zum Anlass für die Anwendung der Beweisregen des § 444 ZPO genommen werden.   210a

g) Freie Beweiswürdigung. Die Bewertung eines eingeholten Gutachtens bzw. der Vernehmung der Ausführungen des Sachverständigen unterliegt der freien Beweiswürdigung des Gerichts (BGH NJW 1984, 1408). I.d.R. zeigt indes bereits die Einholung des Gutachtens, dass das Gericht aus eigener Sachkunde den Streit nicht entscheiden kann. Deshalb ist es zwar nicht ausgeschlossen, dass ein Gericht unter eingehender Würdigung des Gutachtens und aller Umstände von einem Gutachten abweicht. Das abweichende Urteil ist dann aber zu begründen und darf nicht auf einem Mangel an Sachkunde beruhen (BGH NJW 1989, 2948).   211

Zur Frage, wann ein gerichtliches Sachverständigengutachten unverwertbar ist, → Rn. 208.   212

4. Der Urkundenbeweis. a) Anwendbare Vorschriften der ZPO. Vorschriften über den Beweis durch Urkunden finden sich in der ZPO in den §§ 415–444 ZPO. Sie lauten: 213

§ 415 ZPO Beweiskraft öffentlicher Urkunden über Erklärungen

(1) Urkunden, die von einer öffentlichen Behörde innerhalb der Grenzen ihrer Amtsbefugnisse oder von einer mit öffentlichem Glauben versehenen Person innerhalb des ihr zugewiesenen Geschäftskreises in der vorgeschriebenen Form aufgenommen sind (öffentliche Urkunden), begründen, wenn sie

---

220 Vgl. *D. Leipold*, in: Stein/Jonas IV/2 § 415 Rn. 6.
221 Vgl. auch BVerwG Buchholz 235.1 § 58 BDG Nr. 5. Rn. 7; NVwZ-RR 2013, 115, 118; 25.2.2013 – 2 B 57/12, juris Rn. 5; BVerwG 27.3.2013 – 10 B 34/12, juris Rn. 4; BVerwG 26.9.2014 – 2 B 14.14 m.w.N.; OVG Koblenz 13.4.2016 – 8 C 10674/15.OVG, BeckRS 2016, 45885, Rn. 138.
222 BVerwG 28.7.2014 – 1 B 6/14, BeckRS 2014, 56064, Rn. 9; BVerwG NVwZ 2004, 100, 102; wobei sich diese Erkenntnisse auch aus vorgelegten Privatgutachten ergeben können.
223 BVerwG 26.5.2014 – 2 B 69/12.

über eine vor der Behörde oder der Urkundsperson abgegebene Erklärung errichtet sind, vollen Beweis des durch die Behörde oder die Urkundsperson beurkundeten Vorganges.
(2) Der Beweis, dass der Vorgang unrichtig beurkundet sei, ist zulässig.

§ 416 ZPO Beweiskraft von Privaturkunden

Privaturkunden begründen, sofern sie von den Ausstellern unterschrieben oder mittels notariell beglaubigten Handzeichens unterzeichnet sind, vollen Beweis dafür, dass die in ihnen enthaltenen Erklärungen von den Ausstellern abgegeben sind.

§ 416 a ZPO Beweiskraft des Ausdrucks eines öffentlichen elektronischen Dokuments

Der mit einem Beglaubigungsvermerk versehene Ausdruck eines öffentlichen elektronischen Dokuments gemäß § 371 a Abs. 2, den eine öffentliche Behörde innerhalb der Grenzen ihrer Amtsbefugnisse oder eine mit öffentlichem Glauben versehene Person innerhalb des ihr zugewiesenen Geschäftskreises in der vorgeschriebenen Form erstellt hat, sowie der Ausdruck eines gerichtlichen elektronischen Dokuments, der einen Vermerk des zuständigen Gerichts gemäß § 298 Absatz 2 enthält, stehen einer öffentlichen Urkunde in beglaubigter Abschrift gleich.

§ 417 ZPO Beweiskraft öffentlicher Urkunden über amtliche Anordnung, Verfügung oder Entscheidung

Die von einer Behörde ausgestellten, eine amtliche Anordnung, Verfügung oder Entscheidung enthaltenden öffentlichen Urkunden begründen vollen Beweis ihres Inhalts.

§ 418 ZPO Beweiskraft öffentlicher Urkunden mit anderem Inhalt

(1) Öffentliche Urkunden, die einen anderen als den in den §§ 415, 417 bezeichneten Inhalt haben, begründen vollen Beweis der darin bezeugten Tatsachen.
(2) Der Beweis der Unrichtigkeit der bezeugten Tatsachen ist zulässig, sofern nicht die Landesgesetze diesen Beweis ausschließen oder beschränken.
(3) Beruht das Zeugnis nicht auf eigener Wahrnehmung der Behörde oder der Urkundsperson, so ist die Vorschrift des ersten Absatzes nur dann anzuwenden, wenn sich aus den Landesgesetzen ergibt, dass die Beweiskraft des Zeugnisses von der eigenen Wahrnehmung unabhängig ist.

§ 419 ZPO Beweiskraft mangelbehafteter Urkunden

Inwiefern Durchstreichungen, Radierungen, Einschaltungen oder sonstige äußere Mängel die Beweiskraft einer Urkunde ganz oder teilweise aufheben oder mindern, entscheidet das Gericht nach freier Überzeugung.

§ 420 ZPO Vorlegung durch Beweisführer; Beweisantritt

Der Beweis wird durch die Vorlegung der Urkunde angetreten.

§ 421 ZPO Vorlegung durch den Gegner; Beweisantritt

Befindet sich die Urkunde nach der Behauptung des Beweisführers in den Händen des Gegners, so wird der Beweis durch den Antrag angetreten, dem Gegner die Vorlegung der Urkunde aufzugeben.

§ 422 ZPO Vorlegungspflicht des Gegners nach bürgerlichem Recht

Der Gegner ist zur Vorlegung der Urkunde verpflichtet, wenn der Beweisführer nach den Vorschriften des bürgerlichen Rechts die Herausgabe oder die Vorlegung der Urkunde verlangen kann.

§ 423 ZPO Vorlegungspflicht des Gegners bei Bezugnahme

Der Gegner ist auch zur Vorlegung der in seinen Händen befindlichen Urkunden verpflichtet, auf die er im Prozess zur Beweisführung Bezug genommen hat, selbst wenn es nur in einem vorbereitenden Schriftsatz geschehen ist.

§ 424 ZPO Antrag bei Vorlegung durch Gegner

Der Antrag soll enthalten:
1. *die Bezeichnung der Urkunde;*
2. *die Bezeichnung der Tatsachen, die durch die Urkunde bewiesen werden sollen;*
3. *die möglichst vollständige Bezeichnung des Inhalts der Urkunde;*
4. *die Angabe der Umstände, auf welche die Behauptung sich stützt, dass die Urkunde sich in dem Besitz des Gegners befindet;*
5. *die Bezeichnung des Grundes, der die Verpflichtung zur Vorlegung der Urkunde ergibt. Der Grund ist glaubhaft zu machen.*

§ 425 ZPO Anordnung der Vorlegung durch Gegner

Erachtet das Gericht die Tatsache, die durch die Urkunde bewiesen werden soll, für erheblich und den Antrag für begründet, so ordnet es, wenn der Gegner zugesteht, dass die Urkunde sich in seinen Händen befinde, oder wenn der Gegner sich über den Antrag nicht erklärt, die Vorlegung der Urkunde an.

§ 426 ZPO Vernehmung des Gegners über den Verbleib

Bestreitet der Gegner, dass die Urkunde sich in seinem Besitz befinde, so ist er über ihren Verbleib zu vernehmen. In der Ladung zum Vernehmungstermin ist ihm aufzugeben, nach dem Verbleib der Urkunde sorgfältig zu forschen. Im Übrigen gelten die Vorschriften der §§ 449 bis 454 entsprechend. Gelangt das Gericht zu der Überzeugung, dass sich die Urkunde im Besitz des Gegners befindet, so ordnet es die Vorlegung an.

§ 427 ZPO Folgen der Nichtvorlegung durch Gegner

Kommt der Gegner der Anordnung, die Urkunde vorzulegen, nicht nach oder gelangt das Gericht im Falle des § 426 zu der Überzeugung, dass er nach dem Verbleib der Urkunde nicht sorgfältig geforscht habe, so kann eine vom Beweisführer beigebrachte Abschrift der Urkunde als richtig angesehen werden. Ist eine Abschrift der Urkunde nicht beigebracht, so können die Behauptungen des Beweisführers über die Beschaffenheit und den Inhalt der Urkunde als bewiesen angenommen werden.

§ 428 ZPO Vorlegung durch Dritte; Beweisantritt

Befindet sich die Urkunde nach der Behauptung des Beweisführers im Besitz eines Dritten, so wird der Beweis durch den Antrag angetreten, zur Herbeischaffung der Urkunde eine Frist zu bestimmen oder eine Anordnung nach § 142 zu erlassen.

§ 429 ZPO Vorlegungspflicht Dritter

Der Dritte ist aus denselben Gründen wie der Gegner des Beweisführers zur Vorlegung einer Urkunde verpflichtet; er kann zur Vorlegung nur im Wege der Klage genötigt werden. § 142 bleibt unberührt.

§ 430 ZPO Antrag bei Vorlegung durch Dritte

Zur Begründung des nach § 428 zu stellenden Antrages hat der Beweisführer den Erfordernissen des § 424 Nr. 1 bis 3, 5 zu genügen und außerdem glaubhaft zu machen, dass die Urkunde sich in den Händen des Dritten befinde.

§ 431 ZPO Vorlegungsfrist bei Vorlegung durch Dritte

(1) Ist die Tatsache, die durch die Urkunde bewiesen werden soll, erheblich und entspricht der Antrag den Vorschriften des vorstehenden Paragraphen, so hat das Gericht durch Beschluss eine Frist zur Vorlegung der Urkunde zu bestimmen.
(2) Der Gegner kann die Fortsetzung des Verfahrens vor dem Ablauf der Frist beantragen, wenn die Klage gegen den Dritten erledigt ist oder wenn der Beweisführer die Erhebung der Klage oder die Betreibung des Prozesses oder der Zwangsvollstreckung verzögert.

§ 432 ZPO Vorlegung durch Behörden oder Beamte; Beweisantritt

(1) Befindet sich die Urkunde nach der Behauptung des Beweisführers in den Händen einer öffentlichen Behörde oder eines öffentlichen Beamten, so wird der Beweis durch den Antrag angetreten, die Behörde oder den Beamten um die Mitteilung der Urkunde zu ersuchen.
(2) Diese Vorschrift ist auf Urkunden, welche die Parteien nach den gesetzlichen Vorschriften ohne Mitwirkung des Gerichts zu beschaffen imstande sind, nicht anzuwenden.
(3) Verweigert die Behörde oder der Beamte die Mitteilung der Urkunde in Fällen, in denen eine Verpflichtung zur Vorlegung auf § 422 gestützt wird, so gelten die Vorschriften der §§ 428 bis 431.

§ 434 ZPO Vorlegung vor beauftragtem oder ersuchtem Richter

Wenn eine Urkunde bei der mündlichen Verhandlung wegen erheblicher Hindernisse nicht vorgelegt werden kann oder wenn es bedenklich erscheint, sie wegen ihrer Wichtigkeit und der Besorgnis ihres Verlustes oder ihrer Beschädigung vorzulegen, so kann das Prozessgericht anordnen, dass sie vor einem seiner Mitglieder oder vor einem anderen Gericht vorgelegt werde.

§ 435 ZPO Vorlegung öffentlicher Urkunden in Urschrift oder beglaubigter Abschrift

Eine öffentliche Urkunde kann in Urschrift oder in einer beglaubigten Abschrift, die hinsichtlich der Beglaubigung die Erfordernisse einer öffentlichen Urkunde an sich trägt, vorgelegt werden; das Gericht kann jedoch anordnen, dass der Beweisführer die Urschrift vorlege oder die Tatsachen angebe und glaubhaft mache, die ihn an der Vorlegung der Urschrift verhindern. Bleibt die Anordnung erfolglos, so entscheidet das Gericht nach freier Überzeugung, welche Beweiskraft der beglaubigten Abschrift beizulegen sei.

§ 436 ZPO Verzicht nach Vorlegung

Der Beweisführer kann nach der Vorlegung einer Urkunde nur mit Zustimmung des Gegners auf dieses Beweismittel verzichten.

§ 437 ZPO Echtheit inländischer öffentlicher Urkunden

(1) Urkunden, die nach Form und Inhalt als von einer öffentlichen Behörde oder von einer mit öffentlichem Glauben versehenen Person errichtet sich darstellen, haben die Vermutung der Echtheit für sich.
(2) Das Gericht kann, wenn es die Echtheit für zweifelhaft hält, auch von Amts wegen die Behörde oder die Person, von der die Urkunde errichtet sein soll, zu einer Erklärung über die Echtheit veranlassen.

§ 438 ZPO Echtheit ausländischer öffentlicher Urkunden

(1) Ob eine Urkunde, die als von einer ausländischen Behörde oder von einer mit öffentlichem Glauben versehenen Person des Auslandes errichtet sich darstellt, ohne näheren Nachweis als echt anzusehen sei, hat das Gericht nach den Umständen des Falles zu ermessen.
(2) Zum Beweis der Echtheit einer solchen Urkunde genügt die Legalisation durch einen Konsul oder Gesandten des Bundes.

§ 439 ZPO Erklärung über Echtheit von Privaturkunden

(1) Über die Echtheit einer Privaturkunde hat sich der Gegner des Beweisführers nach der Vorschrift des § 138 zu erklären.
(2) Befindet sich unter der Urkunde eine Namensunterschrift, so ist die Erklärung auf die Echtheit der Unterschrift zu richten.
(3) Wird die Erklärung nicht abgegeben, so ist die Urkunde als anerkannt anzusehen, wenn nicht die Absicht, die Echtheit bestreiten zu wollen, aus den übrigen Erklärungen der Partei hervorgeht.

§ 440 ZPO Beweis der Echtheit von Privaturkunden

(1) Die Echtheit einer nicht anerkannten Privaturkunde ist zu beweisen.

(2) Steht die Echtheit der Namensunterschrift fest oder ist das unter einer Urkunde befindliche Handzeichen notariell beglaubigt, so hat die über der Unterschrift oder dem Handzeichen stehende Schrift die Vermutung der Echtheit für sich.

§ 441 ZPO Schriftvergleichung

(1) Der Beweis der Echtheit oder Unechtheit einer Urkunde kann auch durch Schriftvergleichung geführt werden.

(2) In diesem Fall hat der Beweisführer zur Vergleichung geeignete Schriften vorzulegen oder ihre Mitteilung nach der Vorschrift des § 432 zu beantragen und erforderlichenfalls den Beweis ihrer Echtheit anzutreten.

(3) Befinden sich zur Vergleichung geeignete Schriften in den Händen des Gegners, so ist dieser auf Antrag des Beweisführers zur Vorlegung verpflichtet. Die Vorschriften der §§ 421 bis 426 gelten entsprechend. Kommt der Gegner der Anordnung, die zur Vergleichung geeigneten Schriften vorzulegen, nicht nach oder gelangt das Gericht im Falle des § 426 zu der Überzeugung, dass der Gegner nach dem Verbleib der Schriften nicht sorgfältig geforscht habe, so kann die Urkunde als echt angesehen werden.

(4) Macht der Beweisführer glaubhaft, dass in den Händen eines Dritten geeignete Vergleichungsschriften sich befinden, deren Vorlegung er im Wege der Klage zu erwirken imstande sei, so gelten die Vorschriften des § 431 entsprechend.

§ 442 ZPO Würdigung der Schriftvergleichung

Über das Ergebnis der Schriftvergleichung hat das Gericht nach freier Überzeugung, geeignetenfalls nach Anhörung von Sachverständigen, zu entscheiden.

§ 443 ZPO Verwahrung verdächtiger Urkunden

Urkunden, deren Echtheit bestritten ist oder deren Inhalt verändert sein soll, werden bis zur Erledigung des Rechtsstreits auf der Geschäftsstelle verwahrt, sofern nicht ihre Auslieferung an eine andere Behörde im Interesse der öffentlichen Ordnung erforderlich ist.

§ 444 ZPO Folgen der Beseitigung einer Urkunde

Ist eine Urkunde von einer Partei in der Absicht, ihre Benutzung dem Gegner zu entziehen, beseitigt oder zur Benutzung untauglich gemacht, so können die Behauptungen des Gegners über die Beschaffenheit und den Inhalt der Urkunde als bewiesen angesehen werden.

Von den durch § 98 in Bezug genommenen Vorschriften der ZPO über den Urkundenbeweis sind im Verwaltungsprozess ohne Einschränkungen die §§ 416, 417, 419, 426, 434, 435, 442, 443 anwendbar.[224]   214

Ebenfalls weitgehend unstreitig ist, dass die §§ 422, 423, 424, 425, 436, 439, 440 Abs. 1 ZPO mit dem Untersuchungsgrundsatz unvereinbar sind und deshalb im Verwaltungsprozess keine Anwendung finden können.[225]   215

Umstr. ist die Anwendbarkeit der durch § 98 in Bezug genommenen Normen aber hinsichtlich der Beweisregelungen in §§ 415, 417, 418 ZPO. Im Schrifttum wird hierzu die Auffassung vertreten, die dort zum Ausdruck gebrachte Bindung des Gerichts an gesetzliche Beweisregelungen sei mit dem im Verwaltungsprozess herrschenden Untersuchungsgrundsatz unvereinbar.[226] Dagegen ist indes zu Recht eingewandt worden, dass etwa § 415 ZPO auch in anderen Verfahren der ZPO Anwendung findet, in denen ebenfalls der Untersuchungsgrundsatz herrscht.[227] Gleiches gilt etwa für das sozialgerichtliche   216

---

224   Vgl. *Kopp/Schenke* § 98 Rn. 1.
225   Vgl. *P. Kothe,* in: Redeker/v. Oertzen § 98 Rn. 14, 15; *Kopp/Schenke* § 98 Rn. 1.
226   Vgl. *P. Kothe,* in: Redeker/v. Oertzen § 98 Rn. 13.
227   So *Baumbach/Lauterbach/Albers/Hartmann* § 415 Rn. 3; vgl. etwa BayObLG FamRZ 1994, 530: Ein richterliches Protokoll ist öffentliche Urkunde i.S.v. § 415 ZPO; diese Norm ist im Verfahren der Freiwilligen Gerichtsbarkeit entsprechend anzuwenden; zu §§ 415 ff. ZPO weiter *T. Eschelbach,* DtZ-Informationen 1993, 23, 28.

Verfahren.[228] Andererseits ist nicht zu bestreiten, dass der Regelungsgehalt etlicher Normen mit dem Untersuchungsgrundsatz kollidiert. Notwendig ist daher eine Einzelbetrachtung.

217 §§ 415, 417, 419 ZPO sind dabei im Verwaltungsprozess anwendbar. Die Vorschriften begrenzen die freie Beweiswürdigung des Richters. Zwar stellt § 108 eine Ergänzung des Untersuchungsgrundsatzes dar. Daraus lässt sich aber nicht schließen, dass der Verwaltungsrichter keinen gesetzlichen Beweisregeln unterworfen sein sollte.[229]

218 Aus vergleichbaren Gründen sind auch die Bestimmungen über die Echtheit inländischer und ausländischer öffentlicher Urkunden in §§ 437, 438 ZPO im Verwaltungsstreitverfahren anwendbar.[230] Anwendbar ist auch § 441 ZPO.

219 § 444 ZPO ist – auch mit seinen Erweiterungen – im Verwaltungsprozess ebenfalls anwendbar.[231]

220 Nur mit Einschränkungen, d.h. Anpassungen an den Untersuchungsgrundsatz sind die §§ 421, 427–431 anwendbar.[232] Werden diese Normen im Verwaltungsprozess angewandt, reduziert sich ihre Anwendung auf den Grundgedanken, die ratio der Vorschrift, ohne dass jedes Tatbestandsmerkmal im Einzelnen erfüllt sein müsste. Z.B. findet der Grundgedanke des § 427 ZPO Anwendung, obwohl die VwGO keinen Beweisführer kennt.

221 Die Regelung in § 432 ZPO ergänzt § 99 (vgl. VGH München NVwZ 1989, 266).[233]

222 Wegen Unvereinbarkeit mit dem Untersuchungsgrundsatz nicht anwendbar ist § 420 ZPO.[234]

223 **b) Begriff.** Wie jede andere Verfahrensordnung – vgl. §§ 415–444 ZPO, § 249 StPO, § 81 Abs. 1 FGO, § 118 SGG – kennt auch der Verwaltungsprozess den Urkundenbeweis.

224 Gegenüber dem strafrechtlichen Urkundenbegriff der §§ 267 ff. StGB, wonach eine Urkunde eine verkörperte Gedankenerklärung darstellt, die geeignet und bestimmt ist, für den Rechtsverkehr Beweis zu erbringen und die ihren Aussteller erkennen lässt,[235] ist der prozessuale Urkundenbegriff enger. Während im materiellen Strafrecht in der Kombination mit einer Gedankenerklärung auch Beweiszeichen Urkundenqualität erlangen können,[236] dient der Urkundenbeweis der Ermittlung und Verwertung des gedanklichen Inhalts eines *Schriftstücks*.[237] Deshalb meint Urkunde i.S.d. rezipierten ZPO jede schriftliche Verkörperung eines Gedankens.[238] Der Posteingangsstempel ist eine öffentliche Urkunde im Sinne, die grundsätzlich Beweis für den Zeitpunkt des Eingangs erbringt.[239]

225 Durch die Einführung des § 416 a ZPO wird der Beweiswert eines notariell oder behördlich beglaubigten oder vom Gericht erstellten Ausdrucks eines öffentlichen elektronischen Dokuments i.S.d. § 371 a Abs. 2 ZPO durch eine Gleichsetzung mit einer entsprechenden öffentlichen Papierurkunde geregelt. Diese Beweiswertregel erstreckt sich nur auf originär elektronische Dokumente. Die Gleichsetzung tritt einerseits im Hinblick auf die allgemeinen Beweisregeln der §§ 415, 417, 418 ZPO und andererseits im Hinblick auf die speziellen Beweisregeln der §§ 165, 314 ZPO ein (vgl. BT-Drs. 15/4067, 35).

---

228 W. *Keller*, in: *Meyer-Ladewig* § 118 Rn. 14.

229 Vgl. BVerwG NJW 1994, 535, 536; vgl. weiter BVerwG NJW 1986, 2127, 2128 zu § 418 Abs. 1 ZPO.

230 A.M. zwar P. *Kothe*, in: Redeker/v. Oertzen Rn. 15; zu Recht hat demgegenüber aber H. *Geiger*, in: Eyermann § 98 Rn. 29 festgehalten, dass weder § 437 ZPO noch § 438 ZPO mit dem zivilprozessualen Beibringungsgrundsatz in Zusammenhang stünden, sondern Ausdruck der Überlegung seien, dass die Fälschung der in den Vorschriften genannten Urkunden von Behörden oder vergleichbaren Stellen nicht zu vermuten sei.

231 BVerwGE 10, 270, 272 f.; BVerwG DVBl 1988, 404; OVG Münster DVBl 1987, 1225, 1226; BSGE 24, 25, 27 f.; BSG NJW 1994, 1303; R. *Rudisile*, in: Schoch/Schneider/Bier § 98 Rn. 237; M. *Nierhaus*, Beweismaß und Beweislast, 1989, 352; → § 98 Rn. 69. Die Einschränkung bei H. *Geiger*, in: Eyermann § 98 Rn. 30, die Vorschrift gelte nicht unmittelbar, ihre dahinter stehende Beweisregel finde aber Anwendung, ist akademisch.

232 Vgl. P. *Kothe*, in: Redeker/v. Oertzen § 98 Rn. 14; H. *Geiger*, in: Eyermann § 98 Rn. 29; zu §§ 421, 428, 430 und 431 strenger R. *Rudisile*, in: Schoch/Schneider/Bier § 98 Rn. 215, unanwendbar.

233 A.A. R. *Rudisile*, in: Schoch/Schneider/Bier § 98 Rn. 226, unanwendbar.

234 Vgl. P. *Kothe*, in: Redeker/v. Oertzen § 98 Rn. 13.

235 Vgl. M. *Heger*, in: Lackner/Kühl, Strafgesetzbuch, [28]2014, § 267 Rn. 2.

236 Sog. zusammengesetzte Urkunde, vgl. BGH NStZ 1984, 73; M. *Heger*, in: Lackner/Kühl, Strafgesetzbuch, [28]2014, § 267 Rn. 8.

237 Dies gilt auch im Strafprozess, *Meyer-Goßner* § 249 Rn. 1.

238 Rosenberg/Schwab/*Gottwald* § 119 Rn. 1; H. *Bley*, in: Bley/Gitter, Gesamtkommentar Sozialversicherung, 1994, § 118 SGG Anm. 8 a; W. *Keller*, in: *Meyer-Ladewig* § 118 Rn. 13.

239 VG Sigmaringen 14.3.2015 – 3 K 361/13, BeckRS 2015, 46459.

c) Beweiskraft. Hinsichtlich der Beweiskraft vorgelegter Urkunden ergeben sich zwischen öffentli- 226
chen und privaten Urkunden Unterschiede. In jedem Fall hängt das Gelingen des Urkundenbeweises
aber zunächst davon ab, dass die Urkunde echt ist.[240]

Echt ist eine Urkunde dann, wenn sie in ihrer gegenwärtigen Erscheinungsform und ihrem Inhalt nach 227
von demjenigen rührt, der aus ihr als Aussteller zu erkennen ist.[241] Wie im Strafrecht kommt es für
die Ermittlung des Ausstellers nicht auf den körperlichen Herstellungsakt an. Aussteller einer Urkunde
ist vielmehr derjenige, der sich zu ihrem Inhalt bekennt.[242]

Über die Echtheit einer Urkunde entscheidet das Gericht nach freier Überzeugung.[243] Dies gilt na- 228
mentlich dann, wenn die Urkunde äußere Mängel aufweist (BGH NJW 1988, 60, 62). Die in § 419
ZPO genannten Mängel nehmen der Urkunde also nicht schlechthin die Beweiskraft, sondern schließen nur die Geltung der Beweisregeln der §§ 415–418 ZPO aus; sie stellen damit den Grundsatz der
freien Beweiswürdigung wieder her (BGH NJW 1988, 60).

Ist eine Urkunde echt, kommt es darauf an, welcher Beweiswert ihr nach den gesetzlichen Regelungen 229
beizumessen ist (§§ 415–419 ZPO). Hierbei ist zum einen zwischen *öffentlichen* und *privaten* Urkunden und zum anderen zwischen der formellen und der materiellen Beweiskraft der Urkunden zu *unterscheiden*.

Die *formelle Beweiskraft* bezeugt, dass der Aussteller die in der Erklärung niedergelegte Erklärung 230
wirklich abgegeben hat.[244]

Demgegenüber hat die *materielle Beweiskraft* die sachliche Bedeutung der Erklärung für den Beweis- 231
satz zum Gegenstand.[245] Zur materiellen Beweiskraft ist insbes. die Frage zu rechnen, ob die abgegebene Erklärung richtig oder falsch ist. Die materielle Beweiskraft ist Gegenstand freier richterlicher
Beweiswürdigung nach § 385 ZPO, § 108 Abs. 1 VwGO.

Die *Beweisregelungen der §§ 415–419 ZPO* beziehen sich allein auf die *formelle* Beweiskraft.[246] Öf- 232
fentliche Urkunden i.d.S. ist eine erhöhte Beweiskraft zugewiesen. Sie unterliegen nicht der freien Beweiswürdigung durch das Gericht, sondern erbringen vollen Beweis für die Wahrheit der beurkundeten Tatsachen, es sei denn, derjenige, zu dessen Nachteil sich die Beweisregel auswirkt, erbringt nach
substantiiertem Beweisantritt den Beweis der Unrichtigkeit.[247]

§ 415 ZPO betrifft öffentliche Urkunden, die über eine vor der Behörde[248] oder der Urkundsperson 233
(z.B. Notar) abgegebene Erklärung (sog. *Erklärungsurkunden*) errichtet wurde.[249]

Nach § 415 ZPO begründet eine – unter den dort im Einzelnen genannten Voraussetzungen errichtete 234
– öffentliche Urkunde vollen *Beweis* des durch die Behörde oder die Urkundsperson *beurkundeten
Vorganges*. Hinsichtlich dieses leicht missverstehenden Gesetzeswortlauts muss man sich vor Augen
halten, dass mit dieser gesetzlichen Beweisregel *nicht die inhaltliche Richtigkeit* der abgegebenen Erklärung angesprochen ist (BGH NJW-RR 1994, 386). Erklärungsurkunden nach § 415 Abs. 1 ZPO
beweisen daher nur, dass die Erklärung nach Inhalt, Ort und Zeit abgegeben wurde.[250]

§ 415 Abs. 2 ZPO gestattet allerdings auch insoweit die Führung des *Gegenbeweises*. Allerdings wer- 235
den die Anforderungen, die an die Führung des Gegenbeweises zu stellen sind, leicht verkannt.

Als Teil des Prozessverfahrens ist der Gegenbeweis nach allgemeiner Auffassung ein solcher des Frei- 236
beweises, sodass das jeweilige Gericht nicht an die strikten Beweisverfahren der §§ 98 VwGO, 355 ff.

---

240 Vgl. BGH NJW 1988, 2741: Die Beweisregel des § 416 ZPO greift erst ein, wenn die – bestrittene – Echtheit des
Urkundentextes feststeht.
241 Vgl. Rosenberg/Schwab/*Gottwald* § 119 Rn. 11.
242 Sog. Geistigkeitstheorie, BGHSt 13, 382, 385; *M. Heger*, in: K. Lackner/K. Kühl, Strafgesetzbuch, [28]2014, § 267
Rn. 14.
243 BVerwG Buchholz 310 § 98 VwGO Nr. 29; Rosenberg/Schwab/*Gottwald* § 119 Rn. 11; zur über § 173 vermittelten
Anwendbarkeit des § 286 Abs. 1 ZPO vgl. die Komm. zu § 173.
244 *Baumbach/Lauterbach/Albers/Hartmann* Übers. § 415 Rn. 9.
245 *Baumbach/Lauterbach/Albers/Hartmann* Übers. § 415 Rn. 10.
246 Rosenberg/Schwab/*Gottwald* § 119 Rn. 29.
247 VG Braunschweig 21.7.2006 – 6 A 16/06 m.w.N.
248 Zum Behördenbegriff *Baumbach/Lauterbach/Albers/Hartmann* § 415 Rn. 4; s.a. VG Meiningen LKV 1995, 298:
Stasi-Unterlagen sind alle keine Urkunden i.S.d. § 415 ZPO. Ihre Verwertung erfolgt deshalb im Wege freier Beweiswürdigung durch das Gericht; ebenso VG Greifswald DtZ 1995, 455.
249 *H. Geiger*, in: Eyermann § 98 Rn. 28.
250 BGH NJW 1975, 470; JZ 1987, 522; *P. Mankowski/N. Tarnowski*, JuS 1992, 827, 828.

ZPO gebunden ist (vgl. nur BVerwG NJW 1994, 535, 536). Es bedarf mithin keiner förmlichen Beweisanträge. Das erleichtert die verfahrensmäßige Stellung des Betroffenen.

237 Ein Gegenbeweis bleibt jedoch in dem Sinne Hauptbeweis, als jedenfalls die Unrichtigkeit des zuvor beweismäßig vermuteten und damit kraft gesetzlicher Beweisregel als bewiesen geltenden Sachverhalts zur vollen Überzeugung des Gerichts feststehen muss (vgl. BVerwG Buchholz 442.40 § 22 LuftVG Nr. 1). Insoweit ist ebenfalls in der höchstrichterlichen Rspr. geklärt, dass die bloße Erschütterung der Vermutung in dem Sinne, dass auch ein anderer Geschehensablauf als möglich oder sogar als ernstlich möglich dargetan werden kann, nicht ausreicht (BVerwG NJW 1994, 535, 536). Erst recht reicht hier ein bloßes Bestreiten nicht aus.

238 § 415 Abs. 2 ZPO gestattet weiterhin die Führung des Gegenbeweises, dass der Vorgang unrichtig beurkundet sei.[251] Die Führung des auf die (Un-)Richtigkeit des Beurkundungsvorgangs bezogenen Gegenbeweises ist dabei durch jedes andere – mit Ausnahme der Beteiligtenvernehmung – Beweismittel zulässig.[252] Ebenfalls ausgeschlossen ist die Führung des Gegenbeweises durch eidesstattliche Versicherung. Denn die eidesstattliche Versicherung stellt lediglich ein Mittel der Glaubhaftmachung (§ 173 VwGO i.V.m. § 294 ZPO), nicht aber des Beweises i.S.d. ZPO dar (vgl. BFH NJW 1996, 679).

239 Die Beweiskraft nach § 417 ZPO errichteter Urkunden erstreckt sich darauf, dass die Anordnung, Verfügung oder Entscheidung nach Inhalt und Begleitumständen ergangen ist (sog. *Dispositivurkunden*). Auch hier besteht *keine Beweisregel* zugunsten *der sachlichen Richtigkeit* der beurkundeten Vorgänge.[253] Deshalb beweist die Dispositivurkunde nach § 417 ZPO lediglich, dass die Verfügung erlassen wurde.[254] Insoweit ist die Führung eines Gegenbeweises nicht möglich.[255] Angriffe gegen die Echtheit oder gegen die Wirksamkeit der beurkundeten Anordnung oder Entscheidung sind dadurch aber nicht ausgeschlossen.[256]

240 Bezeugt die Urkunde demgegenüber eine eigene Wahrnehmung oder Handlung der Behörde oder Urkundsperson (sog. *Zeugnisurkunde*), so ist dies gem. § 418 ZPO voll bewiesen.[257] Diese Grundsätze gelten auch für verwaltungsgerichtliche Verfahren (BVerwG NJW 1986, 2127; 1994, 535, 536; OVG Weimar NVwZ-RR 1995, 233). Öffentliche Urkunden nach § 418 ZPO begründen also auch in Verwaltungsstreitverfahren den vollen *Beweis der darin bezeugten Tatsachen*.[258] So beweist etwa eine Geburtsurkunde das in ihr bezeugte Geburtsdatum (VGH Mannheim NVwZ-RR 1992, 152) oder eine beglaubigte Abschrift die Übereinstimmung der Abschrift mit der der Beglaubigungsstelle vorgelegten Urkunde (BGHZ 31, 5, 7; 36, 201, 204). Aus § 418 Abs. 3 ZPO folgt jedoch, dass die Beweiskraft einer behördlichen Zeugnisurkunde dagegen keine Identität von wahrnehmendem und beurkundendem Amtsträger erfordert.[259]

241 Gem. § 418 Abs. 2 ZPO ist der *Gegenbeweis* gegen den Inhalt der Urkunde indes ebenfalls zulässig (BVerwG 10.11.1993 – 2 B 153/93). Dies verlangt aber den vollen Nachweis eines anderen Geschehensablaufs.[260] Dabei sind nach der Rspr. strenge Anforderungen zu stellen.[261] Der nach §§ 418 Abs. 2, 415 ZPO zulässige Nachweis der Unrichtigkeit einer Urkunde kann nur durch die vollständige Entkräftung der Beweiswirkung der Urkunde geführt werden (vgl. KG VRS 83 [1992], 52 für eine Postzustellungsurkunde). Der Gegenbeweis ist dabei nicht schon damit erbracht, dass die Möglichkeit der Unrichtigkeit dargetan ist; es muss umgekehrt die Möglichkeit der Richtigkeit ausgeschlossen wer-

---

251 Vgl. BayObLG Rpfleger 1981, 358; *Baumbach/Lauterbach/Albers/Hartmann* § 415 Rn. 11.
252 Vgl. BVerfG NJW 1993, 254, 255; BGH NJW 1965, 1714; *Baumbach/Lauterbach/Albers/Hartmann* § 415 Rn. 11.
253 BVerwG Buchholz 310 § 98 VwGO Nr. 8 (S. 5); OLG Frankfurt NStZ 1996, 234; *K. Reichold*, in: Thomas/Putzo § 417 Rn. 2.
254 *R. Geimer*, in: Zöller § 417 Rn. 2; *P. Mankowski/N. Tarnowski*, JuS 1992, 827, 828.
255 *H. Geiger*, in: Eyermann § 98 Rn. 28; *Rosenberg/Schwab/Gottwald* § 119 Rn. 21.
256 *K. Reichold*, in: Thomas/Putzo § 417 Rn. 2.
257 *K. Reichold*, in: Thomas/Putzo § 418 Rn. 4.
258 BVerwG NJW 1985, 1179, 1180; 1994, 535, 536; Buchholz 310 § 98 VwGO Nr. 6, 20; *H.-J. Ahrens*, in: Wieczorek § 418 Rn. 2.
259 BVerwG 18.12.2012 – 9 B 24/12, juris Rn. 17.
260 Vgl. BVerwG Buchholz 310 § 98 VwGO Nr. 6 (S. 2); Buchholz 303 § 418 ZPO Nr. 3; Buchholz 310 § 98 VwGO Nr. 42 (S. 19).
261 BGH NJW 1987, 1335; VG Würzburg 17.11.2014 – W 6 S 14.1079 für die Anforderungen an den Gegenbeweis bzgl. des eingetragen Wohnsitzes in einem Führerschein.

den.[262] In einem Verfahren des einstweiligen Rechtsschutzes ist ein substantiierter und nachvollziehbarer Vortrag und regelmäßig auch eine Glaubhaftmachung zu verlangen.[263]

Ein hierauf gerichteter Beweisantritt i.S.d. §§ 415 Abs. 2, 418 Abs. 2 ZPO muss nach der zivilgerichtlichen Rspr. substantiiert auf die Urkunde und deren inhaltliche Richtigkeit bzw. die inhaltliche Richtigkeit des beurkundeten Vorgangs selbst bezogen sein (OLG Düsseldorf VRS 87 [1994], 441). 242

Trotz der Bedeutung der Beweisregeln in den §§ 415 ff. ZPO dürfen die Anforderungen an den Gegenbeweis im Blick auf das Verbot vorweggenommener Beweiswürdigung[264] sowie das Recht auf rechtliches Gehör indes auch nicht überspannt werden (so auch BGH VersR 1995, 1467). Denn jede Nichtberücksichtigung erheblicher Beweisantritte stellt zugleich eine Verletzung des Art. 103 Abs. 1 GG dar (vgl. BVerfGE 60, 247, 249; 60, 250, 252; BVerfG NJW 1991, 285, 286). Deshalb bedeutet hinreichende Substantiierung i.R.d. § 98 VwGO i.V.m. § 418 Abs. 2 ZPO, dass aufgrund des Beweisantritts eine gewisse Wahrscheinlichkeit für die Unrichtigkeit der bezeugten Tatsachen dargelegt werden muss (BVerwG, NJW 1985, 1179, 1180; Buchholz 310 § 70 VwGO Nr. 5). Demzufolge fehlt die gebotene Substantiierung bei schlichtem Bestreiten.[265] Andernfalls könnte etwa die Beweiskraft einer Postzustellungsurkunde stets durch die bloße Behauptung des Gegenteils unter Benennung des Postzustellers als Zeugen entwertet werden (BVerwG NJW 1985, 1179, 1180). Generell bedeutet dies, dass sich aus den in das Wissen eines Zeugen gestellten Tatsachen eine gewisse Wahrscheinlichkeit für die Unrichtigkeit der urkundlich bezeugten Tatsachen ergeben muss.[266] 243

Außerhalb der genannten Fallkonstellationen dürfen Anträge auf Erhebung des Gegenbeweises nur unter den für die Ablehnung von Beweisanträgen geltenden Grundsätzen abgelehnt werden (zu Gründen, die die Ablehnung eines Beweisantrags rechtfertigen können → Rn. 39 ff.).[267] 244

Die Beweisregelungen hinsichtlich der formellen Beweiskraft in den §§ 415–419 ZPO gelten auch für *ausländische öffentliche Urkunden.*[268] Denn die nach § 98 anzuwendenden Vorschriften der ZPO über den Beweis durch öffentliche Urkunden gelten – wie die in § 438 Abs. 1 ZPO vorgesehene Echtheitsprüfung zeigt – mit Ausnahme der Echtheitsvermutung (§ 437 ZPO) auch für ausländische öffentliche Urkunden.[269] Das Gericht hat nach den Umständen des Falles zu ermessen, ob eine Urkunde, die sich als von einer ausländischen Behörde oder von einer mit öffentlichem Glauben versehenen Person des Auslands errichtet darstellt, ohne näheren Nachweis als echt anzusehen ist.[270] Ausländische Urkunden sind nur dann nicht beweisgeeignet, wenn konkrete Anhaltspunkte gegen ihre inhaltliche Richtigkeit sprechen.[271] 245

Neben den Bestimmungen über die öffentlichen Urkunden enthält die ZPO auch *Beweiskraftregelungen* hinsichtlich sog. *Privaturkunden.* 246

Privaturkunden i.S.v. § 416 ZPO sind alle privaten, d.h. nichtöffentlichen einschließlich der öffentlich beglaubigten, unterschriebenen Schriftstücke.[272] Ihnen wird die in § 416 ZPO niedergelegte Beweisregel zuteil, dass die in der Urkunde enthaltene Erklärung vom Aussteller abgegeben wurde.[273] Dagegen 247

---

262 Vgl. BVerwG NJW 1986, 2127, 2128; Buchholz 310 § 98 VwGO Nr. 20; HmbOVG NJW 1993, 277 f.; aus dem zivilprozessualen Schrifttum *D. Leipold*, in: Stein/Jonas IV/2 § 418 Rn. 6; *Baumbach/Lauterbach/Albers/Hartmann* § 418 Rn. 9, jeweils m.w.N.
263 VG Gelsenkirchen 6.10.2014 – 7 L 1408/14.
264 Vgl. BVerfG NJW 1993, 254, 255 zum i.R.d. § 418 Abs. 2 ZPO abgelehnten Gegenbeweises durch Einvernahme eines Zeugen.
265 BVerwG 31.5.1995 – 2 B 31/95 zur Beweiskraft eines Berufungsurteil; vgl. auch BVerwG NJW 1985, 1179, 1180; Buchholz 310 § 108 VwGO Nr. 232; Buchholz 310 § 108 VwGO Nr. 244.
266 Vgl. BVerwG Buchholz 310 § 98 VwGO Nr. 51. Die gegen diese Entscheidung erhobene Verfassungsbeschwerde hat das BVerfG 5.6.1997 – 1 BvR 400/97 nicht zur Entscheidung angenommen.
267 Vgl. BVerfG NJW 1993, 254, 255; BVerwG NJW 1984, 2962; *D. Leipold*, in: Stein/Jonas IV/2 § 418 Rn. 6.
268 Vgl. ausdrückl. BVerwG NJW 1987, 1159. Zur Beweiskraft öffentlicher Urkunden auch BVerwG NJW 1986, 2127, 2128.
269 Vgl. BVerwG NJW 1985, 1179, 1180; Buchholz 310 § 98 VwGO Nr. 6 und 20; vgl. aber VGH Mannheim VGHBW RSpDienst 1995, Beilage 8, B 3; aus dem Zivilprozessrecht BGH LM § 418 ZPO Nr. 3; RG JW 1927, 1096; *D. Leipold*, in: Stein/Jonas IV/2 § 415 Rn. 6; *Baumbach/Lauterbach/Albers/Hartmann* § 415 Rn. 4.
270 VG Köln 15.4.2015 – 7 K 842/14, BeckRS 2015, 45410; VG Köln 7.10.2017 – 7 K 1750/17, juris Rn. 23.
271 OVG NRW 22.2.2017 – 11 A 1298/15.
272 *Baumbach/Lauterbach/Albers/Hartmann* § 416 Rn. 2.
273 BGH VersR 1993, 1911; VGH München 11.10.2006 – 4 ZB 05.2260; OVG NRW 26.10.2017 – 14 A 2508/16, juris Rn. 26; *Baumbach/Lauterbach/Albers/Hartmann* § 416 Rn. 7.

besagt diese Beweisregel nichts zur Richtigkeit des Urkundeninhalts.[274] Andere Privaturkunden unterliegen der freien Beweiswürdigung.[275] Das Erfordernis der Unterschrift ist ernst zu nehmen. Oberschriften etc. eröffnen – auch in analoger Anwendung – nicht den Anwendungsbereich des § 416 ZPO.[276]

248   Privaturkunden haben nur im Original die in § 416 ZPO beschriebene Wirkung.[277] § 416 ZPO stellt aber auch dann nur eine auf die äußere Form, nicht auf den Inhalt bezogene Beweisregel zugunsten der Richtigkeit auf.[278]

249   Bei Privaturkunden sind die Anforderungen an die Führung des Gegenbeweises weniger streng. Insbes. kann der Beweis des Gegenteils der gesetzlichen Vermutung der Echtheit der über der Unterschrift stehenden Schrift einer Privaturkunde auch durch den Antrag auf Parteivernehmung des Gegners geführt werden, da § 445 Abs. 2 ZPO auf diesen Antrag nicht anwendbar ist (BGH NJW 1988, 2741).

250   **d) Verfahren.** Der Urkundenbeweis wird durch die Vorlage der Urkunde angetreten. Dabei erlangt das Gericht von der Existenz und dem Inhalt der Urkunde Kenntnis.[279]

251   Hinsichtlich der zivilprozessualen Bestimmungen über den Beweisantritt kann nach oben verwiesen werden. Auch hier ist i.d.R. kein Beweisbeschluss erforderlich, da die Vorlage der Urkunde in der mündlichen Verhandlung erfolgt. Ein Beweisantrag bzgl. einer Urkunde kann vom Gericht jedoch abgelehnt werden, wenn der Vortrag des Klägers so unglaubhaft ist, dass sich eine Beweiserhebung erübrigt.[280]

252   Im Unterschied zur StPO (dort Verlesungspflicht, § 249 StPO) genügt, dass die Urkunde vorgelegt wird. Eine Verlesung kann aber – wo notwendig – erfolgen.

253   **5. Die Vernehmung von Beteiligten. a) Anwendbare Vorschriften der ZPO.** Ebenso wie die ZPO die Parteivernehmung erkennt auch die VwGO die in § 96 Abs. 1 S. 2 besonders erwähnte Beteiligtenvernehmung als Beweismittel an.

254   Über § 98 in Bezug genommene Vorschriften der ZPO über die Parteivernehmung finden sich in den §§ 450–455 ZPO. Sie lauten:

§ 450 ZPO Beweisbeschluss

(1) Die Vernehmung einer Partei wird durch Beweisbeschluss angeordnet. Die Partei ist, wenn sie bei der Verkündung des Beschlusses nicht persönlich anwesend ist, zu der Vernehmung unter Mitteilung des Beweisbeschlusses von Amts wegen zu laden. Die Ladung ist der Partei selbst mitzuteilen, auch wenn sie einen Prozessbevollmächtigten bestellt hat; der Zustellung bedarf die Ladung nicht.
(2) Die Ausführung des Beschlusses kann ausgesetzt werden, wenn nach seinem Erlass über die zu beweisende Tatsache neue Beweismittel vorgebracht werden. Nach Erhebung der neuen Beweise ist von der Parteivernehmung abzusehen, wenn das Gericht die Beweisfrage für geklärt erachtet.

§ 451 ZPO Ausführung der Vernehmung

Für die Vernehmung einer Partei gelten die Vorschriften der §§ 375, 376, 395 Abs. 1, Abs. 2 Satz 1 und der §§ 396, 397, 398 entsprechend.

§ 452 ZPO Beeidigung der Partei

(1) Reicht das Ergebnis der unbeeidigten Aussage einer Partei nicht aus, um das Gericht von der Wahrheit oder Unwahrheit der zu erweisenden Tatsache zu überzeugen, so kann es anordnen, dass die Partei ihre Aussage zu beeidigen habe. Waren beide Parteien vernommen, so kann die Beeidigung der Aussage über dieselben Tatsachen nur von einer Partei gefordert werden.

---

274   VGH München 11.10.2006 – 4 ZB 05.2260; *Baumbach/Lauterbach/Albers/Hartmann* § 416 Rn. 8 m.w.N.
275   BGH NJW-RR 1987, 522; OLG Hamm NJW 1987, 964 für von einer Bank ausgestellte, aber nicht unterschriebene Kontoblätter eines Prämiensparbuches.
276   Vgl. BGH NJW 1991, 487 für sog. „Oberschrift" sowie BGH NJW 1992, 829: Ein links neben dem Urkundentext stehender Namenszug („Nebenschrift") ist keine Unterschrift i.S.d. §§ 416, 440 Abs. 2 ZPO. Diese Vorschriften sind insoweit auch nicht entsprechend anwendbar.
277   *H. Geiger,* in: Eyermann § 98 Rn. 26.
278   BGH VersR 1993, 1911; BayObLG NJW-RR 1990, 210; krit. *E. Meyer,* ZZP 105 (1992), 287.
279   *H. Bley,* in: Bley/Gitter, Gesamtkommentar Sozialversicherung, 1994, § 118 SGG Anm. 8 a.
280   BayVGH 11.7.2017 – 21 ZB 17. 30482, juris Rn. 8.

(2) Die Eidesnorm geht dahin, dass die Partei nach bestem Wissen die reine Wahrheit gesagt und nichts verschwiegen habe.
(3) Der Gegner kann auf die Beeidigung verzichten.
(4) Die Beeidigung einer Partei, die wegen wissentlicher Verletzung der Eidespflicht rechtskräftig verurteilt ist, ist unzulässig.

§ 453 ZPO Beweiswürdigung bei Parteivernehmung

(1) Das Gericht hat die Aussage der Partei nach § 286 frei zu würdigen.
(2) Verweigert die Partei die Aussage oder den Eid, so gilt § 446 entsprechend.

§ 454 ZPO Ausbleiben der Partei

(1) Bleibt die Partei in dem zu ihrer Vernehmung oder Beeidigung bestimmten Termin aus, so entscheidet das Gericht unter Berücksichtigung aller Umstände, insbesondere auch etwaiger von der Partei für ihr Ausbleiben angegebener Gründe, nach freiem Ermessen, ob die Aussage als verweigert anzusehen ist.
(2) War der Termin zur Vernehmung oder Beeidigung der Partei vor dem Prozessgericht bestimmt, so ist im Falle ihres Ausbleibens, wenn nicht das Gericht die Anberaumung eines neuen Vernehmungstermins für geboten erachtet, zur Hauptsache zu verhandeln.

§ 455 ZPO Prozessunfähige

(1) Ist eine Partei nicht prozessfähig, so ist vorbehaltlich der Vorschrift im Absatz 2 ihr gesetzlicher Vertreter zu vernehmen. Sind mehrere gesetzliche Vertreter vorhanden, so gilt § 449 entsprechend.
(2) Minderjährige, die das sechzehnte Lebensjahr vollendet haben, können über Tatsachen, die in ihren eigenen Handlungen bestehen oder Gegenstand ihrer Wahrnehmung gewesen sind, vernommen und auch nach § 452 beeidigt werden, wenn das Gericht dies nach den Umständen des Falles für angemessen erachtet. Das Gleiche gilt von einer prozessfähigen Person, die in dem Rechtsstreit durch einen Betreuer oder Pfleger vertreten wird.

§ 448 ZPO ist – wie der Wortlaut des § 98 eindeutig belegt – unanwendbar. Diese gesetzliche Wertung   255
kann auch nicht durch eine über § 173 vermittelte Geltung des § 448 ZPO unterlaufen werden. § 98
ist insoweit die speziellere Vorschrift.[281]

Die Vorschriften über Abnahme von Eiden und Bekräftigungen in den §§ 478–484 ZPO beziehen sich   256
nicht allein auf das Beweismittel der Parteivernehmung. Ihre Anwendbarkeit im Verwaltungsprozess
ist unproblematisch zu bejahen. Sie lauten:

§ 478 ZPO Eidesleistung in Person

Der Eid muss von dem Schwurpflichtigen in Person geleistet werden.

§ 479 ZPO Eidesleistung vor beauftragtem oder ersuchtem Richter

(1) Das Prozessgericht kann anordnen, dass der Eid vor einem seiner Mitglieder oder vor einem anderen Gericht geleistet werde, wenn der Schwurpflichtige am Erscheinen vor dem Prozessgericht verhindert ist oder sich in großer Entfernung von dessen Sitz aufhält und die Leistung des Eides nach § 128 a Abs. 2 nicht stattfindet.
(2) Der Bundespräsident leistet den Eid in seiner Wohnung vor einem Mitglied des Prozessgerichts oder vor einem anderen Gericht.

§ 480 ZPO Eidesbelehrung

Vor der Leistung des Eides hat der Richter den Schwurpflichtigen in angemessener Weise über die Bedeutung des Eides sowie darüber zu belehren, dass er den Eid mit religiöser oder ohne religiöse Beteuerung leisten kann.

---

281 Vgl. dazu die Komm. in § 173 sowie *P. Kothe*, in: Redeker/v. Oertzen § 98 Rn. 16.

§ 481 ZPO Eidesleistung; Eidesformel

(1) Der Eid mit religiöser Beteuerung wird in der Weise geleistet, dass der Richter die Eidesnorm mit der Eingangsformel:
„Sie schwören bei Gott dem Allmächtigen und Allwissenden"
vorspricht und der Schwurpflichtige darauf die Worte spricht (Eidesformel):
„Ich schwöre es, so wahr mir Gott helfe."
(2) Der Eid ohne religiöse Beteuerung wird in der Weise geleistet, dass der Richter die Eidesnorm mit der Eingangsformel:
„Sie schwören"
vorspricht und der Schwurpflichtige darauf die Worte spricht (Eidesformel):
„Ich schwöre es."
(3) Gibt der Schwurpflichtige an, dass er als Mitglied einer Religions- oder Bekenntnisgemeinschaft eine Beteuerungsformel dieser Gemeinschaft verwenden wolle, so kann er diese dem Eid anfügen.
(4) Der Schwörende soll bei der Eidesleistung die rechte Hand erheben.
(5) Sollen mehrere Personen gleichzeitig einen Eid leisten, so wird die Eidesformel von jedem Schwurpflichtigen einzeln gesprochen.

§ 483 ZPO Eidesleistung sprach- oder hörbehinderter Personen

(1) Eine hör- oder sprachbehinderte Person leistet den Eid nach ihrer Wahl mittels Nachsprechens der Eidesformel, mittels Abschreibens und Unterschreibens der Eidesformel oder mithilfe einer die Verständigung ermöglichenden Person, die vom Gericht hinzuziehen ist. Das Gericht hat die geeigneten technischen Hilfsmittel bereit zu stellen. Die hör- oder sprachbehinderte Person ist auf ihr Wahlrecht hinzuweisen.
(2) Das Gericht kann eine schriftliche Eidesleistung verlangen oder die Hinzuziehung einer die Verständigung ermöglichenden Person anordnen, wenn die hör- oder sprachbehinderte Person von ihrem Wahlrecht nach Absatz 1 keinen Gebrauch gemacht hat oder eine Eidesleistung in der nach Absatz 1 gewählten Form nicht oder nur mit unverhältnismäßigem Aufwand möglich ist.

§ 484 ZPO Eidesgleiche Bekräftigung

(1) Gibt der Schwurpflichtige an, dass er aus Glaubens- oder Gewissensgründen keinen Eid leisten wolle, so hat er eine Bekräftigung abzugeben. Diese Bekräftigung steht dem Eid gleich; hierauf ist der Verpflichtete hinzuweisen.
(2) Die Bekräftigung wird in der Weise abgegeben, dass der Richter die Eidesnorm als Bekräftigungsnorm mit der Eingangsformel:
„Sie bekräftigen im Bewusstsein Ihrer Verantwortung vor Gericht"
vorspricht und der Verpflichtete darauf spricht:
„Ja".
(3) § 481 Abs. 3, 5, § 483 gelten entsprechend.

257   **b) Begriff.** Die nach § 86 Abs. 1 bestehende umfassende Verpflichtung des Gerichts, den entscheidungserheblichen Sachverhalt zu erforschen, bedeutet, dass sich das Gericht hierbei aller zulässigen Beweismittel bedienen muss (BVerwG NVwZ 1989, 1057, 1058). Demzufolge ist auch die *Beteiligtenvernehmung* ein *Mittel zum Beweis streitiger Tatsachen.* Bei ihr sagt der Beteiligte zwar nicht als Zeuge, wohl aber wie ein Zeuge aus.[282] Sie ist durch § 96 Abs. 2 – wie bereits dessen Wortlaut ergibt – nicht ausgeschlossen. Die Beteiligtenvernehmung ist wie im Zivilprozess[283] aber auch im Verwaltungsstreitverfahren ein subsidiäres Beweismittel.[284] Die förmliche Beteiligtenvernehmung ist abzugrenzen von der informellen Befragung nach §§ 103 Abs. 3, 104 Abs. 1.[285]

---

282 Rosenberg/Schwab/*Gottwald* § 123 Rn. 3.
283 Dazu Rosenberg/Schwab/*Gottwald* § 123 Rn. 8.
284 Bereits BVerwG NVwZ 1985, 195; Buchholz 310 § 98 Nr. 4 und aus neuerer Zeit BVerwG Buchholz 310 § 98 VwGO Nr. 50; VGH BW 15.8.2017 – 1 S 1367/17, juris Rn. 15; sowie § 96 Rn. 46; aus dem Schrifttum *Ule* 284. A.M. *E. Kretschmer*, NJW 1965, 383, 384: Hauptbeweismittel.
285 Vgl. BVerwG Buchholz 310 § 98 VwGO Nr. 105.

Nach § 98 VwGO i.V.m. § 452 ZPO ist eine Parteiaussage nur dann zu beeidigen, wenn das Gericht 258
dies beschließt. Die Nichtbeeidigung bedarf demgegenüber keines besonderen Beschlusses, wenn kein
Antrag auf Beeidigung gestellt wurde (vgl. BVerwG NJW 1983, 2275).

c) Voraussetzungen. Wie bei den anderen Beweismitteln der VwGO hängt auch die Parteivernehmung 259
nicht von einem entsprechenden *Beweisantrag* ab.[286] Sie bedarf aber eines den Anforderungen
des § 359 ZPO genügenden Beweisbeschlusses.[287] Deshalb und weil die VwGO als Beteiligte auch Beigeladene und den VöI ansieht, kommt lediglich eine modifizierte, auf den Parteienprozess zugeschnittene Anwendung der §§ 450–455 ZPO in Betracht.[288] Namentlich § 452 Abs. 3 ZPO, wonach der
Gegner auf eine Beeidigung verzichten kann, ist für das Verwaltungsstreitverfahren ohne Belang. Vielmehr steht die *Beeidigung* in jedem Falle im *Ermessen* des Gerichts.[289] Weitere Besonderheiten der
Anwendung der ZPO-Bestimmungen werden unten bei den Anwendungsproblemen angesprochen.
Die Beteiligtenvernehmung als Beweismittel weist notwendig besondere Schwierigkeiten auf. Denn es 260
ist allgemein anerkannt, dass der förmlichen Aussage einer beteiligten Partei wegen deren Interesses
am Prozessausgang mit besonderer Zurückhaltung zu begegnen ist.[290]
Die förmliche Vernehmung eines Beteiligten ist deshalb *subsidiär*. Sie kommt zum einen dann in Be- 261
tracht, wenn für die Richtigkeit seiner Behauptung nach Überzeugung des Gerichts bereits eine gewisse Wahrscheinlichkeit besteht (VGH Mannheim NVwZ 1993, 72). Diese Sichtweise entspricht der zivilprozessualen Rspr.[291]
Eine Beteiligtenvernehmung ist zum anderen dann nicht ausgeschlossen, wenn die Beweisaufnahme 262
nach Ausschöpfung aller anderen Beweismittel Zweifel offen lässt.[292]

d) Verfahren. Drängt sich eine Partei- bzw. Beteiligtenvernehmung nach dem Ergebnis der Beweisauf- 263
nahme auf, übt das Gericht das ihm zustehende Ermessen fehlerhaft aus, wenn es von der Vernehmung ohne hinreichende Begründung absieht (BGH FamRZ 1987, 152).
Die Vernehmung eines Beteiligten entspricht im Wesentlichen der eines Zeugen, Unterschiede ergeben 264
sich hinsichtlich des Aussageverweigerungsrechts und bei der Beeidigung.
Die Aussage des Beteiligten muss *protokolliert* oder unter den Voraussetzungen des § 161 Abs. 1 ZPO 265
in vollem Wortlaut im Berufungsurteil wiedergegeben werden.[293]
Die zwingend vorgeschriebene Protokollierung der Parteivernehmung unterliegt nicht der Disposition 266
der Prozessbeteiligten (vgl. BVerwG NVwZ 1985, 182).
Gleichwohl kann das auf unterbliebener Protokollierung beruhende *Rügerecht* nach § 173 VwGO 267
i.V.m. § 295 ZPO *verloren* gehen.[294] Wird das Ergebnis einer Parteivernehmung nicht in der vorgeschriebenen Weise protokolliert, so kann dies nur in der nächsten (anschließenden) mündlichen Verhandlung, aber nicht mehr im Anschluss an die Verkündung des darauf ergehenden Urteils gerügt
werden (BVerwG NVwZ 1985, 182; NJW 1988, 579).
Nach §§ 450 ff. ZPO kann auch ein prozessunfähiger Beteiligter vernommen werden (BGH MDR 268
1964, 126).

6. Die amtlichen Auskünfte. a) Anwendbare Vorschriften der ZPO. In der ZPO ist die Einholung 269
einer amtlichen Auskunft als Beweismittel erwähnt (vgl. §§ 273 Abs. 2, 358 a, 437 Abs. 2 ZPO); sie ist
dort aber nicht Gegenstand einer ausdrücklichen Normierung.[295] Gleichwohl ist sie auch im Verwaltungsstreitverfahren – wofür allerdings bereits deren normative Anerkennung in den §§ 87 Abs. 1 S. 2

---

286 A.M. BVerwG 12.3.2014 – 5 B 48.13.
287 BVerwG NVwZ-RR 2014, 660, 662, Rn. 15; VGH BW 15.8.2017 – 1 S 1367/17, juris Rn. 15.
288 *H. Geiger,* in: Eyermann § 98 Rn. 32.
289 BVerwG Buchholz 310 § 98 VwGO Nr. 14 unter Berufung auf § 98 VwGO i.V.m. § 451 Abs. 1 S. 1 ZPO; *Baum-
     bach/Lauterbach/Albers/Hartmann* § 452 Rn. 5.
290 So VGH Mannheim NJW 1984, 2429, 2431: vgl. *Baumbach/Lauterbach/Albers/Hartmann* Übers. § 445 Rn. 7.
291 Vgl. BGH VersR 1976, 587 m.w.N.; NJW 1989, 3222; ebenso OLG Hamm VersR 1992, 49, notwendig, dass schon
     ein gewisser „Anbeweis" geliefert ist.
292 Vgl. BVerwG NVwZ 1985, 195; Buchholz 310 § 98 VwGO Nr. 12; Buchholz 310 § 98 VwGO Nr. 50 sowie → § 96
     Rn. 46.
293 Vgl. BVerwG NVwZ 1986, 748: Notwendigkeit der Protokollierung der Vernehmung des Wehrpflichtigen als Partei;
     BGHZ 40, 84; *H.-R. Mezger,* NJW 1961, 1701.
294 Bereits BVerwGE 50, 344; vertiefend zum Anwendungsbereich des § 295 ZPO im Verwaltungsprozess *B. Kohln-
     dorfer,* DVBl 1988, 474 ff., speziell zur unterbliebenen Protokollierung S. 476.
295 Vgl. BVerwG NJW 1988, 2491, 2492; *Baumbach/Lauterbach/Albers/Hartmann* Übers. § 373 Rn. 32.

Nr. 3 sowie § 99 spricht – ein anerkanntes Beweismittel (vgl. BVerwG NJW 1988, 2491; VGH München BayVBl 1996, 671).

270   **b) Begriff und Abgrenzungen.** Die Gewährung einer amtlichen Auskunft stellt die Beantwortung einer vom Gericht gestellten Frage durch einen Hoheitsträger dar.[296] Angesichts der Vielgestaltigkeit des Begriffs der Auskunft, ist einschränkend festzuhalten, dass hier die Auskunft gemeint ist, die zu Beweiszwecken und damit über Tatsachen eingeholt wird.[297]

271   Amtliche Auskünfte stellen zulässige und selbständige Beweismittel dar, die ohne förmliches Beweisverfahren im Wege des Freibeweises verwertet oder, wenn sie in einem anderen Verfahren eingeholt worden sind, im Wege des Urkundenbeweises herangezogen und gewürdigt werden können (BVerwG NJW 1986, 3221; 8.9.1997 – 9 B 401/97). Ihrer Verwertung im Verwaltungsprozess steht es auch nicht entgegen, dass sie bereits in einem Verwaltungsverfahren eingeholt wurden (BVerwG Buchholz 310 § 86 Abs. 1 VwGO Nr. 281).

272   Bedeutung hat die amtliche Auskunft als Beweismittel namentlich in der asylrechtlichen Rspr. erlangt.

273   Nach st. Rspr. des BVerwG stellen Auskünfte des Auswärtigen Amts in Asylsachen, auch wenn ihr Inhalt in einer gutachtlichen Äußerung besteht, wie es regelmäßig der Fall ist, zulässige und selbständige Beweismittel dar, die ohne förmliches Beweisverfahren im Wege des Freibeweises verwertet werden können.[298]

274   Amtliche Auskünfte können in mündlicher Form in der Verhandlung erteilt werden. Sie sind dann in das Sitzungsprotokoll aufzunehmen (BVerwG NJW 1988, 2491).

275   Eine amtliche Auskunft, die einen Zeugenbeweis ersetzen soll, darf allerdings mündlich nicht von einem Amtsträger erteilt werden, der bereits im Verwaltungsverfahren mitgewirkt hat. Der Amtsträger ist dann ggf. als Zeuge zu vernehmen (BVerwG NJW 1988, 2491).

276   Soll eine solche Auskunft an die Stelle eines Sachverständigengutachtens treten, so sind die Ablehnungsgründe der § 406 ZPO, § 54 Abs. 2, 3 VwGO zu beachten (BVerwG NJW 1988, 2491).

277   Die Anerkennung der amtlichen Auskunft als Beweismittel darf in beiden Fällen nicht dazu dienen, die verfahrensrechtlichen Sicherungen zu umgehen, die das Prozessrecht für den Zeugen- und Sachverständigenbeweis vorsieht (BVerwG NJW 1988, 2491).

278   In jedem Fall müssen eingeholte amtliche Auskünfte den Beteiligten zugänglich gemacht werden; andernfalls liegt ein Verstoß gegen Art. 103 Abs. 1 GG vor.

279   **7. Beiziehung von Akten.** Sie ist an sich kein selbständiges Beweismittel.[299] Wegen der ausdrücklichen Erwähnung in § 99 soll sie jedoch ebenfalls kurz angeführt werden. Die Befugnis des Gerichts hierzu steht ungeachtet des § 99 schon wegen Art. 35 Abs. 1 GG (zu dessen Bedeutung i.R. der Beiziehung von Akten → § 99 Rn. 8) außer Zweifel.[300]

280   Die beweismäßige Verwertung richtet sich danach, als was beigezogene Akten in den Prozess eingeführt werden.[301] I.d.R. dürfte es sich dabei um Urkunden handeln.

V. Sondertatbestände

281   **1. Das selbständige Beweisverfahren. a) Anwendbare Vorschriften der ZPO.** Durch § 98 in Bezug genommene Vorschriften über das selbständige Beweisverfahren finden sich in der ZPO in den §§ 485–494 ZPO. Sie lauten:

---

296 Vgl. *P. Kothe*, in: Redeker/v. Oertzen § 98 Rn. 19 m.w.N.
297 Vgl. *D. Kallerhof*, in: Stelkens/Bonk/Sachs § 26 Rn. 36.
298 Vgl. z.B. BVerwG NJW 1986, 3221 unter Hinweis auf die Normierungen in § 99 Abs. 1 S. 1, § 87 Abs. 3 VwGO i.V.m. § 273 Abs. 2 Nr. 2 ZPO; vgl. weiter BVerwG NVwZ 1986, 35; 1988, 1019; Buchholz 310 § 87 VwGO Nr. 4; aus der Rspr. der Berufungsgerichte etwa VGH Kassel MDR 1996, 418: Bei den Auskünften des Auswärtigen Amtes handelt es sich um Gutachten, die grds. beweisfähig sind, unter Berufung auf BVerwG 7.9.1993 – 9 B 509/93; zum Beweiswert von im Asylverfahren eingeholten Auskünften des Auswärtigen Amtes vgl. auch VGH München BayVBl 1996, 671: Erstrecken sich eingeholte Auskünfte des Auswärtigen Amtes über einen längeren Zeitraum und decken sie sich inhaltlich, so ermöglichen sie eine verlässliche Beurteilung.
299 *H. Geiger*, in: Eyermann § 98 Rn. 43.
300 Vgl. OLG Düsseldorf MDR 1992, 812; *Baumbach/Lauterbach/Albers/Hartmann* § 273 Rn. 14.
301 Vgl. *H. Geiger*, in: Eyermann § 98 Rn. 43: Urkunden oder Augenscheinsobjekte.

§ 485 ZPO Zulässigkeit

(1) Während oder außerhalb eines Streitverfahrens kann auf Antrag einer Partei die Einnahme des Augenscheins, die Vernehmung von Zeugen oder die Begutachtung durch einen Sachverständigen angeordnet werden, wenn der Gegner zustimmt oder zu besorgen ist, dass das Beweismittel verloren geht oder seine Benutzung erschwert wird.

(2) Ist ein Rechtsstreit noch nicht anhängig, kann eine Partei die schriftliche Begutachtung durch einen Sachverständigen beantragen, wenn sie ein rechtliches Interesse daran hat, dass
1. der Zustand einer Person oder der Zustand oder Wert einer Sache,
2. die Ursache eines Personenschadens, Sachschadens oder Sachmangels,
3. der Aufwand für die Beseitigung eines Personenschadens, Sachschadens oder Sachmangels
festgestellt wird. Ein rechtliches Interesse ist anzunehmen, wenn die Feststellung der Vermeidung eines Rechtsstreits dienen kann.

(3) Soweit eine Begutachtung bereits gerichtlich angeordnet worden ist, findet eine neue Begutachtung nur statt, wenn die Voraussetzungen des § 412 erfüllt sind.

§ 486 ZPO Zuständiges Gericht

(1) Ist ein Rechtsstreit anhängig, so ist der Antrag bei dem Prozessgericht zu stellen.

(2) Ist ein Rechtsstreit noch nicht anhängig, so ist der Antrag bei dem Gericht zu stellen, das nach dem Vortrag des Antragstellers zur Entscheidung in der Hauptsache berufen wäre. In dem nachfolgenden Streitverfahren kann sich der Antragsteller auf die Unzuständigkeit des Gerichts nicht berufen.

(3) In Fällen dringender Gefahr kann der Antrag auch bei dem Amtsgericht gestellt werden, in dessen Bezirk die zu vernehmende oder zu begutachtende Person sich aufhält oder die in Augenschein zu nehmende oder zu begutachtende Sache sich befindet.

(4) Der Antrag kann vor der Geschäftsstelle zu Protokoll erklärt werden.

§ 487 ZPO Inhalt des Antrags

Der Antrag muss enthalten:
1. die Bezeichnung des Gegners;
2. die Bezeichnung der Tatsachen, über die Beweis erhoben werden soll;
3. die Benennung der Zeugen oder die Bezeichnung der übrigen nach § 485 zulässigen Beweismittel;
4. die Glaubhaftmachung der Tatsachen, die die Zulässigkeit des selbständigen Beweisverfahrens und die Zuständigkeit des Gerichts begründen sollen.

§ 490 ZPO Entscheidung über den Antrag

(1) Über den Antrag entscheidet das Gericht durch Beschluss.

(2) In dem Beschluss, durch welchen dem Antrag stattgegeben wird, sind die Tatsachen, über die der Beweis zu erheben ist, und die Beweismittel unter Benennung der zu vernehmenden Zeugen und Sachverständigen zu bezeichnen. Der Beschluss ist nicht anfechtbar.

§ 491 ZPO Ladung des Gegners

(1) Der Gegner ist, sofern es nach den Umständen des Falles geschehen kann, unter Zustellung des Beschlusses und einer Abschrift des Antrags zu dem für die Beweisaufnahme bestimmten Termin so zeitig zu laden, dass er in diesem Termin seine Rechte wahrzunehmen vermag.

(2) Die Nichtbefolgung dieser Vorschrift steht der Beweisaufnahme nicht entgegen.

§ 492 ZPO Beweisaufnahme

(1) Die Beweisaufnahme erfolgt nach den für die Aufnahme des betreffenden Beweismittels überhaupt geltenden Vorschriften.

(2) Das Protokoll über die Beweisaufnahme ist bei dem Gericht, das sie angeordnet hat, aufzubewahren.

(3) Das Gericht kann die Parteien zur mündlichen Erörterung laden, wenn eine Einigung zu erwarten ist; ein Vergleich ist zu gerichtlichem Protokoll zu nehmen.

§ 493 ZPO Benutzung im Prozess

(1) Beruft sich eine Partei im Prozess auf Tatsachen, über die selbständig Beweis erhoben worden ist, so steht die selbständige Beweiserhebung einer Beweisaufnahme vor dem Prozessgericht gleich.
(2) War der Gegner in einem Termin im selbständigen Beweisverfahren nicht erschienen, so kann das Ergebnis nur benutzt werden, wenn der Gegner rechtzeitig geladen war.

§ 494 ZPO Unbekannter Gegner

(1) Wird von dem Beweisführer ein Gegner nicht bezeichnet, so ist der Antrag nur dann zulässig, wenn der Beweisführer glaubhaft macht, dass er ohne sein Verschulden außerstande sei, den Gegner zu bezeichnen.
(2) Wird dem Antrag stattgegeben, so kann das Gericht dem unbekannten Gegner zur Wahrnehmung seiner Rechte bei der Beweisaufnahme einen Vertreter bestellen.

282   Überwiegend sind die Vorschriften über das selbständige Beweisverfahren über § 98 auch im Verwaltungsprozess anwendbar (vgl. VGH Mannheim NVwZ-RR 1996, 125).

283   Ausnahmen ergeben sich indes für § 491 ZPO, da insoweit § 97 S. 1 die speziellere Vorschrift darstellt.[302] §§ 494 und 494 a ZPO finden im Verwaltungsstreitverfahren ebenfalls keine Anwendung. Für § 494 a ZPO folgt dies aus der Nichterwähnung in § 98.[303] Die Regelung in § 494 ZPO schließlich ist entbehrlich, weil der Beklagte in einem Verwaltungsstreitverfahren grds. feststellbar ist.[304]

284   **b) Begriff.**   Das selbständige Beweisverfahren, welches das frühere Beweissicherungsverfahren abgelöst hat,[305] bezweckt mit den prozessrechtlichen Beweismitteln[306] die rechtzeitige Klärung von Tatsachen vor dem drohenden Verlust (vgl. § 485 Abs. 1 ZPO).[307] Es dient aber − namentlich nach der Neuregelung im Jahre 1990 − auch der Prozessverhütung (vgl. § 492 Abs. 3 ZPO).[308]

285   Es kann *vor und während* eines *Urteilsverfahrens* stattfinden,[309] stellt indes ein eigenständiges Verfahren dar.[310] Zuständig ist das Prozessgericht oder das Gericht, das zur Entscheidung in der Hauptsache berufen wäre.[311] An die Stelle des in § 486 Abs. 3 ZPO genannten Amtsgerichts tritt das örtlich zuständige VG (OVG Schleswig NVwZ-RR 1992, 444).

286   Abzugrenzen ist das selbständige Beweisverfahren von Methoden unzulässiger Prozessführung, weil namentlich bei ihm die Gefahr unzulässiger Beweisausforschung nicht von der Hand zu weisen ist.[312] Das Beweisverfahren darf insbes. nicht dazu dienen, die Erfolgsaussichten einer Klage zu erkunden.[313]

287   Dessen ungeachtet kann zur Sicherung eines Beweises nach § 98 VwGO i.V.m. § 485 ZPO auch im Verwaltungsstreitverfahren − neben der Beweisaufnahme i.R. eines laufenden Verfahrens − ein selbständiges Beweisverfahren durchgeführt werden (VGH Mannheim NVwZ-RR 1996, 125; VG Gießen 31.10.1997 − 1 J 1071/97).

288   **c) Voraussetzungen.**   Voraussetzung hierfür ist zunächst ein Beweis*sicherungs*gesuch, dem ein öffentlich-rechtlicher Anspruch *des Antragstellers zugrunde liegt*.[314]

---

302   *H. Geiger*, in: Eyermann § 98 Rn. 39.
303   A.A. *P. Kothe* in: Redeker/v. Oertzen § 98 Rn. 17, der § 494 a entsprechend anwenden will, als dem Antragsteller auch von Amts wegen aufgegeben werden kann, den nach dem VwVfG oder der VwGO zulässigen Rechtsbehelf einzulegen oder einen entsprechenden Antrag zu stellen sowie *R. Rudisile*, in: Schoch/Schneider/Bier § 98 Rn. 286.
304   *H. Geiger*, in: Eyermann § 98 Rn. 39. Einzelheiten zu den in Bezug genommenen Vorschriften werden im Zusammenhang mit den Anwendungsfragen erörtert.
305   Durch das Rechtspflege-Vereinfachungsgesetz vom 17.12.1990, BGBl I 2847. Zu den wichtigsten Neuerungen *M. Cuypers*, NJW 1994, 1985 ff.
306   Vgl. OLG Hamm MDR 1994, 307; *Baumbach/Lauterbach/Albers/Hartmann* § 485 Rn. 3; zur Unzulässigkeit des Urkundenbeweises OLG Frankfurt NJW 1992, 2837.
307   Vgl. *Baumbach/Lauterbach/Albers/Hartmann* Übers. § 485 Rn. 1 mit der dem kanonischen Recht entnommenen einprägsamen Formulierung des „Beweis(es) zum ewigen Gedächtnis", a.a.O. → Rn. 1.
308   Vgl. BT-Drs. 11/3621, 1, 2 sowie *Schreiber*, NJW 1991, 2600.
309   Rosenberg/Schwab/*Gottwald* § 117 Rn. 1.
310   OLG Nürnberg NJW 1989, 235; s.a. OLG Bamberg NJW-RR 1995, 893; OLG München OLGZ 1982, 93; *G. Motzke*, BauR 1983, 501.
311   *A. Wegner*, in: Brandt/Sachs O Rn. 268; vgl. auch OVG Schleswig NVwZ-RR 1992, 444.
312   Vgl. *Baumbach/Lauterbach/Albers/Hartmann* Einf. § 284 Rn. 28.
313   OVG Schleswig NVwZ-RR 1992, 444; VGH Mannheim NVwZ-RR 1996, 125, 126; *A. Wegner*, in: Brandt/Sachs O Rn. 268.
314   *J. Hüttenbrink*, in: Kuhla/Hüttenbrink/Endler E Rn. 245.

Zulässig ist gem. § 98 VwGO i.V.m. § 485 ZPO ein durchgeführtes Beweisverfahren sowohl als Be- 289
weissicherungsverfahren (§ 485 Abs. 1 ZPO) als auch als sog. selbständiges Beweisverfahren (§ 485
Abs. 2 ZPO).[315] Entsprechend der unterschiedlichen Formulierung in § 485 Abs. 1 und Abs. 2 ZPO ist
hinsichtlich der weiteren Zulässigkeitsvoraussetzungen eines selbständigen Beweisverfahrens zu differenzieren.

Nach § 485 Abs. 1 ZPO kommt in Zivilprozessen neben oder während eines anhängigen Rechtsstrei- 290
tes die Durchführung eines selbständigen Beweisverfahrens nur in Betracht, wenn der Gegner zustimmt oder zu *besorgen* ist, dass das *Beweismittel verloren geht* oder seine Benutzung *erschwert* wird
(OLG Düsseldorf NJW-RR 1996, 510).

Dabei ist die Regelung über das Zustimmungserfordernis des Prozessgegners wegen des im Verwal- 291
tungsprozess geltenden Untersuchungsgrundsatzes ohne Bedeutung.

Das Verfahren nach § 485 Abs. 1 ZPO ist weiterhin dann zulässig, wenn ein *Beschleunigungsbedürf-* 292
nis besteht, weil andernfalls die Gefahr des Beweisverlustes bestünde.[316] Dies kann sich etwa aus einer
schweren Erkrankung oder einem hohen Alter eines Zeugen schwer ergeben.[317] Ein (weiteres) rechtliches Interesse an der Durchführung des Beweisverfahrens ist ebenso wenig erforderlich wie eine Prüfung, ob das Beweismittel für die Entscheidung im Hauptsacheprozess erheblich ist.[318]

Anders liegen die Dinge bei selbständigen Beweisverfahren, die vor Anhängigkeit des Rechtsstreits be- 293
antragt werden. Nach § 485 Abs. 2 ZPO kann eine Partei, wenn ein *Rechtsstreit noch nicht anhängig*
ist, die schriftliche Begutachtung durch einen Sachverständigen nur beantragen, wenn sie ein Interesse
daran hat, dass eine der in dieser Bestimmung näher bezeichneten Feststellungen getroffen wird (vgl.
OLG Düsseldorf NJW-RR 1996, 510). An das Vorliegen des gem. § 485 Abs. 2 ZPO erforderlichen
rechtlichen Interesses sind freilich keine überspannten Anforderungen zu stellen.[319] Insoweit gilt es
sich vor Augen zu halten, dass das Verfahren häufig gerade einen Prozess vermeiden hilft (vgl. OLG
Düsseldorf NJW-RR 1996, 510; vgl. weiter KG NJW-RR 1992, 574). Die Rspr. fasst deshalb den Begriff des „rechtlichen Interesses" weit, so dass es dem Gericht grds. auch verwehrt ist, bereits im Rahmen des selbständigen Beweisverfahrens eine Schlüssigkeits- oder Erheblichkeitsprüfung vorzunehmen.[320] Trotz der gebotenen weiten Interpretation kann das Vorliegen eines rechtlichen Interesses –
namentlich aufgrund der Berücksichtigung der Besonderheiten des Verwaltungsprozesses – aber auch
verneint werden.

So *fehlt* ein rechtliches Interesse für ein selbständiges Beweisverfahren i.d.R., *wenn* Fragen betroffen 294
sind, denen die Behörde im Widerspruchsverfahren i.R. der *Amtsermittlung* nachzugehen gehalten ist
(OVG Schleswig 22.1.1998 – 2 M 36/97; VGH Mannheim NVwZ-RR 2007, 574; VG Koblenz
8.6.2015 – 4 O 233/15.KO).

Das gem. § 98 VwGO i.V.m. § 485 Abs. 2 ZPO erforderliche rechtliche Interesse an der beantragten 295
schriftlichen Begutachtung *fehlt* darüber hinaus auch dann, *wenn* die von dem Sachverständigen zu
treffenden *Feststellungen* für die rechtlichen Beziehungen der Beteiligten ersichtlich *ohne Bedeutung*
sind.[321] Dabei ist jedoch – wie die Rspr. zu Recht herausgestellt hat – ein strenger Maßstab anzulegen,
da es nicht Sinn des selbständigen Beweisverfahrens ist, die Erfolgsaussichten eines möglichen Rechtsstreits zwischen den Beteiligten zu begutachten. Das erforderliche rechtliche Interesse kann den Antragstellern daher nur dann abgesprochen werden, wenn die betreffende Feststellung für einen solchen
Rechtsstreit offenkundig und nach jeder denkbaren Betrachtungsweise unerheblich ist (VGH Mannheim NVwZ-RR 1996, 125, 126). Es muss sich also um völlig eindeutige Fälle handeln, in denen evident ist, dass etwa der behauptete Anspruch keinesfalls bestehen kann.[322]

---

315 VG Gießen 31.10.1997 – 1 J 1071/97.
316 OLG Frankfurt VersR 1992, 1151. Vgl. OLG Düsseldorf NJW-RR 1996, 510. Die von *H. Geiger*, in: Eyermann
     § 98 Rn. 39 vertretene Gegenauffassung ist mit dem Wortlaut der Abs. 1, 2 des § 485 ZPO unvereinbar.
317 Vgl. OLG Nürnberg MDR 1997, 594 sowie etwa *Baumbach/Lauterbach/Albers/Hartmann* § 485 Rn. 7.
318 So ausdrückl. VGH Mannheim NVwZ-RR 1996, 125, 126. Die von *H. Geiger*, in: Eyermann § 98 Rn. 39 vertretene
     Gegenauffassung ist mit dem Wortlaut der Abs. 1, 2 des § 485 ZPO unvereinbar.
319 Vgl. *Baumbach/Lauterbach/Albers/Hartmann* § 485 Rn. 8 m.w.N.
320 BayVGH 22.5.2012 – 8 C 11.1657, juris Rn. 5 m.w.N.
321 VGH Mannheim NVwZ-RR 96, 125, 126; ebenso *H. Geiger*, in: Eyermann § 98 Rn. 39; BayVGH 10.10.2017 –
     15 C 14.1592, juris Rn. 9.
322 BayVGH 22.5.2012 – 8 C 11.1657, juris Rn. 5 m.w.N.

296   Die Regelung über den notwendigen *Inhalt des Antrags* auf Durchführung eines Beweisverfahrens in § 487 ZPO gilt im Verwaltungsprozess entsprechend.

297   Zunächst muss der Antrag auf Durchführung eines selbständigen Beweisverfahrens die *Bezeichnung der Tatsachen* enthalten, über die Beweis erhoben werden soll. Es müssen demnach – in groben Zügen – bestimmte Tatsachenbehauptungen als *beweisbedürftig* aufgestellt werden, da das Verfahren nicht zu einem Ausforschungsbeweis ausarten darf (VG Sigmaringen 24.2.1994 – A 9 K 10089/94). Ohne die Aufstellung bestimmter Tatsachenbehauptungen als beweisbedürftig kann das Gericht darüber hinaus auch nicht prüfen, ob es sich nicht um einen offenbar nutzlosen Beweisantrag handelt, der nicht zu einer Beweisaufnahme führen dürfte, da das Gericht dafür nicht in Anspruch genommen werden darf (→ Rn. 33 ff.).

298   Schließlich muss der Antrag nach § 487 Nr. 4 ZPO die *Glaubhaftmachung* der Tatsachen enthalten, die die Zulässigkeit des selbständigen Beweisverfahrens begründen sollen (VG Sigmaringen 24.2.1994 – A 9 K 10089/94). Hinsichtlich der Glaubhaftmachung gilt der Maßstab des § 294 ZPO. Zu der nach § 487 Nr. 4 ZPO erforderlichen Glaubhaftmachung der Tatsachen, gehört im Falle des § 485 Abs. 2 ZPO auch die Angabe des verfolgten Anspruchs und von Tatsachen, die diesbezüglich festgestellt werden sollen (VGH Mannheim VBlBW 1994, 57, 58).

298a   Das selbstständige Beweisverfahren ist mit dem Wesen und dem normativen Zuschnitt des gerichtlichen Disziplinarverfahrens nicht vereinbar. Denn für den in § 485 ZPO vorausgesetzten Fall, dass Beweismittel zu verloren gehen drohen, sieht, hier exemplarisch, § 25 LDG Brandenburg vor, dass das Disziplinarorgan schon im vorgerichtlichen Stadium des Disziplinarverfahrens Beweise auch zur Entlastung des Beamten sichert. Ferner kann der Beamte selbst durch einen Beweisantrag, über den das Disziplinarorgan gemäß § 25 Abs. 3 S. 1 LDG Brandenburg nach pflichtgemäßem Ermessen zu entscheiden hat, auf eine entsprechende Beweiserhebung hinwirken.[323]

299   **d) Verfahren und Rechtsmittel.** Für die Durchführung der Beweisaufnahme gelten dann gem. § 492 ZPO die allgemeinen Regeln, d.h. die vorsorgliche Beweisaufnahme erfolgt nach den für das betreffende Beweismittel geltenden Vorschriften (OLG Nürnberg NJW 1989, 235, 236).

300   Auch i.R. der Beweissicherung liegt eine Beweisvereitelung nur vor, wenn der beweisbelastete Beteiligte durch pflichtwidriges Handeln oder Unterlassen eines anderen Beteiligten in Beweisnot gerät. Ein Unterlassen der Beweissicherung durch den nicht beweisbelasteten Beteiligten stellt jedenfalls dann keine Beweisvereitelung dar, wenn der beweisbelastete Beteiligte den verloren gegangenen Beweis selbst hätte sichern können (BSG NJW 1994, 1303).

301   Ist die Beweisaufnahme im selbständigen Beweisverfahren durchgeführt und keine weitere Beweisaufnahme beantragt, ist das Ziel des Sonderverfahrens erreicht und das Beweissicherungsverfahren endet; damit entfällt auch die Hilfszuständigkeit des Gerichts, vor dem das Beweisverfahren durchgeführt wurde (OLG Nürnberg NJW 1989, 235). Ein Ablehnungsgesuch gegen einen Sachverständigen etwa vermag die Beweiserhebung dann nicht mehr zu verhindern (vgl. BGH NJW 1973, 699 sowie OLG Nürnberg NJW 1989, 235).

302   Der selbständigen Beweiserhebung kommt – wie § 493 Abs. 1 ZPO zeigt – die gleiche Wirkung wie einer Beweisaufnahme vor dem Gericht zu. Hinsichtlich der Voraussetzung dann eventuell notwendiger weiterer Beweiserhebungen gelten deshalb die allgemeinen Grundsätze.

303   Eine Kostengrundentscheidung ist im selbständigen Beweisverfahren nicht erforderlich.[324]

304   Die Rücknahme eines Antrags auf Durchführung des selbständigen Beweisverfahrens löst auch nicht die Kostenfolge des § 269 Abs. 3 S. 2 ZPO aus. Die Vorschrift ist auf das selbständige Beweisverfahren nicht – auch nicht analog – anwendbar (so OLG Koblenz NJW-RR 1996, 384).

305   Wird vorprozessual ein selbständiges Beweisverfahren durchgeführt, dessen Ergebnis im nachfolgenden Hauptverfahren eingeführt wird, so ist diese Beweisverwertung keine die Gebühr nach Vorbem. 3 Abs. 3, VV Nr. 3104 zum RVG auslösende Beweisaufnahme (vgl. OLG Koblenz NJW-RR 1994, 825).

306   Der Beschluss, durch den einem Beweissicherungsgesuch stattgegeben wird, ist gem. der auch im Verwaltungsprozess geltenden Vorschrift des § 490 Abs. 2 S. 2 ZPO unanfechtbar.

---

323   OVG Bln-Bbg 27.7.2016 – OVG 81 DB 1.16, BeckRS 2016, 49776, Rn. 3.
324   Vgl. OVG Schleswig NVwZ-RR 1992, 444; *A. Wegner*, in: Brandt/Sachs O Rn. 268.

Wird der Antrag hingegen abgelehnt, ist die Beschwerde gegeben. § 146 Abs. 2 gilt hier nicht. Die Be- 307
sonderheiten des Verwaltungsprozesses erfordern keinen Ausschluss der auch im Zivilprozess statthaften Beschwerdemöglichkeit (so zu Recht OVG Münster NJW 1969, 1318, 1319).

2. Die schlichte Anhörung der Beteiligten. Kein eigentliches klassisches Beweismittel ist die schlichte 308
Anhörung der Beteiligten. Dass sie stets zulässig ist und dass ohne sie kein Prozess „laufen" würde,
bedarf an sich keiner Erwähnung.

Bedeutung kommt ihr aber namentlich in Abgrenzung zur Parteivernehmung zu (→ Rn. 254 ff.).[325] 309
Denn es ist nicht ausgeschlossen und auch nicht unzulässig, dass das Gericht Erklärungen, die ein Beteiligter i.R. einer Anhörung abgibt, bei der Entscheidungsfindung würdigt. Freilich entsteht hierdurch
das Problem sachgerechter Abgrenzungskriterien. Insoweit gilt als Faustformel, dass die Anhörung lediglich der Klarstellung oder Ergänzung des Parteivorbringens dient, dass sie aber kein Beweismittel
darstellt und die Beteiligtenvernehmung auch nicht ersetzen kann (BVerwG NJW 1981, 1748).

Bei Widersprüchen oder Änderungen des Beteiligtenvortrags kann, nicht zuletzt um dem Beteiligten 310
i.R. einer eindringlicheren Vernehmung Gelegenheit zu geben, bestehende Widersprüche zu beseitigen,
eine Verpflichtung des Gerichts zur Durchführung einer Beteiligtenvernehmung entstehen (BVerwG
NVwZ 1989, 1057, 1058).

Verstößt das Gericht hiergegen, würdigt also das Gericht die Anhörung eines Beteiligten so, wie es 311
dessen Vernehmung hätte würdigen dürfen, verkennt es den Unterschied zwischen Anhörung und Vernehmung i.R. seiner Beweiswürdigung (BVerwG NJW 1981, 1748). Die Entscheidung des Gerichts ist
dann nicht rechtsmittelsicher (BVerwGE 17, 127, 129).

§ 99 [Vorlage- und Auskunftspflicht der Behörden]

(1) [1]Behörden sind zur Vorlage von Urkunden oder Akten, zur Übermittlung elektronischer Dokumente und zu Auskünften verpflichtet. [2]Wenn das Bekanntwerden des Inhalts dieser Urkunden, Akten, elektronischen Dokumente oder dieser Auskünfte dem Wohl des Bundes oder eines Landes Nachteile bereiten würde oder wenn die Vorgänge nach einem Gesetz oder ihrem Wesen nach geheim gehalten werden müssen, kann die zuständige oberste Aufsichtsbehörde die Vorlage von Urkunden oder
Akten, die Übermittlung der elektronischen Dokumente und die Erteilung der Auskünfte verweigern.

(2) [1]Auf Antrag eines Beteiligten stellt das Oberverwaltungsgericht ohne mündliche Verhandlung
durch Beschluss fest, ob die Verweigerung der Vorlage der Urkunden oder Akten, der Übermittlung
der elektronischen Dokumente oder der Erteilung von Auskünften rechtmäßig ist. [2]Verweigert eine
oberste Bundesbehörde die Vorlage, Übermittlung oder Auskunft mit der Begründung, das Bekanntwerden des Inhalts der Urkunden, der Akten, der elektronischen Dokumente oder der Auskünfte würde dem Wohl des Bundes Nachteile bereiten, entscheidet das Bundesverwaltungsgericht; Gleiches gilt,
wenn das Bundesverwaltungsgericht nach § 50 für die Hauptsache zuständig ist. [3]Der Antrag ist bei
dem für die Hauptsache zuständigen Gericht zu stellen. [4]Dieses gibt den Antrag und die Hauptsacheakten an den nach § 189 zuständigen Spruchkörper ab. [5]Die oberste Aufsichtsbehörde hat die nach
Absatz 1 Satz 2 verweigerten Urkunden oder Akten auf Aufforderung dieses Spruchkörpers vorzulegen, die elektronischen Dokumente zu übermitteln oder die verweigerten Auskünfte zu erteilen. [6]Sie ist
zu diesem Verfahren beizuladen. [7]Das Verfahren unterliegt den Vorschriften des materiellen Geheimschutzes. [8]Können diese nicht eingehalten werden oder macht die zuständige Aufsichtsbehörde geltend, dass besondere Gründe der Geheimhaltung oder des Geheimschutzes der Übergabe der Urkunden oder Akten oder der Übermittlung der elektronischen Dokumente an das Gericht entgegenstehen,
wird die Vorlage oder Übermittlung nach Satz 5 dadurch bewirkt, dass die Urkunden, Akten oder
elektronischen Dokumente dem Gericht in von der obersten Aufsichtsbehörde bestimmten Räumlichkeiten zur Verfügung gestellt werden. [9]Für die nach Satz 5 vorgelegten Akten, elektronischen Dokumente und für die gemäß Satz 8 geltend gemachten besonderen Gründe gilt § 100 nicht. [10]Die Mitglieder des Gerichts sind zur Geheimhaltung verpflichtet; die Entscheidungsgründe dürfen Art und Inhalt
der geheim gehaltenen Urkunden, Akten, elektronischen Dokumente und Auskünfte nicht erkennen

---

325 Zur Abgrenzung BVerwG Buchholz 448.6 § 14 KDVG Nr. 7.

lassen. [11]Für das nichtrichterliche Personal gelten die Regelungen des personellen Geheimschutzes. [12]Soweit nicht das Bundesverwaltungsgericht entschieden hat, kann der Beschluss selbständig mit der Beschwerde angefochten werden. [13]Über die Beschwerde gegen den Beschluss eines Oberverwaltungsgerichts entscheidet das Bundesverwaltungsgericht. [14]Für das Beschwerdeverfahren gelten die Sätze 4 bis 11 sinngemäß.

Schrifttum

1. Monographien und Beiträge in Sammelwerken: *A. Dubach*, Das Recht auf Akteneinsicht, 1990; *C. Gusy*, Grundrechte und Verfassungsschutz, 2011; *W. Höfling/H. Lang*, Das Selbstbestimmungsrecht. Normativer Bezugspunkt im Arzt-Patienten-Verhältnis, in: Günter Feuerstein, Neo-paternalistische Medizin. Der Mythos der Selbstbestimmung im Arzt-Patienten-Verhältnis, 1999, 2; *K. Nehm*, Die Akteneinsicht des inhaftierten Beschuldigten, in: Der verfahße Rechtsstaat. Festgabe für Karin Graßhof, 1998, 239; *F. Schoch*, Vorläufiger Rechtsschutz und Risikoverteilung im Verwaltungsrecht, 1988; *K. Sobota*, Das Prinzip Rechtsstaat, 1997; *G. Trantas*, Akteneinsicht und Geheimhaltung im Verwaltungsrecht: eine vergleichende Untersuchung zum deutschen und französischen Verwaltungsverfahrensrecht, 1995; *J. Wilibrand*, Gesetzlicher Regelungsbedarf von umweltrechtlichen Betriebs- und Geschäftsgeheimnissen: daten- und informationsrechtliche Überlegungen zur Neuregelung von § 99 VwGO, 2006.

2. Beiträge in Zeitschriften: *W. Berg*, Daten- und Geheimnisschutz als Schranke von Betrugsbekämpfung und Kontrollen, insbesondere im Agrar- und Lebensmittelrecht, WiVerw 1996, 171; *U. Berlit*, Elektronische Verwaltungsakten und verwaltungsgerichtliche Kontrolle, NVwZ 2015, 197; *A. Beutling*, Neue Wege im Verwaltungsprozess – das „in camera"-Verfahren, DVBl 2001, 1252; *T. Bosch*, Akteneinsichtsrechte vor Gericht zum Zweiten – Das BVerwG setzt Maßstäbe für das Verfahren nach § 99 VwGO, K&R 2004, 67; *R. Breuer*, Schutz von Betriebs- und Geschäftsgeheimnissen im Umweltrecht, NVwZ 1986, 171; *Ch. Bickenbach*, Das in camera Verfahren, BayVBl 2003, 295; *St. Biendl*, Neue Berufsverbote, FoR 2003, 28; *T. Cosack/S. Tomerius*, Betrieblicher Geheimnisschutz und Interesse des Bürgers an Umweltinformationen bei der Aktenvorlage im Verwaltungsprozeß, NVwZ 1993, 841; *E. Czaschke*, Einsicht in die Gefangenenpersonalakten, NStZ 1983, 441; *F. Czermak*, Die Behördenakten im Verwaltungsprozeß, DVBl 1969, 612; *R. Engel*, Der freie Zugang zu Umweltinformationen nach der Informationsrichtlinie der EG und der Schutz von Rechten Dritter, NVwZ 1992, 111; *H.-U. Evers*, Rechtsschutz und Verfassungsschutz, ZRP 1980, 110; *W. Ewer*, Aktuelle Neuregelungen im Verwaltungsprozessrecht, NJW 2007, 3171; *K. Fischer/J. Fluck*: Informationsfreiheit versus Betriebs- und Geschäftsgeheimnisse, NVwZ 2013, 337; *B. Flümann*, Die Vorlage von Akten nach § 99 VwGO im Rahmen von Auskunftverlangen aus Kriminalakten, NJW 1985, 1452; *K. F. Gärditz/J. Orth*, Geheimnisschutz im Verwaltungsprozess, JuS 2010, 317; *E. Gurlit*, Europa auf dem Weg zur gläsernen Verwaltung?, ZRP 1989, 253; *dies.*, Informationsfreiheit und Verschwiegenheitspflichten der BaFin, NZG 2014, 1161; *E. Joester*, Akteneinsicht in Gefangenenpersonalakten in Strafvollzugssachen durch den Verteidiger oder Gefangenen, StV 1981, 80; *M. Klug*, Zum in-camera-Verfahren nach § 99 VwGO, EWiR 2004, 37; *D. König*, Das Umweltinformationsgesetz – ein Modell für mehr Aktenöffentlichkeit?, DÖV 2000, 45; *N. Kollmer*, Klage auf Umweltinformation nach dem neuen Umweltinformationsgesetz (UIG), NVwZ 1995, 858; *L. Knopp*, Verwaltungsprozessuale Neuerungen durch das Gesetz zur Bereinigung des Rechtsmittelrechts, DÖV 2003, 24; *W. Kuhla*, Neuregelungen in der VwGO durch das Gesetz zur Bereinigung des Rechtsmittelrechts im Verwaltungsprozess, DVBl 2002, 85; *H. Lang*, Knappheitsentscheidungen im Sozialrecht. Zum Rechtsschutzdefizit gegenüber transplantationsrechtlichen Entscheidungen, VSSR 2002, 21; *O. Langner/ H.-P. Schmieszek*, Voraussetzungslose Auskunft von der Bundesanstalt für Finanzdienstleistungsaufsicht (BaFin) – Schrecken ohne Ende oder ein Ende mit Schrecken?, WM 2016, 1723; *G. Laudemann*, Das Gesetz zur Bereinigung des Rechtsmittelrechts, NJ 2002, 68; *J. Margedant*, Das „in camera"-Verfahren, NVwZ 2001, 759; *T. Mayen*, Geheimschutz im Gerichtsverfahren, AnwBl 2002, 495; *ders.*, Verwertbarkeit von geheim gehaltenen Verwaltungsvorgängen im gerichtlichen Verfahren?, NVwZ 2003, 537; *W. Neumann*, In-camera-Verfahren vor den Verwaltungsgerichten, DVBl 2016, 473; *J. Oster*, Die Verwertbarkeit in camera gewonnener Informationen, DÖV 2004, 916; *C. Paur*, Grundrechte und Verfassungsschutz, SächsVBl. 2010, 1; *A. Pentz*, Keine Akteneinsicht im Prozeßkostenhilfeverfahren, NJW 1983, 1037; *J. Raabe*, Wo drückt der Schuh? Handlungsbedarf im Verwaltungsprozessrecht, ZRP 2004, 108; *M. Redeker/P. Kothe*, Aktenvorlage- und Auskunftverweigerung contra effektiver Rechtsschutz, VBlBW 2001, 337; *dies.*, Die Neuregelung zur Überprüfung verweigerter Aktenvorlage im Verwaltungsprozess, NVwZ 2002, 313; *K. Rieke*, Projekt „Elektronische Akte". in: DRiZ 2007, 139; *W. Roth*, Rückforderung vorgelegter Akten bei nachträglicher Vorlageverweigerung im Verwaltungsprozess, NVwZ 2003, 544; *F. Schemmer*, Das in-camera-Verfahren nach § 99 Abs. 2 VwGO, DVBl. 2011, 323; *J. Scherer*, Urteilsanmerkung, NJW 1978, 237; *H.-P. Schneider*, Rechtsschutz und Verfassungsschutz, NJW 1978, 1601; *F. Schoch*, Verselbstständigung des „in camera"-Verfahrens im Informationsfreiheitsrecht?, NVwZ 2012, 85; *A. Schoreit*, Verwaltungsstreit um Kriminalakten, NJW 1985, 169; *H. Schultze-Fielitz*, Das Bundesverfassungsgericht im Netz seiner Rechtsprechung, DVBl 1982, 328; *M.-J. Seibert*, Änderungen der VwGO durch das Gesetz zur Bereinigung des Rechtsmittelrechts im Verwaltungsprozess, NVwZ 2002, 265; *B. Sokol*, Datenschutz versus Informationszugang?, DuD 1997, 380; *T. Spiegels*, Das Geheimverfahren (in camera) nach § 99 Abs. 2 VwGO und der Geheimschutz – So viel Information wie möglich, so viel Geheimschutz wie nötig, VBlBW 2004, 208; *J. Vahle*, Der Verwaltungsgerichtsprozess: Grundlagen und Anwendungsbeispiele. DVP 2007, 1; *U. Ziegler*, Die gerichtliche Kontrolle der Geheimhaltungsmittel der Exekutive, ZRP 1988, 25; *J. Ziekow*, Die Pflicht der Behörden zur Gewährung von Informationen an die Verwaltungsgerichte, BayVBl 1992, 132.

I. Entstehungsgeschichte

Ähnlich wie bei der Regelung des Akteneinsichtsrechts konnte der Gesetzgeber auch i.R.d. § 99 auf – 1
den Gedanken effektiver Rechtsschutzgewährung indes z.T. ganz erheblich unterminierende – Vorläuferbestimmungen zurückgreifen.[1] Der Regierungsentwurf zur VwGO vom 5.12.1957 enthielt in § 100 Abs. 1 eine sachlich der heutigen Normierung des behördlichen Verweigerungsrechts in § 99 Abs. 1 vergleichbare Regelung.[2] In der Begründung des Entwurfs war dazu ausgeführt, das öffentliche Interesse an der Wahrheitsfindung durch das Gericht und das an der Geheimhaltung bestimmter Tatsachen, insbes. solcher die das Staatswohl beträfen, könnten kollidieren. Die Entscheidung über das Erfordernis der Geheimhaltung könne auch nicht dem Gericht übertragen werden. Denn es gebe Dinge, die selbst dem Gericht nicht unterbreitet werden könnten. Zudem handle es sich insoweit häufig um politische Fragen, deren Entscheidung ohnehin nicht Aufgabe der Gerichte sei.[3]

Die Formulierung des § 99 Abs. 2 ist durch Art. 1 Nr. 12 des RmBereinVpG im Verwaltungsprozess 2 vom 20.12.2001 (BGBl I 3987) vollständig neu gefasst worden. Der Gesetzgeber des Jahres 2001 hat sich – angestoßen und auf Druck der bundesverfassungsgerichtlichen Entscheidung zur teilweisen Unvereinbarkeit des § 99 Abs. 2 (a.F.) mit Art. 19 Abs. 4 GG (vgl. BVerfGE 101, 106 ff.) – nunmehr bemüht, die seit jeher mit der Regelung in § 99 Abs. 2 (a.F.) verbundenen rechtsstaatlichen Zweifel (→ § 100 Rn. 12)[4] zu beseitigen und den Rechtsschutz des mit einer Vorlageverweigerung konfrontierten Beteiligten durch die Einführung eines sog. in-camera Verfahrens zu effektivieren. Ein „in-camera"-Verfahren zeichnet sich dadurch aus, dass die geheimhaltungsbedürftigen Akten nur gegenüber dem Gericht offen gelegt werden, das dann in eine vollständige Rechtmäßigkeitsprüfung über die Aktenverweigerung eintritt.

Mit der Einführung des in-camera Verfahrens in § 99 Abs. 2 wurden zwei weitere Änderungen der 3 VwGO notwendig. Zum einen wurde § 4 um S. 2 ergänzt und dabei das Jährlichkeitsprinzip der § 4 S. 1 VwGO, § 21 e Abs. 1 S. 2 GVG in personeller Hinsicht durchbrochen (vgl. BT-Drs. 14/7474, 14). Zum anderen bestimmt § 189, dass für die nach § 99 Abs. 2 zu treffenden Entscheidungen bei den OVG und beim BVerwG Fachsenate zu bilden sind (vgl. die Komm. zu § 189).

Das Gesetz erfasst zwei Fallkonstellationen. Von Anfang an unstreitig war der Fall, dass mit der Klage 4 in der Hauptsache ein materiell-rechtlicher Anspruch auf Einsicht in die umstrittenen Akten geltend gemacht wird (vgl. BVerfGE 101, 106 ff.; aus neuerer Zeit etwa BVerwG NVwZ 2008, 554 sowie BVerwG 18.6.2008 – 20 F 44/07, juris Rn. 4). Darüber hinaus werden entgegen der Intention des ursprünglichen Gesetzesentwurfs (vgl. BT-Drs. 14/6393, 8) auch Fallkonstellationen erfasst, in denen

---

1 Vgl. bereits § 108 Abs. 2 S. 2 LVO Thüringen vom 10.6.1926, GS 177 sowie als mehr oder minder deutliche Vorbilder der VwGO z.B. das Gesetz Nr. 39 über die Verwaltungsgerichtsbarkeit in Bayern vom 25.9.1946, GVBl I 281, dort §§ 65 Abs. 2 und 68. Dem entsprachen die Normierungen in Bremen (Gesetz über die Verwaltungsgerichtsbarkeit in Bremen vom 5.8.1947, GBl 171, dort §§ 65 Abs. 2, 68), Baden-Württemberg (Gesetz über die Verwaltungsgerichtsbarkeit in Baden-Württemberg vom 12.5.1948, GBl I 131, dort § 65 Abs. 2), Rheinland-Pfalz (Gesetz über die Verwaltungsgerichtsbarkeit in Rheinland-Pfalz vom 20.4.1950, GVBl I 103, dort § 62 Abs. 2) sowie § 70 Abs. 2 der Verordnung Nr. 165 über die Verwaltungsgerichtsbarkeit in der britischen Zone vom 15.9.1948, VOBl BZ 1948, 263 und § 44 Abs. 1–3 des BVerwGG (Gesetz über das Bundesverwaltungsgericht vom 23.9.1952, BGBl I 625), die allerdings sämtlich keine gerichtliche Kontrolle der behördlichen Entscheidung vorsahen.
2 Vgl. Entwurf der Bundesregierung einer VwGO vom 5.12.1957, BT-Drs. 3/55, 14.
3 Vgl. die Begründung zum Entwurf der Bundesregierung einer VwGO vom 5.12.1957, BT-Drs. 3/55 Besonderer Teil S. 41.
4 S.a. aus dem vor der Neufassung erschienenen Schrifttum etwa B. Sokol, DuD 1997, 380, 381 (verfassungsgemäß); im Blick auf europarechtliche Implikationen das Verfahren bejahend auch E. Gurlit, ZRP 1989, 253, 257; ähnl. N. Kollmer, NVwZ 1995, 858, 863, der zwar das „in-camera"-Verfahren ablehnt, aber im Hinblick auf die Gefahr des Ausspähens von Betriebsgeheimnissen für eine Möglichkeit plädiert, der Behörde die Aktenvorlage unter der Bedingung zu gestatten, dass sie nicht dem Recht des § 100 unterläge; abl. gegenüber den „in-camera"-Verfahren T. Cosack/S. Tomerius, NVwZ 1993, 841, 844 f.: mit Art. 103 Abs. 1 GG sowie dem Grundsatz der Öffentlichkeit des Gerichtsverfahrens unvereinbar.

von den Kriterien des § 99 Abs. 1 erfasste Akten für die Entscheidung eines anderen Streitgegenstands entscheidungserheblich sind und zurückgehalten werden.[5]

5   Die aktuelle Fassung entstand durch das Gesetz über die Verwendung elektronischer Kommunikationsformen in der Justiz (Justizkommunikationsgesetz – JKomG) vom 22.3.2005 (BGBl I 837), wobei die Änderungen die Vorschrift der Möglichkeit des elektronischen Rechtsverkehrs anpassen, sodass sich der Regelungsgehalt des § 99 nun ausdrücklich auf elektronische Dokumente bezieht (BT-Drs. 15/4067, 39).

II. Überblick

6   § 99 steht in engem Zusammenhang mit dem in § 100 normierten Anspruch auf Akteneinsicht (zum Zusammenspiel zwischen § 99 und § 100 → § 100 Rn. 4). Während § 100 das Akteneinsichtsrecht des Bürgers enthält, stellt sich § 99 Abs. 1 S. 1 als Befugnisnorm des Gerichts dar, die ihm die Möglichkeit eröffnet, der in § 86 statuierten Pflicht zur umfassenden Ermittlung des Sachverhalts von Amts wegen gerecht zu werden.[6] Dazu legt die Vorschrift den Behörden eine Verpflichtung auf, den VG amtliche Auskünfte zu erteilen und Akten oder Urkunden vorzulegen. S. 2 enthält sodann eine enumerative Aufzählung[7] von Ausnahmetatbeständen, in denen die Behörde von den Pflichten des S. 1 suspendiert werden kann. Dieses Vorlageverweigerungsrecht der Behörde begrenzt die Untersuchungsmöglichkeiten des Gerichts.[8] Abs. 2 schließlich stellt ein nunmehr effektiviertes Verfahren zur gerichtlichen Kontrolle der angeführten Weigerungsrechte zur Verfügung. In diesem Verfahren wird allerdings durch § 99 Abs. 2 S. 9 ein etwa bestehendes Akteneinsichtsrecht nach § 100 ausdrücklich ausgeschlossen (→ Rn. 60).

7   Nach nahezu einhelliger Auffassung findet die Pflicht der Verwaltungsbehörden, den VG Akten vorzulegen, in dem einfachrechtlich in § 14 und verfassungsrechtlich in Art. 35 GG fundierten Gebot der Amtshilfe ihre Grundlage.[9] § 99 steht darüber hinaus als Konkretisierung des Art. 35 GG aber auch mit dem Rechtsstaatsprinzip in engem Zusammenhang.[10] Dies zunächst deshalb, weil die Norm der rechtsprechenden Gewalt bei ihrer Aufgabenerfüllung die Befugnis eröffnet, frei von Einwirkungen anderer Staatsorgane darüber befinden zu können, welche Beweismittel zur Aufklärung des Sachverhalts notwendig sind.[11] Gegenüber dem in § 99 normierten umfassenden Vorlageanspruch kommt dem Rechtsstaatsprinzip aber auch eine begrenzende Funktion zu, da es nicht zuletzt zum Schutz von Grundrechten die in Abs. 1 S. 2 normierten Voraussetzungen eines Vorlageverweigerungsrechts erzwingt[12] und in Abs. 2 die Frage, ob die gesetzlichen Voraussetzungen für die Verweigerung gegeben sind, auf Antrag eines Beteiligten der gerichtlichen Entscheidung unterwirft.[13]

III. Anwendungsfragen

8   **1. Grundregel.** Nach der Grundregel des Abs. 1 S. 1 obliegt den Behörden eine Verpflichtung zur Vorlage von Urkunden oder Akten und zur Erteilung von Auskünften. Adressaten des Vorlageverlangens sind demnach Behörden. Ausweislich des eindeutigen Wortlauts richtet sich § 99 nicht an andere Gerichte. Diese sind zur Amts- und Rechtshilfe nach Maßgabe des § 14 verpflichtet.[14] Außerhalb dessen lässt sich etwa im Zivilprozess keine Aktenvorlage aus § 99 herleiten.[15] Friktionen mit diesem Grund-

---

5   *M. Redeker/P. Kothe*, NVwZ 2002, 313, 314; *M.-J. Seibert*, NVwZ 2002, 265, 270. Durchgesetzt hat sich damit weitgehend die sog. bayerische Variante des „in-camera"-Verfahrens, dazu BR-Drs. 600/00; dieses Modell war auch im Rechtsausschuss befürwortet worden, BT-Drs. 14/7474, 14.

6   Vgl. BVerwG Buchholz 310 § 99 Nr. 16 (S. 3): „... spezielle Ausformung der gerichtlichen Sachaufklärung ..."; *J. Ziekow*, BayVBl 1992, 132; s.a. *B. Flümann*, NJW 1985, 1452: „Ausfluss der in § 86 Abs. 1 VwGO niedergelegten Untersuchungsmaxime"; BayVGH ZD 2015, 329, 330; s.a. BVerwG ZD 2016, 239, 240.

7   Zum abschließenden Charakter des Abs. 1 S. 2 *Kopp/Schenke* § 99 Rn. 13.

8   *J. Ziekow*, BayVBl 1992, 132, 133.

9   Vgl. BVerwGE 30, 154, 157 m.w.N.; VGH Kassel NJW 1985, 216; *J. Ziekow*, BayVBl 1992, 132; *Brandt/Sachs* unter O Rn. 128; *J. Hüttenbrink*, in: Kuhla/Hüttenbrink/Endler E Rn. 138.

10   *W. Erbguth*, in: Sachs Art. 35 Rn. 4.

11   Vgl. BVerfGE 57, 250, 287; VG Frankfurt NJW 1991, 120, 122; *Kopp/Schenke* § 99 Rn. 1a.

12   Vgl. *H. Schultze-Fielitz*, DVBl 1982, 328, 338.

13   Dazu *Klinger* § 99 Anm. A.1.

14   Vgl. *H. Geiger*, in: Eyermann § 99 Rn. 2.

15   BVerwGE 30, 154, 156. Gleiches gilt für ein Akteneinsichtsrecht nach § 100, vgl. BVerwG a.a.O.

satz ergeben sich aber, wenn i.R. der Vorbereitung eines Schadensersatzprozesses im vorgreiflichen Verwaltungsprozess Akteneinsicht beantragt wird.[16]

Zur weiteren Bestimmung des Behördenbegriffs kann auf das VwVfG (vgl. etwa § 1 Abs. 4 VwVfG des Bundes) zurückgegriffen werden.[17] Behörden sind deshalb alle Stellen, die Aufgaben der öffentlichen Verwaltung wahrnehmen. Neben den Organen juristischer Personen des öffentlichen Rechts kommen auch mit der Ausübung hoheitlicher Befugnisse Beliehene in Betracht.[18]   9

Umstr. ist, ob das auf § 99 gestützte Vorlageverlangen auch gegenüber gemischtwirtschaftlich organisierten Rechtsträgern in Ansatz gebracht werden kann. Nach einer Auffassung ist dies nicht zuletzt angesichts des Wortlauts des § 99 zu verneinen. Von der öffentlichen Hand kontrollierte, aber privatrechtlich organisierte Rechtsträger stellten keine Behörden dar; zudem würde für sie die VwGO nicht gelten.[19] Nach der im Schrifttum vertretenen Gegenansicht fordert der Zweck des § 99 eine Anwendung auch auf von der öffentlichen Hand kontrollierte Rechtsträger.[20]   10

Zutreffend dürfte sein, bei der Frage der Anwendung der Norm auf die Beteiligungsverhältnisse abzustellen. Wird der privatrechtlich organisierte Rechtsträger zu 100 % staatlich kontrolliert, stehen einer Anwendung des § 99 keine Bedenken entgegen. Andernfalls könnte sich die Behörde prozessualer Bindungen, die bei einer öffentlich-rechtlichen Rechtsträgerschaft bestünden, durch eine formale Übernahme privatrechtlicher Organisationsformen entledigen. Anders ist demgegenüber zu entscheiden, wenn an dem fraglichen Rechtsträger auch Private beteiligt sind, da hier die zivilrechtliche Ausgestaltung keine formale, sondern eine materielle Ausrichtung erhalten hat. Hierfür ist es ohne Belang, ob die öffentliche Hand insoweit gegenüber den privaten Anteilen eine Mehrheit hat. § 99 ist nach dem Gesagten Ausprägung des Amtshilfegrundsatzes. Zur Amtshilfe können nur Hoheitsträger verpflichtet werden. Gegenüber den in einem gemischtwirtschaftlichen Unternehmen beteiligten Privaten stellt sich die Realisierung des Herausgabeverlangens nicht als Ausprägung ihrer Amtshilfeverpflichtung, sondern als Eingriff dar. Dem kann nicht mit dem Einwand begegnet werden, der Zweck der Regelung erfordere eine solche Ausdehnung,[21] weil insoweit vorausgesetzt wird, was erst bewiesen werden soll.   11

Unbestritten ist, dass § 99 sich nicht in einer innerprozessualen Wirkung erschöpft. Behörden im Sinne der Vorschrift sind deshalb nicht lediglich die am Rechtsstreit unmittelbar Beteiligten.[22] Adressaten des Anspruchs nach Abs. 1 S. 1 können vielmehr auch andere Behörden sein, deren Urkunden, Akten oder Auskünfte als Beweismittel infrage kommen (VGH Kassel NJW 1985, 216).   12

Gegenstand des Vorlage- bzw. Auskunftsverlangens sind ausweislich des Wortlauts zunächst Urkunden und in gewisser Tautologie dazu Akten (Akten sind ja ebenfalls Urkunden), sowie die Erteilung von Auskünften (zum Begriffsverständnis von Akten, Urkunden bzw. der Erteilung von Auskünften vgl. die Komm. zu § 98). Nach Sinn und Zweck des § 99 Abs. 1 S. 1 sind nur solche Verwaltungsvorgänge vorlagepflichtige Akten – der Begriff selbst ist gesetzlich nicht definiert –, deren Inhalt der umfassenden Sachaufklärung durch das Gericht der Hauptsache dienen kann (OVG Saarlouis 1.8.2016 – 8 F 173/16, BeckRS 2016, 50310, Rn. 7; BVerwG NVwZ 2004, 485, 486). Ist die Vorlage der Akten selbst Gegenstand des Rechtsstreits und hängt nach der Rechtsauffassung des Gerichts die Entscheidung über das Klagebegehren von der Kenntnis des Akteninhalts ab, können grds. – vorbehaltlich des Vorliegens etwaiger Weigerungsgründe i.S.v. Abs. 2 – auch die behördlichen Akten, in die Einblick zu nehmen die Fachbehörde unter Berufung auf etwaige im jeweiligen Fachgesetz normierten Geheimhaltungsgründe abgelehnt hat, von der Vorlagepflicht erfasst sein.[23] Behördenakten können zwar Informationsquellen darstellen, sie sollen aber nicht von vornherein dem grundrechtlichen Informationsanspruch unterfallen (OVG Münster 21.8.2008 – 13 a F 11/08, juris Rn. 21 m.w.N.). Grds. müssen der   13

16 Dazu etwa VGH Mannheim NJW 1996, 613 f. (Anspruch auf Akteneinsicht bejaht).
17 *J. Ziekow*, BayVBl 1992, 132, 133.
18 Vgl. *H. Schmitz*, in: Stelkens/Bonk/Sachs § 1 Rn. 246.
19 So *J. Ziekow*, BayVBl 1992, 132, 133.
20 *Kopp/Schenke* § 99 Rn. 4.
21 So aber *Kopp/Schenke* § 99 Rn. 4.
22 VGH Kassel NJW 1985, 216; *P. Kothe*, in: Redeker/v. Oertzen § 99 Rn. 2.
23 VGH München 27.1.2016 – 5 CE 15.2140, BeckRS 2016, 41761, Rn. 3; BVerwG DVBl 2006, 1245; *R. Rudisile*, in: Schoch/Schneider/Bier, § 99 Rn. 11 a.

gesamte Aktenvorgang bzw. sämtliche Urkunden im Original[24] vorgelegt werden (VG Köln ZIP 1984, 1018). Es kommt jedoch ausnahmsweise die Vorlage von Teilakten in Betracht, wenn für bestimmte Aktenblätter ein Verweigerungsrecht besteht (vgl. BVerwG DVBl 1996, 814, 816; BFH NJW 1995, 352). Außerhalb dessen ist es im Regelfall i.R. der Beweiswürdigung zum Nachteil der Behörde zu berücksichtigen, wenn die vorgelegten Verwaltungsvorgänge unvollständig sind (vgl. VG Cottbus LKV 1987, 383).

14   Im Unterschied zu dem Katalog der Weigerungsgründe in Abs. 1 S. 2 ist die Aufzählung der Gegenstände der Vorlageverpflichtung in Abs. 1 S. 1 nicht als abschließend zu verstehen.[25] Die Aufzählung in § 99 Abs. 1 S. 1 stellt vielmehr eine bloß exemplarische Nennung von Vorlagegegenständen dar. Deshalb sind von der Vorlagepflicht nicht nur Urkunden im definitorischen Sinne umfasst, sondern etwa auch Augenscheinsobjekte.[26] Gleiches gilt für behördliche oder von der Behörde in Auftrag gegebene Sachverständigengutachten.[27] In beiden Fällen gebietet die Ratio des § 99, dem Gericht eine umfassende Sachverhaltsermittlung anhand der behördlichen Unterlagen zu ermöglichen, die Vorlage. Zuzustimmen ist aufgrund der gleichen Erwägung auch der Auffassung, wonach § 99 analog auf die Aussageverpflichtung von Amtsträgern und die dafür erforderlichen Aussagegenehmigungen anzuwenden ist.[28] Konsequenterweise gilt dies dann auch hinsichtlich der in § 99 Abs. 1 S. 2 normierten Weigerungsgründe. Wollte man anders entscheiden, könnten die dort normierten Begrenzungen der Vorlageverpflichtung dadurch umgangen werden, dass nicht die Vorlage der Akte, sondern eine auf den Inhalt der Akte bezogene Aussage verlangt wird.

15   Die Verpflichtung der Behörde zur Aktenvorlage bzw. zur Auskunftserteilung setzt im Regelfall ein entsprechendes Verlangen des Gerichts voraus.[29] Die Behörde verstößt aber nicht gegen § 99 Abs. 1, wenn sie aufgrund einer ihr bekannten Praxis des Gerichts die relevanten Akten von sich aus vorlegt (so BVerwG 16.1.2008 – 1 WB 33/07, juris Rn. 33). Den Verwaltungsbehörden steht gegenüber dem Vorlageverlangen des Gerichts kein Prüfungsspielraum zu,[30] der sich etwa darauf beziehen könnte, ob eine solche Vorlage sinnvoll sei oder das Gericht nun gerade diese oder jene Akte benötigt (vgl. BFH NJW 1995, 352). Auch braucht das Gericht die Akten nicht im Einzelnen zu benennen. Das dürfte bis ins Einzelne gehend oftmals auch gar nicht möglich sein, weil das Vorlageverlangen unter Umständen ja gerade erst dazu dienen soll, einen umfassenden Einblick in das Verwaltungsverfahren zu erlangen. Umgekehrt muss die Behörde vor der Vorlage allerdings prüfen, ob sich in der Akte befindliche Unterlagen tatsächlich als vorlagepflichtige „Akte" i.S.v. § 99 darstellen und die bei ihr geführten Unterlagen ggf. entsprechend ausdünnen, also aussondern, was ersichtlich der umfassenden Sachverhaltsaufklärung durch das Gericht der Hauptsache nicht dienlich sein kann (BVerwG NVwZ 2004, 485, 486). Kommt das Gericht zu der Überzeugung, dass eine Aktenvorlage oder Urkunde etc. vonnöten ist, kann es somit diesen Anspruch gegenüber der Behörde zur Geltung bringen, ohne dass dieser ein eigenes Prüfungsrecht über die Voraussetzungen der Vorlage zustünde.

16   § 99 Abs. 1 S. 1 ist allerdings keine materiell-rechtliche Anspruchsnorm.[31] Sofern deshalb die Gewährung von Informationen nicht i.R. der Sachverhaltsermittlung eines hiervon unterschiedenen Klageziels dient, sondern selbst Gegenstand der Klage ist, findet § 99 Abs. 1 S. 1 keine Anwendung.[32] Andernfalls würde i.R. der Prüfung des § 99 bereits das Hauptsacheverfahren vorweggenommen.[33] Über dessen Streitgegenstand darf indes nicht bereits i.R. der Beiziehung von Akten nach den §§ 99, 100 entschieden werden (VGH München NVwZ 1990, 778, 779). Das Zwischenverfahren nach § 99 darf nicht zu dem Zweck betrieben werden, zu klären, was Gegenstand des Hauptverfahrens ist.

24 So die im Schrifttum überwiegende Auffassung, vgl. nur *H. Geiger*, in: Eyermann § 99 Rn. 6; vorsichtiger aber BVerwG Buchholz 310 § 99 Nr. 26. Die Vorlage von Kopien kommt zudem v.a. in Betracht, wenn dadurch – etwa weil geheimhaltungsbedürftige Informationen geschwärzt werden können – gerade erst der Vorlageanspruch realisiert werden kann, dazu *H.-P. Schneider*, NJW 1978, 1601, 1605.
25 *J. Ziekow*, BayVBl 1992, 132, 133.
26 *J. Ziekow*, BayVBl 1992, 132, 133.
27 *Kopp/Schenke* § 99 Rn. 4.
28 *Kopp/Schenke* § 99 Rn. 1 a.
29 *F. Czermak*, DVBl 1969, 612, 613.
30 Vgl. BVerwGE 15, 132, 133 f.; *W. Keller*, in: Meyer-Ladewig § 119 Rn. 2 a.
31 *J. Ziekow*, BayVBl 1992, 132, 133; OVG Münster OVGE 18, 27.
32 VGH Mannheim DÖV 1998, 42; VG Wiesbaden DVR 1984, 64, 70; *B. Flümann*, NJW 1985, 1452.
33 BVerwGE 15, 132, 133; OVG Münster OVGE 18, 27, 28; vgl. auch VGH München DVBl 1985, 1071.

Die Verpflichtung der Behörden aus § 99 Abs. 1 besteht darüber hinaus auch nur, solange es i.R. eines **17** Prozesses (vgl. § 29 VwVfG sowie OVG Koblenz NVwZ 1992, 384) auf die Kenntnis der Akten, Urkunden oder die Erteilung einer Auskunft ankommen kann. Deshalb endet die verwaltungsprozessuale Pflicht der Behörden zur Vorlage von Urkunden oder Akten und zur Erteilung von Auskünften in verwaltungsgerichtlichen Verfahren, wenn es für die gerichtliche Prüfung des geltend gemachten Anspruchs auf die Aktenvorlage oder Auskunftserteilung offensichtlich nicht (mehr) ankommt.[34] Nicht entscheidungserheblich sind weiterhin solche Akten, die für den anhängigen Rechtsstreit ohne Bedeutung sind. Die Vorlagepflicht nach § 99 Abs. 1 S. 1 bezieht sich infolgedessen auch nur auf solche Unterlagen, deren Inhalt der umfassenden Sachaufklärung durch das Gericht überhaupt dienlich sein kann (BVerwG, ZD 2016, 239, 240, Rn. 6; OVG Koblenz DVBl 1977, 426; VGH Kassel NJW 1985, 216).

Das Vorlageverlangen des Gerichts ist an keine Form gebunden, kann insbes. also auch telefonisch er- **18** folgen. Auch kann das Gericht eine Frist setzen. Kommt die Behörde dem Vorlageverlangen des Gerichts nicht nach, stehen diesem allerdings keine eigenen Zwangsmittel zur Durchsetzung des Anspruchs aus § 99 Abs. 1 S. 1 zu. Das Gericht kann lediglich der vorgesetzten Behörde Mitteilung machen und die verweigerte Aktenvorlage i.R. der Beweiswürdigung berücksichtigen (VGH Mannheim DÖV 1998, 42).

Die Vorschriften über die Aktenvorlage gelten für alle Instanzen[35] (vgl. § 125 Abs. 1 für die Berufung **19** sowie §§ 141 S. 1, 125 Abs. 1 für die Revision) und alle Verfahrensarten,[36] also auch im Verfahren der Zulassung der Berufung (OVG Greifswald 14.12.1998 – 2 L 204/98).

2. Ausnahmetatbestände. § 99 Abs. 1 S. 2 enthält insgesamt drei Ausnahmetatbestände, bei deren **20** Vorliegen die Behörde berechtigt ist, die Vorlagen von Akten, Urkunden oder die Erteilung von Auskünften zu verweigern. Wegen der oben angeführten zentralen Bedeutung des § 99 für die Rechtsstaatlichkeit des Verfahrens sowie der durch § 99 Abs. 1 S. 2 bedingten Durchbrechung des Grundsatzes auf rechtliches Gehör (Art. 103 Abs. 1 GG, § 108 Abs. 1)[37] müssen die in Abs. 1 S. 2 normierten Verweigerungsgründe auch nach der zum 1.1.2002 erfolgten Neuregelung restriktiv ausgelegt werden.[38] Im Verhältnis zu fachgesetzlich geregelten Auskunftsansprüchen rsp. deren Begrenzungen stellt die Vorschrift eine prozessrechtliche Spezialnorm dar (zu daraus folgenden Konsequenzen für die Ermessensentscheidung → Rn. 43).[39]

Aus den gleichen Erwägungen heraus, kann auch der Wortlaut des § 99, der nur von einer Verweige- **21** rung der Akten*vorlage* spricht, nicht in der Form überspielt werden, dass die Behörde auch nachträglich die Geheimhaltungsbedürftigkeit erklären könnte (VGH München NVwZ-RR 1998, 686, 687). Sind Akten, deren Vorlage die Behörde unter Bezugnahme auf § 99 Abs. 1 S. 2 an sich verweigern könnte, an das Gericht gelangt, weil die Behörde keine dies verhindernde Erklärung der Geheimhaltungsbedürftigkeit abgegeben hat, unterliegen diese Akten in vollem Umfang der Akteneinsicht (→ § 100 Rn. 23, 39). Folgte man der im Schrifttum vertretenen Gegenauffassung,[40] ließen sich Missbräuche des Aktenvorlageverweigerungsrechts – etwa weil im Prozess deutlich wird, dass die Offenlegung des Inhalts zum Prozessverlust führen kann – kaum vermeiden.[41]

a) Gefährdung des Wohls des Bundes oder eines Landes. Nach § 99 Abs. 1 S. 2 Var. 1 kann die zu- **22** ständige oberste Aufsichtsbehörde die Vorlage von Akten und die Erteilung der Auskunft verweigern,

---

34 BVerwG Buchholz 310 § 99 VwGO Nr. 14 S. 2; Buchholz 310 § 99 VwGO Nr. 18; s.a. VGH Mannheim DVBl 1998, 107 sowie OVG Koblenz NVwZ 1992, 384, wonach sich ein Anspruch auf Einsichtnahme in Verwaltungsakten nach Abschluss des Verwaltungsverfahrens weder aus § 99 Abs. 1 VwGO noch aus § 29 VwVfG ergibt; vgl. weiter BFH NVwZ-RR 1996, 179.

35 *H. Geiger*, in: Eyermann § 99 Rn. 2; vgl. auch die Komm. zu § 125 sowie § 141.

36 BVerwG Buchholz 310 § 99 VwGO Nr. 16 zum Verfahren der Normenkontrolle; *Koehler* § 99 Anm. V. 3.

37 VGH Kassel NVwZ-RR 1997, 135, 136.

38 Vgl. BVerwG 10.1.2017 – 20 F 3/16, BeckRS 2017, 101089, Rn. 9; OVG NRW NWVBl 2006, 292; VGH Kassel NVwZ-RR 1997, 135, 136; *J. Ziekow*, BayVBl 1992, 132, 135; aus den Materialien vgl. weiter den bereits erwähnten Bericht des Bundestagsrechtsausschusses vom 12.5.1959, BT-Drs. 3/1094, 10.

39 OVG Saarlouis 25.2.2016 – 8 F 44/16, BeckRS 2016, 43474, Rn. 6; BVerwG 1.8.2007 – 20 F 10/06, juris Rn. 5 zu § 15 Abs. 2 BVerfSchG; VGH München 8.1.2013 – G 12.1, juris Rn. 2.

40 *Kopp/Schenke* § 99 Rn. 15; *L. Eyermann/E. Fröhler*, 1988, § 99 Rn. 7.

41 Ebenso *H. Geiger*, in: Eyermann § 99 Rn. 15, der damit die in der 9. Aufl. vertretene Gegenauffassung aufgegeben hat; vgl. auch *P. Kothe*, in: Redeker/v. Oertzen § 99 Rn. 11.

wenn das Bekanntwerden des Inhalts dieser Akten und Auskünfte dem Wohl des Bundes oder eines deutschen Landes Nachteile bereiten würde. Die Vorschrift ist § 96 StPO nachgebildet[42] und war ihrerseits Vorbild für die §§ 5 Abs. 2 S. 1 Nr. 2, 29 VwVfG.[43] Auf die in Rspr. und Lit. zu diesen Normen entwickelten Grundsätze kann daher unter Berücksichtigung spezifischer Unterschiedlichkeiten zurückgegriffen werden.[44] Ein Nachteil i.d.S. ist u.a. dann gegeben, wenn und soweit die Bekanntgabe des Akteninhalts die künftige Erfüllung der Aufgaben der Sicherheitsbehörden einschließlich deren Zusammenarbeit mit anderen Behörden erschweren würde (BVerwG 20.12.2016 – 20 F 10/15, BeckRS 2016, 111721, Rn. 7; BVerwG 15.6.2016 – 20 F 8.15, BeckRS 2016, 48399, Rn. 12; BVerwG 25.2.2008 – 20 F 43/07, juris Rn. 10). Das gilt zunächst für sämtliche Informationen, die geeignet sind, die künftige Aufgabenerfüllung der Sicherheitsbehörden einschließlich der Zusammenarbeit mit anderen Behörden zu erschweren, da sich daraus Rückschlüsse auf die Arbeitsweise und Methodik der Erkenntnisgewinnung ableiten lassen (OVG Lüneburg 13.4.2016 – 14 PS 6/16, BeckRS 2016, 115705, Rn. 18 m.w.N.; BVerwG 23.7.2010 – 20 F 8.10, juris Rn. 6 m.w.N.). Das betrifft zunächst solche formalen Gesichtspunkte wie Aktenzeichen, Organisationskennzeichen, Verfügungen, Namen von Sachbearbeitern, Unterschriften und Randvermerke.[45] Des Weiteren zählen hierzu auch alle inhaltlichen Angaben, die Informationsquellen, Methoden der operativen Arbeit der Sicherheitsbehörden oder der Zusammenarbeit mit anderen Behörden offenbaren oder Rückschlüsse auf die interne Arbeit- und Verfahrensweise ermöglichen würden, wie insbes. Ermittlungsaufträge und -berichte, Hinweise auf die Herkunft der Informationen oder Aktenvermerke; das gilt auch für E-Mails.[46] Der Begriff des Wohls des Bundes oder eines Landes ist ungeachtet der sehr weit klingenden Definition der Rspr. in § 99 restriktiv auszulegen.[47] Qualitativ müssen die in Rede stehenden Nachteile für das Staatswohl deshalb Beeinträchtigungen oder Gefährdungen der äußeren und inneren Sicherheit des Bundes oder eines Landes[48] nahekommen, sich als erhebliche Störungen der öffentlichen Ordnung,[49] der freundschaftlichen Verhältnisse zu anderen Staaten oder zu supranationalen und internationalen Organisationen[50] sowie existentielle Beeinträchtigungen des Bestandes und der Funktionsfähigkeit des Staates selbst oder seiner integralen Institutionen darstellen.[51] Der Schutz der Arbeitsfähigkeit der Behörde berechtigt demgegenüber für sich genommen nicht zur Aktenverweigerung.[52] Erfolgt in einer Sperrerklärung eine Berufung auf die Möglichkeit eines Nachteils für das Wohl des Bundes i.S.d. § 99 Abs. 1 S. 2 Var. 1, so muss konkret dargelegt werden, durch die Vorlage welcher Unterlage welcher Nachteil droht. Die allgemeine Befürchtung einer Behörde, eine freiwillige Mitwirkung der von ihr beaufsichtigten Institute könne beeinträchtigt werden, genügt nicht.[53] Beruft sich eine Sperrerklärung auf die Möglichkeit eines Nachteils für das Wohl des Bundes i.S.d. § 99 Abs. 1 S. 2 Var. 1, so muss sie konkret darlegen, durch die Vorlage welcher Unterlage welcher Nachteil droht. Die allgemeine Befürchtung einer Behörde, eine freiwillige Mitwirkung der von ihr beaufsichtigten Institute könne beeinträchtigt werden, genügt nicht.[54]

---

42   *Kopp*/Schenke § 99 Rn. 1 b; zur Akteneinsicht durch inhaftierte Beschuldigte vgl. *K. Nehm*, FG Graßhof, 1998, 239 ff.
43   *D. Kallerhoff*, in: Stelkens/Bonk/Sachs § 29 Rn. 63.
44   BVerwG Buchholz 310 § 99 Nr. 22 (S. 8); vgl. auch BVerfGE 57, 250, 282; BVerwGE 75, 1, 13; *Kopp/Schenke* § 99 Rn. 10 jeweils zu § 96 StPO; der wesentliche Unterschied zwischen beiden Vorschriften besteht im hier interessierenden Kontext darin, dass es bei § 99 Abs. 1 S. 2 auf eine abstrakte Betrachtung und bei § 96 StPO auf die konkreten Umstände des Einzelfalls ankommt; zu § 29 VwVfG *J. Ziekow*, BayVBl 1992, 132, 134.
45   OVG Lüneburg 14.12.2012 – 14 PS 2/12, juris Rn. 32; VGH München 8.1.2013 – G 12.1, juris Rn. 15.
46   VGH München 8.1.2013 – G 12.1, juris Rn. 15.
47   *J. Ziekow*, BayVBl 1992, 132, 134; vgl. BT-Drs. 14/6393, 10, s.a. *G. Laudemann*, NJ 2002, 68, 69.
48   Vgl. *H. Schmitz*, in: Stelkens/Bonk/Sachs § 5 Rn. 25.
49   Uferlos weit daher VG Koblenz GewArch 1975, 294, das ausführt, das Wohl des Bundes oder eines Landes hänge von der Aufrechterhaltung der äußeren und inneren Sicherheit und der öffentlichen Ordnung ab.
50   *G. Trantas*, Akteneinsicht und Geheimhaltung im Verwaltungsrecht, 1998, 474; *D. Kallerhoff*, in: Stelkens/Bonk/Sachs § 29 Rn. 63.
51   OVG Bln NVwZ 1987, 817, 819; *J. Ziekow*, BayVBl 1992, 132, 134.
52   Anders insoweit die Rechtslage bei § 29 VwVfG, *G. Trantas*, Akteneinsicht und Geheimhaltung im Verwaltungsrecht, 1998, 470 ff.
53   VGH Kassel 5.9.2014 – 27 F 2244/13.
54   VGH Kassel 5.9.2014 – 27 F 2244/13, BeckRS 2014, 57294, Rn. 15.

Ein Nachteil i.S.d. § 99 Abs. 1 S. 2 Var. 1 ist darüber hinaus dann gegeben, wenn und soweit die Be- **23** kanntgabe des Akteninhalts Leben, Gesundheit oder Freiheit von Personen gefährden würde.[55] Auch der Begriff der Gefährdung ist, da Abs. 1 S. 2 insgesamt einen Ausnahmetatbestand enthält, eng aus- zulegen.[56] Deshalb genügt es nach allgemeiner Auffassung nicht, dass Nachteile möglich sind. Umstr. ist indes, ob insoweit eine mit an Sicherheit grenzende Wahrscheinlichkeit des Nachteilseintritts zu fordern ist[57] oder es bereits ausreicht, dass eine hinreichende Wahrscheinlichkeit besteht.[58]

Zuzustimmen ist der engeren Auslegung. Die Berufung auf den Rang des geschützten Rechtsgutes ver- **24** mag daran nichts zu ändern.[59] Hinreichende Wahrscheinlichkeit bedeutet nämlich lediglich, dass ein gewisses Überwiegen des Gefahreneintritts zu besorgen ist und ein solches Überwiegen wird umso eher angenommen, je gewichtiger das zu schützende Rechtsgut ist. Deshalb ist es tautologisch, aus dem Gewicht des zu schützenden Rechtsguts zu folgern, es müsse lediglich eine hinreichende Wahr- scheinlichkeit des Gefahreneintritts bestehen. Zudem müssen auf der anderen Abwägungsseite mit dem Interesse der Beteiligten an einer gerechten Entscheidung und der Einhaltung elementarer Verfah- rensgrundsätze ähnlich gewichtige Rechtspositionen in die Abwägung eingebracht werden (vgl. BVerwG NJW 1987, 202, 204). Anders ist freilich in Fällen der Gefahr für Leib oder Leben zu ent- scheiden.[60] Selbstredend ist der drohende Prozessverlust kein von § 99 Abs. 1 S. 2 erfasster Nachteil.[61] Gleiches gilt für fiskalische Nachteile.[62]

Die Geheimhaltung von Namen der Mitglieder einer Evaluierungskommission und der Fachgutachter **24a** kann nicht mit Nachteilen für das Wohl eines Landes, die durch Beeinträchtigungen wesentlicher Lan- desinteressen entstehen, begründet werden.[63]

b) Durch Gesetz erzwungene oder ermöglichte Geheimhaltung. Wegen der oben angeführten zentra- **25** len Bedeutung des § 99 sind auch die Ausnahmetatbestände restriktiv auszulegen. Nicht jede im Kon- text einer Geheimhaltung stehende Vorschrift fällt infolgedessen unter den Anwendungsbereich des § 99 Abs. 1 S. 2. Notwendig ist eine spezifische Behördenadressierung der infrage stehenden Norm.[64] Deshalb stellt etwa § 203 StGB keine unter § 99 fallende Vorschrift dar.[65] Ob ein besonderes gesetz- lich geschütztes Geheimnis i.S.d. § 99 Abs. 1 S. 2 vorliegt, orientiert sich nicht daran, ob nach den ein- schlägigen fachgesetzlichen Vorgaben zwischen allgemeinen und besonderen, bereichsspezifischen Ver- schwiegenheitspflichten unterschieden wird; auch genügt es nicht, dass der Gesetzgeber über die allge- meine Verschwiegenheitspflicht hinaus nach materiell-rechtlichen Kriterien die Geheimhaltungsbedürf- tigkeit bestimmter Informationen normiert hat.[66] Allein aus der Strafbewehrung gem. § 203 StGB folgt ebenso kein Geheimhaltungsgrund i.S.d. § 99 Abs. 1 S. 2 VwGO. Maßgeblich ist vielmehr der besondere Schutzzweck der Norm. Es muss sich um grundrechtlich geschützte Lebensbereiche von ho- her Bedeutung handeln, für die gilt, dass Einschränkungen an qualifizierte Anforderungen geknüpft sind und nicht weiter gehen dürfen als es zum Schutze öffentlicher Interessen unerlässlich ist.[67] § 2 Abs. 3 Nr. 4 VwVfG ist kein Gesetz i.S.d. § 99 Abs. 1 S. 2.[68]

Als Beispiele für behördenadressierte Geheimhaltungsanordnungen i.S.d. § 99 Abs. 1 S. 2 werden im **26** Schrifttum etwa das Post- und Fernmeldegeheimnis des Art. 10 Abs. 1 GG,[69] das Steuergeheimnis

---

55 BVerwGE 66, 39, 45; 75, 1, 14; 117, 1, 8; s.a. BVerfGE 57, 250, 284 f.; BVerwG NVwZ 1995, 1134; für § 96 StPO; BVerwG 21.8.2012 – 20 F 5.12 m.w.N.; VGH München 8.1.2013 – G 12.1, juris Rn. 10; BVerwG 30.1.2017 – 20 F 2.16, BeckRS 2017, 102723, Rn. 6; BVerwG 30.1.2017 – 20 F 5.16, BeckRS 2017, 102865, Rn. 7; BVerwG 26.1.2017 – 20 F 9.16, BeckRS 2017, 102715, Rn. 5; BVerwG 26.1.2017 – 20 F 6.16, BeckRS 2017, 102255, Rn. 6.
56 BVerwG 28.6.2017 – 20 F 12/16, juris Rn. 11.
57 *P. Kothe*, in: Redeker/v. Oertzen § 99 Rn. 4.
58 So *J. Ziekow*, BayVBl 1992, 132, 134; ebenso *T. Cosack/S. Tomerius*, NVwZ 1993, 841, 842; s.a. *R. Rudisile*, in: Schoch/Schneider/Bier § 99 Rn. 16, hohe Wahrscheinlichkeit.
59 *J. Ziekow*, BayVBl 1992, 132, 133.
60 Dazu BVerfGE 57, 250, 284 f.; BVerwG Buchholz 310 § 99 VwGO Nr. 22; OVG Brem 5.2.1998 – 1 B 155/97.
61 Vgl. bereits den Bericht des Rechtsausschusses des Bundestages vom 12.5.1959 zu § 100 des Entwurfs einer VwPO vom 5.12.1957, BT-Drs. 3/1094, und BT-Drs. 3/55, 14.
62 *D. Kallerhoff*, in: Stelkens/Bonk/Sachs § 29 Rn. 63.
63 OVG Lüneburg NordÖR 2016, 327, 329.
64 Ebenso *R. Rudisile*, in: Schoch/Schneider/Bier § 99 Rn. 17; *H. Geiger*, in: Eyermann § 99 Rn. 9.
65 *J. Ziekow*, BayVBl 1992, 132, 135.
66 VG Frankfurt 19.2.2013 – 7 K 4127/12.F.
67 BVerfGE 67, 157, 171 ff., 185; BVerfGE 100, 313; VG Frankfurt 19.2.2013 – 7 K 4127/12.F.
68 OVG Lüneburg NordÖR 2016, 327, 329.
69 Vgl. *K. Ritgen*, in: Knack/Henneke § 29 Rn. 76; *R. Rudisile*, in: Schoch/Schneider/Bier § 99 Rn. 17.

nach § 30 AO, § 353 b StGB,[70] die Geheimhaltung nach § 16 BStatG[71] oder nach § 139 b Abs. 1 S. 3 GewO[72] genannt. Besondere Bedeutung als institutionell verankerte Verschwiegenheitspflicht hat auch das einfachgesetzlich normierte Beratungsgeheimnis, das auf der verfassungsrechtlichen Gewährleistung der Unabhängigkeit der Richter in Art. 97 Abs. 1 GG beruht.[73]

27   **c) Wesensimmanente Geheimhaltungsbedürftigkeit.** Die dritte Variante des § 99 Abs. 1 S. 2 ist aufgrund ihrer Unbestimmtheit verfassungsrechtlich nicht völlig unproblematisch. In welchen Fällen Urkunden oder Akten ihrem Wesen nach geheim gehalten werden müssen, ist weder gesetzlich definiert noch haben Rspr. und Schrifttum eine einprägsame Definition entwickeln können. Insoweit wird zumeist der Anwendungsbereich der Norm durch aus Einzelfallentscheidungen herausgefilterte Aspekte umschrieben bzw. in noch näher darzustellenden Abwägungsanforderungen konkretisiert. Auch deshalb sind – ungeachtet der Weite der Formulierung – durchgreifende verfassungsrechtliche Bedenken im Hinblick auf das Erfordernis hinreichender Bestimmtheit nicht zu erheben. Zu Recht wird im Schrifttum darüber hinaus darauf hingewiesen, dass die Formulierung, der Behörde stünde ein Verweigerungsrecht zu, wenn die fraglichen Vorgänge ihrem Wesen nach geheimhaltungsbedürftig seien, auf eine Zeit zurückgeht, in der der Gesetzesvorbehalt auf der Grundlage der Wesentlichkeitstheorie des BVerfG noch nicht so umfassend wie bisher ausgelegt und praktiziert wurde.[74] Hinzu kommt, dass das „althergebrachte Amtsgeheimnis" durch die Informationsfreiheitsgesetze eine neue Ausgestaltung erfahren hat (OVG NRW 21.9.2008 – 13 a F 11/08, juris Rn. 23). In heutige Terminologie und Verfassungslage übersetzt, erstrebt die Norm einen Ausgleich zwischen den involvierten privaten und öffentlichen Interessen;[75] dabei darf auch das öffentliche Interesse an der Wahrheitsfindung in die Abwägung eingestellt werden (BVerfGE 115, 205, 241; BVerwG NVwZ 1994, 72, 74).

28   Die Rspr. hat der Vorschrift den allgemeinen Gedanken entnommen, sie gebe zu erkennen, dass die Geheimhaltung von Vorgängen zum Nachteil individueller Interessen zulässig sei, wenn öffentliche Interessen dies erforderten (BVerwGE 74, 115, 119). Weil bei der gebotenen Abwägung der gegenläufigen Interessen aber die Grundrechte des Einzelnen mit den Besonderheiten des in der Rspr. des BVerfG entwickelten Rechts auf informationelle Selbstbestimmung (BVerfGE 65, 1 ff.) oder der Wahrung der Privat- und Intimsphäre im unantastbaren Bereich privater Lebensgestaltung[76] eine Rolle spielen können,[77] muss der Anwendungsbereich der dritten Variante ebenfalls strikt einengend interpretiert werden (BVerwG 10.1.2017 – 20 F 3/16, BeckRS 2017, 101089, Rn. 9; VGH Mannheim NVwZ 1990, 778, 779; VGH München DVBl 1985, 1071, 1072).[78] Unter diesen Vorgaben sind bei der zu treffenden Abwägungsentscheidung das Interesse des Rechtsschutzsuchenden an der Beibringung von Beweismitteln und das damit verbundene Interesse an der gerichtlichen Wahrheitsfindung einerseits und die öffentlichen und privaten Interessen an der Geheimhaltung gewisser Vorgänge andererseits gegeneinander abzuwägen (VGH München DVBl 1980, 1071, 1072 unter Berufung auf BVerwGE 19, 179, 187).

29   Von der dritten Variante des § 99 Abs. 1 S. 2 werden nach dem Gesagten auch Vorgänge erfasst, die unter den Schutz der Persönlichkeits- und Intimsphäre fallen (VGH München BayVBl 1978, 870). Dies gilt namentlich für Krankengeschichten.[79] Ob und unter welchen Voraussetzungen diese aber

---

70 Dazu VGH München BayVBl 1978, 86, 87; BFH NJW 1995, 352; BVerfG NJW 1984, 2271, 2274 zu § 96 StPO; wie hier auch *Kopp/Schenke* § 99 Rn. 11.

71 *K. Ritgen*, in: Knack/Henneke § 29 Rn. 76; *R. Rudisile*, in: Schoch/Schneider/Bier § 99 Rn. 17.

72 Zu dieser Aufzählung insgesamt *J. Ziekow*, BayVBl 1992, 132, 135 sowie *K. Ritgen*, in: Knack/Henneke § 29 Rn. 76 jeweils m.w.N.

73 BVerwGE 128, 135; VG Frankfurt 19.2.2013 – 7 K 4127/12.F.

74 *D. Kallerhoff*, in: Stelkens/Bonk/Sachs § 29 Rn. 71.

75 Vgl. BVerwGE 31, 301, 306; *D. Kallerhoff*, in: Stelkens/Bonk/Sachs § 29 Rn. 71.

76 Vgl. BVerfGE 6, 389, 433; 27, 1, 6 f.; von BVerfGE 80, 367, 376 für Tagebuchaufzeichnungen allerdings verneint; zur Unzulässigkeit der Aktenversendung bei Beeinträchtigungen der Intimsphäre des Bürgers, vgl. BVerfGE 27, 344, 352 (Ehescheidungsakten).

77 Vgl. BVerwGE 35, 225, 229; 49, 89, 95 unter Berufung auf BVerfGE 27, 344, 350, 351; s.a. *D. Kallerhoff*, in: Stelkens/Bonk/Sachs § 29 Rn. 71.

78 S.a. *R. Rudisile*, in: Schoch/Schneider/Bier § 99 Rn. 18.

79 *Kopp/Schenke* § 99 Rn. 12.

auch gegenüber dem Patienten selbst unter Berufung auf § 99 Abs. 1 S. 2 Var. 3 zurückgehalten werden dürfen, ist in Rspr. und Lit. ungeklärt.[80]

Als wesensmäßig geheimhaltungsbedürftig hat die Rspr. des BVerwG zu Recht Personalakten angesehen.[81] Personalakten stellen eine Sammlung von Urkunden und Vorgängen, die nicht nur dienstliche, sondern auch persönliche Verhältnisse betreffen, dar (BVerwGE 19, 179, 184). Die darin enthaltenen, auch die Privatsphäre berührenden Informationen (wie etwa ärztliche Gutachten, Beurteilungen, Ehescheidungsurteile etc.) genießen sowohl im dienstlichen Interesse als auch im schutzwürdigen persönlich-privaten Interesse des Beamten einen besonderen Vertrauensschutz, der sich auch auf den Verkehr der Behörden untereinander erstreckt.[82] Unter Berufung auf § 99 Abs. 1 S. 1 kann ebenfalls die Vorlage sog. Gefangenenpersonal- oder -krankenakten nicht erreicht werden. Denn dies würde zu einem umfassenden Einsichtsrecht nach § 100 Abs. 1 führen. Die herrschende Ansicht im Strafprozessrecht verweigert indes Strafgefangenen ungeachtet deren auch im besonderen Gewaltverhältnis zu akzentuierenden Grundrechtspositionen auf Akteneinsicht ein allgemeines Recht auf Akteneinsicht.[83] Das BVerfG hat diese Auffassung gebilligt (BVerfG NStZ 1982, 44). Ihr ist aber nur mit der folgenden Maßgabe zuzustimmen. Das Akteneinsichtsrecht fußt ungeachtet einfach-rechtlicher Ausprägungen auf Art. 103 Abs. 1 GG. Nur soweit die – von der einsichtsverweigernden Behörde darzulegenden – spezifischen Zwecke des Strafvollzuges die Einschränkung erfordern, kann die Verfassungsgarantie begrenzt werden. Außerhalb dessen ist für eine Derogation des verfassungsrechtlichen Gewährleistungsgehalts kein Raum.

Nicht zuletzt aufgrund grundrechtlicher Wertungen werden Betriebs- und Geschäftsgeheimnisse ebenfalls als Anwendungsfall des § 99 Abs. 1 S. 2 Var. 3 angesehen.[84] Der Weigerungsgrund der wesensmäßigen Geheimhaltungsbedürftigkeit erstreckt sich auch auf Betriebs- und Geschäftsgeheimnisse öffentlicher Stellen, die sich wie ein privater Dritter unternehmerisch betätigen und deshalb keinen grundrechtlichen Schutz für Betriebs- und Geschäftsgeheimnisse beanspruchen.[85] Ein Betriebs- oder Geschäftsgeheimnis liegt vor, wenn Tatsachen, die im Zusammenhang mit einem wirtschaftlichen Geschäftsbetrieb stehen, nur einem begrenzten Personenkreis bekannt sind und nach dem erkennbaren Willen des Inhabers sowie nach dessen berechtigten wirtschaftlichen Interesse geheimgehalten werden sollen (BVerwG 27.4.2016 – 20 F 13.15, BeckRS 2016, 46221, Rn. 20; OVG Schleswig 17.1.2007 – 15 P 1/06, juris Rn. 6 zu § 11 Abs. 1 IFG-SH). Betriebsgeheimnisse umfassen dabei im Wesentlichen technisches, Geschäftsgeheimnisse im Wesentlichen kaufmännisches Wissen (vgl. BVerfGE 115, 205, 230 f.). Als Betriebs- und Geschäftsgeheimnisse zählen alle auf ein Unternehmen bezogene Tatsachen, Umstände und Vorgänge, die nicht offenkundig sind. Neben dem Mangel an Offenkundigkeit der zugrundeliegenden Informationen setzt ein Geschäfts- oder Betriebsgeheimnis ein berechtigtes Interesse des Unternehmens an deren Nichtverbreitung voraus. Ein solches Interesse besteht, wenn die Offenlegung der Informationen geeignet ist, exklusives technisches oder kaufmännisches Wissen den Marktkonkurrenten zugänglich zu machen und so die Wettbewerbsposition des Unternehmens nachteilig zu beeinflussen. Geschäftsgeheimnisse zielen auf den Schutz kaufmännischen Wissens; sie betreffen alle Konditionen, durch welche die wirtschaftlichen Verhältnisse eines Unternehmens maßgeblich bestimmt werden können. Dazu gehören unter anderem Umsätze, Ertragslagen, Geschäftsbücher, Kun-

30
31

---

80 Dazu etwa *H. Lang*, in: Epping/Hillgruber, BeckOK GG, [2]2008, Art. 2 Rn. 47 m.w.N.; zur grundrechtlichen Verortung des Anspruchs auf Kenntnis der eigenen Erkrankung *W. Höfling/H. Lang*, Selbstbestimmungsrecht, 1999, 2 f.; zur postmortalen Erstreckung des Persönlichkeitsrechts in Bezug auf gesammeltes Datenmaterial OVG Lüneburg NJW 1997, 2468, 2469.

81 BVerwGE 19, 179, 184; 35, 225, 227; 49, 89, 94; OVG Saarlouis 25.6.1991 – 1 W 71/91.

82 BVerwGE 19, 179, 185. Zu eng daher *Kopp/Schenke* § 99 Rn. 12: nur im Verhältnis zu Dritten.

83 Vgl. OLG Celle ZfStrVo 1981, 62; NStZ 1982, 304; 1986, 284; OLG Frankfurt ZfStrVo 1981, 317; NStZ 1989, 198; OLG Hamm ZfStrVo 1986, 191; OLG Karlsruhe ZfStrVo 1980, 184; OLG Koblenz ZfStrVo 1981, 61; OLG München ZfStrVo 1980, 124 (keinen uneingeschränkten Anspruch auf Akteneinsicht); dieser Rspr. zust. *E. Czaschke*, NStZ 1983, 441 ff.; demgegenüber votiert *E. Joester*, StV 1981, 80 f. für Akteneinsicht über eine analoge Anwendung der §§ 28, 29 VwVfG sowie §§ 99, 100.

84 BVerwG 12.4.2013 – 20 F 6.12, juris Rn. 9 m.w.N.; VG Köln ZIP 1984, 1018; vgl. auch *R. Engel*, NVwZ 1992, 111: „Das Betriebs- und Geschäftsgeheimnis ist von Art. 14 Abs. 1 GG geschützt"; ebenso *W. Berg*, WiVerw 1996, 171, 173; vgl. weiter *T. Cosak/S. Tomerius*, NVwZ 1993, 841, 842; *P. Kothe*, in: Redeker/v. Oertzen § 99 Rn. 6; *M.-J. Seibert*, NVwZ 2002, 265, 269.

85 BVerwG 24.11.2015 – 20 F 4.14, BeckRS 2016, 40571, Rn. 21; a.A. OVG Koblenz 12.6.2014 – 12 F 10353/14, BeckRS 2014, 52713.

denlisten, Marktstrategien oder Bezugsquellen. Auch konkrete Vertragsgestaltungen, d.h. ein bestimmtes Vertragswerk, können als Geschäftsgeheimnis geschützt sein.[86] Die Vorlageverpflichtung entfällt dabei nicht per se. Insbes. lassen sich die für den verwaltungsverfahrensrechtlichen Schutz von Betriebs- und Geschäftsgeheimnissen entwickelten Grundsätze[87] angesichts der rechtsstaatlich fundierten Kontrollfunktion der Gerichte nicht auf das gerichtliche Verfahren übertragen (OVG Lüneburg ET 1978, 328). Vielmehr obliegt es der zuständigen Behörde (§ 99 Abs. 1 S. 2) sowie dem Gericht, bei ihren Entscheidungen über die Aktenvorlage die genannten spezifischen Geheimschutzinteressen zu berücksichtigen.[88]

32   Demgegenüber sind Verfassungsschutzakten als solche nicht schon wegen ihres Wesens geheimhaltungsbedürftig (BVerwGE 74, 115, 121; BVerwG NVwZ 1994, 72). Lässt ihr Inhalt allerdings Rückschlüsse auf die Organisation oder Arbeitsweise des Verfassungsschutzes zu oder wird durch die Vorlage in sonstiger Weise dessen Funktionsfähigkeit in nicht unerheblicher Weise infrage gestellt (BVerwG Buchholz 310 § 99 VwGO Nr. 40; BVerwGE 66, 39, 45; BVerwG JZ 1986, 634, 636; NJW 1987, 202, 205), braucht die Behörde sie grds. nicht vorzulegen. Dies gilt namentlich auch dann, wenn infolge der Vorlage Leib, Leben oder Gesundheit anderer Menschen gefährdet würden.[89] Aufgrund der durch § 99 erzwungenen Einzelfallbetrachtung kann es im Fall besonderer Betroffenheit des Bürgers geboten sein, auch grds. geheimhaltungsbedürftige Akten vorzulegen.[90]

33   Vergleichbar gestaltet sich die Rechtslage bei der Preisgabe des Namens und der Identität von Polizeiinformanten, verdeckten Ermittlern und ähnlichen Personen.[91] Auch hier muss aufgrund einer sorgfältigen Abwägung der im Spannungsfeld stehenden Rechtsgüter und einer entsprechenden Würdigung des gesamten Sachverhalts im Einzelfall ermittelt werden, welche der beteiligten Rechtsgüter zurücktreten müssen.[92] Im Falle des Informantenschutzes tritt neben das grundrechtlich abgesicherte Interesse des Betroffenen, seine persönlichen Daten geheim zu halten, das öffentliche Interesse, die Wahrnehmung der öffentlichen Aufgaben sicherzustellen.[93] Der Geheimhaltungsgrund des Informantenschutzes setzt eine öffentliche Aufgabe voraus, deren Erfüllung durch die Preisgabe der Identität des Dritten ernstlich gefährdet oder erheblich erschwert würde.[94] Es müssen gewichtige öffentliche Belange berührt sein, aus denen sich ein Geheimhaltungsbedürfnis in Form des Informantenschutzes ergibt.[95] Unerheblich ist, ob Vertraulichkeit zugesichert worden ist.[96]Namentlich in Fällen, in denen grundrechtliche Rechtspositionen des Bürgers durch die Tätigkeit verdeckter Ermittler nachteilig betroffen sind, können nur zwingende Sicherheitsinteressen des Staates bei der Entscheidung über die Preisgabe der Anonymität des Ermittlers den berechtigten Interessen des Bürgers an der Enttarnung vorgehen (VGH München BayVBl 1987, 146 f.).

34   Nach heute herrschender und zutreffender Auffassung sind Prüfungsunterlagen nicht notwendig geheim zu halten.[97] Andernfalls wäre der vom BVerfG im Prüfungsrecht betonte Grundsatz der Chancengleichheit und dessen verfahrensrechtliche Absicherung bei Prüfungsentscheidungen kaum zu reali-

---

86   BVerwG 27.4.2016 – 20 F 13.15, BeckRS 2016, 46221, Rn. 20; BVerwG 19.1.2012 – 20 F 3.11, BeckRS 2012, 47001, Rn. 8; VG Schleswig 29.9.2017 – 12 A 79/13, juris Rn. 91.
87   Vgl. z.B. § 29 VwVfG oder § 4 Abs. 1 UIG, dazu näher *W. Berg*, WiVerw 1996, 171, 187.
88   *R. Breuer*, NVwZ 1986, 171, 177.
89   BVerfGE 57, 250, 284 f.; BVerwG NJW 1987, 202, 205; unklar *J. Ziekow*, BayVBl 1992, 132, 134.
90   *H.-U. Evers*, ZRP 1980, 110, 114; die Notwendigkeit einer Abwägung im Bereich der Aktenvorlage von Verfassungsschutzakten betont auch *J. Scherer*, NJW 1978, 237, 238, der zur Lösung eine Anleihe an das Prinzip praktischer Konkordanz vorschlägt.
91   *Kopp/Schenke* § 99 Rn. 12.
92   Vgl. BVerwGE 18, 58, 59; 46, 303, 307; BVerwG DÖV 1965, 488, 489; OVG Münster DÖV 1963, 390, 391; VGH Mannheim NJW 1994, 1362, 1363; hierbei mag auch eine Rolle spielen, ob den fraglichen Personen Vertraulichkeit zugesichert worden war, dazu OVG Bln NVwZ 1987, 817; VGH München NJW 1980, 198, 199; NVwZ 1990, 778, 779; *H.-P. Schneider*, NJW 1978, 1601, 1605: „Es muss also jeweils eine Interessensabwägung im Prozess selbst stattfinden".
93   BVerwG NVwZ, 2010, 1493, 1494; BVerwG 20.6.2017 – 20 F 6/17, juris Rn. 9.
94   BVerfGE 118, 10, 13 f.
95   BVerwGE 89, 14, 19.
96   BVerwG ZD 2016, 240, 241, Rn. 8.
97   Vgl. VG Cottbus 20.6.2017 – 1 L 332/17; VGH München NVwZ-RR 1998, 686, 687; vgl. auch VGH Mannheim NJW 1996, 613; *K. Ritgen*, in: Knack/Henneke § 29 Rn. 74; *D. Kallerhoff*, in: Stelkens/Bonk/Sachs § 29 Rn. 75.

sieren.[98] Dies bedeutet allerdings nicht, dass sie bei Abwägung aller Umstände des Einzelfalls auch in Ansehung des Gebots, effektiven Rechtsschutz zu gewähren, nicht gleichwohl in engen Ausnahmefällen als geheimhaltungsbedürftig angesehen werden können (VGH München NVwZ-RR 1997, 357, 358). Auch die Namen von Prüfern einer Evaluierungskommission und von Fachgutachtern sind nicht zwingend geheim zu halten, denn die Anonymität von Mitgliedern einer Prüfungskommission ist weder Wesensmerkmal einer funktionierenden Prüfung noch Grundvoraussetzung für eine objektive, unbefangene und umfassende Äußerung eines Prüfers über die persönliche und fachliche Leistung des Prüflings.[99]

Für oder durch die Prüfer erstellte Musterlösungen unterfallen dagegen generell nicht dem Anwendungsbereich des § 99 Abs. 1 S. 1, sodass auch für einen Anspruch auf Einsichtnahme in die Musterlösungen kein Raum ist (vgl. BVerwG HFR 1998, 770). Hierfür spricht entscheidend, dass sie nicht das konkrete Prüfungsverfahren des einzelnen Prüflings betreffen, sondern den Prüfern lediglich eine allgemeine und nicht verbindliche Hilfestellung geben (BVerwG Buchholz 310 § 99 VwGO Nr. 25). 35

Die im Feststellungsverfahren nach den §§ 35 ff. Vergabeverordnung ZVS verwendeten Testaufgaben können grds. als ihrem Wesen nach geheimhaltungsbedürftig angesehen werden. Denn dieses Ergebnis folgt nicht daraus, dass es sich bei ihnen um Prüfungsunterlagen handelt, sondern aus der Überlegung, dass andernfalls die Chancengleichheit der Testkandidaten nicht sichergestellt werden kann (VGH München DVBl 1985, 1071, 1072). 36

Von der Industrie- und Handelskammer vertraulich eingeholte Referenzen zur fachlichen Eignung eines Sachverständigen sind ebenfalls ihrem Wesen nach geheim zu haltende Vorgänge. Sie brauchen deshalb vor Gericht nicht offen gelegt zu werden (OVG Lüneburg GewArch 1988, 192). Das Gleiche gilt hinsichtlich eines Gutachtens über die Sabotagesicherheit eines Kernkraftwerks (VG Koblenz GewArch 1975, 294). 37

Die Befugnis der Behörde gem. § 99, die Vorlage ihrem Wesen nach geheimhaltungsbedürftiger Akten im Verwaltungsprozess zu verweigern, wird nicht dadurch ausgeschlossen, dass der Kläger erklärt, auf sein Akteneinsichtsrecht nach § 100 Abs. 1 zu verzichten (VGH München NVwZ 1990, 778). 38

Allein die Tatsache der Einstufung der angeforderten Unterlagen als Verschlusssache rechtfertigt das Unterlassen der Vorlage nicht. Denn die betreffenden Akten sind nicht schon deswegen ihrem Wesen nach oder nach einem Gesetz geheim zu halten. Entscheidend ist vielmehr, ob sich nach den materiellen Maßstäben des § 99 Abs. 1 S. 2 VwGO eine Geheimhaltungsbedürftigkeit ergibt, ob also der Grund für die Einstufung als Verschlusssache noch fortbesteht.[100] 38a

d) Entscheidungszuständigkeit. Nach § 99 Abs. 1 S. 2 ist zur Entscheidung über die Vorlagenverweigerung die oberste Aufsichtsbehörde berufen. Der Zweck dieser besonderen Zuständigkeitsregelung besteht zunächst darin, Missbräuche bei der Geheimhaltung von Akten nach Möglichkeit auszuschalten (vgl. BT-Drs. 3/55, 41 zu § 100). Daneben soll der Erklärung eine besondere Autorität verliehen (BVerwG Buchholz 310 § 99 VwGO Nr. 24 [S. 4]) und zugleich sichergestellt werden, dass die Entscheidung über die Verweigerung von der Stelle getroffen wird, die den größten Überblick und ein umfassendes Urteilsvermögen aufweist (BVerwG Buchholz 310 § 99 VwGO Nr. 24 [S. 4]). 39

Oberste Aufsichtsbehörde ist für die Behörden der unteren und mittleren staatlichen Verwaltung wie für alle kommunalen Behörden das zuständige Bundes- oder Landesministerium.[101] Es ist durch die Rspr. geklärt, dass die Verweigerung der Aktenvorlage durch die oberste Aufsichtsbehörde nach § 99 Abs. 1 S. 2 (lediglich) eine Erklärung des zuständigen Ministeriums, nicht des Ministers persönlich oder seines Stellvertreters erfordert.[102] 40

---

98 Vgl. BVerfGE 84, 24, 45 f.; 84, 59, 72 sowie BVerfGE 50, 53, 60, 65, wo gerade die verfahrensrechtliche Seite besonders herausgehoben wird; aus der verwaltungsgerichtlichen Rspr. BVerwGE 91, 262, 267; 92, 132, 133; BVerwG NVwZ 1999, 188, 189; DVBl 1994, 1351, 1353 f. (zur Habilitation); zum Problem auch *T. Mann*, in: Sachs Art. 12 Rn. 25 ff. Die Gegenauffassung stammt denn auch aus der Zeit, als Prüfungsentscheidungen überwiegend als nicht justitiabel angesehen wurden, vgl. BVerfGE 7, 153; 8, 272, 274 ff.; 14, 31; 19, 128 unter Berufung auf einem dem Prüfer zustehenden Beurteilungsspielraum sowie den Gedanken, die Einsicht in die Prüfungsakten könne die Unabhängigkeit der Prüfer beeinträchtigen.
99 OVG Lüneburg NordÖR 2016, 327, 330.
100 BVerwG 30.11.2015 – 20 F 7.15, BeckRS 2016, 40572, Rn. 9.
101 *P. Kothe*, in: Redeker/v. Oertzen § 99 Rn. 11.
102 BVerwGE 19, 179, 183 f.; BVerwG NVwZ-RR 1997, 133; Buchholz 310 § 99 VwGO Nr. 24 (S. 4).

41   **e) Verwertung behaupteter geheimhaltungsbedürftiger Tatsachen.** Sind die Akten einer Behörde nicht vorzulegen, dürfen die von ihr behaupteten, aber geheim gehaltenen Vorgänge bei der Sachentscheidung i.R. der Sachverhaltswürdigung nur unter strengen Voraussetzungen zulasten des Rechtssuchenden berücksichtigt werden.[103] Insbes. enthält § 99 keine gesetzliche Beweislastregel zu Gunsten der Behörde.[104] Nicht gerichtsverwertbare Tatsachen müssen als solche naturgemäß unberücksichtigt bleiben.

42   **3. Gerichtliche Kontrolle der Behördenentscheidung. a) Überblick und frühere Rechtslage.** § 99 Abs. 1 S. 2 ermächtigt die Behörde unter den dort genannten Voraussetzungen zur Verweigerung der Vorlage, verpflichtet sie aber nicht dazu (BVerwG Buchholz 310 § 99 VwGO Nr. 22 [S. 12]). Abs. 1 S. 2 regelt somit die Auskunftserteilung und Aktenvorlage im Verhältnis der mit geheimhaltungsbedürftigen Vorgängen befassten Behörde zum Verwaltungsgericht, das in einem schwebenden Prozess für eine sachgerechte Entscheidung auf die Kenntnis der Akten angewiesen ist. In diesem Verhältnis stellt das Gesetz die Auskunftserteilung und Aktenvorlage in das Ermessen der Behörde, lässt dieser also die Wahl, ob sie die Akten oder die Auskunft wegen ihrer Geheimhaltungsbedürftigkeit zurückhält oder ob sie davon um des effektiven Rechtsschutzes willen absieht.[105] Die oberste Aufsichtsbehörde muss in ihrer Sperrerklärung in nachvollziehbarer Weise erkennen lassen, dass sie gemessen an diesem Maßstab die Folgen der Verweigerung mit Blick auf den Prozessausgang gewichtet hat.[106] Die oberste Aufsichtsbehörde darf, wenn sie die Vorlage der vom VG zum Zweck der Sachverhaltsaufklärung angeforderten Akten wegen Geheimhaltungsbedürftigkeit ganz oder teilweise verweigern möchte, nicht lediglich auf die Geheimhaltungsgründe des Fachgesetzes verweisen, sondern muss zusätzlich im Rahmen einer Ermessensentscheidung in den Blick nehmen, dass das angerufene Gericht der Hauptsache für eine sachgerechte Entscheidung auf die Kenntnis der Akten angewiesen ist.[107] Darüberhinaus erfordert die Verweigerung der Vorlage von Akten in einem gerichtlichen Verfahren eine konkrete Zuordnung der Geheimhaltungsgründe zu den jeweiligen Aktenbestandteilen.[108] Allein das Vorliegen umfangreicher Aktenbestände, ist kein Grund in einer Sperrerklärung nur pauschale oder zusammenfassende Erklärungen ausreichen zu lassen.[109] Lehnt die Behörde die Vorlage der Akten ab, kann gem. § 99 Abs. 2 S. 1 jeder Beteiligte ohne Fristsetzung den Antrag stellen, trotz der Erklärung der Behörde die Vorlage oder Auskunft zu verlangen.[110] Dieser Antrag eröffnet einen sog. Zwischenstreit zwischen dem Antragsteller und der obersten Aufsichtsbehörde.[111] Dieses Zwischenverfahren ist als Beschwerdeverfahren gestaltet und endet durch einen der Rechtskraft fähigen Beschluss.[112] Im Tenor der Entscheidung ist dabei festzuhalten, ob die Gründe für die Verweigerung der Akten oder die Erteilung der Auskunft vorliegen.[113]

43   Die in § 99 Abs. 1 S. 2 genannten Verweigerungsgründe enthalten unbestimmte Rechtsbegriffe, die gerichtlich voll überprüfbar sind.[114] Soweit Aktenunterlagen als schutzfähig i.S.v. § 99 Abs. 1 S. 2 anzusehen sind, hat die zuständige Behörde eine Ermessensentscheidung – und zwar auch dann, wenn das für die Geheimhaltung relevante Fachgesetz an sich kein Ermessen einräumt–[115] über die Vorlage oder Zurückhaltung der Akten zu treffen (BVerwG Buchholz 310 § 99 VwGO Nr. 24 [S. 8]) und hierbei aufgrund einer Einzelfall bezogenen Abwägung einerseits die für eine Geheimhaltung sprechenden öffentlichen und privaten Belange und andererseits das Gebot effektiver Rechtsschutzgewährung in die

---

103   BVerwG DVBl 1996, 814; Buchholz 310 § 99 VwGO Nr. 12; OVG Münster NVwZ-RR 1998, 398, 399.
104   BVerwG NVwZ 2017, 232, 233, Rn. 20.
105   BVerwG 19.1.2012, 20 F 3/11, juris Rn. 12; OVG Lüneburg 14.12.2012 – 14 PS 2/12, juris Rn. 42.
106   BVerwG 31.1.2011 – 20 F 18.10, juris Rn. 9 m.w.N.; OVG Lüneburg 14.12.2012 – 14 PS 2/12, juris Rn. 42.
107   OVG Münster NVwZ 2015, 1549, 1549.
108   BVerwG Buchholz 310 § 99 VwGO Nr. 63; OVG Lüneburg NVwZ-RR 2016, 303, 303, Rn. 14.
109   BVerwG Buchholz 310 § 99 VwGO Nr. 63.
110   *T. Cosack/S. Tomerius,* NVwZ 1993, 842, 843.
111   BVerwG DÖV 1961, 633; NJW 1968, 717; *T. Cosack/S. Tomerius,* NVwZ 1994, 842, 843; *H. Geiger,* in: Eyermann § 99 Rn. 16.
112   VGH München NVwZ 1990, 778, 779. Die Entscheidung wird dann im weiteren Verfahren wie ein rechtskräftiges Zwischenurteil angesehen, BVerwG NJW 1968, 717.
113   *H. Geiger,* in: Eyermann § 99 Rn. 19.
114   BVerwG Buchholz 310 § 99 VwGO Nr. 22 (S. 12 f.); VGH München BayVBl 1978, 86; NVwZ 1990, 778, 779.
115   BVerwG 1.8.2007 – 20 F 10/06, juris Rn. 5; 14.4.2011 – 20 F 19.10, juris Rn. 5 m.w.N.; OVG Lüneburg 8.4.2008 – 14 PS 1/08, juris Rn. 2; VGH München 8.1.2013 – G 12.1, juris Rn. 12.

Abwägung einzustellen.[116] Die erforderliche Ermessensentscheidung zwingt die Behörde dazu, die vorzulegende Akte rsp. deren Teile auf ihre Entscheidungserheblichkeit zu prüfen und die Vorlage entsprechend zu begrenzen; faktische Beeinträchtigungen der Vorlagepflicht durch Vorlage „uferloser" Aktenstücke hat die Rspr. eine Absage erteilt (OVG Lüneburg 8.4.2008 – 14 PS 1/08, juris Rn. 3). Gemeinschaftsrechtliche Vorgaben können die gebotene Ermessensentscheidung besonders strukturieren. Steht eine Entscheidung der Regulierungsbehörde in den Angelegenheiten eines Nutzers oder Anbieters elektronischer Kommunikationsnetze oder -dienste in Rede, muss § 99 Abs. 1 S. 2 mit Blick auf europarechtliche Vorgaben[117] so ausgelegt werden, dass der Behörde kein Ermessen zusteht, ob sie die Akten vorlegt oder zurückhält, sondern dass sie ihr Ermessen wegen der ermessensverengenden Wirkung des höherrangigen Gemeinschaftsrechts zwingend i.S.d. Aktenvorlage ausüben muss (BVerwGE 127, 282, 288). So stellt es sich auch bei der finanzmarktrechtlichen Aufsicht dar. Hier gebieten die aufgrund einer Richtlinie der EU in nationales Recht umgesetzten § 9 KWG und § 8 WpHG, dass ein Ermessen der obersten Aufsichtsbehörde i.R.d. § 99 auf Null reduziert ist, soweit kein Ausnahmetatbestand erfüllt ist.

b) Das „in-camera"-Verfahren. Dieser Abwägungsvorgang war früher nur daraufhin gerichtlich 44 überprüfbar, ob glaubhaft gemacht war, dass überwiegende Interessen die Vorlageverweigerung gebieten. Als Erkenntnisgrundlage standen dem Gericht in diesem Zusammenhang nur die glaubhaft gemachten Angaben der zuständigen Behörde zur Verfügung (VGH München NVwZ 1990, 778, 779). Diese Rechtslage wurde in rechtsstaatlicher Perspektive zusehends als unbefriedigend empfunden. Doch verfingen sich die diskutierten Lösungsansätze in einem schwer auflösbaren Gewirr von objektiv bestehender Geheimhaltungsbedürftigkeit der Akten einerseits und den grundrechtlichen Gewährleistungsgehalten der Art. 103 Abs. 1 und Art. 19 Abs. 4 GG andererseits. Namentlich die immer wieder diskutierte Einführung des – dem deutschen Recht seit jeher fremden – „in-camera"-Verfahrens stand und steht in deutlichem Spannungsverhältnis zum Grundsatz rechtlichen Gehörs und der auch vom Rechtsstaatsprinzip geforderten angemessenen Ausgestaltung des Prozessrechtsverhältnisses, wozu auch die Pflicht des Gerichts gehört, die Beteiligten über die entscheidungserheblichen Tatsachen zu informieren.[118] Andererseits dient es freilich der Durchsetzung des Art. 19 Abs. 4 GG.

Das BVerfG hat diesen gordischen Knoten durchschlagen und entschieden, dass die Regelung in § 99 45 Abs. 1 S. 2 i.V.m. § 99 Abs. 2 S. 1 (a.F.) mit Art. 19 Abs. 4 GG unvereinbar sei. Soweit die Gewährung effektiven Rechtsschutzes von der Kenntnis der Verwaltungsvorgänge abhänge, könne § 99 Abs. 1 S. 2 i.V.m. Abs. 2 S. 1 die Aktenvorlage ohne gerichtliche Entscheidung nicht ohne Verstoß gegen Art. 19 Abs. 4 GG ausschließen (BVerfGE 101, 106 LS 2). In der Tat fordert Art. 19 Abs. 4 GG, dass die gerichtlichen Verfahrensordnungen normativ so ausgestaltet sind, dass eine umfassende Nachprüfung des Verfahrensgegenstandes in tatsächlicher und rechtlicher Hinsicht gewährleistet wird.[119] Das schließt grds. – wie das BVerfG bereits früher hervorgehoben hat – eine Bindung der VG an die im Verwaltungsverfahren getroffenen Feststellungen und Wertungen aus (BVerfGE 15, 275, 282; 84, 34, 49). Denn die Verfassung legt den Gerichten die Verpflichtung auf, die tatsächlichen Grundlagen ihrer Entscheidung selbst zu ermitteln und ihre rechtlichen Auffassungen unabhängig von der Verwaltung zu gewinnen und zu begründen (BVerfGE 101, 106, 123).

Gleichzeitig mit der auf § 99 Abs. 2 a.F. bezogenen teilweisen Unvereinbarkeitserklärung verpflichtete 46 das BVerfG den Gesetzgeber dazu, bis zum 31.12.2001 eine Neuregelung zu schaffen. Dieser Verpflichtung ist der Gesetzgeber im Zuge der Neugestaltung des Rechtsmittelrechts nachgekommen. Mit Wirkung zum 1.1.2002 wurde § 99 Abs. 2 mit dem Gesetz zur Bereinigung des Rechtsmittelrechts im Verwaltungsprozess (RmBereinVpG vom 20.12.2001, BGBl I 3987) vollständig neu gefasst und dabei dem Trend entsprechend versucht, alle denkbaren Probleme in einer umfangreichen Kodifikation aufzugreifen (Abs. 2 weist nach der Neufassung 14 [!] Sätze gegenüber gerade mal vieren der Ursprungsfassung auf). Beruft sich die Behörde im Prozess auf ein Vorlage- oder Auskunftsverweigerungsrecht,

---

116 BVerfGE 115, 205, 241; BVerwG 18.6.2008 – 20 F 44/07, juris Rn. 8; VGH München NVwZ 1990, 778, 779.
117 RL 2002/21/EG des Europäischen Parlaments und des Rates vom 7.3.2002 über einen gemeinsamen Rechtsrahmen für effektive Kommunikationsnetze und -dienste.
118 Dazu K. *Sobota*, Rechtsstaat, 1997, 511.
119 H. *Lang*, VSSR 2002, 21, 30.

wird die Rechtmäßigkeit der Weigerung der obersten Aufsichtsbehörde in einem Zwischenverfahren, das bei einem nach § 189 eigens dafür eingerichteten Spruchkörper durchgeführt wird, überprüft.

47   § 99 Abs. 2 enthält im Wesentlichen Bestimmungen über die Zuständigkeit sowie das Verfahren bei der „in-camera"-Entscheidung. Demgegenüber ergeben sich die materiellen Kriterien, die eine Vorlage- oder Auskunftsverweigerung tragen, nach wie vor aus den Bestimmungen des § 99 Abs. 1.

48   **c) Zuständigkeit und Verfahren.**   § 99 Abs. 2 S. 1 weist die Initiative zur Eröffnung des die Verweigerung der Aktenvorlage oder die Auskunftsverweigerung überprüfenden Zwischenverfahrens den Beteiligten zu (→ Rn. 42). Man hat insoweit von einem Einsprengsel der Dispositionsmaxime im ansonsten vom Untersuchungsgrundsatz beherrschten verwaltungsgerichtlichen Verfahren gesprochen.[120] Da das Gesetz die Antragsberechtigung den Beteiligten (also Kläger, Beklagter, Beigeladener und VöI) zuweist, ist das Gericht – auch wenn es etwa die Vorlage der Akten für sachdienlich hielte – an die Weigerung der Behörde gebunden; ihm steht lediglich die Möglichkeit der Gegenvorstellung zur Verfügung.[121] Der weder form- noch fristgebundene Antrag[122] ist nach der Regelung in § 99 Abs. 2 S. 3 bei dem Gericht einzureichen, bei dem die Hauptsache verhandelt wird. Von diesem werden bei Entscheidungserheblichkeit, über die nach wie vor das Gericht der Hauptsache entscheidet (BVerwGE 119, 229, 230), die Akten (BT-Drs. 14/6393, 10), der Antrag und die Hauptsacheakten an den nach § 189 zuständigen Spruchkörper abgegeben, § 99 Abs. 2 S. 4; bei streitbefangener Entscheidungserheblichkeit bedarf es grds. eines Beweisbeschlusses des Gerichts der Hauptsache, damit der Gegenstand des Zwischenverfahrens geklärt ist (BVerwGE 125, 40, 42). Nach der Rspr. des BVerwG muss das Gericht der Hauptsache die Entscheidungserheblichkeit der Unterlagen stets verlautbaren (BVerwG 23.7.2013 – 20 PKH 1/13, juris Rn. 7; OVG NRW 20.9.2017 – 13 a F 25/17). Schlichte Abgabeverfügungen des Vorsitzenden oder die bloße Aktenbeiziehung mittels richterlicher Verfügung stellen keine den Vorgaben des § 99 Abs. 1 S. 2 genügende Verlautbarung der Entscheidungserheblichkeit dar (BVerwG 15.2.2008, 20 F 13/07, juris Rn. 5; BVerwGE 125, 40, 42 f.). Die Entscheidungserheblichkeit ist in der Regel förmlich in einem Beweisbeschluss oder in einer vergleichbar förmlichen Äußerung darzulegen.[123] Je nach Fallkonstellation muss das Hauptsachegericht in den Gründen des Beschlusses zur Entscheidungserheblichkeit im konkreten Fall Stellung nehmen, ein formelhafter Beschluss durch Verweis auf das Beweisthema und der als entscheidungserheblich erachteten Aktenteile genügt regelmäßig nicht.[124] Weder eines Beweisbeschlusses noch einer förmlichen Äußerung des Gerichts der Hauptsache zur Klärung der rechtlichen Erheblichkeit des Akteninhalts für die Entscheidung des Rechtsstreits bedarf es aber, wenn die zurückgehaltenen Unterlagen zweifelsfrei rechtserheblich sind (BVerwGE 119, 229, 231; 23.7.2013 – 20 PKH 1/13, juris Rn. 7), was immer dann der Fall ist, wenn die Pflicht zur Vorlage der Behördenakten (bereits) Streitgegenstand des Verfahrens zur Hauptsache ist und für die dortige Entscheidung entscheidungserheblich sind (BVerwG 15.2.2008 – 20 F 13/07, juris Rn. 3; BVerwG ZD 2015, 602, 602). Der nach § 189 zuständige Spruchkörper entscheidet gem. § 99 Abs. 2 S. 1 nur darüber, ob die Verweigerung der Aktenvorlage durch die oberste Aufsichtsbehörde rechtmäßig ist oder nicht (BVerwGE 117, 8, 10; OVG Münster 21.8.2008 – 13 a F 11/08, juris Rn. 8). Eine weitergehende Entscheidungszuständigkeit steht ihm – selbst, wenn die Vorlage der Akten selbst den Gegenstand des Rechtsstreits bildet – nicht zu (BVerwG NVwZ 2008, 554, 555). Hat das Gericht der Hauptsache die Entscheidungserheblichkeit in einem Beschluss geprüft und bejaht, ist der Fachsenat grds. an dessen Rechtsauffassung gebunden.[125] Eine andere Beurteilung durch den Fachsenat kommt nur dann in Betracht, wenn die Rechtsauffassung des Gerichts der Hauptsache offensichtlich fehlerhaft ist.[126] Eine Bindungswirkung entfällt auch dann, wenn das Gericht der Hauptsache seiner Verpflichtung nicht genügt, die ihm nach dem Amtsermittlungsgrundsatz zur Verfügung stehenden Mittel zur Aufklärung des Sachverhalts zu erschöpfen, um auf dieser Grundlage über die Erforderlichkeit der Aktenvorlage

---

120   *S. Kuntze,* in: Bader § 99 Rn. 16.
121   *H. Geiger,* in: Eyermann § 99 Rn. 16.
122   *M. Redeker/P. Kothe,* VBlBW 2001, 337, 339.
123   BVerwG 23.7.2013 – 20 PKH 1/13, juris Rn. 7; OVG Münster 8.12.2015 – 13 a F 42/15, BeckRS 2015, 56090, Rn. 1.
124   BVerwG 15.3.2013 – 20 F 8.12, juris Rn. 11; OVG NRW 7.3.2013 – 13 a F 7/13, juris Rn. 2, 3 m.w.N.
125   BVerwG 12.9. 2017 – 20 F 11/16, juris Rn. 8.
126   BVerwG 12.9. 2017 – 20 F 11/16, juris Rn. 8.

zu entscheiden.[127] Insbes. gibt das Verfahren nach § 99 Abs. 2 dem Kläger des Hauptsacheverfahrens nicht die Möglichkeit an die Hand, die Vorlage von Akten zu erzwingen (23.7.2013 – 20 PKH 1/13, juris Rn. 8).

Der Gesetzgeber hat sich damit für die Bildung spezieller „in-camera"-Senate entschieden. 49

Der damit verbundene Zuständigkeitswechsel ist im Schrifttum auf Kritik gestoßen.[128] In der Tat ent- 50 stehen gewisse Risiken für die Geheimheit der Akten. Nicht ohne Berechtigung ist vor diesem Hintergrund auch auf die faktische Vorentscheidung des Streitfalles durch die im Zwischenverfahren ergehende Entscheidung hingewiesen worden.[129]

Grds. entscheidet über die auf die Kriterien des § 99 Abs. 1 gestützte Berechtigung der Behörde, die 51 Aktenvorlage oder die Auskunftserteilung zu verweigern, das OVG (§ 99 Abs. 2 S. 1). Verweigert eine oberste Bundesbehörde die Vorlage oder Auskunft, ist das BVerwG zur Entscheidung berufen, § 9 Abs. 2 S. 2. Das gilt ausweislich des Wortlauts der Regelung aber nur dann, wenn die Weigerung der Behörde mit einer Gefährdung des Wohls des Bundes begründet wird (dazu auch BT-Drs. 14/7474, 15). § 99 Abs. 2 S. 3 begründet darüber hinaus die Zuständigkeit des BVerwG, wenn dieses Gericht nach § 50 für die Hauptsache zuständig ist.

Mit der Abgabe des Antrags und der erforderlichen Akten wird ein kontradiktorisches Streitverfahren 52 eingeleitet, das mit einem feststellenden Beschluss – also ohne Durchführung einer mündlichen Verhandlung – beendet wird. In diesem Zwischenverfahren hat die oberste Aufsichtsbehörde die nach § 99 Abs. 2 S. 1 verweigerten Urkunden oder Akten auf Aufforderung des Spruchkörpers vorzulegen bzw. die verweigerten Auskünfte zu erteilen (§ 99 Abs. 2 S. 5). Das Gesetz verschweigt sich zu der Frage, wie zu verfahren ist, wenn die oberste Aufsichtsbehörde dieser Aufforderung nicht nachkommt. Im Schrifttum wird insoweit für eine analoge Anwendung des § 99 Abs. 2 plädiert.[130] Der vom BVerfG und vom Gesetzgeber intendierten Verbesserung der Rechtsschutzsituation des die Aktenvorlage beantragenden Beteiligten dürfte es darüber hinaus entsprechen, die Weigerung i.R. der Beweiswürdigung grds. zulasten des Vorlagepflichtigen zu werten.

Das Hauptsacheverfahren braucht nicht förmlich ausgesetzt werden, kann allerdings solange das Zwi- 53 schenverfahren nicht beendet ist, auch nicht mit einer Sachentscheidung abgeschlossen werden.[131] Eine Übertragung auf den Einzelrichter ist nicht möglich. § 6 sieht für die VG eine solche Übertragungsmöglichkeit nur vor, wenn die Sache keine besondere Schwierigkeit aufweist oder ihr keine grundsätzliche Bedeutung zukommt. Namentlich die letzte Voraussetzung wird man angesichts der Tatsache, dass die Behörde die Akten für geheimhaltungsbedürftig ansieht, kaum für erfüllt ansehen können (dazu auch BT-Drs. 14/6854, 4).

Nach § 99 Abs. 2 S. 2 ist die oberste Aufsichtsbehörde, die die Erklärung nach Abs. 1 abgegeben hat, 54 beizuladen. Die gesetzliche Formulierung ist etwas unglücklich. Denn es handelt sich hierbei nicht um eine Beiladung nach § 65. Da das Verfahren nach § 99 Abs. 2 nämlich ein kontradiktorisches Zwischenverfahren darstellt (BVerwGE 19, 179, 180), wird die oberste Aufsichtsbehörde als Partei an dem Zwischenverfahren beteiligt.[132] Die das Zwischenverfahren abschließende Entscheidung ergeht durch Beschluss (zu den dagegen bestehenden Rechtsmitteln → Rn. 62).[133] Dieser Beschluss erfordert ein sprachliches Kunststück der Richter. Einerseits ist er gem. § 122 Abs. 2 zu begründen (vgl. BT-Drs. 14/7474, 16); andererseits dürfen nach § 99 Abs. 2 S. 10 die Entscheidungsgründe Art und Inhalt der geheim gehaltenen Urkunden und Akten oder Auskünfte nicht erkennen lassen.

Die Entscheidung durch Beschluss und außerhalb der mündlichen Verhandlung gewährleistet aller- 55 dings zweierlei. Zum einen wird dadurch erreicht, dass der Kreis derjenigen, die Kenntnis von den Akten erlangen, gering bleibt; die ehrenamtlichen Richter sind insoweit an der Entscheidung nicht beteiligt. Zum anderen ist im Gesetzgebungsverfahren hervorgehoben worden, dass durch die Entscheidung in Form eines Feststellungsbeschlusses gewährleistet wird, dass die Behörde bei Feststellung der Rechtswidrigkeit der Vorlageverweigerung noch die Möglichkeit hat, dem Rechtsschutzziel des Betrof-

---

127 BVerwG NVwZ 2016, 467, 467, Rn. 4.
128 Vgl. etwa *M. Redeker/P. Kothe*, VBlBW 2001, 337, 338 f.
129 *H. Geiger*, in: Eyermann § 99 Rn. 1 a.
130 *M. Redeker/P. Kothe*, NVwZ 2002, 313, 314.
131 *M. Redeker/P. Kothe*, NVwZ 2002, 313, 314.
132 Vgl. *J. Ziekow*, BayVBl 1992, 132, 138.
133 BVerwG NJW 1968, 717.

fenen nachzukommen, ohne durch den Vorlagebeschluss tatsächlich zur Aktenvorlage verpflichtet zu sein (vgl. BT-Drs. 14/6854, 4). Diese Überlegung ist überzeugend: Hält die Behörde trotz der Entscheidung des Gerichts die Akten nach wie vor für geheimhaltungsbedürftig, steht es ihr frei, den Kläger anderweitig klaglos zu stellen, um auf diese Weise die Akten vor einer Einsichtnahme durch Beteiligte zu sichern.

56   Lehnt die Behörde trotz gerichtlich festgestellten Fehlens einer der in § 99 Abs. 1 S. 2 genannten Gründe die Vorlage ab, kann dies – wenn der zur Vorlage Verpflichtete oder sein Rechtsträger Beteiligter des Hauptsacheverfahrens ist[134] – als Beweisvereitelung gewürdigt werden (allg. zur Beweisvereitelung → § 98 Rn. 297).[135] Legt die Behörde die im Streit befindlichen Vorgänge offen, obwohl von Anfang an ein Geheimhaltungsgrund vorlag, sollen sie nach der Rspr. vom Gericht der Entscheidung nicht zugrunde gelegt werden dürfen (BFH NJW 1995, 352). Lehnt die Behörde die Vorlage rechtmäßigerweise ab, dürfen die zu Recht geheim gehaltenen Vorgänge nur unter strengen Voraussetzungen zulasten des Rechtsschutzsuchenden verwandt werden.[136] Das Hauptsachegericht ist insbes. gehalten, die ihm verbleibenden Möglichkeiten der Sachaufklärung vollständig auszuschöpfen; bleiben Umstände unaufgeklärt oder wird die Aussagekraft festgestellter Tatsachen infolge der Sperrerklärung vermindert, bleibt dem Gericht nur die Möglichkeit, dies bei der Würdigung angemessen zu berücksichtigen und sich bei der Entscheidung im Zweifel an der gesetzlichen Verteilung der materiellen Beweislast zu orientieren (BVerwGE 126, 365, 373 f.).

57   **d) Geheimschutzinteresse.** Das „in-camera"-Verfahren versucht einen Ausgleich zwischen dem Interesse effektiver Rechtsschutzgewährung und den Geheimhaltungsinteressen des Staates (vgl. BT-Drs. 14/6393, 10). Um den Kreis der Geheimnisträger möglichst gering halten zu können, wird zunächst die nach § 99 Abs. 2 zu treffende Entscheidung auf Fachsenate konzentriert (vgl. zu diesem Motiv der gesetzlichen Regelung BT-Drs. 14/6854, 4). Zudem unterliegt im Interesse des Geheimschutzes das Zwischenverfahren gem. § 99 Abs. 2 S. 7 den Vorschriften des materiellen Geheimschutzes. Diese Regelung war erforderlich, weil Richter gem. § 2 Abs. 3 Nr. 2 SÜG (vgl. SÜG vom 20.4.1994 [BGBl I 867]) nicht den Vorschriften des personellen Geheimschutzes unterliegen (s.a. BR-Drs. 600/00, 9).

58   Der materielle Geheimschutz umfasst die Handhabung von Verschlusssachen und beinhaltet technische und organisatorische Sicherheitsmaßnahmen zum Schutz von Verschlusssachen und von räumlichen Bereichen (Sicherheitsbereichen). Da die Urkunden und Akten dem Gericht vorzulegen sind, ist es Sache des Gerichts, durch organisatorische Maßnahmen sicher auszuschließen, dass Dritte, insbes. auch andere Angehörige des Gerichts, Kenntnis von geheimhaltungsbedürftigen Vorgängen erhalten können (vgl. BT-Drs. 14/6393, 10).

59   Können diese Anforderungen nicht eingehalten werden oder macht die zuständige Aufsichtsbehörde geltend, dass besondere Gründe der Geheimhaltung oder des Geheimschutzes einer Übergabe der Urkunden oder Akten an das Gericht entgegenstehen, werden gem. § 99 Abs. 2 S. 8 die nach S. 5 erforderlichen Urkunden dem Gericht in besonderen, von der obersten Aufsichtsbehörde bestimmten Räumlichkeiten zugänglich gemacht. Diese normativen Verdichtungen des Geheimschutzes schließen es nicht aus, dass das Gericht von sich aus die Akten oder Urkunden in den Räumen der Behörde einsieht. Das kommt insbes. in Betracht, wenn das Gericht durch organisatorische Maßnahmen den notwendigen Schutz der Vorgänge – etwa wegen fehlender Räumlichkeiten – nicht ausreichend sicherstellen kann (vgl. BT-Drs. 14/6939, 10). Soweit sich Richter bei einem derartigen Vorgehen Notizen anfertigen oder Ablichtungen aus den Akten notwendig werden, unterliegen der gesetzlichen Intention entsprechend diese Unterlagen ebenfalls den genannten Geheimschutzanforderungen.

60   § 99 Abs. 2 S. 10 enthält mit Blick auf den mit dem „in-camera"-Verfahren erstrebten Geheimschutz konsequenterweise einen Ausschluss des an sich in jedem verwaltungsgerichtlichen Verfahren beste-

---

134   S. *Kuntze,* in: Bader § 99 Rn. 14; *J. Ziekow,* BayVBl 1992, 132, 139.

135   Vgl. BVerwG Buchholz 310 § 99 VwGO Nr. 22 (S. 13); Buchholz 310 § 99 VwGO Nr. 24 (S. 1 f.); VGH Mannheim DÖV 1998, 42; aus dem Schrifttum etwa *R. Rudisile,* in: Schoch/Schneider/Bier § 99 Rn. 65.

136   BVerwGE 49, 44, 50; teilweise finden sich in der berufungsgerichtlichen Rspr. aber kräftige Relativierungen, vgl. etwa OVG Münster NVwZ-RR 1998, 398; die zwischenzeitlich im Anschluss an eine Entscheidung des OVG Münster (NWVBl 2001, 194, 196) diskutierte Verwertung der in dem „in-camera"-Verfahren gewonnenen Erkenntnisse (zu diesem Ansatz *A. Beutling,* DVBl 2001, 1252, 1258) war zu sehr auf die zwischenzeitlich praktizierte Zuständigkeit des Gerichts der Hauptsache auch zur „in-camera"-Entscheidung geprägt, weist aber zugleich auf das nach wie vor offene Problem der „in-camera"-Verwertung hin (dazu auch *M.-J. Seibert,* NVwZ 2002, 265, 270).

henden Akteneinsichtsrechts nach § 100. Dieses Akteneinsichtsrecht weist neben der einfach-rechtlichen Regelung in § 100 auch eine verfassungsrechtliche Fundierung in Art. 103 Abs. 1 GG auf. Deshalb muss der durch § 99 Abs. 2 S. 10 bewirkte Ausschluss ebenfalls eine verfassungsrechtliche Grundlage aufweisen. Dieser liegt im Geheimhaltungsinteresse des Staates und nicht etwa, wie im Schrifttum im Anschluss an eine missverständliche Formulierung des BVerfG angenommen wurde, in Art. 19 Abs. 4 GG begründet.[137] Diese durch Leitsatz 2 der Entscheidung hervorgerufene dogmatische Unsicherheit prägte auch das Gesetzgebungsverfahren. So heißt es in der Stellungnahme des Bundesrates zum geplanten Ausschluss des Akteneinsichtsrechts i.R.d. „in-camera"-Verfahrens, ein solcher Ausschluss sei gerechtfertigt, weil das Interesse des Betroffenen auf rechtliches Gehör hier nachrangig zu seinem Rechtsschutzinteresse sei.[138] Dem dürfte kaum zuzustimmen sein. Grundrechtsdogmatisch ist es wenig überzeugend, Beschränkungen eines grundrechtlichen Gewährleistungsgehaltes mit einem kollidierenden Grundrecht desselben Grundrechtsberechtigten zu begründen. Die Kumulation zweier grundrechtlicher Gewährleistungen führte so im Ergebnis zu einem Absinken des Schutzniveaus. Anders gewendet: Vorbehaltlos gewährte Grundrechte können entweder zum Schutz der Grundrechte Dritter oder zum Schutz sonstiger Rechtsgüter von Verfassungsrang eingeschränkt werden, nicht aber durch grundrechtliche Berechtigungen desselben Rechtsträgers begrenzt werden. Den Grundrechten des Akteneinsicht Beantragenden können daher als Gegenrechte nur die Geheimhaltungsinteressen des Staates begrenzend entgegengehalten werden.

Gem. § 99 Abs. 2 S. 10 sind auch die Mitglieder des Gerichts zur Geheimhaltung verpflichtet. Diese explizite Anordnung war notwendig, weil das richterliche Personal nicht den Regelungen des materiellen Geheimschutzes unterworfen ist. Für das nichtrichterliche Personal bestimmt § 99 Abs. 2 S. 11 die Anwendung des sog. personellen Geheimschutzes. Maßgeblich für den personellen Geheimschutz ist die Sicherheitsüberprüfung. Sie ist notwendige Voraussetzung für die Ermächtigung einer Person zum Zugang zu im staatlichen Interesse geheim zu haltenden Informationen (Verschlusssachen). I.R. der Sicherheitsüberprüfung soll festgestellt werden, ob eine Person für eine sicherheitsempfindliche Position geeignet ist. 61

IV. Rechtsmittel gegen die im Zwischenverfahren ergangene Entscheidung.

Hat nicht das BVerwG das Zwischenverfahren entschieden, kann gem. § 99 Abs. 2 S. 12 der dort ergangene Beschluss selbständig mit der Beschwerde angefochten werden, über die das BVerwG entscheidet. Für diese Beschwerde fehlt das Rechtsschutzbedürfnis.[139] § 99 Abs. 2 S. 12 stellt sich als Spezialvorschrift zu § 152 dar. Für das Beschwerdeverfahren finden die S. 4–11 des Abs. 2 sinngemäße Anwendung. 62

Das Nichtabgeben des Antrages nach § 99 Abs. 2 S. 4 und der Hauptsacheakten an den nach § 189 zuständigen Fachsenat stellt, als bloßes Unterlassen, noch keine Ablehnung dieses Antrages dar und ist deshalb nicht mit einer Beschwerde nach § 147 Abs. 1 S. 1 angreifbar. In Betracht kommt insoweit nur eine Verzögerungsrüge nach § 173 S. 1 VwGO i.V.m. § 198 ff. GVG.[140] Darin ist keine Verletzung der in Art. 19 Abs. 4 S. 1 GG enthaltenen Garantie effektiven Rechtsschutzes zu sehen. Es besteht die Möglichkeit dieses Unterlassen im Rahmen eines Rechtsmittels gegen die Entscheidung in der Hauptsache überprüfen zu lassen. 63

§ 100 [Akteneinsicht; Abschriften]

(1) ¹Die Beteiligten können die Gerichtsakten und die dem Gericht vorgelegten Akten einsehen. ²Beteiligte können sich auf ihre Kosten durch die Geschäftsstelle Ausfertigungen, Auszüge, Ausdrucke und Abschriften erteilen lassen.

---

137 BVerfGE 101, 106, 129. Doppeldeutig aber auch OVG Münster NVwZ 2001, 820, 821 einerseits und S. 821 a.E. andererseits.
138 Vgl. BT-Drs. 14/6854, 4; ähnl. etwa auch B. *Wegener,* in: Schomerus/Schrader/Wegener, UIG, Handkommentar, ²2002, § 4 Rn. 44.
139 BVerwG 17.11.2016 – 20 F 13.16, BeckRS 2016, 55455, Rn. 7.
140 VGH München 3.4.2016 – 4 C 16.307.

(2) ¹Werden die Prozessakten elektronisch geführt, wird Akteneinsicht durch Bereitstellung des Inhalts der Akten zum Abruf gewährt. ²Auf besonderen Antrag wird Akteneinsicht durch Einsichtnahme in die Akten in Diensträumen gewährt. ³Ein Aktenausdruck oder ein Datenträger mit dem Inhalt der Akten wird auf besonders zu begründenden Antrag nur übermittelt, wenn der Antragsteller hieran ein berechtigtes Interesse darlegt. ⁴Stehen der Akteneinsicht in der nach Satz 1 vorgesehenen Form wichtige Gründe entgegen, kann die Akteneinsicht in der nach den Sätzen 2 und 3 vorgesehenen Form auch ohne Antrag gewährt werden. ⁵Über einen Antrag nach Satz 3 entscheidet der Vorsitzende; die Entscheidung ist unanfechtbar. ⁶§ 87 a Absatz 3 gilt entsprechend.

(3) ¹Werden die Prozessakten in Papierform geführt, wird Akteneinsicht durch Einsichtnahme in die Akten in Diensträumen gewährt. ²Die Akteneinsicht kann, soweit nicht wichtige Gründe entgegenstehen, auch durch Bereitstellung des Inhalts der Akten zum Abruf gewährt werden. ³Nach dem Ermessen des Vorsitzenden kann der nach § 67 Absatz 2 Satz 1 und 2 Nummer 3 bis 6 bevollmächtigten Person die Mitnahme der Akten in die Wohnung oder Geschäftsräume gestattet werden. ⁴§ 87 a Absatz 3 gilt entsprechend.

(4) In die Entwürfe zu Urteilen, Beschlüssen und Verfügungen, die Arbeiten zu ihrer Vorbereitung und die Dokumente, die Abstimmungen betreffen, wird Akteneinsicht nach den Absätzen 1 bis 3 nicht gewährt.

Schrifttum

1. Monographien und Beiträge in Sammelwerken: *W. Endemann*, Im Spannungsfeld – Persönlichkeitsrecht und Öffentlichkeit des verwaltungsgerichtlichen Verfahrens, in: FS Zeidler, Bd. I, 1987, 409; *Ch. Degenhart*, Gerichtsverfahren, in: HdbStR, 3. Aufl., Bd. V 2007, § 115; *S. Kussel*, Die Digitalisierung der Verwaltungsgerichtsbarkeit: Lösungskonzepte für den Einsatz digitaler Informations- und Kommunikationsmedien im verwaltungsgerichtlichen Verfahren, 2003; *H. Sendler*, Anspruch auf Gehör und Effizienz richterlicher Tätigkeit, in: Wege und Verfahren des Verfassungslebens, in: FS für Peter Lerche zum 65. Geb., 1993, 833; *A. Wehner*, Informationszugangsfreiheit zu staatlichen Quellen – Der Paradigmenwechsel zur publikumsoffenen, transparenten Verwaltung im demokratischen Verfassungsstaat europäisch-atlantischer Prägung, 2012.

2. Beiträge in Zeitschriften: *M. App*, Akteneinsicht beim Gericht, KKZ 2004, 199; *J. Bohl*, Der „ewige Kampf" des Rechtsanwalts um die Akteneinsicht, NVwZ 2005, 133; *H. P. Bull*, Geheimhaltung für Gutachten in Berufungsverfahren?, WissR 1987, 111; *Ch. Burholt*, Die Auswirkungen des Informationsfreiheitsgesetzes auf das Akteneinsichtsrecht in Kartell- und Fusionskontrollverfahren, BB 2006, 2201; *T. Cosack/S. Tomerius*, Betrieblicher Geheimnisschutz und Interesse des Bürgers an Umweltinformationen bei der Aktenvorlage im Verwaltungsprozeß, NVwZ 1993, 841; *C. Dahns*, Rechte und Pflichten im Zusammenhang mit der Akteneinsicht, NJW-Spezial 2011, 510; *K.-P. Dolde*, Zusammenarbeit zwischen Richter und Rechtsanwalt im verwaltungsgerichtlichen Verfahren, VBlBW 1985, 248; *H. Geiger*, Verwaltungsverfahrensrecht, Verwaltungsprozeßrecht: Anspruch auf Akteneinsicht, JA 1982, 316; *E. Gurlit*, Europa auf dem Weg zur gläsernen Verwaltung?, ZRP 1989, 253; *H. Haus*, Der Sozialdatenschutz im gerichtlichen Verfahren, NJW 1988, 3126; *H. Hirte*, Mitteilung und Publikation von Gerichtsentscheidungen. Zum Spannungsverhältnis von Persönlichkeitsschutz und Interessen der Öffentlichkeit, NJW 1988, 1698; *M. Huff*, Die Veröffentlichungspflicht der Gerichte, NJW 1997, 2651; *N. Kollmer*, Klage auf Umweltinformation nach dem neuen Umweltinformationsgesetz (UIG), NVwZ 1995, 858; *F. O. Kopp*, Das rechtliche Gehör in der Rechtsprechung des Bundesverfassungsgerichts, AöR 106 (1981), 406; *M. Majerski*, Zur „Beschränkung" der Akteneinsicht durch die übersendende Behörde im sozialgerichtlichen Verfahren, SGb 1982, 297; *J. Margedant*, Das „in camera"-Verfahren, NVwZ 2001, 789; *J. Marly*, Akteneinsicht in arbeitsgerichtliche Schutzschriften vor Anhängigkeit des Verfahrens, BB 1989, 770; *N. Meier*, Rechtliche Möglichkeiten bei Verlust eines Hilfsvorgangs, VR 2010, 50; *G. Pape*, Recht auf Einsicht in Konkursakten – ein Versteckspiel für die Gläubiger?, ZIP 1997, 1367; *C. Pawlita*, Die Wahrnehmung des Akteneinsichtsrechts im gerichtlichen und behördlichen Verfahren durch Überlassung der Akten in die Rechtsanwaltskanzlei, AnwBl 1986, 1; *A. Pentz*, Keine Akteneinsicht im Prozeßkostenhilfeverfahren, NJW 1982, 2507; *J. Raabe*, Wo drückt der Schuh? Handlungsbedarf im Verwaltungsprozessrecht, ZRP 2004, 108; *W. Roth*, Die Rückforderung vorgelegter Akten bei nachträglicher Vorlageverweigerung im Verwaltungsprozess, NVwZ 2003, 544; *S. Schaz*, Akteneinsicht im Finanzgerichtsprozess – Verschärfung der ohnehin schon restriktiven gerichtlichen Praxis durch den Gesetzgeber?, DStR 2017, 2302; *E. Schmidt-Aßmann*, Verfahrensfehler als Verletzungen des Art. 103 Abs. 1 GG, DÖV 1982, 1029; *P. Schoenemann*, Akteneinsicht und Persönlichkeitsschutz, DVBl 1988, 520; *I. Schübel-Pfister*, Aktuelles Verwaltungsprozessrecht, JuS 2008, 329; *B. Schütte/R. Lau*, Im Spannungsfeld drittschützender Rechtspositionen – Aktuelle Rechtsprechung des OVG Greifswald zur Windkraft, LKV 2014, 400; *B. Sokol*, Datenschutz versus Informationszugang?, DuD 1997, 380; *R. Stürner*, Die gewerbliche Geheimsphäre im Zivilprozeß, JZ 1985, 453; *Th. Troidl*: Informationszugang und Akteneinsicht: Gesetzliche Grundlagen, aktuelle Rechtsprechung und praktische Hinweise für Behörden, BayVBl 2015, 58; *J. Vahle*, Grundlose Verweigerung der Akteneinsicht als Befangenheitsgrund, DVP 2001, 212; *ders.*, Auskunfts- und Akteneinsichtsrechte des Bürgers gegenüber der öffentlichen Verwaltung, DVP 2004, 45; *S. Walz*, Zur Art und Weise des Informationszugangs, DÖV 2009, 623; *S. Weber*, Informationsfreiheitsgesetze und prozessuales Akteneinsichtsrecht, NVwZ 2008, 1284; *H. Weidemann*, Verwaltungsgerichtliches Verfahren und behördliche Aktenvorlage, JA 2007, 884; *S. Woring*, Zur Aktenaushändigung an Prozeßbevollmächtigte im finanzgerichtlichen Verfahren, DStR 1982, 402; *J. Ziekow*, Die Pflicht der Behörden zur Gewährung von Informationen an die Verwaltungsgerichte, BayVBl 1992, 132.

I. Entstehungsgeschichte

Die Vorschrift konnte im Kern an vergleichbare Regelungen der verwaltungsgerichtlichen Vorläufer-[1] prozessordnungen zur VwGO anknüpfen,[1] neu ist im Vergleich aber v.a. die Absicherung des An-spruchs,[2] des Umfangs sowie nunmehr auch der Modalitäten hinsichtlich der Akteneinsicht bei elek-tronischer Aktenführung.

Die heutige Formulierung der Norm entspricht nur noch in Teilen der Ursprungsfassung der VwGO [2] (vgl. § 100 der VwGO vom 21.1.1960, BGBl I 17, 29). Gegenüber deren Normierungen wurden im Laufe Änderungen notwendig, deren bedeutendste die zum 1.1.2018 in Kraft getretene Neuregelung der Art und Weise der Gewährung der Einsicht in die (elektronische) Akte darstellt.[3]

Zuvor war schon durch das Justizkommunikationsgesetz (Gesetz über die Verwendung elektronischer [3] Kommunikationsformen in der Justiz, Justizkommunikationsgesetz – JKomG vom 22.3.2005 (BGBl I 837) § 100 Abs. 2 a.F. um Regelungen bei einer Akteneinsicht in eine elektronisch geführte Akte er-gänzt worden (BT-Drs. 15/4067, 39). Die gegenwärtige Fassung des § 100 beruht auf Art. 20 Nr. 7 des Gesetzes zur Einführung der elektronischen Akte in der Justiz und zur weiteren Förderung des elektro-nischen Rechtsverkehrs vom 5.7.2017 (BGBl I 2208). Der umfangreiche Gesetzentwurf der Bundesre-gierung sah anfangs in Art. 1 und 11 nur Änderungen der StPO und der ZPO vor, während die VwGO zunächst außen vor blieb.[4] Aufgrund der Intervention des 6. Ausschusses wurden dann über Art. 20 auch etliche Änderungen der VwGO vorgenommen, dabei betraf Art. 20 Nr. 7 die Änderungen hinsichtlich des Akteneinsichtsrechts. Sie zielen zum einen auf eine Angleichung an die das Akten-sichtsrechts in den beiden erwähnten Prozessordnungen regelnden Normen der StPO und der ZPO,[5] zum anderen dienen die Neuregelungen namentlich der dringend erforderlichen Modernisierung in Gestalt einer elektronischen Aktenführung sowie dem Aufbau eines bundesweiten und -einheitlichen

---

1 Historische Vorläufer zu der Regelung in § 100 enthielten u.a. das Gesetz Nr. 39 über die Verwaltungsgerichtsbarkeit in Bayern vom 25.9.1946 (GVBl I 281), dort § 65 Abs. 1, das Gesetz über die Verwaltungsgerichtsbarkeit in Bremen vom 5.8.1947 (GBl 171), dort 65 Abs. 1, das Gesetz über die Verwaltungsgerichtsbarkeit in Baden-Württemberg vom 12.5.1948 (GBl I 131, 140 ff.), dort § 65 Abs. 1, die Verordnung Nr. 165 über die Verwaltungsgerichtsbarkeit in der britischen Zone vom 15.9.1948 (VOBl BrZ 263), dort § 70 Abs. 1, das Gesetz über die Verwaltungsgerichtsbarkeit in Rheinland-Pfalz vom 20.4.1950 (GVBl I 103), dort § 62 Abs. 1, das BVerwGG vom 23.9.1952 (BGBl I 625), dort § 44 Abs. 1–3. Die angesprochenen Normen, die sämtlich mit Inkrafttreten der VwGO am 1.4.1960 nach § 195 außer Kraft traten, enthielten im Wesentlichen eine Kombination der heute in § 99 und § 100 normierten Regelungen.
2 So stellte noch etwa § 88 der Landesverfassungsordnung für Thüringen vom 10.6.1926 (GS 177) die Gewährung und die Modalität der Akteneinsicht in das Ermessen des Vorsitzenden.
3 Vgl. Art. 20 Nr. 7 des Gesetzes zur Einführung der elektronischen Akte in der Justiz und zur weiteren Förderung des elektronischen Rechtsverkehrs vom 5.7.2017, BGBl I 2208; Gesetzesbegründungen zum Entwurf in BR-Drs. 236/16 und BT-Drs. 18/9416 (jeweils zum Gesetzentwurf der Bundesregierung) sowie vor allem – weil erst aufgrund der Aus-schussberatungen auch eine Änderung der VwGO beschlossen wurde – die Begründungen in der Beschlussempfehlung und im Bericht des Ausschusses für Recht und Verbraucherschutz, BT-Drs. 18/12203.
4 Vgl. die Gesetzentwürfe der Bundesregierung in BR-Drs. 236/16 v. 6.5.2016 und BT-Drs. 18/9416 v. 17.8.2016.
5 Vgl. BT-Drs. 18/12203, 33.

Akteneinsichtsportals.[6] Der Gesetzgeber billigt der elektronischen Akte zu Recht entscheidende Vorteile gegenüber der herkömmlichen Papierakte zu. Sie beschleunige die Kommunikation zwischen den Gerichten, Behörden und Verfahrensbeteiligten ebenso wie die Übermittlung von Akten und Dokumenten, sie mache die Akten kontinuierlich verfügbar, lasse eine gemeinsame Aktenführung und effektivere Aktenauswertung – auch durch softwareseitige Suchoptionen – zu, vermeide redundante Datenerhebung und effektiviere die Verwaltung von Daten und die Erstellung von Statistiken, schließlich diene sie der Reduzierung von Raum-, Personal-, Porto- und Versandkosten.[7] In der Tat hatte ja in der Vergangenheit etwa in verwaltungsrechtlichen Großverfahren die Erfüllung des jedem Beteiligten zustehenden Akteneinsichtsrechts zu z.T. erheblichen Verzögerungen geführt. Freilich reibt sich derzeit – wohl auch wegen chronischer finanzieller Unterausstattungen – die gerichtliche Praxis (Stichwort etwa hybride Aktenführung) doch noch deutlich an diesen schönen Verheißungen einer weitgehend papierlosen und elektronischen Aktenwelt.

II. Überblick

4   § 100 weist nach der Reform vier Absätze auf. Abs. 1 enthält die normative Absicherung des Anspruchs auf Akteneinsicht (→ Rn. 8 ff.) sowie eine Kostenregelung, die nur aus Gründen der Parallelität zu § 299 ZPO in Abs. 1 integriert wurde.[8] Die Abs. 2 und 3 unterscheiden hinsichtlich des Verfahrens der Akteneinsicht zwischen der Einsichtnahme bei elektronischer Aktenführung (dazu Abs. 2, → Rn. 32 ff.) und derjenigen bei papierener Aktenführung (dazu Abs. 3, → Rn. 39 ff.). Abs. 4 enthält die zuvor in Abs. 2 a.F. normierten Ausnahmen vom Akteneinsichtsrecht (→ Rn. 50 ff.).

5   Das Verhältnis zwischen § 100 und § 99 blieb durch die Reform unangetastet. Während § 99 die Pflicht der Verwaltungsbehörde zur Vorlage von Akten regelt, bestimmt § 100, ob und in welchem Umfang die Gerichtsakten und die vorgelegten Verwaltungsakten von den Beteiligten eingesehen werden können. Die Vorschrift ist für die prozessuale Waffengleichheit im Verwaltungsprozess von eminenter Bedeutung.[9] Das Akteneinsichtsrecht ist zudem wesentlicher Teil der Parteiöffentlichkeit des Verfahrens.[10] Es soll aber nicht nur die Waffengleichheit der Beteiligten gewährleisten, sondern sie gleichzeitig in den Stand setzen, i.S.v. § 86 Abs. 1 S. 1 an dem Verfahren „mitzuwirken".[11] Die verfassungsrechtliche Grundlage des Anspruchs auf Akteneinsicht findet sich in Art. 103 Abs. 1 GG.[12] Der Zweck des den Beteiligten zustehenden Akteneinsichtsrechts erschöpft sich nicht in der Kenntnisnahme des Akteninhalts, sondern soll den Beteiligten auch die Möglichkeit geben, sich zu dem Inhalt der vorliegenden Akten zu äußern.[13] I.d.S. regelt das Einsichtsrecht des § 100 mithin auch, wie der Anspruch auf rechtliches Gehör zu verwirklichen ist.[14]

6   Die Auffassung der Rspr., die VwGO habe in § 99 und § 100 eine starre Verbindung zwischen der Pflicht zur Aktenvorlage und dem Recht auf Akteneinsicht geschaffen, weil dies dem Untersuchungsgrundsatz entspreche und dieser Grundsatz dazu rechtfertige und verpflichte, die zur Aufklärung des Sachverhaltes erforderlichen Akten heranzuziehen, was auch mit einem Anspruch auf Akteneinsicht verbunden sein müsse,[15] ist im Schrifttum gelegentlich kritisiert worden. Sie führe zu einer unzulässigen Instrumentalisierung des Akteneinsichtsrechts, in dem dem Staatsbürger die Möglichkeit eröffnet werde, sich von allen Verwaltungsvorgängen Kenntnis zu verschaffen und als Grundlage seines Vorbringens im Prozess zu verwerten, obwohl doch das Akteneinsichtsrecht nach § 100 nicht Grundlage,

---

6   *Werner*, jM 2016, 387, 392.

7   BR-Drs. 236/16, 26.

8   BT-Drs. 18/12203, 88.

9   OVG Koblenz 12.6.2014 – 12 F 10353/14, BeckRS 2014, 52713; BVerfG NVwZ 1998, 836, 837; OVG Koblenz 12.6.2014 – 12 F 10353/14, BeckRS 2014, 52713; *R. Rudisile*, in: Schoch/Schneider/Bier § 100 Rn. 4.

10   BVerwGE 15, 132; OVG Münster NVwZ 1997, Beilage Nr. 11, 81.

11   BVerwG Buchholz 310 § 100 VwGO Nr. 5 (S. 4); OVG Magdeburg NVwZ-RR 1998, 694; ebenso *H. Posser*, in: BeckOK, 43. Ed. § 100 Rn. 3; vgl. auch *H. Geiger*, JA 1982, 316; vgl. auch BVerfG NVwZ 1998, 836, 837; ähnl. *J. Marly*, BB 1989, 770, 771, zu § 299 ZPO.

12   BVerwGE 30, 154, 157; BVerwG Buchholz 310 § 100 VwGO Nr. 5 (S. 3 f.); NJW 1990, 1313; BFH JZ 1971, 101, 102; OVG Brem NVwZ 1984, 527; s.a. BSG MDR 1977, 1051; *E. Schmidt-Aßmann*, DÖV 1987, 1029, 1030.

13   VGH München 2.9.2010 – 14 ZB 10.1461, BeckRS 2010, 31695.

14   Vgl. BVerwGE 13, 187, 190; VGH Mannheim NVwZ-RR 1998, 687.

15   BVerwGE 14, 31, 32; 15, 132; 19, 179, 186; 30, 154, 158.

sondern erst Folge einer Aktenvorlage gem. § 99 sei.[16] Diese Kritik ist nicht berechtigt. Das Akteneinsichtsrecht dient nach dem bereits Ausgeführten auch dazu, die Beteiligten in den Stand zu versetzen, i.S.v. § 86 Abs. 1 S. 1 an dem Verfahren mitzuwirken. Tun sie dies nicht, stellt dies eine Verletzung ihrer prozessualen Mitwirkungsobliegenheit dar, die i.R. der Beweiswürdigung sanktioniert werden kann (→ § 86 Rn. 73). Um solchen Nachteilen ausweichen zu können, muss sich der Bürger aber auch an der Sachverhaltserforschung in der Weise beteiligen können (zu diesem Erfordernis grds. → § 86 Rn. 119), dass er die Vorlage behördlicher Akten erzwingen und etwa durch Bestreiten darin dargestellter Tatsachen oder auch Rechtsauffassungen seine prozessuale Situation beeinflussen kann.

III. Grundsätze zum Akteneinsichtsrecht (Abs. 1)

1. Berechtigung zur Akteneinsicht (Abs. 1 S. 1). a) Beteiligte. Vgl. zum Beteiligtenbegriff zunächst 7 die Komm. zu § 63.

Nach § 100 Abs. 1 S. 1 steht das Recht auf Akteneinsicht den Beteiligten zu. Neben dem Kläger und 8 dem Beklagten als Hauptbeteiligte des Verfahrens kann ein Akteneinsichtsrecht auch für Beigeladene entstehen. Dies setzt allerdings die Zustellung des Beiladungsbeschlusses voraus, durch der der Betreffende die Stellung eines Beigeladenen erwirbt (zur Begründung der Stellung eines Beigeladenen → § 63 Rn. 17).[17] Ähnlich gestaltet sich die Rechtslage hinsichtlich des VBl sowie des VöI. Obwohl jeweils in § 63 Nr. 4 genannt, werden beide nicht automatisch am Verfahren beteiligt. Deshalb kann ihnen ein eigenes Einsichtsrecht nur zugebilligt werden, wenn sie von ihrer Beteiligungsbefugnis Gebrauch gemacht haben, d.h. wenn sie die Beteiligung gegenüber dem Gericht angezeigt haben (→ § 63 Rn. 18).

Ist ein Beteiligter anwaltlich vertreten, lässt dies das ihm persönlich zustehende Akteneinsichtsrecht 9 unberührt.[18] Dem Prozessvertreter steht demgegenüber kein eigenes Recht auf Akteneinsicht – Rechtsanwälten auch nicht aufgrund ihrer Stellung als Organ der Rechtspflege – zu.[19] Ebenso wenig ist einem Vollmacht vorlegenden Rechtsanwalt Akteneinsicht zu gewähren, wenn diese nicht im Hinblick auf das anhängige Verfahren erfolgen, sondern der „Vertretung in anderer Angelegenheit" dienen soll.[20]

Zu Recht hat das BVerwG auch entschieden, dass einem Kläger, der ohne Prozesskostenhilfe nicht in 10 der Lage ist, die beim Gericht befindlichen Akten durch einen Rechtsanwalt einsehen zu lassen, Akteneinsicht entweder durch die Bewilligung von Prozesskostenhilfe zur Akteneinsicht am Gerichtsort oder durch die Übersendung der Akten an ein für den Kläger erreichbares Gericht zu gewähren ist.[21] Die dadurch aufgeworfenen Friktionen dürften infolge der Entwicklung zur elektronischen Aktenführung und der regelhaften Gewährung des Akteneinsichtsrechts mittels Abruf (→ Rn. 32) beseitigt werden.

b) Dritte. Die Frage, ob auch am Prozess nicht beteiligten Dritten Akteneinsicht gewährt werden 11 kann, hat die Rspr. zwar gelegentlich beschäftigt,[22] eine höchstrichterliche Klärung steht indes noch aus. Im Schrifttum wurde die Frage seit jeher kontrovers diskutiert.[23] Ausgangspunkt der Beantwortung der aufgeworfenen Frage ist zunächst die Überlegung, dass § 100 dem § 299 ZPO nachgebildet ist, dessen Abs. 2, der die Einsichtnahme durch Dritte regelt, indes nicht übernommen wurde.

Ein Teil des Schrifttums sowie die Rspr. sehen angesichts dessen für ein Akteneinsichtsrecht durch 12 Dritte keinen Raum. Die VwGO enthalte in § 100 eine vollständige und abschließende, die Regelung

---

16 So J. Ziekow, BayVBl 1992, 132, 133.
17 Zum Akteneinsichtsrecht des Beigeladenen OVG Lüneburg NJW 1963, 1798.
18 So schon Koehler § 100 Anm. II 8; Klinger § 100 Anm. A 3.
19 BVerwG Buchholz 316 § 29 VwVfG Nr. 1 S. 1 f.
20 VG Köln 25.2.2014 – 16 K 1278/13, BeckRS 2014, 48510.
21 Vgl. BVerwG 16.6.1997 – 5 B 77/96. Gleichsam spiegelbildlich wird im Schrifttum zu Recht ein Anspruch des Prozessgegners der Prozesskostenhilfe beantragten Partei auf Akteneinsicht in die zur Stützung diese Antrags vorgelegten Unterlagen verneint, vgl. A. Pentz, NJW 1982, 1037; vgl. demgegenüber OLG Karlsruhe NJW 1982, 2507, Anspruch bejaht.
22 Vgl. OVG Lüneburg OVGE 19, 371, Akteneinsicht verneint.
23 Für die Rechtslage vor Inkrafttreten der VwGO vgl. § 44 BVerwGG, die Norm ließ die Frage offen. Gegen die Gewährung von Akteneinsicht durch Dritte votierten etwa E. Eyermann/L. Fröhler, ⁴1965, § 100 Rn. 1; P. Kothe, in: Redeker/v. Oertzen § 100 Rn. 2; für die Möglichkeit einer Akteneinsicht durch Dritte sprach sich etwa Koehler § 100 Anm. V 2 aus; vermittelnd Klinger § 100 Anm. D: „Deshalb darf die Akteneinsicht dritten Personen nicht ohne Einwilligung der Beteiligten gestattet werden."

in § 299 ZPO ersetzende Normierung zur Gewährung von Akteneinsicht. Diese gesetzliche Wertung könne nicht durch eine über § 173 vermittelte Anwendung des § 299 Abs. 2 ZPO unterlaufen werden.[24]

13   Dem ist im Schrifttum entgegengehalten worden, dass ein Akteneinsichtsrecht auch aus allgemeinen rechtsstaatlichen Erwägungen anzuerkennen sei, wenn die Kenntnis des Akteninhalts Voraussetzung für eine wirksame Rechtsverfolgung sei, der Dritte also ein rechtliches Interesse an der Einsicht geltend machen könne.[25]

14   Dieser Auffassung ist zuzustimmen. Zwar mag ein allgemeiner Anspruch auf Akteneinsicht nicht zu bejahen sein,[26] doch kommt neben der auf die genannten rechtsstaatlichen Gründe gestützten Akteneinsicht auch ein grundrechtlich – etwa gestützt auf Art. 5 Abs. 3 oder Abs. 1[27] GG – vermitteltes Anliegen auf Akteneinsicht in Betracht.[28] Zudem unterliegt das Gerichtsverfahren ohnehin Bindungen durch den Öffentlichkeitsgrundsatz; auch werden Gerichtsentscheidungen öffentlich verkündet.[29] Schützenswerte Rechte der Beteiligten[30] bzw. sonstige sachliche Erwägungen (z.B. auch die Interessen des Gerichts bzw. der Gerichtsverwaltung), die der Akteneinsicht im konkreten Fall entgegenstehen können, können i.R. der gebotenen Abwägungsentscheidung berücksichtigt werden.[31]

15   Stimmen die Beteiligten zu, dürfte die Akteneinsicht durch Dritte i.d.R. zu bejahen sein.[32] Gestattet das Gericht Dritten die Akteneinsicht, sind allerdings die Personalangaben zu schwärzen.[33]

16   **c) Andere Gerichte und Verwaltungsbehörden.** Das Recht auf Akteneinsicht durch andere Gerichte oder Verwaltungsbehörden richtet sich nach Rechts- und Amtshilfegrundsätzen.[34]

17   **2. Allgemeine Verfahrensfragen der Akteneinsichtsnahme.** Gewährt wird die Akteneinsicht i.d.R. durch den Urkundsbeamten der Geschäftsstelle; einer Entscheidung des Vorsitzenden oder des Gerichts bedarf es hierzu nicht.[35] In der mündlichen Verhandlung können die Akten unter Aufsicht des

---

24 OVG Lüneburg OVGE 19, 371; *J. Hüttenbrink,* in: Kuhla/Hüttenbrink/Endler Rn. 148; *P. Kothe,* in: Redeker/v. Oertzen § 100 Rn. 2.

25 Vgl. *Kopp/Schenke* § 100 Rn. 2; *H. Geiger,* in: Eyermann § 100 Rn. 3; *W. Endemann,* FS Zeidler, 1987, 409, 423.

26 OVG Koblenz NVwZ 1984, 526, 527.

27 Von OVG Münster NJW 1998, 3659, 3660 in Bezug auf Art. 2 Abs. 1 GG i.V.m. Art. 1 Abs. 1 GG sowie Art. 4 Abs. 1 GG als möglich angesehen, im konkret zur Entscheidung stehenden Fall indes verneint. Zur Frage, ob aus Art. 5 Abs. 1 S. 1 GG ein Anspruch auf Veröffentlichung von Gerichtsentscheidungen folgt, vgl. bejahend OVG Lüneburg NJW 1996, 1489, 1490.

28 VG Freiburg (Breisgau) 21.10.2015 – 1 K 2020/13, BeckRS 2015, 56069.

29 Zu den dabei zu beobachtenden Anforderungen des Gleichheitssatzes BVerwG NJW 1997, 2694 ff.; zu der in der Entscheidung angesprochenen Veröffentlichungspflicht der Gerichte vgl. auch *M. Huff,* NJW 1997, 2651 ff.

30 Neben dem allgemeinen Persönlichkeitsrecht kommen hier auch gewerbliche Geheimschutzinteressen in Betracht, dazu *T. Cosak/S. Tomerius,* NVwZ 1993, 841, 844; s.a. *R. Stürner,* JZ 1985, 453, 455 ff. zum Zivilprozess; zur besonders sensiblen Konfliktlage zwischen Persönlichkeitsrechten und den Akteneinsichtsrechten – auch der Beteiligten – in sozialgerichtlichen Verfahren *H. Haus,* NJW 1988, 3126, 3128; zur drohenden Verletzung des Rechts des Schuldners auf informationelle Selbstbestimmung i.R.v. Konkursverfahren *G. Pape,* ZIP 1997, 1367, 1369; zum Schutz des Rechts auf informationelle Selbstbestimmung gegenüber Akteneinsichtsrechten durch das in Amerika praktizierte „in-camera"-Verfahren, bei dem auf Antrag der Beteiligten die Überprüfung der Verwaltungsentscheidung dem Gericht überlassen und unter Verzicht auf ein Akteneinsichtsrecht stattfindet, *B. Sokol,* DuD 1997, 380, 381 – verfassungsgemäß; mit Blick auf europarechtliche Implikationen das Verfahren bejahend auch *E. Gurlit,* ZRP 1989, 253, 257; ähnl. *N. Kollmer,* NVwZ 1995, 858, 863, der zwar das „in-camera"-Verfahren ablehnt, aber im Hinblick auf die Gefahr des Ausspähens von Betriebsgeheimnissen für eine Möglichkeit plädiert, der Behörde die Aktenvorlage unter der Bedingung zu gestatten, dass sie dem Recht auf Akteneinsicht des § 100 unterläge; abl. gegenüber dem „in-camera"-Verfahren dagegen zu Recht *T. Cosack/S. Tomerius,* NVwZ 1993, 841, 844 f.: Mit Art. 103 Abs. 1 GG sowie dem Grundsatz der Öffentlichkeit des Gerichtsverfahrens unvereinbar. In der Tat ist nicht ersichtlich, wie der Richter, dem allein das Akteneinsichtsrecht zugestanden würde, dem Betroffenen das durch Art. 103 Abs. 1 GG erzwungene rechtliche Gehör gewähren könnte.

31 Vgl. BVerwG NJW 1983, 2954. Zur Abwägung der beteiligten Interessen vertiefend *H. Hirte,* NJW 1988, 1698, 1700 ff.

32 Auch insoweit könnten aber möglicherweise Interessen des Gerichts einer Akteneinsicht entgegenstehen.

33 *H. Hirte,* NJW 1988, 1698, 1699. Zur Frage des Schutzes der Rechte der durch die Akteneinsicht betroffener anderer Dritter *P. Schoenemann,* DVBl 1988, 520 ff., speziell zu § 100, 524 f.; vgl. auch BVerwG NJW 1997, 2694: „Veröffentlichungswürdige Entscheidungen sind durch Anonymisierung bzw. Neutralisierung für die Herausgabe an die Öffentlichkeit vorzubereiten".

34 Zust. *R. Rudisile,* in: Schoch/Schneider/Bier § 100 Rn. 13; vgl. auch *W. Erbguth,* in: Sachs Art. 35 Rn. 18. Behörden i.S.d. Art. 35 GG sind auch solche der rechtsprechenden Gewalt, vgl. BVerfGE 31, 43, 46.

35 Vgl. BVerwG Buchholz 310 § 153 VwGO Nr. 14 (S. 3); s.a. OVG Münster OVGE 33, 110, 111.

Vorsitzenden eingesehen werden.[36] V.a. in umfangreichen Verfahren wird indes i.d.R. eine Akt, ein- sicht außerhalb des Gerichts und der mündlichen Verhandlung angestrebt. Ein besonderes Interesse an der Akteneinsicht muss der Beteiligte nicht dartun.[37] Auch schränkt die Norm das Recht zur Akten- einsicht nicht in der Weise ein, dass nur einmal oder nur in bestimmten zeitlichen Intervallen Einsicht genommen werden darf.[38]

3. Umfang der Akteneinsicht. Die in § 100 genannten Akten sind die Gerichtsakten sowie die dem   18 Gericht vorgelegten Akten.[39] Sie unterfallen dem Einsichtsrecht der Beteiligten, ohne dass es darauf ankommt, ob etwa das Gericht den Inhalt der Akten für entscheidungserheblich hält.[40] Zu beachten ist jedoch grds. die Reichweite von Betriebs- und Geschäftsgeheimnissen, deren Offenlegung durchaus wettbewerbserheblich sein könnte.[41] Ein Teil der Rspr. schränkt das Einsichtsrecht über eine teleologi- sche Reduktion der Vorschrift für solche, nicht dem Verfahren von § 99 unterliegende Unterlagen ein, die geheimhaltungsbedürftig sind, da ansonsten das Geheimhaltungsinteresse im Verfahren nicht be- teiligter Dritter verletzt werden würde.[42] Eine Ausnahme dazu besteht jedoch, wenn eine Behörde nachträglich bestimmte Aktenteile als geheimhaltungsbedürftig bezeichnet. Dann ist das Gericht nicht befugt, diese selbst auszusondern oder zu schwärzen.[43] Das Recht aus § 100 soll den Beteiligten die – jedenfalls nach ihrer Auffassung – für ihre Rechtsverfolgung erforderlichen Unterlagen sichern und ih- nen die Akteneinsicht sowie die Durchdringung und Aufbereitung des Prozessstoffes erleichtern.[44] Die Beteiligten haben keinen Anspruch auf Beiziehung bestimmter vom Gericht nicht angeforderter Unter- lagen.[45]

Demgegenüber unterliegen die bei Gericht gesammelten Informationen (Auskünfte, Gutachten, Stel-   19 lungnahmen, Presseberichte und Ähnliches) über die asylrechtlich relevanten Verhältnisse in den Her- kunftsländern von Asylbewerbern nach der Rspr. auch dann nicht dem Akteneinsichtsrecht gem. § 100, wenn die im einzelnen Verfahren möglicherweise zu verwertenden Erkenntnisquellen bezeich- net worden sind.[46] Die genannten Schriftstücke stellten keine Akten i.S.v. § 100 dar, sondern seien Be- standteile einer Sammlung von Erkenntnisquellen verschiedenster Herkunft, die als Informationsmate- rial bei jedem mit der Bearbeitung von Asylverfahren befassten Gericht angelegt wären und auch – jedenfalls z.T. – in elektronischen Datenbanken zugänglich und verfügbar seien. Dadurch, dass das Gericht einzelne Erkenntnisse aus einer solchen Sammlung vor der mündlichen Verhandlung in einer den Parteien zugeleiteten Liste bezeichne, würden sie nicht in das Akteneinsichtsrecht gem. § 100 ein- bezogen.[47]

Dieser Rspr. kann nicht zugestimmt werden. Art. 103 Abs. 1 GG gewährleistet den Beteiligten das   20 Recht, sich vor Erlass einer gerichtlichen Entscheidung in tatsächlicher und rechtlicher Hinsicht zum Streitstoff äußern zu können.[48] Dementsprechend muss es ihnen auch ermöglicht werden, sich über den Inhalt der für ihre Rechtsverfolgung bedeutsamen Akten zu informieren,[49] sodass die Verweige- rung der Einsichtnahme in beigezogene Akten regelmäßig einen Gehörsverstoß darstellt.[50]

Diese Grundsätze beanspruchen auch hinsichtlich der in Asylverfahren bei Gericht geführten Erkennt-   21 nisquellen Geltung, wenn u.a. auf deren Inhalt die Entscheidung gestützt wird.

---

36 S.a. R. Rudisile, in: Schoch/Schneider/Bier § 100 Rn. 14 mit dem berechtigten Hinweis, dass Entsprechendes für je-
    weils zur Entscheidung berufene Einzelrichter bzw. Berichterstatter gilt.
37 BVerwG Buchholz 310 § 100 VwGO Nr. 5, S. 4; OVG Magdeburg NVwZ-RR 2011, 268.
38 VGH München 2.9.2010 – 14 ZB 10.1461, BeckRS 2010, 31695.
39 Auch aus Art. 103 Abs. 1 GG folgt kein Anspruch auf Erweiterung des gerichtlichen Aktenbestandes, vgl. BVerfGE
    63, 45, 60 f.; BVerfG (K) NVwZ 1994, 54; B. Pieroth, in: Jarass/Pieroth Art. 103 Rn. 15; s.a. R. Rudisile, in: Schoch/
    Schneider/Bier § 100 Rn. 6; OVG Schleswig 7.7.2016 – 1 LA 47/15, BeckRS 2016, 112286 Rn. 7.
40 BVerwG Buchholz 310 § 100 VwGO Nr. 1 S. 2.
41 BVerfG 5.2.2004 – 1 BvR 2087/03.
42 VG Düsseldorf 14.3.2012 – 10 K 6848/11, BeckRS 2012, 49125.
43 OVG Saarland 16.4.2014 – 8 F 222/14, BeckRS 2014, 50144.
44 BVerwG Buchholz 310 § 100 VwGO Nr. 5 S. 4.
45 VG München 20.11.2014 – 22 K 12.1366, BeckRS 2015, 44977.
46 OVG Münster NVwZ 1997, Beilage Nr. 11, 81, 82 unter Berufung auf VG Stuttgart 21.2.1992 – 4 K 9984/91.
47 So das OVG Münster NVwZ 1997, Beilage Nr. 11, 81, 82 sowie das VG Stuttgart 21.2.1992 – 4 K 9984/91.
48 BVerfGE 60, 305, 310; 64, 203, 206; 89, 28, 35 f.; BVerwG Buchholz 310 § 108 VwGO Nr. 124.
49 BVerwG Buchholz 310 § 100 VwGO Nr. 5 (S. 4).
50 Vgl. BVerfGE 20, 347, 349; BVerwGE 13, 187.

22   Die dem entgegenstehende Auslegung der Rspr., die genannten Erkenntnisquellen stellten keine Akten i.S.v. § 100 dar, widerspricht der ratio der gesetzlichen Regelung. Das Akteneinsichtsrecht des § 100 Abs. 1 S. 1 stellt eine Konkretisierung und Ausgestaltung des Grundsatzes auf rechtliches Gehör dar (Art. 103 Abs. 1 GG). Unter Beachtung der verfassungsrechtlichen Vorgaben ist die Vorschrift damit in der Weise verfassungskonform auszulegen,[51] dass Akten im Sinne der Vorschrift auch die bei Gericht geführten genannten Erkenntnisquellen sind, wenn das Gericht darin enthaltene Informationen seiner Entscheidung zugrunde legt.[52] Grenzen des Akteneinsichtsrechts ergeben sich zwar gegenüber dessen missbräuchlicher Anwendung.[53] Weder hierauf noch auf die Unentbehrlichkeit der Akten noch auf die Ausnahmevorschrift des § 100 Abs. 4 hat die Rspr. ihre Entscheidung indes gestützt.[54]

23   Aus dem Wortlaut des § 100 Abs. 1 S. 1 lässt sich schließen, dass grds. die gesamten Akten, also auch die gesamten Verwaltungsvorgänge, dem Akteneinsichtsrecht unterliegen.[55] Außerhalb des Anwendungsbereichs des § 99 Abs. 1 S. 2 besteht ein irgendwie geartetes Prüfungsrecht der Behörde über die Notwendigkeit der Aktenvorlage ebenso wenig wie ein Aussonderungsrecht besonderer Teile der Akte.[56] Auch die aktuelle Fassung des § 100 Abs. 4 schließt zudem eine Akteneinsicht für die elektronischen Dokumente aus, die der Abstimmung innerhalb des Gerichts dienen.[57] Die Vollständigkeit der dem Gericht vorgelegten Behördenakten sollte durch Paginierung oder auf sonstige Weise deutlich gemacht sein.[58]

24   Dem Recht der Beteiligten auf umfängliche Akteneinsicht korrespondiert jedenfalls bei einem anwaltlich vertretenen Beteiligten keine Verpflichtung des Gerichts, dass den Verfahrensbeteiligten alle relevanten Vorgänge aus den Beiakten zugeleitet werden.[59] Insoweit sind die Beteiligten zu Recht auf die Geltendmachung ihres Anspruchs aus § 100 Abs. 1 S. 1 verwiesen. Nutzen Beteiligte diese prozessualen Rechte nicht, werden sie mit dem Einwand, das Gericht habe die Akten nicht ohne Verstoß gegen den Grundsatz rechtlichen Gehörs verwerten dürfen, nicht gehört.[60] Etwas anderes ist, dass es im Hinblick auf den das Verwaltungsstreitverfahren beherrschenden Konzentrationsgrundsatz und das Akteneinsichtsrecht der Beteiligten regelmäßig geboten ist, den Kläger bzw. seinen Prozessbevollmächtigten bereits vor der mündlichen Verhandlung von der Beiziehung und dem Eingang der Behördenakten zu benachrichtigen.[61]

25   Das Recht auf Akteneinsicht steht den Beteiligten auch mehrfach zu. § 100 Abs. 1 S. 1 schränkt das Recht zur Akteneinsicht also nicht in der Weise ein, dass nur einmal oder nur in bestimmten zeitlichen Intervallen Einsicht genommen werden darf. Im Falle eines Anwaltswechsels kann ein Antrag auf Akteneinsicht deshalb nicht mit der Begründung abgelehnt werden, der vorherige Prozessbevollmächtigte habe Einsicht in die Akten nehmen können oder genommen.[62]

26   Obgleich das Gesetz also keine Regelung enthält, bis zu welchem Zeitpunkt Akteneinsicht zu nehmen ist, unterliegt das Akteneinsichtsrecht doch auch in zeitlicher Hinsicht Begrenzungen. So erfordert einerseits die Prozessführungspflicht rechtzeitige – d.h. i.d.R. vor der mündlichen Verhandlung stattfindende – Akteneinsicht.

27   Da das Akteneinsichtsrecht andererseits ein Mittel zur Prozessführung darstellt, erlischt es, wenn das gerichtliche Verfahren rechtskräftig abgeschlossen ist.[63]

---

51 Zur Schwierigkeit auf Art. 103 Abs. 1 GG rekurrierender verfassungskonformer Auslegung vgl. *E. Schmidt-Aßmann*, DÖV 1987, 1029, 1036 f.

52 Zum Aktenbegriff i.R.d. Art. 103 Abs. 1 GG vgl. auch *E. Schmidt-Aßmann*, in: Maunz/Dürig Art. 103 Abs. 1 Rn. 75.

53 BVerwG Buchholz 310 § 100 VwGO Nr. 5; HmbOVG NVwZ-RR 1996, 304.

54 Selbstverständlich hätten die Gerichte auf einer Einsichtnahme im Gericht bestehen können, wenn sie sich auf die Unentbehrlichkeit der in Asylsachen nahezu täglich benötigten Unterlagen berufen hätten.

55 BVerwG 26.4.2011 – 2 C 51.08, 2 C 51/08, BeckRS 2011, 50430; OVG Münster DVBl 1962, 22.

56 Vgl. *M. Majerski*, SGb 1982, 297, 297 f.

57 Vgl. bereits BT-Drs. 15/4067, 40.

58 Vgl. *K.-P. Dolde*, VBlBW 1985, 248, 249.

59 Vgl. BVerwG Buchholz 310 § 86 Abs. 4 VwGO Nr. 1.

60 Vgl. BFH JZ 1971, 101, 102; *H. Posser*, in: BeckOK, 43. Ed. § 100 Rn. 2.

61 So das BVerwG VerwRspr 26, 116; zust. auch *R. Rudisile*, in: Schoch/Schneider/Bier § 100 Rn. 9.

62 Vgl. BVerwG 14.10.1997 – 9 B 799/97; *H. Posser*, in: BeckOK, 43. Ed. § 100 Rn. 15.

63 OVG Brem NVwZ 1984, 527; OVG Koblenz NVwZ 1984, 526. Parallel gestaltet sich die Rechtslage im Verwaltungsverfahren. Auch das durch § 29 VwVfG gewährte Akteneinsichtsrecht der Beteiligten besteht nur während des laufenden Verwaltungsverfahrens, vgl. BVerwG Buchholz 237.7 § 102 LBG NRW Nr. 7 (S. 7, 10); insbes. verneint die Rspr. außerhalb eines Verwaltungsverfahrens die Existenz eines allgemeinen bundesrechtlichen Anspruchs auf Aktenein-

Das schließt aber nicht aus, dass das Gericht nach seinem Ermessen den Beteiligten gleichwohl noch 28 Akteneinsicht gewährt. Ermessensleitend dürften dabei in etwa die oben i.R. der Gewährung von Akteneinsicht an Dritte aufgeführten Grundsätze sein.

Schwierigkeiten kann die Bestimmung des Umfangs des Akteneinsichtsrechts i.R. von Konkurrenten- 29 klagen bereiten. Um hier der Gefahr eines Leerlaufens des in beamtenrechtlichen Konkurrentenklagen ohnehin nicht eben ausufernd klägerfreundlichen Rechtsschutzes zu begegnen, hat der VGH Kassel zu Recht einen Anspruch des Antragstellers auf Einsichtnahme in die die früheren Beurteilungen enthaltende Personalhauptakte des Konkurrenten bejaht. Dem Antragsteller und dem Gericht müsse so die Kontrolle der behördlichen Auswahlentscheidung bspw. auf eine unzulässige (nachträgliche) Hochbeurteilung des bevorzugten Bewerbers ermöglicht werden.[64] Ebenso muss es dem Antragsteller ermöglicht werden, im Falle einer ausschließlich auf einem Leistungsvergleich zwischen dem Ausgewählten und den jeweiligen Mitbewerbern beruhenden Auswahlentscheidung, diese nachprüfen zu können. Dazu hat der Dienstherr die Auswahlentscheidung in einem Besetzungsvermerk festzuhalten. Das Recht der Akteneinsicht bezieht sich dann auch nur auf die Teile des Besetzungsvermerks, die sich auf den Antragsteller und den Beigeladenen beziehen.[65] Vergleichbar gestaltet sich die Rechtslage im Hochschulzulassungs- oder Berufungsrecht.[66]

4. Kostenregelung (Abs. 1 S. 2). Nach § 100 Abs. 1 S. 2 können sich die Beteiligten auf ihre Kosten 30 Ausfertigungen, Auszüge und Abschriften erteilen lassen.[67] Dies gilt insbes. für den Anwalt, dessen Kanzlei außerhalb des Gerichtssitzes liegt und dem schwerlich zugemutet werden kann, die Unterlagen im Gericht einzusehen.[68]

Das durch § 100 Abs. 1 S. 2 gewährte Recht besteht grds. unabhängig davon, ob hierfür ein besonde- 31 res rechtliches Interesse besteht.[69] Weil der Anspruch aber dort eine Grenze findet, wo er rechtsmissbräuchlich ausgeübt wird,[70] ist von dem betreffenden Beteiligten zumindest eine hinreichende Konkretisierung zu verlangen, welche Ablichtungen etc. er angefertigt haben möchte.[71]

IV. Verfahren der Akteneinsicht bei elektronischer Aktenführung (Abs. 2)

1. Abruf als Regelfall (Abs. 2 S. 1). Wird die Akte elektronisch geführt, sieht Abs. 2 S. 1 vor, dass die 32 Akteneinsicht durch Bereitstellung des Inhalts der Akte zum Abruf gewährt wird.[72] Diese Form der Akteneinsicht soll nach den Vorstellungen des Gesetzgebers künftig den Regelfall der Akteneinsicht bilden,[73] der Einsichtsberechtigte kann aber mittels Antrag auch auf eine andere Form der Einsichtsgewährung hinwirken. Unter den Begriff „Abruf" fällt nicht nur das sinnliche Wahrnehmen, sondern auch das Herunterladen des Datenpaketes,[74] wobei es dem Berechtigten obliegt, „auf seiner Seite" die entsprechenden technischen Voraussetzungen bereitzustellen. Die Einsichtnahme in die Akte soll auch bei elektronischer Aktenführung unentgeltlich erfolgen,[75] ein Anspruch auf Bereitstellung des dafür erforderlichen technischen Equipments besteht aber in Fällen des § 100 Abs. 2 S. 1 nicht.

---

sicht, vgl. BVerwG Buchholz 316 § 29 VwVfG Nr. 6 (S. 7, 8) sowie BVerwG Buchholz 442.061 § 8 FAG Nr. 2 (S. 1, 2).
64 VGH Kassel DVBl 1994, 592.
65 OVG Koblenz NVwZ 2016, 1342, 1343.
66 Vgl. VG Saarlouis NVwZ 1987, 730, 731; zum Fragenkreis auch *H. P. Bull*, WissR 1987, 111 ff., der Berufungsakten nicht als ihrem Wesen nach geheimhaltungsbedürftig ansieht.
67 Zur Frage der Erstattung zwecks Akteneinsicht entstandener Reisekosten vgl. VGH München BayVBl 1997, 604 – hier verneint, weil der Betreffende auf eine Versendung der Akten habe hinwirken können.
68 OVG Magdeburg NVwZ-RR 1998, 694.
69 BVerwG Buchholz 310 § 100 VwGO Nr. 5 (S. 4); VGH München BayVBl 1983, 535; OVG Magdeburg NVwZ-RR 2011, 268.
70 BVerwG Buchholz 310 § 100 VwGO Nr. 5 (S. 4); OVG Magdeburg NVwZ-RR 2011, 268, 269.
71 HmbOVG NVwZ-RR 1996, 304 – kein Ausfertigungs- oder Ablichtungsbegehren „ins Blaue" bzw. „auf Verdacht" zulässig.
72 Krit. zu einem unmittelbaren elektronischen Akteneinsichtsrecht: *Werner*, jM 2016, 387, 392.
73 BR-Drs. 236/16, 56.
74 Entwurf eines Gesetzes zur Einführung der elektronischen Akte in Strafsachen und zur weiteren Förderung des elektronischen Rechtsverkehrs, BR-Drs. 236/16, 56.
75 Beachte dazu die Vorgaben des Art. 7 der RL 2012/13 EU sowie die Änderung des Gerichtskostengesetzes

33   Weitere Vorgaben zur konkreten Ausgestaltung des Akteneinsichtsrechts enthält die Neuregelung nicht. Die Akte ist nicht zwingend in demselben Format bereitzustellen, in der sie geführt wird.[76] Akteneinsicht i.S.v. § 100 Abs. 2 S. 1 wird – wie der Wortlaut zeigt – bereits durch die Bereitstellung zum Abruf gewährt. Ob der Berechtigte die Akte tatsächlich einsieht oder nicht, ist ohne Belang. Es kommt bei der Bereitstellung der Akten auch nicht auf den Aktenbestand zum Zeitpunkt des Abrufens, sondern auf den zum Zeitpunkt der Antragsstellung an.[77] In Echtzeit – also etwa nach jedem neuen Eintrag oder jeder Änderung – muss die Akte also nicht bereitgestellt werden. Eine Erstreckung des Akteneinsichtsrechts auf einen Zeitraum nach der Antragsstellung ist aber möglich. Die Akteneinsicht in elektronischer Form ist wie die in Papierform kostenfrei, vgl. Nr. 9000 Abs. 4 der Anl. 1 zum GKG.

34   **2. Einsichtnahme in den Diensträumen als Alternative (Abs. 2 S. 2).**   Abs. 2 S. 2 stellt eine Alternative zur Einsichtnahme nach Abs. 2 S. 1 dar, meint also ebenfalls Einsichtnahme in die elektronische Akte. Es handelt sich um die gleichsam elektronische Variante der in Abs. 3 S. 1 geregelten Einsichtnahme vor Ort. Abs. 2 S. 2 verlangt für die Einsichtnahme in die Akten in den Diensträumen einen besonderen Antrag, an den aber keine weiteren Anforderungen gestellt werden.[78] Mit Diensträumen ist nicht zwingend der Sitz des aktenführenden Gerichts gemeint. Angesprochen sind Räumlichkeiten, die im Zeitpunkt der Einsichtsgewährung vorübergehend oder dauernd dem öffentlichen Dienst zur Ausübung dienstlicher Tätigkeiten dienen und über die ein Träger öffentlicher Gewalt das Hausrecht ausübt.[79] Dahinter steht die Idee des Aufbaus eines bundesweiten Akteneinsichtsportals. Die Einsichtnahme selbst kann an einem entsprechend ausgestatteten Einsichtsterminal stattfinden.[80] Hier ist der Inhalt der Akten dem Berechtigten in der Art und Weise wahrnehmbar zu machen, wie er auch dem Gericht wahrnehmbar ist.[81] Daher muss auch die Möglichkeit geschaffen werden, Tonaufnahmen abspielen zu können, sofern diese Teil der Akte sind; gleiches gilt auch für audiovisuelles Material.[82]

35   **3. Übermittlung als begründungsbedürftige Ausnahme (Abs. 2 S. 3).**   Abs. 2 S. 3 eröffnet eine weitere Variante der Akteneinsichtsgewährung. Die hier angesprochene Übermittlung stellt, da sie von den Regelfällen des Abs. 2 S. 1 und 2 abweicht, eine begründungsbedürftige Ausnahme dar.

36   **a) Besonders begründeter Antrag und berechtigtes Interesse (Abs. 2 S. 3).**   Die Übermittlung eines Aktenausdrucks oder eines Datenträgers mit dem Inhalt der Akten setzt damit einen besonders zu begründenden Antrag und weiterhin voraus, dass der Antragsteller an dieser Form der Akteneinsichtsgewährung ein berechtigtes Interesse darlegen kann. Ein solches Interesse ist nicht bereits anzunehmen, wenn der Berechtigte das Lesen von Aktenausdrucken subjektiv als angenehmer empfindet als das Lesen am Bildschirm.[83] Ein berechtigtes Interesse kann aber anzunehmen sein, wenn der Berechtigte über keine technischen Möglichkeiten zur Wiedergabe elektronischer Dokumente verfügt und es ihm unzumutbar ist, zur Wiedergabe einen Dienstraum aufzusuchen.[84] Zwar ist das „berechtigte Interesse" in einem besonders begründeten Antrag darzulegen und glaubhaft zu machen; die Maßstäbe, die an das Vorliegen eines berechtigten Interesses anzulegen sind, sind aber nicht zu überspannen, um eine effektive Prozessführung des Berechtigten zu ermöglichen.[85]

37   **b) Entscheidungszuständigkeit bei § 100 Abs. 2 S. 3 und Unanfechtbarkeit (Abs. 2 S. 5).**   Die Entscheidung über die Übermittlung von Aktenausdrucken und Datenträgern trifft der Vorsitzende nach Abs. 2 S. 5 Hs. 1. Die Entscheidungen sind unanfechtbar, vgl. Abs. 2 S. 5 Hs. 2. Dass hier der Vorsitzende erwähnt ist, dient nur der Abgrenzung zum Urkundsbeamten der Geschäftsstelle, nicht aber dazu, wie der Verweis auf § 87 a zeigt, eine Entscheidung durch den Berichterstatter auszuschließen.

---

76   Entwurf eines Gesetzes zur Einführung der elektronischen Akte in Strafsachen und zur weiteren Förderung des elektronischen Rechtsverkehrs, BR-Drs. 236/16, 56.
77   BT-Drs. 18/9416, 56.
78   BR-Drs. 236/16, 57.
79   BT-Drs. 18/9416, 56 f.
80   BT-Drs. 18/9416, 56, 78.
81   BT-Drs. 18/9416, 56.
82   BR-Drs. 236/16, 57.
83   BT-Drs. 18/9416, 57.
84   BT-Drs. 18/9416, 57.
85   BT-Drs. 18/9416, 57.

4. Verzicht auf Antragserfordernis (Abs. 2 S. 4). Nach Abs. 2 S. 4 kann die Akteneinsicht in den Formen der S. 2 und 3 auch ohne gesonderten Antrag gewährt werden, wenn wichtige Gründe einer Einsichtnahme nach S. 1 entgegenstehen. Gesetz und Gesetzesbegründung verschweigen sich zur Frage, was einen wichtigen Grund i.S.v. § 100 Abs. 2 S. 4 kennzeichnet. Die Gesetzesbegründung verweist insoweit lediglich auf Ausführungen zur vergleichbaren Neuregelung in § 32 f Abs. 1 StPO. Dort werden als Beispiele für Konstellationen, in denen – abweichend vom Regelfall des elektronischen Aktenabrufs – Akteneinsicht durch Einsichtnahme in die elektronische Akte auf der Geschäftsstelle oder durch Übermittlung eines Ausdrucks bzw. Datenträgers von Amts wegen erfolgen kann, technische Gründe (namentlich das Volumen der bereitzustellenden Daten) und solche genannt, die bereits nach § 147 Abs. 4 StPO der Mitgabe von Akten an einen Verteidiger entgegenstehen.[86] Darunter fallen etwa Verschlusssachen als Teil der Akten oder besonders schutzbedürftige Akteninhalte.[87] Der damit nur beispielhaft konturierte Begriff des wichtigen Grundes dürfte restriktiv[88] und nach Maßgabe von Art. 3 Abs. 1 GG auszulegen sein.[89] 38

V. Verfahren der Akteneinsicht bei Aktenführung in Papierform (Abs. 3)

1. Einsichtnahme in den Diensträumen als Regelfall (Abs. 3 S. 1). Nach Abs. 3 S. 1 wird die Akteneinsicht bei in papierner Form geführten Akten durch Einsichtnahme in die Akten in Diensträumen gewährt. Es ergeben sich hier keine Unterschiede zur Bereitstellung in elektronischer Form, außer dass die Akten natürlich in physischer Form bereitzustellen sind. 39

2. Abruf als voraussetzungsvolle Alternative (Abs. 3 S. 2). Nach Abs. 3 S. 2 kann die Akteneinsicht, soweit nicht wichtige Gründe entgegenstehen, auch durch Bereitstellung des Inhalts der Akten zum Abruf gewährt werden. Dies bedeutet, dass das Gericht eine elektronische Kopie des Akteninhalts erstellt und diese dann in der unter → Rn. 32 beschriebenen Form bereitgestellt wird. Wichtige Gründe, die dem entgegenstehen können, sind dieselben, die bereits unter → Rn. 38 genannt sind. 40

3. Mitnahme der Akten in die Wohnung oder Geschäftsräume (Abs. 3 S. 3). Nach § 100 Abs. 3 S. 3 können nach dem *Ermessen* des Vorsitzenden dem bevollmächtigten Rechtsanwalt bzw. den nach § 67 Abs. 2 S. 1 und Nr. 3–6 bevollmächtigten Personen die Akten zur Mitnahme in ihre Wohnung oder in ihre Geschäftsräume übergeben werden. Die Ablehnung der Aktenüberlassung durch den Vorsitzenden stellt deshalb dann keine Verkürzung des rechtlichen Gehörs dar, wenn sie auf einen sachlichen Grund gestützt wird.[90] Regelmäßig ist die Hinausgabe der vorgelegten Akten in die Wohnung oder Kanzlei des Prozessbevollmächtigten zu gewähren, wenn dieser zuverlässig ist und die Akten unschwer kurzfristig entbehrt werden können.[91] Die Kosten für die Übersendung sind dem Rechtsanwalt aufzuerlegen.[92] 41

Im verwaltungsgerichtlichen Eilverfahren kommt eine im Ermessen des Vorsitzenden stehende Akteneinsicht durch Übersendung in die Kanzleiräume i.d.R. nicht in Betracht.[93] Dies gilt auch für andere Verfahren, die zum Schutz gewichtiger Interessen eine rasche Entscheidung unabweisbar erfordern.[94] Die Brisanz der damit im Falle überkommener papierener Aktenführung etwa entstehenden Probleme dürfte freilich künftig durch die Regelung in Abs. 2 S. 1 und dem damit bewirkten enormen Geschwindigkeitsvorteil weitgehend beseitigt sein bzw. werden. 42

Nach überkommener Auffassung fand § 100 Abs. 2 S. 2 a.F., jetzt § 100 Abs. 3 S. 3, namentlich bei Rechtsanwälten Anwendung. Ein Anspruch eines Rechtsbeistands auf Akteneinsicht wurde demgegenüber aus der Vorschrift weder direkt noch mittelbar abgeleitet.[95] Das BVerfG hat dann entschieden, 43

---

86 BT-Drs. 18/12203, 73.
87 BT-Drs. 18/12203, 73.
88 Für § 147 Abs. 4 StPO *Wessing*, BeckOK StPO, 27. Ed. 2017, § 147 Rn. 24.
89 BVerfG NJW 2012, 141, 142 f.
90 BVerwG, 22.1.1986 – 8 C 5/84 unter Berufung auf BSG MDR 1977, 1051.
91 VGH München NVwZ-RR 1998, 686, 687; zust. *H. Posser*, in: BeckOK, 43. Ed. § 100 Rn. 20.
92 VGH Mannheim, 21.3.2016 – 5 S 2450/12, BeckRS 2016, 44917, Rn. 7.
93 VGH München NVwZ-RR 2016, 87, 90 f.; *Geiger*, in: Eyermann § 100 Rn. 12.
94 So im Hinblick auf die einschlägigen Rücküberstellungsfristen VG Potsdam 29.1.2014 – 6 L 27/14.A, BeckRS 2014, 47051; VGH München 23.10.2015 – 10 CS 15.2330, BeckRS 2015, 54325 Rn. 15.
95 BayVerfGH VerfGH 33, 140; OVG Münster OVGE 33, 110, 111; NVwZ-RR 1997, 764; *H. Geiger*, JA 1982, 316; *ders.*, in: Eyermann § 100 Rn. 11; *J. Hüttenbrink*, in: Kuhla/Hüttenbrink/Endler E Rn. 152.

dass § 100 Abs. 2 S. 2 a.F. verfassungskonform dahingehend ausgelegt werden müsse, dass nach dem Ermessen des Vorsitzenden des Gerichts Akten nicht nur Rechtsanwälten, sondern auch bevollmächtigten Kammerrechtsbeiständen zur Mitnahme in deren Wohnungen oder Geschäftsräume überlassen werden könnten. Denn der Gesetzgeber habe von der grundsätzlichen Beschränkung der Akteneinsicht auf den Ort „Gericht" die Rechtsanwälte ausgenommen, weil davon auszugehen sei, dass diese aufgrund ihrer von gesetzlichen Pflichten geprägten Stellung innerhalb der Rechtspflege sowie der Aufsicht durch die Rechtsanwaltskammer im Umgang mit überlassenen Akten besonders zuverlässig seien, sodass eine Gefährdung der Gerichtsakten nach äußerem Bestand oder Inhalt oder ein Missbrauch der Kenntnis des Akteninhalts ausgeschlossen werden könne. Diese Ausnahmegründe träfen indes in gleicher Weise auf die verkammerten Rechtsbeistände zu. Insbes. dürfe aus deren gegenüber den Rechtsanwälten geringeren fachlichen Qualifikation nicht auf ein geringeres Maß an Pflichtbewusstsein geschlossen werden.[96]

44   Dem ist zuzustimmen. Die Rechtsstellung der verkammerten Rechtsbeistände ist im Hinblick auf die gesetzliche Ausgestaltung der Pflichtenstellung sowie der Aufsicht weitgehend derjenigen der Rechtsanwälte angenähert worden.[97]

45   Wird ein von einem Beteiligten benannter Beauftragter allerdings vom Gericht zurückgewiesen, weil er nicht zur Rechtsberatung befugt ist, steht ihm kein Akteneinsichtsrecht zu.[98]

46   Für die anwaltliche Praxis ist – namentlich im Hinblick auf das 6. VwGOÄndG – nicht ohne Brisanz, dass nach der Rspr. die begehrte Akteneinsicht keinen erheblichen Grund für eine Verlängerung der Frist zur Rechtsmittelbegründung darstellt.[99] Auch einem auf den genannten Umstand gestützten Antrag auf Wiedereinsetzung in den vorigen Stand soll nach der Rspr. kein Erfolg beschieden sein.[100] Auch mit dieser Rspr. etwa verbundene Härten dürften mit der Neufassung aus den in → Rn. 42 genannten Gründen weitgehend entschärft werden.

47   Wird Akteneinsicht nach § 100 Abs. 3 S. 3 durch Aktenüberlassung gewährt, verbleibt nach der Rspr. trotz der hierzu fehlenden Kostenregelung in § 100 Raum für eine Kostenerhebung.[101] § 100 enthält insoweit keine vorrangige, abschließende Regelung, die den Ansatz einer Aktenversendungspauschale sperrt. Zwar regelt § 100 die Gewährung von Akteneinsicht hinsichtlich Verfahren, Umfang und Ort abschließend, jedoch betrifft § 100 Abs. 1 S. 2 nur den Fall, dass die Akteneinsicht nach § 100 Abs. 1 im Gericht stattfindet und sich die Beteiligten auf ihre Kosten Ausfertigungen, Auszüge und Abschriften erteilen lassen.[102] Diese Kostenerhebung gleicht, wie § 28 Abs. 1 und Abs. 2 GKG deutlich macht, die Akteneinsichtsvarianten des § 100 Abs. 1 und des § 100 Abs. 3 kostenmäßig einander an.[103]

48   Nimmt ein Rechtsanwalt Einsicht in Akten, die ihm auf seinen Antrag in seine Kanzlei übersandt wurden, können die Kosten für die Rücksendung der Akten an das Gericht – vorbehaltlich der sich aus dem Prozessrechtsverhältnis ergebenden Pflicht zur Kostenminimierung – als Auslagen eines Rechtsanwaltes nach § 162 Abs. 2 S. 1 erstattungsfähig sein.[104]

VI. Entscheidungszuständigkeiten (Abs. 2 S. 6 und Abs. 3 S. 4)

49   Abs. 2 S. 6 und Abs. 3 S. 4 ordnen eine entsprechende Geltung des § 87a Abs. 3 an. Dies soll sicherstellen, dass auch ein eingesetzter Berichterstatter anstelle des Vorsitzenden die entsprechenden Entscheidungen treffen kann.

---

96   BVerfG NVwZ 1998, 836, 837 unter Bezugnahme auf BVerfGE 80, 269, 283 f.; s.a. *R. Rudisile*, in: Schoch/Schneider/Bier § 100 Rn. 16.

97   So zu Recht BVerfG NVwZ 1998, 836, 837 unter Hinweis auf § 209 BRAO.

98   BVerwG Buchholz 310 § 100 VwGO Nr. 7.

99   Vgl. BVerwG NJW 1990, 1313; für den Zivilprozess OLG Düsseldorf MDR 1987, 768.

100   Vgl. bereits BVerwG DVBl 1970, 279; Buchholz 310 § 132 VwGO Nr. 131. Zur zivilgerichtlichen Rspr. OLG Düsseldorf MDR 1987, 768.

101   OVG NRW 29.1.2013, 2 E 80/13, 2 E 81/13, juris Rn. 6; OVG Münster 22.3.2013 – 11 E 85/13, BeckRS 2013, 48621; zust. auch *H. Posser*, in: BeckOK, 43. Ed. § 100 Rn. 17.

102   OVG NRW 29.1.2013, 2 E 80/13, 2 E 81/13, juris Rn. 4 ff.

103   OVG NRW 29.1.2013, 2 E 80/13, 2 E 81/13, juris Rn. 6; OVG Münster 22.3.2013 – 11 E 85/13, BeckRS 2013, 48621.

104   BVerwG NVwZ-RR 2014, 982, 983.

VII. Ausnahmen

Die Gegenstände, die nicht dem Akteneinsichtsrecht des § 100 Abs. 1 unterliegen, sind in Abs. 4 abschließend aufgezählt.[105] Die Regelung in Abs. 4 soll u. a. das Beratungsgeheimnis und die freie, ergebnisoffene Kommunikation der Mitglieder eines Spruchkörpers sichern.[106] Die Vorschrift erfasst nach dem Wortlaut nicht nur Entscheidungsentwürfe im engeren Sinne, sondern ebenso Arbeiten zu ihrer Vorbereitung. Der Ausschluss des Einsichtsrechts bezüglich der in Abs. 4 genannten Unterlagen gilt unabhängig davon, ob derartige Ausarbeitungen in die Senatsakte eingeheftet worden sind oder nicht.[107] Weil § 100 Abs. 4 eine Ausnahme zu dem Akteneinsichtsrecht der Beteiligten darstellt, steht Abs. 4 auch nur einer Überlassung der in der Norm angeführten Schriftstücke an Beteiligte i.S.d. § 63 entgegen.[108] 50

Der im Schrifttum vertretenen Auffassung, wonach § 99 Abs. 1 S. 2 analoge Anwendung finden soll, wenn Akten in den Prozess gelangt sind, die an sich dem Zurückhaltungsrecht der Behörde nach der genannten Vorschrift unterliegen,[109] kann nicht gefolgt werden. Denn dadurch würde auf Umwegen gegen das i.R. des § 99 dargelegte Prinzip verstoßen, dass eine nachträgliche Erklärung der Geheimhaltungsbedürftigkeit nicht in Betracht kommt.[110] Die Rspr. hat deshalb zu Recht den gegenteiligen Standpunkt eingenommen. Versäumt die Behörde, die (teilweise) Vorlage von i.S.v. § 99 Abs. 1 S. 2 geheimhaltungsbedürftigen Akten zu verweigern, kann dies nicht i.R. der Entscheidung nach § 100 Abs. 3 S. 3 korrigiert werden. Sind also die Akten vorgelegt, so gilt das Recht, sich Abschriften erteilen zu lassen, mithin uneingeschränkt.[111] In der Rspr. wird jedoch für die Fälle, in denen die Behörde versäumt hat, nach § 99 Abs. 1 zu verfahren, eine unbeschränkte Aktenvorlage dann abgelehnt, wenn dadurch schutzwürdige Interessen Dritter verletzt werden, insbes. eine Gefährdung von Leib und Leben einer Person besteht.[112] 51

VIII. Rechtsfolgen der Verweigerung und Rechtsmittel

Die unberechtigte Verweigerung der Akteneinsicht stellt sich infolge der Verletzung des Grundsatzes des rechtlichen Gehörs[113] regelmäßig als wesentlicher Verfahrensmangel dar.[114] Sie kann auch konkludent erfolgen, wenn etwa das Gericht zur Sache ohne vorherige Bescheidung des Antrags auf Akteneinsicht entscheidet.[115] 52

Dabei kommt es grds. nicht darauf an, ob die Akteneinsicht im Gericht oder die Erteilung von Abschriften etc. verweigert wird, da sich letztlich jede Variante der Akteneinsicht als Konkretisierung der Vorgaben des Art. 103 Abs. 1 GG darstellt.[116] 53

Gegenüber einem Beteiligten allerdings, der bereits Akteneinsicht nehmen konnte, wird durch die Verweigerung von Ablichtungen der Grundsatz des rechtlichen Gehörs jedenfalls dann nicht verletzt, wenn der Beteiligte sich bereits durch die Einsichtnahme hinreichend informieren konnte, weil die Akten nur wenige Blätter umfassen, sodass eine Durchsicht auf ihre Erheblichkeit für den Rechtsstreit und die Notierung der für die Rechtsverteidigung bedeutsamen Daten zumutbar ist.[117] Ebenso liegt im Nichtgewähren der Akteneinsicht seitens des Verwaltungsgerichts dann kein Verstoß gegen den 54

---

105 Vgl. *H. Sendler*, FS Lerche, 1993, 833, 845 ff.
106 BVerwG 26.4.2011 – 2 C 51.08, 2 C 51/08, BeckRS 2011, 50430.
107 BVerwG 26.4.2011 – 2 C 51.08, 2 C 51/08, BeckRS 2011, 50430.
108 Vgl. BVerwG NVwZ 1987, 127 f. Das BVerwG sah es deshalb zu Recht nicht als Verfahrensfehler an, dass im konkreten Fall der Berichterstatter Sachbericht und Votum dem Urkundsbeamten der Geschäftsstelle übergeben hatte.
109 Vgl. *Kopp/Schenke* § 100 Rn. 3 a.
110 Vgl. § 99 Rn. 27; wie hier auch *P. Schoenemann*, DVBl 1988, 520, 524.
111 Vgl. VGH München NVwZ-RR 1998, 686, 687 für Prüfungsakten; ebenso OVG Münster NJW 1963, 1797.
112 OVG Frankfurt/Oder NVwZ 2003, 884 f.
113 Vgl. bereits BVerfGE 18, 399, 405 – Ablehnung der Akteneinsicht als Verstoß gegen Art. 103 Abs. 1 GG; s.a. *F. O. Kopp*, AöR 106 (1981), 604, 605.
114 BVerwGE 13, 187, 190; BVerwG Buchholz 310 § 138 Ziff. 3 VwGO Nr. 19 (S. 2 f.) sowie aus neuerer Zeit BVerwG 14.10.1997 – 9 B 799/97 auf Verletzung des Rechts auf Akteneinsicht gestützte Nichtzulassungsbeschwerde nach § 132 Abs. 2 Nr. 3; vgl. auch BVerfGE 20, 347, 349; VGH München 2.9.2010 – 14 ZB 10.1461, BeckRS 2010, 31695 Rn. 14 ff.
115 BVerfGE 18, 399, 406; VGH Mannheim ESVGH 47, 275; VGH München 2.9.2010 – 14 ZB 10.1461, BeckRS 2010, 31695 Rn. 14; ebenso *R. Rudisile*, in: Schoch/Schneider/Bier § 100 Rn. 35.
116 Vgl. BVerwG Buchholz 310 § 100 VwGO Nr. 5 S. 3 f.; ebenso *H. Posser*, in: BeckOK, 43. Ed. § 100 Rn. 9.1.
117 BVerwG Buchholz 310 § 100 VwGO Nr. 5 unter Berufung auf BSG MDR 1977, 1051.

Grundsatz des rechtlichen Gehörs vor, wenn dem Beteiligten der Inhalt der Verwaltungsvorgänge bereits hinreichend bekannt war und er damit nicht von weiterem Vortrag abgehalten wurde.[118]

55　Bei der Frage, welche Rechtsmittel in welchem Verfahren gegen eine (zu Unrecht) versagte Akteneinsicht statthaft sind, ist danach zu unterscheiden, wer über welche Ausprägung des Akteneinsichtsrechts entschieden hat.

56　Wird die Akteneinsicht durch den Urkundsbeamten der Geschäftsstelle verweigert, ist dagegen nach allgemeiner Auffassung gem. § 151 S. 1 die Erinnerung, d.h. der Antrag auf Entscheidung des Gerichts, statthaft.[119]

57　Umstr. ist indes, ob gegen die daraufhin ergehende Entscheidung des Gerichts ebenfalls ein eigenständiges Rechtsmittel offen steht oder ob die Beteiligten insoweit auf die Inzidentrüge des Verfahrensverstoßes i.R. eines gegen die Sachentscheidung geführten Rechtsmittels verwiesen werden können.[120]

58　Entscheidend dürfte sein, dass aufgrund des Zusammenspiels von § 146 Abs. 1 und 2 der Grundsatz gilt, dass die Beschwerde statthaft ist, wenn sie nicht ausgeschlossen ist. Nach § 146 Abs. 2 findet keine Beschwerde statt gegen prozessleitende Verfügungen. Prozessleitende Verfügungen sind Entscheidungen und Maßnahmen des Gerichts, die sich auf den Fortgang des Verfahrens beziehen und ihre Grundlage in dem ihm vom Gesetz eingeräumten Ermessensspielraum für die Gestaltung des Verfahrens haben.[121] Dies ist bei der Entscheidung über die Akteneinsicht nicht der Fall, weil insoweit über einen Anspruch des Beteiligten zu entscheiden ist.[122]

59　Anders liegen die Dinge, wenn lediglich über die Hinausgabe der vorgelegten Akten in die Kanzlei oder Wohnung des bevollmächtigten Rechtsanwalts zu entscheiden ist. Die Entscheidung hierüber ist nach § 100 Abs. 3 S. 3 in das Ermessen des Vorsitzenden[123] gestellt. Insoweit steht den Beteiligten nur ein Anspruch auf ermessensfehlerfreie Entscheidung über den Ort der Akteneinsicht zu. Hierbei kommt dem Vorsitzenden nach der Rspr. ein weiter Ermessensspielraum zu.[124] Dessen Entscheidung stellt eine prozessleitende Verfügung dar, die nicht mit der Beschwerde nach § 146 Abs. 2 angreifbar ist.[125]

60　Die Rspr. des BFH sieht demgegenüber die Ablehnung der Übersendung der Akten durch den Vorsitzenden nicht als prozessleitende Verfügung, sondern als gem. § 128 Abs. 1 FGO angreifbare Entscheidung an.[126]

61　Dem ist nicht zu folgen. Da es bei der Frage der Hinausgabe der Akten nicht um das „Ob" der Akteneinsicht geht, sondern lediglich dessen Modalität in Rede steht, dürfte verfassungsrechtlich gegen eine bloße Inzidentprüfung nichts zu erinnern sein.[127] Hierfür spricht die Erwägung, dass i.R. eines gegen die Hauptsacheentscheidung geführten Rechtsmittels die Verletzung des rechtlichen Gehörs mit der Begründung gerügt werden kann, die vom Vorsitzenden nach § 100 Abs. 3 S. 3 getroffene Entscheidung sei ermessensfehlerhaft.[128] Für einen gesonderten Zwischenstreit über die Frage, ob einem Pro-

---

118　OVG Münster, 10.1.2013 – 12 A 1373/12, juris Rn. 9.

119　HmbOVG NVwZ-RR 1996, 304; OVG Magdeburg NVwZ-RR 2011, 268 m.w.N.

120　Für Unanfechtbarkeit *H. Geiger*, in: Eyermann § 100 Rn. 17; *Kopp/Schenke* § 100 Rn. 9; die Gegenansicht vertreten etwa *P. Kothe*, in: Redeker/v. Oertzen § 100 Rn. 7 sowie *J. Hüttenbrink*, in: Kuhla/Hüttenbrink/Endler Rn. 154. Hat allerdings das OVG über die Verweigerung entschieden, findet dagegen keine Beschwerde statt, vgl. BVerwG NJW 1961, 1836.

121　So OVG Münster OVGE 28, 175, 176.

122　Auf dieser Linie auch *R. Rudisile*, in: Schoch/Schneider/Bier § 100 Rn. 32.

123　Nach Auffassung des OVG Münster entscheidet über einen Antrag eines Prozessbevollmächtigten, der weder Rechtsanwalt noch an einer deutschen Hochschule als Rechtslehrer tätig ist, die Akten in die Wohnung oder Geschäftsräume mitnehmen zu können, nicht der Vorsitzende, sondern der Spruchkörper (vgl. OVG Münster OVGE 33, 110, 111). Dieser Auffassung dürfte durch die bereits angesprochene Entscheidung des BVerfG in NVwZ 1998, 836, wonach im Hinblick auf § 100 Abs. 2 S. 3 eine unterschiedliche Behandlung verkammerter Rechtsbeistände und Rechtsanwälte gleichheitswidrig ist, der Boden entzogen sein. Zuständig ist also auch insoweit der Vorsitzende.

124　VGH München DÖV 1982, 604; zu dabei zu beachtenden Ermessensgrenzen vgl. OLG Hamm JurBüro 1990, 1668; LG Hanau AnwBl 1984, 503.

125　OVG Bln 23.3.2010 – 9 L 14/10, BeckRS 2010, 47994; OVG Koblenz NVwZ-RR 2002, 612; OVG Münster OVGE 28, 175, 176 f.; NJW 1988, 221; 25.5.1987 – 21 B 20684/87; VGH Mannheim VBlBW 1984, 374; VGH München BayVBl 1971, 395; 1982, 508; NVwZ-RR 1998, 686, 687; ebenso BSG MDR 1977, 1051; s.a. *C. Pawlita*, AnwBl 1986, 1, 5.

126　Vgl. BFHE 114, 173; BFH NJW 1976, 1288.

127　Vgl. OVG Münster NJW 1988, 221; OVGE 28, 175, 177 unter Hinweis auf die Möglichkeiten des § 100 Abs. 2 S. 1 a.F.

128　VGH München DÖV 1982, 604.

zessbevollmächtigten Akteneinsicht in seiner Kanzlei zu gewähren ist, besteht deshalb auch aus verfassungsrechtlichen Gründen kein Bedürfnis.[129] Der Grundsatz rechtlichen Gehörs verlangt – in den Worten des BVerfG ausgedrückt – nicht, dass die Beteiligten in der ihnen bequemsten und am wenigsten zeitaufwändigen Form von den der gerichtlichen Entscheidung zugrunde liegenden Tatsachen und Beweisergebnissen Kenntnis nehmen können.[130]

Entscheidet statt des nach § 100 Abs. 3 S. 3 zur Entscheidung berufenen Vorsitzenden der Urkundsbeamte außerhalb seiner Zuständigkeit über die Hinausgabe der Akten an den Rechtsanwalt, gilt § 146 Abs. 2 nicht.[131]   62

Der auf einer verweigerten Akteneinsicht beruhende Verfahrensmangel kann einen Berufungs- bzw. Revisionszulassungsgrund darstellen (vgl. § 124 Abs. 2 Nr. 5 sowie § 132 Abs. 2 Nr. 5).[132] Nach dem Wortlaut der einschlägigen Vorschrift kommt es insoweit darauf an, dass die ergangene Entscheidung auf dem Verfahrensmangel beruhen kann. Die auf eine zu Unrecht verweigerte Akteneinsicht gestützte Gehörsrüge erfordert indes nicht die Darlegung, was bei Gewährung des rechtlichen Gehörs vorgetragen wäre und wieweit dieser Vortrag zur Klärung des geltend gemachten Anspruchs geeignet gewesen wäre.[133] Zwar kommt Gehörsrügen grds. kein Erfolg zu, wenn der Rügende nichts vorträgt bzw. auch unter Berücksichtigung des Vorgetragenen keine ihm günstigere Entscheidung hätte ergehen können.[134] In diesem Fall beruht nämlich die Entscheidung nicht auf der Beeinträchtigung des rechtlichen Gehörs.[135] Zu Recht wird in den angeführten Konstellationen aber auf dieses Erfordernis verzichtet. Neben einem erzieherischen Aspekt spricht dafür ganz entscheidend, dass ein solcher Vortrag dem Rügenden häufig nicht möglich sein wird, weil ja gerade die Akteneinsicht dazu dienen sollte, von den relevanten Tatsachen Kenntnis zu erlangen.   63

Dies bedeutet aber nicht, dass die Vorenthaltung von Akten aus sich selbst heraus – gleichsam automatisch – einen Verstoß gegen das Gebot der Gewährung rechtlichen Gehörs darstellte. Vielmehr ist insoweit eine umfassende Prüfung anhand der Umstände des Einzelfalles geboten und insbes. danach zu fragen, ob der Beteiligte sich auch auf andere Weise hinreichend informieren konnte oder in zumutbarer Weise hätte informieren können.[136]   64

Dem entspricht es, dass auf Verfahrensverstößen beruhende Rechtspositionen, die aus einer verfahrenswidrigen Gestaltung des Akteneinsichtsrechts abgeleitet werden können, durch rügelose Einlassung verloren gehen.[137] Dabei muss nach der ständigen Rspr. des BVerwG zu § 173, § 295 ZPO der geltend gemachte Verfahrensmangel spätestens in der nächsten mündlichen Verhandlung gerügt werden, wobei darunter auch der Teil der mündlichen Verhandlung zu verstehen ist, der sich unmittelbar an den Verfahrensabschnitt anschließt, in dem der Verfahrensrechtsverstoß geschehen sein soll.[138] Demnach kann in der Revisionsinstanz ein Verfahrensmangel nicht mehr gerügt werden, wenn der Beteiligte das Rügerecht mangels rechtzeitiger Rüge bereits in der Berufungsinstanz verloren hat.[139] Art. 103 Abs. 1 GG rsp. § 100 gehören also nicht zu den Vorschriften, auf deren Befolgung ein Beteiligter gem. § 173 i.V.m. § 295 Abs. 2 ZPO nicht wirksam verzichten kann.[140]   65

---

129 BVerfGE 34, 205, 207 f.; VGH München DÖV 1982, 604.
130 BVerfG HFR 1982, 77.
131 VGH München NVwZ-RR 1998, 686; zust. *H. Posser*, in: BeckOK, 43. Ed. § 100 Rn. 33 sowie *R. Rudisile*, in: Schoch/Schneider/Bier § 100 Rn. 32.
132 Vgl. auch BVerwG 29.10.1997 – B 2 S 723/97.
133 VGH Mannheim DVBl 1997, 1343; NVwZ-RR 1998, 687.
134 BVerfGE 7, 95, 99; 62, 392, 396; 89, 381, 392 f.; BVerwG Buchholz 310 § 86 Abs. 4 VwGO Nr. 1.
135 BVerfGE 86, 133, 147.
136 Vgl. BVerwG Buchholz 310 § 100 VwGO Nr. 5 (S. 4); NJW 1990, 1313; VGH Mannheim NVwZ-RR 1998, 687.
137 Vgl. BVerwG VerwRspr 26, 116, 117: „... weder eine entsprechende Rüge erhoben noch einen Vertagungsantrag gestellt"; BVerwG Buchholz 310 § 153 VwGO Nr. 14 (S. 3); zust. *R. Rudisile*, in: Schoch/Schneider/Bier § 100 Rn. 34.
138 BVerwG NJW 1989, 678; 1989, 1233; NVwZ 1999, 65, 66.
139 BVerwG NVwZ 1999, 65.
140 BVerwG NVwZ 1983, 668, 668 f.; VGH Kassel HessVGRspr 1973, 75; zur Frage der Verzichtbarkeit der durch Art. 103 Abs. 1 GG gewährten Rechte vgl. auch *E. Schmidt-Aßmann*, in: Maunz/Dürig Art. 103 Abs. 1 Rn. 82.

§ 101   [Grundsatz der mündlichen Verhandlung]

(1) Das Gericht entscheidet, soweit nichts anderes bestimmt ist, auf Grund mündlicher Verhandlung.

(2) Mit Einverständnis der Beteiligten kann das Gericht ohne mündliche Verhandlung entscheiden.

(3) Entscheidungen des Gerichts, die nicht Urteile sind, können ohne mündliche Verhandlung ergehen, soweit nichts anderes bestimmt ist.

Schrifttum

1. Monographien und Beiträge in Sammelwerken: *P. Arens*, Mündlichkeitsprinzip und Prozeßbeschleunigung im Zivilprozeß, 1971; *Ch. Burchardt*, Das Verfahren ohne mündliche Verhandlung: § 128 Abs. 2 ZPO, 1974; *G. Fezer*, Die Funktion der mündlichen Verhandlung im Zivilprozeß und im Strafprozeß, 1970; *S. Klein*, Die Grundsätze der Mündlichkeit und Öffentlichkeit im Zivilprozeß im Spannungsfeld zum Recht auf informationelle Selbstbestimmung, 1995; *A. Kley-Struller*, Art. 6 EMRK als Rechtsschutzgarantie gegen die öffentliche Gewalt: die aktuelle Praxis der Konventionsorgane zur Anwendung des Art. 6 EMRK in der Verwaltungsrechtspflege, 1993; *Ch. Tomuschat*, Völkerrechtliche Grundlagen der Verwaltungsgerichtsbarkeit, in: FS Redeker, 1993, 273.

2. Beiträge in Zeitschriften: *M. Behn*, Entscheidungen ohne mündliche Verhandlung in der Sozialgerichtsbarkeit und rechtliches Gehör, SozVers 1993, 29; *G. Britz*, Bedeutung der EMRK für nationale VG und Behörden, NVwZ 2004, 173; *M. Dolderer*, Wann sind verwaltungsgerichtliche Entscheidungen „erlassen"?, VBlBW 2000, 417; *G. Felix*, Konventionskonforme Bekanntgabe steuergerichtlicher Urteile, BB 1996, 1741; *Ch. Gau*, Die General-Beteiligungserklärung des Bundesbeauftragten für Asylangelegenheiten, DÖV 1995, 325; *H. Geiger*, Die mündliche Verhandlung im Verwaltungsprozeß – rechtliche und praktische Hinweise –, BayVBl 2006, 421; *R. J. Grahe*, Der Gerichtsentscheid – eine bedenkliche Regelung?, NJW 1978, 1789; *Ch. Heckel*, Die Videokonferenz im Verwaltungsprozeß, VBlBW 2001, 1; *K. Helmer*, Verzicht auf mündliche Verhandlung und Grundsatzrevision, DB 1985, 2126; *W. Krause*, Gesetzlicher Richter und schriftliches Verfahren, MDR 1982, 184; *D. Kreitl*, Der Widerruf des Verzichts auf mündliche Verhandlung – Anwendbarkeit des § 128 Abs. 2 Satz 1 ZPO im Verwaltungsprozeß?, BayVBl 1982, 679; *Ch. Lenz*, Der menschenrechtliche Anspruch auf mündliche Verhandlung über Normenkontrollanträge, NVwZ 2000, 1004; *R. Lippold*, Grenzen der Zulässigkeit der Zustellung statt Verkündung von Urteilen – § 116 II VwGO und Art. 6 I EMRK, NVwZ 1996, 137; *D. Lorenz*, Der grundrechtliche Anspruch auf effektiven Rechtsschutz, AöR 105 (1980), 623; *K. Meier*, Das 6. VwGO-Änderungsgesetz und seine Folgen aus erstinstanzlicher Sicht, NVwZ 1998, 688; *W. Peukert*, Die überlange Verfahrensdauer (Art. 6 Abs. 1 EMRK) in der Rechtsprechung der Straßburger Instanzen, EuGRZ 1979, 261; *K. Redeker*, Die „Heilungsvorschriften" der 6. VwGO-Novelle, NVwZ 1997, 615; *G. Rößler*, „Unwirksamkeit" des Verzichts auf mündliche Verhandlung bei Übergang der Senatszuständigkeit auf den Einzelrichter, DStZ 1996, 190; *W. Roth*, Zur Unvereinbarkeit des Gerichtsbescheids (§ 84 VwGO) mit Art. 6 Abs. 1 EMRK, NVwZ 1997, 656; *J. Ruthig*, Zustellung statt Verkündung verwaltungsgerichtlicher Entscheidungen – Eine Praxis mit Tücken zwischen VwGO und EMRK, NVwZ 1997, 1188; *A. Scheidler*, Die mündliche Verhandlung im Verwaltungsprozess, VR 2011, 379; *W.-R. Schenke*, „Reform" ohne Ende. Das Sechste Gesetz zur Änderung der VwGO und andere Gesetze (6. VwGO-ÄndG), NJW 1997, 81; *E. Schickedanz*, Die Entscheidung ohne mündliche Verhandlung, SGb 1978, 520; *J. Schwachheim*, Abschied vom Telefax im gerichtlichen Verfahren?, NJW 1999, 621; *W. Tismer*, Verzicht auf mündliche Verhandlung und Grundsatzrevision, DB 1986, 147 (Erwiderung zu Helmer, DB 1985, 2126).

I. Entstehungsgeschichte

1   Die Vorschrift ist seit ihrer ursprünglichen Fassung in der VwGO vom 21.1.1960 (BGBl I 17) nicht geändert worden.

II. Mündlichkeit als Prozessmaxime

§ 101 Abs. 1 (für Normenkontrollverfahren § 47 Abs. 5 S. 1) legt den Grundsatz der Mündlichkeit als 2 Prozessmaxime fest. Die VG (jeder Instanz) haben ihre Entscheidungen grds. aufgrund mündlicher Verhandlung zu fällen.

1. Mündlichkeit – Unmittelbarkeit – Öffentlichkeit. Mit der Prozessmaxime der Mündlichkeit sind 3 der Unmittelbarkeits- und der Öffentlichkeitsgrundsatz eng verbunden. Die *Unmittelbarkeit der Beweisaufnahme* (§ 96) gebietet die Beweisaufnahme in der mündlichen Verhandlung, die *Unmittelbarkeit der Urteilsfällung* (§ 112) die Entscheidung nur durch (Berufs-) Richter und ehrenamtliche Richter, die an der dem Urteil zugrunde liegenden Verhandlung teilgenommen haben; bei Richterwechseln nach der (letzten) mündlichen Verhandlung muss diese ggf. wiederholt werden. *Der Grundsatz der Öffentlichkeit* (§ 55 i.V.m. § 169 S. 1 GVG) bestimmt, dass jedermann (nach Maßgabe der räumlichen Verhältnisse) Zutritt zum Gerichtssaal haben muss (BVerwG Buchholz 310 § 55 VwGO Nr. 3; NVwZ 1985, 566; NVwZ-RR 1989, 168), worauf (etwa hinsichtlich des Aushangs der Tagesordnung)[1] besonders bei Verhandlungen außerhalb des Gerichtssitzes, wie in Behördengebäuden, zu achten ist.

2. Rechtliche und tatsächliche Bedeutung des Mündlichkeitsgrundsatzes. Die *rechtliche Bedeutung* 4 des Mündlichkeitsgrundsatzes zeigt sich darin, dass das Gericht nur ausnahmsweise, wenn gem. § 101 Abs. 1 „anderes bestimmt ist", ohne mündliche Verhandlung (im schriftlichen Verfahren) entscheiden darf. Dass das Regel-Ausnahme-Verhältnis für Entscheidungen, „die nicht Urteile sind", vor allem also für Beschlüsse, in § 101 Abs. 3 umgekehrt ist, ändert nichts, weil § 101 Abs. 3 als „anderweitige Bestimmung" i.S.d. § 101 Abs. 1 der Mündlichkeitsregel untergeordnet ist und (nur) Entscheidungsformen erfasst, die das Gesetz, ungeachtet ihrer praktischen Bedeutung, nicht als Regelentscheidungsform der Verwaltungsgerichte betrachtet.[2] Das BVerwG hält demzufolge das „Stattfinden einer mündlichen Verhandlung" für einen „Rechtswert in sich" (BVerwG NJW 1992, 2042 unter Hinweis auf BVerwG Buchholz 310 § 101 VwGO Nr. 8).

Die *tatsächliche Bedeutung* des Mündlichkeitsgrundsatzes ist im Verwaltungsprozess eine andere als 5 im Zivilprozess, nachdem Rechtsschutz gegen den Staat, nicht gegen (andere) Bürger zu gewähren ist. Vor dem Verwaltungsgericht tritt der „Staat" wie der Bürger dem Gericht als Prozessbeteiligter gegenüber und dort findet der unmittelbare Kontakt mit dem Gericht[3] statt. Im schriftlichen Verfahren kann demgegenüber leichter der Eindruck aufkommen, die Verwaltungsgerichte seien (nur) eine „Unterabteilung" der Verwaltung oder deren „Reparaturbetrieb",[4] was der Akzeptanz gerichtlicher Entscheidungen nicht zuträglich sein kann.

Den ggf. mitwirkenden ehrenamtlichen Richtern ermöglicht die mündliche Verhandlung, den Prozess- 6 stoff vollständig(er) zur Kenntnis zu nehmen, da sie regelmäßig die Gerichts- und Verwaltungsakten nicht lesen und auf die Unterrichtung durch die anderen Mitglieder des Gerichts, speziell den Berichterstatter, verwiesen sind.

3. Funktion des Mündlichkeitsgrundsatzes. Der Grundsatz der Mündlichkeit dient der *Richtigkeits-* 7 *gewähr* verwaltungsgerichtlicher Entscheidungen, der Transparenz des Verfahrens, der öffentlichen Kontrolle und damit auch dem Vertrauen der Allgemeinheit in die Objektivität der Verwaltungsrechtsprechung:[5] Die nach mündlicher Verhandlung im direkten Dialog mit den Beteiligten und aufgrund in mündlicher Verhandlung erhobener Beweise durch die daran persönlich teilnehmenden Richter gefällte Entscheidung bietet ein Höchstmaß an Richtigkeitsgewähr. Transparenz und öffentliche Kontrolle, speziell durch anwesende Medienvertreter, spielen in verwaltungsgerichtlichen Verfahren eine

---

1 Vgl. aber: BVerwG Buchholz 310 § 55 Nr. 3; NVwZ 1985, 566; NVwZ-RR 1989, 168; Buchholz 310 § 55 VwGO Nr. 10, wonach der – regelmäßig praktizierte Aushang der Tagesordnung – nicht zwingend erforderlich sei; auch VGH Mannheim DÖV 2007, 571; zu Ortsterminen (Beweisaufnahme) und anschließender (Weiter-)Verhandlung „an Ort und Stelle" auf privaten Grundstücken oder in Privathäusern BVerwG NVwZ 1985, 566; auch BGH MDR 1970, 560.
2 Vgl. auch etwa § 107 sowie die Überschrift des 10. Abschnitts: „Urteile und andere Entscheidungen".
3 Auch dazu: BVerwG NJW 1992, 2042, das außerdem die Bedeutung „unmittelbarer Rede und Gegenrede" hervorhebt.
4 Vgl. die Stellungnahme des BDVR, BDVR-Rundschreiben 1/1996, 7, 11 sowie NVwZ 1996, 669 f.; *K. Redeker,* NVwZ 1997, 625.
5 Vgl. BVerwG DÖV 1984, 889; vgl. auch BVerwG VBlBW 2000, 189 (auch Sicherstellung eines „fairen Verfahrens"); EuGHMR EuGRZ 1985, 548.

besondere Rolle, vor allem wenn politisch umstr. Verwaltungsentscheidungen Verfahrensgegenstand sind.

8   **4. Mündlichkeitsgrundsatz und Verfassungsrecht.** Das Mündlichkeitsprinzip gilt nur nach Maßgabe des einfach-gesetzlichen Prozessrechts[6] und ist nicht verfassungsrechtlich verbürgt. Weder das allgemeine Prozessgrundrecht des Art. 19 Abs. 4 GG,[7] noch das Grundrecht auf rechtliches Gehör in Art. 103 Abs. 1 GG noch die Verfahrensgehalte materieller Grundrechte[8] gebieten eine mündliche Verhandlung. Rechtliches Gehör, also die Möglichkeit, alle wichtig erscheinenden Angriffs- oder Verteidigungsmittel vorzubringen und die Pflicht des Gerichts, diese zur Kenntnis zu nehmen und in Erwägung zu ziehen (BVerfGE 28, 378, 384; BVerwG NVwZ 1989, 860), ist auch im schriftlichen Verfahren möglich.[9] Einen darüber hinausgehenden Anspruch auf ein Rechtsgespräch mit dem Gericht kennt Art. 103 Abs. 1 GG nicht. Findet mündliche Verhandlung hingegen statt bzw. hat sie gem. § 101 stattzufinden, begründet der Anspruch auf rechtliches Gehör aber ein Recht der Beteiligten auf Äußerung in der mündlichen Verhandlung.[10] Aus den Verfahrensgehalten materieller Grundrechte folgt (nur), dass die gesetzliche Verfahrensausgestaltung Gewähr für rechtlich richtige und „grundrechtsschonende" Entscheidungen bieten muss. Diesen Anforderungen werden auch Verfahren ohne mündliche Verhandlung gerecht.

9   **5. Mündlichkeitsgrundsatz und Europäische Menschenrechtskonvention.** In der EMRK ist das Mündlichkeitsprinzip mittelbar verankert. Aus Art. 6 Abs. 1 S. 1 EMRK, wonach jedermann einen Anspruch darauf hat, „dass seine Sache in billiger Weise öffentlich ... gehört wird, und zwar von einem ... Gericht, das über zivilrechtliche Ansprüche und Verpflichtungen oder über die Stichhaltigkeit der gegen ihn erhobenen strafrechtlichen Anklage zu entscheiden hat",[11] folgt ein Recht der Beteiligten, ihre Streitsache in (jedenfalls) einer mündlichen Verhandlung vor einem Tatsachengericht vortragen zu dürfen.[12] Dass in Art. 6 Abs. 1 S. 1 EMRK von „zivilrechtlichen" Ansprüchen und Verpflichtungen die Rede ist, schließt die Anwendung dieser Vorschrift auf verwaltungsgerichtliche Verfahren nicht von vornherein aus (offen lassend: VGH Mannheim BWGZ 1994, 698), weil nach dem (weiten) Verständnis des Europäischen Gerichtshofs für Menschenrechte alle Verfahren erfasst sind, deren Ergebnisse für zivilrechtliche Ansprüche und Verpflichtungen direkt entscheidend sind, ungeachtet des zivil- oder öffentlich-rechtlichen Status der Parteien, des Charakters der maßgebenden Rechtsvorschriften (als Privatrecht oder öffentliches Recht) und der zuständigen Entscheidungsinstanz (als Zivil- oder Verwaltungsgericht) (w.N. → EVR Rn. 294 ff.).[13] Damit dürften aber die meisten grundrechtlich fundierten Rechtspositionen und ein wesentlicher Teil der verwaltungsgerichtlichen Verfahren von der konventionsrechtlichen Öffentlichkeits- bzw. (impliziten) Mündlichkeitsgarantie erfasst sein.[14] Das Gesetz erkennt das an und gibt bei Entscheidungen ohne mündliche Verhandlung durch Gerichtsbescheid das Recht, mündliche Verhandlung zu beantragen (§ 84 Abs. 2 Nr. 2), weil nach Einführung der Zulassungsberufung (§ 124) eine mündliche Verhandlung in der Berufungsinstanz nicht mehr erzwingbar ist. Demgegenüber darf das OVG über eine Berufung aber grds. auch dann gem. § 130 a (ohne

---

6   BVerfGE 15, 303, 307; auch: BVerfGE 5, 9, 11; 6, 19, 20; 21, 73, 77; 60, 175, 211; BVerfG NJW 1982, 1582 zu Art. 103 Abs. 1 GG; BVerwG Buchholz 310 § 130 a VwGO Nr. 31; NVwZ 1992, 890; NJW 1986, 1368; BVerwGE 57, 272.

7   Eingehend *D. Lorenz*, AöR 105 (1980), 623.

8   Zum gerichtlichen Verfahren z.B.: BVerfGE 24, 367, 401; 35, 348, 361; 49, 244, 247 (zu Art. 14 GG); 15, 16, 30; 37, 67, 77 (zu Art. 12 GG); 52, 203, 207 (zu Art. 2 Abs. 1 GG); 51, 342, 343 (zu Art. 2 Abs. 2 GG); 52, 391, 407 (zu Art. 16 Abs. 2 GG a.F.).

9   BVerfGE 6, 19, 20; 60, 175, 211; BVerfG NJW 1982, 1579, 1582; BVerwG NVwZ-RR 2004, 77; BVerwGE 57, 272; BVerwG DVBl 1986, 286.

10   BVerfG NJW 1977, 1443; BVerwG NVwZ 1989, 857, 858; vgl. auch BVerwG NVwZ-RR 1998, 525.

11   Entsprechendes sieht Art. 14 Abs. 1 S. 2 und 3 des Internationalen Pakts über bürgerliche und politische Rechte (ratifiziert am 19.12.1966, BGBl II 1973, 1534) vor; dazu näher: *Ch. Tomuschat*, FS Redeker, 1993, 273, 277.

12   Vgl. BVerwG NVwZ 1992, 890; NJW 1990, 3102; NVwZ 1989, 1168; BVerwGE 72, 59, 61. Auch wenn in erster Instanz mündlich verhandelt wurde, kann nach der Rspr. des EuGHMR ggf. eine weitere mündliche Verhandlung in der Berufungsinstanz geboten sein – EuGHMR NJW 1992, 1813, 1814.

13   EuGHMR NJW 1987, 2141; NJW 1982, 2714 (standesrechtliches Disziplinarverfahren); NJW 1979, 477 (Betrieb einer Privatklinik; Erteilung einer ärztlichen Approbation); BVerwG VBlBW 2000, 189 (Normenkontrollverfahren über Bebauungsplan gem. § 47).

14   Vgl. BFH NJW 1992, 1527; auch etwa OVG Greifswald NVwZ 1998, 1100; *G. Felix*, BB 1996, 1741; *A. Kley-Struller*, Rechtsschutzgarantie, 1993, 27 ff.; *W. Peukert*, EuGRZ 1979, 261, 267; *J. Ruthig*, NVwZ 1997, 1188, 1189; *Ch. Tomuschat*, FS Redeker, 1993, 285.

mündliche Verhandlung) durch Beschluss entscheiden, wenn das angefochtene Urteil im Einverständnis der Beteiligten im schriftlichen Verfahren nach § 101 Abs. 2 ergangen ist.[15]

III. Anwendungsbereich des § 101

Der Anwendungsbereich des § 101 umfasst alle verwaltungsgerichtlichen Entscheidungen. Der Begriff 10
der „*Entscheidung*" ist allerdings (auch in § 101) nicht definiert.[16] Da § 101 den Mündlichkeitsgrundsatz als Prozessmaxime festlegt, gilt die Vorschrift zunächst auf jeden Fall für alle über das Rechtsschutzbegehren gefällten Richtersprüche, die eine verbindliche Regelung des Streitgegenstands oder eines Teils des Streitgegenstands treffen, hingegen nicht für Verfahrenshandlungen, wie Aufklärungs- oder andere prozessleitende Verfügungen (vgl. auch § 87), die solche Richtersprüche (nur) vorbereiten. „Entscheidung" i.S.d. § 101 sind aber wiederum alle Beschlüsse des Gerichts, auch wenn sie, wie Beweisbeschlüsse, nur vorbereitenden Charakter haben. Daraus, dass § 146 Abs. 2 solche Beschlüsse den „Entscheidungen" in § 146 Abs. 1 gegenüberstellt, folgt nichts anderes. Denn § 146 regelt allein die Statthaftigkeit der Beschwerde als Rechtsbehelf und kann deshalb den Anwendungsbereich des in § 101 festgelegten Mündlichkeitsgrundsatzes nicht einschränken (vgl. auch BVerwG NVwZ 1984, 645, 646; BVerwGE 14, 17 zu Beweisbeschlüssen).

Es spielt danach keine Rolle, welches Gericht die Entscheidung in welcher Besetzung fällt, welchen 11
Gegenstand sie betrifft, ob eine Sachentscheidung oder eine (Prozess-)Entscheidung über die Zulässigkeit einer Klage ansteht oder eine End-, Zwischen- (§ 109) oder Teilentscheidung (§ 110). Der Mündlichkeitsgrundsatz gilt für VG jeder Instanz,[17] für Kammer- oder Senatsentscheidungen ebenso wie für Entscheidungen des Einzelrichters (§ 6; § 76 AsylVfG), des Vorsitzenden oder Berichterstatters (§ 87a Abs. 2 und 3).[18] Für Normenkontrollverfahren trifft § 47 Abs. 5 S. 1 eine § 101 Abs. 1 vorgehende Sonderregelung (→ Rn. 15).

IV. Ausnahmen vom Grundsatz der Mündlichkeit (schriftliches Verfahren)

Der Grundsatz der Mündlichkeit ist durch praktisch bedeutsame Ausnahmen – wozu die Durchfüh- 12
rung der mündlichen Verhandlung über Videokonferenz gem. § 102a allerdings nicht gehört – durchbrochen. Sie ermöglichen ein schriftliches Verfahren. Es beruht teilweise (unmittelbar) auf gesetzlicher Anordnung, teilweise auf Prozesserklärungen der Beteiligten. Gem. § 101 Abs. 1 wird nämlich (nur) dann aufgrund mündlicher Verhandlung entschieden, wenn nichts anderes bestimmt ist. Anderweitige Bestimmungen i.d.S. trifft die VwGO in § 101 Abs. 3 für alle Entscheidungen des Gerichts, die nicht Urteile sind, also vor allem für Beschlüsse (§ 122). Gem. § 101 Abs. 2 kann das Gericht im Einverständnis der Beteiligten ohne mündliche Verhandlung entscheiden, soweit anderes (wie etwa in § 31 Abs. 1 S. 1 StUG: zwingende mündliche Verhandlung) nicht bestimmt ist.

1. Kritik. Schriftliche Verfahren im Einverständnis der Beteiligten (§ 101 Abs. 2) sind auch mit Blick 13
auf Art. 6 Abs. 1 EMRK (→ Rn. 9) unbedenklich.[19] Gleiches gilt für gem. § 101 Abs. 3 vom Erfordernis mündlicher Verhandlung freigestellte Beschlussentscheidungen, weil diese regelmäßig weniger gewichtige Fragen meist prozessualer Art betreffen. Das trifft für Beschlüsse in vorläufigen Rechtsschutzverfahren (§ 47 Abs. 6; §§ 80, 80a Abs. 3, § 123) oder in Normenkontroll- und Rechtsmittelverfahren (§ 47 Abs. 5; § 124a Abs. 5; § 130a, § 144 Abs. 1) so zwar nicht zu. § 101 Abs. 3 trägt mit dem Verzicht auf die (obligatorische) mündliche Verhandlung aber (insbes.) dem Gebot angemessener Entscheidungsfristen in Art. 6 Abs. 1 EMRK[20] ebenso wie dem Gebot effektiven (zeitnahen) Rechtsschutzes aus Art. 19 Abs. 4 GG Rechnung.

Unbedenklich ist auch der Gerichtsbescheid nach § 84, weil die mit der Einführung der Zulassungsbe- 14
rufung (§ 124) weggefallene Möglichkeit, eine mündliche Verhandlung (wenigstens) vor dem OVG zu erzwingen, durch den Antrag auf mündliche Verhandlung vor dem VG nach § 84 Abs. 2 Nr. 1, 4

---

15 BVerwG, NVwZ 1999, 404; dazu auch Anm. *J. Ziekow*, JZ 1999, 90.
16 Zur „Vieldeutigkeit" des Begriffs auch BSG NJW 1992, 1188.
17 BVerwG DÖV 1993, 719, 720; zu § 130a, speziell mit Blick auf Art. 6 Abs. 1 EMRK, BVerwG DÖV 1999, 735, 736.
18 BVerwG NVwZ-RR 1998, 525: Die Erklärung nach § 87a Abs. 3 ersetzt einen Verzicht auf mündliche Verhandlung (nach § 101 Abs. 2) nicht.
19 BGHZ 25, 60, 62; zu Art. 6 Abs. 1 S. 1 EMRK: EuGHMR EuGRZ 1981, 551; 1983, 190; 1992, 99.
20 Dazu näher: *W. Peukert*, in: Frowein/Peukert, Europäische Menschenrechtskonvention, ²1996, Art. 6 Rn. 144 ff., 153.

und 5 ersetzt wird. In dieser Verhandlung wird die Sache „in billiger Weise" i.S.d. Art. 6 Abs. 1 S. 1 EMRK „gehört, auch wenn sie (regelmäßig) von den Richtern, die bereits den Gerichtsbescheid erlassen haben, durchgeführt wird[21] und die weitere Darstellung des Tatbestands und der Entscheidungsgründe unterbleiben kann, wenn die Richter der Begründung des Gerichtsbescheids folgen (§ 84 Abs. 4). Zweifel an deren Unbefangenheit sind unberechtigt, zumal nicht selten in vorläufigen Rechtsschutzverfahren ohne mündliche Verhandlung durch Beschluss (§ 101 Abs. 3) zu entscheiden und im Hauptsacheverfahren in gleicher Sache nach mündlicher Verhandlung ein Urteil zu fällen ist.[22]

15   **2. Schriftliches Verfahren kraft gesetzlicher Ermächtigung (§ 101 Abs. 3, § 47 Abs. 5 S. 1).** Eine gesetzliche Ausnahme vom Grundsatz der Mündlichkeit enthält (insbes.) § 101 Abs. 3 für alle Entscheidungen des Gerichts, die nicht Urteile sind, vor allem also für *Beschlüsse.* Maßgeblich ist die Entscheidungsform, nicht das sachliche Gewicht der Entscheidung. § 101 Abs. 3 erfasst deshalb neben dem Gerichtsbescheid (§ 84 Abs. 1) auch Beschlüsse in vorläufigen Rechtsschutzverfahren gem. §§ 80 Abs. 5, 80 a Abs. 3, 123 und in Berufungs- bzw. Revisionsverfahren gem. §§ 124 a Abs. 5 (Berufungszulassung), 124 b (gültig bis 31.12.2004), 130 a (einstimmige Berufungsentscheidungen) und § 144 Abs. 1 (Verwerfung unzulässiger Revisionen); zu Beschlussentscheidungen im Normenkontrollverfahren → § 47 Rn. 348 ff. zu § 47 Abs. 5 und 6. Weniger gewichtig und auf prozessuale Fragen beschränkt sind Beschlüsse über die Beiladung Dritter (§ 65), die Verweisung des Rechtsstreits an das zuständige Gericht (§ 17 a GVG; § 83), die Verbindung oder Trennung von Verfahren (§ 93), die Kostenentscheidung bei Klagerücknahme (§ 92 Abs. 3) oder übereinstimmender Erledigungserklärung (§ 161), über das Ruhen oder die Aussetzung des Verfahrens (§ 173 i.V.m. § 251 ZPO; § 94) oder über die Bewilligung von Prozesskostenhilfe (§ 166). Auch diese Beschlüsse ergehen gem. § 101 Abs. 3 ohne (obligatorische) mündliche Verhandlung. Freilich darf etwa über die Beiladung eines Dritten (§ 65) oder die Kostenentscheidung nach Klagerücknahme in einer mündlichen Verhandlung (sogleich) beschlossen werden.

16   Der *Gerichtsbescheid* (§ 84) stellt eine praktisch (immer noch) bedeutsame Durchbrechung des Mündlichkeitsgrundsatzes dar. Der nach § 84 Abs. 2 Nr. 2 zulässige Antrag auf mündliche Verhandlung hat den Gerichtsbescheid nicht unbedingt „entwertet";[23] er ist nach wie vor eine sachangemessene Entscheidungsform zur Bewältigung „einfacher Fälle".

17   **3. Schriftliches Verfahren kraft Einverständnisses der Beteiligten (§ 101 Abs. 2).** Gem. § 101 Abs. 2 darf das Gericht, soweit nichts anderes bestimmt ist (vgl. etwa § 31 Abs. 1 S. 1 StUG), mit Einverständnis der Beteiligten ohne mündliche Verhandlung entscheiden, was ggf. eine frühzeitigere Sachentscheidung ermöglichen kann.

18   **a) Einverständnis aller Beteiligten.** Notwendig ist das Einverständnis aller Beteiligten, der Haupt- wie der Nebenbeteiligten. Außer Kläger und Beklagtem müssen also insbes. die (vor dem Urteil)[24] Beigeladenen (§ 63 Nr. 3), seien sie einfach (§ 65 Abs. 1) oder notwendig (§ 65 Abs. 2) beigeladen, mit einer Entscheidung ohne mündliche Verhandlung einverstanden sein.[25] Gleiches gilt für den Vertreter des öffentlichen Interesses oder den Oberbundesanwalt (§ 63 Nr. 4), sofern sie ihre Teilnahme am Verfahren erklärt haben, oder für andere etwa durch Bundesgesetz am Verfahren Beteiligte.[26] Dass die letzteren in § 63 nicht genannt sind, ihren Beteiligtenstatus vielmehr aus besonderen Bundesgesetzen herleiten, spielt keine Rolle.

19   **b) Ausdrücklichkeit des Einverständnisses/Einverständnis mit Gerichtsbescheid.** Das Einverständnis nach § 101 Abs. 2 ist ausdrücklich zu erklären; Einverständnis mit „schriftlichem Verfahren" genügt (BVerwG 13.12.2013 – 6 BN 3/13). Bloßes *Schweigen* auf eine (auch unter Fristsetzung verfügte) Anfrage des Gerichts oder eine Einverständniserklärung anderer Prozessbeteiligter genügt – mangels (et-

---

21   Krit. insoweit aber: *W. Roth*, NVwZ 1997, 656; *W.-R. Schenke*, NJW 1997, 81, 92 (Fn. 92).
22   Hingewiesen sei auch auf diejenigen Fälle, in denen nach Zurückverweisung im Rechtsmittelweg (vgl. §§ 130, 144 Abs. 3 Nr. 2) erneut entschieden werden muss.
23   Vgl. demgegenüber aber *K. Meier*, NVwZ 1998, 688, 691.
24   Zur Entbehrlichkeit der Zustimmung eines zugleich mit dem Urteil Beigeladenen BSG SGb 1999, 356.
25   Über den Eingang der Zustimmungserklärungen muss das Gericht die (anderen) Beteiligten nicht informieren, BVerwG Buchholz 310 § 108 VwGO Nr. 233.
26   Zu § 6 AsylVfG a.F. VGH Kassel ZAR 1995,136; vgl. auch *Ch. Gau*, DÖV 1995, 325.

wa) § 92 Abs. 2 vergleichbarer Sonderregelung – nicht.[27] Ebenso wenig ersetzt oder enthält das nach Anhörung gem. § 84 Abs. 1 mitunter erklärte Einverständnis mit einer Entscheidung durch *Gerichtsbescheid*[28] das Einverständnis nach § 101 Abs. 2. Die rechtliche Tragweite beider Erklärungen ist nicht vergleichbar. Gegen den Gerichtsbescheid können die Beteiligten nämlich gem. § 84 Abs. 2 Zulassung der Berufung oder mündliche Verhandlung, gegen das ohne mündliche Verhandlung gem. § 101 ergangene Urteil indessen nur die Zulassung der Berufung beantragen.

Ein *„faktisches schriftliches Verfahren"* ist unzulässig. Deshalb darf das Gericht nicht über in der 20 mündlichen Verhandlung gem. § 173 i.V.m. § 283 ZPO einem Beteiligten gewährte Schriftsatzrechte und darauf bezogenen schriftsätzlichen Vortrag der anderen Beteiligten in das schriftliche Verfahren überleiten (vgl. OLG Schleswig SchlHA 1983, 182). Ggf. muss es die mündliche Verhandlung wiedereröffnen oder ausdrückliche Erklärungen der Beteiligten zum Verzicht auf (weitere) mündliche Verhandlung nach § 101 Abs. 2 einholen.

c) Form des Einverständnisses/Anwaltszwang. Das Einverständnis nach § 101 Abs. 2 ist Prozesshand- 21 lung. Es unterliegt zwar keinem *Formzwang* – und keinem *Anwaltszwang* nach § 67[29] –, muss aber, wie alle Prozesshandlungen, für Gericht und Beteiligte als solches erkennbar, dem jeweiligen Beteiligten zuordenbar und eindeutig sein (BVerwG 24.4.2013 – 8 B 91/12). Regelmäßig wird das Einverständnis schriftlich erklärt,[30] ggf. auch zur Niederschrift des Urkundsbeamten der Geschäftsstelle (entsprechend § 81 Abs. 1 S. 2), was auch vor Ober- oder Bundesverwaltungsgericht möglich ist. Ohne Weiteres zulässig ist auch, das Einverständnis in der mündlichen Verhandlung zu Protokoll des Gerichts – für andernfalls notwendige weitere mündliche Verhandlungen – zu erklären.

Streitig ist, ob fernmündlich auf mündliche Verhandlung verzichtet werden kann. Aus § 81 und der 22 (ebenfalls nicht unumstr.) Unzulässigkeit fernmündlicher Klageerhebung[31] lässt sich dafür nichts herleiten.[32] § 81 gilt zwar analog für bestimmende Schriftsätze, also für Schriftsätze, durch die für das Verfahren wesentliche Prozesshandlungen vollzogen werden (BGH NJW 1985, 2650). Wesentlich i.d.S. sind aber nur Prozesshandlungen, mit denen Beteiligte entweder über den Streitgegenstand disponieren oder mit denen sie unmittelbar auf die Rechtsverfolgung oder Rechtsverteidigung gerichtete Anträge stellen oder Erklärungen abgeben. Geht es indessen, wie beim Einverständnis mit einer Entscheidung im schriftlichen Verfahren, nur um die prozessualen Modalitäten der Rechtsdurchsetzung, ist § 81 mangels einer der Klageerhebung vergleichbaren Interessenlage nicht (analog) anwendbar (a.A. OVG Bautzen 24.1.2008 – 1 B 654/07). Es bleibt deshalb bei den allgemeinen Anforderungen an Prozesshandlungen: Kann man die fernmündliche Erklärung (insbes.) dem jeweiligen Beteiligten zuordnen, ist das Einverständnis wirksam erklärt, sofern auch der Inhalt der Verzichtserklärung eindeutig und zweifelsfrei feststeht.[33] Das wird sich nur so bewerkstelligen lassen, dass der Richter einen (unterschriebenen) Aktenvermerk in den Gerichtsakten fertigt, der das Einverständnis im Übrigen auch für das Rechtsmittelgericht festhält. Der Vermerk sollte vorgelesen und vom Erklärenden genehmigt werden. Beides sollte man auch festhalten (dazu etwa BVerwG Buchholz 310 § 101 VwGO Nr. 12 [S. 4 ff.] und 13). Besser ist freilich die Bestätigung (Erklärung) des Einverständnisses durch Telefax.

---

27 Vgl. BVerwGE 6, 18; aber etwa: BVerwGE 7, 230; auch: BVerwG DVBl 1992, 778; nicht verallgemeinerbar: BGHZ 102, 338, 340 f. (Schweigen zu einem Verweisungsantrag).

28 BVerwG 8.11.2005 – 10 B 45/05; VGH Mannheim VBlBW 2006, 360; vgl. auch etwa BFHE 200, 1; 100, 432. Das Gericht kann zwar auch ohne Einverständnis der Beteiligten durch Gerichtsbescheid entscheiden. Beteiligte, die diese Entscheidungsform akzeptieren, erklären in der Praxis dennoch meist ihr (ausdrückliches) Einverständnis mit dem Erlass eines Gerichtsbescheids.

29 BVerwG DVBl 1961, 518; 8.11.2005 – 10 B 45.05; VGH München AbfallR 2007, 235; VGH Kassel BauR 2006, 732; OVG Bautzen 24.1.2008 – 1 B 654/07: Schriftform notwendig.

30 Entsprechend § 81 Abs. 1 S. 1 – Telefax genügt (BVerwGE 77, 38; vgl. auch *J. Schwachheim*, NJW 1999, 621); zu elektronischen Dokumenten § 55 a.

31 BVerwGE 17, 166; BGH NJW 1981, 1627; VGH Mannheim DÖV 1987, 404; anders: BGH NJW 1980, 1290; OLG Düsseldorf NJW 1969, 1361; OLG Schleswig NJW 1963, 1466; VG Wiesbaden NVwZ 1988, 90 für ein Eilverfahren.

32 So aber *P. Kothe*, in: Redeker/v. Oertzen § 101 Rn. 3.

33 Vgl. BAG NZA 1994, 382 (zu § 128 Abs. 2 ZPO); ebenso: *Kopp/Schenke* § 101 Rn. 5; dazu neigend: BVerwG NVwZ 1984, 645, 646; Buchholz 310 § 101 Nr. 12 (S. 4); vgl. auch BVerwG Buchholz 310 § 101 Nr. 13, 15. A.M. *H. Geiger*, in: Eyermann § 101 Rn. 6.

23   **d) Zeitpunkt des Einverständnisses/Einverständnis nach mündlicher Verhandlung.** Die Beteiligten werden das Einverständnis nach § 101 Abs. 2 regelmäßig erklären, bevor eine mündliche Verhandlung stattgefunden hat und ein Urteil gefällt ist. Das „nachträgliche Einverständnis" nach bereits durchgeführter mündlicher Verhandlung ist zulässig, wenn es eine andernfalls notwendige weitere mündliche Verhandlung entbehrlich machen soll. Auf diese Weise ist der Grundsatz der Unmittelbarkeit der Urteilsfällung zu durchbrechen und bei Richterwechseln zwischen mündlicher Verhandlung und Urteilsfällung eine wegen § 112 an sich notwendige Wiederholung der mündlichen Verhandlung zu vermeiden (dazu auch: BVerwG ZOV 1998, 63); für das weiter Verfahren gelten keine Fristen (wie die 5-Monatsfrist i.R. der §§ 116 Abs. 2, 117 Abs. 4, BVerwG, NVwZ-RR 2003, 460). Ein nachträgliches Einverständnis nach bereits (ohne mündliche Verhandlung) gefälltem – und gem. § 116 erlassenem – Urteil, gleichsam als „Genehmigung" des schriftlichen Verfahrens, ist indessen wirkungslos. Denn § 101 Abs. 2 erlaubt nur eine Entscheidung ohne mündliche Verhandlung „mit" dem Einverständnis der Beteiligten und setzt deshalb das Vorliegen des Einverständnisses im Zeitpunkt der Entscheidung voraus. Auch der Begriff des „Einverständnisses" weist – im Gegensatz zur „Genehmigung"[34] – auf eine vorherige Einwilligung hin (vgl. BAG NJW 1962, 509, 510).

24   **e) Bedingung, Befristung, Vorbehalt.** Als Prozesshandlung muss das Einverständnis wegen seiner prozessualen Gestaltungswirkung und zum Schutz der Verfahrenslage vor Unsicherheit eindeutig (BVerwGE 6, 18; BVerwG NJW 1983, 189; BFHE 200, 1) und unbedingt (BVerwGE 6, 18; 33, 165; 57, 342, 347; BGH NJW-RR 1990, 68) bzw. vorbehaltlos sein. Zulässig – weil der prozessualen Klarheit nicht abträglich – sind aber *„Prozessbedingungen"* (prozessimmanente Bedingungen), etwa die Erklärung des Einverständnisses mit einer Entscheidung im schriftlichen Verfahren nur für Kammer- bzw. Senatsentscheidungen oder Entscheidungen durch den Berichterstatter (§ 87a Abs. 2, 3),[35] für den Fall, dass der Rechtsstreit nicht dem Einzelrichter (§ 6; § 76 AsylVfG) zur Entscheidung übertragen oder eine Erklärungsfrist bewilligt wird (vgl. BVerwG VerwRspr 16, 1008) oder ein in der mündlichen Verhandlung geschlossener Prozessvergleich widerrufen (→ § 106 Rn. 45, 81) wird. Unschädlich sind auch „unechte Bedingungen", etwa, dass der Sachverhalt geklärt sei oder keine (weiteren) Beweise zu erheben seien, weil damit nur auf die Voraussetzungen der Urteilsfällung (vgl. § 86) hingewiesen wird. Die *Befristung* des Einverständnisses ist als der prozessualen Klarheit (ebenfalls) nicht abträglich, zulässig (vgl. RGZ 151, 193). Die gesetzliche Befristungsregelung des § 128 Abs. 2 S. 3 ZPO gilt für den Verwaltungsprozess aber nicht (→ Rn. 53). Die Ansicht des BSG (BSG Breith, 2000, 612), wonach das Einverständnis mit einer Entscheidung ohne mündliche Verhandlung regelmäßig unter dem *Vorbehalt* der im Wesentlichen unveränderten Sach-, Beweis- und Rechtslage stehe und deshalb bei entsprechenden Veränderungen verbraucht (→ Rn. 34 ff., 37) sei, also „automatisch" wegfalle, geht zu weit; sie widerspricht der im Verwaltungsprozess nach hier (abweichend von der Rspr. des BVerwG, → Rn. 29) vertretenen Ansicht gem. § 173 entsprechend anwendbaren Regelung in § 128 Abs. 2 S. 1 ZPO, die bei wesentlicher Änderung der Prozesslage (nur) den Widerruf des Einverständnisses vorsieht (→ Rn. 28 f.).

25   **f) Anfechtung und Widerruf.** Als Prozesshandlung ist das Einverständnis nach § 101 Abs. 2 grds. unanfechtbar[36] und unwiderruflich, wobei eine scharfe Unterscheidung zwischen Anfechtung oder Widerruf entbehrlich ist: Von Anfechtung mag man sprechen, wenn die Einverständniserklärung von Willensmängeln beeinflusst ist oder Wiederaufnahmegründe (§ 173 i.V.m. §§ 578 ff. ZPO) vorliegen, andernfalls von Widerruf.

26   *Anfechtbar* ist das Einverständnis mit einer Entscheidung des Gerichts ohne mündliche Verhandlung ausnahmsweise, wie andere Prozesshandlungen auch, wenn es durch Drohung, sittenwidrige Täuschung, unzulässigen Druck, oder ähnliches erwirkt ist (vgl. BGH NJW 1985, 2335; BFH/NV 2004, 1634). Dann geht die Wiederherstellung der Willensfreiheit des Beteiligten der Aufrechterhaltung prozessualer Gestaltungswirkungen und der Wahrung prozessualer Klarheit vor. Gleiches gilt für Einver-

---

34   Vgl. § 184 Abs. 1 BGB: Genehmigung als nachträgliche Zustimmung. Die vorherige Zustimmung bezeichnet § 183 BGB freilich als „Einwilligung".

35   Vgl. BFH BFH/NV 1999, 1464.

36   BVerwGE 33, 165; 57, 342, 346 f.; BVerwG NVwZ 1985, 196; NJW 1997, 2897, 2898; Buchholz 310 § 92 VwGO Nr. 3; VGH Kassel NJW 1987, 601, 602; VGH Mannheim NVwZ 1983, 229, 230; VGH München BayVBl 1975, 513; OVG Saarlouis BauR 1979, 135.

ständniserklärungen, die auf unzutreffenden Empfehlungen oder Belehrungen des Gerichts (BVerwG NVwZ 1985, 195; NJW 1987, 602; BGH NJW 1981, 576; JZ 1985, 689) – und nicht nur auf allgemeinen Hinweisen (BVerwG NVwZ 1985, 196, 197) – beruhen.

Widerruflich – ohne Widerrufsgrund – ist das Einverständnis nach § 101 Abs. 2 bis die letzte Einver- 27 ständniserklärung[37] (ggf. eines Beigeladenen) wirksam abgegeben ist (freier Widerruf).[38] Da bis dahin noch keine prozessuale Wirkung eingetreten ist (→ Rn. 18), besteht kein Grund dafür, die Einverständniserklärungen schon vorher, etwa mit Eingang bei Gericht, für unwiderruflich zu erklären.[39] Dass Prozesshandlungen gegenüber dem Gericht und nicht gegenüber den Beteiligten vorgenommen werden, besagt nichts, weil die grundsätzliche Unwiderruflichkeit von Prozesshandlungen nicht auf ihrer (formellen) Adressierung, sondern (materiell) auf dem notwendigen Schutz prozessualer Klarheit beruht. Auch aus § 128 Abs. 2 S. 1 ZPO, wonach die Zustimmung „nur" bei einer wesentlichen Änderung der Prozesslage widerruflich ist, folgt nichts anderes. Denn diese Vorschrift greift erst dann, wenn alle Beteiligten ihre Zustimmung zur Entscheidung erklärt und die Prozesslage damit gestaltet haben.

Widerruflich – mit Widerrufsgrund – ist das Einverständnis – entgegen der (nach wie vor nicht ganz 28 eindeutigen) höchstrichterlichen Rspr. (→ Rn. 29) – gem. § 173 i.V.m. § 128 Abs. 2 S. 1 ZPO bei wesentlichen Änderungen der Prozesslage, die nicht, wie prozessuale Zwischenentscheidungen des Gerichts, (ohnehin) zum „Verbrauch" des Einverständnisses (→ Rn. 34 ff., 36 ff.) führen und ein Widerruf deshalb ins Leere ginge. § 101 Abs. 2 trifft insoweit keine abschließende Regelung[40] (a.A. aber jetzt BVerwG 1.3.2006 – 7 B 90/05 und 9.9.2009 – 4 BN 4/09). § 128 Abs. 2 S. 1 ZPO drückt vielmehr den auch für den Verwaltungsprozess gültigen[41] Rechtsgrundsatz (vgl. auch BVerwG NVwZ-RR 2003, 460) aus, dass die Aufrechterhaltung der Verzichtswirkung und die Wahrung prozessualer Klarheit hinsichtlich der Wahl zwischen mündlichem und schriftlichem Verfahren zurücktreten müssen, wenn andernfalls die wirksame Rechtsverfolgung oder Rechtsverteidigung unzumutbar beeinträchtigt würde. Anderes wäre mit dem Gewicht der Mündlichkeit als Prozessmaxime und den Anforderungen (auch) des Art. 6 Abs. 1 EMRK mit dem darin verankerten „Fairnessgebot"[42] nicht zu vereinbaren. Für einen „fairen" Ausgleich sorgt es aber nicht, wenn man anstelle des Rechts der Beteiligten zum Widerruf des Einverständnisses bei wesentlichen Änderungen der Prozesslage (nur) das Ermessen des Gerichts, auf der Grundlage des vor der Änderung erklärten Einverständnisses im schriftlichen Verfahren entscheiden zu dürfen, auf Null reduzieren und so eine „fakultative" mündliche Verhandlung erzwingen will (in diese Richtung unter Hinweis auf die Wahrung des rechtlichen Gehörs nunmehr aber BVerwG 1.3.2006 – 7 B 90/05).[43] Der „Verbrauch" des Einverständnisses scheidet aus, weil dafür Entscheidungen des Gerichts notwendig sind. Ein prozessualer Rechtsakt, wie die Verzichtserklärung nach § 101 Abs. 2, kann nämlich nur durch (rechtliche) Gegenakte – wie Widerrufserklärungen oder auch Entscheidungen des Gerichts – aus der Welt geschafft werden, durch (bloß) faktische Änderungen der prozessualen Lage indessen nicht (→ Rn. 34 ff., 36 ff.); diese können nur zu rechtlichen Gegenakten berechtigen. Anderes wäre nur schwer mit den Anforderungen prozessualer Klarheit zu vereinbaren.

Die höchstrichterliche Rspr. zum Widerruf des Einverständnisses bei wesentlicher Änderung der Pro- 29 zesslage ist nicht ganz eindeutig. Die (ältere) Rspr. des BVerwG[44] zur (Un-)Anwendbarkeit des § 128 ZPO bezieht sich unmittelbar (nur) auf die Befristung des Einverständnisses in § 128 Abs. 2 S. 3 ZPO, wenngleich in der angeführten Entscheidung die Anwendung des § 128 ZPO „pauschal" verworfen

---

37 Das Gericht muss nicht über den Eingang der Zustimmungserklärung der anderen Prozessbeteiligten informieren, BVerwG Buchholz 310 § 108 VwGO Nr. 233.
38 BVerwG DÖV 1956, 411; vgl. auch (insoweit nicht eindeutig) BVerwG VerwRspr 16, 1008; BFH BB 1971, 990 sowie BGHZ 147, 397; 11, 27; 28, 278; so weitgehend, da mit Sinn und (Entlastungs-)Zweck des schriftlichen Verfahrens unvereinbar BAG NJW 1962, 509: freie Widerruflichkeit zu jeder Zeit.
39 I.d.S. aber *H. Geiger,* in: Eyermann § 101 Rn. 7; *P. Kothe,* in: Redeker/v. Oertzen § 101 Rn. 3.
40 *H. Geiger,* in: Eyermann § 101 Rn. 7; vgl. auch *Kopp/Schenke* § 101 Rn. 8; *D. Kreitl,* BayVBl 1982, 679, 681; vgl. auch BVerwG NJW 1980, 1482 (dazu im Folgenden).
41 Dass § 128 Abs. 2 S. 1 ZPO auf den Anwaltsprozess zugeschnitten wurde, ändert – entgegen der Rspr. des BSG (Breith. 2000, 612) – nichts.
42 Vgl. BVerfG BayVBl 1994, 47, 48; BVerfGE 52, 131, 144; 63, 45, 61; 70, 297, 308.
43 Dazu *W. Neumann,* jurisPR-BVerwG 11/2006 Anm. 6.
44 BVerwG NJW 1980, 1482; Buchholz 310 § 101 VwGO Nr. 3; im gleichen Sinne auch BSG Breith. 2000, 612.

wird. In einer neueren Entscheidung (BVerwG NVwZ-RR 2003, 460) ist demgegenüber von der Befugnis der Beteiligten die Rede, das Einverständnis bei einer Änderung der Prozesslage in wesentlichen Punkten nach Maßgabe des in § 128 Abs. 2 S. 1 ZPO enthaltenen allgemeinen Rechtsgedankens zu widerrufen, was bei einer Änderung der für die Urteilsfällung maßgeblichen materiellen Rechtslage und bei einer Änderung des entscheidungserheblichen Sachverhalts in Betracht komme. Nunmehr hat das BVerwG in einem Beschluss vom 1.3.2006 (7 B 90/05, genauso: 9.9.2009 – 4 BN 4/09; auch OVG Lüneburg 9.6.2008 – 12 LA 301/07) die Anwendbarkeit des § 128 ZPO insgesamt dezidiert ausgeschlossen; das schriftliche Verfahren werde in § 101 Abs. 2 abschließend geregelt (auch BVerwG ZfBR 2010, 67); zugleich wurde bekräftigt, dass die (bloße) Änderung der Prozesslage nicht zur Unwirksamkeit der Verzichtserklärung führt (auch BVerwG 5.7.2016 – 4 B 21/16). Der BFH hält den Widerruf des Einverständnisses bei wesentlicher Änderung der Prozesslage hingegen für möglich.[45]

30   Eine *„wesentliche Änderung der Prozesslage"* i.S.d. § 173 i.V.m. § 128 Abs. 2 S. 1 ZPO tritt ein, wenn sich die für die Urteilsfällung maßgebliche *materielle Rechtslage* ändert, etwa durch das Inkrafttreten einer (neuen) Abgabensatzung oder eines Bebauungsplans (§ 10 BauGB). Entsprechendes gilt für eine Änderung oder Neuorientierung der höchstrichterlichen Rspr. Zu weit geht aber die Rspr. des BSG, wonach das Einverständnis bei Rechts- und Rechtsprechungsänderungen (sogar) verbraucht und deshalb ohne Widerruf gegenstandslos werde (BSG Breith. 2000, 612; → Rn. 28, 34 ff.). Änderungen des *entscheidungserheblichen Sachverhalts* bewirken ebenfalls eine wesentliche Änderung der Prozesslage. Dabei spielt es keine ausschlaggebende Rolle, ob dies (allein) auf dem Vortrag neuer wesentlicher Tatsachen (ggf. nach Gewährung einer Schriftsatzfrist) durch einen Prozessbeteiligten beruht oder ob das Gericht die Sachverhaltsänderung initiiert, indem es den Beteiligten durch Aufklärungsverfügung aufgibt, zu bislang noch nicht erörterten Gegenständen Stellung zu nehmen, oder ob es Zeugen vernimmt, Auskünfte einholt oder Akten beizieht. Das BVerwG hält (auch) in diesen Fällen einen Widerruf des Einverständnisses mit einer Entscheidung ohne mündliche Verhandlung allerdings weitgehend nicht für erforderlich, weil es ohnehin unwirksam werde (→ Rn. 34 ff., 36 ff.);[46] auch das BSG nimmt an, das Einverständnis werde bei Veränderungen der entscheidungserheblichen Tatsachen durch Maßnahmen des Gerichts (der zuvor genannten Art) verbraucht (BSG 11.4.2013 – B 2 U 359/12 B; SozSich 1995, 477; BSGE 44, 292). Den rechtlichen Grund für das „Unwirksamwerden" kann freilich das Faktum des Sachvortrags bzw. der Zeugenaussage, Behördenauskunft oder Aktenbeiziehung für sich allein nicht abgeben, weil „verbrauchende Wirkung" nur vom Anwendungsbereich des § 101 erfasste, dem Einverständnis nachfolgende „Entscheidungen" des Gerichts (→ Rn. 10) haben; vorbereitende Aufklärungsverfügungen gehören dazu – anders als etwa Beweisbeschlüsse – nicht (→ Rn. 28, 36 ff.). Eine i.S.d. § 173 i.V.m. § 128 Abs. 2 S. 1 ZPO „wesentliche", weil für den Verfahrensausgang entscheidende Änderung der Prozesslage tritt auch bei der *Heilung von Verfahrens- und Formmängeln* (§ 45 VwVfG) oder der über bloße Präzisierungen (vgl. z.B. OVG Münster NVwZ-RR, 1995, 247) hinausgehenden *Ergänzung von Ermessenserwägungen* (§ 114 S. 2) ein. Die *Einführung eines neuen Beteiligten* durch Beiladung (§ 65) ändert die Prozesslage ebenfalls wesentlich und berechtigt deshalb zum Widerruf des Einverständnisses. Der Tod des Beteiligten (nicht des Prozessbevollmächtigten) lässt dessen Einverständnis demgegenüber unmittelbar wegfallen; eines Widerrufs des Rechtsnachfolgers bedarf es nicht (→ Rn. 35).[47] Gleiches gilt für einen Rückübertragungsbeschluss nach § 6 Abs. 3 bzw. § 76 Abs. 3 AsylVfG (→ Rn. 39).

31   *Keine wesentliche Änderung der Prozesslage* i.S.d. § 173 i.V.m. § 128 Abs. 2 S. 1 ZPO liegt vor, wenn eine Ruhensanfrage des Gerichts verneint (BVerwG Buchholz 310 § 101 VwGO Nr. 5) oder der Rechtsstreit nach erklärtem Einverständnis i.S.d. § 101 Abs. 2 dem Einzelrichter zur Entscheidung übertragen wird (§ 6; § 76 AsylVfG). Letzteres gilt jedenfalls dann, wenn die Beteiligten Gelegenheit hatten, zur Übertragung des Rechtsstreits auf den Einzelrichter Stellung zu nehmen. Das wird meist der Fall sein, da das Gericht regelmäßig bereits in der Eingangsverfügung des Vorsitzenden auf die

---

45 BFH 19.4.2016 – IX B 110/15; zur nicht eindeutigen Judikatur näher BFH BFH/NV 2001, 462 m.N. (für Widerruf etwa BFHE 160, 405; dagegen: BFHE 112, 316).

46 BVerwG Buchholz 310 § 101 VwGO Nr. 24, auch Nr. 29 (neuer Vortrag nach Schriftsatzfrist); BVerwG NJW 1969, 252; wie hier: *H. Geiger*, in: Eyermann § 101 Rn. 7; *Kopp/Schenke* § 101 Rn. 8.

47 A.M. *H. Geiger*, in: Eyermann § 101 Rn. 8.

Übertragungsmöglichkeit hinweist und dazu rechtliches Gehör gewährt.[48] Die Beteiligten müssen deshalb mit der Übertragung auf den Einzelrichter rechnen[49] und ihr Einverständnis ggf. ausdrücklich auf eine Kammerentscheidung begrenzen. Aber auch dann, wenn das Gericht (noch) nicht auf die Möglichkeit der Einzelrichterübertragung hingewiesen hat, liegt in der Übertragungsentscheidung grds. keine wesentliche Änderung der Prozesslage. Die Einzelrichterentscheidung ist nach Wortlaut und der Konzeption des Gesetzes (vgl. § 6 bzw. § 76 AsylVfG) nämlich keineswegs als fern liegende (seltene) Ausnahme vorgesehen. Außerdem berührt sie den Streitstoff nicht, legt vielmehr nur fest, wer als gesetzlicher Richter über den Rechtsstreit zu entscheiden hat. Eine andere Ansicht hierzu vertritt allerdings der BFH, der (sogar) annimmt, der Übertragungsbeschluss des Gerichts „verbrauche" das vorher erklärte Einverständnis der Beteiligten mit einer Entscheidung ohne mündliche Verhandlung, das – wenn nicht ausdrücklich anderes gesagt sei – nur eine Kammer- oder Senatsentscheidung, nicht jedoch eine Einzelrichterentscheidung decke (→ Rn. 38).[50]

Wie das Einverständnis selbst ist auch dessen Widerruf als Gegenakt *Prozesshandlung* und den dafür **32** geltenden Rechtsgrundsätzen unterworfen. So ist ggf. auch der fernmündliche Widerruf eines (schriftlich erteilten) Einverständnisses möglich (→ Rn. 21, 22). Der Widerruf muss nicht unbedingt ausdrücklich erklärt werden, sich aber aus dem ggf. auszulegenden[51] Vorbringen des Beteiligten eindeutig ergeben.

Liegt ein Widerrufsgrund (gem. § 173 i.V.m. § 128 Abs. 2 S. 1 ZPO) vor, muss das Gericht den Betei- **33** ligten ausreichende *Zeit für die Erklärung des Widerrufs* lassen. Es darf dem Widerruf nicht durch eine – insoweit überraschende – Sachentscheidung zuvorkommen. Ggf. muss es die Beteiligten gem. § 86 Abs. 3 zur Stellungnahme auffordern, wofür es angemessene Fristen setzen kann.

g) Wegfall, insbesondere „Verbrauch" des Einverständnisses. Vom Widerruf zu unterscheiden ist der **34** nicht von Prozesshandlungen der Beteiligten abhängige Wegfall des Einverständnisses mit einer Entscheidung des Gerichts ohne mündliche Verhandlung.

Mit dem *Tod des Beteiligten*, der die Einverständniserklärung abgegeben hat, wird die Erklärung un- **35** wirksam, sofern der Beteiligte gestorben ist, bevor das Gericht sein Urteil gefällt und erlassen hat. Entgegen der Rechtsauffassung des BSG (vgl. BSG DVBl 1991, 1316, 1317) kann es auch im Hinblick auf den Rechtsgedanken des § 249 Abs. 3 ZPO nicht genügen, dass das Urteil (vor dem Tod des Beteiligten) bloß gefällt (beschlossen) ist, da es einen dem Schluss der mündlichen Verhandlung entsprechenden Zeitpunkt im schriftlichen Verfahren nicht gibt. Das Gericht muss dann abwarten, ob der Rechtsnachfolger das Verfahren aufnimmt und seinerseits auf mündliche Verhandlung verzichtet. Der Rechtsnachfolger tritt nicht kraft Gesetzes in die mit dem Einverständnis des verstorbenen Beteiligten geschaffene prozessuale Lage ein, weil der Verzicht auf den direkten Dialog mit dem Gericht, nicht zuletzt mit Blick auf Art. 6 Abs. 1 S. 1 EMRK, auch einen wesentlich personalen Bezug hat und über den Tod des verzichtenden Beteiligten deshalb nicht hinauswirkt.[52] Der *Tod des Prozessbevollmächtigten* ist hingegen ohne Bedeutung. Er berührt die Wirksamkeit des Einverständnisses des Beteiligten nicht und berechtigt (den neuen Prozessbevollmächtigten) auch nicht zum Widerruf.[53]

Entscheidungen des Gerichts können das Einverständnis nach § 101 Abs. 2 „verbrauchen". Das folgt **36** daraus, dass die Beteiligten ihr Einverständnis mit einer Entscheidung im schriftlichen Verfahren grds. nicht für den ganzen Prozess, sondern nur für die nächste anstehende Entscheidung erklären.[54] Dazu gehören auch (Zwischen-)Entscheidungen, die die abschließende Sachentscheidung „wesentlich sachlich" vorbereiten.[55] „Verbrauchende Wirkung" haben danach in jedem Fall Beweisbeschlüsse oder Be-

---

48 Die ebenfalls vielfach (routinemäßige) Frage danach, ob Einverständnis mit einer Entscheidung durch den Berichterstatter gem. § 87a Abs. 2 und 3 besteht, ersetzt das rechtliche Gehör zur Einzelrichterübertragung gem. § 6 bzw. § 76 AsylVfG nicht.
49 I.d.S. auch: *H. Geiger*, in: Eyermann § 101 Rn. 9.
50 BFH NVwZ-RR 1996, 178 (offen gelassen); NVwZ-RR 1997, 260.
51 Zur Auslegung von Prozesshandlungen (gem. §§ 133, 157 BGB analog) allg. BVerwG DVBl 1993, 562, 563.
52 A.M. *H. Geiger*, in: Eyermann § 101 Rn. 8: nur (in aller Regel) Widerrufsrecht.
53 Vgl. etwa BFH BayVBl 1991, 444 zum Tod des Prozessbevollmächtigten im Revisionsverfahren; BFHE 203, 459; auch *H. Geiger*, in: Eyermann § 101 Rn. 8 unter Hinweis auf eine entsprechende Anwendung des § 249 Abs. 3 ZPO.
54 BVerwG 5.7.2016 – 4 B 21/16; 1.3.2006 – 7 B 90/05; BVerwGE 14, 18; 22, 272; BVerwG NVwZ 1984, 645, 646; BGHZ 17, 118, 123; 31, 210, 214 f.
55 BVerwGE 14, 18; auch BVerwG NJW 1969, 252; NVwZ 1984, 645, 646; BFH 4.8.2016 – X B 145/15; BFHE 178, 301.

schlüsse über die Ablehnung eines Beweisantrags,[56] förmliche Aufklärungsbeschlüsse (BVerwG NJW 1969, 252; NVwZ 1984, 645, 646) bzw. Auflagenbeschlüsse, mit denen Beteiligten eine Stellungnahme abgefordert wird (BVerwG 1.3.2006 – 7 B 90/05; BVerwG Buchholz 310 § 101 VwGO Nr. 24), die Zulassung einer Klageänderung als sachdienlich gem. § 91 (VGH München NVwZ-RR 2007, 718), auch die Durchführung einer Erörterungsverhandlung unter Einführung neuer Beweismittel (BVerwG NVwZ-Beilage 1996, 26; auch BFHE 231, 1) oder ein Zwischenurteil. Beiladungsbeschlüsse (§ 65) verbrauchen das Einverständnis nicht; hier ist der Widerruf des bereits erklärten Einverständnisses zulässig (§ 173 i.V.m. § 128 Abs. 2 S. 1 ZPO) (→ Rn. 30). Da nur „Entscheidungen" i.S.d. § 101 (→ Rn. 10) verbrauchende Wirkung haben können, genügen prozessleitende Verfügungen – anders im Hinblick auf deren Tragweite Mitteilungen über eine Änderung der Rechtsauffassung des Gerichts (BSG NZS 2006, 223) – oder die Vertagung der mündlichen Verhandlung (BFH/NV 2004, 350) nicht. Bei einer *erneuten Anfrage*, ob (nach wie vor) auf mündliche Verhandlung verzichtet werde, wird der ursprünglich erklärte Verzicht aber gegenstandslos (vgl. BFH BFH/NV 1999, 1480; OVG Bln-Bbg NJW 2011, 2152), weil das Gericht an den erklärten Verzicht nicht gebunden ist und die erneute Anfrage (etwa nach einem Wechsel des Prozessbevollmächtigten) zum Ausdruck bringt, dass man auf der Grundlage des ursprünglichen Verzichts nicht entscheiden, sondern fakultativ mündlich verhandeln wolle.

37　Nach Ansicht des BVerwG[57] (ebenso das BSG [BSG Breith. 2000, 612]) soll (anderweitiger Erklärungen der Beteiligten ungeachtet) auch schon die Beiziehung neuer Akten (BVerwG NJW 1969, 252; auch BVerwGE 14, 17, 19) im Allgemeinen (anders, wenn Akten Gegenstand des erstinstanzlichen Verfahrens waren BSG 26.8.2005 – B 9 a V 23/05 B) oder die Einbeziehung neuer Erkenntnismittel im Asylprozess (vgl. BVerwG NVwZ-Beilage 1996, 26) oder neuer Sachvortrag auf eine vom Gericht gewährte Schriftsatzfrist (BVerwG Buchholz 310 § 101 VwGO Nr. 29) das Einverständnis im Rechtssinne „verbrauchen". Im Anschluss daran ist auch das OVG Münster (AuAS 1999, 4) der Auffassung, der Verzicht auf mündliche Verhandlung sei jedenfalls dann verbraucht, wenn das Gericht den Kläger im Asylprozess nach Abgabe der Verzichtserklärung zur Beantwortung konkreter, sein Verfolgungsschicksal betreffender Fragen auffordere, mehrere Auskünfte des Auswärtigen Amtes einhole und darüber hinaus erstmals überhaupt Erkenntnismittel in das Verfahren einführe. Das geht indessen zu weit, sofern eine verbrauchende „Entscheidung" des Gerichts (i.S.d. § 101), etwa ein Beweisbeschluss, nicht ergeht. Die Prozesslage gleicht dann der Fallgestaltung, dass Beteiligte neuen entscheidungserheblichen Sachverhalt aus eigener Initiative oder auf formlose (prozessleitende) Aufklärungsverfügung (§ 87) des Gerichts vortragen. Das kann als Widerrufsgrund (wesentliche Änderung der Prozesslage i.S.d. § 173 i.V.m. § 128 Abs. 2 S. 1 ZPO) zum Widerruf eines Einverständnisses nach § 101 Abs. 2 berechtigen (→ Rn. 29),[58] indessen nicht unabhängig von der Abgabe einer Widerrufserklärung dessen („automatischen") Wegfall bewirken.

38　Nach Ansicht des BFH (BFH NVwZ-RR 1997, 260; auch 20.6.2016 – VI B 115/15) verbraucht ein Beschluss, mit dem das Gericht den Rechtsstreit zur Entscheidung auf den Einzelrichter überträgt (vgl. § 6; § 76 AsylVfG), ebenfalls das vorher erklärte Einverständnis der Beteiligten mit einer Entscheidung im schriftlichen Verfahren. Dieses beziehe sich, sofern nichts anderes ausdrücklich erklärt sei, nur auf Kammer- bzw. Senatsentscheidungen, nicht aber auf Einzelrichterentscheidungen. Auch das geht zu weit (vgl. auch BSG 29.11.2010 – B 14 AS 31/10 B). Übertragungsbeschlüsse sind zwar „Entscheidungen" i.S.d. § 101. Sie betreffen aber allein den (äußeren) Fortgang des Verfahrens[59] und legen fest, wer den Rechtsstreit als gesetzlicher Richter zu entscheiden hat. Anders als etwa Beweisbeschlüsse oder Aufklärungsbeschlüsse können sie die (sachlichen) Entscheidungsgrundlagen nicht verändern und damit die Endentscheidung auch nicht wesentlich sachlich vorbereiten (→ Rn. 36 sowie näher → Rn. 31).

56　BVerwG Buchholz 310 § 101 VwGO Nr. 24; BVerwGE 14, 17, 18 (Beweisbeschluss); BVerwG NJW 1995, 2303, 2308 (Ablehnung eines Beweisantrags); ein ungünstiges Beweisergebnis genügt aber nicht (OVG Lüneburg NVwZ-RR 2004, 390).

57　BVerwG Buchholz 310 § 101 VwGO Nr. 24; BVerwG NVwZ-Beilage 1996, 26; vgl. auch BVerwG 29.12.1997 – 9 B 199/95 u. 1.3.2006 – 7 B 90/05 und 5.7.2016 – 4 B 21/16.

58　Im Fall des OVG Münster (AuAS 1999, 4) hat der Kläger sein Einverständnis auch tatsächlich widerrufen, das VG hat den Widerruf indessen für unbeachtlich gehalten.

59　BGHZ 17, 118, 123 zur Erklärung einer Sache zur Feriensache.

Überträgt der Einzelrichter den Rechtsstreit auf die Kammer gem. § 6 Abs. 3 bzw. gem. § 76 Abs. 3 **39**
AsylVfG zurück, so „verbraucht" diese Entscheidung das zuvor erklärte Einverständnis nach § 101
Abs. 2, weil die Rückübertragung nach § 6 Abs. 3 bzw. § 76 Abs. 3 AsylVfG voraussetzt, dass sich aus
einer wesentlichen Änderung der Prozesslage die grundsätzliche Bedeutung der Rechtssache oder deren besondere tatsächliche oder rechtliche Schwierigkeit ergibt. Stellt der Einzelrichter das in seinem
Rückübertragungsbeschluss implizit fest, liegt nicht nur ein Widerrufsgrund nach § 173 i.V.m. § 128
Abs. 2 S. 1 ZPO vor, sondern zugleich eine Entscheidung des Gerichts, die das Einverständnis der Beteiligten, über einen Rechtsstreit ohne grundsätzliche Bedeutung bzw. ohne besondere tatsächliche
oder rechtliche Schwierigkeit im schriftlichen Verfahren zu entscheiden, verbraucht.[60]

§ 128 Abs. 2 S. 3 ZPO, wonach eine Entscheidung ohne mündliche Verhandlung unzulässig ist, wenn **40**
seit der Zustimmung der Parteien mehr als drei Monate verstrichen sind, gilt für den Verwaltungsprozess nicht.[61] Insoweit enthält § 101 Abs. 2 eine abschließende Regelung, die die Rechtswirkungen des
Einverständnisses – anders als § 128 ZPO – ausdrücklich nicht gesetzlich befristet. Dass § 128 Abs. 2
S. 1 ZPO (Widerruflichkeit des Einverständnisses bei wesentlicher Änderung der Prozesslage) gem.
§ 173 (nach hier vertretener Auffassung – anders BVerwG 1.3.2006 – 7 B 90/05, → Rn. 28 f.) entsprechend anwendbar ist, steht dem nicht entgegen. Diese Vorschrift verkörpert nämlich – anders als
§ 128 Abs. 2 S. 3 ZPO – in Anlehnung an das Prozessgrundrecht aus Art. 19 Abs. 4 GG bzw. an die
Gewährleistungen des Art. 6 Abs. 1 EMRK einen allgemeinen Rechtsgedanken (so auch BVerwG
NVwZ-RR 2003, 460). (Nur) insoweit enthält § 101 Abs. 2 eine im Wege der Analogie ausfüllbare
(und auszufüllende) Regelungslücke.

V. Verfahrensrechtliche Besonderheiten des schriftlichen Verfahrens

Im schriftlichen Verfahren gem. § 101 Abs. 2 entscheidet das Gericht in der *Besetzung*, in der es nach **41**
mündlicher Verhandlung entscheiden würde, bei Kammerentscheidungen also unter Mitwirkung der
ehrenamtlichen Richter (§ 5 Abs. 3).[62] Erklären die Beteiligten nach in mündlicher Verhandlung
durchgeführter Beweisaufnahme ihr Einverständnis mit einer Entscheidung im schriftlichen Verfahren,
entscheidet das Gericht nicht aufgrund der durchgeführten mündlichen Verhandlung. An der im
schriftlichen Verfahren zu treffenden Entscheidung wirken deshalb nicht die (ehrenamtlichen) Richter
mit, die an der mündlichen Verhandlung teilgenommen haben, sondern diejenigen Richter, die am Be-
ratungstag zur Mitwirkung berufen sind.[63]

Mangels in mündlicher Verhandlung gestellter Anträge sind die *schriftsätzlichen Anträge* der Beteilig- **42**
ten (in ihrer letzten Fassung) maßgeblich; ggf. muss das Gericht die sinngemäß gestellten Anträge aus
dem schriftsätzlichen Vorbringen der Beteiligten entnehmen.

Rechtliches Gehör ist (selbstverständlich)[64] auch im schriftlichen Verfahren zu gewähren. Das Gericht **43**
braucht den Beteiligten seine Rechtsauffassung aber nicht offen zu legen, darf jedoch auch keine Überraschungsentscheidungen treffen, also nur solche Tatsachen und Beweisergebnisse (wie etwa Behör-
denauskünfte im Asylprozess) verwerten, die von einem Verfahrensbeteiligten oder dem Gericht im
Einzelnen bezeichnet zum Gegenstand des Verfahrens gemacht wurden und zu denen sich die Beteiligten äußern konnten.[65] Im *Asylprozess* genügt es indessen, wenn bei der – allgemeinen – Übersendung
von Erkenntnismittellisten durch das Gericht an einen mit Asylverfahren eines bestimmten Herkunftslandes vielfach befassten Anwalt hinreichend deutlich wird, dass die darin bezeichneten Gutachten
und Stellungnahmen zur Grundlage künftiger Entscheidungen zu dem jeweiligen Asylland gemacht
werden sollen; bei einer Entscheidung ohne mündliche Verhandlung – im einzelnen Asylverfahren – ist
ein weiterer Hinweis hierauf zur Wahrung rechtlichen Gehörs dann nicht mehr notwendig (VGH
Mannheim InfAuslR 2000, 34). Das Gericht muss die vollständigen Quellen der in der übersandten

---

60 I.d.S. auch *H. Geiger*, in: Eyermann § 101 Rn. 9.
61 BVerwG ZfBR 2010, 67; Buchholz 310 § 101 VwGO Nr. 24 und § 116 VwGO Nr. 27; NVwZ-Beilage 1996, 26;
    BayVBl 1980, 345, 346; NJW 1980, 1482; VGH München BayVBl 1996, 400.
62 Vgl. auch BVerwG MDR 1960, 168 (LS).
63 BVerwG MDR 1960, 168 (LS); DÖV 1971, 711; ZOV 1998, 63; vgl. auch: BVerwG MDR 1961, 1037; BGHZ 101,
    154; BSG 16.2.2006 – B 7 a AL 246/05 B.
64 BVerfGE 50, 280, 284; 62, 347, 352; InfAuslR 2001, 463; BVerwG NVwZ-RR 2003, 460.
65 BVerfGE 70, 180, 189; 89, 381, 392; BVerfG InfAuslR 2001, 463; VGH Mannheim AuAS 1996, 251. Zur Einfüh-
    rung einer inhaltsgleichen Auskunft VGH München NVwZ 2001 Beilage Nr. 3, 29.

Liste aufgeführten Erkenntnismittel auch nicht unaufgefordert übermitteln (OVG Greifswald NordÖR 1999, 349).

44 Das Gericht muss *Schriftsätze und Anträge* – auch Ablehnungsanträge nach § 54 i.V.m. §§ 41 ff. ZPO oder Beweisanträge – berücksichtigen, die bis zu dem Zeitpunkt eingehen, in dem das Urteil erlassen, also wirksam, d.h. verbindlich und für das Gericht unabänderlich geworden ist, nach hier vertretener (umstr.) Auffassung (→ Rn. 47) also (nur) bis zum Eingang des Urteils oder entsprechend § 117 Abs. 4 S. 2 der unterschriebenen Urteilsformel auf der Geschäftsstelle des Gerichts. Nicht zulässig ist es, auf den Zeitpunkt der Urteilsberatung (Urteilsfällung) abzustellen[66] und danach eingehende Schriftsätze unberücksichtigt zu lassen. Hier fehlt der zum Urteilserlass notwendige „Verlautbarungsakt", die Verkündung oder Zustellung des Urteils (§ 116), völlig. Entscheidet der Einzelrichter oder der Berichterstatter (§ 87a Abs. 2 und 3; vgl. auch § 5 Abs. 3 S. 1), lässt sich ein Beratungstermin ohnehin nicht festhalten. Ebenfalls kommt nicht infrage, § 136 Abs. 4 ZPO bzw. § 104 Abs. 3 S. 2 entsprechend anzuwenden und das schriftliche Verfahren für geschlossen zu erklären, wenn es nach Ansicht des Gerichts „ausgeschrieben" ist.[67] Im Übrigen wird das Gericht eine Beratung erst dann ansetzen, wenn kein neuer Vortrag mehr zu erwarten ist. Ggf. muss ein Beteiligter, der sich noch äußern will, dazu aber noch längere Zeit braucht, das Gericht hiervon unterrichten (BVerwG Buchholz 310 § 108 Nr. 233).

45 *Beweisanträge*, die nach dem Verzicht auf mündliche Verhandlung (in einem Schriftsatz) gestellt werden, sind wie in mündlicher Verhandlung gestellte Beweisanträge zu behandeln (→ § 86 Rn. 89). Das Gericht muss deshalb gem. § 86 Abs. 2 vorab durch Beschluss über den Beweisantrag entscheiden, es sei denn, es handelt sich um einen Hilfsbeweisantrag. Anderes gilt, wenn der Beteiligte gleichzeitig mit der Stellung des Beweisantrags oder danach auf mündliche Verhandlung verzichtet (ebenso für Beweisanträge in nachgelassenen Schriftsätzen); er begibt sich damit des Rechts aus § 86 Abs. 2 und bringt zum Ausdruck, dass das Gericht ohne weitere Sachaufklärung entscheiden kann bzw. dass sich zuvor gestellte Beweisanträge erledigt haben.[68] Anderes wird man anzunehmen haben, wenn der Beweisantrag in mündlicher Verhandlung gestellt und sodann auf (weitere) mündliche Verhandlung verzichtet wird (VGH Mannheim NVwZ 2006, 225).

46 Nicht erforderlich und unüblich ist es, bei Kammer- oder Senatsentscheidungen die *Beratung* zu protokollieren. Ein etwaiges Beratungsprotokoll darf wegen des Beratungsgeheimnisses (§§ 43, 45 Abs. 1 S. 2 DRiG) nicht zu den Gerichtsakten genommen werden. Das Gericht muss das Urteil oder (entsprechend § 117 Abs. 4 S. 2) die unterschriebene Urteilsformel nicht gem. § 116 Abs. 2 binnen zwei Wochen der Geschäftsstelle übergeben. § 116 Abs. 2 gilt für Urteile, die im Einverständnis der Beteiligten ohne mündliche Verhandlung ergehen, nach Ansicht des BVerwG[69] nicht, weil die Vorschrift (nur) den engen Zusammenhang zwischen mündlicher Verhandlung und gerichtlicher Entscheidung sicherzustellen hat. Demgegenüber soll aber der hinter § 116 Abs. 2 stehende Rechtsgedanke im schriftlichen Verfahren (möglicherweise) dann Geltung beanspruchen können, wenn im Zeitpunkt der Fertigstellung der vollständigen Entscheidung die Beratung und die Beschlussfassung über das Urteil mehr als fünf Monate zurückliegen (so ebenfalls BVerwG NVwZ-RR 2003, 460, allerdings in einem obiter dictum).

47 Nicht abschließend geklärt ist, wann Urteile im schriftlichen Verfahren erlassen, also wirksam, d.h. verbindlich und für das Gericht unabänderlich sind. Da sich der Urteilserlass aus der Urteilsfällung (als Willensakt) und der Bekanntgabe des gefällten Urteils durch Verkündung oder Zustellung (als Verlautbarungsakt [vgl. BGHZ 10, 346, 348: Verkündung als „Geburtsakt" des Urteils]) zusammensetzt, ist das (nur) gefällte Urteil zunächst noch ein „Internum" (BVerwGE 58, 146, 148), das das Gericht nicht bindet und ggf. noch geändert werden darf oder muss. Dieses Stadium endet nicht erst dann, wenn der „Verlautbarungstatbestand" vollendet, das Urteil also allen Beteiligten verkündet[70]

---

66 Vgl. aber *K.-M. Ortloff*, in: Schoch/Schneider/Bier § 101 Rn. 24 f.
67 Dazu OLG Hamburg MDR 1977, 672; vgl. aber BAG NJW 1962, 126 und 509 f., wonach das Gericht den Parteien für die Einreichung von Schriftsätzen eine Frist setzen könne, mit der entsprechend § 136 Abs. 4 ZPO eintretenden Folge, dass Vorbringen der Parteien nach Ablauf der Frist nicht mehr berücksichtigt zu werden brauche.
68 BVerwG 10.10.2013 – 1 B 15/13; NVwZ 2012, 376; NVwZ 1989, 1078; Buchholz 421.0 Prüfungswesen Nr. 106; OVG Münster IÖD 2012, 144; VGH München BayVBl 2006, 446; auch BSG SozSich 2000, 362; NZS 2000, 209.
69 BVerwG NVwZ-RR 2003, 460 sowie Buchholz 310 § 116 VwGO Nr. 27; anders VGH München NJW 1987, 2247.
70 Aus § 102 Abs. 2 folgt, dass die Verkündung eines Urteils an alle Beteiligten nicht notwendig ist, weil das Gericht ohne ausgebliebene Beteiligte verhandeln und entscheiden und die Entscheidung auch sogleich gem. § 116 Abs. 1 verkünden kann.

oder zugestellt ist. Streitig ist, in welchem Stadium des „Verlautbarungstatbestands" das gefällte Urteil erlassen und damit wirksam und unabänderlich ist. Auf den (im schriftlichen Verfahren gem. §116 Abs. 3 allein interessierenden) Zeitpunkt der Zustellung des Urteils – sei es an den „ersten" oder an den „letzten" Beteiligten – kann es aus Gründen der Praktikabilität nicht ankommen (→ §116 Rn. 33 ff.). Wirksam geworden ist das Urteil jedenfalls in dem Zeitpunkt, in dem die Zustellung beginnt, die Geschäftsstelle des Gerichts also die erste Ausfertigung der vollständigen Entscheidung zum Zweck der Zustellung versendet (Tag der Absendung, der Hinausgabe der zur Absendung bestimmten Postsendung aus dem Gerichtsgebäude zur Post).[71] Es genügt aber auch, wenn das Urteil einem Beteiligten fernmündlich bekannt gegeben wird; dies jedenfalls dann, wenn die Bekanntgabe mit Wissen und Willen des Gerichts, d.h. auf dessen Veranlassung (etwa auf richterliche Verfügung) erfolgt.[72] Überwiegend, auch durch das BVerwG,[73] wird der maßgebende Zeitpunkt (jedenfalls) für nach mündlicher Verhandlung gefällte (und gem. §116 Abs. 2 zuzustellende) Urteile noch weiter, nämlich auf die Übergabe des (unterschriebenen) Urteils bzw. der unterschriebenen Urteilsformel (entsprechend §117 Abs. 4 S. 2) an die Geschäftsstelle vorverlegt. Für den Urteilserlass im schriftlichen Verfahren gem. §101 Abs. 2 (§116 Abs. 3) kann nichts anderes gelten. In Anlehnung an den Zugangsgedanken des §130 BGB muss es ausreichen, dass das gefällte Urteil in den „gerichtlichen Außenbereich", wozu insoweit die Geschäftsstelle zählt, gelangt ist, und die Beteiligten nunmehr – auch ohne weiteres Zutun der Richter – vom Inhalt des gefällten Urteils Kenntnis erlangen können. Da sie einen Rechtsanspruch auf fernmündliche Bekanntgabe der der Geschäftsstelle übergebenen Entscheidung haben (BVerwG NVwZ-RR 1994, 297; BVerwGE 39, 51, 52; 38, 220, 224), ist nicht ausschlaggebend, ob die Bekanntgabe richterlich verfügt wird oder nicht. Auch die ohne entsprechende Verfügung von der Geschäftsstelle in Erfüllung des Bekanntgabeanspruchs der Beteiligten vollzogene Bekanntgabe erfolgt „mit Wissen und Willen" des Gerichts und nicht ohne dessen Veranlassung, gleichsam unbeabsichtigt; die Veranlassung liegt bereits in der Übergabe des Urteils an die Geschäftsstelle, die auf Anfrage den Inhalt der übergebenen Entscheidung bekannt geben muss. Der Übergabezeitpunkt ist in den Gerichtsakten (exakt) festzuhalten, etwa durch einen (in der Praxis gebräuchlichen) Eingangsvermerk der Geschäftsstelle. Was nach Maßgabe dieser Grundsätze für das vollständige Urteil gilt, gilt in gleicher Weise dann, wenn der Geschäftsstelle (zunächst) nur die unterschriebene Urteilsformel (entsprechend §117 Abs. 4 S. 2) übergeben wird. Im schriftlichen Verfahren nach §101 Abs. 2 ist das zwar nicht vorgesehen (vgl. auch BVerwG DÖV 1993, 719, 720), indessen gleichwohl zulässig.

Entscheidungen ohne mündliche Verhandlung werden gem. §116 Abs. 3 zugestellt, was die Verkündung ersetzt. Das ist mit Blick darauf, dass Art. 6 Abs. 1 S. 2 EMRK einen Anspruch auf öffentliche und damit mündliche Urteilsverkündung gibt, problematisch.[74] Wenn man deshalb §116 Abs. 3 dahingehend einschränkend auslegen will (vgl. aber BVerwG Buchholz 310 §101 VwGO Nr. 20), dass das Gericht nur dann von der Verkündung des Urteils absehen darf, wenn die Beteiligten (auch) damit einverstanden sind, muss man, sofern nicht ausdrücklich anderes erklärt ist, deren Einverständnis nach §101 Abs. 2 auch auf den Verzicht auf die mündliche Verkündung der Entscheidung beziehen.[75] Das entspricht regelmäßig dem Willen der Beteiligten, die ein (insgesamt) schriftliches Verfahren wünschen.[76]

48

---

71 Vgl. BVerfGE 62, 347, 353 (ohne Begründung); BVerwG NVwZ 1994, 1206; DÖV 1993, 719, 720; BVerwGE 58, 146, 148; DÖV 1977, 370; VerwRspr 28 Nr. 236; BGH NJW 1968, 49 f.; auch BFH StRK FGO §119 Nr. 3 R 83; VGH Mannheim NVwZ-RR 1992, 152 (Beginn der Zustellung durch Hinausgabe der Entscheidung durch die Geschäftsstelle zur Post); OVG Münster VerwRspr 11 Nr. 24; OLG Hamburg MDR 1976, 672 auch zur Frage einer entsprechenden Anwendung des §136 Abs. 4 ZPO; VG Freiburg AuAS 1999, 30.

72 Vgl. BVerwG NVwZ-RR 1994, 297, 298; VGH München BayVBl 1997, 433 m.N.; vgl. auch BFHE 145, 120 zur formlosen Übersendung der der Geschäftsstelle übergebenen Urteilsformel; Kopp/Schenke §116 Rn. 3.

73 BVerwG 27.4.2005 – 5 B 107/04; VGH Mannheim VBlBW 1999, 262; VGH München DÖV 1998, 888; 31.5.2011 – 13 a B 11.30083; OLG Saarbrücken 22.9.1998 – 3 Q 146/98; wohl auch OVG Weimar NVwZ-RR 1996, 545.

74 Vgl. G. Felix, BB 1996, 1741; R. Lippold, NVwZ 1996, 137; J. Ruthig, NVwZ 1997, 1188, 1189; Ch. Tomuschat, FS Redeker, 1993, 285.

75 BVerwG Buchholz 310 §101 VwGO Nr. 20: Danach beinhaltet der Verzicht auf die Durchführung der mündlichen Verhandlung auch den Verzicht auf die Verkündung der Entscheidung; auch OVG Greifswald NordÖR 1999, 349.

76 Zu dieser Problematik auch VGH München BayVBl 1997, 434. Die Entscheidung des VGH Mannheim AuAS 1996, 251 steht dem nicht entgegen; anders R. Lippold, NVwZ 1996, 137, der darauf abstellt, die Urteilsverkündung sei nicht Teil der mündlichen Verhandlung, weshalb man darauf auch nicht verzichten könne. Damit werden die verfahrensrechtliche Bedeutung der Urteilsverkündung und die Möglichkeit der Beteiligten zum Verzicht auf prozessuale Verfahrensschritte verkannt und der Schutzzweck des Art. 6 EMRK überspannt.

49   Der Abschluss eines *Prozessvergleichs* im schriftlichen Verfahren ist gem. § 106 S. 2 dadurch möglich, dass die Beteiligten einen in der Form eines Beschlusses ergangenen Vorschlag des Gerichts, des Vorsitzenden oder des Berichterstatters schriftlich gegenüber dem Gericht annehmen (→ § 106 Rn. 6).

VI. Fakultative mündliche Verhandlung

50   Auch wenn es im schriftlichen Verfahren (§ 101 Abs. 2 oder 3) entscheiden könnte, darf das Gericht nach Ermessen mündlich verhandeln (fakultative mündliche Verhandlung), was etwa bei Aussichten für eine vergleichsweise Erledigung angeraten (dazu auch BVerwG NVwZ-RR, 2004, 77; 5.7.2016 – 4 B 21/16) und ggf. zur Wahrung rechtlichen Gehörs geboten sein kann (vgl. insoweit insbes. die neuere Rspr. des BVerwG zur Unwiderruflichkeit des Einverständnisses nach § 101 Abs. 2 – 1.3.2006 – 7 B 90/05, → Rn. 28 f.) Wird in Beschlussverfahren (etwa des vorläufigen Rechtsschutzes) mündlich verhandelt, ergeht die Entscheidung gleichwohl nicht durch Urteil (§ 123 Abs. 4 bzw. § 80 Abs. 7).[77]

VII. Fehlerfolgen

51   Verstößt das Gericht gegen den Mündlichkeitsgrundsatz, indem es ohne mündliche Verhandlung entscheidet, obwohl es dazu weder kraft Gesetzes gem. § 101 Abs. 3 noch kraft Einverständnisses der Beteiligten nach § 101 Abs. 2 berechtigt ist, so verletzt es das Recht der Beteiligten auf rechtliches Gehör.[78] Findet mündliche Verhandlung nämlich statt bzw. hat sie gem. § 101 stattzufinden, so begründet der Anspruch auf rechtliches Gehör ein Recht der Beteiligten auf Äußerung in der (vorgeschriebenen) mündlichen Verhandlung.[79] Die Gehörsverletzung stellt einen – grds. gem. § 173 i.V.m. § 295 ZPO durch rügelose Einlassung, freilich nur bis zum Urteilserlass (→ Rn. 47) – heilbaren[80] Verfahrensmangel i.S.d. § 132 Abs. 2 Nr. 3 und einen absoluten Revisionsgrund nach § 138 Nr. 3 dar, nachdem die Gewährung rechtlichen Gehörs ein „prozessuales Urrecht" des Menschen ist.[81] Den Mangel kann nach Ansicht des BVerwG[82] (anders die Rspr. des BSG [BSG SozSich 2003, 180]) nur derjenige Verfahrensbeteiligte rügen, dessen Einverständnis zu einer Entscheidung ohne mündliche Verhandlung gefehlt hat, weil der Anspruch auf rechtliches Gehör, der in dem Zustimmungserfordernis des § 101 Abs. 2 zum Ausdruck kommt, dem jeweiligen Verfahrensbeteiligten zusteht und seine Verletzung deshalb auch nur seine Rechtsposition (und nicht die anderer Beteiligter) schmälert. Entscheidet das Gericht nach dem Tod des mit einer Entscheidung im schriftlichen Verfahren einverstandenen Beteiligten, bevor dessen Rechtsnachfolger das Verfahren aufgenommen und seinerseits auf mündliche Verhandlung gem. § 101 Abs. 2 verzichtet hat (→ Rn. 35), so ist dieser Beteiligte im Verfahren nicht i.S.d. § 138 Nr. 4 nach den Vorschriften des Gesetzes vertreten (BSG DVBl 1991, 1316, 1317). Mit Blick auf § 144 Abs. 4, wonach eine Revision zurückgewiesen werden kann, falls sich das (ohne Einverständnis der Beteiligten im schriftlichen Verfahren erlassene) Berufungsurteil aus anderen Gründen als richtig erweisen würde, fehlt dem trotz ausgebliebenen Einverständnisses ohne mündliche Verhandlung ergangenen Urteil jede materiell-rechtliche Grundlage (BVerwG DVBl 2003, 747). Ggf. kann das (rechtskräftig abgeschlossene) Verfahren auch gem. § 153 i.V.m. 579 Nr. 4 ZPO wieder aufgenommen werden (vgl. BVerwG NJW 1995, 2303, 2308; BFH NJW 1993, 1880 [LS]). Auf die Rüge einer Verletzung der in § 116 Abs. 2, § 117 Abs. 4 geregelten Fristen kann ein Rechtsmittel regelmäßig nicht gestützt werden, weil diese Bestimmungen und die dazu entwickelten Rechtsgrundsätze nach Ansicht des BVerwG für das schriftliche Verfahren nicht gelten (→ Rn. 46).[83] Anderes wird man aber (dennoch) in solchen Fällen annehmen müssen, in denen im Zeitpunkt der Fertigstellung der vollständigen Entscheidung die Beratung und die Beschlussfassung über das Urteil mehr als fünf Monate zurücklie-

---

77   Vgl. auch etwa OVG Brem DÖV 1983, 297, 298.
78   BVerwG 1998, 525; NVwZ 2000, 813; NVwZ-RR 2003, 460; OVG Münster 9.11.1998 – 1 A 2531/98 A.
79   BVerfG NJW 1977, 1443; NJW 1983, 189; BVerwGE 22, 271, 272; BVerwG NVwZ 1989, 857, 858; BayVBl 1993, 412, 413.
80   Vgl. BSG NJW 1962, 656 [LS]; *Kopp/Schenke* § 101 Rn. 4.
81   Vgl. BVerfG NJW 1980, 2698; BVerwG 26.6.2009 – 8 BN 56/09; auch BFH Großer Senat BFHE 196, 39; OVG Bln-Bbg NJW 2011, 2152; anders für die Sozialgerichtsbarkeit BSG SGb 2002, 382; BSGE 53, 83; BSG 20.8.2009 – B 14 AS 41/09 B.
82   BVerwG Buchholz 310 § 101 VwGO Nr. 29; auch BVerwG Buchholz 428 § 4 Abs. 3 VermG Nr. 4 (S. 13, 14); BVerwG 26.6.2009 – 8 BN 56/09.
83   BVerwG NVwZ-RR 2003, 460 sowie Buchholz 310 § 116 VwGO Nr. 27.

gen (vgl. ebenfalls BVerwG NVwZ-RR 2003, 460 [in einem obiter dictum]). Dann dürfte der gebotene Zusammenhang zwischen Beratung und Urteilsfällung sowie schriftlich niederzulegenden Urteilsgründen abgerissen sein, weshalb das Urteil i.S.d. § 138 Nr. 6 „nicht mit Gründen versehen" (dazu GmS-OBG BVerwGE 92, 367) ist.

VIII. Verhältnis zu § 128 ZPO

§ 128 ZPO ist grds. gem. § 173 anwendbar. Er beruht nicht auf dem dem Verwaltungsprozess fremden Beibringungsgrundsatz. Seine Regelungen sind jedoch insoweit verdrängt, als § 101 eine nicht ergänzungsfähige Regelung enthält. Nach der (neuesten) Rspr. des BVerwG regelt § 101 Abs. 2 das Verfahren ohne mündliche Verhandlung abschließend, weshalb § 128 ZPO (insgesamt) nicht anwendbar ist. Nach hier vertretener Auffassung ist demgegenüber nur die Befristung des Einverständnisses mit einer Entscheidung des Gerichts ohne mündliche Verhandlung in § 128 Abs. 2 S. 3 ZPO ausgeschlossen, während § 128 Abs. 2 S. 1 ZPO, der den Widerruf des Einverständnisses bei wesentlicher Änderung der Prozesslage erlaubt, anwendbar bleibt (→ Rn. 28 f.).

§ 102 [Ladung; Sitzungen außerhalb des Gerichtssitzes]

(1) ¹Sobald der Termin zur mündlichen Verhandlung bestimmt ist, sind die Beteiligten mit einer Ladungsfrist von mindestens zwei Wochen, bei dem Bundesverwaltungsgericht von mindestens vier Wochen, zu laden. ²In dringenden Fällen kann der Vorsitzende die Frist abkürzen.

(2) Bei der Ladung ist darauf hinzuweisen, daß beim Ausbleiben eines Beteiligten auch ohne ihn verhandelt und entschieden werden kann.

(3) Die Gerichte der Verwaltungsgerichtsbarkeit können Sitzungen auch außerhalb des Gerichtssitzes abhalten, wenn dies zur sachdienlichen Erledigung notwendig ist.

(4) § 227 Abs. 3 Satz 1 der Zivilprozeßordnung ist nicht anzuwenden.

Schrifttum
1. Monographien und Beiträge in Sammelwerken: *P. Kirchhof*, Verfassungsrechtliche Maßstäbe für die Verfahrensdauer und für die Rechtsmittel, in: Staat und Völkerrechtsordnung. FS für Karl Doehring, 1989, 439.

2. Beiträge in Zeitschriften: *G. Britz*, Bedeutung der EMRK für nationale Verwaltungsgerichte und Behörden, NVwZ 2004, 173; *K.-P. Dolde*, Die Zusammenarbeit zwischen Richter und Rechtsanwalt im verwaltungsgerichtlichen Verfahren, VBlBW 1985, 248; *H. Ellinger/H. Krause*, Abänderung eines Gerichtstermins gemäß § 227 Abs. 3 ZPO, NJW 1973, 1447; *O. Felber*, Justizverweigerung durch ein Gerichtspräsidium, NJW 1975, 2005; *M. Gerhardt/P. Jacob*, Massenverfahren und Musterprozeß vor den Verwaltungsgerichten, DÖV 1982, 345; *M. Kloepfer*, Verfahrensdauer und Verfassungsrecht, JZ 1979, 209; *K. Rudolph*, Richterliche Unabhängigkeit und Terminierung, DRiZ 1985, 351; *E. Schneider*, Beiträge zum neuen Zivilprozeßrecht (Teil I). Terminsänderungen, MDR 1977, 793; *A. Scheidler*, Die Ladung zur mündlichen Verhandlung im Verwaltungsprozess, BayVBl 2012, 326; *U. Seetzen*, Die Anhörungsrüge kraft Verfassungsrechts, NJW 1982, 2337; *H. Sendler*, Möglichkeiten zur Beschleunigung des verwaltungsgerichtlichen Verfahrens, DVBl 1982, 923; *J. Ziekow*, Die Beschleunigungsbeschwerde im Verwaltungsprozeß, DÖV 1998, 941.

I. Entstehungsgeschichte

1   Die Vorschrift ist seit ihrer ursprünglichen Fassung in der VwGO vom 21.1.1960 (BGBl I 17) nicht geändert worden.

II. Zweck der Regelung/Begriffe/Verhältnis zur ZPO

2   § 102 dient der Wahrung des rechtlichen Gehörs (Art. 103 Abs. 1 GG); findet mündliche Verhandlung statt, haben die Beteiligten Anspruch auf Äußerung in dieser Verhandlung (BVerwG NJW 1977, 1443; NVwZ 1989, 857, 858). § 102 regelt deshalb Mindestanforderungen an die Ladung und an den Verhandlungsort und ergänzt so den Grundsatz der Mündlichkeit (§ 101) und sichert dessen Funktion.

3   *Begrifflich* ist unter *Termin zur mündlichen Verhandlung* (§ 102 Abs. 1 S. 1) die gesamte mündliche Verhandlung zu verstehen. *Terminsbestimmung* ist die Erklärung des Gerichts, zu der bezeichneten Zeit am genannten Ort zur Verhandlung mit den Beteiligten bereit zu sein (BSG NJW 1990, 2083). In einer *Sitzung* (§ 102 Abs. 3) finden meist mehrere Termine zur mündlichen Verhandlung statt. Von *Terminsänderung* (durch „Ab- oder Umladung") spricht man mit Blick auf die Begriffe des § 227 ZPO, wenn Verhandlungstermine noch vor Beginn der mündlichen Verhandlung ohne gleichzeitige Festsetzung eines neuen Verhandlungstermins *aufgehoben* oder auf einen anderen Zeitpunkt (am gleichen Sitzungstag oder an einem anderen Sitzungstag) *verlegt* werden. Hat die mündliche Verhandlung bereits begonnen und ist sie noch nicht geschlossen, wird *vertagt*, also ein neuer Termin zur (Fortsetzung der) mündlichen Verhandlung bestimmt. *Ladung* (§ 102 Abs. 1 und 2) ist die verbindliche Ankündigung des Gerichts, dass zum festgesetzten Termin die mündliche Verhandlung, auf die eine Entscheidung ergehen kann, stattfinden wird, verbunden mit der verbindlichen Aufforderung, zu dieser Verhandlung zu erscheinen. *Ladungsfrist* ist die Frist zwischen Zustellung der Ladung und dem Terminstag (§ 217 ZPO i.V.m. § 173). Der *Gerichtssitz* (§ 102 Abs. 3) der Verwaltungs- und Oberverwaltungsgerichte bzw. Verwaltungsgerichtshöfe ist durch Landesgesetz[1] festgelegt (vgl. § 3). Das BVerwG hat seinen Gerichtssitz in Leipzig.

4   Im *Verhältnis zur ZPO* regelt § 102 die Terminsbestimmung und die Ladung nur unvollständig, die Terminsänderung und die Vertagung der mündlichen Verhandlung gar nicht. Die Regelungslücken sind durch entsprechende Anwendung des § 173 i.V.m. §§ 214 ff. ZPO zu schließen (BVerwGE 50, 276; 81, 232; Buchholz 310 § 108 VwGO Nr. 107). Nicht anwendbar ist aber die in § 216 Abs. 2 ZPO festgelegte Pflicht zu „unverzüglicher" Terminsbestimmung, weil das der Amtsermittlungspflicht des Gerichts (§ 86) widerspricht.[2] Freilich darf frühzeitig terminiert werden, ggf. sogar schon vor der Klagebegründung (BVerwG NJW 1990, 1616). § 227 Abs. 3 S. 1 ZPO, wonach das Gericht in der Zeit vom 1.7. bis 31.8. anberaumte Termine auf Antrag verlegen muss, ist gem. § 102 Abs. 4 nicht anzuwenden.

III. Terminsbestimmung (§ 102 Abs. 1)

5   § 102 Abs. 1 behandelt die Bestimmung des Termins zur mündlichen Verhandlung nur als Voraussetzung für die Ladung der Beteiligten, ohne näher festzulegen, wann zu terminieren und wie über die Terminsbestimmung bzw. über Terminsänderungen zu entscheiden ist.

6   **1. Terminierungsvoraussetzungen.** Über die Terminsbestimmung entscheidet das Gericht *von Amts wegen* (§ 173 i.V.m. § 216 Abs. 1 ZPO). Terminierungsanträge sind nicht notwendig und – auch wenn sie von allen Beteiligten übereinstimmend gestellt werden – nur unverbindliche Anregungen.[3]

7   Regelmäßig wird erst terminiert, wenn die Sache *entscheidungsreif* ist, weil der Rechtsstreit nach Maßgabe der Konzentrationsmaxime (§ 87 Abs. 1; § 173 i.V.m. § 272 Abs. 1 ZPO) in einer mündlichen Verhandlung erledigt werden soll (vgl. auch VGH Mannheim NJW 1984, 993). Zwingende Zulässigkeitsvoraussetzung für die Terminsbestimmung ist das freilich nicht.

---

1   Die einschlägigen Regelungen finden sich meist in den landesrechtlichen Ausführungsgesetzen zur VwGO.
2   VGH Mannheim NJW 1984, 993; VGH München BayVBl 1978, 212.
3   Vgl. auch § 173 i.V.m. § 227 Abs. 1 S. 2 Nr. 3 ZPO.

Wesentliche *sachliche Voraussetzung* für die Terminsbestimmung sind – neben der Entscheidungsreife 8 der Sache – (insbes.) deren *sachliches Gewicht*, die Dringlichkeit und Dauer der Rechtshängigkeit. Auch die terminliche Zusammenfassung von Verfahren nach regionalen Gesichtspunkten oder aus gleichen Rechtsgebieten kommt infrage. Wegen der Garantie des gesetzlichen Richters (Art. 101 Abs. 1 GG) unzulässig sind Terminsbestimmungen im Hinblick auf die Mitwirkung bzw. Nichtmitwirkung bestimmter Richter zur Beeinflussung des Verfahrensergebnisses.[4]

2. Baldige Terminsbestimmung. Wann zu terminieren ist, legt das Gesetz in § 102 nicht fest; § 216 9 Abs. 2 ZPO (unverzügliche Terminsbestimmung) ist gem. § 173 nicht anwendbar (→ Rn. 4). Die Beteiligten haben dennoch Anspruch auf angemessen baldige Terminsbestimmung (und Entscheidung)[5] aus dem allgemeinen Prozessgrundrecht des Art. 19 Abs. 4 GG,[6] den besonderen Prozessgrundrechten der Art. 101 Abs. 1 S. 2 GG,[7] Art. 103 Abs. 1 GG, den auf das Gerichtsverfahren bezogenen Verfahrensgehalten materieller Grundrechte,[8] dem Willkürverbot des Art. 3 Abs. 1 GG[9] und aus dem Rechtsstaatsprinzip[10] sowie aus Art. 6 Abs. 1 EMRK,[11] ggf. auch aus landesverfassungsrechtlichen Regelungen.[12] Effektiver Rechtsschutz verlangt eine zügige Entscheidung (vgl. auch BVerfGE 54, 42; 55, 369; BVerfG EuGRZ 1982, 75), und, da diese regelmäßig aufgrund mündlicher Verhandlung ergeht (§ 101), mittelbar eine zügige Terminierung. Insbes. darf nicht so spät terminiert werden, dass dies einer Rechtsverweigerung gleichkommt. Unterhalb dieser äußersten Grenze sollte nach Ermittlung des Sachverhalts und schriftsätzlicher Vorbereitung sogleich Termin bestimmt und entschieden werden; die Einführung eines (zwingenden) frühen ersten Termins innerhalb von drei Monaten nach Klageeingang macht mit Blick auf den Amtsermittlungsgrundsatz (§ 86) wenig Sinn.

Das Gebot baldiger Terminsbestimmung wandelt sich angesichts begrenzter Ressourcen regelmäßig 10 zum Gebot, für die (Vielzahl der) anhängigen Streitsachen eine sachangemessene zeitliche Reihenfolge festzulegen und zu beachten.[13] Ausgangspunkt dafür ist der Eintritt der Rechtshängigkeit (§ 90), wodurch das Terminierungsermessen aber nicht gebunden wird. Vor allem die sachliche Bedeutung und – damit zusammenhängend – die zeitliche Dringlichkeit einer Rechtssache kann ihr Vorziehen rechtfertigen oder mit Blick auf die betroffenen Grundrechte gar erzwingen.

3. Verfrühte Terminsbestimmung. Die Beteiligten haben ggf. Anspruch auf so „späte" Terminierung, 11 dass sie ihr Grundrecht auf rechtliches Gehör – in einem fairen Verfahren – effektiv ausüben, insbes. dafür notwendige Vorbereitungen treffen, Erkundigungen oder sachverständigen Rat einholen können (BVerwG Buchholz 310 § 102 VwGO Nr. 21; BVerwGE 44, 309). Die Ladungsfrist des § 102 Abs. 1 enthält insoweit keine, die Mindestanforderungen in jedem Fall wahrende, abschließende Regelung. So verletzt etwa eine derart frühe Terminsbestimmung, dass kein Prozessbevollmächtigter mehr bestellt werden kann, das Recht auf ein faires Verfahren. Vor allem wenn schwierige Fragen zu beurteilen sind, muss allen Beteiligten, auch Beigeladenen oder anderen (Neben-)Beteiligten, angemessene Zeit zur Verhandlungsvorbereitung eingeräumt werden, speziell dann, wenn Schriftsätze neue Fragen ansprechen, zu denen die anderen Beteiligten in der mündlichen Verhandlung nicht ohne Weiteres Stellung beziehen können (vgl. etwa: BVerwGE 78, 30; BVerwG NVwZ 1990, 69). Gleiches gilt unabhängig vom Schwierigkeitsgrad der Rechtssache, wenn sich Beteiligte eine nähere Begründung, etwa bei Klageerhebung, bei Klageerwiderung oder bei sonstigen Stellungnahmen, vorbehalten. Das Gericht

---

4 Vgl. *B. Sangmeister*, JZ 1993, 943; auch BGH JZ 1993, 733 m.Anm. *B. Sangmeister*.
5 Eingehend: *J. Ziekow*, DÖV 1998, 941.
6 BVerfGE 35, 263, 274; 40, 272, 275; 54, 39, 41; 55, 349, 369; 60, 253, 269; NJW 1992, 1498; BFH NJW 1992, 1526, 1527; *P. Kirchhof*, FS Doehring, 1989, 439, 451; *M. Kloepfer*, JZ 1979, 209, 212; w.N. bei *J. Ziekow*, DÖV 1998, 941, 942 (Fn. 7).
7 BVerfGE 3, 359, 364: Die Nichterledigung einer Sache stellt einen durch Art. 101 Abs. 1 S. 2 GG verbotenen Fall dar; offen: BayVerfGH BayVBl 1991, 239; a.M. insoweit etwa: *H. H. Klein*, JZ 1963, 591, 592.
8 Vgl. – zum gerichtlichen Verfahren – z.B. BVerfGE 24, 367, 401; 35, 348, 361; 49, 244, 247 (zu Art. 14 GG); 15, 16, 30; 37, 67, 77 (zu Art. 12 GG); 52, 203, 207 (zu Art. 2 Abs. 1 GG); 51, 342, 343 (zu Art. 2 Abs. 2 GG); 52, 391, 407 (zu Art. 16 Abs. 2 GG a.F.).
9 Vgl. BayVerfGH BayVBl 1991, 238, 239 (zum Art. 3 Abs. 1 GG entsprechenden Art. 118 Abs. 1 BayVerf).
10 BVerfG NJW 2000, 797; NJW 1999, 2582, 2583 zum zivilgerichtlichen Verfahren; BayVerfGH BayVBl 1991, 239.
11 EuGHMR EuGRZ 1978, 406; NJW 1989, 650; näher: *J. Ziekow*, DÖV 1998, 941, 944 ff.
12 Vgl. Art 78 Abs. 3 S. 1 SächsVerf; dazu SächsVerfGH 24.4.2003 – Vf 4 – IV – 03.
13 Vgl. BVerfGE 55, 349, 369; *Ch. Herden*, NJW 1985, 1443; zur richterlichen Unabhängigkeit bei der Terminierung BGH NJW 1985, 1471 sowie *K. Rudolph*, DRiZ 1985, 351.

muss dann vor der Terminierung eine fallangemessene Zeit abwarten oder eine angemessene (Schriftsatz-)Frist setzen (vgl. BVerfGE 8, 91; 18, 406; BVerfG NJW 1965, 1171; NJW 1991, 2758). Man wird etwa auf den notwendigen Aufwand zur Abgabe einer Stellungnahme oder auf die Notwendigkeit, noch (weitere) Erkundigungen einzuziehen, abstellen, ggf. auch auf die Notwendigkeit, sachverständigen Rat einzuholen. Das Gericht braucht aber (nicht nur) bei einfach gelagerten Sachverhalten den Eingang einer (nicht angekündigten) schriftlichen Klagebegründung oder Klageerwiderung nicht grds. abzuwarten (vgl. auch BVerwG NJW 1990, 1616); zum Verfahren bei beantragter Prozesskostenhilfe → § 166 Rn. 37 ff.

12 **4. Entscheidung.** Zuständigkeit, Form, Inhalt, Bekanntgabe sowie Entscheidungsmaßstäbe legt das Gesetz für die Terminsbestimmung in § 102 nicht ausdrücklich fest. Die Regelungslücken schließen die gem. § 173 insoweit entsprechend anwendbaren Vorschriften der Zivilprozessordnung.

13 **a) Zuständigkeit.** Zuständig für die Terminierung ist der Vorsitzende[14] bzw. der Einzelrichter (§ 6 bzw. § 76 AsylVfG) oder der Berichterstatter gem. § 87a Abs. 2 und 3. Das folgt unmittelbar aus – der (nur) insoweit gem. § 173 anwendbaren – Regelung des § 216 Abs. 2 ZPO sowie mittelbar daraus, dass das Gesetz in § 102 Abs. 1 S. 2 die Abkürzung der Ladungsfrist in die Zuständigkeit des Vorsitzenden legt. Der Vorsitzende kann die Terminierung nicht delegieren. Ist er verhindert, setzt sein im Geschäftsverteilungsplan bestimmter Vertreter die Verhandlungstermine fest. Mit Blick auf § 173 i.V.m. § 216 Abs. 2 ZPO unzulässig, freilich folgenlos, ist es, wenn – wie teilweise praktiziert – die Termine zur mündlichen Verhandlung durch Beschluss (der Kammer oder des Senats) bestimmt werden. Die Zuständigkeit des Vorsitzenden zur Terminsbestimmung lässt die Zuständigkeit des Berichterstatters, im vorbereitenden Verfahren Erörterungstermine oder Gütetermine anzuberaumen (§ 87 Abs. 1 S. 2 Nr. 1), unberührt. Der ersuchte Richter (§ 96) bestimmt den Beweistermin selbst.

14 **b) Form.** Der Verhandlungstermin ist durch (mindestens) zu paraphierende[15] richterliche Verfügung zu bestimmen (vgl. auch BAG NJW 1993, 1029). Demgegenüber verlangt(e) der 5. Senat des BSG – dem Stimmen im Schrifttum folgen[16] – grds. eine volle Namensunterschrift (BSG NJW 1990, 2083; vgl. auch LAG Hamm MDR 1982, 612 und 1053). Das geht indessen zu weit, weil nur eine prozessleitende Verfügung in Rede steht, die als solche grds. paraphiert wird und zu ihrer gerichtsinternen Bindungswirkung keiner Unterschrift bedarf. Dass für die Geschäftsstelle des Gerichts, die aufgrund der Terminsbestimmung die Ladungen zu veranlassen hat, zweifelhaft erscheinen könnte, ob die Terminsbestimmung nur unverbindlich entworfen oder verbindlich verfügt werden sollte, wird kaum infrage kommen. Es geht schließlich auch nicht darum, die Voraussetzungen für das Eintreten einer Präklusionswirkung zu schaffen.[17] Deshalb hält der 8. Senat des BSG zu Recht die nur paraphierte Terminsbestimmung für zulässig (BSG NJW 1992, 1188, 1189). Selbst wenn man dennoch unterschriebene Verfügungen grds. für notwendig hält,[18] genügt es freilich, wenn die Umstände eindeutig ergeben, dass die Terminsbestimmung als verbindliche Entscheidung erfolgt ist.[19] Die Funktion des Unterschriftserfordernisses ist dann erfüllt. Solche Umstände liegen in der Praxis regelmäßig darin, dass die richterliche Terminsbestimmung mit dem dafür entworfenen Formular erfolgt. Ein etwaiger Fehler unterläge im Übrigen dem Verlust des Rügerechts nach § 173 i.V.m. § 295 Abs. 1 ZPO.

15 **c) Inhalt.** Inhalt der Terminsbestimmung muss sein, was für die Ladung der Beteiligten zur mündlichen Verhandlung wesentlich ist. Festzulegen sind deshalb der Tag, die Uhrzeit und der Ort der mündlichen Verhandlung (Gebäude, Sitzungssaal). Den Verhandlungsort muss das Gericht insbes. dann genau bezeichnen, wenn es – etwa bei Ortsterminen – außerhalb des Gerichtssitzes, ggf. an „Ort und

---

14 Das gilt (selbstverständlich) auch dann, wenn die Gerichtssitzung gem. § 102 Abs. 3 außerhalb des Gerichtssitzes stattfinden soll – dazu und zu Stimmen, die hier die Zuständigkeit des Gerichts (Kammer, Senat) befürworten, BAG NJW 1993, 1029.

15 BSG NJW 1990, 3294 in Abgrenzung zu BSG NJW 1990, 2083. Die Paraphe muss individuelle Schriftzüge insoweit aufweisen, als der Unterzeichner jedenfalls innerhalb des Gerichts klar erkennbar ist.

16 Vgl. etwa: *H. Geiger,* in: Eyermann § 102 Rn. 13.

17 Vgl. BGH NJW 1980, 1167; NJW 1980, 1960; an die Übertragung dieser Rspr. auf die Terminierung knüpft ersichtlich das LAG Hamm (MDR 1982, 612, 1053) an.

18 So etwa: *H. Geiger,* in: Eyermann § 102 Rn. 13.

19 So auch BSG NJW 1992, 1188 abweichend von BSG NJW 1990, 2083; OVG Münster NJW 1991, 1628.

Stelle", verhandelt (§ 102 Abs. 3). Diese Festlegungen darf der Richter nicht dem die Ladung veranlassenden Urkundsbeamten der Geschäftsstelle anheimgeben.

d) Bekanntgabe. Die Bekanntgabe der Terminsbestimmung an die Beteiligten bzw. ihre Bevollmächtigten erfolgt durch Zustellung (vgl. § 56) gemeinsam mit der Ladung zum Termin. 16

e) Ermessen. Über die Terminierung entscheidet der zuständige Richter nach pflichtgemäßem Ermessen. Grenzen ziehen die in § 102 Abs. 1 festgelegte Ladungsfrist, die unter Umständen abgekürzt werden kann (→ Rn. 56 ff.), § 173 i.V.m. § 216 Abs. 3 ZPO, wonach auf Sonntage, allgemeine Feiertage oder Sonnabende nur in Notfällen terminiert werden darf, und ggf. der Anspruch der Beteiligten auf baldige, aber auch nicht verfrühte, Terminsbestimmung (→ Rn. 9 ff.). 17

f) Anfechtbarkeit/„Beschleunigungsbeschwerde". Richterliche Entscheidungen über die Terminsbestimmung sind ebenso wie das Unterlassen entsprechender Entscheidungen als prozessleitende Verfügungen *grds. unanfechtbar* (§ 146 Abs. 2). 18

Eine *„Untätigkeits- oder Beschleunigungsbeschwerde"* ist gesetzlich nicht vorgesehen (→ § 146 Rn. 9). 19

Maßnahmen der *Dienstaufsicht* sind ausnahmslos unzulässig, da der Richter über die Terminierung in richterlicher Unabhängigkeit befindet. Der Dienstvorgesetzte darf daher einem Richter nicht aufgeben, ein bestimmtes Verfahren (bevorzugt) zu terminieren.[20] 20

Telefonische Terminabsprachen sind zulässig und empfehlenswert, um Terminsverlegungsanträge zu vermeiden. 21

IV. Terminsänderung und Vertagung

Für die Aufhebung und Verlegung von Terminen (Terminsänderung) bzw. die Vertagung von Verhandlungen gilt § 173 i.V.m. § 227 ZPO (BVerwGE 81, 232). 22

1. Voraussetzungen. Formelle Voraussetzungen der Terminsänderung oder Vertagung legt das Gesetz nicht fest. Es regelt in § 227 ZPO mit dem Erfordernis des „erheblichen Grunds" für die Terminsänderung oder Vertagung ausschließlich materielle Entscheidungsvoraussetzungen. 23

a) Terminsänderungs- oder Vertagungsanträge. Terminsänderungs- oder Vertagungsanträge der Beteiligten sind deshalb keine zwingenden (formellen) Voraussetzungen für Terminsänderungen oder die Vertagung der mündlichen Verhandlung. Das Gericht kann (und muss ggf.) entsprechende Entscheidungen auch von Amts wegen treffen. Anders als bei der Terminsbestimmung entscheidet das Gericht hier aber meist aufgrund von Anträgen der Beteiligten. 24

Anträge auf Terminsänderung, ggf. auch auf Vertagung der mündlichen Verhandlung, unterliegen keiner besonderen *Form* und sind auch fernmündlich möglich (BVerwG NJW 1986, 1057; auch BVerwG BayVBl 1978, 705, 706). Die Gründe sind anzugeben, hinreichend zu substantiieren und auf Verlangen des Vorsitzenden bzw. des Gerichts glaubhaft zu machen (§ 173 i.V.m. § 227 Abs. 2 ZPO), es sei denn, sie sind bekannt oder offenkundig.[21] Bloße Behauptungen, etwa der Verhandlungsunfähigkeit unter Beifügen einer ärztlichen Arbeitsunfähigkeitsbescheinigung (BVerwG NJW 1995, 799, 800), genügen nicht. I.d.R. wird durch ärztliches Attest die Verhandlungsunfähigkeit (die mit Arbeitsunfähigkeit i.S.d. Krankenversicherungsrechts nicht gleichzusetzen ist) zu belegen sein.[22] Der verhinderte, nicht durch einen Prozessbevollmächtigten vertretene Beteiligte braucht allerdings nicht (zusätzlich) darzulegen, warum seine Anwesenheit in der mündlichen Verhandlung erforderlich ist (BVerwG BayVBl 1986, 701; BFHE 117, 19). Anderes gilt, wenn er vertreten ist und der Prozessbevollmächtigte den Verhandlungstermin wahrnehmen kann (vgl. BVerwG DÖV 1983, 247, 248; BayVBl 1986, 700, 702; BFH NJW 1991, 2104). Der Terminsänderungsantrag muss *rechtzeitig* gestellt werden, wobei es aber genügt, wenn er noch am Tag der mündlichen Verhandlung bei Gericht eingeht (BSG NJW 1987, 919, 220 zum „Antrag in letzter Minute" BFH-X S 3/05 [PKH]). 25

---

20 Vgl. BGH NJW 1987, 1197, 1198; auch BGH NJW 1985, 1471 sowie *K. Rudolph*, DRiZ 1985, 351.
21 BVerwGE 44, 309; 50, 276; BVerwG DVBl 1963, 672; BayVBl 1978, 705, 706; NJW 1986, 1057; VGH München BayVBl 1980, 94.
22 BFH 19.2.2016 – X S 38/15 (PKH); VGH München 27.7.2016 – 11 ZB 16.30121.

26　**b) Entscheidung von Amts wegen.** Da weder die Terminsänderung noch die Vertagung antragsbedürftig ist und die Gewährung rechtlichen Gehörs in der mündlichen Verhandlung in Rede steht, muss das Gericht ggf. auch von Amts wegen entscheiden. So hat es die mündliche Verhandlung etwa dann von Amts wegen zu vertagen, wenn es das persönliche Erscheinen eines Beteiligten zur Aufklärung des Sachverhalts angeordnet hat (§ 95), die Anwesenheit des Beteiligten in der mündlichen Verhandlung dafür auch erforderlich ist und der Beteiligte nicht erscheint (BVerwGE 50, 275, 276). Entsprechendes kann man in Anlehnung an den Rechtsgedanken des § 60 Abs. 2 S. 4 auch dann annehmen, wenn dem Gericht die nach § 173 i.V.m. § 227 Abs. 1 ZPO erheblichen Gründe für die Terminsänderung oder Vertagung bekannt sind (vgl. insoweit BVerwG BayVBl 1985, 94).

27　**c) Erheblicher Grund (§ 173 i.V.m. § 227 Abs. 1 ZPO).** Gem. § 173 i.V.m. § 227 Abs. 1 ZPO können Termine aufgehoben oder verlegt und Verhandlungen vertagt werden, wenn dafür erhebliche Gründe vorliegen. Für die Bestimmung der Erheblichkeitsschwelle gibt § 227 Abs. 1 S. 2 ZPO eine Auslegungshilfe mit der beispielhaften Festlegung dessen, was keine erheblichen Gründe sind: Unerheblich ist danach insbes. das Ausbleiben eines Beteiligten oder die Ankündigung, nicht zu erscheinen, wenn nicht das Gericht dafür hält, dass der Beteiligte ohne Verschulden am Erscheinen verhindert ist (Nr. 1), die mangelnde Vorbereitung eines Beteiligten, wenn dies nicht genügend entschuldigt wird (Nr. 2), sowie das Einvernehmen der Beteiligten allein (Nr. 3). Maßgeblich ist eine an diesen gesetzlichen Wertungen und am übergeordneten Gebot effektiven Rechtsschutzes (Art. 19 Abs. 4 GG) orientierte Abwägungsentscheidung, die das Beschleunigungs- und Konzentrationsgebot (vgl. etwa § 87 Abs. 1 oder § 173 i.V.m. § 272 Abs. 1 ZPO) einerseits und das (Grund-)Recht der Beteiligten auf rechtliches Gehör in der mündlichen Verhandlung andererseits auszugleichen hat. „Erheblich" i.S.d. § 227 Abs. 1 ZPO sind damit solche Gründe, die es erfordern, zur Gewährleistung des rechtlichen Gehörs das Beschleunigungs- und Konzentrationsgebot zurückzustellen, weil sich der die Terminsänderung oder die Vertagung der Verhandlung begehrende Beteiligte trotz aller zumutbaren eigenen Bemühungen nicht in hinreichender Weise rechtliches Gehör verschaffen könnte (BVerwG NJW 1995, 1231). Welcher Sphäre der erhebliche Grund zuzurechnen ist, der Sphäre der Beteiligten einschließlich ihrer Vertreter oder Prozessbevollmächtigten oder der Sphäre des Gerichts, spielt keine Rolle. Zu berücksichtigen ist auch, ob Terminsänderungs- oder Vertagungsanträge zur Prozessverschleppung gestellt werden (dazu BVerwG NVwZ 1995, 373). Hinweise auf „die Geschäftslage" für sich allein genügen nicht.

28　Der Anspruch der anderen Prozessbeteiligten auf baldige Terminierung und Entscheidung ist für die Festlegung der Erheblichkeitsschwelle des § 227 Abs. 1 ZPO unbeachtlich. Ein an sich erheblicher Grund für die Terminsänderung wird nicht deshalb unerheblich, weil das Verschieben der mündlichen Verhandlung prozessuale Rechte der anderen Beteiligten beeinträchtigt. Diesen Gesichtspunkt muss das Gericht ggf. bei seiner Ermessensentscheidung über die Terminsänderung oder Vertagung berücksichtigen.

29　Die Rspr. hat eine umfangreiche Kasuistik herausgebildet, mit deren Hilfe näher festzulegen ist, wann „erhebliche Gründe" i.S.d. § 227 Abs. 1 ZPO für die Terminsverlegung oder Vertagung vorliegen und wann nicht. Sie sei im Folgenden dargestellt und praktischen Bedürfnissen folgend nach dem Kriterium geordnet, in wessen Person der erhebliche Grund eingetreten ist.

30　Sind *Beteiligte* daran gehindert, an der mündlichen Verhandlung teilzunehmen, kann es ausschlaggebend darauf ankommen, ob sie durch einen Prozessbevollmächtigten vertreten sind oder nicht. Denn das bei der Festlegung der Erheblichkeitsschwelle des § 227 Abs. 1 ZPO (mit) abzuwägende rechtliche Gehör der Beteiligten ist dann, wenn ein Prozessbevollmächtigter bestellt ist, primär diesem zu gewähren. Die Anhörung des Beteiligten selbst ist weder erforderlich noch ausreichend.[23]

31　Immer erheblich i.S.d. § 227 Abs. 1 ZPO ist die Verhinderung bzw. das Nichterscheinen eines Beteiligten, wenn das Gericht dessen *persönliches Erscheinen angeordnet* hatte (§ 95) und das zur Klärung des auf andere Weise nicht festzustellenden Sachverhalts auch erforderlich ist; der Beteiligte braucht zur Begründung eines Terminsänderungsantrags die Gründe für die Notwendigkeit seiner persönlichen Anwesenheit nicht substantiiert darzulegen.[24] Ob der Beteiligte durch einen Prozessbevollmächtigten vertreten ist oder nicht, ist in diesem Fall unerheblich. Die Notwendigkeit der Terminsänderung bzw. Vertagung – ohne dass insoweit (wie grds. bei § 227 Abs. 1 ZPO) noch ein Ermessensspielraum be-

---

23　Vgl. BVerfGE 49, 212, 215; 54, 100, 116; BVerwG NJW 1984, 625; BayVBl 1985, 508.
24　BVerwGE 50, 275, 276; BVerwG Buchholz 303 § 227 ZPO Nr. 4; VGH Kassel AuAS 1999, 201.

stünde – folgt hier bereits aus der Amtsermittlungspflicht des Gerichts (§ 86 Abs. 1). Will es den Terminsverlegungsantrag ablehnen, muss es substantiiert dartun, weshalb es trotz der Anordnung des persönlichen Erscheinens des Beteiligten den Rechtsstreit, ggf. auch mit Blick auf eine Sachentscheidung nach allgemeinen Beweislastregeln (zur [Pflicht zur] Wiedereröffnung der mündlichen Verhandlung → § 104 Rn. 61), für entscheidungsreif hält (BVerwG NJW 1961, 892; VGH Kassel NVwZ-RR 1998, 404).

Die Verhinderung eines *durch einen Prozessbevollmächtigten vertretenen Beteiligten* rechtfertigt eine 32 Terminsänderung bzw. Vertagung regelmäßig nicht. Anderes gilt freilich, wenn gewichtige Gründe substantiiert vorgetragen werden, die die persönliche Anwesenheit des Beteiligten in der mündlichen Verhandlung zur Aufklärung des Sachverhalts oder zur effektiven Rechtsverfolgung oder Rechtsverteidigung als erforderlich erscheinen lassen.[25] Geht es um die Sachaufklärung, wird das Gericht in solchen Fällen ohnehin, auch wenn es das persönliche Erscheinen des Beteiligten nicht gem. § 95 Abs. 1 angeordnet hat, seiner Amtsermittlungspflicht aus § 86 Abs. 1 ohne Anhörung des Beteiligten nicht nachkommen können und den Termin verlegen oder die Verhandlung vertagen müssen.

Ist der *Beteiligte nicht durch einen Prozessbevollmächtigten vertreten*, ist die (regelmäßig ärztlich bestätigte und Verhandlungsunfähigkeit bedingende [→ Rn. 25]) *Erkrankung* des Beteiligten i.S.d. § 227 33 Abs. 1 S. 2 Nr. 1 ZPO unverschuldet und erheblich.[26] Er ist dann nicht darauf zu verweisen, sich durch einen Prozessbevollmächtigten vertreten zu lassen. Vor dem VG (erster Instanz) besteht kein Vertretungszwang (§ 67 Abs. 2), sodass der Beteiligte seine Rechte dort grds. selbst wahrnehmen darf.[27] Entsprechendes gilt für die Notwendigkeit, einen *pflegebedürftigen*, nahen *Verwandten* versorgen zu müssen (BVerwG NJW 1992, 2042). Unverschuldet und erheblich ist auch das Ausbleiben bzw. die Verhinderung eines Beteiligten wegen unvorhersehbarer *Anreiseschwierigkeiten* (ggf. auch wegen Rückreiseschwierigkeiten)[28] durch Straßensperrungen, Zug- oder Flugausfälle und Zug- oder Flugverspätungen.[29] Bereits gebuchte und bezahlte bzw. fest geplante *Urlaubsreisen* muss das Gericht (als erhebliche Gründe) berücksichtigen und darauf gestützten Terminsänderungsanträgen – wenn gewichtigere Sachgründe nicht entgegenstehen[30] – stattgeben.[31] Entgegenstehende Sachgründe liegen etwa vor, wenn schon einmal ein Termin aufgehoben werden musste und der neue Termin lange Zeit vorher angekündigt worden war. *Mangelnde Vorbereitung bzw. Vorbereitungsmöglichkeit* ist gem. § 227 Abs. 1 S. 2 Nr. 2 ZPO entschuldigt und damit erheblich, wenn ein Beteiligter erst kurz vor der mündlichen Verhandlung neuen und entscheidungserheblichen Sachverhalt vorträgt (BVerwGE 78, 30, 32) oder entsprechende (umfangreiche) Unterlagen vorlegt, und die anderen Beteiligten sich dazu nicht sachgerecht äußern können, ohne zuvor Erkundigungen oder (sachverständigen) Rat einzuholen. Der *Wechsel des Prozessbevollmächtigten* ist jedenfalls dann erheblicher Grund i.S.d. § 227 ZPO, wenn er aus schutzwürdigen Gründen, etwa wegen Erschütterung des Vertrauensverhältnisses, erfolgt oder von dem Beteiligten aus anderen Gründen nicht zu vertreten ist (vgl. BVerwG; NJW 1986, 339; BayVBl 1985, 508), und der neue Prozessbevollmächtigte nicht genug Zeit zur Einarbeitung in den Fall hätte (BFH NJW 1977, 1080). Entsprechendes gilt, wenn ein Beteiligter, der das Verfahren zunächst selbst betrieben hat, *erstmals einen Prozessbevollmächtigten beauftragt*, wozu er in jeder Phase des Verfahrens befugt ist (dazu VGH Mannheim NVwZ 2002, 233). Findet der Beteiligte nach *kurzfristiger Mandatsniederlegung* seines Bevollmächtigten nicht rechtzeitig einen neuen Anwalt, ist dem Terminsänderungsantrag ebenfalls stattzugeben (BVerwG NJW 1993, 80; BSG, MDR 1974, 611). Teilweise ist die Rspr. hier (recht) engherzig. So soll es eine Terminsänderung nicht rechtfertigen, wenn der bisherige Prozessbevollmächtigte wegen eines abgelehnten Terminsverlegungsantrags das Mandat

---

25 BVerwGE 81, 229, 232; BFH NJW 1991, 2104; zum Revisionsverfahren BVerwG NJW 1984, 625.

26 BVerwG NVwZ-RR 1999, 408; VerwRspr 30, 374; zu plötzlicher Erkrankung „in letzter Minute" BFH DStRE 2007, 1411; auch BSG 27.5.2014 – B 4 AS 459/13 B.

27 BFH BStBl II 1976, 48; BVerwG JR 1972, 78; VerwRspr 24, 355; auch: BVerfGE 25, 158, 166; 26, 302, 319; 38, 105, 111; BVerwGE 81, 229, 233; BVerwG VerwRspr 24, 380; OLG Düsseldorf NJW 1973, 109.

28 Vgl. z.B. BVerwGE 96, 368 (für Prozessbevollmächtigten aus entfernt liegender Kanzlei).

29 BVerwG NJW 1986, 1057; vgl. aber etwa BVerwG NJW 1995, 3402 zu Verzögerungen der Anfahrt in einer Großstadt bei der Notwendigkeit, unterschiedliche Verkehrsmittel zu benutzen.

30 Ggf. wird das Gericht bei seiner Ermessensentscheidung nach § 227 Abs. 1 S. 1 ZPO das Recht anderer Prozessbeteiligter auf baldige Terminierung (und Entscheidung) berücksichtigen müssen (→ Rn. 9 f.).

31 Vgl. etwa BVerfGE 25, 158, 166; 26, 302, 319; BVerwG VerwRspr 24, 380; BVerwGE 81, 229, 233; OLG Düsseldorf NJW 1973, 109.

niedergelegt hat, und der Beteiligte einen anderen Anwalt trotz ausreichender Bemühungen nicht rechtzeitig beauftragen konnte (vgl. insoweit auch BFH NJW 1977, 1080). Unbeachtlich ist der Wechsel des Prozessbevollmächtigten freilich in jedem Fall dann, wenn ausreichende Hinweise darauf vorliegen, dass er zur Prozessverschleppung vorgenommen wurde.

34   Bei *Verhinderung des Prozessbevollmächtigten* kann es ausschlaggebend darauf ankommen, ob ein Einzelanwalt oder eine Anwaltssozietät bevollmächtigt ist.

35   Bleibt ein *Einzelanwalt* aus bzw. ist er am Erscheinen verhindert, gelten die für nicht vertretene Beteiligte aufgestellten Maßstäbe (→ Rn. 33) im Wesentlichen entsprechend, weil das rechtliche Gehör primär dem Prozessbevollmächtigten, nicht dem vertretenen Beteiligten zu gewähren ist.[32] Das Gericht wird nach Maßgabe dessen auf Urlaubspläne des Prozessbevollmächtigten in gleicher Weise wie auf Urlaubspläne des Beteiligten selbst (→ Rn. 33) Rücksicht nehmen müssen (vgl. OVG Bautzen 14.4.2015 – 1 A 406/14). Die Verhinderung des Prozessbevollmächtigten zwingt auch dann zur Terminsänderung oder Vertagung, wenn sie dem Gericht bekannt ist (vgl. BVerwG BayVBl 1985, 94; vgl. auch BSG NJW 1992, 1190) und gewichtige Gründe für die Terminsänderung bzw. Vertagung sprechen. Gewichtige Gründe liegen bspw. vor, wenn ein Termin aus im Bereich des Gerichts liegenden Ursachen nur mit wesentlicher Verspätung hätte beginnen können und der Prozessbevollmächtigte sich entschuldigt hat, weil er einen anderen wichtigen Termin wahrnehmen muss (BFH NJW 1977, 919). „Verärgerung" des (pünktlich erschienenen) Prozessbevollmächtigten über die Verzögerung des Termins allein genügt aber nicht (BVerwG NJW 1999, 2131: Terminsverzögerung um 75 Minuten). Hat der Bevollmächtigte keinen Kontakt mit dem Beteiligten, muss er zumindest darlegen, welche Versuche zur Kontaktaufnahme er unternommen hat und weshalb sie gescheitert sind[33]. Terminskollisionen sind gem. § 227 Abs. 1 ZPO erheblich, wenn zum Kollisionstermin früher geladen wurde; ein Wahlrecht hat der Prozessbevollmächtigte jedoch nicht. Muss ein Prozessbevollmächtigter als Gemeinderatsmitglied an einer Gemeinderatssitzung teilnehmen, liegt darin regelmäßig ein erheblicher Grund gem. § 227 Abs. 1 ZPO. Es spielt dann auch keine Rolle, zu welchem Termin früher geladen wurde. Auch die Bedeutung des Beratungsgegenstands der Gemeinderatssitzung ist ohne Belang (dazu näher: VGH Mannheim NVwZ 2000, 213).

36   Ist eine *Anwaltssozietät* bevollmächtigt, kommt es darauf an, ob ein anderer Anwalt der Sozietät (oder nach Maßgabe der erteilten Prozessvollmacht ein Terminsvertreter als Unterbevollmächtigter [VGH Mannheim VBlBW 1998, 260, 261]) in der Lage ist, den Verhandlungstermin für den verhinderten (sachbearbeitenden) Anwalt wahrzunehmen, was grds. auch für Asylverfahren in Betracht kommt, unabhängig davon, ob der andere Anwalt auf diesem Gebiet erfahren ist oder nicht.[34] Das setzt aber nicht nur voraus, dass der Terminsanwalt zum Termin erscheinen kann. Er muss auch imstande sein, sich hinreichend einarbeiten zu können, um die Rechte des Beteiligten in der mündlichen Verhandlung sachgerecht zu vertreten. Daran wird es etwa fehlen, wenn der sachbearbeitende Anwalt zwei Tage vor dem Termin erkrankt[35] oder wenn die Ladung so kurzfristig erfolgt, dass nicht mehr für eine Vertretung gesorgt werden kann (BVerwGE 43, 288, 290; BSG MDR 1996, 633). Gleiches gilt im Zweifel auch dann, wenn es um einen rechtlich und/oder tatsächlich besonders komplizierten Streitfall geht und es deshalb nicht zumutbar erscheint, einen Vertreter einzusetzen. Dabei ist der Maßstab des § 6 nicht ausschlaggebend, zumal die Gerichte die Einzelrichterübertragung höchst unterschiedlich handhaben. Wegen der Bedeutung des Mündlichkeitsgrundsatzes ist – obgleich man bei bevollmächtigter Sozietät grds. verlangen darf, dass sich ein Rechtsanwalt in einen ihm fremden Fall einarbeitet (VGH Mannheim VBlBW 1984, 175) – eine zu engherzige Sichtweise verfehlt.

37   Sind *Zeugen, amtliche Auskunftspersonen oder Sachverständige* ohne Verschulden am Erscheinen in der Verhandlung verhindert, kann darin ebenfalls ein erheblicher Grund für Terminsänderungen oder Vertagungen gem. § 227 Abs. 1 ZPO liegen. In diesen Fällen wird aber meist schon die Amtsermittlungspflicht des Gerichts (§ 86 Abs. 1) die Terminsänderung oder Vertagung erzwingen.

---

32   Vgl. BVerfGE 49, 212, 215; 54, 100, 116; BVerwG NJW 1984, 625; BayVBl 1985, 508.

33   *H. Geiger*, in: Eyermann § 102 Rn. 8.

34   Vgl. BVerwG NJW 1995, 1231; auch VGH Mannheim VBlBW 1998, 260 (für Asylverfahren); VBlBW 1984, 175; OVG Weimar InfAuslR 2000, 100, 101.

35   BVerwG NJW 1984, 882; vgl. auch BSG NJW 1996, 677, 678; 1984, 888; LSG München SGb 2002, 332; auch BFH/NV 2004, 506.

Gerichtsorganisatorische und verfahrensbedingte Gründe, wie die *Verhinderung des Berichterstatters*,[36] können ebenfalls als „erhebliche Gründe" i.S.d. § 227 Abs. 1 ZPO eine Terminsänderung oder Vertagung rechtfertigen. Ist über einen *Prozesskostenhilfeantrag* (§ 166) eines Beteiligten noch nicht entschieden und beantragt dieser die Aufhebung des Termins, um die Entscheidung über das Prozesskostenhilfegesuch abzuwarten, liegt ein erheblicher Grund für die begehrte Terminsänderung vor (OLG Schleswig NJW 1988, 67). Fehler in den Ladungen der Beteiligten zum Termin – etwa das Fehlen des Hinweises nach § 102 Abs. 2 – können ebenfalls die Absetzung des Termins notwendig machen. Gleiches gilt, wenn sich kurzfristig herausstellt, dass ein (ehrenamtlicher) Richter gem. § 54 von der Mitwirkung ausgeschlossen ist.[37]

d) Terminsänderungs- oder Vertagungsvereinbarungen. Terminsänderungs- oder Vertagungsvereinbarungen der Beteiligten ersetzen den in § 227 Abs. 1 ZPO verlangten erheblichen Grund (vgl. auch § 227 Abs. 1 S. 2 Nr. 3 ZPO) bzw. die Abwägung der Beschleunigungs- und Konzentrationsmaxime gegen das rechtliche Gehör der Beteiligten nicht. Erheblich nach § 227 Abs. 1 ZPO können Verlegungs- oder Vertagungsvereinbarungen der Beteiligten aber etwa dann sein, wenn glaubhaft gemacht ist, dass sie der Erledigung des Rechtsstreits dienen und eine (weitere) mündliche Verhandlung und eine Entscheidung entbehrlich machen werden, weil z.B. erfolgversprechende außergerichtliche Verhandlungen laufen.[38]

2. Entscheidung. Für die Entscheidung über die Änderung von Terminen oder die Vertagung von mündlichen Verhandlungen gelten wegen des engen Sachzusammenhangs im Wesentlichen die gleichen Grundsätze wie für die Entscheidung über die Terminsbestimmung.

a) Zuständigkeit. Über *Terminsänderungen* bzw. hierauf gerichtete Anträge entscheidet gem. § 173 i.V.m. § 227 Abs. 4 S. 1 Hs. 1 ZPO der Vorsitzende bzw. der Einzelrichter (§ 6; § 76 AsylVfG) oder der (streitentscheidende) Berichterstatter (§ 87 a Abs. 2 und 3). Der Vorsitzende kann die Entscheidung im Übrigen nicht auf den Berichterstatter delegieren. Zuständig für die *Vertagung* von Verhandlungen ist gem. § 173 i.V.m. § 227 Abs. 4 S. 1 Hs. 2 ZPO das Gericht (Kammer oder Senat), das hierüber – ggf. auch durch den (verhandelnden und streitentscheidenden) Einzelrichter oder Berichterstatter – zu beschließen hat. Den Termin zur weiteren oder fortgesetzten mündlichen Verhandlung müsste sodann eigentlich der Vorsitzende bestimmen. Es ist aber unschädlich, wenn der neue Termin bereits im Vertagungsbeschluss des Gerichts festgelegt wird.

b) Verfahren/Form/Begründung. Die Entscheidung über Terminsänderungen oder Vertagungen (ggf. unter Berücksichtigung von Erkenntnissen aus Telefonaten kurz vor dem Termin, BFH DStRE 2007, 1411) ergeht ohne mündliche Verhandlung (§ 173 i.V.m. § 227 Abs. 4 S. 1 ZPO). Terminsänderungen werden durch prozessleitende richterliche Verfügung entschieden, die den gleichen Maßgaben wie die Terminsbestimmung unterliegt. Über Vertagungen entscheidet das Gericht durch Beschluss (§ 173 i.V.m. § 227 Abs. 4 S. 1 Hs. 2 ZPO). Beides ist gem. § 227 Abs. 4 S. 2 ZPO kurz zu begründen, was in der Praxis aber meist nicht geschieht und jedenfalls dann entbehrlich erscheint, wenn die Gründe den Beteiligten ohnehin bekannt sind (vgl. auch § 39 Abs. 2 Nr. 2 VwVfG).

c) Ermessen. Die „Kann-Bestimmung" des § 227 Abs. 1 ZPO eröffnet grds. einen (engen) Ermessensspielraum.[39] So können bei Terminsänderungsanträgen der durch eine Anwaltssozietät vertretenen Beteiligten neben der Schwierigkeit der Sache auch die Dauer einer Urlaubsvertretung, die zeitliche Nähe des Verlegungsantrags zur Ladung sowie die Terminslage des Gerichts Ermessensgesichtspunkte sein (vgl. etwa OVG Lüneburg NordÖR 2001, 304). Liegen erhebliche Gründe i.S.d. § 227 Abs. 1 ZPO vor, wird sich das Ermessen freilich in aller Regel auf die Entscheidung zur Terminsänderung oder Vertagung verdichten (BFH/NV 2004, 506). Zwingend ist das aber nicht in jedem Fall. Auch

38

39

40

41

42

43

---

36 *H. Geiger*, in: Eyermann § 102 Rn. 10; das zeigt i.Ü., dass bei der Verhinderung des sachbearbeitenden Rechtsanwalts einer Anwaltssozietät nicht zu engherzig verfahren werden sollte.
37 Man kann den Termin ggf. noch dadurch retten, dass sich die erschienenen Beteiligten mit einer Berichterstatterentscheidung § 87 a Abs. 2 und 3 einverstanden erklären.
38 So auch *H. Geiger*, in: Eyermann § 102 Rn. 9.
39 BVerwG NJW 1992, 2042; vgl. auch BFH Großer Senat BFHE 196, 39 (LS 11). Enger wohl BSG 30.10.2001 – B 4 RA 49/01 R m.N., das aber ebenfalls auf die Notwendigkeit zur Gewährung rechtlichen Gehörs abstellt; vgl. insoweit BSG SGb 2003, 120.

wenn erhebliche Gründe einen Terminsänderungsantrag tragen, z.B. eine gebuchte und bezahlte, nur unter erheblichem Aufwand rückgängig zu machende Urlaubsreise, muss das Gericht nach pflichtgemäßem Ermessen entscheiden. Dabei wird es ggf. den Anspruch der anderen Beteiligten auf baldige Entscheidung zu bedenken haben, was ggf. – wenngleich nur in Sonderfällen – dazu führen kann, den Verlegungsantrag abzulehnen, weil andernfalls eine den anderen Beteiligten nicht zumutbare Verfahrensverzögerung einträte. Das ist keine Frage der Erheblichkeit des Terminsänderungsgrunds, sondern des Terminsänderungsermessens. In jedem Fall muss der Termin aufgehoben oder verlegt bzw. die Verhandlung vertagt werden, wenn dies zur Gewährung rechtlichen Gehörs notwendig ist (BVerwG NJW 1995, 1441; BSG MDR 1996, 633), der Beteiligte insbes. alles in seinen Kräften Stehende und nach Lage der Dinge Erforderliche getan hat, um sich durch Wahrnehmung des Verhandlungstermins rechtliches Gehör zu verschaffen, daran jedoch ohne Verschulden verhindert ist (BVerwGE 96, 368, 370; BSG SGb 2003, 120). Gleiches gilt wegen der Amtsermittlungspflicht des Gerichts (§ 86), wenn der entscheidungserhebliche Sachverhalt nicht ohne Mitwirkung des verhinderten Beteiligten festzustellen ist.

44 **d) Anfechtbarkeit.** Für die Anfechtbarkeit von Terminsänderungs- bzw. Vertagungsentscheidungen und von Entscheidungen über die Ablehnung von Terminsänderungs- oder Vertagungsanträgen gelten die Grundsätze zur Anfechtbarkeit der Terminsbestimmung (→ Rn. 18) entsprechend. Auch die in Rede stehenden Entscheidungen sind deshalb grds. unanfechtbar (§ 146 Abs. 2 sowie speziell für Terminsänderungen und Vertagungen: § 227 Abs. 4 S. 3 ZPO).

V. Ladung

45 Die Anforderungen an die ordnungsgemäße Ladung der Beteiligten zur mündlichen Verhandlung legt das Gesetz in § 102 Abs. 1 und 2 wegen der Funktion der Ladung detaillierter als die Anforderungen an die Terminsbestimmung fest.

46 **1. Funktion.** Die Ladung informiert die Beteiligten über Zeit und Ort der mündlichen Verhandlung und gibt ihnen Gelegenheit, sich darauf einzurichten und vorzubereiten. Sie dient damit dem *rechtlichen Gehör*. Diese Funktion der Ladung wird mit der Ladungsfrist des § 101 Abs. 1 zeitlich konkretisiert. Für die Ladung von *Zeugen, Sachverständigen, Dolmetschern und ehrenamtlichen Richtern* gilt das freilich nicht, auch wenn ihnen ebenfalls eine Vorbereitung auf die Verhandlung ermöglicht wird, etwa, indem man Zeugen mit der Ladung den Gegenstand ihrer Vernehmung mitteilt.

47 **2. Zuständigkeit.** Zuständig für die Ladung ist der Urkundsbeamte der Geschäftsstelle. Eine Ausnahme gilt nur für die Ladung ehrenamtlicher Richter, die der Vorsitzende verfügt; insoweit genügt indessen die Ladung für die erste Rechtssache des Sitzungstags. Der Urkundsbeamte der Geschäftsstelle benutzt regelmäßig Formulare, die zweckmäßigerweise sowohl die Terminsbestimmung wie die Ladung vorsehen.

48 **3. Inhalt/Anlagen.** Im Ladungsschreiben sind wegen der Funktion der Ladung immer anzugeben die zu verhandelnde Rechtssache, Zeit und Ort der mündlichen Verhandlung (bzw. bei Videoverhandlungen/Videovernehmungen gem. § 102 a der Zuschaltungsort), Terminszweck sowie die Aufforderung, zum Termin zu erscheinen. Es muss für den Adressaten der Ladung (bei verständiger Auslegung) erkennbar sein, „für wen und wozu geladen werden soll" (BVerwG Buchholz 310 § 102 VwGO Nr. 6). Gem. § 102 Abs. 2 muss die Ladung (bei Umladung auch durch Bezugnahme auf eine vorausgegangene Ladung, BFH/NV 2007, 1143) außerdem den Hinweis enthalten, dass beim Ausbleiben eines Beteiligten auch ohne ihn verhandelt und entschieden werden kann. Fehlt dieser Hinweis, ist die Ladung fehlerhaft und der Termin abzusetzen.

49 Bei der Ladung von Zeugen und Sachverständigen oder Dolmetschern wird der Gegenstand der Vernehmung stichwortartig bezeichnet. Außerdem wird auf die gem. § 380 ZPO eintretenden Folgen des Ausbleibens eines Zeugen hingewiesen.

Die ehrenamtlichen Richter erhalten regelmäßig nur die Tagesordnung der Sitzung und diese auch 50 nicht sogleich mit der Ladung übersandt.[40] Die Übersendung der zu den einzelnen Rechtssachen angefertigten Sachberichte oder Voten ist (in der Verwaltungsgerichtsbarkeit) nicht üblich, aber auch nicht unzulässig.

Im Asylprozess wird dem Kläger bzw. seinem Prozessbevollmächtigten (meist) die einschlägige Er- 51 kenntnismittelliste des Gerichts übersandt. Mit Blick auf die Funktion der Ladung, eine effektive Terminsvorbereitung zu ermöglichen, kann man das Versenden der Erkenntnismittellisten vielfach einsparen, wenn der Prozessbevollmächtigte des Klägers ohnehin über die (aktuelle) Erkenntnismittelliste verfügt.

4. Zustellung. Ladungen werden gem. $\S$ 56 zugestellt, den Beteiligten bzw. deren Bevollmächtigten 52 mit der Terminsbestimmung. Ist ein Beteiligter durch einen *Bevollmächtigten* (Rechtsanwalt) vertreten, ist die Ladung diesem zuzustellen ($\S$ 67 Abs. 3 S. 2 bzw. $\S$ 56 Abs. 2 i.V.m. $\S$ 176 ZPO). Bei mehreren Bevollmächtigten genügt die Zustellung an einen (VGH Mannheim VBlBW 1995, 314). An den bevollmächtigten Rechtsanwalt ist bereits dann zuzustellen, wenn er seine Bevollmächtigung angezeigt hat; die Prozessvollmacht braucht noch nicht vorzuliegen (vgl. BGHSt 36, 259). Hat der Anwalt das Mandat niedergelegt, ist der Vollmachtvertrag im (Innen-)Verhältnis zwischen Anwalt und Mandant aber noch nicht erloschen, muss das Gericht auch den Bevollmächtigten laden (BVerwG NVwZ 1985, 337). Die Niederlegung des Mandats nach erfolgter Zustellung der Ladung berührt deren einmal eingetretene Wirksamkeit aber nicht.[41] Die Ladung wird auch dem durch einen Bevollmächtigten vertretenen *Beteiligten* (selbst) zugestellt, wenn das Gericht dessen persönliches Erscheinen ($\S$ 95) angeordnet hat. $\S$ 141 Abs. 2 S. 2 Hs. 2 ZPO ist durch $\S$ 56 Abs. 1 und 2 verdrängt und im Verwaltungsprozess deshalb nicht (gem. $\S$ 173) anwendbar. Stirbt der geladene Beteiligte, wird die Ladung wegen der kraft Gesetzes eintretenden Unterbrechung des Verfahrens ($\S$ 173 i.V.m. $\S$ 239 ZPO) unwirksam; der Termin ist aufzuheben.

5. Entbehrlichkeit. Die Ladung ist entbehrlich, wenn die Beteiligten darauf ausdrücklichen oder 53 durch rügelose Einlassung zur Sache in der mündlichen Verhandlung ($\S$ 173 i.V.m $\S$ 295 ZPO) verzichten (zur Ladungsfrist: BVerwG NJW 1989, 601). Verkündet das Gericht die Terminsbestimmung (zu weiterer mündlicher Verhandlung) in einer mündlichen Verhandlung, zu der die Beteiligten ordnungsgemäß geladen waren, ist eine (weitere) Ladung ebenfalls nicht notwendig ($\S$ 173 i.V.m. $\S$ 218 ZPO). Anderes gilt nur dann, wenn das persönliche Erscheinen eines Beteiligten angeordnet wird. Das folgt zwar nicht aus $\S\S$ 218, 141 Abs. 2 S. 1 Hs. 1 ZPO, jedoch aus der diese Regelungen verdrängenden Vorschrift des $\S$ 56 Abs. 1 und 2.

6. Ladungsfrist. Von großer Bedeutung für die Terminierungspraxis ist die Einhaltung der in $\S$ 102 54 Abs. 1 vorgeschriebenen Ladungsfrist, wobei vor allem die in $\S$ 102 Abs. 1 S. 2 vorgesehene Möglichkeit zur Abkürzung der Ladungsfrist Probleme bereitet.

a) Funktion/Geltung/Berechnung. Die zwei-, vor dem BVerwG vierwöchige Ladungsfrist, als Frist 55 zwischen Zustellung der Ladung und Terminstag ($\S$ 173 i.V.m. $\S$ 217 ZPO) soll den Beteiligten ausreichend Zeit geben, sich auf die mündliche Verhandlung einzurichten und vorzubereiten. Sie dient damit dem rechtlichen Gehör. Deshalb gilt die Ladungsfrist nur für die Ladung der Beteiligten, auch der Nebenbeteiligten, wie der Beigeladenen ($\S$ 65), nicht aber für die Ladung von Zeugen, Sachverständigen, Dolmetschern und ehrenamtlichen Richtern. Für die Ladung zu isolierten Beweisterminen oder Erörterungsverhandlungen gem. $\S$ 87 Abs. 1 S. 2 Nr. 1 gilt die Ladungsfrist ebenfalls nicht, weil gegebener Ort zur Wahrung des rechtlichen Gehörs die mündliche Verhandlung nach $\S$ 101, aufgrund derer das Gericht seine abschließende Entscheidung trifft, ist, nicht aber eine Verhandlung im vorbereitenden Verfahren.[42] Gleichwohl wird man die Beteiligten zu Erörterungs- oder Güteterminen mit aus-

---

40 Da sich die Tagesordnung – etwa durch Terminsänderungsanträge von Beteiligten – noch ändern kann, übersendet die Geschäftsstelle die Tagesordnung erst kurz vor dem Sitzungstag (etwa 1 Woche vorher), wenn mit keinen Änderungen mehr zu rechnen ist.

41 BVerwG NJW 1983, 337 und 2155; ggf. muss allerdings der Termin aufgehoben oder verlegt werden, etwa, wenn der Beteiligte wegen der Beendigung der bisher bestehenden Prozessvollmacht ohne eigenes oder ihm zurechenbares Verschulden des Prozessbevollmächtigten an der Wahrnehmung der mündlichen Verhandlung verhindert ist.

42 Vgl. auch *H. Geiger*, in: Eyermann $\S$ 87 Rn. 7.

reichender, eine sachangemessene Vorbereitung ermöglichender Frist laden. Bei der Fristberechnung sind der Zustellungstag und der Terminstag nicht mitzuzählen (vgl. etwa BVerwG NJW 1987, 2694).

56   **b) Abkürzung der Ladungsfrist.** § 101 Abs. 1 S. 2 erlaubt die Abkürzung der Ladungsfrist und weist die *Zuständigkeit* dafür wegen des Sachzusammenhangs dem auch für die Terminsbestimmung wie die Terminsänderung zuständigen Vorsitzenden bzw. Einzelrichter oder gem. § 87 a Abs. 2 und 3 streitentscheidenden Berichterstatter zu. Auch diese Entscheidung ist nicht delegierbar. Die *Anhörung* der Beteiligten ist entbehrlich (§ 173 i.V.m. § 226 Abs. 3 ZPO). *Anträge* der Beteiligten sind nicht notwendig. Die Abkürzung der Ladungsfrist wird meist zugleich mit der Terminsbestimmung verfügt. *Inhaltlich* darf die Ladungsfrist nur verkürzt und nicht der Sache nach aufgehoben werden, was der Fall ist, wenn die richterliche Verfügung keine genaue Bestimmung des Zeitraums enthält, der an die Stelle der gesetzlichen Ladungsfrist treten soll (BVerwG NJW 1998, 2377).

57   Die Abkürzung der Ladungsfrist ist nur „*in dringenden Fällen*" (§ 101 Abs. 1 S. 2) zulässig. Da die Ladungsfrist den Beteiligten genügend Zeit zur angemessenen Terminsvorbereitung und damit zur effektiven Wahrnehmung ihres Rechts auf Gehör in der Verhandlung lassen soll, muss sich die Dringlichkeit aus der Rechtssache, der Eigenart des Rechtsstreits, oder, damit zusammenhängend, aus besonderen schutzwürdigen Interessen der Beteiligten ergeben. Eine allgemeine (fallunabhängige) Dringlichkeit genügt (schon nach dem Gesetzeswortlaut) nicht, weshalb das Anliegen, Lücken in der Sitzungsliste des Gerichts aufzufüllen, nicht ausreicht.[43] Ein dringender Fall nach § 102 Abs. 1 S. 2 liegt demgegenüber etwa dann vor, wenn wegen kurzfristig bekannt gewordener oder eingetretener Umstände eine Rechtssache besonders eilbedürftig geworden ist, oder sich eine Entscheidung bspw. wegen des absehbaren langfristigen Ausfalls eines Zeugen oder Sachverständigen erheblich verzögern würde.

58   In der Praxis sind den Beteiligten kurzfristige Terminierungen freilich meist lieber als weiteres Warten auf einen Verhandlungstermin. Unzulässige Abkürzungen der Ladungsfrist werden daher regelmäßig durch einen Verzicht der Beteiligten auf die Einhaltung der gesetzlichen Ladungsfrist durch ausdrückliche Erklärung in der mündlichen Verhandlung oder rügelose Einlassung zur Sache gem. § 173 i.V.m. § 295 ZPO geheilt (BVerwG NJW 1989, 601).

59   Die *Entscheidung* über die Abkürzung der Ladungsfrist gem. § 102 Abs. 1 S. 2 ergeht durch prozessleitende richterliche Verfügung und ist unanfechtbar (§ 146 Abs. 2). Einen in der Fristverkürzung möglicherweise liegenden Verfahrensmangel können die Beteiligten ggf. mit Rechtsmitteln gegen die aufgrund der Verhandlung gefällte Entscheidung geltend machen.[44] Auf eine Verletzung der Pflicht des Gerichts, rechtliches Gehör zu gewähren, können sie sich aber nur dann berufen, wenn sie einen – möglichen – Terminsänderungs- oder Vertagungsantrag erfolglos gestellt haben (BVerwG NJW 1987, 2694).

VI. Verhandlung und Entscheidung trotz Ausbleibens von Beteiligten (§ 102 Abs. 2)

60   Gem. § 102 Abs. 2 ist in der Ladung der Beteiligten darauf hinzuweisen, dass beim Ausbleiben eines Beteiligten auch ohne ihn verhandelt und entschieden werden kann; ggf. ist auch hinzuweisen auf den Antrag eines anderen Beteiligten, sich während der Verhandlung an einem anderen Ort aufzuhalten und von dort aus Verfahrenshandlungen über Videokonferenz vorzunehmen (§ 102). Der in den Ladungsformularen enthaltene Hinweis dient dem rechtlichen Gehör der Beteiligten (BVerwG NJW 1983, 2155), die ihr Prozessverhalten entsprechend einrichten und sich in Kenntnis der Rechtsfolgen für die Teilnahme- oder Nichtteilnahme an der mündlichen Verhandlung entscheiden können. Es genügt deshalb, wenn der Hinweis dem Prozessbevollmächtigten des Beteiligten gegeben wird (BVerwG Buchholz 310 § 102 VwGO Nr. 11 und 18).

61   § 102 Abs. 2 gilt auch für beteiligte Hoheitsträger. Diese sollten freilich an den mündlichen Verhandlungen teilnehmen. Die Praxis, zu Asylprozessen keine Behördenvertreter zu entsenden, ist bedenklich, weil sie das Gericht in die Rolle einer Oberbehörde drängt und die prozessuale Rollenverteilung verschleiert.

---

43   So auch *H. Geiger*, in: Eyermann § 102 Rn. 19; *Kopp/Schenke* § 102 Rn. 11; *K.-M. Ortloff*, in: Schoch/Schneider/Bier § 102 Rn. 20.
44   Vgl. BVerwGE 44, 307, 309; BVerwG NJW 1985, 340; Buchholz 310 § 102 VwGO Nr. 1; BFHE 132, 394.

Die *Anordnung des persönlichen Erscheinens* eines Beteiligten gem. § 95 hebt den Hinweis nach § 102 **62** Abs. 2 nicht auf. Der Beteiligte kann zwar davon ausgehen, dass das Gericht seine Anwesenheit in der mündlichen Verhandlung wünscht und ggf. auch durchsetzen will. Gleichwohl muss er kraft des Hinweises nach § 102 Abs. 2 damit rechnen, dass das Gericht es sich anders überlegt und ohne ihn entscheidet. Ein unauflöslicher Widerspruch zwischen dem Hinweis gem. § 102 Abs. 2 und der Anordnung des persönlichen Erscheinens besteht auch aus der Sicht der Beteiligten nicht.[45]

Rechtsfolge des Hinweises nach § 102 Abs. 2 ist, dass das Gericht (bei Entscheidungsreife) auch dann **63** aufgrund der mündlichen Verhandlung entscheiden kann, wenn kein Beteiligter erscheint. Entsprechendes gilt, wenn ein Beteiligter zunächst erscheint, die Verhandlung aber vor deren Schluss, etwa nach einem Befangenheitsantrag, verlässt. Das Gericht kann nach Zurückweisung des Befangenheitsantrags ohne den Beteiligten weiterverhandeln und zur Sache entscheiden (BVerwG NJW 1990, 1616). Eine weitere Belehrung nach § 102 Abs. 2 ist entbehrlich, da der Beteiligte bereits unterrichtet ist. Der nicht erschienene Beteiligte muss auch damit rechnen, dass die anderen Beteiligten ihr bisheriges Vorbringen in der Verhandlung in tatsächlicher oder rechtlicher Hinsicht ergänzen, jedoch nicht damit, dass im Wege der Klageänderung ein neuer Streitgegenstand in das Verfahren eingeführt und über diesen aufgrund der mündlichen Verhandlung sogleich entschieden wird (BVerwG NJW 2001, 1151; BVerwGE 61, 145, 146).

VII. Sitzungsort

Die Sitzungen des Gerichts finden grds. an dessen Sitz im Gerichtsgebäude statt. § 103 Abs. 3 erlaubt **64** Sitzungen außerhalb des Gerichtssitzes, etwa in anderen Gerichtsgebäuden, Rathäusern oder sonstigen Verwaltungsgebäuden, bei der Einnahme eines Augenscheins auch Verhandlungen auf einem (Bau-)Grundstück oder in einem Privathaus. Regelmäßig wird die mündliche Verhandlung in solchen Fällen in einem Sitzungssaal (im Rathaus am Ort) eröffnet, um sie – nach deren Unterbrechung und Beweisaufnahme an „Ort und Stelle" – vor Ort (auf dem Grundstück) zu beenden. Außerhalb des Gerichtsbezirks kann das VG Sitzungen ggf. nach § 173 i.V.m. § 166 GVG abhalten, was aber nur in besonderen Ausnahmefällen in Betracht kommen wird.

Zuständig für die Entscheidung über den Sitzungsort ist der Vorsitzende (bzw. der Einzelrichter oder **65** streitentscheidende Berichterstatter, § 87a Abs. 2 und 3); er entscheidet nach pflichtgemäßem Ermessen (BAG NJW 1993, 1029; OVG Lüneburg OVGE 22, 415, 416) durch prozessleitende Verfügung regelmäßig mit der Terminsbestimmung, die, wie diese, grds. unanfechtbar ist (§ 146 Abs. 2).

Voraussetzung für die Abhaltung auswärtiger Sitzungen ist (nur), dass dies zur sachdienlichen Erledi- **66** gung notwendig ist. § 102 Abs. 3 stellt damit geringere Anforderungen als § 219 Abs. 1 ZPO (dazu z.B. BAG NJW 1993, 1029). Der Sachdienlichkeitsbegriff ist weit auszulegen. Es genügt, wenn die auswärtige Sitzung zur Beschleunigung oder Vereinfachung des Verfahrens beitragen wird, etwa, weil ein Augenschein vor Ort einzunehmen ist oder der auswärtige Sitzungsort für die Mehrzahl der Beteiligten oder Zeugen günstiger liegt. Das BVerwG hält Sitzungen mitunter auch „aus Höflichkeit gegenüber den Bundesländern" außerhalb seines Gerichtssitzes ab (zu Gerichtssitzungen des BAG in den neuen Bundesländern BAG NJW 1993, 1029). Für den Bundespräsidenten gilt § 173 i.V.m. § 219 Abs. 2 ZPO.

Bei auswärtigen Sitzungen ist ggf. besonders auf die Wahrung des Öffentlichkeitsgrundsatzes **67** (§ 55 i.V.m. § 169 S. 1 GVG) zu achten (zum Aushang der Tagesordnung etwa → § 101 Rn. 3). Er ist verletzt, wenn in einer Haftanstalt verhandelt wird, zu der nur das Aufsichtspersonal Zugang hat (BGH NJW 1979, 771). Gleiches gilt für (an „Ort und Stelle" durchgeführte bzw. fortgesetzte) mündliche Verhandlungen auf dem Randstreifen einer Autobahn (OLG Köln NJW 1976, 637). Auch das ist kein allgemein zugänglicher Ort, anders etwa als der Gehsteig neben einer Straße (OLG Hamm NJW 1976, 122).

VIII. Fehlerfolgen

Wird eine Rechtssache *nicht* oder *verspätet terminiert*, kann das Recht der Beteiligten auf baldige Ter- **68** minierung und Entscheidung ihrer Rechtssache verletzt sein (→ Rn. 9). Wollen sie dies geltend ma-

---

45 So mit Recht auch *K.-M. Ortloff*, in: Schoch/Schneider/Bier § 102 Rn. 23.

chen, müssen sie zunächst die Terminierung ihrer Rechtssache beantragen, um nach Ablehnung des Terminierungsantrags bzw. nach einer ihrer Einschätzung nach verspäteten Terminierung Rechtsbehelfe (ggf. „Untätigkeits- oder Beschleunigungsbeschwerde", → § 146 Rn. 9) einzulegen (→ Rn. 19 ff.). Allerdings müssen auch jahrelange Wartezeiten regelmäßig hingenommen werden.[46]

69   Da § 102 den Grundsatz rechtlichen Gehörs (Art. 103 Abs. 1 GG) ausprägt, bestehen Fehlerfolgen bei der Terminierung, Terminsänderung, Vertagung oder Ladung im Übrigen primär[47] in Gehörsverletzungen. Das gilt z.B. für verfrühte Terminierungen (→ Rn. 11) oder die Ablehnung von Terminsänderungs- und Vertagungsanträgen. Diese Entscheidungen unterliegen der Kontrolle am Maßstab des Grundrechts auf rechtliches Gehör. Sie findet regelmäßig in einem Rechtsmittelverfahren gegen die das Verfahren abschließende (Sach-)Entscheidung statt. Nur in (seltenen) Ausnahmefällen können die Beteiligten Terminsänderungs- oder Vertagungsentscheidungen unmittelbar anfechten (→ Rn. 44, 18). Allerdings liegt nicht in jedem Rechtsfehler bei der Anwendung des § 102 bzw. des § 173 i.V.m. § 227 ZPO notwendig immer zugleich eine Verletzung des Grundrechts auf rechtliches Gehör. Das Gericht muss bei der Auslegung und Anwendung des Prozessrechts vielmehr die Bedeutung und Tragweite dieses Rechts verkannt haben (BVerfGE 74, 228, 233; vgl. auch BVerfGE 60, 310).

70   Werden *Terminsänderungs-* oder *Vertagungsanträge* zu Unrecht – oder zu kurzfristig vor dem Termin (OVG Bautzen NVwZ-RR 2004, 4) – abgelehnt, kann dadurch das rechtliche Gehör der Beteiligten insbes. dann verletzt sein, wenn ihnen oder ihren Prozessbevollmächtigten deshalb die erforderliche Vorbereitung auf die mündliche Verhandlung oder die Teilnahme an der mündlichen Verhandlung unmöglich gemacht wird.[48] Entsprechendes gilt, wenn eine Entscheidung des Gerichts über den Terminsänderungsantrag unterbleibt, weil die Geschäftsstelle den bei der Gerichtsverwaltung eingegangenen Antrag nicht oder nicht unverzüglich vorgelegt hat (vgl. 24.10.2013 – B 13 R 230/13 B; NJW 1987, 919; OLG Frankfurt JurBüro 1986, 1893); ohne Entscheidung über den (wirksam gestellten) Terminsänderungsantrag darf die mündliche Verhandlung nicht durchgeführt werden. Notwendig ist aber jeweils, dass die Terminsänderung oder Vertagung rechtzeitig unter Darlegung hinreichend gewichtiger und schutzwürdiger Gründe – und sei es telefonisch (BVerwG NJW 1986, 1057) – beantragt wurde und keine Hinweise auf eine Prozessverschleppungsabsicht der Beteiligten vorliegen (BVerwGE 81, 229, 234; BVerwG NVwZ 1995, 373, 374). Es genügt für die Rechtzeitigkeit der Antragstellung, wenn der Terminsänderungsantrag noch am Tag der mündlichen Verhandlung bei Gericht eingeht (BSG NJW 1987, 919), es sei denn, der Antrag konnte auch bei aller Sorgfalt – umgehender Öffnung der Post, genauer Beachtung des Inhalts und unverzüglicher Weiterleitung durch die Geschäftsstelle an den Richter – diesen nicht mehr erreichen (BSG NJW 1987, 919).

71   Führt das Gericht eine mündliche Verhandlung durch, obwohl der Termin zuvor (auf Antrag oder auch von Amts wegen) aufgehoben worden war, ist das rechtliche Gehör der nicht zum Termin erscheinenden Beteiligten verletzt. Diese sind außerdem im Termin gem. § 138 Nr. 4 „nicht nach den Vorschriften des Gesetzes vertreten" (BVerwG BayVBl 1991, 543).

72   Besonders prekär sind *Ladungsfehler*. Lädt das Gericht einen Beteiligten oder seinen Prozessbevollmächtigten etwa nicht zum Termin zur mündlichen Verhandlung und erscheint der Beteiligte bzw. Prozessbevollmächtigte deshalb nicht, liegt darin ein mit der Revision zu rügender Verfahrensmangel sowie ein absoluter Revisionsgrund gem. § 132 Abs. 2 Nr. 3, § 138 Nr. 4[49] und außerdem auch ein Wiederaufnahmegrund gem. § 153 i.V.m. § 579 Abs. 1 Nr. 4 ZPO. Der Beteiligte ist dann nicht „nach Vorschrift des Gesetzes vertreten". Ob der Fehler auf einem Versehen des Gerichts beruht oder entschuldbar ist, spielt keine Rolle. Allerdings ist nicht jede Unzulänglichkeit der Ladung beachtlich, so-

---

46   Vgl. etwa BVerfG NJW 1992, 1498 (3 Jahre Revisionsverfahren); VGH München BayVBl 1978, 212; zur überlangen Verfahrensdauer als revisibler Verfahrensmangel: BSG 13.12.2005 – B 4 RA 220/04 B: in Sozialgerichtsbarkeit höchstens 3 Jahre pro Instanz.

47   In Betracht kommt ggf. auch die Verletzung des Prozessgrundrechts aus Art. 19 Abs. 4 GG oder von Verfahrensgehalten materieller Grundrechte. Auch der allgemeine Gleichheitssatz des Art. 3 Abs. 1 GG kann (in Extremfällen) verletzt sein, wenn das Gericht willkürlich verfährt, etwa seine Entscheidung im Prozessrecht keine Stütze mehr findet und unter Berücksichtigung der das Grundgesetz beherrschenden Gedanken nicht mehr verständlich ist (dazu: BVerfGE 57, 39, 42; 58, 163, 167; BVerfG NJW 1993, 383; auch *U. Seetzen*, NJW 1982, 2337).

48   BVerwGE 44, 307, 309; 50, 275, 276; 81, 229; BVerwG NJW 1991, 2097; NVwZ 1995, 373, 374; BauR 2010, 593.

49   BVerwGE 66, 311; BVerwG NJW 1983, 2155; Buchholz 310 § 133 VwGO Nr. 39; BFHE 104, 491; 114, 457; 125, 28.

lange der Adressat der Ladung bei verständiger Auslegung erkennen kann, für wen und wozu geladen werden soll.[50]

Wird die Ladungsfrist (§ 102 Abs. 1) abgekürzt, ohne dass die Voraussetzungen des § 102 Abs. 1 S. 2 **73** vorliegen, stellt das nach Ansicht des BVerwG (BVerwGE 44, 307; BVerwG Buchholz 310 § 102 VwGO Nr. 1; NJW 1985, 340)[51] für sich allein keinen die Revision rechtfertigenden Verfahrensmangel dar; unter besonderen Umständen kann jedoch der Anspruch des Beteiligten auf rechtliches Gehör verletzt sein (→ Rn. 58).

Verstößt das Gericht gegen Vorschriften über die ordnungsgemäße Ladung der Beteiligten im Übrigen, **74** missachtet es etwa die Ladungsfrist (§ 102 Abs. 1), liegt ein Gehörsverstoß vor, wenn der betroffene Beteiligte deshalb den Termin versäumt, ihn etwa mangels Kenntniserlangung oder infolge Unzumutbarkeit nicht wahrnehmen konnte (BVerwG Buchholz 310 § 102 VwGO Nr. 24), oder anderweit in der Wahrnehmung seiner Rechte beeinträchtigt ist.[52] Voraussetzung ist allerdings (wiederum), dass ein – möglicher – Terminsänderungs- oder Vertagungsantrag erfolglos gestellt wurde. Ein Beteiligter, der ohne ausreichende Ladungsfrist geladen ist, darf der Verhandlung nicht einfach fernbleiben und sich, ohne etwas zu unternehmen, darauf verlassen, dass das Gericht den Fehler schon bemerken und nicht ohne ihn verhandeln werde (BVerwG NJW 1987, 2694).

Unterbleibt der Hinweis nach § 102 Abs. 2 und entscheidet das Gericht in Abwesenheit des Beteiligten **75** aufgrund der mündlichen Verhandlung, ist dessen rechtliches Gehör verletzt (vgl. BVerwG NVwZ-RR 1995, 549 [anwaltlich nicht vertretene Beteiligte]). Außerdem ist der Beteiligte nicht nach Vorschrift des Gesetzes vertreten (§ 138 Nr. 4). Das gilt allerdings nicht, wenn der Prozessbevollmächtigte des Beteiligten an der mündlichen Verhandlung teilnimmt (BVerwG NJW 1983, 2155).

Auswärtige Sitzungen können ebenfalls einen Gehörsverstoß begründen, wenn einem Beteiligten da- **76** raus entsprechende Nachteile für die Wahrnehmung seiner Rechte erwachsen, was nur in (seltenen) Sonderfällen denkbar ist. Unter Umständen kommt auch die Verletzung des Öffentlichkeitsgrundsatzes (§ 55 i.V.m. § 169 S. 1 GVG) in Betracht (→ Rn. 67).

§ 102a [Verhandlung im Wege der Bild- und Tonübertragung]

(1) [1]Das Gericht kann den Beteiligten, ihren Bevollmächtigten und Beiständen auf Antrag oder von Amts wegen gestatten, sich während einer mündlichen Verhandlung an einem anderen Ort aufzuhalten und dort Verfahrenshandlungen vorzunehmen. [2]Die Verhandlung wird zeitgleich in Bild und Ton an diesen Ort und in das Sitzungszimmer übertragen.

(2) [1]Das Gericht kann auf Antrag gestatten, dass sich ein Zeuge, ein Sachverständiger oder ein Beteiligter während einer Vernehmung an einem anderen Ort aufhält. [2]Die Vernehmung wird zeitgleich in Bild und Ton an diesen Ort und in das Sitzungszimmer übertragen. [3]Ist Beteiligten, Bevollmächtigten und Beiständen nach Absatz 1 Satz 1 gestattet worden, sich an einem anderen Ort aufzuhalten, so wird die Vernehmung auch an diesen Ort übertragen.

(3) [1]Die Übertragung wird nicht aufgezeichnet. [2]Entscheidungen nach Absatz 1 Satz 1 und Absatz 2 Satz 1 sind unanfechtbar.

(4) Die Absätze 1 und 3 gelten entsprechend für Erörterungstermine (§ 87 Absatz 1 Satz 2 Nummer 1).

Schrifttum

1. Monographien und Beiträge in Sammelwerken: *S. Kussel*, Die Digitalisierung der Verwaltungsgerichtsbarkeit, Berlin 2003; *U. A. Nissen*, Die Online-Videokonferenz im Zivilprozess, 2004; *ders.*, Psychologische Effekte beim gerichtlichen Einsatz von Videotechnik, 2012.

2. Beiträge in Zeitschriften: *H.-U. Borchert*, Einsatz von Videokonferenzsystemen in Gerichtsverfahren, CR 2002, 854; *J. Burkhard*, § 91a FGO: Mündliche Verhandlung per Videokonferenz, DStU 2003, 639; *J. Dieckmann*, Finanzgerichtliches Verfahren per Videokonferenz, DB 2002, Heft 21, I; *W. Dötsch*, Auslandszeugen im Zivilprozess, MDR 2011, 269; *T. Erdinger*, Gerichtsverfah-

---

50 BVerwG Buchholz 310 § 102 VwGO Nr. 6: Ladung von 4 Streitgenossen unter Angabe des Namens nur eines Streitgenossen mit dem Zusatz „u.a."
51 Anders offenbar das BSG (vgl. BSG DÖV 1993, 537).
52 BVerwGE 44, 307, 309; BVerwG NJW 1985, 340; Buchholz 310 § 102 VwGO Nr. 1; BFHE 132, 394.

ren per Videokonferenz? DRiZ 1996, 290; *N. Fischer*, Justiz-Kommunikation – Reform der Form?, DRiZ 2005, 90; *N. Fischer*, Reform der „Reform der Form"?, KritV 2006, 43; *S. Geiger*, Gerichtsverfahren mittels Videokonferenzen, ZRP 1998, 365; *P. Gilles*, Zivilgerichtsverfahren, Teletechnik und „E-Prozessrecht", ZZP 118, 399; *Ch. Heckel*, Die Videokonferenz im Verwaltungsprozeß, VBlBW 2001, 1; *M. Holthaus/U. Koch*, Auswirkungen der Reform des Zivilprozeßrechts auf arbeitsgerichtliche Verfahren, RdA 2002, 140; *O. Knöfel*, Zur Frage nach dem Recht auf eine grenzüberschreitende Videovernehmung im europäischen Zivilprozess, RIW 2006, 302; *ders.*, Vier Jahre Europäische Beweisaufnahmeverordnung – Bestandsaufnahme und aktuelle Entwicklungen, EuZW 2008, 267; *J. Luckey*, Dabeisein ist alles? ProzRB 2005, 74; *H. Schaumburg*, Mündliche Verhandlungen per Videokonferenz – Erste Erfahrungen mit Videoverhandlungen beim Finanzgericht Köln, ZRP 2002, 313; *H. Prütting*, Auf dem Weg von der mündlichen Verhandlung zur Videokonferenz, AnwBl 2013, 330; *J. Schmidt-Troje*, Videokonferenz im Finanzgericht, BB 2002, Heft 24, I; *H. Schultzky*, Videokonferenzen im Zivilprozess, NJW 2003, 313; *P.-E. Sensburg*, Videokonferenztechnik: Einsatz verbessert und beschleunigt Verfahren, DRiZ 2013, 126; *A. Stadler*, Der Zivilprozeß und neue Formen der Informationstechnik, ZZP 115, 413; *K. Thomsen*, Einsatzmöglichkeiten der Videokonferenztechnik in der Justiz – ein erster Erfahrungsbericht, SchlHA 2004, 285; *H. Timme*, Neuregelungen im SGG und in der ZPO, NZS 2004, 292; *B. Völzmann-Stickelbrock*, Unmittelbarkeit der Beweisaufnahme und Parteiöffentlichkeit, ZZP 118, 359.

I. Entstehungsgeschichte

1   Die Vorschrift tritt zum 1.11.2013 in Kraft (Gesetz zur Intensivierung des Einsatzes von Videokonferenztechnik in gerichtlichen und staatsanwaltschaftlichen Verfahren v. 25.4.2013, BGBl I 935, VideokonfIntensG). Entsprechende Regelungen gelten für das finanz- und sozialgerichtliche Verfahren (§ 91 a FGO bzw. § 110 a SGG). Durch Verordnung der Landesregierung kann die Anwendung des § 102 a bis längstens 31.12.2017 ganz oder teilweise ausgesetzt werden (Art. 9 VideokonfIntensG). Praktische Erfahrungen wurden zuvor im Projekt „Virtuelles Verwaltungsgericht" beim VG Sigmaringen seit Oktober 1999 gesammelt.[1]

II. Regelungszweck/Begriffe/Anwendungsbereich/Verhältnis zur ZPO

2   § 102 a erlaubt aus Gründen der Prozesswirtschaftlichkeit und Kostenersparnis[2] unter Modifizierung des Mündlichkeitsgrundsatzes (§ 101) und der Unmittelbarkeit der Beweisaufnahme (§ 96) den Einsatz (digitaler) Videokonferenztechnik in der mündlichen Verhandlung (Videoverhandlung[3] – § 102 a Abs. 1) und in der Beweisaufnahme (Videovernehmung – § 102 a Abs. 2). An die Stelle der persönlichen Anwesenheit (Beteiligter, Bevollmächtigter oder Zeugen) im Sitzungszimmer tritt die zeitgleiche (Life-)Bild- und Tonübertragung. § 102 a erleichtert die Durchführung mündlicher Verhandlungen und die Terminierung von Gerichtssitzungen, da nicht mehr alle Beteiligte (Zeugen, Sachverständige) am Gerichtsort erscheinen müssen; Terminverlegungsanträge können ggf. vermieden werden. Außerdem werden (Arbeits-)Zeit (etwa von Beteiligten oder ihren Bevollmächtigten) und (Reise-)Kosten eingespart. Die Beweisaufnahme durch beauftragte oder ersuchte Richter (§ 96 Abs. 2) kann vielfach unterbleiben.

3   § 102 a gilt für das Gerichtsverfahren in allen Rechtszügen (§§ 125 Abs. 1, 141) und auch für Erörterungstermine (§ 102 a Abs. 4). § 128 a ZPO (i.V.m. § 173) ist nicht (mehr) anwendbar und im Übrigen an den Wortlaut des § 102 a angepasst; das Einverständnis der Parteien (§ 128 a ZPO a.F.) ist nicht mehr erforderlich.

III. Videoverhandlung (§ 102 a Abs. 1)

4   **1. Gestattung durch das Gericht/Antrag.** Die Videoverhandlung bedarf der Gestattung durch das Gericht, entweder von Amts wegen oder auf Antrag. Voraussetzung ist (naturgemäß) die Ausstattung des Gerichts mit der erforderlichen Technik; ein Anspruch auf Schaffung der technischen Voraussetzungen für Videoverhandlungen besteht nicht.

Da auch von Amts wegen nur die Gestattung der Videoverhandlung vorgesehen ist, bleibt es den Beteiligten (Bevollmächtigten u.a.) unbenommen, (doch) zur mündlichen Verhandlung im Sitzungszimmer zu erscheinen. Eine Pflicht zur Teilnahme an der mündlichen Verhandlung ausschließlich per (an-

---

1   *H. Schultzky*, NJW 2003, 313 mit Hinweis auf den Abschlussbericht (http://www.justiz.baden-wuerttemberg.de/vg/ VGSIG/VKAbschlussbericht.doc) und *Ch. Heckel*, VBlBW 2001, 1.
2   Bericht des Rechtsausschusses, BT-Drs. 14/6036, 116 (zu § 128 a ZPO).
3   *H. Schultzky*, NJW 2003, 313.

tragsgemäß gestatteter) Videozuschaltung besteht nicht; etwaige (Mehr-)Kosten sind insoweit grds. unbeachtlich (zu [Mehr-]Kosten von Beweispersonen → Rn. 10).[4]

Antragsbefugt sind (alle) Beteiligen (§ 61), auch Beigeladene, sowie deren Bevollmächtigte und Bei- 5 stände sowie Dolmetscher (§ 185 Abs. 1a GVG). Andere Personen sind nicht antragsbefugt. Die Antragstellung ist Prozesshandlung und unterliegt den für diese geltenden Anforderungen.

2. Einverständnis anderer Beteiligter oder Gerichtspersonen?/Anhörung. Das Einverständnis aller Be- 6 teiligten ist (anders noch § 128a ZPO a.F.) nicht erforderlich, da im Unterschied zum Verzicht auf mündliche Verhandlung (§ 101 Abs. 2) eine mündliche Verhandlung stattfindet; die Videoverhandlung ist die mündliche Verhandlung i.S.d. § 101 Abs. 1. An ihr nehmen einzelne oder alle Beteiligten (Bevollmächtigte Beistände) per (Life-)Zuschaltung teil. Das Einverständnis von Gerichtspersonen (etwa von ehrenamtlichen Richtern) oder von Zuhörern ist ebenfalls nicht notwendig;[5] Zuhörern kann (nach Ankündigung der Videoverhandlung) Gelegenheit zum Verlassen des Sitzungszimmers gegeben werden. Die Verletzung des Rechts am eigenen Bild (§ 22 KUG) kommt nicht in Betracht; § 102a geht als spezielleres und jüngeres Gesetz vor. Sollte im Ausnahmefall (trotz unterbleibender Aufzeichnung, § 102a Abs. 3 S. 1) die Verletzung anderer Persönlichkeitsrechte drohen, kann das bei der Ermessensausübung des Gerichts (→ Rn. 9) berücksichtigt werden.[6]

Zur Wahrung rechtlichen Gehörs muss den Beteiligten (§ 61) Gelegenheit zur Stellungnahme vor der 7 Gestattungsentscheidung (oder der Ablehnungsentscheidung) gegeben werden. Die Videoverhandlung soll den (anderen) Beteiligten nicht aufgedrängt werden, insbes. nicht im Sitzungssaal anwesenden (nicht vertretenen) Beteiligten, die das Auftreten vor einer Kamera ggf. verunsichern und in der Wahrnehmung prozessualer Rechte behindern kann.[7]

3. Zuständigkeit/Entscheidung. Für die Gestattung (oder Ablehnung) der Videoverhandlung ist das 8 Gericht zuständig, also der für die Streitentscheidung zuständige Spruchkörper (Kammer, Senat) oder Richter (Einzelrichter §§ 6, 87a Abs. 2, 3; § 76 AsylVfG). Die Entscheidung ergeht durch nicht begründungspflichtigen[8] Beschluss ohne mündliche Verhandlung und ohne Mitwirkung von Laienrichtern; eine richterliche Verfügung genügt nicht.

4. Ermessen des Gerichts. Die Gestattung der Videoverhandlung liegt im Ermessen des Gerichts. Er- 9 messensleitlinie ist dem Zweck des § 102a entsprechend der Grundsatz der Prozesswirtschaftlichkeit. Übergeordnet sind die Erfordernisse des Untersuchungsgrundsatzes (§ 86). Wenn das Gericht zur Erforschung des Sachverhalts einen unmittelbaren Eindruck von Beteiligten für unabdingbar hält, wird es eine Videoverhandlung (insoweit) nicht durchführen und es darf den Gestattungsantrag ungeachtet einer geltend gemachten Zeit- und Kostenersparnis ablehnen. Außerdem wird das Gericht auf den ordnungsgemäßen Ablauf der mündlichen Verhandlung und die Sicherheit der Datenübertragung achten und im Rahmen der richterlichen Fürsorgepflicht auch die Belange der Beteiligten abwägen, insbes., wenn ein Beteiligter bei der Anhörung (→ Rn. 7) stichhaltige Einwendungen geltend macht.[9] In (seltenen) Sonderfällen können auch Persönlichkeitsrechte von Gerichtspersonen (ggf. auch von Zuhörern) abzuwägen sein.

IV. Videovernehmung (§ 102a Abs. 2)/„Videoaugenschein"

1. Gestattung durch das Gericht/Antrag/Pflicht zur Teilnahme an Videovernehmung? Das Gericht 10 kann auf Antrag (nicht von Amts wegen) die Videovernehmung von andern Orts zugeschalteten Zeugen, Sachverständigen oder Beteiligten gestatten. Antragsbefugt ist auch die Beweisperson; die Maßgaben für die Beantragung der Videoverhandlung geltend entsprechend (→ Rn. 4ff.). Wie die Videoverhandlung kann auch die Videovernehmung nur gestattet, der Beweisperson daher nicht aufgegeben

---

4 A. *Stadler*, in: Musielak/Voit, ZPO § 128a Rn. 9.
5 Vgl. § 24 KUG; *Kissel/Mayer*, GVG § 169, Rn. 98; a.A. *Baumbach/Lauterbach/Albers/Hartmann*, ZPO § 128a Rn. 4.
6 BeckOK ZPO/*von Selle* § 128a Rn. 3.
7 H. *Schaumburg*, ZRP 2002, 213.
8 HessFG 25.9.2003 – 4 K 1904/02.
9 H. *Schaumburg*, ZRP 2002, 213.

werden. Mehrkosten, die durch deren Erscheinen im Sitzungszimmer trotz gestatteter Videovernehmung entstehen, sind aber als nicht notwendige Kosten nach dem ZSEG nicht erstattungsfähig.[10]

11   **2. Einverständnis der Beteiligten?/Anhörung.**   Das Einverständnis der Beteiligten mit der Videovernehmung ist nicht notwendig. Vor der Gestattung der Videovernehmung sollte ihnen aber Gelegenheit zur Stellungnahme gegeben werden; Einwendungen können bei der gerichtlichen Ermessensentscheidung berücksichtigt werden.

12   **3. Zuständigkeit/Entscheidung/Ermessen.**   Das Gericht entscheidet (wie über die Videoverhandlung) durch Beschluss (→ Rn. 8). Neben der Prozesswirtschaftlichkeit und Kostenersparnis ist ggf. zu erwägen, ob die Videovernehmung ein hinreichend sicheres Beweisergebnis erbringen kann. Kommt es auf die Glaubwürdigkeit eines Zeugen an, wird (abhängig von den technischen Möglichkeiten der Videoanlage) der unmittelbare Eindruck vom im Sitzungszimmer aussagenden Zeugen vorzuziehen sein. Demgegenüber ist die Videovernehmung der Vernehmung durch den beauftragten oder ersuchten Richter (§ 96 Abs. 2) oder der Einholung einer schriftlichen Zeugenaussage überlegen.

13   **4. Dolmetscher.**   Gem. § 185 Abs. 1 a GVG kann das Gericht auch gestatten, dass sich ein Dolmetscher während der Verhandlung, Anhörung oder Vernehmung an einem andern Ort aufhält und von dort zugeschaltet wird.

14   **5. „Videoaugenschein".**   Ein gerichtlicher Augenschein per Videoübertragung („Videoaugenschein") ist zulässig; die Aufzählung der Beweismittel in § 102 a Abs. 2 ist nicht abschließend.[11] Gerichtlicher Augenschein durch (vorgelegte) Lichtbilder oder Videos (etwa in Baurechtssachen) ist ohne Weiteres zulässig; dementsprechend wäre denkbar, Bild- (und Tonaufnahmen) grds. auch im Rahmen eines Videoaugenscheins in das Sitzungszimmer zu übertragen.

V.   Durchführung der Videoverhandlung und Videovernehmung

15   **1. Bild und Tonübertragung/Anforderungen.**   Die mündliche Verhandlung bzw. die Vernehmung von Zeugen, Sachverständigen oder Beteiligten wird zeitgleich (live) in Bild und Ton wechselseitig in das Sitzungszimmer und an den (abweichenden) Aufenthaltsort des Beteiligten bzw. Bevollmächtigten und Beistands und bei Videovernehmung ggf. auch der Beweisperson (Dolmetschers § 185 Abs. 1 a GVG) übertragen. Nehmen alle Beteiligten (Bevollmächtigte u.a.) an der Videoverhandlung teil, hält sich im Sitzungszimmer nur das Gericht auf. Die allseitig zeitgleiche Wahrnehmung der Verfahrenshandlungen oder Aussagen in Bild und Ton muss technisch gewährleistet sein.

16   Bei der Videoverhandlung muss das Prozessgeschehen in jedem zugeschalteten Raum und im Sitzungszimmer aufgenommen und jeweils in allen anderen Räumen wiedergegeben werden, wobei den zugeschalteten Beteiligten der Blick auf das gesamte Geschehen im Gerichtssaal, also sowohl auf die (gesamte) Richterbank wie auf im Sitzungssaal anwesende Beteiligte ermöglicht werden muss. Bei der Videovernehmung muss der Beweisperson ein Bild des Gerichts oder der Beteiligten nicht übermittelt werden; die Beweisperson benötigt von diesen keinen visuellen Eindruck.[12] Das Gericht muss aber einen ganzheitlichen Eindruck von der Beweisperson und ihrem Umfeld haben und etwaige Beeinflussungen durch Dritte wahrnehmen können.[13]

17   Die in das Sitzungszimmer übertragenen Bilder müssen für die Zuschauer nicht sichtbar sein. Dem Öffentlichkeitsgrundsatz (§ 55 i.V.m. § 169 GVG) ist durch die Möglichkeit zur akustischen Wahrnehmung des wesentlichen Verhandlungsverlaufs Genüge getan.[14]

18   Die Zuschaltung kann von jedem (inländischen) Ort aus erfolgen, also auch aus einer Rechtsanwaltskanzlei, einem Unternehmen, einem Sachverständigenbüro oder einem (von der Deutschen Telekom für solche Zwecke vermieteten) öffentlichen Videokonferenzraum.[15] Da sich der Öffentlichkeitsgrundsatz auf den zugeschalteten Ort nicht erstreckt (→ Rn. 22), muss er nicht öffentlich zugänglich sein.

---

10   *H. Schultzky*, NJW 2003, 313, 316; *A. Stadler*, in: Musielak/Voit, ZPO § 128 a Rn. 9.
11   A.A. für den Zivilprozess *A. Stadler*, in: Musielak/Voit, ZPO § 128 a Rn. 5; MüKoZPO/*Wagner*, § 128 a Rn. 5.
12   *H. Schultzky*, NJW 2003, 313, 315 m.N. zu abw. Auffassungen (zu § 128 a ZPO).
13   *A. Stadler*, in: Musielak/Voit, ZPO § 128 a Rn. 6.
14   *H. Schultzky*, NJW 2003, 313, 315.
15   *H. Schultzky*, NJW 2003, 313, 314; vgl. auch BT-Drs. 14/6036, 119 f.

2. Ladung zur Videoverhandlung und Videovernehmung. Zuzuschaltende Beteiligte (ggf. unter An- 19
ordnung des persönlichen Erscheinens) und zuzuschaltende Beweispersonen (§ 173 i.V.m. § 277 Abs. 2
Nr. 4, 402 ZPO) oder Dolmetscher (§ 185 Abs. 1 a GVG) sind an den Zuschaltungsort zu laden.
Sie dürfen aber auch zur mündlichen Verhandlung im Sitzungszimmer erscheinen (zu Mehrkosten
→ Rn. 4, 10).

3. Vertagung. Fällt die Videoanlage aus oder wird die Bild- oder Tonverbindung unterbrochen oder 20
ungenügend, muss die mündliche Verhandlung vertagt werden. Andernfalls wird dem zugeschalteten
Beteiligten rechtliches Gehör in der mündlichen Verhandlung versagt.[16] Das gilt auch dann, wenn
(nur) der Bevollmächtigte (Beistand) zugeschaltet ist.

4. Verfahrenshandlungen. Die Videoverhandlung ist eine mündliche Verhandlung unter Anwesen- 21
den;[17] als anwesend gelten auch die Zugeschalteten. Für die Durchführung der mündlichen Verhandlung gelten die allgemeinen Regeln (§§ 103, 104). Nach Gestattung der Videoverhandlung können die
Zugeschalteten außerhalb des Sitzungszimmers alle Verfahrenshandlungen vornehmen, die sie innerhalb des Sitzungszimmers vornehmen könnten. Die Prozessleitungsbefugnis des Vorsitzenden (§ 103
Abs. 1) bleibt unberührt.

5. Öffentlichkeit und Sitzungspolizei. Die Videoverhandlung ist die mündliche Verhandlung des Ge- 22
richts (§ 101) unter Einsatz der Videokonferenztechnik. Es gelten unverändert die allgemeinen Anforderungen des GVG (§ 55), namentlich der Öffentlichkeitsgrundsatz (§ 169 S. 1 GVG). Die Öffentlichkeit der Verhandlung ist am Verhandlungsort (Sitzungszimmer) und nicht zusätzlich am zugeschalteten Ort herzustellen;[18] es ist aber zulässig, dass sich dort weitere Zuhörer aufhalten. Eine mündliche
Verhandlung mit per Videokonferenz zugeschalteten Beteiligten aus dem Richterzimmer (des Einzelrichters) unter (faktischem) Ausschluss der Öffentlichkeit ist nicht zulässig.
Die Sitzungspolizei (§ 176 GVG), die sich räumlich ohnehin nicht auf das Sitzungszimmer beschränkt, 23
sondern zugehörige (Beratungs-)Räume und angrenzende Gänge umfasst und auch bei Ortsterminen
besteht, erstreckt sich, wie aus § 180 GVG (Maßnahmen außerhalb der Sitzung) folgt, auch auf den
zugeschalteten Ort; das Hausrecht Dritter wird verdrängt.[19] Der Vorsitzende kann alle bei herkömmlichen mündlichen Verhandlungen vorgesehenen Maßnahmen ergreifen, etwa die Anwesenheit eines
Gerichtswachtmeisters (zur Bedienung der Anlage) anordnen. Außerdem kommt die Abschaltung der
Verbindung in Betracht. Zuschauer am zugeschalteten Ort können bei Störungen aus dem Raum gewiesen werden.[20]

6. Protokollierung. Da die Übertragung nicht aufgezeichnet wird (§ 102 a Abs. 3 S. 1), wird das Über- 24
tragene nach den allgemeinen Regelungen der §§ 159 ff. ZPO (i.V.m. § 105) in das Protokoll der Verhandlung und Vernehmung aufgenommen. Gem. § 160 Abs. 1 Nr. 4 ZPO ist zusätzlich der andere Ort
i.S.d. § 102 a Abs. 1 und Abs. 2 ZPO zu protokollieren.

7. Aufzeichnungsverbot/private Aufzeichnungen. Die Übertragung wird nicht aufgezeichnet (§ 102 a 25
Abs. 3 S. 1). Aufzeichnungen dürfen auch im Einverständnis der Beteiligten nicht angefertigt werden.[21]
Das Aufzeichnungsverbot steht weder zur Disposition des Gerichts (Vorsitzenden) noch der Beteiligten, da ein möglicher Eingriff in das Recht am eigenen Bild von vornherein ausgeschlossen werden
soll, um die Durchführung von Videoverhandlungen bzw. -vernehmungen nicht zu gefährden.[22] Vorläufige Aufzeichnungen zu Protokollzwecken sind ebenfalls unzulässig, da § 160 a ZPO (i.V.m. § 105)
nur die Aufzeichnung auf Tonträger vorsieht und Bildaufzeichnungen zu Protokollzwecken auch nicht
notwendig sind.[23]
Aufzeichnungen durch Zugeschaltete zu privaten Zwecken oder zu Veröffentlichungszwecken (§ 169 26
S. 2 GVG) sind unzulässig. Das Aufzeichnungsverbot gilt einschränkungslos auch für den Zuschal-

---

16 *H. Schaumburg*, ZRP 2002, 213; zu Bildstörungen FG Kassel DStRE 2015, 1261.
17 *H. Schaumburg*, ZRP 2002, 213; *Ch. Heckel*, VBlBW 2001, 1, 3; *A. Stadler*, in: Musielak/Voit, ZPO § 128 a Rn. 4.
18 *Ch. Heckel*, VBlBW 2001, 1, 4.
19 *H. Schultzky*, NJW 2003, 313, 316 m.N.; a.A. *A. Stadler*, in: Musielak/Voit, ZPO § 128 a Rn. 2; *Rosenberg/Schwab/
    Gottwald*, Zivilprozessrecht § 79 Rn. 54.
20 *H. Schultzky*, NJW 2003, 313, 317 m.N.
21 *A. Stadler*, in: Musielak/Voit, ZPO § 128 a Rn. 10 m.N.
22 *H. Schultzky*, NJW 2003, 313, 317.
23 *H. Schultzky*, NJW 2003, 313, 317.

teten. Die (konkrete) Gefahr unzulässiger Aufzeichnungen kann das Gericht ggf. beim Gestattungsermessen berücksichtigen.

VI. Anfechtbarkeit von Entscheidungen/Fehlerfolgen

27　Die Gestattung der Videoverhandlung und Videovernehmung ist ebenso wie die Ablehnung eines Gestattungsantrags unanfechtbar[24] (§ 102a Abs. 3 S. 2; vgl. auch BT-Drs. 14/6036, 120). Gegenvorstellung bleibt möglich. Verletzungen des Grundsatzes der Mündlichkeit und des Rechts der Beteiligten auf rechtliches Gehör kommen bei Übertragungsfehlern in Betracht, wenn die wechselseitige (visuelle und akustische) Wahrnehmung nicht mehr gewährleistet ist.[25]

VII. Kosten

28　Für die Videokonferenzverbindung fällt eine (Auslagen-)Pauschale von 15 € je Verfahren für jede angefangene halbe Stunde an (Nr. 9019 Kostenverzeichnis). Die Zuschaltung steht anwaltsgebührenrechtlich der tatsächlichen Anwesenheit gleich (zu Mehrkosten bei Erscheinen Zuzuschaltender im Sitzungszimmer → Rn. 4, 10).[26]

VIII. Videoverhandlung/Videovernehmung mit dem Ausland

29　Videokonferenzen mit dem Ausland berühren die territoriale Souveränität des ausländischen Staates[27] und sind daher nur im Wege der Rechtshilfe zulässig. Innerhalb der Europäischen Union wird die Videovernehmung (nicht die Videoverhandlung) nach der Verordnung (EG) Nr. 1206/2001 des Rates vom 28.5.2001 über die Zusammenarbeit zwischen den Gerichten der Mitgliedstaaten auf dem Gebiet der Beweisaufnahme in Zivil- oder Handelssachen (ABl. L 174, 1) ermöglicht.

§ 103　[Gang der mündlichen Verhandlung]

(1) Der Vorsitzende eröffnet und leitet die mündliche Verhandlung.

(2) Nach Aufruf der Sache trägt der Vorsitzende oder der Berichterstatter den wesentlichen Inhalt der Akten vor.

(3) Hierauf erhalten die Beteiligten das Wort, um ihre Anträge zu stellen und zu begründen.

Schrifttum

1. Monographien und Beiträge in Sammelwerken: *W. A. Scheuerle*, Vierzehn Tugenden für Vorsitzende Richter, 1983; *H. Sendler*, Anspruch auf Gehör und Effizienz richterlicher Tätigkeit – Urteilsentwurf vor mündlicher Verhandlung?, in: Wege und Verfahren des Verfassungslebens. FS für Peter Lerche, 1993, 833.

2. Beiträge in Zeitschriften: *G. Bertram*, Rechtsprechung und Dienstleistung: Von den Fallstricken eines Vokabulars, NJW 1998, 1842; *H.-J. Birk*, Vom sinnvollen verwaltungsgerichtlichen Prozessieren, VBlBW 1983, 153; *W. Däubler*, Die Vorbereitung der mündlichen Verhandlung im Kollegialgericht – ein Rechtsproblem?, JZ 1984, 355; *K. Doehring*, Die Praxis der Vorbereitung mündlicher Verhandlung in verfassungsrechtlicher Sicht, NJW 1983, 851; *K.-P. Dolde*, Zusammenarbeit zwischen Richter und Rechtsanwalt im verwaltungsgerichtlichen Verfahren, VBlBW 1985, 248; *H. Geiger*, Die mündliche Verhandlung im Verwaltungsprozeß, rechtliche und praktische Hinweise, BayVBl 2006,421; *R. Herr*, Vorbereitung mündlicher Verhandlungen durch Kollegialgerichte, NJW 1983, 2131; *ders.*, Zum rechtlichen Gehör in Zivilsachen bei den Kollegialgerichten in erster Instanz, MDR 1983, 634; *ders.*, Der „dritte" Mann und seine Aktenkenntnis, DRiZ 1984, 359; *E. Kaiser*, Zur Wartepflicht des Gerichts bei Unpünktlichkeit von Beteiligten in Straf- und Bußgeldsachen, NJW 1977, 1955; *J. Martens*, Gesetzesänderungen für die öffentlich-rechtlichen Gerichtsbarkeiten in Verwaltungssachen, NVwZ 1993, 232; *E. Schneider*, Verfassungsrechtliche Pflichtlektüre im Kollegium, DRiZ 1984, 361; *G. Schulz*, Der aktenunkundige Zivilrichter, MDR 1983, 633; *R. Wimmer*, Die Wahrung des Grundsatzes des rechtlichen Gehörs, DVBl 1985, 773; *G. Wolf*, Gesetzwidrigkeit von Fernsehübertragungen aus Gerichtsverhandlungen, NJW 1994, 681; *ders.*, Gerichtsberichterstattung künftig „live" im Fernsehen, ZRP 1994, 187; *H. A. Wolff*, Die Pflicht der Beteiligten im Verwaltungsprozeß zur Wahrheit und Vollständigkeit, BayVBl 1997, 585.

24　BFH 27.3.2003 – VI B 77/02 (NV).
25　BFH 18.7.2016 – VI B 128/15.
26　*A. Stadler*, in: Musielak/Voit, ZPO § 128a Rn. 11; vgl. auch FG Saarland 14.11.2005 – 2 S 335/05 (Terminsgebühr).
27　BGH NJW 1999, 3788.

I. Entstehungsgeschichte

Die Vorschrift ist seit ihrer ursprünglichen Fassung in der VwGO vom 21.1.1960 (BGBl I 17) nicht geändert worden.   **1**

II. Zweck der Regelung

§ 103 konkretisiert den Mündlichkeitsgrundsatz (§ 101) und die damit zusammenhängenden Grundsätze der Öffentlichkeit und Unmittelbarkeit, indem festgelegt wird, wie die mündliche Verhandlung als zentraler Ort der rechtlichen Auseinandersetzung und des Kontakts mit dem Gericht abzulaufen hat. Damit dient § 103 zugleich dem rechtlichen Gehör der Beteiligten (Art. 103 Abs. 1) in der mündlichen Verhandlung (BVerfGE 42, 364, 369; BVerwGE 72, 28, 30).   **2**

III. Anwendungsbereich und Begriffe

Der *Anwendungsbereich* der Vorschrift erfasst alle mündlichen Verhandlungen vor der Kammer des VG oder dem Einzelrichter bzw. dem (streitentscheidenden) Berichterstatter (§ 87 a Abs. 2 und 3), vor dem OVG bzw. VGH und vor dem BVerwG.   **3**

Der *Begriff des „Vorsitzenden"* in § 103 ist *funktional*, nicht statusrechtlich zu verstehen, weshalb auch der Einzelrichter (§ 6 bzw. § 76 AsylVfG) und streitentscheidende Berichterstatter (§ 87 a Abs. 2 und 3) „Vorsitzender" i.d.S. sind. Der Begriff des *„Berichterstatters"* in § 103 Abs. 2 bezeichnet ohne statusrechtliche Bedeutung (nur) den Richter der Kammer oder des Senats, der die Rechtssache bearbeitet und die mündliche Verhandlung vorbereitet. Die *Eröffnung* i.S.d. § 103 Abs. 1 bezieht sich sowohl auf die alle Verhandlungstermine umfassende Sitzung (zu diesen Begriffen → § 102 Rn. 3), wie auf die einzelne mündliche Verhandlung (§ 103 Abs. 1 Hs. 1). „Eröffnet" wird die Sitzung vor bzw. gleichzeitig mit dem „Aufruf" der ersten Sache des Sitzungstags. Die *„Leitung"* der mündlichen Verhandlung – als richterliche Tätigkeit, die zur Vorbereitung der Sachentscheidung auf einen gesetz- und zweckmäßigen Verlauf des Verfahrens gerichtet ist[1] – umfasst eine formelle und eine materielle Komponente: Als *formelle Verhandlungsleitung* betrifft sie die äußere Ordnung der Verhandlung nach Maßgabe der dafür geltenden Rechtsvorschriften (wie § 103 Abs. 2 und 3; § 104; § 86 Abs. 3 oder § 55 i.V.m. § 176 GVG: Sitzungspolizei). Als *materielle Verhandlungsleitung* betrifft sie die innere Ordnung der Verhandlung nach Maßgabe der Grundsätze konzentrierter, zügiger und sachdienlicher Durchführung der Verhandlung, sei es mit dem Ziel einer gütlichen Einigung der Beteiligten (§ 106), sei es mit dem Ziel einer abschließenden Sachentscheidung. Formelle und materielle Verhandlungsleitung sind eng miteinander verknüpft. Maßnahmen der *„Sachleitung"* (vgl. § 140 ZPO) können so-   **4**

---

1 *H. Thomas*, in: Thomas/Putzo § 136 Rn. 1 zum Begriff der Prozessleitung; vgl. auch § 139 ZPO.

wohl die formelle wie die materielle Verhandlungsleitung betreffen und als prozessleitende Verfügung gem. § 146 Abs. 2 unanfechtbar oder der Entscheidung des Gerichts (des Kollegiums) unterworfen sein (vgl. etwa § 104 Abs. 2 S. 2). Mit dem *„Aufruf der Sache"* beginnt der Termin in der jeweiligen Rechtssache (vgl. § 173 i.V.m. § 220 Abs. 1 ZPO). Der *Vortrag des wesentlichen Inhalts der Akten* besteht (in Kammer- oder Senatssitzungen) regelmäßig im Vorlesen eines schriftlich fixierten Sachberichts. *„Akten"* sind die von den Beteiligten (insbes. Behörden) vorgelegten Verwaltungsakten sowie die Akten des Gerichts oder andere Unterlagen, die Gegenstand der mündlichen Verhandlung und Entscheidungsfindung sein sollen. Die *Begründung* der Anträge ermöglicht den Beteiligten, ihre Sicht der Dinge vorzutragen und abschließend zu plädieren.

IV. Verhältnis zu ZPO und GVG

5 § 103 regelt den Verhandlungsablauf unvollständig und ist auf die Ergänzung durch Regelungen der VwGO[2] wie der Zivilprozessordnung angelegt. Gem. § 173 sind deshalb die §§ 136 ff. ZPO grds. anwendbar. Hinzu kommen gem. § 55 die Bestimmungen der §§ 169–175 GVG (Öffentlichkeit der mündlichen Verhandlung), der §§ 176–183 GVG (Sitzungspolizei), der §§ 184–191 GVG (Gerichtssprache) sowie mittelbar auch der §§ 192–197 GVG (Beratung und Abstimmung). Teilweise enthält die VwGO eigene und insoweit die Regelungen von ZPO oder GVG verdrängende (ergänzende) Vorschriften, wie etwa in § 104 Abs. 2 S. 2 im Verhältnis zu § 140 Alt. 2 ZPO über die Beanstandung von Fragen. § 140 Alt. 1 ZPO über die Beanstandung (anderer) Sachleitungsanordnungen des Vorsitzenden gilt demgegenüber gem. § 173 auch im Verwaltungsprozess.

6 § 137 Abs. 1 ZPO, der die zeitliche Reihenfolge von Antragstellung und Antragsbegründung regelt, gilt im Verwaltungsprozess nicht, weil das Gesetz eine zeitliche Reihenfolge nur insoweit festlegt, als „nach" dem Aufruf der Sache der Aktenvortrag des Berichterstatters bzw. Vorsitzenden erfolgt (§ 103 Abs. 2) und „hierauf" den Beteiligten das Wort zu erteilen ist (§ 103 Abs. 3). Antragstellung und Antragsbegründung sind nur erwähnt, um inhaltlich festzulegen, wozu das Wort zu erteilen ist bzw. wozu die Beteiligten vortragen dürfen, nämlich zur „Sache" und nicht zu damit nicht zusammenhängenden Fragen. § 137 Abs. 2–4 ZPO über den Vortrag der Beteiligten „in freier Rede", über die Bezugnahme auf Schriftstücke oder deren Verlesung sowie über die Erteilung des Worts auch an den anwaltlich vertretenen Beteiligten sind hingegen gem. § 173 auch im Verwaltungsprozess anwendbar.

V. Prozessleitungspflicht des Gerichts

7 Die Prozessleitungspflicht des Gerichts soll den geordneten, gesetz- und zweckmäßigen Ablauf der mündlichen Verhandlung sicherstellen (OVG Münster NJW 1990, 1749). Sie dient damit zugleich der Erforschung des Sachverhalts von Amts wegen (§ 86).

8 **1. Ablauf der mündlichen Verhandlung (Übersicht).** Der Ablauf der mündlichen **Verhandlung** nimmt regelmäßig den folgenden, als Übersicht zusammengefassten, Gang: Der Vorsitzende eröffnet die Sitzung des Gerichts, ruft die erste Sache (des Sitzungstags)[3] auf und eröffnet die mündliche Verhandlung. Sodann stellt er fest und vermerkt im Protokoll, wer (Beteiligte, gesetzliche Vertreter, Prozessbevollmächtigte) zur mündlichen Verhandlung erschienen (oder ausgeblieben) ist. Bleibt ein nicht durch Prozessbevollmächtigte vertretener Beteiligter aus, ist dessen ordnungsgemäße und fristgerechte (§ 102 Abs. 1) Ladung – einschließlich des Hinweises nach § 102 Abs. 2 – festzustellen, was regelmäßig ebenfalls im Protokoll festgehalten wird. Sofern die Beteiligten nicht darauf verzichten, folgt der Aktenvortrag gem. § 103 Abs. 2 (in Kammer- oder Senatssitzungen) durch Vorlesen eines schriftlich abgefassten Sachberichts. Sodann werden die Anträge gestellt, wenn eine weitere Erörterung (§ 86 Abs. 3) insoweit entbehrlich ist. Andernfalls erörtert das Gericht (Vorsitzender, Einzelrichter oder streitentscheidender Berichterstatter gem. § 87 a Abs. 2 und 3) zunächst die Streitsache in tatsächlicher und rechtlicher Hinsicht mit den Beteiligten nach § 104 Abs. 1 („Rechtsgespräch") und wirkt darauf hin, dass sachdienliche Anträge gestellt werden (§ 86 Abs. 3). Dass das geschehen ist, wird regelmäßig im Pro-

---

2   Vgl. etwa: §§ 97 S. 2, 104 (Befragung von Zeugen und Sachverständigen durch die Beteiligten), § 86 Abs. 2 (Beweisanträge in der mündlichen Verhandlung) und § 86 Abs. 3 (Stellung sachdienlicher Anträge).

3   Meist werden mehrere „Sachen" (§ 103 Abs. 2) an einem Sitzungstag verhandelt; freilich kann das Gericht auch nur eine Sache verhandeln, was aber seltene Ausnahme, etwa bei herausragenden Verfahren, ist.

tokoll festgehalten. Auf Rechtsgespräch, ggf. mit Fragen des Gerichts (§ 104 Abs. 2), und Antragsbegründung der Beteiligten (§ 103 Abs. 3) folgt ggf. eine Beweisaufnahme. Werden in der mündlichen Verhandlung (weitere) – unbedingte – Beweisanträge gestellt, muss darüber (sogleich) gem. § 86 Abs. 2 entschieden werden. Nach Schluss der Beweisaufnahme erhalten die Beteiligten erneut das Wort zur Stellungnahme oder zur ergänzenden Antragsbegründung (§ 103 Abs. 3). Abschließend beschließt das Gericht regelmäßig, dass die Entscheidung den Beteiligten zugestellt werde (§ 116 Abs. 2) und schließt die mündliche Verhandlung. Die Entscheidungen werden (entgegen der Regel des § 116 Abs. 1) meist nicht verkündet, auch wenn sie im Anschluss an die mündliche Verhandlung bzw. am Ende des Sitzungstages sogleich beraten und gefällt werden.

Einen anderen Verlauf nimmt die mündliche Verhandlung insbes. dann, wenn die Beteiligten einen   9 Prozessvergleich (§ 106) schließen, worauf das Gericht in geeigneten Fällen hinwirkt. In Betracht kommt ggf. auch eine Vertagung der mündlichen Verhandlung oder das Aussetzen des Verfahrens gem. § 94 bzw. die Anordnung des Ruhens des Verfahrens gem. § 173 i.V.m. § 251 ZPO.

2. Ordnung in der mündlichen Verhandlung. Gesetzlich nicht festgelegt sind Fragen wie die *Sitzord-*   10 *nung* oder die *„Kleiderordnung"* (das Tragen von Roben durch Richter und Rechtsanwälte). Die mündliche Verhandlung soll zwar keinen inhaltsleeren Förmlichkeiten folgen, bei allem sachdienlichen Bemühen um eine entspannte Verhandlungsatmosphäre aber auch kein informelles Palaver sein.

3. Zuständigkeit zur Verhandlungsleitung. Die Verhandlungsleitung obliegt dem Vorsitzenden bzw.   11 dem Einzelrichter oder dem streitentscheidenden Berichterstatter (§ 87 a Abs. 2 und 3). Die Zuständigkeit des Vorsitzenden zur Verhandlungsleitung in Kammer- bzw. Senatssitzungen lässt die Verfahrensverantwortung des Gerichts (der Kammer, des Senats) aber unberührt. Diese tritt in ihrer Kontrollfunktion hervor (vgl. etwa § 104 Abs. 2 S. 2 sowie § 140 ZPO). In mündlichen Verhandlungen vor der Kammer bzw. dem Senat darf der Vorsitzende weder die Eröffnung noch die Leitung der mündlichen Verhandlung delegieren und sich auf gelegentliches Eingreifen beschränken. Nach § 103 Abs. 2 kann er zwar entscheiden, ob er selbst den wesentlichen Inhalt der Akten vortragen oder diese Aufgabe dem Berichterstatter übertragen will; § 103 Abs. 1 sieht eine entsprechende Wahlmöglichkeit demgegenüber ausdrücklich nicht vor. Der Vorsitzende erteilt das Wort an die Beteiligten oder entzieht es ihnen (§ 173 i.V.m. § 136 Abs. 2 ZPO) und er hat in erster Linie die Zeugen oder Sachverständigen zu vernehmen. Dies darf er – mangels entgegenstehender Regelung – allerdings einem anderen Mitglied des Gerichts, speziell dem Berichterstatter, übertragen.

Die Zuständigkeit für Maßnahmen zur Aufrechterhaltung der Ordnung in der mündlichen Verhand-   12 lung, etwa die Entfernung von Personen aus dem Sitzungssaal oder die Verhängung von Ordnungsgeldern, ist in § 55 i.V.m. §§ 177 ff. GVG geregelt. Über Maßnahmen gegenüber an der Verhandlung nicht beteiligten Personen entscheidet der Vorsitzende, im Übrigen entscheidet das Gericht (vgl. § 55 i.V.m. §§ 177 S. 2, 178 Abs. 2 GVG).

4. Entscheidungen/Anfechtbarkeit. Entscheidungen des Vorsitzenden (oder Einzelrichters bzw. strei-   13 tentscheidenden Berichterstatters nach § 87 a Abs. 2 und 3) zur Verhandlungsleitung, etwa über die Reihenfolge von Ausführungen oder Anträgen der Beteiligten, ergehen nach pflichtgemäßem Ermessen (OVG Münster NJW 1990, 1749) als prozessleitende Verfügungen i.S.d. § 146 Abs. 2 und sind danach grds. unanfechtbar. Für bestimmte prozessleitende Verfügungen können die Beteiligten aber eine Entscheidung des Gerichts beantragen, was nur in Kammer- bzw. Senatssitzungen infrage kommt. So entscheidet das Gericht gem. § 104 Abs. 2 S. 2, wenn eine Frage des Vorsitzenden oder eines anderen Richters beanstandet wird. Entsprechendes gilt für Fragen der Beteiligten an Zeugen oder Sachverständige (§ 97 S. 3). Eine gem. § 173 entsprechend anwendbare Regelung für andere Maßnahmen der Sachleitung enthält § 140 ZPO. Die Entscheidung des Gerichts ergeht durch Beschluss. Sie ist gem. § 146 Abs. 2 nicht selbständig anfechtbar. Gegen die Verhängung von Ordnungsmitteln nach § 55 i.V.m. §§ 178, 180 GVG – Ordnungsgeld oder Ordnungshaft – ist nach Maßgabe des § 55 i.V.m. § 181 GVG die Beschwerde statthaft.

VI. Mitwirkungspflicht der Beteiligten

Die von der Prozessleitungspflicht des Gerichts unberührte Mitwirkungspflicht der Beteiligten in der   14 Verhandlung dient der Erfüllung ihrer (allgemeinen) Prozessförderungspflicht bzw. prozessualen Mitwirkungspflicht[4] (vgl. § 86 Abs. 1 S. 1 Hs. 2). Aus ihr folgt etwa eine Pflicht, sich „bereit zu halten". Die Beteiligten müssen dafür Sorge tragen, dass der Aufruf der Sache (§ 103 Abs. 2) sie erreichen kann. In der mündlichen Verhandlung selbst müssen sie an der Aufklärung des Sachverhalts mitwirken.[5]

VII.　Eröffnung der Sitzung und der mündlichen Verhandlung(en)

15　Eröffnet wird sowohl die Sitzung des Gerichts (als der Inbegriff der am Sitzungstag stattfindenden mündlichen Verhandlungen) wie auch die jeweilige (einzelne) mündliche Verhandlung.

16　**1. Eröffnung der Sitzung.** Vor der Eröffnung der ersten mündlichen Verhandlung des Sitzungstags wird die Sitzung des Gerichts (als Ganzes) eröffnet. Danach können – bevor die erste mündliche Verhandlung des Sitzungstags eröffnet wird – ggf. neue ehrenamtliche Richter vereidigt werden. Gerichtsdolmetscher indessen sind in der jeweiligen mündlichen Verhandlung (erstmals) zu vereidigen, zu der der Dolmetscher herangezogen wird.

17　Voraussetzung für die Eröffnung der Sitzung ist, dass alle Mitglieder des Gerichts, auch die ehrenamtlichen Richter, erschienen sind. Ggf. kann der planmäßige Vertreter eingesetzt werden. Ist auch dieser nicht erreichbar, können sich die Beteiligten mit einer Entscheidung durch den Berichterstatter gem. § 87a Abs. 2 und 3 einverstanden erklären. In geeigneten Fällen kann auch das „Umfunktionieren" der Sitzungstermine in Erörterungstermine durch den Berichterstatter oder Vorsitzenden in Betracht kommen.

18　**2. Eröffnung der mündlichen Verhandlung(en).** Der Eröffnung der mündlichen Verhandlung in der jeweiligen Streitsache geht deren Aufruf (§ 103 Abs. 2) unmittelbar voraus (BVerwG NVwZ 1989, 857). Meist fällt beides praktisch zusammen.

VIII.　Aufruf der Sache

19　Mit dem Aufruf der Sache bekundet das Gericht, dass es mit der Verhandlung der Streitsache beginnt. Der Aufruf dient der Wahrung des rechtlichen Gehörs der Beteiligten bei der mündlichen Verhandlung (BVerfGE 42, 364, 369; BVerwGE 70, 28, 30). Außerdem stellt er die Öffentlichkeit der mündlichen Verhandlung her.

20　**1. Modalitäten.** Die Beteiligten müssen zuverlässig – deutlich hörbar und verständlich – vom Beginn der mündlichen Verhandlung in Kenntnis gesetzt werden. Halten sich die Beteiligten bereits im Sitzungssaal auf, genügt es, die Namen von Kläger und Beklagtem zu nennen; die Angabe des Aktenzeichens ist regelmäßig entbehrlich, es sei denn, es besteht Verwechslungsgefahr. Sind nicht alle Beteiligten im Sitzungssaal anwesend, muss vor dem Sitzungssaal aufgerufen werden, etwa über Lautsprecher oder durch Gerichtsbedienstete. Ggf. muss auch mehrmals aufgerufen werden, in jedem Fall nochmals vor der Verkündung eines Urteils (BVerwGE 72, 28, 35), sofern diese nicht – wie regelmäßig – durch Zustellung des Urteils (§ 116 Abs. 2) ersetzt wird.

21　**2. Zeitpunkt.** Aufzurufen ist zu der in der Ladung (§ 102) angegebenen Zeit. Vorher darf aufgerufen werden, wenn die bereits anwesenden Beteiligten damit einverstanden sind, was man im Protokoll festhalten sollte. Auf die Einhaltung der Terminsstunde können die Beteiligten auch durch rügelose Einlassung zur Sache verzichten (§ 173 i.V.m. § 295 ZPO). Die Öffentlichkeit hat keinen Anspruch darauf, dass mündliche Verhandlungen nicht vor dem in der ausgehängten Tagesordnung angegebenen Zeitpunkt beginnen.

22　**3. Ausbleiben von Beteiligten.** Nicht selten erscheinen bei Aufruf der Sache nicht alle geladenen Beteiligten (pünktlich). Hat das Gericht den Sitzungstag (zu) eng auterminiert, kann das die Durchführung der mündlichen Verhandlungen empfindlich stören. Bei allem Bedacht auf die zügige Abwicklung

---

4　Dazu etwa BVerfGE 42, 364, 369; BVerwGE 19, 87, 94; 60, 140, 143; BVerwG BayVBl 1988, 505, 506; GewArch 1995, 154; *H. Wolff*, BayVBl 1997, 585.

5　Näher zur Prozessförderungspflicht bzw. zur prozessualen Mitwirkungspflicht der Beteiligten, auch zur Streitfrage, ob es hierbei um eine „echte" Pflicht oder (nur) um eine „Obliegenheit" der Beteiligten geht, → § 86 Rn. 60 ff.

der festgesetzten Termine ist zu gewährleisten, dass das Recht der Beteiligten auf Gehör in der mündlichen Verhandlung nicht beschnitten wird.

a) Wartepflicht des Gerichts. Sind bei termingerechtem Aufruf der Sache nicht alle Beteiligten erschienen, ist damit aber noch zu rechnen, entscheidet das Gericht grds. nach pflichtgemäßem Ermessen, ob es den Beginn der mündlichen Verhandlung zurückstellt und erneut aufruft (BVerwGE 72, 28, 31; BVerwG BayVBl 1985, 635; NVwZ 1989, 857, 858). Regelmäßig wird es, soweit das mit Rücksicht auf die weiteren terminierten Verfahren vertretbar ist, zuwarten; verpflichtet ist das Gericht dazu allerdings nicht in jedem Fall (BVerwG NJW 1985, 340; NJW 1995, 3402). Dem Gebot rechtlichen Gehörs genügt das Gericht i.d.R. dadurch, dass es mündliche Verhandlung anberaumt, die Beteiligten bzw. ihre Prozessbevollmächtigten ordnungsgemäß lädt und die mündliche Verhandlung zu dem festgesetzten Zeitpunkt eröffnet. Es ist Sache der Beteiligten (Prozessbevollmächtigten), sich so einzurichten, dass sie pünktlich erscheinen können (§ 101 Abs. 2); gegen Verzögerungen müssen sie – speziell in Großstädten – Vorsorge treffen (BVerwG NJW 1995, 3402; VGH Kassel AuAS 2000, 175). Leitmaßstab für die Entscheidung, zu warten oder pünktlich mit der mündlichen Verhandlung zu beginnen, sind die Wahrung rechtlichen Gehörs in der mündlichen Verhandlung und die prozessuale Fürsorgepflicht[6] des Gerichts einerseits sowie das legitime Interesse aller Beteiligten und des Gerichts an zeitgerechter und zügiger Durchführung des Sitzungstags andererseits.[7] Das Streben nach Verfahrensbeschleunigung darf aber nie zu einer Verkürzung des rechtlichen Gehörs führen (BVerwGE 44, 307, 309). Die Rspr. dazu ist nicht einheitlich: So liegt eine Verletzung rechtlichen Gehörs etwa vor, wenn das Gericht nicht 10 Minuten wartet, obwohl das mit der Einhaltung der Tagesordnung vereinbar wäre (BVerwG NJW 1979, 1619; BayVBl 1985, 635; NVwZ 1989, 857, 858 [einige Minuten]). Wenn nicht die Umstände eine kürzere Wartezeit nahe legen, muss man etwa 15 Minuten lang warten.[8] Eine allgemeine Regel gibt es nicht. Mit Rücksicht auf die Bedeutung des Mündlichkeitsgrundsatzes (§ 101) und den Anspruch der Beteiligten auf rechtliches Gehör vor Gericht, ist eine engherzige Praxis verfehlt. So kann durchaus infrage kommen, auch länger als 15 Minuten zu warten, wenn mit dem Erscheinen des Beteiligten noch zu rechnen ist (OLG Hamm MDR 1978, 165), während es auf der anderen Seite zu weit geht, das Gericht generell zu einer Wartezeit von deutlich mehr als 15 Minuten oder gar mindestens 30 Minuten (OLG Frankfurt NJW 1978, 285 [15 Minuten]; OLG Köln NZV 1997, 494) zu verpflichten. Ist dem Gericht allerdings bekannt (zu telefonischer Terminabsprache unter Abkürzung der Ladungsfrist: BFH/NV 2006, 605) dass der sein Erscheinen ankündigende Beteiligte unter besonderen Schwierigkeiten die Terminswahrnehmung versucht, muss nach Ansicht des BSG 30 Minuten gewartet werden (NZS 2005, 109).

Das Ermessen des Gerichts verengt sich zu einer längeren Wartepflicht, wenn sich ein zum festgesetzten Termin anwesender Beteiligter wegen dringender anderer Termine entfernt, weil das Gericht noch in einer vorausgehenden Sache verhandelt (zu solchen Fällen: BFH NJW 1977, 919 [LS]; BFHE 121, 132). Entsprechendes gilt, wenn der Beteiligte seine voraussichtliche Verspätung mitgeteilt hatte und das Gericht ohne Beeinträchtigung der Sitzungsplanung hätte warten können (BVerwG BayVBl 1985, 635; NJW 1986, 1057; vgl. auch OVG Münster AuAS 2000, 164). Das kommt ggf. auch dann in Betracht, wenn dem Gericht vor Beginn der mündlichen Verhandlung anderweit bekannt wird, dass ein Beteiligter nicht rechtzeitig erscheinen kann (BVerwG Buchholz 310 § 108 VwGO Nr. 107; BayVBl 1993, 412, 413).

Die Wartepflicht des Gerichts entfällt naturgemäß dann, wenn ein Beteiligter angekündigt hat, nicht zum Termin zu erscheinen, und auch keine Terminsänderung (→ § 102 Rn. 22 ff.) beantragt hat. Gleiches gilt, wenn sich dem Gericht nach Maßgabe aller Umstände des Einzelfalls der Eindruck aufdrängen musste, dass der Beteiligte nicht am Termin teilnehmen wolle.

23

24

25

---

6 Speziell dazu und zu einer (generellen) Wartepflicht von „wenigen Minuten" (allerdings unentschieden): BVerwG NVwZ 1989, 857, 858.
7 BVerwG NJW 1995, 3402; NVwZ 1989, 857, 858; BayVBl 1993, 412, 413; OVG Münster NVwZ-RR 2002, 785.
8 Offen gelassen von BVerwG NJW 1989, 857, 858; vgl. auch BVerwG NJW 1986, 206, 207; OVG Münster NVwZ-RR 2002, 785; OLG Frankfurt NJW 1978, 285; demgegenüber aber etwa BVerwG NJW 1995, 3402 zu Verzögerungen der Anfahrt zum Termin in einer Großstadt (Berlin) bei der Notwendigkeit, unterschiedliche Verkehrsmittel (durch Umsteigen) zu benutzen (Anruf des Prozessbevollmächtigten 15 Minuten nach Eröffnung der mündlichen Verhandlung, er sei wegen unerwarteter Verzögerungen noch unterwegs).

26 **b) Terminsänderungspflicht des Gerichts.** Im Einzelnen → § 102 Rn. 22 ff. Das Gericht muss den Termin aufheben oder verlegen (bzw. die mündliche Verhandlung vertagen), wenn bekannt wird oder dafür gewichtige Anhaltspunkte vorliegen, dass ein Beteiligter ohne Verschulden daran gehindert ist, an der mündlichen Verhandlung teilzunehmen.[9] Das kann etwa der Fall sein, wenn anzunehmen ist, dass der Beteiligte von der Ladung zum Termin keine Kenntnis hat. Daran ist zu denken, wenn die Ladung durch Niederlegung zugestellt (BVerwG NVwZ-RR 1995, 534) wurde. Ggf. ist telefonisch nachzufragen. Auch dann, wenn für die Entscheidung in der Sache rechtliche oder tatsächliche Gesichtspunkte maßgebend sind, zu denen bisher kein rechtliches Gehör gewährt worden war und mit deren Entscheidungserheblichkeit auch ein gewissenhaft und sorgfältig prozessierender Beteiligter nach dem bisherigen Verlauf des Gerichtsverfahrens und des vorausgegangenen Verwaltungsverfahrens nicht rechnen konnte oder musste, hat das Gericht einen angesetzten Termin aufzuheben oder zu verlegen, wenn der Beteiligte nicht erscheint. Entsprechendes gilt, wenn solche Gesichtspunkte erst in der mündlichen Verhandlung oder kurz vorher eingeführt werden oder sich ergeben,[10] etwa aufgrund einer Beweisaufnahme, und der (erschienene) Betroffene sich dazu nicht sofort äußern kann. Beantragt er deshalb die Vertagung der mündlichen Verhandlung, muss dem zur Wahrung rechtlichen Gehörs stattgegeben werden.[11] Zum Termin vorgelegte (privat-)ärztliche Atteste muss das Gericht berücksichtigen (BVerwG NVwZ-RR 1990, 257). Eine (bloße) Arbeitsunfähigkeitsbescheinigung (über Arbeitsunfähigkeit i.S.d. Krankenversicherungsrechts) genügt aber nicht ohne Weiteres, da sich aus ihr nicht auch die Verhandlungsunfähigkeit des Beteiligten ergibt (BVerwG NJW 1995, 799, 800; NVwZ-RR 1995, 533 → § 102 Rn. 25).

27 **c) Eröffnung (und Entscheidung) ohne den ausgebliebenen Beteiligten.** Das Gericht kann auch beim Ausbleiben von Beteiligten, sogar aller Beteiligten, die mündliche Verhandlung eröffnen und durchführen sowie ein Urteil fällen, wenn der entscheidungserhebliche Sachverhalt geklärt ist und die ausgebliebenen Beteiligten ordnungsgemäß zur mündlichen Verhandlung geladen und insbes. gem. § 102 Abs. 2 in der Ladung darauf hingewiesen wurden, dass das Gericht auch ohne sie verhandeln und entscheiden kann (→ § 102 Rn. 60 ff.). Eine Verletzung rechtlichen Gehörs liegt darin nicht (BVerwG NJW 1984, 251; BayVBl 1985, 635; NJW 1986, 206). Der Ablauf der mündlichen Verhandlung ändert sich in diesen Fällen nicht; auch der in § 103 Abs. 2 vorgeschriebene Aktenvortrag soll nach Ansicht der Rspr. notwendig sein (BVerwG NJW 1984, 251; BSG NJW 1968, 1742 → Rn. 35). Entfernen sich Beteiligte oder deren Prozessbevollmächtigte vorzeitig, etwa nach Stellen eines Befangenheitsantrags, gilt Entsprechendes (vgl. BVerwG NJW 1990, 1616 → § 102 Rn. 63).

28 **d) Pflicht zur Wiedereröffnung der mündlichen Verhandlung.** Ist ein Beteiligter (bzw. dessen Prozessbevollmächtigter) bei Aufruf der Sache nicht erschienen und hat das Gericht nach angemessener Wartezeit die mündliche Verhandlung eröffnet, durchgeführt und geschlossen, kann es ggf. verpflichtet sein, die mündliche Verhandlung gem. § 104 Abs. 3 S. 2 wieder zu eröffnen, um einem doch noch erscheinenden Beteiligten bzw. Prozessbevollmächtigten rechtliches Gehör zu gewähren (→ § 104 Rn. 67 ff.).[12] Das gilt aber nicht mehr, wenn das Urteil durch Verkündung gem. § 116 Abs. 1 bereits erlassen ist (BVerwG NVwZ 1991, 587).

29 **e) Bereithaltungspflicht der Beteiligten.** Der Wartepflicht des Gerichts steht die auf der Prozessförderungspflicht beruhende Pflicht der Beteiligten gegenüber sich bereitzuhalten, damit sie der Aufruf ihrer Sache auch erreichen kann. Sie dürfen sich nicht ohne triftigen Grund und jedenfalls nicht ohne dem Gericht Nachricht zu geben vom Ort der Sitzung entfernen, selbst wenn die mündliche Verhandlung nicht pünktlich zum festgesetzten Zeitpunkt beginnt (BVerwGE 72, 28, 3). Nach der Rückkehr müssen sie sich nach dem Stand der Verhandlung erkundigen.

---

9   BVerwGE 77, 157, 161; BVerwG BayVBl 1993, 412, 413; NVwZ-RR 1995, 534; vgl. aber (offen): BVerwG BayVBl 1983, 668. Ob man hierfür auf den Rechtsgedanken des § 60 zurückgreifen kann, ist umstr.; vgl. dazu etwa *Kopp/ Schenke* § 60 Rn. 5 m.w.N.
10 Vgl. auch § 102 Rn. 63 insbes. zu Klageänderungen sowie etwa BVerwG NJW 2001, 1151; BVerwGE 61, 145, 146.
11 BVerwGE 44, 307, 309; BVerwG NJW 1983, 2155; Buchholz 11 Art. 103 Abs. 1 GG Nr. 5.
12 Näher BVerwG NVwZ 1989, 857, 858; auch BVerwG NJW 1983, 2155.

IX. Vortrag des wesentlichen Inhalts der Akten (§ 103 Abs. 2)

Mit dem Aktenvortrag (dem „Sachbericht") beginnt der den Sachbericht, das Rechtsgespräch und ggf. 30
eine Beweisaufnahme umfassende Hauptteil der mündlichen Verhandlung.

1. Funktion. Der Aktenvortrag dient zunächst der Unterrichtung der Beteiligten über den für ent- 31
scheidungserheblich erachteten Sachverhalt und macht die erwähnten bzw. dargestellten Unterlagen
oder Augenscheinsobjekte zum Gegenstand der mündlichen Verhandlung. Die Beteiligten können dazu sachdienlich (ergänzend oder neu) vortragen oder sachdienliche Fragen und Anträge (etwa Beweisanträge) stellen (vgl. etwa BVerwG NVwZ 1989, 857, 859; auch BayVBl 1993, 412, 413); der Aktenvortrag bezweckt daher die Wahrung des rechtlichen Gehörs (BVerwG NJW 1984, 251). Daneben
dient der Vortrag der Unterrichtung der Öffentlichkeit. Der Aktenvortrag in mündlichen Verhandlungen vor der Kammer oder dem Senat informiert schließlich die den Akteninhalt noch nicht kennenden
Mitglieder des Gerichts, speziell die an der Kammersitzung teilnehmenden ehrenamtlichen Richter,
über den Sach- und Streitstand, damit diese sich ihre Überzeugung aus dem Gesamtergebnis des Verfahrens bilden können (§ 108 Abs. 1 S. 1).[13] Für die ehrenamtlichen Richter ist der Aktenvortrag von
besonderer Bedeutung, da sie an der Vorberatung der Berufsrichter nicht teilnehmen und i.d.R. auch
keine schriftlichen Sachberichte oder Voten erhalten.

2. Inhalt. Der Aktenvortrag gibt in gedrängter Form bekannt, von welchem Sachverhalt das Gericht 32
ausgeht. Gleichzeitig werden der wesentliche Inhalt der Gerichts- und Verwaltungsakten sowie im
Vortrag erwähnte Augenscheinsobjekte zum Gegenstand der mündlichen Verhandlung gemacht
(HmbOVG NJW 1969, 445). Hierauf sollte der Vortragende beim Aktenvortrag ausdrücklich hinweisen, und es sollte ein entsprechender Vermerk in das Protokoll aufgenommen werden.[14]

3. Akten„vortrag"/Übersendung des Sachberichts. Mit dem Begriff des „Vortragens" verlangt das 33
Gesetz nicht, den Akteninhalt in freier Rede zu referieren. Zulässig und regelmäßige Praxis ist, den
Sachbericht schriftlich vorzuformulieren und vorzulesen. In besonderen Fällen, etwa bei umfangreichen Großverfahren, kann es auch in Betracht kommen, den Beteiligten den Sachbericht vorab schriftlich bekannt zu geben.

4. Verzicht auf den Aktenvortrag. Nach Ansicht des BVerwG (vgl. BVerwG NJW 1984, 251) ist der 34
Vortrag des wesentlichen Inhalts der Akten ein so wesentlicher Bestandteil der mündlichen Verhandlung, dass sein Unterbleiben stets einen – freilich dem Rügeverzicht (§ 173 i.V.m. § 295 Abs. 1 ZPO)
unterliegenden – Verfahrensmangel darstellt; das Gericht habe auch keine freie Hand, von den für die
mündliche Verhandlung zwingend vorgeschriebenen Förmlichkeiten abzuweichen. Gleichwohl dürfen
die Beteiligten dem Gericht durch Verzicht auf den Aktenvortrag erlauben, sogleich zum Rechtsgespräch überzugehen (wofür dann mehr Zeit bleibt). Das folgt letztendlich aus § 101 Abs. 2, wonach
sie (sogar) auf die (gesamte) mündliche Verhandlung verzichten dürfen. Außerdem kennen sie regelmäßig den Inhalt der Gerichtsakten, die im Wesentlichen aus ihren Schriftsätzen und den zur Kenntnisnahme übersandten Schriftsätzen der anderen Beteiligten, ggf. auch aus den Beteiligten übersandten
schriftlichen Auskünften oder Gutachten, bestehen. Dem Gericht vorgelegte (Behörden-)Akten können die Beteiligten gem. § 100 einsehen, was jedenfalls bei anwaltlich vertretenen Beteiligten auch
meist geschieht. Ist der Aktenvortrag zur Information der ehrenamtlichen Richter notwendig, darf er
allerdings auch bei Verzicht der Beteiligten nicht unterbleiben. Regelmäßig sind diese aber auch in der
anschließenden Urteilsberatung hinreichend zu unterrichten.

Da der Verzicht auf den vorgeschriebenen Aktenvortrag nach Ansicht des BVerwG (→ Rn. 34) nur 35
das Recht zur Geltendmachung des im Unterbleiben des Vortrags liegenden Verfahrensmangels beseitigt (§ 173 i.V.m. § 295 Abs. 1 ZPO), können – so das BVerwG – auch nur die in der mündlichen Verhandlung erschienenen Beteiligten (rechtswirksam) verzichten (vgl. BVerwG NJW 1984, 251; auch
BSG SGb 2012, 110). In dem Umstand allein, dass ein Verfahrensbeteiligter im Verhandlungstermin

---

13 BVerwG NJW 1984, 251; enger: BSG SGb 2012, 110.
14 Das ist allerdings nicht zwingend notwendig. Die Beteiligten wissen regelmäßig aus gerichtlichen Mitteilungen oder
nachrichtlich übersandten Doppelschriften der mit den Akten bei Gericht eingehenden Begleitschreiben, welche Akten
beigezogen und dem Gericht vorgelegt worden sind. Sie müssen davon ausgehen, dass diese Akten Grundlage der Entscheidungsfindung und deshalb auch notwendig Gegenstand der mündlichen Verhandlung, auf die die Entscheidung
gefällt wird, sind; vgl. auch BVerwG DÖV 1983, 949 (LS); NVwZ 1985, 337 (zu Erkenntnismitteln im Asylprozess).

nicht erscheine, liege kein Verzicht auf den Aktenvortrag, weil das Ausbleiben ganz verschiedene Ursachen oder Motive haben könne. Das Gericht müsse den Aktenvortrag ggf. auch dann halten, wenn niemand erschienen sei. Der Aktenvortrag ist dann, wenn alle Beteiligten ausbleiben oder jedenfalls die erschienenen Beteiligten hierauf verzichten, im Regelfall aber leere Förmlichkeit.[15] Wer trotz ordnungsgemäßer Ladung ausbleibt, verzichtet auf sein rechtliches Gehör in der mündlichen Verhandlung und begibt sich außerdem des Rechts, den Verhandlungsablauf zu beeinflussen. Die Motive für das Ausbleiben können keine Rolle spielen. Ist der Beteiligte etwa unverschuldet daran gehindert, an der mündlichen Verhandlung teilzunehmen, hilft ihm der in seiner Abwesenheit vorgetragene Akteninhalt auch nicht weiter; ggf. kann er erreichen, dass erneut (vollständig) mündlich verhandelt wird (vgl. etwa § 104 Abs. 3 S. 2 zur Wiedereröffnung der mündlichen Verhandlung). Im Gesetzeswortlaut ist insoweit auf den Begriff des „Vortragens" in § 103 Abs. 2 abzustellen: Vortragen verlangt – anders als etwa das „Verlesen"[16] – einen Adressaten „vor" dem vorgetragen wird und der vorgetragen haben will.

36   Unterbleibt der Aktenvortrag, sollte das Gericht in jedem Fall ausdrücklich darauf hinweisen, dass die dem Gericht vorgelegten bzw. beigezogenen Akten, speziell die Behördenakten, Gegenstand der mündlichen Verhandlung sind. Für die Gerichtsakten erscheint das entbehrlich, sofern es sich um die Gerichtsakten der verhandelten Streitsache und nicht um beigezogene Gerichtsakten eines anderen Verfahrens, z.B. eines bereits durchgeführten vorläufigen Rechtsschutzverfahrens, handelt. Der Hinweis ist in der Sitzungsniederschrift und im Tatbestand des Urteils festzuhalten.

X.   Antragstellung (§ 103 Abs. 3 Alt. 1)

37   Die Anträge der Beteiligten geben ihrem Rechtsschutzbegehren regelmäßig eine der Entscheidungsformel des Urteils entsprechende Gestalt; auf ihre exakte Formulierung ist deshalb – unbeschadet der Regelung des § 88 Hs. 2 – besonders zu achten.

38   **1. Zeitpunkt.** Wann die Anträge in der mündlichen Verhandlung gestellt werden, ist nicht zwingend festgelegt (BVerwG DÖV 1972, 24). § 137 Abs. 1 ZPO gilt für den Verwaltungsprozess nicht. Hinzu kommt die Regelung des § 86 Abs. 3 und damit zusammenhängend die Amtsermittlungspflicht des Gerichts. Es muss den Beteiligten den rechten Weg weisen, wie sie i.R. der ihnen zustehenden rechtlichen Möglichkeiten ihr Rechtsschutzziel am besten und zweckmäßigsten erreichen können (BVerwGE 16, 94, 98; AgrarR 1996, 35), und dabei insbes. auf das Stellen sachdienlicher Anträge hinwirken. Dabei ist mitunter notwendig, zunächst das Rechtsschutzziel zu erörtern, was im Zuge des Rechtsgesprächs nach § 104 Abs. 1 geschehen wird. Die Anträge, bei deren Formulierung das Gericht auch ggf. helfen muss,[17] können die Beteiligten dann erst im weiteren Verlauf der mündlichen Verhandlung stellen. Zwar muss auch der Vorsitzende im Zivilprozess gem. § 139 Abs. 1 ZPO auf sachdienliche Anträge hinwirken und dabei, wenn notwendig, das Sach- und Streitverhältnis mit den Parteien erörtern. Die entsprechenden Pflichten im Verwaltungsprozess sind indessen mit der Amtsermittlungspflicht aus § 86 Abs. 1 verknüpft, was nicht zuletzt in der systematischen Stellung des § 86 Abs. 3 hervortritt. Sie gehen deshalb der Sache nach über die in § 139 Abs. 1 ZPO festgelegten Pflichten hinaus und verlangen, zur sachdienlichen Antragstellung ggf. auch den Sachverhalt von Amts wegen (weiter) aufzuklären (vgl. auch BVerwG NVwZ 2003, 1132 zur ZPO-Reform).

39   Mangels (zwingender) gesetzlicher Regelung entscheidet der Vorsitzende (bzw. der Einzelrichter oder streitentscheidende Berichterstatter – § 87a Abs. 2 und 3) in Ausübung seiner Kompetenz zur Verhandlungsleitung (§ 103 Abs. 1) nach Zweckmäßigkeitsgesichtspunkten, wann die Beteiligten ihre Anträge stellen sollen. Regelmäßig wird man die Anträge, schon damit es später nicht versehentlich unterbleibt, wie in § 103 Abs. 3 vorgesehen unmittelbar im Anschluss an den Aktenvortrag (§ 103 Abs. 2) stellen lassen. Gleiches gilt, wenn die Beteiligten komplizierte und wenig präzise Anträge schriftsätzlich angekündigt haben. Dann trägt die frühzeitige Antragstellung, die die Präzisierung der Anträge voraussetzt, zur Konzentration der weiteren mündlichen Verhandlung auf das Wesentliche

---

15   Das gilt erst recht, wenn der Einzelrichter verhandelt, der ggf. den Sachbericht im leeren Sitzungssaal vorlesen müsste.
16   Verlesen bedeutet – wiederum im Unterschied zum Vorlesen – nur das Ablesen eines Textes, ggf. auch ohne Zuhörer als Adressaten; vgl. auch § 137 Abs. 3 S. 2 ZPO.
17   BVerwG NJW 1977, 1465. Meist hat der Berichterstatter in seinem Sachbericht die Anträge, die er für sachdienlich hält, vorformuliert und in der Vorberatung des Gerichts mit den anderen (Berufs-)Richtern abgeklärt.

bei. Kommt eine vergleichsweise Erledigung in Betracht (§ 106), bietet es sich an, die Antragstellung zur Erleichterung des Vergleichsgesprächs noch aufzuschieben. Außerdem bedürfte eine Klagerücknahme nach Antragstellung gem. § 92 Abs. 1 S. 2 der Einwilligung des Beklagten.

2. Form. § 103 legt die Form der Antragstellung nicht fest. Insoweit gilt § 297 ZPO gem. § 173 ergänzend. Die Anträge sind gem. § 105 i.V.m. § 160 Abs. 3 Nr. 2 ZPO in das Protokoll aufzunehmen (→ § 105 Rn. 59; zur Genehmigungspflicht [§ 162 ZPO] → § 105 Rn. 29).   40

Nach § 297 Abs. 1 S. 3 ZPO kann der Vorsitzende nach pflichtgemäßem Ermessen gestatten, dass die Beteiligten ihre *Anträge zu Protokoll* erklären. Das entspricht der Regel im Verwaltungsprozess. Die Schriftsätze der Beteiligten kündigen demgegenüber die in der mündlichen Verhandlung zu stellenden Anträge nur an. Die sachdienlichen Anträge (und ihre Formulierung) sind ggf. vom Gericht auf der Grundlage der schriftsätzlich angekündigten Anträge zu erörtern (§ 86 Abs. 3). Maßgebend sind allein die in der mündlichen Verhandlung tatsächlich gestellten – und im Protokoll festgehaltenen (§ 105 i.V.m. § 160 Abs. 3 Nr. 2 ZPO) – Anträge (vgl. etwa BVerwG NVwZ 1991, 160; VGH München ZfWG 2012, 347). Nach einer älteren und mit der aktuellen Fassung des § 105 nicht (mehr) übereinstimmenden Entscheidung des BVerwG müssen die protokollierten Anträge – entgegen § 105 i.V.m. § 162 ZPO – nicht vorgelesen bzw. vom Tonband vorgespielt und von den Beteiligten genehmigt werden (→ § 105 Rn. 29).[18]   41

Die Beteiligten können ihre Anträge auch gem. § 173 i.V.m. § 297 Abs. 1 S. 1 ZPO aus vorbereitenden Schriftsätzen – regelmäßig der Klageschrift und der Klageerwiderung – oder gem. § 297 Abs. 1 S. 2 ZPO aus einer dem Protokoll als Anlage beizufügenden Schrift verlesen. Diese Form der Antragstellung wird im Verwaltungsprozess aber meist nicht praktiziert.   42

Gem. § 173 i.V.m. § 297 Abs. 2 ZPO kann die Verlesung der Anträge (etwa aus vorbereitenden Schriftsätzen, § 297 Abs. 1 S. 1 ZPO) auch dadurch ersetzt werden, dass die Beteiligten auf die Schriftsätze Bezug nehmen, die die Anträge enthalten. Mit dieser – allerdings ebenfalls wenig praktizierten – Form der Antragstellung kann man das bei der Antragstellung zu Protokoll (§ 297 Abs. 1 S. 3 ZPO) eigentlich gebotene Vorlesen und Genehmigen der protokollierten Anträge (auf jeden Fall) ersparen. Die Anträge sind auch dann aber gem. § 105 i.V.m. § 160 Abs. 3 Nr. 2 ZPO in das Protokoll aufzunehmen.   43

3. Ausdrückliche/schlüssige Anträge. Ausdrückliche (Klage-)Anträge sind nicht notwendig.[19] Es genügt, wenn das Gericht das Begehren des Klägers (§ 88) oder jedenfalls das Ziel der Klage aus der Klageschrift, sonstigen Erklärungen (BFH NJW 1980, 1415, 1416), speziell in der mündlichen Verhandlung, oder aus dem übrigen Inhalt der Akten, so wie er im Sachbericht (§ 102) vorgetragen worden ist, entnehmen kann. Durchgreifende Bedenken wird man dagegen nicht geltend machen können, auch nicht mit Blick auf § 105 i.V.m. § 160 Abs. 3 Nr. 2 ZPO.[20] Wenn dort vorgeschrieben ist, die Anträge im Protokoll festzustellen, so bezieht sich das – trotz der Formulierung „feststellen" – auf in der mündlichen Verhandlung nach § 297 ZPO ausdrücklich gestellte Anträge. Der Begriff des „Feststellens" geht insoweit nicht über das „Festhalten" (von Anträgen) hinaus, was schon daraus folgt, dass (u.a.) auch Zeugenaussagen (Nr. 4), die Ergebnisse eines Augenscheins (Nr. 5) oder die Verkündung der Entscheidungen (Nr. 7) im Protokoll „festzustellen" sind. „Stellt" das Gericht danach aus dem Vorbringen der Beteiligten die (nicht ausdrücklich gestellten) Anträge „fest", braucht es diese nicht ins Protokoll aufzunehmen. Können die Anträge aus dem Vorbringen der Beteiligten nicht zweifelsfrei entnommen werden, muss die mündliche Verhandlung ggf. nach § 104 Abs. 3 S. 2 wiedereröffnet werden.   44

Der *Beklagte* – regelmäßig ein Hoheitsträger – muss keinen ausdrücklichen Antrag stellen. Wenn er der Klage entgegentritt, ist hinreichend klar, dass er die Abweisung der Klage begehrt. Der *Beigeladene* (§ 65) braucht ebenfalls keinen Antrag zu stellen. Er kann davon absehen, wenn er kein Kostenrisiko eingehen will (§ 154 Abs. 3). Es wird dann aber auch regelmäßig der Billigkeit entsprechen, wenn er im Obsiegensfall seine außergerichtlichen Kosten auf sich behalten muss (§ 162 Abs. 3).   45

---

18 BVerwGE 45, 260 zu § 105 a.F.; anders *P. Kothe*, in: Redeker/v. Oertzen § 103 Rn. 6; *K.-M. Ortloff*, in: Schoch/Schneider/Bier § 103 Rn. 49.
19 Vgl. BVerwGE 45, 260, 262; BFH NJW 1980, 1415, 1416; OVG Münster VerwRspr 11, 121.
20 So aber *P. Kothe*, in: Redeker/v. Oertzen § 103 Rn. 6

46   Erscheint ein Beteiligter nicht zur mündlichen Verhandlung, gilt sein schriftsätzlich (in der Klageschrift oder der Klageerwiderung) angekündigter Antrag als (ausdrücklich) gestellt; im Protokoll hält das Gericht das fest (§ 105 i.V.m. § 160 Abs. 3 Nr. 2 ZPO). Ggf. muss ein schlüssig gestellter Antrag aus dem Vorbringen des Klägers ermittelt und als „sinngemäß gestellt" im Protokoll sowie im Tatbestand des Urteils festgehalten werden.

47   **4. Verweigerte Anträge.** Weigert sich der *Kläger* bzw. sein Prozessbevollmächtigter in der mündlichen Verhandlung – trotz entsprechender Aufforderung – einen Antrag zu stellen, ist die Klage als unzulässig abzuweisen (OVG Bautzen 4.2.2016 – 2 A 385/14.NC; OVG Bln NJW 1968, 1004). Auch wenn ausdrückliche Anträge nicht notwendig sind (→ Rn. 44), muss doch feststehen, dass der Kläger ein Rechtsschutzbedürfnis an einer Sachentscheidung hat, woran es bei verweigerter Antragstellung fehlt. Eine Klagerücknahme (§ 92) wird hingegen regelmäßig nicht vorliegen, weil auch eine schlüssige Rücknahme angesichts der rechtlichen Folgen völlig eindeutig sein muss (vgl. BVerwG NVwZ-RR 1994, 423). Das wird bei der Weigerung, einen Klageantrag zu stellen, nicht ohne Weiteres anzunehmen sein. So tritt auch etwa die Rücknahmefiktion des § 92 Abs. 2 oder des § 81 AsylVfG nicht allein deshalb ein, weil der Kläger trotz Aufforderung des Gerichts das Verfahren nicht betreibt. Ihr liegt vielmehr der Gedanke zugrunde, dass der Kläger kein Interesse mehr an der Weiterverfolgung seines Rechtsschutzbegehrens hat.[21]

48   Der *Beklagte* – meist, freilich nicht immer, ein Hoheitsträger – wird regelmäßig ausdrückliche Anträge (Klageabweisungsanträge) stellen. Unterbleibt das versehentlich, ergibt sich der Klagabweisungsantrag aus seinem Prozessverhalten und seinem Prozessvorbringen. Die ausdrückliche Weigerung, Klagabweisung zu beantragen, dürfte insoweit nicht vorkommen, ist indessen denkbar, wenn sich die (Leistungs-)Klage eines Hoheitsträgers (etwa aus einem öffentlich-rechtlichen Vertrag) gegen Private richtet. Gibt der Beklagte auf diese Weise klar zu erkennen, dass er der gegen ihn gerichteten Klage nicht (mehr) entgegentreten will, liegt darin regelmäßig das Anerkenntnis des vom Kläger geltend gemachten prozessualen Anspruchs,[22] mit der Folge, dass auf Antrag des Klägers ein Anerkenntnisurteil (§ 173 i.V.m. § 307 ZPO) ergehen kann.[23]

XI. Antragsbegründung (§ 103 Abs. 3 Alt. 2)

49   In der Antragsbegründung legen die Beteiligten dem Gericht die ihre Anträge tragenden rechtlichen und tatsächlichen Gründe – ggf. als Plädoyer – dar. Dabei mag es aus der Sicht des Klägers bzw. seines Prozessbevollmächtigten durchaus sinnvoll sein, speziell die ggf. mitwirkenden ehrenamtlichen Richter anzusprechen und die für deren Meinungsbildung wesentlichen Punkte noch einmal aus der Perspektive des Klägers herauszustellen.

50   **1. Worterteilung.** Der die Verhandlung leitende (§ 103 Abs. 1) Vorsitzende (bzw. Einzelrichter oder streitentscheidende Berichterstatter gem. § 87 a Abs. 2 und 3) erteilt das Wort zur Antragsbegründung. Dessen Zuständigkeit folgt aus § 136 Abs. 2 ZPO, der § 103 Abs. 3 gem. § 173 insoweit ergänzt. Auch dem durch einen Prozessbevollmächtigten vertretenen Beteiligten ist das Wort zu erteilen; er darf – auch in Verfahren mit Anwaltszwang – persönlich vortragen, wenn er das wünscht (§ 173 i.V.m. § 137 Abs. 4 ZPO). Nicht am Verfahren beteiligte Dritte haben kein Rederecht.

51   Eine Reihenfolge für die Worterteilung ist nicht vorgeschrieben. Meist wird zuerst dem Kläger, sodann dem Beklagten und daran anschließend anderen Beteiligten, wie Beigeladenen (§ 65), das Wort erteilt. Gelegenheit zur Erwiderung ist zu geben und insgesamt sicherzustellen, dass alle Beteiligten sich zu allen entscheidungserheblichen Fragen äußern können.

52   **2. Wortentziehung.** Nach Maßgabe des § 173 i.V.m. § 136 Abs. 2 ZPO kann Beteiligten das Wort entzogen werden, wenn sie nicht zur Sache Gehörendes vortragen oder ihr Vortrag gar ehrverletzend ist.

---

21   Näher BVerwGE 71, 218; BVerwG NVwZ 1987, 605; VGH Kassel InfAuslR 1995, 78, 79.

22   So auch *K.-M. Ortloff*, in: Schoch/Schneider/Bier § 103 Rn. 48.

23   Zum Anerkenntnis im Verwaltungsprozess: BVerwGE 62, 19 (Unzulässigkeit im Anfechtungsprozess); BVerwG NVwZ 1997, 576; VGH Mannheim NJW 1991, 859; vgl. auch § 101 Abs. 2 SGG.

3. „Vortrag" der Antragsbegründung. Die Beteiligten müssen grds. in freier Rede vortragen 53 (§ 173 i.V.m. § 137 Abs. 2 ZPO). Sie dürfen gem. § 137 Abs. 3 S. 1 ZPO aber auf Schriftstücke, im Besonderen auf vorbereitende Schriftsätze, Bezug nehmen, soweit kein anderer Beteiligter widerspricht und das Gericht das für angemessen hält. Das wird der Fall sein, wenn kein weiter gehender Vortrag erforderlich ist. Schriftlich vorformulierte Erklärungen dürfen jedenfalls dann verlesen werden, wenn es auf ihren wörtlichen Inhalt ankommt (§ 137 Abs. 3 S. 2 ZPO). Der Vorsitzende kann aber auch darüber hinaus nach pflichtgemäßem Ermessen das Verlesen von Schriftstücken gestatten, wenn er das insbes. zur Erforschung des Sachverhalts (§ 86 Abs. 1) für sachdienlich hält.

4. Inhalt der Antragsbegründung. Die Beteiligten können i.R. der Antragsbegründung i.S.d. § 103 54 Abs. 3 ihr bisheriges (schriftsätzliches) Vorbringen zusammenfassen, ergänzen oder präzisieren, aber auch gänzlich Neues vortragen. Das wird vor allem dann vorkommen, wenn in der mündlichen Verhandlung Beweis erhoben wurde und die Beteiligten zu den Ergebnissen der Beweisaufnahme Stellung nehmen. Auch der in der Beweisaufnahme als Partei vernommene Beteiligte darf Stellung nehmen und weiter zur Sache vortragen (BVerwGE 78, 30, 32 ff.).

5. Neue Gesichtspunkte in der Antragsbegründung. Ergeben sich aus dem Sachvortrag in der mündli-55 chen Verhandlung oder z.B. aus in der mündlichen Verhandlung bzw. kurz zuvor übergebenen Schriftsätzen neue Gesichtspunkte, zu denen sich die anderen Beteiligten nicht bzw. nicht sofort ohne Vorbereitung oder ohne Konsultation Dritter, etwa Sachverständiger, äußern können, muss das Gericht nach den Umständen des Einzelfalles angemessene Fristen zur Stellungnahme oder ggf. zur Stellung von (neuen) Beweisanträgen einräumen (BSG NJW 1991, 2310). Dazu hat es die mündliche Verhandlung zu unterbrechen oder, wenn das nicht genügt, zu vertagen (→ § 102 Rn. 43). In Betracht kommt je nach den Umständen des Falles auch das Gewähren einer angemessenen (BVerfGE 4, 190; BSGE 11, 166; BAG MDR 1982, 611; OLG München BauR 1993, 346) Schriftsatzfrist gem. § 173 i.V.m. § 283 ZPO (BVerfG NJW 1992, 2144). Andernfalls verletzt das Gericht das rechtliche Gehör der Beteiligten (BVerwG DÖV 1991, 644). Gleiches gilt, wenn es Vorbringen in rechtzeitig nachgereichten Schriftsätzen nicht berücksichtigt (zur Kenntnis nimmt und in Erwägung zieht).[24] Ob das bewusst oder versehentlich geschieht, spielt keine Rolle (vgl. BVerfGE 53, 219, 222; 60, 120, 123; BVerfG MDR 1977, 202). Vorbringen in verspätet nachgereichten Schriftsätzen darf das Gericht nach pflichtgemäßem Ermessen in die Entscheidungsfindung einbeziehen (§ 173 i.V.m. § 283 S. 2 ZPO).[25] Vorbringen außerhalb nachgelassener Schriftsätze kann es indessen nur berücksichtigen, wenn es die mündliche Verhandlung wieder eröffnet (§ 104 Abs. 3 S. 2). Dazu ist es zwar grds. nicht verpflichtet. Anderes gilt mit Blick auf den Amtsermittlungsgrundsatz (§ 86 Abs. 1) jedoch stets dann, wenn sich bei der Einbeziehung des neuen Vorbringens der entscheidungserhebliche Sachverhalt verändern würde (→ § 104 Rn. 50 ff.).[26]

XII. Fehlerfolgen

Fehlerfolgen bestehen in erster Linie in der Verletzung des Anspruchs der Beteiligten auf rechtliches 56 Gehör in der mündlichen Verhandlung. Das gilt etwa dann, wenn die Sache nicht gem. § 103 Abs. 2 ordnungsgemäß aufgerufen und die mündliche Verhandlung deshalb durchgeführt wird, ohne dass alle Beteiligten daran teilnehmen können. Fehler müssen die Beteiligten aber rügen. Verhandelt der betroffene Beteiligte rügelos zur Sache (weiter), wird ein etwaiger Fehler geheilt (§ 173 i.V.m. § 295 ZPO).

Unterbleibt der in § 103 Abs. 2 vorgesehene Vortrag des wesentlichen Inhalts der Akten zu Unrecht 57 oder ist er unvollständig, weil wesentliche Teile des Akteninhalts nicht vorgetragen werden, liegt ein Verfahrensmangel – allerdings kein absoluter Verfahrensmangel (BVerwG NJW 1984, 251; BSG NJW 1968, 1742) – vor, auf dem das Urteil aber meist nicht beruhen wird. Anderes gilt nur dann, wenn dadurch den Beteiligten das rechtliche Gehör beschnitten worden ist oder die an der Sachentscheidung mitwirkenden Richter nicht ausreichend über den Sachverhalt unterrichtet worden sind. Das kommt

---

24 BVerfGE 11, 218; 61, 37, 41; 61, 78; BVerfG NJW 1988, 1773, 1774.
25 Vgl. dazu BayVerfGH NJW 1990, 1653; auch etwa BVerfG NJW 1992, 2144; anders *H. Geiger*, in: Eyermann § 103 Rn. 18 mit Blick auf den Amtsermittlungsgrundsatz des § 86.
26 Freilich bleibt es den Beteiligten unbenommen, gem. § 101 Abs. 2 auf (weitere) mündliche Verhandlung zu verzichten.

praktisch aber nur dann infrage, wenn aus der Entscheidung selbst Zweifel daran folgen, dass die mitwirkenden Richter auch nicht in der Beratung der Entscheidung ausreichend ins Bild gesetzt worden sind (BVerwG NJW 1984, 251; BayVBl 1986, 375; a.A. für den Sozialgerichtsprozess BSG SGb 2012, 110).

§ 104 [Richterliche Frage- und Erörterungspflicht]

(1) Der Vorsitzende hat die Streitsache mit den Beteiligten tatsächlich und rechtlich zu erörtern.

(2) [1]Der Vorsitzende hat jedem Mitglied des Gerichts auf Verlangen zu gestatten, Fragen zu stellen. [2]Wird eine Frage beanstandet, so entscheidet das Gericht.

(3) [1]Nach Erörterung der Streitsache erklärt der Vorsitzende die mündliche Verhandlung für geschlossen. [2]Das Gericht kann die Wiedereröffnung beschließen.

Schrifttum

1. Monographien und Beiträge in Sammelwerken: *F. Arntzen,* Vernehmungspsychologie, 1989; *ders.,* Psychologie der Zeugenaussage, [3]1993; *Rolf Bender/Armin Nack,* Tatsachenfeststellung vor Gericht, Bd. I: Glaubwürdigkeits- und Beweislehre, [2]1995; Bd. II: Vernehmungslehre, [2]1995; *S. Breidenbach,* Mediation. Struktur, Chancen und Risiken von Vermittlung im Konflikt, 1995; *ders.* (Hrsg.), Konfliktbehandlung ohne gerichtliche Entscheidung, 1997; *W. Gottwald/F. Haft* (Hrsg.), Verhandeln und Vergleichen als juristische Fertigkeiten, [2]1993; *F. Haft,* Verhandeln. Die Alternative zum Rechtsstreit, 1992; *R. Hoffmann,* Verfahrensgerechtigkeit, 1992; *W. Hoffmann-Riem/E. Schmidt-Aßmann* (Hrsg.), Konfliktbewältigung durch Verhandlungen, 1990; *B. Holznagel,* Konfliktlösung durch Verhandlungen, 1990; *H. Klinge,* Verhandlung und Konfliktlösung, 1992; *A. Krämer,* Das Sachlichkeitsgebot für Rechtsanwälte, in: FS Redeker, 1993, 589; *H.-W. Laumen,* Das Rechtsgespräch im Zivilprozeß, 1984; *E. Nowak,* Richterliche Aufklärungspflicht und Befangenheit, 1991; *H. Sendler,* Anspruch auf rechtliches Gehör und Effizienz richterlicher Tätigkeit, in: Wege und Verfahren des Verfassungslebens. FS für Peter Lerche, 1993, 833; *R. Weimar,* Das Rechtsgespräch, in: Ernst Hoppe (Hrsg.), Rechtsprechungslehre, 1992, 283; *ders.,* Psychologische Strukturen richterlicher Entscheidung, 1969.

2. Beiträge in Zeitschriften: *N. Achterberg,* Rechtsprechung als Staatsfunktion, Rechtsprechungslehre als Wissenschaftsdisziplin, DVBl 1984, 1093; *J. Berkemann,* Die richterliche Entscheidungsfindung in psychologischer Sicht, JZ 1971, 537; *ders.,* Fairneß als Rechtsprinzip, JR 1989, 221; *G. Bierbrauer,* Psychologie für Juristen, JuS 1992, 355; *H.-H. Bischof,* Streitfragen der Vereinfachungsnovelle, NJW 1977, 1897; *J. Caspar,* Schlichten statt richten – Möglichkeiten und Wege außergerichtlicher Streitbeilegung, DVBl 1995, 992; *W. Däubler,* Die Vorbereitung der mündlichen Verhandlung im Kollegialgericht – ein Rechtsproblem?, JZ 1984, 355; *G. Deubner,* Die Verfahrensbeschwerde wegen Verletzung des Anspruchs auf rechtliches Gehör als Rechtsbehelf im Zivilprozeß, NJW 1980, 263; *K. Doehring,* Die Praxis der Vorbereitung mündlicher Verhandlung durch Kollegialgerichte in verfassungsrechtlicher Sicht, NJW 1983, 851; *K. Dostmann,* Die Wiedereröffnung der mündlichen Verhandlung (zu BFH 29.11.1985, BStBl II 1986, 187), DStR 1986, 705; *F. O. Fischer,* Die Berücksichtigung „nachgereichter Schriftsätze" im Zivilprozeß, NJW 1994, 1315; *H. Geiger,* Die mündliche Verhandlung im Verwaltungsprozeß, rechtliche und praktische Hinweise, BayVBl 2006,421; *P. Hartmann,* Ein Jahr Vereinfachungsnovelle, NJW 1978, 1457; *D. Hendel,* Wider den Niedergang der Kultur der mündlichen Verhandlung im Zivilprozeß, DRiZ 1992, 91; *R. Herr,* Vorbereitung mündlicher Verhandlungen durch Kollegialgerichte, NJW 1983, 2131; *T. Krapp,* Modelle zur alternativen Konfliktlösung an amerikanischen Zivilgerichten, ZRP 1994, 115; *E. Kraß,* Die Frage in juristischer, sozialwissenschaftlicher und körpersprachlicher Sicht, ZRP 1993, 266; *R. Lamprecht,* Diskurs im Recht, ZRP 1994, 181; *H. Nagel,* Die rechtliche Stellung, Aufgaben und Pflichten der Richter der Bundesrepublik Deutschland im Zivilprozeß, DRiZ 1977, 321; *K.-M. Ortloff,* Rechtspsychologie und Verwaltungsgerichtsbarkeit: Das Rechtsgespräch in der mündlichen Verhandlung, NVwZ 1995, 28; *ders.,* Lernt verhandeln!, NJW 1995, 1410; *G. Rößler,* Nochmals – Die Wiedereröffnung der mündlichen Verhandlung, DStZ 1987, 431; *B. Sangmeister,* Richterliche Fürsorgepflichten und Wiedereröffnung der mündlichen Verhandlung, DStZ 1988, 320; *ders.,* Die Entscheidung über die Wiedereröffnung der mündlichen Verhandlung und ihre Prüfung durch das Rechtsmittelgericht, DStZ 1989, 25; *ders.,* Anspruch auf rechtliches Gehör auch nach Schluß der mündlichen Verhandlung?, BB 1992, 1535; *L. Schäfer,* Rechtsgespräch und rechtliches Gehör, BayVBl 1978, 454; *H. Sendler,* Richter im Kreuzfeuer, VBlBW 1994, 41; *A. Wacke,* Besser ein magerer Vergleich als ein fetter Prozeß, AnwBl 1991, 601; *A. Walchshöfer,* Die Berücksichtigung nachgereichter Schriftsätze im Zivilprozeß, NJW 1972, 1028; *R. Wassermann,* Zur Verantwortung des Richters für die Kultur der Gerichtsverhandlung, DRiZ 1986, 41; *T. Weber,* Gütliche +Beilegung und Verhandlungsstil im Zivilprozeß, DRiZ 1978, 166.

I. Entstehungsgeschichte

Die Vorschrift ist seit ihrer ursprünglichen Fassung in der VwGO vom 21.1.1960 (BGBl I 17) nicht 1
geändert worden.

II. Zweck und Bedeutung der Regelung

§ 104 regelt in Ergänzung des § 103 Einzelheiten zum Ablauf der mündlichen Verhandlung. Im Mit- 2
telpunkt steht das Rechtsgespräch (§ 104 Abs. 1). Es gehört zum eigentlichen Kern der mündlichen
Verhandlung, dem die anderen Verhandlungsteile, wie etwa der Aktenvortrag des Berichterstatters
(§ 103 Abs. 2), zugeordnet sind. Die übrigen Bestimmungen des § 104, etwa über das Fragerecht der
Mitglieder des Gerichts (§ 104 Abs. 2) oder die Schließung der mündlichen Verhandlung (§ 104
Abs. 3), treten im rechtlichen (und praktischen) Gewicht dahinter zurück.

Beim Rechtsgespräch (§ 104 Abs. 1) werden die Beteiligten – von der Antragsbegründung des § 103 3
Abs. 3 abgesehen – gehört und hier befasst sich das Gericht in mündlicher Auseinandersetzung mit
ihren Argumenten. Es wird nicht zuletzt vom Rechtsgespräch abhängen, ob die Entscheidung befriedende Wirkung haben kann. In Kammersitzungen des VG muss das Rechtsgespräch außerdem die ehrenamtlichen Richter nach dem Aktenvortrag des Berichterstatters gem. § 103 Abs. 2 über die maßgeblichen Rechtsfragen informieren.

Zweck und Bedeutung des Rechtsgesprächs verlangen nicht, dass es in jedem Fall gleichermaßen ein- 4
gehend und ausführlich geführt werden müsste. Maßgebend sind die Umstände der jeweiligen Streitsache (vgl. BVerwG Buchholz 310 § 104 VwGO Nr. 20), speziell ihr Umfang, ihre tatsächliche und
rechtliche Schwierigkeit oder ihre schriftsätzliche Vorbereitung. Sind nur Prozessbevollmächtigte bzw.
(Behörden-)Vertreter zur mündlichen Verhandlung erschienen und liegen die entscheidungserheblichen
Fragen klar zutage und ist die Sache „ausgeschrieben", kann sich das Gericht beim Rechtsgespräch
auch auf wenige zusammenfassende Sätze beschränken.

III. Verhältnis zur ZPO

§ 104 enthält Sonderregelungen für den Verwaltungsprozess. Die entsprechenden Vorschriften der 5
§§ 139, 136 Abs. 4, 156 ZPO sind daneben nicht anwendbar.

IV. Rechtsgespräch (Abs. 1)

Das Rechtsgespräch (§ 104 Abs. 1) bildet insoweit den eigentlichen Kern der mündlichen Verhand- 6
lung, als es den unmittelbaren Kontakt der Beteiligten mit dem Gericht ermöglicht.

1. Funktion. Aus dem *Blickwinkel der Beteiligten* konkretisiert das Rechtsgespräch die dem Gericht 7
(vor allem) gegenüber dem rechtsuchenden Bürger obliegende prozessuale Fürsorgepflicht (BVerfGE
42, 65, 78). Dargelegt wird, welche Fragen das Gericht in tatsächlicher und rechtlicher Hinsicht für
entscheidungserheblich hält, und (meist) auch, wie das Gericht – bei vorläufiger Bewertung – die Sach-
und Rechtslage sieht.[1] Da das Rechtsgespräch bei entsprechendem Anlass auch über prozessuale Fragen geführt wird, erleichtert es die Wahrung prozessualer Förmlichkeiten, insbes. das Stellen sachdienlicher Anträge. Immer muss aber die Vorläufigkeit der rechtlichen und/oder tatsächlichen Bewertung
klar erkennbar zum Ausdruck kommen, und es darf nicht der Eindruck entstehen, das Gericht sei
endgültig festgelegt oder die Entscheidung gar bereits gefallen. Die nach diesen Maßgaben erfolgende
Offenlegung der vorläufigen Rechtsansicht und der vorläufigen Bewertung des Sachverhalts rechtfer-

---

1 Vgl. BVerwG NVwZ 1989, 857, 859; BayVBl 1993, 412, 413.

tigt nicht den Schluss, die Richter seien voreingenommen. Daran anknüpfende Befangenheitsanträge (§ 54 i.V.m. § 42 ZPO) sind unbegründet.

8   Das Rechtsgespräch dient weiter der Wahrung des rechtlichen Gehörs in der Verhandlung.[2] Die Beteiligten erhalten Gelegenheit, ihren Vortrag auf die entscheidungserheblichen Fragen auszurichten (vgl. BVerwG NVwZ 1989, 857, 859; BayVBl 1993, 412, 413). Das Rechtsgespräch verhindert, gemeinsam mit § 86 Abs. 3, dass das Gericht seine Entscheidung auf bis dahin nicht erörterte tatsächliche oder rechtliche Gesichtspunkte stützt und dem Rechtsstreit so eine Wende gibt, mit der die Beteiligten nicht gerechnet haben und auch nicht zu rechnen brauchten (vgl. aber BVerfG DVBl 1987, 237, 238). Überraschungsentscheidungen sind nach einem richtig geführten Rechtsgespräch ausgeschlossen.[3]

9   Aus dem *Blickwinkel des Gerichts* dient das Rechtsgespräch der Amtsermittlungspflicht (§ 86 Abs. 1), wozu auch die Beteiligten heranzuziehen sind. Es kann gezielt Unklarheiten des entscheidungserheblichen Sachverhalts ansprechen und noch bestehende tatsächliche Zweifelsfragen im Gespräch mit den Beteiligten klären. In Kammersitzungen des VG setzt das Rechtsgespräch außerdem die ehrenamtlichen Richter, die zunächst den Sachbericht (§ 103 Abs. 2) gehört haben, rechtlich ins Bild, damit sie ihr Amt ausüben und etwa sachdienliche Fragen (§ 104 Abs. 2) stellen können. Damit dient das Rechtsgespräch letztendlich der Richtigkeitsgewähr gerichtlicher Entscheidungen.

10   **2. Zuständigkeit.** Das Rechtsgespräch führt in Kammer- bzw. Senatssitzungen gem. § 104 Abs. 1 der Vorsitzende als Teil der ihm obliegenden Verhandlungsleitung i.S.d. § 103 Abs. 1. Er darf das Rechtsgespräch aber nach pflichtgemäßem Ermessen teilweise, ggf. auch ganz, auf andere Mitglieder des Gerichts, speziell den Berichterstatter, delegieren, sofern er sich nicht vollkommen des Rechts und der Pflicht zur Führung der mündlichen Verhandlung begibt.

11   **3. Gegenstand.** **Gegenstand** des Rechtsgesprächs ist die „Streitsache". Darüber hinaus gehende Diskussionswünsche darf der Vorsitzende zurückweisen, ggf. indem er aufgrund seiner Kompetenz zur Verhandlungsleitung gem. § 103 Abs. 1 Beteiligten nach § 173 i.V.m. § 136 Abs. 2 ZPO das Wort entzieht. Da § 104 Abs. 1 sich (u.a.) als Ausprägung der prozessualen Fürsorgepflicht des Gerichts darstellt und eng mit der (Hinweis-)Pflicht des Vorsitzenden aus § 86 Abs. 3 zusammenhängt, sind neben materiell-rechtlichen Fragen auch Sach- oder Rechtsfragen, die allein die prozessuale Rechtsdurchsetzung betreffen, Gegenstand des Rechtsgesprächs.

12   **4. Erörterung „in tatsächlicher Hinsicht".** Die tatsächliche Seite der Streitsache (Sachlage) besteht in dem im Zeitpunkt der Verhandlung erkennbaren – vom Gericht für entscheidungserheblich erachteten – Sachverhalt, wie er sich regelmäßig aus beigezogenen (Behörden-)Akten, dem bisherigen (schriftsätzlichen) Sachvortrag der Beteiligten oder einer bereits durchgeführten Beweisaufnahme ergibt.

13   Auch offenkundige Tatsachen (§ 291 ZPO) sind unter Umständen zum Gegenstand der Verhandlung bzw. des den Beteiligten dort gewährten rechtlichen Gehörs zu machen und in die Erörterung der Streitsache in tatsächlicher Hinsicht einzubeziehen (vgl. BVerfGE 12, 110, 113; 48, 206, 209; BSG NJW 1979,1063). Das gilt jedenfalls für die gerichtskundigen Tatsachen, also diejenigen Tatsachen, die der Richter kraft seines Amtes kennt.[4] Allgemeinkundige Tatsachen hingegen, also Tatsachen, von denen verständige und erfahrene Menschen regelmäßig ohne Weiteres Kenntnis haben oder von denen sie sich durch Benutzung allgemein zugänglicher Quellen unschwer überzeugen können (vgl. BVerfGE 10, 177, 183), brauchen nicht in gleichem Maße erörtert zu werden. Ausgenommen sind insbes. solche allgemeinkundige Tatsachen, die allen Beteiligten mit Sicherheit gegenwärtig sind und von denen sie auch wissen, dass sie für die Entscheidung erheblich sein können (BGHZ 31, 43, 45; BSG NJW 1979, 1063). Ist die Allgemeinkundigkeit der Tatsache allerdings zweifelhaft, muss das Gericht sie in die Erörterung einbeziehen und zum Gegenstand der mündlichen Verhandlung machen (BVerfGE 12, 110, 112; 48, 206, 209). Allgemeine Erfahrungssätze des täglichen Lebens sind wie allgemeinkundige Tatsachen zu behandeln.

14   Zur gem. § 104 Abs. 1 erörterungspflichtigen tatsächlichen Seite der Streitsache gehört nicht die Beweiswürdigung des Gerichts nach durchgeführter Beweisaufnahme. Es ist deshalb nicht verpflichtet,

---

2   Vgl. BVerwGE 24, 267; BVerwG DÖV 1981, 839; NVwZ 1989, 857, 859; NVwZ-RR 1995, 534.

3   BVerfGE 86, 133, 144; BVerfG NJW 1991, 2823; BVerwGE 36, 264, 267; 51, 111, 113; BVerwG DÖV 1981, 839; *L. Schäfer*, BayVBl 1978, 454, 455; zum Einfluss der ZPO-Reform und § 139 ZPO n.F. BVerwG NVwZ 2003, 1132.

4   Vgl. BVerwG InfAuslR 1983, 60; BSG NJW 1965, 221; NJW 1979, 1063; BGH NJW 1991, 2824, 2825; zur Frage der Gerichtskundigkeit von Tatsachen im Asylprozess auch BVerwG NVwZ 1990, 571.

die Ergebnisse einer Beweisaufnahme und seine Würdigung der Beweise – ggf. nach einer Zwischenberatung – mit den Beteiligten im Rechtsgespräch zu erörtern und ihnen Gelegenheit zu weiteren Beweisanträgen zu geben.[5]

Die tatsächliche Seite der Streitsache ist im Übrigen regelmäßig nicht losgelöst von ihrer rechtlichen 15 Seite zu beurteilen. Deshalb ist die in § 104 Abs. 1 vorgesehene Erörterung der Streitsache in tatsächlicher und rechtlicher Hinsicht nicht scharf auseinander zu halten. Im praktischen Rechtsgespräch wird man dennoch, soweit möglich, zwischen der Erörterung tatsächlicher und rechtlicher Fragen trennen.

5. Erörterung „in rechtlicher Hinsicht". Die Erörterung der Streitsache in rechtlicher Hinsicht er- 16 streckt sich auf die sich aus dem entscheidungserheblichen Sachverhalt ergebenden rechtlichen Implikationen. Sie betrifft im Schwerpunkt die Rechtsvorschriften oder Rechtsgrundsätze, die nach der vorläufigen Einschätzung des Gerichts für seine Entscheidung bedeutsam sein können (BVerwGE 51, 111, 113; auch [zu Art. 103 Abs. 1 GG]: BVerfGE 54, 277, 291). Auf sie muss das Gericht die Beteiligten hinweisen. Will es von seiner bisherigen Rspr. abweichen, muss es auf die einschlägigen Rechtsfragen und die Möglichkeit einer Rechtsprechungsänderung sogar besonders aufmerksam machen (BVerfG NJW 1961, 891). Das folgt aus dem Rechtsgedanken des § 139 Abs. 2 ZPO, der auch im Verwaltungsprozess gilt, und wonach entsprechende (besondere) Hinweise dann notwendig sind, wenn die Beteiligten einen entscheidungserheblichen rechtlichen Gesichtspunkt erkennbar übersehen oder für unerheblich gehalten haben; die Beteiligten werden die bisherige Rspr. des Gerichts aber regelmäßig für weiterhin gültig erachten und eine davon abweichende Rechtsanwendung als für die Entscheidung der Streitsache nicht erheblich außer Betracht lassen.

Bei der rechtlichen Erörterung der Streitsache wird das Gericht seine vorläufige Rechtsmeinung in 17 Grundzügen offen legen oder bei strittigen Rechtsfragen darauf hinweisen, welche Auslegungsvarianten einer Rechtsnorm es in Betracht zieht. Nicht notwendig ist aber, den Beteiligten vor der Entscheidung zu eröffnen, welche Rechtsauffassung das Gericht der Entscheidungsfindung tatsächlich zugrunde legen wird, und wie es zu entscheiden gedenkt.[6] Nur die „rechtlichen Seite" der Streitsache, nicht aber die Rechtsmeinung des Gerichts ist gem. § 104 Abs. 1 erörterungspflichtig. Andernfalls bedürfte es bei Kammer- bzw. Senatsverhandlungen einer verbindlichen Vor- oder Zwischenberatung und Abstimmung nach Maßgabe des § 55 i.V.m. §§ 192 ff. GVG, in der sich das Gericht auf eine bestimmte Rechtsmeinung festlegt, um sie sodann den Beteiligten (erneut) zur Erörterung zu unterbreiten.[7] Damit wäre jedenfalls für die rechtliche Seite der Entscheidung eine Art uneigentliches Rechtsmittelverfahren innerhalb der jeweiligen Instanz eingeführt, bei dem die Beteiligten Gelegenheit erhielten, die bereits gefällte Entscheidung des Gerichts zu bekämpfen. Allerdings darf das Gericht den Beteiligten auch deutliche Hinweise auf seine Rechtsmeinung geben, wenn es das für sachdienlich hält (BVerwG NJW 1979, 1315).

6. Umfang. Da das Rechtsgespräch (u.a.) die Aufgabe hat, den Beteiligten rechtliches Gehör zu ge- 18 währen und sie vor Überraschungsentscheidungen zu schützen, muss es auf jeden Fall alle noch nicht oder nicht ausreichend erörterten Fragen tatsächlicher und rechtlicher Art umfassen, die das Gericht als entscheidungserheblich ansieht und deren Erheblichkeit den Beteiligten nicht bereits bekannt oder offensichtlich ist (zur Änderung der Rspr. des Gerichts → Rn. 16).[8] Im Rechtsgespräch wird das Gericht die Aufmerksamkeit der Beteiligten gerade auf solche Fragen lenken, damit sie hierzu vortragen oder ihren bisherigen Vortrag ergänzen und präzisieren (BVerwGE 36, 264, 267; BVerwG DÖV 1972, 390; DÖV 1989, 839) und ggf. auch neue Anträge (BVerwGE 36, 264, 267), etwa zur Beweiserhebung, stellen können. Das gilt vor allem dann, wenn die Beteiligten zu dem in Rede stehenden Komplex zwar vorgetragen haben, das Gericht den Sachvortrag aber insgesamt oder in bestimmten Einzelaspekten für nicht hinreichend substantiiert hält (BVerfG NJW 1991, 2823).

§ 104 Abs. 1 verlangt aber nicht, dass das Gericht mit den Beteiligten ein erschöpfendes Rechtsge- 19 spräch über alle von der Streitsache berührten oder für die Entscheidung der Streitsache erheblichen

---

5 Vgl. BVerwG DÖV 1981, 839, 840; NJW 1986, 3154, 3156; Buchholz 237 § 35 HambBG Nr. 1.
6 Vgl. BVerfGE 74, 1, 6; BVerfG NJW 1991, 2823, 2824; BVerwG Buchholz 310 § 104 VwGO Nr. 24; BFH DVBl 1987, 237, 238; auch BVerfGE 66, 116, 147; 67, 90, 96.
7 BVerwG Buchholz § 104 VwGO Nr. 12 S. 6; VerwRspr 28, 1018; NJW 1986, 3154, 3156; H.-H. Bischof, NJW 1977, 1897, 1901; P. Hartmann, NJW 1978, 1457, 1460.
8 BVerwG DÖV 1972, 390; DÖV 1981, 839.

Rechtsfragen führt und steht einer „straffen Verhandlungsführung" (OVG Münster NJW 1990, 1749) nicht im Weg.[9] Auf Rechtsfragen, zu denen (in vorbereitenden Schriftsätzen, ggf. auch im Verwaltungsverfahren) vorgetragen wurde oder die den Beteiligten jedenfalls bekannt sind, braucht sich das Rechtsgespräch nicht zu erstrecken (BVerwG 19.3.2007 – 9 B 20/06). Das Gericht muss die Beteiligten auch nicht auf den maßgeblichen Rechtsvorschriften vergleichbare Regelungen und die dazu in Rspr. und Schrifttum vertretenen Ansichten hinweisen (BVerwG DÖV 1972, 390). Ebenso wenig braucht es seine Rechtsmeinung oder seine Entscheidungsabsicht kundzutun und mit den Beteiligten zu erörtern, bevor es eine Entscheidung trifft, insbes. ein Urteil fällt (→ Rn. 17).

20   Zu einer Rechtsberatung der Beteiligten ist das Gericht aus § 104 Abs. 1 nicht verpflichtet und auch nicht berechtigt. Der Begriff der Erörterung in § 104 Abs. 1 schließt die Pflicht zu Neutralität und Unparteilichkeit ein. Der Anspruch der Beteiligten auf rechtliches Gehör in der Verhandlung verlangt ebenfalls nur, ihr Vorbringen zur Kenntnis zu nehmen und zu erwägen (vgl. BVerfGE 28, 378, 384). Die prozessuale Fürsorgepflicht des Gerichts geht darüber zwar hinaus, steht aber (ebenfalls) unter dem Gebot der Neutralität. Es ist Sache der Beteiligten, aus den im Rechtsgespräch erörterten Fragen, ggf. mithilfe rechtskundiger Berater, die notwendigen Schlüsse zu ziehen und ihr Prozessverhalten sowie ihren Prozessvortrag darauf einzurichten. Ist allerdings zu befürchten, dass ein Beteiligter die rechtlichen Folgen seines Handelns nicht richtig einschätzen kann, muss ihn das Gericht nach Maßgabe seiner prozessualen Fürsorgepflicht hierüber aufklären.

21   **7. Entbehrlichkeit.** § 104 schreibt das Rechtsgespräch zwingend vor. Dennoch können die Beteiligten darauf verzichten, nachdem sie (sogar) auf die Durchführung einer mündlichen Verhandlung insgesamt gem. § 101 Abs. 2 verzichten dürfen. Der Verzicht kann ausdrücklich oder schlüssig (durch rügelose Einlassung gem. § 173 i.V.m. § 295 Abs. 1 ZPO) erklärt werden. Das Gericht muss dann aber dafür Sorge tragen, dass es seine Amtsermittlungspflicht aus § 86 Abs. 1 auch ohne Rechtsgespräch erfüllen kann und dass – bei Kammerverhandlungen des VG – die ehrenamtlichen Richter über die rechtliche Seite der Streitsache soweit ins Bild gesetzt sind, dass sie ihr Amt, z.B. auch ihr Fragerecht aus § 104 Abs. 2, sachgerecht ausüben können. Dafür genügt es nicht, wenn sie in der Beratung nach Verhandlungsschluss informiert werden,[10] zumal Kammersitzungen (meist) nur noch in tatsächlich oder rechtlich schwierigen oder grds. bedeutsamen Streitsachen (§ 6 Abs. 1) durchführt werden. Der – auch eher seltene – gänzliche Verzicht auf das Rechtsgespräch entwertet die mündliche Verhandlung, deren Kern das Rechtsgespräch ausmacht. Halten die Beteiligten eine Erörterung der Streitsache vor Gericht für entbehrlich, etwa, weil alle Sach- und Rechtsfragen bereits schriftsätzlich erörtert sind, bietet sich eine Entscheidung im schriftlichen Verfahren gem. § 101 Abs. 2 an.

V.   Fragen der Mitglieder des Gerichts (Abs. 2)

22   Die Vorschrift hat (nur) für Kammer- bzw. Senatssitzungen praktische Bedeutung; sie stellt sicher, dass die beisitzenden Richter, auch die ehrenamtlichen Richter, ihr Amt sachgerecht ausüben können.

23   **1. Funktion.** Aus der Sicht der *beisitzenden und der ehrenamtlichen Richter* stellt sich das Fragerecht als Konkretisierung der dem Gericht als Ganzem obliegenden Amtsermittlungspflicht (§ 86 Abs. 1) dar. § 104 Abs. 2 ergänzt das Fragerecht des Vorsitzenden, das aus dessen Befugnis zur allgemeinen Verhandlungsleitung (§ 103) bzw. für Beweisaufnahmen aus § 173 i.V.m. § 396 Abs. 2 ZPO folgt. Notwendig ist die Regelung des § 104 Abs. 2 S. 1 deshalb, weil die dem Vorsitzenden zugewiesene allgemeine Verhandlungsleitung zwar dessen Fragerecht ohne Weiteres trägt, aber zugleich die (nicht nur theoretische) Möglichkeit eröffnet, Fragen der anderen Gerichtsmitglieder zu unterbinden. § 104 Abs. 2 dient so der Amtsführung der beisitzenden und ehrenamtlichen Richter und zugleich, wie das Kammer- bzw. Senatsprinzip als solches, der Richtigkeitsgewähr gerichtlicher Entscheidungen.

24   Die ehrenamtlichen Richter im Besonderen haben mit dem eigenen Fragerecht die Gelegenheit, sich durch Nachfragen aus ihrer Perspektive Klarheit zu verschaffen, nachdem sie (anders als die Berufsrichter) den (meist) (→ § 103 Rn. 31) schriftlich abgefassten Sachbericht nicht zur Verfügung haben und nicht an der Vorberatung des Gerichts teilnehmen.

---

9   BVerfGE 31, 364, 370; 42, 64, 85; 86, 133, 145; BVerwG DÖV 1980, 650; NJW 1984, 625; BayVerfGH VerwRspr 20, 376.

10   So aber *H. Geiger*, in: Eyermann § 104 Rn. 4.

Aus der Sicht des *Vorsitzenden* stellt sich die Pflicht, Fragen der anderen Gerichtsmitglieder grds. zu **25** gestatten, als Konkretisierung seines Rechts und seiner Pflicht zur Verhandlungsleitung gem. § 103 Abs. 1 dar. § 104 Abs. 2 bindet das (weite) Verhandlungsleitungsleitungsermessen insoweit, als der Vorsitzende nicht darüber befinden darf, ob die Frage seines Richterkollegen sinnvoll ist oder besser nicht gestellt werden sollte. Ggf. muss er auch seine bisherige Verhandlungsführung (§ 103 Abs. 2) störende Fragen gestatten. Er muss die (sachlich zulässige) Frage aber nur „dem Grunde nach" erlauben; wann sie gestellt werden darf, bleibt ihm überlassen. Freilich darf die Frage nicht so weit hinausgeschoben werden, dass dies einem Frageverbot gleichkommt. In aller Regel treten Schwierigkeiten dieser Art nur sehr selten auf.

2. Gegenstand. Zu gestatten sind nur *Fragen der Mitglieder des Gerichts*, die sich an Beteiligte (auch **26** zur Sitzung mitgebrachte Behördenmitarbeiter) oder Zeugen bzw. Sachverständige richten. Gegenstand des Fragerechts sind deshalb nicht Stellungnahmen oder Meinungsäußerungen von Gerichtsmitgliedern, etwa zur Verhandlungsführung oder zu Fragen des Vorsitzenden oder zum Prozessverhalten von Beteiligten. Ebenso wenig erfasst § 104 Abs. 2 Würdigungen des bisherigen Verfahrensablaufs oder von Beweisaufnahmen. Notwendig ist immer, dass sich die Äußerung des Richters an die Beteiligten bzw. Zeugen oder Sachverständige richtet und auf eine Antwort angelegt ist.

Fragen an andere Mitglieder des Gerichts, speziell an den Vorsitzenden, sind nicht Gegenstand des **27** Fragerechts aus § 104 Abs. 2; dabei ginge es nicht um „Befragung" in der mündlichen Verhandlung, sondern um eine Beratung des Gerichts. Es ist Sache des Vorsitzenden, in Ausübung seines Rechts zur Verhandlungsleitung (§ 103 Abs. 1), das insoweit nicht durch besondere Vorschriften (wie § 104 Abs. 2) beschränkt ist, darüber zu entscheiden, ob eine (kurze) Diskussion auf der Richterbank in der mündlichen Verhandlung sachdienlich ist, oder ob er die mündliche Verhandlung zu einer Zwischenberatung unterbricht.

Das *Fragerecht der Beteiligten* in der mündlichen Verhandlung ist ebenfalls nicht Gegenstand des **28** § 104 Abs. 2. Es folgt aus § 104 Abs. 1 und ist dort im Begriff des „Erörterns" verankert (vgl. etwa auch BVerwG NJW 1984, 625). Das Fragerecht der Beteiligten in der Beweisaufnahme folgt aus § 97 S. 2.

Da das Fragerecht aus § 104 Abs. 2 der dem Gericht als ganzem obliegenden Amtsermittlungspflicht **29** (§ 86 Abs. 1) dient, sind nur auf die Streitsache bezogene *sachdienliche Fragen* zulässig. Als ausschließlich verfahrensrechtliche Bestimmung gibt § 104 Abs. 2 den Mitgliedern des Gerichts nicht das (materielle) Recht zu allgemeiner Befragung oder „Ausforschung" der Beteiligten, zumal die mündliche Verhandlung gem. § 55 i.V.m. § 169 GVG grds. öffentlich ist. Nicht zur Sache gehörende Fragen muss der Vorsitzende ggf. in Wahrnehmung seiner Pflicht zur Verhandlungsleitung aus § 103 Abs. 1 und der prozessualen Fürsorgepflicht sogar unterbinden. Allerdings ist ein allzu enger Maßstab fehl am Platz. Auch Fragen zum Hintergrund der Streitsache oder zum Anlass der Klage, zu Parallelverfahren (vor Gericht oder Verwaltungsbehörden) oder zu bereits abgeschlossenen früheren Verfahren u.Ä. können der Amtsermittlung dienen und sind deshalb zulässig. Das Beanstandungsrecht des § 104 Abs. 2 S. 1 gibt den Beteiligten keine Handhabe, die Ermittlungsarbeit des Gerichts in bestimmte Richtungen zu lenken und von bestimmten Aspekten der Streitsache „abzuziehen", um sich so – entgegen § 86 Abs. 1 – letztendlich doch (mittelbar) zu „Herren des Sachverhalts" aufzuschwingen. Werden Fragen beanstandet, entscheidet gem. § 104 Abs. 2 S. 2 das Gericht (die Kammer bzw. der Senat).

Die für die Zulässigkeit der Frage notwendige Sachdienlichkeit bestimmt sich nicht nur nach dem **30** (sachlichen) Gegenstand der Frage und seinem Bezug zur Streitsache, sondern auch nach der Form der Frage. Unangemessene Formulierungen – etwa suggestiver oder gar herabsetzender Art – dienen nicht dazu, die Amtsermittlungspflicht zu erfüllen, sondern sind dem sogar abträglich. Solche Fragen braucht der Vorsitzende nicht zuzulassen bzw. muss sie gem. § 103 Abs. 1 ggf. unterbinden.

3. Fragerecht der Richter und Gestattungspflicht des Vorsitzenden. § 104 Abs. 2 S. 1 konkretisiert das **31** Recht und die Pflicht des Vorsitzenden zur Leitung der mündlichen Verhandlung (§ 103 Abs. 1) und bindet sein Leitungsermessen, soweit es um Fragen der beisitzenden und der ehrenamtlichen Richter geht. I.R. der Verhandlungsleitung ist es zunächst Recht und (delegierbare) Pflicht des Vorsitzenden, die Beteiligten selbst zu befragen. Entsprechendes gilt für die Befragung von Zeugen und Sachverständigen oder die Beteiligtenvernehmung in der Beweisaufnahme (§ 98 i.V.m. § 396 Abs. 2 ZPO). Hat der Vorsitzende seine Fragen gestellt, dürfen die übrigen Mitglieder des Gerichts, die Berufsrichter wie die ehrenamtlichen Richter, weitere Fragen stellen. Üblicherweise wird der Vorsitzende zunächst die Berufsrichter, sodann die ehrenamtlichen Richter fragen, ob sie Fragen an Beteiligte bzw. Zeugen oder Sachverständige richten wollen. Ist das der Fall, muss er die Befragung grds. gestatten.

32   Die Gestattungspflichtigkeit von Fragen dient (auch) der Ordnung des Verhandlungsablaufs, die durch spontane Fragen der Gerichtsmitglieder gestört würde. Fragen sind aber nur gestattungs- nicht etwa „vorlagepflichtig". Alle Richter, auch die ehrenamtlichen Richter, dürfen ihre Fragen, wenn ihnen der Vorsitzende nach § 104 Abs. 2 S. 1 das Wort erteilt hat, unmittelbar an Beteiligte, Zeugen oder Sachverständige richten. Sie müssen die Fragen nicht dem Vorsitzenden vorlegen, damit dieser sie selbst stellt. Das eigene Fragerecht der beisitzenden und ehrenamtlichen Richter dient nicht nur der Erfüllung der Amtsermittlungspflicht, sondern soll ihnen auch eine den Anforderungen richterlicher Unabhängigkeit genügende Amtsführung (in der Verhandlung) ermöglichen. Sollen sie ihre eigene richterliche Überzeugung frei und unabhängig bilden, müssen sie Beteiligte oder Zeugen und Sachverständige auch unmittelbar im direkten Kontakt befragen können.

33   **4. Beanstandung von Fragen.** Die Pflicht, den Sachverhalt von Amts wegen zu erforschen (§ 86 Abs. 1) und über die Streitsache zu entscheiden, trifft das Gericht als Ganzes. Das Gesetz weist dem Vorsitzenden oder anderen Mitgliedern des Gerichts bestimmte Aufgaben aus Praktikabilitätsgründen nur deshalb zu, weil die Kammer bzw. der Senat als Gremium anders nicht sachgerecht verfahren kann. Die rechtliche Verantwortung des Gremiums bleibt davon unberührt. Damit es diese wahrnehmen kann, gibt ihm das Gesetz eine Kontrollfunktion. Ausdruck der *Kontrollfunktion des Gerichts* ist seine Befugnis zur Entscheidung über beanstandete Fragen gem. § 104 Abs. 2 S. 2 (auch: § 140 ZPO zu anderen Maßnahmen der Verhandlungsleitung).

34   **a) Beanstandungsgegenstand.** Weil das Beanstandungsrecht Ausdruck der Verfahrensverantwortung und der Kontrollfunktion des Gerichts (→ Rn. 33) ist, unterliegen nicht nur Fragen beisitzender oder ehrenamtlicher Richter, sondern auch Fragen des Vorsitzenden dem Beanstandungsrecht und der Entscheidung der Kammer bzw. des Senats. § 140 ZPO bestätigt das. Die Vorschrift ist im Verwaltungsprozess – angesichts der Sonderregelung des § 104 Abs. 2 S. 2 – zwar nur insoweit gem. § 173 anwendbar, als sie die Beanstandung von Sachleitungsanordnungen des Vorsitzenden betrifft. Die Fragen des Vorsitzenden beruhen indessen auf seiner Sachleitungsbefugnis (aus § 103 Abs. 1) und sind deshalb nicht anders zu behandeln als andere Maßnahmen dieser Art. Der ergänzenden Anwendung des § 140 ZPO bedarf es daher nicht.

35   **b) Beanstandungsgrund.** Fragen, die sich nicht auf einen zulässigen Gegenstand richten, können gem. § 104 Abs. 2 S. 2 beanstandet werden. Der Beanstandungsgrund kann deshalb darin liegen, dass es sich gar nicht um eine Frage handelt, sondern etwa um eine (verdeckte) Stellungnahme oder Wertung des Richters. Beanstandungsgrund kann weiter sein, dass sich die Frage nicht auf die Streitsache bezieht und damit nicht der Amtsermittlungspflicht des Gerichts aus § 86 Abs. 1 dient. Schließlich kann sich die Beanstandung einer Frage auch auf deren – unangemessene, bspw. suggestive – Form stützen.

36   **c) Beanstandungsberechtigte.** Das Gesetz regelt nicht, wer zur Beanstandung von Fragen eines Gerichtsmitglieds berechtigt ist. § 140 ZPO, der (nur) an der Verhandlung beteiligten Personen – nicht Mitgliedern des Gerichts – das Beanstandungsrecht zuweist, ist insoweit nicht (gem. § 173) ergänzend anwendbar, da § 104 Abs. 2 S. 2 eine eigenständige und von der Gesetzesfassung des § 140 ZPO abweichende und abschließende Regelung für den Verwaltungsprozess trifft. Die Beanstandungsberechtigung ergibt sich deshalb aus der Funktion des Beanstandungsrechts und, damit zusammenhängend, der Funktion des Fragerechts aus § 104 Abs. 2 S. 1.

37   Beanstandungsberechtigt ist danach auf jeden Fall der Beteiligte, auch der Beigeladene als Nebenbeteiligter (§ 63), bzw. der jeweilige Prozessbevollmächtigte, an den sich die Frage richtet. Aber auch der Prozessgegner ist beanstandungsberechtigt, da nicht auszuschließen ist, dass die Beantwortung der Frage seine Position im Prozess beeinflusst, etwa, weil eine sachwidrige Frage oder in Frageform gekleidete Stellungnahme eines Richters und die darauf erteilte Antwort die Ermittlung des entscheidungserheblichen Sachverhalts behindert. Jeder Beteiligte hat ein legitimes Interesse daran, dass die mündliche Verhandlung sachgerecht und fair geführt wird und Fragen des Gerichts nicht zu einer sachwidrigen Erörterung führen. Entsprechendes gilt, wenn der Beanstandungsgrund aus der unangemessenen, suggestiven oder gar herabsetzenden Formulierung der Frage folgt.

Der Vertreter des öffentlichen Interesses kann aufgrund seiner besonderen prozessualen Stellung jede 38 unzulässige Frage beanstanden.

Zeugen und Sachverständige können die an sie gerichteten Fragen unter Umständen ebenfalls bean- 39 standen, etwa mit der Behauptung, der fragende Richter wolle nicht zur Sache Gehörendes ausfor- schen. Da sie jedoch nicht Beteiligte gem. § 61 sind, haben sie nicht das Recht, Fragen des Gerichts an Beteiligte – oder an andere Zeugen[11] oder Sachverständige – zu beanstanden; aus der auf die Siche- rung der Sachverhaltsermittlung gerichteten Funktion des Beanstandungs- bzw. Fragerechts können sie – anders als die von der Sachentscheidung des Gerichts betroffenen Prozessbeteiligten – kein Bean- standungsrecht herleiten.

Zur Beanstandung von Fragen gem. § 104 Abs. 2 S. 1 berechtigt sind auch die Richter der Kammer 40 bzw. des Senats einschließlich des zur Verhandlungsleitung befugten und verpflichteten Vorsitzenden, weil das Beanstandungsrecht der dem Gericht (jeweils) als Ganzem obliegenden Verhandlungsverant- wortung und Amtsermittlungspflicht (§ 86 Abs. 1) dient. Es steht deshalb nicht nur den an der Ver- handlung beteiligten Personen i.S.d. § 140 ZPO zu. Diese sind nur im Zivilprozess, nicht aber im Ver- waltungsprozess „Herren des Sachverhalts". Freilich wird es nur in Sonderfällen dazu kommen, eine Frage als der Sachverhaltserforschung abträglich zu beanstanden. Hinzu kommt die dem Gericht im Verwaltungsprozess (wiederum als Ganzem) obliegende, gegenüber dem Zivilprozess ausgeprägtere prozessuale Fürsorgepflicht,[12] zu deren Wahrnehmung allen Gerichtsmitgliedern das die Verantwort- lichkeit der Kammer oder des Senats konkretisierende Beanstandungsrecht aus § 104 Abs. 2 S. 2 zu- steht.

Hierbei geht es nicht nur um theoretische Fragen. Es mag durchaus der Fall eintreten, dass sich z.B. 41 ein nicht durch Prozessbevollmächtigte vertretener Kläger mit unzulässigen Fragen eines Mitglieds des Gerichts, und sei es eines im „Eifer des Gefechts" über das Ziel hinausschießenden und „nicht zu bremsenden" ehrenamtlichen Richters, konfrontiert sieht, und es nicht wagt, die Fragen zu beanstan- den. Nimmt der Vorsitzende dann seine aus der Pflicht zur Verhandlungsleitung (§ 103 Abs. 2) folgen- de Verantwortung nicht wahr, ist die der Kammer verbliebene Verantwortlichkeit aus § 104 Abs. 2 S. 2 gefragt. Gleichwohl werden Fragen, erst recht von Mitgliedern des Gerichts, nur sehr selten bean- standet. Geschieht das – bei aus den unterschiedlichsten Gründen „schwierigen" Beteiligten – den- noch, wird man zu überlegen haben, ob die Frage zurückgezogen oder auch nur umformuliert werden kann. Gelingt es nicht, auf diese Weise Belastungen des Verhandlungsklimas zu vermeiden, bleibt nur der Weg des § 104 Abs. 2 S. 2.

d) Entscheidung. Wird eine Frage gem. § 104 Abs. 2 S. 2 beanstandet, entscheidet das Gericht als 42 Kollegium durch Beschluss. Ggf. muss der Vorsitzende die Verhandlung zu einer Zwischenberatung über die Zulässigkeit der Frage unterbrechen, wenn eine informelle Verständigung am Richtertisch nicht ausreicht. Den Beschluss verkündet sodann der Vorsitzende. Hält das Gericht die beanstandete Frage für zulässig, wird sie nochmals gestellt. Erweist sich die Frage als unzulässig, gilt sie als nicht gestellt. Wird sie dennoch wiederholt, ist eine erneute Beschlussfassung entbehrlich. Der Vorsitzende wird ihre Unzulässigkeit auch ohne erneute Beanstandung unter Hinweis auf den bereits gefällten Be- schluss feststellen.

e) Anfechtbarkeit. Beschlüsse des Gerichts nach § 104 Abs. 2 S. 2 sind unanfechtbar. Insoweit ist 43 § 146 Abs. 2 anzuwenden. Dort sind die in Rede stehenden Beschlüsse zwar nicht ausdrücklich aufge- führt. Sie sind aber wie (nach § 146 Abs. 2 unanfechtbare) prozessleitende Verfügungen zu behandeln. Fragen, seien es solche des Vorsitzenden, seien es solche anderer Mitglieder des Gerichts, stellen sich als gem. § 146 Abs. 2 unanfechtbare Maßnahmen der Verhandlungsleitung dar, über die das Gesetz dem Gericht als Kollegium eine Kontrollfunktion zuweist (→ Rn. 33). Beschlüsse nach § 104 Abs. 2 S. 2, mit denen es diese Kontrollfunktion nach Beanstandung einer Frage ausübt, sind deshalb der Sa- che nach ebenfalls Akte der Prozess- bzw. Verhandlungsleitung, die insoweit punktuell auf das Gericht (die Kammer bzw. den Senat) übergegangen ist.

---

11 Mit Blick auf § 173 i.V.m. § 394 ZPO, wonach jeder Zeuge einzeln und in Abwesenheit der später zu hörenden Zeu- gen zu vernehmen ist, wird das kaum praktisch werden.
12 Hingewiesen sei nur beispielhaft auf die Pflicht, den Bürger über Rechtsmittel zu belehren (§ 58) und auf § 86 Abs. 3.

VI. Schluss der mündlichen Verhandlung (Abs. 3 S. 1)

44   Der Schluss der mündlichen Verhandlung (§ 104 Abs. 3 S. 1) bildet das Gegenstück zur in § 103 Abs. 1 geregelten Eröffnung der mündlichen Verhandlung (→ § 103 Rn. 15 ff.) und unterliegt deshalb entsprechenden rechtlichen Maßstäben.

45   **1. Zuständigkeit/Modalitäten/Entscheidung.** Gem. § 104 Abs. 3 S. 1 erklärt der Vorsitzende die mündliche Verhandlung für geschlossen. Diese Erklärung wird in das Protokoll aufgenommen. Unterbleibt die ausdrückliche Erklärung des Vorsitzenden (versehentlich), ist das allerdings unschädlich. Sie wird durch konkludentes Handeln, wie die (seltene) Verkündung des Beschlusses nach § 116 Abs. 1 S. 1 über die Anberaumung eines Termins zur Verkündung einer Entscheidung, nach § 116 Abs. 2 über die Zustellung der Entscheidung des Gerichts, den Aufruf der nächsten Sache oder auch nur das Sichzurückziehen des Gerichts zur Beratung, ersetzt (BVerwG DÖV 1969, 401, 402 sowie 28.6.2000 – 5 B 56/00).

46   **2. Zeitpunkt.** Der Vorsitzende darf die mündliche Verhandlung erst dann schließen, wenn der Erörterungspflicht des § 104 Abs. 1 Genüge getan ist, die Mitglieder des Gerichts keine Fragen mehr stellen wollen (§ 104 Abs. 2), den Beteiligten zu allen entscheidungserheblichen Punkten rechtliches Gehör gewährt ist und sie weder (weitere) Anträge stellen noch weiter zur Sache vortragen wollen. Der Vorsitzende wird das sinnvollerweise durch entsprechende Frage vor dem Schließen der mündlichen Verhandlung feststellen. Schließt er die mündliche Verhandlung entgegen diesen Grundsätzen zu früh, kann das den Anspruch der Beteiligten auf rechtliches Gehör in der mündlichen Verhandlung und die Amtsermittlungspflicht (§ 86 Abs. 1) bzw. die Erörterungspflicht (§ 104 Abs. 1) des Gerichts verletzen, mit der Folge, dass die Beteiligten darauf eine Revision stützen können (BVerwG NJW 1995, 2303, 2308; BayVerfGH NVwZ 1985, 651).

47   **3. Rechtswirkung.** Mit dem Verhandlungsschluss ist der Kontakt der Beteiligten mit dem Gericht beendet. Der Schluss der mündlichen Verhandlung legt den Zeitpunkt fest, ab dem weiteres Vorbringen der Beteiligten oder dem Gericht anderweit bekannt werdende Umstände für die aufgrund der mündlichen Verhandlung ergehende Entscheidung (gem. § 173 i.V.m. § 296 a ZPO [zur Verfassungsmäßigkeit dieser Regelung BVerfGE 69, 253]) grds. nicht mehr zu berücksichtigen sind. Nach Verhandlungsschluss eingehende Schriftsätze darf das Gericht seiner Entscheidung deshalb nicht mehr zugrunde legen, auch wenn sie nur bereits Vorgetragenes zusammenfassen und wiederholen.

48   Ob das uneingeschränkt auch für Schriftsätze gilt, die ausschließlich Rechtsausführungen enthalten, ist zweifelhaft.[13] Immerhin sind – nach ganz h.M. – (reine) Rechtsausführungen keine „Angriffs- oder Verteidigungsmittel" i.S.d. § 296 a ZPO.[14] Daran anknüpfend wird es im zivilprozessualen Schrifttum für zulässig gehalten, solche Rechtsausführungen nach Schluss der mündlichen Verhandlung nachzuschieben.[15] Dieser Auffassung folgen auch VG (OVG Münster NJW 1958, 1842; BayVerfGH BayVBl 1987, 157). Sie widerspricht indessen der gesetzlichen Wertung und dem Zweck des § 296 a ZPO. Die Vorschrift soll nämlich dem Gericht Gelegenheit zum ungestörten Absetzen des Urteils geben und das rechtliche Gehör des Gegners vor ihm nicht mehr zugänglich zu machenden Stellungnahmen schützen.[16] Jeder Beteiligte darf dann, wenn er erklärt, er wolle nichts mehr ausführen und man könne die mündliche Verhandlung schließen, davon ausgehen, dass auch die anderen Beteiligten nichts, auch keine Rechtsausführungen mehr vortragen. Das gilt umso mehr, als im Verwaltungsprozess der Sachverhalt von Amts wegen ermittelt wird (§ 86 Abs. 1) – und vielfach unstr. ist – und der Schwerpunkt des Beteiligtenvortrags deshalb auf Rechtsausführungen liegt. Der Hinweis des OVG Münster (in einer älteren Entscheidung)[17] darauf, das Gericht müsse sich ohnehin jede Quelle der Rechtserkenntnis zunutze machen, geht fehl. Beteiligtenvortrag zur entscheidungserheblichen Rechtslage ist nicht nur „Rechtserkenntnisquelle". Freilich wird das Gericht nachgeschobene Schriftsätze der Beteiligten nicht einfach ungelesen ignorieren können,[18] besteht doch immer die Möglichkeit, dass sie Anlass zur Wie-

---

13   Vgl. *P. Kothe*, in: Redeker/v. Oertzen § 104 Rn. 3.
14   *F. O. Fischer*, NJW 1994, 1315, 1316 m.w.N.
15   *F. O. Fischer*, NJW 1994, 1315, 1316 m.w.N.; *Bull*, DRiZ 1955, 220.
16   Dazu näher *F. O. Fischer*, NJW 1994, 1315, 1316.
17   OVG Münster NJW 1958, 1842.
18   Vgl. BVerfG NJW 1986, 1963; vgl. auch *F. O. Fischer*, NJW 1994, 1315, 1319 f. sowie BVerwG Buchholz 402.25 § 20 AsylVfG Nr. 4.

dereröffnung der mündlichen Verhandlung gem. § 104 Abs. 3 S. 2 bzw. zur Entscheidung hierüber geben (→ Rn. 59). Im Übrigen bleibt – wie § 296a ZPO ausdrücklich vorsieht – unberührt, in gem. § 173 i.V.m. § 283 ZPO nachgelassenen Schriftsätzen weiter vorzutragen.

4. Schriftsatznachlass. § 283 ZPO ist gem. § 173 auch im Verwaltungsprozess anwendbar. Einem Beteiligten, der in der mündlichen Verhandlung nicht sogleich zu neuem Vortrag anderer Beteiligter Stellung nehmen kann, weil er ihm nicht rechtzeitig vor dem Termin mitgeteilt worden ist, kann das Gericht daher zur Wahrung rechtlichen Gehörs eine (nach Maßgabe der Einzelfallumstände angemessene [vgl. z.B. BAG MDR 1982, 611]) Schriftsatzfrist einräumen, damit er sich – ggf. auch nur zu bestimmten Punkten – äußern kann. Voraussetzung ist aber, dass der entscheidungserhebliche Sachverhalt gem. § 86 Abs. 1 hinreichend aufgeklärt ist. Beim Nachschubrecht des § 283 ZPO handelt es sich um eine Ausnahme von dem Grundsatz, dass die Beteiligten nach Schluss der mündlichen Verhandlung nicht mehr vortragen dürfen (dazu auch § 296a ZPO sowie → Rn. 47f.). Deshalb darf das Gericht auch nur solches Vorbringen in nachgelassenen Schriftsätzen bei seiner Entscheidungsfindung berücksichtigen, das sich i.R. des gewährten Nachschubrechts hält. Darüber hinausgehendes Vorbringen ist unzulässig und für die Entscheidung des Gerichts unerheblich (BGH NJW 1966, 1657, 1658). Es kann allerdings Anlass geben, die mündliche Verhandlung gem. § 104 Abs. 3 S. 2 wieder zu eröffnen.

VII. Wiedereröffnung der mündlichen Verhandlung (Abs. 3 S. 2)

Die Wiedereröffnung der mündlichen Verhandlung (§ 104 Abs. 3 S. 2) durchbricht die Zäsurwirkung des Verhandlungsschlusses nach § 104 Abs. 3 S. 1, ohne dass das Gesetz näher bestimmt, unter welchen (formellen und materiellen) Voraussetzungen die bereits geschlossene mündliche Verhandlung wiedereröffnet werden darf oder muss.

1. Zeitliche Grenze. § 104 Abs. 3 S. 2 legt einen Zeitrahmen für die Wiedereröffnung der mündlichen Verhandlung nicht fest. Das Gericht kann die mündliche Verhandlung aber nur bis zum Erlass (§ 116) seiner die Instanz abschließenden Entscheidung wieder eröffnen[19] (wann eine Entscheidung im Rechtssinne „erlassen" ist, ist nach wie vor nicht abschließend geklärt – → § 101 Rn. 47ff.).[20] Danach steht die Entscheidung nicht mehr zur Disposition des Instanzgerichts. Nur das Rechtsmittelgericht kann sie ggf. überprüfen und ändern. Das Instrument der Wiedereröffnung der mündlichen Verhandlung nach § 104 Abs. 3 S. 2 erlaubt es nicht, diese Grundsätze zu umgehen.

2. Formelle Voraussetzungen. *Zuständig* für den in § 104 Abs. 3 S. 2 vorgeschriebenen Beschluss über die Wiedereröffnung der mündlichen Verhandlung ist bei mündlichen Verhandlungen vor Kammer bzw. Senat das Kollegium. Ergeht der Beschluss außerhalb mündlicher Verhandlung, wirken die ehrenamtlichen Richter (bei Kammerbeschlüssen) nicht mit (§ 5 Abs. 3 S. 2).[21] Der Vorsitzende allein kann die Wiedereröffnung der mündlichen Verhandlung nicht verfügen (BSG DÖV 1974, 430 [LS]). Sein Recht zur Verhandlungsleitung aus § 103 Abs. 1 endet mit dem Schluss der mündlichen Verhandlung. Ein *Wiedereröffnungsantrag* ist nicht notwendig. Die Wiedereröffnung der mündlichen Verhandlung kann aber jederzeit angeregt werden. Das Gericht darf freilich auch ohne Initiative der Beteiligten von Amts wegen wiedereröffnen und muss das ggf. sogar (→ Rn. 60ff.). Allerdings kann ein Antrag auf Wiedereröffnung der mündlichen Verhandlung zu den verfahrensrechtlichen Möglichkeiten gehören, von denen ein Rechtsanwalt erforderlichenfalls Gebrauch machen muss, um den Anspruch auf rechtliches Gehör des von ihm vertretenen Beteiligten durchzusetzen (BVerwG NJW 1992, 3185; VGH Mannheim VBlBW 1998, 260); versäumt er das, kann er die Versagung rechtlichen Gehörs nach § 138 Nr. 3 nicht mit Erfolg geltend machen.

3. Wiedereröffnungsgründe. Wiedereröffnungsgründe können sich aus verfahrensrechtlichen oder materiell-rechtlichen Erwägungen ergeben.

a) Verfahrensrechtliche Widerrufsgründe. Verfahrensrechtliche Widerrufsgründe liegen vor, wenn das Gericht bei der Urteilsberatung nach Schluss der Verhandlung zu dem Ergebnis kommt, dass eine Entscheidung verfahrensfehlerhaft wäre; dann darf (und muss) es die mündliche Verhandlung wiederer-

---

19 VGH Mannheim VBlBW 1999, 262 und VGH Kassel, AuAS 1999, 201.
20 Teils a.M. *Kilian* § 116 Rn. 33 ff.
21 BVerwG NVwZ-RR 1997, 73

öffnen, um den Verfahrensfehler auszuräumen. Das gilt insbes. dann, wenn festgestellt wird, dass der Anspruch der Beteiligten auf rechtliches Gehör in der mündlichen Verhandlung verletzt ist. Wiedereröffnungsgrund ist deshalb etwa die notwendige Beiladung Beteiligter nach Verhandlungsschluss (BFH BFH/NV 1999, 497), die schuldlose Verhinderung eines Beteiligten, dessen persönliches Erscheinen angeordnet war (VGH Kassel AuAS 1999, 201) oder das Erscheinen eines Beteiligten, der sich unverschuldet (HmbOVG NVwZ 1991, 500) verspätet hat, aber noch vor Erlass (Verkündung) des Urteils (§ 116) eintrifft.[22] Gleiches gilt, wenn der Prozessbevollmächtigte eines selbst nicht prozesserfahrenen Beteiligten verspätet zur mündlichen Verhandlung erscheint (BVerwG Buchholz 310 § 104 VwGO Nr. 23). Keine ausschlaggebende Rolle kann es dabei spielen, ob die anderen Beteiligten noch anwesend sind oder den Sitzungssaal bereits verlassen haben und das Gericht sie nicht mehr zurückholen kann.[23] Ein Wiedereröffnungsgrund wegen Gehörsverletzung liegt auch vor, wenn das Gericht nach Schluss der mündlichen Verhandlung feststellt, dass man einem Beteiligten einen (vorbereitenden) Schriftsatz, der entscheidungserheblichen Sachvortrag enthält, nicht oder nicht rechtzeitig zur Kenntnisnahme übermittelt hat.[24] Im Zusammenhang mit Gehörsverletzungen kann sich ein Wiedereröffnungsgrund schließlich daraus ergeben, dass in einem nach Verhandlungsschluss nachgereichten Schriftsatz tatsächliches oder rechtliches Vorbringen enthalten ist, das eine (weitere) Erörterung nach § 104 Abs. 1 erforderlich macht (BVerfGE 72, 84, 88; BVerfG NJW 1992, 2217; BVerwG NJW 1995, 2303, 2308).

55   Ein verfahrensrechtlicher Wiedereröffnungsgrund liegt außerdem dann vor, wenn ein Richter nach Schluss der mündlichen Verhandlung ausfällt, noch bevor das Gericht das Urteil fällen konnte (BVerwGE 81, 139, 143; vgl. auch BSG NJW 1966, 1478, 1479). Das folgt aus § 112, wonach nur diejenigen Richter und ehrenamtlichen Richter das Urteil fällen dürfen, die an der dem Urteil zugrunde liegenden Verhandlung teilgenommen haben. Gleiches gilt dann, wenn das Gericht nach der Verhandlung nicht rechtzeitig über das Urteil beschließt oder wenn das Urteil nicht rechtzeitig schriftlich abgefasst wird (dazu: § 116).[25]

56   Werden Umstände bekannt oder geltend gemacht, die die Wiederaufnahme des rechtskräftig abgeschlossenen Verfahrens gem. § 153 rechtfertigen würden, liegt darin zugleich ein Grund, die geschlossene mündliche Verhandlung wiederzueröffnen (dazu näher BGHZ 30, 60). Andernfalls würde das Gericht ein Urteil erlassen, dessen Rechtskraft von vornherein durch die Möglichkeit der Wiederaufnahme infrage gestellt ist und das deshalb keine wirklich streitbeendende und befriedende Wirkung haben kann.

57   **b) Materiell-rechtliche Wiedereröffnungsgründe.** Materiell-rechtliche Wiedereröffnungsgründe liegen vor, wenn das Gericht nach Schluss der mündlichen Verhandlung Defizite bei der Aufklärung des entscheidungserheblichen Sachverhalts feststellt[26] und sich so ergibt, dass die mündliche Verhandlung verfrüht geschlossen wurde („verfrühter Verhandlungsschluss").[27] Das kann z.B. der Fall sein, weil das Gericht seine Frage- und Hinweispflichten nicht hinreichend erfüllt hat (BayVerfGH NJW 1984, 1026, 1027) oder sich aus nachträglichem Vortrag der Beteiligten ergibt, dass entscheidungserhebliches Vorbringen übergangen (vgl. OLG Köln MDR 1983, 760, 761) und der Sachverhalt noch nicht so weit aufgeklärt wurde, um eine abschließende Sachentscheidung fällen zu können. Ermittlungsdefizite aufdeckendes Vorbringen kann auch in Schriftsätzen enthalten sein, die die Beteiligten nach Verhandlungsschluss, sei es aufgrund eines Nachschubrechts gem. § 283 ZPO, sei es ohne Nachschubrecht, einreichen. Hat das Gericht einen Schriftsatznachlass gem. § 283 ZPO gewährt, spielt es für das Vorliegen eines Wiedereröffnungsgrundes (zum Wiedereröffnungsermessen insoweit → Rn. 59) keine ausschlaggebende Rolle, ob das Vorbringen sich i.R. des Schriftsatzrechts hält oder darüber hinausgeht. Denn Wiedereröffnungsgrund ist nicht das nachgeschobene Vorbringen, sondern der dadurch aufgedeckte Ermittlungsmangel.

---

22   Vgl. BVerwG DVBl 1989, 893 (LS); BayVBl 1993, 412, 413; BSG NJW 1966, 1478, 1479; BGH NJW 1988, 2303.
23   A.M. *F. O. Fischer*, NJW 1994, 1315, 1317; ihm folgend *H. Geiger*, in: Eyermann § 104 Rn. 16.
24   *F. O. Fischer*, NJW 1994, 1315, 1317.
25   Vgl. BVerwG NJW 1984, 192
26   BVerwGE 81, 139, 143; BSG, MDR 1974, 612; BayVerfGH NJW 1984, 1026, 1027; BayVBl 1987, 157; *G. Deubner*, NJW 1980, 263, 264; *A. Walchshöfer*, NJW 1972, 1028, 1030.
27   Vgl. BVerwG NJW 1995, 2303, 2308; BayVerfGH NJW 1984, 1026; BayVBl 1993, 699

4. Entscheidung/Begründung/Anfechtbarkeit. Die *Entscheidung*, die mündliche Verhandlung wieder- 58
zueröffnen, ergeht durch Beschluss des Gerichts (BVerwG NJW 1984, 192; BFHE 137, 224;
→ Rn. 52), der durch Verkündung oder Zustellung bekannt zu geben ist. Das Gericht darf nicht einfach – ohne förmlichen Beschluss – wieder in die mündliche Verhandlung eintreten. Geschieht das
dennoch, bleibt der Fehler allerdings folgenlos, weil das Urteil nicht i.S.d. § 132 Abs. 2 auf diesem
Verfahrensverstoß beruhen kann (BVerwG NJW 1984, 192; BSG DÖV 1974, 430). Lehnt das Gericht
die (beantragte) Wiedereröffnung der mündlichen Verhandlung ab, braucht es hingegen keinen gesonderten Beschluss zu fassen und bekannt zu geben. Es genügt, wenn es im abschließenden Sachurteil
hierauf eingeht und seine Entscheidung, nicht wiederzueröffnen, dort *begründet*. Das ist schon deshalb ratsam, um – für den Fall einer Revision – klarzustellen, dass das im Einzelfall gem. § 104 Abs. 3
S. 2 bestehende Wiedereröffnungsermessen ausgeübt wurde, vor allem dann, wenn für eine Wiedereröffnung „triftige Gründe" sprechen (vgl. BSG AnwBl 1974, 271; BFH/NV 2007, 459). Da Beschlüsse
über die Wiedereröffnung der mündlichen Verhandlung gem. § 122 Abs. 2 S. 1 nicht begründungs-
pflichtig wären, darf das Gericht davon aber auch absehen (vgl. BayVerfGH BayVBl 1993, 699). Ein
Sonderfall liegt allerdings vor, wenn die Wiedereröffnung der mündlichen Verhandlung nach deren
Schluss, aber noch vor der Beendigung des Termins und vor der Verkündung der Entscheidung beantragt wird. Dann sind – wegen des auch zeitlich unmittelbaren Zusammenhangs mit der Gewährung
rechtlichen Gehörs – dem Antragsteller die Gründe dafür mitzuteilen, warum das Gericht die mündliche Verhandlung nicht wiedereröffnet.[28] Beschlüsse über die Wiedereröffnung der mündlichen Verhandlung oder deren Ablehnung sind *unanfechtbar* (§ 146 Abs. 2).[29] Das Rechtsmittelgericht kann
aber ggf. bei der Überprüfung der Sachentscheidung kontrollieren, ob das Gericht es zu Unrecht unterlassen hat, die mündliche Verhandlung wiederzueröffnen.[30] Stand die Wiedereröffnung im (offenen)
Ermessen des (Unter-)Gerichts, ist die Kontrolldichte allerdings begrenzt. Das Rechtsmittelgericht darf
nur klären, ob das (Unter-)Gericht sein Ermessen ausgeübt und keine sachwidrigen Erwägungen angestellt hat. Die Kontrolldichte des Rechtsmittelgerichts ist hingegen unbeschränkt, wenn das Wiedereröffnungsermessen auf die Rechtspflicht zur Wiedereröffnung der mündlichen Verhandlung reduziert
war.[31]

5. Wiedereröffnungsermessen. Die Wiedereröffnung der mündlichen Verhandlung steht grds. im 59
pflichtgemäßen (revisionsgerichtlich nicht nachprüfbaren) Ermessen des Gerichts (→ Rn. 58).[32] Das
Gesetz bringt das mit der Fassung des § 104 Abs. 3 S. 2 als „Kann-Bestimmung" zum Ausdruck.[33]
Auch wenn das Gericht danach zur Wiedereröffnung der mündlichen Verhandlung im Einzelfall nicht
verpflichtet ist, muss es bei nachträglichem Vorbringen der Beteiligten jedenfalls erwägen, ob das Vorbringen die Wiedereröffnung der mündlichen Verhandlung rechtfertigt und nahe legt, und darüber ermessensfehlerfrei entscheiden.[34] Es darf davon nicht unter Berufung auf § 296 a ZPO absehen. Auf
diese Weise soll bei nachträglichem rechtserheblichem Vorbringen ein unrichtiges Urteil – soweit es
noch nicht erlassen und unabänderlich geworden ist (→ § 116 sowie → § 101 Rn. 47 ff.) – möglichst
verhindert werden (so BVerwG NVwZ 1989, 857, 858 unter Hinweis auf BVerwG NVwZ 1989,
750). Entsprechend muss das Gericht über Bitten von Beteiligten um Wiedereröffnung der mündlichen
Verhandlung befinden.[35] Allerdings haben die Beteiligten grds. keinen Anspruch darauf, dass die einmal geschlossene mündliche Verhandlung wiedereröffnet wird (BayVerfGH NJW 1984, 1026, 1027).

6. Wiedereröffnungspflicht. Liegen Wiedereröffnungsgründe im vorstehend beschriebenen Sinn vor, 60
wird sich das dem Gericht in § 104 Abs. 3 S. 2 eröffnete Ermessen vielfach auf die Entscheidung zur
Wiedereröffnung verdichten.[36]

---

28 BSG MDR 1974, 612; *H. Geiger*, in: Eyermann § 104 Rn. 15.
29 Vgl. zur Wiedereröffnung auch: BVerwG NJW 1984, 192; NVwZ-RR 1991, 588; BFHE 137, 224.
30 Vgl. BGH NJW 1986, 1868; BGHZ 30, 67; BSG NJW 1966, 1479; OLG Köln NJW-RR 1990, 1343.
31 Näher *F. O. Fischer*, NJW 1994, 1315, 1320 m.N. zur Rspr. der Zivilgerichte.
32 Vgl. BVerwG NVwZ-RR 2002, 217; BayVBl 1993, 412, 413; 29.6.2007 – 4 BN 22/07; BGH NJW 1979, 2109,
    2110; BGHZ 30, 60, 65 f.; BayVerfGH NJW 1984, 1026, 1027; RGZ 102, 262, 266.
33 Zweifelnd im Hinblick auf die Interpretation als Befugnisnorm („Dürfen-Kann" im Gegensatz zu „Ermessen-Kann")
    C. Wagner, in: MüKoZPO § 156 Rn. 2.
34 Vgl. BVerwG NVwZ 1989, 857, 858; *F. O. Fischer*, NJW 1994, 1315, 1317.
35 Dazu im Eizelnen *F. O. Fischer*, NJW 1994, 1315, 1320.
36 BVerwG 3.12.2008 – 10 B 13/08; BVerwG Buchholz 310 § 104 VwGO Nr. 23; VGH Kassel AuAS 1999, 201.

61   So verpflichten verfahrensrechtliche Wiedereröffnungsgründe (→ Rn. 54 ff.), wie das Vorliegen von Wiederaufnahmegründen i.S.d. § 153[37] oder die Verletzung des rechtlichen Gehörs Beteiligter, nicht aber das Versäumen von Klag(erweiterungs)anträgen (BVerwG NVwZ-RR 2002, 217), das Gericht dazu, die Verhandlung wieder zu eröffnen. Geht es im Einzelfall darum, dass ein durch (anwesende) Prozessbevollmächtigte vertretener Beteiligter nicht zur Verhandlung erscheinen konnte, muss allerdings dargelegt werden, warum dessen Anhörung erforderlich gewesen wäre (vgl. näher BVerwG NVwZ 1989, 857, 858, 859). Hat das Gericht jedoch das persönliche Erscheinen des Beteiligten angeordnet (§ 95) und ist dieser ohne Verschulden an der Wahrnehmung des Verhandlungstermins gehindert, muss das Gericht auf einen rechtzeitig gestellten Wiedereröffnungsantrag die Verhandlung grds. wiedereröffnen (VGH Kassel AuAS 1999, 201). Andernfalls würde der Anspruch des Beteiligten auf Gewährung rechtlichen Gehörs verletzt. Denn er wird sich mit Rücksicht auf die Anordnung des persönlichen Erscheinens darauf eingestellt haben, seinen Vortrag in der mündlichen Verhandlung um bisher unterlassene Ausführungen zu ergänzen. Entsprechendes gilt, wenn der Prozessbevollmächtigte verhindert ist und der Beteiligte allein zur mündlichen Verhandlung erscheint. Es ist das – vom Anspruch auf rechtliches Gehör umfasste[38] – Recht aller Verfahrensbeteiligter, sich vor Gericht der Hilfe ihrer Prozessbevollmächtigten zu bedienen (so BVerwG NJW 1986, 1057; NVwZ 1989, 857, 859).

62   Ein Richterwechsel zwischen Schluss der mündlichen Verhandlung und Urteilsfällung verpflichtet ebenfalls zur Wiedereröffnung der mündlichen Verhandlung. Anderes wäre mit dem Grundsatz der Unmittelbarkeit der Urteilsfällung (§ 112) nicht zu vereinbaren.

63   Liegt der verfahrensrechtliche Wiedereröffnungsgrund indessen darin, dass nach Schluss der mündlichen Verhandlung nachgereichte Schriftsätze weiteren Erörterungsbedarf gem. § 104 Abs. 1 begründen, ist zu differenzieren: Ist der (rechtliche oder tatsächliche) Vortrag in Schriftsätzen enthalten, die aufgrund eines gem. § 173 i.V.m. § 283 ZPO eingeräumten Schriftsatzrechts nachgeschoben werden, muss das Gericht die mündliche Verhandlung für ein erneutes Rechtsgespräch nach § 104 Abs. 1 wiedereröffnen.[39] Tragen die Beteiligten hingegen außerhalb eines Schriftsatzrechts nach § 283 ZPO vor, sei es weil das Gericht gar kein Schriftsatzrecht gewährt hat, sei es, weil das Vorbringen über die mit dem Schriftsatzrecht (punktuell) erlaubte Stellungnahme zu bestimmten Fragen hinausgeht, liegt es regelmäßig[40] im pflichtgemäßen Ermessen des Gerichts, ob es die mündliche Verhandlung wiedereröffnet (BVerfG NJW 1992, 2217; BVerwG NJW 1995, 2303, 2308; BayVerfGH NJW 1984, 1026) oder davon Abstand nimmt und das Vorbringen einfach (gem. § 173 i.V.m. § 296 a ZPO) unberücksichtigt lässt (vgl. BGH NJW 1966, 1657; ähnlich auch BVerfG NJW 1992, 2217).

64   Liegt der Wiedereröffnungsgrund (als materiell-rechtlicher Wiedereröffnungsgrund) in Defiziten bei der Sachverhaltsermittlung, muss die mündliche Verhandlung grds. (vgl. zur teils engeren Rechtsansicht des BVerwG aber → Rn. 65) wiedereröffnet werden. Die Amtsermittlungspflicht (§ 86 Abs. 1) endet nämlich nicht mit dem Schluss der Verhandlung, sondern ist bis zum Erlass des Urteils (§ 116) zu erfüllen. Aus § 173 i.V.m. § 296 a ZPO ergibt sich nichts anderes, weil die in § 104 Abs. 3 S. 2 vorgesehene Wiedereröffnung der mündlichen Verhandlung gerade die in § 296 a ZPO festgelegte Maßgeblichkeit des Verhandlungsschlusses durchbricht. Dass die Amtsermittlungspflicht über den Schluss der mündlichen Verhandlung hinaus andauert, folgt im Übrigen aus ihrer verfassungsrechtlichen Verankerung (→ § 86 Rn. 7 ff.) in Art. 19 Abs. 4 GG, in den jeweils betroffenen materiellen Grundrechten wie im Rechtsstaatsprinzip des Art. 20 Abs. 3 GG. Ergibt sich danach bis zum Erlass des Urteils (§ 116), dass der entscheidungserhebliche Sachverhalt noch nicht ausreichend aufgeklärt wurde, ist diese Ermittlungslücke zu schließen, ohne dass es darauf ankäme, wann sich die Ermittlungslücke zeigt, vor oder nach Schluss der mündlichen Verhandlung, und sei es auch erst beim Abfassen des Urteils. Ebenso wenig spielt eine Rolle, wie die Ermittlungslücke erkannt wird und worauf sie beruht. Das dem Gericht in § 104 Abs. 3 S. 2 grds. eingeräumte Wiedereröffnungsermessen reduziert sich in diesen Fällen auf die Entscheidung, die mündliche Verhandlung (von Amts wegen) wiederzueröffnen und den entscheidungserheblichen Sachverhalt vollends aufzuklären (vgl. BVerwG NJW 1995, 2303;

---

37   Dazu, auch zu abweichenden, freilich prozessunökonomischen, Auffassungen *F. O. Fischer*, NJW 1994, 1315, 1318; vgl. auch BGHZ 30, 60, wonach die Wiedereröffnung der mündlichen Verhandlung grds. auch dann im Ermessen des Gerichts steht, wenn möglicherweise Restitutionsgründe vorliegen.

38   Vgl. BVerwG BayVBl 1984, 189; Buchholz 310 § 104 VwGO Nr. 23 (S. 3, 4); BayVBl 1993, 412, 413.

39   Vgl. BVerfGE 72, 84, 88; auch BVerfG NJW 1992, 2217; auch BayVerfGH BayVBl 1987, 157.

40   Näher und zu Ausnahmen *F. O. Fischer*, NJW 1994, 1315, 1317.

BVerwGE 81, 143). Das ist nur zu vermeiden, wenn die Ermittlungsdefizite auch außerhalb einer mündlichen Verhandlung zu beheben sind und die Beteiligten gem. § 101 Abs. 2 auf (weitere) mündliche Verhandlung verzichten. Hingegen darf das Gericht nicht mit „gestaffelten Schriftsatzrechten" gem. § 283 ZPO „faktisch" – ohne Einverständnis der Beteiligten i.S.d. § 101 Abs. 2 – ins schriftliche Verfahren übergehen (→ § 101 Rn. 20).

Wird der Ermittlungsmangel infolge „verfrühten Verhandlungsschlusses" durch gem. § 173 i.V.m. 65 § 283 ZPO nachgereichte Schriftsätze aufgedeckt, muss das Gericht die mündliche Verhandlung ebenfalls wiedereröffnen. Das gilt nach Ansicht des BVerwG allerdings nicht uneingeschränkt: Beruhen die Ermittlungsdefizite darauf, dass ein Beteiligter seine prozessuale Mitwirkungspflicht verletzt hat, soll das Gericht zur Wiedereröffnung der mündlichen Verhandlung nicht verpflichtet sein, um unterbliebene Aufklärungsmaßnahmen nachzuholen.[41] Das geht so allerdings zu weit. Aus der verfassungsrechtlichen Verankerung der gerichtlichen Amtsermittlungspflicht wie aus der Regelung des § 86 Abs. 1 S. 2 folgt nämlich, dass es nicht nur unerheblich sein muss, wann (bis zum Erlass des Urteils) Ermittlungsdefizite hervortreten, sondern auch wodurch dies veranlasst ist. Deshalb spielt es keine Rolle, ob das Gericht den Ermittlungsmangel ohne Anstöße von außen erkennt oder ob diese Erkenntnis durch weiteres (schriftsätzliches) Vorbringen der Beteiligten nach Schluss der mündlichen Verhandlung befördert wird. Ebenso wenig kann es darauf ankommen, ob das die Ermittlungsdefizite aufdeckende Vorbringen der Beteiligten in gem. § 173 i.V.m. § 283 ZPO zulässigerweise nachgereichten Schriftsätzen (dazu BVerfGE 72, 88; NJW 1992, 2217; BVerfG BayVerfGH BayVBl, 1987, 157) enthalten ist oder dem Gericht außerhalb eines „Nachschubrechts" zur Kenntnis gebracht wird, nachdem die Beteiligten letztendlich nur auf den „verfrühten Verhandlungsschluss" hinweisen (BVerwG NJW 1995, 2303, 2308; BayVerfGH NJW 1984, 1026; BayVBl 1993, 699). Zwar ist der (sachliche) Umfang der gerichtlichen Amtsermittlungspflicht nicht losgelöst von der prozessualen Mitwirkungspflicht der Beteiligten festzulegen; nicht umsonst bestimmt § 86 Abs. 1 S. 1 Hs. 2, dass diese bei der Erforschung des Sachverhalts heranzuziehen sind (dazu auch BVerwG NJW 1964, 786). Die grundsätzliche Pflicht des Gerichts zur Erforschung des Sachverhalts bleibt davon in ihrem Bestand aber unberührt. Es geht deshalb auch nicht an, Verstöße gegen die prozessuale Mitwirkungspflicht (außerhalb gesetzlicher Anordnung [vgl. zur Präklusion verspäteten Vorbringens z.B. die Vorschrift des § 87b]) dadurch zu sanktionieren, dass das Gericht die weitere Amtsermittlung – gleichsam schon dem Grunde nach – verweigert.

7. Neue mündliche Verhandlung. Wird die mündliche Verhandlung gem. § 104 Abs. 3 S. 2 wiedereröffnet, findet regelmäßig eine vollständige neue mündliche Verhandlung mit allen Verhandlungsbestandteilen statt, ggf. vor einem nach Maßgabe des Geschäftsverteilungsplans des Gerichts nunmehr anders besetzten Spruchkörper (OVG Schwerin NVwZ-RR 2011, 128). Ausnahmsweise kommt – anstelle der Durchführung einer neuen mündlichen Verhandlung – auch die Fortsetzung der mündlichen Verhandlung noch am selben oder an einem anderen Sitzungstag in derselben richterlichen Besetzung infrage. In der wiedereröffneten mündlichen Verhandlung können die Beteiligten unbeschränkt neue Tatsachen vortragen oder Beweismittel einführen und Beweisanträge stellen, auch wenn insoweit kein Zusammenhang mit dem Wiedereröffnungsgrund besteht. Wird die mündliche Verhandlung nach der Urteilsberatung wiedereröffnet, ist auch eine erneute Beratung des Gerichts notwendig (BGH NJW 1992, 3182; BGH NStZ 1988, 470). Ggf. – wenn bei der Entscheidung über einfache Fragen „rascheste Verständigung" möglich ist – genügt aber eine kurze Absprache im Gerichtssaal (BGH NJW 1992, 3181).

VIII. Schriftliches Verfahren

Entscheidet das Gericht gem. § 101 Abs. 2 (im Einverständnis der Beteiligten) ohne mündliche Ver- 67 handlung, ist umstr., bis zu welchem Zeitpunkt eingehende Schriftsätze noch zu berücksichtigen sind (BVerfGE 60, 317) und ggf. sogar mündlich (weiter) verhandelt werden muss (→ § 101 Rn. 41 ff.).

---

41 BVerwG NVwZ-RR 1991, 587 zum Asylprozess: Das BVerwG hat allerdings offen gelassen, ob dann anderes gilt, wenn nach Schließung der mündlichen Verhandlung aufgrund neu eingetretener oder schuldlos erst dann vorgetragener Umstände erkennbar wird, dass das nach dem damaligen Erkenntnisstand als Verstoß gegen § 86 Abs. 1 S. 1 Hs. 2 zu wertende Verhalten in Wirklichkeit kein solcher Verstoß ist.

IX. Fehlerfolgen

68   Da § 104 in erster Linie den Anspruch der Beteiligten auf rechtliches Gehör in der mündlichen Verhandlung konkretisiert, bestehen die Fehlerfolgen regelmäßig in Gehörsverletzungen. In Betracht kommt auch eine Verletzung der Amtsermittlungspflicht aus § 86 Abs. 1. Das kann etwa der Fall sein, wenn die mündliche Verhandlung gem. § 104 Abs. 3 S. 1 verfrüht geschlossen wird (BVerwG NJW 1995, 2303, 2308; → Rn. 60 ff.). Entsprechendes gilt, wenn das Gericht es zu Unrecht ablehnt, die mündliche Verhandlung gem. § 104 Abs. 3 S. 2 wiederzueröffnen. Die Beteiligten können den Verfahrensfehler allerdings nur dann mit Erfolg geltend machen, wenn sie bei Wiedereröffnung der mündlichen Verhandlung rechtliches Gehör hätten erlangen können und die Wiedereröffnung auch beantragt haben, um sich dadurch Gehör zu verschaffen (vgl. BVerwG BayVBl 1993, 412, 413; BVerwG SGb 1994, 179). Der Antrag auf Wiedereröffnung der mündlichen Verhandlung gem. § 104 Abs. 3 S. 2 gehört zu den verfahrensrechtlichen Befugnissen, von denen (etwa) ein Rechtsanwalt erforderlichenfalls Gebrauch machen muss, um den Anspruch des von ihm vertretenen Beteiligten auf rechtliches Gehör durchzusetzen (BVerwG NJW 1992, 3185; VGH Mannheim VBlBW 1998, 260; → Rn. 52).

§ 105   [Niederschrift über die mündliche Verhandlung]

Für das Protokoll gelten die §§ 159 bis 165 der Zivilprozeßordnung entsprechend.

§ 159 Protokollaufnahme

(1) Über die Verhandlung und jede Beweisaufnahme ist ein Protokoll aufzunehmen. Für die Protokollführung kann ein Urkundsbeamter der Geschäftsstelle zugezogen werden, wenn dies auf Grund des zu erwartenden Umfangs des Protokolls, in Anbetracht der besonderen Schwierigkeit der Sache oder aus einem sonstigen wichtigen Grund erforderlich ist.
(2) Absatz 1 gilt entsprechend für Verhandlungen, die außerhalb der Sitzung vor Richtern beim Amtsgericht oder vor beauftragten oder ersuchten Richtern stattfindet. Ein Protokoll über eine Güteverhandlung oder weitere Güteversuche vor einem Güterichter nach § 278 Absatz 5 wird nur auf übereinstimmenden Antrag der Parteien aufgenommen.

§ 160 Inhalt des Protokolls

(1) Das Protokoll enthält
1. den Ort und den Tag der Verhandlung;
2. die Namen der Richter, des Urkundsbeamten der Geschäftsstelle und des etwa zugezogenen Dolmetschers;
3. die Bezeichnung des Rechtsstreits;
4. die Namen der erschienenen Parteien, Nebenintervenienten, Vertreter, Bevollmächtigten, Beistände, Zeugen und Sachverständigen und im Falle des § 128 a der Ort, von dem aus sie an der Verhandlung teilnehmen;
5. die Angabe, dass öffentlich verhandelt oder die Öffentlichkeit ausgeschlossen worden ist.
(2) Die wesentlichen Vorgänge der Verhandlung sind aufzunehmen.
(3) Im Protokoll sind festzustellen
1. Anerkenntnis, Anspruchsverzicht und Vergleich;
2. die Anträge;
3. Geständnis und Erklärung über einen Antrag auf Parteivernehmung sowie sonstige Erklärungen, wenn ihre Feststellung vorgeschrieben ist;
4. die Aussagen der Zeugen, Sachverständigen und vernommenen Parteien; bei einer wiederholten Vernehmung braucht die Aussage nur insoweit in das Protokoll aufgenommen zu werden, als sie von der früheren abweicht;
5. das Ergebnis eines Augenscheins;
6. die Entscheidungen (Urteile, Beschlüsse und Verfügungen) des Gerichts;
7. die Verkündung der Entscheidungen;
8. die Zurücknahme der Klage oder eines Rechtsmittels;

9. *der Verzicht auf Rechtsmittel;*

10. *das Ergebnis der Güteverhandlung.*

(4) Die Beteiligten können beantragen, dass bestimmte Vorgänge oder Äußerungen in das Protokoll aufgenommen werden. Das Gericht kann von der Aufnahme absehen, wenn es auf die Feststellung des Vorgangs oder der Äußerung nicht ankommt. Dieser Beschluss ist unanfechtbar; er ist in das Protokoll aufzunehmen.

(5) Der Aufnahme in das Protokoll steht die Aufnahme in eine Schrift gleich, die dem Protokoll als Anlage beigefügt und in ihm als solche bezeichnet ist.

§ 160 a Vorläufige Protokollaufzeichnung

(1) Der Inhalt des Protokolls kann in einer gebräuchlichen Kurzschrift, durch verständliche Abkürzungen oder auf einem Ton- oder Datenträger vorläufig aufgezeichnet werden.

(2) Das Protokoll ist in diesem Fall unverzüglich nach der Sitzung herzustellen. Soweit Feststellungen nach § 160 Abs. 3 Nr. 4 und 5 mit einem Tonaufnahmegerät vorläufig aufgezeichnet worden sind, braucht lediglich dies in dem Protokoll vermerkt zu werden. Das Protokoll ist um die Feststellungen zu ergänzen, wenn eine Partei dies bis zum rechtskräftigen Abschluss des Verfahrens beantragt oder das Rechtsmittelgericht die Ergänzung anfordert. Sind Feststellungen nach § 160 Abs. 3 Nr. 4 unmittelbar aufgenommen und ist zugleich das wesentliche Ergebnis der Aussagen vorläufig aufgezeichnet worden, so kann eine Ergänzung des Protokolls nur um das wesentliche Ergebnis der Aussagen verlangt werden.

(3) Die vorläufigen Aufzeichnungen sind zu den Prozessakten zu nehmen oder, wenn sie sich nicht dazu eignen, bei der Geschäftsstelle mit den Prozessakten aufzubewahren. Aufzeichnungen auf Ton- oder Datenträgern können gelöscht werden,

1. *soweit das Protokoll nach der Sitzung hergestellt oder um die vorläufig aufgezeichneten Feststellungen ergänzt ist, wenn die Parteien innerhalb eines Monats nach Mitteilung der Abschrift keine Einwendungen erhoben haben;*

2. *nach rechtskräftigem Abschluss des Verfahrens.*

Soweit das Gericht über eine zentrale Datenspeichereinrichtung verfügt, können die vorläufigen Aufzeichnungen an Stelle der Aufbewahrung nach Satz 1 auf der zentralen Datenspeichereinrichtung gespeichert werden.

(4) Die endgültige Herstellung durch Aufzeichnung auf Datenträger in der Form des § 130 b ist möglich.

§ 161 Entbehrliche Feststellungen

(1) Feststellungen nach § 160 Abs. 3 Nr. 4 und 5 brauchen nicht in das Protokoll aufgenommen zu werden,

1. *wenn das Prozessgericht die Vernehmung oder den Augenschein durchführt und das Endurteil der Berufung oder der Revision nicht unterliegt;*

2. *soweit die Klage zurückgenommen, der geltend gemachte Anspruch anerkannt oder auf ihn verzichtet wird, auf ein Rechtsmittel verzichtet oder der Rechtsstreit durch einen Vergleich beendet wird.*

(2) In dem Protokoll ist zu vermerken, dass die Vernehmung oder der Augenschein durchgeführt worden ist. § 160 a Abs. 3 gilt entsprechend.

§ 162 Genehmigung des Protokolls

(1) Das Protokoll ist insoweit, als es Feststellungen nach § 160 Abs. 3 Nr. 1, 3, 4, 5, 8, 9 oder zu Protokoll erklärte Anträge enthält, den Beteiligten vorzulesen oder zur Durchsicht vorzulegen. Ist der Inhalt des Protokolls nur vorläufig aufgezeichnet worden, so genügt es, wenn die Aufzeichnungen vorgelesen oder abgespielt werden. In dem Protokoll ist zu vermerken, dass dies geschehen und die Genehmigung erteilt ist oder welche Einwendungen erhoben worden sind.

(2) Feststellungen nach § 160 Abs. 3 Nr. 4 brauchen nicht abgespielt zu werden, wenn sie in Gegenwart der Beteiligten unmittelbar aufgezeichnet worden sind; der Beteiligte, dessen Aussage aufgezeichnet ist, kann das Abspielen verlangen. Soweit Feststellungen nach § 160 Abs. 3 Nr. 4 und 5 in Gegenwart der Beteiligten diktiert worden sind, kann das Abspielen, das Vorlesen oder die Vorlage zur

Durchsicht unterbleiben, wenn die Beteiligten nach der Aufzeichnung darauf verzichten; in dem Protokoll ist zu vermerken, dass der Verzicht ausgesprochen worden ist.

§ 163 Unterschreiben des Protokolls

(1) Das Protokoll ist von dem Vorsitzenden und von dem Urkundsbeamten der Geschäftsstelle zu unterschreiben. Ist der Inhalt des Protokolls ganz oder teilweise mit einem Tonaufnahmegerät vorläufig aufgezeichnet worden, so hat der Urkundsbeamte der Geschäftsstelle die Richtigkeit der Übertragung zu prüfen und durch seine Unterschrift zu bestätigen; dies gilt auch dann, wenn der Urkundsbeamte der Geschäftsstelle zur Sitzung nicht zugezogen war.

(2) Ist der Vorsitzende verhindert, so unterschreibt für ihn der älteste beisitzende Richter; war nur ein Richter tätig und ist dieser verhindert, so genügt die Unterschrift des zur Protokollführung zugezogenen Urkundsbeamten der Geschäftsstelle. Ist dieser verhindert, so genügt die Unterschrift des Richters. Der Grund der Verhinderung soll im Protokoll vermerkt werden.

§ 164 Protokollberichtigung

(1) Unrichtigkeiten des Protokolls können jederzeit berichtigt werden.

(2) Vor der Berichtigung sind die Parteien und, soweit es die in § 160 Abs. 3 Nr. 4 genannten Feststellungen betrifft, auch die anderen Beteiligten zu hören.

(3) Die Berichtigung wird auf dem Protokoll vermerkt; dabei kann auf eine mit dem Protokoll zu verbindende Anlage verwiesen werden. Der Vermerk ist von dem Richter, der das Protokoll unterschrieben hat, oder von dem allein tätigen Richter, selbst wenn dieser an der Unterschrift verhindert war, und von dem Urkundsbeamten der Geschäftsstelle, soweit er zur Protokollführung zugezogen war, zu unterschreiben.

(4) Erfolgt der Berichtigungsvermerk in der Form des 130 b, ist er in einem gesonderten elektronischen Dokument festzuhalten. Das Dokument ist mit dem Protokoll untrennbar zu verbinden.

§ 165 Beweiskraft des Protokolls

Die Beachtung der für die Verhandlung vorgeschriebenen Förmlichkeiten kann nur durch das Protokoll bewiesen werden. Gegen seinen diese Förmlichkeiten betreffenden Inhalt ist nur der Nachweis der Fälschung zulässig.

Schrifttum

H. Hansens, Die wichtigsten Änderungen im Bereich der Zivilgerichtsbarkeit aufgrund des Rechtspflege-VereinfachungsG. VIII. Vereinfachte Protokollierung (§ 160 a ZPO), NJW 1991, 955; *A. Scheidler,* Das Protokoll im Verwaltungsprozess, DVP 2012, 358; *ders.,* Die Niederschrift über die mündliche Verhandlung im Verwaltungsprozess, SächsVBl 2011, 255; *H.-J. Schmidt,* Tonaufzeichnung des Protokollinhalts, NJW 1975, 1308.

I. Entstehungsgeschichte

Bis zum 1.1.1975 regelte § 105 eigenständig und von den Regelungen der Zivilprozessordnung teilweise abweichend die Verhandlungsniederschrift; deshalb war fraglich, inwieweit die Bestimmungen der §§ 159 ff. ZPO gem. § 173 ergänzend anwendbar waren. Das Gesetz vom 20.12.1974 (BGBl I 3651) änderte die Rechtslage und führte die derzeit geltende – und seitdem unveränderte – Fassung des § 105 ein. § 105 verweist (dynamisch) auf die §§ 159–165 ZPO, die in der jeweils geltenden Fassung entsprechend anzuwenden sind. **1**

II. Zweck der Regelung/Begriffe/Verhältnis zur ZPO

Zweck der Niederschrift über die mündliche Verhandlung (des Protokolls) ist, den tatsächlichen Entscheidungsstoff zu sichern[1] und dem Rechtsmittelgericht die Nachprüfung des Verfahrens und wesentlicher Verfahrensergebnisse zu ermöglichen.[2] Nichtzulassungsbeschwerden (§ 133) und Revisionen (§ 132) sind auf Verfahrensmängel auch nur dann zu stützen, wenn sich die den Mangel ausmachenden Verfahrensvorgänge aus dem Protokoll der letzten mündlichen Verhandlung oder aus dem Tatbestand des angegriffenen Urteils ergeben. Diesen Aufgaben dient die besondere Beweiskraft des Protokolls (§ 165 ZPO), die durch Vorschriften des Protokollierungsverfahrens, insbes. § 162 ZPO über das Vorlesen bzw. Vorspielen bestimmter Protokollfeststellungen (zur Funktion dessen im Besonderen → Rn. 27) oder vorläufiger Aufzeichnungen (i.S.d. § 160 a ZPO) unterstützt wird. Der Protokollierungszwang stellt außerdem sicher, dass die mündliche Verhandlung jedenfalls in ihren entscheidenden Teilen gesetzmäßig verläuft. Schließlich hilft das Protokoll (vor allem) mit den darin festgehaltenen Aussagen von Zeugen oder Beteiligten maßgeblich bei der Entscheidungsfindung. **2**

Das BVerwG hat offen gelassen, ob das Protokoll darüber hinaus – mittelbar – dem rechtlichen Gehör der Beteiligten dient (vgl. BVerwG NJW 1976, 1705). Dafür spricht, dass der Protokollierungszwang auch den gesetzmäßigen Verhandlungsablauf sichern soll und die darauf bezogenen Regelungen ihrerseits wesentlich dem Anspruch der Beteiligten auf rechtliches Gehör in der Verhandlung dienen. **3**

Die Verweisung in § 105 bezieht sich als dynamische Rechtsnormverweisung auf die Regelungen der §§ 159–165 ZPO in der jeweils geltenden Fassung. Neuerungen der Zivilprozessordnung, wie etwa die mit Gesetz vom 17.12.1990 (BGBl I 2847) eingeführte Möglichkeit, das Protokoll vorläufig auf Datenträger aufzuzeichnen (§ 160 a ZPO), gelten deshalb ohne besondere gesetzgeberische Maßnahme auch für den Verwaltungsprozess. **4**

III. Notwendigkeit des Protokolls

Gem. § 105 i.V.m. § 159 Abs. 1 S. 1 ZPO ist über die Verhandlung und jede Beweisaufnahme ein Protokoll anzufertigen. **5**

Das Gesetz erfasst mit § 159 Abs. 1 S. 1 Alt. 1 ZPO alle (mündliche) Verhandlungen vor Gerichten der Verwaltungsgerichtsbarkeit; auch Verhandlungen im Wege der Bild- und Tonübertragung (Videoverhandlung) nach § 102 a (vgl. auch § 160 Abs. 1 Nr. 4 ZPO) und im vorbereitenden Verfahren nach § 87 (Erörterungs- und Gütetermin; vgl. auch § 160 Abs. 3 Nr. 10 ZPO). **6**

Außer über Verhandlungen ist auch über jede Beweisaufnahme ein Protokoll anzufertigen (§ 105 i.V.m. § 159 Abs. 1 S. 1 Alt. 2 ZPO), insbes. über außerhalb der mündlichen Verhandlung stattfindende Beweisaufnahmen in isolierten Beweisterminen. Auch Beweisaufnahmen des Vorsitzenden oder Berichterstatters im vorbereitenden Verfahren gem. § 87 Abs. 3 S. 1 oder eines ersuchten Richters gem. § 96 Abs. 2 sind zu protokollieren. Für die Beweisaufnahme durch ersuchte Richter (§ 96 Abs. 2 **7**

---

1 BVerwGE 48, 369; BVerwG NJW 1988, 579; NVwZ 1985, 182; OVG Bautzen InfAuslR 2001, 404.
2 BVerwGE 48, 369; 50, 344; BVerwG NJW 1988, 579; BGH NJW 1985, 1782, 1783; OVG Bautzen InfAuslR 2001, 404.

Alt. 2) gilt § 105, sofern sie nach den Vorschriften der VwGO verfahren, andernfalls das jeweils ein-schlägige Verfahrensrecht.

IV. Abkürzung des Protokolls

8   Aus Gründen der Verfahrensökonomie erlaubt § 161 Abs. 1 ZPO, einzelne (meist aufwändige) Fest-stellungen nicht in das Protokoll aufzunehmen (abgekürztes Protokoll). Weil das Protokoll den Ent-scheidungsstoff zur Überprüfung durch das Rechtsmittelgericht sichern soll, können bestimmte Fest-stellungen entfallen, wenn eine solche Überprüfung nicht stattfindet, sei es, weil ein Rechtsmittel kraft Gesetzes ausscheidet, sei es, weil Dispositionsakte der Beteiligten (wie Klagerücknahme oder Aner-kenntnis) eine Überprüfung im Rechtsmittelweg ebenfalls ausschließen.

9   **1. Rechtsmittelausschluss.** Aussagen von Zeugen, Sachverständigen und (förmlich vernommenen) Be-teiligten (§ 160 Abs. 3 Nr. 4 ZPO) sowie die Feststellungen bei der Einnahme eines gerichtlichen Au-genscheins (§ 160 Abs. 3 Nr. 5 ZPO) brauchen gem. § 161 Abs. 1 Nr. 1 ZPO nicht protokolliert zu werden, wenn das Prozessgericht die Vernehmung oder den Augenschein durchführt und das End-urteil der Berufung oder der Revision nicht unterliegt. Dann ist im Protokoll (ohne inhaltliche Fest-stellungen) nur zu vermerken, dass die Vernehmung oder der Augenschein durchgeführt worden sind (§ 161 Abs. 2 ZPO). Vorläufige Aufzeichnungen sind gem. § 161 Abs. 2 S. 2 ZPO i.V.m. § 160 a Abs. 3 ZPO zu den Prozessakten zu nehmen bzw. auf einer zentralen Datenspeichereinrichtung zu speichern.

10 Für die Verhandlung oder Beweisaufnahme vor den VG (1. Instanz) spielt § 161 Abs. 1 Nr. 1 ZPO re-gelmäßig keine Rolle, da deren Urteile gem. § 124 Abs. 1 grds. der (zulassungspflichtigen) Berufung, oder – wenn die Berufung durch Gesetz ausgeschlossen ist – gem. § 135 der (zulassungspflichtigen) Revision unterliegen. Anderes gilt gem. § 78 Abs. 1 AsylVfG für den Asylprozess; danach ist das Urteil des VG, das eine Asylklage als offensichtlich unzulässig oder offensichtlich unbegründet abweist, un-anfechtbar. Gleichwohl muss das VG die tatsächlichen Angaben des Asylklägers zu den individuellen Asylgründen wegen deren regelmäßig ausschlaggebender Bedeutung für den Klageerfolg auch dann protokollieren, wenn die Klage (unter Würdigung der Angaben letztendlich) als offensichtlich unbe-gründet abgewiesen wird (zur Protokollierungspflicht insoweit → Rn. 63 sowie OVG Bautzen InfAuslR 2001, 404); anderes ist ohnehin nicht praktikabel (→ Rn. 54). Im Verfahren vor dem VG ist damit regelmäßig ein Protokoll anzufertigen, das den Inhalt von Vernehmungen bzw. die Feststellun-gen durch einen gerichtlichen Augenschein festhält. Gleiches gilt für das Verfahren vor dem OVG bzw. VGH, deren Entscheidungen der Revision nach Maßgabe des § 132 Abs. 1 unterliegen. Die Entbehr-lichkeits- bzw. Abkürzungsklausel des § 161 Abs. 1 Nr. 1 ZPO ist deshalb praktisch nur für mündliche Verhandlungen bzw. Beweisaufnahmen (in erstinstanzlichen Verfahren, vgl. §§ 137 Abs. 2, 50) vor dem BVerwG von Bedeutung.

11 **2. Dispositionsakte der Beteiligten, insbes. Erledigungserklärung.** Gem. § 161 Abs. 1 Nr. 2 ZPO brauchen Aussagen von Zeugen, Sachverständigen und Beteiligten (§ 160 Abs. 3 Nr. 4 ZPO) und Fest-stellungen bei der Einnahme eines gerichtlichen Augenscheins (§ 160 Abs. 3 Nr. 5 ZPO) auch dann nicht protokolliert zu werden, wenn die Klage zurückgenommen, der geltend gemachte (prozessuale) Anspruch anerkannt oder auf ihn verzichtet wird, auf ein Rechtsmittel verzichtet oder der Rechtsstreit durch einen Vergleich beendet wird. § 161 Abs. 1 Nr. 2 ZPO knüpft an den Rechtsgedanken des § 161 Abs. 2 Nr. 1 ZPO an, der den Rechtsmittelausschluss kraft gesetzlicher Regelung behandelt, und er-fasst die Fälle, in denen der Rechtsmittelausschluss auf Dispositionsakte der Beteiligten zurückgeht. Deshalb ist die Vorschrift auch dann anwendbar, wenn der Rechtsstreit gem. § 161 Abs. 2 überein-stimmend für erledigt erklärt wird, was – wie die Klagerücknahme – zur Einstellung des Verfahrens (in entsprechender Anwendung des § 92 Abs. 3) führt und es einer Überprüfung im Rechtsmittelweg entzieht.

12 **3. Protokollierungsverzicht.** § 161 ZPO regelt abschließend, wann bzw. in welchem Umfang die in § 159 ZPO grds. vorgeschriebene Protokollierung unterbleiben darf. Darüber hinaus können die Be-teiligten weder ganz noch teilweise auf die Protokollierung verzichten (BVerwG NVwZ 1985, 182). Wegen der Zwecke, denen das Protokoll dient (→ Rn. 2 f.), ist die Protokollierungspflicht nicht dispo-nibel. Allerdings kann ein verzichtender Beteiligter dadurch das Recht verlieren, einen entsprechenden

Verfahrensmangel zu rügen. Ggf. ist auch § 173 i.V.m. § 295 ZPO anzuwenden (vgl. etwa BVerwG NJW 1977, 313, 314; DÖV 1981, 840).

V. Erstellung des Protokolls

Die Erstellung des Protokolls ist in der Praxis durch die Verwendung von Formularen und die Mög- 13 lichkeit der vorläufigen Aufzeichnung des Protokolls auf Tonband (§ 160 a ZPO) erleichtert. Auf die (gem. § 55 i.V.m. § 185 Abs. 1 S. 2 GVG ausschließlich in deutscher Sprache vorzunehmende) Proto- kollierung ist besondere Sorgfalt zu verwenden, vor allem wenn Aussagen von Zeugen oder die Ergeb- nisse eines gerichtlichen Augenscheins festzuhalten sind.

1. Zuständigkeit/Unterschrift. Gem. § 159 Abs. 1 S. 2 ZPO kann für die Protokollführung ein Ur- 14 kundsbeamter der Geschäftsstelle herangezogen werden (vgl. auch § 160 Abs. 1 Nr. 2 ZPO). Davon wird aber meist abgesehen; entsprechende Entscheidungen unterfallen der richterlichen Unabhängig- keit und unterliegen nicht der Dienstaufsicht (BGHZ 67, 188; BGH NJW 1978, 2509). Wird ein Ur- kundsbeamter hinzugezogen, muss er zusammen mit dem Vorsitzenden (oder ggf. einem den Vorsit- zenden nach § 163 Abs. 2 S. 1 ZPO vertretenden Berufsrichter; ehrenamtliche Richter unterschreiben nie) das Protokoll unterschreiben (§ 163 Abs. 1 S. 1 ZPO). Nach Maßgabe des § 163 Abs. 2 S. 1 Hs. 2 und S. 2 ZPO genügt in Verhinderungsfällen, deren Grund angegeben werden soll (§ 162 Abs. 2 S. 3 ZPO), die Unterschrift des Urkundsbeamten bzw. des Einzelrichters. Da ein fester Zeitpunkt für die Unterzeichnung des Protokolls nicht festgelegt ist, kommen als Verhinderungsgrund aber nur längere Abwesenheitszeiten (wie längere Krankheit) in Betracht.

Meist wird das Protokoll auf Tonband (Diktiergerät) gem. § 160 a ZPO vorläufig aufgezeichnet. Das 15 Protokolldiktat übernimmt in Kammer- oder Senatssitzungen der Vorsitzende, der diese Aufgaben aber auch anderen Mitgliedern des Gerichts übertragen kann.

2. Vorläufige Aufzeichnung (§ 160 a ZPO). Da man das endgültige Protokoll in der mündlichen Ver- 16 handlung meist nicht anfertigen kann, erlaubt das Gesetz in § 105 i.V.m. § 160 a Abs. 1 ZPO, den In- halt des Protokolls in einer gebräuchlichen Kurzschrift, durch verständliche Abkürzungen oder auf einem Ton- oder Datenträger vorläufig aufzuzeichnen. Keine „vorläufige Aufzeichnungen" i.d.S. sind persönliche Notizen des protokollführenden Richters, etwa zur Gedächtnisstütze für das (abschnitts- weise) Protokolldiktat.

a) Aufzeichnungsart. Zulässig (und regelmäßige Praxis) ist, dass der protokollführende Richter die 17 Aussagen von Zeugen, Sachverständigen oder vernommenen Beteiligten nicht unmittelbar aufzeichnet, sondern zusammenfassend (abschnittsweise) auf Tonband diktiert. Der Vorsitzende entscheidet in Ausübung seiner Befugnis zur Verhandlungsleitung (§ 103 Abs. 1) aber nach pflichtgemäßem Ermes- sen darüber, welche Form vorläufiger Aufzeichnung sachdienlich ist; Rechtsbehelfe sind insoweit nicht statthaft. Er darf in einer Verhandlung ggf. auch unterschiedliche Aufzeichnungsformen wählen oder die Aufzeichnungsarten kumulativ setzen (vgl. § 160 a Abs. 2 S. 4 ZPO).

b) Reinschrift. Wird das Protokoll gem. § 160 a Abs. 1 ZPO vorläufig aufgezeichnet, ist das (endgül- 18 tige) Protokoll unverzüglich nach der Sitzung herzustellen (§ 160 a Abs. 2 S. 1 ZPO), indem das (regel- mäßig) auf Band diktierte Protokoll in die Reinschrift übertragen wird. Die Richtigkeit der Übertra- gung muss der Urkundsbeamte der Geschäftsstelle gem. § 163 Abs. 1 S. 2 ZPO prüfen und durch seine Unterschrift bestätigen, und zwar auch dann, wenn er (wie regelmäßig) zur Sitzung nicht zugezogen war (§ 163 Abs. 1 S. 2 Hs. 2 ZPO). Meist bestätigt der Mitarbeiter der Serviceeinheit, der das Proto- koll nach dem Tonbanddiktat schreibt, auch die Richtigkeit der Übertragung. Der Vorsitzende trägt dafür eine Mitverantwortung, die er durch seine Unterschrift unter die Reinschrift des Protokolls gem. § 163 Abs. 1 S. 1 ZPO zum Ausdruck bringt.

Zeichnet der protokollführende Richter (wie regelmäßig) die Aussagen von Zeugen, Sachverständigen 19 oder vernommenen Beteiligten (§ 160 Abs. 3 Nr. 4 ZPO) oder die Ergebnisse eines gerichtlichen Au- genscheins (§ 160 Abs. 3 Nr. 5 ZPO) mit einem Tonaufnahmegerät vorläufig auf, muss er gem. § 160 a Abs. 2 S. 2 ZPO lediglich die Tatsache, dass das geschehen ist, im Protokoll vermerken. Die vorläufig aufgezeichneten Aussagen bzw. die Ergebnisse des Augenscheins sind nur dann in das Protokoll (in die „Reinschrift") zu übertragen, wenn ein Beteiligter das bis zum rechtskräftigen Abschluss des Verfahrens beantragt oder wenn das Rechtsmittelgericht die Ergänzung anfordert (§ 160a Abs. 2 S. 3 ZPO).[3] Gegen die Ablehnung von Ergänzungsanträgen ist ein Rechtsmittel nicht statthaft (BVerwG DÖV 1981, 840). Üblicherweise werden die vorläufigen Aufzeichnungen (das Tonbanddiktat in der mündlichen Verhandlung bzw. der Beweisaufnahme) aber routinemäßig in das Protokoll aufgenommen, zumal die Feststellungen für das Absetzen des Urteils benötigt werden.

20　c) **Aufbewahrung der vorläufigen Aufzeichnung.**　Die vorläufigen Aufzeichnungen sind gem. § 160a Abs. 3 ZPO zu den Prozessakten zu nehmen oder, wenn sie sich dazu – wie Tonbänder – nicht eignen, bei der Geschäftsstelle mit den Prozessakten aufzubewahren (zur Speicherung auf einer ggf. vorhandenen zentralen Datenspeichereinrichtung § 160a Abs. 3 S. 3 ZPO). Damit sollen etwa notwendig werdende Protokollberichtigungen (§ 164 ZPO) ermöglicht werden (vgl. auch BVerwG NJW 1988, 2491). Die Aufbewahrungspflicht gilt nach dem Gesetzeswortlaut auch dann (weiter), wenn das endgültige Protokoll bereits hergestellt ist. Datenträger oder Tonbänder dürfen aber gelöscht bzw. überspielt werden, soweit das Protokoll nach der Sitzung hergestellt oder um die vorläufig aufgezeichneten Feststellungen gem. § 160a Abs. 2 S. 3 oder 4 ZPO ergänzt[4] ist, wenn die Beteiligten innerhalb eines Monats nach Mitteilung der Abschrift (Zustellung ist nicht vorgeschrieben) keine Einwendungen erheben (§ 160a Abs. 3 S. 2 Nr. 1 ZPO). Gleiches gilt gem. § 160a Abs. 3 S. 2 Nr. 2 ZPO bei rechtskräftigem Abschluss des Verfahrens. Üblicherweise erklären sich die Beteiligten auf Hinweis des Vorsitzenden noch in der Verhandlung (vor Beginn der Protokollierung) mit dem Löschen des Tonbands nach Übertragung in die Reinschrift einverstanden. Das Einverständnis wird regelmäßig im Protokoll festgehalten. Das ist unbedenklich, auch wenn ggf. die (freilich seltene) Berichtigung des Protokolls gem. § 164 ZPO erschwert sein mag. § 160a Abs. 3 S. 2 Nr. 1 ZPO trifft keine abschließende Regelung, weshalb die Beteiligten auf Einwendungen i.S. dieser Vorschrift (gleichsam antizipiert) verzichten dürfen.

21　**3. Genehmigung des Protokolls (§ 162 ZPO).**　Bei der Protokollierung ist besonders darauf zu achten, dass genehmigungspflichtige Protokollfeststellungen nicht (versehentlich) nur „schlicht" festgehalten werden.

22　a) **Zweck.**　Der Zweck der in § 162 ZPO festgelegten Pflicht zum Vorlesen bzw. Vorspielen bestimmter Protokollfeststellungen bzw. vorläufiger Aufzeichnungen und deren Genehmigung besteht wegen der Beweisfunktion des Protokolls nur darin, dessen Richtigkeit verfahrensrechtlich zu sichern.[5] Dagegen sollen die Beteiligten nicht vor besonders folgenschweren Erklärungen gewarnt oder vor Übereilung geschützt werden (BGH NJW 1984, 1464, 1465. A.M. OLG Düsseldorf FamRZ 1983, 721, 723). Das tritt in § 165 ZPO und in § 314 S. 2 ZPO klar hervor und wird durch die gesetzliche Formulierung, im Protokoll seien bestimmte Verhandlungsvorgänge „festzustellen" (§ 160 Abs. 3 ZPO), unterstrichen. Außerdem können die Beteiligten durch die Verweigerung der Genehmigung nach § 162 ZPO die Wirksamkeit einer gegenüber dem Gericht vorgenommenen Prozesshandlung nicht verhindern, weil dann gem. § 162 Abs. 1 S. 3 ZPO (nur) im Protokoll zu vermerken ist, welche Einwendungen erhoben worden sind. § 162 ZPO enthält daher keine zusätzlichen Wirksamkeitsvoraussetzungen für Prozesshandlungen (→ Rn. 111 f.); er regelt kein Formerfordernis, sondern ein der Beweisfunktion des Protokolls dienendes Verfahrenserfordernis. Ohnehin könnte es sich bei § 162 ZPO nur um ein prozessuales Formerfordernis handeln, das – anders als materiell-rechtliche Formerfordernisse – nur den sicheren Verfahrensablauf gewährleisten und nicht vor Übereilung schützen soll. Deshalb besteht die Sanktion für Verletzungen des § 162 ZPO – abgesehen vom Prozessvergleich – auch (nur) darin, dass dem Protokoll insoweit die besondere Beweiskraft des § 165 ZPO abgeht (→ Rn. 110).

3　Sind Aussagen von Zeugen, Sachverständigen oder vernommenen Beteiligten nicht nur vorläufig (durch Diktat des Vorsitzenden mit eigenen Worten), sondern zugleich auch unmittelbar (durch mitlaufendes Tonbandgerät) aufgenommen worden, kann eine Ergänzung des Protokolls nur um das wesentliche Ergebnis der Aussagen (das Diktat des Vorsitzenden) verlangt werden (§ 160a Abs. 2 S. 4 ZPO). Dieser Fall dürfte in der Praxis nur selten vorkommen, etwa bei Ausführungen eines Sachverständigen, der sein schriftliches Sachverständigengutachten in der mündlichen Verhandlung erläutert.

4　Dazu näher BVerwG Buchholz 310 § 105 VwGO Nr. 42 (Frage der Ergänzung um den Wortlaut der Fragen des Gerichts).

5　Vgl. auch BT-Drs. 6/790, 42 sowie 7/2769, 5, wo auf das Interesse an Klarheit und Rechtssicherheit abgestellt wird.

b) Genehmigungspflichtige Vorgänge. Bei den nach § 105 i.V.m. § 162 Abs. 1 S. 1 und 3 ZPO geneh- 23
migungspflichtigen Protokollfeststellungen handelt es sich insbes. um ein in der Verhandlung erklärtes
Anerkenntnis, einen Anspruchsverzicht oder einen (Prozess-)Vergleich, um die Aussagen von Zeugen,
Sachverständigen oder vernommenen Beteiligten, um die Ergebnisse eines gerichtlichen Augenscheins,
die Rücknahme der Klage oder eines Rechtsmittels oder einen Rechtsmittelverzicht (vgl. im Einzelnen
§ 162 Abs. 1 S. 1 ZPO i.V.m. § 160 Abs. 3 Nr. 1, 3, 4, 5, 8 und 9 ZPO). Im Asylprozess wird man
wegen der ausschlaggebenden Bedeutung für den Klageerfolg auch den wesentlichen Inhalt der tatsächlichen Angaben des nicht förmlich als Beteiligten vernommenen Klägers zu den individuellen
Asylgründen in den Anwendungsbereich des § 105 i.V.m. § 162 ZPO einbeziehen müssen, weil es für
den Beweiswert auf den prozessualen Rahmen der Angaben nicht ankommen kann und es in jedem
Fall der Sicherungsvorkehrungen der §§ 162, 163 ZPO bedarf (OVG Bautzen InfAuslR 2001, 404;
→ Rn. 10, 54). Davon ausgehend wird entsprechendes allgemein für tatsächliche Erklärungen der Beteiligten anzunehmen sein, die das Gericht als entscheidungserheblich ansieht.

Genehmigungspflichtig sind gem. § 162 Abs. 1 S. 1 ZPO an sich auch zu Protokoll erklärte Anträge 24
der Beteiligten, etwa Klag- oder Klagabweisungsanträge. I.d.S. „zu Protokoll erklärt" sind indessen
nicht Anträge, die durch (bloße) Bezugnahme auf schriftsätzlich (etwa in der Klageschrift oder der
Klagebegründung) angekündigte Anträge gestellt werden. Gängiger Praxis entspricht es aber, dass der
Vorsitzende durch den Berichterstatter vor- bzw. umformulierte Klaganträge protokolliert bzw. durch
Diktat auf Band gem. § 160a ZPO vorläufig aufzeichnet. Dann müsste er den Antrag an sich den Beteiligten vorspielen. Regelmäßig geschieht das nicht und es ist nach Ansicht der Rspr. – abweichend
von § 162 Abs. 1 ZPO – auch entbehrlich. Allerdings erging die dafür meist angeführte Entscheidung
des BVerwG (vgl. BVerwGE 45, 260) unter Geltung des § 105 a.F. Dieser sah in Abs. 3 ausdrücklich –
abweichend von § 162 ZPO – vor, dass (nur) die Aussagen eines Zeugen, Sachverständigen oder Beteiligten vorzulesen bzw. zur Durchsicht vorzulegen seien. Deshalb war § 162 ZPO seinerzeit auf die Anträge der Beteiligten nicht gem. § 173 ergänzend anzuwenden (BVerwGE 45, 260, 262). Mit der Neufassung des § 105 hat sich die Gesetzeslage geändert. Man kann jedoch auf die nach wie vor bestehenden Unterschiede zwischen Zivil- und Verwaltungsprozess, was die Klageanträge anbelangt, abstellen.[6] Im vom Beibringungsgrundsatz beherrschten Zivilprozess hat der Sachantrag eine andere Bedeutung als im Verwaltungsprozess, für den der Amtsermittlungsgrundsatz gilt (§ 86); das BVerwG hebt
das insbes. unter Hinweis auf § 88 und die Entbehrlichkeit von Sachanträgen mit Recht hervor
(BVerwGE 45, 260, 263 f.; → § 103 Rn. 51). Deshalb ist das Interesse der Beteiligten an der wörtlichen Fassung der Sachanträge im Verwaltungsprozess geringer und die besondere Prüfung der Anträge nach Maßgabe des § 162 ZPO entbehrlich.

Übereinstimmende Erledigungserklärungen (§ 161 Abs. 2) erwähnt das Gesetz im Katalog des § 162 25
Abs. 1 S. 1 ZPO nicht ausdrücklich. Sie sind auch im Katalog der protokollierungspflichtigen Vorgänge des § 160 ZPO nicht enthalten. Wie bereits bei den Protokollierungsausnahmen nach § 161 Abs. 1
Nr. 2 ZPO ausgeführt wurde (→ Rn. 15), handelt es sich bei übereinstimmenden Erledigungserklärungen nach § 161 Abs. 2 aber um Dispositionsakte der Beteiligten, die in ihrer Wirkung der in § 162
Abs. 1 S. 1 ZPO i.V.m. § 160 Abs. 3 Nr. 8 ZPO ausdrücklich aufgeführten Klagerücknahme vergleichbar sind. Der Gesetzeszweck des § 162 ZPO – die Beweisfunktion des Protokolls verfahrensrechtlich
zu sichern – legt deshalb nahe, auch übereinstimmende Erledigungserklärungen in den Anwendungsbereich des § 162 Abs. 1 S. 1 ZPO einzubeziehen (zur Protokollierungspflicht der Erledigungserklärungen → Rn. 61).[7]

c) „Beteiligte". § 162 Abs. 1 S. 1 ZPO spricht – ebenso wie etwa § 164 Abs. 2 ZPO – von „Beteilig- 26
ten". Im Sprachgebrauch der Zivilprozessordnung, die, wenn „Beteiligte" nach § 63 in Rede stehen,
von „Parteien" spricht (§ 50 ZPO), sind Beteiligte i.d.S. deshalb (ausnahmsweise) auch Zeugen, Sachverständige oder andere an der mündlichen Verhandlung „beteiligte" Personen.[8]

---

6 So verlangt § 253 Abs. 2 Nr. 2 ZPO etwa, in der Klageschrift bestimmte Anträge zu stellen; § 82 Abs. 1 sieht das nur als
Sollvorschrift vor; zu weiteren Unterschieden, die hier – freilich für § 105 Abs. 3 a.F. – von Belang sein sollen, BVerwGE
45, 260, 263.
7 Zur Rücknahme einer Erledigungserklärung als „wesentlicher Vorgang der mündlichen Verhandlung" BVerwG Buchholz 310 § 161 VwGO Nr. 92.
8 Vgl. auch § 164 Abs. 2 ZPO, wo „Parteien" und „die anderen Beteiligten" angesprochen sind.

27 **d) Vorlesen bzw. Vorspielen.** Genehmigungspflichtige Vorgänge sind den Beteiligten (→ Rn. 26) gem. § 162 Abs. 1 S. 1 ZPO vorzulesen oder zur Durchsicht vorzulegen. Da der Inhalt des Protokolls allerdings meist gem. § 160 a ZPO vorläufig aufgezeichnet wird, genügt es nach § 160 a Abs. 1 S. 2 ZPO, wenn die Aufzeichnungen den Beteiligten vorgelesen bzw. vom Tonband vorgespielt werden. Nicht zulässig ist aber, wenn – wie teilweise praktiziert – beim Abschluss von Prozessvergleichen der Vergleichstext (nur) in Anwesenheit der Beteiligten laut diktiert und sodann – ohne nochmaliges Vorlesen oder Vorspielen – von den Beteiligten genehmigt wird.[9] Auf diese Weise protokollierte Prozessvergleiche sind unwirksam.

28 **e) Entbehrlichkeit des Abspielens oder Vorlesens von Feststellungen.** Gem. § 162 Abs. 2 ZPO brauchen Aussagen von Zeugen, Sachverständigen oder vernommenen Beteiligten (§ 160 Abs. 3 Nr. 4 ZPO) nicht vom Band abgespielt zu werden, wenn sie in Gegenwart der Beteiligten *unmittelbar aufgezeichnet* worden sind (vgl. BVerwG NJW 1976, 1282). Allerdings kann der Beteiligte (→ Rn. 31), dessen Aussage aufgezeichnet ist, das Abspielen verlangen. Andere Beteiligte haben dieses Recht nicht. Verlangt der Beteiligte das Abspielen des Tonbandes nicht und unterbleibt das Vorspielen der unmittelbar aufgezeichneten Aussage deshalb, kann er später die Unrichtigkeit oder Unvollständigkeit der Tonbandaufnahmen nicht mehr rügen (BVerwGE 67, 43). Hat der Vorsitzende (bzw. der Einzelrichter oder Berichterstatter) die Aussage (z.B.) eines Zeugen oder die Feststellungen bei einem gerichtlichen Augenschein (§ 160 Abs. 3 Nr. 5 ZPO) in Gegenwart der Beteiligten *auf Tonband oder zu Stenogramm diktiert*, kann das Abspielen, das Vorlesen oder die Vorlage zur Durchsicht unterbleiben, wenn (alle) Beteiligten (auch der Zeuge oder Sachverständige, vgl. § 162 Abs. 2 S. 1 Hs. 2 ZPO) nach der Aufzeichnung darauf verzichten (§ 162 Abs. 2 S. 2 Hs. 1 ZPO). Der Verzicht ist im Protokoll zu vermerken (§ 160 Abs. 2 S. 2 Hs. 2 ZPO).[10] Diese Vorgehensweise entspricht der weithin üblichen Praxis.

29 Während der Aussage von Zeugen, Sachverständigen oder (vernommenen) Beteiligten zur Gedächtnisstütze für das anschließende zusammenfassende Diktat angefertigte Notizen sind weder zu verlesen noch zu den Gerichtsakten zu nehmen. Als Hilfsmittel zur Erstellung des Protokolls gehören sie weder zum Protokoll noch sind sie vorläufige Aufzeichnungen i.S.d. § 160 a ZPO. Anderes gilt jedoch für schriftliche Aufzeichnungen über den wesentlichen Inhalt der Aussage, die zusätzlich (vgl. BVerwG DÖV 1981, 840) zur (unmittelbaren) Aufzeichnung der Aussage mittels Tonträger angefertigt werden. Sie sind zu verlesen (§ 162 Abs. 1 S. 1 ZPO) und mit dem Genehmigungsvermerk bzw. mit den gegen sie erhobenen Einwendungen zu den Prozessakten zu nehmen (§ 160 a Abs. 3 S. 1 ZPO).[11]

30 **f) Genehmigungsverweigerung.** Wird die Genehmigung von (genehmigungspflichtigen) Protokollfeststellungen verweigert, sind die Einwände der Beteiligten (→ Rn. 26) zu protokollieren (§ 162 Abs. 1 S. 3 ZPO). Die Verweigerung der Genehmigung ist ggf. frei zu würdigen, was insbes. bei der Protokollierung von Zeugenaussagen oder von Angaben (förmlich vernommener) Beteiligter in Betracht kommt.

31 **4. Protokollanlagen.** Zur Vereinfachung und Erleichterung der Protokollierung erlaubt § 160 Abs. 5 ZPO, dem Protokoll Schriftstücke als Anlagen beizufügen. Die Anlagen müssen im Protokoll unverwechselbar bezeichnet werden. Der Inhalt der Anlagen ist dann als Protokollinhalt zu behandeln. Sinnvollerweise – ohne dass das notwendig wäre – wird man auf dem jeweiligen Schriftstück vermerken, dass es sich um eine Protokollanlage handelt. Keine Schriften i.S.d. § 160 Abs. 5 ZPO sind in der Verhandlung übergebene, an andere Beteiligte gerichtete Schriftsätze; das Gericht nimmt sie (nur) zu den Gerichtsakten. Im Protokoll wird allerdings (gem. § 160 Abs. 2 ZPO) vermerkt, dass den anderen Beteiligten Doppel des Schriftsatzes ausgehändigt wurden.

---

9 OVG Münster VerwRspr 27, 1015. Die Entscheidung bezieht sich zwar nicht auf den Fall der vorläufigen Aufzeichnung des Protokolls durch Aufnahme mit einem Diktiergerät (§ 160 a ZPO) und stellt deshalb u.a. darauf ab, der protokollführende Urkundsbeamte könne sich verhören. Diese Gefahr entfällt, wenn – was gängiger Praxis entspricht – der Richter das Protokoll mit einem Diktiergerät vorläufig aufzeichnet. Dennoch bleibt es dabei, dass der klare Gesetzeswortlaut des § 162 ZPO es verbietet, den Text nur laut zu diktieren (auf Band zu sprechen) und sodann von den Beteiligten genehmigen zu lassen. Auch das OVG Münster (a.a.O.) hält eine ausdehnende Gesetzesauslegung i.d.S. angesichts der klaren Wortfassung des § 162 ZPO für kaum möglich.

10 Der Vermerk „auf Diktat genehmigt" genügt. Besser erscheint der Vermerk, dass die Beteiligten auf das Abspielen des Tonbandes verzichtet haben.

11 BVerwGE 67, 43, 46; BVerwG DÖV 1981, 840; NJW 1983, 2275

VI. Inhalt des Protokolls (§ 160 ZPO)

Den Inhalt des Protokolls (§ 160 ZPO) legt das Gesetz in einem Katalog fest. Dabei unterscheidet es 32 zwischen Formalien und wesentlichen Vorgängen der Verhandlung.

1. Formalien. Die im Protokoll festzuhaltenden Formalien regelt § 160 Abs. 1 ZPO. Sie dienen (u.a.) 33 der Kennzeichnung des Prozesses. Hier ist besondere Sorgfalt geboten. Allerdings erleichtern gerade hier vielfach verwendete Vordrucke die Arbeit erheblich.

a) § 160 Abs. 1 Nr. 1 ZPO. Gem. § 160 Abs. 1 Nr. 1 ZPO sind zunächst Ort und Tag der Verhand- 34 lung bzw. des Beweistermins (§ 159 Abs. 1 ZPO) anzugeben. Dazu gehören auch Beginn und Ende der Verhandlung, wodurch die Einhaltung der Terminsstunde dokumentiert ist. Findet die Verhandlung oder der Beweistermin nicht am Sitz des Gerichts statt (§ 102 Abs. 3), ist zu vermerken, wo das Gericht verhandelt hat.

b) § 160 Abs. 1 Nr. 2 ZPO. Die Besetzung des Gerichts wird mit den Namen der Richter, einschließ- 35 lich der ehrenamtlichen Richter oder (selten) etwa hinzugezogener Ergänzungsrichter (wegen § 29 DRiG mit Amtsbezeichnung) festgehalten. Führt ein Urkundsbeamter das Protokoll, wird dessen Name aufgenommen. Führt (wie regelmäßig) ein Richter (der Vorsitzende) das Protokoll selbst, vermerkt er im Protokoll, dass von der Zuziehung eines Urkundsbeamten der Geschäftsstelle abgesehen wurde. Die Namen von Dolmetschern müssen ebenfalls festgehalten werden. Ist der Dolmetscher allgemein beeidigt, wird das im Hinblick auf die Form der Eidesleistung (§ 55 i.V.m. § 189 GVG) zusammen mit den Personalien in das Protokoll aufgenommen. Ansonsten wird die Vereidigung des Dolmetschers für die jeweilige Rechtssache festgehalten.

c) § 160 Abs. 1 Nr. 3 ZPO. Gem. § 160 Abs. 1 Nr. 3 ZPO ist die Bezeichnung des Rechtsstreits im 36 Protokoll festzuhalten, damit die verschiedenen Verfahren (eines Sitzungstags) zu unterscheiden und Verwechslungen ausgeschlossen sind. Deshalb wird man Kläger und Beklagten, auch Beigeladene, und den Betreff der Rechtssache sowie das Aktenzeichen angeben.

d) § 160 Abs. 1 Nr. 4 ZPO. Nach § 160 Abs. 1 Nr. 4 ZPO ist im Protokoll festzuhalten, wer zur Ver- 37 handlung oder zum Beweistermin erschienen bzw. nicht erschienen ist (Präsenzfeststellung), im Fall des § 102 a (Videoverhandlung bzw. -vernehmung) auch der Zuschaltungsort. Aufzunehmen sind die Namen der erschienenen Beteiligten, wobei die Angabe der Prozessrollen (als Kläger; Beklagte, usw.) genügt. Zusätzlich sind ggf. die Namen von gesetzlichen Vertretern, (Prozess-)Bevollmächtigten oder Beiständen zu protokollieren. Bleibt ein Beteiligter aus, wird zu Protokoll festgestellt, ob er ordnungs- gemäß unter Einhaltung der Ladungsfrist geladen und darauf hingewiesen wurde, dass das Gericht auch bei seinem Ausbleiben verhandeln und entscheiden kann (§ 102 Abs. 2). Wartet das Gericht auf einen Beteiligten oder dessen Prozessbevollmächtigten, wird auch das (und die genaue Wartezeit [→ § 103 Rn. 26 ff.]) im Protokoll vermerkt (→ Rn. 41). Schließlich werden die Namen erschienener Zeugen und Sachverständiger festgehalten.

e) § 160 Abs. 1 Nr. 5 ZPO. Gem. § 160 Abs. 1 Nr. 5 ZPO gehört zu den Protokollformalien die An- 38 gabe, dass das Gericht öffentlich verhandelt hat (Protokollüberschrift: „öffentliche Sitzung"). Fehlt ein entsprechender Vermerk, ist allerdings davon auszugehen, dass – wie regelmäßig – die Öffentlich- keit hergestellt war (BVerwG NJW 1960, 2210, 2211). Schließt das Gericht die Öffentlichkeit aus- nahmsweise aus, muss es das ebenso wie den Zeitraum der nicht öffentlichen Verhandlung festhalten.

2. Wesentliche Vorgänge der Verhandlung (§ 160 Abs. 2 und 3 ZPO). Im Protokoll festzustellende 39 wesentliche Vorgänge der Verhandlung (§ 160 Abs. 2 und 3 ZPO) legt das Gesetz in einer General- klausel und einer detaillierten Katalogvorschrift fest.

a) Generalklausel. Gem. § 160 Abs. 2 ZPO sind die wesentlichen Verhandlungsvorgänge in das Pro- 40 tokoll aufzunehmen. Was i.d.S. „wesentlich" ist, folgt aus der Funktion des Protokolls und aus den in § 160 Abs. 3 ZPO aufgezählten (notwendigen) Protokollinhalten, die die Generalklausel des § 160 Abs. 2 ZPO konkretisieren und Auslegungshilfen bieten. Im Übrigen ist der „Wesentlichkeitsbegriff" des § 160 Abs. 2 ZPO nicht abstrakt festgelegt. Was wesentlich ist, hängt auch vom Verhandlungsge- genstand und vom Verhandlungsverlauf ab. In das Protokoll ist jedenfalls alles aufzunehmen, was das Rechtsmittelgericht für die Entscheidungs- und Verfahrenskontrolle braucht.

41 Wesentlich ist danach zunächst, was Voraussetzung für die Entscheidung oder die vergleichsweise Erledigung der Streitsache ist. Mit Blick auf den Katalog des § 160 Abs. 3 ZPO folgt das etwa aus dessen Nr. 4 (Aussagen von Zeugen, Sachverständigen oder vernommenen Beteiligten) und Nr. 5 (Ergebnisse eines Augenscheins), die die tatsächlichen Entscheidungsgrundlagen betreffen. Da das Gericht eine Sachentscheidung aufgrund der Verhandlung wegen des Gebots rechtlichen Gehörs nur fällen darf, wenn die Beteiligten ordnungsgemäß geladen wurden, muss es – bleiben Beteiligte aus – deren *ordnungsgemäße Ladung* einschließlich des Hinweises nach § 102 Abs. 2 und einer etwaigen *Wartezeit* als „wesentlichen Vorgang" i.S.d. § 160 Abs. 2 ZPO protokollieren (→ Rn. 37). Der Aufruf der Sache (§ 103 Abs. 2) ist ebenfalls festzuhalten; das geschieht regelmäßig mit der Präsenzfeststellung nach § 160 Abs. 1 Nr. 4 ZPO (üblich: „Bei Aufruf der Sache sind erschienen: ..."). Schließlich ist der in der Verhandlung erklärte Verzicht der *Beteiligten auf eine weitere mündliche Verhandlung* nach dem Widerruf eines abgeschlossenen Vergleichs als wesentlicher Vorgang zu protokollieren (BVerwG 29.4.1998 – 7 B 22/98).

42 Reicht ein Beteiligter kurz vor oder in der Verhandlung *Schriftsätze* ein, muss wegen des rechtlichen Gehörs auch protokolliert werden, dass ein Doppel des Schriftsatzes den anderen Beteiligten übergeben wurde. Entsprechendes gilt, wenn ein Beteiligter z.B. *Lichtbilder* oder *Pläne* vorlegt bzw. zu den Gerichtsakten gibt, die das Gericht gemeinsam mit den Beteiligten in Augenschein nimmt. Die Tatsache, dass das geschehen ist, ist ebenfalls im Protokoll festzuhalten. Dass (übergebene) Lichtbilder auch erörtert wurden, braucht hingegen nicht (gesondert) protokolliert zu werden (BVerwG NuR 1999, 595).

43 Wesentlich gem. § 160 Abs. 2 ZPO sind weiter alle den Verhandlungsgang prägende und sich nicht in bloßen Förmlichkeiten erschöpfende Vorgänge. Deshalb muss protokolliert werden, dass der Berichterstatter den wesentlichen *Inhalt der Akten* gem. § 103 *vorgetragen* hat oder die Beteiligten darauf *verzichtet* haben. Ebenfalls ist festzuhalten, dass die Sach- und Rechtslage mit den Beteiligten erörtert wurde (*Rechtsgespräch*; § 104 Abs. 1). Nach Ansicht des BSG soll diese (allerdings von den SG praktizierte) „formelhafte" Wiedergabe des Gesetzestextes indessen nicht genügen, da sie nicht klar genug Inhalt und Umfang des Rechtsgesprächs erkennen lasse (BSG NJW 1991, 1909). Das Gesetz verlangt das nicht, zumal Tatbestand und Entscheidungsgründe der abschließenden Gerichtsentscheidung über die tatsächlichen und rechtlichen Aspekte hinreichend Auskunft geben. So zählt nach Ansicht des BVerwG (BVerwG NuR 1999, 595) etwa die (i.R.d. Rechtsgesprächs durchzuführende) Erörterung in der mündlichen Verhandlung übergebener Lichtbilder nicht zu den nach § 105 i.V.m. § 160 ZPO für die mündliche Verhandlung vorgeschriebenen Förmlichkeiten, deren Beachtung nach § 165 S. 1 ZPO nur durch das Protokoll bewiesen werden kann. Mit Blick auf die Gewährung rechtlichen Gehörs in der Verhandlung muss aber protokolliert werden, dass die Beteiligten *Gelegenheit zur Stellungnahme* hatten, z.B. zu einem in der Verhandlung gestellten Beweisantrag – dessen Ablehnung mit erfolgter Begründung ebenfalls zu protokollieren ist (BVerwG 27.8.2003 – 4 B 69/03) – oder auch zum Ergebnis einer Beweisaufnahme, wie eines Augenscheins. Ebenso ist zu vermerken, dass die Beteiligten zur *Antragsbegründung* gem. § 103 Abs. 3 das Wort erhielten.

44 „*Prozessanträge*" sind anders als Sachanträge, für die § 160 Abs. 3 Nr. 2 ZPO gilt, ebenfalls gem. § 160 Abs. 2 ZPO als für den Verhandlungsgang wesentlich zu protokollieren.[12] Dazu gehören insbes. Beweisanträge,[13] Befangenheitsanträge gem. § 54 i.V.m. §§ 41 ff. ZPO, Vertagungsanträge sowie die zugehörigen Erklärungen der anderen Beteiligten, auch Anträge auf Gewährung einer Schriftsatzfrist (BVerwG 6.3.2014 – 9 B 54/13). Auch *formlose Beweisanordnungen* oder *besondere richterliche Hinweise* müssen protokolliert werden.

45 *Sitzungspolizeiliche Maßnahmen* oder auch *Schriftsatzrechte* gem. § 173 i.V.m. § 283 ZPO muss der Protokollführer ebenfalls im Protokoll feststellen. Schließlich muss der *Schluss der mündlichen Verhandlung* (§ 104 Abs. 3 S. 1) vermerkt werden.

46 Im Protokoll sollte niedergelegt sein, welche Akten (Behördenakten) Gegenstand der Verhandlung waren. Das ist allerdings entbehrlich, wenn der Berichterstatter im Sachbericht gem. § 103 Abs. 2 vorträgt, welche Akten dem Gericht vorliegen und dass diese Akten Verhandlungsgegenstand sind. Nach Ansicht des BVerwG gilt das Gleiche, wenn sich diese Angaben im Urteil (meist im Urteilstatbestand)

---

12 *H. Geiger*, in: Eyermann § 105 Rn. 9.
13 BVerwG NVwZ 2012, 512; Buchholz § 86 Abs. 2 VwGO Nr. 32.

finden.[14] Entfällt der Sachbericht allerdings (wegen Verzichts der Beteiligten), sollte man entsprechende Feststellungen im Protokoll treffen, um die Beteiligten auf den Prozessstoff hinzuweisen. Freilich kann der Nachweis rechtlichen Gehörs nach Ansicht des BVerwG auch dann durch Hinweise im Urteil auf die Beiziehung der Akten erbracht werden (BVerwG NJW 1986, 1187; DÖV 1983, 949 [LS]). Auch wenn es gem. § 160 Abs. 2 ZPO (ebenfalls) nicht notwendig ist, erscheint es gleichwohl sinnvoll, ggf. zu protokollieren, dass die sachdienliche Antragstellung (§ 86 Abs. 3) mit den Beteiligten erörtert wurde, sofern die endgültige Fassung der schriftsätzlich angekündigten Anträge erst in der Verhandlung festzulegen ist. 47

b) Katalog des § 160 Abs. 3 ZPO. § 160 Abs. 3 ZPO zählt auf, welche Verhandlungsvorgänge – wegen ihrer sachlichen Bedeutung für die Entscheidung – in jedem Fall zu protokollieren sind. Der Katalog ist nicht abschließend. Deshalb ist es zulässig, Verhandlungsvorgänge, die nach ihrem sachlichen Gewicht den gesetzlich erwähnten gleichstehen, speziell übereinstimmende Erledigungserklärungen der Beteiligten (§ 161 Abs. 2), durch entsprechende Anwendung der einschlägigen Katalognormen (etwa des § 160 Abs. 3 Nr. 8 ZPO) aufzunehmen. Andernfalls müssten Vorgänge dieser Art wenigstens mithilfe der Generalklausel des § 160 Abs. 2 ZPO zum notwendigen Protokollinhalt erklärt werden. 48

Gem. *§ 160 Abs. 3 Nr. 1 ZPO* sind Anerkenntnis, Anspruchsverzicht und Vergleich im Protokoll festzuhalten. Anerkenntnis und Verzicht kommen in der Prozesspraxis der VG (anders der SG, vgl. § 101 Abs. 2 SGG) nur sehr selten vor. „Vergleich" i.S.d. § 160 Abs. 3 Nr. 1 ZPO ist nur der Prozessvergleich nach § 106, nicht der außergerichtliche Vergleich. 49

Nach *§ 160 Abs. 3 Nr. 2 ZPO* im Protokoll festzustellende Anträge sind nur die Sachanträge der Beteiligten, nicht die (aber gem. § 160 Abs. 2 ZPO protokollpflichtigen) Prozessanträge. Das zeigt der Vergleich des § 160 Abs. 3 Nr. 2 ZPO mit den übrigen Katalogregelungen, speziell der Nr. 1, 8 oder 9, die alle den Streitgegenstand oder den Inhalt der Entscheidung und nicht nur die Art und Weise der prozessualen Durchsetzung betreffen. Sachanträge i.d.S. sind daher der Klagantrag des Klägers, der Klagabweisungsantrag des Beklagten oder entsprechende Anträge anderer Beteiligter, insbes. Beigeladener. Auch Klageänderungen gehören hierher. 50

Stellt ein Beteiligter, insbes. ein Beigeladener (im Hinblick auf § 154 Abs. 3), ausdrücklich keinen Antrag, so ist das ebenfalls gem. § 160 Abs. 3 Nr. 2 ZPO – zumindest gem. § 160 Abs. 2 ZPO – zu protokollieren. 51

Das Gericht kann Anträge der Beteiligten in der Weise protokollieren, dass es auf Schriftsätze, in denen die Anträge angekündigt sind, Bezug nimmt. Haben die Beteiligten ihre Sachanträge nicht angekündigt, oder weicht der in der Verhandlung gestellte (Sach-)Antrag vom schriftsätzlich angekündigten Antrag ab, ist der Antrag wörtlich in das Protokoll aufzunehmen. 52

§ 160 Abs. 3 Nr. 3 ZPO: Da die Regelungen der Zivilprozessordnung über Geständnisse (§§ 288 ff. ZPO) als mit dem Untersuchungsgrundsatz (§ 86) unvereinbar nicht gem. § 173 anwendbar sind (vgl. etwa BVerwG DÖV 1997, 376), spielt § 160 Abs. 3 Nr. 3 ZPO im Verwaltungsprozess keine Rolle. Erklärungen über eine Beteiligtenvernehmung, die auch im Verwaltungsprozess stattfindet, sind hingegen im Protokoll festzustellen. Soweit § 160 Abs. 3 Nr. 3 ZPO außerdem anordnet, sonstige Erklärungen in das Protokoll aufzunehmen, wenn deren Feststellung vorgeschrieben ist, geht die Vorschrift mangels entsprechender Regelungen (jedenfalls) für den Verwaltungsprozess ins Leere,[15] Hält das Gericht Erklärungen für entscheidungserheblich, muss es sie – in erweiternder Auslegung des § 160 Abs. 3 Nr. 3 ZPO – im Protokoll festhalten;[16] zumindest ist die Generalklausel des § 160 Abs. 2 ZPO anzuwenden. 53

Gem. *§ 160 Abs. 3 Nr. 4 ZPO* müssen Aussagen von Zeugen, Sachverständigen oder (förmlich) als „Partei" (§ 98 i.V.m. § 450 ZPO) vernommenen Beteiligten, auch von Nebenbeteiligten, wie Beigeladenen, (inhaltlich) festgehalten werden. Entsprechendes gilt für den Zeugenbeweis ersetzende Auskünfte, etwa amtliche Auskünfte von Behördenbediensteten in der Verhandlung sowie – (jedenfalls) im Asylprozess – wegen der ausschlaggebenden Bedeutung für den Klageerfolg für den wesentlichen Inhalt der tatsächlichen Angaben des (nicht förmlich als Beteiligter vernommenen) Klägers zu den in- 54

---

14 Vgl. BVerwG NJW 1986, 1187; DÖV 1983, 949 (LS); auch BVerwG NVwZ 1985, 337 zu Erkenntnismitteln im Asylprozess.
15 Vgl. auch *H. Geiger*, in: Eyermann § 105 Rn. 10.
16 I.d.S. auch *H. Geiger*, in: Eyermann § 105 Rn. 10.

dividuellen Asylgründen; dies jedenfalls dann, wenn die Asylklage nicht als offensichtlich unzulässig oder offensichtlich unbegründet abgewiesen wird und das Urteil deshalb gem. § 78 Abs. 1–3 AsylVfG der Berufung unterliegt (vgl. § 161 Abs. 1 Nr. 1 ZPO; → Rn. 9 ff.). Insoweit ist § 160 Abs. 3 Nr. 4 ZPO entsprechend anzuwenden.[17] Die amtliche Auskunft ist im Gesetz nicht aufgeführt, weil sie in der Zivilprozessordnung nur erwähnt (vgl. etwa § 273 Abs. 2 Nr. 2 ZPO), aber nicht abschließend geregelt ist. Hinsichtlich der Asylgründe kann es für den Beweiswert der tatsächlichen Angaben des Klägers nicht darauf ankommen, in welchem prozessualen Rahmen sie gemacht werden; vielmehr bedarf es in jedem Fall der Sicherungsvorkehrungen der §§ 162, 163 ZPO (OVG Bautzen InfAuslR 2001, 404). Davon ausgehend wird man allgemein tatsächliche Erklärungen der Beteiligten, die das Gericht für entscheidungserheblich hält, zu protokollieren haben.[18] Hört das Gericht Beteiligte im Übrigen nur informatorisch an, handelt es sich aber um (schlichten) Parteivortrag, der allenfalls gem. § 160 Abs. 3 Nr. 3 ZPO im Protokoll festzustellen ist, sofern das gesetzlich vorgeschrieben ist (OVG Bautzen 30.9.2013 – A 3 A 463/13); entsprechende Vorschriften gibt es indessen derzeit (jedenfalls) für den Verwaltungsprozess soweit ersichtlich nicht. Eine etwaige Beeidigung wird man gemeinsam mit Beteiligtenerklärungen hierzu ebenfalls ins Protokoll aufnehmen.

55   Die jeweilige Aussage sollte auch in ihrer Entwicklung, etwa hinsichtlich auftretender und wieder beseitigter Widersprüche, genau protokolliert werden. Keinesfalls darf unterschlagen werden, wenn Aussagen zunächst einen anderen Inhalt hatten und auf Fragen oder Vorhalte des Gerichts, anderer Beteiligter oder des Prozessbevollmächtigten des Beteiligten geändert wurden.

56   Bei wiederholter Vernehmung braucht die Aussage gem. § 160 Abs. 3 Nr. 4 Hs. 2 ZPO nur insoweit protokolliert zu werden, als sie von der früheren Aussage abweicht. Andernfalls kann die Protokollierung unterbleiben. Die Vorschrift gilt entsprechend, wenn ein Sachverständiger sein schriftliches Gutachten in der Verhandlung erläutert. Dann müssen nur Abweichungen oder Ergänzungen zum schriftlichen Gutachten protokolliert werden.

57   I.S.d. § 160 Abs. 3 Nr. 5 ZPO sind „Ergebnisse" eines Augenscheins die beim Augenschein getroffenen Feststellungen. Vielfach wird es dabei um die Beschaffenheit oder Lage eines (Bau-)Grundstücks und dessen näherer Umgebung (§ 34 Abs. 1 und 2 BauGB) gehen. Wie viele Einzelheiten man festhält, hängt von den Umständen des Einzelfalles ab, etwa auch davon, ob Pläne und Lichtbilder bei den Gerichtsakten vorhanden sind.

58   Entscheidungen des Gerichts i.S.d. § 160 Abs. 3 Nr. 6 ZPO sind neben verfahrensabschließenden Sachentscheidungen auch in Zwischenverfahren ergehende Beschlüsse oder Verfügungen, wie Beweisbeschlüsse (nicht aber formlos ergehende Beweisanordnungen), Beschlüsse über die Ablehnung in der Verhandlung (unbedingt gestellter) Beweisanträge (§ 86 Abs. 2), Entscheidungen über Befangenheitsanträge, Beschlüsse über die Verbindung oder Trennung von Verfahren (§ 93), die Anordnung des Ruhens des Verfahrens (§ 173 i.V.m. § 251 ZPO) oder die Vertagung der mündlichen Verhandlung bzw. die Ablehnung von Vertagungsanträgen, die Einstellung des Verfahrens nach Klagerücknahme (§ 92 Abs. 3) bzw. übereinstimmender Erledigungserklärung (§ 161 Abs. 2) oder die Festsetzung des Streitwerts. Im Protokoll ist nur die Entscheidungsformel festzuhalten; die bekannt gegebenen Gründe der Entscheidung müssen nicht protokolliert werden. Das kann aber sinnvoll sein, um bei rechtskräftig werdenden Beschlüssen deren Absetzung und Zustellung zu ersparen.

59   § 160 Abs. 3 Nr. 7 ZPO: Die Tatsache der Verkündung von Entscheidungen ist im Protokoll gem. § 160 Abs. 3 Nr. 7 ZPO festzuhalten. Das spielt für Beschlüsse eine Rolle, etwa für Beweisbeschlüsse in der Verhandlung oder den Beschluss, dass die Entscheidung des Gerichts den Beteiligten zugestellt werde (§ 116 Abs. 2). Urteile werden (im Verwaltungsprozess, anders in sozialgerichtlichen Verfahren) nur ausnahmsweise verkündet. Geschieht das dennoch, ist der Urteilstenor zu protokollieren. Zulässig ist auch, den schriftlich abgefassten Urteilstenor als Anlage zum Protokoll zu nehmen (§ 160 Abs. 5 ZPO) und im Protokoll (nur) zu vermerken, dass die anliegende Entscheidung verkündet wurde. Fehlt dieser Verkündungsvermerk, ist die Entscheidung zunächst nur als Entscheidungsentwurf einzustufen.[19]

---

17 BVerwG NJW 1988, 2491, 2492 (amtliche Auskunft); OVG Bautzen InfAuslR 2001, 404 (Asylgründe).
18 I.d.S. auch *H. Geiger*, in: Eyermann § 105 Rn. 10.
19 *H. Geiger*, in: Eyermann § 105 Rn. 14.

Gem. § 160 Abs. 3 Nr. 8 ZPO ist die Rücknahme der Klage oder eines Rechtsmittels im Protokoll 60 festzuhalten. Ggf. ist auch eine erforderliche Zustimmung anderer Beteiligter (vgl. § 92 Abs. 1 S. 2 für Klagerücknahmen nach Antragstellung) zu protokollieren. Nehmen Beteiligte andere Anträge zurück, etwa Befangenheitsanträge oder Ähnliches, so ist das gem. § 160 Abs. 2 ZPO als wesentlicher Vorgang der mündlichen Verhandlung im Protokoll festzuhalten.

§ 160 Abs. 3 Nr. 8 ZPO ist auf *übereinstimmende Erledigungserklärungen* (§ 161 Abs. 2) entspre- 61 chend anzuwenden.[20] Die dafür bereits in anderem Zusammenhang (→ Rn. 11, 25) dargelegten Grün-de gelten hier entsprechend. Eine andere Ansicht vertreten allerdings das OVG Bln (OVG Bln NJW 1970, 486) und das OVG Münster (OVG Münster NJW 1970, 486) in älteren Entscheidungen. Sie prüfen indessen nur, ob es sich bei übereinstimmenden Erledigungsanträgen um (Sach-)Anträge i.S.d. (jetzigen) § 160 Abs. 3 Nr. 2 ZPO handelt, was freilich nicht der Fall ist. Widerrufen Beteiligte Erledi-gungserklärungen in der mündlichen Verhandlung, mag man ebenfalls § 160 Abs. 3 Nr. 8 ZPO („dop-pelt") analog anwenden. Andernfalls muss der Widerruf aber in jedem Fall – so das BVerwG (BVerwG Buchholz 310 § 162 VwGO Nr. 92) – als wesentlicher Verhandlungsvorgang nach § 160 Abs. 2 ZPO im Protokoll festgehalten werden. Die *einseitige Erledigungserklärung des Klägers* richtet sich auf die Feststellung des Gerichts, dass die Hauptsache erledigt sei. Sie ist damit als Sachantrag gem. § 160 Abs. 3 Nr. 2 ZPO protokollpflichtig (OVG Bln NJW 1970, 486).

§ 160 Abs. 3 Nr. 9 ZPO: Der in der mündlichen Verhandlung erklärte Rechtsmittelverzicht (vgl. zur 62 Berufung: § 173 i.V.m. § 515 ZPO, zur Revision: § 173 i.V.m. § 565 ZPO) muss gem. § 160 Abs. 3 Nr. 9 ZPO im Protokoll festgestellt werden.

VII. Protokollierungsanträge (§ 160 Abs. 4 ZPO)

Gem. § 160 Abs. 4 S. 1 ZPO können die Beteiligten beantragen, bestimmte Vorgänge oder Äußerun- 63 gen in das Protokoll aufzunehmen. Das Gesetz geht davon aus, dass das Protokoll mit dem in § 160 Abs. 1–3 ZPO festgelegten (zwingenden) Protokollinhalt seine Aufgaben erfüllen kann. In der Praxis allerdings selten ausufernde Protokollierungen befrachten die Verhandlung und können in ein „quasi-schriftliches" Verfahren einmünden.

1. Antrag. Antrag i.S.d. § 160 Abs. 4 ZPO ist nur ein (förmliches) Protokollierungsgesuch, über das 64 eine Entscheidung gewünscht wird. Meist regen die Beteiligten nur an, bestimmte Vorgänge oder Äu-ßerungen in das Protokoll aufzunehmen. Das gilt vor allem für die Feststellungen bei einem gerichtli-chen Augenschein. Das Gericht wird dem regelmäßig nachkommen und die Beteiligten auch fragen, ob sie noch weitere Feststellungen wünschen, bevor es die Beweisaufnahme schließt.

2. Antragsbefugnis. Unter „Beteiligten" i.S.d. § 160 Abs. 4 ZPO sind wie bei § 162 Abs. 2 ZPO 65 (→ Rn. 26) nicht nur die Beteiligten („Parteien") i.S.d. § 63 zu verstehen.

3. Antragsgegenstand. Der Begriff des *„Vorgangs"* ist wie in § 160 Abs. 2 ZPO weit zu verstehen. Er 66 umfasst das gesamte Verhandlungsgeschehen. Dazu gehört bspw. das Verhalten einer Person in der Verhandlung oder im Beweistermin oder auch die „späte" Antwort eines Zeugen (vgl. z.B. BVerwG DÖV 1981, 970, 971). Auch eine Berufungsbegründung kann (in Sonderfällen) zu Protokoll erklärt werden (BVerwG NVwZ 2000, 913). Die Entscheidung über die Protokollierung gehört zur Verhand-lungsleitung gem. § 103 Abs. 1. Ggf. muss das Gericht durch Beschluss nach § 160 Abs. 4 S. 2 ZPO über den Protokollierungsantrag befinden. *„Äußerungen"* i.S.d. § 160 Abs. 4 ZPO sind alle Erklärun-gen während der Verhandlung bzw. des Beweistermins. Auch dieser Begriff ist im Hinblick auf die in § 160 Abs. 4 ZPO vorgesehenen Korrekturmechanismen weit auszulegen.

4. Antragszeitpunkt. Protokollierungsanträge (auch Protokollergänzungsanträge) nach § 160 Abs. 4 67 ZPO sind bis zum Verhandlungsschluss (§ 104 Abs. 3 S. 1) zulässig.[21] Danach kommen nur noch Pro-tokollberichtigungsanträge (§ 164 ZPO) in Betracht.

5. ntscheidung. Über die Stattgabe eines Protokollierungsantrags entscheidet der *Vorsitzende* auf- 68 grund seiner Kompetenz zur Verhandlungsleitung gem. § 103 Abs. 1 allein. Soll der Antrag abgelehnt

---

20 So auch *H. Geiger*, in: Eyermann § 105 Rn. 15.
21 BVerwG NJW 1963, 730; VGH München BayVBl 1977, 444; OLG Frankfurt NJW-RR 1990, 123.

werden, ist gem. § 160 Abs. 4 S. 2 ZPO eine Entscheidung des Gerichts (der Kammer bzw. des Senats) notwendig.

69   *Maßstab* für die Entscheidung über Protokollierungsanträge ist, ob es auf den Vorgang bzw. die Äußerung „ankommt" (so § 160 Abs. 4 S. 2 ZPO) oder nicht. Notwendig ist also die nach Maßgabe der Rechtsauffassung des Gerichts zu beurteilende Entscheidungserheblichkeit des Vorgangs oder der Äußerung, auch für Zwischenentscheidungen (etwa) über Beweisanträge oder Ablehnungsgesuche.

70   Einem Protokollierungsantrag stattgegeben wird durch *prozessleitende Verfügung* (schlüssig), indem der Vorgang oder die Äußerung protokolliert wird. Die Ablehnung eines Protokollierungsantrags erfolgt durch *Beschluss* des Gerichts, der in der Verhandlung zu verkünden und (mit seinem Tenor, nicht mit seinen Gründen) gem. § 160 Abs. 3 Nr. 6 ZPO im Protokoll festzuhalten ist. Dabei muss das Gericht den Gegenstand der Entscheidung freilich nicht so beschreiben, dass der Vorgang oder die Äußerung auf diesem „Umweg" doch ins Protokoll gelangt. Die Gründe des Beschlusses sind mündlich zu eröffnen. Der Beschluss über die Ablehnung eines Protokollierungsantrags ist – ebenso wie die prozessleitende Verfügung über dessen Stattgabe – nach § 146 Abs. 2 *unanfechtbar*.[22]

VIII. Sonstige Angaben im Protokoll

71   § 160 ZPO schreibt nur vor, was in das Protokoll aufzunehmen ist, ohne das Protokoll für alles andere zu sperren. So kann protokolliert werden, worüber im Rechtsgespräch (§ 104 Abs. 1) diskutiert wurde (→ Rn. 43) oder dass die mündliche Verhandlung für eine bestimmte Zeit unterbrochen war. Vielfach werden auch gerichtliche Hinweise, die für den Abschluss eines Prozessvergleichs von Bedeutung sind, protokolliert, was z.B. Behördenvertretern erleichtern kann, den Vergleich vor Vorgesetzten oder Gremien zu vertreten.

72   Über die Aufnahme „sonstiger Angaben" i.d.S. entscheidet der Vorsitzende (Einzelrichter) nach pflichtgemäßem Ermessen aufgrund seiner Befugnis zur Verhandlungsleitung nach § 103 Abs. 1. Ein Rechtsbehelf ist nicht statthaft. Allenfalls kommt ein Antrag auf Protokollberichtigung (§ 164 ZPO) infrage.

73   „Sonstige Angaben" sind zwar rechtlich zulässig, nehmen aber an der Beweiskraft des Protokolls nach § 105 i.V.m. § 165 ZPO nicht teil. Es gelten nur die allgemeinen Bestimmungen über die Beweiskraft öffentlicher Urkunden.

IX. Protokollberichtigung (§ 164 ZPO)

74   Der Protokollberichtigung (§ 164 ZPO) kommt mit Blick auf die Beweiskraft des Protokolls (§ 165 ZPO) besondere rechtliche Bedeutung zu.

75   **1. Voraussetzungen.** Unrichtigkeiten des Protokolls können gem. § 105 i.V.m. § 164 Abs. 1 ZPO mangels gesetzlicher Grenze *jederzeit* berichtigt werden, also auch noch dann, wenn Beteiligte die Verfahrensfehler, die durch das Protokoll bewiesen werden sollen, bereits mit Rechtsmitteln gerügt haben (vgl. BVerwG DÖV 1981, 180; BGHZ 26, 340; vgl. aber BGHSt 34, 11, 12); Ergänzungsanträge sind demgegenüber nur bis zum Schluss der mündlichen Verhandlung zulässig. Wegen der Funktion des Protokolls kommt eine Protokollberichtigung nach rechtskräftigem Abschluss des Verfahrens aber nicht mehr infrage. Dafür gibt es kein (Rechtsschutz-)Bedürfnis. Anderes gilt, wenn Wiederaufnahmegründe (§ 153) vorliegen.

76   Der Begriff der *„Unrichtigkeit"* in § 164 Abs. 1 ZPO ist weit auszulegen. Das gebietet die Funktion des Protokolls, insbes. seine Aufgabe, dem Rechtsmittelgericht die Entscheidungs- und Verfahrenskontrolle zu ermöglichen. Hinzu kommt die besondere Beweiskraft nach § 165 ZPO. Sie ist nur vertretbar, wenn Unrichtigkeiten umfassend beseitigt werden können. Unter „Unrichtigkeit" gem. § 164 Abs. 1 ZPO fällt deshalb jeder Fehler des Protokolls, der auch in Auslassungen oder in der Unvollständigkeit des Protokolls bestehen kann.[23] Ausschlaggebend ist aber eine ausschließlich formale Betrachtungsweise. Materielle „Fehler" sind keine „Unrichtigkeit" i.S.d. § 164 Abs. 1 ZPO. Der Protokollfehler braucht allerdings nicht offensichtlich zu sein (OLG Hamm Rpfleger 1979, 29, 30). Geht es

---

22 OVG Münster 10.12.2013 – 9 E 1226/13; a.M. VGH München BayVBl 1977, 444 allerdings zu § 105 Abs. 2 S. 4 a.F. und insoweit überholt.

23 *H. Geiger*, in: Eyermann § 105 Rn. 28; krit. OLGR Frankfurt 2005, 463.

z.B. um den Wortlaut von Äußerungen oder Texten, ist es allein ausschlaggebend, ob der Wortlaut der in der Verhandlung abgegebenen Äußerung oder des verlesenen Textes mit dem Wortlaut der entsprechenden Protokollfeststellungen übereinstimmt oder nicht.

Für *Prozessvergleiche* (§ 106) gelten keine Besonderheiten. So ist der Wortlaut des Vergleichstextes et- 77 wa zu berichtigen, wenn der vorgelesene und genehmigte Vergleichstext nicht mit dem protokollierten Text übereinstimmt. Wegen des formalen Unrichtigkeitsbegriffs in § 164 ZPO (→ Rn. 76) geht es aber nicht mehr um Protokollberichtigung, wenn ein Beteiligter einem Vergleichstext eine Fassung geben will, die in der mündlichen Verhandlung so weder vorgelesen noch genehmigt wurde (OLG Hamm MDR 1983, 410); dann soll in Wahrheit der Vergleichsinhalt geändert werden. Selbst dann, wenn der Vergleichstext z.B. einen (offensichtlichen) Rechenfehler enthält, die vorgelesenen und genehmigten Zahlen (Berechnungsfaktoren) mit den im Protokoll festgehaltenen Zahlen aber übereinstimmen, liegt keine „Unrichtigkeit" i.S.d. § 164 Abs. 1 ZPO vor (vgl. OLG Frankfurt MDR 1988, 153, 154). Den Beteiligten bleibt freilich unbenommen, den Vergleichstext durch eine neue – außergerichtliche – Vereinbarung zu ändern.

2. Verfahren. Berichtigt bzw. ergänzt werden kann das Protokoll auf *Antrag* von Beteiligten (BVerwG 78 DÖV 1981, 180) oder *von Amts wegen.* Der Berichtigungsanspruch eines Beteiligten – und damit sein „Antragsrecht" – kann untergehen, wenn ihm eine Protokollabschrift zugestellt wurde und er die (vermeintliche) Unrichtigkeit des Protokolls nicht in einer darauf folgenden Verhandlung rügt (§ 173 i.V.m. § 295 ZPO). Das Rügerecht geht dann auch für das Rechtsmittelverfahren verloren.[24] Das gilt uneingeschränkt, wenn der Beteiligte anwaltlich vertreten ist, andernfalls können Einschränkungen geboten sein (vgl. BVerwGE 51, 66, 68), weil einem Beteiligten ohne Rechtsbeistand die Unkenntnis solcher Verfahrensverstöße nicht zuzurechnen ist, die einer entsprechenden Wertung in der Laiensphäre normalerweise verschlossen sind, was bei Formalitäten der Sitzungsniederschrift der Fall sein kann.[25] Gem. § 164 Abs. 2 ZPO sind vor der Protokollberichtigung die Beteiligten und, soweit es um die Berichtigung von Zeugenaussagen oder Angaben von Sachverständigen geht (§ 160 Abs. 3 Nr. 4 ZPO), auch diese zu *hören.* Der Begriff der „Beteiligten" in § 164 Abs. 2 ZPO entspricht insoweit nicht dem Beteiligtenbegriff des § 63 (→ Rn. 26).

3. Entscheidung/Zuständigkeit. Zuständig für die Protokollberichtigung ist der Vorsitzende bzw. der 79 Einzelrichter oder der streitentscheidende Berichterstatter (§ 87 a Abs. 2 und 3). Ist ein Urkundsbeamter der Geschäftsstelle zugezogen worden, ist die Protokollberichtigung nur gemeinsam mit ihm zulässig (BAG NJW 1965, 931, 932; OLG Saarbrücken NJW 1972, 61, 62); er wirkt nur mit, wenn dem Antrag entsprochen wird (BVerwG NVwZ-RR 2011, 383). Für die Berichtigung kommt es auf das Erinnerungsvermögen beider an. Andernfalls besteht eher die Gefahr, das Protokoll in Wirklichkeit unrichtig zu machen. Können Vorsitzender und Protokollführer keine Übereinstimmung erzielen, muss die Berichtigung unterbleiben (BAG NJW 1965, 931, 932). Ein Beschluss des Gerichts ergeht nicht. Das folgt mittelbar aus der Regelung des § 164 Abs. 3 ZPO (dazu auch [zu Verhinderungsfällen]: RGZ 164, 360; BAG NJW 1965, 931, 932), die unmittelbar zwar nur festlegt, wer den auf dem Protokoll anzubringenden Berichtigungsvermerk zu unterschreiben hat. Damit ist jedoch zugleich auch die Zuständigkeit zur Protokollberichtigung festgelegt. Geht es um die Berichtigung eines auf Tonträger vorläufig aufgezeichneten Umstandes, dessen richtige Übertragung in das schriftliche Protokoll der Urkundsbeamte bestätigt hat, muss der Urkundsbeamte den Berichtigungsvermerk unterschrieben. In Verhinderungsfällen gelten die Grundsätze zur Protokollanfertigung entsprechend[26] (→ Rn. 14). Über die Ablehnung eines Protokollberichtigungsantrags entscheidet der Richter allein, wenn kein Ur- 80 kundsbeamter der Geschäftsstelle gem. § 159 Abs. 1 S. 2 ZPO zur Protokollführung zugezogen war. Andernfalls ergeht ein Beschluss „eigener Art" durch den Vorsitzenden und den Urkundsbeamten (oder einen mit der Protokollführung beauftragten Richter der Kammer oder des Senats).[27] Dass das

---

24 BVerwGE 50, 344, 346; 67, 43, 47; BVerwG NJW 1977, 313; DÖV 1981, 840; NJW 1988, 579.
25 So BVerwGE 51, 66, 69. Dort ging es freilich um eine „verhältnismäßig neue", in der verwaltungsgerichtlichen Praxis noch nicht durchweg beachtete Gesetzesänderung. Darauf kann es indessen nicht ausschlaggebend ankommen.
26 Anders H. *Franzki*, DRiZ 1975, 97, 101.
27 Vgl. BVerwG DÖV 1981, 180; VGH Mannheim DÖV 1997, 468, 469; NVwZ-RR 2003, 318. A.M. *K. Stöber*, in: Zöller § 164 Rn. 10, allerdings ohne Begründung, ebenso *H. Geiger*, in: Eyermann § 105 Rn. 28; unentschieden VGH München BayVBl 1989, 566, 567: Der Urkundsbeamte müsse aber zumindest am Entscheidungsprozess beteiligt sein und dies – etwa in einem Vermerk oder einer dienstlichen Erklärung – dokumentieren.

Gesetz die Mitwirkung des Urkundsbeamten der Geschäftsstelle in § 164 Abs. 3 ZPO nur für die Berichtigung des Protokolls ausdrücklich vorsieht, steht dem nicht entgegen; die Zuständigkeit für die Ablehnung eines Berichtigungsantrags regelt das Gesetz nicht, auch nicht implizit in § 164 Abs. 3 ZPO. Die Gründe, die das Zusammenwirken des Vorsitzenden und des Urkundsbeamten bei der Protokollberichtigung erzwingen (→ Rn. 79), gelten für die Ablehnung eines Berichtigungsantrags in gleicher Weise.

81   **4. Anfechtbarkeit.** Die Anfechtbarkeit von Entscheidungen im Protokollberichtigungsverfahren ist – auch in der Rspr. – umstr.:

82   Nach Ansicht des BVerwG sowie der überwiegenden Meinung im Schrifttum[28] sind Entscheidungen im Protokollberichtigungsverfahren nach § 164 ZPO unanfechtbar. Demgegenüber halten manche,[29] auch einzelne Obergerichte,[30] die Beschwerde für grds. statthaft bzw. § 151 für anwendbar. Allerdings soll sich dann – nach ebenfalls umstr. Ansicht – die Prüfungskompetenz des Gerichts und daran anknüpfend die Zulässigkeit des Rechtsbehelfs auf die Klärung der Frage beschränken, ob der zulässigerweise angefochtene Beschluss an einem wesentlichen Verfahrensfehler leidet, also etwa die Versagung der Berichtigung oder das Unterlassen einer Entscheidung hierüber unzulässig war, ob unzuständige Personen entschieden haben oder sonstige Verfahrensfehler (im Protokollberichtigungsverfahren) vorliegen.[31] Einige Gerichte befürworten demgegenüber die auch im Prüfungsumfang uneingeschränkte Zulässigkeit von Rechtsbehelfen im Protokollberichtigungsverfahren (VGH München BayVBl 1977, 44; OLG Koblenz MDR 1986, 595).

83   Richtigerweise sind Protokollberichtigungen wie deren Ablehnung als unanfechtbar zu behandeln (a.M. *Guckelberger* → § 146 Rn. 13), weil es sich dabei um gerichtliche Entscheidungen eigener Art (so auch VGH Mannheim NVwZ-RR 2003, 318 und → Rn. 80) handelt, deren Eigenart aus der Besonderheit des Entscheidungsorgans folgt, das ggf. (nach dem Wortlaut des Gesetzes in § 159 Abs. 1 S. 2 ZPO sogar regelmäßig) aus einem Richter und einem Urkundsbeamten der Geschäftsstelle besteht. Dafür sieht die VwGO, die wegen der Statthaftigkeit der Rechtsmittel grds. auf die Eigenart der anzugreifenden Entscheidung abstellt (vgl. §§ 124, 132, 146), kein Rechtsmittel vor. Dass in § 146 Abs. 1 von „Entscheidungen des VG" die Rede ist, ändert nichts. Gemeint sind nämlich „Entscheidungen der Kammer", was man daraus folgern kann, dass das Gesetz neben die „Entscheidungen des VG" (sogleich) die Entscheidungen des „Vorsitzenden oder des Berichterstatters" stellt (a.M. VGH München NVwZ-RR 2000, 843; BayVBl 1999, 86). Auch die Zivilprozessordnung hält für das Protokollberichtigungsverfahren in den §§ 159–165 ZPO keinen Rechtsbehelf bereit. Hinzu kommt, dass das Rechtsmittelgericht die Frage, ob das Protokoll i.S.d. § 164 Abs. 1 ZPO unrichtig ist, gar nicht sachlich überprüfen könnte, weil es keine Kenntnis vom tatsächlichen Verlauf der mündlichen Verhandlung haben kann.[32] Allenfalls anhand – noch vorhandener – vorläufiger Aufzeichnungen gem. § 160a ZPO wäre eine eingeschränkte Prüfung möglich. In der Praxis scheitert das allerdings meist daran, dass die Tonbänder mit den vorläufigen Protokollaufzeichnungen im Einverständnis der Beteiligten sogleich nach der Übertragung in die Reinschrift gelöscht werden. In Betracht käme deshalb in aller Regel nur eine – allerdings teilweise befürwortete (→ Rn. 99) – formale Kontrolle durch das Rechtsmittelgericht. Dafür besteht jedoch kein praktischer Bedarf.[33]

84   **5. Vornahme der Protokollberichtigung.** Vollzogen wird die Berichtigung durch entsprechenden Vermerk (Nachtrag) auf dem Protokoll gem. § 164 Abs. 3 ZPO. Zulässig ist ein Verweis auf mit dem Pro-

---

28   Vgl. BVerwG DÖV 1981, 180; DÖV 1981, 840; VGH Kassel NVwZ-RR 2006, 849 und ESVGH 60, 75; 6.8.2009 – 1 E 2206/09; HmbOVG 4.7.2008 – 3 So 13/08; VGH Mannheim NVwZ-RR 2003, 318; DÖV 1997, 468, 469; VGH München 27.10.2015 – 20 C 15.1906; 4.7.2007 – 12 C 07.1584 sowie NVwZ-RR 2000, 843, BayVBl 1989, 566 und BayVBl 1999, 86; 2.11.2009 – 2 C 09.2197; HmbOVG DÖV 2008, 926; *H. Geiger*, in: Eyermann § 105 Rn. 29.
29   Vgl. *E. Peters*, in: MüKoZPO § 164 Rn. 11 f. m.w.N. und *H. Franzki*, DRiZ 1975, 97, 101.
30   VGH München NVwZ-RR 2000, 843; BayVBl 1989, 566; BayVBl 1999, 86 (allerdings durch neuere Rspr. überholt, vgl. Fn. 22); OLG Koblenz Rpfleger 1969, 137; LAG Hamm MDR 1988, 172; vgl. auch BFH 26.9.2005 – VIII B 6/04.
31   VGH München NVwZ-RR 2000, 843; BayVBl 1999, 86; BayVBl 1989, 566; BayVBl 1981, 692; OLG Koblenz Rpfleger 1969, 137; vgl. auch *P. Hartmann*, in: Baumbach/Lauterbach/Albers/Hartmann § 164 Rn. 14 f. m.w.N. zur Rspr. der ordentlichen Gerichte.
32   VGH München NVwZ-RR 2000, 843; BayVBl 1999, 86, 87; VGH Kassel NVwZ-RR 2006, 849.
33   VGH Mannheim DÖV 1997, 468, 469. A.M. VGH München NVwZ-RR 2000, 843; BayVBl 1999, 86 wohl mit Blick auf die Aufgabe der Rechtsmittelinstanz (auch) zur Verfahrensaufsicht.

tokoll zu verbindende Anlagen (§ 164 Abs. 3 S. 1 Hs. 2 ZPO). Den Beteiligten bereits übersandte Protokollabschriften werden zurückgefordert, um auch darauf den Berichtigungsvermerk anzubringen. Den Vermerk unterschreibt der Richter, der auch das Protokoll unterschrieben hat. War der Richter „allein tätig" (§ 164 Abs. 3 S. 2 ZPO) – etwa als Einzelrichter – unterschreibt er den Berichtigungsvermerk auch dann, wenn er an der Unterschrift unter das Protokoll verhindert war. War gem. § 159 Abs. 1 S. 2 ZPO ein Urkundsbeamter der Geschäftsstelle zur Protokollierung zugezogen, muss auch dieser den Berichtigungsvermerk unterschreiben. Wird – wie regelmäßig – gem. § 159 Abs. 1 S. 2 ZPO ein Urkundsbeamter nicht zugezogen, überträgt dieser (bzw. ein Mitarbeiter der Serviceeinheit) jedoch das gem. § 160 a ZPO auf Tonband vorläufig aufgezeichnete Protokoll in die Reinschrift und bestätigt er die Richtigkeit der Übertragung mit seiner Unterschrift, muss er auch einen Berichtigungsvermerk unterschreiben, wenn sich die Unrichtigkeit des Protokolls aus einem vorläufig auf Tonband aufgezeichneten Umstand ergibt.

X. Beweiskraft des Protokolls (§ 165 ZPO)

Gem. § 105 i.V.m. § 165 S. 1 ZPO kann die Beachtung der für die Verhandlung vorgeschriebenen **85** Förmlichkeiten nur durch das Protokoll bewiesen werden. Gegen seinen diese Förmlichkeiten betreffenden Inhalt ist gem. § 165 S. 2 ZPO nur der Nachweis der Fälschung zulässig. Die dem Protokoll damit verliehene besondere Beweiskraft geht über die allgemeine Beweiskraft öffentlicher Urkunden(§§ 415, 417, 418 ZPO) hinaus. Die Beweiskraftregel des § 165 ZPO gilt gem. § 105 auch für den Verwaltungsprozess; der Untersuchungsgrundsatz (§ 86 Abs. 1) steht dem nicht entgegen.

1. Voraussetzung. Voraussetzung für die besondere Beweiskraft des Protokolls gem. § 165 ZPO ist, **86** dass es in ordnungsgemäßer Weise erstellt wurde (vgl. BGH NJW 1984, 1465). Ist das Protokoll in wesentlichen Punkten unvollständig, widersprüchlich oder sonst wegen (rechtzeitig gem. § 173 i.V.m. § 295 ZPO gerügten) Verstößen gegen § 105 i.V.m. §§ 159–165 ZPO mangelhaft, kann es die besondere Beweiskraft des § 165 ZPO nicht beanspruchen. Das gilt etwa dann, wenn vorläufige Aufzeichnungen (§ 160 a ZPO) unter Verletzung des § 162 Abs. 1 ZPO nicht vorgelesen und von den Beteiligten genehmigt wurden.[34] Ist das Protokoll gar (völlig) wirr und unverständlich, steht das dem völligen Fehlen des Protokolls gleich.[35]

2. Umfang. Die besondere Beweiskraft des Protokolls bezieht sich gem. § 165 ZPO nur auf die für **87** die Verhandlung *vorgeschriebenen Förmlichkeiten*. „Förmlichkeiten" i.d.S. sind (nur) solche Umstände, die sich auf den äußeren Ablauf der Verhandlung beziehen. Dazu gehören zunächst jedenfalls die in § 160 Abs. 1 und 2 ZPO festgelegten Protokollinhalte. „Förmlichkeit" nach § 165 ZPO ist darüber hinaus auch die gem. § 160 Abs. 3 Nr. 2 ZPO im Protokoll festzustellende Tatsache, dass die Beteiligten (Sach-)Anträge verlesen oder zur Niederschrift gestellt haben. Ebenso erstreckt sich die Beweiskraft des Protokolls nach § 165 ZPO auf die Tatsache der Verkündung gerichtlicher Entscheidungen (§ 160 Abs. 3 Nr. 7 ZPO).

Keine „Förmlichkeiten" gem. § 165 ZPO sind demgegenüber die Tatsache, dass eine Verhandlung **88** überhaupt stattgefunden hat und damit die Wahrung des Mündlichkeitsgrundsatzes (BVerwG DÖV 1985, 580), die Wahrung des Öffentlichkeitsgrundsatzes (BGHZ 26, 340), die Gewährung rechtlichen Gehörs für die Beteiligten (BVerwG NVwZ 1985, 337, 338), damit zusammenhängend: die Einbeziehung bestimmter Akten (speziell der Verwaltungsakten) oder sonstiger Erkenntnismittel (etwa im Asylprozess) in die mündliche Verhandlung,[36] die Art der Urteilsverkündung (BGH NJW 1985, 1782) und der in der mündlichen Verhandlung erklärte Klage- oder Rechtsmittelverzicht (BGH NJW 1984, 1465, 1466) sowie die Identität der zur Verhandlung erschienenen Personen. All das kann deshalb ggf. auch anders als durch das Protokoll bewiesen werden. Bei dem Inhalt von Erklärungen oder Äu-

---

34 *H. Geiger*, in: Eyermann § 105 Rn. 23. Das entspricht der Funktion des Genehmigungserfordernisses, der Richtigkeit des Protokolls zu dienen.
35 BVerwG MDR 1977, 604; zum zeitweiligen Ausfall eines Tonaufnahmegeräts: BVerwG Buchholz 310 § 105 VwGO Nr. 46.
36 BVerwG Buchholz 310 § 117 VwGO Nr. 1; Buchholz 310 § 108 VwGO Nr. 134; Buchholz 448.0 § 25 WPflG Nr. 60; OVG Lüneburg NVwZ 1996 Beilage 9, 67, 68.

ßerungen der – formlos angehörten[37] oder förmlich vernommenen – Beteiligten, der Zeugen, Sachverständigen oder sonstigen (amtlichen) Auskunftspersonen (§ 160 Abs. 3 Nr. 4 ZPO) handelt es sich schon begrifflich nicht um „Förmlichkeiten". Gleiches gilt für die Feststellungen bei der Einnahme eines gerichtlichen Augenscheins (§ 160 Abs. 3 Nr. 5 ZPO). *Fakultative Protokollangaben* nehmen an der besonderen Beweiskraft des Protokolls nicht teil. Für sie bleibt es bei den allgemeinen Regelungen über die Beweiskraft öffentlicher Urkunden (§§ 415, 417, 418 ZPO).

89 **3. Rechtswirkung.** Förmlichkeiten, die der Beweiskraft des Protokolls gem. § 165 ZPO unterfallen, können nur durch das Protokoll bewiesen werden (§ 165 S. 1 ZPO). Das bedeutet, dass dann, wenn eine Förmlichkeit im Protokoll festgestellt ist, feststeht, dass sie stattgefunden hat. Für nicht im Protokoll festgestellte Förmlichkeiten gilt, dass sie nicht stattgefunden haben (BVerwG NVwZ 2012, 512: Beweisantrag). Zu widerlegen ist das gem. § 165 S. 2 ZPO nur durch den Nachweis der (Protokoll-)Fälschung. Es muss bewiesen werden, dass eine bewusste – wissentliche – Falschbeurkundung oder eine wissentliche nachträgliche Verfälschung vorliegt (vgl. BGH NJW 1985, 1782, 1783 f.).

XI. Fehlerfolgen

90 Protokollierungsfehler können bewirken, dass die Beweiskraft des Protokolls gem. § 165 ZPO nicht eintritt. Verstöße gegen die Pflicht aus § 162 ZPO, bestimmte Feststellungen vorzulesen oder vom Tonband vorzuspielen, beseitigen die Beweiskraft des Protokolls, lassen die Wirksamkeit der davon betroffenen Prozesshandlungen, etwa einer Klagerücknahme (BVerwG Buchholz 310 § 105 VwGO Nr. 56), aber grds. unberührt[38] (zum Prozessvergleich aber → § 106 Rn. 52). Das gilt auch für die in der Verhandlung zu Protokoll erklärten (Sach-)Anträge. Das Gesetz legt nicht – auch nicht in § 162 ZPO – fest, dass die Wirksamkeit der in § 162 Abs. 1 S. 1 ZPO i.V.m. § 160 Abs. 3 ZPO aufgezählten (einseitigen) Prozesshandlungen von einer ordnungsgemäßen Protokollierung abhängen soll (BSG MDR 1981, 612). Diese ist auch keine (ungeschriebene) zusätzliche Prozesshandlungsvoraussetzung. Hinsichtlich der Beweisfunktion des Protokolls soll das Vorlesen bzw. Vorspielen und Genehmigen der Feststellungen bzw. vorläufigen Aufzeichnungen nur als zusätzliche verfahrensrechtliche Sicherung der Richtigkeit des Protokolls dienen. Schließlich kann eine gem. § 162 Abs. 1 ZPO vorgelesene Protokollfeststellung auch wirksam sein, wenn der Beteiligte die Genehmigung verweigert. Für solche Fälle verlangt § 162 Abs. 1 S. 3 ZPO nämlich (nur) zu vermerken, welche Einwendungen erhoben wurden. Die Prozesshandlung ist dann also keineswegs unwirksam (BGH NJW 1984, 1464, 1465).

91 Ein in der Verhandlung gem. § 106 S. 1 geschlossener Prozessvergleich ist hingegen als solcher unwirksam, wenn der Vergleichstext nicht gem. § 162 ZPO vorgelesen bzw. vom Tonband vorgespielt und von den Vergleichsschließenden genehmigt wird (BVerwG NJW 1993, 1940, 1941; BGHZ 16, 388, 390; BAGE 8, 228, 232 f.). Das liegt in dessen „Doppelnatur" als Prozesshandlung und materiell-rechtliches Rechtsgeschäft begründet. Erfordert das materiell-rechtliche Rechtsgeschäft z.B. die notarielle Beurkundung, wird diese Form gem. § 127 a BGB durch die Aufnahme der Erklärungen in ein nach den Vorschriften der Zivilprozessordnung errichtetes Protokoll ersetzt. Deshalb müssen die Protokollierungsvorschriften der Zivilprozessordnung beim Abschluss eines Prozessvergleichs auch die Zwecke miterfüllen, die sonst materiell-rechtlichen Formvorschriften zugrunde liegen. Außerdem ist der Prozessvergleich Vollstreckungstitel (§ 794 Abs. 1 Nr. 1 ZPO bzw. § 168 Abs. 1 Nr. 3); eine Vollstreckung ist aber praktisch nur möglich, wenn eine ordnungsgemäße Beurkundung erfolgt (so BGH NJW 1984, 1464, 1465). Freilich kann ein nicht ordnungsgemäß protokollierter und deshalb unwirksamer Prozessvergleich als außergerichtlicher Vergleich Rechtswirkungen entfalten.

92 Bei Verstößen gegen § 105 i.V.m. §§ 159 ff. ZPO handelt es sich für sich genommen nicht um von § 138 Nr. 1–6 erfasste Verfahrensmängel (absolute Revisionsgründe).[39] Anderes gilt dann, wenn der Verstoß so erheblich ist, dass mangels ausreichenden Protokolls die Entscheidung überhaupt nicht nachgeprüft werden kann (BVerwG NJW 1976, 1705; BGHZ 40, 84; vgl. auch BAG NJW 1970,

---

37 BVerwG DÖV 1983, 949 (LS); OVG Münster NVwZ 1995, Beilage 8, 59; auch OVG Bautzen InfAuslR 2001, 404 zur Angabe individueller Asylgründe im Asylprozess.

38 Vgl. BGHZ 107, 142, 145 f. (Anerkenntnis); BGH NJW 1984, 1465, 1466 (Rechtsmittelverzicht); LSG Stuttgart Justiz 1980, 453: Klagerücknahme. A.M. OLG Celle NdsRpfl 1981, 197; OLG Düsseldorf FamRZ 1983, 721, 723; OLG Hamm Rpfleger 1982, 111.

39 BVerwG NVwZ 1985, 182; OVG Bautzen InfAuslR 2001, 404.

1812). Sind im Asylprozess die tatsächlichen Angaben des Klägers zu den individuellen Asylgründen nicht protokolliert worden (→ Rn. 10, 23, 54), folgt daraus nicht zwangsläufig eine Verletzung des Anspruchs auf rechtliches Gehör i.S.d. § 138 Nr. 3, nachdem die Feststellung des Inhalts dieser Angaben der Beweiskraft des Protokolls nach § 165 ZPO nicht unterliegt (OVG Bautzen InfAuslR 2001, 404). Protokollmängel können die Beteiligten daher mit der Revision nur erfolgreich geltend machen, wenn sie sie rechtzeitig gerügt haben (vgl. auch BVerwG NJW 1977, 313, 314; DÖV 1981, 840) und dartun, dass die Entscheidung des Gerichts auf dem Protokollmangel beruhen kann (zu unterbliebener Protokollverlesung/-genehmigung: BFH/NV 2006, 1484). Daran wird man etwa dann denken, wenn bei fehlerfreier Protokollierung Umstände hervorgetreten wären, die das Gericht hätte berücksichtigen müssen und die zu einer für den Rechtsmittelführer günstigeren Entscheidung hätten führen können (BVerwGE 13, 340; 48, 371; BVerwG NVwZ 2010, 254; NJW 1976, 1705).

§ 106 [Gerichtlicher Vergleich]

[1]Um den Rechtsstreit vollständig oder zum Teil zu erledigen, können die Beteiligten zu Protokoll des Gerichts oder des beauftragten oder ersuchten Richters einen Vergleich schließen, soweit sie über den Gegenstand des Vergleichs verfügen können. [2]Ein gerichtlicher Vergleich kann auch dadurch geschlossen werden, daß die Beteiligten einen in der Form eines Beschlusses ergangenen Vorschlag des Gerichts, des Vorsitzenden oder des Berichterstatters schriftlich gegenüber dem Gericht annehmen.

Schrifttum

1. Monographien und Beiträge in Sammelwerken: *E. Bökelmann,* Zum Prozessvergleich mit Widerrufsvorbehalt, in: Festschrift für Friedrich Weber, 1975, 101; *L. Buecker,* Anwaltszwang und Prozessvergleich, 1980; *R. Franke,* Der gerichtliche Vergleich im Verwaltungsprozeß, 1996; *W. Gottwald u.a.* (Hrsg.), Der Prozessvergleich, Möglichkeiten, Grenzen, Forschungsperspektiven, 1983; *H.-J. Kniesch,* Zum Vergleich im Verwaltungsprozeß, in: Festschrift für das Bundesverwaltungsgericht 1963, 497; *W. Mende,* Die in den Prozessvergleich aufgenommene Klagerücknahme, 1976; *O. Scharpenack,* Der Widerrufsvergleich im Zivilprozeß, 1996; *J. Schröder,* Der Prozeßvergleich in den verwaltungsgerichtlichen Verfahrensarten, 1971; *Ch. Stix,* Gerichtliche und außergerichtliche Durchsetzung zivilrechtlicher Rechtsansprüche, 1992; *O. Tempel,* Der Prozessvergleich – die Bedeutung seiner Rechtsnatur für den Abschluß und seine Wirkungen, in: Festschrift für Gerhard Schiedermair 1976, 517; *F. Zölch,* Der Prozessvergleich im deutschen und im österreichischen Recht, 1981.

2. Beiträge in Zeitschriften: *B. Atzler,* Widerruf eines gerichtlichen Vergleichs durch einen einfach Beigeladenen, DVBl 1986, 1214; *E. Breetzke,* Der Vergleich bei verständigem Zweifel, NJW 1969, 1408; *W. Budach/H. Johlen,* Der Prozessvergleich im verwaltungsgerichtlichen Verfahren, JuS 2002, 371; *M. Bulling,* Kooperatives Verwaltungshandeln (Vorverhandlungen, Arrangements, Agreements und Verträge) in der Verwaltungspraxis, DÖV 1977, 812; *J. Caspar,* Schlichten statt richten – Möglichkeiten und Wege außergerichtlicher Streitbeilegung, DVBl 1995, 992; *M. Dawin,* Verfahren beim Widerruf eines Prozessvergleichs, NVwZ 1983, 143; *M. Dolderer,* Bedingtes Urteil nach Widerrufsvergleich, VBlBW 2001, 404; *H. Freund,* Der gerichtliche Vergleich – Methode rationaler Konfliktlösung oder naive Utopie?, DRiZ 1981, 221; *H. Freund,* Die Legitimität des gerichtlichen Vergleichs und seines Verfahrens, DRiZ 1983, 136; *U. S. Gilfrich,* Der Widerrufsvorbehalt im Prozessvergleichsvertrag, MDR 2006, 1145; *F. Haueisen,* Die Bestandskraft verwaltungsgerichtlicher Vergleiche, DVBl 1969, 285; *W. Henn,* Die Zulässigkeit öffentlich-rechtlicher Verträge im Bereich der Kommunalabgaben, DÖV 1989, 1053; *S. Iwanek,* Aufhebung der Bindungswirkung einer tatsächlichen Verständigung, DStR 1993, 1394; *Ch. Keller,* Erklärungsadressat für Widerruf eines Prozessvergleichs, Jura 2006, 925; *W. Kluth,* Der Vergleich im Baunachbarstreit, BauR 1990, 678; *R. Kniffka,* Die Wirkungen eines Prozeßvergleichs auf ein nicht rechtskräftiges Urteil, JuS 1990, 969; *P. Kunig,* Verträge und Absprachen zwischen Verwaltung und Privaten, DVBl 1992, 1193; *S. Leutheusser-Schnarrenberger,* Wege zur Justizentlastung, NJW 1995, 2441; *K. Löwer,* Der verwaltungsrechtliche Prozessvergleich als materielles Rechtsgeschäft, VerwArch 56 (1965), 142, 236; *G. Lüke,* Neues zum Prozeßvergleich?, NJW 1994, 233; *P. Masuch/J. Blüggel,* Das Angebot auf Abschluss eines außergerichtlichen Vergleichs im Sozialgerichtsverfahren, SGb 2005, 613; *H.-J. Mayer,* Der vergessene § 106 VwGO, RVG-Letter 2005, 14; *W. Mayer-Hesemann,* Die Zulässigkeit gesetzesinkongruenter verwaltungsrechtlicher Vergleichsverträge und Prozessvergleiche, DVBl 1980, 869; *A. Mellwitz,* Zur Zulässigkeit eines Prozessvergleichs im verwaltungs- und sozialgerichtlichen Verfahren (Anm. zu BVerwG DVBl 1962, 600), DVBl 1962, 601; *H. Michel,* Der Prozessvergleich in der Praxis, JuS 1986, 41; *ohne Verf.,* Alternativen zur Justiz. Hat die außergerichtliche Streitbeilegung eine Zukunft?, DRiZ 1995, 325; *E. Pappermann,* Prozeßvergleich nach aufsichtsbehördlicher Aufhebung der Wahl eines Kommunalbeamten?, DÖV 1972, 161; *H. P. Pecher,* Zur Geltendmachung der Unwirksamkeit eines Prozessvergleichs, ZZP 97 (1984), 139; *H. Prütting,* Schlichten statt richten?, JZ 1985, 261; *L. Renck,* Vollstreckungsabwehrklage bei Vollstreckung aus Vergleich, NJW 1992, 2209; *M. Renck-Laufke,* Rechtsfragen der Vollstreckung verwaltungsgerichtlicher Vergleiche, BayVBl 1976, 621; *F.-J. Säcker,* Wiedereinsetzung gegen die Versäumung des gerichtlich zu erklärenden Widerrufs beim Prozeßvergleich?, NJW 1967, 1117; *P. Salje,* Der mißbrauchte Prozeßvergleich – ein Beispiel für kapazitätsgesteuerte Gerechtigkeit?, DRiZ 1994, 285; *W. Schmidt,* Verlesen von Anerkenntnis und Vergleich, NJW 1969, 814; *M. Siemon,* Der Vertragsschluss beim Beschlussvergleich, NJW 2011, 426; *P. Stelkens,* Das Gesetz zur Neuregelung des verwaltungsgerichtlichen Verfahrens (4. VwGO-ÄndG) – das Ende einer Reform?, NVwZ 1991, 209; *T. I. Schmidt,* LER – Der Vergleich vor dem BVerfG, NVwZ 2002, 925; *E.-G. Thomas,* Die Vollstreckung verwaltungsgerichtlicher Entscheidungen, BayVBl 1967, 335; *P. Tiedemann,* Der Vergleichsvertrag im kommunalen Abgabenrecht, DÖV 1996, 594; *H. Wilke,* Der Prozessvergleich im verwaltungs- und sozialgerichtlichen Verfahren, SGb 1964, 350.

I. Entstehungsgeschichte

1   Ursprünglich (BGBl I 1960, 17) sah § 106 vor, dass die Beteiligten einen Vergleich zur Niederschrift des Gerichts schließen können, soweit sie über den Gegenstand der Klage verfügen können. Mit dem 4. VwGOÄndG vom 17.12.1990 (BGBl I 2809 i.d.F. der Bekanntmachung vom 19.3.1991 [BGBl I 686]), das am 1.1.1991 in Kraft getreten ist, wurde die Vorschrift erstmals geändert und klargestellt, dass die Beteiligten auch nicht vom Prozessgegenstand erfasste Ansprüche in den Prozessvergleich einbeziehen dürfen (vgl. die Begründung des Gesetzentwurfs BT-Drs. 11/7030, 29) und dass sich ihre Verfügungsbefugnis demzufolge auf den Gegenstand des Vergleichs und nicht auf den Klagegegenstand beziehen muss.[1] Außerdem wurde mit der Regelung des S. 2, praktischen Bedürfnissen folgend, die Möglichkeit geschaffen, einen Prozessvergleich auch durch die schriftliche Annahme eines als Beschluss ergangenen gerichtlichen Vergleichsvorschlages abzuschließen.

II. Zweck und Bedeutung der Regelung

2   Der Prozessvergleich nach § 106 ermöglicht die konsensuale (schlichtende) Erledigung des Rechtsstreits. Er dient damit – mehr noch als das gerichtliche Urteil – der Wiederherstellung des Rechtsfriedens: „Schlichten ist besser als Richten". Indem § 106 mit der materiellen Streitschlichtung prozessuale Rechtswirkungen, die unmittelbare Verfahrensbeendigung, verknüpft, werden zugleich die Gerichte entlastet.

3   Die VwGO geht – ebenso wie die Zivilprozessordnung – davon aus, dass der Rechtsstreit durch gerichtliche Entscheidung abgeschlossen wird. Die konsensuale Erledigung ist nur ansatzweise geregelt, neben § 106 etwa in § 160 (Kostenpflicht bei Vergleich), § 168 Abs. 1 Nr. 3 (Prozessvergleich als Vollstreckungstitel) und § 87 Abs. 1 S. 2 Nr. 1 (Gütetermin).

4   In dieser bruchstückhaften Regelung des Prozessvergleichs kommt seine Bedeutung nicht angemessen zum Ausdruck. Es liegt auf der Hand, dass ein noch so gutes Urteil nicht die befriedende Wirkung erreichen kann, die einem Prozessvergleich möglich ist. Von erheblicher praktischer Bedeutung ist auch, dass der Prozessvergleich – anders als der außergerichtliche Vergleich – gem. § 168 Abs. 1 Nr. 3 Vollstreckungstitel ist.

---

1   Vgl. die Begründung des Gesetzentwurfs BT-Drs. 11/7030, 29; vgl. auch *P. Stelkens*, NVwZ 1991, 209, 216.

III. Anwendungsbereich

§ 106 definiert den *Begriff des Vergleichs* nicht; er ist deshalb nach Maßgabe der Legaldefinition in $\quad$ 5
§ 55 VwVfG festzulegen. Prozessvergleich i.S.d. § 106 ist danach ein öffentlich-rechtlicher Vertrag, durch den eine bei verständiger Würdigung des Sachverhalts oder der Rechtslage bestehende Ungewissheit durch gegenseitiges Nachgeben beseitigt wird (vgl. auch § 779 Abs. 1 S. 1 BGB), und den die Beteiligten eines verwaltungsgerichtlichen Rechtsstreits vor Gericht schließen – ggf. gem. § 106 S. 2 durch Annahme eines gerichtlichen Vergleichsvorschlags –, um den Rechtsstreit ganz oder teilweise zu erledigen.

Der auf dem Dispositionsgrundsatz beruhende § 106 S. 1 bestimmt, dass ein Vergleich zur Erledigung $\quad$ 6 des *Rechtsstreits* geschlossen werden kann, ohne nach dessen Art oder Gegenstand zu unterscheiden. Durch Prozessvergleiche können Klageverfahren jeder Instanz, vorläufige Rechtsschutzverfahren (§§ 80, 80 a oder § 123), aber auch Normenkontrollverfahren (§ 47) erledigt werden. Dort stellt sich freilich die Frage nach der Verfügungsbefugnis über den Vergleichsgegenstand (→ Rn. 39 ff.) mit besonderem Nachdruck, weshalb Prozessvergleiche insoweit keine große Rolle spielen. Im schriftlichen Verfahren (§ 101 Abs. 2) ermöglicht § 106 S. 2 den Vergleichsschluss.

Den *zeitlichen Anwendungsbereich* des § 106 legt das Erledigungsmerkmal fest. Da der Prozessver- $\quad$ 7 gleich der Erledigung des Rechtsstreits dient, kann er nur zwischen Anhängigkeit der Streitsache und rechtskräftigem Verfahrensabschluss geschlossen werden. Nach Rechtskraft der verfahrensbeenden den Entscheidung ist nur ein außergerichtlicher Vergleich möglich (OVG Lüneburg DVBl 1985, 1325; OVG Münster DÖV 1977, 790, 791). Nach dem Erlass der Entscheidung kann ein Prozessvergleich aber noch bis zum Ablauf der Rechtsmittelfrist geschlossen werden, wodurch die Entscheidung gem. § 173 i.V.m. § 269 Abs. 3 S. 1 Hs. 2 ZPO unwirksam wird, es sei denn, im Vergleich ist anderes vereinbart.

IV. Rechtsnatur des Vergleichs

Der Prozessvergleich hat eine *Doppelnatur:* Er ist sowohl Prozesshandlung als auch materiell-rechtli- $\quad$ 8 cher öffentlich-rechtlicher Vertrag.[2] Andere Auffassungen in Teilen des Schrifttums, die den Prozessvergleich etwa ausschließlich prozessual begreifen wollen,[3] konnten sich nicht durchsetzen.

Die Eigenart des Prozessvergleichs als Prozesshandlung folgt daraus, dass er zur Erledigung des $\quad$ 9 Rechtsstreits geschlossen wird und prozessbeendende Funktion hat. Mit dem Begriff des „Vergleichs" bezieht sich § 106 daneben auf die Regelungen über den materiell-rechtlichen Vergleichsvertrag (in § 779 BGB oder § 55 VwVfG)[4] und baut die erledigende Wirkung des Prozessvergleichs auf einer materiellen Einigung der Vergleichspartner auf. Materielle Streitschlichtung (Einigung) und prozessuale Erledigung sind unlösbar miteinander verbunden.

Wegen der Doppelnatur des Prozessvergleichs müssen sowohl die (prozessualen) Anforderungen an $\quad$ 10 Prozesshandlungen wie die (materiell-rechtlichen) Anforderungen an den Abschluss öffentlich-rechtlicher Verträge gewahrt sein. Das weitere rechtliche Schicksal des Prozessvergleichs hängt vom rechtlichen Schicksal der Prozesshandlung wie des öffentlich-rechtlichen Vertrags ab. Eine Aufspaltung ist nicht möglich (vgl. BVerwG NJW 1993, 1941). Fällt z.B. der öffentlich-rechtliche Vertrag durch wirksame Anfechtung einer Vertragserklärung weg (§ 62 VwVfG i.V.m. §§ 119 ff., 142 Abs. 1 BGB), ist auch der Prozessvergleich nichtig, obwohl Prozesshandlungen als solche grds. nicht anfechtbar sind.[5]

V. Vergleichsgegenstand

Das Gesetz führt in § 106 S. 1 den eigenständigen Begriff des „Gegenstands des Vergleichs" ein. Er $\quad$ 11 bestimmt sich nach den Tatsachen und Rechtsverhältnissen, über die sich die Beteiligten zum Zweck der Prozesserledigung einigen.

---

2 Vgl. BVerwG 18.7.2012 – 8 C 4/11; BVerwGE 10, 110; BSG NJW 1989, 2565; BGHZ 16, 388, 390; 79, 71, 74; BAG NJW 1982, 788; VGH München BayVBl 1974, 104; OVG Münster NVwZ 1988, 370.
3 Dazu etwa *J. Schröder,* Prozessvergleich, 1971, 32 ff.
4 Davon kann man jedenfalls seit der Änderung des § 106 durch das 4. VwGOÄndG vom 17.12.1990 (BGBl I 2809 i.d.F. vom 19.3.1991 – BGBl I 686) ohne Weiteres ausgehen.
5 Vgl. BVerwG DVBl 1994, 211, 213; BSG NJW 1989, 2565, 2566; BGHZ 16, 388, 390; HmbOVG NVwZ-RR 1994, 239.

12   **1. Vergleichsgegenstand und Streitgegenstand/Teilvergleich.** Der Vergleichsgegenstand kann mit dem Streitgegenstand identisch sein, bei einem Teilvergleich aber auch nur einen selbständigen – abtrennbaren und der selbständigen Erledigung fähigen – Teil des Streitgegenstandes umfassen (VGH München BayVBl 1987, 308, 309). Dann ist über den nicht erledigten Teil zu entscheiden. Bei Unklarheiten gelten die allgemeinen Auslegungsgrundsätze. Ein Vergleich bspw., der einen Verwaltungsakt (nur) teilweise ändert, wird regelmäßig die rechtlichen Beziehungen zwischen den Beteiligten insgesamt neu ordnen und den ganzen Verwaltungsakt auf eine neue Grundlage stellen (VGH München BayVBl 1987, 308, 309). Es handelt sich dann nicht um einen Teilvergleich, sondern um einen den Rechtsstreit insgesamt erledigenden „Vollvergleich".

13   **2. Vergleichsgegenstände außerhalb des Streitgegenstands.** Mit der Änderung des § 106 durch das 4. Gesetz zur Änderung der VwGO ist klargestellt, dass die Beteiligten auch Gegenstände außerhalb des Streitgegenstandes in den Prozessvergleich einbeziehen können.[6] Das folgt daraus, dass der Prozessvergleich auch materiell-rechtlicher Vergleichsvertrag ist und die Beteiligten über den Umfang ihres Konsenses entscheiden dürfen. Der anhängige Prozess beschränkt dieses Recht ebenso wenig wie die prozessuale (erledigende) Wirkung des Prozessvergleichs nach § 106 S. 1, die sich naturgemäß nur auf den Streitgegenstand des anhängigen Prozesses beziehen kann.

14   Welcher Art die zusätzlichen Vergleichsgegenstände außerhalb des Streitgegenstandes sind, spielt keine Rolle. Sie brauchen weder sachlich noch zeitlich mit dem Streitgegenstand zusammenzuhängen. Auch zivilrechtliche Ansprüche dürfen die Beteiligten in den Prozessvergleich nach § 106 einbeziehen.[7]

VI. Vergleichsbeteiligte

15   Vergleichsbeteiligte können nicht nur die Verfahrensbeteiligten (§ 63) sein. Sollen Dritte Vergleichspartner werden, ist deren (vorherige) Beiladung (§ 63 Nr. 3) nicht notwendig und wäre vielfach auch gar nicht zulässig. Dass in § 106 von den „Beteiligten" die Rede ist, ändert nichts, zumal § 794 Abs. 1 Nr. 1 ZPO von der Zwangsvollstreckung aus Vergleichen „zwischen den Parteien oder zwischen einer Partei und einem Dritten" handelt. Zwar wird § 794 ZPO von § 168 Abs. 1 Nr. 3 verdrängt, wo „Dritte" nicht erwähnt sind. § 168 regelt aber nur, dass der gerichtliche Vergleich Vollstreckungstitel ist, ohne festzulegen, wer Vergleichspartner sein kann. Der Zweck des § 106, nämlich die konsensuale Verfahrensbeendigung zu ermöglichen, verlangt die Beteiligung Dritter am Prozessvergleich, wenn das zur Streitschlichtung notwendig ist oder diese fördert (im Einzelnen OVG Münster NJW 1985, 2491, 2492).

16   Umstr. ist, ob notwendig Beigeladene (§ 65 Abs. 2) an einem zwischen Kläger und Beklagtem geschlossenen Prozessvergleich beteiligt sein oder diesem zustimmen müssen. Anders als (etwa) das OVG Lüneburg[8] halten das BVerwG und die OVG Münster und Saarbrücken das – jedenfalls aus prozessualen Gründen – nicht für notwendig. Es genüge, wenn die Hauptbeteiligten – Kläger und Beklagter – Partner des Prozessvergleichs seien.[9] Dem ist zuzustimmen. Wegen der Doppelnatur des Prozessvergleichs ist zu unterscheiden, wer an der Prozesshandlung und wer am materiell-rechtlichen öffentlich-rechtlichen Vergleichsvertrag mitwirken muss. Über das Prozessrechtsverhältnis haben nur die Hauptbeteiligten (Kläger und Beklagter) zu disponieren, ohne dass deren Dispositionsbefugnis durch die Beteiligung Dritter – wie Beigeladener – eingeschränkt würde; der Unterschied zwischen einfacher und notwendiger Beiladung spielt insoweit keine Rolle. Für übereinstimmende Erledigungserklärungen (§ 161 Abs. 2) ist das unbestritten; für die Prozessbeendigung durch Prozessvergleich gilt nichts anderes. Zu prüfen bleibt freilich, ob der materiell-rechtliche Vergleichsvertrag ohne Beteiligung des Dritten, hier: des Beigeladenen, gem. § 58 VwVfG rechtswirksam geschlossen werden kann. Ist das nicht der Fall und der materiell-rechtliche Vergleichsvertrag – etwa als unzulässiger Vertrag zulasten Dritter – un-

---

6   Zum Streitwert in solchen Fällen (Vergleich über Erschließungsbeitrag in Prozess über Vorausleistungsbescheid) OVG Münster NVwZ-RR 2000, 332.

7   Vgl. BVerwG NJW 1995, 2179; OVG Münster NJW 1969, 534; *M. Renck-Laufke,* BayVBl 1976, 621. A.M. VGH München BayVBl 1972, 664.

8   OVG Lüneburg DVBl 1985, 1325; vgl. auch DVBl 1985, 1213; auch *P. Kothe,* in: Redeker/v. Oertzen § 106 Rn. 6 sowie OVG Lüneburg NVwZ 1987, 234.

9   BVerwG MDR 1960, 373; OVG Münster NJW 1985, 2491; OVG Saarbrücken 22.2.2001 – 2 Y 8/00. Entsprechendes gilt für andere Verfahrensbeteiligte, wie etwa den VöI; vgl. auch BVerwG NJW 1988, 663; Buchholz 310 § 106 VwGO Nr. 14.

wirksam, folgt aus der Doppelnatur des Prozessvergleichs zugleich die Unwirksamkeit der Prozess-handlung.[10]

VII. Wirksamkeitsvoraussetzungen

Wegen seiner Doppelnatur als materiell-rechtlicher öffentlich-rechtlicher Vertrag und Prozesshandlung 17
kommt der Prozessvergleich grds. nur dann wirksam zustande, wenn sowohl die materiell-rechtlichen
Voraussetzungen des Vertragsschlusses wie die prozessualen Voraussetzungen für die wirksame Vornahme von Prozesshandlungen erfüllt sind. Außerdem sind die Maßgaben des § 106 zu beachten.

1. **Materiell-rechtliche Voraussetzungen.** Mit dem Begriff des „Vergleichs" bezieht sich § 106 auf die 18
materiell-rechtliche Regelung des Vergleichsvertrags in § 55 VwVfG (bzw. in § 779 Abs. 1 S. 1 BGB);
die dort geregelten Voraussetzungen müssen deshalb erfüllt sein. Als öffentlich-rechtlicher Vertrag unterliegt der Prozessvergleich den §§ 54 ff. VwVfG, wozu auch die Nichtigkeitsgründe des § 59
VwVfG, speziell des § 59 Abs. 2 Nr. 3 VwVfG gehören, bzw. den entsprechenden Vorschriften des
Landesrechts.[11] Fehlen solche Vorschriften oder sind die landesrechtlichen VwVfG im Einzelfall nicht
anwendbar, treten an ihre Stelle allgemeine Rechtsgrundsätze bzw. die Bestimmungen des § 779 BGB
(vgl. z.B. BAG NJW 1978, 1876, 1877; VGH München BayVBl 1974, 197).

a) **Gesetzmäßigkeit des Vergleichsgegenstands/zwingendes Recht.** Wegen § 54 S. 1 VwVfG ist Vor- 19
aussetzung für den wirksamen Abschluss eines Prozessvergleichs, dass er sich auf rechtlich zulässige
Gegenstände bezieht. Vertragsgegenstände bzw. Handlungen, die gegen gesetzliche Verbote verstoßen
oder gar Ordnungswidrigkeiten- bzw. Straftatbestände erfüllen, scheiden von vornherein aus.
Behörden müssen beim Vergleichsschluss auch (andere) zwingende gesetzliche Vorschriften einhalten 20
(BVerwGE 14, 103, 105) oder überwiegende öffentliche Interessen beachten (BVerwG Buchholz 310
§ 106 VwGO Nr. 8). Diese Anforderungen werden teils mit dem Hinweis übergangen, der Abschluss
eines Prozessvergleichs sei (jedenfalls) schon dann zulässig, wenn ein Verwaltungsakt mit entsprechendem Inhalt nicht nichtig (§ 44 VwVfG) wäre (vgl. BSG NJW 1968, 176; auch OVG Münster DVBl
1973, 696). Dann „könnten" die Behörden i.S.d. § 106 einen Prozessvergleich wirksam schließen; ob
sie es auch „dürften", spiele keine Rolle. Mit den Anforderungen des § 54 VwVfG ist das so allerdings nicht vereinbar. Eine andere Frage ist freilich, ob der öffentlich-rechtliche Vertrag und damit
auch der Prozessvergleich nichtig ist. Maßgebend hierfür sind die Vorschriften des (beschränkten) Katalogs von Nichtigkeitsgründen in § 59 VwVfG. Ist der öffentlich-rechtliche Vertrag danach wirksam,
gilt das auch – unbeschadet der aus seiner Eigenart als Prozesshandlung und den aus § 106 S. 1 folgenden zusätzlichen Anforderungen – für den Prozessvergleich (vgl. VGH München BayVBl 1979,
750, 751).

b) **Ungewissheit über die Sach- oder Rechtslage.** Die Behörden dürfen einen öffentlich-rechtlichen 21
Vergleichsvertrag gem. § 55 VwVfG nur dann schließen, wenn sie es bei sachlicher, verständiger Würdigung der Schwierigkeiten bei der Aufklärung eines Sachverhalts oder bei der Klärung einer unsiche-
ren Rechtslage nach pflichtgemäßem Ermessen für vertretbar und zweckmäßig halten, eine vergleichsweise Regelung zu treffen (VGH München BayVBl 1977, 406). Fehlt es an tatsächlicher oder rechtlicher Ungewissheit, ist der Abschluss eines öffentlich-rechtlichen Vergleichsvertrags nach § 55 VwVfG
nicht zulässig (OVG Lüneburg NJW 1978, 2260, 2261). Es genügt nicht, wenn (nur) ein Vertragspartner die Sach- oder Rechtslage für ungewiss hält oder die Rechtsverwirklichung unsicher erscheint. Die
für den Vergleichsvertrag konstitutive Ungewissheit ist auch nicht mit dem allgemeinen Prozessrisiko
zu begründen (dazu etwa VGH München NVwZ 1989, 167, 168).

c) **Gegenseitiges Nachgeben.** Die Ungewissheit über die Sach- oder Rechtslage muss im Wege gegen- 22
seitigen Nachgebens beseitigt werden.
Gegenseitiges Nachgeben bedeutet, dass *Kläger und Beklagter nachgeben* müssen. Gibt nur einer 23
nach, ist kein Vergleich geschlossen (vgl. OLG Hamburg MDR 1977, 502). In Betracht kommt dann
ein (materiell-rechtlicher) Verzichts- oder Anerkenntnisvertrag bzw. eine Klagerücknahme oder ein

---

10 Vgl. mit Recht *B. Atzler*, DVBl 1986, 1214 (Anm.).
11 Vgl. BVerwG NJW 1988, 663; BSG NJW 1989, 2565, 2566; VGH München BayVBl 1979, 750, 751; OVG Münster
NVwZ 1988, 370.

(prozessuales) Anerkenntnis. Das Gegenseitigkeitserfordernis schließt allerdings nur die genannten (Haupt-)Beteiligten, nicht Nebenbeteiligte (wie Beigeladene) ein.

24 Der *Gegenstand des Nachgebens* kann in rechtlich zulässigen Leistungen jeglicher Art bestehen: In Betracht kommen der Verzicht auf Prozesszinsen, die Rechtskraftwirkung eines erstreitbaren Urteils (OLG München NJW 1965, 1026), auf materiell-rechtliche oder prozessuale Einwendungen und Einreden (BSG NJW 1989, 2565), die Übernahme neuer oder intensivierter oder die Klarstellung von Verpflichtungen oder die Zusage, nach Maßgabe eines Parallelverfahrens oder Musterprozesses erneut zu entscheiden (BVerwGE 84, 157; BSG NJW 1989, 2565). Das Nachgeben kann sich auch auf Rechte oder Ansprüche außerhalb des anhängigen Verfahrens, für die das Gericht nicht zuständig oder der Verwaltungsrechtsweg nicht eröffnet wäre, beziehen.[12] Ebenso wenig müssen sich die Ansprüche oder Rechte gegen Verfahrensbeteiligte richten (VGH München BayVBl 1974, 311). Handlungen des Gerichts scheiden aber aus, weil sie der Verfügungsbefugnis der Beteiligten (§ 106 S. 1) nicht unterliegen.[13] Gleiches gilt für Vereinbarungen über Vorfragen des Rechtsstreits, wie die Anwendung bestimmter Rechtsvorschriften (VGH München VerwRspr 4, 886) oder deren Subsumtion im Einzelfall.

25 Das *Maß des* notwendigen *Nachgebens* ist nicht festgelegt. Aus dem Gegenseitigkeitserfordernis des § 55 VwVfG folgt jedoch ein Mindestmaß an substantiellem Gewicht des Nachgebens auf beiden Seiten. Ausschlaggebend sind die Einzelfallumstände und insbes. Art und Maß des Nachgebens des jeweils anderen Beteiligten. Gibt der eine in weitreichendem Maße nach, kann ein nur marginales Nachgeben des anderen das Gegenseitigkeitserfordernis nicht ausfüllen. Allerdings sind nur Extremfälle von Belang, bei denen im Grunde fraglich ist, ob ein Vertragspartner überhaupt nachgegeben hat.

26 **d) Pflichtgemäßes Ermessen.** Einen Vergleichsvertrag nach § 55 VwVfG darf die Behörde nur schließen, wenn sie das nach pflichtgemäßem Ermessen für erforderlich hält. Diese Voraussetzung hat allerdings keine besondere praktische Bedeutung. Eine gerichtliche Überprüfung wird auch kaum möglich sein, zumal die Behörde ihre Ermessensentscheidung zum Vertragsschluss nicht begründen muss. Das Ermessensmerkmal kann allenfalls eine Missbrauchskontrolle ermöglichen, etwa bei willkürlicher Vernachlässigung von Gemeinwohlbelangen.

27 **e) Eingriffe in Rechte Dritter/Kompetenzen anderer Behörden (§ 58 VwVfG).** Besonderen Anforderungen unterliegen Prozessvergleiche, die in Rechte Dritter bzw. in Kompetenzen anderer Behörden eingreifen. Bei Eingriffen in subjektive Rechte Dritter hängt die materiell-rechtliche Wirksamkeit des Vergleichsvertrags von deren Zustimmung gem. § 58 Abs. 1 VwVfG (bzw. entsprechender Regelungen des Landesrechts) ab. Für Behörden gilt nicht § 58 Abs. 1 VwVfG (BVerwG NJW 1988, 662, 663), sondern § 58 Abs. 2 VwVfG. Wird deshalb anstatt eines Verwaltungsakts, für den die Genehmigung, die Zustimmung oder das Einvernehmen einer anderen Behörde vorgeschrieben ist, ein (Vergleichs-)Vertrag geschlossen, wird dieser gem. § 58 Abs. 2 VwVfG erst wirksam, nachdem die andere Behörde in der vorgeschriebenen Form mitgewirkt hat (vgl. etwa OVG Saarlouis BRS 57 Nr. 111 zum Einvernehmen i.S.d. § 36 BauGB).

28 Nach § 58 VwVfG wird der materiell-rechtliche Vergleichsvertrag – und damit wegen der Doppelnatur des Prozessvergleichs auch dieser – erst dann wirksam, wenn die Zustimmung des Dritten oder die Mitwirkung der dritten Behörde erfolgt ist. Bis dahin ist der Vergleich *schwebend unwirksam*. Werden Zustimmung bzw. Mitwirkung endgültig verweigert, wird der Vergleich rückwirkend unwirksam. Dadurch erlöschen im Zweifel die vergleichsweise vereinbarten Verpflichtungen aller Vertragspartner. Bezieht sich die Zustimmungspflicht nur auf einen Teil des Vergleichs, gilt § 59 Abs. 3 VwVfG entsprechend.

29 Ob *Eingriffe* in Rechte Dritter nur durch Rechtsänderungen unmittelbar herbeiführende Verfügungsverträge oder bereits durch die ihnen zugrunde liegenden Verpflichtungsverträge i.S.d. § 58 Abs. 1 VwVfG bewirkt werden, ist umstr.[14] Nach dem Schutzzweck des Zustimmungserfordernisses sind auch die Letzteren einzubeziehen. Beim Prozessvergleich folgt das zusätzlich aus dessen Aufgabe, Streit zu schlichten und die Gerichte zu entlasten. Das ist nur möglich, wenn alle von den Vergleichs-

---

12 BVerwG DÖV 1976, 606 (LS); VGH München VerwRspr 21, 1023; OVG Münster NJW 1969, 524; VG Freiburg NJW 1965, 2073; *E.-G. Thomas*, BayVBl 1967, 335.
13 Vgl. z.B. LG Itzehoe NJW-RR 1987, 1343: Das Gericht soll bei Nichterfüllung Zwangsgeld verhängen.
14 Dazu *Kopp/Ramsauer*, VwVfG § 58 Rn. 7. m.N.

abreden in ihren Rechten Betroffenen frühzeitig einbezogen werden.[15] Es macht wenig Sinn, in einem Prozessvergleich Verpflichtungen zu vereinbaren, deren Erfüllung durch entsprechende Verfügungsgeschäfte am Widerstand eines Dritten scheitern muss. Ein Eingriff in Rechte Dritter gem. § 58 Abs. 1 VwVfG liegt aber nicht vor, wenn nur vereinbart ist, dass sich ein Vergleichspartner für Leistungen des Dritten bei diesem einsetzen soll oder wenn der Vergleich unter dem Vorbehalt geschlossen wird, dass der Dritte zur Mitwirkung bereit ist (BVerwG NJW 1988, 662, 663).

Für die *Zustimmungserklärung* des Dritten gelten die allgemeinen Regeln. Ist er am Prozess beteiligt,   30
etwa als Beigeladener (§§ 65, 63 Nr. 3), kann er seine Zustimmung durch Prozesshandlung erklären. Andernfalls ist die Zustimmung nach § 58 Abs. 1 VwVfG als Teilakt des materiell-rechtlichen Vertragsschlusses ausschließlich materiell-rechtliches Rechtsgeschäft, das den dafür geltenden Rechtsgrundsätzen unterliegt. Ist der (nicht am Prozess beteiligte) Dritte im Gerichtssaal anwesend, kann er seine materiell-rechtliche Zustimmung durch im Verhandlungsprotokoll festgestellte Erklärung äußern. Das Schriftformerfordernis des § 58 Abs. 1 VwVfG ist damit gewahrt (vgl. OVG Münster NJW 1985, 2491, 2492). § 58 Abs. 1 VwVfG sieht das zwar nicht vor, regelt unmittelbar aber nur den materiell-rechtlichen Vergleichsvertrag und wird insoweit durch das für den Prozessvergleich geltende Verfahrensrecht überlagert.[16]

Die Zustimmung des Dritten nach § 58 Abs. 1 VwVfG kann ggf. durch behördliche Verfügungen – et-   31
wa *Duldungsverfügungen* – ersetzt werden. Notwendig ist aber die Bestandskraft der Duldungsverfügung; sofortige Vollziehbarkeit (§ 80 Abs. 2 Nr. 4) genügt nicht, weil dann die prozessbeendende Wirkung des Prozessvergleichs (§ 106 S. 1) ggf. vom Ausgang eines Rechtsstreits über die Duldungsverfügung abhinge.

f) Materiell-rechtliche Formvorschriften. Der nach § 106 S. 1 abgeschlossene und nach den Vorschrif-   32
ten der Zivilprozessordnung (§ 105 i.V.m. § 160 Abs. 3 Nr. 1 ZPO) protokollierte Prozessvergleich ersetzt die nach anderen Vorschriften vorgeschriebene notarielle Beurkundung gem. § 127 a BGB (vgl. auch § 925 Abs. 1 S. 3 BGB). Diese Vorschrift gilt auch für Prozessvergleiche vor den VG (BVerwG NJW 1995, 2179; vgl. auch BT-Drs. 5/3282, 51), nicht zuletzt weil die Regelungen der §§ 159–165 ZPO über die Anfertigung des Protokolls gem. § 105 auch im Verwaltungsprozess anzuwenden sind. Formvorschriften des materiellen Rechts können der Wirksamkeit des Prozessvergleichs deshalb nicht im Weg stehen.[17]

Streitig ist, ob das auch dann gilt, wenn der Prozessvergleich gem. § 106 S. 2 durch die schriftliche An-   33
nahme eines als Beschluss ergangenen gerichtlichen Vergleichsvorschlags geschlossen wird. Das wird man verneinen müssen.[18] So gilt § 127 a BGB nach seinem (nicht angepassten) Wortlaut dafür nicht. Er erfasst nur vor Gericht protokollierte Prozessvergleiche. Wegen der mit der notariellen Form verbundenen Warn- und Sicherungsfunktion (vgl. §§ 13, 17 BeurkG) ist § 127 a BGB auf nicht protokollierte Prozessvergleiche auch nicht entsprechend anzuwenden. Der gerichtliche Vergleichsvorschlag kann, selbst wenn ihm eine Begründung beigefügt wäre, die Funktionen der notariellen Beurkundung bzw. der gerichtlichen Protokollierung nicht übernehmen.

2. (Allgemeine) prozessuale Voraussetzungen. Als Prozesshandlung ist der Prozessvergleich nur wirk-   34
sam, wenn alle *Prozesshandlungsvoraussetzungen* erfüllt sind. Er muss deshalb vor dem mit dem Rechtsstreit befassten Gericht, auch dem beauftragten oder ersuchten Richter (§ 96 Abs. 2), dem Vorsitzenden oder dem Berichterstatter in einem Erörterungstermin (§ 87 Abs. 1 S. 2 Nr. 1), ggf. auch im Verfahren über die Bewilligung von Prozesskostenhilfe (§ 166 i.V.m. § 118 Abs. 1 S. 3 ZPO), abgeschlossen werden. Die Partner des Prozessvergleichs müssen beteiligtenfähig (§ 61), prozessfähig (§ 62) und ggf. gem. § 67 wirksam vertreten (postulationsfähig) sein.

Der zu erledigende *Rechtsstreit* muss *(noch) anhängig* (rechtshängig, § 90) sein, wobei Anhängigkeit   35
im Prozesskostenhilfeverfahren gem. § 166 i.V.m. § 118 Abs. 1 S. 3 ZPO genügt. Er darf noch nicht

---

15 So auch *H. Geiger*, in: Eyermann § 106 Rn. 15; vgl. auch OVG Münster NVwZ 1988, 370, 371; NVwZ 1984, 522, 524 f.

16 So auch *H. Geiger*, in: Eyermann § 106 Rn. 15.

17 Zu Auflassungserklärungen (§ 925 Abs. 1 S. 3 BGB) etwa: BVerwG NJW 1995, 2179; vgl. i.Ü. auch § 126 Abs. 4 BGB, wonach die Schriftform durch notarielle Beurkundung – für deren Ersetzung wiederum § 127 a BGB gilt – ersetzt wird.

18 Vgl. *P. Stelkens*, NVwZ 1991, 216; *G. Lüke*, NJW 1994, 233, 235.

rechtskräftig entschieden oder durch wirksame Klage- bzw. Antragsrücknahme (§ 92) beendet sein. Nach rechtskräftigem Abschluss des Verfahrens oder nach Klagerücknahme zustande gekommene Prozessvergleiche können jedoch – wie auch aus anderen (prozessualen) Gründen unwirksame Prozessvergleiche – wirksame öffentlich-rechtliche Vergleichsverträge (i.S.d. § 55 VwVfG) enthalten, die als außergerichtliche Vergleiche Rechtswirkung entfalten (vgl. OVG Lüneburg DVBl 1985, 1325; OVG Münster DÖV 1977, 790, 791).

36   Die *Prozessvoraussetzungen* müssen nicht erfüllt sein. Insbes. braucht die Klage nicht zulässig zu sein. Entbehrlich sind also die Eröffnung des Verwaltungsrechtswegs, die sachliche oder örtliche Zuständigkeit des Gerichts (OVG Lüneburg NJW 1969, 205, 206) oder dessen ordnungsgemäße Besetzung.[19] Das folgt daraus, dass die Beteiligten nach Maßgabe der Dispositionsmaxime über den Streitgegenstand verfügen dürfen und auch der Abschluss eines Prozessvergleichs nach § 106 zu den zulässigen Dispositionsakten gehört. Dessen prozessbeendende Wirkung kann deshalb nicht von der Erfüllung der Prozessvoraussetzungen abhängen.

37   Als Prozesshandlung kann der Vergleich nicht unter einer – außerprozessualen – *Bedingung* abgeschlossen werden (BVerwGE 53, 62; BSG NJW 1989, 2565, 2566), weil seine prozessbeendende Wirkung nicht von außerprozessualen Ereignissen abhängen und so im Ungewissen bleiben darf. Zulässig sind aber innerprozessuale (auf das weitere Verfahren bezogene) Bedingungen (BSG NJW 1989, 2565, 2566). Eine Grenze ist allerdings erreicht, wenn die Rechtssicherheit gefährdet wird, und die legitimen Belange der Beteiligten nicht mehr gewahrt sind (vgl. BVerwG NJW 1993, 1940, 1941). Weil er das Verfahren konsensual erledigen soll, kann der Prozessvergleich auch nicht dadurch bedingt werden, dass „die Klage keinen Erfolg hat". Dann soll das Verfahren der Sache nach (doch) durch gerichtliche Entscheidung beendet werden. Der Prozessvergleich unter Widerrufsvorbehalt ist kein unzulässig bedingter Prozessvergleich i.d.S. Zulässig ist auch, den Eintritt im Prozessvergleich vereinbarter materieller Rechtsänderungen von (außerprozessualen) Bedingungen abhängig zu machen, da dies die prozessualen Rechtswirkungen des Prozessvergleichs nicht berührt.

38   **3. Anforderungen des § 106.** § 106 legt zusätzliche Anforderungen an den Abschluss von Prozessvergleichen fest, die teils den materiellen, teils den prozessualen Wirksamkeitsvoraussetzungen zuzuordnen sind.

39   **a) Verfügungsbefugnis über den Vergleichsgegenstand.** Nach § 106 kann ein Prozessvergleich nur wirksam geschlossen werden, wenn die Beteiligten über den Gegenstand des Vergleichs verfügen können bzw. das auch (rechtlich) dürfen. Darin tritt nicht die Verankerung des Prozessvergleichs im Verfügungsgrundsatz (Dispositionsmaxime), sondern seine Doppelnatur hervor, weil die Verfügungsbefugnis ausdrücklich auf den „Vergleichsgegenstand", der mit dem Streitgegenstand des Verfahrens nicht identisch zu sein braucht, bezogen ist. Außerdem knüpft das Gesetz – mit Blick auf den am Vergleichsschluss beteiligten Träger öffentlicher Gewalt – an das entsprechende materiell-rechtliche Erfordernis für die Zulässigkeit öffentlich-rechtlicher Verträge an. Deshalb ist für die in § 106 S. 1 vorausgesetzte Verfügungsbefugnis über den Vergleichsgegenstand zwischen der Verfügungsbefugnis der Privatpersonen und der Verfügungsbefugnis der Hoheitsträger zu unterscheiden.[20]

40   Die *Verfügungsbefugnis von Privatpersonen* bereitet keine besonderen Schwierigkeiten, weil sie über ihre subjektiven Rechte regelmäßig frei verfügen dürfen. So dürfen Beteiligte etwa in Prozessvergleichen über baurechtliche Nachbarstreitigkeiten auf Nachbarrechte aus entsprechenden Vorschriften des öffentlichen Baurechts verzichten, nicht jedoch auf die Einhaltung allein objektiv-rechtlicher Regelungen. Geht es um Eingriffe in Rechte Dritter, sind die Regelungen des § 58 Abs. 1 VwVfG bzw. der entsprechenden Vorschriften des Landesrechts zu beachten.

41   Die *Verfügungsbefugnis der Hoheitsträger* über den Vergleichsgegenstand folgt nicht aus subjektiven Rechten, sondern aus Kompetenzen. Der Begriff der (behördlichen) „Verfügungsbefugnis" in § 106 S. 1 ist unter Berücksichtigung der grundlegenden Bestimmungen über konsensuales Verwaltungshandeln in §§ 54 ff. VwVfG auszulegen, zumal der Gesetzgeber § 106 mit dem 4. VwGOÄndG vom 17.12.1990 (BGBl I 2809 i.d.F. der Bekanntmachung vom 19.3.1991 [BGBl I 686]) unter Geltung die-

---

19 BGHZ 35, 309; BGH NJW 1986, 1348, 1349; vgl. auch VGH München BayVBl 1978, 53; OVG Münster DÖV 1977, 791; JW 1978, 1178.
20 Eingehend dazu: *R. Franke*, Vergleich, 1996, 50 ff.

ser Vorschriften reformiert und das Vertragsrecht seiner Reformgesetzgebung so zugrunde gelegt hat. Das Merkmal der behördlichen Verfügungsbefugnis über den Vergleichsgegenstand in § 106 S. 1 überschneidet sich deshalb weitgehend mit dem Erfordernis, dass der Prozessvergleich kraft seiner Doppelnatur die materiell-rechtlichen Anforderungen an die Wirksamkeit eines öffentlich-rechtlichen Vergleichsvertrags i.S.d. § 55 VwVfG erfüllen muss, ist damit aber nicht vollkommen deckungsgleich. Da die Verfügungsbefugnis der Hoheitsträger an deren Kompetenz ansetzt, ist sie zunächst auch *kompetenzrechtlich* gebunden. Darin erschöpft sich das Merkmal der Verfügungsbefugnis i.S.d. § 106 S. 1 aber nicht. Es schließt mit der Anknüpfung an die Bestimmungen der §§ 54 ff. VwVfG auch *materielle Elemente* ein.

Verfügungsbefugt über den Vergleichsgegenstand sind gem. § 106 S. 1 nur die sachlich – und örtlich[21] 42 – *zuständigen* Behörden (vgl. BVerwGE 14, 103, 105). Diese Anforderungen gehen über die Regelung des § 59 Abs. 2 Nr. 2 VwVfG hinaus, wonach ein materiell-rechtlicher Vergleichsvertrag (§ 55 VwVfG) – nur – dann nichtig ist, wenn ein Verwaltungsakt mit entsprechendem Inhalt nicht nur wegen eines Verfahrens- oder Formfehlers i.S.d. § 46 VwVfG rechtswidrig wäre und dies den Vertragsschließenden bekannt war. Das rechtfertigt sich daraus, dass der Prozessvergleich weiterreichende Rechtswirkungen – prozessualer und vollstreckungsrechtlicher Art – als der materiell-rechtliche Vergleichsvertrag hat. Der Rechtsgedanke des § 58 Abs. 2 VwVfG unterstreicht das.

Der Behörde fehlt aus *materiell-rechtlichen Gründen* die Verfügungsbefugnis i.S.d. § 106 S. 1, wenn 43 Abreden über den Vergleichsgegenstand gesetzlich untersagt sind. Das ist wegen der §§ 54 ff. VwVfG regelmäßig nicht der Fall. Verfügungsbefugt ist die Behörde etwa bei Ermessens- (OVG Münster DÖV 1953, 94) oder Beurteilungsspielräumen,[22] aber auch (BVerwGE 14, 103; 17, 87), wenn am Vorliegen oder Nichtvorliegen der tatsächlichen oder rechtlichen Voraussetzungen eines Verwaltungsakts erhebliche, anders nicht ohne Weiteres behebbare Zweifel bestehen. Nur ausnahmsweise hindern zwingende gesetzliche Regelungen oder allgemeine Grundsätze des öffentlichen Rechts die Behörde am Abschluss eines Prozessvergleichs.[23] Gesetzwidrige Leistungen dürfen freilich nie versprochen werden. Materiell-rechtlich muss bspw. ein Verwaltungsakt, dessen Erlass die Behörde vergleichsweise verabredet, seiner Art und seinem Inhalt nach gesetzmäßig sein. Deshalb kann etwa die gesetzlich (auf 3 Jahre)[24] festgelegte Geltungsdauer einer nicht in Anspruch genommenen Baugenehmigung nicht durch Vergleich verlängert werden (VGH München BayVBl 1978, 735).

Ausgehend von den vorstehenden Grundsätzen hat sich die Rspr. neben (selteneren) Wahlprüfungs- 44 verfahren vor allem mit der Zulässigkeit des Prozessvergleichs in Abgabensachen befasst:

In *Wahlprüfungsverfahren* sind Prozessvergleiche nicht zulässig (VGH München BayVBl 1979, 750). 45 Denn das Wahlprüfungsverfahren dient ausschließlich der Kontrolle, ob ein festgestelltes Wahlergebnis ordnungsgemäß zustande gekommen ist. Darüber kann die Behörde nicht i.S.d. § 106 S. 1 verfügen.

In *Abgabensachen* vor den VG, etwa in Streitigkeiten über Kommunalabgaben,[25] ist der Prozessver- 46 gleich nicht schlechthin unzulässig und entspricht ständiger Praxis.[26] Probleme ergeben sich allerdings daraus, dass die Regelung des Vergleichsvertrags (vgl. § 55 VwVfG) in den landesrechtlichen VwVfG (vielfach) nicht anwendbar ist, und das Verwaltungsverfahren sich nach den Vorschriften der AO richtet. Diese steht dem Abschluss öffentlich-rechtlicher Verträge zwar nicht grds. im Weg (vgl. § 78 Nr. 3 AO), enthält jedoch keine den §§ 54 ff. VwVfG vergleichbaren Vorschriften über Vergleichsverträge. Dem entspricht es, dass auch in der Finanzgerichtsordnung – anders als in § 106 – der Prozessvergleich nicht vorgesehen ist. Der BFH hält Vergleiche im Steuerrecht deshalb für grds. unzulässig.[27]

---

21 Ob nur die örtlich zuständige Behörde einen wirksamen Vergleichsvertrag schließen kann, ist mit Blick auf die die örtliche Zuständigkeit der Behörde erfassende Unbeachtlichkeitsklausel des § 46 VwVfG umstr. – dazu etwa *H. Geiger*, in: Eyermann § 106 Rn. 12.

22 Dazu *Maurer* § 7 Rn. 31 ff. m.w.N.

23 Dazu BVerwGE 8, 329; 14, 103, 104; 17, 87; VGH München BayVBl 1979, 750, 751.

24 Vgl. z.B. § 62 Abs. 1 LBO BW.

25 Z.B. Verfahren über Erschließungs-, Entwässerungs- oder Wasserversorgungsbeiträge, Wasser-, Müllgebühren, Zweitwohnungsteuer u.Ä.

26 VGH Kassel NVwZ 1997, 618, 619. A.M. *P. Tiedemann*, DÖV 1996, 594.

27 Vgl. BFHE 142, 549, 554. Zu sog. „tatsächlichen Verständigungen" *S. Iwanek*, DStR 1993, 1394; *P. Tiedemann*, DÖV 1996, 594; vgl. auch die Verfügung der OFD München v. 2.6.1998 zur Verfahrensweise bei Unsicherheiten über den Besteuerungssachverhalt – abgedruckt in: NJW 1999, 626.

Hat das VG indessen unter Anwendung des bundesrechtlichen Abgabenrechts oder seiner in das Landesrecht rezipierten Bestimmungen über abgabenrechtliche Streitigkeiten zu befinden, kann das so nicht uneingeschränkt gelten, nachdem der Verwaltungsprozess mit § 106 den Prozessvergleich kennt. Die Beteiligten dürfen daher auch hier rechtliche oder tatsächliche Ungewissheit[28] grds. vergleichsweise ausräumen und Verwaltungsprozesse durch Prozessvergleich beenden.[29] Das gilt nach Maßgabe der dargelegten Grundsätze zur behördlichen Verfügungsbefugnis jedenfalls dann, wenn das Gesetz den Behörden Entscheidungsspielräume eröffnet, was bspw. bei der Anwendung der Vorschriften über den Billigkeitserlass oder die Stundung von Abgaben[30] der Fall ist. Aber auch außerhalb solcher Fallgestaltungen sind Prozessvergleiche zulässig, etwa, wenn die tatsächlichen Voraussetzungen des Abgabentatbestands ungewiss oder Ausnahmeregelungen anzuwenden sind (vgl. auch VGH Kassel NVwZ 1997, 618, 619). Verboten bleibt freilich, gesetzwidrige Leistungen zu versprechen, etwa zu vereinbaren, dass ein anderer als der gesetzlich oder satzungsrechtlich vorgeschriebene Tarif (Abgabensatz) anzuwenden sei.

47   **b) Verfahrensrechtliche Anforderungen.** *In der Verhandlung* kann der Prozessvergleich gem. § 106 S. 1 zur Niederschrift des Gerichts oder des beauftragen oder ersuchten Richters geschlossen werden. Das Gericht darf die Protokollierung eines (zulässigen) Vergleichs nicht verweigern. Zuständig ist die Kammer bzw. der Senat ebenso wie der Einzelrichter (§ 6; § 76 AsylVfG) oder der streitentscheidende Vorsitzende bzw. Berichterstatter (§ 87 a Abs. 2 und 3) sowie der Vorsitzende oder der Berichterstatter im vorbereitenden Verfahren gem. § 87 Abs. 1 S. 2 Nr. 1. Notwendig ist die gem. § 105 i.V.m. § 160 Abs. 3 Nr. 1 ZPO ordnungsgemäße Protokollierung (BGHZ 16, 388, 390; BGH NJW 1984, 1465, 1466; BAGE 8, 228). Dabei handelt es sich um eine Wirksamkeitsvoraussetzung des Prozessvergleichs, nicht nur um eine Voraussetzung für dessen Vollstreckbarkeit.[31] Der Protokollführer (protokollführende Richter) muss den Beteiligten den Vergleichstext vorlesen[32] oder (wie regelmäßig) vom Tonband (Diktiergerät) vorspielen oder zur Durchsicht vorlegen. Dass das geschehen ist, ist im Protokoll zu vermerken.[33] Es genügt nicht, den Vergleichstext nur in Anwesenheit der Beteiligten laut zu diktieren und sodann – ohne nochmaliges Vorlesen oder Vorspielen – genehmigen zu lassen.[34] Ebenso wenig reicht es aus, wenn die Beteiligten einen gerichtlichen Vergleichsvorschlag annehmen, ohne dass dessen gesamter Inhalt und dessen Annahme (nach Vorlesen des Vergleichstextes) durch die Beteiligten protokolliert werden (OVG Lüneburg NJW 1978, 1543). Zulässig ist aber, im Protokoll auf einen gem. § 105 i.V.m. § 160 Abs. 5 ZPO als Anlage beigefügten Vertragstext der Beteiligten Bezug zu nehmen. Wird der Vergleichstext vorgelesen bzw. vorgespielt und von den Beteiligten auch genehmigt, vergisst der Protokollführer aber, dies im Protokoll festzuhalten, kann das Protokoll insoweit nach Maßgabe des § 105 i.V.m. § 164 ZPO berichtigt werden.

48   Den Vergleichsschluss durch die *schriftliche Annahme eines gerichtlichen Vergleichsvorschlags* gem. § 106 S. 2 hat das 4. Gesetz zur Änderung der VwGO vom 17.12.1990 (BGBl I 2809 i.d.F. der Bekanntmachung vom 19.3.1991 [BGBl I 686]) eingeführt. Den Vergleichsvorschlag kann in Kammer-

---

28 Zur rechtlichen Einordnung sog. „tatsächlicher Verständigungen" näher *P. Tiedemann*, DÖV 1996, 594 m.N. Tatsächliche Verständigungen spielen im Erschließungs- oder Entwässerungs/Wasserversorgungsbeitragsrecht freilich praktisch kaum eine Rolle, weil der (Beitrags-) Sachverhalt i.w. nicht vom Verhalten des Beitragsschuldners abhängt, sondern nahezu ausschließlich in der Hand der Gemeinde (Beitragsgläubigerin) liegt.

29 Vgl. BVerwG DÖV 1978, 61; OVG Lüneburg KStZ 1976, 71; VGH Mannheim ESVGH 41, 131; VBlBW 1987, 389; VGH München BayVBl 1988, 721; OVG Münster ZKF 1980, 173. Die etwa in § 127 Abs. 1 BauGB festgelegte Erhebungspflicht (und „Ausschöpfungspflicht") für Erschließungsbeiträge steht dem nicht im Weg.

30 Vgl. §§ 163, 222, 227 AO i.V.m. mit den jeweiligen Verweisungsvorschriften der landesrechtlichen Kommunalabgabengesetze; auch § 135 Abs. 5 BauGB.

31 Vgl. etwa *G. Lüke*, NJW 1994, 233, 234 m.w.N.

32 Es genügt (auch bei persönlichem Erscheinen des Beteiligten), wenn der Vergleich in Anwesenheit des Prozessbevollmächtigten vorgelesen wird, BVerwG Buchholz 310 § 106 VwGO Nr. 11.

33 OVG München 9.1.2014 – 9 C 13.2454; gebräuchlich ist der Vermerk: „v. u. g." (vorgelesen/vorgespielt und genehmigt).

34 OVG Münster VerwRspr 27, 1015. Die Entscheidung bezieht sich zwar nicht auf den Fall der vorläufigen Aufzeichnung des Protokolls durch Aufnahme mit einem Diktiergerät (§ 160 a ZPO) und stellt deshalb u.a. darauf ab, der protokollführende Urkundsbeamte könne sich verhören. Diese Gefahr entfällt, wenn – was gängiger Praxis entspricht – der Richter das Protokoll mit einem Diktiergerät vorläufig aufzeichnet. Dennoch bleibt es dabei, dass der klare Gesetzeswortlaut des § 162 ZPO es verbietet, den Text nur laut zu diktieren (auf Band zu sprechen) und sodann von den Beteiligten genehmigen zu lassen. Auch das OVG Münster (a.a.O.) hält eine ausdehnende Gesetzesauslegung i.d.S. angesichts der klaren Wortfassung des § 162 ZPO für kaum möglich.

bzw. Senatssachen gem. § 106 S. 2 das Gericht, der Vorsitzende oder der Berichterstatter, ansonsten der Einzelrichter (§ 6; § 76 AsylVfG) oder der streitentscheidende Vorsitzende/Berichterstatter (§ 87 a Abs. 2 und 3) beschließen. Der Vergleichsvorschlag ersetzt die andernfalls notwendige Protokollierung des Prozessvergleichs in der Verhandlung und ist deshalb nicht entbehrlich. Bloßer Schriftwechsel der Beteiligten genügt nicht; so kann nur ein außergerichtlicher Vergleich zustande kommen. Der Beschluss des Gerichts nach § 106 S. 2 bedarf keiner Begründung. Zweckmäßigerweise wird eine Frist für die Annahmeerklärungen der Beteiligten gesetzt. Verspätete Annahmeerklärungen hindern den wirksamen Abschluss des Prozessvergleichs allerdings nicht. Aus Gründen der Beweissicherheit sollte das Gericht den Beschluss zustellen. Ein Rechtsmittel gegen den Beschluss ist nicht statthaft (vgl. auch OVG Bautzen NVwZ-RR 1999, 478).

Der Prozessvergleich kommt zustande, wenn die Beteiligten den als Gerichtsbeschluss ergangenen Vergleichsvorschlag gem. § 106 S. 2 schriftlich gegenüber dem Gericht annehmen. Der gerichtliche Vergleichsvorschlag kann die Vertragserklärungen nicht ersetzen, sondern nur die Protokollierung des Prozessvergleichs ersparen. Für die in § 106 S. 2 verlangte Schriftform genügen sowohl Erklärungen zur Niederschrift des Gerichts wie sich inhaltlich mit dem Vergleichsvorschlag deckende Schriftsätze der Beteiligten.[35] Inhaltlich muss der Vergleichsvorschlag unverändert angenommen werden. Ein sich mit dem Vergleichsvorschlag nicht (voll) deckender Schriftsatz ist (analog § 150 Abs. 2 BGB) als neuer Antrag auf Abschluss eines (anderen) Prozessvergleichs zu werten.[36] Sind sich die Beteiligten über die Abweichungen vom Vergleichsvorschlag einig, kann das Gericht einen neuen Vergleichsvorschlag beschließen und den Erklärungen der Beteiligten „nachschieben", da nicht zwingend festgelegt ist, dass der Vergleichsvorschlag vorangehen muss. Weil § 106 S. 2 Vergleichsschlüsse erleichtern will, muss es genügen, wenn sich die Beteiligten durch dem Gericht übersandte gleich lautende Schriftsätze einigen und das Gericht diese Einigung sodann zum Gegenstand seines Beschlusses nach § 106 S. 2 macht.[37] **49**

VIII. Folgen bei Fehlen der Wirksamkeitsvoraussetzungen

Wegen der Doppelnatur des Prozessvergleichs sind Fehlerfolgen zunächst nach den Rechtsregeln zu behandeln, die für die jeweilige „Seite" des Prozessvergleichs gelten. Die Fehlerfolgen erstrecken sich sodann grds.[38] auf den Prozessvergleich als Ganzes, da in ihm der materiell-rechtliche öffentlich-rechtliche Vergleichsvertrag und die Prozesshandlung untrennbar verbunden sind. Ist der Prozessvergleich (als Prozesshandlung) unwirksam, bleibt allerdings immer zu prüfen, ob die Beteiligten nicht einen wirksamen materiell-rechtlichen Vergleichsvertrag – als außergerichtlichen Vergleich – abgeschlossen haben (vgl. BVerwG DVBl 1994, 211, 212; OVG Münster DÖV 1977, 790, 791). **50**

1. Materielle Fehler. Sie bestehen meist in Wirksamkeitsmängeln (Nichtigkeitsgründen) des materiell-rechtlichen Vergleichsvertrags (§ 59 VwVfG). Gem. § 59 Abs. 3 VwVfG ist davon auszugehen, dass die nur einen Teil des Vertrags betreffende Nichtigkeit zur Nichtigkeit des gesamten Vertrags führt, wenn nicht anzunehmen ist, dass der Vertrag auch ohne den nichtigen Teil geschlossen worden wäre. Verbleibt bei Teilnichtigkeit des materiell-rechtlichen Vertrags (ausnahmsweise) ein wirksamer Rest, scheitert die Wirksamkeit des Prozessvergleichs nicht am Fehlen seiner materiell-rechtlichen Seite. Vielmehr ist entsprechend der Regelung des § 59 Abs. 3 VwVfG davon auszugehen, dass die Erledigung des Rechtsstreits durch Prozessvergleich gewollt ist. Bei Fehlen der gem. § 58 Abs. 1 VwVfG notwendigen Zustimmung eines Dritten ist der Vergleich zunächst nur schwebend unwirksam und wird mit Erklärung der Zustimmung oder dem Eintritt der Bestandskraft einer die Zustimmung ersetzenden Duldungsverfügung wirksam. **51**

---

35 Vgl. *P. Stelkens*, NVwZ 1991, 216.
36 Dazu *G. Lüke*, NJW 1994, 233, 235; *P. Stelkens*, NVwZ 1991, 216.
37 Vgl. *P. Stelkens*, NVwZ 1991, 216; *Kopp/Schenke* § 106 Rn. 11.
38 Die Verknüpfung zwischen prozessualer und materiell-rechtlicher Seite des Prozessvergleichs soll allerdings den Grundsätzen des § 59 Abs. 3 VwVfG folgen, d.h., es soll (auch) möglich sein, dass dann, wenn nach dem Willen der Vergleichspartner die materielle Seite nur untergeordnete Bedeutung hat, „eine quasi isolierte prozessuale Wirksamkeit eines inhaltlich unwirksamen Vergleichs anzunehmen" sei – so *H. Geiger*, in: Eyermann § 106 Rn. 25; auch *K.-M. Ortloff*, in: Schoch/Schneider/Bier § 106 Rn. 56. Ob das mit der Eigenart des Prozessvergleichs als unlösbarer Einheit aus materieller Streit- und prozessualer Verfahrensbeendigung zu vereinbaren ist, erscheint allerdings fraglich. In aller Regel wird man nicht annehmen können, bei fehlgeschlagener (materieller) Streitbeendigung sei ein „isolierter Prozessbeendigungsvertrag" geschlossen und wirksam.

52 **2. Prozessuale Fehler.** Prozessuale Fehler bestehen regelmäßig im Fehlen von Prozesshandlungsvoraussetzungen oder in Protokollierungsmängeln, was grds. zur Unwirksamkeit des Prozessvergleichs führt. Bei Heilbarkeit des Fehlers ist der Prozessvergleich zunächst nur schwebend unwirksam. So kann etwa ein von einem nicht postulationsfähigen Beteiligten (§ 67) geschlossener Prozessvergleich von einem Rechtsanwalt bestätigt werden. Protokollierungsmängel sind in einem dafür anberaumten Vergleichstermin oder auch dadurch zu beheben, dass man den Vergleichstext als gerichtlichen Vergleichsvorschlag gem. § 106 S. 2 beschließt und die Zustimmung der Beteiligten dazu einholt bzw. den Gerichtsbeschluss ggf. sogar bereits vorliegenden Zustimmungserklärungen der Beteiligten nachschiebt.

IX. Anfechtung/Rücktritt/Wegfall der Geschäftsgrundlage

53 Der im Prozessvergleich kraft dessen Doppelnatur eingeschlossene materiell-rechtliche öffentlich-rechtliche Vertrag (nach § 55 VwVfG) bzw. die ihm zugrunde liegenden Vertragserklärungen der Vergleichspartner können gem. § 62 VwVfG i.V.m. §§ 119 ff. BGB angefochten werden.[39] Die aus § 142 BGB folgende Nichtigkeit dieses Vertrags führt zur Nichtigkeit des Prozessvergleichs. Dass Prozesshandlungen als solche nicht anfechtbar sind, ändert nichts,[40] weil der Prozessvergleich nicht nur Prozesshandlung ist. Diese Rechtsgrundsätze gelten für den Rücktritt vom materiell-rechtlichen Vertrag und für den Wegfall der Geschäftsgrundlage entsprechend.

X. Vertragsaufhebung/-änderung

54 Den im Prozessvergleich eingeschlossenen materiell-rechtlichen öffentlich-rechtlichen Vertrag (§ 55 VwVfG) können die Vertragspartner durch (weiteren) Vertrag ändern oder aufheben. Änderungs- oder Aufhebungsverträge als materiell-rechtliche Verträge haben aber auch nur materiell-rechtliche Rechtswirkungen (BGH NJW 1982, 2072, 2073) und können die durch den Prozessvergleich als Prozesshandlung ausgelösten prozessualen Rechtswirkungen (§ 106 S. 1) nicht beseitigen (BVerwG DÖV 1962, 423; BSGE 19, 112; BGHZ 41, 310; NJW 1982, 2072, 2073). Die erloschene Rechtshängigkeit der Streitsache ist nicht konsensual (ohne Klageerhebung) wieder herzustellen. Andernfalls wären Rechtsunsicherheit und Missbrauch „Tür und Tor geöffnet" (so BGHZ 41, 310, 313). Auch hier ist freilich möglich, dass Aufhebungs- oder Änderungsvereinbarungen als außergerichtlicher Vergleich Rechtsfolgen haben.

XI. Rechtswirkungen des Prozessvergleichs

55 Der gem. § 106 (wirksam) geschlossene Prozessvergleich *beendet* – anders als der außergerichtliche Vergleich – das Verfahren in dem Umfang, in dem er den Streitgegenstand erledigt, unmittelbar. Weitere Prozesshandlungen, etwa Erledigungserklärungen, oder auch ein Gerichtsbeschluss sind entbehrlich.[41] Haben die Beteiligten einen Widerrufsvorbehalt vereinbart, ist die erledigende Wirkung des Prozessvergleichs (zulässigerweise) aufschiebend bedingt durch die Nichtausübung bzw. nicht rechtzeitige Ausübung des Widerrufsrechts.[42] Bleibt beim Abschluss eines Teilvergleichs ein nicht erledigter Rest des Streitgegenstandes, ist darüber (streitig) zu entscheiden.

56 Sind in Vorinstanzen *noch nicht rechtskräftige Entscheidungen* ergangen, werden diese durch den Abschluss eines den Rechtsstreit erledigenden Prozessvergleichs vor dem Rechtsmittelgericht entsprechend § 269 Abs. 3 S. 1 ZPO[43] unwirksam. Die Beteiligten können aber im Vergleich anderes vereinbaren.[44]

---

39 Vgl. auch VGH Mannheim VBlBW 1983, 369: Keine Anfechtung, weil Prozessbevollmächtigter beim Vorlesen keine Kenntnis vom Vergleichsinhalt genommen habe; BVerwG NJW 2010, 3048: keine Anfechtung wegen Fehlvorstellung über Umfang bewilligter PKH.

40 BVerwG DVBl 1994, 211, 213; BGHZ 16, 390; BSG NJW 1989, 2565, 2566; HmbOVG NVwZ-RR 1994, 239.

41 BVerwG DVBl 1994, 211, 212; BGH NJW 1986, 1348; VGH München BayVBl 1979, 750, 751; BayVBl 1988, 93.

42 Vgl. BVerwGE 92, 69; BGHZ 46, 277, 281; 88, 364, 367; OVG Münster NVwZ 1982, 378.

43 Krit. zur entsprechenden Anwendung dieser Vorschrift auf den Abschluss eines Prozessvergleichs im Hinblick auf die Unterschiede der Prozessbeendigung durch Rücknahme und durch Vergleich R. *Kniffka*, JuS 1990, 969, 971.

44 Vgl. R. *Kniffka*, JuS 1990, 969, 970.

Einigen sich die Beteiligten auch über die *Kosten* des Verfahrens, ergeht keine gerichtliche Kostenent- 57
scheidung; es wird nur der Streitwert festgesetzt. Andernfalls gilt § 160; die Beteiligten können die
Kostenentscheidung aber auch dem Ermessen des Gerichts überlassen. Dann ist die Billigkeitsregelung
des § 161 Abs. 2 entsprechend anzuwenden, da der in Rede stehende Fall nicht geregelt ist und die
Interessenlage der übereinstimmenden Hauptsacheerledigung entspricht.

XII. Prozessvergleich unter Widerrufsvorbehalt

Widerrufsvergleiche haben große praktische Bedeutung. So will (nicht selten) der in der Verhandlung 58
anwesende Rechtsanwalt den Inhalt des Vergleichs mit seinem Mandanten besprechen oder der Behördenvertreter die Zustimmung von Gremien, bspw. eines Gemeinderats, einholen.

1. Widerrufsrecht. Sollen die Rechtswirkungen des Prozessvergleichs nicht sofort und unauflöslich 59
eintreten, können die Beteiligten (i.R. ihrer Verfügungsbefugnis) auflösende oder aufschiebende Bedingungen oder auch Rücktrittsrechte vereinbaren (vgl. BVerwGE 92, 29). Auflösende Bedingungen und
Rücktrittsvorbehalte lassen das Wirksamwerden des Prozessvergleichs unberührt, können aber seine
Wirksamkeit (wieder) beenden und betreffen so das Wirksambleiben des Prozessvergleichs. Auflösende Bedingungen und Rücktrittsrechte machen daher ggf. Rückabwicklungsakte notwendig (BVerwG
GewArch 1962, 68, 69; BVerwGE 92, 29). Das ist im Zweifel nicht gewollt. Behalten sich die Partner
des Prozessvergleichs den Widerruf des Vergleichs vor, wird es deshalb regelmäßig ihrer Interessenlage
entsprechen, den Widerrufsvorbehalt als aufschiebende Bedingung einzustufen (BVerwGE 92, 29;
BGHZ 46, 277, 281; 88, 364, 367; OVG Weimar ThürVBl 1998, 256).

2. Widerrufsberechtigte/Vollmacht. Widerrufsrechte können allen am Prozessvergleich Beteiligten, 60
auch am Prozessvergleich beteiligten Beigeladenen, eingeräumt werden (OVG Lüneburg DVBl 1986,
1213, 1214). Da der Widerrufsvergleich bei ungenutztem Widerrufsrecht oder nicht wirksam erklärtem Widerruf ohne weitere Einflussmöglichkeit des Gerichts oder der Beteiligten mit Ablauf der Widerrufsfrist den Prozess beendet, ist die rückwirkende Heilung einer vollmachtlosen Widerrufserklärung nicht möglich. Die sich auf die vollmachtlose Einlegung von Rechtsbehelfen und damit auf einseitige Prozesshandlungen eines Beteiligten beziehende Rspr. (vgl. BVerwG Buchholz 237.2 § 79 LBG
Bln Nr. 2; BVerwGE 69, 380) zur rückwirkenden Heilung vollmachtloser Prozesshandlungen ist auf
den Widerruf eines Prozessvergleichs nicht übertragbar (OVG Weimar ThürVBl 1998, 256).

3. Widerrufsvoraussetzungen/Widerrufsfrist. Der Lauf einer vereinbarten *Widerrufsfrist* richtet sich 61
nach § 222 ZPO (vgl. BGH NJW 1978, 2091 [LS]; VG Frankfurt NVwZ-RR 2000, 262, 263). Umstr.
ist, ob bei Fristversäumnis Wiedereinsetzung in den vorigen Stand (§ 60) gewährt werden kann. Das
BVerwG hält das (in Anlehnung an die Rspr. des BGH und des BAG) zu Recht für nicht möglich.[45]
§ 60 bezieht sich ausdrücklich nur auf gesetzliche Fristen, während es sich bei der Widerrufsfrist um
eine vertragliche Frist handelt, deren Ablauf dazu führt, dass der zunächst in bedingter Form geschlossene Vergleich wirksam wird. Die Wiedereinsetzung nähme dem Vergleich deshalb eine kraft vertraglicher Vereinbarung bereits eingetretene Rechtswirkung, wofür § 60 keine Rechtsgrundlage gibt. Denkbar ist allenfalls die Abrede, dass auch ein schuldlos verspäteter Widerruf die Wirkungen des Prozessvergleichs soll beseitigen können. Hierfür gälte § 60 nicht, d.h., es wären keine Wiedereinsetzungsfristen einzuhalten und im Streitfall müsste entgegen § 60 Abs. 2 S. 2 voller Beweis erbracht werden. Das
ist mit den Interessen der Vergleichspartner regelmäßig aber so wenig vereinbar, dass für eine derartige Übereinkunft hinreichend klare Anhaltspunkte vorliegen müssen. Sie fehlen in aller Regel.[46] Möglich bleibt allerdings, dass das Geltendmachen des Fristablaufs in (ganz) besonderen Fallgestaltungen
treuwidrig (§ 242 BGB analog) und deshalb rechtlich unbeachtlich ist; ein unverschuldet verspäteter
Widerruf ist dann als wirksam zu behandeln (vgl. auch BAG NJW 1978, 1876, 1877).

---

45 BVerwG NVwZ-RR 2000, 255; BGH NJW 1995, 521; BGHZ 61, 394, 397 ff.; BAG NJW 1978, 1876; MDR 1998,
   794; OVG Lüneburg NVwZ-RR 1999, 61; OVG Münster DÖV 1977, 791, 792; OVG Weimar ThürVBl 1998, 256.
   A.M. *F.-J. Säcker*, NJW 1967, 1117 f.; *ders.*, NJW 1968, 708 (Anm. zu OLG Düsseldorf NJW 1968, 111); *ders.*, ZZP
   80 (1967), 421 ff.; *G. Lüke*, JuS 1973, 47 zu § 233 ZPO.
46 Vgl. OVG Münster DÖV 1977, 791, 792; auch BGHZ 61, 394, 397 ff.; *Kopp/Schenke* § 60 Rn. 4 m.N. zu abweichenden Auffassungen.

62　Die Vergleichspartner können das Widerrufsrecht auch an *sachliche Voraussetzungen* binden. Das kommt etwa infrage, wenn ein Beteiligter die Zustimmung von Gremien (bspw. eines Gemeinderats) einholen muss und der Widerruf nur dann zulässig sein soll, wenn die Zustimmung verweigert wird. Ein ohne die vereinbarten Ausübungsvoraussetzungen erklärter Widerspruch ist unbeachtlich (BVerwGE 14, 103; BGHZ 16, 390; OVG Münster DÖV 1972, 324 [LS]).

63　**4. Widerrufserklärung.** Als Gegenakt zum Vergleichsschluss ist der Widerruf (auch) Prozesshandlung; er soll ermöglichen, dass der Prozess fortgesetzt wird und eine Entscheidung ergeht. Als Prozesshandlung ist der Widerruf nach Ansicht des BVerwG[47] *grds. gegenüber dem Gericht* zu erklären, es sei denn, es ist anderes vereinbart. Nur so ist der Zugang der Widerrufserklärungen eindeutig dokumentiert und sichergestellt, dass das Gericht erfährt, ob das Verfahren fortgesetzt werden soll. Außerdem verlangt auch § 106 S. 2 für die Annahme eines gerichtlichen Vergleichsvorschlags Erklärungen gegenüber dem Gericht, was dafür spricht, Gleiches für den Widerruf der nach § 106 S. 1 geschlossenen Prozessvergleiche zu fordern (a.M. *G. Lüke*, NJW 1994, 233, 234 f.). Der Widerruf muss deshalb grds. weder gegenüber dem Vergleichspartner erklärt werden noch wäre das ausreichend; allerdings können die Vergleichspartner anderes vereinbaren. Zweckmäßigerweise wird man in den protokollierten Vergleich nach § 106 S. 1 oder im gerichtlichen Vergleichsvorschlag nach § 106 S. 2 festlegen, dass der Widerruf durch Schriftsatz gegenüber dem Gericht zu erklären ist.

64　Der Widerruf des Prozessvergleichs unterliegt nach Ansicht des BGH grds. den *Formvorschriften* des § 81 (BGH NJW 1980, 1752; OVG Münster VerwRspr 8, 122 [Nr. 27]). Das BAG (BAG NJW 1960, 1364) hält allerdings in einer älteren Entscheidung unter Umständen auch einen telefonischen Widerruf für zulässig, wenn im Prozessvergleich vereinbart ist, dass der Widerruf gegenüber der Geschäftsstelle des Gerichts erklärt werden kann. Dafür spricht, dass der Widerruf zwar grds. gegenüber dem Gericht zu erklären ist, die Vergleichspartner aber auch anderes, etwa den Widerruf gegenüber dem jeweils anderen Teil, vereinbaren dürfen[48] (→ Rn. 63). Auch in diesem Fall entfällt die prozessbeendigende Wirkung des Vergleichs. Besondere Formerfordernisse braucht der gegenüber dem Vertragspartner erklärte Widerruf (im Hinblick auf § 81) aber nicht zu wahren. Das legt nahe, auch die dem Gericht gegenüber abgegebenen Widerrufserklärungen nicht uneingeschränkt den Formerfordernissen aus § 81 zu unterwerfen. Es muss genügen, wenn Erklärender und Inhalt der Widerrufserklärung zweifelsfrei feststehen.

65　**5. Rücknahme des Widerrufs.** Bei der Rücknahme eines wirksam erklärten Widerrufs sind prozessuale und materiell-rechtliche Rechtsfolgen zu unterscheiden. Wegen des für alle Prozesshandlungen geltenden Gebots prozessualer Klarheit sind die bereits ausgelösten prozessualen Rechtsfolgen nicht mehr zu beseitigen, auch dann nicht, wenn der Widerruf im Einvernehmen aller am Vergleichsschluss Beteiligten zurückgenommen wird (BGH NJW 1982, 2072, 2073). Materiell-rechtlich kann allerdings dann, wenn der Vergleichspartner sich mit der Rücknahme des Widerrufs einverstanden erklärt, ein neuer außergerichtlicher Vergleich geschlossen sein.

66　**6. Rechtsfolgen des Widerrufs.** Bei wirksamem Widerruf entfällt die erledigende Wirkung (§ 106 S. 1) des Prozessvergleichs und das Verfahren ist fortzusetzen, grds. erneut mündlich zu verhandeln und aufgrund dieser Verhandlung zu entscheiden (OVG Münster NVwZ 1982, 378. A.M. *M. Dawin*, NVwZ 1983, 143). Streitig ist, ob das Gericht das vermeiden kann, indem es aufgrund der bereits durchgeführten mündlichen Verhandlung, in der der Widerrufsvergleich geschlossen wurde, für den Fall des Widerrufs die Entscheidung berät und beschließt, das Urteil jedoch nicht erlässt, solange nicht die Widerrufsfrist – ohne Eingang eines wirksamen Widerrufs – verstrichen ist. Manche befürworten das aus Gründen der Prozessökonomie.[49] Es gehe nicht um den Erlass eines „bedingten Urteils", sondern nur um eine „bedingte Beratung". Die Rspr. hält diese Vorgehensweise indessen mit Recht nicht für zulässig.[50] Die Entscheidung des Gerichts ergeht nämlich auch aufgrund des Widerrufs und setzt

---

47　BVerwGE 92, 29; BSGE 24, 6; teilw. anders BGH: auch gegenüber Vergleichspartei (seit 1.1.2002), BGHZ 164, 190; vgl. auch OVG Lüneburg NJW 1992, 3253, 3254; VGH Mannheim VBlBW 1982, 49.

48　Hier tritt wiederum die Doppelnatur der im Zusammenhang mit Prozessvergleichen vorzunehmenden Rechtsgeschäfte hervor.

49　*M. Dawin*, NVwZ 1983, 143; *Kopp/Schenke* § 106 Rn. 17.

50　OVG Münster NVwZ 1982, 378; auch *K.-M. Ortloff*, in: Schoch/Schneider/Bier § 106 Rn. 66; vgl. auch *M. Dolderer*, VBlBW 2001, 404.

damit dessen Zulässigkeit, insbes. Rechtzeitigkeit, voraus. Das war aber nicht Verhandlungsgegenstand, sodass die Entscheidung den Grundsatz der Unmittelbarkeit der Urteilsfällung verletzen würde (§ 112). Zulässig ist freilich, dass sich die Beteiligten für den Fall des Widerrufs mit einer Entscheidung des Gerichts ohne (weitere) mündliche Verhandlung einverstanden erklären (§ 101 Abs. 2).

XIII. Streit über die Wirksamkeit des Prozessvergleichs

Wie ein Streit über die Wirksamkeit des Prozessvergleichs auszutragen ist, richtet sich im Wesentlichen 67 danach, ob die ursprüngliche oder die nachträgliche Unwirksamkeit des Prozessvergleichs, also ein Streit um den Bestand oder um den Fortbestand des Prozessvergleichs, in Rede steht. Zur Fallgruppe der ursprünglichen Unwirksamkeit gehören auch die Vergleichsanfechtung und die Vernichtung des Prozessvergleichs durch die Ausübung eines vereinbarten Widerrufsrechts. Für die Anfechtung folgt das aus § 62 S. 2 VwVfG i.V.m. § 142 Abs. 1 BGB, für den Widerruf aus dessen Eigenart als aufschiebende Bedingung. Der bei Vergleichsschluss vorbehaltene Widerruf soll den Prozessvergleich nach dem Willen der Vergleichspartner von Anfang an und nicht mit Wirkung nur für die Zukunft beseitigen.

1. Ursprüngliche Unwirksamkeit/Anfechtung/Widerruf. Entsteht Streit darüber, ob der Rechtsstreit 68 gem. § 106 S. 1 durch wirksamen Prozessvergleich erledigt ist, wird der Prozess fortgesetzt. Gleiches gilt für den Streit um die wirksame Anfechtung des im Prozessvergleich enthaltenen materiell-rechtlichen Vergleichsvertrags.[51] Der (fortgesetzte) Prozess beschränkt sich zunächst auf die Klärung dieser Fragen.[52] Die Fortsetzung des Verfahrens kann jeder Verfahrensbeteiligte verlangen; das Recht unterliegt der Verwirkung (BVerwG NJW 1993, 1940, 1941). Ein Wechsel in der Besetzung des Gerichts ist unschädlich (BSGE 7, 291). Erledigen die Beteiligten in einem Prozessvergleich – als „Gesamtvergleich" – mehrere anhängige Verfahren, können sie den Streit über die Wirksamkeit des Prozessvergleichs in jedem dieser Verfahren austragen. In Betracht kommt auch, diese Frage in einem neuen Prozess, dessen Gegenstand Rechte aus dem Vergleich sind, zu klären (BAG ZZP 97 [1984], 21).

Stellt sich im fortgesetzten Verfahren heraus, dass der Vergleich tatsächlich nicht wirksam zustande 69 gekommen oder durch wirksamen Widerruf unwirksam geworden und seine prozesserledigende Wirkung damit nicht eingetreten ist, schließt das Gericht das Verfahren – vorausgesetzt die Sachentscheidungsvoraussetzungen sind im Übrigen erfüllt – mit einer Sachentscheidung (ggf. auch über etwaige Rückforderungsansprüche [dazu BGH NJW 1999, 2903, 2904]) ab. Weigert sich der Kläger, den Prozess fortzusetzen und stellt er demzufolge keinen Antrag (mehr), wird die Klage mangels Rechtsschutzbedürfnisses als unzulässig abgewiesen (dazu OVG Bln NJW 1968, 1004; → § 103 Rn. 55). Erweist sich der Prozessvergleich dagegen als wirksam, stellt das Gericht durch Urteil fest, dass das Verfahren (gem. § 106 S. 1) beendet ist.[53] Der Kläger muss das beantragen (vgl. BGH NJW 1996, 3345), um eine Klagabweisung als unzulässig zu vermeiden. Mit der Rechtskraft des Urteils ist es den Beteiligten auch verwehrt, die (angebliche) materiell-rechtliche Unwirksamkeit des Vergleichs in einem anderen Prozess geltend zu machen (BGH JZ 1981, 199).

2. Nachträgliche Unwirksamkeit des Prozessvergleichs. Fällt der Prozessvergleich nachträglich weg 70 („Fortbestands-", im Gegensatz zum „Bestandsstreit"), etwa durch die Ausübung eines Rücktrittsrechts oder den Abschluss eines Aufhebungsvertrags, betrifft das allein den im Prozessvergleich enthaltenen materiell-rechtlichen öffentlich-rechtlichen Vertrag. Die prozessualen Rechtswirkungen des Prozessvergleichs als Prozesshandlung bleiben unberührt; der Prozess ist gem. § 106 S. 1 erledigt und beendet (BVerwG DÖV 1962, 423; BVerwG DVBl 1994, 211, 213; BGHZ 16, 388, 391; 41, 310). Der „Fortbestandsstreit" ist daher nicht durch die Fortsetzung des alten (erledigten) Prozesses, sondern in einem neuen Verfahren (BVerwG DVBl 1994, 211, 213) auszutragen. Gleiches gilt für den

---

51 BVerwG DVBl 1994, 211, 213; DÖV 1962, 423, 424; BGH NJW 1999, 2903; VGH München DVBl 2000, 568; HmbOVG NVwZ-RR 1994, 239. A.M. *H. Geiger*, in: Eyermann § 106 Rn. 34.
52 BVerwG DVBl 1994, 211, 213; BSG MDR 1976, 524; BGHZ 79, 71; HmbOVG NVwZ-RR 1994, 239; OVG Münster NVwZ-RR 1992, 277.
53 Vgl. BVerwGE 14, 103; 20, 146; 28, 232, 334; 57, 311, 312; BGH NJW 1996, 3345; BGHZ 46, 277, 278; BGH JZ 1981, 199; VGH München BayVBl 1974, 105.

Streit darüber, ob der Vergleich wegen Wegfalls der Geschäftsgrundlage unwirksam geworden ist,[54] weil dies die wirksam zustande gekommene Vereinbarung nicht mit rückwirkender Kraft beseitigt, vielmehr lediglich die Möglichkeit eröffnet, die materiell-rechtliche Regelung an die veränderten Verhältnisse (für die Zukunft) anzupassen.

XIV. Auslegung und Anwendungsstreit/Abänderungs-, Vollstreckungsgegenklage

71   Streitigkeiten über die Auslegung des Prozessvergleichs und über seine Anwendung oder Erfüllung können nur Gegenstand eines neuen Prozesses sein,[55] weil die Wirksamkeit des Prozessvergleichs und damit seine prozessbeendende Wirkung (§ 106 S. 1) von vornherein unberührt bleibt. Anderes gilt freilich, wenn sich der Auslegungsstreit auf die Frage bezieht, ob und inwieweit die Erledigungswirkung des § 106 S. 1 eingetreten ist. Streiten die Beteiligten darüber, ob ein in Erfüllung des Vergleichs erlassener Verwaltungsakt den im Vergleich getroffenen Vereinbarungen entspricht, ist das ebenfalls in einem neuen Prozess (gegen den Verwaltungsakt) zu klären (VGH Mannheim VBlBW 1997, 301). Schließlich können Abänderungsklagen (§ 323 ZPO) ebenfalls nur Gegenstand eines neuen Prozesses sein (vgl. etwa BGH NJW 1986, 2054; VGH München BayVBl 1978, 53, 54).

72   Nach Ansicht der Rspr. (vgl. BGH NJW 1977, 583) – auch des BVerwG (BVerwG NJW 1992, 191) – kann zur Klärung der unter den Beteiligten streitigen Auslegung eines Prozessvergleichs ggf. auch eine Vollstreckungsgegenklage (§ 767 ZPO) erhoben werden. Das erscheint allerdings zweifelhaft. So verweist L. Renck[56] mit Recht darauf, dass die Vollstreckungsgegenklage als prozessuale Gestaltungsklage nicht dazu geeignet sei, Unklarheiten über den Inhalt eines Titels zu beseitigen. Dazu bedürfe es eines feststellenden Ausspruchs, ggf. durch eine prozessuale Feststellungsklage. Zu denken sei auch an eine Erinnerung gem. § 167 i.V.m. § 766 ZPO. Dafür spricht, dass dem Rechtsschutzsystem der VwGO für den Verwaltungsprozess (ohnehin) der Vorzug zu geben ist, solange es ausreicht, um effektiven Rechtsschutz zu gewähren. Am Begriff des „Rechtsverhältnisses" in § 43 Abs. 1 muss eine Feststellungsklage zur Klärung des Aussagegehalts eines Titels nicht scheitern.[57]

XV. Vollstreckung aus dem Prozessvergleich

73   Der Prozessvergleich (nach § 106 S. 1 oder S. 2) ist gem. § 168 Abs. 1 Nr. 3 gerichtlicher Vollstreckungstitel. Beim Vergleichsschluss nach § 106 S. 2 genügt für die Vollstreckung, wenn der Urkundsbeamte der Geschäftsstelle eine Ausfertigung des Gerichtsbeschlusses erteilt und den Zusatz beifügt, dass der förmliche Vergleichsvorschlag des Gerichts durch schriftliche Erklärungen der Beteiligten angenommen worden ist und die Ausfertigung einem der Beteiligten für die Zwangsvollstreckung erteilt wird (vgl. BT-Drs. 11/7030, 29; vgl. auch VGH München 15.3.2016 – 9 C 15.2497 m.N. zum Meinungsstand). Der Prozessvergleich ist (i.d.R.) alleiniger Vollstreckungstitel der Verwaltungsvollstreckung auch dann, wenn ein Verwaltungsakt (etwa eine baubehördliche Beseitigungsverfügung) nur teilweise geändert wird und im Übrigen bestehen bleibt (VGH München BayVBl 1987, 308). Vollstreckungsgericht ist das VG auch hinsichtlich zivilrechtlicher Ansprüche, die Vergleichsgegenstand sind.[58]

74   Der außergerichtliche Vergleich ist kein gerichtlicher Vollstreckungstitel. Er kommt – sofern sich die Vergleichspartner der sofortigen Vollstreckung unterworfen haben (§ 61 VwVfG) – allerdings als Vollstreckungstitel für die Verwaltungsvollstreckung infrage.

XVI. Außergerichtlicher Vergleich

75   Der außergerichtliche Vergleich ist nicht Gegenstand des § 106 und wird nicht vor Gericht geschlossen, kann allerdings auch dann vorliegen, wenn sich der Kläger in einem vor Gericht geschlossen-

---

54 BVerwG DVBl 1994, 211, 213; BGH NJW 1986, 1348; BGHZ 41, 310; VGH Mannheim VBlBW 1997, 301, 302; VGH München BayVBl 1978, 53.
55 BVerwG MDR 1977, 259, 260; BGH MDR 1977, 308; ggf. kommt etwa eine Vollstreckungsgegenklage infrage – dazu BGH a.a.O.; VGH München BayVBl 1978, 53.
56 NJW 1992, 2209.
57 So mit Recht L. Renck, NJW 1992, 2209.
58 VG Freiburg NJW 1965, 2073, 2074; a.M. OVG Münster MDR 1954, 380, 381.

Vergleich zur Klagerücknahme verpflichtet, weil das Verfahren (anders als nach § 106) nicht unmittelbar, sondern erst durch prozessbeendende Erklärungen (Klagerücknahme, § 92) beendet werden soll. Ein außergerichtlicher Vergleich kann auch geschlossen sein, wenn sich ein Prozessvergleich wegen eines prozessualen Mangels als unwirksam erweist. Maßgebend ist der hypothetische Wille der Vertragspartner. Hätten der Beklagte nicht ohne den Vorteil der Beendigung des Prozesses und der Kläger nicht ohne den Erwerb eines Vollstreckungstitels (§ 168 Abs. 1 Nr. 3) im Vergleichsweg nachgegeben, so führt der formelle Mangel (der Prozesshandlung) auch zur Nichtigkeit der materiell-rechtlichen Abrede. War den Beteiligten dagegen entscheidend an einer verbindlichen materiell-rechtlichen Regelung ihrer Rechtsbeziehungen gelegen, lässt die Unwirksamkeit der Prozesshandlung die Gültigkeit der materiell-rechtlichen Vereinbarung unberührt (BVerwG DVBl 1994, 211, 212). Eine Regel des Inhalts, dass sie die Bereitschaft, für ihre Rechtsbeziehungen eine neue materiell-rechtliche Grundlage zu schaffen, an die Wirksamkeit der Prozesshandlung zu knüpfen pflegen, besteht nicht (BVerwG DVBl 1994, 211, 212 m.N.; BGHZ 79, 71).

Der außergerichtliche Vergleich ist nicht Prozesshandlung, sondern allein materiell-rechtlicher öffentlich-rechtlicher Vertrag (§ 55 VwVfG). Für seine Wirksamkeit gelten (allein) die §§ 54 ff. VwVfG. Die Prozesshandlungsvoraussetzungen und besonderen Wirksamkeitsvoraussetzungen des Prozessvergleichs brauchen deshalb nicht erfüllt zu sein. 76

Der außergerichtliche Vergleich als materiell-rechtlicher öffentlich-rechtlicher Vertrag (§ 55 VwVfG) kann den Rechtsstreit nicht unmittelbar beenden. Notwendig sind immer (zusätzliche) verfahrensbeendende Erklärungen gegenüber dem Gericht, wie die Rücknahme der Klage (§ 92) oder Erledigungserklärungen nach § 161. Diese sind ggf. im Wege der Auslegung anderen gegenüber dem Gericht abgegebenen Erklärungen, etwa der Mitteilung des außergerichtlichen Vergleichs (VGH München BayVBl 1973, 81), zu entnehmen. 77

Durch Auslegung ist auch zu klären, auf welche Weise ein außergerichtlicher Vergleich den Fortgang des Rechtsstreits beeinflusst. Meist wird der Kläger versprechen, den Prozess zu beenden. Ein solches Versprechen verschafft dem Beklagten ein prozessuales Abwehrrecht gegenüber dem durch die Vereinbarung erledigten Anspruch. Werden die im außergerichtlichen Vergleich vereinbarten prozessbeendigenden Erklärungen (etwa die Klagerücknahme) nicht abgegeben und wird stattdessen weiterprozessiert, liegt darin eine unzulässige Rechtsausübung (§ 242 BGB analog). Beruft sich der Beklagte hierauf, ist die Klage als unstatthaft geworden abzuweisen.[59] Voraussetzung ist freilich die vom Gericht zu prüfende Wirksamkeit des außergerichtlichen Vergleichs. Neue Klagen, Widersprüche oder sonstige Rechtsbehelfe, die entgegen im außergerichtlichen Vergleich (wirksam) vereinbarter Rechtsbehelfsverzichte erhoben oder eingelegt werden, sind ebenfalls wegen unzulässiger Rechtsausübung unzulässig. Das gilt bspw. auch für den Fall, dass die Behörde eine Baugenehmigung aufgrund eines außergerichtlichen Vergleichs, in dem auf Einwendungen verzichtet wurde, erteilt, und der Verzichtende trotzdem Widerspruch einlegt (vgl. VGH Mannheim VBlBW 1988, 20). Enthält der außergerichtliche Vergleich keine Verpflichtung zur Prozessbeendigung, muss das Gericht in Fortsetzung des Verfahrens prüfen, welchen Einfluss die von den Beteiligten getroffene materiell-rechtliche Regelung auf die Begründetheit der Klage hat (BVerwG DVBl 1994, 211, 213). 78

---

59 BVerwG DVBl 1994, 211, 213; BGH NJW 1984, 805; BAG NJW 1973, 918, 919; OVG Münster DÖV 1974, 825 (LS).

§ 107 [Entscheidung durch Urteil]

Über die Klage wird, soweit nichts anderes bestimmt ist, durch Urteil entschieden.

Schrifttum

1. Monographien: *O. Jauernig*, Das fehlerhafte Zivilurteil, 1958.

2. Beiträge in Zeitschriften: *G. Chrstonakis*, Streitiges Urteil trotz Anerkenntnis durch den Beklagten im Verwaltungsprozeß, JA 2000, 498; *E. Eisenberg*, Urteile und andere Entscheidungen der Finanzgerichte nach der Finanzgerichtsordnung, BB 1966, 400; *U. Guttenberg*, Zur Problematik von Anerkenntnis- und Verzichtsurteilen im Verwaltungsprozeß, VBlBW 1992, 244; *G. Haurand/J. Vahle*, Das gerichtliche Verfahren nach der VwGO, VR 1998, 193; *U. Jansen/A. Wesseling*, Das Urteil im Verwaltungsprozess, JuS 2009, 32; *Linn*, Beendigung des Verwaltungsprozesses ohne Streitentscheidung in der Sache, DVBl 1956, 816, 849; *G. Lüke*, Verfassungsbeschwerde gegen eine Nichtentscheidung, JuS 1985, 767; *W. B. Maetzel*, Zur „inkorrekten Entscheidung" im Verwaltungsprozeß, MDR 1969, 345; *A. Pfab*, Besondere Urteilsarten im Verwaltungsprozess, Jura 2010, 10; *I. Saenger*, Verwaltungsgerichtliche Entscheidungen, Rechtsmittel und Rechtsbehelfe, JuS 1992, 779; *X. Schoen*, Zeit- und Streitfragen zum Verwaltungsprozeß (III), DÖV 1951, 521; *G. Völker*, Kein Anerkenntnisurteil im finanzgerichtlichen Verfahren, DStZ 1992, 207.

I. Allgemeines

1   **1. Hervorhebung des Urteils als Entscheidungsform.** § 107 legt das Urteil als die regelmäßige Entscheidungsform der Verwaltungsrechtsprechung fest (BVerwG Buchholz 235.1 § 85 BDG Nr. 12) und verdeutlicht damit auch deren Charakter als Teil der Dritten Gewalt. Urteile sind regelmäßig streitentscheidend, ergehen grds. aufgrund mündlicher Verhandlung (vgl. aber § 101 Abs. 2), können nur vom Richter erlassen werden, sind formgebunden (vgl. §§ 116–120), besitzen eine besondere Bindungswirkung, die sog. Rechtskraft (§ 121) und unterliegen im Vergleich zu sonstigen Entscheidungen einem eigenen Rechtsmittelverfahren (Berufung und Revision im Unterschied zur Beschwerde). Die Besonderheiten der Dritten Gewalt – die Rechtsförmlichkeit des Verfahrens, die besondere Rechtsbindung des Richters, die Neutralität und Unabhängigkeit der handelnden Organe und die besondere Beständigkeit und Endgültigkeit der Entscheidung – sind auf das Urteil als regelmäßigen Abschluss des Verfahrens ausgerichtet. Unerheblich ist dabei, ob das Urteil statistisch gesehen die Regel ist.

2   Die Besonderheiten des Urteils, seine Voraussetzungen und seine Wirkungen werden von § 107 nicht normiert, sondern in einem gewissen Umfang vorausgesetzt. Die Festlegung des Urteils als die grundsätzliche Handlungsform hat nur einen Sinn, wenn sich dieses von anderen Entscheidungsformen unterscheidet.

3   **2. § 107 als Grundnorm der Entscheidungsformen.** Zu Recht steht § 107 zu Beginn des 10. Abschnitts. Die folgenden Vorschriften enthalten Einzelheiten zu Verkündung, Form, Inhalt, Textberichtigung und Wirkung des Inhalts. Unmittelbar vorausgegangen sind die Vorschriften über das Verfahren im ersten Rechtszug. § 107 bezieht sich dabei auf die Verfahren, denen Klagen zugrunde liegen.

3. § 107 als allgemeine prozessuale Norm. Die Entstehungsgeschichte und der systematische Ver- 4
gleich zu den anderen Prozessordnungen zeigen, dass § 107 eine „unbestrittene Vorschrift" ist, die allgemeinen Prozessrechtsgrundsätzen entspricht.[1]

Die Vorschrift orientiert sich an entsprechenden Vorgängernormen[2] und ist seit Inkrafttreten der 5
VwGO unverändert. Das SGG und die FGO enthalten identische Vorschriften, die ZPO weicht in der
Formulierung, aber nicht in der Sache ab (§ 300 ZPO).

II. Die Tatbestandsvoraussetzungen

1. Klage. § 107 gilt für Klagen.[3] Die Klage ist die Form der Einleitung des Hauptsacheverfahrens im 6
ersten Rechtszug (vgl. § 81). § 107 bezieht sich, wie der 10. Abschnitt insgesamt, auf das Hauptsacheverfahren in erster Instanz, demnach nicht auf die einstweiligen Rechtsschutzverfahren,[4] nicht auf die
Berufung oder die Revision und auch nicht auf den Normenkontroll*antrag* nach § 47. Für das Beru-
fungs- und Revisionsverfahren gilt § 107 aufgrund einer Verweisung (§ 125 Abs. 1 und § 141 S. 1).
Für den Normenkontrollantrag enthält § 47 Abs. 5 S. 1 eine spezielle Regelung.

§ 107 bezieht sich auf Klagen, die rechtshängig wurden (§ 90) und es noch sind. Eine Klage i.S.d. 7
§ 107 liegt nicht mehr vor, wenn die Klage zurückgenommen (§ 92 Abs. 1), ein Prozessvergleich geschlossen (§ 106) oder wenn die Hauptsache von den Beteiligten übereinstimmend für erledigt erklärt
wurde (vgl. § 161 Abs. 2). In diesen Fällen ergeht allenfalls noch ein Beschluss, mit dem das Verfahren
(deklaratorisch) eingestellt, über die Kosten entschieden und die Unwirksamkeit vorausgegangener
Entscheidungen festgestellt wird.[5] Nur wenn die Wirkung dieser Prozesserklärungen streitig ist, muss
die Entscheidung wiederum grds.[6] durch Urteil ergehen.[7] Wird eine Klagerücknahme, ein Prozessvergleich oder eine beiderseitige Erledigungserklärung übersehen und ein Urteil erlassen, ist dies ein Fall
der inkorrekten Entscheidung (→ Rn. 15).

2. Anderweitige Bestimmung – sonstige Entscheidungsformen. Durch Urteil nach § 107 ist nur zu 8
entscheiden, soweit *nichts anderes bestimmt* ist. Zur Form und zum Ort der anderweitigen Bestimmung legt § 107 nichts fest. Wegen der Rechtsförmlichkeit des Gerichtsverfahrens liegt eine gesetzliche Regelung oder eine Regelung aufgrund gesetzlicher Grundlage nahe; ein Zwang, diese Norm in
die VwGO aufzunehmen, besteht nicht,[8] auch wenn dies aus Gründen der Rechtsklarheit wünschenswert wäre.

a) Entscheidungsformen ohne verfahrensbeendende Wirkung. Handlungsformen des Gerichts, die 9
nicht „über die Klage entscheiden", sind von § 107 nicht angesprochen. Keine anderweitige Bestimmung liegt demnach bei den *Verfügungen* des Gerichts vor. Dies sind alle sonstigen Handlungen des
Gerichts, die keine Urteile oder Beschlüsse sind (s. etwa § 100 Abs. 3).[9] Auch das *„Weglegen"* nach
der Aktenordnung entscheidet nicht über die Klage i.S.v. § 107. Dieses Institut muss man aus Gründen
der Notwendigkeit grds. zulassen, mit der Maßgabe, dass ihm kein endgültig verfahrensbeendender
Charakter zukommen darf.[10]

b) Entscheidungsformen mit verfahrensbeendender Wirkung. Eine anderweitige Entscheidung über 10
die Klage i.S.v. § 107 letzter Satzteil ist der *Gerichtsbescheid* (§ 84). Der Gerichtsbescheid ist funktional dem Urteil angeglichen, kann aber ohne mündliche Verhandlung ergehen.

---

1 Die Gesetzesbegründung spricht von „selbstverständlichen Verfahrensgrundsätzen" – vgl. BT-Drs. 3/55, 42.
2 Vgl. BT-Drs. 3/55, 42; § 107 VwGO übernahm die Regelung von § 71 MRVO Nr. 165, vgl. *Koehler* § 107 Anm. I 3.
3 Eine Klage kann auch nach § 148 Abs. 1 vorliegen (vgl. BVerwG 18.7.2006 – 1 DB 4/06).
4 Dort ergeht die Entscheidung durch Beschluss, vgl. § 80 Abs. 7 und § 123 Abs. 4.
5 Ausdrückl. für den Fall der Klagerücknahme § 92 Abs. 3; für die beiderseitige Erledigungserklärung s. BVerwG Buchholz 310 § 130 a VwGO Nr. 9; für die Wirksamkeit der Rücknahme der Berufung BVerwG NVwZ 1997, 1210 f.
6 Zur Entscheidung im Falle des § 130 a VwGO durch Beschluss s. BVerwG Buchholz 310 § 130 a Nr. 9; BVerwG
   NVwZ 1997, 1210 f.
7 BVerwG MDR 1965, 1014; OVG Münster OVGE 29, 167, 168 f. (jeweils zur Klagerücknahme); BVerwG Buchholz
   310 § 130 a Nr. 9 VwGO zur beiderseitigen Erledigungserklärung; BVerwGE 95, 269, 270 (zur Frage des Streits um
   die Rechtshängigkeit); *Kopp/Schenke* § 107 Rn. 4; *J. F. Lindner*, in: Posser/Wolff § 107 Rn. 4.
8 Der Gerichtsbescheid war vor seiner Integration in die VwGO zunächst außerhalb der VwGO geregelt und demnach
   eine anderweitige Bestimmung i.S.d. § 107.
9 Zur Anordnung B. *Clausing*, in: Schoch/Schneider/Bier § 107 Rn. 3.
10 A.M. B. *Clausing*, in: Schoch/Schneider/Bier § 107 Rn. 4; *J. F. Lindner*, in: Posser/Wolff § 107 Rn. 4.

11   Verfahrensbeendend kann ausnahmsweise auch der *Beschluss* sein. Beschlüsse sind i.d.R. nicht verfahrensbeendend, nicht streng dem Richter vorbehalten, bedürfen keiner mündlichen Verhandlung (vgl. § 101 Abs. 3) und unterliegen nicht der strengen Form und den Verfahrensvorschriften des Urteils. Während in sonstigen Verfahren dem verfahrensbeendenden Beschluss eine große Bedeutung zukommt (v.a. §§ 80, 80 a, 123), ist der verfahrensbeendende Beschluss nach rechtshängiger Klage auf besondere Situationen beschränkt. Zu nennen sind (a) die Entscheidungen über Restverfahren im Musterprozess nach § 93 a Abs. 2, (b) die Entscheidungen über die Berufungen durch Beschluss gem. § 125 Abs. 2 (bzw. § 130 a), (c) die Ablehnung des Antrags auf Zulassung der Berufung nach § 124 a Abs. 5 bzw. (d) die Verwerfung der unzulässigen Revision nach § 144 Abs. 1,[11] sowie (e) die Zurückweisung der Nichtzulassungsbeschwerde gem. § 133 Abs. 5. In all diesen Verfahren ist ein Urteil vorausgegangen, auf das der Beschluss sachlich in gewisser Form verweist.

12   Von der dogmatischen Zuordnung hängt es ab, ob die deklaratorischen Beschlüsse nach erfolgter Klagerücknahme etc. (§ 92 Abs. 3) hier zu nennen sind.[12] Da die Klage nicht mehr rechtshängig ist, sind diese Fälle nicht als anderweitige Bestimmung anzusehen. Ein Sonderfall, der auch als Entscheidung über die Klage einzuordnen ist, ist der Beschluss nach § 92 Abs. 2 S. 4, dem wegen der abweichenden Formulierung zu § 81 AsylVfG konstitutive Bedeutung zukommt.[13]

III.   Die Entscheidungsform: Urteil

13   **1. Pflicht zur Entscheidung durch Urteil.** § 107 richtet sich primär an die Gerichte und die Richter. Aus der objektiven Formulierung „über die Klage wird" folgt eine Pflicht der Gerichte, über jede Klage, sofern diese entscheidungsreif ist, durch Urteil zu entscheiden,[14] sofern keine Sonderregel besteht. Eine Pflicht zur Entscheidung durch ein einziges Urteil besteht dagegen nicht. Zwischenurteile und Teilurteile schließt § 107 nicht aus.

14   **2. Anspruch auf Entscheidung.** Nach überwiegender Kommentaransicht schreibt § 107 nur objektivrechtlich eine Entscheidung durch Urteil vor, ohne den Beteiligten (sofern die Sache entscheidungsreif ist) einen Anspruch auf Erlass eines Urteils zu vermitteln. Anders als § 300 Abs. 1 ZPO regele § 107 nur die Form der Entscheidung.[15] Dieser Anspruch folge vielmehr aus Art. 19 Abs. 4 GG bzw. für die Verwaltungsprozesse, die nicht unter Art. 19 Abs. 4 GG fallen – etwa die Leistungsklagen der Verwaltung gegen den Bürger – aus dem Rechtsstaatsprinzip des Grundgesetzes. Weder der Wortlaut von § 107 noch die Gesamtsystematik zwingen zu diesem Rückgriff auf die Verfassung. Die VwGO ist zur Gewährleistung des Rechtsschutzes erlassen, eröffnet den Rechtsweg mittels der Generalklausel und unterstellt das Verfahren dem Dispositionsgrundsatz. Angesichts der Bedeutung, die die Gewährung eines subjektiv-rechtlichen Anspruchs auf die Entscheidung für den Rechtsschutz insgesamt hat, liegt es näher anzunehmen, der Anspruch auf Entscheidung ließe sich unmittelbar aus § 107 herleiten.[16] Der Normtext lässt dies zu. Die Frage der näheren Ausgestaltung und die der Sanktion bei dessen Verletzung unterscheiden sich wiederum nicht danach, ob man diesen Anspruch § 107 oder nur dem Verfassungsrecht zuordnet.[17]

15   **3. Inkorrekte Entscheidung.** Ergeht ein Beschluss, hätte aber ein Urteil ergehen müssen, ist, sofern es um ein Endurteil geht, § 107 verletzt. Ergeht im umgekehrten Fall ein Urteil anstelle eines Beschlusses, widerspricht dies mittelbar auch § 107, da in diesem Fall eine anderweitige Bestimmung vorliegt. Diese Fallgestaltungen sind Ausschnitte aus dem Problemkreis der inkorrekten Entscheidung. Bei inkorrekten Entscheidungen sind drei Problemfelder zu unterscheiden, die Frage des zulässigen Rechtsmittels gegen die inkorrekten Entscheidungen, die zulässige Entscheidungsform des Rechtsmittelgerichts

---

11   Nicht aber, wenn das BVerwG als erstinstanzliches Gericht entscheidet (vgl. BVerwG 2.3.2005 – 4 A 1038/04).

12   In diese Richtung wohl *Ule* § 53 I 2.

13   VGH München, BayVBl 2001, 21 (zu § 126 Abs. 2 S. 4 VwGO); → § 92 Rn. 38. A.M. *B. Clausing*, in: Schoch/Schneider/Bier § 92 Rn. 69; *Kopp/Schenke* § 92 Rn. 25.

14   *J. Schmidt*, in: Eyermann § 107 Rn. 1; *J. P. Terhechte*, in: HK-VerwR VwGO § 107 Rn. 3 f.; s.a. BVerwGE 80, 178, 180: Aus § 173 VwGO, § 300 Abs. 1 ZPO folgt das prozessuale Gebot, die Entscheidungsreife auf der Grundlage seiner Rechtsauffassung herbeizuführen.

15   *Kopp/Schenke* § 107 Rn. 1; *B. Clausing*, in: Schoch/Schneider/Bier, § 107 Rn. 2.

16   So auch *J. F. Lindner*, in: Posser/Wolff § 107 Rn. 2.

17   Dazu ausf. *J. Ziekow*, DÖV 1998, 941, 946 ff.

und die inhaltlichen Grenzen der Entscheidungsgewalt des Rechtsmittelgerichts.[18] Im Falle einer „inkorrekten Entscheidung" darf den Beteiligten kein Rechtsnachteil in Bezug auf die Zulässigkeit von Rechtsmitteln erwachsen.[19] Die Beteiligten haben daher bei inkorrekten Entscheidungen formal sowohl die Rechtsmittel, die für die gewählte Entscheidungsform bestehen (BVerwGE 18, 193, 195; OVG Lüneburg OVGE 25, 385, 386), aber auch diejenigen, die sie hätten, wenn die Endentscheidung als Urteil ergangen wäre. Erging ein Urteil anstelle eines Beschlusses, droht den Beteiligten zwar i.d.R. kein Rechtsschutzmangel, sodass es unter dem Gesichtspunkt des Rechtsschutzes ausreichen würde, sie allein auf die gegen das Urteil zulässigen Rechtsmittel zu verweisen,[20] dennoch wird im Regelfall nach dem Grundsatz der Meistbegünstigung den Beteiligten auch in diesem Fall nicht nur das formell gegen die inkorrekte Entscheidung zulässige, sondern auch das materiell gegen die eigentlich korrekte Entscheidungsform zulässige Rechtsmittel wahlweise zu Recht zugestanden.[21] Das Rechtsmittelgericht wiederum darf inhaltlich nur die Entscheidung treffen, die es auch bei zutreffender Entscheidungsform treffen könnte;[22] d.h.: Wäre für das Rechtsmittel gegen die korrekte Entscheidung ein anderes Rechtsmittelgericht zuständig, darf nur die Endentscheidung aufgehoben werden und die Sache muss zurückverwiesen werden (BVerwGE 30, 91, 98; BSGE 72, 90, 91; OVG Münster OVGE 29, 167 ff.). Ist das Rechtsmittelgericht für das Rechtsmittel gegen die inkorrekte Entscheidung zuständig und zugleich auch für das Rechtsmittel gegen die korrekte Entscheidungsform, kann es, wenn der Betroffene das formell gegen die inkorrekte Entscheidung zulässige Rechtsmittel wählt, dieses wie das Rechtsmittel gegen die materiell korrekte Entscheidung behandeln.[23]

4. Urteile im Sinne von § 107. § 107 erfasst nur Entscheidungen, die das Verfahren, das die Klagen   16
eröffnet, mitsamt dem geltend gemachten Begehren i.S.v. § 88 (für diese Instanz) verfahrensmäßig abschließen. Unerheblich ist, ob die Entscheidung auf formellen oder materiellen Gründen beruht. § 107 bezieht sich demnach auf Endurteile. Endurteile schließen das Verfahren für die Instanz endgültig ab. Endurteile können zunächst die von § 107 erfassten (Voll-)Urteile sein, mit denen das Gericht über das   17
gesamte Klagebegehren in einem Urteil umfassend entscheidet, oder Teilurteile (s. § 110), mit denen über einen Teil des Streitgegenstandes endgültig entschieden wird. Voll-Endurteile können wiederum verfahrensrechtlich (Prozessurteile) oder materiell-rechtlich (Sachurteile) begründet werden. Beide Typen unterscheiden sich v.a. in der Rechtskraftwirkung.

a) Prozessurteil. *Prozessurteile* entscheiden über die Zulässigkeit der Klage und weisen die Klage we-   18
gen Fehlens einer oder mehrerer Sachurteilsvoraussetzungen ab (entsprechendes gilt für die Verwerfung der Berufung und der Revision).[24] Materielle Überlegungen, die das Gericht (hilfsweise) in ein Prozessurteil aufnimmt, nehmen dem Urteil nicht den Charakter eines Prozessurteils.[25] Ein Nebeneinander von Prozess- und Sachabweisung ist undenkbar.[26] Eine hilfsweise materielle Sachabweisung scheidet aus. Das Prozessurteil erwächst nicht nur in formelle Rechtskraft,[27] sondern auch in materielle Rechtskraft (OVG Bln DVBl 1971, 278, 279). Deren Reichweite ist allerdings sehr beschränkt, da nur über die Zulässigkeitsfrage des den Streitgegenstand umfassenden prozessualen Anspruchs ent-

---

18 Dazu nur *W. B. Maetzel*, MDR 1969, 345 ff.
19 BVerwGE 18, 193, 195; BVerwG Buchholz 310 § 83 VwGO Nr. 3; BAG NZA 1992, 954, 956; VGH München 2.12.2003 – 7 C 03.2800.
20 In diese Richtung BVerwGE 30, 91, 97; deutlich auch *W. B. Maetzel*, MDR 1969, 345, 348 f.
21 BSGE 72, 90, 91; BAG NZA 1992, 954, 956: Entscheidet das Gericht entgegen § 17 a Abs. 3 S. 2 GVG über die Zulässigkeit des Rechtswegs nicht vorab durch Beschluss, sondern in den Gründen des der Klage stattgebenden Urteils, so kann die beklagte Partei hiergegen wahlweise sofortige Beschwerde oder Berufung einlegen; ebenso OVG Koblenz NVwZ-RR 1993, 668 f.
22 BVerwGE 30, 91, 98; BSGE 72, 90, 91; s. dazu nur *W. B. Maetzel*, MDR 1969, 345, 348 f.
23 BVerwGE 18, 193, 195: Ist nicht nur die Behebung des Formmangels, sondern auch eine dem Begehren des Rechtsmittelführers entsprechende inhaltliche Änderung der Entscheidung erreichbar, so ist auch ein als Beschwerde bezeichnetes Rechtsmittel als Berufung zu behandeln; OVG Lüneburg OVGE 25, 385, 386: Ist fehlerhaft durch Urteil entschieden, so kann dieses Urteil mit der Berufung angefochten werden. Über eine solche Berufung kann das Rechtsmittelgericht durch Beschluss entscheiden; s.a. OVG Koblenz NVwZ-RR 1993, 668 f.; OVG Münster NVwZ-RR 1993, 670.
24 BVerwG 2.3.2005 – 4 A 1038/04.
25 BVerwGE 5, 37, 39; *B. Clausing*, in: Schoch/Schneider/Bier § 107 Rn. 6.
26 BVerwGE 5, 37, 39; dazu *Linn*, DVBl 1956, 816, 817 m.N. zur älteren abweichenden Rspr.
27 So aber *M. Redeker*, in: Redeker/v. Oertzen § 107 Rn. 4.

schieden wurde. Bei Vermeidung der prozessualen Mängel kann daher eventuell erneut Rechtsschutz begehrt werden, ohne dass prozessual der gleiche Sachverhalt vorliegt (vgl. BGH NJW 1981, 1962 f.).

19   **b) Sachurteil.** Das *Sachurteil* entscheidet über den Streitgegenstand selbst und erwächst in formeller und materieller Rechtskraft, soweit über den Streitgegenstand entschieden worden ist. Eine vom Gericht als Vollendurteil gewollte Entscheidung, die versehentlich den Streitgegenstand nicht voll erschöpft, wird nur soweit rechtskräftig, wie über den Streitgegenstand entschieden wurde (BVerwG MDR 1995, 234 [bei Melullis]).

20   Im Sonderfall des § 113 Abs. 3 entscheidet zwar das Gericht hinsichtlich der Frage der Rechtmäßigkeit des Verwaltungsaktes und auch verfahrensmäßig abschließend, nicht aber hinsichtlich des eigentlichen Sachbegehrens. Auch diese Entscheidungen sind dennoch Endentscheidungen i.S.d. § 107.[28]

21   Auch das *Vorbehaltsurteil* ist ein Endurteil, allerdings ein bedingtes Endurteil.[29] Es ist auch im Verwaltungsprozess zulässig (§ 173 VwGO i.V.m. § 302 ZPO; s.a. § 6 Abs. 2).[30] Statthaft ist es, wenn gegen einen entscheidungsreifen Zahlungsanspruch eine Aufrechnung mit einem Anspruch erklärt wird, der selbst noch nicht entscheidungsreif ist und nicht im rechtlichen Zusammenhang mit der Klageforderung steht. Das Vorbehaltsurteil steht hinsichtlich der Rechtsmittel und der Vollstreckbarkeit dem Endurteil gleich.[31] Es ergeht auflösend bedingt unter dem Vorbehalt einer Entscheidung im Nachverfahren über die zur Aufrechnung gestellte Forderung. Darf etwa über die zur Aufrechnung gestellte Forderung nicht im Verwaltungsrechtsweg entschieden werden (s. etwa Art. 34 S. 3 und Art. 14 Abs. 3 S. 4 GG), so kann nach Ansicht des BVerwG ein Vorbehaltsurteil erlassen werden. Im Nachverfahren ist das Verfahren dann analog § 94 auszusetzen,[32] um demjenigen Beteiligten, der sich auf die Aufrechnung beruft, unter Setzung einer angemessenen Frist Gelegenheit zu geben, das Verfahren vor dem anderen Gericht anhängig zu machen (Gedanke der §§ 148, 152 ZPO).[33] Selten, aber auch im Verwaltungsprozess nicht ausgeschlossen, ist auch das Urteil unter Vorbehalt der beschränkten Erbenhaftung (§ 173 VwGO i.V.m. § 305 ZPO).[34]

22   Auch die Anerkenntnis- und Verzichtsurteile sind Sachurteile. *Anerkenntnisurteile* ergehen aufgrund des Anerkenntnisses des geltend gemachten Anspruchs durch die andere Seite (vgl. §§ 307, 313 b ZPO). Anerkenntnisurteile sind zumindest nach der jüngeren Ansicht auch im Verwaltungsprozess grds. zulässig (§ 173),[35] wenn auch die Rspr. des BVerwG uneinheitlich ist.[36] Die Zulässigkeit folgt aus dem Dispositionsgrundsatz im Verwaltungsprozess,[37] der entsprechenden Verfügungsbefugnis im materiellen Recht und aus § 87 a Abs. 1 Nr. 2[38] und § 156. Der gleichzeitig geltende Untersuchungsgrundsatz wird dadurch nicht beeinträchtigt. Voraussetzung für die Statthaftigkeit eines Anerkenntnisurteils ist, dass (a) die Voraussetzung für eine Prozesshandlung vorliegt, die (b) die Dispositionsbefugnis der Beteiligten nicht überschreitet und zudem (c) die Beteiligten auch nach materiellem Recht eine entsprechende Verfügung über das im Streit befindliche Rechtsverhältnis vornehmen können. Dies ist dann anzunehmen, wenn die Beteiligten die im Urteil ausgesprochene Rechtsfolge selbst rechtmäßig herbeiführen könnten,[39] d.h. die Beteiligten auch einen Vergleich (s. § 106) schließen könnten (BVerwGE 104, 27, 28). Diese drei Voraussetzungen muss das Gericht wegen § 86 Abs. 1 S. 1 vor Er-

---

28   *M. Gerhardt*, in: Schoch/Schneider/Bier § 113 Rn. 51.

29   *K. A. Bettermann*, ZZP 79 (1966), 392, 393; teilweise anders *Grunsky*, 466.

30   BVerwGE 77, 19, 28; 66, 218, 223; BVerwG NJW 1999, 160-161; OVG Münster NJW 1980, 1068, 1069; VGH Mannheim VBlBW 1997, 233 f.; NVwZ 1990, 685; VGH München VGHE n. F. 46, 58, 60; BayVBl 1982, 245 f.; VG Neustadt NVwZ 2003, 1544 ff.; *Koehler* § 107 Anm. V 3 c); *D. Ehlers*, JuS 1990, 777, 783.

31   *Ule* § 54 V.

32   BVerwGE 77, 19, 28 f.; BVerwG NJW 1993, 2255 f.; OVG Münster NJW 1980, 1068, 1069.

33   *D. Ehlers*, JuS 1990, 777, 783; *B. Clausing*, in: Schoch/Schneider/Bier § 107 Rn. 7.

34   VG Frankfurt ZBR 1963, 32.

35   BVerwGE 104, 27, 28 f.; BVerwG WM 1963, 327; HmbOVG NJW 1977, 214; VGH Mannheim NJW 1991, 859 f.; VGH München BayVBl 2003, 279; *U. Guttenberg*, VBlBW 1992, 244, 246 ff.; *H. Bethge/S. Detterbeck*, JuS 1993, 402, 404; zum finanzgerichtlichen Verfahren nur *G. Völker*, DStZ 1992, 207, 208. A.M. *A. Lang*, BayVBl 1958, 170 ff.

36   Unzulässigkeit für den Anfechtungsprozess: BVerwGE 62, 18, 19; Unzulässigkeit überhaupt (vor Erlass der VwGO): BVerwG NJW 1957, 885, 886; Zulässigkeit: BVerwGE 104, 27, 28 f.; für eine differenzierende Behandlung (kein Anerkenntnisurteil bei schutzwürdigem Interesse des Klägers) *G. Chrstonakis*, JA 2000, 498 ff.

37   BVerwGE 104, 27, 28; HmbOVG NJW 1977, 214; VGH Mannheim NJW 1991, 859.

38   *B. Clausing*, in Schoch/Schneider/Bier § 107 Rn. 8.

39   BVerwGE 104, 27, 28; ausf. *U. Guttenberg*, VBlBW 1992, 244, 247 f.

lass eines Anerkenntnisurteils prüfen. Ein grundsätzlicher Ausschluss des Anerkenntnisurteils für den Anfechtungsprozess lässt sich bei diesen Voraussetzungen, entgegen der Ansicht des BVerwG und Teilen der Lit.,[40] nicht herleiten.[41]

Als Prozesshandlung muss das Anerkenntnis grds. in der mündlichen Verhandlung erfolgen (§ 101 Abs. 1). Ein schriftliches Anerkenntnis ist zumindest bei Vorliegen der Voraussetzungen des § 101 Abs. 2 und beim Gerichtsbescheid möglich.[42] Nach einer weitergehenden, aber zu Recht umstrittenen Ansicht soll es sogar unbeschränkt zulässig sein (§ 307 Abs. 2 ZPO analog).[43] Die Anerkenntniserklärung muss unmissverständlich sein. 23

Ein Anerkenntnisurteil setzt einen entsprechenden Antrag des Gegners voraus. In dem Klageantrag (bzw. beim Verzichtsurteil im Klagabweisungsantrag) ist dieser konkludent enthalten. Die Gegenseite hat bei Vorliegen eines wirksamen Anerkenntnisses kein Rechtsschutzbedürfnis auf Erlass eines kontradiktorischen Urteils (VG Freiburg NVwZ-RR 2012, 535 f.). Im Urteil kann gem. § 173 VwGO i.V.m. § 313 b ZPO auf den Tatbestand und die Entscheidungsgründe verzichtet werden (HmbOVG NJW 1977, 214; OVG Bautzen 25.5.2010 – 2 A 127/10, juris Rn. 3). 24

Verzichtsurteile sind das prozessuale Gegenstück zum Anerkenntnisurteil und in gleicher Weise zulässig wie diese (§ 173 VwGO i.V.m. §§ 306, 313 b ZPO; s.a. § 87 a Abs. 1 Nr. 2).[44] Wegen der Rechtswirkungen muss die Erklärung angesichts ihrer Bedeutung unmissverständlich sein (BVerwG NVwZ-RR 1990, 581). 25

Versäumnisurteile ergehen aufgrund einer Säumnis des Beklagten (§ 331 ZPO) und sind nach überwiegendem Verständnis dem Verwaltungsprozess fremd.[45] Aus dem Untersuchungsgrundsatz kann man schließen, dass die Verantwortung für einen sachgerechten Prozessausgang im Verwaltungsprozess stärker als beim Zivilprozess auch beim Gericht liegt. 26

Die Sachurteile lassen sich nach dem Gegenstand des Rechtsschutzbegehrens weiter untergliedern, und zwar in Leistungsurteile, Gestaltungsurteile und Feststellungsurteile. Das *Gestaltungsurteil* ändert konstitutiv ein bestehendes Rechtsverhältnis, der Urteilsspruch schafft eine neue Rechtslage. Wichtigster Fall ist die erfolgreiche Anfechtungsklage. Auch das *Abänderungsurteil* hat gestaltende Wirkung und ist im Verwaltungsprozess möglich (§ 173 VwGO i.V.m. § 323 ZPO).[46] Der Anwendungsbereich ist jedoch erheblich geringer als im Zivilprozess, da bei allen Zahlungsansprüchen, denen ein Verwaltungsakt zugrunde liegt, zunächst dieser geändert werden muss. Neben der Abänderungsklage kennt der Verwaltungsprozess auch die Vollstreckungsgegenklage (VGH München BayVBl 1978, 53, 54). *Leistungsurteile* verpflichten den Beklagten zu einem Tun, Dulden oder Unterlassen. Wichtigster Fall sind die Verpflichtungsurteile gem. § 113 Abs. 5. Das *Feststellungsurteil* stellt das Bestehen oder Nichtbestehen eines Rechtsverhältnisses (§ 43) fest. Eine verwaltungsprozessuale Besonderheit ist dabei das Fortsetzungsfeststellungsurteil (s. v.a. § 113 Abs. 1 S. 4). 27

5. Die sonstigen Urteilsarten. Neben den von § 107 erfassten Endurteilen kennt der Verwaltungsprozess noch eine Reihe von Urteilsarten. 28

a) Teilurteile. Teilurteile sind in § 110 gesondert geregelt und entscheiden nur über einen Teil des Klagebegehrens, wenn auch abschließend, und werden durch Schlussurteile ergänzt (s. dazu im Einzelnen bei § 110). 29

b) Zwischenurteil. *Ein Zwischenurteil* liegt vor, wenn im Laufe des Verfahrens über eine Vorfrage des Streitgegenstandes entschieden wird (vgl. dazu § 109). Zwischenurteile beenden nicht das Verfahren und fallen daher nicht unter § 107. 30

---

40 A.M. BVerwGE 62, 18, 19; BVerwG NJW 1957, 885, 886; *A. Lang*, VerwArch 52 (1961), 60, 88 f.; *J. Schmidt*, in: Eyermann § 107 Rn. 6.

41 *Kopp/Schenke* § 107 Rn. 5 m.w.N.

42 *M. Redeker*, in: Redeker/v. Oertzen § 107 Rn. 6; *U. Guttenberg*, VBlBW 1992, 244, 246.

43 VGH Mannheim NJW 1991, 859 f. A.M. *M. Redeker*, in: Redeker/v. Oertzen § 107 Rn. 6.

44 *U. Guttenberg*, VBlBW 1992, 244, 246 f.

45 BVerwG NJW 1957, 885, 886; OVG Münster JZ 1964, 566; *Ule* § 54 II; *Kopp/Schenke* § 107 Rn. 6; *M. Redeker*, in: Redeker/v. Oertzen § 107 Rn. 7; *J. Schmidt*, in: Eyermann § 107 Rn. 7; großzügiger dagegen *Linn*, DVBl 1956, 816, 819; s.a. dazu auch de lege ferenda *C. H. Ule*, DVBl 1954, 137, 145.

46 VGH München BayVBl 1978, 53, 54.

31 Ein Zwischenurteil besonderer Art bildet das sog. Zwischenfeststellungsurteil.[47] Mit ihm wird auf Antrag über das Bestehen oder Nichtbestehen eines Rechtsverhältnisses entschieden. Das streitige Rechtsverhältnis muss dabei präjudiziell für die Hauptklage sein (§ 173 VwGO i.V.m. § 256 Abs. 2 ZPO).[48]

IV. Das fehlerhafte Urteil

32 Entspricht ein Urteil nicht dem Verfahrensrecht oder dem materiellen Recht, ist es fehlerhaft. Wird das *fehlerhafte Urteil* nicht mit den Rechtsmitteln oder den sonstigen Rechtsbehelfen angegriffen und aufgehoben, so entfaltet es die gleichen Rechtswirkungen wie ein inhaltlich zutreffendes Urteil.

33 **1. Das nichtige Urteil.** Ist die Fehlerhaftigkeit des Urteils so erheblich, dass aus Gründen der sog. materiellen Gerechtigkeit oder aus sonstigen rechtsstaatlichen Gründen das Urteil keine Gestaltungswirkung hat, d.h. keine Rechtswirkungen gegenüber den Beteiligten entfaltet, so liegt ein *nichtiges Urteil* vor. Wegen des Grundsatzes der Rechtssicherheit kommen nur Fehler von ganz erheblichem Gewicht als Nichtigkeitsgründe in Betracht (Umkehrschluss aus § 153 VwGO i.V.m. §§ 578 ff. ZPO). Eine abschließende Aufzählung ist dabei nicht möglich.[49] Als Nichtigkeitsgründe werden etwa genannt: Fehlen der Gerichtsbarkeit (z.B. bei einem Urteil gegen Exterritoriale), Ausspruch einer der Rechtsordnung unbekannten Rechtsfolge (OLG Oldenburg MDR 1989, 268 [zum Zivilprozess]), ein Urteil gegen einen nicht vorhandenen Beteiligten,[50] ein Urteil ergeht ohne eine notwendige Beiladung, vollständig unverständliches Urteil (v.a. im Tenor),[51] ein Urteil über eine nicht mehr rechtshängige Klage,[52] Entscheidung des BVerwG als erstinstanzliches Gericht durch Beschluss anstelle eines Urteils (BVerwG 3.2.2005 – 4 A 1038/04).

34 Das nichtige Urteil beendet die Instanz, erzeugt Kosten, ist rechtsmittelfähig und entfaltet formelle Rechtskraft.[53] Es besitzt aber keine Gestaltungswirkung und erwächst nicht in materielle Rechtskraft.[54] Eine erneute Klageerhebung ist demnach nicht ausgeschlossen (VGH München BayVBl 1983, 502). Es muss daher nicht mit Rechtsmitteln angegriffen werden, möglich ist es aber dennoch. Das Interesse an der Beseitigung des Rechtsscheins eines nichtigen Urteils rechtfertigt die Statthaftigkeit der üblichen Rechtsmittel. Auch eine Erhebung der Klage auf Feststellung der Nichtigkeit (§ 43) ist möglich.[55]

35 **2. Das Nicht-Urteil.** Noch eine Stufe gravierender als das nichtige Urteil ist das *Nicht-Urteil*. Dieses ist schon bei äußerlicher Betrachtung rechtlich überhaupt nicht existent. Es ist zum einen gegeben, wenn offensichtlich kein Gericht i.S.v. Art. 92 GG gehandelt hat.[56] Zum anderen erfasst es Urteile, die nicht wirksam (und nicht nur fehlerhaft) erlassen wurden, d.h. nicht verkündet bzw. nicht zugestellt (vgl. § 116 Abs. 3) wurden und daher keine Rechtswirksamkeit erlangen können[57] (wichtigste Fälle: versehentliche Ausfertigung und Zustellung einer noch nicht von allen mitwirkenden Richtern unterschriebenen Entscheidung[58] oder eines Urteilsentwurfs, der noch nicht der Geschäftsstelle übergeben worden ist [VGH München BayVBl 1986, 655, 656]).

36 Diese „Entscheidungen" sind rechtlich ein Nullum, es existiert keine Gerichtsentscheidung.[59]

---

47 *M. Redeker*, in: Redeker/v. Oertzen § 107 Rn. 3; vgl. auch *B. Clausing*, in: Schoch/Schneider/Bier § 107 Rn. 7.
48 OVG Bln JR 1969, 114, 115 f.; s.a. BVerwGE 39, 135, 138 ohne zur Zulässigkeit der Zwischenfeststellungsklage im Verwaltungsprozess abschließend Stellung zu nehmen.
49 *Grunsky*, 460; *G. Lüke*, JuS 1985, 767, 768.
50 VGH Mannheim VBlBW 1986, 379 f.: Ein Urteil gegen eine Person, die entgegen der Auffassung des Gerichts keine Klage erhoben hat.
51 BFHE 173, 480 ff.
52 OVG Münster NVwZ-RR 1994, 702; *B. Clausing*, in: Schoch/Schneider/Bier § 107 Rn. 10.
53 VGH Mannheim VBlBW 1986, 379; VGH München BayVBl 1983, 502; *O. Jauernig*, Das fehlerhafte Zivilurteil, 1958, 188; *J. Schmidt*, in: Eyermann § 107 Rn. 12.
54 VGH Mannheim VBlBW 1986, 379 f.; *B. Clausing*, in: Schoch/Schneider/Bier § 107 Rn. 10.
55 VGH München BayVBl 1983, 502; vgl. *M. Redeker*, in: Redeker/v. Oertzen § 107 Rn. 10. A.M. *O. Jauernig*, Das fehlerhafte Zivilurteil, 1958, 188.
56 BGHZ 37, 125, 126 (zu Verfügungen, allerdings ohne zwischen nichtigen und nicht existenten Entscheidungen zu unterscheiden; zu weitgehend dagegen wohl BezG Leipzig DtZ 1993, 27; diff. *O. Jauernig*, NJW 1960, 1885, 1886 ff.
57 BVerwGE 91, 242, 245 ohne ausdrückliche Zuordnung als nichtiges oder Nicht-Urteil; *G. Lüke*, JuS 1985, 767, 768.
58 BVerwGE 91, 242, 245; BVerfG (Vorprüfungsausschuss) NJW 1985, 788; VGH München BayVBl 1986, 655 ff.
59 *O. Jauernig*, NJW 1960, 1885, 1885; s.a. auch *Grunsky*, 460.

Nicht-Urteile entfalten keine Rechtswirkungen, auch keine Kostenfolgen und können weder formell 37 noch materiell rechtskräftig werden. Rechtsbehelfe gegen Nicht-Urteile sind dann statthaft, wenn ein Rechtsschein existiert, an dessen Beseitigung ein berechtigtes Interesse besteht.[60] Das Rechtsmittelgericht kann nur den Rechtsschein beseitigen und nicht in der Sache urteilen, da die Vorinstanz noch nicht abgeschlossen ist (VGH München BayVBl 1986, 655, 656). Auch eine negative Feststellungsklage ist möglich.[61]

§ 108 [Urteilsgrundlage; freie Beweiswürdigung; rechtliches Gehör]

(1) [1]Das Gericht entscheidet nach seiner freien, aus dem Gesamtergebnis des Verfahrens gewonnenen Überzeugung. [2]In dem Urteil sind die Gründe anzugeben, die für die richterliche Überzeugung leitend gewesen sind.

(2) Das Urteil darf nur auf Tatsachen und Beweisergebnisse gestützt werden, zu denen die Beteiligten sich äußern konnten.

Schrifttum

1. Monographien und Beiträge in Sammelwerken: *G. Baumgärtel*, Beweisrechtliche Studien, in: FS der Rechtswissenschaftlichen Fakultät der Universität zu Köln, 1986, 165; *ders.*, Beweislastpraxis im Privatrecht, 1996; *G. Baumgärtel/H.-W. Laumen/H. Prütting*, Handbuch der Beweislast – Grundlagen, [3]2016; *R. Bender*, Das Beweismaß, in: FS für Fritz Baur 1981, 247; *W. Berg*, Die verwaltungsrechtliche Entscheidung bei ungewissem Sachverhalt, 1980; *A. Blomeyer*, Beweislast und Beweiswürdigung im Zivil- und Verwaltungsprozess, Gutachten 2A, 46. DJT, 1966; *G. Bohne*, Zur Psychologie der richterlichen Überzeugungsbildung, 1948; *R. Bruns*, Zivilprozessrecht, [2]1979; *E. Döring*, Die Erforschung des Sachverhalts im Prozess, 1964; *J. Dürig*, Beweismaß und Beweislast im Asylrecht, 1990; 105; *T. Falk*, Die Anwendung der Zivilprozessordnung und des Gerichtsverfassungsgesetzes nach § 173 VwGO, 1975; *K. Friedrichs*, Verwaltungsrechtspflege, 1921; *A. Geipel*, Handbuch der Beweiswürdigung, [2]2013; *E. Glaserfeld*, Einführung in den radikalen Konstruktivismus, in: Paul Watzlawik, Die erfundene Wirklichkeit, 1985, 21; *R. Greger*, Beweis und Wirklichkeit, 1978; *W. J. Habscheid*, Beweislast und Beweismaß, in: FS für Gottfried Baumgärtel zum 70. Geb., 1990; *W. Hoppe*, Gerichtliche Kontrolldichte bei komplexen Verwaltungsentscheidungen, in: FG 50 Jahre BVerwG, 2003, 295; *W. Käßer*, Wahrheitsforschung im Strafprozess, 1974; *J. Kokott*, Beweislastverteilung und Prognoseentscheidung bei Inanspruchnahme von Grund- und Menschenrechten, 1993; *D. Leipold*, Beweislastregeln und gesetzliche Vermutung, 1966; *ders.*, Beweismaß und Beweislast im Zivilprozess, 1984; *V. Lipp*, Das private Wissen des Richters, 1995; *B. M. Maassen*, Beweislastprobleme im Schadensersatzprozess, 1975; *J. Martens*, Die Praxis des Verwaltungsverfahrens, 1985; *J. Mauder*, Der Anspruch auf rechtliches Gehör, 1996; *R. Motsch*, Vom Prozess als Beweis zum Überwiegensprinzip, in: GS Rödig, 1978, 334; *W. Mummenhoff*, Erfahrungssätze im Bereich der Kausalität, 1997; *H. J. Musielak*, Die Grundlagen der Beweislast im Zivilprozess, 1975; *H. J. Musielak/M. Stadler*, Grundfragen des Beweisrechts, 1984; *G. Nagler*, Dogmatische Strukturen der Beweislast im Öffentlichen Recht, 1989; *M. Nierhaus*, Beweismaß und Beweislast, 1989; *F. Ossenbühl*, Die Kontrolle von Tatsachenfeststellungen und Prognoseentscheidungen durch das Bundesverfassungsgericht, in: FG aus Anlaß des 25jährigen Bestehens des BVerfG, 1976, 458; *H. H. Peschau*, Die Beweislast im Verwaltungsrecht, 1983; *H. Prütting*, Gegenwartsprobleme der Beweislast, 1983; *O. Rommé*, Der Anscheinsbeweis im Gefüge von Beweiswürdigung, Beweismaß und Beweislast, 1989; *L. Rosenberg*, Die Beweislast, 1965; *E. Schneider*, Beweis und Beweiswürdigung, [5]1994; *H. Seiter*, Beweisrechtliche Probleme der Tatsachenfeststellung bei richterlicher Rechtsfortbildung, in: FS für Fritz Baur, 1981, 573; *M. Schweizer*, Beweiswürdigung und Beweismaß, 2015; *A. Sonntag*, Die Beweislast bei Drittanfechtungsklagen, 1986; *F. Stein*, Das private Wissen des Richters, 1969; *W. Tietgen*, Beweislast und Beweiswürdigung im Zivil- und Verwaltungsprozess, Gutachten 2B, 46. DJT, 1966; *W. Waldner*, Der Anspruch auf rechtliches Gehör, [2]2000; *G. Walter*, Freie Beweiswürdigung, 1979; *H. Wassermeyer*, Prima-facie-Beweis und die benachbarten Erscheinungen, 1954; *ders.*, Referat zum Gutachten von Prof. Dr. Blomeyer, Sitzungsberichte der Verhandlungen der verfahrensrechtlichen Abteilung, 46. DJT, 1966; *R. Weimar*, Psychologische Strukturen richterlicher Entscheidung, 1996; *H. Weitnauer*, Beweisfragen in der Produkthaftung, in: FS für Karl Larenz zum 70. Geb., 1973, 905.

2. Beiträge in Zeitschriften: *P. A. Albrecht*, Überzeugungsbildung und Sachverständigenbeweis in der neueren strafrechtlichen Judikatur zur freien Beweiswürdigung (§ 261 StPO), NStZ 1983, 487; *W. Berg*, Neues zur Beweislast im Verwaltungsprozess, Verw. 33 (2000), 139; *K. Böhm*, Die Verwertung mittelbarer Beweismittel im Verwaltungsprozess, NVwZ 1996, 427; *J. W. Britz*, Beschränkung der freien Beweiswürdigung durch gesetzliche Beweisregeln?, ZZP 110 (1997), 61; *B. Brunn*, Prognosen mit richterlicher Bedeutung, NJOZ 2014, 361; *R. Bruns*, Beweiswert, ZZP 91 (1978), 64; *A. Cahm*, Kommentar zum BGH Urt. v. 2.3.1999, EWiR 1999, 405; *M. Dawin*, Anforderungen an die richterliche Überzeugungsbildung im Asylprozess, NVwZ 1995, 728; *R. Deckers*, Glaubwürdigkeit kindlicher Zeugen, NJW 1999, 1365; *U. Diederichsen*, Fortschritte im dogmatischen Verständnis des Anscheinsbeweises, ZZP 81 (1968), 45; *P. O. Eckelhöf*, Beweiswürdigung, Beweislast und Beweis des ersten Anscheins, ZZP 75 (1962), 289; *W. Ewer/A. Rapp*, Zur Beweis- und Feststellungslast bei Ansprüchen auf Gewährung von Ermessensleistungen, NVwZ 1991, 549; *H. Geiger*, Amtsermittlung und Beweiserhebung im Verwaltungsprozess, BayVBl 1999, 321; *P. Gottwald*, Grundprobleme der Beweislastverteilung, Jura 1980, 225; *ders.*, Richterliche Entscheidung und rationale Argumentation, ZZP 98 (1985) 113; *R. Greger*, Praxis und Dogmatik des Anscheinsbeweises, VersR 1980, 1091; *G. Herdegen*, Anmerkung zu BGH Beschl. v. 3.9.1997, JZ 1998, 54; *Th. Hoeren*, Anmerkung zu BGH Urt. v. 20.6.1995, JR 1996, 199; *S. Huster*, Beweislastverteilung und Verfassungsrecht, NJW

---

60 BVerfG (Vorprüfungsausschuss) NJW 1985, 788; VGH München BayVBl 1986, 655, 656; *O. Jauernig*, NJW 1960, 1885, 1885; *G. Lüke*, JuS 1985, 767, 769. A.M. (nicht rechtsmittelfähig) *J. Schmidt*, in: Eyermann § 107 Rn. 11.
61 Str., vgl. *G. Lüke*, JuS 1985, 767, 769.

1995, 112; *J. Kniesch*, Zur Beweislast im Verwaltungsstreitverfahren, MDR 1954, 452; *F. O. Kopp*, Das Rechtliche Gehör in der Rechtsprechung des Bundesverfassungsgerichts, AöR 106 (1981), 604; *G. Lüke*, Grundsätze des Verwaltungsprozesses, JuS 1961, 41; *W. B. Maetzel*, Beweislast und Beweiserhebung im Verwaltungsprozess, DÖV 1966, 520; *K. H. Mathies*, Anmerkung zu BGH Urt. v. 18.3.1986, JZ 1986, 959; *L. Michalski*, „Beweisvereitelung" durch beweisbelastete Partei und Nachholbarkeit in der Berufungsinstanz, NJW 1991, 2069; *W. Nasall*, Die Grenzen des Ermessens des Berufungsgerichts bei der Anordnung der Wiederholung einer erstinstanzlichen Zeugenvernehmung, ZZP 98 (1985), 313; *M. Nierhaus*, Zur gerichtlichen Kontrolle von Prognoseentscheidungen der Verwaltung, DVBl 1977, 19; *E. Peters*, Beweisvereitelung und Mitwirkungspflichten des Beweisgegners, ZZP 82 (1969), 200; *K. Peters*, Anm. zum Urteil v. 23.3.1976 OLG Celle, JR 1977, 83; *G. Reinecke*, Die Krise der freien Beweiswürdigung im Zivilprozess, MDR 1986, 630; *P. Rieß*, Zur Revisibilität der freien tatrichterlichen Überzeugung, GA 1978, 265; *B. Rudolf*, Beweisprobleme in Verfahren wegen Verletzung von Art. 3 EMRK, EuGRZ 1996, 497; *H. Rüping*, Verfassungs- und Verfahrensrecht im Grundsatz des rechtlichen Gehörs, NVwZ 1985, 304; *P. F. Schlosser*, EMRK und Waffengleichheit im Zivilprozess, NJW 1995, 1404; *E. Schmidt-Aßmann*, Verfahrensfehler als Verletzungen des Art. 103 Abs. 1 GG, DÖV 1987, 1029; *E. Schneider*, Die Beweisvereitelung, MDR 1969, 4; *R. Stürner*, Entwicklungstendenzen des zivilprozessualen Beweisrechts und Arzthaftungsprozess, NJW 1979, 1225; *ders.*, Die Einwirkungen der Verfassung auf das Zivilrecht und den Zivilprozess, NJW 1979, 2334; *ders.*, Parteipflichten bei der Sachverhaltsaufklärung im Zivilprozess, ZZP 98 (1985), 237; *ders.*, Anmerkung zu BGH Urt. v. 11.6.1990, ZZP 104 (1991), 204; *K. Vieweg*, Antizipierte Sachverständigengutachten, NJW 1982, 2473; *G. Walter*, Zum Grundsatz der freien Beweiswürdigung bei der Beurteilung des Beweiswertes von Aussagen der Insassen eines unfallbeteiligten Fahrzeugs sowie von Verwandten oder Freunden eines Unfallbeteiligten, NJW 1988, 567; *ders.*, Der Anwendungsbereich des Anscheinsbeweises, ZZP 90 (1977), 270; *F. Weyreuther*, Die höchstrichterliche Rechtsprechung zum Anscheinsbeweis, DRiZ 1957, 55; *M. Wollenschläger*, Anm. zu Bundesverfassungsgericht, Beschluss des Ersten Senats vom 26.9.1978 – 1 BvR 525/77, DVBl 1978, 883.

A. Allgemeines

I. Bedeutung des §108 Abs. 1

§108 ist seit seinem Inkrafttreten am 1.4.1960 unverändert geblieben. In allen Verfahrensordnungen existieren Parallelvorschriften: §286 ZPO, §261 StPO, §128 Abs. 1 SGG, §96 Abs. 1 FGO, §§46 Abs. 2, 84 S. 1 ArbGG, §30 BVerfGG. Davon ist §286 ZPO eine der ältesten[1] Vorschriften, denen die entsprechenden Vorschriften der anderen Verfahrensordnungen nachgebildet sind.

---

1 Die ZPO i.d.F. vom 12.9.1950 ist eine Neubekanntmachung der CPO vom 30.1.1877 (RGBl 83) – einschließlich der zwischenzeitlich erfolgten Änderungen – aufgrund des Art. 9 des Gesetzes zur Wiederherstellung der Rechtseinheit auf dem Gebiete der Gerichtsverfassung, der bürgerlichen Rechtspflege, des Strafverfahrens und des Kostenrechts vom

2   § 108 Abs. 1 regelt den Vorgang der Entscheidungsfindung. Dieser ist zu unterscheiden von der Ermittlung des entscheidungserheblichen Sachverhalts gem. § 86, die ihm zu einem großen Teil zeitlich vorausgeht. I.R. der Entscheidungsfindung muss das Gericht die bei der Sachverhaltsaufklärung bereits festgestellten Tatsachen nach den Grundsätzen des § 108 Abs. 1 rechtlich würdigen. Diese Würdigung überschneidet sich mit der Sachverhaltsaufklärung allerdings insoweit, als der Verstehensprozess in der Jurisprudenz nicht linear, sondern in Wechselschritten zwischen Sachverhalt und Tatbestand der Norm verläuft.[2] Ferner begrenzt die Vorschrift zusammen mit § 101 den Prozessstoff auf die Tatsachen und Beweisergebnisse, die Gegenstand der mündlichen Verhandlung oder des entsprechenden schriftlichen Verfahrens waren. Mithin betrifft § 108 zugleich die tatsächlichen Grundlagen des Urteils.

3   **1. Entwicklung der freien richterlichen Beweiswürdigung.** Gem. § 108 Abs. 1 S. 1 entscheidet das Gericht nach seiner freien, aus dem Gesamtergebnis des Verfahrens gewonnenen Überzeugung. Das Gericht hat dafür alle einzelnen erheblichen Tatsachen oder Beweisergebnisse zur Kenntnis zu nehmen und in Erwägung zu ziehen.[3] Geht ein Gericht von einem unrichtigen oder unvollständigen Sachverhalt aus, übergeht es insbes. Umstände, deren Entscheidungserheblichkeit sich ihm hätte aufdrängen müssen, so liegt ein Verstoß gegen das Gebot der freien Beweiswürdigung vor (BVerwGE 96, 200, 209). In solchen Fällen fehlt es an einer tragfähigen Grundlage für die innere Überzeugungsbildung des Gerichts und zugleich für die Überprüfung seiner Entscheidung daraufhin, ob die Grenze einer objektiv willkürfreien, die Natur- und Denkgesetze sowie allgemeine Erfahrungssätze beachtenden Würdigung überschritten ist (BVerwGE 96, 200, 209).

4   Das Gebot der freien richterlichen Beweiswürdigung, das in § 108 Abs. 1 S. 1 normiert ist, stellt einen allgemeinen Grundsatz des Prozessrechts dar, der heute in allen Verfahrensordnungen gilt. Es ist das Ergebnis einer Entwicklung, die besonders vom Wechselspiel zwischen Freiheit und Bindung des Richters bei der Beweiswürdigung gekennzeichnet ist. Das Prinzip der freien Beweiswürdigung hat sich erst durch die CPO 1877 Mitte des 19. Jahrhunderts endgültig durchgesetzt.[4] In den vorausgehenden Jahrhunderten herrschte in den meisten Verfahrensordnungen die formelle Beweistheorie, gegen die sich das Prinzip der freien Beweiswürdigung lange Zeit nicht durchzusetzen vermochte. Lediglich im klassischen römischen Prozess ist von seiner Geltung auszugehen.[5] Dagegen war noch im frühen römischen Prozess die Rechtsfindung an feste Beweisregeln gebunden, die eine freie Würdigung des Beweises ausschlossen.[6] Im italienisch-kanonischen Prozess sollte das Gebot der freien Beweiswürdigung gelten, doch war zugleich vorgeschrieben, welche Überzeugung einzelne Beweismittel oder Indizien bewirkten.[7] Aus Furcht vor der Subjektivität des Richters bestimmte schließlich doktrinäre Starre das Verfahren.[8] Im spätmittelalterlichen Prozess entwickelte sich das formale Beweisrecht zum materiellen fort, sodass schließlich gleichwertige Beweismittel und damit auch der Gegenbeweis zugelassen waren.[9] Aber die Formvorschriften der Beweistheorie bestanden weiter und verhinderten eine wirklich freie Beweiswürdigung durch den Richter. Das Misstrauen gegen eine unabhängige Rspr. sowie gegen richterliche Willkür führte zu einer Bindung des Richters an die vorgegebenen Regeln zur Feststellung von Tatsachen. Erst als dieses Misstrauen unter dem Einfluss scholastischer und aristotelischer Denkweise abgebaut wurde und der Auffassung wich, dass die apriorischen gesetzlichen Bestimmungen zur Feststellung des wahren Sachverhalts ungeeignet sind, fand der Grundsatz der freien Beweiswürdigung wieder Beachtung.[10] Zudem setzte sich schließlich die Erkenntnis durch, dass dem Misstrauen gegenüber der Allmacht des Richters mit dem Grundsatz der Begründungspflicht und der Öffentlichkeit des Verfahrens effektiv begegnet werden konnte. Die Versuche, den Richter dadurch zu beschränken und

---

12.9.1950 (BGBl 1950, 455). Nur einen Tag jünger ist die Vorschrift der StPO, die eine Neubekanntmachung der StPO vom 1.2.1877 (RGBl 253) ist.

2   *K. Larenz*, Methodenlehre, [6]1991, 29, 101 f.

3   BVerfGE 96, 200, 209; s.a. BVerwG DVBl 1983, 1105 ff., 1106.

4   *H. Prütting*, in: MüKoZPO § 286 Rn. 2. Ausf. *M. Schweizer*, Beweiswürdigung, 2015, 57 ff. Zur Geschichte ausf. *A. Geipel*, Beweiswürdigung, [2]2013, Teil I Kap 2 Rn. 1 ff.

5   *M. Kaser*, Römisches Zivilprozessrecht, [2]1996, 278; *G. Walter*, Beweiswürdigung, 1979, 12.

6   *M. Kaser*, Römisches Zivilprozessrecht, [2]1996, 85; *G. Walter*, Beweiswürdigung, 1979, 11 f.

7   Vgl. *K. W. Nörr*, Zur Stellung des Richters im gelehrten Prozess der Frühzeit, 1967, 62.

8   *G. Walter*, Beweiswürdigung, 1979, 39.

9   *H. Schlosser*, Spätmittelalterlicher Zivilprozess, 1971, 62; *G. Walter*, Beweiswürdigung, 1979, 51.

10   *G. Walter*, Beweiswürdigung, 1979, 84 f.

anzuleiten, dass ihm strenge Beweisregeln in der Wahrheitsfindung vorgeschrieben waren, wurden letztlich als gescheitert betrachtet.[11]

Im Gegensatz zum Verwaltungsprozess ist im Zivilprozess der Grundsatz der freien Beweiswürdigung 5 durch den Verhandlungsgrundsatz relativiert.[12] Der Vergleich von § 108 Abs. 1 mit § 286 Abs. 1 ZPO zeigt bei der Bestimmung der Urteilsgrundlagen eine Differenz, die dem Unterschied zwischen dem Grundsatz der Amtsaufklärung im Verwaltungsverfahren und dem Verhandlungsgrundsatz im Zivilprozess korrespondiert.

§ 286 Abs. 1 ZPO trennt den „Inhalt der Verhandlungen", für den grds. nur die vorgebrachten Tatsa- 6 chen beachtlich sind, ausdrücklich von den „Ergebnissen einer etwaigen Beweisaufnahme". Voraussetzung einer solchen Beweisaufnahme sind die Beweisführung durch die Partei(en) und die gerichtliche Beweiswürdigung mit der Folgerung, dass ein Beweis erbracht sei oder nicht. Gem. § 108 Abs. 1 S. 1 entscheidet das Gericht dagegen nach seiner freien, aus dem „Gesamtergebnis des Verfahrens" gewonnenen Überzeugung. Es ist verpflichtet, alle entscheidungserheblichen Tatsachen und Beweisergebnisse zu berücksichtigen (→ Rn. 3). Das Verwaltungsverfahren kennt aber keine förmliche Beweisführungslast; die Beweislastverteilung kann sich hier nur materiell-rechtlich auswirken. Daher sind ausgehend von den gesetzlichen Tatbestandsmerkmalen die von Parteivortrag und Beweisangeboten unabhängigen Gründe anzugeben, die den der Entscheidung zugrunde liegenden Subsumtionsschluss rechtfertigen. Der Spielraum der richterlichen Freiheit ist bei der Beweiswürdigung also nach § 108 gegenüber § 286 ZPO gesteigert.[13]

Maßgeblich für die freie, aus dem Gesamtergebnis gewonnene Überzeugung ist gem. § 108 Abs. 1 S. 1 7 demzufolge die subjektive richterliche Überzeugung. Mangels fester Beweisregeln handelt es sich dabei um einen inneren Wertungsvorgang, der sich in der Person des Richters vollzieht. Die Überzeugungsbildung des Richters findet innerhalb der Grenzen des § 108 unüberprüfbar statt.

Eingeschränkt wird der Grundsatz der freien Beweiswürdigung jedoch durch den richterlich ent- 8 wickelten indiziellen Beweis, der einen Vollbeweis darstellt (BVerwGE 84, 271, 273). Diese Beweisart findet ihre Grundlage in einer logischen Operation, die es ermöglicht, auf das Vorhandensein der Haupttatsachen zu schließen. Der Indizienbeweis erfordert nicht nur Indizien (sog. Hilfstatsachen), sondern auch allgemeine Erfahrungssätze und Denkgesetze. Ein Verstoß gegen letztere stellt eine nach § 108 Abs. 1 S. 1 zu beachtende Verletzung der freien Beweiswürdigung und mithin einen Verfahrensfehler dar.

2. Begründungspflicht. § 108 Abs. 1 S. 2 bestimmt, dass im Urteil die Gründe anzugeben sind, die für 9 die richterliche Überzeugung leitend gewesen sind. Dies dient einerseits der Selbstkontrolle der Tatsacheninstanz, andererseits aber auch der Überprüfbarkeit der tatrichterlichen Würdigung durch die Beteiligten und das Rechtsmittelgericht (BVerwGE 96, 200, 209). Der Begründungszwang des § 108 Abs. 1 S. 2 ist damit zugleich ein rechtsstaatliches Korrelat zu der weitgehend freien Einschätzungsprärogative des Tatrichters (BVerwGE 96, 200, 209). Das Gericht muss sich seine Wertungen und Einschätzungen so sorgfältig überlegen, dass es diese als die Entscheidung tragenden Gründe und für Dritte nachvollziehbar darzustellen vermag.

II. § 108 Abs. 2 als Ausprägung des Art. 103 Abs. 1 GG

§ 108 Abs. 2 stellt eine Konkretisierung des in Art. 103 Abs. 1 GG verfassungsrechtlich gewährleiste- 10 ten Grundsatzes des rechtlichen Gehörs dar,[14] der für alle Gerichtsverfahren gilt. Das Recht auf gerichtliches Gehör hat erst nach 1945 Verfassungsrang erhalten, zunächst in einigen Landesverfassungen, schließlich auch im Bonner Grundgesetz. Das BVerfG, die Verfassungsgerichte der Länder und die sonstigen Gerichte konnten jedoch an die Tradition dieses Rechts in den einfachen Prozessgesetzen, insbes. in der ZPO und der StPO (s. Fn. 1), anknüpfen. Nach der Rspr. des BVerfG (BVerfGE 9, 89, 96) genügten die bei Inkrafttreten des GG geltenden Verfahrensordnungen allgemeinen rechtsstaatlichen Forderungen hinsichtlich der Gewährung des rechtlichen Gehörs. Deshalb könne bei der

---

11 *G. Walter*, Beweiswürdigung, 1979, 85; *H. Prütting*, in: MüKoZPO § 286 Rn. 2.
12 *E. Schneider*, Beweis und Beweiswürdigung, 1994, Rn. 17.
13 *W. B. Maetzel*, DÖV 1966, 520 ff., 527.
14 *S. Unger*, in: Gärditz § 108 Rn. 2.

Auslegung des Art. 103 Abs. 1 GG in aller Regel von dem vorverfassungsrechtlichen Gesamtbild des Prozessrechts ausgegangen werden. Jedoch trage das geltende Prozessrecht sowie seine Anwendung in der Gerichtspraxis dem Grundsatz des rechtlichen Gehörs nicht immer in ausreichendem Maße Rechnung. Daher zieht es Art. 103 Abs. 1 GG nicht nur zur Auslegung des geltenden Verfahrensrechts heran, sondern leitet auch unmittelbar daraus Anhörungspflichten ab (vgl. BVerfGE 6, 12; 7, 95). Das BVerfG betont in seiner Rspr. den Zusammenhang des rechtlichen Gehörs mit dem Rechtsstaatsprinzip (vgl. BVerfGE 9, 89, 95; 34, 1, 7 f.; 55, 72, 94) und der Menschenwürde (vgl. BVerfGE 9, 89, 95). Den Zweck des Grundsatzes des rechtlichen Gehörs sieht das Gericht (BVerfGE 55, 1 ff., 5 f.) nicht nur in „der Abklärung der tatsächlichen Grundlage der Entscheidung, sondern auch der Achtung der Würde des Menschen (...)". Das rechtliche Gehör ist damit nicht nur prozessuales Urrecht des Menschen, sondern ein objektivrechtliches Verfahrensprinzip, das für ein gerichtliches Verfahren i.S.d. GG konstitutiv und grds. unabdingbar ist. Es verhindert, dass mit dem Menschen „kurzer Prozess" gemacht wird. Der einzelne darf nicht bloßes Objekt des Verfahrens sein, sondern er soll vor einer Entscheidung, die seine Rechte betrifft, zu Wort kommen, um Einfluss auf das Verfahren und sein Ergebnis nehmen zu können.[15] Dies kann nicht nur durch tatsächliches Vorbringen, sondern auch durch Rechtsausführungen geschehen. Deshalb gewährt der Anspruch des rechtlichen Gehörs den Verfahrensbeteiligten das Recht, sich nicht nur zu dem der Entscheidung zugrunde liegenden Sachverhalt, sondern auch zur Rechtslage zu äußern (vgl. BVerfGE 86, 133, 144).

11   Art. 103 Abs. 1 GG geht davon aus, dass die nähere Ausgestaltung des rechtlichen Gehörs den einzelnen Verfahrensordnungen überlassen bleiben muss.[16] Ein Anspruch soll sich nur dann unmittelbar aus Art. 103 GG ergeben, wenn die einfachgesetzliche Vorschrift den Mindestanforderungen, die an das rechtliche Gehör zu stellen sind, nicht genügt. Durch die in § 108 Abs. 2 statuierte Verpflichtung zur Gewährung des rechtlichen Gehörs wird jedoch nicht allein den verfassungsrechtlichen Vorgaben des Art. 103 Abs. 2 GG Rechnung getragen. Sie dient zugleich dem Interesse der Wahrheitsfindung. Der Richter ist dadurch gehalten, sich mit einer anderen als seiner eigenen Sichtweise des entscheidungserheblichen Sachverhalts auseinanderzusetzen. Insoweit handelt es sich wie bei § 108 Abs. 1 S. 2 um ein Korrelat zu der Subjektivität des Richters, die seiner für die Entscheidung maßgeblichen Überzeugung innewohnt.

B. Beweiswürdigung: Gerichtsentscheidung nach freier richterlicher Überzeugungsbildung gem. § 108 Abs. 1 S. 1

I. Grundlegende Funktion und Inhalt von § 108 Abs. 1 S. 1

12   In § 108 Abs. 1 S. 1 ist die Frage geregelt, welchen Maßstab das Gericht anzulegen hat, wenn es i.R. seiner Entscheidungsfindung einen Umstand für die Anwendung einer Rechtsnorm annehmen bzw. nicht annehmen will. Dem Wortlaut von § 108 Abs. 1 S. 1 nach entscheidet „das Gericht (...) nach seiner freien, aus dem Gesamtergebnis des Verfahrens gewonnen Überzeugung". Maßstab der Entscheidung ist damit die richterliche Überzeugung. Deren Bildung muss frei sein, d.h. der Prozess des Gewinnens der Überzeugung erfolgt grds. ohne die Bindung an zwingende (Beweis-)Regeln.[17] Grundlage der Überzeugungsbildung darf allein das Ergebnis des gerichtlichen Verfahrens sein. Aus dem Normtext ergibt sich aber nicht ohne Weiteres, worauf sich diese Überzeugung zu beziehen hat (→ Rn. 14–63) und wann das Gericht überzeugt sein darf oder muss (ab → Rn. 64). Die Konkretisierung dieser Kriterien steht daher im Zentrum einer Auslegung des § 108 Abs. 1 S. 1.

II. Der Grundsatz der freien Beweiswürdigung

13   Der Inhalt von § 108 Abs. 1 S. 1 wird üblicherweise mit dem „Grundsatz der freien Beweiswürdigung" umschrieben.[18] Im Einzelnen ist dies wie folgt zu konkretisieren:

---

15   Vgl. BVerfGE 84, 188, 190; MDR 2013, 1113; 16.7.2016 – 2 BvR 1614/14, juris Rn. 11.

16   St. Rspr. des BVerfG, BVerfGE 9, 89, 95; den eigenständigen Regelungsgehalt betont jedoch *E. Schmidt-Aßmann*, in: Maunz/Dürig Art. 103 Abs. 1 Rn. 20 ff.

17   *M. Dawin*, in: Schoch/Schneider/Bier § 108 Rn. 7; für § 128 SGG s. *W. Keller*, in: Meyer-Ladewig § 128 Rn. 4 b; vgl. auch *J. Kokott*, Beweislastverteilung, 1993, 23; für § 286 ZPO vgl. *H. Prütting* in: MüKoZPO § 286 Rn. 13.

18   Vgl. BVerwG Buchholz 310 § 108 VwGO Nr. 145; für § 128 SGG s. *W. Keller*, in: Meyer-Ladewig § 128 Rn. 4.

1. Der Sachverhalt als Bezugspunkt der Überzeugung. Um eine Norm anzuwenden, hat das Gericht 14 zunächst festzustellen, dass die Tatbestandsvoraussetzungen der Norm vorliegen. Diese Voraussetzungen knüpfen an real erfahrbare Ereignisse[19] – d.h. tatsächliche (Lebens)-Sachverhalte – an.[20] Zwar treten die Rechtsfolgen materiell-rechtlicher Normen unabhängig von jedem Wissen über die tatsächliche Verwirklichung des Normtatbestandes ein;[21] doch kommt es für die richterliche Entscheidung gerade darauf an, wann das Gericht – als vom Gesetz zur Entscheidung berufenes Staatsorgan – vom Vorliegen entsprechender tatsächlicher Ereignisse auszugehen hat. Das positive, auf die Durchsetzung in justiziellen Verfahren ausgerichtete Recht zeichnet sich dadurch aus, „ein erweisbares sein zu müssen".[22] Bezugspunkt der richterlichen Überzeugung ist somit der Sachverhalt, den das Gericht gem. § 86 zu ermitteln hat (vgl. zum Untersuchungsgrundsatz die Komm. zu § 86, insbes. zur Sachverhaltserforschung → § 86 Rn. 11–23) und der die Grundlage der richterlichen Rechtsanwendung bildet.

Demgegenüber kann das Recht nicht Gegenstand der freien richterlichen Überzeugung nach § 108 15 Abs. 1 S. 1 sein.[23] Nach Art. 20 Abs. 3 GG und Art. 97 Abs. 1 GG sind die Gerichte an Gesetz und Recht gebunden. Insoweit steht das Recht nicht zur Disposition des Richters. Der Richter hat das Recht vielmehr seiner Entscheidung so zugrunde zu legen, wie es „objektiv" besteht, und nicht so, wie er es nach seiner Überzeugung erkannt hat.[24]

Damit etwas Gegenstand richterlicher Überzeugung werden kann, muss es zuerst in das „Blickfeld" 16 des Gerichts gelangen: Das Gericht kann zu Umständen, die es gar nicht wahrgenommen hat, keine Überzeugung bilden.[25] So bilden alle Informationen, Wahrnehmungen und Eindrücke, die dem Gericht im Laufe des Prozesses zugegangen sind, den Prozessstoff.[26] Aus diesem Prozessstoff hat das Gericht die tatsächlichen Umstände zu gewinnen, die der Entscheidung zugrunde zu legen sind: den Sachverhalt. Der Sachverhalt ist eine Beschreibung[27] (d.h. ein Abbild) des rechtlich relevanten (→ § 86 Rn. 11) Ausschnitts einer unendlichen Wirklichkeit. Die Grenzen des Ausschnitts ergeben sich aus dem Sinn des gerichtlichen Verfahrens: der konkreten Streitlösung mittels Rechtsanwendung. Alle Umstände, d.h. aufgrund ihres Realitätsbezugs alle Tatsachen, die für die Anwendung des materiellen Rechts Bedeutung haben und somit rechtlich relevant sind, gehören in diesen Wirklichkeitsausschnitt. Rechtlich relevant sind nur die Tatsachen, die – aufgrund ihres zeitlichen und räumlichen Zusammenhangs – für eine Subsumtion unter die infrage stehende materiell-rechtliche Norm oder für die Ausübung einer etwaigen Beurteilungs- oder Ermessensermächtigung erforderlich sind.[28]

Dies können neben vergangenen und gegenwärtigen Geschehnissen und Zuständen der Außenwelt 17 (sog. äußere Tatsachen[29]) auch Vorgänge und Zustände des menschlichen Gefühls- und Seelenlebens (sog. innere Tatsachen[30]) sein.[31] Im Hinblick auf zukünftige Tatsachen trifft es zwar zu, dass nicht geschehene Ereignisse nicht der Realität angehören:[32] Die Feststellung der Übereinstimmung von Zu-

---

19 S.a. *M. Nierhaus*, Beweismaß und Beweislast, 1989, 29.
20 *S. Unger*, in: Gärditz § 108 Rn. 4.
21 *M. Nierhaus*, Beweismaß und Beweislast, 1989, 132, 154; *W. Berg*, Verwaltungsgerichtliche Entscheidung, 1980, 72 Fn. 3 a.E.; *R. Bruns*, Zivilprozessrecht, 1979, 236; *R. Greger*, Beweis und Wahrscheinlichkeit, 1978, 1, 111; *W. Tietgen*, Gutachten 2B, 46 DJT, 1967, 7; auch *D. Leipold*, Beweisregeln, 1984, 23 ff., 61 ff.
22 *Georg Wilhelm Friedrich Hegel*, Grundlinien der Philosophie des Rechts, ⁴1955, § 222; ähnl. *ders.*, Encyklopädie der philosophischen Wissenschaften im Grundrisse, Teil III, 1827, § 531.
23 So auch *M. Dawin*, in: Schoch/Schneider/Bier § 108 Rn. 9.
24 *M. Dawin*, in: Schoch/Schneider/Bier § 108 Rn. 9.
25 Vgl. *G. Bohne*, Überzeugungsbildung, 1948, 63; vgl. *R. Weimar*, Psychologische Studien, 1996, 81, 82; *M. Dawin*, NVwZ 1995, 729, 732.
26 Vgl. *M. Dawin*, in: Schoch/Schneider/Bier § 108 Rn. 9, 13.
27 Dazu, dass es den „Sachverhalt an sich" nicht gibt, sondern nur „im Medium der Sprache angemessen oder unangemessen erfasste Sachverhalte", *G. Herdegen*, JZ 1998, 54. Zur Wertung durch Wortwahl bei der Sachverhaltswiedergabe durch das Gericht auch BVerwG Buchholz 310 § 108 Nr. 183 (S. 2, 4).
28 *M. Nierhaus*, Beweismaß und Beweislast, 1989, 28, 30 mit einer Differenzierung zwischen Subsumtionstatsachen und Rechtsfortbildungstatsachen sowie weiteren Nachw. dazu; zu den sog. Rechtsfortbildungstatsachen *H. Seiter*, FS Baur, 1981, 573, 574: „Es gibt offenbar Tatsachenbehauptungen, die nicht der Subsumtion unter den Tatbestand einer bestehenden Rechtsnorm dienen, sondern Bestandteil der Rechtsfortbildung sind."
29 Z.B. der Einwurf eines Antrages in den Briefkasten einer Behörde.
30 Z.B. bezieht sich die Gewissensentscheidung des Kriegsdienstverweigerers nach Art. 4 Abs. 3 GG auf innere Vorgänge; vgl. *M. Nierhaus*, Beweismaß und Beweislast, 1989, 30.
31 Rosenberg/Schwab/Gottwald § 111 Rn. 3; *M. Nierhaus*, Beweismaß und Beweislast, 1989, 29; *S. Unger*, in: Gärditz § 108 Rn. 4.
32 *F. Ossenbühl*, FG BVerfG, 1976, 458, 466, 501 ff.; *R. Greger*, Beweis und Wahrscheinlichkeit, 1978, 29.

kunft und Wirklichkeit als wahr oder unwahr ist nicht denkbar; doch knüpft das materielle Recht – oft über Prognosebegriffe[33] – Rechtsfolgen auch an zukünftig eintretende Sachverhalte: So wird mit dem Begriff der Gefahr, etwa im Polizeirecht, eine Sachlage umschrieben, bei deren ungehindertem Ablauf nach allgemeiner Lebenserfahrung (demnächst) wahrscheinlich ein Schaden eintritt.[34] Als Verfolgter i.S.v. Art. 16a Abs. 1 GG wird auch der angesehen, der erst in der Zukunft verfolgt werden wird (BVerfGE 80, 315, 344). Damit hat der Gesetzgeber selbst zukünftige Ereignisse zum zulässigen Bezugspunkt richterlicher Überzeugung gemacht (zum Beweismaß bei zukünftigen Tatsachen → Rn. 90). Die der Beweiswürdigung zugrunde gelegten Tatsachen bleiben allerdings solche der Gegenwart; die aus diesen Tatsachen gewonnene Überzeugung nimmt lediglich Bezug auf ein zukünftiges bzw. für die Zukunft angenommenes Ereignis.

18　Ziel des gerichtlichen Verfahrens ist die Streitentscheidung aufgrund der richterlichen Überzeugung. Die Bildung dieser richterlichen Überzeugung als Vorgang ist das Erkennen der Wirklichkeit[35] bzw. in Anlehnung an § 286 Abs. 1 ZPO das Erkennen der Wahrheit[36] in der Form des Sachverhalts. Mittel der Überzeugungsbildung ist die Bewertung des Gesamtergebnisses des Verfahrens: die sog. Beweiswürdigung. Die eigentlich mit dem Ausdruck Beweiswürdigung verbundene Beschränkung auf durch Beweiserhebung gewonnene Umstände trifft – mit Rücksicht auf die Zugrundelegung des gesamten Prozessstoffs – nicht zu.[37]

19　**2. „Gesamtergebnis des Verfahrens" als Grundlage der Würdigung.** Die Menge an Gesichtspunkten, Fakten und Aspekten, die das Gericht zur Überzeugungsgewinnung heranziehen kann und gleichzeitig muss,[38] wird vielmehr nach § 108 Abs. 1 S. 1 auf das „Gesamtergebnis des Verfahrens" beschränkt (zur Reichweite der Amtsermittlungspflicht → § 86 Rn. 29 ff.).[39] D.h., alles, was nicht Teil des Gesamtergebnisses geworden ist, darf das Gericht nicht berücksichtigen.[40] Insoweit ist § 108 Abs. 1 S. 1 eine Verpflichtung des Gerichts zu entnehmen, *nur* aufgrund seiner aus dem Gesamtergebnis des Verfahrens gewonnenen Überzeugung zu entscheiden.[41] Daraus ergibt sich sowohl eine sachliche als auch eine zeitliche Eingrenzung der Entscheidungsgrundlage:

20　**a) Der erforderliche sachliche Zusammenhang.** Sachlich bezieht sich das Erfordernis „aus dem Gesamtergebnis des Verfahrens" auf den Prozessstoff.

21　**aa) Die den Prozessstoff bildenden Umstände.** Den Prozessstoff bilden alle Umstände, die durch das konkrete Verfahren offen gelegt wurden.[42] Damit wird ein Umstand Teil des Prozessstoffes, wenn er von einem am Prozess Beteiligten geäußert wird oder das Gericht bei seinen Ermittlungen auf ihn stößt. Das Gesamtergebnis umfasst damit im Wesentlichen die Erklärungen – insbes. die Anträge (vgl. BVerwG NJW 1986, 1125), und das sonstige Verhalten der Beteiligten im Rechtsstreit, etwa das Auftreten oder die Art der Reaktion, z.B. auf Vorhaltungen und Fragen[43] und die Ergebnisse etwaiger Beweiserhebungen.[44]

22　Entsprechend den Grundsätzen der Mündlichkeit und Unmittelbarkeit wird ein Umstand in der Form Teil des Gesamtergebnisses, in der er vom Gericht (mit-)erlebt worden und daher Gegenstand der

---

33　Dazu M. *Nierhaus*, Beweismaß und Beweislast, 1989, 31 m.w.N. und B. *Brunn*, NJOZ 2014, 361, 367.

34　Vgl. V. *Götz*, Allgemeines Polizei- und Ordnungsrecht, [15]2013, § 6 Rn. 3; J. *Kokott*, Beweislastverteilung, 1993, 25.

35　Vgl. E. *Schneider*, Beweis und Beweiswürdigung, 1995, Vorwort.

36　S.a. M. *Nierhaus*, Beweismaß und Beweislast, 1989, 31 – zur Beziehung von § 286 ZPO zu § 108 Abs. 1 insbes. S. 48 f; für künftige Sachverhalte besteht die Überzeugungsgewinnung in der Erstellung einer Prognose (→ Rn. 17, 90 f.); für die verfassungsgerichtliche Entscheidung F. *Ossenbühl*, FG BVerfG, 1976, 458, 466, 501 ff.

37　R. *Reinecke*, MDR 1986, 630, 633; H.-J. *Musielak/M. Stadler*, Beweisrecht, 1984, 63 Fn. 1; anschaulich R. *Bruns*, Zivilprozessrecht, 1979, 236, 244.

38　Vgl. M. *Dawin*, in: Schoch/Schneider/Bier § 108 Rn. 29.

39　Mit der Beschränkung der gerichtlich verwertbaren Tatsachen verringert sich logisch die Chance der Übereinstimmung von gerichtlichem Sachverhalt und (objektiver) Wirklichkeit. Diese auch aus prozessökonomischen Gründen gebotene Beschränkung findet einen gewissen Ausgleich in der umfassenden Amtsermittlungspflicht des § 86 Abs. 1 S. 1.

40　M. *Dawin*, NVwZ 1995, 729, 732.

41　Ähnl. M. *Dawin*, in: Schoch/Schneider/Bier § 108 Rn. 30.

42　Vgl. mit Bezug auf die Verfahrensbeteiligten *Kopp/Schenke* § 108 Rn. 2.

43　Vgl. für § 96 FGO BFH BStBl 82, 442, 443; R. *Seer*, in: Tipke/Kruse § 96 FGO Tz 9 ff. – sowie den Inhalt der vom Gericht herangezogenen Akten vgl. BVerwG ZIP 1998, 305; Buchholz 310 § 86 VwGO II Nr. 36, S. 8.

44　Vgl. BVerwG Buchholz 310 § 108 VwGO Nr. 145; S. *Unger*, in: Gärditz § 108 Rn. 6; s.a. OVG Münster AUAS 2007, 20 zur Wertung und Bewertung ärztlicher Atteste und Stellungnahmen; für § 286 ZPO auch H. *Prütting*, in: MüKoZPO § 286 Rn. 7.

mündlichen Verhandlung gewesen ist.[45] Umstände, die in der mündlichen Verhandlung selbst den Beteiligten offengelegt werden, sind Gegenstand des Verfahrens und damit gleichzeitig Bestandteil des Gesamtergebnisses.[46] Eine förmliche Einbeziehung als Verfahrensgegenstand muss nicht erfolgen.[47] Allerdings müssen die Umstände im Einzelnen bezeichnet sein; es muss sichergestellt sein, dass die Beteiligten Kenntnis der „maßgeblichen Entscheidungsgrundlagen" haben können (vgl. BVerwG NVwZ 1993, 769 unter Heranziehung von Art. 103 Abs. 1 GG). Dazu kann auch ein ausdrücklicher Hinweis erforderlich sein, dass dem Gericht bestimmte Umstände bekannt sind und es beabsichtigt, diese bei seiner Entscheidung zu berücksichtigen.[48]

Die von einem vorinstanzlichen Gericht durchgeführte Beweiserhebung ist für nachfolgende Instanzgerichte „Teil des Prozessstoffes, den es nach § 108 Abs. 1 S. 1 als Gesamtergebnis des Verfahrens zu beachten und zu würdigen gilt" (BVerwG NVwZ 1993, 572, 577). Deshalb kann ein Berufungsgericht von Feststellungen eines Sachverständigengutachtens, das vom vorinstanzlichen Gericht eingeholt worden ist, abweichende Tatsachenfeststellungen nur unter Beachtung der zu § 98 VwGO, §§ 404, 412 ZPO entwickelten Grundsätze treffen (→ Rn. 55 ff.).[49] 23

bb) Das Erfordernis der Vollständigkeit des Prozessstoffes. Aus dem Begriff „Gesamtergebnis" folgt zunächst, dass das Gericht seine Überzeugung auf der Grundlage des vollständigen Prozessstoffes bilden muss (quantitatives Erfordernis der Vollständigkeit des Prozessstoffes).[50] Der Prozessstoff ist gerade nicht in einzelnen Teilen, sondern in seiner Gesamtheit der Überzeugungsbildung zugrunde zu legen; das Gericht ist dazu verpflichtet, sich die geeigneten Grundlagen zu verschaffen, aufgrund derer eine freie Überzeugungsbildung erst möglich ist (BVerwG Buchholz 310 § 108 VwGO Nr. 181). Einerseits darf das Gericht damit grds. auf jedes Einzelelement des Prozessstoffs zurückgreifen.[51] Doch darf es bei seiner Überzeugungsbildung nicht einzelne Elemente und Umstände vollkommen außer Betracht lassen: Es besteht ein *Selektionsverbot*,[52] wonach das Gericht verpflichtet ist, das Gesamtergebnis des Verfahrens auszuschöpfen. 24

Ein Gericht verstößt z.B. gegen dieses Selektionsverbot, wenn es offenbar gewordene Umstände oder Erkenntnisquellen gar nicht oder nur teilweise heranzieht, indem es etwa nur einen bestimmten Teil eines Gutachtens und nicht alle Aussagen zugrunde legt (BVerwG Buchholz 310 § 86 I VwGO Nr. 261). Entscheidend ist, wann von einer unzulässigen, bruchstückhaften Heranziehung des Prozessstoffs auszugehen ist. Maßstab können insoweit nur die Entscheidungsgründe sein:[53] Dass einzelne Umstände in den Entscheidungsgründen nicht erwähnt werden, zwingt nicht zur Annahme eines Verstoßes, „da grundsätzlich davon auszugehen ist, dass das Gericht seiner Pflicht aus § 108 Abs. 1 S. 1 genügt und seiner Entscheidung das Vorbringen der Beteiligten sowie den festgestellten Sachverhalt 25

---

45 BVerwGE 81, 139 (143); *Kopp/Schenke* § 108 Rn. 2; nach BFHE 141, 221, 222 sind auch bei Gericht eingegangene Schriftstücke, die – aus welchen Gründen auch immer – nicht zur Kenntnis des Gerichts gelangt und damit nicht Gegenstand der mündlichen Verhandlung geworden sind, ebenfalls Gegenstand des Verfahrens und müssen damit zum Gesamtergebnis gerechnet werden. Nach BVerwG NJW 1986, 1125 kommt es – mit Bezug auf § 108 Abs. 2 – allein darauf an, „dass das Schriftstück rechtzeitig in die Verfügungsgewalt des Gerichts gelangt ist". So auch BVerfGE 52, 203, 209.
46 So auch *M. Dawin*, in: Schoch/Schneider/Bier § 108 Rn. 37.
47 S.a. *M. Dawin*, in: Schoch/Schneider/Bier § 108 Rn. 36.
48 A.M. BFH JZ 1971, 101 im Hinblick auf beigezogene Akten, da die Beteiligten immer mit der Beiziehung und Berücksichtigung der in der Sache bei der Verwaltung angefallenen (Einkommensteuer-)Akten rechnen müssten. Wie hier *Kopp/Schenke* § 108 Rn. 2. Bzgl. selbst vorgelegter Unterlagen vgl. aber BVerwG Buchholz 310 § 86 II VwGO Nr. 36: Umstände, die bis zur Eröffnung der mündlichen Verhandlung im Verfahren zutage getreten sind – etwa in Akten –, werden auch Gegenstand der mündlichen Verhandlung, sofern die mündliche Verhandlung nicht inhaltlich auf einen Teil des Streitgegenstandes beschränkt wurde.
49 BVerwG NVwZ 1993, 572, 577.
50 *M. Dawin*, in: Schoch/Schneider/Bier § 108 Rn. 29.
51 Vgl. BVerwG Buchholz 310 § 86 Abs. 2 VwGO Nr. 36; dies befreit natürlich nicht von den Bindungen aus § 108 Abs. 1 S. 1, Abs. 2 und Art. 103 Abs. 2 GG.
52 BVerwGE 68, 338; 85, 92; BVerwG NVwZ-RR 1993, 88; Buchholz 237.6 § 39 NdsLBG Nr. 1; Buchholz 310 § 108 VwGO Nr. 169, 173, 183, 205; Buchholz 406.11 § 19 BBauG Nr. 15; Buchholz 412.3 § 6 BVFG Nr. 68 (S. 64); *G. Walter*, Beweiswürdigung, 1979, 263; für die StPO vgl. *G. M. Sander*, in: Löwe-Rosenberg, Die Strafprozessordnung und das Gerichtsverfassungsgesetz, Bd. 6/2, ²⁶20013, § 261 Rn. 56 f.
53 Zum Ansetzen an der gerichtlichen Begründung BVerwG Buchholz 310 § 108 VwGO Nr. 258, 260, 267; BVerfG NVwZ 1998, Beilage 12, 113, 114.

vollständig und richtig zugrunde gelegt hat".[54] Auch hier kann sich das Gericht auf die Angabe der wesentlichen Gründe beschränken (BVerwG Buchholz 310 § 108 VwGO Nr. 183 [S. 2]). Für die Annahme eines Verstoßes gegen das Selektionsverbot sind vielmehr eindeutige Hinweise notwendig.[55] Dies ist etwa der Fall, wenn das Gericht bei seiner Entscheidung „gewichtige Tatsachen oder Tatsachenkomplexe, deren Entscheidungserheblichkeit sich aufdrängt, unerwähnt lässt" (BVerwG Buchholz 310 § 86 I VwGO Nr. 261; s. i.Ü. BVerwG Buchholz 310 § 108 I VwGO Nr. 48).

26 Eine immanente Beschränkung des Selektionsverbotes ergibt sich aus den Beweiserhebungsverboten.[56] Darunter fallen allerdings nicht solche Erkenntnisse, die aufgrund nicht notwendiger aber zulässiger gerichtlicher Aufklärungsmaßnahmen (zu den Grenzen der Amtsermittlungspflicht → § 86 Rn. 29 ff.)[57] erworben wurden: z.B. wenn das Gericht eine weitere Sachaufklärung bei Tatsachenbehauptungen des Klägers, die im Widerspruch zu einer tatsächlichen Vermutung (näher zur tatsächlichen Vermutung → Rn. 167) stehen, wegen fehlender konkreter Angaben des Klägers nicht vornehmen musste. Nimmt es dennoch eine Aufklärungsmaßnahme vor, müssen die dadurch erlangten Erkenntnisse aber gem. § 108 Abs. 1 S. 1 berücksichtigt werden.[58] Die Befugnis darüber zu entscheiden, was zum Gesamtergebnis gehört und was nicht, steht dem Gericht insoweit nicht zu.

27 **cc) Außerprozessuales Wissen des Richters und Prozessstoff: offenkundige, gerichtskundige, allgemeinkundige Tatsachen.** Jeder Richter hat als Individuum und Teil der Gesellschaft eine eigene Erfahrungswelt.[59] Diese vermittelt ihm Kenntnisse, die auch bei seiner richterlichen Entscheidung eine Rolle spielen können.[60] Entscheidend ist, inwieweit und unter welchen Bedingungen derart außerprozessual erlangtes – sog. *privates Wissen des Richters*[61] – Grundlage[62] der richterlichen Überzeugungsbildung sein kann.

28 Nach § 291 ZPO bedürfen „Tatsachen, die bei dem Gericht offenkundig sind", keines Beweises. § 291 ZPO gilt über § 173 VwGO entsprechend auch für das verwaltungsgerichtliche Verfahren.[63] Unter offenkundige Tatsachen werden sowohl gerichtskundige als auch allgemeinkundige Tatsachen gefasst.[64] *Gerichtskundig* sind Tatsachen, die dem Richter aus seiner amtlichen – gleich ob aus jetziger oder früherer Tätigkeit – bekannt sind;[65] dazu gehören auch Kenntnisse aus dienstlichen Mitteilungen früherer Prozesse und früheren Sachverständigengutachten.[66] *Allgemeinkundig* sind Tatsachen, die in einem größeren oder kleineren Gebiet einer unbestimmten Zahl von Personen bekannt sind oder wahrnehmbar waren und über die man sich aus zuverlässigen Quellen – ohne besondere Fachkunde – sicher unterrichten kann,[67] sodass ein besonnener Mensch von deren Wahrheit überzeugt sein kann.[68]

---

54 BVerwG Buchholz 310 § 108 Abs. 1 VwGO Nr. 48; Buchholz 310 § 86 I VwGO Nr. 261; s.a. BVerwG NVwZ 1995, 175, 177; Buchholz 310 § 108 VwGO Nr. 183 (S. 2).

55 BVerwG Buchholz 448 § 11 WPflG Nr. 35 (S. 16 f.); s.a. M. Dawin, in: Schoch/Schneider/Bier § 108 Rn. 29.

56 So etwa, wenn eine Aussage durch Ausübung rechtswidrigen Zwanges zustande kommt oder die Auswertung schriftlicher Unterlagen die Intimsphäre eines Verfahrensbeteiligten oder Zeugen verletzt.

57 Maßstab für die Beurteilung der Notwendigkeit einer Aufklärungsmaßnahme ist der Untersuchungsgrundsatz gem. § 86 Abs. 1 S. 1.

58 I.E. auch M. Dawin, in: Schoch/Schneider/Bier § 108 Rn. 29.

59 Zur allgemeinen Lebenserfahrung auch G. Fezer, StV 1995, 93, 97.

60 Etwa, wenn es um die Frage der Fahrtdauer von A nach B geht und der Richter in A wohnt und selbst gelegentlich nach B fährt. Hier kennt der Richter die Fahrtdauer aufgrund seiner „Vertrautheit" mit den örtlichen Gegebenheiten (vgl. M. Dawin, in: Schoch/Schneider/Bier § 108 Rn. 16).

61 Vgl. F. Stein, Wissen des Richters, 1969, 85; V. Lipp, Wissen des Richters, 1995; E. Schneider, Beweis und Beweiswürdigung, 1994, Rn. 21.

62 Vgl. nur den in manchen Textausgaben der VwGO als nicht-amtliche Überschrift zu § 108 verwendeten Begriff „Urteilsgrundlagen".

63 BVerfGE 10, 177, 183; BVerwG NVwZ 1983, 99; 1990, 571; OVG Lüneburg NVwZ 1997, Beilage 2, 14 m.w.N.

64 BVerfGE 10, 177, 183; Baumbach/Lauterbach/Albers/Hartmann § 291 Rn. 4, 5.

65 BGH NJW-RR 1988, 173 für den Sitz einer Großbank; H.-J. Musielak/M. Stadler, Grundfragen, 1984, Rn. 26; BVerwG NJW 1990, 3104; BAG MDR 1996, 828.

66 Vgl. Baumbach/Lauterbach/Albers/Hartmann § 291 Rn. 5.

67 H.-J. Musielak/M. Stadler, Grundfragen, 1984, Rn. 25.

68 Vgl. BVerwG NVwZ 1983, 99; DÖV 1983, 207; NJW 1987, 1431, 1433 m.w.N.; Buchholz 402.24 § 28 AuslG Nr. 36. So z.B. der Wahlsieg der Kongresspartei bei den Parlamentswahlen in Indien 1980, BVerwG Buchholz 402.24 § 28 AuslG Nr. 36; vgl. entsprechend zur Wahlniederlage der regierenden Pakistan People Party unter Premierministerin Bhutto im Herbst 1990, BVerwGE 87, 52, 62, oder zum Sturz des kommunistischen Regimes in Afghanistan im April 1992, BVerwGE 91, 104, 105.

Aus § 173 VwGO i.V.m. § 291 ZPO folgt direkt, dass der Richter vom Vorliegen einer offenkundigen 29
Tatsache ohne Beweiserhebung überzeugt sein kann. Der Vorschrift kann aber mehr entnommen werden: Ratio legis ist die Vermeidung „unnötiger Beweisaufnahmen".[69] Dazu ist ein prozessualer Bezug
der Kenntniserlangung nicht erforderlich.[70] Neben dem prozessualen amtlichen Richterwissen kann
grds. auch *allgemeines* außerprozessuales Wissen geeignet sein, beim Richter die notwendige Überzeugung zu bilden. Eine Beschränkung auf die amtliche Herkunft des Wissens wäre willkürlich. Insoweit
ist es für die Verwertbarkeit von Wissen unschädlich, dass es aus persönlichen Lebensbezügen des
Richters folgt und damit (zunächst) „privaten" Charakter hatte.[71] So kann der Richter auf eigene wissenschaftliche oder fachliche Kenntnisse zurückgreifen, indem er etwa eigenes Fachwissen verwendet
anstatt ein Sachverständigengutachten einzuholen[72] oder aufgrund eigenen Wissens einem Sachverständigen nicht folgt.[73] Die Entscheidung, ob ein Sachverständigengutachten eingeholt wird, steht im
Ermessen des Gerichts (BVerwG NJW 1989, 1233). Allerdings befreien § 173 VwGO i.V.m. § 291
ZPO nicht von der Einhaltung der Erfordernisse des § 108. Gerichtskundige Tatsachen müssen erst
Teil des Prozessstoffes werden.[74] Dies geschieht i.d.R. durch eine entsprechende Mitteilung.[75] Ein solcher Hinweis ist allein schon mit Blick auf § 108 Abs. 2 und Art. 103 Abs. 1 GG erforderlich (zu
§ 108 Abs. 2 in diesem Zusammenhang → Rn. 195). Nach der Einführung des ohne die förmlichen
prozessualen Erkenntnismittel erlangten Wissens in den Prozess besteht zu prozessual erlangtem richterlichen Wissen kein Unterschied mehr; entscheidend ist dann nur die sachliche Richtigkeit des Wissens.[76] Anders liegen die Dinge jedoch bei allgemeinkundigen Tatsachen. Solche Umstände, die den
Beteiligten gegenwärtig sind und von denen sie wissen, dass sie entscheidungserheblich sein können,
brauchen nicht ausdrücklich in den Prozess eingeführt zu werden.[77]

Entscheidende Grenze für die Verwertbarkeit außerprozessualen Wissens des Richters ist nach dem 30
oben Gesagten das Kriterium der Allgemeinheit. Dieses kann unter Berücksichtigung von § 41 Nr. 5
Alt. 1 ZPO wie folgt konturiert werden:[78] Nach § 41 Nr. 5 Alt. 1 ZPO ist ein Richter von der Ausübung seines Amtes in Sachen ausgeschlossen, in denen er als Zeuge vernommen ist. Daraus ist zu folgern, dass Wissen, das auf eine Weise erlangt wurde, die den Richter zum „potenziellen" Zeugen
macht, nicht auf die richterliche Würdigung einwirken sollte;[79] ein nach der Prozesslage streitiger
Sachverhalt könnte für den Richter aufgrund seiner persönlichen, selektierenden Wahrnehmung der
konkreten streitigen Umstände zu einem insoweit von vornherein feststehenden Sachverhalt werden.
Privates Wissen, welches das konkrete dem Prozess zugrunde liegende (streitige) historische Geschehen direkt zum Gegenstand hat, soll vielmehr durch Zeugenaussage in den Prozess und die richterliche Überzeugungsbildung einfließen. Ein Richter kann nicht gleichzeitig ein (heimlicher) Zeuge sein.[80]
Damit müssen private Kenntnisse, die der Richter als „*Zufallszeuge*" selbst erworben hat, unverwertbar bleiben,[81] d.h. derartige Kenntnisse sind gerade nicht allgemein.

---

69 *G. Walter*, Beweiswürdigung, 1979, 273, 275.
70 *G. Walter*, Beweiswürdigung, 1979, 284.
71 *F. Stein*, Wissen des Richters, 1969, 85; *V. Lipp*, Wissen des Richters, 1995; enger *Y. Ott*, in: Hannich, Karlsruher
    Kommentar zur StPO, [7]2013, § 261 Rn. 10.
72 *S. Unger*, in: Gärditz § 108 Rn. 8; s. zur richterlichen Überzeugungsbildung bei Beiziehung von Sachverständigen auch
    Kopp/Schenke § 108 Rn. 9, 10 m.w.N.; s.a. BVerwG NJW 2002, 455.
73 BVerfGE 54, 86, 92 f.; 68, 177, 182; BVerwG NVwZ-RR 1990, 375; Buchholz 402.24 § 10 AuslG Nr. 127; Buchholz
    418.00 Ärzte Nr. 60; Buchholz 310 § 86 Abs 1 VwGO Nr. 224, 270; Buchholz 310 § 98 VwGO Nr. 41; Buchholz 310
    § 108 Nr. 127; *G. Walter*, Beweiswürdigung, 1979, 281; *D. Leipold*, in: Stein/Jonas IV § 286 Rn. 20; zur Anwendbarkeit von § 402 ZPO (i.V.m. § 98 VwGO) OVG Koblenz NVwZ-RR 1992, 592; VGH Kassel MDR 1997, 97, 98;
    VGH Mannheim NVwZ 1995, Beilage 4, 28 m.w.N.; zu den eingeschränkten Voraussetzungen des Hinwegsetzens
    über ein Sachverständigengutachten BVerwG NVwZ 1993, 572, 577.
74 Für Sachverständigengutachten BVerwG NJW 2009, 2614.
75 Vgl. BVerwG Buchholz 402.25 § 1 Nr. 37; *M. Dawin*, in: Schoch/Schneider/Bier § 108 Rn. 17.
76 *M. Dawin*, in: Schoch/Schneider/Bier § 108 Rn. 17.
77 A.A. *M. Dawin*, in: Schoch/Schneider/Bier § 108 Rn. 31: offenkundige Tatsachen sind als Tatsachenbasis der Urteilsfindung anzusprechen.
78 § 41 Nr. 5 Alt. 1 ZPO gilt über § 54 Abs. 1 im verwaltungsgerichtlichen Verfahren entsprechend: vgl. BVerfG NVwZ
    1996, 885; *S. Unger*, in: Gärditz § 108 Rn. 8.
79 So auch *M. Dawin*, in: Schoch/Schneider/Bier § 108 Rn. 18.
80 *Baumbach/Lauterbach/Albers/Hartmann* § 286 Rn. 23.
81 *G. Walter*, Beweiswürdigung, 1979, 280; entsprechend auch *D. Leipold*, in: Stein/Jonas IV § 286 Rn. 26.

31   Fraglich ist, ob es für die Verwertbarkeit eine Grenze dergestalt gibt, dass der Richter über sein allgemeines Wissen bereits verfügen muss und es sich nicht erst verschaffen darf: Für den Bereich des Zivilrechts ist anerkannt, dass der Richter eine Tatsache auch erst durch eine Nachfrage oder durch ein Nachschlagen in einem allgemein zugänglichen zuverlässigen Buch feststellen kann.[82] Hier eine zeitliche Grenze zu fordern, erscheint wenig sinnvoll und praktikabel. Auch ergibt sich aus § 86 Abs. 1 S. 1 für das verwaltungsgerichtliche Verfahren keine Besonderheit, die eine derartige Grenze fordert. Soweit die betreffenden Tatsachen nicht allen Beteiligten gegenwärtig sind, ist ohnehin ein entsprechender Hinweis erforderlich (→ Rn. 29). Damit sollte auf die Bedingung, dass sich der Richter das Wissen nicht erst verschaffen muss, verzichtet werden.

32   **dd) Zur Abgrenzung von zutreffender Prozessstofferfassung und Würdigung.** Aus dem Tatbestandsmerkmal „Gesamtergebnis" leitet das BVerwG ab, dass der Prozessstoff (zum Begriff → Rn. 21 ff.) als solcher zutreffend erfasst und erkannt sein muss: Nur ein zutreffend erkannter Prozessstoff könne richtig gewürdigt werden.[83] Aus dem Tatbestandsmerkmal „Gesamtergebnis" werden also nicht nur Anforderungen an die (wertende) Tatsachen- bzw. Sachverhaltsfeststellung gefolgert, sondern auch das Gebot, die Umstände, mit denen diese Tatsachen in den Prozess eingeführt werden, also den Prozessstoff, vollständig und richtig zu erfassen. Mitunter versteht das BVerwG die zutreffende Erfassung des Prozessstoffes einschließlich der Ergebnisse einer etwaigen Beweisaufnahme auch als allgemeinen Grundsatz der Beweiswürdigung.[84]

33   Diese doppelte Zuordnung des Gebotes der richtigen Erfassung des Prozessstoffes wird teilweise kritisch gesehen, insbes. sei eine Trennlinie zwischen Erfassung des Prozessstoffes und der darauf aufbauenden wertenden Sachverhaltsermittlung durch Würdigung des Prozessstoffes zu ziehen.[85] Doch schließt die Ableitung des Erfordernisses der zutreffenden Erfassung des Prozessstoffes aus dem Tatbestandsmerkmal Gesamtergebnis die gleichzeitige Einordnung als allgemeinen Grundsatz der Beweiswürdigung nicht aus.

34   Wenn es um Fragen des zu berücksichtigenden Tatsachenmaterials geht, ist zunächst tatbestandlicher Anknüpfungspunkt das „Gesamtergebnis". Zwar gehen „die Sammlung und Sichtung der tatsächlichen Grundlagen der Entscheidung ihrer wertenden Würdigung abtrennbar voraus" (BVerfG NVwZ 1993, 769). Doch beruht die richterliche Beurteilung (Würdigung und Überzeugungsbildung) gerade auf dem so zusammengestellten Prozessstoff. Eine unrichtige oder unvollständige Prozessstofferfassung beeinträchtigt damit auch den Vorgang der Würdigung (vgl. BVerwG Buchholz 310 § 108 VwGO Nr. 145). Unzulänglichkeiten der Prozessstofferfassung schlagen gleichsam als Folgefehler auf die Würdigung durch. Die Konsequenzen für die Würdigung bilden aber einen von der Prozessstofferfassung zu unterscheidenden Problemkreis (→ Rn. 40).

35   Verkennt bspw. das Gericht den Inhalt einer Zeugenaussage infolge abweichender Sinngebung bzgl. eines vom Zeugen verwendeten Begriffs, so ist die tatsächliche Information nie zum Gericht gelangt. Sie kann damit weder Teil des Gesamtergebnisses noch Gegenstand der Würdigung werden. Dabei beinhaltet die Sachverhaltsermittlung (i.S.v. § 86 Abs. 1) – über die Erfassung des Prozessstoffs hinaus – dessen (tatsächliche) Würdigung. Entscheidend für die Abgrenzung von Prozessstofferfassung und Würdigung ist das Element der richterlichen Wertung: Wo es nicht mehr um bloßes Erfassen einer Erklärung oder eines Geschehens im Prozess geht, sondern auch wertende Überlegungen angestellt werden, ist der Bereich der schlichten Prozessstofferfassung verlassen.[86]

---

82   BGH NJW 1992, 2088 für einen Lebensmittelkostenindex aus der Fachpresse; *Baumbach/Lauterbach/Albers/Hartmann* § 291 Rn. 4 a.

83   BVerwG NVwZ-RR 1994, 582, 583; Buchholz 310 § 108 VwGO Nr. 145, 183; Buchholz 310 § 86 Abs. 1 Nr. 261; Buchholz 448 § 11 WPflG Nr. 35 (S. 13); s.a. BVerfGE 83, 216, 229.

84   BVerwG Buchholz 310 § 108 VwGO Nr. 266 (S. 20): Das Revisionsgericht kann nur überprüfen, „ob das Tatsachengericht allgemeine Sachverhalts- und Beweiswürdigungsgrundsätze verletzt, etwa den ihm gezogenen Beurteilungsrahmen überschritten oder gegen das Gebot rationaler, um Objektivität bemühter Beurteilung verstoßen hat, sei es dadurch, dass es von einem zweifelsfrei unrichtigen oder unvollständigen Sachverhalt ausgegangen ist, insbes. in das Verfahren eingeführte Umstände übergangen hat, deren Entscheidungserheblichkeit sich aufdrängt ..., sei es, dass es gesetzliche Beweisregeln, allgemeine Erfahrungssätze, unumstrittene Gerichtstatsachen oder gar Denkgesetze missachtet hat".

85   *M. Dawin*, in: Schoch/Schneider/Bier § 108 Rn. 32, Rn. 34.

86   So auch *M. Dawin*, in: Schoch/Schneider/Bier § 108 Rn. 34.

Im Hinblick auf mündliches Vorbringen ist es i.d.R. eine Sache der bloßen Erfassung des Vorgangs, ob 36 ein Zeuge eine Frage bejaht, verneint oder auf sie mit Schweigen reagiert hat. Verkennt das Gericht die Reaktion, ist das Gesamtergebnis insoweit unrichtig. Legt das Gericht dagegen einer korrekt wahrgenommenen und verstandenen Aussage gewisse Tendenzen, Nuancen und Intentionen bei, liegt darin eine Beweiswürdigung.[87]

In Bezug auf beigezogene Akten (Gerichts- oder Behördenakten) ist der Prozessstoff unrichtig erfasst, 37 wenn der vom Gericht zugrunde gelegte Sachverhalt nicht mit dem „Sachverhalt, wie er sich aus den Akten ergibt" (BVerwG Buchholz 442.10 § 4 StVG Nr. 71) übereinstimmt (Aktenwidrigkeit).[88] Die beigezogenen Verwaltungsvorgänge – in Form der Akten – müssen richtig und vollständig zugrunde gelegt werden.[89] Das Gericht ist (vgl. auch § 105 VwGO i.V.m. §§ 159–165 ZPO) an die in den §§ 415–444 ZPO festgelegten Beweisregeln gebunden, da es sich bei den Akten um Urkunden i.S.d. – gem. § 98 entsprechend anwendbaren[90] – Vorschriften der §§ 415–444 ZPO handelt. Es darf urkundlich dargelegte Teile des Prozessstoffs grds.[91] nicht anders der Entscheidung zugrunde legen.[92] Ein durch Aktenwidrigkeit begründeter Verfahrensfehler wird nicht dadurch geheilt, dass die Aktenwidrigkeit nachträglich im Wege der Tatbestandsberichtigung gem. § 119 aufgehoben wird.[93]

Wendet das Gericht eine Norm an, weil ein Tatbestandsmerkmal aufgrund eines aktenwidrig festge- 38 stellten Umstandes als gegeben erachtet wurde, ist die Normanwendung fehlerhaft. Neben der Fehlerhaftigkeit der Überzeugungsbildung ist mit der Aktenwidrigkeit auch die Anwendung der jeweiligen Norm selbst fehlerhaft.[94]

b) Der erforderliche zeitliche Zusammenhang. In zeitlicher Hinsicht begrenzt § 108 Abs. 1 S. 1 die 39 entscheidungsrelevanten Umstände einerseits auf solche, die bis zum Abschluss des gerichtlichen Verfahrens Gegenstand gerichtlicher Wahrnehmung waren. Andererseits folgt das BVerwG aus § 108 Abs. 1 S. 1, dass für das Gericht noch eine verlässliche Entscheidungsgrundlage gegeben sein muss, denn „nach den Vorstellungen des Gesetzgebers" müsse „zwischen einer Beweisaufnahme und der hierauf beruhenden Entscheidung ein zeitlicher Zusammenhang bestehen" (BVerwG NVwZ 1999, 763, 764). Wie dieser Zusammenhang konkret beschaffen sein muss, lässt sich dem Prozessrecht nicht in Gestalt bestimmter Fristen entnehmen. Maßgeblich bleiben der Regelungszweck des § 108 Abs. 1 S. 1 und die allgemeinen Regeln der richterlichen Überzeugungsbildung.

3. Die richterliche Würdigung und deren Kriterien bei der Überzeugungsbildung. a) Der Vorgang der 40 **Würdigung.** Um seine Überzeugung hinsichtlich des Vorliegens eines bestimmten Sachverhalts – der spezifisch forensischen Wahrheit – zu bilden, muss das Gericht das gewonnene Gesamtergebnis des Verfahrens bewerten, d.h. die einzelnen Umstände und Elemente des Prozessstoffs bzgl. ihrer Aussagekraft *würdigen*.[95] Bei der Würdigung ist es für den Richter die entscheidende Frage, wie stark oder schwach die einzelnen Elemente und Umstände des Prozessstoffs für das Vorliegen der behaupteten Tatsache sprechen. Der Begriff „Würdigung" umschreibt damit einen Vorgang innerer Reflexion, der

---

87 Nach BVerwG Buchholz 310 § 108 VwGO Nr. 183 beinhaltet eine Urteilsausführung, wonach der Kläger seine „Aussage nicht näher zu belegen oder zu erläutern" vermocht habe, eine Wertung, was nicht zugleich die Zugrundelegung eines unvollständigen Sachverhalts bedeute.

88 Vgl. BVerwGE 68, 338 (340); 71, 93 (97); 85, 155 (158); BVerwG NJW 1988, 275; Buchholz 442.03 § 9 GüKG Nr. 13; Buchholz 406.11 § 19 BBauG Nr. 50 (S. 20); Buchholz 442.10 § 2 StVG Nr. 7; Buchholz 402.25 § 20 AsylVfG Nr. 3 (S. 6 f.).

89 BVerwG NJW 1988, 275; ZIP 1998, 305. Dazu stellt BVerwG Buchholz 310 § 108 VwGO Nr. 277 fest, dass eine aktenwidrige Tatsachenfeststellung nur vorliegt, „wenn zwischen den in der angegriffenen Entscheidung getroffenen tatsächlichen Annahmen und dem insoweit unumstrittenen Akteninhalt ein so offensichtlicher Widerspruch besteht, dass es einer weiteren Beweiserhebung zur Klärung des richtigen Sachverhalts nicht bedarf". S.a. BVerwG 30.8.2012 – 8 C 5/11.

90 BVerwG NJW 1989, 1233.

91 BVerwG Buchholz 310 § 98 VwGO Nr. 20: Die Beweiswirkung ist nicht widerlegt, solange die Möglichkeit besteht, dass die Urkunde richtig ist.

92 Für die amtliche Erklärung BVerwG NVwZ 1997, 489, 490; für die Fotokopie BVerwG Buchholz 310 § 98 VwGO Nr. 29; für die beglaubigte Abschrift BVerwG NJW 1987, 1159.

93 BVerwG NJW 2012, 1672.

94 Vgl. BVerwGE 71, 93, 97; BVerwG Buchholz 442.10 § 4 StVG Nr. 71 (S. 46); Buchholz 402.25 § 20 AsylVfG Nr. 3 (S. 6 f.); Buchholz 310 § 108 Abs. 1 VwGO Nr. 26.

95 Zum Vorgang der Rekonstruktion des historischen Geschehens G. *Fezer* StV 1995, 93, 97. Eine Definition des Begriffs Beweiswürdigung liefert J. *Kokott*, Beweislastverteilung, 1993, 23.

das Ziel hat, sich eine Überzeugung vom tatsächlichen Geschehen zu verschaffen.[96] Dass er auch hierfür einen Bewertungsmaßstab braucht, liegt auf der Hand. § 108 Abs. 1 S. 1 stellt auf die Überzeugung gerade der Person des Richters ab. Auch der Richter schätzt neue Situationen und Umstände immer auf der Grundlage seiner bisher gemachten Erfahrungen ein. Als Maßstab für die Prozessstoffbewertung ist daher grds. das Erfahrungswissen des Richters anerkannt.[97] Dieses Erfahrungswissen beruht auf der Lebenserfahrung und Menschenkenntnis des Richters.[98] Es setzt sich aus der unüberschaubaren Vielzahl von Erfahrungssätzen[99] zusammen, wie sie sich der Richter in den verschiedenen Lebensbereichen angeeignet hat.[100] Erfahrungssätzen kommt bei der tatrichterlichen Würdigung eine Schlüsselrolle zu.[101] Sie sind das „Bindeglied zwischen den Beobachtungen und Schlussfolgerungen".[102] *Herdegen* spricht von Schlussregeln.[103]

41　Erfahrungssätze werden – in Abhängigkeit vom Grad ihrer Regelhaftigkeit und Zuverlässigkeit – unterschiedliche Überzeugungskraft haben. So kann es sich um wissenschaftlich gesicherte Erkenntnisse handeln. Dies gilt etwa für die Sätze, dass Wasser bergab fließt und die Gravitationskraft auf der ganzen Erdoberfläche fast konstant und zum Erdmittelpunkt gerichtet ist; hier liegen Naturgesetze mit entsprechend hoher Überzeugungskraft vor.[104] Andere Erkenntnisse können zwar nicht als derart evidenzbasiert angesehen werden. Sie können aber wissenschaftlich fundiert sein und einen hohen Grad an Verlässlichkeit i.S.e. hohen Wahrscheinlichkeit, die für sie spricht, besitzen – eine wissenschaftliche Fundierung wird oft durch Sachverständigengutachten vermittelt,[105] etwa durch die Angabe der genauen Wahrscheinlichkeit einer Vaterschaft durch ein Abstammungsgutachten (vgl. BGHZ 61, 169 f.).

42　Andererseits können Wirkungszusammenhänge unklar und wissenschaftlich umstr. sein: So müssen z.B. bei Personen, die ein bestimmtes Lederspray verwenden, nicht zwangsläufig bestimmte gesundheitliche Beeinträchtigungen auftreten. Insoweit kann es ausreichen, wenn infolge des Gebrauchs „zumeist (...) Atembeschwerden, Husten, Übelkeit, Schüttelfrost und Fieber" auftreten; die exakte naturwissenschaftliche Wirkungsweise muss nicht feststehen (BGH NStZ 1990, 588 [589] zu § 261 StPO). Der Erfahrungssatz kann also Ausnahmen zulassen und die gezogene Schlussfolgerung kann weniger wahrscheinlich sein. Entsprechend besitzt ein dahingehender Erfahrungssatz nicht die Überzeugungskraft, wie etwa die oben angeführten Naturgesetze. So kommt verschiedenen Erfahrungssätzen als solchen – angesichts der mannigfaltigen Wirklichkeit – bereits unterschiedliche argumentative Stärke bzw. Überzeugungskraft zu.[106] Die Bandbreite reicht von naturwissenschaftlicher Gesetzmäßigkeit bis zur bloßen Alltagstheorie (zum besonderen Charakter der sog. „allgemeinen Erfahrungssätze" → Rn. 49),[107] derzufolge für komplexe Zusammenhänge aus dem Vorliegen eines einzigen Merkmals unter Ausblendung aller übrigen Merkmale Schlussfolgerungen gezogen werden (→ Rn. 158 ff.).

96　*H. Prütting*, in: MüKoZPO § 286 Rn. 7.

97　Vgl. BVerwGE 38, 10, 12; *M. Nierhaus*, Beweismaß und Beweislast, 1989, 39 unter Bezugnahme auf *L. Rosenberg*, Beweislast, 1965, 62, 63; *E. Schneider*, Beweis und Beweiswürdigung, 1994, Rn. 156; *M. Dawin*, in: Schoch/Schneider/Bier § 108 Rn. 13; *H. Prütting*, in: MüKoZPO § 286 Rn. 48; *S. Unger*, in: Gärditz § 108 Rn. 12.

98　*M. Nierhaus*, Beweismaß und Beweislast, 1989, 39 unter Bezugnahme auf *L. Rosenberg*, Beweislast, 1965, 62, 63. Dass ohne Lebenserfahrung eine juristische Überzeugungsbildung in keinem Rechtsgebiet denkbar ist, stellt *J. Dürig*, Beweislast, 1990, 55 ausdrückl. fest.

99　Zum Begriff des Erfahrungssatzes *Y. Ott*, in: Hannich, Karlsruher Kommentar zur StPO, [7]2013, § 261 Rn. 48: „Erfahrungssätze sind die aus wissenschaftlichen Erkenntnissen oder aber empirisch aus der Beobachtung und Verallgemeinerung von Einzelfällen und aufgrund allgemeiner Lebenserfahrung gewonnenen Einsichten und Regeln".

100　*G. Fezer*, StV 1995, 93, 97; *M. Dawin*, in: Schoch/Schneider/Bier § 108 Rn. 13; *W. Berg*, Verwaltungsrechtliche Entscheidung, 1980, 97; *H. Prütting*, Beweislast, 1983, 106 f; *F. Weyreuther*, DRiZ 1957, 55, 56.

101　*K.-P. Julius*, in: Gercke/Julius/Temming/Zöller, Heidelberger Kommentar zur StPO, [5]2012, § 261 Rn. 9.

102　*G. Fezer*, StV 1995, 93, 97.

103　*G. Herdegen*, JZ 1998, 54, 56.

104　Vgl. *H.-J. Musielak/M. Stadler*, Beweisrecht, 1984, Rn. 132.

105　*H. Musielak/W. Voit*, Grundkurs ZPO, [13]2016, Rn. 826.

106　*G. Herdegen*, JZ 1998, 54 (56). Vgl. *E. Schneider*, Beweis und Beweiswürdigung, 1994, Rn. 324.

107　*A. Blomeyer*, Gutachten 2A, 46. DJT, 1967, 16; *W. Tietgen*, Gutachten 2B, 46. DJT, 1967, 84 f.; *M. Dawin*, in: Schoch/Schneider/Bier § 108 Rn. 13. Teilweise werden die vorkommenden Erfahrungssätze nach der ihnen zukommenden Stärke und Festigkeit gegen Durchbrechung unterteilt: So diff. *H. Prütting*, Beweislast, 1983, 106 ff., in „Lebensgesetze", „Erfahrungsgrundsätze" und „einfache Erfahrungssätze"; ähnl. *Dietmar Hainmüller*, Der Anscheinsbeweis und die Fahrlässigkeitstat im heutigen deutschen Schadensersatzprozess, 1966, 26 ff. Vgl. auch *H. Prütting*, in: MüKoZPO § 286 Rn. 56 ff. Zur Zweiteilung durch die Rspr. *P. A. Albrecht*, NStZ 1983, 487 (489); krit. zur Argumentation des BGH *H.-J. Musielak/M. Stadler*, Beweisrecht, 1984, Rn. 137 Fn. 5.

Bewertet der Richter den Prozessstoff, so vergleicht er die ihm zur Verfügung stehenden Tatsachen 43 und Beweise mit den Erkenntnissen seines Erfahrungswissens. Das Verfahren entspricht insoweit dem der Subsumtion von Tatsachen unter Rechtssätze.[108] Stimmen Prozessstoff und Merkmale eines hinreichend sicheren Erfahrungssatzes überein (zum Beweismaß → Rn. 64 ff.), kann der Richter den Prozessstoff i.S.d. Erfahrungssatzes bewerten und dessen Aussage seiner Entscheidung zugrunde legen. Entscheidend für die Frage, ob und inwieweit er einen Erfahrungssatz seiner Entscheidung tatsächlich zugrunde legt, ist aber dessen Aussagekraft im konkreten Fall: Mit jedem Merkmal, das der neu zu entscheidende Fall mehr aufweist, als die Fälle, die den Erfahrungssatz tragen, wird die Anwendbarkeit des Erfahrungssatzes fraglicher.[109] Der Richter muss sich hier fragen, ob der Erfahrungssatz noch auf den vorliegenden Fall passt, welche Modifikationen möglicherweise aufgrund der zusätzlichen Merkmale notwendig sind[110] und inwieweit der Erfahrungssatz mit dem zusätzlichen Merkmal an Aussagekraft verliert.[111] Auch können im konkreten Fall mehrere Erfahrungssätze einschlägig sein, die sich unter Umständen teils widersprechen, teils ergänzen.[112] Die Würdigung des Prozessstoffs bedeutet für den Richter damit zum ersten, dass er die konkret anwendbaren Erfahrungssätze bestimmt und deren Verlässlichkeit für den zu entscheidenden Fall beurteilt,[113] um diese Erfahrungssätze zweitens den Denkgesetzen entsprechend anzuwenden (zum Verstoß gegen Denkgesetze → Rn. 49).[114] Folge dieser Anwendung ist die dem Erfahrungssatz entsprechende Feststellung, ob die entscheidungserhebliche Tatsache vorliegt.

b) Die Freiheit der Würdigung. Die mit der freien Überzeugungsgewinnung in § 108 Abs. 1 S. 1 statu- 44 ierte Freiheit der richterlichen Beweiswürdigung stellt einen Verfahrensgrundsatz dar, der – in bestimmten Bereichen teilweise ausdrücklich gesetzlich – eingeschränkt ist.

aa) Grundsatz. Freiheit bedeutet hier, dass das Gesetz dem Richter grds. keine festen Regeln für seine 45 Überzeugungsgewinnung bzw. Würdigung vorschreibt.[115] Dies gilt zunächst für die Frage, welche Beweismittel der Richter von Amts wegen heranzieht.[116] Des Weiteren gilt dies auch für die Beurteilung der Qualität einzelner Beweismittel: So besteht z.B. heute keine Regel dahingehend, dass „voller Beweis" durch die einstimmige Aussage zweier zweifelsfrei glaubwürdiger Zeugen erbracht wird (→ Rn. 4).[117] Gleiches gilt für ein i.R. eines Disziplinarverfahrens abgelegtes Geständnis von Seiten des Beklagten.[118] Auch lassen sich die Anforderungen an die Qualität eines Gutachtens, das zum Nachweis einer posttraumatischen Belastungsstörung dienen soll, nicht abstrakt bestimmen.[119] Vielmehr würdigt der Richter den Prozessstoff für die Feststellung der entscheidungserheblichen Tatsachen nur nach der dem Prozessstoff selbst innewohnenden Überzeugungskraft.[120] Es bestehen gerade keine Vorschriften, die bestimmen, wann ein Beweismittel einen Beweis vollständig oder teilweise erbringt. Maßstab für den Aussage- und Beweiswert einzelner Umstände sind allein die richterlich erkannten Erfahrungssätze.[121]

---

108 *H.-J. Musielak/M. Stadler*, Beweisrecht, 1984, Rn. 138, die deshalb Erfahrungssätze unter Bezugnahme auf *F. Stein*, Wissen des Richters, 1969, 16, als „tatsächliche Obersätze" bezeichnen.

109 *H.-J. Musielak/M. Stadler*, Beweisrecht, 1984, Rn. 139.

110 Vgl. *M. Dawin*, in: Schoch/Schneider/Bier § 108 Rn. 15.

111 Vgl. *H.-J. Musielak/M. Stadler*, Beweisrecht, 1984, Rn. 139.

112 *H.-J. Musielak/M. Stadler*, Beweisrecht, 1984, Rn. 140; *W. Berg*, Verwaltungsrechtliche Entscheidung, 1980, 97, 98; *L. Rosenberg*, Beweislast, 1965, 187.

113 *H.-J. Musielak/M. Stadler*, Beweisrecht, 1984, Rn. 140.

114 *H. Musielak/W. Voit*, Grundkurs ZPO, [13]2016, Rn. 826.

115 BVerwG Buchholz 402.242 § 31 AufenthG Nr. 1; *M. Nierhaus*, Beweislast und Beweismaß, 1989, 47.

116 *H. Prütting*, in: MüKo ZPO § 286 Rn. 13 für den Zivilprozess.

117 So aber im Zivilrecht insbes. des 18. Jahrhunderts bis hin zur Zivilprozessordnung von 1876, dazu *G. Walter*, Beweiswürdigung, 1979, 79, 84 und zur Ablösung der legalen Beweistheorien durch den Grundsatz der freien Beweiswürdigung 69 ff., 78 ff.

118 BVerwG Buchholz 310 § 108 Abs 1 VwGO Nr 50: „wegen der grundsätzlichen Unterschiede zwischen Verwaltungs- und Zivilprozess ist es ausgeschlossen, die Beweisregel des § 288 Abs. 1 ZPO über die Bindungswirkung der im Lauf eines Rechtsstreites zugestandenen Tatsachen im Verwaltungsprozess anzuwenden (§ 173 Satz 1 VwGO)".

119 OVG Münster NVwZ-RR 2006, 829.

120 BGH NJW 1991, 1894, 1895; MDR 1994, 767 m.Anm. *G. Baumgärtel*; *M. Dawin*, in: Schoch/Schneider/Bier § 108 Rn. 19; *S. Unger*, in: Gärditz § 108 Rn. 13.

121 Zum Beweiswert digitaler Fotos vor dem Hintergrund ihrer leichten Manipulierbarkeit *M. Knopp*, ZRP 2008, 156.

46   Ebenso wenig besteht unter den verschiedenen Beweismitteln eine allgemeingültige Rangordnung, vielmehr ist von der grundsätzlichen Gleichwertigkeit der Beweismittel auszugehen.[122] So kann es im Prinzip nicht darauf ankommen, ob eine Information von einer öffentlichen oder privaten Stelle herrührt. Damit wäre die Zuerkennung einer generell größeren Aussagekraft von amtlichen Auskünften des Auswärtigen Amtes über die innenpolitische Situation in einem fremden Staat gegenüber Stellungnahmen privater Organisationen oder Gutachter im Asylverfahren unzulässig.[123] Die Überzeugungskraft einzelner Beweismittel ist grds. weder absolut noch im Vergleich zu anderen Beweismitteln festgelegt.[124] Ein Gericht kann vom Bestehen oder Nichtbestehen einer Tatsache allein aufgrund des Vorbringens eines Prozessbeteiligten überzeugt sein, ohne dass es weiterer Beweise oder einer Beweisaufnahme bedarf.[125] Im Hinblick auf die Beurteilung der Glaubwürdigkeit von Zeugen kann es aber in Fällen besonderer Persönlichkeitsstruktur ratsam sein, einen Aussagepsychologen heranzuziehen (→ § 86 Rn. 109).[126] Ebenso wie bei Beweismitteln ist das Gericht bei der Beurteilung von Indizien frei (für § 286 ZPO BGH NJW 1991, 1894, 1895).

47   **bb) Einschränkungen der Freiheit richterlicher Überzeugungsbildung.** Die Freiheit der richterlichen Würdigung ist dennoch nicht grenzenlos.[127] So ist der Richter an „allgemeinverbindliche Beweiswürdigungsgrundsätze" gebunden, „zu denen Verstöße gegen die allgemeinen Auslegungsgrundsätze (§§ 133, 157 BGB), gegen die allgemeinen Erfahrungssätze und gegen die Denkgesetze gehören".[128] Andernfalls wäre der Willkür[129] Tür und Tor geöffnet. Einschränkungen erfährt der Grundsatz auch durch einige ausdrücklich gesetzlich normierte Beweisregeln (→ Rn. 51 ff.) sowie auf der Ebene des Verfassungsrechts aufgrund des Rechtsstaatsprinzips.

48   **aaa) Das Gebot der Rationalität der Überzeugungsbildung.** Die richterliche Würdigung muss rational nachvollziehbar sein.[130] Dies ist sie jedenfalls nicht, wenn sie gegen Gesetze der Logik (Denkgesetze) oder Naturgesetze verstößt.

49   Das BVerwG spricht von einem „Verstoß gegen Denkgesetze" nur, „wenn das Gericht einen Schluss gezogen hat, der schlechterdings nicht gezogen werden kann, nicht dagegen schon dann, wenn eine Schlussfolgerung nicht zwingend oder nicht überzeugend oder sogar unwahrscheinlich sein sollte" (BVerwG Buchholz 310 § 108 VwGO Nr. 270). Der gezogene Schluss muss aus logischen Gründen schlicht unmöglich sein.[131] Denkgesetze werden etwa verletzt, wenn die festgestellten Umstände nur

---

122   Vgl. BVerwG Buchholz 402.242 § 31 AufenthG Nr. 1; *M. Dawin*, in: Schoch/Schneider/Bier § 108 Rn. 19; *Y. Ott*, in: Hannich, Karlsruher Kommentar zur StPO, ⁷2013, § 261 Rn. 28; *W. Keller*, in: Meyer-Ladewig § 128 Rn. 4 a; *H. Prütting*, in: MüKoZPO § 286 Rn. 15.

123   In der Tendenz anders BVerfGE 63, 197, 213 f.: „Zwar ist die Bundesregierung, die über das Auswärtige Amt und die Botschaft in der Türkei vielfältig Material sammelt und bewertet, um Objektivität bemüht. Ihre Stellungnahmen kommen wohl den tatsächlichen Verhältnissen am nächsten."

124   Vgl. *M. Dawin*, in: Schoch/Schneider/Bier § 108 Rn. 19.

125   BVerwGE 71, 180 (182); BVerwG Buchholz 310 § 108 Nr. 237; Buchholz 402.25 § 1 AsylVfG Nr. 37 (S. 116) und Nr. 113; Buchholz 412.3 § 1 BVFG Nr. 35 m.w.N.; OVG Magdeburg NVwZ 1996, Beilage 11, 85; *Kopp/Schenke* § 108 Rn. 4; *Baumbach/Lauterbach/Albers/Hartmann* § 286 Rn. 5; *H. Prütting*, in: MüKoZPO § 286 Rn. 13; *M. Dawin*, NVwZ 1995, 727 (731). Allerdings berechtigt § 108 Abs. 1 das Gericht nach BVerwG Buchholz 431.1 Architekten Nr. 5 nicht dazu, dem Vorbringen eines Beteiligten vor der gegenteiligen Darstellung des Prozessgegners „ohne weiteres" den Vorzug zu geben. „Das Gericht ist jedoch berechtigt, einer klaren und glaubwürdigen Parteibehauptung den Vorzug vor dem nur als Zweifel gekennzeichneten Vortrag der Gegenseite zu geben oder einen Parteivortrag seiner rechtlichen Würdigung zugrunde zu legen, der von der Gegenseite nicht oder nicht substantiiert bestritten worden ist."

126   BVerwG NJW 1985, 757, 758. Zur Begutachtung der Glaubwürdigkeit kindlicher Zeugen *R. Deckers*, NJW 1999, 1365 ff. Zu den Anforderungen an Prozessgutachten über die Glaubwürdigkeit der Aussagen von angeblich sexuell missbrauchten Kindern s. BGH 30.7.1999 – 1StR 618/98: Die Gutachten müssen „transparent und für die Gerichte überprüfbar sein"; sie müssen „wissenschaftlichen Mindeststandards" genügen.

127   Krit. zu einem allzu weiten Verständnis des Begriffs der „Grenze der Beweiswürdigung" *G. Walter*, Beweiswürdigung, 1979, 322 ff.

128   BVerwGE 47, 330, 361; 96, 200; NVwZ-RR 2003, 873; NJW 2013, 99, 192 m.w.N.; s. BVerwGE 84, 271 für den Indizienbeweis.

129   Vgl. *M. Nierhaus*, Beweislast und Beweismaß, 1989, 47; *R. Seer*, in: Tipke/Kruse § 96 FGO Tz 16 ff.

130   *M. Nierhaus*, Beweislast und Beweismaß, 1989, 47 m.w.N.: Gem. § 108 Abs. 1 S. 2 sind im Urteil die Gründe anzugeben, die für die richterliche Überzeugung leitend gewesen sind. Eine Entscheidung muss daher begründbar d.h. rational nachvollziehbar sein; gefühlsmäßige Entscheidungen werden den Anforderungen an die freie Beweiswürdigung nicht gerecht. S. nur BVerfG NVwZ 1998, Beilage 12, 113, 114.

131   BVerwG 26.10.2011 – 2 B 4/11; BVerwGE 47, 330, 361; BVerwG NVwZ 2004, 627, 628; Buchholz 310 § 86 Abs. 3 VwGO Nr. 37; Buchholz 428 § 1 Abs. 6 VermG Nr. 19; vgl. auch *S. Unger*, in: Gärditz § 108 Rn. 14.

eine Folgerung erlauben, jede andere logisch nicht denkbar ist und das Gericht gerade die einzig denkbare Schlussfolgerung nicht gezogen hat.[132] Auch muss die Würdigung frei von gedanklichen Brüchen und Widersprüchen, mithin folgerichtig sein.[133] Hiergegen wird etwa durch Rechenfehler[134] oder Begriffsverwechslungen verstoßen.[135] Nicht rational ist eine Würdigung, die zwingende Gesetze der Natur außer Acht lässt. Das BVerwG führt Naturgesetze i.d.R. nicht ausdrücklich als Untergruppe der „allgemeinverbindlichen Beweiswürdigungsgrundsätze" auf.[136] Allerdings gehören zu diesen Grundsätzen die „allgemeinen Erfahrungssätze" (s. nur BVerwGE 47, 330, 361). Dem BGH zufolge sind darunter „nur solche empirisch aus der Beobachtung und Verallgemeinerung von Einzelfällen gewonnenen Einsichten zu verstehen, die, auf ihren Anwendungsbereich bezogen, schlechthin zwingend Folgerungen enthalten, denen auch der Richter folgen muss".[137] Das trifft aber insbes. auf wissenschaftlich gesicherte und als zwingend erkannte Erfahrungssätze und Gesetzmäßigkeiten zu.[138]

Dass auch für den Richter solche Gesetzmäßigkeiten gelten, die von der Natur als unumstößlich und 50 zwingend für jeden vorgegeben sind, leuchtet unmittelbar ein. Derartig wissenschaftlich gesicherte Erfahrungssätze können nicht zur Disposition des Richters stehen.[139] Die entscheidende Frage ist aber, ab wann einem Erfahrungssatz die Qualität eines Naturgesetzes zukommt. Es mögen – und es werden wohl – Naturgesetze bestehen, die von der Wissenschaft bisher nicht entdeckt worden sind. Solange aber niemand ein entsprechendes Naturgesetz erkennt, fehlt es an einem Erfahrungssatz, den der Richter seiner Würdigung als Naturgesetz zugrunde legen kann. Daher kommen als den Richter bindende Naturgesetze nur solche in Betracht, die als bestehend anerkannt sind.[140] Entscheidend für ein Naturgesetz ist dessen allgemeine Verbindlichkeit (BGH NJW 1982, 2455, 2456), die auf der wissenschaftlich anerkannten Unumstößlichkeit des Erfahrungssatzes beruht.[141] Maßstab für die Anerkennung als Naturgesetz kann damit nur der Stand der Wissenschaft sein.[142] Dieser bestimmt sich aber nicht danach, inwieweit entsprechende Lehrmeinungen oder Forschungsergebnisse veröffentlicht sind. Als wissenschaftlich gesichert kann vielmehr nur angesehen werden, was in den Naturwissenschaften im Allgemeinen als Naturgesetz anerkannt wird. Bestehen Zweifel darüber, ob einem Erfahrungssatz die Qualität einer naturwissenschaftlichen Gesetzmäßigkeit zukommt oder ob es sich lediglich um Lehrmeinungen und vorläufige Forschungsergebnisse handelt, muss der Richter für seine Entscheidung auch über diese Frage befinden: Er muss sich – notfalls mittels einzuholender wissenschaftlicher Gutachten – hierzu eine Überzeugung bilden (vgl. BGH NJW 1982, 2455, 2456).

bbb) Gesetzliche Beweisregeln. In einigen Fällen bestimmt das Gesetz ausdrücklich,[143] wie der Rich- 51 ter bestimmte Umstände zu bewerten hat. Insoweit liegen Einschränkungen des Grundsatzes der freien Beweiswürdigung vor.[144]

---

132 Vgl. *M. Nierhaus*, Beweislast und Beweismaß, 1989, 47.
133 *M. Dawin*, in: Schoch/Schneider/Bier § 108 Rn. 47.
134 Bzgl. eines unzulässigen rechnerischen Vergleichs s. BVerwG DVBl 1990, 780.
135 *Y. Ott*, in: Hannich, Karlsruher Kommentar zur StPO, 72013, § 261 Rn. 46; *P. A. Albrecht*, NStZ 1983, 487, 489.
136 Vgl. etwa BVerwGE 47, 330, 361; 61, 176, 188; BVerwG NJW 1997, 3328; Buchholz 310 § 108 VwGO Nr. 147 und 270.
137 BGH NJW 1982, 2455, 2456; von den Erfahrungssätzen, die zwingende Folgerungen enthalten, unterscheidet der BGH im Weiteren „ebenfalls auf Erfahrung beruhende Einsichten, welche nur Wahrscheinlichkeitsaussagen enthalten, die der Richter erst anhand weiterer Beweisanzeichen darauf prüfen muss, ob sie im konkreten Fall zur Gewissheit werden".
138 So auch *M. Dawin*, in: Schoch/Schneider/Bier § 108 Rn. 46.
139 Vgl. *G. Walter*, Beweiswürdigung, 1979, 322; BGHSt 21, 157, 159: „medizinisch-naturwissenschaftliche Erkenntnisse sind als für den Richter verbindlich hinzunehmen"; *H.-J. Musielak/M. Stadler*, Beweisrecht, 1984, Rn. 132; *G. Fezer*, StV 1995, 93, 97.
140 *M. Dawin*, in: Schoch/Schneider/Bier § 108 Rn. 45.
141 Vgl. *G. Fezer*, StV 1995, 93, 97.
142 Vgl. *M. Dawin*, in: Schoch/Schneider/Bier § 108 Rn. 45.
143 Zur Bindung nur in den im Gesetz ausdrückl. bezeichneten Fällen *Baumbach/Lauterbach/Albers/Hartmann* § 286 Rn. 71; BGH NJW 1990, 2125 für die Beweiskraft des anwaltlichen Empfangsbekenntnisses (§ 212 a ZPO a.F.); zum Gegenbeweis bei dem entsprechenden § 5 VwZG a.F. BVerwG NJW 1994, 535, 536.
144 A.M. *J. W. Britz*, ZZP 110 (1997), 61, 89 f.: Gesetzliche Beweisregeln i.S.v. § 286 Abs. 2 ZPO stellen keine Einschränkung der Kompetenz zur freien richterlichen Beweiswürdigung dar – sie betreffen diese nicht einmal (S. 90). Widerlegliche Beweisregeln legen danach die Beweislast für die behauptete Unrichtigkeit einer öffentlichen Urkunde der anzweifelnden Partei auf. Unwiderlegliche Beweisregeln begründeten eine – die entsprechenden Tatsachen als solche überbrückende – Beweiskraft dahingehend, dass ein „rechtlicher Tatbestand" erfüllt ist. Bsp.: § 165 ZPO: „Die Beachtung der für die Verhandlung vorgeschriebenen Förmlichkeiten kann nur durch Protokoll bewiesen wer-

52　Gem. § 173 VwGO, § 286 Abs. 2 ZPO sind die gesetzlichen Beweisregeln der ZPO auch für den Richter im Verwaltungsprozess bindend (BVerwG NVwZ 1985, 337; Buchholz 303 § 314 ZPO Nr. 5 für § 314 ZPO). Der Vorbehalt des Fehlens grundsätzlicher Unterschiede zwischen zivil- und verwaltungsgerichtlichem Verfahren (§ 173 S. 1 Hs. 2) führt nicht zu Abweichungen in der Anwendung der gesetzlichen Beweisregeln der ZPO im Verwaltungsprozess.

53　Für die §§ 415 ff. ZPO (Beweiskraft von Urkunden)[145] und § 165 ZPO (Beweiskraft des Protokolls) besteht der Vorbehalt des § 173 nach den Spezialverweisungen der § 98 und § 105 ohnehin nicht in dieser Form. Für andere Beweisregeln – etwa § 314 ZPO (Beweiskraft des Urteilstatbestandes) – sind grundsätzliche Unterschiede zwischen zivil- und verwaltungsgerichtlichem Prozess für das Verfahren der Beweiswürdigung nicht ersichtlich:[146] Angesichts der in § 173 enthaltenen grundsätzlichen Verweisung müssten Unterschiede gerade das Verfahren der Beweiswürdigung, d.h. den Aspekt der Gewinnung des entscheidungserheblichen Sachverhalts betreffen.[147] Grundlegend anders ist das Verfahren der Sachverhaltsgewinnung nach ZPO und VwGO allein im Hinblick auf den Untersuchungsgrundsatz (→ § 86 Rn. 2, 3)[148] (§ 86 Abs. 1). Dieser gilt im Verwaltungsprozess durchgängig und im Zivilprozess nur ausnahmsweise (→ § 86 Rn. 2). Der Untersuchungsgrundsatz betrifft die Frage, wem die Beschaffung der tatsächlichen Entscheidungsgrundlage des Prozesses obliegt (→ § 86 Rn. 4, 8 f.),[149] dem Gericht oder den Parteien. § 86 Abs. 1 weist diese Aufgabe in weitem Umfang dem Gericht zu (→ § 86 Rn. 14 ff., 62 f.). Damit ist aber noch nichts darüber gesagt, wie das Gericht die gesammelten Informationen in Form des Prozessstoffs auf ihren Wahrheitsgehalt hin zu bewerten hat. Die Pflicht zur Sachverhaltsermittlung nach § 86 Abs. 1 lässt damit den Vorgang der richterlichen Würdigung des gesammelten Tatsachenstoffs unberührt.[150] § 86 Abs. 1 fordert weder einen größeren Freiraum für die richterliche Würdigung im Vergleich zum Zivilprozess noch eine stärkere Bindung des Richters im Verwaltungsprozess.

54　Über § 173 VwGO, § 286 Abs. 2 ZPO gelten damit allerdings nur die gesetzlichen Beweisregeln der ZPO im Verwaltungsprozess. Für Beweisregeln, die in anderen Gesetzen normiert sind, muss sich deren Bindungswirkung für den Verwaltungsrichter aus diesen Gesetzen ergeben. Dies gilt etwa für § 54 PStG, wonach Eheschließung, Begründung der Lebenspartnerschaft, Geburt und Tod durch ordnungsgemäß geführte Personenstandsbücher und -urkunden für das Rechtsleben allgemein – und nicht nur für den Bereich des Personenstandsrechts – bewiesen werden.[151]

55　**ccc) Die Bedeutung von Tatsachenfeststellungen anderer Gerichte/„informelle Beweisregeln".** In Bezug auf bereits getroffene Tatsachenfeststellungen anderer Gerichte sind zwei Konstellationen zu unterscheiden: Zum einen geht es um den Fall, dass Feststellungen in *demselben Rechtsstreit* von einem anderen Gericht (im Rahmen des Instanzenzuges) bereits getroffen worden sind; zum anderen mag ein anderes Gericht in *einem anderen Rechtsstreit* Feststellungen zu aktuell entscheidungsrelevanten Umständen getroffen haben (→ § 86 Rn. 35–41).

56　**(1) Tatsachenfeststellungen in demselben Rechtsstreit vor einem anderen Gericht.** Tatsachenfeststellungen, die in *demselben Rechtsstreit* von einem anderen Gericht getroffen worden sind, müssen als Bestandteil des Gesamtergebnisses des Verfahrens bei der Beweiswürdigung berücksichtigt werden (→ Rn. 23).[152] Will das Gericht von der Würdigung des zuvor mit dem Fall befassten Gerichts abwei-

---

den." Zumindest hier kann aber nicht mehr davon gesprochen werden, dass der Richter Umstände ohne gesetzliche Vorgabe – frei – würdigen kann und damit die Freiheit der Würdigung nicht betroffen sei.

145　Zur Berücksichtigung des gesetzlich höheren Beweiswertes einer öffentlichen Urkunde bei sich widersprechenden Beweismitteln BVerwG Buchholz 310 § 108 VwGO Nr. 275.

146　Für § 314 ZPO s. BVerwG NVwZ 1985, 338; NJW 1988, 1228; im Allg. zu gesetzlichen Beweisregeln *Baumbach/Lauterbach/Albers/Hartmann* § 286 Rn. 71.

147　*M. Dawin*, in: Schoch/Schneider/Bier § 108 Rn. 23.

148　Unterschiede wie der Anwaltszwang nach § 73 ZPO oder die Modifizierung der Dispositionsmaxime durch die Mitwirkung weiterer Verfahrensbeteiligter im verwaltungsgerichtlichen Prozess sind wohl für die Frage der richterlichen Beweiswürdigung nicht von grds. Art. Näher zu den Voraussetzungen des § 173: *Stefan Auer*, Inhalt, Reichweite und Grenzen der Verweisung in § 173 VwGO, 1993; *T. Falk*, Zivilprozessordnung, 1975.

149　*M. Nierhaus*, Beweismaß und Beweislast, 1989, 274; *Kopp/Schenke* § 86 Rn. 1; *M. Dawin*, in: Schoch/Schneider/Bier § 108 Rn. 23.

150　I.E. auch *M. Dawin*, in: Schoch/Schneider/Bier § 108 Rn. 23.

151　Demgegenüber gilt § 190 StGB nur für den Strafprozess und die §§ 32, 35 GBO betreffen nur das Verfahren beim GBA.

152　Sowie BVerwG Buchholz 310 § 108 VwGO Nr. 273; *S. Unger*, in: Gärditz § 108 Rn. 16.

chen, so ist insbes. der Unmittelbarkeitsgrundsatz (§ 96) zu beachten. Eine erneute Beweiserhebung kann daher erforderlich sein. Dies gilt insbes. für den Zeugenbeweis: Das Berufungsgericht kann einen Zeugen, den die Vorinstanz oder – aufgrund Zurückverweisung – ein anderer Senat als glaubwürdig eingeschätzt hat, nur nach eigener und insoweit erneuter Vernehmung als unglaubwürdig ansehen.[153] Entscheidend ist der eigene, unmittelbare Eindruck vom Zeugen.[154] Beruht die erstmalige Einschätzung der Glaubwürdigkeit allerdings auf einem Vernehmungsprotokoll und legt das Gericht denselben Wortsinn der protokollierten Aussage wie der Erstrichter zugrunde, kann eine andere Beurteilung der Glaubwürdigkeit auch ohne Zeugenvernehmung erfolgen.[155] Dasselbe gilt für die Frage, inwieweit der durch die Zeugenvernehmung geführte Beweis abweichend zur Vorinstanz als nicht ausreichend beurteilt werden kann: Sofern Glaubwürdigkeit und Inhalt der Aussage übereinstimmend bewertet werden und sich die abweichende Beurteilung ausschließlich auf Umstände außerhalb der protokollierten Aussage stützt, bedarf es keiner eigenen Zeugenvernehmung durch das Berufungsgericht.[156]

Eine erneute Vernehmung ist grds. auch dann erforderlich, wenn das Berufungsgericht eine protokollierte Aussage inhaltlich „anders verstehen oder werten will" als der Erstrichter (BGH NJW 1968, 1138; 1991, 1183; 1998, 385, 386). Keine erneute Vernehmung ist nach Ansicht des BGH dagegen erforderlich, wenn eine abweichende Auslegung einer Willenserklärung gem. §§ 133, 157 BGB auf der Grundlage eines übereinstimmend mit dem Erstgericht festgestellten Erklärungstatbestandes vorgenommen werden soll: „Bei der Auslegung als Akt der rechtlichen Würdigung ist das BerGer. grundsätzlich nicht an die Ansicht des Erstrichters gebunden" (BGH NJW 1998, 384, 385). **57**

(2) Tatsachenfeststellungen eines anderen Gerichts in einem anderen Rechtsstreit. Es besteht grds. keine Bindung an Feststellungen eines Gerichts in einem anderen Rechtsstreit. Entscheidend für die Bindungswirkungen einer Gerichtsentscheidung ist gem. § 121 die Reichweite ihrer Rechtskraft. Gegenstand der Rechtskraft ist aber der Streitgegenstand (§ 121). „Rechtskräftig wird nur die Feststellung der Rechtsfolge als Ergebnis der Subsumtion des Sachverhalts unter das Gesetz" (BVerwGE 96, 24, 26). Demgegenüber „erstreckt sich die Rechtskraft nicht auf einzelne Urteilselemente, also nicht auf die tatsächlichen Feststellungen, die Feststellungen einzelner Tatbestandsmerkmale, die der Entscheidung zugrunde liegenden vorgreiflichen Rechtsverhältnisse, sonstige Vorfragen sowie die Schlussfolgerungen, auch wenn diese tragend gewesen sind (…)" (BVerwGE 96, 24, 26). **58**

Teilweise hat aber der Gesetzgeber eine Bindung an die Tatsachenfeststellungen eines anderen Gerichts bestimmt: So ordnet § 118 Abs. 3 BRAO für das anwaltsgerichtliche Verfahren nach §§ 116 ff. BRAO ausdrücklich eine Bindung an die Feststellungen des Urteils im Straf- oder Bußgeldverfahren an. Entsprechende Vorschriften bestehen für andere berufsrechtliche Verfahren, etwa nach § 57 Abs. 1 BDG (früher: § 18 BDO) oder nach § 76 Abs. 3 HeilberG NRW. Eine vergleichbare Vorschrift für das verwaltungsgerichtliche Verfahren existiert allerdings nicht. Vielmehr erleichtern tatsächliche Feststellungen im Urteil eines anderen Gerichts grds. das Vorgehen bei der eigenen Entscheidung: Ein Gericht darf von der Richtigkeit derartiger Feststellungen überzeugt sein und sie seiner Entscheidung zugrunde legen, ohne eine eigene Würdigung vorzunehmen.[157] Dies kann aber nicht gelten, wenn gewichtige Anhaltspunkte gegen die Richtigkeit der Feststellungen des anderen Gerichts bestehen, insbes., wenn neue Tatsachen und Beweismittel vorliegen, die ein Wiederaufnahmeverfahren zulässig machen.[158] **59**

Die Rspr. hat allerdings eine Vielzahl sog. „informeller Beweisregeln"[159] entwickelt. Diese Regeln gehen grds. dahin, dass der Richter bestimmte Umstände, Gesichtspunkte und Faktoren bei seiner Würdigung für das Revisionsgericht erkennbar berücksichtigen muss; eine starre inhaltliche Bindung an **60**

---

153 BGH NJW 1992, 741, 742; 1993, 668; 1994, 803, 804; 1997, 466; 1998, 385, 386; *Baumbach/Lauterbach/Albers/Hartmann* § 286 Rn. 6.
154 BGH NJW 1997, 466; BAG DB 1990, 332; BSG MDR 1989, 1131; *Baumbach/Lauterbach/Albers/Hartmann* § 398 Rn. 6.
155 So AG Karlsruhe NJW-RR 1990, 192; vgl. auch BGH NJW 1990, 3090; 1991, 1180; *Baumbach/Lauterbach/Albers/Hartmann* § 398 Rn. 9.
156 Zur Notwendigkeit der wiederholten Vernehmung eines Zeugen durch das Berufungsgericht BSG MDR 1989, 1131; BAG DB 1990, 332; *E. Schneider*, Beweis und Beweiswürdigung, 1994, Rn. 29 ff.; *W. Nasall*, ZZP 98 (1985), 313, 314; *N. Pantle* NJW 1988, 2027.
157 Vgl. BVerwG Buchholz 442.10 § 4 StVG Nr. 51 und Nr. 60 (S. 9); OVG Koblenz NJW 1990, 1553, 1554; *M. Dawin*, in: Schoch/Schneider/Bier § 108 Rn. 21; *Kopp/Schenke* § 108 Rn. 4.
158 Vgl. BVerwG Buchholz 442.10 § 4 StVG Nr. 51 und Nr. 60 (S. 9); OVG Koblenz NJW 1990, 1553, 1554.
159 *G. Fezer*, JZ 1996, 655, 660.

solche Feststellungen besteht aber nicht.[160] In der Sache geht es darum, das Spannungsfeld zwischen richterlicher Freiheit und der Verpflichtung auf Rationalität und Nachvollziehbarkeit vor dem Hintergrund des Gebots der Einheitlichkeit der Rspr. zu bewältigen (vgl. BVerwG NVwZ 1995, 175, 177).

61   Gerade aus dem Gebot der Einheitlichkeit der Rspr., das aus dem Verfassungsgut der Rechtssicherheit folgt,[161] hat das BVerwG in letzter Zeit verstärkt Anforderungen an die richterliche Überzeugungsbildung abgeleitet: Solange die gerichtliche Tatsachenfeststellung und -würdigung vom Problemkreis her lediglich den Einzelfall betrifft, kommt der Frage der Einheitlichkeit der Rspr. i.d.R. nur eine untergeordnete Bedeutung zu. Dies ändert sich aber, wenn verschiedene Gerichte über eine Vielzahl vergleichbarer Sachverhalte parallel in gesonderten Verfahren zu entscheiden haben – man spricht hier von der Entscheidung über „generelle"[162] Sachverhalte. Hier betrifft ein gerichtlich behandelter Sachkomplex unter Umständen sehr viele Verfahren. Dies gilt etwa für die Frage, inwieweit ein Staat Minderheiten verfolgt, was oftmals für Tausende von Asylprozessen relevant sein kann. Entsprechend geht das BVerwG davon aus, dass der Tatsachenfeststellung und -würdigung eine besondere Bedeutung zukommt, wenn „über die Asylanerkennung und die Gewährung von Abschiebeschutz für Angehörige einer Volksgruppe zu befinden ist, die aus ca. 1,8 Millionen Personen besteht und aus der sich bereits Zehntausende im Bundesgebiet als Asylsuchende aufhalten."[163] Einander widersprechende Verfolgungsprognosen verschiedener Gerichte bringen hier erhebliche Rechtsunsicherheit und die Gefahr gleichheitswidriger Entscheidungen mit sich. „Im Interesse der Rechtseinheit besteht daher eine besondere Verantwortung und Verpflichtung der Oberverwaltungsgerichte, einander widersprechende Gerichtsentscheidungen zur Annahme einer Gruppenverfolgung für alle Angehörigen der Volksgruppe zu vermeiden" (BVerwG NVwZ 1995, 175, 177). Ob es nun um Feststellungen über die Politik und die Verhältnisse eines anderen Staates i.R. von Art. 16a GG oder um Feststellungen über andere, eine Vielzahl von Menschen betreffende Ereignisse (wie Naturkatastrophen oder sonstige allgemeine Notlagen) geht; für derart generelle Feststellungen von Tatsachen und Würdigungen gilt: Die Tatsachengerichte sind dazu verpflichtet, sich in der für ein Urteil gebotenen Konzentration und Kürze mit den abweichenden Tatsachenfeststellungen und Beweiswürdigungen durch andere Tatsachengerichte „auseinanderzusetzen und dies in der gem. § 108 Abs. 1 S. 2 VwGO geforderten Begründung nachprüfbar darzustellen" (BVerwG NVwZ 1995, 175, 177; Buchholz 402.25 § 1 AsylVfG Nr. 248, 270).

62   **(3) Mittelbare Beweismittel.**   Unter dem Gesichtspunkt der Rationalität der Überzeugungsbildung ist gerade der Umgang mit sog. mittelbaren Beweismitteln wichtig. Als mittelbare Beweismittel werden solche Beweismittel bezeichnet, deren Existenz vom Vorhandensein eines anderen dem Beweisthema näheren und damit unmittelbareren Beweismittels abhängig ist.[164] So können die Kenntnisse eines sog. Zeugen vom Hörensagen bspw. auf den Erzählungen des Augenzeugen beruhen, der die fraglichen Ereignisse selbst erlebt hat. Die „Erkenntniskette" ist hier wesentlich länger: Wahrnehmung des Geschehens durch den unmittelbaren Augenzeugen, Wiedergabe an den Zeugen vom Hörensagen, dessen Schilderung gegenüber dem Richter und schließlich die richterliche Wahrnehmung. Die mehrfache Möglichkeit, bei Wahrnehmung und Rekonstruktion Fehler zu machen, begründet eine geringere Zuverlässigkeit dieses mittelbaren Beweises (BVerfGE 57, 250, 276). Der Richter muss diese Fehleranfälligkeit bei seiner Überzeugungsbildung berücksichtigen; andernfalls verletzt er § 108 Abs. 1 S. 1.[165]

63   **ddd) Würdigungsunterschreitung.**   Freiheit der Überzeugungsbildung bedeutet auch, dass der Richter nicht irrtümlich eine Bindung an nicht einschlägige Würdigungsregeln annehmen darf *(Würdigungsunterschreitung)*. Dies ist etwa der Fall, wenn der Richter sich an eine gar nicht existierende oder an eine zwar existierende, aber im konkreten Fall nicht anwendbare Würdigungsregel gebunden glaub-

---

160 G. *Fezer*, JZ 1996, 655, 660; vgl. auch BVerwG NVwZ 1995, 175, 177.
161 Dazu P. *Kirchhof*, in: Maunz/Dürig Art. 3 I Rn. 288; s.a. Art. 95 Abs. 3 GG.
162 Vgl. BVerwG NVwZ 1995, 175, 177; 2002, 101 (103); M. *Dawin*, in: Schoch/Schneider/Bier § 108 Rn. 26.
163 BVerwG NVwZ 1995, 175, 177 zur Frage der Gruppenverfolgung albanischer Volkszugehöriger aus dem Kosovo.
164 K. *Böhm*, NVwZ 1996, 429, 430; vgl. auch BVerfGE 57, 250, 276.
165 M. *Dawin*, in: Schoch/Schneider/Bier § 108 Rn. 25.

te.[166] Eine Würdigungsunterschreitung verstößt gegen den Grundsatz der freien Beweiswürdigung des § 108 Abs. 1 S. 1.[167]

III. Das Regelbeweismaß nach § 108 Abs. 1 S. 1: Die Überzeugung des Gerichts von der Wahrheit der Tatsachenbehauptung

1. Beweiswürdigung, Beweismaß, Beweislast. Bisher wurde der Frage nachgegangen, inwieweit der Richter – im Hinblick auf das Gesamtergebnis und die Freiheit der Überzeugungsbildung – einen bestimmten Umstand bei seiner Entscheidung zugrunde legen darf. Dies betrifft das Problem der *(tatsächlichen) Beweiswürdigung* im konkreten Fall, deren Ziel es ist, dass das Gericht vom Vorliegen eines bestimmten Sachverhalts überzeugt ist.[168] Davon zu trennen sind zwei von der konkreten Würdigung losgelöst zu behandelnde Problemkreise: Zum einen die Frage, ab welchem Punkt der Richter grds. überzeugt sein darf bzw. sein muss und worauf sich diese Überzeugung beziehen muss. Zum anderen die Frage, wie das Gericht zu entscheiden hat, wenn es die erforderliche Überzeugung nicht gewinnen konnte und es an einem feststehenden Sachverhalt für die Rechtsanwendung fehlt, damit ist das Problem der sog. *Beweislast* angesprochen (→ Rn. 103 ff.). **64**

2. Funktion und Bezugspunkt der richterlichen Überzeugung. Bei der Frage, wann der Richter überzeugt sein darf, geht es um nicht weniger als die Anforderungen an die richterliche Überzeugung schlechthin, d.h. den generell bei der Überzeugungsbildung anzulegenden Maßstab bzw. die erforderliche Qualität der richterlichen Erkenntnis, also um das sog. *Beweismaß*.[169] Teilweise wird auch von Beweisstärke,[170] Beweiskriterium[171] oder Beweisquantum[172] gesprochen. **65**

Als Frage *generell abstrakter Wertung* – wann ein Sachverhalt als erwiesen, d.h. als gegeben, anzusehen ist – ist das Beweismaß grds. vom Gesetzgeber zu regeln.[173] § 108 Abs. 1 S. 1 stellt auf die Überzeugung des Gerichts ab. Da begriffsnotwendig nur eine Person von etwas überzeugt sein kann, beinhaltet die Überzeugung des Gerichts i.S.v. § 108 Abs. 1 S. 1 einen personellen sowie einen sachlichen Bezugspunkt. In personeller Hinsicht stellt § 108 Abs. 1 S. 1 auf das Gericht ab. In sachlicher Hinsicht fehlt eine ausdrückliche Bezugnahme. Doch wollte man mit § 108 Abs. 1 S. 1 von der Sache her für die Verwaltungsgerichtsbarkeit eine dem § 286 Abs. 1 ZPO entsprechende Regelung treffen.[174] § 108 Abs. 1 S. 1 drückt dies durch seine verkürzte Formulierung indes nur unvollkommen aus.[175] **66**

Wie bereits (→ Rn. 18) ausgeführt, kommt es nach § 286 Abs. 1 S. 1 ZPO darauf an, ob eine vorliegende Information über den Sachverhalt „für wahr oder nicht wahr zu erachten sei". Insoweit ist der Wortlaut von § 108 Abs. 1 S. 1 um den in § 286 Abs. 1 S. 1 ZPO genannten Inhalt der Überzeugung zu ergänzen:[176] Das subjektive Element der Überzeugung ist dann auf das objektive Element der Wahrheit (der Tatsachenbehauptung)[177] bezogen. § 108 Abs. 1 S. 1 bestimmt damit als Beweismaß die „Überzeugung von der Wahrheit" der Tatsachenbehauptung. Im konkreten Rechtsstreit prüft das Ge- **67**

---

166 Vgl. BVerwG Buchholz 310 § 108 I VwGO Nr. 50; Buchholz 310 § 108 VwGO Nr. 139, 181 (S. 73), 213 (S. 57); Buchholz 310 § 139 VwGO Nr. 46; BGH NJW 1988, 566, 567 m.Anm. *G. Walter* zur „Beifahrer-Rechtsprechung" (wonach der Aussage von Insassen unfallbeteiligter Kfz regelmäßig kein Beweiswert zukommt).
167 BVerwG NVwZ 2007, 1196 Rn. 17.
168 *H. Prütting*, in: MüKoZPO § 286 Rn. 16 ff., 28. s.a. *R. Greger*, Beweis und Wahrscheinlichkeit, 1978, 8.
169 Vgl. *H. Prütting*, in: MüKoZPO § 286 Rn. 17, 28; *G. Walter*, Beweiswürdigung, 1979, 5.
170 *R. Bruns*, ZZP 91 (1978), 64, 66.
171 *R. Greger*, Beweis und Wahrscheinlichkeit, 1979, 8.
172 *E. Döring*, Sachverhaltserforschung, 1964, 450, 456.
173 *M. Nierhaus*, Beweismaß und Beweislast, 1989, 48; *R. Greger*, Beweis und Wahrscheinlichkeit, 8; *H. Prütting*, in: MüKoZPO § 286 Rn. 17, 28; *M. Dawin*, in: Schoch/Schneider/Bier § 108 Rn. 38; *G. Baumgärtel*, FS Rechtswissenschaftliche Fakultät der Universität zu Köln, 1986, 165, 177. Mit Rücksicht auf größere Flexibilität und Einzelfallgerechtigkeit befürwortet *H. Rüßmann*, in: AK-ZPO, 1987, § 286 Rn. 20, eher eine Beweismaßbestimmung unmittelbar durch den Richter.
174 *M. Nierhaus*, Beweismaß und Beweislast, 1989, 49 mit Hinweis auf die Entstehungsgeschichte. Ausf. dazu *G. Walter*, Beweiswürdigung, 1979, 114 ff. m.w.N.
175 *D. Leipold*, Beweismaß und Beweislast, 1984, 10 bezeichnet demgegenüber § 286 Abs. 1 S. 1 ZPO als „hervorragend formulierte Vorschrift".
176 *G. Walter*, Beweiswürdigung, 1979, 149; *M. Dawin*, in: Schoch/Schneider/Bier § 108 Rn. 38; *B. M. Maassen*, Beweislastprobleme, 1975, 54; *S. Unger*, in: Gärditz § 108 Rn. 18.
177 Die Überzeugung bezieht sich hingegen nicht auf die Wahrheit als solche, s. *D. Leipold*, Beweismaß und Beweislast, 1984, 10.

richt – gleich einer Subsumtion –, ob der erlangte Kenntnisstand diese Qualität hat und damit der entsprechende Sachverhalt als erwiesen anzusehen ist. Die dazu heranzuziehenden Aussagen sind als wahr zu qualifizieren, wenn das von ihnen gezeichnete Bild der Wirklichkeit mit der Wirklichkeit selbst übereinstimmt.[178]

68 **3. Der Begriff der Überzeugung.** So umstr. die Anforderungen an die in § 108 Abs. 1 S. 1 vorausgesetzte Überzeugung im Einzelnen sind,[179] so ist doch weithin anerkannt (zu ausschließlich auf Wahrscheinlichkeitsgrade abstellenden Ansätzen → Rn. 72), dass der Begriff Überzeugung eine besondere Qualität innerer Einstellung[180] bzw. subjektiver Einschätzung[181] bedeutet. Wie auch im sonstigen Sprachgebrauch[182] ist das Gefühl der Unausweichlichkeit der eigenen Zustimmung für die Aussage über die Wirklichkeit beim Überzeugten entscheidend. Es muss eine „innere Notwendigkeit" bestehen, die Aussage als wahr oder nicht wahr anzusehen. Gerade dadurch unterscheidet sich die Überzeugung vom einfachen Glauben, Meinen oder Für-Möglich-Halten.[183] Entsprechend geht die revisionsrechtliche Rspr. davon aus, dass einem Gericht die notwendige Überzeugung fehlt, wenn es die Wahrheit der Aussage lediglich für möglich hält, mag es sich auch als überzeugt bezeichnen.[184] Schon im Interesse der Rechtssicherheit kann ein bloß subjektives Glauben oder Meinen als grundsätzliches Beweismaß nicht ausreichen.[185]

69 **a) Überzeugung i.S.v. § 108 Abs. 1 S. 1 als persönliche Gewissheit.** Das bedeutet aber nicht, dass der Inhalt der richterlichen Überzeugung rein subjektiv zu verstehen ist, denn der sachliche Bezugspunkt der Überzeugung ist eine Aussage über die – insoweit als objektiv gegeben gedachte – Wirklichkeit;[186] diese ist als wahr oder nicht wahr zu erachten (→ Rn. 84). Ohne auf die damit implizierten erkenntnistheoretischen und wissenssoziologischen Voraussetzungen des Für-Wahr-Erachtens von Sachverhalten eingehen zu können, beruht somit – im Hinblick auf die Zwecke der juristischen Praxis vereinfacht ausgedrückt – die richterliche Überzeugung letztlich auf den objektiven Gesichtspunkten Wahrheit und Wirklichkeit. Zwar gibt es – im gegebenen Rationalitätsrahmen der Rechtsordnung, der meist implizit vorausgesetzt wird und i.d.R. unproblematisiert bleibt – objektiv unbezweifelbare Aussagen über die Wirklichkeit; doch kann ein Richter – wie jeder Mensch – bei der einzelnen Aussage nicht erkennen, ob sie diese Qualität hat.[187] „Wir haben keinen von (...) Interpretationen und Interpretationsstrukturen unabhängigen Zugang zur Welt", Wahrnehmen ist „interpretationsimprägniert";[188] jede Tatsache ist meist schon eine „interpretierte Tatsache" (*Edmund Husserl*). Wahrnehmen ist mitbestimmt von kognitiven und affektiven Beziehungen zu den Bezugsobjekten der Wahrnehmung. Die strukturelle Unfähigkeit des Menschen, unfehlbare Erkenntnisse über die Wahrheit zu erlangen, ist insoweit zu akzeptieren: Eine von niemandem anzweifelbare „absolute oder unumstößliche

---

178 *R. Greger*, Beweis und Wahrscheinlichkeit, 1978, 28; *K. Engisch*, Wahrheit und Richtigkeit, 1963, 5 ff.; *L. Käßer*, Wahrheitserforschung, 1974, 9.

179 Vgl. *G. Baumgärtel*, Beweislastpraxis, 1996, Rn. 41 ff.; *H. Prütting*, in: MüKoZPO § 286 Rn. 31 ff.

180 Vgl. *M. Dawin*, in: Schoch/Schneider/Bier § 108 Rn. 40; vgl. auch *Y. Ott*, in: Hannich, Karlsruher Kommentar zur StPO, [7]2013, § 261 Rn. 2.

181 *H. Prütting*, in: MüKoZPO § 286 Rn. 10.

182 Zum Sprachgebrauch in der Philosophie *R. Greger*, Beweis und Wahrscheinlichkeit, 1978, 16: „Überzeugung ist feste Gewissheit, Durchdrungensein von der Gültigkeit eines Urteils, innerlich fest gegründete Bestimmtheit des Denkwillens, der sich der logischen Zustimmung nicht erwehren kann infolge unmittelbarer oder mittelbarer Evidenz."

183 *M. Dawin*, in: Schoch/Schneider/Bier § 108 Rn. 40.

184 BVerwG Buchholz 402.25 § 1 AsylVfG Nr. 37 (S. 116, 117); dazu *M. Nierhaus*, Beweismaß und Beweislast, 1989, 92 ff. In diese Richtung auch *R. Bruns*, Zivilprozessrecht, 1979, 243.

185 In diese Richtung auch *R. Bruns*, Zivilprozessrecht, 1979, 243.

186 Nach *E.-J. Lampe*, FS Pfeiffer, 1988, 353 ff. bezieht sich die Überzeugung nicht auf eine objektive Wirklichkeit, sondern auf ein juristisch geprägtes „Bild der Wirklichkeit". Dieses könne man nicht als „wahr" ansehen, sondern nur mehr oder weniger – auch sprachlich – richtig erfassen. Lampe versteht richterliche Überzeugung danach als „die gesetzesgerechte und sachgemäße Erkenntnis der Existenz oder Nichtexistenz einer sozialen Realität, die in einem rechtlich gesteuerten Prozess sach- und wertbezogenen Verstehens gewonnen wurde und in einer aus sich heraus verständlichen Darstellung ihre sprachliche Form gefunden hat" (375). Erkenntnistheoretisch ist Lampes Feststellung zutr. S. aber zur menschlichen Fähigkeit, unbezweifelbare Aussagen über die Wirklichkeit zu treffen, weiter im Text.

187 *M. Dawin*, in: Schoch/Schneider/Bier § 108 Rn. 43.

188 *G. Herdegen*, JZ 1998, 54, 55; dazu auch *E. Glaserfeld*, Konstruktivismus, 1985, 21, 23, 28.

Gewissheit" ist „nicht zu erreichen".[189] Dennoch stellt das Gesetz auf das Für-Wahr-Erachten ab. Für-Wahr-Erachten i.S.d. Gesetzes kann daher nicht das Erkennen einer absoluten Wahrheit meinen. Vielmehr steht die grds. begrenzte menschliche Erkenntnisfähigkeit einem Erkennen der Wahrheit durch den Richter nicht entgegen.

Nicht ausgeschlossen ist aber, dass der Überzeugte „für sich" die aus der allgemeinen menschlichen Fehlsamkeit folgende Zweifelhaftigkeit der Erkenntnis als eine im konkreten Fall jedenfalls theoretische Möglichkeit des Irrtums ansieht. Der Überzeugte hat damit – trotz seines Wissens, dass „absolute Gewissheit" nicht erreichbar ist – die „persönliche Gewissheit" erlangt.[190] Die objektive Zweifelhaftigkeit hindert – im Gegensatz zu konkreten subjektiven Zweifeln des Richters – die Möglichkeit der richterlichen Überzeugung nicht.[191] So wird der Begriff der Überzeugung als verkannt und §108 Abs. 1 S. 1 als verletzt angesehen, wenn sich ein Gericht wegen der lediglich theoretischen Möglichkeit eines anderen Sachverhalts gehindert sieht, überzeugt zu sein.[192] Nur auf konkrete Umstände des Einzelfalles gestützte Zweifel stellen damit ein Hindernis für die richterliche Überzeugung dar (vgl. BGHSt 11, 1, 4 f.; OLG Koblenz VRS 1967, 267). Im angloamerikanischen Strafprozessrecht, das einen dem deutschen Recht vergleichbaren hohen Überzeugungsgrad verlangt, wird dies treffend mit der Wendung „evidence beyond a reasonable doubt"[193] umschrieben. Indem nur „vernünftige Zweifel" die erforderliche Überzeugung infrage stellen, wird die generelle Beschränktheit der menschlichen Erkenntnis für das Beweismaß berücksichtigt.[194] | 70

Überzeugung i.S.v. §108 Abs. 1 S. 1 ist damit die persönliche Gewissheit des Richters[195] – oder mit den Worten *Lampes*: „Überzeugung ist subjektive Gewissheit von der objektiven Wahrheit".[196] Das Erfordernis der richterlichen Überzeugung kombiniert damit subjektive und objektive Faktoren.[197] Entsprechend formuliert das BVerfG[198] in Anlehnung an das „Anastasia-Urteil" des BGH (BGHZ 53, 245, 256): „(...) das Gericht (darf) keine unerfüllbaren Beweisanforderungen stellen und keine unumstößliche Gewissheit verlangen (...), sondern (muss) sich in tatsächlich zweifelhaften Fällen mit einem für das praktische Leben brauchbaren Grad von Gewissheit begnügen (...), der den Zweifeln Schweigen gebietet, auch wenn sie nicht völlig auszuschließen sind (...)". | 71

b) Überzeugung von der Wahrheit und Wahrscheinlichkeit. Teilweise wird aus den Grenzen der menschlichen Erkenntnisfähigkeit gefolgert, dass die Überzeugung i.S.v. §108 Abs. 1 S. 1 nicht die Wahrheit zum Gegenstand haben kann, sondern als „Fürwahrscheinlichhalten"[199] aufzufassen sei (Lehre der überwiegenden Wahrscheinlichkeit bzw. objektive Beweistheorie).[200] Hiernach soll die Überzeugungsbildung mathematisiert werden: Jedem Beweismittel wird über ermittelte Erfahrungssätze ein Wahrscheinlichkeitswert zugeordnet, der sog. Beweiswert. Dazu wird eine fiktive Skala angelegt, die von „offenbar" (Wert 1–0,9) über „bewiesen" (0,75), „wahrscheinlich" (0,5) usw. bis „offenbar nicht" reicht (vgl. *R. Bruns*, Zivilprozessrecht, 1979, 247). Welcher Beweiswert im konkreten Fall erforderlich ist, um die Tatsache als gegeben anzusehen, soll der Richter anhand eines entsprechenden | 72

---

189 BGH NJW-RR 1994, 567, 568; vgl. auch BVerwGE 71, 180 (181); *Y. Ott*, in: Hannich, Karlsruher Kommentar zur StPO, [7]2013, §261 Rn. 2.

190 *M. Dawin*, in: Schoch/Schneider/Bier §108 Rn. 41. Vgl. das treffende französische Äquivalent „conviction intime" (dazu *A. Geipel*, Beweiswürdigung, [2]2013, Teil I Kap 2 Rn. 9); vgl. auch *S. Unger*, in: Gärditz §108 Rn. 18.

191 Bei diesem Begriffsverständnis entfällt auch die von *D. Leipold*, in: Stein/Jonas IV §286 Rn. 4, gesehene Unvereinbarkeit von Gewissheit und der Anerkennung von Zweifeln; s.a. *G. Baumgärtel*, Beweislastpraxis, 1996, Rn. 41 Fn. 26.

192 BGHSt 5, 34, 37; BGH VRS 39, 103, 104 f.; NJW-RR 1994, 567; vgl. auch *R. Greger*, Beweis und Wahrscheinlichkeit, 1978, 85.

193 Zu diesem Beweismaß i.R. der Rspr. des EGMR s. *B. Rudolf*, EuGRZ 1996, 497, 498.

194 *J. Kokott*, Beweislastverteilung, 1993, 17.

195 Für das Strafrecht BGH NStZ 1983, 277; *Y. Ott*, in: Hannich, Karlsruher Kommentar zur StPO, [7]2013, §261 Rn. 2.

196 *E.-J. Lampe*, FS Pfeiffer, 1988, 353.

197 *H. Prütting*, in: MüKoZPO §286 Rn. 30.

198 BVerwGE 71, 180, 181; BVerwG Buchholz 402.25 §1 AsylVfG Nr. 125, 145 (S. 299 f.); s.a. VGH München InfAuslR 1998, 248. Dass absolute Gewissheit nicht erforderlich ist, betonen auch *Kopp/Schenke* §108 Rn. 5; BVerwG Buchholz 427.3 §339 LAG Nr. 92; *K. Vieweg*, NJW 1982, 2473, 2475; *M. Nierhaus*, DÖV 1985, 632, 635.

199 Vgl. *J. Kokott*, Beweislastverteilung, 1993, 17.

200 Angelehnt an skandinavische Modelle für das deutsche Zivilprozessrecht vertreten von *R. Bruns*, Zivilprozessrecht, 1979, 245; *ders.* ZZP 91 (1978), 64. Für eine entsprechende Absenkung des Beweismaßes im Verwaltungsprozess *J. Martens*, Praxis des Verwaltungsverfahrens, 1985, 108 ff.

Rechtssatzes feststellen. Dieser Rechtssatz bestimmt, nach Fallgruppen abgestuft, Nachweisanforderungen in Form von Wahrscheinlichkeitsgraden. Welche Anforderungen zu stellen sind, soll von den „sozialen Kosten" abhängen, die ein Fehlurteil verursachen würde: Neben möglicher Rechtsunsicherheit und Rechtsverdrossenheit führe etwa das Ausbleiben von Verurteilungen infolge zu strenger Beweisanforderungen zu Einbußen bei der generalpräventiven Wirkung materiell rechtlicher Normen. Umgekehrt sollen zu niedrige Beweisanforderungen eine Abneigung entstehen lassen, überhaupt rechtliche Beziehungen einzugehen, weil im Streitfall leicht eine Verurteilung drohe. Mit diesem Verfahren – so wird argumentiert – kämen individuelle Besonderheiten des entscheidenden Richters, wie skeptische Grundhaltung oder Leichtgläubigkeit, viel weniger zum Tragen, der Entscheidungsprozess wäre rational nachprüfbarer.[201]

73   Hiergegen ist Folgendes einzuwenden: Eine Mathematisierung der Beweisergebnisse brächte lediglich eine „Scheingenauigkeit" mit sich. Die Grundannahmen der mathematischen Rechnung (z.B. die Glaubwürdigkeit von Zeugenaussagen) bleiben im konkreten Fall unsicher.[202] Hinzu kämen aber die Schwierigkeiten der zahlenmäßigen Erfassung. Die mathematische Darstellung der Überzeugungswerte verschleiert ihre notwendigerweise unmathematische und inexakte Gewinnung. Weiterhin lässt sich das mit der Mathematisierung verbundene objektivierte Verständnis der Überzeugung i.S.v. § 108 Abs. 1 S. 1 kaum mit der subjektiven Prägung des Begriffs Überzeugung im sonstigen Sprachgebrauch vereinbaren. Insoweit spricht bereits die Wortlautgrenze gegen die Lehre der überwiegenden Wahrscheinlichkeit.[203] Die Wortlautauslegung wird von der Gesetzessystematik gestützt:[204] So zeigt das Gesetz, dass es neben dem Beweismaß der Überzeugung von der Wahrheit nach § 108 Abs. 1 S. 1 in besonderen Fällen geringere Anforderungen an das Beweismaß stellt – etwa die „Glaubhaftmachung" (zum Beweismaß der Glaubhaftmachung auch → Rn. 87)[205] bei der Einsetzung in den vorherigen Stand (§ 60 Abs. 2) oder der Ablehnung einer Gerichtsperson (§ 54 Abs. 1 VwGO i.V.m. § 44 Abs. 2 ZPO). Weiterhin würde eine konsequente Zugrundelegung der überwiegenden Wahrscheinlichkeit zur weitgehenden Bedeutungslosigkeit der vielen Beweislastregelungen führen.[206]

74   In jeder Überzeugung, auch der richterlichen, schwingt ein letzter Rest Unsicherheit mit: nämlich das Bewusstsein der menschlichen Erkenntnisgrenzen. Das ist auch dem Richter bewusst – oder sollte es zumindest sein, wenn der Richter sich und die Prozessbeteiligten halbwegs erfolgreich vor seinen Vor-Urteilen über „die" Wirklichkeit schützen will. Diese Unsicherheit ist Teil der subjektiven Komponente der richterlichen Überzeugung von der Wahrheit.[207] Dass damit auch eine Veränderung des sachlichen Bezugspunktes der Überzeugung der objektiven Komponente „Wahrheit" einhergeht, und „Wahrheit" als „Wahrscheinlichkeit" aufzufassen sein soll, erscheint wenig konsequent.[208] Die persönliche Gewissheit setzt keine objektive Unbezweifelbarkeit voraus,[209] sodass kein Grund besteht, sie durch Wahrscheinlichkeiten zu ersetzen. Für die Lösung des Problems, dass völlige Zweifelsfreiheit unmöglich ist, bringt die Ersetzung von „Wahrheit" durch „Wahrscheinlichkeit" keinen qualitativen Vorteil: Auch die Überzeugung des Richters von der Wahrscheinlichkeit litte unter den Schwächen der menschlichen Erkenntnisfähigkeit; auch die Überzeugung vom Bestehen einer Wahrscheinlichkeit bedeutete kein absolut sicheres Wissen.[210] Natürlich spielen bei der Entwicklung der inneren Einstellung und des Gefühls der unausweichlichen inneren Zustimmung auch Wahrscheinlichkeitserwägungen eine Rolle. Sie sind als gedankliche Zwischenschritte „Hilfsmittel" im Prozess der Überzeugungsbil-

---

201   *R. Bruns*, Zivilprozessrecht, 1979, 245; *ders.* ZZP 91 (1978), 64; *R. Motsch*, GS Rödig, 1978, 334; *P. O. Eckelhöf*, ZZP 75 (1962), 289; *B. M. Maassen*, Beweislastprobleme, 1975, 32 ff.; dazu eingehend *G. Walter*, Beweiswürdigung, 1979, 142 ff.; *R. Greger*, Beweis und Wahrscheinlichkeit, 1978, 94, 101 f.
202   *G. Baumgärtel*, Beweislastpraxis, 1996, Rn. 44.
203   Ähnl. *M. Dawin*, in: Schoch/Schneider/Bier § 108 Rn. 39; für § 286 Abs. 1 S. 1 ZPO *H. Prütting*, in: MüKoZPO § 286 Rn. 36.
204   S. nur *H. Prütting*, in: MüKoZPO § 286 Rn. 36 ff. für § 286 Abs. 1 S. 1 ZPO m.w.N.
205   BVerfGE 38, 35, 39: Glaubhaftmachung bedeutet im Gegensatz zur an Sicherheit grenzenden Wahrscheinlichkeit (→ Rn. 75) ein Weniger, nämlich nur eine überwiegende Wahrscheinlichkeit; vgl. auch § 23 Abs. 1 S. 2 SGB X sowie *Baumbach/Lauterbach/Albers/Hartmann* § 294 Rn. 1.
206   *H. Prütting*, in: MüKoZPO § 286 Rn. 39.
207   Ähnl. *M. Dawin*, in: Schoch/Schneider/Bier § 108 Rn. 48.
208   *M. Dawin*, in: Schoch/Schneider/Bier § 108 Rn. 48.
209   BGHZ 53, 245, 256 – Anastasia.
210   Vgl. *J. Kokott*, Beweislastverteilung, 1993, 31; *H. Musielak*, Beweislast im Zivilprozess, 1975, 113 f.

dung;[211] Wahrscheinlichkeit bildet damit aber nicht das Beweismaß, das § 108 Abs. 1 S. 1 voraussetzt.[212]

Zwar wird Überzeugung von der Wahrheit oft dahingehend verstanden, dass der Sachverhalt nach 75 Meinung des Gerichts mit „an Sicherheit grenzender Wahrscheinlichkeit" vorliegen müsse.[213] Diese soll aber nur verdeutlichen, dass die Überzeugung des Richters nicht durch die immer bestehende Möglichkeit des Irrtums ausgeschlossen wird. Sie besagt gerade nicht, dass Überzeugung bzw. persönliche Gewissheit des Richters bedeutet, dass das Bild des Richters von der Realität dieser nur mit Wahrscheinlichkeit entsprechen muss.[214] Entsprechendes gilt, wenn „ein so hoher Grad an Wahrscheinlichkeit" verlangt wird, „dass kein vernünftiger, die Lebensverhältnisse klar überschauender Mensch noch zweifelt".[215]

Mit anderen Worten: Der Richter hat aufgrund des Verfahrens ein notwendigerweise unvollständiges 76 Bild von der Wirklichkeit gewonnen; man könnte dies als unfertiges Puzzle begreifen. Die objektiven Indizien wären dabei die Puzzleteile. Für den Richter darf dann kein Zweifel daran bestehen, dass das vollständige Puzzle das gesetzliche Tatbestandsmerkmal zeigt. Verlangt z.B. der Tatbestand das Vorliegen des Kölner Doms, dann darf der Richter keinen konkreten Zweifel daran haben, dass die vorhandenen Puzzleteile den Kölner Dom darstellen und nicht etwa den Mainzer oder den Wormser Dom zeigen. Die abstrakte Möglichkeit, dass die vorhandenen Teile doch ein anderes Bauwerk zeigen könnten, steht der Gewissheit des Richters, dass das Puzzle den Kölner Dom zeigt, nicht entgegen.

4. Die Überprüfbarkeit der richterlichen Überzeugung. a) Der höchstpersönliche Charakter der rich- 77 **terlichen Überzeugung.** Dass es für die gerichtliche Entscheidung gerade auf die Überzeugung des entscheidenden Gerichts ankommt, ergibt sich bereits dem Wortlaut von § 108 Abs. 1 S. 1. Geht man weiter von dem oben herausgearbeiteten Überzeugungsbegriff aus und begreift Überzeugung als innere Einstellung besonderer Qualität – nämlich als persönliche Gewissheit –, wird klar, dass die Überzeugung i.S.v. § 108 Abs. 1 S. 1 eine höchstpersönliche ist: „ (...) allein der Tatrichter hat ohne Bindung an gesetzliche Beweisregeln und nur seinem Gewissen unterworfen die Entscheidung zu treffen, ob er die an sich möglichen Zweifel überwinden und sich von einem bestimmten Sachverhalt als wahr überzeugen kann" (BGHZ 53, 245, 256).

Hieraus ergeben sich nahe liegende Konsequenzen für die Kontrolle einer gerichtlichen Entscheidung. 78 Der höchstpersönliche Charakter der Entscheidung über die Zweifelsüberwindung muss für das entscheidende Gericht einen gewissen „Wertungsrahmen"[216] bzw. „unüberprüfbaren innerlichen Spielraum"[217] zur Folge haben. *Dawin* bezeichnet dies als „Wahrnehmung einer Art Einschätzungsprärogative".[218] Andernfalls wären alle persönlichen Einschätzungen des entscheidenden Richters in der nächsten Instanz ohne Bedeutung. Das kann mit dem Abstellen auf die Überzeugung des entscheidenden Gerichts in § 108 Abs. 1 S. 1 nicht gewollt sein. Die Überzeugung des entscheidenden Gerichts kann daher nicht allein deshalb infrage stehen, weil ein anderes Tatsachengericht bei der Würdigung derselben Umstände zu einer anderen Überzeugung gelangt wäre.[219] Der Richter darf damit grds. die Einstellung einnehmen, eine Aussage über einen Sachverhalt sei trotz der Unzulänglichkeit des menschlichen Erkenntnisvermögens nicht zu bezweifeln. Er kann aber auch – wegen der im zu entscheidenden Fall konkret empfundenen Auswirkungen dieser Unzulänglichkeit – zur Zweifelhaftigkeit der Tatsachenbehauptung kommen.[220]

---

211 *G. Baumgärtel*, Beweislastpraxis, 1996, Rn. 41.
212 Insoweit missverständlich *G. Herdegen*, JZ 1998, 53, 56, wenn er im Zusammenhang mit dem Grad der argumentativen Stärke vom „Beweismaß der hohen Wahrscheinlichkeit" spricht.
213 Vgl. BVerwGE 55, 82, 83; BVerwG NVwZ 1985, 658, 659; vgl. *J. Schmidt*, in: Eyermann § 108 Rn. 3.
214 So – mit besonderem Blick auf den Aspekt der richterlichen Verantwortungsübernahme – i.E. auch *E.-J. Lampe*, FS Pfeiffer, 1988, 353, 376 f. S.a. BGHZ 53, 245, 256.
215 Vgl. *Kopp/Schenke* § 108 Rn. 5.
216 Vgl. BVerfG NVwZ 1991, 768, 770 in Bezug auf das Vorliegen einer Gruppenverfolgung im Asylprozess; BVerfGE 76, 143, 162; BVerfG NVwZ 1998, Beilage 12, 113, 114.
217 *H. Prütting*, in: MüKoZPO § 286 Rn. 34.
218 *M. Dawin*, in: Schoch/Schneider/Bier § 108 Rn. 42.
219 BVerwG Buchholz 310 § 108 VwGO Nr. 147; BGHZ 53, 245, 256; *Kopp/Schenke* § 108 Rn. 8. A.M. *K. Peters*, JR 1977, 83, 84.
220 *M. Dawin*, in: Schoch/Schneider/Bier § 108 Rn. 42.

79   **b) Das Korrelat rational nachvollziehbarer Gründe.** Bei aller wohl unvermeidbaren Subjektivität der richterlichen Entscheidung ist der Richter doch an bestimmte, insoweit objektive, durch Dritte nachprüfbare Vorgaben gebunden. Der Grundsatz der freien Beweiswürdigung schließt nicht die Befugnis ein, frei darüber zu entscheiden, welche Anforderungen an die Überzeugung i.S.v. § 108 Abs. 1 S. 1 zu stellen sind; die Einhaltung dieser Anforderungen unterliegt der revisionsgerichtlichen Nachprüfung.[221] Die Anforderungen ergeben sich aus dem sachlichen Bezugspunkt der Überzeugung, der objektiven (forensischen) Wahrheit und dem Prozess der Überzeugungsbildung (d.h. der Würdigung, zu dieser → Rn. 44 ff.).

80   So müssen die richterliche Entscheidung und damit die sie tragende Überzeugung auf rational nachvollziehbaren Gründen beruhen (→ Rn. 48 ff.). Die empfundene „innere Notwendigkeit" der Zustimmung hat sich folglich aus der Rationalität und Nachvollziehbarkeit der zu ihr führenden Überlegungen abzuleiten.

81   Eine entscheidende Rolle bei der Überzeugungsbildung spielen Erfahrungssätze: Der Richter muss insbes. die Denkgesetze, die Naturgesetze und zwingende Erfahrungssätze beachten (→ Rn. 49 ff.). Meistens ist das Gefühl, die innere Zustimmung nicht verweigern zu können, nicht aufgrund der Anwendung von Erfahrungssätzen logisch zwingend geboten.[222] Vielmehr liegen i.d.R. „substantielle Schlüsse" vor und nicht „formallogische oder analytische Deduktionen", sodass die gezogenen Schlussfolgerungen der argumentativen Rechtfertigung bedürfen:[223] Erst die Begründung durch Argumentation mit der ihr innewohnenden Überzeugungskraft kann die Nachvollziehbarkeit einer Aussage konstituieren. Entscheidend ist damit *erstens*, ob die verwendeten Erfahrungssätze die Schritte von den Ausgangsdaten zum Ergebnis überhaupt erlauben, und *zweitens*, wie lückenlos die Argumentation sein muss, d.h. welche Qualität die Argumentation haben muss.

82   Zu ermitteln sind die Grenzen einer vertretbaren Verwendung akzeptabler Erfahrungssätze. In der strafrechtlichen Rspr. werden Folgerungen des Tatsachengerichts nicht mehr hingenommen, wenn sie „nicht hinreichend objektiv fundiert" erscheinen oder sich so sehr von einer „festen Tatsachengrundlage" entfernen, dass sie letztlich bloße „Vermutungen" sind (BGH StV 1996, 5; s.a. BGH StV 1995, 453). Angesichts des hohen inhaltlichen Maßstabs einer persönlichen Gewissheit von der Wahrheit sollten die Anforderungen an die Qualität der zu fordernden argumentativen Begründung nicht zu niedrig ausfallen. Dass die richterlichen Schlussfolgerungen „nur möglich" sein müssen, begegnet daher Bedenken. Vielmehr sollten die Schlussfolgerungen durch eine „intersubjektiv (in praxi: für das Revisionsgericht) akzeptable, in hohem Maße plausible Argumentation" getragen sein.[224] Erforderlich ist ein „rational einleuchtender Schluss". Fehlt der Begründung dieser hohe Grad an argumentativer Stärke, konnte der Richter zwar subjektiv davon ausgehen, Gewissheit von der Wahrheit zu haben; tatsächlich kann er aber nur sich überzeugen. In Wirklichkeit hat er nur Gewissheit über seine Sicht der Geschehnisse. Für die Frage der Kontrolle, d.h. der Revisibilität der gerichtlichen Entscheidung, muss als Maßstab aber gelten: Die dargebotene Argumentation hat ein derart hohes Maß an Nachvollziehbarkeit aufzuweisen, dass der gezogene Schluss nicht nur möglich, sondern in hohem Maße plausibel ist, d.h. die richterliche Argumentation muss geeignet sein, verständige Dritte zu überzeugen.[225] Nicht nachvollziehbar ist z.B. die Aussage, dass ein Sachverhalt „schlechterdings nicht anders denkbar ist", wenn diese Feststellung nicht durch eine Argumentationskette gestützt wird, die auf einem entsprechenden Tatsachenkern beruht. Enthält die Argumentation Gedankensprünge – etwa weil ein zugrunde gelegter Erfahrungssatz nicht besteht oder weil z.B. die vorliegenden Tatsachen die Anwendung eines Erfahrungssatzes nicht rechtfertigen – verliert die Begründung an Überzeugungskraft. Nachvollziehbarkeit bedeutet daher, dass auch Dritte die Argumentationskette als lückenlos anerkennen müssen, wenngleich sie selbst nicht zwingend genauso argumentiert hätten. Dies setzt voraus, dass den aus den Indizien gezogenen Schlussfolgerungen auch Dritte (objektiv) ein hohes Maß an Wahrscheinlichkeit beimessen würden. Dieses bewegt sich in einem Kontinuum zwischen überwiegender Wahrscheinlichkeit und (nicht erreichbarer) absoluter Gewissheit.

---

221 *Kopp/Schenke*, § 108 Rn. 5 a.E. Dazu BVerwG NVwZ 2016, 1257, 1260.
222 Vgl. *G. Herdegen*, JZ 1998, 54, 56.
223 *G. Herdegen*, JZ 1998, 54, 56.
224 *G. Herdegen*, JZ 1998, 54, 56; *P. Rieß*, GA 1978, 265, 271.
225 *C. Roxin/B. Schünemann*, Strafverfahrensrecht, [28]2014, § 45 Rn. 43 stellen hier auf den Personenkreis Richter ab.

Das geforderte hohe Maß an Plausibilität der Argumentation ist gerade nicht gleichbedeutend mit 83 einem objektiven Beweismaß der hohen Wahrscheinlichkeit.[226] Es betrifft lediglich die Ebene der Überprüfung, ob der Richter – in Bezug auf das objektive Element Wahrheit – auch tatsächlich überzeugt sein dürfte. Dass der Richter von dem seiner Rechtsanwendung zugrunde gelegten Sachverhalt überzeugt sein muss, d.h. dass sich der Sachverhalt wirklich so zugetragen hat, wird durch diese Anforderung an die richterliche Argumentation nicht infrage gestellt. Vollkommen außerhalb des Überzeugungsbegriffs des § 108 Abs. 1 S. 1 liegt jedenfalls eine richterliche Überzeugung, die nicht mit den Naturgesetzen vereinbar ist; sie ist nur eine Wahnvorstellung.[227] Entsprechendes gilt für Schlussfolgerungen, die Denkgesetze bzw. Gesetze der Logik unbeachtet lassen: Die Vereinbarkeit mit diesen Gesetzmäßigkeiten ist dem Überzeugungsbegriff des § 108 Abs. 1 S. 1 immanent.[228] Mit diesen Anforderungen an die Qualität der richterlichen Argumentation ist eine beträchtliche Relativierung der Subjektivität der richterlichen Überzeugung verbunden.

5. Die richterliche Überzeugung von der Wahrheit der Tatsachenbehauptung als Regelbeweismaß gem. 84 **§ 108 Abs. 1 S. 1.** Das Gesetz bestimmt – gerade mit Rücksicht auf abweichende Maßstäbe für besondere Fälle – in § 108 Abs. 1 S. 1 die sog. „volle richterliche Überzeugung" als Regelbeweismaß:[229] Entscheidend ist, dass der Richter eine Aussage für wahr oder nicht wahr erachtet. Die zu subsumierenden Tatsachen müssen nach seiner Überzeugung wirklich existieren. Die Anwendung einer Rechtsnorm aufgrund eines nur möglicherweise oder wahrscheinlich geschehenen Sachverhalts ist mit § 108 Abs. 1 S. 1 nicht vereinbar.[230] Für die Gerichtsentscheidung wird damit die subjektive Gewissheit der Wahrheit in den oben beschriebenen Grenzen als „objektive" (forensische) Wahrheit anerkannt und so dem menschlichen Unvermögen zu unfehlbarer Wahrheitserkenntnis Rechnung getragen. Dem widerspricht auch eine relative Beweismaßtheorie,[231] derzufolge das Beweismaß zu wählen ist.

IV. Ausnahmen vom Regelbeweismaß

Die Statuierung eines Regelbeweismaßes impliziert bereits, dass es Ausnahmen geben muss. Ange- 85 sichts der Regelung des § 108 Abs. 1 S. 1 bedürfen diese Ausnahmen aber einer besonderen Legitimation.[232] In Betracht kommen Abweichungen vom Regelbeweismaß durch Gesetz oder durch richterliche Rechtsfortbildung.

1. Abweichungen aufgrund ausdrücklicher gesetzlicher Anordnung. Das Beweismaß des § 108 Abs. 1 86 S. 1 kann nicht gelten, wenn andere gesetzliche Vorschriften abweichende Beweismaßstäbe statuieren. So enthält das Prozessrecht an verschiedenen Stellen ausdrücklich spezielle Beweismaßregelungen.

a) Im Prozessrecht, insbes. das Beweismaß der Glaubhaftmachung. Besondere Bedeutung hat hier das 87 Beweismaß der Glaubhaftmachung. Eine behauptete Tatsache ist in Anlehnung an die Legaldefinition in § 23 Abs. 1 S. 2 SGB X glaubhaft gemacht, „wenn ihr Vorliegen nach dem Ergebnis der Ermittlungen, die sich auf sämtliche erreichbare Beweismittel erstrecken sollen, überwiegend wahrscheinlich ist." Entsprechend fordert die Rspr. – in Abgrenzung zur mit an Sicherheit grenzenden Wahrscheinlichkeit für das Beweismaß der richterlichen Überzeugung von der Wahrheit[233] –, dass das mit der Behauptung gezeichnete Bild von der Wirklichkeit dieser wahrscheinlich entsprechen muss.[234] Das Beweismaß der Glaubhaftmachung gilt insbes. für gerichtliche Verfahren, deren Entscheidung nur vorläufigen Charakter haben: So gem. § 123 Abs. 3 VwGO, § 920 ZPO im Verfahren der einstweiligen Anordnung sowie gem. § 80 VwGO bis zur endgültigen Entscheidung im Hauptsacheverfahren. Für

---

226 So aber *G. Herdegen*, JZ 1998, 54, 56.
227 Vgl. *G. Walter*, Beweiswürdigung, 1979, 322.
228 *M. Dawin*, in: Schoch/Schneider/Bier § 108 Rn. 47.
229 *M. Nierhaus*, Beweismaß und Beweislast, 1989, 63; vgl. auch *G. Walter*, Beweiswürdigung, 1979, 164. Für § 286 ZPO *H. Prütting*, in: MüKoZPO § 286 Rn. 40. Zu den Fällen, in denen der EGMR und die Europäische Kommission für Menschenrechte das Beweismaß der vollen richterlichen Überzeugung fordern, *B. Rudolf*, EuGRZ 1996, 497, 498.
230 *M. Nierhaus*, Beweismaß und Beweislast, 1989, 62; *H. Wassemeyer*, in: 46. DJT, Bd. 2, 1967, E7, 17.
231 *H. Rüßmann*, in: AK-ZPO, 1987, § 286 Rn. 20; *O. Rommé*, Anscheinsbeweis, 1989, 88.
232 So für die ZPO *H. Prütting*, in: MüKoZPO § 286 Rn. 40.
233 Vgl. *M. Nierhaus*, Beweismaß und Beweislast, 1989, 71 m.w.N.
234 BVerfGE 38, 35, 39; zur Glaubhaftmachung i.S.v. § 99 BVerwG NVwZ-RR 1997, 133 m.w.N.; OVG NRW 25.2.2011 – 12 A 633/10, Rn. 6 f.; s.a. *S. Unger*, in: Gärditz § 108 Rn. 20.

behördliche Verfahren ist Glaubhaftmachung etwa in § 32 Abs. 2 S. 2 VwVfG, § 27 Abs. 2 S. 2 SGB X, § 24 Abs. 2 S. 1, Abs. 3 S. 2 BAföG angeordnet. Weiter sind u.a. glaubhaft zu machen: Nach § 166 VwGO i.V.m. § 118 Abs. 2 S. 1 ZPO die tatsächlichen Angaben des Beteiligten im Verfahren zur Gewährung von Prozesskostenhilfe oder nach § 173 VwGO i.V.m. § 299 Abs. 2 ZPO das rechtliche Interesse dritter Personen an Akteneinsicht.

88   **b) Im materiellen Recht.** Soweit in materiell-rechtlichen Vorschriften von Glaubhaftmachung gesprochen wird, handelt es sich nicht um ein Tatbestandsmerkmal, das zur Begründung von Rechtsfolgen vorausgesetzt wird, sondern um die Angabe des Beweismaßes.[235] Etwa, wenn in § 36 Abs. 1 S. 1 BAföG die Nichtleistung der Eltern „glaubhaft" zu machen ist.

89   Zahlreiche materiell-rechtliche Vorschriften enthalten noch weitere Begriffe, die der Sache nach ebenfalls einen Grad von Wahrscheinlichkeit umschreiben: So reicht es nach § 1 Abs. 2 Nr. 2 ProdHaftG aus, dass „nach den Umständen davon auszugehen ist, dass (...)", oder gem. § 66 Abs. 2 SGB I, wenn „mit Wahrscheinlichkeit anzunehmen" ist (...).[236] Rechtsnatur und Funktion dieser Begriffe sind allerdings umstr.: *Greger* sieht hierin materiell-rechtliche Tatbestandsmerkmale, die mögliche oder wahrscheinliche Sachverhalte umschreiben, für die nicht definitiv feststeht, ob sie vorliegen oder nicht.[237] Allerdings gibt es in der Lebenswirklichkeit nur die Alternativen, dass eine Tatsache vorliegt oder eben nicht.[238] Insoweit ist die wahrscheinliche Existenz einer Tatsache nicht dem Beweis zugänglich und kann folglich kein Tatbestandsmerkmal sein.[239] Außerdem erscheint die Frage nach der Rechtsnatur der jeweils verwendeten Umschreibungen für eine Wahrscheinlichkeit erkenntnistheoretisch wenig sinnvoll: „Denn es besteht doch wohl kein Unterschied zwischen dem Satz, dass der Richter überzeugt davon ist, dass ein Schaden wahrscheinlich oder möglich ist (volle Überzeugung vom Vorliegen einer Gefahr) und der Aussage, dass ein Richter den Eintritt eines Schadens für wahrscheinlich hält".[240] Das bedeutet: Die Überzeugung von einer Wahrscheinlichkeit und Für-Wahrscheinlich-Halten sind identisch.[241] Daraus folgt, dass, wann immer ein Tatbestandsmerkmal mit einem Wahrscheinlichkeitsgrad in einer Norm verbunden wird, zugleich eine Absenkung des Regelbeweismaßes vorliegt.[242] Für ein darüber hinausgehendes Verständnis des Wahrscheinlichkeitsbezugs als „materiell-rechtliches Tatbestandsmerkmal" besteht keine Notwendigkeit.[243]

90   **2. Beweismaßreduzierung durch Bezug auf künftige Tatsachen.** Bezieht sich ein Tatbestandsmerkmal auf eine zukünftige Tatsache, wie etwa das Merkmal der Gefahr (→ Rn. 17, 89),[244] so ist die Überzeugung, die sich auf diese Tatsache bezieht, i.E. eine Prognose: Vom Richter wird eine („gesicherte") Einschätzung aus heutiger Sicht verlangt,[245] wie sich die Dinge in Zukunft wohl entwickeln werden; Unsicherheit ist hier schon ein Element des materiellen Rechts (*J. Dürig*, Beweismaß und Beweislast, 1990, 74). Eine Prognose beantwortet damit bereits von ihrem Ansatz her nur die Frage, wie wahrscheinlich der Eintritt eines bestimmten Ereignisses ist. Prognosen sind daher von vornherein nur „ein Urteil über die Wahrscheinlichkeit und den Wahrscheinlichkeitsgrad des Eintritts eines Sachverhalts."[246] Daraus folgt: Knüpfen Normen an den wahrscheinlichen Eintritt zukünftiger Umstände oder an Gefahren an, so liegt darin zugleich eine Herabsetzung des Regelbeweismaßes.[247] Welches Maß an Sicherheit der Richter im Hinblick auf die Schlussfolgerung bei der angestellten Prognose ha-

---

235   *J. Kokott*, Beweislastverteilung, 1993, 31; *H. Prütting*, Beweislast, 1983, 79 f., 83 f.
236   S.a. § 61 S. 1 IfSG: „genügt die Wahrscheinlichkeit des ursächlichen Zusammenhangs"; § 65 Abs. 2 Nr. 1 SGB I: „ein Schaden ... nicht mit hoher Wahrscheinlichkeit ausgeschlossen werden kann"; § 6 Abs. 1 S. 1 UmweltHG: „wird vermutet, dass der Schaden durch diese Anlage verursacht ist" (vgl. auch Abs. 4); § 8 Abs. 3 S. 1 WHG: „zu erwarten ist".
237   *R. Greger*, Beweis und Wahrscheinlichkeit, 1978, 196 ff., insbes. 201.
238   *M. Nierhaus*, Beweismaß und Beweislast, 1989, 131.
239   *H. Musielak*, Beweislast, 1975, 71.
240   *J. Kokott*, Beweislastverteilung, 1993, 31 m.w.N.
241   *J. Dürig*, Beweismaß und Beweislast, 1990, 71.
242   Vgl. *J. Kokott*, Beweislastverteilung, 1993, 31, für den Gefahrenbegriff und den Eintritt zukünftiger Umstände.
243   A.M. *M. Dawin*, in: Schoch/Schneider/Bier § 108 Rn. 70 für die „Wahrscheinlichkeit eines Ursachenzusammenhangs" (trotz der Ausführungen in Rn. 54).
244   *F. Ossenbühl*, DÖV 1976, 463, 466.
245   Vgl. *H. Prütting*, in: MüKoZPO § 286 Rn. 46.
246   BVerwGE 55, 250, 265 ff.; s.a. *J. Kokott*, Beweislastverteilung, 1993, 30; *F. Ossenbühl*, FG BVerfG, 2003, 458, 501; *M. Nierhaus*, DVBl 1977, 19, 23 f.; *W. Hoppe*, FG BVerwG, 2003, 295, 309; *H. H. Peschau*, Beweislast, 1983, 133.
247   Vgl. *J. Kokott*, Beweislastverteilung, 1993, 31; a.A. *S. Unger*, in: Gärditz § 108 Rn. 22.

ben muss, hängt davon ab, welchen Ungewissheitsgrad das materielle Recht akzeptiert. Insoweit bestimmt der materiell-rechtliche Wahrscheinlichkeitsgrad den im Verfahren erforderlichen Überzeugungsgrad mit.[248] Welcher Wahrscheinlichkeits- und damit Überzeugungsgrad für die Annahme einer Gefahr erforderlich ist, kann nicht generell bestimmt werden – denn: Je größer der zu erwartende Schaden, desto geringer sind die Anforderungen an die Wahrscheinlichkeit des Schadenseintritts.[249]

Allerdings gehört zur Prognose auch, dass die Schlussfolgerung aus heutiger Sicht, d.h. auf der Basis der zurzeit vorliegenden Tatsachen, gezogen wird.[250] Für diese Umstände, die die Prognosebasis bilden, muss – abgesehen von anders begründeten Ausnahmen (→ Rn. 95) – die volle richterliche Überzeugung gelten.[251] Dementsprechend verlangt das BVerwG (BVerwGE 71, 180), dass „auch in Asylstreitsachen ... das Gericht die volle Überzeugung von der Wahrheit – und nicht etwa nur von der Wahrscheinlichkeit – des vom Kläger behaupteten individuellen Schicksals erlangen [muss], aus dem er seine Furcht vor politischer Verfolgung herleitet". Die volle gerichtliche Überzeugung ist damit für den vom Gericht zugrunde zu legenden Sachverhalt, das individuelle Schicksal, erforderlich. Für den Prognoseschluss, dass eine politische Verfolgung droht, verlangt das BVerwG das Vorliegen einer „beachtlichen Wahrscheinlichkeit" (BVerwG 30.7.2012 – 10 B 27/12, juris Rn. 9; BVerwG Buchholz 402.25 § 1 AsylVfG Nr. 37). Dies bedeutet in der Sache eine Reduzierung des Regelbeweismaßes des § 108 Abs. 1 S. 1 (zu den Besonderheiten bzgl. des Beweismaßes im Asylprozess → Rn. 101 f.). 91

3. Beurteilungsspielräume/Ermessen. Im öffentlichen Recht weist das Gesetz der Verwaltung oft Beurteilungs- und Prognosespielräume sowie sog. Rechtsfolgeermessen zu. Dabei muss gelten: Nur weil der Verwaltung ein mehr oder minder weiter Spielraum vom Gesetz zugewiesen wird, bedeutet dies nicht eine Absenkung des Regelbeweismaßes. Der Richter muss volle Überzeugung bzgl. der ein Ermessen bzw. einen Beurteilungsspielraum eröffnenden Umstände haben. Die Entscheidung selbst muss sich im gesetzlich vorgegebenen Rahmen halten – auch davon muss der Richter überzeugt sein. Besonderheiten können sich aber im Hinblick auf die Beweislast ergeben. 92

4. Beweismaßreduzierung aufgrund der Grundrechte oder des Grundsatzes der Waffengleichheit? 93
Teilweise soll das Beweismaß von § 108 Abs. 1 S. 1 eingeschränkt werden, um zu verhindern, dass ein Grundrecht aus prozessualen Gründen praktisch leerläuft, oder um „Waffengleichheit"[252] zu wahren (so die abweichende M. in BVerfGE 52, 131, 143 ff.). Es geht um den Fall, dass der Rechtsinhaber die Voraussetzungen seines materiell-rechtlichen Anspruchs beweisen muss, dies aber besonderen Schwierigkeiten begegnet. Die Ausstrahlungswirkung der Grundrechte auf das gerichtliche Verfahren[253] i.S. effektiven Grundrechtsschutzes sowie das Rechtsstaatsprinzip und der Gleichheitssatz, aus denen der Grundsatz der Waffengleichheit abgeleitet wird (BVerfGE 52, 131, 156), sollen dies fordern.

Aber: Der Grundsatz der Waffengleichheit betrifft die Frage, inwieweit die Prozessparteien vor Gericht eine gleichwertige prozessuale Stellung haben.[254] Demgegenüber betrifft die Frage, welche Anforderungen an den Grad der richterlichen Überzeugung (d.h. das Beweismaß) zu stellen sind, nicht den Verfahrensgang vor Gericht. Vielmehr liegen gesetzliche Bestimmungen vor, die das Beweismaß bestimmen. Für den Fall, dass dieses Maß nicht erreicht wird, enthält das Gesetz Regelungen, wer was beweisen muss und damit das Beweisrisiko bzw. die Beweislast trägt. Der Hinweis auf prozessuale Waffengleichheit darf nicht zu einer grundsätzlichen Relativierung der zahlreichen mit dem materiellen Recht verbundenen Beweislastregelungen führen. Das Argument des effektiven Grundrechtsschutzes kann allenfalls für die besondere Situation sachtypischer Beweisnotstände eine Absenkung des Regelbeweismaßes erforderlich machen (→ Rn. 95 ff.). 94

5. Beweismaßreduzierung aufgrund sachtypischen Beweisnotstandes? Für bestimmte Tatsachen kann aufgrund ihrer Eigenart oder aufgrund besonderer Umstände nur unter erheblichen Schwierigkeiten 95

---

248 *J. Dürig*, Beweismaß und Beweislast, 1990, 71, 74.
249 BVerfGE 49, 89, 138; BVerwGE 47, 31, 40; *J. Dürig*, Beweismaß und Beweislast, 1990, 70.
250 Zum Verhältnis von Tatsachenermittlung als Prognosebasis und der Prognose selbst *J. Kokott*, Beweislastverteilung, 1993, 29; *J. Dürig*, Beweismaß und Beweislast, 1990, 72–74; BVerwG Buchholz 402.25 § 32 AsylVfG Nr. 4.
251 BVerwG NJW 1990, 1744, 1746; vgl. auch BVerwG Buchholz 442.10 § 2 StVG Nr. 8; *J. Dürig*, Beweismaß und Beweislast, 1990, 72; *J. Kokott*, Beweislastverteilung, 1993, 29, 40.
252 Zum Prinzip der Waffengleichheit nach Art. 6 EMRK s. EGMR NJW 1995, 1413; zu dessen Auswirkungen auf das deutsche Prozessrecht *P. F. Schlosser*, NJW 1995, 1404 ff.; OLG Zweibrücken NJW 1998, 167.
253 In Bezug auf einzelne Grundrechte *J. Kokott*, Beweislastverteilung, 1993, 123 ff., insbes. 153.
254 BVerfGE 52, 131, 156; vgl. *C. Degenhart*, in: Sachs Art. 103 Rn. 49; *R. Stürner*, NJW 1979, 2334, 2337.

Beweis erbracht werden; man spricht vom sog. sachtypischen Beweisnotstand.[255] So ist es für einen Kriegsdienstverweigerer wegen der höchst subjektiven Natur der Gewissensentscheidung regelmäßig schwierig nachzuweisen, dass Kriegsdienst mit der Waffe nicht mit seinem Gewissen vereinbar ist, wie dies von Art. 4 Abs. 3 S. 1 GG vorausgesetzt wird. Anerkannt ist, dass die Rechtsdurchsetzung nicht an unerfüllbaren Beweisanforderungen scheitern darf.[256] Insoweit erscheinen in Fällen des sachtypischen Beweisnotstandes gewisse Beweiserleichterungen geboten, wobei fraglich ist, ob sie gerade das Beweismaß betreffen müssen.

96   Teilweise wird „überwiegende Wahrscheinlichkeit" als ausreichendes Beweismaß angesehen, wenn ein Beteiligter unverschuldet erforderliche Beweismittel nicht benennen oder nicht beibringen kann und wenn das Gericht nicht in der Lage ist, diese Beweismittel von sich aus heranzuziehen.[257] In der Lit. wird für eine Beweismaßsenkung in der Konstellation plädiert, „wo die Beweisnot nicht nur im konkreten Fall auftritt, sondern sich als typische Folge der Gesetzeslage darstellt".[258]

97   Die Rspr. des BVerwG zum Beweismaß bei sachtypischer Beweisnot war nicht immer einheitlich: So hatte das BVerwG für Verfahren nach dem Gesetz zur Regelung der Wiedergutmachung nationalsozialistischen Unrechts für Angehörige des öffentlichen Dienstes (BWGöD i.d.F. vom 15.12.1965 [BGBl I 1965, 2073], aufgehoben durch das Dienstrechtliche Kriegsfolgen-Abschlußgesetz v. 20.9.1994 [BGBl I 1994, 2442, 2452]) in Auslegung des Merkmals „voraussichtlich" das Beweismaß auf „überwiegende Wahrscheinlichkeit" abgesenkt.[259] Im Asylrecht stellte das BVerwG zunächst an den Beweis für Tatsachen, die im Heimatstaat des Asylsuchenden entstanden sind, „in der Regel" lediglich die Anforderungen des Anscheinsbeweises.[260] Später sollte hier Glaubhaftmachung genügen (BVerwGE 55, 82, 86). Mit Urteil vom 16.4.1985 fordert das BVerwG (BVerwGE 71, 180) „die volle Überzeugung von der Wahrheit" auch in Asylstreitsachen (näher zu den Beweisanforderungen im Asylrecht → Rn. 91, 101).

98   Das BVerfG hat aus den Grundrechten nur allgemeine Prinzipien und Verfahrensmaximen entwickelt: Es „ist größte Zurückhaltung geboten, aus materiellen Grundrechten und Gewährleistungen besondere, von den allgemeinen Verfahrensordnungen des gerichtlichen Verfahrens abweichende Regelungen für die (gerichtliche) Durchsetzung dieser Grundrechte und Gewährleistungen herzuleiten" (BVerfGE 60, 253, 296). Eine Beweismaßreduzierung kommt danach nur dann in Betracht, wenn nur so ein praktisches Leerlaufen einer Grundrechtsgewährleistung verhindert werden kann.[261]

99   Dementsprechend bejaht ein Großteil der Lit.[262] im Grundsatz die Möglichkeit der Abweichung vom Regelbeweismaß über die gesetzlich normierten Fälle hinaus. Voraussetzung ist allerdings, dass die Durchsetzung des materiellen Rechts generell nur durch eine entsprechende Beweismaßreduzierung erreicht werden kann. Rechtsfortbildung soll mithin nur insoweit zulässig sein, als das materielle Recht ohne eine Herabsetzung gerade des Beweismaßes durch generelle Beweisschwierigkeiten im Regelfall leerlaufen würde. Der Anwendungsbereich des Regelbeweismaßes (nach § 108 Abs. 1 S. 1) wird hier teleologisch reduziert.

100   Erhebliche Beweiserleichterungen lassen sich aber auch auf der Ebene der konkreten Beweiswürdigung durch die Anwendung von Erfahrungssätzen erreichen.[263] Ist eine entscheidungserhebliche Tatsache dem Beweis nicht zugänglich, kommt die Heranziehung mittelbarer Tatsachen in Betracht, die nachgewiesen werden können. Für den Schluss auf die entscheidungserhebliche Tatsache ist ein entsprechender Erfahrungssatz erforderlich. Auf diese Weise wird zum einen die Erkenntnisbasis des Gerichts erweitert; zum anderen können Erfahrungssätze die Ermittlung konkreter Einzelumstände ent-

---

255   Vgl. BVerwGE 71, 180, 181; BVerwG DÖV 1960, 27; NVwZ-RR 1990, 165 (Häftlingshilfe); Buchholz 402.25 § 1 AsylVfG Nr. 37 (S. 116); OVG Münster NVwZ 1998, Beilage 8, 86 (Asylrecht); BSG NZS 1998, 41, 42; vgl. *J. Schmidt*, in: Eyermann § 108 Rn. 3; *S. Unger*, in: Gärditz § 108 Rn. 24.

256   *J. Dürig*, Beweismaß und Beweislast, 1990, 40.

257   BVerwG DÖV 1960, 27; *J. Schmidt*, in: Eyermann § 108 Rn. 3.

258   *H. H. Peschau*, Beweislast, 1983, 75.

259   Vgl. BVerwGE 3, 317, 319; 4, 116; 10, 169, 170 ff.; 14, 246, 250; 38, 10, 11 ff. Näher dazu *M. Nierhaus*, Beweismaß und Beweislast, 1989, 82 ff.

260   BVerwG Buchholz 402.22 Art. 1 GK Nr. 11, 12; krit. dazu *J. Kokott*, Beweislastverteilung, 1993, 320 ff.; *J. Dürig*, Beweismaß und Beweislast, 1990, 20 ff.

261   Für das Asylrecht *J. Dürig*, Beweismaß und Beweislast, 1990, 40 f.

262   Vgl. *H. Prütting*, in: MüKoZPO § 286 Rn. 44; *H.-W. Laumen* in: Baumgärtel/Laumen/Prütting, Beweislast, ³2016, Kap. 5 Rn. 15; *G. Baumgärtel*, Beweislastpraxis, 1996, Rn. 66; *D. Leipold*, Beweismaß und Beweislast, 1984, 17.

263   *H. Prütting*, Beweislast, 1983, 111; *G. Baumgärtel*, Beweislastpraxis, 1996, Rn. 246.

behrlich machen; offene Einzelpunkte können durch Erfahrungssatz überbrückt werden[264] (dazu auch unter dem Gesichtspunkt des Anscheinsbeweises → Rn. 158 ff.). Beides kann erhebliche Beweiserleichterungen bedeuten. Auf dieser Linie liegt auch die Rspr. zum Vertriebenenrecht: Der gem. § 6 BVFG notwendige Nachweis des Bekenntnisses zum deutschen Volkstum kann mittels indiziellen Schlusses etwaiger in der Person des Vertriebenen vorhandener sog. objektiver Bestätigungsmerkmale wie Abstammung, Sprache, Erziehung, und Kultur ermittelt werden (BVerfGE 59, 128, 158; BVerwGE 66, 168; BVerwG Buchholz 412.3 § 6 BVFG Nr. 49).

Weiterhin kann der Richter den Umstand, dass übliche Beweismittel (wie Zeugen oder Urkunden) **101** nicht zur Verfügung stehen, als typisch i.R. seiner Würdigung berücksichtigen. Verbliebene Erkenntnisquellen, insbes. das Parteivorbringen, können so an Gewicht gewinnen.[265] In der Sache stellt dies eine konkrete Beweiserleichterung dar.[266] Im Asylprozess etwa können unmittelbare Beweise i.d.R. nicht im Verfolgerland erhoben werden; soweit der Asylbewerber darlegungspflichtig ist, befindet man sich im sog. sachtypischen Beweisnotstand (OVG Münster NVwZ 1998, Beilage 8, 86). Dementsprechend misst die Rspr. dem Sachvortrag von Asylbewerbern regelmäßig eine „gesteigerte Bedeutung" bei.[267] Entgegen § 448 ZPO, auf den § 98 gerade nicht verweist, wird damit für die Parteivernehmung insbes. nicht verlangt, dass bereits „einiger Beweis"[268] erbracht ist.

Zuzugeben ist, dass die Bewältigung der Problematik der sog. sachtypischen Beweisnot unter Umstän- **102** den nicht in jedem Fall angemessen i.R. der konkreten Beweiswürdigung bzw. Überzeugungsbildung möglich ist.[269] Angesichts des bestehenden gesetzlichen Gefüges zur Frage des Beweismaßes und der aufgezeigten Möglichkeiten i.R. der konkreten Beweiswürdigung führt ein Beweisnotstand in aller Regel aber nicht zu einer Reduzierung des (abstrakten, generellen) Beweismaßes.[270] Beweisschwierigkeiten ist vielmehr, soweit sie vom Gesetz selbst nicht hinreichend berücksichtigt wurden, zunächst auf der Ebene der Beweiswürdigung Rechnung zu tragen:[271] Konkrete Beweiswürdigung geht vor Reduzierung des abstrakten Beweismaßes.[272] Das Zusammenspiel von Beweiswürdigung im Einzelfall, Beweismaß und Beweislast gestaltet sich hier je nach Sachgebiet – und entsprechender gesetzlicher Regelung – unterschiedlich. Besondere praktische Bedeutung in Bezug auf Fragen des sachtypischen Beweisnotstandes haben bzw. hatten die Bereiche Asylrecht und das Recht der Kriegsdienstverweigerung.

V. Die richterliche Tatsachenwürdigung in besonderen Situationen

1. Die richterliche Entscheidung bei Unerweislichkeit („non liquet"). Das Gericht kann zu der Frage, **103** ob ein Sachverhalt erwiesen ist oder nicht, aufgrund des Verfahrens zu drei Ergebnissen kommen: Es kann zunächst die Überzeugung gewinnen, dass eine Behauptung über die Wirklichkeit erstens wahr oder zweitens nicht wahr ist. D.h., das Gericht ist vom Vorliegen bzw. Nichtvorliegen eines entsprechenden Sachverhaltes überzeugt. Das Gericht kann aber auch – trotz Ausschöpfung aller möglichen und prozessual zulässigen Erkenntnismittel – drittens zu dem Ergebnis gekommen sein, dass eine Behauptung vielleicht wahr und vielleicht nicht wahr ist. Dieser dritte Fall der Unerweislichkeit einer Tatsachenbehauptung wird als *„non liquet"* bezeichnet.[273]

---

264 *J. Dürig*, Beweismaß und Beweislast, 1990, 54; *W. Berg*, Verwaltungsrechtliche Entscheidung, 1980, 108; *H. Prütting*, Beweislast, 1983, 110.

265 BVerwGE 71, 180, 181; *T. Stuhlfauth*, in: Bader § 108 Rn. 8.

266 *G. Walter*, Beweiswürdigung, 1979, 228 sieht hierin i.E. eine Beweismaßreduzierung.

267 BVerwGE 71, 180, 182. Krit. dazu *J. Dürig*, Beweismaß und Beweislast, 1990, 60 f. sowie *M. Nierhaus*, Beweismaß und Beweislast, 1989, 92 f. Zur gebotenen wohlwollenden Heranziehung s. aber BVerfG InfAuslR 1989, 349 f. Zur gesteigerten Bedeutung von Parteivorbringen s.a. BVerwG Buchholz 412.3 § 6 BVFG Nr. 49 (für das Vertriebenenrecht); Buchholz 412.6 § 1 HHG Nr. 28.

268 Dazu *Baumbach/Lauterbach/Albers/Hartmann* § 448 Rn. 4.

269 Krit. bzgl. der Praxis im Asylrecht *J. Dürig*, Beweismaß und Beweislast, 1990, 59.

270 BVerwG Buchholz 412.3 § 1 BVfG Nr. 26 (Vertriebenenrecht); Buchholz 412.6 § 1 HHG Nr. 28 (Häftlingshilfe); Buchholz 402.25 § 1 AsylVfG Nr. 37; BSG NZS 1998, 41 (43); s.a. *Kopp/Schenke* § 108 Rn. 5, 18 a.

271 So ausdrückl. BSG NZS 1998, 41, 42; VGH München InfAuslR 1998, 248, 249.

272 Ähnl. *R. Seer*, in: Tipke/Kruse § 96 FGO Tz 72.

273 Vgl. *H. Prütting*, in: MüKoZPO § 286 Rn. 93, 100; *G. Baumgärtel*, Beweislastpraxis, 1996, Rn. 5; *M. Dawin*, in: Schoch/Schneider/Bier § 108 Rn. 87; *S. Unger*, in: Gärditz § 108 Rn. 31.

104 **a) Die Problematik der Rechtsanwendung bei Unerweislichkeit.** Steht zur Überzeugung des Gerichts ein Sachverhalt fest (erster Fall), der einen gesetzlichen Tatbestand verwirklicht, folgt für den Richter daraus die Anwendung der Norm; er erkennt für den konkreten Fall auf die in der Norm vorgesehene Rechtsfolge. Im zweiten Fall, der Überzeugung vom Nichtvorliegen eines Sachverhaltes, steht für den Richter fest, dass er die betreffende Norm nicht anwenden darf. Für die Erkenntnis, dass ein Sachverhalt möglicherweise besteht, kann der Richter dem Gesetz zunächst keine der beiden Folgen entnehmen. Ein nicht feststehender Sachverhalt kann daher (zunächst) nicht unter eine Rechtsnorm subsumiert werden.[274] Zweifel an der Existenz des Tatbestandes führen so zu Zweifeln an der Rechtsfolge.[275]

105 Der Richter kann die Sache aber nicht offen lassen; er muss den ihm vorgetragenen Fall entscheiden: Der allgemeine Justizgewährungsanspruch umfasst den Anspruch auf „eine verbindliche Entscheidung durch den Richter" (BVerfGE 85, 337, 345). Auch bei unaufklärbarer Tatsachenlage darf das Gericht die Streitentscheidung nicht verweigern.[276] Die Figur, welche den Ausweg aus dieser Situation weisen soll, ist die Beweislast.

106 **b) Beweislast, Behauptungslast und Untersuchungsmaxime.** Der Begriff Beweislast wird dabei in zwei Richtungen verwandt: Einmal kann während des Prozesses aus Sicht der Parteien gefragt werden, welche Partei ein bestimmtes Tatbestandsmerkmal zu beweisen hat (sog. subjektive Beweislast = formelle Beweislast = Beweisführungslast). Zum anderen kann sich für das Gericht am Ende des Prozesses die Frage stellen, zu wessen Nachteil die endgültige Unerweislichkeit einer Tatsachenbehauptung gehen soll (sog. objektive Beweislast).[277]

107 Die erste Frage nach der subjektiven Beweislast (formellen Beweislast = Beweisführungslast) beantwortet für den Verwaltungsprozess § 86 Abs. 1: Das Gericht hat sich in eigener Verantwortung und ohne Bindung an eine Initiative der Beteiligten das Tatsachenmaterial zu beschaffen und die notwendigen Beweise zu erheben. Es besteht gerade keine Verpflichtung der Partei, durch eigene Tätigkeit den Beweis einer streitigen Tatsache zu führen. Im Verwaltungsprozess gibt es damit keine subjektive (formelle) Beweislast (→ § 86 Rn. 17, 60 ff. m.w.N).[278] Entsprechend dem Untersuchungsgrundsatz besteht nicht einmal eine Pflicht, konkrete Behauptungen aufzustellen, die die abstrakten Tatbestandsvoraussetzungen einer begehrten Rechtsfolge erfüllen (sog. Behauptungslast)[279] (→ § 86 Rn. 14 ff. sowie zu Einschränkungen aufgrund von Mitwirkungsobliegenheiten der Beteiligten → § 86 Rn. 60 ff.).

108 Demgegenüber betrifft die objektive – auch als materiell bezeichnete – Beweislast[280] letztlich das Problem der Verteilung des Prozessrisikos unter dem Gesichtspunkt des materiell-rechtlichen Nachteils:[281] Derjenige, zu dessen Lasten die Nichterweislichkeit einer Tatsachenbehauptung nach den Normen über die objektive Beweislast geht, verliert bei Fehlen anderer Rechtsgrundlagen den Prozess. Dies gilt unabhängig von jeglichem Handeln der Partei; trotz aller erdenklichen Parteibemühungen kann es für den Richter bei der Unerweislichkeit der Behauptung bleiben. Dementsprechend kann es grds. zum non liquet und zur Beweislastfrage unabhängig von der jeweiligen Verfahrensart und der Geltung des Untersuchungsgrundsatzes des § 86 Abs. 1 kommen.[282]

109 **c) Rechtsanwendung bei fehlenden oder unergiebigen Beweismitteln.** Die Verteilung der Beweislast bedarf als abstrakt generelle Frage der gesetzlichen Regelung.[283] An einigen Stellen trifft das Gesetz

---

274   *D. Leipold*, Beweislastregeln, 1966, 22; *H. Musielak*, Beweislast, 1975, 3; *H. Prütting*, Beweislast, 119.

275   *H. Musielak*, Beweislast, 1975, 3.

276   *H. Prütting*, Beweislast, 1983, 124 mit besonderem Verweis auf Art. 6 Abs. 1 EMRK; vgl. auch *S. Unger*, in: Gärditz § 108 Rn. 31.

277   *H. Prütting*, in: MüKoZPO § 286 Rn. 100 ff.

278   BVerwGE 47, 330 (338); BVerwG BayVBl 1989, 24; *R. Seer*, in: *Tipke/Kruse* § 96 FGO Tz 78; *J. Dürig*, Beweismaß und Beweislast, 1990, 55. Zu besonders geregelten Nachweispflichten *M. Nierhaus*, Beweismaß und Beweislast, 1989, 158 ff., 299.

279   BVerwG NVwZ-RR 1990, 165; *M. Nierhaus*, Beweismaß und Beweislast, 1989, 251; *Kopp/Schenke* § 108 Rn. 11; zum Begriff *H. Prütting*, in: MüKoZPO § 286 Rn. 134.

280   Vgl. BVerwGE 47, 330, 338; OLG Münster NVwZ-RR 1997, 114, 115; s. zur Begrifflichkeit auch *M. Nierhaus*, Beweismaß und Beweislast, 1989, 240 f.

281   *M. Nierhaus*, Beweismaß und Beweislast, 1989, 237; *H. Prütting*, in: MüKoZPO § 286 Rn. 100.

282   Vgl. *K. Friedrichs*, Verwaltungsrechtspflege, 1921, 850, 852; *H. Prütting*, in: MüKoZPO § 286 Rn. 95; *R. Greger*, Beweis, 1978, 12. Missverständlich *Baumbach/Lauterbach/Albers/Hartmann* Anh. § 286 Rn. 1, wo das Risiko des Prozessverlusts für den Fall der Nichterweislichkeit als Folge des Beibringungsgrundsatzes angesehen wird.

283   *H. Prütting*, in: MüKoZPO § 286 Rn. 93, 108; *G. Baumgärtel*, Beweislastpraxis, 1996, Rn. 150 (S. 109).

ausdrücklich eine Regelung darüber, wer was zu beweisen hat bzw. wer die Beweislast trägt: So „trifft die Beweislast" für das fehlende Verschulden bei einer Pflichtverletzung aus dem Schuldverhältnis gem. § 280 Abs. 1 S. 2 BGB den Schuldner. Dabei ist anerkannt, dass § 280 Abs. 1 S. 2 BGB über das Recht des öffentlichen Vertrags (§ 62 S. 2 VwVfG) hinaus im öffentlichen Recht allgemein gilt (BVerwGE 52, 255, 260 f.; BVerwG Buchholz 236.1 § 24 Nr. 12 jeweils m.w.N.). Auch das dem Vollzug des EU-Agrarrechts dienende Marktordnungsrecht kennt Regelungen über die Beweislast.[284] Dieselbe Wirkung haben Normen wie § 3 Abs. 3 S. 2 oder § 9 Abs. 2 S. 2 BAFöG, wenn der Auszubildende bestimmte Umstände „nachzuweisen" oder dafür die „erforderlichen Nachweise zu erbringen" hat (zur widerleglichen gesetzlichen Tatsachenvermutung als besondere ausdrückliche Regelung → Rn. 130 f.).

Ausdrückliche Beweislastregeln sind aber die Ausnahme.[285] Der Gesetzgeber hat gerade nicht jedem 110 materiell-rechtlichen Tatbestandsmerkmal eine eigenständige Beweislastnorm zur Seite gestellt. Notwendig ist damit eine allgemeine Grundregel der Beweislastverteilung, die die Frage beantwortet, wie der Richter bei Unerweislichkeit und fehlender ausdrücklicher gesetzlicher Regelung zu entscheiden hat.

aa) Unzulänglichkeit der Rosenberg'schen Nichtanwendungstheorie.[286]

Nach *Rosenberg* soll der 111 Richter bei Unerweislichkeit genauso entscheiden wie in dem Fall, dass er vom Nichtvorliegen des Tatbestandsmerkmals überzeugt ist; er soll die Norm unangewendet lassen.[287] Die Gleichstellung soll dadurch gerechtfertigt sein, dass dem Richter in beiden Fällen die für die Anwendung der Rechtsnorm erforderliche Überzeugung vom Vorliegen eines tatbestandsmäßigen Sachverhalts fehlt.

Heute wird diese Gleichstellung allgemein als verfehlt angesehen.[288] Die „Nichtanwendung der 112 Norm" kann nämlich zwei Dinge meinen:[289] Es kann die endgültige Ablehnung der Norm aufgrund vollständiger Subsumtion beschreiben, falls der Richter vom Nichtvorliegen des vorausgesetzten Sachverhalts überzeugt ist. Andererseits wird eine Norm auch dann nicht angewandt, wenn der Richter sie einfach ohne Subsumtion „beiseite" lässt und die Entscheidung trifft, als ob die Norm gar nicht existierte. Im zweiten Fall ist eine Subsumtion bereits nach den Gesetzen der Logik nicht möglich. Damit wird die Entscheidung über die Normanwendung, die eigentlich mit der Subsumtion verbunden sein soll, gerade nicht durch Subsumtion getroffen.[290] Die Entscheidung über die Norm bleibt vielmehr offen. Folglich ergibt sich die Nichtanwendung der Norm nicht durch Subsumtion i.V.m. den Regeln über die richterliche Überzeugung gleichsam „von selbst",[291] wie es der Ansatz von *Rosenberg* suggeriert.

Logisch möglich ist der Ansatz *Rosenbergs* vielmehr nur mit einem sehr engen Verständnis des materi- 113 ellen Rechts: Der Gesetzgeber hat danach mit dem materiellen Recht – abgesehen von den ausdrücklich getroffenen Sonderregelungen (→ Rn. 109) – nur den Bereich der für den Richter erwiesenen Sachverhalte geregelt. Diese gesetzespositivistische Sichtweise, die den Normtext als ein gegen Ent-

---

284 § 11 Marktorganisationsgesetz (MOG), BGBl I 2005, 1847 m. spät. Änd.: „Der Begünstigte trägt, [...] in dem Verantwortungsbereich, der nicht zum Bereich der für die Gewährung des rechtlich erheblichen Vorteils zuständigen Stelle gehört, die Beweislast für das Vorliegen der Voraussetzungen für die Gewährung des rechtlich erheblichen Vorteils [...]". Bsp. bei M. *Nierhaus*, Beweismaß und Beweislast, 1989, 357 f. Vgl. aus dem Recht der EU allgemein bspw. auch Art. 20 Abs. 8 UAbs. 2 VO (EU) Nr. 1141/2014: „Die Beweislast trägt die betreffende europäische politische Partei, die die Herkunft der Finanzmittel, [...] in ihren Büchern eindeutig auszuweisen hat."

285 S.a. H. *Geiger*, BayVBl 1999, 321, 330.

286 H. *Prütting*, Beweislast, 1983, 148 bezeichnet sie als „Nichtanwendungstheorie"; andere, etwa M. *Dawin*, in: Schoch/Schneider/Bier § 108 Rn. 89, bezeichnen sie als „Rosenberg'sche Normentheorie".

287 L. *Rosenberg*, Beweislast, 1965, 12: „Da der Richter einen Rechtssatz nur anwenden, d.h. seine Wirkungen als eingetreten feststellen kann, wenn er von den Umständen, aus denen sich das Vorhandensein der Voraussetzungen des Rechtssatzes ergeben soll, kurz: von dem Vorhandensein der Voraussetzungen des Rechtssatzes, eine positive Überzeugung erlangt hat, so ergibt sich, die Anwendung des Rechtssatzes unterbleibt nicht nur, wenn der Richter vom Nichtvorhandensein dieser Voraussetzungen überzeugt ist, sondern auch schon dann, wenn ihm zweifelhaft geblieben ist, ob diese Voraussetzungen vorhanden seien."

288 D. *Leipold*, Beweislastregeln, 1966, 22; H. *Musielak*, Beweislast, 1975, 3; H. *Prütting*, Beweislast, 1983, 119; M. *Nierhaus*, Beweismaß und Beweislast, 1989, 126; H.-J. *Musielak*/M. *Stadler*, Beweisrecht, 1984, 104 (Rn. 194); M. *Dawin*, in: Schoch/Schneider/Bier § 108 Rn. 89.

289 Zur Doppeldeutigkeit des Begriffs „Nichtanwendung" insbes. H. *Prütting*, Beweislast, 1983, 119, 149; D. *Leipold*, Beweislastregeln, 1966, 32 f.

290 Vgl. M. *Dawin*, in: Schoch/Schneider/Bier § 108 Rn. 89.

291 So treffend H. *Prütting*, in: MüKoZPO § 286 Rn. 104.

wicklung abgeschlossenes Reservoir semantischer Möglichkeiten begreift, entspricht nicht dem heutigen Stand des Wissens über die Struktur der Rechtsnormgewinnung auf der Grundlage geschriebener Texte. Bereits sprachlich sind die meisten Normtexte offen für eine dynamische Fortentwicklung des normativen Gehalts, der sich vom Gepräge der Fälle, das zu Zeiten des Normerlasses absehbar war, mitunter beträchtlich entfernen kann. Es ist daher folgerichtig, mit der sog. objektiven Theorie der Gesetzesauslegung nach dem hier und heute maßgeblichen Normsinn zu fragen (ohne freilich die Verbindung zur historischen Regelungsidee zu kappen); dabei wird gerade auf die grundsätzliche strukturelle Entwicklungsoffenheit von Normtexten rekurriert. Dahinter steht ein spezifisches Rechtsverständnis: Rechtsnormen sollen je neu aktuelle Probleme lösen helfen, dürfen also nicht als ein die Zeiten überdauernder „Speicher" von Problemvorstellungen missverstanden werden, die dem Normgeber für den Moment des Normerlasses zugeschrieben werden können. Bindet man den Normgeber, namentlich den parlamentarischen Gesetzgeber in dieser Weise – nämlich durch eine (meist unausgesprochene) Hintergrundannahme vom Sinn positiven Rechts, die die sog. objektive Theorie der Auslegung fundiert –, dann wird es regelmäßig nicht der gesetzgeberischen Intention entsprechen, wenn der weite Bereich ungewisser Sachverhalte fast völlig ungeregelt bliebe bzw. nur negativ erfasst wäre. Dann aber bedarf es bei Fehlen besonderer Regelungen für unaufklärbare Sachverhalte einer insoweit zusätzlichen Handlungsanweisung an den Richter, die im Grundsatz die Frage der Entscheidung bei Unerweislichkeit regelt.

114   **bb) Beweislastrechtliche Grundregel und Ableitung von Beweislastnormen aus dem materiellen Recht.** **aaa) Das sog. „Günstigkeitsprinzip".** Angesichts der Vielfalt der materiell-rechtlichen Normen lassen sich allgemeine Regeln über die Verteilung der materiellen Beweislast im verwaltungsgerichtlichen Verfahren ebenso wenig wie im Zivilprozess aufstellen.[292] Allerdings enthielt § 193 des ersten Entwurfs zum BGB von 1888 eine beweislastrechtliche Grundregel, die in heutiger Begrifflichkeit lautet: „Der Anspruchsteller trägt die Beweislast für die rechtsbegründenden Tatbestandsmerkmale, der Anspruchsgegner für die rechtshindernden, rechtsvernichtenden und rechtshemmenden Merkmale."[293] Soweit sich keine spezielle Anordnung erkennen lässt, ist diese Grundregel heute – trotz Streichung – als Teil des geltenden Gesetzesrechts anerkannt,[294] denn: § 193 des ersten Entwurfs wurde nur gestrichen, weil der Gesetzgeber diese Grundregel für selbstverständlich hielt.[295] Dabei hat der Gesetzgeber durch Formulierungen wie „es sei denn, dass ..." oder „wenn nicht ..." bewusst Abweichungen von der Regel vorgenommen und diese so „stillschweigend" seiner Tätigkeit zugrunde gelegt.[296] Die mit der Normentheorie verbundene Grundregel gilt im Prinzip auch für das öffentliche Recht[297] und ist vom BVerwG als allgemeiner Rechtsgrundsatz herangezogen worden.[298]

115   Ausgangspunkt für die Beweislastverteilung sind danach die Normen des materiellen Rechts; daher auch die Bezeichnung „Normentheorie".[299] Im Grundsatz trägt nach der oben genannten Regel jeder Beteiligte den Rechtsnachteil für die Nichterweislichkeit der ihm günstigen Tatbestandsmerkmale[300] (sog. Günstigkeitsprinzip oder Normbegünstigungsprinzip). Allerdings kann sich aus der materiell-rechtlichen Norm eine andere Beweislastverteilung ergeben. Diese ist durch Auslegung der materiell-

---

292 So BVerwGE 13, 36, 40; so auch *W. Berg*, Verwaltungsrechtliche Entscheidung, 1980, 221, 243.

293 *H. Prütting*, in: MüKoZPO § 286 Rn. 110 f. Zur praktisch kaum relevanten Frage der eigenständigen materiellrechtlichen Bedeutung rechtshindernder Tatsachen *M. Dawin*, in: Schoch/Schneider/Bier § 108 Rn. 96, 111 (demnach „entgegen der heute herrschenden Meinung"); dazu auch BVerwGE 20, 211, 213.

294 *H. Prütting*, Beweislast, 1983, 265 ff. sowie zur Geltung der Grundregel in zahlreichen anderen Rechtsordnungen 270 ff.; *H. Prütting*, in: MüKoZPO § 286 Rn. 112; s.a. *D. Leipold*, Beweislastregeln, 1966, 45 f.; *D. Geiger*, BayVBl 1999, 321, 330; BVerwG NJW 1994, 468.

295 Vgl. Motive zu dem Entwurfe eines Bürgerlichen Gesetzbuches für das Deutsche Reich, Bd. 1, Allgemeiner Theil, 1888, 382 f.; vgl. auch *H. Prütting*, Beweislast, 1983, 274.

296 *D. Leipold*, Beweismaß und Beweislast, 1984, 19.

297 *S. Unger*, in: Gärditz § 108 Rn. 33; gegen eine allzu unbesehene Übernahme – insbes. für den Bereich der Grund- und Menschenrechte – *J. Kokott*, Beweislastverteilung, 1993, 72 f.; ferner: *W. Berg*, Verwaltungsrechtliche Entscheidung, 1980, 184 ff.

298 BVerwGE 18, 168, 172; 47, 330, 339; 78, 367, 370; 80, 290, 296; BVerwG NVwZ 1990, 65 (Prüfungswesen); NJW 1994, 468. Zur verfassungsrechtlichen Unbedenklichkeit der Grundregel s. BVerfGE 52, 131, 145.

299 *E. Schmidt-Aßmann*, in: Maunz/Dürig Art. 19 IV Rn. 228.

300 BVerwGE 61, 176, 189; BVerwG 11.9.2013 – 8 C 4/12; *E. Schmidt-Aßmann*, in: Maunz/Dürig Art. 19 IV Rn. 228; *H. Geiger*, BayVBl 1999, 321, 330.

rechtlichen Norm zu ermitteln.[301] Das Günstigkeitsprinzip bietet hier lediglich den Einstieg und „Orientierungshilfe" für die zu ermittelnde – und insoweit die materielle Regelung ergänzende – gesetzgeberische Wertentscheidung über die Verteilung der materiellen Beweislast. Die entscheidende Frage ist, ob nach dem Plan, der dem Gesetz zugrunde liegt, die Rechtsfolge auch im Fall des non liquet eintreten soll.[302] Damit liegt gerade nicht die von *Rosenberg* postulierte zwangsläufige Verknüpfung zwischen materiellem Normaufbau und Beweislast vor.[303]

Dogmatisch betrachtet ist damit die Beweislastfrage – bei Fehlen einer ausdrücklichen Regelung – durch eine das materiell-rechtliche Tatbestandsmerkmal ergänzende und insoweit ungeschriebene Beweislastnorm geregelt.[304] Der Tatbestand der Beweislastnorm besteht einzig aus dem non liquet des betreffenden Tatbestandsmerkmals einer Norm des materiellen Rechts. Rechtsfolge ist die Anweisung an den Richter, das fragliche Tatbestandsmerkmal entweder als „erwiesen" oder „widerlegt" anzusehen und damit die materiell-rechtliche Norm zu subsumieren. Im Prinzip bedient man sich zur Ermöglichung einer richterlichen Entscheidung im Fall des non liquet einer Fiktion, die i.E. einen subsumtionsfähigen Sachverhalt liefert.[305] Je nachdem, ob das Tatbestandsmerkmal als erwiesen oder widerlegt zu behandeln ist, wendet der Richter die fragliche Rechtsnorm an oder kommt zur Nichtanwendung. Damit verteilen die Beweislastnormen das Risiko der Unerweislichkeit unabhängig vom zu entscheidenden Einzelfall und der jeweiligen Prozesslage, d.h. in abstrakter Weise. **116**

bbb) Legitimation der Grundregel für das öffentliche Recht. Indes ist die vorstehend befürwortete Heranziehung des Günstigkeitsprinzips nicht selbstverständlich und wird z.T. auch bestritten. Doch gibt es Sachgründe, auf die sich der Geltungsanspruch des Günstigkeitsprinzips stützen lässt. **117**

(1) Die Erhaltung des status quo. Nach dem Günstigkeitsprinzip trägt die Beweislast für die tatsächlichen Voraussetzungen eines Rechtssatzes derjenige, dessen Prozessbegehren ohne Anwendung des Rechtssatzes erfolglos bliebe. Letztlich wird damit das sog. „materielle Angreiferprinzip"[306] als Legitimationsgrund herangezogen: Parteien machen im Prozess eine Rechtsfolge geltend, die bisher in der Rechtswelt nicht beachtet wurde. Dies will die betreffende Partei ändern; sie tritt i.d.S. als Angreifer gegen das Bestehende auf. So will der Kläger ein Recht durchsetzen; der Beklagte wendet sich gegen ein ggf. entstandenes Recht des Klägers und insoweit auch gegen etwas Bestehendes. Der Gedanke ist, dass diese Intention zur Veränderung der Begründung und Rechtfertigung bedarf, da für das Bestehende immerhin sein Bestand spricht. Mit der Zuweisung der Beweislast an denjenigen, der verändern will, schützt die beweislastrechtliche Grundregel den status quo und damit den Rechtsfrieden.[307] Dementsprechend gilt bei Normen, die eine Leistungsgewährung nach Ermessen vorsehen: Das Vorliegen des vom Tatbestand geforderten Sachverhalts sowie das Bestehen von den Anspruch stützenden Vergaberichtlinien oder einer dahingehenden Verwaltungspraxis sind Tatsachen, die vom Anspruchsteller bewiesen werden müssen, hingegen muss die Behörde Umstände beweisen, die ein Abweichen von der Richtlinie bzw. der Verwaltungspraxis rechtfertigen.[308] **118**

(2) Das Kriterium der Veränderung bei Grundrechten. Allerdings bestreiten *Kokott*[309] und *Berg*[310] weitgehend die Geltung des Rechtsfriedensarguments für das öffentliche Recht: Das materielle Angreiferprinzip erfordere stark gegensätzliche Interessen der Prozessparteien, die so in öffentlich-rechtlichen Rechtsverhältnissen nicht gegeben seien. Da die Staatsgewalt das Individualrecht zu schützen habe, **119**

---

301 BVerwGE 80, 290, 296 f.; M. *Dawin*, in: Schoch/Schneider/Bier § 108 Rn. 96.
302 M. *Nierhaus*, Beweismaß und Beweislast, 1989, 233 f.; Vgl. BVerwGE 80, 290, 297 zur Herausarbeitung der gesetzgeberischen Ziele und die Folgerungen für die Beweislastverteilung am Bsp. von § 15 BAföG.
303 Vgl. D. *Leipold*, Beweismaß und Beweislast, 1984, 19.
304 M. *Nierhaus*, Beweismaß und Beweislast, 1989, 232.
305 D. *Leipold*, Beweislastregeln, 1966, 64 ff.; H. *Musielak*, Beweislast, 1975, 22, 293; H.-J. *Musielak*/M. *Stadler*, Beweisrecht, 1984, 107 ff.; W. *Berg*, Verwaltungsrechtliche Entscheidung, 1980, 175; H. *Prütting*, Beweislast, 1983, 169 f. sieht die Fiktion als „Operationsregeln". Gegen die Qualifizierung von non liquet mit erwiesen oder widerlegt als Fiktion M. *Nierhaus*, Beweismaß und Beweislast, 1989, 192 f.
306 Zum materiellen Angreiferprinzip W. *Berg*, Verwaltungsrechtliche Entscheidung, 1980, 197 ff.; D. *Leipold*, Beweislastregeln, 1966, 48 ff., 118; H. *Prütting*, Beweislast, 1983, 250 ff. Krit. zur Geltung im Öffentlichen Recht J. *Kokott*, Beweislastverteilung, 1993, 80.
307 S. nur D. *Leipold*, Beweislastregeln, 1966, 49.
308 *Kopp/Schenke* § 108 Rn. 14; W. *Ewer*/A. R. *Rapp*, NVwZ 1991, 549, 550.
309 J. *Kokott*, Beweislastverteilung, 1993, 80, 115.
310 W. *Berg*, Verwaltungsrechtliche Entscheidung, 1980, 184 ff.

könne es gerade auch im Interesse der Allgemeinheit liegen, wenn Individualrechte sich durchsetzten.[311] Außerdem werde die prinzipielle Gleichgewichtigkeit der sich gegenüberstehenden Rechtspositionen vorausgesetzt. Die Position des Einzelnen sei jedoch gegenüber dem Staat wesentlich durch die Grundrechte verstärkt.[312]

120　Diese Kritik greift schon den Ansatz der beweislastrechtlichen Grundregel und nicht spezifisch deren Anwendung im öffentlichen Recht an:[313] Die Grundregel stellt auf das Kriterium der Veränderung bzw. der Günstigkeit ab und bewertet die Rechtspositionen der Beteiligten nicht inhaltlich. Alle Rechte mit Anspruchscharakter führen jedoch zwangsläufig zu gegensätzlichen Interessen von potenziellem Rechtsinhaber und potenziell Verpflichtetem. Dieser Gegensatz ist im Öffentlichen Recht nicht dadurch aufgehoben, dass „der Staat als Verpflichteter auch die Grundrechte zu achten und zu schützen und der Grundrechtsinhaber dennoch das Allgemeinwohl zu respektieren hat".[314] Vielmehr folgt aus dem Charakter des subjektiven Rechts, den Staat als „verpflichteten Widerpart" des (Grund-)Rechtsinhabers zu sehen. I.d.S. wäre es z.B. für den Staat durchaus von Vorteil, wenn er ausgezahlte verlorene Zuschüsse zurückfordern könnte, von deren zweckwidriger Verwendung er zwar überzeugt ist, die im Prozess aber nicht nachgewiesen werden kann.

121　Im Hinblick auf den geltend gemachten Widerspruch zwischen der Beweislastverteilung nach dem „Günstigkeitsprinzip" und einem möglichen besonderen Gewicht von Grundrechten im Einzelfall, ist zweierlei zu beachten: Zum einen darf nicht verkannt werden, dass es sich bei der so vorgenommenen Beweislastverteilung lediglich um eine Grundregel handelt. Damit sind Sonderregelungen – insbes. aufgrund Verfassungsrechts – gerade nicht ausgeschlossen. Bsp.: Eine sozialhilferechtliche Norm gewährt einen Anspruch auf Leistung des Existenzminimums und setzt dazu das „Fehlen eigener Mittel" voraus. Hier erscheint es vor dem Hintergrund des Gewichts von Art. 1, 2 Abs. 1 GG geboten, dass die Beweislast für das Merkmal „Fehlen eigener Mittel" ausnahmsweise die Verwaltung trägt. Den Anspruchssteller mit dem Risiko der Unaufklärbarkeit der Mindestvoraussetzungen einer menschenwürdigen Existenz zu belasten, bedeutete nämlich, dass „der Hilfesuchende womöglich in einem seine Menschenwürde verletzenden Zustand der Hilflosigkeit belassen wird".[315]

122　Bleibt andererseits bei der Geltendmachung eines Leistungsrechts ungeklärt, ob der Schutzbereich eines Grundrechts berührt ist, ist also z.B. bei Art. 6 Abs. 1 GG das Vorliegen einer Ehe zu beweisen, steht damit die grundrechtliche Position des Anspruchstellers als solche infrage. In dieser Konstellation ist kein zwingender Grund dafür ersichtlich, das Gewicht des Grundrechts prinzipiell dem Anspruchsteller bei der Verteilung der Beweislast zugute kommen zu lassen. Zwar wird teilweise Art. 19 Abs. 4 GG zur Begründung einer besonderen Beweislastverteilung herangezogen.[316] Doch liefert das Gebot effektiven Rechtsschutzes über den verfassungsrechtlichen Prüfungsmaßstab hinaus gerade keine konkreten Wertungskriterien. Die Weite des Grundsatzes bei der bestehenden Differenziertheit der materiell-rechtlichen Normen lässt hier keine Rückschlüsse auf eine Grundregel zur Beweislastverteilung zu.[317] Die Grundregel der Beweislastverteilung nach dem Günstigkeitsprinzip steht nicht im unauflösbaren Widerspruch zu Grundrechtspositionen.

123　**ccc) Die beweislastrechtliche Grundregel im Anfechtungsstreit.** Wendet sich der Adressat gegen einen ihn belastenden Verwaltungsakt, gilt entsprechend der beweislastrechtlichen Grundregel: Die erlassende Behörde trägt die materielle Beweislast für die Tatsachen, die nach der zugrunde liegenden Norm Voraussetzung für die durch den Verwaltungsakt angeordnete belastende Rechtsfolge sind.[318] Die Behörde will mit ihrem belastenden Verwaltungsakt in die Rechte des Adressaten eingreifen, sie ist Veränderer bzw. Angreifer. Das ändert sich auch nicht dadurch, dass die Behörde die angestrebte Be-

---

311　*J. Kokott*, Beweislastverteilung, 1993, 114.

312　*W. Berg*, Verwaltungsrechtliche Entscheidung, 1980, 184, 188.

313　Dies gesteht *W. Berg*, Verwaltungsrechtliche Entscheidung, 1980, 187 auch ein.

314　So *M. Dawin*, in: Schoch/Schneider/Bier § 108 Rn. 99.

315　BVerwGE 28, 213, 222 legt diesen Maßstab an. In ähnl. Richtung wie hier auch *S. Huster*, NJW 1995, 112, 113 sowie *M. Dawin*, in: Schoch/Schneider/Bier § 108 Rn. 100.

316　*W. Ewer/A. R. Rapp*, NVwZ 1991, 549, 550.

317　Vgl. *E. Schmidt-Aßmann*, in: Maunz/Dürig Art. 19 IV Rn. 227; *H. H. Peschau*, Beweislast, 1983, 19; i.E. auch *M. Nierhaus*, Beweismaß und Beweislast, 1989, 236; *J. Kokott*, Beweislastverteilung, 1993, 99.

318　St. Rspr. des BVerwG: BVerwGE 18, 168, 173; 49, 160, 169; 66, 168, 170; BVerwG DVBl 1998, 339, 340; Buchholz 451.171 AtG Nr. 25 (S. 52); VGH Mannheim VBlBW 2007, 340; VGH Kassel NJW 1984, 74; s.a. *Kopp/Schenke* § 108 Rn. 15; *M. Dawin*, in: Schoch/Schneider/Bier § 108 Rn. 102; *S. Unger*, in: Gärditz § 108 Rn. 36.

lastung nicht einklagen muss, sondern einseitig verfügen darf und der Adressat auf nachrangigen Rechtsschutz verwiesen ist, denn es gibt Bereiche, in denen die Behörde wählen kann (etwa bei der Rückforderung von Subventionen [s. dazu etwa BVerwG NVwZ 1992, 769 ff.]), ob sie eine Leistung im Klageweg oder einseitig durch Verwaltungsakt einfordert. Geht die Behörde in diesen Fällen den Klageweg, trägt sie die Beweislast für die Anspruchsvoraussetzungen. Wählt die Behörde stattdessen den Verwaltungsakt, kann die materielle Beweislast nicht anders liegen; sonst wäre es Sache der Behörde, über die Verteilung der materiellen Beweislast zu entscheiden und sie dem nach ihrer Auffassung Leistungspflichtigen aufzubürden.[319]

Geht ein Dritter gegen einen Verwaltungsakt (mit Doppelwirkung) vor – z.B. ein Nachbar gegen eine   124
Baugenehmigung –, so gilt: Die Behörde trägt auch hier die materielle Beweislast für die gesetzlichen Voraussetzungen des Verwaltungsaktes, etwa die Rechtmäßigkeit der Baugenehmigung; für den Dritten handelt es sich um eine Anfechtungsklage.[320] Entsprechendes gilt für den durch eine atomrechtliche Genehmigung Drittbetroffenen.[321]

Die Rücknahme oder der Widerruf eines begünstigenden Verwaltungsaktes haben ebenfalls belastende   125
Wirkung. Die Behörde trägt daher auch für die Voraussetzungen von Rücknahme und Widerruf die Beweislast.[322]

Dagegen trägt der durch einen Verwaltungsakt Begünstigte die Beweislast für Umstände, die der   126
Rücknahme des begünstigenden Verwaltungsaktes entgegenstehen. Für § 48 VwVfG heißt dies: Der Begünstigte trägt die Beweislast dafür, dass er auf den Bestand des Verwaltungsaktes vertraut hat und dass dieses Vertrauen schutzwürdig ist. Demgegenüber trägt grds. (zur Umkehr der Beweislast im Falle der Beweisvereitelung → Rn. 142 ff., 149) die Behörde die Beweislast für die Umstände, die die Rechtswidrigkeit des Grundverwaltungsaktes begründen, sowie für Umstände, die eine Berufung des Begünstigten auf Vertrauen ausschließen (§ 48 Abs. 2 S. 3 VwVfG).[323]

ddd) Die beweislastrechtliche Grundregel bei Verpflichtungsklagen. Entsprechend der Grundregel   127
trägt hier der Bürger die Beweislast für das Vorliegen der Voraussetzungen des geltend gemachten Anspruchs (BVerwGE 20, 211; 21, 212). Für eine Klage auf Ernennung zum Beamten folgt daraus: Der Kläger trägt die Beweislast für seine Eignung und Befähigung; demgegenüber trägt der Dienstherr etwa die Beweislast für das Bestehen von Zweifeln an der Verfassungstreue des Kandidaten[324] sowie für die in seinem Verantwortungsbereich liegenden Vorgänge, deren Kenntnis für die Beurteilung erforderlich ist, bspw. ob der Beamte auch ohne einen schuldhaften Verstoß des Dienstherrn gegen Art. 33 Abs. 2 GG voraussichtlich befördert worden wäre.[325]

Praktisch besonders relevant sind Verpflichtungsklagen bei sog. präventiven Verboten mit Erlaubnis-   128
vorbehalt: Hier wird häufig die Grundrechtsausübung zunächst für erlaubnisbedürftig erklärt, um dann lediglich (negativ) Umstände aufzuführen, bei deren Vorliegen die Erlaubnis versagt werden kann oder muss. So wird etwa die gewerbsmäßige Tätigkeit als Makler, Bauträger oder Baubetreuer in § 34 c Abs. 1 S. 1 GewO unter Erlaubnisvorbehalt gestellt; die Erlaubnis ist nach § 34 c Abs. 2 GewO zu versagen, wenn Tatsachen die Annahme rechtfertigen, dass dem Antragsteller die erforderliche Zuverlässigkeit fehlt. Beweislosigkeit kann hier nur hinsichtlich der Versagungsgründe eintreten. Deren Vorliegen ist aber nicht für den Antragsteller der Erlaubnis vorteilhaft. Entsprechend der Grundregel trägt damit der Staat die Beweislast für die Versagungsgründe bei Klagen auf Erteilung der Erlaubnis. Soweit jedoch die Erteilung einer Erlaubnis (positiv) an die Erfüllung bestimmter Voraussetzungen geknüpft ist, gilt nach der Grundregel: Die Beweislast für die Erteilungsvoraussetzungen liegt beim Er-

---

319 W. Tietgen, in: 46. DJT, Bd. 1, 1966, 2B, 46; M. Dawin, in: Schoch/Schneider/Bier § 108 Rn. 102; S. Unger, in: Gärditz § 108 Rn. 36.

320 Eingehend hierzu A. Sonntag, Beweislast, 1986. Nach BVerwG DVBl 1970, 62, 64 f. folgt diese Beweislastverteilung gerade nicht aus der Grundregel; das BVerwG zieht vielmehr den Sphärengedanken heran; s. dazu auch M. Nierhaus, Beweismaß und Beweislast, 1989, 431 f.

321 BVerwG Buchholz 451.171 AtG Nr. 26: „Die Nichterweislichkeit von entscheidungserheblichen Tatsachen, die für die Genehmigungsvoraussetzungen des § 7 II Nr. 3 AtG von Bedeutung sind, geht zu Lasten der Genehmigungsbehörde."

322 BVerwG 18, 168, 173; 49, 169; BVerwG DVBl 1988, 540; BSG NJW 1985, 698; dazu auch BVerfGE 52, 286; M. Dawin, in: Schoch/Schneider/Bier § 108 Rn. 103; Kopp/Schenke § 108 Rn. 15; S. Unger, in: Gärditz § 108 Rn. 36.

323 BVerwGE 66, 168, 170 für § 48 Abs. 2 S. 3 Nr. 2 VwVfG.

324 BVerwGE 47, 330, 338; 61, 176, 189; BAG NJW 1983, 782.

325 BVerwGE 118, 370, 373; 124, 99.

laubnisbewerber. So trägt der Bewerber um einen Führerschein nach § 2 Abs. 2 S. 1 Nr. 5 StVG die Beweislast für den Nachweis der Befähigung zum Führen eines Kraftfahrzeuges.

129   **cc) Modifizierungen der Grundregel.**   Spezielle Regelungen der Beweislastverteilung gehen der nur subsidiär geltenden Grundregel vor. Abweichungen von der Grundregel müssen aber vom Gesetzgeber in irgendeiner Form zum Ausdruck gebracht worden sein. Neben den oben (→ Rn. 109 f.) bereits angesprochenen ausdrücklichen, eigenständigen Beweislastnormen, kann eine spezielle Beweislastverteilung auch bestimmt sein durch den Satzbau oder sonstige Formulierungen, die Systematik des Gesetzes sowie durch Hervorhebung bestimmter Wertungsgesichtspunkte, d.h. durch den gesetzgeberischen Plan. Die Beweislastregelung ist dann in die materielle Norm integriert. Mit dem letztgenannten Aspekt können neben formalen Beweislastkriterien auch inhaltliche Gesichtspunkte des materiellen Rechts für die Frage der Beweislastverteilung relevant werden. Allerdings ist gerade dabei zu beachten, dass die Beweislastfrage nicht über fallorientierte Zumutbarkeits- und Billigkeitsgesichtspunkte beantwortet werden kann (→ Rn. 116).[326] Bei Abweichungen von der Grundregel aufgrund inhaltlicher Gesichtspunkte ist daher besondere Sorgfalt geboten.

130   **aaa) Die widerlegliche gesetzliche Tatsachenvermutung.**   Als – insoweit eigenständige – Bestimmungen regeln widerlegbare gesetzliche Tatsachenvermutungen (vgl. § 292 ZPO) die Verteilung der Beweislast.[327] Dies hat *Berg*[328] im Anschluss an *Leipold*[329] anhand von § 79 Abs. 1 BEG[330] dargelegt. Die widerlegliche gesetzliche Tatsachenvermutung bestimmt, dass ein non liquet eines Merkmals des materiell-rechtlichen Tatbestandes durch Vorliegen einer anderen (tatbestandsfremden) Voraussetzung überwunden wird. Die Unaufklärbarkeit eines Tatbestandsmerkmals hat hier keine Beweislastentscheidung zur Folge, sondern *wechselt das Beweisthema* aus. Hinsichtlich der Beweislast für das neue Beweisthema kommt es wieder auf die Grundregel oder etwaige Sonderregelungen an. Zwar wird dem Richter hier nicht direkt der rechtlich zu entscheidende Sachverhalt vorgegeben – das non liquet bleibt insoweit bestehen. Doch wird durch die Heranziehung anderer Umstände, die i.d.R. leichter zu ermitteln sind, praktisch das Risiko der Unaufklärbarkeit gesenkt. D.h. ein non liquet bei einem bestimmten Tatbestandsmerkmal führt zu anderen Rechtsfolgen als die Grundregel; es liegt eine besondere Beweislastregelung vor. Im Gegensatz zur gesetzlichen Fiktion kann für den hier vermuteten Sachverhalt der Nachweis seines Nichtbestehens erbracht werden (BVerwGE 78, 147, 149).

131   Atypisch ist die Vermutungsregel des Art. 16 a Abs. 3 S. 2 GG: Hier wird nicht das Beweisthema, dass eine Person politisch verfolgt wird, ausgewechselt, sondern eine tatsächliche oder Regelvermutung grundgesetzlich – und unabhängig von der Unerweislichkeit des Merkmals „politisch verfolgt" – als Grundlage der Sachverhaltsaufklärung und Beweiswürdigung bestimmt.[331]

132   **bbb) Normtextkonstituierte Beweislastnormen.**   Wesentliche Bedeutung für die Ermittlung besonderer Beweislastnormen hat die sprachliche Fassung der betreffenden materiell-rechtlichen Vorschrift (sog. Satzbaulehre).[332] Im Prinzip geht es um die Herausarbeitung eines „Regel-Ausnahme-Schemas".[333] Für Merkmale, die der gesetzliche Tatbestand regelmäßig für das Eintreten der Rechtsfolge voraussetzt, trägt derjenige die Beweislast, der die von der Norm angeordnete Rechtsfolge begehrt. Für Tatsachen, die ausnahmsweise den Eintritt der Rechtsfolge verhindern, trägt die Gegenseite die Beweislast. Formulierungen wie: „Dies gilt nicht, wenn", „Diese Vorschrift findet keine Anwendung, wenn", „es sei denn, dass", „wenn nicht" oder „sofern nicht", sprechen typischerweise – aber nicht zwingend – dafür, dass ein Umstand nur als Ausnahme Berücksichtigung finden soll; entscheidend ist die Ausle-

---

326   *E. Schmidt-Aßmann*, in: Maunz/Dürig Art. 19 IV Rn. 228; s.a. *H. Prütting*, in: MüKoZPO § 286 Rn. 128; *J. Kokott*, Beweislastverteilung, 1993, 100 ff.

327   Dazu auch BVerwGE 78, 147, 149; *M. Nierhaus*, Beweismaß und Beweislast, 1989, 362 ff.; *M. Dawin*, in: Schoch/Schneider/Bier § 108 Rn. 108; *H. Prütting*, in: MüKoZPO § 286 Rn. 109; *D. Leipold*, in: Stein/Jonas IV § 286 Rn. 66.

328   *W. Berg*, Verwaltungsrechtliche Entscheidung, 1980, 80 ff.

329   *D. Leipold*, Beweislastregeln, 1966, 92 f.

330   § 79 Abs. 1 BEG: „Der Zeitraum, für den die Kapitalentschädigung geleistet wird, endet spätestens mit dem Zeitpunkt, in dem der Verfolgte tatsächlich nicht mehr arbeitsfähig ist. Es wird vermutet, dass dies der Fall ist, wenn der Verfolgte das 70. Lebensjahr vollendet hat."

331   *Jarass/Pieroth* Art. 16 a Rn. 33; *F. K. Schoch*, DVBl 1993, 1161, 1164.

332   *H. Prütting*, Beweislast, 1983, 302; *M. Nierhaus*, Beweismaß und Beweislast, 1989, 399.

333   *M. Dawin*, in: Schoch/Schneider/Bier § 108 Rn. 110; *P. Gottwald*, Jura 1980, 225, 229.

gung im Einzelfall, deren Ergebnis auch sein kann, dass der Normgeber die gesetzessprachliche Wendung nicht bewusst im Hinblick auf die Beweislastproblematik verwandt hat.

ccc) Die Ableitung von Beweislastnormen aus Prinzipien der Beweislastverteilung? Bisher wurden im 133 Wesentlichen formale Kriterien zur Ermittlung der Beweislastverteilung herangezogen – insbes. der Wortlaut der materiell-rechtlichen Norm. Nur im Hinblick auf äußerste Grenzen wurde ein Rückgriff auf inhaltliche Wertungen des GG zugelassen. Allerdings kann es gerade zur Beantwortung zweifelhafter Beweislastfragen notwendig werden, auf inhaltliche Gesichtspunkte zurückzugreifen.[334] Umstr. ist, wie weit dieser Rückgriff gehen kann, ob sich also aus bestimmten Prinzipien oder Sachgründen spezielle Beweislastnormen herleiten lassen, die der Grundregel vorgehen.

(1) Beweislastverteilung nach „Verantwortungs- und Verfügungssphären". Besondere Bedeutung hat 134 in der Rspr. der Gedanke der Verantwortlichkeit einer Partei für einen bestimmten Lebensbereich („Sphäre") gewonnen: So „findet die Beweislastregel des § 282 BGB – a.F., s. nunmehr § 280 Abs. 1 S. 2 BGB n.F. – „bei Erstattungsfällen im Beamten- und Soldatenrecht dann keine Anwendung, wenn der Bedienstete den mit der Kassenführung verbundenen Gefahrenbereich nicht ausschließlich beherrscht. Die Unaufklärbarkeit der Frage, ob ein Fehlbestand auf eine schuldhafte Dienstpflichtverletzung des Kassenbeamten zurückzuführen ist, darf dann nicht zu seinem Nachteil ausschlagen, weil sein Tätigkeitsbereich nicht frei von fremder Einflussnahme war" (BVerwG NVwZ-RR 1988, 101 [LS]).

Dieses *Prinzip der Beweisnähe* findet sich auch in zahlreichen anderen Entscheidungen wieder: Bei 135 einer Entscheidung (BVerwGE 55, 288 ff.) zu § 20 Abs. 2 BAföG[335] blieb unklar, ob die Geförderte während eines studentischen Boykotts Lehrveranstaltungen nicht besucht hatte, weil diese von Seiten der Universität nicht gehalten wurden, die Geförderte am Zutritt gehindert bzw. ihr eine Teilnahme wegen Gewalttätigkeiten oder Störungen nicht zumutbar war oder ob sie zur Unterstützung des Boykotts nicht erschienen ist. Das BVerwG stellte zur Verteilung der Beweislast fest: „Die hier geltende Beweislastverteilung ist vielmehr (...) in Auslegung (...) [von § 20 Abs. 2 BAföG] zu ermitteln. Dabei erscheint es von (...) [den] Zielvorstellungen [der Norm] her gerechtfertigt, Ungewissheiten und Unklarheiten bei der Beweislastentscheidung zum Nachteil desjenigen ausgehen zu lassen, in dessen Verantwortungs- und Verfügungssphäre diese fallen." Daraus folgert das BVerwG: „Lässt sich danach nicht feststellen, dass die Beklagte die infrage kommenden Lehrveranstaltungen angeboten hat, so geht das zu ihren Lasten. Hat die Klägerin demgegenüber ein zunächst vorhandenes Lehrangebot nicht genutzt, dann hat sie die Nachteile zu tragen, wenn nicht festgestellt werden kann, dass ihr die Erfüllung der gesetzlichen Voraussetzungen für die Leistung von Ausbildungsförderung, nämlich die Teilnahme an den angebotenen Lehrveranstaltungen, infolge Behinderungen in zumutbarer Weise nicht möglich war" (BVerwGE 55, 288, 297 f.). Zwar hat das OVG Münster in einem Verfahren, wo es um das Abhandenkommen von Teilen der schriftlichen Prüfungsarbeiten aus den Akten ging, den Gedanken des beherrschbaren Gefahrenbereichs nicht als Kriterium für die Beweislastverteilung herangezogen.[336] Doch sprechen eine Vielzahl von Entscheidungen eine andere Sprache: So hat das BVerwG in einer Entscheidung zum Wohngeldrecht ausgeführt, dass zunächst nach dem Normzweck ermittelt werden müsse, zu wessen Lasten eine Nichtaufklärbarkeit gehe (BVerwGE 44, 265, 270; s.a. OVG Koblenz NVwZ 1987, 619 f.). Zusätzlich solle dann zu berücksichtigen sein, dass Tatsachen von demjenigen nachzuweisen seien, in dessen Verantwortungsbereich sie fallen.[337]

(2) Weitere Sachgründe zur Verteilung der Beweislast. Ein weiterer von der Rspr. herangezogener 136 Sachgrund ist das Gewicht der sich gegenüberstehenden Interessen, die von der Beweislastverteilung betroffen sind; es müsse abgewogen werden, welches der beiden möglichen Fehlurteile schwerer wie-

---

334 BVerwGE 44, 265, 270: „Vorschriften des öffentlichen Rechts bringen vielfach durch ihren Aufbau und durch ihren Wortlaut keine eindeutige Beweisregelung zum Ausdruck."

335 § 20 Abs. 2 S. 1 BAföG: „Der Förderungsbetrag ist für den Kalendermonat oder den Teil eines Kalendermonats zurückzuzahlen, in dem der Auszubildende die Ausbildung aus einem von ihm zu vertretenden Grund unterbrochen hat."

336 OVG Münster NVwZ 1987, 1012. Aus diesem Grund abl. *P. Kothe*, in: Redeker/v. Oertzen § 108 Rn. 13 a; *M. Nierhaus*, Beweismaß und Beweislast, 1989, 437.

337 BVerwGE 44, 265, 271; auf den Sphärengedanken stellen auch ab: BVerwGE 70, 143, 148 f.; 80, 290, 297; BVerwG NJW 1970, 263, 264; BVerwG 19.3.2013 – 2 B 130/11 m.w.N.

ge[338] (Prinzip der Folgenabwägung). Konsequenzen für die Beweislastverteilung sollen auch Fürsorgepflichten der Prüfungsbehörde gegenüber dem Prüfling haben, die der Vermeidung der Unaufklärbarkeit bzgl. Verfahrensmängeln bei der Prüfung dienen (OVG Münster NVwZ-RR 1997, 714, 715). Diskutiert wird auch, ob der Gesichtspunkt der Gefährlichkeit neuer Technologien die Beweislastverteilung bestimmen kann.[339] Wer den Nutzen aus Risikotechnologien zieht, solle im Gegenzug die Beweislast für deren Unschädlichkeit tragen.

137 **(3) Die Heranziehung sachgerechter Gründe zur sinngerechten Auslegun.** All diesen Ansätzen ist eines gemeinsam: Sie stellen nur sehr vage Anforderungen, um eine bestimmte Verteilung der Beweislast zu begründen, und knüpfen die Beweislastverteilung nicht an klar umrissene Tatbestandsmerkmale. Eine Beweislastnorm als subsumierbare Rechtsnorm fordert aber eine hinreichende, tatbestandliche Bestimmtheit.

138 Die Schwierigkeiten bei der Anwendung der „Sphärentheorie" zeigen sich etwa, wenn man versucht, Verantwortungs- und Verfügungssphären näher zu bestimmen. Hierzu könnte alles gehören, was von einer Person aktuell beherrschbar ist. Mit gleichem Recht kann man aber auch auf einen bestimmten räumlich-gegenständlichen Bereich abstellen. Genau besehen käme eine solche Beweislastnorm dem Versuch einer Normierung des hinter § 280 Abs. 1 S. 2 BGB stehenden Gedankens gleich: Der Schuldner hat regelmäßig eine besondere „Beweisnähe" zu den Gründen der von ihm nicht erbrachten Leistung. Abgesehen von der Loslösung von den Tatbestandsvoraussetzungen des § 280 Abs. 1 S. 2 BGB ist es aber gerade die Frage, ob der Gesichtspunkt der Beweisnähe vor dem der Folgenabwägung oder anderen Gerechtigkeitsüberlegungen rangieren und für die Beweislastverteilung im geregelten Bereich das entscheidende Kriterium sein soll. Dies gilt auch für ein Ansetzen an Fürsorge-, Mitwirkungs- und Aufklärungspflichten: Derartige Pflichten bestehen wohl nur i.R. eines beherrschbaren Aufgabenbereichs, insoweit liegt eine Konkretisierung des Sphärengedankens vor. Dabei werden derartige Pflichten oft aus den Umständen des Einzelfalles hergeleitet. Die Beweislastverteilung ist aber abstrakt zu bestimmen (→ Rn. 116).

139 Wenig abstrakt bestimmt ist auch das Prinzip der Folgenabwägung: Zwar gilt im Strafrecht „in dubio pro reo". Dem liegt zugrunde, dass die Rechtsordnung die nicht gerechtfertigte Kriminalstrafe gegenüber einem unberechtigten Freispruch schlechthin als weitaus schwereres Unrecht wertet. Im Verwaltungsrecht kann aber die Frage, welches der beiden möglichen Fehlurteile schwerer wiegt, gerade nicht abstrakt-generell beantwortet werden.

140 Mit der tatbestandlichen Unbestimmtheit der Prinzipien einher geht eine mangelnde Voraussehbarkeit der Beweislastverteilung für die Parteien vor einem möglichen Prozess. Gerade die Frage, welche Umstände man im Zweifel vor Gericht nachweisen können muss, ist aber von enormer praktischer Bedeutung: Es geht für die Parteien um nicht weniger als die Entscheidung über die Frage, ob ein gerichtliches Verfahren angestrengt werden soll oder nicht. Die Beweislastverteilung muss daher anhand hinreichend präziser und voraussehbarer Kriterien bestimmt werden. Den Parteien darf nicht von vornherein jede Möglichkeit genommen werden, ihr Prozessrisiko abzuschätzen. Dem werden die einzelnen Prinzipien bereits für sich genommen nicht gerecht. Hinzu kommen die Unklarheiten, die entstehen, wenn ein Prinzip mit einer ausdrücklichen oder einer aus der sprachlichen Fassung folgenden Beweislastnorm kollidiert. Es stellt sich die Frage nach dem Vorrang unter den verschiedenen Prinzipien und Regeln. Akzeptiert man mehrere Prinzipien, so können diese auch untereinander kollidieren, wenn ein Prinzip dem Kläger und das andere dem Beklagten die Beweislast zuweist: Etwa, wenn die Ursache der Unerweislichkeit in der Sphäre des Bürgers liegt, dieser aber gleichzeitig im Hinblick auf die Folgen von einem Fehlurteil schwerer betroffen wäre als die Behörde. Daraus folgt: Prinzipien der Beweislastverteilung können nicht als subsumierbare Beweislastnormen verstanden werden.[340] Auch kann der Richter aus Beweislastprinzipien nicht unmittelbar entsprechende Beweislastnormen herleiten. Er ließe ansonsten schlicht die bestehende gesetzliche Regelung außer Acht. Allerdings spiegeln sich in den genannten Beweislastprinzipien die Grundgedanken und Leitvorstellungen wider, die der

---

338 BVerwGE 78, 367, 371 f.; *W. Berg*, Verwaltungsrechtliche Entscheidung, 1980, 212.
339 Dazu ausf. *L. Determann*, UTR 1997, 165 ff.
340 *G. Baumgärtel*, Beweislastpraxis, 1996, Rn. 169; *H. Prütting*, Beweislast, 1983, 255; *K. H. Mathies*, JZ 1986, 959, 961; krit. auch *M. Nierhaus*, Beweismaß und Beweislast, 1989, 415. Für eine stärkere Berücksichtigung insbes. des Sphärengedankens *W. Ewer/A. Rapp*, NVwZ 1991, 549, 550.

Gesetzgeber bei einzelnen Beweislastnormen als wesentlich angesehen hat. Damit können die Prinzipien und Sachgründe eine entscheidende Rolle bei der Auslegung der unabhängig von diesen Prinzipien bestehenden Beweislastnormen haben.[341]

Soweit mit einer Beweislastverteilung die äußersten Grenzen grundgesetzlicher Wertung berührt werden, kann es ausnahmsweise sogar zu einer von der Grundregel oder einer besonderen Beweislastnorm abweichenden Beweislastverteilung unter Berücksichtigung der Prinzipien in Gestalt einer Beweislastumkehr[342] kommen. Dies betrifft dann i.d.R. die Frage der richterlichen Rechtsfortbildung, wie sie in jedem anderen Rechtsbereich auch denkbar ist.[343] Voraussetzung ist eine generelle Regelbildung, für die klar begründet werden muss, warum die Abweichung vom Gesetzestext zwingend notwendig ist.[344] Eine Beweislastumkehr allein aufgrund der Umstände des Einzelfalles, etwa wegen Unzumutbarkeit oder Rechtsmissbrauchs etc., ist nur für extreme Ausnahmesituationen denkbar.[345] 141

2. Das Problem der Beweisvereitelung. Die sog. Beweisvereitelung ist im Gesetz nicht allgemein geregelt.[346] Rechtsgrundlage, tatbestandliche Voraussetzungen sowie die Rechtsfolgen dieses Instituts sind daher umstr.[347] Lediglich die Vereitelung des Urkundsbeweises ist von § 98 VwGO i.V.m. § 444 ZPO ausdrücklich erfasst.[348] Der BGH versteht unter Beweisvereitelung „das vorsätzliche oder fahrlässige Verhalten des Gegners der beweisbelasteten Partei, das den an sich möglichen Beweis verhindert und so die Beweisführung der beweisbelasteten Partei insgesamt scheitern lässt".[349] Dieses Verständnis ist auch für das öffentliche Recht angebracht: So nimmt z.B. die finanzgerichtliche Rspr. einen Fall der Beweisvereitelung durch die Finanzbehörde an, wenn sich der Zugang einer Willenserklärung bei der Behörde nicht nachweisen lässt, weil diese die Steuerakten nicht ordnungsgemäß geführt hat (FG Düsseldorf EFG 1998, 1349). 142

a) Funktion und Tatbestand. Beweisvereitelung mit den ihr eigenen Rechtsfolgen ist nur durch den *Gegner der beweisbelasteten Partei* möglich: Die Partei, die selbst die Beweislast trägt, wird darum bemüht sein, zur Aufklärung des Sachverhalts beizutragen anstatt diese zu verhindern. Schließlich droht ihr im Fall des non liquet eine nachteilige Beweislastentscheidung. Macht die beweisbelastete Partei nämlich die Sachverhaltsaufklärung unmöglich, weisen ihr bereits die allgemeinen Beweislastregeln vollständig die Nachteile des beweisvereitelnden Verhaltens zu; sie trägt das volle Prozessrisiko. Eine darüber hinausgehende Sanktion ist nicht erforderlich.[350] 143

Entgegengesetzt stellt sich die Situation für eine Beweisvereitelung durch die nicht beweisbelastete Partei dar: Verhindert sie einen an sich möglichen Beweis, trüge nach den allgemeinen Regeln über die Beweislast nicht sie selbst, sondern der Prozessgegner die Nachteile aus der dadurch eintretenden Unerweislichkeit einer Tatsache. Die allgemeinen Beweislastregeln haben aber nicht den Zweck, auch das insoweit „künstlich" vom Prozessgegner gesteigerte Risiko der Unerweislichkeit zu verteilen. Vielmehr liegt hier „prozessuales Unrecht"[351] vor, dem durch die Rechtsfigur der Beweisvereitelung Rechnung getragen werden soll. 144

Erste Voraussetzung der Beweisvereitelung ist, dass das Verhalten des Prozessgegners die Beweisführung verhindert hat. Die bloße Erschwerung ist hier nicht ausreichend;[352] Erschwerung der Beweisführung bedeutet, dass der Beweis – wenn auch mit Schwierigkeiten verbunden – noch geführt werden kann, mithin nicht schlechthin unmöglich ist. Allerdings kann die Erschwerung der Beweisführung 145

---

341 *M. Dawin*, in: Schoch/Schneider/Bier § 108 Rn. 116; *H. Prütting*, in: MüKoZPO § 286 Rn. 121.
342 Dazu *D. Leipold*, in: Stein/Jonas IV § 286 Rn. 187 ff.
343 *H. Prütting*, in: MüKoZPO § 286 Rn. 119, 128; *D. Leipold*, in: Stein/Jonas IV § 286 Rn. 56 ff.
344 *H. Prütting*, in: MüKoZPO § 286 Rn. 123; zum Erfordernis der rechtssatzmäßigen Bindung vor dem Hintergrund der Gleichheit der Rechtsanwendung und der Vorhersehbarkeit des Ergebnisses *D. Leipold*, Beweismaß und Beweislast, 1985, 25 f.
345 *D. Leipold*, Beweismaß und Beweislast, 1985, 22.
346 BGH DB 1985, 1018, 1020 m.w.N.; *Baumbach/Lauterbach/Albers/Hartmann* ZPO Anh. § 286 Rn. 27.
347 Ausf. zur Problematik der Beweisvereitelung und dem Streitstand *G. Baumgärtel*, Beweislastpraxis, 1996, Rn. 109–131.
348 Zur entsprechenden Anwendbarkeit von § 444 ZPO HmbOVG NVwZ 1983, 564, 565.
349 BGH NJW 1998, 79, 81 m.w.N. Vgl. auch BSG NJW 1994, 1303; FG Düsseldorf EFG 1998, 1349, 1350; *S. Unger*, in: Gärditz § 108 Rn. 28 m.w.N. auch der Lit.
350 So auch *M. Dawin*, in: Schoch/Schneider/Bier § 108 Rn. 74.
351 *R. Stürner*, Aufklärungspflicht, 1976, 243.
352 *M. Dawin*, in: Schoch/Schneider/Bier § 108 Rn. 76; *H. Musielak*, Beweislast, 1975, 133. A.M. BGH NJW 1983, 2935, 2937; *H. Prütting*, in: MüKoZPO § 286 Rn. 80; *G. Baumgärtel*, Beweislastpraxis, 1996, Rn. 121.

eine Verletzung der prozessualen Mitwirkungsobliegenheit aus § 86 Abs. 1 S. 1 Hs. 2 darstellen (→ § 86 Rn. 60 ff., bzgl. der Folgen einer solchen Verletzung insbes. → Rn. 69 ff.). Die bloße Verletzung dieser Mitwirkungsobliegenheit bedeutet nicht automatisch eine Beweisvereitelung. Zu beachten ist im Kontext der objektiven Tatbestandsvoraussetzung der Beweisvereitelung, dass auch ein Verhalten vor Beginn des Rechtsstreits relevant sein kann,[353] etwa wenn im o.g. (→ Rn. 142) Bsp. die Steuerakten (schuldhaft) nicht aufbewahrt wurden, sodass eine Vorlage beim Gericht unmöglich gemacht wurde (s. FG Düsseldorf EFG 1998, 1349).

146 Als subjektives Tatbestandsmerkmal wird für eine Beweisvereitelung ganz überwiegend schuldhaftes Handeln gefordert:[354] Die Partei muss zum einen vorsätzlich oder fahrlässig das Beweismittel vernichtet oder sonst vorenthalten haben. Dabei muss sie zum anderen vorsätzlich oder fahrlässig die Beweisfunktion des Beweismittels beseitigt haben, d.h. die Partei musste bei ihrem Verhalten zumindest erkennen können, dass das betreffende Mittel künftig in einem Prozess Beweisfunktion haben könnte (BGH NJW 1986, 59, 60 f.; OLG Köln ZIP 1989, 245, 246). Gerade hier liegen die Schwierigkeiten für die vorprozessuale Beweisvereitelung: Der praktisch bedeutsamste Fall ist die ungewollte Zerstörung aktuell belangloser Gegenstände, die erst in einem späteren Prozess zum Beweismittel werden. Dabei dürfte es regelmäßig an einer Sorgfaltspflichtverletzung bzgl. des Erkennens der künftigen Beweisfunktion fehlen.[355]

147 Anders könnte dies beurteilt werden, wenn man wie *Stürner* eine allgemeine prozessuale Mitwirkungspflicht annimmt. Jede Partei solle verpflichtet sein, bei der Aufklärung rechtserheblicher und substantiierter Behauptungen der beweisbelasteten Partei mitzuwirken und, wenn ein Rechtsstreit erkennbar bevorsteht, die in diesem voraussehbar bedeutsamen Beweismittel zu erhalten.[356] Allerdings verlöre bei einer derart weitgehenden Pflicht § 86 Abs. 1 S. 1 Hs. 2 jegliche Bedeutung und für den Regelfall wäre das System der materiellen Beweislast beiseite geschoben.[357] Versteht man hingegen die Beweisvereitelung als „venire contra factum proprium" bzgl. der Berufung auf eine selbst verursachte Beweislücke,[358] bedarf es konsequenterweise gar keines subjektiven Elementes. Damit entfielen zwar die Nachweisschwierigkeiten für den Fahrlässigkeitsvorwurf. Das Prozessrisiko der Unaufklärbarkeit eines Sachverhalts infolge des bloßen Eintritts eines Ereignisses wie die Vernichtung von Urkunden durch Hochwasser oder Schiffsuntergang soll aber gerade durch die Normen der objektiven Beweislast gerecht verteilt werden. Dies gilt auch für den Fall der rechtmäßigen Verweigerung der Mitwirkung.[359] Abweichungen – in welcher Form auch immer – bedürfen hinreichender Rechtfertigung. Diese liegt bei der Beweisvereitelung gerade in der Vorwerfbarkeit der Verhinderung der Beweisführung. Auf den (doppelten) Schuldvorwurf kann daher für eine Beweisvereitelung nicht verzichtet werden. Bleibt unklar, ob die Voraussetzungen einer Beweisvereitelung vorliegen, gelten die allgemeinen Beweislastregeln.[360]

148 **b) Rechtsfolgen.** Zu den Rechtsfolgen einer Beweisvereitelung werden unterschiedlichste Ansätze verfolgt.[361]

149 **aa) Beweislastumkehr.** Teilweise wird in Rspr. und Lit. vertreten, dass eine Beweisvereitelung zu einer Umkehr der Beweislast führt.[362] Die Beweislast ist durch Rechtssätze abstrakt-generell geregelt (→ Rn. 116). Eine generelle Abweichung bei Beweisvereitelung aufgrund richterlicher Rechtsfortbildung erscheint zwar grds. möglich – die vom BVerwG (BVerwGE 78, 363, 370) als Rechtsgrundlage genannten Art. 20 Abs. 3 GG (Rechtsstaatsprinzip) und Art. 19 Abs. 4 GG (Gebot der Gewährung

---

353 BGH NJW 1998, 79, 80; *H.-W. Laumen*, in: Baumgärtel/Laumen/Prütting, Beweislast, ³2016, Kap. 16 Rn. 6.

354 BVerwGE 38, 310, 314 f.; *G. Baumgärtel*, Beweislastpraxis, 1996, Rn. 122; *H. Prütting*, in: MüKoZPO § 286 Rn. 83; *E. Schneider*, Beweis und Beweiswürdigung, 1994, Rn. 150.

355 *G. Baumgärtel*, Beweislastpraxis, 1996, Rn. 122; *M. Dawin*, in: Schoch/Schneider/Bier § 108 Rn. 78.

356 *R. Stürner*, Aufklärungspflicht, 1976, 234 ff.; *ders.*, ZZP 98 (1985), 195, 237, 245; ähnl. *E. Peters*, ZZP 82 (1969), 200, 206 ff.

357 Zum Argument des Systems der materiellen Beweislast *H. Prütting*, Beweislast, 1983, 237 ff. Diese weitgehende Mitwirkungspflicht ausdrückl. abl.: BGH NJW 1990, 3151.

358 So *E. Schneider*, Beweis und Beweiswürdigung, 1994, Rn. 149 ff.

359 Vgl. BVerwG Buchholz 232.5 § 35 BeamtVG Nr. 2; *L. Michalski*, NJW 1991, 2069, 2070.

360 *G. Baumgärtel*, Beweislastpraxis, 1996, Rn. 130; *M. Dawin*, in: Schoch/Schneider/Bier § 108 Rn. 79.

361 Ausf. Streitdarstellung bei *H.-W. Laumen*, in: Baumgärtel/Laumen/Prütting, Beweislast, ³2016, Kap. 16 Rn. 34–48.

362 BVerwGE 38, 310, 314 f.; 78, 367, 370; BVerwG Buchholz 427.207 § 1 7. FeststellungsDV Nr. 61; Buchholz 451.90 EWG-Recht Nr. 101 (S. 118 f.); *G. Walter*, Beweiswürdigung, 1979, 244 ff.

wirksamen Rechtsschutzes) könnten im Grundsatz eine derartige Ausnahme rechtfertigen.[363] Allerdings würde sich die im Prozess geltende Beweislastverteilung ggf. erst im Laufe des Prozesses ergeben und nicht mehr im Voraus feststehen;[364] das Prozessrisiko wäre kaum noch kalkulierbar. Auch ist Verschulden angesichts der objektiven Natur der Beweislast zumindest ein ungewöhnlicher Anknüpfungspunkt für eine Beweislastregelung.[365]

Entscheidend aber ist: Bei der Beweisvereitelung geht es um die Bewältigung von besonderen Umstän-   150
den des Einzelfalles. Dabei ist das Spektrum der erfassten tatsächlichen Umstände derart breit – es reicht von leicht fahrlässigem Verhalten bis hin zu zielgerichtetem, absichtlichem Vorgehen –, dass pauschale „Alles-oder-Nichts"-Lösungen kaum angemessen sein können. Dies gilt in erhöhtem Maße für einen so schwerwiegenden Eingriff in die gesetzliche Risikozuweisung, wie ihn eine pauschale Beweislastumkehr fraglos darstellt; schließlich hängt hiervon wesentlich der Prozessausgang ab. Dabei schreiben Art. 20 Abs. 3 GG und Art. 19 Abs. 4 GG gerade keine konkrete Rechtsfolge zur Bewältigung des prozessualen Unrechts der Beweisvereitelung vor. Eine undifferenzierte Beweislastumkehr als Rechtsfolge von Beweisvereitelung kann den Besonderheiten des Einzelfalles gerade nicht gerecht werden[366] und ist somit abzulehnen.

bb) Berücksichtigung bei der freien Beweiswürdigung. Nach einer anderen Ansicht[367] soll eine Be-   151
weisvereitelung i.R. der richterlichen Beweiswürdigung Berücksichtigung finden. Dies ist schon deshalb geboten, weil auch das beweisvereitelnde Verhalten einer Partei Teil des Gesamtergebnisses des Verfahrens ist und als solcher selbstverständlich in die Überzeugungsbildung einbezogen werden muss. Dabei ermöglicht die Freiheit der Würdigung dem Richter eine an den Besonderheiten des beweisvereitelnden Verhaltens im Einzelfall orientierte Bewältigung des Problems. Er kann z.B. ein sehr raffiniertes und zielgerichtetes Vorgehen genauso berücksichtigen wie besondere Weltfremdheit oder Unbeholfenheit der beweisvereitelnden Partei.[368] Allerdings bleibt für den Richter oft die Frage, welche Schlüsse er aus dem beweisvereitelnden Verhalten der einen Prozesspartei tatsächlich ziehen kann. Gerade fahrlässig begangene Beweisvereitelungen erlauben oft nicht den Schluss darauf, dass das Ergebnis der Beweisaufnahme gefürchtet wurde, weil es die Prozesspartei als für sich nachteilig ansah. Auch bei einer vorsätzlichen Verhinderung der Aufklärung kann der Aussagewert des Verhaltens fragwürdig sein:[369] z.B. kann eine ärztliche Untersuchung aus Hysterie oder bloßer Engstirnigkeit verweigert werden. Einen allgemeinen Erfahrungssatz, dass ein Umstand gerade besteht, wenn eine Partei seine Aufklärung zu verhindern suchte, gibt es daher nicht.[370]

Aber: Nach dem in § 444 ZPO enthaltenen Rechtsgrundsatz „kann das die Benutzung eines bestimm-   152
ten Beweismittels schuldhaft vereitelnde Verhalten einer Partei i.R. freier Beweiswürdigung als ein Umstand gewertet werden, der für die Richtigkeit des Vorbringens des Gegners zeugt, auch wenn dieser Schluss nicht notwendigerweise gezogen werden muss."[371] Dem beweisvereitelnden Verhalten kommt daher eine gewisse – je nach Einzelfall unterschiedlich starke – Indizwirkung zu.[372] So kann die Weigerung der ärztlichen Untersuchung zur Feststellung der Dienstfähigkeit eines Beamten unter Berücksichtigung des übrigen Prozessstoffs dazu führen, dass der Richter von der Dienstfähigkeit eines Beamten überzeugt ist (BVerwG DVBl 1998, 197; NVwZ 2014, 530, 531). Allerdings darf eine „Weigerung sich der angeordneten Untersuchung zu stellen (...) nur dann zum Nachteil des Betroffenen gewürdigt werden, wenn die Anordnung berechtigt ist" (BVerwG Buchholz 442.10 § 4 StVG Nr. 72). Keine Berücksichtigung finden darf auch „die Nichtbefolgung eines Beweisbeschlusses, der nicht gerechtfertigt oder nicht erforderlich ist, insbes. ein in keiner Weise anlassbezogenes oder ein un-

---

363 H. Musielak, Beweislast, 1975, 137.
364 H. Prütting, in: MüKoZPO § 286 Rn. 85.
365 Hierzu L. Michalski, NJW 1991, 2069, 2070.
366 G. Baumgärtel, Beweislastpraxis, 1996, Rn. 124; M. Dawin, in: Schoch/Schneider/Bier § 108 Rn. 81.
367 BVerwG DVBl 1998, 197; s.a. BVerwGE 8, 29; 10, 270, 272; BVerwG Buchholz 442.10 § 4 StVG Nr. 72; Buchholz 310 § 108 Nr. 186; VGH München InfAuslR 1998, 248, 249; BSG NZS 1998, 41, 42; vgl. auch S. Unger, in: Gärditz § 108 Rn. 30.
368 E. Peters, ZZP 82 (1969), 200, 219; vgl. auch H.-J. Musielak/M. Stadler, Beweisrecht, 1984, 100; M. Dawin, NVwZ 1995, 728, 733.
369 Vgl. R. Stürner, Aufklärungspflicht, 1976, 234 f.
370 E. Peters, ZZP 82 (1969), 200, 218.
371 BVerwG DVBl 1998, 197; s.a. BVerwGE 10, 270, 272; BVerwG Buchholz 442.10 § 4 StVG Nr. 72.
372 Vgl. K. H. Mathies, JZ 1986, 959, 960.

verhältnismäßiges Beweismittel zum Gegenstand hat".[373] Steht die persönliche Eignung infrage, kann die vorprozessuale Weigerung als solche bereits als Hinweis auf persönliche Unzuverlässigkeit und damit als Eignungsmangel gewertet werden. Dies bedeutet allerdings gerade nicht, dass aus der Verhinderung eines medizinisch-psychologischen Befundes geschlossen wird, dass dieser zu dem Ergebnis „ungeeignet" geführt hätte (vgl. BVerwGE 71, 93, 96).

153   Für den Fall, dass der Richter aus dem beweisvereitelnden Verhalten gerade keine Rückschlüsse auf den zu entscheidenden Sachverhalt ziehen kann – etwa weil die Indizwirkung zu schwach ist – und der übrige Prozessstoff dem Gericht nicht die notwendige Überzeugung verschaffen kann, bleibt allerdings das non liquet bestehen.[374] Dem prozessualen Unrecht der Beweisvereitelung kann in diesen Fällen nicht mehr i.R. der Würdigung nach § 108 Abs. 1 S. 1 begegnet werden. Es bedarf vielmehr einer zusätzlichen Reaktionsmöglichkeit.

154   **cc) Reduzierung des Beweismaßes bei der Würdigung.** Eine dritte Ansicht[375] will bei der richterlichen Würdigung auch mit einer Herabsetzung des Beweismaßes auf eine Beweisvereitelung reagieren. Allerdings ist das Beweismaß – genau wie die materielle Beweislast – normativ festgelegt. Die Ermächtigung zur Beweismaßreduzierung in Fällen der Beweisvereitelung kann daher nur in richterlicher Rechtsfortbildung zu finden sein. Einer Beweismaßreduzierung für Fälle der Beweisvereitelung wird entgegengehalten, dass eine Regelung, die das Beweismaß je nach Einzelfall in das Ermessen des Gerichts stellt, nicht existiere.[376]

155   Gerade dies erscheint in Bezug auf die §§ 427 S. 2, 446 ZPO und insbes. § 444 ZPO fraglich zu sein; als Rechtsfolge ist dort formuliert: Die aufklärungsbedürftigen Umstände können „als bewiesen angesehen" (§ 444 ZPO) bzw. „als bewiesen angenommen werden" (§ 427 S. 2 ZPO). § 446 ZPO formuliert, das Gericht habe „nach freier Überzeugung zu entscheiden, ob es die behauptete Tatsache als erwiesen ansehen will." Etwas als bewiesen ansehen oder als bewiesen annehmen, ist aber gerade nicht gleichbedeutend mit „davon überzeugt sein", dass etwas wahr ist.[377] Vielmehr darf der Richter ausnahmsweise in Abweichung zu § 108 Abs. 1 S. 1 auch vom Vorliegen einer Behauptung ausgehen, wenn er sich vom Vorliegen der Tatsache nicht hat überzeugen können.[378] Der Richter wird hier zu einer Reaktion über die schlichte Beweiswürdigung i.S.v. § 108 Abs. 1 S. 1 hinaus ermächtigt.[379] Er kann für seine Entscheidung so tun, als wäre der fragliche Beweis erbracht worden, d.h. er kann die Beweiserbringung fingieren. Dass die genannten Vorschriften der ZPO auch vom Gesetzgeber als zusätzliche Ermächtigung des Richters konzipiert wurden, konnte *Stürner* anhand der Entstehungsgeschichte zeigen:[380] Die §§ 444, 427 S. 2, 446 ZPO enthalten eine über die freie Beweiswürdigung hinausgehende Sanktionsmöglichkeit.

156   Diese Sanktion kann gerade auch in der Herabsetzung des Niveaus der erforderlichen richterlichen Überzeugung liegen. Genau dieser Aspekt gilt über die üblichen Regeln der Überzeugungsbildung gem. § 108 Abs. 1 S. 1 hinaus, denn der Richter „kann" diese zusätzliche Sanktion ergreifen, ihm ist hier Ermessen eingeräumt.[381] Dieses muss er dem Sinn und Zweck der Vorschrift entsprechend ausüben: Nach dem im Beweisrecht allgemein anerkannten Rechtsgedanken des § 444 ZPO darf ein „Beweisvereiteler" aus seinem Verhalten keinen Vorteil ziehen (FG Düsseldorf EFG 1998, 1349; ThürFG EFG 1998, 1414, 1415). Das Ermessen des Richters bezieht sich auf die Frage, inwieweit er die nicht bewiesene Behauptung als bewiesen, d.h. für seine Entscheidung als wahr annimmt. Dies kann er eben auch tun, wenn er letzte Gewissheit über das Bestehen oder Nichtbestehen der fraglichen Tatsache –

---

373   BVerwG Buchholz 442.10 § 4 StVG Nr. 72, wonach zweifelhafte körperliche Mängel i.d.R. nur Anlass für eine medizinische, nicht aber auch für eine psychologische Begutachtung sein können.

374   S. etwa FG Düsseldorf EFG 1998, 1349, wo die vorhandenen Indizien lediglich auf den Zugang einer Aufrechnungserklärung „hindeuten, ... aber nicht die Schlussfolgerung zulassen, dass die Aufrechnungserklärung ... mit an Sicherheit grenzender Wahrscheinlichkeit dem FA tatsächlich zugegangen ist."

375   FG Düsseldorf EFG 1998, 1349; ThürFG EFG 1998, 1414 (1415); *G. Baumgärtel*, Beweislastpraxis, 1996, Rn. 129; *R. Bender*, FS Bauer, 1981, 247, 267; *G. Kegel*, FG Kronstein, 1967, 321, 342; *B. M. Maassen*, 181; *G. Walter*, Freie Beweiswürdigung, 260.

376   *H. Prütting*, in: MüKoZPO § 286 Rn. 87.

377   *M. Dawin*, in: Schoch/Schneider/Bier § 108 Rn. 84.

378   *H. Prütting*, in: MüKoZPO § 286 Rn. 91.

379   *R. Stürner*, Aufklärungspflicht, 1976, 241, 256; *M. Dawin*, in: Schoch/Schneider/Bier § 108 Rn. 84; *H. Prütting*, in: MüKoZPO § 286 Rn. 91.

380   Zur Entstehungsgeschichte der §§ 444, 427 S. 2, 446 s. *R. Stürner*, Aufklärungspflicht, 1976, 238 ff.

381   *H. Prütting*, in: MüKoZPO § 286 Rn. 92; *M. Dawin*, in: Schoch/Schneider/Bier § 108 Rn. 85.

weil der entscheidende Beweis nicht erbracht wurde – nicht erlangen konnte. Hätte er den nach § 108 Abs. 1 S. 1 erforderlichen Grad an Überzeugung erlangt, bedürfte es der zusätzlichen Ermächtigung nach § 444 ZPO nicht. Kann ein durch die Beweisvereitlung erlangter Vorteil und der damit für die Gegenseite einhergehende Nachteil aber nur angemessen durch eine Reduzierung des Beweismaßes kompensiert werden, ermächtigt § 444 ZPO auch zu dieser Beweismaßreduzierung. Der Gesetzgeber hat für den Fall der Urkundsvereitlung dem Richter ausdrücklich diesen doppelten Spielraum zugebilligt: Zum einen die Berücksichtigung der Beweisvereitlung i.R. von § 108 Abs. 1 S. 1; soweit eine darüber hinausgehende Reaktion erforderlich ist, die Fiktion nach § 444 ZPO. Die Ausdehnung der in § 444 ZPO enthaltenen Ermächtigung über die Fälle der Urkundsvereitlung hinaus in richterlicher Rechtsfortbildung ist aufgrund Art. 19 Abs. 4 GG und Art. 20 Abs. 3 GG geboten und angesichts der tatbestandsmäßigen Bestimmtheit der Figur der Beweisvereitlung zulässig. Allerdings hilft in Fällen des eindeutigen non liquet auch eine Beweismaßreduktion – etwa auf überwiegende Wahrscheinlichkeit – nicht. Insoweit befriedigt auch dieser Ansatz nicht vollständig.

dd) Die neuere Rechtsprechung: Beweiserleichterungen bis hin zur Beweislastumkehr. Nach neuerer 157 Rspr. des BGH[382] soll je nach dem Einzelfall Rechtsfolge der Beweisvereitlung „Beweiserleichterungen bis hin zur Beweislastumkehr" sein. Es soll darauf ankommen, ob eine auch nur teilweise Beweisführungslast aufgrund des Verhaltens des Gegners noch zugemutet werden kann oder nicht. Teilweise wird hierin eine Verwischung der Grenzen zwischen Beweislast und Beweiswürdigung gesehen.[383] Der Richter kann aber aufgrund des gesamten Prozessstoffs zu der Erkenntnis kommen, dass vieles dafür spricht, dass der Umstand, dessen Nachweis vereitelt wurde, besteht. Auch kann er über § 98 VwGO, § 444 ZPO (ggf. analog) die fragliche Behauptung zulasten des Beweisvereitlers als bewiesen ansehen. Eine weniger einschneidende Rechtsfolge der Beweisvereitlung besteht demgegenüber darin, der beweisvereitelnden Partei lediglich das Risiko der Unaufklärbarkeit im konkreten Fall aufzubürden. Da hier die konkreten Umstände des Einzelfalles maßgebend sind, entspricht dies vom Vorgehen her der Annahme einer (widerleglichen) tatsächlichen Vermutung bzw. eines Beweises des ersten Anscheins. Insoweit erscheint daher der Begriff Beweislastumkehr unglücklich gewählt. Es wird gerade nicht generell und abstrakt die Beweislast für das betreffende Tatbestandsmerkmal entgegen der allgemein ermittelten Beweislastnorm bestimmt – der Richter erzeugt keinen neuen Rechtssatz.[384] Vielmehr kommt es aufgrund der tatsächlichen Gegebenheiten im konkreten Fall zu einer (widerleglichen) Annahme des Richters über den Sachverhalt. Hiergegen ist bei Vorliegen einer entsprechenden Tatsachengrundlage nichts einzuwenden. Dementsprechend stellt das BVerwG häufig fest, dass mit einer Beweisvereitlung keine Beweislastumkehr verbunden ist.[385] Der Ansatz der Rspr. ist in den Rechtsfolgen nicht schematisch und starr, sondern variabel. Er entspricht damit im Grundsatz der Vielfalt des durch beweisvereitelndes Verhalten hervorgerufenen prozessualen Unrechts; er vermeidet unverhältnismäßige Reaktionen.[386] Die konkrete Anwendung des mit § 108 Abs. 1 S. 1 und § 98 VwGO i.V.m. § 444 ZPO (ggf. analog) zur Verfügung stehenden Instrumentariums sollte allerdings transparenter erfolgen; auch hier kommt es auf die Nachvollziehbarkeit der Begründung an (→ Rn. 79 ff.). Es muss deutlich werden, auf welche Normen die konkret für notwendig erachteten Beweiserleichterungen gestützt wurden und warum.

VI. Entscheidung aufgrund Anscheinsbeweises und tatsächlicher Vermutung

1. Die Überzeugungsbildung aufgrund Anscheinsbeweises. Beim Anscheinsbeweis – auch Beweis des 158 ersten Anscheins oder prima-facie-Beweis genannt – handelt es sich dem BGH zufolge „nicht um ein besonderes Beweismittel, sondern um den konsequenten Einsatz von Sätzen der allgemeinen Lebenserfahrung bei der Überzeugungsbildung i.R. der freien richterlichen Beweiswürdigung".[387] Dass der

---

382 BGHZ 72, 132, 139; BGH NJW 1998, 79, 81 m.w.N.; s.a. *G. Baumgärtel*, Beweislastpraxis, 1996, Rn. 131. In ähnl. Richtung schon BVerwGE 38, 310, 314.
383 *H. Prütting*, in: MüKoZPO § 286 Rn. 88.
384 Vgl. *J. Kokott*, Beweislastverteilung, 1993, 99.
385 BVerwGE 10, 270, 272; 79, 347, 356; BVerwG BayVBl 1984, 87; NJW 1986, 1562; Buchholz 310 § 86 Abs. 1 VwGO Nr. 147 (S. 11); Buchholz 310 § 108 Nr. 186.
386 Zust. auch *G. Baumgärtel*, Beweislastpraxis, 1996, Rn. 131.
387 BGH NJW 1998, 79, 81 f. m.w.N.; *Prütting*, in: MüKoZPO § 286 Rn. 48.

Richter unter Anwendung von Erfahrungssätzen zu seiner Überzeugung gelangt, ist nichts ungewöhnliches, vielmehr ist deren Heranziehung i.d.R. notwendig.[388] Allerdings sinkt die Aussagekraft eines Erfahrungssatzes für den konkret zu entscheidenden Fall je allgemeiner die getroffene Aussage ist; der Bereich der „ausgeblendeten" Besonderheiten, die unter Umständen eine eigene rechtliche Behandlung notwendig machen, nimmt mit der Allgemeinheit der Aussage zu (→ Rn. 41 f.).

159 Beim sog. Anscheinsbeweis zieht der Richter gerade allgemeine Erfahrungssätze für seine Überzeugungsbildung heran: Auf der Grundlage der bisherigen (unstr. oder bewiesenen) Darlegungen wendet der Richter einen Satz aus der allgemeinen Lebenserfahrung an; er kommt so zu einer „vorläufigen" Überzeugung in Bezug auf das Vorliegen bzw. Nichtvorliegen eines Tatbestandsmerkmals.[389] Als (nur) „vorläufig" ist die Überzeugung zu bezeichnen, weil auch der Richter weiß, dass der angenommene Geschehensablauf auch ein anderer gewesen sein könnte: Allerdings müssten dafür besondere Umstände vorliegen, die regelmäßig vom nach der Lebenserfahrung zu erwartenden Geschehen abweichen, d.h. sich als atypisch darstellen. Sind solche bisher noch nicht zur Kenntnis des Richters gelangt, spricht der erste Anschein für das Vorliegen eines bestimmten Geschehens (zur Erschütterung des Anscheinsbeweises → Rn. 166).[390] Der gegebene Sachverhalt muss in der Formulierung des BGH „das Bild eines typischen Geschehensablaufs" bieten.[391]

160 Der damit – auch vom BVerwG – geforderte *nach der Lebenserfahrung typische Geschehensablauf*[392] ergibt sich aus zwei Überlegungen: Zunächst werden andere – aus der Lebenserfahrung gewonnene – Sachverhalte, die in vielen ihrer einzelnen Merkmale mit dem konkret zu entscheidenden Fall übereinstimmen, zu einer „statistischen Menge"[393] zusammengefasst und gefragt, ob aus diesen die Erfahrung eines stets gleichmäßigen Verlaufs der Dinge hervorgeht. Dieser regelmäßige Verlauf wird dann zweitens auch für den zu entscheidenden Sachverhalt angenommen.[394] Eine bestimmte Situation des konkret zu ermittelnden Sachverhalts stellt sich damit als „eine Stichprobe eines erfahrungsgemäßen typischen Ablaufs" dar.[395] Daraus folgen die Besonderheiten zwischen der Überzeugungsbildung mittels Anscheinsbeweis und sonstiger auf Erfahrungssätze gestützter richterlicher Überzeugungsbildung: Die zunächst denkbar vielen möglichen Geschehensabläufe werden auf einen oder wenige, i.E. gleiche Geschehensabläufe reduziert; dementsprechend findet auch eine Reduzierung der anzuwendenden Erfahrungssätze auf einen oder wenige[396] gleichgerichtete Erfahrungssätze statt. Gleichzeitig liefert das herangezogene Erfahrungswissen unmittelbar das – vorläufige – Würdigungsergebnis im zu entscheidenden Fall,[397] ohne sich im Detail auf konkrete Beweismittel zu stützen. Zugrunde gelegt wird „das einem typischen Geschehensablauf entsprechende grobe Bild" des konkreten Falles.[398]

161 **2. Der Anscheinsbeweis als Beweiserleichterung.** Nicht abschließend geklärt ist die Art der Beweiserleichterung, die mit dem Anscheinsbeweis verbunden ist.[399] Teilweise wird angenommen, der Anscheinsbeweis sei ein Mittel zur Korrektur einer im Einzelfall als ungerecht angesehenen Beweislastverteilung.[400] Zwar hat der Anscheinsbeweis Auswirkungen auf die (weitere) Nachweisbedürftigkeit von Umständen im konkreten Fall. Allerdings führt der Anscheinsbeweis unmittelbar zu einer richterlichen Überzeugung, sodass die Grundvoraussetzung für die Anwendung einer Beweislastnorm – ein

---

388 Zu den Unterschieden im Einsatz von Erfahrungssätzen im Vergleich zu sonstigen Beweismitteln G. *Berg*, Verwaltungsrechtliche Entscheidung, 1980, 104 ff.

389 S. *Unger*, in: Gärditz § 108 Rn. 26.

390 D. *Leipold*, Beweismaß und Beweislast, 1985, 12.

391 BGH NJW 1956, 709, 710; vgl. auch BGHZ 2, 1, 5; BVerwGE 14, 181, 184; BVerwG NVwZ 2001, 1431, 1432.

392 BGHZ 100, 31, 33; BGH NJW 1998, 79, 80; vgl. auch BVerwGE 20, 229, 231; BVerwG NJW 1980, 252; 1997, 476 f.; NVwZ-RR 2000, 256, 257; Buchholz 310 § 86 VwGO Anhang Nr. 46, 37, 40; Buchholz 448.0 § 34 WPflG Nr. 31; Buchholz 421.0 Prüfungswesen Nr. 196.

393 M. *Dawin*, in: Schoch/Schneider/Bier § 108 Rn. 65.

394 Vgl. F. *Weyreuther*, DRiZ 1957, 55, 57.

395 W. *Berg*, Verwaltungsgerichtliche Entscheidung, 1980, 106.

396 F. *Weyreuther*, DRiZ 1957, 55, 58; R. *Bender*, FS Bauer, 1981, 247, 259. Dass für den Anscheinsbeweis (i.S.d. Typizität) der herangezogene Erfahrungssatz als einziger gilt, fordern H. *Prütting*, Beweislast, 1983, 108; H.-J. *Musielak/M. Stadler*, Beweisrecht, 1984, 86; in der Sache wohl ebenso BVerwGE 20, 229 (231). Zur „unverträglichen Typizität" W. *Mummenhoff*, Erfahrungssätze, 1997, 133 ff.

397 M. *Dawin*, in: Schoch/Schneider/Bier § 108 Rn. 64.

398 D. *Leipold*, Beweismaß und Beweislast, 1985, 12.

399 Zu den versch. A. ausf. m.N. M. *Schweizer*, Beweiswürdigung, 2015, 175 ff.

400 H. *Wassermeyer*, Prima facie Beweis, 1954, 30, 31; U. *Diederichsen*, ZZP 81 (1968), 45, 64, 69; P. O. *Eckelöf*, ZZP 75 (1962), 289, 300.

bestehendes „non liquet" – gerade nicht vorliegt.[401] Des Weiteren ist zur Entkräftung des Anscheinsbeweises lediglich der Nachweis fehlender Typizität, nicht aber das Vorliegen eines gegenteiligen Sachverhalts erforderlich (→ Rn. 166). Damit kann der Anscheinsbeweis nicht als Beweislastregelung verstanden werden.

Besonders umstr. ist, ob der Anscheinsbeweis zur generellen Senkung des Beweismaßes legitimiert.[402] 162
Die Rspr. betont immer wieder: „Mit dem Anscheinsbeweis ist – sofern er nicht erschüttert wird – der volle Beweis dafür erbracht, dass sich der betreffende Geschehensablauf tatsächlich so abgespielt hat" (BVerwG NJW 1997, 476 m.w.N.; vgl. auch BVerwGE 14, 181, 184; BGHZ 2, 1, 5). „Die anzuwendenden Erfahrungssätze müssen deshalb geeignet sein, die volle Überzeugung des Gerichts von der Wahrheit einer Tatsachenbehauptung zu begründen" (BGH NJW 1998, 79, 81 f. m.w.N.). Volle Überzeugung von der Wahrheit bedeutet gerade nicht generelle Beweismaßsenkung. Voraussetzung für eine generelle Beweismaßsenkung ist das Vorliegen eines entsprechenden Rechtssatzes. I.d.S. sieht *Leipold* im Anscheinsbeweis eine durch Richterrecht geschaffene „Ausnahmeregelung".[403]

Beim Anscheinsbeweis werden aber Einzelheiten des entscheidungsrelevanten Geschehens zugunsten 163
einer typisierenden Betrachtung offen gelassen. So war es im „Schleppkahnfall" (BGHZ 6, 169) für die Feststellung des Verschuldens unerheblich, ob das Ausscheren des Schiffes darauf beruhte, dass der Schiffsführer eingeschlafen war, bei einer Körperbewegung ungewollt das Ruder bewegte oder es einfach losgelassen hat. Das Tatbestandsmerkmal „Verschulden" ist selbst so pauschal gefasst, dass es für dessen Feststellung im Einzelfall nicht auf die konkret fehlsame Handlung ankommt. Die Berechtigung zu einer „Irgendwie-Feststellung", wie sie beim Anscheinsbeweis getroffen wird, folgt damit aus dem Tatbestandsmerkmal, d.h. dem ihm eigenen pauschalen Charakter. Entsprechend hat das BVerwG für die Feststellung der Pflichtverletzung eines Kassenbeamten ausgeführt: „Wird (...) eine Folge wiederholter, den Dienstherrn unmittelbar schädigender Pflichtverletzungen durch unerlaubte Zugriffe auf das Geld des Dienstherrn innerhalb eines bestimmten Zeitraumes (...) geltend gemacht, so bedarf es für den Haftungsgrund nicht konkreter Feststellungen, an welchen einzelnen Tagen der Beamte jeweils welche Beträge an sich gebracht habe."[404] Damit folgt das zu fordernde Beweismaß aus dem gesetzlichen Tatbestand, nicht aber aus der Anwendung des Anscheinsbeweises; der Anscheinsbeweis ist gerade kein Rechtssatz, sondern stellt eine Anwendung von Erfahrungssätzen dar. Die beim Anscheinsbeweis herangezogenen Erfahrungssätze müssen, wie die oben zitierten Urteilspassagen belegen, geeignet sein, die richterliche Überzeugung von der Wahrheit zu begründen. Eine Senkung des Regelbeweismaßes ist daher mit dem Anscheinsbeweis als solchem nicht verbunden.[405] Allerdings kann die Heranziehung von Erfahrungssätzen minderer Qualität zu einer „Unterwanderung" des Regelbeweismaßes führen. Dies gilt aber für alle Feststellung mittels Erfahrungssatz. Der Anscheinsbeweis ist damit ein Mittel der richterlichen Beweiswürdigung: Er hat beweiserleichternde Wirkung, indem „mithilfe der allgemeinen Lebenserfahrung (...) fehlende konkrete Indizien bei der Beweiswürdigung überbrückt werden" können.[406]

3. Anwendungsbereich des Anscheinsbeweises. Der Anwendungsbereich des Anscheinsbeweises folgt 164
– entsprechend den obigen Ausführungen – zum einen aus dem materiellen Recht und bestimmt sich danach, inwieweit das materielle Recht eine „Irgendwie-Feststellung" zulässt, die insbes. mit der ratio legis[407] vereinbar ist. Zum anderen bedarf es hinreichend sicherer Erfahrungssätze, um von einem typischen Geschehen sprechen zu können. Weist das Gesetz einen komplexen Tatbestand auf und ver-

---

401 BVerwG NJW 1997, 476; Buchholz 424.01 § 36 FlurbG Nr. 3; *R. Greger*, VersR 1980, 1091, 1102; *H. Prütting*, in: MüKoZPO § 286 Rn. 51.

402 So *E. Schneider*, Beweis und Beweiswürdigung, 1994, Rn. 366, 381; *D. Leipold*, Beweismaß und Beweislast, 1985, 13; *H. Musielak*, Beweislast, 1975, 120 ff.; *H. Weitnauer*, FS Larenz, 1973, 905, 910; *G. Walter*, Beweiswürdigung, 1979, 183; wohl anders *ders.*, ZZP 90 (1977), 282.

403 *D. Leipold*, Beweismaß und Beweislast, 1985, 14.

404 BVerwG NVwZ 1999, 77, 78; s.a. *E. Schneider*, Beweis und Beweiswürdigung, 1994, Rn. 1559.

405 So auch *G. Baumgärtel*, Beweislastpraxis, 1996, Rn. 246; *H. Prütting*, in: MüKoZPO § 286 Rn. 52 f.

406 BGH NJW 1998, 79, 81 f. m.w.N.; vgl. auch *H. Musielak*, Beweislast, 1975, 84 Fn. 163; *W. J. Habscheid*, FS Baumgärtel, 1990, 105, 111; *G. Nagler*, Strukturen, 1989, 74; *H. Geiger*, BayVBl 1999, 321, 330. S.a. BVerwG NJW 1997, 476: „der Anscheinsbeweis bewirkt ... eine Art Beweiserleichterung".

407 So dürfte die Ablehnung des Anscheinsbeweises für den Zugang eines Einschreibebriefes in BGHZ 24, 308 mit dem andernfalls bestehenden Widerspruch zu § 130 BGB zu begründen sein: *D. Leipold*, Beweismaß und Beweislast, 1985, 15 f.

langt so eine detaillierte Festellung eines bestimmten Sachverhalts, wird es i.d.R. auch an einem entsprechend aussagekräftigen – die Einzelheiten berücksichtigenden – Erfahrungssatz fehlen.[408] Für die Frage, ob Fahrlässigkeit gegeben ist, sind die Voraussetzungen für die Anwendung eines Anscheinsbeweises oft erfüllt; hier liegt ein wesentlicher Anwendungsbereich des Anscheinsbeweises.[409]

165   Der zweite große Anwendungsbereich betrifft den Nachweis der Kausalität.[410] Zwar sind hier oft mehrere Erfahrungssätze einschlägig, die zu unterschiedlichen Ergebnissen führen.[411] Allerdings folgt hier die zulässige Art der Überzeugungsbildung ebenfalls aus dem materiell-rechtlichen Tatbestandsmerkmal Kausalität. Zu dessen Ausfüllung wird auch im öffentlichen Recht oft die Adäquanztheorie herangezogen. Danach sind Handlungen als ursächlich anzusehen, die „nach allgemeiner Lebenserfahrung geeignet sind", den rechtlich erheblichen Tatumstand herbeizuführen.[412] Mit diesem Verständnis von Kausalität ist für die richterliche Überzeugungsbildung die Heranziehung von Sätzen der allgemeinen Lebenserfahrung zur richterlichen Überzeugungsbildung konsequent.

166   **4. „Erschütterung" des Anscheinsbeweises.** Der Anscheinsbeweis kann eine richterliche Überzeugung nicht mehr begründen, wenn der zu entscheidende Fall (doch) nicht dem typischen Geschehensablauf entspricht – d.h. wenn er besondere, nicht vom zugrunde gelegten Erfahrungssatz erfasste atypische Merkmale aufweist. In diesem Fall kann der Erfahrungssatz nicht oder nur mit verändertem Inhalt angewendet werden; man spricht von „Erschütterung" des Anscheinsbeweises.[413] Im Zivilprozess ist es Sache des Gegners der durch den Anscheinsbeweis begünstigten Partei, den Anscheinsbeweis zu entkräften. Er muss konkrete Tatsachen vortragen und zur Überzeugung des Gerichts nachweisen, aus denen sich die ernsthafte Möglichkeit eines abweichenden Geschehensablaufs ergibt.[414] Dies kann im Hinblick auf § 86 Abs. 1 nicht für den verwaltungsgerichtlichen Prozess gelten.[415] Aus dem Untersuchungsgrundsatz folgen nämlich Einschränkungen bereits für die prozessuale Situation, in der das Erkenntnismittel Anscheinsbeweis vom Verwaltungsrichter herangezogen werden kann. Der Verwaltungsrichter hat den Sachverhalt zu erforschen (§ 86 Abs. 1 S. 1). Dazu muss er sich aus prüfen, ob besondere, atypische Umstände vorliegen, bevor er generelles Erfahrungswissen als Würdigungsergebnis für den konkreten Fall übernimmt. Erst wenn der Richter seiner Pflicht aus § 86 Abs. 1 nachgekommen ist, darf er für den zu entscheidenden Fall einen typischen Geschehensablauf annehmen und seine Überzeugungsbildung auf den „Anschein" stützen.[416] Dementsprechend geht das BVerwG davon aus, dass der Anscheinsbeweis erschüttert ist, „wenn aufgrund feststehender Tatsachen die ernstliche und nahe liegende Möglichkeit eines vom typischen Geschehensablauf abweichenden Geschehens- oder Ursachenverlaufs besteht" (BVerwG NJW 1997, 476, 477).

167   **5. Die „tatsächliche Vermutung".** Die verwaltungsgerichtliche Rspr. hat häufig „Vermutungen" (BVerwG NJW 1996, 1909), „tatsächliche Vermutungen"[417] oder „Regelvermutungen" (BVerwGE 67, 314) in ihren Entscheidungen herangezogen. Dabei ging es um die Bewältigung von Fällen, für die der Anscheinsbeweis wegen ihrer Abhängigkeit vom menschlichen Willen dem BVerwG zufolge nicht anwendbar war. Zwar hat das BVerwG auch die Heranziehung dieser Erfahrungssätze als „Akt der Beweiswürdigung" (BVerwGE 8, 305, 307) angesehen, gleichzeitig aber die Wirkung der dadurch gewonnenen „tatsächlichen Vermutung" als „Umkehr der Beweislast" bezeichnet.[418] Die enge Rspr.

---

408   *M. Dawin*, in: Schoch/Schneider/Bier § 108 Rn. 69.
409   *D. Leipold*, Beweismaß und Beweislast, 1985, 15 f.; *M. Dawin*, in: Schoch/Schneider/Bier § 108 Rn. 69.
410   Dazu ausf. *R. Greger*, VersR 1980, 1091, 1103.
411   Vgl. etwa BGHZ 11, 227 sowie BGH NJW 1954, 1119; dazu auch *H.-J. Musielak/M. Stadler*, Beweisrecht, 1984, 88 ff.; *H. Musielak*, Beweislast, 1975, 99 ff.; *ders.*, ZZP 99 (1986), 217, 221 ff.
412   *Wolff/Bachof/Stober/Kluth* I § 36 Rn. 18.
413   Vgl. *H. Prütting*, in: MüKoZPO § 286 Rn. 65; *S. Unger*, in: Gärditz § 108 Rn. 27.
414   *H. Prütting*, in: MüKoZPO § 286 Rn. 64 f.; *Baumbach/Lauterbach/Albers/Hartmann* Anh. § 286 Rn. 18, 21 m.w.N. Nach BGH NJW 1998, 79, 81 verlangt die Anwendung des Anscheinsbeweises, „dass der Gegenseite die Möglichkeit verbleibt, den Anscheinsbeweis zu erschüttern oder zu widerlegen." Wird diese Möglichkeit durch Beweisvereitelung beschnitten, ist dem Gericht eine Überzeugungsbildung mittels Anscheinsbeweis verwehrt.
415   *H. Berg*, Verwaltungsgerichtliche Entscheidung, 1980, 105 ff.; *F. Weyreuther*, DRiZ 1957, 55, 57, der daraus allerdings die Unanwendbarkeit des Anscheinsbeweises für Verfahren mit Untersuchungsgrundsatz folgert.
416   *R. Geiger*, BayVBl 1999, 321, 331.
417   BVerwGE 8, 305, 307; 14, 11, 16; 78, 79, 81; BVerwG DÖV 1956, 208; Buchholz 402.25 § 1 AsylVfG Nr. 123 (S. 213); Buchholz 412.3 § 1 BVFG Nr. 38; Buchholz 112 § 1 VermG Nr. 48 (S. 127).
418   BVerwGE 74, 336, 339; 78, 147; 91, 140, 144; BVerwG DÖV 1956, 280. Krit. zu diesem Widerspruch *H. H. Peschau*, Beweislast, 1983, 53 ff.; *A. Blomeyer*, in: 46. DJT, Bd. 1, 1966, 2A, 41.

zum Anscheinsbeweis kann inzwischen als überholt angesehen werden. Heute werden dementsprechend Anscheinsbeweis und tatsächliche Vermutung oft synonym verwendet oder einfach gleichgesetzt.[419] So hat das BVerwG wiederum zu § 1 VermG festgestellt: „Bei der ausreisebedingten Veräußerung von Grundstücken und Gebäuden streitet eine nach den Regeln des Anscheinsbeweises zu erschütternde Vermutung dafür, dass der Eigentumsverlust auf unlautere Machenschaften (Nötigung und Machtmissbrauch) i.S.v. § 1 Abs. 3 VermG zurückzuführen ist" (BVerwG NJW 1996, 1909). Damit ist klar, dass die Heranziehung von Erfahrungssätzen bei der richterlichen Entscheidung den Vorgang der Beweiswürdigung betrifft.[420] Dabei ist im Grundsatz gerade nicht zwischen Geschehensabläufen, „die gleichsam mechanisch abrollen" und solchen, die „durch menschliche Willensentscheidung geprägt" sind, zu differenzieren.[421] Maßgeblich für die Rolle eines Erfahrungssatzes für die Überzeugungsbildung kann insoweit nur seine Aussagekraft sein, die es für den konkreten Fall zu ermitteln gilt.

VII. Folgen eines Verstoßes gegen § 108 Abs. 1 S. 1

Hinsichtlich der Rechtsfolgen, die eine Verletzung von § 108 Abs. 1 S. 1 nach sich zieht, stellt sich die 168 wesentliche Frage, inwieweit Rechtsmittel gegen die so ergangene Entscheidung möglich sind.[422] Dabei ist insbes. für die Revision wichtig, inwieweit die Regeln der freien Beweiswürdigung, des Beweismaßes und der Beweislast dem Verfahrensrecht oder dem materiellen Recht zuzuordnen sind. Die tatrichterliche „Beweiswürdigung betrifft ... den inneren Vorgang der richterlichen Rechtsfindung, nicht den äußeren Verfahrensgang" und damit – nach überwiegender Auffassung[423] – regelmäßig die Anwendung materiellen Rechts. Ein Verstoß gegen den Grundsatz der freien Beweiswürdigung führt daher grds. nicht zu einem Verfahrensmangel i.S.v. § 124 Abs. 2 Nr. 5 bzw. § 132 Abs. 2 Nr. 3.[424] Aufgrund des mit der Freiheit der Beweiswürdigung verbundenen Spielraums für den entscheidenden Richter ist eine revisionsgerichtliche Überprüfung der Entscheidung nur eingeschränkt möglich: Es wird lediglich überprüft, ob die allgemeinverbindlichen Beweiswürdigungsgrundsätze eingehalten wurden. Damit ist insbes. die Heranziehung der Sätze der allgemeinen Lebenserfahrung revisionsgerichtlich zu überprüfen.[425] Ausnahmsweise kann sich ein Verstoß gegen Denkgesetze auch als Verfahrensfehler darstellen: Voraussetzung ist, dass der Verstoß allein den Tatsachenbereich und nicht die Subsumtion betrifft.[426] Selbst eine objektiv willkürliche Auslegung von Rechtsnormen im Rahmen der Sachprüfung betrifft das materielle Recht und stellt demzufolge keinen Verfahrensmangel dar.[427]

Zwar ergibt sich eine Verletzung der Regelungen über das Beweismaß oft aus der Auslegung und An- 169 wendung des materiellen Rechts, doch schließt der Grundsatz der freien Beweiswürdigung nicht die Befugnis ein, frei über das zugrunde zu legende Beweismaß zu entscheiden. Insoweit besteht kein richterlicher Spielraum. „Die zugrundezulegenden Beweismaßstäbe sind anders als die Beweiswürdigung i.e.S. revisionsgerichtlich nachprüfbar".[428] Dagegen folgen die Beweislastregeln im Wesentlichen aus dem materiellen Recht. Ein Verstoß gegen die Regeln der materiellen Beweislast stellt damit i.d.R. keinen Verfahrensfehler i.S.v. § 124 Abs. 2 Nr. 5 bzw. § 132 Abs. 2 Nr. 3 dar.[429]

419 Vgl. BVerwG NJW 1996, 1909; 1997, 476, 477; s. aber auch schon BVerwGE 14, 11, 16.

420 H. Prütting, Beweislast, 1983, 55; W. Berg, Verwaltungsrechtliche Entscheidung, 1980, 97 f.; Vgl. auch A. Cahn, EWiR 1999, 405, 406.

421 M. Dawin, in: Schoch/Schneider/Bier § 108 Rn. 66. A.M. H. Geiger, BayVBl 1999, 321, 331.

422 Dazu Kopp/Schenke § 108 Rn. 5, 8; S. Unger, in: Gärditz § 108 Rn. 39 f.

423 BVerwG NVwZ 1996, 359; 1997, 1209, 1210; NJW 1997, 3328; Buchholz 448.0 § 34 WPflG Nr. 43 (S. 4); Buchholz 402.24 § 2 AuslG Nr. 8; NVwZ-RR 2016, 831, 832 f.; offen gelassen, ob als Verfahrensfehler zu rügen, in BVerwG Buchholz 310 § 108 Nr. 147.

424 BVerwGE 84, 271, 272; BVerwG NVwZ-RR 1995, 310; 2002, 140 (141); NVwZ 2004, 627 (628); Buchholz 310 § 108 Nr. 266; BFHE 154, 395 (400); 175, 40 (45).

425 Zur Bedeutung der revisionsgerichtlichen Überprüfung der Heranziehung von Erfahrungssätzen W. Berg, Verwaltungsrechtliche Entscheidung, 1980, 110 f. sowie M. Nierhaus, Beweismaß und Beweislast, 1989, 30 und H. Prütting, in: MüKoZPO § 286 Rn. 66.

426 BVerwG NVwZ 1997, 389; dazu auch M. Eichberger/J. Buchheister, in: Schoch/Schneider/Bier § 137 Rn. 30.

427 BVerwG 16.2.2012 – 9 B 71/11, juris Rn. 8.

428 BSG NZS 1998, 41, 43 sowie Kopp/Schenke § 108 Rn. 5; s.a. BVerwG NVwZ 1991, 362; NWVBl 1996, 126; K. Vieweg, NJW 1982, 2475.

429 BVerwGE 45, 131, 132; 55, 288, 297; BGH NJW 1995, 3258; H. Geiger, BayVBl 1999, 321 (330); M. Nierhaus, Beweismaß und Beweislast, 1989, 213.

C. Die Begründungspflicht gem. § 108 Abs. 1 S. 2

I. Allgemeines

170 Die Verpflichtung des Gerichts, in seinem Urteil die Gründe anzugeben, die für die richterliche Überzeugung leitend gewesen sind, ist eine Konkretisierung des Rechtsstaatsprinzips (Art. 20 Abs. 3 GG).[430] Ohne dass das Gericht offenlegt, welche Erwägungen für seine Entscheidung wesentlich waren, bliebe schon unklar, ob das Gericht seiner Bindung an Gesetz und Recht entsprechend entschieden hat.[431] Neben diesem grundlegenden Zweck, die Legitimation der Entscheidung darzulegen,[432] hat die Begründungspflicht zwei weitere zentrale Funktionen: Aus dem Grundrecht auf Gewährung rechtlichen Gehörs (Art. 103 Abs. 1 GG) folgt die richterliche Pflicht, auf die „wesentlichen, der Rechtsverfolgung und Rechtsverteidigung dienenden Tatsachenbehauptungen" der Parteien auch einzugehen.[433] Des Weiteren dient gerade die schriftlich fixierte Begründung als Grundlage und Ansatzpunkt der Überprüfung des Urteils in einem Rechtsmittelverfahren. Die Begründung kann den Prozessbeteiligten und Dritten in nachhaltiger und nachprüfbarer Weise die maßgeblichen Erwägungen des Gerichts offenlegen und einsichtig machen, um eine weitere effektive Rechtsverfolgung zu ermöglichen.[434] Diese dreifache Funktion bestimmt die Anforderungen an die Ausgestaltung der Begründung im Einzelnen: Das Gericht muss die tatsächlichen und die rechtlichen Erwägungen mitteilen, die es dazu gebracht haben, die fragliche Entscheidung zu treffen.[435]

171 Dabei bezieht sich § 108 Abs. 1 S. 2 nur auf die „Entscheidungsgründe" i.S.v. § 117 Abs. 2 Nr. 5, also auf die schriftliche Urteilsbegründung. Gem. § 116 Abs. 1 S. 1 hat das Gericht bei der mündlichen Verkündung des Urteils einen Ermessensspielraum, inwieweit es zusätzlich zur Verlesung der Urteilsformel Gründe mündlich mitteilt. Auch verpflichtet § 108 Abs. 1 S. 2 das Gericht lediglich unter *formalen Aspekten* zur Angabe von Gründen. Inwieweit die gegebene Begründung inhaltlich geeignet ist, die Entscheidung zu tragen, inwieweit sie also in der Sache mit Gesetz und Recht vereinbar ist, ist keine Frage des § 108 Abs. 1 S. 2. Vielmehr folgen die inhaltlichen Anforderungen an die Urteilsbegründung wesentlich aus § 108 Abs. 1 S. 1, d.h. aus dem Gebot nachvollziehbarer rationaler Entscheidung.

II. Tatbestand

172 Die Rspr. sieht einen Begründungsmangel nach § 108 Abs. 1 S. 2 gegeben, „wenn der Entscheidung (...) [des Gerichts] wesentliche Entscheidungsgründe entweder gänzlich fehlen oder die von dem ... [Gericht] gegebene Begründung für die von ihm getroffene Entscheidung so formelhaft, unverständlich oder in sich widersprüchlich abgefasst ist, dass nicht erkennbar ist, welche Überlegungen für die Entscheidung insgesamt – also nicht nur hinsichtlich einzelner Teilfragen – maßgeblich waren" (→ § 138 Rn. 220).[436] Die grundsätzliche Struktur der auch für die Begründung geforderten Gedankenführung des Gerichts folgt aus § 108 Abs. 1 S. 1: Das Gericht muss erkennen lassen, dass es den ihm vorliegenden Tatsachenstoff auf seinen Wahrheitsgehalt hin gewertet und darauf die herangezogenen Normen – im Wege bejahender oder verneinender Subsumtion – angewendet hat.[437] Um dabei den Kriterien der Verständlichkeit und Nachvollziehbarkeit zu genügen, hat das Gericht auch anzugeben, welche Abgrenzungskriterien es für die Beurteilung des Fehlens bzw. Vorhandenseins eines Tatbestandsmerkmals herangezogen hat (BVerfG NVwZ 1999, Beilage 2, 10, 11). Dem genügt z.B. allein

---

430 Zur Begründungspflicht aufgrund des Willkürverbots und der Bindung an Gesetz und Recht BVerfG NVwZ 1999, Beilage 2, 10, 11 sowie BVerfG NVwZ 1993, 975.

431 BVerfGE 55, 205, 206; 71, 122, 136; BVerfG BayVBl 1986, 187, 188; s.a. BVerfG NVwZ 1999, Beilage 2, 10; *P. Gottwald*, ZZP 98 (1985) 113, 114.

432 Vgl. *H.-F. Lange*, DStZ 1997, 174, 180: „Autorität und friedensstiftende Kraft der Gerichte stützen sich vor allem auf die Begründung ihrer Urteile".

433 BVerfGE 47, 182, 189; 54, 43, 46; 58, 353, 357; 86, 133, 146; *Kopp/Schenke* § 108 Rn. 19 c; *F. O. Kopp*, AöR 106 (1981), 604, 626. A.M. *Jörg Lüke*, Begründungszwang und Verfassung, 1987, 58 ff., 88, der auch die Pflicht zur richterlichen Begründung aus dem Recht auf effektiven Rechtsschutz nach Art. 19. Abs. 4 GG herleitet.

434 BVerwGE 61, 365, 368; BVerwG NVwZ-RR 1990, 617; Buchholz 310 § 138 Ziff. 6 VwGO Nr. 20, 25; s.a. BVerwG NVwZ 1995, 175, 179 sowie § 117 Rn. 80.

435 BVerfG NVwZ 1999, Beilage 2, 10, 11; *P. Gottwald*, ZZP 98 (1985), 113, 114; BVerwG DVBl 1998, 1085, wonach Identität der Regelungsgegenstände der § 108 Abs. 1 S. 2 und der §§ 117 Abs. 2 Nr. 5, 138 Nr. 6 besteht.

436 VGH Kassel NVwZ 1999, Beilage 5, 43; vgl. auch BVerwG 20.8.2014 – 3 B 72/13.

437 BVerwGE 61, 365, 368; OVG Münster NVwZ 1998, Beilage 4, 33; vgl. auch BVerwG NJW 1999, 1493.

die apodiktische Behauptung, ein Kläger hebe sich „nicht aus der großen Masse der iranischen Asylbewerber heraus", nicht.[438]

Im Hinblick auf die tatsächlichen Urteilsgrundlagen muss das Gericht darlegen, warum es einen Umstand als gegeben oder nicht gegeben annimmt; die richterliche Würdigung darf nicht „ersichtlich am Kern" eines Tatsachenvortrags vorbeigehen (BVerfG NVwZ 1999, Beilage 2, 10, 11). Allgemeine, formelhafte Darlegungen sind nicht ausreichend. Es bedarf konkreter Angaben. Dabei müssen die wesentlichen, der Rechtsverfolgung und Rechtsverteidigung dienenden Behauptungen und Anträge verarbeitet werden.[439] Zwar ist eine alle Einzelheiten des Prozesses berücksichtigende Begründung nicht erforderlich.[440] „Aus dem Schweigen der Urteilsgründe zu den Einzelheiten [des Parteivortrags] kann (...) der (...) Schluss der fehlenden Kenntnisnahme und Erwägung von Parteivortrag nicht gezogen werden" (BVerwG Buchholz 310 § 108 Abs. 2 VwGO Nr. 4). Werden aber Tatsachen substantiiert eingewandt, die gegen einen unter Umständen sonst regelmäßig anzunehmenden Verlauf sprechen, „verlangt dies nach einer inhaltlichen Auseinandersetzung, die in dem Urteil zum Ausdruck kommen muss. Der Streitpunkt ist zumindest kurz abzuhandeln" (BVerwG NJW 1999, 1493; NVwZ 2003, 224, 225). Im Hinblick auf die rechtlichen Grundlagen „muss die Entscheidung auch eine Darlegung des rechtlichen Maßstabs enthalten, an der sich die konkrete Begründung messen lässt"; andernfalls liegt Willkür vor (BVerfG NVwZ 1999, Beilage 5, 10, 11). Erforderlich ist eine Auseinandersetzung mit „bedeutsamen Umständen des Falles und eine Erörterung der sich aufdrängenden Fragen".[441] Verweisungen und Bezugnahmen sind in den Gründen nur insoweit zulässig, als das in Bezug genommene Material den Beteiligten zugänglich und die eigene Entscheidung „aus sich heraus noch verständlich ist".[442] Das ist bei einer Bezugnahme auf andere Entscheidungen dann nicht mehr der Fall, wenn die Entscheidung des Gerichts völlig unverständlich ist, weil die Sachverhalte in beiden Entscheidungen nicht gleich gelagert waren und auch sonst keine Verbindung erkennbar ist, die eine gleiche Sachbehandlung rechtfertigt.[443]

III. Folgen eines Verstoßes gegen § 108 Abs. 1 S. 2

Das Fehlen wesentlicher Entscheidungsgründe ist gem. § 138 Nr. 6 ein absoluter Revisionsgrund (→ § 138 Rn. 217ff.).[444] Des Weiteren werden dadurch Verfahrensmängel i.S.v. § 124 Abs. 2 Nr. 5 und § 132 Abs. 2 Nr. 3 begründet.[445] Im Übrigen können Unzulänglichkeiten bei der Urteilsbegründung ein Indiz für Mängel bei der inneren Überzeugungsbildung (nach § 108 Abs. 1 S. 1) sein.[446]

D. Rechtliches Gehör nach § 108 Abs. 2

§ 108 Abs. 2 begrenzt den Prozessstoff, den das Gericht seiner Entscheidung zugrunde legen darf, auf die Umstände, zu denen sich die Beteiligten äußern konnten. Hierin liegt eine Einschränkung der gerichtlichen Entscheidungsgrundlage – des Gesamtergebnisses des Verfahrens i.S.v. § 108 Abs. 1 S. 1 – aufgrund der Wertung von Art. 103 Abs. 1 GG. § 108 Abs. 2 ist Ausprägung des verfassungsrechtlich gewährleisteten rechtlichen Gehörs[447] und als solcher Teil des einfachgesetzlichen „gehörsspezifischen

173

174

175

---

438 BVerfG NVwZ 1999, Beilage 2, 10, 11; s.a. zu den Anforderungen an die Urteilsbegründung in Asylsachen VGH Kassel NVwZ 1999, Beilage 5, 43; für Kriegsdienstverweigerungssachen BVerwG NVwZ-RR 1992, 309; zum Erfordernis der Überprüfbarkeit und Nachvollziehbarkeit BVerwGE 70, 222; BVerwG NVwZ 1989, 1155.

439 BVerfGE 47, 182, 189 f.; 54, 94, 96; *R. Seer*, in: *Tipke/Kruse* § 96 FGO Tz 103; *Kopp/Schenke* § 108 Rn. 31.

440 BVerfGE 65, 295 m.w.N.; 69, 246; 86, 146; BVerwG NJW 1999, 1493; Buchholz 310 § 108 Nr. 267; BGHZ 3, 162, 175; BSGE 1, 91; *R. Seer*, in: *Tipke/Kruse* § 96 FGO Tz 103; § 128 Rn. 5 d; s.a. VGH Kassel NVwZ 1999, Beilage 5, 43; *Kopp/Schenke* § 108 Rn. 31; *P. Kothe*, in: Redeker/v. Oertzen § 108 Rn. 9.

441 BGH VersR 1994, 163 m.w.N.; *Kopp/Schenke* § 108 Rn. 8; weniger streng BVerwG NJW 1985, 393, 395: Angabe aller für die Überzeugungsbildung maßgeblichen Tatsachen und ihrer Gewichtigkeit im Urteil ist nicht erforderlich.

442 VGH Kassel NVwZ 1999, Beilage 5, 43; s.a. BVerwG DVBl 1958, 545; NVwZ 1989, 249.

443 BVerwG Buchholz 11 Art. 4 GG Nr. 79.

444 *J. Schmidt*, in: Eyermann § 108 Rn. 8.

445 *R. Rudisile*, in: Schoch/Schneider/Bier § 124 Rn. 57; *Kopp/Schenke* § 108 Rn. 8, § 132 Rn. 21; *S. Unger*, in: Gärditz § 108 Rn. 48.

446 BVerwG Buchholz 310 § 108 Nr. 267: „Geht das Gericht auf den Tatsachenvortrag einer Partei zu einer entscheidungserheblichen Frage nicht ein, so lässt das darauf schließen, dass es dieses Vorbringen nicht berücksichtigt hat."

447 Grundlegend BVerfGE 1, 418, 429. S.a. BVerwG Buchholz 310 § 108 Nr. 65. Vgl. auch BVerfGE 86, 133, 144; 89, 28, 35.

Verfahrensrechts".[448] Dasselbe gilt für den Verwaltungsprozess auch hinsichtlich der § 86 Abs. 1 und Abs. 2, § 101 Abs. 1 und Abs. 2, § 104 Abs. 1, § 86 Abs. 4 S. 3, § 97 S. 1, § 100 und § 102 Abs. 1.[449] Diese Vorschriften konkretisieren Art. 103 Abs. 1 GG und stimmen den Grundsatz des rechtlichen Gehörs mit den besonderen Anforderungen und Grundsätzen des Verwaltungsprozesses ab.[450]

I. Bedeutung und Reichweite – § 108 Abs. 2 als eigenständiges einfachgesetzliches Verfahrensrecht

176　Die einfachgesetzlichen gehörsspezifischen Normen haben daher gegenüber Art. 103 Abs. 1 GG eigenständige Bedeutung. Sie formen den verfassungsrechtlichen Grundsatz des rechtlichen Gehörs weiter aus, indem sie ihn durch Typisierung leichter fassbar machen und um verfahrensspezifische Systemgedanken erweitern.[451] Erst alle für einen Prozess geltenden gehörsspezifischen Normen zusammen sollen das rechtliche Gehör nach Art. 103 Abs. 1 GG sicherstellen; „die einzelne Vorschrift und die Wirkung ihrer Verletzung muss daher jeweils im Wirkungszusammenhang aller einschlägigen Normen der Verfahrensordnung gesehen werden" (BVerfGE 60, 310, 311). Für die gehörsspezifischen Normen der VwGO, insbes. § 108 Abs. 2, folgt aus diesem Zusammenspiel mit der verfassungsrechtlichen Mindestgarantie: Durch die Anwendung der Bestimmungen der VwGO gewährt der Richter rechtliches Gehör im jeweiligen Prozess und genügt damit in aller Regel auch den Anforderungen von Art. 103 Abs. 1 GG.[452] Soweit bei der Anwendung des einfachen Rechts Zweifel bestehen, wie weit Rechte der Beteiligten gehen, greift Art. 103 Abs. 1 GG v.a. als Auslegungsgrundsatz ein[453] (sog. verfassungskonforme Interpretation). Bei unzureichender einfachgesetzlicher Regelung erlangt Art. 103 Abs. 1 GG sogar unmittelbar Geltung als Prozessgrundrecht.[454] Dessen Inhalt hat das BVerfG wie folgt umschrieben: „Art. 103 Abs. 1 GG gibt dem an einem gerichtlichen Verfahren Beteiligten ein Recht darauf, dass er Gelegenheit erhält, im Verfahren zu Wort zu kommen, namentlich sich zu dem einer gerichtlichen Entscheidung zugrunde liegenden Sachverhalt und zur Rechtslage zu äußern, Anträge zu stellen und Ausführungen zu machen. Dem entspricht die grundsätzliche Pflicht des Gerichts, die Ausführungen der Prozessbeteiligten zur Kenntnis zu nehmen und in Erwägung zu ziehen (...)".[455] Dabei liegt eine Verletzung der Mindestgarantie „zumindest dann vor, wenn die Auslegung durch die Gerichte zu einem Ergebnis führt, das nicht einmal der Gesetzgeber anordnen könnte" (BVerfGE 74, 228, 233 f.; BVerfG NJW 1993, 2229). Für den Verwaltungsprozess enthält § 108 Abs. 2 in eigenständiger Formulierung wesentliche Kernpunkte des Grundsatzes des rechtlichen Gehörs.[456]

II. Tatbestand von § 108 Abs. 2

177　**1. Bezugspunkte des Äußerungsrechts nach § 108 Abs. 2.** § 108 Abs. 2 gewährt implizit ein Äußerungsrecht zu Tatsachen und Beweisergebnissen. Aufgrund des Bezuges von § 108 Abs. 2 zu § 108 Abs. 1 S. 1 sind Tatsachen i.S.v. § 108 Abs. 2 alle Umstände, die Gegenstand der richterlichen Überzeugung sein können. Gehör ist folglich zu allem, was die Prozessbeteiligten vorbringen[457] sowie zu den gerichtskundigen Tatsachen (→ Rn. 29, 195 f.)[458] zu gewähren. Ausgenommen sollen aber allgemeinkundige Tatsachen sein, die allen Beteiligten gegenwärtig sind.[459] Entsprechend der Funktion von § 108 Abs. 2 fehlt es Äußerungen hierzu an Relevanz für das Verfahren. Zu den Tatsachen gehören

---

448　Vgl. *E. Schmidt-Aßmann*, in: Maunz/Dürig Art. 103 I Rn. 21.
449　Zu weiteren Bsp. *E. Schmidt-Aßmann*, DÖV 1987, 1029, 1031.
450　Vgl. BVerfGE 9, 89 (95); *S. Unger*, in: Gärditz § 108 Rn. 49.
451　*E. Schmidt-Aßmann*, in: Maunz/Dürig Art. 103 I Rn. 22.
452　BVerwG Buchholz 310 § 103 VwGO Nr. 6 (S. 3); Buchholz 310 § 104 VwGO Nr. 23 (S. 4); Buchholz 310 § 108 Nr. 107, 134, 163, 210 (S. 45).
453　BVerfGE 9, 89, 96; 17, 356, 361; 61, 37, 40 f.; *E. Schmidt-Aßmann*, in: Maunz/Dürig Art. 103 I Rn. 23; *H. Rüping*, NVwZ 1985, 304, 306.
454　S. BVerfGE 6, 12; 7, 95, 98; 9, 89, 96; 61, 37, 41 f.; BVerfG NJW 1958, 2011.
455　BVerfGE 64, 135, 143 f. unter Bezugnahme auf BVerfGE 6, 19, 20; 15, 303, 307; 36, 85, 87; 42, 364, 367; 60, 175, 210; 60, 250, 252.
456　*E. Schmidt-Aßmann/W. Schenk*, in: Schoch/Schneider/Bier Einl. Rn. 45.
457　BVerfGE 63, 80, 85; 66, 211, 212 f.; 67, 154, 155; 75, 369, 381; 80, 269, 286; BVerwGE 78, 30; BVerwG Buchholz 310 § 108 VwGO Nr. 191, 195;
458　BVerwG Buchholz 310 § 108 VwGO Nr. 97, 111 m.w.N., 251.
459　BVerwGE 87, 52; BVerwG Buchholz 402.24 § 28 AuslG Nr. 36; s.a. BSG NJW 1973, 392.

auch die zur Überzeugungsbildung herangezogenen Erfahrungssätze (BVerwG NVwZ 1983, 738). Bestand und Inhalt ausländischen Rechts gelten als Tatsache. Ergebnisse von Rechenoperationen sollen dagegen ausgenommen sein (BVerwG NVwZ 1989, 249).

Unter Beweisergebnisse fallen alle vorliegenden Erkenntnismittel, die Ergebnisse der Beweiserhebung   **178** sind, z.B. eine amtliche Auskunft oder eine Zeugenaussage. Kein Beweisergebnis ist das Ergebnis der richterlichen Beweiswürdigung. Insoweit gibt es kein „Zwischenverfahren" zu der Frage, wie der Richter die Beweislage oder einzelne Beweise (derzeit) einschätzt.[460] Die Möglichkeit, sich zu dem Erkenntnismittel selbst zu äußern, ist hier i.d.R. als ausreichend anzusehen.[461]

Fraglich ist, inwieweit aus § 108 Abs. 2 auch ein Recht zur Äußerung zu Rechtsfragen folgt. Zwar un-   **179** terfallen Rechtsfragen grds. dem Anspruch auf rechtliches Gehör.[462] Doch soll zum einen aus Art. 103 Abs. 1 GG keine Verpflichtung zum Rechtsgespräch folgen (BVerfG DVBl 1995, 34; VGH München NVwZ-RR 2015, 200) und zum anderen besteht mit § 104 Abs. 1 und § 173 VwGO i.V.m. § 139 Abs. 2 ZPO (s. dazu auch BVerwG NJW 1986, 445) eine besondere Regelung für die Problematik der Äußerung zu Rechtsfragen. Der Bereich des rechtlichen Gehörs zu Rechtsfragen sollte daher nicht i.R. von § 108 Abs. 2 bewältigt werden, dementsprechend gilt auch das Verwertungsverbot des § 108 Abs. 2 nicht für Rechtsansichten.[463] Allerdings kann unter dem Gesichtspunkt der sog. Überraschungsentscheidung auch die Rechtsauffassung des Gerichts i.R. von § 108 Abs. 2 von Bedeutung sein: „Wenn der Verfahrensbeteiligte trotz Anwendung der von ihm zu verlangenden Sorgfalt nicht erkennen kann, auf welchen Tatsachenvortrag es dem Gericht für seine Entscheidung ankommt", ist sein Recht aus Art. 103 Abs. 1 GG (und § 108 Abs. 2), sich zu dem der Entscheidung zugrunde liegenden Sachverhalt zu äußern, verletzt. Zur Überraschungsentscheidung → Rn. 197 f.[464]

2. Das Erfordernis der Entscheidungserheblichkeit der Tatsache. Unter dem Gesichtspunkt der Ge-   **180** währung rechtlichen Gehörs nach Art. 103 Abs. 1 GG werden zur Frage des erforderlichen Zusammenhangs einer Äußerung mit dem Streitgegenstand des konkreten Verfahrens teilweise unterschiedliche Ansätze verfolgt. Nach der Rspr. des BVerwG darf das Gericht „ein Vorbringen außer Acht lassen, das nach seinem Rechtsstandpunkt unerheblich oder offensichtlich unsubstantiiert ist".[465] Darüber hinaus wird in der Lit. vertreten, dass sich das Äußerungsrecht des Art. 103 Abs. 1 GG auf alle für das Verfahren auch nur „potenziell erheblichen" Tatsachen oder Rechtsfragen erstreckt.[466] Einigkeit besteht aber dahingehend, dass Äußerungen vom Gehörrecht von vornherein ausgenommen sind, „die in keinem denkbaren Zusammenhang mit dem Streitgegenstand des konkreten Verfahrens stehen".[467] Art. 103 Abs. 1 GG macht die Gerichte nicht zu „Beichtvätern", „vor denen man ‚alles los' werden kann, was man ‚auf dem Herzen' hat".[468]

§ 108 Abs. 2 hat nicht den Zweck, umfassend das Grundrecht des rechtlichen Gehörs für den Ver-   **181** waltungsprozess zu gewährleisten. Für sich betrachtet gewährt § 108 Abs. 2 nämlich gerade kein Recht auf Gehör zu allen Fragen, die ein Prozessbeteiligter für entscheidungserheblich hält; § 108 Abs. 2 verbietet lediglich die Verwertung von Tatsachen und Beweisergebnissen für die richterliche Entscheidung, zu denen keine Äußerungsmöglichkeit bestand.[469] Vielmehr sind für die Gewährung

---

460 Für das Strafrecht BGHSt JZ 1998, 53, 54. Vgl. auch BVerfGE 67, 90, 95; BVerwGE 98, 344; BVerwG Buchholz 237.4 § 35 HmbBG Nr. 1 (S. 16 m.w.N.).

461 Vgl. BVerwG Buchholz 310 § 108 VwGO Nr. 125. Nach BVerwGE 66, 168 kann es ausnahmsweise notwendig sein, vorab mit den Beteiligten zu erörtern, dass aufgrund einer amtlichen Auskunft in umfangreichen beigezogenen Akten ein Zeuge als nicht glaubwürdig angesehen wird.

462 BVerfGE 60, 175, 210; 64, 135, 143; 65, 227, 234; 86, 133, 144. Anders noch BVerfGE 54, 117 sowie BVerwG NJW 1961, 1549.

463 BVerwGE 67, 83; BVerwG NJW 1961, 1549; a.A. wohl *M. Dawin*, in: Schoch/Schneider/Bier § 108 Rn. 114, 152.

464 BVerfG NJW 1996, 45, 46; vgl. auch BVerfGE 84, 188, 190; BVerwG NVwZ 1983, 607; Rü BARoV 1998, Nr. 13, 25; Buchholz 310 § 108 VwGO Nr. 170, 235, 241; 1.2.1999 – 10 B 4/98.

465 BVerwG NVwZ 1996, 378; s.a. BVerwG Buchholz 310 § 108 VwGO Nr. 22 (S. 26 f., 23, 25, 42); Buchholz 310 § 130a VwGO Nr. 16 (S. 10); Buchholz 427.3 § 339 LAG Nr. 124; Buchholz 442.151 § 46 StVO Nr. 10 (S. 6); vgl. auch BVerfGE 70, 288; 86, 133, 146; 88, 366, 375.

466 *W. Höfling/C. Burkiczak*, in: Friauf/Höfling GG Art. 103 Rn. 66; *E. Schmidt-Aßmann*, in: Maunz/Dürig Art. 103 I Rn. 86; *W. Waldner*, Rechtliches Gehör, ²2000, 26 f.; vgl. auch *D. Leipold*, in: Stein/Jonas III Vorbem. § 128 Rn. 72.

467 *E. Schmidt-Aßmann*, in: Maunz/Dürig Art. 103 I Rn. 86; s.a. *W. Waldner*, Rechtliches Gehör, ²2000, 26 f.; *M. Dawin*, in: Schoch/Schneider/Bier § 108 Rn. 127.

468 *E. Schmidt-Aßmann*, in: Maunz/Dürig Art. 103 I Rn. 86 unter Hinweis auf *G. Dürig* in der Voraufl.

469 Vgl. BVerfG 1, 429; 6, 12; 7, 278; 22, 273; 54, 142; 55, 98; 57, 274; 59, 172; 67, 99; BVerfG NJW 1958, 665; BVerwGE 24, 267; BVerwG InfAuslR 1983, 184; *Kopp/Schenke* § 108 Rn. 20; *S. Unger*, in: Gärditz § 108 Rn. 49.

umfassenden Gehörs insbes. auch § 104 Abs. 1, § 173 VwGO i.V.m. § 139 Abs. 2 ZPO, § 138 Nr. 3 VwGO sowie Art. 103 Abs. 1 GG unmittelbar heranzuziehen: Soweit Art. 103 Abs. 1 GG darauf abzielt, dass der „Einzelne (...) vor Entscheidungen, die seine Rechte betreffen, zu Wort kommen (soll), um Einfluss auf das Verfahren und sein Ergebnis nehmen zu können", ist § 104 Abs. 1 einschlägig. Die in § 104 Abs. 1 vorgeschriebene Erörterung umfasst auch das Recht der Beteiligten, sich zu den nach ihrer Auffassung erheblichen Tatsachen zu äußern. Hilfsweise lässt sich unmittelbar aus Art. 103 Abs. 1 GG ein Recht auf Äußerung aller Gesichtspunkte herleiten, „die bei vernünftiger Betrachtung für die Entscheidung erheblich sein können".[470]

182 § 108 Abs. 2 bezieht sich dagegen nur auf Tatsachen und Beweisergebnisse, auf die die Entscheidung nach Auffassung des entscheidenden Gerichts gestützt werden soll. § 108 Abs. 2 gewährt daher nur zu Tatsachen ein Äußerungsrecht, die das Gericht für entscheidungserheblich hält.[471]

183 Soweit das Prozessrecht den Rechtsstreit zusätzlich auf bestimmte Streitpunkte beschränkt, besteht konsequenterweise das Äußerungsrecht nach § 108 Abs. 2 auch nur zu diesen Punkten: Wurde etwa eine gesonderte mündliche Verhandlung über die Zulässigkeit der Klage anberaumt, steht es den Beteiligten nicht zu, unter Berufung auf das rechtliche Gehör ausführlich Fragen der Begründetheit zu erörtern.[472]

184 **3. Das Recht, sich äußern zu können.** § 108 Abs. 2 setzt voraus, dass sich die Beteiligten zu Beweisergebnissen und entscheidungserheblichen Tatsachen *äußern konnten*. Dies bedeutet nicht, dass die Vorschrift nur verletzt ist, wenn eine Prozesspartei (subjektiv) gar nicht in der Lage war, eine Äußerung abzugeben (Unvermögen) oder gar objektiv eine Äußerung unmöglich gewesen sein muss. Vielmehr ist hier zu beachten, dass § 108 Abs. 2 Ausprägung von Art. 103 Abs. 1 GG ist: Nach Art. 103 Abs. 1 GG sollen die Parteien tatsächlich Gelegenheit haben, in zumutbarer Weise effektiv – d.h. dem Zweck (Einwirkung auf die Entscheidung) entsprechend zu den entscheidungsrelevanten Tatsachen und Beweisergebnissen umfassend Stellung zu nehmen (BVerfGE 64, 135, 143 f.). Bereits eine Erschwerung der Wahrnehmung dieser Gelegenheit – auch im Vorfeld der eigentlichen Äußerungsmöglichkeit – kann dem widersprechen (BVerfGE 64, 135, 143 f; vgl. auch BVerfGE 84, 188, 190). Auf ein Verschulden des Gerichts kommt es dabei nicht an (BVerfGE 67, 199, 202; 70, 215, 218; BVerfG NVwZ 1998, Beilage 1, 1, 2).

185 „Sich äußern konnte" auch derjenige, der lediglich die Möglichkeit hatte, sich Gehör zu verschaffen.[473] D.h., wer eine solche – ihm zumutbare – Möglichkeit hatte und sie nicht genutzt hat, ist nicht in seinem Anspruch auf rechtliches Gehör verletzt.[474] Auch § 108 Abs. 2 ist dann genüge getan. Insoweit wird ein zur Äußerung und aktiven Mitwirkung grds. bereiter Prozessbeteiligter erwartet;[475] ob und inwieweit dieser dann tatsächlich von der ihm eröffneten Möglichkeit der Stellungnahme Gebrauch macht, ist dagegen unerheblich.[476]

186 Der für das Verständnis der von § 108 Abs. 2 geforderten Äußerungsmöglichkeit relevante Schutzbereich von Art. 103 Abs. 1 GG erstreckt sich über drei Verwirklichungsstufen (→ § 86 Rn. 64):[477]
(1) Das Gericht hat die Pflicht, die Beteiligten über den Prozessstoff und den Stand des Verfahrens zu informieren, um die notwendige Grundlage für eine Stellungnahme zu schaffen.
(2) Die Beteiligten haben das Recht, sich zu den relevanten Umständen zu äußern.

---

470 Vgl. auch BVerfGE 7, 98; 17, 268; 20, 282; 21, 137; 30, 408; 42, 249; 42, 369; 46, 187; 49, 258; 51, 191; 53, 113; 54, 97; 61, 17; 61, 41; BVerwG DÖV 1984, 889, 890; OVG Münster NWVBl 1995, 232; *Kopp/Schenke* § 108 Rn. 20.

471 I.E. ebenso M. *Dawin*, in: Schoch/Schneider/Bier § 108 Rn. 128; i.d.S. auch BVerfGE 89, 381, 392.

472 D. *Leipold*, in: Stein/Jonas III Vorbem. § 128 Rn. 72; M. *Dawin*, in: Schoch/Schneider/Bier § 108 Rn. 127.

473 BVerwG NVwZ 1989, 857, 858 m.w.N.; 2002, 785; VGH Mannheim NVwZ 1998, Beilage 1, 43, 44.

474 BVerwG NJW 1984, 2962; 1986, 1057; Buchholz 310 § 108 VwGO Nr. 93, 175; Buchholz 11 Art. 103 GG Nr. 67; M. *Dawin*, in: Schoch/Schneider/Bier § 108 Rn. 130; sehr weitgehende Obliegenheiten annehmend I. *Kraft*, in: Eyermann § 138 Rn. 35 m.w.N.

475 M. *Dawin*, in: Schoch/Schneider/Bier § 108 Rn. 130.

476 BVerwGE 19, 231; BVerwG NVwZ 1989, 352; BVerfG NVwZ 1990, 156; P. *Kothe*, in: Redeker/v. Oertzen § 108 Rn. 4.

477 E. *Schmidt-Aßmann*, in: Maunz/Dürig Art. 103 I Rn. 69; H. *Rüping*, NVwZ 1985, 304, 306.

(3)Das Gericht hat die Pflicht, das Gehörte zur Kenntnis zu nehmen und in Erwägung zu ziehen, denn ohne die Pflicht, das Vorgetragene zu beachten und sich damit auseinanderzusetzen, d.h. tatsächlich Gehör zu finden, liefe das Recht zur Äußerung leer.[478]

Dementsprechend kann das Recht aus § 108 Abs. 2 verletzt werden durch unzureichende Information der Beteiligten (→ Rn. 190 ff.), Verhinderung oder Erschwerung einer Äußerung (→ Rn. 201 ff.) sowie durch unzureichende Berücksichtigung des Vorgebrachten (→ Rn. 209 ff).[479]

III. Rechtsfolge: Verwertungsverbot

Als Rechtsfolge nicht hinreichend eröffneter Äußerungsmöglichkeit bestimmt § 108 Abs. 2 unmittelbar ein Verwertungsverbot: Das Gericht darf seine Überzeugung nicht auf Tatsachen und Beweisergebnisse stützen, zu denen sich die Parteien nicht äußern konnten. Solche Tatsachen und Beweisergebnisse können daher nicht als Teil des Gesamtergebnisses des Verfahrens zur richterlichen Überzeugungsbildung nach § 108 Abs. 1 S. 1 herangezogen werden; § 108 Abs. 2 klammert sie aus, er verbietet ihre Verwertung (BVerwG Buchholz 310 § 108 VwGO Nr. 22 [S. 26, 27, 42]). Diese Herausnahme wird als negative (BVerwGE 24, 264, 267) oder defensive[480] Seite des rechtlichen Gehörs bezeichnet. Das Gericht kann trotz Gehörsverletzung in der Sache entscheiden. Es darf dabei nur nicht die gehörswidrig vorliegenden Umstände heranziehen. 187

Für revisionsgerichtliche Entscheidungen bedeutet dies: Das Revisionsgericht bestätigt die vorinstanzliche Entscheidung gem. § 144 Abs. 4, wenn „sich der Verstoß nicht auf das Gesamtergebnis des Verfahrens, sondern nur auf einzelne Feststellungen bezieht, auf die es für die Entscheidung" – nach Auffassung des Revisionsgerichts – „nicht ankommt".[481] Ist rechtliches Gehör nicht nur zu einzelnen, sondern zu allen das Gesamtergebnis bildenden Umständen verletzt worden, fehlt aufgrund des Verwertungsverbotes eine Entscheidungsgrundlage insgesamt (vgl. BVerwG Buchholz 427.6 § 6 FG Nr. 1). Ohne dass die Gewährung rechtlichen Gehörs nachgeholt wird, ist dann eine rechtmäßige Entscheidung in der Sache nicht möglich. 188

Im Hinblick auf die Eröffnung von Rechtsmitteln stellt ein Verstoß gegen § 108 Abs. 2 einen Verfahrensmangel i.S.v. § 124 Abs. 2 Nr. 5 und § 132 Abs. 2 Nr. 3 dar;[482] die Versagung rechtlichen Gehörs insgesamt ist gem. § 138 Nr. 3 absoluter Revisionsgrund. Darüber hinaus besteht die Möglichkeit einer Anhörungsrüge gem. § 152 a Abs. 1 S. 1 Nr. 2.[483] Dies hat insbes. unter dem Gesichtspunkt der Rechtswegerschöpfung bei der Erhebung einer Verfassungsbeschwerde Bedeutung. 189

IV. Die Verletzung des Äußerungsanspruchs im Einzelnen

1. Unzureichende Information der Beteiligten. Die Beteiligten sollen zu Wort kommen und mit ihrem Vortrag Einfluss auf die richterliche Entscheidung nehmen können.[484] Dazu müssen sie wissen, worauf es in tatsächlicher und rechtlicher Hinsicht für die richterliche Entscheidung ankommt. Das Recht auf Äußerung ist eng verknüpft mit einem Recht auf Information. Eine Art. 103 Abs. 1 GG genügende Gewährung rechtlichen Gehörs setzt voraus, dass die Verfahrensbeteiligten zu erkennen vermögen, auf welchen Tatsachenvortrag es für die Entscheidung ankommen kann. Sie müssen sich bei Anwendung der gebotenen Sorgfalt über den gesamten Verfahrensstoff informieren können" (BVerfG NJW 1993, 2229). Nicht nur materiell-rechtliche, sondern auch verfahrensrechtliche Fragen gehören zu den entscheidungserheblichen Tatsachen, hinsichtlich derer ein Äußerungsrecht und ein Informationsan- 190

---

478 BVerfGE 60, 247, 249; 60, 250, 252; 65, 305, 307; BVerwGE 31, 263, 266; *H. Rüping*, NVwZ 1985, 304, 306 m.w.N.

479 A.M. *M. Dawin*, in: Schoch/Schneider/Bier § 108 Rn. 131: § 108 Abs. 2 soll nicht anwendbar sein, „wenn die Gehörsverletzung darin besteht, dass das Gericht Vorbringen nicht zur Kenntnis genommen oder nicht in Erwägung gezogen hat".

480 *W. Waldner*, Rechtliches Gehör, ²2000, 24, 32 ff.

481 BVerwG NJW 1996, 378; s.a. BVerwGE 15, 24, 25; 24, 264, 267 f.; 52, 33, 42; 62, 6, 10; BVerwG NVwZ 1994, 1095, 1096; Buchholz 427.6 § 6 FG Nr. 1; Buchholz 436.36 § 15 BAföG Nr. 40; Buchholz 451.512 MGVO Nr. 61 (S. 268).

482 *P. Kothe*, in: Redeker/v. Oertzen § 108 Rn. 8.

483 Eines gesetzlich nicht normierten Rechtsbehelfs in Form der Gegenvorstellung zur Entlastung des BVerfG in Fällen der Verletzung des rechtlichen Gehörs bedarf es demzufolge nicht mehr, dazu *Kopp/Schenke* Vorbem. § 124 Rn. 9 ff.; *M. Happ*, in: Eyermann Vorbem. § 124 Rn. 7 ff.

484 S. VGH Mannheim NVwZ 1998, Beilage 11, 110; *P. Jakob*, VBlBW 1997, 41, 49.

spruch besteht.[485] So sind etwa Umstände, welche die Ablehnung eines Richters wegen Befangenheit[486] rechtfertigen können, den Verfahrensbeteiligten mitzuteilen (BVerfGE 89, 28, 36). Ebenso ist den Parteien rechtliches Gehör bei der Zulassung einer Klageerweiterung nach Übergang in das schriftliche Verfahren zu gewähren (VGH München NVwZ-RR 2007, 718, 719).

191　**a) Die Unterrichtung über den Inhalt der Gerichtsakten.** Wesentliche Grundlage der richterlichen Entscheidung ist nach § 108 Abs. 1 S. 1 das Gesamtergebnis des Verfahrens. Eine effektive Einflussnahme auf die richterliche Entscheidung durch argumentatives Vorbringen im Prozess ist ohne vollständige Kenntnis dieser Entscheidungsbasis nicht möglich. Dem Gericht kommt hier die Aufgabe zu, die Parteien über den vorliegenden Prozessstoff zu informieren: Die Parteien sind „nicht verpflichtet, von sich aus nachzuforschen, ob von den übrigen Verfahrensbeteiligten Schriftsätze eingereicht oder Anträge gestellt worden sind" (BVerfGE 17, 194, 197).

192　Das Gericht kommt seiner Informationspflicht nach, indem es alle zu den Prozessakten gereichten Schriftsätze, die nicht von der Partei selbst stammen, den Beteiligten übermittelt[487] und ihnen die Möglichkeit der Teilnahme an der mündlichen Verhandlung bietet. Dabei gilt: „Den Anspruch auf vollständige Unterrichtung über alle zu den Gerichtsakten gereichten Schriftsätze verliert der einzelne Beteiligte nicht dadurch, dass er trotz ordnungsgemäßer Ladung nicht zur mündlichen Verhandlung erscheint (…). Jeder Beteiligte darf sich darauf verlassen, dass sich in der Gerichtsakte, auf deren Inhalt die Entscheidung aufbaut, keine Schriftsätze anderer Beteiligter befinden, die er nicht kennt; er kann erwarten, dass das Gericht seiner Entscheidung nur denjenigen Akteninhalt zugrundelegt, den alle Beteiligten kennen und zu dem sie deshalb auch i.S.d. § 108 Abs. 2 Stellung nehmen konnten" (BVerwG Buchholz 310 § 108 VwGO Nr. 201). Auch über andere Schriftstücke – wie Urkunden, schriftliche Sachverständigengutachten oder sonstige beigezogene Akten – sind die Beteiligten zu informieren, soweit sie im Verfahren verwertet werden sollen. Dazu macht das Gericht i.d.R. die (im Einzelnen bezeichneten)[488] Schriftstücke zum Gegenstand der mündlichen Verhandlung (vgl. BVerwG Buchholz 310 § 108 VwGO Nr. 125, 134); bei Unkenntnis einer Partei vom Inhalt eines Schriftstückes genügt i.d.R. eine zusammenfassende Wiedergabe durch das Gericht.[489] Eine Verlesung findet nur statt, wenn es auf den Wortlaut ankommt (§ 173 VwGO i.V.m. § 137 Abs. 3 S. 2 ZPO).

193　Für die Beteiligten kann es aber schwierig sein, Inhalt und Bedeutung eines ihnen neu präsentierten Erkenntnismittels ohne Weiteres zu erfassen und effektiv in ihrem Interesse dazu vorzutragen. Die Parteien brauchen dann Zeit, um angemessen reagieren zu können (vgl. BVerwG NJW 1991, 2037); die bloße Einführung des Erkenntnismittels zu Beginn der mündlichen Verhandlung reicht dann oft zur effektiven Gehörsgewährung nicht aus. Dies kann insbes. bei Heranziehung umfangreichen Aktenmaterials der Fall sein. In derartigen Fällen kann das Gericht die Beteiligten im Vorfeld der mündlichen Verhandlung auf die beabsichtigte Verwertung von – genau bezeichnetem – Material hinweisen und ihnen die zumutbare Möglichkeit der Einsichtnahme bieten.[490] Für diese Zwecke ist die bloße Mitteilung, dass die Verwertung beabsichtigt ist, i.d.R. als ausreichend anzusehen. Diese Annahme ist vorzugsweise gerechtfertigt, wenn die Beteiligten bereits im Besitz der betreffenden Unterlagen sind, weil sie ihnen in ähnlichen Verfahren oder allgemein für solche Verfahren zu Verfügung gestellt worden sind; eine nochmalige Übersendung speziell für den anstehenden Prozess ist hier entbehrlich (BVerwG Buchholz 402.240 AuslG § 28 Nr. 30). Macht das Gericht nicht von der Möglichkeit vorheriger Information Gebrauch, kann eine Terminsänderung erforderlich werden (→ Rn. 204).

194　Darüber hinaus haben die Beteiligten außerhalb der mündlichen Verhandlung nach § 100 Abs. 1, 2 S. 2 das Recht, die Gerichtsakten und die dem Gericht vorgelegten Akten einzusehen und sich nach

---

485　*T. Stuhlfauth*, in: Bader § 108 Rn. 30.

486　Telefonate eines Richters mit dem Prozessbevollmächtigten eines Beteiligten begründen nicht für sich allein die Besorgnis der Befangenheit, vgl. BVerwG 8.3.2011 – 4 VR 2/10.

487　Dazu BVerwGE 78, 30; BVerwG NVwZ 1989, 263; *S. Unger*, in: Gärditz § 108 Rn. 54.

488　BVerwG Buchholz 310 § 108 VwGO Nr. 142; OVG Münster NVwZ 1997, Beilage 11, 81, 82.

489　*S. Unger*, in: Gärditz § 108 Rn. 56; s. aber BVerwG Buchholz 310 § 108 VwGO Nr. 134: „Eine vorherige Unterrichtung der Beteiligten über den Inhalt der Gutachten und Auskünfte ist jedoch dann geboten, wenn diese Beweismittel dem Rechtsstreit eine neue Wendung geben."

490　Vgl. BVerfG DVBl 1993, 601; BVerwG Buchholz 402.240 AuslG § 28 Nr. 30: Bei Mitteilung, welche Erkenntnisse bei der Entscheidungsfindung herangezogen werden sollen, kann eine Überlassung von ca. 50 Seiten an einen Prozessbeteiligten für eine einstündige Verhandlungspause ausreichend sein.

Maßgabe von § 100 Abs. 2 S. 1 Abschriften und Auszüge erteilen zu lassen.[491] Allerdings begründet nicht jede Ablehnung eines Antrags auf Akteneinsicht eine Verletzung des rechtlichen Gehörs. „Ob dies der Fall ist, bemisst sich vielmehr nach den Umständen des Einzelfalles. So sind die Beteiligten im Interesse der Prozessökonomie gehalten, rechtzeitig vor der mündlichen Verhandlung Akteneinsicht zu nehmen und alle sich hierzu bietenden zumutbaren Möglichkeiten zu nutzen. Kommt ein Beteiligter dieser Mitwirkungslast nicht nach, kann sein Antrag auf Akteneinsicht jedenfalls dann ohne Verletzung des rechtlichen Gehörs abgelehnt werden, wenn bei einer Stattgabe die Erledigung des Rechtsstreits verzögert würde. Ferner kann ein Einsichtsgesuch abgelehnt werden, wenn Anhaltspunkte für eine rechtsmissbräuchliche Ausübung des Akteneinsichtsrechts bestehen" (BVerwG 8.6.2011 – 9 B 23/11, juris Rn. 4). Weiterhin ist im Rahmen der Akteneinsicht das Recht auf informationelle Selbstbestimmung gem. Art. 2 Abs. 1 i.V.m. Art. 1 Abs. 1 GG zu beachten.[492]

b) Gerichtskundigkeit. Soweit das Gericht über die Akten hinaus Kenntnisse besitzt (Gerichtskundigkeit) und diese im aktuellen Verfahren heranziehen will, müssen den Beteiligten auch diese Kenntnisse offengelegt werden. Dabei reicht es nicht aus, dass die Beteiligten aus den Äußerungen des Gerichts schließen können, das Gericht gehe möglicherweise vom Vorliegen bestimmter ihm bekannter Umstände aus; vielmehr muss den Beteiligten klar werden, „dass sich das Gericht tatsächlich auf eine Gerichtskunde stützen will", der Umstand muss als „gerichtskundig" in den Prozess eingeführt werden (BSG NJW 1973, 392). Will das Gericht aus einem früheren Verfahren tatsächliche Feststellungen „übernehmen", ist dazu i.d.R. die Übersendung des früheren Urteils erforderlich.[493] Nicht ausreichend ist es, wenn sich das Gericht hinsichtlich tatsächlicher Feststellungen auf Erkenntnisse „aus einer Vielzahl von Verfahren" stützt, ohne diese zuvor ordnungsgemäß in das Verfahren eingeführt zu haben.[494] 195

Fraglich ist, wie ein Verweis des Gerichts auf eine eigene Entscheidung zu beurteilen ist, der „generelle" Sachverhalte bzw. Tatsachen und Würdigungen – wie etwa im Asylrecht das Vorliegen einer Gruppenverfolgung – betrifft: Der Verweis kann (1.) die Verwertung einer als gerichtskundig angesehenen Tatsache sein oder (2.) eine erneute Würdigung unter Bezugnahme auf die früheren Entscheidungsgründe (als Erkenntnismittel) oder (3.) ein schlichter Hinweis auf die eigene kontinuierliche Rspr.[495] Im letzten Fall (3.) ist das rechtliche Gehör jedoch nicht berührt, wenn die zitierte Rspr. nicht in das Verfahren eingeführt wird, d.h. der Verweis lediglich als „selbstbestätigender" Hinweis auf die Übereinstimmung mit der sonstigen Rspr. gemeint ist. Soweit mit dem Verweis auch eine Verwertung für das aktuelle Verfahren verbunden ist, bedarf es der ordnungsgemäßen Einführung der Tatsache oder des Beweismittels in den Prozess. 196

c) Das Verbot der „Überraschungsentscheidung". Die Beteiligten können auch nicht erkennen, worauf es in tatsächlicher und rechtlicher Hinsicht ankommt, „wenn das Gericht einen bis dahin nicht erörterten rechtlichen oder tatsächlichen Gesichtspunkt zur Grundlage seiner Entscheidung macht und damit – unter Verletzung seiner ihm obliegenden Hinweis- und Erörterungspflicht – dem Rechtsstreit eine Wendung gibt, mit der die Beteiligten nach dem bisherigen Verlauf des Verfahrens nicht zu rechnen brauchten" (unzulässige „Überraschungsentscheidung").[496] Die Gerichtsentscheidung verstößt gegen § 108 Abs. 2 (und Art. 103 Abs. 1 GG), wenn der fragliche Gesichtspunkt weder im Verwaltungs- noch im Gerichtsverfahren behandelt wurde (BVerwG Buchholz 310 § 108 VwGO Nr. 235). Die Erörterung einer Tatsache im vorinstanzlichen Verfahren unter einem anderen rechtlichen Gesichtspunkt genügt nicht zur Wahrung des rechtlichen Gehörs (BVerwG NJW 1983, 770; OVG Münster NWVBl 197

---

491 BVerwGE 13, 187; NVwZ 1988, 531; bzgl. des Rechts auf Abschriften und Auszüge s. BVerwG Buchholz 310 § 100 VwGO Nr. 5.
492 Dazu ausf. *S. Brink/H. A. Wolff*, NVwZ 2011, 134, 137.
493 BVerwG NJW 1961, 1374, 1375; NVwZ 1984, 169; DVBl 1986, 102; BSG NJW 1973, 392. Einer ordnungsgemäßen Einführung in das Verfahren bedarf es selbst dann, wenn die verwertete Entscheidung anderweitig bekannt ist, etwa weil sie von den Prozessbevollmächtigten selbst erstritten worden ist, BVerwG 17.3.1998 – 9 B 264/98.
494 BVerwG 19.7.2012 – 1 B 6/12, juris Rn. 6.
495 *M. Dawin*, in: Schoch/Schneider/Bier § 108 Rn. 139.
496 BVerwG 18.6.2010 – 8 B 16/10; BVerwG Buchholz 310 § 108 Nr. 170, 241. S. zur st. Rspr. von BVerfG und BVerwG auch BVerfGE 108, 345; 84, 188 (190); BVerfG NJW 1996, 45 (46); BVerwG NVwZ 2004, 1510; NJW 1984, 140; Buchholz 310 § 108 VwGO Nr. 2, 34, 98, 235, 236; Buchholz 451.512 MGVO Nr. 61; NVwZ-RR 2016, 831, 833.

1995, 393). Dasselbe gilt, wenn eine bisher (z.B. durch Beweiserhebung) als relevant behandelte Tatsache nunmehr als unerheblich angesehen wird (BVerwG Buchholz 412.3 § 6 BVFG Nr. 65). Denn: „Es kommt (...) im Ergebnis der Verhinderung eines Vortrags gleich, wenn das Gericht ohne vorherigen Hinweis Anforderungen an den Sachvortrag stellt, mit denen auch ein gewissenhafter und kundiger Prozessbeteiligter (...) nach dem bisherigen Prozessverlauf nicht zu rechnen brauchte" (BVerfGE 84, 188, 190). Das Verbot der unzulässigen Überraschungsentscheidung gilt auch, „wenn gem. § 101 Abs. 2 VwGO über die Klage ohne mündliche Verhandlung entschieden wird" (BVerwG NJW 1986, 445).

198   Auch das unvermittelte Austauschen einer Ermächtigungsgrundlage für eine behördliche Anordnung kann eine mit Art. 103 Abs. 1 GG, §§ 108 Abs. 2, 104 Abs. 1, 86 Abs. 3 unvereinbare Überraschungsentscheidung darstellen, wenn z.B. ein Berufungsgericht eine auferlegte Duldungspflicht zur Wiederaufforstung nicht mehr auf die besonderen bodenrechtlichen Vorschriften, sondern auf allgemeines Ordnungsrecht stützte, obwohl diese Möglichkeit zu keinem Zeitpunkt während des Verwaltungsverfahrens oder des Prozesses vor dem VG erörtert wurde (BVerwG NJW 1986, 445). Das OVG hätte auf diese Möglichkeit hinweisen müssen, um den Beteiligten eine darauf bezogene Stellungnahme zu ermöglichen (zur u.U. gebotenen Vertagung → Rn. 204).

199   **d) Gehörsspezifische Handlungen und Wechsel des Prozessbevollmächtigten; Beiziehung von Dolmetschern.** Gem. § 67 Abs. 2 S. 1 hat jeder Beteiligte das Recht, sich durch einen Bevollmächtigten vertreten zu lassen. Dieses ist auch verfassungsrechtlich gewährleistet,[497] sodass das Gericht dem Beteiligten gegenüber gebotene gehörsspezifische Handlungen dem Prozessbevollmächtigten gegenüber vornehmen muss.[498] Bei einem Wechsel des Prozessvertreters während des Rechtsstreits kann es im Hinblick auf die effektive Gewährung rechtlichen Gehörs erforderlich werden, dass gehörsspezifische Handlungen, die das Gericht dem früheren Prozessvertreter gegenüber vorgenommen hat, gegenüber dem neuen Prozessvertreter wiederholt werden müssen, etwa durch die nochmalige Gewährung von Akteneinsicht (BVerwG 14.10.1997 – 9 B 799/97). Zum Wechsel des Prozessbevollmächtigten noch → Rn. 204.

200   Zwar verlangt rechtliches Gehör nicht, dass Prozessbeteiligte, die der deutschen Sprache nicht mächtig sind, die gebotene Information in einer Sprache erhalten, die sie beherrschen. Doch liegt ein Verstoß gegen § 108 Abs. 2, Art. 103 Abs. 1 GG vor, wenn substantiiert dargelegt wird, „dass noch etwas zur Klärung des geltend gemachten Anspruchs Geeignetes vorgetragen worden wäre, aber mangels ausreichender Sprachkenntnisse nicht vorgetragen werden konnte" (BVerwG InfAuslR 1998, 219, 220).

201   **2. Verhinderung oder Erschwerung einer Äußerung in der mündlichen Verhandlung.** Das beste Mittel zur Verwirklichung des rechtlichen Gehörs im Prozess ist die mündliche Verhandlung.[499] Eine Stellungnahme ist hier ohne weitere Förmlichkeiten und unmittelbar vor dem entscheidenden Richter möglich. Fehler im Zuge der Durchführung der mündlichen Verhandlung können zu einer Verletzung von § 108 Abs. 2, Art. 103 Abs. 1 GG führen.

202   Die Gehörsverletzung kann einzelne Tatsachen oder alle das Gesamtergebnis des Verfahrens bildenden Umstände betreffen. Die Möglichkeit zur Äußerung wurde vollständig versagt, wenn ein Beteiligter – durch Umstände, die er nicht verschuldet hat – an der Teilnahme an der mündlichen Verhandlung in zumutbarer Weise gehindert ist, obwohl er alle Möglichkeiten, sich Gehör zu verschaffen (etwa Beantragung einer Vertagung oder einer Wiedereröffnung), ausgeschöpft hat (vgl. etwa BVerwG NJW 1993, 80). Hat der Beteiligte die Nichtteilnahme an der mündlichen Verhandlung verschuldet, trägt er die ihm daraus entstehenden prozessualen Nachteile; d.h. insbes. den Nachteil, nicht zu Gesichtspunkten, die sich erst in der mündlichen Verhandlung ergeben, Stellung nehmen zu können.[500]

---

497   Streitig ist die Herleitung – ob Art. 103 Abs. 1 GG oder Art. 19 Abs. 4 GG das Recht gewährleistet: s. *E. Schmidt-Aßmann*, in: Maunz/Dürig Art. 103 I Rn. 103. Dem BVerwG zufolge gewährleistet Art. 103 Abs. 1 GG das Recht auf Prozessvertretung: BVerwG NJW 1993, 80; Buchholz 310 § 108 Nr. 48.

498   *M. Dawin*, in: Schoch/Schneider/Bier § 108 Rn. 132.

499   *W. Waldner*, Rechtliches Gehör, ²2000, 52 f.

500   BVerwGE 61, 145, 146; *J. Schmidt*, in: Eyermann § 108 Rn. 14; *M. Dawin*, in: Schoch/Schneider/Bier § 108 Rn. 142 Fn. 357. Weiter gehend BVerwGE 36, 264, das aus § 86 Abs. 3 eine Pflicht zur Vertagung der mündlichen Verhandlung herleitet. S. aber auch BVerwG DVBl 2001, 918.

a) Terminierung, Verlegung und Vertagung. Schon die *Festsetzung des Termins* zur mündlichen Ver- 203
handlung kann durch Gesichtspunkte des rechtlichen Gehörs beeinflusst sein: Zwar steht es im pflichtgemäßen richterlichen Ermessen, Tag und Stunde der mündlichen Verhandlung festzulegen (vgl. § 173
VwGO i.V.m. § 216 ZPO).[501] Dabei kann davon ausgegangen werden, dass es die mehrwöchige Ladungsfrist den Parteien i.d.R. erlaubt, sich so einzurichten, dass sie an der mündlichen Verhandlung
teilnehmen können (BVerwG NJW 1986, 339; zur Einräumung einer Überlegungs- und Äußerungsfrist → Rn. 206 f.). Allerdings können für Beteiligte nicht zu beseitigende Hindernisse bestehen, die ihnen ein Erscheinen an bestimmten Tagen unmöglich bzw. unzumutbar machen. Hier ergibt sich aus
Art. 103 Abs. 1 GG die Pflicht, den Termin entsprechend anderweitig festzusetzen – dies ist etwa der
Fall für bestimmte religiöse Feiertage, insbes. dann, wenn an dem Rechtsstreit eine religiöse Gemeinschaft beteiligt ist (BVerwG NJW 1990, 2079, 2080 – Terminierung zum jüdischen Pessachfest). Beachtlich sind auch entsprechende Hindernisse in der Person des Prozessbevollmächtigten, denn der
Anspruch auf rechtliches Gehör schließt den Anspruch auf Äußerung durch den bestellten rechtskundigen Prozessbevollmächtigten in der mündlichen Verhandlung ein.[502]

Wurde bereits ein Termin angesetzt, besteht nach § 173 VwGO i.V.m. § 227 ZPO[503] die Möglichkeit 204
der *Terminsänderung*: Das Gericht kann bei Vorliegen „erheblicher Gründe" auch ohne darauf gerichteten Antrag[504] auf eine Terminsverlegung oder Vertagung entscheiden. Dies *muss* geschehen, „wenn
andernfalls die betroffene Partei in ihrem grundrechtlich geschützten Anspruch auf rechtliches Gehör,
Art. 103 Abs. 1 GG verletzt würde".[505] Damit dient § 227 ZPO ebenfalls der Wahrung des rechtlichen
Gehörs.[506] Soweit aufgrund der Wertungen von Art. 103 Abs. 1 GG „erhebliche Gründe" vorliegen
und keine „Verschleppung des Verfahrens" (s. zur Verschleppungsabsicht BVerwG Buchholz 310
§ 108 VwGO Nr. 257, 262) beabsichtigt ist, muss das Gebot der Beschleunigung des Verfahrens als
nachrangig angesehen werden: Das Gericht verletzt Art. 103 Abs. 1 GG, wenn es an dem festgesetzten
Termin festhält, obwohl ein Beteiligter dann keine zumutbare Möglichkeit hat, an der mündlichen
Verhandlung teilzunehmen.[507] Entsprechend ist i.d.R. auch die Verhinderung des Prozessbevollmächtigten ein erheblicher Grund.[508] Allerdings kann ein Beteiligter im allgemeinen darauf verwiesen werden, sich im Termin durch andere der Sozietät angehörende Rechtsanwälte vertreten zu lassen, wenn
der sachbearbeitende Rechtsanwalt an der Terminswahrnehmung gehindert ist (VGH Mannheim
NVwZ 1998, Beilage 5, 43, 44; vgl. auch BVerwG NJW 1995, 1231). Zu berücksichtigen sind dabei
Umfang und Schwierigkeit des Falles, die verbleibende Einarbeitungszeit sowie die eigenen Verpflichtungen der anderen Anwälte.[509] Ein Beteiligter hat keinen Anspruch auf einen Termin, an dem er
selbst neben seinem Prozessbevollmächtigten anwesend sein kann.[510] Die Möglichkeit, rechtliches Gehör durch den Prozessbevollmächtigten zu erhalten, ist i.d.R. als ausreichend anzusehen.[511] Ein erheblicher Grund ist ferner nicht schon dann anzunehmen, wenn der Prozessbevollmächtigte eines nicht
anwaltlich vertretenen Beteiligten unverschuldet an dem Termin nicht teilnehmen kann; die prozessuale Mitwirkungspflicht des Beteiligten lässt einen Verhinderungsgrund nur dann als erheblich erschei-

---

501 Zur entsprechenden Anwendung von § 216 ZPO s. nur OVG Münster NJW 1991, 1628; zu Besonderheiten durch
die §§ 85, 87, 96 Abs. 2 s. VGH Mannheim NJW 1984, 993 m.w.N.

502 Vgl. BVerwG NJW 1984, 882; NVwZ 1990, 857; NJW 1993, 80; *W. Waldner*, Rechtliches Gehör, ²2000, 52 f.; *S.
Unger*, in: Gärditz § 108 Rn. 59.

503 § 227 Abs. 1, 2, 4 ZPO ist gem. § 173 entsprechend anwendbar: BVerwG NVwZ 1995, 373 (374) m.w.N.; NJW
1995, 1441.

504 BVerwGE 50, 275; BVerwG Buchholz 303 § 227 ZPO Nr. 10, 14; Buchholz 310 § 108 VwGO Nr. 124, 229.

505 BVerfGE 25, 158, 166; 26, 315, 319; BVerwGE 81, 229 m.w.N.; BVerwG Buchholz 310 § 108 VwGO
Nr. 257 m.w.N.; Buchholz 310 § 86 Abs. 1 Nr. 223.

506 BVerwG NJW 1990, 2079, 2080; 1995, 1231; VGH Mannheim NVwZ 1998, Beilage 5, 43, 44.

507 BVerwGE 50, 275; 81, 229; BVerwG NJW 1986, 2897; 1995, 1231; Buchholz 310 § 108 VwGO Nr. 124, 212;
Buchholz 427.3 § 339 LAG Nr. 99; Buchholz 427.6 § 6 FG Nr. 1; OVG Magdeburg NVwZ 1997, Beilage 12, 89. Ein
erheblicher Grund für eine Terminsverlegung liegt i.d.R. vor, „wenn ein anwaltlich nicht vertretener Kläger am Tag
der mündlichen Verhandlung in seiner Sache verhandlungsunfähig ist und dies durch entsprechende ärztliche Bescheinigungen nachgewiesen hat", BVerwG Buchholz 310 § 108 VwGO Nr. 285.

508 BVerwG Buchholz 310 § 108 Nr. 178; s. dazu auch BVerwG 26.4.1999 – 5 B 49/99 (Anspruch auf Terminsverlegung
wegen eines Todesfalles).

509 BVerwG NJW 1995, 1231 s.a. BVerwGE 68, 241; BVerwG 26.4.1999 – 5 B 49/99.

510 *M. Dawin*, in: Schoch/Schneider/Bier § 108 Rn. 144.

511 Anders in Ausnahmefällen bei besonderem Interesse an der Wahrnehmung des Verhandlungstermins: BVerwG Buchholz 310 § 108 VwGO Nr. 285.

nen, wenn er nicht durch den Prozessbeteiligten selbst in zumutbarer Weise – sei es, dass er den Termin selbst wahrnimmt oder einen Anwalt beauftragt – beseitigt werden kann (BVerwG Buchholz 303 § 227 ZPO Nr. 34). Das Gericht kann aber zur Verlegung des Termins verpflichtet sein, wenn der ordnungsgemäß geladene Prozessbevollmächtigte nach Erhalt der Ladung anzeigt, dass seine Bevollmächtigung nicht mehr besteht (BVerwG 48, 252); einem neu bestellten Prozessbevollmächtigten muss genügend Zeit zur Einarbeitung gegeben werden (BVerwG Buchholz 310 § 108 VwGO Nr. 10). Wechselt ein Beteiligter jedoch „ohne Not" unmittelbar vor einem seit längerer Zeit anberaumten Verhandlungstermin den Prozessbevollmächtigten (d.h. „zur Unzeit"), muss er dafür Sorge tragen, dass ihm zum Termin „ein verhandlungsbereiter Anwalt zur Verfügung steht" (VGH Mannheim NVwZ 1998, Beilage 5, 43 [44]).

205 **b) Eröffnung der Verhandlung.** Auch für die Eröffnung der mündlichen Verhandlung kann der Anspruch auf rechtliches Gehör bedeutsam sein: So kann es geboten sein, kurze Zeit mit der Eröffnung der mündlichen Verhandlung zu warten, wenn ein Beteiligter zur festgesetzten Zeit nicht anwesend ist, der die Möglichkeit einer geringen Verspätung angekündigt hat.[512] Weiterhin kann eine Pflicht zur *Wiedereröffnung* der mündlichen Verhandlung bestehen, wenn ein Prozessbeteiligter oder sein Bevollmächtigter erscheint, nachdem die Verhandlung geschlossen, aber noch bevor eine Entscheidung verkündet wurde (BVerwG NJW 1979, 1619; 1986, 1057; NVwZ 1989, 857; NJW 1992, 3185). An einer hinreichenden Äußerungsmöglichkeit fehlt es auch, wenn das Gericht der im Gebäude anwesenden Prozesspartei kein hinreichend deutliches „Startzeichen" durch wahrnehmbaren *Aufruf* der Streitsache gibt und die Partei deshalb an der mündlichen Verhandlung nicht teilnimmt.[513]

206 **c) Überlegungs- und Äußerungsfristen.** Die Versagung einer gebotenen Überlegungs- und Äußerungsfrist bedeutet i.d.R. Vorenthaltung des rechtlichen Gehörs; dasselbe gilt bei eingeräumter Äußerungsfrist, aber Entscheidung vor Ablauf der Frist.[514] Die Einräumung einer Überlegungs- und Äußerungsfrist hat aber nicht den Zweck, einer Prozesspartei weitere Sachverhaltsermittlungen zu ermöglichen. Solche Ermittlungen sind gem. § 86 Abs. 1 Sache des Gerichts; für eine Fristgewährung besteht daher regelmäßig kein Anlass (BVerwG NVwZ-RR 1997, 2037). Dagegen liegt regelmäßig eine Gehörsverletzung vor, wenn das Gericht einen Antrag auf Vertagung ablehnt, nachdem in der mündlichen Verhandlung erstmals ein entscheidungserheblicher Gesichtspunkt zur Sprache gekommen ist, zu dem eine Äußerung in der laufenden Verhandlung nicht zumutbar ist (BVerwG Buchholz 310 § 108 Nr. 124). Unerheblich ist dabei, ob eine Vertagung ausdrücklich und förmlich oder bloß faktisch – etwa durch Entscheidungsverkündung ohne vorherige Bescheidung des Vertagungsantrags – abgelehnt wird (BVerwG Buchholz 310 § 108 VwGO Nr. 149). Bei einer Entscheidung vor Ablauf einer gesetzten Frist ist das rechtliche Gehör ausnahmsweise nicht verletzt, wenn die Entscheidung erst nach Ablauf der Frist zugestellt wird und bis dahin keine Äußerung eingegangen ist (BVerwG Buchholz 310 § 138 Ziff 3 VwGO Nr. 43); die frühe Entscheidung hat die Äußerungsmöglichkeit dann nicht beschnitten.

207 Im vereinfachten Verfahren nach § 130 a verletzt das OVG das rechtliche Gehör, wenn es „ohne mündliche Verhandlung durch Beschluss entschieden hat, ohne über den noch innerhalb der Anhörungsfrist nach der ersten Mitteilung gem. § 130 a Satz 2, § 125 Abs. 2 Satz 3 VwGO gestellten und mit einer Begründung versehenen Antrag (...) auf Verlängerung der Frist zur Stellungnahme entschieden hat" (BVerwG DVBl 1999, 97). Die Länge der Frist bestimmt sich nach den Umständen des jeweiligen Einzelfalles (BVerwG 20.4.1999 – 9 B 97/99).

208 **d) Sonstige Erschwerung der Äußerung in der mündlichen Verhandlung.** Die Wahrnehmung rechtlichen Gehörs kann aber auch auf andere Weise erschwert oder gar unmöglich gemacht werden: So kann z.B. eine Beschränkung des Rederechts, z.B. die Anordnung, zu bestimmten Einzeltatsachen nicht vorzutragen, einen Beteiligten sehr irritieren und unsicher machen.[515] Geht dies soweit, dass einem Beteiligten die erforderliche Konzentration fehlt, um der Verhandlung zu folgen und durch Stellung von Anträgen oder durch sachdienliche Hinweise an ihr mitzuwirken, kann es ebenfalls an einer

---

512 BVerwG NJW 1979, 1619; 1986, 206; NVwZ 1988, 348; 1989, 857; *W. Waldner*, Rechtliches Gehör, ²2000, 49 f.
513 BVerfGE 42, 364, 369; BVerwGE 72, 28; *W. Waldner*, Rechtliches Gehör, ²2000, 49.
514 BVerwGE 64, 224, 227; BVerwG NJW 1991, 2037; 1992, 327; Buchholz 436.36 § 15 BAföG Nr. 40; Buchholz 428 § 4 VermG Nr. 4; Buchholz 310 § 139 Abs. 3 VwGO Nr. 7.
515 Zu Schwierigkeiten bei hilflosen, unwissenden und verständnislosen Personen *R. Wimmer*, DVBl 1985, 773, 778.

hinreichenden Möglichkeit zur Äußerung fehlen (vgl. BVerwGE 17, 170; 44, 307, 311; BFHE 129, 524). Auch können irreführende Informationen durch das Gericht zu einer Verletzung des rechtlichen Gehörs führen: So etwa, wenn „die Anhörungsmitteilung nach § 130 a S. 2 i.V.m. § 125 Abs. 2 Satz 3 VwGO irreführend und dadurch objektiv geeignet [ist], den betroffenen Prozessbeteiligten in seiner Rechtsverteidigung zu beeinträchtigen" (BVerwG BayVBl 1999, 602 f.).

3. Unzureichende Berücksichtigung von Vorbringen. Mit dem Äußerungsrecht des § 108 Abs. 2 ist 209
für das Gericht die Pflicht verbunden, das von den Prozessbeteiligten in Wahrnehmung ihres Äußerungsrechts Vorgebrachte zu berücksichtigen; andernfalls wäre das Äußerungsrecht eine folgenlose Formalität: „Erst in dem Zusammenspiel von Äußern und Gehörtwerden verwirklicht sich die für ein rechtsstaatliches Verfahren zentrale prozessuale Befugnis, die Art. 103 Abs. 1 GG gewährleistet".[516] Die „Berücksichtigung" erfolgt in zwei Schritten: Erstens muss das Gericht eine Äußerung „zur Kenntnis nehmen", um sie zweitens „in Erwägung zu ziehen".[517]

a) „Zur-Kenntnis-Nehmen" von Parteivorbringen. „Zur Kenntnis nehmen" fordert neben dem äuße- 210
ren Akt – Lesen, Sehen, Hören, etc. – den inneren Vorgang der sinnerfassenden Aufnahme. D.h. der Richter muss z.B. die Schriftsätze der Parteien entgegennehmen und lesen, dem mündlichen Vorbringen zuhören, ein vorgeführtes Augenscheinsobjekt anschauen.[518] Mit der gebotenen Aufmerksamkeit muss er dabei versuchen, die Bedeutung des Wahrgenommenen zu erfassen. Dieser innere Vorgang ist oft nur schwer nachprüfbar. Eine Kenntnisnahme ist aber jedenfalls nicht erfolgt, wenn z.B. der betreffende Schriftsatz gar nicht in die Hand des Richters gelangt ist oder die Aufmerksamkeit des Richters bei einem mündlichen Vorbringen ganz auf andere Dinge gerichtet war (etwa auf das Studium von Akten) oder der Richter gar geschlafen hat[519]. Ist bspw. eine Äußerung – etwa eine Berufungsbegründung[520] – auf dem Postweg verloren gegangen und wurde dadurch eine richterliche Äußerungsfrist versäumt, konnte das Gericht die Äußerung nicht zur Kenntnis nehmen; hier fordert das Äußerungsrecht eine Wiedereinsetzung in den vorherigen Stand (BVerwG NJW 1994, 673). Um deutlich zu machen, dass ein Schriftsatz noch zur Kenntnis genommen wurde, der kurz vor Ablauf einer Äußerungsfrist eingegangen ist, „empfiehlt" das BVerwG dessen Erwähnung in der Entscheidung (BVerwG NJW 1998, 553).

b) „In-Erwägung-Ziehen" von Parteivorbringen. Die in der Praxis wohl häufigste Gehörsverletzung 211
besteht im nicht hinreichenden „In-Erwägung-Ziehen" eines Parteivorbringens. Den Parteien kommt nicht lediglich ein formales Äußerungsrecht, sondern ein inhaltliches Beteiligungsrecht zu.[521] In-Erwägung-Ziehen meint den inneren Vorgang des Einbeziehens der Äußerung in die für die Entscheidung anzustellenden tatsächlichen und rechtlichen Überlegungen; d.h. die Äußerung ist insbes. in die nach § 108 Abs. 1 S. 1 vom Richter vorzunehmende Würdigung einzubeziehen. Ob dies in hinreichendem Maße geschehen ist, beurteilt sich wesentlich anhand der schriftlichen Urteilsbegründung. Die Rspr. geht dabei grds. davon aus, dass „ein Gericht das von ihm entgegengenommene Vorbringen auch in seine Erwägungen einbezogen hat (...), sodass nur bei Vorliegen deutlich gegenteiliger Anhaltspunkte ein Verstoß gegen den Anspruch auf rechtliches Gehör angenommen werden kann" (BVerwG NJW 1999, 1493; vgl. auch BVerwG 8.8.2012 – 7 B 1/12, juris Rn. 5). Derartige Anhaltspunkte werden in einem Schweigen der Urteilsgründe zum Kern des Tatsachenvortrags zu einer für den Rechtsstreit – nach Auffassung des entscheidenden Gerichts – (höchst) bedeutsamen Frage gesehen (vgl. BVerfGE 86, 133, 146; 87, 363, 392; BVerfG NVwZ 1998, Beilage 1, 9, 10). Mit anderen Worten: Urteilsausführungen brauchen sich nicht mit rechtlich unerheblichen Äußerungen auseinanderzusetzen, der verfassungsrechtliche Gehörsanspruch fordert gerade dies nicht. Werden dagegen rechtlich erhebliche und für den Fall zentrale Äußerungen überhaupt nicht erwähnt, liegt der Schluss nahe, dass das gebo-

---

516 *W. Waldner*, Rechtliches Gehör, ²2000, 66.
517 BVerwG 8.8.2012 – 7 B 1/12, juris Rn. 5; BVerwG Buchholz 235.1 § 58 BDG Nr. 3; BVerwGE 22, 267, 273; 80, 269, 286; vgl. auch BVerwG NJW 1999, 1493.
518 *M. Dawin*, in: Schoch/Schneider/Bier § 108 Rn. 149.
519 Vgl. etwa BVerwG 15.11.2004 – 7 B 56/04 sowie NJW 2001, 2898 m.w.N. → § 138 Rn. 54 und m.w.N. *I. Kraft*, in: Eyermann § 138 Rn. 22.
520 Nach BVerwG Buchholz 11 Art. 103 Abs. 1 GG Nr. 55 muss das Gericht „im Fall der Entscheidung ohne mündliche Verhandlung den Beteiligtenvortrag zur Kenntnis nehmen, der bis zur Herausgabe der Entscheidung zur Versendung an die Beteiligten eingeht".
521 *T. Stuhlfauth*, in: Bader § 108 Rn. 25; *S. Unger*, in: Gärditz § 108 Rn. 67.

tene In-Erwägung-Ziehen nicht hinreichend erfolgt ist.[522] Stellt ein Beteiligter die entscheidungserhebliche tatsächliche oder rechtliche Würdigung des vorinstanzlichen Gerichts substantiiert in Frage, so fordert das Gebot der Gewährung rechtlichen Gehörs gem. § 108 Abs. 2, dass das Berufungsgericht darauf inhaltlich eingeht.[523]

212   **c) Die Ablehnung von Beweisanträgen.** Ein Parteivorbringen kann auch in Form des Stellens von Anträgen, insbes. von Beweisanträgen liegen. Entsprechend gebietet Art. 103 Abs. 1 GG die Berücksichtigung von Anträgen,[524] insbes. „die Berücksichtigung erheblicher Beweisanträge" (VGH Mannheim NVwZ 1998, Beilage 11, 110). Die Ablehnung eines Beweisantrags kann damit als Unterfall des Nicht-In-Erwägung-Ziehens eines Parteivorbringens gesehen werden: Das Gericht zieht die von der Partei behauptete Erweislichkeit der Wahrheit ihrer Behauptung anhand des Beweisergebnisses nicht in Erwägung.[525] Für das Beweisantragsrecht im Einzelnen ist zunächst wieder die Ausgestaltung durch die einfachgesetzlichen Vorschriften maßgeblich: Daher verletzt die Ablehnung einer beantragten Beweiserhebung das rechtliche Gehör, „wenn die Ablehnung aus Gründen erfolgt, die im Prozessrecht keine Stütze finden und damit außerhalb des Prozessrechts liegen; mit anderen Worten, wenn aus den konkret vorgetragenen Gründen ein Beweisantrag schlechthin nicht abgelehnt werden kann".[526] Dementsprechend darf ein „erheblicher und substantiierter Beweisantrag (...) nur dann abgelehnt werden, wenn das Vorbringen entweder in wesentlichen Punkten unzutreffend oder in nicht auflösbarer Weise widersprüchlich ist" (VGH Mannheim NVwZ 1998, Beilage 11, 110); ansonsten läge eine unzulässige Vorwegnahme der Beweiswürdigung vor. Ausf. zur Ablehnung von Beweisanträgen → § 86 Rn. 83 ff.

213   Der Gedanke der Berücksichtigung von Anträgen lässt sich auf die Auslegung des Klagebegehrens selbst übertragen: So ist Art. 103 Abs. 1 GG verletzt, wenn bei einer Klage gegen einen Bescheid mit mehreren Regelungen eine ungerechtfertigt enge Auslegung des Klagebegehrens dazu führt, dass einzelne Regelungen bestandskräftig werden.[527]

§ 109 [Zwischenurteil]

Über die Zulässigkeit der Klage kann durch Zwischenurteil vorab entschieden werden.

Schrifttum

Beiträge in Zeitschriften: *K. A. Bettermann*, Zwischenurteil über materiellrechtliche Vorfragen?, ZZP 79 (1966), 392; *G. Rössler*, Teilurteile und Zwischenurteile im finanzgerichtlichen Verfahren, BB 1984, 204; *K. Tiedtke*, Das unzulässige Zwischenurteil, ZZP 89 (1976), 64.

---

522 I.d.S. BVerfGE 89, 381, 392; 94, 166, 220, MDR 2013, 1113 sowie BVerwG Buchholz 235.1 § 58 BDG Nr. 3; *M. Dawin*, in: Schoch/Schneider/Bier § 108 Rn. 150.
523 BVerwG 20.10.2011 – 2 B 86/11, juris Rn. 5.
524 BVerfGE 69, 145, 148; *E. Schneider*, MDR 1998, 798 für das Übergehen eines Ablehnungsantrages wegen Befangenheit.
525 *M. Dawin*, in: Schoch/Schneider/Bier § 108 Rn. 151.
526 BVerfG NVwZ 1999, Beilage 1, 51, 52; VGH Mannheim NVwZ 1998, Beilage 11, 110 m.w.N.; vgl. auch BVerfGE 50, 32, 35; 69, 141, 143; BVerfG InfAuslR 1993, 349, 353; BVerwG Buchholz 235.1 § 58 BDG Nr. 3; BVerwGE 98, 235, 238; BVerwG NJW 1996, 1553; vgl. auch OVG Saarlouis, NVwZ-RR 2006, 289.
527 HmbOVG AuAS 1998, 115; *M. Dawin*, in: Schoch/Schneider/Bier § 108 Rn. 151.

I. Allgemein

1. Überblick. § 109 regelt einen speziellen Fall des Zwischenurteils, und zwar das über die Zulässig- **1** keit. Ist bei einer Klage nur der Zulässigkeitsteil entscheidungsreif, kann das Gericht über die Zulässigkeit vorab durch Zwischenurteil entscheiden. Diese Entscheidung ist dann nach §§ 124, 132 selbständig mit der Berufung und Revision angreifbar. Auf diese Weise kann das spätere Endurteil von Zulässigkeitsproblemen entlastet werden.

2. § 109 als allgemeines prozessuales Institut. Mit § 109 ging der Gesetzgeber bewusst über die ent- **2** sprechenden Vorgängervorschriften[1] hinaus (vgl. BT-Drs. III/55, 42). Die Regelung ist mittlerweile ein allgemeines prozessuales Institut (vgl. § 303 ZPO, § 97 FGO). § 109 ist seit seinem Inkrafttreten unverändert. Der sachliche Anwendungsbereich wurde aber durch die Einführung von § 17a GVG[2] erheblich eingeschränkt.[3] Das Zwischenurteil nach § 109 ist zugleich ein Prozessurteil, da über eine prozessuale Zwischenfrage entschieden wird.

II. Die einzelnen Tatbestandsmerkmale

1. Entscheidung über die Zulässigkeit. a) Beschränkung auf Zulässigkeitsfragen. aa) Zulässigkeit **3** **der Klage.** Die „Zulässigkeit der Klage" bezeichnet vom Wortlaut her zunächst die Zulässigkeit als Ganzes und nicht einzelne Sachurteilsvoraussetzungen. Demnach fallen zunächst Urteile, die die gesamte Zulässigkeit der Klage betreffen, unter § 109.

bb) Einzelne Sachurteilsvoraussetzungen. Vom Sinn her ist die Vorschrift aber auszudehnen. Die Vor- **4** schrift bezweckt u.a. bei Meinungsverschiedenheiten oder Unklarheiten möglichst bald eine verbindliche Entscheidung herbeizuführen (vgl. BFH NVwZ 1985, 942 f.). Diesem Sinn entspricht es, das Zwischenurteil auf eventuell bestehende Unklarheiten zu beschränken und nur *einzelne Prozessvoraussetzungen* einzubeziehen.[4] Über welche Zulässigkeitsvoraussetzungen entschieden wurde, ergibt sich dabei grds. aus der Urteilsformel, nicht aus den Gründen. Sofern das Gericht die Klage im Tenor ausdrücklich für zulässig erklärt, ist im Zweifel die gesamte Zulässigkeitsprüfung erfasst.[5]

Der Begriff der Zulässigkeit ist dabei weit zu verstehen; erfasst werden sämtliche Sachurteilsvorausset- **5** zungen (BVerwGE 14, 273, 274; BFH NVwZ 1985, 942, 943), wie etwa *folgende Einzelfragen:* Zulässigkeit der Klage, Berufung oder Revision (BVerwGE 65, 27, 29), Wahrung der Klage- oder Rechtsmittelfrist (vgl. BFHE 120, 7 ff. [bzgl. Rechtsmittelfrist]), Klagebefugnis nach § 42 Abs. 2,[6] Entscheidung über die Beteiligtenfähigkeit (BVerwGE 14, 273, 274 f.), Prozessfähigkeit,[7] Erteilung einer Prozessvollmacht,[8] Einhaltung des Vorverfahrens),[9] Formgerechtigkeit der Klage,[10] Anhängigkeit der Sache beim erkennenden Gericht (BFH NVwZ 1985, 942, 943), Vorliegen eines Feststellungsinteresses nach § 113 Abs. 1 S. 4 (BVerwG NVwZ 2007, 227, 229). Die negative Feststellung, dass der Prozessvergleich das Klageverfahren nicht beendet hat, kann nur durch rechtsmittelfähiges Zwischenurteil gem. § 109 getroffen werden (BVerwG 11.12.2007 – 2 B 86/07).

---

1 S. dazu *Koehler* § 109 Anm. I 2; *Klinger* § 109 Anm. A: Zwischenurteile waren vor Inkrafttreten der VwGO in den Verwaltungsprozessordnungen nur hinsichtlich der Zulässigkeit des Rechtsweges und der sachlichen und örtlichen Zuständigkeit des Gerichts in der MRVO Nr. 165 vorgesehen.
2 Eingefügt durch das 4. VwGOÄndG vom 17.12.1990 – Gesetz zur Neuregelung des verwaltungsgerichtlichen Verfahrens (BGBl I 2809).
3 *J. P. Terhechte*, in: HK-VerwR VwGO § 109 Rn. 4.
4 BVerwG DVBl 1988, 970; s. schon BVerwGE 14, 273, 274; ebenso BFH NVwZ 1985, 942 f.
5 Zu großzügig *G. Rössler*, BB 1984, 204, 206.
6 BVerwGE 14, 273 f.; BVerwG NJW 1980, 2268; OVG Lüneburg GewArch 1980, 203, 203.
7 *Kopp/Schenke* § 109 Rn. 3.
8 *Koehler* § 109 Anm. IV 2; BVerwG NVwZ 2004, 887.
9 *Schunck/De Clerck* § 109 Anm. 1 a.
10 *Kopp/Schenke* § 109 Rn. 3.

6   **cc) Zweifelsfälle.** Nach zutr. Ansicht greift § 109 auch, wenn die Zulässigkeit der Klage nicht im Augenblick der Klageerhebung, sondern im Zeitpunkt der Entscheidung umstr. ist. Erfasst werden auch der *Antrag auf Wiedereinsetzung* in den vorigen Stand wegen Versäumung der Klagefrist,[11] die Zulässigkeit der *Wiederaufnahme des Verfahrens* nach § 153,[12] die *Rücknahme der Klage*[13] *oder der Berufung* (offen gelassen: BVerwG NVwZ 1997, 1210 f.) *oder eines wirksamen* Prozessvergleichs (BVerwG Buchholz 310 § 109 VwGO Nr. 6). Diese Ausweitung ist geboten, da die Frage, ob die Klage (noch) anhängig ist, gerade durch § 109 ZPO selbständig klärbar sein soll.[14] Gleiches gilt für die Zulässigkeit des Parteiwechsels (BGH NJW 1981, 989; NJW-RR 1986, 356), da dieser die Zulässigkeit der Klage zwischen den Beteiligten betrifft.

7   Demgegenüber ist über die Zulässigkeit der *Klageänderung* isoliert nicht nach § 109, sondern im Wege eines allgemeinen Zwischenfeststellungsurteils nach § 173 VwGO i.V.m. § 303 ZPO zu entscheiden.[15] Unzulässig sind Zwischenurteile über die eventuelle Unzulässigkeit eines Antrags auf Erlass eines Teilurteils (BVerwGE 25, 243, 244) oder über Teile der Sache selbst (des materiellen Begehrens).[16]

8   **b) Verhältnis zu § 17 a GVG. aa) Der Unterschied zu § 109.** § 17 a GVG verfolgt denselben Regelungszweck wie § 109 – Entlastung des Verfahrens über die Sache durch Abschichtung von Zulässigkeitsfragen – und ist die speziellere Regelung. § 17 a GVG bezieht sich zunächst auf einen Streit über die Zulässigkeit des Rechtswegs (§ 40), ist aber darüber hinaus nach § 83 auch für die Frage der örtlichen und sachlichen Zuständigkeit (§§ 45, 46, 52) anwendbar. Wichtig ist die Abgrenzung zu § 109 wegen der statthaften Rechtsbehelfe. Beschlüsse nach § 17 a GVG unterliegen gem. § 17 a Abs. 4 S. 4 GVG der sofortigen Beschwerde, allerdings nicht im Fall des § 83 (s. § 83 S. 2; → § 83 Rn. 10).

9   **bb) Die fehlerhafte Entscheidung.** Bejaht das Gericht die Zulässigkeit des Rechtswegs in einem Zwischenurteil, so liegt darin ein Verstoß gegen § 17 a GVG und die Entscheidung ist fehlerhaft. Gegen dieses Zwischenurteil steht im Fall der Annahme der Zulässigkeit des Rechtswegs nach den Regeln für sog. inkorrekte Entscheidungen (→ § 107 Rn. 15) den Beteiligten sowohl die Berufung gegen das Zwischenurteil als auch die Beschwerde nach § 17 a Abs. 4 GVG zu.[17]

10   **cc) Besonderheiten bei der örtlichen und sachlichen Zuständigkeit.** Bejaht das Gericht demgegenüber unzulässigerweise durch Zwischenurteil nach § 109 die sachliche und/oder örtliche Zuständigkeit, sind die Folgen nicht ganz eindeutig, da der verfahrensmäßig korrekte Beschluss nach § 17 a Abs. 3 GVG gem. § 83 S. 2 unanfechtbar wäre. Eine starke Meinungsgruppe vertritt die Ansicht, das Gericht könne die örtliche und sachliche Zuständigkeit ausdrücklich im Zwischenurteil annehmen, da den Beteiligten wegen § 83 S. 2 kein Nachteil entstünde. Dies gelte aber nur dann, wenn das Gericht im Zwischenurteil auch über andere Zulässigkeitsfragen urteile und daher über die sachliche und örtliche Zuständigkeit nur mitentscheide.[18] Diese Sonderregelung für die sachliche und örtliche Zuständigkeit überzeugt nicht, da (a) § 83 S. 2 auch einen objektiv-rechtlichen Grund der Verfahrensbeschleunigung verfolgt, über den das Gericht nicht disponieren darf, (b) die Entscheidung des Gesetzgebers, diese Frage einer isolierten Kontrolle des Rechtsmittelgerichts zu entziehen, nicht umgangen werden darf, (c) die Differenzierung zwischen der Mitentscheidung über die örtliche Zuständigkeit (dann sei Zwischenurteil zulässig) und der isolierten Entscheidung über die örtliche Zuständigkeit (dann sei Zwischenurteil unzulässig) fraglich ist und (d) zudem aus der strengen Beschränkung der Bindungswirkung des Zwischenurteils auf zulässige Zwischenurteile (→ Rn. 23 f.) zu folgern ist, dass die überwiegende Ansicht selbst eine konstitutive Bedeutung des Normwortlauts des § 109 annimmt.

---

11   VGH München VGHE N. F. 14, 1. A.M. OVG Münster OVGE 27, 96, 97; *J. P. Terhechte*, in: HK-VerwR VwGO § 109 Rn. 2: Es sei ein unselbstständiges Zwischenurteil nach § 173 VwGO i.V.m. § 303 ZPO und nicht ein Zwischenurteil nach § 109 möglich.

12   *Kopp/Schenke* § 153 Rn. 13 m.w.N.; zum Zivilprozess s. BGHZ 84, 24, 29.

13   BFHE 104, 291 ff. (zu § 97 FGO); in diese Richtung, wenn auch das Ergebnis offen lassend § 92 m.w.N. auch zur entgegengesetzten Ansicht; a.M. OVG Weimar ThürVGRspr 2001, 205 ff.; offen gelassen BVerwG NVwZ 1997, 1210 f.; s. jetzt aber BVerwG Buchholz 310 § 109 VwGO Nr. 6 (zum Prozessvergleich).

14   Vgl. BVerwG Buchholz 310 § 109 VwGO Nr. 6; a.M. *J. F. Lindner*, in: Posser/Wolff § 109 Rn. 5.

15   Wie hier *G. Rössler*, BB 1984, 204, 207. A.M. *Kopp/Schenke* § 109 Rn. 2: analoge Anwendung von § 109.

16   BVerwGE 14, 273, 278.

17   S. nur VGH Koblenz NVwZ-RR 1993, 668 f.; VGH Mannheim NVwZ-RR 1993, 515, 516; OVG Münster NVwZ-RR 1993, 670.

18   Vgl. nur *B. Clausing*, in: Schoch/Schneider/Bier § 109 Rn. 3; *Kopp/Schenke* § 109 Rn. 3; *J. Schmidt*, in: Eyermann § 109 Rn. 2.

c) Beschränkung auf positive Entscheidungen. Im Zwischenurteil muss über die Zulässigkeitsvoraus- 11
setzung entschieden werden. Eine Entscheidung ist grds. sowohl im positiven Sinne als auch im negativen Sinne denkbar. § 109 wird aber insoweit einschränkend ausgelegt. Unter § 109 fallen nur „positive" Urteile, d.h. solche, die die geprüften Fragen auch annehmen, demnach etwa die Zulässigkeit annehmen.[19] Das ergibt sich zwar nicht aus dem Wortlaut, aber aus dem Sinn der Vorschrift (OVG Bln-
Bbg 24.11.2011 – 10 B 14.11, juris Rn. 14). Hält das Gericht die Klage für unzulässig, muss es die
Klage mit einem Endurteil abweisen. Wird dieses Urteil ausdrücklich als Zwischenurteil bezeichnet,
dürfte eine Umdeutung in ein Endurteil dennoch ausgeschlossen sein (vgl. OVG Münster OVGE 27,
96, 98).

Zwischenurteile müssen einen für den Verfahrensfortgang positiven Inhalt besitzen; auch wenn es sich 12
nur auf einzelne Fragen der Zulässigkeit erstreckt.[20] Urteile, die für den Kläger nachteilige Aussprüche
enthalten, entfalten keine Bindungswirkung nach § 173 VwGO i.V.m. § 318 ZPO.[21] Allerdings ist
nach zutr. Ansicht eine gewisse Einschränkung vorzunehmen: Sofern durch das die Zulässigkeitsfrage
ablehnende Zwischenurteil die Klage nicht insgesamt unzulässig wird, etwa weil ein entsprechender
Hilfsantrag besteht (z.B. wird bei einer Klageänderung der ursprüngliche Antrag hilfsweise aufrechterhalten), spricht nichts gegen dessen Zulässigkeit.[22] Ein Zwischenurteil hat in diesem Fall seinen guten
Sinn, da es Rechtsklarheit schafft und das Verfahren durch Abschichtung entlastet.

d) Relevante Verfahrensarten. § 109 bezieht sich vom Normtext her nur auf Klagen. Über §§ 143, 13
141, 125 Abs. 1 bzw. § 125 Abs. 1 ist § 109 entsprechend auf die Zulässigkeit der *Revision* und *Berufung* anwendbar (vgl. BVerwGE 65, 27, 29). Hält das Gericht die Berufung oder die Revision für unzulässig, gelten §§ 125 Abs. 2, 144 Abs. 1, d.h. die Berufung/Revision wird verworfen, ein Zwischenurteil ergeht nicht (VGH Mannheim NVwZ-RR 2006, 154, 156). In den selbständigen Beschlussverfahren, z.B. nach § 80 Abs. 5, 6, ist ein entsprechender Zwischenbeschluss ohne ausdrückliche Vorschrift in der VwGO möglich.[23]

2. Freiheit des Gerichts. **a) Ermessen des Gerichts.** Über die Zulässigkeit der Klage *kann* durch Zwi- 14
schenurteil vorab entschieden werden: Sein Erlass liegt im Ermessen des erkennenden Gerichts
(BVerwGE 65, 27, 29; BVerwGE 14, 273, 279). Die Beteiligten können ihn nicht erzwingen. Entsprechende Anträge sind nur als Anregungen zu werten. § 17a Abs. 3 S. 2 GVG gilt nicht analog.[24] Das
Rechtsmittelgericht prüft die Zweckmäßigkeit des Zwischenurteils nicht nach (BVerwGE 14, 273,
279).

b) Unabhängig von den Ansichten der Beteiligten. Im Zusammenhang mit dem Zwischenurteil wird 15
häufig vom *Zwischenstreit* gesprochen. Der Begriff ist § 303 ZPO entnommen. Aus dem Umstand,
dass das Zwischenurteil über einen prozessualen Zwischenstreit entscheidet, darf aber nicht gefolgert
werden, dass das Gericht nur zu einem Zwischenurteil berechtigt ist, wenn und soweit zwischen den
Beteiligten Streit über die Zulässigkeit entsteht. Weiter ist es nicht davon abhängig, ob sich das Gericht und die Beteiligten mit dem Prozessstoff, also der Begründetheit der Klage, schon (näher) befasst
haben oder nicht (BVerwG SächsVBl 2015, 164 f.).

c) Ermessensmaßstab: Prozessökonomie. § 109 dient der Prozessökonomie. Zwischenurteile sollen 16
der Entlastung des weiteren Verfahrens dienen. Das Gericht hat demnach die Gefahr der Prozessverschleppung und -zersplitterung einerseits und die Aussicht, durch ein Zwischenurteil das Verfahren
insgesamt zu entlasten andererseits, gegeneinander abzuwägen.[25] Sinnvoll ist diese Abschichtung etwa, wenn bei Annahme der Zulässigkeit eine umfangreiche Beweisaufnahme notwendig oder die Beantwortung umstrittener und schwieriger Rechtsfragen erforderlich wird. Eine Entlastung des weiteren Prozesses kann durch ein Zwischenurteil auf drei Weisen erreicht werden. Zum einen (a) rein ar-
beitstechnisch für das Gericht, indem bei schwierigen Rechtsstreitigkeiten eine sachliche Abarbeitung

---

19 OVG Münster MDR 1962, 852; OVG Koblenz NVwZ-RR 2016, 798 f.; OVG Bln-Bbg 24.11. 2011 – 10 B 14.11;
    a.A. VG Koblenz AbfallR 2016, 59.
20 *Koehler* § 109 Anm. IV 2; *B. Clausing*, in: Schoch/Schneider/Bier § 109 Rn. 5.
21 *Kopp/Schenke* § 109 Rn. 7 Fn. 6; *M. Redeker*, in: Redeker/v. Oertzen § 109 Rn. 7.
22 So *G. Rössler*, BB 1984, 204, 206.
23 VGH München NVwZ 1985, 921 f. (zu § 80 Abs. 6); *Kopp/Schenke* § 109 Rn. 2.
24 *J. F. Lindner*, in: Posser/Wolff § 109 Rn. 2.
25 *G. Rössler*, BB 1984, 204, 205; vgl. *J. F. Lindner*, in: Posser/Wolff § 109 Rn. 1.

durch Abschichtungen erleichtert wird, auch wenn insgesamt auf diese Weise keine Probleme ausgeklammert werden. Dies gilt insbes. dann, wenn mehrere Richter an der Entscheidung beteiligt sind[26] oder im Falle eines Richterwechsels. Weiter kann (b) für die Beteiligten eine Erleichterung durch das Zwischenurteil erreicht werden, indem dieses den Beteiligten Rechtssicherheit vermittelt und sie sich unter Zugrundelegung des Zwischenurteils (und nicht auch seiner eventuellen Alternativen) auf die offenen Fragen konzentrieren können.[27] Drittens kann (c) eine Entlastung v.a. für das Gericht durch eine vorgezogene Prüfung durch das Rechtsmittelgericht eintreten, etwa wenn das Rechtsmittelgericht die Klage – entgegen der Ansicht des Ausgangsgerichts – für unzulässig hält und deshalb das Zwischenurteil aufhebt. Dann wird die Klage mit einem Endurteil abgewiesen, ohne dass sich das VG mit den Schwierigkeiten der Begründetheitsprüfung befassen muss.[28] Es kann aber auch sein, dass die Beteiligten aufgrund des Zwischenurteils das Verfahren insgesamt durch Vergleich oder durch beiderseitige Erledigungserklärung beenden.

17   **3. Funktionelle Zuständigkeit für den Erlass des Zwischenurteils.** § 109 gilt von seiner systematischen Stellung her zunächst *für das Gericht erster Instanz.* Im Berufungsverfahren ist § 109 über § 125 entsprechend anwendbar. So kann auch im Berufungsverfahren über die Zulässigkeit der Klage, über einzelne Zulässigkeitsvoraussetzungen und über die Zulässigkeit der Berufung durch Zwischenurteil entschieden werden (§ 128 S. 1 i.V.m. § 109).[29] Für das Revisionsverfahren ist die Anwendung von § 109 auf die Zulässigkeit der Klage über § 141 S. 1 dogmatisch möglich, beschränkt sich aber in seiner praktischen Auswirkung auf die Bindungswirkung gegenüber dem Revisionsgericht, da sich keine weitere Instanz mehr anschließt und auch Sachverhaltsermittlungen nicht mehr möglich sind.[30]

18   **4. Entscheidung durch Zwischenurteil. a) Zwischenurteil. aa) Entscheidung durch Urteil.** § 109 spricht von (Zwischen-)*Urteil*, was sich schon aus seinem systematischen Bezug zu § 107 erklärt. Der Zwischenstreit kann aber auch – bei Vorliegen der entsprechenden Voraussetzungen – durch Gerichtsbescheid nach § 84 entschieden werden. Die Rechtsbehelfe richten sich dann nach § 84 Abs. 2. In den selbständigen Beschlussverfahren, z.B. nach § 80 Abs. 5, 6, ist ein entsprechender Zwischenbeschluss möglich.[31]

19   Das Zwischenurteil enthält keine Kostenentscheidung, dies bleibt dem Endurteil vorbehalten. Ein entsprechender Hinweis im Zwischenurteil ist wünschenswert. Das Zwischenurteil ermöglicht nach § 6 Abs. 2, § 76 Abs. 2 AsylVfG ausnahmsweise die Übertragung der Streitsache auf den Einzelrichter auch für den Fall, dass bereits vor der Kammer mündlich verhandelt worden ist.

20   **bb) Mündliche Verhandlung.** Die Zulässigkeitsfrage kann ohne mündliche Verhandlung entschieden werden, sofern die Beteiligten ihr Einverständnis dazu erklärt haben (§ 101 Abs. 2).[32] Der selbständige Charakter des Zwischenurteils spricht für die Möglichkeit, das Einverständnis zur Entscheidung ohne mündliche Verhandlung auf den Zwischenstreit zu beschränken. Erklären die Beteiligten ihr Einverständnis nur ganz allgemein, so ist darin ihr Einverständnis bezogen auf den Zwischenstreit mit enthalten.

21   **cc) Beschränkung auf Zwischenstreit.** Das Gericht kann nach eigenem Ermessen die mündliche Verhandlung auf den Fragenkreis, über den es durch Zwischenurteil entscheiden will, beschränken (BVerwGE 14, 273, 275). Zwingende Voraussetzung für den Erlass eines Zwischenurteils nach § 109 ist diese abgesonderte Verhandlung nicht (BVerwGE 14, 273, 275). Ordnet das Gericht eine abgesonderte Verhandlung an, so bindet es sich allerdings selbst. Es kann dann nur unter Verneinung der Zulässigkeit die Klage durch Prozessurteil abweisen oder unter Annahme der Zulässigkeit ein dies aussprechendes Zwischenurteil erlassen.[33] An diese Beschränkung ist auch die Rechtsmittelinstanz gebun-

---

26 *K. A. Bettermann*, ZZP 79 (1966), 392, 403.

27 So hat das BVerwG etwa die Zulässigkeit einer Revision durch Zwischenurteil bejaht und gleichzeitig die Frage der Zulässigkeit der selbständigen Revisionseinlegung des Beigeladenen offen gelassen, da dies einerseits der zügigen Durchführung des Revisionsverfahrens diente und andererseits den Beteiligten wegen ihrer Prozessrechtsstellung als Beigeladene (§ 66) keine Nachteile brachte – vgl. BVerwG 65, 27 ff. soweit aber nur in juris wiedergegeben.

28 Diese Fallgruppe betonen *Schunck/De Clerck* § 109 Anm. 1 c; *J. Schmidt*, in: Eyermann § 109 Rn. 1.

29 OVG Lüneburg GewArch 1980, 203.

30 Zu streng dagegen *J. Schmidt*, in: Eyermann § 109 Rn. 2 (im Revisionsverfahren sinnlos).

31 VGH München DÖV 1985, 72 ff. (zu § 80 Abs. 6); *Kopp/Schenke* § 109 Rn. 2.

32 BVerwGE 14, 273, 275 (noch zu § 175 ZPO a.F.).

33 BVerwGE 14, 273, 274; *M. Redeker*, in: Redeker/v. Oertzen § 109 Rn. 4; *Kopp/Schenke* § 109 Rn. 4.

den.[34] Hat das Gericht eine abgesonderte Verhandlung durchgeführt, ist das Verfahren spätestens nach Rechtskraft des Zwischenurteils ohne entsprechenden Antrag von Amts wegen fortzusetzen.

dd) Bindungswirkung. Als Prozessurteil mit selbständiger Anfechtungsmöglichkeit erwächst das Zwischenurteil in formeller, aber nicht in materieller *Rechtskraft*, da es nicht über den Streitgegenstand (auch nicht teilweise) abschließend entscheidet. Wichtiger als die formelle Rechtskraft ist aber die damit sachlich zusammenhängende *Bindungswirkung*. Diese erfasst zunächst nach § 173 VwGO i.V.m. § 318 ZPO das Gericht, das das Zwischenurteil erlassen hat (BVerwG NJW 1980, 2268). Darüber hinaus bindet das rechtskräftige Zwischenurteil im weiteren Verlauf des Verfahrens auch das Berufungs- und das Revisionsgericht, d.h. sämtliche Gerichte des Rechtszugs gem. § 173 VwGO i.V.m. § 557 Abs. 2 ZPO. Zu den unanfechtbaren Entscheidungen i.S.v. § 557 ZPO zählen auch Zwischenurteile, die – wie das Zwischenurteil nach § 109 – gem. § 132 Abs. 1 gesondert mit der Revision angreifbar sind (BVerwGE 60, 123, 125; BVerwG NVwZ 1997, 1210 f.; NJW 1980, 2268). Die Bindungswirkung beschränkt sich auf den entschiedenen Teil, d.h. auf die Zulässigkeit der Klage als solche, oder auf das Vorliegen einzelner Zulässigkeitsvoraussetzungen. Maßgeblich ist, zumindest in aller Regel, der Tenor.[35] Die Entscheidungsgründe können nur in äußerst beschränktem Umfange herangezogen werden.[36] Sofern das Zwischenurteil z.B. die Klagebefugnis nach *§ 42 Abs. 2* annimmt, bezieht sich diese Sachurteilsvoraussetzung auf den prozessualen Anspruch und nicht auf einzelne vom Kläger vorgebrachte Klagegründe (BVerwGE 60, 123, 125 f.; BVerwG NJW 1980, 2268). 22

Die Bindungswirkung kann dabei wegen der Natur der Sachurteilsvoraussetzungen beschränkt sein. Sie steht bei „veränderlichen" Sachurteilsvoraussetzungen (z.B. Beteiligtenfähigkeit, Klagebefugnis, Feststellungsinteresse) unter dem Vorbehalt gleichbleibender Verhältnisse,[37] ähnlich wie die materielle Rechtskraft, mit der die innerprozessuale Bindungswirkung insoweit vergleichbar ist.[38] Begründet wird dies mit der Reichweite des Streitgegenstandes und der Natur des Zwischenurteils (VGH Mannheim 27.11.1978 – I 3429/77), näher liegt das Abstellen auf die Bindungswirkung selbst.[39] Sofern für die konkrete Sachurteilsvoraussetzung eine Heilungsmöglichkeit besteht, stellt die vollzogene Heilung eine nachträgliche Veränderung der maßgeblichen Verhältnisse dar. 23

b) Das unzulässige und unwirksame Zwischenurteil. Die Bindungswirkung des Zwischenurteils wird durch eine weitere Voraussetzung eingeschränkt. Ergeht es über andere Voraussetzungen als über Zulässigkeitsvoraussetzungen oder verneint das Zwischenurteil die Zulässigkeit der Klage durch Zwischenurteil nach § 109, hat das Gericht in unzulässiger Form entschieden. Es liegt demnach zumindest eine inkorrekte Entscheidung vor (→ Rn. 9 und → § 107 Rn. 15). Nach ganz h.A. wird dabei ein *unzulässiges Zwischenurteil* als nichtiges, d.h. unwirksames Urteil verstanden, da es auf eine unzulässige Rechtsfolge gerichtet sei.[40] Es entfalte keine Bindungswirkung. Die Bindungswirkung nach § 173 VwGO i.V.m. § 318 ZPO gelte nur, wenn das Zwischenurteil zulässig war und auch zulässige Gegenstände zum Inhalt hat.[41] Diese strenge Auslegung wurde aus der Zivilprozesslehre übernommen, wird kaum selbständig begründet und ist wegen der selbständigen Anfechtbarkeit des Zwischenurteils nach § 109 zumindest in der vertretenen Generalität (v.a. auch für den Fall der ablehnenden Entscheidung) unnötig und sollte differenzierter gehandhabt werden. Angreifbar ist diese Ansicht deshalb, weil das Zwischenurteil selbständig angreifbar ist und Urteile nur bei besonderer Fehlerhaftigkeit keine Wirkung entfalten.[42] Keine Bedenken bestehen dagegen, die Beschränkung des Zwischenurteils auf Zulässigkeitsfragen als Auslegungshilfe des vom Gericht Entschiedenen heranzuziehen. Da das nichtige Urteil nach allgemeiner Lehre der formellen Rechtskraft fähig ist, kann das unzulässige Zwischenurteil 24

---

34 BVerwG Buchholz 442.40 § 6 LuftVG Nr. 9: Mit der Aufhebung eines die Klage abweisenden Prozessurteils kann dieses lediglich den Zwischenstreit über die Zulässigkeit der Klage im positiven Sinne abschließen, nicht aber in Anwendung des § 144 Abs. 4 VwGO über die Begründetheit der Klage als solche entscheiden.
35 BVerwGE 14, 273, 278; *M. Redeker*, in: Redeker/v. Oertzen § 109 Rn. 5.
36 Großzügiger *B. Clausing*, in: Schoch/Schneider/Bier § 109 Rn. 7.
37 VGH Mannheim 27.11.1978 – I 3429/77; *B. Clausing*, in: Schoch/Schneider/Bier § 109 Rn. 7.
38 Vgl. *K. Tiedtke*, ZZP 89 (1976), 64, 73.
39 So wohl auch *B. Clausing*, in: Schoch/Schneider/Bier § 109 Rn. 7.
40 Vgl. *B. Clausing*, in: Schoch/Schneider/Bier § 109 Rn. 7.
41 BVerwGE 60, 123, 125; *Kopp/Schenke* § 109 Rn. 7 Fn. 6; *B. Clausing*, in: Schoch/Schneider/Bier § 109 Rn. 7; *M. Redeker*, in: Redeker/v. Oertzen § 109 Rn. 7; vgl. auch *D. Leipold*, in: Stein/Jonas IV 1 § 303 Rn. 13; mit etwas anderer Gewichtung dagegen noch BVerwGE 25, 243, 244.
42 S.a. *G. Rössler*, BB 1984, 204, 205.

auch auf dem Boden der herrschenden Ansicht mit Rechtsmitteln angegriffen werden (→ § 107 Rn. 34; inzident auch OVG Münster OVGE 27, 96, 98). Nach den Grundsätzen für inkorrekte Entscheidungen stehen zumindest die Rechtsmittel gegen ein Zwischenurteil nach § 109[43] zur Verfügung. Eventuell kann es aber in ein Zwischenfeststellungsurteil nach § 173 VwGO i.V.m. § 303 ZPO umgedeutet werden.

25   **c) Rechtsmittel.** Ein Zwischenurteil nach § 109 kann gem. § 124 selbständig mit der Berufung und das Berufungsurteil wiederum nach § 132 Abs. 1 selbständig mit der Revision angegriffen werden (BVerwGE 14, 273, 273 f.; 60, 123, 125); auch durch den Beigeladenen (VGH Mannheim Justiz 1981, 486 f.). Das durch die Rechtsmittel eröffnete Verfahren bezieht sich nur auf die Sachurteilsvoraussetzungen, die Gegenstand des Zwischenurteils sind. Eventuelle Rechtsmittelbeschränkungen, die sich für ein Endurteil in dieser Sache ergeben, gelten entsprechend für das Zwischenurteil. Der Streit um das Klagebegehren, d.h. die Hauptsache, bleibt in erster Instanz anhängig.[44] Materielle Erörterungen des Rechtsmittelgerichts zur eventuellen Begründetheit binden das Gericht der ersten Instanz nicht. Sie sind als – grds. unerwünschte – unverbindliche Empfehlungen zu verstehen (BVerwGE 36, 218, 229 f.). Hat das Rechtsmittel Erfolg, wird das unrichtige Zwischenurteil aufgehoben und die Klage als unzulässig abgewiesen.[45] Die Ermessensentscheidung des Gerichts, ein Zwischenurteil zu erlassen, wird dagegen nicht auf seine Zweckmäßigkeit hin überprüft (BVerwG SächsVBl 2015, 165 f.). An Entscheidungen des Rechtsmittelgerichts ist das Ausgangsgericht gebunden. Ist im Revisionsverfahren gegen ein Endurteil die Klage für zulässig gehalten worden und aus materiell-rechtlichen Gründen zurückverwiesen worden, so scheidet eine Prüfung der Sachurteilsvoraussetzungen und Entscheidung durch Zwischenurteil aus (vgl. BVerwGE 42, 243, 246).

26   **d) Entscheidung zur Hauptsache.** Da das Zwischenurteil Teile des gesamten Rechtsstreits ausgliedert, hängt die Entscheidung zur Hauptsache vom Bestand des Zwischenurteils ab. Daraus folgt aber nicht die Pflicht, über die *Entscheidung zur Hauptsache* erst dann weiter zu verhandeln, wenn das Zwischenurteil rechtskräftig geworden ist. So kann auch bei schwebenden Berufungs- oder Revisionsverfahren gegen das Zwischenurteil ein Termin für die Verhandlung über die Hauptsache angesetzt und auch das Urteil zur Hauptsache gefällt werden. Dieses Urteil steht dann unter der auflösenden Bedingung der Aufhebung des Zwischenurteils.[46] Wird das Zwischenurteil durch die Rechtsmittelinstanz aufgehoben, so tritt ein eventuell schon erlassenes Urteil zur Hauptsache von selbst außer Kraft.[47] Es ist nach überwiegender Ansicht keine Aufhebung erforderlich[48] und ein Rechtsmittel ist mangels Beschwer unzulässig.[49] Ein etwaig angesetzter Termin für die Verhandlung über die Hauptsache muss abgesetzt werden.

III. Das allgemeine Zwischenurteil

27   **1. Die Zulässigkeit des allgemeinen Zwischenurteils.** § 109 regelt einen speziellen Fall des Zwischenurteils. Unter dem Begriff des Zwischenurteils wird eine Vielzahl unterschiedlicher Urteilsgestaltungen zusammengefasst, die die Gemeinsamkeit haben, dass über eine Vorfrage des Streitgegenstandes entschieden wird. Damit hört die Gemeinsamkeit aber im Wesentlichen auch schon auf. Als eine weitere Gemeinsamkeit wird angeführt, dass die Zwischenurteile für den Kläger positiv sein müssten,[50] was aber als ausnahmslose Regel nicht überzeugend ist (→ Rn. 12).

28   Die speziell geregelten Fälle der Zwischenurteile sind streng vom allgemeinen Zwischenurteil zu trennen. Eine spezielle Regelung ist zunächst § 109, dann § 111, aber auch z.B. das Zwischenurteil über

---

43 Vgl. *W. B. Maetzel*, MDR 1969, 345, 350.

44 BVerwGE 36, 218, 230; *K. A. Bettermann*, DVBl 1961, 65, 66.

45 HmbOVG 30.01.2017, 1 Bf 115/15, juris Rn. 35; *K. A. Bettermann*, DVBl 1961, 65, 66.

46 *Schunck/De Clerck* § 109 Anm. 1 g; *Kopp/Schenke* § 109 Rn. 8; *J. F. Lindner*, in: Posser/Wolff § 109 Rn. 16.

47 *G. Rössler*, BB 1984, 204, 205; *Kopp/Schenke* § 109 Rn. 8.

48 *Kopp/Schenke* § 109 Rn. 8; *B. Clausing*, in: Schoch/Schneider/Bier § 109 Rn. 8.

49 *Kopp/Schenke* § 109 Rn. 8.

50 *Grunsky*, 467; *Koehler* § 109 Anm. II 2. A.M. OVG Münster OVGE 27, 96, 98 f. (Abweisung eines Wiedereinsetzungsantrages durch Zwischenurteil nach § 173 VwGO i.V.m. § 303 ZPO ist möglich).

die Rechtmäßigkeit der Zeugnisverweigerung (§ 98 VwGO i.V.m. § 387 ZPO).[51] Der Streit um die Vorlage von Akten ist in § 99 geregelt.

Über die speziell geregelten Fälle von Zwischenurteilen hinaus kann das Gericht nach einhelliger Ansicht auch noch weitere, allgemeine Zwischenurteile (§ 173 VwGO i.V.m. § 303 ZPO) erlassen.[52] Gegenstände können Fragen zum Verhältnis der Beteiligten oder auch zu Dritten sein, die die Zulässigkeit der Klage oder den sonstigen Fortgang des Verfahrens betreffen. Als Beispielsfälle des allgemeinen Zwischenurteils werden genannt: die Frage der Wirksamkeit der Zurücknahme einer Berufung (BVerwG NVwZ 1997, 1210 f. – dazu aber → Rn. 6) oder die funktionale Zuständigkeit des Gerichts (VGH Kassel NJW 1965, 709). Zudem ist in allen Fällen, in denen ein Zwischenurteil nach § 109 möglich ist, stattdessen ein Urteil nach § 173 VwGO i.V.m. § 303 ZPO zulässig. 29

Eine Pflicht, ein Zwischenurteil zu erlassen, besteht, wie bei § 109, nicht, auch hier hat das Gericht Ermessen. Das BVerwG hat es weitgehend in die eigene Einschätzung des Gerichts gestellt, ob es die Zwischenentscheidung als ein allgemeines Zwischenurteil nach § 173 VwGO i.V.m. § 303 ZPO oder als Zwischenurteil nach § 109 erlassen will (BVerwG NVwZ 1997, 1210 f.). 30

2. Die Beschränkung auf Verfahrensfragen. Die Zulässigkeit des allgemeinen Zwischenurteils wird unter Rückgriff auf die Lehre zu § 303 ZPO auf prozessuale Streitpunkte beschränkt.[53] Bei § 303 ZPO entspricht die Beschränkung auf prozessuale Fragen der einhelligen Ansicht.[54] Sie ergibt sich aus entstehungsgeschichtlichen Gründen. § 303 ZPO ließ in der ursprünglichen, bis 1924 geltenden Fassung, ausdrücklich materielle Fragen als zulässigen Gegenstand des Zwischenurteils zu. Der Gesetzgeber hat den Vorschlag, § 303 ZPO im Wege einer Normänderung wieder auch auf materiell-rechtliche Fragen zu erstrecken, ausdrücklich abgelehnt.[55] Die Übertragung dieser Einschränkung auf den Verwaltungsprozess erscheint zwar nicht zwingend (sie ist dem Wortlaut von § 303 ZPO nicht ausdrücklich zu entnehmen, widerspricht systematisch dem § 111 und ist systematisch nicht zwingend),[56] aber zumindest so lange naheliegend, wie kein Bedürfnis des Verwaltungsprozesses für eine abweichende Interpretation erkennbar ist und die FGO in § 99 Abs. 2 eine ausdrücklich abweichende Formulierung kennt. 31

3. Die beschränkte Bindungswirkung. Der wichtigste Unterschied zwischen den allgemeinen und den speziellen Zwischenurteilen liegt in der unterschiedlichen Anfechtbarkeit. Nur die Urteile nach §§ 109, 111 können mit der Berufung und Revision angefochten werden (§ 124 Abs. 1). Im Fall des § 98 VwGO i.V.m. § 387 ZPO ist die Beschwerde gem. § 146 VwGO i.V.m. § 387 Abs. 3 ZPO gegeben (→ § 98 Rn. 116). Die sonstigen Zwischenurteile nach § 173 VwGO i.V.m. § 303 ZPO sind dagegen grds. nicht selbständig, sondern nur gemeinsam mit dem Endurteil anfechtbar (BVerwG NVwZ 1997, 1210 f.; OVG Münster OVGE 27, 96, 97). Sie entfalten nur innerhalb der jeweiligen Instanz, d.h. für das Gericht, das sie erlassen hat, eine Bindungswirkung (vgl. § 173 VwGO i.V.m. § 318 ZPO).[57] Wird gegen das Endurteil Berufung oder Revision eingelegt, so wird mitunter, was zu weit gehen dürfte, für eine Prüfung auch des sonstigen Zwischenurteils im Rechtsmittelverfahren eine entsprechende Rüge nach §§ 124 a Abs. 1 S. 3, 139 Abs. 1 S. 3 gefordert.[58] Kein sonstiges Zwischenurteil liegt vor, wenn der entsprechende Zwischenstreit nach der VwGO durch Beschluss zu entscheiden ist.[59] 32

---

51 S. § 98 Rn. 115 m.w.N.; *Kopp/Schenke* § 109 Rn. 9.
52 BVerwGE 14, 273, 275; BVerwG NVwZ 1997, 1210 f.; *M. Redeker*, in: Redeker/v. Oertzen § 107 Rn. 3.
53 *B. Clausing*, in: Schoch/Schneider/Bier § 109 Rn. 10; vgl. *M. Redeker*, in: Redeker/v. Oertzen § 109 Rn. 1.
54 Vgl. nur *K. Tiedtke*, ZZP 89 (1976), 64, 64 f.; *Grunsky*, 468; *D. Leipold*, in: Stein/Jonas IV 1 § 303 Rn. 7; *Musielak*, in: MüKoZPO I § 303, Rn. 1.
55 Ausf. *K. A. Bettermann*, ZZP 79 [1966], 392 ff.
56 So enthält BVerwGE 14, 273, 275 gerade keine Beschränkung auf prozessuale Fragen.
57 BVerwG NVwZ 1997, 1210 f.
58 *M. Redeker*, in: Redeker/v. Oertzen § 109 Rn. 6; vgl. *Kopp/Schenke* § 109 Rn. 9 (für die Revision).
59 S. dazu *J. Schmidt*, in: Eyermann § 109 Rn. 6; *B. Clausing*, in: Schoch/Schneider/Bier § 109 Rn. 9; *Kopp/Schenke* § 109 Rn. 9.

§ 110 [Teilurteil]

Ist nur ein Teil des Streitgegenstands zur Entscheidung reif, so kann das Gericht ein Teilurteil erlassen.

Schrifttum

1. Monographien und Beiträge in Sammelwerken: *N. Kaniess,* Der Streitgegenstandsbegriff in der VwGO, 2012; *H.-J. Musielak,* Zum Teilurteil im Zivilprozess, in: FS für Gerhard Lüke, 1997, 561.

2. Beiträge in Zeitschriften: *F. Mattern,* Miterledigung von vorinstanzlichen Prozeßresten, JZ 1960, 385; *H. Prütting/S. Weth,* Teilurteil zur Verhinderung der Flucht in die Widerklage?, ZZP 98 (1985), 131; *G. Rössler,* Teilurteile und Zwischenurteile im finanzgerichtlichen Verfahren, BB 1984, 204; *E. Schneider,* Die Zulässigkeit des Teilurteils, MDR 1976, 93; *R. Uerpmann,* Teilurteil, ergänzungsbedürftiges Urteil und fehlerhaftes Urteil im Asylrechtsstreit, NVwZ 1993, 743; *ders.,* Feststellung des „kleinen Asyls" nach § 51 I AuslG 1990 in Übergangsfällen, NVwZ 1994, 1078.

I.　Allgemein

1　**1. Überblick.** Ist ein Teil des Streitgegenstandes, aber noch nicht die Klage insgesamt entscheidungsreif, kann das Gericht über den spruchreifen Teil vorab durch Teilurteil entscheiden. Diese Entscheidung ist dann nach §§ 124, 132 selbständig mit der Berufung und Revision angreifbar. Das Teilurteil soll das Verfahren entlasten. Bei einfacher Streitgenossenschaft kann zudem durch das Teilurteil einzelnen Beteiligten hinsichtlich ihres Teils schneller zu ihrem Recht verholfen werden.[1]

2　Das Teilurteil nach § 110 ist zugleich ein Endurteil. Es bezieht sich unmittelbar auf den materiellen Streitgegenstand und nicht auf die Zulässigkeit. Anders als beim Grundurteil wird der Streitgegenstand beim Teilurteil nicht horizontal, sondern vertikal geteilt. Es wird nicht der gesamte Streitgegenstand teilweise (hinsichtlich des Grundes des Anspruchs), sondern ein Teil des Streitgegenstandes abschließend geklärt.

3　**2. § 110 als allgemeines prozessuales Institut.** Mit § 110 ging der Gesetzgeber bewusst – um jeden Zweifel auszuschließen – über die Regelung der älteren Verwaltungsgerichtsordnungen[2] hinaus (vgl. BT-Drs. III/55, 42). § 110 ist seit seinem Inkrafttreten unverändert. Das Teilurteil bildet ein allgemeines prozessuales Institut (§ 301 ZPO, § 98 FGO, § 226 BauGB). § 110 knüpft an die Teilbarkeit des Streitgegenstandes an.

4　**3. Praktische Bedeutung.** Da das Teilurteil einen abtrennbaren Teil des Streitgegenstandes endgültig klärt, besteht bei ihm, anders als beim Zwischenurteil und Grundurteil, keine ernste Gefahr der Prozessverzögerung. Von der durch § 110 eingeräumten Möglichkeit kann daher großzügig Gebrauch gemacht werden, wenn dies für das Verfahren sinnvoll erscheint.[3] Die praktische Bedeutung ist dennoch gegenwärtig nicht groß. In den meisten Fällen verklammert der Verwaltungsakt die Fragen untrennbar miteinander. Weiter wird in der Praxis bei teilbaren Streitgegenständen eine Entlastung durch eine Verfahrenstrennung nach § 93 S. 2 mitunter einem Teilurteil vorgezogen.[4]

II.　Die einzelnen Tatbestandsmerkmale

5　**1. Teil des Streitgegenstandes. a) Begriff des Streitgegenstandes.** Streitgegenstand in § 110 meint das gesamte Klagebegehren nach § 88 und nicht den engen Streitgegenstandsbegriff, der auch § 44 zugrunde liegt. Mehrere selbständige Streitgegenstände, die in einer Klage erhoben werden, bilden einen Streitgegenstand i.S.v. § 110.

6　**b) Teilbarkeit.** Ein Teilurteil kann ergehen, wenn ein Teil des Streitgegenstandes zur Entscheidung reif ist. § 110 setzt voraus, dass der konkrete Streitgegenstand teilbar ist. Diese Teilbarkeit ist die einzige materielle Voraussetzung des Teilurteils (BVerwG UPR 1991, 70 f.). Eine Teilbarkeit ist i.d.R. anzunehmen, wenn auch eine Trennung nach § 93 möglich oder eine Teilklage, d.h. ein gesondertes Verfahren, statthaft wären.[5] Bei der Frage des Teilurteils über Nebenbestimmungen und über den Widerspruchsbescheid allein stellt die überwiegende Auffassung an das Teilurteil strengere Anforderungen

---

1　*Kopp/Schenke* § 110 Rn. 1.
2　Dazu *Koehler* § 110 Anm. I 2; *Klinger* § 110 Anm. A.
3　Zurückhaltender *J. Schmidt,* in: Eyermann § 110 Rn. 4.
4　*B. Clausing,* in: Schoch/Schneider/Bier § 110 Rn. 2.
5　*M. Redeker,* in: Redeker/v. Oertzen § 110 Rn. 1.

als an die isolierte Anfechtbarkeit.[6] Grob gesprochen ist eine Teilbarkeit i.d.R. bei mehreren (prozessualen) Ansprüchen oder bei einem in mehrere Teilansprüche zerlegbaren Anspruch gegeben. Mehrere prozessuale Anträge beruhen allerdings nicht notwendig auf mehreren prozessualen Ansprüchen (BSG DÖV 1960, 763, 764).

aa) Gegenseitige Unabhängigkeit. Teilbarkeit liegt vor, wenn die getroffene Entscheidung nicht davon   7
abhängt, wie die Entscheidung über den Rest ausgehen wird.[7] Teilurteil und Schlussurteil müssen unabhängig voneinander ergehen können (VGH München 26.10.2009 – 8 ZB 09.161, juris Rn. 7). Das ist der Fall, wenn der Teil, über den vorab durch Teilurteil entschieden worden ist, hätte abgetrennt werden und der übrige Teil Gegenstand eines selbständigen Verfahrens hätte sein können (BVerwG 25.11.2009 – 8 C 12/08, juris Rn. 25). Das Merkmal der gegenseitigen Unabhängigkeit ist kein zusätzliches ungeschriebenes Zulässigkeitserfordernis für das Teilurteil, sondern eine Konkretisierung des Erfordernisses der Teilbarkeit des Streitgegenstandes.[8] Die Entscheidung über den verbleibenden Teil darf keine Fragen aufwerfen, über die schon durch das Teilurteil entschieden worden ist. Besteht die Gefahr einander widersprechender Entscheidungen von Teilurteil und Schlussurteil, darf das Teilurteil nicht ergehen.[9] Ein Teilurteil ist unzulässig, wenn beide Teile derart miteinander verknüpft sind, dass bei getrennter Beurteilung zu derselben Rechtsfrage der Rechtskraft fähige, divergierende Entscheidungen nicht ausgeschlossen werden können (OVG Brem 12.2.2008 – 1 A 234/03, juris Rn. 28). Ob dies der Fall ist, ist – i.R.d. $\S$ 110 – grds. nach der von den Klägern aufgestellten Rechtsbehauptung zu beurteilen (BVerwG NVwZ 1996, 381, 382 f. [insoweit nicht in amtl. Sammlung abgedruckt]). Die Streitigkeiten, die durch Teilurteil entschieden wurden, darf die Entscheidung über den restlichen Streitgegenstand nicht neu aufwerfen.[10] Ergeht ein Teilurteil unter Verstoß dieser Voraussetzung, ist es dennoch zu beachten und das Schlussurteil darf sich nicht in Widerspruch zum Teilurteil setzen.

bb) Einzelfälle. Teilbarkeit liegt i.d.R. vor, mit der Folge, dass ein *Teilurteil möglich* ist: 8

■ wenn mehrere tatsächlich und rechtlich voneinander unabhängige prozessuale Ansprüche mit der Klage geltend gemacht werden oder mehrere selbständige Klagen gehäuft werden ($\S$ 44),[11] wie etwa bei einer mit einer Anfechtungsklage verbundenen Verpflichtungsklage (vgl. BVerwGE 29, 191, 192 f.) oder mehreren Anfechtungsklagen gegen mehrere Verwaltungsakte;[12]

■ wenn ein prozessualer Anspruch sich auf mehrere Teile stützt und die Teile (auch sofern sie in einem Verwaltungsakt zusammengefasst sein sollten) rechtlich getrennt beurteilt werden können,[13] wie etwa bei Klagen auf teilbare Leistungen[14] oder bei der Planfeststellung nur für bestimmte Teilstücke, sofern die Planung insoweit teilbar ist (BVerwG NVwZ 1996, 381, 382 f. [insoweit nicht in amtl. Sammlung abgedruckt]);

■ bei einfacher, d.h. nicht notwendiger Streitgenossenschaft;[15]

■ bei eventueller Klagehäufung kann der Hauptantrag durch Teilurteil abgewiesen werden und der Hilfsantrag dem Schlussverfahren überlassen bleiben, sofern Hauptantrag und Hilfsantrag nicht der Sache nach auf das gleiche Ziel gerichtet sind.[16] Dies ist nur dann nicht der Fall, wenn den Hilfsanträgen – die Begründetheit unterstellt – auch noch entsprochen werden könnte, wenn der

---

6 Aus diesem Grund zu Recht krit. *Grunsky*, 465.
7 *Kopp/Schenke* $\S$ 110 Rn. 2.
8 Offen gelassen bei *B. Clausing*, in: Schoch/Schneider/Bier $\S$ 110 Rn. 8. A.M. z.B. *H. Prütting/S. Weth*, ZZP 98 (1985), 131, 145, 147.
9 BGH NJW 1992, 511; NJW 1995, 2361; VGH Mannheim VGHBW RSpDienst 1992, Beilage 1, B1 (nur LS); VGH München 27.9.2005 – 11 B 01.918, juris Rn. 28.
10 BVerwG NVwZ 1996, 381, 382 f. (insoweit nicht in amtl. Sammlung abgedruckt); vgl. auch BGHZ 20, 311, 312.
11 BVerwG BayVBl 1987, 563, 564; *Koehler* $\S$ 111 Anm. IV.
12 *Schunck/De Clerck* $\S$ 110 Anm. 2.
13 BSG NJW 1960, 2308; *B. Clausing*, in: Schoch/Schneider/Bier $\S$ 110 Rn. 4.
14 BGH NJW 1992, 511: Wenn der Anspruch nach Grund und Höhe streitig ist, ist eventuell dem Teilurteil zugleich ein Grundurteil über den restlichen Teil des Anspruchs zu erlassen, um auf diese Weise zu verhindern, dass Schlussurteil und Teilurteil sich widersprechen können.
15 *Koehler* $\S$ 111 Anm. IV.
16 BVerwGE 98, 339, 343; BVerwG Buchholz 310 $\S$ 110 VwGO Nr. 4 (S. 2); Buchholz 442.40 $\S$ 8 LuftVG Nr. 6; vgl. auch BGHZ 56, 79, 80 f.; OVG Brem 12.2.2008 – 1 A 234/03; BVerwG 1.11.2007 – 4 A 1009/07.

(Haupt-)Antrag rechtskräftig abgewiesen ist (BVerwGE 98, 339, 342). Vorab kann nicht über den Hilfsantrag durch Teilurteil entschieden werden;[17]

- bei Klage und Widerklage, wenn beide Klagen nicht auf denselben Streitgegenstand gerichtet sind;[18]
- bei einer Anfechtungsklage, die mit einem Folgenbeseitigungsanspruch verbunden ist.[19]

9   *Unzulässig ist ein Teilurteil* dagegen:

- über einen von mehreren Klagegründen (materiell-rechtliche Anspruchsgrundlage) eines einheitlichen prozessualen Anspruchs[20] sowie über Vorfragen;
- über sonstige einzelne Elemente eines einheitlichen Anspruchs;[21] bei einem unteilbaren Streitgegenstand vermag trotz §§ 88, 128, 129 selbst ein ausdrücklich auf einen Teil beschränkter Antrag kein „Teilurteil" zu rechtfertigen. Notwendig ist auch hier eine einheitliche Entscheidung (BVerwG NVwZ 1996, 175, 178; Buchholz 406.19 Nachbarschutz Nr. 110);
- über verschiedene Anträge, die auf einem einheitlichen Anspruch beruhen, wie der Antrag auf Feststellung der Nichtigkeit eines Verwaltungsakts und der (hilfsweise geltend gemachte) Antrag auf Aufhebung des Verwaltungsakts (BSG DÖV 1960, 763, 764);
- bei notwendiger Streitgenossenschaft;
- bei einer Verpflichtungsklage über das darin enthaltene Anfechtungsbegehren;[22]
- eine Aufhebung allein des Ausgangsbescheids, wenn er zusammen mit dem Widerspruchsbescheid angegriffen wurde;[23]
- nach Ansicht der Rspr. bei einer Anfechtungsklage allein über den Widerspruchsbescheid, auch wenn dieser eine zusätzliche selbständige Beschwer enthält;[24] die Ansicht ist jedoch nicht überzeugend, vielmehr ist von der Zulässigkeit eines Teilurteils allein über den Widerspruchsbescheid auszugehen, sofern Teilbarkeit vorliegt;
- nach überwiegender Ansicht allein über eine Nebenbestimmung, selbst dann, wenn sie isoliert hätte angefochten werden können;[25]
- bei einem unselbständigen Anschlussrechtsmittel (§§ 127, 141);[26]
- über eine Zwischenfeststellungsklage nach § 173 VwGO i.V.m. § 256 Abs. 2 ZPO.[27]

10   **2. Vorabentscheidung. a) Zuständiges Gericht.**   § 110 gilt *für das Gericht erster Instanz.* Im Berufungsverfahren ist § 110 über § 125 entsprechend anwendbar, gleiches gilt für das Revisionsverfahren nach § 141.

11   **b) Freiheit des Gerichts.**   § 110 stellt den Erlass des Teilurteils, anders als § 301 ZPO, ausdrücklich in das (freie) Ermessen des Gerichts.[28] Der Erlass eines Teilurteils erfordert eine dahingehende Ermessensentscheidung des Gerichts (BVerwGE 95, 269, 270 f.). Das Gericht ist an Anträge der Beteiligten nicht gebunden und auf diese nicht angewiesen. Das Rechtsmittelgericht prüft die Zweckmäßigkeit des Teilurteils nicht nach.

12   Das Teilurteil soll der Prozessökonomie dienen (ausf. OVG Münster IÖD 2000, 50 ff.). Das Gericht hat demnach vor Erlass eines solchen Urteils die Gefahr der Prozessverschleppung einerseits und die

---

17 VGH Mannheim DVBl 1989, 884 ff.; *E. Schneider,* MDR 1976, 93, 94.
18 BGH NJW 1991, 2699; *E. Schneider,* MDR 1976, 93, 95; *M. Redeker,* in: Redeker/v. Oertzen § 110 Rn. 1.
19 *B. Clausing,* in: Schoch/Schneider/Bier § 110 Rn. 5; *M. Redeker,* in: Redeker/v. Oertzen § 110 Rn. 1.A.M. *Kopp/Schenke* § 110 Rn. 4.
20 BGH NJW 1961, 72; *Kopp/Schenke* § 110 Rn. 4.
21 OVG Münster ZBR 1967, 367, 368; *Kopp/Schenke* § 110 Rn. 4.
22 VGH Kassel HessVGRspr 1971, 67, 68; *B. Clausing,* in: Schoch/Schneider/Bier § 110 Rn. 6.
23 *Kopp/Schenke* § 110 Rn. 4.
24 VGH Kassel DÖV 1976, 607 (nur LS); VGH Mannheim NJW 1971, 109; *B. Clausing,* in: Schoch/Schneider/Bier § 110 Rn. 6; offen gelassen OVG Münster OVGE 28, 250, 251; anders möglicherweise unter den Voraussetzungen von § 79 Abs. 2 BVerwGE 70, 196, 197; OVG Lüneburg NJW 1967, 2174; *J. F. Lindner,* in: Posser/Wolff § 110 Rn. 11; krit. *Grunsky,* 465.
25 *B. Clausing,* in: Schoch/Schneider/Bier § 110 Rn. 6; *Kopp/Schenke* § 110 Rn. 4; *J. F. Lindner,* in: Posser/Wolff § 110 Rn. 12. A.M. *Koehler* § 110 Anm. IV 5.
26 BGHZ 20, 311, 312; BAG NJW 1975, 1248 (nur LS). A.M. OLG Celle NJW 1962, 815.
27 *Kopp/Schenke* § 110 Rn. 4. A.M. *J. Schmidt,* in: Eyermann § 110 Rn. 1.
28 Vgl. BVerwG Buchholz 310 § 110 VwGO Nr. 4 (S. 2); OVG Münster OVGE 28, 250, 251; RiA 1974, 15, 16.

Chance der Entlastung des weiteren Verfahrens andererseits gegeneinander abzuwägen (dazu entsprechend → § 109 Rn. 16).

c) Verfahrensart. § 110 spricht vom Streitgegenstand und knüpft sowohl systematisch als auch begrifflich an § 107 an, der von Klage spricht. Teilurteile sind grds. bei jeder Klageart möglich.[29] Über §§ 143, 141, 125 Abs. 1 ist § 110 entsprechend auf die Revision und Berufung anwendbar. In den selbständigen Beschlussverfahren, v.a. bei § 80 Abs. 5, 6 und § 123, ist ein Zwischenbeschluss analog § 110 möglich (VGH München 27.9.2005 – 11 B 01.918). Auch bei einem Vergleich kommt ein Teilvergleich nach § 106 nur in Betracht, sofern Teilbarkeit gegeben ist. `13`

d) Entscheidungsreife. Ein Teilurteil ist nur dann möglich, wenn nur ein Teil des Streitgegenstandes entscheidungsreif ist. Ist der gesamte Streitgegenstand entscheidungsreif, hat ein Vollendurteil zu ergehen (OVG Münster IÖD 2000, 50 ff.). Unzulässig ist es, einen „Hilfsantrag" ausdrücklich offen zu lassen und dem Schlussverfahren zuzuweisen, sofern durch das Teilurteil bereits über den Hilfsantrag mitentschieden wurde (BVerwGE 98, 339, 342 f.). So darf etwa über eine beantragte (vollständige) Aufhebung einer straßenrechtlichen Planfeststellung nicht entschieden werden und die Entscheidung über ein als „Hilfsantrag" bezeichnetes Klagebegehren gleichzeitig einem weiteren Verfahren vorbehalten bleiben, wenn mit dem vermeintlichen Hilfsantrag ein Anspruch auf Teilaufhebung des Planfeststellungsbeschlusses geltend gemacht wird. `14`

3. Entscheidung durch Teilurteil. a) Teilurteil. aa) Allgemein. Das BVerwG stellt für die Frage, ob ein Teilurteil vorliegt, stark auf den (objektiv erkennbaren) Willen des Gerichts ab. (BVerwGE 95, 269, 271; ebenso BVerwG NVwZ 1994, 1116 f.) Entscheidend sei, ob im Urteil selbst oder zumindest in den insoweit eindeutigen Begleitumständen zum Ausdruck kommt, dass das Gericht nur über einen Teil des Streitgegenstandes entscheiden und den Rest einer späteren Entscheidung vorbehalten will (BVerwGE 95, 269, 271; ebenso BVerwG NVwZ 1994, 1116 f.). `15`

Ob ein Teilurteil vorliegt, richtet sich insbes. nach der Entscheidungsformel, insbes. ob dort der geltend gemachte Anspruch – teilweise – ab oder zuerkannt wurde. Auch die Teilabweisung ist, schon wegen der Tragweite der damit (potenziell) verbundenen materiellen Rechtskraft – grds. im Urteilstenor gesondert auszusprechen (vgl. BVerwGE 60, 123, 124). Ergänzend zum Tenor kann aber die Überschrift des Urteils und die Entscheidungsbegründung, insbes. eine dort angeführte Verfahrensvorschrift, herangezogen werden. `16`

§ 110 spricht vom *Urteil*. Eine Teilentscheidung kann aber auch – bei Vorliegen der entsprechenden Voraussetzungen – durch Gerichtsbescheid nach § 84 ergehen, für die zulässigen Rechtsbehelfe gilt dann § 84 Abs. 2. In den selbständigen Beschlussverfahren, z.B. nach § 80 Abs. 5, 6 ist ein entsprechender Teilbeschluss möglich, dies gilt auch bei § 93 a (BVerwG 1.11.2007 – 4 A 1009/07 u.a., juris Rn. 6). `17`

Die Kostenentscheidung bleibt dem Schlussurteil vorbehalten, es sei denn, es kann eine anteilige *Kostentragungspflicht* bereits abschließend beurteilt werden,[30] wie etwa im Rechtsmittelverfahren (BVerwGE 36, 16, 21) und bei nicht notwendiger Streitgenossenschaft.[31] Ein entsprechender Hinweis auf die Kostenentscheidung im Schlussurteil ist wünschenswert. Das Teilurteil ermöglicht nach § 6 Abs. 2 VwGO, § 76 Abs. 2 AsylVfG ausnahmsweise die Übertragung der Streitsache auf den Einzelrichter nach mündlicher Verhandlung durch die Kammer. `18`

Liegen die Voraussetzungen von § 101 Abs. 2 vor, kann über den Teil des Streitgegenstands ohne mündliche Verhandlung entschieden werden. Inhaltlich kann es wie ein Vollendurteil ausfallen, d.h. den Anspruch zu- oder absprechen, Prozess- oder Sachurteil sein. `19`

bb) Bindungswirkung. Als Endurteil erwächst das Teilurteil hinsichtlich des entschiedenen Teils in formelle und in materielle Rechtskraft. Ab Unanfechtbarkeit bindet es die Beteiligten und alle Gerichte mitsamt den Rechtsmittelgerichten.[32] Die Rechtskraftwirkung geht aber nicht über die eines Vollendurteils hinaus. So erwachsen etwa Äußerungen zu präjudiziellen Vorfragen im Teilurteil, auch wenn sie für das Schlussurteil wichtig sein sollten, nicht in materielle Rechtskraft (BVerwG Buchholz 310 `20`

---

29 *B. Clausing*, in: Schoch/Schneider/Bier § 110 Rn. 3; *E. Schneider*, MDR 1976, 93, 94.
30 *B. Clausing*, in: Schoch/Schneider/Bier § 110 Rn. 9.
31 Vgl. *Kopp/Schenke* § 110 Rn. 9.
32 *Kopp/Schenke* § 110 Rn. 6.

§ 121 VwGO Nr. 40). Sofern das Teilurteil noch nicht unanfechtbar ist, bindet es gem. § 173 VwGO i.V.m. § 318 ZPO das erlassende Gericht im Verfahren über den noch nicht entschiedenen Teil. Die Bindungswirkung gilt auch, wenn das Teilurteil dem Schlussurteil unzulässigerweise vorgreift[33] oder wenn es sonst unzulässig ergangen ist.[34]

21   **b) Das „verdeckte Teilurteil".** *Erlässt* das Gericht ein Urteil, das als Vollendurteil gedacht war, aber objektiv nicht den gesamten Streitgegenstand erfasst, liegt ein verdecktes Teilurteil vor (OVG Münster AuAS 2008, 46 ff.). Praktisch werden diese Fälle v.a., wenn eine Rechtsänderung zu einer gesetzlichen Erweiterung des Streitgegenstandes führt,[35] die vom Gericht übersehen wurde.[36] Eine vom Gericht als Vollendurteil gewollte Entscheidung ist auch dann ein Vollendurteil, wenn sie den Streitgegenstand nicht voll erschöpft (BVerwGE 95, 269, 271; ebenso BVerwG NVwZ 1994, 1116 f.). Das sog. verdeckte Teilurteil ist kein Teilurteil i.S.v. § 110.[37] Ob die Entscheidung den Streitgegenstand voll erschöpft, ist am Tenor unter Zuhilfenahme der Entscheidungsgründe zu beantworten (vgl. BVerwGE 95, 269, 272; VGH Mannheim NVwZ 1993, 804, 805). Durch ein Rechtsmittel gegen ein verdecktes Teilurteil wird der gesamte Streitgegenstand Gegenstand des Rechtsmittelverfahrens (VGH Kassel ESVGH 48, 237 f.).

22   Das verdeckte Teilurteil schöpft den Streitgegenstand nicht vollständig aus, erhebt aber aufgrund seines Charakters als Vollurteil diesen Anspruch und verstößt demnach gegen § 88. Es leidet an einem Verfahrensfehler, der mit dem dafür vorgesehenen Rechtsbehelf innerhalb der gegebenen Frist geltend zu machen ist.[38] Welcher Rechtsbehelf dies ist, lässt sich nach der Rspr. des BVerwG nicht abstrakt und allgemeingültig beantworten (ausf. BVerwGE 95, 269, 273). Es kommen einerseits die jeweiligen Rechtsmittel gegen das Urteil in Betracht (ggf. Berufung, Revision, Nichtzulassungsbeschwerde).[39] Für bestimmte Fehler ist jedoch statt derer, und nicht nur alternativ (vgl. BVerwG NVwZ 1993, 62), das Urteilsergänzungsverfahren nach § 120 zu ergreifen (OVG Münster AuAS 2008, 46 ff.). Dies gilt dann, wenn ein nach dem Tatbestand von einem Beteiligten gestellter Antrag bei der Entscheidung ganz oder z.T. übergangen, also versehentlich nicht beschieden worden ist. Ein Versehen i.S.v. § 120 liegt nicht vor, wenn ein Anspruch rechtsirrtümlich nicht beschieden wurde, etwa weil er nach der Rechtsauffassung des Gerichts nicht rechtshängig war.[40]

23   Hat das Gericht einen Teil des Streitgegenstandes übergangen, so tritt mit formeller Rechtskraft, d.h. mit Ablauf der Zweiwochenfrist des § 120 Abs. 2 oder der Rechtsmittelfrist, die materielle Rechtskraft nur soweit ein, wie über den Streitgegenstand entschieden worden ist (§ 121).[41] Mit Ablauf der Rechtsmittelfrist erlischt die Rechtshängigkeit des nicht entschiedenen Teils (BVerwGE 95, 269, 274 m.w.N.; OVG Münster 31.10.2007 – 11 A 1753/06). Eine eventuelle früher über diesen Streitgegenstandsteil ergangene Gerichtsentscheidung bzw. Verwaltungsentscheidung wird nach dem BVerwG mit Wegfall der Rechtshängigkeit ggf. rechtskräftig bzw. bestandskräftig (vgl. BVerwGE 95, 269, 275).

24   Auch die Bindungswirkung des § 17a Abs. 5 GVG beschränkt sich – zumindest bei teilbaren Streitgegenständen – allein auf das entschiedene Begehren. Somit steht auch § 17a Abs. 2 S. 1 GVG hinsichtlich des „übersehenen" Klagebegehrens einer Rechtswegverweisung durch das Rechtsmittelgericht im Wege des sog. Vorabverfahrens gem. § 17a Abs. 2 GVG nicht entgegen (VGH Kassel ESVGH 48, 237 f.). Durch diese Rechtsfolge unterscheidet sich das verdeckte Vollendurteil vom Teilurteil nach § 110, das

---

33   *B. Clausing*, in: Schoch/Schneider/Bier § 110 Rn. 10.

34   *Kopp/Schenke* § 110 Rn. 6.

35   So etwa bei der Neuregelung des Ausländerrechts vom 9.7.1990 (BGBl I 1354), die neu forderte, bei asylrechtlichen Klagen den Abschiebeschutz nach § 51 Abs. 1 AuslG mit zu prüfen (dazu BVerwGE 95, 269, 272 f.; BVerwG NVwZ 1992, 892 f.).

36   Dazu *R. Uerpmann*, NVwZ 1993, 743 ff.

37   BVerwG NVwZ 1994, 1116, 1117; Buchholz 448.0 § 18 WPflG Nr. 10 (S. 4); VGH München BayVBl 2011, 569 f. A.M. wohl BVerwG NVwZ-RR 1992, 584 f., s. LS: „Bei Fehlen einer Entscheidung über den Abschiebungsschutz stellt sich das Urteil als Entscheidung nur über einen Teil des Streitgegenstandes dar (§ 110 VwGO)."

38   BVerwG NVwZ 1994, 1116; Buchholz 448.0 § 18 WPflG Nr. 10 (S. 4); Buchholz 310 § 88 VwGO Nr. 15 (S. 5); VGH Mannheim NVwZ 1993, 804, 805; s.a. a.M. BVerwG Buchholz 448.11 § 13 ZDG Nr. 4 (S. 2) und – wenn auch etwas unklar – BVerwG NVwZ-RR 1992, 584 (LS) sowie BVerwGE 71, 73, 75, 77.

39   VGH Mannheim VGHBW RSpDienst 1992, Beilage 9, B4 (nur LS).

40   BVerwGE 95, 269, 273; BVerwG NVwZ 1993, 62; Buchholz 310 § 120 VwGO Nr. 7; ebenso VGH Mannheim NVwZ 1993, 804, 805; zust. *R. Uerpmann*, NVwZ 1994, 1078, 1079; s.a. § 120 Rn. 8.

41   BVerwGE 81, 12, 14; 95, 269, 272 f.; BVerwG NVwZ 1994, 1116, 1117.

die Rechtshängigkeit des (noch) nicht entschiedenen Teils des Streitgegenstandes bestehen lässt (BVerwG NVwZ 1994, 1116, 1117).

c) Rechtsmittel gegen Teilurteile. Ein Teilurteil nach § 110 kann gem. § 124 selbständig mit der Beru- 25
fung und das Berufungsurteil wiederum nach § 132 Abs. 1 selbständig mit der Revision angegriffen werden.

Ergeht ein Teilurteil über einen Streitgegenstand, der nicht qualitativ teilbar ist, leidet das Urteil an 26
einem wesentlichen Verfahrensmangel. Ein angefochtenes unzulässiges Teilurteil kann, i.R. der Rechtsmittelanträge, eventuell im Wege der Auslegung oder Umdeutung als Endurteil aufrechterhalten werden (BVerwG NVwZ 1996, 381, 382 f. [insoweit nicht in amtl. Sammlung abgedruckt]). Sofern eine Umdeutung des Urteils wegen eindeutiger Aussage im angefochtenen Teilurteil ausscheidet, wird das Teilurteil im Rechtsmittelverfahren im Regelfall aufgehoben und die Sache an das VG zurückverwiesen.[42] Die Kostenentscheidung darf das Rechtsmittelgericht nicht dem Schlussurteil vorbehalten (BVerwGE 36, 16, 21).

Das durch das Rechtsmittel eröffnete Verfahren bezieht sich nur auf den anhängigen Zwischenstreit, 27
d.h. nur auf den Teil des Streitgegenstandes, der Gegenstand des Teilurteils ist. Nur soweit kann das Rechtsmittelgericht das Urteil nachprüfen. Der übrige Streitgegenstand bleibt in erster Instanz anhängig. Eventuelle Erörterungen des Rechtsmittelgerichts zu diesem Teil des Streitgegenstandes binden das Gericht erster Instanz nicht und sollten grds. unterbleiben. Ist dagegen beim Rechtsmittelgericht ein Rechtsmittel gegen Teil- und Schlussurteil gleichzeitig anhängig, kann dieses beide Verfahrensteile zusammenführen und durch eine Entscheidung das Verfahren beenden.

Das Rechtsmittelgericht darf den Rest des Streitgegenstandes nicht an sich ziehen,[43] auch nicht im 28
Einvernehmen mit den Beteiligten.[44] Grds. werden die Grenzen der Nachprüfung des Berufungsgerichts durch den Urteilsausspruch der erstinstanzlichen Endentscheidung bestimmt (vgl. § 128).[45] Eine Ausnahme macht die Rspr. bei einem sog. verdeckten Teilurteil.[46] In diesem Fall kann das Rechtsmittelgericht das Teilurteil aufheben und die Sache zurückverweisen oder eine Sachentscheidung hinsichtlich des nicht entschiedenen Teils treffen (OVG Münster ZBR 1967, 367, 368; VGH Mannheim DVBl 1989, 884 ff.). Dies gilt aber nur solange, wie der nicht entschiedene Teil überhaupt noch rechtshängig ist.[47] Aus Gründen der Prozessökonomie kann das Rechtmittelgericht über den gesamten Streitstoff ausnahmsweise auch dann entscheiden, wenn ein Teilurteil zu Unrecht ergangen ist (OVG Brem 12.2.2008 – 1 A 234/03).

4. Entscheidung durch Schlussurteil. § 110 schweigt zum anschließenden Verfahren. Das Gericht 29
kann mit dem Erlass des Teilurteils die Verhandlung über den restlichen Streitgegenstand anordnen. Ein Antrag ist nicht notwendig. Da das Teilurteil einen selbständigen Teil des gesamten Streitgegenstandes ausgliedert, hängt die Entscheidung im Schlussurteil i.d.R. nicht vom Bestand des Teilurteils ab. Widersprechen darf das Schlussurteil dem Teilurteil allerdings nicht (vgl. BVerwGE 98, 339, 343). Es ist daher, anders als beim Zwischenurteil und Grundurteil, in aller Regel auch nicht aus prozessökonomischer Sicht erforderlich, erst dann weiter zu verhandeln, wenn das Teilurteil rechtskräftig geworden ist.

§ 111 [Zwischenurteil über den Grund]

[1]Ist bei einer Leistungsklage ein Anspruch nach Grund und Betrag streitig, so kann das Gericht durch Zwischenurteil über den Grund vorab entscheiden. [2]Das Gericht kann, wenn der Anspruch für begründet erklärt ist, anordnen, daß über den Betrag zu verhandeln ist.

---

42 OVG Münster OVGE 37, 88, 90 f.; vgl. auch VGH Mannheim VBlBW 1983, 266, 267 – Entscheidung in der Sache.
43 BVerwGE 71, 73, 77; VGH Mannheim DVBl 1989, 884 ff.; vgl. auch BGHZ 30, 213, 214 ff.; *M. Redeker*, in: Redeker/v. Oertzen § 110 Rn. 4.
44 A.M. VGH Mannheim NJW 1972, 271; vgl. auch BGHZ 97, 280, 282 ausf. *F. Mattern*, JZ 1960, 385, 386 ff.; wie hier *M. Redeker*, in: Redeker/v. Oertzen § 110 Rn. 4; *J. P. Terhechte*, in: HK-VerwR VwGO § 110 Rn. 9.
45 BVerwGE 71, 73, 77.
46 VGH Mannheim NJW 1977, 1255; VBlBW 1983, 266, 267; ZBR 1993, 187, 188 f. A.M. VGH Mannheim VBlBW 1986, 20 für den Fall der einfachen Streitgenossenschaft; dazu *J. Schmidt*, VBlBW 1983, 131, 131.
47 Vgl. VGH Mannheim VBlBW 1994, 364, 370 (allerdings wohl zu streng auf § 122 bezogen).

Schrifttum

Beiträge in Zeitschriften: *E. Bötticher*, Das Grundurteil gemäß § 304 ZPO mit Höchstgrenze, JZ 1960, 240; *G. Rössler*, Teilurteile und Zwischenurteile im finanzgerichtlichen Verfahren, BB 1984, 204; *E. Schilken*, Die Abgrenzung zwischen Grund- und Betragsverfahren, ZZP 95 (1982), 45; *E. Schneider*, Probleme des Grundurteils in der Praxis, MDR 1978, 705, 793; *K. Türpe*, Probleme des Grundurteils, insbesondere seiner Tenorierung, MDR 1968, 453, 627.

I. Allgemein

1   **1. Zweck.** Ist eine Leistungsklage hinsichtlich des Grundes des prozessualen Anspruchs zur Entscheidung reif, kann darüber vorab durch Zwischenurteil entschieden werden. Das Grundurteil entscheidet, ob der eingeklagte prozessuale Anspruch als solcher – vorbehaltlich einer näheren Prüfung seiner Höhe im nachfolgenden Betragsverfahren – gegeben ist.[1] Das Grundurteil ist selbständig mit Rechtsmitteln angreifbar (§§ 124, 132).

2   § 111 enthält, neben § 109, die zweite ausdrücklich in der VwGO genannte Form des Zwischenurteils. Das Grundurteil nach § 111 bezieht sich, anders als das Zwischenurteil nach § 109, unmittelbar auf den materiellen Streitgegenstand. Anders als das Teilurteil wird der Streitgegenstand beim Grundurteil nicht vertikal, sondern horizontal geteilt (→ § 110 Rn. 2).

3   § 111 ist an § 304 ZPO angelehnt und wurde in die VwGO aufgenommen, weil der Gesetzgeber bei der Leistungsklage ein besonderes Bedürfnis für eine Vorabentscheidung über den Grund angenommen hat (BT-Drs. III/55, 42). Den früheren verwaltungsgerichtlichen Verfahrensordnungen war eine entsprechende Vorschrift unbekannt.[2]

4   **2. Geringe praktische Bedeutung.** § 111 besitzt eine geringe praktische Bedeutung.[3] Dies liegt auch an der einschränkenden Auslegung des BVerwG, nach der § 111 auf Verpflichtungsklagen unanwendbar ist (→ Rn. 11 ff.). Bedeutung besitzt § 111 für den Erstattungsanspruch. Denkbar ist er auch für einen Teil von Folgenbeseitigungsansprüchen.

5   Der Rückgriff auf das Grundurteil trägt wegen der dort vorgesehenen Aufspaltung des materiellen Teils der Klage in zwei selbständig anfechtbare Teile in besonderem Maße die Gefahr der Prozessverzögerung in sich (vgl. BVerwG NVwZ 1996, 175, 177; HmbOVG NVwZ 1990, 682, 683). Von der durch § 111 eingeräumten Möglichkeit sollte daher nur dann Gebrauch gemacht werden, wenn dies für das Verfahren erkennbar förderlich ist.

6   **3. Teleologische Auslegung.** § 111 ermöglicht, den Streitgegenstand abgeschichtet zu behandeln und dient damit der Prozessökonomie. Teilt das Rechtsmittelgericht nicht die Entscheidung der Vorinstanz über den Grund, so wird damit eventuell ein langwieriges Betragsverfahren überflüssig. Das Grundurteil soll das Verfahren entlasten, dadurch auch beschleunigen und schnell eine rechtskräftige Klärung über den Anspruch als solchen herbeiführen. Dieser prozessökonomische Charakter wird vom

---

1 *Kopp/Schenke* § 111 Rn. 1.
2 *Koehler* § 111 Anm. I 2.
3 *Kopp/Schenke* § 111 Rn. 1.

BVerwG bei der Auslegung des § 111 zu sehr betont.[4] Prozessökonomische Überlegungen dürfen sich nicht über die Grenzen des Gesetzeswortlauts und des systematischen Zusammenhangs von § 111 hinwegsetzen (zutr. BVerwG NVwZ 1996, 175, 176).

II. Die einzelnen Tatbestandsmerkmale

1. Leistungsklage. § 111 beschränkt das Grundurteil ausdrücklich auf Leistungsklagen (deutlich weiter dagegen für den Zivilprozess § 304 ZPO): Die Leistungsklage ist in der VwGO als eigene Klageart nicht näher ausgestaltet, aber, wie an § 43 Abs. 2 und §§ 113 Abs. 4, 191 Abs. 3 und auch an § 111 zu erkennen ist, vorausgesetzt. [7]

a) Ausschluss der Anfechtungs- und Feststellungsklage. Keine Leistungsklagen sind, wie schon an [8] § 43 Abs. 2 zu ersehen ist, zunächst die Feststellungsklage (HmbOVG NVwZ 1990, 682). Die Feststellungsklage ist nicht auf eine Leistung gerichtet (OVG Saarlouis 30.10.2007 – 1 R 24/06).
Keine Leistungsklage ist weiter die Anfechtungsklage.[5] § 111 ist auch nicht analog auf die Anfech- [9] tungsklage anwendbar, da (a) der materielle Leistungsanspruch nicht unmittelbar Gegenstand des mit der Klage erhobenen Anspruchs ist, (b) § 111 absichtlich gegenüber § 304 ZPO einen einschränkenden und (c) gegenüber § 99 FGO einen abweichenden Tatbestand hat.[6]
Auch für den Sonderfall, in dem der Anspruch auf Aufhebung eines Verwaltungsaktes gleichzeitig mit [10] einem Anspruch auf Folgenbeseitigung nach § 113 Abs. 1 S. 2, der sich auf Zahlung einer Geldsumme oder Leistung vertretbarer Sachen richtet, eingeklagt wird, kann über den Anspruch auf Aufhebung eines Verwaltungsaktes nicht im Wege eines Grundurteils entschieden werden.[7]

b) Problem der Verpflichtungsklage. aa) Der Streitstand. In Rspr. und Lehre ist umstr., ob unter der [11] „Leistungsklage" i.S.d. § 111 S. 1 ausschließlich die auf Zahlung gerichtete allgemeine Leistungsklage zu verstehen ist[8] oder ob dieser Begriff auch eine Verpflichtungsklage umfasst, mit der ein Verwaltungsakt begehrt wird, der eine Geldleistung bewilligt.[9]
Nach der Rspr. ist ein Grundurteil nicht statthaft, wenn der Anspruch durch Verpflichtungsklage geltend gemacht werden muss.[10] Das BVerwG stützt sich dabei – unter gleichzeitigem Hinweis auf die [12] Offenheit der Norm – (a) auf den Begriff („Leistungsklage"),[11] (b) auf den systematischen Zusammenhang zu § 113 Abs. 5 und (c) auf entstehungsgeschichtliche Aspekte. Zu (a): Eine Verpflichtungsklage sei schon vom Begriff nicht mit einer allgemeinen Leistungsklage identisch, da nicht auf Leistung, sondern auf die Verurteilung zum Erlass eines abgelehnten oder unterlassenen Verwaltungsakts (§ 42 Abs. 1) geklagt werde. Zu (b): Eine gerichtliche Befugnis zur Trennung des Verfahrens nach Grund und Betrag für den Fall, dass der begehrte Verwaltungsakt die Bewilligung einer Geldleistung zum Gegenstand hat, sei in der VwGO nicht vorgesehen (BVerwG NVwZ 1996, 175, 176). In diesem Fall kenne die VwGO vielmehr den Erlass eines Bescheidungsurteils nach § 113 Abs. 5 S. 2, das die gleiche Funktion wie das Grundurteil bei der Leistungsklage habe (BVerwG NVwZ 1996, 175, 176; BVerwGE 29, 191, 192 f.). Gleiches gelte für den Fall nach § 113 Abs. 2 S. 2. Die dort zugelassene Änderungsfeststellung erfülle für die Verpflichtungsklage die gleiche Funktion wie das Grundurteil bei der allgemeinen Leistungsklage und verdeutliche, dass der Gesetzgeber durchaus zwischen der in § 111 S. 1 genannten Leistungsklage und der auf Erlass eines Geldleistungsverwaltungsakts gerichteten Verpflichtungsklage unterscheide (BVerwG NVwZ 1996, 175, 177). Zu (c): Weiter hat der Gesetz-

---

4 BVerwG NVwZ 1996, 175, 176 unter Berufung auf BGH VersR 1980, 867, 868: berücksichtigt, „den Erfordernissen der Prozessökonomie Rechnung zu tragen".
5 A.M. *Ule* § 54 III 2 soweit die Anfechtungsklage sich gegen Verwaltungsakte richtet, die eine Geldzahlung des Anfechtungsklägers zum Gegenstand haben.
6 HmbOVG NVwZ 1990, 682, 682 f.; *B. Clausing*, in: Schoch/Schneider/Bier § 111 Rn. 4.
7 *Kopp/Schenke* § 111 Rn. 3; *J. P. Terhechte*, in: HK-VerwR VwGO § 111 Rn. 4.
8 BVerwGE 24, 253, 257, 260; BVerwG NVwZ 1996, 175 ff. – Aufhebung von OVG Bln NVwZ 1993, 499 f; offengelassen BVerwGE 29, 191, 192; BVerwG Buchholz 427.2 § 18 FG Nr. 20 (S. 12).
9 VGH München BayVBl 1976, 691 (nur LS); *Koehler* § 111 Anm. II 3; *Schunck/De Clerck* § 111 Anm. 1; *Ule* § 54 III, 2; *M. Redeker*, in: Redeker/v. Oertzen § 111 Rn. 1; *B. Clausing*, in: Schoch/Schneider/Bier § 111 Rn. 3; *Kopp/Schenke* § 111 Rn. 3 (zumindest analog); offengelassen von HmbOVG NVwZ 1990, 682; ohne Relevanz dagegen: BVerwGE 15, 114, 115 f. (vgl. BVerwG NVwZ 1996, 175, 176).
10 BVerwG NVwZ 1996, 175, 176; OVG Bautzen 27.3.2009 – 3 B 625/07, juris Rn. 6.
11 BVerwG NVwZ 1996, 175, 176.

geber § 111 unverändert gelassen und nicht den in § 122 Abs. 2 des Entwurfs einer VwPO (BT-Drs. 10/3437, 30, 132) enthaltenen Vorschlag, die Beschränkung auf die Leistungsklage fallen zu lassen, aufgegriffen (BVerwG NVwZ 1996, 175, 177).

13　Die enge Auslegung des § 111 durch die Rspr. überzeugt nicht. Der Normtext würde den Einbezug der Verpflichtungsklage zulassen. Trotz des § 113 Abs. 5 S. 2 und § 113 Abs. 2 besteht auch ein Bedürfnis nach der Zulässigkeit eines Grundurteils.[12] Das Bescheidungsurteil (§ 113 Abs. 5 S. 2) hat seinen Grund nicht in einer Möglichkeit der Trennung von Grund und Höhe des Anspruchs, sondern in der Gewaltenteilung. § 113 Abs. 2 wiederum betrifft das Verhältnis Gericht-Behörde, demgegenüber gestattet § 111 ein gestuftes Vorgehen innerhalb des Gerichtsverfahrens. Die Wahl, ob das Verfahren innerhalb des Gerichtsverfahrens gestuft werden soll – dann § 111 – oder arbeitsteilig zwischen Gericht und Verwaltung vorgegangen werden soll – dann § 113 Abs. 2 –, kann der Einschätzung des Gerichts überlassen bleiben. Es wird der Dritten Gewalt nicht gerecht, den Anwendungsbereich des § 111 mit dem Argument einzuschränken, eine sinnwidrige Anwendung im Einzelfall könne zu Verfahrensverschleppungen führen.

14　Weiter steht die Auslegung des BVerwG zu § 111 in Widerspruch zu dessen Haltung bei der Frage der Prozesszinsen. Prozesszinsen gewährt die Rspr. nicht nur für Forderungen, die im Wege der Leistungsklage, sondern auch für solche, die – unter zusätzlichen Bedingungen – im Wege der Verpflichtungsklage eingefordert werden. Begründet wird dies mit dem Hinweis, auch bei der Verpflichtungsklage sei die Geldforderung selbst Teil des Streitgegenstandes.[13] Wird bei der Frage der Prozesszinsen eine materielle und keine formelle Betrachtung eingenommen, kann dies bei § 111 nicht unberücksichtigt bleiben.

15　**bb) Beschränkung auf bestimmte Verpflichtungsklagen.** Erstreckt man § 111 auch auf Verpflichtungsklagen, so ist davon wiederum nur ein Ausschnitt von Verpflichtungsklagen betroffen. Hier hilft wieder die Parallele zu den Prozesszinsen weiter. Dort muss die Verpflichtungsklage auf einen die Zahlung unmittelbar auslösenden Verwaltungsakt gerichtet sein (BVerwGE 93, 53, 55). Auch bei § 111 muss der Verwaltungsakt die Zahlungspflicht einer bestimmten Geldsumme zum Gegenstand haben.[14] Ansonsten wäre ein Streit über Grund und Betrag der Leistungsklage, den § 111 voraussetzt, gar nicht möglich. Nicht zweifelsfrei einzuordnen ist dabei die Klage auf anderweitige Festsetzung oder Feststellung bei Verwaltungsakten (vgl. § 113 Abs. 2), da in diesen Fällen nicht mehr unmittelbar auf Leistung geklagt wird. Da § 113 Abs. 2 aber nur eine prozessuale Erleichterung im Vergleich zur Verpflichtung enthält, den Verwaltungsakt mit dem neu festzusetzenden Inhalt zu erlassen, wird man hier keinen Unterschied machen können, sondern auch die Fälle des § 113 Abs. 2 einbeziehen müssen. Alle anderen Verpflichtungsklagen, auch die Klage, die nur auf ein Bescheidungsurteil gerichtet sind, scheiden für eine Anwendung von vornherein aus.

16　**c) Klageverfahren.** Das Grundurteil ist nur bei Klagen, dann aber in jedem Stadium (erste Instanz, Berufungs- oder Revisionsverfahren) möglich. Eine analoge Anwendung ist bei § 80 Abs. 5 wegen dessen engen Bezugs zur Anfechtungsklage ausgeschlossen,[15] nicht aber bei § 123, sofern die Klage in der Hauptsache eine Leistungsklage oder eine Verpflichtungsklage auf Erlass eines bestimmten Geldverwaltungsaktes wäre.[16]

17　**2. Anspruch. a) Streit über Grund und Betrag.** Der eingeklagte Leistungsanspruch muss nach Grund und Höhe streitig sein. Anspruch ist hier nicht der auf einer bestimmten Anspruchsgrundlage beruhende materiell-rechtliche Anspruch, sondern der prozessuale Anspruch. Dies ist das materielle Begehren. Ist der prozessuale Anspruch nur dem Grunde oder nur der Höhe nach streitig, so kann nach dem klaren Wortlaut kein Grundurteil ergehen (OVG Magdeburg 11.12.2012 – 1 L 9/12, juris Rn. 134). Der Begriff „streitig" ist wegen § 86 Abs. 1 nicht wörtlich zu verstehen.[17] Nicht ein Streit zwischen den Beteiligten ist entscheidend, sondern eine objektive Ungewissheit.

12　I.E. ebenso *B. Clausing*, in: Schoch/Schneider/Bier § 111 Rn. 3. A.M. *J. P. Terhechte*, in: HK-VerwR VwGO § 111 Rn. 4.
13　BVerwGE 99, 53, 55; dazu ausf. *H. A. Wolff*, DÖV 1998, 872 ff.
14　*M. Redeker*, in: Redeker/v. Oertzen § 111 Rn. 1.
15　*Kopp/Schenke* § 111 Rn. 1.
16　Dazu auch *B. Clausing*, in: Schoch/Schneider/Bier § 111 Rn. 5.
17　A.M. *Kopp/Schenke* § 111 Rn. 5.

b) Art des Klagebegehrens. Auch der Betrag muss streitig sein. Dies ist nur bei Leistungsansprüchen 18 möglich, die auf Geld oder vertretbare Sachen gerichtet sind. Bei unbezifferten Anträgen ist das Grundurteil demnach ausgeschlossen (vgl. dazu nur BGHZ 7, 331, 333).

3. Freiheit des Gerichts. Das Gericht i.S.v. § 111 ist das Gericht in jeder Instanz. Ein Grundurteil 19 kann ergehen, wenn der Streit über den Grund entscheidungsreif ist. Der Erlass des Grundurteils steht im freien Ermessen des Gerichts. Das Gericht ist an Anträge der Beteiligten nicht gebunden und auf diese nicht angewiesen; eine Erörterung mit den Beteiligten wird im Regelfall angebracht sein.[18] Das Rechtsmittelgericht prüft die Zweckmäßigkeit des Zwischenurteils nicht nach.

Das Grundurteil ist nicht für alle Fallkonstellationen sinnvoll. Prinzipiell gelten hier die gleichen Über- 20 legungen wie beim Zwischenurteil (→ § 109 Rn. 16). Das Grundurteil kann dazu führen, dass der gleiche Rechtsstreit zweimal den Instanzenzug durchläuft und so die Verfahrensbeendigung verzögert.[19] Der Erlass eines Grundurteils liegt nahe, wenn etwa der Betrag nur über eine langwierige Beweisaufnahme ermittelt werden kann und die Streitfragen hinsichtlich des Grundes des Anspruchs schnell vorab zu entscheiden sind. Gleiches gilt, wenn anzunehmen ist, dass die Beteiligten spätestens nach dessen Rechtskraft den Streit über die Höhe vergleichsweise beilegen. Schließen sie einen solchen Vergleich außerhalb des Verfahrens, muss das Verfahren noch beendet werden. Es kann dies durch alle denkbaren Fallkonstellationen geschehen (Klagerücknahme, Prozessvergleich, evtl. auch übereinstimmende Erledigungserklärung oder Urteil).

4. Zwischenurteil über den Grund. a) Allgemein. Ob das Gericht ein Grundurteil erlassen hat, rich- 21 tet sich insbes. nach der Entscheidungsformel. Ergänzend kann aber die Überschrift des Urteils und die Entscheidungsbegründung, insbes. eine dort angeführte Verfahrensvorschrift herangezogen werden (BVerwGE 29, 191, 192; vgl. auch BGHZ 7, 331, 333 f.). Ein Zwischenurteil über den Grund erklärt den mit der Klage geltend gemachten Anspruch ganz oder teilweise dem Grunde nach für gerechtfertigt.[20] Es erkennt aber nicht den geltend gemachten Anspruch – weder insgesamt noch teilweise – ab oder zu (BVerwG NVwZ 1996, 175, 177).

Das Grundurteil ist zwar sachlich auch ein Feststellungsurteil, da es den Grund des Anspruchs fest- 22 stellt,[21] unterscheidet sich aber dennoch vom Feststellungsurteil, v.a. durch das Klageziel und die darauf abzielende Entscheidung. Das Grundurteil bezieht sich auf den Anspruch(-sgrund), das Feststellungsurteil auf ein Rechtsverhältnis. Die Grenze ist fließender, als es die Begriffe vermuten ließen, da ein Rechtsverhältnis auch auf einem Anspruch beruhen kann.

Das Grundurteil nach § 111 ermöglicht nach § 6 Abs. 2 VwGO, § 76 Abs. 2 AsylVfG die Übertragung 23 auf den Einzelrichter, auch nach mündlicher Verhandlung der Kammer. Anstelle des Urteils kann gem. § 84 Abs. 1 eventuell durch Gerichtsbescheid entschieden werden. Das Grundurteil enthält keine Kostenentscheidung.

b) Beschränkung auf positive Entscheidungen. Grundurteile entscheiden über den Grund des An- 24 spruchs, d.h. über den Grund des gesamten prozessualen Anspruchs und zwar zumindest teilweise in einem für den Kläger positiven Sinne. Besteht nach Ansicht des Gerichts der Anspruch schon dem Grunde nach nicht, auch nicht z.T., ergeht kein Grundurteil, sondern ein Endurteil. Das heißt aber nicht, beim Grundurteil wären – wie beim Zwischenurteil nach § 109 – nur positive Feststellungen möglich. Ist das Klagebegehren auf mehrere konkurrierende materiell-rechtliche Ansprüche zu stützen, können im Grundurteil einzelne Klagegründe ausgeschlossen werden, sofern wenigstens einer den prozessualen Anspruch trägt.[22] Das folgt schon daraus, dass im Grundurteil grds. alle Anspruchsgrundlagen abzuhandeln sind (vgl. BGHZ 72, 34, 36). Das Gericht kann aber auch ausnahmsweise nur einen Klagegrund heranziehen und die übrigen offenlassen, sofern eindeutig ist, dass diese keinen weitergehenden Anspruch vermitteln können.[23]

---

18 Vgl. *E. Schneider*, MDR 1978, 705.
19 Vgl. nur *E. Schilken*, ZZP 95 (1982), 45, 47.
20 BVerwG NVwZ 1996, 175, 177; BGHZ 7, 331, 333; *D. Leipold*, in: Stein/Jonas IV 1 § 304 Rn. 53.
21 Vgl. *K. Türpe*, MDR 1968, 453.
22 BVerwGE 60, 123, 126; *Kopp/Schenke* § 111 Rn. 2. A.M. *E. Bötticher*, JZ 1960, 240 ff.
23 *K. Türpe*, MDR 1968, 453, 456; *B. Clausing*, in: Schoch/Schneider/Bier § 111 Rn. 6; vgl. a. BGHZ 72, 34, 36; *E. Schneider*, MDR 1978, 705, 708; *E. Schilken*, ZZP 95 (1982), 45, 53. A.M. *M. Redeker*, in: Redeker/v. Oertzen § 111 Rn. 6.

25   Ist das Gericht sicher, dass der Anspruch der Höhe nach nicht besteht, so darf es kein Grundurteil erlassen, sondern muss die Klage mit Endurteil abweisen (vgl. BGHZ 89, 383, 387). Bestehen Zweifel darüber, ob der Anspruch der Höhe nach überhaupt besteht, bleibt das Grundurteil möglich.[24]

26   **c) Beschränkung auf den Grund des Anspruchs.** Das Grundurteil darf nur über den Grund des Anspruchs ergehen.[25] Eine Entscheidung über die Höhe des Anspruchs ist im Grundurteil unzulässig. Unzulässig wäre es auch, wenn das Gericht nicht nur über den Grund, sondern auch über das Bestehen des Anspruches als solchen entscheiden würde und nur die Entscheidung über die Einwendungen offenlassen würde.[26]

27   **d) Vollständige Entscheidung über den Grund.** Das Grundurteil muss den prozessualen Anspruch dem Grunde nach grds. vollständig erfassen.[27] Wird dem Anspruch nur teilweise – i.d.R. in Form einer Quote – dem Grunde nach stattgegeben, stellt sich die Frage, ob eine Abweisung im Übrigen durch Teilendurteil möglich oder notwendig ist. Die zivilprozessuale Lit. ist sich uneins,[28] im Verwaltungsprozess fehlt es bisher an einer einheitlichen Linie; eine Berechtigung ohne eine Pflicht zur Abweisung im Übrigen erscheint am naheliegendsten.

28   Beantragt der Kläger ausdrücklich nur die Verpflichtung der Behörde zur Anerkennung eines Anspruchs dem Grunde nach, ist ein diesem Antrag stattgebendes Urteil ein Endurteil und kein Grundurteil (BVerwGE 15, 114, 115). Ob der begehrte Ausspruch über den Grund überhaupt isoliert ergehen kann, richtet sich nach dem materiellen Recht und nicht nach der VwGO (BVerwG NVwZ 1996, 175, 177). Wird nur ein Teil des gesamten Anspruchs eingeklagt, kann über diesen Teil ein Grundurteil erlassen werden.

29   Eine Kombination von Grund- und Teilurteil ist möglich. Das Gericht kann die Klage vertikal aufteilen (Teilurteil) und das Teilurteil auf den Grund des abgetrennten Teils der Klage beschränken[29] oder bei einer Klagenhäufung mit zwei verschiedenen Klagen (z.B. Leistungsklage und Feststellungsklage) nur über die eine Klage ein Grundurteil erlassen (vgl. BGHZ 7, 331, 333 f.). Allerdings darf nur ein quantitativer, zahlenmäßig oder auf sonstige Weise bestimmter Teil des teilbaren Streitgegenstandes der Zwischenentscheidung durch das Grundurteil zugewiesen werden (vgl. BGHZ 108, 256, 260). So können etwa bei einem Gesamtanspruch, der auf mehrere selbständige Klagegründe, d.h. materielle Anspruchsgrundlagen, gestützt ist, die jede für sich einen selbständigen Teil des Gesamtanspruchs bilden und nicht nur alternative oder kumulative Begründungen für den gleichen Teil der Klageforderung darstellen, durch Teil- und Grundurteil einzelne Klagegründe angenommen (oder kombiniert auch ausgeschlossen) werden.[30] Ein isoliertes Teil-Grundurteil, das nur einen selbständigen Teil eines Gesamtanspruchs dem Grunde nach verneint, kann nicht ergehen, vielmehr ist in diesem Fall eine teilweise Klageabweisung geboten.[31]

30   Ein Grundurteil über einen Hilfsantrag darf erst nach Abweisung des Hauptanspruchs durch Teilendurteil ergehen.[32] Eine gleichzeitige, etwa alternative Stattgabe des Haupt- und des Hilfsantrages dem Grunde nach wäre unzulässig.

31   Nicht zulässig ist es, durch das Grundurteil bloße Einzelfragen der materiell-rechtlichen Anspruchsgrundlage oder einzelne materiell-rechtliche Streitfragen zu entscheiden.[33]

32   **e) Trennung von Grund und Betrag.** § 111 geht davon aus, Grund und Betrag eines Leistungsanspruchs ließen sich trennen. Diese Trennung lässt sich abstrakt genau ziehen. Zum Grund gehören

---

24   Vergleichbar *E. Schneider*, MDR 1978, 705, 706. A.M. *M. Redeker*, in: Redeker/v. Oertzen § 111 Rn. 2; s.a. BGH NJW 1999, 1706, 1709.
25   *J. Schmidt*, in: Eyermann § 111 Rn. 3.
26   *Kopp/Schenke* § 111 Rn. 6.
27   Vgl. BGHZ 108, 256, 259; BGH VersR 1980, 867, 868; für das finanzgerichtliche Verfahren *G. Rössler*, BB 1984, 204, 208.
28   Klageabweisung i.Ü. kann dem Schlussurteil im Betragverfahren überlassen bleiben: *K. Türpe*, MDR 1968, 627. A.M. (muss mit dem Grundurteil ergehen): *E. Schneider*, MDR 1978, 705, 706.
29   *M. Redeker*, in: Redeker/v. Oertzen § 111 Rn. 6; vgl. auch *E. Schneider*, MDR 1978, 705, 708.
30   BVerwGE 60, 123, 126; *Kopp/Schenke* § 111 Rn. 2; BGHZ 89, 383, 387 f. Demgegenüber ist bei einer Klagehäufung eine gesonderte abschließende Entscheidung über einen selbständigen Streitgegenstand nur im Wege des Teilurteils, aber nicht im Wege des Grundurteils möglich.
31   Vgl. *D. Leipold*, in: Stein/Jonas IV 1 § 304 Rn. 53; vgl. BGHZ 89, 383, 387 f.
32   *E. Schneider*, MDR 1978, 705, 709.
33   *B. Clausing*, in: Schoch/Schneider/Bier § 111 Rn. 6; vgl. auch BGHZ 80, 222, 224.

diejenigen Normen, Tatbestandsmerkmale und Sachverhaltselemente, die über das „ob" des Anspruchs entscheiden, nicht diejenigen, die über die Höhe des Anspruchs bestimmen. Im Konkreten fällt die Abgrenzung dagegen bei weitem nicht so eindeutig aus.[34] In gewissen Bereichen kann eine Zuordnung zum Grund oder Anspruch nicht ohne Werturteil gefällt werden. Es ist daher eine gewisse Freiheit des Gerichts, anzuerkennen, was es noch zum Grunde und was es zur Höhe zählt, insbes. muss dem Gericht die Möglichkeit verbleiben, im Urteil gewisse Zweifelsfälle dem Betragsverfahren ausdrücklich zuzuweisen.[35] Auf die Rspr. der Zivilgerichte, die wegen des erheblich weiteren Anwendungsbereichs von § 304 ZPO deutlich ausgearbeiteter ist, kann man grds. zurückgreifen.[36]

Versucht man eine gewisse Konkretisierung, gilt: Im Grundurteil sind die anspruchsbegründenden Fragen zu entscheiden. Zu erörtern ist demnach etwa die Anspruchsgrundlage, die Erfüllung ihrer Tatbestandsmerkmale, mitsamt eventuell notwendiger Kausalität und Eintritt eines Schadens, der Inhaber und der Gegner des Anspruchs, somit auch ein Anspruchsübergang (vgl. BGH VersR 1968, 69, 70), zumindest dann, wenn sie den gesamten Anspruch erfassen. Zu untersuchen sind weiter anspruchshemmende oder -vernichtende Einwendungen (Verzicht, Stundung, Erfüllung, Verwirkung, unzulässige Rechtsausübung, Verjährung etc.). Einwendungen, die nicht den Grund des Anspruchs betreffen, aber diesen eventuell vollständig ausschließen können (Aufrechnung,[37] mitwirkendes Verschulden), dürfen im Grundurteil ausgespart und dem Betragsverfahren überlassen bleiben, sofern das Gericht davon ausgeht, dass diese Einwendungen den konkreten Anspruch nicht vollständig ausschließen.[38] Keine Klarheit besteht bei der Laufzeit der Rente.[39] Ähnliche Probleme bereitet in der zivilgerichtlichen Rspr. die Zuordnung der verschiedenen (haftungsbegründenden, haftungsausfüllenden) Kausalitäten[40] und des Mitverschuldens.[41] Auch das Fehlen eines Betrags und das dadurch bedingte Ablehnen eines Anspruchs ist ein Umstand, der sowohl im Grundurteil als auch im Endurteil erörtert werden kann. 33

Die Zulässigkeits- und Sachurteilsvoraussetzungen sind Voraussetzungen für eine Entscheidung des Gerichts und gehören daher weder zum Grund noch zum Betrag des Anspruchs und unterliegen somit nicht den spezifischen Bindungswirkungen des Grundurteils. Sie sind aber selbstverständlich auch Voraussetzung für den Erlass eines Grundurteils und daher auch im Verfahren auf Erlass eines Grundurteils zu prüfen.[42] Will das Gericht in diesen Fragen aber eine Bindungswirkung herbeiführen, muss es ein Zwischenurteil nach § 109 erlassen. 34

f) Rechtskraft und Bindungswirkung. aa) Allgemein. Das Grundurteil ist nur der formellen, nicht jedoch der inneren materiellen Rechtskraft fähig, da es nicht über den gesamten Streitgegenstand entscheidet.[43] Ein Grundurteil bindet ab Erlass das erkennende Gericht im Betragsverfahren (gem. § 173 VwGO i.V.m. § 318 ZPO) und im weiteren Verlauf des Verfahrens ab Rechtskraft bzw. Abschluss des Rechtsmittelverfahrens auch die Rechtsmittelgerichte, gem. § 173 VwGO i.V.m. § 557 Abs. 2 ZPO. Zu den unanfechtbaren Entscheidungen i.S.v. § 557 ZPO zählen auch Zwischenurteile, die – wie das Grundurteil nach § 111 – gem. § 132 Abs. 1 gesondert mit der Revision angreifbar sind.[44] So ist etwa auch das Berufungsgericht an sein eigenes Grundurteil gebunden, auch wenn es in einem zweiten Berufungsverfahren in der gleichen Sache mit dem Vorgang erneut befasst wird.[45] Die Bindungswirkung greift auch hinsichtlich einzelner Tatbestandselemente, die inzident bejaht wurden, ohne vom Gericht 35

---

34 Vgl. nur *K. Türpe*, MDR 1968, 627.

35 Dazu nur *E. Schneider*, MDR 1978, 705, 707.

36 *M. Redeker*, in: Redeker/v. Oertzen § 111 Rn. 3.

37 Dazu BGHZ 11, 63 ff.; ein Vorbehalts-Grundurteil ist möglich – *K. Türpe*, MDR 1968, 627, 630; *E. Schneider*, MDR 1978, 793, 795.

38 *B. Clausing*, in: Schoch/Schneider/Bier § 111 Rn. 6; vgl. auch BGH VersR 1968, 69 f.; vgl. aber auch BGH NJW 1965, 1763: Im Betragsverfahren kann nicht noch mit einer Forderung aufgerechnet werden, die schon im Verfahren über den Grund des Anspruchs hätte geltend gemacht werden können.

39 *M. Redeker*, in: Redeker/v. Oertzen § 111 Rn. 3 könne ins Grundurteil gefasst werden. A.M. *Kopp/Schenke* § 111 Rn. 5 (gehöre ins Betragsverfahren).

40 Vgl. BGHZ 89, 383, 388; 108, 256, 259; BGH NJW 1961, 1465, 1466; VersR 1980, 867 f.

41 *E. Schneider*, MDR 1978, 793, 796.

42 *K. Türpe*, MDR 1968, 627.

43 BGH NJW-RR 1987, 1196, 1197; *M. Redeker*, in: Redeker/v. Oertzen § 111 Rn. 7; *Kopp/Schenke* § 111 Rn. 7.

44 *J. Schmidt*, in: Eyermann § 111 Rn. 3; *M. Redeker*, in: Redeker/v. Oertzen § 111 Rn. 7; vgl. aber auch *D. Leipold*, in: Stein/Jonas IV 1 § 304 Rn. 60, der die Bindungswirkung von der formellen Rechtskraft vollständig abkoppeln will.

45 Vgl. BGH NJW-RR 1987, 1196, 1197; *Kopp/Schenke* § 111 Rn. 7.

oder den Beteiligten problematisiert worden zu sein (vgl. BGH VersR 1968, 69 f.). Einwände gegen die materielle Richtigkeit der entsprechenden Aussagen des Grundurteils sind damit im Betragsverfahren grds. ausgeschlossen. Die Bindungswirkung eines stattgebenden Grundurteils für das Betragsverfahren geht aber nicht so weit, dass es dem Gericht im Betragsverfahren untersagt wäre, festzustellen, dass kein auszuzahlender Betrag bestünde.[46]

36 **bb) Einschränkungen.** Die Bindungswirkung erfährt wiederum erhebliche Einschränkungen, v.a. aus dem Gedanken, dass die Prozessordnungen für das Zwischenurteil nur bestimmte Formen vorsehen und den Gerichten kein freies Kreationsrecht zusteht. Urteilssprüche, die über die zulässigen Formen hinausgehen, sind auf einen unzulässigen Urteilsspruch gerichtet und unterfallen insofern der Kategorie des nichtigen Urteils. Da nichtige Urteile aber der formellen Rechtskraft fähig sind, beziehen sich die folgenden Ausnahmen auch nur auf die Bindungswirkung und nicht auf die formelle Rechtskraft (ungenau insofern BGHZ 10, 361, 362).

37 **aaa) Veränderung der Tatsachen.** Die Bindungswirkung eines Grundurteils erfährt nach allgemeiner Auffassung in entsprechender Anwendung des § 767 Abs. 2 ZPO eine Einschränkung. Einwendungen, die den Grund des Anspruchs betreffen, sind dann noch im Betragsverfahren zu berücksichtigen, wenn sie auf Umständen beruhen, die erst nach dem Schluss der mündlichen Verhandlung entstanden sind.[47] Durch diese nachträglichen Einwendungen verliert das Grundurteil nicht insgesamt seine Bindungswirkung. Das Grundurteil kann nur die Berücksichtigung solcher Einwendungen nicht ausschließen. Entscheidend ist der Zeitpunkt der Entstehung der Einwendungen, nicht der Zeitpunkt der Kenntnisnahme des Gerichts. Im Falle der Abtretung einer Forderung ist die Kenntnis des Schuldners von der Abtretung eine selbständige rechtserhebliche Tatsache, da dieser ab diesem Zeitpunkt nach § 407 BGB nur noch an den Zessionar mit befreiender Wirkung leisten kann.[48]

38 **bbb) Unzulässige Ausführungen.** Ausführungen, die sich nicht mit dem Grund des Anspruchs befassen, entfalten keine Bindungswirkung. Dies gilt etwa für Ausführungen zur Höhe des Anspruchs[49] und für Erörterungen über die Zulässigkeit. Grundurteile können auch insgesamt unzulässig sein, etwa wenn kein Streit über den Grund bestand (vgl. BGH NJW 1989, 1148, 1149).

39 **ccc) Unvollständiges Zwischenurteil.** Entscheidet das Gericht nicht vollständig, sondern nur teilweise über den Grund, indem es Einwendungen, die den Grund betreffen, dem Betragsverfahren zuweist, so kann das Grundurteil insoweit keine Bindungswirkung entfalten. Diese Fragen müssen dann im Betragsverfahren behandelt werden.[50] Die im Grundurteil enthaltenen Ausführungen binden aber dennoch die Gerichte im Rechtsmittelzug, sofern sie sich auf den Grund beziehen.[51] Werden allerdings eindeutig anspruchsbegründende Fragen ausdrücklich dem Betragsverfahren zugewiesen, ist zum Schutz der Voraussetzungen des § 111 insgesamt ein unzulässiges Grundurteil anzunehmen, das überhaupt keine Bindung entfalten kann (a.M. BGH NJW 1961, 1465, 1466).

40 **ddd) Übersehene Gesichtspunkte.** Einwendungen, die das Gericht übersehen hat, sollen ebenfalls im Nachverfahren behandelt werden können. Da das Urteil nach § 111 über den Grund insgesamt entscheidet, ist diese Einschränkung nicht überzeugend. Will das Gericht Einwendungen, die den Grund, aber auch die Höhe betreffen, dem Betragsverfahren vorbehalten, muss es dies im Tenor oder wenigstens in den Entscheidungsgründen verdeutlichen. Unterbleibt dies, ist der Vortrag von Einwendungen, die schon im Grundverfahren (rechtlich) hätten vorgetragen werden können, im Betragsverfahren verwehrt; dies entspricht auch der h.L. im Zivilprozess.[52]

---

46 *Kopp/Schenke* § 111 Rn. 7.
47 *Kopp/Schenke* § 111 Rn. 8 m.w.N.; *J. F. Lindner*, in: Posser/Wolff § 111 Rn. 8; *J. P. Terhechte*, in: HK-VerwR VwGO § 111 Rn. 10.
48 Deshalb entfällt die Bindungswirkung eines Grundurteils in Bezug auf die Aktivlegitimation des Klägers und/oder dessen Bestimmung als Leistungsempfänger, wenn der Beklagte erstmals nach Schluss der mündlichen Verhandlung, aufgrund derer das Grundurteil erging, erfährt, dass der dem Grunde nach für gerechtfertigt erklärte Anspruch abgetreten ist – vgl. OVG Saarlouis 12.12.1994 – 1 R 20/92.
49 *B. Clausing*, in: Schoch/Schneider/Bier § 111 Rn. 10; vgl. BGHZ 10, 361, 362; *Kopp/Schenke* § 111 Rn. 8.
50 *J. Schmidt*, in: Eyermann § 111 Rn. 4.
51 *J. Schmidt*, in: Eyermann § 111 Rn. 3.
52 *K. Türpe*, MDR 1968, 627, 628; *E. Schneider*, MDR 1978, 793, 794.

g) Rechtsmittel. Das Grundurteil ist, wie das Zwischenurteil nach § 109, mit Rechtsmitteln selbstän- 41
dig anfechtbar (BVerwG NVwZ 1996, 175, 176). Ob das Gericht ein Grundurteil erlassen durfte, ist
im Revisionsverfahren als Sachurteilsvoraussetzung im weiteren Sinne auch ohne Verfahrensrüge von
Amts wegen zu prüfen (BVerwG NVwZ 1996, 175, 176). Ein Grundurteil, das verfahrensrechtlich
nicht ergehen durfte, ist fehlerhaft. Das BVerwG hat bei einem Grundurteil i.R. einer Verpflichtungsklage die Rechtsverletzung an §§ 111 S. 1, 113 Abs. 5 angeknüpft.[53] Ein angefochtenes unzulässiges
Grundurteil kann, i.R. der Rechtsmittelanträge, eventuell im Wege der Auslegung oder Umdeutung als
Endurteil aufrechterhalten werden, sofern die Entscheidungsgründe oder der Gesamtinhalt des Berufungsurteils Anhaltspunkte für einen dahingehenden Willen des Berufungsgerichts enthalten (ausf.
BVerwG NVwZ 1996, 175, 177). Ob in einer Umdeutung eines unzulässigen Grundurteils in ein Endurteil eventuell ein Verstoß gegen das reformatio-in-peius-Verbot liegen kann, hat das BVerwG ausdrücklich offengelassen (BVerwG NVwZ 1996, 175, 177).

Scheidet eine Umdeutung des Urteils aus, wird das Grundurteil, wenn es insgesamt fehlerhaft ist, vom 42
Rechtsmittelgericht aufgehoben[54] und i.d.R. an die Vorinstanz zurückverwiesen (BVerwGE 24, 253,
260; HmbOVG NVwZ 1990, 682, 684). Durch die Zurückverweisung werden die getrennten Teile
wieder zusammengeführt (HmbOVG NVwZ 1990, 682, 684). Übersieht das Berufungsgericht den
Mangel des verfahrensrechtlich unzulässigen Zwischenurteils, so kann das Revisionsgericht dieses an
das erstinstanzliche Gericht verweisen (BVerwGE 24, 253, 260; vgl. auch BVerwG NJW 1962, 650 f.).
Ist eine Entscheidung in der Sache möglich, so kann auch das Revisionsgericht das fehlerhafte Zwischenurteil ggf. durch ein verfahrensrechtlich zulässiges Urteil ersetzen.[55]

5. Betragsverfahren. § 111 S. 2 regelt das Betragsverfahren. Das Gericht kann mit dem Erlass des 43
Grundurteils die Verhandlung über den Betrag anordnen. Ein Antrag ist nicht notwendig. Wird das
Grundurteil rechtskräftig, ist die Weiterverhandlung über den Betrag der Sache selbstverständlich.
Wird das Grundurteil angefochten, so ist eine Verhandlung über die restlichen Fragen nach dem ein-
deutigen Wortlaut von § 111 S. 2 zwar nicht ausgeschlossen, aber nicht sinnvoll. Zum einen liegen die
Prozessakten beim Rechtsmittelgericht, zum anderen steht die Entscheidung zum Betragsverfahren un-
ter der auflösenden Bedingung, dass das Rechtsmittelgericht nicht das Grundurteil aufhebt und die
Klage abweist.[56] Ergeht ein Endurteil im Betragsverfahren vor Rechtskraft des Grundurteils, so steht
dies unter der stillschweigenden auflösenden Bedingung der Aufrechterhaltung des Zwischenurteils
über den Grund.[57]

Im Betragsverfahren sind Einwendungen und Einreden gegen den Grund des Anspruchs grds. unstatt- 44
haft.[58] Es sind die Fragen zu behandeln, die nicht durch das Grundurteil entschieden wurden, d.h. der
Betrag, ggf. die nachträglich entstandenen Einwände gegen den Grund des Anspruchs und die Zulässigkeit (→ Rn. 34, 37). Der Begriff „Betragsverfahren" ist daher ungenau. Die Klage kann auch noch
im Betragsverfahren insgesamt abgewiesen werden. Dies ist der Fall, wenn eine Sachurteilsvoraussetzung fehlt,[59] eine anspruchshindernde oder -vernichtende Einwendung nach Erlass des Grundurteils
entstanden ist[60] oder kein auszuzahlender Betrag besteht.

Wird die Klage im Nachverfahren im Wege der Klagehäufung erweitert, ist der Klagegrund für die Er- 45
weiterung im Nachverfahren zu prüfen.[61] Wird nur der Anspruch dem Betrag nach im Nachverfahren
erweitert, ohne dass dies auf einen neuen Klagegrund gestützt wird, kann dadurch die Bindungswirkung des Grundurteils nicht nachträglich infrage gestellt werden.

---

53 BVerwGE 24, 253, 260; BVerwG NVwZ 1996, 175, 176; HmbOVG NVwZ 1990, 682, 684.
54 BVerwGE 24, 253, 257; BVerwG NVwZ 1996, 175, 177; HmbOVG NVwZ 1990, 682, 684; wegen der gleichzeitig
   mit entschiedener Revision gegen das Endurteil unklar BVerwGE 25, 243, 244: Für ein Zwischenurteil sei kein Raum
   gewesen, die Revision müsse dennoch ohne Erfolg bleiben, da das Zwischenurteil den Kläger nicht belaste.
55 BVerwG NVwZ 1996, 175, 177: Ersetzung eines unzulässigen Grundurteils durch ein Bescheidungsurteil.
56 *J. F. Lindner*, in: Posser/Wolff § 111 Rn. 9.
57 *D. Leipold*, in: Stein/Jonas IV 1 § 304 Rn. 68.
58 *D. Leipold*, in: Stein/Jonas IV 1 § 304 Rn. 64.
59 *J. Schmidt*, in: Eyermann § 111 Rn. 4.
60 *J. Schmidt*, in: Eyermann § 111 Rn. 4.
61 *J. Schmidt*, in: Eyermann § 111 Rn. 4.

§ 112 [Besetzung des Gerichts]

Das Urteil kann nur von den Richtern und ehrenamtlichen Richtern gefällt werden, die an der dem Urteil zugrunde liegenden Verhandlung teilgenommen haben.

Schrifttum

Beiträge in Zeitschriften: *M. Dolderer,* Die Wiedereröffnung der mündlichen Verhandlung vor dem Verwaltungsgericht, DÖV 2000, 491; *C. Gusy,* Rechtliches Gehör durch abwesende Richter? – BVerwG, NJW 1986, 3154, JuS 1990, 712; *H. Kirchner,* Erneute Stellung der Anträge bei Richterwechsel (§ 137 Abs. 1 ZPO)?, NJW 1971, 2158; *W. Krause,* Gesetzlicher Richter und schriftliches Verfahren, MDR 1982, 184; *M. Vollkommer,* Richterwechsel nach dem Schluß der mündlichen Verhandlung im Zivilprozeß, NJW 1968, 1309; *B. Volmer,* Richterwechsel im schriftlichen Urteilsverfahren, NJW 1970, 1300.

I. Allgemein

1   Nach § 112 ist der Rechtsstreit aufgrund des unmittelbaren Eindrucks der Beweisaufnahme und der mündlichen Verhandlung zu entscheiden. § 112 sichert verschiedene verfahrensrechtliche Grundsätze. Er ist zunächst Ausfluss der Grundsätze der Mündlichkeit des Verfahrens (§ 101 Abs. 1) und der Unmittelbarkeit der Beweisaufnahme (§ 96 Abs. 1).[1] Er ergänzt § 108 Abs. 1 S. 1, indem er die Identität der verhandelnden und entscheidenden Richter fordert.[2] Er garantiert auch die Gewähr des rechtlichen Gehörs in effektiver Weise.[3] Der Richterwechsel ist der praktische Fall, auf den § 112 zielt. Für diese Konstellation verpflichtet er die nunmehr zur Entscheidung berufenen Richter eventuell zur Wiederholung wesentlicher Verfahrensschritte. Durch die Absicherung des Verfahrens will § 112 auch Gewähr dafür bieten, dass das Urteil inhaltlich sachlich zutreffend ist.[4]

2   § 112 ist keine Besonderheit der VwGO. Er entspricht inhaltlich § 309 ZPO und gilt seit Inkrafttreten der VwGO unverändert. Frühere Verwaltungsprozessgesetze kannten keine vergleichbaren Regelungen.[5]

II. Der Normgehalt im Einzelnen

3   **1. Urteilserlass. a) Urteile.** § 112 gilt nur für Urteile, und zwar jeder Art, d.h. auch Teil-, Zwischen- und Grundurteile, aber nur, wenn diese aufgrund mündlicher Verhandlung ergehen. Er gilt weiter gem. § 173 VwGO i.V.m. § 329 Abs. 1 S. 2 ZPO nach einhelliger Ansicht entsprechend für Beschlüsse, die aufgrund mündlicher Verhandlung gefasst werden, und dies, obwohl in § 122 der Verweis auf § 112 fehlt.[6]

4   **b) Urteilsfindung.** Fällung ist die Beschlussfassung über den Tenor, einschließlich der notwendigen Nebenentscheidungen (vgl. § 55 VwGO i.V.m. §§ 192 ff. GVG). Eine Abänderung des einmal gefällten Urteils, sofern es noch nicht bindend geworden ist, ist durch § 112 nicht ausgeschlossen, sofern diejenigen Richter mitwirken, die der mündlichen Verhandlung beiwohnten.[7] Die Verkündung des Urteils wird von dem Begriff der Urteilsfällung nicht mehr erfasst[8] und muss daher nicht durch dieselben Richter erfolgen, die in der mündlichen Verhandlung anwesend waren (BVerwGE 50, 79; 91, 242, 243). Aus § 112 folgt auch keine Pflicht, das Urteil von allen beteiligten Richtern unterschreiben zu lassen. Diese ergibt sich vielmehr aus § 117.[9]

5   **2. Teilnahme an der mündlichen Verhandlung. a) Begriff der mündlichen Verhandlung.** Die dem Urteil nach § 112 zugrunde liegende Verhandlung soll nach gängiger Formulierung nur die Verhandlung (gemeint ist der Verhandlungstermin) sein, die der Entscheidungsfällung unmittelbar vorausgeht.[10]

---

1   *Kopp/Schenke* § 112 Rn. 1.
2   *J. Schmidt,* in: Eyermann § 112 Rn. 1; VGH Mannheim NVwZ-RR 2008, 429.
3   BVerwG Buchholz 427.6 § 15 BFG Nr. 31 (S. 15); s.a. *C. Gusy,* JuS 1990, 712, 713 ff.
4   *Kopp/Schenke* § 112 Rn. 1.
5   *Koehler* § 112 Anm. I 2.
6   *Schunck/De Clerck* § 112 Anm. 2; *M. Redeker,* in: Redeker/v. Oertzen § 112 Rn. 2; *J. Schmidt,* in: Eyermann § 112 Rn. 4; *J. P. Terhechte,* in: HK-VerwR VwGO § 112 Rn. 3.
7   *B. Clausing,* in: Schoch/Schneider/Bier § 112 Rn. 5.
8   BVerwGE 50, 79; *Klinger* § 112 Anm. A; *Koehler* § 112 Anm. II 2.
9   *Schunck/De Clerck* § 112 Anm. 1 b.
10   BVerwGE 50, 79; BVerwG NVwZ 1985, 562 f.; NJW 1986, 3154, 3155; Buchholz 310 § 112 Nr. 1; *J. Schmidt,* in: Eyermann § 112 Rn. 1; *B. Clausing,* in: Schoch/Schneider/Bier § 112 Rn. 3 a; *Kopp/Schenke* § 112 Rn. 2. A.M. VGH

§ 112 verlange nur, dass bei einer mündlichen Verhandlung, die sich über mehrere Verhandlungstermine erstreckt hat, das Urteil von denjenigen Richtern gefällt wird, die am letzten Verhandlungstermin teilgenommen haben. Nicht ganz spannungsfrei dazu wird gleichzeitig aus § 112 gefolgert, dass bei einem Richterwechsel zwischen zwei Verhandlungsterminen die wesentlichen Ergebnisse der bisherigen mündlichen Verhandlung zu Beginn der neuen mündlichen Verhandlung eingeführt werden müssen[11] (→ Rn. 8). Gemeint ist folgendes: Verhandlung i.S.v. § 112 ist der letzte Verhandlungstermin, vorausgesetzt dieser kann als Abschluss der mündlichen Verhandlung verstanden werden. Einen Abschluss bildet er dann, wenn der Zusammenhang zu früheren Verhandlungsterminen durch Personenidentität der Richter oder durch Einführung des bisherigen Verlaufs in den letzten Verhandlungstermin sichergestellt ist.

§ 112 erfordert demnach nicht die Teilnahme derselben Richter an allen Terminen. Der Grundsatz der 6 Einheitlichkeit der mündlichen Verhandlung, die die verschiedenen Verhandlungstermine verknüpft, ist für § 112 zwar nicht irrelevant,[12] verlangt aber keine Personenidentität an allen Sitzungstagen.

b) Der Richterwechsel. Jeder Richterwechsel ist nicht nur unter dem Gesichtspunkt des gesetzlichen 7 Richters, sondern auch aus dem Blickwinkel des § 112 rechtfertigungsbedürftig, im Einzelnen ist dabei zu differenzieren.

aa) Richterwechsel zwischen zwei Verhandlungstagen. Trotz der primären Beschränkung von § 112 8 auf den letzten Verhandlungstermin kommt § 112 aber auch bei einem Richterwechsel zwischen zwei Verhandlungsterminen Bedeutung zu (BVerwG NVwZ 1985, 562 f.; NVwZ-RR 1990, 166 f.). § 112 ist bei einem Wechsel zwischen zwei Verhandlungsterminen grds. gewahrt, wenn der Berichterstatter, wie in § 103 Abs. 2 vorgeschrieben, den Sachverhalt einschließlich des Prozessverlaufs in der mündlichen Verhandlung vorträgt (BVerwG NVwZ-RR 1990, 166 f.; Buchholz 310 § 112 Nr. 5 [nur LS]). Ob diese Unterrichtung zu den für die mündliche Verhandlung vorgeschriebenen Förmlichkeiten gehört, die nach § 105 VwGO i.V.m. § 165 ZPO nur durch das Protokoll bewiesen werden können, hat das BVerwG offengelassen (BVerwG 15.11.1996 – 7 B 273/96). Die Einführung kann sich dabei auf das Wesentliche beschränken (→ § 103 Rn. 34 ff.). Die Unterrichtung über den vollständigen Sach- und Streitstoff kann nicht nur i.R. des Sachberichts in der mündlichen Verhandlung, sondern auch auf anderem Wege erfolgen.[13] Die vor dem Richterwechsel zwischen mehreren Verhandlungsterminen vorgenommenen richterlichen Akte (Beweiserhebung etc.) wirken fort und können verwertet werden. Anträge müssen nicht neu gestellt werden.[14] Denkbar ist es daher, dass an der letzten mündlichen Verhandlung nur Richter mitwirken, die an den früheren Verhandlungen nicht mitgewirkt haben.[15] Die das Urteil erlassenden Richter müssen sich um eine hinreichend sichere Entscheidungsgrundlage bemühen (BVerwG DÖV 1989, 906 f.). Entscheidende Beweisaufnahmen, insbes. dann, wenn es auf den persönlichen Eindruck ankommt, sind eventuell zu wiederholen.[16] Dies ist bei den Kriegsdienstverweigerungsverfahren besonders genau zu prüfen.[17]

bb) Richterwechsel nach dem letzten mündlichen Verhandlungstermin. Tritt ein Richterwechsel nach 9 Abschluss der mündlichen Verhandlung vor Beschlussfassung über dieses Urteil ein, kann das Urteil nur ergehen, wenn in der mündlichen Verhandlung ggf. auch eine vorher erfolgte Beweisaufnahme unter Beteiligung des Nachfolgers nochmals wieder aufgenommen (§ 104 Abs. 3 S. 2) und die Verhandlung wiederholt wird. Bei der Wiederholung der mündlichen Verhandlung genügt es im Regelfall – vergleichbar wie beim Wechsel zwischen zwei Verhandlungsterminen –, dass über den bisherigen Verlauf berichtet und die Niederschrift der Beweisaufnahme verlesen wird. Eine erneute Beweisaufnahme

---

Mannheim VBlBW 1985, 333; *C. Gusy,* JuS 1990, 712, 713: § 112 verlange Identität bei allen Terminen, bei denen die Verhandlung nur vertagt wurde, da dann noch eine einheitliche Verhandlung vorliegt.

11 BVerwG NVwZ 1985, 562 f.; NVwZ-RR 1990, 166 f.

12 So aber *Kopp/Schenke* § 112 Rn. 2.

13 BVerwG NJW 1986, 3154, 3155 f.; BVerwG Buchholz 310 § 112 VwGO Nr. 13.

14 Vgl. *H. Kirchner,* NJW 1971, 2158 f.

15 *B. Clausing,* in: Schoch/Schneider/Bier § 112 Rn. 4.

16 BVerwG NJW 1986, 3154, 3155; *J. Schmidt,* in: Eyermann § 112 Rn. 2; *M. Redeker,* in: Redeker/v. Oertzen § 112 Rn. 1 a; *B. Clausing,* in: Schoch/Schneider/Bier § 112 Rn. 4.

17 Die Rspr. ist hier eher großzügig, vgl. BVerwG Buchholz 448.0 § 34 WpflG Nr. 21 und Buchholz 310 § 112 VwGO Nr. 5 (nur LS).

ist nur notwendig, sofern es auf den persönlichen Eindruck ankommt. Die Beteiligten müssen erneut Gelegenheit erhalten, gem. § 108 Abs. 2 Stellung zu nehmen und ihre Anträge zu stellen.[18]

10   **c) Die verpflichteten Personen. aa) Der Einzelrichter.** Wie der Text ausdrücklich hervorhebt, gilt die Vorschrift sowohl für die Berufsrichter als auch für die ehrenamtlichen Richter (VGH Mannheim NVwZ-RR 2008, 429). § 112 gilt auch für Einzelrichterverfahren.[19] Wird dem Einzelrichter die Sache nach der letzten mündlichen Verhandlung übertragen, muss – bei materiellem Verständnis des § 112 – dieser zunächst eine Verhandlung durchführen, um dann zu entscheiden.[20] Bei einem Richterwechsel zwischen zwei Terminen ist in diesen Fällen zwar keine Einführung in den Prozessstoff durch einen Richter möglich, der die vorausgehenden Verhandlungen verfolgen konnte, dennoch müssen deshalb nicht auf jeden Fall die früheren Verhandlungen wiederholt werden, eine Einführung (nach Aktenlage) kann ausreichen, ist aber auch erforderlich.

11   **bb) Der Ergänzungsrichter.** Ergänzungsrichter, die an der letzten mündlichen Verhandlung vollständig teilgenommen (s. zum Ergänzungsrichter BVerwG DVBl 1981, 493) und Gelegenheit hatten, sich einen vollständigen Eindruck von dem Verfahren zu machen, dürfen bei einem Richterwechsel nach der letzten mündlichen Verhandlung die Stelle des scheidenden Richters einnehmen.[21] Eine Wiederaufnahme der mündlichen Verhandlung ist dann nicht notwendig.

12   **d) Die Teilnahme. aa) Verweis auf andere Vorschriften.** Welche Richter an der mündlichen Verhandlung teilzunehmen haben, ergibt sich aus dem Geschäftsverteilungsplan und nicht aus § 112.[22] § 112 ist keine Vorschrift, die die Besetzung des Gerichts i.S.v. Art. 101 GG näher ausformt.[23] Eine Rüge der Verletzung der Vorschriften über die ordnungsmäßige Besetzung des Gerichts kann nicht mit dem Wechsel in der Besetzung der Richterbank zwischen zwei Terminen eines Rechtsstreits begründet werden, sofern dieser nach den gesetzlichen und internen Regeln ordnungsgemäß war. Es gibt im Verwaltungsprozess keine Regelung des Inhalts, die einmal in mündlicher Verhandlung und Beweisaufnahme mit einer Sache befasst gewesen Richter müssten auch bis zur Entscheidung mit dieser Sache befasst bleiben (BVerwG NJW 1986, 3154, 3155).

13   **bb) Die geistige Teilnahme.** Die Teilnahme soll den Richtern ermöglichen, entscheidungserhebliches Vorbringen zur Kenntnis zu nehmen und zu berücksichtigen (BVerwG Buchholz 427.6 § 15 BFG Nr. 31 [S. 15]). Teilnahme meint daher nicht nur die körperliche, sondern auch die geistige Anwesenheit aller Richter in der mündlichen Verhandlung, die dem Urteil i.S.d. § 112 zugrunde liegt. Voraussetzung hierfür ist, dass der Richter körperlich und geistig in der Lage ist, die Verhandlung in allen ihren wesentlichen Abschnitten zu verfolgen (BVerwG NJW 1981, 413 f.; ZBR 1982, 30 f.; NJW 1986, 2721). Tiefer Schlaf begründet einen Verstoß gegen die Teilnahmepflicht, kurzes Schließen der Augen oder kurze „Absenzen" dagegen noch nicht.[24]

III. Verstoß gegen § 112

14   Ein Verstoß gegen § 112 ist ein wesentlicher Verfahrensmangel und rechtfertigt zunächst die Berufung (§ 124 Abs. 2 Nr. 5) und die Revision (§ 132 Abs. 2 Nr. 3).[25] Eine Verletzung von § 112 führt ausnahmsweise nicht zur Zulassung der Berufung wegen eines Verfahrensmangels (§ 124 Abs. 2 Nr. 5), wenn dieser Verfahrensverstoß für die Entscheidung des VG nicht erheblich sein konnte (VGH Mannheim NVwZ-RR 2000, 399 f.). Der Tatbestand gem. § 138 Nr. 1[26] kann gegeben sein.[27] Nach der

---

18 *Kopp/Schenke* § 112 Rn. 4.
19 BVerwG Buchholz 402.25 § 31 AsylVfG Nr. 1; *B. Clausing*, in: Schoch/Schneider/Bier § 112 Rn. 6; *J. F. Lindner*, in: Posser/Wolff § 112 Rn. 1.
20 *B. Clausing*, in: Schoch/Schneider/Bier § 112 Rn. 6; vgl. auch OLG Köln NJW 1977, 1159.
21 *Schunck/De Clerck* § 112 Anm. 1 a; *J. Schmidt*, in: Eyermann § 112 Rn. 1.
22 *B. Clausing*, in: Schoch/Schneider/Bier § 112 Rn. 3.
23 BVerfG 27.7.1989 – 1 BvR 830/89; BVerwG ZOV 2011, 123 ff. A.M. wohl BVerwG DÖV 1989, 906 f.; *B. Clausing*, in: Schoch/Schneider/Bier § 112 Rn. 2, 10; *Kopp/Schenke* § 112 Rn. 1.
24 BVerwG ZBR 1982, 30 f. (in Anknüpfung an § 108 und nicht an § 112); *J. F. Lindner*, in: Posser/Wolff § 112 Rn. 4.
25 *B. Clausing*, in: Schoch/Schneider/Bier § 112 Rn. 10.
26 VGH Mannheim VBlBW 1985, 333 f.; *Schunck/De Clerck* § 112 Anm. 1 d; *M. Redeker*, in: Redeker/v. Oertzen § 112 Rn. 2; *B. Clausing*, in: Schoch/Schneider/Bier § 112 Rn. 10; eventuell auch Nr. 3: *Kopp/Schenke* § 112 Rn. 1.
27 *Kopp/Schenke* § 112 Rn. 1; *Schunck/De Clerck* § 112 Anm. 1 d.

Rspr. bildet allerdings ein zu Unrecht unterbliebener Sachvortrag nach einem Richterwechsel keinen absoluten Revisionsgrund (BVerwG Buchholz 310 § 103 VwGO Nr. 5). Er ist nur erheblich, wenn er zu einer fehlenden oder mangelhaften Unterrichtung der mitwirkenden Richter und damit zu einer unzureichenden Entscheidungsgrundlage geführt hat (BVerwG ZOV 2011, 123). Eine Zurückverweisung nach § 130 Abs. 2 Nr. 2 und wohl auch nach § 133 Abs. 6 ist möglich.[28] Die Verletzung stellt zudem einen Wiederaufnahmegrund gem. § 153 VwGO i.V.m. § 579 Abs. 1 Nr. 1 ZPO dar.[29] Eine Missachtung von § 112 verletzt entgegen einer starken Literaturansicht[30] nicht Art. 101 Abs. 1 S. 2 GG.[31] Bei willkürlicher Handhabung von § 112 kann eine Verletzung von Art. 103 Abs. 1 GG vorliegen, die den Weg der Verfassungsbeschwerde eröffnet.[32]

IV. Verfahren ohne mündliche Verhandlung

1. Ausschluss des § 112. § 112 ist unanwendbar, wenn ein Urteil oder ein verfahrensbeendender Be- 15 schluss ohne mündliche Verhandlung ergeht[33] oder wenn das Gericht durch Gerichtsbescheid (§ 84) bzw. durch Beschluss nach § 130a entscheidet.[34] Das Gleiche gilt, wenn das Verfahren zunächst mit mündlicher Verhandlung begonnen wurde, dann aber gem. § 101 Abs. 2 ins schriftliche Verfahren übergeht.[35] Ein Richterwechsel zwischen mündlicher Verhandlung und Urteil ist möglich (OVG Magdeburg LKV 2003, 185 f.). Die Verfahrensgrundsätze für das schriftliche Verfahren richten sich nicht nach § 112.[36] Das BVerwG nimmt allerdings einen Verstoß gegen § 112 an, wenn in dem einer mündlichen Verhandlung nachfolgenden schriftlichen Verfahren Umstände verwertet werden, die Gegenstand der mündlichen Verhandlung waren und nicht aus den Akten ersichtlich sind.[37] Die Zuordnung dieser Fehler zu § 112 sollte aufgegeben werden, da es ein Fehler des schriftlichen Verfahrens darstellt.

2. Das schriftliche Verfahren. Welche Anforderungen für die Tatsachenverwertung im schriftlichen 16 Verfahren gelten, richtet sich nach anderen prozessualen Regeln, insbes. nach §§ 108 Abs. 1 S. 1 und 86 Abs. 1 (BVerwG DÖV 1989, 906 f.). Danach kann die Entscheidung nicht in einem beliebigen Verfahren beschlossen werden. Ein Umlaufverfahren erscheint allerdings nicht von vornherein ausgeschlossen.[38] Ein Rückgriff im schriftlichen Verfahren auf frühere mündliche Verhandlungen ist nur möglich, sofern sich die Ergebnisse aus den Akten ergeben[39] oder zumindest von einem Richter, der an der mündlichen Verhandlung teilgenommen hat, berichtet werden.[40] Auch das im schriftlichen Verfahren erlassene Urteil muss von den Richtern erlassen werden, die nach dem Geschäftsverteilungsplan zur Mitwirkung berufen sind. Das Urteil wird von den Richtern gefällt, die an der letzten Beratung teilnehmen. Es muss von den Richtern unterschrieben werden, die an der Beschlussfassung über die Urteilsformel beteiligt waren. An die Stelle der Verkündung tritt im schriftlichen Verfahren dann die Zustellung an die Beteiligten (§ 116 Abs. 3).[41]

---

28 *B. Clausing*, in: Schoch/Schneider/Bier § 112 Rn. 10.
29 *Kopp/Schenke* § 112 Rn. 1; *M. Redeker*, in: Redeker/v. Oertzen § 112 Rn. 2; *Schunck/De Clerck* § 112 Anm. 1 d.
30 *Kopp/Schenke* § 112 Rn. 1; *B. Clausing*, in: Schoch/Schneider/Bier § 112 Rn. 10.
31 BVerfG 27.7.1989 – 1 BvR 830/89: § 112 betreffe nicht den Schutzbereich von Art. 101 Abs. 1 S. 2 GG.
32 *Kopp/Schenke* § 112 Rn. 1.
33 BVerwG DÖV 1989, 906 f.; *B. Volmer*, NJW 1970, 1300; krit. aus der Sicht des Zivilprozesses *W. Krause*, MDR 1982, 184, 185.
34 *B. Clausing*, in: Schoch/Schneider/Bier § 112 Rn. 8.
35 BVerwG Buchholz 402.25 § 31 AsylVfG Nr. 1; Buchholz 310 § 112 VwGO Nr. 9; NVwZ 1985, 562 f.; Buchholz 310 § 133 Nr. 6; Buchholz 310 § 112 VwGO Nr. 1.
36 *B. Clausing*, in: Schoch/Schneider/Bier § 112 Rn. 8.
37 BVerwG MDR 1961, 1037, 1038; DÖV 1971, 710 f.; NVwZ 1985, 562 f.; BVerwG Buchholz 310 § 133 Nr. 1; BVerwG Buchholz 310 § 112 VwGO Nr. 11; zust. *J. F. Lindner*, in: Posser/Wolff § 112 Rn. 2; ohne Zuordnung zu § 112 zu Recht dagegen BVerwG DÖV 1989, 906 f.
38 BVerwG NJW 1992, 257 (zu § 130a). A.M. *Kopp/Schenke* § 112 Rn. 7.
39 BVerwG NJW 1990, 465; *M. Redeker*, in: Redeker/v. Oertzen § 112 Rn. 1; *J. Schmidt*, in: Eyermann § 112 Rn. 3; *Kopp/Schenke* § 112 Rn. 6.
40 BVerwG NJW 1990, 465; *M. Redeker*, in: Redeker/v. Oertzen § 112 Rn. 1; *J. Schmidt*, in: Eyermann § 112 Rn. 3; *Kopp/Schenke* § 112 Rn. 6; *J. F. Lindner*, in: Posser/Wolff § 112 Rn. 2. A.M. (Bericht reicht nicht aus): *C. Gusy*, JuS 1990, 712, 719.
41 Dazu BVerwGE 91, 242, 243 f.

§ 113 [Urteilstenor]

(1) [1]Soweit der Verwaltungsakt rechtswidrig und der Kläger dadurch in seinen Rechten verletzt ist, hebt das Gericht den Verwaltungsakt und den etwaigen Widerspruchsbescheid auf. [2]Ist der Verwaltungsakt schon vollzogen, so kann das Gericht auf Antrag auch aussprechen, daß und wie die Verwaltungsbehörde die Vollziehung rückgängig zu machen hat. [3]Dieser Ausspruch ist nur zulässig, wenn die Behörde dazu in der Lage und diese Frage spruchreif ist. [4]Hat sich der Verwaltungsakt vorher durch Zurücknahme oder anders erledigt, so spricht das Gericht auf Antrag durch Urteil aus, daß der Verwaltungsakt rechtswidrig gewesen ist, wenn der Kläger ein berechtigtes Interesse an dieser Feststellung hat.

(2) [1]Begehrt der Kläger die Änderung eines Verwaltungsakts, der einen Geldbetrag festsetzt oder eine darauf bezogene Feststellung trifft, kann das Gericht den Betrag in anderer Höhe festsetzen oder die Feststellung durch eine andere ersetzen. [2]Erfordert die Ermittlung des festzusetzenden oder festzustellenden Betrags einen nicht unerheblichen Aufwand, kann das Gericht die Änderung des Verwaltungsakts durch Angabe der zu Unrecht berücksichtigten oder nicht berücksichtigten tatsächlichen oder rechtlichen Verhältnisse so bestimmen, daß die Behörde den Betrag auf Grund der Entscheidung errechnen kann. [3]Die Behörde teilt den Beteiligten das Ergebnis der Neuberechnung unverzüglich formlos mit; nach Rechtskraft der Entscheidung ist der Verwaltungsakt mit dem geänderten Inhalt neu bekanntzugeben.

(3) [1]Hält das Gericht eine weitere Sachaufklärung für erforderlich, kann es, ohne in der Sache selbst zu entscheiden, den Verwaltungsakt und den Widerspruchsbescheid aufheben, soweit nach Art oder Umfang die noch erforderlichen Ermittlungen erheblich sind und die Aufhebung auch unter Berücksichtigung der Belange der Beteiligten sachdienlich ist. [2]Auf Antrag kann das Gericht bis zum Erlaß des neuen Verwaltungsakts eine einstweilige Regelung treffen, insbesondere bestimmen, daß Sicherheiten geleistet werden oder ganz oder zum Teil bestehen bleiben und Leistungen zunächst nicht zurückgewährt werden müssen. [3]Der Beschluß kann jederzeit geändert oder aufgehoben werden. [4]Eine Entscheidung nach Satz 1 kann nur binnen sechs Monaten seit Eingang der Akten der Behörde bei Gericht ergehen.

(4) Kann neben der Aufhebung eines Verwaltungsakts eine Leistung verlangt werden, so ist im gleichen Verfahren auch die Verurteilung zur Leistung zulässig.

(5) [1]Soweit die Ablehnung oder Unterlassung des Verwaltungsakts rechtswidrig und der Kläger dadurch in seinen Rechten verletzt ist, spricht das Gericht die Verpflichtung der Verwaltungsbehörde aus, die beantragte Amtshandlung vorzunehmen, wenn die Sache spruchreif ist. [2]Andernfalls spricht es die Verpflichtung aus, den Kläger unter Beachtung der Rechtsauffassung des Gerichts zu bescheiden.

Schrifttum

1. Beurteilungszeitpunkt für die Anfechtungs- und Verpflichtungsklage

a) Monographien und Beiträge in Sammelwerken: *P. Bähr,* Die maßgebliche Rechts- und Sachlage für die gerichtliche Beurteilung von Verwaltungsakten, 1967; *P. Baumeister,* Der Beseitigungsanspruch als Fehlerfolge des rechtswidrigen Verwaltungsakts, 2006; *M. Koch,* Die Grundsätze des intertemporalen Rechts im Verwaltungsprozess, 2009; *F. Kopp,* Der für die Beurteilung der Sach- und Rechtslage maßgebliche Zeitpunkt bei verwaltungsgerichtlichen Anfechtungs- und Verpflichtungsklagen, in: FS Menger, 1985, 693; *U. Mager,* Der maßgebende Zeitpunkt für die Beurteilung der Rechtswidrigkeit von Verwaltungsakten, 1994.

b) Beiträge in Zeitschriften: *O. Bachof,* Der maßgebliche Zeitpunkt für die gerichtliche Beurteilung von Verwaltungsakten, JZ 1954, 416; *P. Baumeister,* Der maßgebliche Zeitpunkt im Verwaltungsrecht und Verwaltungsprozessrecht, Jura 2005, 655; *F. Czermak,* Der maßgebliche Beurteilungszeitpunkt bei der Entscheidung über angefochtene Verwaltungsakte, insbesondere im Fahrerlaubnisrecht, NVwZ 1987, 116; *P. Jacob,* Zur Änderung der Sach- oder Rechtslage im Vollstreckungsstadium und zum Abbruch des Besetzungsverfahrens, DVBl 2011, 1171; *R. Käß,* Die Änderung der Sach- und Rechtslage bei verwaltungsgerichtlichen Anfechtungsklagen, BayVBl 2009, 677; *K. Kleinlein,* Der maßgebliche Zeitpunkt für die Beurteilung der Rechtmäßigkeit von Verwaltungsakten, VerwArch 81 (1990), 149; *F. Ossenbühl,* Die maßgebliche Sach- und Rechtslage für die gerichtliche Beurteilung von Ermessensentscheidungen, JuS 1970, 348; *W.-R. Schenke,* Die prozessuale Berücksichtigung einer erst nach der gerichtlichen Anfechtung einer gem. 35 Abs. 1 Satz 1 GewO eingetretenen Unzuverlässigkeit des Gewerbetreibenden, GewArch 2015, 473; *K. Schweiger,* Der für die verwaltungsgerichtliche Entscheidung maßgebliche Zeitpunkt, NJW 1966, 1899.

2. Nachschieben von Gründen im Verwaltungsprozess

a) Monographien: *M. Axmann,* Das Nachschieben von Gründen im Verwaltungsrechtsstreit, 2001; *J.-J. Rupp,* Das Nachschieben von Gründen im verwaltungsgerichtlichen Verfahren, Heilung, 1987; *J.-T. Ryu,* Nachholen der Begründung, Nachschieben von Gründen und Konversion von Verwaltungsakten, 1989; *J. Wittmann,* Das Nachschieben von Gründen im Verwaltungsprozeß, 1970.

b) Beiträge in Zeitschriften: *H.-D. Horn,* Das Nachschieben von Gründen und die Rechtmäßigkeit von Verwaltungsakten, DV 25 (1992), 203; *F. Kopp,* Die Heilung von Mängeln des Verwaltungsverfahrens und das Nachschieben von Gründen im Verwaltungsprozeß, VerwArch 61 (1970), 219; *W.-R. Schenke,* Das Nachschieben von Gründen im Rahmen der Anfechtungsklage, NVwZ 1988, 1; *A. Scherzberg,* Nachschieben einer kommunalen Abgabensatzung im Anfechtungsprozeß, BayVBl 1992, 426; *F. Schoch,* Nachholen der Begründung und Nachschieben von Gründen, DÖV 1984, 401; *H. Schulz-Schaeffer,* Das Nachschieben von Gründen nach der Entscheidung eines Einspruchsausschusses, MDR 1958, 299; *G. Warg,* Nachträgliches Auswechseln der Bescheidbegründung, Jura 2010, 819.

3. Teilanfechtung

Beiträge in Zeitschriften: *K. A. Bettermann,* Zur Zulässigkeit der isolierten Anfechtungsklage bei Ablehnung eines beantragten Verwaltungsakts, DVBl 1973, 375; *F. Kopp,* Die isolierte verwaltungsgerichtliche Klage gegen Widerspruchsbescheide, JuS 1994, 742; *H.-W. Laubinger,* Die Anfechtbarkeit von Nebenbestimmungen, VerwArch 73 (1982), 345; *J. Martens,* Effektiver Rechtsschutz durch isolierte Anfechtung, DÖV 1988, 949; *J. Schmidt,* Rechtsschutz gegen Nebenbestimmungen, JZ 2004, 81; *A. Voßkuhle/A.-B. Kaiser,* Grundwissen – Öffentliches Recht: Nebenbestimmungen, JuS 2012, 699.

4. Spruchreife

a) Monographien: *C. Bickenbach,* Das Bescheidungsurteil als Ergebnis einer Verpflichtungsklage, 2005; *A. Demmel,* Das Verfahren nach § 113 Abs. 3 VwGO, 1997; *M. Fischer,* Die verwaltungsprozessuale Klage im Kraftfeld zwischen materiellem Recht und Prozessrecht, 2011; *H. Jacobi,* Spruchreife und Streitgegenstand im Verwaltungsprozeß, 2001; *G. Marx,* Das Herbeiführen der Spruchreife im Verwaltungsprozeß, 1996.

b) Beiträge in Zeitschriften: *K. Meyer,* Herstellung der Spruchreife – Grundsatz und Grenzen – dargestellt am Baurecht, DVBl 1961, 75; *K. Redeker,* § 113 Abs. 2 VwGO, DVBl 1991, 972.

5. Folgenbeseitigung und Erstattungsanspruch

a) Monographien: *O. Bachof,* Die verwaltungsgerichtliche Klage auf Vornahme einer Amtshandlung, 2. Aufl. 1968; *A. Göpfert,* Die Fortsetzungsfeststellungsklage, 1998; *M. Ivo,* Die Folgenbeseitigungslast, 1996.

b) Beiträge in Zeitschriften: *M. Beckmann,* Zur Wahl des Beklagten beim Folgenbeseitigungsanspruch im Sinne von § 113 Abs. 1 Satz 2 VwGO, DVBl 1994, 1342; *H.-J. Blanke/A. Peilert,* Die Folgenbeseitigungslast im System des Staatshaftungsrechts, DV 1998, 29; *F. Brosius-Gersdorf,* Vollzugsfolgenbeseitigung, JA 2010, 41; *W. Brugger,* Gestalt und Begründung des Folgenbeseitigungsanspruchs, JuS 1999, 625; *T. Horn,* Folgenbeseitigungsanspruch bei aufgehobenem Verwaltungsakt mit Drittwirkung, DÖV 1989, 976; *I. Kemmler,* Folgenbeseitigungsanspruch, Herstellungsanspruch und Unterlassungsanspruch, JA 2005, 908; *W.-R. Schenke,* Der Folgenbeseitigungsanspruch bei Verwaltungsakten mit Drittwirkung, DVBl 1990, 328; *F. Schoch,* Der öffentlich-rechtliche Erstattungsanspruch, Jura 1994, 82.

6. Fortsetzungsfeststellungsklage (§ 113 Abs. 1 S. 4)

a) Monographien und Beiträge in Sammelwerken: *A. Göpfert,* Die Fortsetzungsfeststellungsklage, 1998; *D. A. Lewer,* Das Merkmal des berechtigten Interesses bei der Fortsetzungsfeststellungsklage, 1985; *R. Martersteig,* Fortsetzungsfeststellungsklage?, 1985; *W.-R. Schenke,* Die Fortsetzungsfeststellungsklage, in: FS Menger, 1985, 461; *C. Willmer,* Die sog. „Fortsetzungsfeststellungsklage" – ein rechtliches Nullum?, 1994.

b) Beiträge in Zeitschriften: *M. Burgi,* Fortsetzungsfeststellungsinteresse bei Vorbereitung eines Haftungsprozesses, VBlBW 1994, 317; *A. Decker,* Die Fortsetzungsfeststellungsklage in der Situation der Verpflichtungsklage, JA 2016, 241; *H. Dreier,* Fortsetzungsfeststellungswiderspruch und Kostenentscheidung bei Erledigung des Verwaltungsakts im Vorverfahren, NVwZ 1987, 474; *T. Exner,* Die Erledigungserklärung im Verwaltungsprozess, JuS 2012, 607; *F. Fechner,* Die Rechtswidrigkeitsfeststellungsklage – Sachentscheidungsvoraussetzungen verwaltungsgerichtlichen Rechtsschutzes gegen Verwaltungsakte, die sich vor Klageerhebung erledigt haben, NVwZ 2000, 121; *A. Feser/R. Kirchmaier,* Erledigung des Rechtsstreits in der Hauptsache im Verwaltungsprozess, BayVBl 1995, 641; *A. Glaser,* Die nachträgliche Feststellungsklage, NJW 2009, 1043; *M. Hößlein,* Der Streitgegenstand der verwaltungsgerichtlichen Anfechtungsklage gem. § 113 Abs. 1 Satz 1 VwGO, VerwArch 99 (2008), 127; *F. Hufen,* Verwaltungsprozessrecht: Fortsetzungsfeststellungsklage, JuS 2016, 189; *R. Lange,* Die so genannte Fortsetzungsfeststellungsklage in entsprechender Anwendung des § 113 Abs. 1 Satz 4 VwGO – eine unzulässige Analogie?, SächsVBl 2002, 53; *V. Mehde,* Die Rechtsprechung zur Fortsetzungsfeststellungsklage, VerwArch 2009, 432; *K. Müller,* Die sekundäre Feststellungsklage nach der Verwaltungsgerichtsordnung (§ 113 Abs. 1 S. 4), DÖV 1965, 38; *P. Reimer,* Die Erledigung des Verwaltungsakts, VerwR 2015, 259; *R. P. Schenke,* Die Neujustierung der Fortsetzungsfeststellungsklage, JuS 2007, 697 ff.; *W.-R. Schenke,* Klage gegen erledigten Verwaltungsakt ohne Widerspruchsverfahren, BayVBl 1969, 304; *E. Schober,* Anfechtungsklage und erledigter Verwaltungsakt, DÖV 1966, 552; *A. Thiele,* Das Fortsetzungsfeststellungsinteresse bei Grundrechtseingriffen in der neueren Rechtsprechung des BVerfG, DVBl 2015, 954; *P. Wittig,* Die Erledigung von Verwaltungsakten vor Rechtshängigkeit der Klage, BayVBl 1964, 394.

7. Verwaltungsprozess sowie Anfechtungs- und Verpflichtungsklage im Allgemeinen

a) Monographien und Beiträge in Sammelwerken: *B. Brunn,* Die sogenannte Bescheidungsklage in der Verwaltungsgerichtsordnung, 1977; *H.-J. Bücking,* Rechtsschutz bei zurückgenommenen und erledigten Verwaltungsakten, 1976; *E. H. Cöster,* Kassation, Teilkassation und Reformation von Verwaltungsakten durch die Verwaltungs- und Finanzgerichte, 1979; *S. Detterbeck,* Streitgegenstand und Entscheidungswirkungen im Öffentlichen Recht, 1995; *F. Geist-Schell,* Verfahrensfehler und Schutznormtheorie, 1988; *M. Hödl-Adick,* Die Bescheidungsklage als Erfordernis eines interessengerechten Rechtsschutzes, 2001; *T. Horn,* Die Aufhebung des der Drittanfechtung unterliegenden Verwaltungsakts, 1989; *J. Martens,* Die Praxis des Verwaltungsprozesses, 1975; *H.-J. Schneider,* Nebenbestimmungen und Verwaltungsprozeß, 1981; *W. Skouris,* Verletztenklagen und Interessentenklagen im Verwaltungsprozeß, 1979; *F. Weyreuther,* Die Rechtswidrigkeit eines Verwaltungsakts und die „dadurch" bewirkte Verletzung „in ... Rechten" (§ 113 Abs. 1 und Abs. 4 Satz 1 VwGO), in: FS Menger, 1985, 681; *W. Zeidler,* Gedanken zur Rolle der dritten Gewalt im Verfassungssystem, FS der Juristischen Fakultät zur 600-Jahr-Feier der Ruprecht-Karls-Universität Heidelberg, 1986, 649.

b) Beiträge in Zeitschriften: *K. A. Bettermann,* Wesen und Streitgegenstand der verwaltungsgerichtlichen Anfechtungsklage, DVBl 1953, 163; *H. Borchert,* Schein-Verwaltungsakt und Anfechtungsklage, NJW 1972, 854; *R. Breuer,* „Mitlaufende Verwaltungskontrolle" – prozessuale Entwicklungen und Irrwege, NJW 1980, 1832; *M. Dawin*, Der Gegenstand der Anfechtungsklage nach § 79 I Nr. 1 VwGO, NVwZ 1987, 872; *C. Degenhart*, Zum Aufhebungsanspruch des Drittbetroffenen beim verfahrensfehlerhaften Verwaltungsakt, DVBl 1981, 201; *W. Durner*, Reformbedarf in der Verwaltungsgerichtsordnung, NVwZ 2015, 841; *C. Franzius*, Modernisierung des subjektiven öffentlichen Rechts, UPR 2016, 281; *D. Ehlers*, Die Klagearten und besonderen Sachentscheidungsvoraussetzungen im Kommunalverfassungsstreitverfahren, NVwZ 1990, 105; *ders.*, Die verwaltungsgerichtliche Anfechtungsklage, Jura 2004, 30 und 176; *E. Gassner*, Zur spezifischen Ermächtigung von Umweltverbänden zur Klageerhebung, NuR 2012, 37; *J. Held*, Individualrechtsschutz bei fehlerhaftem Verwaltungsverfahren, NVwZ 2012, 461; *F. Kopp*, Über die Grenzen der verwaltungsgerichtlichen Rechtskontrolle im Wirtschaftsrecht, WiVerw 1983, 1; *W. Krebs*, Verwaltungskontrolle durch Verwaltungsgerichte?, DV 21 (1988), 155; *J. F. Lindner*, Zur Drittanfechtungsklage im Gewerberecht, GewArch 2016, 135; *W.-J. Martens*, Die zeitliche Fixierung des materiellen Anspruchs im Verwaltungsprozeß, DVBl 1970, 260; *J. Müller-Volbehr*, Rechtsschutz gegen verwaltungsinterne Weisungen mit Drittwirkung, DVBl 1976, 57; *H.-J. Papier*, Zur verwaltungsgerichtlichen Kontrolldichte, DÖV 1986, 621; *J. Pietzcker*, Drittschutz im Verwaltungsverfahrensrecht – Reichweite von Genehmigungen – Sachverhaltsermittlung bei atomrechtlichen Anfechtungsklagen, JZ 1991, 670; *W. Porsch*, Die Zulässigkeit und Begründetheit von Umweltverbandsklagen, NVwZ 2013, 1062; *B. Preusche*, Zum Begriff des Verwaltungsakts in § 113 I VwGO, JuS 1997, 639; *U. Ramsauer*, Die Dogmatik der subjektiven öffentlichen Rechte, JuS 2012, 769; *P. Reimer*, Grundfragen der Verwaltungsvorschriften, Jura 2014, 678; *K. Rennert*, Beihilferechtliche Konkurrentenklagen vor deutschen Verwaltungsgerichten, EuZW 2011, 576; *M. Ronellenfitsch*, Entstaatlichung des Rechtsschutzes?, DÖV 2010, 373; *M. Sachs*, Zur formellen Rechtswidrigkeit von Verwaltungsakten, VerwArch 97 (2006), 573; *W.-R. Schenke*, Neuestes zur Konkurrentenklage, NVwZ 2011, 321; *S. Schlacke*, Bedeutung von Verfahrensfehlern im Umwelt- und Planungsrecht, UPR 2016, 478; *B. Schöbener*, Der Ausschluss des Aufhebungsanspruchs wegen Verfahrensfehlern bei materiell-rechtlich und tatsächlich alternativlosen Verwaltungsakten, DV 2000, 447; *T. Siegel*, Die Präklusion in europäisierten Verwaltungsrecht, NVwZ 2016, 337; *W. Skouris*, Die Anfechtung von Ermessensverwaltungsakten, NJW 1981, 2727; *H. Sodan*, Unbeachtlichkeit und Heilung von Verfahrens- und Formfehlern, DVBl 1999, 729; *C. Steinbeiß-Winkelmann*, Europäisierung des Verwaltungsrechtsschutzes, NJW 2010, 1233; *P. Stelkens*, Das Gesetz zur Neuregelung des verwaltungsgerichtlichen Verfahrens (4. VwGOÄndG) – das Ende einer Reform?, NVwZ 1991, 209; *J. Wittmann*, Zu den Grenzen der gerichtlichen Kontrolle im Verwaltungsprozeß, BayVBl 1987, 744.

A. Die Entscheidungsbefugnis der Gerichte

I. Regelungen der §§ 113–115

Die §§ 113–115 regeln die Entscheidungsbefugnisse der Gerichte. Sie legen den Umfang und den Inhalt der gerichtlichen Entscheidungen bei Anfechtungs- und Verpflichtungsklagen fest. Angesprochen werden dabei drei Fragenkreise:

- die gerichtliche Gestaltungsmacht in prozessualer Hinsicht (Voraussetzungen und Reichweite der gerichtlichen Entscheidung);
- der Maßstab der gerichtlichen Überprüfung (Verletzung subjektiver Rechte);
- die Reichweite der Rechtskontrolle („Spruchreife").

II. Normzweck

2   § 113 bildet den Kern des verwaltungsgerichtlichen Individualrechtschutzes. Er ist ein Dreh- und Angelpunkt für das Verhältnis zwischen Justiz und Verwaltung und somit der einfachrechtlichen Ausgestaltung des Gewaltenteilungsprinzips. Er verdeutlicht die Befugnisse der Gerichte bei der Anfechtungs- und Verpflichtungsklage. Indem er die gerichtliche Entscheidungsbefugnis auf die Reichweite des subjektiven materiellen Rechts begrenzt, hält er sich eng an den Schutzbereich des Art. 19 Abs. 4 GG. Die systematische Stellung der Vorschrift besitzt wenig Gewicht.[1]

III. Trennung von materiellem Recht und Prozessrecht

3   Die §§ 113–115 bilden den Schnittpunkt von materiellem Verwaltungsrecht und Prozessrecht. Die VwGO regelt nur die prozessrechtlichen Folgen materiell-rechtlicher Ansprüche. § 113 Abs. 1 S. 1 normiert die prozessuale Folge, wenn der Kläger aus materiellem Recht einen Aufhebungsanspruch besitzt. Für materiell-rechtliche Regelungen vermittelt Art. 74 Abs. 1 GG keine Gesetzgebungskompetenz.

IV. Trennung von subjektivem Recht und objektivem Recht

4   Den §§ 113–115 liegt die Trennung zwischen objektivem und subjektivem Recht zugrunde. Das objektive Recht ist die Summe sämtlicher Rechtssätze sowie deren methodengerechte Konkretisierungen. Das subjektive Recht ist ein Ausschnitt des objektiven Rechts und erfasst die Normen, auf deren Einhaltung der Einzelne einen (materiellen) Anspruch besitzt. Nach Art. 19 Abs. 4 GG hat der Einzelne, der ein subjektives Recht gegen den Staat besitzt, einen Anspruch auf gerichtlichen Schutz. Die Verfassung gebietet somit die Zuweisung eines Klagerechts, das dem materiellen (subjektiven) Recht folgt.

5   § 113 Abs. 1 S. 1 setzt für einen großen und wichtigen Bereich des Verwaltungsrechts diese verfassungsrechtlichen Vorgaben um, geht aber nicht darüber hinaus. Die Beschränkung des prozessualen Klagerechts auf die Reichweite des materiellen subjektiven Rechts wird in § 113 Abs. 5 auf die Verpflichtungsklage erstreckt und von der überwiegenden Meinung zumindest auf die Leistungsklage übertragen. Ob die Feststellungsklage hinsichtlich ihrer Feststellungswirkung an die Reichweite des subjektiven Rechts gebunden ist, ist umstr., wird aber überwiegend angenommen. Den Normenkontrollantrag bindet die VwGO dagegen hinsichtlich der Begründetheitsprüfung nicht an die Reichweite des subjektiven materiellen Rechts (§ 47 Abs. 5 S. 2).[2]

V. Beschränkung auf die Anfechtungs-/Verpflichtungsklage

6   §§ 113–115 beziehen sich nur auf die Anfechtungs- und Verpflichtungsklage, nicht aber auf die (allgemeine) Leistungs- oder Feststellungsklage. Einen besonderen Ausschnitt der Feststellungsklage erfasst § 113 Abs. 1 S. 4 mit der Fortsetzungsfeststellungsklage. Die Beschränkung der Normen auf die Anfechtungs-, Verpflichtungs-, und Fortsetzungsfeststellungsklage wird mit der Überlegung gerechtfertigt, bei den anderen Klagearten ergäbe sich die Reichweite der Entscheidungsbefugnis der Gerichte unmittelbar aus dem materiellen Recht, demnach könne das Prozessrecht zum Urteilsausspruch schweigen.[3] Diese Sichtweise überzeugt nicht. Die fehlende Normierung der Reichweite des Urteilsausspruchs bei den anderen Klagearten ist unbefriedigend. Wenn die VwGO die Zulässigkeit einer Klageart festlegt (§ 43), läge eine entsprechende Regelung hinsichtlich der Begründetheitsprüfung nahe.[4] Bei der gegenwärtigen Rechtslage bleibt nur, für die Leistungs- und Feststellungsklage gem. § 173

---

1   *M. Gerhardt*, in: Schoch/Schneider/Bier § 113 Rn. 2.
2   *Kopp/Schenke* § 47 Rn. 112.
3   *M. Gerhardt*, in: Schoch/Schneider/Bier Vorbem. § 113 Rn. 2; BT-Drs. III/55, 43.
4   Offen *Kopp/Schenke* § 113 Rn. 2.

die Vorschriften der ZPO heranzuziehen. Auch die analoge Anwendung ggf. einzelner Bestimmungen des § 113 ist möglich,[5] sofern die Analogie dem gesetzgeberischen Willen eher entspricht als der Weg über § 173 zur ZPO.

VI. Normgeschichte

Die Vorschrift des § 113 ist inhaltlich in Anlehnung an die Bestimmungen des § 79 der auf der Basis 7
des Heidelberger Entwurfes erlassenen Landesgesetze über die Verwaltungsgerichtsbarkeit, der §§ 75,
23 Abs. 3 der Verordnung der britischen Militärregierung (MRVO Nr. 165) und des § 131 SGG geregelt worden.[6] § 113 wurde durch das 4. VwGOÄndG vom 17.12.1990 (BGBl I 2809) verändert, indem der zweite Absatz wesentlich umgestaltet und Abs. 3 einfügt wurde. Auf diese Weise wurde die
Möglichkeit der Zurückverweisung in die Verwaltung erweitert und die Pflicht des Gerichts, die
Spruchreife herbeizuführen, relativiert.[7] Ziel war, die Gerichtsordnungen der drei Gerichtszweige des
öffentlichen Rechts zu vereinheitlichen und das Verfahren zu beschleunigen.[8]

VII. Aufbau der Vorschrift

§ 113 Abs. 1 S. 1 legt die Voraussetzungen fest, unter denen das Gericht den Verwaltungsakt auf einen 8
Anfechtungsantrag hin aufheben kann. Allerdings erwähnt die Norm den Urteilsausspruch im Falle
eines unbegründeten Antrags nicht. § 113 Abs. 1 S. 2 u. S. 3 und Abs. 4 beschäftigen sich mit Folgeansprüchen. § 113 Abs. 1 S. 4 regelt ein sachliches Substitut zum Aufhebungsanspruch. Abs. 2 erweitert
die Kassationsbefugnis der Gerichte für eine ganz bestimmte Situation und Abs. 3 befreit die Gerichte
in einer speziellen Situation von ihrer grds. bestehenden Pflicht, die Sache spruchreif zu machen.
Abs. 5 bezieht sich auf den Verpflichtungsstreit und unterscheidet danach, ob Spruchreife besteht oder
nicht.

B. Aufhebung des angefochtenen Verwaltungsakts und des Widerspruchsbescheids (Abs. 1 S. 1)

I. Allgemein

1. Grundlagen. Der Kläger hat nach dieser Norm gegenüber dem Gericht einen Anspruch auf die 9
Aufhebung des Verwaltungsakts durch ein gerichtliches Urteil, soweit er durch einen rechtswidrigen
Verwaltungsakt in seinen Rechten verletzt ist (BVerwG 2.5.2005 – 6 B 6/05, juris Rn. 6). Ziel der An-
fechtungsklage ist es, die Verletzung des subjektiven Rechts zu beseitigen. Dies liegt dabei in der feh-
lerhaften Gestaltung oder Konkretisierung der Rechtslage in Form eines Verwaltungsakts.[9] Steht zur
Überzeugung des Gerichts fest, dass der Verwaltungsakt rechtswidrig und der Kläger in seinen Rechten verletzt ist, hat der Kläger einen Anspruch auf Aufhebung und Beseitigung des Verwaltungsakts.
Es bleibt dann der Behörde überlassen, ob sie, wenn der Fehler im erneuten Verfahren vermeidbar ist,
einen neuen Verwaltungsakt mit gleichem oder ähnlichem Inhalt erlassen will. Indem die VwGO den
Aufhebungsanspruch bei der Anfechtungsklage gegen rechtswidrige eingreifende Verwaltungsakte bei
den Regelungen der Entscheidungsbefugnis des Gerichts als erstes behandelt, erklärt sie diese Rechtsschutzform als Grundform für den Verwaltungsrechtsschutz. Dies entspricht der zentralen Rolle, die
einerseits der Verwaltungsakt in der Dogmatik des Verwaltungsrechts und andererseits die Anfechtungsklage als Grundform des subjektiven Rechtsschutzes besitzen.

2. Trennung des prozessualen und des materiellen Aufhebungsanspruchs. § 113 Abs. 1 S. 1 normiert 10
einen prozessualen Aufhebungsanspruch. Dieser prozessuale Aufhebungsanspruch regelt nur, wann

---

5 *T. Stuhlfauth*, in: Bader § 113 Rn. 4; *Kopp/Schenke* § 113 Rn. 2.
6 *Spannowsky*, 1. Aufl., Rn. 8.
7 Dazu BT-Drs. 11/7030 und BT-Drs. 11/8275, 13 und 32; *T. Stuhlfauth*, in: Bader § 113 Rn. 1, 30.
8 BT-Drs. 11/7030, 29; *Spannowsky*, 1. Aufl., Rn. 8.
9 Vgl. *M. Gerhardt*, in: Schoch/Schneider/Bier § 113 Rn. 7; *D. Ehlers*, VerwArch 84 (1993), 139, 173 ff.

das Gericht im Verwaltungsprozess den Verwaltungsakt aufheben darf. § 113 setzt dabei das Bestehen eines materiellen Aufhebungsanspruchs des Klägers voraus, der im materiellen Recht begründet ist.[10]

11   Die Beschränkung auf die Normierung des prozessualen Aufhebungsanspruchs ergibt sich aus dem Wortlaut, der Ratio der Norm und aus der Kompetenzlage (Art. 74 Abs. 1 S. 1 GG). Besteht der vorausgesetzte materiell-rechtliche Aufhebungsanspruch nicht, fehlt dem Gericht die Aufhebungsbefugnis.[11] Ist er beschränkt, zieht das eine korrespondierende Beschränkung des prozessualen Aufhebungsanspruchs nach sich.[12]

12   Der materiell-rechtliche Aufhebungsanspruch ist ungeschrieben. Es gibt keine ausdrückliche (erlassene) Rechtsnorm des allgemeinen Verwaltungsrechts, die demjenigen, der durch einen rechtswidrigen Verwaltungsakt in seinen Rechten verletzt ist, einen Anspruch auf die Aufhebung des Verwaltungsakts gibt. Stattdessen ergibt er sich gem. allgemeinen Rechtsgrundsätzen aus der Befugnis, rechtswidrige Eingriffe des Staates in rechtlich geschützte Positionen abzuwehren.[13] Der Vorbehalt des Gesetzes und die Abwehrgrundrechte, wie das Recht an sich, wären wertlos, wenn derjenige, der durch eine Norm geschützt werden soll, nicht verlangen kann, dass die Norm eingehalten wird und eine drohende oder aktuelle Normverletzung unterbleibt oder rückgängig gemacht wird.

13   Dieses Abwehrrecht äußert sich in einem Aufhebungs- und Beseitigungsanspruch gegenüber eingetretenen Rechtsverletzungen, in Form eines Unterlassungsanspruchs gegenüber drohenden Verletzungen, bei fehlender Beseitigungsmöglichkeit in den subsidiär eingreifenden Kompensationsansprüchen wie Schadensersatz- und Entschädigungsansprüchen, sowie schließlich in ggf. bestehenden Ansprüchen auf Feststellung der Beeinträchtigung.[14]

14   **3. Prozessuale und materielle Voraussetzungen für den prozessualen Aufhebungsanspruch.** § 113 Abs. 1 S. 1 normiert auch den prozessualen Aufhebungsanspruch nur unvollständig. Der Anspruch auf gerichtliche Aufhebung des Verwaltungsakts besitzt prozessuale und materielle Voraussetzungen, die üblicherweise in eine Zulässigkeits- und eine Begründetheitsprüfung zusammengefasst werden. Die prozessualen Voraussetzungen des Aufhebungsanspruchs werden in § 113 Abs. 1 S. 1 nicht erwähnt. Die Norm setzt vielmehr eine zulässige Anfechtungsklage voraus; nur dann besteht die Aufhebungsbefugnis des Gerichts. Das Gericht darf die Zulässigkeit der Klage nicht offen lassen, da die Bindungswirkung abweisender Urteile unterschiedlich weit reicht, je nachdem, ob der Aufhebungsanspruch aus prozessualen oder aus materiellen Gründen nicht besteht.[15]

15   **4. Unterschied von objektivem und subjektivem Recht.** Die gerichtliche Aufhebungsbefugnis setzt einen objektiven Rechtsverstoß und eine Verletzung subjektiver Rechte voraus. Die kumulative Aufzählung ist dogmatisch nicht zwingend, da die subjektive Rechtsverletzung rechtslogisch immer die objektive Rechtswidrigkeit des Verwaltungsakts voraussetzt.[16] Dennoch ist diese Kumulation nicht unnötig, da sie die Beschränkung des gerichtlichen Rechtsschutzes auf den subjektiven Rechtsschutz besonders deutlich werden lässt.

16   Durch die objektive Rechtsverletzung muss zugleich das subjektive Recht verletzt sein („dadurch") – Rechtswidrigkeitszusammenhang. Das Erfordernis des Rechtswidrigkeitszusammenhangs stellt eine Systementscheidung des deutschen öffentlichen Prozessrechts dar. Immer dann, wenn eine subjektive Rechtsschutzposition verletzt ist, muss der Bürger ein effektives Abwehrinstrument gegen den in seine Rechtssphäre übergreifenden Staat besitzen.

17   Andererseits liegt in dieser Systementscheidung auf die Durchsetzung subjektiver Rechtspositionen zugleich auch eine Beschränkung des gerichtlichen Rechtsschutzes, die nicht unterschätzt werden darf. Das Klagerecht des Einzelnen wird zum effektiven Schutz der eigenen Rechte gewährt. Es wird dem Einzelnen nicht zum Zwecke der Veranlassung einer gerichtlichen Überprüfung der Einhaltung der objektiven Rechtsordnung zugewiesen. Das dem subjektiven Rechtsschutz zugrunde liegende Denken in Rechtskreisen, Schutzzwecken und Schutzrichtungen liegt letztlich in der Trennung von Demokra-

---

10 Vgl. BVerwGE 51, 15, 24; *W.-R. Schenke*, DÖV 1986, 305, 309; *B. Schöbener*, DV 2001, 447, 480; s.a. *F. Geist-Schell*, Verfahrensfehler, 1988, 170.
11 *A. Scherzberg*, BayVBl 1992, 426, 429.
12 *Kopp/Schenke* § 113 Rn. 6.
13 *Kopp/Schenke* § 113 Rn. 5.
14 Vgl. *M. Gerhardt*, in: Schoch/Schneider/Bier Vorbem. § 113 Rn. 5; *W.-R. Schenke*, NVwZ 1993, 718, 721 f.
15 Großzügiger *M. Gerhardt*, in: Schoch/Schneider/Bier § 113 Rn. 7.
16 *F. Weyreuther*, FS Menger, 1985, 681, 689.

tie- und Rechtsstaatsprinzip begründet. Das Rechtsstaatsprinzip verschiebt die Einflussnahme auf den Staat außerhalb des eigenen subjektiven Rechtskreises auf die politische Ebene (Demokratieprinzip). Es liegt innerhalb der Konsequenz dieser Ordnung, den gerichtlichen Rechtsschutz des Bürgers stärker in den Bereich einer objektiven Rechtskontrolle zu verschieben, sobald er innerhalb des politischen Bereichs über keine nennenswerte Einflussmöglichkeit mehr verfügt. Daher besitzt systemimmanent korrekt das Klagerecht des Bürgers nach europäischem Recht stärker die Funktion einer objektiven Rechtskontrolle als im nationalen Recht.

II. Die materiellen Voraussetzungen des prozessualen Aufhebungsanspruchs

1. Überblick. § 113 Abs. 1 S. 1 bestimmt die wesentlichen Voraussetzungen, unter denen ein ange- 18 griffener Verwaltungsakt vom Gericht aufgehoben werden darf, sowie die Reichweite der Aufhebung („soweit"). Abschließend ist § 113 Abs. 1 S. 1 allerdings nicht. Der Aufhebungsanspruch setzt neben den in § 113 Abs. 1 S. 1 normierten Voraussetzungen der objektiven Rechtswidrigkeit und einer subjektiven Rechtsverletzung noch zwei weitere Gesichtspunkte voraus. Erstens besteht der Aufhebungsanspruch nur, wenn er von einem Berechtigten gegen den richtigen Beklagten erhoben wurde, und zweitens darf der Aufhebungsanspruch nicht ausnahmsweise von Rechts wegen ausgeschlossen sein. Verkürzt gesprochen hebt das Gericht demnach den angegriffenen Verwaltungsakt auf, wenn es auf- 19 grund seiner Überprüfung anhand vorgegebener Kontrollmaßstäbe zu dem Ergebnis gekommen ist, dass der Kläger gegen den Beklagten einen materiellen Aufhebungsanspruch geltend machen kann.

2. Die Sachlegitimation. Die Sachlegitimation gliedert sich in die Aktiv- und Passivlegitimation und 20 betrifft die materiell-rechtliche Frage, ob der vom Kläger behauptete Anspruch in seiner Person besteht und gegen den richtigen Beklagten gerichtet ist. Wer die Parteien des geltend gemachten Aufhebungsanspruchs sind, richtet sich nach materiellem Recht. Die Sachlegitimation stellt demnach einen Teil des Aufhebungsanspruchs dar, der von den sachlichen Voraussetzungen abgekoppelt geprüft wird. Zwingend ist dies nicht, hat sich jedoch durchgesetzt.[17]

Liegt ausnahmsweise ein Fall der zulässigen Prozessführungsbefugnis vor (etwa bei einer Partei kraft 21 Amtes), muss die Sachlegitimation bei der Person vorliegen, für die der Kläger berechtigterweise den Anspruch geltend macht. Im Fall der Veräußerung des streitbefangenen Gegenstands, z.B. eines Grundstücks, wird über die entsprechende Anwendung der §§ 265, 266 ZPO (über § 173) die eigene Rechtsbetroffenheit durch die Zulassung der gesetzlichen Prozessstandschaft ersetzt.[18]

Die Passivlegitimation richtet sich nach dem Rechtsträgerprinzip, d.h. es ist der Rechtsträger passivle- 22 gitimiert, dessen Behörde gehandelt hat. Umstr. und i.E. zu verneinen ist die Frage, ob § 78 die Passivlegitimation regelt (→ Rn. 2 ff.). Bei der Anfechtungsklage ist der Rechtsträger der Behörde, die den Verwaltungsakt erlassen hat, passiv legitimiert. Ob die Behörde den Verwaltungsakt erlassen durfte, betrifft dagegen nicht die Passivlegitimation, sondern die Rechtmäßigkeit des Verwaltungsakts im Übrigen.[19]

3. Verwaltungsakt. Der Aufhebungsanspruch richtet sich gegen einen Verwaltungsakt, gleich ob die- 23 ser gebunden oder mit Ermessens- oder Beurteilungsspielraum zugunsten der Verwaltung ergeht (BVerwG 2.5.2005 – 6 B 6/05, juris Rn. 6). Liegt kein Verwaltungsakt vor, greift die gerichtliche Aufhebungsbefugnis des § 113 Abs. 1 S. 1 nicht. Hinsichtlich des Begriffs des Verwaltungsakts knüpft § 113 an die VwVfG von Bund und Ländern an (→ § 42 Rn. 97 ff.). Die VwGO verweist auf die Definition des Gesetzgebers, der für das materielle Recht die Regelungskompetenz besitzt. Sofern es um die Ausführung von Landesrecht geht, ist daher die Legaldefinition des Landesgesetzgebers entscheidend.[20]

Ob die gerichtliche Aufhebung auch in Betracht kommt, wenn der Verwaltungsakt nichtig ist, ist um- 24 str. Dogmatisch gesehen ist die Aufhebung ausgeschlossen, da ein *nichtiger Verwaltungsakt* nicht

---

17 Dazu A. Juhnke, Passivlegitimation, 1985, 4 f.
18 BVerwG NJW 1985, 281; OVG Münster NJW 1981, 598 f.; VGH München NVwZ-RR 1990, 172 m.w.N. (bei nachbarschützenden Vorschriften sei § 266 ZPO anwendbar); BayVBl 1996, 25 ff.; W. Spannowsky, NVwZ 1992, 426, 429.
19 M. Gerhardt, in: Schoch/Schneider/Bier § 113 Rn. 9; s.a. zur Aktivlegitimation BVerwGE 90, 25, 32.
20 A.M. S. Müller-Franken, VerwArch 90 (1999), 552 ff.

wirksam und nicht existent ist.[21] Andererseits erzeugt ein nichtiger Verwaltungsakt dennoch einen Rechtsschein, der einer Aufhebung zugänglich ist. Rechtsschutzfreundlicher und daher zu bevorzugen ist die Annahme einer Aufhebungsbefugnis des Gerichts.[22] Mitunter wird auch ein Mittelweg beschritten, nach dem zwar die Anfechtungsklage statthaft ist, der (nichtige) Verwaltungsakt aber nicht aufgehoben, sondern dessen Nichtigkeit festgestellt wird.[23] Notwendig erscheint dies nicht.

25   Ungeachtet der Frage der unmittelbaren Anfechtbarkeit eines nichtigen Verwaltungsakts besitzen die VG die Befugnis, inzident die Nichtigkeit des Verwaltungsakts zu prüfen. Eine entsprechende Pflicht der inzidenten Nichtigkeitsprüfung ist dagegen abzulehnen. Nimmt man wie hier eine Aufhebungsbefugnis an, kann das Gericht die Frage, ob Nichtigkeit gegeben ist, offen lassen und den Verwaltungsakt aufheben.[24]

26   **4. Objektive Rechtswidrigkeit. a) Begriff der Rechtswidrigkeit.** Die gerichtliche Aufhebung hängt von der Feststellung der objektiven Rechtswidrigkeit des Verwaltungsakts ab. Der Verwaltungsakt ist rechtswidrig, wenn er nicht mit der Rechtsordnung vereinbar ist. Eine Unvereinbarkeit liegt vor, wenn der Verwaltungsakt gegen formelles oder materielles Recht verstößt, d.h. verfahrensfehlerhaft zu Stande gekommen und/oder inhaltlich mit höherrangigem Recht unvereinbar ist. Bei einem reinen Verfahrensverstoß ist der Verwaltungsakt daher rechtswidrig, obwohl er inhaltlich rechtmäßig ist.[25] Für die materielle Rechtmäßigkeit ist die Regelung des Verwaltungsakts, d.h. der Tenor maßgebend. Erweist sich ein Verwaltungsakt aus anderen als in dem Bescheid angegebenen Gründen als rechtmäßig, ohne dass er durch den Austausch der Begründung in seinem Wesen geändert würde, dann ist der Verwaltungsakt nicht rechtswidrig (BVerwGE 80, 96, 98; BVerwG NVwZ-RR 2010, 636). Rechtswidrige, insbes. ehrverletzende Feststellungen in der Begründung des Verwaltungsakts reichen für die materielle Rechtswidrigkeit des Verwaltungsakts nicht aus (BVerwGE 76, 258, 260 f.). Gegen diese kann allenfalls Leistungsklage auf Widerruf bzw. Unterlassungsklage, ggf. auch Feststellungsklage erhoben werden.

27   Zu beachten sind dabei zunächst alle Rechtsnormen (Gesetze, Rechtsverordnungen, Satzungen, Normen sui generis), auch des Verfahrensrechts, und das direkt wirkende Europarecht[26] sowie unmittelbar anwendbares Völker-, Gewohnheits- und Richterrecht. Die Normen gelten dabei in deren Konkretisierung durch die Judikatur.

28   Ob die zu beachtenden Rechtsnormen gültig sind, haben die Gerichte in eigener Verantwortung zu prüfen. Halten sie eine untergesetzliche Norm wegen Verstoßes gegen höherrangiges nationales Recht für unwirksam, können sie die Norm für den konkreten Fall unbeachtet lassen (inzidente Verwerfung). Bei einem formellen Gesetz ist diese aber nach Art. 100 Abs. 1 GG dem BVerfG vorzulegen. Hält das Gericht eine nationale Vorschrift für unvereinbar mit vorrangigem unmittelbar anwendbarem EU-Recht, muss es die nationale Vorschrift unangewendet lassen. Bestehen Auslegungsschwierigkeiten hinsichtlich des EU-Rechts, hilft die Vorlagemöglichkeit (bzw. -pflicht) zum EuGH nach Maßgabe des Art. 267 AEUV. Hält das Gericht unmittelbar anwendbares EU-Recht dagegen für nichtig, greift die Vorlagepflicht aus Art. 267 AEUV.[27]

29   Über die Rechtsnorm hinaus wird die vom Verwaltungsakt „zu beachtende Rechtsordnung" auch durch weitere Rechtsakte gebildet, wie etwa durch Urteile, Verwaltungsakte, öffentlich-rechtliche Verträge, Zusicherungen und sonstige öffentlich-rechtliche Willenserklärungen, jeweils nach Maßgabe von deren Bindungswirkung. Auch das sog. positive Gesamturteil bei Teilgenehmigungen ist zu beachten.[28]

30   Die Rechtswidrigkeit ist von reiner Unzweckmäßigkeit, Unbilligkeit oder Ineffizienz zu unterscheiden. Letztere Eigenschaften begründen nach § 113 Abs. 1 S. 1 keinen Aufhebungsanspruch. Abweichungen

---

21 So VGH München BayVBl 1976, 756 f.; *J. Schmidt*, in: Eyermann § 113 Rn. 8.
22 Ebenso BFH NVwZ 1987, 359 f.; NJW 1987, 920; VG Potsdam NVwZ 1999, 214; *D. Ehlers*, NVwZ 1990, 105, 107 f.; *G. Rößler*, DStZ 1987, 623 f.; *Kopp/Schenke* § 113 Rn. 4. A.M. *S. Kuntze*, in: Bader § 113 Rn. 6.
23 VGH München BayVBl 1976, 756 f.; *M. Redeker*, in: Redeker/v. Oertzen § 113 Rn. 9.
24 *Kopp/Schenke* § 113 Rn. 4.
25 Ausf. dazu *M. Sachs*, VerwArch 97 (2006), 573.
26 Vgl. *H. D. Jarass*, DVBl 1995, 954 ff.
27 Dazu *U. Ehricke*, in: Streinz, EUV/AEUV, 2012, Art. 267 AEUV Rn. 45; s.a. *A. Decker*, in: Posser/Wolff § 113 Rn. 13.1; zu den Folgen für den Fall, dass das Gericht eine gesetzliche Regelung für geboten hält, die sachlich fehlt *M. Gerhardt*, in: Schoch/Schneider/Bier § 113 Rn. 20.
28 *M. Gerhardt*, in: Schoch/Schneider/Bier § 113 Rn. 20; *J. Schmidt*, in: Eyermann § 113 Rn. 16.

dafür bedürfen der gesetzlichen Grundlage, wie etwa § 146 Nr. 2 FlurbG. Dort berechtigt schon die Zweckwidrigkeit zur gerichtlichen Aufhebung.[29] Weiter kann vorrangiges Europarecht ausnahmsweise eine Aufhebung allein aus Zweckwidrigkeitsgründen verlangen (→ § 114 Rn. 60).

b) Rechtsverstoß ohne Rechtswidrigkeit. Ein Verwaltungsakt, der gegen die Rechtsordnung verstößt, 31 kann in besonderen Fällen dennoch nicht rechtswidrig sein, etwa wenn ein Rechtsverstoß vor der gerichtlichen Entscheidung geheilt wird, vor allem gem. § 45 VwVfG.[30] Auch eine fehlerfreie Entscheidung der Widerspruchsbehörde kann vorausgegangene Fehler heilen, sofern sie auf einer selbständigen Feststellung und Wertung der von dem Mangel betroffenen tatsächlichen Feststellung oder rechtlichen Wertung beruht.[31]

c) Die Aufrechnungswirkung. Die Auswirkungen einer Aufrechnung auf die Rechtmäßigkeit eines 32 Verwaltungsakts, der eine Geldforderung festsetzt, beantwortet die Rspr. differenziert. Obwohl die Aufrechnung die Forderung mit ex tunc Wirkung zum Erlöschen bringt (§ 389 BGB analog), bleibt der Verwaltungsakt, der eine Forderung deklaratorisch bestätigt, grds. rechtmäßig. Ob dies auch für den Fall gilt, dass der Verwaltungsakt die Forderung konstitutiv begründet, hat das BVerwG offen gelassen. Enthält der Verwaltungsakt ein Leistungsgebot, wird er rechtswidrig und aufgrund einer Anfechtungsklage aufgehoben.[32]

5. Verletzung subjektiver Rechte. a) Allgemein. Die gerichtliche Aufhebung setzt nicht nur die Fest- 33 stellung der objektiven Rechtswidrigkeit des Verwaltungsakts voraus, sondern auch die der Verletzung subjektiver Rechte des Klägers.[33] Nicht erforderlich ist dagegen eine spürbare Beeinträchtigung; jede subjektive Rechtsverletzung ist beachtlich.[34] Hat im Falle einer Drittanfechtung die verletzte Norm drittschützende Wirkung zugunsten des Klägers, ist darüber hinaus nicht noch zu prüfen, ob durch die Rechtsverletzung eine unzumutbare Belästigung für den Kläger entstanden ist.[35] Etwas anderes gilt nur, wenn die Rechtsverletzung zulasten des Klägers erst vorliegt, wenn eine gewisse Belastungsgrenze überschritten ist, wie es etwa beim Gebot der Rücksichtnahme angenommen wird (BVerwGE 94, 151, 160).

b) Unterschied zur Klagebefugnis. Während bei der Zulässigkeit der Anfechtungsklage nach § 42 34 Abs. 2 die substantiierte Geltendmachung eines Rechtsverstoßes ausreicht, ist die Klage nur begründet, wenn der Rechtsverstoß auch tatsächlich gegeben ist. Die Rechtsverletzung muss rechtlich und tatsächlich zur Überzeugung des Gerichts vorliegen. In den Fällen, in denen aufgrund spezieller gesetzlicher Regelungen (Verbandsklage) oder Unionsrecht (s. z.B. EuGH NJW 2011, 2779) die Zulässigkeitsvoraussetzung der Klagebefugnis entfällt, ist bei der Begründetheitsprüfung auch auf den Prüfungspunkt der Rechtsverletzung zu verzichten. In diesen Fällen genügt dann das Vorliegen der objektiven Rechtswidrigkeit, sofern diese in dem Bereich liegt, auf den sich das Klagerecht bezieht.

c) Subjektives Recht. Ein subjektives Recht ist eine Rechtsposition, die dem Geschützten so zugeord- 35 net ist, dass dieser die Einhaltung dieser Rechtsposition ihm gegenüber verlangen kann (zur Schutznormlehre → Rn. 38). Ist nur das Recht oder das rechtlich geschützte Interesse eines anderen Beteiligten oder Dritten geschützt, kann der Kläger nicht in seinen Rechten verletzt sein. Das wichtigste subjektive öffentliche Recht, das allgemeine Abwehrrecht, wird durch den Vorbehalt des Gesetzes gebildet.[36] Danach bedarf jeder Eingriff in Freiheit und Eigentum einer gesetzlichen Grundlage, weshalb der Betroffene einen Eingriff abwehren kann, der ohne die erforderliche gesetzliche Grundlage erfolgt. Dieses allgemeine Abwehrrecht ergibt sich inhaltlich weitgehend identisch auch aus Art. 2 Abs. 1 GG. Aufgrund des allgemeinen Abwehranspruchs muss der Adressat einen belastenden Verwaltungsakt 36 nur gegen sich gelten lassen, wenn dieser sämtliche Verfahrensvorschriften, die beim Erlass zu beach-

---

29 Positiv dazu H. *Sendler*, DtZ 1990, 166, 170; krit. dagegen P. *Stelkens*, DtZ 1991, 7, 12.

30 Ausf. W.-R. *Schenke*, VerwArch 97 (2006), 592 ff.

31 *Kopp/Schenke* § 113 Rn. 28; *Spannowsky*, 1. Aufl., Rn. 21.

32 BVerwGE 77, 19, 21; M. *Sachs*, in: Stelkens/Bonk/Sachs § 44 Rn. 39; S. *Detterbeck*, DÖV 1996, 889 ff.

33 BVerwG 11.1.2006 – 4 B 80/05, juris Rn. 5; 4.11.2005 – 1 B 58/05, juris Rn. 4; F. *Weyreuther*, FS Menger, 1985, 681 ff.

34 BVerwG NVwZ 1985, 39; J. *Schmidt*, in: Eyermann § 113 Rn. 4.

35 BVerwG NVwZ 1996, 787; T. *Stuhlfauth*, in: Bader § 113 Rn. 17; zur drittschützenden Wirkung des baurechtlichen Gebietserhaltungsanspruchs *Schröer*, NZBau 2008, 169 ff.

36 Vgl. T. *Stuhlfauth*, in: Bader § 113 Rn. 12.

ten sind, und sämtliche materiellen Voraussetzungen einhält. Somit stellt grds. jeder Rechtsverstoß des Verwaltungsakts zugleich eine subjektive Rechtsverletzung für den Adressaten dar, die einen Aufhebungsanspruch begründet. Dies wird oft als die sog. Adressatentheorie bezeichnet.

37   In Randbereichen ist die Reichweite des Abwehranspruchs nicht ganz eindeutig, Fraglich ist etwa, inwieweit der Adressat die Verletzung von Rechten und Interessen Dritter geltend machen kann, etwa, wenn die einem belastenden Verwaltungsakt zugrunde liegende Ermessensentscheidung Interessen Dritter unzureichend beachtet oder wenn eine Eingriffsgrundlage nichtig ist, weil sie Grundrechte Dritter, insbes. den Gleichheitssatz, verletzt.[37] Eine Lösung ohne Abgrenzungsschwierigkeiten gibt es nicht. Grds. hat der Adressat eines belastenden Verwaltungsakts einen Anspruch darauf, dass der ihn belastende Verwaltungsakt vollständig, d.h. „rundum", rechtmäßig ist. Dies schließt eine rechtmäßige Ermessenserwägung, die auch die Interessen Dritter angemessen berücksichtigt, ein. Allerdings wird man diesen Anspruch auf eine Berücksichtigung genereller und abstrakter Gesichtspunkte beschränken müssen. Rechtsfehler, die erst aufgrund eines konkreten Sachvortrags Betroffener erkennbar sind, kann der Adressat eines belastenden Verwaltungsakts nicht rügen. Auf diese erstreckt sich auch nicht die Nachforschungspflicht des Gerichts aus § 86 Abs. 1.

38   Neben dem allgemeinen Abwehrrecht, können auch Verwaltungsakte, öffentlich-rechtliche Verträge, Zusicherungen und öffentlich-rechtliche Willenserklärungen sowie sonstige öffentlich-rechtliche Normen auf einfach-rechtlicher Ebene subjektive Rechtspositionen des Einzelnen begründen. Dies richtet sich nach der Schutznormtheorie. Danach liegt eine drittschützende Norm vor, wenn die Norm nicht ausschließlich dem öffentlichen Interesse, sondern zumindest auch dem Schutz des Individualinteresses zu dienen bestimmt ist, und zwar derart, dass die Geschützten die Einhaltung des Rechtssatzes sollen verlangen können (BVerwGE 92, 313, 317). Dazu muss der Kläger unter den geschützten Personenkreis fallen und die Norm muss das von ihm geltend gemachte Interesse vor Verletzungen der geltend gemachten Art schützen. Strukturell ist die Frage des subjektiven Rechts bei § 113 identisch zu der bei § 42 Abs. 2 (→ § 42 Rn. 382 ff.).

39   Verfahrensrechte vermitteln nach Ansicht der Rspr. grds. keine subjektiven Rechte im Sinne der Schutznormtheorie. Begründet wird dies insbes. mit der Funktion des Verfahrensrechts,[38] das dem öffentlichen Interesse dient (BVerwG 4.11.2005 – 1 B 58/05, juris Rn. 4). Erforderlich ist i.d.R. gleichzeitig eine Verletzung eines subjektiv-rechtlichen materiellen Rechts (BVerwGE 64, 325, 331).

40   Eine Ausnahme von diesem Grundsatz gilt für „absolute Verfahrensrechte". Dieses liegt vor, wenn die verfahrensrechtliche Bestimmung nicht nur der Ordnung des Verfahrensablaufs, insbes. einer umfassenden Information der Verwaltungsbehörde, dient, sondern dem Betroffenen eine eigene, unabhängig vom materiellen Recht durchsetzbare Rechtsposition gewähren will.[39]

41   Das Beteiligungsrecht der Gemeinde nach § 36 BauGB ist ebenso absolut[40] wie das im Flughafengenehmigungsverfahren gem. § 6 LuftVG (BVerwGE 56, 110, 134 ff.; 81, 95, 106 ff.). Anerkannt waren absolute Verfahrensrechte weiter bei der Beteiligung der Naturschutzverbände bei Planungsverfahren gem. § 29 BNatSchG i.d.F. v. 20.12.1976.[41] Das entsprechende Verfahrensrecht nach § 63 BNatSchG n.F. soll zwar ebenfalls ein einklagbares Partizipationsrecht vermitteln, im Fall der Verletzung aber keine Berechtigung zur Aufhebung der Sachentscheidung mehr geben, da insoweit das Verbandsklagerecht nach § 64 BNatSchG ausreichend Schutz gewährt.[42] Weiter hatte der Anwohner im Atomrecht einen Anspruch auf Aufhebung des Verwaltungsakts, sofern das gesetzlich vorgeschriebene Verfahren zur Anlagengenehmigung unterblieben ist, und zwar ohne Prüfung, ob dadurch das materielle Recht des Klägers tatsächlich beeinträchtigt worden ist.[43] Gleiches gilt nach § 48 Abs. 2 S. 1 BBergG zugunsten der Eigentümer, deren Grundstücke für den Tagebau unmittelbar in Anspruch genommen werden

---

37   Vgl. BVerwGE 24, 23, 29 f. (Bekanntgabemängel im komplexen Genehmigungsverfahren); H. Aretz, NVwZ 1985, 472 zu Art. 100 Abs. 1 GG; M. Gerhardt, in: Schoch/Schneider/Bier § 113 Rn. 19; Kopp/Schenke § 113 Rn. 27.

38   BVerwGE 44, 235, 239 f.; 62, 243, 246; 64, 325, 331; 85, 368, 373; krit. etwa F. Geist-Schell, Verfahrensfehler, 1988, 194 ff.

39   BVerwGE 22, 342, 346; 26, 145, 148; 64, 325, 331; M. Gerhardt, in: Schoch/Schneider/Bier § 113 Rn. 14; I. Appel/J. Singer, JuS 2007, 913, 917.

40   BVerwGE 22, 342 ff.; 31, 263; VGH Kassel NVwZ 1984, 738; H.-D. Horn, NVwZ 2002, 406 ff.

41   BVerwGE 87, 62, 69; krit. dazu K.-P. Dolde, NVwZ 1991, 960 ff.

42   Erich Gassner/Gabriele Bendomir-Kahlo/Annette Schmidt-Räntsch, BNatSchG, ²2003, § 58 Rn. 23.

43   BVerwGE 78, 177, 181; 80, 207, 217, 221; 85, 54, 56; 85, 368, 379; s.a. BVerwGE 88, 286, 288.

sollen (BVerwGE 126, 205, 211). Auch Grundrechte können unmittelbar subjektive Rechte vermitteln, jedoch wird aufgrund der Konkretisierungsfunktion des einfachen Rechts dieses i.d.R. vorgehen. Massiv unter Druck gerät das deutsche restriktive Verständnis der absoluten Verfahrensfehler durch 42
das Unionsrecht. Sofern unionsrechtliche Normen unmittelbar Verfahrensrechte gewähren, muss durch Auslegung des Unionsrechts beantwortet werden, ob die Verletzung dieser Rechte allein zur Aufhebung der Entscheidung führen soll. Im Anwendungsbereich der Umweltverträglichkeitsrichtlinie (Art. 11 Richtlinie 2011/92) wird diese angenommen.[44] Der Gesetzgeber hat jüngst das Umwelt-Rechtsbehelfsgesetz geändert und § 4 Abs. 1 Nr. 1–3 UmwRG ausdrücklich zu absoluten Verfahrensrechten erklärt.[45] Aufgrund der offenen Formulierung ist aber nicht immer klar, ob ein Verfahrensrecht nun § 4 Abs. 1 UmwRG zuzuordnen ist oder nicht (VG Würzburg 20.12.2016 – W 4 K 14.354). Einfacher wäre es, alle Verfahrensrecht des UVPG als absolute Verfahrensrechte zu verstehen.

d) Aufhebungsanspruch ohne subjektive Rechtsverletzung. Die Verbindung von Aufhebungsanspruch 43
und subjektiver Rechtsverletzung des § 113 Abs. 1 S. 1 beruht auf einfachem Recht. Das materielle Recht kann einem Kläger abweichend davon einen prozessualen Aufhebungsanspruch auch unabhängig von dem Erfordernis der Verletzung subjektiver Rechte zuweisen. Dies ist bei der Verbandsklage der Fall. Diese ist im Bereich des Natur-, Verbraucher- und Datenschutzrechts bekannt. Wird einem Kläger unabhängig vom Erfordernis der subjektiven Rechtsverletzung ein Klagerecht zugewiesen, ist grds. davon auszugehen, dass dieses auch zu einem Aufhebungsanspruch unabhängig vom subjektiven Recht führen soll.[46]

6. Ausschluss des Aufhebungsanspruchs. Trotz Vorliegen der Verletzung eines subjektiven Rechts 44
kann ausnahmsweise dem Kläger kein Aufhebungsanspruch zustehen. Aus sachlichen Gründen kann es durch Gesetz oder aufgrund allgemeiner Rechtsgrundsätze dem Rechtsinhaber verwehrt sein, sich auf die Rechtsverletzung zu berufen.

a) Verwirkung. Der Aufhebungsanspruch unterliegt der Verwirkung.[47] Diese beruht auf dem auch im 45
öffentlichen Recht geltenden Grundsatz von Treu und Glauben. Verwirkung kommt in Betracht, wenn (a) der Kläger durch zu langes Zuwarten objektiv einen Vertrauenstatbestand geschaffen hat, der den Schluss rechtfertigt, er werde sein Recht nicht mehr ausüben, (b) ihm dies subjektiv vorwerfbar ist, (c) der Begünstigte tatsächlich darauf vertraut hat, dass das Recht nicht mehr ausgeübt werde (Vertrauenstatbestand) und schließlich (d) dieser sich in seinen Vorkehrungen und Maßnahmen so darauf eingerichtet hat, dass ihm durch die verspätete Durchsetzung des Rechts ein unzumutbarer Nachteil entstehen würde (BVerwG NVwZ 1991, 1182; VGH Mannheim NJW 1991, 2786 ff.). Maßgeblich sind die Umstände des Einzelfalls.

Die gerichtliche Aufhebung eines Verwaltungsakts kann ausgeschlossen sein, weil der materielle oder 46
der prozessuale Aufhebungsanspruch verwirkt sind. Die Verwirkung des prozessualen Aufhebungsanspruchs führt zur Unzulässigkeit der Klage, die Verwirkung des materiellen je nach den Umständen zur Unzulässigkeit oder zur Unbegründetheit der Klage.[48] Worauf sich die Verwirkung bezieht, hängt vom Gegenstand der Verwirkung ab. I.d.R. wird der materielle Aufhebungsanspruch betroffen sein (zum Entfallen des Rechtsschutzbedürfnisses wegen Verwirkung → Vorbem. § 42 Rn. 361).[49] Materiell-rechtliche Abwehrrechte des Nachbarn können in aller Regel zu einem früheren Zeitpunkt verwirkt sein als entsprechende prozessuale Rechte (BVerwG NVwZ-RR 1991, 111). Der für die Verwirkung eines materiellen Rechts maßgebliche vorwerfbare Untätigkeitszeitraum ist grds. deutlich länger zu bemessen als die gesetzlich geregelten Rechtsbehelfs-[50] oder Verjährungsfristen. Im Bereich der unmittelbaren Grenznachbarschaft im Baurecht ist die Rspr. mitunter verwirkungsfreundlich und lässt

---

44 EuGH 15.10.2015 – C-137/14; NVwZ 2015, 1665; s.a. EuGH 7.11.2013 – C-72/12 (Altrip), NVwZ 2014, 49.
45 Vgl. BT-Drs. 18/5927, 9; vorher schon (zur alten Rechtslage) VGH München BayVBl 2017, 52 f.; OVG Münster DVBl. 2015, 993 f.; *Kahl*, JZ 2016, 666, 668.
46 BVerwGE 87, 62, 74; *M. Gerhardt*, in: Schoch/Schneider/Bier § 113 Rn. 11.
47 BVerwGE 44, 339, 343; BVerwG NVwZ 1991, 1182 ff.; Buchholz 310 § 81 VwGO Nr. 13; OVG Weimar LKV 1994, 110 f.; vgl. auch *A. v. Mutius*, Jura 1989, 297 ff.; *H.-W. Rengeling*, DVBl 1981, 323, 326 ff.
48 Vereinfachend *Kuhla/Hüttenbrinck/Endler* D Rn. 124 f.
49 Vgl. BVerwG NVwZ 1991, 1182 f.; OVG Münster NJW 1981, 598 f.; NVwZ-RR 1993, 397; VGH München NVwZ 1994, 85 f. (zu § 47 VwGO).
50 So ausdrückl. BVerwG NVwZ 1991, 1182 ff.; OVG Münster NVwZ-RR 1993, 397; OVG Weimar LKV 1994, 110 f.; *H. Schlemminger*, NVwZ 2004, 129, 131 f.

Rechtsbehelfs- und Verwirkungszeiten zusammenfallen.[51] Bei einer Behörde gelten besondere Grundsätze. So kann es einer Verwaltungsbehörde verwehrt sein, einen Bürger an einer rechtswidrigen Verpflichtungserklärung festzuhalten (VGH Mannheim NJW 1991, 2786).

47 **b) Präklusion.** Bei der materiellen Präklusion von Einwendungen verliert der Betroffene die Möglichkeit, die Aufhebung des angegriffenen Verwaltungsakts unter Berufung auf die präkludierten Einwendungen vor Gericht geltend zu machen. Dies führt zu einem Verlust des Klagerechts. Das Gericht darf die Einwendungen nicht mehr berücksichtigen. Materielle Präklusionsregelungen kennen sowohl die komplexen Genehmigungsverfahren (§ 10 Abs. 3 S. 3 BImSchG) sowie das Planfeststellungsverfahren (§ 73 Abs. 4 S. 3 VwVfG). Die materielle Präklusion setzt voraus: (a) kein Ausschluss durch höherrangiges Recht, (b) eine gesetzliche Grundlage und (c) die vollständige Erfüllung der vorgesehenen formellen Voraussetzungen, die die Gesetzesnorm für die Präklusion aufstellt (i.d.R. Hinweis auf die Rechtsfolge, öffentliche Bekanntgabe des Vorhabens, Fristablauf). Keine materielle Präklusion liegt vor, wenn die Fristversäumung lediglich zur Folge hat, dass die Einwendungen im Verwaltungsverfahren nicht mehr geltend gemacht werden können (sog. formelle Präklusion).[52]

48 Die materielle Präklusion beruht im Wesentlichen auf dem Gedanken der Verwirkung und ist verfassungsrechtlich mit Art. 19 Abs. 4 GG zu vereinbaren.[53] Es ist nicht geklärt, ob ihre Voraussetzungen in der Zulässigkeit oder Begründetheit zu prüfen sind.[54] Der Gerichtsschutz für unionsrechtlich eingeräumte Verfahrensrechte darf nicht ohne unionsrechtlichen Ansatzpunkt einer Präklusionsregelung unterstellt werden. Präklusionsregelungen im Bereich des Art. 11 Umweltverträglichkeitsrichtlinie (Richtlinie 2011/92) sind daher unzulässig.[55] Dies schränkt die praktische Bedeutung der Präklusionsregelung in Deutschland massiv ein.

49 Sie bezieht sich dabei auch auf Umstände, die die Verwaltung unabhängig von dem (fehlenden) Vortrag des Betroffenen kannte oder aufgrund des Amtsermittlungsgrundsatzes (§ 24 VwVfG) hätte kennen müssen (BVerwGE 60, 297 ff.), sowie auf solche Belange, die grundrechtsrelevant sind (BVerwGE 104, 337 f.). Ebenso gilt sie gegenüber dem Rechtsnachfolger (BVerwG NVwZ 1993, 266 f.). Auch günstige Rechtsänderungen, die sich auf die präkludierte Rechtsposition beziehen, sind nicht mehr zu beachten.[56]

50 **c) Unbeachtlichkeit.** Zu einem Verlust des Aufhebungsanspruchs führen auch die gesetzlichen Normen, die trotz Verletzung subjektiver Rechte eine Aufhebung ausschließen, indem sie den Rechtsverstoß für unbeachtlich erklären. Die wichtigste Vorschrift ist § 46 VwVfG.[57] Sofern man § 46 VwVfG nicht als Beweislastnorm zulasten des Betroffenen liest, ist er mit der Umweltverträglichkeitsrichtlinie zu vereinbaren.[58] Ob § 46 VwVfG den materiellen Aufhebungsanspruch aufhebt, mit der Folge, dass auch der prozessuale Aufhebungsanspruch aus § 113 Abs. 1 S. 1 nicht gegeben ist,[59] oder ob er den prozessualen Aufhebungsanspruch ausschließt, ist nicht ganz eindeutig. Die Alternative dürfte näher liegen. Dogmatisch gleich zu behandeln ist die Vorschrift, nach der Mängel im Abwägungsvorgang unter gewissen Voraussetzungen unbeachtlich sind (§ 75 Abs. 1 a VwVfG).[60]

51 **d) Umdeutung.** Bei der Umdeutung wird ein fehlerhafter Verwaltungsakt in einen anderen rechtmäßigen Verwaltungsakt umgewandelt (§ 47 VwVfG). Die rechtmäßige Umdeutung kann nach Klageerhebung die Aufhebung des Verwaltungsakts ausschließen. Bei der Umdeutung wird der Tenor des Verwaltungsakts verändert und dem Kläger der Sache nach sein Klagegegenstand genommen. Nach Kla-

---

51 BVerwGE 44, 294, 299; für andere Fallgestaltungen relativierend BVerwG NVwZ 1988, 838, 840.

52 Vgl. *H.-J. Papier*, NJW 1980, 313 ff.; vgl. etwa § 14 Abs. 1 der 9. BImSchV s. dazu *H. D. Jarass*, BImSchG, ⁵2002, § 10 Rn. 90.

53 BVerfGE 61, 82, 109; BVerwG NVwZ 2006, 85 ff.; *T. Stuhlfauth*, in: Bader § 113 Rn. 20.

54 Für eine Prüfung in der Zulässigkeit: *M. Gerhardt*, in: Schoch/Schneider/Bier § 113 Rn. 10; dagegen für eine in der Begründetheit BVerwGE 66, 99, 106; *J. Schmidt*, in: Eyermann § 113 Rn. 4.

55 EuGH 15.10.2015 – C-137/14, NVwZ 2015, 1665; s.a. EuGH 7.11.2013 – C-72/12 (Altrip), NVwZ 2014, 49; *Kahl*, JZ 2016, 666, 670; *M. Kment/ C. Lorenz*, EurUP 2016, 47 ff.; *S. Schlacke*, UPR 2016, 478 ff.; *T. Siegel*, NVwZ 2016, 337 ff.

56 BVerwGE 66, 99 ff.; BVerwG NVwZ 1987, 131 f. und OVG Münster NVwZ-RR 1992, 536 ff.

57 *B. Schöbener*, DV 2000, 447, 480; *M. Gerhardt*, in: Schoch/Schneider/Bier § 113 Rn. 27; *Kopp/Schenke* § 113 Rn. 6; *M. Sachs*, in: Stelkens/Bonk/Sachs § 46 Rn. 1.

58 EuGH 15.10.2015 – C-137/14; s.a. *Kahl*, JZ 2016, 666, 670.

59 *B. Schöbener*, DV 2000, 447, 480.

60 Vgl. *Kopp/Schenke* § 113 Rn. 6.

geerhebung setzt die prozessuale Einbeziehung des umgedeuteten Verwaltungsakts in die Anfechtungsklage die Zulässigkeit der Klageänderung voraus.

Die Rspr. geht davon aus, dass auch das Gericht zur Umdeutung berechtigt ist. Weite Teile der Lit. bestreiten dies.[61] Eine Umdeutung durch das Gericht kommt in Betracht, wenn der Verwaltungsakt nur mit dem umgedeuteten Inhalt hätte ergehen können und nach dem Sachverhalt davon ausgegangen werden kann, dass die Verwaltung den Verwaltungsakt mit diesem Inhalt erlassen hätte, wenn sie gewusst hätte, dass er nur so rechtmäßig hätte ergehen können. Eine gerichtliche Umdeutung ist auch bei einer Ermessensentscheidung nicht ausgeschlossen, aber stark eingeschränkt. Sie ist möglich, sofern die von der Behörde bzgl. des angefochtenen Verwaltungsakts angestellten Ermessenserwägungen auch hinsichtlich des durch Umdeutung zu gewinnenden Verwaltungsakts Geltung beanspruchen können, wobei die Grundlagen der Ermessensentscheidung im Wesentlichen übereinstimmen müssen.[62] **52**

e) Rückwirkende Rechtsänderung. Eine Änderung der Sachlage kann unter bestimmten Voraussetzungen rückwirkend erfolgen. Rückwirkende Rechtsänderungen haben häufig den Sinn, rechtswidrigen Einzelakten nachträglich die erforderliche Rechtsgrundlage unterzuschieben. Auf diese Weise werden auch die Aufhebungsansprüche der durch die Verwaltungsakte Belasteten beseitigt (BVerwG 2.5.2005 – 6 B 6/05, juris Rn. 16), da durch die rückwirkend eingetretene Rechtmäßigkeit die Voraussetzungen für den prozessualen Aufhebungsanspruch entfallen. **53**

f) Sonstige Ausschlussgründe. Einen selbständigen Ausschlussgrund des Aufhebungsanspruchs bilden Regelungen, die einen Vorrang von Ergänzungsansprüchen gegenüber Aufhebungsansprüchen festlegen (§ 75 Abs. 1 a S. 2 VwVfG bzw. § 17 S. 3 FStrG).[63] **54**

Zudem wird v.a. im Bereich der gesetzlichen Abgaben, insbes. des Erschließungsbeitragsrechts, von der Rspr. der Aufhebungsanspruch nicht anerkannt, wenn die Anfechtungsklage sich gegen einen Verwaltungsakt richtet, der nach seiner Aufhebung aufgrund einer Veränderung der Sach- und Rechtslage alsbald mit demselben Inhalt wieder erlassen werden müsste, unabhängig davon, ob die Rechtsänderung rückwirkend geändert wurde.[64] Weiter berechtigt im Planungsrecht die Rechtsposition von Eigentümern sog. „Sperrgrundstücke" (Grundstückserwerb nur zum Zweck der Klage mit Rückübereignungsverpflichtung) nicht zur Klage (BVerwG NVwZ 2012, 567). **55**

III. Spruchreife bei der Anfechtungsklage

1. Der Begriff der Spruchreife. Das Gericht hat den Streitgegenstand spruchreif zu machen.[65] Spruchreif ist eine Entscheidung dann, wenn die tatsächlichen und rechtlichen Umstände vom Gericht so umfassend aufgeklärt wurden, wie die Rechtsvorschriften es von ihm verlangen (BVerwGE 78, 177, 181). Die Spruchreife ist (wie der Grundsatz der freien Beweiswürdigung) eine prozessuale Anforderung für die Sachentscheidung. Sie ist in der Begründetheit zu prüfen und bezieht sich auf den Streitgegenstand. Bei der Anfechtungsklage bereitet die Spruchreife i.d.R. deutlich geringere Probleme als bei der Verpflichtungsklage. Im ersten Fall ist sie gegeben, wenn feststeht, dass der Verwaltungsakt rechtswidrig ist und der Kläger dadurch in seinen Rechten verletzt ist (BVerwGE 78, 177, 181; BVerwG Buchholz 427.3 § 339 LAG Nr. 167). Ebenso ist sie zu bejahen, wenn der Verwaltungsakt rechtmäßig ist oder zumindest den Kläger nicht in seinen Rechten verletzt. **56**

2. Begründung des Gebots der Herbeiführung der Spruchreife. Dieses Gebot ist für die Verpflichtungsklage (§ 113 Abs. 5), nicht aber für die Anfechtungsklage ausdrücklich geregelt. Für diese ergibt es sich aber zumindest im Umkehrschluss aus § 113 Abs. 2 und Abs. 3. Auch aus §§ 86 und 108 folgt ein Indiz für das Gebot der Herbeiführung der Spruchreife.[66] Zuletzt lässt sich das Erfordernis auch **57**

---

61 Vgl. BVerwGE 97, 245, 255; 115, 111, 114; *Staporn Samalee*, Die Umdeutung fehlerhafter Verwaltungsakte, 1999, 215; *M. Sachs*, in: Stelkens/Bonk/Sachs § 47 Rn. 11; dagegen: *H.-W. Laubinger*, VerwArch 78 (1987), 207 und 345, 348 ff.; *K. Windthorst/P. Lüdemann*, NVwZ 1994, 244, 245.

62 VGH Mannheim NVwZ-RR 1991, 493, 497; *A. Leopold*, Jura 2006, 895, 897.

63 BVerwGE 100, 370; *J. Schmidt*, in: Eyermann § 113 Rn. 6; *Kopp/Schenke* § 113 Rn. 6; *M. Gerhardt*, in: Schoch/Schneider/Bier § 113 Rn. 26.

64 BVerwGE 64, 218 ff.; 64, 356, 358; *Kopp/Schenke,* § 113 Rn. 50; *P. Baumeister*, Beseitigungsanspruch, S. 340 f.; krit. demgegenüber: *M. Gerhardt*, in: Schoch/Schneider/Bier § 113 Rn. 25; ausf. *A. Scherzberg*, BayVBl 1992, 426 ff.

65 BVerwGE 155, 35 ff.; BVerwG NVwZ 1987, 491; *J. Schmidt*, in: Eyermann § 113 Rn. 21.

66 BVerwG 4.9.2008 – 9 B 2/08, juris Rn. 8 f.; zu weitgehend dagegen *T. Stuhlfauth*, in: Bader § 113 Rn. 30.

durch eine prozessökonomische Überlegung rechtfertigen. Dem Kläger ist wenig geholfen, wenn ein Verwaltungsakt aufgehoben wird, der in der Sache der Rechtslage entspricht, aber auf rechtswidrigen Erwägungen oder einem rechtswidrigen Verfahren beruht.[67]

58   **3. Fehlende Spruchreife trotz festgestellter Rechtswidrigkeit. a) Allgemein.** Für die Feststellung der Verletzung subjektiver Rechte reicht das Vorliegen eines Rechtsverstoßes noch nicht aus. Die Verwaltungsgerichte sind zwar primär eine Kontrollinstanz,[68] aber nicht auf eine reine Kontrolle der Verwaltung beschränkt. Spruchreife liegt daher erst dann vor, wenn für das Gericht klar ist, dass der festgestellte Rechtsverstoß auch zu einer Rechtswidrigkeit und Rechtsverletzung geführt hat.

59   An der Spruchreife trotz festgestellten Rechtsverstoßes fehlt es ebenso, wenn dieser unbeachtlich ist oder geheilt wurde. Gleiches gilt, wenn zwar klar ist, dass die Rechtsgrundlage, die die Verwaltung herangezogen hat, den Verwaltungsakt nicht trägt, aber eine andere Rechtsgrundlage in Betracht kommt, die den Verwaltungsakt stützt oder stützen könnte. Ebenso kann es sein, dass die Tatsachen, die die Verwaltung ermittelt hat, den Verwaltungsakt nicht tragen, demnach ein Rechtsverstoß vorliegt (Aufklärungspflicht), aber andere Umstände diesen rechtfertigen können.

60   **b) Die Verwaltungsgerichtsbarkeit im Dienste des Rechtsvollzugs.** Es ist str., ob die Gerichte verpflichtet sind, bei einem festgestellten Rechtsverstoß zu prüfen, ob der Verwaltungsakt nicht evtl. auf eine andere als der von der Verwaltung herangezogene Rechtsnorm gestützt werden kann, oder bisher unbekannte Tatsachen vorliegen, die trotz des Fehlers der Verwaltung den Verwaltungsakt stützen. Diese Frage wird unmittelbar von der Funktion der Verwaltungsgerichtsbarkeit beeinflusst.[69] Aus § 113 Abs. 2 und Abs. 3 ist im Umkehrschluss allerdings deutlich zu ersehen, dass der Gesetzgeber die Gerichtskontrolle nicht allein auf die Frage reduzieren will, ob der Behörde ein Fehler unterlaufen ist, sondern ob das Ergebnis des Verwaltungsverfahrens, der Verwaltungsakt, Rechte verletzt oder nicht. Weiter hat der Gesetzgeber schon bei der Urfassung des § 113 bewusst davon abgesehen, einen Rechtsstreit an die Verwaltungsbehörde zurückzuverweisen, wenn neue Tatsachen im Prozess zum Vorschein kommen, obwohl es dafür Beispiele in älteren Verwaltungsgerichtsgesetzen gab.[70] Es spräche somit sehr viel dafür, die Verwaltungsgerichtsbarkeit auf eine Kontrolltätigkeit zu reduzieren.[71] Da der Gesetzgeber dies aber erkennbar nicht wollte, muss man es akzeptieren.[72] Verfassungswidrig ist die „ergänzende Ermittlungspflicht" der Gerichte nicht..

61   **4. Der Unterschied zwischen gebundenen Verwaltungsakten und Ermessensverwaltungsakten bei der Spruchreife. a) Die Anforderungen der Spruchreife.** Was das Gericht zu prüfen hat, hängt vom materiellen Recht ab. Es muss die Sach- und Rechtslage so weit prüfen, wie es zur Urteilsfindung erforderlich ist,[73] d.h. es sind alle entscheidungserheblichen Tatsachen aufzuklären. Entscheidungserheblich sind alle Tatsachen, von denen die Rechtmäßigkeit des erlassenen Verwaltungsakts abhängt (BVerwG Buchholz 427.3 § 339 LAG Nr. 167). Solange dies nicht geschehen ist, fehlt es an der Spruchreife (BVerwGE 68, 143, 150 f.).

62   Einzelfälle: Sind im Asylfolgeverfahren die Voraussetzungen für ein Wiederaufgreifen des Verfahrens erfüllt, darf das Gericht die Sache nicht zur Entscheidung über das begehrte Asyl an das frühere Bundesamt für die Anerkennung ausländischer Flüchtlinge (nun Bundesamt für Migration und Flüchtlinge) „zurückverweisen", sondern muss auch hierüber selbst entscheiden („durchentscheiden").[74] Dies gilt auch, wenn das Bundesamt lediglich die Durchführung eines weiteren Asylverfahrens nach § 51 VwVfG rechtswidrig abgelehnt hat (VGH Kassel DVBl 1998, 1036 [LS]). Kann ein Geldleistungsverwaltungsakt teilweise dadurch aufrechterhalten werden, dass weitere Erschließungsanlagen einbezogen werden, ist dies gerichtlich aufzuklären (BVerwGE 134, 139).

---

67   BVerwGE 80, 96, 98; krit. dazu *F. Kopp*, VerwArch 61 (1970), 219, 234 ff.
68   BVerfGE 60, 253, 290; ausf. *W. Krebs*, DV 21 (1988), 155, 156 ff.
69   Ausf. *F. Kopp*, WiVerw 1983, 1, 11; *F. Kopp*, BayVBl 1983, 673 ff.; *M. Hödl-Adick*, Bescheidungsklage, 2001, 104 ff.; *G. Marx*, Spruchreife, 1996, 151 ff.; *R. Kissel*, NJW 1982, 1777, 1781 f.; *K. Meyer*, DVBl 1961, 75, 77.
70   *M. Gerhardt*, in: Schoch/Schneider/Bier Vorbem. § 113 Rn. 17; BT-Drs. 3/1094, 11; eine Ausnahme bildet § 144 FlurbG.
71   Aus rechtspolitischer Sicht daher zutr. *Kopp/Schenke* § 113 Rn. 20 f.
72   *M. Gerhardt*, in: Schoch/Schneider/Bier Vorbem. § 113 Rn 17, 19. A.M. *Kopp/Schenke* § 113 Rn. 20 f.; *Spannowsky*, 1. Aufl., Rn. 32 f.
73   BVerwGE 78, 177, 181; *M. Gerhardt*, in: Schoch/Schneider/Bier § 113 Rn. 8.
74   BVerwGE 106, 171 ff.; BVerwG Buchholz 402.25 § 34 AsylVfG Nr. 4.

b) Unterschiede bei rechtlichen und tatsächlichen Fragen. Die Reichweite der Aufklärungspflicht hin- 63
sichtlich der Tatsachen ist rechtlich gefasst und nicht grenzenlos. Sie richtet sich nach § 86 und
§ 108.[75] Bleiben nicht auszuräumende Zweifel im Tatsächlichen, sind die Regeln über die materielle
Beweislast heranzuziehen, mit der Folge, dass Spruchreife vorliegt.

Die Aufklärungspflicht hinsichtlich der Rechtslage ist unbegrenzt; das Gericht darf die Frage, ob ein 64
Verwaltungsakt gegen eine Norm verstößt oder von einer Vorschrift getragen wird, nicht offen lassen
mit der Begründung, der Aufwand stünde außer Verhältnis zur Bedeutung der Streitsache.

c) Die Spruchreife bei gebundenen Entscheidungen. Bei gebundenen Verwaltungsakten besteht Identi- 65
tät zwischen behördlicher Handlungsanweisung und gerichtlichem Kontrollmaßstab.[76] Bei der Anfechtung gebundener Verwaltungsakte fehlt die Spruchreife, wenn sich der Verwaltungsakt auf andere
Tatsachen oder Rechtsvorschriften stützen lässt als diejenigen, die die Behörde in der Begründung des
Verwaltungsakts angegeben hat (BVerwGE 80, 96, 98). Fehler der Verwaltung hat das Gericht grds.
durch „ergänzende Verwaltungstätigkeit" auszugleichen, sofern die Fehler nicht zu einer Verletzung
subjektiver Rechte des Klägers durch den Verwaltungsakt führen.

Grenzen dieser „Spruchreifmachung" liegen beim gebundenen Verwaltungsakt darin, dass durch die 66
Berücksichtigung der gerichtlichen Tatsachenermittlung oder Erwägungen der Verwaltungsakt nicht in
seinem Wesen verändert und der Kläger nicht in seiner Rechtsverteidigung beeinträchtigt werden
darf.[77] Weiter darf das Gericht grds. auch Zweifel nicht dadurch aus der Welt schaffen, dass es dem
Verwaltungsakt Vorbehalte oder Bedingungen beifügt.[78] Insofern bestehen bei der Herbeiführung der
Spruchreife materiell die gleichen Grenzen wie für das Nachschieben von Gründen.

d) Spruchreife Ermessensentscheidungen. Der Raum für ergänzende richterliche Sachermittlung oder 67
Rechtsbegründungen ist aber enger, wenn der Behörde ein Ermessens- oder Beurteilungsspielraum eingeräumt ist. Hier kann das Gericht nur ermitteln, ob die von der Behörde herangezogenen Erwägungen ausreichen, um die Auswahlentscheidung zu tragen (vgl. BVerwGE 75, 26, 29), bzw. ob der Umstand, der einen Ermessensfehler begründen würde, tatsächlich auch vorliegt (BVerwG DÖV 1988,
514, 516), und darf keine ergänzende Ermessenserwägung der Entscheidung beifügen.

Bei der Heranziehung der falschen Rechtsgrundlage für eine Ermessensentscheidung kann das Gericht 68
die richtige Rechtsgrundlage nur dann „unterschieben", wenn die Verwaltung das Prüfungsprogramm
dieser Norm vollständig erfüllt hat. Das ist der Sache nach nur der Fall, wenn die Verwaltung bei der
Ermessensentscheidung sachlich die richtige Norm geprüft hat, aber dabei formal die falsche herangezogen hat.

Ermessenentscheidungen (BVerwGE 22, 215, 218; 75, 26, 29), Beurteilungsermächtigungen,[79] absolu- 69
te Verfahrensrechte wie im Atomrecht[80] sowie Planungsentscheidungen setzen von ihrer materiell-
rechtlichen Regelung her in aller Regel ein fehlerfreies Verfahren voraus. In diesen Fällen kann das
Gericht den Verwaltungsakt in aller Regel allein wegen des festgestellten Verfahrensfehlers (es sei
denn, der Fehler kann sich überhaupt nicht auf das Ergebnis ausgewirkt haben) aufheben (BVerwGE
78, 177, 181). Insbes. einen festgestellten Fehler in der Tatsachenermittlung durch die Behörde muss
das Gericht dann nicht weiter aufklären, wenn der neu ermittelte Sachverhalt die Rechtmäßigkeit des
Verwaltungsakts nicht begründen kann. Die Feststellung eines Verfahrensfehlers reicht in diesen Fällen
zum Vorliegen der Spruchreife aus.[81]

---

75 BVerwG Buchholz 310 § 113 VwGO Nr. 78; *M. Gerhardt*, in: Schoch/Schneider/Bier § 113 Rn. 8.
76 *M. Gerhardt*, in: Schoch/Schneider/Bier Vorbem. § 113 Rn. 19. A.M. *K. Meyer*, DVBl 1961, 75, 77.
77 BVerwGE 38, 191, 195; 64, 356, 358; 71, 363, 368; 108, 30, 35; krit. demgegenüber *F. Schnapp*, SGb 1988, 309,
    314.
78 *Kopp/Schenke* § 113 Rn. 23.
79 BVerwGE 72, 300, 316; BVerwG DVBl 1988, 844, 845; *R. Wahl*, NVwZ 1991, 409, 415; *Kopp/Schenke* § 113
    Rn. 21 – allerdings nur, sofern isoliert eine Planergänzung nach § 73 Abs. 1 a VwVfG zur Fehlerbehebung ausreicht.
80 BVerwGE 78, 177, 181; 85, 368, 379; *J. Pietzcker*, JZ 1991, 670 f.; *T. Stuhlfauth*, in: Bader § 113 Rn. 31; nicht auf
    das Immissionsrecht übertragbar BVerwGE 85, 368, 374 – krit. dazu *Spannowsky*, 1. Aufl., Rn. 32; *Kopp/Schenke*
    § 113 Rn. 21.
81 Ungenau daher *Spannowsky*, 1. Aufl., Rn. 30.

IV. Nachschieben von Gründen

70 **1. Allgemein. a) Begriff.** Ergänzt die Verwaltung im Laufe eines Verwaltungsprozesses die (tatsächlichen oder rechtlichen) Gründe, mit denen sie den Verwaltungsakt begründet hat, um solche Aspekte, die schon bei Erlass des Verwaltungsakts objektiv vorhanden waren, liegt ein Nachschieben von Gründen vor. Dabei ist gleichgültig, ob die nachgeschobenen Gründe der Verwaltung bei Erlass des Verwaltungsakts schon bekannt waren oder nicht. Möglich ist der Austausch der Rechtsgrundlage sowie die Ergänzung des Tatsachenvortrags oder der Ermessensüberlegungen. Das Nachschieben von Gründen spielt nur dann eine Rolle, wenn die Gründe, die die Verwaltung zum Erlass des Verwaltungsakts bewegt haben, fehlerhaft oder unzureichend sind.

71 Veränderungen des Vortrags des Klägers im Vergleich zu seiner Klageschrift könnten theoretisch auch als ein Problem des Nachschiebens verstanden werden, sinnvoll erscheint dies aber nicht.[82]

72 Die vom Kläger nach der Klageerhebung nachgeschobenen Tatsachen und rechtlichen Erwägungen sind erheblich, soweit sie rechtlich zulässig sind. Das Nachschieben von Aufhebungsgründen kann wegen der materiellen Präklusion von Anfechtungsrechten, wegen Verwirkung und aus Gründen des Vertrauensschutzes ausgeschlossen sein, ansonsten ist es zulässig.[83]

73 **b) Abgrenzung.** Das Nachschieben von Gründen ist von folgenden Instituten zu unterscheiden:[84] (a) *Änderung der Sach- und Rechtslage*: Das Nachschieben ist nur bei Aspekten möglich, die schon bei Erlass des Verwaltungsakts vorlagen. Bei der Frage der maßgeblichen Sach- und Rechtslage stehen dagegen Änderungen nach Erlass des Verwaltungsakts zur Diskussion.[85] (b) *Fehlende Begründung*: Nach § 39 VwVfG muss ein Verwaltungsakt begründet werden. Das Nachschieben von Gründen bezieht sich meist auf Aspekte, die auch in der Begründung des Verwaltungsakts aufgeführt worden wären, wenn sie schon zum Zeitpunkt des Erlasses des Verwaltungsakts von der Behörde beachtet worden wären. Dennoch beziehen sich beide Fragen auf unterschiedliche Bereiche.[86] § 39 VwVfG begründet eine Pflicht, die Gründe vorzutragen, die für die Behörde maßgeblich waren (formale Begründungspflicht); das Nachschieben von Gründen bezieht sich dagegen auf die Gründe, die den Verwaltungsakt bei rechtlich zutreffender Sichtweise tragen. Ist etwa in der Begründung eines rechtmäßigen Verwaltungsakts die falsche Rechtsgrundlage angegeben worden, kann dies den Anforderungen des § 39 VwVfG genügen und die Klage dennoch Erfolg haben, wenn nicht das Gericht die richtige Rechtsgrundlage findet. (c) *Rechtliches Gehör*: Das Nachschieben betrifft nicht nur die Argumentation vor Gericht, sondern erfasst den dem Streit zugrunde liegenden Verwaltungsakt. (d) *Umdeutung eines Verwaltungsakts*: Die Umdeutung nach § 47 VwVfG führt zu einer Veränderung des Verwaltungsakts, d.h. des Klagegegenstands, das Nachschieben von Gründen nicht.[87] (e) *Eventuelle Ermessensausübung*: Wurde der Ausgangsbescheid schon auf mehrere (eventuell sich sogar gegeneinander ausschließende) Begründungen gestützt und hält das Gericht die Hauptrechtfertigung nicht für zutreffend und zieht daher die hilfsweise vorgetragene Begründung heran, liegt darin kein Nachschieben, da die Hilfsbegründung schon bei Erlass des Verwaltungsakts vorgetragen worden war. (f) *Heilung von (Verfahrens-)Fehlern*: Ist es der Verwaltung aufgrund ausdrücklicher Vorschriften gestattet, (Verfahrens)Fehler eines erlassenen Verwaltungsakts auch nach Erlass des Verwaltungsakts und nach Erhebung der Anfechtungsklage zu heilen, muss sie die erfolgreiche Heilung auch vortragen dürfen. Da dieser Umstand aber nach Erlass des Verwaltungsakts vorliegt, ist dies kein Fall des Nachschiebens.[88] (g) *Nachschieben im Verwaltungsverfahren*: Werden Gründe nach Erlass des Verwaltungsaktes, aber vor Ergehen des Widerspruchsbescheids von der Behörde nachgeschoben, gehen diese in den Widerspruchsbescheid ein, der nach § 79 Abs. 1 Nr. 1 (mit) Gegenstand der Anfechtungsklage ist, sodass die Gründe nicht „nachgeschoben" sind.[89]

---

82 So aber *Spannowsky*, 1. Aufl., Rn. 84, 93, 106.
83 *Spannowsky*, 1. Aufl., Rn. 106.
84 Ausf. etwa M. *Axmann*, Nachschieben, 2001, 21 ff.
85 H.-D. *Horn*, DV 25 (1992), 203, 211 ff.
86 Ausf. H.-D. *Horn*, DV 25 (1992), 203, 204 ff.
87 H.-D. *Horn*, DV 25 (1992), 203, 227 f.
88 A.M. *Spannowsky*, 1. Aufl., Rn. 97.
89 *Kopp/Schenke* § 113 Rn. 63; W.-R. *Schenke*, NVwZ 1988, 1, 11.

c) Rechtfertigungsbedürftigkeit. Nachgeschobene Gründe sind mit anfänglich vorgetragenen Grün- 74
den nicht identisch, eine rechtliche Gleichsetzung ist daher rechtfertigungsbedürftig. Gründe, die einer
schon getroffenen Entscheidung nachgeschoben werden, besitzen eine ganz andere Funktion als die
Rechtfertigung einer noch nicht getroffenen Entscheidung. Im zweiten Fall geht es um die Begründung
für die beste Entscheidung, im ersten um die Aufrechterhaltung einer schon getroffenen Entscheidung,
mag diese die beste sein oder auch nicht. Die nachgeschobenen Gründe weisen zudem auf eine fehlende Sorgfalt beim Erlass des Verwaltungsakts hin und bilden oft ein Indiz für einen Ermessens- oder
Abwägungsfehler. Schließlich hätte der Kläger eventuell bei zutreffender Begründung die Klage nicht
erhoben. Beim Nachschieben von Gründen liegt ein Verwaltungsakt mit „rechtmäßigem" Tenor, aber
(für sich genommen) rechtswidriger Begründung vor. Lässt man das Nachschieben der Gründe zu,
wird die Funktion der Begründung erheblich reduziert.

2. Die Rechtfertigung des Nachschiebens von Gründen. Die Rspr. lässt das Nachschieben von Grün- 75
den weitgehend zu. Für die Begründetheit der Anfechtungsklage ist entscheidend, ob der Verwaltungsakt rechtmäßig ist oder nicht. Die Zulässigkeit des Nachschiebens von Gründen ist die Folge davon,
dass man den Verwaltungsrechtsschutz nicht auf eine reine Verwaltungskontrolle beschränkt, sondern
auf die Prüfung des Bestehens des Aufhebungsanspruchs nach Maßgabe des § 113 Abs. 1 S. 1 (d.h.
insbes. dem Vorliegen einer Verletzung subjektiver Rechte) erweitert hat.

Die Frage der Rechtmäßigkeit bezieht sich primär auf den Tenor des Verwaltungsakts. Wäre die sach- 76
lich zutreffende Begründung für den Erlass der Regelung zugleich Teil des Verwaltungsakts, dann wäre ein Nachschieben von Gründen faktisch ausgeschlossen.[90] Nach h.M. ist die sachliche Rechtfertigung des Verwaltungsakts kein Teil „des Verwaltungsakts" selbst.[91] Auch begründet keine Norm die
Pflicht, den Verwaltungsakt mit einer materiell rechtmäßigen Begründung zu versehen. Entscheidend
ist nur, dass eine solche Begründung existiert, nicht aber dass sie ihm angefügt wird. Das Rechtsstaatsprinzip verlangt zwar ein rechtmäßiges Handeln überhaupt, aber nicht, dass der Betroffene immer die
sachlich richtige Begründung kennt. Weiter lässt sich § 114 S. 2 entnehmen, dass die VwGO von der
Zulässigkeit des Nachschiebens ausgeht.

Legt man die Ansicht der überwiegenden Meinung zugrunde, dass primär nur der Tenor und nur die 77
formelle Begründung nach § 39 VwVfG entscheidend sind, reduzieren sich die Bedenken gegen das
Nachschieben von Gründen erheblich. Bei gebundenen Verwaltungsakten ist dann nur maßgeblich, ob
es überhaupt eine Rechtsgrundlage für diesen Verwaltungsakt bei Vorliegen des objektiv gegebenen
Sachverhaltes gibt.[92] In diesem Fall kann das Gericht die zutreffende Rechtsgrundlage und die sachlich zutreffende Begründung aufgrund seiner Bindung an das objektive Recht und den geltenden Untersuchungsgrundsatz, § 86, seiner Entscheidung zugrunde legen, unabhängig davon, ob die Behörde
dies vorträgt oder nicht.

Bei Ermessensverwaltungsakten gilt dies nur beschränkt. Hier darf das Gericht von sich aus keine Än- 78
derungen in der Motivation der Auswahlentscheidung vornehmen, da es auf diese Weise in die Selbständigkeit der Exekutive eingriffe. Wenn die Behörde aber von sich aus Änderungen vorträgt, muss
das Gericht nur prüfen, ob dadurch die ursprüngliche Ermessensentscheidung ausgetauscht werden
soll (was unzulässig wäre) oder die Rechte des Betroffenen beeinträchtigt werden. Zulässig ist das
Nachschieben bei Ermessensentscheidungen, wenn die nachgeschobenen Erwägungen als Präzisierung
des tragenden Gedankens der ursprünglichen Rechtfertigung zu begreifen sind.

3. Die Vorteile des Nachschiebens von Gründen. Nimmt man die Zulässigkeit eines Nachschiebens 79
von Gründen an, so sind die daraus resultierenden Folgen gering. Sie beschränken sich auf zwei Aspekte:

- im Ermessensbereich kann eine im Kern zutreffende Ermessensentscheidung sachlich aufgebessert
werden und dadurch die Entscheidung rechtlich zutreffend gestaltet werden;

---

90 So *W.-R. Schenke*, NVwZ 1988, 1, 7; *C. Koenig*, AöR 117 (1992), 513, 520 ff.; *J. Wittmann*, Nachschieben, 1970,
104 ff.; sehr einschränkend auch *F. Schoch*, DÖV 1984, 401, 407 ff.
91 BVerwGE 1, 12, 13; 64, 356, 358; 71, 363, 368; 80, 96, 98; 82, 185, 188; 108, 30, 35; BVerwG NVwZ 1994, 297 f.;
M. Axmann, Nachschieben, 2001, 92 ff.; *F. Schoch*, DÖV 1984, 401, 403 f.; *H.-D. Horn*, DV 25 (1992), 203, 217 ff.;
J. Schmidt, in: Eyermann § 113 Rn. 17; *M. Gerhardt*, in: Schoch/Schneider/Bier § 113 Rn. 21.
92 *M. Gerhardt*, in: Schoch/Schneider/Bier Vorbem. § 113 Rn 19.

- das Gericht kann auf objektiv vorliegende Gesichtspunkte hingewiesen werden, die das Gericht vielleicht nicht bzw. nur nach einer gewissen Zeit und Mühe gesehen hätte bzw. deren Kenntnis das Gericht eventuell zu einem Nachbesserungsverlangen nach § 113 Abs. 3 veranlasst hätte.

80 **4. Die Grenzen des Nachschiebens. a) Allgemein.** Die Grenzen für das Nachschieben sind sachlich weitgehend identisch mit dem Rahmen für die Herbeiführung der Spruchreife. Bei Ermessensentscheidungen ist die Grenze mit der Unterscheidung zwischen Ergänzung und Austausch von Begründungen verbunden.

81 **b) Standardformulierung.** Die Rspr. konkretisiert die Grenzen mit folgender Standardformulierung (BVerwGE 38, 191, 195; 61, 200, 210; BVerwG BayVBl 1998, 729): Das Nachschieben von Gründen ist zulässig, wenn

- die nachträglich angegebenen Gründe schon bei Erlass des Verwaltungsakts vorlagen,
- der Verwaltungsakt durch das Nachschieben nicht in seinem Wesen verändert wird (mit Wesen ist dabei die Identität des Verwaltungsakts gemeint),[93] und
- der Betroffene nicht in seiner Rechtsverteidigung beeinträchtigt wird.[94]

Diese Formel gilt mittlerweile auch für Ermessensverwaltungsakte,[95] was durch § 114 S. 2 bestätigt wird, da diese Norm die Zulässigkeit des Nachschiebens voraussetzt. Liegt ein Nachschieben von Gründen vor und ist dieses zulässig, bezieht es sich auf den Verwaltungsakt ab seiner Entstehung. Eine Differenzierung zwischen einer ex-tunc- und ex-nunc-Wirkung vermischt die von der überwiegenden Ansicht vorgenommene Trennung zwischen Verwaltungsakt (= Tenor) und Begründung.

82 **c) Zeitlich vorheriges Vorliegen.** Die Gründe müssen zum Zeitpunkt des Erlasses des Verwaltungsakts schon vorgelegen haben. Andernfalls geht es um eine Änderung der Sach- und Rechtslage. Bildet die letzte mündliche Tatsacheninstanz den maßgeblichen Zeitpunkt für die Sachlage, müssen Änderungen nach dem Erlass des Verwaltungsakts schon vom Gericht berücksichtigt werden und können daher von den Beteiligten ohne jede Beschränkung vorgetragen werden.[96]

83 Will die Verwaltung auf eine Änderung der Sach- und Rechtslage reagieren, kann sie dies nicht durch das „Nachschieben" der neuen Gesichtspunkte machen. Ihr bleibt nur, den ursprünglichen Verwaltungsakt zurückzunehmen (sofern dieser sich nicht erledigt hat) und einen neuen zu erlassen. Die Rspr. kommt der Verwaltung dabei sehr entgegen, indem sie eine enorme Verkürzung dieses „Austauschverfahrens" billigt. Danach kann in einem Neuerlass die konkludente Rücknahme des alten Verwaltungsakts gesehen werden und der neue Verwaltungsakt darf eventuell zugleich im Wege der Klageänderung in den laufenden Prozess eingeführt werden, da es der Verwaltung möglich sei, auf die Durchführung des Vorverfahrens zu verzichten (BVerwGE 85, 163, 166).

84 **d) Wesensänderung.** Eine Wesensänderung liegt vor, wenn durch das Nachschieben der Sache nach ein neuer Verwaltungsakt entsteht, mag auch formal gesehen die Identität mit dem alten Verwaltungsakt noch bestehen. Dies ist der Fall, wenn der alte Verwaltungsakt in seinem Kern verändert wird. Letztlich hängt diese Beurteilung von einem Werturteil ab und ist in ihren Grenzen unscharf.[97]

85 Keine Wesensänderung liegt vor, wenn der bisherige Sachverhalt ergänzt, präzisiert und vertieft wird oder wenn die Rechtsgrundlage bei einer gebundenen Entscheidung ausgewechselt wird. Dies gilt v.a. dann, wenn die neue Rechtsgrundlage dem gleichen Zweck dient und auf den gleichen Sachverhalt zielt,[98] was etwa bei der Aufrechterhaltung eines Erschließungsbeitragsbescheids, der fehlerhaft als Straßenbaubeitragsbescheid erlassen wurde, anzunehmen ist. Keine Wesensänderung liegt vor, wenn einer „Ermessensentscheidung" eine Rechtsgrundlage für eine gebundene Entscheidung nachgeschoben wird (Wechsel eines Ermessensverwaltungsakts i.w.S. in eine gebundene Entscheidung).

---

93 BVerwG NVwZ 1993, 976 f.
94 Ausf. *R. P. Schenke*, VerwArch 90 (1999), 232, 247 ff.
95 Vgl. BVerwGE 105, 55, 59; s. schon BVerwGE 38, 191, 195. A.M. *J.-T. Ryu*, Nachholen, 1989, 137 ff.
96 *Kopp/Schenke* § 113 Rn. 63; *R.-P. Schenke*, VerwArch 90 (1999), 232, 248 f.
97 Krit. daher *Kopp/Schenke* § 113 Rn. 65.
98 BVerwGE 80, 96; BVerwG NVwZ 1991, 999 f.; 1994, 903; *Kopp/Schenke* § 113 Rn. 67; a.m. OVG Münster NVwZ-RR 1991, 265: Umdeutung erforderlich.

Eine Wesensänderung ist dagegen in folgenden Fallgruppen gegeben: 86

- Veränderungen des Tenors des Verwaltungsakts: Eine Wesensänderung liegt vor, wenn sich der Regelungsausspruch ändert;[99]
- Auswechslung des zugrunde liegenden Sachverhalts: Bleibt der Tenor gleich, wird aber der Verwaltungsakt auf einen anderen Sachverhalt gestützt, werden die Grenzen überschritten. Wann nur eine Ausdehnung des alten Sachverhalts und wann ein neuer Sachverhalt vorliegt, kann in Grenzfällen schwierig sein.[100] Bsp.: Ein Erschließungsbeitragsbescheid wird im Verwaltungsprozess auf ein anderes Grundstück des Klägers bezogen (vgl. nur BVerwGE 64, 356, 358);
- Wandel von gebundener Entscheidung in einen Ermessensverwaltungsakt oder in einen Verwaltungsakt mit Beurteilungsermächtigung oder Planungsermessen (Ermessensverwaltungsakt i.w.S.): Wird ein als gebundene Entscheidung erlassener und von der Widerspruchsbehörde bestätigter Verwaltungsakt nachträglich in eine Ermessensentscheidung i.w.S. umgewandelt, ist in aller Regel eine unzulässige Wesensänderung anzunehmen. Dies rechtfertigt sich formal schon aus dem Gedanken, dass auf diese Weise die Zweckmäßigkeitskontrolle durch die Widerspruchsbehörde (s. § 68 Abs. 1 S. 1) wegfallen würde.[101] Weiter ist eine Ermessensentscheidung, bei der das Ergebnis schon feststeht und die rechtshängig ist, zu weit von der Vorstellung der unbefangenen Ermessensausübung entfernt. Die Verwaltung ist daher i.d.R. gezwungen, den alten Verwaltungsakt zurückzunehmen und einen neuen Ermessensverwaltungsakt zu erlassen;
- nachträgliche Ermessensentschließung i.w.S. führt zu einer neuen (ggf. inhaltsgleichen) Ermessensentschließung i.w.S.: Liegt eine Ermessensentscheidung vor, dann ist es der Verwaltung gestattet, einzelne Ermessensgesichtspunkte nachzutragen. Insbes. können Lücken geschlossen oder eine (intendierte) Entscheidung erstmals gegen konkrete Einwände verteidigt werden. In § 114 S. 2 ist diese Möglichkeit ausdrücklich für Ermessensverwaltungsakte vorausgesetzt (→ § 114 Rn. 204).[102] Wenn aber der Nachtrag dazu führt, dass neben die alte Ermessensbegründung eine sachlich neue gestellt werden soll, die im Kern anders ist, da sie nicht auf dem gleichen tragenden Gedanken beruht (Austausch der Ermessenserwägungen), liegt eine Wesensänderung vor. Hier wird der Ermessensverwaltungsakt nicht nur ergänzt, sondern substantiell verändert. Der Übergang ist fließend. Lag ein Ermessensnichtgebrauch vor, würde eine nachträgliche Ermessensausübung ebenfalls keine Präzisierung mehr darstellen.[103] Auch hat das BVerwG das Nachschieben bei Ermessensentscheidungen durch die Ausgangsbehörde für unzulässig gehalten, wenn Ausgangs- und Widerspruchsbehörde nicht identisch waren. Ansonsten würde die Zweckmäßigkeitskontrolle durch die Widerspruchsbehörde hinsichtlich der Ermessenserwägungen entfallen (BVerwG NJW 1982, 1413; s.a. BVerwG DVBl 1998, 1027);
- Wechsel der Rechtsgrundlage bei Ermessensentscheidungen i.w.S.: Grds. führt der Wechsel einer Eingriffsgrundlage bei einem Ermessensverwaltungsakt zu einer Wesensänderung. Die Ermessensausübung muss sich immer vom Zweck der Rechtsgrundlage leiten lassen und dafür muss man diese kennen. Es ist aber nicht ausgeschlossen, dass für den gleichen Sachverhalt die Zwecke zweier verschiedener Rechtsgrundlagen so eng beieinander liegen, dass ein Austausch ausnahmsweise möglich erscheint, etwa wenn sachlich nur die „falsche Hausnummer" korrigiert wird.[104] Gleiches gilt für Verwaltungsakte mit Beurteilungsermächtigungen und Planungsentscheidungen, wohl aber nicht bei präventiven und repressiven Ermittlungsbefugnissen;[105]
- fehlende Zuständigkeit: Entscheidungen, die besonders gefassten Organen vorbehalten sind, können nicht durch die allgemeine Verwaltung ergänzt oder substantiiert werden, sondern nur durch dieses Gremium selbst.

---

99 BVerwGE 64, 356 , 358; BVerwG DVBl 1983, 1105, 1107: „Umstellung" einer disziplinarrechtlichen Entlassung auf eine Entlassung während der Probezeit.

100 Bsp. bei *Kopp/Schenke* § 113 Rn. 65 f.; *M. Gerhardt*, in: Schoch/Schneider/Bier § 113 Rn. 21 Fn. 112.

101 Vgl. BVerwG NJW 1982, 1413 f. für den Fall, dass die Widerspruchsbehörde zu einem anderen Verwaltungsträger gehört als die Ausgangsbehörde; s.a. BVerwGE 85, 163, 166, zust. *F. Schoch*, DÖV 1984, 401, 410.

102 A.M. *Kopp/Schenke* § 113 Rn. 70, nach dem § 114 S. 2 die prinzipielle Unzulässigkeit des Nachschiebens gerade voraussetzt.

103 *J. Bader*, NVwZ 1999, 120, 121.

104 Noch großzügiger (zum vergleichbaren Problem der Herbeiführung der Spruchreife) BVerwGE 82, 185, 188 f.

105 VG Lüneburg 21.12.2016 – 5 A 1/16.

87   Liegt in dem nachträglichen Vortrag eine Wesensänderung des ursprünglichen Verwaltungsakts, kann darin der Erlass eines neuen Verwaltungsakts mit gleichzeitiger konkludenter Rücknahme des vorausgegangenen Verwaltungsakts gesehen werden.[106] Der Neuerlass kann im Wege der Klageänderung (§ 91) zum Gegenstand des Prozesses gemacht werde (zur Frage des Fehlens des Vorverfahrens → Rn. 83).

88   **e) Unzumutbare Beeinträchtigung des Rechtsschutzes.** Das Nachschieben von Gründen ist unzulässig, wenn dadurch die wesentlichen Verfahrensrechte, wie v.a. das rechtliche Gehör oder der Grundsatz der Chancengleichheit, im Prozess verletzt werden würden (Überraschungsentscheidungen). Grds. dürfen nachgeschobene Gründe nur berücksichtigt werden, wenn hierdurch der Kläger nicht schlechter gestellt wird, als er gestanden hätte, wenn sie im Verwaltungsverfahren vorgebracht worden wären. Sind ihm im Verwaltungsverfahren besondere Mitwirkungsbefugnisse eingeräumt worden, die ihm im Verwaltungsprozess fehlen, wäre dies anzunehmen.

89   **f) Kostenfolgen.** Hat der Bürger nur wegen der ursprünglich unrichtigen sachlichen Rechtfertigung des Verwaltungsakts die Klage erhoben, kann er die Klage zurücknehmen, wenn er nach dem Nachschieben der Gründe sieht, dass der Verwaltungsakt doch rechtmäßig ist. In diesem Fall sind der Verwaltung gem. § 155 Abs. 4 die Kosten aufzuerlegen.[107]

V. Die maßgebliche Sach- und Rechtslage für die Anfechtungs- und Verpflichtungsklage

90   **1. Die Fragestellung und deren Entwicklung. a) Die Beachtlichkeit von Änderungen der Sach- und Rechtslage.** Der materielle Anspruch auf Aufhebung des Verwaltungsakts muss im Zeitpunkt der gerichtlichen Entscheidung bestehen, was auch davon abhängt, welche Sach- und Rechtslage für die Beurteilung der Rechtswidrigkeit des Verwaltungsakts heranzuziehen ist.[108] Dieser Zeitpunkt wird i.d.R. als der maßgebliche Zeitpunkt für die Beurteilung der Sach- und Rechtslage bezeichnet.[109] Hierfür kommen grds. zwei, mitunter drei unterschiedliche Beurteilungszeitpunkte in Betracht: a) der Zeitpunkt der letzten Behördenentscheidung und b) der Entscheidung des Gerichts sowie ggf. c) des Erlasses des Verwaltungsakts (und nicht des Widerspruchsbescheids). Mit dem Zeitpunkt der Entscheidung des Gerichts ist für den Fall, dass eine mündliche Verhandlung stattfindet, die letzte mündliche Verhandlung gemeint, ansonsten der Entscheidungszeitpunkt. Hinsichtlich der Sachlage ist die Entscheidung der letzten Tatsacheninstanz maßgebend (§ 137 Abs. 2), hinsichtlich der Rechtslage verlängert sich der Zeitraum in die Revisionsinstanz hinein.[110] Wird der Verwaltungsakt in der Gestalt des Widerspruchsbescheids angegriffen, kann als Behördenentscheidung entweder der Erlass des Ausgangsbescheids oder der des Widerspruchsbescheids verstanden werden. Die Beantwortung dieser Frage entscheidet darüber, ob die Veränderung der Sach- und Rechtslage nach Abschluss des Verwaltungsverfahrens die Beurteilung der Rechtmäßigkeit des Verwaltungsakts noch beeinflussen kann oder nicht.

91   **b) Kein prozessrechtliches Problem.** Aus § 113 Abs. 1 S. 1 lässt sich der maßgebliche Zeitpunkt nicht herleiten.[111] § 113 Abs. 1 setzt die Rechtswidrigkeit eines Verwaltungsakts voraus, sagt aber nicht, welcher Zeitpunkt für die Beurteilung der Rechtswidrigkeit maßgeblich ist.[112] Ein rechtmäßig erlassener Verwaltungsakt kann auch nach Änderung der Sach- und Rechtslage rechtmäßig bleiben, selbst wenn er zum Zeitpunkt der Gerichtsentscheidung so nicht mehr rechtmäßig ergehen könnte.[113]

92   Die Rspr. löste die Frage nach dem maßgeblichen Zeitpunkt zunächst prozessual und differenzierte nach der Klageart. Bei Anfechtungsklagen sei der Zeitpunkt des Erlasses des Verwaltungsakts maßgeblich, bei Vornahmeklagen dagegen die Rechtslage zum Zeitpunkt der gerichtlichen Entscheidung.[114] Von dieser prozessualen Lösung ist die Rspr. zu Recht abgerückt. Aus der Natur der Anfech-

---

106   *Kopp/Schenke* § 113 Rn. 68.
107   Vgl. *Kopp/Schenke* § 155 Rn. 20.
108   *F. Kopp*, FS Menger, 1985, 693 ff.; *L. Osterloh*, JuS 1990, 942.
109   Anders in der Terminologie *Kopp/Schenke* § 113 Rn. 35, 39 Fn. 52.
110   *Kopp/Schenke* § 113 Rn. 35.
111   A.M. *Spannowsky*, 1. Aufl., Rn. 66; *Kopp/Schenke* § 113 Rn. 39.
112   *F. Kopp*, FS Menger, 1985, 693, 695.
113   *Kopp/Schenke* § 113 Rn. 38.
114   BVerwGE 1, 35 ff.; 4, 161, 164; 11, 334, 335 f.; vgl. dazu *F. Kopp*, FS Menger, 1985, 693, 694.

tungsklage kann der maßgebliche Zeitpunkt nicht folgen. Der Bürger hat gegenüber rechtswidrigen Verwaltungsakten einen Aufhebungsanspruch. War der Verwaltungsakt zunächst rechtmäßig und wird er durch eine Änderung der Sach- und Rechtslage rechtswidrig, muss das Prozessrecht eine Aufhebung des Verwaltungsakts ermöglichen. Die Klagemöglichkeit muss demnach dem Aufhebungsanspruch folgen und nicht umgekehrt.

Auch der Antrag des Klägers bestimmt nicht den Zeitpunkt, der für die Rechtmäßigkeitsbeurteilung des Verwaltungsakts maßgeblich ist.[115] Der Antrag ist für den zeitlichen Aspekt allerdings nicht gänzlich unerheblich. Der Kläger kann hierin gem. § 88 die Aufhebung eines Verwaltungsakts, der ihn in seinen Rechten verletzt, von einem späteren Zeitpunkt an verlangen als jenem, zu dem der Verwaltungsakt rechtswidrig wurde.[116] Der Kläger kann aber nicht die maßgebliche Sach- und Rechtslage fixieren, da sich die Dispositionsbefugnis nur auf den prozessualen Anspruch bezieht, in dessen Rahmen der Klageantrag auch erheblich ist, und nicht auf die Voraussetzungen des materiellen Anspruchs. 93

c) Maßgeblichkeit des materiellen Rechts. Die Rspr. und ein Großteil der Lehre gehen daher zu Recht davon aus, dass das materielle Recht darüber entscheidet, ob eine Rechts- oder Tatsachenänderung seit der Behördenentscheidung für die Frage der Rechtmäßigkeit des Verwaltungsakts zu berücksichtigen ist.[117] Für alle Klagearten entscheiden die materiell-rechtlichen Rechtsvorschriften im Zeitpunkt der gerichtlichen Entscheidung darüber, welche Sach- und Rechtslage für die Beurteilung der Rechtswidrigkeit des Verwaltungsakts maßgeblich sein soll.[118] Hat sich seit Erlass des Verwaltungsakts das Recht geändert, beurteilt sich zum Zeitpunkt der gerichtlichen Entscheidung, ob das neue Recht den Anspruch erhebt, auch für die gerichtliche Beurteilung der Rechtmäßigkeit eines Verwaltungsakts maßgebend zu sein, der vor der Rechtsänderung erlassen wurde (BVerwG 2.5.2005 – 6 B 6/05, juris Rn. 16). Ausnahmsweise kann eine Frage, die sich auf ausgelaufenes Recht bezieht, grundsätzliche Bedeutung haben, wenn sich bei den gesetzlichen Bestimmungen, die den außer Kraft getretenen Vorschriften nachgefolgt sind, die als rechtsgrundsätzlich aufgeworfene Frage in gleicher Weise stellt (BVerwG 2.5.2005 – 6 B 6/05, juris Rn. 22). Bezogen auf die Verpflichtungsklage ist entscheidend, ob das neue Recht beansprucht, die durch das alte Recht etwa begründeten Ansprüche zu verändern oder unberührt zu lassen (BVerwGE 51, 15, 24 f.). Nimmt das neue Recht für sich in Anspruch auch für schon gestellte aber noch nicht entschiedene Anträge zu gelten, liegt eine unechte Rückwirkung vor, die deren Anforderungen genügen muss. Von der Frage des maßgeblichen Zeitpunkts ist dies aber zu trennen. Bei einer Änderung der Sachlage entscheidet ebenfalls das materielle Recht darüber, ob diese Änderung auf die Rechtmäßigkeitsprüfung eines vor der Sachänderung erlassenen Verwaltungsakts einwirken soll oder nicht. 94

Die Rspr. bietet dabei der Sache nach ein uneinheitlicheres Bild, als sie selbst bereit ist sich einzugestehen. Sie betont zwar übereinstimmend die Maßgeblichkeit des materiellen Rechts, weist aber gleichzeitig der Klageart in ganz unterschiedlichem Umfang einen teilweise erheblichen Einfluss zu.[119] 95

2. Die Regel. a) Die Beurteilungsmaßstäbe. Eine allgemeine ausdrückliche materielle Regelung, die den maßgeblichen Zeitpunkt festlegt, besteht nicht. Man schließt aus dem gesamten Normprogramm der Sachregelung, auf welchen Zeitpunkt es für die Rechtmäßigkeit des betreffenden Verwaltungsakts ankommt. Dabei sind sowohl die ausdrückliche fachgesetzliche Regelung, die für die Beurteilung der Rechtmäßigkeit des Verwaltungsakts heranzuziehen ist (BVerwGE 65, 313, 315), als auch vorrangige Grundentscheidungen des Verfassungs- und Gemeinschaftsrechts entscheidend. Nicht nur der Wortlaut der jeweils einschlägigen normativen Regelung, sondern auch ihr zu ermittelnder Sinn und Zweck 96

---

115 In diese Richtung aber *Loppuch*, DVBl 1951, 243.
116 *Kopp/Schenke* § 113 Rn. 40.
117 BVerwGE 130, 113; 65, 313, 315; 79, 81 f.; 92, 32, 35; 120, 246 ff.; BVerwG NVwZ 1990, 653; 1991, 360; 1991, 372 f.; NVwZ-RR 1992, 52; NVwZ 1996, 66 f.; *T. Stuhlfauth*, in: Bader § 113 Rn. 33; ausf. *U. Mager*, Zeitpunkt, 1994, 61 ff.; *A. Scherzberg*, BayVBl 1992, 426, 427; BVerwG 2.5.2005 – 6 B 6/05, juris Rn. 16.
118 BVerwGE 51, 15, 24; 97, 79, 81 f.; 120, 246 ff.; BVerwG NVwZ 1990, 653; 1996, 66 f.; aus diesem Grunde hält *Kopp/Schenke* § 113 Rn. 31 ff., s. v. a. Rn. 39, den Zeitpunkt der gerichtlichen Entscheidung immer für den maßgeblichen Zeitpunkt; missverständlich dagegen BVerwGE 59, 148, 159: Der Zeitpunkt, in dem der Sachverhalt (Erlass des Verwaltungsaktes) abläuft.; *D. Ehlers*, Jura 2004, 176, 180; *P. Baumeister*, Jura 2005, 655, 662; *J. Bader*, JuS 2006, 199, 200; BVerwGE 120, 246, 250; 130, 20 ff; m.Anm. *W.-R. Schenke*, JZ 2008, 732 ff.; *F. Hufen/C. Bickenbach*, VerwArch 2006, 525, 550.
119 BVerwG DVBl 2000, 1614, 1616 als Regeltatbestand; BVerwG NVwZ 1990, 653; krit. daher *M. Gerhardt*, in: Schoch/Schneider/Bier § 113 Rn. 21 Fn. 109; s.a. *Kopp/Schenke* § 113 Rn. 33.

und der teleologisch-systematische Zusammenhang eines Normengefüges können sich auf die Frage des Zeitpunkts auswirken. Einfluss erhält dabei auch die Struktur der Entscheidung.

97 **b) Die Regel für einen Aufhebungsanspruch (Anfechtungsklage). aa) Die Regel.** Aus der Natur des Verwaltungsakts, die Rechtslage für einen Einzelfall zu konkretisieren,[120] der immer durch die Umstände des jeweiligen Zeitpunkts geprägt ist, und aus § 49 Abs. 2 Nr. 3 und Nr. 4, § 51 Abs. 1 Nr. 1 VwVfG lässt sich folgern, dass für die Rechtmäßigkeit von eingreifenden Verwaltungsakten grds. der Zeitpunkt der (letzten) Behördenentscheidung maßgeblich ist und spätere Änderungen nicht zu beachten sind.[121] Dies gilt insbes., sofern es sich um rechtsgestaltende Verwaltungsakte handelt.[122]

98 Als Behördenentscheidung gilt dabei grds. die Entscheidung über den Widerspruch, da das Widerspruchsverfahren als Verwaltungsverfahren noch der Entscheidungsfindung der Verwaltung dient. Daher sind grds. sämtliche Veränderungen während der Entscheidungsfindung noch zu beachten. Dies gilt auch, wenn sich die Rechtslage zugunsten der Verwaltung ändert (BVerwGE 2, 55, 62).

99 Das materielle Recht zum Zeitpunkt der gerichtlichen Entscheidung entscheidet, welcher Zeitpunkt maßgeblich ist. Aus dem materiellen Recht zum Zeitpunkt der gerichtlichen Entscheidung folgt dabei für den Regelfall, dass bei der Anfechtungsklage die Sach- und Rechtslage zum Zeitpunkt der letzten Behördenentscheidung für die Rechtmäßigkeitsprüfung heranzuziehen sind und Änderungen außer Betracht bleiben.[123]

100 **bb) Zeitpunkt für die Frage der Rechtsverletzung.** Vom maßgeblichen Zeitpunkt für die Beurteilung der Rechtmäßigkeit des Verwaltungsakts kann der Zeitpunkt für *die Feststellung des Vorliegens einer Rechtsverletzung des Klägers* unterschieden werden. Beide Fragen müssen dennoch gleich beantwortet werden, da § 113 Abs. 1 die objektive Rechtswidrigkeit und die Rechtsverletzung bewusst miteinander koppelt.[124]

101 **cc) Einzelfälle.** Die Regel (Zeitpunkt der letzten Behördenentscheidung) greift u.a. bei Anfechtungsklagen gegen eine Gewerbeuntersagung nach § 35 GewO,[125] eine Fahrerlaubnisentziehung,[126] Erschließungsbeiträge (BVerwG NVwZ 1990, 654), einen Rückforderungsbescheid für überbezahlte Versorgungsbezüge (BVerwG NVwZ-RR 1999, 387 f.), Statusänderungen (Entlassung des Beamten),[127] eine Genehmigung eines Kernkraftwerks (BVerwGE 72, 300, 311) sowie Prognoseentscheidungen.[128] Allerdings besteht grds. die Möglichkeit der Berücksichtigung nachträglicher Erkenntnisse für die Beurteilung der früheren Sachlage.[129] Auch für die Ausreiseaufforderung und Abschiebungsandrohung (BVerwGE 78, 243, 245; BVerwG DVBl 1993, 329 [LS]) galt bislang dieser Zeitpunkt. Das BVerwG hat diese Rspr. aber aufgegeben und stellt nun auf den Zeitpunkt der letzten mündlichen Verhandlung ab (BVerwG NVwZ 2005, 220, 223 f.; 2005, 1074, 1075).

102 **c) Die Regel für ein Verpflichtungsbegehren.** Für die Frage des Bestehens eines Anspruchs ist demgegenüber im Zweifel die Sach- und Rechtslage zum Zeitpunkt der gerichtlichen Entscheidung maßgeblich (BVerwGE 89, 354, 355 f.). Daraus folgt als Regel: Der Kläger hat nur einen Anspruch auf Erlass oder Bescheidung eines Verwaltungsakts, wenn die Sach- und Rechtslage (i.S.v. geltendem Recht) zum

---

120 *M. Gerhardt*, in: Schoch/Schneider/Bier § 113 Rn. 21 Fn. 109; stärker auf die Funktion der Anfechtungsklage abstellend, eine getroffene Verwaltungsentscheidung zu kontrollieren – BVerwGE 97, 79, 81 f.; BVerwG NJW 1986, 1186, 1187.
121 BVerwG DVBl 2016, 1543 f.; *K. Kleinlein*, VerwArch 81 (1990), 149, 157 ff.; *Kopp/Schenke* § 113 Rn. 42; *M. Gerhardt*, in: Schoch/Schneider/Bier § 113 Rn. 21 Fn. 109; *J. Schmidt*, in: Eyermann § 113 Rn. 45.
122 BVerwGE 28, 292, 294 f.; 51, 359, 361 f.; BVerwG NVwZ 1992, 177; NVwZ-RR 1995, 392; NJW 2005, 85 f. (Entlassung aus dem Grundwehrdienst).
123 BVerwGE 78, 243, 244; 82, 260, 261; 97, 214, 220 f. – als Vermutung formuliert; BVerwG NVwZ 1990, 653 als Regeltatbestand; i.E., aber nicht in der Terminologie ebenso *Kopp/Schenke* § 113 Rn. 42; BVerwG 4.7.2006 – 5 B 90/05, juris Rn. 6.
124 *Kopp/Schenke* § 113 Rn. 30.
125 BVerwGE 65, 1, 2 f.; BVerwG NVwZ 1982, 503; GewArch 1995, 200 f.; NVwZ-RR 1997, 621; diff. (zugunsten der Rechtmäßigkeit der Untersagungen können berücksichtigt werden) BVerwG GewArch 2006, 77; OVG Lüneburg NVwZ 1995, 185 f.; VGH Mannheim VBlBW 2006, 438.
126 BVerwGE 51, 359, 361 f.; OVG Koblenz DÖV 2006, 834; OVG Münster DÖV 2006, 924; VGH Mannheim DÖV 2005, 746; *T. Stuhlfauth*, in: Bader § 113 Rn. 41.
127 BVerwG DVBl 1998, 201 f.
128 *P. Baumeister*, Jura 2005, 655, 661.
129 *Kopp/Schenke* § 113 Rn. 53; *T. Stuhlfauth*, in: Bader § 113 Rn. 42.

Zeitpunkt der letzten mündlichen Verhandlung des Urteils ihm diesen Anspruch gibt (→ Rn. 90).[130] Für Tatsachenfragen gilt dabei die letzte mündliche Verhandlung der Tatsacheninstanz, bei den Rechtsfragen sind auch Rechtsänderungen während der Revisionsinstanz in dem Umfang zu beachten, in dem sie das Berufungsgericht zu berücksichtigen gehabt hätte, wenn es zu diesem Zeitpunkte entscheiden würde (BVerwGE 52, 1, 3; BVerwG NJW 2004, 3581, 3582)·.

Der Grund für diese Regel liegt in der Natur der Verpflichtungsklage als Leistungsklage. Nicht die Kontrollfunktion der Gerichte steht im Vordergrund, sondern der Schutz subjektiver Rechte. Entscheidend ist dann, ob der Kläger in dem Augenblick, in dem das Gericht über die Rechtslage urteilt, einen Anspruch gegen die Behörde auf Erlass eines Verwaltungsakts besitzt. Hat sich die Sach- und Rechtslage bis dahin zu seinen Gunsten verbessert, muss das Gericht dem Rechnung tragen.[131] 103

Etwas anderes gilt dann, wenn die Rechtslage zum Zeitpunkt der mündlichen Verhandlung selbst anordnet, für den betreffenden Sachverhalt noch nicht anwendbar zu sein. Auch kann das materielle Recht konkludent oder ausdrücklich bestimmen, dass für Ansprüche, deren Anträge in der Vergangenheit liegen, der Zeitpunkt der Antragstellung und nicht der der (gerichtlichen) Entscheidung maßgeblich sein soll.[132] 104

Wurde der begünstigende Verwaltungsakt zunächst rechtswidrig versagt und ändert sich vor der gerichtlichen Entscheidung die Rechtslage zuungunsten des Klägers, wird seine Klage keinen Erfolg haben.[133] Der Betroffene hat allenfalls einen Anspruch auf Entschädigung oder Schadensersatz. Sofern die Behörde unter dem neuen Recht einen Ermessensspielraum besitzt, ist auch die vorausgehende rechtswidrige Versagung bei der Ermessensausübung im Wege der Folgenbeseitigungslast zu berücksichtigen (BVerwG NJW 1968, 2350; NVwZ-RR 1993, 65 f.). 105

Beispielsfälle: Bei einer Klage auf Erteilung einer Baugenehmigung ist grds. der Zeitpunkt der letzten mündlichen Verhandlung maßgebend. Gleiches gilt für den Antrag auf Übereignung eines Ersatzgrundstücks nach dem VermG[134] oder einer Klage auf Verlängerung eines Reisedokuments (VGH Mannheim InfAuslR 2003, 238 f.). Für den Antragsteller nachteilige Rechtsänderungen sind selbst dann zu beachten, wenn er vor der Rechtsänderung ein Bescheidungsurteil zu seinen Gunsten erlangt hat und diesem die Verwaltung noch nicht nachgekommen war (BVerwG Buchholz 428 § 9 VermG Nr. 7). 106

d) Selbständige Fallkonstellationen. In einer Reihe von Fällen wird der maßgebliche Zeitpunkt für die Beurteilung der Sach- und Rechtslage für die konkrete Situation mit einer auf die konkrete Situation bezogenen Begründung selbständig hergeleitet, wobei das Ergebnis nicht immer von dem abweichen muss, was sich bei einer unmittelbaren Anwendung der Grundregel ergäbe. 107

aa) Rückwirkende Rechtsänderungen. Rückwirkende Rechtsänderungen, die sich selbst ausdrücklich Rückwirkung beimessen, sind dabei mit ihrer rückwirkenden Kraft zu beachten, d.h. es gilt die Rechtslage, wie wenn der Verwaltungsakt von Anfang an unter Geltung des rückwirkend erlassenen Rechts bekannt gegeben worden wäre.[135] Ist ein Verwaltungsakt rechtswidrig erlassen worden, ist die Anfechtungsklage dennoch unbegründet, sofern die Rechtslage rückwirkend geändert wurde und der Verwaltungsakt auf der Grundlage des geänderten Rechts rechtmäßig ist.[136] Dies ist beim Außerkrafttreten einer Veränderungssperre wegen Ablaufs ihrer Geltungsdauer nicht der Fall (BVerwG DVBl 2016, 1543 f.). 108

Wird ein Verwaltungsakt mit ex-tunc-Wirkung aufgehoben, wird ein Folgeverwaltungsakt (Vollstreckungsverwaltungsakt etc.), der an das Bestehen des vorangegangenen Verwaltungsakts anknüpft, ebenfalls rechtswidrig.[137] 109

---

130 BVerwGE 1, 291 ff.; 37, 151; 52, 1, 3; 82, 260, 261; BVerwG NVwZ 1990, 653 f.; *J. Schmidt*, in: Eyermann § 113 Rn. 45.
131 *M. Gerhardt*, in: Schoch/Schneider/Bier § 113 Rn. 66 Fn. 307; *F. Kopp*, FS Menger, 1985, 693, 704 f.
132 BVerwGE 84, 157, 160 f.; *C. Polzin*, JuS 2004, 211, 213.
133 BVerwGE 29, 304, 306; BVerwG NVwZ-RR 1993, 65; OVG Münster NVwZ 1997, 598; VGH Mannheim NVwZ-RR 1997, 395; VGH München BayVBl 1999, 375 (Teilungsgenehmigung); *Kopp/Schenke* § 113 Rn. 224, 227.
134 BVerwG Buchholz 428 § 9 VermG Nr. 7; BVerwG 120, 246, 250; VG Leipzig 25.2.2003 – 7 K 637/02.
135 Vgl. BVerwG 59, 148, 160; 64, 218, 223; 65, 313, 315; *J. Schmidt*, in: Eyermann § 113 Rn. 46.
136 BVerwGE 64, 218, 223; krit. *Kopp/Schenke* § 113 Rn. 48.
137 Vgl. *Kopp/Schenke* § 113 Rn. 46.

110 **bb) Heilungsvorschriften.**   Beruht die Rechtswidrigkeit auf einem Fehler, für den eine Heilungsmöglichkeit besteht, und kann die Heilung noch während des Gerichtsverfahrens vorgenommen werden, so ist davon auszugehen, dass der Gesetzgeber eine gerichtliche Aufhebung nach Heilung ausschließen wollte.

111 Ob eine Aufhebung für den Zeitpunkt vor Heilung möglich ist, hängt von der zeitlichen Wirkung der Heilung ab. Im Fall des § 45 VwVfG wird mitunter angenommen, die Heilung wirke ex tunc.[138] Sofern demgegenüber eine ex-nunc-Wirkung angenommen wird,[139] wird ein Aufhebungsanspruch ab Heilung verneint,[140] eine Teilaufhebung für die Vergangenheit bis zum Zeitpunkt der Heilung allerdings bei einem entsprechenden Rechtsschutzbedürfnis zu Recht für möglich gehalten.[141]

112 **cc) Entscheidungsfreiräume.**   Bei bestimmten Typen von Verwaltungsakten kann man aus der Entscheidungsstruktur auf den maßgeblichen Zeitpunkt schließen. So soll bei Ermessensentscheidungen für die Frage, ob die Behörde den rechtlichen Rahmen der Ermessensentscheidung nicht überschritten hat – unabhängig davon, ob es um einen Anspruch oder um die Abwehr eines Verwaltungsakts geht –, die im Zeitpunkt der Behördenentscheidung maßgebliche Sach- und Rechtslage entscheidend sein.[142] Daher wird in der Rspr. wiederholt betont, bei Ermessensakten oder Entscheidungen mit Beurteilungsspielraum komme es deren Natur nach, auch für die Verpflichtungsklage, auf den Zeitpunkt der Ermessensausübung an.[143] Gleiches gilt bei gestalterischen Abwägungsentscheidungen. So sei etwa bei der Beurteilung der Eignung eines Beamten – auch wenn es um die Einstellung und somit um eine Leistung geht –, die Sach- und Rechtslage zum Zeitpunkt der Behördenentscheidung maßgebend (BVerwG NJW 2004, 3581, 3582).

113 Der „Zeitpunkt der Ermessensentscheidung" greife aber nur, sofern es um die Wahrnehmung des Gestaltungsfreiraums geht, den das Ermessen, die Abwägung oder der Beurteilungsspielraum vermittelt. Für andere Gesichtspunkte ist wieder auf die allgemeinen Regeln zurückzugreifen. So ist etwa für die Frage, ob einem Einstellungsantrag im Hinblick auf ein gesetzliches Tatbestandsmerkmal aus Rechtsgründen stattgegeben werden muss oder nicht stattgegeben werden darf, der Zeitpunkt der letzten mündlichen Verhandlung in der Tatsacheninstanz entscheidend (BVerwG NJW 2004, 3581, 3582). Gleiches gilt, sofern bei Ansprüchen eine Ermessensreduzierung auf Null vorliegt (BVerwG NVwZ 1992, 1212 f.; Buchholz 402.24 § 2 AuslG Nr. 70).

114 Diesen Grundsätzen ist für die Fallkonstellation des Anspruchsbegehrens (Verpflichtungsbegehren) nicht zuzustimmen. Auch bei einem Anspruch auf ermessensfehlerfreie Entscheidung kommt es nicht darauf an, ob dieser Anspruch nach alten Maßstäben erfüllt wurde, sondern ob die Entscheidung der Behörde über das Anspruchsbegehren nach der Sach- und Rechtslage, so wie sie sich in der letzten mündlichen Verhandlung stellte, den rechtlichen Rahmen einhält. Ansonsten würde zwischen gesetzlich gebundenen und Ansprüchen auf ermessensfehlerfreie Entscheidung eine Differenzierung vorgenommen, die nicht durch die Strukturunterschiede zwischen beiden Entscheidungsformen gerechtfertigt ist.[144]

115 **3. Die Ausnahmen im Fall des Aufhebungsbegehrens (Anfechtungsklage).**   Von der Maßgeblichkeit der Sach- und Rechtslage der letzten Behördenentscheidung gibt es Ausnahmen. So ist auch bei einer Anfechtungsklage die letzte gerichtliche Tatsacheninstanz der maßgebliche Zeitpunkt, wenn das materielle Recht gebietet, dass die Tatbestandsvoraussetzungen der maßgeblichen Rechtsgrundlage nicht nur zum Zeitpunkt des Erlasses des Verwaltungsakts, sondern auch für die folgende Zeit seiner Rechtswirkung vorliegen sollen.

116 **a) Dauerverwaltungsakte.**   Als Dauerverwaltungsakte werden solche Verfügungen verstanden, die einen fortwährenden Regelungsgehalt haben, demnach so wirken, wie wenn sie immer zu jedem Au-

---

138 *A. Decker*, JA 1999, 154, 156, *M. Sachs*, in: in: Stelkens/Bonk/Sachs VwVfG § 45 Rn. 21.

139 *W.-R. Schenke*, VerwArch 2006, 592, 604 ff.

140 Vgl. *H. Sodan*, DVBl 1999, 729, 732.

141 *Kopp/Schenke* § 113 Rn. 49.

142 BVerwGE 81, 356, 358; BFH NVwZ 1992, 1024; VGH München GewArch 2010, 412; VGH Mannheim NVwZ-RR 1994, 363 f.; *M. Gerhardt*, in: Schoch/Schneider/Bier § 113 Rn. 21 Fn. 109.

143 BVerwGE 61, 176, 191 f., BVerwG NJW 1982, 1413 f.; BVerwG Buchholz 402.24 § 2 AuslG Nr. 70; VGH München NVwZ 1991, 396.

144 *Kopp/Schenke* § 113 Rn. 217; *M. Gerhardt*, in: Schoch/Schneider/Bier § 113 Rn. 66 Fn. 307; vgl. auch BVerwGE 82, 260, 262 f. für den Beurteilungsspielraum; *P. Baumeister*, Jura 2005, 655, 661.

genblick neu erlassen werden würden und die Rechtsgrundlage zudem verlangt, dass ihre tatbestandlichen Voraussetzungen während des gesamten Wirkungszeitraums der Regelung vorliegen.[145] Sie konkretisieren laufend das Verwaltungsrechtsverhältnis (nur BR-Drs. 8/2034, 34). Bei ihnen ist die Sach- und Rechtslage im Zeitpunkt der letzten mündlichen Verhandlung maßgebend.[146] Die Wirkung einer gerichtlichen Aufhebung bezieht sich bei Dauerverwaltungsakten auf den Zeitpunkt ab Eintritt der Rechtswidrigkeit (BVerwGE 28, 202, 205; 59, 148, 160). Entfällt die Beschwer für Teile der Vergangenheit, so kann der Kläger in Ansehung der vergangenen Zeiträume zur Fortsetzungsfeststellungsklage übergehen, wenn hierfür ein Feststellungsinteresse besteht, und zugleich die Aufhebung des Verwaltungsakts „ex nunc" begehren (BVerwG NJW 2012, 510).

Beispiele für Dauerverwaltungsakte sind die Anordnung eines Anschluss- und Benutzungszwangs,[147] **117** die Verkehrszeichen (BVerwGE 59, 221, 225 f.; 92, 32, 34; 97, 214, 220), die Fahrtenbuchauflage (BVerwG NJW 1979, 1055; OVG Münster DÖV 1995, 874), das Verbot von Krankentransporten (BVerwGE 97, 79, 90), die Sperrzeitverlängerungen nach dem GastG,[148] die Untersagung eines Nebenbetriebs nach § 3 Abs. 2 HwO (BVerwGE 59, 5), das Waffenbesitzverbot (VGH München BayVBl 1994, 404), die Leistungsbescheide über periodische Leistungen (BVerwG DVBl 1993, 782), die Sonderschuleinweisung (VGH Mannheim NVwZ-RR 1991, 479, 482); zur Gewerbeuntersagung nach § 35 GewO → Rn. 201.

b) Verwaltungsakt mit hinausgeschobener Wirksamkeit. Schiebt ein Verwaltungsakt selbst seine **118** Wirksamkeit hinaus, sollen nach der Rspr. Änderungen der Sach- und Rechtslage Berücksichtigung finden, da die Regelung ungeschrieben unter dem Vorbehalt der gleichbleibenden Ausgangslage steht. Angenommen wurde dies bei einer Namensänderung unter Vorbehalt (BVerwGE 67, 52, 57), zwar nicht ausdrücklich, aber der Sache nach bei einer Löschungsankündigung nach § 13 Abs. 3 HwO (BVerwGE 88, 122, 124).

c) Verwaltungsakt mit Doppelwirkung (Dreiecksbeziehungen). Bei Dreiecksbeziehungen vertritt die **119** Rspr. – zumindest bezogen auf das Baurecht, Immissionsrecht und Atomrecht – eine Meistbegünstigungstheorie zugunsten des Bauherrn. Ob eine angefochtene Genehmigung den Nachbarn in seinen Rechten verletzt, beurteilt sich grds. nach der Sach- und Rechtslage im Zeitpunkt der Genehmigungserteilung. Spätere Änderungen zulasten des Berechtigten haben außer Betracht zu bleiben. Nachträgliche Änderungen zu seinen Gunsten sind dagegen bis zur mündlichen Verhandlung zu berücksichtigen. Dem liegt – bezogen auf das Baurecht – die Erwägung zugrunde, dass es mit der nach Maßgabe des einschlägigen Rechts gewährleisteten Baufreiheit nicht zu vereinbaren wäre, eine zur Zeit des Erlasses rechtswidrige Baugenehmigung aufzuheben, die sogleich nach der Aufhebung wieder erteilt werden müsste.[149] Gleiches gilt für das Atomrecht (BVerwGE 70, 365, 374; 72, 300, 311; BVerwG DVBl 1982, 960, 962), das Immissionsschutzrecht (BVerwG NVwZ-RR 1991, 236) und konsequenterweise auch für das Gewerberecht.[150] Anders ist es, wenn die Gemeinde sich wehrt. Wird sie von der Widerspruchsbehörde im Wege des Widerspruchsbescheides verpflichtet, eine beantragte Baugenehmigung zu erteilen, und klagt sie gegen den Widerspruchsbescheid, dann ist der maßgebliche Zeitpunkt der der gerichtlichen Entscheidung.[151] Gleiches gilt, wenn sie sich gegen einen Bauvorbescheid wehrt, der auf der Ersetzung ihres Einvernehmens beruht (BVerwG DVBl 2016, 1543 f.)

Die Rspr. geht dabei teilweise noch einen Schritt weiter und stellt auf den Zeitpunkt des Erlasses des **120** Verwaltungsakts und nicht des Widerspruchsbescheids ab, sofern es um Rechtsänderungen geht, die für den Genehmigungsinhaber nachteilig sind.[152] Mit der Wertung des § 50 VwVfG ist das nur müh-

---

145 Vgl. BVerwGE 59, 148, 160; ausf. *U. Mager*, Zeitpunkt, 1994, 79 ff.; *P. Baumeister*, Jura 2005, 655, 661.
146 VG Freiburg 1.6.2007 – 1 K 1972/06, juris Rn. 15; *C. Polzin*, JuS 2004, 211, 212.
147 OVG Lüneburg NVwZ 1993, 1017 f.; zum Anschlussverlangen OVG Münster NVwZ-RR 1994, 410 f.
148 VGH Mannheim NVwZ-RR 1994, 363; VGH Mannheim GewArch 1975, 99. A.M. OVG Münster GewArch 1992, 312 (Zeitpunkt der letzten Behördenentscheidung).
149 Vgl. BVerwGE 20, 12 ff.; 22, 129, 133; 72, 300, 311 f.; BVerwG NJW 1986, 1186 f.; 1991, 360 f.; 1998, 1179 f.; OVG Münster DVBl 1984, 896; VGH München BayVBl 1989, 755 f.; *H. Dürr*, DÖV 1994, 841, 851; *T. Stuhlfauth*, in: Bader § 113 Rn. 40; zu Recht krit. *F. Kopp*, FS Menger, 1985, 693, 704 und *U. Mager*, Zeitpunkt, 1994, 167 ff.
150 In diese Richtung, wenn auch i.E. offen lassend – BVerwG NVwZ-RR 1995, 392.
151 BVerfGE 130, 113, m.Anm. *W.-R. Schenke*, JZ 2008, 732 ff.
152 Vgl. BVerwG DÖV 1990, 257 (nachträgliche Herbeiführung der Betroffenheit des Nachbarn durch Grundstücksvereinigung).

sam zu vereinbaren. Einen allgemeinen Rechtssatz, dass sich bei Verwaltungsakten mit Doppelwirkung nachträgliche Rechtsänderungen im Zweifel nicht mehr zulasten des durch den Verwaltungsakt Begünstigten auswirken, soll es dagegen nicht geben.[153]

121 **d) Abgaben.** Im Abgabenrecht besteht die Besonderheit, dass es bei einer Anfechtung eines Abgabenbescheids ausreicht, wenn im Zeitpunkt der letzten mündlichen Verhandlung eine gültige Rechtsgrundlage besteht,[154] selbst wenn der Abgabenbescheid zuvor auf der Grundlage einer rechtswidrigen Abgabensatzung oder sonstigen Rechtsgrundlage erging. Nach der Rspr. ist es dabei nicht erforderlich, dass die wirksame Rechtsgrundlage mit Rückwirkung erlassen wird. Entscheidend ist nur, dass sie zum Zeitpunkt der gerichtlichen Entscheidung in Kraft ist[155] (→ Rn. 114).

122 Wird dagegen ein Zahlungsgebot, das sich auf die Festsetzung einer Vorausleistung für einen Kanalanschlussbeitrag bezieht, bis zur gerichtlichen Entscheidung rechtswidrig, so ist es auf eine Anfechtungsklage hin ab dem Zeitpunkt des Rechtswidrigwerdens aufzuheben (OVG Münster OVGE 48, 162).

123 **e) Noch nicht vollzogene Verwaltungsakte mit materieller Aufhebungspflicht.** Eine eigene Fallgruppe bilden Verfügungen, die aufgrund ihrer einschneidenden Wirkung zumindest nicht mehr zu einem Zeitpunkt durchgesetzt werden sollen, zu dem sie wegen einer Änderung der Sach- und Rechtslage nicht mehr erlassen werden könnten (etwa: Abrissverfügung für ein Haus, die aufgrund einer Rechtsänderung nach Erlass der Verfügung, aber vor Vollstreckung, nicht mehr ergehen könnte).[156] Entscheidend ist dabei die Frage der Wirkung der Verfügung und nicht, ob es sich um eine polizeirechtliche Verfügung handelt.

124 Als sachlicher Grund lässt sich anführen: Ist das Ermessen der Behörde bei einer Rücknahme bzw. Widerrufserklärung aufgrund der einschneidenden Wirkung des Verwaltungsakts auf Null reduziert, wäre es eine unnötige Verfahrensverlängerung, die Aufhebung des ursprünglich rechtmäßigen Verwaltungsakts durch sie zu verlangen. Die dogmatische Begründung dieses Ergebnisses ist umstr. Die überwiegende Ansicht geht davon aus, dass sich in diesen Fällen die Beurteilung der maßgeblichen Sach- und Rechtslage nach dem Zeitpunkt der letzten mündlichen Verhandlung richtet.[157] Näher liegt dagegen, den maßgeblichen Zeitpunkt bei dem Erlass des Verwaltungsakts zu belassen, dagegen allerdings die Vollstreckung aus diesem Verwaltungsakt für unverhältnismäßig und daher für unzulässig zu halten (in diese Richtung BVerwGE 6, 321, 323). Die Lösung über das Vollstreckungsverbot hat den Vorteil, dass keine schwer abgrenzbare Sondergruppe für den maßgeblichen Zeitpunkt der Sach- und Rechtslage gebildet wird und auch derjenige angemessen geschützt ist, der keinen Rechtsschutz eingelegt hat. Diskutiert wird auch, den Betroffenen ganz auf die gesonderte Durchsetzung seines Aufhebungsanspruchs zu verweisen.[158]

125 **f) Vorgehendes EU-Recht.** Nach Auffassung des EuGH lässt es Art. 3 der Richtlinie 64/221/EWG des Rates vom 25.2.1964 zur Koordinierung der Sondervorschriften für die Einreise und den Aufenthalt von Ausländern bei einer Ausweisung von Staatsangehörigen anderer Mitgliedstaaten nicht unbeschränkt zu, auf den Zeitpunkt der Ausweisung abzustellen. Dies ist dann nicht möglich, wenn dadurch ein Sachvortrag ausgeschlossen wird, der nach der letzten Behördenentscheidung erfolgt ist und der den Wegfall oder eine nicht unerhebliche Verminderung der gegenwärtigen Gefährdung begründen kann, auf die die Ausweisung zur Begründung gestützt wurde. Dies ist v.a. dann der Fall, wenn ein längerer Zeitraum zwischen dem Erlass der Entscheidung über die Ausweisung und der Beurteilung dieser Entscheidung durch das zuständige Gericht liegt (EuGH NVwZ 2004, 1099 f. – Orfanopoulos und Olivieri/Land Baden-Württemberg; ihm folgend BVerwGE 121, 297; BVerwG NVwZ 2005, 475). Die Bestandskraftlehre bleibt unverändert (BVerwG NVwZ 2008, 1024).

126 **g) Sonstige Sonderfälle.** In *flurbereinigungsrechtlichen Abfindungsstreitigkeiten* ist für die Beurteilung der Begründetheit der Klage die Sach- und Rechtslage im Zeitpunkt der letzten mündlichen Verhandlung vor dem Flurbereinigungsgericht entscheidend (vgl. BVerwG NVwZ-RR 1992, 52 f.). Bei *feststel-*

---

153 *Spannowsky*, 1. Aufl., Rn. 258.
154 BVerwGE 64, 218 ff.; BVerwG 6.3.2003 – 9 B 17/03; *J. Schmidt*, in: Eyermann § 113 Rn. 49 a.
155 BVerwGE 64, 218 ff.; *T. Stuhlfauth*, in: Bader § 113 Rn. 38.
156 BVerwGE 5, 351, 352; 6, 321, 323; BVerwG NJW 1986, 1186 f.; ausf. *U. Mager*, Zeitpunkt, 1994, 83 ff.
157 BVerwGE 5, 351, 352 f.; *Hufen* § 24 Rn. 10; *T. Stuhlfauth*, in: Bader § 113 Rn. 40; *C. Polzin*, JuS 2004, 211, 213.
158 *C. H. Ule*, Verwaltungsprozeßrecht, 1978, § 57 Anm. 2 S. 249; in diese Richtung auch *M. Gerhardt*, in: Schoch/Schneider/Bier § 113 Rn. 21 Fn. 109.

lenden Verwaltungsakten ist grds. nicht der Zeitpunkt der letzten behördlichen Entscheidung maßgeblich, sondern die Sach- und Rechtslage, die Anspruch erhebt, für den Zeitpunkt zu gelten, auf den sich die Feststellung nach dem Antrag des Klägers oder nach der behördlichen Entscheidung bezieht.[159] Bei der Entscheidung über die *Rückübertragung von Vermögenswerten* kommt es auf den Zeitpunkt der letzten mündlichen Verhandlung an, gleichgültig, ob der Berechtigte diese beansprucht oder der Verfügungsberechtigte sich gegen diese wehrt.[160]

4. Der Erlass des Ausgangsbescheids trotz späterem Widerspruchsbescheid als maßgeblicher Zeitpunkt. Mitunter ist nicht der Zeitpunkt der Widerspruchsentscheidung, sondern der Zeitpunkt der Ausgangsentscheidung maßgebend. Dies liegt dann nahe, wenn der Verwaltungsakt eine Reaktion, Schlussfolgerung oder Feststellung aufgrund besonderer situativer Gegebenheiten enthält, die später nicht zu wiederholen sind und bei deren Bewertung die Perspektive der Behörde entscheidet. Dies gilt in den Fällen, in denen es auf eine subjektive Eignung oder Qualifizierung des Klägers zu einem im Gesetz bestimmten oder nach Sinn und Zweck der gesetzlichen Regelung oder der Natur der Sache maßgebenden Zeitpunkt ankommt. Angenommen wird dies bei Prüfungsentscheidungen[161] und bei Tauglichkeitsprüfungen (BVerwG DÖV 1987, 787). Weiter wird ausnahmsweise auf den Zeitpunkt des Ausgangsbescheids abzustellen sein, sofern es um Zeitabschnitte geht und demnach eine Regelung bzw. Leistung für einen bestimmten Zeitpunkt infrage steht und dieser vor dem Erlass des Widerspruchsbescheids liegt.[162] Ob eine präventivpolizeiliche Verfügung erforderlich war, soll sich ebenfalls nach dem Zeitpunkt des Erlasses und nicht dem der Widerspruchsentscheidung richten.[163]

5. Die Ausnahmen bei der Verpflichtungsklage. Ausnahmen von dem Grundsatz der Maßgeblichkeit des Zeitpunkts der letzten Tatsachenverhandlung sind zunächst anzuerkennen, wenn diese ausdrücklich oder konkludent in gesetzlichen Vorschriften vorgesehen sind, weiter dann, wenn sich die Maßgeblichkeit eines anderen Beurteilungszeitpunkts nach dem Sinn und Zweck der Regelungsmaterie oder kraft Natur der Sache eindeutig feststellen lässt. Im Einzelnen gilt:

a) Zeitgebundene Ansprüche. Bei Ansprüchen, die zu einem bestimmten Zeitpunkt entstehen[164] oder die sich auf einen bestimmten Zeitraum beziehen,[165] ergibt sich der zeitliche Bezugspunkt aus dem Gesetz. Das Gesetz verlangt die Bewertung eines zeitlich gebundenen Vorgangs nach Maßstäben, die zu dem betreffenden Zeitpunkt gelten (BVerwG Buchholz 436.61 § 15 SchwBG 1986 Nr. 7). Diese Grundsätze sollen auch bei Subventionsansprüchen greifen, wenn der Förderantrag rechtzeitig gestellt war und die Norm danach aufgehoben wurde.[166] Bei der Bewilligung von Wohngeld sind für die Ermittlung des Jahreseinkommens die Einkünfte zugrunde zu legen, die nach den der Wohngeldbehörde im Zeitpunkt der Antragstellung bekannten Daten im Bewilligungszeitraum zu erwarten sind (BVerwGE 84, 278 ff.). Die Ausnahmebewilligung vom Verbot, ein Testament zugunsten des Heimträgers zu erstellen, richtet sich nach der Sach- und Rechtslage des Ablebens des Heimbewohners (VGH Mannheim NJW 2004, 3792 f.).

b) Berufszulassungsansprüche. Bei Anträgen auf Zulassungen zu Berufen oder beruflich vergleichbaren Bewilligungen hat die Rspr. für die Frage des Bestehens eines Rechtsanspruches wiederholt auf den Zeitpunkt der Antragstellung abgestellt; ob diesen Entscheidungen eine allgemeine Regel zugrunde liegt, ist unklar. Die Sach- und Rechtlage bei der Antragstellung ist entscheidend bei der Zulassung zum Rechtsanwaltsberuf,[167] bei der Aufnahme in den Krankenhausbedarfsplan,[168] beim Anspruch auf

159 Vgl. *Spannowsky*, 1. Aufl. Rn. 79.
160 BVerwGE 120, 246 ff.: Dies ergebe sich aus dem Zusammenspiel der Norm über den Rückübertragungsanspruch in § 3 Abs. 1 S. 1 VermG mit den Normen über den Ausschluss der Rückübertragung in §§ 4 und 5 VermG.
161 Vgl. VGH Kassel ESVGH 30, 194 ff.; *J. Rozek*, NVwZ 1992, 33, 35 f.
162 *T. Stuhlfauth*, in: Bader § 113 Rn. 33.
163 BVerwGE 49, 36, 42; *T. Stuhlfauth*, in: Bader § 113 Rn. 42.
164 BVerwGE 84, 278 ff. (Jahreseinkommen bei der Frage der Wohngeldbewilligung); VGH Kassel NVwZ-RR 1995, 470 (Verlängerung einer Aufenthaltsgenehmigung).
165 BVerwGE 48, 211, 213 – InvZulG; 56, 87, 95 (Zusatzleistungen zum Pflegegeld); BVerwG NVwZ NVwZ-RR 1993, 194; NVwZ 1993, 995, 996 (besondere Hilfe während der Dauer der allg. Schulpflicht).
166 *Kopp/Schenke* § 113 Rn. 221.
167 BVerwG NJW 1961, 1275; *Kopp/Schenke* § 113 Rn. 223.
168 BVerwGE 62, 86, 90 f. (Zeitpunkt der Planaufstellung – mit der Berücksichtigung von für den Antragsteller günstigen Änderungen).

Zulassung zum Studium[169] sowie beim Antrag auf Erteilung einer Fahrerlaubnis[170] und auf Befreiung von den Rundfunkgebühren (VG Karlsruhe VBlBW 2001, 70 zu RdFunkGebBefrV BW 1992 § 5 Abs. 4 S. 1).

131 Etwas anderes soll jedoch beim Antrag auf Genehmigung eines Linienverkehrs gelten (BVerwGE 82, 260 ff.). Im Gewerberecht werden darüber hinaus bei einer begehrten Erlaubnis zusätzlich noch Veränderungen zugunsten des Antragstellers berücksichtigt.[171]

132 **c) Komplexe Auswahlentscheidungen.** Bei Konkurrenzsituationen kommt es auf die Umstände des Einzelfalls an. Sofern die unterschiedlichen Bewerbungen bzw. Anträge nicht als selbständige Verfahren verstanden werden, fließen so viele tatsächliche und rechtliche Aspekte zusammen, dass die Entscheidungsgrundlage nur punktuell festgelegt werden kann und daher auf den Auswahlzeitpunkt fixiert ist (BVerwGE 42, 296, 300).

133 **d) Übergangsbestimmungen.** Bei gesetzlichen Übergangsbestimmungen können Anträge, die nach altem Recht gestellt wurden, an diese Rechtslage gebunden werden (BVerwGE 29, 304, 306; 61, 1, 3 f.). Zu Ermessensentscheidungen → Rn. 112; zu Dreieckskonstellationen → Rn. 119.

134 **6. Die Auswirkung auf das Nachschieben von Gründen.** Sofern der maßgebliche Zeitpunkt für die Sach- und Rechtlage der Zeitpunkt der letzten mündlichen Verhandlung ist, darf das Gericht auch solche Umstände berücksichtigen, die erst nach Antragstellung bzw. Ablehnung des Antrags oder Anfechtung vorgetragen wurden.

VI. Die gerichtliche Entscheidung bei der Anfechtungsklage

135 **1. Der Gegenstand der gerichtlichen Aufhebung. a) Die möglichen Gegenstände.** Sind die Voraussetzungen des § 113 Abs. 1 S. 1 erfüllt, hebt das Gericht den angegriffenen Verwaltungsakt auf (*kassatorisches Prinzip bei Anfechtungssachen*). An die Stelle der Aufhebung (Kassation) tritt die Feststellung der Rechtswidrigkeit, wenn das Gesetz dies ausdrücklich festlegt; dies ist jedoch wegen Art. 19 Abs. 4 GG nur bei Sonderfällen rechtlich möglich. Die Aufhebung bezieht sich dabei immer auf die durch den Verwaltungsakt getroffene Sachregelung, somit auf dessen Tenor. Der Gegenstand der Aufhebung richtet sich nach dem Angriffsgegenstand. Man muss drei Situationen unterscheiden: (a) Klageverfahren, denen kein Widerspruchsverfahren vorausging, (b) Klagen, bei denen ein Widerspruchsverfahren vorausging und schließlich (c) Fälle, in denen nur der Widerspruchsbescheid angegriffen wurde.

136 **b) Klage gegen den Verwaltungsakt ohne ergangenen Widerspruchsbescheid.** Ist kein Widerspruchsverfahren durchgeführt oder abgeschlossen worden, bereitet der Angriffsgegenstand keine Probleme. Es wird nur der Ausgangsverwaltungsakt angegriffen. Ist die Klage begründet, wird dieser aufgehoben. Zum Umfang der Aufhebung s. unten; zur Anfechtung eines nichtigen Verwaltungsakts → Rn. 24.

137 **c) Klage gegen den isolierten Widerspruchsbescheid.** Wird nur der Widerspruchsbescheid angefochten, ist nach § 115 § 113 Abs. 1 S. 1 entsprechend anwendbar (→ § 115 Rn. 1). In diesen Fällen bereitet der Gegenstand der Aufhebung wie bei einer Klage gegen den Ausgangsverwaltungsakt keine Schwierigkeiten.

138 **d) Klage bei ergangenem Widerspruchsbescheid.** Ist ein Widerspruchsverfahren vorausgegangen, ist gem. § 79 Abs. 1 Nr. 1 nicht nur der Ausgangsbescheid, sondern auch der Widerspruchsbescheid Gegenstand der Anfechtungsklage. Beide Verwaltungsakte sind somit auch Bezugspunkt für die Aufhebung nach § 113 Abs. 1 S. 1. Dies gilt wegen § 79 Abs. 1 Nr. 1 auch dann, wenn der Klageantrag nicht ausdrücklich auch auf die Aufhebung des Widerspruchsbescheids gerichtet ist. Ist ein Widerspruchsbescheid ergangen, kann der Kläger die Klage nicht auf den Ausgangsverwaltungsakt beschränken, da der Widerspruchsbescheid, sofern er keine selbständige Beschwer enthält, wegen § 79 Abs. 1 Nr. 1 kein abtrennbarer Teil ist. Dies gilt auch für den Fall, dass der Widerspruchsbescheid für den Kläger

---

169 BVerwGE 42, 296, 300 (richtet sich nach Sach- und Rechtlage des begehrten Anfangssemesters, auch wenn dieses schon abgelaufen ist).
170 BVerwG DVBl 1960, 778; in der Sache fehlerhaft; es sei denn, es liegt eine rückwirkende Rechtsänderung vor VGH Mannheim VBlBW 2003, 475 f.
171 *T. Stuhlfauth*, in: Bader § 113 Rn. 41.

günstiger ist als der Ausgangsbescheid, etwa weil er einen Verfahrensfehler nicht wiederholt oder inhaltlich günstiger ist.

Die ausdrückliche Aufhebung des Widerspruchsbescheids ist im Interesse der Rechtsklarheit gewünscht und in der gerichtlichen Praxis auch weitgehend üblich. Wird im Tenor des Urteils nur der Ausgangsbescheid aufgehoben, entspricht dies zwar nicht dem Sinn des § 79 Abs. 1 Nr. 1, ist aber folgenlos. Der Widerspruchsbescheid, der den Ausgangsbescheid nur bestätigt, wird durch das Urteil, das den Ausgangsbescheid aufhebt, auch ohne ausdrückliche Erwähnung im Urteilstenor mit aufgehoben.[172] **139**

Hat der Widerspruchsbescheid den Tenor inhaltlich verändert und wird er im Urteil nicht erwähnt, sind die Folgen noch ungeklärt. Die Rspr. und die Lit. scheuen sich überwiegend zu Recht, von einer stillschweigenden Mitaufhebung auszugehen, sondern nehmen vielmehr ein Nichtigwerden des Widerspruchsbescheids mit Aufhebung des Ausgangsbescheids an.[173] Wird dagegen nur der Widerspruchsbescheid im Tenor aufgehoben, nicht aber der Ausgangsbescheid, so liegt ein verdecktes Teilurteil vor (→ § 110 Rn. 21). **140**

Ist nur der Widerspruchsbescheid, nicht aber der Ausgangsbescheid rechtswidrig, sind aber beide nach der Regel des § 79 Abs. 1 Nr. 1 angegriffen, kann das Gericht nach str., aber zutr. Ansicht den Widerspruchsbescheid isoliert aufheben und die Klage im Übrigen abweisen.[174] **141**

Dies gilt zunächst dann, wenn die Tatbestandsvoraussetzungen des § 79 Abs. 1 Nr. 2 oder § 79 Abs. 2 gegeben sind.[175] Zur Begründung lässt sich darauf verweisen, dass das Gesetz mit § 79 Abs. 1 Nr. 2 und § 79 Abs. 2 selbst von einer Teilbarkeit des Angriffsgegenstands ausgeht. Diese Teilbarkeit kann nicht dadurch verloren gehen, dass der Kläger nicht die isolierte Aufhebung beantragt. § 113 Abs. 1 S. 1 („soweit") verdeutlicht selbst, dass bei Teilbarkeit eine Teilaufhebung möglich ist (BVerwGE 87, 288, 296 f.). Weiter sprechen das Rechtsschutzbedürfnis des Bürgers, die Erfordernisse der Verfahrensökonomie und die funktionsgerechte Verteilung der Aufgaben zwischen Verwaltung und Gericht für diese Möglichkeit. Dies muss weiter auch in den Fällen gelten, in denen die Voraussetzungen der Teilbarkeit gegeben sind, auch wenn § 79 Abs. 1 Nr. 2 oder § 79 Abs. 2 nicht erfüllt sind, mag auch dieser Fall abstrakt schwer vorstellbar sein. Dies setzt allerdings voraus, dass der Aufhebungsanspruch gegen den Widerspruchsbescheid nicht vom Gesetz ausgeschlossen ist.[176] **142**

Teilweise wird diese isolierte Aufhebungsbefugnis des Widerspruchsbescheids zusätzlich davon abhängig gemacht, dass die Klage sich selbständig auch gegen den Widerspruchsbescheid richtet. Dafür sei erforderlich, dass in der Klageschrift deutlich wird, dass der Widerspruchsbescheid neben dem Ausgangsbescheid über § 79 Abs. 1 Nr. 1 hinaus selbständig angegriffen werden soll (VGH Mannheim VBlBW 1987, 336; NVwZ 1990, 1085 ff.). Ein Grund für diese zusätzliche Voraussetzung ist nicht ersichtlich und diese demnach abzulehnen. **143**

2. Umfang der Aufhebung. a) Gegenstand der Aufhebung. Hebt das VG den Verwaltungsakt auf, erstreckt sich die Aufhebung im Regelfall auch auf Nebenentscheidungen zum Verwaltungsakt. Ein gesonderter Ausspruch der Aufhebung der Nebenentscheidung ist entbehrlich, wenn die Nebenentscheidungen rechtlich das Schicksal des Tenors des Verwaltungsakts teilen.[177] Das Gericht darf den Verwaltungsakt inhaltlich nur – ganz oder teilweise – aufheben, nicht aber inhaltlich abändern. Zur Abänderung oder Ersetzung der Behördenentscheidung ist das Gericht grds. nicht befugt. Eine Ausnahme bildet § 113 Abs. 2. Auch ein Ausspruch über das weitere Vorgehen der Behörde ist unstatthaft. **144**

b) Wirkung der Aufhebung. aa) Allgemein. Mit der Aufhebung wird der Verwaltungsakt unwirksam (vgl. § 43 Abs. 2 VwVfG). Der Verwaltungsakt ist als nicht existent zu behandeln. Die Aufhebung **145**

---

172 BVerwG Buchholz 310 § 58 VwGO Nr. 29; *Kopp/Schenke* § 113 Rn. 3; *Spannowsky*, 1. Aufl., Rn. 40 f.

173 Vgl. *M. Gerhardt*, in: Schoch/Schneider/Bier § 113 Rn. 35; offen *Kopp/Schenke* § 113 Rn. 4.

174 VGH Mannheim NVwZ 1990, 1085 ff.; *F. Kopp*, JuS 1994, 742 ff.; *M.-J. Seibert*, BayVBl 1983, 174, 175; *M. Gerhardt*, in: Schoch/Schneider/Bier § 113 Rn. 35; ausf. *S. Detterbeck*, Streitgegenstand, 1995, 174 ff.; *Kopp/Schenke* § 113 Rn. 15; *M. Dawin*, NVwZ 1987, 872 ff. A.M. *H. J. Müller*, NJW 1982, 1370, 1371.

175 *M. Gerhardt*, in: Schoch/Schneider/Bier § 113 Rn. 35.

176 So etwa durch § 46 VwVfG. Weiter besteht in Kriegsdienstverweigerungssachen kein Rechtsschutzbedürfnis für eine isolierte Anfechtung von Widerspruchsbescheiden, wenn Verfahrensmängel der Kammer für Kriegsdienstverweigerung geltend gemacht werden sollen; vgl. BVerwGE 61, 45 ff. und BVerwG NVwZ 1988, 346 ff.

177 *M. Gerhardt*, in: Schoch/Schneider/Bier § 113 Rn. 35.

wirkt dabei grds. auf den Zeitpunkt des Erlasses des Verwaltungsakts zurück (ex-tunc-Wirkung).[178] Der Verwaltungsakt ist als nicht ergangen und damit nicht existent zu behandeln. Die Behörde und die Beteiligten müssen daher den Zustand herstellen, der bestehen würde, wenn der Verwaltungsakt nicht ergangen wäre, sofern er nicht schon ipso iure eintritt (zum Folgenbeseitigungsanspruch → Rn. 205 ff.).

146   Tritt die Rechtswidrigkeit des Verwaltungsakts erst zu einem späteren Zeitpunkt ein (z.B. als Folge einer gesetzlichen Neuregelung oder im Falle eines Dauerverwaltungsakts bei Änderung der zugrundeliegenden Sachlage), wird der Verwaltungsakt erst ab diesem Zeitpunkt aufgehoben.[179] Eine Aufhebung, die nicht ex tunc wirken soll, muss vom Gericht ausdrücklich im Tenor hinsichtlich ihrer zeitlichen Wirkung deutlich bestimmt werden.[180] Ob in den Fällen, in denen der maßgebliche Zeitpunkt für die Sach- und Rechtslage die gerichtliche Entscheidung ist, eine Aufhebung grds. nur ex nunc erfolgt, ist umstr.[181] I.d.R. dürfte dies angemessen sein.

147   **bb) Aufhebung einer Aufhebung.** Hat der Verwaltungsakt, den das Gericht aufhebt, einen anderen vorausgegangen früheren Verwaltungsakt aufgehoben oder abgeändert, so lebt grds. der ursprüngliche Verwaltungsakt mit seinem ursprünglichen Inhalt wieder auf (BVerwGE 90, 42, 50). So lebe der (bestandskräftige) Vorausleistungsbescheid wieder auf, wenn der Beitragsbescheid „ex tunc" aufgehoben wird, (OVG Magdeburg NVwZ-RR 2015, 675 ff.). Dies ist allerdings dann nicht der Fall, wenn dem durch das Gericht aufgehobenen Verwaltungsakt die Regelung zu entnehmen ist, dass die Aufhebung unabhängig von dem neuen Inhalt gelten soll und die isolierte Aufhebung von der gerichtlichen Aufhebung des späteren Verwaltungsakts ausdrücklich ausgenommen wurde.[182]

148   **cc) Isolierte Aufhebung des Widerspruchsbescheids.** Wird nur der Widerspruchsbescheid aufgehoben, so lebt der durch den Widerspruchsbescheid aufgehobene oder abgeänderte Verwaltungsakt in seiner ursprünglichen Form wieder auf.

149   **dd) Strafbewehrte Verwaltungsakte.** Die Wirkung der Aufhebung des Verwaltungsakts bei strafbewehrten Verwaltungsakten beantwortet die Rspr. nicht einheitlich. Grds. entfällt mit Aufhebung des Verwaltungsakts auch die Strafbarkeit i.w.S., die an einen Verstoß gegen den Verwaltungsakt anknüpft.[183]

150   Soll nach dem Sinn der Straf- oder der Ordnungswidrigkeitenvorschrift die Strafbarkeit jedoch allein an die Zuwiderhandlung ohne Rücksicht auf die Rechtmäßigkeit des Verwaltungsakts geknüpft werden, entfällt die Strafbarkeit nicht mit der Aufhebung des Verwaltungsakts.[184]

151   **ee) Antrag.** Wird ein Verwaltungsakt aufgehoben, der auf Antrag ergangen ist, ist dieser in Folge der Aufhebung unbeschieden. Die Behörde muss nach Maßgabe des materiellen Rechts erneut – unter Beachtung der Bindungswirkung des aufgehobenen Urteils (§ 121) – über den Antrag entscheiden. Fristen, die der Antragsteller im ursprünglichen Verfahren durch seinen Antrag gewahrt hatte, bleiben gewahrt. Gegen die neue Entscheidung kann der Betroffene ggf. erneut Rechtsschutz beantragen. Das Gleiche gilt, wenn nur der Widerspruchsbescheid isoliert aufgehoben wird. Durch die Aufhebung des Widerspruchsbescheids ist je nach Konstellation eventuell der vom Betroffenen eingelegte Widerspruch nicht beschieden und muss in diesem Fall nachfolgend von der Verwaltung erneut beschieden werden.

152   **ff) Reichweite der Rechtskraft.** Durch die verwaltungsgerichtliche Aufhebung des Verwaltungsakts wird zugleich mit Rechtskraft festgestellt, dass der Kläger durch den Verwaltungsakt in seinen Rechten verletzt wurde und ihm ein Anspruch auf dessen Aufhebung zustand. Das Urteil hindert sowohl

---

178   BVerwG NVwZ 1983, 608 m.w.N.; *B. Preusche*, JuS 1997, 639, 642.
179   BVerwGE 28, 202, 205; 59, 148, 160; OVG Münster DÖV 2001, 480 (LS); VGH München BayVBl 1995, 500, 502; *M. Gerhardt*, in: Schoch/Schneider/Bier § 113 Rn. 34; *Kopp/Schenke* § 113 Rn. 19; teilweise anders *K. Kleinlein*, VerwArch 81 (1990), 149, 192.
180   *M. Gerhardt*, in: Schoch/Schneider/Bier § 113 Rn. 35.
181   Für eine ex-nunc-Aufhebung: *M. Gerhardt*, in: Schoch/Schneider/Bier § 113 Rn. 34; für eine ex-tunc-Aufhebung: *Kopp/Schenke* § 113 Rn. 8.
182   *Kopp/Schenke* § 113 Rn. 9.
183   OLG Frankfurt NJW 1967, 262; *Kopp/Schenke* § 113 Rn. 11.
184   BVerfGE 87, 399, 411 (Versammlungsauflösung); BGHSt 23, 86, 89, 93 (Parkverbot); in diese Richtung auch BGH NJW 1982, 189 (Hausverbot); OLG Karlsruhe NJW 1978, 116 (Hausverbot).

die Ausgangs- als auch die Widerspruchsbehörde bei gleichbleibender Sach- und Rechtslage erneut einen, mit dem aufgehobenen Verwaltungsakt inhaltsgleichen Verwaltungsakt bzw. Widerspruchsbescheid zu erlassen, der den Fehler aufweist, aufgrund dessen die Aufhebung erfolgte (BVerwG DVBl 1963, 64, 66).

3. Teilanfechtung. a) Allgemein.[185] Die Reichweite der Aufhebung steht nicht im Ermessen des Gerichts. Im Regelfall erstreckt sich die Aufhebung auf den gesamten Verwaltungsakt. Die Aufhebungsbefugnis kann aber beschränkt sein. Ihre Reichweite wird zunächst durch die Bindung des Gerichts an das Klagebegehren bestimmt (§ 88).   153

Darüber hinaus kann die Aufhebungsbefugnis auf Teile des Verwaltungsakts begrenzt sein. Die Aufhebungswirkung kann sachlich-gegenständlich, zeitlich und persönlich beschränkt sein. § 113 Abs. 1 S. 1 spricht ausdrücklich von der Möglichkeit einer teilweisen Aufhebung des Verwaltungsakts („soweit") und erkennt damit eine gegenständliche Beschränkung des Umfangs der Aufhebung an.[186] Die Norm beschränkt die Aufhebung auf das nach dem Rechtsschutzziel Gebotene. Der angegriffene Verwaltungsakt muss aufgehoben werden, soweit der Kläger durch ihn in seinen Rechten verletzt ist. Eine weitergehende Aufhebung ist demgegenüber unzulässig und steht auch nicht im Ermessen des Gerichts.[187] Sie ist auch von Art. 19 Abs. 4 GG nicht gefordert.   154

Kann das Gericht einen Verwaltungsakt teilweise aufheben, muss es dem Kläger im Umkehrschluss auch erlaubt sein, eine solche Teilaufhebung zu beantragen.[188] Das gleiche Ergebnis folgt aus § 79 Abs. 1 Nr. 2, § 79 Abs. 2. Aus der Sicht der VwGO verschmelzen Ausgangs- und Widerspruchsbescheid (§ 79 Abs. 1 Nr. 1) und dennoch ist eine isolierte Anfechtung – eines Teils des verschmolzenen Verwaltungsakts – möglich. Ist der Verwaltungsakt teilbar, kann der Kläger demnach nur die Aufhebung des ihn belastenden Teils verlangen (BVerwGE 55, 135, 136).   155

Der beschränkten Aufhebungsbefugnis des Gerichts bei Teilbarkeit hat der Kläger bei Antragstellung Rechnung zu tragen, indem er nur eine Teilaufhebung beantragt. Beantragt er eine vollständige Aufhebung, obwohl er nur eine Teilaufhebung verlangen kann, führt dies zu einer kostenpflichtigen Abweisung der Klage im Übrigen. Ist der Verwaltungsakt unteilbar, kann der Kläger, sofern er nur durch einen Teil belastet wird, die Gesamtaufhebung verlangen, auch wenn dies sein Rechtsschutzziel zu übersteigen scheint.[189]   156

Wird der Kläger durch einen Teil eines Verwaltungsakts belastet, der ihn insgesamt begünstigt und möchte er nur den belastenden Teil durch das Gericht aufheben lassen, überschneiden sich die Anwendungsbereiche der Anfechtungs- und Verpflichtungsklage (zur Abgrenzung der isolierten Anfechtungsklage von der Verpflichtungsklage → Rn. 166).   157

b) Teilbarkeit. Eine Teilaufhebung ist möglich und geboten, wenn der Verwaltungsakt teilbar ist. Ob dies der Fall ist, regeln § 113 Abs. 1 und das Prozessrecht nicht, sondern das materielle Recht. Eine ausdrückliche Regelung zur Teilbarkeit von gebundenen und Ermessensverwaltungsakten besteht dabei nicht. Als Richtwert wird vielmehr meist auf die entsprechende Frage bei der Nichtigkeit von Verwaltungsakten, die in § 44 Abs. 4 VwVfG geregelt ist, hingewiesen.[190] Eine Teilaufhebung des Verwaltungsakts, die sich auf unselbständige Teile des Verwaltungsakts beschränkt (sog. vertikale Teilung), wie etwa auf Begründungselemente, die Rechtsmittelbelehrung etc., ist nicht möglich.[191]   158

aa) Voraussetzungen der Teilbarkeit. Voraussetzungen einer erfolgreichen Teilanfechtung sind (a) die Teilbarkeit des Verwaltungsakts im rechtlichen Sinne und (b) das Nichtvorliegen eines Teilungsverbots. Ein Verwaltungsakt ist teilbar, wenn sich die Rechtswidrigkeit des einen Teils nicht auf den Rest   159

---

185 Grundsatz: Die Reichweite der gerichtlichen Aufhebungsbefugnis und der Umfang der Aufhebungswirkung stehen in einem spiegelbildlichen Verhältnis *Spannowsky*, 1. Aufl., Rn. 45.

186 BVerwG 2.5.2005 – 6 B 6/05, juris Rn. 6; *F. Hufen/C. Bickenbach*, JuS 2004, 966, 969.

187 BVerwGE 87, 288, 296 f.; *M. Gerhardt*, in: Schoch/Schneider/Bier § 113 Rn. 31.

188 *H. Söhn*, VerwArch 60 (1969), 64, 75.

189 BVerwGE 77, 70, 74; VGH Mannheim VBlBW 1983, 266, 268; *M. Gerhardt*, in: Schoch/Schneider/Bier § 113 Rn. 31. A.M. OVG Bln NVwZ 1993, 593.

190 BVerwG NVwZ 2001, 562, 564 – insoweit nicht in BVerwGE 112, 214 abgedruckt; *Kopp/Schenke* § 113 Rn. 16; abl. gegen eine Heranziehung von § 44 Abs. 4 VwVfG dagegen *M. Gerhardt*, in: Schoch/Schneider/Bier § 113 Rn. 33.

191 *M. Gerhardt*, in: Schoch/Schneider/Bier § 113 Rn. 33.

des Verwaltungsakts auswirkt. Dies liegt vor, wenn der verbleibende Verwaltungsakt ohne die rechtswidrige Teilregelung sinnvoller- und rechtmäßigerweise bestehen bleiben kann.[192]

160　**aaa) Trennbarkeit.** Eine isolierte Aufhebbarkeit scheidet von vornherein aus, wenn der für sich genommen rechtmäßige Teil nicht abtrennbar ist, da zwischen den Teilen ein unaufhebbarer Zusammenhang besteht, v.a. weil eine Trennung logisch nicht möglich ist. Trennbar sind auf jeden Fall örtlich, zeitlich, gegenständlich oder personell abgrenzbare Teile der Regelung. Weiter ist eine Regelung von vornherein teilbar, wenn die Regelung aus mehreren objektiv abgrenzbaren und benennbaren Teilen besteht.[193]

161　**bbb) Wertungsmäßige Einheit.** Auch fehlt die Teilbarkeit, wenn der Teil zwar trennbar, aber wertungsmäßig nicht teilbar ist. Eine wertungsmäßige Einheit nimmt die Rspr. v.a. dann an, wenn die zurückbleibende Regelung (a) keinen Sinn mehr ergibt, (b) in ihrem Regelungsgehalt verändert wird oder (c) die Verwaltung eine untrennbare Einheit mit einer Nebenbestimmung herstellen wollte und dies rechtlich auch durfte. Darüber hinaus verlangt die Rspr. noch, dass (d) der zurückbleibende Teil rechtmäßig ist.[194] Eine Teilbarkeit liegt bei gebundenen Verwaltungsakten immer vor, wenn der Rest rechtmäßig ist und der Kläger einen Anspruch auf seinen Erlass hat.

162　**ccc) Ermessensverwaltungsakte.** Bei Ermessensverwaltungsakten scheidet eine isolierte Aufhebung meist aus, da die Vermutung besteht, dass die Verwaltung ohne diesen Teil den Verwaltungsakt nicht erlassen hätte und daher ein untrennbarer Zusammenhang zwischen dem rechtswidrigen Teil und dem Ermessensteil besteht (zu den Nebenbestimmungen → Rn. 171 ff.). Bei der Verletzung des Verhältnismäßigkeitsgrundsatzes kommt eine Teilaufhebung dennoch auch hier in Betracht,[195] wenn hinreichende Anhaltspunkte dafür existieren, dass die Behörde bei Kenntnis des Rechtsmangels die durch den Restverwaltungsakt begründete Regelung getroffen hätte.[196] Für eine entsprechende objektive Auslegung des Willens der Behörde dürfte eine entsprechende Erklärung dieser, sie hätte den entsprechenden Verwaltungsakt ebenfalls erlassen, ausreichen.[197] Im Zweifel ist von einer Gesamtaufhebung auszugehen.[198]

163　Einzelfälle: Bei einer Baugenehmigung wird – sofern sie sich nicht auf mehrere getrennte Vorhaben bezieht – grds. eine Unteilbarkeit angenommen.[199] Dies gilt im Ausgangspunkt auch dann, wenn es um eine Klage des Nachbarn wegen Verletzung nachbarschützender Vorschriften geht.[200] Ist das Bauvorhaben in dem Umfang, in dem es keine nachbarschützenden Vorschriften verletzt, genehmigungsfähig und vom Antragsteller auch gewollt, scheidet allerdings eine völlige Aufhebung der Baugenehmigung aus, sodass nur der Teil aufzuheben ist, der Nachbarrecht verletzt.[201] Dagegen reicht es nicht, dass der Rest für sich genommen rechtmäßig ist. Sofern der verbleibende Regelungskomplex in sich unabgeschlossen ist, besitzt er keinen Sinn und kann nicht isoliert zurückbleiben, mag er auch für sich gesehen rechtmäßig sein.[202]

164　**bb) Begründetheitsfrage.** Die Rspr. verlangt das Vorliegen der Teilbarkeit erst für die Begründetheit der Klage. Für die Zulässigkeit eines Antrags einer Teilanfechtung lässt sie es genügen, dass eine isolierte Aufhebung nicht von vornherein offenkundig ausscheidet. Eine isolierte Aufhebung scheidet etwa aus, wenn der angefochtene Teil und der Rest eine unauflösbare Einheit bilden. Nicht teilweise an-

---

192　BVerwG NVwZ-RR 2010, 320; BVerwG NVwZ 1984, 366 f.; DVBl 1989, 517; NVwZ-RR 1993, 225; 2.5.2005 – 6 B 6/05, juris Rn. 8; 30.5.2006 – 6 B 28/06, juris Rn. 6.

193　Vgl. z.B. VG Berlin 17.06.2014 – 1 K 69.13, juris Rn. 20.

194　BVerwG NVwZ 1984, 366 f.; A.M. *Spannowsky*, 1. Aufl., Rn. 52: der verbleibende Teil kann rechtswidrig sein, zum Schutz der Interessen der Behörde genügt § 48 VwVfG.

195　BVerwG 30.5.2006 – 6 B 28/06, juris Rn. 8; *F. Hufen/C. Bickenbach*, JuS, 2004, 966, 969.

196　*M. Gerhardt*, in: Schoch/Schneider/Bier § 113 Rn. 33. A.M. *E. Cöster*, Kassation, 1979, 44 ff.

197　*H. Johlen*, FS Redeker, 1993, 487, 491; *M. Gerhardt*, in: Schoch/Schneider/Bier § 113 Rn. 33.

198　*C. F. Menger*, System des verwaltungsgerichtlichen Rechtsschutzes, 1954, 174; *M. Gerhardt*, in: Schoch/Schneider/Bier § 113 Rn. 33.

199　BVerwG BRS 27 Nr. 178; OVG Bln NVwZ 1993, 593.

200　OVG Saarlouis BRS 56 Nr. 184 (S. 478); VGH Mannheim VBlBW 1983, 266 ff.; *Kopp/Schenke* § 113 Rn. 16. A.M. OVG Bln NVwZ 1993, 593 f.

201　*Kopp/Schenke* § 113 Rn. 16.

202　A.M. aber *M. Gerhardt*, in: Schoch/Schneider/Bier § 113 Rn. 33; anders wäre es, wenn man die Frage der Sinnhaftigkeit einer vollständigen Regelung zur Rechtmäßigkeitsvoraussetzung erklären würde, was logisch möglich, aber begrifflich nicht sinnvoll wäre; s.a. BVerwG NVwZ 1984, 366 f.

fechtbar ist weiter die Anordnung des sofortigen Vollzugs, da insofern § 80 Abs. 5 spezieller ist (BVerwG DÖV 1995, 384).

Scheidet eine isolierte Aufhebung eines Teils des Verwaltungsakts aus und beharrt der Kläger auch 165 nach einem richterlichen Hinweis gem. § 86 Abs. 3 auf der Aufhebung nur eines Teils des Verwaltungsakts, sodass auch eine Umdeutung des Klagantrags nicht möglich ist, ist die auf die Teilaufhebung gerichtete Anfechtungsklage unbegründet. Aufgrund der Beschränkung des Antrags fehlt dem Gericht die prozessuale Befugnis, den gesamten Verwaltungsakt aufzuheben.[203]

c) Abgrenzung von Anfechtungs- und Verpflichtungsklage. Wendet sich der Kläger mit der Anfech- 166 tungsklage gegen Nebenbestimmungen eines begünstigenden Verwaltungsakts, kommen zwei Klagearten infrage. Der Betroffene hat die Möglichkeit, mit der Verpflichtungsklage auf Erlass des Verwaltungsakts in der Gestalt, wie er ihn beantragt hat, d.h. ohne den belastenden Teil, zu klagen. Er hat aber u.a. auch die Möglichkeit isoliert gegen den belastenden Teil, in der Praxis i.d.R. in Form einer Nebenbestimmung, mit der Anfechtungsklage vorzugehen. Ist eine isolierte Aufhebung ausgeschlossen, weil eine Aufspaltung der Gesamtregelung nicht in Betracht kommt, kann das Gericht an sich nur den gesamten Verwaltungsakt einschließlich des begünstigenden Teils aufheben. Dafür wird dem Kläger i.d.R. aber wegen der möglichen weitergehenden Rechtsschutzmöglichkeit der Verpflichtungsklage das Rechtsschutzbedürfnis fehlen. Deshalb wird in einem solchen Fall der Anfechtungsantrag in einen Verpflichtungsantrag umzudeuten bzw. die Umstellung des Klageantrags zu empfehlen sein.

Die Grundsätze über die Teilanfechtung gelten auch bei Verwaltungsakten mit Doppelwirkung. Infol- 167 gedessen kann ein Grundstücksnachbar die Aufhebung einer Baugenehmigung grds. nur hinsichtlich der Teile des genehmigten Bauvorhabens erreichen, die ihn in seinen Rechten verletzen. Würde durch die Teilaufhebung ein rechtswidriger Genehmigungstorso entstehen, müsste der gesamte Verwaltungsakt aufgehoben werden.[204]

Die Wahl zwischen isolierter Anfechtung- und Verpflichtungsklage hat dabei praktische Folgen. Ein 168 Urteil im Wege der isolierten Anfechtungsklage hat gegenüber einem Urteil im Wege der Verpflichtungsklage folgende Vorteile:

(a)   Bei Erfolg ergeht der vom Bürger gewollte, ihn begünstigende Verwaltungsakt sofort, ohne dass eine nochmalige Handlung der Verwaltung erforderlich ist (BVerwGE 29, 261, 264);

(b)   bei einem Verpflichtungsurteil können sich eventuelle Änderungen der Sach- und Rechtslage für den Kläger nachteiliger auswirken als bei einer isolierten Anfechtung;

(c)   weiter geht der Bürger mit der Verpflichtungsklage nach einer Literaturansicht zumindest das Risiko ein, seinen bisherigen Erfolg zu verlieren, da im Fall eines Bescheidungsurteils der ursprüngliche Verwaltungsakt konkludent aufgehoben wird und die Behörde die Möglichkeit besitzt, über das Begehren insgesamt neu zu entscheiden und dieses eventuell ganz abweist;[205]

(d)   schließlich bezieht sich § 50 VwVfG bei einer Verpflichtungsklage auf den gesamten Streitgegenstand, d. h. auch auf den schon erlassenen Verwaltungsakt, nicht jedoch im Falle einer isolierten Anfechtungsklage.

Beispiele für eine Teilaufhebung: (a) Aufhebung eines räumlich begrenzten Teils einer Straßenwid- 169 mung wegen fehlender Verfügungsbefugnis des Straßenbaulastträgers bezogen auf den Teil des Straßengrundstücks, der dem Kläger gehört;[206] (b) teilweise Herabsetzung eines Bescheids über den Erschließungsbeitrag; (c) Beschränkung der Streupflicht auf den Bürgersteig unter Herausnahme der Fahrbahnfläche; (d) Beschränkung einer Abrissverfügung auf einen Teil des Gebäudes im Gegensatz zum gesamten Gebäude.

Beispiele für fehlende Teilbarkeit: (a) Festsetzung eines Volksfests insgesamt, auch wenn der Rechts- 170 schutz suchende Nachbar nur von Teilen der Festsetzungen beeinträchtigt wird (BVerwGE 77, 70, 74); (b) Regelungen eines Planfeststellungsbeschlusses einer Abfalldeponie über die Gestaltung der Untergrundabdichtung, der Sohle, der Böschungen und des Entwässerungssystems sind nicht abtrennbar (BVerwGE 90, 42 ff.).

---

203 *Kopp/Schenke* § 113 Rn. 18; zur zeitlichen Beschränkung der Aufhebung BVerwGE 28, 202, 205; 59, 148, 160.
204 BVerwG BRS 27 Nr. 178; modifizierend OVG Bln NVwZ 1993, 593 f. für den Fall der Drittanfechtung.
205 VGH Kassel DVBl 1966, 504, 506; A.M. *J. Pietzcker*, NVwZ 1995, 15, 20: bisheriger Verwaltungsakt darf nicht genommen werden.
206 A.M. *M. Gerhardt*, in: Schoch/Schneider/Bier § 113 Rn. 31; *S. Paetow*, DVBl 1985, 369, 375 m.w.N.

171   **d) Die Anfechtung von Nebenbestimmungen als Sonderfall der Teilanfechtung.** Die in der Ausbildung wichtigste Fallgruppe der Teilanfechtung ist die Anfechtung von Nebenbestimmungen. Nach einer nicht unerheblichen Ansicht gelten für die Anfechtung von Nebenbestimmungen im Vergleich zur sonstigen Teilanfechtung Sonderregelungen.

172   **aa) Die Differenzierung nach der Art der Nebenbestimmung.** Für die Statthaftigkeit der isolierten Anfechtung von Nebenbestimmungen galt lange Zeit die „Faustregel": Die Nebenbestimmungen, die unselbständig sind (Bedingung, Befristung, Widerrufsvorbehalt), können überhaupt nicht isoliert angefochten werden, da sie ein Bestandteil des Hauptverwaltungsakts sind (BVerwGE 29, 261, 265 f.); es bleibt dann nur die Versagungsgegenklage. Dagegen können Auflage und Auflagenvorbehalt als selbständige Verwaltungsakte grds. Gegenstand der isolierten Anfechtungsklage sein. Während die Rspr. sich weitgehend von dieser Sichtweise getrennt hat,[207] wird sie in der Lit. heute noch vertreten, v.a. weil auf diese Weise die Schwierigkeiten der isolierten Anfechtungsklage beim einstweiligen Rechtsschutz umgangen werden.[208] Gegen diese Theorie spricht der Umstand, dass § 113 Abs. 1 S. 1 „soweit" ausdrücklich von einer teilweisen Aufhebbarkeit eines Teils des Verwaltungsakts ausgeht und der Hinweis auf die Unselbständigkeit der Nebenbestimmung daher nicht ausreichen kann.

173   **bb) Grundsätzliche Möglichkeit der Anfechtungsklage bei allen Nebenbestimmungen.** Die überwiegende Ansicht beurteilt die Frage der isolierten Anfechtung der Nebenbestimmung zu Recht als einen Unterfall der Teilanfechtungsklage.[209] Dafür spricht die Handlungslehre im Verwaltungsrecht, da die Nebenbestimmung einen Teil des Verwaltungsakts bildet. Zudem verlangt Art. 19 Abs. 4 GG, soweit wie möglich die subjektiven Rechte des Klägers effektiv prozessual zu schützen und dies ist durch eine isolierte Aufhebung leichter zu realisieren als durch eine Verpflichtungsklage in Form einer Versagungsgegenklage. So nimmt auch die Rspr. jetzt die grundsätzliche isolierte Anfechtbarkeit aller Nebenbestimmungen an. Entscheidend ist die Teilbarkeit des Verwaltungsakts, die entsprechend § 44 Abs. 4 VwVfG beurteilt wird.[210]

174   Die immer wiederkommende Formel lautet dabei: Eine Nebenbestimmung ist dann isoliert aufhebbar, wenn der Verwaltungsakt ohne die Nebenbestimmung sinnvoller- und rechtmäßigerweise bestehen bleiben kann, sofern nicht eine isolierte Aufhebbarkeit von vornherein offenkundig ausscheidet.[211]

175   Dabei prüft die Rspr. in der Zulässigkeit bei der Statthaftigkeit einer isolierten Anfechtung der Nebenbestimmung nur, ob eine isolierte Anfechtung von vornherein ausscheidet. Ansonsten ist die Frage der Teilbarkeit und der Rechtmäßigkeit aus der Sicht der Rspr. eine Frage der Begründetheit der (isolierten) Anfechtungsklage.

176   Eine isolierte Aufhebbarkeit scheidet von vornherein aus, wenn die Teilung der Regelung offensichtlich nicht möglich ist. Eine wertungsmäßige Einheit nimmt die Rspr. dann an, wenn die Verwaltung eine untrennbare Einheit mit der Nebenbestimmung herstellen wollte und dies rechtlich auch durfte. Der wichtigste aber nicht der einzige Fall[212] ist der der sog. modifizierenden Auflage. Die Lit. nimmt dies vereinzelt weiter generell bei einer aufschiebenden Bedingung an.[213]

177   *Sinnvoller Rest:* In der Begründetheit ist dann weiter zu prüfen, ob die belastende Nebenbestimmung und der „Hauptverwaltungsakt" teilbar sind. Teilbarkeit setzt neben der schon in der Zulässigkeit geprüften Trennbarkeit voraus, dass der verbleibende Teil sinnvollerweise für sich bestehen kann. Dies ist gegeben, wenn der Rest (a) einen Sinn besitzt und (b) es von Rechts wegen nicht sinnwidrig erscheint, den Rest ohne die Nebenbestimmung existieren zu lassen.

---

207   Vgl. BVerwGE 60, 269, 275 ff.; 91, 17 ff.; VGH München BayVBl 1980, 49; ausf. *H.-W. Laubinger,* VerwArch 73 (1982), 345, 366 f.

208   *Kopp/Ramsauer* § 36 Rn. 63 f.

209   S. nur *H.-J. Schneider,* Nebenbestimmungen, 1981, 91 ff.; *Hufen* § 14 Rn. 46 ff.

210   BVerwG NVwZ 2001, 562, 564 – insoweit nicht in BVerwGE 112, 214 abgedruckt; vgl. *Maurer* § 12 Rn. 25; *J. Schmidt,* VBlBW 2004, 81, 83.

211   BVerwGE 81, 185, 186; 112, 221; BVerwG NVwZ-RR 1996, 20; s.a. BVerwGE 88, 348, 349 – alle zu Auflagen; in BVerwGE 100, 335, 337 f. wurde die Nebenbestimmung nicht qualifiziert, sondern nur auf die Teilbarkeit abgestellt; s.a. materiell vergleichbar BVerwGE 60, 269, 274 ff. zur Bedingung und Befristung.

212   Vgl. OVG Bln NVwZ 2001, 1059 f. Eine sanierungsrechtliche Genehmigung in einem Sanierungsgebiet wird mit der Bedingung verknüpft, dass mit den betroffenen Mietern eine Modernisierungs- und/oder Räumungsvereinbarung geschlossen wird – nicht isoliert anfechtbar.

213   So *Hufen* § 14 Rn. 48 f. A.M. zu Recht *Kopp/Schenke* § 113 Rn. 17.

Rechtmäßigkeit des Restes: Die Rspr. nimmt eine Teilbarkeit nur an, wenn der verbleibende Teil recht- 178
mäßig ist (BVerwGE 100, 335, 338). Eine Teilbarkeit nimmt die Rspr. dabei bei allen Nebenbestimmungen an, sofern der Bürger einen Anspruch auf den Verwaltungsakt ohne Nebenbestimmung hat
(BVerwGE 60, 269, 274 f.).

Schutz des Gestaltungsraums der Behörde beim Ermessensverwaltungsakt: Schwierig ist die Frage zu 179
beurteilen, wann bei einem Ermessensverwaltungsakt von einer Teilbarkeit auszugehen ist. Ursprünglich hat die Rspr. eine Teilbarkeit verneint, sofern die Nebenbestimmung und die Hauptregelung auf
einer einheitlichen Ermessensentscheidung beruhten. Ansonsten würde der Behörde ein Verwaltungsakt aufgezwungen, den sie so gerade nicht erlassen wollte (BVerwGE 55, 135, 137 f.; 56, 254, 256).
Nicht jeder Ermessensverwaltungsakt mit Nebenbestimmung beruht dabei notwendig auf einer einheitlichen Ermessensentscheidung. Eine Ermessensentscheidung allein begründet demnach nicht notwendig einen untrennbaren Zusammenhang zwischen Nebenbestimmung und Hauptregelung
(BVerwGE 60, 269, 274 ff.).

Mittlerweile hat das BVerwG – bezogen auf die Auflage – einen anderen Weg gefunden, die Gestal- 180
tungsfreiheit der Behörde zu schützen (BVerwGE 65, 139, 141). Es nimmt an, dass die Behörde in
dem Fall, in dem eine Auflage erfolgreich mit einer isolierten Anfechtungsklage angefochten und aufgehoben wurde, den restlichen Verwaltungsakt unter Rückgriff auf § 49 Abs. 2 Nr. 2 VwVfG widerrufen könne. Die Aufhebung der Auflage durch das VG sei mit der Nichterfüllung einer Auflage nach
§ 49 Abs. 2 Nr. 2 VwVfG gleichzusetzen. Für die Behörde sei es gleich, ob eine wirksame Auflage deswegen nicht erfüllt wird, weil der Betroffene ihr nicht nachgekommen ist oder weil sie aufgehoben
wird (BVerwGE 65, 139, 141).

Zu den anderen Nebenbestimmungen, die einem Ermessensverwaltungsakt beigefügt wurden, hat sich 181
das BVerwG nicht in vergleichbarer Weise geäußert. Es bestehen folgende zwei Lösungsmöglichkeiten:
Entweder gewährt man der Behörde auch in diesen Fällen die Möglichkeit des Widerrufs des verbleibenden Teils oder man lehnt in diesen Fällen eine isolierte Anfechtbarkeit ab, sofern die isolierte Aufhebung den Gestaltungsraum der Behörde missachten würde.

cc) Aufschiebende Wirkung. Besondere Probleme bereitet die aufschiebende Wirkung bei einer zuläs- 182
sig isolierten Anfechtung. Durch die aufschiebende Wirkung gegen eine belastende Nebenbestimmung
erhält der Begünstigte nicht den „status quo ante", sondern eine Begünstigung, d.h. mehr als er vor
Erlass des mit der Nebenbestimmung versehenen Verwaltungsakts hatte. Hier hilft nur, über § 80
Abs. 2 Nr. 4 entgegenzuwirken.[214]

e) Beschränkung der Aufhebungswirkung in persönlicher Hinsicht. Das Urteil wirkt grds. nur zwi- 183
schen den Beteiligten. Davon zu trennen ist die Frage, ob auch das Gericht den Verwaltungsakt nur
aufheben darf, sofern er zwischen den Beteiligten wirkt. Sofern der Kläger einziger Adressat des belastenden Verwaltungsakts ist, wird der Verwaltungsakt insgesamt aufgehoben. Bei Allgemeinverfügungen i.S.v. § 35 S. 2 Var. 1, Var. 3 VwVfG oder bei sonstigen Verwaltungsakten, die eine Bündelung von
Regelungen gegenüber verschiedenen Personen darstellen, betrifft die Aufhebung nur das Verhältnis
zwischen Kläger und Beklagten.[215] Dem Gericht fehlt eine weitergehende Aufhebungsbefugnis.

Bestehen auf einer Seite der Klage mehrere Beteiligte, kann auch bei der Aufhebung zwischen diesen 184
differenziert werden, insbes. ist *eine Beschränkung der Aufhebungswirkung* auch *in persönlicher Hinsicht* denkbar, soweit sich die Aufhebung auf mehrere einfache Streitgenossen unterschiedlich auswirken kann (vgl. § 64).

f) Form und Inhalt der Entscheidung des Gerichts. Die gerichtliche Entscheidung ergeht grds. in der 185
Form eines Urteils (§ 107). Bei einfachen Sachlagen durch Gerichtsbescheid (§ 84 – im Einzelnen
→ § 107 Rn. 3). Hat die Anfechtungsklage Erfolg und war der Verwaltungsakt in der Gestalt des Widerspruchsbescheids (vgl. § 79 Abs. 1 Nr. 1) Klagegegenstand, lautet der Tenor: Die (mit Datum bezeichnete) Verfügung der Beklagten und der (mit Datum bezeichnete) Widerspruchsbescheid (der angegebenen Widerspruchsbehörde) werden aufgehoben.

Die unbegründete Anfechtungsklage wird von § 113 Abs. 1 S. 1 nicht erwähnt. Ihre Rechtsfolgen erge- 186
ben sich aus dem allgemeinen Prozessrecht. Die unbegründete Anfechtungsklage wird abgewiesen. Ist

---

214 *Maurer* § 12 Rn. 26; krit. dagegen *Kopp/Ramsauer* § 36 Rn. 62.
215 *M. Gerhardt*, in: Schoch/Schneider/Bier § 113 Rn. 32.

die Klage nur teilweise erfolgreich, muss sie teilweise abgewiesen werden, da grds. der Tenor des Urteils den Klageantrag vollständig erschöpfen muss, andernfalls liegt ein (verdecktes) Teilurteil vor (→ § 110 Rn. 21).

C. Folgenbeseitigung infolge der Aufhebung des Verwaltungsakts (Abs. 1 S. 2 und 3)

I. Überblick

187 **1. Annexantrag.** Der Folgenbeseitigungsausspruch nach § 113 Abs. 1 S. 2 und S. 3 ist eine gerichtliche Entscheidungsform, die auf der Aufhebung des angefochtenen Verwaltungsakts basiert. Das Gericht kann mit der Aufhebung auf Antrag die Beseitigung der durch Vollziehung des angefochtenen Verwaltungsakts ausgelösten unmittelbaren Folgen anordnen. Der entsprechende Antrag, kann mit dem Aufhebungsantrag geltend gemacht werden. § 113 Abs. 1 S. 2 und 3 sind Folgeentscheidungen. Es handelt sich um eine gesetzlich zugelassene Klagenhäufung (§ 44) in Form einer Stufenklage.[216] § 113 Abs. 1 S. 2 ist ein Unterfall von § 113 Abs. 4.[217]

188 Der Ausspruch setzt voraus: Der angegriffene Verwaltungsakt i.S.v. § 113 Abs. 1 S. 1 wird aufgehoben und die materiell-rechtlichen Voraussetzungen eines Anspruchs auf Folgenbeseitigung liegen vor. § 113 Abs. 1 S. 2 und 3 regeln die prozessuale Geltendmachung des Folgenbeseitigungsanspruchs; sie setzen die Rechtsgrundlage des materiellen Folgenbeseitigungsanspruchs voraus.

189 **2. Gebundene Entscheidung des Gerichts.** Der Wortlaut „das Gericht kann" weist nicht auf einen Ermessensspielraum des Gerichts hin, sondern auf die gerichtliche Befugnis, über den Antrag auf Folgenbeseitigung unmittelbar im Anfechtungsprozess mitzuentscheiden. Liegen die prozessualen und materiellen Voraussetzungen der gerichtlichen Folgenbeseitigungsanordnung vor, muss das Gericht die Entscheidung über den Folgenbeseitigungsanspruch treffen. Das Urteil ist ein Leistungsurteil (Folgenbeseitigung).

190 **3. Frage der analogen Anwendung.** Nach überwiegender Ansicht gilt § 113 Abs. 1 S. 2, 3 auch für die Fortsetzungsfeststellungsklage nach § 113 Abs. 1 S. 4.[218] Überzeugend ist dies nicht, da für den Fall, dass ein Verwaltungsakt sich erledigt hat, die Folgenbeseitigung nicht von einer vorherigen Aufhebung des Verwaltungsakts abhängt, da dieser gerade erledigt ist. Demnach greift die Ratio des § 113 Abs. 1 S. 2 nicht. Der Betroffene hat die Klage auf Folgenbeseitigung unmittelbar zusammen (§ 44) mit der Fortsetzungsfeststellungsklage zu erheben.[219] Für die Geltendmachung eines selbständigen Folgenbeseitigungsanspruchs im Wege der Leistungsklage gilt die Norm nicht, auch nicht analog (OVG Koblenz 18.10.2007 – 1 E 10786/07).

191 Erhebt der Kläger eine Verpflichtungsklage mit dem Antrag, einen Verwaltungsakt zurückzunehmen und besitzt der Kläger nach Rücknahme des Verwaltungsakts einen Folgenbeseitigungsanspruch, wird teilweise ebenfalls eine analoge Anwendung des § 113 Abs. 1 S. 2 bejaht. Der Kläger kann danach zugleich den Antrag auf Folgenbeseitigung mit der Verpflichtungsklage verbinden.[220] Sachgerechter dürfte es dagegen sein, die Analogie auszuschließen, da bei der Verpflichtungsklage kein vergleichbares Bedürfnis für eine analoge Anwendung besteht.[221]

192 **4. Ratio.** Die Regelung des § 113 Abs. 1 S. 2 und 3 ist sinnvoll.[222] Der Anspruch auf Folgenbeseitigung setzt in aller Regel voraus, dass der Rechtsgrund für die rechtswidrige Beeinträchtigung aufgehoben ist. Die Aufhebung des angefochtenen Verwaltungsakts tritt aber mit Rechtskraft des erfolgreichen Anfechtungsurteils ein. Eine vorläufige Vollstreckung ist nach § 167 Abs. 2 nur hinsichtlich der Kosten, aber nicht hinsichtlich der Gestaltungswirkung der Aufhebung des Verwaltungsakts möglich (OVG Saarlouis DVBl 1981, 836, 837). Demnach wäre der Kläger gezwungen, zunächst den Anfech-

---

216 BVerwGE 80, 178, 183; VGH München BayVBl 1982, 692, 693; *T. Stuhlfauth*, in: Bader § 113 Rn. 43.
217 BT-Drs. 3/55, 43; *M. Redeker*, in: Redeker/v. Oertzen § 113 Rn. 16.
218 BVerwG BayVBl 1978, 184; 2.10.2008 – 2 B 12/08, juris Rn. 5; zur analogen Anwendung für das Wehrbeschwerdeverfahren nach § 17 WBO s. BVerwG NZWehrr 2007, 78 f.; *M. Redeker*, in: Redeker/v. Oertzen § 113 Rn. 16. A.M. zu Recht *M. Gerhardt*, in: Schoch/Schneider/Bier § 113 Rn. 61.
219 *Kopp/Schenke* § 113 Rn. 85.
220 *Kopp/Schenke* § 113 Rn. 86.
221 Vgl. *M. Gerhardt*, in: Schoch/Schneider/Bier § 113 Rn. 61.
222 *M. Beckmann*, DVBl 1994, 1342 ff.

tungsprozess vollständig zu beenden und danach eine Leistungsklage zu erheben. Aus Gründen der Prozessökonomie eröffnet § 113 Abs. 1 S. 2 die Möglichkeit, über die Folgenbeseitigung ebenfalls bereits im Anfechtungsprozess zu entscheiden.[223]

II. Die prozessualen Voraussetzungen der Folgenbeseitigungsanordnung

1. Überblick. Die prozessualen Voraussetzungen der gerichtlichen Folgeentscheidung sind: 193

(a)   der Verwaltungsakt muss aufgehoben werden;
(b)   der Verwaltungsakt muss bereits vollzogen sein;
(c)   der Kläger muss den Antrag auf die gerichtliche Folgeentscheidung gestellt haben;
(d)   die Entscheidung über die Folgenbeseitigung ist bereits spruchreif.

2. Aufhebung des Verwaltungsakts. Das Gericht kann den Folgenbeseitigungsausspruch nicht treffen,   194
bevor es über die Aufhebung des Verwaltungsakts entschieden hat. Der materielle Anspruch entsteht erst mit der Aufhebung des angefochtenen, bereits vollzogenen Verwaltungsakts. An diese Voraussetzung knüpft § 113 Abs. 1 S. 2 auch prozessual den gerichtlichen Ausspruch über den Folgenbeseitigungsausspruch.

Folgt aus dem Folgenbeseitigungsanspruch ein Anspruch auf Erlass eines Verwaltungsakts, wird dieser   195
Anspruch von § 113 Abs. 1 S. 2 grds. miterfasst. Dagegen greift § 113 Abs. 1 S. 2 nicht, sofern der Folgenbeseitigungsanspruch keine vorherige Aufhebung eines Verwaltungsakts erfordert. Es fehlt die für § 113 Abs. 1 S. 2 typische Konstellation der Stufenklage.[224]

3. Vollziehung. Der Begriff des Vollzugs ist weiter als der der Vollstreckung. Entscheidend ist, ob die   196
mit dem Verwaltungsakt intendierte Rechtsfolge bereits teilweise oder vollständig eingetreten ist. Es muss aufgrund des Vollzugs ein Zustand geschaffen worden sein, der für den Kläger mit einem zu beseitigenden unmittelbaren Nachteil verknüpft ist. Es reicht der Eintritt des Erfolges, auf den der Verwaltungsakt gerichtet ist. Der Grund dafür ist unerheblich. Die Vollzugsfolgen müssen jedoch reversibel sein, ansonsten ist der Kläger auf Sekundäransprüche (Schadensersatz, Entschädigung) angewiesen.

Erfasst werden die Vollziehung durch die Behörde, den Kläger oder einen Dritten. Auch die „freiwilli-   197
ge" Erfüllung der Leistungsaufforderung vor Einleitung von Vollstreckungshandlungen durch den Kläger ist eine Vollziehung.[225] Das Gebrauchmachen von Genehmigungen oder Begünstigungen gehört ebenso dazu.

4. Antrag. Der gerichtliche Folgenbeseitigungsanspruch setzt aufgrund des eindeutigen Normtextes   198
einen Antrag des Klägers voraus. Dieser kann gleichzeitig mit dem Hauptantrag der Anfechtungsklage auf Aufhebung des Verwaltungsakts oder nachträglich während des Anfechtungsprozesses gestellt werden. Ein Antrag in der Revisionsinstanz genügt.[226] Das gilt prinzipiell auch für die Berufungsinstanz und im Zusammenhang mit einem Fortsetzungsfeststellungsantrag (BVerwG 2.10.2008 – 2 B 12/08, juris Rn. 5). Wird der Antrag erst während des Anfechtungsprozesses gestellt, ist darin eine gesetzlich zugelassene Form der Erweiterung des Antrags zu sehen, die nicht an den Voraussetzungen der Klageänderung des § 91 geprüft werden muss.[227] Der Antrag ist immer gegen den Beklagten im Anfechtungsstreit zu richten. Dies gilt auch, wenn nach § 78 Abs. 1 Nr. 2 die Behörde Beteiligte ist, obwohl der Antrag auf Folgenbeseitigung der Sache nach ein Leistungsantrag ist und bei Leistungsklagen § 78 keine Anwendung findet.[228]

5. Spruchreife. § 113 Abs. 1 S. 3 verlangt ausdrücklich die Spruchreife des Beseitigungsbegehrens.   199
Der Antrag auf Folgenbeseitigung soll die Entscheidung über den Aufhebungsantrag nicht verzögern.

---

223 BVerwGE 54, 314, 316; BT-Drs. 3/55, 43; *M. Gerhardt*, in: Schoch/Schneider/Bier § 113 Rn. 57.
224 *Kopp/Schenke* § 113 Rn. 91; a.M. *C. Enders*, Verw 30 (1997), 29 ff.
225 BVerwG Buchholz 232 § 87 BBG Nr. 65; VGH München BayVBl 1965, 246; *M. Gerhardt*, in: Schoch/Schneider/Bier § 113 Rn. 58; *Kopp/Schenke* § 113 Rn. 92.
226 BVerwGE 22, 314 ff.; 108, 364, 369; BVerwG NVwZ 2003, 1385, 1387; *M. Redeker*, in: Redeker/v. Oertzen § 113 Rn. 19.
227 BVerwGE 22, 314, 315 f.; VGH München BayVBl 1976, 565 f.; *T. Stuhlfauth*, in: Bader § 113 Rn. 45; abweichend in der Formulierung *M. Gerhardt*, in: Schoch/Schneider/Bier § 113 Rn. 59, 61.
228 BVerwGE 115, 274 (LS) – ebenso die Vorentscheidung vom OVG Lüneburg NdsVBl 2000, 215 ff.; *M. Beckmann*, DVBl 1994, 1342 ff.; *M. Gerhardt*, in: Schoch/Schneider/Bier § 113 Rn. 59.

Spruchreife des Folgenbeseitigungsanspruchs setzt zweierlei voraus. Zunächst muss im Zeitpunkt der Entscheidung über die Aufhebung des angefochtenen Verwaltungsakts keine weitere Sachverhaltsaufklärung für die Folgenbeseitigung mehr erforderlich sein. Muss das Gericht für diesen Ausspruch noch ermitteln, ist eine gleichzeitige Folgeentscheidung nicht zulässig. Darüber hinaus darf die Entscheidung über das „Ob" und „Wie" der Rückgängigmachung nicht von einer Ermessensentscheidung der Verwaltung abhängig sein.[229]

200 Liegt keine Spruchreife vor, ist das Gericht bei § 113 Abs. 1 S. 3 anders als bei § 113 Abs. 1 S. 1 nicht verpflichtet, die Spruchreife herbeizuführen.[230] Dies ist ihm – trotz des scheinbar entgegenstehenden Normtextes – allerdings auch nicht untersagt. Das Gericht hat die Wahl, entweder das Verfahren hinsichtlich der Folgenbeseitigung abzutrennen und nach Herstellung der Spruchreife zu entscheiden[231] oder den Folgenbeseitigungsantrag mangels Spruchreife abzuweisen.[232] Im letzteren Fall ist der Kläger nicht gehindert, den Anspruch in einem neuen Verfahren zu verfolgen, muss aber ggf. den Anspruch zunächst bei der Behörde geltend machen.[233]

201 **6. Sonstige Zulässigkeitsvoraussetzungen. a) Rechtsschutzbedürfnis.** Bestehen keine Anhaltspunkte dafür, dass die Verwaltung im Falle der Aufhebung des Verwaltungsakts sich einer Folgenbeseitigung entziehen wird und ist die Art und Weise der Rückabwicklung unproblematisch zu erkennen, fehlt einem entsprechenden Antrag das Rechtsschutzbedürfnis.[234]

202 **b) Vorverfahren bei Folgenbeseitigung in Form eines Verwaltungsakts.** Richtet sich der Antrag auf Folgenbeseitigung auf Erlass eines Verwaltungsakts, handelt es sich der Sache nach um eine Verpflichtungsklage. § 68 Abs. 2 geht davon aus, dass auch im Falle einer Versagungsgegenklage grds. ein Vorverfahren durchzuführen ist. Bei dem Folgenbeseitigungsantrag nach § 113 Abs. 1 S. 2 entfällt dieses jedoch, da der Sinn des § 113 Abs. 1 S. 2 ansonsten nicht erreicht werden könnte. Geht es bei der Folgenbeseitigung um den Erlass eines Verwaltungsakts, schließt § 113 Abs. 1 S. 2 somit die Notwendigkeit eines Vorverfahrens aus.[235]

203 **7. Form und Inhalt der Entscheidung des Gerichts.** Das Gericht spricht im Urteil die Verpflichtung aus, dass und wie die Behörde die genau bezeichneten Folgen des vollzogenen Verwaltungsakts zu beseitigen hat. Die zu treffenden Maßnahmen müssen grds. vollstreckbar genau bezeichnet sein. Muss der Kläger seinerseits an der Wiederherstellung mitwirken bzw. einen damit zusammenhängenden Anspruch erfüllen, wird zur Leistung Zug um Zug verurteilt (§§ 273, 274 BGB analog).[236] Für Kosten und Rechtsmittel gelten die allgemeinen Regeln der Klagenhäufung. Für die Vollstreckung findet sich in § 172 eine Sonderregelung (dazu OVG Bln NVwZ-RR 2001, 99 f.; VGH München NVwZ 2001, 822 f.).

III. Materielle Voraussetzungen

204 Eine Folgenbeseitigung kann das Gericht nur aussprechen, wenn der Kläger einen materiellen Anspruch auf Rückgängigmachung der Vollziehung aufgrund eines Folgenbeseitigungsanspruchs oder eines öffentlich-rechtlichen Erstattungsanspruchs hat.[237] Darüber hinaus müssen noch die Voraussetzungen des § 113 Abs. 1 S. 3 gegeben sein.

205 **1. Möglichkeit der Folgenbeseitigung. a) Überblick.** § 113 Abs. 1 S. 3 verlangt ausdrücklich die Möglichkeit der Rückgängigmachung. Dies ist keine prozessuale, sondern eine materielle Voraussetzung.[238] Ihre Normierung ist trotz Art. 74 Abs. 1 Nr. 25 i.V.m. Abs. 2 GG zumindest weitgehend de-

229 Vgl. *T. Stuhlfauth*, in: Bader § 113 Rn. 46; *Kopp/Schenke* § 113 Rn. 87.
230 *Kopp/Schenke* § 113 Rn. 93. A.M. *M. Gerhardt*, in: Schoch/Schneider/Bier § 113 Rn. 60.
231 *Kopp/Schenke* § 113 Rn. 93; in entgegengesetzte Richtung tendierend *M. Redeker*, in: Redeker/v. Oertzen § 113 Rn. 22.
232 A.M. *M. Gerhardt*, in: Schoch/Schneider/Bier § 113 Rn. 60 – Pflicht, die Spruchreife herbeizuführen.
233 *Kopp/Schenke* § 113 Rn. 94.
234 VG Potsdam 7.3.2013 – 8 K 1064/12, juris Rn. 22, *M. Gerhardt*, in: Schoch/Schneider/Bier § 113 Rn. 59.
235 VGH Kassel VerwRspr 20 (1969), 760; NVwZ 1995, 300, 301; VG Koblenz 11.12.2000 – 8 K 1417/00.KO; *Kopp/Schenke* § 113 Rn. 93.
236 *M. Gerhardt*, in: Schoch/Schneider/Bier § 113 Rn. 60.
237 Vgl. *M. Gerhardt*, in: Schoch/Schneider/Bier § 113 Rn. 59.
238 *M. Gerhardt*, in: Schoch/Schneider/Bier § 113 Rn. 58.

klaratorisch. Dies ist der Fall beim Folgenbeseitigungsanspruch, da § 113 Abs. 1 S. 3 dabei nur eine Voraussetzung normiert, die zu den materiellen Voraussetzungen des Anspruchs gehört und daher auch ohne ausdrückliche Normierung gelten würde. Für den Erstattungsanspruch deckt sich die Voraussetzung der Möglichkeit und Zumutbarkeit der Rückgängigmachung nicht vollständig mit den Voraussetzungen, die ohne die gesetzliche Anordnung gelten würden. Dennoch ist dies auch für den Erstattungsanspruch zu fordern, solange dieser als Folgenausspruch gem. § 113 Abs. 1 S. 2 begehrt wird.

Die Verwaltung ist nicht in der Lage, die Vollziehung rückgängig zu machen, wenn (a) diese tatsächlich unmöglich ist, (b) es rechtlich unmöglich ist oder (c) es ihr unzumutbar ist. Maßgeblich ist dabei die im Zeitpunkt der Entscheidung des Gerichts gegebene Sach- und Rechtslage.[239]   206

b) Unmöglichkeit. Tatsächliche Unmöglichkeit liegt vor, wenn sich der ursprüngliche Zustand vor der Vollziehung des Verwaltungsakts nicht mehr wiederherstellen lässt, weil durch die Vollziehung irreversible Folgen ausgelöst worden sind. Rechtliche Unmöglichkeit ist gegeben, wenn die Folgenbeseitigung gegen geltendes Recht verstoßen würde bzw. nicht der Herstellung von rechtmäßigen Zuständen dienen würde (BVerwGE 80, 178 ff.). Die Pflicht zur Folgenbeseitigung gestattet es weder dem Gericht noch der Exekutive, sich über gesetzliche Bindungen hinwegzusetzen.[240] So kann etwa die Unzulässigkeit einer Verpflichtungsklage wegen Fristablaufs nicht durch die Berufung auf einen Folgenbeseitigungsanspruch ausgeräumt werden.[241] Ein Rückholungsanspruch nach einer Abschiebung, die gegen eine gerichtliche Bleibeverfügung verstößt, die im einstweiligen Rechtsschutz erging, kommt nur in Betracht, wenn das Ergebnis der Abschiebung unabhängig von einer Verletzung der Rechtsschutzgarantie rechtswidrig ist (VG Stuttgart NVwZ 2004, Beilage Nr. I 3, 23 f.). Ebenso ist das Übereignungsverlangen in Folge eines Restitutionsanspruchs auf keinen rechtmäßigen Erfolg gerichtet, wenn die Behörde zur Neubescheidung des Antrags auf Überlassung von Ersatzgrundstücken verpflichtet worden war, diese die Neubescheidung aber vor Wegfall der maßgeblichen Rechtsgrundlage aufgrund einer Rechtsänderung gleichwohl nicht vorgenommen hatte (BVerwG Buchholz 428 § 9 VermG Nr. 7).   207

c) Unzumutbarkeit. Unzumutbar kann die Rückgängigmachung der Folgen sein, wenn mit der Wiederherstellung ein unverhältnismäßig hoher Aufwand verbunden ist, der zu dem erreichbaren Erfolg bei allem Respekt für das Verlangen nach rechtmäßigen Zuständen in keinem vernünftigen Verhältnis mehr steht.[242]   208

Das liegt etwa vor, wenn der tatsächliche oder finanzielle Aufwand für die Wiederherstellung des ursprünglichen Zustands völlig außer Verhältnis zu dem Nachteil steht, den der durch die Vollziehung des rechtswidrigen Verwaltungsakts Betroffene hat.[243] Bei der Annahme der Unzumutbarkeit ist Zurückhaltung geboten.[244] Liegt die Unmöglichkeit oder Unzumutbarkeit nur bei einem Teil der Folgen der Vollziehung vor, kann der Folgenbeseitigungsanspruch auf die anderen Folgen beschränkt werden. Auch insofern darf jedoch kein Ermessensspielraum der Behörde hinsichtlich der Entscheidung über Art und Umfang der Rückgängigmachung bestehen. Ist die Rückgängigmachung nicht möglich, können Amtshaftungs-, Schadensersatz- oder Entschädigungsansprüche bestehen (OVG Münster NVwZ 1994, 795).   209

2. Der Folgenbeseitigungsanspruch. a) Überblick. Die gerichtliche Folgeentscheidung ist nur möglich, wenn der Kläger gegen die Behörde einen materiell-rechtlichen Anspruch auf Folgenbeseitigung i.w.S. hat. Hat die Anfechtungsklage Erfolg und ist der angegriffene Verwaltungsakt aufzuheben, müs-   210

---

239 BVerwGE 80, 178 ff.; OVG Münster NJW 1984, 1982 f.; VGH München DVBl 1981, 1159.
240 *J. Schmidt*, in: Eyermann § 113 Rn. 30.
241 BVerwGE 105, 288 ff.; *J. Schmidt*, in: Eyermann § 113 Rn. 30.
242 BVerwGE 94, 100, 113 f.; BVerwG DVBl 2004, 1493; NVwZ 2004, 1511.
243 BVerwGE 79, 254, 262 f. (Sirenenverlegung); BVerwG DVBl 2004, 1493; OVG Bln NVwZ 1992, 901 f.; OVG Lüneburg UPR 1991, 78 (Folgenbeseitigung durch Sperrung einer [zur Entlastung des zentralen Ortsbereichs neugebauten] Durchgangsstraße); OVG Münster NVwZ 1994, 795; VGH München NJW 1990, 2485 f. (zum Unterlassungsanspruch); *B. Schloer*, JA 1992, 39, 44; *F. Schoch*, Jura 1993, 478, 485; *Spannowsky*, 1. Aufl., Rn. 122.
244 BVerwGE 94, 100, 113 f.; VGH München NVwZ-RR 1995, 592 f. (für vorsätzlich herbeigeführte Rechtsbeeinträchtigungen).

sen dennoch die materiell-rechtlichen Voraussetzungen eines Anspruchs auf Folgenbeseitigung selbständig geprüft werden, da die Anfechtungsklage sie nicht inzident voraussetzt.[245]

211 Der wichtigste Anspruch auf Folgenbeseitigung ist der Folgebeseitigungsanspruch. Wird aufgrund eines hoheitlichen Eingriffs in ein subjektives Recht ein noch andauernder rechtswidriger Zustand geschaffen, kann der Betroffene aufgrund des ungeschriebenen Folgenbeseitigungsanspruchs Wiederherstellung des Zustands verlangen, der im Zeitpunkt des Eingriffs bestand (BVerwGE 69, 366, 371; 80, 178 f.; 82, 76, 95; 94, 100, 119). Die Rechtsgrundlage des Folgenbeseitigungsanspruchs ist ungeschrieben. Auch § 113 Abs. 1 S. 2 bildet keine Rechtsgrundlage, sondern setzt sie voraus. Der Anspruch findet seine Grundlage im Rechtsstaatsprinzip[246] sowie in den Freiheitsgrundrechten;[247] nach einer älteren Ansicht wurde er auf eine Analogie zu Vorschriften des bürgerlichen Rechts – namentlich zu §§ 1004, 12, 862 BGB – gestützt.[248] Alternativ werden – wenn auch i.E. nicht überzeugend – auch die Gesetzmäßigkeit der Verwaltung[249] und das Prinzip der Gerechtigkeit[250] genannt.

212 **b) Die Tatbestandsvoraussetzungen. aa) Überblick.** Der Folgenbeseitigungsanspruch setzt voraus,

- ▪ dass ein dem Beklagten zuzurechnender rechtswidriger Zustand vorliegt,
- ▪ der ein subjektives Recht des Klägers als Betroffenen verletzt, und
- ▪ dass der rechtswidrige Zustand noch andauert und
- ▪ die Rückgängigmachung nicht unmöglich oder unzumutbar ist (→ Rn. 207 ff.).

213 Der Anspruch ist auf Herstellung des Zustands gerichtet, der vor dem Eingriff bestand. Er muss von demjenigen geltend gemacht werden, der durch den Eingriff beeinträchtigt ist. Ein einzelner Wohnungseigentümer ist allerdings nicht befugt, einen öffentlich-rechtlichen Folgenbeseitigungsanspruch allein gerichtlich geltend zu machen (VGH München NVwZ 2004, 629 f.).

214 **bb) Andauernder Eingriff in ein subjektives Recht.** Erforderlich ist zunächst ein andauernder Eingriff in ein subjektives Recht des Klägers. Der Eingriff kann grds. durch jede Handlungsform verwirklicht werden.[251] Ein rechtswidriges Unterlassen stellt einen Eingriff dar, wenn es eine Rechtsposition in ihrem Bestand beeinträchtigt, was nur in Ausnahmefällen vorliegen dürfte. Die Reichweite des Eingriffs begrenzt auch die Reichweite des Folgenbeseitigungsanspruchs, da eine weitergehende Position, als sie vor dem Eingriff bestand, nicht verlangt werden kann.[252]

215 Als subjektive Rechte kommen sämtliche subjektiven Rechte grundrechtlicher und einfachrechtlicher Art infrage. Der Zustand, der durch den Eingriff herbeigeführt wird, muss andauern und rechtswidrig sein. Die Rechtswidrigkeit des Eingriffsakts ist nicht notwendig, entscheidend ist nur, dass der gegenwärtige Zustand rechtswidrig ist.[253] Ein rechtmäßig herbeigeführter Zustand kann rechtswidrig werden (BVerwGE 82, 76, 95) und auf diese Weise den Anspruch auslösen. Umgekehrt kann ein rechtswidriger Zustand nachträglich rechtmäßig werden, mit der Folge, dass der Folgenbeseitigungsanspruch ausscheidet.

216 **c) Wiederherstellung des ursprünglichen Zustands – Rückgängigmachung der unmittelbaren Eingriffsfolgen.** Der Folgenbeseitigungsanspruch soll bestehende Beeinträchtigungen beseitigen und auf diese Weise rechtmäßige Zustände herstellen.[254] Er ist auf die Wiederherstellung des unmittelbar durch einen rechtswidrigen hoheitlichen Eingriff veränderten rechtmäßigen Zustands gerichtet, der im Zeitpunkt des Eingriffs bestanden hat (BVerwGE 69, 366, 370; 82, 76, 95; 112, 308 ff.). Er ist grds. auf die Wiederherstellung des status quo ante gerichtet und zwar prinzipiell in natura (BVerwGE 28, 155, 165; 40, 313, 322; 53, 12, 22). Er kann nicht auf die Herstellung eines rechtswidrigen Zustandes gerichtet sein (bspw.: Ausstellung eines ungültigen Personalausweises – BVerwG BayVBl 2016, 419 f.).

---

245   Dazu BVerwGE 59, 310 ff.; 94, 100 ff. zu Straßenverkehrszeichen, die aufgrund eines neuen Rechtsgrunds stehen bleiben; BVerwGE 82, 24 ff. (Mitverantwortung des Berechtigten bei der Wiederherstellung); *W.-R. Schenke*, DVBl 1990, 328 ff.; *Spannowsky*, 1. Aufl., Rn. 126.

246   BVerwGE 69, 366, 370; 82, 76, 95; *F. Schoch*, Jura 1993, 478, 480.

247   BVerwGE 82, 24, 25; 82, 76, 95; *Kopp/Schenke* § 113 Rn. 81.

248   VGH München NVwZ-RR 1991, 58; *W.-R. Schenke*, JuS 1990, 370, 371.

249   BVerwGE 69, 366, 370; *W. Fiedler*, NVwZ 1986, 969, 970 f.; *M. Wallerath*, DÖV 1987, 505, 512.

250   *H. U. Erichsen*, VerwArch 63 (1972), 217, 221.

251   BVerwGE 94, 100, 119; *M. Heinzen*, VerwArch 81 (1990), 532, 536 f.

252   Zusammenf.: *F. Schoch*, Jura 1993, 478, 482 f.

253   *M. Gerhardt*, in: Schoch/Schneider/Bier Vorbem. § 113 Rn. 8.

254   *J. Schmidt*, in: Eyermann § 113 Rn. 30.

Er ermöglicht deshalb keinen Ausgleich für Schäden, die durch rechtswidriges Verwaltungshandeln   217
verursacht worden sind, und ist kein Schadensersatzanspruch (BVerwGE 112, 308 ff.; BVerwG DÖV
2002, 865 ff.). Er soll nicht den Zustand wiederherstellen, der bestünde, wenn die Beeinträchtigung
nicht eingetreten wäre. Die Abgrenzung zwischen der Folgenbeseitigung und der unzulässigen Herbeiführung des hypothetischen Zustands ohne Schädigung kann schwierig sein. Mitunter wird daher der
Folgenbeseitigungsanspruch als „verkümmerter Schadensersatzanspruch" bezeichnet.[255] Besteht die
Beeinträchtigung in dem Verlust einer Sache oder in der Beeinträchtigung einer Substanz, kann die Beseitigung dieser Beeinträchtigung in der Wiedererrichtung der Substanz liegen.

Die Rspr. versucht den Folgenbeseitigungsanspruch vom Schadensersatz abzugrenzen, indem sie den   218
Folgenbeseitigungsanspruch auf die Beseitigung unmittelbarer Folgen beschränkt.[256] Die Unmittelbarkeit ist dabei ein wertendes Merkmal. Nötig ist ein innerer Zusammenhang zwischen hoheitlicher
Maßnahme und rechtswidrigem Zustand (OVG Lüneburg NdsVBl 2004, 213 f.). Mittelbar sind insbes. die Folgen, die erst durch ein auf der eigenen Entschließung des Betroffenen beruhendes Verhalten verursacht worden sind (BVerwGE 112, 308 ff.). Ist eine Wiederherstellung unmittelbarer Beeinträchtigungen nicht möglich, entfällt ein Anspruch insoweit.

Der Folgenbeseitigungsanspruch gibt dem Kläger daher grds. nichts, was dieser vor dem Eingriff nicht   219
schon selbst hatte. Ausgeschlossen ist daher etwa ein Anspruch auf Ausgleich besoldungs- und versor-
gungsrechtlicher Nachteile wegen unterlassener Einstellung als Beamter (BVerwG NVwZ 1985, 265;
1999, 424), der Anspruch, wie ein Beamter auf Probe gestellt zu werden, wenn die Ernennung zum
Beamten auf Probe rechtswidrigerweise versagt wurde (BVerwGE 28, 155, 165), oder ein Anspruch
auf Erlass einer Baugenehmigung,[257] sehr wohl aber die Wiedererrichtung einer abgerissenen Stütz-
mauer.[258]

Als mittelbare Folgen, die ebenfalls nicht verlangt werden können, wurden angesehen: der Ersatz von   220
Taxi- und Portokosten sowie Nutzungsentzug am Kfz als Folge rechtswidriger Abschleppmaßnahmen
(VGH München BayVBl 1984, 559; 1990, 435;); Verlust des Besitzes durch Bau einer Entlastungsstra-
ße als Folge der Einleitung eines Flurbereinigungsverfahrens, (OVG Lüneburg RdL 2015, 128 ff.) die
Kosten für medizinisch-psychologische Untersuchungen auf Anordnung der Straßenverkehrsbehörde
(VGH Mannheim NJW-RR 1988, 612 f.); die Mehraufwendungen eines Beamten für die private Kran-
kenversicherung wegen Nichtgewährung von Krankengeld (BVerwGE 112, 308 ff.); Schadensersatzan-
sprüche infolge einer vom Dienstherrn verursachten mangelhaften Beschaffenheit der Dienstwohnung
(BVerwG DVBl 2001, 726 ff.); die Erstattung von Kosten für die Erstellung von Gutachten, zu denen
Personen rechtswidrigerweise polizeirechtlich verpflichtet wurden;[259] die Erstattung von Anwalts- und
Verfahrenskosten nach erfolgreichem Widerspruchsverfahren (BVerwGE 40, 313, 322); der Ersatz
von Zinszahlungen für rechtswidrigerweise geforderte zinslose Bardepots nach dem AWG (BVerwGE
69, 366 ff.); der Ersatz von Kosten für die Löschung einer Zwangshypothek, die aufgrund eines
rechtswidrigen Steuerbescheids erwirkt wurde (OVG Münster NJW 1964, 1872 f. – in der Sache zweifelhaft); die höhere Besoldung wegen einer unterlassenen Beförderung (Schadensersatz);[260] die Versumpfung eines Gebiets fünfundzwanzig Jahre nach der Durchführung einer wasserwirtschaftlichen
Baumaßnahme (OVG Lüneburg NdsVBl 2004, 213 f.).

Mögliche Inhalte eines Folgenbeseitigungsanspruchs sind dagegen: Einreise nach rechtswidriger Ab-   221
schiebung bei bestehendem, zumindest vorübergehendem, Bleiberecht (VGH Mannheim NVwZ-RR
2008, 841; einschränkend OVG Münster NVwZ-RR 2007, 492), Beseitigung eines auf einem Privatgrundstück rechtswidrig verlegten öffentlichen Niederschlagswasserkanals (OVG Münster NVwZ-RR
2007, 241 – konkret verneint); die Rückgabe einer beschlagnahmten Sache; die Zurücksetzung eines
Wasserzählers (VGH Mannheim NVwZ-RR 1991, 334); die Sperrung einer Straße für den Verkehr

---

255 BGHZ 127, 223, 228; zust.: *M. Gerhardt*, in: Schoch/Schneider/Bier Vorbem. § 113 Rn. 9; in die gleiche Richtung:
     BVerwGE 69, 366, 371.
256 VGH München DÖV 2001, 1052 f.; *F. Schoch*, Jura 1993, 478, 484; *J. Schmidt*, in: Eyermann § 113 Rn. 30.
257 *Kopp/Schenke* § 113 Rn. 83 und 227.
258 A.M. VGH Mannheim NVwZ-RR 1990, 449 (darin läge nicht eine Wiederherstellung des alten Zustandes mangels
     Vorhandenseins der Bestandteile der alten Mauer); zu Recht a.M. *M. Gerhardt*, in: Schoch/Schneider/Bier Vorbem.
     § 113 Rn. 9.
259 VGH München DÖV 2001, 1052 f.; *Kopp/Schenke* § 113 Rn. 90; zu Recht a.M. VGH München DÖV 1996, 82 f.;
     M. Gerhardt, in: Schoch/Schneider/Bier Vorbem. § 113 Rn. 9.
260 BVerwG DÖV 2002, 865 ff.

(BVerwGE 94, 100 ff.); Beseitigung einer Straße vom eigenen Grundstück (VGH München NVwZ-RR 1991, 57 f.; s.a. VGH München BayVBl 2007, 502); die Wiederbestreuung eines Grabes mit Marmorsplitt (BVerwG DVBl 1969, 44, 45); der Anspruch gegen die Gemeinde, unzulässige wirtschaftliche Betätigungen zu unterlassen (OVG Münster DVBl 2004, 133 f.); die Gestattung der Wiedereinreise nach rechtswidriger Abschiebung (OVG Saarlouis 24.1.2003 – 9 W 50/02); die Beseitigung einer rechtswidrigen Bebauung mit einer Anlage der öffentlichen Wasserversorgung aufgrund einer fehlerhaften Grundbucheintragung (OLG Frankfurt 6.11.2002 – 17 U 83/02); die Zahlung des Differenzbetrags zwischen eingeforderter Gebühr und rechtlich bestehender Gebühr, wenn der Gerichtsvollzieher diese aufgrund einer dienstlichen Weisung nicht geltend machen konnte (VGH München DGVZ 2003, 21 f.); die Wiederherstellung der Zugänglichkeit des Grundstücks, die durch die Herstellung eines Fußweges beseitigt wurde (OVG Brem NVwZ-RR 2005, 361); möglicherweise auch die Kosten, die der Betroffene für die Beauftragung eines Fachunternehmens mit der Entsorgung besonders überwachungsbedürftigen Abfalls hatte, zu deren Beseitigung er rechtswidrig verpflichtet wurde (OVG Bln 19.11.2004 – 2 B 7.01).

222   Wird ein Geldanspruch im Wege von § 113 Abs. 1 S. 2 geltend gemacht, können Prozesszinsen verlangt werden, da diese auf eine analoge Anwendung von § 291 S. 1, § 288 Abs. 1 S. 1, § 246 BGB und nicht auf den Folgenbeseitigungs- oder Erstattungsanspruch gestützt werden (BVerwGE 115, 274 [LS]).

223   **d) Begehrte Wiederherstellung.** Besteht ein Anspruch auf Herstellung des status quo ante, muss die Verwaltung diesen erfüllen, unabhängig davon, was sie dafür tun muss. Die Beseitigung kann grds. in Form eines schlicht hoheitlichen Handelns (insbes. eines Realaktes) als auch durch Erlass eines Verwaltungsakts vollzogen werden.[261] Je nach Klagegegenstand ist der Folgenbeseitigungsanspruch mit der Leistungs- oder Verpflichtungsklage geltend zu machen. Für beide Klagen greift § 113 Abs. 1 S. 2, 3.

224   Stellt ein Gesetz die Entscheidung über ein Einschreiten in das Ermessen der Behörde, so führt eine Pflicht zur Folgenbeseitigung nicht automatisch dazu, dass dieses Ermessen auf Null reduziert wird, vielmehr ist diese als Folgenbeseitigungslast in die Ermessenserwägung einzustellen (zu Dreiecksbeziehungen → Rn. 119 ff.).

225   Einen Geldanspruch vermittelt der Folgenbeseitigungsanspruch grds. nicht, da er gerade kein Schadensersatzanspruch ist. Eine Ausnahme gilt aber zunächst dann, wenn die rechtswidrigen Folgen in einem Geldverlust bestehen.[262] Dennoch lässt die Rspr. in bestimmten Fällen einen Geldanspruch auch beim Folgenbeseitigungsanspruch zu. Hat der Betroffene grds. einen Anspruch auf Folgenbeseitigung, ist dieser aber ausgeschlossen, da die Folgenbeseitigung aus rechtlichen oder tatsächlichen Gründen nicht möglich oder unzumutbar ist, nimmt eine starke Meinung zu Recht einen Folgenersatzanspruch in Geld in Analogie zu § 251 BGB an.[263] Zum Geldanspruch bei Anspruchsausschluss wegen Mitverschuldens → Rn. 226.

226   **e) Mitverschulden.** Die Rspr. ist der Ansicht, dass die Folgenbeseitigung aufgrund einer Mitverantwortung des Berechtigten (in analoger Anwendung von § 254 BGB) entweder (a) von dessen Mitwirkung abhängig gemacht werden oder (b) sofern dies tatsächlich möglich ist, auch im Umfang gemindert[264] und schließlich (c) unter Umständen auch ganz ausgeschlossen sein kann.[265] Sofern die Mitwirkung des Klägers notwendig oder aufgrund § 254 BGB die Übernahme eines Kostenanteils erforderlich ist, muss der Dritte dazu bereit sein (VGH Mannheim NVwZ-RR 1991, 334). Ist eine Folgenbeseitigung in vollständigem Umfang nicht möglich oder zumutbar, muss die Verwaltung wenigstens Maßnahmen ergreifen, um die Nachteile zu verringern, sofern diese möglich und zumutbar sind.[266] Ist

---

261 BVerwG, BayVBl 2016, 419; VGH Kassel NVwZ 1995, 300, 301 f.; *M. Redeker*, in: Redeker/v. Oertzen § 113 Rn. 16.

262 BVerwGE 69, 366, 371; 108, 364 ff. (speziell zur Rückzahlung von Gebühren); *J. Schmidt*, in: Eyermann § 113 Rn. 28.

263 BVerwGE 82, 24, 28; 94, 100, 117; *M. Gerhardt*, in: Schoch/Schneider/Bier Vorbem. § 113 Rn. 9; *J. Schmidt*, in: Eyermann § 113 Rn. 31. A.M. OVG Münster NVwZ 1994, 795 ff.; *Kopp/Schenke* § 113 Rn. 89.

264 BVerwGE 82, 24 ff.; *M. Gerhardt*, in: Schoch/Schneider/Bier Vorbem. § 113 Rn. 10; krit.: *H. Rupp*, DVBl 1972, 232, 233; *W. Fiedler*, NVwZ 1986, 969, 975; verhalten *F. Schoch*, VerwArch 79 (1988), 1, 54.

265 BVerwG DÖV 1971, 857 ff.; m. zust. Anm. *O. Bachof*, DÖV 1971, 861; *J. Schmidt*, in: Eyermann § 113 Rn. 32.

266 *Kopp/Schenke* § 113 Rn. 88; *T. Stuhlfauth*, in: Bader § 113 Rn. 46.

der Folgenbeseitigungsanspruch unteilbar und schließt das Mitverschulden analog § 254 BGB den Anspruch nicht vollständig aus, soll anstelle des Wiederherstellungsanspruchs in analoger Anwendung von § 251 Abs. 1 BGB ein Geldersatzanspruch treten.[267]

f) Verjährung. Bis zum Zeitpunkt der Schuldrechtsreform vom 29.11.2001 verjährte der Folgenbeseitigungsanspruch in analoger Anwendung von § 195 BGB a.F. in 30 Jahren (VGH München NJW 1999, 666). Nach § 195 BGB n.F. würde er nach 3 Jahren verjähren. Es ist zurzeit umstr., ob die alte Verjährungsregel des Folgenbeseitigungsanspruchs sich vom BGB mittlerweile soweit gelöst hat, dass sie trotz Änderung des BGB noch für den Folgenbeseitigungsanspruch weiter gilt.[268]   227

g) Rechtsschutzbedürfnis. Nach der Rspr. steht dem Folgenbeseitigungsanspruch der Einwand unzulässiger Rechtsausübung entgegen, wenn die sichere Erwartung besteht, dass die Behörde alsbald einen rechtmäßigen Zustand herbeiführen wird.[269]   228

h) Anspruchsgegner. Der Anspruch ist gegen den Staat gerichtet, nicht gegen private Dritte. Der Folgenbeseitigungsanspruch allein rechtfertigt keine Eingriffe in Rechte Dritter.[270] So können etwa der Schutz des Vertrauens des Dritten oder eventuelle Folgenbeseitigungslasten dem Dritten gegenüber nur angemessen berücksichtigt werden, wenn die vom Gesetzgeber für die Eingriffe gegenüber dem Dritten bereitgestellte Eingriffsgrundlage herangezogen wird. Eingriffe in Rechte Dritter, die zur Erfüllung des Folgenbeseitigungsanspruchs notwendig sind, müssen sich demnach auf eine eigene Ermächtigungsgrundlage stützen können. Vermittelt die Ermächtigungsnorm der Behörde ein Ermessen, ist der Folgenbeseitigungsanspruch als Folgenbeseitigungslast in das Ermessen einzustellen.[271] Eine Vermengung von Folgenbeseitigungsanspruch und -last besteht darin nicht, da unterschiedliche Verwaltungsrechtsverhältnisse betroffen sind. Ist der Folgenbeseitigungsanspruch wegen der fehlenden Eingriffsrechtfertigung dem Dritten gegenüber nicht erfüllbar, tritt an dessen Stelle der Folgenentschädigungsanspruch aus § 251 BGB.[272]   229

Dreiecksbeziehungen im Zusammenhang mit dem Folgenbeseitigungsanspruch sind z.B.: der Anspruch des Hauseigentümers gegen den Träger der Polizei nach Ablauf der Einweisung eines Obdachlosen in dessen Wohnung;[273] der Anspruch des durch einen Planfeststellungsbeschluss Beeinträchtigten gegenüber dem Träger der Planfeststellung auf Beseitigung einer im Vollzug des Planfeststellungsbeschlusses erfolgten Begünstigung eines Dritten (VGH Kassel NVwZ 1995, 300, 301 f.); der Anspruch des Nachbarn auf Erlass einer Beseitigungsverfügung hinsichtlich eines nachbarschützende Vorschriften verletzenden Bauvorhabens (OVG Münster NVwZ-RR 2000, 205 f.).   230

3. Erstattungsanspruch. **a) Überblick.** § 113 Abs. 1 S. 2 greift auch bei Folgenbeseitigungen, die aufgrund des öffentlich-rechtlichen Erstattungsanspruchs geltend gemacht werden (BVerwGE 108, 364 ff.; BVerwG NVwZ 2003, 1385, 1387). Unerheblich ist, ob der Erstattungsanspruch spezialgesetzlich geregelt ist oder der allgemeine öffentlich-rechtliche Erstattungsanspruch eingreift. Mit diesem können Staat und Bürger eine Leistung zurückverlangen, die ohne Rechtsgrund vorgenommen wurde   231

---

267   BVerwGE 82, 24, 26 ff.; *M. Gerhardt*, in: Schoch/Schneider/Bier Vorbem. § 113 Rn. 10; abl.: *W.-R. Schenke*, JuS 1990, 370, 376.

268   *H.-P. Mansel*, NJW 2002, 90 f.; *Kopp/Schenke* § 113 Rn. 81. A.M. *O. Lenkeit*, BauR 2002, 196, 228; *M. E. Geis*, NVwZ 2002, 385, 390.

269   BVerwGE 80, 178 f.; VGH Mannheim UPR 1993, 194 (LS); krit.: *M. Gerhardt*, in: Schoch/Schneider/Bier Vorbem. § 113 Rn. 8.

270   BVerwG NVwZ 1995, 272; Buchholz 406.19 Nachbarschutz Nr. 46; VGH Kassel NVwZ 1995, 300, 301 f.; VGH Mannheim ESVGH 28, 234; NVwZ 1987, 1101 f.; *H.-C. Sarnighausen*, NJW 1993, 1623, 1627 f.; *M. Gerhardt*, in: Schoch/Schneider/Bier Vorbem. § 113 Rn. 11; anders, wenn der „Dritte" wiederum Teil der öffentlichen Hand ist – BVerwGE 51, 15, 22 f.; deutlich zur a.M. tendieren *T. Horn*, DÖV 1989, 976, 977 f.; *Kopp/Schenke* § 113 Rn. 83 (für den Fall, dass der Dritte zugleich der in unrechtmäßiger Weise durch den Verwaltungsakt Bevorteilte ist).

271   OVG Lüneburg BauR 1989, 189; OVG Münster NJW 1984, 883 f.; *M. Gerhardt*, in: Schoch/Schneider/Bier Vorbem. § 113 Rn. 11; immer von einer Ermessensreduzierung auf Null ausgehend VGH Kassel NVwZ 1995, 300, 302.

272   Wer der analogen Heranziehung von § 251 BGB krit. gegenüber steht, ist zur Vermeidung von Haftungslücken faktisch gezwungen, dem Folgenbeseitigungsanspruch unmittelbare Wirkung gegenüber dem (beigeladenen) Dritten zuzuweisen, s. etwa *Kopp/Schenke* § 113 Rn. 83.

273   BGHZ 130, 332, 336 f.; OVG Münster NVwZ 1991, 905; VGH Mannheim NJW 1990, 2770 f. sowie NVwZ 1987, 1101 (auf die polizeiliche Generalklausel und nicht den Folgenbeseitigungsanspruch gestützt) m.Anm. *V. Götz*, VBlBW 1987, 424 f. Krit. zum Folgenbeseitigungsanspruch in diesem Zusammenhang *W. Roth*, DVBl 1996, 1401 ff.; *A. Lübbe*, VBlBW 1994, 180 ff. A.M. *O. Bachof*, Klage, 1968, 134 ff.; *W.-R. Schenke*, DVBl 1990, 328, 331 und *Wolff/Bachof/Stober/Kluth* I § 52 Rn. 33.

bzw. deren Rechtsgrund später weggefallen ist. Er ist gewissermaßen der Bereicherungsanspruch der §§ 812 ff. BGB auf dem Gebiet des öffentlichen Rechts. Er ist nicht ausdrücklich geregelt. Dies ist unschädlich, da er keine Eingriffe i.S.d. Vorbehalts des Gesetzes begründet (sofern der Anspruch nicht in Form des Verwaltungsakts geltend gemacht wird). Sofern Sonderregelungen bestehen, gehen diese vor, wie § 49 a Abs. 1, § 62 S. 2 VwVfG (es ist str., ob sich § 62 S. 2 VwVfG auch auf §§ 812 ff. BGB bezieht). Fehlen diese, greift man auf den Grundsatz der Gesetzmäßigkeit der Verwaltung, §§ 812 ff. BGB analog oder Gewohnheitsrecht zurück (BVerwGE 71, 85, 88).

232   Bei der analogen Anwendung der §§ 812 ff. BGB ist zu beachten, dass § 814 BGB und § 819 Abs. 1 und 4 BGB nur beschränkt auf das öffentliche Recht übertragbar sind.[274] So ist § 814 BGB nicht anwendbar, da die Kenntnis der Behörde nicht vom Vorrang des Gesetzes befreit. Für den Umfang des Erstattungsanspruchs zieht das BVerwG die Grundsätze des Vertrauensschutzes und nicht § 818 Abs. 3 BGB analog – Wegfall der Bereicherung – heran (vgl. BVerwGE 71, 85 ff.).

233   **b) Unmittelbare Vermögensverschiebung ohne Rechtsgrund.** Erstes Tatbestandsmerkmal des öffentlich-rechtlichen Erstattungsanspruchs ist eine unmittelbare Vermögensverschiebung zwischen zwei Rechtspersonen. Diese muss ihre Grundlage im öffentlichen Recht haben. Die Leistung muss ohne Rechtsgrund erfolgt sein (sine causa); bedeutungslos ist, ob der Rechtsgrund von Anfang an fehlte oder später weggefallen ist. Abzustellen ist auf die materiell-rechtliche Rechtslage. Rechtsgrundlagen können wirksame (auch rechtswidrige) Verwaltungsakte sein, ein öffentlich-rechtlicher Vertrag oder ein Gesetz.

234   **c) Kein Verstoß gegen Vertrauensschutz.** Die Rückforderung vom Bürger darf nicht gegen die Grundsätze des Vertrauensschutzes verstoßen.[275] Abgewogen wird Vertrauen auf die Beständigkeit der eingetretenen Vermögenslage und der Grundsatz der Gesetzmäßigkeit der Verwaltung. Das Vertrauen in die Dauerhaftigkeit des Vermögenszuwachses entfällt, wenn der Bürger das Fehlen des Rechtsgrundes zumindest grob fahrlässig verkannte. Darin liegt der entscheidende Unterschied des öffentlich-rechtlichen Erstattungsanspruchs zu § 819 Abs. 1 BGB.

235   Der Anspruch ist durch eine einfache Zahlungsaufforderung geltend zu machen. Die Verwaltung darf den Anspruch durch Verwaltungsakt nur geltend machen, wenn sie eine Verwaltungsaktbefugnis besitzt. Knüpft der Erstattungsanspruch nicht an die Vollziehung eines Verwaltungsakts an, ist § 113 Abs. 1 S. 2 unanwendbar.[276]

236   Beispiele für Erstattungsansprüche sind das Begehren auf Rückzahlung zu Unrecht erhobener Abgaben und die Erstattung einer zu Unrecht eingezogenen Kaution (BVerwGE 85, 24, 29).

D.   Die Fortsetzungsfeststellungsklage (Abs. 1 S. 4)

I.   Allgemeines

237   **1. Die Situation der Fortsetzungsfeststellungsklage.** Die Feststellung der Rechtswidrigkeit eines erledigten Verwaltungsakts ist eine gerichtliche Entscheidungsform, die nach § 113 Abs. 1 S. 4 in Betracht kommt, wenn dem auf Aufhebung gerichteten Klagebegehren durch ein erledigendes Ereignis die Grundlage entzogen worden ist. Erledigt sich ein Verwaltungsakt nach Klageerhebung, verliert die Anfechtungsklage ihre Erfolgsaussichten. Nach zutr. Ansicht wird sie unzulässig[277] (entweder wegen Wegfalls des Rechtsschutzbedürfnisses – so die überwiegende Ansicht – [278] denkbar aber auch wegen fehlender Statthaftigkeit). Den Umstand der Erledigung können daher alle Beteiligten vortragen. Ist der Verwaltungsakt erledigt, verliert er seine Wirksamkeit und die Anfechtungsklage ist in der Hauptsache unzulässig. Wie die Nichtigkeitsfeststellungsklage bezieht sie sich auf einen Verwaltungsakt, von dem keine Wirksamkeit (mehr) ausgeht.

---

274   BVerwGE 71, 85, 89; *F. Ossenbühl*, NVwZ 1991, 513, 520; *F. Schoch*, Jura 1994, 82, 88 f.
275   BVerwGE 71, 85, 89 f. – es sei denn, es bestehen Sonderregeln – § 49 a Abs. 2 S. 2 VwVfG.
276   *Kopp/Schenke* § 113 Rn. 82.
277   BVerwGE 88, 111, 112; BVerwG BayVBl 1988, 602 (Entfallen des Rechtsschutzinteresses); *Kopp/Schenke* § 113 Rn. 95. A.M. BVerwGE 53, 134, 137: Die weiterhin auf Aufhebung gerichtete Klage bleibt zulässig, wird aber unbegründet.
278   Vgl. BVerwGE 88, 111, 112; 97, 214, 220 f.; krit. dazu *K. Schober*, DÖV 1966, 552 ff.

Erklärt der Kläger die Hauptsache für erledigt und widerspricht der Beklagte nicht, erklärt das Ge- 238
richt die Hauptsache für erledigt und trifft nur noch eine Kostenentscheidung (§ 161 Abs. 1). Ob der
Verwaltungsakt rechtswidrig war, prüft das Gericht nur noch inzident. Das Gericht muss im Fall der
Hauptsacheerledigung nach billigem Ermessen unter Berücksichtigung des bisherigen Sach- und Streitstands über die Kosten entscheiden und richtet dies im Grundsatz nach dem mutmaßlichen Prozessausgang. Hat der Kläger jedoch ein Interesse daran, die Rechtmäßigkeit des Verwaltungsakts ausdrücklich überprüfen zu lassen, dann erklärt er den Rechtsstreit nicht für erledigt, sondern stellt stattdessen den Antrag auf eine Fortsetzungsfeststellungsklage um. Dies ermöglicht ihm § 113 Abs. 1 S. 4.

2. Die Struktur der Fortsetzungsfeststellungsklage als Feststellungsklage und verkürzte Anfechtungs- 239
klage. Gegenstand der Fortsetzungsfeststellungsklage ist die Frage, ob der Verwaltungsakt rechtswidrig war. Das Gebot des effektiven Rechtsschutzes aus Art. 19 Abs. 4 GG verlangt bei besonders belastenden Eingriffen die Gewährung von Rechtsschutz trotz Erledigung. Allerdings schreibt die Verfassung nicht vor, ob der Rechtsschutz in der Form der Fortsetzungsfeststellungsklage oder der Feststellungsklage zu gewähren ist.[279] Die Fortsetzungsfeststellungsklage führt das in der Anfechtungsklage
und der Verpflichtungsklage subsidiär enthaltene Feststellungsbegehren als Hauptantrag fort.[280] Sie
wird daher auch als kupierte, auf die Feststellung der Rechtswidrigkeit des Verwaltungsakts zurückge-
schnittene oder „amputierte" Anfechtungsklage bezeichnet.[281] Sie ist jedoch kein Unterfall der Anfechtungsklage, da ihr keine kassatorische Wirkung zukommt.[282]
Sie ist eine Unterart der Feststellungsklage. § 113 Abs. 1 S. 4 ist spezieller als § 43.[283] §§ 43 und 113 240
Abs. 1 S. 4 schließen einander nicht prinzipiell aus. Zwar ist die Rechtswidrigkeit eines Verwaltungsakts als solche kein feststellungsfähiges Rechtsverhältnis i.S.v. § 43, jedoch die aus einem Verwaltungsakt folgenden Rechte und Pflichten.[284] Der Kläger kann anstelle des § 113 Abs. 1 S. 4 nicht die
Feststellungsklage nach § 43 erheben, wenn er die alte Anfechtungsklage zunächst für erledigt erklärt
hat (BVerwG Buchholz 310 § 113 VwGO Nr. 38).

3. Der Sinn der Fortsetzungsfeststellungsklage. a) Erleichterung der Klageumstellung. Wegen der 241
Nähe zur allgemeinen Feststellungsklage kommt § 113 Abs. 1 S. 4 innerhalb des Rechtsschutzsystems
nur eine beschränkte Bedeutung zu.[285] Im Kern enthält die Fortsetzungsfeststellungsklage das Privileg,
eine in der Hauptsache unzulässig gewordene Klage unter leichteren Voraussetzungen fortsetzen zu
dürfen. Die Umstellung des Klageantrags von Anfechtungsklage auf Feststellungsklage ist nicht an den
Voraussetzungen des § 91 zu messen. Weiter ist das Fortsetzungsfeststellungsinteresse spezifischer als
die Anforderung des § 43 Abs. 2.[286] Wegen der systematischen Parallelität der allgemeinen Feststellungsklage und der Fortsetzungsfeststellungsklage lässt die Rspr. mitunter offen, ob § 43 oder § 113
Abs. 1 S. 4 anzuwenden sei (BVerwG DVBl 1981, 502). In den Fallgestaltungen, in denen § 113 Abs. 1
S. 4 auf Erledigungsfälle vor Klageerhebung analog angewendet wird, besteht i.E. zwischen § 113
Abs. 1 S. 4 und der Klage nach § 43 kein nennenswerter Unterschied,[287] sodass es aus prozessökono-
mischen Gründen hinnehmbar sein mag, offen zu lassen, welche Klageart konkret statthaft ist (so i.E.
BVerwGE 83, 242, 244; VGH München NVwZ 1988, 1055).

b) Erfordernis des gleichen Streitgegenstands. Die Privilegierung der Fortsetzungsfeststellungsklage 242
endet, wenn mit dem Übergang zum Feststellungsbegehren zugleich der Streitgegenstand in Bezug auf
die ursprüngliche Klage geändert wird.[288] Bei der Verpflichtungsfortsetzungsklage ist das der Fall,
wenn das ursprüngliche Verpflichtungsbegehren einen anderen Zeitpunkt betrifft als das spätere Feststellungsbegehren (BVerwGE 129, 27, 29). Die Fortsetzungsfeststellungsklage ist unstatthaft, wenn

---

279 BVerfGE 96, 27 ff.; 104, 220, 232; *Kopp/Schenke* § 113 Rn. 98.
280 BVerwGE 89, 354, 355; *T. Stuhlfauth*, in: Bader § 113 Rn. 47.
281 *R. Pietzner*, VerwArch 77 (1986), 299, 317; *Kopp/Schenke* § 113 Rn. 97.
282 A.M. OVG Koblenz NJW 1982, 1301, 1302; *Spannowsky*, 1. Aufl., Rn. 133.
283 BVerwGE 61, 128, 134 f.; 80, 355, 365 f.; BVerwG NJW 1997, 2534 f.
284 Deutlich OVG Münster NJW 1994, 1673; *H.-W. Laubinger*, VerwArch 82 (1991), 459, 487.
285 *M. Gerhardt*, in: Schoch/Schneider/Bier § 113 Rn. 78.
286 Im Rahmen der Feststellungsklage kann es wiederum zu einer weiteren Veränderung des Streitgegenstandes kom-
     men, die dann ihrerseits an § 91 zu messen ist – BVerwGE 109, 74 (Ls. 1).
287 A.M. dagegen *D. Ehlers*, NVwZ 1990, 105, 107 f. für die besondere Situation des Antrags eines Gemeinderatsmit-
     gliedes auf Feststellung des rechtswidrigen Ausschlusses von einer Beschlussfassung.
288 BVerwGE 59, 148, 162; 89, 354 ff.; 129, 27, 29; *M. Gerhardt*, in: Schoch/Schneider/Bier § 113 Rn. 79.

bei einem Anfechtungsbegehren nach Erledigung des Verwaltungsakts zu einem Feststellungsbegehren als Fortsetzung einer (erledigten) Verpflichtungsklage gewechselt wird (BVerwGE 59, 148, 162 f.) oder wenn der Kläger den Klageantrag ändert und nach Erledigung den ursprünglichen Klageantrag als Fortsetzungsfeststellungsantrag fortführt (BVerwGE 89, 354, 355 f.) oder er von einer Verpflichtungsklage auf positive Bescheidung einer Bauvoranfrage auf die Feststellung wechselt, dass die Behörde die Pflichten, die dieser aus dem mit der Einreichung der Bauvoranfrage zustande gekommen Verwaltungsrechtsverhältnis entstanden sind, verletzt hat (BVerwG NJW 1988, 926 f.).

243   **4. Die Zweigliedrigkeit der Fortsetzungsfeststellungsklage.**   Die Sachurteilsvoraussetzungen der Fortsetzungsfeststellungsklage sind aufgrund der Struktur der Fortsetzungsfeststellungsklage zweigliedrig. Die Fortsetzungsfeststellungsklage setzt die ursprüngliche Klage („Eingangsklage") fort. Deren Voraussetzungen sind grds. ein zusätzlicher Maßstab für die Zulässigkeit der Fortsetzungsfeststellungsklage und müssen daher im Moment der Erledigung ebenfalls erfüllt sein.

II. Die Statthaftigkeit der Fortsetzungsfeststellungsklage

244   **1. Statthafte Anfechtungsklage im Moment der Erledigung.**   Die Zulässigkeit der Fortsetzungsfeststellungsklage besitzt drei große Voraussetzungsblöcke: Die ursprüngliche Klage muss vor der Erledigung selbst statthaft und zulässig gewesen sein, zweitens muss sich der Streitgegenstand erledigt haben und drittens muss der Kläger ein Interesse an der begehrten Feststellung haben.

245   **2. Erledigung. a) Erledigung nach Klageerhebung und vor Urteil.**   Der Verwaltungsakt muss sich gem. § 113 Abs. 1 S. 4 „vorher" erledigt haben. Der Begriff „vorher" meint einen Zeitpunkt nach Beginn des Klageverfahrens (Klageerhebung) und vor Beendigung des Verfahrens (Verkündung des Urteils).

246   **b) Erledigung des Verwaltungsakts und nicht der Hauptsache.**   Von der Erledigung des Verwaltungsakts ist die *Erledigung der Hauptsache* zu unterscheiden.[289] Hat sich der Verwaltungsakt erledigt, tritt zwar bei der Anfechtungsklage auch eine Erledigung der Hauptsache ein, weil mit der Erledigung des angefochtenen Verwaltungsakts auch die mit der Anfechtungsklage in der Hauptsache erstrebte Aufhebung gegenstandslos geworden ist. Erklärt der Kläger den Rechtsstreit in der Hauptsache für erledigt und schließt sich der Beklagte dieser Erklärung an, sperrt diese übereinstimmende Erledigungserklärung die Anwendung des § 113 Abs. 1 S. 4, da das Verfahren beendet ist.[290] Liegt hingegen nur eine einseitige Erledigungserklärung des Klägers vor, weil der Beklagte ihr widersprochen hat, so steht es dem Kläger noch frei, seine Erledigungserklärung zurückzunehmen und sein Begehren auf einen Fortsetzungsfeststellungsantrag umzustellen.[291]

247   **c) Begriff der Erledigung. aa) Allgemein.**   § 113 Abs. 1 S. 4 spricht von einer Erledigung durch „Zurücknahme oder anders". § 43 Abs. 2 VwVfG verwendet ebenfalls den Begriff der Erledigung. Dort ist er funktional mit der Rücknahme, dem Widerruf und der anderweitigen Aufhebung gleichgesetzt und die Erledigung durch Zeitablauf ausdrücklich genannt. Ein Verwaltungsakt ist erledigt, wenn er nicht mehr vollziehbar ist und auch eine Rücknahme mangels Gegenstands sinnlos geworden ist. Aus diesen systematischen Zusammenhängen lässt sich schließen: Erledigung ist der **Wegfall der Regelungswirkung** des Verwaltungsakts.[292] Hält man den Antrag auch bei einem nichtigen Verwaltungsakt für möglich (→ Rn. 285), so kommt es darauf an, ob der Verwaltungsakt, sofern er nur rechtswidrig und nicht nichtig gewesen wäre, mit dem erledigenden Ereignis seine Rechtswirkungen verloren hätte. Es ist in Einzelfällen häufig umstr., ob eine Erledigung anzunehmen ist oder nicht.[293] Ob eine Änderung der Sach- und Rechtslage zum „Rechtswidrig-Werden" oder zur Erledigung führt, entscheidet sich nach dem Inhalt des Verwaltungsakts.

248   Die Regelungswirkung kann aus unterschiedlichen Gründen wegfallen. Das Ende der Wirkung kann sich aus dem Inhalt der Regelung selbst ergeben. So haben sich etwa zeitlich befristete Regelungen mit

---

289   BVerwG NVwZ 1991, 160 f.; *A. Freser/R. Kirchmaier*, BayVBl 1995, 641, 645.
290   BVerwG Buchholz 310 § 113 VwGO Nr. 121; *Kopp/Schenke* § 113 Rn. 96.
291   *Spannowsky*, 1. Aufl., Rn. 144 f.
292   *Kopp/Schenke* § 113 Rn. 102.
293   *Spannowsky*, 1. Aufl., Rn. 149; s.a. BVerwG NVwZ 1991, 570 f.

Ablauf der entsprechenden Zeitspanne i.d.R. erledigt.[294] Eine Erledigung tritt auch ein, wenn der Regelungsgegenstand selbst weggefallen ist und die Regelung daher ohne Wirklichkeitsbezug ist (das abzureißende Haus stürzt ein).

Auch Änderungen der Sach- und Rechtslage können zu einer Erledigung führen. Entscheidend ist der 249
Sinn der Regelung des Verwaltungsakts. Erhebt der Verwaltungsakt (konkludent) den Anspruch, auch für den Fall einer Änderung der Sach- und Rechtslage dieser Art weiter zu gelten, tritt trotz der Änderung i.d.R. keine Erledigung ein (OVG Bautzen 20.2.2013 – 2 A 808/10, Rn. 8). Die Änderung führt dann eventuell zur Rechtmäßigkeit oder Rechtswidrigkeit des Verwaltungsakts, aber nicht zum Wegfall seiner Regelungswirkung.[295] Fehlt ihm dieser Weitergeltungsanspruch, tritt durch die Veränderung Erledigung ein, sodass ein Widerruf eine Rücknahme unnötig ist.

Keine Erledigung liegt vor, wenn der angefochtene Verwaltungsakt rechtlich noch irgendeine unmittel- 250
bar belastende Wirkung für den Kläger entfaltet. Eine solche Fortwirkung kann auch darin bestehen, dass der Verwaltungsakt noch die Grundlage für einen anderen Verwaltungsakt bildet oder als Rechtsgrund und Rechtfertigung eingetretener Rechtswirkungen fortwirkt (VGH Kassel DVBl 2013, 993), indem er z.B. Erstattungs- oder Beseitigungsverlangen entgegensteht bzw. sich noch belastend auf den Kläger auswirkt, weil sein Regelungsgehalt nicht erschöpft ist.

bb) Speziell: Rechtsänderung führt zur offensichtlichen Unbegründetheit der Klage. Von dieser Regel 251
will die Rspr. zugunsten des Klägers eine Ausnahme machen, die v.a. im Bereich der Verpflichtungsklage wichtig ist. Hat die Änderung der Sach- und Rechtslage nicht den Wegfall der Regelungswirkung des Verwaltungsakts bewirkt, aber dazu geführt, dass eine bis dahin aussichtsreiche (Anfechtungs- oder Verpflichtungs-)Klage offensichtlich unbegründet geworden ist, wird dies wie eine Erledigung behandelt.[296]

Nach der Standardformulierung der Rspr. führen dem Kläger nachteilige Rechtsänderungen zwar im 252
eigentlichen Sinne nicht zur Erledigung eines von ihm – zunächst – mit der Anfechtungsklage angegriffenen Verwaltungsakts. Der Verwaltungsakt bleibe vielmehr mit seiner den Kläger belastenden Wirkung bestehen, das Begehren bleibe ebenfalls gleich. Der Kläger könne aber die Konsequenzen daraus ziehen, dass für den durch den angegriffenen Verwaltungsakt gestalteten Zustand nachträglich eine zweifelsfreie Rechtsgrundlage geschaffen worden ist oder der Verfahrensfehler geheilt wurde und er sein Rechtsschutzbegehren deshalb materiell i.E. nicht mehr verwirklichen kann.[297] Bei entsprechend übereinstimmenden Erklärungen liegt eine übereinstimmende Erledigungserklärung vor und es greift § 161 Abs. 2 (BVerwG NVwZ 1993, 979).

Praktisch wird diese Frage v.a. in dem Fall, in dem die Klage gegen einen rechtswidrigen Abgabenbe- 253
scheid chancenlos wird, weil die rechtswidrige Abgabensatzung durch eine rechtmäßige ersetzt wird und dies zur Rechtmäßigkeit des Abgabenbescheids führt,[298] oder wenn ein fehlerhaftes Verfahren durch eine Verfahrenswiederholung geheilt wird (BVerwGE 75, 214, 220 f.) bzw. ein fehlerhafter Verwaltungsakt durch einen fehlerfreien ersetzt wird (BVerwGE 85, 163, 166 f.). Auch die rückwirkende Heilung der Rechtsgrundlage eines Verwaltungsakts kann wie eine Erledigung behandelt werden, wenn der Kläger die Behauptung der Rechtswidrigkeit ausschließlich auf die Ungültigkeit der Rechtsgrundlage gestützt hat (VGH München NVwZ 1986, 1032 f.).

cc) Einzelfälle der Erledigung. *Begrenzung der Regelungswirkung sowie Nebenbestimmungen:* Ver- 254
liert die Regelungswirkung des Verwaltungsakts durch *Zeitablauf oder Änderung der Rechtslage* ihre belastende Wirkung, liegt eine Erledigung vor. So erledigt sich ein angefochtener Einberufungsbescheid mit Ablauf der darin festgesetzten Dauer des Grundwehrdienstes (BVerwG NVwZ-RR 1992, 250 f.). Das Verbot einer für einen bestimmten Termin beantragten Versammlung erledigt sich mit Ablauf des besagten Tages (HmbOVG DVBl 1967, 422 f.; ferner VGH Mannheim DVBl 1970, 511).

---

294 BVerwG BayVBl 1988, 602 (zeitlich befristete Wehrübung); VGH München BayVBl 1985, 23 (Fahrtenbuchauflage für sechs Monate).
295 *M. Gerhardt,* in: Schoch/Schneider/Bier § 113 Rn. 83.
296 BVerwG DVBl 1994, 1192, 1193: Keine Erledigung im strengen Sinne, aber § 113 Abs. 4 analog – zur Verpflichtungsklage.
297 BVerwGE 61, 128, 134; 62, 86, 90; 75, 214, 220 f.; BVerwG NVwZ-RR 1989, 288 f.; krit. *M. Gerhardt,* in: Schoch/Schneider/Bier § 113 Rn. 83.
298 BVerwGE 50, 2, 10 f.; BVerwG NVwZ 1993, 979; OVG Münster OVGE 30, 169; VGH München NVwZ 1986, 1032.

Auch bei auflösenden Bedingungen oder Befristungen normiert der Verwaltungsakt selbst die Reichweite seines Regelungsprogramms; bei deren Eintritt liegt Erledigung vor.[299] Bei „vorläufigen Verwaltungsakten" kommt es im Einzelnen auf deren Regelungsgehalt an. Mit Erlass der endgültigen Regelung tritt Erledigung hinsichtlich des vorläufigen Verwaltungsakts ein, ohne dass es dafür einer (auch keiner konkludenten) Aufhebung bedürfte.[300] Die Feststellung eines Sicherheitsrisikos erledigt sich nicht mit dem Ende des Dienstverhältnisses des Soldaten (BVerwG Buchholz 402.8 § 14 SÜG Nr. 12).

255   Wird von einer *Genehmigung Gebrauch* gemacht, tritt dadurch keine Erledigung ein, da sie weiterhin die Rechtmäßigkeit des Verhaltens oder des Vorhabens bescheinigt und somit einem Erstattungs- oder Beseitigungsverlangen entgegensteht.

256   *Zweiter Verwaltungsakt oder zweiter Vertrag:* Ein späterer Verwaltungsakt kann, muss aber nicht, einen vorausgehenden überholen. Ersetzt der spätere Verwaltungsakt den jüngeren, führt dies zur Erledigung.[301] Prozessual dürfte dies erst von Bedeutung sein, wenn die Aufhebung bestandskräftig ist. Gleiches gilt, wenn der spätere Verwaltungsakt den früheren aufhebt. So erledigt die Entlassung aus dem Wehrdienstverhältnis den Einberufungsbescheid und eine neue Verkehrsregelung, die Wirkung der vorausgehenden.[302] Gleiches gilt für die Pfändung des Schrankfachs, wenn sie aufgehoben wird (OVG Bautzen DÖV 2016, 792 [LS]). Die endgültige Bestellung erledigt die probeweise Bestellung als Bezirksschornsteinfeger nicht (VGH München GewArch 1992, 68 f.). Der Streit um die Rechtmäßigkeit eines Verwaltungsakts erledigt sich bei Abschluss eines Vergleichsvertrags, der einen selbständigen Inhalt hat.[303]

257   Eine *Vollstreckung* eines Verwaltungsakts führt i.d.R. zur Erledigung (BVerwGE 26, 161, 163), aber nicht notwendig. So hat sich z.B. das Gebot, die Straße zu räumen, mit der Räumung durch Anwendung unmittelbaren Zwangs erschöpft (BVerwGE 26, 161, 165), der Vollzug einer Bestattungsanordnung (VGH München BayVBl 1976, 310) und die Erfüllung der Bardepotpflicht (BVerwGE 59, 148, 152) führen zur Erledigung. Keine Erledigung tritt nach Ansicht der Rspr. ein, wenn die Vollstreckung eine Dauerwirkung besitzt (BVerwG NVwZ 2000, 63 [für die Beschlagnahme]) oder der Grundverwaltungsakt weiterhin eine Grundlage für eine andere Vollstreckungshandlung bilden kann.

258   Umstr. ist, ob die Bedeutung des Verwaltungsakts für die *Kostenerstattungspflicht* des Handlungspflichtigen ausreicht, um eine Erledigung des Grundverwaltungsakts nach Vollstreckung abzulehnen. Da die Kostenpflicht durch Gesetz geregelt ist und diese nur die Rechtmäßigkeit des zu vollstreckenden Verwaltungsakts (zum Zeitpunkt der Vollstreckung), nicht aber dessen Wirksamkeit zum Zeitpunkt des Kostenbescheids verlangt, reicht – entgegen einer starken Rechtsprechungsansicht – der Hinweis auf die Kostenfolgen nicht aus, um den Erledigungseintritt zu verhindern.[304]

259   Der *Vollstreckungsakt* selbst erledigt sich i.d.R. mit dessen Ausführung. Die mit unmittelbarem Zwang durchgeführte Vollziehung eines Platzverweises führt zur Erledigung der zugrunde liegenden Maßnahme (BVerwGE 26, 161, 163 f.; s.a. BVerwGE 45, 51, 54; 56, 24, 26). Die Androhung von unmittelbarem Zwang und das Zwangsmittel selbst erledigen sich mit deren Vollziehung (BVerwGE 26, 161, 163 f.; BVerwG NJW 1956, 1652 f.). Wird dem Betroffenen als Voraussetzung für die Vollstreckung eine Frist gesetzt und war diese Frist aufgrund einer aufschiebenden Wirkung eines Rechtsbehelfs nicht zu befolgen, ist innerhalb der Rspr. str., ob sich mit dem Fristablauf während der aufschiebenden Wirkung die Zwangsmittelandrohung erledigt.[305]

260   Das endgültige *Entfallen des Regelungsgegenstandes* führt ebenfalls zur Erledigung. Diese Fallgruppe ist im Grenzbereich durch eine große Kasuistik geprägt, die nur z.T. zu überblicken ist. So erledigt sich etwa der Streit um die Beseitigungspflicht einer Störung, wenn die Störung von einem Dritten beseitigt wird oder die störende Sache (baurechtswidriges Gebäude) zusammenfällt. Der Tod des Pflichtigen

---

299   BVerwGE 49, 36, 39; *M. Gerhardt*, in: Schoch/Schneider/Bier § 113 Rn. 84.

300   BVerwGE 62, 1, 3; 67, 99, 100 ff.; BVerwG NVwZ 1987, 44, 46; OVG Münster NVwZ 1993, 76 f.; s.a. dazu *Annette Guckelberger*, Vorwirkung von Gesetzen im Tätigkeitsbereich der Verwaltung, 1997, 86 ff.

301   BVerwGE 12, 303, 304; BVerwG BayVBl 1998, 729 f. (Gebührenbescheid im Verhältnis zum vorläufigen Heranziehungsbescheid); OVG Koblenz NVwZ 1990, 1091; *M. Gerhardt*, in: Schoch/Schneider/Bier § 113 Rn. 89.

302   VGH München 31.3.2009 – 11 ZB07.630, juris Rn. 9.

303   *Spannowsky*, 1. Aufl., Rn. 154.

304   VGH Mannheim NVwZ 1994, 1130 f. A.M. VGH Mannheim NVwZ 1985, 202, 205; NVwZ-RR 1989, 515; DÖV 1993, 578; *Kopp/Schenke* § 113 Rn. 104.

305   Erledigung tritt ein: OVG Lüneburg OVGE 29, 456; OVG Münster GewArch 1982, 134, 135; *M. Gerhardt*, in: Schoch/Schneider/Bier § 113 Rn. 85. A.M. OVG Koblenz NVwZ 1986, 763.

führt bei personengebundenen Verwaltungsakten zur Erledigung. Die dienstliche Beurteilung erledigt sich mit Austritt aus dem Beamtentum oder mit Beförderung, wenn ein Nachwirken der umstrittenen Beförderung ausgeschlossen ist (OVG Saarlouis NVwZ-RR 1993, 45 f.), die Gaststättenerlaubnis bei dauerhafter Aufgabe des (Gaststätten-)Gewerbes (BVerwGE 81, 74, 75; s.a. BVerfG NVwZ 1991, 570), die Apothekenerlaubnis bei Wegfall der Apotheke (OVG Münster NVwZ-RR 1996, 503), die kommunalaufsichtliche Beanstandung einer Stellenausschreibung bei endgültiger Besetzung der Stelle (BVerwGE 89, 260, 261), der Einberufungsbescheid mit Anerkennung als Kriegsdienstverweigerer (BVerwG NVwZ 1986, 475), die Duldungsverfügung gegen den Besitzer eines abzureißenden Gebäudes, wenn dieser Eigentümer wird und die Abrissverfügung (gegen den ursprünglichen Eigentümer) bestandskräftig ist (VGH Mannheim NJW 1977, 861). So erledigt sich der Streit um eine Genehmigungsversagung mit Wegfall einer Genehmigungspflicht, der um die Verwendung eines Schulbuchs mit der Versetzung in die neue Klasse (BVerwGE 61, 164 ff.), (aber nicht immer [vgl. BVerwG NVwZ 2007, 227]), der um eine Schulordnungsmaßnahme mit Schulwechsel (OVG Münster 11.9.2012 – 19 A 928/10, juris Rn 20) oder Schulabschluss (VGH München BayVBl 2013, 695); der um die Nichtversetzung eines Schülers mit Ablauf des Schuljahres[306] und der um einen Schein bei der universitären Ausbildung mit Erhalt dieses Scheins (VG Sigmaringen 24.6.1999 – 8 K 1577/97).

Hat der Kläger eine Prüfungsentscheidung angefochten und danach die Wiederholungsprüfung bestanden, liegt dagegen keine Erledigung vor,[307] insbes. dann nicht, wenn in der Nachprüfung lediglich eine Verbesserung auf „ausreichend" möglich ist und die ursprüngliche Verpflichtungsklage darauf abzielte, eine bessere Note als „ausreichend" erreichen zu können (OVG Münster NWVBl 2002, 355 ff.). Die vorläufige Besitzeinweisung erledigt sich nicht bereits mit dem Besitzübergang, sondern mit der endgültigen Enteignung (BVerwG Buchholz 424.01 § 65 FlurbG Nr. 6).

d) Die analoge Anwendung des Abs. 1 S. 4 bei der Erledigung des Verwaltungsakts vor Klageerhebung. Bisherige Rechtssprechungslinie: § 113 Abs. 1 S. 4 setzt eine Erledigung nach Klageerhebung voraus. Häufig tritt die Erledigung des Verwaltungsakts aber vor der Erhebung der Anfechtungsklage ein. Diese Art der Erledigung des Verwaltungsakts erfasst § 113 Abs. 1 S. 4 nicht unmittelbar. Die Rspr. hat ohne erschöpfende Begründung[308] die Erledigung vor Klageerhebung aber für vergleichbar mit der Erledigung nach Klageerhebung gehalten und in analoger Anwendung von § 113 Abs. 1 S. 4 die Fortsetzungsfeststellungsklage auch dann zugelassen, wenn die Erledigung bereits vor Klageerhebung eingetreten war.[309] Die zufällige Erledigung vor Klageerhebung dürfe keine unterschiedliche Behandlung im Vergleich zur Erledigung nach Klageerhebung zur Folge haben (OVG Koblenz NJW 1982, 1301, 1302). Da im Falle der Erledigung nach Klageerhebung der Kläger– anders als bei § 113 Abs. 1 S. 4 – noch keinen erhaltenswerten Prozesserfolg erstritten hat, ist die Vergleichbarkeit der Interessenslagen fraglich. Zudem ist auch das Bestehen einer Lücke zweifelhaft, da mit der Feststellungsklage nach § 43 ein vergangenes Rechtsverhältnis festgestellt werden kann.[310] Diese Bedenken teilt teilweise auch das BVerwG. So tendiert es mitunter deutlich dazu, wenn es auch formal die Frage nicht abschließend beantwortet hat, bei einer Erledigung eines Verwaltungsakts bzw. eines Verpflichtungsbegehrens vor Klageerhebung unmittelbar auf § 43 zurückzugreifen und nicht mehr auf § 113 Abs. 1 S. 4 (BVerwGE 109, 203 ff.). Es spricht viel dafür, bei einer anfänglichen Erledigung die Frage, welche Rechtsverhältnisse begründet wurden, als ausreichenden und angemessenen Rechtsschutz anzusehen.[311]

Zulässigkeit im Moment der Erledigung: Auch für die analoge Anwendung des § 113 Abs. 1 S. 4 gilt, dass die Anfechtungsklage im Augenblick der Erledigung des Verwaltungsakts noch nicht unzulässig gewesen sein darf. Die Analogie darf die Zulässigkeitsvoraussetzungen einer Anfechtungsklage nicht aushöhlen und bei einer unzulässigen Anfechtungsklage doch noch partiell Rechtsschutz gewähren.

306 BVerwGE 88, 111, 116; *M. Gerhardt*, in: Schoch/Schneider/Bier § 113 Rn. 86. A.M. BVerwGE 56, 155, 156: Erledigung mit erfolgreichem Durchlaufen der Klasse, in die er zunächst nicht versetzt wurde.
307 BVerwGE 88, 111, 116; krit. *M. Gerhardt*, in: Schoch/Schneider/Bier § 113 Rn. 86.
308 Zu Recht krit. wegen eines fehlenden dogmatischen Konzepts *M. Gerhardt*, in: Schoch/Schneider/Bier § 113 Rn. 98.
309 BVerwGE 12, 87, 90; 49, 36, 39; 56, 24, 26; 87, 23, 25; VGH Mannheim NVwZ-RR 2004, 572.
310 *M. Gerhardt*, in: Schoch/Schneider/Bier § 113 Rn. 99; s. dazu ausf. *R. Lange*, SächsVBl 2002, 53.
311 A.M. *Kopp/Schenke* § 113 Rn. 99; s.a. *F. Fechner*, NVwZ 2000, 121 ff.: Rechtswidrigkeitsfeststellungsklage als Klage eigener Art.

264   **Kein Vorverfahren nach Erledigung:** Nach Ansicht der Rspr. ist vor Erhebung einer Fortsetzungsfeststellungsklage analog § 113 Abs. 1 S. 4 kein Widerspruchsverfahren mehr durchzuführen.[312] Erledigt sich der Verwaltungsakt während des Vorverfahrens, darf die Widerspruchsbehörde keine Sachentscheidung mehr treffen (BVerwGE 81, 226, 229). Allerdings ist die Fortsetzungsfeststellungsklage nur zulässig, wenn im Zeitpunkt der Erledigung ein Vorverfahren noch hätte durchgeführt werden können. Die Erledigung soll nicht einen bestandskräftigen Verwaltungsakt wieder einer gerichtlichen Kontrolle zugänglich machen. Eine starke Literaturmeinung geht von der Notwendigkeit eines solchen Vorverfahrens zwecks Feststellung der Rechtswidrigkeit des erledigten Verwaltungsakts vor Klageerhebung aus, da auf diese Weise unnötige Verwaltungsprozesse vermieden werden könnten.[313]

265   **3. Besonderes Feststellungsinteresse.   a) Die Ratio des Fortsetzungsfeststellungsinteresses.** § 113 Abs. 1 S. 4 verlangt ausdrücklich ein berechtigtes Interesse an der Feststellung. Auch wenn der Normtext von § 43 und § 113 Abs. 1 S. 4 vergleichbar ist, ist das Fortsetzungsfeststellungsinteresse von dem normalen Feststellungsinteresse zu unterscheiden.[314] Dies liegt an der Besonderheit der Fortsetzungsfeststellungsklage: Hat sich die Belastung erledigt, bedarf es einer besonderen Begründung, weshalb die VG mit der Streitfrage belastet werden sollen. Andererseits spricht die Rspr. auch davon, dass die Funktion des § 113 Abs. 1 S. 4 gerade darin bestünde, die Anforderungen an das Feststellungsinteresse im Vergleich zu § 43 zu vermindern (BVerwGE 61, 128, 134; 81, 226, 229).

266   Leitgedanken für die Annahme des Fortsetzungsfeststellungsinteresses sind Rechtsschutzerwägungen. Im Vordergrund steht dabei das Argument, dass dem Kläger sein bisheriger Prozesserfolg durch die Erledigung nicht genommen werden soll, wenn er an diesem trotz Erledigung noch ein vernünftiges Interesse hat („Fortsetzungsbonus").[315] Der zweite tragende Gedanke liegt in der Kontrollaufgabe der Verwaltungsgerichtsbarkeit. Trotz Erledigung kann eine rechtliche Kontrolle durch die Verwaltungsgerichtsbarkeit aus Gründen der Praktikabilität im Annex zur Anfechtungsklage noch geboten sein.

267   **b) Anforderungen an das Feststellungsinteresse.**   Die klägerische Darlegung des Feststellungsinteresses muss so substantiiert sein, dass das Gericht beurteilen kann, welchen Bedeutungsgehalt die begehrte Feststellung für den Kläger hat (BVerwGE 53, 134, 137; BVerwG Buchholz 310 § 113 VwGO Nr. 206). Der Kläger hat die Umstände vorzutragen, aus denen sich sein Feststellungsinteresse ergibt (BVerwGE 53, 134, 137; BVerwG NVwZ 1991, 570 f.).

268   Das Feststellungsinteresse ist anzunehmen, wenn der Kläger trotz Erledigung des angegriffenen Akts noch ein nachvollziehbares Interesse an der Frage hat, ob der Akt ursprünglich rechtmäßig war. Das Urteil muss geeignet sein, die Position des Klägers zu verbessern[316] Es genügt jedes nach Lage des Falles anzuerkennende schutzwürdige Interesse rechtlicher, wirtschaftlicher oder ideeller Art.[317] Daran fehlt es etwa, wenn die Rechtswidrigkeit des erledigten Verwaltungsakts zwischen den Beteiligten unbestritten ist (VG Freiburg 25.1.2017 – 7 K 1674/14, juris Rn. 35), ebenso, wenn die Behörde etwa durch Rücknahme oder andere Erklärungen die Rechtswidrigkeit des Verwaltungsakts verbindlich anerkennt (BVerwGE 76, 258, 260 f.; BVerwG NJW 1977, 2228). Fühlt sich der Kläger nicht durch den Tenor, sondern durch die Begründung des Verwaltungsakts in seinen Rechten verletzt, ist die allgemeine Feststellungsklage statthaft, da die Fortsetzungsfeststellungsklage in diesem Fall die Anfechtungsklage nicht „verlängert".[318] Etwas anderes gilt dann, wenn der Verwaltungsakt zwar belastend war, das Feststellungsinteresse sich aber aus der Begründung ergibt oder aus einer präjudiziellen Rechtsfrage folgt.

269   Es haben sich vier Fallgruppen herausgebildet, die die meisten Fälle des Fortsetzungsfeststellungsinteresses erfassen; zu nennen sind:

■ konkrete Wiederholungsgefahr
■ zur Beseitigung einer fortbestehenden Diskriminierung (Rehabilitationsinteresse)

---

312   BVerwGE 26, 161, 165 ff.; *M. Redeker*, in: Redeker/v. Oertzen § 113 Rn. 50; *J. Schmidt*, in: Eyermann § 113 Rn. 72.
313   *H. Dreier*, NVwZ 1987, 474, 477; *Kopp/Schenke* § 113 Rn. 127.
314   A.M. *M. Redeker*, in: Redeker/v. Oertzen § 113 Rn. 45.
315   *M. Gerhardt*, in: Schoch/Schneider/Bier § 113 Rn. 105.
316   BVerwGE 53, 134, 137; BVerwG NVwZ 1990, 360; *Kopp/Schenke* § 113 Rn. 130.
317   BVerwG Buchholz 310 § 113 VwGO Nr. 206; Buchholz 402.24 § 7 AuslG Nr. 20; *T. Stuhlfauth*, in: Bader § 113 Rn. 66.
318   BVerwG Buchholz 402.24 § 7 AuslG Nr 20; *M. Gerhardt*, in: Schoch/Schneider/Bier § 113 Rn. 79.

■ zur Klärung der Rechtswidrigkeit beim beabsichtigten Amtshaftungs- oder Entschädigungsprozess
■ Beeinträchtigung einer wesentlichen Grundrechtsposition.

c) Wiederholungsgefahr. Das Feststellungsinteresse ist gegeben, wenn der Kläger mit einer Wiederho- 270
lung durch den Beklagten der erledigten Maßnahme rechnen muss. Begehrt der Kläger Klärung nicht
für sich, sondern für einen Dritten, reicht dies nicht (VGH Mannheim GewArch 1971, 176 f.). Die
Wiederholungsgefahr muss grds. gerade im Verhältnis der Beteiligten des anhängigen Verwaltungsstreitverfahrens bestehen (OVG Münster 21.2.2014 – 12 A 2838/12, juris Rn. 5). Dabei geht man von
der Annahme aus, die Behörde werde sich an eine entsprechende gerichtliche Bewertung der Rechtsfrage halten, unabhängig von der Reichweite der Bestandskraft.[319]

Eine Wiederholungsgefahr liegt vor, wenn in absehbarer Zeit bei im Wesentlichen gleichen tatsächli- 271
chen und rechtlichen Verhältnissen mit einer gleichartigen negativen Entscheidung zu rechnen
ist[320]oder sich die in Bezug auf den erledigten Verwaltungsakt kontroversen Rechtsfragen zwischen
den Beteiligten in anderer Weise erneut stellen werden (BVerwG NVwZ 1994, 282 f.; OVG Münster
DVBl 1994, 541 f.). Die gerichtliche Entscheidung muss für die künftige behördliche Entscheidungspraxis von „richtungsweisender" Bedeutung sein können.[321] Es müssen konkrete Anhaltspunkte für
den Eintritt einer vergleichbaren Belastung (bzw. bei der Verpflichtungsklage einer erneuten Ablehnung des Begehrens) bei einem vergleichbaren und abzusehenden Sachverhalt vorgetragen werden.
Nicht ausreichend ist die vage oder abstrakte Möglichkeit einer Wiederholung (VGH Mannheim
NVwZ-RR 1990, 602 f.) oder die abstrakte Möglichkeit einer künftigen Handlung. Ist ungewiss, ob
in Zukunft noch einmal die gleichen tatsächlichen Verhältnisse eintreten wie im Zeitpunkt des Erlasses des erledigten Verwaltungsaktes, kann das Fortsetzungsfeststellungsinteresse nicht aus einer Wiederholungsgefahr hergeleitet werden (BVerwG Buchholz 310 § 113 Abs. 1 VwGO Nr. 23; VGH München ZUM 2010, 191). Das Feststellungsinteresse fehlt auch, wenn aufgrund der Einmaligkeit der Situation eine Wiederholung ausgeschlossen ist, oder der Verwaltungsprozess für die denkbare Wiederholung selbst schon abgeschlossen ist (OVG Lüneburg DÖV 2015, 536 [LS]). Erklärt die Behörde, sie
werde es nicht zur Wiederholung kommen lassen, dann schließt dies das Feststellungsinteresse aus,
wenn keine Zweifel daran bestehen, dass diese Ankündigung auch umgesetzt wird.

Einzelfälle. Konkrete Wiederholungsgefahr liegt vor bzw. wurde angenommen bei: Ankündigung eines 272
Versammlungsverbots für ähnliche Demonstrationen (bei der Anfechtungssituation); eine Wiederholungsgefahr bei Versammlungen setzt zum einen die Möglichkeit einer erneuten Durchführung einer
vergleichbaren Versammlung durch den Kläger voraus und zum anderen, dass die Behörde voraussichtlich auch zukünftig an ihrer Rechtsauffassung festhalten wird (OVG Bautzen LKV 2016, 223 ff.)
Ablehnung einer Zulassung von Schaustellern zum Volksfest (bei der Verpflichtungssituation);[322] Fo-
to- und Videoüberwachung sowie dichte beidseitige Polizeibegleitung einer Versammlung unter freiem
Himmel (VG Bremen NVwZ 1989, 895 f.; s.a. BVerwGE 56, 24, 27); Verbot der Verteilung politischer Flugblätter wegen fehlender Unbedenklichkeitsbescheinigung der Straßenbaulastbehörde
(BVerwGE 56, 24, 27); Streit um Lehrplanänderungen, wenn weitere Kinder der betroffenen Eltern
berührt sein können (BVerwGE 64, 308 f.); mögliches Nachdienen von bestimmten Grundwehrdienst-
zeiten trotz Erledigung des Einberufungsbescheids (BVerwG NVwZ-RR 1992, 250 f.); Beanstandungen von Stellenausschreibungen durch die Aufsichtsbehörde (BVerwGE 89, 260, 262); Zulässigkeit
einer (zeitlichen) Benachteiligung externer Diensteanbieter bei der Netzgestattung (BVerwG NVwZ
2008, 571); Sperrungen von Skipisten für Tourengeher (VGH München BayVBl 2014, 304).

d) Rehabilitationsinteresse. aa) Begriff. Ein „Rehabilitationsinteresse" liegt vor, wenn von der ur- 273
sprünglichen Maßnahme eine diskriminierende Wirkung ausgeht, die auch nach der Erledigung fortwirkt.[323] Dies ist gegeben, wenn der erledigte Verwaltungsakt auf dem Vorwurf einer strafbaren
Handlung beruhte, das allgemeine Persönlichkeitsrecht beeinträchtigt oder wenn er geeignet war, den

---

319 M. *Gerhardt*, in: Schoch/Schneider/Bier § 113 Rn. 93.
320 BVerwG 29.4.2008 – 1 WB 11/07; NVwZ 1990, 360 f.; DVBl 1994, 168; vgl. *Kopp/Schenke* § 113 Rn. 141.
321 BVerwG NVwZ 1990, 360 f.; Buchholz 310 § 113 VwGO Nr. 202 m.w.N.; VGH Mannheim NVwZ-RR 1990,
602 f.
322 VGH München NVwZ-RR 1991, 550; 2004, 60; aber nicht, wenn die Gemeinde die Maßstäbe wechselt, VGH
München NVwZ-RR 2015, 929 f.
323 BVerwG NVwZ 1989, 1056 (LS); *Kopp/Schenke* § 113 Rn. 142.

Betroffenen in der Achtung der Öffentlichkeit oder seiner Kollegen herabzusetzen (BVerwGE 151, 179 ff.; BVerwG NVwZ 1989, 1056 [LS]). Die diskriminierenden Wirkungen müssen grds. vom erledigten Verwaltungsakt selbst ausgehen. Gehen sie von dem Verhalten eines Dritten aus, reicht dies ausnahmsweise dann, wenn dieses Verhalten unmittelbare Folge des erledigten Verwaltungsakts ist.[324] Das Rehabilitationsinteresse kann dabei auch auf den Umständen des Erlasses des Verwaltungsakts,[325] auch auf ungünstigen Nachwirkungen in künftigen Leben, wie etwa die negative Beurteilung hinsichtlich ihrer möglichen Auswirkungen auf die Laufbahn eines Beamten[326] oder die Eintragung ins BZR (BVerwGE 81, 74, 76; BVerwG NVwZ 1991, 270) beruhen.

274   Wann eine Beeinträchtigung des Persönlichkeitsrechts für die Annahme eines Rehabilitationsinteresses ausreicht, ist nicht immer trennscharf anzugeben. Die Rspr. spricht davon, dass bei rein psychologischen Schäden" kein Fortsetzungsfeststellungsinteresse besteht,[327] andererseits kann eine nachhaltige Verunsicherung eines in der Entwicklung befindlichen Menschen ausreichen (BVerwGE 61, 164, 166). Bei lebensnaher Betrachtung muss eine Ehrverletzung durch einen persönlichen Vorwurf oder die Herbeiführung eines Makels festzustellen sein.[328] Die gerichtliche Feststellung muss für die Wahrung der Rehabilitation erforderlich sein. Das Feststellungsinteresse fehlt, wenn die „Rehabilitation" auf andere Weise erreicht wurde. Gleiches gilt, wenn der Kläger das betroffene Verhalten vollständig aufgegeben hat.[329]

275   **bb) Einzelfälle.** Beispiele für die Annahme eines Rehabilitationsinteresses sind: die Qualifizierung des Vorbringens des Bürgers trotz eidesstattlicher Versicherung als unglaubwürdig (BVerwG Buchholz 310 § 113 Nr. 29), die Zurückweisung eines Bürgerbegehrens, mit der Behauptung, es ziele auf eine Täuschung der Unterzeichner ab (VGH München NVwZ-Rr 2017, 252), das Verbot eines Parteitages (OVG Saarlouis DÖV 1973, 863 ff.), das Verbot einer Versammlung (OVG Lüneburg NVwZ 1988, 638), ein auf drei Monate befristetes Aufenthaltsverbot in sechs näher bezeichneten städtischen Bereichen (OVG Lüneburg NdsVBl 2015, 286), die Identitätsfeststellung in einer Art und Weise, die publikumsanziehend ist (VGH München BayVBl 1993, 429), die Weitergabe von Informationen an Arbeitgeber durch die Verfassungsschutzbehörde (OVG Münster DVBl 1995, 373), die ausländerrechtliche Aufenthaltsbeschränkung wegen angeblichen politischen Extremismus´ (BVerwGE 49, 36, 39), der Ausschluss aus einer Gemeinderatssitzung wegen angeblich ungebührlichen Verhaltens, die Verweigerung der rundfunkkonzentrationsrechtlichen Unbedenklichkeitsbestätigung (BVerwGE 138, 186), die Misshandlung mit Waffengewalt ohne ausreichenden Grund zur Durchsetzung einer Versammlungsauflösung (BVerwGE 26, 161, 168), die Überwachung des Post- und Fernmeldeverkehrs wegen Verdachts einer Straftat (BVerwGE 87, 23 ff.), die Nichtversetzung in die nächste Klasse (BVerwGE 56, 155, 156 f.; BVerwG NVwZ 2007, 227), nicht aber die Verweigerung eines Scheins bei der universitären Ausbildung (VG Sigmaringen 24.6.1999 – 8 K 1577/97).

276   Kein Rehabilitationsinteresse besteht in folgenden Fällen: die Behauptung der Rechtswidrigkeit eines Verhaltens als solches,[330] die Androhung der Vollstreckung (VGH München BayVbl 2017, 102 f.), die Gewerbeuntersagung als solche (BVerwG NVwZ 1991, 270), der Erlass eines Hausverbotes (BVerwG Buchholz 310 § 113 VwGO Nr. 92), der Entzug des Sicherheitsbescheids (BVerwGE 53, 134, 138), die Anordnung an einen alkoholgefährdet erscheinenden Beamten, sich ärztlich untersuchen zu lassen (BVerwG NVwZ 2000, 574), die Einweisung in eine Schule für geistig Behinderte (VGH Mannheim NVwZ-RR 1991, 479, 482) oder eine schlechte dienstliche Beurteilung eines Beamten, sobald dieser bestandskräftig aus dem Beamtenverhältnis oder in den Ruhestand entlassen wurde (BVerwG Buchholz 310 § 113 Nr. 149; Buchholz 232 § 8 BBG Nr. 21 [Ruhestand]).

---

324   *Spannowsky*, 1. Aufl., Rn. 171; großzügiger VGH Mannheim ESVGH 29, 117 ff. und *M. Gerhardt*, in: Schoch/ Schneider/Bier § 113 Rn. 92.

325   BVerwG BayVBl 1992, 596: Zuweisung einer neuen gemeinnützigen Arbeit, mit der Begründung, beim alten Arbeitsort wäre der Betroffene unwillkommen; Buchholz 402.24 § 7 AuslG Nr. 20.

326   BVerwG ZBR 1985, 347 f.; VGH München BayVBl 1992, 310; u.U. die Nichtberufung eines Lehrstuhlbewerbers, der auf Platz eins der Liste steht, OVG Lüneburg NJW 1984, 1639, 1641.

327   VGH Mannheim NJW 1984, 1832, 1834; krit. *M. Gerhardt*, in: Schoch/Schneider/Bier § 113 Rn. 91.

328   Vgl. *M. Gerhardt*, in: Schoch/Schneider/Bier § 113 Rn. 92.

329   BVerwG BayVBl 1970, 219: Beklagter hat Ehrverletzung selbst beendet; NVwZ 1991, 570 f. (Aufgabe des Gewerbes); Buchholz 232 § 26 BBG Nr. 12.

330   *M. Gerhardt*, in: Schoch/Schneider/Bier § 113 Rn. 91 f.; s.a. BVerwGE 12, 87, 90 zur diskriminierenden Wirkung des Verkaufsverbots für Endiviensalat.

e) Vorbereitung eines Amtshaftungs- oder Entschädigungsprozesses. aa) Allgemein. Ein eventuell 277 bestehender Amtshaftungs- oder Entschädigungsanspruch wegen des erledigten Verwaltungsakts kann ebenfalls ein Fortsetzungsfeststellungsinteresse begründen. Erledigt sich während des laufenden Gerichtsverfahrens der Verwaltungsakt oder der Anspruch auf Erlass eines Verwaltungsakts, dann sollen dem Kläger nicht die „Früchte des Verfahrens" verloren gehen. Er kann die Klage auf eine Fortsetzungsfeststellungsklage umstellen. Ist im Urteil des VG die Rechtswidrigkeit des Verwaltungsakts zum Zeitpunkt der Erledigung bzw. zum Zeitpunkt seines Erlasses festgestellt, ist das Zivilgericht, das über den Amtshaftungsanspruch entscheidet, nach § 121 an diese Feststellung gebunden (BVerwGE 9, 196, 198).

bb) Voraussetzungen. Der Verwaltungsakt darf sich erst während des laufenden Gerichtsverfahrens 278 erledigt haben. Weiter müssen die im Fortsetzungsverfahren erörterten Fragen für den Amtshaftungsanspruch erheblich sein (BVerwG NJW 1967, 1819 f.). Der Kläger hat zudem weiter konkrete Angaben zum behaupteten Schaden bzw. zur Schadenshöhe zu machen (OVG Münster NVwZ-RR 2003, 696). Soll die vorgesehene Schadensersatzklage vor dem Verwaltungsgericht erhoben werden, fehlt das Feststellungsinteresse.[331] Gleiches gilt, wenn die Behörde den Anspruch verbindlich anerkannt hat (BVerwG NVwZ 2015, 600 ff.).

Schließlich darf der künftige Amtshaftungsprozess nicht offensichtlich ohne Erfolgsaussichten sein 279 (BVerwG NJW 1988, 926 f.; NVwZ 1989, 1156). Offensichtliche Aussichtslosigkeit kann i.d.S. nur angenommen werden, wenn ohne eine in die Einzelheiten gehende Prüfung erkennbar ist, dass der behauptete zivilrechtliche Anspruch unter keinem rechtlichen Gesichtspunkt bestehen kann (BVerwG NJW 1988, 926 f.; OVG Münster NVwZ-RR 2003, 696), etwa weil der potenzielle Amtshaftungsanspruch schon verjährt ist,[332] der behauptete Schaden eindeutig durch mit dem Schadensereignis in adäquat ursächlichen Zusammenhang stehende Vorteile ausgeglichen ist (Vorteilsausgleichung),[333] das Ergebnis bei unterstelltem rechtmäßigen Verhalten gleich wäre (großzügig BVerwG NVwZ 1989, 1156 f.) oder bei einer erledigten glücksspielrechtlichen Untersagung wegen Ermessensfehlern nicht auszuschließen ist, dass die Untersagung auch bei fehlerfreier Ermessensausübung ergangen wäre (BVerwGE 146, 303)

I.d.R. ist der Anspruch auch ausgeschlossen, sofern bereits ein Kollegialgericht das Verhalten des zu- 280 ständigen Beamten als rechtmäßig gewertet hat und es daher zumindest an dessen Verschulden fehlt (BVerwGE 97, 214, 222; BVerwG NVwZ 1985, 265 f.; 1992, 378; 2004, 104 f.). Dieser Grundsatz greift nur, wenn das konkrete, dem geltend gemachten Amtshaftungsanspruch zugrundeliegende Verhalten des Amtsträgers die Billigung eines Kollegialgerichts gefunden hat (BGH NVwZ-RR 2003, 166). Die Rechtslage muss dabei identisch gewesen sein (OVG Saarlouis 27.6.2000 – 2 R 6/99). Der bloße Umstand, dass die vom Amtsträger unrichtig beantwortete Frage in der Rspr. unterschiedlich beurteilt wird, reicht für den Ausschluss des Verschuldens für sich genommen nicht aus (BGH NVwZ-RR 2003, 166). Eine „Billigung" im Rahmen eines einstweiligen Rechtsschutzverfahrens genügt nicht (VGH Mannheim VBlBW 1991, 370 f.). Weiter bildet dieser Grundsatz nur eine Regel, von der abgewichen werden kann, v.a. dann, wenn das Gericht erkennbar von einem falschen Sachverhalt ausgegangen ist (BGH NVwZ 1987, 278). Sie gilt weiter nicht, wenn es sich bei dem beanstandeten Verhalten um eine grundsätzliche Maßnahme zentraler Dienststellen bei Anwendung eines ihnen besonders anvertrauten Spezialgesetzes handelt oder wenn das Gericht die Rechtslage trotz eindeutiger und klarer Vorschriften verkannt oder eine eindeutige Bestimmung handgreiflich falsch ausgelegt hat. Die Regel ist ferner unanwendbar, wenn besondere Umstände dafür sprechen, dass der verantwortliche Beamte es kraft seiner Stellung oder seiner besonderen Einsichten „besser" als das Kollegialgericht hätte wissen müssen (BVerwGE 121, 169 ff.; VGH Kassel NVwZ 2012, 1350).

cc) Nur bei nachträglicher Erledigung. Der künftige zivilrechtliche Schadensersatz begründet kein 281 Fortsetzungsfeststellungsinteresse, wenn die Erledigung vor der Klageerhebung eintritt. Hier wäre es prozessunökonomisch, zunächst das VG anzurufen und anschließend den eigentlichen Anspruch vor den Zivilgerichten, denen die Amtshaftungs- und Entschädigungsansprüche nach Art. 34 S. 3 GG und

---

331 BVerwG 6.3.1975 – 2 C 20.73; OVG Saarlouis IÖD 2016, 22 f.
332 *Spannowsky*, 1. Aufl., Rn. 165 f.
333 BVerwG NJW 1988, 926 f.

§ 40 Abs. 2 zugewiesen sind, einzuklagen.[334] Für einen Fortsetzungsbonus zugunsten des Klägers besteht kein Grund. Da die Zivilgerichte über die Rechtmäßigkeit des angegriffenen Akts ebenfalls entscheiden können, reicht der Gedanke, die VG seien „sachnäher", nicht aus, um die doppelte Inanspruchnahme zu rechtfertigen.

282 **f) Typischerweise kurzfristige Grundrechtsbeeinträchtigung.** Es existieren Rechtsbeeinträchtigungen, die sich ihrer Natur nach grds. schneller erledigen, als Rechtsschutz gegen sie zu erreichen wäre. Würde man bei diesen auf die Erledigung abstellen, wäre der Rechtsschutz erheblich verkürzt. Verstärkt wird dieser Gedanke durch die Freiheitsgrundrechte, sofern mit diesen Maßnahmen eine erhebliche Grundrechtsbeeinträchtigung verbunden ist und daher die gerichtliche Rechtmäßigkeitskontrolle nicht davon abhängig gemacht werden kann, ob die Beeinträchtigungen erledigt sind oder nicht. Häufig wird bei diesen Akten zugleich auch eine andere Fallgruppe des Feststellungsinteresses berührt sein, und zwar wegen der hohen Grundrechtsrelevanz i.d.R. das Rehabilitationsinteresse. Zwingend ist diese Parallelität allerdings nicht. Das Feststellungsinteresse wird hier durch das Gebot des effektiven Rechtsschutzes aus Art. 19 Abs. 4 GG und auch durch das Recht auf Freiheit von ungesetzlicher Grundrechtsbeeinträchtigung begründet.[335] Zu Unrecht kritisiert ein Teil der Lit. diese Fallgruppe mit dem Argument, eine Grenzziehung sei nicht möglich,[336] insbes. dann, wenn das BVerwG gleichzeitig meint, weder aus der Rechtsweggarantie des Art. 19 Abs. 4 GG noch aus der Gewährleistung eines wirksamen Rechtsbehelfs nach Art. 47 GRC folge ein Fortsetzungsfeststellungsinteresse bei jedem erledigten, tiefgreifenden Eingriff in (benannte) Grundrechte oder in unionsrechtliche Grundfreiheiten (entschieden für die Versagung einer glücksspielrechtlichen Untersagung).[337] Ein solches Interesse bestehe vielmehr nur, wenn die begehrte Feststellung die Position des Klägers verbessern kann oder wenn Eingriffe dieser Art sich typischerweise so kurzfristig endgültig erledigen, dass sie sonst nicht gerichtlich in einem Hauptsacheverfahren zu überprüfen wären (BVerwGE 146, 303).

283 *Einzelfälle:* So ist das Fortsetzungsfeststellungsinteresse aus diesem Grunde anzunehmen bei einer Klage gegen die Anordnung von Abschiebehaft (BVerfGE 104, 220, 232 ff.), Abhörmaßnahmen (BVerwGE 87, 23, 25 [Gründe stellen nur auf Rehabilitation ab]), Freiheitsbeschränkungen (BVerwGE 45, 51, 54), Hausdurchsuchungen (BVerwGE 28, 285 ff.; 47, 31, 33), Durchsuchung von Vereinsheimen (OVG Greifswald NordÖR 2015, 283 ff.), körperliche Durchsuchungen (OVG Münster NVwZ 1982, 46), Demonstrationsverbote (BVerfGE 110, 77; VGH München BayVBl 1983, 434, 435), Schließung einer künstlerischen Ausstellung (OVG Münster NVwZ 1993, 75 f.) sowie bei der (ausdrücklichen oder konkludenten) Anordnung von unmittelbaren Zwangsmaßnahmen der Vollzugspolizei (Polizeiknüppel);[338] nicht dagegen bei Klagen auf Löschung von Daten, die die Verfassungsschutzbehörde gespeichert hat (Teilnahme an Demonstrationen).[339]

284 **g) Sonstige Fälle.** Die genannten Fallgruppen des Feststellungsinteresses sind nicht abschließend. Dieses kann sich auch aus weiteren Gründen ergeben, etwa wenn die Feststellung für ein anderes Rechtsverhältnis, insbes. ein anderes Verfahren vorgreiflich sein kann[340] oder der Kläger ein Interesse an der Klärung einer für die begehrte Feststellung erheblichen rechtlichen Vorfrage besitzt (BVerwG Buchholz 402.24 § 7 AuslG Nr. 20; Buchholz 448.0 § 1 WPflG Nr. 13).

285 **4. Sonstige Zulässigkeitsvoraussetzungen. a) Statthafte Anfechtungsklage bis zur Erledigung.** Die Feststellung muss sich auf die Rechtswidrigkeit eines Verwaltungsakts beziehen. Selbständig anfechtbare Teile eines Verwaltungsakts sowie der isolierte Widerspruchsbescheid können ebenso Gegenstand eines Fortsetzungsfeststellungsantrags sein, wie sie Gegenstand einer Anfechtungsklage sein können,[341] ebenso nichtige Verwaltungsakte, sofern man hier die Anfechtungsklage für statthaft hält.[342]

---

334 BVerwGE 81, 226 ff.; offener dagegen *M. Burgi,* VBlBW 1994, 317 f.
335 BVerwGE 119, 341; *Kopp/Schenke* § 113 Rn. 145.
336 *Spannowsky,* 1. Aufl., Rn. 172.
337 BVerwG 20.6.2013 – 8 C 39/12.
338 BVerwGE 26, 161, 168; VGH München BayVBl 2016, 341 ff.
339 OVG Münster NVwZ 2004, 508.
340 *Spannowsky,* 1. Aufl., Rn. 173.
341 VGH München BayVBl 1981, 756; *M. Gerhardt,* in: Schoch/Schneider/Bier § 113 Rn. 79.
342 Zu Recht *M. Gerhardt,* in: Schoch/Schneider/Bier § 113 Rn. 79; *Kopp/Schenke* § 113 Rn. 99.

Die Zuständigkeit des Gerichts richtet sich nach der Zuständigkeit für die Anfechtungsklage, das gilt auch für die erstinstanzliche Zuständigkeit des BVerwG (BVerwGE 109, 87 ff.).

b) Klagebefugnis hinsichtlich der ursprünglichen Klage. Die Fortsetzungsfeststellungsklage setzt die 286
Ausgangsklage lediglich fort. Deshalb müssen im Moment der Erhebung deren sämtliche Zulässigkeitsvoraussetzungen gegeben sein (BVerwGE 77, 70, 73) bzw. – soweit die Erledigung vor Klageerhebung eintrat – die Erhebung zu diesem Zeitpunkt noch möglich (i.S.v. zulässig) gewesen sein. Die
Fortsetzungsfeststellungsklage kann einen zum Zeitpunkt der Erledigung des betreffenden Verwaltungsakts bereits vorhandenen Zulässigkeitsmangel nicht zu heilen.[343] Daher ist insbes. das Vorliegen
einer Klagebefugnis zum Zeitpunkt der Erledigung notwendig, sofern diese für die ursprüngliche Klage erforderlich gewesen wäre (BVerwGE 65, 167, 170 f.).

c) Widerspruchsverfahren. Tritt das erledigende Ereignis während eines laufenden Verwaltungspro- 287
zesses ein, muss das Vorverfahren bereits ordnungsgemäß und erfolglos durchgeführt worden sein.
Tritt das erledigende Ereignis vor der Klageerhebung ein, muss das Vorverfahren nach der Rspr. nicht
mehr durchgeführt werden.

d) Frist. aa) Fristablauf bezogen auf die Anfechtungsklage. Die Klagefrist darf im Erledigungszeit- 288
punkt noch nicht abgelaufen gewesen sein. Bei der unmittelbaren Anwendung des § 113 Abs. 1 S. 4
muss die Anfechtungsklage die Frist des § 74 Abs. 1 eingehalten haben. Bei Erledigung vor Klageerhebung muss die Erledigung vor Ablauf der Widerspruchsfrist nach § 70 Abs. 1 bzw. vor Ablauf der Klagefrist nach § 74 Abs. 1 eingetreten sein. Ein Fristablauf kann nicht durch den Eintritt des erledigenden Ereignisses „geheilt" werden.[344] Es greift allerdings der allgemeine Grundsatz ein, dass eine unzulässige, aber nicht nichtige Sachentscheidung der Widerspruchsbehörde nach Fristablauf die Bestand-
kraft beseitigt und den Klageweg wieder eröffnet (VGH München NVwZ-RR 1992, 218).

bb) Fristablauf bezogen auf den Fortsetzungsfeststellungsantrag. War die Frist noch nicht abgelaufen, 289
ist nach zutr. und mittlerweile vom BVerwG bestätigter Ansicht nicht erforderlich, dass die Fortsetzungsfeststellungsklage selbst die Klagefrist des § 74 Abs. 1 weder ab Erlass des Verwaltungsakts noch
ab Erledigung einhält (BVerwGE 109, 203 ff.; VGH München NVwZ-RR 1992, 218 f.). Insoweit gilt
wiederum der Grundsatz, nach dem die Feststellungsklagen keiner Frist unterworfen sind. Die Rspr.
verlangte vereinzelt gem. §§ 74 Abs. 1 S. 2, 58 Abs. 2 analog, dass die Fortsetzungsfeststellungsklage
innerhalb einer Jahresfrist ab Erledigung erhoben wird,[345] bzw. teilweise noch weiter gehend gem.
§ 74 Abs. 1 S. 2 analog, dass sowohl die Erledigung als auch die Klageerhebung innerhalb der Monatsfrist ab Bekanntgabe liegen.[346] Diese Meinung dürfte sich angesichts der genannten Entscheidung
des BVerwG erledigt haben.

e) Antrag. aa) Allgemein. Für die Fortsetzungsfeststellungsklage ist nach § 113 Abs. 1 S. 4 ein be- 290
sonderer Antrag erforderlich. Ein konkludenter Antrag genügt (BVerwGE 63, 234, 235). Eine Feststellung der Rechtswidrigkeit der erledigten Maßnahme von Amts wegen ist unzulässig. Der Feststellungsantrag ist auch nicht im ursprünglichen Aufhebungsantrag enthalten. Der Übergang zur Fortsetzungsfeststellungsklage steht nur dem Kläger kraft seiner Dispositionsbefugnis zu, und zwar unabhängig von dessen Rolle in einer eventuellen Rechtsmittelinstanz.[347] Für den Antrag ist, da es sich nicht
um eine Klageänderung i.S.v. § 91 handelt (sondern nach richtiger Ansicht um einen gesetzlich geregelten Fall der Klageänderung), keine Zustimmung der übrigen Beteiligten erforderlich. Hinsichtlich
der gerichtlichen Hinweispflicht gelten die allgemeinen Grundsätze.

bb) Keine Antragsmöglichkeit des Beklagten. Auf Antrag des Beklagten ist ein Feststellungsurteil, 291
dass die Klage im Augenblick der Erledigung unzulässig oder unbegründet war, nicht möglich. Der Beklagte hat vielmehr in diesem Fall die Möglichkeit, einer eventuellen Erledigungserklärung des Klägers
zu widersprechen und bei Vorliegen eines berechtigten Interesses die Frage der Zulässigkeit und Begründetheit im Wege des einseitigen Erledigungsstreites klären zu lassen.

---

343 BVerwGE 65, 167, 172; OVG Bautzen 17.8.2016 – 3 A 64/14, juris Rn. 39.
344 BVerwGE 26, 161, 167; VGH Mannheim DVBl 1970, 511, 512; VGH München NVwZ-RR 1992, 218 f.
345 VG Frankfurt a.M. NVwZ 1988, 381; ebenso *Spannowsky*, 1. Aufl., Rn. 156.
346 OVG Koblenz NJW 1982, 1301, 1302: bei fehlender Rechtsmittelbelehrung greife wieder die Jahresfrist.
347 *M. Gerhardt*, in: Schoch/Schneider/Bier § 113 Rn. 79 f.

292 **cc) Zeitpunkt des Antrags.** Der Antrag muss nach Erhebung der Klage und nach Erledigung, aber vor Beendigung des Verfahrens gestellt sein. Er kann auch noch in der Revisionsinstanz gestellt werden.[348]

293 **dd) Wahlrecht des Klägers zwischen Erledigungserklärung und Fortsetzungsfeststellungsklage.** Der Kläger kann statt des Antrags nach § 113 Abs. 1 S. 4 den Rechtsstreit auch für erledigt erklären. Dann kommt es bei Zustimmung der Beklagten zu einer übereinstimmenden Erledigungserklärung bzw. bei fehlender Zustimmung zum Erledigungsstreit. Möglich bleibt dem Kläger auch, anstelle des Antrags nach § 113 Abs. 1 S. 4 seine Anfechtungsklage auf eine Feststellungsklage umzustellen, und zwar mit dem Antrag, festzustellen, dass ihn keine Verpflichtung traf (BVerwGE 59, 148, 163) oder die Behörde nicht zum Erlass des Verwaltungsakts berechtigt war (BVerfG VerwRspr 27 [1979], 335, 340).

294 Erledigt sich der angefochtene Verwaltungsakt, weil er durch einen anderen Verwaltungsakt ersetzt wird, hat der Kläger verschiedene Möglichkeiten. Er kann den Anfechtungsprozess hinsichtlich des ersten Verwaltungsakts für erledigt erklären bzw. einen Fortsetzungsfeststellungsantrag hinsichtlich des ersten Verwaltungsakts stellen und den zweiten Verwaltungsakt ggf. gesondert anfechten. Es bleibt ihm aber auch die Umstellung der Klage auf den neuen Verwaltungsakt ohne vorherigen Widerspruch im Wege der Klageänderung.[349]

295 **ee) Kombination – Antragshäufung.** Der Antrag auf Fortsetzungsfeststellungsklage kann mit anderen bestimmenden Anträgen kombiniert werden: Zulässig ist die hilfsweise Stellung des Fortsetzungsfeststellungsantrages für den Fall, dass der Kläger der Erledigungserklärung nicht zustimmt. Dagegen ist ein Fortsetzungsfeststellungsantrag und hilfsweise die Erledigungserklärung nicht möglich.[350] Der Aufhebungsantrag der Anfechtungsklage und der Fortsetzungsfeststellungsantrag können beliebig (jeweils hilfsweise) kombiniert werden; so kann sowohl die Anfechtungsklage (BVerwGE 73, 312, 314) als auch die Fortsetzungsfeststellungsklage[351] hilfsweise gestellt werden, jeweils für den Fall, dass die andere Klage unzulässig sein sollte. Der Übergang vom Feststellungsantrag zurück auf den Anfechtungsantrag ist jederzeit möglich (BVerwGE 66, 75, 78).

296 **ff) Antrag auf Feststellung der Rechtmäßigkeit des Verwaltungsakts.** Der Antrag, die Rechtmäßigkeit eines erledigten Verwaltungsakts festzustellen, ist unstatthaft.[352]

297 **f) Allgemeines Rechtsschutzbedürfnis.** Auch die Fortsetzungsfeststellungsklage kann nur zulässigerweise erhoben werden, wenn dem Kläger nicht das allgemeine Rechtsschutzbedürfnis fehlt. Das qualifizierte Erfordernis des Fortsetzungsfeststellungsinteresses ist eine spezialisierte Form des Rechtsschutzbedürfnisses[353] und erfasst die meisten, aber nicht notwendig alle Fälle, die unter dem allgemeinen Rechtsschutzbedürfnis zusammengefasst werden.

III. Begründetheit der Fortsetzungsfeststellungsklage

298 **1. Allgemein zur Begründetheit der Fortsetzungsfeststellungsklage.** Die Fortsetzungsfeststellungsklage nach § 113 Abs. 1 S. 4 setzt die (erledigte) Streitsache fort. Die Voraussetzungen richten sich daher nach der Anfechtungsklage. Das Urteil ist nur im Tenor Feststellungsurteil; in der Sache geht es um eine Begründetheitsprüfung der ursprünglichen Anfechtungsklage. Die Fortsetzungsfeststellungsklage nach § 113 Abs. 1 S. 4 ist begründet, wenn der Verwaltungsakt im Zeitpunkt der Erledigung rechtswidrig war, den Kläger in seinen Rechten verletzte und die Klage gegen den richtigen Beklagten gerichtet war (BVerwGE 77, 70, 73 f.). Die Zulässigkeit der ursprünglichen Anfechtungsklage ist eine Zulässigkeitsvoraussetzung der Fortsetzungsfeststellungsklage und keine Frage der Begründetheit.

299 Maßgeblicher Zeitpunkt für die gerichtliche Entscheidung über die Rechtswidrigkeit des Verwaltungsakts ist grds. die Sach- und Rechtslage zum Zeitpunkt der Erledigung des Verwaltungsakts.[354] Für die Beurteilung des Fortsetzungsfeststellungsinteresses ist dagegen nicht auf den Zeitpunkt des Eintritts

---

348 BVerwG DVBl 1994, 1192, 1193; NVwZ 2004, 237 f.; bei Erledigung nach Beschwerde gegen die Nichtzulassung der Revision BVerwG NVwZ-RR 1996, 122 f.

349 BVerwGE 85, 163, 166; *B. Preusche*, DVBl 1992, 797, 800.

350 BVerfG NVwZ-RR 1995, 172, 174; BVerwG NVwZ 1982, 560 f.; DVBl 1994, 1192, 1193; VGH Mannheim NVwZ-RR 1997, 395, 397; offen gelassen BVerwG NVwZ 1991, 160.

351 BVerwGE 61, 128, 134; BVerwG NVwZ 1991, 570; *Kopp/Schenke* § 113 Rn. 123.

352 *Kopp/Schenke* § 113 Rn. 99.

353 Deutlich etwa bei *Lewer*, Merkmal, 1985, 97 f.

354 BVerwGE 72, 38, 43; OVG Münster 28.1.2005 – 21 A 4463/02; *Kopp/Schenke* § 113 Rn. 124.

der Erledigung abzustellen, sondern auf den Schluss der letzten mündlichen Verhandlung (BVerwGE 106, 295 ff.; BVerwG Buchholz 310 § 113 Abs. 1 VwGO Nr. 6). Hat sich Rechtsstreit zu einem Zeitpunkt erledigt, zu dem die Anfechtungsklage noch nicht spruchreif war, hat das VG grds. die Spruchreife herzustellen, um die begehrte Feststellung treffen zu können (BVerwGE 106, 295 ff.).

2. Passivlegitimation der Fortsetzungsfeststellungsklage. Die Klage ist gegen den Rechtsträger der Behörde zu richten, die den erledigten Verwaltungsakt erlassen bzw. den beantragten Verwaltungsakt nicht erlassen hat. § 78 (analog) kann hier wegen des Zusammenhangs zur ursprünglichen Anfechtungsklage herangezogen werden.   **300**

3. Rechtswidrigkeit des erledigten Verwaltungsakts. Begründetheitsvoraussetzung der Fortsetzungsfeststellungsklage ist nach § 113 Abs. 1 S. 4 die Rechtswidrigkeit des erledigten Verwaltungsakts und dass der erledigte Akt zum Zeitpunkt der Erledigung den Kläger in seinen Rechten verletzt hat.[355]   **301**

4. Die gerichtliche Entscheidung. Gegenstand der gerichtlichen Entscheidung ist die Feststellung, dass der Verwaltungsakt rechtswidrig war und den Kläger in seinen Rechten verletzt hat; ein bestimmter Grund der Rechtswidrigkeit wird im Tenor nicht aufgeführt.[356] Ein bestimmter Zeitpunkt, zu dem die Rechtswidrigkeit vorlag, kann – muss aber nicht – im Tenor festgehalten werden (BVerwG NJW 1988, 926 f.). Bei Eintritt der Erledigung während des Rechtsmittelverfahrens wird das angefochtene Urteil durch die Erledigung nicht unwirksam (BVerwG NVwZ 1986, 468). Erledigt sich der Rechtsstreit nach Erlass des erstinstanzlichen Urteils und nach Stellung des Berufungszulassungsantrags, muss der Rechtsmittelführer im Berufungszulassungsverfahren darlegen, warum ein Interesse an einem Fortsetzungsfeststellungsurteil im Berufungsverfahren besteht (OVG Lüneburg NVwZ-RR 2004, 912).   **302**

IV. Die analoge Anwendung des Abs. 1 S. 4 auf andere Klagen als die Anfechtungsklage

1. Die Fortsetzungsfeststellungsklage nach erledigter Verpflichtungsklage. a) Die Frage der Analogie. § 113 Abs. 1 bezieht sich auf die Anfechtungsklage, § 113 Abs. 5 auf die Verpflichtungsklage. Eine Regelung wie die des § 113 Abs. 1 S. 4 existiert für die Verpflichtungsklage nicht. Da die Verpflichtungsklage nicht auf die Abwehr eines Verwaltungsakts gerichtet ist, kann sich der Verwaltungsakt selbst bei der Verpflichtungsklage auch nicht erledigen. Was sich erledigen kann, ist das Klagebegehren des Klägers, das auf Erlass eines Verwaltungsakts gerichtet ist. Nicht die behauptete Beschwer erledigt sich, sondern der behauptete Verpflichtungsanspruch (BVerwGE 72, 38, 41; BVerwG DVBl 1983, 850 f.; OVG Münster NJW 1980, 1069 f.).   **303**

Die Rspr. wendet wegen der fehlenden Regelung bei § 113 Abs. 5 den § 113 Abs. 1 S. 4 auch auf die Verpflichtungsklage analog an.[357] Dies gilt auch für den Fall, dass die Erledigung vor Klageerhebung eingetreten ist (BVerwGE 81, 226 f.; 94, 352, 355) oder noch überhaupt kein Verwaltungsakt erlassen wurde. Der Kläger kann die Rechtswidrigkeit der ursprünglichen Ablehnung oder der Untätigkeit feststellen lassen, vorausgesetzt, die Sache war spruchreif und er hat ein Feststellungsinteresse (BVerwGE 72, 38, 41; BVerwG DVBl 2000, 120 ff.). Möglich ist danach auch eine Klage auf Feststellung der Rechtswidrigkeit der unterlassenen Bescheidung, wenn das Verpflichtungsbegehren im Zeitpunkt der Erledigung noch nicht spruchreif war (BVerwGE 72, 38, 41; VGH Mannheim NVwZ-RR 2004, 199 f.). Eine Klageänderung liegt darin nicht (§ 173 VwGO i.V.m. § 264 ZPO).[358]   **304**

Begründet wird die Analogie mit dem Eingriffscharakter der rechtswidrigen Versagung des Verwaltungsakts und dem Fehlen eines Rechtsverhältnisses. Der Antrag auf Erlass eines Verwaltungsakts begründe kein Rechtsverhältnis, sodass § 43 nicht in jedem Fall ausreichenden Rechtsschutz gewähre (BVerwG Buchholz 310 § 113 VwGO Nr. 37). Zudem sei auch in einer Verpflichtungsklage subsidiär ein Feststellungsbegehren enthalten (BVerwGE 89, 354, 355). Der Genuss des Fortsetzungsbonus solle   **305**

---

355 BVerwGE 65, 167, 170 f.; 77, 70, 74; VGH München BayVBl 1983, 434 ff.; VGH Kassel, DVBl 2013, 993.
356 BVerwGE 76, 258, 260 f.; BVerwG Buchholz 11 Art. 2 GG Nr. 59; Buchholz 450.1 § 17 WBO Nr. 69; *M. Gerhardt*, in: Schoch/Schneider/Bier § 113 Rn. 79.
357 BVerwGE 51, 264, 265; 52, 313, 316; 80, 127, 130; 89, 354; BVerwG NJW 1963, 553; NVwZ 1986, 468; 2004, 237 f.; *Kopp/Schenke* § 113 Rn. 109; *T. Stuhlfauth*, in: Bader § 113 Rn. 48; *J. Schmidt*, in: Eyermann § 113 Rn. 97; krit. für den Fall, dass nicht das Rechtsschutzinteresse, sondern der materielle Anspruch weggefallen ist *M. Gerhardt*, in: Schoch/Schneider/Bier § 113 Rn. 105.
358 BVerwGE 151, 36 ff.; BVerwG NVwZ 1986, 468.

dem Kläger einer Verpflichtungsklage genauso zukommen wie dem Kläger einer Anfechtungsklage. Die Analogie ist dogmatisch nicht zwingend,[359] da auch mit der Feststellungsklage ein vergangenes Rechtsverhältnis festgestellt werden kann und daher die Lücke fraglich ist.

306   **b) Begriff der Erledigung des Verpflichtungsbegehrens. aa) Die Grundsätze.** Wann eine Erledigung vorliegt, ist nicht immer einfach zu beantworten. Der Verpflichtungsanspruch erledigt sich, wenn seine Weiterverfolgung objektiv sinnlos wird (HmbOVG NordÖR 2011, 296). Dies ist zunächst dann gegeben, wenn der beantragte Verwaltungsakt ergeht[360] oder sich die Sach- und/oder Rechtslage dergestalt ändert, dass dem Kläger mit dem Erlass des beantragten Verwaltungsakts nicht mehr gedient ist. Dies liegt zunächst dann vor, wenn der Verwaltungsakt dem Kläger keinen Vorteil mehr bringt, etwa weil er aufgrund der Änderungen seinen Rechtskreis nicht mehr erweitern würde. Gleiches gilt, wenn durch die Änderung das Interesse des Klägers am Verwaltungsakt entfallen ist. Hier führt die Änderung zur Unzulässigkeit der Klage wegen Fehlens eines Rechtsschutzbedürfnisses oder der Klagebefugnis.[361]

307   Weiterhin ist auch bei der Verpflichtungsklage nach der Rspr. eine Änderung der Sach- und Rechtslage, aufgrund der das Begehren des Klägers offensichtlich unbegründet ist, wie eine Erledigung zu behandeln (→ Rn. 251 ff.). In diesen Fällen besitzt der Kläger zwar weiterhin ein Interesse an dem Verwaltungsakt, aber sein (eventuell bestehender) Rechtsanspruch ist untergegangen.[362] Keine Erledigung liegt dagegen vor, wenn sich die Aussichten der Weiterverfolgung eines Verpflichtungsbegehrens durch eine Rechtsänderung verschlechtert haben, ohne dass die Klage offensichtlich unbegründet geworden ist (OVG Münster NJW 1980, 1069 f.).

308   **bb) Einzelfälle.** Der Anspruch des Klägers kann sich erledigen, indem die Genehmigungspflicht entfällt, der Genehmigungszeitraum verstreicht, die Sache, auf die sich der Verwaltungsakt bezieht, untergeht,[363] der begehrte Verwaltungsakt erteilt wird (BVerwG NVwZ 1986, 468; 1987, 229; NJW 1987, 1564, 1565 f.), ein notwendiger Antrag zurückgenommen wird (BVerwG NVwZ 1989, 860 f.), eine rechtliche Voraussetzung für die spätere Ausnützung der Erlaubnis entfällt,[364] die begehrte (Beamten-)Stelle unwiderruflich besetzt wird,[365] eine anspruchsausschließende Altersgrenze eintritt (BVerwGE 51, 264, 265), der rechtswidrige Zustand legalisiert wird (Erlass der Baugenehmigung bei einer Nachbarklage),[366] die Anspruchsgrundlage zum Nachteil des Klägers verändert wird, der Anspruch sonst rechtlich gehemmt wird (Erlass einer Veränderungssperre)[367] oder sich die Passivlegitimation wegen eines Zuständigkeitswechsels ändert (BVerwG NJW 1987, 2179; VGH Kassel DVBl 1994, 822 [LS]). Erledigung des Klagebegehrens tritt auch bei einem Wechsel der Entscheidungsgrundlage ein, wenn dadurch ein neues Verfahren beginnt und alles, was bisher verhandelt wurde, seine unmittelbare Erheblichkeit verloren hat. Wird Bescheidung begehrt, wirkt eine behördliche Zusage auf Erlass erledigend.[368] Die Verpflichtungsklage, mit der die Zulassung zum Studium aufgrund einer für ein Semester eingereichten Bewerbung begehrt wird, erledigt sich nicht mit dem Ende dieses Semesters (BVerwGE 42, 296, 299).

309   **c) Fortsetzungsfeststellungsinteresse.** Auch für die Verpflichtungsfortsetzungsfeststellungsklage ist ein berechtigtes Interesse erforderlich. Es liegt vor, wenn mit der Feststellung der Rechtswidrigkeit eine Verbesserung der Rechtsposition des Klägers im Hinblick auf das Interesse verbunden ist, das hinter

---

359   Instruktiv *M. Gerhardt*, in: Schoch/Schneider/Bier § 113 Rn. 105.
360   OVG Münster NJW 1980, 1069 f.; *A. Göpfert*, Fortsetzungsfeststellungsklage, 1998, 63, s.a. VGH München BayVBl 1989, 534 f.: Eine formelle bestandskräftige Nutzungsuntersagung erledigt sich mit der Erteilung einer inhaltlich entsprechenden Baugenehmigung.
361   OVG Münster NJW 1980, 1069 f.; VGH Mannheim NVwZ 1990, 1090 (beantragte Genehmigung wird im Rahmen eines anderen Antrags erteilt); *A. Göpfert*, Fortsetzungsfeststellungsklage, 1998, 63.
362   BVerwG NJW 1987, 2179 f. (Umzug und dadurch bedingter Wegfall der Passivlegitimation bei einem Einbürgerungsbegehren); NVwZ-RR 1995, 172 ff. (Änderung der Anerkennung ausländischer Fahrerlaubnisse); *A. Göpfert*, Fortsetzungsfeststellungsklage, 1998, 64; *J. Schmidt*, in: Eyermann § 113 Rn. 101.
363   BVerwG NVwZ 1991, 568 – der Bulle, auf den sich die umstr. Körentscheidung bezieht, wird geschlachtet.
364   *M. Gerhardt*, in: Schoch/Schneider/Bier § 113 Rn. 100.
365   BVerfG NJW 1991, 501; BVerwGE 80, 127, 129; OVG Münster NVwZ-RR 2003, 881; infrage gestellt durch BVerwGE 115, 89; s. dazu m.w.N. *U. Battis*, BBG, ³2004, § 8 Rn. 36.
366   BVerwG NVwZ 1989, 48 f.
367   BVerwG NVwZ 1992, 1092.
368   *M. Gerhardt*, in: Schoch/Schneider/Bier § 113 Rn. 100.

der erstrebten (und nun nicht mehr zu erreichenden) Leistung steht (BVerwG DVBl 1981, 975). Mögliche Fallgestaltungen sind das Rehabilitationsinteresse und sich typischerweise nach kurzer Zeitspanne erledigende Rechtsverhältnisse mit starkem Grundrechtsbezug.

Auch ein potenzieller nachfolgender Amtshaftungsprozess wegen Verzögerungsschaden kann ein Fortsetzungsfeststellungsinteresse begründen, sofern Erledigung nach Klageerhebung eintritt. Bei beamtenrechtlichen Konkurrentenklagen stellt die Rspr. dabei allerdings hohe Anforderungen.[369] Die Kausalität der Amtspflichtverletzung für den Schaden dürfte bei einer fehlerhaften Ermessensentscheidung kaum darzulegen sein (so konkludent BVerwG Buchholz 310 § 113 Nr. 216 [S. 50 f.]). Das Feststellungsinteresse bezogen auf einen nachfolgenden Amtshaftungsprozess wurde verneint, wenn die sachliche Entscheidung schwierige sowie zeit- und kostenaufwändige Aufklärungsmaßnahmen (Sachverständigengutachten) und zudem rechtsgrundsätzliche Festlegungen in einem naturwissenschaftlich ungesicherten Feld voraussetzen würde (VGH Mannheim DVBl 1993, 1155 [LS]). 310

Anstelle der konkreten Wiederholungsgefahr tritt bei der Verpflichtungsgegenklage ein konkretes Weiterverfolgungsinteresse. Dieses liegt vor, wenn die Gefahr besteht, dass die Behörde einen erneuten Antrag auf neuer Grundlage mit gleichen Gründen ablehnen wird.[370] Es fehlt daher am Fortsetzungsfeststellungsinteresse, wenn sich nach der Ablehnung die tatsächlichen oder rechtlichen Verhältnisse geändert haben und anzunehmen ist, dass die Behörde unter den geänderten Verhältnissen gleichartige Anträge des Klägers nicht mit gleichartigen Erwägungen ablehnen wird (BVerwG DVBl 1983, 850). 311

d) Sonstige Zulässigkeitsvoraussetzungen. Auch bei § 113 Abs. 1 S. 4 analog darf die Verpflichtungsklage im Zeitpunkt der Erledigung des Klagebegehrens noch nicht unzulässig gewesen sein. Die Klagefrist bzw. bei der Versagungsgegenklage die Widerspruchsfrist darf noch nicht abgelaufen sein. Auch eine Verpflichtungsklage, die in Form der Untätigkeitsklage verfrüht erhoben worden war und zum Zeitpunkt des Eintritts des erledigenden Ereignisses noch nicht zulässig war, berechtigt nicht zum Übergang auf die Fortsetzungsfeststellungsklage (VGH Mannheim ESVGH 53, 192; BRS 66 [2003], Nr. 158; BauR 2003, 1345 ff.). Für die Fortsetzungsfeststellungsklage selbst ist wie bei § 113 Abs. 1 S. 4 keine Klagefrist, auch keine Jahresfrist in Analogie zu § 58 einzuhalten. Ein Vorverfahren muss nach Erledigung nicht mehr durchgeführt werden. 312

Die Fortsetzungsfeststellungsklage benötigt wiederum einen Antrag. Der Feststellungsantrag analog § 113 Abs. 1 S. 4 kann auch als Hilfsantrag neben einem Verpflichtungsantrag gestellt werden. Im Übrigen gelten die Überlegungen zur Fortsetzungsfeststellungsklage entsprechend. 313

e) Begründetheit. Die Klage ist begründet, wenn zum Zeitpunkt der Erledigung die Verpflichtungsklage Erfolg gehabt hätte,[371] d.h. wenn ein Anspruch auf Erlass des begehrten Verwaltungsakts bzw. auf Neubescheidung zum Zeitpunkt der Erledigung bestand. Auf die Verhältnisse zum Zeitpunkt des ablehnenden Bescheids kommt es nicht an,[372] ebenso wenig auf die Entwicklung nach der Erledigung des Klageantrages.[373] Das stattgebende Urteil stellt bei bestehender Spruchreife im Moment der Erledigung im Tenor fest, dass die Versagung des Bescheids rechtswidrig und der Beklagte zur Vornahme des begehrten Verwaltungsakts verpflichtet gewesen war.[374] War die Sache im Moment der Erledigung noch nicht spruchreif, etwa weil der Behörde ein Ermessens- oder Beurteilungsspielraum zustand, dann muss der Antrag bzw. der Urteilsausspruch auf Feststellung der Rechtswidrigkeit der Ablehnung bzw. auf Bestehen eines Anspruchs auf Neubescheidung zum Zeitpunkt der Erledigung lauten.[375] 314

2. Fortsetzungsfeststellungsklage nach Unterlassungs- oder Leistungsklage. Wehrt sich der Kläger gegen einen Akt, der nicht die Qualität eines Verwaltungsakts besitzt und entfällt die Belastung vor Beendigung des Gerichtsverfahrens, stellt sich die Frage, ob auch hier § 113 Abs. 1 S. 4 analog anwendbar ist. Sofern es um einen inneradministrativen Rechtsakt geht, liegt Erledigung vor, wenn die Rege- 315

---

369 BVerwG Buchholz 310 VwGO § 113 Nr. 216; krit. *M. Gerhardt*, in: Schoch/Schneider/Bier § 113 Rn. 94.
370 *M. Gerhardt*, in: Schoch/Schneider/Bier § 113 Rn. 102.
371 OVG Bln-Bbg 7.6.2012 – OVG 2 B 18.11, juris Rn. 42.
372 *M. Gerhardt*, in: Schoch/Schneider/Bier § 113 Rn. 103.
373 *M. Gerhardt*, in: Schoch/Schneider/Bier § 113 Rn. 103.
374 BVerfG NVwZ 1992, 1092; BVerwGE 16, 194, 195; 72, 38, 41; 77, 164, 166; *M. Gerhardt*, in: Schoch/Schneider/Bier § 113 Rn. 103.
375 BVerwGE 72, 38, 41; s.a. missverständlich bzw. zumindest unvollständig BVerwG NVwZ 1987, 229.

lungswirkung entfällt. Geht es um einen Realakt, tritt „Erledigung" ein, wenn von diesem keine belastenden Wirkungen mehr ausgehen.

316   Die analoge Anwendung ist umstr. Für eine Annahme einer analogen Anwendung spricht der spezifische Zuschnitt der Fortsetzungsfeststellungsklage auf den Fall der Erledigung, der gleiche Belastungsgrad des Eingriffs ohne Regelungswirkung (bzw. einer Regelung ohne Außenwirkung) und das Bedürfnis auch in diesen Verfahren den Prozessertrag zu erhalten.[376] Gegen eine analoge Anwendung spricht: § 113 Abs. 1 S. 4 knüpft an die spezifische Situation des Rechtsschutzes gegen einen Verwaltungsakt an (OVG Münster NJW 1994, 1673). Die Rspr. geht überwiegend, wenn auch nicht eindeutig, von keiner analogen Anwendung aus. In der Lit. sind die Mehrheitsverhältnisse dagegen gerade umgekehrt.[377] Lehnt man zutreffenderweise die analoge Anwendung ab, bleibt die allgemeine Feststellungsklage als statthafte Klageart (VGH München NVwZ 1988, 83 f.).

317   **3. Sonstige Verfahrensarten. a) Erledigung im Verfahren des einstweiligen Rechtsschutzes.** Im Verfahren des einstweiligen Rechtsschutzes (§ 80 Abs. 5; § 123) wird ein Fortsetzungsfeststellungsantrag abgelehnt, da das Feststellungsinteresse nicht in einem Eilverfahren befriedigt werden kann.[378]

318   **b) Erledigung im Vorverfahren.** Im Falle der Erledigung vor Durchführung eines Vorverfahrens oder während des Vorverfahrens wird die Statthaftigkeit eines Fortsetzungsfeststellungswiderspruchs von der Rspr. zu Recht abgelehnt.[379] Dem Kläger kommt es i.d.R. gerade auf eine Feststellung durch die dritte Gewalt an.[380] Die Lit. dagegen nimmt die Statthaftigkeit des Widerspruchsverfahrens unmittelbar auf § 68 gestützt an. Zur Begründung werden drei Argumente genannt: Erstens sei das Kostenrisiko für den Bürger geringer, zweitens sei die Verfahrensdauer erheblich kürzer und drittens bleibe der Verwaltung durch eine Entscheidung über einen Fortsetzungsfeststellungswiderspruch die Möglichkeit der Selbstkontrolle erhalten.[381]

319   **c) Erledigung bei einer Feststellungsklage.** Ist in der Hauptsache die Feststellungsklage die statthafte Klageart, dann bleibt nach Wegfall der Rechtswirkungen eine einfache Feststellungsklage statthaft, wenn ein qualifiziertes Feststellungsinteresse besteht. Es fehlt demnach an einer Regelungslücke und somit an den Voraussetzungen für eine Analogie von § 113 Abs. 1 S. 4 (VGH München NVwZ 1988, 83, 84). Für das Feststellungsinteresse kann man allerdings auf die Gedanken des § 113 Abs. 1 S. 4 zurückgreifen.

320   **d) Erledigung nach oder vor Erhebung eines Normenkontrollantrags.** Umstr. ist auch, ob der Fortsetzungsfeststellungsantrag nach Außerkrafttreten einer Rechtsnorm im Falle einer Normenkontrolle nach § 47 statthaft ist.[382] Tritt die Erledigung nach Antragserhebung ein, bleibt der Antrag nach § 47 statthaft, wenn von der außer Kraft getretenen Norm noch Wirkungen ausgehen oder wenn Wiederholungsgefahr droht oder ansonsten die Normenkontrolle gegen diese Norm unmöglich wäre (BVerwGE 68, 12, 13 f.). Eine Lücke in der gesetzlichen Regelung besteht demnach nicht. Tritt die Erledigung vor Antragserhebung ein, bleibt nach zutr. Ansicht nur die Feststellungsklage, da diese ausreichend Rechtsschutz gewährt und die VwGO den Rechtsschutz gegen Verwaltungsakte deutlich von dem gegen Rechtsnormen trennt.

321   **e) Fehlender Aufhebungsanspruch.** Ist der Kläger durch den Verwaltungsakt in subjektiven Rechten verletzt und kann er aufgrund eines Ausschlusses seines Aufhebungsanspruches nicht die Aufhebung des Verwaltungsakts begehren (wie etwa im Anwendungsbereich des § 46 VwVfG), wird teilweise die analoge Anwendung von § 113 Abs. 1 S. 4 befürwortet.[383] Da der gesetzliche Ausschluss des Aufhe-

---

376   *M. Gerhardt*, in: Schoch/Schneider/Bier § 113 Rn. 107; *J. Schmidt*, in: Eyermann § 113, Rn. 106.
377   Gegen eine Analogie BVerwG NJW 1997, 2534 f.; HmbOVG NVwZ 1995, 1135 f.; OVG Münster NJW 1994, 1673; VGH Kassel NVwZ-RR 1993, 277 f.; VGH München NVwZ 1988, 83 f.; *Kopp/Schenke* § 113 Rn. 114 für eine Analogie VGH München NVwZ-RR 1991, 519; *Hufen* § 18 Rn. 67.
378   BVerwG Buchholz 310 § 123 Nr. 17; VGH München KommunalPraxis BY 2012, 397.
379   BVerwG NJW 1978, 1935; OVG Koblenz NJW 1982, 1301 f.; VGH Mannheim DVBl 1991, 60 ff.; *M. Gerhardt*, in: Schoch/Schneider/Bier § 113 Rn. 97.
380   *M. Gerhardt*, in: Schoch/Schneider/Bier § 113 Rn. 98.
381   Vgl. *R. Martersteig*, Fortsetzungsfeststellungsklage, 1985, 132 f.; *H. Dreier*, NVwZ 1987, 474, 477; *P. Wittig*, BayVBl 1964, 394 ff.; *W.-R. Schenke*, BayVBl 1969, 304 ff.
382   So BVerwGE 68, 12 ff. (allerdings ohne Analogie zu § 113 Abs. 1 S. 4). A.M. OVG Koblenz VerwRspr 31 (1980), 1015 f.; offen gelassen von VGH Kassel NVwZ 2004, 895.
383   Ausf. *W.-R. Schenke*, DÖV 1986, 305, 317 ff.; *Kopp/Schenke* § 113 Rn. 107 ff.; *J. Martensen*, DÖV 1995, 538, 544.

bungsanspruches mit der Erledigung jedoch nicht gleichzusetzen ist, liegt die Heranziehung der allgemeinen Feststellungsklage näher als eine analoge Anwendung der Fortsetzungsfeststellungsklage.[384]

f) Sonstige Verfahren. Bei § 217 Abs. 1 S. 3 BauGB wird § 113 Abs. 1 S. 4 analog herangezogen 322
(OLG Celle NJOZ 2005, 515 f.).

E. Abänderung des angefochtenen (Geld-)Verwaltungsakts (Abs. 2 S. 1, 2)

I. Die Abänderung nach Abs. 2 S. 1

1. Ratio. a) Systematische Bedeutung. Wegen der unterschiedlichen Funktionen von Exekutive und 323
Judikative kann das Gericht einerseits einen Verwaltungsakt grds. nur aufheben oder die Behörde zu
seinem Erlass verpflichten. Es kann den Verwaltungsakt nicht selbst erlassen und ihn auch nicht abändern oder ihm einen anderen Inhalt geben (BVerwGE 90, 265 [LS]). Andererseits darf das Gericht sich
auch nicht grds. darauf beschränken, die Rechtswidrigkeit der Handlung der Verwaltung festzustellen,
sondern muss die Rechtsverletzung des durch diese Handlung bewirkten Erfolgs untersuchen (Spruchreife). Von beiden Aspekten gewährt § 113 Abs. 2 eine Ausnahme (Ausnahme vom kassatorischen
Prinzip bei der Anfechtungsklage).[385]

b) Ratio. § 113 Abs. 2 dient der Prozessökonomie. § 113 Abs. 2 S. 1 ermöglicht dem Gericht, sich 324
nicht auf die Aufhebung des (Geld-)Verwaltungsakts zu beschränken. Das Gericht kann selbst den
Geldbetrag festsetzen, wenn die Klage spruchreif ist und die Berechnung nicht von komplizierten, nur
durch die Behörde feststellbaren Faktoren abhängt. Die Abänderung tritt an die Stelle der Aufhebung
des Verwaltungsakts; einer ausdrücklichen Aufhebung des angefochtenen Verwaltungsakts bedarf es
nicht. Verlangt die Neufestsetzung eine komplizierte Berechnung, geben § 113 Abs. 2 S. 2 und 3 dem
Gericht angemessene Instrumente in die Hand. Diese Sätze sind auf den Fall zugeschnitten, dass die
Behörde mit ihren technischen Hilfsmitteln die Berechnung schneller und besser bewältigen kann.[386]

c) Analogiefeindlich. § 113 Abs. 2 S. 1 bezieht sich – trotz des weiten Normtextes – systematisch auf 325
§ 113 Abs. 1 S. 1, der die Anfechtungsklage erfasst. Eine analoge Anwendung auf die Verpflichtungsklage scheidet aus, da § 113 Abs. 2 in zu engem Zusammenhang mit der Teilaufhebung steht.[387]

2. Äquivalent für Teilaufhebung. Gäbe es § 113 Abs. 2 S. 1 nicht, müsste das Gericht den Verwal- 326
tungsakt aufheben, soweit er rechtswidrig ist. Da bei Leistungsbescheiden oder sonstigen eine Geldsumme festsetzenden Verwaltungsakten, die in ihrer Höhe nicht korrekt sind, in aller Regel eine Teilbarkeit gegeben sein dürfte, ist § 113 Abs. 2 S. 1 ein funktionales Äquivalent für eine Teilaufhebung.
Zwischen einer teilweisen Aufhebung und einer Neufestsetzung auf einen geringeren Betrag besteht
nur ein marginaler Unterschied (BVerwGE 64, 356, 360). Der Gewinn durch § 113 Abs. 2 S. 1 für das
VG ist daher nicht übermäßig groß.[388] Nur bei den Verwaltungsakten, die „eine darauf bezogene Festsetzung" treffen, ist die Abänderungsmöglichkeit eine substantielle Erweiterung der Befugnisse des
Gerichts.

3. Voraussetzungen der gerichtlichen Abänderungsbefugnis. a) Verwaltungsakt, der entweder einen 327
Geldbetrag festsetzt oder eine darauf bezogene Feststellung trifft. Gegenstand der gerichtlichen Änderung können nur Verwaltungsakte sein, die einen Geldbetrag festsetzen oder eine darauf bezogene
Feststellung treffen. Andere Verwaltungsakte werden nicht erfasst (BVerwGE 90, 265 ff.). § 113
Abs. 2 a.F. bezog noch Verwaltungsakte ein, die sich auf andere vertretbare Sachen bezogen. Diese Regelung wurde jedoch aufgehoben.
Ein Geldbetrag wird festgesetzt, wenn der Verwaltungsakt ein Leistungsbescheid ist und von seinem 328
Tenor her eine bestimmte Summe formuliert, die zu zahlen ist. Auch feststellende Verwaltungsakte

---

384 Vgl. *M. Gerhardt*, in: Schoch/Schneider/Bier § 113 Rn. 80.
385 BT-Drs. 3/55, 43; BT-Drs. 11/7030, 29; *M. Hödl-Adick*, Bescheidungsklage, 2001, 183; *M. Gerhardt*, in: Schoch/
      Schneider/Bier § 113 Rn. 36; *Kopp/Schenke* § 113 Rn. 149.
386 BT-Drs. 11/7030, 29; *M. Gerhardt*, in: Schoch/Schneider/Bier § 113 Rn. 36.
387 *M. Gerhardt*, in: Schoch/Schneider/Bier § 113 Rn. 44; *Kopp/Schenke* § 113 Rn. 150. A.M. *Spannowsky*, 1. Aufl.,
      Rn. 180; *M. Hödl-Adick*, Bescheidungsklage, 2001, 183; *T. Stuhlfauth*, in: Bader § 113 Rn. 75; *J. Schmidt*, in: Eyermann § 113 Rn. 12; zu § 113 Abs. 2 S. 1 a.F. BVerwGE 55, 171 f.
388 Deutlich *Kopp/Schenke* § 113 Rn. 149; *T. Stuhlfauth*, in: Bader § 113 Rn. 74; *J. Schmidt*, in: Eyermann § 113 Rn. 10.

sind nach dem Wortlaut hierzu zu zählen, sofern sie einen Geldbetrag beziffern, da darin eine Festsetzung liegt. Beispiele sind etwa Gebührenbescheide und Beitragsbescheide.[389]

329   Unter die zweite Variante – „eine darauf bezogene Feststellung" – fallen auch Verwaltungsakte, die selbst nicht unmittelbar eine Geldleistung festsetzen.[390] Dies ergibt sich zunächst aus dem Normtext selbst und aus der Gesetzesbegründung (BVerwGE 90, 265, 270). Die Gesetzesbegründung fasst unter § 113 Abs. 2 auch Verwaltungsakte, bei denen eine teilweise Aufhebung der von ihnen getroffenen Feststellung inhaltlich nicht möglich ist (BT-Drs. 11/7030, 29), was sich ersichtlich auf feststellende Verwaltungsakte bezieht. Auch der Normtext von § 113 Abs. 2 S. 2, der nur den „festzusetzenden oder festzustellenden Betrag" und nicht eine darauf bezogene Feststellung kennt, spricht nicht dagegen, da § 113 Abs. 2 S. 2 einen engeren Anwendungsbereich haben kann als § 113 Abs. 2 S. 1. Die Formulierung „eine darauf bezogene Feststellung" ist enger als die Formulierung in § 48 Abs. 2 S. 1 VwVfG, die sich auf eine Voraussetzung für einen Geldleistungsverwaltungsakt bezieht. Der Bezug der Feststellung zur Geldbetragsfestsetzung muss unmittelbar sein. Nicht erforderlich ist allerdings, dass der Verwaltungsakt selbst einen Anspruch auf einen bestimmten Geldbetrag oder eine Verpflichtung zur Zahlung eines bestimmten Geldbetrages begründet (a.M. OVG Münster CR 2003, 824 ff.). Von § 113 Abs. 2 erfasst werden alle Feststellungen, die einer Geldbetragsfestsetzung unmittelbar vorausgehen, indem sie einen Rechenparameter festsetzen. Dies kann etwa die Festlegung eines Tarifs sein, die Eingruppierung eines Schuldners in eine bestimmte Kategorie bei Gebühren- oder Preisstaffelungen, Verwaltungsakte über das Besoldungsdienstalter[391] sowie ein Entgeltfestsetzungsbescheid nach dem TKG (a.M. OVG Münster CR 2003, 824 ff.).

330   **b) Kein Ermessensverwaltungsakt.** Die Verwaltung darf bei der zu treffenden Festsetzung kein Ermessens- oder Beurteilungsspielraum besitzen. Bei einer Ermessensnorm muss im konkreten Fall eine Ermessensreduzierung auf Null vorliegen. § 113 Abs. 2 gestattet den Gerichten nicht, ihr Ermessen an die Stelle des behördlichen Ermessens zu setzen.[392]

331   **c) Kein Antragserfordernis.** Nach § 113 Abs. 2 S. 1 muss der Kläger die Änderung des Verwaltungsakts begehren. Dennoch muss der Kläger die gerichtliche Änderung i.S.v. § 113 Abs. 2 S. 1 nicht ausdrücklich beantragen.[393] Ein Änderungsbegehren ist schon in der vollständigen oder teilweisen Anfechtung des betreffenden Verwaltungsakts begründet. Es liegt im Ermessen des Gerichts, ob es von der Möglichkeit des § 113 Abs. 2 S. 1 Gebrauch macht.[394] Diese Entscheidung kann nicht mit einem Rechtsmittel angegriffen werden.[395]

332   **d) Änderungen zugunsten des Klägers.** Änderungen sind wegen der ratio des § 113 Abs. 2 und wegen § 88 nur zugunsten des Klägers möglich.[396]

333   **e) Tatsachengrundlage für die Neuberechnung.** Die Abänderung tritt an die Stelle der Aufhebung. Daher darf das Gericht für die Berechnung nur die Tatsachen heranziehen, die auch bei der rein kassatorischen Anfechtungsklage herangezogen werden könnten. Gründe, die die Behörde im kassatorischen Anfechtungsstreit nicht nachschieben darf, können auch bei der Abänderungsentscheidung nicht herangezogen werden.[397] Da das Gericht die Anfechtungsklage spruchreif machen muss, ist es grds. zur weiteren Sachaufklärung verpflichtet. Dies gilt auch, wenn es sich schon in einem frühen Stadium entschließen sollte, von der Möglichkeit des § 113 Abs. 2 S. 1 Gebrauch zu machen.

---

389   BVerwGE 87, 288, 297 (Erschließungskostenbeitrag); OVG Münster NVwZ-RR 1998, 584 ff.: Erschließungsbeitragsbescheid.

390   A.M. *M. Gerhardt*, in: Schoch/Schneider/Bier § 113 Rn. 37.

391   *Kopp/Schenke* § 113 Rn. 152.

392   BVerwGE 69, 90, 91; OVG Münster DVBl 1985, 1020, 1021; *M. Redeker*, in: Redeker/v. Oertzen § 113 Rn. 32; *M. Gerhardt*, in: Schoch/Schneider/Bier § 113 Rn. 39; *T. Stuhlfauth*, in: Bader § 113 Rn. 76.

393   OVG Münster NWVBl 1998, 245 ff.; *T. Stuhlfauth*, in: Bader § 113 Rn. 77. A.M. *J. Schmidt*, in: Eyermann § 113 Rn. 13: ausdrückl. Antrag erforderlich.

394   BVerwGE 65, 287, 288; zur a.F. BVerwGE 34, 353, 355; 44, 17, 20; *T. Stuhlfauth*, in: Bader § 113 Rn. 77. A.M. *M. Gerhardt*, in: Schoch/Schneider/Bier § 113 Rn. 39: gebundene Entscheidung.

395   *Kopp/Schenke* § 113 Rn. 154.

396   *Spannowsky*, 1. Aufl., Rn. 180; *Kopp/Schenke* § 113 Rn. 153; ausf. *M. Gerhardt*, in: Schoch/Schneider/Bier § 113 Rn. 39.

397   *H.-J. Müller*, NJW 1978, 1354, 1357; *Kopp/Schenke* § 113 Rn. 153.

Die *gerichtliche Abänderung ist zutr. Ansicht nach weiter ausgeschlossen,* wenn die Berechnung auf 334
der Basis einer völlig anderen Tatsachen- und Rechtsgrundlage erfolgen muss, als sie von der Behörde
bei der Festsetzung des Geldbetrags bzw. der darauf bezogenen Feststellung zugrunde gelegt wurde.[398]

f) Maßgeblicher Zeitpunkt. Fraglich ist, welcher Zeitpunkt für die Sach- und Rechtslage maßgeblich 335
ist. Die Funktion als Ersatz für die Aufhebung spricht dafür, den gleichen Zeitpunkt heranzuziehen,
wie für die kassatorische Anfechtungsklage. Andererseits trägt die Abänderungsbefugnis ihre innere
Rechtfertigung in dem Umstand, dass das Gericht durch die Abänderung nur etwas vornimmt, was
die Verwaltung mit gewisser Zeitverzögerung ebenfalls machen würde. Dieses Ziel spricht dafür, den
Zeitpunkt der gerichtlichen Entscheidung als maßgeblich zu betrachten.

4. Die gerichtliche Entscheidung. Es ergeht ein Abänderungsurteil. Setzt der Verwaltungsakt die 336
Geldsumme selbst fest, wird diese durch das Gericht verändert (§ 113 Abs. 2 S. 1 Var. 1), ansonsten
wird die Feststellung, die auf eine nachfolgende Betragsfestsetzung bezogen ist, durch eine andere ersetzt (§ 113 Abs. 2 S. 1 Var. 2). Die Abänderung tritt an die Stelle der Aufhebung des Verwaltungsakts.
Einer Aufhebung des ursprünglichen Verwaltungsakts bedarf es darüber hinaus nicht (BVerwGE 65,
287, 288). Stellt der Kläger seinen Anfechtungs- bzw. Verpflichtungsantrag auf einen Abänderungsantrag um, liegt darin keine Klageänderung i.S.v. § 91.[399] Nach der Änderung wirkt der angefochtene
Verwaltungsakt in geänderter Fassung weiter. Die Behörde muss sich mit ihm – anders als bei S. 2
und 3 – nicht noch einmal befassen.[400]

Der Tenor ergibt sich aus § 113 Abs. 2 S. 1. Möglich wäre etwa folgender Wortlaut: „Die (näher be- 337
zeichnete) Verfügung der Beklagten und der (näher bezeichnete) Widerspruchsbescheid der Widerspruchsbehörde werden dahingehend abgeändert, dass der Betrag X durch den Betrag Y ersetzt wird."

II. Teilrückverweisung zum Zweck der Neuberechnung eines Geldbetrags als gerichtliche Entscheidungsform (Abs. 2 S. 2 und 3)

1. Allgemein. a) Überblick. Nach § 113 Abs. 2 S. 2 kann das Gericht den Verwaltungsakt abändern, 338
indem es die Neuberechnung nach einem festen Maßstab vorgibt. Der ursprüngliche Verwaltungsakt
wird nicht aufgehoben, sondern abgeändert, wobei der Tenor des geänderten Verwaltungsakts durch
die Verwaltung formuliert wird. Bis zur Ergänzung durch die Verwaltung besteht ein „kopfloser Verwaltungsakt", da sein alter Tenor gestrichen und ein neuer Tenor noch nicht erlassen wurde. Diese
Situation ist mit einem Bescheidungsurteil nicht vergleichbar.[401] Die Sätze 2 und 3 wurden durch das
4. VwGOÄndG 1991 eingeführt und sollen das Gericht hinsichtlich eventueller, umfangreicher Berechnungen entlasten.[402]

b) Ratio. Die Regelung ist eine Ausnahme von der Pflicht, die Streitsache spruchreif zu machen. Mit 339
dieser Möglichkeit der Teilrückverweisung sollen die VG entlastet werden. Aufwändige Erhebungen
der Berechnungsgrundlagen sowie umfangreiche Berechnungen, die die Behörden mit ihren technischen Möglichkeiten und durch ihr spezialisiertes Personal häufig einfacher und schneller durchführen
können, können sich die Gerichte ersparen.[403]

c) Ermessen des Gerichts. Die Teilaufhebung steht im Ermessen des Gerichts.[404] An einen entspre- 340
chenden Antrag oder an die Zustimmung des Klägers oder der Beteiligten ist das Gericht nicht gebunden.

d) Bedeutung. Die Regelung ist wegen der mit der Teilrückverweisung verbundenen schwierigen 341
Streiterledigungsprozedur ausgesprochen kompliziert und nur in ganz bestimmten Fällen sinnvoll.

---

398 H.-J. *Müller,* NJW 1978, 1354, 1357 Fn. 24; *Spannowsky,* 1. Aufl., Rn. 184; *Kopp/Schenke* § 113 Rn. 153.
399 Zur Vorgängerformulierung: BVerwGE 34, 353, 355; *Kopp/Schenke* § 113 Rn. 154; *Spannowsky,* 1. Aufl., Rn. 183.
400 Dazu allg. *K. A. Bettermann,* FS Wacke, 1972, 233, 241 f.
401 *M. Gerhardt,* in: Schoch/Schneider/Bier § 113 Rn. 40.
402 BT-Drs. 11/7030, 29; *F. Kopp,* NJW 1991, 521, 525; *K. Redeker,* DVBl 1991, 972.
403 *Spannowsky,* 1. Aufl., Rn. 186.
404 *Kopp/Schenke* § 113 Rn. 157.

342   **e) Analogiefeindlich.** § 113 Abs. 2 S. 2 und 3 sind auf die Verpflichtungsklage nicht analog anwendbar.[405] Der Analogie steht schon der enge Zusammenhang zwischen § 113 Abs. 2 und § 113 Abs. 1 S. 1 entgegen.

343   **2. Die Voraussetzung der Teilrückverweisung.**   **a) Nicht unerheblicher Aufwand.** Voraussetzung der Teilrückverweisung ist, dass „die Ermittlung des festzusetzenden oder festzustellenden Betrags einen nicht unerheblichen Aufwand erfordern würde". Hinsichtlich der Beurteilung dieser Voraussetzung besitzt das Gericht keinen Beurteilungsspielraum.[406] Die Unsicherheiten müssen sich auf die Berechnung des Betrages beziehen, andere Unsicherheiten werden nicht erfasst. Dies leitet das BVerwG aus dem systematischen Zusammenhang zu Abs. 3 her. § 113 Abs. 2 berechtigt lediglich dazu, die Neuberechnung des Geldbetrages als solche der Behörde zu überlassen. Notwendige Ermittlungen zu den für die Neuberechnung maßgebenden tatsächlichen Verhältnissen hat das Gericht hingegen selbst vorzunehmen (BVerwGE 87, 288, 297; BVerwG 23.12.2004 – 10 B 25/04). Das BVerwG legt diese Voraussetzung eng aus. Vor dem Rückgriff auf § 113 Abs. 2 S. 2 müsse das Gericht versuchen, den Betrag zunächst selbst zu berechnen. Voraussetzung sei, dass die gerichtliche Festsetzung auf ernsthafte Schwierigkeiten stößt und eine Zurückverweisung bei Abwägung der Belange der Beteiligten diesen zumutbar ist. Diese Voraussetzungen seien im Zusammenhang mit Erschließungsbeiträgen regelmäßig nicht erfüllt.[407] Nennenswerte Belastungen liegen nicht schon vor, wenn das Gericht sich behördlicher Hilfsdienste bedienen müsse (BVerwGE 87, 288, 297). Die enge Auslegung des BVerwG wird in der Lit. zu Recht als zu streng kritisiert, da § 113 Abs. 2 S. 2 gerade die Funktion besitze, eine Entlastung der Gerichte zu bewirken.[408] Entscheidend ist, ob die noch erforderliche Aufklärungsarbeit angesichts der Aufgabe der Gerichte als Rechtsprechungsorgan und nicht als Vollzugsorgan erheblich ins Gewicht schlagen würde. Die Entlastung muss spürbar sein.[409]

344   **b) Geldverwaltungsakte.** § 113 Abs. 2 S. 2 und 3 sind im gegenständlichen Anwendungsbereich enger als S. 1. Auf die Verwaltungsakte i.S.v. § 113 Abs. 2 S. 1 Var. 2 („oder eine darauf bezogene Feststellung"), sind § 113 Abs. 2 S. 2 und 3 somit der Sache nach nicht anwendbar.

345   **3. Ermessensentscheidung des Gerichts.** Liegen die gesetzlichen Voraussetzungen für die Inanspruchnahme dieser Entscheidungsmöglichkeit vor, ist es in das *Ermessen des Gerichts* gestellt, ob es von dieser Möglichkeit Gebrauch macht oder nicht.

346   **4. Die Entscheidung.**   **a) Bindungswirkung.** Der Vorteil der Teilrückverweisung besteht in Folgendem: Sofern die gerichtliche Entscheidung Rechtskraft erlangt, kann nur noch die Neuberechnung zum Streitgegenstand gemacht werden; auf andere Gründe, die bereits vor der Rechtskraft der gerichtlichen Entscheidung vorlagen, kann die Aufhebung grds. nicht mehr gestützt werden. Bei der Teilrückverweisung hebt das Gericht den Verwaltungsakt auf, bringt aber zugleich mit der Teilrückverweisung zum Ausdruck, dass eine Neuberechnung nach Maßgabe der vom Gericht vorgegebenen tatsächlichen und rechtlichen Gesichtspunkte gerichtlich nicht neu überprüft wird. Die Aufhebung mit Neuberechnungsmöglichkeit nach Maßgabe der Gründe erwächst in Rechtskraft.[410]

347   **b) Anforderungen an die Urteilsbegründung.** Bei der Zurückweisung sind die für die Berechnung maßgeblichen tatsächlichen und rechtlichen Gesichtspunkte in der gerichtlichen Entscheidung so anzugeben, dass die Behörde aufgrund dieser Vorgaben auch tatsächlich in der Lage ist, den Betrag selbst neu zu berechnen. Es müssen Bestimmungen zu sämtlichen Tatbestandsmerkmalen enthalten sein. Der zuständige Sachbearbeiter der Behörde darf bei keinem Berechnungspunkt im Zweifel darüber sein, welche Daten er in den Rechenvorgang einzugeben hat.[411] Eventuelle Mängel bei der Berechnungsvorgabe können mit Rechtsmitteln angegriffen werden.

---

405   *M. Gerhardt*, in: Schoch/Schneider/Bier § 113 Rn. 44; *Kopp/Schenke* § 113 Rn. 156. A.M. *Spannowsky*, 1. Aufl., Rn. 191.
406   *Kopp/Schenke* § 113 Rn. 157. A.M. *Spannowsky*, 1. Aufl., Rn. 186.
407   BVerwGE 87, 288, 297; m. krit. Anm. *K. Redeker*, DVBl 1991, 972, 973.
408   *Spannowsky*, 1. Aufl., Rn. 192; *M. Gerhardt*, in: Schoch/Schneider/Bier § 113 Rn. 41; *Kopp/Schenke* § 113 Rn. 157.
409   *M. Gerhardt*, in: Schoch/Schneider/Bier § 113 Rn. 41.
410   *Kopp/Schenke* § 113 Rn. 158.
411   *M. Gerhardt*, in: Schoch/Schneider/Bier § 113 Rn. 42.

c) Tenor. Im Fall der Teilrückverweisung hebt das Gericht den Verwaltungsakt der Sache nach auf, 348 ermöglicht der Behörde aber zugleich, im Wege einer Neuberechnung schneller zu einem unangreifbaren Verwaltungsakt zu gelangen. Der Tenor würde etwa wie folgt lauten: „Die (näher bezeichnete) Verfügung der Beklagten und der (näher bezeichnete) Widerspruchsbescheid der Widerspruchsbehörde werden dahin abgeändert, dass der Betrag X durch einen von der Beklagten nach Maßgabe der Entscheidungsgründe neu zu berechnenden Betrag ersetzt wird" (BVerwGE 137, 105). War die Klage auf vollständige Aufhebung der angefochtenen Bescheide gerichtet oder folgt das Gericht den Einwänden des Klägers nicht in vollem Umfang, ist die Klage im Übrigen abzuweisen.

Eine ausdrückliche Aufhebung des Verwaltungsakts im Tenor des Urteils würde dem Normtext von 349 § 113 Abs. 2 S. 2 nicht gerecht werden.[412] Durch die Abänderungsentscheidung des Gerichts wird der ursprüngliche Verwaltungsakt unvollständig. Er ist daher auch ohne ausdrückliche Aufhebung nicht mehr wirksam. Erst mit Vervollständigung durch die Behörde im Wege des Nachverfahrens kann er wieder Wirksamkeit erlangen.

Da das Abänderungsurteil mit Teilrückverweisung das Gerichtsverfahren endgültig beendet, ist im Ur- 350 teil auch über die Kosten zu entscheiden. Für die Kostenverteilung ist das Verhältnis zwischen dem Klageantrag und dem vermuteten Ergebnis der Neuberechnung entscheidend.[413]

d) Rechtsbehelfe. Die Beteiligten haben gegen die Entscheidung des Gerichts die Rechtsmittel wie ge- 351 gen sonstige Endurteile des Gerichts.[414] Dies gilt auch, wenn sie sich nur gegen die Maßstäbe für die Neuberechnung wehren möchten.

Hat der Kläger die Aufhebung des Verwaltungsakts beantragt und kommt es zur gerichtlichen Teil- 352 rückverweisung nach § 113 Abs. 2 S. 2, 3, so muss er, um die (Voll-)Aufhebung des Verwaltungsakts zu erreichen, Rechtsmittel gegen die Entscheidung der Teilrückverweisung ergreifen, weil sie andernfalls unter Umständen unanfechtbar wird.

Solange die teilrückverweisende gerichtliche Entscheidung anfechtbar ist, soll und wird die Behörde 353 grds. keinen neuen Verwaltungsakt erlassen, zumal sie bis zur Rechtskraft der gerichtlichen Entscheidung ohnehin damit rechnen muss, dass die maßgeblichen rechtlichen oder tatsächlichen Gesichtspunkte nochmals geändert werden. Erlässt sie dennoch eine Neuberechnung, erledigt sich diese mit einer nachfolgenden Aufhebung der gerichtlichen Entscheidung durch ein Rechtsmittel, da dann der ursprüngliche Verwaltungsakt rechtskräftig wird.

5. Das Neuberechnungsverfahren (Abs. 2 S. 3). a) Kein behördliches Wahlrecht. Da die gerichtliche 354 Entscheidung den ursprünglichen Verwaltungsakt nicht aufhebt, sondern unvollständig abändert, ist die Behörde verpflichtet, den Verwaltungsakt in seiner endgültigen Fassung neu zu berechnen. Es ist daher richtiger Ansicht nach nicht der Behörde überlassen, ob sie den Verwaltungsakt mit dem neuberechneten Betrag aufrechterhalten oder von der Neuberechnung absehen möchte. Sowohl der Normtext als auch der Sinn (unvollständige Teiländerung) sprechen für eine Pflicht der Behörde.[415]

b) Bindung an das Urteil. Die Neuberechnung ist nach Maßgabe der gerichtlichen Entscheidung vor- 355 zunehmen. Anschließend muss sie das Ergebnis ihrer Berechnung den Beteiligten nach § 113 Abs. 2 S. 3 unverzüglich formlos mitteilen, damit diese von ihrem Anhörungsrecht Gebrauch machen können. Der Verwaltungsakt ist mit dem neuberechneten Betrag erneut bekannt zu geben, nachdem die gerichtliche Entscheidung, die der Neuberechnung zugrunde liegt, Rechtskraft erlangt hat. Gegen diesen neu erlassenen Verwaltungsakt stehen den Beteiligten wiederum die üblichen Rechtsschutzmöglichkeiten zur Verfügung.[416]

c) Die Neuberechnung. Es ist Sache der zuständigen Behörde, den Betrag neu zu berechnen. Das Er- 356 gebnis der Berechnung ist nach § 113 Abs. 2 S. 3 den Beteiligten formlos mitzuteilen. Erst nach Rechtskraft des Urteils ist der Verwaltungsakt mit dem geänderten Inhalt neu bekannt zu geben; ab dieser neuen Bekanntgabe existiert ein neuer Verwaltungsakt.

---

412 *M. Gerhardt*, in: Schoch/Schneider/Bier § 113 Rn. 42. A.M. *Kopp/Schenke* § 113 Rn. 158.
413 *Kopp/Schenke* § 113 Rn. 158.
414 VGH Kassel DVBl 2008, 1463 (LS); *K. Redeker*, DVBl 1991, 974 f.; *Kopp/Schenke* § 113 Rn. 159.
415 Vgl. *M. Gerhardt*, in: Schoch/Schneider/Bier § 113 Rn. 43. A.M. *S. Detterbeck*, Streitgegenstand, 1995, 187 f.; *Kopp/ Schenke* § 113 Rn. 155 Fn. 280; a.M. wohl auch *T. Stuhlfauth*, in: Bader § 113 Rn. 80.
416 *Spannowsky*, 1. Aufl., Rn. 188.

357   Gegen die Neuberechnung durch die Verwaltung, die den Beteiligten unverzüglich formlos mitzuteilen ist, haben diese unmittelbar keine Rechtsbehelfe. Die Mitteilung und die Neuberechnung stellen nach einhelliger Ansicht schlichtes Verwaltungshandeln dar, das der Vorbereitung des neuen Verwaltungsakts dient. Sie schließen daher keine Verfahrensschritte ab und besitzen keinen Verwaltungsaktcharakter.[417]

358   **d) Die Neubekanntgabe.**   Gegen den auf der Grundlage der Neuberechnung neu bekannt gemachten Verwaltungsakt stehen dem Kläger nach den allgemeinen Grundsätzen die üblichen Rechtsbehelfe zur Verfügung.[418] Bei offensichtlichen Schreibfehlern oder Rechenfehlern ist eine Berichtigung nach § 42 VwVfG möglich.[419] Bei dem neu bekanntzugebenden Verwaltungsakt handelt es sich um den alten, durch das Urteil und die Neuberechnung geänderten Verwaltungsakt. Dieser ist prozessual aber wie ein neuer Verwaltungsakt zu behandeln.[420] Sofern das vorausgehende Urteil rechtskräftig ist, steht die materielle Rechtskraft allerdings einer abweichenden Beurteilung der entschiedenen Fragen im Verfahren gegen die Neuberechnung entgegen (BVerwGE 137, 105). § 113 Abs. 2 S. 3 spricht davon, dass der Verwaltungsakt nach der Rechtskraft neu bekannt zu machen ist. Dies ist nicht so zu verstehen, dass es der Behörde untersagt wäre, schon vor Rechtskraft des Urteils den geänderten Verwaltungsakt zu erlassen. Der Normtext ist daher missverständlich (→ Rn. 353). Im Regelfall bietet sich der Erlass nach Rechtskraft sehr an, da die Berechnungsgrundlagen sich ansonsten verändern können. Eine Neuberechnung unter Vorbehalt der Rechtskraft des Urteils wäre allerdings auch möglich.[421]

F. Aufhebung des Verwaltungsakts ohne Entscheidung in der Sache (Abs. 3)

I. Allgemein

359   **1. Entstehungsgeschichte.**   § 113 Abs. 3 räumt dem VG die Möglichkeit ein, einen Verwaltungsakt aufzuheben, der wegen Fehlens einer ausreichenden behördlichen Sachaufklärung rechtswidrig ist. Die Norm gibt dem Gericht allgemein die Befugnis, sich unter bestimmten Voraussetzungen auf die Aufhebung des angefochtenen Verwaltungsakts und ggf. des in der Sache ergangenen Widerspruchsbescheids zu beschränken.[422] § 113 Abs. 3 wurde durch das 4. VwGOÄndG vom 17.12.1990 (BGBl I 2809) in Anlehnung an § 100 Abs. 2 S. 2 FGO a.F. und § 124 Abs. 3 VwPO in die VwGO neu eingefügt. § 113 Abs. 2 S. 2 und 3 sind in ihrem Anwendungsbereich leges speciales zu § 113 Abs. 3.[423] Das SGG enthält mit § 131 Abs. 5 SGG eine vergleichbare und zugleich jüngere Norm.[424]

360   **2. Ratio.**   Die „Zurückverweisung" der Sache durch Aufhebung des Verwaltungsakts zum Zweck der behördlichen Sachverhaltsaufklärung dient als gerichtliche Entscheidungsform einerseits der Entlastung der Gerichte und andererseits der Wahrung des exekutiven Funktionsbereichs.[425] Die „Zurückverweisungsmöglichkeit" soll v.a. eine zügige Erledigung des Rechtsstreits ermöglichen. Sie greift, wenn der für die Entscheidung maßgebliche Sachverhalt in wesentlichen Punkten noch nicht im Verwaltungsverfahren ausreichend geklärt wurde. Eine echte Zurückverweisung begründet § 113 Abs. 3 allerdings nicht, da die Behörde nicht zum Tätigwerden verpflichtet ist.[426]

361   Wie bei § 113 Abs. 2 geht es darum, das Gericht von Aufgaben zu befreien, die die Verwaltung effektiver und leichter erledigen kann. Das Gericht soll so die Möglichkeit erhalten, die richterliche Arbeitskraft sinnvoller auf andere Bereiche der Rspr. zu konzentrieren.[427] Die reine Verfahrenskontrolle des § 113 Abs. 3 steht dem Gericht bei jedem Verwaltungsakt zu. Die Befugnis ist nicht auf Geldverwaltungsakte i.S.v. § 113 Abs. 2 beschränkt.

---

417   *Kopp/Schenke* § 113 Rn. 160; *M. Gerhardt*, in: Schoch/Schneider/Bier § 113 Rn. 43.
418   *Kopp/Schenke* § 113 Rn. 160.
419   *Kopp/Schenke* § 113 Rn. 160.
420   Str. *M. Gerhardt*, in: Schoch/Schneider/Bier § 113 Rn. 43: alter Verwaltungsakt in Gestalt einer wiederholenden Verfügung. A.M. *Kopp/Schenke* § 113 Rn. 162: neuer Verwaltungsakt.
421   *Kopp/Schenke* § 113 Rn. 162.
422   BT-Drs. 11/7030, 29; *Kopp/Schenke* § 113 Rn. 165.
423   *Kopp/Schenke* § 113 Rn. 163; vgl. *M. Redeker*, in: Redeker/v. Oertzen § 113 Rn. 25. A.M. *A. Hamann*, DVBl 1992, 738.
424   Dazu nur BSGE 98, 198; *C.-P. Bienert*, SGG 2005, 84–88.
425   *Spannowsky*, 1. Aufl., Rn. 194.
426   *T. Stuhlfauth*, in: Bader § 113 Rn. 82.
427   *M. Gerhardt*, in: Schoch/Schneider/Bier § 113 Rn. 48.

3. Die systematische Bedeutung. a) Ausnahme von der Pflicht zur Spruchreife. Die Bedeutung von   362
§ 113 Abs. 3 liegt in Folgendem: Das Gericht darf den Verwaltungsakt aufheben, obwohl noch nicht
endgültig feststeht, ob der Kläger einen materiell-rechtlichen Anspruch auf Aufhebung des Verwaltungsakts besitzt. Bei § 113 Abs. 3 lässt das Gesetz es für die Aufhebung ausreichen, dass der Verwaltung ein erheblicher Aufklärungsfehler unterlief, unabhängig von der Frage, ob der Verwaltungsakt
eventuell trotz dieses Fehlers rechtmäßig ist bzw. den Kläger nicht in seinen Rechten verletzt.[428] Das
Gericht muss bei § 113 Abs. 3 die Sache nicht spruchreif machen, sondern kann allein wegen der festgestellten Rechtswidrigkeit und der Notwendigkeit weiterer Ermittlungen den Verwaltungsakt aufheben.[429] Die Norm verteilt die Sachaufklärungspflichten zwischen Gerichten und Behörden,[430] und besitzt so dogmatisch eine maßgebliche Bedeutung. § 113 Abs. 3 ist eine systematische Neuregelung. An
ihr ist v.a. zu erkennen, dass die VwGO in den sonstigen Fällen davon ausgeht, dass das Gericht verpflichtet ist, die Streitsache spruchreif zu machen (→ Rn. 57).
Das BVerwG legt § 113 Abs. 3 bewusst eng aus. Nur dann, wenn die Behörde nach ihrer Ausstattung   363
eine Sachverhaltsermittlung besser durchführen kann als das Gericht und es auch unter übergeordneten Gesichtspunkten vernünftiger und sachgerechter ist, die Behörde tätig werden zu lassen, sei die
Vorschrift heranzuziehen (BVerwGE 117, 200, 207; ebenso VGH München NVwZ-RR 2013, 72).

b) Fehlende Analogiefähigkeit. § 113 Abs. 3 bezieht sich nach Regelungsgehalt, systematischer Stel-   364
lung und aufgrund der aussagekräftigen Entstehungsgeschichte nur auf Anfechtungsklagen.[431] Der
Unterschied zwischen der Gestaltungsklage und der Leistungsklage verbietet eine analoge Anwendung
auf die Verpflichtungsklage[432] oder die Leistungsklage.

c) Bedeutung. § 113 Abs. 3 spielt in der Praxis keine große Rolle. Obwohl er den Gerichten die Mög-   365
lichkeit gibt, ihre gerichtliche Tätigkeit stark auf eine Kontrollfunktion zurückzunehmen und die
Funktion des subsidiären Gesetzesvollzuges zurückzudrängen, machen die Gerichte von dieser Möglichkeit ersichtlich wenig Gebrauch.[433]

II. Die Zurückverweisung (Abs. 3 S. 1)

1. Tatbestandsvoraussetzungen. a) Allgemein. § 113 Abs. 3 S. 1 setzt eine Rechtsverletzung durch   366
den Verwaltungsakt voraus. Die Rechtsverletzung muss dabei nicht notwendig vom Tenor des Verwaltungsakts ausgehen, da § 113 Abs. 3 sich auf eine unzureichende Sachverhaltsaufklärung bezieht, die
sich nicht zwingend im Tenor niederschlagen muss. Die Frage des Vorliegens der Tatbestandvorausset-
zungen des § 113 Abs. 3 S. 1 ist gerichtlich im Rechtsmittelverfahren voll überprüfbar. Das VG besitzt
keinen Beurteilungsspielraum.[434] Die Norm gilt auch bei Asylstreitigkeiten (VGH München NVwZ-
RR 2013, 72).

b) Fehlende Sachaufklärung. Die Norm greift nur, wenn die Sachverhaltsaufklärung der Verwaltung   367
rechtswidriger Weise unzureichend, d.h. unvollständig ist (BVerwG 2.5.2005 – 6 B 6/05, juris Rn. 11).
Der Grund der Unvollständigkeit ist unerheblich, möglich sind Fehler im Verwaltungsverfahren, unvollständiges Nachschieben von Gründen oder sonstige Umstände. Weiter muss die weitere Sachaufklärung grds., einen Verwaltungsakt wie den aufgehobenen rechtfertigen können.[435] Ist dies undenkbar, darf das Gericht nicht von § 113 Abs. 3 Gebrauch machen. Das Gleiche gilt, falls undenkbar ist,

---

428 *Kopp/Schenke* § 113 Rn. 165.
429 Vgl. BT-Drs. 10/3437, 133 (zur VwPO); *M. Gerhardt*, in: Schoch/Schneider/Bier § 113 Rn. 46.
430 BVerwGE 117, 200, 206; *S. Detterbeck*, Streitgegenstand, 1995, 190; *M. Gerhardt*, in: Schoch/Schneider/Bier § 113
   Rn. 46.
431 BVerwGE 107, 128 (LS); BVerwG Buchholz 402.25 § 34 AsyVfG Nr. 4; NVwZ 1999, 65; HmbOVG NVwZ-RR
   1993, 55; OVG Münster NVwZ-RR 1992, 520; *P. Stelkens*, NVwZ 1991, 209, 216 f.; *B. Clausing*, JuS 1999, 474,
   476; *A. Demmel*, Verfahren, 1997, 27; *W.-R. Schenke*, DÖV 1996, 527, 540.
432 VGH München 28.5.2008 – 11 C 08.889, juris Rn. 68; *Kopp/Schenke* § 113 Rn. 166; *S. Kuntze*, in: Bader § 113
   Rn. 83. A.M. VG Meiningen NVwZ 1994, Beilage 1, 7; *M. Hödl-Adick*, Bescheidungsklage, 2001, 208; s.a. VG
   Freiburg NVwZ 1997, 411, 413; VG München NVwZ 1996, 410, 412; offen gelassen von VGH München BayVBl
   1997, 213.
433 Ausf.: *M. Gerhardt*, in: Schoch/Schneider/Bier § 113 Rn. 56.
434 *Kopp/Schenke* § 113 Rn. 167; *M. Gerhardt*, in: Schoch/Schneider/Bier § 113 Rn. 49.
435 *T. Stuhlfauth*, in: Bader § 113 Rn. 86.

dass die weitere Sachaufklärung das Ergebnis der Rechtmäßigkeit des Verwaltungsakts begründen kann. In beiden Fällen muss eine endgültige Sachentscheidung ergehen.[436]

368   **c) Fehlende Spruchreife.** Die Sache darf noch nicht spruchreif sein; bei Spruchreife scheidet eine Zurückverweisung aus (VGH München BayVBl 1997, 213 f.). Das Gericht würdigt gem. § 108 Abs. 1 S. 1, § 86 Abs. 1 selbst, ob der Rechtsstreit in der Sache für eine Entscheidung ausreichend ermittelt ist oder ob weitere Aufklärungen notwendig sind.[437]

369   § 113 Abs. 3 greift dabei in den Fällen, in denen das Gericht zu einer Sachaufklärung verpflichtet ist. Besteht ein Gestaltungsfreiraum der Behörde, da eine Ermessensentscheidung, ein Beurteilungsspielraum, ein Planungs- oder ein Prognosefreiraum gegeben ist, ist § 113 Abs. 3 auf die Sachverhaltsteile, die sich auf den Freiraum beziehen, nicht anwendbar.[438] In diesen Fällen führt die Rechtswidrigkeit aufgrund des konkreten Prüfprogramms der Fehler im Verwaltungsverfahren schon zu einem gerichtlichen Aufhebungsgebot nach § 113 Abs. 1 S. 1. § 113 Abs. 3 greift nicht, vielmehr wird der Verwaltungsakt vollständig aufgehoben.[439]

370   **d) Erheblichkeit der fehlenden Sachaufklärung.** Eine weitere Sachaufklärung muss erforderlich und zudem nach Art und Umfang für die noch erforderlichen Ermittlungen erheblich sein. Der Begriff der Erheblichkeit bezieht sich auf den Kosten- und Zeitaufwand für weitere gerichtliche Ermittlungen. Eine Differenzierung zwischen den Merkmalen „Art" und „Umfang" ist nicht erforderlich.[440] Bei dem Merkmal der Erheblichkeit besteht eine strukturelle Parallelität zu § 113 Abs. 2. Der Gesetzgeber dachte an Fälle, in denen Ermittlungen vorzunehmen sind, die die Behörde nach ihrer personellen und sachlichen Ausstattung besser durchführen kann als das Gericht.[441] Die noch erforderliche Aufklärungsarbeit müsste erheblich ins Gewicht fallen (→ Rn. 339). Von der Befugnis der Zurückweisung ist zurückhaltend Gebrauch zu machen (OVG Koblenz InfAuslR 2005, 287). Die Pflicht, ein eventuell umfangreiches Sachverständigengutachten zu komplizierten Fragen einzuholen und abzuwarten, reicht dafür nicht aus.

371   Unzulässig ist die Zurückverweisung auch, wenn die gerichtliche Sachverhaltsaufklärung zu keiner nennenswerten Verzögerung führt oder wenn die Sachverhaltsaufklärung nicht in den Aufgabenbereich fällt, der der Behörde wegen ihrer spezifischen Fachkenntnisse und Erfahrungen zugewiesenen ist. Dagegen kann eine Vielzahl von unterschiedlichen Beweiserhebungen zu unterschiedlichen Tatsachenkomplexen die Erheblichkeit der fehlenden Aufklärung begründen.[442] Erheblich ist der Kosten- und Zeitaufwand insbes., wenn zahlreiche Reisen zu entfernten Ortsterminen notwendig oder längere Verzögerungen zu erwarten wären.[443]

372   **e) Interessen der Beteiligten.** Die Aufhebung ohne Spruchreife ist nur zulässig, wenn sie auch unter Berücksichtigung der Belange der Beteiligten sachdienlich ist. Die betroffenen Belange sind insbes. das Interesse der Beteiligten, den Rechtsstreit in möglichst kurzer Zeit abschließend und sachlich zutreffend durch einen unabhängigen Dritten entschieden zu bekommen. Kann diese Aufgabe auch durch eine isolierte Aufhebung ohne Spruchreife erfüllt werden, stehen die Belange der Beteiligten einer Wahrnehmung der Kompetenz nach § 113 Abs. 3 nicht entgegen. Auch Kostenfaktoren oder sonstige wirtschaftliche Interessen können relevant werden. Ist zu erwarten, dass bei der nachfolgenden behördlichen Ermittlung Streit zwischen den Beteiligten auftreten wird, muss das Gericht selbst die Spruchreife herbeiführen.[444]

373   **f) Sachdienlichkeit.** Die Aufhebung muss sachdienlich sein, d.h. die noch erforderlichen Ermittlungen können von der Behörde im Vergleich zum Gericht „besser und effektiver" vorgenommen werden.[445] Die Erhebung umfangreicher Daten, auch technischer Natur, die voraussichtlich nicht bestritten wer-

---

436   *T. Stuhlfauth*, in: Bader § 113 Rn. 86.
437   *M. Gerhardt*, in: Schoch/Schneider/Bier § 113 Rn. 47.
438   *M. Gerhardt*, in: Schoch/Schneider/Bier § 113 Rn. 46; *G. Gaentzsch*, FS Redeker, 1993, 405, 406 f.
439   *M. Gerhardt*, in: Schoch/Schneider/Bier § 113 Rn. 47.
440   *A. Demmel*, Verfahren, 1997, 129; *M. Gerhardt*, in: Schoch/Schneider/Bier § 113 Rn. 48.
441   *M. Gerhardt*, in: Schoch/Schneider/Bier § 113 Rn. 46; *T. Stuhlfauth*, in: Bader § 113 Rn. 89.
442   Vgl. *M. Gerhardt*, in: Schoch/Schneider/Bier § 113 Rn. 48.
443   *Spannowsky*, 1. Aufl., Rn. 203.
444   BVerwGE 117, 200, 208; *M. Gerhardt*, in: Schoch/Schneider/Bier § 113 Rn. 48.
445   *M. Gerhardt*, in: Schoch/Schneider/Bier § 113 Rn. 48; *A. Demmel*, Verfahren, 1997, 145 ff.

den, kann das Gericht der Verwaltung überlassen. Sachdienlichkeit ist demnach gegeben, wenn ein durchschnittlicher Richter, der einerseits das Interesse der Beteiligten an einer abschließenden Streitentscheidung durch die staatlichen Gerichte beachtet und andererseits einen ressourcensparenden Einsatz der richterlichen Arbeitskraft berücksichtigt, ebenfalls von der Kompetenz des § 113 Abs. 3 Gebrauch gemacht hätte.

g) Entscheidungsfrist. Zudem muss das Gericht die Frist des § 113 Abs. 3 S. 4 beachten, → Rn. 381.   374

2. Ermessen des Gerichts. Von der Befugnis nach § 113 Abs. 3 S. 1 kann das Gericht nach seinem Er-   375
messen Gebrauch machen. Es bedarf dazu auch keines Antrags.[446] Kein Beteiligter kann eine Entscheidung gem. § 113 Abs. 3 beanspruchen, auch auf einen Antrag hin ist das Gericht nicht verpflichtet, den Verwaltungsakt ohne Herbeiführung der Spruchreife aufzuheben. Verzichtet das Gericht auf die Herstellung der Spruchreife, ohne dass die Voraussetzungen von § 113 Abs. 3 erfüllt sind, wird die Entscheidung auf Rechtsmittel hin aufgehoben. Das Berufungsgericht kann die Sache nach § 130 Abs. 2 Nr. 1 an das VG zurückweisen.[447]

3. Die Entscheidung. a) Allgemein. Für die Entscheidungsform greifen bei § 113 Abs. 3 die allgemei-   376
nen Regeln. Ein Gerichtsbescheid scheidet i.d.R. aus, da die Voraussetzungen des § 84 („wenn die Sache keine besonderen Schwierigkeiten tatsächlicher … Art aufweist") bei § 113 Abs. 3 kaum erfüllt sein dürften.[448] Ebenso wird i.d.R. eine mündliche Verhandlung notwendig sein.[449] Auf die Möglichkeit einer Aufhebung ohne Herbeiführung der Spruchreife sollte zur Gewährung des rechtlichen Gehörs hingewiesen werden. Ein Antrag oder Einverständnis der Beteiligten ist nicht erforderlich.

b) Tenor. Entgegen dem missverständlichen Wortlaut („ohne in der Sache selbst") ergeht eine Sach-   377
und keine Prozessentscheidung. Im Urteil hebt das Gericht den Verwaltungsakt und den Widerspruchsbescheid auf, bei Teilbarkeit soweit, wie das Aufklärungsdefizit reicht.[450] Durch das Urteil wird der Verwaltungsakt endgültig und teilweise bzw. vollständig aufgehoben. Der Umstand, dass die Aufhebung auf einer fehlenden Spruchreife der Sache trotz Aufklärung durch das Gericht beruht, kommt im Tenor nicht zum Ausdruck.[451] Erst aus den Urteilsgründen ergibt sich die Berechtigung der Behörde, aufgrund neuer Sachverhaltsermittlung einen neuen Verwaltungsakt zu erlassen, ggf. mit dem gleichen Tenor wie der aufgehobene.

c) Reichweite der Bindungswirkung. Hat das Gericht den angefochtenen Verwaltungsakt zum Zweck   378
der behördlichen Sachverhaltsaufklärung aufgehoben, muss die Behörde erneut prüfen, ob ein Handeln geboten ist, ob sie nach pflichtgemäßem Ermessen aufgrund einer weiteren Sachverhaltsaufklärung einen neuen Verwaltungsakt mit anderem Inhalt oder auch mit gleichem Inhalt erlassen kann oder sogar muss.[452] Ohne weitere Sachaufklärung kann sie dagegen einen Verwaltungsakt mit gleichem Inhalt nicht erlassen. Die Behörde wird durch das Urteil aber anders als bei § 113 Abs. 2 nicht zum Neuerlass verpflichtet.[453] Gebunden ist die Behörde an die der Aufhebungsentscheidung zugrunde liegende Rechtsauffassung des Gerichts. Der neue Verwaltungsakt kann nach seinem Erlass wieder angefochten werden.

d) Kostenentscheidung. Die Aufhebung des Verwaltungsakts wird hinsichtlich der Kosten wie ein   379
vollständiger Sieg des Klägers gewertet (§ 154 Abs. 1), es sei denn, es bestehen abtrennbare, durch Verschulden des Klägers entstandene Kostenteile (§ 155 Abs. 4).[454] Der endgültige Ausgang des Verfahrens nach der behördlichen Sachverhaltsermittlung ist für die prozessuale Kostenentscheidung unerheblich.

---

446 *T. Stuhlfauth*, in: Bader § 113 Rn. 84.
447 *M. Gerhardt*, in: Schoch/Schneider/Bier § 113 Rn. 49.
448 *M. Gerhardt*, in: Schoch/Schneider/Bier § 113 Rn. 51. A.M. *M. Redeker*, in: Redeker/v. Oertzen § 113 Rn. 28.
449 *M. Gerhardt*, in: Schoch/Schneider/Bier § 113 Rn. 51.
450 *A. Demmel*, Verfahren, 1997, 72, 160; *M. Gerhardt*, in: Schoch/Schneider/Bier § 113 Rn. 51.
451 *M. Gerhardt*, in: Schoch/Schneider/Bier § 113 Rn. 51.
452 *A. Demmel*, Verfahren, 1997, 95 ff.; *Kopp/Schenke* § 113 Rn. 169.
453 *Kopp/Schenke* § 113 Rn. 169.
454 Vgl. *M. Gerhardt*, in: Schoch/Schneider/Bier § 113 Rn. 51.

380   **e) Beschwer.** Nach § 113 Abs. 3 obsiegt der Kläger aufgrund der Aufhebung des Verwaltungsakts. Er ist daher durch diese Entscheidung nach h.M. nicht beschwert. Er kann die Entscheidung nicht mit Rechtsmitteln angreifen.[455]

381   **4. Entscheidungsfrist nach Abs. 3 S. 4. a) Ratio.** § 113 Abs. 3 S. 4 beschränkt die Möglichkeit der Aufhebung ohne Sachdienlichkeit nach § 113 Abs. 3 S. 1 zeitlich auf die Frist von sechs Monaten seit Eingang der Akten. Dies soll Verfahrensverzögerungen verhindern und die Gerichte veranlassen, von der Entlastungsmöglichkeit des § 113 Abs. 3 schnell Gebrauch zu machen. Die Frist ist unberechtigtem Misstrauen gegenüber der dritten Gewalt motiviert und sollte abgeschafft werden.[456]

382   **b) Behördenakten".** Es ist umstr., ob mit dem Terminus „Behördenakten" nur die Akten der Ausgangsbehörde oder die Akten sowohl der Ausgangs- als auch der Widerspruchsbehörde (für den Fall, dass auch der Widerspruchsbescheid mitangegriffen wurde) gemeint sind.[457] Das Gericht kann von der Befugnis nach § 113 Abs. 3 S. 1 nur dann vernünftig Gebrauch machen, wenn es abschätzen kann, welche weitere Sachaufklärung erforderlich ist. Dafür bedarf es nicht nur der Akten der Ausgangs-, sondern auch der Widerspruchsbehörde, zumal auch der Widerspruchsbescheid vollständig Klagegegenstand gem. § 79 Abs. 1 Nr. 2 ist. Daher ist entgegen der sonstigen Begrifflichkeit bei § 113 Abs. 3 mit Behörde sowohl die Ausgangs- als auch die Widerspruchsbehörde gemeint.

383   **c) Fristbeginn.** Die Frist beginnt erst zu laufen, wenn alle durch das Gericht zunächst angeforderten Akten der Ausgangs- und Widerspruchsbehörde eingegangen sind.[458] Eine Nachforderung lässt die Frist nicht neu starten.[459] Sie beginnt auch nicht in jeder Rechtsmittelinstanz neu (BVerwGE 117, 200, 206. A.M. OVG Bautzen 22.8.2001 – 5 B 501/01). § 113 Abs. 3 besitzt daher im Rechtsmittelverfahren keine praktische Bedeutung (BVerwGE 117, 200, 207 m.w.N.).

384   **d) Fristende.** Die Frist ist eine Ereignisfrist und wird analog § 187 Abs. 1, § 188 Abs. 2 Var. 1 BGB berechnet.[460] Ggf. muss vor Fristbeginn ein Verfahren nach § 99 Abs. 2 abgeschlossen sein.[461] Mit Fristablauf endet die gerichtliche Befugnis. Nach dem Sinn der Begrenzungsregelung scheidet in der Berufungsinstanz die Aufhebung des Verwaltungsakts zum Zweck der Herbeiführung einer behördlichen Sachverhaltsaufklärung als Entscheidungsform praktisch aus.[462]

III. Einstweilige Regelungen (Abs. 3 S. 2)

385   **1. Ratio.** Mit der Aufhebung des Verwaltungsakts entfällt auch eine eventuell bestehende sofortige Vollziehbarkeit. Bis die Behörde selbst einen erneuten Verwaltungsakt, ggf. mit einer Anordnung der sofortigen Vollziehung nach § 80 Abs. 2 Nr. 4 erlassen kann, kann das Gericht einstweilige Regelungen treffen, die die gleiche Funktion haben wie die Anordnung der sofortigen Vollziehung.[463]

386   **2. Voraussetzungen. a) Antrag.** Die einstweilige Regelung durch das Gericht bedarf eines Antrags. Den Antrag kann in den Fällen von § 80 die Behörde, in denen des § 80 a auch der notwendig beigeladene Begünstigte stellen. Die einstweilige Regelung und entsprechend ein darauf bezogener Antrag kann bis zum Erlass des neuen Verwaltungsakts erlassen bzw. gestellt werden. Der Erlass einer einstweiligen Regelung ist daher auch nach Abschluss des Anfechtungsprozesses, der mit der Aufhebung nach § 113 Abs. 3 S. 1 endet, möglich.[464]

---

455   Vgl. *M. Gerhardt*, in: Schoch/Schneider/Bier § 113 Rn. 51.
456   Vgl. nur *A. Demmel*, Verfahren, 1997, 151 f.; *Kopp/Schenke* § 113 Rn. 168.
457   Für die erste Alternative: *M. Gerhardt*, in: Schoch/Schneider/Bier § 113 Rn. 50; für die zweite Alternative: *Kopp/Schenke* § 113 Rn. 168.
458   *P. Stelkens*, NVwZ 1991, 209, 216 f.; *M. Gerhardt*, in: Schoch/Schneider/Bier § 113 Rn. 50; *Kopp/Schenke* § 113 Rn. 168.
459   *H.-P. Schmieszek*, NVwZ 1991, 522, 524; *Kopp/Schenke* § 113 Rn. 168. A.M. *P. Stelkens*, NVwZ 1991, 209, 217.
460   *M. Gerhardt*, in: Schoch/Schneider/Bier § 113 Rn. 50.
461   *M. Gerhardt*, in: Schoch/Schneider/Bier § 113 Rn. 50.
462   *Spannowsky*, 1. Aufl., Rn. 206.
463   *M. Gerhardt*, in: Schoch/Schneider/Bier § 113 Rn. 53; s.a. BT-Drs. 11/7030, 30.
464   *M. Gerhardt*, in: Schoch/Schneider/Bier § 113 Rn. 53.

b) Überwiegendes Sicherungsinteresse. Der Erlass steht im gerichtlichen Ermessen. Für die Abwä- 387
gung gelten die gleichen Kriterien wie bei § 80 Abs. 5. Maßgeblich ist dabei primär das Ergebnis des
zugunsten des Klägers abgeschlossenen Hauptsacheverfahrens.

3. Entscheidungsinhalt. Das Gericht entscheidet grds. durch Beschluss. Es kann allerdings auch 388
gleich im Urteil nach § 113 Abs. 3 S. 1 über die einstweiligen Regelungen nach § 113 Abs. 3 S. 2 mitentscheiden.[465] Für Rechtsbehelfe gelten die entsprechenden allgemeinen Regeln. Zuständig ist das
Gericht erster Instanz. Obwohl § 122 Abs. 2 § 113 Abs. 3 S. 2 nicht erwähnt, ist der Beschluss zu begründen.[466] Der Inhalt der einstweiligen Regelung steht ebenfalls im Ermessen des Gerichts. Die in
§ 113 Abs. 3 S. 2 aufgeführten Beispiele sind nicht abschließend („insbesondere"). Grenzen für die
richterliche Anordnung ergeben sich aus dem Sinn der Regelung. Vollendete Tatsachen dürfen durch
die einstweilige Regelung nicht herbeigeführt werden.[467] Empfehlenswert ist i.d.R. eine Befristung der
Regelung.

4. Kontrolle (Abs. 3 S. 3). § 113 Abs. 3 S. 3 ermöglicht dem Gericht, den Beschluss über die einstwei- 389
ligen Regelungen jederzeit zu ändern und aufzuheben. Die Norm setzt daher eine ständige Überprüfung der Angemessenheit der Regelung trotz eventueller Veränderungen der Sach- und Rechtslage
durch das Gericht voraus. Die Vorschrift entspricht strukturell § 80 Abs. 7 S. 1.[468]

G. Verbindung des Aufhebungsurteils mit einem Leistungsurteil (Abs. 4)

I. Allgemein

§ 113 Abs. 4 privilegiert den Kläger. Er muss nicht die Rechtskraft des Anfechtungsurteils abwarten, 390
um zu einem Leistungsurteil zu kommen. Ohne die spezielle Regelung könnte er die Leistungsklage
erst nach Rechtskraft des Aufhebungsurteils erheben (→ Rn. 192). § 113 Abs. 4 greift daher auch
dann, wenn der Folgeanspruch, auf den die Leistung gerichtet ist, erst mit der Aufhebung des Verwaltungsakts entsteht.[469] § 113 Abs. 4 verlegt gerade aus Gründen der Prozessökonomie die Rechtskraftwirkung der Anfechtungsklage – soweit sie für das Leistungsbegehren notwendig ist – zeitlich nach
vorne.

§ 113 Abs. 4 verallgemeinert den schon § 113 Abs. 1 S. 2 zugrunde liegenden Grundgedanken, Stufen- 391
streitigkeiten anlässlich der Aufhebung eines Verwaltungsakts möglichst in einem Verfahren zu erledigen. Für eine Verbindung von Anfechtungsklagen und Folgenbeseitigungsansprüchen geht § 113
Abs. 1 S. 2 dem § 113 Abs. 4 als lex specialis vor.[470] § 113 Abs. 4 ist wie § 113 Abs. 1 S. 2 eine gesetzliche Regelung der Stufenklage.[471] Die Verbindung von Anfechtungs- und Leistungsbegehren ist eine
Klagenhäufung, deren Voraussetzung sich nach § 113 Abs. 4 und nicht nach § 44 richtet.

Eine analoge Anwendung auf die Verpflichtungsklage ist str., aber wegen des Unterschieds zwischen 392
Gestaltungsurteil und Leistungsurteil nicht möglich.[472] Zum einen sind die Verpflichtungsklage und
die allgemeine Leistungsklage zwei Leistungsklagen, die auf unterschiedliche Leistungsziele gerichtet
sind, zum anderen ist § 113 Abs. 4 seinem Regelungsgehalt nach auf die kassatorische Entscheidungsform der Aufhebung zugeschnitten und lässt sich schon deshalb nicht ohne Weiteres auf die leistungs-
zielorientierte Verpflichtung übertragen.

Auch eine analoge Anwendung des § 113 Abs. 4 auf Nebenansprüche, die nicht im Wege einer Leis- 393
tungsklage geltend gemacht werden, sondern im Wege einer Anfechtungsklage, scheidet aufgrund des
Unterschieds zwischen Gestaltungsklagen und Leistungsklagen aus.[473]

---

465 *Kopp/Schenke* § 113 Rn. 170; *T. Stuhlfauth,* in: Bader § 113 Rn. 93.
466 *M. Gerhardt,* in: Schoch/Schneider/Bier § 113 Rn. 54.
467 Ausf. *Kopp/Schenke* § 113 Rn. 170.
468 *Kopp/Schenke* § 113 Rn. 171; *M. Gerhardt,* in: Schoch/Schneider/Bier § 113 Rn. 54.
469 BVerwG DVBl 2000, 1062. A.M. *M. Redeker,* in: Redeker/v. Oertzen § 113 Rn. 53; *Spannowsky,* 1. Aufl., Rn. 217.
470 BT-Drs. 3/55, 43; *Kopp/Schenke* § 113 Rn. 172.
471 BVerwG DVBl 2000, 1063 (zu § 113 Abs. 4); zu § 113 Abs. 3 a.F. VGH München BayVBl 1982, 693; *T. Stuhlfauth,*
     in: Bader § 113 Rn. 95.
472 VGH Kassel DVBl 1981, 1069, 1070; OVG Bln-Bbg NVwZ-RR 2015, 804; *M. Gerhardt,* in: Schoch/Schneider/Bier
     § 113 Rn. 61. A.M. OVG Lüneburg OVGE 48, 446 ff. *Kopp/Schenke* § 113 Rn. 177; zur a.M. tendierend wohl auch
     BVerwG DVBl 2000, 1062.
473 *W. Pauly/J. Pudelka,* DVBl 1999, 1609, 1613; *M. Gerhardt,* in: Schoch/Schneider/Bier § 113 Rn. 62. A.M. *Kopp/
     Schenke* § 113 Rn. 176; s.a. BVerwG DVBl 2000, 1063.

II. Die Tatbestandsvoraussetzungen

394　**1. Aufhebung des Verwaltungsakts.** § 113 Abs. 4 setzt zunächst die Aufhebung eines Verwaltungsakts im Klagewege, demnach eine Anfechtungsklage voraus.

395　**2. Leistungsbegehren.** Neben der Aufhebung des Verwaltungsakts muss eine Leistung begehrt werden. Leistungsklagen i.S.v. Abs. 4 sind sowohl die allgemeine Leistungsklage als auch die Verpflichtungsklage.[474] Die Verurteilung zur Leistung setzt voraus, dass die Leistungsklage zulässig und begründet ist. Demnach müssen u.a. sämtliche Sachurteilsvoraussetzungen erfüllt sein. Darunter fällt auch das Rechtsschutzbedürfnis. Dieses fehlt, wenn eindeutig ist, dass die Verwaltung im Falle der Aufhebung des umstrittenen Verwaltungsakts zur nachfolgenden Leistung ohne Weiteres bereit sein wird.[475] Für die Zulässigkeit einer mit dem Aufhebungsantrag verbundenen Verpflichtungsklage bedarf es keiner gesonderten Durchführung eines Vorverfahrens, da insoweit § 113 Abs. 4 eine Sonderregelung gegenüber § 68 darstellt.[476] Erfasst werden auch Leistungsansprüche, die erst mit der Bestandskraft des Verwaltungsakts entstehen.

396　**3. Sachliche Verbindung von Aufhebungsbegehren und Leistungsbegehren.** Trotz des offenen Wortlautes („neben der Aufhebung") muss zwischen dem Aufhebungsbegehren und dem Leistungsbegehren ein unmittelbarer Zusammenhang bestehen. Erfasst werden nur Leistungsansprüche, die an die Aufhebung des Verwaltungsakts anknüpfen.[477] Sofern es Folgenbeseitigungsansprüche sind, greift die vorrangige Vorschrift § 113 Abs. 1 S. 2. Daher sind Ansprüche, die unter § 113 Abs. 4 fallen, selten.[478] So dürften auch etwa Nachzahlungsansprüche bei einer erfolgreichen Klage gegen einen Verwaltungsakt, der einen Status beendet, wie etwa dem Widerruf des Beamtenverhältnisses, bereits unter § 113 Abs. 1 S. 2 fallen und nicht unter § 113 Abs. 4.[479] Auch Klagen auf Rücknahme von Vollstreckungsverwaltungsakten, die auf dem aufgehobenen Grundverwaltungsakt basieren, fallen unter § 113 Abs. 1 S. 2.[480] In der Lit. werden daher nur Schadensersatzansprüche zu Aufhebungsansprüchen genannt, für die der Verwaltungsrechtsweg gegeben ist (§ 40 Abs. 2 S. 2 VwGO, § 126 BRRG).[481]

397　**4. Antrag und Entscheidung.** Die Entscheidung über den Leistungsanspruch setzt einen ausdrücklichen Antrag des Klägers voraus, auch wenn der Normtext insoweit schweigt.[482] Liegt ein Antrag i.S.d. § 113 Abs. 4 vor, hat das Gericht über diesen zu entscheiden. Ist das Leistungsbegehren spruchreif, wird in der Sache entschieden. Ist das Leistungsbegehren noch nicht spruchreif, wird zunächst über die Anfechtungsklage durch Teilurteil (§ 110) entschieden. Eine Abweisung kommt im Gegensatz zu § 113 Abs. 1 S. 2 nicht infrage, da die Spruchreife nicht zur ausdrücklichen Voraussetzung erklärt wird. Auf die Verurteilung zur Leistung ist § 167 Abs. 2 nicht analog anwendbar (a.A. OVG Bln-Bbg NVwZ-RR 2015, 804 f.).

H. Die Verpflichtungsklage

I. Allgemein

398　**1. Allgemein.** a) Arten von Verpflichtungsklagen. aa) Verpflichtungsklagen i.e.S. § 113 Abs. 5 normiert die Entscheidungsbefugnis des Gerichts im Falle einer Verpflichtungsklage. Der Begriff „Amtshandlung" in § 113 Abs. 5 S. 1 ist zu weit. Er meint nur den „Verwaltungsakt". Die Norm gilt nur für Verpflichtungsklagen,[483] nicht für sonstige Leistungsklagen. Die Entscheidungsbefugnis des Gerichts

---

474　OVG Lüneburg VerwRspr 24, 784; *Kopp/Schenke* § 113 Rn. 173; *T. Stuhlfauth*, in: Bader § 113 Rn. 96.
475　Vgl. *Kopp/Schenke* § 113 Rn. 175.
476　BVerwG DVBl 2000, 1062; *Kopp/Schenke* § 113 Rn. 175. A.M. *Spannowsky*, 1. Aufl., Rn. 213.
477　*M. Gerhardt*, in: Schoch/Schneider/Bier § 113 Rn. 62.
478　*M. Gerhardt*, in: Schoch/Schneider/Bier § 113 Rn. 62; vgl. etwa OVG Schleswig 24.1.2008 – 5 LA 406/03.
479　*M. Gerhardt*, in: Schoch/Schneider/Bier § 113 Rn. 62. A.M. BVerwG NVwZ 1988, 441; *Kopp/Schenke* § 113 Rn. 172.
480　A.M. *Kopp/Schenke* § 113 Rn. 174.
481　*M. Gerhardt*, in: Schoch/Schneider/Bier § 113 Rn. 62.
482　*M. Gerhardt*, in: Schoch/Schneider/Bier § 113 Rn. 62; *Kopp/Schenke* § 113 Rn. 175.
483　BVerwGE 31, 301 ff.; *M. Redeker*, in: Redeker/v. Oertzen § 113 Rn. 54.

bei der allgemeinen Leistungsklage ist auch in keiner anderen Norm der VwGO geregelt, sondern ergibt sich aus allgemeinen Grundsätzen.[484]

§ 113 Abs. 5 regelt die Begründetheitsprüfung der Verpflichtungsklage zwar nicht abschließend, aber **399** weitgehend. Geregelt wird wie bei Abs. 1 der prozessuale Anspruch auf das Verpflichtungsurteil. Der materielle Anspruch auf Erlass des Verwaltungsakts wird vorausgesetzt. Nach § 113 Abs. 5 ist die Verpflichtungsklage begründet, wenn die Ablehnung oder Unterlassung des Verwaltungsakts rechtswidrig, der Kläger dadurch in seinen Rechten verletzt und die Sache spruchreif ist.

bb) Verpflichtungsurteil und Bescheidungsurteil. § 113 Abs. 5 unterscheidet zwischen gerichtlichen **400** Entscheidungen über rechtlich voll determinierte Ansprüche in S. 1 und über Ansprüche auf fehlerfreie Entscheidungsfindung bei administrativer Letztentscheidungsbefugnis in S. 2.[485] Der Unterschied ist Folge der im materiellen Recht angelegten Kompetenzverteilung zwischen Gericht und Behörde. Unterscheidungsmerkmal ist der Begriff der Spruchreife. Bei S. 1 ergeht ein Verpflichtungsurteil, im Falle von S. 2 ein Bescheidungsurteil.

cc) Untätigkeitsklage und Versagungsgegenklage. Der Verpflichtungsklage können zwei unterschied- **401** lich gestaltete Verwaltungsverfahren vorausgehen. Zum einen kann die Verwaltung auf einen entsprechenden Antrag des Klägers hin überhaupt nichts getan haben (Untätigkeitsklage). Sie kann aber auch einen entsprechenden Antrag abgelehnt haben (Versagungsgegenklage). Möglich ist auch der Erlass eines Verwaltungsakts, der inhaltlich nicht so weit reicht, wie es der Antragsteller begehrt hat. Dieser Fall ist – solange keine Teilanfechtung hinsichtlich eventuell selbständiger belastender Bestandteile des Verwaltungsakts in Betracht kommt – prozessual wie die vollständige Versagung zu behandeln, demnach als Versagungsgegenklage.

dd) Versagungsgegenklage und Untätigkeitsklage. § 42 Abs. 1 Var. 2 unterscheidet zwischen Versa- **402** gungsgegenklage und Untätigkeitsklage. Dieser Unterschied kommt bei § 113 Abs. 5 nicht mehr vor. Beide Fälle werden unter den einheitlichen Fall des Anspruchs auf Erlass eines Verwaltungsakts gefasst.

b) Zulässigkeit vorausgesetzt. aa) Kein Regelungsgegenstand von Abs. 5. § 113 Abs. 5 normiert nur **403** die Begründetheit der Klage. Das Gericht ist zu einer Verpflichtungsentscheidung i.S.d. § 113 Abs. 5 dennoch nur befugt, wenn die allgemeinen und besonderen Sachurteilsvoraussetzungen vorliegen; diese richten sich nach anderen Normen der VwGO.

bb) Statthaftigkeit. Die Statthaftigkeit der Verpflichtungsklage ist in § 42 Abs. 1 Var. 2 niedergelegt. **404** Danach muss das Klagebegehren auf den Erlass eines Verwaltungsakts gerichtet sein, der, falls er bereits erlassen worden wäre, noch keine Erledigung gefunden hätte. Im Fall der Erledigung greift § 113 Abs. 1 S. 4 analog (→ Rn. 237 ff.).

cc) Klage auf Widerspruchsbescheid. Ob die Verurteilung zum Erlass eines bestimmten Wider- **405** spruchsbescheids Gegenstand der gerichtlichen Verpflichtung sein kann, ist nach dem Wortlaut des § 113 Abs. 5 fraglich. Bei § 113 ist mit dem Begriff „Verwaltungsakt" nicht der isolierte Widerspruchsbescheid gemeint, wie an § 115 deutlich wird. Sofern materiell ein Anspruch auf Erlass eines Widerspruchsbescheids besteht, muss dieser Anspruch aber prozessual erfüllt werden. Demnach ist in diesen Fällen zumindest über eine Analogie von § 115 zu einem entsprechenden Anspruch zu gelangen.[486] Ein entsprechender Anspruch auf Erlass eines Widerspruchsbescheids kann sich aus materiellem Recht ergeben. Ein solcher besteht für den Bauherrn etwa, wenn die Behörde nicht über den gegen eine Baugenehmigung eingelegten Nachbarwiderspruch entscheidet (VGH Mannheim ESVGH 43, 142 ff.; DVBl 1994, 707 f.). Umstr. und entgegen der Rspr. anzunehmen ist allerdings, dass allein aus dem Verfahrensrecht der §§ 68 ff. ein entsprechender Anspruch folgt.[487]

dd) Klage bei fehlendem Antrag. Der begehrte Verwaltungsakt darf nicht bei der unzuständigen Stel- **406** le beantragt worden sein; sonst fehlt dem Kläger nach zutr. Ansicht das allgemeine Rechtsschutzbe-

---

484 Vgl. *Kopp/Schenke* § 113 Rn. 183.
485 Früh schon *K. A. Bettermann*, NJW 1960, 649, 653 ff.; *M. Gerhardt*, in: Schoch/Schneider/Bier § 113 Rn. 63.
486 Für eine analoge Anwendung unmittelbar des § 113 Abs. 5 *Kopp/Schenke* § 113 Rn. 182.
487 Dies zutr. annehmend *Kopp/Schenke* § 113 Rn. 206. A.M. VGH Mannheim NVwZ 1994, 507 (LS); 1995, 280.

dürfnis. Fehlt lediglich der formale Antrag auf Erlass des begehrten Verwaltungsakts, so kann dieser Verfahrensmangel grds. geheilt werden (vgl. § 45 Abs. 1 Nr. 1 i.V.m. Abs. 2 VwVfG).

407 **2. Verhältnis von Aufhebungsbegehren und Verpflichtungsbegehren bei der Versagungsgegenklage. a) Allgemein.** Das Verhältnis von Anfechtungs- und Verpflichtungsklage ist in der Lit. umstr., insbes. ob die Anfechtungsklage als Minus in der Verpflichtungsklage mitenthalten sei. Da Gestaltungs- und Leistungsklagen prozessual zu trennen sind, ist grds. von einem qualitativen Unterschied zwischen beiden Klagearten auszugehen. Allerdings wird man dennoch annehmen müssen, dass im Falle der Versagungsgegenklage in der Verpflichtungsklage der Antrag auf Aufhebung vorausgehender Verwaltungsakte mitenthalten ist,[488] da ansonsten keine widerspruchsfreie Lösung erreicht werden kann.

408 **b) Versagender Bescheid bei der Versagungsgegenklage.** Hat die Verwaltung vor Klageerhebung den Antrag des Bürgers abgelehnt bzw. einen Verwaltungsakt erlassen, der inhaltlich weniger weit als der Antrag geht, und will das Gericht der Klage stattgeben, entsteht die Frage, was mit dem vorausgehenden Verwaltungsakt geschieht. Fraglich ist, ob der vorausgehende Verwaltungsakt aufgehoben werden muss, nicht aufgehoben werden darf oder das Gericht ein Wahlrecht besitzt. § 113 Abs. 5 spricht nur von der Pflicht zum Erlass des begehrten Verwaltungsakts, aber nicht von der Aufhebung der ablehnenden oder inhaltlich unzureichenden Entscheidung. Die überwiegende Ansicht vertritt eine pragmatische Lösung, nach der das Gericht den vorausgehenden Verwaltungsakt nicht aufheben müsse, aber dürfe und die ausdrückliche Aufhebung aus Gründen der Rechtssicherheit auch gewünscht sei.[489]

409 Die dogmatische Begründung für diese Ansicht fällt allerdings nicht leicht. Angeboten wird folgende Begründung: Der vorausgehende Verwaltungsakt habe sich durch die gerichtliche Entscheidung erledigt, daher sei eine ausdrückliche Aufhebung auch nicht erforderlich. Die Aufhebung werde durch die gerichtliche Entscheidung überholt, die das Rechtsverhältnis zwischen den Beteiligten neu regelt.[490] Geht man von einer Erledigung des Verwaltungsakts aus, dann dürfte allerdings dieser nicht mehr aufgehoben, sondern allenfalls dessen Erledigung festgestellt werden (ansonsten bestünden Friktionen zu der Ansicht, dass eine Anfechtungsklage gegen einen erledigten Verwaltungsakt unstatthaft sei).[491] Weiter ist in den Fällen, in denen der versagende Bescheid Tatbestandswirkungen besitzt, die über die Ablehnung des Antrages selbst hinausgehen und sich auf das Rechtsverhältnis insgesamt beziehen, eine Verpflichtung der Behörde zur Leistung nur möglich, wenn vorher der Verwaltungsakt aufgehoben wird.[492] Man wird daher annehmen müssen, dass in dem Verpflichtungsantrag insoweit ein Aufhebungsantrag enthalten ist und das Verpflichtungsurteil eine konkludente Aufhebung enthält.[493]

410 Die Aufhebung reicht so weit, wie der vorausgehende Verwaltungsakt mit der gerichtlichen Zuerkennung des geltend gemachten Anspruchs unvereinbar ist. Dies richtet sich u.a. nach der Reichweite der Tatbestandswirkung des vorausgehenden, ablehnenden bzw. nicht weit genug reichenden Verwaltungsakts.[494] Es gibt demnach eine Parallele zu einer konkludenten Rücknahme bei Erlass eines abweichenden Verwaltungsakts durch die Verwaltung. Der konkludent miterhobene Aufhebungsantrag und die konkludente Aufhebung durch das Gericht greifen nur, wenn der vorausgehende Verwaltungsakt der Verpflichtung zum Erlass des begehrten Verwaltungsakts entgegensteht. In den Fällen, in denen ausnahmsweise eine isolierte Anfechtung des ablehnenden Verwaltungsakts möglich ist, liegt ausschließlich ein ausdrücklicher Aufhebungsantrag vor.

---

488 BVerwGE 39, 135, 138; *Kopp/Schenke* § 113 Rn. 185.
489 *M. Gerhardt*, in: Schoch/Schneider/Bier § 113 Rn. 64; *Kopp/Schenke* § 113 Rn. 179; → § 42 Rn. 32; *K. A. Bettermann*, NJW 1960, 649, 651; *C.-F. Menger*, VerwArch 55 (1964), 275, 278; *J. Schmidt*, in: Eyermann § 113 Rn. 33 f. Demgegenüber hat *W. Schäfer*, DVBl 1960, 837, 840 die Aufhebung des versagenden Verwaltungsakts als notwendig angesehen. Für unzulässig aufgrund des Normtextes hat *F. Czermak*, NJW 1962, 776 f. die Aufhebung gehalten.
490 OVG Bln OVGE 22, 34 ff.; *S. Detterbeck*, Streitgegenstand, 1995, 211; *M. Wehr*, Jura 1998, 575, 579; *M. Gerhardt*, in: Schoch/Schneider/Bier § 113 Rn. 64.
491 Dogmatisch korrekt daher *Kopp/Schenke* § 113 Rn. 179, der – praktisch aber nur mit großen Mühen durchführbar – streng zwischen erledigten Ablehnungen und Ablehnungen mit dem Urteil entgegenstehender Tatbestandswirkungen trennt.
492 *Kopp/Schenke* § 113 Rn. 179.
493 *Kopp/Schenke* § 113 Rn. 179.
494 Ausf. *Kopp/Schenke* § 113 Rn. 179.

II. Die Begründetheitsprüfung

1. Versagungsgegenklage und Rechtswidrigkeit der Versagung. Der Normtext von § 113 Abs. 5 ist ersichtlich an § 113 Abs. 1 angelehnt. Er ist insofern ungenau, als nicht deutlich wird, dass auch in den Fällen, in denen ein ablehnender Verwaltungsakt vorangegangen ist, es nicht auf etwaige Mängel des Ablehnungsbescheids ankommt. Entscheidend für die Begründetheit der Verpflichtungsklage ist vielmehr allein, ob dem Kläger ein Anspruch auf den Verwaltungsakt bzw. auf (Neu-)Bescheidung seines Antrags zusteht. Die Rechtsverletzung muss in der Versagung des begehrten Verwaltungsakts liegen.[495] Das Entscheidungsprogramm des Gerichts ist bei der Versagungsgegenklage und bei der Untätigkeitsklage bei gebundenen Entscheidungen identisch. Entscheidend ist, ob der Kläger einen Anspruch auf Erlass des Verwaltungsakts oder (Neu-) Bescheidung hat und dieser Anspruch nicht erfüllt wurde. Einem vorausgehenden ablehnenden Verwaltungsakt kommt bei rechtsgebundenen Ansprüchen keine Bedeutung zu.[496] 411

Liegt kein gebundenes Verwaltungshandeln vor, kommt es für die Begründetheit der Bescheidungsklage darauf an, ob die Verwaltung den Anspruch auf fehlerfreie Ermessensausübung des Klägers schon erfüllt hat. Dies kann sie im Falle der Versagungsgegenklage aber nur dann getan haben, wenn die Versagung rechtmäßig war (bzw. keine subjektiven Rechte des Klägers verletzt wurden). Für die Frage, ob der Anspruch auf ermessensfehlerfreies Handeln erfüllt ist, besitzt der Versagungsbescheid demnach eine Bedeutung. Weiter ist das gerichtliche Prüfprogramm, wie an § 114 zu ersehen ist, nicht identisch mit dem behördlichen. 412

2. Aktiv- und Passivlegitimation. a) Aktivlegitimation. Der Kläger muss materiell-rechtlich berechtigt sein, den Anspruch, dessen Existenz er behauptet, gegenüber dem Beklagten geltend zu machen.[497] In den meisten Fällen ist dies dann der Fall, wenn der geltend gemachte Anspruch (seine Existenz unterstellt) dem Kläger zusteht. In den Fällen der zulässigen Prozessstandschaft, insbes. der „Partei kraft Amtes" muss der Anspruch dem Rechtsinhaber, für den der Kläger behauptet zu handeln, zustehen.[498] 413

b) Passivlegitimation. Passivlegitimiert ist der Rechtsträger, gegen den der Kläger behauptet, einen Anspruch zu haben. Dies lässt sich anhand folgender Kontrollfrage ermitteln: Unterstellt, der Anspruch besteht so, wie der Kläger ihn behauptet, wer müsste ihn dann erfüllen? Ob der Anspruch wirklich besteht ist eine Frage der weiteren Begründetheitsprüfung.[499] Wendet sich der Kläger gegen den falschen Rechtsträger und erhält er von diesem einen ablehnenden Verwaltungsakt, so ist die nachfolgende Versagungsgegenklage gegen diesen Rechtsträger unbegründet, aber nicht wegen fehlender Passivlegitimation, sondern wegen eines fehlenden Anspruchs gegen diesen Rechtsträger (s.a. § 78 Abs. 1 Nr. 1 Var. 2). Die Klage gegen den richtigen Amtsträger wäre unzulässig (und nicht wegen fehlender Passivlegitimität unbegründet), sofern der Kläger den Antrag auf Erlass des Verwaltungsakts noch nicht an diesen gerichtet hat. Nach Ansicht der Rspr. normiert dabei § 78 Abs. 1 Nr. 1 für die Versagungsgegenklage die Passivlegitimation. Für die Unterlassungsklage ergibt sich dieses Ergebnis aus dem Rechtsträgerprinzip. 414

3. Bestehen eines Anspruchs auf Erlass. a) Anspruchsgrundlage. Ob die Versagung oder das Unterlassen des beantragten Verwaltungsakts eine Rechtsverletzung begründet, richtet sich nach materiellrechtlichen Vorschriften. Ein Anspruch auf Erlass oder Bescheidung kann sich v.a. (a) aus einem Gesetz oder (b) aufgrund eines Gesetzes, (c) aus einem Grundrecht, (d) aus einer Zusicherung (§ 38 VwVfG), (e) aus öffentlich-rechtlichem Vertrag, (f) aus einem Verwaltungsakt oder (g) aus sonstigen anspruchsbegründenden Rechtsakten ergeben. 415

Die Unterscheidung zwischen objektiver Rechtmäßigkeit und subjektiver Rechtsverletzung, die § 113 Abs. 1 S. 1 für die Anfechtungsklage vorgibt, ist bei der Verpflichtungsklage nicht erforderlich. Die objektive Rechtsverletzung ergibt sich aus der Verletzung des subjektiven Rechts. 416

---

495 *M. Gerhardt*, in: Schoch/Schneider/Bier § 113 Rn. 64; *Kopp/Schenke* § 113 Rn. 186.
496 *M. Gerhardt*, in: Schoch/Schneider/Bier § 113 Rn. 64.
497 BVerwGE 90, 238, 243 f.; *J.-H. Hong*, Klage, 1992, 114; vgl. *Kopp/Schenke* Vorbem. § 40 Rn. 28.
498 Dazu *Kopp/Schenke* Vorbem. § 40 Rn. 23 und § 42 Rn. 60 f.
499 Vgl. BVerwGE 98, 313, 315 f.; BVerwG NJW 1987, 2179; VGH Kassel DVBl 1994, 822 (LS); VGH Mannheim UPR 1995, 359 (LS); *M. Gerhardt*, in: Schoch/Schneider/Bier § 113 Rn. 9.

417   Zur maßgeblichen Sach- und Rechtslage → Rn. 90 ff.

418   **b) Genehmigungsbedürftigkeit.** Der Kläger hat nur einen Anspruch auf Erlass eines Verwaltungsakts oder auf Neubescheidung, wenn er rechtlich den Bescheid überhaupt benötigt. Das ist zumindest dann der Fall, wenn sein Verhalten oder das Vorhaben genehmigungsbedürftig ist.

419   **c) Formelle Anspruchsvoraussetzungen.** Die Klage ist nur begründet, wenn die formellen Anspruchsvoraussetzungen erfüllt sind. Diese erschöpfen sich i.d.R. in der Pflicht, einen Antrag zu stellen, dessen Fehlen sich allerdings schon in der Zulässigkeitsprüfung bemerkbar machen dürfte (fehlendes Rechtsschutzinteresse). Weitere Voraussetzungen sind etwa die Mitwirkungsakte von Dritten oder anderen Verwaltungsträgern (v.a. das Einvernehmen der Gemeinde nach § 36 BauGB) sowie eventuelle Antragsfristen. In besonderen Fällen verlangt man auch ein Sachbescheidungsinteresse, das als formelle Voraussetzung angesehen werden kann.

420   **d) Materielle Anspruchsvoraussetzungen.** Die materiellen Anspruchsvoraussetzungen richten sich nach der jeweiligen Anspruchsgrundlage. Es kann vorkommen, dass die Anspruchsvoraussetzungen vom Gesetz her auf die Prüfung bestimmter Fragen beschränkt werden[500] und der Antragsteller zwar diese Voraussetzungen einhält, zugleich aber erkennbar gegen andere Vorschriften verstößt, die nicht in das Prüfprogramm fallen. Sofern die Behörde wegen dieser Verstöße das Vorhaben nach Genehmigungserteilung gleich wieder untersagen könnte und die Verstöße offensichtlich sind, fehlt dem Antragsteller das Sachbescheidungsinteresse (formelle Voraussetzung).

421   **4. Kein Aufhebungsausschluss.** Trotz Bestehens eines materiellen Anspruchs des Klägers auf Erlass eines bestimmten Verwaltungsakts kann der prozessuale Anspruch auf Verpflichtung zum Erlass dieses Verwaltungsakts ausgeschlossen sein. Dies ist möglich bei Verwirkung des prozessualen Anspruchs oder der Umdeutung eines rechtswidrigen Versagungsbescheids in einen rechtmäßigen Versagungsbescheid (bei Ansprüchen auf Bescheidung).

III. Die Spruchreife

422   **1. Die Unterscheidung zwischen Bescheidungsurteil und Verpflichtungsurteil.** § 113 Abs. 5 unterscheidet durch seine beiden Sätze zwischen dem Verpflichtungsurteil und dem Bescheidungsurteil (S. 2). Anknüpfungspunkt für die Unterscheidung ist die „Spruchreife". Die Verpflichtung zum Erlass eines Verwaltungsakts mit bestimmtem Inhalt kann grds. nur ausgesprochen werden, wenn Spruchreife der Sache gegeben ist. Spruchreife ist ein prozessualer Begriff, der an die materielle Rechtslage anknüpft.[501] Mit diesem Merkmal nimmt das Gesetz die Differenzierung zwischen „freier" und „gebundener" Verwaltung auf.[502] Nicht erwähnt ist der Fall, dass der Anspruch nicht besteht. In diesem Fall ergeht eine Klageabweisung.

423   **2. Spruchreife. a) Der Begriff der Spruchreife in Abs. 5.** Spruchreif i.S.v. § 113 Abs. 5 S. 1 ist eine Klage, wenn die Verwaltung durch das Urteil zum Erlass eines bestimmten Verwaltungsakts verpflichtet werden kann. Dies ist möglich, wenn die Voraussetzungen für einen Anspruch auf einen bestimmten Verwaltungsakt bestehen. Bei gebundenen Verwaltungsakten liegt dies vor, sofern die von der Behörde zu treffende Sachentscheidung bei Abschluss des Gerichtsverfahrens feststeht, bei Ermessensverwaltungsakten und sonstigen Entscheidungsfreiräumen der Verwaltung nur, wenn sich diese auf nur eine mögliche Entscheidung verdichtet haben.[503]

424   § 113 Abs. 5 S. 1 verwendet den Begriff der Spruchreife nur für den Fall der Begründetheit des Anspruchs. Sind bei einem gebundenen Verwaltungsakt die Tatbestandsvoraussetzungen nicht gegeben, ist die Klage unbegründet. Gleiches gilt, wenn im Falle einer Ermessensentscheidung eine rechtmäßige, ablehnende Entscheidung der Verwaltung vorliegt. Auch in diesen Konstellationen ist die Sache spruchreif, allerdings für eine Klageabweisung, über die § 113 Abs. 5 schweigt.

---

500 Der wichtigste Fall ist das vereinfachte Genehmigungsverfahren im Baurecht, dazu W. *Brohm*, Öffentliches Baurecht, ³2002, § 4 Rn. 14.
501 BVerwGE 78, 177, 181; 85, 368, 379; *Kopp/Schenke* § 113 Rn. 193.
502 M. *Schröder*, FS Menger, 1985, 487, 488.
503 M. *Gerhardt*, in: Schoch/Schneider/Bier § 113 Rn. 66.

b) Fehlende Spruchreife. Die Spruchreife i.S.v. § 113 Abs. 5 S. 1 kann aus rechtlichen Gründen nicht 425
hergestellt werden, wenn der Verwaltung ein Beurteilungsspielraum oder ein Ermessensfreiraum zukommt oder ein selbständiger Entscheidungsspielraum verbleibt.[504] Entscheiden Zweckmäßigkeitsge-
sichtspunkte über die Reichweite einer Nebenbestimmung bei einem Verwaltungsakt, kann das VG
nur ein Bescheidungsurteil und kein Verpflichtungsurteil erlassen. Liegt ein Fall der Ermessens- oder
Beurteilungsreduzierung auf Null vor, liegt wieder Spruchreife vor und es gilt S. 1.[505] Das Gericht ist
berechtigt, aber nicht verpflichtet, durch gerichtliche Aufklärung die Frage zu klären, ob ein Fall der
Ermessensreduzierung vorliegt (ausf. → § 114 Rn. 137).[506]

c) Abgrenzungsfragen. Bei Prüfungsentscheidungen ist zu differenzieren: Ein Anspruch auf Verpflich- 426
tung der Behörde, eine bestimmte Note zu vergeben, kommt in Betracht, wenn die ursprüngliche Benotung fehlerhaft war und die neue Benotung ohne Ausübung einer Beurteilungsermächtigung vergeben werden kann (BVerwGE 11, 165, 167; VGH Mannheim NJW 1981, 2023). Eine Bescheidung auf
Neubewertung ist dann möglich, wenn die Leistung objektiv nachprüfbar feststeht (BVerwG DÖV
1981, 62; VGH Mannheim DÖV 1982, 165), in allen anderen Fällen bleibt bei Vorliegen eines relevanten Fehlers nur die Möglichkeit einer Wiederholung der Prüfung.[507] Beantragt der Kläger den Erlass eines Ermessensverwaltungsakts und hat sich die Sachlage in einer Weise geändert, dass die ursprünglich in Betracht kommende Begründung weggefallen, aber an ihre Stelle ein neuer Rechtfertigungsgrund für eine Ermessensentscheidung getreten ist, muss das VG die Klage, die sich auf den ursprünglichen Grund stützt, abweisen und der Verwaltung die Möglichkeit geben, über den neuen Antrag neu zu entscheiden (BVerwGE 68, 151, 154 [Zurückstellung vom Wehrdienst]). Die Rspr. versucht einzelfallbezogen die Grenze zwischen S. 2 und 1 zugunsten des Verpflichtungsurteils zu verschieben. So engt die Rspr. bei Klagen auf Studienzulassungen das Auswahlermessen der Verwaltung
ein, indem sie die Studienplätze nach der Reihenfolge der beantragten einstweiligen Anordnungen
„vergibt".[508] Vergleichbares gilt für die Zulassung von Taxen.[509]

3. Herstellung der Spruchreife im tatsächlichen Sinne. § 113 Abs. 5 S. 1 bindet den Begriff der 427
Spruchreife eng an die Verpflichtungsklage und verwendet ihn in einem engeren Sinne als die allgemeine Terminologie. Er entspricht allerdings der Begriffsvariante, wie sie auch dem § 113 Abs. 1 S. 2 zugrunde liegt. Nach allgemeiner Terminologie liegt Spruchreife vor, wenn alle entscheidungserheblichen
Tatsachen ermittelt wurden bzw. deren fehlende Ermittelbarkeit feststeht (sodass die Beweislastregeln
greifen). Entscheidungserheblich sind alle Tatsachen, von denen die Rechtmäßigkeit oder Rechtswidrigkeit der Ablehnung oder des Nichterlasses des begehrten Verwaltungsakts abhängt (BVerwG Buchholz 427.3 § 339 LAG Nr. 167). Spruchreif i.d.S. muss die Entscheidung nach § 113 Abs. 5 S. 1 und 2
sein.[510]

a) Gebundene Verwaltungsakte. aa) Die Pflicht zur Herstellung der Spruchreife. Erstrebt der Kläger 428
einen Verwaltungsakt, dessen Erlass nicht vom Ermessen oder einem Beurteilungsspielraum der Verwaltung abhängt (gebundener Verwaltungsakt), hat das Gericht nach § 113 Abs. 5 S. 1 grds. die
Pflicht, die Streitigkeit „spruchreif zu machen".[511] Diese Pflicht folgt u.a. schon im Umkehrschluss aus
§ 113 Abs. 3.[512] Auf diese Weise gewährt die Verwaltungsgerichtsbarkeit weitestgehend effektiven
Rechtsschutz, da nach Abschluss des Gerichtsverfahrens nicht nur geklärt ist, ob die Behandlung des
Anspruchs durch die Verwaltung rechtmäßig war, sondern auch, ob dem Kläger der Anspruch abschließend zusteht oder nicht. Mit der Pflicht, die Spruchreife herbeizuführen, sind dennoch eine Reihe von Nachteilen verbunden, und zwar die Entwertung des Verwaltungsverfahrens, (b) der Einbezug
der Gerichte über die Verwaltungskontrolle hinaus in den Gesetzesvollzug, (c) die Einbindung teurer
Gerichtsressourcen in ineffektiver Weise und (d) schließlich eine Verschiebung der Funktionentren-

---

504 BVerwGE 10, 202, 204; 90, 18, 24; W.-R. *Schenke*, DÖV 1996, 527, 538 f.
505 *Kopp/Schenke* § 113 Rn. 207.
506 A.M. *Kopp/Schenke* § 113 Rn. 207, nach dem keine Berechtigung auf entsprechende Ermittlung besteht.
507 *Kopp/Schenke* § 113 Rn. 195.
508 BVerwGE 57, 148 ff.; BVerwG NVwZ-RR 1991, 362; U. *Karpen*/K. *Hillermann*, JZ 1997, 234, 244.
509 BVerwGE 82, 295; krit.: *Kopp/Schenke* § 113 Rn. 209.
510 So *Spannowsky*, 1. Aufl., Rn. 234.
511 BVerwGE 10, 202, 204; 61, 45, 47; 69, 198, 201; 90, 18, 24; 106, 171 (LS); 107, 128 (LS); VGH Kassel NVwZ
    1982, 136 f. zum Asylrecht; krit. F. *Kopp*, WiVerw 1983, 1, 15 ff.
512 M. *Gerhardt*, in: Schoch/Schneider/Bier § 113 Rn. 66.

nung von Zweiter und Dritter Gewalt.[513] Da das Auslegungsergebnis aber eindeutig ist, reicht der Hinweis auf die teilweise Unzweckmäßigkeit der Regelung nicht aus, um den Willen des Gesetzes zu missachten. Die Pflicht, die Spruchreife herbeizuführen, ist verfassungsgemäß.[514]

429 **bb) Reichweite.** Die Pflicht zur Herbeiführung der Spruchreife enthält die Aufgabe, die fehlende Sachaufklärung der Behörde durch das Gericht (§ 86 Abs. 1) nachzuholen und unklare Rechtsfragen selbständig zu entscheiden. Eine Verurteilung zur Neubescheidung nach Maßgabe der Rechtsauffassung des Gerichts scheidet aus, wenn das Gericht nach eigener Ermittlung die Behörde zum Erlass eines bestimmten Verwaltungsakts verpflichten kann (VGH Kassel NVwZ 1982, 136 f.). Das gilt auch, wenn die Behörde überhaupt noch nicht entschieden hat, also im Anwendungsbereich von § 75.[515] Die Pflicht zur Herbeiführung der Spruchreife gilt unabhängig davon, ob das vorausgegangene Verwaltungsverfahren fehlerhaft war,[516] etwa auf falscher Rechtsauslegung beruhte (BVerwGE 69, 198, 201) oder nicht. Ob die Erhaltung eines Baudenkmals für den Eigentümer wirtschaftlich zumutbar ist, ist bei Vorlage einer nachprüfbaren Wirtschaftlichkeitsberechnung durch den Eigentümer vom Gericht aufzuklären (VGH München BayVBl 2016, 20 f.).

430 **cc) Grenzen.** Ausnahmsweise kann auch bei Verpflichtungsbegehren von einer Herbeiführung der Spruchreife abgesehen werden.[517] Eine solche Ausnahme bildet das „steckengebliebene Genehmigungsverfahren". Dies liegt vor, wenn die Behörde einen Ablehnungsgrund heranzieht, der die Versagung der Genehmigung in Wirklichkeit nicht trägt und die Genehmigung nach dem bis zum Zeitpunkt der Entscheidung gewonnenen Erkenntnisstand nicht schon aus anderen Gründen offensichtlich zu versagen ist (BVerwG ZfBR 1989, 225; VGH Kassel ESVGH 62, 43). Dieser Gedanke wird von der Lit. verallgemeinert für die Fälle, in denen das Gesetz ein besonders ausgestaltetes Verwaltungsverfahren vorschreibt und dieses noch nicht durchgeführt wurde,[518] wie etwa das komplexe Genehmigungsverfahren bei § 10 BImSchG. Gleiches gilt bei einem Verfahren gem. § 6 Satz 2 IFG wenn das Drittbeteiligungsverfahren nach § 8 IFG noch nicht durchgeführt wurde (BVerwGE 154, 231). Großzügig ist es allerdings, allein das Erfordernis noch nicht im Verwaltungsverfahren behandelte komplexe (technische) Fragen erstmals im gerichtlichen Verfahren zu behandeln, ausreichen zu lassen (OVG Bautzen NUR 2016, 642 f.). Eine weitere Ausnahme gilt, wenn durch die Herbeiführung der Spruchreife in unangemessener Weise in die Kompetenz der Verwaltung eingegriffen würde.[519] Dies ist etwa dann der Fall, wenn sie eine eventuell bestehende Letztentscheidungskompetenz der Verwaltung missachten würde;[520] weiter dann, wenn die zuständige Behörde überhaupt noch nicht mit dem Antrag befasst war oder das Gesetz sonst die Beteiligung bestimmter Behörden vorsieht und diese weder mit der Sache befasst worden sind noch im Prozess beigeladen wurden.[521] Wurden die Behörden dagegen beigeladen, kann ein Verpflichtungsurteil ergehen.[522]

431 Die Rspr. hat vor dem 4. VwGOÄndG weitere Ausnahmen von der Pflicht, die Spruchreife herbeizuführen, anerkannt, v.a. aus Gründen der Prozessökonomie.[523] So wurde ausnahmsweise keine Pflicht zur Herbeiführung der Spruchreife angenommen, wenn infolge fehlerhafter rechtlicher Überlegungen oder aus anderen Gründen wesentliche Voraussetzungen des beantragten Verwaltungsakts noch nicht geprüft wurden und die Sachverhaltsfeststellung noch umfangreiche Ermittlungen oder besondere

---

513 *B. Schlink/J. Wieland*, DÖV 1982, 426, 430 ff.; *A. v. Mutius*, FS Menger, 1985, 575, 601 ff.; wohlwollender *B. Stüer*, FS Menger, 1985, 779, 788 f.; *P. Stelkens*, NVwZ 1982, 81.
514 BVerwG DVBl 1983, 33; *M. Gerhardt*, in: Schoch/Schneider/Bier § 113 Rn. 67.
515 BVerwG 90, 18, 24; *M. Gerhardt*, in: Schoch/Schneider/Bier § 113 Rn. 67. A.M. OVG Münster DÖV 1980, 807; VGH Kassel MDR 1967, 245; *H. Hoffmann*, BayVBl 1962, 72, 73; *F. Kopp*, Verfassungsrecht und Verwaltungsverfahrensrecht, 1970, 113 f., 126 und 158.
516 BVerwGE 61, 45, 47; 65, 287, 290; BVerwG Buchholz 310 § 113 VwGO Nr. 134 alle zu § 113 Abs. 2 a.F. aber auch Abs. 5; *M. Gerhardt*, in: Schoch/Schneider/Bier § 113 Rn. 67; verhaltener dagegen etwa *B. Schlink/J. Wieland*, DÖV 1982, 426, 432.
517 VG Bayreuth 28.8.2009 – B 5 K 08.958, juris Rn. 39.
518 *Kopp/Schenke* § 113 Rn. 198.
519 *B. Stüer*, FS Menger, 1985, 779, 789.
520 *M. Hödl-Adick*, Bescheidungsklage, 2001, 92 ff.
521 BVerwGE 46, 356 ff.; *Kopp/Schenke* § 113 Rn. 197; *M. Gerhardt*, in: Schoch/Schneider/Bier § 113 Rn. 68.
522 *Kopp/Schenke* § 113 Rn. 180.
523 BVerwGE 90, 18, 24; BVerwG DÖV 1982, 744 f.; DVBl 1989, 1050, 1051; VGH München BayVBl 1989, 148; vgl. VGH Mannheim NVwZ 1987, 66 f. (mehrjährige Beobachtungen erforderlich).

Fachkunde erforderte bzw. einem besonderen Gremium zugewiesen ist.[524] Diese ungeschriebenen Ausnahmen können nicht mehr unverändert aufrecht erhalten bleiben, da mit Erlass des § 113 Abs. 3 die Pflicht des Gerichts, die Spruchreife herbeizuführen, deutlicher normiert wurde und daher allenfalls ungeschriebene Ausnahmetatbestände von erheblichem Gewicht anerkannt werden könnten.[525] Die Rspr. hält es dagegen weiterhin für denkbar, dass in Ausnahmefällen, etwa bei komplexen technischen Sachverhalten, das Tatsachengericht von der Herstellung der Spruchreife absehen darf (BVerwG BayVBl 2004, 185 f.) und nimmt mittlerweile auch solche Fälle an.[526] Zu Geldleistungsverwaltungsakten → Rn. 338.

b) Entscheidungsfreiräume der Behörden. Bei Ermessensverwaltungsakten, Beurteilungsspielräumen   432
und Planungsentscheidungen unterscheidet sich das gerichtliche Prüfungsprogramm von dem behördlichen. Das Gericht kann daher die Sache nicht in dem Sinne „spruchreif" machen, dass es die Entscheidung rechtlich und tatsächlich so aufklärt, dass die Behörde nur noch die gerichtliche Entscheidung ausführen muss. Das Gericht darf die künftige Behördenentscheidung nicht vorwegnehmen. Dennoch muss auch die Entscheidung i.S.v. § 113 Abs. 5 S. 2 „spruchreif" gemacht werden, aber nur spruchreif bezogen auf das gerichtliche Entscheidungsprogramm und nicht auf das behördliche.
Von einer Sachaufklärung gem. § 86 Abs. 1 S. 1 ist das Gericht auch im Fall einer Bescheidungsklage   433
nicht befreit. Das Gericht muss die Tatsachen aufklären, die es benötigt, um das Vorliegen eines Ermessensfehlers oder einer Verletzung des Beurteilungsspielraums anzunehmen.[527] Es reicht nicht, nur einen Verfahrensfehler, der der Behörde unterlaufen ist, festzustellen. Das Bescheidungsurteil gibt dem Kläger mehr als eine isolierte Anfechtungsklage des Versagungsbescheids.[528] So ist das Gericht verpflichtet, nach Maßgabe des § 114 alle der gerichtlichen Kontrolle zugänglichen Rechts- und Sachfragen aufzuklären.[529] So kommt etwa der Erlass eines Bescheidungsurteils wegen einer der Behörde vorbehaltenen Ermessensentscheidung nur in Betracht, wenn das Gericht zuvor geprüft hat, ob die gesetzlichen Voraussetzungen für eine derartige Ermessensentscheidung gegeben sind (BVerwG Buchholz 310 § 113 Abs. 5 VwGO Nr. 5).

IV. Die Entscheidungen bei der Verpflichtungsklage i.S.v. Abs. 5 S. 1

1. Das Verpflichtungsurteil. a) Verpflichtung zum Erlass. Das Gericht spricht eine **Verpflichtung zum**   434
Erlass eines konkreten Verwaltungsakts aus, wenn kein anderer Verwaltungsakt als der beantragte hätte ergehen dürfen. Der begehrte Verwaltungsakt wird demnach noch nicht unmittelbar durch das Urteil selbst, sondern durch die Behörde erteilt, die dazu aufgrund des Urteils verpflichtet ist. Es ist kein Gestaltungs- sondern ein Verpflichtungsurteil, das notfalls vollstreckt werden muss.
Grds. wird das Verpflichtungsurteil (und auch das Bescheidungsurteil) den Ausspruch zum Erlass ei-   435
nes Verwaltungsakts mit der Wirkung für die Zukunft enthalten. Es ist jedoch nicht ausgeschlossen, dass der Kläger einen Rechtsanspruch auf den Erlass eines Verwaltungsakts mit rückwirkenden Rechtsfolgen besitzt und er im Moment des gerichtlichen Ausspruches auch noch ein diesbezügliches Rechtsschutzbedürfnis darlegen kann.[530]

---

524 BVerwGE 11, 95, 100 f.; 46, 356, 359; *Kopp/Schenke* § 113 Rn. 199.
525 OVG Weimar DÖV 1999, 609; noch strenger (grds. kein Raum für ungeschriebene Ausnahmetatbestände) *M. Gerhardt*, in: Schoch/Schneider/Bier § 113 Rn. 68; deutlich großzügiger *Kopp/Schenke* § 113 Rn. 199 ff., s.a. Rn. 194; für eine analoge Anwendung des § 113 Abs. 3 auch auf die Verpflichtungsklage *J. Schmidt*, in: Eyermann § 113 Rn. 40.
526 OVG Münster NWVBl 2008, 26: Die im Rahmen einer Verpflichtungsklage i.d.R. bestehende Pflicht des Gerichts, die Sache spruchreif zu machen, kann ausnahmsweise entfallen, wenn die Immissionsschutzbehörde die Genehmigung des Vorhabens wegen eines bestimmten Rechtsverstoßes abgelehnt hat, ohne seine Vereinbarkeit mit baurechtlichen oder sonstigen öffentlich-rechtlichen Vorschriften umfassend zu prüfen („stecken gebliebenes" Genehmigungsverfahren), und deshalb im Verwaltungsverfahren noch nicht behandelte komplexe Fragen erstmals im gerichtlichen Verfahren geprüft werden müssten.
527 *M. Redeker*, in: Redeker/v. Oertzen § 113 Rn. 57.
528 *M. Gerhardt*, in: Schoch/Schneider/Bier § 113 Rn. 73.
529 BVerwGE 25, 357, 361; 91, 24, 41; zurückhaltender VGH Mannheim NÄZA-RR 2002, 417 (nicht Aufgabe des Berufungsverfahrens, erstmals den für die im Verwaltungsverfahren zu treffende Ermessensentscheidung maßgeblichen Sachverhalt zu ermitteln); *K. A. Bettermann*, NJW 1960, 649, 652; *M. Gerhardt*, in: Schoch/Schneider/Bier § 113 Rn. 73.
530 BVerwG NVwZ 1998, 191 f. (ausländerrechtliche Duldung); 1999, 306 (für eine Aufenthaltserlaubnis); *Kopp/Schenke* § 113 Rn. 178.

436　**b) Tenor.** Der Tenor würde demnach etwa lauten: „Der Beklagte wird unter Aufhebung seines Bescheids vom ... und des Widerspruchsbescheids der ... vom ... verpflichtet, dem Kläger die Genehmigung zu erteilen."

437　Die Bestimmung einer Frist, innerhalb derer der Verwaltungsakt zu erlassen ist, ist prozessual nicht vorgeschrieben und in der Praxis nicht üblich. Rechtlich möglich wäre sie, sofern sie eine Dimension der behördlichen Verpflichtung beschreibt. Fehlt sie, wird die Frage der zeitlichen Grenze in den Bereich der Vollstreckung verschoben. Inhalt und Umfang der Bindungswirkung des Bescheidungsurteils ergeben sich aus den tragenden Entscheidungsgründen.

438　**c) Bestimmtheit.** Der gebotene Grad der Konkretisierung des geschuldeten Verwaltungsakts hängt vom materiellen Anspruch ab.[531] Dies gilt grds. auch für Geldleistungsansprüche, mit der Folge, dass diese grds. zu beziffern sind.[532] Das Urteil muss hinsichtlich des Hauptinhalts des Verwaltungsakts eindeutig sein. Bei Genehmigungen kann der Behörde Raum für Nebenbestimmungen bleiben.[533] Bei Versagungsgegenklagen ist eine gesonderte ausdrückliche Aufhebung des vorausgehenden Verwaltungsakts nicht nötig, aber zur Klarstellung üblich und wünschenswert (→ Rn. 408).

439　**d) Teilstattgabe.** Beantragt der Kläger in der Sache mehr als sein materieller Anspruch ihm zuweist, kommt es darauf an, ob der begehrte und zu weit gehende Verwaltungsakt teilbar ist. In diesem Fall beschränkt sich der gerichtliche Ausspruch auf den Teil, der vom Anspruch gedeckt ist und im Übrigen wird die Klage abgewiesen.[534] Umstr. ist, ob in der Klage auf Erteilung einer Baugenehmigung ein Antrag auf Verpflichtung zum Erlass eines Bauvorbescheids über die planungsrechtliche Zulässigkeit enthalten ist. Dies wird relevant, sofern das Vorhaben entgegen der Annahme der Verwaltung nur gegen Bauordnungsrecht und nicht auch gegen Bauplanungsrecht verstößt.[535] Zum Fall, dass ein Verpflichtungsurteil beantragt ist und ein Bescheidungsurteil ergeht, → Rn. 451.

440　**e) Unvollständige, vorausgehende Bescheidung.** Hat der Kläger weniger erhalten als er beantragt hat, kann sich sein Antrag auf Verpflichtung je nach Sachregelung eventuell auf den Teil beschränken, den er nicht erhalten hat (Ergänzungsklage). In diesem Fall enthält das Verpflichtungs- bzw. Bescheidungsurteil nur eine Aufhebung des vorausgehenden Verwaltungsakts, sofern darin die Feststellung der abschließenden Leistungsgewährung enthalten sein sollte. Im Übrigen bleibt der vorausgehende Verwaltungsakt unberührt. Ob eine solche Ergänzung des vorausgehenden Verwaltungsakts möglich ist, richtet sich nach materiellem Recht. Gibt das materielle Recht nicht die Möglichkeit der Leistungsgewährung in Form von „zwei Verwaltungsakten", bleibt dem Kläger nur, entweder die nicht gewollte Belastung im Wege einer isolierten Anfechtungsklage getrennt aufheben zu lassen oder eine Verpflichtungsklage auf Erlass des vollständigen gewünschten Verwaltungsakts zu erheben.[536]

441　**f) Bindungswirkung. aa) Rechtskraft.** Durch das Verpflichtungsurteil wird mit **Rechtskraft** festgestellt, dass der Kläger durch die Ablehnung oder Unterlassung des begehrten Verwaltungsakts in seinen Rechten verletzt ist und er einen Anspruch auf dessen Erlass besitzt.[537]

442　**bb) Bindung der Behörde.** Die Behörde ist aufgrund des Verpflichtungsurteils verpflichtet, den begehrten Verwaltungsakt, so wie er im Urteil bezeichnet ist, zu erlassen. Diese Pflicht gilt auch dann, wenn das Urteil wesentliche Gesichtspunkte nicht berücksichtigt hat.[538] Die Verpflichtung der Behörde wird erst mit dem Zeitpunkt der Rechtskraft des Urteils wirksam und nicht schon mit dessen Erlass.[539] Sie kann vom Kläger nach § 172 durchgesetzt werden.[540] Hat sich nach Erlass des Urteils die Sach- und Rechtslage wesentlich geändert, kann die Behörde gegen das Urteil die Vollstreckungsklage

---

531　*M. Gerhardt,* in: Schoch/Schneider/Bier § 113 Rn. 72.
532　*M. Gerhardt,* in: Schoch/Schneider/Bier § 113 Rn. 72.
533　*M. Gerhardt,* in: Schoch/Schneider/Bier § 113 Rn. 72.
534　BVerwGE 11, 95, 99; OVG Münster NVwZ-RR 1994, 494, 495 f.; *M. Gerhardt,* in: Schoch/Schneider/Bier § 113 Rn. 65; *Kopp/Schenke* § 113 Rn. 185.
535　Gegen die Annahme, der Antrag auf Bebauungsgenehmigung sei konkludent (verfahrensrechtlich und prozessual) mitenthalten OVG Münster NVwZ 1993, 493, 494; etwas großzügiger *Kopp/Schenke* § 113 Rn. 185.
536　Vgl. auch *Kopp/Schenke* § 113 Rn. 184.
537　*Kopp/Schenke* § 113 Rn. 188.
538　*Kopp/Schenke* § 113 Rn. 188.
539　*Kopp/Schenke* § 113 Rn. 191.
540　Dazu BVerwG BauR 2007, 1709; OVG Schleswig NVwZ-RR 2006, 742 f.

nach § 167 Abs. 1 VwGO i.V.m. § 767 ZPO erheben.[541] In Vollstreckungsverfahren ist es nicht möglich, das Nichtbestehen oder den Wegfall des materiellen, der Vollstreckung zugrunde liegenden Anspruchs geltend zu machen (BVerwG NVwZ-RR 2002, 314 f.).

cc) Widerruf. Ein Verwaltungsakt, der im Zuge eines Verpflichtungsurteils ergeht, kann später bei 443 Änderung der Sach- und Rechtslage bei Vorliegen eines Widerrufsgrundes von der Behörde widerrufen werden (BVerwGE 108, 30, 35). Eine Rücknahme nach § 48 VwVfG ist demgegenüber soweit nicht möglich, wie die Rechtskraftwirkung des Urteils reicht, da mit dieser verbindlich zwischen den Beteiligten festgestellt ist, dass ein Verwaltungsakt mit dem dort bezeichneten Inhalt nicht rechtswidrig ist.[542] Der Verpflichtungsausspruch im Urteil verpflichtet die Behörde bei Dreieckskonstellationen nicht nur zum Erlass des Verwaltungsakts, sondern – sofern erforderlich – auch dazu, alle Maßnahmen zu treffen, die nach Lage der Dinge erforderlich sind, um den erlassenen Verwaltungsakt auch durchzusetzen.[543]

dd) Bindung des Bürgers. Würde die Verpflichtungsklage aus sachlichen oder rechtlichen Gründen 444 abgewiesen, so kann der Kläger nur dann erneut den Erlass des begünstigenden Verwaltungsakts beantragen, wenn sich die Sach- oder Rechtslage zu seinen Gunsten geändert hat.[544] Steht die Tatbestandswirkung des vorausgehenden Verwaltungsakts dem neuen Antrag entgegen, muss er dessen Aufhebung nach §§ 48 f. VwVfG bewirken oder eine Wiederaufnahme des Verfahrens nach § 51 VwVfG beantragen. Ein erneuter Antrag ist auch dann möglich, wenn die Behörde selbst durch eine erneute Sachentscheidung das Verfahren wieder eröffnet hat und sie das materiell-rechtlich auch konnte.[545]

2. Die Bescheidungsklage (Abs. 5 S. 2). a) Allgemein. Im Falle fehlender Spruchreife hat das Gericht 445 nach § 113 Abs. 5 S. 2 die Verpflichtung auszusprechen, den Kläger unter Beachtung der Rechtsauffassung des Gerichts zu bescheiden. Das Bescheidungsurteil ist ein echtes Verpflichtungsurteil. Es verpflichtet den Beklagten zu einer Bescheidung des Klägers und stellt nicht nur die Rechtswidrigkeit der ablehnenden Entscheidung fest. Das Bescheidungsurteil nach § 113 Abs. 5 S. 2 ist keine gesonderte Entscheidungsform, sondern nur eine abgeschwächte Form des Verpflichtungsurteils (BVerwG NVwZ 1996, 66 f.). Mit einer Zurückverweisung an die Verwaltung ist das Bescheidungsurteil nur beschränkt vergleichbar, da es bei diesem nur um die Wahrung der Entscheidungsprärogative der Exekutive und nicht um die Frage der besseren Eignung zur Sachaufklärung geht.[546]

b) Rechtsschutzziel. Das Ziel des Rechtsschutzes ist bei § 113 Abs. 5 S. 2 die (Neu-)Bescheidung des 446 Antrags mit der Chance einer dem Kläger günstigen Entscheidung, zumindest einer Entscheidung, die auf einer Ausübung der Gestaltungsbefugnis beruht, die die rechtlichen Grenzen einhält.[547] Streitgegenstand der Bescheidungsklage ist der mit der Klage geltend gemachte und vom Gericht nach Maßgabe der bestehenden Rechtslage zu überprüfende Anspruch auf Neubescheidung. Er wird nicht dadurch eingeschränkt, dass der Kläger ausdrücklich die Festlegung einer bestimmten, der Neubescheidung zugrunde zu legenden Rechtsauffassung anstrebt (BVerwG NVwZ 2007, 104 f.). Erlässt die Behörde während des Prozesses einen neuen Bescheid, der fehlerfrei ergeht, ist der klägerische Anspruch erfüllt und der Streitgegenstand erledigt. Es ist eine Frage des Einzelfalls, ob der Kläger die Klage auf diesen neuen Verwaltungsakt umstellen will und kann.[548]

c) Tenor. Im Urteil verpflichtet das Gericht die Verwaltung über den Antrag des Klägers unter Beach- 447 tung der Rechtsauffassung des Gerichts neu zu entscheiden. Bsp.:

1. „Der Bescheid des … vom … und der Widerspruchsbescheid der … vom … werden aufgehoben."
2. „Der Beklagte wird verpflichtet, über den Antrag des Klägers auf Erteilung der Genehmigung unter Beachtung der Rechtsauffassung des Gerichts erneut zu entscheiden."

---

541 BVerwGE 70, 227, 231; *Kopp/Schenke* § 113 Rn. 188.
542 *Kopp/Schenke* § 113 Rn. 188.
543 OVG Münster NVwZ-RR 1992, 518 f.; NVwZ 1993, 383 f. A.M. *Kopp/Schenke* § 113 Rn. 189.
544 BVerfGE 45, 146, 165; BVerwGE 35, 234 ff.; *Kopp/Schenke* § 113 Rn. 192.
545 *Kopp/Schenke* § 113 Rn. 192.
546 *M. Gerhardt*, in: Schoch/Schneider/Bier § 113 Rn. 73. A.M. *F. Czermak*, BayVBl 1981, 427.
547 VGH München NVwZ 1991, 499, 500; *M. Gerhardt*, in: Schoch/Schneider/Bier § 113 Rn. 74.
548 Vgl. *M. Gerhardt*, in: Schoch/Schneider/Bier § 113 Rn. 80.

448 **d) Bindung.** Mit dem Bescheidungsurteil wird mit Rechtskraft festgestellt, dass die Ablehnung oder Unterlassung des Verwaltungsakts den Kläger in seinen Rechten verletzt und er einen Anspruch auf Bescheidung seines Antrages unter Beachtung der Rechtsauffassung des Gerichtes hat. Die Rechtskraft umfasst nicht nur die Verpflichtung der Behörde, überhaupt neu zu entscheiden, vielmehr ist die Behörde darüber hinaus an die im Urteil ausgesprochene Rechtsauffassung des Gerichts gebunden (BVerwGE 29, 1, 3 f.). Diese Bindung tritt auch ein, wenn sie nicht ausdrücklich im Tenor ausgesprochen wurde (BVerwGE 29, 1, 3). Die Rechtsauffassung des Gerichts ist nicht nur aus dem Tenor der Entscheidung, sondern auch aus den tragenden Gründen zu ermitteln (BVerwG DVBl 1995, 925). Diese sind eventuell unter Heranziehung der Beteiligtenvorträge auszulegen (BVerwGE 70, 159 ff; VGH Mannheim NVwZ 1991, 1197 f.). Die Bindungswirkung greift nur für die tragenden Gründe des Bescheidungsurteils. Im Urteil sind alle maßgeblichen Umstände anzuführen.[549] Obiter dicta binden nicht.[550] Ginge der gerichtlichen Entscheidung eine rechtswidrige Versagung der Behörde voraus, ist im Urteil auch auf den Gesichtspunkt der Folgenbeseitigungslast einzugehen.[551] Im Bescheidungsurteil erwachsen einzelne Begründungselemente in materielle Rechtskraft (BVerwG BauR 2000, 1318 f.). Fehlen wesentliche Elemente für die Ermessensausübung, tritt insoweit keine Bindung ein (VGH Mannheim NVwZ-RR 2001, 411 [LS]). Die Behörde ist daher bei einem Bescheidungsurteil auch nicht gehindert, den begehrten Verwaltungsakt aus Gründen, deren Heranziehung nicht durch das Bescheidungsurteil untersagt wurde, zu versagen.[552]

449 Ein Verpflichtungsurteil hindert daher die Behörde im Zweifel nicht daran, den beantragten Verwaltungsakt mit belastenden Nebenbestimmungen zu erlassen (VGH Mannheim NVwZ 1991, 1197). Jedoch darf die Behörde den obsiegenden Kläger nicht erneut in eine Prozesssituation bringen, in der dieselben Sach- und Rechtsfragen zu beantworten sind (BVerwG BauR 2000, 1318 f.). Erlässt die Behörde einen Verwaltungsakt, der inhaltlich das Urteil missachtet, kann der Kläger dieses zumindest mit Rechtsmitteln angreifen (BVerwGE 84, 157, 164). Teilweise wird vertreten, dass er zudem über § 172 die Behörde zur Korrektur zwingen kann.[553] Ändert sich die Sach- und Rechtslage nach Erlass des Bescheidungsurteils zuungunsten des Klägers, so entfällt die Bindungswirkung des Urteils.[554] Vollstreckt der Kläger dennoch aus diesem Urteil, kann der Beklagte Vollstreckungsgegenklage erheben.

450 Erklärt ein Verfassungsgericht eine Norm für verfassungswidrig bzw. ein OVG eine untergesetzliche Norm für rechtswidrig (§ 79 Abs. 2 S. 2 BVerfGG sowie § 183 S. 2), dann darf kein Hoheitsakt mehr ergehen, der in Vollzug eines Bescheidungsurteils die für nichtig erklärte Norm anwendet.[555] Eine Berufung ist möglich, wenn das Berufungsurteil zu einer anderen tragenden Begründung mit Bindungswirkung kommen würde. Bei mehreren selbständig tragenden Begründungen muss dies kumulativ für jeden Begründungsstrang erfüllt sein (VGH Kassel DÖD 2016, 313).

451 **e) Verpflichtungsantrag.** Beantragt der Kläger ein Verpflichtungsurteil, kann dennoch ein Bescheidungsurteil ergehen, da dieses als Minus im weitergehenden Antrag mitenthalten ist. Ergeht aber nur ein Bescheidungsurteil, ist die Klage im Übrigen nach umstr., aber zutr. Ansicht teilweise abzuweisen.[556] Beantragt der Kläger nur ein Bescheidungsurteil, kann wegen § 88 auch nur dieses ergehen, selbst wenn ein Verpflichtungsurteil möglich wäre. Dem Kläger steht es frei, auch in den Fällen, in denen er ein Verpflichtungsurteil erlangen könnte, dennoch nur ein Bescheidungsurteil zu beantragen.[557] Bei gebundenen Entscheidungen muss der Vorsitzende des Gerichts jedoch darauf hinwirken, dass ein sachdienlicher Antrag gestellt wird (§ 86 Abs. 3).

452 **3. Isolierte Aufhebung.** Ist der begehrte Verwaltungsakt oder der Anspruch auf Neubescheidung nicht gegeben, da der Anspruch nicht oder nicht mehr besteht, und ist gleichzeitig der vorausgehende

---

549 *M. Gerhardt*, in: Schoch/Schneider/Bier § 113 Rn. 75.

550 *Kopp/Schenke* § 113 Rn. 215.

551 *Kopp/Schenke* § 113 Rn. 181.

552 BVerwG DVBl 1963, 64, 65; VGH Mannheim NVwZ-RR 2001, 411 (LS); OVG Bln-Bbg NVwZ-RR 2016, 358.

553 OVG Münster NVwZ-RR 1992, 518 f.; VGH Kassel ESVGH 44, 143; NVwZ-RR 1999, 806; *Kopp/Schenke* § 113 Rn. 216; offen gelassen von BVerwG NVwZ 1984, 432. A.M. *B. Stüer*, FS Menger, 1985, 794 f.

554 *Kopp/Schenke* § 113 Rn. 214.

555 BVerwG NVwZ 1984, 432; *Kopp/Schenke* § 113 Rn. 214.

556 StGH Hess ESVGH 21, 1 ff.; VGH Kassel ESVGH 23, 41 ff.; *M. Gerhardt*, in: Schoch/Schneider/Bier § 113 Rn. 75.

557 Undeutlich BVerwGE 69, 198, 201; klar VG Cottbus ZOV 2012, 169; VG Schwerin 1.10.2014 – 7 A 1891/13, juris Rn. 17.

Verwaltungsakt in rechtswidriger Weise abgelehnt worden, so ist dieser aufzuheben und die Klage im Übrigen abzuweisen.[558] Dies ist etwa der Fall, wenn die unzuständige Behörde den Antrag aus materiell-rechtlichen Gründen ablehnt (BVerwGE 13, 54, 62).

§ 114 [Nachprüfung von Ermessensentscheidungen]

[1]Soweit die Verwaltungsbehörde ermächtigt ist, nach ihrem Ermessen zu handeln, prüft das Gericht auch, ob der Verwaltungsakt oder die Ablehnung oder Unterlassung des Verwaltungsakts rechtswidrig ist, weil die gesetzlichen Grenzen des Ermessens überschritten sind oder von dem Ermessen in einer dem Zweck der Ermächtigung nicht entsprechenden Weise Gebrauch gemacht ist. [2]Die Verwaltungsbehörde kann ihre Ermessenserwägungen hinsichtlich des Verwaltungsaktes auch noch im verwaltungsgerichtlichen Verfahren ergänzen.

Schrifttum

1. Monographien und Beiträge in Sammelwerken: *W.A. Adam*, Die Kontrolldichte-Konzeption des EuGH und deutscher Gerichte, 1993; *J. Anuyotha*, Versagungsermessen – Dogmatik und gerichtliche Kontrolle, 2015; *P. Badura*, Gestaltungsfreiheit und Beurteilungsspielraum der Verwaltung, bestehend aufgrund und nach Maßgabe des Gesetzes, in: FS für Otto Bachof zum 70. Geb., 1984, 169; *C. Bönker*, Umweltstandards in Verwaltungsvorschriften, 1992; *M. Börger*, Genehmigungs- und Planungsentscheidungen unter dem Gesichtspunkt des Gesetzesvorbehalts, 1987; *R.Brinktrine*, Verwaltungsermessen in Deutschland und England, 1998; *M. Bullinger* (Hrsg.), Verwaltungsermessen im modernen Staat, 1986; *U. Di Fabio*, Risikoentscheidungen im Rechtsstaat, 1994; *ders.*, Die Struktur von Planungsnormen, in: Planung: FS für Werner Hoppe zum 70. Geb., 2000, 75; *J. Dreier*, Die normative Steuerung der planerischen Abwägung, 1995; *B. Ebinger*, Der unbestimmte Rechtsbegriff im Recht der Technik, 1993; *E. Franßen*, Unbestimmtes zum unbestimmten Rechtsbegriff, in: FS für Wolfgang Zeidler, 1987, 429; *A. Frowein* (Hrsg.), Die Kontrolldichte bei der gerichtlichen Überprüfung von Handlungen der Verwaltung, 1993; *G. Gaentzsch*, Die bergrechtliche Planfeststellung, in: FS Sendler, 1991, 404; *ders.*, Die Planfeststellung als Anlagenzulassung und Entscheidung über die Zulässigkeit der Enteignung, in: Planung und Plankontrolle: Entwicklungen im Bau- und Fachplanungsrecht. FS für Otto Schlichter zum 65. Geb., 1996, 517; *ders.*, Ermittlungs- und Bewertungsdefizite im Verwaltungsverfahren, in: FS Redeker, 1993, 405; *U. Gassner*, Methoden und Maßstäbe für die planerische Abwägung, 1993; *U. Held-Daab*, Das freie Ermessen, 1996; *B. Heinrich*, Behördliche Nachbesserung von Verwaltungsakten im verwaltungsgerichtlichen Verfahren und Rechtsschutz des Betroffenen, 2015; *H. Hofer-Zeni*, Das Ermessen im Spannungsfeld von Rechtsanwendung und Kontrolle, 1981; *W. Hoffmann-Riem/D. Wieddekind*, Frequenzplanung auf der Suche nach Planungsrecht, in: Planung: FS für Werner Hoppe zum 70. Geb., 2000, 745; *B. Holznagel*, Frequenzplanung im Telekommunikationsrecht, in: Planung: FS für Werner Hoppe zum 70. Geb., 2000, 745; *W. Hoppe*, Planung und Pläne in der verwaltungsgerichtlichen Kontrolle, in: FS Menger, 1985, 747; *M. Ibler*, Die Schranken planerischer Gestaltungsfreiheit im Planfeststellungsrecht, 1989; *ders.*, Rechtspflegender Rechtsschutz im Verwaltungsrecht, 1999; *J. Johlen*, Besonderheiten des Rechtsschutzes gegenüber Planfeststellungen, in: FS Redeker, 1993, 487; *J. Keppeler*, Die Grenzen des behördlichen Versorgungsermessens unter besonderer Berücksichtigung des Inhalts der Ermächtigung, 1989; *H.-J. Koch*, Unbestimmte Rechtsbegriffe und Ermessensermächtigungen im Verwaltungsrecht, 1979; *J. Kühling*, Die privatnützige Planfeststellung, in: FS Sendler, 1991, 391; *J. Kühling/N. Herrmann*, Fachplanungsrecht, 2. Aufl. 2000; *M. Lampe*, Gerechtere Prüfungsentscheidungen, 2000; *K. Laub*, Die Ermessensreduzierung in der verwaltungsgerichtlichen Rechtsprechung, 2000; *R. von Laun*, Das freie Ermessen und seine Grenzen, 1910; *H. H. Lohmann*, Die Zweckmäßigkeit der Ermessensausübung als verwaltungsrechtliches Rechtsprinzip, 1972; *W. Löwer*, Kontrolldichte im Prüfungsrecht nach dem Maßstab des Bundesverfassungsgerichts, in: FS Redeker, 1993, 515; *U. Mutschler*, Die rechtliche Beurteilung komplexer technischer Sachverhalte im Kernenergierecht, in: FS für Rudolf Lukes zum 65. Geb., 1989, 129; *W. Nagel*, Die Rechtskonkretisierungsbefugnis der Exekutive, 1993; *F. Ossenbühl*, Die richterliche Kontrolle von Prognoseentscheidungen der Verwaltung, in: FS Menger, 1985, 731; *ders.*, Gedanken zur Kontrolldichte in der verwaltungsgerichtlichen Rechtsprechung, in: FS Redeker, 1993, 55; *L. Osterloh*, Gesetzesbindung und Typisierungsspielräume bei der Anwendung der Steuergesetze, 1992; *E. Pache*, Tatbestandliche Abwägung und Beurteilungsspielraum, 2001; *S. Paetow*, Zur Struktur der abfallrechtlichen Planfeststellung, in: FS Sendler, 1991, 425; *ders.*, Genehmigung statt Planfeststellung, in: Planung und Plankontrolle: Entwicklungen im Bau- und Fachplanungsrecht. FS für Otto Schlichter zum 65. Geb., 1996, 499; *H.-J. Papier*, Bedeutung der Verwaltungsvorschriften im Recht der Technik, in: FS für Rudolf Lukes zum 65. Geb., 1989, 159; *F. Petersen*, Schutz und Vorsorge, 1993; *M. Rieder*, Fachplanung und materielle Präklusion, 2004; *R. Ricken*, Beurteilungsspielräume und Ermessen im Vergaberecht, 2014; *L. H. Rode*, § 40 VwVfG und die deutsche Ermessenslehre, 2003; *T. Roeser*, Zur Teilbarkeit von Planungsentscheidungen, in: Planung und Plankontrolle: Entwicklungen im Bau- und Fachplanungsrecht. FS für Otto Schlichter zum 65. Geb., 1996, 479; *R. Rubel*, Planungsermessen: Norm- und Begründungsstruktur, 1982; *M. Rudersdorf*, Das intendierte Ermessen, 2012; *H. H. Rupp*, Grundfragen der heutigen Verwaltungslehre, 1965; *J. Salzwedel*, Gemischt-interdisziplinäre Tatbestände im Umweltrecht und verwaltungsgerichtliche Kontrolldichte, in: FS Redeker, 1993, 421; *L. Schlarmann*, Die Alternativenprüfung im Planungsrecht, 1991; *J. Schmidt-Salzer*, Der Beurteilungsspielraum der Verwaltungsbehörden, 1968; *H. Sendler*, Skeptisches zum unbestimmten Rechtsbegriff, in: FS für Carl Hermann Ule zum 80. Geb., 1987, 337; *ders.*, (Un)erhebliches zur planerischen Gestaltungsfreiheit, in: Planung und Plankontrolle: Entwicklungen im Bau- und Fachplanungsrecht. FS für Otto Schlichter zum 65. Geb., 1996, 55; *ders.*, Neue Entwicklungen bei Rechtsschutz und gerichtlicher Kontrolldichte im Planfeststellungsrecht, in: Joachim Kormann (Hrsg.), Aktuelle Fragen der Planfeststellung, 1994, 9; *H. Soell*, Das Ermessen der Eingriffsverwaltung, 1973; *C. Starck*, Das Verwaltungsermessen und dessen gerichtliche Kontrolle, in: FS Sendler, 1991, 167; *R. Steinberg*, Rechtsverletzung bei der Planfeststellung, in: Planung und Plankontrolle: Entwicklungen im Bau- und Fachplanungsrecht. FS für Otto Schlichter zum 65. Geb., 1996, 599; *ders.*, Fachplanung, 3. Aufl. 2000; *P. Tettinger*, Rechtsanwendung und gerichtliche Kontrolle im Wirtschaftsverwaltungsrecht, 1980; *A. Tsevas*, Die ver-

---

558 BVerwGE 13, 54, 62; 39, 135, 138 f.; *Kopp/Schenke* § 113 Rn. 181.

waltungsgerichtliche Kontrollintensität bei der materiellrechtlichen Nachprüfung des Planfeststellungsbeschlusses für raumbeanspruchende Großraumprojekte, 1992; C. H. *Ule*, Zur Anwendung unbestimmter Rechtsbegriffe im Verwaltungsrecht, in: GS Jellinek 1955, 309; J. *Wagner/R. Baumheier*, Planbeschleunigung, in: Joachim Kormann (Hrsg.), Aktuelle Fragen der Planfeststellung, 1994, 39; M. *Wickel*, Das Fachplanungsrecht nach seiner Anpassung an die UVP- und die IVU-Richtlinie, 2002; R. *Wimmer*, Gibt es gerichtlich unkontrollierbare „spezifische" Bewertungsspielräume?, in: FS Redeker, 1993, 531; J. *Ziekow* (Hrsg.), Praxis des Fachplanungsrechts, 2004; W. *Zimmerling*, Prüfungsrecht, 2001.

2. Beiträge in Zeitschriften: H.-W. *Alberts*, Verfassungsrechtliche Grenzen des Beurteilungsspielraums bei Prüfungsentscheidungen, DVBl 1976, 622; R. *Alexy*, Ermessensfehler, JZ 1986, 701; O. *Bachof*, Beurteilungsspielraum, Ermessen und unbestimmter Rechtsbegriff, JZ 1955, 97; *ders.*, Neue Tendenzen in der Rechtsprechung zum Ermessen und zum Beurteilungsspielraum, JZ 1972, 641; J. *Bader*, Ermessensergänzung im Verwaltungsprozess – BVerwGE 121, 297, JuS 2006, 199; *ders.*, Die Ergänzung von Ermessenserwägungen im verwaltungsgerichtlichen Verfahren, NVwZ 1999, 120; P. *Badura*, Gestaltungsspielraum und Prognoseverantwortung wirtschaftslenkender Verwaltung, Jura 1980, 615; R. *Bartlsperger*, Planungsrechtliche Optimierungsgebote, DVBl 1996, 1; W. *Blümel*, Planung und Verwaltungsgerichtsbarkeit, DVBl 1975, 695; C. *Bönker*, Die verfassungs- und europarechtliche Zulässigkeit von Umweltstandards in Verwaltungsvorschriften, DVBl 1992, 805; M. *Borowski*, Intendiertes Ermessen, DVBl 2000, 149; R. *Brehm/W. Zimmerling*, Die Entwicklung des Prüfungsrechts seit 1996, NVwZ 2000, 875; R. *Breuer*, Legislative und administrative Prognoseentscheidungen, Der Staat 16 (1977), 21; *ders.*, Gerichtliche Kontrolle der Technik, NVwZ 1988, 104; H.-J. *Brischke*, Heilung fehlerhafter Verwaltungsakte im verwaltungsgerichtlichen Verfahren, DVBl 2002, 429; W. *Brohm*, Die staatliche Verwaltung als eigenständige Gewalt und die Grenzen der Verwaltungsgerichtsbarkeit, DVBl 1986, 321; *ders.*, Ermessen und Beurteilungsspielraum im Grundrechtsbereich, JZ 1995, 369; M. *Bullinger*, Das Ermessen der öffentlichen Verwaltung, JZ 1984, 1001; J. *Burmeister*, Selbstbindungen der Verwaltung, DÖV 1981, 503; J. *Cattepoel*, Ermessen und Beurteilungsspielraum, VerwArch 71 (1980), 140; F. *Cermak*, Verwaltungsgerichtliche Nachprüfbarkeit der unbestimmten Rechtsbegriffe, NJW 1961, 1905; T. *von Danwitz*, Normkonkretisierende Verwaltungsvorschriften und Gemeinschaftsrecht, VerwArch 84 (1993), 73; *ders.*, Rechtliche Optimierungsgebote oder Rahmensetzung für das Verwaltungshandeln?, DVBl 1998, 928; A. *Decker*, Die Nachbesserung von Ermessensentscheidungen im Verwaltungsprozeßrecht und ihre verfahrensrechtliche Behandlung gem. § 114 S. 2 Verwaltungsgerichtsordnung, JA 1999, 154; C. *Degenhart*, Die Bewältigung der wissenschaftlichen und technischen Entwicklungen durch das Verwaltungsrecht, NJW 1989, 2435; C. *Dicke*, Der allgemeine Gleichheitssatz und die Selbstbindung der Verwaltung, VerwArch 59 (1968), 293; U. *Di Fabio*, Entscheidungsprobleme der Risikoverwaltung, NuR 1991, 353; *ders.*, Das Arzneimittelrecht als Repräsentant der Risikoverwaltung, Verw 27 (1994), 345; *ders.*, Verwaltungsvorschriften als ausgeübte Beurteilungsermächtigung, DVBl 1992, 1338; *ders.*, Die Ermessensreduzierung: Fallgruppen, Systemüberlegungen und Prüfprogramm, VerwArch 86 (1995), 214; D. *Dörr*, Der „Numerus clausus" und die Kapazitätskontrolle durch die Verwaltungsgerichte, JuS 1988, 96; W. *Durner*, Die behördliche Befugnis zur Nachbesserung fehlerhafter Verwaltungsakte, VerwArch 97 (2006), 345; *ders.*, Reformbedarf in der Verwaltungsgerichtsordnung, NVwZ 2015, 841; W. *Erbguth*, Normkonkretisierende Verwaltungsvorschriften, DVBl 1989, 473; *ders.*, Anmerkungen zum administrativen Entscheidungsspielraum, DVBl 1992, 398; H.-U. *Erichsen*, Die sog. unbestimmten Rechtsbegriffe als Steuerungs- und Kontrollmaßgaben im Verhältnis von Gesetzgebung, Verwaltung und Rechtsprechung, DVBl 1985, 22; J. *Fachinger*, Überschreitung und Fehlgebrauch des Verwaltungsermessens, NJW 1949, 244; M. E. *Geis*, Die Anerkennung des „besonderen pädagogischen Interesses" nach Art. 7 Abs. 5 GG, DÖV 1993, 22; M. *Gerhardt*, Normkonkretisierende Verwaltungsvorschriften, NJW 1989, 2233; A. *Gern*, Die Ermessensreduzierung auf Null, DVBl 1987, 1194; H. *Goerlich*, Ermessen und unbestimmter Rechtsbegriff oder: Verwaltungskultur und Rechtskontrolle in den neuen Bundesländern, ThürVBl 1993, 1; H. *von Golitschek*, Bewertung der Prüfungsleistungen in juristischen Staatsprüfungen und deren gerichtliche Kontrolle, BayVBl 1994, 257; T. *Groß*, Konvergenzen des Verwaltungsrechtsschutzes in der Europäischen Union, Verw 33 (2000), 415; C. *Gusy*, Das Rätsel Subventionsrichtlinie – Rechtsfragen außenwirksamer Verwaltungsvorschriften, GewArch 1980, 324; *ders.*, Administrativer Vollzugsauftrag und justizielle Kontrolldichte im Recht der Technik, DVBl 1987, 497; *ders.*, Probleme der Verrechtlichung technischer Standards, NVwZ 1995, 105; K.-E. *Hain/V. Schlette/T. Schmitz*, Ermessen und Ermessensreduktion – ein Problem im Schnittpunkt von Verfassungs- und Verwaltungsrecht, AöR 122 (1997), 32; A. *Hamann*, Rechtsfragen zu ermessenslenkenden Verwaltungsvorschriften, VerwArch 73 (1982), 28; F. *Haueisen*, Das subjektive Recht auf fehlerfreie Ausübung des Ermessens, NJW 1954, 418; D. *Heinz*, Die Ausübung pflichtgemäßen Ermessens nach dem Sozialgesetzbuch Zwölftes Buch, ZfF 2010, 121; D. *Heinz*, Der Begriff des Ermessens im Sozialrecht, SuP 2015, 649; C. *Heinze*, Das planungsrechtliche Abwägungsgebot, NVwZ 1986, 87; H. *Herdegen*, Gestaltungsspielräume bei administrativer Normsetzung – Ein Beitrag zu rechtsformunabhängigen Standards für die gerichtliche Kontrolle von Verwaltungshandeln, AöR 114 (1989), 607; *ders.*, Beurteilungsspielraum und Ermessen im strukturellen Vergleich, JZ 1991, 747; R. *Herzog*, Verfassung und Verwaltungsgerichte – Zurück zu mehr Kontrolldichte?, NJW 1992, 2601; H. *Hill*, Normkonkretisierende Verwaltungsvorschriften, NVwZ 1989, 401; *ders.*, Verfahrensermessen der Verwaltung, NVwZ 1985, 449; H. *Hillermeier*, Methoden und Maßstäbe für die planerische Abwägung, BayVBl 1994, 140; C. *Hofmann*, Der Beitrag der neueren Rechtsprechung des BVerfG zur Dogmatik des Beurteilungsspielraums, NVwZ 1995, 740; W. *Hoppe*, Die Bedeutung von Optimierungsgeboten im Planungsrecht, DVBl 1992, 853; M. *Ibler*, Die Differenzierung zwischen Vorgangs- und Ergebniskontrolle bei planerischen Abwägungsentscheidungen, DVBl 1988, 469; F.-R. *Jach*, Privatschulfreiheit am Scheideweg – Vielfalt oder institutionelle Erstarrung?, DÖV 1990, 506; H. *Jarass*, Bindungswirkung von Verwaltungsvorschriften, JuS 1999, 105; D. *Jesch*, Unbestimmter Rechtsbegriff und Ermessen in rechtstheoretischer und verfassungsrechtlicher Sicht, AöR 82 (1957), 163; H. *Kellner*, Zum Beurteilungsspielraum, DÖV 1962, 572; M. *Kment/S. Vorwalter*, Beurteilungsspielraum und Ermessen, JuS 2015, 193; A. *Klüsener*, Die Bedeutung der Zweckmäßigkeit neben der Rechtmäßigkeit in § 68 I 1 VwGO?, NVwZ 2002, 816; C. *Koenig*, Zur gerichtlichen Kontrolle sog. Beurteilungsspielräume im Prüfungsrecht, VerwArch 83 (1992), 351; F. *Kopp*, Die Grenzen der richterlichen Nachprüfung wertender Entscheidungen der Verwaltung, DÖV 1966, 317; S. *Kluckert*, Nachschieben von Ermessenserwägungen im verwaltungsgerichtlichen Verfahren, DVBl 2013, 355; H. *Kremser*, Verfassungsrechtliche Zulässigkeit technischer Regelwerke bei der Genehmigung von Atomanlagen, DÖV 1995, 275; J. *Kühling*, Rechtsprechung des Bundesverwaltungsgerichts zum „Fachplanungsrecht", DVBl 1989, 221; E. *Kutscheid*, Die Neufassung der TA-Lärm, NVwZ 1999, 577; K.-H. *Ladeur*, Zum planerischen Charakter der technischen Normen im Umweltrecht, UPR 1987, 253; *ders.*, Risikobewertung und Risikomanagement im Anlagensicherheitsrecht, UPR 1993, 121; *ders.*, Normkonkretisierende Verwaltungsvorschriften als Recht privat-öffentlicher Kooperationsverhältnisse, DÖV 2000, 216; K. *Lange*, Ermessens- und Beurteilungsspielräume als Transformatoren von Innen- und Außenrecht, NJW 1992, 1193; F. *Lindner*, Die Prägung des Prüfungsrechts durch den Grundsatz der Chancengleichheit – ein vielschichtiges Phänomen, BayVBl 1999, 100; W. *Löwer/T. Linke*, Rechtsprechung zum Prüfungsrecht seit 1991, WissR 1997, 128; G. *Lübbe-*

Wolff, Verfassungsrechtliche Fragen der Normsetzung und Normkonkretisierung im Umweltrecht, ZG 1991, 219; *U. Mager*, Beurteilungsspielraum, Ermessen, Abwägung – Zur Lehre von den Entscheidungsspielräumen der Verwaltung, StudZR 2016, 255; *V. Mehde/S. Hansen*, Das subjektive Recht auf Bauordnungsverfügungen im Zeitalter der Baufreistellung, NVwZ 2010, 14; *A. von Mutius*, Unbestimmter Rechtsbegriff und Ermessen im Verwaltungsrecht, Jura 1987, 92; *A. von Mutius/K. Sperlich*, Prüfungen auf dem Prüfstand, DÖV 1993, 45; *N. Niehues*, Stärkere gerichtliche Kontrolle von Prüfungsentscheidungen, NJW 1991, 3001; *K. Obermayer*, Das Verhaltensermessen der Verwaltungsbehörden, NJW 1961, 1177; *ders.*, Die Beurteilungsfreiheit der Verwaltung, BayVBl 1975, 257; *M. Oldiges*, Die Entwicklung des Subventionsrechts seit 1996, Teil 2, NVwZ 2001, 627; *F. Ossenbühl*, Tendenzen und Gefahren der neueren Ermessenslehre, DÖV 1968, 618; *ders.*, Ermessen, Verwaltungspolitik und unbestimmter Rechtsbegriff, DÖV 1970, 84; *ders.*, Vom unbestimmten Gesetzesbegriff zur letztverbindlichen Verwaltungsentscheidung, DVBl 1974, 309; *ders.*, Selbstbindungen der Verwaltung, DVBl 1981, 857; *ders.*, 40 Jahre BVerwG, DVBl 1993, 753; *H.-J. Pabst*, Intendiertes Ermessen und Normauslegung, VerwArch 93 (2002), 540, 547 ff.; *M. Pagenkopf*, Zur Überprüfung des Ermessens bei Dauerverwaltungsakten im Glücksspielrecht, ZfWG 2014, 185; *J. Pietzcker*, Selbstbindungen der Verwaltung, NJW 1981, 2087; *ders.*, Der Anspruch auf ermessensfehlerfreie Entscheidung, JuS 1982, 106; *M. Pöcker/R. Barhelmann*, Der missglückte § 114 S. 2 Verwaltungsgerichtsordnung, DVBl 2002, 668; *A. Proelss*, Das Regulierungsermessen – eine Ausprägung des behördlichen Letztentscheidungsrechts?, AöR 136 (2011), 402; *A. Randelzhofer*, Der Anspruch auf fehlerfreie Ermessensentscheidung in Rechtslehre und Rechtsprechung, BayVBl 1975, 573; *ders.*, Kritische Würdigung der Lehre vom Anspruch auf fehlerfreie Ermessensentscheidung, BayVBl 1975, 607; *K. Redeker*, Fragen der Kontrolldichte verwaltungsrechtlicher Rechtsprechung, DÖV 1971, 757; *O. Reidt*, Behördlicher Beurteilungsspielraum und Grundrechtsschutz, DÖV 1992, 916; *K. Rennert*, Verwaltungsrechtsschutz auf dem Prüfstand, DVBl 2017, 69; *M. Ronellenfitsch*, Die Bewältigung der wissenschaftlichen und technischen Entwicklung durch das Verwaltungsrecht, DVBl 1989, 851; *G. Rößler*, Nachschieben von Ermessenserwägungen im finanzgerichtlichen Verfahren, Information StW 2004, 863; *J. Rozek*, Neubestimmung der Justiziabilität von Prüfungsentscheidungen, NVwZ 1992, 343; *H. H. Rupp*, Ermessensspielraum und Rechtsstaatlichkeit, NJW 1969, 1273; *H.-C. Sarnighausen*, Zum Nachbaranspruch auf baubehördliches Einschreiten, NJW 1993, 1623; *ders.*, Behördliche Ermessensbindungen zum Schutz des Nachbarn gegen genehmigungsfreie Wohnbauten, UPR 1998, 329; *R. P. Schenke*, Das Nachschieben von Gründen nach dem 6. Verwaltungsgerichtsordnung-Änderungsgesetz, VerwArch 90 (1999), 232; *ders.*, Das Nachschieben von Ermessenserwägungen, JuS 2000, 230; *W.-R. Schenke*, Verwaltung und Verwaltungsgerichtsbarkeit – Gedanken zu einem der Grundthemen des Wirtschaftsverwaltungsrechts, WuV 1988, 145; *ders.*, Nachschieben von Ermessenserwägungen im verwaltungsgerichtlichen Verfahren, DVBl 2014, 285; *A. Scherzberg*, Behördliche Entscheidungsprärogativen im Prüfungsverfahren? NVwZ 1992, 31; *ders.*, Risiko als Rechtsproblem, VerwArch 84 (1993), 484; *L. Schlarmann*, Die Rechtsprechung zur Alternativenprüfung im Planungsrecht, DVBl 1992, 871; *E. Schmidt-Aßmann*, Verwaltungsverantwortung und Verwaltungsgerichtsbarkeit, VVDStRL 34 (1976), 221; *ders.*, Die Kontrolldichte der Verwaltungsgerichte – Verfassungsgerichtliche Vorgaben und Perspektiven, DVBl 1997, 281; *E. Schmidt-Aßmann/T. Groß*, Zur verwaltungsgerichtlichen Kontrolldichte nach der Privatschul-Entscheidung des BVerfG, NVwZ 1993, 617; *G. Schmidt-Eichstaedt*, Ermessen, Beurteilungsspielraum und eigenverantwortliches Handeln der Verwaltung, AöR 98 (1973), 123; *J. Schmidt-Salzer*, Die normstrukturelle und dogmatische Bedeutung der Ermessensermächtigungen, VerwArch 60 (1969), 261; *F. Schoch*, Das verwaltungsbehördliche Ermessen, Jura 2004, 462; *R. Scholz*, Verwaltungsverantwortung und Verwaltungsgerichtsbarkeit, VVDStRL 34 (1976), 145; *F. Seebass*, Eine Wende im Prüfungsrecht, NVwZ 1992, 609; *H. Sendler*, Normkonkretisierende Verwaltungsvorschriften im Umweltrecht, UPR 1993, 321; *ders.*, Die neue Rechtsprechung des Bundesverfassungsgerichts zu den Anforderungen an die verwaltungsgerichtliche Kontrolle, DVBl 1994, 1089; *J.-R. Sieckmann*, Beurteilungsspielräume und richterliche Kontrollkompetenz, DVBl 1997, 101; *U. Smeddinck*, Der unbestimmte Rechtsbegriff – strikte Bindung oder Tatbestandsermessen?, DÖV 1998, 370; *P. Tettinger*, Überlegungen zu einem administrativen Beurteilungsspielraum, DVBl 1982, 423; *P. Theuersbacher*, Probleme der gerichtlichen Kontrolle von Prüfungsentscheidungen im Antwort-Wahl-Verfahren der medizinischen und pharmazeutischen Prüfungen, BayVBl 1991, 649; *C. H. Ule*, Bundesimmissionsschutzgesetz und Vertretbarkeitslehre, WuV 1977, 80; *U. Volkmann*, Das intendierte Verwaltungsermessen, DÖV 1996, 282; *K. Waechter*, Polizeiliches Ermessen zwischen Planungsermessen und Auswahlermessen, VerwArch 88 (1997), 298; *F. Wagner*, Das Prüfungsrecht in der Rechtsprechung, DVBl 1990, 183; *R. Wahl*, Entwicklung des Fachplanungsrechts, NVwZ 1990, 426; *ders.*, Genehmigung und Planungsentscheidung, DVBl 1982, 51; *ders.*, Risikobewertung der Exekutive und richterliche Kontrolldichte – Auswirkungen auf das Verwaltungs- und das gerichtliche Verfahren, NVwZ 1991, 409; *B. Wegmann*, Zur Ermessensausübung bei Abbruchverfügungen, insbesondere zur Berücksichtigung des Gleichheitssatzes, NVwZ 1984, 777; *M. Wehr*, Das Ermessen der Rechtsaufsicht über Kommunen, BayVBl 2001, 705; *F. Weyreuther*, Die Bedeutung des Eigentums als abwägungserheblicher Belang bei der Planfeststellung nach dem Bundesfernstraßengesetz, DÖV 1977, 419; *ders.*, Rechtliche Bindung und gerichtliche Kontrolle planender Verwaltung im Bereich des Bodenrechts, BauR 1977, 293; *H. Wilhelm*, Ermessen ohne Ende, DVP 2011, 310; *V. Winkler*, Bundesnetzagentur und Beurteilungsspielraum, DVBl 2013, 156; *J. Wolf*, Die Kompetenz der Verwaltung zur „Normsetzung" durch Verwaltungsvorschriften, DÖV 1992, 849; *J. Würkner*, BVerfG auf Abwegen? Gedanken zur Kontrolldichte verwaltungsgerichtlicher Rechtsprechung, NVwZ 1992, 309; *ders.*, Die Freiheit der Kunst in der Rspr des BVerfG und BVerwG, NVwZ 1992, 1; *J. Würkner/B. Kerst-Würkner*, Der Entscheidungsvorrang der Bundesprüfstelle: Das neue Abwägungsermessen als grundrechtsdogmatischer Phönix aus der Asche des alten Beurteilungsspielraums, NJW 1993, 1446; *dies.*, Die Indizierung „schlicht jugendgefährdender Kunstwerke", NVwZ 1993, 641.

I. Allgemeines

1   § 114 knüpft an § 113 an und erörtert die Frage der inhaltlichen Prüfung von Ermessensentscheidungen. § 114 S. 2 enthält eine *Sonderregelung* zur nachträglichen Ergänzung der Ermessensentscheidung. Nach § 114 können die Gerichte nur eine Ermessenskontrolle vornehmen; sie dürfen das Ermessen *nicht* selbst *anstelle der Behörden* ausüben (BVerwGE 44, 156, 159); s.a. BVerwGE 48, 228, 235 f.; 57, 174, 181; 75, 86, 89). Das Gericht prüft nicht, welche Entscheidung die Verwaltung hätte treffen können und auch nicht, welche es selbst anstelle der Verwaltung getroffen hätte, sondern nur, ob sich die getroffene Entscheidung im Rahmen des Ermessens hält (s. nur BVerwGE 57, 174, 181).

2   **1. Entstehungsgeschichte.** S. 2 wurde durch das 6. VwGOÄndG vom 1.11.1996 (BGBl I 1626) mit Wirkung zum 1.1.1997 eingefügt. Der erste Satz besteht *unverändert* seit Erlass der VwGO. Im Entwurf zur VwGO war die Ermessenskontrolle als Abs. 5 der in § 113 enthaltenen Regelung vorgesehen. Auf Vorschlag des Rechtsausschusses des Bundestags wurde die Regelung in eine eigene Norm ge-

fasst.[1] Eine alte Sonderregelung besteht in §§ 138 Abs. 1 S. 2, 146 Nr. 2 FlurbG. Die Normen ermächtigen die Flurbereinigungsgerichte zur Nachprüfung auch der Zweckmäßigkeit der Ermessensausübung. Diese Befugnis soll es dem Gericht ermöglichen, bei nachweisbarem Abfindungsdefizit die für die Gleichwertigkeit der Abfindung erforderliche Gestaltung selbst vorzunehmen, um im Interesse der Beschleunigung das Verfahren durch eine gerichtliche Planänderung zum Abschluss zu bringen (BVerwGE 57, 192, 198; 80, 193, 199).

2. Normzweck. a) Die begrenzte Kontrolle. § 114 will Rechtsklarheit über die Frage erzielen, wie 3
weit die richterliche Prüfungsbefugnis und Prüfungspflicht reicht. Der Wortlaut legt den Eindruck nahe, § 114 erweitere den Prüfungsumfang („prüft das Gericht auch"). Insoweit ist die Vorschrift *sprachlich verunglückt*.[2] Sie begründet keine materielle Erweiterung der Prüfungsbefugnis.[3] Zutreffender waren hier die Vorgängervorschriften formuliert, die stattdessen die Wendung „nur" enthielten.[4] § 114 legt fest, wann das Handeln der Behörde nach Ermessen rechtswidrig i.S.v. § 113 ist und bestimmt auf diese Weise Art und Umfang der gerichtlichen Kontrolle. Nach § 114 dürfen die Gerichte nur prüfen, ob das Ermessen rechtmäßig, nicht jedoch, ob es auch zweckmäßig ausgeübt wurde (vor der VwGO schon BVerwGE 4, 89, 92).

b) Prozessuale Regelung. Das Verhältnis von Verwaltung und Gerichtsbarkeit wird bei § 114 aus 4
prozessualer Sicht beleuchtet. § 114 enthält keine materiell-rechtliche Bestimmung darüber, wann der Verwaltung ein Ermessensfreiraum zukommt und was die Verwaltung bei Vorliegen eines Ermessenstatbestandes tun oder nicht tun darf (BVerwGE 31, 241, 247). Die Grenzen der Ermessensentscheidungen werden vom materiellen Recht (v.a. § 40 VwVfG) und nicht von § 114 bestimmt. Auch definiert die Norm den Begriff des Ermessens nicht, sondern setzt ihn voraus (BVerwGE 31, 241, 247). Sie zieht aber die Konsequenzen für das verwaltungsgerichtliche Verfahren.

Diese *Beschränkung* des § 114 *auf das prozessuale Recht* folgt erstens aus dem Wortlaut des § 114 5
(„prüft das Gericht"), zweitens aus dem Bezug des § 114 zu § 113 („auch"), der wiederum prozessualer Natur ist, drittens aus dem Vergleich zu § 40 VwVfG, der inhaltliche Vorgaben an das Ermessen stellt und dabei nicht das Gericht erwähnt, sowie viertens aus der Reichweite der zugrunde liegenden beschränkten Gesetzgebungskompetenz des Bundes (Art. 74 Abs. 1 Nr. 1 GG), die sich auf das Gerichtsverfahren bezieht.

Der *Zusammenhang der materiellen Regelung* des Ermessens (§ 40 VwVfG) und der prozessualen Regelung 6
(§ 114) ist allerdings deutlich enger, als es die Unterscheidung von materieller und prozessualer Regelung nahe legt. In den prozessualen Konsequenzen verwirklicht sich die materielle Rechtslage. Die Freiheit, die der Verwaltung nach materiellem Recht durch eine Ermessensnorm zugewiesen wird, bezieht sich gerade auf das Verhältnis der Exekutive zur Judikative, das wiederum durch das Prozessrecht näher ausgestaltet wird.

Zu seinem Erlasszeitpunkt besaß § 114 für das materielle Recht mittelbar eine erhebliche Bedeutung.[5] 7
§ 114 trat früher in Kraft als § 40 VwVfG. Der Gesetzgeber versuchte mit § 114 die 1960 verstreuten materiell-rechtlichen Bestimmungen über das Ermessen durch die scheinbar rezipierende Aufnahme in § 114 *zu einer einheitlichen Ermessensfehlerlehre zusammenzufassen*. Der Versuch glückte: wegen der dogmatischen Kraft des § 114 übernahmen 1976 die VwVfG die Formulierung als materielle Regelung des Ermessens (§ 40 VwVfG). Der enge entstehungsgeschichtliche Zusammenhang von § 40 VwVfG und § 114 verdeutlicht zum einen die unterschiedliche Natur der jeweiligen Regelung (materielle Regelung/prozessuale Regelung), zum anderen die enge Verknüpfung beider Normen.

c) Eingeschränkte Kontrolle und Schutz subjektiver Rechte. § 114 steht im Spannungsverhältnis des 8
im Vergleich zur Gerichtskontrolle weiter gehenden Entscheidungsauftrags der Verwaltung einerseits und dem Rechtsschutz subjektiver Rechte andererseits. § 114 ist folgender Grundsatz vorgelagert: Es kann Entscheidungen geben, in denen das Entscheidungsprogramm der Verwaltung breiter ist als das

---

1 BT-Drs. 3/55, 15, 32 (§ 114 Abs. 5); BT-Drs. 3/1094, 11, 51 (Beschlussempfehlung des Bundestagsrechtsausschusses) – weitergehende ältere Vorschriften wurden nicht übernommen mit Ausnahme des § 146 Nr. 2 FlurbG, vgl. BT-Drs. 3/55, 32 und *K. Rennert*, in: Eyermann § 114 Rn. 1.
2 *K. Redeker*, DÖV 1993, 10, 11 Fn. 15.
3 Vergleichbar *M. Gerhardt*, in: Schoch/Schneider/Bier § 114 Rn. 2.
4 Vgl. *C. Starck*, FS Sendler, 1991, 167, 175.
5 Vgl. *K. Rennert*, in: Eyermann § 114 Rn. 2.

Entscheidungsprogramm der gerichtlichen Kontrolle. Der an die Verwaltung *gerichtete Handlungsauftrag* und die *Reichweite* der *gerichtlichen Kontrollaufgabe* sind *nicht identisch*.[6] Dennoch müssen beide aufeinander abgestimmt werden. Das engere gerichtliche Entscheidungsprogramm steht unter dem verfassungsrechtlichen Vorbehalt des Schutzes des subjektiven Rechts durch ein Recht auf effektiven Rechtsschutz (Art. 19 Abs. 4 GG). Diesen Vorbehalt löst § 114 auf, indem er die gerichtliche Kontrolle auf die Beachtung der gesetzlichen Grenzen des Ermessens und den Zweck des Ermessens festlegt. § 114 hat damit *die Fallgestaltungen übernommen*, auf die sich nach dem Verständnis zum Erlasszeitpunkt der VwGO (und auch heute noch) das *subjektive Recht bei Ermessensentscheidungen* erstreckt.[7]

9   **3. Bezug auf das Verwaltungsermessen. a) Begriff des Ermessens.** Die Norm verwendet dabei den Begriff „Ermessen" erkennbar als *Terminus technicus*, ohne ihn selbst zu definieren. Ermessen liegt vor, soweit für die Behörde auf der *Rechtsfolgenseite* der Norm eine Entscheidungsfreiheit, *eine Auswahlfreiheit* zwischen mehreren Varianten besteht.[8] In diesen Fällen überlässt es das Gesetz bzw. das Recht der Behörde, den Einzelfall ganz oder zumindest teilweise unter Berücksichtigung der gesetzlichen Vorgaben und Wertungen (Ermessensdirektiven) und unter Berücksichtigung der erheblichen Belange nach seinen Besonderheiten zu regeln. Die Verwaltung wird ermächtigt, sich bei Vorliegen eines bestimmten Sachverhaltes in einer ihr angemessen erscheinenden Weise zu verhalten (BVerwGE 62, 86, 98).

10   Das *Gegenteil ist das gebundene Verwaltungshandeln* (gesetzesakzessorisch), bei dem das maßgebliche Gesetz eine bestimmte behördliche Maßnahme als Rechtsfolge zwingend vorsieht, sobald ein Tatbestand gegeben ist. Der gebundenen Verwaltungsentscheidung liegt der *Grundsatz der einzig richtigen Entscheidung* zugrunde.[9] Ob dieses Modell theoretisch richtig ist und zu stets eindeutigen Ergebnissen führt, wird man mit guten Gründen bezweifeln können; als maßgebliches Prinzip ist es dennoch richtig, da es sich aus der Aufgabe des Rechts rechtfertigt, dem zur Selbstorientierung fähigen und berufenen Menschen einen Maßstab für sein Handeln an die Hand zu geben. Das Ermessen als die Befugnis, zwischen mehreren denkbaren Rechtsfolgen eine Auswahl zu treffen, ist dabei eine allgemeine verwaltungsrechtliche Kategorie, die nicht nur für die nationale Rechtsordnung gilt.[10] Allerdings wird der Ermessensbegriff in anderen Rechtsordnungen nicht in dem eingeengten Sinne wie bei § 114 – Rechtsfolgenermessen – verstanden, sondern i.S.e. Entscheidungsfreiheit der Verwaltung bei der Umsetzung der Norm.[11] Die in anderem Zusammenhang (auf andere Adressaten bezogenen) verwendeten Arten des Begriffs „Ermessen", wie etwa das gesetzgeberische und das richterliche Ermessen, meint § 114 erkennbar nicht; dennoch bestehen sachlich zwischen allen Ermessensformen gemeinsame Grundstrukturen.

11   **b) Beschränkung auf das Verwaltungsermessen.** § 114 bezieht sich, wie der Wortlaut nahelegt, *nur* auf *das klassische (Verwaltungs-)Ermessen*,[12] mitunter auch als Handlungsermessen bezeichnet.[13] Diese Beschränkung auf das klassische Verwaltungsermessen ergibt sich zunächst aus dem dogmatischen Verständnis des Ermessens zur Entstehungszeit der Norm.[14] Mit dem Begriff des Ermessens knüpft § 114 an die konditionale Normstruktur (Tatbestand – Rechtsfolge) an. Sie ruht ferner auf einer dogmatisch stärkeren Differenzierung der Rechtsnormen, die sich im Laufe der Nachkriegsjahre herausge-

---

6   *M. Gerhardt*, in: Schoch/Schneider/Bier § 114 Rn. 7.

7   Vgl. nur BVerwGE 11, 95, 97; s.a. LVG Koblenz NJW 1953, 280; LVG Braunschweig NJW 1956, 397 f.; *F. Haueisen*, NJW 1954, 418 f.; s.a. BT-Drs. 3/55, 32.

8   Vgl. nur *D. Jesch*, AöR 82 (1957), 163, 205 f.; *F. Ossenbühl*, DÖV 1968, 618, 619.

9   *R. v. Laun*, Ermessen, 1910, 62; *F. Ossenbühl*, DÖV 1972, 401, 402; *R. Alexy*, JZ 1986, 701, 715; s. etwa aus der Rspr. BVerfGE 84, 59, 77 (Multiple-Choice-Verfahren).

10 Zum Ermessen für die Europäische Kommission aufgrund des EG s. nur *T. v. Danwitz*, JZ 2000, 429, 433; *G. Gornig/C. Trüe*, JZ 2000, 501, 505 f.; *E. Pache*, Abwägung, 2001, 302 ff. Zu den anderen Rechtsordnungen stellvertretend *H. Hofer-Zeni*, Ermessen, 1981 (zu Österreich); *R. Dolzer*, DÖV 1982, 578 ff.; ausf. mit Länderberichten dazu die Sammelbände *M. Bullinger* (Hrsg.), Verwaltungsermessen, 1986, und *A. Frowein* (Hrsg.), Kontrolldichte, 1993.

11 *C. Starck*, in: Bullinger, Verwaltungsermessen, 1986, 15, 27; ausf. *E. Pache*, Abwägung, 2001, 192 ff.

12 *K.-A. Schwarz*, in: HK-VerwR VwGO § 114 Rn. 5; *K. Rennert*, in: Eyermann § 114 Rn. 4; *M. Gerhardt*, in: Schoch/Schneider/Bier § 114 Rn. 3.

13 BVerwGE 62, 86, 92; BVerwG NJW 1990, 787 f. Apothekennotdienst; dagegen für „Verhaltensermessen" plädierend *K. Obermayer*, NJW 1961, 1777.

14 *F. Czermak*, NJW 1961, 1905, 1906; *H. Kellner*, DÖV 1962, 572, 574; *M. Gerhardt*, in: Schoch/Schneider/Bier § 114 Rn. 3.

bildet hat.[15] Gemeint ist die Unterscheidung zwischen Freiräumen auf Tatbestandsseite und Rechtsfolgenseite,[16] die Beschränkung der „Subsumtionsfreiheit" auf die Tatbestandsseite[17] und schließlich die Scheidung zwischen gebundener und freier Entscheidungsgrundlage.[18] Das dem älteren Verwaltungsrecht zugrunde liegende einheitliche Ermessensverständnis, das auch ein „Tatbestandsermessen" kannte,[19] war zur Entstehungszeit weitgehend überholt. Auch der Wortlaut der Norm legt eine *Beschränkung* des Ermessens *auf die Rechtsfolgenseite* nahe. Die Normteile „zu handeln" und „Gebrauch machen" beziehen sich auf das Handeln der Behörde und nicht auf dessen Voraussetzungen. Mit dem Begriff „handeln" sah man einen direkten sprachlichen Bezug zum „Handlungsermessen" hergestellt.[20] Zu Recht trennt daher die Rspr. das Handlungsermessen i.d.R. deutlich von den Beurteilungsermächtigungen und auch vom Planungsermessen.[21]

c) Grundannahmen. Dieses klassische Modell der Ermessensausübung beruht auf mehreren *Grundannahmen*. 12

aa) Trennung von Tatbestand und Rechtsfolge. Das Verwaltungsermessen geht erkennbar von einer 13 klaren Normstruktur i.S.v. „wenn – dann" aus. Das Modell greift nur, wenn Tatbestand und Rechtsfolge unterscheidbar sind. Mitunter sind die beiden Normteile aber derart ineinander verflochten, dass eine Trennung kaum möglich ist bzw. den Entscheidungsprozess künstlich auseinander reißt; in diesem Fall ist eine Trennung zwischen Ermessen und Beurteilungsspielraum faktisch nicht möglich.

bb) Unterscheidbarkeit von Auslegung und Subsumtion. Das Verwaltungsermessen geht weiter da- 14 von aus, die Feststellung des rechtlichen Handlungsbefehls und dessen Umsetzung seien praktisch trennbar. Die Auslegung der gesamten Norm (Tatbestand und Rechtsfolge) ist danach gerichtlich voll überprüfbar. Darunter fällt auch die Auslegung der Rechtsbegriffe der Rechtsfolgenanordnung (mit Ermessensbestimmung) ebenso wie die Bestimmung des Rahmens der möglichen Handlungsoptionen. Die Subsumtion des Tatbestandes und der Rechtsbegriffe der Rechtsfolge werden ebenfalls überprüft, während die sich dann anschließende Auswahl zwischen mehreren rechtlichen Handlungsoptionen, die Zweckmäßigkeitsentscheidung im Engeren, nur daraufhin überprüft wird, ob ein sachwidriger oder unvollständiger Entscheidungsprozess vorliegt. In der Praxis wandert der Blick aber zwischen Rechtsfolge und Tatbestand, sowie zwischen Zweckmäßigkeit und gesetzlichen Grenzen stärker hin und her als es das Modell vorspiegelt.[22]

d) Unvollständige Regelung. § 114 und § 40 VwVfG erfassen die Frage der gerichtlich maßgeblichen 15 Ermessensfehler nicht vollständig. Sie sind daher durch allgemeine Grundsätze der Ermessenslehre *zu ergänzen*.[23] Dennoch geht es zu weit, die Vorschriften deshalb als missglückt zu bezeichnen.[24] § 114 besitzt trotz seiner Ergänzungsbedürftigkeit ausreichend Steuerungskraft, um seine Existenz zu legitimieren. Die materiellen Probleme, die mit dem Ermessen verbunden sind, kann § 114 nicht aus eigener Kraft lösen.

Noch unvollständiger ist die Regelung, wenn man das Problem der Letztentscheidungsbefugnis der 16 Verwaltung überhaupt in den Blick nimmt. Das Verwaltungsermessen ist nur *eine von mehreren Möglichkeiten*, die der Gesetzgeber wählen kann, um der Verwaltung eine Art von *Letztentscheidungsbefugnis* einzuräumen.

---

15 *K. Rennert*, in: Eyermann § 114 Rn. 4.
16 S. etwa *K. H. Friauf*, NJW 1960, 420 ff.; *F. Czermak*, NJW 1961, 1905, 1906; *K. Obermayer*, NJW 1961, 1777; aus der Rspr. s. BVerwG NJW 1961, 796 f.; ein Überblick bei *M. Bullinger*, in: ders., Verwaltungsermessen, 1986, 131, 136 ff.
17 VGH München NJW 1955, 845 f.; *W. Idel*, NJW 1955, 733 ff.; *O. Bachof*, JZ 1955, 97, 98.
18 OVG Münster NJW 1955, 119 f. zum Waffenschein; *H. Reuß*, DÖV 1954, 55 ff. und *ders.*, DÖV 1954, 557 ff.; undeutlich insoweit etwa noch OLG Frankfurt NJW 1953, 1037.
19 In diesem Verständnis verhaftet etwa *W. Kersten*, NJW 1949, 208, 209; auch *H. H. Rupp*, NJW 1969, 1273, 1276; *ders.*, Grundfragen, 1965, 207 f. vertrat eine einheitlich hermeneutische Lösung; aus heutiger Zeit wieder z.B. *W. Brohm*, JZ 1995, 369 f.; in diese Richtung *G. Schmidt-Eichstaedt*, AöR 98 (1973), 173, 179 ff. Aus der Rspr. s. etwa BVerwGE 4, 89, 92; BVerwG NJW 1955, 195 f.; OVG Münster NJW 1953, 160; w.N. bei *O. Bachof*, JZ 1955, 97.
20 *F. Czermak*, NJW 1961, 1905, 1906.
21 BVerwGE 45, 309, 323 f.; 62, 86, 92 ff.; 72, 38, 53; BVerwG NJW 1990, 787 f.; ungenau dagegen BVerwGE 39, 277, 278 (keine Ermessenseinräumung bei der Frage der angemessenen Wohnungsgröße).
22 *M. Sachs*, in: Stelkens/Bonk/Sachs § 40 Rn. 34.
23 *M. Redeker*, in: Redeker/v. Oertzen § 114 Rn. 3.
24 Strenger aber *M. Redeker*, in: Redeker/v. Oertzen § 114 Rn. 1.

17　**4. Verhältnis zu § 113. a) Anknüpfung an § 113.** § 114 S. 1 ergänzt die Regelung des § 113 hinsichtlich des Ermessensbereichs.[25] Dies folgt erstens aus dem Wortlaut der Bestimmung („prüft das Gericht *auch*"), zweitens aus der systematischen Stellung, drittens aus der Entstehungsgeschichte (die Bestimmung sollte ursprünglich in § 113 aufgenommen werden, → Rn. 2) und viertens aus dem Regelungszweck.

18　**b) Ergänzung des § 113 durch § 114.** Der primäre Zweck des § 114 besteht darin, das „*Prüfprogramm*" der Gerichte, das dem § 113 mittelbar zugrunde liegt, für den Fall des Vorliegens eines Ermessenstatbestandes *klarzustellen*.

19　**c) Ergänzung des § 114 durch § 113.** Die Regelungen des § 113 ergänzen daher § 114.[26] Dies ist v.a. bei drei Fragen wichtig:

20　**aa) Beschränkung auf bestimmte Klagearten.** § 113 enthält Regelungen für die Anfechtungsklage, die Fortsetzungsfeststellungsklage i.S.v. § 113 Abs. 1 S. 2 und die Verpflichtungsklage. Die Beschränkung *auf* diese *drei bestimmten Klagearten* gilt unausgesprochen auch bei § 114.[27]

21　**bb) Beschränkung auf die Verletzung subjektiver Rechte.** Eine ausdrückliche Beschränkung des Rechtsschutzes auf den Schutz subjektiver Rechte findet sich im Normtext des § 114 nicht. Bei § 113 kommt diese Beschränkung in § 113 Abs. 1 S. 1 und in § 113 Abs. 5 S. 1 im Normtext deutlich zum Ausdruck („und der Kläger dadurch in seinen Rechten verletzt ist"). In der Sache gilt aber bei der Ermessenskontrolle nichts anderes, da insoweit der § 114 nur den § 113 ergänzt. Rechtlich beachtliche Ermessensfehler führen nur dann zum Erfolg der Klage, wenn durch sie zugleich ein subjektives Recht des Klägers verletzt ist. Die Klage hat nur Erfolg, wenn der Kläger einen Anspruch auf fehlerfreie Ermessensausübung hat und dieser Anspruch in rechtlich beachtlicher Weise (i.S.v. § 114) verletzt wird. Einen Anspruch auf ermessensfehlerfreie Entscheidung losgelöst von einer subjektiven Rechtsposition quasi für sich selbst („eo ipso"), gibt es nicht (BVerwGE 153, 246). Ob ein subjektiver Anspruch auf fehlerfreie Ermessensausübung besteht, entscheidet das materielle Recht (BVerwGE 39, 235, 237). Auch bei Drittanfechtungsklagen gegen Ermessenentscheidungen muss dem Kläger ein subjektives Recht zustehen (VGH München BayVBl 2008, 436).

22　**cc) Bescheidungsklage.** Die Voraussetzungen der *Bescheidungsklage* nach § 113 Abs. 5 S. 2 sind gerade im Fall des Ermessens erfüllt. Eine rechtswidrige Entscheidung im Ermessensbereich führt bei der Verpflichtungsklage i.d.R. zu einem Bescheidungsurteil (BVerwGE 11, 95, 99). Etwas anderes gilt nur, wenn ausnahmsweise eine Ermessensreduktion auf Null anzunehmen ist.

23　**d) Kein selbständiger Gehalt des § 114 gegenüber § 113.** Der Bezug des § 114 auf § 113 wirft die Frage auf, ob die Rechtslage eine andere wäre, wenn es den § 114 nicht gäbe. § 114 erörtert allein die Rechtswidrigkeit beim Ermessen und verlangt nicht gleichzeitig eine durch die Rechtswidrigkeit verursachte Rechtsverletzung. § 114 kann nur als Ergänzung und Klarstellung aufgefasst werden. § 114 *soll lediglich das Merkmal der Rechtswidrigkeit* in § 113 für den Fall konkretisieren, dass es sich um eine Ermessensentscheidung handelt.[28] Dies zeigt im Übrigen die ursprüngliche Rohfassung der Formulierung („Rechtswidrigkeit ist auch gegeben, wenn …").[29] Auch dem Sinn nach ist nicht davon auszugehen, dass § 114 an dem durch § 113 geschaffenen Umfang des gerichtlichen Schutzes etwas ändern wollte, weder in Richtung einer Erweiterung noch in Richtung einer Einengung. Das BVerwG hat sich anfänglich zunächst viel Mühe gegeben, einen Rückgriff auf § 113 in Rahmen des § 114 zu legitimieren (BVerwGE 19, 214, 218 f. zur Ermessensreduzierung auf Null). Inzwischen zitiert es im Gesamtergebnis allein § 113 und erwähnt § 114 lediglich in den Entscheidungsgründen (s. etwa BVerwGE 71, 228, 229; 90, 296, 297; 92, 32 ff.; 94, 35, 46).[30]

24　**5. Verfassungsrechtlicher Rahmen. a) Ausformung des Grundsatzes der Gewaltenteilung.** § 114 S. 1 bezieht sich auf die Überprüfbarkeit rechtlicher Entscheidungen der Verwaltung durch die Gerichte.

25　*M. Gerhardt*, in: Schoch/Schneider/Bier § 114 Rn. 2.

26　So zu Recht *K. Rennert*, in: Eyermann § 114 Rn. 9; *M. Gerhardt*, in: Schoch/Schneider/Bier § 114 Rn. 2.

27　*K. Rennert*, in: Eyermann § 114 Rn. 6; *M. Gerhardt*, in: Schoch/Schneider/Bier § 114 Rn. 3 (allerdings ohne die Fortsetzungsfeststellungsklage zu nennen); *A. Decker*, in: Posser/Wolff § 114 Rn. 1.

28　*W. Kersten*, NJW 1949, 208, 209.

29　*M. Gerhardt*, in: Schoch/Schneider/Bier § 114 Rn. 1.

30　I.S.e. Konkretisierung der Anforderungen des § 113.

Die Norm begrenzt i.E. die gerichtliche Kontrolle von Verwaltungsentscheidungen und ist dabei die einzige Vorschrift innerhalb der VwGO, die für den Bereich des Prozessrechts die Frage nach dem *Letztentscheidungsrecht der Verwaltung* im Verhältnis zur Gerichtsbarkeit *ausdrücklich regelt.*[31] Sie formt damit den *Gewaltenteilungsgrundsatz* aus.[32] Ihr Ziel ist es, die Existenz einer effektiven und leistungsfähigen Verwaltung abzusichern.

b) Das Grundrecht auf effektiven Rechtsschutz. aa) Spannungsverhältnis. Neben den Grundsatz der 25 Gewaltenteilung tritt das *Grundrecht auf effektiven Rechtsschutz* als verfassungsrechtlicher Eckpfeiler. Der Rechtsweg i.S.v. Art. 19 Abs. 4 GG muss die vollständige Nachprüfung der angegriffenen Verwaltungsentscheidung in rechtlicher und tatsächlicher Hinsicht ermöglichen (BVerfGE 15, 275, 282; 78, 214, 226). Die Gerichte sollen die Verwaltung bei der Gesetzesauslegung, bei der Tatsachenermittlung und bei der Gesetzesanwendung i.e.S. kontrollieren (BVerfGE 84, 59, 70 [Multiple-Choice-Verfahren]). Dabei gilt im Ausgangspunkt der Grundsatz der einzig richtigen Entscheidung. Die Rechtsnormen sollen für jede Sachverhaltskonstellation die richtige Lösung – und zwar jeweils nur eine – anbieten. Die Gerichte haben diese ohne Bindung an die Verwaltungsentscheidung zu finden und daran die angegriffene Entscheidung zu messen.[33] Beschränkt der Gesetzgeber für die Gerichte die Möglichkeit das Verwaltungshandeln zu kontrollieren, in welcher Form auch immer, so muss er die Grenzen beachten, die ihm Art. 19 Abs. 4 GG setzt. Bei § 114 sind demnach die Erfordernisse einer effektiven und leistungsfähigen Verwaltung und anderseits auch das Recht auf effektiven Rechtsschutz gem. Art. 19 Abs. 4 GG zu berücksichtigen.[34] I.E. besteht an der *Zulässigkeit* der *Ermessensermächtigung* im Lichte des Art. 19 Abs. 4 GG[35] und auch im Lichte anderer Grundrechtsbestimmungen und Verfassungsgebote (v.a. des Bestimmtheitsgebots)[36] *kein Zweifel.*

bb) Keine Einschränkung der Garantie des Art. 19 Abs. 4 GG durch § 114. Ob § 114 als eine Begren- 26 zung des Schutzbereichs des Art. 19 Abs. 4 GG oder als Eingriff[37] in diesen zu qualifizieren ist, ist offen. Dies hängt davon ob, wie weit man das (subjektive) Recht zieht. Gerichtliche *Kontrolle* setzt einen *Rechtsmaßstab* voraus. Verlangt das Recht von der Verwaltung eine Entscheidung ohne einen Rechtsmaßstab bereitzustellen, kann insoweit keine Gerichtskontrolle erfolgen.[38] Recht ist dabei als verbindlicher Sollenssatz zu verstehen. Die Gesichtspunkte, die in die Ermessensentscheidung eingehen und bei ihr zu beachten sind, sowie die Gewichtungsvorgaben können rechtlicher Natur sein (etwa grundrechtliche Schutzwirkungen, Abwehransprüche), müssen es aber nicht.[39] Für die Auswahlentscheidung selbst gibt das Recht aber keinen verbindlichen Maßstab vor. Unterfällt die Suche nach der besten oder der sachgemäßeren Lösung im sog. Zweckmäßigkeitsbereich grds. noch der Rechtsbindung der Verwaltung, liegt in § 114 zumindest eine Einschränkung der Rechtskontrolle. Sofern die Rechtsvorgaben hinsichtlich der Zweckmäßigkeitsprüfung subjektive Wirkung entfalten, wird Art. 19 Abs. 4 GG eingeschränkt. In diese Richtung weist § 146 Nr. 2 FlurbG, der eine Zweckmäßigkeitskontrolle der Ermessensausübung durch die Gerichte für möglich hält. Der Begriff der Zweckmäßigkeit bezeichnet danach einen nicht justiziablen Bereich des „Rechts".[40]

nicht besetzt 27

---

31 *M. Redeker,* in: Redeker/v. Oertzen § 114 Rn. 3.
32 BVerwGE 76, 90, 93; *Kopp/Schenke* § 114 Rn. 1; *K.-A. Schwarz,* in: HK-VerwR VwGO § 114 Rn. 3; zurückhaltend *K. Rennert,* in: Eyermann § 114 Rn. 3.
33 Vgl. BVerfGE 101, 106, 123; *H. Maurer,* Rechtsstaatliches Prozessrecht, in: FS 50 Jahre Bundesverfassungsgericht, Bd. 2, 2002, 467, 489.
34 *Kopp/Schenke* § 114 Rn. 5; allg. *F. Kopp,* BayVBl 1977, 513, 514.
35 BVerfGE 9, 137, 149 f.; 69, 1, 42; *P. M. Huber,* in: v. Mangoldt/Klein/Starck I Art. 19 Rn. 514.
36 BVerfGE 18, 353, 363; 48, 210, 222; BVerwGE 11, 95, 96 f.; *W. Brohm,* JZ 1995, 369 f.; *H.-J. Papier,* HdbStR VI § 154 Rn. 62.
37 So etwa *P. M. Huber,* in: v. Mangoldt/Klein/Starck I Art. 19 Rn. 514.
38 BVerfGE 88, 40, 61; *E. Schmidt-Aßmann/W. Schenk,* in: Schoch/Schneider/Bier Einl. Rn. 182; s.a. *H.-J. Papier,* HdbStR VI § 154 Rn. 61.
39 Zur Frage, ob die Ermessensbindung über die rechtlich erheblichen Fehler hinaus eine Rechtsbindung ist, nur *R. Alexy,* JZ 1986, 701, 705 f.; noch weitergehender *U. Held-Daab,* Ermessen, 1996, 262 (Ermessen als das rechtlich Irrelevante jenseits der Rechtsbindung).
40 *P. Häberle,* Öffentliches Interesse als juristisches Problem, 1970, 656; noch strenger *H. H. Lohmann,* Zweckmäßigkeit, 1972, 93 (die Gerichte seien zur vollständigen Nachprüfung der Ermessensentscheidung auch im Bereich absoluter Zweckmäßigkeit befugt und verpflichtet).

28　nicht besetzt

29　*Überzeugender* ist dagegen die Vorstellung, dass der Verwaltung innerhalb eines bestimmten Rechts-
rahmens die Auswahl gerade freigestellt, d.h. gerade *nicht rechtlich determiniert* ist. Danach ist die
Zweckmäßigkeit von der Frage der *Rechtmäßigkeit zu trennen*. Da die Auswahlentscheidung nicht
nach Maßgabe des Rechts erfolgt, *schränkt* die Ermessensentscheidung selbst *Art. 19 Abs. 4 GG nicht
ein*.[41] Eine gesetzliche Ermächtigung für jede Ermessensentscheidung ist daher nicht erforderlich. Diese Sichtweise harmoniert auch mit der Vorstellung, § 114 sei im Hinblick auf § 113 streng genommen
überflüssig, da auch § 113 Abs. 1 und § 113 Abs. 5 Art. 19 Abs. 4 GG nicht einschränken. Die *Zweckmäßigkeitsentscheidung* selbst ist demnach *keine Entscheidung am Maßstabe des Rechts*.[42] Bei der
Ausübung des Ermessens und der Wahl einer von mehreren, innerhalb der Spannbreite des § 114 liegenden Varianten orientiert sich das Verwaltungshandeln nicht an Rechtsmaßstäben, sondern an anderen Kriterien[43] wie Effektivität, Moralität, Zumutbarkeit etc.[44] Diese Maßstäbe dürfen dabei nicht
die Gemeinwohlbindung der Verwaltung konterkarieren, daher bleibt die Verwaltung auch innerhalb
der Zweckmäßigkeit pflichtgebunden (allerdings nicht i.S.v. Rechtspflichten) und ist nicht berechtigt,
willkürlich oder stimmungsabhängig zu handeln.[45]

30　Vollzieht sich die Zweckmäßigkeitsentscheidung nicht am Maßstab, sondern nur im Rahmen des
Rechts, *besteht kein subjektives Recht* auf eine bestimmte oder gar *auf die zweckmäßigste Entscheidung*. Bei einem solchen Verständnis des § 114 liegt es nahe, die Überprüfung des Verwaltungsakts im
Widerspruchsverfahren auf seine Zweckmäßigkeit (§ 68) nur im objektiven Sinne zu verstehen. Dies
hat zur Folge, dass der Widerspruchsführer kein Recht auf Aufhebung einer rechtmäßigen, aber unzweckmäßigen Entscheidung hat. Durch § 146 Nr. 2 FlurbG wird somit die Gerichtskontrolle über die
Rechtskontrolle auf die Zweckmäßigkeitskontrolle hinaus einfachgesetzlich erweitert.[46]

31　**cc) Rechtfertigung vor Art. 19 Abs. 4 GG.**　Verfassungsrechtlich von Bedeutung ist demnach nur, ob
der Gesetzgeber verpflichtet gewesen wäre, um Art. 19 Abs. 4 GG eine möglichst großen Anwen-
dungsraum zu geben, die Auswahlentscheidung zu verrechtlichen, etwa um auf diese Weise einen weiter gehenden Gerichtsschutz zu ermöglichen oder eine stärker vorhersehbare Regelung zu schaffen
(Bestimmtheitsgebot). Das Verwaltungsermessen ist eine überkommene, sachlich begründete, vom
Rechtsstaatsprinzip über das Gebot der Einzelfallgerechtigkeit gestützte Form der Handlungsmöglichkeiten der Verwaltung,[47] die für sich genommen noch nicht hinter der wertsetzenden Funktion des
Art. 19 Abs. 4 GG zurücktreten muss. Ein Austausch sämtlicher Ermessenseingriffstatbestände durch
gebundene Eingriffsnormen würde eine viel stärkere Freiheitseinschränkung darstellen als Ermessensnormen (BVerfGE 9, 137, 148 f.). *Art. 19 Abs. 4 GG verlangt nicht*, dass *jeder Handlungsmaßstab* für
die Verwaltung *rechtlicher Natur* sein muss, und verbietet daher die Ermessenstatbestände nicht per
se.[48] Völkerrechtliche Vertragswerke können darüber hinaus in bestimmten Konstellationen eine Ermessensentscheidung gebieten und eine gebundene Entscheidung untersagen. So stand die mittlerweile
aufgehobene Richtlinie 64/221/EWG des Rates vom 25. Februar 1964 bei Ausweisungen infolge von
Straffälligkeit einer gebundenen Entscheidung, nicht aber einer Ermessensentscheidung entgegen
(EuGH NVwZ 2004, 1099, 1101 – Orfanopoulos u. Olivieri/Land Baden-Württemberg).

32　**c) Gesetzlichkeitsprinzip.**　Im Bereich des Vorbehalts des Gesetzes *schränkt das Ermessen die Steuerung des Gesetzgebers ein*, indem das Gesetz der Verwaltung einen Freiraum gewährt. Daher wurde
die Ermessensermächtigung in diesem Bereich teilweise für unzulässig,[49] bzw. eine uneingeschränkte

---

[41]　In diese Richtung lässt sich auch BVerwGE 11, 95, 97 verstehen (im Zusammenhang mit bauordnungsrechtlichem
Drittschutz); *K.-A. Schwarz*, in: HK-VerwR VwGO § 114 Rn. 16; a.M. etwa *P. M. Huber*, in: v. Mangoldt/Klein/
Starck I Art. 19 Rn. 514.
[42]　*D. Jesch*, AöR 82 (1957), 163, 208, 211; *F. Ossenbühl*, Verwaltungsvorschriften und Grundgesetz, 1968, 321 ff.;
R. Scholz, VVDStRL 34 (1976), 145, 169. A.M. *R. Klüsener*, NVwZ 2002, 816, 820.
[43]　Krit. zu dieser Vorstellung etwa *J. Cattepoel*, VerwArch 71 (1980), 140, 141 ff.
[44]　*D. Jesch*, AöR 82 (1957), 163, 208 „Metajuristischer Natur"; s.a. *M. Gerhardt*, in: Schoch/Schneider/Bier § 114 Rn. 5
„außerrechtlichen" Richtigkeitskriterien; in diese Richtung auch *Kopp/Schenke* § 114 Rn. 1.
[45]　S. *J. Fachinger*, NJW 1949, 244, 245; s.a. *K. Kleinrahm*, NJW 1949, 606, 607 („Ermessensfehler sind nur Mängel,
die das Rechtsbewußtsein oder das gesunde Denken erheblich beeinflussen").
[46]　So auch das Verständnis von *E. Schmidt-Aßmann/W. Schenk*, in: Schoch/Schneider/Bier Einl. Rn. 184.
[47]　BVerfGE 9, 137, 148 f.; s. nur *K. Obermayer*, NJW 1961, 1777, 1780 f.; *A. Decker*, in: Posser/Wolff § 114 Rn. 11.
[48]　BVerfGE 9, 137, 149 f.; 69, 1, 42; *E. Schmidt-Aßmann*, in: Maunz/Dürig Art. 19 Abs. 4 Rn. 189.
[49]　*C. H. Ule*, VerwArch 76 (1985), 1, 11 m.w.N.

gerichtliche Überprüfung von Ermessensverwaltungsakten für zulässig erachtet.[50] Der klassische Vorbehalt des Gesetzes ist aber mit den Ermessenstatbeständen „groß geworden". Man hat darin zu Recht keine zu weitgehende Rücknahme der Steuerungsaufgabe des Gesetzes gesehen.[51]

d) Freiheitsgrundrechte und Bestimmtheitsgrundsatz. Ein Ermessenstatbestand als Grundlage für 33 einen Grundrechtseingriff widerspricht nicht für sich schon dem grundrechtlichen Gesetzesvorbehalt, setzt ihm – zusätzlich mit dem Bestimmtheitsgebot[52] – aber Grenzen. Völlig konturenlos darf die gesetzliche Grundlage und damit der Ermessenstatbestand nicht sein.

6. Anwendungsbereich von § 114. a) Allgemein. Der *Anwendungsbereich* von § 114 *ist enger*, als es 34 von der *Ratio* der Vorschrift her sinnvoll wäre. Aus Wortlaut, Systematik und Entstehungsgeschichte folgt eine Beschränkung in vier Richtungen. Die Norm bezieht sich nur (a) auf das klassische Verwaltungsermessen, (b) auf die Klagearten der Anfechtungs-, Verpflichtungs- und Fortsetzungsfeststellungsklage, sowie (c) auf die gesetzesgebundene Verwaltung und (d) auf die Fälle der gesetzlichen Ermächtigung zu einer rechtsfolgenbezogenen Ermessensentscheidung. Bei Fallgestaltungen, die zwar wegen dieser Beschränkung nicht unter § 114 fallen, aber dem geregelten Fall vergleichbar sind, kann die Norm ggf. über die Analogie, als allgemeiner Rechtsgrundsatz, oder als Argument (Topos) relevant werden.

b) Beschränkung auf das Verwaltungsermessen. § 114 verwendet den Begriff des Ermessens i.S.v. *Ver-* 35 *waltungsermessen* (→ Rn. 9, 11). Die sonstigen Formen des Freiraums der Verwaltung, etwa in Form des Beurteilungsspielraums und des Planungsermessens, werden nicht vom Begriff des Ermessens, wie ihn § 114 verwendet, erfasst.[53] § 114 gilt daher als eines der stärksten Argumente der (i.E. richtigen) klassischen Meinung, nach der die unterschiedlichen Entscheidungsvorränge der Verwaltung (Verwaltungsermessen, Planungsermessen, Beurteilungsspielraum, normkonkretisierende Verwaltungsvorschriften) sich zumindest soweit unterscheiden, dass sie eine differenzierte Terminologie rechtfertigen. Die Beschränkung des § 114 auf das Verwaltungsermessen und die begriffliche Trennung zwischen 36 den verschiedenen Erscheinungsformen des Entscheidungsvorrangs der Verwaltung werden mit unterschiedlicher Begründung vielfach für rein theoretisch, überholt oder falsch gehalten. *Mittlerweile hat sich daneben eine vereinheitlichende Betrachtungsweise* etabliert, die sich aber zu Recht nicht vollständig durchsetzen konnte. Diese will zwar nicht die Kategorien des Rechtsfolgenermessens, des Planungsermessens und des Beurteilungsspielraums begrifflich aufgeben, jedoch ihren Kern zu einem einheitlichen Modell der Abwägungskontrolle zusammenfassen (einheitliche Abwägungslehre)[54] bzw. den Ermessensbegriff (mehr rechtsvergleichend) auf alle drei Erscheinungsformen des Entscheidungsvorrangs (Verwaltungsermessen, Beurteilungsspielraum, Planungsermessen) erstrecken.[55] Weil die einheitliche Betrachtungsweise aber davon lebt, dass der Begriff der Abwägung je nach Zusammenhang eine andere Bedeutung erhält, ist fraglich, worin der Vorteil gegenüber den bereits bestehenden Differenzierungen liegt. Sie bringt gegenüber der ausgearbeiteten differenzierenden Begrifflichkeit der überwiegenden Ansicht keine Vorteile.

c) Problem der analogen Anwendung auf andere Formen der Entscheidungsprärogative. aa) Keine 37 **analoge Anwendung auf das Planungsermessen.** Das mit der Handlungsform des Planfeststellungsbeschlusses verbundene *Planungsermessen* ist seiner Struktur nach nicht konditional wie die von § 114 ins Auge gefasste Normstruktur von Tatbestand und Rechtsfolge. Die Planungsentscheidung ist gesamtheitlich auf einen Plan und dessen Festsetzung (oder Nicht-Festsetzung) bezogen und unterscheidet sich dadurch von der Ermessensentscheidung i.S.d. § 114.[56] Häufig wird von finaler Entschei-

---

50 *H. H. Rupp*, NJW 1969, 1273 f.; dazu m.w.N. *W.-R. Schenke*, WuV 1988, 145, 171.
51 S. nur BVerfGE 18, 353, 363; 48, 210, 222; BVerwGE 11, 95, 96 f.: *H.-J. Papier*, HdbStR VI § 154 Rn. 62.
52 So etwa BVerwGE 31, 241, 245 f.
53 Vgl. *P. J. Tettinger*, Rechtsanwendung, 1980, 70. A.M. *C. Starck*, FS Sendler, 1991, 167, 176.
54 *E. Schmidt-Aßmann/W Schenk*, in: Schoch/Schneider/Bier Einl. Rn. 190; *E.Schmidt-Aßmann*, DVBl 1997, 281, 288; s. schon *ders.*, VVDStRL 34 (1976), 221, 251 f.; *G. F. Schuppert*, DVBl 1988, 1191, 1198 f.; *M. Herdegen*, JZ 1991, 747, 750; *M. Gerhardt*, in: Schoch/Schneider/Bier § 114 Rn. 4 ff.; in diese Richtung auch *E. Pache*, Abwägung, 2001, 457 ff.
55 *R. Brinktrine*, Verwaltungsermessen, 1998, 554 ff.; s.a. i.S.e. einheitlichen Begriffs *K. Obermayer*, BayVBl 1975, 257, 262.
56 *M. Sachs*, in: Stelkens/Bonk/Sachs § 40 Rn. 42 f. zu § 40 VwVfG; krit. zu dieser Unterscheidung *R. Rubel*, Planungsermessen, 1982, 165.

dungsstruktur gesprochen.[57] Gleichzeitig besteht zwischen dem Planungsermessen bei einem Planfeststellungsbeschluss und beim Verwaltungsermessen die Gemeinsamkeit, dass die Verwaltung einen realen Verhaltensspielraum hat, der nicht gerichtlich überprüfbar bzw. nicht durch die gerichtliche Entscheidung ersetzbar ist.[58] Ob man § 114 auf den Planfeststellungsbeschluss analog anwendet, hängt davon ab, für wie schwerwiegend man den Unterschied zwischen konditionalem und finalem Entscheidungsprogramm hält. Eine *analoge Anwendung* dürfte der Besonderheit des Planungsermessens i.E. nicht gerecht werden.[59] Auch die Rspr. trennt die unterschiedlichen Formen der Entscheidungsfreiräume für die Verwaltung (BVerwGE 72, 38, 52 f.). Für die Überprüfung des Planungsermessens kann daher nur der allgemeine Gedanke der beschränkten gerichtlichen Kontrolle fruchtbar gemacht werden.[60]

38   **bb) Keine analoge Anwendung auf die normative Planentscheidung.** Mitunter wird die beim Planfeststellungsbeschluss vorgenommene analoge Anwendung auf Planentscheidungen auch auf *normative Planentscheidungen*, die v.a. über § 47 gerichtlich überprüft werden können, übertragen.[61] Dafür spricht die systematische Nähe der normativen Planungsentscheidung zu den Planungsentscheidungen in Gestalt des Verwaltungsaktes. Die bauplanungsrechtliche Abwägungsentscheidung des heutigen § 1 Abs. 7 BauGB prägt zudem die Strukturierung der Überprüfung der Planungsentscheidung des Planfeststellungsbeschlusses (deutlich BVerwGE 56, 110, 116 f.; maßgebend war hier v.a. BVerwGE 34, 301 ff.). Die Beschränkung auf bestimmte Klagearten, der Nichteinbezug des Planungsermessens und der *Unterschied* zwischen dem *einzelfallbezogenen Handeln* und dem generellen Handeln verhindern aber i.E. *eine analoge Anwendung* auf normative Planentscheidungen.[62] Es ist aber sinnvoll, den Rechtsgedanken des § 114 als Topos heranzuziehen.

39   **cc) Keine analoge Anwendung auf das Beurteilungsermessen.** Die gesetzliche Einräumung von *Beurteilungsermächtigungen* an die Verwaltung bezieht sich im Unterschied zum Ermessen nach herkömmlichem Verständnis auf die Handlungsvoraussetzungen (OVG Münster NVwZ 1988, 178). Mitunter wird eine Analogie zwischen der Ermessensermächtigung und der Beurteilungsermächtigung (zumindest der Sache nach) mit dem Argument gesehen, die maßgeblichen Grundsätze für die Ausübung des Freiraums seien im Wesentlichen die gleichen.[63] Auch hier ist aber eine *analoge Anwendung* von § 114 i.E. *abzulehnen* und § 114 nur als (vergleichbarer) Maßstab für die Entwicklung der gerichtlichen Kontrollmaßstäbe heranzuziehen.[64] Wenn man schon eine Analogie möchte, dann sollte man auf § 4 a Abs. 2 UmwRG zugreifen, das läge näher.

40   **dd) Bedeutung auch für andere Formen der Entscheidungsprärogative.** Wenn sich § 114 auch nur auf das Verwaltungsermessen bezieht, *strahlt* seine Regelung dennoch gleichsam auf die gerichtliche Kontrolle *anderer Formen* der gesetzlichen Einräumung von *administrativen Freiräumen* aus. So wird durch § 114 die Frage geklärt, inwieweit eine beschränkte Steuerung des Verwaltungshandelns durch Gesetze zulässig ist. Das Gesetz erkennt mit § 114 solche Fälle ausdrücklich an, in denen nicht das Ergebnis der Verwaltungsentscheidung, sondern nur ihre Handlungsrichtung vorgegeben ist.[65] Die strukturellen Parallelen aller Formen von administrativen Freiräumen – Entscheidungsprärogativen

---

57 *W. Hoppe*, DVBl 1974, 641, 643 f.; *J. Berkemann*, FS Schlichter, 1996, 27, 36; s.a. BVerfGE 95, 1, 16; krit. *J. Kühling/N. Herrmann*, Fachplanungsrecht, ²2000, Rn. 30 f. m.w.N.; verhalten, aber nicht vollständig verwerfend *U. Di Fabio*, FS Hoppe, 2000, 75, 93 ff.

58 *E. Schmidt-Aßmann/T. Groß*, NVwZ 1993, 617, 623 f.

59 *M. Gerhardt*, in: Schoch/Schneider/Bier § 114 Rn. 3; für eine analoge Anwendung dagegen *K. Rennert*, in: Eyermann § 114 Rn. 7.

60 Dazu nur *E. Schmidt-Aßmann/T. Groß*, NVwZ 1993, 617, 623 f.

61 *K. Rennert*, in: Eyermann § 114 Rn. 7; *Kopp/Schenke* § 114 Rn. 2.

62 *M. Gerhardt*, in: Schoch/Schneider/Bier § 114 Rn. 3; s.a. *K.-A. Schwarz*, in: HK-VerwR VwGO § 114 Rn. 7, 12.

63 *H.-J. Koch*, Rechtsbegriff, 1979, 172 ff.; in diese Richtung auch *G. F. Schuppert*, DVBl 1988, 1191, 1197 ff.; zur einheitlichen Abwägungslehre → Rn. 36.

64 BVerfGE 84, 34, 50 und BVerfGE 64, 261, 279 (konkludent); *M. Gerhardt*, in: Schoch/Schneider/Bier § 114 Rn. 3; *E. Schmidt-Aßmann/T. Groß*, NVwZ 1993, 617, 623 f.; *H. Kellner*, DÖV 1962, 572, 574; im Gegensatz dazu wird die Analogie angenommen von VG Hamburg NJW 1963, 923, 925 und BVerwG NJW 1961, 796 f.; für eine sachliche Vergleichbarkeit *M. Herdegen*, JZ 1991, 747, 750 f.; *U. Smeddinck*, DÖV 1998, 370, 374 ff.; *R. Brinktrine*, Verwaltungsermessen, 1998, 72 ff.; *K. Rennert*, in: Eyermann § 114 Rn. 7; *Kopp/Schenke* § 114 Rn. 3; für eine unmittelbare Anwendbarkeit *C. Starck*, FS Sendler, 1991, 167, 176.

65 *K. Rennert*, in: Eyermann § 114 Rn. 4.

i.w.S. (Verwaltungsermessen, Beurteilungsspielraum, Planungsermessen mit Abwägungsfreiraum) erlauben es, gemeinsame Grundsätze aufzustellen und die jeweiligen Fehlerlehren aufeinander zu beziehen.[66] Zuweilen wird dies daran deutlich, dass auch bei Planungsentscheidungen und Beurteilungsermächtigungen bewusst der Begriffsteil „-ermessen" einbezogen wird (Planungsermessen, Beurteilungsermessen).[67] Die bestehenden *strukturellen Unterschiede* dürfen bei der Suche nach Gemeinsamkeiten jedoch *nicht eingeebnet* werden.[68]

Als *Gemeinsamkeiten* lassen sich folgende Punkte nennen:[69] Bei Entscheidungsprärogativen i.w.S. haben die Gerichte ihre Entscheidung nicht an die Stelle der Verwaltungsentscheidung zu setzen (BVerwGE 107, 1, 11 zur Straßenplanung), sondern diese nur auf Rechtsfehler hin zu untersuchen (BVerwGE 10, 202, 205; 22, 215, 218; 34, 301, 309; 45, 309, 314 ff.). Die Gerichte dürfen über die angegriffene Verwaltungsentscheidung nicht selbst (positiv) entscheiden, sondern nur (negativ) feststellen, ob die gesetzliche Ermächtigung verkannt worden ist. Die Zurücknahme der Kontrolle besteht bei der Entscheidungsprärogative i.w.S. dabei v.a. bei der Umsetzung der allgemeinen Vorgaben im konkreten Fall. Bei der Auslegung der Entscheidungsgrundlage, d.h. der allgemeinen rechtlichen Vorgaben für die Entscheidungsprärogative, besteht nach h.M. eine volle Gerichtskontrolle in rechtlicher und tatsächlicher Hinsicht (sog. dualistischer Ansatz).[70] **41**

Dieser dualistische Grundsatz kann aber nur eine Richtlinie und keine subsumtionsfähige Regel bilden. Will man den Freiraum respektieren, den der Gesetzgeber durch die gesetzliche Einräumung des Ermessens-/Beurteilungsspielraums oder des Planungsermessens der Verwaltung zuweist, muss mitunter auch bei der Kontrolle der Direktiven ein zurückgenommener Maßstab angelegt werden.[71] Trotz der Zurücknahme der Entscheidung im Einzelfall bestehen auch insoweit rechtliche Grenzen, die auf allgemeinen Prinzipien beruhen. Administrative Letztentscheidungsermächtigungen sind durch den Zweck der Ermächtigung i.w.S. und durch die sonstigen im Einzelfall relevanten Direktiven begrenzt. Es geht stets um die „Verarbeitung" einer Vielzahl von Gesichtspunkten, d.h. um die Ermittlung, Gewichtung und den Ausgleich betroffener Belange (Interessen). Dies wird zumindest bei der Ermessensentscheidung und der Planungsentscheidung als Abwägung bezeichnet, wobei die Struktur der Abwägung und die durch sie vermittelte Freiheit bei den einzelnen Entscheidungsprärogativen i.w.S. kategorial unterschiedlich ist. Gemeinsam ist ihnen wiederum, dass die Einhaltung der Verfahrensbestimmungen und die richtige und vollständige Ermittlung des Sachverhalts betont und kontrolliert wird. Die Rücknahme an materiell-rechtlichen Vorgaben wird auf diese Weise durch eine besondere Betonung der Verfahrensbestimmungen ausgeglichen. **42**

d) Erfasste Klagearten. aa) Handeln aufgrund eines Verwaltungsaktes. aaa) Begriff des Verwaltungsaktes und erfasste Klagearten. Die in § 113 enthaltene Beschränkung *der Klagearten* gegen den *Verwaltungsakt* wird von § 114 S. 1 noch einmal aufgenommen und verstärkt, indem der Verwaltungsakt als maßgeblicher Gegenstand der gerichtlichen Überprüfung ausdrücklich genannt wird („der Verwaltungsakt oder die Ablehnung oder Unterlassung des Verwaltungsaktes"). Der Begriff des Verwaltungsakts wird ebenso wie der Begriff des Ermessens in § 114 nicht definiert, sondern vorausgesetzt. Maßgeblich ist insofern § 35 der VwVfG des Bundes und der Länder. Der Einbezug von Klagen gegen andere Handlungsformen der Verwaltung im Wege der Auslegung ist dadurch ausgeschlossen. Dagegen bleibt es prinzipiell möglich, § 114 auf andere Handlungsformen und andere Klagearten analog anzuwenden. **43**

nicht besetzt **44**

ccc) Erfasste Verwaltungsakte. § 114 erfasst *alle Formen* des Verwaltungsaktes, also die Einzelverfügung nach § 35 S. 1 VwVfG, die Allgemeinverfügung nach § 35 S. 2 Alt. 1 VwVfG, sowie die Statusregelung des § 35 S. 2 Alt. 2 mitsamt den Nutzungsregeln i.S.v. § 35 S. 2 Alt. 3 VwVfG. Daher ist auch **45**

---

66 *K. Rennert*, in: Eyermann § 114 Rn. 5; *E. Schmidt-Aßmann*, DVBl 1997, 281, 288; auch die administrativen Gestaltungsfreiräume mit einbeziehend M. *Herdegen*, AöR 114 (1989), 607 ff.
67 Vgl. nur BVerwGE 72, 38, 52 f. m.w.N.
68 *K. Rennert*, in: Eyermann § 114 Rn. 5.
69 Ausf. *M. Gerhardt*, in: Schoch/Schneider/Bier § 114 Rn. 4 ff.; *M. Herdegen*, JZ 1991, 747, 750 f.; *E. Schmidt-Aß-mann*, DVBl 1997, 281, 288 f.; *K.-A. Schwarz*, in: HK-VerwR VwGO § 114 Rn. 4.
70 *M. Gerhardt*, in: Schoch/Schneider/Bier § 114 Rn. 9; *H. Sendler*, FS Schlichter, 1996, 55, 59 ff.
71 Ausf. *M. Gerhardt*, in: Schoch/Schneider/Bier § 114 Rn. 9.

der Planfeststellungsbeschluss unabhängig von seiner konkreten Zuordnung in den § 114 einbezogen.[72]

46   **ddd) Streitgegenständlicher Verwaltungsakt.**   § 114 bezieht sich dem Wortlaut nach auf den *Verwaltungsakt*, der *Gegenstand* der *jeweiligen Klage* ist. Auf ihn bezieht sich der Streitgegenstand der Anfechtungsklage, der Verpflichtungsklage und der Fortsetzungsfeststellungsklage, wobei allerdings unterschiedliche Auffassungen darüber bestehen, wie der Streitgegenstand genau zu bestimmen ist (zum Streitgegenstand bei der Anfechtungs- und Verpflichtungsklage → § 121 Rn. 46 ff.).

47   Hängt der Erfolg der Klage von der Rechtmäßigkeit (und nicht nur von der Wirksamkeit) eines (anderen) (Ermessens-)Verwaltungsakts ab, greift für die gerichtliche Prüfung des vorgelagerten Verwaltungsakts ebenfalls der eingeschränkte Prüfungsmaßstab des § 114 (analog) ein. Dies gilt aber nur, wenn das Gericht die Rechtmäßigkeit des präjudiziellen Verwaltungsaktes überhaupt überprüfen darf, was zumindest fehlende Bestandskraft voraussetzt.

48   Ist *die Frage der Nichtigkeit des Verwaltungsaktes* entscheidend (als präjudizielle Frage oder im Rahmen einer Nichtigkeitsfeststellungsklage), ist eine analoge Heranziehung des § 114 ebenfalls möglich. Für die Bewertung des Rechtsfehlers (der im Einzelfall so erheblich sein kann, dass der Verwaltungsakt nichtig ist) ist bei einem Ermessenstatbestand auf die Rechtswidrigkeitskriterien des § 114 zurückzugreifen.

49   **eee) Analoge Anwendung auf andere Klagearten.**   Auf den Kontrollmaßstab des § 114 kann analog zurückgegriffen werden, sofern die Rechtmäßigkeit eines Ermessensverwaltungsaktes *außerhalb der Anfechtungs-, Verpflichtungs- oder Fortsetzungsfeststellungsklage* zu beurteilen ist (etwa im Rahmen einer Leistungs- oder Feststellungsklage). Dies rechtfertigt sich aus dem Regelungszweck des § 114. Die Norm soll primär den Umfang der gerichtlichen Kontrolle von Ermessensverwaltungsakten hinsichtlich der Frage der Rechtswidrigkeit klarstellen. Dabei ist sie nicht auf die genannten Klagearten fixiert.

50   **bb) Analoge Anwendung auf Klagen gegen oder auf andere Handlungsformen. aaa) (Einzelfallbezogene) Realakte.**   Die Klage auf Vornahme oder Unterlassung eines *Realaktes* (Leistungsklage auch in Gestalt der Unterlassungsklage) wird von § 114 nicht erfasst. Eine andere Regelung für die Leistungsklage besteht nicht. Angesichts der insgesamt nur rudimentären Regelung der Leistungsklage in der VwGO (→ § 42 Rn. 39) kann von einer Lücke gesprochen werden. Auch bei Realakten kann die Eingriffs- oder die Rechtsgrundlage auf einer Ermessensnorm i.w.S. beruhen bzw. die Verwaltung berechtigt sein, im Wege des Ermessens zu handeln. Auf diese Konstellation trifft der Rechtsgedanke des § 114 zu (Fälle der Entscheidungsfreiheit der Exekutive im Verhältnis zur Judikative unter Wahrung des Schutzes effektiven Rechtsschutzes subjektiver öffentlicher Rechte des Einzelnen). § 114 kann daher *auf Leistungsklagen* in Bezug auf Leistungen, Handlungen oder Unterlassungen, die im Ermessen der Behörde stehen, *analog angewendet* werden.[73] Auch die materielle Regelung des § 40 VwVfG wird auf die Ermessensentscheidung hinsichtlich anderer Handlungsformen analog angewendet.[74]

51   **bbb) Handeln durch untergesetzliche Normen.**   Der *Normerlass* (Rechtsverordnung, Satzung, Rechtsnormen sui generis) liegt sowohl vom Verwaltungsakt als auch von den durch §§ 113 f. angesprochenen Klagearten (vgl. § 47) materiell und systematisch so weit entfernt, dass eine *analoge Anwendung* des § 114 auf diese Handlungsformen *ausscheidet*. Es ist aber möglich, den Gedanken des § 114 bei der näheren Bestimmung der gerichtlichen Kontrolle von normativen Planentscheidungen (etwa § 1 Abs. 7 BauGB) als auch von normativer Gestaltungsfreiheit als ein rechtliches Argument (Topos) heranzuziehen.

52   **e) Gesetzesvollzug.**   § 114 spricht von den *gesetzlichen* Grenzen des Ermessens und vom Zweck der Ermächtigung. Daraus lässt sich zunächst eine *Beschränkung* sowohl auf die *gesetzesvollziehende Verwaltung* als auch auf das *Ermessen* herleiten.

---

72   *H.-J. Bonk/W. Neumann,* in: Stelkens/Bonk/Sachs § 74 Rn. 17 ff. m.w.N.
73   BVerwGE 41, 40, 43; 60, 144, 155 (Umsetzung); 76, 243, 246 (dienstliche Verwendung eines Soldaten).
74   Vgl. *M. Sachs,* in: Stelkens/Bonk/Sachs § 40 Rn. 47.

aa) Beschränkung auf die gesetzesvollziehende Verwaltung. § 114 bezieht sich nach überwiegender 53
Ansicht nur auf Klagen gegen die *gesetzesvollziehende Verwaltung* direkt.[75] Diese Beschränkung ist
nicht mit letzter Sicherheit zu belegen. Zu ihrer Begründung lässt sich aber auf den Normtext verweisen, der von „ermächtigen" spricht. Zwar kann der Begriff der Ermächtigung theoretisch auch weit
verstanden und nicht nur die Ermächtigung durch eine Rechtsnorm darunter gefasst werden. In diesem Fall wäre er aber mit Befugnis gleichgesetzt. Näher liegt es, den Begriff „ermächtigen" von der
Befugnis abzugrenzen. Dann gilt § 114 nicht für jeden Fall der Ermessensentscheidung, sondern nur
für die Fälle, in denen eine Rechtsnorm i.S.v. gesetztem Recht als Rechtsgrundlage besteht. Ohne Aussagekraft dürfte insoweit aber der Hinweis auf die gesetzlichen Grenzen sein, da hier nicht nur die
Grenzen der Ermächtigungsnorm, sondern die rechtlichen Grenzen der Ermessensentscheidung überhaupt gemeint sind.

Wie die Differenzierung zwischen gesetzesvollziehender und gesetzesfreier Verwaltung im Allgemeinen 54
zu erfolgen hat, folgt nicht aus § 114. Entscheidend ist, ob *die Verwaltungstätigkeit unmittelbar* (und
nicht nur mittelbar wie etwa der Haushaltsplan) *ein Gesetz „vollzieht"*, ob also der Erlass des Verwaltungsaktes i.S.d. normativen Vorgabe eines Entscheidungsprogramms mitsamt der Einräumung eines
Ermessensfreiraums gesetzlich vorgegeben ist. Ein materielles Gesetz genügt, sofern es sich seinerseits
zumindest mittelbar auf ein formelles Gesetz stützen kann.

Eine Unterscheidung zwischen Verfahrenshandlungen und materiellen Entscheidungen nimmt § 114 55
nicht vor. Strukturell ist das Ermessen einer Verfahrensnorm oder das allgemeine *Verfahrensermessen*
i.S.v. § 10 VwVfG als Ermessen i.S.v. § 114 zu verstehen.[76] Dennoch dürfte der Anwendungsbereich
von § 114 auf Verfahrenshandlungen, die im Ermessen der Behörde stehen, sehr gering sein,[77] da diese
mangels abschließender Rechtsfolgensetzung i.d.R. keine Verwaltungsakte sein werden und zudem
§ 44a die isolierte Anfechtbarkeit von Verfahrenshandlungen stark einschränkt.

bb) Keine Beschränkung auf Eingriffsakte. Dagegen folgt aus dem Wortlaut des § 114 keine Be- 56
schränkung auf die Fälle der *eingreifenden Verwaltungstätigkeit,* da sich der Begriff „ermächtigen"
auf die Gewährung des Ermessensfreiraums bezieht und nicht an den Begriff der Ermächtigungsgrundlage i.S.d. Vorbehalts des Gesetzes anknüpft.

cc) Anwendung für gesetzesfreie Verwaltung. Beschränkt man § 114 auf Klagen hinsichtlich der ge- 57
setzesakzessorischen Ermessensausübung, ist die Norm auf eine Ermessensentscheidung im Bereich
der *gesetzesfreien Verwaltung* nicht unmittelbar anwendbar. Versteht man den Begriff der „Ermächtigung" i.S.v. § 114 nicht nur als Berechtigung, sondern als Zuweisung einer Befugnis durch eine Norm
(→ Rn. 52), so könnte man aus diesem Normverständnis ableiten, dass eine Ermessensentscheidung
nur bei einer gesetzlichen Grundlage möglich wäre.[78] Unsinnig wäre die Forderung nach einer gesetzlichen Grundlage nicht, da wegen der gewaltenteilenden Funktion des § 114 eine Aufgabenzuweisung
des Gesetzgebers zur Grenzziehung zwischen Zweiter und Dritter Gewalt nicht fern liegt.[79]

Dennoch ist eine *Ermessensentscheidung nicht auf eine gesetzliche Ermächtigung* angewiesen.[80] Das 58
Ermessen kennzeichnet eine bestimmte Art von Entscheidung, die in einer bestimmten Form von Bindung steht. Diese Situation ist nicht per se von einer gesetzlichen Ermächtigung abhängig. Dies zeigt
ein Blick auf die Konsequenzen, die sich aus der eben genannten Ansicht ergeben. Bei der Forderung
nach einer gesetzlichen Grundlage wäre eine Ermessensentscheidung im Bereich der gesetzesfreien Verwaltung unzulässig und auf diese Weise der weite Bereich der Leistungsverwaltung „stillgelegt". Sinnvoll ist dies nicht, da es auch im Bereich der Leistungsverwaltung möglich sein kann, der Rechtsordnung Vorgaben für diese Auswahlentscheidung zu entnehmen. Will man diese Erstreckung des Ermessensbegriffs auf den „gesetzesfreien Raum" vermeiden und die „frei gestaltende" Verwaltung als selbständigen Bereich fassen,[81] schafft man eine zweite Kategorie, bei der vergleichbare Grenzen gelten[82]

---

75 *M. Sachs,* in: Stelkens/Bonk/Sachs § 40 Rn. 31 für die insoweit vergleichbare Regelung des § 40 VwVfG.
76 *H. Hill,* NVwZ 1985, 449, 350; *K. Lange,* NJW 1992, 1193, 1194.
77 *H. Hill,* NVwZ 1985, 449, 452.
78 So i.E. etwa *E. Tietz,* NJW 1953, 1534, 1536; *M. Sachs,* in: Stelkens/Bonk/Sachs § 40 Rn. 31; w.N. bei *R. Brinktrine,*
    Verwaltungsermessen, 1998, 23 Fn. 24.
79 Dies betont z.B. *J. Schmidt-Salzer,* VerwArch 60 (1969), 261, 277 sehr.
80 So z.B. auch *G. Nolte,* DÖV 1999, 363, 369 f.; w.N. bei *R. Brinktrine,* Verwaltungsermessen, 1998, 23 Fn. 24.
81 So *M. Sachs,* in: Stelkens/Bonk/Sachs § 40 Rn. 31; *Stern,* Staatsrecht II § 41 III 3 c, 767 f.
82 Das räumt auch *M. Sachs,* in: Stelkens/Bonk/Sachs § 40 Rn. 31 ein.

und gewinnt nichts.[83] Darüber hinaus bewegt sich die Ermessensentscheidung selbst am Maßstab der Zweckmäßigkeit nach richtiger Ansicht außerhalb der Rechtsbindung und stellt daher keine Einschränkung des Art. 19 Abs. 4 GG oder einen Eingriff per se dar und bedarf demnach auch nicht schon für sich genommen einer gesetzlichen Grundlage. Von einer *analogen Anwendung des § 114* im Bereich der *gesetzesfreien Verwaltung* kann man daher mit guten Gründen *ausgehen.*

II. Ermessensentscheidungen

59   **1. Allgemeines. a) Die beschränkte gerichtliche Kontrolle.** Das Gericht hat nach § 114 Verwaltungsakte, soweit deren Erlass oder deren konkrete Regelung im Ermessen der Verwaltung steht, daraufhin zu überprüfen, ob die in § 114 genannten besonderen Voraussetzungen eingehalten wurden. Es hat nicht zu prüfen, ob andere Lösungen zweckmäßiger gewesen wären (BVerwGE 11, 95, 99; s.a. BVerwGE 57, 174, 181). Gegenüber den gebundenen Verwaltungsentscheidungen bedeutet dies der Sache nach eine reduzierte gerichtliche Kontrolle. Die Verwaltungsgerichte sind *nicht befugt*, eine *Ermessensentscheidung* der Behörde durch eine eigene Entscheidung, die sie für sachdienlicher halten, *zu ersetzen.*[84] Bei Ermessensentscheidungen mit einem Ermessensspielraum im konkreten Fall gibt es mehrere „richtige" Entscheidungen und die Verwaltung darf eine von ihnen wählen, während die Gerichte nur prüfen dürfen, ob eine Entscheidung gefällt wurde, die außerhalb dieser Wahlmöglichkeiten liegt.

60   Die Beschränkung der gerichtlichen Überprüfung durch § 114 kann durch den Anwendungsvorrang des Europarechts verdrängt werden (→ Rn. 31).

61   Liegt eine fehlerhafte Verwaltungsentscheidung vor, kann das Gericht diese im Regelfall nicht mit einer alternativen (rechtlich haltbaren) materiellen Begründung aufrechterhalten.[85] Das Gericht muss die Verwaltungsentscheidung vielmehr aufheben. Hat etwa die Bauaufsicht ihr Entschließungsermessen auf die materielle Illegalität eines Vorhabens gestützt, und fehlt diese, ist die Entscheidung rechtswidrig, auch wenn eine formelle Illegalität vorlag.[86] Wenn ausnahmsweise beide Entscheidungsprogramme zusammenfallen, weil aus Rechtsgründen kein Raum für Zweckmäßigkeitsüberlegungen besteht (*Ermessensreduzierung auf Null*), kann das Gericht eine fehlerhafte materielle Entscheidungsbegründung unter Aufrechterhaltung des Ergebnisses durch eine fehlerfreie ersetzen. Ist die getroffene Entscheidung rechtswidrig, kann das Gericht bei der Verpflichtungsklage ein Verpflichtungsurteil, bei der Anfechtungsklage ein Gestaltungsurteil fällen.

62   **b) Gründe für die Anerkennung des Ermessens (sachliche Rechtfertigung).** Die Gründe für die Einräumung des Ermessens ergeben sich im Umkehrschluss aus der Struktur des Ermessens.[87] Eine Ermessenseinräumung liegt dann nahe, wenn es sinnvoll erscheint, die Entscheidung über die konkrete Handlung im Einzelfall der Exekutive zu überlassen,[88] wenn also die Art der Regelung ein Korrektiv für die *Einzelfallgerechtigkeit* erfordert (v.a. Dispensermessen), die Rechtsfolgenwahlfreiheit eine *Eigenverantwortung* respektiert (Leistungsbereich) oder die *Zweckabhängigkeit* der Regelung nur durch eine Auswahlbestimmung erreicht werden kann (polizeilicher Ermessensbereich).

63   Bei Ermessensermächtigungen im Eingriffsbereich erfordert die Einzelfallgerechtigkeit eine Ermessensnorm, wenn bei einer generellen Regelung im Einzelnen nicht vorhersehbare Ausnahmefälle auftreten können,[89] wenn die Fallgruppen selbst nicht vorherbestimmt werden können (Notwendigkeit von situativen Reaktionen, Auffangregelungen) und wenn wegen der Einzelfallabhängigkeit, der Eingriffsschwere und der besonders starken finalen Ausrichtung nur eine individuelle Einzelfallprüfung verhältnismäßig ist. Daher sind z.B. Vollstreckungsmaßnahmen und Zwangsmaßnahmen ohne Ermessensspielraum kaum konstruierbar.[90]

---

83   Auch die Rspr. spricht außerhalb der gesetzesakzessorischen Verwaltung von Ermessen, BVerwGE 39, 235, 237.
84   BVerwGE 19, 149, 153; 44, 156, 159; 76, 90, 93; s.a. BVerwGE 48, 228, 235 f.; 57, 174, 181; 75, 86, 89.
85   S.a. *Kopp/Schenke* § 114 Rn. 4, der die Möglichkeit der Aufrechterhaltung vollständig ausschließt.
86   OVG Bautzen DÖV 2013 949 (Ls).
87   Dazu O. *Bachof*, JZ 1972, 641, 642 f.
88   Dazu K.-E. *Hain/V. Schlette/T. Schmitz*, AöR 122 (1997), 32, 35.
89   Härtefallregelungen – vgl. W. *Brohm*, JZ 1995, 369, 373 f.; M. *Bullinger*, JZ 1984, 1001, 1007 f.
90   M. *Gerhardt*, in: Schoch/Schneider/Bier § 114 Rn. 16.

Im Leistungsbereich liegt eine Ermessenseinräumung nahe, wenn die Ressourcen beschränkt sind und 64 die Leistung ressourcenabhängig sein soll oder wenn die Erbringung der Leistung als möglich, aber nicht zwingend angesehen wird (d.h. situationsbedingt vergeben werden soll). Weiter kommt sie zur Wahrnehmung von politisch-administrativer Verantwortung in Betracht (BVerwG NJW 1990, 787 f. [Apothekennotdienst]).

c) Subjektives Recht auf Ermessen. Ob ein subjektiver Anspruch auf fehlerfreie Ermessensausübung 65 gewährt wird, ist nicht Thema des § 114, sondern des materiellen Rechts (BVerwGE 39, 235, 237). Als prozessuale Regelung vermittelt die Norm keine materiellen Rechte. Für die Frage der Abgrenzung des rein objektiven Rechts vom subjektiven Recht ergeben sich bei abstrakter Betrachtung *keine Besonderheiten* im Vergleich zum *gebundenen Verwaltungshandeln*.[91] Auch ein Anspruch auf eine fehlerfreie Ermessensausübung bedarf der Rechtsgrundlage (BVerwGE 92, 153, 156 m.w.N.). Bei konkreter Betrachtung können sich aber Besonderheiten ergeben, da die Reichweite des subjektiven Rechts wegen der teilweise beschränkten Steuerung der Ermessensnorm geringer sein kann als die des objektiven Rechts.

Als Grundregel gilt: Der von einem Verwaltungsakt als Adressat in Form eines Eingriffs Belastete hat 66 in aller Regel[92] Anspruch auf eine (vollständige) ermessensfehlerfreie Ausübung des Ermessens (s. BVerwGE 23, 295, 304 hinsichtlich haushaltsrechtlicher Bindungen). Dies entspricht der Regel, dass bei Eingriffen der Rechtsakt vollständig auf seine Rechtmäßigkeit zu überprüfen ist, es sei denn, eine konkrete Rechtsnorm (wie etwa Präklusionsvorschriften) schränkt die Prüfungsreichweite zulässigerweise ein. Ein Dritter,[93] d.h. ein Nicht-Adressat, besitzt grds. nur ein subjektives Recht, sofern und soweit die Ermessensnorm drittschützend ist.[94] Dies bestimmt sich wie sonst auch nach der Schutznormtheorie.[95] Einen Anspruch auf ein „vollständig rechtmäßiges Verhalten" besitzt der Dritte i.d.R. nicht, nicht einmal einen Anspruch auf eine vollständig rechtmäßige Ermessensausübung, sondern nur auf eine ermessensfehlerfreie Berücksichtigung seiner Belange.[96] Im Rahmen eines Verpflichtungsbegehrens besteht ein Anspruch auf ermessensfehlerfreie Entscheidung über das Begehren, sofern die Rechtsgrundlage subjektive Rechte vermittelt.[97] Hier sind grundrechtliche Schutz- und Leistungsrechte zu beachten (BVerwGE 84, 375, 387 [Auskunftserteilung durch das BfV]). In Ausnahmefällen kann sich der Anspruch zu einem Anspruch auf die Wahl einer bestimmten Rechtsfolge (Ermessensreduzierung auf Null) verdichten.[98]

Noch nicht endgültig geklärt ist, ob *allein die Verkennung* des subjektiv-rechtlichen Charakters einer 67 Norm oder dessen Reichweite für sich genommen ein *rechtserheblicher Ermessensfehler* ist. In der Praxis tritt dieser Fehler in aller Regel nicht isoliert auf, sondern kombiniert mit einer Ermessensunterschreitung oder wenigstens einer relevanten Fehlgewichtung (d.h. Missachtung wesentlicher Belange und unvertretbarer Ausgleich).[99] Richtig dürfte sein: Die Tatsache, dass eine Norm auch subjektive Rechte vermittelt, ist für sich allein genommen kein Gewichtungselement, bei dessen Verletzung die Ermessensentscheidung fehlerhaft ist.

---

91 *J. Pietzcker*, JuS 1982, 106, 108 f.; *A. Randelzhofer*, BayVBl 1975, 573, 574.
92 Zur Ausnahme bei der Auswahl der nach dem Musterungsergebnis verfügbaren Wehrpflichtigen BVerwGE 92, 153, 156 ff.
93 Zu der Besonderheit des privatrechtsgestaltenden Verwaltungsaktes, bei dem ein Betroffener Adressat und Dritter zugleich sein kann BVerwGE 92, 281, 283, 287.
94 BVerwGE 37, 112, 113 (Anspruch auf ermessensfehlerfreie Entscheidung des Anliegers über die Verhängung eines Parkverbotes vor dessen Garagenausfahrt); OVG Lüneburg NVwZ-RR 2004, 562 f. zur wasserrechtlichen Erlaubnis.
95 Vgl. z.B. VG Frankfurt a. M. WM 2002, 1658 ff.: Die Entscheidung über die amtliche Notierung eines Wertpapiers (§ 43 Abs. 4 BörsG) dient dem Anlegerschutz.
96 BVerwGE 78, 40, 45 f. (zur wasserrechtlichen Gestattung); 92, 32, 40 (Einrichtung einer Busspur nach § 41 Abs. 2 Nr. 2 StVO a.F.); zurückhaltend dagegen noch die alte Rspr. s. BezVG für den amerikanischen Sektor Berlins NJW 1947/48, 199 Nr. 44; zur Entwicklung *F. Haueisen*, NJW 1954, 418 f.; s.a. *Kopp/Schenke* § 114 Rn. 5.
97 BVerwGE 39, 235, 237; s.a. BVerwGE 91, 24, 39 ff. (der Habilitierte hat ein subjektives Recht auf ermessensfehlerfreie Entscheidung seines Antrags auf Erteilung der Lehrbefugnis); 91, 135, 140 (subjektives Recht auf ermessensfehlerfreie Entscheidung über die Gewährung einer Sondernutzungserlaubnis); 91, 159, 162 (Entscheidung über die Ersetzung der Reisekostenvergütung durch eine Pauschalvergütung); 94, 202, 204 (ein Träger der freien Wohlfahrtspflege hat Anspruch auf ermessensfehlerfreie Entscheidung des Sozialhilfeträgers über den Anspruch einer Pflegesatzvereinbarung nach § 93 Abs. 2 BSHG); krit. zur eingeschränkten Kontrolle insoweit *W. Skouris*, NJW 1981, 2727 ff. zu VGH Mannheim NJW 1980, 1868 ff.
98 Dazu das Prüfungsschema bei *U. Di Fabio*, VerwArch 86 (1995), 214, 233 f.
99 S. etwa BVerwGE 91, 24, 41 f.

68 **2. Die Ermessensermächtigung.   a) Gesetzliche Ermächtigung.** *Normtext als erstes Anzeichen:* Ob eine Ermessensnorm vorliegt, folgt i.d.R. aus den zugrunde liegenden Normen oder aus dem Sachzusammenhang. Entscheidend ist dabei, wie konkret das Verwaltungshandeln gesetzlich vorgeformt wird. Dies ist im Wege der gerichtlich vollständig überprüfbaren Auslegung zu ermitteln.[100] Von einer Ermessensnorm spricht man schon dann, wenn bei abstrakter Betrachtung von der Normstruktur her der Verwaltung in bestimmten Fällen eine Auswahlentscheidung i.w.S. nach Zweckmäßigkeitsgesichtspunkten bleibt. Dies ist der Fall, wenn die Verwaltung die Wahl hat, ob sie eine vorgegebene Rechtsfolge ergreift. Die Norm bleibt auch dann eine Ermessensnorm, wenn die Verwaltung im konkreten Einzelfall nur die Möglichkeit besitzt, auf eine bestimmte Art zu handeln.

69 Im Bereich des Vorbehalts des Gesetzes oder in gesetzlich vergleichbar durchgestalteten Bereichen richtet sich die Frage, ob eine Ermessensnorm vorliegt, *primär* nach den *konkreten Normtexten* (deutlich etwa BVerwGE 29, 352, 355; 87, 31, 34; 89, 14, 17). Abweichungen vom unmittelbaren Begriffsverständnis sind möglich, nicht zuletzt deshalb, weil sich die Auslegung stets an den *Funktionen des Verwaltungsermessens* auszurichten hat.[101] I.d.R. begründen solche Tatbestände ein Ermessen, deren Formulierungen eine Rechtsfolge nicht erzwingen, sondern verdeutlichen, dass sie nur potenziell herbeizuführen ist (statt vieler BVerwGE 51, 115, 120). *Üblich* sind *Formulierungen* wie „kann", „darf", „ist berechtigt zu" oder „erforderlich", „angemessen" etc. Umgekehrt schließen Normtexte ein Verwaltungsermessen i.d.R. aus, wenn sie bei Vorliegen des Tatbestandes das Handeln der Verwaltung hinsichtlich des „Ob" und des „Wie" festlegen.

70 In beiden Fällen gibt es aber *Ausnahmen*, in denen entgegen des ersten Anscheins zu urteilen ist. So kann sich unter Umständen eine Ermessensentscheidung *noch nicht aus dem Normtext selbst* ergeben, aber etwa aus der systematischen oder teleologischen Auslegung[102] („Sinn und Zweck der Norm").[103] Aus diesem Grund hat das BVerwG bei § 84 AuslG trotz fehlender Rechtsfolgenanordnung eine Ermessensermächtigung für atypische Ausnahmefälle angenommen.[104] Dies liegt weiter etwa bei scheinbar gebundenen Leistungsansprüchen vor, die der Sache nach aber unter dem Vorbehalt ausreichender Ressourcen stehen und daher unausgesprochen zu einer Rechtsfolgenwahl ermächtigen, die eine gerechte Verteilung und Teilhabe ermöglicht.

71 Häufiger dürfte der Fall sein, dass in einer *scheinbaren Ermessensnorm* eine gebundene Eingriffsermächtigung liegt. Diese Fallgestaltung kann häufig bei den sog. „Kann-Bestimmungen" vorliegen. Das Verb „kann" begründet mitunter nicht die Bedeutung eines Entscheidungsermessens, sondern normiert nur eine Handlungsbefugnis.[105] Die Norm verdeutlicht dann nur die materiell-rechtliche Befugnis der Behörde und trägt die Bedeutung „darf". Ob eine Kann-Bestimmung i.S.e. gebundenen Ermächtigung zu lesen ist, ergibt sich primär aus dem Sinn der Norm, dem systematischen Zusammenhang[106] oder wenn höherrangiges Recht eine gebundene Entscheidung verlangt (VGH München BayVBl 1987, 18, 19). Die bekanntesten Beispiele sind § 35 Abs. 2 BauGB (BVerwGE 18, 247, 250) und die übrigen Fälle des präventiven Verbots mit Erlaubnisvorbehalt (BVerfGE 20, 150, 155 ff.; s.a. die Ausnahme zu § 7 AtG BVerfGE 49, 89, 146; BVerwGE 59, 23, 29 ff.),[107] sowie die Einschränkung des § 48 VwVfG durch das Unionsrecht bei der Subventionsrückforderung.[108]

72 **b) Ermächtigungen im Bereich der gesetzesfreien Verwaltung.** Im sog. gesetzesungebundenen Bereich (d.h. außerhalb des Bereichs des Vorbehalts des Gesetzes, soweit dort keine gesetzliche Durchnormierung besteht) steht der Verwaltung innerhalb des Rahmens des höherrangigen Rechts *grds. ein Gestaltungsfreiraum* zu, der ihr nicht erst gesetzlich verliehen werden muss (BVerwGE 84, 375, 386). Seine

---

100 *M. Redeker,* in: Redeker/v. Oertzen § 114 Rn. 11.
101 *M. Gerhardt,* in: Schoch/Schneider/Bier § 114 Rn. 16; instruktiv etwa OVG Münster NJW 1955, 119 f. zum Waffenschein.
102 BVerwG NJW 1990, 787 (Apothekennotdienst/§ 4 Abs. 2 LSchlG); OVG Brem NJW 1990, 2081 f. (Radfahrverbot).
103 OVG Brem NJW 1990, 2081 f. (Radfahrverbot).
104 BVerwGE 108, 1, 17 ff.; s.a. Anm. *H. Kube,* JZ 1999, 676 ff.
105 BVerwGE 3, 121, 122 f.; s.a. BVerwGE 9, 320, 322 etwas irreführend als „Handlungsermessen" bezeichnet.
106 BVerwGE 18, 247, 250; 23, 25, 29; 24, 15, 22; 41, 26, 29; 44, 339, 342; 85, 177, 184; s.a. BVerfGE 8, 72, 78; krit. *W. Scheerbarth,* DVBl 1960, 185 ff.
107 Ist geregelt, unter welchen Voraussetzungen eine Genehmigung zu erteilen ist, besteht i.d.R. kein darüber hinausgehendes Ermessen.
108 BVerwGE 74, 357, 361; 92, 81, 86 (auch zum Vertrauensschutz); 106, 328 ff.; s.a. *H. G. Fischer,* DVBl 1990, 1089 ff.; s. dazu *M. Sachs,* in: Stelkens/Bonk/Sachs § 48 Rn. 270 ff.

Reichweite hängt von der Sachmaterie ab. Beispielhaft lassen sich hier nennen: Errichtung, Ausgestaltung, Betrieb, Benutzung und Schließung öffentlicher Einrichtungen,[109] wie etwa Schulen[110] oder kommunaler Einrichtungen,[111] insbes. bei Nutzungsbegehren von politischen Parteien,[112] freie Informationsveranstaltungen[113] und der Binnenbereich der Verwaltung.[114] Auf dieses Ermessen ist § 114 nur analog anwendbar (→ Rn. 57). Die analoge Anwendung führt insoweit zu einer gewissen Aufweichung des Ermessensbegriffs, da die Unterscheidung von Tatbestand und Rechtsfolge mangels geschriebenen Rechts und mangels schriftlich eng gefasster Rechtsgrundlagen der Sache nach verwischt wird. So ist etwa die Durchführung eines Neujahrsempfangs der Gemeinde nur in sehr allgemein gehaltene Normen zu fassen. Trotz dieser Schwierigkeit bleibt der Rückgriff auf *§ 114 sinnvoll*, da strukturell eine Ermessensentscheidung vorliegt.

3. Reichweite des Ermessens. a) Ausgestaltung des Ermessens. Das Ermessen kann gesetzlich ganz 73 *unterschiedlich ausgestaltet* sein.[115] Der Gesetzgeber kann das Ermessen einschränken, eng oder weit fassen. Die Formulierung in § 114 „nach ihrem Ermessen zu handeln" bezieht sich auf alle genannten Formen. Der konkrete Ermessensrahmen ist häufig individuell gestaltet.[116] Ein Teil der verschiedenen Erscheinungsformen wird begrifflich unterschieden. Sofern sich das Ermessen auf die Auswahl eines festen Kanons von Maßnahmen bezieht, spricht man von Auswahlermessen i.e.S.,[117] richtet es sich danach, ob die Verwaltung eine festgelegte Rechtsfolge ergreifen will („Ob"), von Entschließungsermessen. Es kann aber auch die Gestaltung der Rechtsfolge selbst in die Freiheit der Verwaltung stellen („Wie" – Gestaltungsermessen).[118] Möglich ist eine Kombination von Entschließungs- und Auswahlermessen. Das Auswahlermessen kann auf eine konkrete Variante oder überhaupt nicht näher eingegrenzt sein. Beim Entschließungsermessen erstreckt sich die Spannbreite von einer faktischen Zweckmäßigkeitsgestaltung bis hin zum reinen Dispensermessen. Eine Aufzählung der verschiedenen Gruppen von Abstufungen hat keinen besonderen Erkenntniswert.[119]

b) Begriffliche Fassung weiterer Formen. Von Versagungsermessen ist die Rede, wenn gesetzlich nur 74 zwingend vorgegeben ist, wann versagt werden muss, und kein Fall des präventiven Verbots mit Erlaubnisvorbehalt besteht.[120] Beim *Dispensermessen* soll die Verwaltung nur in Ausnahmefällen zur Vermeidung von Härtefällen eine vom Regelfall abweichende Rechtsfolge wählen dürfen, beim *Untersagungsermessen* wird allein die Untersagung einer Tätigkeit gestattet (s. etwa § 35 Abs. 1 S. 1 GewO). Die Reichweite der möglichen Versagung einer beantragten Genehmigung hängt dabei wesentlich von der Art des Genehmigungstatbestandes ab. Beim *repressiven Verbot mit Dispensvorbehalt* ist der Ermessensbereich weit (s. etwa BVerwG NVwZ 2001, 435 f.), während beim *präventiven Verboten mit Erlaubnisvorbehalt* grds. kein Ermessen besteht; bei Erfüllung der Tatbestandsmerkmale ist die Genehmigung zu erteilen. Zu den *Soll-Vorschriften* → Rn. 138 ff.

---

109 BVerwGE 87, 270 ff. (Zuteilungsanspruch von Rundfunkzeiten während des Wahlkampfes an politische Parteien); VGH Mannheim NVwZ 1992, 196 f. und VGH München BayVBl 1995, 726 f. beide zu Straßennamen.

110 BVerwG DÖV 1979, 410 f.; NVwZ 1992, 1202 f.; OVG Münster DÖV 1979, 411 f. (Schulschließung als Planungsentscheidung und nicht als Beurteilungsspielraum eingestuft); krit. dagegen zu Recht *K.-H. Ladeur*, DÖV 1990, 945, 950 f.; s.a. VGH München BayVBl 1993, 185 (Klassenstärke).

111 Besteht eine gesetzliche Benutzungsgarantie, dann besteht zumindest außerhalb dieser Garantie ein allein durch das Gleichheitsgebot begrenztes Ermessen des Trägers – BVerwGE 91, 135, 137 f.; zur Ausgestaltung von kommunalen Veranstaltungen und zur Marktzulassung OVG Münster NVwZ 1987, 518; NVwZ-RR 1991, 551 f. (Typenauswahl und Rotation); VGH Mannheim NVwZ-RR 1994, 111 f.; VGH München NVwZ-RR 1991, 550 f. (Auswahl nach Attraktivität).

112 Zur Zulassung politischer Parteien zu kommunalen öffentlichen Einrichtungen vgl. BVerwGE 32, 333, 337; OVG Lüneburg NJW 1985, 2347 ff.; VGH Kassel NJW 1993, 2331; VGH Mannheim NVwZ 1994, 587; *F. Erlenkämper*, NVwZ 1990, 116, 132; *U. Gassner*, VerwArch 55 (1994), 533 ff.

113 BVerwGE 47, 247, 253 (eine öffentlich-rechtlich organisierte Informationsveranstaltung für einen beschränkten Kreis von Journalisten).

114 BVerwGE 60, 144, 151 (Umsetzung von Beamten); BVerwGE 61, 15, 22 (Einsichtnahme in die Verwaltungsvorschriften).

115 Ausf. *R. Brinktrine*, Verwaltungsermessen, 1998, 38 f.

116 S. nur *K.-E. Hain/V. Schlette/T. Schmitz*, AöR 122 (1997), 32, 37 f.

117 Dazu etwa BVerwGE 54, 353, 355; *K.-A. Schwarz*, in: HK-VerwR VwGO § 114 Rn. 2.

118 Z.B. BVerwGE 77, 352, 355; BVerwG NJW 1990, 787 f. (Apothekennotdienst).

119 Dazu etwa *K. Obermayer*, NJW 1961, 1777, 1779.

120 BVerwGE 41, 1, 6; *M. Gerhardt*, in: Schoch/Schneider/Bier § 114 Rn. 16.

75　　Der Begriff des sog. *freien Ermessens* hat sich mit der Zeit gewandelt.[121] Das freie Ermessen war ursprünglich für eine Ermessensausübung frei von jeder gesetzlichen Vorgabe vorgesehen, d.h. auch frei von der Bindung an den Zweck der Ermächtigung. Gegen diese alte Vorstellung des Ermessens richtet sich die v.a. in der Nachkriegszeit häufig zu findende Wendung, das Ermessen (unter der grundgesetzlichen Ordnung) sei niemals „völlig frei".[122] Heute wird der Begriff, sofern er überhaupt noch verwendet wird,[123] i.S.e. zweck- oder pflichtgebunden Ermessensermächtigung ohne zusätzliche Bindung i.S.v. intendiertem Ermessen verstanden.[124]

76　　**c) Umfang der Ermessensfreiheit.** Die Ermessensermächtigung ist niemals unbeschränkt (BVerfGE 18, 353, 363), deshalb ist die durch diese vermittelte Freiheit auch *nicht als rechtsfreier Raum* zu verstehen (unscharf daher BVerwGE 4, 89, 92). Von Rechts wegen besteht immer nur ein *pflichtgemäßes* Ermessen (BVerwGE 44, 333, 335; 49, 44, 46; 51, 115, 120), das zumindest durch die rechtliche Bindung an den Zweck der Ermächtigung *rechtlich gefasst* ist.[125] Pflichtgemäß meint die Bindung an den Zweck der Ermessensnorm.[126] Insoweit greift die Bindung an Recht und Gesetz auch bei Ermessensnormen (BVerwGE 19, 12, 14 f.; 44, 333, 335). *Die Bindung an den Zweck* ist nur die unterste Stufe der Ermessenseingrenzung. Die Bindung an den Zweck wird mitunter als gebundenes Ermessen im Gegensatz zum freien Ermessen bezeichnet. Gleichzeitig wird der Begriff des freien Ermessens oder des offenen Ermessens gerade für den Fall verwendet, dass nur eine Bindung an den Zweck der Norm besteht, d.h. wenn die Norm keine näheren Vorgaben für die Ermessensausübung vornimmt und auch aus sonstigen Gründen kein eingeengter Ermessensraum besteht.[127] Der Rahmen kann unterschiedlich weit gefasst sein (→ Rn. 73 f.).

77　　*Träger der Ermessensentscheidung.* Die Ermessensermächtigung bezieht *sich jeweils auf die Stelle*, die die konkrete *Entscheidung zu fällen* hat. Die Rechtsordnung kann bei einem *mehrstufigen Verfahren* verschiedene Verwaltungsbehörden, meist unterschiedliche Verwaltungsträger, zu Ermessensentscheidungen ermächtigen und diese Entscheidungen intern durch Bindungswirkungen der einen Behörde an die Entscheidung der anderen koppeln. Eine entsprechende Koppelung mehrerer Ermessensentscheidungen ist nicht die Regel.[128] Vielmehr sieht der Gesetzgeber im mehrstufigen Verfahren regelmäßig zumindest eine gebundene Entscheidung vor (umstr. ist es etwa bei § 36 BauGB im Fall des § 31 BauGB).[129] Ist nur das Gesamtergebnis gerichtlich überprüfbar, sind die Gerichte auch zur Kontrolle der Zwischenentscheidung berechtigt, sofern es sich bei dieser um eine Ermessensentscheidung im Rahmen des § 114[130] handelt. Ein rechtlich relevanter Ermessensfehler ist nur dann unbeachtlich, wenn dieser durch eine nachfolgende Entscheidung richtig gestellt werden konnte (etwa im Wege der Ersetzung).

78　　Kombiniert eine Norm einen unbestimmten Rechtsbegriff (auf der Tatbestandsseite – nicht Rechtsfolgenseite) mit einer Ermessensermächtigung, spricht man von einer *Kopplungsvorschrift*.[131] Der unbestimmte Rechtsbegriff auf Tatbestandsseite muss dabei nicht notwendig eine Beurteilungsermächtigung enthalten.[132] Da unbestimmte Rechtsbegriffe gerichtlich grds. voll überprüfbare Tatbestands-

121　*U. Held-Daab*, Ermessen, 1996; s.a. *H. Soell*, Ermessen, 1973, 63 ff.

122　BVerfGE 18, 353, 363; 69, 161, 169; *F. Schoch*, Jura 2004, 462, 463.

123　Inzident abl. etwa *C. Starck*, FS Sendler, 1991, 167, 168.

124　*M. Ruffert*, in: Knack/Hennecke § 40 Rn. 35; mitunter wird dieser Fall auch als gebundenes Ermessen bezeichnet, vgl. *H. Soell*, Ermessen, 1973, 372; s.a. BVerfGE 18, 353, 363.

125　BVerfGE 18, 353, 363; *F. Kopp*, DÖV 1966, 317, 319 f.; exemplarisch zu immanenten Ermessensschranken BVerwGE 31, 241, 246 ff. (Nebentätigkeitsgenehmigung).

126　BVerfGE 18, 353, 363; 29, 304, 306; 51, 115, 120; krit. wegen dieses Gesichtspunkts zu den verdachtslosen Polizeikontrollen *C. Möllers*, NVwZ 2000, 382, 386.

127　Vgl. *K.-A. Schwarz*, in: HK-VerwR VwGO § 114 Rn. 36; *A. Decker*, in: Posser/Wolff § 114 Rn. 6.

128　S. aber BVerwG NVwZ 1986, 374, 376 (Abweichung des Ministers von der Berufungslistenreihenfolge).

129　Vgl. *H. Dürr/H. König*, Baurecht, ⁴2000, Rn. 238.

130　*K. Rennert*, in: Eyermann § 114 Rn. 13.

131　BVerwGE 72, 1, 4; 79, 274, 277; dazu *O. Bachof*, JZ 1972, 641 ff.; krit. zum Begriff *M. Gerhardt*, in: Schoch/Schneider/Bier § 114 Rn. 13.

132　BVerwGE 40, 353, 356 f. (Namensänderung); 45, 162, 164 f.; 67, 321, 331 (zu § 1 Abs. 2 NdsAG-AbfG); 72, 1, 4; 107, 164, 167; *M. Gerhardt*, in: Schoch/Schneider/Bier § 114 Rn. 13. A.M. (wohl) *Kopp/Schenke* § 114 Rn. 32.

merkmale[133] sind, gilt auch bei einer Koppelung von unbestimmtem Rechtsbegriff und Ermessen die Trennung zwischen Tatbestand und Rechtsfolge (so etwa bei BVerwGE 60, 355, 361). In bestimmten *(Ausnahme-)Fällen,* wie den geschilderten Konstellationen, wird der unbestimmte Rechtsbegriff auf Tatbestandsseite in die Ermessensüberlegung mit einbezogen.[134] Mitunter wird der Begriff der Koppelungsvorschrift auf diesen Fall bezogen,[135] oder gerade auf den entgegengesetzten Fall, bei dem die Trennung gilt.[136] Die Begriffsverwirrung ist unglücklich.[137] Sprachlich glücklicher ist es die Koppelungsvorschrift auf den Ausnahmefall zu beziehen, d.h. den Einbezug des unbestimmten Rechtsbegriffs in die Ermessensausübung. Der unbestimmte Rechtsbegriff wirkt dann auf die Ermessensnorm ein, wenn eine Trennung von Tatbestand und denkbaren Ermessenserwägungen vom Gesetzgeber wegen der Eigenart der Materie nicht gewollt ist.[138] Indizwirkung besitzt dabei die Überlegung, ob der unbestimmte Rechtsbegriff der Regelung nicht in gleichem Maße einen Sinn gäbe, wenn keine Ermessensnorm, sondern eine gebundene Norm vorläge (so die hypothetische Überlegung bei BVerwGE 40, 353, 357). Der unbestimmte Rechtsbegriff prägt in diesen Fällen den Zweck der Ermessensermächtigung und bestimmt so das Steuerungsprogramm für das Ermessen (BVerwGE 107, 164, 167). Die Gesamtregelung wird in diesen Fällen i.E. weitgehend zur Ermessensausübung ermächtigen, die sich am unbestimmten Begriff zu orientieren hat.[139] Infolgedessen entfällt bei dieser Konstruktion eine selbständige Prüfung, ob es sich um einen unbestimmten Rechtsbegriff handelt.[140] Der unbestimmte Rechtsbegriff wird nur als Ermessensdirektive bei der Ermessensüberprüfung mitberücksichtigt (BVerwGE 72, 1, 4; BVerwG NVwZ-RR 1995, 166, 169 [zu § 27 Abs. 2 BVFG]) und so seine Anwendung i.E. in deutlich geringerem Maße kontrolliert. Die *Grundlegung* vollzog sich am Merkmal „unbillig" des damaligen § 131 Abs. 1 S. 1 AO.[141] Weitere Beispiele dafür sind § 25 Abs. 6 BAföG (unbillige Härte)[142] und § 46 Abs. 2 S. 1 StVO „Ausnahmefall" (BVerwGE 104, 154, 157). Die Lit. lehnt z.T. diese Rspr. ab und will eine Trennung von unbestimmtem Rechtsbegriff und Ermessensausübung aufrechterhalten.[143] Diese Ansicht ist nicht nur aus dogmatischen, sondern auch aus pragmatischen Gründen richtig. Die Rspr. führt zu nicht lösbaren Abgrenzungsfragen. Bei der Rspr. des BVerwG bleibt teilweise unklar, wann eine unauflösbare Kombination von unbestimmtem Rechtsbegriff und Ermessensnorm vorliegt und wann nicht.[144]

4. Die Ermessensfehler im Überblick. Das Ermessen enthält nach gängiger, *aber ungenauer Terminologie* das *Gebot,* unter Berücksichtigung *aller wesentlichen Gesichtspunkte des Für und Wider,* die für den konkreten Einzelfall sachgerechte Rechtsfolge im vorgegebenen gesetzlichen Rahmen zu finden. Eine vollständige Überprüfung des Gebots der bestmöglichen Einzelfallentscheidung widerspräche allerdings dem Sinne der Ermessensnorm. Hat der Verwaltungsrichter im Vergleich zur Verwaltung ein *unterschiedliches Verständnis des konkreten Ergebnisses des* Gebots der bestmöglichen Einzelfallentscheidung unter Abwägung aller Gesichtspunkte, genügt dies allein noch nicht für die Annahme eines Ermessensfehlers.

§ 114 nennt zwei Arten rechtlich erheblicher Ermessensfehler: das Überschreiten der gesetzlichen Grenzen des Ermessens und zweitens ein Gebrauchmachen in einer dem Zweck der Ermächtigung

---

133 BVerwGE 40, 353, 356 f. (Namensänderung); 56, 71, 75 f.; 62, 230, 242 f. („Unbilligkeit"); aus der Lit. s. nur *F. Czermak,* NJW 1961, 1905, 1906.

134 Grundlegend GmSOGB in BVerwGE 39, 355 ff. (heute § 227 AO); ihm folgend z.B. OVG Münster NVwZ-RR 1993, 521 ff.; s. dazu *O. Bachof,* JZ 1972, 641 ff.; *H. Kellner,* DÖV 1972, 801 ff.

135 VGH Kassel 14.9.2004 – 1 TG 2412/04, s.a. VG Aachen 25.2.2015 – 1 L 875/14: Kombination von Beurteilungsspielraum und Ermessensnorm.

136 BVerwGE 153, 292 ff.

137 Vgl. *M. Sachs,* in: Stelkens/Bonk/Sachs § 40 Rn. 39.

138 GmSOGB in BVerwGE 39, 355, 362 ff.; BVerwGE 67, 321, 331; 72, 1, 4; 104, 154, 157; BVerwG BayVBl 1986, 87, 88 f.; offen gelassen etwa in BVerwGE 54, 353, 355.

139 GmSOGB in BVerwGE 39, 355, 363 ff. bzgl. des auf der Tatbestandsseite vorkommenden unbestimmten Rechtsbegriffs „unbillig" i.S.v. § 131 AO/heute § 227 AO.

140 BVerwGE 104, 154, 157; m.Anm. *M. Ronellenfitsch,* DAR 1997, 387 ff.; *C. Brodersen,* JuS 1999, 509 f.

141 GmSOGB in BVerwGE 39, 355 ff. (Erlass der Steuereinziehung wegen Unbilligkeit, s. heute § 227 AO).

142 BVerwGE 107, 164, 167.

143 *K. J. Grigoleit,* Die Anordnung der sofortigen Vollziehbarkeit gemäß § 80 Abs. 2 Nr. 4 VwGO als Verwaltungshandlung, 1997, 98 ff.; s.a. *M. Sachs,* in: Stelkens/Bonk/Sachs § 40 Rn. 36; vermittelnd *Kopp/Schenke* § 114 Rn. 33; gerade in die entgegengesetzte Richtung *W. Schmidt,* NJW 1975, 1753 ff.

144 So etwa BVerwGE 95, 341, 346, 347 (Art. 6 § 1 Abs. 1 S. 1 MRVerbG/Zweckentfremdungsverbot); 102, 63, 66 ff.; 103, 4, 7.

nicht entsprechenden Weise. Die gesetzlichen Grenzen geben an, *welche Handlungsmöglichkeiten überhaupt* innerhalb des Ermessensbereichs liegen, und zwar nicht nur generell, sondern auch für den konkreten Fall (*Ermessensraum*). Ein zweckwidriger *Ermessensgebrauch* liegt dann vor, wenn die *Wahl einer der Möglichkeiten, die innerhalb des Ermessensraums liegen, angreifbar ist*. Dieser Verstoß wird mitunter noch einmal unterteilt, je nachdem, ob die behördliche Entscheidung auf unzureichenden (*Ermessensdefizit*) oder sachwidrigen Erwägungen (*Ermessensfehlgebrauch*) beruht.[145] Beide Varianten werden hier als Ermessensfehlgebrauch i.w.S. verstanden. Entscheidend ist dabei die objektive Sach- und Rechtslage und nicht die Vorstellung des Verwaltungsbeamten (BVerwGE 26, 135, 139).

82   Die Aufzählung des § 114 ist *nicht abschließend* (ungenau daher BVerwGE 31, 212, 214 f.; 91, 159, 162). § 114 will nicht die materiellen Grenzen des Ermessens abschließend definieren. Es soll nur klargestellt werden, dass die Ermessensgrenzen auch gerichtlich überprüfbar sind. § 114 ist daher für eine Ausfüllung der materiellen Grenzen über den Normtext hinaus offen.

83   Übt die Behörde überhaupt kein Ermessen aus, aus welchen Gründen auch immer, liegt ein rechtlich beachtlicher Ermessensfehler vor, der in keine der beiden Kategorien des § 114 fällt (*Ermessensausfall oder Ermessensnichtgebrauch*). Schöpft die Behörde den gesetzlichen Rahmen des Ermessens nicht aus (*Ermessensunterschreitung*),[146] lässt sich dieser Fehler auch nicht ohne Weiteres mit dem Normtext vereinbaren und kann als selbständiger Ermessensfehler bezeichnet werden.

84   Aus dieser Einteilung erwächst *die vierteilige Ermessensfehlerlehre*, bestehend aus dem *Ermessensausfall* (→ Rn. 114a ff.), der *Ermessensunterschreitung* (→ Rn. 187 f.) und der *Ermessensüberschreitung* (Missachtung der gesetzlichen Grenzen, → Rn. 122 ff.) sowie dem *Ermessensfehlgebrauch i.w.S.* (→ Rn. 162 ff.).[147] In der Lit. bestehen darüber hinaus abweichende Ermessensfehlerlehren, wobei meist in der differierenden Terminologie eine unterschiedliche Schwerpunktsetzung der Charakteristika des Ermessens zum Ausdruck kommt.[148]

85   **5. Die Ermessensrichtlinien. a) Abgrenzung von Ermessensrichtlinien zu norminterpretierenden Verwaltungsvorschriften.** Die Verwaltung sichert in unterschiedlicher Weise durch Innenrecht die gleichmäßige Aufgabenerledigung. Die sog. norminterpretierenden Verwaltungsvorschriften sollen lediglich Auslegungshilfen für (gebundene) Normen geben, binden als generalisierende Weisungen grds. die nachgeordneten Behörden,[149] nicht dagegen die Verwaltungsgerichte (BVerwGE 97, 166, 176 ff.), und sind für die Ermessensausübung ohne Bedeutung.

86   **b) Begriff der Ermessensrichtlinien.** Wichtig im Zusammenhang mit § 114 sind dagegen die *Verwaltungsvorschriften*, die sich auf die *Ermessensausübung durch die Verwaltung* beziehen (Ermessensrichtlinien).[150] Die Richtlinien können unterschiedlich strikt formuliert sein, am strengsten sind die Soll-Vorschriften (→ Rn. 138 ff.). Bei diesen ermessenslenkenden Verwaltungsvorschriften sind drei Fragen auseinander zu halten: Erstens, ob die Verwaltung diese Verwaltungsvorschriften heranziehen darf, ob sie sich zweitens daran halten muss und wie sich drittens diese Pflichten im Verhältnis zum außenstehenden Bürger auswirken.

87   **c) Zulässigkeit von Ermessensrichtlinien.** Nach einhelliger Ansicht ist eine grundsätzliche Bindung der Verwaltung an Ermessensrichtlinien rechtlich möglich und v.a. mit der gesetzlichen Ermächtigung einer Behörde, nach Ermessen zu entscheiden, grds. vereinbar.[151] Dabei werden Ermessensentscheidungen, die sich auf Ermessensrichtlinien stützen, von den Gerichten in gleicher Weise kontrolliert wie

---

145   *M. Gerhardt*, in: Schoch/Schneider/Bier § 114 Rn. 15.
146   Die Ermessensunterschreitung wurde früher nicht ausdrücklich von der Ermessensüberschreitung getrennt, vgl. BVerwGE 11, 95, 97.
147   Zur Kritik gegen diese Einteilung etwa *R. Alexy*, JZ 1986, 701 f.; weiter werden in der Rspr. mitunter zusätzliche bereichsspezifische selbständige Ermessensfehler genannt: zum Wehrrecht BVerwGE 103, 4, 5 f. (dort wird die Überschreitung oder der Missbrauch dienstlicher Befugnisse als zusätzliche Kategorie aufgeführt).
148   Dazu v.a. *R. Alexy*, JZ 1986, 701 ff., insbes. 707 ff.
149   *K. Rennert*, in: Eyermann § 114 Rn. 58.
150   Vgl. etwa BVerwGE 103, 4, 6 ff. (Handbuch für die Personalbearbeitung der Soldaten bei zentralen militärischen Dienststellen bei der Bundeswehr im Ausland); 104, 220, 223 ff. (Förderrichtlinien).
151   BVerwGE 14, 307, 309; 15, 190, 196; 31, 212, 214; 34, 278, 280 f.; 37, 57, 58 f. (Ermessensrichtlinien); 44, 1, 6; 57, 182; 65, 188, 191; 75, 86, 93 (Einbürgerungsrichtlinien); 91, 159, 162; 96, 224, 226 f. (Gewährung von Aufwandsentschädigung); BVerwG NJW 1980, 75; zurückhaltend BVerwGE 15, 196, 202; 57, 174, 181; BVerwG NVwZ 1993, 1110 f.

eine Ermessensausübung im Einzelfall,[152] nur dass eine gestufte Prüfung der abstrakten und der nachfolgenden konkreten Ermessensausübung vorgenommen wird (deutlich BVerwGE 19, 48, 55). Die Ermessensrichtlinien engen zwar den durch die Ermessensnorm gewährten Freiraum der Behörde ein, werden aber als eine Form der generellen Ermessensentscheidung „von oben" als rechtmäßig akzeptiert. Ihre legitimierende Kraft erhalten die Verwaltungsvorschriften v.a. aus dem „Rechtsgut einer gleichmäßigen Verwaltungsübung".[153]

Die Verwaltungsvorschriften bündeln das Verhalten aller von ihnen erfassten Behörden. Ohne die Verwaltungsvorschriften ist der Bezugspunkt für die Frage der Einheitlichkeit der Praxis dagegen enger. Den allgemeinen Maßstab für die Gleichmäßigkeit des Verwaltungshandelns bildet zumindest die eigene Praxis des einzelnen Verwaltungsbeamten bzw. der Beamten des konkreten Dienstpostens oder die Vorgehensweise innerhalb einer geschlossenen Einheit (Behörde, Verwaltungsträger). Durch die Verwaltungsvorschriften wird das *Verhältnis aller Organwalter*, die dem Weisungsrecht der erlassenden Stelle unterliegen, *zu einem Maßstab* zusammengezogen. 88

d) Bindungswirkung der Ermessensrichtlinien. aa) Begründung der Bindungswirkung der Ermessensrichtlinien. Liegen rechtmäßige Ermessensrichtlinien vor, müssen die Behörden diese bei ihren Entscheidungen beachten. Dagegen dürfen die Gerichte die Verwaltungsvorschriften nicht unmittelbar anwenden (BVerwGE 58, 181, 188). Die Bindungswirkung der Ermessensrichtlinien rechtfertigt sich aus ihrem Charakter *als Innenrecht*.[154] Die Verwaltungshierarchie, die auch die sachliche demokratische Legitimation der konkreten Verwaltungsentscheidung ermöglicht, reicht als Rechtfertigung für die Befugnis Innenrecht zu setzen, das von Amtswaltern einzuhalten ist, aus. Für die rechtlichen Grenzen des Ermessens besitzen die Ermessensrichtlinien Bedeutung, da sie die ständige Verwaltungspraxis dokumentieren und zugleich die künftige Verwaltungspraxis ankündigen. 89

Die Ermessensrichtlinien besitzen daher auch den *Charakter einer Selbstbindung*[155] aus *zwei verschiedenen Gründen*.[156] Zunächst kann vermutet werden, die Praxis habe so stattgefunden, wie es in den Verwaltungsvorschriften niedergelegt ist. Der andere Grund liegt in einer Selbstbindung durch eine allgemeine Willenserklärung für die Zukunft,[157] für die ebenfalls die Vermutung spricht, dass sie die tatsächliche Praxis vorzeichnet. Beide Elemente können jeweils für sich eine Berufung auf die Verwaltungsvorschrift legitimieren. Die Ermessensrichtlinien wirken wie eine schriftliche Fassung der Verwaltungspraxis (BVerwGE 31, 212, 214; 77, 352, 364). Liegt noch keine Verwaltungspraxis vor, gelten die Verwaltungsvorschriften als Ankündigung der künftigen Praxis und wirken als wirksame Selbstbindung (antizipierte Verwaltungspraxis).[158] Wegen dieses Innenrechtscharakters erwächst den Verwaltungsvorschriften v.a. über Art. 3 Abs. 1 GG (BVerwGE 36, 323, 325), mitunter verstärkt durch den Grundsatz des Vertrauensschutzes,[159] eine Bindungswirkung im Verhältnis der Verwaltung zum Bürger bis hin zu einer anspruchsbegründenden Außenwirkung.[160] Wegen Art. 3 Abs. 1 GG hat der Bürger einen Anspruch darauf, dass auch in seinem Fall nicht ohne sachlichen Grund von der „üblichen" Ermessenshandhabung, d.h. von den in den Richtlinien niedergelegten Grundsätzen, abgewichen wird (BVerwGE 34, 278, 281). Vorauszusetzen ist aber, dass sich die Verwaltung in vergleichbaren Fällen an die Vorschriften hält und der Fall keine erheblichen Besonderheiten aufweist. 90

Die genannten beiden Elemente (Praxis und Willenserklärung) können aber auch teilweise gegeneinander wirken, indem die tatsächliche Verwaltungspraxis die Vermutungswirkung der Verwaltungsvorschriften zerstört. Wegen des Charakters als Innenrecht ist es in diesem Fall nicht möglich, die Willensäußerung der Verwaltung in das Außenverhältnis durchschlagen zu lassen,[161] da Adressat des Willens nicht (zumindest nicht primär) der Bürger ist. 91

---

152 BVerwGE 77, 352, 364; OVG Münster NJW 1980, 469; *M. Gerhardt*, in: Schoch/Schneider/Bier § 114 Rn. 22.
153 BVerwGE 37, 57, 59; der Sache nach gleich BVerwGE 31, 212, 214; vergleichbar BVerwGE 15, 196, 202.
154 BVerwG NVwZ 1999, 547; *H. Lanz*, NJW 1960, 1797, 1798. A.M. BVerwGE 15, 196, 202 (Bindungswirkung beruhe darauf, dass die gleiche Behandlung gleichliegender Fälle die Anwendung der Regel in Normalfällen verlange).
155 BVerwGE 103, 4, 7; dazu allg. *J. Pietzcker*, NJW 1981, 2087 ff.
156 *F. Ossenbühl*, DVBl 1981, 857, 859 ff.; enger (unter Ausblendung der Selbstbindung durch generelle Willensbekundung) *M. Oldiges*, NJW 1984, 1927, 1930 f.; ausf. *M. Wallerath*, Die Selbstbindung der Verwaltung, 1969, 35 ff.
157 S. dazu für Subventionsrichtlinien, die eine „Vorausleistung" voraussetzen, *G. Schwerdtfeger*, NVwZ 1984, 486 ff.
158 *M. Oldiges*, NJW 1984, 1927, 1930 f. zugleich krit. gegen den Begriff.
159 BVerwGE 34, 278, 282; 35, 159, 162 f. (Ausschreibungsbedingungen); 104, 220, 223.
160 Grundlegend BVerwGE 19, 48, 56; s.a. BVerwGE 35, 159, 161; 100, 335, 338 ff.; 104, 220, 223.
161 A.M. *M. Gerhardt*, in: Schoch/Schneider/Bier § 114 Rn. 22.

92 　Teilweise wird die Trennung zwischen dem Charakter als Innenrecht und der Wirkung im Außenrechtsverhältnis über Art. 3 Abs. 1 GG aufgeweicht und auch die Bindung im Außenverhältnis *über eine beschränkte Außenwirkung der Richtlinien* hergeleitet.[162] Das mag konstruktiv möglich sein, weicht aber ohne Not eine klare Dogmatik auf, nimmt der Verwaltung die Möglichkeit der einfachen Selbstorganisation und fügt sich in das vom GG geformte Modell der Gewaltentrennung (s. v.a. Art. 80 Abs. 1 GG) nicht ohne Friktionen ein (*M. Oldiges*, NJW 1984, 1927, 1930). Auch die Rspr. lehnt eine normative Allgemeinverbindlichkeit der Ermessensrichtlinien, zumindest für den Regelfall, ab (BVerwGE 34, 278, 280 f.; 36, 323, 327).

93 　**bb) Notwendigkeit einer Einzelfallprüfung.** Trotz der Bindungswirkung dürfen die Verwaltungsvorschriften *nicht ohne eine vorhergehende Einzelfallprüfung* herangezogen werden.[163] Die gebotene Intensität der Einzelfallprüfung hängt von den erkennbaren Besonderheiten des Falls ab. Sie kann sich dabei in Standardfällen auf eine knappe Plausibilitätskontrolle beschränken, ganz kann auf sie aber aus unterschiedlichen Gründen nicht verzichtet werden. So kann sich die Richtlinie bspw. nur auf einen Ausschnitt der möglichen Fälle beschränken und nur bestimmte Fallgruppen erfassen (beschränkter Anwendungsbereich).[164] Die beschränkte Reichweite muss sich dabei nicht notwendig aus dem Normtext ergeben, sondern kann auch durch eine teleologische Auslegung gewonnen werden.

94 　Von dieser generellen Einschränkung des Anwendungsbereichs der Richtlinie sind die Grenzen einer generellen Ermessensausübung zu trennen. Auch bei der Existenz von Richtlinien ist die Behörde zu einer eigenverantwortlichen Ermessensentscheidung unter sachlicher Berücksichtigung aller einschlägigen Gesichtspunkte des konkreten Falles verpflichtet. Nur soweit für den konkreten Einzelfall Gesichtspunkte, die auch schon bei einer generellen Ermessensausübung herangezogen werden können, relevant werden, können die Richtlinien wirksam werden (*struktureller Ausschluss individueller Belange*). Nicht nur die Struktur der Ermessensrichtlinie, sondern auch der Zweck der Ermessensnorm steht einer strikten Bindung der Ermessensrichtlinien entgegen.[165] Selbst wenn im konkreten Fall nur Gesichtspunkte relevant werden, die bei genereller Abwägung erkennbar waren, ist eine strikte Bindung an die Richtlinien unzulässig. Eine Ermessensnorm will immer auch ein sachgerechtes Handeln im Einzelfall ermöglichen. Die Verwaltungsvorschriften orientieren sich mit ihren Vorgaben am sog. Regelfall. Selbst wenn der konkrete Sachverhalt nur Gesichtspunkte aufweist, die in der Richtlinie an sich berücksichtigt sind, kann im konkreten Fall ihr Zusammenspiel individuelle Besonderheiten aufweisen (*individuelle Wirkungszusammenhänge*).

95 　Jede Ermessensrichtlinie enthält daher *notwendig* einen *Vorbehalt der Abweichung* von der Richtlinie *bei einem atypischen Fall* (BVerwGE 31, 212, 213 f.; 70, 127, 142; 85, 177, 180; BVerwG NJW 1980, 75). Dies gilt auch, sofern die Richtlinie strikt und vorbehaltlos formuliert ist[166] und unabhängig von der Frage, wie man die Bindungswirkung von Verwaltungsvorschriften allgemein versteht.[167] Ob alle drei Konstellationen (beschränkter Anwendungsbereich/struktureller Ausschluss individueller Belange/ individuelle Wirkungszusammenhänge), nur die dritte oder, was am sachgerechtesten sein dürfte, die letzten beiden einen atypischen Fall i.e.S. begründen, ist eine terminologische Frage. I.d.R. wird der Begriff konkludent weit verstanden und es werden alle drei Fallkonstellationen einbezogen.

96 　Liegt ein Ausnahmefall vor, muss die Behörde diesen bei ihrer Ermessensanwendung berücksichtigen und ggf. eine von der Richtlinie abweichende Rechtsfolge wählen.[168] Sind Teile der generellen Ermessensausübung, die der Richtlinie zugrunde liegen, trotz ihrer atypischen Gestaltung noch anwendbar, muss bei klarer Teilbarkeit die Richtlinie insoweit herangezogen werden.

162　*F. Ossenbühl*, in: Erichsen/Ehlers § 6 Rn. 51 (auf die Ermessensrichtlinien bezogen); vgl. auch OVG Münster GewArch 1976, 290 f. (Bindung aufgrund des Grundsatzes des Vertrauensschutzes, die über eine aus Art. 3 Abs. 1 GG hergeleitete Bindung hinweggeht); s.a. speziell zu den Ermessensrichtlinien *H.-H. Scheffler*, DÖV 1980, 236, 239 ff.; *M. Gerhardt*, in: Schoch/Schneider/Bier § 114 Rn. 22.

163　BVerwGE 15, 196, 202 f.; 79, 127, 142; 91, 159, 162; s.a. BVerwGE 91, 135, 140 (für eine Selbstbindung durch einen Grundsatzbeschluss).

164　S. etwa BVerwGE 37, 57, 57 ff.; 45, 340, 350. Als Bsp. s. etwa BVerwGE 103, 4, 7.

165　BVerwGE 33, 233, 239; BVerwG NJW 1991, 650, 651; s.a. BVerwGE 100, 335, 341 (Ausnahmen dürfen auf atypische Sachverhalte beschränkt bleiben), freier dagegen BVerwGE 70, 127, 142.

166　*Kopp/Schenke* § 114 Rn. 42.

167　*Maurer* § 24 Rn. 15 ff.; s.a. BVerwG NJW 1980, 75.

168　BVerwGE 70, 127, 142; 85, 163, 167 f.; BVerwG NVwZ-RR 1989, 330 ff.; NJW 1991, 650, 561.

cc) Vorliegen eines atypischen Falls (zweiter und dritter Typus – struktureller Ausschluss individueller 97
Belange/individuelle Wirkungszusammenhänge). *Wann* ein *atypischer Fall* bzw. ein wichtiger Grund
für eine Abweichung gegeben ist, lässt sich nicht generell sagen. Grds. handelt es sich dabei um *Fallge-*
staltungen, auf die die *generelle Ermessensausübung* nicht zutrifft. Die Verwaltung ist befugt, selbst
Ausnahmefallgruppen festzulegen. Dies kann sie durch ständige Verwaltungspraxis vornehmen, selbst
„contra legem" (lex i.S.d. Ermessensrichtlinie). Weicht die Verwaltung in bestimmten Fällen regelmäßig von der Ermessensrichtlinie ab, hat der Einzelne aus Art. 3 Abs. 1 GG i.V.m. der Verwaltungspraxis einen Anspruch, dass dies auch in seinem Fall geschieht. Sind einzelne Abweichungen dagegen als
einzelne Fehlentscheidungen der Verwaltung zu qualifizieren, kann er keine Gleichbehandlung einfordern (keine Gleichheit im Unrecht). Die Abweichung von der Regel kann aber auch durch den dirigie-
renden Einfluss anderer Normen geboten sein, wie etwa der EMRK.[169]

dd) Keine Bindung bei rechtswidriger Ermessensrichtlinie. Eine Bindungswirkung an die Verwal- 98
tungsvorschriften besteht für die Verwaltung nur, soweit die Verwaltungsvorschriften *rechtmäßig*
sind.[170] Die Ermessensrichtlinien müssen die Gesetze oder höherrangiges Recht beachten (keine
Gleichheit im Unrecht).[171] Sie müssen daher von der zuständigen Stelle stammen.[172] Hinsichtlich der
generellen Ermessensausübung, die den Richtlinien zugrunde liegt, gilt wieder das Prüfprogramm des
§ 114 (→ Rn. 104). Die Richtlinien müssen daher u.a. dem Zweck der Ermächtigung entsprechen
(wegen ihres Charakters als Ermessensausübung),[173] d.h. sachgerecht sein (BVerwGE 70, 127, 130 ff.;
91, 159, 164; OVG Münster NJW 1980, 469) und dürfen nicht zu rechtswidrigen Ergebnissen führen.
Die Richtlinien dürfen ein im Gesetz angelegtes Regel-Ausnahme-Verhältnis nicht generell umkehren
(BVerwGE 71, 139, 148; 89, 87, 90). Inwieweit Gruppenbildung zulässig bzw. umgekehrt notwendig
ist, richtet sich nach der Ermessensnorm und dem Sachverhalt.[174] Soweit die Ermessenshandhabung
Differenzierungen vorsieht, müssen diese sachgerecht sein und *vor Art. 3 Abs. 1 GG Bestand* haben
(BVerwG NJW 1961, 1323, 1324). Bei einem mehrstufigen Verfahren dürfen die Richtlinien für die
Ermessensentscheidung den gesetzesgebundenen Entscheidungen in einem anderen Verfahrensab-
schnitt nicht widersprechen.[175] Bei einer Einberufungsentscheidung darf die Nichtheranziehung eines
Wehrpflichtigen nicht auf solche Gründe gestützt werden, die nach der gesetzlichen Regelung eine
Wehrdienstausnahme gerade nicht rechtfertigen (BVerwGE 36, 323, 325).

Bei den Ermessensentscheidungen, die sich auf Ermessensrichtlinien stützen, hat die Entscheidung i.E., 99
d.h. in der Kombination der abstrakten Ermessensentscheidung, wie sie der Richtlinie zugrunde liegt,
mit der konkreten, den Einzelfall abschließenden Regelung eine sachgerechte Entscheidung darzustellen. Wesentliche Ermessensgesichtspunkte, die nach der Ermessensnorm oder aufgrund anderer Vorgaben zu beachten sind, müssen entweder in der Ermessensrichtlinie berücksichtigt sein oder sind im jeweiligen Einzelfall ergänzend in die Auswahlentscheidung einzustellen (BVerwGE 77, 352, 364). Er-
messensleitende Gesichtspunkte, die schon bei abstrakter Betrachtung erkennbar sind, können in die
Richtlinien übernommen und danach detaillierte Fallgruppen gebildet werden (BVerwGE 19, 48, 54;
54, 174, 182).

Fraglich ist, ob eine Ermessensrichtlinie allein wegen des Fehlens einer notwendigen Ausnahmerege- 100
lung rechtswidrig ist. Die Ermessensrichtlinien dürfen sich grds. auf den gesamten Ermessensbereich
beziehen und die Ausnahmen auf die atypischen Sachverhalte beschränken (BVerwGE 70, 127, 142).
Ist die Ermessensrichtlinie strikt formuliert, abschließend gedacht und enthält sie nicht einmal für aty-

---

169 BVerwGE 129, 367 zur ausländerrechtlichen Regelausweisung.
170 BVerwGE 91, 159, 161 ff.; 92, 153 ff.; vgl. auch BVerwGE 14, 313, 314; 76, 243, 250; 89, 87 ff.
171 BVerfG NVwZ 1994, 475 f.; BVerwG 34, 278, 280 f. u. 286 ff.; 92, 153, 154 f.; BVerwG NJW 1984, 1576, 1577;
     NVwZ 1994, 495 (landesrechtliche Ballungsraumzulage); BGH NJW 1964, 1917; ferner *A. Randelzhofer,* JZ 1973,
     536 ff.; *M. Gerhardt,* in: Schoch/Schneider/Bier § 114 Rn. 22.
172 *K. Rennert,* in: Eyermann § 114 Rn. 19; s.a. zur Bindung einer Körperschaft kraft Verwaltungspraxis eines unzustän-
     digen Organs im Fall eines Dauerverwaltungsaktes BVerwG NVwZ 1994, 581; zu Vergaberichtlinien OVG Münster
     NVwZ-RR 1994, 157.
173 BVerwGE 36, 323, 325 f.; 57, 174, 182; 58, 181, 188; 70, 127, 133; 91, 159, 164; vgl. auch zu typisierenden und
     pauschalierenden Verwaltungsvorschriften BVerfG NVwZ 1994, 475 f.; BVerwGE 97, 166, 176 (Reisekostenerstat-
     tung); *M. Gerhardt,* in: Schoch/Schneider/Bier § 114 Rn. 22.
174 S. etwa BVerwGE 65, 188, 191 (die Richtlinien zum Familiennachzug zum alten Ausländerrecht).
175 BVerwGE 34, 278, 280 f., 286; 36, 323, 325; s.a. BVerwGE 14, 313, 314 f. (Verhältnis der Subsidiarität verschiede-
     ner Verfahren).

pische Fälle eine Ausnahmeregelung, ist es wegen des Vorrangs des Gesetzes nicht nötig, von einer Ungültigkeit der Verwaltungsvorschrift auszugehen (so aber BVerwGE 15, 196, 202; anders i.E. dagegen
BVerwG NJW 1980, 75). Es reicht aus, über die Einzelfallentscheidung, unmittelbar auf das Gesetz
gestützt, eine Korrektur vorzunehmen. Darin liegt eine ausreichende Kontrolle des in Form der Verwaltungsvorschriften ausgeübten generellen Ermessens.[176]

101   **ee) Richtlinienwidrige Verwaltungspraxis.** Hält die Verwaltungspraxis sich nicht an die Verwaltungsvorschriften, dann hat der Einzelne auch keinen Anspruch, so behandelt zu werden, wie es in der Verwaltungsvorschrift niedergelegt ist (→ Rn. 90 f.). Die Bindungswirkung der Verwaltungsrichtlinien
entfällt daher bei einer *entgegenstehenden ständigen Verwaltungspraxis*, die nicht aufgegeben werden
soll,[177] oder wenn die Verwaltung aus sachlichem Grund eine abweichende Verwaltungspraxis begründen will. So sicher diese Ausnahme dogmatisch ist, so schwierig kann ihre Festlegung im Einzelfall sein.

102   Liegt keine bewusste Abkehr von der Verwaltungsvorschrift vor, kommt es v.a. darauf an, wie massiv,
d.h. wie zahlenmäßig erheblich die abweichenden Entscheidungen sind und ob diese Abweichungen
eine eigene Struktur, ein System, erkennen lassen. Liegt eine bewusste Abweichung vor, ist dies rechtmäßig, wenn eine Stelle handelt, die zur Änderung der Verwaltungsvorschrift befugt ist. Schwieriger
ist der Fall zu beurteilen, wenn die Abweichung von einer Behörde vorgenommen wird, die zu einer
Änderung der Verwaltungsvorschriften nicht befugt ist, aber beim Fehlen einer Ermessensrichtlinie zur
Ausbildung einer eigenen ständigen Verwaltungspraxis in der Lage wäre. Ein Bsp. wäre etwa die bewusste Abweichung einer Selbstverwaltungskörperschaft von rechtmäßigen Verwaltungsvorschriften
im Bereich der übertragenen Angelegenheiten. Beschränkt man den Gleichbehandlungsanspruch aus
Art. 3 Abs. 1 GG auf das Handeln jeweils eines Verwaltungsträgers, würde er nicht weiterhelfen können. Selbst wenn man Art. 3 Abs. 1 GG grds. für anwendbar hielte, dient er wohl nicht dazu, das Fehlen einer innerstaatlichen Reaktion (Weisung) zu sanktionieren. Demnach dürfte in diesem Fall die
Bindungswirkung ebenfalls entfallen. Gleiches gilt für den Fall, dass der Vergleichsmaßstab dadurch
entfallen ist, dass die tatsächlichen oder rechtlichen Verhältnisse sich erheblich verändert haben.[178]

103   **ff) Änderung der Verwaltungsvorschriften.** Eine *Änderung* der Verwaltungsvorschriften (ausf.
BVerwGE 104, 220, 223 ff.) und eine Abweichung im Einzelfall aus sachlichem Grund (→ Rn. 95)
bleibt immer möglich (vgl. BVerwGE 46, 89, 90; BVerwG NJW 1980, 75). Bei einer Änderung der
bisherigen Verwaltungspraxis ist der Grundsatz des Vertrauensschutzes zu beachten.[179] Ob jede Abweichung ohne sachlichen Grund eine Rechtsverletzung darstellt oder nur eine, bei der die konkrete
nicht beachtete Regelung der Verwaltungsvorschriften auch dem Interesse des Betroffenen dient, ist
nicht ganz einfach zu beurteilen. Näher liegt es, das subjektive Element zu fordern. Wegen der Bedeutung der Ermessensrichtlinie hat zumindest der Betroffene einen Anspruch auf Bekanntgabe bestehender Richtlinien, soweit sie ihn betreffen.[180]

104   **gg) Keine Bindungswirkung des Gerichts durch Ermessensrichtlinien.** Die Ermessensrichtlinien *binden die Gerichte nicht*. Die Gerichte legen die Verwaltungsvorschriften eventuell aus, wenden diese
aber nicht an. Die Verwaltungsvorschriften werden vom Gericht nur insoweit inhaltlich zur Kenntnis
genommen, als dies notwendig ist, um eine darauf gestützte Ermessensentscheidung der Verwaltung
zu kontrollieren. Dazu müssen sie prüfen, ob sich die Verwaltungsvorschriften ihrerseits innerhalb der
Grenzen des § 114 bewegen (BVerwGE 36, 323, 325 ff.; 58, 181, 188; BVerwG NJW 1961, 1323,
1324, → Rn. 98) und ob ggf. in der Nichtanwendung einer einschlägigen Verwaltungsvorschrift eine
Verletzung von Art. 3 Abs. 1 GG zu sehen ist (OVG Münster NJW 1980, 469).

105   **hh) Auslegung von Ermessensrichtlinien.** Wegen des Charakters als Innenrecht sind die Gerichte
nicht in gleicher Weise wie bei den Gesetzen zur verbindlichen *Auslegung der Ermessensrichtlinien*

---

176   Deutlich etwa BVerwGE 11, 56, 57; 65, 188, 191; 71, 139, 148; 76, 243, 250; 91, 159, 162 ff.
177   *M. Oldiges*, NJW 1984, 1927, 1930. A.M. *M. Gerhardt*, in: Schoch/Schneider/Bier § 114 Rn. 22 (im Zweifel ver-
      dienten die Verwaltungsvorschriften den Vorzug).
178   BVerwGE 33, 233, 239; *C. Dicke*, VerwArch 59 (1968), 293, 307.
179   Vgl. BVerwGE 46, 89, 90 ff. (zu Ermessensrichtlinien – kein Eingriff in abgewickelte, der Vergangenheit angehören-
      de Tatbestände).
180   BVerwGE 61, 15, 22; 61, 40, 43; 69, 278; teilweise noch weitergehender *H. Jellinek*, NJW 1981, 2235; *Kopp/Schen-
      ke* § 114 Rn. 42; OVG Bln DÖV 1976, 53; vgl. allg. auch *Stern*, Staatsrecht II § 38 I 5.

befugt. Hier hat die Verwaltung gegenüber den Gerichten das Recht zur authentischen Interpretation,[181] da es bei der Richtlinie um die Handhabung ihres Ermessens, demnach auch um ihre Erklärung der Selbstbindung geht (BVerwGE 44, 1, 6). So geht die überwiegende Ansicht davon aus, die Verwaltungsvorschriften seien *im Ausgangspunkt wie Willenserklärungen analog § 133 BGB* auszulegen.[182] Eine Besonderheit gibt es allerdings: Völkerrechtliche Verpflichtungen können in die Auslegung von Ermessensrichtlinien einbezogen werden (BVerwGE 80, 233, 246 f.). Je stärker die Verwaltungsvorschriften ihren Charakter als Erklärung des künftigen Verwaltungshandelns verlieren und wie Rechtsnormen eine Lenkungsfunktion einnehmen, desto stärker nähert die Rspr. die Auslegung von Verwaltungsvorschriften an die der Gesetze an. So werden etwa die Beihilferichtlinien oder Heilrichtlinien der Bundeswehr[183] wie Gesetze ausgelegt,[184] obwohl sie wie Verwaltungsvorschriften wirken (BVerwGE 32, 352, 354 f.). Ihre Besonderheit liegt außer in der „gesetzesergänzenden" Funktion auch darin, dass sie nicht nur die Rechtsfolgenseite der Fürsorgepflicht, sondern gleichzeitig auch die Tatbestandsseite, die Voraussetzungen für die Fürsorge, konkretisieren (BVerwGE 16, 68, 70). Gleiches gilt für andere „gesetzesvertretende Richtlinien", die für eine Übergangszeit bis zum Erlass der an sich zur Regelung der Materie erforderlichen Gesetze als Gesetzesersatz dienen.[185] Noch deutlicher werden diese Grundsätze bei den *normkonkretisierenden Verwaltungsvorschriften.* So werden Voraussetzungen für die Anwendung von normkonkretisierenden Verwaltungsvorschriften im Prinzip wie bei Rechtsnormen durch Auslegung ermittelt.[186] Ihr Charakter als Verwaltungsvorschrift bleibt aber insoweit erhalten, als die Rspr. eine besondere Berücksichtigung der Entstehungsgeschichte (Willens des Normgebers) verlangt (BVerwGE 110, 216, 219).

e) Ermessensfehler im Zusammenhang mit der Heranziehung von Ermessensrichtlinien. Die *möglichen Ermessensfehler* im Zusammenhang mit Ermessensrichtlinien *sind vielfältig.* So kann sowohl in der Nichtanwendung als auch in der Anwendung einer Verwaltungsvorschrift ein Ermessensfehler liegen. Als *Ermessensfehler im Zusammenhang mit der Heranziehung einer Ermessensrichtlinie* kommen in Betracht: 106

(a) Trotz der Bindungswirkung dürfen die Ermessenrichtlinien *nicht ohne Prüfung ihrer Sachgerechtigkeit* für den konkreten Einzelfall herangezogen werden (→ Rn. 93). Fehlt diese Sachgerechtigkeitsprüfung, liegt ein Ermessensausfall vor, dem allerdings der Rechtswidrigkeitszusammenhang fehlt, falls die Richtlinie i.E. zu Recht herangezogen wurde.   107

(b) *Übersehen eines atypischen Falls:* Hält sich die Verwaltung auch bei einem atypischen Fall an die Ermessensrichtlinie, ist ein rechtlich relevanter Ermessensfehler gegeben. Der Fehler ist selbst dann rechtlich relevant, wenn die Verwaltung auch für den Fall zum gleichen Ergebnis gekommen wäre, dass sie den atypischen Fall erkannt und nach sachgerechten Ermessenserwägungen entschieden hätte. Die Einordnung der entsprechenden Fehler hängt von den Umständen des Einzelfalls ab. Denkt die Behörde, sie sei an die Verwaltungsvorschriften gebunden und ihr stünde kein Entscheidungsfreiraum zu, liegt ein Ermessensnichtgebrauch vor. Prüft die Verwaltung die Relevanz der Vorgaben der Ermessensrichtlinien für den konkreten Fall, übersieht sie aber, dass es sich um einen atypischen Fall handelt, so handelt es sich um eine Ermessensunterschreitung im Grenzbereich zum Ermessensnichtgebrauch.[187] Wird die Richtlinie herangezogen, obwohl eine Fallgestaltung vorliegt, für die sie gar nicht gedacht war (beschränkter Anwendungsbereich), liegt ebenfalls ein Ermessensfehler (Ermessensunterschreitung) vor (BVerwGE 45, 340, 350).   108

(c) *Heranziehung einer nichtigen Verwaltungsvorschrift:* Sind die Ermessensrichtlinien rechtswidrig und daher nichtig, infiziert diese Fehlerhaftigkeit die folgende Ermessensentscheidung, selbst wenn die   109

---

181 BVerwGE 58, 45, 51 f.; 98, 324, 329; BVerwG NVwZ-RR 1996, 47 f.; s.a. BVerwGE 77, 352, 359.

182 BVerwGE 86, 55 LS 1; *Kopp/Schenke* § 114 Rn. 42; vgl. auch BVerwGE 88, 143, 149 nur als Anhaltspunkte, nicht wie Rechtsnormen (für private Regelungsnormen und ministerielle Hinweise gemeinsam). A.M. (wie Gesetze) BVerwGE 14, 307, 310; stark in diese Richtung tendierend auch *H. J. Müller,* NJW 1963, 506.

183 BVerwG NVwZ 2004, 1003 f. –Verwaltungsvorschriften zur truppenärztlichen Versorgung mit Ausnahme der Auslegungshinweise.

184 BVerwGE 72, 119, 121 f.; ansatzweise auch in BVerwGE 37, 57, 58 f.; s.a. für eine Richtlinie, die vorübergehend eine noch zu erlassende RVO ersetzen soll, BVerwGE 72, 300, 320 (diese konkretisierten die im Gesetz nur im Allgemeinen festgelegte Fürsorgepflicht des Dienstherrn).

185 *Kopp/Schenke* § 114 Rn. 42 Fn. 224.

186 BVerwGE 110, 216, 218; s.a. BVerwGE 72, 119, 121 f. zu Beihilferichtlinien als Ermessensrichtlinie.

187 Für die Qualifikation als Ermessensfehlgebrauch *K. Rennert,* in: Eyermann § 114 Rn. 19.

Anwendung der Richtlinien für sich genommen rechtmäßig war (BVerwGE 71, 139, 148). Es liegt ein Ermessensnichtgebrauch (Ermessensausfall) vor. Ein rechtlich erheblicher Ermessensfehler liegt nach zutr. Ansicht bei der Anwendung einer nichtigen Ermessensrichtlinie selbst dann vor, wenn das konkrete Ergebnis im Rahmen einer Einzelfallentscheidung ermessensfehlerfrei hätte begründet werden können. Sofern die Verwaltung Zweifel an der Rechtmäßigkeit der Ermessensrichtlinien hat, kann sie auf die Möglichkeit der hilfsweisen Ermessensentscheidung im Einzelfall zurückgreifen.

110   Ein *Ermessensfehler liegt* dagegen *nicht* in der zutreffenden Heranziehung einer gültigen Verwaltungsvorschrift, sofern kein atypischer Fall vorliegt, die Verwaltungsvorschriften keiner ergänzenden Überlegung bedürfen und eine Einzelfallprüfung stattfand.

111   f) Ermessensfehler im Zusammenhang mit der Nichtheranziehung einer Ermessensrichtlinie. *Weicht ein* Verwaltungsbeamter bewusst oder unbewusst von den Ermessensrichtlinien *ab*, kann darin im Innenverhältnis eine Dienstpflichtverletzung und nach außen eine Verletzung des Gleichheitssatzes liegen (Art. 3 Abs. 1 GG), sofern die Verwaltung ohne ausreichenden Grund einen Einzelfall anders behandelt als die sonstigen Fälle[188] (→ Rn. 89).

112   Die *Voraussetzungen sind im Einzelnen*: erstens eine Abweichung von den Verwaltungsvorschriften; zweitens das Fehlen eines sachlichen Grundes für diese Abweichung (kein atypischer Fall); und drittens die fehlende Absicht, eine neue, den Verwaltungsvorschriften widersprechende ständige Praxis begründen zu wollen. Liegen diese drei Voraussetzungen vor, liegt darin ein rechtlich erheblicher Ermessensfehler (BVerwGE 5, 79, 81; 19, 48, 55; 91, 77, 79; 104, 220, 228). Zu qualifizieren ist dieser Ermessensfehler als eine Ermessensüberschreitung, da eine rechtliche Einengung der Ermessensermächtigung übersehen wird.

113   Liegt ein *unbewusstes Abweichen* von einer Verwaltungsvorschrift und gleichzeitig objektiv ein atypischer Fall vor, kommt die Verwaltung zu einem Ergebnis, zu dem sie auch hätte kommen können, wenn sie die Verwaltungsvorschriften berücksichtigt hätte. Ein rechtlich erheblicher Ermessensfehler liegt dann nur vor, wenn man verlangt, dass die Verwaltung sich dabei grds. der eingegangenen Selbstbindung (die im konkreten Fall wegen eines Ausnahmefalls nicht greift) bewusst sein muss (BVerwGE 103, 4, 8). Gegen die Annahme eines Ermessensfehlers spricht das Ergebnis der Entscheidung, das innerhalb des Ermessensrahmens liegt. Für die Annahme eines Ermessensfehlers lässt sich nennen: Bei Kenntnis der Verwaltungsvorschriften hätte die Entscheidungsfindung anders verlaufen können und es besteht zudem die Gefahr, dass die Gerichte mittelbar gezwungen werden, in weitgehendem Maße hypothetische Überlegungen vorzunehmen, die in den Ermessensbereich der Verwaltung hineinragen. Angesichts der nur mittelbaren Außenwirkung der Ermessensrichtlinie (über Art. 3 Abs. 1 GG) ist auf die objektive Sichtweise abzustellen und eine rechtmäßige Entscheidung anzunehmen.

114   g) Prüfraster bei einer auf Ermessensrichtlinien gestützten Entscheidung. Zusammenfassend gelten danach *als Voraussetzung* für die Bindungswirkung an Ermessensrichtlinien im Einzelfall: Erstens: Liegt eine Verwaltungsvorschrift vor? Zweitens: Ist diese rechtmäßig? Drittens: Wurde die Richtlinie von der Verwaltung gesehen? Viertens: Sind die Tatbestandsvoraussetzungen der Richtlinie erfüllt? Fünftens: Wurde eine Einzelfallprüfung vorgenommen – liegt ein atypischer Fall vor (struktureller Ausschluss individueller Belange, individuelle Wirkungszusammenhänge)? Sechstens: Besteht eine entgegenstehende Verwaltungspraxis? Siebtens: Ist das Ergebnis mit der Ermessensnorm und mit der übrigen Rechtsordnung vereinbar (grundlegend BVerwGE 19, 48, 55)?

114a   6. Ermessensausfall. a) Allgemein. *Übersieht* die Verwaltung *die Tatsache*, dass eine *Ermessensnorm* vorliegt, und fühlt sie sich gebunden oder trifft sie keine Zweckmäßigkeitsentscheidung,[189] liegt ein Ermessensausfall oder Ermessensnichtgebrauch vor.[190] Diese Fallgruppe der rechtlich erheblichen Ermessensfehler ergibt sich nicht aus dem Normtext des § 114. Die materielle Begründung des Ermessensfehlers liegt offen zu Tage. Das Gericht kann den Freiraum der Verwaltung nicht respektieren, wenn diese ihn gar nicht in Anspruch genommen hat. Die Verwaltung ist zur Ausübung ihres Ermessens nicht nur berechtigt, sondern auch verpflichtet. Kommt die Verwaltung dieser Pflicht nicht nach,

---

188   BVerwGE 15, 190, 196; 19, 48, 55; 31, 212, 214; BVerwG NVwZ 1999, 547; undeutlich insoweit aber BVerwGE 58, 45, 53.
189   VG Braunschweig, VD 2007, 230 ff.
190   BVerwGE 7, 110, 111; 15, 196, 199; 19, 149, 153; 64, 7, 12; 78, 314, 320; 79, 274, 281; 84, 375, 389.

ist der Fehler nachträglich nicht heilbar. Aus diesem Grund scheidet i.d.R. auch eine Umdeutung eines gebundenen Verwaltungsakts in einen Ermessensverwaltungsakt aus (BVerwGE 48, 81, 84).

Ob die Verwaltung von der Ermessensermächtigung Gebrauch gemacht hat, ist anhand aller erkenn- 114b baren Umstände zu beurteilen;[191] primär aus einer eventuell vorhandenen Entscheidungsbegründung, aber auch aus den sonstigen Umständen, dem Verhalten bei vergleichbaren Umständen und den konkreten Vorstellungen des handelnden Amtswalters.

Die Gründe für einen Ermessensausfall können verschieden sein. So kann die Behörde den Tatbestand 114c der ermessensbegründenden Norm

- ▪ zu Unrecht vom Sachverhalt her als nicht erfüllt ansehen oder
- ▪ falsch auslegen[192] oder
- ▪ in sonstiger Weise zu Unrecht für bindend halten (BVerwGE 15, 196, 199; 68, 267, 274; OVG Schleswig NVwZ 1993, 911 f.), etwa weil sie sich zu Unrecht vollständig an Ermessensrichtlinien gebunden fühlt.[193]

b) Bindung an eine Weisung. Folgt die Behörde bei der Ermessensentscheidung *der Weisung einer hö-* 115 *heren Behörde*, ohne eigene selbständige Ermessenserwägungen anzustellen, so hält sie sich für gebunden und übt ihr Ermessen nicht selbst aus. Dennoch liegt darin für sich genommen noch kein Ermessensfehler (sog. „gestufte" Ermessensausübung).[194] Die Ermessensnormen wollen die *Verwaltungshierarchie nicht außer Kraft* setzen (VGH München BayVBl 2005, 50 ff.). Die Weisung verschiebt nur die Anforderungen an eine rechtmäßige Ermessensausübung „eine Stufe höher", ohne sie inhaltlich zurückzunehmen (OVG Lüneburg NVwZ-RR 1994, 12 f.; instruktiv OVG Münster BauR 1992, 347 ff.). Die angewiesene Behörde hat die Ermessenserwägungen, die von der anweisenden Behörde vorzunehmen sind, zur Grundlage der Anordnung zu machen und gegenüber dem Anordnungsempfänger offen zu legen (OVG Münster NWVBl 2004, 107 ff.). Die Rechtmäßigkeit der endgültigen Entscheidung hängt von der Weisung ab. Einzelanweisungen sind wegen der Ferne vom maßgeblichen Sachverhalt der Widerspruchsbehörde fehleranfällig.[195] Beruht die Weisung auf einer rechtmäßigen Ermessensausübung, dann darf die ausführende Behörde sich an die Weisung halten. Dies gilt allerdings nur, wenn diese die allgemeinen Weisungsvoraussetzungen (zuständige Aufsichtsbehörde, Einhaltung der Grenzen der Aufsicht etc.) erfüllt. Liegt dagegen bei der anweisenden Behörde eine fehlerhafte Ermessenswahrnehmung vor, etwa weil sie den entscheidungserheblichen Sachverhalt nicht vollständig ermittelt hat, liegt auch bei der ausführenden Behörde ein Ermessensfehler vor, wenn sie die Weisung korrekturlos ausführt. Korrigiert sie den Fehler, liegt im Endergebnis eine rechtmäßige Ermessensentscheidung vor. Sollten im Einzelfall, aus welchen Gründen auch immer, die Anforderungen an eine Ermessensausübung bei der ausführenden Behörde andere sein als bei der anweisenden Behörde, müssen im Endergebnis alle Anforderungen erfüllt sein. Demnach muss entweder die anweisende Behörde alle Gesichtspunkte berücksichtigen oder die angewiesene Behörde die noch nicht erfüllten Anforderungen – insofern frei von den Vorgaben der Weisung – zusätzlich prüfen.

Weicht die ausführende Behörde *von der rechtmäßigen Weisung* ab, nimmt aber selbst eine fehlerfreie 116 Ermessensausübung vor, dann liegt allein darin noch kein Ermessensfehler. Der Adressat des Verwaltungsaktes oder der sonst vom Verwaltungsakt Betroffene hat keinen Anspruch gegen die Behörde auf Beachtung der Verwaltungshierarchie.

c) Bindung an eine andere Verwaltungsentscheidung. Ist die Behörde bei einer Ermessensentschei- 117 dung an einen Mitwirkungsakt einer anderen Verwaltungsbehörde gebunden und steht dieser im Ermessen der anderen Behörde, so ist durch das Gesetz oder von Rechts wegen die gesamte Ermessensausübung geteilt worden. Da diese Bindung beim *mehrstufigen Verwaltungsverfahren* gesetzlich angeordnet ist, liegt kein Fall des Ermessensausfalls oder der Ermessensunterschreitung vor, wenn die Behörde sich daran hält (BVerwG NVwZ 1986, 374, 375). Hält sie sich nicht dran, kann dies eine fehlerhafte Ermessensausübung insgesamt begründen. So ist die Behörde im Vollstreckungsverfahren an

---

191 BVerwG NVwZ 1988, 525, 526; VG Köln 31.7.2003 – 1 K 2182/01, juris Rn. 21; s.a. *K. Rennert*, in: Eyermann § 114 Rn. 18.
192 BVerwGE 60, 355, 361; 78, 314, 320; 108, 1, 17 ff.; VGH München NVwZ-RR 1991, 250, 252.
193 *M. Gerhardt*, in: Schoch/Schneider/Bier § 114 Rn. 17.
194 *M. Gerhardt*, in: Schoch/Schneider/Bier § 114 Rn. 17.
195 *M. Gerhardt*, in: Schoch/Schneider/Bier § 114 Rn. 17.

die Gewichtung der Belange, die im Grundverwaltungsakt vorgenommen wurden, gebunden (OVG Lüneburg NVwZ-RR 2016, 251).

118　**d) Hilfsweise Ermessenserwägung.**　Ist sich die Behörde nicht sicher, welche Rechtsgrundlage heranzuziehen ist, kann sie – zumindest bei der gesetzesakzessorischen Verwaltung – die Handlung *alternativ auf verschiedene Rechtsgrundlagen* stützen (Doppelbegründung), solange dies nur im Endergebnis objektiv rechtmäßig ist (und die formelle Begründungspflicht beachtet wurde – § 39 VwVfG). Diese Möglichkeit hat die Verwaltung auch dann, wenn die (hilfsweise) herangezogene Rechtsgrundlage eine Ermessensnorm ist (von diesem Fall ist die alternative Ermessensausübung auf der gleichen Rechtsgrundlage zu unterscheiden, → Rn. 191). Zwar tritt in diesem Fall neben das Gebot der objektiven Rechtmäßigkeit die Pflicht zur rechtmäßigen Entscheidungsfindung (materielle Begründungspflicht), dieses Gebot kann jedoch auch im Wege einer hilfsweise ausgeübten Ermessensentscheidung erfüllt werden (s. etwa BVerwGE 59, 284, 290). Dies gilt unabhängig davon, ob die primär herangezogene Norm ihrerseits eine Ermessensnorm ist oder nicht.

119　Allerdings widerspricht die Zulässigkeit *alternativer Ermessenserwägungen* teilweise deren Sinn, denn es besteht die Gefahr, dass alternative Ermessenserwägungen nicht frei, sondern stark ergebnisorientiert vorgenommen werden.

120　Trotz dieser Einwände *überwiegen* die Gründe, die für *die Zulässigkeit* einer hilfsweisen Ermessensausübung sprechen. Voraussetzung für die Zulässigkeit hilfsweiser Ermessenserwägungen ist dabei, dass die hilfsweise Ermessensausübung für sich genommen rechtmäßig ist (BVerwGE 110, 140, 144). Dies sind a) die Effizienz der Verwaltung, b) die Überlegung, dass ein nicht nur auf einen, sondern möglichst viele inhaltlich relevante Entscheidungsgründe gestütztes Ergebnis der Abwägung nicht zum Nachteil gereichen darf, und c) die Ermutigung an die Verwaltung, eine umfassende Interessenabwägung vorzunehmen und eine notwendige, vom Gesetz zuverlässig abgedeckte Rechtsfolge zu wählen, wenn sie sich im Vergleich zu alternativen Rechtsfolgen auch schwerer umsetzen lässt. So kann die Behörde ihre Entscheidung auch dann hilfsweise mit entsprechender Begründung auf eine Ermessensausweisung stützen, wenn sie von einem Regelausweisungstatbestand ausgeht (BVerwGE 110, 140, 144 zu § 47 Abs. 2 AuslG).

121　In der Sache gleich ist die Sachlage dann, wenn die Behörde nicht eine Ermessensgrundlage hilfsweise heranzieht, sondern innerhalb einer Ermessensnorm verschiedene Gesichtspunkte kombiniert und einige von ihnen dabei hilfsweise heranzieht. Die Verwaltung darf sich bei der Ermessensentscheidung hilfsweise auf alternative Ermessensgesichtspunkte berufen. Unproblematisch ist der Fall, in dem die Behörde ihre verschiedenen Ermessenserwägungen *ausdrücklich* zumindest auch als *alternative* Begründungen bezeichnet hat (BVerwGE 101, 247, 259; s.a. mittelbar OVG Münster NVwZ-RR 1997, 585, 587). Andererseits bleibt es der Behörde unbenommen, gerade die Kombination verschiedener Umstände als maßgeblich heranzuziehen und daher die Kumulation als entscheidend zu qualifizieren (BVerwG DVBl 1988, 687, 688). Lässt die Behörde offen, ob schon jede einzelne der Ermessenserwägungen sie zu der Entscheidung veranlasst hätte, bleibt es möglich, aus den Umständen auf eine alternative und keine kumulative Ermessenserwägung zu schließen. Die Praxis ist ausgesprochen wohlwollend und geht im Zweifel von einer alternativen Ermessenserwägung aus. Danach ist gewissermaßen nur entscheidend, ob die Verwaltung irgendwie (alternativ, subsidiär, hilfsweise) Gesichtspunkte erwogen hat, die für sich genommen die Ermessensentscheidung rechtfertigen. Orientiert man sich dagegen stärker an der eigentlichen Ratio der Ermessensermächtigung, ist entgegen der Ansicht der Rspr. im Zweifel von einer kumulativen Überlegung auszugehen und eine Aufrechterhaltung der Entscheidung schon bei einer fehlerhaften Erwägung ausgeschlossen.

122　**7. Überschreitung der gesetzlichen Grenzen des Ermessens (Ermessensüberschreitung). a) Abgrenzung zu anderen Ermessensfehlern.**　Ein rechtlich erheblicher Ermessensfehler liegt nach § 114 vor, wenn die gesetzlichen Grenzen des Ermessens überschritten sind, d.h. die Behörde sich nicht im Rahmen der ihr vom Gesetz gegebenen Ermächtigung hält. Man kann insoweit *von dem Ermessensrahmen* oder Ermessensraum (→ Rn. 81) sprechen.[196] Das Gesetz grenzt diesen Fall ausdrücklich von einem Ermessensgebrauch, der nicht dem Zweck der Ermächtigungsnorm entspricht, ab. Das BVerwG

196　S.a. BVerwGE 77, 188, 195 f. und BVerwGE 22, 215, 219 (dort wird Ermessensrahmen der Bereich genannt, der hier als Ermessensraum bezeichnet wird).

hat diese Trennung mitunter mit dem Bild der Ermessensbindung nach innen (v.a. Ermessensfehlgebrauch) und nach außen (Überschreitung des Ermessensrahmens) bezeichnet.[197] Das wird heute überwiegend für entbehrlich gehalten. Diese Unterscheidung wirft Abgrenzungsschwierigkeiten auf[198] und wird daher oft der Sache nach unbeachtet gelassen; sie besitzt lediglich heuristischen Wert.

Ein Anhaltspunkt der Unterscheidung zwischen dem Überschreiten der Grenzen und dem zweckwidrigen Gebrauch liegt in den Begriffen der Grenzen und des Gebrauches. Während die Grenzen auf die generelle Reichweite der Ermächtigung hinweisen, zielt der Begriff des Gebrauches auf die *Einzelfallanwendung* hin. Bei dieser Grundannahme bezieht sich die erste Variante auf die falsche Bestimmung der Ermessensermächtigung im Generellen, während die zweite Variante die fehlerhafte Anwendung der abstrakt richtig bestimmten Ermächtigung erfasst. | 123

Ein *Überschreiten der Grenzen* liegt nur dann vor, wenn die Verwaltung *ihre Freiheit weiter* zieht, als ihr dies von Gesetzes wegen zukommt. Zieht sie sie enger, liegt der nicht ausdrücklich in § 114 erwähnte Fall (zumindest bei engem Begriffsverständnis) der Ermessensunterschreitung vor. *Die Missachtung der gesetzlichen Grenzen* des Ermessens wird mitunter – völlig zutr. – auch als Fehler in der Rechtsfolge bezeichnet – im Gegensatz zum Fehler in der Motivation.[199] § 114 gibt insofern den allgemeinen Gedanken wieder, dass das Ermessen dort seine Grenzen findet, wo es benutzt wird, um zwingende Vorschriften zu umgehen (BVerwGE 52, 183, 190 f.). Der *gesetzliche Rahmen* (oder Ermessensraum) gibt an, *welche Handlungsmöglichkeiten überhaupt* innerhalb des Ermessensbereichs liegen (BVerwGE 44, 156, 159), und zwar nicht nur bei abstrakter Betrachtung, sondern auch bei konkreter Einzelfallbetrachtung (deutlich etwa BVerwGE 44, 156, 159; 56, 56, 59; 59, 104, 109 ff.). Die Grenzen werden daher auch dann überschritten, wenn die Verwaltung eine Rechtsfolge wählt, die zwar grds. möglich, aufgrund der konkreten Umstände im Einzelfall aber unzulässig ist.[200] Für die Bestimmung des Ermessensrahmens ist oft Klarheit über den Zweck der Norm erforderlich,[201] aber auch über die Implikation anderer Normen, wie insbes. des Art. 3 Abs. 1 GG und des Grundsatzes der Verhältnismäßigkeit. Besteht aufgrund einer konkreten Betrachtung nur eine mögliche Variante, liegt ein Fall der Ermessensreduzierung auf Null vor. Wird dies übersehen, ist auch ein Fall der Ermessensüberschreitung gegeben. | 124

Der gesetzliche Rahmen kann in vielfältiger Weise verletzt werden. Zunächst dadurch, dass die Ermessensnorm generell falsch ausgelegt wird (→ Rn. 126 ff.), weiter, indem die Norm im konkreten Fall falsch angewendet wird, eine Ermessensreduzierung auf Null übersehen wird (→ Rn. 128 ff.) oder die Regelvorgaben von Soll-Bestimmungen (138 ff.) oder intendierenden Ermessensnormen (143 ff.) missachtet werden. Die gesetzlichen Grenzen werden aber auch überschritten, wenn die Einwirkungen anderer Normen auf die Ermessensausübung übersehen werden, so insbes. die Bindungen durch den Gleichheitssatz (→ Rn. 151) und den Grundsatz der Verhältnismäßigkeit (→ Rn. 159). | 125

b) Generelle Ermessensüberschreitung. Die gesetzlichen Grenzen des Ermessens sind überschritten, wenn die Behörde die *Reichweite der Ermessensnorm falsch bestimmt.*[202] Die Erscheinungsformen dieses Fehlers sind vielfältig. Ein Überschreiten der gesetzlichen Grenzen liegt etwa vor, | 126

(aa) wenn die Verwaltung ein Entschließungsermessen besitzt, sie aber von einem Auswahlermessen ausgeht, oder umgekehrt;

(bb) wenn das Ermessen auf einen Teil der Regelung beschränkt ist und diese Beschränkung nicht eingehalten wird;

(cc) wenn die Verwaltung ein intendiertes Ermessen oder eine Soll-Bestimmung im eigentlichen Sinne als freies Ermessen versteht;

---

197 BVerwGE 62, 230, 242; so auch *R. v. Laun*, Ermessen, 1910, 175 ff., 262; demgegenüber scheint *D. Jesch*, AöR 82 (1957), 163, 209 gerade umgekehrt als äußere Grenze den von der Ermessensnorm selbst gebildeten Rahmen und als innere Grenze die durch die allgemeinen Rechtssätze gebildete Struktur zu verstehen.

198 So schon *J. Fachinger*, NJW 1949, 244, 245.

199 *K. Rennert*, in: Eyermann § 114 Rn. 10, 17.

200 Zutr. *A. Decker*, in: Posser/Wolff § 114 Rn. 20.

201 Daher kann es mitunter zweckmäßiger sein, zunächst den Ermessensvorgang zu prüfen und dann mit dem bei dieser Prüfung konkretisierten Normzweck die Frage der Einhaltung des Ermessensrahmens zu kontrollieren – so etwa bei BVerwGE 92, 32, 40 (Einrichtung einer Busspur nach § 41 Abs. 2 Nr. 2 StVO); 94, 35, 45 ff.; 96, 293, 300 ff.; 99, 28, 36 und 38.

202 VGH Kassel DVBl 1993, 1021 (wenn die Behörde bestehende Bindungen nicht berücksichtigt und deshalb ihren Entscheidungsspielraum verkennt).

(dd) wenn eine Rechtsfolge gewählt wird, die die Ermessensnorm überhaupt nicht kennt (VGH München BayVBl 1991, 179 f. [Verhängung einer übermäßig langen Sperrzeit]).

127   Theoretisch wäre auch die irrige Deutung einer gebundenen Entscheidungsstruktur als Ermessensermächtigung zu nennen (*Fehlen einer Ermessensnorm*). Diese Konstellation unterfällt aber nicht § 114. Die Gerichte überprüfen in sachlicher und rechtlicher Hinsicht unbeschränkt, ob eine gesetzliche Ermächtigung zu behördlicher Letztentscheidung überhaupt gegeben ist – und zwar sowohl abstrakt als auch im konkreten Fall. Liegt keine Ermessensermächtigung vor, scheidet § 114 aus.

128   **c) Ermessensreduzierung auf Null. aa) Begriff.** Aufgrund besonderer Umstände ist es ausnahmsweise möglich, dass sich die verschiedenen *Handlungsmöglichkeiten* der Verwaltung auf *eine einzige verdichten*.[203] Dies ist gegeben, wenn nur eine ganz bestimmte Entscheidung jeden denkbaren Ermessensfehler vermeidet (BVerwGE 19, 214, 218 f.). Die Ermessensentscheidung wird für den konkret betroffenen Einzelfall zwar nicht dogmatisch,[204] aber praktisch gesehen i.E. zur gebundenen Entscheidung. Weil der Sache nach keine Alternativen mehr bestehen, gibt es – wie bei der gebundenen Entscheidung – nur noch ein richtiges Ergebnis. Man spricht von der Ermessensreduktion oder -reduzierung auf Null.[205] Die Ermessensreduzierung auf Null bezieht sich mitunter auch nur auf einen Teil einer mehrgliedrigen Ermessensentscheidung, so etwa bei einem freien pflichtgemäßen Ermessen nur auf das Entschließungs-, nicht aber auf das Auswahlermessen (OVG Bln NJW 1983, 777, 779). Die Ermessensreduzierung auf Null kann dabei auf dem Einfluss drittschützender Bestimmungen beruhen (BVerwGE 11, 95, 97; OVG Bln NJW 1983, 777, 778 f.). Die Schwierigkeit der Ermessensreduzierung auf Null liegt weniger in der dogmatischen Konstruktion, sondern mehr im tatsächlichen Bereich, und zwar bei der Frage, wann eine Ermessensreduzierung auf Null konkret vorliegt.

129   **bb) Kriterien für das Vorliegen einer Ermessensreduzierung auf Null.** Wann eine Ermessensreduzierung auf Null vorliegt, *lässt sich nicht abstrakt sagen*, da sie ihrer Natur nach einzelfallbezogen ist. Entscheidend ist, ob nach Lage der Dinge allein eine Rechtsfolge den Ermessensrahmen nicht überschreiten oder keinen Ermessensfehlgebrauch begründen würde. Da die Annahme der Ermessensreduzierung auf Null der Ratio des Ermessens gerade widerspricht, müssen an deren Feststellung strenge Anforderungen gestellt werden (*Ausnahmefälle*).[206] Die Rspr. betont, dass es sich um besondere Fälle handeln müsse.[207] Das Vorliegen eines solchen Ausnahmefalles muss offensichtlich sein.

130   Es lassen sich nur *Kriterien nennen*, die Einfluss auf die Frage haben, inwieweit der gesetzlich bestehende Ermessensfreiraum eingeschränkt wird. An erster Stelle ist *die Ermessensnorm selbst* zu nennen.[208] Je weiter der in das Ermessen der Verwaltung gestellte Handlungsausschnitt ist, desto schwerwiegender müssen die Umstände sein, um von einer Ermessensreduzierung sprechen zu können. Ist schon von der Ermächtigungsnorm her eine Soll-Entscheidung vorgegeben oder aus sonstigen Gründen eine bestimmte Entscheidung intendiert oder besteht nur ein enger Ermessensrahmen, kann es leichter zu einer Ermessensreduzierung kommen als bei einer Norm, die das „Ob", das „Wie" und das „Wieweit" des Eingreifens in die Freiheit der Behörde stellt. Die Ermessensnorm kann auch selbst Regelbeispiele vorgeben, die den konkreten Ermessensrahmen wesentlich einengen. Eine ganz wesentliche Bedeutung besitzt neben dem Ermessensrahmen, den die Norm eröffnet, auch der Zweck der Norm.[209]

---

203   S. etwa BVerwGE 76, 243, 246 (Verdichtung durch rechtsverbindliche Zusicherung); 80, 249, 257 f. (Verdichtung zum Anspruch auf Einbürgerung).

204   BVerwGE 19, 48, 56 (bei einer Ermessensreduzierung auf Null geht die Überprüfung wegen des Vorrangs des Gesetzes weiter).

205   BVerwGE 69, 90, 94 (Behandlung eines Zweitantrags); 95, 15, 19; OVG Bln NJW 1983, 777, 778 f.; *A. Gern*, DVBl 1987, 1194 ff.; *K.-E. Hain/V. Schlette/T. Schmitz*, AöR 122 (1997), 32, 40 ff.; w.N. bei *U. Di Fabio*, VerwArch 86 (1995), 214, 215 Fn. 3.

206   BVerwGE 28, 233, 238; BVerwG NVwZ 1988, 525, 526; *U. Di Fabio*, VerwArch 86 (1995), 214, 216; ausf. *K. Laub*, Ermessensreduzierung, 2000, 30 ff.

207   VGH München BayVBl 2008, 473; *K.-A. Schwarz*, in: HK-VerwR VwGO § 114 Rn. 21.

208   BVerwG ZBR 2005, 390-391; ausf. *A. Gern*, DVBl 1987, 1194, 1197; *K.-E. Hain/V. Schlette/T. Schmitz*, AöR 122 (1997), 32, 43; s. etwa zur Tendenz, Bauaufsichtsmittel i.S.e. intendierten Entscheidung zu verstehen, OVG Weimar ThürVBl 1999, 19, 22.

209   S. etwa BVerwGE 95, 86, 92 (Wiederaufnahmepflicht außerhalb von § 51 VwVfG).

An zweiter Stelle sind die von der Norm abstrakt geschützten und im *Einzelfall gefährdeten* Rechtsgü- 131
ter zu nennen.[210] Die Sensibilität der Güter wird durch die Grundrechtsordnung, durch die Frage der
Irreversibilität des Verwaltungshandelns und durch die Wertung des Gesetzgebers bestimmt.[211] So besteht etwa eine Verpflichtung zum bauaufsichtlichen Einschreiten, wenn eine unmittelbare Gefährdung besonders wichtiger Rechtsgüter (Leben, Gesundheit) vorliegt, etwa weil eine bauliche Anlage
nicht (mehr) standsicher ist (OVG Magdeburg BauR 2015, 1129).

Damit zusammenhängend sind drittens das *Maß der Beeinträchtigung* der gefährdeten Güter, sowie 132
die Größe und Intensität der Gefahr (Verdacht, Beeinträchtigung, Gefährdung, Verletzung, Vernichtung) zu berücksichtigen.[212] Bei einer drittschützenden Ermessensermächtigung ist v.a. das Ausmaß
der Beeinträchtigung für den Dritten relevant.[213] Das Ermessen reduziert sich auf Null, wenn der Dritte erheblich oder unzumutbar beeinträchtigt wird und Indizien fehlen, die einem entsprechenden Verwaltungshandeln entgegenstehen könnten.[214] Dogmatisch ist dieses Ergebnis über die Schutzpflichten
der Grundrechte abzusichern.[215] Eine automatische „Schrumpfung des Ermessens" bei Verletzung
nachbarschützender Bestimmungen[216] oder gar eine automatische Ermessensreduzierung, etwa als
Folge der Deregulierung im Baurecht,[217] ist dagegen nicht anzunehmen.

An vierter Stelle ist die *Konkurrenz mit anderen Handlungspflichten* der Verwaltung zu nennen. Be- 133
steht etwa im Bereich der Gefahrenabwehr eine konkrete Gefahr für ein erhebliches Rechtsgut und
hat die Verwaltung freie Ressourcen, dann ist sie i.d.R. zum Handeln verpflichtet.

Fünftens ist eine Verantwortung der Verwaltung und/oder des Betroffenen mit zu berücksichtigen. Ein 134
Automatismus in dem Sinn, dass eine solche Verantwortung stets zu einer Ermessensreduzierung
führt, existiert allerdings nicht.[218] Ermessensreduzierend können verschiedene Umstände wirken. Auf
Seiten der Verwaltung sind dies v.a. die Fälle der Folgenbeseitigungslast[219] oder der wirksamen Selbst-
bindung der Verwaltung,[220] etwa durch eine entsprechende ständige Verwaltungspraxis oder durch
Abgabe einer wirksamen Zusage oder Zusicherung,[221] sowie die Fälle einer Gleichbehandlungs-
(VGH Kassel NVwZ 1995, 394, 395) oder Duldungserklärung (OVG Bln NJW 1983, 777, 778).

Als sechster abstrakter Gesichtspunkt ist der *Vergleich mit anderen Fällen* (über den strengen Fall der 135
Selbstbindung hinaus) zu nennen. Das BVerwG hat siebtens selbst den Gesichtspunkt der *Rechtssicherheit* i.S.e. unnötigen Überprüfung schon getroffener Entscheidungen genannt (BVerwGE 69, 90,
94). Eine Ermessensreduzierung kann achtens durch das Einwirken *höherrangigen Rechts* über dessen
dirigierende Kraft indiziert sein: an erster Stelle die Grundrechte,[222] an zweiter Stelle der Vorrang des
EU-Rechts.[223] Den Abschluss bildet neuntens das Auffangkriterium der Beachtung sämtlicher ermessenslenkender Vorgaben unter Berücksichtigung *aller den Einzelfall* betreffende Umstände (BVerwGE
19, 48, 56; 78, 40, 46) mitsamt der Zumutbarkeit der Entscheidung für den Betroffenen (VGH Mannheim NJW 1984, 319 f.) sowie der systematische Zusammenhang mit anderen Bestimmungen.[224]

---

210 VGH Kassel NVwZ 1984, 744 f. zur Unterbringung eines Obdachlosen; s. dazu *K.-H. Ruder*, NVwZ 2001, 1223 ff.;
   s.a. BVerwGE 28, 233, 238.
211 Etwa zum Einfluss des Rechts auf Wahlwerbung auf das Straßenrecht BVerwGE 56, 56, 59.
212 BVerwGE 11, 95, 97; OVG Bln NJW 1983, 777, 778 f.; VGH Kassel NVwZ 1984, 744 f. (Einweisung Obdachloser).
213 BVerwGE 11, 95 ff.; vgl. den Überblick bei *H.-C. Sarnighausen*, NJW 1993, 1623 ff.
214 OVG Bln NJW 1983, 777, 778 f.; *H.-C. Sarnighausen*, NJW 1993, 1623, 1626.
215 *U. Di Fabio*, VerwArch 86 (1995), 214, 222.
216 In diese Richtung etwa OVG Münster NJW 1984, 883, 884; BauR 1990, 341, 342 – dagegen zu Recht etwa *U. Di
   Fabio*, VerwArch 86 (1995), 214, 218 f. m.w.N.; s.a. *A. Seidel*, Öffentlich-rechtlicher und privatrechtlicher Nachbarschutz im Baurecht, 2000, Rn. 298 f.
217 Dazu ausf. *A. Seidel*, Öffentlich-rechtlicher und privatrechtlicher Nachbarschutz im Baurecht, 2000, Rn. 306 ff.
218 *U. Di Fabio*, VerwArch 86 (1995), 214, 217 f.; dies gilt auch, wenn die Gründe für ein Wiederaufgreifen gegeben
   sind – BVerwGE 26, 153, 155; 28, 122, 127 f.
219 OVG Lüneburg BauR 1982, 147 f.; 1989, 188, 189; OVG Münster NJW 1984, 883 f.; *H.-C. Sarnighausen*, NJW
   1993, 1623, 1627 f.; *U. Di Fabio*, VerwArch 86 (1995), 214, 217 f.
220 Im Bereich des Dienstrechts kommt diese Fallgruppe v.a. bei der Abgabe einer rechtswirksamen Zusicherung infrage
   BVerwGE 15, 3, 7; 53, 23, 25; 76, 243, 246; allg. schon *C. Dicke*, VerwArch 59 (1968), 293, 307.
221 *H.-C. Sarnighausen*, NJW 1993, 1623, 1627.
222 Dazu nur *U. Di Fabio*, VerwArch 86 (1995), 214; 226 f.
223 *A. Bach*, JZ 1990, 1108, 1111 f.; *M. Lutter*, JZ 1992, 593, 604 f.; *M. Hilf*, EuR 1993, 1, 15; verhaltener *U. Di Fabio*, VerwArch 86 (1995), 214, 227 f.
224 VGH München BayVBl 2000, 20 f. (das Ermessen nach § 31 Abs. 7 VwVfG verdichtet sich zu einer gebundenen Entscheidung, falls Verhältnisse vorliegen, die bei Versäumnis einer gesetzlichen Frist zu einer Wiedereinsetzung in den
   vorigen Stand führen würden).

136   **cc) Folgen einer Ermessensreduzierung auf Null. aaa) Allgemein.** Liegt eine Ermessensreduzierung auf Null vor, ist nur die eine Entscheidung, auf die sich die Reduktion bezieht, rechtmäßig und alle anderen Entscheidungen rechtswidrig. Wählt die Behörde eine andere als die Entscheidung, auf die sich die Reduktion bezieht, liegt eine Überschreitung der gesetzlichen Grenzen des Ermessens vor. Rechtlich ist die Reduktion wie eine gebundene Entscheidung zu behandeln, d.h. es kommt z.B. nicht mehr auf Verfahrens- und Abwägungsfehler an (§ 46 VwVfG). Bei einer begründeten Verpflichtungsklage kommt es *nicht zu einem Bescheidungsurteil* nach § 113 Abs. 5 S. 2, sondern zu einem Verpflichtungsurteil nach § 113 Abs. 5 S. 1 (grundlegend BVerwGE 19, 214, 218 f.). Darin liegt kein Einbruch der rechtsprechenden Gewalt in einen Vorbehaltsbereich der Exekutive (BVerwGE 19, 214, 218 f.). Hat die Verwaltung das Vorliegen einer Ermessensnorm übersehen, aber die Rechtsfolge gewählt, die aufgrund einer Ermessensreduzierung auf Null die einzig rechtlich zulässige war, liegt darin kein Ermessensfehler.[225] Ausschlaggebend ist allein die objektive Rechtmäßigkeit (und die Erfüllung der formellen Begründungspflicht des § 39 VwVfG), das Erfordernis der materiellen Begründungspflicht tritt zurück.

137   **bbb) Keine Pflicht zur Spruchreife einer Ermessensreduzierung auf Null.** Mitunter kann in dem Augenblick, in dem das Gericht bei einer Verpflichtungsklage nach dem bisherigen Verhandlungsstand ein Bescheidungsurteil erlassen müsste, eine Ermessensreduzierung auf Null als möglich im Raum stehen. Es ist umstr., ob das Gericht in diesem Fall die Berechtigung oder weiter gehender die *Verpflichtung* hat, *alle denkbaren Alternativen zu klären*, um festzustellen, ob vielleicht der Fall der Ermessensreduktion auf Null vorliegt. Die überwiegende Ansicht geht zu Recht davon aus, das Gericht treffe keine Pflicht, die Streitsache für diese Frage spruchreif zu machen.[226] Gegen eine solche Pflicht spricht erstens die Funktion des Ermessens, der Verwaltung gegenüber der Gerichtsbarkeit einen Freiraum einzuräumen, und zweitens die in § 113 Abs. 2 und Abs. 3 für andere Fälle eingeräumte Freiheit des Gerichts, in gewissem Umfang über die Notwendigkeit, die Spruchreife herbeizuführen, selbst zu entscheiden. Potenzielle prozessökonomische Gründe (darauf stellt BVerwGE 19, 214, 218 f. ab) reichen auch nicht aus, eine Pflicht des Gerichts anzunehmen, eine potenzielle Spruchreife in Gestalt der Ermessensreduzierung auf Null herbeizuführen (BVerwGE 78, 40, 46). Ein Verbot, der Frage des Bestehens einer Ermessensreduzierung auf Null durch weitere Sachaufklärung nachzugehen, besteht umgekehrt auch nicht.[227] Aufgrund der Ermessensreduzierung auf Null tritt das Erfordernis einer materiell zutreffenden Begründung wieder zurück und es kommt allein auf die Rechtmäßigkeit der Entscheidung an. Eine gerichtliche Klärung dieser Frage greift nicht in die Kompetenzen der Verwaltung ein.[228]

138   **d) Verletzung von Soll-Vorschriften.** *Begriff der Soll-Vorschriften.* Der Spielraum der Verwaltung wird durch sog. *Soll-Vorschriften* deutlich eingeengt.[229] Sie geben die im Regelfall zu fällende Entscheidung vor, räumen jedoch gleichzeitig die Möglichkeit ein, im atypischen Fall davon abzuweichen.[230] Die *Ermessensermächtigung* steht gewissermaßen unter der *Bedingung*, dass ein *atypischer Fall* vorliegt (BVerwGE 90, 275, 280). Das BVerwG spricht davon, dass beim Vorliegen des Regelfalls der Verwaltung kein Ermessen eingeräumt wird.[231] Beachtet die Verwaltung diese Regelwirkung nicht, wählt sie eine Rechtsfolge, die in dem konkreten Fall aufgrund der Ermessensnorm nicht zu ihrer

---

225   *K. Rennert*, in: Eyermann § 114 Rn. 32.
226   BVerwGE 11, 95, 100; VGH München BayVBl 2008, 436 ff.; VGH München BayVBl 2013, 659; *Kopp/Schenke* § 114 Rn. 6; s. aber die entsprechende Prüfung bei BVerwGE 95, 15, 17 ff.; für die Annahme einer Pflicht – BVerwGE 122, 103 (LS 2).
227   A.M. *K. Rennert*, in: Eyermann § 114 Rn. 32; vermittelnd *Kopp/Schenke* § 114 Rn. 6.
228   A.M. *K. Rennert*, in: Eyermann § 114 Rn. 32.
229   Vgl. BVerwGE 92, 169, 170 f.; s.a. BVerwGE 12, 284, 285; 20, 117, 118; 56, 220, 223 (Härteregelung nach BSHG); 64, 318, 323 (Kostenersatzforderung nach BSHG); 77, 164, 180 (Einbürgerung nach § 9 Abs. 1 RuStAG); 78, 101, 105 (Rücknahme Ausbildungsförderung); 84, 278, 284 f. (Bewilligungszeitraum im Wohngeldrecht); Abweichung vom gesetzlich angeordneten Regelfall bei besonderer Rechtfertigung); 84, 375, 387 f. (regelmäßige Auskunftsverweigerung wegen Geheimhaltungsbedürfnis durch das BfV); s.a. BVerwGE 90, 88, 93.
230   Vgl. etwa BVerwGE 90, 275, 278 (zu § 21 Abs. 4 SchwG); 91, 92, 94 (zu § 25 Abs. 2).
231   BVerwGE 94, 35, 44; s.a. BVerwGE 78, 101, 113; 92, 169, 170 f.; 129, 367; s. aber auch deutlich abgeschwächt BVerwGE 84, 278, 284 f. (Bewilligungszeitraum im Wohngeldrecht – Abweichung vom gesetzlich angeordneten Regelfall bedarf einer besonderen Rechtfertigung) und 91, 92, 99 (die Behörde handele nicht ermessensfehlerhaft, wenn sie die Regelrechtsfolge wähle und kein atypischer Fall vorläge); vergleichbar BVerwGE 84, 278, 284.

Wahl steht und überschreitet den Ermessensrahmen. Im Unterschied zu den sog. intendierenden Entscheidungen wird die Ermessensentscheidung nicht nur in eine Richtung gelenkt, sondern eine Rechtsfolge für den Einzelfall vorgegeben. Wird eine Soll-Vorschrift herangezogen, muss *immer auch geprüft* werden, ob es sich bei dem zu prüfenden Sachverhalt um einen Regelfall handelt. Liegen keine Umstände vor, die den Fall als atypisch erscheinen lassen, so bedeutet das „Soll" „Muss" (BVerwGE 56, 220, 223; 64, 318, 323). Insgesamt bleibt die Soll-Bestimmung aber eine Ermessensnorm.[232] Die Vorgaben der Soll-Bestimmung erstrecken sich *auch auf den atypischen Fall*. Der Grund, der für die Normierung des Regelfalls spricht, muss auch bei der Annahme eines atypischen Falls beachtet werden und wirkt in diesem Entscheidungsbereich dann als intendierende Vorgabe.

Ob eine Soll-Bestimmung vorliegt, ergibt sich meist aus dem Normtext, sofern dort der Begriff „soll" verwendet wird (BVerwGE 42, 26, 28). Bisweilen ist die Soll-Bestimmung nicht bereits aus dem Normtext, sondern erst aus dem systematischen Zusammenhang als solche zu erkennen (so etwa bei BVerwGE 92, 169, 170 f.). Entscheidend ist dabei, ob die Norm dahin zu verstehen ist, dass für den Regelfall die Rechtsfolge festgelegt ist. Umgekehrt ist es aber auch möglich, dass eine vom Normtext her als Soll-Bestimmung einzustufende Norm nur als Ermessensdirektive verstanden werden soll (in diese Richtung etwa BVerwGE 16, 224, 226; 49, 16, 23 [zum WPflG]). V.a. bei Verfahrensvorschriften kann eine „Soll"-Bestimmung eine gebundene Entscheidung der Verwaltung vorgeben.[233] 139

Struktur der Soll-Vorschriften. Strukturell ist die Situation mit der Bindung an Ermessensrichtlinien vergleichbar, darf aber mit ihr nicht gleichgesetzt werden, da die grundsätzliche Bindung nicht über das Innenrecht und über Art. 3 Abs. 1 GG nach außen gewendet wird, sondern auf der gesetzlichen Anordnung beruht. Eine gewisse Verwandtschaft besteht zur Fallgruppe der Abweichung von zwingenden Vorgaben im Einzelfall, um höherrangigem Recht zu genügen (wichtigste Fallgruppe: verfassungskonforme Auslegung). Bei Soll-Vorschriften kann jedoch auch dann von der gesetzlichen Regel abgewichen werden, wenn das höherrangige Recht keine zwingenden Vorgaben trifft. Bei den Soll-Bestimmungen beruht die Abweichung im atypischen Einzelfall nicht auf dem Gedanken der Normenhierarchie (Normenpyramide) und der Widerspruchsfreiheit der Rechtsordnung, sondern auf gesetzlicher Anordnung. 140

Mögliche Ermessensfehler. Aus der Struktur der Vorschrift lassen sich mögliche Ermessensfehler ablesen. Weicht die Behörde von der gesetzlich angeordneten Regel ab, obwohl kein atypischer Fall vorliegt, überschreitet sie ihr Ermessen (BVerwGE 64, 318, 323; 90, 275, 280; s.a. BVerwG NVwZ-RR 1990, 87 f.). Zieht die Verwaltung die Regelrechtsfolge hingegen ohne selbständige Ermessensüberlegung heran, weil sie die atypische Gestaltung des Sachverhalts nicht erkennt, erfüllt sie die Voraussetzungen einer *Ermessensunterschreitung*. Ob ein atypischer Fall vorliegt, unterliegt als Rechtsvoraussetzung für die Ermessensentscheidung einer vollständigen gerichtlichen Überprüfung (BVerwGE 78, 101, 105 u. 113 f.; 90, 275, 280) und hängt davon ab, wie das Gesetz, sei es ausdrücklich oder konkludent, den Regelfall fasst (BVerwGE 94, 35, 43 ff. [zu § 7 Abs. 2 AuslG]; BVerwG NJW 1986, 1629 f.). Maßgeblich ist hier in aller Regel der erkennbare Gesetzeszweck (deutlich etwa BVerwGE 84, 278, 284 f.; 90, 275, 278). Ein verkaufsoffener Sonntag am ersten Mai ist ein atypischer Fall, weil die Interessen der Koalitionen einzubeziehen sind (VG Osnabrück NVwZ-RR 2011, 725). 141

Ausnahmen von der Wahl der Regel-Rechtsfolge bestehen dort, wo die Anwendung der Regelentscheidung *deren Sinngehalt widerspricht* (atypische Fälle). Das ist der Fall, wenn der Sachverhalt bspw. unter den abstrakten Rahmen einer gesetzlichen Regelung fällt, deren Zweckbestimmung nicht auf Fälle dieser Art zugeschnitten ist (BVerwGE 77, 164, 180). Die Besonderheiten des konkreten Falls müssen die Gründe, die die Regelrechtsfolge legitimieren, zumindest „neutralisieren". Ausnahmefälle sind zumindest i.d.R. die Missbrauchsfälle.[234] Als atypische Fälle können aber auch „Pannen" im Verfahrensablauf angesehen werden, deren Verantwortung außerhalb der Verwaltung liegt (BVerwGE 42, 26, 29), so etwa, wenn ein Bekanntgabezeitraum aufgrund Verschuldens der Post überschritten wird 142

---

232 BVerwGE 84, 220, 233; zu weitgehend in der Formulierung allerdings BVerwGE 49, 16, 23 (bei der Entscheidung darüber, ob eine Sollvorschrift angewendet oder nicht angewendet wird, werde Ermessen betätigt).
233 BGH NJW 1986, 1358 (die Formulierung „soll" habe die Aufgabe, subjektive Rechte der Beteiligten auszuschließen; in diesen Fällen könnten auf eine Abweichung auch keine Rechtsbehelfe gestützt werden); VGH Kassel NVwZ 1984, 802 (zu § 14 Abs. 3 S. 1 VwVfG); *Kopp/Schenke* § 114 Rn. 21.
234 *M. Sachs*, in: Stelkens/Bonk/Sachs § 40 Rn. 27.

(BVerwGE 42, 26, 29). Sofern die Behörde selbst die atypischen Umstände zu vertreten hat, kann sie zumindest nicht zulasten des Bürgers von einem atypischen Fall ausgehen (BVerwGE 42, 26, 29).

143   **e) Die Missachtung einer intendierten Entscheidung.** *Begriff der intendierenden Ermessensermächtigung.* Die Ermessensnorm kann den Ermessensbereich eng oder weit halten. Sie kann auch die Auswahlentscheidung in der Weise steuern, dass sie die Richtung der Entscheidung schwerpunktmäßig vorgibt. Es wird nicht wie bei der Soll-Bestimmung die Rechtsfolge für den Regelfall vorgegeben, vielmehr wird – praktisch eine Stufe tiefer – das Ergebnis der Ermessensentscheidung durch Steuerung der Auswahlentscheidung in eine Richtung vereinheitlicht. Häufig lässt sich die Abgrenzung zur Soll-Bestimmung nicht sinnvoll vornehmen. So können Bestimmungen, bei denen die Rechtsfolgen für den Regelfall vorgegeben werden („in der Regel"),[235] ohne besonderen Aufwand beiden Typen zugeordnet werden. Bei den intendierenden Entscheidungen geht die Norm für den Regelfall von einer Ermessensausübung zumindest in eine bestimmte Richtung aus, man spricht von intendiertem Ermessen.[236]

144   Intendierende Ermessensermächtigungen betonen einzelne Gesichtspunkte besonders, sodass auf den Regelfall nur eine einzige oder zumindest nur wenige Rechtsfolgen angewendet werden können. Das Ergebnis der Ermessensausübung wird hier in der Weise vorgegeben, dass zumindest die Verfolgung der von der Norm intendierten Richtung keiner besonderen Begründung bedarf (BVerwGE 105, 55, 57; 105, 313, 322). Die Ermessensprüfung kann sich bei fehlenden Anzeichen für besondere Umstände in die vorgegebene Richtung bewegen (BVerwGE 57, 1, 7). Eine weiter gehende Ermessensprüfung, etwa ob die intendierte Rechtsfolge grds. angemessen ist, findet nicht statt. Liegt ein Regelfall der intendierten Entscheidung vor, bedarf das Ergebnis nach § 39 Abs. 1 S. 3 VwVfG keiner (das Selbstverständliche) darstellenden Begründung.[237]

145   Bei der *Qualifizierung* von intendierenden Ermessenstatbeständen ist *grds. Zurückhaltung* angebracht,[238] weil der Verwaltung insofern die durch die Ermessensbestimmung eingeräumte Freiheit im Wege der Interpretation kurzerhand aberkannt wird. So darf z.B. nicht das ordnungsrechtliche Opportunitätsprinzip durch zu perfektionistische gerichtliche Fallgruppenbildung faktisch aufgehoben werden.[239] Häufig weist schon der Wortlaut durch Wendungen wie „in der Regel"[240] oder „zur Vermeidung unbilliger Härten" (§ 135 Abs. 5 S. 1 BauGB, s. BVerwG NVwZ 1987, 601, 603) auf den Charakter als intendierte Entscheidung hin. Fehlt ein Anknüpfungspunkt im Normtext, bedarf es einer sorgfältigen Auslegung[241] unter besonderer Berücksichtigung des Zwecks der Ermessensnorm (BVerwGE 79, 274, 281; deutlich etwa bei BVerwGE 105, 317, 322). Bei den meisten Ermessenstatbeständen wird der Charakter als intendierende Entscheidungsgrundlage nur für bestimmte Fallkonstellationen diskutiert. In diesen Fällen ist die Abgrenzung zwischen Ermessensüberschreitung und Ermessensfehlgebrauch nicht mehr sinnvoll zu ziehen.

146   Eine *intendierende Entscheidungsgrundlage* wird z.B. angenommen:

- beim *Widerruf* von Verwaltungsakten[242] zumindest dann, wenn das einschlägige Fachrecht eine bestimmte Richtung vorgibt, wie etwa bei Zweckverfehlung einer Subvention[243] oder rechtswidri-

---

235   Zu § 7 Abs. 2 AuslG BVerwGE 94, 35, 43 ff.
236   BVerwGE 91, 82, 90; 105, 55, 57; krit. hinsichtlich der Qualifizierung als eigenständige Garantie *U. Volkmann,* DÖV 1996, 282, 284 ff.; dagegen wieder *J. Schwabe,* DVBl 1998, 147 f.; *Schoch,* Jura 2004, 462, 465; krit. *H.-J. Pabst,* VerwArch 93 (2002), 540, 547 ff.
237   BVerwGE 72, 1, 6; 84, 375, 389; 91, 82, 90; 105, 55, 57; s.a. schon BVerwGE 49, 16, 23; s.a. OVG Lüneburg ZIP 2017, 30 ff.
238   BVerwGE 19, 87, 90; 44, 333, 336 (Wiederaufnahme); BVerwG NVwZ-RR 1995, 43, 44; OVG Lüneburg NVwZ 1985, 120; *M. Sachs,* in: Stelkens/Bonk/Sachs § 40 Rn. 30.
239   S. etwa BVerwG NVwZ-RR 1992, 360 (keine Pflicht zu „flächendeckendem" Vorgehen der Ordnungsbehörde bei sachlichen Gründen für die Differenzierung).
240   So etwa bei § 48 Abs. 2 S. 4 VwVfG „in der Regel", s. dazu BVerwGE 105, 55, 57.
241   *M. Borowski,* DVBl 2000, 149, 159.
242   BVerwGE 105, 55, 57 zu § 48 Abs. 2 VwVfG bei Vorliegen bestimmter, in der Person des von ihnen Begünstigten liegender Umstände; ähnl. VGH Mannheim NVwZ 2001, 931 f.; VGH München BayVBl 2001, 626, 628; verhalten dagegen BSG NVwZ 2000, 718 f.
243   BVerwGE 105, 55 ff. (den haushaltsrechtlichen Grundsätzen der Wirtschaftlichkeit und Sparsamkeit kommt beim Widerruf einer Subventionsbewilligung wegen Zweckverfehlung eine ermessenslenkende Bedeutung zu); Ausnahmen gelten bei Atypik VGH Mannheim NuR 2015, 48 ff.

ger Wohngeldgewährung;[244] so wird im Fall des § 49 a Abs. 4 VwVfG für den Regelfall eine Pflicht zur Zinserhebung diskutiert (OVG Weimar ThürVBl 1999, 161 f.);

■ bei *Befreiungsmöglichkeiten* (sofern man sie nicht konkret als *Soll-Bestimmung* einordnen kann); diese werden häufig als eng verstandenes Ventil für Abweichungen in Einzelfällen angesehen, in denen aufgrund der besonderen Umstände des jeweiligen Einzelfalls die materielle Zielrichtung der Vorschrift dies erfordert. Auf dieser Grundlage hat i.d.R. eine ablehnende Entscheidung zu ergehen;[245]

■ bei der Auswahl zwischen mehreren als Gesamtschuldner haftenden Verantwortlichen, falls zwischen diesen ein Rangverhältnis besteht, (*Störerauswahl*),[246] was im Polizeirecht i.d.R. nicht der Fall ist;[247]

■ je nach Ansicht bei Einengung aus Gründen des *Drittschutzes bei besonderen Umständen*; diskutiert wird der Charakter als intendierte Entscheidung v.a. bei der Frage, ob die Bauaufsichtsbehörden nach der Deregulierung des Baugenehmigungsverfahrens eine Regelpflicht der Untersagung von rechtswidrigen, ungenehmigten, aber evtl. angezeigten Bauvorhaben besitzen.[248]

Die Aufzählung ist nicht abschließend.[249]

Wann eine Ausnahme vom Regelfall vorliegt, bestimmt sich zunächst wiederum aus der Ermessensnorm selbst. Eine Ausnahme ist erforderlich, wenn der Grund, der für die Regelanweisung spricht, im konkreten Fall nicht gegeben ist. Ein Ausnahmefall kann aber auch dann gegeben sein, wenn durch höherrangiges Recht oder Vorschriften der Europäischen Menschenrechtskonvention geschützte Belange des Ausländers von der Regelanweisung nicht ausreichend beachtet würden und daher eine Einzelfallwürdigung unter Berücksichtigung der Gesamtumstände erforderlich ist (BVerwGE 129, 367).   146a

Ermessensfehler im Zusammenhang mit intendierenden Entscheidungsgrundlagen. Sofern eine intendierte Entscheidung anzunehmen ist, gilt für die *Rechtsfolge* Vergleichbares, wenn nicht sogar das Gleiche wie bei den Soll-Bestimmungen. Für den Regelfall ist eine bestimmte Entscheidung vorgegeben (BVerwGE 91, 82, 90; vgl. auch OVG Koblenz NVwZ-RR 1994, 438, 439), von der im atypischen Fall abgewichen werden darf (BVerwGE 48, 123, 127 f.; BVerwG BayVBl 1987, 219; NVwZ 1993, 583). Wird in einem atypischen Fall kein Ermessen ausgeübt, liegt ein Ermessensausfall vor. Wird in einem Fall, in dem aufgrund der Intention nur eine richtige Entscheidung möglich ist, eine andere Entscheidung gewählt, sind die gesetzlichen Grenzen des Ermessens überschritten. Wird in einem Fall die Intention der Ermessensnorm selbst übersehen, wurde damit auch ein wesentlicher Gesichtspunkt übersehen (Ermessensdefizit). Geht die Intention in eine bestimmte Richtung, ohne eine konkrete Entscheidung zu verlangen, kann bei mangelnder Beachtung eine Fehlgewichtung vorliegen.   147

f) Verletzung sonstigen Rechts – Ermessensunabhängige Rechtsverletzung. Eine Ermessensüberschreitung liegt aber nicht nur vor, wenn eine Ermessensnorm selbst falsch ausgelegt wird. Eine Überschreitung der gesetzlichen Grenzen kann auch außerhalb der Ermessensermächtigung liegen. Beachtet die Verwaltung die Einengung ihrer Entscheidungsfreiheit aufgrund anderer einschlägiger Rechtsvorschriften und allgemeiner Rechtsgrundsätze nicht, ist dies ebenfalls als eine Überschreitung des Ermessensrahmens zu verstehen.[250] Hier gelten die gleichen Maßstäbe wie bei gebundenen Entscheidungen. Prinzipiell kann die Ermessensentscheidung gegen alle Normen der Rechtsordnung verstoßen.   148

Ermessensunabhängige Grenzüberschreitungen. Kommt die Verwaltung zu einem Ergebnis, das nicht einmal *im Fall einer gebundenen Entscheidung* vertretbar ist, liegt immer eine Überschreitung der gesetzlichen Grenzen vor. Systematisch können diese Fehler aus den Ermessensfehlern i.e.S. ausgegliedert   149

---

244 Dazu noch BVerwGE 91, 82, 90 f. (Rücknahme missbräuchlich erwirkten Wohngeldbescheids).
245 BVerwGE 48, 123, 127 (zu § 9 Abs. 8 FStrG); 72, 1, 6 (Ausnahme-Wohnberechtigungsbescheinigung); BVerwG NVwZ 1987, 601, 603 (Billigkeitserlass); *Kopp/Schenke* § 114 Rn. 21 b.
246 Dazu BVerwG NJW 1993, 1667 ff. (gesamtschuldnerische Haftung für Fehlbelegungsabgabe); VGH München NVwZ 2001, 458 f.; VGH Mannheim NVwZ-RR 2012, 387.
247 OVG Lüneburg NuR 2016, 701: zulässig ist die Auswahl des Pflichtigen im Interesse einer möglichst effektiven Gefahrenabwehr; ebenso: OVG Münster NVwZ-RR 2013, 678.
248 OVG Greifswald NuR 2004, 115 f.; OVG Bautzen NVwZ 1997, 922; VGH Mannheim NVwZ-RR 1995, 490 f. (Regelpflicht zum Einschreiten). A.M. etwa OVG Münster NVwZ-RR 1998, 218.
249 BVerwGE 79, 274, 282 (Anerkennung als Zivildienstleistender); weitere Beispiele bei *M. Sachs*, in: Stelkens/Bonk/Sachs § 40 Rn. 29. Die Entziehung der Rechtsfähigkeit wurde als intendierte Entscheidung qualifiziert, s. BVerwGE 105, 313 ff.
250 *Kopp/Schenke* § 114 Rn. 7.

werden, jedoch ist dadurch nichts gewonnen, da die Grenze zu Gesetzesverletzungen, die auf dem durch die Ermessensermächtigung verliehenen Freiraum beruht, fließend ist. Zu dieser Fallgruppe gehören v.a. die Grenzen des höherrangigen Rechts. An erster Stelle stehen hier die *Grundrechte*, wie etwa Art. 12 GG,[251] Art. 6 GG,[252] Art. 14 Abs. 1 S. 1 GG (Anliegerrecht).[253] Der Zwang, im Rahmen einer Ermessensnorm eine praktische Konkordanz zwischen betroffenen Grundrechten und Verfassungsnormen herstellen zu müssen (BVerwGE 84, 71, 78), bildet die äußerste Grenze des Ermessensrahmens. Dabei ist es möglich, die Verwaltungsentscheidung wegen der Handlungsfreiheit, die die Norm der Behörde einräumt, strengeren Grenzen zu unterwerfen als bei einer gebundenen Entscheidung. Der Gesetzgeber ist im Rahmen seiner Generalisierungsbefugnis freier, „Härtefälle" zu akzeptieren, als die Behörde, der ein Instrument zur Berücksichtigung der Einzelfallgerechtigkeit an die Hand gegeben ist.

150   Weitere Grenzen stellen die *allgemeinen* im Verwaltungsrecht geltenden *Grundsätze* auf, die ebenfalls verfassungsrechtlich abgesichert sind. Wichtig sind v.a. der Grundsatz des Vorrangs des Gesetzes und der Vorbehalt des Gesetzes. Die Ermessensnorm muss den Anforderungen der Wesentlichkeitstheorie und des Bestimmtheitsgrundsatzes gleichermaßen genügen wie sonstige Rechtsgrundlagen. Auch das Koppelungsverbot ist bei der Ermessensentscheidung zu beachten, d.h. die Entscheidung darf nicht von Leistungen des Bürgers abhängig gemacht werden, die mit der infrage stehenden Entscheidung in keinem inneren Zusammenhang stehen (s.a. BVerwGE 67, 177, 181; OVG Münster JZ 1979, 805, 809). Weiter darf die Entscheidung nicht gegen innerstaatliche Pflichten aus völkerrechtlichen Verpflichtungen verstoßen (BVerwGE 75, 86, 89; 94, 35, 50 ff.).

151   **g) Missachtung von wirksamen Selbstbindungen.** *Ermessensbezogene Grenzüberschreitungen.* Die Einwirkung des sonstigen Rechts kann dazu führen, dass der von der Ermessensnorm eröffnete Raum z.T. eingeengt wird. Häufig wird die Einengung bis zu einer Ermessensreduzierung auf Null führen, aber eben nicht immer. In diesem Bereich sind v.a. die Einwirkungen der Selbstbindung der Verwaltung, des Gleichheitsgebots,[254] des Grundsatzes der Verhältnismäßigkeit[255] und des Grundsatzes des Vertrauensschutzes (BVerwGE 94, 35, 46) zu nennen.[256]

152   **aa) Allgemeine Grundsätze.** Im Ermessensbereich ist es der Verwaltung prinzipiell unbenommen, sich für die Zukunft selbst zu binden, sofern sie die Grenzen ihres Ermessens einhält.[257] Diese Selbstbindung kann sich zunächst auf Einzelfälle beziehen.[258] Die Fälle der Selbstbindung sind anerkannt, sofern sie die Voraussetzungen von Zusagen, insbes. Zusicherungen, einhalten. Diese sind auch im Ermessensbereich möglich (BSGE 14, 104 ff.). Hier kann je nach Inhalt der Zusicherung auch eine Ermessensreduzierung auf Null eintreten (BVerwGE 76, 243, 246). Ob darüber hinaus Formen der Selbstbindung im Einzelfall möglich sind, wurde – soweit ersichtlich – praktisch noch nicht relevant. Eine vereinfachte Form der Selbstbindung im Ermessensbereich ist nicht grds. ausgeschlossen. Das In-Aussicht-Stellen einer Maßnahme unterhalb der Zusicherung reicht dafür allerdings nicht (BVerwGE 53, 23, 27; VGH München 6.7.2006 – 4 B 05.504, juris Rn. 39).

153   Eine Selbstbindung ist aber auch in genereller Form möglich. Die wichtigste Fallgruppe bilden die Ermessensrichtlinien (→ Rn. 88 ff.). Von erheblicher Bedeutung ist – neben der Selbstbindung durch die Ermessensrichtlinie – die mittelbare Selbstbindung über die ständige Verwaltungspraxis. Den Maßstab für die Reichweite der generellen Bindung setzt Art. 3 GG.

154   **bb) Verstoß gegen ständige Verwaltungspraxis.** Für die Ermessensausübung ist das Postulat der gleichmäßigen Ermessensausübung wichtig (VGH Kassel NJW 1993, 2331). Die Verwaltung *muss*

---

251   So darf die Länge der Wartezeit zwischen Zulassung zur Prüfung und deren Durchführung den Prüfungsanwärter nicht unzumutbar belasten, BVerfG NVwZ 1999, 1102 f. (Grundrechtsverstoß bei einer Wartezeit von mehr als vier Jahren).

252   Zur Bedeutung des Art. 6 GG im Ausländerrecht BVerwGE 77, 188, 192; 81, 155, 162 f.

253   BVerwGE 92, 32, 40 (Einrichtung einer Busspur nach § 41 Abs. 2 Nr. 2 StVO).

254   Verstöße gegen Art. 3 GG werden dagegen von *J. Fachinger*, NJW 1949, 244, 246 als Ermessensfehlgebrauch eingeordnet.

255   Vgl. BVerfGE 35, 382, 400; BVerwG NVwZ 1983, 227 (Ausweisung bei langem Inlandaufenthalt); VGH Mannheim NVwZ-RR 1999, 271.

256   Dazu auch *K.-A. Schwarz*, in: HK-VerwR VwGO § 114 Rn. 15.

257   Dazu *J. Burmeister*, DÖV 1981, 503, 506 ff.; *J. Pietzcker*, NJW 1981, 2087 ff.

258   *F. Ossenbühl*, DVBl 1981, 857, 859 ff.; ausdifferenzierter *D. Scheuing*, VVDStRL 40 (1982), 153, 157 ff.

vergleichbare Fälle – soweit ihr das möglich ist – wegen Art. 3 Abs. 1 GG[259] *gleich entscheiden* (BVerwGE 5, 79, 81; 55, 349, 352; OVG Münster DÖV 1981, 109 f.) und hat dies ggf. durch Organisationsmaßnahmen zu gewährleisten. Sie darf nicht ohne Grund im Einzelfall von ihrer bisherigen Praxis abweichen, es sei denn, der entsprechende Fall ist anders gelagert oder die Verwaltung gibt ihre Praxis auf.[260] Es ist ebenfalls fehlerhaft, die Grundlage der Selbstbindung schematisch heranzuziehen, ohne dabei zu prüfen, ob nicht eine Abweichung geboten ist (BVerwGE 91, 135, 140 [hinsichtlich des Einflusses von Art. 8 GG]). Im *atypischen Fall entfällt* die Bindungswirkung. Wann das der Fall ist, lässt sich wie bei der Bindung an die Ermessensrichtlinie abstrakt nur schwer bestimmen.[261] Die Bindung an die Verwaltungspraxis steht unter dem Vorbehalt der Abänderung in der Zukunft.[262] Bei einer Änderung der Praxis sind eventuell Vertrauensschutzaspekte zu berücksichtigen (BVerwGE 46, 89, 90 u. 92 ff.; 67, 177, 184). Eine Bindung an eine rechtswidrige ständige Verwaltungspraxis besteht nicht („keine Gleichheit im Unrecht"[263]). Dabei ist es gleichgültig, ob es um eine nach der Rechtslage nicht vorgesehene Begünstigung oder Belastung geht (BVerwGE 34, 278, 282). In dieser Selbstbindung durch gleichmäßige Ermessensausübung liegt keine Aufhebung des Ermessensfreiraums über den Umweg von Art. 3 Abs. 1 GG, da die Verwaltung frei bleibt, ihre Maßstäbe zu ändern.

Voraussetzung für eine Selbstbindung ist *die ständige Verwaltungspraxis*, die sich in der Weise verdichtet haben muss, dass objektiv der Eindruck vermittelt wird, Fälle einer bestimmten Kategorie würden stets auf diese Weise behandelt werden. Es muss sich ein System gebildet haben (BVerwGE 55, 349, 352). Wird die Praxis nicht mehr durchgängig eingehalten, liegt kein selbstbindendes Verhalten vor (VGH Kassel GewArch 1993, 248 f.). Keine festen Maßstäbe gelten für die Frage, auf welche Entscheidungsträger es bei der ständigen Verwaltungspraxis ankommt. Art. 3 GG konkretisiert nur das allgemeine Gebot, bei der Wahrnehmung von staatlichen Aufgaben, abstrahiert von persönlichen Präferenzen, nur nach Maßgabe von Sachgesichtspunkten zu entscheiden, die jeweils für sich zum allgemeinen Gesetz erhoben werden könnten. Daher kann sich jede Stelle, die zu einer Ermessensentscheidung ermächtigt ist, selbst binden. Die unterste Stufe der Selbstbindung besteht demnach beim einzelnen Amtswalter, sie kann sich erweitern auf die Ermessensausübung einer Behörde bis hin zu der eines gesamten Verwaltungsträgers. Keine Bindung besteht an die Ermessensausübung einer Stelle, die auf gleicher Stufe steht, sofern nicht die Ausübung zugleich als Ausübung der Körperschaft gewertet werden kann. So ist ein Ministerium bei der Wahrnehmung seiner Dienstherrenbefugnisse nicht an die Verwaltungspraxis anderer Ministerien oder deren Ermessensrichtlinien gebunden (BVerwG 16.12.1998 – 10 B 5/97, juris Rn. 4). **155**

cc) Sonstige Verstöße gegen den Gleichheitssatz. Der *Gleichheitssatz* kann die Wahrnehmung eines *Freiraums* erheblich *einengen*, da er erstens die Ermächtigten an die selbst gefundenen Kriterien bindet, zweitens die Auswahlkriterien einem allgemeinen Sachlichkeitsgebot unterwirft und drittens eine einheitliche Vorgehensweise in vergleichbaren Fällen verlangt.[264] Die wichtigste Bedeutung des Art. 3 GG für die Ermessensentscheidungen liegt in der über ihn vermittelten Bindung an wirksame Ermessensrichtlinien (→ Rn. 90 f.) und an eine ständige Verwaltungspraxis (→ Rn. 154). **156**

aaa) Gebot der Chancengleichheit. Eine wichtige Konkretisierung aus dem Gleichheitsgrundsatz bildet der *Grundsatz der Chancengleichheit*:[265] Dieser gebietet bei bestimmten Verfahren mit Konkurrenzsituation, Verteilungsfunktion oder Prüfungscharakter, alle Betroffenen den gleichen Bedingungen zu unterwerfen. Relevant wird er v.a. im Prüfungsrecht,[266] bei der Behandlung der Parteien im Wahl- **157**

---

259 BVerfGE 69, 161, 169; z.B. BVerwGE 67, 177, 183 (Einbürgerungspraxis); 77, 188, 192; 87, 270, 276 (zu § 5 PartG i.V.m. Art. 21 GG).

260 BVerwGE 55, 349, 352; vgl. hierzu ebenso OVG Münster NJW 1991, 1502; vgl. auch *A. Randelzhofer*, JZ 1973, 536, 539.

261 OVG Münster NJW 1991, 1502 (Aussetzung der üblichen Dienstbefreiung am Rosenmontag wegen des Golfskrieges).

262 BVerwGE 46, 89, 90; BVerwG NJW 1993, 609 ff. m.Anm. *B. Schlink*.

263 BVerwGE 34, 278, 282 f.; 92, 153, 154 f.; VGH München NVwZ 1985, 502, 506; *Kopp/Schenke* § 114 Rn. 41.

264 *B. Wegmann*, NVwZ 1984, 777 f.

265 *Kopp/Schenke* § 114 Rn. 44.

266 BVerwGE 69, 46, 48 ff.; 91, 262, 273; 99, 74, 76; BVerwG NVwZ 1984, 308 (Vorbereitung auf die Prüfung durch den Prüfer im Wege der privaten Nachhilfe); 1987, 593 f. (Zulässigkeit von Mindestanforderung über Durchschnittsnote hinaus); 1993, 686 f. (Prüferwechsel); *F. Lindner*, BayVBl 1999, 100 ff.

kampf,[267] bei Vergabeverfahren beschränkter Güter (wie der Zulassung als Schausteller auf einem Jahrmarkt), bei der Zulassung zu überfüllten Studiengängen oder der Zulassung als Taxi-Unternehmer (BVerwGE 79, 208, 215; 82, 295, 298 f.; BVerwG DVBl 1982, 301 ff.). Der Grundsatz der Chancengleichheit wird ausgefüllt durch den Gesichtspunkt der Priorität v.a. bei Zulassungsverfahren[268] und dem Gebot, sachgerechte Entscheidungskriterien zu finden. Bei Verteilungssituationen ist als Kriterium etwa der Grundsatz „bekannt und bewährt" meist zwingend i.V.m. einem „Rotationssystem" anerkannt.[269]

158   **bbb) Verbot des wahllosen Vorgehens.** Liegen zahlreiche gleichartig gelagerte Verstöße vor, dann ist das *wahllose Herausgreifen* eines einzelnen Verstoßes ermessensfehlerhaft, wenn die Behörde ohne Plan und ohne klares Gesamtkonzept vorgeht.[270] Praktisch werden diese Fälle beim Vorgehen gegen „Schwarzanpflanzungen" (OVG Koblenz NVwZ 1984, 597 [Weinreben]) und gegen „Schwarzbauten".[271] Hat die Exekutive dagegen ein *Gesamtkonzept* für die generelle Bekämpfung der Verstöße, ist es zulässig, zunächst Einzelfälle herauszugreifen („Musterfall").[272] Das gilt v.a. dann, wenn das Vergehen nur der Beginn einer systematischen, planmäßigen Aufarbeitung sein soll und/oder dazu dient, rechtliche Klärungen durch (eventuelle) Judikate zu erreichen.

159   **h) Verstoß gegen rechtsstaatliche Gebote.**   **aa) Verstoß gegen den Grundsatz der Verhältnismäßigkeit.** Der Grundsatz der Verhältnismäßigkeit bildet v.a. *eine verbindliche Grenze*, die von keiner staatlichen Maßnahme überschritten werden darf – unabhängig davon, ob sie auf einer Ermessensentscheidung oder auf einer gebundenen Entscheidung beruht.[273] Gegen den Grundsatz der Verhältnismäßigkeit können Entscheidungen auf gesetzlicher Grundlage ohne Ermessensnormen ebenso verstoßen wie Ermessensentscheidungen. Dennoch besitzt er im Rahmen von Ermessensentscheidungen besondere Brisanz.[274] Das ist v.a. dann der Fall, wenn im Rahmen der Rechtsfolgenwahl die Belastungen unterschiedlich gestaltet werden können. Der Grundsatz der Verhältnismäßigkeit kann die *Wahl mehrerer Handlungsoptionen steuern.*[275] Von mehreren möglichen Rechtsfolgen, die den Zweck der Ermächtigung in gleicher Weise erreichen, ist die zu wählen, die den Betroffenen am geringsten belastet (BVerwGE 23, 4, 7 f.; 51, 115, 121). So ist etwa bei Geldforderungen, die auf einer Ermessensermächtigung beruhen, die Möglichkeit zu beachten, die Rückzahlungsmodalitäten zu konkretisieren (Stundung, Ratenzahlung etc.).[276]

160   Der durch die Ermessensermächtigung vermittelte Freiraum erhöht zugleich die Anforderungen, die der Verhältnismäßigkeitsgrundsatz an eine einzelfallgerechte Entscheidung stellt (deutlich etwa in BVerwGE 62, 230, 242 f.; 98, 221, 225 f.). Dadurch entsteht die *Gefahr*, durch eine zu strenge Handhabung des Verhältnismäßigkeitsgrundsatzes *den Ermessensfreiraum wieder aufzuheben.*[277] I.d.R. lässt sich aufgrund des Grundsatzes der Verhältnismäßigkeit argumentativ eine zwingende Reihung der einzelnen Handlungsoptionen mit der Folge herleiten, dass allein eine Handlung bzw. die im Ver-

---

267 BVerfG NVwZ 1988, 817 f.; BVerwGE 75, 67, 75; 87, 270, 276 f.; VGH München BayVBl 1978, 467 f.; NVwZ 1991, 581.

268 *Kopp/Schenke* § 114 Rn. 45; BVerwGE 51, 235, 238 ff.; 64, 238, 244 (Vorgehen nach dem Prioritätsgrundsatz); 82, 295, 298 ff. (zur Zulassung von Taxen).

269 BVerwG NVwZ 1984, 585; OVG Münster NVwZ-RR 1991, 551 f.; VGH München BayVBl 1982, 658 f. (nur Rotation); s.a. VGH München NVwZ-RR 1991, 550 f. (grds. zulässig, aber auch neue Bewerber müssen eine reale Chance haben); VG Würzburg GewArch 2003, 336 f. (einmaliges Aussetzen macht langjährigen Marktteilnehmer noch nicht zum Neubeschicker; enger *Matthias Schmidt-Preuß*, Kollidierende Privatinteressen im Verwaltungsrecht, 1992, 408.

270 OVG Brem NVwZ 1995, 606, 607; VGH München BayVBl 2001, 562 f.; *Kopp/Schenke* § 114 Rn. 43; zurückhaltend *M. Gerhardt*, in: Schoch/Schneider/Bier § 114 Rn. 24.

271 OVG Koblenz NVwZ 1984, 597; VGH Kassel NJW 1984, 318 f.; VGH Mannheim NJW 1984, 319 f.; VGH München BayVBl 1983, 243 f.; s.a. *B. Wegmann*, NVwZ 1984, 777 f.

272 BVerwG NVwZ-RR 1992, 360; OVG Brem NVwZ 1995, 606, 607; OVG Lüneburg NVwZ-RR 1994, 249 f.; VGH Kassel NVwZ-RR 1992, 346 ff.; vgl. auch *Krüger*, NWVBl 1993, 161, 169.

273 BVerwGE 54, 54, 62; 99, 28, 36; BVerwG NJW 1983, 1988 f. (Ausweisung eines in Deutschland aufgewachsenen Ausländers allein aus Gründen der Generalprävention); OVG Brem NJW 1990, 2081 f.

274 S. etwa BVerwGE 30, 313, 317; 62, 215, 220; 67, 177, 184; 74, 165, 173; 81, 155, 160; 95, 341, 347; 98, 221, 225 f.; 100, 335, 343 f.

275 BVerwG NJW 1990, 2011 m.Anm. *J. Würkner.*

276 BVerwGE 52, 70, 83.

277 Zu strenge Prüfung etwa bei BVerwGE 30, 313, 317 f.; s.a. *M. Börger*, Genehmigungsentscheidungen, 1987, 118.

gleich dazu milderen Varianten[278] zulässig sind. Dies ist zwar *nicht i.S.d.* § 114, lässt sich aber nicht abstrakt, sondern nur konkret im Einzelfall steuern. Durch die Heranziehung des Verhältnismäßigkeitsgrundsatzes darf die durch das Recht der Verwaltung vermittelte Auswahlfreiheit nicht faktisch wieder aufgehoben werden.

bb) Verstoß gegen den Grundsatz des Vertrauensschutzes. Ähnliche Wirkung wie die Bindung an Verwaltungsvorschriften kann der *Grundsatz des Vertrauensschutzes* (deutlich etwa BVerwGE 56, 254, 260; 59, 104, 109; 59, 284, 291 ff.) entfalten. Das BVerfG hat in seinem Grundsatzbeschluss vom 26.9.1978 ausgeführt, dass bei der Ermessensentscheidung über die weitere Verlängerung einer wiederholt befristet erteilten Aufenthaltserlaubnis das sich aus dem Rechtsstaatsprinzip ergebende Gebot des Vertrauensschutzes zu beachten sei (BVerfGE 49, 168, 184 ff.).   161

8. Ermessensfehlgebrauch. a) Unterschied zur Missachtung des gesetzlichen Rahmens. § 114 spricht davon, dass der Verwaltungsakt aufgehoben wird, wenn von dem Ermessen in einer dem Zweck der Ermächtigung nicht entsprechenden Weise Gebrauch gemacht wird (*Ermessensfehlgebrauch*). Der mitunter verwendete Begriff des Ermessensmissbrauchs ist missverständlich und sollte vermieden werden. Ein Ermessensfehlgebrauch setzt *nicht eine willkürliche Handhabung* der Ermessensermächtigung voraus. Ein Ermessensfehlgebrauch liegt vor, wenn zwar die gewählte Rechtsfolge innerhalb der gesetzlichen Grenzen für den konkreten Fall liegt, die der Entscheidung *zugrunde liegenden Erwägungen* aber nicht der *Zielsetzung der Ermessensnorm* entsprechen (BVerwGE 104, 154, 157 f.). Dies liegt vor, wenn die Ermessensvorgaben falsch angewendet werden. Die *Ermessensvorgaben geben* an, nach welchen Kriterien die Verwaltung die *Wahl zwischen den für den Einzelfall möglichen Varianten zu treffen hat.* Von der Verletzung der gesetzlichen Grenzen des Ermessens (Ermessensrahmen) unterscheidet sich der Ermessensfehlgebrauch durch die *fehlerhafte Entscheidungsfindung.* Beim Ermessensfehlgebrauch erkennt die Verwaltung zwar die im konkreten Fall möglichen Handlungsvarianten und wählt eine, die grds. im Einzelfall zulässig ist (möglich, aber nicht nötig),[279] tut dies aber aufgrund nicht tragfähiger Erwägungen (fehlerhafte Begründung).[280] *R. Alexy* spricht in diesem Zusammenhang von einem Vorgangsfehler, der sich nicht als Ergebnisfehler (i.e.S.) niederschlägt.[281] Diese Fallgestaltungen sind seltener als die der Überschreitung und wohl auch als die der Unterschreitung. Völlig zu Recht prüft daher das BVerwG wiederholt die Einhaltung der Grenzen getrennt von der Überprüfung der Ermessenserwägungen und der Gewichtung der Belange.[282]   162

Von einem Ermessensfehlgebrauch ist dementsprechend auszugehen, wenn *sachfremde Gesichtspunkte* eingestellt, *wesentliche Gesichtspunkte* übersehen wurden oder ein Belang in zu *beanstandender Weise zurückgestellt* oder überbetont wurde, d.h. die Konfrontation der Belange nicht vertretbar gelöst wurde.   162a

Die zusammenfassenden Wendungen des BVerwG sind nicht einheitlich. Entscheidend sei nach einer Formel etwa, dass die Behörde bei ihrer Ermessensentscheidung alle diejenigen Gesichtspunkte in den Blick genommen und zutreffend gewürdigt habe, die bei einer Ermessensentscheidung zu beachten sind (BVerwGE 110, 140, 144). An anderer Stelle heißt es v.a. im Zusammenhang mit dem alten Ausländerrecht: Das öffentliche Interesse an der Maßnahme sei gegen das private Interesse abzuwägen.[283] Dabei seien die Grundrechte und die durch sie verkörperte Wertordnung, der verfassungsrechtliche Grundsatz der Verhältnismäßigkeit sowie etwaige Verpflichtungen aus zwischenstaatlichen Vereinbarungen zu beachten (BVerwGE 100, 335, 342). Eine noch weitergehende, in der Sache nicht zutreffende Gleichsetzung mit den Abwägungsentscheidungen vollzieht die Formel, nach der sämtliche für und gegen die beabsichtigte Entscheidung sprechenden Belange gegenseitig abzuwägen seien.[284] Im Bereich   163

---

278 I.d.S. lässt sich BVerwGE 30, 313, 318 verstehen; zu streng etwa auch *D. Heckmann*, in: Ulrich Becker u.a., Öffentliches Recht in Bayern, ⁶2015, 243, 294 Rn. 163.
279 Vgl. BVerwGE 98, 221, 225.
280 Deutlich etwa BVerwGE 102, 249, 252 ff.; 102, 63, 69 f.; 104, 154, 157 ff.; übersehen wurde diese Möglichkeit etwa bei BVerwGE 4, 89, 92.
281 *R. Alexy*, JZ 1986, 701, 709.
282 BVerwGE 98, 221, 224; 99, 28, 38; 101, 247, 256 ff.; etwas undeutlich in BVerwGE 94, 35, 45 ff.; 96, 293, 300 ff.; 100, 335, 342 f.
283 BVerwGE 31, 192, 196; 61, 105, 110; 77, 188, 192; 78, 285, 289; 84, 375, 389 f.
284 BVerwGE 94, 35, 45 (zu § 7 Abs. 2 AuslG); OVG Lüneburg NVwZ-RR 2008, 468.

der gewährenden Verwaltung wurde in älteren Entscheidungen mitunter das Willkürverbot als einzige Schranke angeführt.[285]

164   **b) Die Zwecksteuerung.** § 114 stellt die Ermessensüberprüfung ganz *unter den Zweck der jeweiligen Ermächtigung.* Diese gesetzliche Vorgabe ist *ernst zu nehmen.*[286] Völlig zu Recht beginnt die Rspr. daher in aller Regel die Überprüfung einer Ermessensentscheidung, indem sie sich des Zwecks der jeweiligen Ermächtigung vergewissert.[287] Zweckmäßig ist der Ermessensgebrauch dann, wenn er geeignet ist, den mit dem Gestaltungsauftrag verfolgten Zweck zu erfüllen (BVerwGE 57, 192, 197).

165   *Begriff des Zwecks.* Der *Zweck* i.e.S. (d.h. der Zweck der Ermächtigung) ist zunächst der Zweck der isoliert zu betrachtenden Ermessensnorm selbst. Er ist durch Auslegung zu ermitteln (vgl. etwa BVerwGE 31, 241, 245 ff.; 91, 159, 163; 96, 293, 300). Dabei ist das Regelungsziel des gesamten Regelungswerkes hinzuzuziehen (deutlich etwa BVerwGE 104, 154, 157 f.). Über den Wortlaut des Normtextes des § 114 hinaus wird die Ermessensausübung aber auch von zusätzlichen finalen Vorgaben aus weiteren Gesetzen beeinflusst (Zweck i.w.S.).[288] Die Beachtung des Zwecks hat zunächst für die Ermessensausübung *zwei Bedeutungen.* Zum einen gibt er die Richtung an, die der Entscheidungsfindungsprozess einhalten muss (*Ermessensausrichtung*), zum anderen gibt er die Spannbreite des Sachbereichs an, aus dem die einzelnen Ermessensgesichtspunkte zu gewinnen sind (*Ermessensraum* → Rn. 81).[289] I.d.R. wird zwischen den beiden Steuerungsrichtungen nicht deutlich getrennt.[290]

166   *Struktur der Auswahlentscheidung – Unterschied zur gestalterischen Abwägungsentscheidung*: Eine Ermessensausübung entspricht nicht dem Zweck des Gesetzes, wenn sich die Behörde bei der Ermessensausübung nicht vom Sinn des Gesetzes, d.h. vom Telos der Norm, leiten lässt. Das Ermessen gestattet der Behörde innerhalb des Ermessensbereichs selbst zu beurteilen, welche Gesichtspunkte sie als entscheidend ansieht. Beim Verwaltungsermessen geht es im Gegensatz zum Planungsermessen des Planfeststellungsbeschlusses und im Gegensatz zu den normativen Planungen nicht um eine gestalterische Gesamtabwägung, sondern um die *begründete Auswahl* einer von *mehreren zur Wahl stehenden Handlungsvarianten.*[291] Die allgemein gebräuchliche Terminologie, nach der die Abwägung das wertende In-Beziehung-Setzen kollidierender Belange unabhängig davon erfasst,[292] ob dies gestalterisch oder gebunden vonstatten geht, ist daher nicht sehr glücklich.[293] Auch das BVerwG spricht im Zusammenhang mit Ermessensentscheidungen wiederholt zumindest missverständlich von einer Interessenabwägung.[294] Besitzt die Verwaltung z.B. ein Auswahlermessen, darf sie wählen, ob sie tätig werden will oder nicht, sie muss nur die wesentlichen Gesichtspunkte erkennen und ihrer Entscheidung eine tragfähige Argumentation zugrunde legen. Deshalb gelten *andere Grundsätze als bei einer Abwägungsentscheidung*, bei der alle in Betracht kommenden Gesichtspunkte gesehen, gewichtet und in die ausgleichende (gestalterische) Abwägung eingestellt werden müssen. Die Ermessensentscheidung ist wegen ihrer konditionalen Struktur vom Ausgangspunkt her enger als die finalen Abwägungsnormen. Man kann daher bei der Kontrolle der Entscheidungsfindung großzügiger sein.[295] Ein Ermessensfehlgebrauch liegt vor, wenn sachfremde Gesichtspunkte herangezogen, maßgebliche Gesichtspunkte nicht berücksichtigt oder relevante Umstände willkürlich falsch gewichtet werden.

167   **c) Das Gebot der Wahlbereitschaft.** *Problem der Vorwegbindung.* Dem Sinn der Ermessensnorm entspricht nur ein auf den Einzelfall bezogener Entscheidungsfindungsvorgang. Die Behörde muss auf der Grundlage zutreffender Tatsachen innerhalb der möglichen Varianten aufgrund von Erwägungen, die nicht gesetzwidrig und zudem sachgemäß sind, eine Variante auswählen (sachgerechte Auswahlent-

---

285   BVerwGE 52, 264, 271; 52, 272, 282; s.a. BVerwGE 47, 247, 253 (Behörde müsse sich von sachgerechten Erwägungen leiten lassen und dürfe keinesfalls willkürlich verfahren).
286   Grundlegend *H. Soell*, Ermessen, 1973, 106 ff.
287   Vgl. statt vieler BVerwGE 31, 192, 194; 35, 291, 293; 41, 1, 5; 58, 181, 186; 59, 361, 363.
288   BVerwGE 91, 159, 163; *Kopp/Schenke* § 114 Rn. 9.
289   Nach *K. Obermayer*, NJW 1961, 1777, 1780 („Ermessensspielraum").
290   S. etwa *K. Rennert*, in: Eyermann § 114 Rn. 21; *Kopp/Schenke* § 114 Rn. 9.
291   Dagegen stärker für eine strukturelle Gleichartigkeit von Verwaltungsermessen und Planungsermessen *R. Bartlsperger*, in: Erbguth u.a., Abwägung im Recht, 1996, 79 ff., 104 ff.; stärker als hier *J. Dreier*, Die normative Steuerung, 1995, 45 ff.; *K. Waechter*, VerwArch 88 (1997), 298, 312 f.
292   S. nur *F. Weyreuther*, DÖV 1977, 419 f.
293   A.M. insoweit *R. Alexy*, JZ 1986, 701, 709; *F. Weyreuther*, DÖV 1977, 419 ff.
294   Vgl. BVerwGE 99, 28, 36 f.; 100, 335, 342; 101, 247, 257; 102, 63, 69; 102, 249, 252; 105, 313, 322.
295   Dazu auch *M. Ibler*, Schranken, 1989, 220.

scheidung i.w.S.).[296] Da sich die Ermessensnorm mit der größeren Einzelfallgerechtigkeit (im Vergleich zur gebundenen Entscheidung) rechtfertigt, verlangt sie immanent nach einer Ausrichtung am jeweiligen Einzelfall (BVerwGE 99, 28, 36 f., BVerwGE 31, 212, 213). Vorwegbindungen sind daher grds. rechtfertigungsbedürftig. Sie sind nur zulässig, sofern sie mit dem Zweck der Ermächtigungsnorm vereinbar sind, was bei einzelfallbezogenen Vorwegbindungen (zumindest bei fehlender Konkurrenzlage und sonstiger Drittwirkung) immer gegeben sein dürfte und bei einer generellen Selbstbindung durch das Gebot der gleichmäßigen Verwaltungspraxis meist erfüllt sein wird.

Innere Willkür. Voraussetzung jeder Ermessensausübung ist der *unvoreingenommene* Blick auf den Sachverhalt. Die *Unbefangenheit* des entscheidenden Verwaltungsbeamten ist eine wesentliche allgemeine Voraussetzung des Verwaltungsverfahrens und muss es wegen des größeren Freiraums erst recht für die Ermessensentscheidung sein.[297] *Willkür* im subjektiven Sinne, d.h. die bewusste Berücksichtigung unsachlicher Motive oder die bewusste Entscheidung bei Befangenheit, sind daher nicht nur beachtliche Verfahrensfehler, sondern zugleich zumindest Fehler der Ermessensausübung.[298] Vorwerfbare subjektive Motive oder Haltungen des konkreten Amtswalters, der den Verwaltungsakt erlässt, widersprechen der aus der Ermessensnorm entstehenden Pflicht zur Berücksichtigung der maßgeblichen einschlägigen Gesichtspunkte. Fehlerhafte Motive sind solche, die in der Rechtsordnung offensichtlich keinerlei Rückhalt finden (Willkür) oder gegen die guten Sitten verstoßen (Feindschaft, Verstoß gegen das Diskriminierungsverbot des Art. 3 Abs. 3 GG).[299] | 168

Verbot des schematischen Vorgehens. Dem Gebot, zu einer echten Auswahlentscheidung i.w.S. bereit zu sein, widerspricht es, wenn die Behörde „*schematisch*" und ohne Berücksichtigung der nach dem Zweck und der Wertung des Gesetzes zu *berücksichtigenden besonderen Situation des Einzelfalles entscheidet* (BVerwGE 10, 176, 180; 52, 70, 83). Während bei einem wahllosen Vorgehen die Verwaltung kein Schema besitzt, ist sie hier nicht bereit, von ihrem Schema abzuweichen. Sie geht gewissermaßen von einer normativen Bindung der ständigen Verwaltungspraxis ohne Prüfung ihrer Sachgerechtigkeit im Einzelfall aus. | 169

d) Ermessensfehlgebrauch i.w.S. – Die Heranziehung sachwidriger Gesichtspunkte. aa) Die Bildung des Ermessensraums. Ein durch eine Ermessensnorm gewährter Handlungsfreiraum gestattet der Verwaltung nicht, beliebige Argumentationsstränge für die Auswahlentscheidung heranzuziehen. Sachwidrige Gesichtspunkte sind solche, die *außerhalb des Ermessensraums* (→ Rn. 81) liegen. Diese dürfen in den Abwägungsvorgang *nicht einfließen*. Das BVerwG spricht in diesem Zusammenhang von Ermessensrahmen.[300] Gesichtspunkte sind alle Belange und Interessen, die einen sachlichen Bezug zur Entscheidung haben. Sie müssen nicht unbedingt selbst rechtlicher Natur sein oder rechtlich bzw. verfassungsrechtlich geschützt sein (BVerwGE 78, 285, 290 f.). Der *Ermessensraum* wird *primär* durch die *Ermessensnorm* und *sekundär* durch die *gesamte Rechtsordnung* gebildet. Verstöße gegen das „Kopplungsverbot" stellen einen Sonderfall der sachwidrigen Auswahlentscheidung dar und beruhen demnach auf einem Ermessensfehlgebrauch.[301] Orientiert sich die Behörde an einer rechtswidrigen oder nicht existenten Norm, ist die Ermessensausübung rechtswidrig (VGH München NVwZ-RR 2016, 135). | 170

bb) Aus der Ermessensnorm abgeleitete zulässige Ermessensgesichtspunkte. Die Ermessensdirektive oder die Ermessensnorm bestimmt positiv, welche Gesichtspunkte in die Entscheidung eingestellt *werden dürfen*. Von „*sachfremden*" Erwägungen spricht man, wenn ein Belang eingestellt wurde, der nicht hätte eingestellt werden dürfen. Bisweilen ist die ausschließende Wirkung der Ermessensnorm nicht einfach zu bestimmen (s. etwa zum alten AuslG BVerwGE 78, 285, 291 ff.). Mitunter grenzt sie den Ermessensraum auf wenige oder gar einen einzigen Gesichtspunkt ein, auf den die Ermessensentscheidung bezogen sein muss (s. nur BVerwGE 11, 56, 58). Darüber hinaus bestimmt die Ermessens- | 171

---

296 BVerwGE 22, 215, 218; vgl. auch *M. Gerhardt*, in: Schoch/Schneider/Bier § 114 Rn. 18.
297 OVG Koblenz DVBl 1999, 1597 ff. (Verwirkung der Befangenheitsrüge); s.a. BVerwGE 90, 287, 290.
298 Ausf. zur Trennung zwischen Motivation und Begründung *R. Alexy*, JZ 1986, 701, 707 ff.; s.a. *Kopp/Schenke* § 114 Rn. 15 (Befangenheit oder Parteilichkeit); noch weitergehender *M. Gerhardt*, in: Schoch/Schneider/Bier § 114 Rn. 17, der auf die Möglichkeit der Nichtigkeit nach § 44 Abs. 1, 2 Nr. 6 VwVfG hinweist.
299 *M. Gerhardt*, in: Schoch/Schneider/Bier § 114 Rn. 17.
300 BVerwGE 77, 188, 195 f. (der Begriff des Ermessensrahmens wird hier dagegen als der Raum innerhalb der gesetzlichen Grenzen verstanden).
301 *J. Pietzcker*, JuS 1982, 106, 108.

norm aber auch (wenn auch nicht abschließend), welche Belange *eingestellt werden müssen.* Häufig werden beide Fragen in der Rspr. getrennt voneinander untersucht (BVerwGE 102, 249, 252; 102, 63, 69 f.).

172　Grds. denkbar sind Bestimmungen, die die zu berücksichtigenden Belange aufzählen. Je nach Wortlaut und Sinnzusammenhang ist dann zu entscheiden, ob die Aufzählung abschließend gedacht ist.[302] Fehlt eine entsprechende Aufzählung von zu beachtenden Gesichtspunkten, ist der wichtigste Bereich des Ermessensraums aus der Ermessensnorm selbst zu ermitteln. Entscheidend sind dabei *Sinn und Zweck* des zu vollziehenden Gesetzes.[303] Der Zweck kann den Kreis der Gesichtspunkte, die berücksichtigt werden dürfen, erheblich einschränken.[304] Die entsprechenden Vorgaben sind meist fachspezifisch (s. beispielhaft zu Ausweisungen [BVerwGE 102, 249, 252 ff.; 110, 140, 144 f.] und zu Straßenrennen [BVerwGE 104, 154, 157 ff. (zu § 46 StVO i.V.m. § 29 StVO)]). Dennoch lassen sich mit Vorsicht wenige allgemeine Regeln aufstellen:

173　Zunächst sind dabei die Aspekte zu wiederholen, die schon bei der Frage der Ermessensreduzierung auf Null relevant waren (geschützte Rechtsgüter, Ausmaß der Beeinträchtigung, Realisierungsmöglichkeiten der Verwaltung, Verantwortlichkeit der Verwaltung oder des Betroffenen). Weiter darf ein von der Ermessensgrundlage vorgegebenes Regel-Ausnahmeverhältnis nicht umgedreht werden (BVerwGE 11, 176, 179 f.; 71, 139, 148; 104, 154, 161), der *Zweck* der *Ermessensnorm* ist *stets zu beachten.*[305] Eine *Ausnahmeregel* von einem Verbot kann nicht aus gerade solchen Gründen herangezogen werden, die auf einer der Verbotsnorm entgegengesetzten Wertung beruhen.[306] Ausnahmevorschriften in Ermessensform, die zur Regelung von Härtefällen gedacht sind, dürfen nicht so ausgelegt werden, dass sie jede erdenkliche Fallgestaltung erfassen (BVerwGE 11, 176, 179 f.). Bei Normen mit Sanktionscharakter sind der Grad des Verschuldens, die Höhe des angerichteten oder potenziellen Schadens und die Auswirkung der Sanktion zu berücksichtigen (BVerwGE 10, 173, 175). Bei Anhaltspunkten im jeweiligen Fachgesetz kann auf *Verwaltungsvereinfachung* geachtet werden (BVerwGE 84, 278, 285). Die besondere Betonung zulässiger Gesichtspunkte, denen bei einer zu erwartenden Neuregelung eine verstärkte Rolle zukommen wird, ist zulässig.[307] *Fiskalische Erwägungen* können je nach Sachmaterie, insbes. im Bereich der Leistungsverwaltung (BVerwGE 11, 56, 57 [aufgrund konkreter gesetzlicher Grundlage]), wie etwa dem Straßenrecht (BVerwGE 22, 215, 219), zulässig sein, in anderen Bereichen dagegen nicht.[308] Die Berücksichtigung behördeninterner Zweckmäßigkeitserwägungen kann rechtmäßig sein (BVerwGE 57, 1, 5 f.).

174　*Abgrenzung verschiedener Genehmigungsverfahren.* Einen eigenen Ausschnitt bildet die Frage, wie *parallel verlaufende und/oder ineinander verzahnte Genehmigungsverfahren* voneinander *abzugrenzen* sind. Für die Ermessensentscheidung wird diese Frage erst relevant, wenn zumindest ein Verfahren auf einer Ermessensnorm beruht. Gesichtspunkte, die von einem Verfahren abschließend erfasst werden, dürfen in dem anderen nicht herangezogen werden.[309] So heißt es zu Recht, dass die anderen Stellen

---

302　BVerwGE 102, 249, 252 ff. (§ 45 Abs. 2 AuslG enthält keine abschließende Aufzählung).

303　Deutlich etwa BVerwGE 67, 321, 331 (zu § 1 Abs. 2 NdsAG-AbfG); 69, 137, 141 (Zweck der Ausweisung für eine über die Befristung der Sperrwirkung der Ausweisung zum alten AuslG); 77, 352, 354 ff. (WoBindG); 90, 296, 300 ff. (Gebietsbezogenheit der Abfallentsorgung); 90, 287, 292; 94, 202, 205 ff. (Abschluss einer Pflegesatzvereinbarung nach § 93 Abs. 2 BSHG); 95, 86, 92 f. (Wiederaufgreifensermessen nach rechtskräftigem Urteil zugunsten der Behörde); 95, 341, 346; 95, 15, 17 ff. m.Anm. *J. Wieland,* JZ 1995, 96 ff.; 100, 335, 343; 104, 154, 157 f.; 107, 164, 167 f.; BVerwG NVwZ 1990, 770 f. (Entlassung eines Probebeamten wegen Dienstunfähigkeit); VGH Kassel DÖV 1987, 877 f. (fehlerhafte ortspolizeiliche Gesichtspunkte bei der Entscheidung über eine Sondernutzung an einer Straße).

304　BVerwGE 36, 323, 326 (Beschränkung der Auswahl bei der Einberufung auf die Eignung).

305　BVerwGE 104, 154, 156 ff.; *J. Keppeler,* Grenzen, 1989, 190.

306　BVerwGE 98, 221, 224; s.a. BVerwGE 79, 118, 129 (ein gesetzlich formulierter Verbotsgrund darf nicht als Gesichtspunkt für eine ausnahmsweise zugelassene Erlaubnis herangezogen werden).

307　*M. Gerhardt,* in: Schoch/Schneider/Bier § 114 Rn. 19.

308　BVerwGE 16, 194, 196 (Ruhestandsversetzung); für eine Unzulässigkeit im Zweifel wohl *M. Gerhardt,* in: Schoch/Schneider/Bier § 114 Rn. 19; ausf. *M. Sachs,* in: Stelkens/Bonk/Sachs § 40 Rn. 66.

309　Zum Verhältnis von Aufenthaltserlaubnis (nach altem Recht) und Sozialhilferecht BVerwGE 78, 314, 319; 69, 137, 142 (Trennung der Befristung der Sperrwirkung der Ausweisung und der Erteilung der Aufenthaltserlaubnis); zum Verhältnis von luftverkehrsrechtlicher Genehmigung und Planfeststellungsbeschluss BVerwGE 74, 165, 171; 75, 214, 221 f. (Flughafen München II); 87, 332, 333 LS u. 349 f.; allg. dazu *P. Hensler,* Kompetenzkonflikte paralleler Gestattungsverfahren am Bsp. der Genehmigung von Atomanlagen, DVBl 1982, 390 ff.; s. dazu *Kopp/Ramsauer* § 9 Rn. 25, 43 ff.; *M. Sachs,* in: Stelkens/Bonk/Sachs § 43 Rn. 63 ff.

oder anderen Verfahren vorbehaltenen Entscheidungen nicht „miterledigt" werden dürfen.[310] Von dieser strikten Verfahrenstrennung ist der Fall zu unterscheiden, dass ein Gesichtspunkt von mehreren Verfahren grds. herangezogen werden darf. Hier sind divergierende Entscheidungen zu vermeiden. Dies ist notwendig, da sich aus der *Einheitlichkeit der Staatsgewalt* und der Verwaltung das Gebot ergibt, gegenläufige Verwaltungsentscheidungen zu verhindern (BVerwGE 78, 314, 319). Zu realisieren ist dieses Gebot, indem einem Verfahren der Vorrang mit der Folge eingeräumt wird, dass beim nachrangigen Verfahren der Gesichtspunkt zwar noch heranzuziehen ist, aber nur in der Gestaltung und Wertung, die er im anderen Verfahren gefunden hat (Reichweite der Tatbestandswirkung, Feststellungswirkung oder des sachnäheren Verfahrens).

cc) Der erweiterte Ermessensraum. Die Ermessensnorm bestimmt auch (ausdrücklich oder konkludent), inwieweit sonstige Rechtsnormen zur Bildung des Ermessensraums herangezogen werden dürfen, d.h. inwieweit man sich auf sie zur Begründung der Ermessensentscheidung stützen darf.[311] Der primäre Zweck der Ermächtigung kann eine Begrenzung des erweiterten Ermessensraums ergeben.[312] Das BVerwG spricht in diesem Zusammenhang von Ermessenseinengung (BVerwGE 75, 86, 91). So ist z.B. bei der Ermessensausübung einer straßenrechtlichen Sondernutzung str., ob neben straßen- und straßenverkehrsrechtlichen Gesichtspunkten noch weitere Gesichtspunkte einbezogen werden dürfen.[313] Auch im Dienstrecht ist der Ermessensraum meist eng.[314] Die Bestimmung des Ermessensraums kann schwierig sein (deutlich etwa BVerwGE 100, 187, 199). Der konkrete Zweck des Gesetzes wird so – als öffentlicher Zweck – v.a. angereichert durch alle Gesichtspunkte, die als öffentliches Interesse gewertet werden können. Private Interessen dürfen, sofern deren Schutz nicht zugleich im öffentlichen Interesse liegt, einbezogen werden, wenn dies durch den primären Zweck der Ermessensnorm gedeckt ist. · 175

Der *Bereich,* aus dem Gesichtspunkte für die Ermessensentscheidung und die konkrete Auswahlentscheidung gewonnen werden dürfen, kann *weit sein.*[315] An erster Stelle ist dabei das Verfassungsrecht zu nennen, d.h. neben dem Rechtsstaats- (BVerwGE 42, 148, 156; BVerwG DÖV 1979, 294 ff.) und dem Sozialstaatsprinzip (BVerwGE 42, 148, 157) v.a. die Grundrechte. Auf die Verfassung ist der erweiterte Ermessensraum nicht beschränkt. Er kann sich weiter etwa auf den Einbezug folgender Rechtsbereiche erstrecken: einschlägige völkerrechtliche Vereinbarungen (s. nur BVerwGE 91, 327, 331), einschlägiges EU-Recht.[316] · 176

dd) Fehlerhafte Auswahl der Gesichtspunkte. Gegen den Zweck der Ermächtigung wird verstoßen, wenn ein Aspekt in die Abwägung eingeflossen ist, der *außerhalb des Ermessensraums* liegt[317] und dadurch die Verwaltungsentscheidung beeinflusst hat (*sachfremder Gesichtspunkt*).[318] Das Gericht prüft · 177

---

310 *M. Gerhardt,* in: Schoch/Schneider/Bier § 114 Rn. 19.

311 Etwa zur Beschränkung auf den Aspekt der Wohnraumversorgung beim Zweckentfremdungsverbot BVerwGE 54, 54, 62.

312 Im Zustimmungsverfahren nach § 15 SchwbG kann die Frage, ob die Kündigung nach § 1 Abs. 2 KSchG sozial gerechtfertigt ist, i.d.R. nicht in die Ermessensentscheidung einbezogen werden, s. BVerwGE 90, 287, 292 f.; Gleiches gilt bei § 21 Abs. 4 SchwbG für die Frage, ob ein wichtiger Grund i.S.d. § 626 BGB vorliegt, s. BVerwGE 90, 275, 281 ff.

313 Eng z.B. OVG Münster NVwZ-RR 2014, 710; VGH Kassel DÖV 1987, 877 f.; VGH München NVwZ 1985, 207 f.; s.a. VGH Kassel NVwZ 1983, 48 f.; VG Düsseldorf NVwZ 2001, 1191 f.; großzügig VG Berlin NVwZ 2004, 1014, 1016.

314 BVerwGE 31, 241, 245 ff. (Versagung einer Nebentätigkeitsgenehmigung allein aus „dienstlichen Gründen"); s.a. 29, 304, 306.

315 S. BVerwGE 23, 295, 304 (Einbezug von haushaltsrechtlichen Bindungen); 49, 44, 48 (zu den Berücksichtigungs- und Wohlwollensgeboten in einzelnen Gesetzen); 49, 214, 220 („Beamtenbeförderung"); 75, 86, 88; eng dagegen etwa BVerwGE 29, 140, 142.

316 *F. Schoch,* JZ 1995, 109, 111; zu aufenthaltsrechtlichen Fragen vgl. z.B. BVerwGE 94, 35, 43 ff. (zu § 7 Abs. 2 AuslG) und *F. J. Lindner,* BayVBl 2001, 193 f; hinreichend bekannt im Zusammenhang mit der Rückforderung europarechtswidriger Subventionen (s. nur *M. Oldiges,* NVwZ 2001, 626, 630 ff.; *E. Pache,* NVwZ 1994, 318 ff.) und mittlerweile allg. ausgedehnt auf europarechtswidrige (auch bestandskräftige) Verwaltungsakte; EuGH BayVBl 2004, 589 m. Anm. *F. J. Lindner.*

317 BVerwGE 26, 135, 140 (Versammlungsauflösung, um bestimmte Meinungsäußerungen zu behindern/hypothetisches Bsp.).

318 VGH Kassel DÖV 1987, 877 f.

insoweit die Gesichtspunkte nach, auf die sich die Behörde erkennbar gestützt hat.[319] Hier wird der nachvollziehende Charakter der Ermessensprüfung deutlich (s.a. BVerwGE 57, 192, 197). Die gerichtliche Kontrolle muss daran anknüpfen, wie die Behörde im *konkreten Fall* ihr Ermessen gebildet hat (BVerwGE 69, 144). Entscheidend ist dabei die tatsächliche Entscheidungsfindung (materielle Begründung), die nicht unbedingt mit der formellen Begründung übereinstimmen muss.[320] Maßgeblich für die Ermittlung der materiellen Begründung sind primär die angegebene Entscheidungsbegründung und sekundär alle Gesichtspunkte, die auf die materielle Entscheidungsbegründung hinweisen. Die gerichtliche *Prüfung*, ob ein Aspekt einbezogen werden durfte, ist der Sache nach *streng*.[321]

178   **e) Ermessensdefizit – Übersehen wesentlicher Gesichtspunkte.** Ein *Gesichtspunkt*, der innerhalb des Ermessensraums liegt, *darf* von der Behörde *berücksichtigt* werden, *muss es aber nicht*.[322] Innerhalb des durch den Zweck der Ermächtigung gebildeten Ermessensraums hat die Behörde bei der Auswahl der Gesichtspunkte grds. Ermessensfreiheit, diese ist aber nicht grenzenlos. Die Ermessenskontrolle ist zwar ihrer Natur nach eine nachvollziehende Kontrolle, dennoch beschränkt sie sich nicht auf die Suche nach der Berücksichtigung sachwidriger Gesichtspunkte.[323] Das Vorliegen eines sachgerechten Motivs macht den gebotenen Konfliktausgleich, der die Beachtung aller wesentlichen Gesichtspunkte verlangt, jedoch nicht entbehrlich.[324] Bei offenen Ermessensräumen müssen die Kriterien falls möglich transparent und nachvollziehbar sein.[325] Ein Gebot der vollständigen Ermessenserwägung besteht im Gegensatz zum Abwägungsgebot nicht. Das BVerwG spricht davon, dass die *wesentlichen*, d.h. eben nicht alle *Gesichtspunkte* des Einzelfalles, *einzubeziehen* seien (BVerwGE 35, 291, 295; 69, 137, 141; 77, 352, 363 f.; 91, 24, 39; 102, 63, 70). Entsprechend begründet nur das Übersehen eines wesentlichen Belangs einen Ermessensverstoß.[326] Deshalb wiegt die Berücksichtigung eines Gesichtspunktes außerhalb des Ermessenraums (sachwidriger Gesichtspunkt) im Regelfall deutlich schwerer als die Nichtberücksichtigung eines Gesichtspunktes innerhalb des Ermessensraums. Hinsichtlich der *Prüfung* der *Vollständigkeit* der Belange bei der Auswahlentscheidung steht die *Verwaltung* zumindest *rein praktisch günstiger* dar, als beim Verbot der Beachtung sachwidriger Belange (deutlich etwa bei BVerwGE 110, 140, 145 f.).

179   Der *Maßstab der „Wesentlichkeit"* wird nicht näher aufgeschlüsselt. Welche Gesichtspunkte wesentlich sind, hängt maßgeblich vom Einzelfall und der jeweiligen Ermessensnorm ab (OVG Münster NVwVBl 2015, 234 f.). Der Begriff „wesentlich" wird z.T. durch „entscheidungserheblich" ersetzt (BVerwGE 73, 48, 49). I.E. hält die Rspr. aber nur Gesichtspunkte für wesentlich, die sich ohne nähe-

---

319   Klar BVerwGE 67, 177, 180 ff.; 69, 137, 142 ff.; 74, 165, 168 ff.; 76, 243, 246 ff.; 77, 188, 193 u. 195; 77, 352, 359; 80, 233, 247; 95, 15, 18 f.; 95, 86, 93.

320   *K. Rennert*, in: Eyermann § 114 Rn. 23.

321   Vgl. etwa BVerwGE 12, 346, 348 f.; 77, 188, 195; 77, 352, 359 (unzulässige Heranziehung einer Wohngröße für eine Familie bei der Erteilung einer Aufenthaltsberechtigung für eine Person, auch wenn ein Familiennachzug im Raum steht); 87, 270, 276 (die Versagung von Sendezeiten an kleine Parteien im Wahlkampf mit der Begründung, die großen Parteien hätten auf Sendezeiten verzichtet, ist sachwidrig); 94, 202, 205 ff. (eine Bedarfsprüfung bei der Entscheidung über den Abschluss einer Pflegesatzvereinbarung nach § 93 Abs. 2 BSHG ist unzulässig); 95, 15, 28; BVerwG NVwZ 2000, 443 f.; 2000, 447 f.; RiA 2001, 189 f. (Ablehnung eines beantragten Studiengangwechsels); OVG Weimar ThürVBl 2000, 250 ff. (angeblich fehlende Schutzbedürftigkeit bei spekulativen Grundstücksgeschäften im Rahmen einer Rücknahme einer Grundstücksverkehrsgenehmigung); VG Schleswig NVwZ-RR 2003, 787 f. (Bemessung eines Warnungsgeldes gegen einen öffentlich bestellten Vermessungsingenieur); VGH Kassel NVwZ-RR 2006, 475 (Förderungsverweigerung eines Kindergartens wegen eines speziellen Erziehungskonzepts).

322   Deutlich etwa BVerwGE 107, 164, 168; Kopp/Schenke § 114 Rn. 10.

323   Dies musste durch das BVerwG ausdrücklich klargestellt werden: BVerwGE 61, 105, 111; nicht genannt wird diese Fehlergruppe allerdings in BVerwGE 26, 135, 140; 47, 247, 253; 53, 23, 30.

324   BVerwGE 61, 105, 111 f.; 90, 296, 300 ff. (Gebietsbezogenheit der Abfallentsorgung); s.a. die Anm. v. *P. Kunig*, JZ 1993, 411 f.

325   VGH München NVwZ-RR 2013, 933 zu § 70 GewO.

326   Vgl. etwa BVerwGE 90, 296, 300 ff. (Entscheidung über Mitbenutzung einer Abfalldeponie ohne Erwähnung einer näheren Abfalldeponie, die nach dem Grundsatz der Gebietsbezogenheit der Entsorgung vorginge); 91, 24, 39 ff. (fehlende Berücksichtigung der subjektiv-rechtlichen Rechte beim Antrag auf Erteilung der Lehrbefugnis); 96, 293, 312 (Zurückstellung des grundrechtlich abgesicherten Wunsches, eine Spielbank zu betreiben, wenn über das „Ob" eines solchen Unternehmens politisch kein Streit besteht); 102, 63, 69 f. (fehlende Berücksichtigung des Interesses des Ausländers am Verbleib im Inland bei einer Ausweisung); 102, 249, 252 (fehlende Berücksichtigung der Nachteile und Gefahren bei einer Rückkehr im Fall der Ausweisung); Übersehen eines hervorgerufenen Laufbahnwechsels bei einer Versetzung (OVG Weimar LKV 2012, 236, 236 ff.).

re Sachkenntnisse der jeweiligen Entscheidung als erheblich aufdrängen.[327] Die Pflicht der Behörde, Belange zu beachten, ist nur realisierbar, wenn sie diese überhaupt kennt. Der Informationsstand der Behörde hängt wiederum von deren Ermittlung und von der Mitwirkung der Beteiligten ab. Bei der Frage, welcher Gesichtspunkt als wesentlich zu betrachten ist, übernehmen daher Fragen der Ermittlungspflicht der Behörde und Mitwirkungspflichten des Betroffenen eine unterstützende Funktion (BVerwGE 38, 192, 193 f.; 39, 231, 233; 102, 63, 71). So ist es beim Antrag auf Wiederaufnahme des Verfahrens grds. Aufgabe des Antragstellers, die tatsächlichen Voraussetzungen darzulegen, die die Rechtswidrigkeit des Erstbescheids begründen können (BVerwGE 39, 231, 233). Alle denkbaren Erleichterungen der Begründungs- und Berücksichtigungspflichten durch Mitwirkungslasten finden bei den Ermessenserwägungen jedenfalls dort ihre Grenze, wo es um wesentliche Umstände des Einzelfalles geht, die offenkundig oder der Behörde bekannt sind (BVerwGE 102, 63, 70 [unter Bezugnahme auf § 70 Abs. 1 S. 1 AuslG]). Sind der Behörde die wesentlichen Umstände nicht bekannt, kommt es der Sache nach darauf an, ob sie ihr bei ordnungsgemäßer Ermittlung bekannt gewesen wären. Eine Rechtswidrigkeit allein an eine objektiv unrichtige Sachverhaltsgrundlage zu knüpfen, ohne eine Beziehung zur Ermittlungspflicht der Behörde (§ 24 VwVfG) herzustellen,[328] ist nicht zulässig. Ansonsten würde die Verwaltung an geradezu übernatürlichen Maßstäben gemessen.

Lässt die Verwaltung einen wesentlichen Belang außer Betracht, so ist ihre Entscheidung schon allein deshalb ermessensfehlerhaft (BVerwGE 77, 352, 364; ungenau daher BVerwGE 58, 45, 54). Wurde ein wesentlicher Gesichtspunkt übersehen, ist es dem Gericht untersagt, zu prüfen, ob die von der Verwaltung gegebene Begründung in der Lage ist, auch diesen nicht gesehenen, aber existenten Gesichtspunkt zu überwinden.[329] Dieser Weg ist v.a. dann ausgeschlossen, wenn die Behörde versehentlich davon ausging, einen wesentlichen Belang von Rechts wegen nicht berücksichtigen zu dürfen (BVerwGE 78, 285, 290 ff.). Ob ein wesentlicher Belang übersehen wurde, lässt sich – wie bei der Frage des Einbezugs sachwidriger Belange – nicht allein anhand der Entscheidungsbegründung beurteilen. Vielmehr sind all diejenigen Gesichtspunkte einzustellen, die auf die tatsächliche Entscheidungsfindung hinweisen.

f) Gewichtung der Belange. aa) Beschränkung auf Vertretbarkeitskontrolle. Rechtlich erhebliche Fehler können nicht zuletzt dadurch entstehen, dass die Behörde einzelne Gesichtspunkte *falsch gewichtet*, auch wenn sie alle wesentlichen sachgemäßen Belange herangezogen hat (instruktiv etwa BVerwGE 102, 249, 255 f.; VGH München BayVBl 2016, 416). Die falsche Gewichtung kann sich dabei sowohl auf die Gesichtspunkte beziehen, auf die die Verwaltung ihre Ermessensentscheidung gestützt hat, als auch auf die, die sie zwar herangezogen hat, aber für überwindbar hielt. Verwaltungsakte sind fehlerhaft, wenn die Behörde einzelnen Tatsachen und Gesichtspunkten ein Gewicht beimisst, das ihnen nach objektiven, am Zweck des Gesetzes orientierten Wertungsgrundsätzen nicht zukommt (BVerwGE 30, 313, 316; 61, 105, 112 f. m.w.N.). Trotz der Möglichkeit der Fehlgewichtung findet bei der Ermessentscheidung *kein gestalterischer Ausgleich* der konfligierenden Interessen statt. Die Ermessensentscheidung ist rechtmäßig, wenn die Verwaltung sich mit tragfähigen Gründen für eine Handlungsvariante innerhalb des Ermessensrahmens entscheidet und die Gründe nicht wesentlich falsch gewichtet wurden. Die als maßgeblich angesehenen Umstände müssen ausreichen, die Entscheidung zu rechtfertigen (deutlich etwa BVerwGE 67, 177, 181). Außerdem dürfen den konkreten entscheidungserheblichen Belangen keine gewichtigeren Belange entgegenstehen. Ob die Belange,

180

181

---

327 S. etwa BVerwGE 61, 105, 111 f. (Außer-Acht-Lassen der privaten Interessen des Ausländers bei der Entscheidung über eine Verlängerung einer Aufenthaltserlaubnis); 71, 228, 231 (Nichtberücksichtigung von Art. 6 GG bei der Entscheidung einer Aufenthaltserlaubnis); 78, 285, 290 ff. (Folgen einer Rückkehr ins Heimatland sind schon bei der Ausweisung und nicht erst bei der Abschiebung zu beachten – zum alten AuslG); 94, 35, 46 (zur Entscheidung über die Verlängerung einer Aufenthaltsgenehmigung); BVerwG NJW 1991, 650 f. (Abschwächung der Bedeutung öffentlichen Interesses an der Durchsetzung der personellen Entwicklungshilfe für Einbürgerung bei praktischem Ausschluss der Rückkehr in ein Entwicklungsland); VGH München BayVBl 1991, 178 (Verkehrsunterrichtsauflage ohne Erziehungsbedürfnis).
328 So aber zumindest bei wörtlichem Verständnis BVerwGE 73, 48, 49. Zu weit daher die Formulierung: Eine Ermessensunterschreitung sei auch dann rechtswidrig, wenn die entscheidende Stelle ohne Verschulden von falschem Sachverhalt ausgegangen ist; ähnl. BVerwG NVwZ-RR 2016, 952: Essensfehlerhaft sind solche Verwaltungsakte, bei deren Erlass die Behörde von in Wahrheit nicht vorliegenden Tatsachen oder rechtlichen Voraussetzungen ausgeht.
329 So aber etwa BVerwGE 110, 140, 145 zur übersehenen Staatsangehörigkeit zu einem EG-Mitgliedstaat bei einer Ausweisung; andeutungsweise BVerwGE 78, 285, 295 f.

die zur Rechtfertigung herangezogen oder die als überwindbar eingestuft wurden, gewichtig sind, ist maßstabsabhängig. Es gilt der gleiche Maßstab, der auch bei der Wesentlichkeit von Belangen anzuwenden ist (→ Rn. 179).

182 Durch *Gewichtungsvorgaben* lässt sich der *Entscheidungsfreiraum*, den die Ermessensnorm begründet, begrifflich *mühelos aufheben*. In jeder Fallkonstellation lassen sich einzelne Umstände durch Ermessensdirektiven, die zumindest den Grundrechten entnommen werden können, derart gewichten, dass nunmehr nur eine einzige Entscheidung gerechtfertigt erscheint. Dies liefe dem Sinn von Ermessensnormen erkennbar zuwider. Eine Fehlgewichtung ist daher nur dann relevant, wenn sie offensichtlich ist. Bei der Kontrolle der Gewichtung ist die Rspr. vorsichtiger als bei der Kontrolle der Zusammenstellung der Ermessensgesichtspunkte (deutlich etwa BVerwGE 61, 105, 112 [klarer Gewichtungsfehler]; 99, 28, 37). Es findet nur eine Vertretbarkeitskontrolle statt (vgl. etwa BVerwGE 29, 140, 142; 96, 293, 314 ff.). Mitunter wird auch von Willkürkontrolle gesprochen. Es gibt für einen Belang nicht nur eine einzige richtige Gewichtung, sondern eine Spannbreite. Möglich sind i.d.R. aber gewisse Gewichtungsstufungen,[330] die den Ermessensfreiraum der Verwaltung einengen. Die Spannbreite einer zulässigen Gewichtung eines Belangs lässt sich als Gewichtungsraum bezeichnen. Der Gewichtungsraum lässt sich nicht abstrakt, sondern nur für die jeweilige Ermessensnorm bestimmen. Die willkürliche Nichtbeachtung wesentlicher Umstände oder die offensichtliche Fehlgewichtung beachteter Gesichtspunkte begründet einen erheblichen Ermessensfehler.

183 **bb) Maßstäbe für die Gewichtung. aaa) Ermessensnorm selbst.** Den Maßstab bilden zunächst die Ermessensdirektiven. Diese werden v.a. durch den Zweck der Ermächtigungsnorm festgelegt.[331] I.d.R. enthält die Ermessensnorm selbst mehr oder weniger deutliche Gewichtungsvorgaben. Besonders strikt sind die Vorgaben sonstiger *intendierender Entscheidungsnormen* (→ Rn. 138 ff.). Gesichtspunkte, die für die Zweckerreichung essentiell sind, genießen in aller Regel Vorrang vor Annexgesichtspunkten. Allgemeine Gewichtungsgesichtspunkte sind etwa die Wahrscheinlichkeit, mit der eine zu berücksichtigende Gefahrenlage eintritt (BVerwGE 65, 9, 12; 78, 285, 295), oder die Bedeutung eventuell betroffener Rechtsgüter, bei Sanktionen die Art und Schwere der Verfehlung (BVerwGE 59, 361, 364).

184 **bbb) Sonstige Maßstäbe.** Auch aus anderen Rechtsbereichen lassen sich Gewichtungsgesichtspunkte gewinnen. Wichtig für die intendierende Kraft sind insoweit die *Grundrechte*.[332] Sie bieten zum einen relevante Ermessensgesichtspunkte an, zum anderen steuern sie gewichtend die Entscheidungsfindung im Einzelfall.[333] Insoweit wirken die Grundrechte auf den Ermessensvorgang ein.[334] Der Grundrechtseinfluss kann u.a. zu einer Ermessensreduzierung auf Null führen.[335] Die Wirkung der *Grundrechte* als Vorgaben für Abwägungsgesichtspunkte (insbes. als Wertentscheidungen)[336] ist von ihrer Wirkung

---

330 Deutlich etwa bei BVerwGE 95, 341, 345 (Stufung zwischen präventiven Verboten mit Erlaubnisvorbehalt und repressiven Verboten mit Dispensvorbehalt); 96, 293, 300 ff.; 100, 187, 197 (Untersagungsverfügung nach § 35 Abs. 7 GewO muss sich am Grad der Wahrscheinlichkeit des Ausweichens in ein anderes Gewerbe orientieren); 102, 249, 255; s.a. BVerwGE 78, 285, 294 (öffentliches Interesse bei der Ausweisung, künftigen Störungen der öffentlichen Sicherheit und Ordnung vorzubeugen).

331 K.-E. Hain/V. Schlette/T. Schmitz, AöR 122 (1997), 32, 43 ff.; J. Keppeler, Grenzen, 1989, 190; etwa VG Minden NZA-RR 2003, 248 (Zustimmung zur Kündigung eines schwerbehinderten Arbeitnehmers – Schutzgedanke der Rehabilitation).

332 K.-E. Hain/V. Schlette/T. Schmitz, AöR 122 (1997), 32, 45 ff.

333 BVerwGE 42, 133, 136; 49, 44, 49 (Asylrecht und Einbürgerung); 56, 56, 59 f. (Art. 21 GG und Straßenrecht); 68, 101, 104 (Schutz der Ehe und Familie im Ausländerrecht); 70, 127, 137 ff. (Schutz der Ehe und Familie im Ausländerrecht); 80, 249, 257 f.; 91, 135, 140 (Sonderbenutzungserlaubnis zur Wahrnehmung der Versammlungs- und Demonstrationsfreiheit oder für Kunstveranstaltungen); 91, 24, 29 ff. (Versagung der akademischen Lehrbefugnis und Art. 5 Abs. 3 GG und Art. 12 Abs. 1 GG); 95, 15, 20 ff.; 96, 293, 296 ff. (Berufsfreiheit eines Wettunternehmers); 96, 302, 313 (Berufsfreiheit des Spielbankenunternehmers); 118, 216, 221 f. (Art. 16 Abs. 1 S. 2 GG ist bei der Rücknahme einer Einbürgerung zu beachten); BVerwG NJW 1980, 718 (zurückhaltend zum Subventionsanspruch aus Art. 5 Abs. 3 GG); NJW 1987, 1836 f. (Einbürgerungsermessen und Art. 5 GG); NVwZ 1994, 282, 284 (religiöse Belange bei Ausübung des gemeindlichen Vorkaufsrechts).

334 R. Alexy, JZ 1986, 701, 710.

335 BVerwGE 56, 56, 59 (Art. 21 GG und die Erteilung einer Sondernutzungserlaubnis); 80, 249, 257 f. (Verdichtung zum Einbürgerungsanspruch trotz Mehrstaatigkeit, wenn Ehegatte nicht aus seiner Staatszugehörigkeit entlassen wird und eine erhebliche gemeinsame Ehezeit in Deutschland vorliegt); 84, 71, 78 m.Anm. J. Würkner, NJW 1990, 2011 (Straßenkunst).

336 BVerwGE 100, 187, 198; 100, 335, 342; vgl. auch VGH Kassel DÖV 1987, 877 f.

als absolute Grenze (→ Rn. 149) zu unterscheiden (deutlich etwa BVerwGE 70, 127, 142; 91, 135, 137 ff.; 99, 28, 37). In dieser Beziehung begrenzen die Grundrechte das mögliche Ermessensergebnis.[337] Zu nennen wären etwa Art. 6 Abs. 1 GG im Ausländerrecht (BVerwGE 94, 35, 43 ff. [zu § 7 Abs. 2 AuslG]; 99, 28, 37), Art. 2 Abs. 2 GG im Straßen- und Straßenverkehrsrecht (BVerwGE 92, 32, 40 [Einrichtung einer Busspur nach § 41 Abs. 2 Nr. 2 StVO]), Art. 21 GG oder Art. 5 Abs. 1 GG im Straßenrecht (BVerwGE 56, 56, 59; VGH Kassel NJW 1983, 2280 ff.), Art. 14 Abs. 1 S. 1 GG im Straßenrecht (BVerwGE 92, 32, 40 [Einrichtung einer Busspur nach § 41 Abs. 2 Nr. 2 StVO]), im Baurecht (Recht auf Bebauung, im Denkmalschutz (VGH München BayVBl 2014, 506); vielfältig ist die Relevanz von Art. 3 Abs. 1 GG;[338] wie etwa im Prüfungsrecht (VGH Mannheim 8.6.2015 – 9 S 2297/14). Ähnlich deutlich sind die Vorgaben gesetzlicher Vorrangregelungen oder Vorzugsregeln.[339] Sie verlangen, die Entscheidung in Richtung auf den mit Vorrang ausgestatteten Belang besonders auszurichten (BVerwGE 56, 354, 360 f. [kinderreiche Familien in Wohnungsbauförderung]). Ähnliche Wirkung entfaltet eine Wohlwollensregelung, nach der ein Aspekt bei der Ermessensausübung besonders zu berücksichtigen ist (BVerwGE 20, 155, 157 f.; 56, 273, 279).

Rechtsstaatliche Aspekte (Vertrauensschutz, Treu und Glauben, insbes. der Verwirkungsgedanke, 185 Gleichheitssatz) können ebenfalls bei der Frage der Bedeutung einzelner Umstände berücksichtigt werden. Die direktive Kraft dieses Aspekts ist allerdings gering. Da die Verwaltungspraxis nicht die gleiche Funktion für die Selbstorientierung der Bürger hat wie eine Norm, ist die Reichweite des Vertrauens in diese begrenzt.[340] Ein geringer Vertrauensschutz gilt etwa beim Vertrauen, das auf einer Duldung, d.h. einem Nichteinschreiten trotz bestehender Möglichkeiten, beruht (OVG Lüneburg NVwZ-RR 1994, 12); stärker ist er dagegen, wenn er sich auf eine Auskunft hinsichtlich einer angeblichen Genehmigungsfreiheit bezieht (OVG Lüneburg NVwZ-RR 1995, 7, 8). Begrenzt die Verwaltung ihr Einschreitermessen auf schwere Fälle, muss sie im Einzelfall darlegen, weshalb von einem schweren Fall auszugehen ist.[341]

Eine *Folgenbeseitigungslast*, die bei der Entscheidung mitberücksichtigt werden darf, kann dadurch 186 begründet werden, dass die Verwaltung durch ein rechtswidriges Vorverhalten zu dem bestehenden Zustand beigetragen hat (BVerwG NVwZ-RR 1993, 65; VGH München BayVBl 1987, 753, 754). Der Folgenbeseitigungsgedanke muss sich *konkret in den Ermessensraum einfügen lassen*.[342] Er rechtfertigt keine Überschreitung der gesetzlichen Grenzen (BVerwG NVwZ 1988, 155, 156). Bestehende Ermessensfreiräume sind in Richtung einer Kompensation auszunützen (Ermessensdirektive als Ermessensausrichtung).[343] Voraussetzung ist, dass die Folgenbeseitigungslast aus einem sachlichen Verwaltungsbereich stammt, der mit der Ermessensnorm in sachlichem Zusammenhang steht.[344] Eine *allgemeine Wiedergutmachung* für geschehenes Unrecht im Wege einer wohlwollenden Ermessensausübung *ist nicht möglich*. Praktisch wird die Folgenbeseitigungslast daher v.a. bei Ausnahmegenehmigungen infrage kommen. Wird etwa eine Genehmigung zunächst rechtswidrig versagt und entfällt dann wegen einer Rechtsänderung die Genehmigungsfähigkeit, muss die Verwaltung bei der Entscheidung über einen Dispens vom neuen Recht die Folgenbeseitigungslast mit beachten. Bekannt sind die Fälle aus dem Baurecht,[345] aber auch in anderen Bereichen lassen sich Beispiele finden (BVerwG NVwZ-RR 1994, 580).

9. Ermessensunterschreitung. Der mit Abstand dogmatisch am schwierigsten zu bewältigende Ermes- 187 sensfehler ist die Ermessensunterschreitung. Diese ist gegeben, wenn die Behörde eine in Wirklichkeit *nicht bestehende Beschränkung* ihres Ermessensspielraums *annimmt*.[346] Die Fallgestaltungen sind ausgesprochen vielfältig. Sie entsprechen strukturell sowohl den Fällen der Überschreitung der gesetzli-

---

337 *R. Alexy*, JZ 1986, 701, 710.
338 BVerwGE 91, 159, 164 (hinsichtlich einer Ungleichbehandlung von Teilzeit- und Vollzeitbeschäftigten).
339 *K. Rennert*, in: Eyermann § 114 Rn. 21.
340 Verneint allein wegen jahrelanger Subventionsgewährung: VGH Mannheim NVwZ 1991, 1199 f.
341 OVG Münster 2.9.2008 – 15 A 2328/06, juris Rn. 64.
342 BVerwG NVwZ 1988, 155 f.; zurückhaltend BVerwGE 28, 233, 239 f.; *M. Gerhardt*, in: Schoch/Schneider/Bier § 114 Rn. 21.
343 VGH München NVwZ-RR 2005, 856.
344 *M. Gerhardt*, in: Schoch/Schneider/Bier § 114 Rn. 21.
345 BVerwG NVwZ-RR 1993, 65; *M. Gerhardt*, in: Schoch/Schneider/Bier § 114 Rn. 21.
346 BVerwGE 91, 24, 42 (Versagung der Lehrbefugnis); BVerwG 15.7.2008 – WB 1/08, Annahme einer nicht bestehenden Bindung an § 51 VwVfG eines Zweitantrags.

chen Grenzen des Ermessens als auch des Ermessensfehlgebrauchs allerdings mit umgekehrtem Vorzeichen. Während die Behörde bei der Überschreitung der gesetzlichen Grenzen i.S.v. § 114 eine Rechtsfolge wählt, die sie nicht wählen darf, glaubt sie bei der Ermessensunterschreitung eine Rechtsfolge nicht wählen zu dürfen, die sie ergreifen könnte. Während die Behörde bei dem Ermessensfehlgebrauch („widrige Gesichtspunkte") Überlegungen in die Ermessensentscheidung einstellt, die sie nicht einstellen darf, unterlässt sie bei der Ermessensunterschreitung die Heranziehung von Gesichtspunkten in dem Glauben, diese seien unzulässig, obwohl diese zulässig wären. Die Ermessensunterschreitung schöpft den Rahmen nicht aus, verletzt ihn aber nicht (a.M. BVerwGE 11, 95, 97). Um eine Ermessensunterschreitung handelt es sich jedoch nur, wenn der Ermessensrahmen bei *generalisierender Betrachtung zu eng gefasst* wird. Unterbleibt im Einzelfall die Berücksichtigung eines wesentlichen Gesichtspunktes (bei grds. zutreffendem Normverständnis), den die Verwaltung hätte berücksichtigen müssen, liegt ein Ermessensfehlgebrauch vor, aber keine Ermessensunterschreitung.

188   Zu einer Ermessensunterschreitung kann es v.a. in *folgenden Konstellationen* kommen: Die Verwaltung legt den durch die Ermessensnorm oder Soll-Vorschrift vermittelten Ermessensrahmen fehlerhaft (zu eng) aus,[347] sie übersieht bei der Heranziehung der Verwaltungsvorschriften einen atypischen Fall (BVerwG DÖV 1976, 569, 570), sie hält sich an rechtswidrige Rechts- bzw. Verwaltungsvorschriften gebunden, sie fasst eine rechtmäßige Verwaltungsvorschrift zu weit (BVerwGE 91, 77, 80, dort allerdings als Ermessensfehlgebrauch bezeichnet); sie denkt, von einer Norm gäbe es keine Ausnahmemöglichkeit und stellt daher die Möglichkeit der Ausnahme nicht ins Ermessen ein.[348] Dagegen dürfte ein Ermessensfehlgebrauch vorliegen, wenn die Verwaltung übersieht, dass die Ermessensnorm auch die Berücksichtigung der Interessen eines Dritten erfordert (s. etwa VGH München BayVBl 1994, 533 f.) und deshalb dessen Interessen überhaupt nicht einstellt.[349] Übersieht sie nur den drittschützenden Charakter, fasst sie aber – aus angeblich rein objektiver Pflicht – den Ermessensraum weit genug, dann liegt darin allenfalls ein Verstoß gegen die Gewichtungsmaßstäbe oder das Ausgleichsgebot (undeutlich insoweit BVerwGE 91, 24, 42).

189   **10. Grundlagen einer Ermessensentscheidung. a) Der zutreffende und vollständige Sachverhalt.** Die Verwaltung kann ihren Entscheidungsfreiraum nur dann sachgerecht nutzen, wenn sie *den wesentlichen Sachverhalt kennt.* Ermessensfehlerhaft ist die Entscheidung, wenn die Behörde von unzutreffenden Voraussetzungen oder einer unvollständigen Sachverhaltsvorstellung ausgeht.[350] Das Gericht prüft die richtige Sachverhaltsermittlung vollständig nach (BVerwGE 78, 285, 296). Entscheidend ist dabei die Sachverhaltskenntnis desjenigen, der die Ermessensausübung vornimmt. Eine Übermittlung des maßgeblichen Sachverhalts durch einen beauftragten Helfer ist grds. möglich.[351]

190   Legt die Verwaltung ihrer Entscheidung einen Sachverhalt zugrunde, der in wesentlichen Fragen unrichtig ist, ist die Entscheidung rechtswidrig. Dies gilt auch dann, wenn die Verwaltung zum gleichen Ergebnis hätte kommen können, wenn aufgrund des tatsächlichen Sachverhalts entschieden worden wäre. Die Entscheidung ist ebenfalls rechtswidrig, wenn die herangezogenen Gesichtspunkte zwar richtig sind, der Sachverhalt aber unvollständig ermittelt wurde. Wie weit die Behörde den Sachverhalt ermitteln muss, hängt v.a. von der Bedeutung der Fragen ab,[352] über die Unklarheit besteht. Weiter ist die Mitwirkung des Bürgers (BVerwGE 102, 63, 70 ff.) sowie die Eingriffsintensität und die Bedeutung der Entscheidung von Einfluss. Kann die Verwaltung den Sachverhalt nicht weiter aufklären, darf sie auch im Falle einer Ermessensnorm nach den verwaltungsrechtlichen Beweislastregeln vorgehen.[353]

191   *Fehler einer ausreichenden Sachaufklärung kann das Gericht durch eigene Ermittlung (§ 86) nur ausgleichen,* wenn es um die Frage geht, ob ein nicht berücksichtigter Belang unwesentlich ist und daher

---

347   Bsp. BVerwGE 99, 28, 37; 107, 164, 166 u. 169; *M. Gerhardt,* in: Schoch/Schneider/Bier § 114 Rn. 17.

348   OVG Münster 9.5.2006 – 15 A 4254/03, juris Rn. 23.

349   A.M. (Ermessensunterschreitung) BVerwGE 92, 281, 287; zust. *K. Rennert,* in: Eyermann § 114 Rn. 17.

350   BVerwGE 78, 285, 295 f.; 102, 63, 71 f.; s. etwa BVerfGE 51, 384, 399 (Ermittlungspflicht bei generalpräventiver Ausweisung); *M. Ruffert,* in: Knack/Hennecke § 40 Rn. 52.

351   VGH München NVwZ 1990, 180, 181 (Anordnung der Sicherstellung durch einen Polizeibeamten, der telefonisch von einem kommunalen Bediensteten vom Sachverhalt unterrichtet wird, sog. „Münchner Modell"); BayVBl 1991, 433 ff.

352   Wesentliche Gesichtspunkte müssen immer hinreichend aufgeklärt werden, vgl. BVerwGE 78, 285, 295.

353   BVerwGE 78, 285, 295 f.; *Kopp/Schenke* § 114 Rn. 17; *K. Obermayer,* NJW 1961, 1777, 1785.

außer Betracht bleiben konnte[354] oder wenn eine Ermessensreduzierung auf Null im Raum steht (noch strenger OVG Lüneburg NJW 1984, 1639, 1642).

b) Ordnungsgemäße Verfahrensdurchführung. Die Kontrolle der Einhaltung von Verfahrensbestim- 192 mungen durch die Gerichte bietet einen gewissen Ersatz für die fehlende Möglichkeit unmittelbarer Kontrolle.[355] Art. 3 Abs. 1 GG wirkt hier über den Grundsatz der Verfahrensfairness (BVerwGE 70, 143, 150) ein. Die allgemeinen Verfahrensvorschriften erhalten im Ermessenszusammenhang eine besondere Bedeutung. Die Pflicht zur ordnungsgemäßen Verfahrensdurchführung ist die Kopplungsstelle von verfahrensrechtlichem Ermessen (v.a. § 10 VwVfG) und materiellem Ermessen. Eine Verfahrensgestaltung, die dem Zweck des Verfahrens nicht entspricht, ist ermessensfehlerhaft und führt zur Rechtswidrigkeit der materiellen Entscheidung, es sei denn, Sonderregelungen wie §§ 45, 46 VwVfG greifen ein.[356]

Wichtig ist für die Ermessensentscheidung v.a. die *Begründungspflicht*. Der Betroffene benötigt eine 193 Begründung, um den Grund für die Entscheidung zu erkennen; das Gericht benötigt sie für die Kontrolle des Ermessens (Art. 19 Abs. 4 GG);[357] der Verwaltung hilft sie, sich über die wahren Motive klar zu werden, und der Rechtsstaat benötigt sie, da (Rechts-)Entscheidungen ohne Sinn nicht zulässig sind. Trotz ihrer Bedeutung gehen die Anforderungen an die Begründungspflicht i.E. nicht wesentlich über die bei gebundenen Verwaltungsakten hinaus (vgl. BVerwGE 38, 192, 194). Hinzu kommt das formale Verständnis des § 39 VwVfG. Nach Ansicht der Rspr. und weiter Teile der Lehre verlangt § 39 VwVfG nur eine formal tragende Begründung; ob diese auch materiell-rechtlich zutreffend ist, sei für § 39 VwVfG unerheblich. Die Verletzung der Begründungspflicht des § 39 VwVfG ist ein formeller Fehler, ein Verfahrensfehler; eine fehlerhafte materielle Begründung ist dagegen ein Ermessensfehler.[358] Die Begründung muss von der Stelle stammen, die das Ermessen ausgeübt hat bzw. im Falle der Heilung – ausüben darf (BVerwG Buchholz 450.2 § 126 WDO 2002 Nr. 5). Stützt sich die Behörde zunächst auf die Begründung, die sie i.S.v. § 39 VwVfG anführt, und will sie die Begründungsentscheidung modifizieren, liegt ein Fall des Nachschiebens von Gründen vor, der prozessual von § 114 S. 2 erfasst wird.

Für die Frage einer rechtmäßigen Ermessensausübung kommt es auf die materielle Begründung, d.h. 194 die Begründung, die die Entscheidung trägt, und nicht auf die Begründung i.S.v. § 39 VwVfG an. Zwischen beiden kann ein Spannungsverhältnis bestehen. Dieses Spannungsverhältnis wird in der Rspr. nicht aufgelöst, sondern mitunter rhetorisch überdeckt.[359] Im Zweifel trägt die Behörde die Beweislast für die Rechtmäßigkeit der Ermessensausübung, weil dem Bürger der erforderliche Einblick in den Verwaltungsapparat fehlt. Eine unvollständige oder unschlüssige Begründung i.S.v. § 39 VwVfG bildet ein Indiz für eine fehlerhafte Ermessensausübung, ohne dass insoweit das Gericht noch weitere Nachforschungen anstellen müsste.[360] Nach der Rspr. kann die Verwaltung für den Nachweis der sachgerechten Ermessensausübung auch auf andere Umstände als auf die Begründung des Verwaltungsaktes zurückgreifen, wie auf den Inhalt der Akten.

Wegen der zurückgenommenen rechtlichen Determination der Entscheidung selbst ist bei Ermessens- 195 gesichtspunkten, stärker als gegenwärtig von der Rspr. vorgenommen, aus verfassungsrechtlichen Gründen (Art. 19 Abs. 4 GG und dem jeweils betroffenen Abwehrrecht) auf einer inhaltlich zutreffenden Begründung zu beharren. Es widerspricht der Ratio des Ermessens, wenn sich die Verwaltung vorsätzlich oder grob fahrlässig einer falschen Begründung bedient, um die tatsächlichen Ermessensgesichtspunkte zu verbergen. Da nicht auszuschließen ist, dass durch die Kombination von vorgeschobenen und tatsächlich kausalen Erwägungen sachliche Fehler entstehen, wird man im Regelfall bei vorgeschobenen Sachgesichtspunkten von einem Ermessensfehler in Form des Ermessensfehlgebrauchs

---

354 So i.E. BVerwGE 78, 285, 296; *K. Rennert*, in: Eyermann § 114 Rn. 25.
355 BVerfGE 84, 59, 72; BVerwGE 62, 330, 340; *F. Ossenbühl*, NVwZ 1982, 465, 466; *C. Degenhart*, DVBl 1982, 872, 875.
356 *K. Lange*, NJW 1992, 1193 ff.
357 BVerwGE 61, 200, 210; 62, 330, 340.
358 *R. Alexy*, JZ 1986, 701, 706 f.; *K. Rennert*, in: Eyermann § 114 Rn. 23.
359 Vgl. BVerwGE 102, 63, 70; klarer dagegen BVerwGE 61, 200, 210 (vor der Geltung des VwVfG); undeutlich auch etwa *N. Niehues*, NJW 1991, 3001, 3003.
360 OVG Lüneburg NJW 1984, 1639, 1641 f.; VGH Mannheim NVwZ 1991, 1205 f.; VGH München NVwZ-RR 2008, 787 f.; s.a. BVerfGE 88, 40, 60; VGH Kassel DVBl 1990, 1070 (LS).

ausgehen können. Dies dürfte selbst dann gelten, wenn die vorgeschobenen Sachgesichtspunkte den Anforderungen des § 39 VwVfG entsprechen und die tatsächlichen Erwägungen ihrerseits (bei Offenlegung) den Anforderungen einer sachgerechten Ermessensentscheidung genügen (offen gelassen in BVerwGE 57, 98, 106; s.a. BVerwG NVwZ 1985, 416, 417). Führt die Behörde nur versehentlich eine falsche Begründung an, obwohl sie eine tragfähige meint, liegt der Sache nach ein „Erklärungsirrtum" vor, sodass ein entsprechender Nachweis eine ausreichende materielle Begründung trägt.

196   **11. Folgen der fehlerhaften Ermessensausübung.** Ein rechtlich erheblicher Ermessensfehler i.S.v. § 114 führt grds. zur *Aufhebung des betroffenen* Verwaltungsakts, es sei denn, eine Ausnahmesituation (Heilung oder Unbeachtlichkeit) rechtfertigt anderes.

197   **a) Heilung.** Ein rechtlich erheblicher Ermessensfehler kann durch den weiteren Verfahrensverlauf *geheilt werden* (§ 45 VwVfG). Entscheidend für die Frage der Rechtswidrigkeit ist der Verwaltungsakt in seiner endgültigen Gestalt, bei eingelegtem Widerspruch demnach der Abhilfe- oder Widerspruchsbescheid. Eine fehlerhafte Ermessensentscheidung der Ausgangsbehörde kann durch eine fehlerfreie Ermessensentscheidung der Widerspruchsbehörde geheilt werden. Die Ermessensüberlegungen können dabei auch wesensverschieden sein (BVerwG NVwZ 2017, 326 ff.). Dies ist dann der Fall, wenn die Widerspruchsbehörde die gleiche Entscheidungskompetenz hat wie die Ausgangsbehörde (BVerwGE 61, 105, 110; 67, 177, 180). § 79 Abs. 1 Nr. 1 nimmt diesen Umstand prozessual auf. Ausgeschlossen ist die Heilung durch die Widerspruchsbehörde dann, wenn die Behörde auf die sog. Rechtskontrolle beschränkt ist.

198   **b) Unbeachtlichkeit.** Festgestellte ermessensfehlerhafte Erwägungen führen nur dann nicht zu einer rechtswidrigen Entscheidung, wenn im *konkreten* Einzelfall ein *Einfluss* des Fehlers auf die Entscheidung *ausgeschlossen werden* kann. Für viele Fehlerarten folgt dies aus § 46 VwVfG (BVerwGE 57, 1, 6 f.; 92, 281, 287), für die sonstigen Fehler aus allgemeinen Grundsätzen,[361] da bei fehlendem Rechtswidrigkeitszusammenhang zumindest keine Verletzung subjektiver Rechte vorliegen kann. Bezogen auf Verletzung von Unionsrecht darf § 46 VwVfG nicht so ausgelegt werden, dass er dem Bürger eine Beweislast für die fehlende Kausalität auferlegt.[362] Wird § 114 für den Fall der Leistungsklage analog angewendet und steht demnach nicht die Handlungsform des Verwaltungsakts infrage, ist der Gedanke des § 46 VwVfG als allgemeiner Rechtsgedanke heranzuziehen. Ein möglicher Einfluss von rechtlich relevanten Ermessensfehlern auf die Entscheidung ist bei Ermessensentscheidungen in aller Regel gegeben; Ausnahmen bilden praktisch nur die Fallgruppen der Ermessensreduzierung auf Null (BVerwGE 92, 281, 287). Nicht zulässig ist es, wenn das Gericht zur Feststellung der Kausalität eines festgestellten Fehlers hilfsweise das Ermessen ausübt und zu keinem anderen Ergebnis kommt (fraglich daher etwa BVerwGE 79, 118, 129 f.).

199   **c) Alternative Ermessenserwägungen.** Rechtserhebliche Ermessensfehler können unbeachtlich sein, wenn die Behörde ihre Entscheidung auf alternative Umstände stützt, die ihrerseits rechtmäßig sind (→ Rn. 118 ff.). Voraussetzung ist zunächst, dass die verbleibenden Ermessenserwägungen für sich genommen eine rechtmäßige Entscheidung tragen können. Entscheidend ist nicht, ob die Verwaltung rechtlich eine alternative Begründung hätte aufstellen dürfen, sondern ob sie sie – zumindest unausgesprochen – vorgenommen hat. Dagegen ist es dem Gericht nicht gestattet, selbst alternative Ermessensgesichtspunkte anzuprüfen, es sei denn, diese dienen der Darlegung einer Ermessensreduzierung auf Null (so bei BVerwGE 95, 15, 21 f.).

200   **12. Die gerichtliche Entscheidung. a) Allgemein.** Liegt ein rechtlich erheblicher, beachtlicher Ermessensfehler vor, der sich auf die Entscheidung auswirkt, wird der Verwaltungsakt bzw. die betreffende Entscheidung im Fall einer *Anfechtungsklage aufgehoben.* Bei einer *Verpflichtungsklage* prüft das Gericht, ob der Tatbestand der Anspruchsgrundlage erfüllt und daher der erlassene Verwaltungsakt bzw. das Unterlassen einer Entscheidung rechtswidrig ist (nach Maßgabe des § 114) und den Kläger in seinen Rechten verletzt (BVerwGE 11, 95, 99). Liegt eine rechtswidrige Versagung vor, erlässt das Gericht in aller Regel ein Bescheidungsurteil i.S.v. *§ 113 Abs. 5 S. 2* (BVerwGE 78, 177, 179). Ausnahmsweise kommt ein Verpflichtungsurteil i.S.v. § 113 Abs. 5 S. 1 in Betracht, wenn im konkreten Einzelfall

---

361 *Kopp/Schenke* § 114 Rn. 6 a.
362 EuGH 15.10.2015 – C-137/14, Rn. 59 f., NJW 2015, 3495

nur eine rechtmäßige Entscheidung der Verwaltung i.S.v. § 114 denkbar ist (Ermessensreduzierung auf Null).[363]

b) Die Teilaufhebung. Ein rechtlich erheblicher Ermessensfehler führt nicht notwendig zur Aufhe- 201 bung der gesamten Entscheidung. Die Zulässigkeit der Teilaufhebung folgt zwar nicht aus § 114, aber aus § 113 Abs. 1 S. 1. Nach überwiegender Ansicht sind Ermessensverwaltungsakte *grds. teilbar* – zumindest in den Fällen, in denen sich die Ermessensausübung auf einen der beiden Teile beschränkt. Erstreckt sich das Ermessen auf den aufzuhebenden und den aufrechtzuerhaltenden Teil, ist die Beurteilung schwieriger. Diese Frage wurde v.a. im Zusammenhang mit der Aufhebung von Nebenbestimmungen relevant. Die Rspr. hält eine Aufhebung auch in diesen Fällen für möglich.

13. § 114 S. 2. a) Allgemein. aa) Entstehungsgeschichte. Nach § 114 S. 2 kann die Behörde Ermes- 202 senserwägungen hinsichtlich des Verwaltungsaktes auch noch im verwaltungsgerichtlichen Verfahren ergänzen. Die Norm wurde durch das 6. VwGOÄndG eingefügt und gilt seit dem 1.1.1997. Der Gesetzgeber wollte der (Ausgangs-)Behörde damit die Möglichkeit geben, in den Fällen, in denen § 94 nicht eingreift, den rechtswidrigen Verwaltungsakt zu *heilen* (vgl. BT-Drs. 13/3993, 13 u. BT-Drs. 13/4069, 2). Das BVerwG ist der Auffassung, § 114 S. 2 kodifiziere lediglich etwas, was in der Rspr. bereits anerkannt war.[364]

bb) Systematische Einordnung. § 114 S. 2 regelt damit einen Teilbereich des Nachschiebens von 203 Gründen bei Ermessensverwaltungsakten.[365] Eine fehlerhafte, unzureichende Ermessensentscheidung wird mit Wirkung ex tunc ergänzt. Es geht dabei nicht (zumindest nicht nur) um die eventuell formell rechtswidrige Begründung i.S.v. § 39 VwVfG, sondern um die *materielle Begründung* der Ermessensentscheidung.[366] Die Behörde kann die Entscheidung nachträglich mit Argumenten stützen, die sie ursprünglich nicht herangezogen hat.[367] Eine analoge oder auch unmittelbare[368] Anwendung auf den Beurteilungsspielraum[369] und auf die Planungsentscheidungen[370] wird i.d.R. angenommen, ist jedoch aus den schon genannten Gründen abzulehnen (→ Rn. 39). Als allgemeiner Rechtsgedanke kann er dagegen herangezogen werden. Auf den Schätzungsspielraum, der im Abgabenrecht einer Behörde eingeräumt wird, wird der Rechtsgedanke des § 114 S. 2 entsprechend angewendet (BVerwG NVwZ-RR 2014, 657).

cc) Prozessuale Regelung. In § 114 S. 2 geht es um die Öffnung des zunächst abgeschlossenen be- 204 hördlichen Entscheidungsvorgangs für neue Erwägungen, möglicherweise auch neue Entwicklungen. Die Regelung bezieht sich dabei nur auf *die prozessuale Seite und nicht auf die materielle*.[371] Dies ergibt sich aus systematischen und kompetenzrechtlichen (Art. 74 Abs. 1 Nr. 1 GG) Gründen.[372] Das (Bundes-)Prozessrecht regelt nur, dass einer nach materiellem Bundes- und Landesrecht zulässigen Ergänzung von Ermessenserwägungen keine prozessualen Hindernisse entgegenstehen, soweit die Voraussetzungen des § 114 gegeben sind. Für die prozessuale Natur spricht auch die Stellung als S. 2 von § 114. Wie bei § 114 S. 1 können aber von der prozessualen Regelung gewisse Rückschlüsse auf die materielle Rechtslage gezogen werden, von deren Existenz der Gesetzgeber ausgegangen ist.[373] Danach besteht grds. auch bei Verwaltungsakten die Möglichkeit, Gründe nachzuschieben.[374]

dd) Die materiellen Voraussetzungen im Überblick. § 114 S. 2 regelt nur die prozessuale Zulässigkeit, 205 entsprechendes Vorbringen in den Prozess einzubringen. Materiell setzt ein Nachschieben von Ermes-

---

363 BVerwGE 76, 243, 253.
364 BVerwGE 105, 55, 59; s. etwa BVerwGE 61, 200, 210 f.; *H.-P. Schmieszek,* NVwZ 1996, 1151, 1155; anders dagegen die Einschätzung von *J. Bader,* NVwZ 1999, 120, 121 und von *R. P. Schenke,* JuS 2000, 230.
365 Deutlich *M. Dolderer,* DÖV 1999, 104, 106.
366 *K. Redeker,* NVwZ 1997, 625, 627.
367 *K. Rennert,* in: Eyermann § 114 Rn. 85.
368 *A. Decker,* JA 1999, 154, 155.
369 VG Köln 17.9.2014 – 21 K 4414/11, juris Rn. 119 f.; *J. Bader,* NVwZ 1999, 120, 122; *Kopp/Schenke* § 114 Rn. 49; *K. Redeker,* NVwZ 1997, 625, 627; *K. Rennert,* in: Eyermann § 114 Rn. 87.
370 *Kopp/Schenke* § 114 Rn. 49; *K. Redeker,* NVwZ 1997, 625, 627. A.M. *J. Bader,* NVwZ 1999, 120, 122; *K. Rennert,* in: Eyermann § 114 Rn. 86.
371 BVerwG NVwZ 2007, 270 f.; *W.-R. Schenke,* NJW 1997, 81, 88 ff.; unscharf insoweit BVerwGE 105, 55, 59.
372 *Kopp/Schenke* § 114 Rn. 49.
373 A.M. *W.-R. Schenke,* NJW 1997, 81, 88 ff.
374 Früher war dies umstr., gegen die Zulässigkeit etwa *K. Obermayer,* NJW 1961, 1777, 1785.

senserwägungen, wie allgemein ein Nachschieben von Gründen, nach Ansicht des BVerwG Folgendes voraus. Die nachträglich angegebenen Gründe lagen bei Erlass des Verwaltungsakts oder des Widerspruchsbescheides vor, ihre Heranziehung bewirkt keine Wesensänderung des angefochtenen Verwaltungsakts und der Betroffene wird nicht in seiner Rechtsverteidigung beeinträchtigt.[375] § 45 Abs. 2 VwVfG n.F. erfasst einen Teilbereich (Ergänzung der formellen Begründung), ist aber nicht als Regelung des Nachschiebens der materiellen Gründe zu verstehen.[376]

205a   Nicht endgültig geklärt ist, ob § 114 S. 2 nur greift, sofern es um Umstände geht, die zum Zeitpunkt der Klageerhebung schon vorlagen.[377] Dem durch § 114 S. 2 an sich bezweckten Verbot des vollständigen Nachholens einer Ermessensentscheidung im verwaltungsgerichtlichen Verfahren liegt die Annahme zugrunde, dass die Behörde i.R. ihres Verwaltungsverfahrens Anlass hatte, eine Ermessensentscheidung zu treffen (HmbOVG NordÖR 2011, 247). Da die Norm eine prozessuale Sperre eines materiell-rechtlichen Nachschiebens bildet, besitzt sie keinen echten Sinn, wenn die maßgebliche Sach- und Rechtslage die letzte mündliche Verhandlung ist und sich seit der Klageerhebung neue Umstände ergeben haben. Diese können dann ohne Begrenzung des § 114 S. 2 eingeführt werden. So hat das BVerwG zu Recht darauf hingewiesen, dass in den Fällen, in denen der maßgebliche Zeitpunkt der Sach- und Rechtslage die mündliche Verhandlung ist, § 114 S. 2 nicht ausschließt, eine behördliche Ermessensentscheidung erstmals im gerichtlichen Verfahren zu treffen, wenn sich aufgrund neuer Umstände die Notwendigkeit einer Ermessensausübung erst nach Klageerhebung ergibt (BVerwGE 141, 253). Dauerverwaltungsakte können jederzeit angepasst werden.[378] War die Ermessenserwägung von Anfang an erforderlich, kann sie nicht nachgeschoben werden (OVG Münster NVwZ-RR 2012, 621).

206   **b) Voraussetzungen. aa) Klagearten.** § 114 S. 2 bezieht sich auf die Ermessenserwägungen bei *Anfechtungs- und Verpflichtungsklagen*.[379] Der Wortlaut, der im Gegensatz zu § 114 S. 1 die „Ablehnung oder Unterlassung des Verwaltungsakts" nicht ausdrücklich erwähnt, ist insoweit verkürzt.[380] Im einstweiligen Rechtsschutzverfahren ist die Anwendung umstr. Beim Verfahren nach § 80 Abs. 5 ist sie zumindest gegeben.[381] Dagegen scheidet bei einer Fortsetzungsfeststellungsklage eine Ergänzung nach § 114 S. 2 nicht aus (BVerwG NVwZ 2000, 1186; a.M. OVG Münster NWVBl 2001, 435 ff.). Für das Planfeststellungsverfahren werden teilweise die besonderen Regelungen für die Behebung von Abwägungsmängeln als verdrängende leges speciales verstanden.[382]

207   **bb) Unvollständige Ermessenserwägungen.** § 114 S. 2 setzt eine unvollständige Ermessenserwägung und die materiell-rechtliche Zulässigkeit der nachträglichen Ergänzung dieser Entscheidung voraus. Eine Ergänzung kommt nur hinsichtlich solcher Erwägungen in Betracht, die Gegenstand der Befassung des nach dem Fachrecht zuständigen Entscheidungsträgers mit dem Antrag waren (OVG Münster DVBl 2004, 67 [LS]). Die Ergänzung von Ermessenserwägungen im laufenden Verwaltungsprozess setzt voraus, dass die Behörde unmissverständlich deutlich macht, dass es sich nicht nur um prozessuales Verteidigungsvorbringen handelt, sondern um eine Änderung des Verwaltungsakts selbst (OVG Münster BauR 2014, 1288).

208   **cc) Ergänzung.** § 114 S. 2 lässt nur die Ergänzung der Ermessenserwägungen, nicht deren vollständige Nachholung zu (BVerwGE 106, 351, 363 ff.; 107, 164, 169; BVerwG NVwZ 2007, 470). Diese Einschränkung ist ernst zu nehmen. Sie wird durch die Entstehungsgeschichte, den Normtext und dogmatische Gründe gestützt. So greift § 114 S. 2 nicht, wenn es bisher an Ermessenserwägungen fehlte, weil das Ermessen nicht ausgeübt wurde (BVerwGE 106, 351; VGH München BayVBl 1999, 150,

---

375 BVerwGE 105, 55, 59 m.w.N.; dazu nur *R. P. Schenke,* VerwArch 90 (1999), 232, 247 ff.

376 *K. Rennert,* in: Eyermann § 114 Rn. 85; *F. Schoch,* DÖV 1984, 401, 408 (noch zu § 45 VwVfG a.F.). A.M. *W.-R. Schenke,* NVwZ 1988, 1, 12 (§ 45 VwVfG a.F.).

377 So VG Berlin 31.8.2010 – 13 A 78.07, juris Rn. 38; wohl auch BVerwGE 141, 253; a.M. konkludent BVerwGE 130, 20 ff.; OVG Münster NWVBl 2010, 471.

378 BVerwGE 147, 81 ff.

379 OVG Magdeburg NVwZ-RR 2015, 611; zu Klagen bei erledigten Verwaltungsakten OVG Bautzen 1.9.2008 – 2 B 461/07.

380 *A. Kraus,* ThürVBl 2004, 205, 209; sehr streng dagegen *M. Gerhardt,* in: Schoch/Schneider/Bier § 114 Rn. 12 d.

381 VGH Kassel HGZ 2001, 309 f.; OVG Lüneburg NVwZ-RR 2008, 776; s.a. VGH Kassel DÖV 2004, 625 f.

382 *J. Bader,* NVwZ 1999, 120, 122; *M. Gerhardt,* in: Schoch/Schneider/Bier § 114 Rn. 12 d; *K. Rennert,* in: Eyermann § 114 Rn. 86.

151 f.) oder wenn durch das Nachschieben der Sache eine neue Ermessensentscheidung nachgeschoben und nicht nur eine bestehende präzisiert wird.

Die Abgrenzung zwischen neuer und ergänzter alter Ermessensentscheidung kann schwierig sein.[383] Sofern wesentliche Teile der Ermessenserwägungen ausgetauscht oder erst nachträglich nachgeschoben wurden, liegt eine neue Ermessensentscheidung vor.[384] Das ist anzunehmen, wenn der Streitstoff wesentlich geändert wird (OVG Saarlouis NVwZ-RR 2016, 898). Gleiches gilt, wenn die Behörde die Entscheidung mit einem neuen argumentativen Unterbau versieht (vgl. BVerwG NVwZ-RR 2009, 604). Dies ist etwa der Fall, wenn der Dienstherr bei einer Stellenbesetzung vom Modell der Bestenauslese unter Einschluss aller Versetzungsbewerber auf ein Modell wechselt, bei dem nur Bewerber berücksichtigt werden, für die die Ernennung eine Beförderung darstellt (BVerwG RiA 2004, 35 ff.). Gleiches gilt, wenn bei einer spezialpräventiv begründeten Ausweisung generalpräventive Gründe nachgeschoben werden (VGH München BayVBl 1999, 627). Die Versagung der Sondernutzungserlaubnis für das Aufstellen von Alttextilcontainern, gestützt auf ein rechtswidriges Abfallkonzept der Gemeinde, kann nicht durch eine nachträgliche Berufung auf die fehlende Leistungsfähigkeit ergänzt werden (OVG Lüneburg DVBl 2015, 717). Eine rechtswidrig auf eine Monopolregelung gestützte Untersagung unerlaubter Sportwettenvermittlung kann nicht durch das Nachschieben monopolunabhängiger Ermessenserwägungen geheilt werden (BVerwG NVwZ-RR 2014, 94). Unzulässig ist auch das vollständige Nachschieben einer dienstlichen Beurteilung (VGH Mannheim, NVwZ-RR 2013, 120). Nicht austauschbar sind Ermessenserwägungen, die sich an der Schwere der Schuld orientieren, mit solchen, die auf Erziehung ausgerichtet sind (VGH Mannheim DVBl 2008, 1329 f.). Die Beurteilung orientiert sich an der jeweiligen Sachentscheidung. Für die Wahl zwischen Bewilligung und Erlaubnis, die bisher mit den Beeinflussungen durch zukünftige klimatische Veränderungen und anderer Entnahmen begründet wird, ist der Wechsel auf die Mindestwasserführung eine Wesensänderung (VG Aachen 23.10.2015 – 7 K 1424/12). Werden die Ermessenserwägungen nicht nur ergänzt, sondern substantiell verändert, kann durch das (unzulässige) „Nachschieben" von Gründen eines Ermessensverwaltungsaktes ein neuer Verwaltungsakt erlassen worden sein, verbunden mit einer konkludenten Rücknahme der alten Entscheidung und einer Klageänderung.[385] Der Kläger kann den geänderten Verwaltungsakt durch Klageänderung (§ 91) in einen anhängigen Verwaltungsprozess einbeziehen. Weiter müssen auch die materiellen Voraussetzungen eingehalten sein, d.h. es darf zu keiner Wesensänderung kommen.[386]

dd) Nachträglich. Unter nachträglicher Ergänzung ist eine Ergänzung der Ermessenserwägungen *nach Klageerhebung* zu verstehen. § 114 S. 2 will den für die gerichtliche Kontrolle maßgeblichen Zeitpunkt nicht ändern. Da im Fall der Anfechtungsklage regelmäßig der Zeitpunkt des Erlasses des Verwaltungsaktes maßgeblich ist, ist der Anwendungsbereich im Wesentlichen auf solche Erwägungen beschränkt, die die Behörde im Bescheid selbst übersehen oder vergessen hatte. Wenn bei der Verpflichtungsklage die letzte mündliche Verhandlung der Tatsacheninstanz der Zeitpunkt für die maßgebliche Sach- und Rechtslage ist, bleibt für die Frage, ob die bisherige Ablehnung durch die Verwaltung rechtmäßig ist, zunächst der erlassene Bescheid maßgeblich. Ist die für diesen Bescheid herangezogene Ermessenserwägung fehlerhaft, kann sie ggf. nachträglich ergänzt werden. Ist dies nicht möglich, kann die Entscheidung nicht deshalb aufrechterhalten werden, weil die Behörde den Anspruch mit einer anderen Begründung rechtmäßigerweise zurückweisen kann. Ändert sich dagegen die Sach- und Rechtslage nach der Klageerhebung und ist die letzte mündliche Verhandlung der maßgebliche Zeitpunkt, können diese Änderungen berücksichtigt werden, ohne dass es dafür des Rückgriffs auf § 114 S. 2 bedürfte (→ Rn. 205 a).

c) Rechtsfolge. § 114 S. 2 *erlaubt*, die ergänzenden Erwägungen *in den Prozess einzubringen*. Voraussetzung für die Relevanz ist allerdings, dass das Nachschieben materiell-rechlich zulässig ist (OVG Münster NWVBl 2010, 471 f.). Die Ermessensergänzung hat im Regelfall der nach § 78 Abs. 1 Beklagte vorzubringen. Im Falle des § 78 Abs. 2 ist aber die Widerspruchsbehörde Beteiligte.[387] Eine be-

---

383 Noch weitergehend (nicht möglich) M. *Pöcker/R. Barhelmann*, DVBl 2002, 668.
384 VGH Mannheim DVBl 2008, 1329 f.; OVG Lüneburg NVwZ-RR 2010, 699 f.; Kopp/Schenke § 114 Rn. 50.
385 BVerwGE 85, 163, 165 ff.; unklar insoweit *H.-J. Brischke*, DVBl 2002, 429, 431.
386 OVG Lüneburg NVwZ- RR 2008, 552.
387 *J. Bader*, NVwZ 1999, 120, 123.

stimmte Form für die Ergänzung schreibt § 114 S. 2 nicht vor; eine schriftliche Erklärung ist ebenso möglich wie eine Erklärung im Erörterungstermin oder in der mündlichen Verhandlung. Die ergänzenden Erwägungen können bis zum Ende des Hauptsacheverfahrens vorgebracht werden. Eine Ergänzung im Revisionsverfahren hält man überwiegend wegen § 137 Abs. 2 für unzulässig,[388] bei Zurückweisung nach erfolgreichem Verfahren ist es dagegen wieder möglich.[389] Auch bei einer extensiven Auslegung des § 45 Abs. 2 VwVfG a.F. kann man zu keinem anderen Ergebnis kommen, da § 45 VwVfG sich auf die formelle und nicht auf die materielle Begründungspflicht bezieht.[390] Die Neufassung des § 45 Abs. 2 VwVfG[391] schließt die Revisionsinstanz ausdrücklich aus. Da die Ermessenserwägungen nur ergänzt werden, liegt in dem Vortrag wohl keine Klageänderung.[392] Selbst wenn man diese annähme, wäre § 114 S. 2 insoweit die speziellere Regelung zu § 91.

212　Nicht einheitlich wird die Möglichkeit einer *Aussetzung* bewertet, die der Behörde die Möglichkeit zum Nachschieben von Ermessenserwägungen einräumen soll. Gegenwärtig sieht die VwGO keine Aussetzung für diesen Fall vor, was in bestimmten Fallgestaltungen ausgesprochen unbefriedigend sein kann. Erklären die Parteien den Rechtsstreit aufgrund des Nachschiebens für erledigt, ist bei der *Kostenfrage*, wie beim Nachschieben von Gründen allgemein, im Rahmen des § 161 Abs. 2 zu berücksichtigen, ob der Kläger ohne das Nachschieben der Ermessenserwägungen durch die Behörde obsiegt hätte oder die unzureichende Ermessensbegründung kausal für die Klageerhebung war (BVerwG NVwZ-RR 2010, 550). Erklärt der Kläger die Sache nicht für erledigt, greifen die allgemeinen Regeln mit der Folge, dass ihm die Kosten des Verfahrens auferlegt werden, wenn er im Prozess unterliegt.[393]

III. Planungsermessen

213　**1. Selbständiger Entscheidungstypus. a) Struktur der Planungsentscheidungen.** *Gestaltungsauftrag.* Der Gedanke der Zurücknahme der gerichtlichen Kontrolle, der dem § 114 zugrunde liegt, gilt grds.[394] auch für die Kontrolle des Planungsermessens bei Planungsakten.[395] Die Beurteilung, Wertung und Abwägung der betroffenen Interessen, die der Planung eigen sind, verlangen nach einem gestalterischen Freiraum.[396] Dies wiederum rechtfertigt die Zurücknahme der (gerichtlichen) Kontrolle. Nach dem *BVerwG* ist *ein Plan ohne planerische Gestaltungsfreiheit ein Widerspruch in sich* (BVerwGE 55, 220, 226 [unter Rückgriff auf BVerwGE 34, 301, 304]; 56, 110, 116). Man spricht von Planungsermessen, Planungsfreiheit (BVerwGE 62, 86, 93), Abwägungsfreiheit oder Gestaltungsermessen etc. Die Gestaltungsfreiheit erstreckt sich auf alle planerischen Gesichtspunkte, die zur möglichst optimalen Verwirklichung der jeweils vorgegebenen Planungsaufgabe und zur Lösung evtl. entstehender Folgeprobleme führt.[397] Die früher vorkommende Trennung von Planungsfreiraum und Planvollziehung (BVerwGE 62, 86, 93 f.) ist so nicht aufrecht zu halten.

214　Die Planungsentscheidung wird dabei geprägt von dem *Gebot* der *gerechten Abwägung,* nach dem alle von der Planung betroffenen privaten und öffentlichen Belange in die Abwägungsentscheidung einzustellen sind. Nach Auffassung des BVerwG sind Planung und das Gebot der gerechten Abwägung zwingend miteinander verbunden (BVerwGE 34, 301, 304; 64, 270, 272). *Das Gebot der gerechten Abwägung* gilt immer – unabhängig von einer gesetzlichen Positivierung –, wenn ein *planerischer Gestaltungsfreiraum* besteht (BVerwGE 56, 110, 122). Gesetzlich normiert ist es etwa in § 17 Abs. 1 S. 3

388　*M. Gerhardt,* in: Schoch/Schneider/Bier § 114 Rn. 12 e; s.a. *K. Redeker,* NVwZ 1997, 625, 628 (§ 114 S. 2 sei anwendbar, allerdings müsse auf schon ins Verfahren eingebrachte Tatsachen zurückgegriffen werden); s.a. BVerwG ZBR 2000, 141: Eine auf neue Tatsachen gestützte Ergänzung der Ermessenserwägungen im Revisionsverfahren ist unzulässig.

389　BVerwG NVwZ 2011, 760.

390　*J. Bader,* NVwZ 1999, 120, 121; *M. Gerhardt,* in: Schoch/Schneider/Bier § 114 Rn. 12 e.

391　S. Drittes Gesetz zur Änderung verwaltungsverfahrensrechtlicher Vorschriften vom 21.8.2002 (BGBl I 3322).

392　*J. Bader,* NVwZ 1999, 120, 121; *K. Rennert,* in: Eyermann § 114 Rn. 90. A.M. *M. Dolderer,* DÖV 1999, 104, 107; *Kopp/Schenke* § 114 Rn. 51.

393　*J. Bader,* NVwZ 1999, 120, 125; *M. Gerhardt,* in: Schoch/Schneider/Bier § 114 Rn. 12 f.

394　Aufgrund eines eigenständigen Modells für eine unmittelbare Anwendung in der Sache *J. Cattepoel,* VerwArch 71 (1980), 140, 159.

395　BVerwGE 56, 110, 116 ff.; 71, 166, 171 (ohne Nennung des § 114); ausf. *J. Kühling/N. Herrmann,* Fachplanungsrecht, ²2000, Rn. 318 ff.; s. zum planungsrechtlichen Abwägungsgebot *C. Heinze,* NVwZ 1986, 87 ff.; *R. Wahl,* NVwZ 1990, 426, 436.

396　*U. Di Fabio,* FS Hoppe, 2000, 75, 95.

397　BVerwGE 59, 253, 256; 72, 15, 20 f.; 90, 42, 47 f.; 90, 96, 99 f.; 97, 143, 148.

FStrG und für Bauleitpläne in § 1 Abs. 7 BauGB. Das Gebot der gerechten Abwägung ist eine verfassungsrechtliche Voraussetzung dafür, dass die Planungsentscheidung die vom Vorhaben betroffenen Rechtspositionen einschränken kann.[398]

Finale Struktur. Bei Planungsentscheidungen spricht man von einer *finalen Entscheidungsstruktur.*[399] 215
Gesetzlich gesteuert sei v.a. das Planungsziel und die Struktur der Planung. Nicht jedes vorausschauende Element einer Entscheidung gibt dieser schon eine Entscheidungsprärogative, sondern erst, wenn die Struktur der Norm selbst das planerische Element bewusst umsetzt.[400]

Begriff der Planungsentscheidung. Eine (materielle) *Planungsentscheidung* ist eine Entscheidung, auf 216 deren Rechtsgrundlage aufgrund einer *Beachtung, Gewichtung und Abwägung ein Ausgleich von unterschiedlichen, teilweise gegenläufigen Belangen, zu treffen ist.*[401] Die Abwägungsentscheidung muss dabei mehrdimensional und gegenseitig ausgleichend sein. Eine einfache, zweidimensionale Abwägung, in der zwei gegenläufige Belange jeweils gegenübergestellt werden und einer auf Kosten des anderen (soweit nötig) zurückgestellt wird (s. etwa § 35 Abs. 2 BauGB), gehört nicht dazu. Geläufig ist auch die terminologische Unterscheidung zwischen gestaltender oder planerischer Abwägung und nachvollziehender oder linearer Abwägung.[402] Die Abgrenzung kann teilweise schwierig sein, was an dem Streit um die Qualifizierung des § 41 Abs. 2 BImSchG zu sehen ist.[403]

Bedeutung der Handlungsform. Pläne oder planerische Entscheidungen kommen in allen Handlungs- 217
formen vor, etwa in Gestalt des Innenrechts,[404] als Normen sui generis,[405] als Satzungen (z.B. der Bebauungsplan – § 10 Abs. 1 BauGB) oder Rechtsverordnungen (z.B. der Landesentwicklungsplan nach Art. 20 Abs. 2 BayLplG), in Form von förmlichen Gesetzen (vgl. nur BVerfGE 95, 1 ff.) oder auch als Verwaltungsakte (Planfeststellungsbeschluss [§ 74 Abs. 1 S. 1 VwVfG]). Die Rechtsform hat zwar für die Qualifizierung als Planungsentscheidung keine entscheidende Bedeutung (BVerwGE 62, 86, 93 f.). Unerheblich ist sie aber dennoch nicht. Sofern es um die *Reichweite der gerichtlichen Kontrolle* geht, besitzt die *Rechtsformwahl* des Gesetzgebers eine erhebliche *Bedeutung.*

Eine Planungsentscheidung in Gestalt des Planfeststellungsaktes ist enger determiniert als eine Planung 218
in Rechtssatzform, zu deren Gunsten das administrative Normsetzungsermessen wirkt.[406] Zwar sind auch hier Eingrenzungen möglich,[407] jedoch deutlich schwerer zu begründen. Der Unterschied reicht allerdings nicht allzu weit, da die Grundsätze zur gerichtlichen Kontrolle des Planfeststellungsbeschlusses durch die Rezeption der Grundsätze aus dem Bauplanungsrecht entwickelt wurden.[408] Das BVerwG sieht in der Ermächtigung, einen Plan durch einen Planfeststellungsbeschluss (oder durch Plangenehmigung)[409] zu beschließen, i.d.R. die Zuweisung einer planerischen Gestaltungsfreiheit.[410] Demgegenüber verlangt die Lit. vehement das Fachplanungsrecht (d.h. v.a. die Planung durch Plan-

---

398 S. aber auch BVerwG NVwZ 2002, 476 ff.: Auch die gebundene Abwägung bei § 35 BauGB sei in der Lage, Grundrechtsbeeinträchtigungen zu rechtfertigen.
399 *K. Rennert*, in: Eyermann § 114 Rn. 33.
400 BVerwGE 19, 82, 86 („geordnete städtebauliche Entwicklung"); 80, 270, 278 (Güterfernverkehr); s.a. BVerwGE 62, 86, 93 f.; 72, 38, 54 (Krankenhausbedarfsplan).
401 Deutlich etwa BVerwGE 74, 124, 133; 104, 236 (zur Linienbestimmung); zu den Planungsentscheidungen zählt auch die naturschutzrechtliche Abwägungsentscheidung nach § 8 Abs. 3 BNatSchG i.d.F.v. 1.1.1977, s. BVerwGE 85, 348, 362.
402 *J. Kühling*, DVBl 1989, 221, 221; s.a. „echte" Abwägung – BVerwGE 85, 348, 362.
403 Werden im Zusammenhang mit einer Planungsentscheidung gewisse Vorgaben unter den Vorbehalt der Verhältnismäßigkeit gestellt, kann darin eventuell ebenfalls eine bedingte Abwägungsermächtigung liegen – so BVerwGE 110, 370, 384, im konkreten Fall entgegen BVerwGE 104, 123, 139; 108, 248, 256 ff.
404 BVerwGE 62, 342, 345; 104, 236, 251 (etwa die Linienführungsbestimmung im Straßenrecht); 62, 86, 97 (die Versorgungsplanung durch den Krankenhausbedarfsplan, ohne die Feststellung des Aufnahme eines Krankenhauses).
405 So etwa die Zielfestsetzungen auf der Ebene des Regionalplans im bayerischen Recht nach dem alten BayLPlG, s. VGH München NVwZ 1985, 502 f.; s.a. VGH München BayVBl 1982, 726; BayVBl 1990, 306.
406 Vgl. nur BVerwGE 80, 355, 370 (Allgemeinverbindlicherklärung); s. *H. Sodan*, NVwZ 2000, 601 ff.; dazu *T. v. Danwitz*, Die Gestaltungsfreiheit des Verordnungsgebers, 1989, 161 ff.; eingrenzend *H. Schulze-Fielitz*, JZ 1993, 772, 780.
407 BVerwGE 96, 217, 223 (zu Fremdenverkehrssatzungen nach § 22 Abs. 2 BauGB); zu einem Systematisierungsvorschlag *M. Herdegen*, AöR 114 (1989), 607 ff.
408 Deutlich BVerwGE 56, 110, 116 f.; maßgebend war hier v.a. BVerwGE 34, 301 ff. (dort allerdings wiederum unter Rückgriff auf das Raumordnungsrecht); krit. dazu etwa *G. Gaentzsch*, FS Schlichter, 1996, 517, 538.
409 BVerwGE 98, 100, 103; zu anderen Planentscheidungen in Form des Verwaltungsakts BVerwGE 74, 124, 133; krit. *M. Gerhardt*, in: Schoch/Schneider/Bier § 114 Rn. 29.
410 Deutlich etwa BVerwGE 90, 96, 99; 97, 143, 148; s.a. BVerwGE 75, 214, 232; 87, 332, 341 (zu § 8 LuftVG); 107, 313, 322.

feststellungsbeschluss) deutlich von den normativen planerischen Abwägungsentscheidungen zu trennen und stärker in die Nähe des Verwaltungsermessens zu rücken.[411]

219　Die Planungsentscheidungen durch Planfeststellungsbeschlüsse besitzen eine gemeinsame Basis. Hinsichtlich der konkreten Gesichtspunkte, wie etwa der Planrechtfertigung, der Notwendigkeit von Teilplanung, der Frage der Planalternativen und der Gewichtungsvorgaben des öffentlichen Interesses bestehen zwischen den Verkehrswegeplanungen und den sonstigen Planfeststellungen, wie etwa Abfalldeponien, erhebliche Unterschiede,[412] die jedoch den Erörterungen zu den einzelnen Fachgesetzen vorbehalten bleiben müssen. Die Planungsentscheidungen in anderer (Handlungs-)Form kann noch stärkere Besonderheiten aufwerfen.[413]

220　*Träger des Gestaltungsfreiraums.* Wer *Träger der Gestaltungsfreiheit* ist, ist str. Das BVerwG weist der Behörde, die den Plan feststellt oder erlässt, die Gestaltungsfreiheit terminologisch eindeutig (in der Sache aber undeutlich) vollständig zu.[414] Teile der Lit. wollen bei öffentlichen Planungsträgern (zu Recht) eine geteilte Verantwortungszuweisung vornehmen,[415] da der Vorhabenträger mit seinem Antrag die Gestaltungsfreiheit der zuständigen Behörde erheblich einschränkt. Die Behörde plant demnach nicht selbst,[416] sondern vollzieht die Vorstellungen des Vorhabenträgers abwägend nach (BVerwGE 72, 365, 367; 97, 143, 148 f.).

221　Notwendigkeit einer gesetzlichen Grundlage. *Eine Planung benötigt eine Ermächtigung nur, sofern sie rechtliche Wirkungen entfaltet, die über eine rein verwaltungsinterne Bindung hinausgehen.*[417]

222　**b) Subjektives Recht auf die Abwägung.** Die Planungsentscheidungen sind gegenstandsbezogen und besitzen i.d.R. keinen unmittelbaren Adressaten. Der *Vorhabenträger* besitzt allerdings einen Rechtsanspruch auf fehlerfreie Ausübung des Planungsermessens, der sich auf alle abwägungserheblichen Gesichtspunkte erstreckt.

223　*Bei den sonstigen Betroffenen* ist die Annahme eines subjektiven Rechts rechtfertigungsbedürftig. Den fachplanungsrechtlichen Abwägungsvorschriften hat das BVerwG drittschützende Wirkung für die Träger bzw. Betroffenen von abwägungserheblichen Belangen beigemessen (s. Nachw. in BVerwGE 107, 215, 220). Das Recht bezieht sich dabei grds. auf eine gerechte Abwägung der eigenen Belange (subjektives öffentliches Recht auf gerechte Abwägung der eigenen rechtlich geschützten Belange).[418] Demnach kann es zu einer partiellen Fehlerhaftigkeit des Planfeststellungsbeschlusses kommen, sofern ein Abwägungsfehler nur gegenüber einem, nicht aber gegenüber einem anderen beachtlich ist.[419] Ausnahmsweise besteht ein Anspruch auf eine gerechte Abwägung (zumindest) auch der öffentlichen Belange, sofern es um Rechte geht (unabhängig ob diese dinglicher oder obligatorischer Art [BVerwGE 105, 178 ff.] sind), die von einer enteignungsrechtlichen Vorwirkung der Planungsentscheidung betroffen sind, da eine Enteignung nach Art. 14 Abs. 3 GG nur zum Wohl der Allgemeinheit zulässig ist (BVerwGE 67, 74 ff.; 69, 256, 270 f.; 72, 15, 25 f.). Auf die Verletzung privater Belange Dritter kann sich der von der Vorwirkung Betroffene dagegen nicht berufen, zumindest dann nicht, wenn der Dritte sich nicht in seinen Rechten beeinträchtigt fühlt oder zumindest davon Abstand genommen hat, ein Rechtsmittel einzulegen oder zu verfolgen (BVerwG NVwZ-RR 1991, 6, 8).

224　**2. Die Grenzen der planerischen Freiheit im Überblick.** Es ist nicht Aufgabe der Verwaltungsgerichte, anstelle der Verwaltung ersatzweise zu planen und sich hierbei von den Erwägungen einer „besseren" Planung leiten zu lassen (BVerwGE 98, 126, 132; 98, 339, 353). Eine gerichtliche Nachbesserung einer fehlerhaften Abwägung ist unzulässig. Zulässig ist es jedoch, Gründe, die die Behörde nicht erör-

---

411　*G. Achenbach,* Planfeststellung, 1992, 17 ff., 97; *W. Erbguth,* DVBl 1992, 398 ff.; *M. Gerhardt,* in: Schoch/Schneider/Bier § 114 Rn. 29; *W. Spoerr,* in: Jarass/Ruchay/Weidemann, Kreislaufwirtschafts- und Abfallgesetz, § 31 AbfG Rn. 60 ff.

412　Dazu *S. Paetow,* FS Sendler, 1991, 425, 429 ff.

413　Besonders eng ist die Abwägungsfreiheit etwa bei der Festlegung der Flugrouten bei Linienflügen – vgl. BVerwG NVwZ 2004, 1229 ff.

414　BVerwGE 97, 143, 148 f.; ebenso *R. Wahl,* DVBl 1982, 51, 53.

415　*Wolff/Bachof/Stober/Kluth* I § 62 Rn. 42 ff.; noch weitergehend *G. Achenbach,* Planfeststellung, 1992, 7 ff., 97; unentschieden *Kopp/Schenke* § 114 Rn. 35; *M. Gerhardt,* in: Schoch/Schneider/Bier § 114 Rn. 29.

416　Deutlich etwa *J. Kühling/N. Herrmann,* Fachplanungsrecht, 2000, Rn. 42.

417　Undeutlich insofern *M. Gerhardt,* in: Schoch/Schneider/Bier § 114 Rn. 30.

418　BVerwGE 91, 17, 23; 107, 313, 323 f. (zu § 8 LuftVG); 107, 215, 221 (zu § 1 Abs. 6 a.F. jetzt § 1 Abs. 7 BauGB); krit. etwa *R. Steinberg,* FS Schlichter, 1996, 599, 607.

419　*H. Johlen,* FS Redeker, 1993, 487 ff.

tert hat, für die Frage heranzuziehen, ob die Abwägung der Behörde den Anforderungen des Gebots der gerechten Abwägung gerecht wurde (BVerwG NVwZ-RR 1991, 118 LS 2).

Die von der Rspr. als „umfassend" bezeichnete gestalterische Freiheit ist allerdings nicht grenzenlos 225 (BVerwGE 58, 154, 155; 59, 253, 256 f.). Üblicherweise (s. nur BVerwGE 69, 256, 270 f.) wird die Planung auf *ihre Rechtfertigung, die Einhaltung der gesetzlichen Grenzen* und *die Erfüllung* des Abwägungsgebots[420] kontrolliert. Interne Bindungen an vorausgehende Planungsentscheidungen sind ebenfalls zu beachten (BVerwGE 48, 56, 59 f.). Die Kontrolldichte kann je nach Rechtsgrundlage unterschiedlich sein. Je stärker die behördliche Abwägung durch rechtliche Direktiven gesteuert wird, desto eher ergibt sich ein rechtsrelevanter Abwägungsfehler. Maßgeblicher Zeitpunkt ist dafür grds. der Zeitpunkt des Erlasses des Planungsaktes (BVerwGE 84, 123, 126 [zum Planfeststellungsbeschluss]).

3. Planrechtfertigung. a) Allgemein. Greift die Planung in rechtliche Positionen ein bzw. gestaltet sie 226 bestimmte Zustände oder Entwicklungen, muss für sie *ein sachlicher Grund* bestehen (Erfordernis der Planrechtfertigung). Die Anforderungen unterscheiden sich je nach Art der Planung. Am umfassendsten ist die Planrechtfertigung für die Verkehrswegeplanung ausgearbeitet (grundlegend BVerwGE 72, 282, 284 ff.). Die Planrechtfertigung ist der planerischen Abwägung vorgelagert[421] und nach der Rspr. *gerichtlich voll überprüfbar* (BVerwGE 72, 282, 284; 84, 123, 131).

Die gerichtliche Kontrolle der Planrechtfertigung darf nicht zur Aufhebung der eigentlichen planeri- 227 schen Freiheit führen. Daher werden die Besonderheiten der Pläne zum einen beim Rechtfertigungsmaßstab, zum anderen bei der Bedarfsanalyse berücksichtigt. I.d.R. ist ein Plan gerechtfertigt, wenn er – gemessen an den Zielen des jeweiligen Fachgesetzes – vernünftigerweise geboten ist.[422] *Eine Rechtfertigung fehlt einer* Planung, deren Realisierung objektiv vor nicht überwindbaren Hindernissen steht (BVerwGE 107, 1, 16) bzw. deren Verwirklichung nicht beabsichtigt ist (BVerwGE 84, 123, 128).

Die im Rahmen der Planrechtfertigung i.d.R. erforderliche Bedarfsfeststellung[423] beruht meist auf 228 einer *Prognose* (BVerwGE 107, 142, 146). Bei den Prognosen fallen Gesichtspunkte, die die Entscheidungsprärogative in Form des Beurteilungsspielraums begründen, mit der Abwägungsentscheidung im Rahmen der Planung zusammen („planungsspezifische" Prognose).[424] Das wertende, abschätzende Moment der *Prognose* vermittelt der *Behörde* einen *zusätzlichen, anders gelagerten Freiraum* im Vergleich zur planerischen Gestaltungsfreiheit. Das Gericht kann die behördliche Prognose nicht durch eine eigene ersetzen und nur beschränkt überprüfen. Es findet eine Plausibilitätskontrolle statt, die auf einige Fragen beschränkt ist (Wahl der richtigen Methode/zutreffende Sachverhaltsermittlung/sachgerechte Begründung/angemessenes Verhältnis von Ungewissheiten und Eingriffen/offensichtlich fehlerhafte Einschätzung, → Rn. 323).[425]

b) Gesetzliche Bedarfsfeststellung. Die gerichtliche Nachprüfung der Planrechtfertigung und der Be- 229 darfsprognose wird erheblich eingeschränkt, wenn der Gesetzgeber, wie im Bundesfernstraßenrecht, den Bedarf und zugleich die Rechtfertigung einer Planung selbst gesetzlich festlegt.[426] Die Prüfung der Prognose und des Bedarfs beschränkt sich dann auf eine Vorprüfung der Verfassungsmäßigkeit des jeweiligen Bedarfsgesetzes (BVerwG NVwZ 1997, 165, 167; 2004, 722, 725).

c) Besonderheiten bei Teilplänen. Die Planungsentscheidung ist primär auf die Realisierung des Ge- 230 samtvorhabens angelegt. Dennoch ist auch eine *Teilplanung möglich*,[427] wenn der Gedanke der Ab-

---

420 St. Rspr. BVerwGE 98, 339, 349; s. dazu etwa H. *Schulze-Fielitz*, FS Hoppe, 2000, 997.

421 BVerwGE 55, 220, 227; krit. dagegen M. *Gerhardt*, in: Schoch/Schneider/Bier § 114 Rn. 32 (Prüfung könne in die Abwägungsentscheidung integriert werden).

422 BVerwGE 84, 31, 36; 85, 44, 51; relativ strenge Nachprüfung etwa bei BVerwGE 71, 166, 168 f.; 72, 282, 284 ff.; 84, 123, 132. Zur Flughafenplanung „notwendig sei ein Bedürfnis": BVerwGE 56, 110, 119; 71, 166, 168; 72, 282, 284 ff.; 75, 214, 233, 238 (Flughafen München II); 107, 142, 145; s.a. BVerwGE 107, 142 ff. (Flughafenausbau); zu kommunalen Bauleitplänen s. BVerwGE 110, 36, 40.

423 BVerwGE 75, 214, 234 (Luftverkehrsprognose); 84, 123, 131 (künftige Verkehrsentwicklung); 87, 332, 354; 107, 142, 147 (Zunahme des Verkehrsbedürfnisses für Flughafenausbau).

424 BVerwGE 72, 282, 286.

425 BVerwGE 87, 332, 354.

426 S. dazu BVerwGE 98, 339, 345 ff.; 104, 236, 249; 107, 1, 9; VGH Mannheim NVwZ-RR 1994, 373, 378; s.a. BVerfG (Kammer) NVwZ 1996, 261.

427 Ausf. zur Teilbarkeit von Planungen T. *Roeser*, FS Schlichter, 1996, 479 ff.

wägungsfreiheit auch für das Teilprojekt zutrifft.[428] Die Teilpläne werden als Mittel sachgerechter und überschaubarer Gliederung planerischer Problembewältigung angesehen (BVerwGE 100, 370, 387) und als unerlässlich für die Realisierung schwieriger Planvorhaben bezeichnet (BVerwGE 62, 342, 353; BVerwG NVwZ 1997, 165, 166). Der Betroffene ist bei der Teilplanung evtl. darauf angewiesen, seine Einwendungen in mehreren Planfeststellungsverfahren geltend zu machen.[429] Die Grenze der zulässigen Rechtsschutzverschlechterung durch Teilplanungen bildet das Gebot des effektiven Rechtsschutzes gem. Art. 19 Abs. 4 GG (BVerwG NVwZ 1997, 165, 166).

231   Eine Teilplanung verlangt *eine innere Rechtfertigung für sich selbst* (Planung als Einheit),[430] aber auch im Hinblick auf ihre Eigenschaft als Teil eines (künftigen) Ganzen (Gesamtkonzeption).[431] Im Straßenrecht muss der Teilabschnitt der Straße eine eigene Verkehrsfunktion besitzen[432] und der Gesamtplan darf nicht offensichtlich unrealisierbar sein (BVerwGE 107, 1, 14 ff.; s.a. BVerwGE 104, 144, 152 f.). Strukturell vergleichbar ist die Anforderung des Abwägungsgebots bei Teilplänen. Diese muss die *Probleme* der *Gesamtplanung* überschlagsartig mitberücksichtigen (BVerwGE 104, 236, 242 f.; 100, 370, 387). Es reicht die Prognose aus, dass der Verwirklichung des Vorhabens keine von vornherein unüberwindlichen Hindernisse entgegenstehen (BVerwGE 104, 236, 243; s.a. BVerwGE 107, 1, 14 ff.).

232   **d) Rechtfertigungselemente bei privatnützigen Planfeststellungsbeschlüssen.** Bei Planungen (Planfeststellungsbeschlüssen) mit privatnützigen Zielsetzungen gelten bei der Planrechtfertigung und beim Abwägungsgebot Besonderheiten. Privatnützige Vorhaben können subjektive Rechte Dritter in zulässiger Form nur dann einschränken, wenn sie zumindest mittelbar Gemeinwohlbelange fördern.[433]

233   **e) Nachträgliche Funktionslosigkeit.** Eine Planung kann ihre Wirksamkeit verlieren, wenn sie funktionslos wird.[434] Die *Funktionslosigkeit* ist v.a. *bei Bebauungsplänen* von Bedeutung. Ob der funktionslose Plan rechtswidrig ist, ist umstr.[435] Die Funktionslosigkeit ist keine Grenze der Abwägungsfreiheit, sondern eine immanente Schranke der Reichweite von Planungsentscheidungen.

234   **4. Zwingende planbezogene Vorgaben, „Planungsleitsätze".** Abwägungsentscheidungen dürfen zwingendes Recht nicht verletzen (BVerwGE 85, 44, 51; 90, 96, 99 f.). Zwingend sind solche Vorgaben, die die Planung i.E. auf jeden Fall einhalten muss und die in die Abwägung eingestellt und durch diese überwunden werden können. Die Abgrenzung zu Abwägungsvorgaben kann schwierig sein.[436] Die Bezeichnung als „*Planungsleitsätze*"[437] hat das BVerwG wegen deren Mehrdeutigkeit aufgegeben[438] und spricht jetzt von „zwingenden Grenzen" oder vergleichbaren Wendungen.[439]

235   Da die zwingenden Vorgaben aus der gesamten Rechtsordnung hergeleitet werden können, ist eine Aufzählung unmöglich. Praktisch relevant sind: für den Bereich des Schallschutzes: §§ 41 ff. BImSchG und § 74 Abs. 2 S. 2 VwVfG, sowie Art. 14 Abs. 1 GG und Art. 2 Abs. 2 S. 1 GG (BVerwGE 104, 123, 130; 106, 241, 247), für den Bereich des Naturschutzes: das Vermeidungsgebot des § 8 Abs. 2 S. 1 BNatSchG i.d.F.v. 1.1.1977/§ 15 Abs. 1 und 2 BNatSchG n.F. (bezogen auf das konkrete Vorhaben,

428   BVerwGE 84, 123, 126 ff. (zu einer „Längsteilung" einer Autobahn); 104, 236, 242 f.
429   BVerwGE 104, 337, 343; s. zur Abwehr evtl. Vorwirkungen vorausgehender Planungsabschnitte BVerwGE 62, 342, 353 f.; BVerwG NVwZ 2001, 800 f.
430   Zur Planfeststellung BVerwGE 104, 144, 152; speziell zur bergrechtlichen Planfeststellung *G. Gaentzsch*, FS Sendler, 1991, 404, 419 f.; s.a. BVerwGE 61, 307, 311; krit. *T. Roeser*, FS Schlichter, 1996, 479 ff.
431   Zum Straßenrecht: BVerwGE 62, 342, 353; BVerwG NVwZ 1993, 572 ff.; s.a. BVerwGE 107, 1, 14 ff.; BVerwG NVwZ 1993, 980, 981 (Fernstraßenverbindung zu einem Containerbahnhof); 1997, 165, 166.
432   BVerwGE 107, 1, 14 ff.; großzügig BVerwGE 104, 144, 153; instruktiv BVerwGE 100, 238, 255.
433   BVerwGE 55, 220, 227 (zur wasserrechtlichen Planfeststellung nach § 31 WHG); BVerfG DVBl 2003, 192 ff. (Flughafen); vorausgehend HmbOVG NVwZ 2001, 1173 ff.; ausf. *J. Kühling*, FS Sendler, 1991, 391, 397; *U. Ramsauer/K. Bieback*, NVwZ 2002, 277 ff.
434   Die Frage des Gültigkeitsverlusts wegen Funktionslosigkeit kann Gegenstand eines Normenkontrollverfahrens sein, s. BVerwGE 108, 71 ff.
435   *P. Baumeister*, Das Rechtswidrigwerden von Normen, 1996, 340 ff.
436   Zu § 41 Abs. 2 BImSchG gegenwärtig BVerwGE 110, 370, 384, im konkreten Fall entgegen BVerwGE 104, 123, 139; 108, 248, 256 ff.
437   Begriffsbildend BVerwGE 71, 163, 165; s.a. BVerwGE 84, 123, 126; s.a. *A. Tsevas*, Kontrollintensität, 1992, 106 ff.
438   BVerwG NVwZ 1993, 565 ff.; dazu auch *H. Jarass*, DVBl 1998, 1202, 1205; *R. Wahl/J. Dreier*, NVwZ 1999, 606, 615.
439   BVerwGE 100, 370, 380 („zwingendes Recht"); BVerwG NVwZ 1993, 565 („striktes Recht"); NVwZ 1993, 565, 567 („zwingende materiellrechtliche Rechtssätze").

bei Straßen bezogen auf die konkrete Trasse)[440] sowie das Anpassungsgebot des § 7 Abs. 1 BauGB (BVerwGE 141, 171) und für den Gebietsschutz die FFH-Richtlinie.[441]

Vorausgehende oder andere Planungsentscheidungen entfalten Bindungswirkungen unterschiedlicher 236
Intensität, die von fehlender Bindung, über rein interne Bindung (z.B. Linienführung nach § 16
FStrG)[442] bis hin zum Planungsleitsatz reichen kann (§ 4 Abs. 1 ROG).[443]

5. Abwägungsgebot – Allgemein. a) Charakteristika. Der gestalterische Teil der Planung wird durch 237
das Gebot der gerechten Abwägung geprägt (→ Rn. 214). Die Folge dieser Freiheit ist, dass sich die
Behörde bei der Kollision verschiedener Belange für die Bevorzugung des einen und damit notwendigerweise für die Zurückstellung eines anderen entscheiden darf.[444]

Die *Grundlagen* der gerichtlichen Kontrolle des Abwägungsgebots hat das BVerwG (zum Baupla- 238
nungsrecht) mit *folgender Formulierung* gelegt: „Das Gebot gerechter Abwägung ist danach verletzt,
wenn eine Abwägung überhaupt nicht stattgefunden hat, wenn in die Abwägung nicht alles an Belangen eingestellt worden ist, was nach Lage der Dinge hätte eingestellt werden müssen, wenn das Gewicht der betroffenen öffentlichen und privaten Belange verkannt worden oder aber der Ausgleich
zwischen den Belangen in einer Weise vorgenommen worden ist, die zur objektiven Bedeutung der Belange außer Verhältnis gestanden hat." (BVerwGE 34, 301, 309; s.a. BVerwGE 45, 309, 314ff.; 48,
56, 63 f.)

Aus dieser Formulierung haben sich die geläufigen vier Fehlerkategorien gebildet – Abwägungsausfall 239
(es hat keine Abwägung stattgefunden, Abwägungsbewusstsein, -bereitschaft oder -wille fehlen), Abwägungsdefizit (nicht alle berücksichtigungsbedürftigen Belange wurden erfasst, mitunter ergänzt um
den Umstand, dass sachfremde Belange eingestellt wurden [Abwägungsmissbrauch]), Abwägungsfehlgewichtung (das objektive Gewicht der einzelnen Belange wurde verkannt) und schließlich die Abwägungsdisproportionalität (die Entscheidung über Vorzugswürdigkeit bestimmter Belange steht außer
Verhältnis zum Gebot des angemessenen Ausgleichs).[445] Die letzte Stufe des Abwägungsgebots verdeutlicht dessen gedankliche Herkunft: Das Gebot der gerechten Abwägung beruht auf einer pla-
nungsspezifischen Fortführung des allgemeinen Verhältnismäßigkeitsgrundsatzes (BVerwGE 56, 110,
123; 64, 270, 273).

b) Abwägungsvorgang und Abwägungsergebnis. Die Anforderungen des Abwägungsgebotes betref- 240
fen sowohl den *Abwägungsvorgang* als auch das Abwägungsergebnis.[446] Es bestehen in der Lit. zahlreiche Vorschläge, diese beiden Bereiche stärker abzuschichten[447] und auch die vier Elemente des Abwägungsgebotes jeweils einem der beiden Bereiche zuzuordnen.[448] Mit einer weitergehenden Untergliederung als die Abschichtung in Vorgang und Ergebnis sollte man dagegen vorsichtig sein,[449] da der
Abwägungsvorgang nicht mit dem Verfahren gleichgesetzt werden darf und Vorgang und Ergebnis bei
der Planung eng verzahnt sind.[450]

6. Abwägungsausfall. a) Allgemein. Übersieht die Verwaltung das Bestehen eines Abwägungsfrei- 241
raums und geht sie von einer gebundenen Entscheidungsstruktur aus, dann liegt ein rechtlich erheblicher Abwägungsfehler vor. Bei den Bebauungsplänen ordnet die Rspr. den Abwägungsausfall als einen
Mangel im Abwägungsvorgang i.S.d. §§ 214, 215 BauGB ein (BVerwGE 138, 12).

---

440 BVerwGE 100, 370, 381; 104, 144, 150; 104, 236, 248; s.a. bei Planalternativen: BVerwGE 102, 331, 348 f.
441 RL des Rates vom 21.5.1992 zur Erhaltung der natürlichen Lebensräume sowie der wildlebenden Tiere und Pflanzen
     (92/42) – Abl EG Nr. L 206/7 vom 22.7.1992, s. dazu BVerwGE 107, 1, 21 ff. und 110, 303 ff.; aus der Lit. s. nur
     M. *Möstl*, DVBl 2002, 726 ff.
442 BVerwGE 104, 236, 252; s.a. M. *Gerhardt*, in: Schoch/Schneider/Bier § 114 Rn. 35.
443 M. *Kment*, BayVBl 2004, 11.
444 BVerwGE 98, 126, 127; 100, 238, 251; s.a. BVerwGE 34, 301, 309 und 45, 309, 314 ff. zur Bauleitplanung.
445 S. nur BVerwGE 71, 166, 171; 87, 332, 340; 100, 238, 251; 100, 370, 383.
446 BVerwGE 45, 309, 315; 48, 56, 64; dagegen stärker auf das Abwägungsergebnis abstellend C. *Heinze*, NVwZ 1986,
     87, 88 f.
447 Ausf. M. *Ibler*, DVBl 1988, 469 ff.; für die Betonung des Abwägungsvorgangs etwa H.-J. *Koch*, DVBl 1989, 399 ff.
448 S. etwa der Sache nach J. *Kühling/N. Herrmann*, Fachplanungsrecht, ²2000, Rn. 30 f.; noch weiter differenzierend z.B.
     Beatrix Bartunek, Probleme des Drittschutzes bei der Planfeststellung, 2000, 57.
449 Krit. daher auch M. *Gerhardt*, in: Schoch/Schneider/Bier § 114 Rn. 10, 38.
450 S. etwa BVerwGE 110, 118, 125 (zu § 1 Abs. 6 a.F. jetzt § 1 Abs. 7 BauGB; übersehener Belang bedeutet einen Er-
     mittlungsfehler und fließt so in das Abwägungsergebnis ein).

242   **b) Abwägungsunterschreitung.** Eine Abwägungsunterschreitung liegt vor, wenn die Behörde hinsichtlich einzelner Bereiche innerhalb des Abwägungsumfangs eine *Bindung annimmt*, die *nicht existiert*.
Möglich ist dies bei der Fehleinschätzung der Reichweite vorhergehender Planung.[451] Entgegen der
Rspr. liegt bei der Abwägungsunterschreitung kein Abwägungsausfall (BVerwGE 107, 350, 356), sondern ein Abwägungsdefizit vor.

243   **c) Vorwegbindung.** Die *Verwaltung* kann ihre Abwägungsfreiheit *nicht aufgeben*.[452] Vorgaben innerhalb der Verwaltungshierarchie bleiben dennoch möglich.[453] Die Behörde darf sich vor der eigentlichen Abwägung weder rechtlich noch faktisch auf ein bestimmtes Ergebnis festlegen oder ein solches
zusichern (BVerwGE 75, 214, 231). Andererseits darf das Verbot der Vorwegbindung *nicht zu streng
verstanden werden*. Die Abwägungsentscheidung ist rechtlich an den Planentwurf des Antragstellers
gekoppelt und somit auf Kooperation angewiesen, wodurch faktisch eine Bindung entsteht. Wird eine
nennenswerte faktische Vorbindung begründet, sind so weit wie möglich auch die Verfahrensschritte
des eigentlichen Abwägungsvorgangs vorzuziehen (informelle Beteiligung anderer Behörden, Unterrichtung des für die Entscheidung zuständigen Organs, Vorermittlung der betroffenen Belange).

244   **d) Gebot der Offenheit.** Bei der Abwägung muss der Ausgang der Abwägung noch offen sein
(BVerwGE 104, 236, 248: „Null-Variante"). Diese *Geschäftsgrundlage der planerischen Gestaltung*
ist ernst zu nehmen. Wenn planerische Abwägungsentscheidungen der Sache nach zu einer rein behördlichen Kontrolle des Planentwurfs des Antragstellers reduziert werden, besteht kein Grund mehr,
ein besonderes Planungsermessen der Verwaltung anzuerkennen.[454]

245   **e) Entscheidungsvorbehalte bzgl. nachträglicher Ergänzungen.** Der Gesamtplan legitimiert die gestalterische Freiheit der Planabwägung und muss Probleme, die er aufwirft, bewältigen (Gebot der Problembewältigung, → Rn. 280).[455] *Ausdrückliche Vorbehalte* (Planungsvorbehalte – s. § 74 Abs. 3
VwVfG), die einen Teil der Sachentscheidung auf eine spätere Entscheidung ausdrücklich verschieben,
sind daher nur in *Randbereichen möglich* (BVerwGE 104, 123, 138; s.a. BVerwGE 102, 331, 346 f.).

246   **7. Abwägungsdefizit.** Das Gericht überprüft, ob die Behörde alle „nach Lage der Dinge" erheblichen
Belange einschließlich der von der Planung aufgeworfenen Folgen erfasst und in die Abwägungsentscheidung eingestellt hat. Das *Gebot, alle Belange einzustellen*, ist *voll überprüfbar*. Es wird von dem
eigentlichen Gestaltungsfreiraum nur soweit erfasst, wie die Zusammenstellung der Belange untrennbar mit der eigentlichen Abwägungsentscheidung verbunden ist (BVerwGE 110, 118, 125 [zu § 1
Abs. 6 a.F.; jetzt § 1 Abs. 7 BauGB]). Sie verlangt grds. keinen selbständigen Beschluss und ist abschließend von dem Organ vorzunehmen, dem die *Abwägungsentscheidung* obliegt (BVerwGE 110, 118,
125 [zu § 1 Abs. 6 a.F.; jetzt § 1 Abs. 7 BauGB]).

247   **a) Begriff des Belangs.** Belange sind die *Sachaspekte*, die in die Abwägung *einzustellen sind*. Abwägungserheblich ist jeder Belang, sofern er erheblich, erkennbar und schutzwürdig ist (BVerwGE 78,
285, 295; 110, 36, 38; zum Bebauungsplan BVerwGE 59, 87, 101 ff.). Er kann privater oder öffentlicher Art sein, wobei diese *Unterscheidung keine* rechtliche Bedeutung besitzt.

248   Zu den *öffentlichen Belangen* zählen etwa[456] Belange des Natur- und Landschaftsschutzes (BVerwGE
104, 236, 248), der Wasserwirtschaft, des Verkehrsrechts, die Ergebnisse des UVP-Verfahrens[457] und
die Planungen anderer Planungsträger.[458] Bei Planungsalternativen sind die jeweiligen Kosten berücksichtigungsfähig (BVerwGE 71, 163, 166; BVerwG NVwZ-RR 1989, 458 f.; NVwZ 1994, 1000,
1001), Gleiches gilt richtigerweise für die Dauer der Realisierung.[459]

---

451   BVerwGE 102, 331, 343 f.; s. etwa: BVerwGE 56, 110, 129; 107, 350, 356: Bei der Änderung eines Planfeststel-
      lungsbeschlusses, für die wiederum ein Planfeststellungsbeschluss notwendig ist, dürfen die tatsächlichen oder plan-
      gegebenen Vorbelastungen nicht von vornherein ausgeblendet werden.
452   BVerwGE 75, 214, 230 (Flughafen München II, Unparteilichkeit auch der Behörde).
453   *G. Maier*, BayVBl 1990, 647 ff.
454   Vehement in diese Richtung *M. Gerhardt*, in: Schoch/Schneider/Bier § 114 Rn. 29.
455   BVerwGE 61, 307, 311.
456   S. nur *H. Dürr*, UPR 1993, 161, 163 ff.
457   Zur Frage des UVP-Verfahrens und den Folgen dessen Versäumung neben BVerwGE 100, 238, 243 ff.; 100, 370,
      376 auch BVerwGE 104, 236, 243; 104, 337, 346 f.
458   S. statt vieler BVerwGE 80, 7, 13 (Sportplatz); 85, 155, 161; BVerwG NVwZ 1993, 565, 571.
459   BVerwG NVwZ 1994, 1000, 1001; zurückhaltend *M. Gerhardt*, in: Schoch/Schneider/Bier § 114 Rn. 40.

Den *privaten Belangen* unterfallen etwa das Privateigentum, die berufliche Tätigkeit, die Beeinträchtigung durch Immissionen, die Beeinträchtigung der Gewerbe- und Berufsausübung, insbes. die Existenzgefährdung landwirtschaftlicher Betriebe (BVerwGE 102, 331, 333), die Nachteile im Gemeingebrauch, Sondergebrauch oder Anliegergebrauch von öffentlichen Sachen oder die sonstigen nachteiligen Wirkungen bei der Wahrnehmung von Rechten.   249

Belange auf der Ebene des Rechts. Ein *subjektives* öffentliches *Recht, in das durch die* Planung eingegriffen wird oder das in anderer Weise rechtlich beeinträchtigt wird, ist immer ein abwägungserheblicher (privater) Belang (BVerwGE 110, 36, 39). Da die Planungsentscheidungen gegenstandsbezogen und daher oft adressatenlos sind, ist die Eingriffsfrage mitunter schwer zu beantworten.[460]   250

Beispiele: Das *Privateigentum*[461] schützt zunächst vor rechtlichem oder tatsächlichem Entzug (BVerwGE 104, 144, 145) und vor unzumutbaren Beeinträchtigungen der gegenwärtigen oder potenziellen (BVerwGE 57, 297, 305) (Grundstücks-)Nutzungsmöglichkeit (BVerwGE 107, 215, 219 [zur Bauleitplanung]). Bei Immissionen richtet sich das Maß der zumutbaren Beeinträchtigungen nach unterschiedlichen Kriterien (planungsrechtliche Situation, Vorbelastung, Tageszeit, Ausmaß und Art etc.). Vom Nutzungsinteresse an Grund und Boden ist die Möglichkeit der Zufahrt mit umfasst (BVerwGE 98, 126, 130).   251

Die Berufsfreiheit nach Art. 12 Abs. 1 GG ist v.a. dann zu beachten, wenn die Planung zur Beeinträchtigung bis hin zur Gefährdung von (i.d.R. landwirtschaftlichen) Betrieben führt. Die Bereitstellung von Ersatzland kann bei landwirtschaftlichen Betrieben den Belang der Betriebsgefährdung abmildern (BVerwGE 98, 339, 356). Sonstige zu beachtende Rechte können etwa die Ausübung der Fischerei- und Jagdrechte sein (BVerwG NVwZ 1983, 672 [zum Planfeststellungsbeschluss]).   252

Belange unterhalb der Rechtsbeeinträchtigung. Der Begriff des Belangs reicht deutlich *weiter* als der Begriff des subjektiven Rechts. Interessen, die nicht rechtlich geschützt sind, können ebenso in die Abwägung einzustellen sein wie Beeinträchtigungen, die noch nicht die *Schwere eines Eingriffs* oder der rechtlich relevanten Verkürzung (bei Leistungsrechten) überschritten haben. *Beispiele sind*: Immissionen unterhalb der Zumutbarkeitsschwelle,[462] Lärmzunahmen, die eine schon gegebene Plansituation rechtlich ausnützen,[463] Beeinträchtigungen in der Verwirklichung des Gemeingebrauchs, Sondergebrauchs oder Anliegergebrauchs von öffentlichen Sachen. Auch Grundstücksnutzungen aufgrund eines Miet- oder Pachtvertrages können hinsichtlich des dahinterstehenden Interesses abwägungserheblich sein (BVerwGE 110, 36, 39).   253

b) Erheblichkeit der Belange. Abwägungserheblich sind nur erhebliche Belange; das sind solche, die tatsächlich bestehen, von der Planung betroffen und abwägbar sind.   254

Die Belange müssen tatsächlich existieren (*richtiger Sachverhalt*)[464] und durch die Planung berührt werden (Planbezug). Die Unsicherheit, ob ein Nutzungsrecht in Zukunft noch besteht, nimmt den betroffenen Interessen nicht die Schutzwürdigkeit (BVerwGE 110, 36, 39). Der Planbezug ist nur anhand der konkreten Planung feststellbar (BVerwGE 52, 183, 190 f.). Einen Planbezug besitzen alle Gesichtspunkte, die einen *Einfluss auf die Notwendigkeit* (BVerwGE 71, 166, 168 f.; 84, 123, 126; BVerwG NVwZ 1991, 781, 783), den Umfang,[465] den Ort (zum alten Abfallrecht BVerwGE 75, 214, 236 f.; 81, 128, 132 ff.), die Funktionalität oder die Veränderungsmöglichkeit des *Vorhabens* und auf *dessen* potenzielle *Auswirkungen* auf die Umwelt, insbes. durch Immissionen (BVerwGE 84, 31, 39),[466] oder auf den Natur- und Landschaftsschutz (BVerwG NVwZ 1993, 565, 570), den Bodenverbrauch und auf andere Planungen sowie (gemeindliche) Einrichtungen (BVerwG NVwZ 1991, 781,   255

---

460 BVerwGE 110, 36, 38 (ein abwägungserheblicher Belang ist das Nutzungsrecht eines Pächters an einem überplanten Grundstück, landwirtschaftlicher Pächter hinsichtlich eines als Gewerbebereich ausgewiesenen Bereichs, zu § 1 Abs. 6 a.F. jetzt § 1 Abs. 7 BauGB).

461 BVerwGE 61, 295, 300 ff.; BVerwG NVwZ 1993, 572, 574; zum Stellenwert gemeindlicher Eigentumspositionen BVerwGE 97, 143, 151 ff.; s.a. BVerfGE 72, 66, 72 ff. (Schutz vor grenzüberschreitendem Fluglärm – Flughafen Salzburg); dazu *H.-J. Papier*, FS Hoppe, 2000, 213 ff.

462 BVerwGE 71, 150, 160; 87, 332, 341 ff. (zum Fluglärm); 91, 17, 23 f.; 107, 313, 323; s.a. BVerwGE 110, 193, 196 (zu § 1 Abs. 7 – früher: Abs. 6 BauGB).

463 BVerwGE 107, 350, 356 ff.; 110, 81, 88 (zu § 41 BImSchG und § 1 Abs. 1 AEG [PFB]).

464 BVerwGE 78, 285, 295; 91, 92, 98 f.

465 Zur Erweiterung und Verlegung eines Flughafens BVerwGE 75, 214, 238; zum Straßenbau BVerwG NVwZ 1989, 149 f.

466 Lärm, Dreck, Licht, Abgase, „Elektrosmog", Erschütterungen.

783 f.) besitzen. Folgeaspekte wie etwa Stärkung der Wirtschaftskraft bei Infrastrukturmaßnahmen, Bevölkerungszunahme bei Bauleitplänen, Veränderung der Verkehrswirtschaft (Verlagerungseffekte),[467] Auswirkungen auf die Landwirtschaft besitzen ebenfalls einen Planbezug.[468]

256 *Abwägbar*: Die ermittelten Tatsachen müssen *hinreichend konkret* sein, um in die Planung eingestellt zu werden. Rein *abstrakte* Gesichtspunkte können *nicht abgewogen* werden.

257 **c) Erkennbarkeit.** Nur erkennbare Belange sind in die Abwägung einzubeziehen. Erkennbar sind alle Belange, die sich aufdrängen oder die vorgetragen werden. Belange, die der entscheidenden Stelle schon bekannt und erheblich sind, müssen wie vorgetragene Belange behandelt werden. Fehlende Aufklärungsmöglichkeiten muss die Verwaltung nach allgemeinen Regeln behandeln.[469]

258 *Sich aufdrängende Belange*: Ein Belang drängt sich auf, wenn er bei *gebotener Aufklärung* für die Verwaltung *erkennbar* war.[470] Das Maß der gebotenen Aufklärung richtet sich nach den Umständen des Einzelfalls (BVerwG NVwZ 1993, 572, 575; VGH München UPR 1992, 393 f.). Relevant können sein: die Bedeutung des Belangs, konkrete Anhaltspunkte für die Existenz eines Belangs, seine typische Betroffenheit bei konkreten Planungen, die Komplexität der Planung (dann reichen vergleichsweise grobe Erkenntnisse [VGH München UPR 1992, 393 f.]), der Umfang der Mitwirkung der Betroffenen, gesetzliche Ermittlungspflichten (Umweltverträglichkeitsprüfung).

259 *Vorgetragene Belange*: Abwägungserhebliche Belange, die sich nicht aufdrängen, sind dann einzubeziehen, wenn sie vorgetragen werden − auch wenn sie von Trägern öffentlicher Belange vorgetragen werden. Die Betroffenen haben daher Einfluss auf den Umfang des Abwägungsmaterials und können so die Planungsentscheidung insbes. hinsichtlich der Schutzauflagen steuern.

260 Der Kreis der erkennbaren Belange kann von den *Präklusionsvorschriften* gesteuert werden. Präklusion i.w.S. bedeutet, dass einzelne Umstände nicht berücksichtigt werden dürfen. Die Präklusion einzelner Belange bedarf einer bestimmten gesetzlichen Grundlage, die dann auch die Art und den Umfang der Präklusion festlegt.

261 Im Planungsrecht von Bedeutung sind v.a. die sog. materiellen Präklusionsvorschriften (s. nur § 73 Abs. 4 S. 3 VwVfG). Danach kann sich der Betroffene, sofern er die Einwendungen innerhalb einer Einwendungsfrist nicht geltend gemacht hat, später nicht mehr auf diese berufen. Dieser Einwendungsausschluss erstreckt sich auch auf ein eventuell nachfolgendes gerichtliches Verfahren[471] und auf grundrechtsrelevante Belange (BVerwGE 104, 337, 345 [zu § 20 Abs. 2 S. 1 AEG]; s.a. BVerfGE 61, 82, 114). Die Bedeutung der Präklusionsvorschriften dürfte erheblich zurückgehen, da der EuGH im Bereich der Umweltverträglichkeitsrichtlinie Präklusionsregeln jüngst für unzulässig hielt.[472]

262 **d) Schutzwürdigkeit.** *Schutzbedürftig* sind die Belange, die nicht mit einem rechtlichen Makel behaftet sind, nicht von der gegebenen Planungssituation getragen werden und auch nicht geringfügig sind. Die *Geringfügigkeit* eines Belangs hängt im Wesentlichen von dem Ausmaß der Beeinträchtigung, am Maßstab eines verständigen Durchschnittsmenschen, ab. Sofern wegen tatsächlicher Vorbelastung ein Planvorhaben keine zusätzlichen nachteiligen Auswirkungen entfaltet, besteht keine Schutzwürdigkeit der schon betroffenen Belange (BVerwGE 107, 350, 356 f.).

263 Mit einem *rechtlichen Makel* behaftet sind v.a. illegale Nutzungswünsche, wie etwa ungestörte Glücksspielausübung, unbeobachteter Zugang zu einem Drogenumschlagplatz oder materielle und formelle baurechtswidrige Nutzungen (BVerwG NVwZ-RR 1994, 373).

264 Nicht schutzwürdig können weiter *Zusatzbelastungen* sein, die nicht nennenswert sind und sich im bisherigen planungsrechtlichen Rahmen halten (BVerwGE 107, 350, 356; 110, 81, 88). Nicht endgültig geklärt ist, ob eine Berücksichtigungspflicht, bei Einhaltung bestehender Planungen, schon bei Belastungen über der Schwelle der Zumutbarkeit oder erst ab der Schwelle des enteignenden Eingriffs beginnt (mehrdeutig insoweit BVerwGE 107, 350, 357 f.).

---

467 *M. Gerhardt*, in: Schoch/Schneider/Bier § 114 Rn. 40.
468 *M. Gerhardt*, in: Schoch/Schneider/Bier § 114 Rn. 40.
469 BVerwGE 61, 295, 304; vgl. *M. Gerhardt*, in: Schoch/Schneider/Bier § 114 Rn. 41.
470 BVerwGE 102, 331, 350 (Länge der von einer Verkehrswegeplanung betroffenen Biotope).
471 BVerwGE 104, 337, 343 (zu § 20 Abs. 2 S. 1 AEG); 107, 142, 145; 107, 313, 321 (zu § 10 LuftVG); zu den Grenzen aus Art. 19 Abs. 4 GG s. BVerfG NVwZ 2000, 546, 547.
472 EuGH 15.10.2015 − C-137/14, NVwZ 2015, 1665; s.a. EuGH 7.11.2013 − C-72/12 (Altrip), NVwZ 2014, 419; *Kahl*, JZ 2016, 666, 670.

e) Vollständigkeitsgebot. Für die Abwägung gilt (im Gegensatz zum Verwaltungsermessen) das Voll- 265
ständigkeitsprinzip. Es sind *alle* (erkennbaren, erheblichen und schutzwürdigen) *Belange*, die nach
Lage der Dinge einzustellen sind, zu berücksichtigen (BVerwGE 74, 237, 245 [zur Fernstraßenpla-
nung]). Ein hilfsweiser Einbezug ist möglich (BVerwGE 72, 15, 26). Der Grad der im Abwägungsvorgang erforderlichen und angebrachten Individualisierung der Belange richtet sich dabei nach der
Größenordnung des jeweiligen Planvorhaben.[473] Wird ein Belang übersehen, liegt nur ein Abwägungsdefizit (ein Ermittlungsfehler – unvollständige Berücksichtigung der abwägungserheblichen Belange) vor.

Planänderung. Bei *Planänderungen* gilt das Gebot der Berücksichtigung der mit dem Gesamtplan ver- 266
folgten Ziele. Eine Reduzierung der Abwägung auf die Planänderung selbst ist grds. nicht möglich.[474]

8. Abwägungsfehlgewichtung. a) Gewichtung der einzelnen Belange. Vor dem eigentlichen Abwä- 267
gungsausgleich muss die entscheidende Stelle jeden Belang gewichten. Nach einhelliger Ansicht muss
die *Gewichtung* der *einzelnen Belange für sich genommen* ihrer rechtlichen und objektiven tatsächlichen Bedeutung gerecht werden. Dabei besitzt jedoch nicht jeder Belang notwendig nur eine einzige
richtige Gewichtung, vielmehr besteht eine gewisse Spannbreite möglicher Gewichtungen (s. etwa
BVerwGE 56, 110, 126; 97, 143, 150; vergleichbar BVerwGE 48, 56, 59 f.). Die Frage, ob das Abwägungsmaterial *insgesamt richtig* gewichtet wurde, ist nicht eine Frage der Abwägungsfehlgewichtung,
sondern des Abwägungsausgleichs (Proportionalität).

b) Gewichtungsmaßstäbe. Die Gewichtung der einzelnen Belange bedarf eines rechtlichen Maßsta- 268
bes. Dabei kann etwa die Ermächtigungsgrundlage Gewichtungsvorgaben unterschiedlich dicht festlegen.[475]

aa) Gewichtung der für das Vorhaben sprechenden Belange. Der wichtigste Maßstab für die Belange, 269
die für die Planung sprechen, ist die durch die Ermächtigungsgrundlage zum Ausdruck gekommene
Zulässigkeit der Vorhaben dieser Art. Die Gesamtkonzeption des Planvorhabens und die Planungszie-
le verdeutlichen die Bedeutung der jeweiligen Vorhaben (BVerwGE 107, 142, 145 f.; BVerwG NVwZ-
RR 1991, 118 LS 3). Belange, die nur geschützt werden können, indem man Abstriche an den Pla-
nungszielen vornimmt oder das Gesamtkonzept des Planungsvorhabens ändert, können leichter zurückgestellt werden als solche, die nur in Randbereichen Auswirkungen entfalten.

bb) Gewichtung der gegen das Vorhaben sprechenden Belange. Die der Planung entgegenstehenden 270
Belange können ihre Rechtfertigung nicht aus dem Bezug zum Vorhaben erhalten. Für ihre Absicherung kommen daher *alle Rechtspositionen* in Betracht, *die betroffen* sein können. Entscheidend ist dabei erstens, wie sehr das Vorhaben das jeweilige Recht beeinträchtigt, und zweitens, welche Bedeutung
dem jeweiligen Recht für den Betroffenen zukommt.

Die Grundrechte und v.a. das Privateigentum sowie dessen Nutzungsmöglichkeit bilden immer einen 271
wichtigen Belang. Ebenfalls von erheblicher Bedeutung sind im Straßenrecht etwa die Belange von
Natur und Landschaft (BVerwGE 104, 236, 248). Belange, die zugleich subjektive Rechte sind, besitzen im Regelfall eine höhere Bedeutung als Interessen unterhalb der Rechtsebene. Eine Rechtsposition
kann bei abstrakter Betrachtung durchaus anders zu bewerten sein als bei individueller Betrachtung.
Positionen, die im Kern getroffen werden oder deren Realisierung vollständig verhindert wird, wiegen
schwerer als Einschränkungen in Randbereichen. Grundstücke der öffentlichen Hand werden nicht
von Art. 14 Abs. 1 S. 2 GG, sondern nur über § 903 BGB geschützt, was zu einer unterschiedlichen
Gewichtung führen kann.[476] Ein Recht, das in der Realität auch ausgenützt wird, verlangt i.d.R. einen
höheren Schutz, als wenn die Rechtsposition nicht wahrgenommen wird („Sperrgrundstück").[477] Vorbelastungen mindern die Schutzwürdigkeit der vorhandenen Grundstücksnutzung (BVerwGE 51, 15,
28; 59, 253, 264; 71, 150, 155; 87, 332, 356).

---

473 BVerwGE 56, 110, 128: Typisierung; s.a. BVerwG DÖV 1979, 410 f. (bei der Entscheidung über eine Schulschließung müsse nicht jeder Schulweg jedes einzelnen Schülers berücksichtigt werden); BayVBl 1980, 440 f. (bei
  Wahrunterstellung eines vorgebrachten Einwands muss die Behörde keine eigenen Ermittlungen vornehmen).
474 BVerwGE 61, 307, 311; 90, 42, 48; 107, 350, 356; 110, 81, 88; s.a. BVerwGE 91, 17, 23 f.
475 Als offenes Programm wird z.B. § 17 Abs. 1 S. 2 FStrG angesehen, s. BVerwGE 104, 144, 148.
476 BVerwGE 97, 143, 150 ff. (mit der weiteren Untergliederung, ob das Eigentum der Gemeinden für deren Aufgabenerfüllung notwendig ist, etwa für kommunale Einrichtungen).
477 BVerwG NVwZ 2001, 427 m. krit. Anm. *J. Masing*, NVwZ 2002, 810 ff.

272   **cc) Schutzwürdigkeit der Belange.** Einen wesentlichen Einfluss auf die Relevanz eines Gesichtspunktes hat dessen Schutzwürdigkeit und Schutzbedürftigkeit (BVerwGE 51, 15, 30). Einem in seiner Nutzungsmöglichkeit beeinträchtigten Grundstück, das im Außenbereich liegt, kann ein höheres Maß an Verkehrsimmissionen zugemutet werden als einem Grundstück, das im Innenbereich liegt (BVerwGE 51, 15, 28 ff.). Diese werden auch durch die vorhandenen konkreten *tatsächlichen und oder planungsrechtlichen* Vorbelastungen bestimmt.[478]

273   **dd) Wahrscheinlichkeitsmaßstab.** Ob ein Belang durch ein Vorhaben beeinträchtigt oder gefördert wird, ist oft ungewiss. Ein Belang, der mit Sicherheit beeinträchtigt werden wird, bedarf größerer Aufmerksamkeit als einer, bei dem die Beeinträchtigung zweifelhaft ist. Die zutreffende Festsetzung der Wahrscheinlichkeit der Beeinträchtigung wird i.d.R. noch nicht als eine spezifische gestalterische Prognose verstanden und ist daher im Ausgangspunkt gerichtlich überprüfbar. Sofern andere Planungsvorstellungen in die Abwägung einzustellen sind, müssen diese gewichtet werden und auch dabei kommt dem Konkretisierungsgrad eine große Bedeutung zu (BVerwG NVwZ 1990, 463 f.).

274   **ee) Optimierungsgebote.** Optimierungsgebote geben vor, auf welche Umstände bei der Abwägung besonderes Gewicht zu legen ist und wollen dadurch auch die Gesamtabwägung steuern.[479] Ähnlich wirken die sog. Gewichtungsvorgaben,[480] die, sofern man sie überhaupt von den Optimierungsgeboten trennen will, im Modell statischer Natur sind. Sofern der Plangeber ihren Vorgaben folgt, mindert sich sein Rechtfertigungsbedarf. Will er die Vorgaben des Optimierungsgebots ihm Rahmen der Abwägung überwinden, so kann er dies nur mit einer besonderen Rechtfertigung.[481]

275   *Beispiele* für Optimierungsgebote aus dem Bereich des Planfeststellungsrechts[482] sind der Grundsatz, dass beim Neubau einer Straße ein möglichst störungsfreier Verkehr zu gewährleisten ist (BVerwGE 71, 163, 165; 98, 339, 348 [zu § 1 FStrG]), die umweltverträgliche Flächenzuordnung (§ 50 BImSchG),[483] der Grundsatz der gebietsbezogenen Entsorgung, das Gebot, beim Bau von Straßen „die Belange der Behinderten, älteren Menschen und Kinder zu berücksichtigen und den Naturhaushalt und das Landschaftsbild zu schonen" (Art. 9 Abs. 1 S. 4 BayStrWG).[484] Kein Optimierungsgrundsatz wurde dem § 8 Abs. 2 S. 1 BNatSchG i.d.F. v. 1.1.1977 (jetzt: § 15 Abs. 1 und 2 BNatSchG) entnommen (BVerwGE 104, 144, 146, 149 f.).

276   **9. Abwägungsausgleich.** In der Planabwägung sind die Belange in ein angemessenes Verhältnis zueinander zu setzen. Dies kann schwierig sein, da die Belange einander oft widersprechen. Die Entscheidung wird vom Gebot des angemessenen Ausgleichs gesteuert. Ob dieses Gebot verletzt ist, kann nur am *Abwägungsergebnis* und nicht am Abwägungsvorgang beurteilt werden.

277   **a) Kein unverhältnismäßiger Ausgleich.** *Im Gesamtergebnis,* d.h. in der Planungsentscheidung, *darf ein Belang* nicht ein Gewicht erhalten, *das außer Verhältnis zu seiner Bedeutung steht.* Hier wird der Grundsatz der Verhältnismäßigkeit abwägungsspezifisch konkretisiert (deutlich etwa bei BVerwGE 104, 144, 151 f. [zu Planalternativen]). Ob der Ausgleich unverhältnismäßig ist, hängt vornehmlich von den Gewichtungsmaßstäben ab. Ein unverhältnismäßiger Ausgleich liegt *bspw.* vor, wenn bei der Straßenplanung die Integrität von Natur und Landschaft mit der bloßen Erwägung ausgeräumt wird, die Eingriffe in Natur und Landschaft könnten ausgeglichen oder durch Ersatzmaßnahmen kompensiert werden (BVerwGE 104, 236).

---

478   BVerwGE 56, 110, 131; 110, 81, 90; s. etwa BVerwGE 107, 350, 357: eine tatsächliche Zusatzbelastung, die sich innerhalb des Rahmens der bereits bestehenden planungsrechtlichen Situation hält, ist geringer zu gewichten als eine ohne eine planungsrechtliche Absicherung.

479   Begriffsbildend BVerwGE 71, 163, 165; s. etwa *R. Wahl*, NVwZ 1990, 426, 437; *T. Würtenberger*, VVDStRL 58 (1999), 139, 143.

480   *R. Bartlsperger*, FS Hoppe, 2000, 127 ff.

481   BVerwGE 71, 163, 165; BVerwG NVwZ 1991, 69 f.; *W. Hoppe*, DVBl 1992, 853, 857 f.; krit. *R. Bartlsperger*, DVBl 1996, 1, 6 ff.; s. ferner *J. Dreier*, Steuerung, 1995, 228 ff.

482   Weitere Bsp. bei *W. Hoppe*, DVBl 1992, 853, 855 f.; s.a. *R. Steinberg/Th. Berg/M. Wickel*, Fachplanung, ³2000, 212 ff.; *B. Stüer*, Handbuch des Bau- und Fachplanungsrechts, ²1998, 292.

483   BVerwGE 71, 163, 165.

484   *M. Gerhardt*, in: Schoch/Schneider/Bier § 114 Rn. 45.

Der Abwägungsausgleich bezieht sich aber nicht nur auf einzelne Belange, sondern auch auf einen 278 *Gesamtausgleich*, der allerdings in der Rspr. erst ansatzweise herausgearbeitet wird.[485] Im Zusammenhang mit dem Verhältnis von Teilplanung und Gesamtplanung spricht das BVerwG selbst zutreffend von dem Gebot der *„Gesamtbilanz"* (BVerwGE 104, 236 ff.). Nicht nur der einzelne Belang, sondern auch das Wechselspiel verschiedener Belange ist der Bezugspunkt für die Frage des verhältnismäßigen Ausgleichs. Daher wird auch die Frage nach einer ausreichend sorgfältigen Prüfung von Planalternativen[486] zu einem Gesichtspunkt des angemessenen Abwägungsausgleichs.[487] Ohne eine Zusammenschau verlöre die Abwägung jede Nachvollziehbarkeit.

b) Abwägungsgrundsätze. *Abwägungsgrundsätze* wollen die Abwägung erleichtern, indem sie Krite- 279 rien für die Abwägung bereitstellen, ohne diese in besonderer Weise rechtlich zu erhöhen.[488] Rechtliche Bedeutung erhält ihre Missachtung erst, wenn ihre Verletzung zu einer handgreiflich unausgewogenen Planung führt (Abwägungsdisproportionalität). Neben ausdrücklichen gesetzlichen Normierungen lassen sich ungeschriebene allgemeine Abwägungsgrundsätze aufstellen. Zu nennen sind:[489] die Rücksichtnahme auf Individualinteressen; das Gebot des schonenden Ausgleichs entgegengesetzter Nutzungen; die gleichmäßige Verteilung der Lasten; die Beherrschbarkeit der Planungsfolgen; die Proportionalität von Eingriffsintensität und Rechtfertigung („je stärker der Eingriff, desto höhere Anforderungen an die Erforderlichkeit des Vorhabens"); das Gebot der gleichmäßigen, sozialstaatlich erträglichen Lastenverteilung (Lastenausgleich); Vorsorge für Fehlprognosen (Risikoverteilung, Minderung irreversibler Eingriffe); Aktualisierung des Gegenstromprinzips (§ 1 Abs. 4 ROG). Eine präzisierende Funktion besitzt das Gebot der *Problembewältigung*. Die planerische Entscheidung 280 muss umfassend sein und darf sich nicht auf die Realisierung des Projekts beschränken und selbst aufgeworfene Probleme offen lassen (BVerwGE 57, 297, 299 f.; 61, 307, 311). Der Grundsatz verbietet eine Verlagerung der durch die Planung erst entstehenden Probleme auf eine der Planung nachfolgende Entscheidung und gebietet einen Vorrang der Konfliktvermeidung vor der Konfliktbereinigung durch Ausgleichsmaßnahmen.

10. Fehlererheblichkeit. a) Allgemein. Wegen des Ineinandergreifens von Verfahrensgedanken und 281 materiellen Vorgaben gilt bei Abwägungsfehlern – ähnlich wie bei Fehlern im Verwaltungsverfahren –, dass nicht jeder festgestellte Fehler die Entscheidung insgesamt rechtswidrig werden lässt. Zwar sind Abwägungsfehler, auch sofern sie den Abwägungsvorgang betreffen, keine Verfahrensfehler i.e.S.,[490] dennoch gelten vergleichbare Grundsätze. Gem. dem Gedanken der *Planerhaltung*[491] greift der Grundsatz, nach dem es auf die konkrete Möglichkeit einer anderen Entscheidung durch die Behörde (bei Wegdenken des Abwägungsfehlers) ankommt (BVerwGE 75, 214, 252; 104, 236, 244). Dieser Grundsatz folgt schon aus § 46 VwVfG, sofern es um eine Planungsentscheidung in Form eines 282 Verwaltungsaktes geht,[492] gilt aber auch dann, wenn es keine ausdrückliche Fixierung gibt.[493] Der Grundsatz der Planerhaltung wird durch die spezielle, den § 46 VwVfG ergänzende und dem § 214 Abs. 3 S. 2 BauGB[494] nachgebildete Regelung des § 75 Abs. 1 a S. 1 VwVfG normiert.[495]

---

485 BVerwGE 107, 1, 11 (ein rechtlich erheblicher Fehler einer Trassenwahl entstehe erst, wenn den bestehenden Nachteilen keine erkennbaren Vorteile öffentlicher oder privater Art gegenüberstünden); s.a. BVerwGE 104, 236, 248 „Gesamtbilanz" (allerdings speziell zur Teilplanung).

486 BVerwGE 71, 166, 171 f.; 104, 144, 151; 107, 142, 149; *L. Schlarmann*, DVBl 1992, 871 ff.; *dies.*, Alternativenprüfung, 1991, 5 ff.; zur gebotenen Grobanalyse: BVerwGE 98, 339, 352 f.; 100, 238, 250; 102, 332, 345; 104, 123, 128; 107, 1, 11, 13; 107, 142, 145 f.; zur Planauslegung und ernsthaften Alternativlösungen: BVerwGE 102, 331, 338 ff.; zur Flughafenplanung BVerwGE 75, 214, 230 (Flughafen München II, Unparteilichkeit auch der Behörde); Übersehen nahe liegender Alternativlösung: BVerwGE 85, 163, 165; 104, 144, 151; 107, 142, 149 f.; keine selbständige Planalternativsuche durch das Gericht: BVerwGE 107, 1, 10.

487 BVerwGE 69, 256, 272 f.; 71, 166, 172; 72, 365, 367; 104, 144, 151 f.; BVerwG NVwZ 1993, 572, 574 f.

488 Zur Methode und zu Maßstäben der planerischen Abwägung *E. Gassner*, Methoden, 1993.

489 Weitergehende Bsp. bei *M. Gerhardt*, in: Schoch/Schneider/Bier § 114 Rn. 46.

490 Deutlich insoweit *M. Gerhardt*, in: Schoch/Schneider/Bier § 114 Rn. 11.

491 *W. Hoppe*, DVBl 1996, 12 ff.; *H. Sendler*, FS Hoppe, 2000, 1011 ff.

492 Das BVerwG nennt § 46 VwVfG bei den Planfeststellungsbeschlüssen i.d.R. nicht, vgl. BVerwGE 75, 214, 245.

493 BVerwG NVwZ 2002, 1235 ff.; *M. Gerhardt*, in: Schoch/Schneider/Bier § 114 Rn. 48.

494 BVerwGE 64, 33, 36 ff. (jetzt § 214 Abs. 3 BauGB, früher § 155 b Abs. 2 S. 2 BauGB).

495 Vgl. *H.-J. Bonk*, NVwZ 1997, 320, 329 f.; *H. Schmitz/F. Wessendorf*, NVwZ 1996, 955, 961; *E. Gassner*, NuR 1992, 449 ff.

283   **b) Planergänzung.** Liegt ein Abwägungsfehler vor, kann die Aufhebung des Planes nicht verlangt werden, wenn zur Wahrung der dem Kläger zustehenden Rechtsposition eine Ergänzung des Planes, d.h. die Verpflichtung der Behörde zum Erlass von Schutzmaßnahmen, ausreicht.[496] Für Planfeststellungsbeschlüsse wurde dieser Grundsatz mittlerweile ausdrücklich in § 75 Abs. 1 a S. 2 VwVfG niedergelegt. Ein Fehler haftet erst dann der Planung insgesamt an, wenn er die Notwendigkeit der Ergänzung des Planes, die *Gesamtkonzeption der Planung*, d.h. die Ausgewogenheit, *insgesamt berührt* (BVerwGE 98, 126, 131; 101, 73, 85; 104, 123, 129; 106, 241, 245).

284   **c) Heilung durch ergänzendes Verfahren.** Dieser Grundsatz der Planerhaltung wird ergänzt durch die gesetzlich vorgesehene Möglichkeit, Fehler so weit wie möglich *nachträglich zu heilen* (VGH München NVwZ 1994, 706 f.). Formelle oder materielle Mängel sollen so weit wie möglich durch eine *Wiederholung* des jeweils relevanten früheren *Verfahrensabschnittes geheilt werden* (§ 75 Abs. 11 a S. 2 VwVfG).[497] Die Pflicht bezieht sich nicht nur auf Verfahrensmängel, sondern auch auf materielle Abwägungsmängel (BVerwGE 110, 193, 202 [zu § 215 a BauGB a.F. s. jetzt § 214 Abs. 4 BauGB]). Sie entsteht dann, wenn es möglich ist, den Fehler im ergänzenden Verfahren zu beheben (BVerwGE 110, 193, 203 [zu § 215 a BauGB a.F. s. jetzt § 214 Abs. 4 BauGB]).

285   **d) Teilnichtigkeit.** Ist ein Fehler in der Abwägung rechtlich erheblich und nicht heilbar, die Planungsentscheidung aber vom Rest der Planung abtrennbar, dann ist der Plan *nur teilnichtig*. Bei Unteilbarkeit erstreckt sich die Nichtigkeit selbst dann auf untrennbare Teile, wenn allein die Teilnichtigkeit in der Klageschrift beantragt wurde.[498]

IV. Beurteilungsermächtigungen

286   **1. Grundlagen. a) Begriff.** Als Beurteilungsermächtigungen[499] werden Normen bezeichnet, die Behörden zu *einer Beurteilung* darüber *ermächtigen, ob im konkreten Fall bestimmte gesetzliche Voraussetzungen gegeben sind*, und die diese Beurteilung einer beschränkten gerichtlichen Kontrolle unterwerfen (Beurteilungsspielraum).[500] Die Beurteilungsermächtigung weist einer Verwaltungsstelle die Entscheidung darüber, ob eine bestimmte Konstellation gegeben ist, zur Letztentscheidung zu (KG Berlin NJW 1979, 2574 f. [i.E. zu weitgehend]). Die Beurteilungsermächtigungen vermitteln der Verwaltung eine Konkretisierungsbefugnis, die mit einer Rücknahme der Gerichtskontrolle gekoppelt ist. Sie beziehen sich (im Gegensatz zum Verwaltungsermessen) nach überwiegender Ansicht auf die Frage, ob der *Tatbestand* der Norm im konkreten Fall erfüllt ist („Tatbestandsermessen").[501] Der bei der gerichtlichen Kontrolle geltende Grundsatz, dass es nur eine richtige Entscheidung gibt, wird durch den Beurteilungsspielraum partiell aufgebrochen. Von Beurteilungsspielraum spricht man nur, wenn sich die Beurteilungsermächtigung auf die *Feststellung* eines *selbständigen Begriffs*, eines selbständigen Tatbestandsmerkmals der Norm bezieht. Der Umfang der Rechtskontrolle eines Beurteilungsspielraums ist in § 4 a Abs. 2 UmwRG in allgemeingültiger Form normiert.

287   Der Beurteilungsspielraum *kann unterschiedlich weit ausgestaltet* sein (BVerfGE 88, 40, 57). Besteht nur hinsichtlich einzelner Elemente eines unbestimmten Rechtsbegriffs eine eingeschränkte Kontrolle, liegt kein Beurteilungsspielraum vor,[502] auch wenn die gerichtliche Kontrolle hinsichtlich der einzel-

---

496   BVerwG NVwZ 1988, 52 – zur Planfeststellung; s.a. grundlegend BVerwGE 71, 150, 160; 84, 31, 39, 44.

497   BVerwGE 98, 126, 129 f.

498   BVerwG DVBl 1992, 37 ff. (zum Bebauungsplan); diese Erstreckung ist allerdings unzulässig, wenn der angegriffene Teil zugleich eine Änderungssatzung ist, da das Gericht dann nicht ohne Antrag auf den ursprünglichen Plan zugreifen kann, s. BVerwGE 110, 193, 197 f.

499   Die Begrifflichkeit variiert BVerwGE 8, 272, 273 ff. (Beurteilungsspielraum); 62, 86, 101 (Einschätzungsprärogative); 72, 38, 52 f. (Beurteilungsermessen); 72, 195, 197 (Beurteilungsermächtigung); *J. Würkner/B. Kerst-Würkner*, NJW 1993, 1446 („Abwägungsermächtigung").

500   BVerwGE 59, 213, 216 ff.

501   Deutlich etwa BVerwGE 72, 38, 53; 99, 74, 76; 106, 263, 271. A.M. *H.-J. Koch*, Rechtsbegriff, 1979, 172 ff.; *R. Rubel*, Planungsermessen, 1982, 30 ff., 165.

502   BVerwGE 26, 135, 140 (zum dienstlichen Bedürfnis und dessen Voraussetzungen bei der Versetzung); s.a. *Kopp/Schenke* § 114 Rn. 24 b; der für diese Normstruktur früher verwendete Begriff der Faktorenlehre (s. *H. Kellner*, DÖV 1969, 309, 312; *F. Ossenbühl*, DÖV 1970, 84, 88 f.; *ders.*, FS Menger, 1985, 731, 741 ff.) hat sich nicht durchgesetzt.

nen Elemente wie bei einer Beurteilungsermächtigung zurückgenommen ist[503] (Bsp.: dienstliches Bedürfnis bei der Versetzung).[504]

b) Entwicklungslinien der Lehre vom Beurteilungsspielraum. Die Lehre des Beurteilungsspielraums 288 besitzt eine *wechselhafte Geschichte*. Nach der Anerkennung des Unterschieds zwischen Tatbestand und Ermessen, wurde der Beurteilungsspielraum von der Lehre als eine Frage des Erkennens des Tatbestands verstanden und als hermeneutisches Problem aufgefasst.[505] Je unbestimmter eine Norm sei, umso schwächer sei ihre Steuerungskraft und umso zurückgenommener müsse die gerichtliche Kontrolle sein, bis hin zu einer Vertretbarkeitskontrolle.

Dieser Auffassung, die zu einem weiten Anwendungsbereich des Beurteilungsspielraums kam, hat sich 289 die Rspr. nicht angeschlossen (Lehrbuchartig VG Wiesbaden NJW 1988, 356, 362). Sie hat vielmehr Art. 19 Abs. 4 GG in den Vordergrund gestellt und unter zunehmender Unterstützung durch die Lit.,[506] unter Heranziehung des normativen Aspekts (Ermächtigung zur Letztentscheidung) in bestimmten Fallgruppen eine Rücknahme zugelassen.[507] In den achtziger Jahren kam es unter Aufrechterhaltung der abstrakten Maßstäbe zu einer tendenziellen Ausweitung der Beurteilungsermächtigungen.[508] Dieser Entwicklung ist das *BVerfG* ab Beginn der neunziger Jahre entgegengetreten.[509] Beweggründe des BVerfG[510] waren (aa) ganz wesentlich der Kontrollgedanke des Art. 19 Abs. 4 GG, (bb) die jeweils spezifische Grundrechtsrelevanz der betroffenen einzelnen Entscheidungen[511] und (cc) die Notwendigkeit, die Rücknahme des materiellen Rechts durch Verfahrensbestimmungen zu kompensieren (BVerfGE 84, 34, 50).

Die theoretische Rechtfertigung von Beurteilungsermächtigungen ist umstr. Bedingt durch diese Ent- 290 wicklungsgeschichte und die verfassungsgerichtliche Judikatur sind die vertretenen Nuancen kaum noch zu übersehen. Während ältere Sichtweisen von der geringeren Steuerungskraft unbestimmter Begriffe ausgehen, mit der Folge, dass es eine *Bandbreite an richtigen Entscheidungen gebe*,[512] *tendiert die heutige Lehre stärker zu der Ansicht, die Beurteilungsermächtigungen weisen der Verwaltung* die Kompetenz zur verbindlichen Feststellung der Tatbestandserfüllung zu. Das ist zutr., da es beim Beurteilungsspielraum *nicht primär* um die Frage der Eindeutigkeit von Rechtsbegriffen *als methodisches Problem*, sondern darum geht, ob in der Verwendung bestimmter Begriffe und Verfahrensausgestaltungen zugleich ein Hinweis auf die Letztentscheidung in der Sache liegt.

Der gegenwärtige Stand der Diskussion dürfte i.E. zur „Phase der Hypertrophie justizieller Verwal- 291 tungs-Kontrolle"[513] zurückgefunden haben.[514] Der Rspr.[515] scheint es demgegenüber zu gelingen, durch maßvolle Kurskorrekturen einen annähernd gleichbleibenden Stand der Lehre vom Beurtei-

---

503 BVerwGE 26, 65, 77; s.a. BVerwGE 10, 202, 205; *H. Kellner*, DÖV 1969, 309, 312.
504 BVerwGE 26, 65, 77 f.; *Kopp/Schenke* § 114 Rn. 24 b.
505 *C. H. Ule*, DVBl 1973, 756, 758; ders., WuV 1977, 80 ff.; ders., GS Jellinek, 1955, 309 ff. (Vertretbarkeitslehre); *O. Bachof*, JZ 1955, 97, 101; ders., JZ 1972, 641, 642 f.; ders., JZ 1972, 208 (beschränkt überprüfbarer Beurteilungsspielraum); vgl. heute *Wolff/Bachof/Stober/Kluth* I § 31 Rn. 8 ff.; deutlich etwa auch bei *H. H. Rupp*, NJW 1969, 1273, 1276 ff. (zum Ermessen), auch wenn er die Vertretbarkeitslehre selbst verwirft; i.E. in die gleiche Richtung, wenn auch unter Abgrenzung zu H. H. Rupp, *G. Schmidt-Eichstaedt*, AöR 98 (1973), 173, 187. Überblick bei *H.-J. Koch*, in: ders., Juristische Methodenlehre und analytische Philosophie, 1976, 186, 193 ff. und bei *E. Pache*, Abwägung, 2001, 57 ff.
506 *W. Brohm*, DVBl 1986, 321, 326; *H.-U. Erichsen*, DVBl 1985, 22, 26; *E. Franßen*, FS Zeidler, 1987, 429, 434 ff.; *M. Gerhardt*, NJW 1989, 2233, 2236 f.; *E. Schmidt-Aßmann*, FS Menger, 1985, 107 ff.; *G. F. Schuppert*, DVBl 1988, 1191, 1197 ff.; *R. Wahl*, NVwZ 1991, 409, 411; großzügig *P. Kirchhof*, NJW 1986, 2275, 2279; ausf. *E. Pache*, Abwägung, 2001, 76 ff.
507 *E. Schmidt-Aßmann*, in: Maunz/Dürig Art. 19 Abs. 4 Rn. 185 ff.
508 S. nur BVerwGE 72, 38, 52 ff.; 72, 198, 200 f.; 75, 275, 276 ff. – aufgehoben durch BVerfGE 88, 40 ff. (private Grundschule); dazu *H. Schulze-Fielitz*, JZ 1993, 772, 773.
509 BVerfGE 83, 130 ff. (Josefine Mutzenbacher); 84, 34 ff. (juristische Staatsprüfungen) und 84, 59 ff. (Multiple-Choice-Verfahren); 85, 36 ff. (Hochschulzugang) und 88, 40 ff. (private Grundschule); dazu *J. Pietzcker*, JZ 1991, 1084 ff.; *H. Schulze-Fielitz*, JZ 1993, 772 f.; *E. Schmidt-Aßmann/T. Groß*, NVwZ 1993, 617 ff.; *H. Sendler*, DVBl 1994, 1089 ff.; *J.-R. Sieckmann*, DVBl 1997, 101 ff.
510 Dazu *H. Schulze-Fielitz*, JZ 1993, 772, 775 ff.; *E. Schmidt-Aßmann/T. Groß*, NVwZ 1993, 617, 618 ff.
511 *M. E. Geis*, NVwZ 1992, 25, 28 f.; *O. Reidt*, DÖV 1992, 916, 919 ff.
512 BVerwGE 39, 197, 203; s. dazu *H. v. Olshausen*, JuS 1973, 217, 218 f.; *K. Redeker*, DÖV 1971, 757, 762; *W. Treptow*, NJW 1978, 2227, 2228.
513 *O. Bachof*, JZ 1972, 641.
514 Wellenbewegungen, *F. Ossenbühl*, DVBl 1993, 753, 759.
515 S. etwa BVerwGE 91, 223, 226 f.; 91, 211 ff.; 94, 307, 310; BVerwG DVBl 1993, 956 f.

lungsspielraum zu sichern. Auch das BVerfG hat eine weitergehende Verschärfung der Kontrolle bei dienstlichen Beurteilungen abgelehnt (BVerfG NVwZ 2002, 1368).

292   **c) Verfassungsrechtliche Grenzen. aa) Art. 19 Abs. 4 GG.** Art. 19 Abs. 4 GG verlangt im Grundsatz die *vollständige gerichtliche Kontrolle* der Verwaltungstätigkeit in tatsächlicher und rechtlicher Hinsicht,[516] ohne an die im Verwaltungsverfahren getroffenen Feststellungen und Wertungen gebunden zu sein (BVerfGE 101, 106, 123; BVerwGE 94, 307, 309; 100, 221, 225). Die Kontrolle hängt dabei nicht von der Bestimmtheit der im Normtext verwendeten Begriffe ab, sondern gilt auch bei relativ unbestimmten Gesetzestatbeständen und -begriffen. Der Kern der Beurteilungsermächtigung liegt in der Zuweisung einer Letztentscheidungskompetenz an die Verwaltung für die Frage, ob das Tatbestandselement einer Norm erfüllt ist. Daher schränkt der Beurteilungsspielraum die gerichtliche Kontrolle hinsichtlich der Rechtsanwendung und somit Art. 19 Abs. 4 GG ein.[517] Insofern besteht zwischen der Beurteilungsermächtigung und der Ermessensermächtigung ein Unterschied. Eine Verletzung des Art. 19 Abs. 4 GG durch die Anerkennung von Beurteilungsermächtigungen wird i.E. ganz überwiegend abgelehnt,[518] wobei die Begründung schwerer fällt als zugestanden wird.[519] So kann allein der Verweis auf die Begründungsbedürftigkeit (BVerfGE 64, 261, 279; BVerwGE 31, 149, 152; 72, 195, 197 ff.) von Beurteilungsermächtigungen oder die Beschränkung auf (nicht näher qualifizierte) Ausnahmefälle (so etwa die Gedankenführung bei BVerwGE 94, 307, 309; 100, 221, 225) für sich genommen nicht ausreichen.

293   Schon die Art der Einschränkung von Art. 19 Abs. 4 GG ist schwer zu bestimmen.[520] Einerseits kann man annehmen, der Beurteilungsspielraum beschränke den von Art. 19 Abs. 4 GG grds. geforderten Zugang der Gerichte hinsichtlich der gerichtlichen Kontrolldichte (*Rechtsfolgenlösung* – die Rechtsfolge des Art. 19 Abs. 4 GG wird durch den Beurteilungsspielraum eingeschränkt).[521] Andererseits ist auch die Sicht vertretbar, die Einräumung eines Beurteilungsspielraums berühre nicht den Schutzbereich von Art. 19 Abs. 4 GG, da das subjektive Recht i.S.v. Art. 19 Abs. 4 GG durch die Ausgestaltung der Beurteilungsermächtigungen entsprechend eingeschränkt sei (*Tatbestandslösung* – der Tatbestand des Art. 19 Abs. 4 GG ist nicht erfüllt).[522]

294   Zutreffender Ansicht nach gilt: Der Beurteilungsspielraum gestaltet als rechtliches Institut nicht die Frage des (subjektiven) Rechts, sondern die Frage *der Verletzung eines Rechts (d.h. die Reichweite des [subjektiven] Rechts)* i.S.v. Art. 19 Abs. 4 GG aus,[523] ohne den Rechtsweg selbst zu beschränken. Fasst man das Spezifische des Beurteilungsspielraums auf diese Weise, ist gegen die alte „Bandbreitenformulierung" (→ Rn. 290, 351) wenig einzuwenden. Die „Einschränkung" bezieht sich daher auf die *Tatbestandsseite* des Art. 19 Abs. 4 GG und nicht auf die Rechtsfolgenseite.[524]

295   Rechtfertigen lässt sich die i.d.R. gesetzlich, immer aber rechtlich vermittelte Einschränkung der gerichtlichen Kontrolle (aa) durch die Funktionsgrenzen der Rspr. und (bb) die Konkretisierungsbefugnis des Gesetzgebers für die Ausgestaltung des Gewaltenteilungsgrundsatzes (BVerwGE 106, 263, 267). In bestimmten Fällen kann es notwendig sein, den gerichtlichen Kontrollmaßstab zu modifizieren. Dies ergibt sich aus den *funktionalen Unterschieden* zwischen zweiter und dritter Gewalt. Da die Grenzziehung schwierig sein kann, steht dem Gesetzgeber eine *Konkretisierungsbefugnis*, aber kein alleiniges oder ausschließliches Bestimmungsrecht zu. Die Notwendigkeit der Wahrung der Funktionsgrenzen ist dem Art. 19 Abs. 4 GG selbst mitgegeben und die Lehre vom Beurteilungsspielraum daher ein Ausfluss der Normgeprägtheit dieses Grundrechts.

---

516   BVerfGE 15, 275, 282; *E. Schmidt-Aßmann/T. Groß*, NVwZ 1993, 617, 620.
517   Vgl. BVerwGE 59, 213, 216 ff.; 106, 263, 266 f.; *J. Kokott*, Beweislastverteilung und Prognoseentscheidungen bei der Inanspruchnahme von Grund- und Menschenrechten, 1993, 36 f.
518   BVerfGE 61, 82, 111; BVerwGE 72, 195, 206; 94, 307, 309; *C. Hofmann*, NVwZ 1995, 740, 744 f.; *E. Schmidt-Aßmann*, in: Maunz/Dürig Art. 19 Abs. 4 Rn. 191 ff.; *ders./T. Groß*, NVwZ 1993, 617, 620 f.; *P. M. Huber*, in: v. Mangoldt/Klein/Starck I Art. 19 Rn. 514 ff.
519   Vgl. etwa *W. Treptow*, NJW 1978, 2227, 2228.
520   Klar *R. Herzog*, NJW 1992, 2601, 2602.
521   In diese Richtung BVerwGE 31, 149, 152; *P. M. Huber*, in: v. Mangoldt/Klein/Starck I Art. 19 Rn. 514 ff.
522   BVerwGE 39, 197, 205 (außerhalb von Art. 19 Abs. 4 GG sind mehrere rechtmäßige Entscheidungen möglich, verlange Art. 19 Abs. 4 GG nicht, dass die Auswahl unter ihnen letztverantwortlich vom Gericht getroffen werde); vehement gegen die Vorstellung mehrerer rechtmäßiger Entscheidungen *F. Ossenbühl*, DÖV 1972, 401, 402 f.; ebenso *H. Kellner*, DÖV 1972, 801, 803 f.
523   *H. Schulze-Fielitz*, JZ 1993, 772, 777.
524   *R. Herzog*, NJW 1992, 2601, 2602.

Die überwiegend zur Rechtfertigung *herangezogene normative Ermächtigungslehre*[525] greift demge- 296
genüber etwas zu kurz.[526] Nach der normativen Ermächtigungslehre bedarf die Rücknahme der gerichtlichen Kontrolle stets einer Entscheidung des Gesetzgebers.[527] Sie stützt sich auf den zutr. Gedanken, dass es im Rahmen der rechtsstaatlichen Ordnung des GG Aufgabe des Gesetzgebers ist, unter
Beachtung der Grundrechte die Rechtspositionen zuzuweisen und auszugestalten, die Art. 19 Abs. 4
GG voraussetzt und deren gerichtlichen Schutz er gewährleistet.[528] Diese Befugnis des Gesetzgebers
und zugleich deren Grenze resultiert aus der Aufgabe, die diffusen Interessenlagen in Rechtspositionen
zu transformieren,[529] das Spannungsverhältnis zwischen Art. 19 Abs. 4 GG, dem Demokratieprinzip
und der Gewaltenteilung aufzulösen (BVerfGE 88, 40, 56) und die Funktionsgrenzen der Rspr. nach-
zuzeichnen und zu konkretisieren (BVerfGE 84, 34, 50). Dennoch bleibt bei ihr wegen der Ausschließ-
lichkeitsbefugnis des Gesetzgebers (a) die genaue Zuordnung zur Normstruktur des Art. 19 Abs. 4 GG
unklar, (b) der Verweis auf die Ausschließlichkeit der Begründung von Rechten durch Gesetz angreifbar,[530] (c) die Ermessensspielräume und Beurteilungsermächtigungen, die im Bereich der Leistungsverwaltung ohne formelle gesetzliche Grundlage bestehen können, unerklärt, (d) die Heranziehung der
Konkretisierungsbefugnis des Gesetzgebers angesichts der Schrankenlosigkeit des Art. 19 Abs. 4 GG
sehr abstrakt[531] und (e) die Zulässigkeit einer Ermächtigung in konkludenter Form fraglich.[532]

bb) Ergänzung durch die Freiheitsgrundrechte. Die einzelnen *Freiheitsgrundrechte* können den zuläs- 297
sigen Raum einer Beurteilungsermächtigung weiter eingrenzen und so den Vorgaben des Art. 19
Abs. 4 GG zusätzlichen Gehalt geben (zum BVerfG s. die Rspr.-Nachw. bei → Rn. 301).[533] Relevant
wird dies v.a. bei der Einstufung jugendgefährdender Schriften, bei der Filmbewertungsstelle und bei
den schulischen Entscheidungen im Verhältnis zum Elternrecht. Zu fragen ist dann, inwieweit das
Freiheitsrecht rechtliche Vorgaben und deren gerichtliche Kontrolle verlangt.[534] Die speziellen Freiheitsrechte besitzen nur eine Ergänzungsfunktion, sie begründen kein bereichsspezifisches Sonderrecht. Die Grenzen des Beurteilungsspielraums werden im Kern durch Art. 19 Abs. 4 GG gebildet, der
den Maßstab des Beurteilungsspielraums festlegt.[535]

cc) Vorbehalt des Gesetzes. Die allgemeinen Voraussetzungen des rechtmäßigen Verwaltungshandelns 298
müssen auch beim Beurteilungsspielraum eingehalten werden. Der Bestimmtheitsgrundsatz gilt auch
bei Beurteilungsermächtigungen. Auch beim Beurteilungsspielraum ist zu prüfen, ob eine den rechtlichen Anforderungen genügende materiellrechtliche und verfahrensrechtliche Rechtsgrundlage vorliegt.[536]

d) Beurteilungsspielraum und Verwaltungsermessen. Die Zuordnung des Beurteilungsspielraums auf 299
Rechtsbegriffe der Tatbestandsseite der Norm und damit zusammenhängend die scharfe Trennung
von Verwaltungsermessen und Beurteilungsspielraum ist umstr., da die *Unterscheidung* zwischen *Tat-
bestandsbezogenheit* und *Rechtsfolgenbezogenheit* rein tatsächlich nicht so trennscharf besteht, wie es
dogmatisch suggeriert wird. Ursprung für die begriffliche Trennung war die Vorstellung, die Prüfung
des Tatbestandes einer Norm sei *kognitiver Art*, während die Ausübung des Auswahlermessens durch
voluntative Elemente angereichert sei. Diese begrifflich scharfe Trennung zwischen Ermessen und Be-

---

525 E. *Schmidt-Aßmann/ W.Schenk*, in: Schoch/Schneider/Bier Einl. Rn. 189; *ders./T. Groß*, NVwZ 1993, 617, 621 ff.;
     R. Wahl, NVwZ 1991, 409, 410 f.; s.a. *P. Badura*, FS Bachof, 1984, 169, 184 ff.; w.N. bei E. *Pache*, Abwägung,
     2001, 69 ff.
526 Krit. nun auch *K.-A. Schwarz*, in: HK-VerwR VwGO § 114 Rn. 18.
527 *P. M. Huber*, in: v. Mangoldt/Klein/Starck I Art. 19 Rn. 514; E. *Schmidt-Aßmann/W. Schenk*, in: Schoch/Schneider/
     Bier Einl. Rn. 189; *H. Schulze-Fielitz*, JZ 1993, 772, 778; *R. Wahl*, NVwZ 1991, 409, 410 f.
528 BVerfGE 78, 214, 226; BVerwGE 94, 307, 309 f.; 100, 221, 225 f.; BVerwG NVwZ 1995, 700, 701.
529 E. *Schmidt-Aßmann/T. Groß*, NVwZ 1993, 617, 619.
530 S.a. C. *Hofmann*, NVwZ 1995, 740, 744 f.; C. *Koenig*, VerwArch 83 (1992), 351, 367; *F. Ossenbühl*, FS Redeker,
     1993, 55, 63 f.
531 Krit. zur Einschränkbarkeit des Art. 19 Abs. 4 GG auch *H. Maurer*, FS 50 Jahre Bundesverfassungsgericht, Bd. 2,
     2002, 467, 489 f.
532 Dazu E. *Pache*, Abwägung, 2001, 75 f.
533 Dazu *M. E. Geis*, NVwZ 1992, 25, 28 f.; O. *Reidt*, DÖV 1992, 916, 919 ff.; *H. Schulze-Fielitz*, JZ 1993, 772,
     779 f.; s.a. schon BVerwGE 59, 213, 218 und 72, 195, 204 (zu Art. 12 Abs. 1 GG).
534 C. *Hofmann*, NVwZ 1995, 740, 744 f.; s.a. *M. Gerhardt*, in: Schoch/Schneider/Bier § 114 Rn. 61.
535 E. *Schmidt-Aßmann/ T. Groß*, NVwZ 1993, 617, 618 f.
536 BVerfGE 84, 34, 45 ff.; 84, 59, 72; *Kopp/Schenke* § 114 Rn. 24; dazu *N. Niehues*, NJW 1991, 3000 ff. zu berufsqua-
     lifizierenden Prüfungen.

urteilungsspielraum überspielt manche strukturelle Verwandtschaft.[537] Dennoch *ist an der Unterscheidung* von Tatbestand und Rechtsfolge und der Zuordnung des Beurteilungsspielraumes zum Tatbestand und des Verwaltungsermessens zur Rechtsfolge entgegen mancher Kritik[538] i.E. *festzuhalten*.[539] Sie ist als begriffliche Kennzeichnung der unterschiedlichen Ausprägungen eventuell existierender Freiräume sinnvoll. Die bestehenden Freiräume bei der Feststellung des „Ob" unterscheiden sich von denen bei der Auswahlentscheidung der angemessenen Rechtsfolge in einer Weise, die eine differenzierte dogmatische Behandlung rechtfertigt.[540]

300　Hält man die Unterscheidung zwischen Beurteilungsspielraum und Ermessen in dieser Form aufrecht, bleibt die Frage, *wie unbestimmte Rechtsbegriffe* einzuordnen sind, die sich auf die *Rechtsfolgenregelung* beziehen (z.B. angemessene Reaktion, angemessene Frist, zumutbare Mitwirkung etc.). Diese unbestimmten Rechtsbegriffe gestalten der Sache nach den Ermessensrahmen aus und sind somit nicht als Beurteilungsermächtigungen zu qualifizieren, sondern als Ermessensbindungen oder -direktiven.[541] Bei diesen ist zwar die Auslegung voll überprüfbar, ihr dirigierender Einfluss auf die Ermessensentscheidung wird aber von dem Auswahlspielraum der Ermessensentscheidung mit erfasst.

301　**e) Reduzierung auf die Subsumtion.** Beurteilungsspielräume betreffen nach überwiegender Ansicht nur den Subsumtionsschluss[542] bzw. zumindest die Anwendung des abstrakt und konkret richtig bestimmten Maßstabes der konkreten Entscheidung.[543] Legt man diese Annahme zugrunde, so kann das Gericht auch bei der Beurteilungsermächtigung die Auslegung des anzuwendenden Gesetzes durch die Verwaltung vollständig überprüfen.

302　*Zutreffend* ist diese generelle Reduzierung auf den Subsumtionsschluss *nicht*.[544] Da der Subsumtionsschluss nach der klassischen Auslegungslehre der Teil der Normanwendung i.w.S. ist, der im Wesentlichen logischen Kriterien folgt, ist eine Beschränkung der Entscheidungsprärogative gerade auf diesen Entscheidungsfindungsteil nicht überzeugend. Die Beurteilungsermächtigung beginnt, sobald das wechselseitige Verhältnis von Sachverhalt und Normtext die Interpretation der Norm maßgeblich beeinflusst, somit schon bei der Normkonkretisierung. Mit der Erstreckung des Beurteilungsspielraums auch auf die Konkretisierung des Rechtsbegriffs ist auch zu erklären, dass in gewisser Form die Gestaltung des Verfahrens mit in die Beurteilungsermächtigung einzubeziehen ist (BVerwGE 80, 224, 228).

303　**f) Beurteilungsermächtigungen und unbestimmte Rechtsbegriffe.** Beurteilungsermächtigungen und unbestimmte Rechtsbegriffe hängen zusammen, sind aber nicht identisch (vgl. nur BVerwGE 99, 74, 76). Vielmehr gibt es unbestimmte Rechtsbegriffe mit und ohne Beurteilungsermächtigung. Zur Vereinfachung werden diese oft als Beurteilungsspielräume und jene als unbestimmte Rechtsbegriffe bezeichnet. Ein unbestimmter Rechtsbegriff ist ein Begriff, der in seiner konkreten Verwendung nicht einen engeren Kreis möglicher Bedeutungsinhalte umfasst (z.B. öffentliches Interesse, unbillige Härte, Zumutbarkeit ...). Ein *unbestimmter Rechtsbegriff* beheimatet *in aller Regel keine Beurteilungsermächtigung*, sondern ist gerichtlich vollständig zu überprüfen.[545] Allein die Wertungsabhängigkeit

---

537　Krit. daher M. *Herdegen*, JZ 1991, 747 ff.; ausf. *H.-J. Koch*, Rechtsbegriff, 1979, insbes. 126 ff.

538　S. etwa *M. Bullinger*, JZ 1984, 1001, 1003 ff.; *M. Herdegen*, JZ 1991, 747, 748 ff.; *R. Brinktrine*, Verwaltungsermessen, 1998, 58 ff., 72 ff., 554 f.; s.a. *H. Soell*, Ermessen, 1973, 205 ff.; s. moderat *E. Schmidt-Aßmann*, VVDStRL 34 (1976), 221, 251 ff.

539　S. nur *M. Ruffert*, in: Knack/Hennecke § 40 Rn. 5; *P. J. Tettinger*, Rechtsanwendung, 1980, 96 ff.

540　BVerwGE 79, 208, 213 f.; *M. Gerhardt*, in: Schoch/Schneider/Bier § 114 Rn. 55; *K. Rennert*, in: Eyermann § 114 Rn. 55.

541　*K. Rennert*, in: Eyermann § 114 Rn. 55. A.M. *M. Gerhardt*, in: Schoch/Schneider/Bier § 114 Rn. 55, der den Beurteilungsspielraum auch auf unbestimmte Rechtsbegriffe auf der Rechtsfolgenseite bezieht; s. zur Abgrenzung von Kopplungstatbeständen und der Ermächtigung zu einer Ermessensausübung den GmSOGB in BVerwGE 39, 355, 364.

542　Deutlich BVerwGE 32, 237, 239 f.; 72, 38, 53 f.; 77, 75, 85; 91, 211, 216 f. (Herstellung der praktischen Konkordanz); mehrdeutig BVerfGE 88, 40, 56; aus der Lit. s. *B. Ebinger*, Rechtsbegriff, 1993, 28 ff.; *H. Schulze-Fielitz*, JZ 1993, 772 ff.

543　*J. Würkner/B. Kerst-Würkner*, NJW 1993, 1446 f. (zur Indizierungsentscheidung).

544　Ebenso *E. Franßen*, FS Zeidler, 1987, 429, 434; *K. Redeker*, DÖV 1971, 757, 762; *ders.*, DÖV 1993, 10, 11; s.a. noch weitergehend *W. Brohm*, DVBl 1986, 321, 330 f.; *W. Schmidt*, Gesetzesvollziehung durch Rechtsetzung, 1969, 126 f., 136 ff.; vehement *K. Obermayer*, BayVBl 1975, 257, 259; w.N. bei *E. Pache*, Abwägung, 2001, 44 Fn. 176.

545　BVerwGE 15, 207, 208; 34, 301, 308 (Planungsgrundsätze i.S.d. § 1 Abs. 6 BauGB); 45, 309, 323; 109, 59, 65 ff.; *A. Decker*, in: Posser/Wolff § 114 Rn. 32 f.

einer Normkonkretisierung rechtfertigt wegen Art. 19 Abs. 4 GG nicht die Rücknahme der gerichtlichen Kontrolldichte.[546] Beurteilungsermächtigungen sind Ausnahmeerscheinungen.

So sind etwa die das *klassische Polizeirecht* beherrschenden Begriffe der öffentlichen Sicherheit und **304** Ordnung gerichtlich vollständig überprüfbar.[547] Gleiches gilt für die guten Sitten[548] oder bei der Anknüpfung an Verdachtssituationen.[549] Auch im Gewerberecht sind die Fragen der Zuverlässigkeit[550] oder der erforderlichen Sachkunde (BVerwGE 59, 138, 139 f.; BVerwG NVwZ 1991, 268 f. [zu § 36 Abs. 1 GewO]) primär Fragen der Gefahrenabwehr ohne Beurteilungsermächtigung. Ausnahmeregelungen, die auf Zumutbarkeit, Unbilligkeit etc. abstellen, eröffnen i.d.R. ebenfalls keinen Beurteilungsspielraum;[551] auch solche Regelungen nicht, bei denen es auf das „Wohl der Allgemeinheit" ankommt, wie bei § 31 BauGB.[552] Auch eine Ablehnung von Bewerbern für die freiwillige Feuerwehr aus einem „anderen wichtigen Grund" vermittelt keinen Beurteilungsspielraum (OVG Münster DVBl 2008, 1204 [LS]).

Die Gerichte dürfen abschließend selbst beurteilen, ob bspw. ein wichtiger Grund zur Änderung des eigenen Namens vorliegt oder ob eine Person würdig ist, bestimmte Berufsbezeichnungen oder akademische Grade zu führen (BVerwGE 40, 353, 356; VGH Mannheim NJW 1991, 3297 f.).

2. Ermittlung von Beurteilungsermächtigungen. a) Die entscheidenden Kriterien: Normative Ausge- **305** **staltung und sachliche Rechtfertigung. aa) Doppelgliedrige Rechtsermächtigung.** Ein Beurteilungsspielraum besteht aus *zwei Elementen*: der rechtlichen (und i.d.R. *gesetzlichen) Ausgestaltung* und einer *sachlichen Rechtfertigung*, die eine Entscheidungsstruktur begründen, bei der eine Entscheidungsprärogative der Verwaltung auch vor dem Hintergrund des Art. 19 Abs. 4 GG angemessen erscheint. Bei der Begründung im Einzelfall kann einmal mehr das normative Element der parlamentarischen Setzung und zum anderen wiederum stärker das tatsächliche Element zum Tragen kommen.

bb) Keine ausschließliche Notwendigkeit einer gesetzlichen Grundlage. Nach verbreiteter, aber den- **306** noch unzutr. Auffassung bedarf ein Beurteilungsspielraum immer einer *gesetzlichen Ermächtigung* (zur normativen Ermächtigungslehre → Rn. 304 f.)[553] des materiellen Rechts (BVerwGE 92, 340, 348). Der Ermächtigungsgedanke spiegelt die tatsächliche Herleitung von Beurteilungsspielräumen nicht zutreffend wider. So wird bei der Qualifikation eines Merkmals als Beurteilungsspielraum nicht wirklich danach gefragt, *ob das Gesetz* der Verwaltung eine *Entscheidungsprärogative vermitteln* wollte, sondern aus der vom Gesetz geformten Entscheidungsstruktur auf die Existenz eines Beurteilungsspielraums geschlossen.[554] Weiter sind Beurteilungsermächtigungen im Bereich der Leistungsverwaltung außerhalb des Bereiches des Vorbehalts und des Vorrangs des Gesetzes denkbar. Schließlich spricht auch die Bedeutung der Sachgesetzlichkeit der konkreten Entscheidung für die Annahme, dass Beurteilungsspielräume nicht nur auf parlamentarischen Setzungen beruhen können.[555] Die Heranziehung der *Sachgesetzlichkeit* ist *nicht entbehrlich*,[556] da ohne sachlichen Grund auch der Gesetzgeber rechtliche Maßstäbe nicht ohne gerichtliche Kontrolle entziehen darf. Notwendig ist demnach nicht eine gesetzliche Ermächtigung, sondern *eine rechtliche Ermächtigung*, die meist durch Gesetz, häufig

---

546 BVerwGE 2, 172, 177 (ästhetische Bewertung von Bauwerken); 17, 322 ff.; 24, 60, 64; 101, 157, 159 f. („öffentliches Interesse" bei der Sperrzeitverkürzung); deutlich auch BVerwGE 100, 221, 225.
547 BVerwG BayVBl 1982, 246 f. (zu § 45 Abs. 1 StVO); HmbOVG NJW 1992, 524, 526 („Asbestgefahr"); VGH München NVwZ 1993, 1121 f. (magnetische Felder); *M. Gerhardt*, in: Schoch/Schneider/Bier § 114 Rn. 68; *Kopp/Schenke* § 114 Rn. 27; diff. hinsichtlich atomarer Gefahren VGH Kassel NVwZ 1989, 1183, 1184; krit. gegenüber einer Differenzierung dagegen *C. Pfaundler*, UPR 1999, 336 ff.
548 BVerwGE 2, 172, 177; 64, 280, 282; 84, 314, 317 (gute Sitten i.S.v. § 33 a GewO).
549 BVerwGE 87, 23, 26 (zu § 2 G 10) m.Anm. *C. Gusy*, JZ 1991, 513 f.
550 BVerwGE 94, 352 ff. (Ausschluss von der ärztlichen Vorprüfung wegen „Unwürdigkeit" oder „Unzuverlässigkeit"); 100, 221, 226; BVerwG NVwZ 1991, 889 ff.; VGH Kassel NVwZ 1991, 146 f. (zu § 35 GewO).
551 OVG Münster NVwZ 1985, 364 (Studienplatzvergabe). A.M. wegen des Einbezugs in die Ermessensnorm hinsichtlich der Unbilligkeit der Einziehung einer Steuer i.S.v. § 131 Abs. 1 S. 1 AO a.F., dem heutigen § 227 Abs. 1 S. 1 AO, GSOG in BVerwGE 39, 355 ff.
552 BVerwG NJW 1979, 939, 940 („Wohl der Allgemeinheit" noch zum BBauG); zum verfassungsrechtlichen Hintergrund BVerwGE 88, 191, 199.
553 *M. Gerhardt*, in: Schoch/Schneider/Bier § 114 Rn. 55 (Gesetz im materiellen Sinne); *Kopp/Schenke* § 114 Rn. 24.
554 Richtig daher *C. Koenig*, VerwArch 83 (1992), 351, 367.
555 Vergleichbar *M. Gerhardt*, in: Schoch/Schneider/Bier § 114 Rn. 56.
556 *M. Gerhardt*, in: Schoch/Schneider/Bier § 114 Rn. 56; s.a. *P. Badura*, FS Bachof, 1984, 169, 186.

konkludent,[557] mitunter durch die Verfassung,[558] aber auch durch andere Normen der Rechtsordnung vermittelt wird.

307　**b) Die Auslegung der normativen Grundlage.**　Ob eine Norm, meist ein Gesetz, eine Beurteilungsermächtigung enthält, ist im Zweifelsfall durch Auslegung zu ermitteln. Die Ermächtigung muss sich auf die Befugnis beziehen, abschließend darüber zu entscheiden, ob die durch einen unbestimmten Gesetzesbegriff gekennzeichneten Tatbestandsvoraussetzungen vorliegen (BVerwGE 100, 221, 225). Die normative Ermächtigung ist im materiellen Recht zu suchen (BVerwGE 38, 105, 109; 51, 104, 110; 59, 213, 215; 72, 195, 199). Rechtsvorschriften, die ausdrücklich eine Entscheidungsprärogative enthalten, sind selten.[559] Nach h.M. sind aber auch konkludente Beurteilungsermächtigungen möglich (→ Rn. 298), allerdings hat die Rspr. die Anforderungen an die normative Grundlage verschärft.[560] Nimmt der Normtext ausdrücklich auf eine behördliche Einschätzung Bezug, liegt darin ein starkes Indiz für einen Beurteilungsspielraum.[561] Die Annahme eines Beurteilungsspielraums ist auch dann nicht ausgeschlossen, wenn eine ausdrückliche Zuordnung zur Verwaltung fehlt. Auf den Wortlaut der Vorschrift allein kommt es nicht an (OVG Münster DÖV 1979, 411 f.). Ein Beurteilungsspielraum kann auch unter Rückgriff auf den Zusammenhang oder den Sinn und Zweck der Regelung ermittelt werden.[562]

308　Diese Auslegung wird durch *drei Orientierungsmaßstäbe* gesteuert. Zunächst können die Legitimationskriterien, die die Einschränkung des Art. 19 Abs. 4 GG durch die Beurteilungsermächtigungen tragen, bei der Auslegung herangezogen werden (c). Bei der Lehre des Beurteilungsspielraums liegen die Fragen der möglichen Einräumung eines Beurteilungsspielraums und der auch rein tatsächlich gegebenen Einräumung eng zusammen. Weiter gibt es mittlerweile einen festen Kanon von anerkannten Beurteilungsermächtigungen, an dem sich die Rspr. bei der Frage, ob eine Beurteilungsermächtigung vorliegt, orientiert (e). Schließlich werden die ersten beiden Hilfen durch eine Reihe von Auslegungsgesichtspunkten konkretisiert, die indizielle Wirkung besitzen (d).

309　**c) Legitimationskriterien.**　Die Gründe für die Annahme eines Beurteilungsspielraums beruhen im Wesentlichen auf *zwei grundsätzlichen Gedanken*, auf die bei der Ermittlung einer Beurteilungsermächtigung zurückgegriffen werden kann.

310　**aa) Funktionsbezogene Argumentation.**　Zum einen bezieht man sich auf den Gedanken der sog. *positiven Gewaltenteilung* und damit auf die Eigenart der Verwaltung und deren Funktion (Prärogative bei politisch programmatischen Festlegungen und bei technischen und wertungsabhängigen Einschätzungen). Als legitimatorische Gesichtspunkte sind hier v.a. zu nennen: (aa) Fehlen rechtlicher Vorgaben und Eignung einer eigenen Maßstab- oder Standardbildung durch die Exekutive (vgl. etwa BVerwGE 92, 340, 349), z.B. Prüfer- oder Vorgesetztenerfahrungen (BVerwGE 99, 74, 76 f.), Risikozuweisung und Vorsorgeverantwortung[563] oder vernetzte Prognoseentscheidungen; (bb) Erfordernis eines „wertenden komplexen Erkennens" (s. nur OVG Lüneburg NJW 1983, 1218, 1219) unter Berücksichtigung außerrechtlicher Maßstäbe oder einer politischen Wertsetzung, deren Einfluss auch verfahrensmäßig oder institutionell (Regierungsebene)[564] abgesichert ist; (cc) Selbstorganisationsrecht der Verwaltung (Personalplanung).

557　BVerwGE 70, 4, 10; 100, 221, 225; OVG Münster DÖV 1979, 411 f.; *H.-J. Papier*, HdbStR VI § 154 Rn. 66.

558　BVerwGE 97, 203, 209 (militärische Tiefflüge, Art. 87 a Abs. 1 S. 1 GG); 105, 89, 92 f. (zur Entscheidung des Richterwahlausschusses).

559　*M. Gerhardt*, in: Schoch/Schneider/Bier § 114 Rn. 57 mit Hinweis z.B. auf den mittlerweile außer Kraft getretenen § 2 Abs. 2 S. 2 InvZulG 1982; außerhalb des Verwaltungsprozesses s. § 71 Abs. 5 S. 2 GWB.

560　Auch wenn BVerwGE 94, 307, 310 die Kontinuität der Rspr. betont; zusammenfassend *H. Schulze-Fielitz*, JZ 1993, 772 ff.

561　BVerwGE 67, 341, 346 (zum Flurbereinigungsgesetz); s.a. OVG Lüneburg NVwZ-RR 1991, 576 (öffentliches Bedürfnis als Voraussetzung des Anschluss- und Benutzungszwangs im Zusammenhang mit einem Satzungserlass).

562　BVerwGE 59, 213, 215; 72, 195, 199; HmbOVG 4.5.2007 – 1 Bf 29/07.Z u.a.; *Kopp/Schenke* § 114 Rn. 24; z.T. a.M. und offenbar mit weitergehender Anerkennung eines Beurteilungsspielraums BSG NJW 1985, 697, 698 f. Für eine grundsätzliche Anerkennung (wenn auch in variierender Reichweite) von Beurteilungsspielräumen bei der Auslegung unbestimmter Rechtsbegriffe *O. Bachof*, JZ 1955, 97 ff.; neuerdings z.B. wieder *U. Smeddinck*, DÖV 1998, 370, 371 ff.

563　Etwa im Bereich der Rezeptionsbegriffe Stand von Wissenschaft und Technik kombiniert mit dem Vorsorgegedanken BVerwGE 81, 185, 191 ff.

564　Zu einer verfassungsrechtlichen Zuweisung BVerwGE 97, 203, 209 m.Anm. *F. Ossenbühl*, JZ 1995, 512 ff.

bb) Struktur der Verwaltungsentscheidung. Die zweite Fallgruppe knüpft nicht an die *Besonderheiten* 311
der Verwaltung, sondern umgekehrt an die der *Rspr.* an. Dabei spielt auch die Natur der zu treffenden
Verwaltungsentscheidung eine Rolle. Ist eine vollständige judikative Kontrolle nicht sachgerecht oder
praktisch nicht möglich, liegt in der gesetzlichen Festlegung des Entscheidungsprogramms zugleich
eine Entscheidungsprärogative an die Verwaltung. Als Indizien lassen sich nennen: (aa) fehlende Re-
konstruktionsmöglichkeit im Gerichtsverfahren insbes. bei unwiederholbaren Situationen (mündliche
Prüfungen); (bb) Notwendigkeit von Vergleichsmöglichkeiten und Erfahrungswissen (schriftliche Prü-
fung/dienstliche Beurteilung).[565] Zur Kompensation der fehlenden vollständigen judikativen Kontrolle
müssen verwaltungsinterne Sicherungsinstrumente, soweit diese möglich sind, verankert werden; (cc)
anzuführen sind auch spezifische *Verfahrensausgestaltungen*, die eine Ersetzung der Verfahrensergebnisse durch eine Entscheidung des VG der Sache nach ausschließen.[566] Als legitimatorischer Gesichtspunkt lässt sich hier die Notwendigkeit eines normativ nicht fassbaren Entscheidungsmaßstabes nennen, der durch partizipierende Elemente rechtlich gefasst wird (v.a. Übertragung der Entscheidung an
weisungsfreie, sachverständig besetzte Kollegialorgane).

d) Auslegungsgesichtspunkte/-topoi. Bei der Auslegung einer Norm haben sich für die Frage der An- 312
nahme eines Beurteilungsspielraums gewisse Gesichtspunkte herausgebildet.[567] Dabei gilt als Grundregel: Im Zweifel ist volle Überprüfbarkeit anzunehmen.[568]

Gesichtspunkte, die der Annahme eines Beurteilungsspielraums *entgegenstehen*, sind etwa: (aa) stark 313
normativ gebundene Entscheidungsstruktur; (bb) Wahl eines „fiktiven Normalbürgers mit gesundem
Menschenverstand" als Maßstab (BVerwGE 2, 172, 177; VGH München BayVBl 2001, 211 f.); (cc)
Möglichkeit, eventuell erforderlichen Sachverstand über Sachverständigengutachten in das Gerichts-
verfahren einzubringen; (dd) grundrechtsspezifische Beeinträchtigungen durch die Regelung (aber zur
Notwendigkeit der Herstellung einer praktischen Konkordanz → Rn. 329).

Gesichtspunkte, die in Richtung einer Beurteilungsermächtigung weisen, für *sich allein aber nicht für* 314
die Annahme eines Beurteilungsspielraums ausreichend sind,[569] sind z.B.: (aa) fehlende begriffliche
Eindeutigkeit; (bb) Wertungsabhängigkeit eines Begriffs (BVerwGE 65, 19, 22) oder Notwendigkeit
einer vergleichenden wertenden Entscheidung (BVerwGE 92, 340, 348 f.); (cc) Komplexität einer Entscheidung (BVerwGE 94, 307, 311); (dd) Notwendigkeit der Gegenüberstellung und Abwägung verschiedener z.T. gegenläufiger Gesichtspunkte, Interessen usw.;[570] (ee) planerische Elemente einer Entscheidung (BVerwGE 94, 307, 310); (ff) prognostische Elemente einer Entscheidung[571] oder Notwendigkeit von Prognosen auf der Grundlage von Erfahrungswissen;[572] (gg) Schwierigkeiten bei der Sachaufklärung (BVerwGE 16, 116, 129 f.); (hh) Effizienz der Verwaltung; (ii) besondere Qualifikation der
mit der Beurteilung betrauten Amtsträger.[573]

Als konkrete Topoi, die für die Annahme eines Beurteilungsspielraums sprechen, werden genannt: (aa) 315
normativ nicht fassbare Entscheidungsmaßstäbe, deren Konkretisierung nur durch den Handelnden
sinnvoll ist (Notwendigkeit von Vergleichsmöglichkeiten – z.B. Prüfererfahrung, künstlerische oder ästhetische Bewertungen); (bb) Einbezug von außerrechtlichen Wertungen in die Rechtsnorm (BVerwGE
92, 340, 349), insbes. bei gleichzeitigen besonderen Verfahrensanforderungen; (cc) Rücksichtnahme
auf innerbehördliche Gestaltungsbefugnisse und Einschätzungen (Dienstrecht); (dd) Unvertretbarkeit,
d.h. Unwiederholbarkeit der Situation; (ee) Entscheidungen, die einen abwägenden Ausgleich ggf. sich
widersprechender Gesichtspunkte und Rechtspositionen erfordern und ggf. auch Aspekte der Planung

---

565 BVerwGE 99, 74, 76 f.
566 BVerfGE 83, 130, 148; 84, 34, 45 ff.; s.a. *M. Gerhardt*, in: Schoch/Schneider/Bier § 114 Rn. 56; *H. Schulze-Fielitz*,
JZ 1993, 772, 776 f.
567 Vgl. *F. Ossenbühl*, FS Menger, 1985, 731, 742 f.; *H. Schulze-Fielitz*, JZ 1993, 772 ff.
568 BVerfGE 64, 261, 279; BVerwGE 15, 128, 130; 16, 116, 129 f.; 23, 194, 200; 24, 60, 64; 26, 65, 74; 29, 279 f.;
BVerwG NJW 1964, 741 f.; *F. Kopp*, DÖV 1966, 317, 318.
569 Dazu auch *H. Schulze-Fielitz*, JZ 1993, 772, 778.
570 BVerwGE 81, 12, 17; 87, 332, 361 (zur Zumutbarkeitsgrenze von Lärmbeeinträchtigungen i.S.v. § 75 Abs. 2 S. 2
VwVfG); VGH Mannheim NJW 1991, 3297 f.
571 BVerwGE 94, 307, 310; s.a. BVerwGE 24, 38, 40 f.; 49, 154, 156 f.; 87, 140, 141 (zur asylrechtlichen Verfolgungs-
prognose).
572 *M. Gerhardt*, in: Schoch/Schneider/Bier § 114 Rn. 58; *R. Nierhaus*, DVBl 1977, 19, 23. A.M. *R. Breuer*, Der Staat
16 (1977), 21 ff.
573 BVerfGE 88, 40, 59; etwas stärker in Richtung Beurteilungsspielraum BVerfGE 84, 34, 49 ff. (vermittelt über Prü-
fungsvergleichsmöglichkeiten); BVerwGE 99, 74, 76 f. (Prüfungsrecht); Kopp/Schenke § 114 Rn. 25.

mit einschließen (Wirtschaftslenkung, Preisrecht); (ff) Wissenslücken grundlegender Art, die durch Prognosen oder durch dynamische Verweise auf naturwissenschaftliche Erkenntnisse überbrückt werden sollen und der Verwaltung Risiko- oder Vorsorgeentscheidungen zuweisen (Risikobewertung, Umweltvorsorge, Wirtschafts- und Strukturpolitik); (gg) Notwendigkeit, zur Bewältigung der Fallgruppen (ee) und (ff) eventuell fallübergreifende zeit- und sachrichtige Konkretisierungen zu bilden (TA-Luft, Sanierungskonzepte); (hh) Fehlen hinreichend bestimmter materieller Entscheidungsvorgaben (Entscheidungsprogramme),[574] insbes. bei gleichzeitigen, über das normale Verwaltungsverfahren hinausgehenden Verfahrensanforderungen (BVerfGE 49, 89, 124 ff.); (ii) potenzielle Austauschbarkeit durch eine vergleichbare Gesetzesaussage mittels einer Ermessensnorm;[575] (jj) der Regierungsebene oder anderen demokratisch besonders legitimierten Organen zugeordnete Entscheidungen mit programmatisch-planerischem Schwerpunkt (Tiefflugentscheidungen). (kk) Umstr. ist, ob die Koppelung eines unbestimmten Rechtsbegriffs an eine Ermessensentscheidung für die Annahme eines Beurteilungsspielraums spricht.[576]

316   **e) Die Typenbildung.** Mittlerweile hat sich ein *feststehender Kanon* an anerkannten Beurteilungsermächtigungen gebildet, der in der Sache einheitlich, in der Formulierung etwas differenzierend klassifiziert wird.[577] Das BVerwG nennt beamtenrechtliche Beurteilungen, Prüfungsentscheidungen und prüfungsähnliche Entscheidungen (s. 5.), prognostische Einschätzungen mit politischem Einschlag, planerisch gestaltende Entscheidungen (s. 3.) und Wertungen, die sachverständigen oder pluralistischen Gremien anvertraut (s. 4.) sind (BVerwGE 89, 14, 17; s.a. BVerwG NVwZ 1991, 268 f.). Die Bildung von Fallgruppen in der Rspr. vereinfacht zwar den Umgang mit dem Beurteilungsspielraum (dieser Umgang wird vom BVerwG selbst gepflegt, s. BVerwGE 92, 340, 348); der Rückgriff auf einen Kanon ist aber zugleich alarmierend. Er begründet die Gefahr, die Unsicherheit über die sachlichen Grundlagen des Beurteilungsspielraums durch eine stillschweigende Einigung auf bestimmte Fallgruppen zu überdecken.

317   **3. Prognoseentscheidungen mit Beurteilungsermächtigung.** Eine Prognoseentscheidung liegt vor, wenn die Norm vorschreibt, dass auf der Grundlage anerkannter Erfahrungssätze von *feststellbaren Tatsachen* auf den wahrscheinlichen *Eintritt* bzw. Nichteintritt eines künftigen Sachverhaltes *zu schließen* ist.[578] Der erforderliche Wahrscheinlichkeitsmaßstab variiert je nach rechtlicher Grundlage und Gesamtzusammenhang und wird vom Gesetz meist konkludent vorgegeben.[579]

318   Verlangt eine Rechtsgrundlage nach einer Prognose, so liegt darin noch keine Beurteilungsermächtigung (BVerwGE 72, 38, 48). Individuelle, auf einen konkreten Kausalverlauf bezogene Prognosen rechtfertigen es nicht, den Grundsatz der einzig richtigen Entscheidung aufzugeben. *Grds.* sind *Prognoseentscheidungen* der Verwaltung gerichtlich *vollständig überprüfbar.*[580] Eindeutig ist dies bei polizeilicher Gefahrenabwehr, gilt aber auch bei Eignungsprognosen, z.B. über die Eignung eines Grundstücks als Landeplatz für Flugzeuge (BVerwG DVBl 1971, 415 f.). Auch der Begriff „Gefahr im Verzug" eröffnet keinen Beurteilungsspielraum (BVerfGE 140, 160, Rn. 92). Für den mit dem nationalen polizeirechtlichen nicht identischen Begriff der öffentlichen Ordnung i.S.v. Art. 5 Abs. 1 e) SGK gilt anderes (OVG Bln-Bbg NVwZ 2015, 1308).

319   **a) Prognoseermächtigung.** Für die Anerkennung eines Prognosespielraums muss über die Prognoseentscheidung hinaus von Gesetzes wegen ein *weiteres wertendes Element* hinzukommen.[581] Dieses Moment kann unterschiedlicher Art sein, je nachdem, ob die Prognose die Entscheidungsstruktur

---

574   BVerwGE 92, 340, 349.

575   *M. Gerhardt,* in: Schoch/Schneider/Bier § 114 Rn. 58; zu dieser Überlegung mit Bsp. *C. Starck,* FS Sendler, 1991, 167, 168 f.

576   In diese Richtung GmSOGB in BVerwGE 39, 355 ff.; dagegen wiederum in die andere Richtung BVerwGE 40, 353, 356 f.; 45, 162, 165; *Kopp/Schenke* § 114 Rn. 32 f.

577   S. nur *M. Gerhardt,* in: Schoch/Schneider/Bier § 114 Rn. 58 ff.; *F. Ossenbühl,* DVBl 1974, 309, 311 ff.; *E. Pache,* Abwägung, 2001, 125 ff.; *M. Sachs,* in: Stelkens/Bonk/Sachs § 40 Rn. 175 ff.; *E. Schmidt-Aßmann,* in: Maunz/Dürig Art. 19 Abs. 4 Rn. 191 ff.; *H. Schulze-Fielitz,* JZ 1993, 772.

578   *Kopp/Schenke* § 114 Rn. 37.

579   BVerfGE 80, 315, 344 (Asylrecht); BVerwG DÖV 1984, 557 f. (Schweinepestgefahr).

580   Polizeiliche Gefahrprognose vgl. etwa BVerwGE 106, 351, 357 (Ausweisung); BVerwG DVBl 1976, 788 (Immissionsprognosen); s.a. BVerwGE 81, 12, 17 (zu den „schädlichen Auswirkungen" eines Pflanzenschutzmittels auf den Naturhaushalt).

581   *R. Nierhaus,* DVBl 1977, 19, 23; *P. J. Tettinger,* DVBl 1982, 421, 426 f.

selbst prägt (*selbständiger Prognosefreiraum*) oder nicht (*abhängiger Prognosefreiraum*). Bei selbständigen Prognosefreiräumen erfüllen v.a. Prognosen mit überindividueller politischer (regionaler, globaler)[582] Natur oder planender Bedeutung diese Voraussetzung. Ein abhängiger Prognosefreiraum liegt vor, wenn eine Prognose entweder zu einer Planungsentscheidung i.e.S. (→ Rn. 216) oder zu einem auf anderen Gründen beruhenden Beurteilungsspielraum hinzutritt.[583] Letzteres kann bei Leistungs- und Eignungsbeurteilungen von Beamten oder bei Prüfungsentscheidungen (BVerwGE 72, 195, 200) der Fall sein. Es ist auch möglich, dass bei außerrechtlichen Bewertungsmaßstäben mit verfahrensrechtlicher Absicherung Prognoseelemente hinzutreten (BVerwGE 72, 195, 200).

b) Entscheidungen mit Prognosespielräumen. Eine abschließende Aufzählung der Prognosespielräume ist nicht möglich. Zu den Prognosen mit *planerischem Einschlag* zählen etwa *Kapazitätsberechnungen*, sofern sie nicht nur eine Leistungsgröße ausdrücken sollen, sondern auch ein Gestaltungselement beheimaten.[584] Den zentralen Bereich bilden dabei die Kapazitätsfestsetzungen im Hochschulzulassungsrecht, die mitunter mit dem administrativen Normsetzungsermessen gekoppelt sind.[585] Das BVerfG hat den Freiraum, der im Bereich der Art und Weise der Kapazitätsermittlung besteht, beschränkt (BVerfGE 85, 36, 54), und zwar stärker als es die vorausgehende Rspr. des BVerwG, insbes. die Beachtung des Gebots rationaler Abwägung bei der Bestimmung der Kapazitätsauslastung, verlangte.[586] Kernbestandteil der Kapazitätsberechnung ist die Bestimmung der angemessenen Lehrdeputate des Lehrpersonals (dazu etwa BVerwG NVwZ 1985, 576). Weitere Bereiche der Kapazitätsberechnungen sind etwa die Frequenzvergabe an private Hörfunkveranstalter[587] oder die jagdbehördliche Festsetzung eines Abschussplans (§ 21 BJagdG) (umstr.);[588] die Zuteilung des Emissionsbudgets.[589] 320

Starken planerischen Einschlag besitzen *Entwicklungsprognosen* globaler Entwicklungsvorgänge, wie etwa die Entwicklung des Kraft-,[590] Personennah-, Flug- und Güterverkehrs, des Müllaufkommens, des Energiebedarfs etc. Diese Prognosen sind meist in eine Planungsentscheidung i.e.S. integriert (BVerwGE 84, 123, 131). Hinzugekommen sind nach Auffassung des BVerwG nun die Regulierungsverfügungen der Bundesnetzagentur.[591] Eng mit den Entwicklungsprognosen verknüpft, unter Umständen von diesen gar nicht trennbar, sind auch die *Bedarfsprognosen mit Verteilungscharakter*. Bedarfsprognosen finden sich auch im Rahmen von objektiven Berufszulassungsvoraussetzungen und werden trotz ihrer erheblichen Grundrechtsauswirkungen als zulässig angesehen.[592] Zur Rechtfertigung wird zusätzlich zur eigentlichen Prognose auf die mehrschichtige Entscheidung mit abwägenden, 321

---

582 BVerwGE 80, 270, 275, 278 (Güterfernverkehr); K. Rennert, in: Eyermann § 114 Rn. 64.

583 BVerwGE 61, 176, 180 (Eignung eines Beamten); 80, 270, 277 f. (Güterfernverkehrsgenehmigung, zusätzlich struktur- und regionalpolitische Gesichtspunkte); 81, 185, 191 (Werksschutz für Kernkraftwerk).

584 BVerwGE 75, 275, 279; 87, 332, 354 (Flugroutenprognose); VGH Mannheim GewArch 1997, 251 f. und VGH München BayVBl 1996, 176 ff. (beide zum Rettungsdienst).

585 Vor BVerfGE 85, 36 ff. mit dem Einfluss politischer Wertungen begründet von BVerwGE 56, 31, 47; s. BVerwGE 60, 25, 44; 70, 318, 332; 70, 346, 350; vgl. die Anrechnung bestimmter Studienzeiten für die ärztliche Vorprüfung BVerwG NJW 1986, 800 (LS); zum Beurteilungsspielraum im Kapazitätsrecht D. Dürr, JuS 1988, 96, 100; P. Theuersbacher, NVwZ 1986, 978 ff.

586 BVerfGE 85, 36, 60 ff.; s. danach etwa VGH Kassel DÖV 1997, 426 f. (Stellenkapazität im juristischen Vorbereitungsdienst); s.a. M. Deutsch, FS Hoppe, 2000, 813, 824; R. Brehm/W. Zimmerling, Die verwaltungsgerichtliche Kontrolle zahlenförmiger Normen und Rechtsfolgen der Kassation, NVwZ 1992, 340 ff.

587 VGH Mannheim NJW 1990, 340 ff.; M. Gerhardt, in: Schoch/Schneider/Bier § 114 Rn. 77; K.-A. Schwarz, in: HK-VerwR VwGO § 114 Rn. 65; s. zur Frequenzplanung im Telekommunikationsrecht krit. wegen fehlendem planerischen Abwägungsgebot B. Holznagel, FS Hoppe, 2000, 767, 785; W. Hoffmann-Riem/D. Wieddekind, FS Hoppe, 2000, 745, 762.

588 OVG Lüneburg NuR 1990, 280. A.M. VGH München BayVBl 1999, 499 ff.

589 BVerwGE 129, 328.

590 BVerwGE 64, 238, 242; 75, 214, 234; 79, 208, 213 f.; 82, 297 u. 302 (verkehrspolitische Prognose).

591 BVerfG (Kammer) NVwZ 2012, 694; BVerwGE 151, 56; BVerwGE 131, 41; BVerwG NVwZ 2012, 1047; BGH, NVwZ-RR 2015, 457 (Ls); Winkler, DVBl 2013, 156.

592 BVerwGE 64, 238, 242 (zu § 13 PBefG a.F.); 80, 270, 277 f.; 82, 295, 297 f. (Bedrohung des öffentlichen Taxigewerbes); 82, 260, 265 (Bewertung der öffentlichen Verkehrsinteressen des Linienverkehrs); s.a. dazu OVG Bautzen LKV 2011, 508; VGH Mannheim NVwZ-RR 1993, 291 f.; vgl. BVerwG DÖV 1979, 716, 717 (zu § 8 Abs. 3 Mühlenstrukturgesetz).

planerischen und teils raumordnungspolitischen Wertungselementen verwiesen.[593] Angenommen wird eine Beurteilungsermächtigung dieser Art im Rettungsgewerbe (VGH Mannheim GewArch 1997, 251 f.; VGH München BayVBl 1996, 176 ff.) und im Transportverkehrsgewerbe i.w.S.,[594] wie z.B. hinsichtlich der Frage, ab welcher Zahl zugelassener Taxen die Funktionsfähigkeit des örtlichen Taxi-Gewerbes bedroht sein wird (BVerwGE 64, 238, 242; 82, 295, 297 f.). Es ist Aufgabe der Verwaltungsbehörde, die Grenze festzulegen, jenseits derer die Zulassung weiterer Taxen die Funktionsfähigkeit des örtlichen Taxengewerbes bedrohen würde. Fehlt es an einer rechtmäßigen behördlichen Prognose, hat der geeignete Bewerber grds. einen Anspruch auf Erteilung einer Taxengenehmigung (BVerwGE 64, 238 ff.; 79, 208, 213 f.; s.a. BVerwGE 75, 214, 234). Außerhalb des Berufszulassungs-rechts finden sich Bedarfsprognosen etwa im Wohngeldrecht.[595] Die Prognosespielräume mit planerischem Einschlag unterscheiden sich von den Planungsentscheidungen i.e.S. (→ Rn. 216) nur graduell, und zwar dadurch, dass sich das Planungselement nur auf Tatbestandsmerkmale und nicht auf die Rechtsfolge insgesamt bezieht. Kein Beurteilungsspielraum wurde dagegen etwa angenommen bei einer Freistellung von Bank und Finanzdienstleistungsgeschäften von der Aufsichtspflicht nach § 2 Abs. 4 KWG (VGH Kassel, DÖV 2015, 76 [Ls]).

322   Auch *Risikoprognosen*, die auf einer Verantwortungszuweisung an die Verwaltung beruhen, können Prognosespielräume ermöglichen.[596] Auf diesem Gedanken beruht z.T. die besondere Bindungswirkung der normkonkretisierenden Verwaltungsvorschriften (→ Rn. 388). Noch offen ist, ob auch *Vorsorgeprognosen* Prognosefreiräume vermitteln.[597] Erhebliche Bedeutung besitzen in der jüngeren Rspr. die auf die Erkennung von Wirkzusammenhängen bezogenen Freiräume naturschutzfachlicher Einschätzungen.[598]

322a   Eine Kombination von personenrechtlicher Prognose und Sicherheitsprognose bildet der Beurteilungsspielraum im Zusammenhang mit den Sicherheitsüberprüfungen von Staatsbediensteten in sicherheitsrelevanten Bereichen.[599]

323   **c) Gerichtliche Kontrolle von Prognoseentscheidungen.** Liegt ein (selbständiger oder abhängiger) Prognosefreiraum vor, ist die gerichtliche Kontrolle der vorgenommenen Prognose beschränkt und im Kern immer gleich.[600] Die gerichtliche Kontrolle ist nur eine „Plausibilitätskontrolle" bezogen auf den rechtlichen Rahmen.[601] Das Gericht kann grds. nur prüfen, ob (a) eine wissenschaftlich vertretbare *Methode* gewählt und einwandfrei angewendet wurde, (b) die Behörde vom zutreffenden Sachverhalt ausging,[602] (c) die Prognose einleuchtend begründet wurde, (d) ein angemessenes Verhältnis der Ungewissheit über die künftige Entwicklung zu den mit dem Vorhaben verbundenen Eingriffen besteht (ausf. BVerwGE 107, 142, 146) und (e) keine offensichtlich fehlerhafte Einschätzung vorliegt (BVerwGE 79, 208, 213). Unter diesen Voraussetzungen hat das Gericht die Prognose zu akzeptieren, d.h. grds. die „prognostizierten tatsächlichen Umstände" als „voraussichtlich eintretende Tatsachen hinzunehmen."

324   *Maßgeblicher Zeitpunkt:* Entscheidend ist der Zeitpunkt der Aufstellung der Prognose. Die Prognose und die auf ihr beruhende Entscheidung *bleibt rechtmäßig*, auch wenn sich eine Prognose infolge späterer Entwicklungen wegen neuer Erkenntnisse, wegen eines ursprünglichen Fehlers oder aus sonsti-

---

593   Vgl. BVerwGE 82, 260, 265 (Bewertung der öffentlichen Verkehrsinteressen des Linienverkehrs); ähnl. BVerwGE 80, 270, 277 f.; BVerwG NJW 1988, 276, 277 (bzgl. der Einschätzung der regionalwirtschaftlichen Gegebenheiten nach § 2 Abs. 2 S. 1 InvZulG).

594   BVerwGE 80, 270, 277 f. (Güterfernverkehrsgenehmigung, zusätzlich struktur- und regionalpolitische Gesichtspunkte, ob der Verkehr in einem Gebiet mit den vorhandenen Verkehrsmitteln i.S.v. § 13 Abs. 2 Nr. 2 a PBefG befriedigend bedient werden kann); 82, 260, 265 (Bewertung der öffentlichen Verkehrsinteressen des Linienverkehrs); BVerwG DÖV 1990, 29 ff. (zum öffentlichen Ortsverkehr); zu Seniorenbussen OVG Koblenz NVwZ-RR 2012, 645.

595   BVerwGE 80, 113, 120 (hinsichtlich der Entwicklung der Wohnungsmärkte bzgl. eines Rechtsverordnungserlasses).

596   Deutlich etwa BVerwGE 78, 177, 180; 81, 185, 190 Rn.; s.a. VG Schleswig NJW 1980, 1296, 1297.

597   Bei wasserrechtlichen Entscheidungen wird (bezogen auf Vorgängerformulierungen) vorgeschlagen, bereits das „Wohl der Allgemeinheit" (§ 6 Abs. 2 WHG) der gerichtlichen Eigenentscheidung zu entziehen – *M. Gerhardt*, in: Schoch/Schneider/Bier § 114 Rn. 69; zum Diskussionsstand um § 6 WHG *R. Büllesbach*, DÖV 1992, 477, 480 ff.

598   BVerwGE 147, 118; OVG Lüneburg DÖV 2017, 215 (LS); VGH München NuR 2016, 564.

599   BVerwGE 130, 291 ff.; BVerwGE 140, 384 ff.

600   *Kopp/Schenke* § 114 Rn. 37.

601   BVerwGE 72, 282, 286; 75, 214, 234; 107, 142, 147 m.w.N. (zusammenfassend); zusammenfassend *F. Ossenbühl*, FS Menger, 1985, 731, 744 ff.

602   BVerwGE 72, 282, 286; *P. J. Tettinger*, DVBl 1982, 421, 427.

gen Gründen als *überholt* oder unzutreffend darstellt. Änderungen der Sachlage, die sich erst nach der Prognoseaufstellung durch die Behörde ergeben, können zumindest so lange außer Betracht bleiben (BVerwGE 56, 110, 121; 107, 142, 146), als sie die Prognose nicht nachhaltig erschüttern (BVerwGE 56, 110, 122; 107, 142, 148 f.). Es ist offen, wie zu verfahren ist, wenn sich die tatsächliche Entwicklung in extremer Weise von der Prognose entfernt und dies zum Zeitpunkt der gerichtlichen Kontrolle der Prognose bekannt ist (BVerwGE 56, 110, 122). Man wird in diesen Fällen die Realisierung einer rechtmäßig getroffenen, aber später als offensichtlich fehlerhaft erkannten Prognose aus verfassungsrechtlichen Gründen für unzulässig halten müssen. Die betroffenen Grundrechte (v.a. Art. 14 Abs. 1 GG und Art. 2 Abs. 1 GG) würden unverhältnismäßig eingeschränkt, wenn man Eingriffe mit offenbar überholten Prognosen rechtfertigen wollte. In Ausnahmefällen ist evtl. auch eine Pflicht zum Widerruf des Verwaltungsaktes anzunehmen.[603]

4. Einbezug außerrechtlicher Wertungsmaßstäbe mit verfahrensrechtlicher Absicherung. Eine weitere 325 Gruppe von Beurteilungsermächtigungen bildet i.d.R. die Kombination komplexer wertender Entscheidungen, in die *außerrechtliche Wertungen* einbezogen sind, mit einer Verantwortungszuweisung durch Verfahrensabsicherung. Die *Komplexität einer Verwaltungsentscheidung allein*, d.h. ohne besonderen Einbezug außerrechtlicher Maßstäbe und ohne besondere verfahrensrechtliche Absicherung, rechtfertigt allerdings keinen Beurteilungsspielraum (BVerfGE 88, 40, 58). Ob diese Regel ohne jede Ausnahme gilt, ist nicht ganz sicher. An die Stelle gerichtlicher Kontrolle tritt auch ohne verfahrensrechtliche Absicherung eine nachvollziehende Kontrolle, wenn sich unbestimmte Rechtsbegriffe derart häufen, dass die konditionale Entscheidungsstruktur der Norm zerfällt.[604]

a) Vernetzte Entscheidungsstruktur. Werden Entscheidungen nach Maßstäben getroffen, die außer- 326 halb der Rechtsordnung liegen, wie etwa Geschmack, Ästhetik, moralische oder pädagogische Werte, spricht man von außerrechtlichen Maßstäben. Die staatliche Rechtsordnung kann auf diesen *außerrechtlichen Wertmaßstab* zugreifen und ihn in die Rechtsordnung inkorporieren, etwa indem sie unästhetische Gebäude verbietet.

Die außerrechtlichen Wertungsmaßstäbe besitzen nicht den gleichen Gültigkeitsanspruch wie Rechts- 327 normen und verlieren ihre Wertungsabhängigkeit weitgehend, aber nicht vollständig durch eine Inkorporation in die staatliche Rechtsordnung. Der Einbezug von außerrechtlichen Wertmaßstäben (wie etwa ästhetischen Gesichtspunkten) rechtfertigt für sich genommen nicht die Annahme eines Beurteilungsspielraums.[605] Ob ein Gebäude verunstaltend wirkt, wird gerichtlich voll überprüft, ebenso die reine Abwägung i.S.e. Voran- oder Zurückstellung einzelner Belange (BVerwGE 15, 207, 208; 81, 12, 17 [Pflanzenschutzmittel]).

b) Verfahrensrechtliche Verantwortungszuweisung. Bezieht sich der Verweis auf außerrechtliche 328 Wertmaßstäbe, aber nicht nur auf eine eindimensionale Wertung, sondern auf komplexe Wertungsstrukturen, wird der Sache nach *das konditionale Entscheidungsprogramm* der Normen (wenn – dann) bewusst durch den Gesetzgeber durch ein *retardierendes Moment* (vorausgesetzt, dass ...) *aufgebrochen*. Von einer bewusst *mehrdimensionalen* Entscheidung kann man v.a. dann ausgehen, wenn die Entscheidung über außerrechtliche Maßstäbe einem Gremium zugewiesen war, das extra für diese Entscheidung gebildet wurde und pluralistisch besetzt ist (Vertreter unterschiedlicher Gruppen wie Wissenschaft, Verwaltung, Selbstverwaltungsvertreter, Politik, Gewerkschaften, Religionsgemeinschaften, Sachverständige etc. s. etwa BVerwGE 59, 213, 215 ff.). Arbeitet das Gremium dazu noch weisungsfrei und mit besonderer fachlicher und/oder demokratischer Legitimation und in einem besonderen Verfahren, liegt darin zugleich die Entscheidung für eine gewisse „Staatsferne".[606] Eine so gestaltete Entscheidung ist unvertretbar, d.h. nicht durch andere Stellen ersetzbar (BVerwGE 39, 197, 204). So wie der Einbezug außerrechtlicher Maßstäbe für sich genommen für die Annahme eines Beurteilungsspielraums nicht ausreicht, genügt auch die Entscheidungsfindung allein durch ein sachverständi-

---

603 *Kopp/Schenke* § 114 Rn. 37 c.
604 BVerfGE 85, 36, 58 (Kapazitätsberechnung für Studiengänge); mittelbar BVerfGE 88, 40, 58.
605 BVerwGE 2, 172, 177; 17, 322 ff. (ästhetische Bewertung von Bauwerken); OVG Bln NVwZ 1986, 240 f. und VGH Mannheim NVwZ 1986, 240 f. und OVG Lüneburg BauR 2014, 1931 (Denkmalwürdigkeit eines Gebäudes); dazu *C. Moench*, NVwZ 1988, 304; s.a. *K. Rennert*, in: Eyermann § 114 Rn. 70.
606 BVerwGE 39, 197, 203 f. mit Urteilsanmerkung von *O. Bachof*, JZ 1972, 208 ff.; BVerwGE 59, 213, 217; 62, 330, 338 f.; 72, 195, 200; 91, 211, 216 f.

ges (weisungsfreies) Gremium nicht.[607] Die Grenzziehung kann im Einzelnen schwierig sein. Die *Verfahrensgestaltung* muss in der *besonderen Natur der Sachentscheidung* ihren Grund finden, wie etwa beim Mitwirken politisch-gestaltender Elemente oder fachlich-wissenschaftlicher, pädagogischer, ästhetischer Wertungen.

329   **aa) Indizierungsentscheidung und vergleichbare künstlerische Bewertungen.**   Begriffsbildend für diese Fallgruppe waren die Entscheidungen der Bundesprüfstelle bei der *Indizierung jugendgefährdender Schriften* (§§ 8 ff. GjS a.F., heute § 18 f. JuSchG).[608] Die Bundesprüfstelle für die Prüfung jugendgefährdender Schriften besitzt bei der Entscheidung über die Indizierung einen Beurteilungsspielraum, dessen Reichweite nach einschränkenden Entscheidungen des BVerfG ganz einfach zu bestimmen ist. Die auf einem pluralistisch besetzten Gremium aufbauende Entscheidung über eine mit rechtlichen Mitteln kaum greifbare Einschätzungsfrage galt lange Zeit als Musterbeispiel für einen durch Verfahrensgestaltung begründeten Beurteilungsspielraum.[609] Das Bundesverfassungsgericht hat diesen Beurteilungsspielraum eingeschränkt, indem es die Kunstfreiheit des Betroffenen stärker betonte und eine rechtlich vollständig überprüfbare Abwägungsentscheidung zwischen dem Jugendschutz und der Kunstfreiheit im Rahmen der praktischen Konkordanz forderte (BVerfGE 83, 130 ff. [Josefine Mutzenbacher]). Die Gewichtung der einzelnen Elemente des Ausgleichs als solche ist voll überprüfbar.[610] Der Entscheidungsvorrang der Bundesprüfstelle beschränkt sich im Prozess demnach auf eine sachverständige Aussage von besonderem Gewicht.[611] Das BVerwG setzt diese Vorgaben um,[612] indem es die wertende Einschätzung eines Kunstwerks, die Beurteilung seiner schädigenden Wirkung vollständig überprüft, nicht aber die Abwägung im Rahmen der Herstellung der praktischen Konkordanz. Diese unterliegt nur einer beschränkten gerichtlichen Kontrolle (BVerwGE 91, 211, 216 f.; 91, 223, 226 f.).

330   Gegen diese Feindifferenzierung des BVerwG lassen sich durchaus Einwände erheben.[613] Die Vorgaben des BVerwG werden dem im Gesetz zum Ausdruck kommenden objektiven Willen des Gesetzgebers aber besser gerecht als die Annahme vollständiger Überprüfbarkeit.[614] Das Modell des BVerwG schiebt die Beurteilungsermächtigung dogmatisch stärker in die Richtung einer Abwägungsfreiheit.

331   Die pluralistisch besetzten Gremien sind *nicht der einzige Fall, bei dem eine mehrdimensionale Entscheidung über außerrechtliche Fragen vorliegt.* Die Pluralität durch das Gremium kann durch partizipierende Elemente, wie die Beteiligung der Betroffenen an einer Schlichtungsentscheidung,[615] oder den Gedanken der „Richtigkeitsgewähr durch Verfahren" ersetzt werden. Gleiches gilt, wenn ein bestehender Interessenkonflikt v.a. im Bereich des Umweltrechts in einem geordneten Verfahren bewältigt wird, etwa dadurch, dass sich Sachverstand, betroffene Gruppen und politisch oder administrativ Verantwortliche vereinigen.

332   **bb) Einzelfälle zu Beurteilungsermächtigungen aufgrund komplexer Entscheidungsstrukturen.**   Nach gleichen Maßstäben wurde wegen des Erfordernisses eines „wertenden Erkennens" ein Beurteilungsspielraum in folgenden Fällen angenommen: bei der Filmbewertungsstelle,[616] bei der Festsetzung der Subventionswürdigkeit von Kunst i.w.S (OVG Lüneburg NJW 1983, 1218 f. [„Kunst am Bau"]) oder

---

607   BVerwGE 98, 288, 289 (Sachverständigenausschuss zur Beurteilung, ob etwas ein national wertvolles Kulturgut ist); s.a. BVerwGE 94, 307, 311; BVerwG NVwZ 1991, 268 f.
608   BVerfGE 83, 130 ff. (Josefine Mutzenbacher); dazu nunmehr BVerwGE 91, 211 ff.; 91, 217 ff.; 91, 223 ff.; BVerwG NJW 1987, 1435 f.; VG Köln NVwZ 1992, 402 f.; allg. *J. Würkner,* NVwZ 1992, 1 ff.; *ders./B. Kerst-Würkner,* NJW 1993, 1446 ff.; *K.-A. Schwarz,* in: HK-VerwR VwGO § 114 Rn. 64.
609   BVerwGE 39, 197, 203 f.; 77, 75, 78.
610   BVerfGE 83, 130, 145 ff. (v.a. 148); BVerwGE 91, 211, 215 f.; s.a. BVerwGE 91, 223, 226 f.; *M. E. Geis,* NVwZ 1992, 25, 28 f.; *J. Würkner,* NVwZ 1992, 309 ff.
611   BVerwGE 91, 211, 216 m.Anm. *M.-E. Geis,* JZ 1993, 792 ff.
612   BVerwGE 91, 211 ff.; 91, 223, 226 f.; zusammenfassend *H. Sendler,* DVBl 1994, 1089, 1094 f.; *K. Redeker,* NJW 1995, 2145 ff.
613   Krit. *C. Gusy,* JZ 1993, 796 ff.; *M.-E. Geis,* JZ 1993, 792 ff.; ähnl. *H. v. Kalm,* DÖV 1994, 23, 24 ff.; moderater, aber auch krit. *M. Gerhardt,* in: Schoch/Schneider/Bier § 114 Rn. 70.
614   *J. Würkner/B. Kerst-Würkner,* NJW 1993, 1446 f.
615   *K. Rennert,* in: Eyermann § 114 Rn. 73.
616   Für Beurteilungsspielraum OVG Bln NJW 1988, 365 ff.; VGH Kassel NJW 1987, 1436, 1439; *Kopp/Schenke* § 114 Rn. 26; diff. VG Wiesbaden NJW 1988, 356, 364; gegen Beurteilungsspielraum BVerwGE 23, 194, 200 f.; in diese Richtung auch *M. Gerhardt,* in: Schoch/Schneider/Bier § 114 Rn. 71.

in sonstigem Zusammenhang (Kunst am Bau),[617] bei der Beurteilung des Sortenausschusses nach dem Saatgutverkehrsgesetz, bei der Getreidesortenzulassung,[618] bei der Weinprämierung (BVerwGE 129, 27 ff.), für den Börsenvorstand bei der Zulassung eines Wertpapiermaklers (BVerwGE 72, 195, 199 ff.), bei der Kommission zur Ermittlung der Konzentration im Medienbereich (KEK) (VGH München DVBl 2012, 630); für den Spruch der früheren Schiedsstelle nach dem § 94 BSHG (BVerwGE 108, 47, 52; BVerwG DVBl 1999, 1113), bei der Zulassung von Schulbüchern,[619] bei der Beurteilung der Berufsbefähigung (BVerwGE 59, 213, 216) für die Richterwahl,[620] bei der Entscheidung der G 10-Kommission über die Festlegung des richtigen Zeitpunkts der Mitteilung der Telefonüberwachung an den Betroffenen.[621]

Nicht angenommen wurde der Beurteilungsspielraum bei berufsrechtlichen Eignungsprüfungen,[622] für   333
die (charakterliche oder geistige) Eignung zum Führen von Bundeswehrflugzeugen;[623] für den Musterungsausschuss bei der Tauglichkeitsfeststellung (BVerwGE 31, 149, 153), für die Entscheidungen der Prüfungsgremien für Kriegsdienstverweigerer (BVerwGE 44, 17, 23), für die Gemeinde bei der Handhabung der Bauplanungsleitlinien (BVerwGE 34, 301, 308; 45, 309, 323), für den Kürausschuss bei der Zuchttierkürung (BVerwG NVwZ 1991, 568), früher: für den Weinprüferausschuss bei Weinprämierungen (BVerwGE 94, 307, 311 – aufgegeben durch BVerwGE 129, 27 ff.), für die Entscheidung über die wissenschaftliche Unvertretbarkeit von Auswirkungen bei der Zulassung eines Pflanzenbehandlungsmittels,[624] bei der Feststellung der Aufnahmefähigkeit eines Krankenhauses in der Bedarfsplanfestlegung,[625] bei der Gleichwertigkeitsfeststellung einer staatlichen Hochschule für die Ausbildungsförderung (BVerwGE 92, 340, 348), bei der Qualifizierung eines national wertvollen Kulturgutes,[626] im Berufsrecht bei der Beurteilung der erforderlichen Fachkunde,[627] bei der Wirtschaftsförderung,[628] bei der Entscheidung über die Benennung eines Informanten nach § 19 BDSG (BVerwGE 89, 14, 17).

5. Ermächtigung zur eigenen Standardbildung. Es gibt Entscheidungsstrukturen, bei denen die Letz-   334
tentscheidungszuweisung auf dem Gedanken beruht, dass nur die Verwaltung in der Lage ist, in einem bestimmten Kernbereich *die entscheidenden Maßstäbe* (Standards) zu setzen (v.a. Prüfungsentscheidungen und interne Organisationsentscheidungen der Exekutive).

**a) Prüfungen, prüfungsähnliche Entscheidungen, Beurteilungen. aa) Die Begründung der Beurtei-   335
lungsermächtigungen.** Der unbestrittene Fall ist der Beurteilungsspielraum bei den *prüfungsspezifischen Wertungen* von Prüfungsentscheidungen,[629] der v.a. mit folgenden zwei Gründen gerechtfertigt

---

617 OVG Lüneburg NJW 1983, 1218 f. (Bewertung der künstlerischen Qualität der Arbeiten eines Künstlers oder Kunsthandwerkers durch ein Fachgremium als Voraussetzung für die Aufnahme in die sog. Baueignungsliste). A.M. vorher OVG Lüneburg OVGE 28, 378 ff.

618 BVerwGE 62, 330, 340; 68, 330, 337; 72, 339, 347 (Bewertungsspielraum [nur] im eigentlichen Wertprüfungsvergleich); verneint wurde ein Bewertungsspielraum von BVerwGE 81, 12, 17 hinsichtlich der Auswirkungen eines Pflanzenschutzmittels.

619 BVerwGE 79, 298, 300; BVerwG NVwZ 1984, 102, 104 sowie VGH München NVwZ-RR 1993, 357 f.; s.a. BVerfG NVwZ 1990, 54 f.

620 Vgl. OVG Schleswig DVBl 1999, 937 ff.; zur Sonderlage in den neuen Ländern BVerwGE 99, 371, 377; 105, 89, 92.

621 BVerwGE 130, 180.

622 BVerwGE 66, 367, 371 f.; 100, 221, 226 (Heilpraktiker); *Kopp/Schenke* § 114 Rn. 27.

623 BVerwGE 129, 355.

624 BVerwGE 81, 12, 17; s.a. *K.-H. Ladeur*, NuR 1994, 8, 11 ff.

625 BVerwGE 62, 86, 101 ff.; dagegen wird bei der Auswahl zwischen mehreren bedarfsgerechten, leistungsfähigen und wirtschaftlichen Krankenhäusern ein Beurteilungsspielraum angenommen von BVerwGE 72, 38, 54; ebenso wird in BVerwGE 62, 86, 97 bei der Versorgungsplanung selbst ein Planungsermessen angenommen; s.a. BVerwGE 91, 363, 366 (Pflegesatzvereinbarung); noch großzügiger OVG Koblenz DVBl 1982, 1010 f.

626 BVerwGE 92, 288, 289 (auch wenn ein repräsentativ zusammengestellter Sachverständigenausschuss dies beurteilt); VGH Mannheim NJW 1987, 1440 f.; VG Hannover NVwZ-RR 1991, 643; *R. Mussgnug*, in: Hohmann/John, Ausfuhrrecht, 2002, Anhang III zur AWV Rn. 33.

627 BVerwGE 59, 213, 215 hält einen landesrechtlich begründeten Bewertungsspielraum mit Art. 12 Abs. 1 GG für vereinbar.

628 BVerwGE 90, 350, 354 („besondere Förderungswürdigkeit"); OVG Münster NJW 1985, 1973 ff. m.Anm. *P. Meincke*, JuS 1986, 772 f.; offener BVerfGE 67, 100, 141. A.M. *H. H. Koch*, BayVBl 1983, 328 ff.; zur Regionalwirtschaftsprognose nach § 2 InvZulG BVerwG NJW 1988, 276, 277.

629 BVerfGE 84, 34 ff.; 84, 59 ff.; BVerwGE 91, 262 ff.; 92, 132, 137; 124, 356, 362 ff.; dazu auch *C. Koenig*, VerwArch 83 (1992), 351 ff.; *N. Niehues*, NJW 1991, 3001 ff.; *F. Wagner*, DVBl 1990, 183 ff.; *F. Seebass*, NVwZ 1985, 521 ff.

wird.[630] zum einen mit der Möglichkeit, aus der Erfahrung des Prüfers und den Leistungen anderer Prüflinge einen Vergleichsmaßstab zu bilden (Gedanke der Chancengleichheit);[631] zum anderen der Tatsache, dass die konkrete Prüfungssituation (v.a. bei mündlichen Prüfungen) nicht wiederholt werden kann (Unvertretbarkeit). Erfasst werden Prüfungen,[632] nicht aber die unterschiedlichen Formen der Anerkennung ausländischer Prüfungen[633] oder die Prüfung der Zulassungsvoraussetzungen für die Fortbildungsprüfung zum Geprüften Bilanzbuchhalter – „erforderliche Kenntnisse, Fähigkeiten und Erfahrungen".[634]

336   Daher wirkt der Beurteilungsspielraum nicht nur den Gerichten gegenüber, sondern auch innerhalb der *internen* Verwaltungskontrolle (BVerwGE 70, 4, 9 ff.). Im Widerspruchsverfahren ist die Widerspruchsbehörde auf eine *Kontrolle* der Rechtmäßigkeit i.e.S., also auf eine zurückgenommene Überprüfung, beschränkt.

337   **bb) Der Zwang zur differenzierenden Betrachtung.** Der Freiraum, innerhalb dessen sich die Verwaltung nur einer Vertretbarkeitsprüfung stellen muss, bezieht sich nach entsprechenden Vorgaben des Bundesverfassungsgerichts zu berufsbezogenen Prüfungen nicht auf die Prüfungsentscheidung insgesamt.[635] Das Bundesverfassungsgericht hat v.a. eine Konzentration der Beurteilungsermächtigung auf *prüfungsspezifische Wertungen*, sowie eine weitgehende Herausnahme der *fachlich-wissenschaftlichen Wertungen*, eine stärkere Herausbildung allgemeiner Bewertungsgrundsätze und eine engere Fassung des Begriffs der Willkür verlangt (BVerfGE 84, 34, 48 ff.).

338   **cc) Prüfungsspezifische Wertungen.** Die Beurteilungsermächtigung bei Prüfungen bezieht sich v.a. auf die prüfungsspezifischen Wertungen. Die eigentliche Bewertung bleibt dem Prüfer überlassen.[636] Er ist derjenige, der das sog. *Bewertungssystem* (zumindest im kleinen Rahmen) bildet, in das seine Prüfungserfahrung bzw. seine auch durch die Vergleichsmöglichkeit geschaffenen Kriterien einfließen. Das Bewertungssystem umfasst die prüfungsspezifischen Kriterien, nach denen die festgestellten fachlichen Vorzüge und Mängel einer Prüfungsleistung einem vorgegebenen Notensystem zugeordnet werden. Auf die Herausbildung und Anwendung dieser Kriterien bezieht sich der Bewertungsfreiraum.

339   Vom Bewertungssystem und damit von den prüfungsspezifischen Wertungen werden erfasst: die Einschätzung des Schwierigkeitsgrads einer Aufgabe (BVerfGE 84, 59, 79), die Beurteilung, was an Kenntnissen, Fertigkeiten usw. von den Prüflingen vernünftigerweise zu erwarten ist,[637] die Bewertung der Qualität, der Darstellung und Überzeugungskraft der Argumentation, die Gewichtung der einzel-

---

630   Dazu nur *R. Herzog*, NJW 1992, 2601, 2602 f.

631   BVerwGE 99, 74, 76 f.; besonders betont in BVerfGE 84, 34, 51 f.; 84, 59, 77.

632   Erfasst werden vom Beurteilungsspielraum folgende Prüfungen: Berufszulassungsprüfungen BVerwGE 91, 262 ff. und 99, 185 ff. (Wirtschaftsprüfer); 38, 105, 109 und 99, 74 ff. (Zweites Juristisches Staatsexamen); BFH NVwZ-RR 1995, 577 (Steuerberater) sowie handwerkliche Prüfungen OVG Saarlouis GewArch 1984, 238 (Gesellenstück); OVG Schleswig NVwZ-RR 1995, 393 f. (anders aber bei § 8 HandwO OVG Münster NVwZ-RR 1996, 501, 504), selbst die Jägerprüfung (BVerwG DVBl 1992, 1043 ff.; OVG Münster RdL 2012, 42); Studiumsabschlussprüfung auch bei Multiple-Choice (BVerfGE 84, 59 ff.; BVerwGE 78, 280, 283; s.a. BVerwGE 65, 323, 334; BVerwG NJW 1981, 2526 f.; 1984, 2650 ff.); der Notenvergleich von Prüfungen verschiedener Bundesländer (OVG Lüneburg DÖV 1995, 779 f. [i.E. wohl nicht überzeugend]) sowie die Promotions- (VGH Kassel NVwZ-RR 1993, 628 [LS]; zur Zulassung zur Promotion BVerwG DÖV 1985, 79 [LS]) und Habilitationsprüfung (BVerwGE 95, 237 ff.; dazu *M. Wolkewitz*, NVwZ 1999, 850 ff.); die Zulassung an der Börse als freier Börsenmakler (BVerwGE 72, 195, 197 ff.; *Kopp/Schenke* § 114 Rn. 26) und Laufbahnprüfungen (BVerwGE 98, 324, 330; BVerwG DVBl 1995, 1243 ff.); sowie schulische und vergleichbare Entscheidungen (BVerwGE 8, 272, 273 ff.; BVerwG DVBl 1996, 1381 f. [Abitur]; VGH Mannheim NVwZ-RR 1991, 479, 480 [Sonderschulbedürftigkeit]; 1993, 358 ff. [Versetzung]; BVerwGE 8, 272, 273 ff. [Nichtversetzung]; Einsatz von Schulmaterialien (OVG Münster NWVBl 2012, 235). Nicht erfasst werden dagegen: reine Fachkundenachweise (BVerwGE 97, 266, 275 [Nachw. der umgangsspezifischen Fachkunde für den Umgang mit offenen radioaktiven Stoffen]) sowie verkehrsrechtliche Tauglichkeitsbeurteilungen (BVerwG NVwZ-RR 1997, 285 f.).

633   *Voll überprüfbar* sind *dagegen* die Anerkennung im Ausland absolvierter Berufsausbildungen (BVerwGE 32, 148, 155; 92, 88, 91 ff.; BVerwG NJW 1993, 3007 ff.), die Erlaubnis zur Ausübung des ärztlichen Berufs aufgrund ausländischer Berufstätigkeit (BVerwGE 65, 19, 22), die Anerkennung erworbener akademischer Grade (BVerwGE 94, 73, 76 f.; VGH München DVBl 1985, 67, 69. A.M. VGH Mannheim DVBl 1984, 273, 274; ausf. *H.-J. Prieß*, NVwZ 1991, 111, 113 f.).

634   HmbOVG NordÖR 2007, 428 f.

635   BVerfGE 84, 34, 45 ff.; 84, 59, 77 ff.; dazu Anm. *J. Pietzcker*, JZ 1991, 1084 ff.; *H. v. Golitschek*, BayVBl 1994, 257 ff.; *P. Becker*, NVwZ 1993, 1129 ff.; *F. Seebass*, NVwZ 1992, 609 ff.; *P. Theuersbacher*, BayVBl 1991, 649 ff.

636   *C. Koenig*, VerwArch 83 (1992), 351, 372.

637   Vgl. BVerfGE 84, 59, 79; BVerwG DVBl 1996, 1381 f.; *F. Kopp*, JuS 1995, 468, 469.

nen Prüfungsteile (VGH Kassel DVBl 1993, 853 [LS]), die Gewichtung der Fehler einer Bearbeitung, die auf durchschnittliche Anforderungen bezogene Einschätzung der Leistung (BVerwGE 109, 211, 216), sowie die abschließende Bewertung.

Der Beurteilungsspielraum bezieht sich nicht auf den *rechtlichen Rahmen*, den die Prüfungen einzu- 340 halten haben, wie etwa, ob eine Prüfungsfrage zum Prüfungsstoff gehört oder nicht,[638] ob Unmögliches verlangt wird (BVerwG DVBl 1996, 1381 f.) und ob die durch die allgemeinen Prüfungsgrundsätze festgelegten Grenzen eingehalten sind.[639] Wegen Art. 12 Abs. 1 GG müssen sich berufsbezogene Prüfungen an den Anforderungen des Berufs ausrichten und orientieren. Die geforderten Leistungen dürfen nicht außer Verhältnis zu den Anforderungen des Berufs stehen (BVerwGE 78, 55, 57). Zum rechtlichen Rahmen gehört weitgehend auch das Prüfungsverfahren, das v.a. durch den Grundsatz der Chancengleichheit,[640] das *Fairnessgebot* [641] und das *Sachlichkeitsgebot* (BVerwGE 70, 143, 152) geprägt ist.

Die Prüfungsentscheidung ist *gerichtlich nur darauf überprüfbar*, ob sie den *rechtlichen Rahmen ein-* 341 *hält*, substantiiert und nachvollziehbar *begründet* ist[642] und im Hinblick auf die erbrachten Leistungen sowohl *plausibel* als auch *vertretbar* ist (VGH Kassel DVBl 1993, 853 [LS]). Diese *Willkürkontrolle* bezieht sich darauf, ob einem Sachkundigen die Entscheidung des Prüfers *unhaltbar* erscheint.[643] Das Gebot der Chancengleichheit verlangt, dass Leistungen, die nach dem Bewertungsschema des Prüfers gleichwertig sind, gleich benotet werden (BVerwGE 109, 211, 221).

dd) **Fachlich-wissenschaftliche Wertungen.** Von den prüfungsspezifischen Wertungen sind die *fach-* 342 *lich-wissenschaftlichen Wertungen zu unterscheiden*. Eine fachliche Antwort lässt sich bei entsprechendem Fachwissen als „richtig", „falsch" oder bei bestehenden Unklarheiten zumindest als „vertretbar" bezeichnen. Fachlich-wissenschaftliche Wertungen besitzen wegen des objektiven Bezugs wissenschaftlichen Denkens immer einen überprüfbaren Bereich, den das Gericht – zumindest bei berufsbezogenen Prüfungen[644] – klären muss.[645] Das Gericht hat sich ggf. durch Hinziehung von Sachverständigen sachkundig zu machen. Juristische Fragen kann das Gericht selbst beurteilen (BVerwG NVwZ 1993, 686, 687). Eine vollständige Überprüfung der Einschätzungen ist allerdings auch im fachlich-wissenschaftlichen Bereich wegen der engen Verzahnung mit der prüfungsbezogenen Wertung nicht möglich und vom Bundesverfassungsgericht auch nicht gefordert.[646] Der Prüfer kann demnach innerhalb der Skala der bestandenen Prüfung danach differenzieren, wie überzeugend er die – vertretbare Ansicht – hält. Er darf aber nicht nur seine eigene Ansicht als Maßstab heranziehen (Antwortspielraum).[647] Die Prüfungsentscheidung wird dann aufgehoben, wenn der Prüfer einen bestehenden Antwortspielraum überhaupt nicht berücksichtigt oder in seiner Reichweite eindeutig fehleingeschätzt hat.[648] So kann eine vom Prüfling vertretbare, mit gewichtigen Argumenten begründete Lösung nicht als falsch gewertet werden (BVerfGE 84, 34, 55; BVerwGE 104, 203 ff.; BVerwG NVwZ 1993, 686 f.). Als vertretbar ist sie zu werten, wenn die vom Prüfling vertretene Ansicht einer in Lehrbü-

---

638 BVerwGE 78, 55, 56 ff. (Heranziehung unzulässigen Prüfungsstoffes, kein hinreichender Zusammenhang mit dem Zweck der Prüfung und den Anforderungen des Berufs, dem die Ausbildung dient); VGH Mannheim DVBl 1995, 1356 f.; vgl. BVerfGE 84, 59, 78 (Multiple-Choice-Verfahren).

639 Dazu BVerwGE 98, 324, 330 (es besteht kein allgemeiner Prüfungsgrundsatz, wonach nur derjenige als Prüfer in einer Prüfung tätig werden dürfte, der gerade diese Prüfung selbst abgelegt hat).

640 BVerwGE 87, 258, 261 (Chancengleichheit nicht verletzt, wenn anderen bei der mündlichen Prüfung die Ergebnisse der schriftlichen Prüfung schon bekannt waren); zu Störungen während der Prüfung BVerwGE 94, 64, 68 m.Anm. *G. Püttner*, JZ 1994, 462 f.; vorausgehend BVerwGE 85, 323 ff. und BVerwG NJW 1993, 917 f.; dazu *A. Scherzberg*, NVwZ 1992, 31 f.; zu Rügeobliegenheiten BVerwGE 69, 46, 48 ff.; 96, 126, 128 ff.; OVG Koblenz DVBl 1999, 1597 ff., zur Verlängerung der Bearbeitungszeit BVerwGE 85, 323 ff.

641 BVerwGE 70, 143, 150; 78, 55, 59; mangelnde Sprachkenntnisse OVG Münster NJW 1991, 2586, 2588.

642 BVerfGE 88, 40, 59, 60 (zum besonderen pädagogischen Interesse i.S.v. Art. 7 Abs. 5 GG).

643 BVerfGE 84, 59, 80; OVG Münster DVBl 2000, 725 (LS); OVG Schleswig NVwZ-RR 1995, 393 f.

644 Bei nicht berufsbezogenen Prüfungen ist die Rspr. großzügiger VGH Mannheim NVwZ-RR 1999, 291 f. (Jägerprüfungen); *Kopp/Schenke* § 114 Rn. 31 a.

645 BVerfGE 84, 44, 55; 84, 59, 79; BVerwG NVwZ 1993, 686, 687; bei juristischen Prüfungen besteht i.d.R. ausreichende Sachkunde BVerwG NVwZ 1999, 187.

646 BVerfGE 84, 34, 53; 84, 59, 77 ff.; *F. Seebass*, NVwZ 1992, 609, 614.

647 BVerfGE 84, 34, 55; BVerwG NVwZ-RR 1994, 582, 584.

648 Die Besonderheiten des Antwort-Wahl-Verfahrens ermöglichen eine engere (inhaltliche) Vertretbarkeitskontrolle BVerfGE 84, 59, 79.

chern, Kommentaren oder auch in der sog. Primärliteratur (Fachzeitschriften) von einer nicht unerheblichen Anzahl von Autoren vertretenen Meinung entspricht.[649]

343 Wie allgemein beim Beurteilungsspielraum sind auch bei Prüfungsentscheidungen die Ermittlung des Sachverhalts und der konkrete Verfahrensablauf vollständig überprüfbar (vgl. nur BVerwGE 95, 237, 251). Die Bewertung einer Informationsquelle kann allerdings schon zum Beurteilungsfreiraum gehören (BVerwGE 93, 281, 283). Bei Prüfungsbewertungen werden etwa die Angaben der zur Verfügung gestellten Prüfungszeit und der zugelassenen Hilfsmittel geprüft,[650] ebenso ob der Prüfer die Prüfungsaufgabe kannte.[651] Ein *materieller Prüfungsfehler im Bereich der fachlich-wissenschaftlichen* oder der *prüfungsspezifischen* Wertungen ist nur beachtlich, wenn nicht ausgeschlossen werden kann, dass sich der Fehler auf das Ergebnis der Prüfungsentscheidung ausgewirkt hat (BVerwGE 105, 328, 332 unter teilweiser Aufgabe von BVerwGE 70, 143, 147, 155). Der einzelne Kandidat, der zur Wahrung seiner Rechte einen Verwaltungsprozess anstrengt, darf nicht die Chance einer vom Vergleichsrahmen unabhängigen Bewertung erhalten, da er ansonsten besser gestellt wäre.[652] Die Gerichte dürfen bei der Prüfung der Auswirkung eines Fehlers keine eigene Prüfungsbewertung vornehmen.[653] Ob eine Neubewertung der alten Prüfungsleistung zur Fehlerbewertung ausreicht oder eine neue Prüfungsabnahme erforderlich ist, hängt vom Einzelfall ab.[654] Danach ist aber zumindest die verfahrensfehlerhaft zustande gekommene oder inhaltlich fehlerhaft bewertete Prüfung ganz oder teilweise zu wiederholen, wenn und soweit auf andere Weise eine zuverlässige Bewertungsgrundlage für die erneut zu treffende Prüfungsentscheidung nicht zu erlangen ist (BVerwG NVwZ 1997, 502). Eine Prüfung kann i.d.R. nur einheitlich und nicht teilweise wiederholt werden (VGH München NJW 1982, 2627 f.). Ein Verfahrensfehler bei der Abnahme einer Prüfung führt nur dann zur Aufhebung der Prüfungsentscheidung, wenn ein Einfluss auf das Prüfungsergebnis nicht ausgeschlossen werden kann.[655]

344 **ee) Absicherung durch internes Kontrollverfahren.** Als Ausgleich für die zurückgenommene gerichtliche Kontrolle muss nach dem Bundesverfassungsgericht dem Kandidaten aus Art. 12 Abs. 1 GG – zumindest bei berufsbezogener Prüfung – die Möglichkeit zustehen, durch eine Bewertungsrüge eine verwaltungsinterne Kontrolle zu ermöglichen.[656] Das verwaltungsinterne Kontrollverfahren soll die Instanz, die zu einer vollständigen (Selbst-)Kontrolle fähig ist, verpflichten und es ermöglichen, ihre Entscheidungen unter Berücksichtigung der Einwände noch einmal zu überdenken (BVerwGE 92, 132, 137) und ggf. zu ändern.[657] Der Gesetzgeber hat das interne Kontrollverfahren näher auszugestalten.[658] Es kann, sofern dies möglich ist, in das Widerspruchsverfahren integriert werden (BVerwGE 92, 132 ff.).

---

649 Ausf. für den medizinischen Bereich BVerwGE 104, 203 ff. (gesicherte medizinische Erkenntnisse); zuvor schon BVerfGE 84, 59, 81 f.

650 *F. Thedieck*, DÖV 1982, 514 f.

651 BVerwGE 70, 143, 145; OVG Lüneburg DÖV 1982, 513 f. weitgehend in die Interpretation des Sachverhalts erstreckend verhalten insoweit *F. Thedieck*, DÖV 1982, 514 f. Bei der Interpretation einer Prüfungsfrage kann sich dagegen schon die Beurteilungsermächtigung auswirken – BVerwGE 70, 143, 145.

652 Ausf. BVerfGE 84, 34, 51 ff.; BVerwGE 91, 262, 273; BVerwG NVwZ 1997, 502.

653 BVerwGE 105, 328, 333 (unzulässig sei es, wenn das Gericht selbst Bewertungen abgebe, etwa indem es verschiedene Aufgaben untereinander gewichte, den Schwierigkeitsgrad einer Aufgabenstellung einordne und die Qualität einer Darstellung würdige sowie Stärken und Schwächen in der Bearbeitung gewichte).

654 BVerwG NJW 1983, 407 f.; NVwZ 1997, 502; zur Neubewertung auch BVerfGE 84, 34, 47; *J. Rozek*, NVwZ 1992, 33 ff.; zur Frage des Prüferwechsels BVerwG NVwZ 1993, 683, 688; OVG Münster DVBl 2000, 725 (LS); VGH München BayVBl 1978, 214 f. (soweit möglich den ursprünglichen Prüfer einbeziehen); z.T. weitergehend OVG Münster NVwZ 1993, 95 f.; VGH Mannheim NJW 1989, 1379 ff.; s.a. *F. Kopp*, BayVBl 1990, 684 f.; zur gerichtlichen Nachprüfung von Prüfungsentscheidungen *P. Becker*, NVwZ 1993, 1129, 1132 ff.

655 BVerwGE 78, 280, 284; s. etwa BVerwG NVwZ 2002, 1375 f. (kein Einfluss bei beiläufigen Bemerkungen).

656 Grundlegend BVerfGE 84, 34, 45 ff. und BVerwG 92, 132 ff.; *F. Lindner*, BayVBl 1999, 100, 104 f.; anders aber bei Prüfungen, die nicht Voraussetzung für den Berufseinstieg sind, wie z.B. militärische Laufbahnprüfungen, s. dazu BVerwG 103, 200, 204; VGH Mannheim NVwZ-RR 1999, 291 f.; *C. Birnbaum*, NVwZ 2006, 286 ff.

657 BVerwGE 91, 262, 274; 92, 132; BVerwG NJW 1995, 977 (LS 3); vgl. *W. Löwer*, FS Redeker, 1993, 515, 518 f.

658 Auch ohne Ausgestaltung gelten von Verfassungs wegen bestimmte Grundsätze, s. dazu: Begründungspflicht der Note (BVerwGE 91, 262 ff. m.Anm. *H. Goerlich*, JZ 1993, 903 f.); Dokumentationspflicht VGH Kassel DVBl 1997, 621 f.; Beteiligungspflicht der ursprünglichen Prüfer (BVerwGE 91, 262, 273; 92, 132, 187; 98, 324, 331); Mitwirkungspflicht des Prüflings (BVerwGE 92, 132, 138); keine Wiederholungspflicht des internen Kontrollverfahrens bei Fehlerhaftigkeit (BVerwGE 109, 211, 214); Geltung eines eingeschränkten Verschlechterungsverbots (BVerwGE 109, 211, 216 ff.).

b) Selbstorganisation. Hinsichtlich der *eigenen Organisation* steht der Verwaltung gegenüber der 345 Dritten Gewalt ein Freiraum zu.[659] Anwendungsfelder dieses Freiraums bestehen zunächst innerhalb des Dienstrechts, etwa bei der Stellenbewertung (BVerwGE 101, 112, 114) oder bei Bedarfsprüfungen (BVerwGE 103, 4, 7 [dienstlicher Bedarf für vorgezogene Versetzung]), weiter im Schulwesen, bei der Schulorganisation sowohl im Binnenbereich (Klasseneinteilung [VGH München NVwZ-RR 1993, 355 f.]; (Klassenstärke) [VGH München BayVBl 1993, 185]; Stundenplangestaltung) als auch im Außenbereich (Schulauflösung)[660] sowie bei der Errichtung einer Hochschule;[661] und dem Gemeinderat bezüglich eines Ausschlusses der Öffentlichkeit (VGH München NVwZ-RR 2015, 627 f.), hinsichtlich der Bildung einer Liquiditätsrücklage einer Kammer (BVerwGE 153, 315). Dagegen steht der Ausbildungsstätte bei der Anwendung der „üblichen Leistungen" in § 48 Abs. 1 S. 1 Nr. 2 BAföG kein Beurteilungsspielraum zu (BVerwG DÖV 2017, 124 [Ls]).

c) Leistungsbeurteilungen bei Beamten. Bei *beamtenrechtlichen Leistungsbeurteilungen* besteht eine 346 Beurteilungsermächtigung (zur Sicherheitsüberprüfung → Rn. 322 a).[662] Rechtfertigungsgesichtspunkte sind: die vorhandenen Bewertungselemente der Beurteilung (Leistungsfähigkeit des Betroffenen),[663] notwendige Prognoseelemente (künftige Entwicklung und das künftige Verhalten),[664] das Selbstorganisationsrecht der Verwaltung sowie verfahrensrechtliche Vorkehrungen (z.B. ein pluralistisch besetztes Gremium).[665] Beurteilungsrichtlinien geben bei Großverwaltungen eine Vergleichsbasis und sind kraft Selbstbindung rechtserheblich (BVerwGE 86, 270, 271; 97, 128, 129). Eine Übertragung der Rspr. zur strengeren gerichtlichen Kontrolle von berufsbezogenen Prüfungen auf die Kontrolle von dienstlichen Beurteilungen hat das Bundesverfassungsgericht abgelehnt (BVerfG NVwZ 2002, 1368 f.).

Die Beurteilungsermächtigung bezieht sich auf folgende Entscheidungen: die Festlegung der Anforde- 347 rungen an das konkrete (innegehabte oder angestrebte) Amt und die Laufbahn,[666] Leistungsbeurteilungen unterschiedlicher Form[667] sowie verschiedene Eignungsentscheidungen[668] (etwa Auswahlentscheidungen am Maßstab des Art. 33 Abs. 2 GG[669] oder Sicherheitseinstufungen [BVerwGE 83, 90, 94 ff.], bis hin zur Entlassung aus dem Vorbereitungsdienst wegen fehlender Aussicht auf einen erfolgreichen Abschluss [VGH Mannheim NJW 1987, 917]).

Speziell bei *Beförderungsentscheidungen gilt: Maßgeblich ist primär* die letzte dienstliche Beurtei- 348 lung,[670] ggf. ergänzt um Stellungnahmen höherer Vorgesetzter (BVerwGE 93, 279, 280). Bei gleicher Eignung der Bewerber ist die Auswahl zwischen ihnen nach Hilfskriterien zu treffen, die der Dienstherr weitgehend selbst festlegen darf.[671] Mögliche Hilfskriterien sind:[672] frühere Beurteilungen (OVG

---

659 BVerwGE 26, 65, 77; 39, 291, 299; 83, 90, 96; 101, 112, 114 (Stellenplanbewirtschaftung, Stellenbewertung und Beendigung eines Auswahlverfahrens als Bestandteile des Organisationsrechts des Dienstherrn).

660 BVerwG NVwZ 1992, 1202 ff. (allerdings als Planungsentscheidung und nicht als Beurteilungsspielraum behandelt); zutr. dagegen *K.-H. Ladeur*, DÖV 1990, 945, 952 f.

661 Enger BVerfGE 33, 303, 333 ff. (numerus clausus: grundsätzliche Pflicht, die Kapazitäten so weit wie möglich zu erweitern, wenn sonst gewünschte Berufsausbildungen nicht realisiert werden können).

662 BVerwGE 106, 263, 266 (Entlassung von Probebeamten wegen mangelnder Bewährung); 60, 245 ff.; 97, 128, 129; 106, 318, 319 (alle zur dienstlichen Beurteilung); 98, 324, 330 (soldatenrechtliche Lehrgangsprüfung); 99, 371, 377 f. (zur „Übernahme" von DDR-Richtern); 103, 200, 203 f.

663 BVerwGE 86, 59 ff.; 92, 147, 149; 106, 263, 267; BVerwG DVBl 1993, 956 f.

664 BVerwGE 99, 371, 377; 106, 263, 266.

665 BVerwGE 99, 371, 377 f. (zur „Übernahme" von DDR-Richtern).

666 BVerwGE 15, 39, 40 f.; zweifelnd *K. Rennert*, in: Eyermann § 114 Rn. 69.

667 BVerwGE 60, 245 ff.; 99, 371, 377 (zur künftigen Eignung von ehemaligen DDR-Richtern); nicht dagegen für die Frage der Unwürdigkeit, vgl. BVerwGE 15, 128, 130.

668 BVerwGE 92, 147, 149 (Übernahme ins Beamtenverhältnis); 80, 224, 226 (Laufbahnaufstieg); 85, 177, 180 und 106, 263, 266 (Entlassung von Probebeamten wegen mangelnder Bewährung); 111, 28 ff., 80 f. (Verfassungstreue); der vollständigen gerichtlichen Kontrolle obliegt dagegen, ob das Festhalten am Beamtenverhältnis mit früheren MfS-Mitarbeitern zumutbar sei, s. BVerwGE 108, 64 ff.; 109, 59 ff.

669 Hier fließen personalpolitische Entscheidungsprärogativen und wertende prognostische Feststellung des Leistungsurteils und Eignungsvergleich zusammen, BVerfG NJW 2016, 3425, Rn. 19; BVerfG (Kammer), NVwZ 2016, 764; BVerwGE 68, 109, 110; Übersicht bei *B. Wittkowski*, NJW 1993, 817, 821 f.; s. zum Auswahlmaßstab für die Bestellung von Notar BGHZ 124, 327; *M. Gerhardt*, in: Schoch/Schneider/Bier § 114 Rn. 80.

670 OVG Schleswig NVwZ 1997, 613 f.; NVwZ-RR 1999, 418, 419; 1999, 652 f. (Frage der Aktualität der dienstlichen Beurteilung).

671 OVG Münster NVwZ-RR 1999, 593; *Helmut Schnellenbach*, Beamtenrecht in der Praxis, 1998, Rn. 55 ff.

672 Dazu *U. Battis*, NJW 2002, 1085, 1087 f.

Saarlouis NVwZ-RR 1999, 260 f.), mit Einschränkungen das höhere Dienst- und Lebensalter, ein bestehendes Verhältnis zwischen der Behörde und dem Bewerber (OVG Münster NVwZ-RR 1999, 593) und in beschränktem und umstrittenem Umfang auch Frauenförderungspläne.

349   Voll überprüfbar sind dagegen das „dienstliche Bedürfnis" für eine Versetzung,[673] das „dienstliche Interesse" bei der Nebentätigkeitsgenehmigung (BVerwGE 31, 241, 246 f.), die Voraussetzungen eines Verbots der Dienstausübung (BVerwG NJW 1978, 1597 f.), die Gleichwertigkeit der in anderen Bundesländern abgelegten Laufbahnprüfungen (BVerwGE 64, 142, 149 f.) oder in anderen Ländern abgelegten sonstigen Prüfungen sowie die Gleichwertigkeit von Ausbildungsstätten nach Ausbildungsförderungsrecht (BVerwGE 92, 340, 348; OVG Münster NWVBl 2016, 212).

349a   *Bei der Beurteilung, ob ein militärischer Befehl* „nur zu dienstlichen Zwecken" (§ 10 Abs. 4 SG) erteilt wurde, weisen die Gerichte den Behörden einen Beurteilungsspielraum zu.[674]

350   **6. Gestaltungsermächtigungen – Politisch motivierte Freiräume.** Bei sachlichem Bezug können die Motive einer Entscheidung so weitgehend in den *politischen Bereich verlagert sein,* dass in dieser Struktur zugleich eine Zuweisung der Letztentscheidungskompetenz zum politischen Organ, d.h. der Regierung und der von ihr abhängigen Verwaltung, liegt.[675] Diese Zuweisung kann vom Gesetz, aber auch von der Verfassung konkludent vorgenommen werden. Angenommen wurden diese Voraussetzungen im staatlichen Bereich etwa bei der Festlegung von militärischen Tiefflügen gem. § 30 Abs. 1 S. 3 LuftVG,[676] bei der Gewährung von Auslandsschutz, teilweise im Außenhandelsrecht,[677] bei § 8 Abs. 1 S. 1 Nr. 1 UIG „nachteilige Auswirkungen auf die internationalen Beziehungen" (BVerwG NVwZ 2016, 1566), anders bei § 3 Nr. 6 IFG „fiskalische Interessen" (OVG Münster DVBl 2013, 981).

beim Sozialhilfe-Regelsatz (unabhängig, ob in Form einer Verwaltungsvorschrift oder einer Rechtsverordnung),[678] bei der Konkretisierung der Fragen im Rahmen von statistischen Erhebungen, sofern das Gesetz Raum lässt (BVerwG NJW 1991, 1246 f.; 1992, 1842, 1843), oder der Annahme des Vorliegens nachteiliger Auswirkungen auf Belange der inneren oder äußeren Sicherheit bei Gewährung der Informationsfreiheit (OVG Bln-Bbg NVwZ 2012, 1196). Auch im schulischen Bereich bilden die bildungspolitischen Grundsatzentscheidungen die Basis für Beurteilungsspielräume, wie etwa bei der Schulbuchzulassung.[679] *Nicht* anerkannt wurde als Beurteilungsspielraum der Begriff der Belange der Bundesrepublik i.S.v. § 2 Abs. 1 S. 2 i.V.m. § 7 Abs. 2 S. 2 AuslG a.F. (BVerwGE 66, 29, 30) oder i.S.v. § 9 RuStAG (BVerwGE 77, 164, 167). *Im kommunalen Bereich* wird ein exekutiver politischer Freiraum, etwa bei der Bewertung des öffentlichen Wohls beim öffentlichen Zweck im Zusammenhang mit der wirtschaftlichen Tätigkeit der Kommunen angenommen.[680]

351   **7. Gerichtliche Kontrolle. a) Zurückgenommene Kontrolle.** Obwohl § 114 nach richtiger Ansicht nicht analog gilt (→ Rn. 39), lässt sich ihm – als Ausdruck eines allgemeinen Rechtsgrundsatzes – die Struktur einer beschränkten Gerichtskontrolle entnehmen. Eine spezielle Norm zum Beurteilungsspielraum kennt die VwGO nicht. Für den Bereich des Umweltrechts ist die Überprüfung eines Beurtei-

---

673   BVerwGE 26, 65, 74 ff.; 31, 345, 358; 103, 4, 5 f. (für Soldaten); nach BVerwGE 26, 65, 77 ff. können dieser Entscheidung aber Elemente vorgelagert sein, die wiederum nicht vollständig überprüfbar sind, dazu *H. Hacker,* BayVBl 1979, 449, 451.

674   BVerwGE 127, 1 ff.

675   BVerwGE 97, 203, 209 (militärische Tiefflüge); s.a. BVerfGE 88, 40, 61; VGH München NVwZ-RR 1993, 357 f. (Lehrplanaufstellung und Schulbuchzulassung).

676   BVerwGE 97, 203, 209 (Erforderlichkeit von militärischen Tiefflügen gem. § 30 Abs. 1 S. 3 LuftVG); vorausgehend OVG Münster NWVBl 1993, 23 ff.; VG Münster NVwZ 1990, 290 f.; s.a. BGH NJW 1993, 2173, 2175.

677   BVerwG DVBl 1972, 895 f. (zu § 12 AWG); *G. Schallenberg/H. Hohmann,* in: Hohmann/John, Ausfuhrrecht, 2002, Teil 3, § 12 AWG Rn. 6; abl. dagegen zu § 5 c AWG OLG Köln NVwZ 2000, 594 f.; trotz Beurteilungsspielraum besteht ein Anspruch auf Entscheidung, VG Frankfurt NVwZ 2016, 1346.

678   BVerwGE 94, 326, 329 ff. (zur Regelsatzverordnung); 102, 366, 367 f. (die Regelsatzfestsetzung sei ein Akt wertender Erkenntnis und gestaltende sozialpolitische Entscheidung).

679   Zum „besonderen pädagogischen Interesse" an privaten Grundschulen BVerfGE 88, 40, 56 ff.; bezogen auf BVerwGE 75, 275, 276 ff.; dazu *H. Goerlich,* DVBl 1993, 485 ff.; *J. Pietzcker;* JZ 1993, 789 ff.; *E. Schmidt-Aßmann/T. Groß,* NVwZ 1993, 617 ff.; s.a. schon *F.-R. Jach,* DÖV 1990, 509 ff.; s.a. kein Beurteilungsspielraum VGH Kassel NVwZ 1984, 118 f.; *M. E. Geis,* DÖV 1993, 22 ff.; *B. Pieroth/S. Kemm,* JuS 1995, 780, 782 ff.

680   BVerwGE 39, 329, 334 („öffentlicher Zweck" für kommunale Wirtschaftsunternehmen); VerfGH RhPf NVwZ 2000, 801, 803, dazu *M. Ruffert,* NVwZ 2000, 763 ff.; s.a. OVG Lüneburg DVBl 1991, 1004 f. (Bedürfnis für Begründung des Anschlusszwangs durch Satzung).

lungsspielraums in § 4 a Abs. 2 UmwRG in allgemein gültiger Form dargelegt. Auch beim Beurteilungsspielraum darf das Gericht seine Einschätzung nicht an die Stelle der Beurteilung durch die Behörde setzen. Durch die Beurteilungsermächtigungen weist der Gesetzgeber die Beurteilung und Wertung eines gegebenen Sachverhalts der Behörde zu, damit sie diese unter wertender Berücksichtigung aller betroffenen Belange grds. letztverbindlich vornimmt (BVerwGE 62, 330, 338; undeutlich dagegen BSG NJW 1985, 697, 698 f.). Das Gericht darf daher nicht danach urteilen, wie es selbst die betreffende Entscheidung getroffen hätte. Es greift vielmehr nur eine auf bestimmte Schritte beschränkte nachprüfende Kontrolle (*nachvollziehende Rechtsprüfung – Vertretbarkeitskontrolle*). Geprüft wird, ob die Verwaltung die gesetzlichen Grenzen eingehalten hat.[681] Sind die Schranken des Beurteilungsspielraums von der Verwaltung überschritten worden, muss das Gericht den Verwaltungsakt aufheben und ggf. (bei der Verpflichtungsklage) die Behörde zur Neubescheidung verpflichten. Die ältere Formulierung, nach der der Beurteilungsspielraum eine „Bandbreite" möglicher („vertretbarer") Verwaltungsentscheidungen vorsehe (BVerwGE 39, 197, 203), wird heute teilweise als missverständlich bezeichnet[682] und stattdessen auf das Recht zur Letzterkenntnis der einzig richtigen Entscheidung abgestellt.[683] Dennoch erscheint die Vorstellung von mehreren rechtmäßigen Entscheidungen (i.S.v. innerhalb der gesetzlichen Vorgaben liegend) zumindest als Kennzeichnung des Ergebnisses sinnvoll. Ob ein Beurteilungsspielraum vorliegt, ist eine Rechtsfrage und wird daher nach einhelliger Ansicht vollständig überprüft.[684]

Bei bestimmten Beurteilungsermächtigungen gilt der Grundsatz der eingeschränkten Überprüfung auch gegenüber einer verwaltungsinternen Kontrolle (→ Rn. 335).   352

b) Die Kriterien im Überblick. Der *Inhalt und die Intensität* der gerichtlichen Überprüfung richten   353
sich nach dem jeweiligen *materiellen Recht* (BVerfGE 88, 40, 59 ff.). Zu beachten sind v.a. die Grundrechtsintensität eines potenziellen Eingriffs und die jeweilige Grundrechtsrelevanz (BVerfGE 83, 130, 145; 88, 40, 59). Die allgemeinen Prinzipien dürfen allerdings *nicht zu stark bereichsspezifisch* aufgeteilt werden. Beim Prüfungsrecht dürfte derzeit die Grenze der sinnvollen Detailausgestaltung erreicht sein.[685]

Überprüft werden beim Beurteilungsspielraum nach der geläufigsten *Standardformulierung*[686] die voll-   354
ständige und methodengerechte Erfassung des Sachverhalts, die Einhaltung der Verfahrensregeln und der rechtlichen Bewertungsgrundsätze oder -maßstäbe, die Verkennung des anzuwendenden Rechts sowie der Einfluss von sachfremden Erwägungen (s. § 4 a Abs. 2 UmwRG).[687]

Teilweise *weicht* das BVerwG von dieser Formel *ab* (s. etwa zu ähnlichen, aber etwas anderen Formu-   355
lierungen BVerwGE 97, 203, 209), v.a. im Bereich der Kontrolle der Auslegung des Beurteilungsspielraums selbst. So wird im Beamtenrecht die allgemeine Rechtskontrolle nicht allgemein auf die Verkennung des anzuwendenden Rechts beschränkt, sondern ausdrücklich auf die Verkennung des anzuwendenden unbestimmten Rechtsbegriffs, der die Beurteilungsermächtigung enthält, erstreckt (BVerwGE 68, 330, 337; 68, 109, 110; 97, 128, 129; 105, 89, 92; 106, 263, 266). Auch die Überprüfung der Einhaltung der gesetzlichen Grenzen der Beurteilungsermächtigung wird mitunter genannt (BVerwGE 106, 263, 266). Umgekehrt wird gelegentlich auch nur die Kontrolle des gesetzlichen Rahmens, innerhalb dessen sich die Verwaltung frei bewegen kann (v.a. bei dienstlichen Beurteilungen), als gerichtlich kontrollierbare Anforderung genannt (BVerwGE 93, 123, 123). Ein vollständiger Rückzug der gerichtlichen Kontrolle ist unzulässig, auch nicht im einstweiligen Verfahren (BVerfG NVwZ 2017, 305 zu § 35 TKG 2004).

c) Sachverhaltskontrolle. Einer *vollständigen Kontrolle* unterliegt grds. der *Sachverhalt*, den die Ver-   356
waltung ihrer Entscheidung zugrunde gelegt hat. Er muss zutreffend und vollständig ermittelt worden

---

681 BVerwGE 62, 330, 340; *Kopp/Schenke* § 114 Rn. 23; *W.-R. Schenke*, WuV 1988, 145, 171; *C. Starck*, FS Sendler, 1991, 167, 175.
682 Vehement *F. Ossenbühl*, DÖV 1972, 401, 402; moderater *M. Gerhardt*, in: Schoch/Schneider/Bier § 114 Rn. 62.
683 *F. Ossenbühl*, DÖV 1972, 401, 403.
684 *K. Rennert*, in: Eyermann § 114 Rn. 56.
685 Dazu *R. Brehm/W. Zimmerling*, NVwZ 2000, 875 ff.
686 Zu dieser Standardformulierung etwa BVerwGE 72, 339, 347; 72, 38, 54; 73, 376, 378; 83, 90, 95; 99, 74, 77.
687 BVerwGE 91, 262, 266 m.Anm. *H. Goerlich*, JZ 1993, 803 ff.; BVerwG NVwZ 1995, 494 f. (Einlenken eines Prüfers „um des lieben Friedens" willen).

sein.[688] Die Verwaltung darf sich für bestimmte Entscheidungen unterstützender Sachverständigengutachten bedienen, sofern diese sachgerecht aufgestellt wurden. Eine Übernahme der Ergebnisse „blindlings" ist allerdings ausgeschlossen (BVerwGE 80, 224, 226 [Laufbahnaufstieg]). Je nach Sachentscheidung kann aber bei der Darstellung und der Auswahl des Sachverhalts bereits die in der Beurteilungsermächtigung ruhende Entscheidungsprärogative vorwirken (BVerwGE 60, 246 ff.).

357   **d) Verfahrensmängel. aa) Allgemein.** Wegen der Rücknahme im materiellen Recht bei der Subsumtion werden v.a. das Verfahren[689] und die Sachverhaltsermittlungspflichten (s. etwa BVerwGE 93, 174, 176) besonders betont. Das Gericht prüft vollständig nach, ob das *Verfahren im konkreten Fall* eingehalten wurde.[690] Die Verfahrensanforderungen ergeben sich aus der Rechtsgrundlage oder aus den allgemeinen Grundsätzen, wobei eine Heilung von Fehlern grds. möglich ist (BVerwGE 91, 262, 270).

358   Die besondere Bedeutung der Verfahrensfragen gilt v.a. für die *Begründung* der Entscheidung.[691] Die Begründung muss die wesentlichen Schritte der Entscheidungsfindung nachvollziehbar machen. Allerdings ist auch bei Beurteilungsermächtigungen nicht unbedingt gesetzlich eine Begründungspflicht vorzusehen. Bei sachlichen Gründen ist ihr Ausschluss zulässig (BVerwGE 105, 89, 92 f. [zur Entscheidung des Richterwahlausschusses]). Die Anforderungen an die Entscheidungsbegründung sind v.a. im Bereich der Prüfungsentscheidungen wegen Art. 19 Abs. 4 und Art. 12 GG, unabhängig von der Anwendbarkeit des § 39 VwVfG (s. § 2 Abs. 3 Nr. 2 VwVfG), ausgearbeitet (s. v.a. BVerwGE 91, 262, 264 ff.). Während schriftliche Prüfungsarbeiten immer (schriftlich)[692] zu begründen sind, gilt dies bei mündlichen Prüfungen nur auf ein spezifisches Verlangen des Prüflings hin (ausf. BVerwGE 99, 185 ff.). Es muss erkennbar sein, inwieweit eine ungünstige Bewertung auf bestimmte inhaltliche Fehler oder auf die Art und Weise der Gedankenführung und Darstellung gestützt war (BVerwGE 91, 262, 268 ff.; 98, 324, 333).

359   **bb) Fehlererheblichkeit.** Mängel im Verfahren oder bei der Sachverhaltsaufklärung, die sich auf das Ergebnis *nicht ausgewirkt haben* können, sind bei der gerichtlichen Kontrolle nicht zu beachten.[693] Dies ergibt sich bei Verwaltungsakten schon aus § 46 VwVfG. Es gilt ein objektiver Maßstab. Wegen der Aufgabe des Grundsatzes der einzig richtigen Entscheidung bzw. der Vertretbarkeitskontrolle sind Ermittlungsfehler und Verfahrensfehler rein tatsächlich in aller Regel relevant. Hier besteht der Unterschied zu den gebundenen Entscheidungen, bei denen diese Fehler in größerem Umfang die Kriterien der Unbeachtlichkeit erfüllen können. Bei „interaktiven Verfahrenssituationen", wie etwa im mündlichen Prüfungsrecht, kann die Rüge potenzieller Mängel durch den Betroffenen eine Voraussetzung für die Fehlerbeachtlichkeit sein.[694]

360   Die *Kausalität eines Verfahrensfehlers* lässt sich allerdings nicht dadurch verneinen, dass das Gericht selbst auf die Suche nach alternativen Gesichtspunkten geht, die die Entscheidung tragen könnten. So ist es unzulässig, wenn das Gericht in Prüfungsentscheidungen nach festgestellten Verfahrensfehlern selbst Schwächen der Prüfung ermittelt, die der Prüfer übersehen hat und die den festgestellten Fehler eventuell kompensieren könnten (BVerwGE 105, 328, 332 f.).

361   **e) Allgemeine Bewertungsgrundsätze.** Inhaltlich wird die Einhaltung der sog. *allgemeinen Bewertungsgrundsätze* oder -maßstäbe kontrolliert. Das sind Grundsätze, die durch Auslegung des unbestimmten Gesetzes abstrakt ermittelt werden (BVerfGE 84, 34, 51), die die Anwendung des Beurteilungsspielraums erleichtern sollen und i.d.R. allgemein gehalten sind. Sie müssen i.d.R. nicht durch formelles Gesetz ausformuliert werden (BVerwGE 57, 131, 144 [für die Bildung der Ausbildungsnote

---

688   BVerwGE 60, 246 ff.; 62, 330, 340; 70, 143, 145 f.; 73, 376, 378; 77, 75 (LS 1), 85; BVerwG DÖV 1986, 212; s.a. BSG NJW 1985, 697, 698 f.; BGH NJW 1982, 1057, 1059.
689   BVerwGE 91, 262, 270; *G. Gaentzsch*, FS Redeker, 1993, 405, 410.
690   BVerwGE 91, 217, 221 f.; s.a. BVerwGE 80, 224, 228 (hier wird der Sache nach die Verfahrensgestaltung als ein Teil der Beurteilungsermächtigung verstanden).
691   Zu den Anforderungen an die Begründungspflicht bei behördlichen Beurteilungsspielräumen u.a. BVerfGE 88, 40, 60 (muss substantiell und nachvollziehbar begründet werden); s. zu den Anforderungen an die Begründungspflicht bei Prüfungsentscheidungen BVerwGE 91, 262 ff. und 57, 131, 144 bei Ausbildungsnoten.
692   BVerwGE 91, 262, 267.
693   BVerfGE 84, 34, 55; BVerwGE 91, 262, 270; BVerwG NVwZ-RR 1994, 14 f. (atomrechtliches Genehmigungsverfahren).
694   *Kopp/Schenke* § 114 Rn. 31.

der Referendarzeit]). Das Bundesverfassungsgericht hat zu Recht mittelbar bemängelt, dass auf die Herausbildung allgemeiner Bewertungsgrundsätze zu wenig Wert gelegt wird (BVerfGE 84, 34, 51; 88, 40, 58 f.).

aa) Generelle allgemeine Bewertungsgrundsätze. Es gibt mitunter *generelle allgemeine Beurteilungs-* 362 *oder Bewertungsmaßstäbe*, die bei fast allen Beurteilungsspielräumen zu beachten sind. Die Forderung, dass die Behörde alle wesentlichen entscheidungsrelevanten Gesichtspunkte berücksichtigen müsse oder umgekehrt nicht einschlägige Gesichtspunkte nicht einbeziehen dürfe, lässt sich als ein solcher genereller allgemeiner Bewertungsmaßstab verstehen.[695] Ebenfalls lässt sich für die Übernahme von Ergebnissen von Sachverständigengutachten die Voraussetzung aufstellen, dass das gewählte Verfahren generell auch objektiv geeignet sein muss, aussagekräftige Erkenntnisse für die Entscheidung beizutragen.[696] Dasselbe gilt für die Beachtung sachimmanenter Gleichheitsgebote (z.B. das Sachlichkeitsgebot BVerwGE 70, 143, 151). Ein weiterer allgemeingültiger Wertmaßstab liegt in der Beachtung der Grundrechte bei der Konkretisierung des die Beurteilungsermächtigung enthaltenden unbestimmten Rechtsbegriffs.[697]

bb) Spezielle und allgemeine Bewertungsgrundsätze. Neben die allgemeinen Beurteilungs- oder Be- 363 wertungsgrundsätze treten die *spezifischen*, die nur für die konkreten Beurteilungsspielräume gelten. Der bekannteste allgemeine Bewertungsgrundsatz stammt aus dem Prüfungsrecht und verlangt, dass vertretbare Lösungen mit gewichtiger Argumentation und folgerichtiger Begründung nicht als falsch gewertet werden dürfen.[698] Auch die Einhaltung des Fairness- oder des Sachlichkeitsgebots hat das BVerwG als allgemeine Bewertungsgrundsätze bezeichnet.[699] Im dienstlichen Beurteilungswesen gilt der allgemeine Beurteilungsgrundsatz, dass eine Beurteilung geeignet sein müsse, Dritte in den Stand zu setzen, sich ein klares Bild von dem Leistungsvermögen und den charakterlichen Eigenarten des Beurteilten zu machen (BVerwGE 93, 279, 280). Daneben treten weitere Bewertungsgrundsätze,[700] jedoch gibt es keinen Bewertungsgrundsatz, nach dem sich die Prüfer von schriftlichen Prüfungsarbeiten auf ein verbindliches einheitliches „Bewertungsschema" festlegen müssten (VGH München BayVBl 1999, 84 f.).

f) Verkennung anzuwendenden Rechts – Auslegung des unbestimmten Rechtsbegriffs mit Beurtei- 364 **lungsspielraum. aa) Die Vorgaben der Rechtsordnung.** Die Verwaltung darf das *anzuwendende Recht* nicht verkennen. Diese Forderung bezieht sich zunächst auf die Rechtssätze, die selbst keine Beurteilungsermächtigung vermitteln, aber auf den Beurteilungsspielraum einwirken. Relevant wird dies etwa bei der Entscheidung über die Indizierung eines Werkes als jugendgefährdend hinsichtlich dessen Eigenschaft als Kunst.[701] Darüber hinaus bildet Art. 3 GG einen bei Beurteilungsermächtigungen zu beachtenden Rahmen (BVerwGE 72, 38, 55).

bb) Verkennung des Begriffs, der die Beurteilungsermächtigung vermittelt. Von der Einhaltung des 365 rechtlichen Rahmens, der durch die Rechtsordnung gebildet wird, ist die Frage zu trennen, inwieweit die Umsetzung des unbestimmten Rechtsbegriffs, der die Beurteilungsermächtigung vermittelt, auf *Auslegungsfehler überprüft* werden darf.[702] Die Rspr. betont mitunter, die Auslegung dieses Begriffs

---

695 BVerwGE 62, 330, 334 (Beurteilung einer zur Eintragung angemeldeten Sorte war fehlerhaft, weil Vergleichssorten nicht berücksichtigt wurden); undeutlich BSG NJW 1985, 697, 698 f.

696 BVerwGE 80, 224, 226 f. (für einen psychologischen Eignungstest für die Entscheidung über einen Laufbahnaufstieg).

697 BVerwG NVwZ 2002, 3344 ff.; VGH Mannheim NJW 2001, 2899 ff. (zum Streit um das religiös motivierte Kopftuch der Grundschullehrerin); dazu auch vorausgehend VG Stuttgart NVwZ 2000, 959 ff. A.M. VG Lüneburg NJW 2001, 767; nachfolgend: BVerfGE 108, 282 ff. (Aufhebung); s.a. dazu EGMR NJW 2001, 2871 ff.

698 BVerfGE 84, 34 (LS 3); BVerwGE 91, 262, 266; überholt die alte Ansicht BVerwG DÖV 1980, 380 (bei der Bewertung einer Prüfungsleistung entscheide der Prüfer in den Grenzen seines Beurteilungsspielraums, ob etwas falsch oder richtig sei).

699 BVerwGE 70, 143, 150 f.; zu weiteren Bewertungsgrundsätzen etwa BVerwGE 57, 131, 144.

700 BVerwGE 61, 211, 214 f. (ein erkennbar versehentlicher Schreibfehler darf i.d.R. nicht zulasten des Prüflings gehen); VGH München BayVBl 1999, 84 f.; nicht ausdrücklich als Bewertungsgrundsatz bezeichnet, aber der Sache nach als ein solcher eingeordnet wurde die Pflicht, bei einer Sortenzulassung von Saatgut die wertbestimmenden Eigenschaften untereinander zu bewerten, s. BVerwGE 72, 339, 347.

701 BVerwGE 91, 211, 216 f.; 91, 223, 225 ff., dazu die Anm. C. *Gusy*, JZ 1993, 796 ff.

702 Dazu BVerwGE 106, 263, 266 und statt vieler 85, 177, 180 („Bewährung des Beamten im Probeverhältnis"); ebenso für Soldaten BVerwGE 32, 237, 238.

überprüfen zu können (→ Rn. 355).[703] Der Rahmen des unbestimmten Rechtsbegriffs ist ein Teil der Beurteilungsermächtigung selbst.[704] Geht man davon aus, die Beurteilungsermächtigung beziehe sich nur auf die Subsumtion und nicht auf die Auslegung, folgt daraus notwendig die gerichtliche Kontrollierbarkeit der Auslegung. Da sich Auslegung und Subsumtion in der Realität aber nicht so scharf trennen lassen, wie es das Modell suggeriert, ist auch bei der Überprüfung der Auslegung des unbestimmten Rechtsbegriffs, der die Beurteilungsermächtigung vermittelt, Zurückhaltung geboten (→ Rn. 302). Geprüft werden kann, ob die Behörde den maßgeblichen unbestimmten Rechtsbegriff im Allgemeinen (BVerwG NJW 1984, 1248 f.) und den Sinn und Zweck der Ermächtigung (BVerwGE 39, 197, 205) zutreffend gesehen hat.[705] Die *Wertung*, die in der Anwendung des abstrakt richtig erfassten Begriffs *auf den Einzelfall* liegt, ist innerhalb der Grenzen der allgemeinen Bewertungsgrundsätze und des Willkürverbots frei.

366   **cc) Einfluss von verwaltungsinterner Eingrenzung.** Die durch die Beurteilungsermächtigungen eingeräumte Freiheit bei der Konkretisierung der allgemeinen Vorgaben der Norm auf den Sachverhalt kann durch *konkretere (Verwaltungs-)Vorschriften* eingeengt werden. So muss sich etwa die Entscheidung über die Abweichung von der rechnerisch ermittelten Gesamtnote aufgrund des Gesamteindrucks des Prüflings (§ 5 d Abs. 4 DRiG) primär an den Festlegungen der jeweiligen Prüfungsordnungen und deren Gewichtungsvorgaben orientieren (BVerwGE 99, 74, 78 ff.). Diese Verwaltungsvorschriften sind (soweit sie in die konkrete Entscheidung eingeflossen sind) vom Gericht wiederum nur unter Wahrung des Beurteilungsspielraums kontrollierbar.

367   **g) Keine Willkür.** Die Behörde darf sich nicht von *willkürlichen* oder sonst unsachlichen *Erwägungen* leiten lassen (BVerwGE 68, 330, 337; 73, 376, 378). Am einfachsten ist dies für den Prüfungsbereich zu verdeutlichen. Eine Bewertung wird als sachfremd eingestuft, wenn die Beurteilung auf einer derart eklatanten und außerhalb jedes vernünftigen Rahmens liegenden Fehleinschätzung wissenschaftlichfachlicher Gesichtspunkte beruht, dass sich ihr Ergebnis dem Richter als gänzlich unhaltbar aufdrängen muss (BVerfGE 84, 34, 55).

368   **h) Fehlerfolge. aa) Aufhebende Entscheidung als Regelfall.** Liegt ein rechtlich beachtlicher Fehler vor, wird die darauf beruhende *Entscheidung aufgehoben*. Wegen der Entscheidungsprärogative der Behörde kann im Fall der Verpflichtungsurteile in aller Regel nur ein Bescheidungsurteil ergehen. Inwieweit durch die Aufhebung das betroffene Verwaltungsverfahren zu wiederholen ist, hängt von der Art des Fehlers ab (zu den Prüfungsfehlern → Rn. 343). In einem engen Rahmen kann eine fehlerhafte Entscheidung im Verwaltungsprozess noch korrigiert werden. Die überwiegende Meinung wendet hier § 114 S. 2 analog an, zutreffend dürfte dagegen sein, die Voraussetzungen nur als allgemeinen Rechtsgedanken heranzuziehen (→ Rn. 202). Zulässig ist im gerichtlichen Verfahren nur eine Ergänzung oder Präzisierung der Erwägungen, nicht jedoch eine vollständige Nachholung oder Auswechslung (BVerwGE 133, 13).

369   **bb) Verdichtung auf Null.** Eine *Verdichtung* der möglichen Entfaltungen des Beurteilungsspielraums bei besonderen Sachverhalten *auf einen einzigen Fall* hält man grds. für möglich.[706] In diesem Fall kann das Gericht ausnahmsweise ein Verpflichtungsurteil und nicht nur ein Bescheidungsurteil erlassen.

370   **8. Normkonkretisierende Verwaltungsvorschriften. a) Begriff.** Bei bestimmten *generellen Regelungen* in Form von Verwaltungsvorschriften besitzt die Verwaltung eine Entscheidungsprärogative, die der von Beurteilungsspielräumen bei Einzelfallentscheidungen entspricht. Man spricht zumindest im Bereich des technischen Rechts (BVerwGE 97, 128, 129) von *normkonkretisierenden Verwaltungsvorschriften*.[707] Dieser Begriff ist nicht ganz scharf, da die Konkretisierung auch als eine Form der Ausle-

---

703   Deutlich etwa BVerwGE 15, 39, 40; 72, 195, 201.
704   Mitunter trennt das BVerwG diese Teile aber dennoch ausdrücklich, s. BVerwGE 72, 38, 54.
705   BVerwGE 39, 197, 204 f.; 40, 353, 356 f. (Namensänderung); 68, 330, 337; 91, 262, 266; BVerwG NVwZ 1982, 101.
706   BVerwGE 79, 208, 214; *Kopp/Schenke* § 114 Rn. 31 c.
707   BVerwGE 72, 300, 320; *M. Gerhardt*, NJW 1989, 2233, 2234; *G. Lübbe-Wolff*, ZG 1991, 219 ff.; *C. Gusy*, NVwZ 1995, 105, 107 ff.; zu den normkonkretisierenden Verwaltungsvorschriften nur *W. Erbguth*, DVBl 1989, 473 ff.; *U. Di Fabio*, DVBl 1992, 1338 ff.; *H. Sendler*, UPR 1993, 321 ff.; *H.-J. Koch/U. Prall*, NVwZ 2002, 666, 675 f.; krit. *C. Bönker*, DVBl 1992, 805 ff.

gung verstanden werden kann und die normkonkretisierenden Verwaltungsvorschriften gerade keine norminterpretierenden Verwaltungsvorschriften sind.[708] Die normkonkretisierenden Verwaltungsvorschriften beziehen sich wie die Beurteilungsermächtigungen grds. auf die Tatbestandsseite und nicht wie die Ermessensrichtlinien auf die Rechtsfolgenseite.

b) Sachliche Rechtfertigung der normkonkretisierenden Verwaltungsvorschriften. aa) Generelle Aus- 371 **übung eines Beurteilungsspielraums.** Als sachliche Rechtfertigung lassen sich zwei Gedanken anführen. In bestimmten Fällen von Beurteilungsermächtigungen ist eine Wahrnehmung der Gestaltungsfreiheit durch generelle Regeln möglich und eventuell sogar wünschenswert.[709] Diese Verwaltungsvorschriften dienen dann der generellen Ausfüllung eines der Verwaltung eingeräumten Beurteilungsspielraums.[710] Es sind keine Gründe ersichtlich, weshalb bei sachlicher Eignung Beurteilungsspielräume prinzipiell auf Einzelfallregelungen beschränkt sein sollten. Mit den Verwaltungsvorschriften wird die Ausübung dieses Beurteilungsspielraums von der Einzelentscheidung in eine abstrakt generalisierende Regelung vorverlagert, um so die Einheitlichkeit des Verwaltungshandelns sicherzustellen.[711] Das ist nur bei Beurteilungsspielräumen möglich, die ihrer Natur nach auch in generalisierender Form ausgefüllt werden können.

bb) Wertende Festsetzung von Standards. Spezifischer auf den Fall der Verwaltungsvorschriften bezo- 372 gen und in gewisser Form von den Beurteilungsermächtigungen zu trennen[712] sind Ermächtigungen, die *gerade an die generellen Handlungsformen* anknüpfen.[713] Die sachliche Rechtfertigung liegt dann auch in dem Umstand begründet, dass nur die Verwaltung in der Lage ist, einzelfallübergreifende Maßstäbe zu setzen und so die gebotenen wertenden Konkretisierungen zu leisten. Die Verwaltung wird zur wertenden Grenzwertbestimmung[714] – in welcher Form auch immer – ermächtigt. Hier sind normkonkretisierende Verwaltungsvorschriften zumindest für den Regelfall an eine ausdrückliche Ermächtigung gebunden.[715] Beide Gesichtspunkte (generelle vorgelagerte Ausübung eines Beurteilungsspielraums und Ermächtigung zu wertender Standardsetzung) gehen meist ineinander über.

Die häufigste Erscheinungsform liegt im Bereich der sog. *Rezeptionsbegriffe*, sofern diese durch Ver- 373 waltungsvorschriften auszufüllen sind[716] und *Optimierungs- oder Vorsorgeentscheidungen* verlangen. Rezeptionsbegriffe sind Begriffe, die auf technisch-wissenschaftliche Standards und Regelwerke verweisen. Dabei ist nicht jeder Einbezug von technischen Regeln mit der Ermächtigung zu einer wertenden Standardisierungsermächtigung verbunden. Vielmehr gilt im Ausgangspunkt, dass auch der Stand der Technik gerichtlich mithilfe von Sachverständigen festzustellen ist.[717] So ist etwa die Frage der Störung einer Wetterradaranlage des Deutschen Wetterdienstes vollständig überprüfbar (BVerwG NVwZ 2017, 160). Erst wenn die Festsetzung der Standards eine Risikoentscheidung oder eine Vorsorgeentscheidung enthalten sollen, ist von der Einräumung einer Entscheidungsprärogative auszugehen.[718]

Risikoentscheidungen und auch Vorsorgeentscheidungen werden in unterschiedlicher Weise durch 374 *zwei Elemente* geprägt.[719] Zum einen sind es Entscheidungen, die sich aus tatsächlichen Gründen entweder hinsichtlich des Ausgangssachverhalts oder hinsichtlich der Kausalketten einer exakten Beurteilung entziehen. Zum anderen wird bei dem zu verantwortenden Maß an Restrisiko bei der Gefahrenvorsorge eine wertende Grenzwertfestsetzung notwendig. Das darf aber nicht so verstanden werden,

---

708 Ebenso *K. Rennert*, in: Eyermann § 114 Rn. 58.
709 Die starke Gegenansicht wendet sich gegen die Außenrechtswirkung von Verwaltungsvorschriften und verweist v.a. auf die Außenrechtsnormen; *H. H. Rupp*, JZ 1991, 1034 f.; *C. Bönker*, Umweltstandards, 1992, 86 ff.; *H. Schulze-Fielitz*, JZ 1993, 772, 780; *J. Wolf*, DÖV 1992, 849 ff.
710 Ob die Risikoentscheidung des § 7 Abs. 2 Nr. 3 als Beurteilungsermächtigung bezeichnet werden kann, hat BVerwG DVBl 1993, 1149, 1150 offen gelassen.
711 BVerwGE 107, 338, 341; *U. Di Fabio*, DVBl 1992, 1338 ff.
712 Weitgehend *K.-H. Ladeur*, DÖV 2000, 216, 225.
713 Dies betont etwa *R. Breuer*, NVwZ 1988, 104, 109.
714 Dazu *U. Di Fabio*, NuR 1991, 353, 358; *H. v. Lersner*, NuR 1990, 193 ff.; ausf. zur Grenzwertfindung *M. Böhm*, UPR 1994, 132 ff.
715 *H. Hill*, NVwZ 1989, 401, 403.
716 S. etwa *C. Degenhart*, NJW 1989, 2435, 2439 ff.
717 BVerwGE 107, 338, 340; *R. Breuer*, NVwZ 1988, 104, 108 f.
718 S. den Überblick von BVerwGE 107, 338, 340 f.; *D. Murswiek*, VVDStRL 48 (1990), 208, 218 f.
719 *U. Di Fabio*, NuR 1991, 353 ff.

als seien alle rechtlichen Maßstäbe zur Regelung technischer Fragen mit einer Entscheidungsprärogative zugunsten der Verwaltung verbunden. Vielmehr gilt auch im Technik- und Umweltrecht als Ausgangspunkt die vollständige Gerichtskontrolle v.a. im Bereich der Gefahrenabwehr.[720]

375 Dennoch legt die Besonderheit dieser Sachgebiete bei speziellen Fragen eine sachgerechte Funktionsabgrenzung von Judikative und Exekutive nahe.[721] Verweist in diesem Bereich der Gesetzgeber auf den Stand der technisch-wissenschaftlichen Forschung („Stand von Wissenschaft und Technik"), kann darin eine Rücknahme der gerichtlichen Kontrolle begründet liegen.[722] Das BVerwG stellt v.a. auf entsprechende Ermächtigungen (v.a. § 48 BImSchG/§ 16 KrWG) zur Konkretisierung unbestimmter Rechtsbegriffe durch die Festsetzung genereller Standards aufgrund des Einbezugs von wissenschaftlich-technischem Sachverstand ab (grundlegend BVerwGE 55, 250, 255 ff.; s.a. BVerwGE 110, 216, 219). Dem Beteiligungsverfahren, das den Einbezug des Sachverstandes ermöglicht, weist das BVerwG konstitutive Bedeutung zu (BVerwGE 107, 338, 339 f.). Dieser Einbezug außerjuristischer Maßstäbe erfüllt i.d.R. zugleich die von den Schutzpflichten des Art. 2 Abs. 2 S. 1 GG geforderte optimale Risikovorsorge.[723] Die hinzunehmende Ungewissheit ist in ihrem Umfang abhängig vom betroffenen Rechtsgut, möglicherweise berührten Grundrechten und dem potenziellen Schadenseintritt.

376 Der Gedanke der Risikovorsorge wird v.a. im Umweltrecht zum *Vorsorgegedanken* fortgeführt. So treffen bei der Festlegung der Vorsorge gegen schädliche Umwelteinwirkungen (s. z.B. § 5 Abs. 1 Nr. 2 BImSchG) mehrere Problemkreise zusammen. Neben dem Aspekt der „Risikoverwaltung"[724] geht es um einen gerechten Ausgleich der Interessen der Gegenwart und das vorausschauende Bewahren von künftigen Entwicklungschancen für nachfolgende Zeiten. Dies führt zu einer Bewirtschaftung v.a. der Umweltgüter.[725] Notwendig ist häufig ein hochkomplexes Regelungswerk, das zwischen den verschiedenen Empfindlichkeitsstufen des Belasteten, nach der Art und Quelle der Beeinträchtigung, den zeitlichen Rahmenbedingungen, den unterschiedlichen Mess- und Berechnungsmethoden differenziert und wechselseitige Beeinflussung berücksichtigt. Nur ein in sich ausgewogenes Gesamtwerk kann das gesetzlich festgelegte Ziel durch eine gleichmäßige Belastung aller Betroffenen erreichen.[726] Dies ist die Basis der anerkannten Fallgruppe der Gewährung eines Beurteilungsspielraums bei der Ausweisung eines FFH-Gebiets (BVerwGE 136, 291; VGH München NuR 2012, 867); oder das Ergebnis einer UVP-Vorprüfung (VGH Mannheim DVBl 2012, 1506).

377 **c) Normkonkretisierende Verwaltungsvorschriften als Handlungsform sui generis.** Da die Zuweisung einer Prärogative in Form von normkonkretisierenden Verwaltungsvorschriften gerade an das Spezifische der Exekutive anknüpft, richtet sich diese an die *eigene Handlungsform der Verwaltung* in Form von Verwaltungsvorschriften.[727] Diese Besonderheiten liegen daher streng genommen nur vor, wenn der gewünschte Konkretisierungseffekt nicht auch im Wege einer Außenrechtsnorm (Rechtsverordnung) zu erreichen wäre.[728] Beide Handlungsformen unterscheiden sich zumindest theoretisch durch größere Flexibilität der Verwaltungsvorschriften.[729] Hält man die generelle Wahrnehmung einer Beurteilungsermächtigung ohne ausdrückliche gesetzliche Grundlage nicht prinzipiell für ausgeschlossen (→ Rn. 306), bedürfen die Verwaltungsvorschriften im Gegensatz zu den Rechtsverordnungen auch nicht immer einer gesetzlichen Grundlage. Die normkonkretisierenden Verwaltungsvorschriften im engen Sinne sind demnach eine *Handlungsform sui generis*.[730] Geht man dagegen von einer vollständigen Gleichwertigkeit von normkonkretisierenden Verwaltungsvorschriften und Außenrechtsnormen

---

720 Vgl. nur *A. Scherzberg*, VerwArch 84 (1993), 484, 490.
721 Dazu *M. Ronellenfitsch*, DVBl 1989, 851 ff.; *R. Streinz*, BayVBl 1989, 550 ff.; weitergehend *K.-H. Ladeur*, UPR 1993, 121 ff.
722 BVerfGE 49, 89, 135 ff.; BVerwGE 72, 300, 316; 78, 177, 180; VG Schleswig NJW 1980, 1296, 1297.
723 BVerfGE 49, 89, 135 ff.; 61, 82, 114 f.; *H. Kremser*, DÖV 1995, 275, 281 f.
724 *U. Di Fabio*, NuR 1991, 353 ff.; *R. Wahl*, NVwZ 1991, 409, 414; *K.-H. Ladeur*, UPR 1993, 121 ff.; *A. Scherzberg*, VerwArch 84 (1993), 484, 500 ff.; umfassend *U. Di Fabio*, Risikoentscheidungen, 1994, 445 ff.
725 *Hans-Heinrich Trute*, Vorsorgestrukturen und Luftreinhalteplanung im Bundesimmissionsschutzgesetz, 1989, 54 ff.; *F. Petersen*, Schutz, 1993, 197 ff.
726 *M. Gerhardt*, in: Schoch/Schneider/Bier § 114 Rn. 64.
727 *C. Degenhart*, NJW 1989, 2435, 2440 („neue und spezifische Entscheidungsebene des Verwaltungshandelns"); *H. Hill*, NVwZ 1989, 401, 405; ausf. zur Frage der Austauschbarkeit *C. Gusy*, NVwZ 1995, 105, 107 ff.; s.a. *U. Di Fabio*, DVBl 1992, 1338, 1344 („Rechtssatz eigener Art").
728 *T. v. Danwitz*, VerwArch 84 (1993), 73, 93.
729 *M. Gerhardt*, in: Schoch/Schneider/Bier § 114 Rn. 64; krit. *C. Gusy*, NVwZ 1995, 105, 108 f.
730 Vgl. nur *K.-A. Schwarz*, in: HK-VerwR VwGO § 114 Rn. 69.

aus,[731] begründen die normkonkretisierenden Verwaltungsvorschriften nicht notwendig eine eigenständige Kategorie. Sieht das Gesetz eine generelle Ausfüllung durch Verwaltungsvorschriften vor, die als normkonkretisierende Verwaltungsvorschriften einzustufen sind, kann sich die Verwaltung, sofern diese Vorschriften im Einzelfall fehlen, i.d.R. für eine Einzelfallentscheidung nicht auf einen Beurteilungsspielraum berufen.[732] In diesem Fall müssen die Gerichte nach h.M. diese Lücke im Wege der Notkompetenz selbst schließen.

d) Zurückdrängung durch das EU-Recht. Der *EuGH* hat bei der Umsetzung bestimmter Richtlinien 378 eine Umsetzung durch Verwaltungsvorschriften beim derzeitigen Stand der Dogmatik als *unzureichend gerügt.*[733] Der Gesetzgeber hat in den gerügten Bereichen, soweit das EU-Recht betroffen ist, Rechtsverordnungsermächtigungen vorgesehen (§ 48a BImSchG). Inwieweit die Figur der norminterpretierenden Verwaltungsvorschriften durch das EU-Recht wegen dieser Grundsätze insgesamt zurückgedrängt werden wird, wird unterschiedlich gesehen[734] und hängt im Wesentlichen von der Reichweite des EU-Rechts ab. Eine Entwicklung bis hin zu einer vollständigen Aufgabe der Grundsätze über die normkonkretisierenden Verwaltungsvorschriften ist nicht ausgeschlossen.

e) Abgrenzung der normkonkretisierenden Verwaltungsvorschriften zu anderen generellen Vorgaben. 379
aa) Ermessensrichtlinien. Normkonkretisierende Verwaltungsvorschriften sind zunächst zu unterscheiden von Ermessensrichtlinien, die sich auf die Ausübung der Auswahlentscheidung hinsichtlich der Rechtsfolge beziehen. Die Abgrenzung zwischen Ermessensrichtlinien und normkonkretisierenden Verwaltungsvorschriften setzt die Trennbarkeit von Tatbestand und Rechtsfolge voraus. Mitunter ist diese Unterscheidung aber nicht oder nur sehr schwer möglich.[735] *Ersetzen Verwaltungsvorschriften* der Sache nach *ganze Normkomplexe*, ist die Trennung faktisch nicht mehr zu ziehen (s. etwa BVerwGE 72, 119, 121f.). So verschwimmen im Beamtenrecht die Grenzen zwischen Ermessensrichtlinien und normkonkretisierenden Verwaltungsvorschriften, sofern die gesetzlichen Vorgaben so allgemein sind, dass sich Tatbestand und Rechtsfolge nur schwer trennen lassen.[736] Beihilfevorschriften werden als Ermessensrichtlinien verstanden, bei den Regeln über die Zuschüsse für im Ausland tätige Bedienstete aber deren Charakter als normkonkretisierende Verwaltungsvorschriften diskutiert.[737] Das BVerwG hat die Beihilfevorschriften dem Vorbehalt des Gesetzes unterstellt und die Beihilfevorschriften des Bundes in Form von Verwaltungsvorschriften daher nur noch für eine Übergangsfrist ausreichen lassen (BVerwG NVwZ 2004, 1093f.; s.a. BVerwGE 124, 356). Gleiches gilt im Bereich der Einzelfallentscheidungen für eine Schulschließung, die im Vorstadium als Planungsentscheidung, hinsichtlich der Ausführung aber auch als Ermessensentscheidung qualifiziert werden kann.[738]

bb) „Antizipierte Sachverständigengutachten". Verweist das Gesetz über Rezeptionsbegriffe pauschal 380 auf *außerrechtliche Standards* wie anerkannte Regeln der Technik, der Baukunst etc., muss das Gericht die in Bezug genommenen Regeln, soweit sie für den Einzelfall relevant sind, selbst feststellen (BVerwGE 107, 338, 340; BVerwG NVwZ 1993, 998f.). Gleiches gilt, wenn Schwellenwerte durch unbestimmte Rechtsbegriffe festgelegt werden (erhebliche Beeinträchtigung, Zumutbarkeit, schädliche Wirkungen etc.).[739] Auf nicht-staatliche, d.h. private Normkomplexe (DIN, VDI) darf das Gericht als

---

731 I.d.S. etwa C. *Gusy*, NVwZ 1995, 105, 109.
732 *Hans D. Jarass*, BImSchG, [11]2015, § 48 Rn. 44.
733 EuGH NVwZ 1991, 866, 868; s. dazu C. *Gusy*, NVwZ 1995, 105, 107m.w.N. und S. *Himmelmann*, DÖV 1996, 145ff.
734 Für einen weiterhin weiten Anwendungsbereich T. *v. Danwitz*, VerwArch 84 (1993), 73, 96; M. *Gellermann/P. Szczekalla*, NuR 1993, 54ff.; M. *Reinhardt*, DÖV 1992, 102ff.; deutlich verhaltener dagegen C. *Bönker*, Umweltstandards, 1992, 122; *ders.*, DVBl 1992, 804, 811.
735 Undeutlich etwa BVerwG NVwZ-RR 1990, 619, 620 (Wartelisten für Lehrereinstellungen als Ermessensrichtlinien genannt; treffender dürfte der Bezug zu den Beurteilungsermächtigungen sein – normkonkretisierende Verwaltungsvorschriften).
736 Allg. krit. dazu M. *Herdegen*, JZ 1991, 747, 748ff.
737 Dafür OVG Münster NWVBl 1992, 253; M. *Gerhardt*, in: Schoch/Schneider/Bier § 114 Rn. 65; abgelehnt von BVerwGE 97, 166, 176ff. für die Höchstbegrenzung von Schulungskosten.
738 Vergleichbar K.-H. *Ladeur*, DÖV 1990, 945, 952f. zwischen Ermessen und unbestimmtem Rechtsbegriff schwankend; dagegen geht die Rspr. von einer Planungsentscheidung aus, s. BVerwG DÖV 1979, 410f.; NVwZ 1992, 1202ff.
739 BVerwGE 88, 143, 148 (für die Lärmerheblichkeit).

sachverständige Äußerung zurückgreifen.[740] Ob eine staatliche oder nicht staatliche Normsetzung vorliegt, richtet sich v.a. danach, wer die Normen verkündet.[741] Sie dürfen jedoch nicht blindlings herangezogen werden (BVerwGE 77, 285, 291; s.a. BVerwG NVwZ 2002, 1255, 1256), sondern nur, wenn durch eingehende Prüfung abgesichert ist, dass die *Anwendung der Normkomplexe sachgerecht ist.* Die Prüfung ist umso erforderlicher, je mehr sich die Normen von dem Bereich der „außerrechtlichen Fachfragen" entfernen und in den Wertungsbereich hineinragen (BVerwGE 77, 285, 291). Sie unterliegen wie die norminterpretierenden Verwaltungsvorschriften grds. der Kontrolle der Gerichte. Sofern in ihnen aber technischer Sachverstand erkennbar zutreffend wiedergegeben und umgesetzt wird, kann das Gericht sie zur Erleichterung seiner Ermittlungspflicht heranziehen. Man spricht von sog. antizipierten Sachverständigengutachten.[742] Anfänglich wurden antizipierte Sachverständigengutachten und normkonkretisierende Verwaltungsvorschriften sowohl strukturell wie begrifflich nicht klar unterschieden,[743] mittlerweile hat sich aber eine begriffliche Trennung durchgesetzt.[744]

381   Private sachverständige Regelungskomplexe dürfen allerdings von der Verwaltung nicht unbedacht herangezogen werden. Innerhalb wissenschaftlicher Konkretisierung bestehen häufig erhebliche Bewertungsspielräume, die nicht dadurch überdeckt werden dürfen, dass sich das Gericht vorschnell auf die vordergründige naturwissenschaftliche Eindeutigkeit beruft. *Voraussetzung für die Heranziehung* dieser Regelungskomplexe ist, dass die Normentstehung den Anforderungen des konkreten Fachgesetzes (BVerwGE 88, 143, 149) an eine sachverständige Regelung (BVerwGE 77, 285, 290 ff.; 88, 143, 149: „Neutralität, Repräsentativität, offenes Verfahren")[745] gerecht wird.[746] Zudem müssen sie sachgerecht, d.h. dem jeweiligen Stand der Technik entsprechend aufgestellt worden sein, dürfen zwischenzeitlich nicht überholt sein[747] und müssen sich auf die betreffende Sachfrage beziehen (BVerwGE 115, 331, 334). Sofern das Gericht kein eigenes Sachverständigengutachten einholt, aber dennoch von den Richtlinien abweichen will, kann es dies nur mit ausreichender sachlicher Argumentation tun. Von den normkonkretisierenden Verwaltungsvorschriften unterscheiden sich die antizipierten Sachverständigengutachten v.a. durch ihre Rechtsform.[748] Die Verwaltungsvorschriften sind Innenrechtssätze, während die antizipierten Sachverständigengutachten zivilrechtliche Regelungswerke sind.

382   **cc) Norminterpretierende Verwaltungsvorschriften.** Verwaltungsvorschriften können Hilfestellungen bei der Auslegung von Rechtsnormen geben. Sie enthalten in diesem Fall Weisungen hinsichtlich der Auslegung der Norm. Sie werden *norminterpretierende oder rechtsauslegende Verwaltungsvorschriften* genannt. Norminterpretierende Verwaltungsvorschriften binden die Gerichte nicht.[749] Sie besitzen für die Frage der Rechtmäßigkeit einer Entscheidung, die sich auf sie stützt, keine Bedeutung (BVerwGE 34, 278, 282). Verwaltungsvorschriften sind grds. Gegenstand und nicht Maßstab gerichtlicher Kontrolle (BVerwGE 34, 278, 282). Die Gerichte dürfen ihren Entscheidungen nur materielles Recht, zu dem Verwaltungsvorschriften nicht gehören, zugrunde legen. Sie sind lediglich befugt, sich einer Gesetzesauslegung, die in einer Verwaltungsvorschrift vertreten wird, aus eigener Überzeugung anzuschließen (BVerwGE 107, 338, 340). Die Abgrenzung zu den norminterpretierenden Verwal-

---

740   BVerwGE 77, 285, 287 ff.; 88, 143, 149 (allerdings sehr zurückhaltend: nur als Anhaltspunkte, nicht wie Rechtsnormen, für private Regelungsnormen und ministerielle Hinweise gemeinsam).

741   VGH Kassel ESVGH 58, 186.

742   OVG Lüneburg NVwZ 1992, 993 f.; 1993, 1117 f. (Entwurf einer DIN für elektromagnetische Strahlen); *J. Wittmann,* BayVBl 1987, 744, 747 ff.

743   So wurde die TA-Luft als normkonkretisierende Verwaltungsvorschrift auch als antizipiertes Sachverständigengutachten bezeichnet, vgl. BVerwGE 55, 251 (LS 2); BVerwG NVwZ 1988, 824 f.; s. dazu *C. Gusy,* NuR 1987, 156 ff. (auch zu den normkonkretisierenden Verwaltungsvorschriften); *H. Hill,* NVwZ 1989, 401, 402.

744   Dazu nur *M. Gerhardt,* NJW 1989, 2233, 2237.

745   Sehr krit. BVerwGE 77, 285, 289 f. im Zusammenhang mit Verwaltungsvorschriften als antizipiertes Sachverständigengutachten.

746   *M. Gerhardt,* in: Schoch/Schneider/Bier § 114 Rn. 65; *C. Gusy,* in: Koch/Lechelt, Zwanzig Jahre Bundes-Immissionsschutzgesetz, 1994, 185, 208 ff.; *Hans D. Jarass,* BImSchG, [11]2015, § 48 Rn. 61.

747   BVerwGE 55, 250, 256 zur TA-Luft, die zwar eine Verwaltungsvorschrift ist, anhand derer aber die Bindungswirkung von antizipierten Sachverständigengutachten entwickelt wurde.

748   Deutlich etwa BVerwGE 72, 300, 320; andererseits fasst das BVerwG beide Kategorien mitunter auch zusammen, s. BVerwGE 77, 285, 290.

749   BVerwGE 34, 278, 281; *K. Lange,* NJW 1992, 1193, 1196; anders dagegen die normkonkretisierenden Richtlinien BVerwGE 72, 300, 320.

tungsvorschriften richtet sich nach der rechtlichen Grundlage, der Natur der Entscheidung und der Ausgestaltung des Verfahrens.

dd) Ergänzungsbedürftige Normen. Gesetzliche Tatbestände, die schon von ihrem Wortlaut her auf 383 eine weitere Konkretisierung durch *administrative Rechtsetzung*, d.h. v.a. *Rechtsverordnungen*, angelegt sind, enthalten keine Beurteilungsermächtigung, sondern das anders gelagerte administrative Normerlassermessen. Hier liegt die Konkretisierungsbefugnis in der ausdrücklichen Ermächtigung zur administrativen Normgebung. Wird die vorgesehene konkretisierende (Außenrechts-)Norm nicht erlassen, kann eventuell die Norm selbst im Wege der Auslegung so konkretisiert werden, dass sie angewendet werden kann (BVerwGE 77, 285, 287 ff. [zu § 43 BImSchG]). Diese Grundsätze können auch durch Verwaltungsvorschriften aufgestellt werden. In diesem Fall unterliegen die Verwaltungsvorschriften dann der gleichen Kontrolle wie die norminterpretierenden Verwaltungsvorschriften. Mitunter werden sie aber, wenn sie als Übergangslösung sachlich gerechtfertigt sind, ausnahmsweise wie die vom Gesetz vorgesehenen administrativen Außenrechtsnormen behandelt.[750] Die Rspr. nimmt bei dieser Konstellation vereinzelt das Vorliegen einer normkonkretisierenden Verwaltungsvorschrift an (BVerwGE 72, 300, 320). Dies überzeugt nicht, da eine ausdrückliche gesetzliche Grundlage und eine sachliche Rechtfertigung fehlt und die normkonkretisierenden Verwaltungsvorschriften gegenüber den Rechtsverordnungen eine Rechtsquelle eigener Art darstellen.

f) Fallbereiche von normkonkretisierenden Verwaltungsvorschriften. aa) Allgemein. Das BVerwG 384 zieht bei der Qualifizierung von normkonkretisierenden Verwaltungsvorschriften im technischen Bereich *folgende Kriterien* heran:

- liegt ein unbestimmter Rechtsbegriff vor, ist eine gesetzliche Ermächtigung zum Erlass von Verwaltungsvorschriften zur Konkretisierung ausdrücklich vorgesehen,
- besteht eine programmatische Gesetzesstruktur, insbes. Optimierungs- oder Dynamisierungsgebote („Stand der Technik"),
- ist ein besonderes Konkretisierungsverfahren, wie etwa ein Beteiligungsverfahren für Sachverständige i.w.S. (oder sonstige besondere Kreise) vorgesehen,
- soll auf diese Weise eine einheitliche Verwaltungspraxis durch Eigensteuerung sichergestellt werden.[751]

bb) Die einzelnen Bereiche. Mustergeltung für den Bereich der normkonkretisierenden Verwaltungs- 385 vorschriften besitzen im *Umweltrecht* die auf § 48 BImSchG zurückgehenden Verwaltungsvorschriften,[752] wie v.a. die TA Lärm[753] oder die TA Luft.[754] Der Beurteilungsspielraum legitimiert sich aus der Letztverantwortung der Exekutive für den komplexen Vorsorgegedanken. Der Vorsorgegedanke in Bezug auf die Luftreinhaltung verlangt ein übergreifendes Konzept. Sind sie nicht anwendbar, weil die jeweilige Anlage nicht erfasst wird, bleibt eine analoge Anwendung – dann aber als antizipierte Sachverständigengutachten – möglich (VGH München GewArch 2016, 204). Die Rahmen-AbwasserVwV, die ab dem 1.1.1990 galt und im Jahre 1997 aufgrund von § 7 a WHG in der Fassung der Bekanntmachung vom 12.11.1996 (BGBl I 1695) durch Rechtsverordnungen ersetzt wurde, wurde vom BVerwG als (gerade noch rechtmäßige) normkonkretisierende Verwaltungsvorschrift eingestuft (BVerwGE 107, 338, 340 f.). Technische Baubestimmungen können den Charakter einer normenkonkretisierenden Verwaltungsvorschrift haben (OVG Lüneburg DVBl 2016, 586). Diskutiert wird der Charakter auch für Werberichtlinien gem. § 5 GlüStV (Bay LT-Drs. 16/11995, 26; BayVerfGH BayVBl 2016, 81, 119). Die Sicherungspflicht nach § 5 Abs. 1 Nr. 1 BImSchG enthält nach zutr. Ansicht keine

---

750 BVerwGE 94, 335, 339; zum Typus der Verwaltungsvorschrift als Übergangsrecht *F. Ossenbühl*, HdbStR V § 104 Rn. 51; gegen die Möglichkeit von Verwaltungsvorschriften als Übergangsrecht *K. Rennert*, in: Eyermann § 114 Rn. 57.
751 S. v.a. BVerwGE 107, 338, 340 ff.; 110, 216, 218 f.; *M. Gerhardt*, NJW 1989, 2233, 2237; vgl. §§ 48, 51 BImSchG, 12 Abs. 2 KrW-/AbfG.
752 Vgl. nur BVerwGE 107, 338, 341; zur Entwicklung *R. Wahl*, NVwZ 1991, 409, 413 f.; abl. etwa noch *R. Breuer*, DVBl 1978, 28, 34.
753 BVerwGE 91, 92, 94; s.a. *E. Kutscheid*, NVwZ 1999, 577 ff.
754 BVerwGE 55, 250 ff. (dort noch als antizipiertes Sachverständigengutachten eingeordnet); 110, 216, 218 f.; 129, 209 ff. BVerwG NVwZ 1988, 824 f.; 1995, 994 f.; VGH München BayVBl 1995, 497 ff. u. 531 ff.; s.a. *C. Weidemann*, NVwZ 1991, 226, 228.

Beurteilungsermächtigung.[755] Gleiches gilt für die Regelwerke der ICAO (BVerwGE 154, 377) und die Allgemeine Verwaltungsvorschrift über die Anerkennung und Nutzungsgenehmigung von natürlichem Mineralwasser vom 9.3.2001 (BAnz 2001 S. 4605 – AVV – (VGH Mannheim DVBl 2014, 316)). Offen gelassen wurde die Qualifizierung der Gemeinsamen Richtlinien der Landesmedienanstalten für die Werbung, die Produktplatzierung, das Sponsoring und das Teleshopping im Fernsehen (OVG Koblenz DVBl 2014, 926).

386　Ein Bsp. mit Leitfunktion für normkonkretisierende Verwaltungsvorschriften, die sich stärker auf den Gesichtspunkt der Risikoentscheidung beziehen, liegt in der Festlegung des hinzunehmenden Restrisikos im *Atomrecht*, das in den Vorsorgegedanken des § 7 Abs. 2 Nr. 3 AtG einfließt.[756] Der Funktionsvorbehalt zugunsten der Genehmigungsbehörde betrifft primär den Inhalt der Risikoabschätzung. Die fehlende Normierung der beteiligten Fachgremien und des Aufstellungsverfahrens wird als unschädlich angesehen.[757] Gerichtlich zu überprüfen ist, ob die Bewertungen der Behörde hinreichend vorsichtig sind (BVerwG NVwZ 1999, 1233). Dasselbe wird hinsichtlich der Gewährleistung des erforderlichen Schutzes gegen Störmaßnahmen und sonstige Einwirkungen Dritter gem. § 7 Abs. 2 Nr. 5 AtG angenommen (BVerwGE 81, 185, 191). Soweit § 17 AtG auf eine „erhebliche Gefährdung" abstellt, liegt dagegen nur ein unbestimmter Rechtsbegriff vor.

386a　Stärker in die Richtung einer generellen Ausübung eines Beurteilungsspielraums aufgrund politischer Wertung und dem Einfluss außerrechtlicher Maßstäbe stützt sich die Einstufung der Verwaltungsvorschrift zum Bundesvertriebenengesetz gem. § 109 BVFG (BVFG-VwV), die als normkonkretisierend gilt;[758] gleiches gilt für die Heilpraktikerrichtlinie.[759] Offen gelassen wurde dies bei der Werberichtlinie im Rundfunkrecht.[760]

387　*Vergleichbare Gedanken* wie im Atomrecht zur Begründung eines Beurteilungsspielraums gelten bei der Prüfung der Sicherheit einer gentechnischen Anlage i.S.d. § 13 Abs. 1 Nr. 4 GenTG[761] und der Zulassung von Medikamenten[762] sowie im alten Gerätesicherheitsgesetz (§§ 8, 10 GSG).[763] *Keine Beurteilungsermächtigung* besteht nach der Rspr. bei der Frage, ob Auswirkungen eines Pflanzenschutzmittels auf den Naturhaushalt nach dem Stand der wissenschaftlichen Erkenntnis nicht vertretbar sind (BVerwGE 81, 12, 17), bei Körentscheidungen nach § 5 TierZG (BVerwG NVwZ 1991, 568) sowie bei der Aufstellung technischer Regeln der Länderarbeitsgemeinschaft Abfall[764] oder den Ausführungsvorschriften zur Berliner Baumschutzverordnung 1982.[765]

388　**g) Rechtliche Wirkung der normkonkretisierenden Verwaltungsvorschriften.** Sofern die Verwaltung in zulässiger Form vom Beurteilungsspielraum in generalisierender Form Gebrauch macht, sind die entsprechenden Verwaltungsvorschriften, soweit sie reichen, für die *Gerichte bindend* (BVerwGE 110, 216, 218). Die Verwaltung besitzt einen nur begrenzt kontrollierbaren Standardisierungsspielraum. Dies ergibt sich entweder aus besonderen gesetzlichen Regelungen,[766] ansonsten, wie etwa bei § 7 Abs. 2 Nr. 3 AtG, aus der jeweiligen gesetzlichen Normierung des Beurteilungsspielraums.[767] Soweit ihre Bindung reicht, ist eine Qualifizierung als Rechtsnormen i.S.v. § 47 möglich (BVerwGE 94, 335/336 ff.; vom BVerwGE 122, 264/265 f.).

755　*H. D. Jarass*, BImSchG, [11]2015, § 5 Rn. 130. A.M. *M. Gerhardt*, in: Schoch/Schneider/Bier § 114 Rn. 68.
756　BVerfGE 61, 82, 114 f.; BVerwGE 72, 300, 315 ff.; 78, 177, 180 f.; 81, 185, 191; BVerwG NVwZ 1989, 1168 f.; VG Schleswig NJW 1980, 1296, 1297; *H. Hill*, NVwZ 1989, 401 ff. (zust.); etwas zurückhaltend *R. Breuer*, NVwZ 1988, 104, 111; *Kopp/Schenke* § 114 Rn. 29; Übersicht bei *M. Bertrams*, DVBl 1993, 687 ff.
757　BVerwG DVBl 1993, 1149 ff.; *M. Gerhardt*, NJW 1989, 2233, 2236, 2238 f.
758　BVerwG 30.10.2006 – 5 B 55/06, juris Rn. 4.
759　VGH Mannheim 26.10.2005 – 9 S 2343/04, juris Rn. 24.
760　VGH München 15.10.2008 – 7 CS 08.2309, juris Rn. 15 f.
761　BVerwG NVwZ 1999, 1233; *M. Gerhardt*, in: Schoch/Schneider/Bier § 114 Rn. 69.
762　*U. Di Fabio*, Verw 27 (1994), 345, 358; *ders.*, Risikoentscheidungen, 1994, 265 ff.; *F. Ossenbühl*, DVBl 1993, 753, 758; zum Lebensmittelrecht s. nur *J. Salzwedel*, FS Redeker, 1993, 421, 435.
763　*M. Gerhardt*, in: Schoch/Schneider/Bier § 114 Rn. 69.
764　BVerwGE 123, 247 ff.
765　OVG Bln-Bbg Grundeigentum 2006, 515.
766　Zum § 7a WHG in der bis zum 12.11.1996 (s. Änderungsgesetz BGBl I 1695) geltenden Fassung BVerwGE 107, 338, 340; zu Richtlinien nach § 92 SGB V *E. Baader*, JZ 1991, 409 f.; vgl. BVerwGE 94, 335, 339.
767　BVerwG NVwZ-RR 1990, 619, 620 (Wartelisten für Ernennung); DVBl 1993, 1149 ff.; *M. Gerhardt*, NJW 1989, 2233, 2239 f.; *U. Di Fabio*, DVBl 1992, 1338 ff.; *ders.*, Risikoentscheidungen, 1994, 354 ff., 464 f.; *H. Sendler*, UPR 1993, 321, 324.

Auslegung: Die Voraussetzungen für die Anwendung der normkonkretisierenden Verwaltungsvor- 389
schriften sind wie bei einem Gesetz (und nicht wie bei sonstigen Verwaltungsvorschriften) im Wege
der Auslegung zu ermitteln.[768] Dabei ist die Entstehungsgeschichte insoweit zu berücksichtigen, als
sich daraus Rückschlüsse ziehen lassen, welchen Inhalt der Vorschriftengeber den Normen beimessen
wollte (BVerwGE 110, 216, 219). Die Ermächtigungen zum Erlass von normkonkretisierenden Verwaltungsvorschriften legen auf die Wertung des berufenen Normgebers besonderen Wert; zudem ist
sie dadurch besonders stark an den Zeitpunkt des Erlasses fixiert, dass sie an den Stand der Technik
anknüpft (BVerwGE 110, 216, 219).

Reichweite der Bindung: Die Bindung der Gerichte erstreckt sich nur auf die Ausfüllung des unbe- 390
stimmten Rechtsbegriffs und auch dort nur so weit, wie die Ermächtigung reicht. Ob und in welchem
Umfang die Voraussetzungen für die Anwendung der normkonkretisierenden Verwaltungsvorschriften
gegeben sind, unterliegt der gerichtlichen Kontrolle (BVerwGE 110, 216, 218). Der rechtliche Rahmen der normativen Ermächtigung und die Willkürfreiheit der Konkretisierung dürfen nicht verletzt
sein.[769] Bei atypischen Sachgestaltungen entfällt die Bindungswirkung.[770] Gleiches gilt, wenn sie überholt sind.[771] Weiter darf die Verwaltung ihre bisherige Risikoeinschätzung oder ihren Vorsorgemaß-
stab nicht aufgegeben haben.[772] Schließlich muss die Exekutive beim Erlass normkonkretisierender
Verwaltungsvorschriften höherrangige Gebote und vom Gesetz getroffene Wertungen beachtet haben
(BVerwGE 107, 338, 341). Auch die Einhaltung der Verfahrensvorschriften wird kontrolliert.[773] Die
Verfahrensvorschriften ergeben sich aus der konkreten Ermächtigung oder aus der besonderen Kon-
kretisierungssituation.[774] Eine besondere Gremienbeteiligung oder ein sonstiger verfahrensrechtlicher
Einbezug technischen Verstandes oder repräsentativer Stellen ist nicht in allen Fällen zwingende Vor-
aussetzung.[775]

h) Zusammenfassung. Wie bei den Ermessensrichtlinien ist bei der gerichtlichen Kontrolle einer auf 391
normkonkretisierenden Verwaltungsvorschriften gestützten Entscheidung *sowohl die Verwaltungsvorschrift* selbst als auch deren *Anwendung auf den Einzelfall* innerhalb der Grenzen der gerichtlichen
Überprüfung eines Beurteilungsspielraums zu prüfen. Relevante Prüfschritte sind daher: (a) Ist die Verwaltungsvorschrift anwendbar? (b) Ist diese rechtlich einwandfrei zustande gekommen? (c) Hält sie
sich in den Grenzen der Beurteilungsermächtigung? (d) Ist sie mit höherrangigem Recht vereinbar? (e)
Ist sie noch nicht überholt? (f) Liegt ein atypischer aus dem Anwendungsbereich der Verwaltungsvorschriften hinausfallender Einzelfall vor?

§ 115 [Klagen gegen den Widerspruchsbescheid]

§§ 113 und 114 gelten entsprechend, wenn nach § 79 Abs. 1 Nr. 2 und Abs. 2 der Widerspruchsbescheid Gegenstand der Anfechtungsklage ist.

Schrifttum

H. H. Gotzen, Das Verhältnis von Ausgangs- und Widerspruchsbescheid (insbesondere § 79 VwGO), VR 1995, 253; weitere Nachweise bei §§ 113, 114 und § 79; *F. Kopp*, Die „isolierte" verwaltungsgerichtliche Klage gegen Widerspruchsbescheide, JuS 1994,
742.

I. Allgemein

§ 115 ergänzt §§ 113, 114. Der Gesetzgeber meinte mit dem Begriff „Verwaltungsakt" in den §§ 113, 1
114 den Ausgangsbescheid. Der Widerspruchsbescheid wird von §§ 113, 114 nur insoweit erfasst, als

---

768 BVerwGE 107, 338, 341; 110, 216, 218; s.a. BVerwGE 72, 119, 121 f. (zu Beihilferichtlinien als Ermessensrichtli-
     nie).
769 BVerwG NVwZ 1995, 994 f.; *M. Gerhardt*, NJW 1989, 2233, 2239; *H. Hill*, NVwZ 1989, 401, 409.
770 *H. Hill*, NVwZ 1989, 401, 409.
771 BVerwGE 110, 216, 219; BVerwG NVwZ 1995, 994 f.; NVwZ-RR 1996, 498 f.; OVG Münster DVBl 1988, 152,
     153 f.; *H. Hill*, NVwZ 1989, 401, 409; *H. Jarass*, JuS 1999, 105, 110 f.
772 *M. Gerhardt*, NJW 1989, 2233, 2240.
773 *H. Hill*, NVwZ 1989, 401, 409; *F.-J. Kunert*, NVwZ 1989, 1018, 1022.
774 *M. Gerhardt*, NJW 1989, 2233, 2238 f.
775 *M. Gerhardt*, NJW 1989, 2233, 2238 f.

er i.S.v. § 79 Abs. 1 Nr. 1 dem Ausgangsbescheid „Gestalt" gibt. § 115 ergänzt daher den § 113 für solche Fälle, in denen der Widerspruchsbescheid *alleiniger Gegenstand* der Anfechtungsklage ist (§ 79 Abs. 1 Nr. 2, Abs. 2 VwGO). § 115 beruht demnach auf der zumindest *potenziellen prozessualen Selbständigkeit von Ausgangsbescheid* und Widerspruchsbescheid.[1] Wegen des engen Anwendungsbereichs des § 114 ist § 115 gesetzestechnisch nicht überflüssig.[2] In der Sache ist er aber nicht dringend geboten.[3]

II. Die Tatbestandsvoraussetzungen

2　**1. Erfasste Klagearten.** § 115 bezieht sich auf die *Anfechtungsklage.* Dieser Bezug ist ernst zu nehmen, eine Anwendung des § 115 auf andere Klagearten ist daher nur im Wege der Analogie denkbar.

3　**a) Analoge Anwendung auf Verpflichtungsklage?** § 115 ist eng auf § 79 bezogen. Dies wird an der Bezugnahme auf § 79, am Begriff der Anfechtungsklage, an der Ratio und der Entstehungsgeschichte[4] deutlich. Der enge Bezug zu § 79 prägt die Reichweite des § 115. Er ist wie § 79 auf die Anfechtungsklage bezogen. Für die Verpflichtungsklage gibt es keine Vorschrift, die vergleichbar mit § 79 Abs. 1 eine Koppelung zwischen Ausgangsbescheid und Widerspruchsbescheid herstellt. Daher *differenziert* die VwGO bei der Verpflichtungsklage *begrifflich nicht* zwischen Ausgangs- und Widerspruchsbescheid. Eine Verpflichtungsklage auf Erlass des Widerspruchsbescheids geht i.S.d. VwGO ebenso auf Erlass eines Verwaltungsaktes wie die Klage auf Erlass des Ausgangsbescheids. Daher erscheint es nahe liegend, bei einer Verpflichtungsklage auf Erlass eines Widerspruchsbescheids nicht § 115 analog heranzuziehen,[5] sondern unmittelbar die §§ 113, 114.[6]

4　**b) Analoge Anwendung auf Leistungs- und Verpflichtungsklage?** Da § 115 auf das Widerspruchsverfahren zugeschnitten ist, kommt eine analoge Anwendung auf die Leistungs- und die Verpflichtungsklage überhaupt nur dann infrage, wenn für diese Klagen gesetzlich ein Widerspruchsverfahren angeordnet ist, wie dies inbes. im Beamtenrecht der Fall ist. Wegen des engen Bezugs zu § 79 und des Begriffs der Anfechtungsklage im Normtext des § 115 scheidet eine analoge Anwendung aber auch hier aus.

5　**c) Analoge Anwendung auf die Fortsetzungsfeststellungsklage.** Etwas anderes wird man in den Fällen der Fortsetzungsfeststellungsklage annehmen müssen, in denen *ohne Erledigung* eine *Anfechtungsklage* gegen den isolierten Widerspruchsbescheid statthaft gewesen wäre. In diesen Fällen der Fortsetzungsfeststellungsklage (§ 113 Abs. 1 S. 4 und bei Erledigung vor Klageerhebung § 113 Abs. 1 S. 4 analog) ist eine analoge Anwendung des § 115 zulässig, da eine Lücke besteht und eine vergleichbare Interessenlage gegeben ist.[7]

6　**2. Isolierte Anfechtung des Widerspruchsbescheids.** Wann der Widerspruchsbescheid *isoliert angefochten* werden kann, richtet sich nicht nach § 115, sondern nach § 79 Abs. 1 Nr. 2 und § 79 Abs. 2. Es handelt sich insbes. um folgende Fälle:

- ▪ Verböserung des belastenden Ausgangsbescheids aufgrund eines Widerspruchs des Belasteten,
- ▪ Verschärfung einer Nebenbestimmung, gegen die isoliert vom Adressaten Widerspruch eingelegt wurde,
- ▪ Anfechtung einer erstmalig aufgrund eines Widerspruchs des Nachbarn eingefügten Nebenbestimmung,
- ▪ Anfechtung der Aufhebung eines begünstigenden Verwaltungsaktes durch einen Widerspruchsbescheid auf den Widerspruch des Nachbarn hin,
- ▪ Anfechtung der Aufhebung einer nachbarschützenden Nebenbestimmung (durch den Nachbarn) aufgrund eines Widerspruchsbescheids des Belasteten.

1　*F. Kopp,* JuS 1994, 742, 745 f.
2　A.M. *M. Gerhardt,* in: Schoch/Schneider/Bier § 115 Rn. 1.
3　Vgl. *M. Gerhardt,* in: Schoch/Schneider/Bier § 115 Rn. 1.
4　BT-Drs. III/1094, 11, 52 (Beschlussempfehlung des Bundestagsrechtsausschusses).
5　A.M. OVG Brem NJW 1965, 1619 f.; VG München 18.3.2014 – M 5 K 13.4557; *Kopp/Schenke* § 115 Rn. 2; *J. Schmidt,* in: Eyermann § 115 Rn. 2.
6　A.M. *M. Gerhardt,* in: Schoch/Schneider/Bier § 115 Rn. 1 – §§ 113, 114 analog.
7　BVerwG NVwZ 1988, 1120, 1122; vgl. *J. Schmidt,* in: Eyermann § 115 Rn. 1; vgl. auch *Kopp/Schenke* § 115 Rn. 1.

Kein Widerspruchsbescheid i.S.v. § 115 ist der *Abhilfebescheid* nach § 72 oder die Widerrufs- oder [7] Rücknahmeentscheidung nach §§ 48, 49 VwVfG.

3. Rechtsfolge: Analoge Anwendung der §§ 113, 114. Da der Widerspruchsbescheid ein Verwal- [8] tungsakt ist (vgl. nur BVerwGE 70, 196, 197), was wiederum an § 115 erkennbar ist,[8] bereitet die *entsprechende Anwendung* der §§ 113, 114 keine Mühe. An die Stelle des Begriffs „Verwaltungsakt" bei den §§ 113, 114 ist bei der Anwendung von § 115 gedanklich der Begriff „Widerspruchsbescheid" zu setzen.

4. Entscheidungsausspruch. Für den Entscheidungsausspruch gelten die gleichen Regeln wie bei den [9] §§ 113, 114. Das Urteil ist ein *Gestaltungsurteil*. Ein rechtswidriger Widerspruchsbescheid wird aufgehoben.[9] Da der Widerspruch ggf. aufgrund der Aufhebung nicht abschließend beschieden wurde, hat die Verwaltung noch einmal über ihn zu entscheiden.[10] Eine ausdrückliche Verpflichtung der Behörde durch das Gericht, über den Widerspruch zu entscheiden, ist sachlich zwar nicht verboten,[11] aber auch nicht zwingend.[12]

Vorbemerkungen zu § 116

Die §§ 116–121 stehen im 2. Teil der VwGO, der das eigentliche gerichtliche Verfahren beinhaltet, [1] und dort im 10. Abschnitt „Urteile und andere Entscheidungen" (§§ 107–122). Damit gelten diese Vorschriften nicht nur für die instanzbeendenden Urteile, sondern sinngemäß für sämtliche Entscheidungen[1] nach der VwGO. Sie gelten für sämtliche Rechtszüge und auch für das Wiederaufnahmeverfahren (Teil III, 12.–15. Abschnitt). Leitbestimmung ist § 107. Hiernach entscheidet das Gericht grds. durch Urteil. Die Vorschriften der §§ 108–115 enthalten hierbei einen „materiellen Teil", dem sich in den §§ 116–122 ein „formeller Teilbereich" anschließt.

Das Urteil als Entscheidung ist Ziel des Verwaltungsprozesses, soweit nicht ein Vergleich zustande [2] kommt, § 106, die Klage zurückgenommen, § 92, oder übereinstimmend für erledigt erklärt wird, vgl. § 161 Abs. 2. Allgemeine Funktion des Urteils ist es, den Rechtsstreit für die Instanz endgültig zu entscheiden.[2] Gleichzeitig dient es dazu, Rechtsklarheit und Rechtssicherheit für die Beteiligten zu bewirken (BGH NJW 1954, 1281, 1282; OVG Brem NJW 1984, 992, 993).

Die §§ 116 und 117 entspringen dem Rechtsstaatsgebot und dienen insbes. dem daraus abgeleiteten [3] Gebot der Rechtssicherheit (BVerfGE 7, 89, 92). § 116 soll absichern, dass das Fällen des Urteils dem Ergebnis der Beratung aufgrund der mündlichen Verhandlung entspricht und die Beteiligten von diesem Urteil Kenntnis erlangen. Demgegenüber bestimmt § 117 dessen nähere formale Ausgestaltung und soll sicherstellen, dass die schriftliche Urteilsabfassung dem zuvor gefällten Urteil adäquat ist. Grds. ist ein Urteil, zumindest für die jeweilige Instanz, eine endgültige Entscheidung. Angesichts der menschlichen Fehlbarkeit bedarf es jedoch für bestimmte Unrichtigkeiten und Mängel einer verfahrensförmlichen Korrekturmöglichkeit. Die §§ 118–120 bieten drei Arten der Korrektur förmlicher Unrichtigkeiten oder Auslassungen: (1) die Beseitigung offenbarer Unrichtigkeiten (Flüchtigkeitsfehler, Redaktionsversehen) im Urteil, § 118, (2) die Berichtigung des Tatbestands, also des vom Gericht festgestellten Wirklichkeitssachverhalts, § 119 und (3) die Ergänzung des Urteils, § 120. Im Übrigen sind materielle Berichtigungen Angelegenheit der jeweils höheren Instanz oder aber eines Wiederaufnahmeverfahrens. § 121 schließlich regelt die formellen und materiellen Folgen eines rechtskräftigen Urteils.

---

8 *F. Kopp*, JuS 1994, 742, 744.
9 *Hufen* § 38 Rn. 27.
10 *M. Gerhardt*, in: Schoch/Schneider/Bier § 115 Rn. 2; vgl. auch BVerwGE 13, 195, 198; 70, 196, 197; mittelbar BVerwG BayVBl 1980, 725, 727.
11 I.d.S. aber wohl *M. Gerhardt*, in: Schoch/Schneider/Bier § 115 Rn. 2.
12 A.M. *Kopp/Schenke* § 115 Rn. 2.
1 Auch wenn § 122 Abs. 1 die §§ 112, 116, 117 nicht ausdrückl. erwähnt, sind diese nach allg. Meinung entsprechend anwendbar, vgl. *M. Redeker*, in: Redeker/v. Oertzen § 122 Rn. 6.
2 *M. Vollkommer*, in: Zöller § 300 Rn. 1.

§ 116 [Verkündung und Zustellung des Urteils]

(1) [1]Das Urteil wird, wenn eine mündliche Verhandlung stattgefunden hat, in der Regel in dem Termin, in dem die mündliche Verhandlung geschlossen wird, verkündet, in besonderen Fällen in einem sofort anzuberaumenden Termin, der nicht über zwei Wochen hinaus angesetzt werden soll. [2]Das Urteil ist den Beteiligten zuzustellen.

(2) Statt der Verkündung ist die Zustellung des Urteils zulässig; dann ist das Urteil binnen zwei Wochen nach der mündlichen Verhandlung der Geschäftsstelle zu übermitteln.

(3) Entscheidet das Gericht ohne mündliche Verhandlung, so wird die Verkündung durch Zustellung an die Beteiligten ersetzt.

Schrifttum

1. Monographien und Beiträge in Sammelwerken: *C. Tomuschat*, Völkerrechtliche Grundlagen der Verwaltungsgerichtsbarkeit, in: FS Redeker, 1993, 273.

2. Beiträge in Zeitschriften: *W. Ewer/M.Schürmann*, Zur Zulässigkeit der Zustellung verwaltungsgerichtlicher Eilentscheidungen im Telekommunikationsweg, NVwZ 1990, 336; *O. Jauernig*, Muß die Urteilsformel bei der Verkündung stets schriftlich vorliegen?, NJW 1986, 117; *H. Kah*, Die Urteilsverkündung im verwaltungsgerichtlichen Verfahren, DÖV 1957, 524 ff.; *R. Lippold*, Grenzen der Zulässigkeit der Zustellung statt Verkündung von Urteilen – § 116 Abs. 2 VwGO und Art. 6 Abs. 1 EMRK, NVwZ 1996, 137; *J. Ruthig*, Zustellung statt Verkündung verwaltungsgerichtlicher Entscheidungen – Eine Praxis mit Tücken zwischen VwGO und EMRK, NVwZ 1997, 1188 ff.; *M. Vollkommer*, Richterwechsel nach dem Schluß der mündlichen Verhandlung im Zivilprozeß, NJW 1968, 1309 ff.; *B. Volmer*, Richterwechsel im schriftlichen Urteilsverfahren, NJW 1970, 1300 f.; *G. Wannagat*, Das nichtverkündete Urteil im sozialgerichtlichen Verfahren, SGb 1967, 481 ff.; *J. Ziekow*, Europa und der deutsche Verwaltungsprozess – Schlaglichter auf eine unendliche Geschichte, NVwZ 2010, 793, bes. 796 ff.

I. Entstehungs- und Textgeschichte

1   Im *Regierungsentwurf der VwGO* war die Vorschrift noch mit § 115 beziffert (BT-Drs. 3/55, 43), ohne dass das Weiterrücken nach § 116 zu einer Veränderung ihrer Systematik geführt hätte. Die Abs. 1 und 2 des Entwurfes wurden mit kleineren Änderungen in den späteren § 116 übernommen.

2   In der amtlichen Begründung des Gesetzesentwurfs zur VwGO wurde der *enge Zusammenhang von § 115 Abs. 1 (jetzt § 116 Abs. 1) mit § 310 Abs. 1 ZPO* ursprünglicher Fassung betont. Während dort ein besonderer Verkündungstermin i.d.R. innerhalb von einer Woche nach Schluss der mündlichen Verhandlung angesetzt werden soll, entspräche eine zweiwöchige Frist bis zur Verkündung des Urteils besser den Bedürfnissen der verwaltungsprozessualen Praxis (BT-Drs. 3/55, 43). Allerdings schweigt die amtliche Begründung zu diesen „verwaltungsprozessualen Bedürfnissen". Ein solches ließe sich aus der unterschiedlichen Besetzung des erkennenden Gerichtes und den damit verbundenen Besonderheiten herleiten. Während im zivilprozessualen Verfahren i.d.R. entweder der Einzelrichter bzw. eine mit Berufsrichtern besetzte Kammer entscheidet, wirken gem. § 19 ehrenamtliche Richter bei der mündlichen Verhandlung und der Urteilsfindung mit. Für die Urteilsfällung ist es daher notwendig, die ehrenamtlichen Richter u.U. erneut zu laden, was zu zeitlichen Problemen führen und auch mit

der gem. § 30 Abs. 1 bestimmten Reihenfolge zur Heranziehung der ehrenamtlichen Richter kollidieren kann. Beim Zivilgericht ergibt sich diese Problematik hingegen nicht. Abgesehen von urlaubs-, krankheits- oder dienstlich bedingter Abwesenheit ist unter den Kammermitgliedern jederzeit eine Beratung des zu fällenden Urteils möglich.

Dass die zweiwöchige Frist des § 116 Abs. 1 S. 1 a.E. in Anbetracht der Geschäftsbelastung des Gerichtes u.U. nicht eingehalten werden kann, ist grds. nicht schädlich, da es sich um eine Ordnungsfrist handelt. Diese wurde auf Anregung des Bundesrates (BT-Drs. 3/55 Anl. 2 S. 74) in den Gesetzestext aufgenommen. Der ursprüngliche Wortlaut des § 115 Abs. 1 S. 1, dass der „sofort anzuberaumende Termin ... nicht über zwei Wochen hinaus angesetzt werden *darf*" (BT-Drs. 3/55, 15), fand seine Parallele in § 48 Abs. 1 BVerwGG vom 23.9.1952 (BGBl I 625, 631). Die Änderung in eine Sollbestimmung wurde damit begründet, dass eine Angleichung an die Zivilprozessordnung zwar wünschenswert sei, in schwierigen Fällen könne es aber notwendig sein, den Verkündungstermin länger als zwei Wochen hinauszuschieben. Der Gesetzgeber hat nicht begründet, wann und welche schwierigen Fälle vorliegen. Jedoch dürften die in → Rn. 2 genannten praktischen Probleme auch hier den Gesetzgeber intendiert haben. **3**

Die Zulassung der *Zustellung des Urteils statt der Verkündung* durch § 115 Abs. 2 (jetzt § 116 Abs. 2) wurde mit der Vermeidung prozessualen Leerlaufs begründet. Dieser ergebe sich dann, wenn die Verkündung nicht im Anschluss an die letzte mündliche Verhandlung, sondern in einem späteren Termin erfolge, da erfahrungsgemäß die Parteien hierbei nicht anwesend sind (BT-Drs. 3/55, 43). Zudem dürften hier praktische Erwägungen ausschlaggebend gewesen sein. Denn die Verkündung des Urteils erfolgt gem. § 55 i.V.m. § 173 Abs. 1 GVG öffentlich (→ Rn. 7 f.) und ist zu protokollieren, § 105 i.V.m. § 160 Abs. 3 Nr. 7 ZPO. Damit sind aber zusätzliche verwaltungstechnische Belastungen durch den Einsatz von Gerichtsangehörigen des nichtrichterlichen Dienstes verbunden, sofern diese (noch) zur Protokollierung herangezogen werden. Mit der Möglichkeit, das Urteil zuzustellen, kann dieser zusätzliche personelle Aufwand vermieden werden. Anders als bei § 115 Abs. 1 führte aber der Vorschlag einer flexibleren Formulierung des § 115 Abs. 2 Hs. 2 des Entwurfs nicht zum Erfolg. Die Formulierung „... *ist* das Urteil ... zu übergeben" wurde nicht in „... *soll* das Urteil ... übergeben werden" geändert. Nach der Intention des Gesetzgebers sollte diese zweiwöchige Frist gewährleisten, dass die gefällte Entscheidung auch dem Gesamtergebnis des Verfahrens einschließlich der in der letzten mündlichen Verhandlung gewonnenen Überzeugung der beteiligten Richter entspricht und die Beteiligten alsbald Kenntnis vom Ausgang des Verfahrens erhalten (BVerwG Buchholz 310 § 116 VwGO Nr. 16). **4**

Der *Entwurf zu § 115 Abs. 3* lautete ursprünglich: „Entscheidet das Gericht ohne mündliche Verhandlung, so ergeht das Urteil durch Zustellung an die Beteiligten." Diese Formulierung ist § 82 des Bayerischen Gesetzes über die Verwaltungsgerichtsbarkeit von 1946 (BayGVBl 281, 287) nachgebildet. Die endgültige Formulierung in § 116 Abs. 3 ist klarer geworden: Bei fehlender mündlicher Verhandlung tritt an die Stelle der Verkündung zwingend die Zustellung der Entscheidung an die Beteiligten. **5**

II. Systematik

1. Das Verhältnis von Verkündung nach Abs. 1 und Zustellung nach Abs. 2. Verkündung und Zustellung des Urteils bilden die zeitliche Zäsur zwischen einer bis dahin noch internen Entscheidung des Gerichtes und der äußeren Wirkung auf die Beteiligten. Solange das Urteil das Gericht nicht mit dessen Willen verlassen hat, können Rechtsmittel nicht zulässig eingelegt werden, weil das Urteil als solches noch nicht existent und wirksam ist.[1] Das Gericht hat vielmehr gem. § 104 Abs. 3 S. 2 die Möglichkeit und unter der Voraussetzung einer neuen Sachlage die Pflicht, erneut in die mündliche Verhandlung einzutreten und die bis zum Erlass des Urteils vorgebrachten Tatsachen zu berücksichtigen.[2] **6**

Für den *Erlass des Urteils* stellt das Gesetz grds. drei Formen zur Verfügung: die *sofortige Verkündung*, die Verkündung in einem *besonderen Verkündungstermin* und die *Zustellung des Urteils* an die Beteiligten. Nur für den Fall, dass keine mündliche Verhandlung stattgefunden hat (§ 101 Abs. 2), ordnet § 116 Abs. 3 zwingend den Erlass des Urteils durch Zustellung an. Ist jedoch mündlich verhan- **7**

---

1 BVerwG DVBl 1994, 209 (LS); BVerwG Buchholz 310 § 130 VwGO Nr. 11; *J. Albers*, in: Baumbach/Lauterbach/Albers/Hartmann § 310 Rn. 4; *H. Kah*, DÖV 1957, 524; *B. Volmer*, NJW 1970, 1300; *G. Wannagat*, SGb 1967, 481.
2 BVerwG NVwZ 1989, 750; VGH Mannheim DVBl 1991, 1006; *P. Kothe*, in: Redeker/v. Oertzen § 104 Rn. 3 ff.

delt worden, liegt es im Ermessen des Gerichts, welche Erlassform es wählt. Die Annahme eines Regel-Ausnahme-Verhältnisses zugunsten der Verkündung in dem Termin, in dem die mündliche Verhandlung geschlossen wird, ist hierbei nicht zwingend.[3] Ohne Zweifel zieht das Gesetz in § 116 Abs. 1 S. 1 eine Verkündung im Termin der Ansetzung eines gesondert anzuberaumenden Verkündungstermins vor („in der Regel"). Eine Vorrangstellung gegenüber der Verkündigungsmöglichkeit nach § 116 Abs. 2 lässt sich § 116 Abs. 1 S. 1 indes nicht entnehmen.[4] Die Rspr. kann in der abstrakten Beurteilung dieses Problems mit gewisser Berechtigung als uneinheitlich bezeichnet werden. So hat der 1. Senat des BVerwG – nachdem er zuvor nicht von einem Regel-Ausnahme-Verhältnis ausgegangen war (BVerwGE 38, 220, 222) – ein solches in einer späteren Entscheidung gleichwohl angenommen (BVerwG, NJW 1976, 124). Dieser Linie folgend entschied der 4. Senat des BVerwG am 25.1.1985, dass „die Zustellung des Urteils die regelmäßig gebotene Verkündung" ersetzt und das „Urteil im Regelfall in dem Termin verkündet (wird), in dem die mündliche Verhandlung geschlossen wurde" (NJW 1986, 1004). Hingegen hat der 9. Senat in seiner Entscheidung vom 9.1.1987 festgestellt, statt der Verkündung sei nach § 116 Abs. 2 S. 1 „ganz generell" die Zustellung des Urteils zulässig; gesetzliche Vorgaben im Sinne eines Regel-Ausnahme-Verhältnisses bestünden nicht (BVerwGE 75, 338, 341). Die Entscheidung des 5. Senats vom 3.12.1992 (BVerwGE 91, 242, 243 f.) erwähnt zwar, dass die Urteilsverkündung nur stattfindet, „wenn die mitwirkenden Richter die Verkündung als Art der Urteilsverlautbarung gewählt und nicht (förmlich) beschlossen haben, das Urteil den Beteiligten gem. § 116 Abs. 2 Hs. 1 an Verkündungs Statt zuzustellen." Dieser Formulierung dürfte aber weniger die Bedeutung eines Belegs für ein Regel-Ausnahme-Verhältnis zwischen § 116 Abs. 1 S. und Abs. 2 beizumessen sein[5] als vielmehr rein deskriptiver Charakter zukommen. Hingegen vermitteln die diese Fragestellung streifenden zweitinstanzlichen Entscheidungen den Eindruck, von einer Rangfolge zwischen § 116 Abs. 1 und 2 auszugehen.[6] Dies wiederum dürfte mit der praktischen Handhabung der Norm nicht gänzlich in Deckung zu bringen sein, da es – soweit ersichtlich – der überwiegenden verwaltungsgerichtlichen Praxis entsprechen dürfte, den Beteiligten das Urteil nach Maßgabe des § 116 Abs. 2 Hs. 1 zuzustellen. Vom Prinzip der öffentlichen Verkündung kann jedenfalls nur dann abgewichen werden, wenn ein Kollegialbeschluss hierüber vorliegt, der nach § 122 nicht begründet werden muss, da er als prozessleitende Verfügung gem. § 146 Abs. 2 unanfechtbar ist.

8   Ungeachtet dessen stellt sich die Frage, inwieweit § 116 Abs. 2 mit den Vorgaben des Art. 6 Abs. 1 S. 1 Hs. 1 EMRK zu vereinbaren ist, wonach Urteile öffentlich verkündet werden müssen. Hierzu ist vertreten worden, es bedürfe „keiner auslegungstheoretischen Überlegungen, um zu sehen, dass jedenfalls die Zustellung bloß an die Beteiligten in keiner Weise diesen Anforderungen entspricht".[7] Dabei darf jedoch die Frage nicht aus dem Blickfeld geraten, für welche Fälle Art. 6 EMRK überhaupt anwendbar ist. Dies beantwortet Art. 6 Abs. 1 S. 1 dahingehend, dass Streitigkeiten in Bezug auf zivilrechtliche Ansprüche und Verpflichtungen oder über eine gegen eine Person erhobene strafrechtliche Anklage von der Regelung erfasst werden. Das BVerwG hat vor diesem Hintergrund im Kontext des § 47 Abs. 5 herausgearbeitet, dass in der Rspr. des EGMR „das Recht am Grundeigentum bzw. das Recht auf Unverletzlichkeit des Eigentums an Grundstücken zu den zivilrechtlichen Ansprüchen im Sinne von Art. 6 Abs. 1 Satz 1 EMRK gehört". Demnach hat es in Übereinstimmung mit der Entscheidungspraxis des EGMR den Anwendungsbereich von Art. 6 Abs. 1 S. 1 EMRK in den Fällen als eröffnet angesehen, in denen Grundstückseigentümer sich gegen die Genehmigung zum Betrieb einer Mülldeponie in der Nachbarschaft, gegen die Ablehnung von Bauanträgen aufgrund planungsrechtlicher Festsetzungen und genereller Bauverbote, gegen die Genehmigung eines Bebauungsplans und die Gültigkeit planerischer Festsetzungen sowie gegen Enteignungsbewilligungen zur Wehr gesetzt hatten.[8] Dass § 116 Abs. 2 ausgehend hiervon nur ausschnittsweise mit Art. 6 Abs. 1 EMRK in Konflikt gerät, mag

---

3   Anders noch *M. Kilian*, 4. Aufl., Rn. 7.
4   Ebenso *Schmidt*, in: Eyermann § 116 Rn. 10.
5   So aber *M. Kilian*, 4. Aufl., Rn. 7
6   VGH Mannheim 4.2.1992 – 10 S 278/91, juris Rn. 51; OVG Bautzen 20.4.2011 – 4 A 102/11, juris Rn. 30; OVG Lüneburg 3.4.2013 – 13 LA 34/13, juris Rn. 7.
7   *R. Lippold*, NVwZ 1996, 137.
8   BVerwGE 110, 203, 207 f. m.w.N. Auch Streitigkeiten, die die Freiheit der Berufsausübung zum Gegenstand haben, sollen Art. 6 Abs. 1 EMRK unterfallen (*J. Ruthig*, NVwZ 1997, 1188, 1189 m.w.N.). Das OVG Lüneburg 3.4.2013 – 13 LA 34/13, juris Rn. 7 hat bei Verfahren über die Bescheidung einer Petition „zivilrechtliche Ansprüche" i.S.d. Art. 6 Abs. 1 S. 1 EMRK nicht als betroffen angesehen.

als „unnatürliche" Aufspaltung empfunden werden, eine Erstreckung des Art. 6 Abs. 1 S. 2 EMRK auf alle verwaltungsgerichtlichen Verfahren erscheint andererseits nicht geboten, da die mit Art. 6 Abs. 1 S. 2 Hs. 1 EMRK verbürgte Garantie der Öffentlichkeit der Urteilsverkündung[9] letztlich in allen Gerichtszweigen ihre Berechtigung hat, der EGMR eine solche Herangehensweise, die im Wortlaut des Art. 6 Abs. 1 S. 1 EMRK überdies keine Stütze finden würde, aber selbst nicht für konventionsrechtlich zwingend zu erachten scheint.[10]

Ist der Anwendungsbereich des Art. 6 Abs. 1 S. 2 EMRK eröffnet, stellt sich unausweichlich die Frage nach den Auswirkungen auf § 116 Abs. 2. Bei deren Beantwortung ist es wichtig, sich zu vergegenwärtigen, dass durch die Verkündung sichergestellt werden soll, dass die *Öffentlichkeit* ihre Kontrollfunktion gegenüber den Gerichten wahrnehmen kann, um im Einzelfall auf Willkür und Ungerechtigkeiten angemessen reagieren zu können.[11] Mit der Zustellung statt der öffentlichen Verkündung wird diese Funktion umgangen. Daher wird vorgeschlagen, dass eine Zustellung gem. § 116 Abs. 2 nur zulässig sei, wenn die Beteiligten ihr zustimmen.[12] Diesen Weg erachtet das BVerwG schon deshalb nicht als gangbar, da § 116 Abs. 2 ein solches Einverständnis nicht vorsieht.[13] Hinzu kommt, dass eine Zustimmung der Beteiligten auf Zustellung nach § 116 Abs. 2 einen *Verzicht auf die öffentliche Verkündung* bedeutet. Insoweit disponieren die Beteiligten über die Öffentlichkeit. Dieses Recht kann den Beteiligten nicht zustehen (→ § 55 Rn. 7 f.). Ein Verzicht auf die Öffentlichkeit ist vielmehr gem. § 295 Abs. 2 ZPO unwirksam.[14] Hieran ändert nichts, dass die Beteiligten wirksam gem. § 101 Abs. 2 auf die mündliche Verhandlung verzichten können und damit die Öffentlichkeit von der Teilhabe an dem gerichtlichen Verfahren ausschließen. Denn nur wenn eine mündliche Verhandlung stattfindet, muss das Gebot der Öffentlichkeit beachtet werden (→ § 55 Rn. 7). Anders ist es für die Verkündung der gerichtlichen Entscheidung: hier muss die Öffentlichkeit selbst im Falle ihres vorherigen Ausschlusses für die Dauer der Verhandlung gem. § 173 Abs. 1 GVG wiederhergestellt werden. Insofern kann in dem Verzicht auf die mündliche Verhandlung nicht gleichzeitig ein Verzicht auf die öffentliche Verkündung gesehen werden (so aber BVerwG Buchholz 310 § 101 VwGO Nr. 20).[15] Würde man dies annehmen, erübrigte sich zudem die Regelung des § 116 Abs. 3. Demnach geht das Gesetz davon aus, dass über die Öffentlichkeit seitens der Beteiligten nicht disponiert werden kann. Vielmehr ist der Ausschluss der Öffentlichkeit grds. nur unter den Voraussetzungen des § 173 Abs. 2 GVG zulässig. Insofern enthält die Regelung des § 116 Abs. 3 einen gesetzlichen Tatbestand für den Ausschluss der Öffentlichkeit (anders → § 55 Rn. 19).

Vor diesem Hintergrund wird unter anderem vertreten, in den Art. 6 Abs. 1 EMRK unterfallenden Fällen auf eine Anwendung des § 116 Abs. 2 zu verzichten bzw. hilfsweise die Norm konventionskonform auszulegen.[16] Der 9. Senat des BVerwG hat in einer neueren Entscheidung betont, die Zustellung des Urteils nach § 116 Abs. 2 genüge den Anforderungen des Art. 6 Abs. 1 EMRK (BVerwG 30.6.2014 – 9 B 13/14, juris Rn. 3 m.w.N.). Jedenfalls dürfte feststehen, dass die Zustellung eines Urteils gem. § 116 Abs. 2 VwGO auch im Hinblick auf Art. 6 Abs. 1 S. 2 EMRK zumindest stets dann zulässig bzw. Art. 6 Abs. 1 S. 2 EMRK nicht als verletzt anzusehen ist, wenn keiner der Beteiligten dieser Verfahrensweise widerspricht.[17] Die Rüge eines Verstoßes gegen Art. 6 Abs. 1 S. 2 Hs. 1 EMRK wegen nach § 116 Abs. 2 gewählter Zustellung begründet nach Ansicht des OVG Lüneburg keinen Verfahrensmangel i.S.d. § 138 Nr. 5 VwGO, da der geltend gemachte Verfahrensfehler ausschließlich die öffentliche Verkündung des Urteils, nicht aber die Öffentlichkeit der mündlichen Verhandlung betreffe.[18]

9

---

9 *J. Ziekow*, NVwZ 2010, 793, 796.
10 Vgl. für das finanzgerichtliche Verfahren EGMR NJW 2002, 3453, 3454; BFH 15.7.2015 – II R 31/14, juris Rn. 10.
11 *C. Tomuschat*, FS Redeker, 1993, 285.
12 *B. Clausing/C. Kimmel*, in: Schoch/Schneider/Bier § 116 Rn. 9; *C. Tomuschat*, FS Redeker, 1993, 285.
13 Vgl. BVerwG 30.6.2014 – 9 B 13/14, juris Rn. 3.
14 *R. Greger*, in: Zöller § 295 Rn. 5; *C. Lückemann*, in: Zöller § 169 GVG Rn. 13.
15 *H. Kah*, DÖV 1957 S. 524.
16 Hierzu im Einzelnen *J. Ziekow*, NVwZ 2010, 793, 797.
17 VGH Mannheim 20.2.1992 – 8 S 2881/91, juris Rn. 13; OVG Bautzen 18.2.2013 – 4 A 109/11, juris Rn. 19; OVG Lüneburg 3.4.2013 – 13 LA 34/13, juris Rn. 7.
18 OVG Lüneburg 26.1.2015 – 4 LA 232/14, juris Rn. 6 f.; vgl. auch VGH München 4.5.2011 – 14 ZB 11.30142, juris Rn. 3).

10   **2. Die Systematik des § 116 Abs. 1. a) Regelfall der sofortigen Verkündung.** Findet eine mündliche Verhandlung statt, ist das Urteil in dem Termin zu verkünden, in dem sie geschlossen wird (Abs. 1 S. 1 Hs. 1). Innerhalb des ersten Absatzes des § 116 ist das der Regelfall, von dem erkennbar das Gesetz ausgeht.[19] Hierbei ist es unerheblich, ob sich die Verkündung unmittelbar an die Verhandlung anschließt (VG Frankfurt [Oder] 27.11.2006 – 8 K 1020/01, juris Rn. 22)[20] oder ob weitere mündliche Verhandlungen zu anderen Sachen folgen und hiernach verkündet wird. Denn der Begriff „Termin" umfasst sämtliche an einem Tag zur Verhandlung anstehenden Streitsachen. Eine Verkündung am Schluss des „Sitzungstages" ist daher von § 116 Abs. 1 S. 1 Hs. 1 gedeckt (BVerwGE 20, 140, 141).

11   **b) Ausnahme – besonderer Verkündungstermin.** Ausnahmsweise erfolgt die Verkündung in einem sofort anzuberaumenden Termin, der nicht über zwei Wochen hinaus angesetzt werden soll (Abs. 1 S. 1 Hs. 2). Da es sich bei der Fristbestimmung des § 116 Abs. 1 S. 1 Hs. 2 um eine Sollbestimmung handelt, besteht die weitere Möglichkeit, einen Verkündungstermin nach zwei Wochen anzusetzen. Wie lang diese Frist ausgedehnt werden kann, ist offen. Zweck der Fristbestimmung ist es, die Phase zwischen Schluss der mündlichen Verhandlung, Urteilsfällung und Verkündung des Urteils so knapp wie möglich zu halten.[21] In Anlehnung an die zu § 116 Abs. 2 ergangene Rspr. zum Zeitraum zwischen mündlicher Verhandlung und Urteilszustellung könnte ein Fristablauf von sechseinhalb Wochen noch für unbedenklich erachtet werden.[22]

12   Zwar wird in der Kommentarliteratur teilweise empfohlen, von der Möglichkeit des *besonderen Verkündungstermins* Gebrauch zu machen,[23] die Verkündung der Entscheidung in einem gesondert angesetzten Termin dürfte der Verfahrensökonomie jedoch regelmäßig nicht förderlich sein, da die Beteiligten bei einem solchen Termin erfahrungsgemäß nicht mehr anwesend sein dürften.

13   Gem. *§ 116 Abs. 1 S. 2* ist das Urteil nach der Verkündung den Beteiligten in vollständig abgefasster Form zuzustellen.

14   Wie das Gericht die *Wahl zwischen sofortiger und späterer Verkündung* gem. § 116 Abs. 1 und Zustellung gem. § 116 Abs. 2 trifft, legt das Gesetz nicht gesondert fest. Es handelt sich um eine *prozessleitende Verfügung* i.S.d. § 146 Abs. 2 (→ § 146 Rn. 21). Sie ist Ermessensentscheidung (BVerwGE 38, 220, 222; BVerwG Buchholz 310 § 101 VwGO Nr. 20), die unmittelbar den Fortgang bzw. Abschluss des Verfahrens betrifft. Hiergegen stehen den Beteiligten keine Rechtsmittel zu, da sie selbst auf eine bestimmte Art der Verlautbarung des Urteils keinen Anspruch haben (BVerwG Buchholz 310 § 101 VwGO Nr. 20). Offen ist, ob diese Ermessensentscheidung durch einen *Kollegialbeschluss* erfolgen muss oder die autarke Entscheidung des gem. § 103 Abs. 1, § 104 Abs. 3 S. 1 die mündliche Verhandlung leitenden und schließenden Vorsitzenden genügt. Mit dem BVerwG (BVerwGE 91, 242, 243 f.) ist davon auszugehen, dass jede Art der Abweichung vom gesetzlichen Regelfall des § 116 Abs. 1 S. 1 Hs. 1 einen Kollegialbeschluss erfordert. Ein Verstoß hiergegen wirkt sich aber rechtlich nicht aus (→ Rn. 30). Das Gericht hat seine Entscheidung den Beteiligten bekannt zu geben. Diese Entscheidung ist zu protokollieren, § 160 Abs. 3 Nr. 6 ZPO, § 105 VwGO. Dies geschieht i.d.R. am Schluss der mündlichen Verhandlung, damit die Beteiligten und die Öffentlichkeit sich hierauf einrichten können.

15   **3. Die Systematik des Abs. 2.** Statt Verkündung nach Abs. 1 steht es im Ermessen des Gerichtes, das Urteil zuzustellen (→ Rn. 7). In diesem Fall ist das Urteil binnen zwei Wochen nach der mündlichen Verhandlung der Geschäftsstelle zur Versendung zu übergeben. Hier ist die Zwei-Wochen-Frist zwingend und nicht nur bloße Ordnungsvorschrift. Denn der Gesetzgeber wollte erkennbar und in Abgrenzung zu § 116 Abs. 1 erreichen, dass das Urteil in solch engem zeitlichen Zusammenhang beraten

---

19   Ebenso BVerwGE 75, 338, 341; *B. Clausing/C. Kimmel*, in: Schoch/Schneider/Bier § 116 Rn. 4; *M. Redeker*, in: Redeker/v. Oertzen § 116 Rn. 1.

20   *Kopp/Schenke* § 116 Rn. 7.

21   *B. Volmer*, NJW 1970, 1301.

22   BVerwG Buchholz 310 § 116 VwGO Nr. 15. Eine Anwendung der in Bezug auf § 116 Abs. 2 geltenden Grundsätze bejaht auch *J. Schmidt*, in: Eyermann § 116 Rn. 3; *Kopp/Schenke* § 116 Rn. 8; a.A. *M. Redeker*, in: Redeker/v. Oertzen § 116 Rn. 2, der in der Frist des § 116 Abs. 1 S. 1 eine gesetzliche Vermutung angelegt sieht, sodass bei Fristüberschreitung in der Regel ein Verfahrensfehler vorliegen soll. Dies überzeugt in Anbetracht der Tatsache, dass es sich insoweit um eine Soll-Vorschrift handelt, in dieser Form nicht.

23   *M. Redeker*, in: Redeker/v. Oertzen § 116 Rn. 2; *Schunck/De Clerck* Anm. 2 a.

wird, dass die Auswertung der mündlichen Verhandlung sichergestellt ist (vgl. BVerwGE 106, 366, 367).[24]

4. Die Systematik des Abs. 3. Verzichten die Beteiligten gem. § 101 Abs. 2 auf die mündliche Verhandlung, tritt im schriftlichen Verfahren gem. Abs. 3 an die Stelle der Verkündung die Zustellung der Entscheidung an die Beteiligten. Ein Verzicht auf die mündliche Verhandlung nach § 101 Abs. 2 enthält gerade nicht den Verzicht auf die öffentliche Urteilsverkündung[25] (→ Rn. 8). **16**

5. Kurzdarstellung. Somit sind fünf Abfolgen der Verlautbarung eines Urteils rechtlich zulässig: **17**

§ 116 Abs. 1:
(1) Mündliche Verhandlung → sofortige Verkündung des Urteils → Zustellung des vollständig abgefassten Urteils.
(2) Mündliche Verhandlung → Urteilsverkündung nach zwei Wochen → Zustellung.
(3) Mündliche Verhandlung → Urteilsverkündung jenseits von zwei Wochen → Zustellung.
§ 116 Abs. 2:
(4) Mündliche Verhandlung → Übergabe des Urteils an die Geschäftsstelle binnen zwei Wochen → Zustellung.
§ 116 Abs. 3:
(5) Entscheidung im schriftlichen Verfahren → Zustellung.

III. Begriffe und grundsätzliche Erläuterungen

1. Die Verkündung. Die Verkündung ist mündliche Bekanntgabe des gem. § 112 gefällten Urteils. **18**

a) Verkündung der Urteilsformel. Gem. §§ 311 Abs. 2 S. 1 ZPO, 173 VwGO erfolgt die Verkündung durch Verlesung der Urteilsformel. Sie ist Kernstück der gerichtlichen Entscheidung über das klägerische Begehren. Aus ihr soll erkennbar werden, in welchem Umfang das Urteil der Rechtskraft zugänglich ist. Zur Urteilsformel gehören auch die Entscheidungen über die Zulassung von Rechtsmitteln gem. §§ 124 a und 132, wobei eine Aufnahme in den Tenor nicht zwingend ist (→ § 124 a Rn. 17).

b) Schriftliche Niederlegung der Urteilsformel. Voraussetzung ist, dass die Urteilsformel schriftlich niedergelegt ist. Dies ergibt sich aus dem Wortlaut des § 311 Abs. 2 S. 1 ZPO („durch Vorlesung") und seinem Zweck. Dies soll gewährleisten, dass die verkündete Formel und die später im Urteil abgesetzte Formel identisch sind,[26] und sicherstellen, dass die Entscheidung tatsächlich „auf Grund" der mündlichen Verhandlung (§ 101 Abs. 1) getroffen wird, der Entscheidungsinhalt also dem Gesamtergebnis des Verfahrens einschließlich der in der mündlichen Verhandlung gewonnenen Überzeugung der beteiligten Richter entspricht (BVerwG 30.6.2015 – 3 B 47/14, juris Rn. 4 m.w.N.). Das Schriftformerfordernis dient ebenso der notwendigen Selbstkontrolle des Gerichtes bei der Urteilsformulierung. Zum anderen ergibt sich das Schrifterfordernis aus § 117 Abs. 1 S. 2. Dieser ist lex specialis zu § 311 Abs. 2 ZPO und bestimmt ausdrücklich, dass das Urteil schriftlich abzufassen ist. Es bedarf hierbei nicht der vollständigen schriftlichen Urteilsabfassung. Gem. § 117 Abs. 4 S. 2 Hs. 2 können Tatbestand, Entscheidungsgründe und Rechtsmittelbelehrung nachträglich erstellt werden. Die Urteilsformel hingegen muss stets schriftlich niedergelegt sein, um das Urteil wirksam verkünden zu können.[27] Nicht notwendig ist, dass die Richter, die bei der Entscheidung mitgewirkt haben, bereits unterzeichnet haben. Die Unterzeichnung ist nicht wesentlich für die Verlesung der Urteilsformel (VG Schwerin 20.5.2015 – 15 A 1181/13 As, juris Rn. 8). Die Urteilsformel ist gem. § 105 VwGO, § 160 Abs. 3 Nr. 6 ZPO im Protokoll festzustellen. Es empfiehlt sich, die vorgelesene Urteilsformel als Anlage zum Protokoll zu nehmen. Für die Beweiskraft des Protokolls gilt § 165 ZPO. **19**

c) Verlesung der Urteilsformel. Die Verkündung ist erst abgeschlossen, wenn die Urteilsformel vollständig verlesen wurde. Bis dahin liegt nur ein Urteilsentwurf vor, der grds. noch geändert werden **20**

---

24 *M. Redeker*, in: Redeker/v. Oertzen § 116 Rn. 3.
25 *R. Lippold*, NVwZ 1996, 139.
26 *O. Jauernig*, NJW 1986, 117
27 BGH NJW 1985, 1782, 1783; *J. Albers*, in: Baumbach/Lauterbach/Albers/Hartmann § 311 Rn. 5; *Kopp/Schenke* § 116 Rn. 4; *M. Vollkommer*, in: Zöller § 311 Rn. 2; a.M. *O. Jauernig*, NJW 1986, 117, jedoch nur in Bezug auf zivilrechtliche Urteile.

kann. Hat aber zwischen Urteilsfällung und -verkündung ein Richterwechsel stattgefunden, ist das Urteil wegen Verstoßes gegen § 112 nicht abänderbar. Denn für die Urteilsfällung verlangt § 112 wegen der Grundsätze der Unmittelbarkeit und der Mündlichkeit des Verfahrens die Mitwirkung der Richter, die an der zugrundeliegenden, aber vor der Verkündung bereits geschlossenen mündlichen Verhandlung beteiligt gewesen sind (BVerwGE 50, 79). In einem solchen Fall ist zu empfehlen, einen neuen Verhandlungstermin anzuberaumen. Eine solche Entscheidung ist nicht anfechtbar und bietet Gelegenheit, über den zu ändernden Urteilsentwurf mit den zur Entscheidung berufenen Richtern erneut zu beraten. Mit dem Ende der Verkündung ist das Urteil erlassen und damit wirksam, d.h., es können zulässige Rechtsmittel eingelegt werden. Für das Instanzgericht ist das Urteil mit dem Ende der Verkündung gem. § 318 ZPO unabänderlich, soweit nicht eine Berichtigung nach §§ 118 ff. in Betracht kommt. Gem. § 136 Abs. 4 ZPO verliest der *Vorsitzende* die Urteilsformel. Das Gericht muss hierbei ordnungsgemäß besetzt sein. Jedoch ist nicht Voraussetzung, dass diejenigen Richter an der Verkündung teilnehmen, die an der mündlichen Verhandlung und an der Urteilsfällung gem. § 112 teilgenommen haben. Den formalen Akt der Verkündung können grds. andere Richter vornehmen (BVerwGE 50, 79). Ebenso gilt die Erleichterung des § 311 Abs. 4 ZPO, § 173 S. 1 VwGO, wonach im Falle des besonderen Verkündungstermins der Vorsitzende in Abwesenheit der anderen Mitglieder des Prozessgerichtes die Verkündung vornehmen kann.

21　**d) Beteiligte und Öffentlichkeit.** Die Verkündung erfolgt gegenüber den Verfahrensbeteiligten. Diese müssen im Falle der sofortigen Verkündung zum Termin der mündlichen Verhandlung geladen worden sein. Folgt die Verkündung nicht unmittelbar an die mündliche Verhandlung zur Sache, sondern im Verlaufe oder am Schluss des Sitzungstages (→ Rn. 12), muss den Verfahrensbeteiligten durch erneuten Aufruf zur Sache die Möglichkeit der Teilnahme gewährt werden (BVerwGE 72, 28, 37). Die ordnungsgemäße Ladung zum besonderen Verkündungstermin des § 116 Abs. 1 S. 1 Hs. 2 ist ebenfalls Voraussetzung, regelmäßig gilt hierfür § 218 ZPO, § 173 S. 1 VwGO. Gleichwohl steht es den Verfahrensbeteiligten frei, an der Verkündung teilzunehmen, § 312 Abs. 1 ZPO. Für den Fall, dass von den Verfahrensbeteiligten niemand zum besonderen Verkündungstermin erscheint, gilt in entsprechender Anwendung § 311 Abs. 2 S. 2 ZPO, wonach die Verlesung der Urteilsformel durch Bezugnahme auf die Urteilsformel ersetzt werden kann.
Gem. §§ 169, 173 Abs. 1 GVG muss bei der Verkündung die Öffentlichkeit gewährt bzw. wiederhergestellt werden.

22　**e) Sitzungsniederschrift.** Die Verkündung ist gem. § 105 VwGO, § 160 Abs. 3 Nr. 7 ZPO zu protokollieren. Andernfalls kann eine Verlautbarung der Entscheidung nicht festgestellt werden.[28] Nicht notwendig ist Feststellung der Art und Weise der Verkündung (z.B. „Verkündung durch Vorlesung der Urteilsformel" oder „Verkündung unter Bezugnahme auf die Urteilsformel") im Protokoll.[29] Für die Berichtigung des Protokolls gilt § 164 ZPO. Nicht zu verwechseln ist die Protokollierung der Verkündung mit dem Verkündungsvermerk des Urkundsbeamten gem. § 315 Abs. 3 ZPO. Dieser genügt nicht zum Nachweis für die tatsächliche Verkündung der Entscheidung. Dieser kann nur durch die Sitzungsniederschrift geführt werden, § 160 Abs. 2 Nr. 7, § 165 ZPO.

23　**f) Verkündung der Entscheidungsgründe.** Sie ist gem. § 311 Abs. 3 ZPO nicht notwendig. Die Mitteilung der tatsächlichen und rechtlichen Gesichtspunkte, die für die richterliche Urteilsfindung maßgebend waren, ist jedoch im Interesse der Verfahrensbeteiligten zu empfehlen. Es steht aber im Ermessen des Gerichts, ob es die Gründe für seine Entscheidung ganz, in ihrem wesentlichen Inhalt oder überhaupt nicht vorträgt.[30] Indes ist nicht Voraussetzung, dass die Entscheidungsgründe bei ihrer Mitteilung bereits schriftlich niedergelegt sind (§ 117 Abs. 4). Ebenso wenig ist eine Aufnahme in das Protokoll notwendig. Divergieren die mündlich mitgeteilten Gründe von den schriftlich im Urteil niedergelegten, so gelten die schriftlich niedergelegten, da die mündlich mitgeteilten Gründe nur die Bedeutung einer vorläufigen und unmaßgeblichen Information der Beteiligten haben.[31]

28　OVG Bautzen 11.5.2004 – 4 B 620/03, juris Rn. 8.
29　BGH NJW 1985, 1782,1783; 1994, 3358; *J. Albers*, in: Baumbach/Lauterbach/Albers/Hartmann § 160 Rn. 15.
30　VGH Mannheim NVwZ 1999, 669.
31　VGH Mannheim NVwZ 1999, 669 f.

g) Verstoß gegen Formerfordernisse. Der Verstoß gegen die Formerfordernisse macht die Verkündung 24 nur dann unwirksam, wenn die an eine Verlautbarung eines Urteils zu stellenden Elementaranforderungen nicht beachtet werden (BGH NJW 1989, 1156 f.).

aa) Unwirksame Verkündung. Unwirksam ist die Verkündung, wenn die in Rede stehende Formvorschrift für die Verlautbarung des Urteils so wesentlich ist, dass bei einer Verletzung dieser Vorschrift von einer Verlautbarung des Urteils im Rechtssinne nicht mehr gesprochen werden kann (BGH NJW 1954, 1281). Hierzu zählt ein Verstoß gegen das Erfordernis der schriftlichen Niederlegung der Urteilsformel (→ Rn. 19)[32] und die Missachtung der Vorschriften über die Öffentlichkeit, § 138 Nr. 5. Wegen der unwirksamen Verkündung ist das Urteil als solches nicht existent. Die Verkündung kann jederzeit fehlerfrei nachgeholt werden, sogar bis zum Schluss des Rechtsmittelverfahrens.[33] Die bereits eingelegten Rechtsmittel sind dennoch statthaft. Sind von dem unwirksam verkündeten Urteil bereits Ausfertigungen an die Beteiligten gem. § 116 Abs. 1 S. 2 zugestellt, handelt es sich um die Zustellung von Urteilsentwürfen.[34] Diese begründen scheinbare, einem Urteil vergleichbare Wirkungen[35], die die unterlegene Partei in ihren Rechtspositionen erheblich gefährden können. Diese Scheinurteile sind daher rechtsmittelfähig (BGH NJW 1995, 404; 1996, 1969, 1970). Wird während des Rechtsmittelverfahrens die Verkündung wirksam nachgeholt, so bedarf es keiner erneuten Einlegung der Rechtsmittel, denn mit der Einlegung gegen das Scheinurteil ist der Weg für eine sachliche Nachprüfung eröffnet (BGH NJW 1996, 1969, 1970).

bb) Fehlerhafte Verkündung. Soweit es sich nur um einen Verstoß gegen Verfahrensvorschriften handelt, die nicht das Wesen der Verkündung selbst betreffen, ist die Verkündung nicht unwirksam, aber 25 fehlerhaft. Hierzu zählen die fehlende Ladung der Verfahrensbeteiligten zum Verkündungstermin und die Verkündung in einem anderen, den Verfahrensbeteiligten unbekannt gebliebenen Termin (BGH NJW 1954, 1281, 1282). Fehlerhaft ist die Verkündung auch dann, wenn ein nicht zur Verkündung berufener Richter des erkennenden Gerichts die Urteilsformel verlesen hat.[36] Rechtsmittel, die sich auf die Verletzung dieser Verfahrensvorschriften gem. § 137 Abs. 3 berufen, haben daher nur Erfolg, wenn das Urteil auf ihnen beruht, § 137 Abs. 1.

h) Zustellung gem. § 116 Abs. 1 S. 2. Es genügt nicht, lediglich die im Verkündungstermin vorgelese- 26 ne Urteilsformel zuzustellen. Vielmehr ist die Zustellung des vollständig abgefassten Urteils notwendig. Die zivilgerichtliche Möglichkeit, ein abgekürztes Urteil ohne Tatbestand und Entscheidungsgründe gem. § 317 Abs. 2 S. 3 ZPO zuzustellen, ist für die verwaltungsgerichtliche Zustellung nicht entsprechend anwendbar (BT-Drs. 3/55, 43), denn es fehlt eine entsprechende Antragsbefugnis der Beteiligten. Diese besteht nur gem. § 168 Abs. 2 für die Zwecke der Zwangsvollstreckung. Im Interesse der Verfahrensbeschleunigung und der Erhaltung von Rechtspositionen für die Beteiligten ist es gerechtfertigt, die Zustellung des Urteils in abgekürzter Form für die Zwangsvollstreckung zuzulassen (BT-Drs. 3/55, 48, Begründung zu [urspr.] § 165). Dennoch setzt erst die Zustellung des vollständigen Urteils die Rechtsmittelfrist gem. § 124 a Abs. 2 S. 1 in Gang.

Die Zustellung erfolgt von Amts wegen nach den Vorschriften der ZPO, § 56 Abs. 2. Sie besteht gem. 27 § 166 Abs. 1 ZPO in der Bekanntgabe des Urteils an den Zustellungsadressaten in der nach § 166 ff. ZPO bestimmten Form.[37] Im Gegensatz zur formlosen Mitteilung geschieht dieser Vorgang in einer gesetzlich vorgeschrieben Form, wobei die Übergabe des Urteils beurkundet wird. Die Beurkundung verliert ihren konstitutiven Charakter und beschränkt sich auf den Nachweis der Zustellung (BT-Drs. 14/4554, 15). Erst mit dem Zeitpunkt der Zustellung des vollständig abgefassten Urteils beginnen gem. § 57 Abs. 1 i.V.m. § 116 Abs. 1 S. 2 die Rechtsmittelfristen zu laufen. Der Verkündungszeitpunkt nach § 116 Abs. 1 S. 1 ist hierfür grds. unbeachtlich. Denn im Gegensatz zu § 517 ZPO kennt § 124 a keine absolute Berufungsfrist von fünf Monaten nach der Urteilsverkündung. Zustellungsadressaten sind die Verfahrensbeteiligten, im Falle ihrer anwaltlichen Vertretung ist gem. § 67 Abs. 6 S. 5 dem Anwalt zuzustellen.

---

32 A.M. *B. Clausing/C. Kimmel*, in: Schoch/Schneider/Bier § 116 Rn. 8.
33 *M. Vollkommer*, in: Zöller § 310 Rn. 9.
34 *J. Albers*, in: Baumbach/Lauterbach/Albers/Hartmann § 311 Rn. 9.
35 *J. Albers*, in: Baumbach/Lauterbach/Albers/Hartmann Übers § 300 Rn. 11 f.; *M. Vollkommer*, in: Zöller § 310 Rn. 7.
36 *M. Vollkommer*, in: Zöller § 310 Rn. 9.
37 *Kopp/Schenke* § 56 Rn. 4.

28   **2. Die Zustellung nach § 116 Abs. 2.**   Die Zustellung, die gem. § 116 Abs. 2 die Verkündung ersetzt, ist nicht identisch mit der Zustellung nach § 116 Abs. 1 S. 2. Letztere setzt nur die Frist für die Anfechtung einer bereits existenten Entscheidung in Gang. Die zeitlich erste Zustellung nach Abs. 2 bewirkt, dass Beginn der Rechtsmittelfrist und Existenzbeginn des Urteils zusammenfallen. Die erste Zustellung des Urteils an einen Beteiligten bringt das Urteil auch mit Wirkung gegenüber den anderen Beteiligten zur Entstehung, denn spätestens mit dieser hat sich das Gericht der Entscheidung in einer der Verkündung vergleichbaren Weise entäußert. Das Urteil ist weder zurücknehmbar noch abänderbar (OVG Münster NVwZ-RR 2001, 409, 410). Für jeden einzelnen Verfahrensbeteiligten beginnen die Rechtsmittelfristen aber selbständig mit der ihm gegenüber bewirkten Zustellung zu laufen.[38]

29   **a) Die Wahl der Zustellung.   aa) Beschluss über die Zustellung.**   Wählt das Gericht die Zustellung nach Abs. 2, muss es im Beschlusswege hierüber entscheiden[39] und diese Entscheidung zum Schluss der mündlichen Verhandlung den Beteiligten mitteilen. Die Entscheidung ist gem. § 160 Abs. 3 Nr. 6 ZPO zu protokollieren.

30   **bb) Fehlender Beschluss.**   Unterbleibt ein entsprechender Beschluss, kann dieser im schriftlichen Verfahren nachgeholt werden. Denn es liegt im Interesse der Verfahrensbeteiligten, vom weiteren Verfahrensverlauf schnellstmöglich Kenntnis zu erhalten (BVerwG NJW 1976, 124). Ein Verstoß gegen die Pflicht, die Zustellung nach Abs. 2 förmlich zu beschließen, ist für die Wirksamkeit der Zustellung und die Existenz des Urteils unerheblich. Denn die Zustellung ist anders als im formstrengeren Zivilprozess[40] eine Verlautbarungsform, die selbst dann gewählt werden kann, wenn eine mündliche Verhandlung stattgefunden hat (BVerwG NJW 1976, 124 f.). Den Verfahrensbeteiligten wird allein mit der Zustellung nicht deutlich, welchen Verfahrensweg das Gericht gewählt hat, denn auch für den Fall der Verkündung des Urteils ist nach Abs. 1 S. 2 die Zustellung des vollständig abgefassten Urteils vorgesehen.[41] Für die rechtliche Existenz des ohne einen entsprechenden Beschluss zugestellten Urteils ist dies aber unerheblich und begründet nicht die Annahme, dass das zugestellte Schriftstück kein Urteil sei. Mit der Zustellung erhalten die Beteiligten Kenntnis davon, wann und mit welchem Inhalt eine Entscheidung ergangen ist. Die Gefahr also, dass infolge der Unkenntnis eines erlassenen Urteils Rechtsmittelfristen versäumt werden, ist bei einer Zustellung nicht gegeben. Wesentlich näher liegt diese Gefahr, wenn die Parteien infolge einer unterbliebenen oder fehlerhaften Ladung von einem Verkündungstermin und dem in diesem Termin verkündeten Urteil keine Kenntnis erhalten (BAG NJW 1966, 175 f.). Selbst dann ist die Verkündung aber nicht unwirksam, sondern nur fehlerhaft, das Urteil als solches ist aber existent (→ Rn. 24). Mithin ist der fehlende Beschluss über die Zustellung anstatt der Verkündung ein Verfahrensmangel, der gerügt werden muss und nur dann Erfolg hat, wenn die Entscheidung bei Vermeidung dieses Mangels anders ausgefallen wäre. Dies dürfte regelmäßig nicht der Fall sein.

31   **b) Übergabe des Urteils an die Geschäftsstelle.**   Entscheidet das Gericht, das Urteil anstatt der Verkündung zuzustellen, muss es binnen zwei Wochen nach Schluss der mündlichen Verhandlung das Urteil der Geschäftsstelle übergeben, § 116 Abs. 2 Hs. 2. Dem Gesetzeswortlaut nach müsste das vollständige, unterzeichnete Urteil der Geschäftsstelle übergeben werden. Jedoch genügt in entsprechender Anwendung des § 117 Abs. 4 S. 2 die Übergabe der unterschriebenen Urteilsformel,[42] denn auch bei der Verkündung muss lediglich die Urteilsformel schriftlich niedergelegt sein. Es gibt keinen Grund, die Zustellung strenger als die Verkündung, deren Förmlichkeiten sie ersetzt, zu behandeln (BVerwGE 38, 220, 221 f.). Für die Übergabe selbst bestehen keine Formerfordernisse. Es ist sinnvoll, den Übergabezeitpunkt aktenkundig zu machen, damit ein Verfahrensmangel ausgeschlossen werden kann (BVerwGE 75, 337, 342; BVerwG Buchholz 310 § 116 VwGO Nr. 26). Für die Unterzeichnung gilt

---

38   OVG Münster NVwZ-RR 2001, 409, 410.
39   BVerwGE 91, 242, 243 f.; BVerwG NJW 1976, 124 m.w.N.; *Kopp/Schenke* § 116 Rn. 10.
40   BVerwG NJW 1976, 124, 125. Durch BGBl I 3281 wurde der § 310 Abs. 2 ZPO geändert. Nach der a.F. konnte im schriftlichen Verfahren die Verkündung durch die Zustellung der Urteilsformel ersetzt werden. Nunmehr ist gem. § 128 Abs. 2 ZPO auch im Falle des schriftlichen Verfahrens das Urteil zu verkünden.
41   Zuzustellen war gem. § 310 Abs. 2 a.F. ZPO die Urteilsformel. Das vollständig abgefasste Urteil musste später nochmals zugestellt werden.
42   BVerwGE 110, 40, 47; BVerwG 29.9.2015 – 7 B 22/15, juris Rn. 3; OVG Bautzen 26.10.2010 – 1 A 223/10, juris Rn. 3.

§ 117 Abs. 1 S. 2. Die Richter, die bei der Entscheidung mitgewirkt haben, müssen unterzeichnet haben. Hierzu zählen zwar gem. §§ 19, 112 auch die ehrenamtlichen Richter, da eine mündliche Verhandlung stattgefunden hat, ihrer Unterschrift bedarf es aber nicht, § 117 Abs. 1 S. 4.

c) Wirkungen der Übergabe an die Geschäftsstelle. aa) Anspruch auf Mitteilung. Ist die unterzeichnete Urteilsformel an die Geschäftsstelle übergeben, haben die Beteiligten Anspruch auf Mitteilung der Entscheidung (BVerwG NJW 1970, 2132; 1971, 1859). Sonst wäre die notwendige Übergabe an die Geschäftsstelle bloße Formalität, die zum Missbrauch der Zustellungsmöglichkeit des § 116 Abs. 2 verleiten würde (BVerwGE 38, 220, 223 f.). Die Mitteilung an die Beteiligten kann durch eine mündliche (telefonische) Auskunft der Geschäftsstelle (BVerwG DVBl 1994, 209) erfolgen. **32**

bb) Wirksamwerden des Urteils. Wirksamkeit erlangt das Urteil, wenn es erlassen, d.h. verkündet oder zugestellt ist.[43] Nach der Rspr. des OVG Münster (OVG Münster DVBl 1981, 691, 692) hat das Urteil bereits dann das Gericht verlassen, wenn die Beteiligten durch formlose telefonische Mitteilung Kenntnis von der der Geschäftsstelle übergebenen Entscheidung erhalten. Denn ab diesem Zeitpunkt ist das Urteil „nach außen gedrungen". Es tritt ein Rechtszustand ein, der der Verkündung entspricht und daher eine Gleichstellung beider prozessualer Lagen rechtfertigt. Mit der telefonischen Bekanntgabe sollen daher die Rechtsmittel statthaft und das Urteil nicht mehr abänderbar sein.[44] Das OVG Magdeburg hat dies dahingehend eingeschränkt, dass allein die telefonische Bekanntgabe der zur Geschäftsstelle gelangten Urteilsformel gegenüber einem der Verfahrensbeteiligten ohne Verlautbarungswillen des mitwirkenden Richters noch keine bindende Entscheidung darstellt.[45] Der VGH München sieht sogar die Übergabe des Urteilstenors an die Geschäftsstelle als einen Akt der Selbstbindung des Gerichts, sodass das Urteil nicht mehr geändert werden kann (VGH München BayVBl 1986, 655, 656). Das VG Cottbus hat die Entäußerung des Urteils durch eine, während der Geschäftszeiten des Verwaltungsgerichts zur Post gegeben Verfügung, in welcher den Beteiligten mitgeteilt wurde, dass das Urteil der Geschäftsstelle übergeben wurde, für den Eintritt der Bindungswirkung genügen lassen.[46] Das BVerwG stellt für das Wirksamwerden des Urteils auf die Übergabe der Urteilsformel an die Geschäftsstelle ab,[47] jedenfalls spätestens mit der anschließenden formlosen Bekanntgabe der Urteilsformel an einen Beteiligten gilt die Entscheidung als verkündet.[48] Auch der VGH Mannheim (VGH Mannheim NVwZ-RR 2000, 125 f.; VBlBW 2017, 327) bejaht das Wirksamwerden des Urteils in den Fällen des § 116 Abs. 2 mit der Übergabe des Urteils bzw. der Urteilsformel an die Geschäftsstelle. Einer Zustellung an die Beteiligten bedürfe es in diesem Fall nicht. Es wäre nicht plausibel, wenn der Gesetzgeber zwar in Konstellationen der Fällung des Urteils durch Übergabe des Tenors an die Geschäftsstelle eine zweiwöchige Frist setze, aber eine abweichende Entscheidung danach noch möglich sein solle. Der zusätzlichen Anforderung einer ggf. telefonischen Bekanntgabe an die Verfahrensbeteiligten setzt der VGH entgegen, dass es an einem gesetzlichen Anknüpfungspunkt hierfür fehle. Die Wirksamkeit hänge hier von Umständen ab, die der Spruchkörper nicht beeinflussen könne. Zudem ergebe sich aus einer solchen zusätzlichen Anforderung ein Element der rechtlichen Unsicherheit. Während der Vorgang der Übergabe an die Geschäftsstelle förmlich beurkundet wird, wird nachträglich kaum zu klären sein, zu welchem Zeitpunkt und wie einer der Verfahrensbeteiligten erstmals von der Entscheidung Kenntnis erhielt. **33**

Nach der in der Lit. vertretenen Auffassung tritt die Bindungswirkung nach § 318 ZPO ein, sobald sich das Gericht der Entscheidung in einer der Verkündung vergleichbaren Weise „entäußert" hat.[49] Dies soll unter anderem der Fall sein bei der Aufgabe der ersten zuzustellenden Ausfertigung zur Post

---

43 *Kopp/Schenke* § 116 Rn. 3.

44 OVG Münster DVBl 1981, 691, 692, unter Bezug auf BVerwG NJW 1970, 2132; 1971, 1854. Diese Entsch. stellen jedoch nur den Anspruch der Beteiligten fest, von dem an die Geschäftsstelle übergebenen Urteilstenor Kenntnis zu erlangen. Zu den Wirkungen einer solchen Bekanntgabe äußern sie sich nicht.

45 OVG Magdeburg NJW 2012, 1386 f.

46 VG Cottbus 26.9.2007 – 1 K 2075/00, juris Rn. 39.

47 BVerwGE 75, 337, 342.

48 BVerwG 11.5.2015 – 7 B 18/14, juris Rn. 7; Buchholz 310 § 116 VwGO Nr. 26.

49 B. *Clausing/C. Kimmel*, in: Schoch/Schneider/Bier § 116 Rn. 10; *Kopp/Schenke* § 116 Rn. 3; *J. Schmidt*, in: Eyermann § 116 Rn. 14.

bzw. der Mitteilung der Urteilsformel mittels Telefon an mindestens einen Beteiligten, nicht aber bei Übermittlung des Urteils lediglich an die Geschäftsstelle.[50]

34　nicht besetzt

35　nicht besetzt

36　**d) Zwei-Wochen-Frist.** Das Urteil bzw. die Urteilsformel ist innerhalb der Zwei-Wochen-Frist zu übergeben. Diese Frist ist zwingend (→ Rn. 4).[51] Wird sie nicht eingehalten, leidet das Urteil an einem Verfahrensmangel. Eine Verletzung der Zwei-Wochen-Frist stellt keinen absoluten Revisionsgrund dar, wenn nicht zugleich i.V.m. den konkreten Umständen des Einzelfalls ein Verstoß gegen das Gebot des rechtlichen Gehörs vorliegt (BVerwGE 110, 40, 47). Allerdings liegt die Annahme eines relativen Revisionsgrundes nach § 132 Abs. 2 Nr. 3 nahe.[52] Dies ist jedenfalls dann anzunehmen, wenn wegen des zeitlichen Abstandes zwischen dem Schluss der mündlichen Verhandlung und der Übergabe des Urteils an die Geschäftsstelle die Annahme gerechtfertigt ist, dass das Ergebnis der mündlichen Verhandlung bei der Beschlussfassung nicht mehr hinreichend gegenwärtig war, denn mit der Fristbestimmung wird der Zweck verfolgt, das Urteil im zeitlichen Anschluss an die mündlichen Verhandlung zu beraten und zu beschließen, um zu gewährleisten, dass das Urteil „auf die mündliche Verhandlung" ergeht, § 108 Abs. 1, § 101 Abs. 1, und das Vorbringen der Beteiligten nicht nur zur Kenntnis genommen, sondern bei der Entscheidungsfindung auch tatsächlich in Erwägung gezogen wird (BVerfG NVwZ 1990, 651). Insofern ist § 116 Abs. 2 eine Ausprägung des Grundsatzes des rechtlichen Gehörs, Art. 103 Abs. 1 GG. Bei Urteilsfällung erst mehrere Monate nach dem Schluss der mündlichen Verhandlung liegt demnach ein Fall des absoluten Revisionsgrundes gem. § 138 Nr. 3 vor (BVerfG NVwZ 1990, 651). In analoger Anwendung der Rspr. zu § 117 Abs. 4 S. 2 liegt dieser spätestens dann vor, wenn das Urteil erst fünf Monate[53] nach dem Schluss der mündlichen Verhandlung gefällt wurde.[54] Obwohl die Fristregelung des § 117 Abs. 4 S. 2 sich nicht auf die Urteilsfällung bezieht, sondern auf die schriftliche Niederlegung der Urteilsgründe eines bereits erlassenen Urteils (Beurkundungsfunktion), kann die hier definierte zeitliche Grenze als äußerste Grenze für die Auslegung des § 116 Abs. 2 herangezogen werden. Beiden Fristbestimmungen ist gemein, dass sie verhindern wollen, dass infolge des beschränkten menschlichen Erinnerungsvermögens das Gericht Entscheidungen trifft oder begründet, die das Ergebnis der mündlichen Verhandlung nicht zuverlässig widerspiegeln (GmSOGB NJW 1993, 2603, 2604). Hieraus ist zu folgern, dass die Fristversäumung nicht erheblich ist, wenn das Urteil innerhalb der Zwei-Wochen-Frist beraten und beschlossen (BVerwG Buchholz 310 § 116 VwGO Nr. 13), es aber versäumt wurde, zumindest die unterzeichnete Urteilsformel an die Geschäftstelle zu übergeben.[55] Die verspätete Urteils(formel)übergabe kann sich auf das Urteil nicht mehr auswirken, auch wenn nicht ausgeschlossen ist, dass hierdurch der Anspruch der Beteiligten auf alsbaldige Gewissheit über die getroffene Entscheidung verletzt wird (BVerwG 20.4.1999 – 11 BN 1/99, juris Rn. 41).

Geht während der noch laufenden Zwei-Wochen-Frist ein weiterer Schriftsatz ein, ist gem. § 104 Abs. 3 S. 2 nach pflichtgemäßem Ermessen über die Wiedereröffnung der mündlichen Verhandlung zu beschließen (OVG Münster 21.11.2002 – 11 A 5497/99, juris Rn. 41).

37　**e) Nachträgliche vollständige Urteilsabfassung.** Wird der Geschäftsstelle nur die Urteilsformel übergeben, hat das Gericht in analoger Anwendung des § 117 Abs. 4 S. 2 das Urteil alsbald zu vervollstän-

---

50　*Kopp/Schenke* § 116 Rn. 3.

51　*Kopp/Schenke* § 116 Rn.12

52　BVerwGE 106, 366; BVerwG 7.7.1998 – 9 B 931/97, das bei der Überschreitung der Zwei-Wochen-Frist aus der „maßgeblichen Sicht des Gesetzgebers" grds. Zweifel daran bestehen sieht, dass den Richtern der unmittelbare Eindruck von der mündlichen Verhandlung noch gegenwärtig ist. Das Beruhen des Urteils auf diesem Fehler sei die Regel, die Ausnahme besonders begründungsbedürftig.

53　Zum Nachw. der Fristüberschreitung (Darlegungslast) s. BVerfG NJW 2008, 3275, 3276.

54　GmSOGB NJW 1993, 2603 ff.; BVerwG NJW 1994, 273 f.; BVerwGE 106, 366 sah das Mündlichkeitsprinzip bei der Entscheidungsfindung und damit das Prinzip des rechtlichen Gehörs bereits nach 3,5 Monaten nicht mehr gewährleistet. Die Fünf-Monatsgrenze ist hier keine Regel, sondern nur der äußerste im Einzelfall vertretbare Rahmen. Das BVerwG tritt in dieser Entsch. ausdrückl. der Auffassung entgegen, dass innerhalb der Fünf-Monatsgrenze übergebene Urteile nicht reversibel sind. Diese Grenze sei im Hinblick auf die Beurkundungsfunktion des Urteils, also hinsichtlich der Frage, ob die Gründe des Urteils zuverlässig die Erwägungen wiedergeben, die für das Ergebnis der Entsch. ausschlaggebend waren, entwickelt worden. Die Urteilsformel muss dagegen im Hinblick auf das Mündlichkeitsprinzip bei der Entscheidungsfindung eher niedergelegt sein.

55　Vgl. OVG Bautzen 17.7.2015 – 3 A 578/13, juris Rn. 13; s.a. BVerwGE 75, 337, 343.

digen (vgl. im Übrigen zur Auslegung des Begriffes „alsbald" die Komm. zu § 117 Abs. 2 S. 4).[56] Auch wenn das vollständige Urteil nicht alsbald i.S.d. § 117 Abs. 4 S. 2 der Geschäftsstelle übergeben wird, kann das mit Niederlegung des Tenors bereits feststehende Urteil nur dann als „nicht mit Gründen versehen" i.S.d. § 138 Nr. 6 betrachtet werden, wenn der zeitlich Zusammenhang zwischen Beratung und Niederlegung des Tenors und der Niederlegung mit Übergabe der Entscheidungsgründe so weit gelockert ist, dass die Übereinstimmung zwischen den in das Urteil aufgenommenen und für die richterliche Überzeugung tatsächlich leitenden Entscheidungsgründen nicht mehr gewährleistet ist (BVerwG 3.8.1998 – 7 B 236/98, juris Rn. 6). Jedenfalls bildet auch hier die Fünf-Monats-Frist die äußerste Grenze.[57] Denn wegen des begrenzten menschlichen Erinnerungsvermögens ist bei Überschreitung dieser Frist nicht mehr gewährleistet, dass die schriftliche Abfassung der Entscheidungsgründe auch diejenigen Erwägungen wiedergibt, die bei der Urteilsfällung beraten wurden (Beurkundungsfunktion).[58] Dann aber fehlt der Entscheidung immer die Begründung, sodass der absolute Revisionsgrund des § 138 Nr. 6 vorliegt. Das Urteil gilt als „nicht mit Gründen versehen". Die Entscheidung selbst verliert aber nicht ihren Rang als Urteil i.S.v. § 124 Abs. 1 (BVerwG 25.8.2003 – 6 B 45/03, juris Rn. 6), soweit die sonstigen Voraussetzungen des Wirksamwerden vorliegen (vgl. Diskussion → Rn. 33).

Während der 8. Senat des BVerwG (BVerwG NVwZ 1999, 1334) zunächst annahm, dass ein Urteil, das aufgrund mündlicher Verhandlung ergeht, als nach § 138 Nr. 6 als „nicht mit Gründen versehen" zu gelten hat, wenn es nicht binnen fünf Monaten nach der mündlichen Verhandlung nach § 116 Abs. 2 vollständig abgefasst und zugestellt ist, konkretisierte er seine Auffassung später insoweit, als dies nur gilt, wenn Tatbestand und Entscheidungsgründe nicht innerhalb der fünf Monate schriftlich niedergelegt, von den Richtern besonders unterschrieben und der Geschäftsstelle übergeben worden ist. Maßgeblich für die Berechnung der Frist ist allein der Zeitpunkt der Übergabe des vollständigen Urteils an die Geschäftsstelle.[59] Auf die Zustellung kommt es nicht an. Die Entscheidungsgründe sollen den Inhalt der Beratung zuverlässig wiedergeben. Dafür genügt, dass die Richter diese abschließend festgehalten haben. Der Zeitraum zwischen Übergabe an die Geschäftsstelle bis zur Zustellung an die Beteiligten hat auf den Inhalt der Entscheidungsgründe keinen Einfluss mehr.

f) Fehlerhafter Zustellungsvorgang. Obwohl die Vorschriften über die Zustellung streng formal sind, haben Verstöße gegen die Vorschriften über die Zustellung nur dann die Unwirksamkeit der Zustellung zur Folge und vereiteln den Erlass des Urteils, wenn gegen elementare Erfordernisse verstoßen wurde und der Zweck der Zustellung infrage steht. So ist die Zustellung eines Urteils, dessen Urschrift noch nicht unterzeichnet war, wirkungslos. Ebenso dann, wenn der Tenor der zugestellten Ausfertigung nicht dem gefällten und niedergelegten Tenor entspricht. Wird das Urteil einem anwaltlich vertretenen Beteiligten zugestellt, ist die Zustellung wegen der eindeutigen gesetzlichen Regelung in § 67 Abs. 6 S. 5 ebenfalls unwirksam.[60] Nach § 56 Abs. 2 VwGO i.V.m. § 189 ZPO können Zustellungsmängel indes geheilt werden, wenn das Urteil tatsächlich zugestellt werden sollte und der Adressat das Urteil nachweislich erhalten hat (→ § 56 Rn. 82 f.). **38**

3. Die Zustellung nach Abs. 3. Haben die Beteiligten auf mündliche Verhandlung wirksam verzichtet, ergeht die Entscheidung nur durch Zustellung. Abs. 3 findet auch Anwendung auf Gerichtsbescheide (BVerwG NVwZ 1999, 183), die gem. § 84 Abs. 3 als Urteile gelten und immer ohne mündliche Verhandlung ergehen. **39**

Vor Abschluss des schriftlichen Verfahrens und Urteilsfällung empfiehlt sich, den Beteiligten letztmalig unter Fristsetzung und Hinweis auf die Entscheidungsreife der Sache Gelegenheit zur Stellungnahme zu geben.

Für Urteilsfällung und -ausfertigung sieht das Gesetz keine Fristen vor. Offen ist, ob das Urteil an einem Verfahrensmangel i.S.d. § 138 Nr. 6 leidet, wenn sich das Verfahren über einen langen Zeitraum hinzieht. Das BVerwG lehnt grds. eine Übertragung der Rspr. zu § 116 Abs. 1, 2 und § 117 Abs. 4 hinsichtlich der Fristen ab (BVerwG NVwZ-RR 2003, 460, 461; BVerwG Buchholz 310 § 116 VwGO

---

56 BVerwG 25.8.2003 – 6 B 45/03, juris Rn. 6; 29.9.2015 – 7 B 22/15, juris Rn. 4.
57 Vgl. auch BVerwG 29.9.2015 – 7 B 22/15, juris Rn. 4.
58 BVerwG NJW 1994, 273.
59 BVerwG Buchholz 310 § 116 VwGO Nr. 26; 10.10.2003 – 7 B 88/03, juris Rn. 3.
60 *Kopp/Schenke* § 56 Rn. 14.

Nr. 27). § 116 Abs. 2, § 117 Abs. 4 sind Ausdruck des gesetzgeberischen Willens, einen engen Zusammenhang zwischen mündlicher Verhandlung und gerichtlicher Entscheidung zu sichern. Im Verfahren nach Abs. 3 kann mangels mündlicher Verhandlung der Zeitfaktor des § 116 Abs. 2 keine Rolle spielen. Allerdings dürfte der Rechtsgedanke des § 116 Abs. 2 dann eine Rolle spielen, wenn der Zeitpunkt der Fertigstellung der vollständigen Entscheidung und die Beratung nebst Beschlussfassung über das Urteil über fünf Monate auseinanderfallen.[61]

Damit das Urteil durch Zustellung wirksam werden kann, bedarf es der Unterzeichnung der mitwirkenden Richter gem. § 117 Abs. 1 S. 2, denn nur dann ist in gebotener Klarheit und Eindeutigkeit gewährleistet, dass das Urteil nicht ohne den erforderlichen Verlautbarungswillen der mitwirkenden Richter bekanntgegeben wird (BVerwGE 91, 242, 243). Die ehrenamtlichen Richter wirken bei der Entscheidung ohne mündliche Verhandlung nicht mit (§ 117 Abs. 1 S. 4).

§ 117   [Form und Inhalt des Urteils]

(1) [1]Das Urteil ergeht „Im Namen des Volkes". [2]Es ist schriftlich abzufassen und von den Richtern, die bei der Entscheidung mitgewirkt haben, zu unterzeichnen. [3]Ist ein Richter verhindert, seine Unterschrift beizufügen, so wird dies mit dem Hinderungsgrund vom Vorsitzenden oder, wenn er verhindert ist, vom dienstältesten beisitzenden Richter unter dem Urteil vermerkt. [4]Der Unterschrift der ehrenamtlichen Richter bedarf es nicht.

(2) Das Urteil enthält

1. die Bezeichnung der Beteiligten, ihrer gesetzlichen Vertreter und der Bevollmächtigten nach Namen, Beruf, Wohnort und ihrer Stellung im Verfahren,
2. die Bezeichnung des Gerichts und die Namen der Mitglieder, die bei der Entscheidung mitgewirkt haben,
3. die Urteilsformel,
4. den Tatbestand,
5. die Entscheidungsgründe,
6. die Rechtsmittelbelehrung.

(3) [1]Im Tatbestand ist der Sach- und Streitstand unter Hervorhebung der gestellten Anträge seinem wesentlichen Inhalt nach gedrängt darzustellen. [2]Wegen der Einzelheiten soll auf Schriftsätze, Protokolle und andere Unterlagen verwiesen werden, soweit sich aus ihnen der Sach- und Streitstand ausreichend ergibt.

(4) [1]Ein Urteil, das bei der Verkündung noch nicht vollständig abgefaßt war, ist vor Ablauf von zwei Wochen, vom Tag der Verkündung an gerechnet, vollständig abgefaßt der Geschäftsstelle zu übermitteln. [2]Kann dies ausnahmsweise nicht geschehen, so ist innerhalb dieser zwei Wochen das von den Richtern unterschriebene Urteil ohne Tatbestand, Entscheidungsgründe und Rechtsmittelbelehrung der Geschäftsstelle zu übermitteln; Tatbestand, Entscheidungsgründe und Rechtsmittelbelehrung sind alsbald nachträglich niederzulegen, von den Richtern besonders zu unterschreiben und der Geschäftsstelle zu übermitteln.

(5) Das Gericht kann von einer weiteren Darstellung der Entscheidungsgründe absehen, soweit es der Begründung des Verwaltungsakts oder des Widerspruchsbescheids folgt und dies in seiner Entscheidung feststellt.

(6) [1]Der Urkundsbeamte der Geschäftsstelle hat auf dem Urteil den Tag der Zustellung und im Falle des § 116 Abs. 1 Satz 1 den Tag der Verkündung zu vermerken und diesen Vermerk zu unterschreiben. [2]Werden die Akten elektronisch geführt, hat der Urkundsbeamte der Geschäftsstelle den Vermerk in einem gesonderten Dokument festzuhalten. [3]Das Dokument ist mit dem Urteil untrennbar zu verbinden.

---

61 So angedeutet in BVerwG NVwZ-RR 2003, 460, 461; auch nach BVerwG Buchholz 310 § 116 VwGO Nr. 26 und 10.10.2003 – 7 B 88/03, juris Rn. 3; dürfte darauf abzustellen sein, ob die Urteilsgründe nach der Urteilsfällung innerhalb der Frist schriftlich fixiert worden sind → Rn. 37.

Schrifttum

1. Monographien und Beiträge in Sammelwerken: *F. Becker*, Die Entscheidungsbegründung im deutschen Verwaltungs-, verwaltungsgerichtlichen und verfassungsgerichtlichen Verfahren, in: R. Sprung (Hrsg.), Die Entscheidungsbegründung in europäischen Verfahrensrechten und im Verfahren vor internationalen Gerichten, 1974; *J. Brüggemann*, Die richterliche Begründungspflicht, 1971; *A. Vogels*, Die Preußische Verfassung, 1921; *D. Werkmüller*, Stichwort Urteilsbegründung, in: A. Erler/E. Kaufmann/D. Werkmüller (Hrsg.), Handwörterbuch zur Deutschen Rechtsgeschichte, Bd. V, 1998.

2. Beiträge in Zeitschriften: *Ch. Balzer*, Schlanke Entscheidungen im Zivilprozeß, NJW 1995, 2448; *ders.*, Rechtsprechungsqualität und Richterüberlastung, DRiZ 2007, 88; *G. Felix*, Aufschriften und Unterschriften mit Vornamen der erkennenden Urteils-Richter und einschlägige Lehren aus dem Bundesgesetzblatt, NJW 1996, 1723; *F. O. Fischer*, Unterschriften der Richter und Verkündung des Urteils im Zivilprozeß, DRiZ 1994, 95; *P. Jakob*, Zur Tenorierung verwaltungsgerichtlicher Entscheidungen – Übungen für Referendare und die es sonst noch angeht, SächsVBl 1994, 163 (Teil I) und 184 (Teil II); *O. Jauernig*, Nichturteile bei Mitwirkung von Nicht(mehr)richtern?, DtZ 1993, 173; *H. Kroitzsch*, Wegfall der Begründungspflicht – Wandel der Staatsform der Bundesrepublik, NJW 1994, 1032; *J. Martens*, Entwicklungstendenzen im Verwaltungsprozeßrecht, ZRP 1977, 209; *J. Meyer-Ladewig*, Vereinfachung und Beschleunigung verwaltungsgerichtlicher Verfahren, DVBl 1979, 539; *P.-C. Müller-Graff*, Zur Geschichte der Formel „Im Namen des Volkes", ZZP 88 (1975), 442; *H. Oehlers*, Von dem, was der Revisionsrichter zu lesen und der Tatrichter zu schreiben hat, NJW 1994, 712; *K. Redeker*, Koordinierung, Beschleunigung und Entlastung in den öffentlich-rechtlichen Gerichtszweigen, DVBl 1977, 132; *C.-D. Schumann*, Zur Beweiskraft des Tatbestandes im Rechtsmittelverfahren, NJW 1993, 2786; *F.-W. Schwöbbermeyer*, Die Bedeutung der „Salvatorischen Klausel" in revisiblen Berufungsurteilen, NJW 1990, 1451; *H. Sendler*, Möglichkeiten zur Beschleunigung des verwaltungsgerichtlichen Verfahrens – Zur hausgemachten Überlastung der Verwaltungsgerichte, DVBl 1982, 923; *ders.*, Noch immer hausgemachte Überlastung der Verwaltungsgerichte?, DÖV 2006, 133; *C. H. Ule*, Die Verwaltungsgerichtsordnung, DVBl 1960, 1; *M. Vollkommer*, Richterwechsel nach Schluß der mündlichen Verhandlung im Zivilprozeß, NJW 1968, 1309.

A. Entstehungs- und Textgeschichte

Im Entwurf zur VwGO war die Vorschrift mit § 116 beziffert. Das Weiterrücken nach § 117 hat ihre Systematik nicht verändert. Verschiedene Änderungen und Einfügungen der Abs. 3–6 führten zur heutigen Gestalt des § 117. **1**

Mit der Schaffung der detaillierten Regelung passte sich die VwGO an § 315 Abs. 1 ZPO an. Der Gesetzgeber ging damit über die bis dahin geltenden Regelungen zur Unterschriftsleistung hinaus.[1] **2**

---

1 So bestimmte § 49 Abs. 1 lit. f BVerwGG von 1952, dass das Urteil „die Unterschriften der Richter, welche bei der Entsch. mitgewirkt haben (zu enthalten hat); ist ein Richter verhindert, so ist dies zu vermerken". Auch die Regelung in

Neu war u.a. die Normierung über die Entbehrlichkeit der Unterschriftsleistung der ehrenamtlichen Richter in S. 4. Der Entwurf der Bundesregierung enthielt hierzu noch keine Bestimmung (BT-Drs. 3/55, 15). Diese wurde erst während der Gesetzesberatung im Rechtsausschuss des Bundestages in Anlehnung an § 275 Abs. 2 S. 3 StPO als S. 4 eingefügt.[2] Wesentlich war hierbei das Bedürfnis, den Streit um die Notwendigkeit einer Unterzeichnung durch die ehrenamtlichen Richter zu beenden.[3]

3   *Abs.* 2 gilt seit Inkrafttreten der VwGO unverändert. Der Entwurf zur VwGO platzierte die Bestimmungen zum Urteilsinhalt noch in Abs. 3. Er verlangte in Nr. 1 die Bezeichnung der Beteiligten nach „Stand und Gewerbe" (BT-Drs. 3/55, 15), wohl in Anlehnung an § 49 Abs. 1 lit. d BVerwGG von 1952 (BVerwGG BGBl 1952 I 631) und § 313 Abs. 1 Nr. 1 ZPO a.F. Die endgültige Fassung erfordert nun die Bezeichnung der Beteiligten nach ihrem Beruf.

4   Der Entwurf der Bundesregierung zu Nr. 4 „Tatbestand" sah vor, dass das Urteil „eine gedrängte Darstellung des Sachverhaltes" (BT-Drs. 3/55, 16) zu enthalten hat (§ 116 Abs. 2 Nr. 4 des Entwurfes). Der Terminus „Tatbestand" wird im Entwurf der Bundesregierung nicht verwandt. Gleichwohl wird in der Begründung zum Entwurf auf die weitgehende Übereinstimmung mit § 313 ZPO verwiesen (BT-Drs. 3/55, 43). § 313 Abs. 1 Nr. 3 ZPO a.F. enthielt die Legaldefinition für den Tatbestand. Der Tatbestand eines Urteils war hiernach die „gedrängte Darstellung des Sach- und Streitstandes auf Grundlage der mündlichen Vorträge der Parteien unter Hervorhebung der gestellten Anträge" (ZPO vom 12.9.1950, BGBl I 455, 533). Insofern war es sachgerecht, den Terminus „Tatbestand" einzufügen und die Legaldefintion der ZPO entsprechend anzuwenden.[4]

5   Aus diesem Grund war die Bestimmung des *Abs. 3* in der ursprünglichen Regelung nicht enthalten und im Gesetzesentwurf nicht berücksichtigt. Die Begründung verwies (BT-Drs. 3/55, 43) lediglich auf die entsprechende Anwendung des § 313 Abs. 2 ZPO a.F., wonach „die Darstellung des Tatbestandes durch eine Bezugnahme auf den Inhalt der vorbereitenden Schriftsätze und auf die im Sitzungsprotokoll erfolgten Feststellungen ersetzt werden kann, soweit sich aus ihnen der Sach- und Streitstand richtig und vollständig ergibt". Allerdings sollte § 313 Abs. 2 ZPO a.F. nur restriktiv angewandt werden. Im Interesse der Verständlichkeit für die juristisch nicht vorgebildeten und oft nicht anwaltlich vertretenen Beteiligten sei grds. eine Darstellung ohne Verweisungen erforderlich (BT-Drs. 3/55, 43). Erst Art. 4 Nr. 2 des Gesetzes zur Vereinfachung und Beschleunigung gerichtlicher Verfahren vom 3.12.1976 (Vereinfachungsnovelle)[5] fügte den heutigen Abs. 3 ein. Dieser ist eine Sonderregelung (BT-Drs. 7/5250, 18) zu den mit der Vereinfachungsnovelle neu geregelten §§ 313 und 313a ZPO (BGBl 1976 I 3281, 3286). Begründet wurde die eigenständige Regelung mit den Besonderheiten im verwaltungsgerichtlichen Verfahren. Den Entscheidungen komme über den Einzelfall hinaus Richtliniencharakter für zukünftiges Verwaltungshandeln zu. Deswegen besteht für den Regelfall ein allgemeines Interesse daran, dass der Tatbestand aus sich heraus verständlich ist. Der knappe Tatbestand nach § 313 Abs. 2 ZPO eigne sich deshalb nicht für die Entscheidungen in Verwaltungssachen (BT-Drs. 7/5250, 18 zu Nr. 3a).

6   Die Regelung des *Abs. 4* befand sich im Entwurf der Bundesregierung noch in Abs. 2 (BT-Drs. 3/55, 15). Ihr Grundgedanke findet sich bereits in § 315 Abs. 2 ZPO a.F. Diese Vorschrift war nach § 49 Abs. 2 BVerwGG von 1952 für die Entscheidungen des BVerwG entsprechend anwendbar. Allerdings sah § 315 Abs. 2 ZPO a.F. keine Zwei-Wochen-Frist, sondern eine Wochenfrist für die vollständige Abfassung des bei der Verkündung noch nicht in vollständiger Form vorliegenden Urteils vor. Während der Beratungen erfolgte die Verschiebung nach Abs. 3. Infolge der Einfügung des neuen Abs. 3 durch die Vereinfachungsnovelle (BT-Drs. 7/5250, 18 zu Nr. 3a) rückte die Bestimmung auf ihre jetzige Position. Durch das Gesetz über die Verwendung elektronischer Kommunikationsformen in der Justiz (JKomG)[6] wurde das Wort „übergeben" jeweils durch das Wort „übermitteln" ersetzt.

---

§ 81 Abs. 2 BayVerwGG von 1946 bestimmt nur, dass die Verhinderung eines Richters zu vermerken ist. Wer die Verhinderung zu vermerken hat, war nicht bestimmt.

2   *Koehler* § 117 Anm. A I 1.

3   *Koehler* § 117 Anm. A III 4 m.w.N.; *C. H. Ule*, DVBl 1960, 1, 5; vgl. hierzu auch BVerwGE 4, 271.

4   So auch *Koehler* § 117 Anm. B V 2.

5   BGBl 1976 I 3281, 3301.

6   BGBl 2005 I 837, 844.

Abs. 5 hat seinen Ursprung in Art. 2 § 2 des Gesetzes zur Entlastung der Gerichte in der Verwaltungs- und Finanzgerichtsbarkeit vom 31.3.1978 (EntlastungsG).[7] Art. 2 § 2 EntlastungsG ermöglichte Begründungserleichterungen und war zudem Appell an die Richter, Vereinfachungsmöglichkeiten zur Vermeidung von überlangen erstinstanzlichen Verfahren zu nutzen.[8] Der Gesetzgeber reagierte damit auf die sprunghaft gestiegenen Belastungen der erstinstanzlichen Gerichte.[9]

Die Regelung des *Abs. 6* fand sich ursprünglich in Abs. 4 und rückte durch die Einfügungen der Vereinfachungsnovelle von 1976 und des 4.VwGOÄndG von 1990 an seine jetzige Position. Inhaltlich und textlich war die Bestimmung bereits im Entwurf zur VwGO so formuliert (BT-Drs. 3/55, 16). Ursprünglich basierte die Vorschrift auf § 315 Abs. 3 ZPO a.F., ging aber insofern weiter, als dass der Vermerk nach Abs. 6 kein reiner „Verkündungsvermerk" war, sondern auch für die Zustellung nach § 116 Abs. 2 galt. Mit Art. 1 Nr. 36 der Vereinfachungsnovelle (BGBl 1976 I 3281, 3287) ist nunmehr auch im Zivilprozess ein „Zustellungsvermerk" eingefügt worden, sodass sich beide Vorschriften angeglichen haben. Ergänzt wurde Abs. 6 um S. 2 und 3 durch das JKomG.[10] Danach ist bei elektronischer Aktenführung der Vermerk nach Abs. 6 S. 1 durch den Urkundsbeamten der Geschäftsstelle in einem gesonderten Dokument festzuhalten und das Dokument untrennbar mit dem Urteil zu verbinden.

B. Systematik

I. Systematik des § 117

Auf den ersten Blick scheint § 117 zu § 116 gehörig, vor allem, wenn man die Bestimmung des Abs. 4 betrachtet. Beide Paragraphen regeln jedoch verschiedene Aspekte der gerichtlichen Entscheidung. Während § 116 das Wirksamwerden des gefällten Urteils behandelt, ist Gegenstand der Regelung in § 117 die schriftliche Niederlegung des gefällten und u.U. schon verkündeten Urteils. Keineswegs sind die Phasen der Urteilsfällung, § 112, der Urteilsverkündung, § 116 und der schriftlichen Niederlegung des Urteils, § 117 chronologisch zu verstehen. Dies zeigt ein Blick auf die Formulierung des Abs. 4 der Vorschrift. Denn wenn dort eine Sonderregelung für die schriftliche Niederlegung des Urteils für den Fall getroffen wird, dass eine vollständige Abfassung zum Zeitpunkt der Verkündung noch nicht vorlag, kann dies nur so verstanden werden, dass ein Urteil bei der Verkündung regelmäßig vollständig abgefasst vorzuliegen hat (→ Rn. 17).

II. Systematik der einzelnen Absätze untereinander

Die Systematik der Absätze zueinander erscheint nicht sachgerecht.[11] Der innere Bruch ist nur mit dem Blick auf die Textgeschichte mit den verschiedenen Einfügungen und Verschiebungen verständlich.

III. Systematik des Abs. 1

Die Regelungen des Abs. 1 bergen keine Probleme. Die Urteilseingangsformel gilt nach S. 1 sowohl für Verkündung, Zustellung als auch schriftliche Abfassung des Urteils. Während S. 2 den *Regelfall* der Unterschriftsleistung durch alle Richter, die an der Entscheidung mitgewirkt haben, bestimmt, finden sich in S. 3 *zwei Ausnahmen:* § 117 Abs. 1 S. 3 *Alt. 1* bestimmt das Unterschriftsverfahren, wenn ein

---

7 BGBl 1978 I 446.
8 *J. Meyer-Ladewig,* DVBl 1979, 539.
9 *J. Meyer-Ladewig,* DVBl 1979, 539; vorerst galt das EntlastungsG nach Art. 1 bis zum 31.12.1983. Diese Befristung sollte sicherstellen, dass einer umfassenden Vereinfachung des Verwaltungsprozessrechts nicht vorgegriffen wurde, gleichzeitig aber die angestrebte Beschleunigung des Verfahrens ermöglicht werden konnte. Da der Gesetzgeber bis 1983 keine umfassende Dauerregelung geschaffen hatte, verlängerte er mit den Gesetzen zur Änderung des EntlastungsG die befristete Geltungsdauer bis zum 31.12.1990. Am 17.12.1990 verabschiedete der Bundestag das Gesetz zur Neuregelung des verwaltungsgerichtlichen Verfahrens (4. VwGOÄndG, BGBl 1990 I 2809). Art. 1 Nr. 24 des Gesetzes fasste den bisherigen Abs. 5 in seiner zurzeit gültigen Fassung neu und verschob die Regelung des früheren Abs. 5 nach Abs. 6.
10 BGBl 2005 I 837, 844.
11 Geht man davon aus, dass Abs. 2 Nr. 4 und 5 durch die Abs. 3 und 5 hinsichtlich der Abfassung von Tatbestand und Entscheidungsgründen näher ausgestaltet werden, missfällt der Einschub des Abs. 4.

beisitzender Richter verhindert ist, die *2. Alternative* regelt den Fall, dass der Vorsitzende an der Unterschriftsleistung gehindert ist. *S. 4* stellt lediglich klar, dass es der Unterschrift der ehrenamtlichen Richter nicht bedarf (→ Rn. 2).

IV. Systematik der Abs. 2, 3 und 5

12   Der *Abs. 2* bereitet systematisch keine Schwierigkeiten. Zu den *Nr. 4 und Nr. 5* des Abs. 2 gehört § 108 Abs. 1 S. 2. Das Gericht ist hiernach verpflichtet, in seinem Urteil die Gründe, die für seine Überzeugungsbildung leitend waren, anzugeben (vgl. BVerwG NVwZ 1992, 1085, 1086).

13   **1. Vereinfachungsmöglichkeiten zu Abs. 2 Nr. 4 und Nr. 5.** Beachtet werden muss, dass Nr. 4 – Tatbestand – näher definiert wird durch Abs. 3 und zu Nr. 5 – Entscheidungsgründe – ergänzende Bestimmungen in Abs. 5 getroffen werden (zum Beschleunigungseffekt des Abs. 5 → Rn. 16). Zu diesen Vereinfachungsmöglichkeiten treten die *§ 84 Abs. 4 und § 144 Abs. 7 S. 1.* Das Gericht kann bei der schriftlichen Abfassung eines Urteils, welches infolge der Beantragung der mündlichen Verhandlung gegen einen Gerichtsbescheid ergeht, gem. § 84 Abs. 4 von der Darstellung des Tatbestandes und der Entscheidungsgründe absehen, wenn es der Entscheidung des Gerichtsbescheides folgt und dies im Urteil feststellt. § 144 Abs. 7 S. 1 verzichtet auf die Niederlegung der Gründe bei einem Revisionsurteil, welches Rügen über Verfahrensmängel für nicht durchgreifend hält.

14   **2. Sonderregelung des § 77 Abs. 2 AsylG.** Nach der Regelung des § 77 Abs. 2 AsylG besteht grds. die allgemeine Vereinfachungsmöglichkeit durch Bezugnahme auf die Feststellungen und die Begründung des angefochtenen Verwaltungsaktes. Zudem kann auf Abfassung des Tatbestandes und der Entscheidungsgründe gänzlich verzichtet werden, wenn die Beteiligten übereinstimmend verzichten. Dann ist nicht einmal erforderlich, in dem Urteil die Bezugnahme „festzustellen".

15   **3. § 117 Abs. 3.** Die Struktur des Abs. 3 ist zweigliedrig. S. 1 ist die Grundnorm für den Inhalt des Tatbestandes. S. 2 gewährt zur Verfahrensbeschleunigung und Vereinfachung die Möglichkeit, bei der Abfassung des Tatbestandes auf Schriftsätze und Protokolle zu verweisen.

16   **4. § 117 Abs. 5.** Mit Abs. 5 werden dem *erstinstanzlichen* Gericht Erleichterungen für die Abfassung der Entscheidungsgründe gewährt.[12] In der gerichtlichen Entscheidung kann festgestellt werden, dass das Gericht den Auffassungen der Verwaltungs- und Widerspruchsbehörde gefolgt ist.[13] Teile der Praxis befürchten, dass eine Bezugnahme auf die Entscheidungen der Verwaltungs- und Widerspruchsbehörde erheblich die Akzeptanz des Urteils mindert. Dann aber sind weitere Rechtsmittel zu erwarten. Die Mehrbelastung der Instanzgerichte kann unterbunden werden, wenn sich in der Begründung mit den Argumenten des Betroffenen auseinandergesetzt und ihm so vor Augen geführt wird, dass diese nicht erfolgreich sein können. Nimmt das Gericht lediglich auf die behördliche Entscheidung Bezug, ist für den Betroffenen nicht erkennbar, ob seine Argumente nach dem Grundsatz des rechtlichen Gehörs bei der Entscheidungsfindung berücksichtigt wurden. Zudem wird die Akzeptanz der Entscheidung dem Betroffenen nicht durch den Status der entscheidenden Stelle (Behörde oder Gericht) vermittelt, sondern nur durch eine erneute Darlegung der im angefochtenen Bescheid festgestellten und als rechtmäßig erkannten Rechtslage mit anderen (eigenen) Worten.[14] Zudem kann die kommentarlose Bezugnahme auf die behördliche Entscheidung auch Zweifel an der Neutralität der Rspr. wecken. Dass der unterlegene Kläger um weiteren Rechtsschutz nachsucht, um mit seinen Argumenten zu obsiegen, erscheint jedenfalls nicht fernliegend.

Die Tendenz, eine Verfahrensbeschleunigung durch den Wegfall der Begründungspflicht zu erreichen, unterliegt teilweise verfassungsrechtlichen Bedenken,[15] zumal die Begründungspflicht für richterliche Erkenntnisse Ausdruck einer demokratischen Staatsform ist.[16] Bei verwaltungsgerichtlichen Urteilen

---

12   Eigene Regelung in § 130 b für Berufungsurteile und § 144 Abs. 7 für Revisionsurteile.
13   Auch Bezugnahmen auf vorausgegangene Entscheidungen sind zulässig – vgl. BVerwG 13.10.2011 – 3 B 38/11, juris Rn. 4.
14   So bereits *J. Martens* in seiner Stellungnahme zum Entwurf des EntlastungsG, ZRP 1977, 209, 210.
15   *H. Kroitzsch,* NJW 1994, 1032; ebenso *J. Martens,* ZRP 1977, 209, 210.
16   *J. Brüggemann,* Begründungspflicht, 1971, 117 ff.

verstärken sich diese Bedenken, da sie auf zukünftiges Verwaltungshandeln auch präjudiziell wirken.[17] Diese Bedenken werden vom BVerwG (vgl. 2.1.1996 – 4 B 83/95, juris Rn. 2 m.w.N.) nicht geteilt.

V. Systematik des Abs. 4

Abs. 4 gilt nur für den Erlass des Urteils im Wege der Verkündung (für die zeitliche Abfassung des 17 durch Zustellung wirksam werdenden Urteils gilt § 116 Abs. 2; → § 116 Rn. 28 ff.). Er ist daher in Zusammenhang mit § 116 Abs. 1 und § 315 Abs. 2 ZPO zu verstehen. Das Gesetz geht im *Grundsatz* davon aus, dass das Urteil im Verkündungstermin vollständig abgefasst vorliegt und nach der Verkündung den Beteiligten dann vollständig abgefasst zugestellt werden kann. Hierzu ist § 117 Abs. 4 S. 1 die *Ausnahme* für den Fall, dass im Zeitpunkt der Verkündung nur die Urteilsformel niedergelegt ist (→ Rn. 9). Diese Ausnahme gilt für § 116 S. 1 Alt. 1, Verkündung am Schluss der mündlichen Verhandlung und für § 116 Abs. 1 S. 1 Alt. 2, Verkündung in einem besonderen Verkündungstermin, denn § 310 Abs. 2 ZPO gilt nicht, der bestimmt, dass in einem besonderen Verkündungstermin das Urteil immer vollständig abgefasst vorliegen muss. Eine entsprechende Anwendung ist gem. § 173 versagt, weil § 116 Abs. 1 eine eigene Regelung zur Verkündung in einem besonderen Termin und gerade keine solche Absetzungspflicht enthält.

Hinzu kommt, dass die Regelung des § 310 Abs. 2 ZPO erst mit der Vereinfachungsnovelle (BGBl 1976 I 3281, 3286, Art. 1 Änderung der ZPO, Nr. 32) eingefügt wurde. Der ursprüngliche Gesetzestext verzichtete auf diese Absetzungspflicht für den besonderen Verkündungstermin, weil die ZPO dem Grundsatz folgte, dass jedes Urteil vor seiner Verkündung vollständig abgefasst vorliegen muss. Aus diesem Grund wurde für den Zivilprozess auch empfohlen, von dem besonderen Verkündungstermin im Zivilprozess umfassend Gebrauch zu machen. Ein am Schluss der mündlichen Verhandlung ergehendes Stuhlurteil, welches schon vor der Verhandlung abgesetzt ist, nehme der Verhandlung ihr Gewicht. Ein besonderer Verkündungstermin empfiehlt sich, damit die Entscheidung vor ihrer Verkündung vollständig schriftlich abgesetzt werden kann. Diese schriftliche Absetzung dient sehr wesentlich der gedanklichen Klärung[18] und der Auseinandersetzung mit den in der mündlichen Verhandlung vorgebrachten Argumenten.

Um zu gewährleisten, dass die nachträgliche Niederlegung des vollständigen Urteils zeitnah zur mündlichen Verhandlung erfolgt und den Erkenntnissen und Argumenten entspricht, die für die richterliche Überzeugungsbildung leitend gewesen sind, § 108 Abs. 1 S. 2, ist für die nachträgliche Abfassung eine Frist von zwei Wochen vom Tage der Verkündung an bestimmt (BVerwGE 49, 61, 62; 85, 275, 276; BVerwG NVwZ-RR 2003, 460, 461).

VI. Systematik des Abs. 6

§ 117 Abs. 6 S. 1 knüpft an § 116 an. Verkündungs- und Zustellungsvermerk sollen klarstellen, wann 18 das Urteil erlassen wurde und ab welchem Zeitpunkt das Urteil für das Gericht unabänderlich geworden ist. S. 2 und 3 sehen bei elektronischer Aktenführung besondere Regelungen vor.

C. Begriffe und grundsätzliche Erläuterungen

I. Regelungsgehalt des § 117 Abs. 1

1. Eingangsformel (Urteilspräambel) „Im Namen des Volkes". Der Eingangsformel kommt rein for- 19 male Bedeutung zu. Sie gehört nicht zu den wesentlichen Bestandteilen des Urteils (wesentliche Bestandteile, § 117 Abs. 2 → Rn. 60 ff.), sodass ihr *Fehlen* zu *keinerlei rechtlichen Konsequenzen* führt.

a) Geschichtliche Entwicklung. Die Folgenlosigkeit ihres Fehlens lässt sich aus der geschichtlichen 20 Entwicklung der Urteilspräambel erklären.[19]

---

17 *F. Becker*, in: R. Sprung, Entscheidungsbegründung, 1974, 126.

18 *B. Wieczorek*, Großkommentar der Praxis, ZPO 2. Buch, §§ 253–329, 1957, § 310 Anm. B I a und B I b.

19 Zur geschichtlichen Entwicklung ausf. *P.-C. Müller-Graff*, ZZP 88 (1975), 442. Die Urteilspräambeln des ausgehenden Mittelalters betonten mit der Eröffnungsformel die höchstpersönliche Ausübung der Gerichtshoheit durch den Regenten bzw. die von ihm als obersten Gerichtsherren abgeleitete Autorität der Richter. Sie bezeichneten damit den *tatsächlichen Urheber des Urteils* und waren ein wesentlicher Bestandteil desselben. Erst im 19. Jh. wurde die „aus-

21 Die Formulierung „*Im Namen des Volkes*" erscheint zuerst in der preußischen Verfassung von 1921.[20] Sinn dieser Präambel war es, die republikanische und demokratische Neuordnung auch in der Rspr. ihren Ausdruck finden zu lassen und zu betonen, dass die Gerichte sich auf die Autorität des Volkes stützen.[21] An der *Formulierung* der Urteilspräambel widerspiegelt sich die Abkehr von der Monarchie und die Herausbildung der Republik.

Das GG verzichtet auf die allgemein gültige Festschreibung einer Eingangsformel. Diese war insofern entbehrlich, als gem. *Art. 20 Abs. 2 GG* die Trägerschaft aller Staatgewalt beim Volke liegt und die Organe der Rspr. die Staatsgewalt repräsentativ für das Volk ausüben. Allerdings findet sich in den meisten Landesverfassungen die Bestimmung, dass die richterliche Gewalt im Namen des Volkes durch unabhängige Gerichte bzw. Richter ausgeübt wird.[22] Dies mag traditionell begründet sein. Weil damit aber auch die Jurisdiktionslegitimation verbindlich festgeschrieben ist, wirkt die Aufnahme der Eingangsformel im Urteil nur noch symbolisch und entfaltet keine Rechtswirkungen. Demzufolge kann ihr Fehlen keine rechtlichen Konsequenzen nach sich ziehen. Trotz dieser rechtlichen Funktionslosigkeit sehen die Prozessordnungen (vgl. § 311 Abs. 1 ZPO, § 268 Abs. 1 StPO) vor, das Urteil mit dem Vorspruch einzuleiten, von dem sich „Ausstrahlung von Würde und eine gewisse Feierlichkeit auf das nachfolgende Urteil"[23] erhofft wird.

22 **b) Funktion.** Die Funktion der Urteilspräambel hat sich entgegen ihrer Formulierung nicht geändert. Sie kennzeichnet die Stellung der richterlichen Gewalt und ihre Legitimation im Verfassungsverständnis der jeweiligen Zeit – *die Jurisdiktionslegitimation*.

23 **2. Schriftliche Urteilsabfassung (Abs. 1 S. 2).** Das *gesamte Urteil* ist schriftlich mit dem notwendigen Inhalt des § 117 Abs. 2 abzufassen. Die Urteilsformel ist bereits für die Verkündung nach § 116 Abs. 1 schriftlich niederzulegen (→ § 116 Rn. 19).

24 Schriftlich heißt, dass das Urteil von sich aus *visuell wahrnehmbar* ist. Es genügt nicht, das Urteil auf einer Datei gespeichert zu haben (vgl. OLG München MDR 1986, 62, 63), weil es dann inhaltlich nur mittels technischen Hilfsgeräts wahrnehmbar ist. Das *Schriftformerfordernis* setzt nicht voraus, dass das gesamte Urteil handschriftlich abgesetzt wird, dies ist nur bei der Unterschriftsleistung zu beachten (→ Rn. 27). Mit der computergestützten Erstellung verbunden ist die Zulässigkeit der Verwendung von *Textbausteinen*, die dort ihre Grenze findet, wo Verweisungen auf Kennzahlen oder außerhalb des Urteils befindliche Texte das Urteil vervollständigen (VGH Kassel NJW 1984, 2429).[24] *Berechnungen* etc. können nur dann in einer Anlage beigefügt werden, wenn sie im eigentlichen Urteilstext argumentativ verwandt wurden und auf sie Bezug genommen wird.[25]

25 Das Urteil ist gem. § 55 i.V.m. § 184 S. 1 GVG in *deutscher Sprache* abzufassen. § 184 GVG gilt zwingend und ist von Amts wegen zu beachten. Aus diesem Grunde sind bei der Abfassung Fremdwörter und lateinische Ausdrücke zu vermeiden. Anderes gilt jedoch im Hinblick auf fremdsprachige Fachbegriffe. Deren Verwendung ist möglich, wenn diese Begriffe in einem Fachgebiet allgemein geläufig sind, wenn sich eine einheitliche und bedeutungsgleiche deutsche Übersetzung (noch) nicht herausgebildet hat oder wenn dem (nur) deutsch sprechenden Fachmann ihre Bedeutung ohne Weiteres klar ist.[26] Ungeachtet dessen können entscheidungserhebliche Dokumente und Schriftstücke in Fremdsprache wörtlich wiedergegeben werden.

---

schweifende" Eröffnungsformel verkürzt. Die preußische Verfassungsurkunde von 1850 sah in Art. 86 vor, dass die richterliche Gewalt „im Namen des Königs durch unabhängige, keiner anderen Autorität als der des Gesetzes unterworfene Gerichte" ausgeübt wird und alle Urteile „Im Namen des Königs ausgefertigt und vollstreckt" werden. So war allgemein für den Gerichtsgebrauch von Verfassungswegen der *ideelle Träger der Gerichtshoheit* festgeschrieben. Diesem Träger der Gerichtshoheit wurde durch die Formulierung „Im Namen des …" die aktive Befugnis, selbst zu richten, abgesprochen. Diese Befugnis ging auf die Gerichte über. Kennzeichnete die Präambel daher ursprünglich die tatsächliche Urheberschaft, entwickelte sie sich nun zu einer abstrakten Legitimationsformel, die den ideellen Hoheitsträger nur noch benennt. Gleichwohl legitimierte die Präambel jedes Urteil und war damit Wirksamkeitserfordernis.

20 Art. 8 Preußische Verfassung: Die Rechtspflege wird durch unabhängige, nur den Gesetzen unterworfene Gerichte ausgeübt. Die Urteile werden im Namen des Volkes verkündet und vollstreckt.

21 *A. Vogels*, Preußische Verfassung, 1921, Art. 8 Anm. I.

22 Art. 79 Abs. 1 VvB; Art. 76 Abs. 1 VerfM-V; Art. 51 Abs. 1, 4 NdsVerf; Art. 121 VerfRP; Art. 77 Abs. 1, 2 SächsVerf; Art. 83 Abs. 1, 2 VerfLSA.

23 *Kern* GVG, [4]1965, 318, so bereits *A. Vogels*, Preußische Verfassung, 1921, Art. 8 Anm. I.

24 *Kopp/Schenke* § 117 Rn. 1.

25 *P. Hartmann*, in: Baumbach/Lauterbach/Albers/Hartmann § 184 GVG Rn. 2.

26 So zu § 23 Abs. 1 VwVfG NRW OVG Münster 8.4.2005 – 10 B 2502/04, juris Rn. 8.

Selbst wenn der Beteiligte ein nicht hinreichend der deutschen Sprache mächtiger *Ausländer* ist,[27] sind Urteil und Rechtsmittelbelehrung in deutscher Sprache abzufassen. Es ist einem Ausländer zuzumuten, sich i.R. seiner Sorgfaltspflicht über den Inhalt eines als amtlich erkannten Schriftstücks innerhalb angemessener Frist Gewissheit zu verschaffen (BVerfG NVwZ 1992, 1080, 1081; BVerfGE 42, 120, 127). Zudem besteht die Möglichkeit, wegen unverschuldeter Versäumung der Rechtsmittelfrist Wiedereinsetzung in den vorigen Stand zu gewähren.

3. Unterzeichnung des Urteils. Die Unterschrift ist *Essential* des Urteils und nicht nur reine Formalie.[28] Während die Bezeichnung der Richter im Urteilskopf nach § 117 Abs. 2 Nr. 2 (Rubrum) der Gewissheit dient, welcher Richter an der Fällung des Urteils beteiligt war, soll mit der Unterschrift zweifelsfrei festgestellt werden können, ob sich die Urteilsfäller mit denjenigen decken, die das Urteil unterzeichnet haben.[29] Die Unterzeichnung dient daher der *Identitätsgewissheit*.[30] Zudem besteht der Sinn darin, die Verantwortung aller Richter zu dokumentieren.[31] Die handschriftliche (eigenhändige) Unterzeichnung ist im Rechtsverkehr das typische Merkmal, um den Urheber eines Schriftstückes und seinen Willen, die schriftlich niedergelegte Erklärung in den Verkehr zu bringen, festzustellen (BVerwGE 2, 190, 191; 76, 11, 12). Die Unterzeichnung des Urteils mittels Paraphe ist nicht ausreichend.[32] Die Urteilsunterzeichnung bezweckt, dass nach außen erkennbar gemacht wird, dass die von den Richtern unterschriebene Fassung mit dem von ihnen gefällten Urteil *identisch* ist.[33] 26

a) Urteil. Das zu unterzeichnende Urteil ist nach § 117 Abs. 4 S. 1 der Geschäftsstelle zu übermitteln *Urteilsformel* (→ § 116 Rn. 32) und das *vollständig abgefasste Urteil* mit dem Inhalt des § 117 Abs. 2, auch wenn dieses nach § 117 Abs. 4 erst nachträglich gefertigt wird. Die zu verkündende Urteilsformel muss nicht unterzeichnet sein (→ § 116 Rn. 19), ihre Unterzeichnung empfiehlt sich aber, damit die Mitwirkung an der Urteilsfällung verifizierbar ist. 27

Findet sich im Entscheidungsverbund mit einem Urteil anschließend ein Beschluss im gleichen Dokument, genügt eine Unterschrift am Ende des Beschlusses den Anforderungen des § 117 Abs. 1 S. 2 an das Urteil, wenn deutlich wird, dass der Richter mit seiner einmaligen Unterschrift des gesamten Schriftstücks dessen Inhalt vollständig billigen wollte.[34]

Unterzeichnet werden muss die *Urschrift des Urteils*.[35] Urschrift ist die schriftliche Niederlegung der Entscheidung, die bei den Akten verbleibt. Es liegt keine Urschrift vor, wenn nur ein Formblatt mit Textbausteinen ausgefüllt und dieses der Kanzlei zur Fertigung der Reinschrift übergeben wird. Selbst wenn der Richter ein solches Formblatt unterzeichnet, liegt noch keine Urschrift vor, sondern lediglich ein Entwurf.[36] Nur wenn der Richter das von ihm kontrollierte Exemplar der Reinschrift unterzeichnet, und damit zum Ausdruck gibt, dass er die Reinschrift als verbindlich betrachtet und diese seinem Willen entspricht, liegt eine Urschrift vor. 28

Auch das *Protokoll* kann eine Urteilsurschrift sein. Voraussetzung ist aber, dass im Protokoll das Urteil vollständig mit Tatbestand und Entscheidungsgründen enthalten ist. Alle mitwirkenden Richter müssen auf dem Protokoll unterzeichnen, um der Pflicht des § 117 Abs. 1 S. 2 zu genügen. 29

b) Richter. Die Richter, die das Urteil zu unterzeichnen haben, sind diejenigen, die es gefällt haben (BVerwGE 75, 337, 340). Es können nur diejenigen Richter wirksam unterzeichnen, die gem. § 112 an der zugrunde liegenden mündlichen Verhandlung teilgenommen haben. Urteile, die ohne mündliche Verhandlung ergehen, sind von den Richtern zu unterzeichnen, die nach dem Geschäftsverteilungsplan zur Entscheidung berufen sind und die aufgrund einer gemeinsamen Besprechung und Beratung das Urteil gefällt haben.[37] 30

---

27 BVerwG BayVBl 1973, 443; § 55 Rn. 55: Das Gericht ist nicht verpflichtet, sich gegenüber Ausländern deren Heimatsprache zu bedienen.
28 *G. Felix,* NJW 1996, 1723, a.A. *M. Vollkommer,* NJW 1968, 1309 f.
29 *H.-J. Musielak,* in: MüKoZPO § 313 Rn. 8.
30 Vgl. BVerwG NVwZ-RR 2017, 468.
31 Vgl. BVerwG NVwZ-RR 1996, 299, 299 f.
32 *Kopp/Schenke* § 117 Rn. 2; allg. für Zustellungen im verwaltungsgerichtlichen Verfahren BVerwGE 109, 336, 345 f.
33 *G. Felix,* NJW 1996, 1723; *H.-J. Musielak,* in: MüKoZPO § 315 Rn. 1.
34 Vgl. BVerwG 5.3.1998 – 7 C 21/97, juris Rn. 7; OVG Bautzen 7.7.2015 – 4 A 700/13, juris Rn. 22.
35 BVerwG 7.8.1998 – 6 B 69/98, juris Rn. 5 m.w.N.; *F. O. Fischer,* DRiZ 1994, 95 m.w.N.
36 *H.-J. Musielak,* in: MüKoZPO § 315 Rn. 4.
37 Hierzu *Kopp/Schenke* § 112 Rn. 7 m.w.N.

31　Auch der *überstimmte Richter* hat das Urteil zu unterzeichnen. Ihm steht nicht das Recht zu, seine Unterschrift zu verweigern. Er erklärt mit seiner Unterschrift nicht, dass er das Urteil persönlich für zutreffend hält. Der Erklärungsinhalt seiner Unterschrift bezieht sich nur darauf, dass das schriftlich niedergelegte Urteil dem Beratungsergebnis und dem gefällten Urteil entspricht.[38] Verweigert der Richter dennoch seine Unterschrift, kann diese *nicht* nach § 117 Abs. 1 S. 3 ersetzt werden. Dem Urteil mangelt es an einer wirksamen Unterzeichnung, da die Unterschriften nicht vollständig sind, sodass nur ein Urteilsentwurf vorliegt (vgl. BGH NJW 1977, 765). Selbiges gilt, wenn sich über die schriftliche Urteilsabfassung nicht geeinigt werden kann. Dann haben die Richter die dienstliche Pflicht, die maßgebende Fassung der Urteilsbegründung eindeutig festzulegen und zu unterzeichnen. Dem kann sich nicht mit einer Flucht in die Ersetzung der Unterschrift entzogen werden (vgl. BVerwG NJW 1997, 1086).

32　Die Richter, die vertretend an der Verkündung teilgenommen haben (→ § 116 Rn. 20), sind nicht zur Unterschriftsleistung berufen,[39] denn sie haben das Urteil nicht gefällt. Ihre Unterschrift ist daher nicht erforderlich.

33　nicht besetzt

34　**c) Reihenfolge der Unterzeichnung.** Für die Reihenfolge der Unterzeichnung gibt es keine Vorschrift. Grds. wird jedoch der Berichterstatter das Urteil zuerst unterzeichnen, da er das Urteil schriftlich abgefasst hat. Mit ihrer Unterschrift beurkunden auch die anderen Richter die Authentizität des Urteils entsprechend dem Beratungsergebnis. Hat daher bei Kollegialentscheidungen bereits ein Richter unterzeichnet, ist das Urteil nicht mehr, auch nicht durch den Vorsitzenden, änderbar, wenn nicht der Erstunterzeichner der Änderung zustimmt (BGHSt NJW 1978, 899).

35　**4. Ausfertigungen.** Den Beteiligten werden Urteilsausfertigungen (zu den Förmlichkeiten der Ausfertigung vgl. die Komm. zu § 56) zugestellt, die die bei den Akten verbleibende Urschrift im Rechtsverkehr vertreten.[40] Sie sind daher selbst als Urschrift anzusehen (OVG Münster 15.3.2012 – 12 A 440/12, juris Rn. 5). Deshalb müssen die Ausfertigungen erkennen lassen, ob das Urteil gem. der Prozessordnung zustande gekommen ist (BGH NJW 1977, 297, 298) und ob die Richter die Urschrift des Urteils ordnungsgemäß unterzeichnet haben.[41] Die den Beteiligten zuzustellenden Ausfertigungen bedürfen jedoch nicht selbst der persönlichen Unterschrift.[42]

36　Grds. erfolgt die Kenntlichmachung durch die *abschriftliche Wiedergabe des Namens der Richter unter dem Urteil* (BGH NJW 1978, 217 mit Hinweis auf BGH NJW 1975, 781). Hingegen genügt nicht, „gez. Unterschrift" zu verwenden. Denn dann ist die Identität des Unterzeichnenden nicht nachprüfbar. Die Unterschrift von Richtern muss aber stets so wiedergeben werden, dass über die Identität kein Zweifel besteht und nachprüfbar ist, ob der Richter, der an der Entscheidung mitgewirkt hat, das Urteil auch unterzeichnet hat. Zudem bietet eine Ausfertigung, der nicht zu entnehmen ist, wer das Urteil unterzeichnet hat, keine Gewähr dafür, dass die Ausfertigung das Urteil so wiedergibt, wie es tatsächlich gefällt wurde (BGH NJW 1975, 781 m.w.N.).

37　Es genügt ebenso wenig, den Namen der Richter in Klammern anzugeben, ohne dass ein Zusatz auf die Unterzeichnung erfolgt (BGH NJW 1975, 781, LS). Regelmäßig ist daher folgende Weise zu empfehlen: *gez. (Name des Richters)*.

38　Bei der Ersetzung der Unterschrift im Verhinderungsfall muss die *Ausfertigung* den *Verhinderungsvermerk* so wiedergeben, dass erkennbar ist, wer den Verhinderungsvermerk gefertigt und unterzeichnet hat. Dies wird erreicht, indem der Name des verhinderten Richters überhaupt nicht wiedergegeben wird bzw. nicht in der gleichen Weise ausgefertigt wird wie der Name des tatsächlich unterzeichnenden Richters.

38　Im verwaltungsgerichtlichen Verfahren steht dem überstimmten Richter auch *kein Sondervotum* (dissenting vote) zu, anders als im verfassungsgerichtlichen Verfahren nach § 30 Abs. 2 S. 1 Hs. 1 BVerfGG. Die „abweichende Meinung" wird an die eigentliche Entscheidung angeschlossen (§ 30 Abs. 2 S. 1 Hs. 2 BVerfGG).
39　*H.-J. Musielak*, in: MüKoZPO § 315 Rn. 4.
40　Vgl. OVG Saarlouis 5.12.2013 – 2 A 375/13, juris Rn. 11; OVG Münster 15.3.2012 – 12 A 440/12, juris Rn. 5; BGH NJW 1981, 2345, 2346.
41　*Kopp/Schenke* § 117 Rn. 2; *H.-J. Musielak*, in: MüKoZPO § 317 Rn. 4.
42　Vgl. BVerwG 7.8.1998 – 6 B 69/98, juris Rn. 5; OVG Saarlouis 5.12.2013 – 2 A 375/13, juris Rn. 11; OVG Münster 15.3.2012 – 12 A 440/12, juris Rn. 5 f.

Für die Urteilsausfertigung kann auch die *Kopie der Urteilsurschrift* verwandt werden. Die Ablichtung **39** muss dann aber erkennen lassen, dass die Urschrift handschriftlich von den beteiligten Richtern unterzeichnet wurde[43] und muss mit dem Ausfertigungsvermerk versehen werden.

5. Ersetzung der Unterschrift bei Verhinderung eines Richters. Mit § 117 Abs. 1 S. 3 ist für den Fall **40** eine Regelung getroffen, in welchem nach der Urteilsfällung gem. § 112, also nach der Beschlussfassung über die Urteilsformel, bis zur Abfassung des Urteils und seiner Unterzeichnung eine Verhinderung eintritt. Nicht erfasst sind die Fälle, in denen nach der mündlichen Verhandlung ein Richter an der Urteilsfällung gehindert ist. In einem solchen Fall kann die Urteilsfällung nicht erfolgen, solange der Richter nicht zurückgekehrt ist. Eine *Mitwirkung an der Urteilsfällung nach § 112 ist nicht ersetzbar.*[44]

a) Verhinderung an der Unterschriftsleistung. Eine Verhinderung ist dann anzunehmen, wenn zwin- **41** gende tatsächliche oder rechtliche Gründe der Unterzeichnung des Urteils entgegenstehen.

aa) Tatsächliche Hinderungsgründe. Tatsächliche Gründe hindern nur an der Unterschriftsleistung, **42** wenn sie nicht nur kurze Zeit bestehen. Eine Verhinderung ist tatsächlicher Art, wenn ihr Grund in der Person des Richters liegt, wie bei längerer Krankheit und Urlaub (vgl. BVerwGE 75, 337) oder auch Tod des Richters.[45] Ob eine Versetzung an ein anderes Gericht oder eine Abordnung ebenfalls zur Verhinderung führen, ist abhängig vom Einzelfall.[46] Vereinzelt wird eine Verhinderung dann angenommen, wenn wegen der räumlichen Entfernung eine Unterschriftsleistung nicht möglich ist.[47]

Das Ausscheiden aus dem erkennenden Spruchkörper infolge der Versetzung an eine andere Kammer/ Senat desselben Gerichtes ist keine tatsächliche Verhinderung,[48] da es dem Richter jederzeit möglich und zumutbar ist, seine Unterschrift zu leisten. Die Ansicht, anderes könne sich im Einzelfall bei besonderer Arbeitsüberlastung im neuen Aufgabenkreis ergeben,[49] überzeugt nicht.

Für die *Dauer der Verhinderung*, die zur Ersetzung der Unterschrift berechtigt, gibt es keine gesetzli- **43** che Bestimmung. Grds. kann nur eine längere Abwesenheit eine Verhinderung begründen. Es ist zu entscheiden, ob ein Zuwarten auf die Unterschriftsleistung prozessual noch verantwortbar oder sinnlos ist. Für die Entscheidung kann sich an der Frist des § 116 Abs. 2 orientiert werden.

bb) Rechtliche Hinderungsgründe. Hinderungsgründe rechtlicher Art knüpfen an den Verlust des **44** Richterstatus an. Die Unterzeichnung ist eine richterliche Amtshandlung i.S.d. Art. 92 GG und kann nur von einer mit richterlicher Gewalt ausgestatteten Person vorgenommen werden.[50] Rechtliche Gründe hindern deshalb nicht vorübergehend an der Unterschriftsleistung, sondern endgültig.

Ist der Richter zum Zeitpunkt der Unterzeichnung aus dem *aktiven Richterdienst* ausgeschieden,[51] ist er zu dieser Amtshandlung nicht mehr berechtigt (BVerwG NJW 1991, 1192). Rechtliche Hinderungsgründe sind: Erreichen der Altersgrenze, §§ 48 und 76 DRiG; Entlassung eines Richters auf Probe, § 22 und eines Richters kraft Auftrags, § 23 DRiG, Beendigung des Dienstverhältnisses, §§ 24, 16 Abs. 1 S. 2 DRiG. Die schriftliche Urteilsabfassung, die von einem ehemaligen Richter unterzeichnet wird, trägt daher keine Unterschrift i.S.d. § 117 Abs. 1 S. 2 (zu den Rechtsfolgen → Rn. 54 ff.).

cc) Einzelfälle. Die Versetzung eines *Richters auf Probe* zur Staatsanwaltschaft ist keine rechtliche **45** Verhinderung, denn er bleibt nach den §§ 12, 13 DRiG Richter. Hier kommt u.U. eine tatsächliche Verhinderung in Betracht. Hingegen ist es ein rechtlicher Hinderungsgrund, wenn der Richter auf Pro-

---

43 BGH VersR 1983, 874; *H.-J. Musielak,* in: MüKoZPO § 317 Rn. 4.
44 Damit ist der Problemkreis des § 112 angesprochen, BVerwGE 75, 337; hierzu *Kopp/Schenke* § 112 Rn. 3 ff.
45 *B. Clausing/C. Kimmel,* in: Schoch/Schneider/Bier § 117 Rn. 8.
46 BGH VersR 1981, 552, 553 stellt fest, dass eine Versetzung eine Verhinderung sein kann.
47 *F. O. Fischer,* DRiZ 1994, 95, 96; vgl. *H.-J. Musielak,* in: MüKoZPO § 315 Rn. 6.
48 *H.-J. Musielak,* in: MüKoZPO § 315 Rn. 6.
49 *B. Clausing/C. Kimmel,* in: Schoch/Schneider/Bier § 117 Rn. 8.
50 BVerwGE 93, 90, 91; BayObLG NJW 1967, 1578; *H.-J. Musielak,* in: MüKoZPO § 315 Rn. 6; a.A. *M. Vollkommer,* NJW 1968, 1309, 1310, der meint, die Unterzeichnung sei eine „über eine bloße Abwicklungstätigkeit nicht hinausgehende Amtshandlung". Zudem verliere der ausscheidende Richter nicht seine Beurkundungsfähigkeit.
51 BayObLG NJW 1967, 1578: Hier war der unterzeichnende Richter vor der Unterschriftsleistung zum Beamten ernannt worden.

be gem. § 12 Abs. 2 DRiG unter Berufung in das Beamtenverhältnis auf Lebenszeit zum Staatsanwalt ernannt wird.[52]

Kein rechtlicher, sondern ggf. ein tatsächlicher Hinderungsgrund ist das Ausscheiden eines Richters aus dem Gericht bei seiner Wahl zum *Richter des BVerfG* gem. Art. 94 Abs. 1 GG, denn er bleibt der rechtsprechenden Gewalt zugeordnet und bietet Gewähr für seine Neutralität. Etwas anders gestaltet sich die Sachlage, wenn ein Richter als *wissenschaftlicher Mitarbeiter zum BVerfG* abgeordnet (diese Abordnung folgt den Grundsätzen der Abordnung eines Beamten, § 27 BBG) wird. Obwohl er selbst keine rechtsprechende Tätigkeit ausübt,[53] behält er seinen Richterstatus. Daher ist er weiterhin befugt, Urteile, an denen er bis zu seiner Abordnung mitgewirkt hat, zu unterzeichnen. Aus diesem Grunde kommt keine rechtliche, sondern nur eine tatsächliche Verhinderung in Betracht.

Die Wahl zu einem Gesetzgebungsorgan ist gem. § 4 Abs. 1 DRiG nicht mit der richterlichen Amtstätigkeit vereinbar. Ein Richter ist daher rechtlich verhindert, wenn er *Mandatsträger* geworden ist. Sein Richterverhältnis ruht ab dem Zeitpunkt, in welchem er die Wahl annimmt, § 8 Abs. 1 und § 5 Abs. 1 AbgG.

Ein *Richter kraft Auftrages* verliert mit der Ablehnung der Ernennung zum Richter auf Lebenszeit seinen Richterstatus, § 16 Abs. 1 S. 2 DRiG, und ist rechtlich an der Unterschriftsleistung gehindert.

46　**b) Feststellung der Verhinderung.** Die *Feststellung*, ob ein Richter verhindert ist, seine Unterschrift zu leisten, liegt im *pflichtgemäßen Ermessen* des Vorsitzenden.[54] Er hat die Tatsachen festzustellen, die an der Leistung der Unterschrift hindern und ob diese Gründe eine Verhinderung i.S.d. § 117 Abs. 1 S. 3 sind. Ob der Hinderungsgrund tatsächlich vorliegt, muss der Vorsitzende nicht nachprüfen.[55] Die Ermessensfrage ist einer *Nachprüfung durch das Rechtsmittelgericht* grds. entzogen. Ist der Grund der Verhinderung im Verhinderungsvermerk angegeben, würde es die Rechtssicherheit erheblich gefährden, wenn der Bestand eines Urteils davon abhängig ist, ob auch das Rechtsmittelgericht das Vorliegen eines Verhinderungsgrundes anerkennt.[56] Etwas anderes kann sich in den Fällen ergeben, in denen ein begründeter Verdacht für den Missbrauch der Ersetzungsbefugnis besteht.[57] Fehlt allerdings die Angabe des Verhinderungsgrundes, so muss das Rechtsmittelgericht grds. nachprüfen, ob der Richter tatsächlich verhindert war (BGH NJW 1979, 663, 664; 1980, 1849, 1850).

47　**c) Verhinderungsvermerk.**[58] Die Ersetzung der Unterschrift erfolgt mit dem Verhinderungsvermerk. Diesen fertigt grds. der *Vorsitzende*. Ist dieser verhindert, dann fertigt der *dienstälteste Richter* den Verhinderungsvermerk. Besteht zwischen den übrigen Mitgliedern Gleichheit im Dienstalter, dann erfolgt der Vermerk durch den lebensältesten Richter (Prinzip der §§ 21 f, 197 GVG). Sind Vorsitzender und dienstältester Richter verhindert, kann der jüngste Richter, selbst wenn er noch *Richter auf Probe* ist (vgl. BGH VersR 1992, 1155), die Verhinderung der beiden anderen feststellen und vermerken.[59]

48　Der Verhinderungsvermerk ist *an die Stelle zu setzen, wo der verhinderte Richter das Urteil hätte unterzeichnen müssen*. Den Anforderungen des § 117 Abs. 1 S. 3 wird jedoch nicht genügt, wenn der Vorsitzende das Urteil anstelle des verhinderten Richters einfach ein weiteres Mal unterschreibt.[60] Der Vermerk muss Tatsache und Grund der Verhinderung angeben. Detaillierte Angaben sind nicht erforderlich.[61] Der Verhinderungsvermerk ist *regelmäßig gesondert zu unterzeichnen*, denn es muss erkenn-

---

52　Inkompatibilität der Innehabung von Ämtern der Rechtspflege und der Verwaltung BVerwG Buchholz 310 § 133 Nr. 85.

53　Gem. § 13 Abs. 1 S. 2 GOBVerfG unterliegt er den Weisungen seines Richters, ist damit gerade nicht neutral und unabhängig.

54　Vgl. OVG Bautzen 29.3.1999 – A 4 S 202/98, juris Rn. 11.

55　*Kopp/Schenke* § 117 Rn. 2 a; BVerwGE 13, 147, 147 f.

56　BGH NJW 1961, 782; OVG Bautzen 29.3.1999 – A 4 S 202/98, juris Rn. 11; vgl. M. *Vollkommer,* in: Zöller § 315 Rn. 1.

57　So wohl auch BGH NJW 1961, 782: „Für eine Nachprüfung besteht auch kein Bedürfnis; Missbräuche sind nicht aufgetreten".

58　Lehrreich BGH NJW 1961, 782.

59　Vgl. BFH 6.4.2004 – VI B 110/01, juris Rn. 5.

60　OVG Bln 8.3.2013 – OVG 7 N 90.13, juris Rn. 3.

61　BGH NJW 1961, 782: Es genügt anzugeben, dass der Richter aus dem Senat ausgeschieden sei, der Grund für dieses Ausscheiden muss nicht angegeben werden; OVG Bautzen 29.3.1999 – A 4 S 202/98, juris Rn. 11 ließ im Einzelfall den Vermerk „wegen Ortsabwesenheit" zu.

bar sein, wer den Vermerk gefertigt hat. Allerdings genügt es, wenn sich aus Stellung und Fassung des Vermerks zweifelsfrei ergibt, dass der Vermerk von dem hierzu berechtigten Richter stammt.[62]
Um Unsicherheiten zu vermeiden, ist der Vermerk in Anlehnung an das Gesetz wie folgt zu formulieren:[63] Richter X ist (erkrankt, beurlaubt, ausgeschieden etc.) und deshalb gehindert, das Urteil zu unterschreiben (alternativ: „...ist an der Beifügung seiner Unterschrift gehindert"). Unterschrift Vorsitzender (bzw. anderer Berechtigter).

6. Verhinderung eines Einzelrichters. Die Ersetzung der Unterschrift durch den Verhinderungsvermerk gilt nur für Richter von Kollegialgerichten. Die *Unterschrift des Einzelrichters*, dem nach § 6 eine Sache zur Entscheidung übertragen wurde, *kann nicht ersetzt werden* (OLG Koblenz VersR 1981, 688). Nichts anderes gilt bei einer Entscheidung durch den Berichterstatter (§ 87 a Abs. 2, 3). Die damit verbundenen Konsequenzen richten sich danach, ob der Richter das Urteil bereits nach § 116 Abs. 1 verkündet oder ob er die Zustellung des Urteils nach § 116 Abs. 2 gewählt hat oder ob das Urteil nach § 116 Abs. 3 zuzustellen ist. 49

a) Verhinderung nach Verkündung. Ist der Einzelrichter nach der Verkündung i.S.d. § 117 Abs. 1 S. 3 verhindert, das Urteil vollständig abzufassen und zu unterzeichnen, ist das Urteil dennoch mit seiner Verkündung existent und damit rechtsmittelfähig (→ § 116 Rn. 6, 20). 50

Zum weiteren Verfahrenslauf wird von *Clausing/Kimmel* empfohlen, das verkündete Urteil ohne Tatbestand und Entscheidungsgründe zuzustellen, wenn die Verhinderung nicht nur vorübergehend ist.[64] Dann laufen keine Rechtsmittelfristen, da das Urteil unvollständig – ohne Tatbestand und Entscheidungsgründe – zugestellt wurde (→ § 116 Rn. 26, 28).[65] Zudem leidet das Urteil an einem wesentlichen Verfahrensmangel, weil ihm die notwendige Begründung fehlt, sodass es auf ein Rechtsmittel aufzuheben und zur erneuten Verhandlung zurückzuverweisen ist. Allerdings bedarf es dieser Verfahrensweise nicht, sie wäre zudem rechtswidrig. Denn die Zustellung eines abgekürzten Urteils kennt die VwGO im Gegensatz zu § 317 Abs. 2 S. 3 ZPO nicht (→ § 116 Rn. 26).[66] Zudem besteht kein Bedürfnis nach einer solchen Zustellung. Der beschwerte Beteiligte kann sich ab der Verkündung gegen das Urteil wehren. Zur Einlegung von Rechtsmitteln bedarf es nicht der Vorlage eines zugestellten Urteils, es ist vielmehr ausreichend, wenn das angefochtene Urteil mit Gericht, Aktenzeichen und Datum bezeichnet wird[67] (→ § 139 Rn. 25). Bei der Verkündung ist es sogar möglich, zur Bezeichnung des Urteils das Protokoll der Verkündung zu verwenden. Das eingelegte Rechtsmittel wird im Falle der tatsächlichen Verhinderung regelmäßig erst mit Ablauf der Fristen des § 117 Abs. 4 erfolgreich sein, da das Urteil dann automatisch in eine fehlerhafte und aufzuhebende Entscheidung erwächst (→ Rn. 19 ff.). Im Fall einer rechtlichen Verhinderung ist das Rechtsmittel jederzeit erfolgreich. Demnach bedarf es der empfohlenen Zustellung einer Urteilsformel für diese Rechtsfolgen nicht. 51

b) Verhinderung bei Zustellung. Das Urteil wird in den Fällen des § 116 Abs. 2 mit Übermittlung an die Geschäftsstelle und Abs. 3 mit der Zustellung der Ausfertigung frühestens existent (→ § 116 Rn. 28, 33 ff.). Ist der Einzelrichter daher an der Unterzeichnung des vollständig abgefassten Urteils (z.B. nach Fertigung der Reinschrift durch die Kanzlei) verhindert, liegt nur ein Urteilsentwurf vor (OLG Koblenz VersR 1981, 688 m.w.N.), von dem gem. § 317 Abs. 2 S. 2 ZPO keine Ausfertigung erstellt werden darf und der deshalb nicht zustellbar ist. Ist der Richter nach dem Schluss der mündlichen Verhandlung *rechtlich verhindert*, ist neu zu verhandeln. Denn es verstößt gegen das Gebot des gesetzlichen Richters, wenn ein anderer Richter das Urteil vollständig abfassen würde.[68] Gleiches gilt im Falle der *tatsächlichen Verhinderung*, wenn ein Zuwarten auf die Leistung der Unterschrift prozes- 52

---

62 Vgl. OVG Münster 23.10.2013 – 15 A 1096/13, juris Rn. 3; BGH NJW 1961, 782 hat es als ausreichend angesehen, dass unter „der Unterschrift des Vorsitzenden sich folgender Vermerk befand: zugleich für den aus dem Senat ausgeschiedenen OLGRat ...".

63 BGH NJW 1961, 782: „Zweckmäßiger wäre allerdings gewesen, wenn der Vermerk vom Vorsitzenden wie folgt gefaßt worden wäre: OLGRat ... ist aus dem Sen. ausgeschieden und deshalb verhindert, das Urt. zu unterzeichnen"; *F. O. Fischer*, DRiZ 1994, 95, 96.

64 *B. Clausing/C. Kimmel*, in: Schoch/Schneider/Bier § 117 Rn. 10.

65 *Kopp/Schenke* § 124 a Rn. 17.

66 Die VwGO gibt nur für die Vollstreckung die Möglichkeit, eine Ausfertigung ohne Tatbestand und Entscheidungsgründe zu erteilen, § 168 Abs. 2.

67 *Kopp/Schenke* § 124 a Rn. 20.

68 Vgl. *H.-J. Musielak*, in: MüKoZPO § 315 Rn. 5.

sual unsinnig wäre, weil infolge der Verhinderung die Frist des § 116 Abs. 2 zur Unterzeichnung der Urteilsformel oder aber die Frist zur Unterzeichnung/Fertigung des vollständig abgefassten Urteils nach § 117 Abs. 4 S. 2 ablaufen würde.

Im schriftlichen Verfahren treten diese Fristprobleme nicht auf. Bei Verhinderung bleiben die Verfahrensakten solange liegen, bis auf Betreiben eines Beteiligten das Verfahren durch einen neuen Richter behandelt wird.

53   **7. Folgen eines Verstoßes gegen § 117 Abs. 1 S. 2 und 3.** Ein Verstoß liegt dann vor, wenn die Unterschriften der Urschrift nicht den Anforderungen an eine ordnungsgemäße Unterzeichnung entsprechen oder wenn eine Unterschrift nicht ordnungsgemäß durch den Verhinderungsvermerk ersetzt ist. Da allein die Ausfertigung nach außen in Erscheinung tritt und sie die Grundlage prozessualer Entscheidungen der Beteiligten ist (BGH NJW 1977, 297, 298), ist für die *Zustellung und den Lauf der Rechtsmittel- und Beschwerdefristen* nur die *Ausfertigung des Urteils maßgebend*[69] und nicht die Urschrift des Urteils, die bei den Akten verbleibt.[70]

54   **a) Im Fall der Verkündung.** Mängel der Unterschriftsleistung oder ihrer Ersetzung können nicht die Existenz des verkündeten Urteils beeinträchtigen (BGH NJW 1989, 1157), denn mit der wirksamen Verkündung ist das Urteil existent geworden. Rechtsmittel gegen die Entscheidung sind statthaft. Eine schriftliche Urteilsabfassung, die nicht oder nicht den Anforderungen entsprechend unterschrieben wurde, ist nicht ausfertigungsreif. Dem die Ausfertigung erstellenden Urkundsbeamten werden regelmäßig aber nur offensichtliche Fehler der Unterzeichnung erkennbar sein, z.B. die Unterzeichnung mit Paraphe, sodass entgegen der § 173 VwGO, § 317 Abs. 2 S. 1 ZPO Ausfertigungen erstellt werden.

55   Wird die Ausfertigung so erstellt, dass sie den Anschein erweckt, als sei ordnungsgemäß unterzeichnet, bewirkt die Zustellung dieser Ausfertigung, dass trotz der Fehler bei der Unterschriftsleistung in der Urschrift die Rechtsmittelfristen für die Anfechtung des Urteils laufen (BGH NJW 1977, 297, 298).

56   Wenn trotz ordnungsgemäßer Urteilsverkündung und dem Gesetz entsprechender Unterzeichnung der Urteilsausfertigung Mängel anhaften, die es den Parteien unmöglich machen, sich von dem der Prozessordnung entsprechenden Zustandekommen des Urteils zu überzeugen, setzt die Zustellung dieser Ausfertigung keine Frist in Gang (BGH NJW 1977, 297, 298). Dies gilt erst recht, wenn von einem fehlerhaft unterzeichneten Urteil eine Ausfertigung erstellt wird, die diese Fehler erkennen lässt (BGH NJW 1980, 1849, 1850).

57   **b) Im Fall der Zustellung.** Solange dem Urteil, das im Wege der Zustellung wirksam werden soll, Mängel in der Unterzeichnung anhaften, liegt lediglich ein Urteilsentwurf vor (BVerfG NJW 1985, 788 für einen Beschluss; BGH NJW 1977, 765; 1980, 1849, 1850). Von einem Urteilsentwurf darf keine Ausfertigung erstellt werden. Wird irrtümlich eine Ausfertigung zugestellt, dann wird das Urteil weder existent noch ersetzt es die Verkündung nach § 116 Abs. 3 und auch Rechtsmittelfristen beginnen nicht zu laufen. Allerdings wird beim Empfänger der zugestellten Ausfertigung der Eindruck erweckt, als sei ein Urteil ergangen. Dieses Scheinurteil[71] ist mit Rechtsmitteln anfechtbar, um etwaige scheinbare Urteilswirkungen zu beseitigen (BGH NJW 1996, 1969, 1970).

58   **c) Berichtigung der Unterschriftsmängel.** Eine mangelhafte Unterzeichnung der Urschrift kann bis zum Abschluss des Rechtsmittelverfahrens (BGH NJW 1983, 2395, 2396 m.w.N.) berichtigt werden. So kann die fälschlich geleistete Unterschrift eines nicht mitwirkenden Richters durch die des mitwirkenden Richters ersetzt werden (BGH NJW 1955, 1919 f.).

Im Fall der Verkündung (unter a) werden durch die Berichtigung und erneute Zustellung des vollständigen Urteils die Rechtsmittelfristen in Gang gesetzt. Wird der Mangel der Unterzeichnung nicht berichtigt, liegt ein Verfahrensverstoß vor, der auch ohne Rüge zur Aufhebung des Urteils führt (BGH NJW 1977, 765; OLG Oldenburg NJW 1988, 2812).

---

69   BGH NJW 1975, 781; 1977, 297, 298; OLG Frankfurt NJW 1983, 2395, 2396 m.w.N. und dem Hinweis auf den Beschl. der Vereinigten Zivilsenate des RG vom 2.6.1913, RGZ 82, 422.

70   Zur Frage, dass es dem Betroffenen nicht zumutbar ist, sich durch Akteneinsicht Kenntnis über die ordnungsgemäße Unterzeichnung zu verschaffen: BGH NJW 1977, 297, 298.

71   BGH NJW 1996, 1969, 1970 m.w.N.; *M. Vollkommer*, in: Zöller Vorbem. § 300 Rn. 13 f.

Im Fall (b) wird das Urteil erst mit Berichtigung und erneuter Zustellung existent. Es bedarf aber keiner erneuten Rechtsmitteleinlegung, denn bereits mit einem gegen das Scheinurteil eingelegten Rechtsmittel ist die sachliche Nachprüfung der Entscheidung ermöglicht (BGH NJW 1996, 1969, 1970). Wird der Mangel der Unterzeichnung nicht berichtigt, liegt weiterhin nur ein Urteilsentwurf vor, der im Interesse der Rechtssicherheit ohne weitere Prüfung förmlich aufzuheben ist.

II. Urteilsinhalt (Abs. 2, 3 und 5)

Äußerlich zerfällt das Urteil in Urteilseingang, Urteilskopf (Rubrum, Nr. 1–2), Urteilsformel (Nr. 3), **59** Tatbestand (Nr. 4), Entscheidungsgründe (Nr. 5) und Rechtsmittelbelehrung (Nr. 6). Abs. 2 definiert hierbei die für die Rechtswirksamkeit des Urteils wesentlichen inhaltlichen Erfordernisse und einzelnen Bestandteile. Unwesentlich sind daher der Urteilseingang und, anders als nach § 313 Abs. 1 Nr. 3 ZPO, die Angabe des Tages, an dem die mündliche Verhandlung geschlossen wurde.

1. Urteilseingang. Es ist gebräuchlich, das Urteil mit dem Namen des Gerichtes zu überschreiben und **60** das Aktenzeichen auf den linken Rand zu setzen. Dies erleichtert die Zuordnung des Schriftstückes zu den Akten. Es folgt die Präambel „Im Namen des Volkes" (→ Rn. 19 ff.) und die Bezeichnung als Urteil, Zwischen- oder Teilurteil. Das Fehlen der Bezeichnung als Urteil ist unschädlich, sofern im Übrigen kein Zweifel besteht, dass ein Urteil vorliegt.[72]

2. Urteilskopf (Rubrum). An den Urteilseingang soll möglichst in einem geschlossen formulierten **61** Satz der Urteilskopf anschließen. Beginnend mit den einleitenden Worten „In der Verwaltungsstreitsache" (oder „In dem Verwaltungsrechtsstreit") soll mit der Bezeichnung der Beteiligten, einer plakativen Beschreibung des Streitgegenstandes und der Bezeichnung des erkennenden Gerichtes zur Urteilsformel übergeleitet werden. Weder die einleitenden Worte noch die plakative Beschreibung des Streitgegenstandes sind notwendige Bestandteile.[73]

a) Bezeichnung der Beteiligten (Nr. 1). Die Bezeichnung der Beteiligten ist unabdingbar, um das Urteil **62** wirksam zustellen und um eindeutig feststellen zu können, wer durch den Urteilsspruch nach § 121 gebunden ist. Hieraus ergibt sich auch, wer zur Vollstreckung berechtigt ist und wer sie dulden muss. Diese Funktionen verdeutlichen, dass die Beteiligtenbezeichnung so eindeutig erfolgen muss, dass über ihre Identität keine Zweifel bestehen. Die in das Rubrum aufzunehmenden Beteiligten sind diejenigen, die zum Schluss der mündlichen Verhandlung am Verfahren beteiligt sind (hierzu §§ 63 und 61, insbes. zu den Fragen der „Parteiänderung"; § 64 für die Streitgenossenschaft).[74] Die zuvor ausgeschiedenen Beteiligten sind nicht in das Rubrum aufzunehmen, da ihr Prozessrechtsverhältnis im Wege der Erledigung bzw. Klagerücknahme bereits beendet ist. Die Beteiligten und ihre gesetzlichen Vertreter sind mit ihrem Namen, ihrem Beruf, Wohnort und ihrer Stellung im Verfahren in das Rubrum aufzunehmen.

Bei natürlichen Personen ist der bürgerliche *Name* (Vor- und Nachname) anzugeben.[75] Vollkaufleute **63** sind mit ihrer *Firma* zu bezeichnen, § 17 Abs. 2 HGB. Bei Gesellschaften ist die Rechtsform anzugeben. Die Bezeichnung der beteiligten Hoheitsträger richtet sich danach, wer nach § 61 beteiligtenfähig ist. I.d.R. wird der Rechtsträger der handelnden Behörde als juristische Person des öffentlichen Rechts nach § 61 Nr. 1 Beteiligter sein und ist demnach zu benennen. Gewährt das Landesrecht nach § 61 Nr. 3 einzelnen Behörden die Beteiligtenfähigkeit, sind diese aufzunehmen.

Die Angabe des *Berufes* des Beteiligten ist nach § 117 Abs. 2 Nr. 1 zwar erforderlich, wird aber regel- **64** mäßig nicht mehr vorgenommen, was unschädlich ist. Allerdings sollte der Beruf angegeben werden, wenn er zur besseren Identifizierung beiträgt.[76] Der *Wohnort* des Beteiligten ist hingegen (für Zwecke der Zustellung und Vollstreckung) genau zu bezeichnen.

Die *gesetzlichen Vertreter* der Beteiligten sind zu benennen. Wer gesetzlicher Vertreter ist, ergibt sich **65** aus materiellem Recht. Er muss ebenfalls mit Namen, Beruf und Wohnort angeben werden. Die Ver-

---

72 *Kopp/Schenke* § 117 Rn. 7.
73 *Klein/Czajka* 211.
74 *H.-J. Musielak*, in: MüKoZPO § 313 Rn. 7.
75 VGH Mannheim NJW 1984, 195: Angabe des Namens und der Adresse des Erben eines Klägers sind entbehrlich, da es nicht zu den Aufgaben des Gerichtes gehöre, zu klären, wer Erbe sei.
76 *H.-J. Musielak*, in: MüKoZPO § 313 Rn. 7.

treter *juristischer Personen des Privatrechts* sind mit bürgerlichem Namen zu benennen, so der Geschäftsführer, §§ 6, 35 GmbHG und der (gesamte!) Vorstand, § 78 AktG.[77]
Für die Vertretung *juristischer Personen des Öffentlichen Rechts* genügt die Angabe der Amtsbezeichnung. Die namentliche Nennung des Amtsinhabers ist unüblich und empfiehlt sich nicht. Sind Beteiligte des Verfahrens Behörden nach § 61 Nr. 3, handeln für sie gem. § 62 Abs. 3 der Behördenvorstand oder besonders Beauftragte (→ § 62 Rn. 61).[78]

66　Neben diesen notwendigen Angaben können weitere Angaben im Interesse der Klarheit erforderlich sein, so die Angabe des Geschäftsinhabers mit bürgerlichem Namen neben der Firma des Kaufmanns und die Angabe des vertretungsberechtigten Gesellschafters bei Personenhandelsgesellschaften.

67　Die Beteiligten sind mit ihrer *Prozessstellung* anzugeben, wobei die doppelte Parteistellung in der Rechtsmittelinstanz zu beachten ist. Begonnen wird mit der Klägerseite.

68　Die *Prozessbevollmächtigten* sind bei dem jeweiligen Beteiligten als solche zu bezeichnen. Bei der Prozessvertretung durch eine Sozietät ist die Benennung sämtlicher Kanzleimitglieder nicht erforderlich.[79] Ebenso wenig aufzunehmen sind Termins- oder Behördenvertreter.[80]

69　*Weitere Beteiligte*, die nicht Partei sind, wie der Beigeladene oder der Vertreter des öffentlichen Interesses, sind mit Namen, Adresse, Beruf und eventueller Vertretung mit ihrer Prozessstellung an die Bezeichnung der Parteien anzuschließen.

70　Sind die Beteiligten im Urteil *mangel- oder lückenhaft bezeichnet*, kann das Urteil unbestimmt sein und damit unwirksam. Eine Berichtigung kann über § 118 erfolgen.[81]

71　**b) Bezeichnung des Gerichts und der Richter (Nr. 2).** Die Bezeichnung des Gerichtes und der an der Entscheidung mitwirkenden Richter hat so genau zu erfolgen, dass zweifelsfrei feststeht, wer das Urteil gefällt, d.h. „für Recht erkannt" hat.[82] Hierbei ist nicht nur das Gericht,[83] sondern der erkennende Spruchkörper zu bezeichnen. Denn nur so ist nachprüfbar, ob die Streitsache vor dem zuständigen gesetzlichen Richter verhandelt wurde. Die namentliche Nennung der Richter erfolgt i.V.m. ihrer Amtsbezeichnung und beginnt mit dem Vorsitzenden, den beisitzenden Richtern und schließt mit den ehrenamtlichen Richtern. Die hier benannten Richter müssen mit denen identisch sein, die das Urteil unterzeichnet haben, da sonst eine Ausfertigung zum Zwecke der Zustellung des Urteils nicht möglich ist. Die Unterschriften der Richter (→ Rn. 27 ff.) ersetzen die Aufführung im Rubrum, wenn zweifelsfrei feststeht, dass die unterzeichnenden Richter diejenigen sind, die das Urteil gefällt haben.[84] Regelmäßig ist der Tag des Schlusses der mündlichen Verhandlung, bei einer Entscheidung ohne mündliche Verhandlung der Tag der Urteilsfällung anzugeben, obwohl diese Angabe nicht wesentlich ist (→ Rn. 59).

72　**3. Urteilsformel (Tenor, Nr. 3).** Die Urteilsformel ist Wiedergabe der Entscheidung des Gerichtes über die erhobene Klage. Aus ihr wird der Umfang der Rechtskraft deutlich und in welchem Umfang wer gegen wen das Urteil vollstrecken darf. Sie soll im Interesse einer klaren und unmissverständlichen Fassung von allen anderen Teilen des Urteils deutlich sichtbar abgesetzt werden.[85] Die Formel hat in knapper, genauer und aus sich heraus verständlicher Formulierung die Entscheidung des Gerichtes so wiederzugeben, dass den Beteiligten und den Vollstreckungsorganen zweifelsfrei erkennbar wird, wie das Gericht entschieden hat.[86] Die Notwendigkeit einer genau formulierten Urteilsformel

---

77　*C. Balzer*, NJW 1995, 2449: Solange der Gesetzgeber keine Vereinfachung zulässt, lässt sich der mitunter lästige Schreibaufwand nicht vermeiden, obwohl die Nennung eines Organmitgliedes ausreichend sein könnte.
78　Zur Frage der Anwendbarkeit des § 157 Abs. 1 ZPO: *W. Bittner*, DVBl 1973, 24, 28 m.w.N.; diese Frage offen gelassen in BVerwGE 19, 339, 341; VG Hannover DVBl 1975, 72.
79　*Kopp/Schenke* § 117 Rn. 8; *Bostedt*, in: Fehling/Kastner/Störmer § 117 Rn. 16.
80　*Bostedt*, in: Fehling/Kastner/Störmer § 117 Rn. 16.
81　*Kopp/Schenke* § 117 Rn. 8.
82　Mit dieser Formulierung wird üblicherweise zur Urteilsformel übergeleitet, z.B.: In der Verwaltungsstreitsache des ... gegen den ... hat die 1. Kammer ... f ü r　R e c h t　e r k a n n t: Der Bescheid vom ...
83　*C. Balzer*, NJW 1995, 2448: Es ist überflüssig, die Bezeichnung des Gerichts anzuführen, wenn das Urteil bereits in der Überschrift die Angabe des Gerichts enthält.
84　BGH FamRZ 1977, 124; *C. Balzer*, NJW 1995, 2448: Die leserliche Namensangabe eines Richters unter dem Urteil sollte immer zur Namensangabe genügen.
85　*H.-J. Musielak*, in: MüKoZPO § 313 Rn. 9.
86　*C. Balzer*, NJW 1995, 2448, 2449: Auch die Urteilsformel lässt sich bei einer Beschränkung auf das Wesentliche im Vergleich zur ständigen Übung der Gerichte „entschlacken".

verdeutlicht sich in § 168 Abs. 2, weil für die Zwecke der Vollstreckung ein Urteil ohne Tatbestand und Entscheidungsgründe ausgefertigt werden kann. Die Urteilsformel enthält (1.) die eigentliche Sachentscheidung, (2.) die Entscheidung über die Kosten und die Notwendigkeit der Hinzuziehung eines Bevollmächtigten für das Vorverfahren nach § 162 Abs. 1, (3.) ggf. die Entscheidung zur vorläufigen Vollstreckbarkeit und (4.) die Entscheidung über die Zulassung von Rechtsmitteln.

Zur Beseitigung von *Unklarheiten der Urteilsformel* können grds. Tatbestand und die Entscheidungsgründe herangezogen werden.[87] Bleibt die Urteilsformel selbst dann unklar, ist das Urteil missverständlich und damit nichtig. Bei Widersprüchen hat die Urteilsformel Vorrang vor Tatbestand und Entscheidungsgründen (vgl. VGH Kassel ESVGH 19, 144). Die Urteilsformel ist einer Berichtigung unter den Voraussetzungen des § 118 zugänglich.

4. Tatbestand (Abs. 2 Nr. 4 und Abs. 3). An die Urteilsformel schließt sich der Tatbestand an. Er muss erkennen lassen, welchen Tatsachenstoff das Gericht seiner Entscheidung zugrunde gelegt hat. Ihm kommt gem. § 173 i.V.m. § 314 ZPO eine *Beurkundungsfunktion* dergestalt zu, dass er Beweis für das mündliche Parteivorbringen erbringt, der nur durch das Protokoll der mündlichen Verhandlung entkräftet werden kann.[88] Gem. § 98 i.V.m. § 418 Abs. 1 ZPO liefert der Tatbestand vollen Beweis für die darin bezeugten eigenen Wahrnehmungen oder Handlungen des Gerichts.[89] Neben dieser Beurkundungsfunktion kommt dem Tatbestand eine *Darlegungsfunktion* zu. Sie zielt darauf ab, die Entscheidung in tatsächlicher Hinsicht für Beteiligte und Revisionsrichter verständlich zu machen.[90] Im Tatbestand ist gem. Abs. 3 der *Sach- und Streitstand gedrängt*, d.h. auf das Wesentliche konzentriert, darzustellen. Hierbei ist sich klar und verständlich auszudrücken. Für die *Formulierung des Tatbestandes* gibt es keine Vorschriften. Üblicherweise ist er getrennt von den Entscheidungsgründen abzusetzen und mit Tatbestand zu überschreiben (förmlicher Tatbestand). Diese äußerliche Trennung des Tatbestandes ist nicht zwingend. Es genügt, wenn Tatsachenstoff und Entscheidungsgründe eindeutig inhaltlich voneinander getrennt werden können.[91]

In Grundzügen enthält der Tatbestand, soweit keine Vereinfachungsmöglichkeiten (→ Rn. 13 ff.) gegeben sind:

1. den unstreitig vorgetragenen und vom Gericht nach § 86 Abs. 1 ermittelten Sachverhalt (die *Geschichtserzählung*). Die Darstellung erfolgt im Indikativ des Imperfekt. Hier sind die notwendigen Angaben zum Vorverfahren aufzunehmen. Die Darstellung der sachlichen und rechtlichen Ausführungen der Beteiligten im Vorverfahren erübrigt sich, wenn selbige Argumente im gerichtlichen Verfahren erhoben worden sind. Diese sind nach Darstellung der Prozessgeschichte im Streitstand wiederzugeben.

2. Die Prozess*geschichte* gibt im Perfekt Auskunft über die Entwicklung des Rechtsstreites vor dem erkennenden Gericht (Zeitpunkt der Klageerhebung, Wechsel der Beteiligten, etc.).

3. Im *Streitstand* werden die Behauptungen der Beteiligten aufgenommen. Regelmäßig beginnt die Darstellung mit dem streitigen Klägervorbringen. Auf Rechtsmeinungen ist in gebotener Kürze einzugehen, wenn ohne Hinweis auf die Rechtsansichten einer Partei der Tatsachenvortrag unverständlich ist. Es folgt der Antrag des Klägers, der optisch *durch eine deutliche Einrückung vom übrigen Vorbringen getrennt* wird. Er ist so aufzunehmen, wie er gestellt wurde. Ob und wie sich eine Auslegung gem. § 88 gebietet, ist in den Entscheidungsgründen zu klären. Dem klägerischen ist der Antrag des Beklagten gegenüberzustellen, an den dessen Ausführungen anzufügen sind. An das streitige Vorbringen des Beklagten ist ggf. ein Antrag und das Vorbringen der weiteren Beteiligten, insbes. des Beigeladenen anzuschließen. Für die Darstellung des Streitstandes wird die indirekte Rede verwandt, die Anträge werden im Indikativ Präsens formuliert. Zum Schluss folgt die

73

74

---

87 Vgl. BVerwG 28.1.2015 – 2 B 15/14, juris Rn. 14 m.w.N.; *H.-J. Musielak*, in: MüKoZPO § 313 Rn. 17 m.w.N.
88 Vgl. BVerwG 13.4.1989 – 1 B 21/89, juris Rn. 9; BayVGH 28.7.2010 – 9 ZB 07.1256, juris Rn. 8; *P. Hartmann*, in: Baumbach/Lauterbach/Albers/Hartmann § 314 Rn. 4.
89 Vgl. BVerwG NVwZ 2010, 1438; BVerwG NVwZ 1985, 337, 338: Die Tatsache, ob eine mündliche Verhandlung stattgefunden hat, kann nicht nur durch das Sitzungsprotokoll, sondern auch auf andere Weise, z.B. durch den Tatbestand nachgewiesen werden.
90 *H. Oehlers*, NJW 1994, 712, 714.
91 BVerwG Buchholz 310 § 117 VwGO Nr. 10; BGH NJW 1983, 1901: Von der Aufhebung eines Berufungsurteils, das keinen Tatbestand enthält, kann abgesehen werden, wenn sich die tatsächlichen Grundlagen hinreichend aus den Entscheidungsgründen ergeben.

Darstellung des Ergebnisses der *Beweisaufnahme*, wobei eine Verweisung auf das Protokoll der Sitzung zulässig und geboten ist (BVerwGE 61, 365, 367; BVerwG NJW 1986, 2268, 2269).

75 Von der *Möglichkeit, auf die Schriftsätze, Protokolle etc. zu verweisen*, ist[92] umfassend Gebrauch zu machen. Das Gesetz bestimmt aber nicht die Art der Verweisung. Geübte Praxis ist die *pauschale Bezugnahme* auf beigezogene Unterlagen zum Abschluss des Tatbestandes, die „Salvatorische Klausel". Ihre Bedeutung ist umstr.[93] Eine Pauschalverweisung sei unzulässig, da es weder den Parteien noch Rechtsmittelgerichten zuzumuten ist, sich die entscheidungserheblichen Tatsachen aus dem Akteninhalt selbst herbeizusuchen.[94] Zudem diene der umfassend erarbeitete Tatbestand der Selbstkontrolle des Richters.[95] Der „umfassend erarbeitete Tatbestand" kann aber im Interesse der Verfahrensbeschleunigung und der Regelung des Gesetzes, dass verwiesen werden *soll*, nicht der Regelfall sein.[96] Vielmehr sollte die salvatorische Klausel als zulässig angesehen werden.[97] Es empfiehlt sich aber, mitten im Tatbestand auf ein bestimmtes, genau zu bezeichnendes Dokument dann zu verweisen (Angabe der Seitenzahl der Akten), wenn der Leser im Interesse der Verständlichkeit erst dieses Dokument lesen soll, bevor er den Tatbestand weiterliest.[98] Verweisungen verbieten sich grds. dann, wenn sich aus den Schriftsätzen der Sach- und Streitstand nicht hinreichend ergibt oder wenn mit der Bezugnahme auf beigezogene Unterlagen die Grenze der Verständlichkeit überschritten ist. Abzustellen ist auf die Verständlichkeit für die Beteiligten selbst und nicht auf die des Prozessbevollmächtigten.[99] Durch die Bezugnahme gem. § 117 Abs. 3 S. 2 kann sich das Gericht nicht seiner Pflicht zur vorherigen Offenlegung seiner Erkenntnisquellen und der Ermöglichung der Stellungnahme durch die Beteiligten entziehen. Die Bezugnahme dient der Vereinfachung der Darstellung, ersetzt aber nicht die gebotene gerichtliche Erörterung (BVerwG 3.5.2002 – 4 B 1/02, juris Rn. 10).

76 *Unrichtigkeiten und Widersprüche* im Tatbestand können gem. §§ 118, 119 berichtigt werden. Sind die Angaben im Tatbestand so lückenhaft und widersprüchlich, dass er für die rechtliche Beurteilung keine Grundlage bietet, ist das Urteil mit einem wesentlichen Verfahrensmangel behaftet und deshalb auch ohne Rüge aufzuheben.[100] Dies gilt auch dann, wenn die Entscheidung auf unrichtigen Annahmen über den Prozessverlauf beruht (BVerfG NJW 1982, 983).

77 **5. Entscheidungsgründe (Abs. 2 Nr. 5 und Abs. 5).** Die Begründungspflicht hat sich erst mit der Entwicklung eines Instanzenzuges herausgebildet und beruhte ursprünglich auf dem Kontroll- und Überwachungsbedürfnis der Obergerichte und des Gerichtsherrn. Eine den Prozessparteien zugängliche Urteilsbegründung setzte sich erst mit der politischen Forderung nach Öffentlichkeit und Mündlichkeit des gerichtlichen Verfahrens durch.[101]

78 Die Begründungspflicht ergibt sich heute aus *§ 108 Abs. 1 S. 2.* Sie hat ihre Grundlage im verfassungsrechtlichen *Willkürverbot des Art. 3 Abs. 1 GG*, an dem sich jede hoheitliche Entscheidung messen lassen muss (BVerfG NVwZ 1993, 975, 976; BVerfGE 71, 122, 136). Der Pflicht des § 108 Abs. 1 S. 2 ist nur dann genügt, wenn die schriftlich abzufassenden Entscheidungsgründe des § 117 Abs. 2 Nr. 5 mit den Gründen übereinstimmen, die nach dem Ergebnis der Urteilsberatung für die richterliche Überzeugung und für die von dieser getragenen Entscheidung maßgeblich waren (GmSOGB BVerwGE 92, 367, 371). Insofern kommt den schriftlich niedergelegten Entscheidungsgründen eine *Beurkundungsfunktion* für diese maßgeblichen Gründe zu (GmSOGB BVerwGE 49, 61, 63; 60, 14, 15 f; 92, 367, 373).

---

92   *Ch. Balzer*, NJW 1995, 2448.
93   Hierzu *C. Balzer*, NJW 1995, 2448, 2451 (9.) m.w.N.; *F.-W. Schwöbbermeyer*, NJW 1990, 1451, 1453.
94   OLG Hamburg NJW 1988, 2678; *Kopp/Schenke* § 117 Rn. 13; *C.-D. Schumann*, NJW 1993, 2786, 2787; auch der BGH NJW 1979, 927 tendiert in diese Richtung: Es fehlt dann an der für die Entsch. und rechtliche Überprüfung unentbehrlichen festen tatsächlichen Grundlage, wenn für die Gewinnung des Sach- und Streitstandes die Durchsicht der Akten unerlässlich ist.
95   *C.-D. Schumann*, NJW 1993, 2786, 2787.
96   *H. Oehlers*, NJW 1994, 712, der gerade die Zweckmäßigkeit der von *C.-D. Schumann*, NJW 1993, 2786, 2787, präferierten Verfahrensweise anzweifelt.
97   So auch *M. Redeker*, in: Redeker/v. Oertzen § 117 Rn. 5.
98   *Ch. Balzer*, NJW 1995, 2448, 2459.
99   Vgl. *M. Redeker*, in: Redeker/v. Oertzen § 117 Rn. 5.
100   *H.-J. Musielak*, in: MüKoZPO § 313 Rn. 18 m.w.N.
101   *D. Werkmüller*, in: A. Erler/E. Kaufmann/D. Werkmüller, Handwörterbuch, Bd. V, 1998, 613.

Das Gesetz verzichtet bei *Berufungsurteilen* nach § 130 b und bei *Revisionsurteilen* nach § 144 Abs. 7 79
S. 1 auf eine weitere Darstellung der Entscheidungsgründe.

Zweck der Urteilsbegründung ist, eine Nachprüfung der gerichtlichen Entscheidung durch die Rechts- 80
mittelinstanz zu ermöglichen (BVerwG NVwZ 1992, 1085, 1086). Insofern ist die Begründungspflicht
für Entscheidungen, die mit ordentlichen Rechtsbehelfen nicht angreifbar sind, eingeschränkt und verlangt nur eine Begründung, wenn vom eindeutigen Gesetzeswortlaut oder st. Rspr. abgewichen
wird.[102] Andererseits bezweckt die Pflicht zur Urteilsbegründung, die Beteiligten von der Richtigkeit
der Entscheidung zu überzeugen und der unterlegenen Partei Anhaltspunkte für die Überlegung zu
bieten, ob ein Rechtsmittel gegen die Entscheidung einzulegen sei (BVerwGE 117, 228).

Die *Notwendigkeit der Entscheidungsbegründung* verdeutlicht sich vor allem bei Bescheidungsurteilen 81
nach § 113 Abs. 5. Die Rechtsauffassung, nach der der Kläger zu bescheiden ist, ergibt sich nämlich
erst aus den Entscheidungsgründen. Auch bei klageabweisenden Urteilen verdeutlicht erst die Begründung, ob eine Abweisung aus prozessualen oder sachlichen Gründen erfolgte.

Bereits nach dem Wortlaut des § 117 Abs. 2 Nr. 5 hat die Entscheidungsbegründung den Ausspruch in 82
der Urteilsformel zu rechtfertigen. Damit sind eigentliche Sachentscheidung und Entscheidungen über
die Kosten und die Notwendigkeit der Hinzuziehung eines Bevollmächtigten für das Vorverfahren und
die Entscheidungen zur vorläufigen Vollstreckbarkeit und über Zulassung von Rechtsmitteln *zu begründen* (§ 108). D.h. es muss deutlich werden, *warum* das Gericht gerade zu der von ihm gefällten
Entscheidung gelangt ist.[103] Inhaltslose Wendungen oder die Wiedergabe der Urteilsformel mit anderen Worten genügen nicht (grds. zu den Entscheidungsgründen: BSG NJW 1966, 566 f.). *Unentbehrlich* sind die Bezeichnung der die Entscheidung tragenden *Rechtsnormen* und die *Subsumtion* des u.U.
nach einer Beweisaufnahme festgestellten Sachverhalts. Das Gericht muss nachvollziehbar das Ergebnis der Beweisaufnahme würdigen. Mit offensichtlich unergiebigen Bekundungen eines Zeugen muss
sich nicht auseinandergesetzt werden (BVerwG NVwZ 1985, 197). Ebenso wenig ist das Gericht verpflichtet, die Gründe, mit denen es einen Beweisantrag durch einen begründeten Beweisbeschluss abgelehnt hat, zu wiederholen (BVerfG NJW 1986, 2268, 2269). Rechtsnormen sind mit ihrem Wortlaut
wiederzugeben, wenn sie einer Auslegung bedürfen. Unbekannte Gesetze sind im Interesse der Verständlichkeit für die Beteiligten sinngemäß wiederzugeben.

Der Anspruch auf rechtliches Gehör verpflichtet das Gericht, die Ausführungen der Beteiligten zur 83
Kenntnis zu nehmen und in Erwägung zu ziehen (BVerfGE 27, 248, 251; 47, 182, 187; 54, 86, 91;
58, 353, 356). Aus *Art. 103 Abs. 1 GG* kann aber nicht die Pflicht hergeleitet werden, dass jedes Vorbringen ausdrücklich beschieden wird. Nur wenn Umstände den Schluss zulassen, dass das Vorbringen der Beteiligten in keiner Weise berücksichtigt wurde, liegt ein Verstoß gegen Art. 103 Abs. 1 GG
vor (BVerfGE 5, 22, 24; 13, 132, 149; 47, 182, 187).

Die die Entscheidung tragenden Erwägungen sind *vollständig* niederzulegen und *konzentriert* darzu- 84
stellen. Alle rechtserheblichen Gesichtspunkte sind knapp abzuhandeln, wobei über geklärte Grund-
satzfragen nicht zu referieren ist.[104] In welchem Umfang für die Begründung Rspr. und Lit. herangezogen werden, steht im pflichtgemäßen Ermessen des Gerichts (BVerwG NJW 1987, 2499). Zahllose
Zitate und Belegstellen sind zu vermeiden,[105] es sind repräsentative Zitate zu wählen. Wird eine Entscheidung zitiert, die nur mit ihrem Leitsatz veröffentlicht ist, verstößt dies nicht gegen das Willkürverbot.[106] Es sollte bedacht werden, dass das Urteil an Überzeugungskraft gewinnt, wenn den Beteiligten das Ergebnis einleuchtend vermittelt wird.

Die Entscheidungsgründe können nach *Abs. 5* durch *Bezugnahmen* auf den ergangenen Verwaltungs- 85
akt oder Widerspruchsbescheid ersetzt werden (→ Rn. 13 ff., 16). Bezugnahmen sind dann unzulässig,
wenn sich die tragenden Entscheidungsgründe nicht mehr zweifelsfrei ermitteln lassen (BVerwG
NVwZ 2002, 730, 733). Bezugnahmen sind eindeutig zu kennzeichnen. Es ist notwendig, dass das
Gericht feststellt, dass es sich die Ausführungen, auf die Bezug genommen wird, zu eigen macht. Ohne

---

102 BVerfGE 50, 287, 289; 71, 122, 136; zudem sind § 84 Abs. 4 VwGO und § 77 Abs. 2 AsylG zu beachten → Rn. 13,
     14.
103 Zu den Anforderungen an die Urteilsbegründung in Kriegsdienstverweigerungssachen BVerwGE 61, 365.
104 *K. Redeker*, DVBl 1977, 132.
105 *K. Redeker*, DVBl 1977, 132, 134.
106 BVerwG NJW 1987, 2499; *H. Sendler*, DVBl 1982, 923, 927: Das Zitieren unveröffentlichter Entscheidungen ist
     unhöflich.

diese Feststellung wird der in Bezug genommene Textteil nicht Bestandteil der Entscheidungsgründe. Eine Bezugnahme auf vorangehende Entscheidungen verbietet sich dann, wenn gegen diese substantiierte Einwände erhoben wurden.

Macht ein VG von der Möglichkeit des § 117 Abs. 5 Gebrauch, steht nicht entgegen, dass später auch das Berufungsgericht von weiterer Darstellung absieht, soweit es die Berufung aus den Gründen der angefochtenen Entscheidung des VG gem. § 130 b S. 2 zurückweist (BVerwG NVwZ 2002, 730, 733). Es wird für zulässig erachtet, dass sich VG in ihren Entscheidungen auch auf andere den Beteiligten bekannte, frühere Entscheidungen beziehen, sofern die Beteiligten und das Rechtsmittelgericht aus den mitgeteilten Entscheidungsgründen i.V.m. den in Bezug genommenen, früheren Entscheidungen die maßgebenden Erwägungen für die neue Entscheidung entnehmen können.[107] Eine Bezugnahme auf den Beteiligten bekannte Schriftsätze ist ebenfalls zulässig.[108]

86   Ist die Begründung lückenhaft oder unzulänglich, liegt ein die Aufhebung des Urteils rechtfertigender *Verstoß gegen § 117 Abs. 2 Nr. 5* vor, wenn die Begründung offensichtlich unbrauchbar ist (vgl. BVerfGE NJW 1993, 1909). Lücken in den Entscheidungsgründen können die Revision nach § 138 Nr. 6 tragen (BVerwGE 117, 228). Das Urteil gilt als „nicht mit Gründen versehen". Dies ist auch der Fall, wenn die Entscheidungsgründe keine Kenntnis darüber vermitteln, welche tatsächlichen und rechtlichen Gesichtspunkte für die Entscheidung maßgebend waren und wenn den Beteiligten und dem Rechtsmittelgericht deshalb die Möglichkeit entzogen ist, die Entscheidung zu überprüfen, die angegebenen Gründe mithin verworren, nicht nachvollziehbar, sachlich inhaltslos oder sonst völlig unzureichend sind (vgl. BVerwGE 117, 228; BVerwG 25.9.2013 – 1 B 8/13, juris Rn. 16).

Fehlt trotz substantiierten Vortrags die Begründung maßgeblicher Gesichtspunkte, kann ein Verfahrensverstoß nicht ausgeschlossen werden (BVerfG NVwZ 1993, 975, 976). Einer verfassungsgerichtlichen Prüfung halten zudem solche Gründe nicht stand, die nicht nachvollziehbar Umstände als rechtserheblich annehmen, für deren Vorliegen nichts sprach (BVerfGE 71, 122, 135).

87   **6. Rechtsmittelbelehrung (Nr. 6).** Die Rechtsmittelbelehrung gehört zum notwendigen Urteilsinhalt. § 117 Abs. 2 Nr. 6 gilt auch für zweitinstanzliche Urteile, § 125 Abs. 1 S. 1, sowie für den erstinstanzlichen Gerichtsbescheid, § 84 Abs. 1 S. 3.[109] Sie ist zeitgleich mit der Entscheidung zu erteilen. Dadurch ist gewährleistet, dass der Lauf der Rechtsmittelfrist der Aufmerksamkeit des Betroffenen nicht entgeht. Die Unterrichtung über den Rechtsbehelf soll ohne Rückgriff auf ältere Unterlagen möglich sein (BVerwGE 109, 336, 340). Die Rechtsmittelbelehrung muss als Urteilsbestandteil von den Unterschriften der Richter gedeckt sein, § 117 Abs. 1 S. 2. Dies ist nur der Fall, wenn sie den Unterschriften vorangeht, weil diese den gesamten Urteilstext in räumlicher und zeitlicher Hinsicht abschließen müssen. Eine der Unterschrift nachfolgende Belehrung hätte nicht den gleichen die Aufmerksamkeit lenkenden Effekt. Die Richter übernehmen mit der Unterzeichnung zudem Verantwortung und Gewähr für die Richtigkeit des Belehrungstextes (BVerwGE 109, 336, 341 f.).

Die Rechtsmittelbelehrung hat in der gleichen Urkunde zu erfolgen wie die Entscheidung. Eine Belehrung mit gesondertem Schreiben ist nicht zulässig, da die Gefahr des Übersehens größer ist. Erst recht vermag ein nicht vom Richter unterzeichnetes Formular der Bedeutung der Belehrung und den Anforderungen nicht gerecht werden (BVerwGE 109, 336, 342).

Im Urteil hat das Gericht zugleich über den Antrag auf Zulassung der Berufung zu belehren.[110] Die Belehrung über das Erfordernis der Berufungsbegründung und deren Frist hat mit dem die Berufung zulassenden Beschluss zu erfolgen. § 117 ist insoweit entsprechend anzuwenden (BVerwGE 109, 336, 343). Ein Verweisen auf die Rechtsmittelbelehrung im erstinstanzlichen Urteil genügt den Anforderungen nicht (zum Ganzen BVerwGE 109, 336, 340 ff.).

Der Inhalt der Belehrung bestimmt sich nach § 58. Werden Rechtsmittel nicht zugelassen, ist über die Möglichkeit der Nichtzulassungsbeschwerde zu belehren. Wird in einer Belehrung über die Erfordernisse einer „zugelassenen Berufung" belehrt und erfolgte die Zulassung weder im Tenor noch in den

---

107   BVerwGE 109, 272, 273 f.; BVerwG NVwZ 2002, 730, 733; BVerwG 3.1.2006 – 10 B 17/05, juris Rn. 3. Die Entscheidungen gehen davon aus, dass die Hinweise in §§ 130 b und 117 Abs. 5 dies nicht ausschließen, sondern lediglich für die dort angesprochenen Fälle klarstellen.
108   OVG Lüneburg 3.6.2008 – 6 LD 2/06, juris Rn. 134.
109   BVerwGE 109, 336, 339 f.
110   § 117 Abs. 1 S. 2, Abs. 2 Nr. 6 kommen unmittelbar zur Anwendung, BVerwGE 109, 336, 344.

Entscheidungsgründen, bedeutet dies keine Zulassung der Berufung, da die Zulassung selbst eine Willenserklärung ist, die Belehrung dagegen eine reine Wissenserklärung. Die Belehrung ist hier „offenbar unrichtig" und nach § 118 zu berichtigen (VGH Mannheim NVwZ 2003, 693, 694).

Das Fehlen der Rechtsmittelbelehrung zieht nicht die Fehlerhaftigkeit des Urteils nach sich, sondern die Folgen des § 58.[111] Die Belehrung kann durch Berichtigung (§ 118 Abs. 1) nachgeholt und korrigiert werden. Das Urteil ist in der berichtigten Form erneut zuzustellen (BVerwGE 109, 336, 342). Die Rechtsmittelfristen laufen erst mit Zustellung des Urteils mit der berichtigten Belehrung (OVG Brem DÖV 1988, 611).

III. Nachträgliche Absetzung des Urteils (Abs. 4)

Die Bestimmung ermöglicht dem Gericht, ein bereits verkündetes Urteil erst *nachträglich* vollständig abzufassen. Das Gesetz verpflichtet die Richter hierbei, innerhalb von zwei Wochen nach der Verkündung (S. 1) und in Ausnahmefällen (S. 2) alsbald nach der Übergabe der unterschriebenen Urteilsformel an die Geschäftsstelle das Urteil vollständig niederzulegen (→ Rn. 17; → § 116 Rn. 19).

1. Zwei-Wochen-Frist des Abs. 4 S. 1. Das Gesetz geht grds. davon aus, dass es dem Gericht möglich ist, seine Entscheidung innerhalb von zwei Wochen nach der Verkündung schriftlich zu begründen. Hintergrund der Regelung ist, dass die Identität der schriftlich gefassten Urteilsgründe mit denjenigen, die während Beratung und Urteilsfällung für die richterliche Überzeugung tatsächlich leitend gewesen sind, verlässlich beurkundet werden soll. Der *Beurkundungsfunktion* wird die schriftliche Abfassung nur gerecht, wenn sie in engem zeitlichen Zusammenhang mit der Urteilsfällung erfolgt, der gewährleistet, dass das ursprüngliche Beratungsergebnis zutreffend wiedergegeben wird. Der Gesetzgeber hat daher die *Zwei-Wochen-Frist* zur Absetzung des Urteils nicht als Ordnungsvorschrift[112] sondern als *zwingendes Verfahrensrecht* ausgestaltet.[113]

2. Ausnahmefall des Abs. 4 S. 2. Ist es ausnahmsweise nicht möglich, das Urteil innerhalb der Zwei-Wochen-Frist vollständig abzufassen, ist ein „abgekürztes" Urteil der Geschäftsstelle innerhalb dieser zwei Wochen zu übermitteln. Auch diese Frist gilt zwingend und soll ermöglichen, dass den Beteiligten zum Zwecke der Vollstreckung eine Ausfertigung erteilt werden kann, § 168 Abs. 2. Für diese Übermittlung wird nur auf die Niederlegung von Tatbestand, Entscheidungsgründen und Rechtsmittelbelehrung verzichtet. Der Übermittlungspflicht ist daher nur genügt, wenn das Urteil mit vollständigem Rubrum und der Urteilsformel übergeben wurde. Eine Rechtsmittelbelehrung erübrigt sich, da die Frist erst nach Vorhandensein des vollständigen Urteils zu laufen beginnt. Tatbestand und Entscheidungsgründe sind alsbald zu fertigen.

Ein Ausnahmefall i.S.v. Abs. 4 S. 2 kann vorliegen, wenn wegen der Schwierigkeit der Materie, dem Umfang der Sache, wegen Urlaub oder Krankheit des Berichterstatters die Zwei-Wochen-Frist zur Absetzung des vollständigen Urteils nicht eingehalten werden kann.

Der Beschluss des GmSOGB hat die Diskussion über die Auslegung des unbestimmten Begriffs *„alsbald"* in Abs. 4 S. 2 Hs. 2 beendet. Die Auslegung knüpft an die Überlegung an, dass sich Zweifel an der Verlässlichkeit der niedergelegten Urteilsgründe verstärken, wenn zwischen Urteilsberatung und Niederlegung eine längere Zeitspanne liegt. Dann liegt die Vermutung nahe, dass wegen des zeitlich beschränkten menschlichen Erinnerungsvermögens an die Stelle des ursprünglichen Beratungsergebnisses die Begründung dessen trete, was der Richter nunmehr als zutreffend erachte oder an was er sich noch zu erinnern glaube (BVerwGE 85, 273, 276 f.). Infolgedessen verlieren die schriftlich niedergelegten Gründe die Beurkundungsfunktion (GmSOGB BVerwGE 92, 367, 376). Neben der Beurkundungsfunktion dient Abs. 4 S. 2 aber auch dem *Rechtsschutz der Beteiligten*. Denn auch ihr Erinnerungsvermögen an die mündliche Verhandlung verblasst und sie können nicht mehr zuverlässig beurteilen, ob das, was nach den schriftlichen Gründen entscheidungserheblich ist, erörtert worden und ob ihnen dazu rechtliches Gehör gewährt worden ist (BVerwGE 85, 273, 279). Die zeitliche Begrenzung

88
89
90
91

---

111 Vgl. BVerwGE 77, 181, 184; VGH München NVwZ-RR 2006, 582, 583.
112 BVerwG NVwZ-RR 2001, 798, 799: keine Muss-Vorschrift; ebenso als Ordnungsvorschrift behandelt in BVerwGE 49, 61, 62; 50, 278, 279; 60, 14, 15; BVerwG Buchholz 310 § 133 Nr. 86; 73; 64; BVerwG NJW 1983, 466.
113 Das ist spätestens seit dem Beschl. des GmSOGB v. 27.4.1993 geklärt, GmSOGB BVerwGE 92, 367, 372; GS BVerwG NVwZ 1992, 1085.

„alsbald" ist daher im Lichte der Beurkundungs- und Rechtsschutzfunktion so zu konkretisieren, dass der Rspr. ein dem Wesen des unbestimmten Rechtsbegriffes eigener Spielraum belassen bleibt, aber gleichzeitig eine möglichst klare und für alle Beteiligten ohne Weiteres erkennbare Grenzlinie fixiert ist (GmSOGB BVerwGE 92, 367, 372; GS BVerwG NVwZ 1992, 1085, 1086). Diese Grenze ist jedenfalls dann überschritten, wenn nach Übergabe der unterzeichneten Urteilsformel an die Geschäftsstelle bis zur Übergabe des vollständig abgefassten Urteils zum Zwecke der Zustellung an die Beteiligten fünf Monate verstrichen sind. Nach Ablauf der *Fünf-Monatsfrist*[114] kann davon ausgegangen werden, dass das Beratungsergebnis „eher rekonstruiert als reproduziert wird" und Fehlerinnerungen nicht mehr zu vermeiden sind. Die Fünf-Monatsfrist orientiert sich dabei an §§ 516, 552 ZPO a.F.[115]
Zur *Wahrung der Fünf-Monatsfrist* kommt es auf den Zeitpunkt der Übermittlung an die Geschäftsstelle an (vgl. BVerwG NVwZ 2013, 218, 220). Die Fünf-Monatsgrenze dient als Grenze der Konkretisierung des Wortes „alsbald" in § 117 Abs. 4 S. 2 Hs. 2. „Alsbald" hat dem Gesetzeswortlaut entsprechend die Übermittlung an die Geschäftsstelle zu erfolgen. Auf die Zustellung nimmt § 117 Abs. 4 keinen Bezug. Unterbleibt die Übermittlung des Urteilstenors an die Geschäftsstelle, so kann die in keiner Weise nach außen dokumentierte Willensbildung des Einzelrichters nicht tauglicher Anknüpfungspunkt für den Lauf der Fünf-Monatsfrist sein. Auch kann das Unterbleiben der Übermittlung des Urteilstenors an die Geschäftsstelle nicht dazu führen, dass die Fünf-Monatsfrist überhaupt nicht in Lauf gesetzt und auf diese Weise das Eingreifen des absoluten Revisionsgrundes des § 138 Nr. 6 verhindert wird.[116]

92   **3. Folgen eines Verstoßes gegen Abs. 4.**   Die Überschreitung der Zwei-Wochen-Frist zur Übermittlung des Urteils ohne Tatbestand und Entscheidungsgründe ist immer ein Verfahrensfehler. Dieser kann aber nicht zur Aufhebung des Urteils führen, denn das Urteil ist bereits gefällt und verkündet, sodass es nicht auf diesem Fehler beruhen kann.[117] Werden Tatbestand, Entscheidungsgründe und Rechtsmittel nicht „alsbald" i.S.d. § 117 Abs. 4 S. 2 Hs. 2 niedergelegt und der Geschäftsstelle übermittelt, liegt ein Verfahrensfehler i.S.d. § 132 Abs. 2 Nr. 3 vor. Die Entscheidung beruht jedoch nur dann auf der Verletzung dieser Verfahrensvorschrift, wenn der zeitliche Zusammenhang zwischen Beratung und Verkündung des Urteils einerseits und Niederlegung, Unterzeichnung und Übermittlung der Entscheidungsgründe andererseits soweit gelockert ist, dass in Anbetracht des nachlassenden Erinnerungsvermögens der Richter die Übereinstimmung zwischen den in das Urteil aufgenommenen und für die richterliche Überzeugung tatsächlich leitenden Entscheidungsgründen im Hinblick auf § 108 Abs. 1 S. 2 nicht mehr gewährleistet erscheint (BVerwG NVwZ-RR 2001, 798, 799; BVerwG NVwZ 2013, 218, 220). Wird das Urteil nicht innerhalb der Fünf-Monatsfrist vollständig ausgefertigt, ist es i.d.R. mit einem *absoluten Revisionsgrund* belastet, weil es „nicht mit Gründen versehen" ist, § 138 Nr. 6.[118] Die Fünf-Monatsgrenze ist keine absolute Grenze. Werden von den Beteiligten konkrete Umstände dargetan, dass ein innerhalb der Fünf-Monatsfrist niedergelegtes und zugestelltes Urteil die Gründe, die für die richterliche Überzeugung maßgeblich waren, nicht zuverlässig wiedergibt, kann dies ebenfalls zur Aufhebung des Urteils führen, denn die Fünf-Monatsfrist ist die äußerste Grenze.[119]
Das sächsische OVG (29.3.1999 – A 4 S 202/98, juris Rn. 9) wendet für die Berechnung der Frist § 222 ZPO an, was zu einer Verlängerung der Frist bei Feiertagen und Wochenende führt. Dem OVG ist insoweit zuzustimmen, dass ein zusätzlicher Feiertag oder ein zusätzliches Wochenende keine messbaren Auswirkungen hat; jedoch ist die Fünf-Monatsfrist ohnehin keine starre. Sie ist ein Richtpunkt. Zu dieser Zeit ist lediglich davon auszugehen, dass die Entscheidungsgründe nicht reproduziert werden, sondern rekonstruiert. Je näher sich der Zeitablauf der Fünf-Monatsgrenze nähert, umso geringer ist der Begründungsaufwand, dass die Entscheidungsgründe nicht mehr die der Entscheidung zugrunde liegenden Überlegungen wiedergeben. Wird die Grenze überschritten, bedarf es besonderen Begründungsaufwandes, dass das Urteil von den jetzt niedergelegten Gründen tatsächlich bestimmt war. Eine Überprüfung und Entscheidung im Einzelfall, ob den Anforderungen des § 117 Abs. 4 S. 2 an als-

---

114 Zum Nachw. der Fristüberschreitung s. BVerfG NJW 2008, 3275, 3276.
115 GmSOGB BVerwGE 92, 367, 376, zum Rückgriff auf die Fünf-Monatsfrist der §§ 516, 552 ZPO a.F., 374; BVerwG NVwZ-RR 2001, 798, 799.
116 So BVerfG NJW 2008, 3275, 3276.
117 BVerwG NVwZ-RR 2001, 798, 799; VGH München 9.2.2007 – 11 ZB 05.1872, juris Rn. 103.
118 GmSOGB BVerwGE 92, 367, 377; BVerwG NVwZ 2013, 218, 220.
119 Vgl. BVerwG 3.5.2004 – 7 B 60/04, juris Rn. 5.

baldige Niederlegung im Hinblick auf Sinn und Zweck der Regelung Rechnung getragen ist, wird durch die Orientierung an der Fünf-Monatsfrist nicht obsolet. Eine Berechnung nach bestimmten Grundsätzen wird § 117 Abs. 4 nicht gerecht.

IV. Sonstiges

1. Vermerk des Urkundsbeamten der Geschäftsstelle (Abs. 6). Zweck des Abs. 6 S. 1 ist, zu bezeugen, 93 dass die in die Urteilsurschrift aufgenommene Urteilsformel mit der verkündeten (zu § 315 Abs. 3 ZPO: BGH NJW 1953, 622, 623), bzw. der im Falle des § 116 Abs. 2 i.V.m. § 117 Abs. 4 S. 2 der schriftlich niedergelegten und der Geschäftsstelle übermittelten Urteilsformel identisch ist.[120] Mit diesem Vermerk wird auch festgehalten, ab wann das Urteil existent und anfechtbar ist. Insofern genügt es, den Tag der ersten Zustellung (bei mehreren Beteiligten) zu vermerken. Der Urkundsbeamte der Geschäftsstelle hat *auf der Urschrift* des Urteils den Tag der Verkündung und den Tag der Zustellung zu beurkunden. Dies erfolgt durch entsprechenden Vermerk, der unterzeichnet werden muss. Für diese *Unterzeichnung* gelten die gleichen Erfordernisse wie für die Unterschrift eines Richters nach Abs. 1 (→ Rn. 27 ff.). Bei einer Verkündung muss nur der Tag der Verkündung vermerkt werden, nicht auch die anschließende Zustellung des vollständigen Urteils nach § 116 Abs. 1 S. 2. Der Tag ergibt sich aus dem Protokoll der Verkündung. Das Fehlen des Vermerks ist prozessual bedeutungslos.[121]
Nach Abs. 6 S. 2 hat der Urkundsbeamte der Geschäftsstelle den Vermerk in einem gesonderten Dokument festzuhalten, wenn die Akten elektronisch geführt werden. Das Dokument ist nach Abs. 6 S. 3 mit dem Urteil untrennbar zu verbinden (→ § 118 Rn. 32).

2. Entsprechende Anwendung § 117. Gem. § 84 Abs. 1 S. 3 gelten die Vorschriften über Urteile für 94 *Gerichtsbescheide* entsprechend. Da ein Gerichtsbescheid durch Zustellung existent wird, besteht nicht die Möglichkeit der nachträglichen Absetzung nach § 117 Abs. 4. Entsprechend ist § 117 auf *Beschlüsse* anwendbar, wobei hier § 122 Abs. 2 eine eigene Begründungspflicht statuiert. Beschlüsse sind wie Urteile zu fassen, wenn sie selbständige Verfahren zum Abschluss bringen, so die Verfahren zum vorläufigen Rechtsschutz und im Falle des § 47 Abs. 6 S. 1.

§ 118 [Urteilsberichtigung]

(1) Schreibfehler, Rechenfehler und ähnliche offenbare Unrichtigkeiten im Urteil sind jederzeit vom Gericht zu berichtigen.

(2) ¹Über die Berichtigung kann ohne vorgängige mündliche Verhandlung entschieden werden. ²Der Berichtigungsbeschluß wird auf dem Urteil und den Ausfertigungen vermerkt. ³Ist das Urteil elektronisch abgefasst, ist auch der Beschluss elektronisch abzufassen und mit dem Urteil untrennbar zu verbinden.

Schrifttum

G. Baumgärtel, Die Kriterien zur Abgrenzung von Parteiberichtigung und Parteiwechsel, JurBüro 1973, 169; *J. Braun*, Verletzung des Rechts auf Gehör und Urteilskorrektur im Zivilprozeß, NJW 1981, 425; *G. Furtner*, Das Urteil im Zivilprozeß, 1985; *J. König*, Rechenfehler in Anerkenntnisurteilen, MDR 1989, 706; *E. Schneider*, Der Beginn der Rechtsmittelfrist bei Urteilsberichtigungen, MDR 1986, 377; *W. Speckmann*, Streitwertänderung und Kostenentscheidung, NJW 1972, 232; *W. Viefhues*, Das Gesetz über die Verwendung elektronischer Kommunikationsformen in der Justiz, NJW 2005, 1009; *M. Vollkommer*, Unzulässige „Berichtigung" des Rubrums, MDR 1992, 642.

---

120 Soweit BGH NJW 1953, 622, 623 den Zweck des Vermerkes im Falle der Zustellung der Urteilsformel darin sieht, dass die Identität zwischen der zugestellten Urteilsformel und der in die Urteilsurkunde aufgenommen Urteilsformel bezeugt werden soll, kann dies nicht auf § 117 Abs. 6 angewandt werden, weil die VwGO nicht die Zustellung eines abgekürzten Urteils kennt. Hier kann nur die der Geschäftsstelle übergebene Urteilsformel gemeint sein.
121 Vgl. OVG Greifswald 17.2.2012 – 2 L 95/11, juris Rn. 10; BGH NJW 1953, 622, 623, ebenso *B. Clausing/C. Kimmel*, in: Schoch/Schneider/Bier § 117 Rn. 28; *Kopp/Schenke* § 117 Rn. 28.

I. Entstehungs- und Textgeschichte

1   Mit § 118 wurde ein allgemeiner Rechtsgedanke (BGHZ 106, 370, 372) normiert, wie er in fast allen Prozessordnungen[1] beheimatet ist und dem Gericht die rasche und einfache Möglichkeit gibt, Schreib- und Rechenfehler und andere offenbare Unrichtigkeiten wie Formulierungsversehen und offensichtliche Widersprüche zu berichtigen.[2]

Der Entwurf der Bundesregierung zur VwGO wies in der Begründung zu der Vorschrift (BT-Drs. 3/55, 16) auf die Nachbildung des § 319 Abs. 1, 2 ZPO hin (BT-Drs. 3/55, 43). Allerdings kannten auch die „Vorläufer" der VwGO eine entsprechende Bestimmung.[3] Durch das Gesetz über die Verwendung elektronischer Kommunikationsformen in der Justiz (JKomG)[4] wurde in § 118 Abs. 2 parallel zum neu gefassten § 319 Abs. 2 ein weiterer S. 3 eingefügt, der Vorgaben zur Berichtigung eines elektronisch abgefassten Urteils enthält.

Im Wortlaut entspricht § 118 nicht ganz § 319 ZPO. In § 319 Abs. 1 ZPO wird ausdrücklich eine Berichtigung „auch von Amts wegen" ermöglicht. Diese in § 118 vorausgesetzte autonome Möglichkeit der Berichtigung durch das Gericht bedurfte in der ZPO einer ausdrücklichen Regelung wegen des dort vorrangigen Dispositionsgrundsatzes.[5] Auch eine dem § 319 Abs. 3 ZPO entsprechende Regelung fehlt. Nach § 319 Abs. 3 Hs. 1 ZPO ist gegen die Zurückweisung des Antrages auf Berichtigung kein Rechtsmittel möglich. Aus dem Fehlen der Parallelvorschrift in § 118 ist erkennbar, dass der Gesetzgeber einen den Antrag auf Berichtigung zurückweisenden Beschluss der Überprüfung zugänglich machen wollte.[6] Zudem ergibt sich die Zulässigkeit der Beschwerde gegen einen solchen Beschluss aus § 146 Abs. 1.

II. Systematik

2   **1. Grundsätzliches zu §§ 118, 119 und 120.** Berichtigung und Ergänzung sind mit der Bindungswirkung von Urteilen nach § 173 i.V.m. § 318 ZPO in Zusammenhang zu bringen. Mit Verkündung oder Zustellung des Urteils wird die Entscheidung des Gerichtes existent und der Rechtsstreit nach außen erkennbar abgeschlossen (→ § 116 Rn. 6). Der entstehende definitive Charakter entzieht die Entscheidung einer nachträglichen Änderung durch das Gericht. Nur im Rechtsmittelverfahren ist das Urteil einer Änderung durch die nächsthöhere Instanz zugänglich.[7] Von diesem Grundsatz sind die §§ 118–120 Ausnahmen.[8][9] § 118 erfasst dabei Schreib- und Rechenfehler und offenbare Unrichtigkeiten im

---

1   *D. Leipold*, in: Stein/Jonas § 319 Rn. 2, 4: allgemeiner Grundsatz des Verfahrensrechts; zu den Besonderheiten im Strafprozess s. *L. Meyer-Goßner*, StPO, [59]2016, § 268 Rn. 10; s.a. die Berichtigungsmöglichkeit im Verwaltungsverfahren nach § 42 VwVfG.

2   BGHZ 20, 188, 191; *H.-J. Musielak*, in: MüKoZPO § 319 Rn. 1; vgl. auch Vorbem. § 116.

3   § 50 BVerwGG von 1952, BGBl I 625, 631; § 83 Bayerisches Gesetz über die Verwaltungsgerichtsbarkeit von 1946, BayGVBl 281, 287.

4   BGBl 2005 I 837.

5   *T. Rauscher*, in: MüKoZPO Einl Rn. 312 ff.

6   So auch die Begründung der Bundesregierung zum Entwurf des § 117, BT-Drs. 3/55, 43.

7   Näher hierzu *H.-J. Musielak*, in: MüKoZPO § 318 Rn. 1, 3 ff.

8   Vgl. *P. Hartmann*, in: Baumbach/Lauterbach/Albers/Hartmann § 319 Rn. 2; *Koehler* § 118 Anm. II; *M. Vollkommer*, in: Zöller § 319 Rn. 1.

9   *M. Braun*, NJW 1981, 425, 427: „mit den Grundsätzen der Rechtskraft und der Rechtssicherheit wäre eine weitergehende Korrekturmöglichkeit unvereinbar"; ebenso *D. Leipold*, in: Stein/Jonas § 319 Rn. 1.

gesamten Urteil, während sich § 119 auf andere Unrichtigkeiten im Tatbestand und § 120 auf Lücken in der Entscheidung bezieht.

2. Die Systematik des § 118. Die *Gründe*, die eine Berichtigung ermöglichen, werden in *Abs. 1* aufge- 3 zählt. *Abs. 2* bestimmt das *Verfahren* der Berichtigung.

III. Begriffe und grundsätzliche Erläuterungen

1. Berichtigungsgründe. Gründe, die der Berichtigung des Urteils zugänglich sind, sind Schreib- und 4 Rechenfehler und ähnliche offenbare Unrichtigkeiten. Diese können nach § 118 nur berichtigt werden, wenn in der Urteilsfassung etwas anderes erklärt wird, als das Gericht erklären wollte (zum Unterschied zu § 119 → § 119 Rn. 4)[10] oder etwas nicht ausgesagt wurde, was das Gericht aussagen wollte,[11] mithin das Gericht einem Erklärungsirrtum unterliegt.[12] Eine Unrichtigkeit liegt vor, wenn das Erklärte vom Gewollten abweicht. Sie ist offenbar, wenn sie sich aus dem Zusammenhang des Urteils oder aus den Vorgängen bei Erlass und Verkündung auch für jeden Dritten ohne Weiteres, d.h. v.a. ohne Beweisaufnahme zweifelsfrei ergibt.[13] Mit der Vorschrift ist allein die Beseitigung „technischer", auf der formalen Ebene liegender Mängel bezweckt.[14] Denn nicht der eigentliche gerichtliche Willensentschluss, sondern nur die auf diesem Willensentschluss basierende gerichtliche *Willensäußerung* kann korrigiert werden.

Hat das Gericht sein Urteil i.S.v. § 138 Nr. 6 VwGO nicht mit Gründen versehen, so liegt keine offenbare Unrichtigkeit vor, die im Wege der Urteilsberichtigung behoben werden könnte.[15] Die „Berichtigung" der gerichtlichen Willensbildung, weil sie aus materiellen Gründen nachträglich als falsch erkannt wird, ist eine verbotene sachliche Änderung,[16] der die Bindungswirkung des § 318 ZPO entgegensteht.[17]

Wird nach einem Beschluss gem. § 116 Abs. 2 lediglich der Urteilstenor zugestellt, kann dieser nicht im Wege der §§ 118–120 um Tatbestand, Entscheidungsgründe und Rechtsmittelbelehrung „berichtigt" oder „ergänzt" werden (VGH Kassel NVwZ-RR 2001, 542, 543 [obiter dictum]).

a) Schreib- und Rechenfehler. Die Berichtigung von orthographischen oder grammatikalischen Feh- 5 lern ist problemlos möglich.[18] Bei Identitätskennzeichnungen (Aktenseiten, Daten von Schriftstücken, Terminsangaben, Grundstücksbezeichnung,[19] technische Angaben etc.) ist Berichtigung möglich, wenn es sich um versehentliche Falschangaben (*falsa demonstratio*) handelt.[20] Hierbei ist unschädlich, ob die Beteiligten oder das Gericht die Falschbezeichnung verursacht haben.[21]

Haben die Beteiligten aber absichtlich falsche Identitätsangaben gemacht, die ins Urteil Eingang fanden, kommt Berichtigung nach § 118 nicht in Betracht. Denn dann fallen gebildeter gerichtlicher Wille und seine Verlautbarung nicht auseinander. In Betracht käme nur eine Tatbestandsberichtigung nach § 119 oder Urteilsaufhebung des Urteils im Rechtsmittel- oder Wiederaufnahmeverfahren.

---

10 So bereits *M. Braun*, NJW 1981, 425, 427; *Koehler* § 118 Anm. III 3; *D. Leipold*, in: Stein/Jonas § 319 Rn. 5; *H.-J. Musielak*, in: MüKoZPO § 319 Rn. 4; *M. Vollkommer*, in: Zöller § 319 Rn. 4.
11 OVG Bautzen 4.11.2015 – 5 A 759/10, juris Rn. 3; OVG Bln 26.1.2015 – OVG 10 L 25.11, juris Rn. 3.
12 BVerwG 26.2.2013 – 5 B 100/12, juris Rn. 2.
13 VGH München 31.5.2012 – 15 B 10.191, juris Rn. 3; 29.5.2000 – 12 B 96.1954, juris Rn. 5.
14 OVG Bln 26.1.2015 – OVG 10 L 25.11, juris Rn. 5; OVG Magdeburg 19.1.2009 – 3 O 10/09, juris Rn. 5; HmbOVG 29.5.2002 – 4 So 55/01, juris Rn. 4.
15 BVerwG NVwZ 2010, 186 (LS 1).
16 BGH NJW 1985, 742; vgl. auch OVG Lüneburg 12.11.2010 – 8 LC 40/09, juris Rn. 4 f.
17 BGHZ 127, 74, 78: Anstelle der Gemeinschuldnerin wurde der Konkursverwalter in dem Urteil als Partei benannt. Das Gericht wollte damit den vermeintlich richtigen Repräsentanten der Gemeinschuldnerin benennen. Infolge dieses Rechtsirrtums hat das Gericht die Rechtsnatur der zuerkannten Forderung geändert. Das Urteil gibt aber den auf dem Rechtsirrtum beruhenden Willen des Gerichtes zutreffend wieder, deshalb kommt keine Berichtigung nach § 319 ZPO in Betracht, das Urteil unterliegt vielmehr der Bindung des § 318 ZPO. Ebenso krit. *W. Pruskowski*, NJW 1979, 931, 932: keine Berichtigung, wenn eine Abweichung vom hypothetischen Willen des Gerichtes bei Kenntnis des richtigen Sachverhaltes vorliegt; *M. Vollkommer*, in: Zöller § 319 Rn. 4.
18 OVG Greifswald 10.2.2011 – 2 O 96/10, juris Rn. 13.
19 *M. Vollkommer*, in: Zöller § 319 Rn. 8.
20 Grundsatz „falsa demonstratio non nocet" – v.a. in Bezug auf Grundstücksbezeichnungen, *H. Heinrichs*, in: Palandt § 311b Rn. 37; *M. Vollkommer*, in: Zöller § 319 Rn. 8.
21 *M. Vollkommer*, in: Zöller § 319 Rn. 8.

Die versehentlich falsche Verwendung von Textbausteinen soll als „technisches Versehen" zu qualifizieren und Schreib- bzw. Rechenfehlern gleichzusetzen sein.[22]

6　*Rechenfehler* sind Verstöße gegen die mathematische Logik. Aber auch sonstige Versehen innerhalb einer Berechnung sind korrigierbar,[23] obwohl die Grenzziehung zwischen dem Mangel in der Willensbildung des Gerichtes (grds. nicht nach § 118 korrigierbar [zum Grundsatz → Rn. 4]) und dem Mangel in der Willensäußerung schwer zu ziehen ist.[24] Denn jeder Rechenfehler ist letztlich ein Denkfehler (OLG Hamm MDR 1986, 594). Da aber Rechenfehler ausdrücklich der Berichtigung nach § 118 zugänglich sind, kommt es auf diese Differenzierung nicht an.[25]

7　**b) Andere offenbare Unrichtigkeiten.** Eine *Unrichtigkeit* liegt vor, wenn das schriftlich niedergelegte Urteil das Ergebnis (oder die Intention[26] der Beratung) unzutreffend wiedergibt und wenn im Urteil etwas anderes steht, als das Gericht aussagen wollte[27] oder wenn Formulierungen im Urteil unklar sind.[28] Berichtigungsfähig sind Unrichtigkeiten aber nur, wenn sie *offenbar* sind. Offenbar ist eine Unrichtigkeit, wenn sie sich als solche aus dem Urteil unmittelbar selbst,[29] mindestens aber aus Vorgängen beim Erlass oder der Verkündung ergibt.[30] An das Kriterium „offenbar" wird keine allzu hohe Anforderung gestellt.[31] Voraussetzung ist aber, dass die Unrichtigkeit in irgendeiner Weise nach außen tritt. Demzufolge können nur diejenigen Unrichtigkeiten berichtigt werden, die nicht nur dem Gericht[32] sondern auch den am Rechtsstreit Beteiligten[33] ohne Weiteres aus ihnen zugänglichen Informationsquellen erkennbar sind,[34] z.B. aus den Protokollen über die mündliche Verhandlung, Verfahrensakten,[35] eventuellen Parallelentscheidungen, aber auch außerhalb des Urteils liegenden Quellen wie öffentliche Register und Tabellen.[36] Eine offenbare Unrichtigkeit scheidet hingegen aus, wenn die ernsthafte Möglichkeit eines Rechtsirrtums, Denkfehlers oder unvollständiger Sachverhaltsermittlung besteht.[37]

8　Ein gerichtsintern gebliebenes Versehen ist hingegen keine offenbare Unrichtigkeit.[38] Nicht offenbar sind auch Unrichtigkeiten, denen ein wertender Charakter eigen ist, wie z.B. die gerichtliche Beweis-

---

22　OVG Münster 10.1.2017 – 8 A 2710/13, juris Rn. 7.

23　OLG Hamm MDR 1975, 764, 765; *J. König*, MDR 1989, 706, 707: wenn der Erklärende das Rechenwerk vorträgt, zeigt dies, dass er das mathematisch richtige Ergebnis erklären will; vgl. auch BSG NJW 1966, 125, 126: „... ein Versehen, das einen Rechenfehler darstellt ... Diese Unstimmigkeit und die Abhängigkeit der gesamten Rentenberechnung von ihr sind offenbar. Jeder Verständige vermochte und vermag sie ohne besondere Sachkenntnis sofort aus dem Bescheid zu entnehmen." S.a. VGH München 26.5.2008 – 1 CS 08.881, 1 CS 08.882, juris Rn. 50.

24　*J. Braun*, NJW 1981, 425, 427 (Fn. 22); *P. Hartmann*, in: Baumbach/Lauterbach/Albers/Hartmann § 319 Rn. 11.

25　OLG Hamm MDR 1986, 594; ebenso *J. König*, MDR 1989, 706, 707 nur für Fehler im Zahlenwerk, nicht aber für einen falschen Kalkulations- und Subsumtionsansatz; a.A. *K. Rennert*, in: Eyermann § 118 Rn. 3; vgl. auch BAG NJW 1964, 1874: Beeinflussung der Urteilsformel von einem Rechenfehler.

26　*J. Braun*, NJW 1981, 425, 427 (Fn. 22).

27　*Kopp/Schenke* § 118 Rn. 6; *H.-J. Musielak*, in: MüKoZPO § 319 Rn. 4 m.w.N.

28　*M. Vollkommer*, in: Zöller § 319 Rn. 12.

29　BVerwG 26.2.2013 – 5 B 100/12, juris Rn. 2; OVG Bautzen 4.11.2015 – 5 A 759/10, juris Rn. 3; OVG Greifswald 10.2.2011 – 2 O 96/10, juris Rn. 13; BGH NJW 1956, 830; BGHZ 127, 74; zu eng OLG Düsseldorf NJW 1973, 1132; vgl. *P. Hartmann*, in: Baumbach/Lauterbach/Albers/Hartmann § 319 Rn. 10 m.w.N.

30　BVerwG 26.2.2013 – 5 B 100/12, juris Rn. 2; OVG Bautzen 4.11.2015 – 5 A 759/10, juris Rn. 3; VGH München 31.5.2012 – 15 B 10.191, juris Rn. 3; BGHZ 20, 188, 192; BGH NJW 1956, 344; 1973, 1132, 1133: offenbare Sinnwidrigkeit; BGH NJW 1985, 742; 1993, 1400 m.w.N.; HmbOVG 29.5.2002 – 4 So 55/01, juris Rn. 4.

31　BGHZ 20, 188, 192.

32　Bei Unterschriftsmängeln der Richter genügt die Erkennbarkeit des Mangels für das Gericht für eine Berichtigung, dies ergibt sich auch im Hinblick auf das Berichtigungsverfahren, → Rn. 30; *M. Vollkommer*, in: Zöller § 319 Rn. 6 m.w.N. und Rn. 13 a.

33　BVerwG 26.2.2013 – 5 B 100/12, juris Rn. 2; HmbOVG 29.5.2002 – 4 So 55/01, juris Rn. 4; *D. Leipold*, in: Stein/Jonas § 319 Rn. 6; *M. Vollkommer*, in: Zöller § 319 Rn. 5 stellt für Evidenz der Unrichtigkeit auch auf die Erkennbarkeit für den Außenstehenden ab.

34　*H.-J. Musielak*, in: MüKoZPO § 319 Rn. 7.

35　VGH München 31.5.2012 – 15 B 10.191, juris Rn. 3.

36　*M. Vollkommer*, in: Zöller § 319 Rn. 5 m.w.N.

37　OVG Bautzen 4.11.2015 – 5 A 759/10, juris Rn. 3.

38　VGH München 16.10.2001 – 5 C 01.2351, juris Rn. 4; BGH NJW 1985, 742.

würdigung oder die Verwertung nicht feststehender Tatsachen.[39] Eine irrtümliche Verwendung von Rechtsbegriffen kann eine offenbare Unrichtigkeit sein.[40]

c) Im Urteil. Offenbare Unrichtigkeiten des gesamten Urteils mit dem Inhalt des § 117 Abs. 2 (→ § 117 Rn. 60 ff.) sind berichtigungsfähig. Für die Berichtigung bloßer Ausfertigungsmängel sind hingegen die Urkundsbeamtinnen der Geschäftsstelle in einem formlosen Verfahren nach Maßgabe des § 173 S. 1 VwGO i.V.m. § 317 ZPO zuständig.[41]   9

aa) Beteiligtenbezeichnung. Eine Berichtigung der Beteiligtenbezeichnung (zur Beteiligtenbezeichnung   10 → § 117 Rn. 62 ff.) ist soweit möglich, als die Identität der Beteiligten gewahrt wird.[42] Eine ungenaue oder unvollständige Beteiligtenbezeichnung (zu den Anforderungen an die Klägerseite → § 63 Rn. 12; zur Ermittlung des Beklagten bei nicht eindeutiger Bezeichnung → § 63 Rn. 13 ff.)[43] ist zu berichtigen, wenn erkennbar ist, welche Person beteiligt sein soll und Interessen Dritter nicht berührt werden (LAG München MDR 1985, 170; OLG Frankfurt MDR 1990, 639; LG Köln MDR 1988, 150). Dies kommt in Betracht bei ungenauen Firmen- und Gesellschaftsbezeichnungen (GmbH statt GmbH & Co KG, OHG statt KG u. Ä.), der Änderung von Deck- oder Künstlernamen in den bürgerlichen Namen etc.[44] Erfährt das Gericht allerdings erst nach Erlass des Urteils von der Anschriftänderung eines Beteiligten ist kein Raum für § 118 (HmbOVG 14.10.1999 – 3 Bf 196/98, juris Rn. 1). Eine Änderung der Beteiligtenbezeichnung soll indes ausscheiden, wenn das Gericht die Fassung des Rubrums und die Bezeichnung des Beteiligten in seine Willensbildung mit aufgenommen hat.[45]
Problematisch ist die Berichtigung des Passivrubrums,[46] weil hier die Gewährung rechtlichen Gehörs und der Parteiwechsels (zum Wechsel der Beteiligten → § 91 Rn. 19) berührt werden. Wenn die Berichtigung dazu führt, dass bisher unbeteiligte Dritte unter Verletzung des Art. 103 Abs. 1 GG in das Verfahren einbezogen werden, ist ein Berichtigungsbeschluss unwirksam. Das unwirksam „berichtigte" Urteil entfaltet für den im Wege der Berichtigung in das Verfahren hineingezogenen Dritten weder materielle noch formelle Rechtskraft (zu den Wirkungen des Berichtigungsbeschl. → Rn. 34). Um den Rechtsschein zu beseitigen, kann der Dritte das für ihn unwirksame Urteil mit Rechtsmitteln angreifen.[47]
Ein Rechtsschutzbedürfnis für die Berichtigung des Passivrubrums wird verneint, wenn aufgrund eines Umzugs des Klägers die Zuständigkeit eines Amtes im Bereich eines Rechtsträgers wechselt und es erkennbar um den Streit zweier Dienststellen der Beklagten geht, welcher Haushaltstitel mit den von ihr zu tragenden Prozesskosten belastet wird (HmbOVG 14.10.1999 – 3 Bf 196/98, juris Rn. 1).

bb) Bezeichnung des Gerichtes, der Richter etc. Im Wege des § 118 kann die Bezeichnung des Ge-   11 richts, der an der Entscheidung mitwirkenden Richter im Urteilskopf[48] nach § 117 Abs. 2 Nr. 2 und ihrer Unterschriften (RGZ 150, 147, 148) berichtigt werden. Die Berichtigung ist zulässig, wenn das Urteil versehentlich durch einen nicht an der Entscheidung mitwirkenden Richter unterzeichnet wurde, welcher auch im Kopf des Urteils objektiv unrichtig als mitwirkender Richter bezeichnet ist (RGZ 58, 118, 122; 150, 147, 148; BGHZ 18, 350, 354). Denn hier liegt äußerlich ein ausfertigungsreifes und zustellbares vollständiges Urteil und nicht nur ein Urteilsentwurf vor, weil der im Urteilskopf auf-

---

39 OVG Münster 9.1.2013 – 9 A 2054/07, juris Rn. 5; VGH München 26.8.1999 – 19 ZB 99.31498, juris Rn. 10; *P. Hartmann*, in: Baumbach/Lauterbach/Albers/Hartmann § 319 Rn. 15.

40 *P. Hartmann*, in: Baumbach/Lauterbach/Albers/Hartmann § 319 Rn. 20; *M. Vollkommer*, in: Zöller § 319 Rn. 12: anstatt Offenbarungseid – eidesstattliche Versicherung etc.

41 BVerwG 20.5.2011 – 8 B 64/10, juris Rn. 3. Dagegen wohl einen Fall des § 118 annehmend BVerwG NVwZ 2010, 962 m.w.N.

42 OLG Düsseldorf 3.5.2006 – I-24 W 33/06, juris Rn. 5; *G. Baumgärtel*, JurBüro 1973, 169, 177; *M. Vollkommer*, MDR 1992, 642.

43 Eine ungenaue Bezeichnung im Passivrubrum kann v.a. wegen den für die Klageerhebung noch geringen Anforderungen an die Beklagtenbezeichnung aufkommen, → § 91 Rn. 19; ebenso *Kopp/Schenke* § 82 Rn. 3.

44 Weitere ausf. Bsp. bei *H.-J. Musielak*, in: MüKoZPO § 319 Rn. 8 Fn. 38; *M. Vollkommer*, in: Zöller vor § 50 Rn. 7 m.w.N.

45 OVG Bln 26.1.2015 – OVG 10 L 25.11, juris Rn. 5.

46 OLG Hamm NJW-RR 1994, 1508, 1509 – zur Berichtigung einer falschen Beklagtenbezeichnung.

47 *G. Furtner*, Urteil, 1985, 465 f.; *O. Jauering*, ZZP 86 (1973), 459, 460; *M. Vollkommer*, MDR 1992, 634.

48 OVG Bln 8.4.2014 – OVG 9 N 142.13, OVG 9 L 27.13, juris Rn. 16; *P. Hartmann*, in: Baumbach/Lauterbach/Albers/Hartmann § 319 Rn. 20.

geführte Richter auch der unterzeichnende Richter ist (zum Lauf der Rechtsmittelfrist → Rn. 35). Auch der Verhinderungsvermerk nach § 117 Abs. 1 kann berichtigt werden.[49]

12   **cc) Berichtigung der Urteilsformel.** Bei Berichtigung der Urteilsformel kann diese sogar in ihr Gegenteil gekehrt,[50] ein noch nicht beschwerter Beteiligter kann erstmals beschwert werden (generell bei der Berichtigung der Kostenentscheidung → Rn. 16).[51] Voraussetzung ist jedoch, dass sich die Unrichtigkeit aus objektiven Kriterien ergibt.[52] Mangels offenbarer Unrichtigkeit scheidet eine Berichtung nach § 118 jedoch bei Verkündung eines vom Beratungsergebnis abweichenden Urteilstenors aus.[53]

13   Die Entscheidungsgründe können *keine* Grundlage einer Tenorberichtigung sein, wenn sie im Falle des § 117 Abs. 4 nachträglich abgesetzt werden.[54] Insoweit kann allenfalls noch das Protokoll über die mündliche Verhandlung herangezogen werden.

14   **aaa) Ausspruch zur Hauptsache.** Eindeutig liegen die Fälle, in denen in der endgültigen schriftlichen Urteilsabfassung, z.B. auf den den Beteiligten zugestellten Urteilsausfertigungen (zu der Berichtigung der Urteilsausfertigung → Rn. 9) die Tenorierung einer mitverkündeten Entscheidung zum Hauptausspruch[55] fehlt oder Differenzen zwischen beiden bestehen.
Probleme ergeben sich, wenn in den Fällen des § 116 Abs. 1 nicht die zuvor schriftlich niederzulegende Urteilsformel, sondern eine abweichende Urteilsformel verkündet wurde. Dann ist in die schriftliche Urteilsabfassung die falsch verkündete Urteilsformel aufzunehmen und zugleich durch einen Beschluss zu berichtigen.[56] Würde hingegen die richtige Urteilsformel in die schriftliche Urteilsabfassung übernommen, läge ein nicht verkündetes Urteil vor, welches auf ein Rechtsmittel hin wegen Unwirksamkeit aufgehoben werden müsste.

15   Offenbar ist eine Unrichtigkeit des Tenors, wenn in der Urteilsbegründung ein im Tenor nicht aufgenommener Ausspruch begründet wird.[57] Ein Tenorierungsfehler kann sich aber auch aus sonstigen bei Erlass des Urteils ersichtlichen Gründen ergeben.[58]

16   **bbb) Nebenentscheidungen.** Berichtigungsfähig sind unklare Aussprüche über die Kostenentscheidung (OLG München NJW-RR 1997, 57). Werden durch die Berichtigung der Hauptsacheentscheidung die Nebenentscheidungen unrichtig, sind diese im selben Beschluss zu berichtigen.[59]
Die Änderung des Gegenstandswertes dürfte sich regelmäßig als Entscheidungskorrektur darstellen und nicht als Berichtigung, soweit sich nicht aus dem Beschluss selbst oder den Erlassumständen, insbes. wenn die Festsetzung dem Antrag eines Prozessbevollmächtigten entspricht, ein Widerspruch zwischen dem vom Gericht Gewollten und der Festsetzung zu erkennen ist (HmbOVG 29.5.2002 – 4 So 55/01, juris Rn. 6).
Für die Berichtigung der tenorierten *Kostenverteilung* ist entscheidend, ob die Unrichtigkeit der Quotelung auf der Zugrundelegung eines falschen Streitwertes beruht, ob sie durch eine falsche Gewichtung des Obsiegens und Unterliegens nach § 155 Abs. 1 verursacht oder ob die Unrichtigkeit durch *Berechnungsfehler* entstanden ist. Im letzten Fall ergibt sich die Berichtigungsfähigkeit aus § 118.[60]

---

49   BGH NJW 1977, 765; 1983, 2395, 2396; 1988, 2812; *Kopp/Schenke* § 117 Rn. 3: analoge Anwendung des § 118.
50   VG Schleswig 25.10.1978 – 9 A 34/78 (91), juris Rn. 1; *P. Hartmann*, in: Baumbach/Lauterbach/Albers/Hartmann § 319 Rn. 9; *D. Leipold*, in: Stein/Jonas § 319 Rn. 9; zur Aufnahme der Berufungszulassung in den Urteilstenor s. OVG Magdeburg 24.4.2008 – 2 L 378/06, juris Rn. 25 f.
51   OVG Magdeburg 1.7.2010 – 2 O 154/09, juris Rn. 21; BGHZ 17, 149 (LS); denkbar wäre hier der Fall des fehlenden Kostenausspruches für den Beigeladenen im Urteil, obwohl dieser nach dem Tatbestand einen Antrag gestellt hat und in den Entscheidungsgründen auf § 154 Abs. 3 eingegangen ist.
52   BAG NJW 1964, 1874; BGH NJW 1964, 1858; OLG Hamm MDR 1975, 764, 765.
53   OVG Magdeburg 24.4.2008 – 2 L 378/06, juris Rn. 26.
54   LSG Celle NZS 2015, 276, 277; LAG Düsseldorf NZA 1992, 427.
55   *D. Leipold*, in: Stein/Jonas § 319 Rn. 9.
56   *P. Hartmann*, in: Baumbach/Lauterbach/Albers/Hartmann § 319 Rn. 12.
57   BVerwGE 30, 146: fehlender Ausspruch über die Aufhebung des erstinstanzlichen Urteils im Tenor des Berufungsurteils, wobei sich der Wille, das Urteil aufzuheben, aus den Entscheidungsgründen eindeutig erkennen ließ; *Kopp/Schenke* § 118 Rn. 6, ansonsten Ergänzung des Urteils nach § 120.
58   BGHZ 78, 22, 22 f.: übersehene Revisionszulassung, obwohl in weiterem Verfahren zu demselben Sachverhalt die Revision zugelassen wurde.
59   OLG Hamm MDR 1975, 764, 765; *P. Hartmann*, in: Baumbach/Lauterbach/Albers/Hartmann § 319 Rn. 5; *D. Leipold*, in: Stein/Jonas § 319 Rn. 9.
60   Vgl. zum Kostenfestsetzungsbeschluss VGH München 19.3.2014 – 2 M 13.1730, juris Rn. 17.

Denn obwohl dieser Fehler in der Berechnung der Quote i.R. eines Denkprozesses unterläuft, ist die Verwandtschaft mit dem bloßen Rechenfehler offensichtlich und daher berichtigungsfähig.

Bei einer *falschen Gewichtung des Obsiegens und Unterliegens* darf nach § 118 berichtigt werden, 17 wenn in dem Urteil selbst ein Hinweis zu finden ist, dass die Kostenquote zwar richtig beraten und beschlossen, aber falsch in das Urteil aufgenommen wurde.[61] Findet sich hingegen kein Hinweis, sondern hat das Gericht eine entscheidende Position bei der Kostenquotelung schlichtweg übersehen, bleibt nur der Weg der Ergänzung der Kostenentscheidung nach § 120 Abs. 1.[62]

Wird der Kostenquotelung ein *falscher Streitwert* zugrunde gelegt und dieser im späteren Verfahren 18 nach § 68 Abs. 1 GKG trotz Rechtskraft der Kostenentscheidung geändert,[63] stellt sich die Frage, ob eine rechtskräftige Kostenentscheidung nach § 118 berichtigungsfähig ist. Denn die von Beginn an objektiv unrichtige Kostenentscheidung war gerade *nicht offensichtlich* unrichtig. Die Unrichtigkeit ist vielmehr erst durch die nachträgliche Änderung des Streitwertes zutage getreten (OLG Köln OLGZ 1993, 446, 447). Zudem fehlt es an der Divergenz zwischen dem auf einem falschen Streitwert basierenden Willen des Gerichtes und der Aufnahme in die Urteilsschrift, es liegt mithin ein Erkenntnis-, nicht aber ein Ausdrucksfehler vor.[64] Soweit erkennbar, besteht an diesem Ansatz keine Uneinigkeit.[65] Sehr str.[66] ist die Frage, wie mit dem für den Betroffenen u.U. grob unbilligen Ergebnis umgegangen wird.

Während die einen auf die eindeutige Gesetzeslage und Bindungsstrenge des § 318 ZPO abstellen[67] 19 und betonen, der Gesetzgeber habe trotz Kenntnis der Problematik auch bei der Neukodifizierung des GKG keinen Handlungsbedarf gesehen,[68] wollen die anderen mit einer analogen Anwendung des § 319 ZPO die unerwünschte Folge einer unrichtigen Kostenentscheidung beseitigen.

Da hier durch gerichtliche Fehlentscheidung Unbilligkeiten verursacht werden, gegen die die Betroffenen mit Eintritt der Rechtskraft der Kostenentscheidung rechtsmittellos gestellt sind (§ 173 i.V.m. § 99 Abs. 1 ZPO),[69] ist das eine Berichtigungsfähigkeit verneinende Ergebnis nicht hinnehmbar. Dass die Berichtigung einer rechtskräftigen Kostenentscheidung gegen § 318 ZPO verstößt, ist weniger gewichtig (BGHZ 127, 74, 79). Weshalb bei der Grenzziehung zwischen der Unabänderbarkeit von Entscheidungen auf der einen und der Berichtigung offenbarer Unrichtigkeiten auf der anderen Seite (BGHZ 127, 74, 79) Billigkeitsargumente außen vor bleiben sollen, erschließt sich nicht.

---

61 OLG Hamm MDR 1975, 764, 765; OLG Köln FamRZ 1993, 456, 457. Als Bsp. kommt der Fall in Betracht, dass dem Kläger fälschlich ⅔ und dem Beklagten ⅓ der Kosten auferlegt wurden, obwohl sich aus den Gründen ergibt, dass der Kläger zu ⅔ erfolgreich war und deshalb nur zu ⅓ unterlegen ist und hierfür die Kosten zu tragen hat.

62 Hierzu § 120; vgl. auch VGH München 22.4.2002 – 1 B 98.1603, juris Rn. 10; a.A. OLG Hamm MDR 1975, 764; 1986, 594; M. Vollkommer, in: Zöller § 319 Rn. 15.

63 Obwohl mit der nachträglichen Änderung des Streitwertes eine rechtskräftige Kostenentscheidung fehlerhaft werden kann, wird die Streitwertänderung grds. für zulässig gehalten: OLG Düsseldorf NJW-RR 1992, 1532 m.w.N.; E. Schneider, NJW 1969, 1237 ff.; W. Speckmann, NJW 1972, 232 ff.

64 OLG Köln OLGZ 1993, 446, 448, interessant auch die Begr. des OVG Lüneburg zur Berichtigung einer Kostenentscheidung in BVerfGE 34, 1, 4: begründet wurde die Anwendbarkeit des § 118 mit dem „vom Senat gewollten ... durch einen Irrtum bei der Verkündung unterbliebenen Einbezug des Streitwertbeschlusses; ob hier § 118 anwendbar war oder § 120 in Betracht kam, wurde vom BVerfG a.a.O., 6 offen gelassen.

65 So auch die eine Berichtigungsfähigkeit bejahenden Stimmen: P. Hartmann, in: Baumbach/Lauterbach/Albers/Hartmann § 319 Rn. 5 (Weg dogmatisch falsch); D. Leipold, in: Stein/Jonas § 319 Rn. 9 (Urt. für sich gesehen nicht offenbar unrichtig).

66 Gegen eine Berichtigungsfähigkeit: BGH MDR 1977, 925; 1996, 853; NJW 2016, 1021, 1022; OLG Köln OLGZ 1993, 446, 447 f.; H.-J. Musielak, in: MüKoZPO § 319 Rn. 8; E. Schneider, MDR 1980, 762; H. Thomas, in: Thomas/Putzo § 319 Rn. 3; für eine Berichtigungsfähigkeit: OLG Frankfurt NJW 1970, 436; OLG Hamm MDR 1986, 594; OLG Köln MDR 1980, 761, 762 – § 319 ZPO analog; OLG München JurBüro 1993, 680; selbst innerhalb eines OLG besteht Uneinigkeit: OLG Düsseldorf NJW-RR, 1992, 1407, 1408 (3.2.1992 – 19 U 16/91) bejaht die Berichtigungsfähigkeit der Kostenquote in entsprechender Anwendung des § 319 ZPO; hingegen OLG Düsseldorf NJW-RR 1992, 1532 (10.6.1992 – 9 W 52/92): nachträgliche Berichtigung der Kostenentscheidung nicht durch das Gesetz gedeckt, keine analoge Anwendung des § 319 ZPO; P. Hartmann, in: Baumbach/Lauterbach/Albers/Hartmann § 319 Rn. 5; D. Leipold, in: Stein/Jonas § 319 Rn. 9; zur Problemlage am deutlichsten: W. Speckmann, NJW 1972, 232 ff.

67 Hierzu E. Schneider, NJW 1969, 1237, 1238; ders., MDR 1980, 762, 763.

68 OLG Stuttgart NJW 2015, 421, 422.

69 BGHZ 17, 149, 152: „Ein Irrtum des Gerichtes ... darf sich nicht dahin auswirken, dass die Rechtsmittelmöglichkeit einer Partei beeinträchtigt oder gar vereitelt wird." Bei der rechtskräftig gewordenen, im späteren durch die Streitwertänderung offensichtlich unrichtigen Kostenentscheidung wäre genau das aber der Fall.

20　Die für die Berichtigung der Kostenentscheidung geltenden Ausführungen sind auf die Tenorierung der – vorläufigen – *Vollstreckbarkeit* anzuwenden. Auch hier ist entscheidend, ob die Unvollständigkeit des Tenors aus der Entscheidung selbst oder den Vorgängen bei Urteilserlass erkennbar ist.[70]

21　**ccc) Zulassung von Rechtsmitteln.** Der Ausspruch über die Zulassung von Rechtsmitteln ist berichtigungsfähig, selbst wenn dadurch Rechtsmittel erst zulässig oder unzulässig werden (zum Lauf der Rechtsmittelfrist → Rn. 35).[71] Als Nachweis offenbarer unrichtiger Nichtzulassung von Rechtsmitteln genügt die Zulassung eines Rechtsmittels in anderen, am gleichen Tag entschiedenen und im engen persönlichen Zusammenhang stehenden Verfahren zum selben Sachverhalt (BGHZ 78, 22 f.). Nicht offenbar unrichtig soll hingegen eine fehlende Zulassung von Rechtsmitteln sein, wenn sich nur aus der Rechtsmittelbelehrung die Absicht der Zulassung ergibt und sich nicht in den Entscheidungsgründen sonst ein Indiz für die Zulassung findet. Auch wenn die Rechtsmittelbelehrung notwendiger Bestandteil des Urteils nach § 117 Abs. 2 Nr. 6 ist, kommt in ihr keine sachliche Entscheidung des Gerichts zum Ausdruck, sondern nur eine Belehrung über die zur Wahrung der Rechte zu ergreifenden Mittel. Die Unrichtigkeit ergibt sich dann nicht aus dem Urteil oder Umständen bei seinem Erlass (HmbOVG NJW 1961, 1084). Erfolgt eine Belehrung über die Erfordernisse einer „zugelassenen Berufung", ist die Berufung im Tenor oder in den Entscheidungsgründen jedoch nicht zugelassen, ist die Belehrung „offenbar unrichtig" und berichtigungsfähig (VGH Mannheim NVwZ-RR 2003, 693). Wird aber irrig aufgrund falscher Gesetzesanwendung oder infolge von Subsumtionsfehlern (OLG Düsseldorf NJW 1973, 1132, LS 2) ein Rechtsmittel nicht zugelassen, ist eine Berichtigung des Ausspruchs nicht möglich (BAG NJW 1987, 1221 f.), hier ist nur mit der Nichtzulassungsbeschwerde die Zulassung des Rechtsmittels zu erreichen.
Eine Urteilsberichtigung eröffnet eine neue Rechtsmittelfrist gegen die berichtigte Entscheidung nur dann, wenn erst die berichtigte Fassung des Urteils die Partei in die Lage versetzt, sachgerecht über die Frage der Einlegung des Rechtsmittels und dessen Begründung zu entscheiden (→ Rn. 35).[72] Kein Fall des § 118 Abs. 1 liegt indes vor, wenn sich die Entscheidung über die Zulassung der Berufung nicht im Tenor, sondern nur in den Entscheidungsgründen findet. Eine Aufnahme in den Tenor ist nämlich nicht zwingend.[73]

22　**dd) Unrichtigkeiten im Tatbestand.** Nach § 118 sind Unrichtigkeiten im Tatbestand nur berichtigungsfähig, wenn sie offenbar sind. Für andere Unrichtigkeiten gilt § 119, wo es auf die Offensichtlichkeit gerade nicht ankommt. Wenn das Gericht in seinem Urteil genau das ausgedrückt hat, was es entscheiden wollte, fehlt die für die Berichtigung nach § 118 notwendige Divergenz zwischen Wille und Erklärung; hier kommt nur § 119 zur Anwendung.[74] Ist ein Berichtigungsantrag nach § 119 Abs. 1 verfristet und erweist sich die zu berichtigende Passage hierbei als offensichtlich unrichtig, kann das Gericht aber von Amts wegen eine Berichtigung nach § 118 vornehmen, die Verfristung hindert dann nicht die Berichtigung.
Bei einem Widerspruch zwischen Urteilstatbestand und Sitzungsprotokoll geht das Sitzungsprotokoll gem. § 173 i.V.m. § 314 S. 2 vor und nimmt dem Tatbestand die Beweiskraft. Der Tatbestand ist in einem solchen Fall fehlerhaft und kann nach §§ 118 bzw. 119 berichtigt werden.[75]

23　**ee) Unrichtigkeiten in den Entscheidungsgründen.** Die Berichtigung ist von der Urteilsergänzung nach § 120 abzugrenzen. Zur Abgrenzung dient der Grundsatz, dass § 118 zur Anwendung kommt, wenn nicht die gerichtliche Entscheidung unterblieben ist, sondern nur die Aufnahme der tatsächlich beratenen und beschlossenen Entscheidung in das schriftliche Urteil. Der Fall der Nichtberatung fällt hingegen unter § 120.

24　**ff) Berichtigung der Rechtsmittelbelehrung.** Eine fehlende oder falsche Rechtsmittelbelehrung ist nach § 118 zu berichtigen (→ § 58 Rn. 7 sowie → § 117 Rn. 87; OVG Brem DÖV 1988, 611 [LS 1]). Da die Rechtsmittelbelehrung nach § 117 Abs. 2 Nr. 6 zu den wesentlichen Bestandteilen des Urteils

---

70　Für den Fall der fehlenden Aufnahme einer Schutzanordnung im Tenor OVG Bautzen 4.11.2015 – 5 A 759/10, juris Rn. 5.
71　BGHZ 78, 22, 23; 89, 184, 187; 127, 74, 76.
72　BVerwG NVwZ 2010, 962–963.
73　VGH München 23.10.2009 – 10 ZB 09.2312, juris Rn. 7.
74　Vgl. *Kopp/Schenke* § 119 Rn. 2.
75　BVerwG 25.1.2001 – 6 BN 2/00, juris Rn. 10.

gehört, ist ihr Fehlen immer eine offenbare Unrichtigkeit. Bei der Zustellung eines unvollständigen Urteils laufen keine Rechtsmittelfristen, deren Lauf beginnt erst mit der Zustellung der nachgeholten Rechtsmittelbelehrung (→ Rn. 34 f.). Im Wege der Berichtigung ist eine Nachholung nicht mehr zulässig und hat zu unterbleiben, wenn die Jahresfrist des § 58 Abs. 2 abgelaufen ist (→ § 58 Rn. 74).[76] Dem Gericht ist es verwehrt, mit der Nachholung die formelle Rechtskraft zu unterlaufen. Ist eine Rechtsmittelbelehrung fehlerhaft erfolgt, kann dieser Fehler durch das für die Belehrung zuständige Gericht korrigiert und der Lauf der Rechtsmittelfrist dadurch nachträglich in Gang gesetzt werden. Die Entscheidung ist den Beteiligten in der berichtigten Fassung *insgesamt* erneut zuzustellen (OVG Münster 21.12.2010 – 1 A 1993/09, juris Rn. 33).

2. Verfahren der Berichtigung nach Abs. 2. a) Von Amts wegen. Die Berichtigung kann jederzeit von Amts wegen erfolgen. Teilweise wird hierin sogar eine Amtspflicht des Gerichtes gesehen (OLG Hamm NJW-RR 1987, 187, 188).   **25**

b) Auf Antrag. Beteiligte oder durch die Unrichtigkeit des Urteils betroffene Dritte[77] können eine Berichtigung durch nicht fristgebundenen Antrag[78] herbeiführen. Zu beachten ist, dass bei der begehrten Berichtigung von Urteilen, die in Anwaltsprozessen ergingen, ebenfalls Anwaltszwang herrscht.[79] Wie alle prozessualen Rechte unterliegt der Antrag dem Grundsatz des rechtstreulichen und redlichen Verhaltens (OLG Hamm NJW-RR 1987, 187, 189; OLG Köln OLGZ 1993, 368, 369). Wird ein Antrag rechtsmissbräuchlich gestellt,[80] ist er unzulässig.[81]   **26**
Der Berichtigungsantrag kann *neben einem förmlichen Rechtsmittel* gestellt werden (für den im Urteil unrichtig als Beteiligter bezeichneten Dritten → Rn. 10), er lässt aber die Rechtsmittelfrist gegen das Urteil unberührt.[82] Allerdings kann dem förmlichen Rechtsmittel das Rechtsschutzbedürfnis fehlen, weil mit der Berichtigung ein einfacher und billigerer Weg zur Beseitigung der Unrichtigkeit gegeben ist.[83] Wird zudem die Unrichtigkeit, auf die sich der Rechtsmittelführer stützt, nach § 118 berichtigt und entfällt infolgedessen die Beschwer,[84] ist dem Rechtsmittelverfahren der Erfolg versagt, denn die Wirkung der Berichtigung besteht darin, dass die berichtigte Fassung des Urteils als die von Anfang an gültige erscheint und als die ursprüngliche gilt.[85] Den Rechtsmittelführer trifft dennoch die Kostenlast des erfolglosen Rechtsmittels nach § 154 Abs. 2.[86] Nach Ablauf der Rechtsmittelfrist ist der fristlose Berichtigungsantrag die einzige Möglichkeit, eine Unrichtigkeit zu beseitigen. Unstatthaft ist der Antrag hingegen, solange das Urteil noch nicht vollständig abgefasst ist, mithin lediglich der Urteilstenor bekannt geworden ist. Denn für die Frage, ob eine offenbare Unrichtigkeit vorliegt, ist der Tenor unter Heranziehung von Tatbestand und Entscheidungsgründen auszulegen.[87]

c) Zeitlich unbeschränkte Berichtigung. Die Berichtigung ist jederzeit, auch nach dem Eintritt der Rechtskraft zulässig (VGH Kassel 11.7.1988 – 10 TE 2506/88, juris Rn. 9; BGHZ 18, 350, 356 → Rn. 2). Eine Ausnahme gilt hier für die Berichtigung der Rechtsmittelbelehrung (→ Rn. 24).   **27**

d) Freigestellte mündliche Verhandlung. Gem. Abs. 2 S. 1 kann der Berichtigungsbeschluss ohne mündliche Verhandlung ergehen. Ob sie stattfindet, liegt im Ermessen des Gerichtes (BVerfGE 34, 1,   **28**

---

76 *M. Redeker*, in: Redeker/v. Oertzen § 58 Rn. 16; *J. Schmidt*, in: Eyermann § 58 Rn. 16.
77 *Kopp/Schenke* § 118 Rn. 8; a.A. BGH JZ 1978, 283; *M. Vollkommer*, MDR 1992, 642.
78 OVG Münster 9.1.2013 – 9 A 2054/07, juris Rn. 1.
79 *G. Furtner*, Urteil, 1985, 465.
80 Bsp. bei *H.-J. Musielak*, in: MüKoZPO § 319 Rn. 15: BSG NJW 1966, 125, 126 – allerdings hier nicht hilfreich, dort wurde der Rentenbehörde das Berichtigungsrecht für einen aufgrund eines Rechenfehlers offenbar unrichtigen Rentenbescheid verwehrt, weil die Berichtigung infolge einer besonderen Sachverhaltsgestaltung unbillig und rechtsmissbräuchlich war.
81 *P. Hartmann*, in: Baumbach/Lauterbach/Albers/Hartmann § 319 Rn. 26; *M. Vollkommer*, in: Zöller § 319 Rn. 21; *H.-J. Musielak*, in: MüKoZPO § 319 Rn. 12 eingeschränkt auf Fälle grober Unbilligkeit.
82 VGH Mannheim VBlBW 2014, 117; BFH 24.10.2012 – X B 161/11, juris Rn. 17; *Kopp/Schenke* § 118 Rn. 11.
83 BGHZ 20, 188, 190; einschränkend VGH Mannheim 23.8.2000 – 2 S 44/00, juris Rn. 3 f., wonach ein Rechtsschutzbedürfnis für einen Berufungszulassungsantrag im Falle einer gleichzeitigen Berichtigungsmöglichkeit grds. bestehen soll, dessen Stellung aber aus Gründen der Prozessökonomie als nicht angezeigt behandelt wurde.
84 BGHZ 127, 74, 77, 82: für den Fall des rückwirkenden Wegfalls der Beteiligtenstellung durch einen Berichtigungsbeschluss; VGH Mannheim 23.8.2000 – 2 S 44/00.
85 BVerwG NVwZ 2010, 186, 187.
86 Vgl. VGH Mannheim 23.8.2000 – 2 S 44/00.
87 VG Trier 21.11.2011 – 1 K 758/11.TR, juris Rn. 6.

7). Sie dürfte in den Fällen nahe liegen, in denen durch die Berichtigung der Ausspruch des Urteils nicht nur unerheblich verändert wird, z.B. wenn sich die Urteilsformel in ihr Gegenteil verkehrt (→ Rn. 12). Die mündliche Verhandlung erfolgt gem. § 19 unter Mitwirkung der ehrenamtlichen Richter.

29   **e) Rechtliches Gehör.** Findet keine mündliche Verhandlung statt, ist den Beteiligten rechtliches Gehör zu gewähren. Dieses verfassungsrechtliche Gebot ist nur dann nicht verletzt, wenn sich eine von Amts wegen vorgenommene Berichtigung auf reine Formalien und die Berichtigung von orthographischen und grammatikalischen Fehlern und einfachen Rechenfehlern bezieht. Wird durch die Berichtigung eine zuvor durch die gerichtliche Entscheidung erworbene Rechtsstellung eines Beteiligten nachteilig geändert, so ist die Gewährung rechtlichen Gehörs unabdingbare Voraussetzung. Rechtliches Gehör ist den Beteiligten zu gewähren, die durch die Berichtigung betroffen sind.[88]

30   **f) Gericht.** Das Gericht meint den Spruchkörper, nicht notwendig denselben Richter, der das Urteil gefällt hat.[89] Die Berichtigung ist zum einen keine sachliche Entscheidung, die nur von denjenigen Richtern getroffen werden kann, die nach § 112 an der mündlichen Verhandlung mitgewirkt haben und zum anderen dient sie der Klarstellung offenbarer, d.h. auch für einen mit der Sache nicht vertrauten Richter ohne Weiteres erkennbarer Unrichtigkeiten (BGHZ 78, 22, 23; 106, 370, 373). Subjektive Vorstellungen der an der Entscheidung beteiligten Richter sind demnach unerheblich.[90] Allerdings ist es dem Kollegialgericht verwehrt, eine Entscheidung des Einzelrichters zu berichtigen[91] und der Einzelrichter ist nicht befugt, eine Entscheidung des Kollegialgerichtes zu berichtigen.[92] Ebenso wenig kann – ohne vorherige Übertragung nach § 6 Abs. 1 – ein Richter unter Hinweis darauf, die weiteren an der Entscheidung beteiligten Richter seien verhindert, alleine über einen Berichtigungsantrag entscheiden.[93]
Ein mit der Sache betrautes Rechtsmittelgericht, kann die unterinstanzliche Entscheidung von Amts wegen auch berichtigen.[94]

31   **g) Berichtigungsbeschluss.** Die Berichtigung erfolgt durch Berichtigungsbeschluss, der gem. § 146 anfechtbar und nach § 122 Abs. 2 *zu begründen* ist. In der Begründung ist anzugeben, inwiefern die berichtigte Unrichtigkeit offenbar war.[95] Der Beschluss ist den Beteiligten *zuzustellen* (§ 56 Abs. 1, § 147). Dies gilt sowohl für den Beschluss, mit dem das Gericht von Amts wegen als auch auf Antrag berichtigt, als auch für Beschlüsse, mit denen ein Antrag auf Berichtigung abgelehnt wird (→ Rn. 1 im Unterschied zu § 319 ZPO).[96] Neben der Zustellung des Berichtigungsbeschlusses ist eine Zustellung des gesamten berichtigten Urteils nicht von Nöten, außer in den Fällen der Berichtigung der Rechtsmittelbelehrung. In diesen Fällen wird – anders als von § 118 Abs. 2 S. 2 vorgesehen – die Berichtigung durch Zustellung des Urteils in der berichtigten Form bewirkt.[97]

32   **h) Berichtigungsvermerk.** Der Berichtigungsbeschluss ist auf Urteilsurschrift und Ausfertigungen zu vermerken. Die Ausfertigungen sind dazu von den Beteiligten zurückzufordern.[98] Es genügt, wenn auf dem Urteil ein Vermerk aufgenommen wird, der auf den Berichtigungsbeschluss hinweist.[99] Die Wirksamkeit des Berichtigungsbeschlusses wird von einem fehlenden Vermerk nicht betroffen.

---

88   BVerfGE 34, 1, 7.
89   OLG München OLGZ 1986, 484, 485; *P. Hartmann*, in: Baumbach/Lauterbach/Albers/Hartmann § 319 Rn. 27.
90   LAG Düsseldorf, NZA 1992, 427.
91   Zulässig erscheint dies aber dann, wenn der Einzelrichter die Sache auf die Kammer nach § 6 Abs. 3 zurück überträgt; ebenso *D. Leipold*, in: Stein/Jonas § 319 Rn. 10.
92   *P. Hartmann*, in: Baumbach/Lauterbach/Albers/Hartmann § 319 Rn. 27; *M. Vollkommer*, in: Zöller § 319 Rn. 22.
93   VGH München 4.8.1993 – 12 C 93.2003, juris Rn. 4, 13.
94   BVerwGE 30, 145, 146; VGH Mannheim, NVwZ-RR 1996, 542; VGH München 22.10.2012 – 15 CS 12.1804, juris Rn. 18; *P. Hartmann*, in: Baumbach/Lauterbach/Albers/Hartmann § 319 Rn. 27 eingeschränkt für den Fall, dass sich das Rechtsmittelgericht das Urteil sachlich zu eigen macht; *H.-J. Musielak*, in: MüKoZPO § 319 Rn. 11; *M. Redeker*, in: Redeker/v. Oertzen § 118 Rn. 5: Entscheidungsbefugnis „in Ausnahmefällen"; *M. Vollkommer*, in: Zöller § 319 Rn. 22 m.w.N.
95   Hierzu die Wiedergabe des Wortlautes des Berichtigungsbeschlusses in BVerfGE 34, 1, 4.
96   So bereits *Koehler* § 118 Anm. V.
97   BVerwGE 109, 336, 342; VGH München NVwZ-RR 2006, 582, 583.
98   BVerwG NJW 1975, 1796; HmbOVG 23.1.1997 – Bs VI 236/96, juris Rn. 4; aber nicht erzwingbar: *P. Hartmann*, in: Baumbach/Lauterbach/Albers/Hartmann § 319 Rn. 34.
99   *Kopp/Schenke* § 118 Rn. 10.

Bei Abfassung des Urteils in elektronischer Form ist nach § 118 Abs. 2 S. 3 auch der Berichtigungsbeschluss elektronisch abzufassen und untrennbar mit dem Urteil im Sinne einer „elektronischen Klammer" zu verbinden.[100] Den Überlegungen des Gesetzgebers lag dabei zugrunde, dass ein qualifiziert signiertes Dokument ohne Zerstörung der Signatur nicht mehr inhaltlich verändert werden kann.[101] Technisch soll eine „untrennbare" Verbindung durch das Verpacken von Urteil und Berichtigungsbeschluss in einem gemeinsamen „Container", der ebenfalls mit einer qualifizierten Signatur versehen wird, sichergestellt werden.[102]

3. Rechtsmittel gegen Berichtigungsentscheidung. Der Berichtigungsbeschluss unterliegt der Anfechtung durch Beschwerde nach § 146. Anders als nach § 319 Abs. 3 Hs. 1 ZPO ist die Zurückweisung eines Berichtigungsantrages beschwerdefähig.[103] Der Anfechtbarkeit des Berichtigungsbeschlusses steht nicht entgegen, dass u.U. das berichtigte Urteil nicht mehr angefochten werden kann. Mit der Beschwerde wird kein zusätzliches Rechtsmittel zur Überprüfung des Urteils zur Verfügung gestellt, Gegenstand ist vielmehr die Frage, ob die Berichtigung so hätte erfolgen dürfen (BayObLG NJW-RR 1997, 57 m.w.N.). 33

4. Wirkung der Berichtigung. Sie wirkt zurück auf den Zeitpunkt, in welchem das Urteil erlassen wurde[104] und so, als wäre das Urteil von Beginn an in der richtigen Fassung ergangen (verkündet oder zugestellt).[105] Damit wird verhindert, dass dem zwar rechtswirksamen aber unrichtigen Urteil ein Eigenwert zukommt (OLG Hamm NJW-RR 1987, 187, 188). Alle Rechtsfolgen, die das Gesetz mit dem Zeitpunkt des Urteilserlasses verknüpft, bleiben daher bestehen. Die Berichtigung vermag grds. nicht, diese Wirkungen auf den Zeitpunkt der Berichtigung zu verlagern. Etwas anderes gilt in den Fällen der Nachholung oder Berichtigung der Rechtsmittelbelehrung, § 58 Abs. 1. 34

Grundsätzlich gilt für den *Lauf der Rechtsmittelfristen*, dass eine spätere Berichtigung keinen erneuten Beginn des Laufens der Rechtsmittelfristen nach Zustellung des Berichtigungsbeschlusses bewirkt.[106] Allerdings bestehen *Ausnahmen* für die Fälle, in denen sich erst aufgrund der Berichtigung die zutreffende Grundlage für das weitere Handeln der Beteiligten ergibt.[107] Dies ist etwa anzunehmen, wenn erst aus der Berichtigung hervorgeht, dass eine Partei durch das ergangene Urteil beschwert ist oder wenn die Beteiligten bei Rückforderung der Urteilsausfertigung zwecks Berichtigung nicht erkennen konnten, in welchem Umfang eine Berichtigung vorgenommen werden würde.[108] Denn Verfahrensregeln bestehen nicht um ihrer selbst willen, sondern dienen auch dem Interesse der Beteiligten und dürfen nicht zu Fallstricken werden. Ein Irrtum des Gerichts darf sich nicht zulasten einer Partei dahin auswirken, dass Rechtsmittel vereitelt werden (BGHZ 113, 228, 231; VGH Mannheim VBlBW 2014, 117, 118).[109] Insofern also die berichtigte Urteilsfassung erstmalig beschwert oder erst durch die berichtigte Fassung des Urteils ein Rechtsmittel zulässig ist, läuft die Frist zur Einlegung eines Rechtsmittels erst mit der Zustellung des Berichtigungsbeschlusses. Dem kann nicht entgegengehalten werden, dass der durch die Berichtigung beschwerte Beteiligte mit einem Antrag auf *Wiedereinsetzung in die Rechtsmittelfrist* seine Rechtsposition wahren kann[110]. Denn die vierzehntägige Frist zur Stellung des Antrages nach § 60 Abs. 2 ist wesentlich kürzer als die originäre Rechtsmittelfrist von einem Monat, sodass ein Verweis auf einen Antrag nach § 60 die Rechtspositionen des Beschwerten verkürzt (i.d.S. BGHZ 113, 228, 232, 234). 35

Fehlerhafte Berichtigungsbeschlüsse sind nicht per se nichtig und unwirksam. Wie jeder Beschluss äußert er seine prozessual zugeordnete Wirkung auch dann, wenn er zwar fehlerhaft zustande gekommen, aber nicht aufgrund eines zulässigen Rechtsbehelfs beseitigt worden ist (BGHZ 127, 74, 76). 36

---

100 Vgl. BT-Drs. 15/4067, 30; *W. Viefhues*, NJW 2005, 1009, 1011.
101 Vgl. BT-Drs. 15/4067, 25.
102 Vgl. BT-Drs. 15/4067, 30; ebenso *W. Viefhues*, NJW 2005, 1009, 1010; *S. Emmenegger*, in: Fehling/Kastner/Störmer, Verwaltungsrecht, VwGO, ⁴2016, § 118 Rn. 9.
103 Vgl. VGH München 3.3.2014 – 7 C 13.2493, juris Rn. 2.
104 VGH Mannheim 23.8.2000 – 2 S 44/00, juris Rn. 3; *P. Hartmann*, in: Baumbach/Lauterbach/Albers/Hartmann § 319 Rn. 29 ff.; *H.-J. Musielak*, in: MüKoZPO § 319 Rn. 15; *M. Vollkommer*, in: Zöller § 319 Rn. 25 m.w.N.
105 VGH Mannheim 23.8.2000 – 2 S 44/00, juris Rn. 3; *E. Schneider*, MDR 1986, 377 m.w.N.
106 VGH Mannheim VBlBW 2014, 117; VGH München 20.9.2002 – 7 ZB 02.1219, juris Rn. 8.
107 VGH Mannheim VBlBW 2014, 117 m.w.N.; vgl. auch BVerwG, NVwZ 2010, 962.
108 BVerwG, NVwZ 2010, 962.
109 *E. Schneider*, MDR 1986, 377, 378.
110 Vgl. *Kopp/Schenke* § 118 Rn. 11.

Der Berichtigungsbeschluss ist nach § 146 Abs. 1 mittels Beschwerde anfechtbar. I.R. der Beschwerde entscheidet das Beschwerdegericht selbst und abschließend über die Rechtmäßigkeit des Berichtigungsbeschlusses (VGH Mannheim NVwZ-RR 2003, 693, 694).

Das im Hinblick auf die Grundentscheidung zuständige Rechtsmittelgericht ist *grds.* an den fehlerhaften Berichtigungsbeschluss gebunden.

Eine *Ausnahme* besteht laut BGH dann, wenn durch die Berichtigung erstmalig ein Rechtsmittel zugelassen wird (BGHZ 20, 188, 189 m.w.N.; 127, 74, 76). Hier soll das Rechtsmittelgericht die Einhaltung der rechtlichen Grenzen des § 118 prüfen dürfen und eine Bindung verneinen, wenn „in Wahrheit kein Berichtigungsbeschluss vorliegt, sondern nur ein Beschluss, der sich Berichtigungsbeschluss nennt" (BGHZ 20, 188, 190). Nur so ist sichergestellt, dass die zwingenden Vorschriften des Instanzenzuges gewahrt werden (so auch BGH NJW-RR 1995, 765, 766). Eine Bindungswirkung hat das BVerwG (NVwZ 2007, 1442, 1443) auch bei einem unzulässigen, über § 118 hinausgehenden Eingriff in den Urteilstenor verneint, demnach in Konstellationen, in denen der Berichtigungsbeschluss an einem zu seiner Nichtigkeit führenden offenkundigen und besonders schweren Fehler leidet.[111]

37   **5. Besonderheiten bei Berichtigung von Beschlüssen, Gerichtsbescheiden und Vergleichen.** § 118 gilt wegen § 122 Abs. 1 für Beschlüsse und Gerichtsbescheide,[112] wenn gegen sie kein Antrag auf mündliche Verhandlung gestellt wird, vgl. § 84 Abs. 3. Zu beachten ist, dass die mündliche Verhandlung im Verfahren der Berichtigung nicht die Rechtsnatur des Gerichtsbescheides, der gem. § 84 Abs. 1 immer ohne mündliche Verhandlung ergeht, ändert. Auf gerichtliche *Vergleiche* ist § 118 in der Regel nicht anwendbar. Werden diese zur Niederschrift des Gerichts protokolliert, sind Unrichtigkeiten nach § 105 i.V.m. § 164 ZPO zu berichtigen. Teilweise wird eine beschränkte Berichtigungsmöglichkeit für zulässig erachtet. Wenn nämlich die Prozessbeteiligten einen vom Gericht nahegelegten und mithilfe des Gerichtes formulierten Prozessvergleich schließen, treffe das Gericht auch eine entsprechende Formulierungsverantwortung.[113] Die Berichtigung eines Beschlusses nach § 106 S. 2 ist nur bis zu dem Zeitpunkt möglich, zu dem einer der Beteiligten dem Vergleichsvorschlag zugestimmt hat. Der Vergleichstext ist nach der Annahme eines Vergleichsvorschlags nach § 106 S. 2 durch die Beteiligten der Disposition des Gerichts entzogen ist, da der geschlossene Vergleich diesem nicht mehr als eigene Willensbekundung zugerechnet werden kann.[114]

§ 119 [Berichtigung des Tatbestands eines Urteils]

(1) Enthält der Tatbestand des Urteils andere Unrichtigkeiten oder Unklarheiten, so kann die Berichtigung binnen zwei Wochen nach Zustellung des Urteils beantragt werden.

(2) ¹Das Gericht entscheidet ohne Beweisaufnahme durch Beschluß. ²Der Beschluß ist unanfechtbar. ³Bei der Entscheidung wirken nur die Richter mit, die beim Urteil mitgewirkt haben. ⁴Ist ein Richter verhindert, so entscheidet bei Stimmengleichheit die Stimme des Vorsitzenden. ⁵Der Berichtigungsbeschluß wird auf dem Urteil und den Ausfertigungen vermerkt. ⁶Ist das Urteil elektronisch abgefasst, ist auch der Beschluss elektronisch abzufassen und mit dem Urteil untrennbar zu verbinden.

Schrifttum

H. Burkhardt, Urteilsberichtigung, Tatbestandsberichtigung und Urteilsergänzung, JurBüro 1960, 137; *E. Eyermann,* Keine Kostenentscheidung bei Tatbestandsberichtigung, BayVBl 1961, 81; *R. Kapp,* Die Tatbestandsberichtigung nach § 108 FGO – Eine rechtsstaatlich vertretbare Gesetzesbestimmung?, BB 1983, 399; *A. Mümmler,* Voraussetzungen zur Berichtigung von Beschlüssen gemäß § 319 ZPO, JurBüro 1978, 167; *H. Oehlers,* Von dem, was der Revisionsrichter zu lesen und der Tatrichter zu schreiben hat, NJW 1994, 712; *C.-D. Schuhmann,* Zur Beweiskraft des Tatbestandes im Rechtsmittelverfahren, NJW 1993, 2786; *J. Weitzel,* Tatbestand und Entscheidungsqualität, 1990.

---

111 *C. Kimmel/B. Clausing,* in: Schoch/Schneider/Bier § 118 Rn. 8.
112 Vgl. *Kopp/Schenke* § 118 Rn. 1.
113 *C. Kimmel/B. Clausing,* in: Schoch/Schneider/Bier § 118 Rn. 1; *P. Hartmann,* in: Baumbach/Lauterbach/Albers/Hartmann § 319 Rn. 4.
114 VGH Kassel 31.8.2015 – 1 B 829/15, juris Rn. 14.

I. Entstehungs- und Textgeschichte

Das BVerwGG von 1952 (BGBl I 625, 631) verwies über § 26 auf die Anwendbarkeit der Tatbestandsberichtigung nach § 320 ZPO. Der Entwurf der Bundesregierung (zu der noch mit § 118 bezifferten Vorschrift) weist auf die Entlehnung aus den Abs. 1–4 des § 320 ZPO hin.[1] Von § 320 ZPO unterscheidet sich § 119 v.a. in den Verfahrensvorschriften. So verzichtet die VwGO auf eine absolute Antragsfrist von drei Monaten seit der Verkündung bzw. im schriftlichen Verfahren seit der Zustellung des Urteilstenors. Auch eine mündliche Verhandlung ist nach § 119 nicht zwingend, während nach § 320 Abs. 3 ZPO auf Antrag einer Partei über den Berichtigungsantrag mündlich verhandelt werden muss.   **1**

II. Systematik

1. Allgemeines. § 119 bietet eine Änderungsmöglichkeit eines existenten Urteils durch das entscheidende Gericht (→ § 118 Rn. 2). Anlass für eine Änderung sind nicht offensichtliche, sondern „andere Unrichtigkeiten und Unklarheiten" im Tatbestand des Urteils. Anders als die Fehler, die nach § 118 in jedem Teil des Urteils berichtigt werden können (→ § 118 Rn. 9), dürfen Fehler nach § 119 nur innerhalb der gedrängten Darstellung des Sach- und Streitstandes (→ § 117 Rn. 73 ff.) berichtigt werden. Insbes. kommt i.R.d. § 119 keine Berichtigung des Tenors oder des Rubrums infrage.[2] Ebenso wenig berichtigungsfähig sind die auf den Sachverhalt bezogenen Wertungen des Gerichts einschließlich der Beweiswürdigung.[3]   **2**

Die Unrichtigkeit oder Lücken in den tatsächlichen Feststellungen des Urteils sind kein Verfahrensmangel; sie können deshalb gerade nur im Verfahren nach § 119 geltend gemacht werden und nicht die Revision begründen.[4] Dies gilt unabhängig davon, ob sich die unrichtige oder unvollständige Tatsachenfeststellung im Tatbestand oder in den Entscheidungsgründen befindet.[5]

Durch nachträgliche Änderung des Tatbestandes werden nicht nur Fragen der Bindungswirkung eines Urteils nach § 173 i.V.m. § 318 ZPO betroffen, denn die Möglichkeit der Tatbestandsberichtigung bietet ein summarisches Verfahren, dass dem entscheidenden Gericht unter Freistellung von der Bindung des § 318 ZPO die Korrektur des Tatbestandes ermöglicht (BGH NJW-RR 1988, 408). Insbes. betrifft eine Tatbestandsänderung die gesetzliche Beweiskraftregelung nach § 173 i.V.m. § 314 ZPO (BVerwG 15.4.1998 – 2 B 26/98, juris Rn. 4). Dem Tatbestand eines Urteils kommt besondere Beweiskraft zu: Er beurkundet nach § 314 ZPO das mündliche Parteivorbringen und ist somit Anknüpfungspunkt für Fragen der Präklusion, § 128 a,[6] der Revision, § 137 Abs. 2 und der Urteilsergänzung, § 120.[7] Überdies liefert der Tatbestand des Urteils vollen Beweis für die in ihm bezeugten Wahrnehmungen und Handlungen des Gerichts (BVerwG NVwZ 1985, 337, 338). Er ist öffentliche Urkunde und unterliegt damit der Beweiskraftregelung des § 418 ZPO, § 98 (→ § 117 Rn. 73; vgl. BVerwG 15.4.1998 – 2 B   **3**

---

1 BT-Drs. 3/55, 43; ebenso pauschal ohne nähere Erläuterung W. *Göttlich*, JurBüro 1960, 147.
2 Vgl. BVerwG NVwZ 2007, 1442, 1443 bzw. HmbOVG 14.10.1999 – 3 Bf 196/98, juris Rn. 1.
3 OVG Münster 9.1.2013 – 9 A 2054/07, juris Rn. 5; vgl. VGH München 7.11.2011 – 1 N 10.1818, juris Rn. 3.
4 BVerwG 9.9.2009 – 4 BN 4/09, juris Rn. 16.
5 BVerwG 15.4.1998 – 2 B 26/98, juris Rn. 3; 14.4.1999 – 2 BN 1/98, juris Rn. 5 m.w.N.
6 BVerwG 15.4.1998 – 2 B 26/98; *M. Happ*, in: Eyermann § 128 a Rn. 3.
7 *R. Kapp*, BB 1983, 190.

26/98, juris Rn. 4). Die Regelung des § 119 dient folglich dazu, zu verhindern, dass infolge der Beweiskraft des Tatbestands ein unrichtig beurkundeter Prozessstoff Grundlage für die Entscheidung des Rechtsmittelgerichts wird.[8]

4　**2. Systematik des § 119 in Abgrenzung zu § 118.** Anders als offensichtliche Unrichtigkeiten, die nach § 118 zu berichtigen sind, ist eine Berichtigung des Tatbestandes nur zulässig, wenn das Gericht *schlichtweg eine entscheidungserhebliche Tatsache nicht* oder *falsch* in die gedrängte Darstellung des Sach- und Streitstandes *aufgenommen hat.*[9] Während § 118 eine Diskrepanz zwischen Gewolltem und Erklärtem des Gerichts voraussetzt, wollte beim Tatbestandsfehler nach § 119 das Gericht genau das erklären, was es im Tatbestand schriftlich niedergelegt hat. Es hat dabei aber *über die tatsächlichen Feststellungen geirrt.*[10] Bereits bei der Entscheidungsbildung war es im Irrtum. Da der zu berichtigende Fehler für das Gericht gerade nicht offensichtlich ist, bedarf es der Mitwirkung der Parteien, um die Unrichtigkeit oder Unklarheit zu erkennen. Deshalb normiert Abs. 1 ein Antragserfordernis.[11] Auch das in Abs. 2 geregelte formalisierte Verfahren und die Entscheidung über die Berichtigung nur durch die Richter, die an der Urteilsfällung mitgewirkt haben (→ Rn. 18 ff.), finden hierin ihre Berechtigung. Nicht berichtigt werden kann eine auf aktenwidrigen Feststellungen beruhende Verletzung des Überzeugungsgrundsatzes nach § 108 Abs. 1 (BVerwG NJW 2012, 1672, 1674).

5　Während § 118 jedem Gericht die Berichtigung seiner Urteile ermöglicht, kann das Revisionsgericht nicht den Tatbestand seines Urteils nach § 119 berichtigen, soweit es Tatsachenfeststellungen der Vorinstanz in den Sach- und Streitstand übernommen hat. Dem Revisionsurteil fehlt insoweit die urkundliche Beweiskraft über das Parteivorbringen, § 314 ZPO, denn es wiederholt nur den von der Vorinstanz festgestellten Sachverhalt.[12] Berichtigung unrichtiger Darstellung des Sach- und Streitstandes im Berufungsurteil, welches Grundlage der Revision ist, kann nicht beim Revisionsgericht beantragt werden, sondern hätte mit Antrag nach § 119 bei der Vorinstanz erfolgen müssen. Tatbestandsberichtigung des Revisionsurteils ist dann möglich, wenn es eigene Feststellungen wiedergibt.[13]

III.　Begriffe und grundsätzliche Erläuterungen

6　**1. Berichtigungsgründe.** Tatbestandsberichtigung ist in Fällen „anderer Unrichtigkeiten oder Unklarheiten" möglich. Die Beschränkung auf „andere" dient der Abgrenzung zu offensichtlichen Unrichtigkeiten i.S.d. § 118. Schreib- und Rechenfehler im Tatbestand sind grds. nach § 118 zu berichtigen, nicht nach § 119. Erweist sich eine Unrichtigkeit als offensichtlich, ist ein nach Abs. 1 gestellter Antrag umzudeuten und nach § 118 zu behandeln (→ § 118 Rn. 22).

7　Erfasst werden *entscheidungserhebliche*[14] Auslassungen oder unrichtige Schilderungen der Darstellung des Sach- und Streitstandes, wobei sich Tatsachenfeststellungen auch in den Entscheidungsgründen wiederfinden.[15] Beiläufige Bemerkungen tatsächlicher Art, die erkennbar für die Entscheidung nicht wesentlich sind und weder zu tatsächlichen und rechtlichen Schlussfolgerungen Anlass bieten, rechtfertigen keine Tatbestandsberichtigung (OVG Bln NJW 1967, 2175). Demzufolge verleiht § 119 keinen Anspruch auf die Aufnahme ausführlicherer Darstellungen oder die Ergänzung nebensächlicher Punkte; ebenfalls keiner Tatbestandsberichtigung bedürfen offensichtlich unerhebliche Sätze oder Satzteile im Urteilstatbestand.[16]

8　Vgl. BVerwG NVwZ 2013, 1237, 1238; BVerwG 12.3.2014 – 8 C 16/12, juris Rn. 9.

9　Vgl. OVG Münster 9.1.2013 – 9 A 2054/07, juris Rn. 5.

10　*K. Rennert,* in: Eyermann § 119 Rn. 4.

11　*A. Mümmler,* JurBüro 1978, 167, 168: „Die Kenntnis von der Unrichtigkeit des Beschlusses ergab sich für das Gericht erst durch den ... Berichtigungsantrag des C."

12　BVerwG DVBl 1960, 519; BVerwG 12.3.2014 – 8 C 16/12, juris Rn. 10.

13　Vgl. BVerwG 12.3.2014 – 8 C 16/12, juris Rn. 8; *C. Kimmel/B. Clausing,* in: Schoch/Schneider/Bier § 119 Rn. 3; *M. Redeker,* in: Redeker/v. Oertzen § 119 Rn. 6; *K. Rennert,* in: Eyermann § 119 Rn. 3.

14　OVG Bln NJW 1967, 2175; *Kopp/Schenke* § 119 Rn. 3; so wohl auch *Koehler* § 119 Anm. III: „Bei der Frage, ob Auslassungen vorliegen, ist zu berücksichtigen, dass das Gericht nicht gezwungen ist, jede Einzelheit zu bringen..."

15　*F. Hunn,* ArbuR 1957, 335, 336, der anhand von einprägsamen Bsp. die Schwierigkeiten darstellt, die die Analyse der Entscheidungsgründe mit sich bringt; OVG Bln NJW 1967, 2175: auch Teile des Rubrums oder der Entscheidungsgründe.

16　Vgl. OVG Bautzen 20.7.2015 – 1 A 238/13, juris Rn. 3; 10.7.2013 – 4 A 266/12, juris Rn. 3; OVG Schleswig 21.2.2012 – 1 KN 9/11, juris Rn. 2 m.w.N.

Eine *Auslassung* ist gegeben, wenn ein entscheidungserhebliches Vorbringen der Beteiligten übergangen wird.[17] Auch wenn eine Auslassung aufgrund Protokollvergleichs oder etwaiger Schriftsätze offensichtlich erscheint, ist Berichtigung nach $\S$ 119 vorzunehmen. Berichtigung nach $\S$ 118 impliziert, dass im Tatbestand überhaupt etwas erklärt ist ($\rightarrow$ $\S$ 118 Rn. 7). Hat das Gericht im Urteil nichts erklärt, bleibt nur die Berichtigung einer „anderen" Unrichtigkeit nach $\S$ 119. Eine Auslassung liegt auch vor, wenn ein mündliches Vorbringen, das von schriftsätzlichen Erklärungen abweicht, übergangen wird.[18] Im Tatbestand kann nur ausgelassen werden, was in den Tatbestand überhaupt aufgenommen werden muss. Nicht zur Sache gehörende Parteibehauptungen und Rechtsausführungen der Parteien gehören nicht hierzu, auch wenn die Beteiligten meinen, ihr Vorbringen hätte berücksichtigt werden müssen.[19] Eine erschöpfende Wiedergabe des gesamten Vortrags der Beteiligten ist folglich nicht erforderlich, deren Fehlen damit keine zur Korrektur nach $\S$ 119 zwingende Auslassung.[20] Ebenso wenig liegt eine Auslassung vor, soweit die Wiedergabe von Einzelheiten des Sach- und Streitstands in zulässiger Weise durch eine Bezugnahme nach $\S$ 117 Abs. 3 S. 2 ersetzt wird.[21]

Der Rahmen des $\S$ 119 wird verlassen, wenn ein bisher überhaupt nicht vorliegender Tatbestand nachgeholt werden soll (VGH Kassel NVwZ-RR 2001, 542, 543). 8

Unrichtig sind *Schilderungen* im Tatbestand, die etwas als ausdrücklich vorgetragen anführen, was nicht vorgetragen wurde,[22] oder sonst zum protokollierten Vorbringen im Widerspruch stehen.[23] 9

2. Berichtigungsfähigkeit. Unrichtigkeiten sollen nur insoweit berichtigungsfähig sein, als sie der qualifizierten Beweiskraft des $\S$ 314 ZPO unterliegen,[24] denn beide Vorschriften ergänzen sich, als die Tatbestandsberichtigung die Beweiskraftregel für die Beteiligten „erträglich" mache.[25] Einem Revisionsurteil fehle die Beweiskraft des $\S$ 314 ZPO, weil es auf den Tatbestandsfeststellungen des Berufungsurteils fußt.[26] Ihm komme nur die Beweiskraft einer öffentlichen Urkunde, $\S$ 418 ZPO zu. Die Tatbestandsberichtigung bezwecke zu verhüten, dass infolge der Beweiskraftregelung, $\S$ 314 ZPO, unrichtig beurkundeter Parteivortrag oder Prozessstoff Grundlage für die Entscheidung des Rechtsmittelgerichtes wird oder infolge der unrichtigen Beurkundung eine an sich gerechtfertigte Urteilsergänzung versagt bliebe (BVerwG DVBl 1960, 519; BVerwG 12.3.2014 – 8 C 16/12, juris Rn. 9). Soweit der Tatbestand des Revisionsurteils nicht der Beweiskraft nach $\S$ 314 ZPO unterliegt, ist eine Berichtigung nach $\S$ 119 nicht möglich (vgl. BVerwG Buchholz 310 $\S$ 119 VwGO Nr. 4; BVerwG 12.3.2014 – 8 C 16/12, juris Rn. 8). 10

Die Kritik geht dahin, dass die Beweiskraft des $\S$ 314 ZPO weder nach Gesetzeswortlaut und -materialien Voraussetzung für eine Anwendung des $\S$ 320 ZPO ist, noch ergibt sich dies aus dem Sinn des $\S$ 314 ZPO.[27] Die Beweiskraft des $\S$ 314 ZPO entfaltet sich nur, wenn der Tatbestand des Urteils richtig, vollständig und frei von Widersprüchen ist.[28] 11

3. Tatbestandsberichtigung und Protokoll. Die besondere Beweiskraft des Urteilstatbestands ($\S$ 173 i.V.m. $\S$ 314 ZPO) erschwert die Möglichkeit, die Unrichtigkeit des Tatbestandes zu beweisen. Als Gegenbeweis ist einzig das Protokoll der mündlichen Verhandlung zulässig, $\S$ 314 S. 2 ZPO.[29] Nur ausdrückliche Feststellungen im Sitzungsprotokoll können einer abweichenden Schilderung des Sach- 12

---

17 BVerwG NVwZ 1993, 62; 1997, 313.
18 *H. Oehlers*, NJW 1994, 712, 713.
19 *F. Hunn*, ArbuR 1957, 335, 336.
20 Vgl. VGH München 31.1.2011 – 4 B 10.144, juris Rn. 2; VG Berlin 29.10.2014 – 12 K 494.12, juris Rn. 2 m.w.N.
21 OVG Münster 9.1.2013 – 9 A 2054/07, juris Rn. 5; OVG Bautzen 29.11.2011 – 4 A 512/09, juris Rn. 2.
22 *H. Oehlers*, NJW 1994, 712, 713.
23 Vgl. hierzu BVerwG 25.1.2001 – 6 BN 2/00, juris Rn. 10.
24 Vgl. OVG Bautzen 29.1.2015 – 5 E 76/14, juris Rn. 4; BGH NJW 1983, 2032; LAG Köln MDR 1985, 171.
25 OVG Bln NJW 1967, 2175; VGH Kassel NJW 1984, 2429 begründet mit diesem Zusammenhang die Anwendbarkeit des $\S$ 320 ZPO im Verwaltungsprozess: „da das Gegenstück zu $\S$ 314 ZPO, die Tatbestandsberichtigung des $\S$ 320 ZPO, in $\S$ 119 wiederkehrt ..."; *P. Hartmann*, in: Baumbach/Lauterbach/Albers/Hartmann $\S$ 314 Rn. 2.
26 So bereits RGZ 13, 432 ff.; 80, 172; *H. Burkhardt*, JurBüro 1960, 137, 140: Aus diesem Grund haben RG und BGH eine Tatbestandsberichtigung ihrer Urteile als unzulässig abgelehnt.
27 *J. Weitzel*, Tatbestand, 1990, 80 ff.
28 *J. Weitzel*, Tatbestand, 1990, 80, 88; so auch *P. Hartmann*, in: Baumbach/Lauterbach/Albers/Hartmann $\S$ 314 Rn. 7: „Soweit der Tatbestand in sich widerspruchsvoll ist, fehlt ihm die Beweiskraft ...".
29 BVerwG NVwZ 1985, 337, 338; NJW 1988, 1228; 15.4.1998 – 2 B 26/98, juris Rn. 4; 25.1.2001 – 6 BN 2/00, juris Rn. 10.

und Streitstandes die Beweiskraft nehmen.[30] Daraus ergibt sich, dass eine *Berichtigung des Tatbestandes nicht zulässig ist, wenn sie Feststellungen des Protokolls widerspricht.*[31] Ggf. ist die unbefristete Möglichkeit, das *Protokoll* gem. § 105 i.V.m. § 164 ZPO *zu berichtigen*, wahrzunehmen.

13   Ins Protokoll der mündlichen Verhandlung wird regelmäßig nur aufgenommen, dass der Sach- und Streitstand mit den Beteiligten erörtert wurde. Es fehlt, dass das Gericht mit den Beteiligten ein bestimmtes Vorbringen detailliert beraten hat. Es kann hieraus aber nicht geschlossen werden, dass bestimmtes Vorbringen nicht Gegenstand der mündlichen Verhandlung war (BVerwG NVwZ 1985, 337, 338). Denn zum einen sind nur die wesentlichen Vorgänge zu protokollieren, § 160 ZPO. Die Aufnahme eines jeden, eventuell entscheidungserheblich werdenden Vorbringens ist nicht Pflicht.[32] Zum anderen ergibt sich der maßgebliche Tatsachenstoff für die Urteilsfindung aus dem Tatbestand. Für die Entkräftung des durch den Tatbestand des Urteils gelieferten Beweises genügt das bloße Schweigen des Protokolls nicht.[33] Wird erst nach der Urteilszustellung eine unrichtige Sach- und Streitstandsschilderung deutlich und ergibt sich nichts Gegenteiliges aus dem Protokoll, muss vor der Einleitung eines Tatbestandsberichtigungsverfahren die Berichtigung des Protokolls beantragt werden.

14   **4. Tatbestandsberichtigung im schriftlichen Verfahren.** Eine Tatbestandsberichtigung ist auch im Falle des § 101 Abs. 2 möglich. Der Nachweis der Unrichtigkeit des Tatbestandes ist einfacher. Es können alle zulässigen Beweismittel angeführt werden; die Beschränkung des § 314 ZPO auf das Protokoll gilt gerade nicht. Insofern kann das bei den Akten befindliche schriftsätzliche Vorbringen zum Nachweis der Unrichtigkeit angeführt werden.

15   Probleme ergeben sich, wenn bei Abfassung des Tatbestandes mit *salvatorischer Klausel* auf den gesamten Akteninhalt Bezug genommen wird. Berichtigung des ausformulierten Tatbestandes sei nicht möglich,[34] weil der Tatbestand durch eine Verweisung lückenlos und offenbar widerspruchsfrei werde (LAG Köln MDR 1985, 171). Die richtigen und vollständigen Schriftsätze zeigen die Feststellungsmängel im Tatbestand aber erst auf, sodass eine Verweisung auf die Schriftsätze nicht die Möglichkeit der Tatbestandsberichtigung ausschließen kann.

16   **5. Verfahren der Tatbestandsberichtigung. a) Einleitung des Verfahrens durch Antrag, Antragsfrist.** Ohne einen fristgemäßen Antrag der Beteiligten darf das Gericht keine Berichtigung vornehmen, es gilt das Dispositionsprinzip.[35] Der Antrag muss den *Formerfordernissen* des § 81 genügen. Nur bei erstinstanzlichen Verfahren vor dem VG kann der Antrag zur Niederschrift des Urkundsbeamten erklärt werden, § 81 Abs. 1. In Anwaltsprozessen besteht auch für den Berichtigungsantrag Anwaltszwang, § 67.[36] Die *Antragsfrist* läuft ab *Zustellung des in vollständiger Form abgefassten Urteils* an den jeweiligen Antragsteller, vgl. § 320 Abs. 2 S. 1 ZPO. § 119 verzichtet jedoch auf die in § 320 Abs. 2 S. 3 ZPO normierte absolute Antragsfrist von drei Monaten nach Verkündung des Urteils, sodass dem Betroffenen nicht die Möglichkeit der Tatbestandsberichtigung verwehrt ist,[37] wenn das vollständige Urteil später (in der Frist des § 117 Abs. 4) abgesetzt und zugestellt wird.

17   **b) Unzulässiger Berichtigungsantrag.** Dem Berichtigungsantrag fehlt das Rechtsschutzbedürfnis, wenn er gegen die Feststellungen des Protokolls gerichtet ist oder wenn eine entscheidungsunerhebliche Tatsache berichtigt werden soll.[38] Gleiches gilt, wenn die beanstandeten Ausführungen in einem angestrebten weiteren Verfahren mangels gesetzlicher Beweiskraft oder gesetzlicher Bindungsregelun-

---

30 BVerwG Buchholz 442.10 § 4 StVG Nr. 60; 15.4.1998 – 2 B 26/98, juris Rn. 4; 25.1.2001 – 6 BN 2/00, juris Rn. 10.
31 *Vgl. P. Hartmann*, in: Baumbach/Lauterbach/Albers/Hartmann § 165 Rn. 10; *K. Rennert*, in: Eyermann § 119 Rn. 2.
32 *P. Hartmann*, in: Baumbach/Lauterbach/Albers/Hartmann § 160 Rn. 7.
33 *C.-D. Schumann*, NJW 1993, 2786, 2787.
34 *M. Vollkommer*, in: Zöller § 320 Rn. 4.
35 H.M.: *Kopp/Schenke* § 119 Rn. 3; *M. Redeker*, in: Redeker/v. Oertzen § 119 Rn. 4; *K. Rennert*, in: Eyermann § 119 Rn. 5; a.A. *Ule* § 58 II 2: begründet eine Berichtigung von Amts wegen mit dem „früher geltenden Recht, wobei nicht anzunehmen (sei), dass diese dem Amtsbetrieb und dem Untersuchungsgrundsatz entsprechende Regelung durch die dem § 320 ZPO entsprechende Fassung des § 119 Abs. 1 nicht beseitigt werden sollte." Dieser Ansicht kann nicht gefolgt werden. In der Verwaltungsgerichtsbarkeit fehlte jede explizite Regelung zur Tatbestandsberichtigung, es gab vielmehr den Verweis auf § 320 ZPO; → Rn. 1.
36 VGH München 22.4.2004 – 12 B 99.3472.
37 Zu § 320 Abs. 2 ZPO: Die absolute Antragsfrist sei unschädlich, weil die Revisionsrüge möglich sei, so bereits *B. Wieczorek*, ZPO und Nebengesetze, 1957, § 320 Anm. B I b; *M. Vollkommer*, in: Zöller § 320 Rn. 8 und *P. Hartmann*, in: Baumbach/Lauterbach/Albers/Hartmann § 320 Rn. 8: kein absoluter Revisionsgrund.
38 Zur Beschwerde gegen abgelehnte Protokollberichtigung VGH München NVwZ-RR 2000, 843.

gen nicht zugrunde zu legen sind;[39] dies kann im Falle einer sich anschließenden Verfassungsbeschwerde angenommen werden, da das BVerfG nicht an die Feststellungen der Fachgerichte gebunden ist.[40]

c) Beteiligte Richter. aa) Richteridentität. Über die Tatbestandsberichtigung entscheiden die *Richter*, 18 die beim zu berichtigenden Urteil mitgewirkt haben, § 119 Abs. 2 S. 3. Denn für die Bewilligung der Berichtigung ist ihr Erinnerungsvermögen, unterstützt durch private Aufzeichnungen, und das Protokoll der Verhandlung maßgeblich (vgl. VGH München 4.12.2002 – 2 C 02.2096, juris Rn. 7).[41] Deshalb ist es – wie sich aus § 119 Abs. 2 S. 4 ergibt – nicht möglich, dass ein verhinderter Richter vertreten wird (OVG Münster 20.7.2007 – 12 E 1515/06, juris Rn. 12; BFH NVwZ 1990, 504). Ist der Hinderungsgrund von kurzzeitiger und vorübergehender Natur, ist grds. die Rückkehr des Richters abzuwarten (BFHE 125, 490). Maßgeblich ist, ob der zur Mitwirkung Berechtigte noch als Richter zur Verfügung steht. Nicht mehr als Richter Tätige oder Richter, die das Gericht verlassen haben, wirken an der Berichtigungsentscheidung nicht mit (BFHE 125, 490; VGH München BayVBl 1981, 693);[42] Mitwirkung „bei dem Urteil" meint das Fällen des Urteils nach § 112. Sind alle Richter, die an der Entscheidung mitgewirkt haben, verhindert, unterbleibt eine Tatbestandsberichtigung.[43]

bb) Mitwirkung der ehrenamtlichen Richter. Eine Mitwirkung der ehrenamtlichen Richter wird regelmäßig nur dann als notwendig erachtet, wenn über den Berichtigungsantrag in mündlicher Verhandlung befunden wird,[44] weil dies nach § 19 erforderlich ist. Das BVerwG (BVerwG NVwZ 1987, 128) hat sich von seiner früheren Ansicht distanziert. In BVerwGE 7, 218 hat es noch erkannt, dass die ehrenamtlichen Richter bei der Entscheidung über den Berichtigungsantrag mitzuwirken haben, auch wenn über den Antrag ohne mündliche Verhandlung im Beschlusswege entschieden wird, denn die Vorschrift der Tatbestandsberichtigung des § 320 ZPO, die anzuwenden war, sei lex specialis zu den Vorschriften, die eine Beteiligung der ehrenamtlichen Richter an Beschlussentscheidungen nicht erfordern.

Dies ist bedenklich, soweit Umstände des Vorbringens der Beteiligten in der mündlichen Verhandlung 20 Gegenstand des Tatbestandsberichtigungsverfahrens sind.[45] Denn es kommt bei der Berichtigung wesentlich auf das Erinnerungsvermögen der beteiligten Richter, und damit auch der ehrenamtlichen an.[46] Es erscheint nicht sachgerecht, sie bei dieser Willensbildung auszuschließen. Gelegentlich wurde gefordert, eine mündliche Verhandlung über den Antrag auf Tatbestandsberichtigung zur Pflicht zu machen, wenn auch in mündlicher Verhandlung entschieden wurde.[47] Dann gäbe es keine Probleme bei der Frage der Mitwirkung der ehrenamtlichen Richter, denn dies wäre durch § 19 geklärt. Es bedürfte dann keiner Diskussion, ob § 119 eine lex specialis zu § 5 Abs. 3 wäre.

Bei Intention des Tatbestandsberichtigungsverfahrens, eine schnelle, unkomplizierte Berichtigung von 21 Unrichtigkeiten herbeizuführen,[48] ist die grundsätzliche Beteiligung der ehrenamtlichen Richter eher hinderlich. Zudem normiert § 19 eine Mitwirkungspflicht nur bei mündlicher Verhandlung und Urteilsfindung. Die Urteilsfindung ist aber bei der Tatbestandsberichtigung gerade nicht betroffen, denn sie endet in der Hauptsache mit der Beschlussfassung über Tenor und Nebenentscheidungen. Gegenstand sind zudem Fehler in der schriftlichen Urteilsabfassung, bei der die ehrenamtlichen Richter gerade nicht mitwirken.

cc) Richterablehnung und Selbstablehnung. In der zivilrechtlichen Praxis ist sowohl die Ablehnung 22 eines Richters durch die Parteien (§ 42 ZPO) wie auch die Selbstablehnung eines Richters nach § 48 ZPO im Tatbestandsberichtigungsverfahren zulässig.[49] Die §§ 42, 48 ZPO gelten für alle Verfahren

---

39 BVerwG 12.3.2014 – 8 C 16/12, juris Rn. 20; *K. Rennert*, in: Eyermann § 119 Rn. 3.
40 Vgl. BVerwG NVwZ 2013, 1237, 1238; OVG Bautzen 8.1.2015 – 5 D 88/13, juris Rn. 3.
41 *Kopp/Schenke* § 119 Rn. 4.
42 *Kopp/Schenke* § 119 Rn. 4.
43 OVG Münster 20.7.2007 – 12 E 1515/06, juris Rn. 14. Entsprechendes gilt in den Fällen des § 6 Abs. 1 S. 1 (bzw. § 76 AsylG) und § 87a Abs. 3, wenn der Einzelrichter oder Berichterstatter verhindert ist.
44 BVerwG NVwZ 1987, 128; BFHE 125, 490; OVG Bln DVBl 1960, 940; 1963, 254; OVGE 16, 367; *C. Kimmel/B. Clausing*, in: Schoch/Schneider/Bier § 119 Rn. 5.
45 *K. Rennert*, in: Eyermann § 119 Rn. 5.
46 So *Koehler* § 119 Anm. IV 3, der § 119 als eine lex specialis sieht.
47 So *R. Kapp*, BB 1983, 190, 191 für § 108 FGO, denn hier fehle zudem eine zweite Tatsacheninstanz.
48 *J. Weitzel*, Tatbestand, 1990, 81.
49 BGH NJW 1963, 46; *P. Hartmann*, in: Baumbach/Lauterbach/Albers/Hartmann § 42 Rn. 3; *M. Vollkommer*, in: Zöller § 320 Rn. 12.

nach der ZPO, die an die Ausübung des Richteramtes anknüpfen (ohne Verfasser, HFR 1990, 31 [Anm. zu BFH HFR 1990, 30]). Diese ist gekennzeichnet durch die Entscheidung eines konkreten Falles, welche die jeweilige Instanz abschließt. So könnte argumentiert werden, die richterliche Tätigkeit ende mit Erlass des Urteils, sodass die §§ 42 und 48 ZPO auf die Tatbestandsberichtigung nicht anwendbar wären. Bei den Annexverfahren zum Urteil entscheidet der Richter aber auch kraft seines Richteramtes; er ist nicht lediglich als Zeuge tätig (BGH NJW 1963, 46). Für die Tatbestandsberichtigung nach § 320 ZPO sind die §§ 42 ff. ZPO demnach anwendbar.[50] Die gleichen Überlegungen führen dazu, auch im verwaltungsgerichtlichen Tatbestandsberichtigungsverfahren über § 54 die Ablehnung und Selbstablehnung eines Richters anzuerkennen (h.M.; für FGO: BFH HFR 1990, 30 [Nr. 34] und Anm.).

23   *Unzulässig* sollen das Ablehnungsgesuch und die Selbstablehnung aber sein, wenn eine Sachentscheidung nicht mehr getroffen werden könne,[51] wenn infolge der Ablehnung kein nach § 119 zur Entscheidung berechtigter Richter bei Gericht verbliebe, da eine Vertretung der Richter nach § 119 unzulässig ist. Dem kann in dieser Form nicht gefolgt werden. Denn die Entscheidung durch unabhängige und unvoreingenommene Richter ist zentrales Gut der Judikative. Vielmehr kann auch in dieser Konstellation keine Entscheidung nach § 119 mehr ergehen.[52]

24   **d) Mündliche Verhandlung und rechtliches Gehör.**   Nach Abs. 2 S. 1 i.V.m. § 101 Abs. 3 ist eine mündliche Verhandlung nicht erforderlich. Das Gericht kann nach eigenem Ermessen eine mündliche Verhandlung anordnen, wenn die zu berichtigende Tatsache auf andere Weise nicht restlos klargestellt werden kann. In der mündlichen Verhandlung findet keine Beweisaufnahme statt, Abs. 2 S. 1, da sich das Gericht allein auf die persönliche Erinnerung der Richter stützen kann. Rechtliches Gehör ist zu gewähren.

25   **e) Abstimmung.**   Abs. 2 S. 4 enthält für die Abstimmung eine Besonderheit. Grds. regelt sich diese gem. § 55 nach den §§ 192 ff. GVG. Gem. § 196 Abs. 1 GVG entscheidet die absolute Stimmenmehrheit. § 196 GVG ist aber bei der Entscheidung über die Tatbestandsberichtigung nicht anwendbar, wenn ein *Richter verhindert* ist und *Stimmengleichheit* besteht. Nach Abs. 2 S. 4 steht die endgültige Entscheidung dann dem Vorsitzenden zu. Ist der Vorsitzende verhindert, kann Abs. 2 S. 4 nicht angewandt werden. Dann entscheidet unter Bezugnahme auf § 320 Abs. 4 S. 3 ZPO die Stimme des dienstältesten Richters.[53]

26   **f) Entscheidung durch Beschluss, Rechtsmittel.**   Die Entscheidung ergeht durch *Beschluss*, auch wenn eine mündliche Verhandlung stattgefunden hat.[54] Grds. gilt § 122 Abs. 2, wonach der Berichtigungsbeschluss keiner Begründung bedarf. Da Abs. 2 S. 2 eindeutig bestimmt, dass der Beschluss unanfechtbar ist, ist eine *Begründung nicht erforderlich.* Die Meinung, wonach aus rechtsstaatlichen Gründen eine Begründung erforderlich ist, wenn dem Antrag nicht nachgekommen wird und eine zweite Tatscheninstanz fehlt,[55] hat sich nicht durchgesetzt. Der Beschluss trifft *keine Kostenentscheidung.*[56] Er geht unmittelbar in das Urteil selbst ein und hat keine Auswirkungen auf den Tenor oder die Entscheidungsgründe, § 320 Abs. 5 ZPO. Zudem handelt es sich beim Berichtigungsantrag um einen Streit zwischen den Beteiligten und dem Gericht. Eine Kostenentscheidung ist aber nur bei einem Streit zwischen den Parteien zu treffen.[57]

26a   Ist das im Tatbestand zu berichtigende Urteil elektronisch abgefasst, ist nach § 119 Abs. 2 S. 6 auch der Beschluss elektronisch abzufassen und mit dem Urteil untrennbar zu verbinden (→ § 118 Rn. 32).

27   Die Entscheidung über die Berichtigung ist unanfechtbar.[58] Eine *Beschwerde* gem. § 146 Abs. 1 soll aber dann statthaft sein, wenn die Tatbestandsberichtigung als unzulässig abgelehnt wurde oder wenn

---

50   *P. Hartmann,* in: Baumbach/Lauterbach/Albers/Hartmann § 42 Rn. 3.
51   Ohne Verfasser, HFR 1990, 31 (Anm. zu BFH HFR 1990, 30).
52   Ebenso *M. Vollkommer,* in: Zöller § 320 Rn. 12.
53   *K. Rennert,* in: Eyermann § 119 Rn. 5.
54   So auch *F. Hunn,* ArbuR 1957, 335, 337.
55   *R. Kapp,* BB 1983, 190, 191.
56   Vgl. VGH München 16.8.2016 – 7 ZB 16.1265, juris Rn. 2.
57   *E. Eyermann,* BayVBl 1961, 81.
58   Auf ablehnende Protokollberichtigungsbeschlüsse ist § 119 Abs. 2 als Ausnahmevorschrift nicht – auch nicht analog – anwendbar, s. VGH München NVwZ 2000, 843, 844.

die Verletzung schwerer Verfahrensfehler gerügt wird.[59] Denn der dem Beschwerdeausschluss zugrunde liegende Rechtsgedanke, dass eine Überprüfung der Berichtigungsentscheidung durch das übergeordnete Gericht nicht möglich ist, weil die Erinnerung der entscheidenden Richter nicht überprüft werden kann,[60] kommt bei einer Abweisung wegen Unzulässigkeit oder bei Mitwirkung Unbefugter nicht zum Tragen (OVG Lüneburg OVGE 14, 506, 507). Es empfiehlt sich daher, zumindest den eine Tatbestandsberichtigung als unzulässig ablehnenden Beschluss kurz zu begründen. Der Beschwerdeinstanz ist es wegen Abs. 2 S. 2 aber verwehrt, selbst in der Sache über den Antrag auf Tatbestandsberichtigung zu entscheiden. Sie muss die Sache an das Gericht zurückverweisen.[61]

g) Vermerk. Der Berichtigungsbeschluss ist auf dem Urteil und den Ausfertigungen zu vermerken. **28** Die Ausfertigungen des Urteils sind zurückzufordern. Berichtigungsbeschluss und Urteil sind zusammengeheftet zu versiegeln. Es empfiehlt sich die Formulierung: Dieses Urteil (Beschluss, Gerichtsbescheid) vom (Datum) ist durch nachgeheftet Beschluss vom (Datum) gem. § 119 Abs. 1 berichtigt worden. Unterschrift (Urkundsbeamter/in).

6. Verhältnis zu den förmlichen Rechtsmitteln in der Hauptsache. *Grds.* beeinflusst die Berichtigung **29** nicht den Lauf der Rechtsmittelfristen gegen das Urteil.[62] Daraus ergibt sich für die Beteiligten die Schwierigkeit, innerhalb eines Monats nach Zustellung des Urteils das förmliche Rechtsmittel oder die Nichtzulassungsbeschwerde einzulegen ohne die Berichtigungsentscheidung zu kennen. Allerdings fehlt dem Rechtsmittel das Rechtsschutzbedürfnis, wenn es auf einen fehlerhaften Tatbestand gestützt wird, denn dann steht das Tatbestandsberichtigungsverfahren, § 119 vorrangig zur Verfügung.[63] *Ausnahmsweise* kann die Rechtsmittelfrist neu zu laufen beginnen, wenn erst durch die Tatbestandsberichtigung eine Beschwer vorliegt oder erkennbar wird[64] oder das Urteil infolge der Tatbestandsberichtigung falsch wird.

7. Entsprechende Anwendung. Das Tatbestandsberichtigungsverfahren ist auf *Beschlüsse*[65] anwendbar, § 122 Abs. 1. Beschlüssen fehlt oft ein Formaltatbestand, da dieser nicht notwendig ist (§ 122 **30** Abs. 2), sodass die Berichtigung von Tatsachen innerhalb der Begründung des Beschlusses erfolgen muss. Beschlüssen kommt keine Beweiskraft nach § 314 ZPO zu, sodass für den Beweis der Unrichtigkeit alle Beweismittel zulässig sind. Auf *Gerichtsbescheide* ist § 119 gem. § 84 Abs. 1 S. 3 anwendbar. Eine Bewilligung von Prozesskostenhilfe für einzelne Prozesshandlungen, so für den Antrag nach § 119, scheidet aus.[66]

§ 120 [Urteilsergänzung]

(1) Wenn ein nach dem Tatbestand von einem Beteiligten gestellter Antrag oder die Kostenfolge bei der Entscheidung ganz oder zum Teil übergangen ist, so ist auf Antrag das Urteil durch nachträgliche Entscheidung zu ergänzen.

(2) Die Entscheidung muß binnen zwei Wochen nach Zustellung des Urteils beantragt werden.

(3) Die mündliche Verhandlung hat nur den nicht erledigten Teil des Rechtsstreits zum Gegenstand.

---

59 OVG Münster 20.7.2007 – 12 E 1515/06, juris Rn. 3; VGH München DÖV 1981, 766, 767 mit Ausführungen zum damaligen Streitstand.
60 *F. Hunn*, ArbuR 1957, 335, 337.
61 Vgl. OVG Münster 20.7.2007 – 12 E 1515/06, juris Rn. 11.
62 Vgl. BVerwG 13.10.2015 – 9 B 31/15 u.a., juris Rn. 6; VGH Mannheim 8.2.2008 – 11 S 2915/07, juris Rn. 27; OVG Magdeburg 11.9.2007 – 2 L 328/06, juris Rn. 3; *M. Redeker*, in: Redeker/v. Oertzen § 119 Rn. 7.
63 Vgl. BVerwG Buchholz 303 § 314 ZPO Nr. 5: Im Revisionsverfahren wurde erfolglos gerügt, dass eine Akte, die der Entsch. ausweislich des Tatbestandes zugrunde liegt, nicht Gegenstand des Verfahrens gewesen sei. Der Revisionsführer hätte in diesem Fall die Berichtigung des Tatbestandes begehren müssen. In einer Nichtzulassungsbeschwerde wurde gerügt, dass das Berufungsgericht in seiner Entsch. von einem unrichtigen Sachverhalt ausgegangen sei. Damit läge ein zur Revision berechtigender Verfahrensmangel vor. Diese Rüge blieb mit Verweis auf Berichtigungsmöglichkeit des Tatbestandes nach § 119 erfolglos. S.a. BVerwG 17.9.2007 – 8 B 30/07.
64 Vgl. BVerwG 13.10.2015 – 9 B 31/15 u.a., juris Rn. 6; OVG Magdeburg 11.9.2007 – 2 L 328/06, juris Rn. 3; *Kopp/Schenke* § 119 Rn. 7.
65 Zur Berichtigung von Beschlüssen *A. Mümmler*, JurBüro 1978, 167 ff.
66 Vgl. BVerwG 27.7.2012 – 2 AV 5/12, 2 PKH 1/12 AV 3/12, juris Rn. 8.

Schrifttum

R. *Uerpmann*, Teilurteil, ergänzungsbedürftiges Urteil und fehlerhaftes Urteil im Asylverfahren, NVwZ 1993, 743.

I. Entstehungs- und Textgeschichte

1   In der Regierungsstellungnahme zum Gesetzentwurf wird die Notwendigkeit einer ausdrücklichen Regelung zur Urteilsergänzung nicht begründet, es wird lediglich auf die Anlehnung an § 321 ZPO hingewiesen (BT-Drs. 3/55, 43).

II. Systematik

2   **1. Die Systematik des § 120 im Verhältnis zu § 119.** § 120 ist eine Durchbrechung des § 318 ZPO (s. Vorbem. § 116; → § 118 Rn. 2). Im Unterschied zu § 119 ändert § 120 nicht den ursprünglichen Wortlaut des Urteils sondern ergänzt es um einen weiteren Urteilsspruch, weil die *ursprüngliche Entscheidung lückenhaft* ist.[1] Aus diesem Grunde ist es nicht erforderlich, dass diejenigen Richter über die Ergänzung befinden, die an der zugrunde liegenden Entscheidung mitgewirkt haben. Bei § 119 geht es um die Korrektur der gerichtlichen Willenserklärung; § 120 ist eine gänzlich neue, weil zuvor vergessene Entscheidung. Eine Lücke im Urteil, die im Wege der fristgebundenen Urteilsergänzung geschlossen werden kann, stellt keinen Verfahrensmangel des ursprünglichen Urteils dar, der zur Zulassung der Revision führen kann (BVerwG 9.12.2010 – 4 B 49/10, juris Rn. 6; 14.4.1999 – 2 BN 1/98, juris Rn. 5 m.w.N.). Eben weil es sich bei § 120 um eine neue gerichtliche Entscheidung handelt, ist eine mündliche Verhandlung nicht wie bei § 119 in das Belieben des Gerichtes gestellt (→ § 119 Rn. 24), sondern in Abs. 3 grds. angeordnet.

3   **2. Die Systematik des § 120.** § 120 Abs. 1 bestimmt, unter welchen materiellen Voraussetzungen eine nachträgliche Entscheidung des Gerichtes ergehen kann. Als Verfahrensbestimmung normiert Abs. 1 das Antragserfordernis, welches durch die zeitliche Befristung des Abs. 2 ergänzt wird. Abs. 3 postuliert neben der Klarstellung, dass nur über den nicht erledigten Teil nachträglich entschieden werden kann, die Notwendigkeit der mündlichen Verhandlung.

III. Begriffe und grundsätzliche Erläuterungen

4   **1. Von den Beteiligten gestellter, ganz oder zum Teil übergangener Antrag. a) Gestellter Antrag.** Urteilsergänzung findet statt, wenn ein von den Beteiligten gestellter Antrag nicht entschieden wurde. Ob ein Antrag gestellt wurde, beweist nach § 314 ZPO *der Tatbestand* des Urteils und das diesem vorgehende Protokoll der mündlichen Verhandlung (LSG Darmstadt MDR 1981, 1052). Bei Zweifeln ist u.U. zuvor oder zugleich mit der Stellung des Berichtigungsantrages nach § 119 ein Ergänzungsantrag nach § 120 zu stellen. Der Antrag auf Ergänzung eines Urteils ist nur zulässig, wenn ein nicht erledigter Teil des Verfahrens so konkret aufgezeigt wird, dass die Möglichkeit der verlangten Ergänzung in Betracht gezogen wird.[2]

5   **b) Nur Sachanträge.** Die Ergänzung kann nur hinsichtlich der Entscheidung von *Sachanträgen* erfolgen. Der Sachantrag ist der prozessuale Anspruch, über den das Gericht zu entscheiden hat,[3] § 82 Abs. 1, § 86 Abs. 3, § 88. Hierzu zählen nicht materiell-rechtliche Ansprüche, die als Einwendungen und Einreden hätten beachtet werden müssen, wie z.B. die Aufrechnung mit einer Gegenforderung bzw. sämtliche Angriffs- und Verteidigungsmittel, deren Entscheidung im Urteil unterblieben ist (BGH NJW 1980, 840, 841). Beachtet das Gericht materiell-rechtliche Ansprüche nicht, wird das Urteil sachlich falsch und ist im Rechtsmittelverfahren richtigzustellen (BGH MDR 1996, 1061; OLG Frankfurt NJW-RR 1989, 640), nicht aber nach § 120 zu ergänzen. Denn die Verfahren des § 120

---

1   Vgl. BVerwG 11.8.2009 – 8 B 17/09, juris Rn. 9; BGH NJW 1980, 840, 841 spricht von einer Entscheidungslücke; ebenso *M. Vollkommer*, in: Zöller § 321 Rn. 2.
2   BVerwG NVwZ 2011, 1196, 1198.
3   BGH MDR 1996, 1061; zur Abgrenzung des prozessualen und des materiell-rechtlichen Anspruchs *Christoph G. Paulus*, Zivilprozeßrecht, 1996, Rn. 7 ff.: „Das Verhältnis des materiellen zum Prozeßrecht".

bzw. des § 321 ZPO dienen der Ergänzung einer lückenhaften Entscheidung, nicht der Richtigstellung einer falschen Entscheidung.[4]

c) Ganz oder zum Teil übergangen. Ein Antrag ist nur dann übergangen, wenn über ihn *versehent-* 6 *lich*[5] nicht geurteilt wurde. Bei einem nicht entschiedenen Hilfsantrag ist dies der Fall, wenn der Hauptantrag erfolglos geblieben ist (VGH Mannheim NVwZ-RR 1994, 473, 474 m.w.N.). Zu unterscheiden sind Fälle, in denen das Gericht bewusst über einen Teil der gestellten Sachanträge nicht judiziert hat, weil es eine Teil- oder Stufenentscheidung treffen wollte.[6] Dann ist der Ergänzungsweg versperrt, gegen das Teilurteil sind die zulässigen Rechtsmittel einzulegen; unter Umständen ist Fortsetzung des Verfahrens zu beantragen.[7]

Es bedarf der genauen Untersuchung, ob eine teilweise Entscheidung des Gerichtes – wenn auch 7 rechtsirrtümlich[8] – gewollt war. Beachtet werden muss, dass § 110 die Möglichkeit, ein Teilurteil zu erlassen, in das Ermessen des Gerichtes stellt. Eine Ermessensentscheidung ist eine bewusste Entscheidung des Gerichts.[9] Die Auslegung, was das Gericht gewollt hat, kann nur auf das abstellen, was das Gericht erkennbar in seinem Urteil zum Ausdruck gebracht hat (VGH Mannheim NVwZ 1993, 804, 805).[10] Es muss – um von einem Teilurteil ausgehen zu können – zum Ausdruck kommen, dass das Gericht nur über einen Teil des Streitgegenstandes entscheiden und den Rest einer späteren Entscheidung vorbehalten will.[11] Sind aus gesamtem Verfahrensverlauf und Urteilsabfassung Umstände erkennbar, die den Schluss rechtfertigen, dass das Gericht versehentlich nicht über einen prozessualen Anspruch entschieden hat,[12] ist das Ergänzungsbegehren zulässig. Das ist der Fall, wenn nach Rechtskraft des mangelhaften Urteils ein Anspruch weder zu noch abgesprochen wäre, dem Kläger also allenfalls die Möglichkeit eines neuen Rechtsstreits offenstünde (BGH NJW 1980, 840, 841). Wurde dagegen ein Anspruch rechtsirrtümlich nicht beschieden, kann nicht von einem Übergehen i.S.d. § 120 gesprochen werden.[13]

Nicht übergangen i.S.d. § 120 hat das Gericht einen Antrag, wenn das Klagebegehren nach § 88 un- 8 richtig und rechtsirrig zu eng ausgelegt und in diesem Umfang voll entschieden wird (→ § 88 Rn. 22 m.w.N.).[14] Wird das Klageziel demnach falsch bestimmt und bleibt die angegriffene Entscheidung deshalb hinter dem Klagebegehren zurück, liegt kein verdecktes, nach § 120 zu korrigierendes Teilurteil vor, sondern ein fehlerhaftes Vollendurteil.[15]

2. Übergangene Kostenfolge. Von Amts wegen hat das Gericht über die Kosten zu entscheiden, § 161 9 Abs. 1. Fehlt im Tenor der Ausspruch über die Kostentragungspflicht und die Kosten hinsichtlich des Beigeladenen, §§ 154 Abs. 3, 162 Abs. 3, sind Verkündungsprotokoll und schriftliche Urteilsbegründung heranzuziehen.[16] Ergeben diese, dass über die Kosten entschieden wurde und lediglich die Aufnahme in den Tenor fehlt, handelt es sich um eine offenbare Unrichtigkeit nach § 118, die von Amts wegen zu berichtigen ist (→ § 118 Rn. 12 ff.; OVG Greifswald 7.11.2011 – 1 O 45/11, juris Rn. 5).[17]

---

4 Vgl. BVerwG NVwZ 2011, 1196, 1198 m.w.N.; OVG Bln 26.3.2015 – OVG 2 B 2.12, juris Rn. 9; BGH NJW 1980, 840, 841 für § 321 ZPO.

5 Unstr.: BVerwGE 95, 269, 273; BVerwG Buchholz 310 § 120 VwGO Nr. 7; RGZ 105, 236, 242; BGH MDR 1953, 164, 165; 1996, 1061 m.w.N.; OVG Bln 26.3.2015 – OVG 2 B 2.12, juris Rn. 9; VGH Mannheim NVwZ-RR 1994, 473, 474.

6 Vgl. BVerwG 25.8.1992 – 7 B 58/92 u.a., juris Rn. 7; OVG Münster 31.10.2007 – 11 A 1753/06.A, juris Rn. 20.

7 Vgl. BVerwG 25.8.1992 – 7 B 58/92 u.a., juris Rn. 7.

8 *R. Uerpmann*, NVwZ 1993, 743, 746: keine Differenzierung danach, ob rechtsirrtümlich übergangen.

9 BVerwG Buchholz 310 § 120 VwGO Nr. 7 (unter 1 b); OVG Münster OVGE 28, 250, 251.

10 *R. Uerpmann*, NVwZ 1993, 743, 746.

11 BVerwGE 95, 269, 270 f.

12 Vgl. OVG Magdeburg 28.1.2011 – 3 L 337/09, juris Rn. 5; BGH MDR 1953, 164, 165 verneint die Zulässigkeit des Ergänzungsbegehrens nach § 321 ZPO, weil aus dem Zusammenhang zwischen dem str. Urteil und dem zuvor ergangenen Versäumnisurteil deutlich wurde, dass das Berufungsgericht bewusst nicht über die im Versäumnisurteil behandelten Ansprüche entscheiden wollte.

13 BVerwGE 95, 269, 273.

14 BVerwG Buchholz 310 § 120 VwGO Nr. 25 für den Fall, dass die vom Berufungsgericht gem. § 86 Abs. 3 angeregte, dem erkennbaren Klageziel nicht voll entsprechende Fassung des protokollierten Berufungsantrags seiner Entsch. als maßgeblich zugrunde gelegt und hierüber in vollem Umfang entschieden hat; BVerwG Buchholz 310 § 120 VwGO Nr. 7 (unter 1 b); Buchholz 310 § 88 VwGO Nr. 25.

15 BVerwG 27.4.2011 – 8 B 56/10, juris Rn. 4.

16 Vgl. OVG Greifswald 7.11.2011 – 1 O 45/11, juris Rn. 5.

17 *J. Schmidt*, in: Eyermann § 161 Rn. 3.

10　Eine ergänzende Kostenentscheidung kommt in Betracht, wenn weder dem Protokoll, der Verkündung noch in den Urteilsgründen (VGH München BayVBl 1973, 249) eine Aussage zu den Kosten entnommen werden kann und die Entscheidung schlichtweg vergessen wurde (VGH Mannheim JurBüro 1993, 365). Ergänzungsfähig i.S.v. § 120 ist nur die *Kostengrundentscheidung*, § 161 Abs. 1.[18] Hierzu zählt die Entscheidung über die Erstattungsfähigkeit der *außergerichtlichen Kosten des Beigeladenen*,[19] § 162 Abs. 3, da sie notwendigerweise im Urteil zu treffen ist, § 161 Abs. 1, und demzufolge nicht durch gesonderten Beschluss nachgeholt werden kann.[20] Es liegt beim Beigeladenen, (Frist § 120 Abs. 2) die Erstattungsfähigkeit seiner außergerichtlichen Kosten ergänzend entscheiden zu lassen, da dies von Amts wegen nicht möglich ist (→ Rn. 14; BVerwG DVBl 1994, 210).

11　Nicht zur Kostengrundentscheidung nach § 161 Abs. 1 zählt die Entscheidung über die *Notwendigkeit der Hinzuziehung eines Bevollmächtigten im Vorverfahren*, § 162 Abs. 2 S. 2.[21] Diese Entscheidung bestimmt den Umfang der Kostentragungspflicht und ist im Kostenfeststellungsverfahren zu treffen. § 162 Abs. 2 enthält als Ausnahmeregelung, dass nicht der Urkundsbeamte, sondern aus Gründen der Effektivität (BVerwGE 27, 39, 40) das Gericht über die Notwendigkeit zu entscheiden hat. Die Entscheidung nach § 162 Abs. 2 S. 2 könne zwar schon im Urteil erfolgen, ändere aber nichts daran, dass sie eine Entscheidung des Kostenfeststellungsverfahrens ist und jederzeit auch im Beschlusswege ergehen kann. Selbst bei Tenorierung im Urteil bleibt sie selbständig anfechtbarer Beschluss, der der Beschwerde, § 146 Abs. 3 unterliegt.[22] Deshalb findet § 120 keine Anwendung.[23] Im Kostenfestsetzungsverfahren hat das Gericht auch über die Frage der Notwendigkeit nach § 162 Abs. 2 eine Sachentscheidung zu treffen, wenn zunächst Antrag nach § 120 gestellt und wegen Verfristung abgelehnt worden war.[24]

12　**3. Sonstige übergangene Entscheidungen.** Fehlt im Tenor der Ausspruch zur *Zulassung des Rechtsmittels* und ergibt sich aus den Entscheidungsgründen nichts Gegenteiliges, sodass ein Berichtigungsverfahren, § 118, in Betracht käme (VGH Kassel HessVGRspr 1979, 65 [LS 1]; → § 118 Rn. 21), ist für ein Ergänzungsverfahren, § 120, kein Raum. Das Fehlen der Entscheidung über die Zulassung ist vielmehr wie die Nichtzulassung zu behandeln.[25]

13　In Betracht kommt ein Ergänzungsverfahren, wenn ein auf einen unselbständigen Entscheidungsteil gerichtetes prozessuales Begehren übergangen wurde (BGH MDR 1996, 1061, 1062), z.B. bei der Entscheidung über die *Vollstreckbarkeit*, § 167 Abs. 1 S. 1 i.V.m. § 716 f. ZPO, die unterbliebene *Entscheidung zur Abwendungsbefugnis* des Kostenschuldners nach § 711 ZPO[26] und bei der Kostenentscheidung die unterbliebene *Auferlegung der Mehrkosten* nach § 83 S. 1 i.V.m. § 17 b Abs. 2 GVG bei einer Verweisung des Rechtsstreites.

14　**4. Verfahren. a) Antrag.** Die Ergänzung des Urteils ist grds. nur zulässig, wenn ein entsprechender Antrag vorliegt. Eine Ergänzung von Amts wegen ist aufgrund des eindeutigen Wortlauts nicht möglich.[27] Der Antrag kann von *jedem Beteiligten* gestellt werden, eine „Beschwer" ist nicht erforderlich.[28] Jeder Beteiligte hat Anspruch darauf, dass über den Streitgegenstand vollständig und umfassend entschieden wird. Die Antragstellung unterliegt dem Anwaltszwang, wenn im Hauptsacheverfahren die Vertretung durch Rechtsanwalt notwendig war (→ § 119 Rn. 16; BVerwG NJW 1965, 125).

18　BVerwGE 27, 39, 40; *B. Clausing/C. Kimmel*, in: Schoch/Schneider/Bier § 120 Rn. 3; *Kopp/Schenke* § 120 Rn. 1.

19　Vgl. VGH München 22.10.2015 – 1 B 15.251, juris Rn. 5.

20　BVerwG Buchholz 310 § 120 VwGO Nr. 1; OVG Bautzen DÖV 1998, 936; VGH München BayVBl 1993, 471; OVG Lüneburg NVwZ-RR 2002, 897; VGH Mannheim 17.11.1999 – 5 S 1661/99; BayVerfGH BayVBl 2003, 205, 206; *J. Schmidt*, in: Eyermann § 162 Rn. 16.

21　BVerwGE 27, 39, 40; BVerwG DÖV 1981, 343; NVwZ-RR 2003, 246; OVG Koblenz DÖV 1996, 425; VG Gießen JurBüro 1996, 187; a.A. VGH München BayVBl 1978, 378.

22　*Vgl. OVG Bautzen 31.8.2005 – 5 E 134/05, juris Rn. 6*; *P. Kothe*, in: Redeker/v. Oertzen § 162 Rn. 13 c.

23　VGH München 5.10.2010 – 3 B 09.1490, juris Rn. 2; *J. Schmidt*, in: Eyermann § 162 Rn. 14; a.A. VGH Mannheim DVBl 1963, 562: Insbes. wird ausgeführt, dass sowohl die Entscheidung des Gerichtes nach § 162 Abs. 2 S. 2 als auch nach § 162 Abs. 3 Entscheidung zur Kostenfolge i.S.d. § 120 sind; VGH München BayVBl 1978, 378.

24　OVG Koblenz DÖV 1996, 425; vgl. auch OVG Bautzen 31.8.2005 – 5 E 134/05, juris Rn. 7.

25　VGH Mannheim NVwZ-RR 1996, 618, 619 m.w.N.

26　Vgl. OVG Bautzen 4.11.2015 – 5 A 759/10, juris Rn. 5 f.

27　Vgl. BVerwG NVwZ-RR 1994, 236; OVG Münster 27.7.2016 – 14 B 243/16, juris Rn. 9; VGH München 13.2.2017 – 22 B 13.1358, juris Rn. 6.

28　Unstr., s. *B. Clausing/C. Kimmel*, in: Schoch/Schneider/Bier § 120 Rn. 6; *Kopp/Schenke* § 120 Rn. 7; *K. Rennert*, in: Eyermann § 120 Rn. 5.

Ein Vertretungszwang besteht in diesen Fällen indes nicht, wenn im Prozesskostenhilfeverfahren ein Ergänzungsverfahren angestrengt wird (vgl. § 67 Abs. 4 S. 1).[29] Der Antrag muss in der *Form des § 81* bei dem Gericht gestellt werden, welches das zu ergänzende Urteil erlassen hat und auf eine bestimmte Ergänzung[30] gerichtet sein. Er ist unstatthaft, wenn das Urteil mit Tatbestand und Entscheidungsgründen noch nicht vollständig abgefasst und den Parteien zugestellt worden ist.[31] Die Zulässigkeit des Ergänzungsantrages ist durch einen *Rechtsmittelverzicht* nicht ausgeschlossen, denn dieser kann gegenständlich nur das umfassen, was entschieden wurde (VGH München BayVBl 1973, 249 ebenso für den Zustellungsverzicht). Eine Bewilligung von Prozesskostenhilfe für einen Antrag nach § 120 als einzelne Prozesshandlung kommt nicht in Betracht.[32]

Der Antrag ist den weiteren Beteiligten zuzustellen um so, v.a. wenn ein Verzicht auf Durchführung der mündlichen Verhandlung erwartet werden kann (→ Rn. 20), rechtliches Gehör zu gewähren. Die Zustellung des Antrags kann mit der Ladung zur mündlichen Verhandlung verbunden werden. 15

Etwaige Unrichtigkeiten oder Lücken bei der Wiedergabe des tatsächlichen Vorbringens des Klägers können ohne Rücksicht darauf, in welchem Teil des Berufungsurteils sie sich befinden, nicht als Verfahrensmangel geltend gemacht werden, sondern nur durch einen fristgebundenen Antrag auf Berichtigung oder Ergänzung des Urteils nach Maßgabe der §§ 119, 120 (BVerwG 9.12.2010 – 4 B 49/10, juris Rn. 6 m.w.N.). 16

b) Frist. Im Interesse der Rechtssicherheit muss die Entscheidung binnen zwei Wochen nach Zustellung des vollständig abgefassten Urteils beantragt werden, Abs. 2. Es obliegt den Beteiligten, die ihnen zugestellte gerichtliche Entscheidung innerhalb dieser Frist darauf zu überprüfen, ob sie lückenhaft ist.[33] Der Lauf dieser Frist wird unterbrochen, wenn ein Tatbestandsberichtigungsverfahren der Urteilsergänzung vorausgeht[34] und die berichtigte Tatbestandsfassung Grund der Urteilsergänzung ist.[35] Ein unzulässiger Antrag unterbricht den Lauf der Frist demnach nicht.[36] 17

Wird die *Frist schuldlos versäumt*, ist grds. Wiedereinsetzung, § 60, zulässig. Der Belehrung über die Frist des § 120 und die Möglichkeit der Wiedereinsetzung bedarf es nicht.[37] Beides sind außerordentliche Rechtsbehelfe. Außerdem kann eine Belehrung als Rechtsberatung durch den Richter qualifiziert werden und damit Grund der Ablehnung wegen Befangenheit im Ergänzungsverfahren sein (VGH Kassel NJW 1969, 1399, 1400). 18

Mit Ablauf der Zwei-Wochen-Frist *erlischt die Rechtshängigkeit* des übergangenen Anspruchs, wenn kein Ergänzungsantrag gestellt und eine Wiedereinsetzung ausgeschlossen ist (Grundsätzliches zum Ende der Rechtshängigkeit → § 90 Rn. 5).[38] Das übergangene Begehren kann durch erneute Klageerhebung geltend gemacht oder aber im Wege der Klageänderung in ein anhängiges Verfahren einbezogen werden (VGH Mannheim NVwZ-RR 1994, 473, 474). Handelt es sich um ein Anfechtungsbegehren, erlischt mit dem Ende der Rechtshängigkeit die Suspensivwirkung des § 80 Abs. 1, und der Verwaltungsakt erwächst in Bestandskraft (→ § 90 Rn. 5 und → § 80 Rn. 52).[39] 19

c) Mündliche Verhandlung. Über den Ergänzungsantrag ist aufgrund mündlicher Verhandlung zu entscheiden. § 101 Abs. 2 findet Anwendung. Str. ist, ob ein im Urteilsverfahren erklärter *Verzicht auf mündliche Verhandlung* im Ergänzungsverfahren fortwirkt. Nach einer Auffassung soll der Verzicht fortwirken, denn bezüglich des nicht beschiedenen Teils bewirke der Erlass des unvollständigen Urteils keine „Zäsur" in der Prozesslage.[40] Richtigerweise ist aber auf die mit dem Erlass des Urteils verbun- 20

---

29 Vgl. OVG Greifswald 25.2.2013 – 2 K 22/12, juris Rn. 1.
30 *P. Hartmann*, in: Baumbach/Lauterbach/Albers/Hartmann § 321 Rn. 6.
31 VG Trier 21.11.2011 – 1 K 758/11.TR, juris (LS).
32 Vgl. BVerwG 27.7.2012 – 2 AV 5/12, juris Rn. 8.
33 VGH München 13.2.2017 – 22 B 13.1358, juris Rn. 8.
34 *K. Rennert*, in: Eyermann § 120 Rn. 5.
35 BGH NJW 1982, 1821, 1822; *M. Vollkommer*, in: Zöller § 321 Rn. 7.
36 OVG Bautzen 29.1.2015 – 5 D 88/13, juris Rn. 1.
37 Vgl. OVG Weimar 28.2.2001 – 1 VO 931/00, juris Rn. 5.
38 BVerwGE 81, 12, 14; 95, 269, 274; vgl. auch BVerwG 7.7.1994 – 3 C 35/92, juris Rn. 27; OVG Bln 24.3.2016 – OVG 11 N 110.14, juris Rn. 7.
39 BVerwG Buchholz 310 § 120 Nr. 9; *M. Redeker*, in: Redeker/v. Oertzen § 120 Rn. 4.
40 *B. Clausing/C. Kimmel*, in: Schoch/Schneider/Bier § 120 Rn. 8.

dene zeitliche und sachliche Zäsur abzustellen.[41] Mit Erlass des Urteils ist der Verzicht „verbraucht", denn er bezieht sich nur auf die konkrete Prozesslage und gilt nur für die nächste anstehende Entscheidung.[42] Ein Fortwirken des Verzichts ist daher nicht möglich.

21 *Gegenstand der mündlichen Verhandlung* ist nur der mit dem Antrag als nicht entschieden gerügte, nicht erledigte Teil des Verfahrens. Das Gericht ist über § 318 ZPO an die Feststellungen und Wertungen des Urteils gebunden und es ist ihm verwehrt, diese abzuändern.[43]

22 **d) Entscheidendes Gericht.** Im Ergänzungsverfahren ist es nicht notwendig, dass dieselben Richter, die im Urteilsverfahren mitgewirkt haben, entscheiden.[44] Die ehrenamtlichen Richter wirken gem. §§ 19, 112 über das Ergänzungsbegehren mit.[45] Da der übergangene Teil weiter rechtshängig bleibt (§ 83 S. 1 VwGO i.V.m. § 17 Abs. 1 GVG), bleiben die Zuständigkeit berührende Änderungen unberücksichtigt.[46]

23 **5. Entscheidungsform und Entscheidungsinhalt.** Die Entscheidung ergeht gem. § 107 grds. durch Urteil.[47] Durch Gerichtsbescheid kann sie ergehen, wenn die Voraussetzungen des § 84 gegeben sind[48] und grds. dann, wenn die Ergänzung eines Gerichtsbescheids beantragt ist. Zu beachten ist, dass die mündliche Verhandlung nicht gem. § 84 Abs. 1 entfällt, sondern nur gem. § 101 Abs. 2 auf die obligatorische mündliche Verhandlung des § 120 Abs. 3 verzichtet werden kann.

24 Das Ergänzungsurteil hat als vom ergänzten Urteil unabhängiges Urteil eine eigene Kostenentscheidung gem. § 154 über das Ergänzungsverfahren zu treffen (BVerwG Buchholz 310 § 120 VwGO Nr. 1) und ggf. die vorläufige Vollstreckbarkeit zu tenorieren.

25 **6. Rechtsmittel.** Urteil und Ergänzungsurteil sind zwei selbständige Teilentscheidungen.[49] Aus diesem Grund erübrigt sich ein entsprechender Ergänzungsvermerk auf dem Urteil und seinen Ausfertigungen. Die Selbständigkeit bewirkt, dass das Ergänzungsurteil selbständig anfechtbar ist,[50] wenn es eine eigene Beschwer enthält und Rechtsmittel zugelassen sind. Gem. § 158 Abs. 1 ist eine selbständige Anfechtung nicht zulässig, wenn das Ergänzungsurteil nur die Kostenentscheidung des Urteils ergänzt und die ergänzte Kostenfolge angefochten werden soll.[51] Notwendig ist hier die Einlegung des Rechtsmittels in der Hauptsache. Eine selbständige Anfechtung des die Kostenentscheidung ergänzenden Urteils soll hingegen zulässig sein, wenn die Ergänzung der Kostenfolge als unstatthaft, – das Ergänzungsverfahren und nicht die Ergänzungsentscheidung als solche –, gerügt wird.[52]

26 **7. Wirkungen des Ergänzungsurteils.** Aus der Selbständigkeit beider Urteile folgt, dass grds. weder durch den Antrag nach § 120 Abs. 1 noch durch das Ergänzungsurteil die Rechtsmittelfristen gegen das Urteil beeinflusst werden (BVerwG DÖV 1990, 118). Nur i.R. des nach § 173 entsprechend anzuwendenden (BVerwG NVwZ-RR 1989, 517, 519) § 518 S. 1 ZPO kann die Zustellung des Ergänzungsurteils innerhalb der Berufungsfrist gegen das Urteil einen *erneuten Lauf der Rechtsmittelfrist gegen das ergänzte Urteil* bewirken. Ist das Urteil bereits angefochten und wird gegen das Ergänzungsurteil vorgegangen, ordnet § 518 S. 2 ZPO die Verbindung beider Rechtsmittel an. Im Falle einer nach Ablauf der Rechtsmittelfrist ergangenen Ergänzungsentscheidung ist regelmäßig Wiedereinsetzung in

---

41 *M. Redeker*, in: Redeker/v. Oertzen § 120 Rn. 5 unter Hinweis darauf, dass ein selbstständiges Urteil über den nicht erledigten Gegenstand des Verfahrens ergeht; *K. Rennert*, in: Eyermann § 120 Rn. 7.

42 *H. Geiger*, in: Eyermann § 101 Rn. 9.

43 BGH NJW 1980, 840; dies würde dem Sinn und Zweck des Ergänzungsverfahrens widersprechen, → Rn. 2.

44 *M. Redeker*, in: Redeker/v. Oertzen § 120 Rn. 5.

45 Ist das Urteilsverfahren vor dem Einzelrichter geführt, soll dieser grds. auch das Ergänzungsverfahren übernehmen, *K. Rennert*, in: Eyermann § 120 Rn. 8.

46 *Kopp/Schenke* § 120 Rn. 9; *M. Redeker*, in: Redeker/v. Oertzen § 120 Rn. 5.

47 Sodass die §§ 116 und 117 selbst gelten, u.U. mit der Folge, dass das Ergänzungsurteil auch zeitlich vor dem ergänzten Urteil mangels wirksamer Zustellung rechtskräftig werden kann.

48 *B. Clausing*, in: Schoch/Schneider/Bier § 84 Rn. 8 und *B. Clausing/C. Kimmel*, in: Schoch/Schneider/Bier § 120 Rn. 10.

49 *B. Clausing/C. Kimmel*, in: Schoch/Schneider/Bier § 120 Rn. 9; *K. Rennert*, in: Eyermann § 120 Rn. 9.

50 BGH NJW 1980, 840 m.w.N.; OVG Weimar 28.2.2001 – 1 VO 931/00; *B. Clausing/C. Kimmel*, in: Schoch/Schneider/Bier § 120 Rn. 9; *K. Rennert*, in: Eyermann § 120 Rn. 9.

51 Vgl. BVerwG NVwZ-RR 1999, 694.

52 BVerwG NVwZ-RR 1999, 694; OVG Lüneburg NVwZ-RR 2002, 897; OVG Münster OVGE 26, 51 enthält sich zugleich eines Präjudizes für den Fall, in denen beide Aspekte, sowohl die Statthaftigkeit der Ergänzung als auch die materielle Seite der Kostenentsch., geltend gemacht werden; OVG Weimar 28.2.2001 – 1 VO 931/00; VGH München BayVBl 1978, 379; *B. Clausing*, in: Schoch/Schneider/Bier § 120 Rn. 9; *Kopp/Schenke* § 120 Rn. 10; *M. Redeker*, in: Redeker/v. Oertzen § 120 Rn. 7.

die Rechtsmittelfrist gegen das ergänzte Urteil nach § 60 zu gewähren (BVerwG NVwZ-RR 1989, 517, 519). Wird die Ergänzung abgelehnt, ist § 518 ZPO tatbestandlich nicht anwendbar.

8. Entsprechende Anwendung. Eine entsprechende Anwendung des § 120 ist für die das Urteil nach 27 § 84 Abs. 3 ersetzenden *Gerichtsbescheide* zulässig (→ Rn. 23). *Beschlüsse* können nach § 122 Abs. 1 i.V.m. § 120 ergänzt werden[53], wenn sie der Bindungswirkung des § 318 ZPO unterfallen und streitentscheidend sind. Denn nur dann können überhaupt Sachanträge oder Kostenentscheidungen übergangen worden sein. Ergänzungsfähig sind daher Beschlüsse des vorläufigen Rechtsschutzes, §§ 80, 80 a, 123 und 47 Abs. 6 (VGH München BayVBl 1980, 116, 117). Der Beschluss, der nach einverständlicher Klagerücknahme nach § 92 Abs. 2 ergeht (zur deklaratorischen Bedeutung → § 92 Rn. 31 m.w.N.), ist nur ergänzungsfähig hinsichtlich der zu treffenden *isolierten Kostenentscheidung*.[54] Bei unanfechtbaren Beschlüssen beginnt die Frist des § 120 Abs. 2 mit dem Zugang des Beschlusses, sofern er nicht aufgrund abweichender Anordnung des Gerichts förmlich zugestellt worden ist.[55]

§ 121 [Rechtskraft]

Rechtskräftige Urteile binden, soweit über den Streitgegenstand entschieden worden ist,

1. **die Beteiligten und ihre Rechtsnachfolger und**
2. **im Fall des § 65 Abs. 3 die Personen, die einen Antrag auf Beiladung nicht oder nicht fristgemäß gestellt haben.**

Schrifttum

1. Monographien: *D. Buchwald*, Objektive Bindungswirkung, Materielle Rechtskraft, Richterrecht, 1997; *N. Caniess*, Der Streitgegenstandsbegriff in der VwGO, 2012; *S. Detterbeck*, Streitgegenstand und Entscheidungswirkung im Öffentlichen Recht, 1995; *W. Henckel*, Parteilehre und Streitgegenstand im Zivilprozeß, 1961; *A. Stetter-Lingemann*, Die materielle Rechtskraft eines die negative Feststellungsklage abweisenden Urteils – insbesondere bei unrichtiger Beweislastverteilung, 1992.

2. Beiträge in Zeitschriften: *M. Behn*, Der wiederholende Antrag im Prozeßkostenhilfeverfahren – Ist Verwaltungsverfahrensrecht durch die Gerichte anzuwenden?, BayVBl 1983, 690; *K. A. Bettermann*, Wesen und Streitgegenstand der verwaltungsgerichtlichen Anfechtungsklage, DVBl 1953, 163, 202; *ders.*, Anmerkungen, DVBl 1982, 951, 954; *J. Braun*, Rechtskraft und Rechtskraftbeschränkung im Zivilprozeß, JuS 1986, 364; *H.-J. Dageförde*, Prinzipale und inzidente Kontrolle desselben Bebauungsplanes, VerwArch 79 (1988), 123; *S. Detterbeck*, Normenwiederholungsverbot aufgrund normverwerfender Entscheidungen des Bundesverfassungsgerichts? AöR 116 (1991) 391; *ders.*, Streitgegenstand, Justizgewähranspruch und Rechtsschutzanspruch, AcP 1992, 321; *ders.*, Das Verwaltungsakt- Wiederholungsverbot, NVwZ 1994, 35, 277; *H.-J. Doderer*, Auswirkungen materieller Rechtskraft auf Einwendungen und Einreden, NJW 1991, 878; *K. Erfmeyer*, Die Befugnis der Behörde zum Erlaß von Folgebescheiden nach rechtskräftigem Urteil über den Erstbescheid, DVBl 1997, 27; *H. Geiger*, Amtsermittlung und Beweiserhebung im Verwaltungsprozeß, BayVBl 1999, 321; *H.-H. Gotzen*, Die Grenzen der Rechtskraft verwaltungsgerichtlicher Urteile, VR 1998, 406; *R. Greger*, Anmerkung, JZ 1999, 955; *O. Groschupf*, Wohnsitzwechsel und örtliche Behördenzuständigkeit – zugleich ein Beitrag zur Rechtskraft im Verwaltungsprozeß, DVBl 1963, 661; *K. Hofmann*, Zur subjektiven Reichweite der materiellen Rechtskraft bei einem Forderungsübergang nach § 116 SGB X, VersR 2003, 288; *L. Horn*, Die Lehre vom Streitgegenstand, JuS 1992, 680; *F. Knöpfle*, „Tatbestands-" und „Feststellungswirkung" als Grundlage der Verbindlichkeit von gerichtlichen Entscheidungen und Verwaltungsakten, BayVBl 1982, 225; *A. Kollmann*, Zur Bindungswirkung von Verwaltungsakten, DÖV 1990, 189; *F. O. Kopp/F. J. Kopp*, Grenzen der Rechtskraftwirkung von Urteilen aufgrund von Anfechtungsklagen, NVwZ 1994, 1; *G. Lüke*, Der Streitgegenstand im Verwaltungsprozeß, JuS 1967, 1; *W. B. Maetzel*, Bemerkungen zum vorläufigen Rechtsschutz gegen künftige Verwaltungsakte, DVBl 1974, 336; *J. Martens*, Streitgenossenschaft und Beiladung, VerwArch 60 (1969), 197, 357; *H. Maurer*, Zum Umfang bzw. zur Durchbrechung einer erfolgreichen Anfechtungsklage bei unveränderter Sach- und Rechtslage, JZ 1993, 574; *S. Paetow*, Über die Teilbarkeit von Planungsentscheidungen, DVBl 1985, 369; *R. Postier*, Der vorläufige Rechtsschutz gegen die Vollziehung verspätet angefochtener Verwaltungsakte nach der VwGO, NVwZ 1985, 96; *M. Randak*, Bindungswirkung von Verwaltungsakten, JuS 1992, 33; *K. Rennert*, Rechtskraftprobleme im Verhältnis von Art. 16 Abs. 2 S. 2 und § 51 Abs. 1 AuslG, VBlBW 1993, 281; *ders.*, Der Streitgegenstand im Asylprozess, DVBl 2001, 161; *S. Sauer*, Die Bestandskraft von Verwaltungsakten, DÖV 1971, 150; *W. R. Schenke*, Rechtsschutz gegen Nebenbestimmungen, JuS 1983, 182; *J. Schroeder-Printzen*, Die Beschwer des beigeladenen Sozialleistungsträgers über § 102 ff. SGB X, NVwZ 1990, 614; *K. H. Schwab*, Der Stand der Lehre vom Streitgegenstand im Zivilprozeß, JuS 1965, 85; *H. Sendler*, Möglichkeiten der Beschleunigung des verwaltungsgerichtlichen Verfahrens, DVBl 1982, 929; *W. Spannowsky*, Probleme der Rechtsnachfolge im Verwaltungsverfahren und im Verwaltungsprozeß, NVwZ 1992, 426; *K. Tiedtke*, Zur Rechtskraft eines die negative Feststellungsklage abweisenden Urteils, NJW 1983, 2011; *R. Wahl*, Rechtsschutz in der Fachplanung, NVwZ 1990, 923; *Ch. Zieglmeier*, Die inzidente Normenkontrolle eines Bebauungsplans im Beitragsverfahren – Ein Beitrag zur Drittwirkung der Rechtskraft, BayVBl 2006, 517.

---

53 OVG Bln 21.3.2017 – OVG 11 S 17.17, juris Rn. 10.
54 Vgl. OVG Greifswald 7.11.2011 – 1 O 45/11, juris Rn. 5; OVG Lüneburg 15.4.2008 – 4 OB 102/08, juris Rn. 3.
55 OVG Münster 27.7.2016 – 14 B 243/16, juris Rn. 6; ebenso OVG Lüneburg NVwZ-RR 2016, 685, 686; a.A. OVG Lüneburg 15.4.2008 – 4 OB 102/08, juris Rn. 5.

A. Entstehungs- und Textgeschichte

1   § 120 (Rechtskraft eines Urteils) des „Entwurfes einer Verwaltungsgerichtsordnung" der Bundesregierung nimmt Bezug auf § 84 VGG (BT-Drs. 3/55, 44) und wurde ohne Änderung in § 121 übernommen. Die Begründung stellt klar, dass § 120 nur die materielle Rechtskraft betreffe, während sich die formelle Rechtskraft als Voraussetzung der materiellen Rechtskraft aus allgemeinen Grundsätzen ergibt (Ebd). Der Gesetzgeber verzichtete bewusst auf eine detaillierte Regelung und gesetzliche Begriffsbildung.

Das 4. VwGOÄndG[1] hat im Interesse einer Verfahrensbeschleunigung wesentliche Veränderungen ge- 2
bracht. § 65 wurde in Abs. 3 erweitert, der es ermöglicht, in Massenverfahren das Beiladungsverfahren zu verkürzen (BT-Drs. 11/7030, 23). Diese Änderung zog die Erweiterung der Bindungswirkung nach § 121 auf Personen nach sich, die einen Beiladungsantrag nicht gestellt haben, um die Einheitlichkeit der Entscheidung zu wahren (BT-Drs. 11/7030, 25, 30).

In § 82 wurde der Begriff „Gegenstand des Klagebegehrens" eingefügt. In § 121 blieb der Begriff des 3
Streitgegenstands aber unverändert. Diese begrifflichen Differenzierungen werden kritisiert.[2]

B. Systematik

I. Besondere Stellung im 10. Abschnitt

Der 10. Abschnitt der VwGO beinhaltet die gerichtlichen Entscheidungsabläufe und Handlungsan- 4
weisungen. Er bezieht sich dabei auf die Art und Weise der gerichtlichen Entscheidungsfindung. Demgegenüber findet sich § 121 an der Schnittstelle zwischen gerichtlichem Interna und Außenwirkung des Urteils.[3]

II. Abgrenzung der materiellen Rechtskraft zu anderen Urteilswirkungen

1. Zweck der materiellen Rechtskraft. Ziel gerichtlicher Verfahren ist die verbindliche Bejahung oder 5
Verneinung der vom Kläger begehrten Rechtsfolge.[4] Diese Verbindlichkeit wird mit der materiellen Rechtskraft einer gerichtlichen Entscheidung erzeugt. Damit soll eine widersprechende Entscheidung in einem neuen Verfahren vermieden werden. § 121 verhindert, dass ein Streitgegenstand, über den rechtskräftig entschieden wurde, in einem weiteren gerichtlichen Verfahren zwischen denselben Beteiligten einer erneuten Sachprüfung zugeführt werden kann.[5] Er stärkt die Autorität des entscheidenden Gerichts (BGHZ 36, 365, 367),[6] dient der Effektivität staatlichen Handelns und soll Rechtsfrieden unter den Beteiligten stiften und das Vertrauen in die Beständigkeit des Rechts stärken (BVerwG BayVBl 1989, 759 f.; BVerwGE 91, 256, 258). Die materielle Rechtskraft dient dem Interesse der Rechtssicherheit.[7] Dabei muss in Kauf genommen werden, dass auch ein unrichtiges Urteil rechtskräftig werden kann.[8] Damit wird der Widerstreit mit dem Prinzip der materiellen Gerechtigkeit[9] zugunsten der Rechtssicherheit gelöst (BVerwGE 14, 359, 363; 91, 256, 259; 156, 159). Die Rechtskraft besteht im Interesse der materiellen Gerechtigkeit aber nicht absolut, sondern relativ. Sie ist in objektiver (sachlicher), subjektiver (persönlicher) und zeitlicher Hinsicht begrenzt.[10] Die objektive Grenze erschließt sich aus dem Umfang der Entscheidung über den Streitgegenstand, während die subjektive Grenze die Rechtskraftwirkung auf die am Verfahren Beteiligten erstreckt.[11] In zeitlicher Hinsicht ist die Rechtskraft auf den Entscheidungszeitpunkt beschränkt.[12]

2. Abgrenzung zur Bindungswirkung nach § 173 S. 1 VwGO i.V.m. § 318 ZPO. Während § 121 über 6
den entschiedenen Streit auf zukünftige Verfahren hinaus wirkt, zielt § 173 S. 1 VwGO i.V.m. § 318 ZPO auf eine „innere" Bindung[13] des erkennenden Gerichts. Diese Selbstbindung des Gerichts ist ein

---

1 Gesetz zur Neuregelung des verwaltungsgerichtlichen Verfahrens vom 17.12.1990, BGBl I 2809.
2 B. Clausing, in: Schoch/Schneider/Bier § 121 Rn. 1.
3 Vgl. J. Braun, JuS 1986, 364, 365; B. Clausing, in: Schoch/Schneider/Bier § 121 Rn. 2.
4 H.-J. Doderer, NJW 1991, 878.
5 BVerwGE 96, 24, 25; 108, 30, 33; BVerwG BayVBl 1995, 605, 606; J. Braun, JuS 1986, 364, 365 mit Zitat der Allgemeinen Preußischen Landordnung: „dass ein unter den gesetzmäßigen Erfordernissen gefälltes Urteil ... den, der es erstritten hat, für immer wider alle fernere Anfechtung seines Gegners und derjenigen, die an seine Stelle treten, (sichert)".
6 Thomas/Putzo § 322 Rn. 1; zur Effektivität staatlichen Handelns F. O. Kopp/F. J. Kopp, NVwZ 1994, 1, 5.
7 BVerfGE 122, 190, 203; BVerwG 22.9.2016 – 2 C 17/15, juris Rn. 9.
8 So bereits BVerfGE 2, 380, 403; BGHZ 36, 365, 367; vgl. auch BGH NJW 1985, 2535, 2536; 1999, 287, 288.
9 S. Detterbeck, AöR 116 (1991), 391, 429.
10 H. J. Doderer, NJW 1991, 878 ff.; H.-H. Gotzen, VR 1998, 406 ff.
11 BVerwGE 104, 182, 184 f.; BVerwG BayVBl 1998, 122; VGH München BayVBl 1999, 150, 151; H. Geiger, BayVBl 1999, 321, 325.
12 H.-H. Gotzen, VR 1998, 406.
13 Vgl. M. Vollkommer, in: Zöller § 318 Rn. 10 ff.

Grundsatz des Prozessrechts und Ausfluss der Rechtssicherheit.[14] Die innergerichtliche Bindung an die erlassenen Urteile und Entscheidungen tritt mit deren wirksamem Erlass ein, während die materielle Rechtskraft erst mit der Unanfechtbarkeit der Entscheidung eintreten kann. Die Bindungswirkung nach § 318 ZPO besteht für dasjenige Gericht (Spruchkörper) der Instanz, in der das Urteil erging.[15] Die materielle Rechtskraft hingegen entfaltet über die ne bis in idem-Wirkung und die Präjudizialität Wirkungen gegenüber allen Gerichten.

7   **3. Keine Feststellungswirkung.** Von der Feststellungswirkung werden die Urteilselemente erfasst, die nicht in materielle Rechtskraft erwachsen können. Materiell rechtskräftig wird die Entscheidung über den Streitgegenstand, mithin der Tenor des Urteils. Über die Feststellungswirkung wird erreicht, dass insbes. die in der Entscheidung getroffenen Feststellungen zum Tatbestand und die rechtliche Würdigung verbindlich werden, und zwar auch und gerade gegenüber den Entscheidungsträgern der Exekutivgewalt.[16]

8   **4. Tatbestandswirkung.** Abzugrenzen sind die Tatbestandswirkung des Urteils und die Tatbestandswirkung des Verwaltungsakts.[17] Setzt ein Rechtsatz die Existenz eines (verwaltungsgerichtlichen) Urteils als Tatbestandsmerkmal voraus (BVerwG NVwZ 1990, 1069, 1070), spricht man von der Tatbestandswirkung des Urteils.[18] Das Urteil ist Tatbestandselement, an dessen Vorliegen das Gesetz Rechtsfolgen knüpft.[19]

9   Der Tatbestand eines Urteils nimmt nicht an der Rechtskraft nach § 121 teil. Er ist aber nach § 314 ZPO eine öffentliche Urkunde und mit besonderer Beweiskraft ausgestattet.[20] Die Feststellungen im Tatbestand des Urteils sind insofern verbindlich, als nur das Protokoll der mündlichen Verhandlung ihre Richtigkeit widerlegen kann.

C.   Formelle Rechtskraft

I.   Gegenstand, Sinn und Zweck

10   § 121 gibt vor, was sachlich und wer persönlich von der materiellen Rechtskraft eines *formell* rechtskräftigen Urteils erfasst wird. Materielle Rechtskraft kann nur ein formell rechtskräftiges Urteil entfalten. Die formelle Rechtskraft eines Urteils ist damit Voraussetzung für den Eintritt der Bindungswirkung bzw. der materiellen Rechtskraft. Während die materielle Rechtskraft den inhaltlichen Bestand einer gerichtlichen Entscheidung über das abgeschlossene Verfahren hinaus sichert, bewirkt die formelle Rechtskraft, dass das laufende gerichtliche Verfahren endgültig abgeschlossen und eine Änderung im Rechtsmittelzug nicht mehr möglich ist.[21] Mit dem Eintritt der formellen Rechtskraft entfaltet das Urteil die in § 121 angeordnete Bindungswirkung. Es wird die *Unanfechtbarkeit* und die *endgültige Vollstreckbarkeit* des Urteils[22] bewirkt. Die Unanfechtbarkeit sichert die Entscheidung vor Abänderung durch die nächsthöhere Instanz;[23] eingelegte Rechtsmittel sind unstatthaft (zur Wiedereinsetzung → Rn. 20).

II.   Eintritt der formellen Rechtskraft

11   **1. Unanfechtbare Entscheidungen.** Unanfechtbare Entscheidungen werden mit ihrem wirksamen Erlass formell rechtskräftig. Es ist für den Eintritt formeller Rechtskraft unbeachtlich, wenn die Beteilig-

---

14   Vgl. *P. Hartmann*, in: Baumbach/Lauterbach/Albers/Hartmann § 318 Rn. 2.
15   *P. Hartmann*, in: Baumbach/Lauterbach/Albers/Hartmann § 318 Rn. 7; *M. Vollkommer*, in: Zöller § 318 Rn. 13.
16   BVerwG NVwZ 1990, 1069, 1070; vgl. *B. Clausing*, in: Schoch/Schneider/Bier § 121 Rn. 39; *F. Knöpfle*, BayVBl 1982, 225, 230.
17   Zur Tatbestandswirkung des Verwaltungsaktes ausf. *A. Kollmann*, DÖV 1990, 189, 190 ff.
18   *B. Clausing*, in: Schoch/Schneider/Bier § 121 Rn. 38 m.w.N.
19   Vgl. *M. Vollkommer*, in: Zöller Vorbem. § 322 Rn. 5.
20   *P. Hartmann*, in: Baumbach/Lauterbach/Albers/Hartmann § 314 Rn. 4; *Thomas/Putzo* § 314 ZPO Rn. 1; *M. Vollkommer*, in: Zöller § 314 Rn. 1.
21   *P. Hartmann*, in: Baumbach/Lauterbach/Albers/Hartmann Einf §§ 322–327 Rn. 1; *K. Stöber*, in: Zöller § 705 Rn. 1.
22   *K. Stöber*, in: Zöller § 705 Rn. 2, 3.
23   Vgl. *K. Stöber*, in: Zöller § 705 Rn. 3.

ten in Verkennung ihrer prozessualen Rechte gegen die unanfechtbare Entscheidung Rechtsmittel einlegen bzw. die Zulassung der Rechtmittel begehren.[24]

Unanfechtbare Entscheidungen sind die letztinstanzlichen Urteile des BVerwG gem. § 49, die erst- und letztinstanzlichen Urteile des BVerwG gem. § 50, die erst- und letztinstanzlichen Urteile des BVerwG aufgrund einer bundesgesetzlichen Zuweisung, Urteile des VG in Asylsachen, § 78 AsylG, Beschlüsse, gegen welche die Beschwerde nach § 146 nicht statthaft ist, Entscheidungen des OVG nach § 152 Abs. 1. **12**

Nicht zu den unanfechtbaren Entscheidungen zählt die Kostenentscheidung eines Anerkenntnisurteils, weil § 158 Abs. 2 für das Anerkenntnisurteil nicht anwendbar ist.[25] Tatbestandliche Voraussetzung für die Anwendbarkeit des § 158 Abs. 2 ist, dass nur über die Kosten entschieden wird und eine Sachentscheidung unterbleibt. Ein Anerkenntnisurteil ergeht gem. § 307 ZPO aber über den prozessualen Anspruch als Sachurteil[26] und enthält daher neben dem Sachausspruch eine Kostenentscheidung. **13**

2. Anfechtbare Entscheidungen. a) Eintritt der formellen Rechtskraft. Bei rechtsmittelfähigen Entscheidungen, tritt die formelle Rechtskraft gem. § 173 S. 1 VwGO i.V.m. § 705 S. 1 ZPO mit Ablauf der Rechtsmittelfrist ein,[27] ohne dass ein Rechtsmittel eingelegt worden ist. Nunmehr sind die Rechtsmittel der Berufung gem. § 124 und der Revision gem. § 132 zulassungsbedürftig. Für den Verwaltungsprozess ist § 705 S. 1 ZPO in seiner plakativen Formulierung daher so nicht mehr zeitgemäß. Denn gem. § 124 a Abs. 4 wird teilweise das Rechtsmittel der Berufung nicht eingelegt, sondern die Zulassung der Berufung beantragt. Wird die Berufung zugelassen, bedarf es keiner Berufungseinlegung. Vielmehr wird der Zulassungsantrag nach § 124 a Abs. 4 S. 1 als durch die Zulassung aufschiebend bedingte Berufungseinlegung behandelt; die Berufung muss „nur noch" gem. § 124 a Abs. 6 begründet werden. Selbiges gilt für die vom OVG nicht nach § 132 Abs. 1 zugelassene Revision. Gem. § 139 Abs. 2 ist die Revisionseinlegung entbehrlich, wenn die Nichtzulassungsbeschwerde oder ein Zulassungsantrag erfolgreich waren; das Beschwerdeverfahren wird als Revisionsverfahren weitergeführt. § 705 ZPO muss demnach erweitert werden auf die Aussage, dass die formelle Rechtskraft solange nicht eintritt, als die Fristen für die Zulassung eines zulassungsbedürftigen Rechtsmittels oder die Einlegung der Nichtzulassungsbeschwerde nicht abgelaufen sind. **14**

Die formelle Rechtskraft eines Urteils tritt zudem ein mit Ablehnung des Antrages auf Berufungszulassung gem. § 124 a Abs. 5 S. 4, der Ablehnung der Nichtzulassungsbeschwerde nach § 133 Abs. 5 S. 3 und der Rücknahme der eingelegten Rechtsmittel nach Ablauf der Rechtsmittelfrist oder mit rechtskräftiger Verwerfung des statthaften und zulässigen Rechtsmittels (GmSOGB BVerwGE 68, 379, 380). **15**

b) Hemmung des Rechtskrafteintritts. Gem. § 173 S. 1 VwGO i.V.m. § 705 S. 2 ZPO wird der Eintritt der Rechtskraft gehemmt, sobald ein Rechtsmittel rechtzeitig eingelegt wird. Die Fristen für die Einlegung der Rechtsmittel beginnen mit der Zustellung des (vollständig abgefassten) Urteils zu laufen; §§ 133 Abs. 2 S. 1, 124 a Abs. 2 S. 1. Für den Fristenlauf gilt § 57. Die Frist läuft für jeden Beteiligten erst mit der Zustellung des Urteils. **16**

Gem. § 124 a Abs. 4 S. 6 und 133 Abs. 4 bewirken der Antrag auf Zulassung der Berufung, die Revisionseinlegung und die Einlegung der Nichtzulassungsbeschwerde ebenfalls die Hemmung des Eintritts der Rechtskraft. Solange über ein eingelegtes Rechtsmittel nicht entschieden ist, kann die formelle Rechtskraft nicht eintreten. Ein besonderer Fall der Rechtskrafthemmung tritt mit Anschluss an ein Rechtsmittel eines anderen Beteiligten ein, § 127 bzw. §§ 141, 127. Die Anschlussberufung lockert die **17**

---

24 K. *Rennert*, in: Eyermann § 121 Rn. 2; der RegE definierte, dass eine Entsch. formell rkr. ist, wenn sie ihrer Natur nach selbständig anfechtbar, im Einzelfall aber einem Rechtsmittel nicht mehr zugänglich ist, BT-Drs. 3/55, 44; von dieser Definition scheinen die nicht anfechtbaren Entsch., mithin jene, gegen die Rechtsmittel nicht zustehen, von der formellen Rechtskraft ausgeschlossen. Ein solches Verständnis liefe jedoch der oben genannten Intention der formellen Rechtskraft zuwider. Zudem nahm auch die Entwurfsbegr. auf das Zivilprozessrecht und mithin auf § 705 ZPO Bezug. § 705 S. 1 ZPO normiert negativ, dass die Rechtskraft nicht eintritt, solange die Frist für die Einlegung eines Rechtsmittels nicht abgelaufen ist. Im Umkehrschluss lässt sich entnehmen, dass, wenn gegen ein Urteil ein Rechtsmittel nicht zulässig ist, die Rechtskraft sofort eintritt.

25 A.M. *B. Clausing*, in: Schoch/Schneider/Bier § 121 Rn. 7; dazu auch *J. Schmidt*, in: Eyermann § 107 Rn. 6.

26 *Thomas/Putzo* § 307 Rn. 2: Gegenstand des Anerkenntnisurteils ist der prozessuale Anspruch; *M. Vollkommer*, in: Zöller Vorbem. § 306 Rn. 1.

27 Vgl. BVerwG 18.2.2010 – 9 KSt 1/10 u.a., juris Rn. 4.

mit Ablauf der Fristen des § 124 a regulär eintretende Rechtskraft zugunsten der Waffengleichheit der Parteien.[28]

18　Die Hemmung der Rechtskraft bewirkt, dass das Verfahren noch rechtshängig bleibt und das Urteil nicht endgültig, sondern höchstens vorläufig vollstreckbar ist.[29]

19　Lehnt das Rechtsmittelgericht die Zulassung des Rechtsmittels ab, entfällt der Hemmnisgrund. Die Rechtskraft des Urteils tritt mit der Ablehnungsentscheidung ein, § 124 a Abs. 5 S. 4, § 133 Abs. 5 S. 3; eine Anfechtung der Zulassungsablehnung ist nicht möglich. Die Unanfechtbarkeit der Ablehnung ergibt sich aus der gesetzlichen Anordnung des Rechtskrafteintritts des Urteils.[30]

20　**c) Wiedereinsetzung in den vorigen Stand.** In die Fristen, welche formelle Rechtskraft hemmen, ist die Wiedereinsetzung gem. § 60 zulässig.[31] Die Gewährung der Wiedereinsetzung hat zur Folge, dass die mit Ablauf der Rechtsmittelfrist eingetretene Rechtskraft nachträglich wieder entfällt.[32] Diese Folge tritt auch ein, wenn über das Rechtsmittel bereits entschieden wurde und die Versäumung sich nachträglich als entschuldbar herausstellt (BVerwGE 11, 321, 322 f.; 153, 169, 170 f.).

21　**d) Rechtsmittelrücknahme.** Eingelegte Rechtsmittel können gem. § 126 zurückgenommen werden (Dispositionsmaxime).[33] Die Rücknahme ist bis zur Rechtskraft des Urteils und damit bis zur rechtskräftigen Entscheidung über das Rechtsmittel zulässig.

22　Für die Rücknahmewirkungen ist zu unterscheiden, ob das Rechtsmittel vor oder nach dem Ablauf der Rechtsmittelfrist zurückgenommen wurde. Im ersten Fall tritt die Rechtskraft der Entscheidung mit Ablauf der Rechtsmittelfrist ein.[34] Im zweiten wirkt die Rechtskraft nicht ex tunc auf den Zeitpunkt des Fristablaufs zurück, sondern die Rechtskraft tritt erst ex nunc mit der Rücknahme ein.[35]

23　**e) Rechtsmittelverzicht.** Grds. bewirkt nur der gegenüber dem Gericht erklärte Rechtsmittelverzicht den sofortigen Eintritt der Rechtskraft.[36] Denn mit dem wirksamen Verzicht werden die Rechtsmittel unzulässig. Der Verzichtende verliert damit das Recht auf Nachprüfung der Entscheidung. Bei einem zwischen den Beteiligten vereinbarten Verzicht wird die Unzulässigkeit des Rechtsmittels erst mit der entsprechenden Einrede bewirkt.[37]

III. Sonstiges

24　**1. Teilrechtskraft.** Die Einlegung eines Rechtsmittels bewirkt grds. die vollumfängliche Hemmung des Rechtskrafteintritts.[38] Bei Teilbarkeit des Streitgegenstands (zum Streitgegenstandsbegriff → Rn. 42 ff.) kann auch das Rechtsmittel auf einen Teil des Urteilsspruchs beschränkt werden.[39] Dies bewirkt dann die nur auf diesen Teil bezogene Hemmung des Rechtskrafteintritts, während der nicht angefochtene Teil in formelle Rechtskraft erwachsen kann.

28　*M. Happ*, in: Eyermann § 127 Rn. 2.
29　Vgl. *P. Hartmann*, in: Baumbach/Lauterbach/Albers/Hartmann Grundz § 511 Rn. 2; *H.-J. Heßler*, in: Zöller Vorbem. § 511 ZPO Rn. 4.
30　Vgl. *Kopp/Schenke* § 133 Rn. 19 b.
31　*Kopp/Schenke* § 60 Rn. 3.
32　*Kopp/Schenke* § 60 Rn. 1.
33　Zur Klagerücknahme *H. Geiger*, BayVBl 1999, 321; *K. Rennert*, in: Eyermann § 92 Rn. 2.
34　Auch wenn der Gedanke naheliegt, gem. § 57 Abs. 2 VwGO i.V.m. § 222 Abs. 1 ZPO für die Wirkungen der Hemmung eines Fristenlaufs auf § 209 BGB Bezug zu nehmen, kann dem nicht gefolgt werden. Denn nach § 209 BGB wäre die Rechtsmittelfrist um die konkrete Hemmungszeit zu verlängern (*J. Ellenberger*, in: Palandt § 209 Rn. 1). Dieses Ergebnis ist in der ZPO als auch in der VwGO systemwidrig. Die über § 57 Abs. 2 anwendbare Regelung des § 224 Abs. 2 ZPO verbietet grds. eine Fristverlängerung für gesetzliche Fristen. Nur dann, wenn das Gesetz eine Verlängerungsmöglichkeit vorsieht, ist eine Fristverlängerung möglich (hierzu BVerwGE 43, 237, 238). Die gesetzlichen Fristen für die Nichtzulassungsbeschwerde nach § 133 Abs. 2, die Revisionseinlegung gem. § 139 Abs. 1 und die Antragstellung auf Zulassung der Berufung gem. § 124 a Abs. 4 sind mangels normierter Verlängerungsmöglichkeit daher nicht um die Zeit von Rechtsmitteleinlegung bis Rechtsmittelrücknahme verlängerbar.
35　Vgl. *Kopp/Schenke* § 126 Rn. 1.
36　*K. Stöber*, in: Zöller § 705 Rn. 9; a.A. wohl *P. Hartmann*, in: Baumbach/Lauterbach/Albers/Hartmann § 705 Rn. 8.
37　*Kopp/Schenke* § 126 Rn. 6.
38　*B. Clausing*, in: Schoch/Schneider/Bier § 121 Rn. 9; *Kopp/Schenke* Vorbem. § 124 Rn. 1.
39　*B. Clausing*, in: Schoch/Schneider/Bier § 121 Rn. 9; *Kopp/Schenke* Vorbem. § 124 Rn. 18; § 124 Rn. 3; § 132 Rn. 4.

2. Außerordentliche Rechtsbehelfe. Die Wiederaufnahme des Verfahrens, § 153, setzt streitgegen- 25
ständlich ein rechtskräftiges Urteil voraus.[40] Sie ist auf Aufhebung rechtskräftiger Urteile gerichtet.

3. Formelle Rechtskraft von Beschlüssen. Der Eintritt der formellen Rechtskraft von Beschlüssen ist 26
abhängig davon, ob diese anfechtbar sind. Bei anfechtbaren Beschlüssen muss differenziert werden, ob
es streitentscheidende oder sonstige Beschlüsse sind. Anfechtbare Beschlüsse werden mit Ablauf der
zweiwöchigen Beschwerdefrist nach Bekanntgabe des Beschlusses (§ 147) rechtskräftig, wenn die gem.
§ 146 Abs. 1 mögliche Beschwerde nicht erhoben ist. Die Erhebung der Beschwerde hemmt den Eintritt der Rechtskraft. Unanfechtbare Beschlüsse, wie gem. § 152, und prozessleitende Beschlüsse nach
§ 146 Abs. 2 werden mit wirksamer Bekanntgabe formell rechtskräftig.

4. Rechtskraftvermerk und Vollstreckung. Das *Rechtskraftzeugnis,* § 167 Abs. 1 S. 1 VwGO i.V.m. 27
§ 706 Abs. 1 ZPO, wird auf Antrag der Beteiligten auf der Ausfertigung des Urteils erteilt. Es wird
erteilt, wenn der Urkundsbeamte der Geschäftsstelle[41] der ersten Instanz aus den Akten festgestellt
hat, dass die Berufung nicht nach § 124 Abs. 1 S. 1 zugelassen ist, nach Ablauf der Frist des § 124 a
Abs. 4 S. 1 die Berufungszulassung nicht beantragt ist, ein entsprechender Antrag auf Zulassung nach
§ 124 a Abs. 5 abgelehnt ist und die Beschwerde gegen die Nichtzulassung der Revision nach § 133
Abs. 2 nicht eingelegt oder erfolglos geblieben ist, § 133 Abs. 5.

Ist die formelle Rechtskraft einer Entscheidung durch ungenutzten Ablauf der Rechtsmittelfrist einge- 28
treten und daraufhin das Rechtskraftzeugnis erteilt worden, muss das Zeugnis auch nicht gelöscht
werden, wenn aufgrund einer Wiedereinsetzung in die Rechtsmittelfrist die formelle Rechtskraft nachträglich beseitigt wird, denn dem Rechtskraftzeugnis kommt keine materielle Wirkung zu.[42] Insbes.
genügt das Rechtskraftzeugnis nicht, um die Vollstreckung des Urteils zu betreiben. Hierfür ist die
Vollstreckungsklausel nach §§ 724, 725 ZPO zwingende Voraussetzung.

D. Materielle Rechtskraft

Der Eintritt der formellen Rechtskraft bewirkt im Regelfall (d.h. nur dann, wenn die Entsch. der ma- 29
teriellen Rechtskraft überhaupt fähig ist → Rn. 30) die materielle Rechtskraft der Entscheidung. Im
Unterschied zur formellen Rechtskraft, die das anhängige Verfahren abschließt (→ Rn. 10),[43] bewirkt
die materielle Rechtskraft die inhaltliche Maßgeblichkeit einer Entscheidung über den anhängigen
Rechtsstreit hinaus.

I. Der materiellen Rechtskraft fähige Entscheidungen

1. Grundsatz. Gem. § 121 erzeugen nur formell rechtskräftige Urteile Bindungswirkung. Das bedeu- 30
tet nicht, dass jede formell rechtskräftige Entscheidung materielle Rechtskraft nach sich zieht.[44] Hinzukommen muss, dass die Entscheidung über den konkreten Rechtsstreit hinaus Maßgeblichkeit und
Verbindlichkeit beanspruchen kann.

2. Urteile. Der materiellen Rechtskraft fähig sind alle *End- und Teilurteile* nach § 110.[45] Sie schließen 31
den Rechtsstreit vollumfänglich oder hinsichtlich eines zur Entscheidung reifen Teils verbindlich ab.[46]
Das gilt für das Sachurteil wie für das Prozessurteil (BVerwGE 10, 148). Für Gerichtsbescheide nach
§ 84 gilt dasselbe.

Schein- und Nichturteile sind der formellen und damit der materiellen Rechtskraft nicht fähig. Die 32
Möglichkeit, diese unwirksamen Urteile auf ein Rechtsmittel hin beseitigen zu lassen, steht dem nicht
entgegen. Dies entspringt dem Bedürfnis, den äußeren Schein der Entscheidung beseitigen zu können
(→ § 116 Rn. 24).

---

40 *Kopp/Schenke* § 153 Rn. 1 f.
41 Zum Verfahren *K. Stöber*, in Zöller § 706 Rn. 1, 4.
42 *K. Stöber*, in: Zöller § 706 Rn. 2.
43 Vgl. *P. Hartmann*, in: Baumbach/Lauterbach/Albers/Hartmann Einf §§ 322–327 Rn. 1.
44 *B. Clausing*, in: Schoch/Schneider/Bier § 121 Rn. 6; *Kopp/Schenke* § 121 Rn. 2.
45 Vgl. BVerwGE 145, 122, 125.
46 BGH NJW 1999, 1638: Ein Teilurteil ist nur dann zulässig, wenn von einem Streitgegenstand ein Teilanspruch derart
    individualisiert ist und abgegrenzt werden kann, dass in tatsächlicher und rechtlicher Hinsicht eine Entsch. darüber
    unabhängig vom Restanspruch möglich ist.

33   Bei *Zwischenurteilen* ist zu unterscheiden, ob sie gem. § 173 S. 1 VwGO i.V.m. § 303 ZPO über einzelne Streitpunkte entscheiden[47] oder gem. §§ 109, 111 ergehen. Bei einer Entscheidung über Streitpunkte entscheidet das Gericht nur über ein Urteilselement im Interesse des Verfahrensfortgangs. Streitpunkte sind alle tatsächlichen und rechtlichen Gesichtspunkte zur Begründung oder Bekämpfung des erhobenen Anspruchs (BGH NJW 1987, 3265). Diese Zwischenurteile sind nicht isoliert anfechtbar, sondern können nur mit der Endentscheidung angefochten werden. Ihnen mangelt es bereits an der Fähigkeit zu formeller Rechtskraft.

34   Isoliert anfechtbar sind Zwischenurteile nach § 109[48] über die Zulässigkeit einer Klage, soweit nicht eine Verweisung nach § 17a GVG in Betracht kommt, und das Grundurteil nach § 111.[49] Sie können in formelle Rechtskraft erwachsen (§§ 109, 111). Ihnen mangelt es aber an der Maßgeblichkeit des Entscheidungsinhalts über das laufende Verfahren hinaus. Sie erzeugen nur innergerichtliche Bindungswirkung, § 173 S. 1 VwGO i.V.m. § 318 ZPO (BVerwGE 60, 123, 125; BVerwG NVwZ 1997, 1210, 1211). Der materiellen Rechtskraft fähig sein können solche Zwischenurteile, die gegenüber Dritten verbindlich den Rechtsstreit beenden und ihnen gegenüber auch vollstreckbar sind.[50]

35   Vom Zwischenurteil ist das *Zwischenfeststellungsurteil* zu unterscheiden. Dieses ergeht zur Feststellung eines für die Endentscheidung vorgreiflichen Rechtsverhältnisses oder Vorfragen,[51] § 173 S. 1 VwGO i.V.m. § 256 Abs. 2 ZPO, und gibt Kläger und Beklagtem eine Möglichkeit, tragende Entscheidungsgründe der Bindungswirkung des § 121 zu unterwerfen.

36   Die *zurückverweisenden Urteile* im Rechtsmittelverfahren entfalten Bindungswirkung nicht nach § 121, sondern gem. § 130 Abs. 3, § 144 Abs. 6. Die Bindung des Gerichts erstreckt sich auf die rechtliche Beurteilung des Rechtsmittelgerichts.

37   **3. Beschlüsse. a) Allgemeines.** Es ist anerkannt, dass auch gerichtlichen Entscheidungen in Beschlussform materielle Rechtskraft zukommen kann. Deren Sinn und Zweck verlangt jedoch eine Differenzierung nach der Eigenart des jeweiligen Beschlusses. Materiell rechtskräftig können Beschlüsse werden, wenn ihnen eine über das jeweilige Verfahren hinausreichende Bedeutung eigen ist. Demnach erstarken *alle urteilsvertretenden Beschlüsse* und Beschlüsse im selbständigen Beschlussverfahren in materielle Rechtskraft. Hierzu zählen Entscheidungen in den vorläufigen Rechtsschutzverfahren, § 80 Abs. 5, 7, § 80a Abs. 3, § 123 und im Verfahren nach § 47 (BVerwGE 68, 306, 308; 72, 122, 125; auch HessVGH 2.4.2007 – 7 TG 501/07). Prozessleitenden Beschlüssen fehlt es hingegen an über den Rechtsstreit hinausgehender rechtlicher Reichweite. Auch feststellende Beschlüsse im Verfahren nach § 99 Abs. 2 sind der materiellen Rechtskraft fähig und wie ein rechtskräftiges Zwischenurteil zugrunde zu legen.[52]

38   **b) PKH-Beschlüsse.** Ob Beschlüsse über Anträge auf Gewährung von PKH, § 166 VwGO, § 127 ZPO, in materielle Rechtskraft erwachsen, ist str.[53] Dies wird verneint, weil PKH-Beschl. der streitentscheidende Charakter fehle.[54] Die PKH-Entsch. sei vielmehr ein Akt staatlicher Begünstigung. Das Gericht übe nicht rechtsprechende Gewalt, sondern gewähre staatliche Fürsorge. Zudem sei jederzeit eine Antragstellung möglich,[55] weil mit der Entscheidung über den Antrag keine endgültige Entscheidung getroffen werde (OVG Münster DVBl 1983, 952, 953; VGH München BayVBl 1970, 261 f.). Andererseits wird betont, auch beim PKH-Verfahren stünden sich Bürger und Verwaltung als Antragsteller und Antragsgegnerin gegenüber (vgl. 4. Aufl. § 121 Rn. 40).

---

47   Anders bei einem Teilurteil § 110; dieses entscheidet über einen zur Entsch. reifen Teil des Streitgegenstandes.
48   Vgl. BVerwGE 145, 122, 127.
49   Vgl. BVerwGE 145, 122, 127.
50   *B. Clausing*, in: Schoch/Schneider/Bier § 121 Rn. 14; *M. Vollkommer*, in: Zöller Vorbem. § 322 Rn. 8.
51   Vgl. BVerwG 22.9.2016 – 2 C 17/15, juris Rn. 10; *R. Greger*, in: Zöller § 256 Rn. 21; *M. Happ*, in: Eyermann § 43 Rn. 6; *Kopp/Schenke* § 43 Rn. 33.
52   BVerwGE 119, 229, 231; OVG Lüneburg 20.11.2014 – 14 PS 2/14, juris Rn. 16 m.w.N.
53   *Bejahend Kopp/Schenke* § 121 Rn. 4, § 166 Rn. 17; *verneinend* VGH München BayVBl 1970, 261 f.; *K. Rennert*, in: Eyermann § 121 Rn. 6; *B. Clausing*, in: Schoch/Schneider/Bier § 121 Rn. 17; *eingeschränkte materielle Rechtskraft:* OVG Münster DVBl 1983, 952, 953; *M. Behn*, BayVBl 1993, 690, 693: scheint zu differenzieren, indem er Beschlüssen, die den PKH-Antrag ablehnen, „nur" formelle Rechtskraft zuspricht.
54   OVG Münster DVBl 1983, 952; *M. Behn*, BayVBl 1983, 690, 694 bezeichnet das PKH-Verfahren als „dienendes Nebenverfahren"; *B. Clausing*, in: Schoch/Schneider/Bier § 121 Rn. 17.
55   OVG Münster DVBl 1983, 952, 953 bejaht die Möglichkeit der Antragswiederholung, weil das PKH-Verfahren ein besonderes Verwaltungsverfahren und damit § 51 VwVfG anwendbar sei.

In der Rspr. ist hingegen geklärt, dass die Zurückweisung des Prozesskostenhilfeantrags nicht in mate- 39
rieller Rechtskraft erwächst und demnach ein neuerlicher Antrag nicht ausgeschlossen ist.[56] Es fehlt
insoweit an einer der materiellen Rechtskraft fähigen Entscheidung. Denn Sinn und Zweck der materiellen Rechtskraft liegt in der endgültigen Befriedung eines kontradiktorischen Parteienstreits, der
über denselben Streitgegenstand nicht wiederholt werden soll. Dieses ne bis in idem-Gebot liegt dort
im Interesse des Ansehens der Gerichte, der Rechtssicherheit und des Rechtsfriedens der Parteien
(BGH NJW 2004, 1805, 1806). Demgegenüber ist das Prozesskostenhilfeverfahren nach der gesetzlichen Regelung in den §§ 114 ff. ZPO ein nicht streitiges, seinem Charakter nach der staatlichen Daseinsfürsorge zuzurechnendes Antragsverfahren, in dem sich als Beteiligte nur der Antragsteller und
das Gericht als Bewilligungsstelle gegenüberstehen. Auch ein Präklusionsbedürfnis besteht im Prozesskostenhilfeverfahren grds. nicht, da es lediglich darauf gerichtet ist, dem mittellosen Antragsteller erst
den Zugang zum gerichtlichen Verfahren und zu einem angemessenen juristischen Beistand zu eröffnen (BGH NJW 2004, 1805, 1806).

nicht besetzt 40

c) Beschlüsse in vorläufigen Rechtsschutzverfahren. Beschlüsse in vorläufigen Rechtsschutzverfahren 41
erwachsen in materielle Rechtskraft.[57] Formelle Rechtskraft erlangen sie, wenn die Frist des § 147
Abs. 1 S. 1 abgelaufen ist bzw. nach § 152 mit ihrem wirksamen Erlass. Die Rechtsnatur der vorläufigen Regelung steht der Annahme der materiellen Rechtskraftfähigkeit nicht entgegen, denn eine Entscheidung im vorläufigen Rechtschutzverfahren trifft keine vorläufige Regelung eines endgültigen Zustandes. Sie ist eine abschließende endgültige Regelung eines vorläufigen Zustandes.[58] Auch hier besteht das Bedürfnis, einem fortgesetzten Streit unter den Beteiligten über denselben Streitgegenstand
entgegenzuwirken, eine Überlastung der Gerichte zu vermeiden sowie der Gefahr widersprechender
Entscheidungen zu entgehen.[59]

II. Der Streitgegenstand

1. Streitgegenstand als Begriff des Prozessrechts. Hauptzweck eines gerichtlichen Verfahrens ist eine 42
verbindliche Entscheidung über den Streitgegenstand.[60] § 121 ordnet die Bindungswirkung an, soweit
über den Streitgegenstand entschieden wurde. Spiegelbildlich steht dem Streitgegenstand die sachliche
Reichweite der materiellen Rechtskraft des Urteils gegenüber.[61] Entscheidend ist demzufolge, was der
Streitgegenstand in einem verwaltungsgerichtlichen Verfahren ist. Dabei ist die gesetzliche Terminologie verschieden. § 88 verwendet den Begriff des „Klagebegehrens", § 90 S. 1 spricht von der „Streitsache". Dennoch ist mit diesen Begriffen stets der Streitgegenstand im prozessualen Sinn gemeint, denn
Bestimmtheit und Rechtsklarheit erfordern, bei Fragen der Zuständigkeit und Rechtshängigkeit, Klageänderung und Rechtskraftwirkung inhaltlich denselben Streitgegenstandsbegriff zu verwenden.[62]

2. Zivilprozessualer Streitgegenstandsbegriff. Anknüpfungspunkt ist der zivilprozessrechtliche Streit- 43
gegenstandsbegriff.[63] Auch die ZPO verzichtet auf eine Legaldefinition. § 322 Abs. 1 ZPO stellt auf
den „erhobenen Anspruch" ab. Zudem verzichtet § 322 ZPO auf die Anordnung der Bindungswirkung. Damit war der Streit über die Rechtsnatur des Anspruchs und die mit der materiellen Rechts-

---

56 BVerfG 15.5.2007 – 1 BvR 2347/05, juris Rn. 13; BVerwG 21.9.2016 – 6 B 46/16 u.a., juris Rn. 3; 17.3.2015 – 5 A
 5/15, juris Rn. 12.
57 BFH NVwZ 1993, 607, 608; VGH Kassel NVwZ-RR 1996, 713; VGH München BayVBl 1999, 761, 762; *M. Happ*,
 in: Eyermann § 123 Rn. 75; wohl auch § 123 Rn. 34; *J. Schmidt*, in: Eyermann § 80 Rn. 98.
58 BFH NVwZ 1993, 607 f.; VGH Kassel NVwZ-RR 1996, 713; VGH München BayVBl 1999, 761 f.; VG Göttingen
 4.11.2011 – 8 C 706/11, juris Rn. 197.
59 BFH NVwZ 1993, 607 f.; VGH Kassel NVwZ-RR 1996, 713; VGH München BayVBl 1999, 761 f.
60 *G. Lüke*, JuS 1967, 1, 2.
61 *K. Erfmeyer*, DVBl 1997, 27, 28.
62 So auch *B. Clausing*, in: Schoch/Schneider/Bier § 121 Rn. 55; vgl. *Kopp/Schenke* § 90 Rn. 7; vgl. zur Notwendigkeit
 einer unterschiedlichen Terminologie: *Koehler* § 121 Anm. IV 1: „Der Ausdruck Streitgegenstand ist dort unentbehrlich, wo es auf die Abgrenzung innerprozessrechtlicher Institute ankommt, z.B. Rechtshängigkeit, Rechtskraft, Klageänderung, objektive und subjektive Klagehäufung. Der Ausdruck ,Streitsache' wird hingegen vom Gesetz dann verwendet, wenn der Prozess als dynamisches Ganzes infrage steht".
63 BT-Drs. 3/55, 44; *H. Maurer*, JZ 1993, 574, 575 spricht von einer nur „bedingten" Anwendbarkeit der zivilprozessualen Vorschriften über die Rechtskraft und ihre Durchbrechung.

kraft bewirkte Bindungswirkung entfacht.[64] Im Wesentlichen lassen sich zwei Strömungen erkennen: die ältere, heute in modifizierter Form vereinzelt vertretene[65] materiellrechtliche Theorie und die prozessrechtliche Theorie.[66]

44   *Nach dem materiellrechtlichen Streitgegenstandsbegriff* wird der Streitgegenstand bestimmt durch die Behauptung eines materiellen Rechts oder Rechtsverhältnisses.[67] Die Lehre vom *prozessualen Streitgegenstandsbegriff* definiert den Streitgegenstand als das auf rechtskräftige Feststellung einer Rechtsfolge gerichtete klägerische Begehren, das durch den gestellten Antrag und den zu seiner Begründung vorgetragenen Sachverhalt gekennzeichnet wird. Kritik erfährt dieser *zweigliedrige*, aus Antrag und Sachverhalt gebildete Streitgegenstand hinsichtlich der Kumulation von Sachverhalten und damit Streitgegenständen.[68] Die Vertreter des *eingliedrigen* Streitgegenstandsbegriffs[69] reagieren auf dieses Problem mit dem Ansatz, dass Streitgegenstand der vom Kläger erhobene prozessuale Anspruch ist. Der Streitgegenstand ist auf das Klageziel ausgerichtet. Ist dieses nicht eindeutig, besteht für diese Lehre die Notwendigkeit, zur Auslegung des Streitgegenstands auf den vorgetragenen Sachverhalt Bezug zu nehmen. Die jüngere Tendenz geht dahin, auf einen einheitlichen, für das gesamte Zivilprozessrecht gültigen Streitgegenstandsbegriff zu verzichten und auf die Besonderheiten der einzelnen Klagearten abzustellen.[70]

45   **3. Verwaltungsprozessualer Streitgegenstandsbegriff.** Für den Verwaltungsprozess ist die materiellrechtliche Lehre ohne Bedeutung geblieben.[71] Besonderheiten von Anfechtungs- und Feststellungsklage schlossen einen materiellrechtlichen Ansatz aus. Der zweigliedrige Streitgegenstandsbegriff vermag am ehesten den Bedürfnissen des Verwaltungsprozesses gerecht zu werden.[72] Danach wird der Streitgegenstand durch Klageanspruch und Klagegrund bestimmt, also durch den geltend gemachten materiellrechtlichen Anspruch und durch den ihm zugrunde liegenden, d.h. zu seiner Begründung vorgetragenen Sachverhalt.[73] Anders als im Zivilprozess ist der Klageantrag für das Gericht nicht bindend. § 88 stellt das Gericht von der Bindung frei und begrenzt die gerichtliche Entscheidungsbefugnis quantitativ,[74] sodass dem Vorbringen des Klägers bei der Bestimmung des Streitgegenstands nur Anstoßfunktion zukommt.[75] Die Dispositionsbefugnis des Klägers über den Streitgegenstand reicht grds. nicht weiter, als den Rechtsstreit zu initiieren und ihn im Wege der Klagerücknahme zu beenden. Diese Besonderheit des „offenen" Begehrens wird verstärkt durch die in § 86 Abs. 1 S. 1 normierte Verpflichtung des Gerichts, den Sachverhalt von Amts wegen zu erforschen. Das Gericht muss sich dabei nicht an das Vorbringen der Beteiligten halten. Dem Kläger obliegt gem. § 82 nur die Pflicht, den Gegenstand seines Klagebegehrens zu bezeichnen. Der Gegenstand des Klagebegehrens ist aber nicht identisch mit dem Streitgegenstandsbegriff im prozessrechtlichen Sinne.[76] Der Streitgegenstandsbegriff ist wesentlich umfassender. Das Klagebegehren ist die auf den Fall abgestellte Kennzeichnung der Sache durch den Kläger. Die Kennzeichnung soll dem Gericht ermöglichen festzustellen, in welcher Angelegenheit die Klage erhoben wird (BFH NVwZ-RR 1997, 322; VGH München BayVBl 1968, 251)[77] und welche Verwaltungsakte beizuziehen sind.[78] Dies verdeutlicht, dass eine einheitliche Defi-

---

64   Entwicklung des zivilrechtlichen Streitgegenstandsbegriffs bei *L. Horn*, JuS 1992, 680 ff.
65   Darstellung der Theorien von *A. Nikisch*, AcP 154, 283; *W. Henckel*, Parteilehre, 1961, 266 und bei *L. Horn*, JuS 1992, 680, 683.
66   *Thomas/Putzo* Einl II Rn. 3 ff.
67   *Thomas/Putzo* Einl. II Rn. 4.
68   Mit anschaulichen Bsp. *L. Horn*, JuS 1992, 680, 682; *R. Greger*, JZ 1999, 955; *Thomas/Putzo* Einl II Rn. 25.
69   *K. H. Schwab*, JuS 1965, 83.
70   *M. Vollkommer*, in: Zöller Einl. Rn. 82.
71   *B. Clausing*, in: Schoch/Schneider/Bier § 121 Rn. 56; *K. Rennert*, in: Eyermann § 121 Rn. 7.
72   BVerwGE 52, 247, 249; 62, 249; 70, 110, 112; 96, 24, 25; BVerwG ZOV 2000, 425; BayVBl 1980, 444: scheint einen eingliedrigen Streitgegenstandsbegriff zu verwenden, indem auf den Klageantrag, präzisiert mit der Klagebegründung, abgestellt wird.; *S. Detterbeck*, Streitgegenstand, 1995, 46; *K. Rennert*, in: Eyermann § 121 Rn. 23; *ders.*, VBlBW 1993, 281, 283.
73   BVerwGE 142, 234, 254; BVerwG Buchholz 424.01 § 44 FlurbG Nr. 83.
74   *Kopp/Schenke* § 88 Rn. 1.
75   BVerwG Buchholz 424.01 § 44 FlurbG Nr. 83.
76   VG Schleswig NVwZ 1992, 384; *H. Geiger*, in: Eyermann § 82 Rn. 6; *Kopp/Schenke* § 82 Rn. 7.
77   *Kopp/Schenke* § 82 Rn. 7.
78   *H. Geiger*, in: Eyermann § 82 Rn. 6.

nition des Streitgegenstands nicht dienlich ist, sondern dass er entsprechend der Klageart zu bestimmen ist.[79]

a) Streitgegenstand der Anfechtungsklage. In der Frage, was Streitgegenstand der Anfechtungsklage 46 ist,[80] besteht Einigkeit, dass Ausgangspunkt der Definition eine „erweiterte Rechtskraftwirkung" des Urteils ist. Mit dieser Wirkung wird das Verbot bezeichnet, identische Verwaltungsakte nach gerichtlicher Aufhebung des Verwaltungsakts bei unveränderter Sach- und Rechtslage zu erlassen (Wiederholungsverbot).[81] Wenn man aber die Rechtskraftwirkung des Urteils zum Ansatz der Bestimmung des Streitgegenstands macht, „zäumt man das Pferd von hinten auf". Die gesetzliche Bestimmung ordnet nämlich an, dass nur soweit, wie über den Streitgegenstand entschieden wurde, eine materielle Bindungswirkung eintritt. Damit kann nicht die erweiterte Bindungswirkung den Streitgegenstand definieren.

Da der Streitgegenstand auf das Klageziel ausgerichtet ist, bietet sich für seine Definition bei Anfech- 47 tungsklagen die Bezugnahme auf § 113 Abs. 1 S. 1 an. Bei einer erfolgreichen Anfechtungsklage tenoriert das Gericht die Aufhebung des Verwaltungsakts. Streitgegenstand wäre der subjektive, auf den angefochtenen Verwaltungsakt bezogene *Aufhebungsanspruch* des Klägers.[82]

Nach anderer Definition erfasst der Streitgegenstandsbegriff über das eigentliche Aufhebungsinteresse 48 auch die Aufhebung von Verwaltungsakten „dieser Art".[83] Anknüpfungspunkt ist die im Verwaltungsakt zum Ausdruck kommende *Regelung* eines Lebenssachverhalts.[84] Streitgegenstand i.d.S. ist das Aufhebungsbegehren, weil die in dem Verwaltungsakt zum Ausdruck gekommene *Regelung* rechtswidrig sei und den Kläger in seinen Rechten verletze.

Nach der Rspr. ist der Streitgegenstand der Gestaltungsklagen regelmäßig zweistufig. Denn im Falle 49 der Anfechtungsklage wird nicht nur der angefochtene Verwaltungsakt aufgehoben; festgestellt ist mit dem Urteil vielmehr zugleich, dass der Verwaltungsakt rechtswidrig war und den Kläger in seinen Rechten verletzt hat.[85] Streitgegenstand ist demnach der prozessuale Anspruch, der durch die im Klageantrag begehrte Rechtsfolge sowie den Klagegrund gekennzeichnet ist (so BVerwGE 96, 24, 25). Begehrte Rechtsfolge ist die Aufhebung des Verwaltungsakts. Klagegrund ist der Sachverhalt, aus dem sich die begehrte Rechtsfolge ergibt, mithin die behauptete Rechtswidrigkeit des erlassenen Verwaltungsakts und die Rechtsverletzung des Klägers.[86]

nicht besetzt 50

b) Streitgegenstand der Verpflichtungsklage. Das Rechtschutzziel der Verpflichtungsklage kann zum 51 einen darauf gerichtet sein, die Behörde nach § 113 Abs. 5 S. 1 zum Erlass eines Verwaltungsakts zu verpflichten. Zum anderen erstrebt der Kläger die Verpflichtung der Behörde zur Neubescheidung, § 113 Abs. 5 S. 2. In beiden Fällen ist eine Klage erfolgreich, wenn der Kläger einen Anspruch auf die hoheitliche Handlung hat, zu welcher das Gericht den Beklagten verpflichten soll. Mithin ist Streitgegenstand der Verpflichtungsklage der geltend gemachte prozessuale Anspruch auf Erlass eines Verwaltungsakts,[87] weil die rechtswidrige Ablehnung oder Unterlassung des begehrten Verwaltungsakts die subjektiven Rechte des Klägers verletzen würde.[88] Nicht zum Streitgegenstand der Verpflichtungsklage gehört die Aufhebung des ablehnenden Bescheides.[89] Sie ist ein unselbständiger Anfechtungsannex,

---

79 So bereits BVerwG DVBl 1963, 64, 65; *Kopp/Schenke* § 90 Rn. 7: Der durch das prozessuale Begehren bestimmte Streitgegenstand unterscheidet sich daher naturgemäß je nach der Klageart.

80 Seit Feststellung einer umfassenden Meinungsvielfalt zu dieser Frage durch BVerwG DVBl 1963, 64, 65 hat sich keine wesentliche Annäherung ergeben.

81 Mit dieser Intention bereits BVerwG DVBl 1963, 64, 65. Vgl. auch BVerwG 22.9.2016 – 2 C 17/15, juris Rn. 11.

82 So *K. A. Bettermann*, DVBl 1953, 163, 165; 202, 203; *S. Detterbeck*, Streitgegenstand, 1995, 156; *K. Rennert*, VBlBW 1993, 281 f.

83 VGH München NVwZ-RR 1991, 277; *S. Detterbeck*, NVwZ 1994, 35, 37.

84 *S. Detterbeck*, AöR 116 (1991), 391, 401.

85 BVerwG 22.9.2016 – 2 C 17/15, juris Rn. 11.

86 *B. Clausing*, in: Schoch/Schneider/Bier § 121 Rn. 60 f.; *Kopp/Schenke* § 90 Rn. 8; *K. Rennert*, in: Eyermann § 121 Rn. 25.

87 So aber VGH Kassel DVBl 1999, 1660, 1661 (Anspruch auf Behördenentsch.); BVerwGE 108, 30, 32 (Rechtsanspruch auf Anerkennung als Asylberechtigter); *B. Clausing*, in: Schoch/Schneider/Bier § 121 Rn. 63; zum Streitgegenstand der Bescheidungsklage (Neubescheidung) s. BVerwG MMR 2007, 98 ff.

88 Vgl. BVerwGE 89, 354, 356; BVerwG NVwZ 1992, 563; BVerwG 22.9.2016 – 2 C 17/15, juris Rn. 13; *Kopp/Schenke* § 90 Rn. 9; *K. Rennert*, in: Eyermann § 121 Rn. 28; *J. Schmidt*, in: Eyermann § 113 Rn. 33.

89 *F. Weyreuther*, FS Menger, 1985, 681, 683.

der im Interesse der Rechtsklarheit von den Gerichten üblicherweise mitentschieden und tenoriert wird. Der Streitgegenstand wird durch die Aufhebung des entgegenstehenden Verwaltungsakts nicht geändert.[90]

52   **c) Sonstige Klagen.** Der Streitgegenstand der *allgemeinen Leistungsklage* kann in enger Anlehnung an den zweigliedrigen Streitgegenstandsbegriff des Zivilprozessrechts definiert werden. Danach ist Streitgegenstand der allgemeinen Leistungsklage der auf einen bestimmten Lebenssachverhalt gestützte Anspruch auf Verpflichtung des Beklagten zur Vornahme oder Unterlassung der begehrten Handlung.[91]

53   Der Streitgegenstand der *Feststellungsklage* lässt sich meist unmittelbar aus dem Antrag entnehmen. Denn in diesem ist das Rechtsverhältnis benannt, dessen Bestehen oder Nichtbestehen das Gericht feststellen soll. Wird die Feststellungsklage mit dem Ziel erhoben, die Nichtigkeit eines Verwaltungsakts festzustellen, ist Streitgegenstand der prozessuale Anspruch auf Feststellung der Nichtigkeit des Verwaltungsakts.[92]

54   Bei der *Fortsetzungsfeststellungsklage*, § 113 Abs. 1 S. 4, ergibt sich der Streitgegenstand aus dem Begehren, die Rechtswidrigkeit und subjektive Rechtsverletzung des erledigten Verwaltungsakts festzustellen.[93]

55   Im *Normenkontrollverfahren* nach § 47 ist unabhängig von einer subjektiven Rechtsverletzung Streitgegenstand der Anspruch auf Feststellung der Ungültigkeit der Norm.[94]

56   **4. Identität von Streitgegenständen.** Streitgegenstände sind identisch, wenn dieselben Beteiligten dasselbe Rechtsschutzziel unter Bezugnahme auf denselben Lebenssachverhalt wie im Vorprozess begehren.[95] Auf die Fassung der Anträge kommt es nicht an, § 88. Identität von Streitgegenständen liegt auch dann vor, wenn unter Umkehrung der Beteiligtenstellung das kontradiktorische Gegenteil der im ersten Prozess festgestellten Rechtsfolge begehrt wird[96] (OVG Münster 29.2.2012 – 14 B 117/12, juris Rn. 13 f.). Keine Identität von Streitgegenständen liegt etwa im Verhältnis zwischen dem Anspruch auf Anerkennung als Asylberechtigter nach Art. 16 a GG und der Frage nach dem Vorliegen der Voraussetzungen für die Gewährung von „Abschiebungsschutz" vor.[97] Nach Auffassung des BVerwG ist ein Rechtsstreit nicht wegen Identität der Streitgegenstände unzulässig (BVerwGE 29, 210, 213), wenn die Behörde unter Missachtung des Verwaltungsakt-Wiederholungsverbotes einen weiteren Verwaltungsakt erlassen hat (beachte → Rn. 73 ff.).

57–59 nicht besetzt

III. Sachliche Wirkungen der materiellen Rechtskraft

60   **1. Beschränkung der Rechtskraft auf den Entscheidungssatz.** Die materielle Rechtskraft erstreckt sich soweit das Gericht über den Streitgegenstand entschieden hat.[98] Nach diesem fundamentalen Grundsatz des Prozessrechts (BVerwG DVBl 1963, 64) erwachsen nicht alle Urteilselemente in Rechtskraft, sondern nur der Entscheidungssatz.[99] Die gerichtliche Entscheidung ist demgemäß die im Entscheidungssatz des Urteils sich verkörpernde Rechtsfolge als Ergebnis der Subsumtion des Sachverhalts unter das Gesetz.[100] In materielle Rechtskraft erwächst damit die Entscheidung über den erhobenen An-

---

90   *Vgl. B. Clausing,* in: Schoch/Schmidt-Aßmann/ Pietzner § 121 Rn. 63; *Kopp/Schenke* § 113 Rn. 179; *K. Rennert,* in: Eyermann § 121 Rn. 30.

91   *Vgl. B. Clausing,* in: Schoch/Schneider/Bier § 121 Rn. 66.

92   *B. Clausing,* in: Schoch/Schneider/Bier § 121 Rn. 67; *Kopp/Schenke* § 90 Rn. 11.

93   BVerwGE 105, 370, 372; *Kopp/Schenke* § 90 Rn. 8: subjektive Rechtsverletzung, welche die Feststellung der objektiven Rechtswidrigkeit einschließt.

94   *B. Clausing,* in: Schoch/Schneider/Bier § 121 Rn. 67; *H. J. Dageförde,* VerwArch 79 (1988), 123 ff. ausf. zum Verhältnis der gegen einen Bebauungsplan gerichteten Normenkontrollklage und gleichzeitiger Anfechtungsklage, bei der der Bebauungsplan inzident zu prüfen ist; *Kopp/Schenke* § 90 Rn. 11 a; *K. Rennert,* in: Eyermann § 121 Rn. 36.

95   Vgl. VG Berlin 23.4.2015 – 1 K 233.13, juris Rn. 17.

96   *H.-J. Doderer,* NJW 1991, 878, 881.

97   Vgl. BVerwGE 96, 24, 27.

98   BVerwG NVwZ 1983, 211; *B. Clausing,* in: Schoch/Schneider/Bier § 121 Rn. 45; *K. Rennert,* in: Eyermann § 121 Rn. 19.

99   Vgl. BVerwG Buchholz 310 § 121 VwGO Nr. 106.

100   BVerwGE 140, 290, 296.

spruch,[101] wie er in der Urteilsformel (→ § 117 Rn. 72) seinen Ausdruck findet (BVerwGE 17, 293, 299; 70, 159, 161; 96, 24, 26). Die Rechtskraftwirkung des § 121 erstreckt sich nicht auf Begründungselemente oder Vorfragen. Sie erfasst insbes. nicht die tatsächlichen Feststellungen, die Feststellungen einzelner Tatbestandsmerkmale, die der Entscheidung zugrunde liegenden vorgreiflichen Rechtsverhältnisse,[102] sonstige Vorfragen sowie die Schlussfolgerungen, auch wenn diese für die Entscheidung tragend gewesen sind (BVerwGE 115, 111, 115 m.w.N.; BVerwG 2.11.2016 – 8 B 15/15, juris Rn. 9). Dies trifft erst Recht für nicht tragende Bemerkungen im Urteil zu (Bsp. in BVerwG 14.3.2001 – 1 B 204/00, juris Rn. 5).

a) Auslegung der Urteilsformel. Um den Umfang der Rechtskraft bestimmen zu können und abzu- 61 grenzen, inwieweit über den Streitgegenstand entschieden wurde, ist es gerade bei (auch teilweise) klageabweisenden und bei Bescheidungsurteilen notwendig (→ § 117 Rn. 81), die Entscheidungsgründe und den Urteilstatbestand zur Ermittlung des Entscheidungssatzes heranzuziehen.[103] Erforderlichenfalls ist zur Auslegung auch das Parteivorbringen heranzuziehen (BVerwGE 70, 159, 161; VGH Mannheim NVwZ 1991, 1197), insbes. wenn die Urteilsformel unklar ist (→ § 117 Rn. 72). Der in Rechtskraft erwachsende Entscheidungssatz ist daher durch Auslegung des gesamten Urteils zu ermitteln.[104] Nur so wird deutlich, welcher Teil einer Klage erfolgreich war, ob die Klageabweisung aufgrund Unzulässigkeit oder Unbegründetheit ausgesprochen wurde, ob bei erfolgreicher Anfechtungsklage die im Urteilstenor ausgesprochene Aufhebung des Verwaltungsakts auf formeller oder materieller Rechtswidrigkeit des Verwaltungsakts beruht und nach welcher Rechtsauffassung des Gerichts die Verwaltung den erfolgreichen Kläger bescheiden soll.[105] Die zur Auslegung des Tenors zulässigerweise heranzuziehenden Urteilselemente erwachsen dabei in die Rechtskraft des § 121. Sie sind deshalb von den Urteilselementen abzugrenzen, denen die Rechtskraftwirkung nicht zukommt.[106] Im Ergebnis umfasst die Rechtskraft bei Bescheidungsurteilen mithin nicht nur die Verpflichtung der Behörde zur Neubescheidung überhaupt, sondern sie erstreckt sich auch auf die Entscheidung über das Vorliegen bzw. Nichtvorliegen der Tatbestandsvoraussetzungen der jeweiligen Norm.[107]

b) Keine Erstreckung auf Tatsachenfeststellungen. *Tatsachenfeststellungen* nehmen an der Rechts- 62 kraft nicht teil,[108] weil sie von den Beteiligten nicht zur Entscheidung gestellt wurden. Der Tatbestand (Beurkundungsfunktion; § 314 ZPO) liefert Beweis für das Parteivorbringen und kann nur durch das Protokoll der mündlichen Verhandlung entkräftet werden (→ § 117 Rn. 73). Der Anordnung dieser Wirkung in § 314 ZPO hätte es nicht bedurft, wenn der Tatbestand in materielle Rechtskraft erwüchse. Zudem schließen sich materielle Rechtskraft und Veränderungen, wie sie in § 314 ZPO aufgrund des Protokollvergleichs zulässig sind, aus. Tatsachenfeststellungen nehmen nur soweit an der Rechtskraft unselbständig teil, wie sie in einem nachfolgenden Prozess über denselben Streitgegenstand nicht mehr infrage gestellt werden können, weil der Prozessstoff in Bestandskraft erwächst.[109] Diese *Präklusion* ist eine Folge der Rechtskraftwirkung.[110] Sie schließt die Berufung im neuen Rechtsstreit auf die Tatsachen aus, die in den Grenzen des Streitgegenstands des Vorprozesses zu dem abgeurteilten Lebenssachverhalt gehören.[111] Ist die Tatsache für eine Entscheidung über einen anderen Streitgegenstand vorgebracht, ist sie nicht präkludiert. Diese durch die Rechtskraft bedingte ist von der gesetzlich angeordneten Präklusion von Parteivorbringen nach § 87b Abs. 3, §§ 128a, 141 zu unterscheiden.

---

101 *Thomas/Putzo* § 322 Rn. 17.
102 Vgl. OVG Koblenz 23.7.2014 – 2 B 10323/14, juris Rn. 50.
103 BVerwGE 17, 293, 299; 68, 309, 310; 70, 159, 161; 93, 805, 806; BVerwG BayVBl 1967, 166; NVwZ 1985, 413; 1991, 1197; DVBl 1993, 805; ZOV 1999, 154; *Kopp/Schenke* § 121 Rn. 18; *K. Rennert*, in: Eyermann § 121 Rn. 21; *M. Vollkommer*, in: Zöller Vorbem. § 322 ZPO Rn. 31. Speziell für Bescheidungsurteile OVG Koblenz 23.7.2014 – 2 B 10323/14, juris Rn. 53.
104 Vgl. BVerwGE 105, 370, 372; BVerwG Buchholz 310 § 121 VwGO Nr. 106.
105 Vgl. *B. Clausing*, in: Schoch/Schneider/Bier § 121 Rn. 52.
106 *M. Vollkommer*, in: Zöller Vorbem. § 322 ZPO Rn. 31.
107 VGH Mannheim VBlBW 2012, 113 m.w.N.
108 BVerwGE 115, 111; BGHZ 123, 140; BGH NJW 1983, 2032; 1994, 1222 f.; *H.-J. Doderer*, NJW 1991, 878.
109 *B. Clausing*, in: Schoch/Schneider/Bier § 121 Rn. 46.
110 *H.-J. Doderer*, NJW 1991, 878; *M. Vollkommer*, in: Zöller Vorbem. § 322 Rn. 68.
111 *M. Vollkommer*, in: Zöller Vorbem. § 322 Rn. 70.

Die gesetzlich angeordnete Präklusion berücksichtigt die subjektive Kenntnis der Tatsachen, die durch Rechtskraft bedingte ist objektiv und von dieser Kenntnis unabhängig.[112]

63 **c) Keine Erstreckung auf vorgreifliche Rechtsfragen.** Die Entscheidungsgründe erwachsen nicht in Rechtskraft, soweit sie den Subsumtionsschluss vorbereiten.[113] Hierzu zählt die Beantwortung vorgreiflicher abstrakter Rechtsfragen,[114] die den die Entscheidung tragenden Rechtssatz herausarbeiten.

64 **2. Allgemeines zur sachlichen Reichweite der Rechtskraft.** Die materiellrechtliche Theorie erklärt im Zivilprozessrecht die Bindungswirkung mit der unmittelbaren Gestaltung des materiellen Rechts durch das Urteil.[115] Die prozessrechtliche Theorie spricht der Rechtskraft die rechtsgestaltende Wirkung – mit Ausnahme des Gestaltungsurteils – ab. Die Rechtskraft bindet in einem nachfolgenden Prozess Gericht und Parteien an die rechtskräftige Entscheidung.[116]

Im *Verwaltungsprozessrecht* ist die Frage nach Rechtsnatur und Legitimation der Bindungswirkung zugunsten der prozessrechtlichen Theorie zu beantworten. Denn zum einen ordnet § 121 die Bindungswirkung ausdrücklich an (→ Rn. 42). Zum anderen scheint es zweifelhaft, dass ein unrichtiger, in Rechtskraft erstarkter Urteilsspruch die materielle Rechtslage soll umgestalten können.[117]

65 **a) Ne bis in idem-Lehre, Präjudizialität.** In nachfolgenden Prozessen ist die Rechtskraft der vorangegangenen gerichtlichen Entscheidung stets von Amts wegen zu beachten.[118] Die Auswirkungen sind abhängig davon, ob die Streitgegenstände beider Verfahren identisch sind (zur Identität der Streitgegenstände → Rn. 56). Die Bindung bewirkt bei *identischem Streitgegenstand* nach der ne bis in idem-Lehre, dass der Folgeprozess wegen entgegenstehender Rechtskraft unzulässig ist.[119] Die Rechtskraft wirkt als von Amts wegen zu beachtendes Prozesshindernis.[120] Ist der Streitgegenstand hingegen *nicht identisch* (so z.B. OVG Schleswig 15.2.2007 – 2 LA 69/06 u.a.) entfaltet die Rechtskraft *präjudizielle Wirkung* dergestalt, dass die rechtskräftig entschiedene Frage vorgreiflich für die nun zur Entscheidung stehenden Rechtsfragen ist. Die präjudizielle Wirkung verhindert die abweichende Entscheidung und Beurteilung dieser Vorfragen[121] – sog. Abweichungsverbot.[122] Umgekehrt nehmen Vorfragen einer rechtskräftigen Entscheidung nicht an der Rechtskraft dieser Entscheidung teil und können in einem folgenden Verfahren abweichend beurteilt werden (vgl. BVerwGE 115, 111 ff.; 140, 290, 296).

66 **b) Rechtswegübergreifende Präjudizialität, ausländische Urteile.** Die Gleichwertigkeit der Gerichtszweige erfordert die Beachtung der Urteile der jeweils anderen Gerichtsbarkeit.[123] Da es sich bei diesen Verfahren nie um einen identischen Streitgegenstand handeln kann, wirken die Urteile präjudiziell auf die Entscheidung von Vorfragen. Das Gericht der jeweils anderen Gerichtsbarkeit hat dabei die rechtliche Bewertung des rechtskräftigen Urteils hinzunehmen, eine eigene Sachprüfung ist nicht zulässig.[124] Diese Bindungswirkung ist gegenseitiger Natur.[125]

---

112 *M. Vollkommer*, in: Zöller Vorbem. § 322 Rn. 70.

113 BVerwGE 96, 24; BVerwG Buchholz 310 § 121 Nr. 38; *vgl. Kopp/Schenke* § 121 Rn. 18.

114 *Vgl. B. Clausing*, in: Schoch/Schneider/Bier § 121 Rn. 47; *M. Vollkommer*, in: Zöller Vorbem. § 322 ZPO Rn. 33.

115 Vgl. *Thomas/Putzo* § 322 Rn. 5.

116 *Thomas/Putzo* § 322 Rn. 6; *M. Vollkommer*, in: Zöller Vorbem. § 322 Rn. 17; zur Bindungswirkung einer finanzgerichtlichen Entscheidung OVG Koblenz 21.7.2006 – 2 A 10135/06.

117 So wohl auch *B. Clausing*, in: Schoch/Schneider/Bier § 121 Rn. 20.

118 BVerwG BayVBl 1995, 605, 606; BVerwG 15.1.2014 – 10 B 25/13, juris Rn. 2.

119 *Kopp/Schenke* § 121 Rn. 10; *M. Vollkommer*, in: Zöller Vorbem. § 322 Rn. 19, 21.

120 BVerwGE 79, 33, 36; 96, 24, 25; BVerwG DVBl 1982, 951, 953; BayVBl 1995, 605; OVG Koblenz 23.7.2014 – 2 B 10323/14, juris Rn. 49; VGH Mannheim NVwZ 1992, 96 (zur Ausnahme bei verlorengegangenen, auf andere Weise nicht mehr herstellbaren Titel; BGH NJW 1957, 1111).

121 BVerwGE 96, 24, 26; 108, 30, 33; 117, 228, 232; vgl. *M. Vollkommer*, in: Zöller Vorbem. § 322 Rn. 19.

122 BVerwG NVwZ 1990, 1069; 1994, 78, 79; BVerwGE 12, 266; 68, 306, 309 im Anfechtungsprozess dem Verwaltungsakt zugrunde liegende Norm und diesbezüglich vorherige erfolglose Normenkontrollklage; BVerwGE 96, 24, 26.

123 Vgl. BVerwG Buchholz 303 § 322 ZPO Nr. 1; OLG Naumburg 13.3.2014 – 2 U 26/13, juris Rn. 33.

124 BGHZ 95, 35 ff. für die Bindung an ein rkr. Urteil über die Rechtmäßigkeit der Enteignung im Verfahren über die Höhe der Entschädigung; BGH NJW 1987, 773 hinsichtlich der Bindung an ein Urteil über einen Beitragsbescheid in einem Verfahren auf Rückforderung der Beiträge; zur Problemlage beim Rechtsschutz in der Fachplanung: *R. Wahl*, NVwZ 1990, 923.

125 BVerwGE 16, 36, 38; *Kopp/Schenke* § 121 Rn. 12.

Eine Bindung der Strafgerichte besteht grds. nicht (vgl. BGHZ 5, 106; OLG Naumburg 17.4.2014 –   67
2 Ws 84/14, juris Rn. 15).[126]

Für die Beachtung und Bindung an *ausländische Urteile* ist § 173 S. 1 VwGO i.V.m. § 328 ZPO maß-   68
geblich.[127]

3. Rechtskraftwirkungen von Prozessurteilen. Bei dem die Klage als unzulässig abweisenden *Prozess-*   69
urteil erwächst „nur" die Entscheidung in Rechtskraft, dass die in den Urteilsgründen ausgeführte
Sachurteilsvoraussetzung fehlt.[128] Die Rechtskraft eines solchen Prozessurteils verhindert gerade nicht,
dass der Beklagte erneut mit einem Rechtsstreit über denselben Streitgegenstand konfrontiert wird
(BVerwG NJW 1968, 1795). Deswegen ist der Beklagte durch ein Prozessurteil beschwert, wenn das
die Klage abweisende Prozessurteil in geringerem Umfang in materielle Rechtskraft erwächst als ein
Sachurteil.[129] Hat das Gericht gegen den Grundsatz der vorherigen Prüfung der Sachurteilsvoraussetzungen verstoßen und Ausführungen zur Sache gemacht, erwachsen diese nicht in Rechtskraft.[130]
Wird die Zulässigkeit einer Anfechtungsklage verneint, weil das Gericht zu der Überzeugung gelangt,
dass die angegriffene hoheitliche Handlung kein Verwaltungsakt ist, ist rechtskräftig festgestellt, dass
kein Verwaltungsakt existiert, den die Behörde durchsetzen könnte (BVerwG NJW 1968, 1795).

4. Rechtskraftwirkungen der Urteile in Anfechtungsklagen. a) Klageabweisendes Sachurteil. Unter-   70
liegt der Kläger mit seinem Anfechtungsbegehren, erwächst in Rechtskraft, dass der Verwaltungsakt
rechtmäßig ist oder dass er zwar rechtswidrig, der Kläger aber nicht in seinen Rechten verletzt ist.[131]
Mit der Rechtskraft des Urteils wird die Bestandskraft des Verwaltungsakts bewirkt, denn der Verwaltungsakt ist gerichtlich nicht mehr anfechtbar.[132] Die in dem Verwaltungsakt festgelegten Rechte und
Pflichten werden endgültig vollzugsfähig und sind mit Zwangsmitteln durchsetzbar. Die obsiegende
Behörde ist nicht gehindert, auf die Durchsetzung des von ihr erlassenen belastenden Verwaltungsakts
zu verzichten.[133] Liegen die Voraussetzung des § 51 VwVfG vor, steht die Rechtskraft des Urteils der
Wiederaufnahme des Verwaltungsverfahrens nicht entgegen.[134]

b) Stattgebendes Anfechtungsurteil, Verwaltungsaktwiederholungsverbot. Ist der Kläger mit seinem   71
Begehren erfolgreich, hebt das Gericht gem. § 113 Abs. 1 S. 1 den Verwaltungsakt auf. Damit ist festgestellt, dass dieser rechtswidrig war und den Kläger in seinen Rechten verletzt hat (BVerwGE 29,
210, 212). Die Rechtskraft erstreckt sich nur auf die vom Gericht geprüften und die Entscheidung tragenden Aufhebungsgründe. Das Wiederholungsverbot erfasst nur inhaltsgleiche Verwaltungsakte, d.h.
die Regelung desselben Sachverhalts durch Anordnung der gleichen Rechtsfolge (BVerwGE 140, 22,
26).

aa) Aufhebung wegen Formverstoßes, Ermessens- und Beurteilungsfehlern. Hat das Gericht einen   72
Formverstoß festgestellt, ist die Behörde durch die Rechtskraft des Urteils nicht gehindert, einen inhaltsgleichen Verwaltungsakt unter Beachtung der Formfrage erneut zu erlassen.[135] Selbiges gilt, wenn
das Gericht Ermessensfehler feststellt. Die Behörde darf dann, ohne die Rechtskraft zu missachten,
einen Verwaltungsakt unter Beachtung der gerichtlichen Auffassung zum Ermessen erlassen.[136]

bb) Aufhebung aus materiellrechtlichen Gründen. Ist die Anfechtungsklage aus materiellrechtlichen   73
Gründen erfolgreich, wird mit der verbindlichen Feststellung des Nichtbestehens einer Befugnis der
Behörde zum Erlass des Verwaltungsakts zugleich das generelle Verbot an die Behörde ausgesprochen,
einen inhaltsgleichen Verwaltungsakt bei unveränderter Sach- und Rechtslage zu erlassen, sog. *Ver-*

126 M. *Vollkommer*, in: Zöller Vorbem. § 322 Rn. 12.
127 B. *Clausing*, in: Schoch/Schneider/Bier § 121 Rn. 117 f.
128 BVerwG ZOV 1999, 154; B. *Clausing*, in: Schoch/Schneider/Bier § 121 Rn. 52.
129 BVerwG 30.6.2014 – 2 B 99/13, juris Rn. 18.
130 B. *Clausing*, in: Schoch/Schneider/Bier § 121 Rn. 91; *Kopp/Schenke* Vorbem. § 40 Rn. 10; zur Berechtigung, auf eine
     Zulässigkeitsprüfung zu verzichten, wenn die Klage jedenfalls unbegründet ist, H. *Sendler*, DVBl 1982, 929 m.w.N.
131 BVerwGE 73, 348 f.; BVerwG DÖV 1988, 523; OVG Brem NVwZ 1982, 50; VGH Mannheim VBlBW 2009, 73.
132 Hierzu ausf. M. *Randak*, JuS 1992, 33 ff.
133 BVerwGE 91, 256, 261; krit. dazu H. *Maurer*, JZ 1993, 574 f. und ihn stützend K. *Erfmeyer*, DVBl 1997, 27.
134 BVerwGE 70, 110, 111 f.; 82, 272, 273 ff.
135 OVG Lüneburg DVBl 1952, 693, 694; H.-H. *Gotzen*, VR 1998, 406, 407; vgl. *Kopp/Schenke* § 121 Rn. 21.
136 W.-B. *Maetzel*, DVBl 1974, 336.

waltungsaktwiederholungsverbot.[137] Da Begründungselemente und Vorfragen selbst nicht an der Rechtskraft teilnehmen, ist die Behörde nicht gehindert, folgend einen Verwaltungsakt zu erlassen, der das Nichtvorliegen dieser Tatsachen feststellt.[138] Um hier Rechtskraft auch hinsichtlich dieser Vorfragen zu erreichen, ist ggf. die Möglichkeit eines Zwischenfeststellungsantrages zu prüfen (BVerwGE 115, 111, 117).

74   Die als „Verwaltungsaktwiederholungsverbot" bezeichnete erweitert Rechtskraftwirkung wird angezweifelt, denn der Adressat könne weder die behördliche Inanspruchnahme noch das gerichtliche Verfahren, welches er im Zweifel anstrengen muss, verhindern.[139] Hinzu kommt, dass die dogmatische Begründung des Verwaltungsaktwiederholungsverbotes Schwierigkeiten bereitet. Unter dem Aspekt der Bindungswirkung des Urteils mit Blick auf mögliche Wiederholungsakte ist der auf das reine Aufhebungsinteresse bezogene Streitgegenstandsbegriff zu eng.[140] Von der Bindungswirkung können nämlich zukünftige identische Verwaltungsakte nicht erfasst sein, weil diese noch nicht existent sind.

75   Erkennt man als Streitgegenstand das auf die Aufhebung von Verwaltungsakten „dieser Art"[141] gerichtete Interesse, muss man dem Einwand[142] entgegnen, dass eine solche Lösung mit rechtsstaatlichen Grundsätzen schwer zu vereinbaren ist. Denn das über den identischen folgenden Verwaltungsakt zur Entscheidung berufene Gericht müsste nach der ne bis in idem-Lehre die Folgeklage als unzulässig abweisen, weil der Streitgegenstand aufgrund derselben, in Verwaltungsakten dieser Art zum Ausdruck kommenden Regelung des Lebenssachverhalts mit dem Vorprozess identisch ist. Dies führt zu dem Ergebnis, dass der von der Behörde unter Missachtung der im Vorprozess attestierten Rechtswidrigkeit und der Verletzung subjektiver Rechte erlassene folgende Verwaltungsakt in Bestandskraft erwächst. Diese Konsequenz ist nicht hinnehmbar, weil so rechtsschutzfreie Zonen für die Exekutive entstehen (BVerfG NVwZ 1989, 141). Ihr wird mit der ausnahmsweisen Entscheidungsbefugnis aufgrund eines besonderen Rechtsschutzbedürfnisses begegnet.[143] Doch ist die einer gerichtlichen Entscheidung entgegenstehende Rechtskraft eines früheren Urteils kein Aspekt des Rechtsschutzbedürfnisses.[144] Das Rechtsschutzbedürfnis als ungeschriebene Zulässigkeitsvoraussetzung soll verhindern, dass die Gerichte mit unnötigen und missbräuchlichen Klagen und Anträgen befasst werden.[145] Der Anfechtungsklage gegen den folgenden Verwaltungsakt ist das Bedürfnis auf gerichtlichen Rechtsschutz jedenfalls zuzusprechen. Damit ist aber das Problem der eine gerichtliche Prüfung ausschließenden entgegenstehenden Rechtskraft infolge der Identität von Streitgegenständen nicht gelöst.

76   Definiert man als Streitgegenstand das auf den Verwaltungsakt gerichtete Aufhebungsbegehren, ist eine Klage jedenfalls zulässig, weil die Streitgegenstände der Verfahren nicht identisch sind. Die Rechtskraft des früheren Urteils wirkt bei der Begründetheit präjudiziell.[146] Eine solche Klage wäre demnach immer begründet, denn die im Vorprozess geltend gemachte Rechtsverletzung und die gerichtliche Rechtswidrigkeitsfeststellung nehmen an der materiellen Rechtskraft des Urteils teil.[147] Die Entscheidungsgründe des vorangegangenen Urteils seien übertragbar und wirkten präjudiziell.[148] Präjudizielle Wirkung entfaltet sich aber nur dort, wo in einem Vorprozess eine entscheidungserhebliche

---

137   St. Rspr.: BVerwGE 28, 122, 127; 91, 256, 258; 93, 672; BVerwG NVwZ 1989, 141; Sonderfall einer rechtmäßigen Wiederholung trotz Teilrechtskraft BVerwG Buchholz 310 § 121 VwGO Nr. 85; *K. Erfmeyer*, DVBl 1997, 27, 28; *S. Sauer*, DÖV 1971, 150; statt vieler s. *S. Detterbeck*, NVwZ 1994, 35 m.w.N.

138   Vgl. BVerwGE 115, 111 ff.: Hebt ein VG die Abschiebungsandrohung auf, weil Abschiebungshindernisse vorliegen, ohne die Verpflichtung zur Feststellung des Nichtvorliegens auszusprechen, hindert die Rechtskraft die Behörde nicht, in einem späteren Verfahren mit denselben Beteiligten festzustellen, dass keine Abschiebehindernisse vorliegen.

139   *K. Erfmeyer*, DVBl 1997, 27, 28: „sie offenbart ihre Fragwürdigkeit"; *H. Maurer*, JZ 1993, 574, 575.

140   So *K. Rennert*, VBlBW 1993, 281, 282.

141   VGH München NVwZ-RR 1991, 277; *S. Detterbeck*, NVwZ 1994, 35, 37; vgl. *Kopp/Schenke* § 121 Rn. 11; ausf. *K. Erfmeyer*, DVBl 1997, 27, 28.

142   So *K. Rennert*, VBlBW 1993, 281, 282.

143   *S. Detterbeck*, AöR 116 (1991), 391, 401 f.

144   Etwas anderes kann auch nicht aus BVerwGE 106, 339, 340 f. entnommen werden; die Zulässigkeit wurde wegen der „überflüssigen Inanspruchnahme" der Gerichte verneint, weil der rkr. anerkannte Anspruch auf Asyl zugleich das Vorliegen von Abschiebungshindernissen impliziert und der Kläger gegenüber dem Vorprozess keinen zusätzlichen Gewinn verfolge.

145   *K. Rennert*, in: Eyermann Vorbem. § 40 Rn. 11 ff.; zum Rechtsschutzbedürfnis *Kopp/Schenke* Vorbem. § 40 Rn. 30.

146   *K. Rennert*, VBlBW 1993, 281, 282.

147   BVerwG Buchholz 310 § 121 VwGO Nr. 78; *B. Clausing*, in: Schoch/Schneider/Bier § 121 Rn. 26.

148   *K. Rennert*, VBlBW 1993, 281, 282; so wohl auch *B. Clausing*, in: Schoch/Schneider/Bier § 121 Rn. 26.

Vorfrage des Folgeprozesses bereits rechtskräftig entschieden ist.[149] Ist im nachfolgenden Prozess der Aufhebungsanspruch des Klägers ein neuer Streitgegenstand, kann der Grundsatz der Präjudizialität auf den ersten Blick angewandt werden. Denn Präjudizialität setzt nicht identische Streitgegenstände voraus (BVerwGE 96, 24, 26). Allerdings ist die Frage der Rechtswidrigkeit des nachfolgenden Verwaltungsakts durch den Vorprozess nicht rechtskräftig entschieden, sodass keine präjudizielle Bindung an das erste Urteil besteht.[150]

Die dogmatische Begründung der erweiterten Rechtskraftwirkung bereitet erhebliche Schwierigkeiten. 77 Einen Ausweg bietet die Rspr., die mit der Bezugnahme auf den Sinn und Zweck der Rechtskraft (BVerwGE 91, 256, 258) und auf die über Art. 20 Abs. 3 GG manifestierte Bindung der Exekutive an „Recht und Gesetz" das Verwaltungsaktwiederholungsverbot begründet. Die im Erstprozess unterlegene Behörde hat zur Bewahrung des Rechtsfriedens die gegen sie ergangene gerichtliche Entscheidung loyal zu beachten (BVerwG Buchholz 310 § 121 VwGO Nr. 78). Dieser Grundsatz sieht sich Kritik[151] ausgesetzt in den Fällen, in denen das Gericht ein unrichtiges Urteil fällt. Handelt die Behörde mit Erlass des zweiten Verwaltungsakts an sich rechtmäßig, steht diesem Verwaltungsakt die Rechtskraft des unrichtigen Urteils entgegen. Die Rechtskraft des unrichtigen Urteils genießt in diesem Konflikt Vorrang; die Durchsetzung der materiellen Gerechtigkeit tritt zurück.[152] Dies ist hinnehmbar, weil den Beteiligten der Instanzenzug zur Verfügung steht, um ein unrichtiges Urteil zu beseitigen.

Die gerichtliche Feststellung, dass der Verwaltungsakt rechtswidrig ist, bedeutet letztlich nichts anderes, 78 als dass die von der Behörde gem. § 35 VwVfG getroffene Regelung eines Einzelfalls gegen geltendes Recht verstößt. Damit ist der Behörde durch Art. 20 Abs. 3 GG untersagt, die unverändert gebliebene Sachlage bei gleicher Rechtslage erneut mittels (identischem) Verwaltungsakt zu regeln.[153] Der Zulässigkeit der gegen diesen zweiten Verwaltungsakt erhobenen Klage steht jedenfalls nicht die Rechtskraft der früheren Entscheidung entgegen,[154] weil keine identischen Streitgegenstände vorliegen.

c) Rechtskraft und Bindungswirkung von Verwaltungsakten. Bleibt die Anfechtungsklage erfolglos, 79 weil das Gericht die Rechtmäßigkeit des Verwaltungsakts erkannt hat, wird dieser mit Eintritt der Rechtskraft bestandskräftig und erlangt innere Wirksamkeit. Diese Wirkungen ergeben sich aus dem allgemeinem Verwaltungsverfahrensrecht, § 43 Abs. 2 VwVfG. Die Rechtskraft des Urteils tritt zur Bestandskraft des Verwaltungsakts hinzu. Bestandskraft und Rechtskraft sind in ihren Wirkungen zu trennen (BVerwGE 48, 271, 275). So ist es dem Gericht eines anderen Rechtszweiges untersagt, bei der Klärung einer Vorfrage einen bestandskräftig gewordenen Verwaltungsakt auf seine Rechtmäßigkeit zu überprüfen, wenn die Bestandskraft durch ein rechtskräftiges verwaltungsgerichtliches Urteil vermittelt ist. Hier verhindert die Rechtskraftwirkung in Form der Präjudizialität eine abweichende Sachentscheidung über die Rechtmäßigkeit des Verwaltungsakts. Ob diese Bindungswirkung auch bei einem „nur" bestandskräftig gewordenen Verwaltungsakt eintritt, ist nicht geklärt.[155] Für eine diesbezügliche Gleichwertigkeit[156] spricht, dass Exekutive und Judikative gleichwertige Staatsfunktionen sind.

5. Rechtskraftwirkungen von Verpflichtungsurteilen. a) Abweisendes Sachurteil. Die Abweisung der 80 Verpflichtungsklage aus sachlichen Gründen erfolgt, wenn dem Kläger der erhobene Anspruch auf Erlass des Verwaltungsakts nicht zusteht. Die Rechtskraft erstreckt sich daher auf die Feststellung, dass der Kläger gegenüber dem Beklagten keinen Anspruch auf Erlass des erstrebten Verwaltungsakts hat.[157] An der Rechtskraft nehmen die tragenden Gründe für die Verneinung des Anspruchs teil (BVerwGE 131, 346, 349).

---

149 BVerwGE 96, 24, 26; *B. Clausing*, in: Schoch/Schneider/Bier § 121 Rn. 24.
150 So auch *S. Detterbeck*, AöR 116 (1991), 391, 399 f.
151 *K. Erfmeyer*, DVBl 1997, 27, 28; *H. Maurer*, JZ 1993, 574, 575.
152 St. Rspr., BVerwG BayVBl 1995, 605 f.; BVerwGE 91, 256, 259 m.w.N.; *B. Clausing*, in: Schoch/Schneider/Bier § 121 Rn. 82.
153 Vgl. BVerwG 22.9.2016 – 2 C 17/15, juris Rn. 11.
154 So auch *B. Clausing*, in: Schoch/Schneider/Bier § 121 Rn. 81.
155 *M. Sachs*, in: Stelkens/Bonk/Sachs § 43 Rn. 123 ff.
156 So auch *M. Sachs*, in: Stelkens/Bonk/Sachs § 43 Rn. 123.
157 BVerwGE 48, 271, 275; BVerwG DVBl 1990, 206, 207; BVerwG Buchholz 310 § 121 VwGO Nr. 33, Nr. 38; *Kopp/Schenke* § 121 Rn. 21 a.

81   Wiederholt der Kläger bei unveränderter Sach- und Rechtslage seinen Antrag bei der obsiegenden Behörde, hat sie den Erlass mit Hinweis auf das rechtskräftige Urteil abzulehnen. Der Behörde ist es aufgrund der Rechtskraft verwehrt, durch eine Sachentscheidung den Rechtsweg wieder zu eröffnen.[158] Über § 121 sind die Beteiligten an die Entscheidung des Gesetzgebers gebunden, dem Prinzip der Rechtssicherheit Vorrang zu gewähren.[159] Eine sachliche Bescheidung verletzt die Rechtskraft des Urteils und ist aus diesem Grunde rechtswidrig.[160] Erhebt der Kläger aufgrund der Weigerung der Beklagten, einen Verwaltungsakt zu erlassen, erneut eine Verpflichtungsklage, ist diese wegen der entgegenstehenden Rechtskraft unzulässig.[161]

82   Nur wenn die Voraussetzungen des Wiederaufnahmeverfahrens nach § 51 VwVfG vorliegen, darf die Behörde erneut den Anspruch auf Erlass des Verwaltungsakts in der Sache prüfen. Die Rechtskraft steht dann nicht mehr im Wege, weil Wiederaufnahmegrund eine neue Sach- und Rechtslage ist.

83   **b) Stattgebendes Verpflichtungsurteil.** Die erfolgreiche Verpflichtungsklage stellt bindend fest, dass der Kläger gegenüber der (vom Gericht als zuständig angesehenen)[162] Behörde einen Anspruch auf Erlass des begehrten Verwaltungsakts hat, mithin die Unterlassung der begehrten Handlung rechtswidrig ist und den Kläger in seinen Rechten verletzt.[163] Damit ist rechtskräftig festgestellt, dass die Behörde zum Erlass des Verwaltungsakts verpflichtet ist (BVerwGE 29, 2 f.) und die Voraussetzungen der einschlägigen Ermächtigungsgrundlage vorliegen.[164] Die Behörde kann den Erlass des Verwaltungsakts nicht mit dem Argument ablehnen, dass Gericht habe einen wesentlichen Gesichtspunkt übersehen (Präklusionswirkung → Rn. 62).

Einer Überprüfung des neuen Verwaltungsakts steht die Rechtskraft grds. nicht entgegen. Das Gericht ist jedoch an seine vorherigen Entscheidungen gebunden, soweit Teilidentität der Streitgegenstände besteht (BVerwG NVwZ-RR 1999, 725, 726 [Planfeststellungsverfahren]).

84   Die Beifügung von Nebenbestimmungen ist durch die Rechtskraft grds. nicht ausgeschlossen,[165] hängt aber von der Reichweite der Rechtskraft der gerichtlichen Entscheidung im Einzelfall ab.[166]

85   Ändern sich die für den Erlass des Verwaltungsakts maßgebenden sachlichen und rechtlichen Grundlagen nach dem Eintritt der Rechtskraft, kann die Behörde diese Änderungen i.R. der Vollstreckungsgegenklage nach § 167 Abs. 1 S. 1 VwGO i.V.m. § 767 Abs. 2 ZPO einwenden (BVerwGE 70, 227, 230; 117, 44, 45 f.).

86   **c) Stattgebendes Bescheidungsurteil.** Zur Neubescheidung verpflichtende Urteile haben gegenüber dem Verpflichtungsurteil eine relative Bindungswirkung (VGH Kassel DVBl 1999, 1660, 1661). Der Unterschied besteht darin, dass die Behörde nicht die vom Gericht getroffene Entscheidung vollziehen muss, sondern dass eine neue Behördenentscheidung geschuldet wird. Diese ist grds. autonom, dabei aber an die in dem Urteil zum Ausdruck gebrachte Rechtsauffassung des Gerichts gebunden (BVerwG BayVBl 1995, 605, 606). Die Rechtskraft des § 121 vermag dabei nicht zu verhindern, dass die Behörde neue Umstände oder die Änderung der Rechtslage berücksichtigt. Denn die Rechtsauffassung des Gerichts ist auf den im Zeitpunkt der Entscheidung konkret festgestellten Sachverhalt und die zur Zeit der Entscheidung bestehende Rechtslage bezogen (VGH Kassel DVBl 1999, 1660, 1661). Die gerichtlichen Festlegungen, die die Behörde bei der Neubescheidung zu beachten hat, müssen nicht im Urteilstenor aufgenommen sein, sie ergeben sich regelmäßig aus den Entscheidungsgründen (BVerwGE 29, 1, 3). Urteilt das erkennende Gericht in Verkennung der Sach- und Rechtslage, bleibt der unterle-

---

158   B. *Clausing*, in: Schoch/Schneider/Bier § 121 Rn. 32; a.A. *K. Rennert*, in: Eyermann § 121 Rn. 33: § 121 untersagt der Behörde nicht, in eine erneute Sachprüfung einzutreten; ebenso BVerwGE 35, 234, 235: Der Erlass des Verwaltungsakts sei zulässig, eine entgegenstehende Sachentsch. aber durch § 121 ausgeschlossen.

159   BVerfG NVwZ 1989, 141 f.; wohl bestätigend, aber im konkreten Rechtsfall offen gelassen von BVerwG NVwZ 1989, 161, 162; zum Umfang der Rechtskraft und der Bindungswirkung eines Neubescheidungsurteils in Prüfungsrechtsstreitigkeiten VG Schwerin 22.3.2007 – 3 A 137/06, juris Rn. 30 f.

160   BVerfG NVwZ 1989, 141 f.; wie hier B. *Clausing*, in: Schoch/Schneider/Bier § 121 Rn. 32.

161   *K. Rennert*, in: Eyermann § 121 Rn. 33.

162   *Kopp/ Schenke* 121 Rn. 21 a.

163   BVerwG 22.9.2016 – 2 C 17/15, juris Rn. 13.

164   BVerwG 22.9.2016 – 2 C 17/15, juris Rn. 13 m.w.N.

165   BVerwGE 70, 159, 161 (Ausstellung eines Vertriebenenausweises); VGH Mannheim NVwZ 1991, 1197 (Beifügung eines Widerrufsvorbehalts).

166   BVerwG UPR 2014, 313, 315.

genen Behörde der Instanzenweg zur Beseitigung des unrichtigen Urteils offen. Erwächst das Urteil in Rechtskraft, kommt es auf die Fehlerhaftigkeit des Urteils nicht mehr an (BVerwGE 108, 30, 33).

6. Rechtskraftwirkung der Urteile in Fortsetzungsfeststellungsklagen. Eine erfolglos gebliebene Fort-   87
setzungsfeststellungsklage verneint die Rechtswidrigkeit des Verwaltungsakts. Damit steht rechtskräftig fest, dass der erledigte Verwaltungsakt rechtmäßig war. Dies wirkt präjudiziell auf die vollstreckenden Amtshandlungen.

Ist die Fortsetzungsfeststellungsklage erfolgreich, erstreckt sich die Rechtskraft auf die Feststellung der   88
Rechtswidrigkeit des erledigten Verwaltungsakts. Mit der Rechtskraft der gerichtlichen Entscheidung ist mithin nicht mehr der Regelungsgehalt des Verwaltungsakts maßgeblich, sondern die Rechtslage, die ohne Geltung des gerichtlich als rechtswidrig festgestellten Verwaltungsakts besteht (BVerwGE 105, 370, 373; 116, 1 ff.).

7. Rechtskraftwirkung der Urteile in Feststellungsklagen. **a) Klageabweisung.** Grds. erstreckt sich   89
die Rechtskraft bei Klageabweisung auch auf die Feststellung des kontradiktorischen Gegenteils.[167]
Bleibt der Kläger mit seinem Begehren, das Nichtbestehen eines Rechtsverhältnisses festzustellen, erfolglos, erstreckt sich die Rechtskraft des Urteils dieser *negativen Feststellungsklage* auf die Feststellung, dass das Rechtsverhältnis besteht.[168] Bleibt die *positive Feststellungsklage* erfolglos, wird die Feststellung, dass kein Rechtsverhältnis zwischen den Beteiligten besteht, rechtskräftig (s. hierzu BVerwGE 16, 36; 68, 306, 307). Bei der nachfolgenden Leistungsklage, der das behauptete Rechtsverhältnis zugrunde liegt, wirkt die Rechtskraft des abweisenden Feststellungsurteils präjudiziell (→ Rn. 65; BGH NJW 1989, 393, 394 m.w.N.).

Begehrte der Kläger erfolglos die *Feststellung der Nichtigkeit des Verwaltungsakts*, erstreckt sich die   90
Rechtskraft nur auf die Feststellung, dass der Verwaltungsakt nicht nichtig und damit gem. §§ 43, 44 VwVfG wirksam ist. Führt das Gericht in seiner Begründung aus, dass der festgestellte Mangel den Verwaltungsakt höchstens rechtswidrig, aber nicht nichtig macht, erstreckt sich die Rechtskraft nicht auf diese Rechtswidrigkeitsfeststellung. Dem Kläger bleibt es unbenommen, eine Anfechtungsklage gegen den wirksamen Verwaltungsakt anzustrengen. Die Rechtskraft des Feststellungsurteils hindert dabei nicht die Zulässigkeit, denn es wird um einen anderen Streitgegenstand gestritten. Die Feststellung der Rechtswidrigkeit im ersten Urteil als Minus zur Nichtigkeit wirkt aber auch nicht präjudiziell. Im Feststellungsurteil ist sie ein obiter dictum, das nicht an der Rechtskraft teilnimmt (BVerwGE 17, 352, 353; BVerwG DVBl 1963, 64, 65; 1970, 281). Auch die Rechtmäßigkeit des Verwaltungsakts ist mit einer Klageabweisung nicht rechtskräftig festgestellt. Denn zur Nichtigkeit ist die Rechtmäßigkeit nicht das kontradiktorische Gegenteil.

b) Stattgebendes Feststellungsurteil. Die der Klage stattgebenden Feststellungsurteile erstrecken ihre   91
Rechtskraft auf das Bestehen oder Nichtbestehen des Rechtsverhältnisses und die Nichtigkeit des Verwaltungsakts.

8. Rechtskraftwirkung der Urteile in Leistungsklagen. Wird die Klage aus sachlichen Gründen *abge-*   92
wiesen, steht rechtskräftig fest, dass dem Kläger unter keinem Gesichtspunkt der erhobene Anspruch zusteht (BGH NJW 1995, 1757, 1758 m.w.N.). Ist der Anspruch aufgrund eines erhobenen gegnerischen Einwandes erloschen, steht gleichzeitig rechtskräftig fest, dass das dem Einwand zugrunde liegende Gegenrecht besteht (BVerwG JZ 1991, 616, 617). Bei einer *stattgebenden* Leistungsklage steht rechtskräftig fest, dass der Kläger den geltend gemachten Anspruch hat. Gleichzeitig enthält dieses Urteil den Leistungsbefehl an den Klagegegner. Von der Rechtskraft des stattgebenden Leistungsurteils ist auch das kontradiktorische Gegenteil erfasst.[169] Die unterlegene Partei kann nicht in einem Zweitprozess die Feststellung der entgegengesetzten Rechtsfolge fordern[170]. Diese Klage wäre wegen der entgegenstehenden Rechtskraft des Leistungsurteils unzulässig.

---

167 BVerwGE 25, 7, 9; BVerwG DVBl 1983, 1249, 1250; NVwZ 1993, 781 f.; *A. Stetter-Lingemann*, Rechtskraft, 1992, 268 f., wobei diese Wirkung nicht einheitlich zu begründen ist. Zudem ist diese Wirkung zweifelhaft in den Fällen, in denen die negative Feststellungsklage aus Beweislastgründen abgewiesen wird, zu diesen Voraussetzungen *A. Stetter-Lingemann*, Rechtskraft, 1992, 272 ff.
168 BGH NJW 1983, 2032, 2033 m.w.N.; krit. und abl. für den Fall der unrichtigen Beweislastverteilung hierzu *K. Tiedtke*, NJW 1983, 2011 ff.
169 *A. Stetter-Lingemann*, Rechtskraft 1992, 90 m.w.N.
170 *P. Hartmann*, in: Baumbach/Lauterbach/Albers/Hartmann § 322 Rn. 49.

93   **9. Rechtskraftwirkung der Entscheidungen im Normenkontrollverfahren.** Dem Antrag stattgebende Entscheidungen in Normenkontrollverfahren stellen rechtskräftig fest, dass die zur Überprüfung gestellte Norm nichtig ist. Diese Feststellung ist nach § 47 Abs. 5 S. 2 Hs. 2 allgemeinverbindlich. Die Rechtskraft wirkt *inter omnes* (zum Grundsatz der inter partes Wirkung → Rn. 95). Das Verbot der inhaltsgleichen Neuregelung bei unveränderter Sach- und Rechtslage ergibt sich auch hier aus dem Sinn und Zweck der materiellen Rechtskraft (Grundsatzentscheidung: BVerwG ZfBR 2000, 191, 192).

Bleibt der Normenkontrollantrag aus sachlichen Gründen erfolglos, ist hingegen nur zwischen den Beteiligten – *inter partes* – rechtskräftig festgestellt,[171] dass die dem Verfahren zugrunde liegende Norm nicht gegen die Rechtsvorschriften verstößt, die gem. § 47 Prüfungsmaßstab sind (BVerwGE 68, 306, 309). In nachfolgenden Verfahren zwischen den Beteiligten ist die Gültigkeit der Norm präjudiziell festgestellt (BVerwGE 68, 306, 307 f.).[172]

94   **10. Rechtskraftwirkung der Entscheidungen in vorläufigen Rechtsschutzverfahren.** Beschlüsse im einstweiligen Rechtsschutzverfahren nach *§ 80 Abs. 5* entfalten materielle Rechtskraft insoweit, als über die sofortige Vollziehbarkeit entschieden wurde.[173] Bei einem erfolgreichen Antrag darf die Behörde nicht erneut den Sofortvollzug anordnen. Damit würde sie gegen die Rechtskraft des Beschlusses verstoßen. Denn das Gericht hat eine eigenständige, von der behördlichen Bewertung unabhängige Bewertung der widerstreitenden Interessen getroffen (VGH München BayVBl 1999, 761, 762). Aus diesem Grund berechtigt auch eine Änderung der Sach- und Rechtslage die Behörde nicht, erneut den Sofortvollzug anzuordnen. Die Behörde muss dann vielmehr die Abänderung des Beschlusses nach § 80 Abs. 7 verlangen. Hat das Gericht hingegen die Anordnung der sofortigen Vollziehung aufgehoben, weil die Anordnung des Sofortvollzugs aus formellen Gründen fehlerhaft war, fehlt es an der eigenständigen gerichtlichen Bewertung der widerstreitenden Vollzugsinteressen. Dann ist es der Behörde möglich, eine neue, fehlerfreie und ausreichend begründete Vollzugsanordnung zu erlassen[174] (VGH Mannheim VBlBW 2012, 151, 152). Ebenso wie die materielle Rechtskraft für unrichtige Urteile gilt, bleibt ein Beschluss nach § 80 Abs. 5 auch dann materiell rechtskräftig, wenn das Gericht die sachliche und rechtliche Lage unzutreffend beurteilt hat (VGH München BayVBl 1999, 761, 762). Die materielle Rechtskraft der Anordnungen nach *§ 123* steht unter dem Vorbehalt der Entscheidung in der Hauptsache (BVerwGE 94, 352, 356).[175]

IV. Personelle/subjektive Rechtskraftwirkung

95   **1. Grundsätzliches.** Die materielle Rechtskraft erstreckt sich grds. nur auf die am Verfahren Beteiligten. Die Identifizierung ergibt sich aus den Feststellungen des Rubrums. Ist das Rubrum unrichtig und gibt nicht die wahre Prozessbeteiligung wieder, kann es nach § 118 berichtigt werden. Die *inter partes* Wirkung der Rechtskraft hat ihren Grund darin, dass nur die Beteiligten des Rechtsstreits auf seinen Ausgang einwirken und rechtlich gehört werden können, Art. 19 Abs. 4, Art. 103 Abs. 1 GG. Die Beteiligten des Rechtsstreits sind gem. § 63 der Kläger, der Beklagte und die Beigeladenen, der Vertreter des Bundesinteresses beim Bundesverwaltungsgericht oder der Vertreter des öffentlichen Interesses. Nach § 121 Nr. 1 werden auch die Rechtsnachfolger der Beteiligten an das rechtskräftige Urteil gebunden. Gleichwohl binden bestimmte Urteile über den Kreis der Beteiligten hinaus alle Rechtssubjekte unabhängig von ihrer Verfahrensbeteiligung. So kommt den Gestaltungsurteilen inter omnes Wirkung zu, weil der Urteilsspruch unmittelbar die materielle Rechtslage ändert (VGH Kassel 18.2.2009 – 3 A 2382/08, juris Rn. 37).

96   **2. Bindung der Beteiligten. a) Hauptbeteiligte.** Hauptbeteiligte des Verfahrens sind Kläger und Beklagter, § 63 Nr. 1 und 2. Bei subjektiver Klagehäufung auf Seiten des Klägers oder/und Beklagten ist bzgl. der Bindungswirkung zu unterscheiden, ob die Streitgenossenschaft notwendig oder ob sie einfacher Natur ist. *Bei notwendiger Streitgenossenschaft* erstreckt sich die Bindungswirkung in derselben

171   BGH NJW 1995, 412, 413: stellt auf „eine der materiellen Rechtskraft zumindest entsprechende Wirkung" ab.
172   S. ausf. *H.-J. Dageförde*, VerwArch 79 (1988), 123 ff.
173   *J. Schmidt*, in: Eyermann § 80 Rn. 99.
174   *Kopp/Schenke* § 80 Rn. 172; *J. Schmidt*, in: Eyermann § 80 Rn. 98.
175   *M. Happ*, in: Eyermann § 123 Rn. 75.

Art und Weise auf alle Streitgenossen. *Einfache Streitgenossen* unterliegen der Bindung gegenüber dem Gegner; sie sind nicht untereinander gebunden.[176]

Ist eine *Behörde* nach § 61 Nr. 3, § 78 Abs. 1 Nr. 2 beteiligt, wirkt die Rechtskraft gegenüber ihrem 97 Rechtsträger (vgl. OVG Magdeburg 14.9.2006 – 2 L 406/03, juris Rn. 53; zur Bindungswirkung eines verwaltungsgerichtlichen Urteils für den Rechtsträger der Widerspruchbehörde s. BGH VersR 2008, 1068). Die Behörden handeln in diesen Fällen in Prozessstandschaft (BVerwGE 117, 228; vgl. auch BVerwG NVwZ 2003, 216, 217). Umgekehrt bindet das Urteil alle Behörden und Organe der am Rechtsstreit beteiligten juristischen Person des öffentlichen Rechts (BVerwGE 72, 165, 167; BVerwG NVwZ 2003, 216, 217).

Vereinzelt wird eine Bindung aller sonstigen öffentlich-rechtlichen Organe und Behörden in der Bun- 98 desrepublik mit Blick auf Art. 20 Abs. 3 und Art. 35 Abs. 1 GG angenommen und unter dem Stichwort der Maßgeblichkeit behandelt.[177] Von einer solchen über die gesetzliche Normierung hinausreichenden Verbindlichkeit[178] ist jedoch nicht auszugehen. Hiergegen sprechen v.a. föderale Grundsätze, die den Ländern die Verwaltungskompetenz verleihen.[179] Ausnahmsweise ist eine weiter gehende Bindung anzunehmen, wenn die entschiedene Streitsache einer Rechtsmaterie zuzuordnen ist, die im Auftrag oder im Interesse des Bundes durch das Land ausgeführt wird (BVerwG NVwZ 1993, 781, 782; 1999, 296, 296) oder dann, wenn die Gemeinde im übertragenen Wirkungskreis[180] handelt. Aber auch dann erstreckt sich diese Bindungswirkung nur auf das Verhältnis zur Aufsichtsbehörde.

b) Beigeladene. Da der Beigeladene als Dritter in einem fremden Rechtsstreit beteiligt ist, und demzu- 99 folge nicht von der inter partes Wirkung erfasst ist, muss die Bindungswirkung des Urteils ihm gegenüber gesetzlich angeordnet werden (zur Einführung durch das 4.VwGOÄndG → Rn. 2). Die Erstreckung der Rechtskraft ist einer der wesentlichsten Zwecke der Beiladung.[181] Die Reichweite der Bindung ist davon abhängig, ob eine notwendige Beiladung nach § 65 Abs. 2 zu erfolgen hat oder ob eine einfache Beiladung nach § 65 Abs. 1 besteht,[182] ebenso ist zu differenzieren, wenn eine Beiladung unterblieben ist. Die Differenzierung hat ihre Rechtfertigung in der unterschiedlichen Beziehung des Beigeladenen zum Streitgegenstand.[183] Kann eine Entscheidung nur einheitlich gegenüber dem Hauptbeteiligten und dem Beigeladenen ergehen, weil mit dieser Entscheidung Rechte des Dritten unmittelbar und zwangsläufig gestaltet, verändert, bestätigt, festgestellt oder aufgehoben werden,[184] liegt darin die Rechtfertigung für die Bindungswirkung gegenüber den notwendig Beteiligten. Die Qualität der einfachen Beiladung reicht hingegen nicht soweit.

Der *einfach Beigeladene* ist in einem nachfolgenden Prozess in einer Art Präjudizialität an die Ent- 100 scheidung gebunden (BVerwGE 31, 233). Die Bindung erstreckt sich nicht soweit, dass der gegenüber dem Kläger für rechtmäßig oder rechtswidrig erkannte Verwaltungsakt inhaltsgleich auch gegenüber dem Beigeladenen rechtmäßig oder rechtswidrig wäre (BVerwGE 40, 101, 104; BVerwG NVwZ 1990, 1069 f.). Streit besteht, ob diese Bindung nur dann eintritt, wenn der Beigeladene auf das Verfahren entsprechend des § 66 Einfluss nehmen konnte.[185] Für eine derartige Differenzierung bietet aber die eindeutige Formulierung des § 121 und dessen Genese keine Anhaltspunkte (BT-Drs. 11/7030, 30). Ist eine einfache Beiladung unterblieben, entfaltet das Urteil gegenüber dem eigentlich Beizuladenden keine Bindungswirkung (BVerwG BayVBl 1998, 122). Die Rechtskraftwirkung zwischen den Hauptbeteiligten wird davon nicht betroffen. Ebenso wirkt sich die unterbliebene Beiladung nicht auf die Ge-

---

176 BVerwG NVwZ 1994, 78; *B. Clausing*, in: Schoch/Schneider/Bier § 121 Rn. 96; *K. Rennert*, in: Eyermann § 121 Rn. 37.

177 *O. Groschupf*, DVBl 1963, 661, 663; *F. Knöpfle*, BayVBl 1982, 225, 228.

178 *B. Clausing*, in: Schoch/Schneider/Bier § 121 Rn. 40 spricht von der durch Rechtskraft- und Tatbestandswirkung vermittelten „Maßgeblichkeit", bei der große Zurückhaltung geboten sei.

179 *K. Rennert*, in: Eyermann § 121 Rn. 38; ein interessantes Bsp. bietet BVerwG NVwZ 2003, 992, 993, das eine „prozessuale" Bindungswirkung von gerichtlichen Verpflichtungen gegen das BAMF in Bezug auf die (Landes-)Ausländerbehörden ablehnt.

180 *K. Rennert*, in: Eyermann § 121 Rn. 38.

181 Statt aller *Kopp/Schenke* § 65 Rn. 1.

182 Gegen eine solche Unterscheidung *K. Rennert*, in: Eyermann § 121 Rn. 41.

183 BVerwG NVwZ 1990, 1069, 1070; so auch *B. Clausing*, in: Schoch/Schneider/Bier § 121 Rn. 97; *K. Rennert*, in: Eyermann § 121 Rn. 41.

184 *Kopp/Schenke* § 65 Rn. 14.

185 Verneinend *B. Clausing*, in: Schoch/Schneider/Bier § 121 Rn. 97; *J. Schoeder-Printzen*, NVwZ 1990, 617, 641; bejahend *Kopp/Schenke* § 121 Rn. 25.

staltungswirkung (→ Rn. 104 f.) aus, obgleich das materielle Recht des Dritten unberührt gelassen wird (BVerwG BayVBl 1998, 122).

101　Der *notwendig Beigeladene* wird von derselben Rechtskraftwirkung erfasst wie die Prozessparteien (VGH Mannheim VBlBW 1983, 242, 243). Ist eine Beiladung unterblieben, wird der nicht beigeladene Dritte nicht von den Rechtskraftwirkungen erfasst. Umstr. ist, ob das Urteil überhaupt zwischen den Hauptbeteiligten materiell rechtskräftig werden kann. Während nach dem Inhalt der Entscheidung und dessen Auswirkungen auf die Rechtspositionen des Dritten differenziert wird,[186] ist grds. davon auszugehen, dass das Urteil für die Prozessparteien in Rechtskraft erwächst, der übergangene Beigeladene von der Rechtskraftwirkung nicht erfasst wird[187] (BVerwGE 104, 182, 184 f.).

102　**c) Beiladungsfiktion.** Die Bindung an rechtskräftige Urteile gilt auch für diejenigen, die ihre Beiladung nicht oder nicht rechtzeitig beantragt haben. Qualitativ ist die Rechtskrafterstreckung nicht von derjenigen verschieden, welche die Verfahrensbeteiligten trifft.

103　**d) Massenverfahren.** Für *Massenverfahren* ordnet § 121 Nr. 2 als notwendige Ergänzung zu § 65 Abs. 3 die Bindung des Urteils an, wenn ein Beiladungsantrag nicht gestellt oder versäumt wurde.[188] Die Rechtskraft des Urteils wirkt dann ohne Einschränkungen auch auf denjenigen, der trotz der Aufforderung nicht dem Verfahren beitritt. V.a. im Hinblick auf Art. 19 Abs. 4 und Art. 103 Abs. 1 GG erscheint die Bestimmung bedenklich. Die Bedenken müssen jedoch zurückstehen. § 65 Abs. 3 bietet hinreichende Gewähr, dass dem Betroffenen der Zugang zum Verfahren eröffnet wird. Unerheblich ist, dass er diese Gelegenheit ungenutzt lässt.

104　**e) Besonderheiten.** *Gestaltungsurteile* ändern die materielle Rechtslage, indem sie die ursprüngliche Rechtslage wiederherstellen oder die zukünftige Rechtslage gestalten. Diese gestaltende Natur zieht nach sich, dass das Urteil gegenüber allen Rechtssubjekten wirkt. Neben der die Beteiligten bindenden Rechtskraft nach § 121 tritt die gegenüber jedermann wirkende Gestaltungswirkung.[189] Im wichtigsten Fall, der *Aufhebung des Verwaltungsakts* nach § 113 Abs. 1 S. 1, ist es allen Rechtssubjekten verwehrt, sich *gegenüber dem Kläger* auf die Geltung des Verwaltungsakts zu berufen.

105　Wird ein Verwaltungsakt, der gegenüber einer Vielzahl von Personen wirkt, von einer Person erfolgreich angefochten, ist die Wirkung auf den Kläger beschränkt. Unabhängig davon ist die Frage, ob dieser (rechtswidrige) Verwaltungsakt gegenüber den anderen Betroffenen durchgesetzt werden kann. Dies richtet sich danach, ob der Verwaltungsakt subjektbezogen teilbar ist.[190] Erweist sich die Regelung in ihrer subjektiven Seite als teilbar, steht der Durchsetzung gegenüber denjenigen, die keine gerichtliche Aufhebung erreicht haben, nichts entgegen. Hingegen sind bei einer Unteilbarkeit die Betroffenen Nutznießer. Auf die Rechtskraft der Entscheidung können sie sich jedoch nicht berufen.[191]

106　Eine ähnliche Wirkung kommt der erfolgreichen *Fortsetzungsfeststellungsklage* zu. Ein Aufhebungsurteil kann naturgemäß nicht ergehen. Die Feststellung der Rechtswidrigkeit bewirkt jedoch, dass für die Zeit seiner Wirksamkeit nicht mehr der Regelungsgehalt des Verwaltungsakts maßgeblich ist, sondern die Rechtslage, die ohne Geltung des gerichtlich als rechtswidrig festgestellten Verwaltungsakts besteht (BVerwGE 105, 370, 373).

107　Die stattgebende *Entscheidung in Normenkontrollverfahren* (§ 47 Abs. 5 S. 2) wirkt gegenüber jedermann.[192]

108　**3. Bindung der Rechtsnachfolger.** Rechtsnachfolger sind diejenigen, die in das volle (Gesamtrechtsnachfolge) oder einzelne Recht (Einzelrechtsnachfolge) des Beteiligten aufgrund eines Rechtsgeschäftes, Vertrages, staatlichen Hoheitsaktes oder Gesetzes eintreten.[193] Die Rechtsnachfolge regelt sich

---

186　*B. Clausing,* in: Schoch/Schneider/Bier § 121 Rn. 98.
187　*J. Martens,* VerwArch. 60 (1969), 197, 257.
188　*B. Clausing,* in: Schoch/Schneider/Bier § 121 Rn. 105; *Kopp/Schenke* § 121 Rn. 32.
189　*B. Clausing,* in: Schoch/Schneider/Bier § 121 Rn. 37.
190　BVerwGE 64, 347, 353; 148, 48, 80 f.; OVG Münster 17.6.2016 – 20 D 95/13.AK, juris Rn. 78; *S. Paetow,* DVBl 1985, 369, 374 f.; *R. Wahl,* NVwZ 1990, 923, 927.
191　*B. Clausing,* in: Schoch/Schneider/Bier § 121 Rn. 94.
192　OVG Lüneburg BauR 2014, 838, 839; *K. A. Bettermann,* DVBl 1982, 954, 956; *B. Clausing,* in: Schoch/Schneider/Bier § 121 Rn. 90; *Kopp/Schenke* § 47 Rn. 141 f.; *K. Rennert,* in: Eyermann § 121 Rn. 36.
193　BVerwG NVwZ 2010, 779, 780; *P. Hartmann,* in: Baumbach/Lauterbach/Albers/Hartmann § 325 Rn. 6; *K. Rennert,* in: Eyermann § 121 Rn. 43; umfassend zur Rechtsnachfolge im Verwaltungsprozess bei Liquidation oder Konkurs einer j. P.: *W. Spannowksy,* NVwZ 1992, 426 ff.

nach außerprozessualen Vorschriften. Mit der Rechtskrafterstreckung auf die Rechtsnachfolger wird der Bestand des Urteils und der Rechte gesichert.[194]

Von der Bindungswirkung werden die Rechtsnachfolger erfasst, wenn die Rechtsnachfolge nach Rechtshängigkeit eintritt.[195] Eine Beiladung ist für die Rechtskrafterstreckung nicht notwendig.[196] Hätte der Rechtserwerber den Prozess selbst führen müssen, wird das Urteil regelmäßig nicht für oder gegen die Beteiligten rechtskräftig.[197] Ausgeschlossen ist eine Erstreckung auf die Rechtsnachfolger bei höchstpersönlichen Rechtsverhältnissen.[198] Etwas anderes gilt, wenn neben dem höchstpersönlichen Rechtsverhältnis gleichzeitig objektive Rechte betroffen sind. Hier kommt eine Trennung der Rechtskraftwirkung bzgl. des subjektiven höchstpersönlichen Rechts und der objektiven Rechte in Betracht.[199] Ist der die Rechtsnachfolge begründende Tatbestand nach rechtskräftigem Verfahrensabschluss eingetreten, tritt der Rechtsnachfolger in die Rechtsstellung ein, die sich aus dem rechtskräftigen Urteil ergibt. 109

Der Rechtsnachfolge steht Funktionsnachfolge auf Seiten der öffentlichen Hand gleich (vgl. VGH München 6.12.2010 – 11 ZB 08.822, juris Rn. 17).[200] 110

Die §§ 326 (Rechtskrafterstreckung auf Nacherben) und 327 ZPO (Rechtskrafterstreckung auf Erben) sind gem. § 173 S. 1 entsprechend anwendbar. Bei *gesetzlicher Prozessstandschaft* (bei gewillkürter Prozessstandschaft, sofern zulässig, muss dasselbe gelten)[201] bindet das Urteil den Rechtsträger. Bei *Gesamtschuldnerschaft* besteht eine Einzelwirkung der Rechtskraft, § 425 Abs. 2 BGB, die nur im Falle des § 129 HGB zulasten des OHG-Gesellschafters durchbrochen wird.[202] Diese Einzelwirkung gilt auch im Falle der Gesamtgläubigerschaft, § 429 Abs. 3 BGB. 111

V. Zeitliche Wirkung der Rechtskraft

1. Grundsatz. Die Rechtskraft eines Urteils wirkt *zeitlich unbegrenzt* (BVerwGE 115, 118, 122). Bei Änderung der zugrunde liegenden Sach- und Rechtslage darf die Rechtskraft aber nicht dazu führen, dass den Beteiligten der Weg zu den Gerichten versperrt wird. Die Änderung der Sach- und Rechtslage ist zeitliche Grenze der Rechtskraft.[203] Damit wird der materiellen Gerechtigkeit gedient. Sie erhält in diesen Fällen gegenüber der Rechtssicherheit Priorität. Die Möglichkeiten der Reaktion auf geänderte Sach- und Rechtslagen sind vielfältig, so kommt die Wiederaufnahme des Verfahrens in Betracht, § 153, ebenso kann die Behörde nach Aufhebung des Verwaltungsakts durch das Gericht bei geänderter Sach- und Rechtslage einen neuen Verwaltungsakt erlassen. Möglich ist auch die Vollstreckungsabwehrklage, § 767 ZPO. 112

2. Rücknahme oder Widerruf unter Geltung eines Urteils. Es stellt sich die Frage, ob die Behörde berechtigt ist, den vom Gericht rechtskräftig entschiedenen Sachverhalt neu zu bewerten, also den Verwaltungsakt zurücknehmen und widerrufen kann, §§ 48, 49 VwVfG. Dabei muss beachtet werden, dass die Verfahren nach den §§ 48, 49 VwVfG eigenständige Verwaltungsverfahren sind, die auf den Erlass eines Verwaltungsakts gerichtet sind. Meint der Betroffene, von diesen Akten in seinen durch das rechtskräftige Urteil festgestellten Rechten verletzt zu sein, steht ihm der Rechtsweg offen.[204] Beide Vorschriften differenzieren nicht, wie der Verwaltungsakt bestandskräftig geworden ist. 113

Die Aufhebung eines Verwaltungsakts, den die Behörde in Vollzug eines rechtskräftigen Verpflichtungsurteils erlassen hat, ist nach §§ 48, 49 VwVfG nur möglich, wenn die Rechtskraft des Verpflichtungsurteils nicht entgegensteht. Sie steht entgegen, wenn sich die maßgebliche Sach- und Rechtslage nicht geändert hat (BVerwGE 108, 30, 34; 115, 118, 120). 114

194 *B. Clausing*, in: Schoch/Schneider/Bier § 121 Rn. 102.
195 Vgl. BVerwGE 151, 228, 234 f.; *M. Vollkommer*, in: Zöller § 325 Rn. 13 f.
196 BVerwG 11.1.2001 – 9 B 40/01, juris Rn. 6.
197 *O. Groschupf*, DVBl 1963, 661.
198 OVG Münster 18.3.2011 – 12 A 1878/09, juris Rn. 85.
199 Dies ist wohl OVG Lüneburg NJW 1980, 78 zu entnehmen, wenn ausgeführt wird, dass das rkr. Urteil nur so weit bindet, als der Streitgegenstand nicht durch Gründe, die in der Person des anfechtenden Rechtsvorgängers lagen, bestimmt wird.
200 *O. Groschupf*, DVBl 1963, 661, 663.
201 Nachlasspfleger, Insolvenz-, Zwangsverwalter.
202 *C. Grüneberg*, in: Palandt § 425 Rn. 8.
203 Vgl. VG Würzburg 2.4.2004 – 1 K 03.31921.
204 *K. Erfmeyer*, DVBl 1997, 27, 31.

Dem Widerruf einer verwaltungsgerichtlichen Feststellung steht die äußere Bindungswirkung eines rechtskräftigen Urteils entgegen. Die Behörde ist nicht befugt, ein rechtskräftig gewordenes Feststellungsurteil in seinem Ausspruch zu ändern. Bei Änderung der Sachlage ist aber eine neue abweichende Feststellung durch Verwaltungsakt möglich (BVerwGE 110, 111, 113 ff.).

115   **3. Änderung der Sach- und Rechtslage.** Die Rechtskraft bezieht sich auf den Tatbestand, der in dem entscheidungserheblichen Urteil festgestellt wurde und auf die zurzeit des Urteils geltende Rechtslage (bereits BVerwGE 6, 321, 322; st. Rspr.: BVerwG BayVBl 1995, 605, 606). Die bindende Wirkung des Urteils entfällt, wenn die der Entscheidung zugrunde liegende Sach- und Rechtslage sich ändert. Insoweit entsprechen sich die Gründe, die nach § 51 VwVfG zur Wiederaufnahme des Verwaltungsverfahrens führen, und die Gründe, die die Rechtskraft zeitlich dimensionieren.

116   **a) Änderung der Sachlage.** Ändert sich die Sachlage, liegt ein neuer Streitgegenstand vor,[205] denn die Sachlage ist Teil des Klagegrundes und damit des zweigliedrigen Streitgegenstandsbegriffs (→ Rn. 45). Die Sachlage ändert sich, wenn Tatsachen eintreten, die den vom Streitgegenstand erfassten Sachverhalt entscheidungserheblich verändern.[206] Diese Tatsachen können äußere (objektive) als auch innere (subjektive, z.B. die Gewissensentsch. des Kriegsdienstverweigerers: BVerwGE 79, 33, 35) sein, vom Beteiligten selbst verursacht[207] oder von Dritten an ihn herangeführt werden. Neue Tatsachen sind auch wissenschaftliche Erkenntnisse, soweit sie bisherige wissenschaftliche Erkenntnisse widerlegen. Nicht ausreichend ist, wenn nur Erkenntnislücken, die bereits berücksichtigt wurden, geschlossen werden.[208]

117   *Keine Änderung der Sachlage* ist gegeben, wenn sich nachträglich neue Erkenntnisse über zum maßgeblichen Zeitpunkt bereits vorhandene Tatsachen oder im rechtskräftigen Urteil nicht berücksichtigte Beweismittel finden, oder wenn der Beteiligte sein Vorbringen aufgrund neuer Beweismittel „besser" beweisen kann (BVerwG NVwZ 1986, 293, 294; BVerwGE 115, 118, 123). Die Beibringung dieser Beweismittel lässt die Rechtskraft grds. unberührt, sofern nicht der Betroffene erst nach Prozessende die Möglichkeit hatte, diese beizubringen.[209] Die Sachlage ändert sich nicht dadurch, dass eine Vorfrage in einem selbständigen Verfahren abweichend beurteilt wurde (umgekehrt wirkt die rkr. Entsch. bindend auf die Entsch. über Vorfragen in einen folgenden Prozess, → Rn. 65).

118   **b) Änderung der Rechtslage.** Ändern sich die materiellrechtlichen Grundlagen, die das Gericht zugrundegelegt hat, in entscheidungserheblicher Weise,[210] ist eine Änderung der Rechtslage anzunehmen. Die Auswirkung auf die Bindungswirkung ist abhängig vom jeweiligen Inhalt und der Reichweite der Änderung. Abzustellen ist auf den Zeitpunkt des Erlasses,[211] sodass auch ein rückwirkendes Gesetz die Änderung der Rechtslage begründet. Einer Änderung der Rechtslage gleichzusetzen ist auch eine Änderung des Gewohnheitsrechts und untergesetzlicher Normen, denn § 51 Abs. 1 Nr. 1 VwVfG beschränkt die Rechtsänderung nicht auf Rechtsvorschriften, wie es bei § 49 Abs. 2 S. 1 Nr. 4 VwVfG der Fall ist.

119   Eine Änderung der Rechtslage begründen die Änderung der Verwaltungspraxis oder der *höchstrichterlichen Rspr.* (trotz Leitbildfunktion)[212] ebenso wenig wie die Herausbildung abweichender Rechtsanschauungen in der Lit. (VGH Mannheim 7.11.2014 – 2 S 1529/11, juris Rn. 30).[213] Gleiches gilt für die erstmalig höchstrichterliche Klärung und die Rspr. der Instanzgerichte. Die Rechtskraft beschrän-

---

205 *Kopp/Schenke* § 121 Rn. 28; *K. Rennert*, in: Eyermann § 121 Rn. 45.
206 BVerwGE 115, 118, 121; *B. Clausing*, in: Schoch/Schneider/Bier § 121 Rn. 72; *K. Rennert*, in: Eyermann § 121 Rn. 46.
207 BVerwG NVwZ 1984, 102 f.; *B. Clausing*, in: Schoch/Schneider/Bier § 121 Rn. 72.
208 BVerwG NVwZ 1984, 102, 103 für Widerruf einer Schulbuchgen. aufgrund neuer wissenschaftlicher Erkenntnisse; BVerwGE 95, 86, 90 für neues Sachverständigengutachten; OVG Münster NVwZ 1988, 173 für Erkenntnisfortschritte TA Luft/TA Lärm; a.A. *B. Clausing*, in: Schoch/Schneider/Bier § 121 Rn. 72: Ein allgemeingültiger Grundsatz wäre zu weitgehend, vielmehr kann die Frage nur im Einzelfall unter Berücksichtigung des Normzwecks der jeweils anzuwendenden Rechtsvorschrift geklärt werden.
209 BVerwGE 70, 156, 158; krit. *B. Clausing*, in: Schoch/Schneider/Bier § 121 Rn. 72; *K. Rennert*, in: Eyermann § 121 Rn. 47.
210 BVerwGE 4, 250, 252; 79, 33, 36; 95, 86, 89; BVerwG NJW 1962, 552; NVwZ 1994, 432.
211 *K. Rennert*, in: Eyermann § 121 Rn. 48.
212 Hierzu *B. Clausing*, in: Schoch/Schneider/Bier § 121 Rn. 42.
213 BVerwG Buchholz 310 § 121 VwGO Nr. 85; BVerwGE 28, 122, 127; 35, 234, 237; 91, 256, 258; 115, 118, 123; s.a. *K. Herget*, in: Zöller § 767 Rn. 13; *Kopp/Schenke* § 121 Rn. 29.

kende oder aufhebende Wirkung kommt auch nicht der Rspr. des EGMR (BVerwG NVwZ 1995, 1097; NJW 1999, 1649, 1650) oder des EuGH (BVerwG NJW 1978, 508) zu.

Wird eine Norm durch das Verfassungsgericht für nichtig erklärt, bleibt die Rechtskraft der gerichtlichen Entscheidung hiervon unberührt; gem. § 183 S. 2 ist allerdings eine Vollstreckung des Urteils unzulässig. Gleiches gilt für die Nichtigerklärung des BVerfG[214] (§ 31 BVerfGG), § 78 BVerfGG. **120**

4. Präklusionswirkung. Obwohl die Tatbestandselemente nicht an der materiellen Rechtskraft teilnehmen (→ Rn. 62), bewirkt diese die Präklusion derjenigen Tatsachen, die den Subsumtionsschluss des Gerichts tragen.[215] **121**

Die durch die materielle Rechtskraft vermittelte Präklusion ist von der gesetzlich angeordneten Präklusion verspäteten Vorbringens nach § 87 b zu unterscheiden. **122**

VI. Durchbrechung der Rechtskraft

Der Gesetzgeber hat mit der materiellen Rechtskraft den zukünftigen Bestand der gerichtlichen Entscheidung gesichert. Dennoch können Art des Zustandekommens als auch Inhalt derart unrichtig sein, dass der durch das Urteil geschaffene Zustand „schlechthin untragbar" oder die Berufung auf das Urteil sittenwidrig wäre. Für diese Fälle stehen gesetzliche Mechanismen zur Verfügung, um die Rechtskraft zu durchbrechen. **123**

1. Wiederaufnahmeverfahren. Nach § 153 Abs. 1 VwGO i.V.m. §§ 578 ff. ZPO kann ein abgeschlossenes Verfahren *wiederaufgenommen* werden. Schwerwiegende Mängel hinsichtlich Art und Weise des Zustandekommens der Gerichtsentscheidung können mit Nichtigkeitsklage, § 579 ZPO, geltend gemacht werden. Die Restitutionsklage ist statthaft, wenn die Grundlage des rechtskräftigen Urteils für jedermann erkennbar unerträglich erschüttert ist.[216] Das erfolgreiche Wiederaufnahmeverfahren beseitigt die Rechtskraft des Urteils, das Verfahren wird wieder in den Stand der Rechtshängigkeit versetzt. **124**

2. Abänderungsklage. Das *Abänderungsverfahren*, § 323 ZPO, findet im Verwaltungsprozessrecht über § 173 S. 1 Anwendung.[217] In Betracht kommt es bei wiederkehrenden Leistungen. Da diese im Regelfall auf einem Verwaltungsakt beruhen, ist im verwaltungsbehördlichen Verfahren diese leistungsgewährende Grundlage so zu gestalten, dass sie den veränderten Verhältnissen gerecht wird.[218] **125**

3. Verfassungsbeschwerde. Eine erfolgreiche Verfassungsbeschwerde führt zur Aufhebung der Entscheidung und ggf. zur Zurückverweisung der Streitsache an das zuständige Gericht, § 95 Abs. 2 BVerfGG. Die Rechtskraft wird durch die Aufhebung des Urteils beseitigt.[219] **126**

4. Sonstiges. Die *Urteile des EGMR* stellen die Verletzung der EMRK fest; sie können die den Verfahren zugrunde liegenden Urteile aber nicht aufheben. Die innerstaatliche Umsetzung der EGMR-Entscheidung hat verfassungsrechtliche und völkerrechtliche Bindungen zu beachten; es besteht aber nicht die Pflicht, die Rechtskraft der konventionswidrigen Entscheidung zu beseitigen. **127**

Die Rechtskraft kann auch durch einen erfolgreichen *Wiedereinsetzungsantrag* nach § 60 entfallen. Setzt das Gericht den Beteiligten in die Rechtsmittelfrist ein, bewirkt dies die Versetzung in den vorigen Stand. Der Beteiligte wird so gestellt, als sei das Urteil noch anfechtbar. Damit fehlt die wesentliche Voraussetzung der materiellen Rechtskraft, nämlich die Unanfechtbarkeit. **128**

5. Sittenwidrige Berufung auf das rechtskräftige Urteil. Neben den eng begrenzten prozessualen Möglichkeiten, die Rechtskraft des Urteils zu beseitigen, tritt die Befugnis, sich gegen die sittenwidrige Inanspruchnahme aus einem rechtskräftigen Urteil mit der Berufung auf § 826 BGB zu wehren (BVerwGE 16, 36, 40; 148, 254, 261 f.). Dabei trifft denjenigen, der sich auf die Sittenwidrigkeit beruft, auch im Verwaltungsprozess die volle Beweiskraft.[220] Die Berufung auf die Sittenwidrigkeit **129**

---

214 So B. *Clausing*, in: Schoch/Schneider/Bier § 121 Rn. 76 mit Verweis auf § 79 Abs. 2 BVerfG.
215 BVerwGE 14, 359, 362; 16, 36, 38; BVerwG NVwZ 1986, 293; BGH NJW 1987, 1201, 1202; 1993, 2684, 2685; 1995, 967, 968; 1995, 1757, 1758; 1996, 737 m.w.N.
216 P. *Hartmann*, in: Baumbach/Lauterbach/Albers/Hartmann § 580 Rn. 2; vgl. *Thomas/Putzo* Vorbem. § 578 Rn. 1.
217 BT-Drs. 3/55, 44; B. *Clausing*, in: Schoch/Schneider/Bier § 121 Rn. 110.
218 So auch B. *Clausing*, in: Schoch/Schneider/Bier § 121 Rn. 110.
219 P. *Stark*, in: Burkiczak/Dollinger/Schorkopf § 95 Rn. 62 ff., 112.
220 B. *Clausing*, in: Schoch/Schneider/Bier § 121 Rn. 115.

kommt dann in Betracht, wenn das Urteil durch wissentlich falschen Sachvortrag oder durch Beibringung gefälschter Unterlagen erschlichen wurde.[221]

130　Mit der Berufung auf § 826 BGB wird die Rechtskraft durchbrochen[222] und damit die Durch- und Umsetzung des Urteils verhindert.

§ 122　[Beschlüsse]

(1) §§ 88, 108 Abs. 1 Satz 1, §§ 118, 119 und 120 gelten entsprechend für Beschlüsse.

(2) [1]Beschlüsse sind zu begründen, wenn sie durch Rechtsmittel angefochten werden können oder über einen Rechtsbehelf entscheiden. [2]Beschlüsse über die Aussetzung der Vollziehung (§§ 80, 80 a) und über einstweilige Anordnungen (§ 123) sowie Beschlüsse nach Erledigung des Rechtsstreits in der Hauptsache (§ 161 Abs. 2) sind stets zu begründen. [3]Beschlüsse, die über ein Rechtsmittel entscheiden, bedürfen keiner weiteren Begründung, soweit das Gericht das Rechtsmittel aus den Gründen der angefochtenen Entscheidung als unbegründet zurückweist.

Schrifttum

W. Ewer/M. Schürmann, Zur Zulässigkeit der Zustellung verwaltungsgerichtlicher Eilentscheidungen im Telekommunikationsweg, NVwZ 1990, 336; F. Kopp, Änderungen der Verwaltungsgerichtsordnung zum 1.1.1991, NJW 1991, 521; R. Lippold, Nochmals „Begründungspflicht für Arrest und einstweilige Verfügung anordnende Beschlüsse", NJW 1994, 1110; P. Stelkens, Das Gesetz zur Neuregelung des verwaltungsgerichtlichen Verfahrens (4. VwGOÄndG) – das Ende einer Reform?, NVwZ 1991, 209.

I.　Entstehungs- und Textgeschichte

1　Sachliche Neuregelungen ergaben sich durch das 4. VwGOÄndG (Art. 1 Nr. 26 a Gesetz vom 17.12.1990, BGBl I 2809): Die entsprechende Anwendung der in Abs. 1 erwähnten Vorschriften für Vorbescheide ist durch Normierung des Gerichtsbescheides in § 84 entfallen; § 84 Abs. 1 S. 3 enthält seitdem einen eigenen Verweis (BT-Drs. 11/7030, 30). Auch Abs. 2 wurde völlig neu gefasst. Eine Begründungspflicht besteht seitdem für alle über Rechtsbehelfe entscheidende Beschlüsse, wo hingegen die ursprüngliche Fassung diese Pflicht nur für über Rechtsmittel entscheidende Beschlüsse vorsah. Neben dem ursprünglichen Begründungszwang für „Anordnungen nach § 80" wurde er für alle Anordnungen in Eilverfahren nach §§ 80, 123 eingeführt; die Einfügung des § 80 a in die Vorschrift geht auf das 6. VwGOÄndG (BGBl I 1996, 1626) zurück. Die nach Abs. 2 S. 3 mit dem 4. VwGOÄndG eingeführten Begründungserleichterungen entspringen der Intention, das Verfahren zu beschleunigen (→ § 117 Rn. 7). Eine Begründung werde zur „Förmelei, wenn das Rechtsmittel aus den den Beteiligten bereits bekannten Gründen der angefochtenen Entscheidung zurückgewiesen wird" (so ausdrückl. BT-Drs. 11/7030, 30 f.; Kritik in → § 117 Rn. 16).

II.　Systematik

2　**1. Systematik des § 122.**　Allgemein anerkannt ist, dass infolge der Stellung am Ende des 10. Abschnitts § 122 nur eine *Form, Inhalt und Erlass* von Beschlüssen ergänzende Regelung ist, während er für das bis zum Erlass eines Beschlusses vorausgehende Verfahren keine Regelung enthält. Hierfür muss auf die Regelungen über das Urteilsverfahren in Gesetzesanalogie zurückgegriffen werden (VGH Mannheim NVwZ 1991, 274), ohne dass § 122 zur Anwendung kommt.[1] Aus der Aufnahme des § 88 in die Verweisungsnorm des § 122 Abs. 1 ergibt sich nichts anderes, denn dessen Einbindung in den 9. Abschnitt ist nicht systemkonform.[2]

3　**a) § 122 Abs. 1.**　Die Vorschrift unterscheidet nicht hinsichtlich der Art des ergehenden Beschlusses, sondern ordnet allgemein die entsprechende Anwendung auf Beschlüsse an.

221　*B. Clausing*, in: Schoch/Schneider/Bier § 121 Rn. 115.
222　*Kopp/Schenke* § 121 Rn. 30.
　1　VGH Kassel NVwZ 1991, 593, 594; VGH München NVwZ 1991, 896; *B. Clausing*, in: Schoch/Schneider/Bier § 122 Rn. 2; *Kopp/Schenke* § 122 Rn. 3 f.; *M. Happ*, in: Eyermann § 122 Rn. 4 f.
　2　*B. Clausing*, in: Schoch/Schneider/Bier § 122 Rn. 2.

b) § 122 Abs. 2. Die Pflicht, gerichtliche Entscheidungen zu begründen, folgt aus dem Rechtsstaats- 4
prinzip (zur Begründungspflicht allg. → § 117 Rn. 16, 77 ff.) und ist für Urteile in § 108 niedergelegt.
Die Begründung der gerichtlichen Entscheidung gewährt die Überprüfung, ob das tatsächliche Vorbringen der Beteiligten berücksichtigt wurde und entspricht dem Grundsatz der Gewährung rechtlichen Gehörs (BVerfG NJW 1990, 3191, 3192). Für Beschlüsse besteht im Unterschied zu Urteilen keine allgemeine Begründungspflicht, vielmehr unterliegen sie nur einem Begründungszwang, wenn er
ausdrücklich, wie in § 122 Abs. 2, angeordnet ist. *Abs. 2 S. 1* normiert einen Begründungszwang,
wenn Beschlüsse durch Rechtsmittel angefochten werden können oder über einen Rechtsbehelf entscheiden. Ein Begründungszwang besteht nach Abs. 2 S. 2 ausdrücklich, unabhängig von ihrer Anfechtbarkeit, für Beschlüsse nach §§ 80, 80 a, 123 und 161 Abs. 2. Entscheiden die Beschlüsse hingegen über Rechtsmittel, ist nach Abs. 2 S. 3 eine besondere Begründung entbehrlich, wenn der angefochtenen Entscheidung gefolgt wird.

2. Arten der Beschlüsse. Nach der Stellung der Vorschrift im 10. Abschnitt „Urteile und andere Ent- 5
scheidungen" sind Beschlüsse gerichtliche Entscheidungen, die im Umkehrschluss zu § 107 Sachfragen
innerhalb eines gerichtlichen Verfahrens entscheiden, die nicht Gegenstand der Klage sind. Der Entscheidungsform Beschluss kommt dabei eine unterschiedliche prozessuale Funktion zu.[3] Es lassen sich
zwei Hauptfunktionen unterscheiden: Wenn der Beschluss Sachfragen zwischen den Beteiligten eines
Streitverfahrens entscheidet, kann er als *streitentscheidender Beschluss* bezeichnet werden. Bereitet er
hingegen eine gerichtliche Streitentscheidung erst vor, ohne selbst streitentscheidend zu sein, so kann
er als *prozessleitender Beschluss* bezeichnet werden.

a) Streitentscheidende Beschlüsse. Merkmal ist die Beilegung einer streitigen Sachfrage zwischen den 6
Verfahrensbeteiligten. Auf streitentscheidende Beschlüsse finden grds. alle für das Urteilsverfahren geltenden Vorschriften Anwendung. § 101 Abs. 1, der für das Urteilsverfahren eine mündliche Verhandlung verlangt, ist jedoch nicht anzuwenden.[4]

aa) Urteilsvertretende Beschlüsse. Das Gesetz sieht Ausnahmen vor, die dem Gericht eine Entschei- 7
dung durch Beschluss ermöglichen. Neben dem Gerichtsbescheid, § 84, der als eigenständige Entscheidungsform rechtlich einfach gelagerte Klagen entscheiden kann, sieht das Gesetz in den Fällen *eine
Entscheidung durch Beschluss* vor, die die *Unzulässigkeit einer Klage oder eines Rechtsmittels* betreffen. So besteht die Verpflichtung des Gerichts, den Rechtsstreit durch Beschluss an das Gericht des zulässigen Rechtsweges nach § 17 a Abs. 2 GVG zu verweisen;[5] Zuständigkeitsstreitigkeiten nach § 53
werden ebenfalls durch Beschluss entschieden. Bei Unzulässigkeit eines Rechtsmittels besteht mit dem
Verwerfungsbeschluss nach § 125 Abs. 2 die Möglichkeit, ohne mündliche Verhandlung die Berufung
zu verwerfen. Der Verwerfungsbeschluss ist bei Unzulässigkeit der Revision nach § 144 Abs. 1 obligatorisch. Der Gesetzgeber hat es zur Verfahrensbeschleunigung und Entlastung der Gerichte[6] zunehmend gestattet, auch materiellrechtliche Entscheidungen im Beschlusswege zu treffen.[7] So gibt § 130 a
dem OVG die Möglichkeit, einstimmige Berufungsentscheidungen durch Beschluss zu treffen.[8] Dies
soll auch entgegen des eindeutigen Gesetzeswortlautes in den Fällen gelten, in denen die Berufung einstimmig für teilweise begründet, im Übrigen aber als unbegründet erachtet wird.[9] Als weitere urteilsvertretende Beschlussentscheidung ist die Entscheidung über die nach einem Musterverfahren zu entscheidenden restlichen Verfahren nach § 93 a Abs. 2 S. 1 vorgesehen.[10] In Normenkontrollverfahren
besteht für das Gericht gem. § 47 Abs. 5 S. 1 ebenfalls die Möglichkeit, statt durch Urteil im Beschlusswege zu entscheiden, wenn es eine mündliche Verhandlung für nicht erforderlich hält.

---

3 Für eine Aufzählung in Betracht kommender Beschl. *s. M. Happ*, in: Eyermann § 122 Rn. 1.
4 *Pietzner/Ronellenfitsch* § 25 I.
5 VGH Mannheim NVwZ 1992, 707, 708 bzgl. der Vorabentsch. über den Rechtsweg nach § 17 a Abs. 3 GVG.
6 *F. Kopp*, NJW 1991, 521, 525 f.
7 *F. Kopp*, NJW 1991, 521, 526 zu § 133 Abs. 6.
8 Näher hierzu *Kopp/Schenke* § 130 a Rn. 1 ff.; zur Verfassungsmäßigkeit des § 130 a auch ohne Übergangsregelung
  BVerwG Buchholz 310 § 130 a VwGO Nr. 21.
9 *Kopp/Schenke* § 130 a Rn. 1 unter Bezugnahme auf VGH Mannheim NVwZ 1997, 691. Ebenso VGH München
  9.12.2009 – 14 B 07.165, juris Rn. 25.
10 *P. Stelkens*, NVwZ 1991, 209, 213.

8   **bb) Beschlüsse im selbständigen Beschlussverfahren.** Beschlüsse im selbständigen Beschlussverfahren treten hingegen nicht an die Stelle eines Urteils über eine Klage, sondern sie entscheiden über *Anträge.* Hierzu gehören die vorläufigen Entscheidungen des Gerichts in Eilverfahren, § 47 Abs. 6, § 80 Abs. 5, § 80 a Abs. 3, § 123 Abs. 4, die Entscheidung über den Antrag auf Wiedereinsetzung, §§ 60, 82 Abs. 2 und die Beschlüsse im Urteilsberichtigungsverfahren nach §§ 118, 119.

9   **b) Prozessleitende Beschlüsse.** Prozessleitende Beschlüsse betreffen nicht die sachliche Entscheidung sondern regeln technische und organisatorische Verfahrensfragen. Sie dienen der Vorbereitung der Sachentscheidung und der zweckmäßigen Gestaltung des Verfahrens. Hierzu gehören Beweisbeschlüsse bzw. Beschlüsse zur Ablehnung von Beweisanträgen, der Beiladungsbeschluss, § 65 Abs. 4, die Entscheidungen zur Verbindung und Trennung von Verfahren, § 93 und die Abtrennung einzelner Verfahren zum Zwecke der Durchführung eines Musterverfahrens, § 93 a Abs. 1. Ebenso kann das Gericht über die Aussetzung des Klageverfahrens nach § 75 S. 3 zum Zwecke der Durchführung des behördlichen Verfahrens bzw. analog § 75 S. 3 zum Zwecke der Durchführung des Widerspruchsverfahrens nach § 68 im Beschlusswege entscheiden und das Ruhen des Verfahrens anordnen. Die prozessleitenden Beschlüsse sind von *prozessleitenden Verfügungen* zu unterscheiden. Letztere betreffen den rein äußerlichen, förmlichen Fortgang des Verfahrens und entfalten keine überprozessualen Wirkungen.[11]

III. Begriffe und grundsätzliche Erläuterungen

10   **1. Anwendbare Vorschriften nach Abs. 1.** Für alle Beschlussentscheidungen gilt die Bindung an das (Klage- bzw. Antrags-)Begehren nach § 88[12] und die Entscheidungsfindung nach freier Überzeugungsbildung, *§ 108 Abs. 1 S. 1.* Nach Abs. 1 sind die Vorschriften über die Berichtigung offensichtlicher Unrichtigkeiten, *§ 118,* des Tatbestandes, *§ 119* und der Entscheidungsgründe, *§ 120*[13] auf Beschlüsse entsprechend anwendbar. Die Aufzählung der in Abs. 1 für Beschlüsse geltenden Vorschriften ist nicht abschließend und wird je nach der Art des Beschlusses durch die entsprechende Geltung weiterer Vorschriften ergänzt (BVerwGE 109, 336, 343; VGH Mannheim NVwZ 1991, 274 m.w.N.). Dies gilt insbes. auch für die entsprechende Anwendung der §§ 116 und 117. Für *streitentscheidende Beschlüsse* sind grds. alle Vorschriften über das Urteilsverfahren anwendbar.[14]

11   **2. Analoge Anwendung der Vorschriften über das Urteilsverfahren.** Bei Beschlüssen, die nach mündlicher Verhandlung ergehen, ist *Richteridentität (§ 112)* zu wahren. Im selbständigen Beschlussverfahren ist die Anwendung der Vorschriften über Teil- (VGH Kassel HessVGRspr 1990, 54), Zwischen-[15] und Grundurteile (§§ 109, 110, 111) möglich.

Beschlüsse können, anders als Urteile (insoweit läge für Urteile ein Verstoß gegen § 112 vor) auch im sog. *Umlaufverfahren,* d.h. aufgrund schriftlicher Beratung und Abstimmung ergehen, sofern die zu beteiligenden Richter einverstanden sind.[16]

12   *Rechtliches Gehör* nach *§ 108 Abs. 2* ist im Beschlussverfahren zu wahren, sofern nicht der Charakter der Eilverfahren (§§ 80, 80 a, 123) wegen Eilbedürftigkeit oder Gefahr der Vereitelung der Sach- und Rechtslage von diesem Erfordernis suspendiert.[17] Wesentlicher Unterschied zum Urteilsverfahren ist die nach § 101 Abs. 3 freigestellte *mündliche Verhandlung* für die Beschlussentscheidung (BVerwGE 48, 203; VGH Mannheim NVwZ 1991, 274). Die *Mitwirkungsrechte der ehrenamtlichen Richter nach § 19* bestimmen sich nach der Beschlussart. Während für prozessleitende Beschlüsse ein Mitwirkungsrecht nach § 19 nicht besteht, wirken sie bei streitentscheidenden Beschlüssen mit, wenn münd-

---

11   Vgl. *M. Happ,* in: Eyermann § 146 Rn. 9; *M. Redeker,* in: Redeker/v. Oertzen § 122 Rn. 1.

12   Auch im Beschlussverfahren ist auf die Stellung sachdienlicher Anträge gem. § 86 Abs. 3, § 88 Hs. 2, § 122 Abs. 1 hinzuwirken, BVerfG BayVBl 1999, 497, 498.

13   BVerwG NVwZ-RR 1994, 236; OVG Bautzen NVwZ 2001, 1173 (Zulassung der Berufung); OVG Weimar 28.2.2001 – 1 VO 931/00, juris Rn. 1 (Ergänzung einer Kostenentsch.); VGH Mannheim 17.11.1999 – 5 S 1661/99, juris Rn. 1 (Ergänzung einer Kostenentsch.).

14   *Pietzner/Ronellenfitsch* § 25 I.

15   VGH München BayVBl 1985, 52 betreffend eine Entsch. über die Zulässigkeit der Anträge durch „Zwischenbeschluss", „um das weitere Verfahren von prozessualen Fragen zu entlasten".

16   BVerwG NJW 1992, 254 – für einen Präsidiumsbeschl. zur Heranziehung der ehrenamtlichen Richter; BVerwG NJW 1992, 257 – für einen Beschl. nach § 130 a.

17   *Kopp/Schenke* § 108 Rn. 28 m.w.N.

liche Verhandlung stattfindet. In Eilverfahren gestattet die entsprechende Anwendung des § 87a Abs. 2 und 3 die Entscheidung durch den Vorsitzenden oder Berichterstatter.[18]

a) **Analoge Anwendung des § 116.** Für den Erlass von Beschlüssen gilt *§ 116 analog.* Demnach kann [13] eine Verkündung durch die Zustellung nach § 116 Abs. 2 analog ersetzt werden, auch wenn der Beschluss auf mündliche Verhandlung ergeht. Im Unterschied normiert § 329 Abs. 1 S. 1 ZPO für zivilrechtliche Beschlüsse eine Verkündungspflicht, soweit sie auf mündliche Verhandlung ergehen.[19] Der Beschluss erlangt ebenso wie das Urteil erst mit seiner Bekanntgabe *Wirksamkeit,* für nicht verkündete Beschlüsse gilt jedoch über § 173 i.V.m. § 329 Abs. 2 S. 1 ZPO, dass sie auch bei formloser Mitteilung bereits vor der förmlichen Zustellung Wirksamkeit erlangen können.[20] Beschlüsse werden demzufolge analog § 116 Abs. 1 durch *Verkündung,* analog § 116 Abs. 2 durch *Zustellung* und gem. § 173 i.V.m. § 329 Abs. 2 S. 1 ZPO durch *formlose Mitteilung* wirksam.[21] Sobald Beschlüsse wirksam sind, können sie mit Rechtsmitteln angefochten werden,[22] beachte § 146 Abs. 2. Sind sie anfechtbar, sind die Beteiligten gem. § 58 Abs. 1 auch dann schriftlich über den Rechtsbehelf zu belehren, wenn der Beschluss verkündet oder formlos (per Telefon) mitgeteilt wurde.

Ein *Zustellungserfordernis* für verkündete Beschlüsse besteht nur im Falle des Beiladungsbeschlusses [14] nach § 65 Abs. 4 S. 1. *§ 116 Abs. 1 S. 2 gilt nicht, da er in der Verweisungsnorm des § 122 Abs. 1 nicht enthalten ist* (OVG Bautzen NVwZ-RR 2002, 56; VGH München BayVBl 1973, 249). *Zwar ist § 122 Abs. 1 nicht abschließend* (→ Rn. 10), aber für das Erfordernis der Zustellung findet sich eine ausdrückliche Regelung in § 56 Abs. 1 (OVG Bautzen NVwZ-RR 2002, 56). Es ergeben sich sonstige Zustellungserfordernisse nach § 56 Abs. 1, wenn die Beschlüsse Fristen in Lauf setzen oder Terminbestimmungen und Ladungen enthalten.

b) **Analoge Anwendung des § 117.** § 117 gilt entsprechend für schriftliche Abfassung und Inhalt des [15] Beschlusses,[23] wobei der Besonderheit des Beschlusses als dem Urteil untergeordneter Entscheidungsform Rechnung getragen wird, sodass § 117 Abs. 1 S. 1 unanwendbar ist und der Beschluss nicht „Im Namen des Volkes" ergeht. Für die Unterschriftsleistung und den Verhinderungsfall[24] gelten § 117 Abs. 1 S. 2, 3 und 4.[25] Umstr. ist, ob die Unterschriftsleistung nur des Vorsitzenden und des Berichterstatters genügen kann.[26] Dies soll jedenfalls genügen, wenn deutlich gemacht ist, dass es sich um eine Kollegialentscheidung handelt (OLG Düsseldorf MDR 1980, 843).

Die wesentlichen Bestandteile des Beschlusses lehnen sich an § 117 Abs. 2 an, wobei die Gestaltung [16] des Beschlusses weniger streng reglementiert ist. Ein abgekürztes *Rubrum* (§ 117 Abs. 2 Nr. 1) ist regelmäßig nur für Beschlüsse untergeordneter Bedeutung zulässig (OLG Oldenburg JurBüro 1997, 377), für streitentscheidende Beschlüsse ist das vollständigen Rubrum notwendig,[27] weil diese wie Urteile eindeutig vollstreckbar sein müssen. Inhaltsgleiche Anforderungen gelten für die *Bezeichnung des entscheidenden Gerichts* (§ 117 Abs. 2 Nr. 2) und die Entscheidungs- bzw. *Beschlussformel.* Letztere ist so zu formulieren, dass sie eindeutig, aus sich heraus verständlich und damit vollstreckbar ist (zur Formulierung der Urteilsformel → § 117 Rn. 72). Hinsichtlich der Abfassung von Tatbestand (BVerwG Buchholz 310 § 122 VwGO Nr. 6) und Entscheidungsgründen ist eine formelle Trennung unüblich, vielmehr folgt der Beschlussformel die Überschrift „*Gründe*" und – sofern der Beschluss einen Sachbericht enthält – eine Untergliederung in die Abschnitte „I." und „II.". Die Gründe sind nur dann wiederzugeben, wenn der Beschluss der Begründungspflicht nach § 122 Abs. 2 unterliegt, selbiges gilt für die *Rechtsbehelfsbelehrung,* die nur schriftlich zu fassen ist, wenn der Beschluss angefochten werden kann.

---

18 *F. Kopp,* NJW 1991, 1266; *Kopp/Schenke* § 87a Rn. 2 m.w.N.
19 *P. Hartmann,* in: Baumbach/Lauterbach/Albers/Hartmann § 329 Rn. 12.
20 BVerwG NVwZ 1992, 179.
21 Insbes. durch telefonische oder Telefaxübermittlung der Entsch. in Eilverfahren, s. hierzu *W. Ewer/M. Schürmann,* NVwZ 1990, 336 ff.
22 VGH Mannheim NVwZ 1984, 528; 1986, 488; VGH München NJW 1978, 2469; BayVBl 1983, 342; a.A. VGH Mannheim DVBl 1975, 381.
23 Vgl. BVerwG 9.6.2008 – 10 B 149/07, juris Rn. 4.
24 *B. Clausing,* in: Schoch/Schneider/Bier § 122 Rn. 7.
25 Für § 117 Abs. 1 S. 3 vgl. OVG Bautzen 16.1.2001 – 2 BS 301/00, juris Rn. 22.
26 Verneinend *B. Clausing,* in: Schoch/Schneider/Bier § 122 Rn. 7; *P. Hartmann,* in: Baumbach/Lauterbach/Albers/Hartmann § 329 Rn. 8 f.
27 *B. Clausing,* in: Schoch/Schneider/Bier § 122 Rn. 7.

Bei urteilsersetzenden und bei streitentscheidenden Beschlüssen des vorläufigen Rechtsschutzes ist wegen ihrer Tragweite und ihres kontradiktorischen Charakters § 117 weitgehend heranzuziehen (BVerwGE 109, 336, 343). Beschlüsse von solcher Tragweite müssen insbes. von den Richtern unterzeichnet sein und eine Rechtsmittelbelehrung enthalten (BVerwGE 109, 336, 343). Allerdings ist auch bei Beschlüssen mit urteilsersetzender Funktion ein förmlicher Tatbestand i.S. eines gesonderten Abschnittes nicht erforderlich. § 117 Abs. 2 Nr. 4 ist dadurch nicht verletzt. Jedoch muss die tatsächliche Grundlage, auf der die Entscheidung beruht, hinreichend verlässlich erkennbar sein (BVerwGE 109, 272, 273).

17   **3. Begründung des Beschlusses nach § 122 Abs. 2.   a) Begründungspflichten.   aa) Bei Anfechtbarkeit durch Rechtsmittel.**   Beschlüsse sind zu begründen, wenn sie durch Rechtsmittel angefochten werden können. Regelmäßiges Rechtsmittel gegen Beschlüsse ist die *Beschwerde*, § 146 Abs. 1. Ein Beweisbeschluss ist nach § 146 Abs. 2 zwar nicht isoliert anfechtbar, er unterliegt aber einer Begründungspflicht, § 86 Abs. 2. Weitere Rechtsmittel, die zur Begründung der Beschlussentscheidung verpflichten, sind die *Nichtzulassungsbeschwerde* und die gegen urteilsvertretenden Beschluss zulässigen Rechtsmittel *Berufung und Revision* wie im Falle von § 93a Abs. 2 S. 5 (Musterverfahren), § 125 Abs. 2 S. 2 (unzulässige Berufung) und § 130a S. 2.

18   **bb) Entscheidung über Rechtsbehelf.**   Begründungspflicht besteht, wenn über einen *Rechtsbehelf* entschieden wird. Dabei ist unerheblich, ob das Gericht über einen ordentlichen oder außerordentlichen Rechtsbehelf entscheidet.[28] Wird über einen außerordentlichen entschieden, ist diese Entscheidung unanfechtbar; wie im Falle des § 119 Abs. 2 S. 2 erübrigt sich eine Begründung bereits nach § 122 Abs. 2 S. 1 Alt. 1 (→ § 119 Rn. 26).[29]

19   **cc) Beschlüsse in Eilverfahren und nach § 161 Abs. 2.**   Für Beschlüsse in Eilverfahren und Kostenentscheidungen nach Erledigung des Rechtsstreites in der Hauptsache, *Abs. 2 S. 2*, rechtfertigt sich der Begründungszwang aus der Bedeutung dieser Beschlüsse für die Beteiligten (so ausdrückl. die Begr., BT-Drs. 11/7030, 30), denen die Erwägungen des Gerichtes bereits mitzuteilen sind, weil das Gericht bei diesen Entscheidungen einen weiten Ermessensspielraum hat und von den Entscheidungen ähnliche Wirkungen ausgehen wie von einem Urteil.

20   **b) Folgen fehlender Begründung.**   Mangelt es an der notwendigen Begründung, ist der Beschluss rechtswidrig. Eine darauf gestützte Beschwerde führt zur Aufhebung des Beschlusses. Findet auf eine Beschwerde hin ein Abhilfeverfahren nach § 148 Abs. 1 statt, darf das Gericht noch in der Abhilfeentscheidung eine unter Verstoß gegen § 122 Abs. 2 unterbliebene Begründung des Beschlusses nachholen.

21   **c) Verfassungsrechtliche Begründungspflichten.**   *Im Einzelfall* kann sich eine Begründungspflicht aus dem materiell-verfassungsrechtlichen *Grundsatz des Willkürverbotes und der Rechtsstaatlichkeit* für Beschlüsse ergeben, die unanfechtbar sind. Mit Rücksicht auf die verfassungsrechtliche Gebundenheit des Richters besteht eine Pflicht zur Begründung, wenn von eindeutigem Gesetzeswortlaut oder st. Rspr. abgewichen wird (BVerfG NVwZ 1993, 975, 976 m.w.N. → § 117 Rn. 80). Fehlt eine solche materiell-verfassungsrechtlich indizierte Begründung und ergibt sich kein Hinweis auf die maßgeblichen rechtlichen Gesichtspunkte, können Zweifel, ob die angegriffene Entscheidung den verfassungsrechtlichen Vorgaben genügt, nicht ausgeräumt werden. Im Einzelfall kann dies i.R. einer Verfassungsbeschwerde zur Aufhebung der Entscheidung führen (BVerfG NVwZ 1993, 975, 976). Das Fehlen einer Begründung kann zudem Behinderung einer Partei bei ihrer Rechtsverfolgung sein. Ihr wird die Grundlage zur Einlegung von Rechtsmitteln und dem Rechtsmittelgericht für eine tatsächliche und rechtliche Beurteilung genommen, sodass gegen den in Art. 6 Abs. 1 EMRK niedergelegten Grundsatz des fairen Verfahrens verstoßen wird.[30]

22   **d) Inhalt und Form der Begründung.**   Die „Gründe" müssen erkennen lassen, welche Überlegungen für die richterliche Überzeugung in tatsächlicher und rechtlicher Hinsicht maßgeblich waren (BVerwG

---

28   Ebenso *Kopp/Schenke* § 122 Rn. 6; a.A. *B. Clausing*, in: Schoch/Schneider/Bier § 122 Rn. 8 mit Bezug auf diese Differenzierung in § 58 Abs. 1, der eine Begründungspflicht nur für Entsch. über ordentliche Rechtsbehelfe bejaht.

29   *K. Rennert*, in: Eyermann § 119 Rn. 6.

30   *R. Lippold*, NJW 1994, 1110.

Buchholz 310 § 130 a VwGO Nr. 21 → § 117 Rn. 82 f.). Der Beschluss ist regelmäßig *schriftlich* zu begründen und zuzustellen. Wird der Beschluss in der mündlichen Verhandlung verkündet, kann die Begründung zu Protokoll erklärt werden.[31] Dieses Verfahren bietet sich bei Beschlüssen an, die wegen Unanfechtbarkeit gem. § 146 Abs. 2 nicht zugestellt werden müssen. Eine nur mündliche Begründung ohne eine Protokollaufnahme kann nicht genügen, weil dem Rechtsmittelgericht dann eine Nachprüfung der Beschlussentscheidung unmöglich ist (OVG Münster NVwZ 1988, 370). Zur Begründung eines Beschlusses kann auf eine genau bezeichnete andere Entscheidung verwiesen werden.[32] Ebenso zulässig ist, die Begründung aus einem anderen Verfahren wiederzugeben und sich diese zu eigen zu machen.[33] Es ist insbes. mit § 122 Abs. 2 S. 2 vereinbar, in entsprechender Anwendung von § 117 Abs. 5 im Verfahren des einstweiligen Rechtsschutzes zur weiteren Begründung pauschal auf die Darlegungen des Widerspruchsbescheids zu verweisen. Dies gilt jedenfalls, wenn sich der Kern der Begründung aus dem angefochtenen Beschluss selbst ergibt. (VGH Mannheim NuR 2003, 101)

e) Begründungserleichterungen. Für Rechtsmittelentscheidungen gelten die *Begründungserleichterung* 23 des Abs. 2 S. 3. Hier gelten die zu den Vereinfachungs- und Verweisungsmöglichkeiten für die Entscheidungsgründe des Urteil nach § 117 Abs. 5 gemachten Ausführungen entsprechend (→ § 117 Rn. 16, 77 ff.).

---

31 Unstr. *Happ*, in: Eyermann § 122 Rn. 7; *Kopp/Schenke* § 122 Rn. 7; *M. Redeker*, in: Redeker/v. Oertzen § 122 Rn. 3.
32 OVG Bln 15.10.1999 – 4 SN 32.99 (Bezugnahme auf Urt. v. gleichen Tag im selben Verfahren); OVG LSA 12.1.1998 – B 2 S 432/97 (Bezugnahme auf unwesentlich später zugestellte Entsch. im „Massenverfahren"); OVG Münster 30.8.1999 – 3 B 1415/99 (ebenso Bezugnahme auf Urt. v. gleichen Tag im selben Verfahren); VGH Mannheim NVwZ-RR 2001, 545. Der VGH München hält es in seinem Beschl. v. 10.7.2006 – 1 CS 06.407, juris Rn. 4 ebenso wenig für bedenklich, „wenn sich das Gericht den Inhalt eines in demselben Verfahren ergangenen Schreibens des Berichterstatters, das alle Beteiligten erhalten haben, zur näheren Begründung eines Teils seiner Entscheidung zu eigen macht."
33 Vgl. OVG Bautzen 27.3.2014 – 2 B 519/13, juris Rn. 10.

§ 123 [Erlass einstweiliger Anordnungen]

(1) [1]Auf Antrag kann das Gericht, auch schon vor Klageerhebung, eine einstweilige Anordnung in bezug auf den Streitgegenstand treffen, wenn die Gefahr besteht, daß durch eine Veränderung des bestehenden Zustands die Verwirklichung eines Rechts des Antragstellers vereitelt oder wesentlich erschwert werden könnte. [2]Einstweilige Anordnungen sind auch zur Regelung eines vorläufigen Zustands in bezug auf ein streitiges Rechtsverhältnis zulässig, wenn diese Regelung, vor allem bei dauernden Rechtsverhältnissen, um wesentliche Nachteile abzuwenden oder drohende Gewalt zu verhindern oder aus anderen Gründen nötig erscheint.

(2) [1]Für den Erlaß einstweiliger Anordnungen ist das Gericht der Hauptsache zuständig. [2]Dies ist das Gericht des ersten Rechtszugs und, wenn die Hauptsache im Berufungsverfahren anhängig ist, das Berufungsgericht. [3]§ 80 Abs. 8 ist entsprechend anzuwenden.

(3) Für den Erlaß einstweiliger Anordnungen gelten §§ 920, 921, 923, 926, 928 bis 932, 938, 939, 941 und 945 der Zivilprozeßordnung entsprechend.

(4) Das Gericht entscheidet durch Beschluß.

(5) Die Vorschriften der Absätze 1 bis 3 gelten nicht für die Fälle der §§ 80 und 80 a.

Schrifttum

1. Monographien und Beiträge in Sammelwerken: *B. Bender*, Die einstweilige Anordnung (§ 123 VwGO), in: FS Menger, 1985, 657; *W. Buck*, Die Europäisierung des verwaltungsgerichtlichen vorläufigen Rechtsschutzes, 2000; *B. Burkholz*, Der Untersuchungsgrundsatz im verwaltungsgerichtlichen Eilverfahren, 1988; *U. von Fragstein*, Die Einwirkungen des EG-Rechts auf den vorläufigen Rechtsschutz nach deutschem Verwaltungsrecht, 1997; *G. Haibach*, Gemeinschaftsrecht und vorläufiger Rechtsschutz durch mitgliedstaatliche Gerichte, 1995; *G. Herrmann*, Zur Effektivität verwaltungsgerichtlicher Eilverfahren, in: Rechtsfragen im Spektrum des Öffentlichen. Mainzer FS für Hubert Armbruster, 1976, 341; *F. Krumbacher*, Vorläufiger Rechtsschutz vor nationalen Gerichten in Fällen mit Gemeinschaftsrechtsbezug, 1998; *S. Lehr*, Einstweiliger Rechtsschutz und Europäische Union, 1997; *D. Leipold*, Grundlagen des einstweiligen Rechtsschutzes im zivil-, verfassungs- und verwaltungsgerichtlichen Verfahren, 1971; *J. Limberger*, Probleme des vorläufigen Rechtsschutzes bei Großprojekten, 1985; *C.-F. Menger*, Rechtskraft bei vorläufigem Rechtsschutz?, in: Recht und Staat im sozialen Wandel. FS für Hans Ulrich Scupin, 1983, 847; *M. Minnerop*, Materielles Recht und einstweiliger Rechtsschutz, 1973; *K. Obermayer*, Bemerkungen zur einstweiligen Anordnung im Verwaltungsprozeß, GdS Peters, 1967, 875; *J. Pietzcker*, Richtervorlage im Eilverfahren?, in: Verfassungsrecht im Wandel – Zum 180jährigen Bestehen der Carl Heymanns Verlag KG, 1995, 623; *R. Pitschas*, Vorläufiger Rechtsschutz, in: Rolf Stober (Hrsg.), Rechtsschutz im Wirtschaftsverwaltungs- und Umweltrecht, 1993, 118; *Ch. Rohde*, Der vorläufige Rechtsschutz unter dem Einfluß des Gemeinschaftsrechts, 1998; *H. Rohmeyer*, Geschichte und Rechtsnatur der einstweiligen Anordnung im Verwaltungsprozeß und ihre Konsequenzen für die einstweilige Anordnung in Ermessens- und Beurteilungsangelegenheiten, 1967; *M. Ronellenfitsch*, Vorläufiger Rechtsschutz, in: Willi Blümel/Wolfgang Bernet (Hrsg.), Verwaltungsverfahrensrecht und Verwaltungsprozeßrecht, 1990, 121; *T. Schmitt*, Richtervorlage im Eilverfahren?, 1997; *F. Schoch*, Vorläufiger Rechtsschutz und Risikoverteilung im Verwaltungsrecht, 1988; *ders.*, Die Europäisierung des verwaltungsgerichtlichen Rechtsschutzes, 2000; *J. Schuy*, Vorläufiger Rechtsschutz im atomrechtlichen Genehmigungsverfahren, 1986; *J. Schwarze*, Vorläufiger Rechtsschutz im Widerstreit von Gemeinschaftsrecht und nationalem Verwaltungsverfahrensrecht, in: Europarecht, Energierecht, Wirtschaftsrecht. FS für Bodo Börner, 1992, 389; *K.-P. Sommermann*, Der vorläufige Rechtsschutz zwischen europäischer Anpassung und staatlicher Verschlankung, in: Planung – Recht – Rechtsschutz. FS für Willi Blümel, 1999, 523; *C. Tomuschat*, Völkerrechtliche Grundlagen der Verwaltungsgerichtsbarkeit, in: Rechtsstaat zwischen Sozialgestaltung und Rechtsschutz. FS für Konrad Redeker, 1993, 273; *M. Tonne*, Effektiver Rechtsschutz durch staatliche Gerichte als Forderung des europäischen Gemeinschaftsrechts, 1997; *S. Vogg*, Einstweiliger Rechtsschutz und vorläufige Vollstreckbarkeit, 1991; *M. Weber*, Vorläufiger Rechtsschutz bei subventionsrechtlichen Konkurrentenklagen im Verwaltungsprozeßrecht der Bundesrepublik Deutschland und im Prozeßrecht der Europäischen Gemeinschaften, 1990; *W. Wieseler*, Der vorläufige Rechtsschutz gegen Verwaltungsakte, 1967; *A. Windoffer*, Die Klärungsbedürftigkeit und -fähigkeit von Rechtsfragen in verwaltungsgerichtlichen Verfahren des einstweiligen Rechtsschutzes, 2005.

2. Beiträge in Zeitschriften: *H.-P. Adolf*, Verwaltungsprozeßrecht: Effektiver Rechtsschutz bei einstweiligen Anordnungen nach § 123 VwGO, JA 1990, 29; *C. Bamberger*, Die verwaltungsgerichtliche vorläufige Einstellung genehmigungsfreier Bauvorhaben, NVwZ 2000, 983; *G. Beaucamp*, Neues zum Rechtsschutz gegen die verbindliche Schulwahlempfehlung, NVwZ 2009, 280; *H. Bickel*, Vorläufiger Rechtsschutz und materielles Verwaltungsrecht, DÖV 1983, 49; *W. Bock*, Die Verfahrensbeschleunigung im Baurecht und der Nachbarschutz, DVBl 2006, 12; *G. Borges*, Der Nachbarschutz im Freistellungsverfahren, DÖV 1997, 900; *C.-D. Bracher*, Vorläufiger Rechtsschutz im Streit um Beförderungsplanstellen und Beförderungsdienstposten, ZBR 1989, 139; *ders.*, Abbau des einstweiligen Rechtsschutzes im Konkurrentenstreit um Funktionsämter, DVBl 2016, 1236; *C. Braun*, Unzulässigkeit der (weiteren) Beschwerde gem. § 17 a IV GVG in Eilverfahren?, NVwZ 2007, 49; *I. Brinker*, Vorläufiger Rechtsschutz im nationalen Gerichtsverfahren und Europarecht, NJW 1996, 2851; *R. Brühl*, Vorläufiger Rechtsschutz im Verwaltungsstreitverfahren – Vorläufiger Rechtsschutz über § 123 VwGO, JuS 1995, 916; *J.-D. Busch*, Nochmals: Vorläufiger Rechtsschutz und materielles Verwaltungsrecht, DÖV 1983, 623; *C. D. Classen*, Strukturunterschiede zwischen deutschem und europäischem Verwaltungsrecht, NJW

1995, 2457; *W. Dänzer-Vanotti*, Der Gerichtshof der Europäischen Gemeinschaften beschränkt vorläufigen Rechtsschutz, BB 1991, 1015; *ders.*, Unzulässige Rechtsfortbildung des Europäischen Gerichtshofs, RIW 1992, 733; *C. Degenhart*, Genehmigungsfreies Bauen und Rechtsschutz des Nachbarn, NJW 1996, 1433; *O. Deinert*, Frauenförderung beim Zugang zu Ämtern – Beamtenrechtlicher Konkurrentenstreit als Möglichkeit des Rechtsschutzes für nichtberücksichtigte Bewerber, RiA 1996, 5; *M. Dombert*, Zeitnaher, effektiver Rechtsschutz?, SächsVBl 1995, 73; *C.-C. Dressel*, Gedanken zur Reform des vorläufigen Rechtsschutzes, BayVBl 1995, 388; *H.-U. Erichsen*, Die einstweilige Anordnung nach § 123 VwGO, Jura 1984, 644; *W. Ewer/M. Schürmann*, Zur Zulässigkeit der Zustellung verwaltungsgerichtlicher Eilentscheidungen im Telekommunikationsweg, NVwZ 1990, 336; *K. Finkelnburg*, Einstweiliger Rechtsschutz nach dem Entwurf einer Verwaltungsprozeßordnung, NVwZ 1982, 414; *H. G. Fischer*, Rechtsschutz der Bürger bei Einwohneranträgen sowie Bürgerbegehren und Bürgerentscheid, DÖV 1996, 181; *H.-G. Franzke*, Grundstrukturen des Anordnungsverfahrens, NWVBl 1993, 321; *M. Fröhlinger*, Zum vorläufigen Rechtsschutz in verwaltungsgerichtlichen Massenverfahren, DÖV 1983, 363; *J. Froese/S. Kempny/B. Schiffbauer*, Verfassungsgerichtliches Verwerfungsmonopol und effektiver Rechtsschutz, DÖV 2017, 261; *A. Göpfert*, Über die Notwendigkeit einer analogen Anwendung von § 113 Abs. 1 S. 4 VwGO, ThürVBl 1999, 182; *H. Goerlich*, Vorlagepflicht und Eilverfahren, JZ 1983, 57; *H. v. Golitschek*, Einstweiliger Rechtsschutz bei beamtenrechtlichen Auswahlentscheidungen, ThürVBl 1996, 1; *W. Grunsky*, Grundlagen des einstweiligen Rechtsschutzes, JuS 1976, 277; *ders.*, Der einstweilige Rechtsschutz im öffentlichen Recht, JuS 1977, 217; *H. Günther*, Einstweiliger Rechtsschutz im Vorfeld der Beförderung, NVwZ 1986, 697; *G. Haibach*, Überlegungen zu einer Reform des vorläufigen Rechtsschutzes, ZRP 1996, 173; *ders.*, Vorläufiger Rechtsschutz im Spannungsfeld von Gemeinschaftsrecht und Grundgesetz, DÖV 1996, 60; *G. Haurand/J. Vahle*, Das Eilverfahren in der VwGO, VR 1992, 117; *R. Hauser*, Europarecht im deutschen Verwaltungsprozeß (3): Vorläufiger Rechtsschutz und Gemeinschaftsrecht, VBlBW 2000, 377; *G. Henn*, Zur aktuellen Problematik von Eignungsüberprüfung, Entziehung der Fahrerlaubnis und vorläufigem Rechtsschutz, NJW 1993, 3169; *A. Herbert/P. Keckemeti/K. Dittrich*, Die neue Hessische Bauordnung (HBO 1993) – Umweltschutz und Verfahrensbeschleunigung?, ZfBR 1995, 67; *K. Herrmann*, Neue Ansätze bei der Dienstpostenkonkurrenz – und warum sie nicht funktionieren, NVwZ 2017, 105; *C. Heydemann*, Der Vorrang einer behördlichen Entscheidung vor dem einstweiligen Rechtsschutz durch das Verwaltungsgericht, NVwZ 1993, 419; *R. Hörtnagl/R.-C. Stratz*, Die Neuordnung des vorläufigen Rechtsschutzes durch das 4. VwGOÄndG, VBlBW 1991, 326; *G. Hofe/A. Müller*, Wandel der Staatsfunktionen – Wandel im Verwaltungsverfahren und Verwaltungsprozeß, BayVBl 1995, 225; *J. Holzheuser*, Die Rechtswegverweisung in den verwaltungsgerichtlichen Eilverfahren, DÖV 1994, 807; *M. Hong*, Verbot der endgültigen und Gebot der vorläufigen Vorwegnahme der Hauptsache im verwaltungsgerichtlichen Eilverfahren, NVwZ 2012, 468; *H. Huba*, Grundfälle zum vorläufigen Rechtsschutz nach der VwGO – Die einstweilige Anordnung, JuS 1990, 983; *B. Huber*, Prozessuale Besonderheiten asylrechtlicher Eilverfahren auf Gestattung der Einreise, NVwZ 1994, 138; *H. Jäde*, Verfahrensfragen der neuen Landesbauordnungen, UPR 1995, 81; *O.-W. Jakobs*, Der vorläufige Rechtsschutz im Prüfungsrecht, VBlBW 1984, 129; *A. Jannasch*, Vorläufiger Rechtsschutz und Europarecht, VBlBW 1997, 361; *ders.*, Einwirkungen des Gemeinschaftsrechts auf den vorläufigen Rechtsschutz, NVwZ 1999, 495; *M. Jaroschek*, Formen des Rechtsschutzes bei kommunalen Bürgerbegehren, BayVBl 1997, 39; *R. Joliet*, Protection juridictionelle provisoire et droit communautaire, RDE 1992, 253; *S. Kadelbach*, Gemeinschaftsrecht und (vorläufiger) verwaltungsgerichtlicher Rechtsschutz, KritVj 1999, 378; *M. Kamp*, Das gerichtliche Abänderungsverfahren im einstweiligen Rechtsschutz – insbesondere sein Verhältnis zum Beschwerdeverfahren, NWVBl 2005, 248; *B. Kienemund*, Das Gesetz zur Bereinigung des Rechtsmittelrechts im Verwaltungsprozess, NJW 2002, 1231; *R. Koch*, Zur Vorlagepflicht nationaler Gerichte an den EuGH in Verfahren des vorläufigen Rechtsschutzes, NJW 1995, 2331; *C. Koenig*, Gemeinschaftsrechtliche Unzulässigkeit einstweiliger Regelungsanordnungen gem. § 123 I VwGO im mitgliedschaftlichen Vollzug einer Gemeinsamen Marktorganisation?, EuZW 1997, 206; *C. Koenig/C. Zeiss*, Anmerkung zu EuGH, Urteil v. 26.11.1996 – C-68/95 T. Port GmbH & Co. KG/. Bundesanstalt für Landwirtschaft und Ernährung, JZ 1997, 461; *J. Kokott*, Europäisierung des Verwaltungsprozeßrechts, Verw. 1998, 335; *H. F. Kopp*, Vereinheitlichung und Vereinfachung des vorläufigen Rechtsschutzes gem. §§ 80, 80 a, 113 II 2 und 123 VwGO, ZRP 1993, 457; *H. Korber*, Die vorläufige und formlose (vor allem telefonische) Mitteilung besonders eilbedürftiger verwaltungsgerichtlicher Beschlüsse nach §§ 80 V, 123 VwGO, NVwZ 1983, 85; *J. Kruse*, Vorläufiger Rechtsschutz aufgrund verfassungsrechtlicher Bedenken gegen eine entscheidungserhebliche Norm, NZS 1999, 595; *J. Kühling*, Vereinfachte Glaubhaftmachung im einstweiligen Rechtsschutz konkurrierender Beamter, NVwZ 2004, 656; *W. Kuhla*, Der vorläufige Rechtsschutz im Planfeststellungsverfahren, NVwZ 2002, 542; *ders.*, Typische Probleme des einstweiligen Rechtsschutzes in Prüfungssachen, BRAK-Mitt 1996, 197; *K. Lange*, Fraktionsausschluß kommunaler Mandatsträger und vorläufiger Rechtsschutz – VGH Kassel, NVwZ 1992, 506, und OVG Münster, NVwZ 1993, 399, JuS 1994, 296; *M. Lemke*, Zur Frage des Rechtswegs bei Schadensersatzansprüchen aus § 945 ZPO, wenn ein verwaltungsgerichtliches einstweiliges Anordnungsverfahren zugrunde liegt, DVBl 1982, 989; *H. Leupold*, Keine Letztentscheidungskompetenz des EuGH im Verfahren des einstweiligen Rechtsschutzes, NVwZ 1995, 553; *F. Maaß*, Baugenehmigung durch einstweilige Anordnung nach § 123 VwGO, NVwZ 2004, 572; *D. Mampel*, Baurechtlicher Drittschutz nach der Deregulierung, UPR 1997, 267; *T. Mann/S. Blasche*, Zur Tenorierung verwaltungsrechtlicher Beschlüsse in den Verfahren des vorläufigen Rechtsschutzes, Teil II (Beschlüsse nach §§ 80 a, 123 und 47 VI VwGO), NWVBl 2009, 77; *V. Mehde/S. Hansen*, Das subjektive Recht auf Bauordnungsverfügungen im Zeitalter der Baufreistellung – Eine Bilanz, NVwZ 2010, 14; *K.-J. Melullis*, Aus der Rechtsprechung der Verwaltungsgerichte, MDR 1996, 26; *J. Meyer-Ladewig*, Vorläufiger Rechtsschutz im Entwurf einer Verwaltungsprozeßordnung, DVBl 1982, 117; *W. Michl*, Vorläufiger verwaltungsgerichtlicher Rechtsschutz in der Jacobs gap Maßgabe des Art. 19 I UAbs. 2 EUV, NVwZ 2014, 841; *A. v. Mutius*, Zum Verhältnis zwischen vorläufigem verwaltungsgerichtlichen Rechtsschutz, Wahlprüfungsverfahren und Verwerfungsmonopol des BVerfG gem. Art. 100 Abs. 1 GG, VerwArch 68 (1977), 197; *H.-J. Odenthal*, Strafbewehrter Verwaltungsakt und verwaltungsgerichtliches Eilverfahren, NStZ 1991, 418; *S. Oeter*, Baurechtsvereinbarung, Drittschutz und die Erfordernisse wirksamen Rechtsschutzes, DVBl 1999, 189; *C. Ohler/W. Weiß*, Einstweiliger Rechtsschutz vor nationalen Gerichten und Gemeinschaftsrecht, NJW 1997, 2221; *P. Oliver*, Interim Measures: Some recent developments, CML Rev 29 (1992), 7; *K.-M. Ortloff*, Die Entwicklung des Bauordnungsrechts, NVwZ 1995, 436; *ders.*, Die Entwicklung des Bauordnungsrechts, NVwZ 1999, 955; *L. Papadias*, Interim protection under Community law before the national courts, LIEI 1994/2, 153; *C. Peter*, Konkurrentenrechtsschutz im Beamtenrecht, JuS 1992, 1042; *J. Pietzcker*, Rechtsschutz gegen Nebenbestimmungen – unlösbar?, NVwZ 1995, 15; *R. Pietzner*, Rechtsschutz in der Verwaltungsvollstreckung, VerwArch 84 (1993), 261; *K. Pohl*, Die Begründung von Beamtenverhältnissen und die Beförderung nach sächsischem Beamtenrecht, SächsVBl 1996, 130; *H. Quaritsch*, Die einstweilige Anordnung im Verwaltungsprozeß, VerwArch 51 (1960), 210 und 342; *K. Redeker*, Zur Neuordnung des einstweiligen Rechtsschutzes in der Verwaltungsprozeßordnung, ZRP 1983, 149; *ders.*, Die Neugestaltung des vorläufigen Rechtsschutzes in der Verwaltungsgerichtsordnung, NVwZ 1991, 526; *J. Reimer*, Zur Abänderbarkeit verwaltungsgerichtlicher Entscheidungen im Verfahren des vorläufigen Rechtsschutzes, VBlBW 1986, 291; *L. Renck*, Verwaltungsaktwirkungen, Rechtsmittelwirkungen und vorläufiger

Rechtsschutz, BayVBl 1994, 161; *G. Renner*, Asylfolgeantrag/vorläufiger Rechtsschutz/Zulassungsverfahren, NJ 2000, 165; *B. Retzlaff*, Schadensersatzanspruch des Bauherrn nach ungerechtfertigter Baueinstellung bei Genehmigungsfreiheit?, NJW 1999, 3224; *R. Rieger,* Das Dilemma des „Bewährungsvorsprungs", ZBR 2017, 187; *T. Roeser/A. Hänlein*, Das Abänderungsverfahren nach § 80 VII VwGO und der Grundsatz der Subsidiarität der Verfassungsbeschwerde, NVwZ 1995, 1082; *M. Ronellenfitsch*, Der vorläufige Rechtsschutz im beamtenrechtlichen Konkurrentenstreit, VerwArch 82 (1991), 121; *ders.*, Vorläufiger Rechtsschutz im Verwaltungsprozeß, Staatswissenschaft und Staatspraxis, 1993, 683; *M. Rolshoven*, Baugenehmigung im Eilverfahren?, BauR 2003, 646; *M. Rudek*, Schadensersatz für den Beigeladenen nach erfolglosem Antrag des Mitbewerbers auf einstweilige Anordnung im beamtenrechtlichen Konkurrentenverfahren?, NJW 2003, 3531; *U. Sacksofsky*, Privatisierung des baurechtlichen Nachbarschutzes bei genehmigungsfreien Vorhaben?, DÖV 1999, 946; *W. Sandner*, Probleme des vorläufigen Rechtsschutzes gegen Gemeinschaftsrecht vor nationalen Gerichten, DVBl 1998, 262; *W.-R. Schenke*, Rechtsprechungsübersicht zum Verwaltungsprozeß – Teil 4, JZ 1996, 1155; *ders.*, Der vorläufige Rechtsschutz zwischen Rechtsbewahrung und Flexibilitätsanforderungen, VBlBW 2000, 56; *ders.*, Rechtsschutz bei Auswahlentscheidungen – Konkurrentenklage, DVBl 2015, 137; *S. Schlemmer-Schulte*, Gemeinschaftsrechtlicher vorläufiger Rechtsschutz und Vorlagepflicht, EuZW 1991, 307; *T. I. Schmidt*, Die Tenorierung verwaltungsgerichtlicher Entscheidungen im einstweiligen Rechtsschutz erster Instanz, JA 2002, 885; *H. Schnellenbach*, Zum vorläufigen Rechtsschutz bei der Einstellungs- und Beförderungsamts-Konkurrenz, NVwZ 1990, 637; *ders.*, Konkurrenzen um Beförderungsämter – geklärte und ungeklärte Fragen, ZBR 1997, 169; *U. Schliesky*, Eilrechtsschutz gegen die Beanstandung eines Ratsbeschlusses durch den Bürgermeister, NordÖR 1998, 100; *F. Schoch*, Der vorläufige Rechtsschutz im 4. VwGO-Änderungsgesetz, NVwZ 1991, 1121; *ders.*, Grundfragen des verwaltungsgerichtlichen vorläufigen Rechtsschutzes, VerwArch 82 (1991), 145; *ders.*, Vorläufiger Rechtsschutz zwischen Vorrang des EG-Rechts, Letztentscheidungsbefugnis des EuGH und Rechtsschutzeffektivität, SGb 1992, 118; *ders.*, Die Europäisierung des vorläufigen Rechtsschutzes, DVBl 1997, 289; *ders.*, Europäisierung der Verwaltungsgerichtsordnung, VBlBW 1999, 241; *ders.*, Der verwaltungsprozessuale vorläufige Rechtsschutz (Teil III): Die einstweilige Anordnung, Jura 2002, 318; *B. Schütze*, Vorläufiger Rechtsschutz im Folgeantragsverfahren, insbesondere wenn keine neue Abschiebungsandrohung erlassen wird (§ 71 Abs. 5 AsylVfG), VBlBW 1995, 346; *S. Schulte*, Das Kenntnisgabeverfahren in der neuen LBO für Baden-Württemberg, DÖV 1996, 551; *W. F. Spieth/M. Hamer*, Eilrechtsschutz gegen behördliche Zuteilungsentscheidungen im Rahmen des Emissionshandels, DVBl 2005, 1541; *H. Strauß*, Vorläufiger Rechtsschutz gegen die Abschiebung, VBlBW 1995, 422; *D. Triantafyllou*, Zur Europäisierung des vorläufigen Rechtsschutzes, NVwZ 1992, 129; *M. Uechtritz*, Nachbarrechtsschutz bei der Errichtung von Wohngebäuden im Freistellungs-, Anzeige- und vereinfachten Verfahren, NVwZ 1996, 640; *ders.*, Vorläufiger Rechtsschutz eines Nachbarn bei genehmigungsfreigestellten Bauvorhaben – Konkurrenz zwischen Zivil- und Verwaltungsprozeß?, BauR 1998, 719; *R. Urban*, Eingeschränkte Verwerfungskompetenz der Verwaltungsgerichte im Eilverfahren gem. § 123 VwGO, NVwZ 1989, 433; *J. Vahle*, Grundzüge des vorläufigen Rechtsschutzes, DVP 2000, 91; *S. Vogg*, Einstweilige Feststellungsverfügung?, NJW 1993, 1357; *R. Voss*, Einstweiliger Rechtsschutz bei Zweifeln an der Gültigkeit von europäischem Gemeinschaftsrecht, RIW 1994, 417; *S. Weber*, Bauvorbescheid und vorläufiger Rechtsschutz, DVBl 2010, 958; *C. Wefelmeier*, Probleme des Rechtsschutzes bei Bürgerbegehren und Bürgerentscheid, NdsVBl 1997, 31; *R. Wernsmann*, Die beamtenrechtliche Konkurrentenklage – Zum Ausgleich von Ämterstabilität und effektivem Rechtsschutz, DVBl 2005, 276; *B. Wittkowski*, Die Konkurrentenklage im Beamtenrecht (unter besonderer Berücksichtigung des vorläufigen Rechtsschutzes), NJW 1993, 817; *ders.*, Ansätze zur Lösung praktischer Probleme bei beamtenrechtlichen Konkurrentenanträgen, NVwZ 1995, 345; *J. Ziekow*, Der Fraktionsausschluß im Kommunalrecht: Zulässigkeit und vorläufiger Rechtsschutz, NWVBl 1998, 297; *W. Zimmerling/R. Brehm*, Der vorläufige Rechtsschutz im Prüfungsrecht, NVwZ 2004, 651; *W. Zimmerling/R. Brehm*, Vorläufiger Rechtsschutz im Prüfungsrecht, DVBl 2001, 27; *B. Zloch*, Genehmigungsfreies Bauen und Rechtsschutz, SächsVBl 1996, 45.

I. Entstehungsgeschichte

Mit Inkrafttreten der VwGO am 1.4.1960 wurde die einstweilige Anordnung erstmals bundeseinheit- [1]
lich normiert. In den nach dem II. Weltkrieg erlassenen Verwaltungsgerichtsgesetzen war die einstweilige Anordnung zuvor nur in § 64 VGG RP[1] und § 30 BVerwGG (Gesetz über das BVerwG vom
23.9.1952, BGBl I 625) geregelt gewesen. In den übrigen Ländern herrschte über die Zulässigkeit der
einstweiligen Anordnung Uneinigkeit. Mit Rücksicht auf das Rechtsschutzgebot des Art. 19 Abs. 4
GG gewährten allerdings die meisten Verwaltungsgerichte auch dort nach und nach vorläufigen
Rechtsschutz durch einstweilige Anordnung. Zu diesem Zweck griffen sie auf die Bestimmungen der
§§ 935 ff. ZPO zurück und knüpften dabei entweder an eine in den Verwaltungsgerichtsgesetzen vorhandene generelle Verweisung auf die ZPO an oder – wo eine solche Verweisung fehlte – wendeten die
Normen der ZPO analog an.[2] Bei Schaffung der VwGO von 1960 ließ sich der Gesetzgeber von diesen Entwicklungen in der Rspr. leiten und übernahm in § 123 Abs. 1 die Tatbestände der §§ 935
und 940 ZPO, ohne allerdings nähere Überlegungen zu ihrer Tauglichkeit für das öffentliche Recht
anzustellen.[3] Der Gesetzgeber gestaltete das Verfahren in der VwGO nicht eigens aus, sondern verwies

---

1 Landesgesetz über die Verwaltungsgerichtsbarkeit für Rheinland-Pfalz vom 14.4.1950, GVBl 103.
2 Zu den Einzelheiten *W. Wieseler*, Der vorläufige Rechtsschutz, 1967, 166 ff.; s.a. *H. Quaritsch*, VerwArch 51 (1960),
  210 ff.
3 Dazu die Begründung zum Gesetzentwurf BT-Drs. III/55, 44. Zur Kritik *H. Quaritsch*, VerwArch 51 (1960), 210,
  230 f.; *K. Redeker*, ZRP 1983, 149, 150.

in § 123 Abs. 3 auf Normen der ZPO.[4] Lediglich den Begriff „einstweilige Verfügung" der ZPO ersetzte er durch „einstweilige Anordnung" als „der öffentlich rechtlichen Terminologie besser entsprechend" (BT-Drs. III/55, 44).

2   Im Gegensatz zu § 80 (→ § 80 Rn. 2 ff.) erfuhr der Wortlaut des § 123 in den Folgejahren nur wenige Änderungen. Zur Verfahrensbeschleunigung und zur Entlastung der Gerichte suspendierte Art. 2 § 3 des EntlG 1978[5] § 123 Abs. 4 i.V.m. §§ 924, 925 ZPO, wonach gegen eine einstweilige Anordnung Antrag auf mündliche Verhandlung gestellt werden konnte und gegen das Urteil anschließend das Rechtmittel der Berufung gegeben war. Nach Art. 2 § 3 EntlG hatte die Entscheidung des Gerichts nunmehr durch Beschluss zu ergehen, gegen den dem Betroffenen das *Rechtsmittel der Beschwerde* zustand. Das 4. VwGOÄndG[6] überführte diese bis 1992 verlängerte[7] Regelung des EntlG schließlich als Dauerrecht in § 123 Abs. 4. Nachdem das 4. VwGOÄndG die vorher in § 80 Abs. 7 geregelte Entscheidungsmöglichkeit durch den Vorsitzenden nach § 80 Abs. 8 verschoben hatte, ersetzte es aus redaktionellen Gründen die bisherige Verweisung in § 123 Abs. 2 S. 3 „§ 80 Abs. 7" durch „§ 80 Abs. 8". Mit dem 4. VwGOÄndG wurde weiter § 123 Abs. 5 neu gefasst und die Anwendung des § 123 Abs. 1–3 in den Fällen der §§ 80, 80 a ausdrücklich ausgeschlossen. Damit wurde gegenüber der zu Unklarheiten Anlass gebenden vorherigen Fassung[8] verdeutlicht, dass auch beim Verwaltungsakt mit Doppelwirkung zur Sicherung der Rechte des Dritten eine einstweilige Anordnung nicht in Betracht kommt.[9]

3   Die nach § 146 auch gegen gerichtliche Entscheidungen in Verfahren des vorläufigen Rechtsschutzes grds. gegebene *Beschwerde* wurde durch Einführung und spätere Änderung des § 146 Abs. 4 *eingeschränkt*. Zunächst schloss § 146 Abs. 4 i.d.F. des Art. 9 Nr. 6 des Gesetzes zur Entlastung der Rechtspflege vom 11.1.1993 (BGBl I 50) die Beschwerde aus, wenn im Hauptsacheverfahren die Berufung nach § 133 Abs. 2 der Zulassung bedürfte. Das 6. VwGOÄndG führte in §§ 124, 124 a die allgemeine Zulassungsberufung ein und änderte auch § 146 Abs. 4 dahingehend, dass die Beschwerde vom OVG in entsprechender Anwendung der Zulassungsgründe des § 124 Abs. 2 zugelassen werden musste.

4   Art. 1 Nr. 19 b) und c) RmBereinVpG[10] beseitigte die *Zulassungsbeschwerde* wieder. Allerdings wurde § 146 Abs. 4 neu gefasst und stellt bei verlängerter Begründungsfrist (S. 1) erhöhte Anforderungen an die Begründung einer Beschwerde in Verfahren des vorläufigen Rechtsschutzes (S. 3). Bei einem Begründungsmangel ist die Beschwerde unzulässig (S. 4). Diese Regelung beruht auf einem im Vermittlungsausschuss gefundenen Kompromiss.[11] Die Bundesregierung hatte in ihrem Gesetzentwurf zunächst die ersatzlose Streichung der Abs. 4–6 des § 146 vorgeschlagen, da sich die Zulassungsbeschwerde in der Praxis nicht bewährt habe (BT-Drs. 14/6393, 14). Der Bundesrat sah hingegen in der Zulassungsbeschwerde eine Entlastung der Gerichte und wollte sie zumindest für die Verfahren des vorläufigen Rechtsschutzes beibehalten (BR-Drs. 906/01 [Beschluss], 6).

II. § 123 im System des vorläufigen Rechtsschutzes

5   § 123 gibt in seinem Anwendungsbereich dem Betroffenen einen Rechtsbehelf an die Hand, damit dieser Nachteile aufgrund behördlichen Handelns oder Unterlassens bereits vor rechtskräftigem Abschluss des Hauptsacheverfahrens abwehren kann. Zweck des § 123 ist es, *für den Zeitraum bis zur Entscheidung des Gerichts in der Hauptsache eine Zwischenregelung* in Form einer gerichtlichen Anordnung zu erreichen. Eine solche Zwischenregelung des Gericht ist für die Fälle geboten, in denen bei bloßem Abwarten die Gefahr bestünde, dass vollendete Tatsachen geschaffen würden, die durch die Hauptsacheentscheidung nicht mehr oder nur schwer rückgängig gemacht werden könnten. *§ 123 ergänzt den vorläufigen Rechtsschutz, den die §§ 80, 80 a und 80 b gegenüber Einzelakten der Verwal-*

---

4   Zu den unklaren Motiven des Gesetzgebers B. *Burkholz*, Der Untersuchungsgrundsatz, 1988, 52, 56.

5   Gesetz zur Entlastung der Gerichte in der Verwaltungs- und Finanzgerichtsbarkeit vom 31.3.1978, BGBl I 446.

6   Viertes Gesetz zur Änderung der VwGO vom 17.12.1990, BGBl I 2809.

7   Änderungen und Verlängerungen erfolgten durch Gesetz vom 22.12.1983, BGBl I 1515, Gesetz vom 4.7.1985, BGBl I 1274, und Gesetz vom 6.12.1990, BGBl I 2587.

8   Zu den Meinungsverschiedenheiten um die Auslegung des § 123 Abs. 5 a.F. s. F. *Schoch*, Vorläufiger Rechtsschutz, 1988, 1095 ff. m.w.N.

9   Dazu die Begründung der Bundesregierung zu § 123 im Entwurf des 4. VwGOÄndG, BT-Drs. 11/7030, 31.

10   Gesetz zur Bereinigung des Rechtsmittelrechts im Verwaltungsprozess (RmBereinVpG) vom 20.12.2001, BGBl I 3987.

11   B. *Kienemund*, NJW 2002, 1231, 1234.

tung bieten (zum System des vorläufigen Rechtsschutzes auch → § 80 Rn. 6). Während der vorläufige Rechtsschutz der §§ 80, 80 a, 80 b darauf gerichtet ist, die sofortige Vollziehung eines belastenden Verwaltungsakts durch aufschiebende Wirkung zu verhindern, ermöglicht § 123 den gerichtlichen Erlass einer einstweiligen Anordnung in allen anderen Fällen, in denen der Antragsteller durch eine Handlung oder Unterlassung der Verwaltung eine Belastung erleidet oder ihm eine Begünstigung versagt wird. Für den *vorläufigen Rechtsschutz im Bereich der Normenkontrolle gegen rechtssatzförmiges Verwaltungshandeln* enthält *§ 47 Abs. 6 eine Spezialregelung* zum Erlass einstweiliger Anordnungen (→ Rn. 40 und → § 47 Rn. 384).

III. Verfassungsrechtliche Vorgaben

1. Pflicht zur Gewährung effektiven gerichtlichen Rechtsschutzes. Nachdem Art. 19 Abs. 4 GG i.V.m. 6 dem Rechtsstaatsprinzip und weiteren betroffenen Grundrechten (→ § 80 Rn. 7) nicht nur die Möglichkeit zur Anrufung von Gerichten, sondern auch die *Effektivität des Rechtsschutzes* verlangt,[12] darf der durch die öffentliche Gewalt in seinen subjektiven Rechten Verletzte nicht generell darauf verwiesen werden, den Ausgang des Hauptsacheverfahrens abzuwarten. Wirkt sich Handeln oder Unterlassen der Verwaltung bereits vor Erlass der rechtskräftigen verwaltungsgerichtlichen Entscheidung negativ für den Bürger aus, muss ihm für diesen Zeitraum der Weg zu einer schnellen gerichtlichen Zwischenentscheidung eröffnet werden, wenn ihm ansonsten durch bloßen Zeitablauf nicht mehr oder nur schwer rückgängig zu machende Nachteile entstünden. Diese verfassungsrechtliche Anforderung an effektiven gerichtlichen Rechtsschutz setzt die VwGO um für Rechtsverletzungen durch sofort vollziehbare belastende Verwaltungsakte in den Verfahren nach §§ 80 Abs. 5, 80 a Abs. 3 und 80 b Abs. 3 sowie für Rechtsverletzungen durch Satzungen nach dem BauGB und untergesetzliche Normen des Landesrechts im Verfahren nach § 47 Abs. 6. Für andere Rechtsverletzungen ergänzt die einstweilige Anordnung des § 123 diese Rechtsschutzformen, hat insoweit also Auffangfunktion.

Allerdings verlangt Art. 19 Abs. 4 GG die *Gewährung vorläufigen Rechtsschutzes nicht ausnahmslos.* 7 Besonders gewichtige und überwiegende öffentliche oder private Belange können es rechtfertigen, den Rechtsschutzanspruch des Einzelnen einstweilen zurückzustellen. Ob dies der Fall ist, lässt sich nur im Einzelfall durch eine Abwägung der öffentlichen und der beteiligten privaten Interessen feststellen. Der Rechtsschutzanspruch des Betroffenen ist allerdings umso stärker, je schwerer die dem Bürger auferlegte Belastung ist und je mehr die behördliche Maßnahme Unabänderliches bewirkt (diese Abwägung erfolgt bei § 123 i.R.d. Anordnungsgrundes, → Rn. 84).[13]

2. Verfassungsrechtliche Gleichwertigkeit des vorläufigen Rechtsschutzes nach § 123 und nach 8 **§§ 80 ff.** Beim vorläufigen gerichtlichen Rechtsschutz gegenüber Einzelakten der Verwaltung befindet sich der Antragsteller bei sog. *Anfechtungssachen* (Rechtsverletzung durch die öffentliche Gewalt mittels einer belastenden Maßnahme) in einem Verfahren nach §§ 80–80 b *in einer günstigeren Position* als der Antragsteller in sog. *Vornahmesachen* (Rechtsverletzung durch Ablehnung oder Unterlassung einer beantragten Amtshandlung)[14] in einem Verfahren nach § 123. Erfolg oder Misserfolg eines Antrags können daher durchaus von den im Einzelfall anzuwendenden Normen abhängen. Die §§ 80 ff. stellen den Betroffenen schon deshalb günstiger, weil nur gegen sofort vollziehbare Verwaltungsakte ein vorläufiges Rechtsschutzverfahren erforderlich wird, im Übrigen der Widerspruch oder die Anfechtungsklage nach § 80 Abs. 1 automatisch die aufschiebende Wirkung hervorruft. Hat der Gesetzgeber den Verwaltungsakt nicht bereits mit sofortiger Vollziehbarkeit ausgestattet, kann die Verwaltung den Sofortvollzug nur wirksam anordnen, wenn sie die in § 80 Abs. 2 S. 1 Nr. 4 zum Schutz des Bürgers aufgestellte Hürde eines besonderen Interesses gerade am Sofortvollzug überwindet (→ § 80 Rn. 10, 83 ff.). In einem Verfahren nach § 80 Abs. 5 muss die Behörde das Bestehen eines solchen Interesses darlegen, wohingegen die Darlegungslast im Verfahren nach § 123 beim Antragsteller liegt (im Einzelnen → Rn. 91). Ein weiterer Nachteil des Verfahrens nach § 123 liegt schließlich in möglichen Schadensersatzforderungen, denen sich der Antragsteller ausgesetzt sieht (§ 123 Abs. 3 i.V.m.

---

12 BVerfGE 46, 166, 178; 51, 268, 284; BVerfG NJW 1995, 950, 951; NVwZ 2018, 254.
13 BVerfG DVBl 1996, 196; vgl. auch BVerfGE 79, 69, 75.
14 Zur Definition der Begriffe Anfechtungssachen und Vornahmesachen BVerfGE 46, 166, 178.

§ 945 ZPO), wohingegen die Rechtsschutzverfahren nach §§ 80 ff. auch bei Verwaltungsakten mit Doppelwirkung kein Schadensersatzrisiko kennen (→ § 80 a Rn. 37 f.).

9   Trotz dieser Unterschiede im einfachen Recht sind *die vorläufigen Rechtsschutzverfahren nach §§ 80 ff. und nach § 123 aus verfassungsrechtlicher Sicht gleichwertig.*[15] Wie der Gesetzgeber den Rechtsschutz im Einzelnen ausgestaltet, bleibt grds. ihm überlassen. Das GG fordert lediglich, dem Bürger dort eine rasche gerichtliche Zwischenentscheidung zur Verfügung zu stellen, wo dieser Rechtsschutz notwendig ist, um ihn vor schweren und unzumutbaren, anders nicht abwendbaren Nachteilen zu bewahren.[16] Daraus folgt allein die Pflicht zur Gewährung effektiven Rechtsschutzes, nicht aber, dass dem Bürger auch das einfachrechtlich für ihn vorteilhafteste oder bequemste Verfahren zur Verfügung gestellt wird. So ist es etwa bei belastenden Verwaltungsakten der Einschätzung des Gesetzgebers überlassen, ob er ein öffentliches Interesse an einer sofortigen Vollziehung sieht und deshalb durch Anordnung des Sofortvollzuges dem Betroffenen den besonders günstigen Automatismus der aufschiebenden Wirkung nach § 80 Abs. 1 S. 1 nimmt (→ § 80 Rn. 9). Bei der *Auslegung und Anwendung des § 123* müssen die Gerichte allerdings den Erfordernissen eines effektiven Rechtsschutzes Rechnung tragen und dabei auch die Bedeutung des jeweils betroffenen Grundrechts beachten.[17] Die Aufspaltung des Eilrechtsschutzes in Aussetzungsverfahren nach §§ 80, 80 a einerseits und Anordnungsverfahren nach § 123 andererseits darf außerdem nicht dazu führen, dass ein Eilrechtsschutzbegehren aus prozessualen Gründen weder im einen noch im anderen Verfahren geprüft wird. Eine Handhabung der Verfahrensvorschriften dergestalt, dass der Antragsteller keine gerichtliche Sachprüfung im vorläufigen Rechtsschutzverfahren erreichen kann, ist mit der aus Art. 19 Abs. 4 folgenden Garantie effektiven Rechtsschutzes nicht vereinbar.[18]

10   § 123 Abs. 5 schließt die Anwendung des § 123 Abs. 1–3 in den Fällen der §§ 80, 80 a aus. Nachdem unter dem Blickwinkel des Verfassungsrechts die Verfahren nach §§ 80 ff. und nach § 123 gleichwertig sind, ist aus Sicht des Verfassungsrechts auch nichts gegen die in der VwGO angeordnete *Rangfolge zwischen §§ 80 ff. und 123* einzuwenden. Allerdings gilt dies nur solange und soweit, wie die Anwendung der §§ 80, 80 a dem Betroffenen auch den gebotenen effektiven Rechtsschutz i.S.v. Art. 19 Abs. 4 GG ermöglicht. Ist dies im Einzelfall nicht gesichert, muss trotz grundsätzlicher Anwendbarkeit der §§ 80, 80 a das Gericht eine einstweilige Anordnung nach § 123 Abs. 1 erlassen (VGH Kassel NVwZ-RR 1996, 317, 318).

11   **3. Vorwegnahme der Hauptsache.** Das von Teilen der Rspr. und des Schrifttums vertretene Prinzip, dass mit der einstweiligen Anordnung die Hauptsache nicht vorweggenommen werden dürfe (zum Begriff der Vorwegnahme → Rn. 102 f.), beruht *nicht* auf *verfassungs*rechtlichen Anforderungen. Eine einstweilige Anordnung, die die Hauptsache zugunsten des Antragstellers vorwegnimmt, *kann* unter bestimmten Voraussetzungen im Gegenteil *sogar verfassungsrechtlich geboten sein.* Würde der Antragsteller durch die Versagung vorläufigen Rechtsschutzes in seinen Grundrechten erheblich, über Randbereiche hinausgehend verletzt, erfordert Art. 19 Abs. 4 GG dann eine Vorwegnahme, wenn ansonsten der Antragsteller schwere und unzumutbare, anders nicht abwendbare Nachteile erleiden würde, die durch die spätere Hauptsacheentscheidung nicht mehr nachträglich beseitigt werden könnten.[19] Das BVerfG verlangt hierbei, zunächst den Anordnungsanspruch und damit die Erfolgsaussichten in der Hauptsache zu prüfen. Liegen gewichtige Anhaltspunkte dafür vor, dass die betreffende Einzelmaßnahme der Verwaltung den Antragsteller in einem Grundrecht verletzt, ist dies in die anschließende Prüfung des Anordnungsgrundes einzubeziehen (→ Rn. 97 f.). Droht bei Versagung des vorläufigen Rechtsschutzes nicht nur eine Einschränkung des Grundrechts am Rande, sondern ist eine fortschreitende endgültige Vereitelung der Grundrechtsposition zu befürchten, hat eine einstweilige Anordnung zu ergehen, es sei denn, dass ausnahmsweise überwiegende, besonders wichtige Gründe entgegenstünden, bspw. die Verletzung von Rechten Dritter. Das Gewicht dieser Gründe muss aber so groß sein, dass sie im Vergleich zur drohenden Grundrechtsverletzung Vorrang beanspruchen können (BVerfGE

---

15   BVerfGE 51, 268, 285 f.; VGH München NVwZ 1986, 398, 399; NVwZ-RR 1993, 355.
16   BVerfGE 46, 166, 179 f.; s.a. BVerfGE 79, 69, 74.
17   BVerfGE 79, 69, 74; 93, 1, 13 f.; BVerfG NJW 1995, 950, 951; BayVBl 2000, 47; DVBl 2002, 1112, 1113.
18   BVerfG DVBl 1999, 1204, 1205; s.a. BVerfG NVwZ 2018, 254.
19   BVerfGE 79, 69, 74; 93, 1, 13 f.; BVerfG NJW 1995, 950, 951; vgl. auch BVerfG NVwZ 1999, 866, 867 (zu § 114 Abs. 1 S. 2 FGO); OVG Münster DVBl 1993, 213, 215; OVG Schleswig InfAuslR 1993, 18 f.; vgl. auch OVG Bautzen SächsVBl 1997, 298, 299.

79, 69, 77 f.). Je intensiver und endgültiger die Grundrechtsverletzungen sind, die dem Antragsteller drohen, desto geringere Anforderungen sind an seine Erfolgswahrscheinlichkeit in der Hauptsache zu stellen (OVG Schleswig InfAuslR 1993, 19). Jedenfalls darf *bei drohender erheblicher und irreversibler Grundrechtsverletzung vorläufiger Rechtsschutz nur nach eingehender Prüfung der Sach- und Rechtslage versagt* werden. Reicht die Zeit für eine derart umfangreiche Prüfung nicht aus und ist der *Ausgang der Hauptsache offen*, muss das Gericht seine *Entscheidung auf der Grundlage einer Folgenabwägung* treffen, also bei Gefahr einer schweren und nicht mehr rückgängig zu machenden Grundrechtsverletzung vorläufigen Rechtsschutz gewähren (BVerfG NVwZ 1997, 479, 480).

4. Überschreiten der Hauptsache. In der Rspr. wird teilweise die Auffassung vertreten, dass wegen 12 der Bezogenheit der einstweiligen Anordnung auf die Hauptsache dem Antragsteller mit der einstweiligen Anordnung grds. nicht mehr zugesprochen werden dürfe, als er in der Hauptsache erhalten könnte (ausf. → Rn. 106 ff.). Das Problem einer „überschießenden" einstweiligen Anordnung stellt sich vor allem dann, wenn die Behörde einen Vornahmeantrag abgelehnt hat, sie bei ihrer Entscheidung aber einen Beurteilungsspielraum besaß oder ihr Ermessen eingeräumt war. Mit der Klage in der Hauptsache könnte, wenn keine Ermessensreduzierung auf Null vorliegt, regelmäßig nur eine Neubescheidung gem. § 113 Abs. 5 S. 2, § 114 erreicht werden. Begehrt der Antragsteller im Verfahren nach § 123 eine einstweilige Anordnung, die ihn zumindest vorläufig so stellt, als ob eine ihm günstige Neubescheidung bereits ergangen wäre, z.B. als Beamter seine Umsetzung (BVerwG Buchholz 310 § 123 Nr. 15) oder die Erteilung einer vorläufigen Erlaubnis (OVG Koblenz NJW 1978, 2355, 2356), ginge sein vorläufiges Rechtsschutzbegehren über den Entscheidungsrahmen der Hauptsache hinaus. Für die verfassungsrechtliche Beurteilung einer Überschreitung der Hauptsache müssen allerdings die gleichen Grundsätze gelten wie bei der gerade angesprochenen Vorwegnahme der Hauptsache. Prüfungsmaßstab bilden auch hier das Gebot effektiven Rechtsschutzes und der Schutz gefährdeter Grundrechte. Auch *eine „überschießende" einstweilige Anordnung kann daher dann verfassungsrechtlich geboten sein, wenn anders kein effektiver Rechtsschutz* i.S.v. Art. 19 Abs. 4 GG zu erreichen ist und *ansonsten eine Grundrechtsposition des Antragstellers irreversibel vereitelt* würde.[20] Es kommt hier also ebenso wie bei Vorwegnahme der Hauptsache darauf an, ob sich bei der Prüfung des Anordnungsanspruchs Anhaltspunkte für eine mit der betreffenden Verwaltungsmaßnahme einhergehende Grundrechtsverletzung finden. Bei der Prüfung des Anordnungsgrundes ist sodann danach zu fragen, ob der Antragsteller ohne die vorläufige Regelung faktisch rechtsschutzlos gestellt würde und damit eine endgültige Vereitelung seiner Grundrechtsposition zu befürchten wäre.

5. Einstweilige Anordnung und Vorlagepflicht nach Art. 100 Abs. 1 GG. Zur Aussetzung des Verfah- 13 rens und zur *Vorlage an das BVerfG nach Art. 100 Abs. 1 GG* ist ein Fachgericht in einem Verfahren nach § 123, wenn es um die Verfassungsmäßigkeit einer Gesetzesnorm geht, *grds. berechtigt* aber *nicht verpflichtet.* Da es sich bei § 123 um ein selbständiges Verfahren handelt, ist auch in diesem Verfahren eine Richtervorlage zulässig (vgl. BVerfGE 46, 43, 51; OVG Münster NVwZ 1991, 501). Eine Richtervorlage kommt aber auch im vorläufigen Rechtsschutzverfahren nur unter den in Art. 100 Abs. 1 S. 1 GG genannten Voraussetzungen in Betracht, an denen es gerade im Eilverfahren fehlen kann. So muss die Verfassungswidrigkeit der betreffenden Norm zur Überzeugung des Fachgerichts feststehen; bloße Zweifel reichen nicht aus.[21] Bei seinen Überlegungen zur etwaigen Verfassungswidrigkeit einer Norm muss das Gericht sich gerade im Eilverfahren auch mit der Möglichkeit einer verfassungskonformen Auslegung und Anwendung der Norm auseinander setzen (BVerfG NVwZ 1997, 479, 480). Für die Entscheidungserheblichkeit ist auf die *Erheblichkeit der betreffenden Norm für den Ausgang der Hauptsache*[22] abzustellen. Eine solche Erheblichkeit ist für eine Vorlage i.R. des vorläufigen Rechtsschutzverfahrens jedenfalls dann von Belang, wenn es für den Beschluss nach § 123 gerade auf den Ausgang der Hauptsache ankommt. Entscheidet das Gericht wegen der Kürze der verfügbaren

---

20 *R. Brühl,* JuS 1995, 916, 919; *H. Huba,* JuS 1990, 983, 986 f.; *F. Schoch,* Vorläufiger Rechtsschutz, 1988, 1677 f.; i.d.S. wohl auch *M. Dombert,* in: Finkelburg/Dombert/Külpmann Rn. 211.
21 So der Wortlaut von Art. 100 Abs. 1 S. 1 GG im Vergleich zu Art. 100 Abs. 2 GG und Art. 93 Abs. 1 Nr. 2 GG. A.M. *R. Urban,* NVwZ 1989, 433, 435, der eine überwiegende Wahrscheinlichkeit der Verfassungswidrigkeit ausreichen lässt, wobei aber eine nähere Begründung die Voraussetzungen des Art. 100 Abs. 1 GG mit dem Prüfungsmaßstab des BVerfG für einstweilige Anordnungen nach § 32 BVerfGG vermengt.
22 Wenn nicht die Verfassungswidrigkeit des § 123 selbst in Rede steht, dazu *J. Pietzcker,* in: Verfassungsrecht im Wandel, 1995, 623, 637.

Zeit auf der Grundlage einer Folgenabwägung, lässt es dabei die Erfolgsaussichten der Hauptsache gerade außer Betracht (BVerfG NVwZ 1997, 479, 480; → Rn. 100). Die betreffende Norm kann dann nicht entscheidungserheblich sein.[23]

14 Selbst wenn eine Vorlage nach Art. 100 Abs. 1 GG zulässig ist, wird sie *in der Praxis wegen der Eilbedürftigkeit* der einstweiligen Anordnung allerdings *kaum in Betracht kommen*. Denn das Gericht müsste das Verfahren bis zu einer Entscheidung des BVerfG aussetzen. Die Vorlage hätte damit weiteren Zeitverlust zur Folge und dürfte deswegen in aller Regel die Effektivität des Rechtsschutzes gefährden.[24] Im Konflikt zwischen Verwerfungsmonopol des BVerfG und Rechtsschutzgarantie räumt das BVerfG letzterer Vorrang ein, wenn nach den Umständen des Einzelfalles nur durch ein solches Vorgehen dem Betroffenen effektiver Rechtsschutz gewährt werden kann „und die Hauptsache dadurch nicht vorweggenommen wird".[25] Das vom BVerfG neben dem Erfordernis effektiven Rechtsschutzes zusätzlich genannte Kriterium, dass die Hauptsache nicht vorweggenommen werden dürfe, kann jedoch keine Rolle spielen. Zum einen handelt es sich bei dem angeführten Zitat nur um ein obiter dictum. Zum anderen würde sich das BVerfG mit diesem Erfordernis zu seiner eigenen Rspr. in Widerspruch setzen, nach der wegen Art. 19 Abs. 4 GG eine Vorwegnahme der Hauptsache durch eine einstweilige Anordnung gerade geboten sein kann (BVerfGE 79, 69, 74 f., 77 f.; → Rn. 11). Einziges Kriterium bei der Prüfung einer Vorlage*pflicht* nach Art. 100 Abs. 1 GG darf daher die Frage sein, ob durch den Zeitverlust, den Aussetzung und Entscheidung des BVerfG bedeuteten, die Gewährung effektiven Rechtsschutzes beeinträchtigt würde.[26]

15 *Ist eine Richtervorlage mit Rücksicht auf Art. 19 Abs. 4 GG entbehrlich*, hat das Fachgericht im vorläufigen Rechtsschutzverfahren auf der Grundlage seiner eigenen Rechtsansicht zu entscheiden. Darin liegt *keine begrenzte Verwerfungskompetenz*,[27] da es sich im vorläufigen Rechtsschutzverfahren nicht um eine Entscheidung in der Hauptsache selbst, sondern *nur um eine Zwischenregelung für die Zeit bis zur Entscheidung in der Hauptsache* handelt. Die betreffende Norm wird somit vom Fachgericht nicht endgültig mit dem Makel der Verfassungswidrigkeit belegt, sondern nur vorläufig nicht beachtet. Im anschließenden Hauptsacheverfahren muss das Fachgericht die Norm dann nach Art. 100 Abs. 1 GG vorlegen (BVerfGE 86, 382, 389). Verzichtet der Betroffene nach einer vorläufigen Rechtsschutzentscheidung auf die Durchführung des Hauptsacheverfahrens, etwa weil sich die Hauptsache mit Erlass der einstweiligen Anordnung erledigt, kommt es nicht zu der gerade angesprochenen Vorlage an das BVerfG im Hauptsacheverfahren.[28] Zwar kann das dazu führen, dass Fachgerichte eine bestimmte Vorschrift wegen angenommener Verfassungswidrigkeit in vorläufigen Rechtsschutzverfahren ständig nicht anwenden. Darin ist aber kein Verstoß gegen die Verwerfungskompetenz des BVerfG zu sehen.[29] Die Beendigung des Rechtsstreits mit dem vorläufigen Rechtsschutzverfahren erfolgt nicht aus Rechtsgründen, sondern nur *faktisch*, weil sich die Betroffenen mit der vorläufigen Entscheidung zufriedengeben. *Rechtlich* ziehen die Fachgerichte keine dauerhaften Folgerungen aus der angenommenen Verfassungswidrigkeit der Norm.

IV. Europarechtliche Anforderungen

16 **1. Vorgaben des Rechts der Europäischen Union.** Wie bereits im Zusammenhang mit § 80 erläutert (→ § 80 Rn. 13 f.) wird der größte Teil des Unionsrechts nicht durch die Kommission unmittelbar (di-

---

23 *J.-R. Sieckmann*, in: v. Mangoldt/Klein/Starck, GG, Art. 100 Abs. 1, Rn. 56; a.M. *H. Huba*, JuS 1990, 983, 991.
24 Für eine Vorlage nach Art. 100 Abs. 1 GG i.V.m. einem Hängebeschluss *J. Froese/S. Kempny/B. Schiffbauer*, DÖV 2017, 261, 269 f.
25 BVerfGE 86, 382, 389; s.a. BVerfGE 46, 43, 51; BVerfG NVwZ-RR 2014, 369 f.; OVG Münster DVBl 1992, 1372 (In diesem Beschluss nach § 123 gibt das OVG die entsprechende Rechtsauffassung des Berichterstatters des BVerfG wieder.); OVG Münster NVwZ 2017, 807; VGH München DVBl 2013, 461.
26 I.E. ebenso *F. Schoch*, in: Schoch/Schneider/Bier § 123 Rn. 129.
27 I.d.S. aber *R. Urban*, NVwZ 1989, 433, 435.
28 Das BVerfG verlangt hingegen eine Richtervorlage im Eilverfahren, wenn aus *Rechts*gründen kein Hauptsacheverfahren stattfindet und die endgültige Entscheidung im vorläufigen Rechtsschutzverfahren getroffen wird; so BVerfGE 63, 131, 141 f. zum *Sonderfall* eines einstweiligen Verfügungsverfahrens, in dem nach dem anzuwendenden Landesrecht über das Bestehen eines Gegendarstellungsanspruchs abschließend zu entscheiden war.
29 A.M. *Kopp/Schenke* § 123 Rn. 16; *F. Schoch*, in: Schoch/Schneider/Bier § 123 Rn. 129 b, die hier eine Richtervorlage fordern; anders auch *J. Pietzcker*, in: Verfassungsrecht im Wandel, 1995, § 623, 636 f., der das Fachgericht verpflichtet, auf ein Hauptsacheverfahren mit dortiger Vorlage hinzuwirken.

rekt) vollzogen, sondern mittelbar (indirekt) durch nationale Behörden. Nationale Gerichte müssen auch nach EU-Recht (Art. 47 GRC, Art. 19 Abs. 1 UAbs. 2 EUV; → § 80 Rn. 16)[30] effektiven Rechtsschutz sicherstellen. *Für die Gewährung vorläufigen Rechtsschutzes nach § 80 und § 123 gelten nach der Rspr. des EuGH weitgehend gleiche europarechtliche Vorgaben.* Wenn es um die *Vereinbarkeit nationaler Bestimmungen mit dem Europarecht* geht, verlangt der EuGH die Möglichkeit vorläufigen Rechtsschutzes durch das nationale Gericht. Es müsse erforderliche vorläufige Maßnahmen treffen können, um die *volle Wirksamkeit der späteren Gerichtsentscheidung über das Bestehen der den Einzelnen durch Europarecht verliehenen Rechte sicherzustellen.*[31] Die Kriterien, nach denen vorläufiger Rechtsschutz gewährt wird, richteten sich mangels europarechtlicher Vorgaben dabei nach *nationalem Recht.* Der EuGH verlangt lediglich, dass zum einen die nationalen Kriterien für Fälle mit Europarechtsbezug nicht weniger günstig ausgestaltet sind als die für entsprechende Verfahren mit rein innerstaatlichem Bezug (Grundsatz der *Gleichwertigkeit/Äquivalenz*). Zum anderen dürften sie die Ausübung der durch die Europarechtsordnung verliehenen Rechte weder praktisch unmöglich machen noch übermäßig erschweren (Grundsatz der *Effektivität*).[32] Stellt sich in einem Verfahren nach § 123 eine Frage nach der *Auslegung einschlägigen Europarechts,* kann das Gericht die Frage nach Art. 267 AEUV dem EuGH vorlegen, muss es aber nicht (→ § 80 Rn. 17). Hält der deutsche Verwaltungsrichter *eine für den Rechtsstreit entscheidungserhebliche Norm des sekundären Europarechts*[33] *für ungültig,* hindert ihn die Verwerfungskompetenz des EuGH[34] grds. nicht am Erlass einer einstweiligen Anordnung. Das Europarecht gebietet in derartigen Fällen sogar die *Gewährung vorläufigen Rechtsschutzes durch nationale Gerichte im Interesse der Bürger* (EuGH – C-465/93 [Atlanta I], Slg. 1995, I-3761, Rn. 21 f.).

a) Voraussetzungen für den Erlass einstweiliger Anordnungen zur Abwehr von Europarecht. Hat ein   17
nationales Gericht *Zweifel an der Gültigkeit eines Unionsrechtsakts* und will daher eine einstweilige Anordnung erlassen, durch die dieser Rechtsakt vorläufig unanwendbar wird, verlangt der EuGH die Beachtung europarechtlicher Voraussetzungen, an die die nationalen Gerichte wegen der mitgliedstaatlichen Treuepflicht aus Art. 10 Abs. 1 S. 1 EGV (jetzt Art. 4 Abs. 3 UAbs. 2 EUV n.F.) gebunden sind. Nach Ansicht des EuGH komme es für die europarechtlichen Anforderungen nicht darauf an, in welcher Form nationale Gerichte vorläufigen Rechtsschutz gewährten. Das *Europarecht verlangt* also *weitgehend ähnliche Voraussetzungen für die Aussetzung der Vollziehung* eines auf einem Unionsrechtsakt beruhenden nationalen Verwaltungsakts *wie für den Erlass einer einstweiligen Anordnung zur Abwehr von Europarecht* (EuGH – C-465/93 [Atlanta I], Slg. 1995, I-3761, Rn. 28). Zur Begründung für seine Anforderungen an nationale Gerichte zieht der EuGH seine eigenen Befugnisse zur Aussetzung der Durchführung angefochtener Europarechtsakte in Art. 278 AEUV und zum Erlass einstweiliger Anordnungen in Art. 279 AEUV heran und verlangt diesbezüglich Kohärenz des europarechtlichen und des nationalen vorläufigen Rechtsschutzes. Deutsche Verwaltungsgerichte dürften daher einstweilige Anordnungen nur unter den Voraussetzungen treffen, die auch für die Gewährung vorläufigen Rechtsschutzes durch den Gerichtshof selbst gälten.[35] Im Einzelnen verlangt der EuGH von den nationalen Verwaltungsgerichten die Einhaltung folgender Voraussetzungen:

aa) Erhebliche Zweifel. Vorläufige Rechtsschutzgewährung zur Abwehr von Europarecht ist nur zu-   18
lässig, wenn das nationale Gericht aufgrund der vom Antragsteller vorgetragenen sachlichen und rechtlichen Gegebenheiten *erhebliche Zweifel an der Gültigkeit des betreffenden europäischen Rechtsaktes* hegt. Dabei muss das Gericht die Rspr. des EuGH zur Rechtmäßigkeitskontrolle von sekundärem Europarecht berücksichtigen, die den Unionsorganen z.T. große Entscheidungsspielräume zubil-

---

30 *W. Michl,* NVwZ 2014, 841, 845.
31 EuGH – C-432/05 (Unibet), Slg. 2007, I-2271, Rn. 67, 77.
32 EuGH – C-432/05 (Unibet), Slg. 2007, I-2271, Rn. 80 ff.
33 I.S.v. Art. 288 Abs. 2–4 AEUV; zu einer Entscheidung der Kommission OVG Münster NWVBl 1996, 474; NVwZ 2002, 612.
34 Zur Verwerfungskompetenz EuGH – 314/85 (Foto-Frost), Slg. 1987, 4199, Rn. 20.
35 EuGH – C-465/93 (Atlanta I), Slg. 1995, I-3761, Rn. 39 (Weiterentwicklung der Süderdithmarschen-Rechtsprechung des EuGH, → § 80 Rn. 17a); zust. etwa *S. Kadelbach,* KritVj 1999, 378, 398; krit. z.B. *C. Tomuschat,* FS Redeker, 1993, 273, 288 f.; zur verfassungsrechtlichen Unbedenklichkeit der Beachtung dieser Voraussetzungen durch ein OVG s. BVerfG NVwZ 2004, 1346, 1347.

ligt.[36] Dass der EuGH nicht jeden Zweifel ausreichen lässt, sondern erhebliche Zweifel verlangt, begegnet nach Auffassung des BVerfG keinen verfassungsrechtlichen Bedenken, entspreche dies doch den strengen Anforderungen, die auch im innerstaatlichen Bereich für die Aussetzung des Vollzugs von Gesetzen durch das BVerfG gälten. Art. 19 Abs. 4 GG erfordere jedoch, dass sich das deutsche Gericht bei der Beurteilung der Erheblichkeit des Zweifels auch mit dazu ergangenen Entscheidungen von Gerichten anderer Mitgliedstaaten der Union auseinandersetze (BVerfG NVwZ 2004, 1346, 1347).

19   **bb) Vorlagepflicht mit Begründung.** Steht die *Gültigkeit eines europäischen Rechtsaktes in Zweifel*, soll auch im Verfahren nach § 123 jedes deutsche VG – entgegen dem Wortlaut des Art. 267 Abs. 2 und 3 AEUV also auch *jedes nicht-letztinstanzliche Gericht* – die *Pflicht* haben, die Gültigkeitsfrage *dem EuGH vorzulegen*, es sei denn, der EuGH wäre bereits mit der Frage befasst.[37] Der Gerichtshof verlangt nicht, den Rechtsstreit bis zur Entscheidung des EuGH auszusetzen. Die einstweilige Anordnung darf allerdings ihrem Inhalt nach nur vorläufigen Charakter haben und längstens bis zu einer Entscheidung des EuGH getroffen oder aufrechterhalten werden (EuGH – C-465/93 [Atlanta I], Slg. 1995, I-3761, Rn. 38). Die Begründung des Vorabentscheidungsersuchens muss die Zweifel an der Gültigkeit des europäischen Rechtsaktes darlegen.[38]

20   **cc) Dringlichkeit der Entscheidung.** Die nationale vorläufige Rechtsschutzentscheidung muss weiter dringlich sein, d.h. sie muss *erforderlich* sein, *um zu vermeiden*, dass *der Antragsteller einen schweren und nicht wiedergutzumachenden Schaden* erleidet.[39] Dringlichkeit wird vom EuGH nur bejaht, wenn der Schadenseintritt noch vor einer Entscheidung des EuGH über die Vorlagefrage droht. Die Frage, ob ein Schaden nach Erklärung der Ungültigkeit der Unionshandlung nicht wieder gutzumachen ist, hat das nationale Gericht nach den Umständen des Einzelfalls zu beurteilen, wobei ein reiner Geldschaden grds. nicht als irreversibel anzusehen ist.[40] Nachdem der EuGH von einem Erfordernis der Kohärenz zwischen seinen eigenen Befugnissen zur Gewährung vorläufigen Rechtsschutzes und solchen im nationalen Recht ausgeht, ist für weitere Fragen, etwa zum Schadensbegriff und der Schwere des Schadens, auf die Rspr. des EuGH zu seiner eigenen Befugnis zum Erlass einstweiliger Anordnungen nach Art. 279 AEUV zurückzugreifen. Hiernach kann ein Schaden in jeder Art von materiellem oder immateriellem[41] Nachteil bestehen, der in einer nicht nur unwesentlichen Beeinträchtigung der rechtlich geschützten Interessen des Antragstellers liegt (vgl. EuGH – 260/82 R [NSO], Slg. 1982, 4371, Rn. 6 f.).

21   **dd) Überwiegen des Anordnungsinteresses des Antragstellers bei Abwägung mit dem Vollzugsinteresse der Union.** Der EuGH verlangt, dass das nationale Gericht *das Interesse der Union an der Durchführung des Europarechts angemessen berücksichtigt* und insbes. prüft, ob bei vorläufiger Nichtbeachtung des europäischen Rechtsakts diesem nicht jede praktische Wirkung genommen würde.[42] Dabei hat das nationale Gericht auch die kumulative Wirkung zu bedenken, wenn bei gleichgelagerten Fällen andere Gerichte ebenfalls vorläufigen Rechtsschutz gewährten (EuGH – C-465/93 [Atlanta I], Slg. 1995, I-3761, Rn. 44). Das nationale Gericht entscheidet nach seinem innerstaatlichen Verfahrensrecht, auf welchem Weg es sich am besten alle sachdienlichen Informationen zu dem angegriffenen europäischen Rechtsakt beschafft (EuGH – C-334/95, Slg. 1997, I-4517, Rn. 46). Das Gericht kann es dabei für angebracht halten, die Stellungnahme des Unionsorgans einzuholen, dessen Rechtsakt ange-

---

36   EuGH – C-465/93 (Atlanta I), Slg. 1995, I-3761, Rn. 36 f.; als Bsp. einer Entscheidung nach § 123, in der das Bestehen erheblicher Zweifel an einer Kommissionsentscheidung verneint wurde, OVG Münster NWVBl 1996, 474 ff.

37   EuGH – C-465/93 (Atlanta I), Slg. 1995, I-3761, Rn. 32; C-68/95 (T. Port), Slg. 1996, I-6065, Rn. 48. So bereits EuGH – verb. C-143/88 und C-92/89 (Süderdithmarschen), Slg. 1991, I-415, Rn. 24, zur Aussetzung der Vollziehung eines Verwaltungsakts.

38   EuGH – C-465/93 (Atlanta I), Slg. 1995, I-3761, Rn. 36.

39   EuGH – C-68/95 (T. Port), Slg. 1996, I-6065, Rn. 48; C-334/95 (Krüger), Slg. 1997, I-4517, Rn. 44; s.a. EuGH – C-465/93 (Atlanta I), Slg. 1995, I-3761, Rn. 32.

40   EuGH – C-465/93 (Atlanta I), Slg. 1995, I-3761, Rn. 41; s.a. EuGH – verb. C-143/88 und C-92/89 (Süderdithmarschen), Slg. 1991, I-415 Rn. 29. Anders bei Existenzgefährdung: vgl. EuGH – 92/78 R (Simmenthal/Kommission), Slg. 1978, 1129, Rn. 8/9; 141/84 R (de Compte/Europäisches Parlament), Slg. 1984, 2575 Rn. 4.

41   EuGH – 129/80 R (Turner), Slg. 1980, 2135, Rn. 4 (Ehre); 120/83 R (Raznoimport), Slg. 1983, 2573, Rn. 14 f. (Geschäftsbetrieb).

42   EuGH – verb. C-143/88 und C-92/89 (Süderdithmarschen), Slg. 1991, I-415, Rn. 30 f.; bestätigt in EuGH – C-465/93 (Atlanta I), Slg. 1995, I-3761, Rn. 42 ff.; C-68/95 (T. Port), Slg. 1996, I-6065, Rn. 48.

zweifelt wird.[43] Wenn der Erlass der einstweiligen Anordnung ein finanzielles Risiko für die Union mit sich bringt, ist zur Wahrung des europäischen Interesses vorläufiger Rechtsschutz ggf. *nur gegen Sicherheitsleistung*, wie Kaution oder Hinterlegung, zu gewähren (EuGH – C-465/93 [Atlanta I], Slg. 1995, I-3761, Rn. 45).

ee) Auch verfahrensübergreifende Beachtung der Rechtsprechung der Unionsgerichte. Bei der Prüfung der genannten Voraussetzungen hat das nationale Gericht *die Rspr. des Gerichtshofs oder des Gerichts* zur Rechtmäßigkeit des angegriffenen europäischen Rechtsakts *zu beachten*.[44] Das nationale Gericht muss daher seinen Beschluss ändern (allg. zur Änderung der einstweiligen Anordnung → Rn. 127 ff.),[45] sobald der EuGH über die Vorlage entschieden und den Rechtsakt für gültig erklärt hat. Dies gilt nach der Rspr. des EuGH auch dann, wenn über die Gültigkeit des betreffenden Rechtsakts in einem anderen Verfahren vor den Gerichten der EU befunden wurde.[46] Auch andere Bewertungen des Gerichtshofs, insbes. zum Interesse der Union und zur Frage eines schweren, nicht wiedergutzumachenden Schadens, sind vom nationalen Richter zu beachten (EuGH – C-465/93 [Atlanta I], Slg. 1995, I-3761, Rn. 49 f.).   22

ff) Keine verpflichtende Regelungsanordnung nach § 123 Abs. 1 bei Untätigkeit eines Unionsorgans. Stehen Art und Umfang der Rechte des Antragstellers durch den angegriffenen europäischen Rechtsakt noch nicht endgültig fest, sondern *sieht der Rechtsakt selbst ein weiteres Tätigwerden eines europäischen Organs vor*, darf nach der Rspr. des EuGH *bei Untätigkeit des Organs kein nationaler Rechtsschutz mit vorläufiger Verpflichtungswirkung* gewährt werden. Im entschiedenen Fall (EuGH – C-68/95 [T. Port], Slg. 1996, I-6065) enthielt die umstrittene EG-Bananenmarktordnung eine Klausel, nach der die Kommission Härtefallregelungen in Änderung oder Ergänzung der Verordnung treffen konnte. Die Kommission hatte aber keine entsprechenden Regelungen erlassen. Die Antragstellerin begehrte, die durchführende nationale Behörde durch einstweilige Anordnung zu verpflichten, wegen Vorliegens eines Härtefalles vorläufig höhere Importkontingente zuzuteilen als in der Verordnung vorgesehen. Der EuGH verneinte die europarechtliche Zulässigkeit derartiger einstweiliger Anordnungen durch nationale Gerichte, solange die Kommission keine Härtefallregelung erlassen hatte. Denn die *Kontrolle der Untätigkeit eines europäischen Organs* falle in die *ausschließliche Zuständigkeit des Gerichtshofs*. Vorläufigen Rechtsschutz könnten also nur die Gerichte der EU gewähren (EuGH – C-68/95 [T. Port], Slg. 1996, I-6065, Rn. 52 ff.).   23

Problematisch ist aber gerade, ob in derartigen Fallkonstellationen vor Unionsgerichten überhaupt vorläufiger Rechtsschutz in Form einer Regelungsanordnung erreicht werden kann. Generalanwalt Elmer führte in seinen Schlussanträgen aus, dass unter den vorläufigen Rechtsschutzmöglichkeiten des Europarechts keine Regelungsanordnung mit vorläufiger Verpflichtungswirkung existiere und bei Untätigkeit eines Gemeinschaftsorgans nur ein Vertragsverstoß festgestellt werden könne.[47] In einem obiter dictum betonte der EuGH, dass er nach Art. 243 EGV (jetzt Art. 279 AEUV) i.R.v. Untätigkeitsklagen wie auch i.R.v. Feststellungsklagen einstweilige Anordnungen erlassen könne (C-68/95 [T. Port], Slg. 1996, I-6065, Rn. 60). Ob er dabei im vorläufigen Rechtsschutz über den Entscheidungsrahmen einer Untätigkeitsklage, der nach Art. 265 Abs. 1 AEUV lediglich die Feststellung einer Vertragsverletzung vorsieht, hinausgehen und eine vorläufige Verpflichtung eines Unionsorgans aussprechen würde, wird aus den knappen Äußerungen des Gerichtshofs allerdings nicht deutlich. Nach dem Verfahrensrecht des Gerichtshofs kann vorläufiger Rechtsschutz jedenfalls erst nach Klageerhebung gewährt werden[48] im Gegensatz zur Regelung in § 123 Abs. 1, der eine einstweilige Anordnung bereits vor Klageerhebung ermöglicht.   24

---

43 Die Kommission hält das Gericht hingegen für *verpflichtet*, dem Organ Gelegenheit zur Stellungnahme zu geben, Auffassung der Kommission wiedergegeben in EuGH – C-334/95 (Krüger), Slg. 1997, I-4517, Rn. 45; zur möglichen Form der Beteiligung im deutschen Verfahren *R. Hauser*, VBlBW 2000, 377, 384 f.
44 EuGH – C-465/93 (Atlanta I), Slg. 1995, I-3761, Rn. 46; C-68/95 (T. Port), Slg. 1996, I-6065, Rn. 48.
45 S.a. *R. Hauser*, VBlBW 2000, 377, 385.
46 EuGH – C-465/93 (Atlanta I), Slg. 1995, I-3761, Rn. 46.
47 Schlussanträge des Generalanwalts Elmer in C-68/95 (T. Port), Slg. 1996, I-6068, Rn. 52; s.a. *C. Koenig/C. Zeiss*, JZ 1997, 461, 462.
48 Art. 160 Abs. 1 EuGH-Verfahrensordnung, ABl. 2012 L 265/1, zul. geänd. am 19.7.2016, ABl. 2016 L 217/69; Art. 156 Abs. 1 EuG-Verfahrensordnung, ABl. 2015 L 105/1, zul. geänd. am 13.7.2016, ABl. 2016 L 217/73; s.a. Art. 279 AEUV: „in den bei ihm anhängigen Sachen".

25 **b) Kritik.** Ebenso wie die Rspr. des EuGH zu den Voraussetzungen der Aussetzung der Vollziehung eines auf Europarecht beruhenden nationalen Verwaltungsakts (→ § 80 Rn. 18) sind auch die Entscheidungen des EuGH zu den europarechtlichen Anforderungen für den Erlass nationaler einstweiliger Anordnungen auf Kritik gestoßen. Zu beanstanden ist vor allem die *fehlende Kompetenz des EuGH* zur Aufstellung von Voraussetzungen für die Handhabung einer nationalen Norm des vorläufigen Rechtsschutzes, in Deutschland also des § 123. Dies ist nicht nur dogmatisch von Interesse, sondern birgt auch praktische Konsequenzen, da wegen des vom EuGH verlangten Vorrangs des europäischen Interesses vor dem Individualinteresse *vorläufiger Rechtsschutz in Fällen mit europarechtlichem Hintergrund schwerer zu erlangen* ist als in rein nationalen Konstellationen.[49] In den Verträgen findet sich – abgesehen von Harmonisierungsmöglichkeiten für Einzelbereiche nach Art. 114 ff. und Art. 352 AEUV – keine Verbandskompetenz der Union zur durchgängigen Regelung des nationalen Verwaltungsprozessrechts. Soweit das Europarecht „indirekt", also von den Behörden der Mitgliedstaaten, vollzogen und deren Handeln von nationalen Gerichten kontrolliert wird, treffen die Gerichte ihre Entscheidungen nach nationalem Prozessrecht unter Beachtung der europarechtlichen Grundsätze der Gleichwertigkeit (Äquivalenz) und Effektivität (→ Rn. 16). Die vom Gerichtshof postulierte Kohärenz (→ Rn. 17) zwischen den europarechtlichen Regelungen für vorläufigen Rechtsschutz durch die europäische Gerichtsbarkeit und den nationalen Regelungen für vorläufigen Rechtsschutz durch nationale Gerichte mag politisch wünschenswert sein. Nachdem aber immer noch nach Art. 5 Abs. 1 S. 1, Abs. 2 EUV der *Grundsatz der begrenzten Einzelermächtigung* im Unionsrecht gilt, *lässt sich eine Verbandskompetenz der Union aus dem Wunsch nach Kohärenz nicht ableiten.*[50] Vor allem die über den eindeutigen Wortlaut des Art. 267 Abs. 2 und 3 AEUV hinausgehende Vorlagepflicht *jedes* nationalen Gerichts entbehrt einer vertraglichen Ermächtigung (→ § 80 Rn. 18). Vorläufiger Rechtsschutz nach § 123 kann allenfalls dann europarechtlich eingeschränkt sein, wenn die einstweilige Anordnung dazu führen würde, dass dadurch die Durchführung des Europarechts praktisch unmöglich gemacht würde. Da die einstweilige Anordnung nur eine Zwischenregelung für die Zeit bis zur Hauptsacheentscheidung trifft und dadurch eine Europarechtsnorm nur vorläufig und für begrenzte Zeit nicht angewandt wird, dürfte eine solche Gefahr nur selten drohen. Ihr kann ggf. durch die Anordnung entsprechender Sicherheitsleistungen oder ähnlicher Regelungen, die die Vorläufigkeit gewährleisten, begegnet werden.[51]

26 Die *T. Port*-Rspr. des EuGH, die eine nationale Regelungsanordnung gegenüber einer nationalen Behörde verbietet, wenn die Untätigkeit eines europäischen Organs ein Grund für die Belastung des Antragstellers ist (→ Rn. 23), kann zu einem *Konflikt mit der verfassungsrechtlichen Rechtsschutzgarantie des Art. 19 Abs. 4 GG* führen.[52] Zu einem solchen Konflikt kommt es, *wenn der EuGH nationalen vorläufigen Rechtsschutz verbietet, der Betroffene auf europäischer Ebene aber keinen im Wesentlichen gleichwertigen Rechtsschutz finden kann.* Es wird hier vor allem darauf ankommen, ob der Gerichtshof bei einstweiligen Anordnungen nach Art. 279 AEUV einen Weg finden wird, über den Entscheidungsrahmen der Untätigkeitsklage hinauszugehen, eine Regelungsanordnung mit vorläufiger Verpflichtungswirkung zu entwickeln und vorläufigen Rechtsschutz bereits vor Klageerhebung zu ermöglichen.[53]

26a **2. Anforderungen der Europäischen Menschenrechtskonvention.** Deutsche Gerichte haben bei der Gewährung vorläufigen Rechtsschutzes auch die *rechtsstaatlichen Verfahrensgarantien des Art. 6*

---

49 *J. Kokott*, Die Verwaltung 1998, 335, 342 f., 347; *F. Schoch*, DVBl 1997, 289, 295; vgl. auch *R. Voss*, RIW 1996, 417, 418; zur grundsätzlichen Billigung der Voraussetzung „erheblicher Zweifel" an der Gültigkeit von Europarecht aber BVerfG NVwZ 2004, 1346, 1347.

50 *F. Schoch*, DVBl 1997, 289, 294; a.M. (zulässige richterliche Rechtsfortbildung) *C. D. Classen*, NJW 1995, 2457, 2463; *A. Jannasch*, NVwZ 1999, 495, 501; *J. Schwarze*, FS Börner, 1992, 389, 397 ff.; *F. Wollenschläger*, in: Gärditz § 123 Rn. 48 (Rechtfertigung aus Gründen der praktischen Wirksamkeit).

51 Ein gutes Bsp. ist die einstweilige Anordnung des VGH Kassel, die vom EuGH in der T. Port – Entscheidung (C-68/95, Slg. 1996, I-6065) dann aber als gemeinschaftsrechtswidrig bewertet wurde. Der VGH machte die Zuteilung zusätzlicher Importlizenzen davon abhängig, dass im Falle des Unterliegens der Antragstellerin in der Hauptsache diese auf Zuteilungen späterer Jahre angerechnet würden (VGH Kassel EuZW 1995, 222, 224).

52 *C. Koenig/C. Zeiss*, JZ 1997, 461, 463.

53 Optimistisch im Hinblick auf den dogmatischen Einfallsreichtum des Gerichtshofs *A. Jannasch*, NVwZ 1999, 495, 500; *C. Koenig/C. Zeiss*, JZ 1997, 461, 463.

Abs. 1 EMRK und *das in Art. 13 EMRK garantierte Recht auf wirksame Beschwerde* zu beachten. Näher dazu → § 80 Rn. 18 a f.

V. Anwendungsbereich des § 123

Das Verfahren nach § 123 betrifft den *vorläufigen Rechtsschutz gegen Maßnahmen der Verwaltung.* 27
Für den Eilrechtsschutz im Rahmen der Normenkontrolle gegen rechtssatzförmiges Verwaltungshandeln enthält § 47 Abs. 6 eine Sonderregelung für einstweilige Anordnungen in diesem Bereich (→ Rn. 40). Die Unterscheidung zwischen den Verfahren des vorläufigen Rechtsschutzes nach §§ 80 ff. einerseits und nach § 123 andererseits kann im konkreten Fall schwierig sein, da sich beide Verfahren gegen Maßnahmen der Behörde im Einzelfall richten. *Maßgeblich* für die Unterscheidung ist *das wahre Rechtsschutzziel des Antragstellers,* das ggf. durch Auslegung zu ermitteln ist (→ Rn. 66). Nach der Klageart, mit der er sein Begehren in der Hauptsache durchzusetzen hat, richtet sich dann das Eilrechtsschutzverfahren.

1. Abgrenzung zu §§ 80, 80 a. a) Grundsätze. Wenn *im Hauptsacheverfahren eine Anfechtungsklage* 28
zu erheben ist, vorläufiger Rechtsschutz also gegenüber einem belastenden Verwaltungsakt gesucht wird, muss der Betroffene nach §§ 80, 80 a, 80 b vorgehen. Ein Antrag auf Erlass einer einstweiligen Anordnung *nach § 123* kommt hingegen in Betracht, wenn *im Hauptsacheverfahren die richtige Klageart eine andere als die Anfechtungsklage ist.* Die Bestimmungen über den vorläufigen Rechtsschutz gegenüber belastenden Verwaltungsakten im zweiseitigen Rechtsverhältnis oder bei Verwaltungsakten mit Doppelwirkung sind Sondervorschriften und gehen einer einstweiligen Anordnung nach § 123 vor. Dies bestätigt *§ 123 Abs. 5,* der die Anwendung des § 123 Abs. 1–3 in den Fällen der §§ 80, 80 a ausschließt (z.B. OVG Magdeburg NVwZ-RR 1996, 75, 76; VG Berlin NVwZ-RR 2002, 33, 34). Bei einem belastenden Verwaltungsakt tritt entweder die aufschiebende Wirkung durch Einlegung eines Rechtsbehelfs automatisch ein (§ 80 Abs. 1). Oder es handelt sich um einen sofort vollziehbaren Verwaltungsakt, bei dem der Betroffene je nach Fallgestaltung die Anordnung der aufschiebenden Wirkung (§ 80 Abs. 5 S. 1 Alt. 1), die Wiederherstellung der aufschiebenden Wirkung (§ 80 Abs. 5 S. 1 Alt. 2) oder die Aussetzung der Vollziehung (§ 80 Abs. 4) beantragen muss. Nach Ende der aufschiebenden Wirkung (§ 80 b Abs. 1) kann er darüber hinaus ihre Fortdauer beantragen (§ 80 b Abs. 2).
Eine einstweilige Anordnung nach § 123 kommt nur in Betracht, wenn vorläufiger Rechtsschutz in Form 29
der aufschiebenden Wirkung nicht möglich ist, vor allem also wenn in der Hauptsache eine Verpflichtungsklage – auch in der Form der Versagungsgegenklage –,[54] eine Feststellungsklage[55] oder eine allgemeine Leistungsklage – auch in der Form der Unterlassungsklage –[56] zu erheben wäre. Ein Antrag nach § 123 ist auch statthaft, wenn zwar gegen einen belastenden Verwaltungsakt vorgegangen wird, die aufschiebende Wirkung allein dem Betroffenen bis zur Entscheidung in der Hauptsache aber keinen ausreichenden effektiven Rechtsschutz i.S.v. Art. 19 Abs. 4 GG bieten würde. In derartigen Fällen kann daher ausnahmsweise Rechtsschutz nach §§ 80 ff. *und* nach § 123 zu gewähren sein (→ Rn. 10).[57]
Nachdem im Bereich des vorläufigen Rechtsschutzes gegen Einzelakte der Verwaltung die §§ 80, 80 a, 30
80 b für belastende Verwaltungsakte gegenüber § 123 spezieller sind, übernimmt *§ 123 die Funktion eines Auffangtatbestandes.*[58] Im Gegensatz zu den Regelungen in § 80 Abs. 4 und § 80 a Abs. 1, Abs. 2 sieht § 123 *keine vorläufige Rechtsschutzgewährung durch die Behörde* vor.[59] Rechtsschutz i.R. des § 123 wird vielmehr *ausschließlich durch gerichtliche Entscheidung* in Form einer einstweiligen Anordnung gewährt.

---

54 Z.B. HmbOVG NVwZ-RR 1993, 53; OVG Magdeburg NVwZ-RR 1996, 75, 76; OVG Münster NVwZ-RR 2007, 60; NVwZ-RR 2008, 109; VGH Kassel NVwZ-RR 1989, 547, 548; VGH Mannheim NVwZ-RR 1995, 326, 327.
55 Z.B. BVerfG NVwZ 2003, 856 f.; OVG Bln NVwZ-RR 1989, 510; VGH Mannheim NVwZ-RR 2005, 174 f.; VGH München NJW 1994, 2308; VG Gießen NVwZ-RR 2001, 431; dazu auch *Schmitt Glaeser/Horn* Rn. 368.
56 Z.B. OVG Lüneburg DVBl 1981, 54, 55; OVG Magdeburg NVwZ-RR 1996, 75, 76; OVG Schleswig NVwZ 1994, 918; VGH Kassel NVwZ-RR 1996, 317, 318; NJW 1989, 470, 471; VG Chemnitz SächsVBl 1999, 39, 41.
57 VGH Kassel NVwZ-RR 1996, 317, 318; OVG Schleswig NVwZ 2002, 754, 755.
58 VGH Mannheim NJW 1996, 538; *B. Bender,* FS Menger, 1985, 657; *M. Dombert,* in: Finkelnburg/Dombert/Külpmann Rn. 21.
59 Zu Überlegungen de lege ferenda für den Nachbarrechtsschutz bei genehmigungsfreigestellten Bauvorhaben S. *Schulte,* DÖV 1996, 551, 556.

31   Zwar sind die vorläufigen Rechtsschutzverfahren nach §§ 80 ff. und nach § 123 aus verfassungsrechtlicher Sicht gleichwertig. Kann der Antragsteller nach §§ 80 ff. Eilrechtsschutz suchen (Anfechtungssachen), befindet er sich jedoch i.d.R. in einer vorteilhafteren Verfahrenssituation als in Vornahmesachen, in denen er einen Antrag nach § 123 stellen muss (→ Rn. 8). Die Abgrenzung zwischen den beiden Verfahrensarten ist daher in der Praxis wichtig und bestimmt im konkreten Fall möglicherweise sogar den Erfolg des vorläufigen Rechtsschutzverfahrens. Zur Umdeutung eines Antrages nach § 80 Abs. 5 in einen nach § 123 und umgekehrt → Rn. 66.

32   **b) Fallgruppen.**[60]   **aa) Belastende Behördenmaßnahmen ohne Verwaltungsaktsqualität.** *Fehlt* einem Eingriff die *Verwaltungsaktsqualität*, etwa mangels Außenwirkung oder Regelungscharakters, kommt hiergegen im Hauptsacheverfahren keine Anfechtungsklage in Betracht. *Vorläufiger Rechtsschutz kann daher nicht nach §§ 80 ff.* sondern *nur im Wege einer einstweiligen Anordnung nach § 123 erreicht werden.*[61] In der Praxis ist die Frage, ob eine behördliche Maßnahme als Verwaltungsakt zu qualifizieren ist oder nicht, vor allem deshalb bedeutsam, weil sich danach das statthafte Verfahren des Eilrechtsschutzes richtet (→ § 42 Rn. 102). Eine ausf. Diskussion von Einzelfällen zum Verwaltungsakt findet sich bei → § 42 Rn. 103 ff.

33   **bb) Faktische Vollziehung.** Von *„faktischer"* oder *„tatsächlicher" Vollziehung* spricht man, wenn durch Einlegung eines Rechtsbehelfs gegen einen Verwaltungsakt aufschiebende Wirkung eingetreten ist, die *Verwaltungsbehörde den Verwaltungsakt gleichwohl vollzieht* oder – bei Verwaltungsakten mit Doppelwirkung – der *Begünstigte trotzdem von dem Verwaltungsakt Gebrauch macht* (→ § 80 Rn. 50). Bei faktischer Vollziehung ist nachträglicher vorläufiger Rechtsschutz nicht nach § 123 sondern *allein nach § 80 Abs. 5 S. 1 und S. 3 analog* (→ § 80 Rn. 164) bzw. bei Verwaltungsakten mit Doppelwirkung *nach § 80 a Abs. 3 S. 1 i.V.m. § 80 a Abs. 1 Nr. 2* (→ § 80 a Rn. 36) zu gewähren. Faktische Vollziehung liegt auch vor, wenn die Behörde oder der von einem Verwaltungsakt mit Doppelwirkung Begünstigte *fälschlich annehmen, dass das Ende der aufschiebenden Wirkung nach § 80 b Abs. 1 S. 1 Hs. 2 eingetreten sei* und deshalb entsprechende Folgerungen aus dem Verwaltungsakt ziehen. Nachträglicher vorläufiger Rechtsschutz richtet sich dann *nach § 80 b Abs. 2 und Abs. 3 analog* (→ § 80 b Rn. 24). Handelt eine Privatperson dagegen aus eigenem Antrieb, ohne dass ein Verwaltungsakt sie dazu ermächtigt, liegt kein Fall der faktischen Vollziehung vor. Rechtsschutz nach §§ 80 ff. kommt hier nicht in Betracht, da dem privaten Tätigwerden kein Verwaltungsakt zugrunde liegt. Begehrt der Betroffene behördliches Einschreiten gegen diese Privatperson, kann er im vorläufigen Rechtsschutzverfahren nur einen Antrag nach § 123 stellen (→ § 80 Rn. 50).

34   **cc) Konkurrentenklagen, Beamtenrecht** (zu Konkurrentenklagen aus anderen Rechtsgebieten → § 80 Rn. 26 f.). Wegen des beamtenrechtlichen Grundsatzes der Ämterstabilität[62] weist der vorläufige Rechtsschutz bei der *Konkurrenz um die Einstellung oder Beförderung von Beamten Besonderheiten* auf. In diesen Fällen wird eine behördeninterne Auswahlentscheidung unter mehreren Personen durch die Mitteilung der Auswahl an die Bewerber (Konkurrentenmitteilung) und die Ernennung der ausgewählten Person umgesetzt.[63] Wegen des *Prinzips der Ämterstabilität* kann eine Personalentscheidung allerdings grds. nicht rückgängig gemacht werden, wenn sie mit der Einweisung in eine Planstelle ver-

---

60   → § 80 Rn. 19 ff.

61   Z.B. OVG Bautzen SächsVBl 1997, 210 (Schulorganisationsakt ohne Regelungswirkung); OVG Frankfurt (Oder) NVwZ-RR 1999, 117 f. (unmittelbare Ausführung); HmbOVG NVwZ-RR 1998, 54 (Umsetzung im Beamtenrecht); OVG Münster NWVBl 1999, 423 (Gewährung von Akteneinsicht); NVwZ-RR 2000, 429 f. (adressatneutrale Sicherstellung nach § 43 NWPolG); VGH Kassel NVwZ-RR 1992, 498, 499 (Dienstanweisung eines Behördenleiters); VGH München NVwZ-RR 1993, 355 (Schulorganisationsakt ohne Außenwirkung); NJW 1994, 2308 (gerichtsinterner Organisationsakt); vgl. auch BVerfGE 51, 268, 282 f. (zum Streit über das statthafte Eilrechtsschutzverfahren bei Schulorganisationsakten).

62   Krit. *M. Kenntner*, NVwZ 2017, 417, 420; *W.-R. Schenke*, DVBl 2015, 137, 138.

63   VGH Kassel NVwZ-RR 2012, 151; *S. Schönrock*, ZBR 2013, 26, 28 f.; s.a. BVerfG BeckRS 2014, 49407 Rn. 19; OVG Bautzen DÖD 2011, 267; a.M. VG Frankfurt a.M. DVBl 2011, 1116 (nur LS); *M. Kenntner*, ZBR 2016, 181, 183 f., 191, 199; *C.-D. Munding*, DVBl 2011, 1512, 1517, 1520; *T. von Roetteken*, ZBR 2011, 73 ff., die in der Auswahlentscheidung einen Verwaltungsakt mit Doppelwirkung sehen, gegen den ein Anfechtungsrechtsbehelf und vorläufiger Rechtsschutz nach §§ 80 a, 80 gegeben sei.

bunden ist (zu den Ausnahmen → Rn. 34 a). Wenn der unterlegene Bewerber die Ernennung[64] anficht, kann ihm die Anfechtung wegen der Nichtrevidierbarkeit der Ernennung regelmäßig nicht den gewünschten Rechtsschutz vermitteln. Der unterlegene Bewerber kann sich zwar außerdem gegen die Ablehnung seiner Bewerbung wenden[65] und mit einer (Verpflichtungs-)Klage auf Neubescheidung[66] und einem Antrag nach § 123 Rechtsschutz suchen. Allerdings *erledigen sich* nach st. Rspr. des BVerwG *Klagen auf Neubescheidung durch die Ernennung eines Mitbewerbers und dessen Einweisung in die Planstelle.*[67] Die 2001 in einem obiter dictum unter Hinweis auf Art. 19 Abs. 4 GG angedeutete Änderung dieser Rspr. (BVerwGE 115, 89, 91 f.) verfolgt das BVerwG nach einem entsprechenden Kammerbeschluss des BVerfG (BVerfG [K] NVwZ 2003, 200), der die bisherige Rechtsauffassung des BVerwG bestätigte, nicht weiter (BVerwGE 118, 370, 372 f.).

Nach erfolgter Ernennung könnte der in einem Konkurrenzverfahren unterlegene Bewerber wegen des Grundsatzes der Ämterstabilität allenfalls noch Schadensausgleich in Geld erhalten. Da ein solches Ergebnis dem Rechtsschutzanspruch des unterlegenen Bewerbers nicht genügt (BVerwGE 118, 370, 373), hat sich eine vom BVerfG nicht beanstandete[68] *verwaltungsgerichtliche Praxis* entwickelt, die den *Rechtsschutz gegen die Ernennung des Mitbewerbers vorverlagert* und zwar in den Zeitraum zwischen der Auswahlentscheidung der Behörde und der Ernennung des Konkurrenten.[69] Der unterlegene Bewerber beantragt eine *einstweilige Anordnung nach § 123, die dem Dienstherrn die Ernennung des ausgewählten Konkurrenten untersagt.* Die bloße Stellung dieses Antrages löst unabhängig von seinen Erfolgsaussichten bereits die Pflicht des Dienstherrn aus, die Ernennung bis zum Abschluss des gerichtlichen Verfahrens zu unterlassen. Diese Rechtsfolge ergibt sich unmittelbar aus Art. 19 Abs. 4 GG, da ansonsten kein effektiver Rechtsschutz des unterlegenen Bewerbers vor der Ernennung des Konkurrenten existierte.[70] Erst wenn rechtskräftig feststeht, dass der Antrag nach § 123 keinen Erfolg hat, darf der ursprünglich ausgewählte Bewerber ernannt werden. Wird andererseits eine einstweilige Anordnung erlassen und wird diese rechtskräftig, etwa wegen Ablaufs der Beschwerdefrist oder Erfolglosigkeit der Beschwerde, muss das Auswahlverfahren vollständig oder teilweise wiederholt werden oder kann – falls rechtlich zulässig – auch ganz abgebrochen werden.[71] Bei dieser vorverlagerten Rechtsschutzkonstruktion *kommt es dann nicht mehr zu einem Hauptsacheverfahren; das Verfahren des vorläufigen Rechtsschutzes übernimmt dessen Funktion.* Dies hat *zwei Konsequenzen:*[72] Zum einen darf sich im Verfahren des vorläufigen Rechtsschutzes das Gericht nicht auf eine summarische Prüfung beschränken. Der *Prüfungsmaßstab muss vielmehr dem des Hauptsacheverfahrens entsprechen* (dazu und zu einem deswegen ggf. erforderlichen Hängebeschluss → Rn. 94 a). Zum anderen *muss dem unterlegenen Bewerber der Antrag auf Eilrechtsschutz* vor der Ernennung des Konkurrenten auch *tatsächlich möglich* sein. Dazu muss ihn die Behörde von der Auswahlentscheidung unterrichten und eine angemessene Zeit, i.d.R. zwei Wochen ab dieser Mitteilung,[73] mit der Ernennung warten, um dem unterlegenen Bewerber Zeit zur Antragstellung bei Gericht zu geben. *Mitteilungs-*

34a

---

64 Dabei handelt es sich um einen Verwaltungsakt mit Doppelwirkung, der den Ernannten begünstigt und zugleich die Bewerbungsverfahrensrechte der nichtberücksichtigten Bewerber aus Art. 33 Abs. 2 GG unmittelbar betrifft, BVerwGE 138, 102 Rn. 17, 19; OVG Bautzen DÖD 2011, 267; OVG Lüneburg DVBl 2011, 972; C.-D. Munding, DVBl 2011, 1512, 1516 f.; W.-R. Schenke, NVwZ 2011, 321 f.; S. Schönrock, ZBR 2013, 26, 28; F. Wieland/A. Seulen, DÖD 2011, 69, 70.

65 Hierbei handelt es sich um einen ihn belastenden Verwaltungsakt, BVerwG NVwZ 1989, 158; VGH Kassel NVwZ-RR 2012, 151; C.-D. Munding, DVBl 2011, 1512, 1513, 1517; a.M. OVG Bautzen DÖD 2011, 267; S. Schönrock, ZBR 2013, 26, 29.

66 BVerwG NVwZ 1989, 158; OVG Lüneburg DVBl 2011, 972, 973; VGH Mannheim – 4 S 2597/11, BeckRS 2011, 55119.

67 BVerwG NVwZ 1989, 158; DVBl 1989, 1150; BVerwGE 118, 370, 372; BVerwGE 138, 102 Rn. 27; BGH JR 1996, 110, 111 f.; VerfGH Weimar NVwZ 2004, 608; OVG Münster NVwZ-RR 2004, 436; OVG Weimar NVwZ-RR 2004, 52; VGH Mannheim NVwZ-RR 2011, 608; H. v. Golitschek, ThürVBl 1996, 1 f.

68 BVerfGE 141, 56, 78 Rn. 57; BVerfG NVwZ 2003, 200; NVwZ 2017, 472, 473.

69 BVerwGE 138, 102 Rn. 31; s.a. BVerwGE 118, 370, 372; OVG Lüneburg DVBl 2011, 972, 973; OVG Magdeburg – 1 M 65/11, BeckRS 2011, 53664; OVG Münster NWVBl 2000, 28; VGH Kassel NVwZ-RR 2012, 151; ZBR 2013, 56; NVwZ-RR 2013, 655, 656; s.a. OVG Münster NVwZ-RR 2016, 549 (kein Anspruch auf nachträglichen [Eil-]Rechtsschutz, wenn der nicht ausgewählte Konkurrent vor der Ernennung keinen Eilrechtsschutz beantragt oder erlangt hat).

70 OVG Saarlouis NVwZ-RR 2012, 692.

71 BVerwGE 138, 102 Rn. 31; VGH Kassel NVwZ-RR 2012, 151.

72 BVerwGE 138, 102 Rn. 32 ff.; s.a. BVerwGE 118, 370, 373 f.

73 BVerwGE 138, 102 Rn. 34 (obiter dictum); krit. W.-R. Schenke, DVBl 2015, 137, 141, auch m.w.N.

und Wartepflichten ergeben sich aus dem Grundrecht des Bewerbers auf effektiven Rechtsschutz (Art. 19 Abs. 4 GG) i.V.m. dem grundrechtsgleichen Recht auf gleichen Zugang zu einem öffentlichen Amt des Art. 33 Abs. 2 GG. Wartepflichten sind auch nach den gerichtlichen Entscheidungen über den Eilantrag bzw. die Beschwerde einzuhalten, um dem unterlegenen Bewerber die Erhebung einer Beschwerde bzw. einer Verfassungsbeschwerde zu ermöglichen.[74] Damit die Behörde diese Bewerbergrundrechte nicht durch die vorzeitige Ernennung eines Konkurrenten faktisch zunichte machen kann, soll sich nach neuerer Rspr. des BVerwG der *Dienstherr dann nicht auf den Grundsatz der Ämterstabilität berufen können, wenn er gegen die Mitteilungs- und Wartepflicht verstößt.* In diesem Ausnahmefall kann der unterlegene Bewerber nachgängigen Rechtsschutz durch Anfechtung der Ernennung (mit ggf. aufschiebender Wirkung nach § 80 Abs. 1) in Anspruch nehmen. Stellt das Gericht eine Rechtsverletzung des unterlegenen Bewerbers fest, hebt es die Ernennung des Konkurrenten mit Wirkung für die Zukunft auf.[75]

35   Andere Personalentscheidungen im Beamtenrecht, die einen Bewerber zugunsten seiner Mitkonkurrenten begünstigen, sind ebenso wie Begünstigungen in anderen Rechtsgebieten revidierbar[76] (→ § 80 Rn. 27 f.). Geht es bei dem Mitbewerberstreit nicht um die Konkurrenz um ein (Beförderungs-)Amt, sondern um die *Übertragung eines Beförderungsdienstpostens ohne gleichzeitige Beförderungsentscheidung,* kann nach der Rspr. die Übertragung des Beförderungsdienstpostens auf den Konkurrenten rückgängig gemacht und der Posten anderweitig besetzt werden.[77] Da in der Übertragung des Beförderungsdienstpostens nach vorherrschender Auffassung kein Verwaltungsakt gesehen wird (→ § 42 Rn. 173), ist hier kein Anfechtungsrechtsbehelf gegeben; vorläufiger Rechtsschutz muss vielmehr nach § 123 gesucht werden.[78] Zum Streit um den Anordnungsgrund bei der Übertragung eines Beförderungsdienstpostens mit Vorwirkungen für die spätere Beförderungsentscheidung → Rn. 82 a.

36   **dd) Nachbarschutz im Baurecht.** Gerichte gewähren bei *genehmigungsbedürftigen Bauvorhaben* dem Nachbarn vorläufigen Rechtsschutz grds. nur nach §§ 80, 80 a. Die Baugenehmigung die den Bauherrn begünstigt, zugleich aber auch nachbarschützende Normen des öffentlichen Baurechts berührt, ist ein Verwaltungsakt mit Doppelwirkung i.S.v. § 80 Abs. 1 S. 2, § 80 a (→ § 80 Rn. 25; → § 80 a Rn. 2, 5). Wenn Baugenehmigungen nach § 80 Abs. 2 S. 1 Nr. 3 VwGO, § 212 a Abs. 1 BauGB sofort vollziehbar sind, muss der Nachbar um Anordnung der aufschiebenden Wirkung sowie ggf. um Maßnahmen zur Sicherung seiner Rechte nach § 80 a Abs. 3, § 80 a Abs. 1 Nr. 2 i.V.m. § 80 Abs. 5 S. 1 Alt. 1 nachsuchen (→ § 80 a Rn. 30 ff.).

37   Bei den sog. *vereinfachten Genehmigungsverfahren* ist das Bauvorhaben zwar genehmigungsbedürftig, die Genehmigungsbehörde prüft das Vorhaben aber nur anhand des Bauplanungsrechts sowie weniger, in der Regelung der jeweiligen Landesbauordnung ausdrücklich genannter Vorschriften des Bauordnungsrechts.[79] Für den Nachbarrechtsschutz kommt es darauf an, auf welche öffentlich-rechtlichen Bauvorschriften sich die Prüfungskompetenz der Genehmigungsbehörde erstreckt. Denn die im vereinfachten Verfahren erteilte Baugenehmigung stellt *nur i.R. ihrer Prüfungskompetenz* die Vereinbarkeit des Bauvorhabens mit öffentlich-rechtlichen Vorschriften fest. Rügt der Nachbar die Verletzung gerade solcher, von der Prüfungskompetenz der Behörde umfasster nachbarschützender Normen, muss er die Genehmigung anfechten, also im vorläufigen Rechtsschutzverfahren einen Antrag nach § 80 Abs. 5 stellen. Rügt er die Verletzung anderer nachbarschützender Normen, kommt im Eilverfahren nur ein Antrag nach § 123 in Betracht.[80] Manche Landesbauordnungen sehen im vereinfachten

---

74 BVerfG NVwZ 2007, 1178, 1179; NVwZ 2008, 70; BVerwGE 118, 370, 374; 138, 102 Rn. 33 f.; zu Ausnahmen von der Wartefrist vor Aushändigung der Ernennungsurkunde im Fall dringender dienstlicher Bedürfnisse BVerfG NVwZ 2009, 1430.

75 BVerwGE 138, 102 Rn. 37 ff.; anders noch BVerwGE 118, 370, 375 ff.

76 Bspw. BVerwG NVwZ 1987, 502 (Umsetzung).

77 BVerwG DVBl 1989, 1150; NVwZ-RR 2012, 71, 72; NVwZ 2017, 475, 476; OVG Koblenz NVwZ-RR 1996, 51 f.; OVG Münster NVwZ-RR 2010, 28; VGH Mannheim NVwZ-RR 2008, 550; zu einem Sonderfall der Nichtrückversetzbarkeit VG Potsdam NVwZ-RR 2006, 119.

78 VGH Kassel NVwZ 1982, 638; s.a. BVerwG NVwZ-RR 2012, 71; VGH Mannheim NVwZ-RR 2006, 489; C.-D. Bracher, ZBR 1989, 139, 142 f. m.w.N.; B. Wittkowski, NJW 1993, 817, 822; a.M. T. von Roetteken, ZBR 2011, 73, 82 f.

79 Zum vereinfachten Genehmigungsverfahren allg. A. Herbert/P. Keckemeti/K. Dittrich, ZfBR 1995, 67, 68 ff.; H. Jäde, UPR 1995, 81, 83 ff.; K.-M. Ortloff, NVwZ 1995, 112.

80 HmbOVG NVwZ-RR 2014, 373, 374; OVG Koblenz BauR 1992, 219, 220; M. Uechtritz, NVwZ 1996, 640, 646 f.

Verfahren als Sanktion behördlicher Untätigkeit eine Genehmigungsfiktion vor.[81] Da eine fiktive Genehmigung die gleichen Wirkungen wie eine tatsächlich erteilte, „echte" Genehmigung entfaltet, richtet sich der vorläufige Rechtsschutz des Nachbarn nach den gleichen Grundsätzen wie bei einer „echten" Genehmigung.[82]

Bei *genehmigungsfreien Bauvorhaben,* zu denen auch die nach den Landesbauordnungen *genehmigungsfreigestellten* oder *anzeigepflichtigen Bauvorhaben*[83] zählen, kommt für den Eilrechtsschutz des Nachbarn nur ein Antrag nach § 123 in Betracht, da in diesen Fällen keine Baugenehmigung erforderlich ist, folglich auch kein anfechtbarer Verwaltungsakt existiert (zum Prüfungsmaßstab für einstweilige Anordnungen auf vorläufige Einstellung genehmigungsfreier Bauvorhaben → Rn. 108).[84] Ein Antrag nach § 123 ist erst recht der statthafte Rechtsbehelf des Nachbarn, wenn die Baubehörde ein Bauvorhaben zu Unrecht als genehmigungsfreigestellt behandelt (OVG Münster BauR 1999, 628). Auch in anderen Fällen, in denen *keine Baugenehmigung zugrunde liegt,* der Nachbar sich aber in subjektiven Rechten des öffentlichen Baurechts verletzt sieht und ein Einschreiten der Behörde begehrt, muss er vorläufigen Rechtsschutz nach § 123 suchen. Dies ist etwa der Fall, wenn behördliches Einschreiten gegen einen *Schwarzbau* erzwungen werden soll oder gegen ein Bauvorhaben, für das zwar eine Baugenehmigung erteilt wurde, diese aber nichtig ist (OVG Münster NVwZ-RR 1993, 234). Grds. kann der Nachbar neben dem verwaltungsrechtlichen Eilrechtsschutz auch den zivilrechtlichen Eilrechtsschutz in Anspruch nehmen.[85]

ee) Vorläufiger vorbeugender Rechtsschutz. Ansprüche gegen unmittelbar bevorstehende Belastungen 39 aufgrund behördlichen Handelns oder Unterlassens kann der Betroffene durch eine einstweilige Anordnung nach § 123 Abs. 1 sichern lassen. Selbst wenn es sich bei der erwarteten Belastung um einen bevorstehenden Verwaltungsakt handelt, kommt vorläufiger Rechtsschutz nach den §§ 80, 80 a nicht in Betracht, da in diesen Verfahren Voraussetzung ist, dass der belastende Verwaltungsakt bereits erlassen ist (OVG Lüneburg DVBl 2012, 705; → § 80 Rn. 124 f.). Der Antrag nach § 123 betrifft Rechtsschutzbegehren, für die im Hauptsacheverfahren die richtige Klageart eine vorbeugende Unterlassungsklage oder vorbeugende Feststellungsklage ist.[86] Für den Erfolg eines Antrages auf vorläufigen vorbeugenden Rechtsschutz sind insbes. das Bestehen eines entsprechenden Rechtsschutzbedürfnisses (→ Rn. 71) und eines Anordnungsgrundes (→ Rn. 80 ff.) ausschlaggebend.

2. Eilrechtsschutz gegen Normen, insbesondere Abgrenzung zu § 47 Abs. 6. Während §§ 80 ff. und 40 § 123 grds. vorläufigen Rechtsschutz gegen Maßnahmen der Verwaltung im Einzelfall gewähren, betrifft § 47 Abs. 6 den Erlass einstweiliger Anordnungen i.R. der Normenkontrolle gegen Satzungen nach dem BauGB und landesrechtliche Verordnungen oder Satzungen, also den Eilrechtsschutz gegen bestimmte Formen des rechtssatzförmigen Verwaltungshandelns. *§ 47 Abs. 6 ist lex specialis im Bereich der Normenkontrolle.* Zwischen den Verfahren nach §§ 80 ff. und § 123 einerseits und § 47 Abs. 6 andererseits besteht *kein Konkurrenzverhältnis.* Da sie gegen unterschiedliche Angriffsgegenstände gerichtet sind, haben sie auch unterschiedliche gerichtliche Prüfprogramme zur Folge (OVG Münster DVBl 2014, 532, 533). Sie können daher – je nach Rechtsschutzziel des Antragstellers – auch nebeneinander in Anspruch genommen werden. Denkbar ist dies z.B. im Baurecht. Hier kann der Nachbar Individualrechtsschutz nach § 123 suchen und gleichzeitig den zugrunde liegenden Bebauungsplan nach § 47 Abs. 6 angreifen.[87] Allerdings müssen für beide Verfahren die übrigen Zulässig-

---

81 Z.B. § 63 Abs. 7 S. 2 LBauO M-V, § 69 Abs. 9 LBO SH, § 62 Abs. 2 S. 2 ThürBO.
82 *M. Uechtritz,* NVwZ 1996, 640, 647; s.a. *C. Degenhardt,* NJW 1996, 1433, 1435, 1437; *H. Jäde,* UPR 1995, 81, 84 f.
83 Z.B. Art. 58 BayBO, § 62 BbgBO, § 67 Abs. 5 BauO NRW, § 51 LBO BW („Kenntnisgabeverfahren"), § 68 LBO SH, § 62 SächsBO; § 61 ThürBO; näher dazu *C. Degenhardt,* NJW 1996, 1433 f.; *S. Oeter,* DVBl 1999, 189 ff.; *U. Sacksofsky,* DÖV 1999, 946 ff.; *S. Schulte,* DÖV 1996, 551 (zum Kenntnisgabeverfahren in BW).
84 OVG Bautzen NVwZ 1997, 922; VGH Mannheim NVwZ-RR1995, 490 f.; VGH München NVwZ 1997, 923; BayVBl 1997, 54 f.; VG Meiningen BauR 1997, 99 f.; *C. Bamberger,* NVwZ 2000, 983, 984 f.; *G. Borges,* DÖV 1997, 900, 902; *K.-M. Ortloff,* NVwZ 1999, 955, 960.
85 Dazu näher *M. Uechtritz,* BauR 1998, 719, 731 f.
86 OVG Münster NVwZ 2001, 1315; NVwZ-RR 2018, 43 f.; OVG Schleswig NVwZ 1994, 918; VGH Kassel NVwZ-RR 1996, 317, 318; VGH Mannheim DÖV 1994, 309; NVwZ-RR 2012, 129 f.; vgl. auch VG Lüneburg NuR 2000, 396; s.a. OVG Bln DVBl 2002, 630, 631.
87 OVG Lüneburg NVwZ 2002, 109; VGH München BayVBl 2000, 628, 629 m.w.N.; *M. Funke-Kaiser,* in: Bader § 123 Rn. 6; s.a. *K.-M. Ortloff,* NVwZ 1999, 955, 960.

keitsvoraussetzungen, insbes. das Rechtsschutzbedürfnis gegeben sein.[88] Wendet sich der Antragsteller nicht gegen eine bestehende Norm, sondern macht er einen *Anspruch auf Erlass einer Norm* geltend, richtet sich der Eilrechtsschutz nach § 123 (vgl. VGH Kassel NVwZ-RR 1993, 186). Begehrt der Betroffene *Eilrechtsschutz gegen eine unmittelbar aus einer Norm resultierende Rechtsverletzung* und ist der Anwendungsbereich der Normenkontrolle nach § 47 nicht eröffnet, erfordert die Rechtsschutzgarantie des Art. 19 Abs. 4 GG auch in dieser Fallkonstellation ein vorläufiges Rechtsschutzverfahren. Wegen der Auffangfunktion des § 123 richtet sich ein solches Verfahren nach dieser Bestimmung. Eilrechtsschutz nach § 123 direkt gegen eine Norm kommt in Betracht, wenn die Norm keiner Umsetzung durch einen Vollzugsakt bedarf (OVG Münster NVwZ-RR 2012, 516; s.a. OVG Münster NVwZ-RR 2016, 868). Ferner kann Eilrechtsschutz nach § 123 gesucht werden, wenn die Norm dem Antragsteller eine Verhaltenspflicht auferlegt und ihm wegen einer damit verbundenen Strafandrohung nicht zugemutet werden kann, zunächst eine Anordnung oder Zwangsmaßnahme der Verwaltung zur Umsetzung der gesetzlichen Verpflichtung abzuwarten, um sich hiergegen nach § 80 Abs. 5 bzw. im Ordnungswidrigkeiten- oder Strafverfahren wehren zu können (OVG Bln-Bbg NVwZ 2010, 328). Zum Prüfungsmaßstab bei Eilrechtsschutz nach § 123 gegen eine Norm → Rn. 96a.

41 Mangels Verweises auf § 123 in der Norm selbst *kommt eine direkte Anwendung des § 123 zur Ergänzung von § 47 Abs. 6 nicht in Betracht.* Zur möglichen analogen Anwendung einzelner Regelungen des § 123 s. die Komm. zu § 47 Abs. 6 (→ § 47 Rn. 384 ff.).

VI. Unterscheidung des § 123 nach Sicherungsanordnung (Abs. 1 S. 1) und Regelungsanordnung (Abs. 1 S. 2)

42 Nach seinem Wortlaut unterscheidet § 123 Abs. 1 zwischen zwei Arten einstweiliger Anordnungen, der Sicherungsanordnung entsprechend § 935 ZPO (S. 1) und der Regelungsanordnung entsprechend § 940 ZPO (S. 2). Nach § 123 Abs. 1 S. 1 kann das Gericht „eine einstweilige Anordnung in bezug auf den Streitgegenstand treffen, wenn die Gefahr besteht, daß durch eine Veränderung des bestehenden Zustands die Verwirklichung eines Rechts des Antragstellers vereitelt oder wesentlich erschwert werden könnte". Die *Sicherungsanordnung* zielt somit darauf ab, belastende Eingriffe vorläufig abzuwehren und den bestehenden Zustand zu erhalten. S. 2 erlaubt eine einstweilige Anordnung „auch zur Regelung eines vorläufigen Zustands in bezug auf ein streitiges Rechtsverhältnis", wenn eine solche Regelung nötig erscheint, „um wesentliche Nachteile abzuwenden oder drohende Gewalt zu verhindern oder aus anderen Gründen". Die *Regelungsanordnung* richtet sich daher auf die Veränderung des status quo, um den bestehenden Zustand für den Antragsteller (vorläufig) zu verbessern.

43 Die *Unterscheidung zwischen Sicherungs- und Regelungsanordnung* lässt sich historisch erklären, sie ist *rechtlich* jedoch *nicht von Bedeutung*. Bei der Prüfung eines Antrages auf Erlass einer einstweiligen Anordnung braucht daher nicht entschieden zu werden, unter welchem der beiden Tatbestände das Rechtsschutzbegehren zu subsumieren ist. § 123 Abs. 1 ist vielmehr als ein Auffangtatbestand für alle Eilrechtsschutzanträge gegen Einzelmaßnahmen der Verwaltung zu verstehen, die nicht unter §§ 80, 80a fallen.

44 **1. Streit um Bedeutung einer Abgrenzung der Tatbestände.** Der Gesetzgeber übernahm in die erste Fassung der VwGO von 1960 die Tatbestände der §§ 935 und 940 ZPO, an deren Formulierung er trotz einer Reihe von Reformvorschlägen auch in den folgenden Jahrzehnten nichts änderte (→ Rn. 1 f.). Schon im Anwendungsbereich der ZPO ist das Verhältnis zwischen § 935 und § 940 umstritten. Nach einer Ansicht lassen sich die Sicherungsanordnung des § 935 und die Regelungsanordnung des § 940 trennscharf voneinander abgrenzen.[89] Eine andere Ansicht hält eine Abgrenzung für nicht durchführbar oder irrelevant, sieht vielmehr beide Bestimmungen zusammen als Rechtsgrundlage für einstweiligen Rechtsschutz im Zivilprozess an.[90] Eine weitere Auffassung erkennt allein § 935 als Rechtsgrundlage für den Erlass einstweiliger Verfügungen an und sieht in § 940 lediglich eine Ergänzungsnorm, die sich nicht auf die Voraussetzungen, sondern nur auf den Inhalt der zu erlassenden

---

88 VGH München BayVBl 2000, 628, 629; s. dazu auch VGH München BayVBl 1996, 731 f., der strengere Anforderungen an das Rechtsschutzbedürfnis i.R.d. § 47 Abs. 8 a.F. stellt.

89 *O. Jauernig,* ZZP 79 (1966), 321, 324 ff.; *M. Huber,* in: Musielak/Voit, ZPO, § 935 Rn. 2.

90 *Baumbach/Lauterbach/Albers/Hartmann* § 940 Rn. 1; *W. Schuschke,* in: Schuschke/Walker Vorbem. § 935 Rn. 49, § 940 Rn. 1.

einstweiligen Verfügung beziehe.[91] Hinsichtlich der beiden Tatbestandsalternativen des § 123 Abs. 1 wurden in der Lit. zwar gedankentiefe Abgrenzungsversuche unternommen.[92] Dennoch bereitet die dogmatisch nicht geglückte[93] Aufspaltung in zwei Anordnungstatbestände und deren Abgrenzung in der verwaltungsgerichtlichen Praxis beträchtliche Schwierigkeiten. Von Teilen der Lit. wurde daher immer wieder die Forderung erhoben, der Gesetzgeber möge bei einer künftigen Reform der Bestimmungen über den vorläufigen Rechtsschutz beide Tatbestände in einem zusammenziehen.[94] Nicht selten weichen Gerichte den Abgrenzungsproblemen dadurch aus, dass sie bei der Prüfung eines Antrages auf einstweilige Anordnung ohne nähere Differenzierung § 123 Abs. 1 anführen,[95] allgemein auf § 123 verweisen[96] oder sogar den Antrag an beiden Tatbestandsalternativen messen.[97] Auch Teile des Schrifttums halten eine genaue Trennung zwischen Sicherungs- und Regelungsanordnung für nicht möglich.[98] Teilweise werden die Tatbestände in S. 1 und S. 2 im Wege der teleologischen Auslegung zu einem Tatbestand zusammengefasst.[99] Nach a.A. dürfe sich die Rechtsanwendung jedoch nicht über den Gesetzeswortlaut hinwegsetzen, der ausdrücklich zwei Formen der einstweiligen Anordnung vorsehe. Gerichte müssten daher darlegen und begründen, auf welche der Tatbestandsalternativen sie ihre einstweilige Anordnung stützten.[100]

2. Keine Relevanz der Tatbestandsalternativen. *Bemühungen um eine Abgrenzung* zwischen den Tat- 45
bestanden des § 123 Abs. 1 sind *unnötig*, da aus den verschiedenen Voraussetzungen, die Abs. 1 S. 1 und Abs. 1 S. 2 nach ihrem Wortlaut aufstellen, *keine unterschiedlichen rechtlichen Anforderungen an die Prüfung von Zulässigkeit und Begründetheit* resultieren (OVG Münster DVBl 2011, 303). Lediglich der Inhalt der vom Gericht erlassenen einstweiligen Anordnung fällt anders aus, je nachdem ob der Kläger in der Hauptsache ein Unterlassen, eine Leistung oder eine Feststellung begehrt. Dabei ist jedoch auf das jeweilige Rechtsschutzziel des Antrages im Einzelfall abzustellen und vom Gericht die geeignete Maßnahme auszuwählen. Prinzipielle Unterschiede zwischen Sicherungs- und Regelungsanordnung sind auch hierbei nicht festzustellen.

a) Unterscheidung nur historisch bedingt. Aus der Entstehungsgeschichte des § 123 lässt sich nicht   46
ablesen, dass sich der Gesetzgeber über die Sinnhaftigkeit der Aufspaltung der verwaltungsgerichtlichen einstweiligen Anordnung in eine Sicherungs- und eine Regelungsanordnung überhaupt Gedanken gemacht hat (→ Rn. 1). Im Vordergrund der nahezu wörtlichen Übernahme der Formulierungen aus der ZPO zur einstweiligen Verfügung dürfte wohl eher die Idee gestanden haben, im Sinne einer Einheitlichkeit der Prozessordnungen unnötige Unterschiede zwischen einstweiliger Verfügung und einstweiliger Anordnung zu vermeiden. Freilich scheinen die §§ 935 und 940 ZPO ebenfalls nicht das Ergebnis tiefgründiger gesetzgeberischer Erwägungen zu sein, beruhen sie doch auf weitgehend kommentarloser Übernahme entsprechender Entwürfe aus dem 19. Jahrhundert, deren Entstehungsgeschichte ebenfalls keinen näheren Aufschluss über die Erforderlichkeit der Aufspaltung in zwei Verfügungstatbestände liefert.[101]

b) Streitgegenstand: Offenhalten der Hauptsacheentscheidung. Auch aus grundlegenden Unterschie- 47
den im Streitgegenstand lässt sich die Aufspaltung der Anträge in Sicherungs- und Regelungsanordnungen nicht herleiten. Zweck des vorläufigen Rechtsschutzverfahrens ist es immer, die Schaffung vollendeter Tatsachen vor Abschluss des Hauptsacheverfahrens zu verhindern. Es geht also nicht um

---

91 *I. Drescher*, in: MüKoZPO, § 935 Rn. 4 ff.
92 *H. Quaritsch*, VerwArch 51 (1960), 210, 230 ff., 243 ff.
93 VGH Mannheim DVBl 1996, 110, 111; s.a. *H. Quaritsch*, VerwArch 51 (1960), 210, 230 f.; *K. Redeker*, ZRP 1983, 149, 150.
94 *B. Bender*, FS Menger, 1985, 657, 658; *J.-D. Busch*, DÖV 1983, 623, 625; *C.-C. Dressel*, BayVBl 1995, 388, 393 f.
95 Z.B. BVerwG NVwZ 1982, 193, 194; OVG Lüneburg NVwZ 1989, 1085; VGH Kassel NVwZ-RR 1996, 105.
96 Z.B. HmbOVG NVwZ-RR 1993, 53, 54; OVG Koblenz NVwZ-RR 1992, 35, 36; OVG Saarlouis NVwZ 1992, 281, 282; VGH Mannheim VBlBW 1993, 304; VGH München DVBl 1992, 452.
97 Z.B. OVG Münster NJW 1990, 1132 f.; NVwZ-RR 1993, 234, 235; VGH Kassel NJW 1989, 470, 472; VGH München NVwZ-RR 1990, 99 f.
98 *M. Happ*, in: Eyermann § 123 Rn. 20; *H. Huba*, JuS 1990, 983; *Schmitt Glaeser/Horn* Rn. 317, 320; so wohl auch *W. Kuhla*, in: Posser/Wolff, § 123 Rn. 56.
99 *K. Obermayer*, GdS Peters, 1967, 875, 882 f.
100 OVG Koblenz NJW 1978, 2355; *M. Dombert*, in: Finkelnburg/Dombert/Külpmann Rn. 111; *F. Schoch*, in: Schoch/Schneider/Bier § 123 Rn. 50.
101 Dazu näher *H. Quaritsch*, VerwArch 51 (1960), 210, 230 f.

eine Entscheidung über das in der Hauptsache geltend gemachte Recht. Daher stimmt der *Streitgegenstand eines Verfahrens nach § 123 nicht* mit dem *Streitgegenstand des zugrunde liegenden Hauptsacheverfahrens* überein.[102] Letzterer wird allenfalls mittelbar bei der Prüfung des Anordnungsanspruchs als Begründetheitsvoraussetzung einbezogen. Der Streitgegenstand eines Verfahrens nach § 123 ergibt sich aus dem im Eilantrag formulierten Begehren und dem verfolgten Rechtsschutzziel. Trotz der unterschiedlichen Wortwahl in S. 1 („in bezug auf den Streitgegenstand") und S. 2 („in bezug auf ein streitiges Rechtsverhältnis") ist Gegenstand des Verfahrens nach § 123 stets der Anspruch auf eine gerichtliche Maßnahme zum Offenhalten der Hauptsacheentscheidung. Unterschiede bestehen nur in der Art der erstrebten gerichtlichen Maßnahme, die von der jeweiligen Fallgestaltung und damit vom Rechtsschutzziel im Einzelfall abhängt.

48   **c) Verfassungsrechtlich geforderte Auffangfunktion des § 123 Abs. 1.**   Neben der Abgrenzung zwischen S. 1 und S. 2 ist es auch müßig zu diskutieren, ob zusätzlich zur Sicherungs- und zur Regelungsanordnung die Leistungsanordnung als dritte (ungeschriebene) Form der einstweiligen Anordnung anerkannt werden muss, oder ob sie in der Regelungsanordnung enthalten ist.[103] Das verfassungsrechtliche Gebot, effektiven Rechtsschutz zu gewähren, erfordert es, *vorläufige Rechtsschutzverfahren gegen alle Einzelmaßnahmen der Verwaltung* zur Verfügung zu stellen. Dabei schreibt das GG nicht vor, in welchem Verfahren dies zu geschehen hat, solange das jeweilige Eilverfahren den Betroffenen nur effektiv schützt. Die Verfahren nach §§ 80, 80 a einerseits und § 123 andererseits sind vom verfassungsrechtlichen Standpunkt her gleichwertig (→ Rn. 8 ff.). Rechtsschutzlücken dürfen durch die Aufspaltung in zwei Verfahrensarten allerdings nicht auftreten. Weist der Gesetzgeber den vorläufigen *Rechtsschutz gegen belastende Verwaltungsakte dem Verfahren nach §§ 80, 80 a* zu, müssen *alle anderen Rechtsschutzbegehren Eilrechtsschutz über § 123* erhalten können. Eine Aufspaltung in zwei Tatbestände im Sinne eines Ausschlusses aller anderer nicht darunter fallender Rechtschutzbegehren verstieße gegen Art. 19 Abs. 4 GG. Wer auf einem gesonderten Tatbestand der Sicherungsanordnung beharren will, muss zumindest den Tatbestand der Regelungsanordnung zur Vermeidung von Rechtsschutzlücken so weit auslegen, dass er eine Auffangfunktion für alle nicht den §§ 80, 80 a und denen der Sicherungsanordnung unterfallenden Formen des vorläufigen Rechtsschutzes erfüllt (vgl. VGH Mannheim DVBl 1996, 110, 111).

49   **d) Keine Rechtsfolgen der Unterscheidung für die Erfolgsaussichten des Antrages.**   Auch hinsichtlich der *Begründetheitsprüfung* unterscheiden sich Sicherungs- und Regelungsanordnung nicht grds. voneinander. Die einstweilige Anordnung ist zu erlassen, wenn ein *Anordnungsanspruch* und ein *Anordnungsgrund glaubhaft* sind, also mit einem bestimmten Wahrscheinlichkeitsgrad vorliegen (§ 123 Abs. 3 i.V.m. § 920 Abs. 2 ZPO; → Rn. 76 ff.). Diese Voraussetzungen gelten für jeden Antrag auf Erlass einer einstweiligen Anordnung, gleichgültig ob mit ihm ein bestehender Zustand vorläufig erhalten oder vorläufig verbessert werden soll. Auffassungen, die wegen der Unterschiede im Wortlaut zwischen S. 1 („in bezug auf den Streitgegenstand") und S. 2 („in bezug auf ein streitiges Rechtsverhältnis") nur bei der Sicherungsanordnung einen Anordnungsanspruch, bei der Regelungsanordnung lediglich ein streitiges Rechtsverhältnis fordern wollen,[104] sind abzulehnen. Zweck einer einstweiligen Anordnung ist es, eine Regelung für den Zeitraum bis zur Entscheidung der Hauptsache zu treffen, um zu verhindern, dass in dieser Zwischenzeit vollendete Tatsachen geschaffen werden, die bei Obsiegen des Klägers in der Hauptsache nicht mehr rückgängig gemacht werden können. Nachdem die einstweilige Anordnung die Effektivität der Hauptsacheentscheidung offen halten soll, ist bei der gerichtlichen Entscheidung auch die Hauptsache in den Blick zu nehmen. Wegen dieses Zusammenhangs zwischen Eilverfahren und Hauptsacheverfahren muss auch für eine Regelungsanordnung ein Erfolg in der Hauptsache zumindest wahrscheinlich sein, ein Anordnungsanspruch also auch hier vorliegen.

---

102   *M. Happ*, in: Eyermann § 123 Rn. 2; *M. Funke-Kaiser*, in: Bader § 123 Rn. 12; *F. Schoch*, in: Schoch/Schneider/Bier § 123 Rn. 59.

103   Für eine eigenständige Leistungsanordnung jedenfalls als Sonderfall der Regelungsanordnung *Pietzner/Ronellenfitsch* § 57 Rn. 1625; *H. Rohmeyer*, Geschichte und Rechtsnatur der einstweiligen Anordnung im Verwaltungsprozeß, 1967, 28 ff., 165 ff. Für die Leistungsanordnung lediglich als Unterfall der Regelungsanordnung *F. Schoch*, in: Schoch/Schneider/Bier § 123 Rn. 51.

104   *H.-U. Erichsen*, Jura 1984, 644, 651; *K. Lange*, JuS 1994, 296, 297 f., 299; i.d.S. wohl auch VGH Mannheim NVwZ-RR 1996, 218; erleichterte Anforderungen an Prüfung und Glaubhaftmachung des behaupteten Rechts bei der Regelungsanordnung stellen z.B. OVG Koblenz NJW 1978, 2355 und VGH Kassel NJW 1989, 470, 472.

Das verfassungsrechtliche Gebot der Gewährung effektiven Rechtsschutzes und der Schutz der Grundrechte verlangen eine verfassungskonforme Auslegung der Begründetheitsanforderungen des § 123. Auch hier bestehen keine Unterschiede zwischen der Sicherungs- und der Regelungsanordnung (zu den verfassungsrechtlichen Anforderungen → Rn. 97 ff.).

VII. Gerichtliche Entscheidung

Bei § 123 handelt es sich ebenso wie bei § 80 Abs. 5, § 80 a Abs. 3 um ein im Verhältnis zum Hauptsacheverfahren *selbständiges Verfahren* (→ § 80 Rn. 112). Das Anordnungsverfahren erfordert daher eine eigene Zulässigkeits- und Begründetheitsprüfung. Auf das vorläufige Rechtsschutzverfahren finden grds. *alle Regelungen und allgemeinen Rechtsgrundsätze, die für Klagen gelten,* ebenfalls Anwendung. Neben den unmittelbar anwendbaren Bestimmungen des 7. Abschnitts der VwGO („Allgemeine Verfahrensvorschriften") sind insbes. die Vorschriften des 9. Abschnitts der VwGO über das Verfahren im ersten Rechtszug entsprechend heranzuziehen, soweit der Charakter des Eilverfahrens dem nicht entgegensteht. Zwar ist wie bei einer Klage grds. vor der Begründetheit des Antrages seine Zulässigkeit zu prüfen. Die Eilbedürftigkeit des Verfahrens und das damit verbundene Beschleunigungsgebot können es allerdings gebieten, vom Vorrang der Zulässigkeitsprüfung abzuweichen und komplizierte Zulässigkeitsfragen dahinstehen zu lassen, wenn das Gericht nach kurzer Prüfung bereits erkennen kann, dass der Antrag offensichtlich unbegründet ist.[105] 50

1. Zulässigkeitsvoraussetzungen. Wie bei der Prüfung einer Klage im Hauptsacheverfahren ist auch bei der Prüfung eines Antrages auf Erlass einer einstweiligen Anordnung *zwischen der Zulässigkeit des Antrages und seiner Begründetheit zu unterscheiden.*[106] Gelegentlich sprechen Gerichte von der „Zulässigkeit der einstweiligen Anordnung". Diese Formulierung verwendet auch § 123 Abs. 1 S. 2 („Einstweilige Anordnungen sind... zulässig..."). Gemeint ist damit, dass die materiellen Voraussetzungen für den Erlass einer einstweiligen Anordnung vorliegen, also dass der Antrag begründet ist.[107] Die Unterscheidung zwischen Zulässigkeit und Begründetheit ist von praktischer Bedeutung, da *auch Beschlüsse nach § 123 in materielle Rechtskraft* erwachsen (→ § 121 Rn. 41).[108] Ein unzulässiger Antrag auf Erlass einer einstweiligen Anordnung kann erneut gestellt werden, wenn der Zulässigkeitsmangel beseitigt ist. War der Antrag hingegen unbegründet, ist ein erneuter Antrag wegen entgegenstehender Rechtskraft unzulässig (zum Abänderungsverfahren wegen veränderter Sach- oder Rechtslage → Rn. 127 ff.). Für das Vorliegen der Zulässigkeitsvoraussetzungen sind grds. nicht die Verhältnisse zum Zeitpunkt der Antragstellung sondern die *Verhältnisse zum Zeitpunkt der gerichtlichen Eilentscheidung maßgeblich.* 51

a) Deutsche Gerichtsbarkeit. Für Eilrechtsschutzverfahren gelten die allgemeinen Zulässigkeitsvoraussetzungen. Daher muss auch für ein Verfahren nach § 123 die deutsche Gerichtsbarkeit gegeben sein (vgl. VGH Kassel NJW 1989, 470, 474 f.). 52

b) Verwaltungsrechtsweg. Ebenso wie für den vorläufigen Rechtsschutz nach § 80 Abs. 5 (→ § 80 Rn. 113) muss auch für den Antrag nach § 123 der Verwaltungsrechtsweg gegeben sein. Das Eilrechtsschutzverfahren steht in innerem Zusammenhang mit dem Klageverfahren in der Hauptsache, da es sein Zweck ist, durch vorläufige Regelung die Effektivität der Hauptsacheentscheidung zu sichern. Folglich bestimmt § 123 Abs. 2 S. 1 das Gericht der Hauptsache auch zum zuständigen Gericht für den Eilantrag. Der Verwaltungsrechtsweg ist demgemäß für den Eilantrag dann gegeben, *wenn er nach § 40 für die entsprechende Klage in der Hauptsache gegeben ist.* Somit ist bei einer zugrunde liegenden verfassungsrechtlichen Streitigkeit Eilrechtsschutz nach § 123 unzulässig (OVG Münster NJW 1994, 472 f.; s.a. BVerwGE 109, 258, 259). 53

Hält das Gericht den beschrittenen Rechtsweg für unzulässig, spricht es dies *in analoger Anwendung von § 17 a Abs. 2 GVG i.V.m. § 173 VwGO* von Amts wegen aus und *verweist* an das zuständige Ge- 54

---

105 M. *Dombert,* in: Finkelnburg/Dombert/Külpmann Rn. 23; *Pietzner/Ronellenfitsch* § 57 Rn. 1627.
106 BVerwGE 63, 110, 111; OVG Greifswald NVwZ-RR 1994, 334; M. *Dombert,* in: Finkelnburg/Dombert/Külpmann Rn. 22; *Pietzner/Ronellenfitsch* § 57 Rn. 1627; *Schmitt Glaeser/Horn* Rn. 315.
107 Vgl. K. *Obermayer,* GdS Peters, 1967, 875, 889, 890.
108 OVG Saarlouis NVwZ-RR 2011, 1000 (nur LS); VGH Kassel NJW 1984, 378 f.; NVwZ-RR 1996, 713; 2001, 366; M. *Dombert,* in: Finkelnburg/Dombert/Külpmann Rn. 79.

richt des zulässigen Rechtswegs.[109] Bei einer Beschwerde gegen einen Beschluss nach § 123 ist das Rechtsmittelgericht entsprechend § 17a Abs. 5 GVG an eine positive Rechtswegentscheidung des Ausgangsgerichts gebunden.[110]

55   Die *Rechtsmittelbestimmungen des § 17a Abs. 4 GVG* sind im Eilverfahren nur insoweit analog anzuwenden wie sie mit den Besonderheiten des Rechtsmittelzuges für den vorläufigen Rechtsschutz in Einklang stehen. Gegen einen Rechtswegverweisungsbeschluss entsprechend § 17a Abs. 2 GVG ist gem. § 17a Abs. 4 S. 3 GVG die Beschwerde nach § 146 Abs. 1 VwGO gegeben.[111] *§ 17a Abs. 4 S. 4–6 GVG gelten* hingegen im vorläufigen Rechtsschutzverfahren *nicht*. Nachdem eine weitere Beschwerde dem Beschleunigungsziel im Verfahren des vorläufigen Rechtsschutzes zuwiderliefe und das BVerwG auch gem. § 152 Abs. 1 keine Sachentscheidungen gegen Beschwerdeentscheidungen des OVG in Eilverfahren treffen kann, ist auch im Rechtswegverfahren eine Beschwerde zum BVerwG nicht möglich.[112]

56   **c) Statthaftigkeit des Anordnungsverfahrens.** Bei der Statthaftigkeit geht es um die *Abgrenzung zu anderen Rechtsschutzverfahren*, insbes. zu den anderen Verfahren des vorläufigen Rechtsschutzes *nach § 47 Abs. 6 und nach §§ 80, 80a*. Ein Antrag nach § 123 ist statthaft, wenn kein anderer Verfahrensweg beschritten werden muss. Nachdem § 47 Abs. 6 den Erlass einstweiliger Anordnungen i.R. der Normenkontrolle gegen Satzungen nach dem BauGB und untergesetzliches Landesrecht ermöglicht, § 123 dagegen grds. gegen Einzelakte der Verwaltung schützt, besteht zwischen beiden Verfahrensarten keine Rangfolge. Ein Antrag nach § 123 ist daher grds. auch neben einem Antrag nach § 47 Abs. 6 statthaft (→ Rn. 40). Im Verhältnis zu den §§ 80, 80a schließt § 123 Abs. 5 hingegen einen Antrag auf einstweilige Anordnung aus, wenn der statthafte Hauptsacherechtsbehelf eine Anfechtungsklage ist. Zu Einzelfragen der Abgrenzung zwischen den Verfahren nach §§ 80, 80a und § 123 → Rn. 28 ff. Ein Antrag nach § 123 kann ggf. in einen Antrag nach § 80 Abs. 5 umgedeutet werden (→ Rn. 66).

57   Die Regelung des *§ 167 Abs. 2*, nach der bestimmte Urteile nicht für vorläufig vollstreckbar erklärt werden dürfen, macht einen Antrag auf Erlass einer einstweiligen Anordnung durch das Berufungsgericht nicht unstatthaft (VGH Mannheim DVBl 1999, 992). Die *vorläufige Vollstreckbarkeit* und die einstweilige Anordnung haben nichts miteinander zu tun, denn sie sind auf unterschiedliche Ziele gerichtet. Die vorläufige Vollstreckbarkeit einer Entscheidung ermöglicht dem Gläubiger die Befriedigung in der Hauptsache schon vor Rechtskraft. Wenn die Ausnahmeregelung des § 167 Abs. 2 nicht eingreift, ist sie vom Gericht anzuordnen, ohne dass der Gläubiger besondere Dringlichkeitsgründe darlegen müsste. Die einstweilige Anordnung hingegen entscheidet nicht die Hauptsache, sondern trifft nur eine Zwischenentscheidung zur Aufrechterhaltung der Effektivität der Hauptsacheentscheidung. Sie darf im Gegensatz zur vorläufigen Vollstreckbarkeit vom Gericht nur bei Vorliegen eines Anordnungsgrundes, also bei besonderer Dringlichkeit erlassen werden.

58   Teilweise wird zur Statthaftigkeit des Antrages auf Erlass einer einstweiligen Anordnung auch die positive Feststellung gezählt, dass der Antrag auf ein Rechtsschutzziel gerichtet ist, das i.R.d. § 123 liegt, also dass das Rechtsschutzbegehren als Sicherungsanordnung nach § 123 Abs. 1 S. 1 oder als Regelungsanordnung nach § 123 Abs. 1 S. 2 eingestuft werden kann.[113] Die genaue Subsumtion unter einen der Tatbestände des § 123 Abs. 1 ist jedoch für die Zulässigkeit des Antrags irrelevant, sofern nur negativ festgestellt werden kann, dass vorläufiger Rechtsschutz nicht nach §§ 80, 80a zu suchen ist.[114] Wie oben dargelegt, ist die Aufspaltung des § 123 Abs. 1 in zwei Tatbestände ohnehin rechtlich

---

109   OVG Greifswald NJ 2000, 501, 502; OVG Münster NVwZ 1994, 178 f.; OVG Weimar DÖV 1996, 423, 424; VGH Kassel NJW 1996, 474, 475; a.M. OVG Koblenz DVBl 1993, 260; *J. Holzheuser,* DÖV 1994, 807, 811 f.; *C. Sennekamp,* NVwZ 1997, 642, 643 ff.

110   OVG Bln NVwZ 1992, 685, 686; OVG Münster NVwZ-RR 2012, 415; OVG Saarlouis NVwZ-RR 1996, 462; VGH Kassel NJW 1996, 474, 475; VGH Mannheim NVwZ-RR 2002, 504, 505; NVwZ-RR 2008, 581, 582; a.M. VGH Kassel NVwZ-RR 1994, 511, 512.

111   BVerwG 310 § 40 VwGO Nr. 286; HmbOVG NVwZ-RR 2000, 842 f.; OVG Weimar DÖV 1996, 423, 424; VGH Mannheim NVwZ-RR 2003, 159; zweifelnd BVerwG DÖV 2006, 174; NVwZ 2006, 1291.

112   BVerwG NVwZ 2006, 1291; OVG Greifswald NJ 2000, 501, 502; OVG Münster NVwZ 1994, 178, 179; a.M. OVG Bln DVBl 2006, 1250, 1252; *C. Braun,* NVwZ 2007, 49 ff.; *J. Holzheuser,* DÖV 1994, 807, 813; *C. Sennekamp,* NVwZ 1997, 642, 643 ff.

113   *R. Brühl,* JuS 1995, 916, 917; *H. Huba,* JuS 1990, 983, 984 f.

114   *F. Schoch,* in: Schoch/Schneider/Bier § 123 Rn. 102; i.d.S. auch *Schmitt Glaeser/Horn* Rn. 317.

nicht relevant (→ Rn. 42 ff.). Aber auch diejenigen, die an einer Aufteilung in Sicherungs- und Regelungsanordnung festhalten, müssen aus Gründen des effektiven Rechtsschutzes den Tatbestand der Regelungsanordnung als Auffangtatbestand für alle Formen des vorläufigen Rechtsschutzes auslegen, die keine Sicherungsanordnungen sind (VGH Mannheim DVBl 1996, 110, 111).

d) Zuständiges Gericht, Einzelrichter und Eilentscheidung des Vorsitzenden. Nach § 123 Abs. 2 S. 1   59
ist das Gericht der Hauptsache auch das für den Eilantrag zuständige Gericht. Da der Antrag bereits
vor Klageerhebung gestellt werden kann (§ 123 Abs. 1 S. 1), ist er *vor Rechtshängigkeit der Hauptsache* an das Gericht zu richten, das für die Hauptsacheklage sachlich (§§ 45, 47, 48, 50) und örtlich
(§ 52) zuständig wäre. *Nach Klageerhebung* ist das mit der Klage befasste Gericht so lange auch für
einen Eilantrag zuständig, wie es den Hauptsacherechtsstreit nicht gem. § 83 VwGO i.V.m. § 17 a
Abs. 2 GVG an ein anderes Gericht verwiesen hat, oder eine Bestimmung nach § 53 getroffen wurde.
Wird der Antrag nach § 123 beim *sachlich, örtlich oder instanziell unzuständigen Gericht* gestellt, erklärt sich das Gericht in analoger Anwendung von § 83 S. 1 VwGO i.V.m. § 17 a Abs. 2 S. 1 GVG für
unzuständig und verweist von Amts wegen an das zuständige Gericht.[115] Gegen einen solchen *Verweisungsbeschluss* ist kein Rechtsbehelf gegeben (§ 83 S. 2 analog).
Gericht der Hauptsache ist gem. § 123 Abs. 2 S. 2 Alt. 1 das *Gericht des ersten Rechtszuges*, also   60
i.d.R. das VG (§ 45), sofern nicht ausnahmsweise die erstinstanzliche Zuständigkeit des OVG (§ 48)
oder des BVerwG (§ 50) für die Klage in der Hauptsache gegeben ist. Die Zuständigkeit des VG endet
mit Anhängigkeit der Hauptsache in der nächsten Instanz.
Wird die Hauptsache im *Berufungsverfahren* anhängig, ist Gericht der Hauptsache das Berufungsge-   61
richt (§ 123 Abs. 2 S. 2 Alt. 2). Allerdings geht die Zuständigkeit des Berufungsgerichts nur so weit,
wie die Hauptsache im Berufungsverfahren anhängig ist.[116] Sowohl die Berufung selbst wie auch der
Antrag auf Zulassung der Berufung machen die Hauptsache beim Berufungsgericht anhängig. Beide
Prozesshandlungen lösen den Devolutiveffekt aus, da über beide das OVG zu entscheiden hat. Wurde
also die Berufung vom VG zugelassen (§ 124 a Abs. 1), beginnt die Zuständigkeit des Berufungsgerichts i.S.v. § 123 Abs. 2 S. 2 Alt. 2 mit Eingang der Berufungsschrift beim VG (§ 124 a Abs. 2). Stellt
der Betroffene mangels Zulassung der Berufung durch das VG einen Antrag auf Zulassung gem.
§ 124 a Abs. 4, beginnt die Zuständigkeit des Berufungsgerichts mit Eingang des Zulassungsantrags
beim VG (§ 124 a Abs. 4 S. 2).[117]
Gelangt das Hauptsacheverfahren in die *Revisionsinstanz* entweder unter Überspringen der Berufung   62
durch Zulassung durch das VG (Sprungrevision nach § 134 Abs. 1 bzw. Ersatzrevision nach § 135
S. 2) oder nach der Berufungsinstanz durch Zulassung durch das OVG (nach § 132 Abs. 1), endet die
Zuständigkeit des Berufungsgerichts für Eilanträge mit Eingang der Revisionsschrift (§ 139 Abs. 1).
Bei einer Beschwerde wegen Nichtzulassung der Revision endet sie mit der Entscheidung des Gerichts,
der Beschwerde nicht abzuhelfen (§ 133 Abs. 5 S. 1).[118] Im Falle einer Beschwerde wegen Nichtzulassung der Ersatzrevision endet die Zuständigkeit des VG ebenfalls erst mit seiner Nichtabhilfeentscheidung (§ 135 S. 2 und 3, § 133 Abs. 5 S. 1). Nachdem § 123 Abs. 2 S. 2 Alt. 2 nur das Berufungsverfahren, nicht aber das Revisionsverfahren erwähnt, ist daraus zu schließen, dass für das BVerwG *keine
Zuständigkeit* zum Erlass einer einstweiligen Anordnung besteht, wenn es als Revisionsgericht tätig
wird (BVerwGE 58, 179, 181; BVerwG VBlBW 1981, 114; VGH München DVBl 1981, 687). In der
Revisionsinstanz ist also wieder das VG für einen Antrag nach § 123 zuständig (anders im Aussetzungsverfahren nach § 80 Abs. 5, → § 80 Rn. 115).[119]
Ist *über einen Antrag nach § 123*, der beim VG gestellt wurde, *noch nicht entschieden*, bevor der   63
Rechtsstreit aufgrund eines Rechtsmittels in die Berufungsinstanz gelangt, geht der Antrag zusammen

---

115 BVerwG VBlBW 1981, 114; 14.11.1994 – 1 VR 6/94 (das hier aber § 83 VwGO, § 17 a Abs. 2 GVG direkt anwendet); NVwZ 2013, 1219 (direkte Anwendung von § 83 VwGO, § 17 a Abs. 2 GVG); HmbOVG NVwZ-RR 2009, 543 f.; VGH Mannheim VBlBW 1992, 471 (zu § 80 Abs. 7); VG Berlin InfAuslR 1994, 379, 380 f.; s.a. BVerwG NVwZ 2001, 89, 90; a.M. C. *Sennekamp*, NVwZ 1997, 642, 646 f.

116 VGH Kassel DVBl 1989, 413; M. *Dombert*, in: Finkelnburg/Dombert/Külpmann Rn. 49 ff.

117 OVG Lüneburg BeckRS 2010, 50249 (8 MC 148/10); VGH München NVwZ 2000, 210, 211 m.w.N.; s.a. VGH Mannheim NVwZ-RR 2005, 860 f. (keine Zuständigkeit des VGH durch bloßen Prozesskostenhilfeantrag).

118 OVG Münster NJW 1966, 1770; VGH München DVBl 1981, 687; M. *Dombert*, in: Finkelnburg/Dombert/Külpmann Rn. 47; H. *Huba*, JuS 1990, 983, 985; vgl. auch BVerwG InfAuslR 1994, 395.

119 BVerwG VBlBW 1981, 114; VGH München DVBl 1981, 687; M. *Dombert*, in: Finkelnburg/Dombert/Külpmann Rn. 48; H. *Huba*, JuS 1990, 983, 985; a.M. *Hufen* § 33 Rn. 4 (Berufungsgericht wieder zuständig).

mit dem Rechtsmittel *automatisch in die Berufungsinstanz* über. Gelangt das Verfahren in die *Revisionsinstanz*, bleibt im Falle von Sprungrevision und Ersatzrevision das VG für bis dahin nicht entschiedene Anträge nach § 123 weiter zuständig. Für Anträge nach § 123, die beim Berufungsgericht anhängig waren und dort nicht entschieden wurden, wird im Falle der Zulassung der Revision nach ihrer Einlegung (§ 139 Abs. 1) oder im Falle der Nichtzulassungsbeschwerde nach der Nichtabhilfeentscheidung (§ 133 Abs. 5 S. 1) das VG für bis dahin nicht entschiedene Anträge nach § 123 von Amts wegen zuständig. Es ist in allen diesen Fällen weder ein weiterer Antrag noch eine Verweisung durch das Gericht erforderlich (zur entsprechenden Rechtslage bei § 80 Abs. 5 → § 80 Rn. 116).[120]

64　Grds. trifft die Entscheidung der Spruchkörper, also beim VG die Kammer, beim OVG und beim BVerwG der Senat. Unter den Voraussetzungen der §§ 6, 87a Abs. 2 und 3 (zur analogen Anwendung des § 87a Abs. 2 und 3 im vorläufigen Rechtsschutzverfahren → § 87a Rn. 3) ist auch der *Einzelrichter* für eine einstweilige Anordnung zuständig. Nach § 123 Abs. 2 S. 3 ist § 80 Abs. 8 analog anzuwenden; in dringenden Fällen besteht daher eine *Eilzuständigkeit des Vorsitzenden*. Dringend ist ein Fall dann, wenn dem Antragsteller durch die Verzögerung, die das Zusammenrufen von Kammer oder Senat erfordert, unzumutbar schwere Nachteile entstünden (VGH Kassel NVwZ 1994, 398, 399). Entscheidet der Vorsitzende, ohne dass Dringlichkeit besteht, kann ein Verstoß gegen das grundgesetzlich geschützte Recht auf den gesetzlichen Richter vorliegen (→ § 80 Rn. 119).

65　**e) Ordnungsgemäße Antragstellung.** Voraussetzung einer gerichtlichen Entscheidung ist ein *Antrag des Betroffenen*. Als Grundprinzip aller Rechtsschutzformen der VwGO gilt das Antragserfordernis für alle Anträge auf Erlass einer einstweiligen Anordnung, auch wenn es sich dem Wortlaut von § 123 Abs. 1 S. 1 nach nur auf die Sicherungsanordnung bezieht.[121] Hinsichtlich Inhalt und Form des Antrages sind die §§ 81, 82 entsprechend anwendbar.[122] Der Antrag ist daher i.d.R. schriftlich oder zur Niederschrift des Urkundsbeamten der Geschäftsstelle zu stellen (§ 81 Abs. 1 analog, s.a. § 123 Abs. 3 VwGO i.V.m. § 920 Abs. 3 ZPO). Bei besonderer Eilbedürftigkeit muss auch eine telefonische Antragstellung ausreichen, wenn ansonsten kein effektiver Rechtsschutz gewährt werden könnte.[123] Zur Individualisierbarkeit des Antragstellers und zur Sicherung von Kostenforderungen ist die Angabe einer ladungsfähigen Anschrift gem. § 82 Abs. 1 S. 1 analog erforderlich.[124]

66　Entsprechend § 82 Abs. 1 S. 2 „soll" ein *bestimmter Antrag* gestellt werden. Es reicht daher aus, wenn der Betroffene den Gegenstand seines Begehrens nach Art und Umfang hinreichend i.S.v. § 88 umschreibt. Obwohl es sich empfiehlt, dem Gericht das Rechtsschutzziel so klar wie möglich zu verdeutlichen, *muss keine konkrete Maßnahme des Gerichts beantragt werden*. Bei unklaren Anträgen hat das Gericht analog § 86 Abs. 3 auf eine Erläuterung hinzuwirken. Unzutreffende Anträge können unter Berücksichtigung des Rechtsschutzziels des Antragstellers entsprechend § 88 *ausgelegt*[125] oder von einem Antrag nach § 80 Abs. 5 in einen nach § 123 und umgekehrt *umgedeutet*[126] werden. Wegen der Unterschiede der Verfahren nach § 80 Abs. 5 und § 123 insbes. im Hinblick auf eine Schadensersatzpflicht (§ 123 Abs. 3 VwGO i.V.m. § 945 ZPO) *muss das Gericht das wahre Begehren des Antragstellers ggf. durch vorheriges Nachfragen ermitteln*.[127] Bleibt der Antragsteller trotz Hinweises des Gerichts ausdrücklich bei seinem Antrag nach § 80 Abs. 5 ist eine Umdeutung ausgeschlossen (VGH München BayVBl 1997, 22, 23). Ist der Antragsteller anwaltlich vertreten, kommt bei einem eindeutig

120　M. *Happ*, in: Eyermann § 123 Rn. 30; *Kopp/Schenke* § 123 Rn. 19; a.M. M. *Funke-Kaiser*, in: Bader § 123 Rn. 35 (Verweisung nach § 83 VwGO analog, § 17a GVG erforderlich).
121　M. *Dombert*, in: Finkelnburg/Dombert/Külpmann Rn. 70.
122　Zur entsprechenden Anwendung des Bestimmtheitsgebots des § 82 Abs. 1 S. 2 VG Berlin NVwZ 2009, 1120.
123　VG Wiesbaden NVwZ 1988, 90; *Pietzner/Ronellenfitsch* § 57 Rn. 1638; a.M. M. *Happ*, in: Eyermann § 123 Rn. 32.
124　VGH Mannheim NVwZ-RR 2006, 151 f.; einschränkend M. *Dombert*, in: Finkelnburg/Dombert/Külpmann Rn. 72.
125　OVG Bautzen NVwZ-RR 1998, 253; OVG Lüneburg NVwZ-RR 2010, 902, 903; OVG Magdeburg NVwZ-RR 2010, 53 f.; OVG Münster NVwZ-RR 1993, 234, 235; VGH München NVwZ-RR 1998, 685, 686; 1999, 641; vgl. VG Leipzig NVwZ-RR 2001, 315.
126　BVerwG NVwZ-RR 2000, 441, 442; OVG Frankfurt (Oder) NVwZ-RR 1997, 555, 556; HmbOVG NVwZ-RR 1993, 53; OVG Lüneburg NVwZ-RR 2011, 508; VGH Kassel NVwZ-RR 2017, 76 f.; VGH München BayVBl 1999, 50 f.
127　M. *Redeker*, in: Redeker/v. Oertzen § 123 Rn. 5.

formulierten Antrag grds. keine Umdeutung in Betracht,[128] ggf. aber eine Auslegung.[129] Weicht das wahre Rechtsschutzziel jedoch erkennbar von der Antragsfassung ab, ist auch bei anwaltlicher Vertretung der Antrag auszulegen oder umzudeuten, da ansonsten unter Verstoß gegen Art. 19 Abs. 4 GG der Rechtsweg unzumutbar erschwert würde.[130]

f) Antragsfrist, Zeitpunkt der Antragstellung. Grds. ist, wenn spezialgesetzlich keine besonderen Vor- 67 schriften bestehen (eine spezialgesetzliche Frist enthält z.B. § 18a Abs. 4 S. 1 AsylG), *keine Antragsfrist* einzuhalten. Der Antrag kann *zu jedem Zeitpunkt* gestellt werden, auch bereits vor Erhebung der Klage in der Hauptsache (§ 123 Abs. 1 S. 1). Er kann auch schon vor der Durchführung eines für die Zulässigkeit der Hauptsacheklage erforderlichen Vorverfahrens gestellt werden.[131] Der Antrag kann längstens bis zum bestandskräftigen Abschluss des Verwaltungsverfahrens oder bis zum rechtskräftigen Abschluss des Hauptsacheverfahrens gestellt werden, da es nur Sinn des vorläufigen Rechtsschutzverfahrens ist, Regelungen für den Zeitraum bis zu einer endgültigen Entscheidung in der Hauptsache zu treffen.[132]

In Ausnahmefällen kann das prozessuale Recht zur Beantragung einer einstweiligen Anordnung auch 68 *verwirkt* werden, wenn seit der Möglichkeit der Antragstellung längere Zeit vergangen ist und besondere Umstände hinzutreten, wegen derer die verspätete Geltendmachung als Verstoß gegen Treu und Glauben einzustufen ist.[133]

g) Antragsbefugnis. Eine Zulässigkeitsvoraussetzung für alle Klageverfahren der VwGO ist die Kla- 69 gebefugnis des Klägers in direkter oder analoger Anwendung des § 42 Abs. 2. Wegen der Akzessorietät zwischen vorläufigem Rechtsschutz und Hauptsacheverfahren ist daher auch im Verfahren nach § 123 eine *Antragsbefugnis entsprechend § 42 Abs. 2* zu fordern. Um einen Popularrechtsbehelf auszuschließen, muss es daher nach dem Vorbringen des Antragstellers zumindest möglich erscheinen, dass dieser *in eigenen Rechten verletzt* ist oder ihm eine solche Verletzung droht.[134] Dazu muss der Antragsteller konkrete Tatsachen vortragen, die die Tatbestandsmerkmale einer Norm erfüllen könnten, die dem Antragsteller Rechte einräumt (OVG Magdeburg NVwZ-RR 1996, 75, 79).

h) Rechtsschutzinteresse. Wie eine Klage in den entsprechenden Hauptsacheverfahren ist auch ein 70 Antrag nach § 123 unzulässig, wenn es dem Antragsteller am allgemeinen Rechtsschutzbedürfnis fehlt. Daran mangelt es ihm, wenn der Antragsteller den begehrten Eilrechtsschutz mit einer einstweiligen Anordnung *überhaupt nicht erlangen kann* oder wenn eine einstweilige Anordnung *zur Wahrung seiner Rechte nicht erforderlich* ist, insbes. weil er den Rechtsschutz *auf andere Weise leichter und schneller* erreichen kann.[135] Letzteres ist beim Antrag einer Behörde nach § 123 der Fall, wenn die Behörde den begehrten Erfolg durch eigenes Handeln, etwa durch den Erlass eines Verwaltungsaktes oder durch Maßnahmen der Rechtsaufsicht, herbeiführen könnte.[136] Dem Bürger fehlt es grds. am Rechtsschutzbedürfnis, wenn er vor Antragstellung bei Gericht der zuständigen Verwaltungsbehörde

---

128 VGH Kassel NVwZ-RR 1995, 33 f.; OVG Lüneburg NVwZ-RR 2010, 902 f.; *W. Kuhla*, in: Posser/Wolff, BeckOK VwGO § 123 Rn. 31; *M. Redeker*, in: Redeker/v. Oertzen § 123 Rn. 5; offen gelassen von BVerwG NVwZ 2008, 1010, 1011.
129 OVG Lüneburg NVwZ-RR 2010, 902 f.; OVG Magdeburg NVwZ-RR 2010, 53 f.
130 BVerfG NVwZ 2008, 417, 418; i.d.S. auch OVG Bln-Bbg – 12 S 106.13, BeckRS 2013, 58019; HmbOVG NVwZ-RR 2017, 650, 651.
131 VGH München BayVBl 1995, 373, 374; VG Leipzig NVwZ-Beilage I 3/2001, I 33; *H. Huba*, JuS 1990, 983, 987.
132 VGH Kassel NVwZ-RR 1991, 199; VGH München BayVBl 1995, 373, 374; VG Leipzig NVwZ-Beilage I 3/2001, I 33.
133 OVG Brem DVBl 1991, 1269 (keine Verwirkung bei Antragstellung kurz vor dem mit der einstweiligen Anordnung zu regelnden Ereignis); VGH Kassel NVwZ 1994, 398, 399 (Konkurrentenverfahren um Vergabe einer Richterstelle; Verwirkung bejaht, wenn unterlegener Bewerber den Antrag erst sechs Monate nach Erhalt der Mitteilung über Erfolglosigkeit seiner Bewerbung stellt.); VGH Mannheim NVwZ-RR 2012, 340, 341 (Stuttgart 21: grundloses mehrjähriges Zuwarten bis zur Antragstellung); *B. Wittkowski*, NVwZ 1995, 345, 347; vgl. grds. zur Verwirkung von prozessualen Befugnissen BVerfGE 32, 305, 308 ff.
134 OVG Bautzen DVBl 1997, 1287, 1288; OVG Lüneburg NVwZ-RR 2009, 412, 413; OVG Magdeburg NVwZ-RR 1996, 75, 76, 80; VGH Kassel, NVwZ 1997, 310; VGH München BayVBl 1996, 28; VG Berlin NVwZ-RR 2002, 33, 34; VG Schleswig NVwZ 2002, 754, 755; VG Wiesbaden NJW 1997, 3042 f.; *M. Dombert*, in: Finkelnburg/Dombert/Külpmann Rn. 73 ff.; *J. Ziekow*, NWVBl 1998, 297, 301.
135 VGH München NVwZ 2014, 163, 165. Nicht erforderlich ist eine einstweilige Anordnung auch bei Nutzlosigkeit für den Antragsteller, dazu *J. Ziekow*, NWVBl 1998, 297, 301 (zum Fraktionsausschluss im Kommunalrecht).
136 HmbOVG NJW 1989, 605; VGH Mannheim DVBl 1978, 274, 275; *R. Brühl*, JuS 1995, 916, 918; *H. Huba*, JuS 1990, 983, 987.

sein Begehren nicht vorgetragen hatte.[137] Ist nach dem anwendbaren materiellen Recht ein Antrag zur Einleitung eines Verwaltungsverfahrens erforderlich, kann das Anordnungsverfahren den Antrag an die Behörde grds. nicht ersetzen, da der Antrag an die Behörde einen anderen Inhalt hat, als ein Antrag nach § 123 an das Gericht.[138] Ist allerdings zu befürchten, dass durch Zeitablauf dem Antragsteller schwere, nicht mehr oder nur schwer rückgängig zu machende Nachteile entstehen, kann für einen Antrag nach § 123 Rechtsschutzinteresse bestehen, obgleich die Behörde nicht zuvor mit der Angelegenheit befasst worden war[139] oder der Betroffene die behördliche Entscheidung seines Antrages nicht abgewartet hatte (vgl. VGH München NVwZ 1991, 906, 907). Das Rechtsschutzbedürfnis kann auch trotz Fehlens eines vorherigen Antrages an die Behörde bejaht werden, wenn ein solcher Antrag faktisch aussichtslos gewesen wäre oder eine bloße Förmlichkeit dargestellt hätte, weil die Behörde bereits klar zu erkennen gegeben hat, dass sie den Antrag ablehnen wird.[140]

71 Bei Anträgen auf *vorläufigen vorbeugenden Rechtsschutz* (zur Abgrenzung der Eilrechtsschutzverfahren nach §§ 80 ff. und nach § 123 → Rn. 39) muss ein *besonderes Interesse an der vorbeugenden Gewährung von Rechtsschutz* bestehen. Ein solcher Eilantrag ist nur zulässig, wenn dem Antragsteller ausnahmsweise nicht zugemutet werden kann, die drohend bevorstehende Rechtsverletzung abzuwarten, um dann dagegen – vorläufigen oder endgültigen – nachträglichen Rechtsschutz in Anspruch zu nehmen.[141] Ein solches Interesse besteht nicht, wenn seine vorbeugende Feststellungs- oder Unterlassungsklage im Hauptsacheverfahren mangels Rechtsschutzinteresses unzulässig wäre.[142] Ob die Angelegenheit so eilig ist, dass der Antragsteller den vorbeugenden Rechtsschutz auch schon vorläufig im Wege einer einstweiligen Anordnung erhalten muss, um nicht eine irreversible Rechtsbeeinträchtigung zu erleiden, ist eine Frage des Rechtsschutzbedürfnisses, nicht des Anordnungsgrundes.[143]

72 *Erledigt sich die Hauptsache vor Erlass einer Eilentscheidung* im Verfahren nach § 123, entfällt i.d.R. auch das Rechtsschutzinteresse für den Eilantrag. Bei Erledigung kann es nicht mehr zu einem Hauptsacheverfahren kommen, dessen Effektivität durch ein vorläufiges Rechtsschutzverfahren aufrechterhalten werden müsste. Auch für einen Fortsetzungsfeststellungsantrag im Eilverfahren in analoger Anwendung von § 113 Abs. 1 S. 4 besteht daher regelmäßig kein Interesse, da dieser nicht auf eine definitive Feststellung hinsichtlich des Hauptsachestreits, sondern nur auf die Feststellung gerichtet sein könnte, dass die begehrte einstweilige Anordnung hätte erlassen werden müssen.[144] Tritt *Erledigung ein, nachdem bereits eine einstweilige Anordnung ergangen ist*, wird der Beschluss nach § 123 wegen der Akzessorietät des Eilverfahrens gegenstandslos (VGH München NVwZ-RR 2007, 286). Nur ausnahmsweise kann im Beschwerdeverfahren ein rechtliches Interesse an einer Feststellung des Gerichts bestehen, dass die einstweilige Anordnung nicht hätte erlassen werden dürfen (VGH Mannheim ESVGH 24, 77, 78 [zu § 123 a.F.]).

---

137 OVG Bautzen SächsVBl 1995, 107, 108; OVG Koblenz – 8 B 11243/09, BeckRS 2010, 45379; OVG Magdeburg NVwZ-RR 1996, 75, 76; VGH Mannheim NVwZ-RR 2005, 174 f.; VGH München BayVBl 1990, 564, 565; VG Chemnitz SächsVBl 1999, 39, 41; VG Gießen DVBl 2014, 397, 398; *M. Dombert*, in: Finkelnburg/Dombert/Külpmann Rn. 95; einschränkend *M. Happ*, in: Eyermann § 123 Rn. 34.

138 VGH Mannheim DVBl 1989, 1197, 1198 f.; *M. Dombert*, in: Finkelnburg/Dombert/Külpmann Rn. 95; *M. Happ*, in: Eyermann § 123 Rn. 34.

139 VGH München NVwZ 1997, 923; vgl. auch OVG Bautzen SächsVBl 1995, 107, 108; OVG Koblenz – 8 B 11243/09, BeckRS 2010, 45379.

140 OVG Bautzen SächsVBl 1994, 113, 114; OVG Koblenz – 8 B 11243/09, BeckRS 2010, 45379; OVG Lüneburg NJW 1978, 1340, 1341; OVG Münster NVwZ-RR 2010, 437; a.M. OVG Lüneburg NVwZ 1983, 106 (Abweichung von OVG Lüneburg NJW 1978, 1340, 1341).

141 OVG Bautzen DVBl 1997, 1287, 1288; OVG Lüneburg DVBl 2012, 705; OVG Münster NVwZ-RR 2014, 92; NVwZ-RR 2017, 27; NVwZ-RR 2018, 54, 56; OVG Schleswig NVwZ 1994, 918; VGH Mannheim DÖV 1994, 309; VGH München NVwZ-RR 1999, 641; VG Frankfurt a. M. NVwZ-RR 1995, 427, 428; VG Gießen NVwZ-RR 2004, 177; s.a. VGH Mannheim NVwZ-RR 2004, 709, 710 (Ablehnung mit ausdrückl. Hinweis auf einen möglichen „Hängebeschluss“, s. dazu → § 80 Rn. 167 und → § 123 Rn. 120).

142 VG Lüneburg NuR 2000, 396 f.; anders VGH Kassel NVwZ-RR 1996, 317, 318 (Rechtsschutzbedürfnis für die vorbeugende Unterlassungsklage wird i.R.d. Anordnungsgrundes geprüft.).

143 *F. Schoch*, in: Schoch/Schneider/Bier § 123 Rn. 45; i.d.S. entscheiden OVG Bautzen DVBl 1997, 1287, 1288; OVG Münster NVwZ-RR 2014, 92; OVG Saarlois NVwZ 2016, 1743; VGH München NVwZ-RR 1999, 641; a.M. (Anordnungsgrund) OVG Münster NVwZ 2001, 1315.

144 BVerwG DÖV 1995, 515 (hier als Frage der Statthaftigkeit erörtert); HmbOVG NVwZ-RR 2008, 197, 198; OVG Münster DVBl 1995, 1368, 1369; VGH München BayVBl 1998, 185 (ebenfalls als Frage der Statthaftigkeit behandelt); *A. Göpfert*, ThürVBl 1999, 182, 187; *Pietzner/Ronellenfitsch* § 57 Rn. 1645; *Schmitt Glaeser/Horn* Rn. 368.

Ein *Verbot der Vorwegnahme der Hauptsache*, das Rspr. und Schrifttum teilweise vertreten, ist *keine* **73** *Frage* der Zulässigkeit, insbes. nicht *des Rechtsschutzbedürfnisses*, sondern eine Frage der Begründetheit;[145] → Rn. 102 ff.

i) Kein Verstoß gegen § 44 a. § 44 a S. 1, wonach isolierte Rechtsbehelfe gegen behördliche Verfah- **74** renshandlungen unzulässig sind (§ 44 a wird hier als eigenständige Sachentscheidungsvoraussetzung behandelt, → § 44 a Rn. 15),[146] gilt nicht nur in Hauptsacheverfahren sondern auch in Verfahren des vorläufigen Rechtsschutzes. Wegen der Akzessorietät zwischen Eilverfahren und Hauptsacheverfahren, kann sich ein Antrag nach § 123 nicht gegen einen umfänglicheren Kreis von Verwaltungsmaßnahmen richten als die Klage.[147] Geht es im Eilverfahren um das behördliche Verfahren, sind allerdings nicht nur die in § 44 a S. 2 genannten *Ausnahmen* zu prüfen (vollstreckbare oder gegen einen Nichtbeteiligten ergangene Verfahrenshandlungen), sondern es ist auch das verfassungsrechtliche Gebot effektiven Rechtsschutzes zu beachten. Daher ist *§ 44 a S. 2 verfassungskonform* dahingehend *auszulegen*, dass ausnahmsweise auch ein Anordnungsantrag gegen behördliche Verfahrenshandlungen zulässig ist, wenn dem Antragsteller nicht zugemutet werden kann, das Hauptsacheverfahren abzuwarten, um dort die Rechtsverletzung im Verfahren gleichzeitig mit dem Rechtsbehelf gegen die Sachentscheidung geltend zu machen. Dies ist der Fall, wenn ihm durch die Verfahrensmaßnahme ein Nachteil droht, der im Hauptsacheverfahren um die Sachentscheidung nicht oder nur schwer wieder rückgängig zu machen wäre.[148]

j) Sonstige Zulässigkeitsvoraussetzungen. I. Ü. gelten für die sonstigen Zulässigkeitsvoraussetzungen **75** die allgemeinen Verfahrensvorschriften; zur Beteiligungsfähigkeit → § 61 Rn. 4 ff., zur Prozessfähigkeit → § 62 Rn. 2 ff., zur Prozessführungsbefugnis → § 62 Rn. 7 ff. In Lit. und Rspr. werden teilweise weitere besondere Zulässigkeitsvoraussetzungen für das Verfahren nach § 123 genannt. Dazu zählen insbes. ein *Verbot der Vorwegnahme der Hauptsache* (zum Problem eines Vorwegnahmeverbots → Rn. 102 ff.)[149] und die *Glaubhaftmachung von Anordnungsgrund und Anordnungsanspruch* (zur Glaubhaftmachung → Rn. 87 ff.)[150]. Diese Elemente gehören jedoch zu den materiellen Voraussetzungen einer einstweiligen Anordnung und damit zur Begründetheit des Antrages.

2. Begründetheit des Antrags. Ein Antrag nach § 123 ist dann begründet, wenn die *materiellen Voraussetzungen des § 123* vorliegen. Diese lassen sich dem Wortlaut des § 123 nicht direkt entnehmen, sondern erschließen sich erst über die Verweisung des § 123 Abs. 3 auf § 920 Abs. 2 ZPO, der lautet „Der Anspruch und der Arrestgrund sind glaubhaft zu machen.". Der Antrag nach § 123 ist daher dann begründet, wenn ein *Anordnungsanspruch* und ein *Anordnungsgrund* vorliegen. Das Bestehen dieser beiden Tatbestandsmerkmale muss nur *glaubhaft gemacht* (→ Rn. 87 ff.) sein, für das Gericht also lediglich mit einem bestimmten Wahrscheinlichkeitsgrad (zum erforderlichen Grad der Wahrscheinlichkeit → Rn. 94) feststehen. Wenn die Elemente Anordnungsgrund, Anordnungsanspruch und wahrscheinliches Bestehen der beiden im Sinne einer Glaubhaftmachung vorliegen, muss die einstweilige Anordnung erlassen werden. Es handelt sich bei der Frage, *ob* eine einstweilige Anordnung zu ergehen hat (anders bei der Entscheidung über den Inhalt der einstweiligen Anordnung, → Rn. 109), also *ebenso wenig um eine Ermessensentscheidung wie* dies bei der gerichtlichen Entscheidung *im Aussetzungsverfahren* der Fall ist (ausf. zu den auch hier geltenden Gründen → § 80 Rn. 138).[151] Die gesetzlichen Voraussetzungen (glaubhafter Anordnungsanspruch und Anordnungsgrund) gelten für jede

---

145 *M. Dombert*, in: Finkelnburg/Dombert/Külpmann Rn. 109.

146 So auch *M. Dombert*, in: Finkelnburg/Dombert/Külpmann Rn. 60.

147 BVerwG NVwZ-RR 1997, 663 (u.a. Gewährung von Akteneinsicht); OVG Bautzen NVwZ-RR 1999, 209 (Ausschreibung einer Beamtenstelle); OVG Lüneburg NVwZ-RR 2013, 988 f. (Aufforderung zur Ergänzung der Antragsunterlagen); OVG Münster NVwZ-RR 1995, 703 (Gutachterauswahl zur Vorbereitung einer Sachentscheidung); VG Mainz – 1 L 1717/12.MZ, BeckRS 2013, 48495 („Überdenkungsverfahren" bei jurist. Staatsprüfung).

148 BVerwG NVwZ-RR 2000, 760; OVG Münster NWVBl 1999, 423; NVwZ-RR 2017, 27; VGH München NVwZ-RR 1999, 641, 642; *M. Dombert*, in: Finkelnburg/Dombert/Külpmann Rn. 61; s.a. *W. Kuhla*, NVwZ 2002, 542, 549; *W. Zimmerling/R. Brehm*, NVwZ 2004, 651, 655 f.

149 Als Zulässigkeitsvoraussetzung behandelt z.B. von BVerwGE 63, 110, 111; 109, 258, 261; HmbOVG DVBl 1987, 316, 317; OVG Münster NWVBl 1996, 26; DVBl 2001, 820, 822; VGH Kassel NVwZ 1989, 1183, 1184; *H.-G. Franzke*, NWVBl 1993, 321, 322 f.; *Schmitt Glaeser/Horn* Rn. 318.

150 *K. Obermayer*, GdS Peters, 1967, 875, 879 f., 890.

151 I.d.S. ebenfalls *H.-U. Erichsen*, Jura 1984, 644, 650; *M. Happ*, in: Eyermann § 123 Rn. 61; *M. Redecker*, in: Redeker/v. Oertzen § 123 Rn. 30, 34; *W.-R. Schenke*, JZ 1996, 1155, 1167; *Schmitt Glaeser/Horn* Rn. 322.

Form der einstweiligen Anordnung,[152] gleichgültig ob man sie als Sicherungsanordnung, Regelungsanordnung oder andere Form der einstweiligen Anordnung einstuft (zur Unbehelflichkeit einer Aufspaltung in Sicherungsanordnung und Regelungsanordnung → Rn. 42 ff.).

77   **a) Anordnungsanspruch.** Beim *Anordnungsanspruch handelt es sich* nicht um den Anspruch auf Erlass der einstweiligen Anordnung selbst, sondern *um den materiellen Anspruch,* den der Antragsteller als Kläger *im Hauptsacheverfahren* geltend macht. Nur wenn ein solcher (Hauptsache-)Anspruch besteht, er auch dem Antragsteller selbst (im Sinne einer Aktivlegitimation) und gegen den Antragsgegner (im Sinne einer Passivlegitimation) zusteht, kann die einstweilige Anordnung ihrer Funktion gerecht werden, nämlich die Effektivität der späteren Hauptsacheentscheidung offenzuhalten. Daher ist grds. der Anordnungsanspruch auch vor dem Anordnungsgrund zu prüfen[153] (→ Rn. 98). Das Verfahren nach § 123 soll die Hauptsache selbst nicht entscheiden, sondern lediglich eine Zwischenregelung für die Zeit bis zur rechtskräftigen Entscheidung in der Hauptsache ermöglichen. Damit soll verhindert werden, dass durch das Wartenmüssen auf die Hauptsacheentscheidung und den damit verbundenen Zeitablauf dem Antragsteller unzumutbare Nachteile entstehen, die nicht mehr oder nur schwer rückgängig gemacht werden können. Da derartige Folgen des Zeitablaufs nur dann als Nachteile für den Antragsteller einzustufen sind, wenn er später im Klageverfahren obsiegt, *nimmt das Gericht durch die Prüfung des Anordnungsanspruchs den voraussichtlichen Ausgang der Hauptsache in den Blick.* Bei der Prüfung des Anordnungsanspruchs muss sich das Gericht allerdings auf das beschränken, was für ein Obsiegen des Antragstellers in der Hauptsache gefordert werden könnte. Es verstieße gegen Art. 19 Abs. 4 GG, wenn es für die Bejahung des Anordnungsanspruches zusätzliche Anforderungen aufstellte.[154] Wie im Verfahren nach §§ 80, 80 a (→ § 80 Rn. 137, 140 ff.; → § 80 a Rn. 25 ff.; → § 80 b Rn. 32) muss also auch im Anordnungsverfahren danach gefragt werden, ob der Antragsteller in dem Hauptsacheverfahren, für das er nach § 123 vorläufigen Rechtsschutz begehrt, voraussichtlich erfolgreich sein wird. Wegen dieses Zusammenhangs zwischen Eilentscheidung und Erfolgsaussicht im Hauptsacheverfahren ist die Auffassung, die in dieser Frage zwischen Sicherungsanordnung und Regelungsanordnung differenziert und für die Regelungsanordnung das Vorliegen eines Anordnungsanspruchs für nicht erforderlich hält,[155] abzulehnen.[156]

78   Nachdem es sich beim Anordnungsanspruch um den dem Klageverfahren der Hauptsache zugrunde liegenden Anspruch handelt, bestimmt sich *der maßgebliche Zeitpunkt für das Bestehen des Anordnungsanspruchs* danach, welcher Zeitpunkt für die Prüfung des Anspruchs *im Klageverfahren* maßgeblich ist. Dies ist bei allen Klagearten mit Ausnahme der Anfechtungsklage (→ § 113 Rn. 97 ff.) – die bei einem Antrag nach § 123 jedoch nie die für die Hauptsache richtige Klageart ist – grds. der Zeitpunkt der gerichtlichen Entscheidung.[157] Maßgeblich sind also i.d.R. die tatsächlichen und rechtlichen Verhältnisse im Zeitpunkt der Entscheidung des Gerichts über die einstweilige Anordnung. Im Beschwerdeverfahren ist der Zeitpunkt der Beschwerdeentscheidung maßgeblich.

79   Wegen des Eilcharakters des Verfahrens *muss das Vorliegen eines Anordnungsanspruchs* – und damit die Erfolgsaussicht in der Hauptsache – *nicht zur Überzeugung des Gerichts feststehen,* sondern nur aufgrund summarischer Prüfung der Sach- und Rechtslage wahrscheinlich sein *("Glaubhaftmachung",* → Rn. 87 ff.). Da die Folgen des Wartenmüssens auf die Hauptsacheentscheidung für den Antragsteller sich nur dann als unzumutbarer Nachteil erweisen können, wenn er anschließend in der Hauptsache obsiegt, darf eine einstweilige Anordnung grds. nur ergehen, wenn ein Anordnungsanspruch wahrscheinlich ist. Welcher Grad der Wahrscheinlichkeit jeweils gefordert werden muss, hängt

---

152   *M. Funke-Kaiser,* in: Bader § 123 Rn. 13; *F. Schoch,* in: Schoch/Schneider/Bier § 123 Rn. 66; a.M. *H.-P. Adolf,* JA 1990, 29, 30.

153   BVerfG NVwZ-RR 2009, 945, 947; *F. Schoch,* in: Schoch/Schneider/Bier § 123 Rn. 66 a ff.

154   BVerfG NVwZ-RR 2009, 945, 947; vgl. auch BVerfG NVwZ 2003, 200, 201; dazu auch *J. Kühling,* NVwZ 2004, 656 ff.

155   *H.-U. Erichsen,* Jura 1984, 644, 651; *K. Lange,* JuS 1994, 296, 297 f., 299; i.d.S. wohl auch VGH Mannheim NVwZ-RR 1996, 218.

156   So auch OVG Schleswig NVwZ-RR 1992, 387; *M. Dombert,* in: Finkelnburg/Dombert/Külpmann Rn. 125 f.; *O.-W. Jakobs,* VBlBW 1984, 129, 133; *F. Schoch,* in: Schoch/Schneider/Bier § 123 Rn. 66.

157   VGH Mannheim NVwZ-RR 2011, 909 f.; VGH München NVwZ-RR 2013, 933, 936; LSG Stuttgart NVwZ-RR 2008, 209 (zu § 86 b Abs. 2 SGG); *M. Dombert,* in: Finkelnburg/Dombert/Külpmann Rn. 334; näher zur Verpflichtungsklage → § 113 Rn. 102 ff., dort auch zu den Ausnahmen vom Zeitpunkt der gerichtlichen Entscheidung, die dann ebenso im Eilverfahren zu beachten sind; s.a. OVG Brem NVwZ-RR 2006, 402.

mit der Schwere der dem Antragsteller drohenden Nachteile und ihrer Irreparabilität zusammen (zum erforderlichen Grad der Wahrscheinlichkeit → Rn. 94). Kann im Eilverfahren aus Zeitmangel nicht festgestellt werden, ob ein Anordnungsanspruch besteht, *ist der Ausgang des Hauptsacheverfahrens also offen*, muss das Gericht über den Erlass einer einstweiligen Anordnung ohne Berücksichtigung der Erfolgsaussichten lediglich auf der Grundlage einer *Folgenabwägung* entscheiden (näher → Rn. 100).

b) Anordnungsgrund. Der Anordnungsgrund ist das charakteristische Merkmal der Begründetheits- 80 prüfung im Eilverfahren, ein Merkmal, das die Begründetheitsprüfung im Hauptsacheverfahren nicht kennt. Unter *Anordnungsgrund* ist die *Erforderlichkeit* einer vorläufigen gerichtlichen Entscheidung zu verstehen. Dem Antragsteller muss es unzumutbar sein, den Abschluss des Hauptsacheverfahrens abzuwarten.[158] Nur dann besteht überhaupt ein Bedürfnis zu einer Regelung des Zwischenzeitraums bis zur rechtskräftigen Hauptsacheentscheidung. Der Anordnungsgrund entspricht dem Aufschubinteresse des von einem sofort vollziehbaren Verwaltungsakt Betroffenen bzw. dem Vollzugsinteresse des von einem Verwaltungsakt mit Doppelwirkung Begünstigten in den Verfahren nach §§ 80, 80 a. Der Erlass einer einstweiligen Anordnung muss gerechtfertigt sein; es müssen also Gründe vorliegen, aus denen sich ihre *besondere Dringlichkeit* ergibt. Dieses Erfordernis des Eilverfahrens besteht auch, wenn der materiell-rechtliche Anspruch, der im Hauptsacheverfahren durchgesetzt werden soll, ausnahmsweise kein besonderes Interesse des Klägers verlangt.[159]

§ 123 zählt einige solcher Gründe auf. Abs. 1 S. 1 nennt die *Vereitelung oder wesentliche Erschwerung* 81 *der Verwirklichung eines Rechts* des Antragstellers *durch Veränderung eines bestehenden Zustands.* Wenn es dem Antragsteller in der Hauptsache darum geht, einen Eingriff in seine Rechtsposition abzuwehren (i.d.R. mit der – ggf. vorbeugenden – Unterlassungsklage), kann Eilbedürftigkeit deshalb gegeben sein, weil die Verwaltung zwischenzeitlich irreversible Tatsachen zu schaffen droht, die effektiven Rechtsschutz im Hauptsacheverfahren zunichte machen oder erheblich behindern könnten. Vereitelt wird die Verwirklichung eines Rechts dann, wenn der Antragsteller nach der behördlichen Maßnahme seine Rechtsposition nicht mehr durchsetzen kann. Ein Bsp. hierfür ist die Ernennung eines Mitbewerbers im Streit um die Einstellung oder Beförderung eines Beamten. Da die Ernennung grds. nicht mehr rückgängig gemacht werden kann, wird die Bewerbung des unterlegenen Bewerbers gegenstandslos (→ Rn. 34 f.). Eine einstweilige Anordnung ist auch dann dringlich, wenn die Verwirklichung eines Rechts wesentlich erschwert ist. Das ist dann der Fall, wenn der Antragsteller zwar im Hauptsacheverfahren voraussichtlich obsiegt, die zwischenzeitlich geschaffenen Fakten seinen Erfolg aber erheblich entwerten. Ein Beispiel dafür ist der Ausbau einer Bahnstrecke unter Verstoß gegen das Beteiligungsrecht des Antragstellers im erforderlichen Planfeststellungsverfahren. Ohne Erlass einer einstweiligen Anordnung würde das Beteiligungsrecht des Antragstellers entwertet, da ein „psychischer Zwang" bestünde, in einem erneuten Verwaltungsverfahren die bereits errichteten Anlagen und die damit geschaffenen Werte zu berücksichtigen (OVG Schleswig NVwZ-RR 1994, 590, 592).

Eilbedürftig ist die einstweilige Anordnung allerdings *nur, wenn die Maßnahme noch bevorsteht.* Wur- 82 den schon Fakten geschaffen, existiert keine Bedrohung mehr, die durch vorläufigen Rechtsschutz verhindert werden könnte (OVG Bln UPR 1990, 195; VGH Mannheim NJW 1996, 2116). Eine Gefahr für eine Rechtsposition des Bürgers droht auch dann nicht, wenn die Verwaltung zugesichert hat, vorläufig keine Maßnahmen zu treffen (vgl. BVerwG NVwZ 1996, 399, 400) oder wenn noch nicht abzusehen ist, ob und wann die Behörde eine Maßnahme ergreifen wird (VGH München NVwZ-RR 1993, 54). Die Gefahr muss zudem objektiv bestehen; subjektive Einschätzungen und Befürchtungen des Antragstellers genügen nicht.[160]

Ob ein *Anordnungsgrund im beamtenrechtlichen Konkurrentenstreit um die Übertragung eines* 82a *Dienstpostens* zu bejahen ist, *hängt davon ab, ob* die Übertragung des Postens *Vorwirkungen für eine spätere Beförderung* hat und damit die Rechtsstellung des Konkurrenten aus Art. 33 Abs. 2 GG beeinträchtigen kann. Hier sind drei Fallgestaltungen denkbar: Zum einen kann es lediglich um die Vergabe eines Dienstpostens ohne Zusammenhang mit der späteren Vergabe eines statusrechtlichen Amtes ge-

---

158 OVG Münster DVBl 2015, 787.
159 VGH München BayVBl 2001, 596, 597 (Anspruch auf Zugang zu Umweltinformationen auch ohne Nachweis eines Interesses).
160 *M. Dombert,* in: Finkelnburg/Dombert/Külpmann Rn. 160; *H. Huba,* JuS 1990, 983, 988.

hen. Dann greift der Grundsatz der Ämterstabilität nicht (→ Rn. 34 ff.). Die *reine Dienstpostenvergabe* kann nachträglich aufgehoben und der Dienstposten anderweitig besetzt werden. Da dem nicht berücksichtigten Konkurrenten im Streitfall nachgelagerter Rechtsschutz zur Verfügung steht, *fehlt es im vorläufigen Rechtsschutzverfahren am Anordnungsgrund.*[161] In der zweiten Fallkonstellation ist die *Übertragung eines höherwertigen Dienstpostens mit Vorwirkungen für die spätere Vergabe eines statusrechtlichen Amtes* verbunden. Durch die Wahrnehmung eines Dienstpostens mit höherwertigen Aufgaben kann der ausgewählte Bewerber einen Erfahrungs- und Bewährungsvorsprung sammeln, durch den er die laufbahnrechtlichen Voraussetzungen für eine spätere Beförderung erwirbt (s. z.B. § 32 BLV)[162] und der ihm bei der späteren Vergabe des Statusamtes einen Vorteil gegenüber anderen Bewerbern verschafft. In der Rspr. wird daher in solchen Konkurrentenstreitverfahren grds. *ein Anordnungsgrund* für den Erlass einer einstweiligen Anordnung, mit der die vorläufige Besetzung des Dienstpostens verhindert werden soll, *bejaht.*[163] In einer dritten Fallkonstellation liegt *trotz Vergabe eines Beförderungsdienstpostens kein Anordnungsgrund* vor, *wenn* aufgrund besonderer Vorkehrungen des Dienstherrn *die auf dem Beförderungsdienstposten erbrachte Leistung* bei einer nachfolgenden Auswahlentscheidung zur Vergabe des Statusamts *nicht berücksichtigt wird*, sofern sich nachträglich die Dienstpostenvergabe als rechtswidrig erweist. Der in der Entscheidung des BVerwG vom 10.5.2016[164] hierfür aufgezeigte Weg, den Erfahrungsvorsprung des Stelleninhabers dadurch auszublenden, dass durch „fiktive Fortschreibung" seiner dienstlichen Beurteilung die aus der Aufgabenwahrnehmung des höherwertigen Dienstpostens folgenden Besonderheiten unberücksichtigt bleiben, ist in der Rspr. der OVGe teils auf Zustimmung,[165] teils aber auch auf Ablehnung[166] gestoßen. In einer späteren Entscheidung vom 21.12.2016[167] lässt das BVerwG eine fiktive Fortschreibung (in diesem Fall zur Ersetzung der fehlenden Erprobung) dahinstehen und verlangt vielmehr, dass das „Ausblenden" der spezifisch höherwertigen Aufgabenwahrnehmung allgemein in Beurteilungsrichtlinien oder durch Festlegungen in der Stellenausschreibung oder auch konkret durch eine Zusage gegenüber dem Konkurrenten in einem vorläufigen Rechtsschutzverfahren sichergestellt wird. Ob in diesen Sonderfällen ein Anordnungsgrund zu bejahen oder zu verneinen ist, muss *an der Rechtsschutzgarantie des Art. 19 Abs. 4 GG gemessen* werden: Nur *wenn gewährleistet* ist, dass dem Konkurrenten durch die Dienstpostenvergabe an einen anderen Bewerber im Falle ihrer später festgestellten Rechtswidrigkeit *kein unwiederbringlicher Nachteil im Auswahlverfahren um das Statusamt* entsteht, liegt kein Anordnungsgrund vor. Da hier das vorläufige Rechtsschutzverfahren um die Vergabe des Beförderungsdienstpostens zugleich an die Stelle des Hauptsacheverfahrens um die Vergabe des Dienstpostens wie an das um die Vergabe des Statusamtes tritt, ist eine vollumfängliche Prüfung auch des Anordnungsgrundes angezeigt (→ Rn. 94 f.).

83　Erstrebt der Antragsteller im Hauptsacheverfahren die Erlangung eines Vorteils durch Verpflichtungs-, Leistungs- oder Feststellungsklage, nennt § 123 Abs. 1 S. 2 als weitere, nicht abschließende Gründe *„wesentliche Nachteile"* oder *„drohende Gewalt"*. Während der letztgenannte Grund praktisch keine

---

161　OVG Saarlouis – 1 B 60/16, BeckRS 2016, 52241 Rn. 8 f.; VGH Mannheim NVwZ-RR 2018, 115, 116; 4 S 1055/17, BeckRS 2017, 125028 Rn. 17 ff.

162　Auch eine Reihe der entsprechenden Laufbahnregeln in den Ländern verlangen vor einer Beförderung eine Erprobung auf dem höherwertigen Dienstposten, z.B. Art. 17 Abs. 1 Nr. 4 LlbG, § 21 Abs. 1 S. 2 HBG, § 20 Abs. 2 Nr. 1 HmbBG, § 20 Abs. 2 NdsBG, § 21 Abs. 2 Nr. 3 LBG RhPf, § 27 Abs. 3 SächsBG; anders z.B. § 20 LBG BW (Erfahrungsvorsprung nicht mehr zwingende Voraussetzung für eine Beförderung).

163　Z.B. BVerwG – 2 VR 1.09, BeckRS 2009, 34157 Rn. 4; BVerwG NVwZ-RR 2012, 71, 72; BVerwG NVwZ 2014, 75, 76; OVG Bln-Bbg NVwZ-RR 2014, 58, 59; OVG Koblenz – 10 B 11626/16, BeckRS 2017, 105582 Rn. 3; OVG Münster NVwZ-RR 2016, 708, 711; VGH Mannheim BeckRS 2014, 45457; BeckRS 2015, 55388 Rn. 2; VGH München NVwZ 2015, 604, 605; s.a. OVG Magdeburg NVwZ-RR 2017, 335, 336 (für den Sonderfall einer gleichsam "automatischen" Beförderung des Inhabers des höherwertigen Dienstpostens).

164　BVerwGE 155, 152 Rn. 26 ff. (Es ging um die kommissarische Übertragung des Dienstpostens an einen Mitbewerber im laufenden Auswahlverfahren).

165　OVG Bln-Bbg – 4 S 40.16, BeckRS 2017, 100118 Rn. 6; OVG Saarlouis – 1 B 60/16, BeckRS 2016, 52241 Rn. 17 ff.; VGH Mannheim NVwZ-RR 2017, 247, 248 f.; VGH München – 6 CE 16.2310, BeckRS 2017, 100337 Rn. 14; s.a. *M. Kenntner*, ZBR 2016, 181, 195.

166　OVG Koblenz – 10 B 11626/16, BeckRS 2017, 105582 Rn. 3 ff.; 2 B 10279/17.OVG, BeckRS 2017, 110773 Rn. 21 ff.; OVG Lüneburg – 5 ME 157/16, BeckRS 2017, 100093 Rn. 20; i.d.S. auch OVG Münster – 1 B 201/16, BeckRS 2016, 47667 Rn. 27 ff.; 6 B 487/16, BeckRS 2016, 49183 Rn. 15 ff.; 6 B 653/16, BeckRS 2016, 49419 Rn. 12 ff.; s.a. *R. Rieger*, ZBR 2017, 187, 189.

167　BVerwG NVwZ 2017, 475, 476; krit. *R. Rieger*, ZBR 2017, 187, 190.

Rolle spielt,[168] wird eine einstweilige Anordnung in der Praxis häufig auf den Anordnungsgrund eines wesentlichen Nachteils zu stützen sein. Da der Anordnungsgrund die Eilbedürftigkeit der einstweiligen Anordnung rechtfertigt, muss er sich aus dem Zeitablauf selbst ergeben oder in der Zwischenzeit bis zur Hauptsacheentscheidung eintreten und später nicht mehr rückgängig gemacht werden können. Liegt der Nachteil im Zeitablauf selbst, muss er „wesentlich" sein, also schwerer wiegen als der übliche Zeitverlust, den ein Kläger immer in Kauf zu nehmen hat, wenn er seinen Anspruch – ggf. über mehrere Instanzen – verfolgt (VGH Kassel NJW 1967, 219, 220; VGH München BayVBl 1980, 536, 537). Allerdings liegt der besondere Nachteil gerade dann in diesem üblichen Zeitverlust, wenn es um Lebenssachverhalte geht, in denen gerichtlicher Rechtsschutz besonders zeitnah gewährt werden muss, um überhaupt noch effektiv zu sein, z.B. bei Rechtsstreitigkeiten in Schul- und Hochschulsachen. Hier dürfen Gerichte mit Rücksicht auf Art. 19 Abs. 4 GG keine überspannten Anforderungen an das Vorliegen eines Anordnungsgrundes stellen.[169] Im üblichen Zeitverlust liegt der Anordnungsgrund auch dann, wenn der Rechtsverlust gerade durch diesen Zeitverlust droht, etwa wenn eine Leistung nur für einen bestimmten Zeitraum begehrt wird, nach Ablauf dieses Zeitraums die Leistung aber nicht mehr erbracht werden kann.[170] Der Nachteil ist auch wesentlich, wenn er vor der Hauptsacheentscheidung eintritt, bei späterem Obsiegen des Klägers in der Hauptsache aber nicht mehr, nur schwer oder nur noch zu einem kleinen Teil rückgängig gemacht werden kann.[171] Die Eilbedürftigkeit der einstweiligen Anordnung kann sich auch aus „anderen Gründen" (§ 123 Abs. 1 S. 2) ergeben. Diese müssen von ihrem Gewicht und ihrer Bedeutung her den ausdrücklich aufgeführten Gründen „wesentlicher Nachteil" und „drohende Gewalt" entsprechen,[172] spielen in der Praxis allerdings kaum eine Rolle. Kein Anordnungsgrund besteht, wenn die Behörde bereits mit der gebotenen und möglichen Eile tätig ist (VGH München NVwZ 2005, 1094, 1095).

Ob das Wartenmüssen auf die Hauptsacheentscheidung für den Antragsteller unzumutbar ist, kann 84 nur im Einzelfall entschieden werden. Ermittelt wird der Anordnungsgrund jeweils unter Berücksichtigung der konkreten Interessen des Antragstellers, der ohne die einstweilige Anordnung für ihn eintretenden Folgen und schutzwürdiger Interessen Dritter. Dabei ist auch vorangegangenes Verhalten des Antragstellers selbst einzubeziehen. Beruhen die Dringlichkeit und die zu befürchtenden Nachteile auf eigenem vorwerfbarem Verhalten des Antragstellers, kann es ihm zuzumuten sein, die Hauptsacheentscheidung abzuwarten.[173] Eine einstweilige Anordnung ist nicht erforderlich, wenn die Interessen des Antragstellers hinter anderen überwiegend schutzwürdigen öffentlichen oder privaten Interessen zurücktreten müssen.[174] Dabei sind die Interessen des Antragstellers mit denen des Antragsgegners und eventuell ebenfalls betroffener Dritter gegeneinander abzuwägen.[175]

---

168 Zum Merkmal der „drohenden Gewalt" H. Quaritsch, VerwArch 51 (1960), 342, 369.
169 BVerfGE 93, 1, 13, 15 („Kruzifix"-Entscheidung; Rechtsstreitigkeit in Schulsache bei nahendem Schulabschluss); OVG Münster NVwZ-RR 2017, 417, 418; VGH München BayVBl 1996, 26, 27; s.a. OVG Brem NVwZ 1990, 780 (über Jahre unterbundene wirtschaftliche Nutzung einer Betriebseinrichtung).
170 VGH Mannheim ESVGH 30, 59, 60 f. (Genehmigung der Nebentätigkeit eines Rechtspraktikanten).
171 Z.B. BVerfG DVBl 1996, 196 (Abschiebung trotz Abschiebungshindernisses); BVerwGE 109, 258, 262 f. (Ansprüche eines Untersuchungsausschusses, der zum bevorstehenden Ende der Wahlperiode aufgelöst werden würde); OVG Brem DVBl 1991, 1269, 1270 (Teilnahme einer politischen Partei an einem im Fernsehen ausgestrahlten Wahlhearing); OVG Münster NJW 2000, 2523 (Wohnraumkündigung bei Ausbleiben von Sozialhilfeleistungen).
172 H.-U. Erichsen, Jura 1984, 644, 651; M. Dombert, in: Finkelnburg/Dombert/Külpmann Rn. 127; H. Quaritsch, VerwArch 51 (1960), 342, 368; s.a. VGH München BayVBl 2001, 596, 597.
173 OVG Bautzen SächsVBl 1997, 217, 219 (schuldhafte Versäumung einer Frist zur Prüfungsmeldung); OVG Greifswald NVwZ-RR 1994, 334, 335 und HmbOVG NVwZ-RR 1998, 314 (Eilantrag auf vorläufige Zulassung zum Studium nicht rechtzeitig vor Vorlesungsbeginn gestellt); HmbOVG NVwZ-RR 2012, 600 f.; NVwZ-RR 2012, 887, 888; NVwZ-RR 2013, 100, 102; NVwZ-RR 2016, 185 (Obliegenheitsverletzung bei Antrag auf Zuweisung eines Studienplatzes außerhalb der Kapazität); dagegen aber OVG Bautzen NVwZ-RR 2002, 752 und VGH Mannheim NVwZ-RR 2004, 37; OVG Münster NVwZ-RR 2003, 511 (fehlendes Einverständnis zu medizinischem Gutachten bei Antrag auf Mehrbedarfsleistungen); vgl. auch VGH Kassel NVwZ-RR 1995, 33, 36 (Versäumnis der Eltern, auf schulplanerische Absichten des Schulträgers zu reagieren); anders VGH Kassel NVwZ 1992, 503 (bei Eilantrag eines Obdachlosen auf Zurverfügungstellung einer Unterkunft unerheblich, wer Verlust der bisherigen Unterkunft zu verantworten hat).
174 VGH Mannheim ESVGH 30, 59, 61; VGH München NVwZ-RR 1990, 99, 100; zur verfassungsrechtlichen Zulässigkeit einer solchen Abwägung BVerfG DVBl 1996, 196; vgl. auch BVerfGE 79, 69, 75.
175 HmbOVG GewArch 1990, 217; VGH München BayVBl 1990, 564, 566; VG München NVwZ 2005, 477, 478.

85 Ebenso wie beim Anordnungsanspruch muss auch das *Vorliegen eines Anordnungsgrundes nur wahrscheinlich* sein. Es genügt eine *summarische Prüfung des Gerichts*. Zum jeweils erforderlichen Grad der Wahrscheinlichkeit im Sinne einer Glaubhaftmachung → Rn. 94.

86 *Maßgeblicher Zeitpunkt* für die Prüfung, ob ein Anordnungsgrund vorliegt, ist stets die Sach- und Rechtslage zum *Zeitpunkt der gerichtlichen Eilentscheidung*, im Beschwerdeverfahren also der Zeitpunkt der Beschwerdeentscheidung.[176] Denn die einstweilige Anordnung ist nur erforderlich, wenn *zum Zeitpunkt ihres Erlasses* dem Antragsteller Nachteile durch Schaffung vollendeter Tatsachen drohen. Bereits in der Vergangenheit eingetretene Nachteile oder Beeinträchtigungen können grds. nur im Hauptsacheverfahren verfolgt werden. Nur in Ausnahmefällen können in einem zurückliegenden Zeitraum erlittene Beeinträchtigungen zu berücksichtigen sein, nämlich wenn diese in die Gegenwart hineinwirken, daraus auch eine Dringlichkeit zum Zeitpunkt der Eilentscheidung resultiert und andernfalls effektiver Rechtsschutz im Hauptsacheverfahren nicht erlangt werden könnte.[177]

87 **c) Glaubhaftmachung. aa) Zweck: Reduzierte Anforderungen an Beweismaß und Ermittlung von Sach-/Rechtslage.** Nach § 123 Abs. 3 VwGO i.V.m. § 920 Abs. 2 ZPO sind Anordnungsanspruch und Anordnungsgrund glaubhaft zu machen. Das Institut der Glaubhaftmachung regelt das *Beweismaß*. Es gibt damit den *Rahmen für die Entscheidungsfindung des Gerichts* und zugleich für den *Umfang der Ermittlung von Sachverhalt und Rechtsfragen* vor. Wegen der Eilbedürftigkeit des Anordnungsverfahrens sind die Anforderungen an das Beweismaß und damit auch an den Umfang der Ermittlung von Sach- und Rechtslage geringer als im Hauptsacheverfahren. Es reicht, wenn die Sach- und Rechtslage glaubhaft ist, also nur mit Wahrscheinlichkeit feststeht. So verstanden genügt auch im Verfahren nach § 123 *eine nur summarische Prüfung der Sach- und Rechtslage* (i.d.S. z.B. VGH Mannheim NuR 1988, 289; NVwZ-RR 1997, 629 f.).

88 In der *Hauptsache* darf ein Urteil nur gefällt werden, wenn der Richter zu einer *Überzeugung* im Sinne einer persönlichen Gewissheit gelangt ist (→ § 108 Rn. 68 ff.). Diese Gewissheit bezieht sich auf den entscheidungserheblichen Sachverhalt, von dem der Richter allerdings i.S.v. § 108 Abs. 1 S. 1 nur überzeugt sein kann, wenn er ihn zuvor auch vollständig gem. § 86 ermittelt hat (→ § 108 Rn. 2, 14). Das für das Hauptsacheverfahren einschlägige Recht kann hingegen nicht Gegenstand richterlicher Überzeugung sein. Wegen der Bindung an Recht und Gesetz (Art. 20 Abs. 3, Art. 97 Abs. 1 GG) hat der Richter das Recht so anzuwenden, wie es objektiv besteht, ohne nach seiner persönlichen Gewissheit zu fragen (→ § 108 Rn. 15).

89 Im *Eilverfahren* steht der Richter hingegen unter besonderem Zeitdruck. Daher verlangt § 123 von ihm weder, den entscheidungserheblichen Sachverhalt immer so weit zu ermitteln, bis er diesbezüglich persönliche Gewissheit erlangen kann, noch generell die Rechtsfragen so weit aufzuklären, bis die Rechtslage objektiv feststeht. *Wie weit Sachverhaltsermittlung und Rechtsaufklärung gehen müssen, hängt vom Einzelfall ab*, insbes. von der *zur Verfügung stehenden Zeit* und der *Schwere der* dem Antragsteller *durch den Zeitablauf drohenden Nachteile* (→ Rn. 94). In Teilen der Rspr. und der Lit. wird die Auffassung vertreten, dass sich die *Glaubhaftmachung* nur auf *Tatsachen*, also den für Anordnungsanspruch oder Anordnungsgrund erheblichen Sachverhalt, nicht aber auf *Rechtsfragen* beziehen könne, d.h. der Sachverhalt lediglich aufgrund summarischer Prüfung festgestellt werden könne, die Rechtsfragen hingegen strikt geprüft werden müssten.[178] Diese Ansicht ist mit den verfassungsrechtlichen Anforderungen an effektiven Rechtsschutz und an den Schutz der jeweils betroffenen Grundrechte nicht vereinbar. Die Eilentscheidung muss rechtzeitig getroffen werden, um den Antragsteller vor ansonsten drohenden schweren, irreversiblen Nachteilen zu bewahren. Zwar gelingt es Gerichten in der Praxis sehr häufig, die Rechtslage auch unter dem Zeitdruck des Eilverfahrens voll durchzuprüfen. Je nach Eilbedürftigkeit des Antrages und Komplexität der aufgeworfenen Rechtsfra-

---

176 OVG Bautzen SächsVBl 1994, 113, 114; HmbOVG NVwZ 1990, 975, 976; GewArch 1990, 217; VGH München BayVBl 2001, 596, 597.

177 Z.B. Nachholbedarf eines Sozialhilfeempfängers, der seine gegenwärtige Existenzgrundlage gefährdet: OVG Bautzen SächsVBl 1994, 113, 114; HmbOVG NVwZ 1990, 975, 976; s.a. LSG Potsdam NVwZ-RR 2008, 542, 543 (zu § 86 b Abs. 2 SGG).

178 VGH Kassel NJW 1984, 378, 379; VGH Mannheim VBlBW 1986, 259, 262; *H. Huba*, JuS 1990, 983, 987; *O.-W. Jakobs*, VBlBW 1984, 129, 134; *F. Schoch*, in: Schoch/Schneider/Bier § 123 Rn. 93; für eine nur ausnahmsweise summarische Prüfung OVG Lüneburg NdsVBl 1998, 167; für eine reine Interessenabwägung in Ausnahmefällen *M. Happ*, in: Eyermann § 123 Rn. 48, 49.

gen kann die dem Gericht zur Verfügung stehende Zeit aber auch zu kurz für eine vertiefte Recherche der Rechtsfragen sein.[179] § 294 Abs. 1 ZPO, wonach sich die Glaubhaftmachung nur auf Tatsachen bezieht, kann an diesem Ergebnis nichts ändern. Da bei der Auslegung und Anwendung von § 123 die Bedeutung der betroffenen Grundrechte und die verfassungsrechtlichen Anforderungen an effektiven Rechtsschutz zu beachten sind,[180] darf das Institut der *Glaubhaftmachung* i.R.d. *§ 123 nicht im zivilprozessualen Sinn* verstanden werden, wenn diese Interpretation nicht mit den verfassungsrechtlichen Vorgaben übereinstimmt.

bb) Verhältnis zwischen Glaubhaftmachung, Untersuchungsgrundsatz und Mitwirkungsobliegenheiten. Zwar ergibt sich das Erfordernis der Glaubhaftmachung aus der Verweisung des § 123 Abs. 3 auf eine Vorschrift der ZPO (§ 920 Abs. 2). Daraus ist allerdings *nicht* zu schließen, dass im Verfahren nach § 123 der *Beibringungsgrundsatz* des Zivilprozesses gilt. Wie im Verfahren nach § 80 Abs. 5, § 80a Abs. 3 (→ § 80 Rn. 136) findet auch im Anordnungsverfahren der *Untersuchungsgrundsatz entsprechend § 86 Anwendung.*[181] Dies folgt zum einen aus der Tatsache, dass es sich beim Untersuchungsgrundsatz um ein fundamentales Prinzip jedes verwaltungsgerichtlichen Verfahrens handelt. Zum anderen spricht dafür die Akzessorietät des Eilverfahrens zum Hauptsacheverfahren, in dem das Gericht den Sachverhalt unstreitig von Amts wegen nach § 86 zu erforschen hat. Das Eilverfahren soll die Effektivität des Hauptsacheverfahrens wahren und darf daher den voraussichtlichen Ausgang des Hauptsacheverfahrens nicht außer Acht lassen. Um im Eilverfahren Fehlbewertungen der Erfolgsaussichten der Hauptsache zu verhindern, muss für vorläufiges Rechtsschutzverfahren und Hauptsacheverfahren die gleiche Prozessmaxime gelten.[182]   90

Allerdings besteht im Eilverfahren ebenso wie im Hauptsacheverfahren eine *Mitwirkungsobliegenheit der Beteiligten* entsprechend § 86 Abs. 1 S. 1 Hs. 2 (zur Mitwirkungsobliegenheit im Hauptsacheverfahren → § 86 Rn. 60 ff.). Um eine möglichst rasche Entscheidung des Gerichts herbeizuführen, liegt es im Interesse des Antragstellers, bereits in seinem Antrag nach § 123 alle Tatsachen vorzutragen, aus denen sich Anordnungsanspruch und Anordnungsgrund ergeben und hierfür ggf. Beweis anzubieten. Tut er dies nicht oder nicht in ausreichendem Maße, darf das Gericht aber nicht allein deswegen den Erlass einer einstweiligen Anordnung ablehnen.[183] Der *Untersuchungsgrundsatz verpflichtet das Gericht, eigene Ermittlungen anzustellen.* I.R. dieser Ermittlungen sind die Beteiligten entsprechend § 86 Abs. 1 S. 1 Hs. 2 heranzuziehen. Das Gericht kann den Antragsteller also ggf. auffordern, seine Ausführungen zu ergänzen und Beweismittel vorzulegen (s.a. § 86 Abs. 3). Das Gericht kann entsprechende Aufforderungen auch an den Antragsgegner als weiteren Beteiligten (§ 63 analog) richten. Insofern trägt der Antragsteller eine *Darlegungs- und Mitwirkungslast,*[184] *jedoch keine Mitwirkungspflicht, deren Verletzung zur Abweisung des Antrages führt.* Formulierungen in gerichtlichen Entscheidungen wie „der Antragsteller hat (nicht) glaubhaft gemacht"[185] sind daher zumindest missverständlich, weil der Eindruck erweckt wird, der Antragsteller sei einer Pflicht zur Glaubhaftmachung im Sinne einer (abgemilderten) Darlegungs- und Beweisführungspflicht nicht nachgekommen.   91

Im Eilverfahren wird der Sachverhalt somit in Zusammenwirken zwischen Gericht und Antragsteller (ggf. auch unter Heranziehung der anderen Beteiligten) ermittelt, allerdings unter Leitung und Verantwortung des Gerichts. Auch die *anwaltliche Vertretung des Antragstellers* berechtigt das Gericht nicht,   92

---

179 Diese Situation diskutiert BVerfG NVwZ 1997, 479 f.; s.a. BVerfG NJW 2014, 3711 (summarische Prüfung der Sach- und Rechtslage verfassungsrechtlich unbedenklich). Für eine summarische Prüfung/Glaubhaftmachung auch von Rechtsfragen *Kopp/Schenke* § 123 Rn. 24; *F. Wollenschläger,* in: Gärditz § 123 Rn. 118.

180 BVerfGE 79, 64, 74; 93, 1, 13 f.; BVerfG NJW 1995, 950, 951; NVwZ 1997, 479, 480.

181 BVerfGE NJW 2011, 3706, 3707; OVG Münster DVBl 2000, 933, 934 f.; VGH Mannheim NVwZ-RR 2000, 397; VGH München NVwZ-RR 2002, 477; *B. Bender,* FS Menger, 1985, 657, 669; *M. Dombert,* in: Finkelnburg/Dombert/Külpmann Rn. 319; *H. Quaritsch,* VerwArch 51 (1960), 342, 371; *M. Uechtritz,* BauR 1998, 719, 729; anders wohl OVG Münster NJW 2007, 314 f.; OVG Schleswig InfAuslR 1993, 18, 19 (das Amtsermittlungspflicht nur annimmt, wenn Glaubhaftmachung dem Antragsteller unmöglich oder unzumutbar ist).

182 I.d.S. auch *B. Burkholz,* Der Untersuchungsgrundsatz, 1988, 63 f.

183 *B. Burkholz,* Der Untersuchungsgrundsatz, 1988, 86.

184 Vgl. BVerfGE 51, 268, 286; BVerfG NVwZ 2007, 1178, 1179 (Darlegungslast); anders VGH München NVwZ-RR 2001, 477 (Mitwirkungspflicht des Antragstellers, die jedoch eigene Ermittlungen des Gerichts nicht ausschließe).

185 Z.B. BVerwG NVwZ-RR 2014, 558, 559; OVG Münster NWVBl 2000, 317, 318; NVwZ-RR 2002, 583, 584; NVwZ-RR 2011, 911 ff.; VGH Kassel NVwZ-RR 1998, 255, 256; VGH Mannheim NVwZ-RR 1994, 111; 1996, 439; VG Weimar ThürVBl 1999, 145, 146; ähnl. OVG Münster NJW 2000, 2523; VGH München NVwZ-RR 2001, 477; dazu auch *B. Burkholz,* Der Untersuchungsgrundsatz, 1988, 27 ff.

die dem Gericht nach § 86 analog obliegende Aufklärungstätigkeit ohne weiteren Hinweis dem Antragsteller aufzuerlegen (a.M. OVG Münster NVwZ-RR 2002, 583, 584). Kommt einer der Beteiligten einer Aufforderung des Gerichts zu ergänzendem Vortrag oder Beweisvorlage nicht nach, obwohl diesem dies möglich und zumutbar gewesen wäre, und verfügt das Gericht über keine anderen, in der Kürze der Zeit erreichbaren Informationsquellen, muss es nicht weiter ermitteln und kann aus der Nichtaufklärbarkeit Schlüsse zum Nachteil dieses Beteiligten ziehen.[186] Von weiteren eigenen Ermittlungen kann das Gericht auch wegen der Eilbedürftigkeit des Falls absehen müssen (→ § 86 Rn. 55).[187] Ob auch bei nicht ausreichender Wahrscheinlichkeit des Vorliegens von rechtserheblichen Tatsachen eine einstweilige Anordnung ergehen muss, richtet sich nach der Schwere der dem Antragsteller drohenden Nachteile (→ Rn. 100).

93   **cc) Mittel der Glaubhaftmachung.** Welche Mittel der Glaubhaftmachung herangezogen werden, entscheidet das Gericht unter *Berücksichtigung von Erkenntniswert und Erreichbarkeit der Mittel* sowie der *Eilbedürftigkeit der Entscheidung*.[188] Das Gericht kann sich aller Beweismittel bedienen, die auch im Hauptsacheverfahren zulässig sind (entsprechend § 96 Abs. 1 S. 2). Dabei werden Beweismittel deren Heranziehung zeitaufwändig ist, wie Sachverständigengutachten, im Eilverfahren nicht in Betracht kommen (vgl. OVG Münster DVBl 2000, 933, 934). Da die rechtserheblichen Tatsachen nur glaubhaft sein müssen, kann das Gericht auch andere Erkenntnismittel benutzen, wie etwa telefonisch eingeholte Auskünfte von Behörden oder Privaten.[189] Weiter kann es sich auf *Versicherungen an Eides statt* (§ 123 Abs. 3 VwGO i.V.m. § 920 Abs. 2, § 294 Abs. 1 ZPO) stützen,[190] wobei es eine Frage der *Beweiswürdigung* ist, ob das Gericht eine solche Versicherung als ausreichend für die Glaubhaftmachung erachtet. Wenn es die Eilbedürftigkeit des Falles erlaubt, sind auch die *Behördenakten* als i.d.R. besonders wichtige Quelle für die Tatsachenfeststellung heranzuziehen (→ § 99 Rn. 7). *§ 294 Abs. 2 ZPO* kann im verwaltungsgerichtlichen Eilverfahren nicht gelten, da jede Beweismitteleinschränkung gegen das verfassungsrechtliche Gebot der Gewährung effektiven Rechtsschutzes verstößt. Die Vorschrift würde das Gericht auf bestimmte, nämlich präsente Beweismittel beschränken. Je nach Lage des Falles könnte eine solche Beschränkung das Gericht daran hindern, i.R. seiner Amtsermittlungspflicht den Sachverhalt ausreichend bis zur Glaubhaftigkeit aufzuklären[191] und dadurch den Antragsteller von effektivem Rechtsschutz ausschließen.[192] Sind Mittel der Glaubhaftmachung nicht sofort erreichbar, kann ein *„Hängebeschluss"* (→ Rn. 120) in Betracht kommen, mit dem das Gericht eine Zwischenregelung bis zur Vorlage der nicht sofort erreichbaren Erkenntnisquellen trifft.[193]

94   **d) Prüfungsumfang und erforderlicher Grad der Wahrscheinlichkeit.** Im Hinblick auf den Umfang der Prüfung des Gerichts und den Grad der Wahrscheinlichkeit, mit dem Anordnungsanspruch und Anordnungsgrund vorliegen müssen, entspricht die Situation des Verfahrens nach § 123 der des Aussetzungsverfahrens nach §§ 80, 80a (→ § 80 Rn. 136). Bei seinen Ermittlungen muss das Gericht einerseits die Eilbedürftigkeit des Anliegens des Antragstellers bedenken, andererseits muss es auch den Zweck des Anordnungsverfahrens beachten, die Schaffung vollendeter Tatsachen vor einer Hauptsacheentscheidung zu verhindern. Die *zur Verfügung stehende Zeit*, in der Beweis- und sonstige Erkenntnismittel erlangt werden können, und die *Schwere und Irreversibilität der dem Antragsteller drohenden Nachteile* markieren die Pole, zwischen denen sich die Prüfung des Gerichts zu bewegen hat und nach denen sich auch der für den Erlass einer einstweiligen Anordnung erforderliche Grad der

---

186 OVG Bln NVwZ-Beilage 10/1998, 91; OVG Greifswald LKV 1994, 225, 226; s.a. → § 86 Rn. 56, wo in diesem Fall eine gesteigerte Mitwirkungspflicht des Antragstellers angenommen wird; i.d.S. auch *B. Burkholz*, Der Untersuchungsgrundsatz, 1988, 90.

187 *B. Burkholz*, Der Untersuchungsgrundsatz, 1988, 88.

188 Z.B. VGH Kassel NVwZ-RR 1998, 255, 256 (Beweisaufnahme durch Einvernahme einer Vielzahl von Zeugen zu umfangreich).

189 VGH Mannheim NVwZ-RR 1991, 82, 83 (telefonische Nachfrage beim Prüfungsausschuss); VG Freiburg NJW 1997, 1796, 1797 (telefonische Auskunft des Gerichtsvollziehers).

190 Z.B. OVG Münster NWVBl 2000, 317, 318; VGH Mannheim NVwZ-RR 1994, 111; 1996, 439, 440; s.a. *B. Burkholz*, Der Untersuchungsgrundsatz, 1988, 89.

191 Zu einer ggf. verfassungsrechtlich gebotenen eingehenden Prüfung BVerfGE 79, 69, 75; BVerfG NJW 1995, 950, 951.

192 Mit anderen Argumenten aber i.E. ebenso *B. Burkholz*, Der Untersuchungsgrundsatz, 1988, 89 f.; *F. Schoch*, in: Schoch/Schneider/Bier § 123 Rn. 96.

193 Z.B. VGH Kassel NVwZ 2015, 447 f.; VGH München DVBl 2000, 925, 926.

Wahrscheinlichkeit bestimmt. Grds. ist der Anspruch des Betroffenen auf vorläufigen Rechtsschutz umso stärker, je schwerer die dem Antragsteller durch den Zeitablauf drohenden Nachteile sind und je weniger diese Nachteile nach einem Obsiegen in der Hauptsache wieder rückgängig gemacht werden können (BVerfG DVBl 1996, 196). *Drohen dem Antragsteller schwere, nicht wieder rückgängig zu machende Nachteile,* insbes. erhebliche Grundrechtsverletzungen, darf das Gericht den *Rechtsschutz nicht versagen, ohne* die *Sach- und Rechtslage* auch unter Einbeziehung der Grundrechtsfragen *eingehend geprüft* zu haben.[194] Dazu gehört auch die ausreichende Ermittlung einschlägigen ausländischen Rechts (BVerfG DVBl 1996, 196, 197). Um die verfassungsrechtlich verankerten Rechte des Antragstellers, insbes. seine Grundrechte, zu schützen, muss der *Grad der Wahrscheinlichkeit, dass kein Anordnungsanspruch und kein Anordnungsgrund besteht, umso höher sein je schwerwiegender die drohenden Nachteile und je weniger wahrscheinlich ihre Rückgängigmachung* im Falle seines späteren Obsiegens sind.[195] Reicht die Zeit für eine derart vertiefte Prüfung nicht aus, kann die Sach- und Rechtslage daher nicht mit dem erforderlichen Wahrscheinlichkeitsgrad festgestellt werden, droht aber zugleich die Gefahr einer nicht unbedeutenden Grundrechtsverletzung, muss die Entscheidung auf der Grundlage einer Folgenabwägung getroffen werden[196] (→ Rn. 100).

Tritt das Verfahren nach § 123 ausnahmsweise an die Stelle des Hauptsacheverfahrens, wie dies *im Konkurrentenstreit um die Einstellung oder Beförderung von Beamten* der Fall ist (→ Rn. 34 f.), darf sich das Gericht im Interesse eines effektiven Rechtsschutzes nicht auf eine summarische Prüfung beschränken, sondern muss ausnahmsweise den Prüfungsmaßstab des Hauptsacheverfahrens anwenden, also die *Sach- und Rechtslage vollumfänglich prüfen.*[197] Um zu verhindern, dass der Dienstherr den ausgewählten Bewerber ernennt, bevor das Gericht Zeit für die gebotene umfangreiche Prüfung hatte, wird das Gericht nach Eingang des Eilantrages eines Konkurrenten regelmäßig eine Zwischenverfügung („Hängebeschluss") treffen müssen (näher zum Hängebeschluss → Rn. 120).[198] Durch einen Hängebeschluss kann in dringlichen Fällen andererseits auch die kommissarische Besetzung des Dienstpostens mit dem ursprünglich ausgewählten Bewerber ermöglicht werden.[199] Selbst bei fehlerhafter Auswahlentscheidung ergibt sich jedoch aus dem aus Art. 33 Abs. 2 GG abgeleiteten Bewerbungsverfahrensanspruch kein Anspruch auf Vergabe des Dienstpostens an den Antragsteller oder auf die begehrte Beförderung, sondern nur auf ein ermessensfehlerfreies Auswahlverfahren.[200] Bei seiner Prüfung darf das Gericht die Anforderungen an den Erfolg des nicht berücksichtigten Konkurrenten daher nicht überspannen. Das Gericht hat die *Ernennung des ausgewählten Bewerbers durch einstweilige Anordnung bereits dann zu untersagen, wenn bei rechtsfehlerfreier Auswahl die Auswahl des Konkurrenten jedenfalls möglich erscheint.*[201]

e) Prüfungsmaßstab: Beziehungen zwischen Anordnungsanspruch, Anordnungsgrund und Glaubhaftmachung. aa) Grundsatz: Anordnungsanspruch und Anordnungsgrund erforderlich. Eine einstweilige Anordnung kann grds. nur erlassen werden, wenn Anordnungsanspruch und Anordnungsgrund kumulativ mit der erforderlichen Wahrscheinlichkeit vorliegen, beide also glaubhaft sind. Auch wenn das Gericht *besonders hohe Erfolgsaussichten in der Hauptsache* feststellt, muss es *zusätzlich noch*

94a

95

---

194 BVerfG DVBl 2002, 1633; NJW 2003, 1305, 1306; NVwZ 2004, 1112, 1113; NVwZ 2007, 1178, 1179; NVwZ 2008, 880, 881; NVwZ-RR 2009, 945, 946; OVG Münster NJW 2002, 3417, 3418; LSG Stuttgart NVwZ-RR 2008, 209 (zu § 86 b Abs. 2 SGG).

195 BVerfG NVwZ 1997, 479, 480; vgl. auch BVerfGE 79, 69, 75; BVerfG DVBl 1996, 196; NVwZ-RR 2005, 442, 443.

196 BVerfG NVwZ 1997, 479, 480; NVwZ 2008, 880, 881; OVG Münster NVwZ 2008, 232; DVBl 2008, 667 (nur LS); LSG Stuttgart NVwZ-RR 2008, 209 (zu § 86 b Abs. 2 SGG).

197 BVerwGE 138, 102 Rn. 32; OVG Lüneburg DVBl 2011, 972, 974; VGH Kassel NVwZ-RR 2013, 655, 656; s.a. OVG Koblenz NVwZ-RR 2015, 862 (zumindest in rechtlicher Hinsicht umfassende Prüfung; zur Kritik *F. Wieland/A. Seulen,* DÖD 2011, 69, 70 f. („Konkurrentenstreitverfahren als vorläufiges Rechtsschutzverfahren wird ad absurdum geführt").

198 *K. Herrmann,* NJW 2011, 653, 655.

199 VGH Kassel NVwZ 2017, 1144 f. (der die kommissarische Besetzung von einer Zusicherung der Behörde abhängig machte, den durch die vorläufige Wahrnehmung der Stelle erlangten Bewährungsvorsprung des Konkurrenten bei einem erneuten Auswahlverfahren auszublenden).

200 Dazu z.B. OVG Magdeburg – 1 M 65/11, BeckRS 2011, 53664; VGH Mannheim NVwZ-RR 2012, 73, 74 ff.

201 BVerwGE 138, 102 Rn. 32; BVerfG NVwZ-RR 2016, 187, 188; VGH Mannheim NVwZ-RR 2012, 73, 74; i.d.S. auch OVG Weimar NVwZ-RR 2013, 230 (das hierin allerdings einen „herabgestuften Prüfungsmaßstab" sieht).

einen zumindest wahrscheinlich bestehenden *Anordnungsgrund* bejahen können.[202] Ein Anordnungsgrund ergibt sich nicht automatisch aus einem mit hohem Evidenzgrad glaubhaft gemachten Anordnungsanspruch.[203] Denn wenn eine Entscheidung nicht dringlich ist, ist eine Zwischenregelung bis zur Hauptsache auch nicht erforderlich. Auch in Fällen, in denen dem Antragsteller die behauptete Rechtsposition höchstwahrscheinlich zusteht, gewährt das Hauptsacheverfahren i.d.R. ausreichend effektiven Rechtsschutz. Hat der Antragsteller keinen Rechtsschutzbedarf für eine Zwischenregelung in Form eines vom Hauptsacheanspruch gesonderten Anordnungsgrundes, ist es ihm zuzumuten, die Hauptsacheentscheidung abzuwarten. Umgekehrt kann *auch bei großer Dringlichkeit* der einstweiligen Anordnung grds. *nicht auf einen glaubhaften Anordnungsanspruch verzichtet* werden. Schließlich dient § 123 der Offenhaltung der Hauptsacheentscheidung im Interesse des Antragstellers und Klägers. Ist eine solche dem Antragsteller günstige Entscheidung jedoch nicht einmal wahrscheinlich, kann eine einstweilige Anordnung ihren Zweck nicht erfüllen.

96 Aus Zeitmangel kann in manchen Fällen das Gericht im Eilverfahren die Sach- und/oder Rechtslage nicht so weit aufklären, dass sich erkennen lässt, ob das Begehren des Antragstellers in der Hauptsache Erfolg haben wird. Ein Teil der Rspr. entscheidet *bei offenem Ausgang der Hauptsache* aufgrund einer Abwägung zwischen den Interessen des Antragstellers mit denen des Antragsgegners und weiterer Beteiligter.[204] Grds. ist nach § 123 jedoch Voraussetzung für eine einstweilige Anordnung das Vorliegen eines zumindest wahrscheinlichen Anordnungsanspruchs sowie eines ebenfalls zumindest wahrscheinlichen Anordnungsgrundes. Diese gesetzlichen Voraussetzungen werden übergangen, wenn eine Entscheidung lediglich aufgrund einer Interessenabwägung getroffen wird.[205] Raum für eine *Abwägung der Interessen* der Beteiligten ist *nur innerhalb der Prüfung des Anordnungsgrundes*. Wenn gewichtige, überwiegende Interessen denen des Antragstellers entgegenstehen, ist eine einstweilige Anordnung nicht erforderlich (→ Rn. 84).[206] Aus verfassungsrechtlichen Gründen kann jedoch bei offenem Ausgang der Hauptsache eine *Abwägung der Folgen* eines Erlasses oder eines Nichterlasses der einstweiligen Anordnung *für den Antragsteller* erforderlich sein (→ Rn. 100).

96a Richtet sich der *Eilantrag gegen eine Norm*, bezweifelt bspw. ihre Rechtmäßigkeit als Vorfrage im Rahmen eines Feststellungsbegehrens gegenüber dem Normgeber, und liegt *keine normenkontrollfähige Rechtsvorschrift i.S.d. § 47 Abs. 6* vor, ist wegen Art. 19 Abs. 4 GG ein vorläufiges Rechtsschutzverfahren nach § 123 durchzuführen (→ Rn. 40). Nach § 47 Abs. 6 darf eine einstweilige Anordnung jedoch nur erlassen werden, wenn dies „dringend" geboten ist. Daraus wird abgeleitet, dass der Eilrechtsschutz nach § 47 Abs. 6 Ausnahmecharakter hat und nur gewährt werden darf, wenn die für den Erlass der einstweiligen Anordnung sprechenden Interessen die gegenläufigen Interessen deutlich überwiegen und den Erlass einer einstweiligen Anordnung als unabweisbar erscheinen lassen (→ § 47 Rn. 396 ff.). Im *Verfahren nach § 47 Abs. 6 gelten daher strengere Anforderungen als im Anordnungsverfahren nach § 123*.[207] Soll in einem Eilverfahren nach § 123 der Sache nach die Gültigkeit einer Rechtsnorm vorübergehend aufgehoben werden, ist ebenso wie im Verfahren nach § 47 Abs. 6 die demokratische Legitimation der Mitglieder des normgebenden Organs als besonderes Interesse, das für die Aufrechterhaltung der Norm spricht, zu bedenken und *ein ebenso strenger Maßstab wie beim Eilrechtsschutz nach § 47 Abs. 6 anzulegen*.[208] Selbst wenn die summarische Prüfung einen voraussichtlichen Erfolg im Hauptsacheverfahren erwarten lässt, ist ein Anordnungsgrund nur zu bejahen, wenn ein Abwarten bis zum Hauptsacheverfahren unter Einbeziehung der Belange des Antrag-

---

202 M. *Funke-Kaiser*, in: Bader § 123 Rn. 26; F. *Schoch*, in: Schoch/Schneider/Bier § 123 Rn. 83 ff.
203 So aber OVG Bln InfAuslR 1995, 257, 259; i.d.S. wohl auch VGH Mannheim BWVP 1995, 65, 66; VGH München BayVBl 1995, 470, 471.
204 BVerwGE 50, 124, 134 f.; BVerwG NVwZ 1995, 379, 380; OVG Koblenz NJW 1978, 2355; OVG Münster NWVBl 1996, 5, 6 f.; OVG Saarlouis NJW 1979, 830, 831; VGH Kassel NJW 1989, 470, 472; VGH München BayVBl 1979, 371, 373; M. *Dombert*, in: Finkelnburg/Dombert/Külpmann Rn. 137 (nur für die Regelungsanordnung); M. *Happ*, in: Eyermann § 123 Rn. 49 (nur ausnahmsweise); a.M. OVG Schleswig NVwZ-RR 1992, 387.
205 M. *Dombert*, in: Finkelnburg/Dombert/Külpmann Rn. 170 (nur für die Sicherungsanordnung); H.-G. *Franzke*, NWVBl 1993, 321, 323; *Pietzner/Ronellenfitsch* § 57 Rn. 1654; F. *Schoch*, in: Schoch/Schneider/Bier § 123 Rn. 64 c.
206 F. *Schoch*, in: Schoch/Schneider/Bier § 123 Rn. 65 (nur für die Regelungsanordnung).
207 BVerwG NVwZ 1998, 1065, 1066; J. *von Albedyll*, in: Bader § 47 Rn. 145; → § 47 Rn. 396 m.w.N.
208 OVG Münster NVwZ-RR 2016, 868, 869 m.w.N.; DVBl 2018, 261, 262.

stellers, betroffener Dritter oder der Allgemeinheit derart gewichtige Nachteile befürchten lässt, dass eine vorläufige Aussetzung der Norm unabweisbar erscheint.[209]

bb) Verfassungsrechtliche Anforderungen. Bei Auslegung und Anwendung von $\S$ 123 sind stets das 97 *verfassungsrechtliche Gebot der Gewährung effektiven Rechtsschutzes* und die *Verpflichtung zum Schutz betroffener Grundrechte* zu beachten.[210] Diese verfassungsrechtlichen Anforderungen beeinflussen die Prüfungsreihenfolge, das Verhältnis zwischen Anordnungsanspruch und Anordnungsgrund, den zu fordernden Prüfungsumfang und Wahrscheinlichkeitsgrad („Glaubhaftmachung") sowie den Maßstab bei offenem Ausgang der Hauptsache.

Bei der Begründetheitsprüfung ist *zunächst der Anordnungsanspruch zu untersuchen.* Das Verfas- 98 sungsrecht spielt bei der Anwendung des $\S$ 123 dann eine Rolle, wenn sich bei der Prüfung des Anordnungsanspruchs Anhaltspunkte ergeben, dass eine *Versagung* vorläufigen Rechtsschutzes *Grundrechte des Antragstellers erheblich, über den Randbereich hinaus verletzen* könnte. Dieser Befund hat nach der Rspr. des BVerfG dann Einfluss auf den Anordnungsgrund, wenn diese Grundrechtsverletzung durch den späteren Erfolg in der Hauptsache voraussichtlich nicht wieder rückgängig gemacht werden kann. Die Bejahung eines solchermaßen grundrechtsrelevanten Anordnungsanspruchs ist, wie das BVerfG formuliert, „für die Prüfung des Anordnungsgrundes in weitem Umfang vorgreiflich".[211] Damit verzichtet das BVerfG allerdings nicht auf den Anordnungsgrund. Zwar sind im Verwaltungsrecht die meisten Klagen grundrechtsrelevant. In vielen Fällen wird auch der Zeitablauf bis zu einer Hauptsacheentscheidung die Grundrechtsposition mehr als nur unerheblich gefährden. Das BVerfG stellt als zusätzliches Kriterium jedoch auf die Irreversibilität der Grundrechtsverletzung ab. Darin liegt der Anordnungsgrund; er leitet sich daraus ab, dass eine drohende Rechtsverletzung von Verfassungsrang auch bei späterem Obsiegen im Klageverfahren wahrscheinlich nicht mehr rückgängig gemacht werden kann (vgl. auch BVerfG NVwZ-RR 2009, 945, 948). Das BVerfG nimmt damit dem Anordnungsgrund als Tatbestandsmerkmal des $\S$ 123 nicht – auch nicht faktisch – seine eigenständige Bedeutung. Es stellt lediglich fest, dass für die von ihm genannte Fallkonstellation jedenfalls *auch aus verfassungsrechtlichen Gründen vorläufiger Rechtsschutz gewährt werden muss.* Diese Fallkonstellation beinhaltet neben einem *Anordnungsanspruch (dem grundrechtsrelevanten klägerischen Anspruch)* auch einen *Anordnungsgrund (die Irreversibilität der drohenden Grundrechtsverletzung).*

Weiter hat das Verfassungsrecht Einfluss auf den zu fordernden *Prüfungsumfang und den Grad der* 99 *Wahrscheinlichkeit,* mit dem Anordnungsanspruch und Anordnungsgrund vorliegen müssen. *Je gewichtiger die zu befürchtende Grundrechtsverletzung* ist und *je mehr die Maßnahme* der Verwaltung für den Antragsteller *Unabänderliches bewirkt,* desto stärker ist der Rechtsschutzanspruch des Betroffenen und desto *eingehender* muss das Gericht daher *Sach- und Rechtslage prüfen,* wenn es vorläufigen Rechtsschutz *versagen* will (→ Rn. 94).

Bei *offenem Ausgang der Hauptsache* ist ein Anordnungsanspruch nicht wahrscheinlich. Mangels An- 100 ordnungsanspruchs ist der Erlass einer einstweiligen Anordnung daher eigentlich abzulehnen. Dieser Grundsatz findet ebenfalls dann eine Einschränkung aus verfassungsrechtlichen Gründen, *wenn der behauptete Anordnungsanspruch grundrechtsrelevant* ist, dem Antragsteller also bei Versagung vorläufigen Rechtsschutzes die Gefahr einer nicht nur unwesentlichen Grundrechtsbeeinträchtigung droht. Eine solche Grundrechtsrelevanz wird in der Praxis nicht selten zu bejahen sein. Das BVerfG fordert in derartigen Fällen eine *gerichtliche Entscheidung aufgrund einer Folgenabwägung.*[212] Dies wird damit begründet, dass bei zu befürchtender nicht unerheblicher, irreversibler Grundrechtsverletzung vorläufiger Rechtsschutz grds. nur nach eingehender Prüfung der Sach- und Rechtslage versagt werden dürfe. Das BVerfG akzeptiert jedoch, dass bei Komplexität des Falles und Zeitmangel eine derart umfangreiche Prüfung nicht immer zu leisten ist. Es gestattet daher bei nicht ausreichender Klärung der Erfolgsaussichten der Klage eine Entscheidung auch ohne Berücksichtigung des voraussichtlichen Hauptsacheerfolgs. In einem solchen Fall müsse das Gericht allerdings die Folgen für die

---

209 OVG Münster NVwZ-RR 2016, 868, 869; DVBl 2018, 261, 262.
210 BVerfGE 79, 69, 74; 93, 1, 13 f.; BVerfG NJW 1995, 950, 951; NVwZ 1997, 479, 480; BayVBl 2000, 47; DVBl 2002, 1112, 1113; NJW 2014, 3711.
211 BVerfGE 79, 69, 78; s.a. BVerfG NVwZ-RR 2009, 945, 947 f.
212 BVerfG NVwZ 1997, 479, 480 f.; NVwZ 2008, 880, 881; NVwZ 2009, 715 (zu $\S$ 86 b Abs. 2 SGG).

Grundrechte und den Rechtsschutzanspruch des Antragstellers abwägen.[213] Bei offenem Ausgang der Hauptsache hat das Gericht also danach zu fragen, *welche Folgen es hätte, wenn die einstweilige Anordnung nicht erginge, der Antragsteller jedoch im späteren Hauptsacheverfahren obsiegte.* Gerade wenn die zu befürchtenden Nachteile für den Antragsteller sehr schwer sind, was besonders bei voraussichtlicher Irreversibilität einer gravierenden Grundrechtsverletzung der Fall ist, muss vorläufiger Rechtsschutz gewährt werden, weil ansonsten der Rechtsschutzanspruch des Antragstellers aus Art. 19 Abs. 4 GG vereitelt würde. Nach diesen Vorgaben des BVerfG findet bei offener Hauptsacheentscheidung somit *keine Abwägung zwischen widerstreitenden Interessen der Beteiligten* statt, sondern *eine Abwägung der Folgen eines Ergehens oder Nichtergehens einer einstweiligen Anordnung* für den Antragsteller, nämlich der Folgen für die Effektivität seines Rechtsschutzes und für den Schutz seiner Grundrechte.[214]

101 Es wurde die Ansicht vertreten, das BVerfG habe mit diesen Anforderungen seine Rspr. zur einstweiligen Anordnung nach § 32 Abs. 1 BVerfGG auf die einstweilige Anordnung nach § 123 übertragen. Die Folgenabwägung müsse daher in einer vom Hauptsacheerfolg losgelösten Einschätzung der Entscheidungswirkungen bestehen, bei der die Interessen des Antragstellers mit allen in Betracht kommenden Belangen und widerstreitenden Interessen abzuwägen seien.[215] Dieser Auffassung kann nicht beigepflichtet werden. Bei der bei § 123 verfassungsrechtlich gebotenen Folgenabwägung handelt es sich nicht um eine allseitige Interessenabwägung sondern ausschließlich um eine Prüfung der Folgen einer Rechtsschutzversagung für den Antragsteller. Die *Grundsätze der Folgenabwägung nach § 32 BVerfGG können nicht auf die* vom BVerfG geforderte *Folgenabwägung bei § 123 übertragen werden,* da beide Abwägungen unterschiedlichen Zwecken dienen. Die einstweilige Anordnung des BVerfG nach § 32 Abs. 1 BVerfGG kann, auch wenn der zugrunde liegende Rechtsstreit Individualinteressen betrifft, nur „zum gemeinen Wohl" ergehen. Wegen der objektiven Funktion der Verfassungsgerichtsbarkeit muss der Erlass einer einstweiligen Anordnung zumindest auch im Allgemeininteresse liegen.[216] Bei einer Entscheidung nach § 32 BVerfGG ist daher eine Abwägung aller betroffener Interessen geboten. Das Verfahren nach § 123 hingegen ist ausschließlich Ausfluss der Rechtsschutzgarantie und des Schutzes der Grundrechte des Einzelnen. Ein Allgemeininteresse am Erlass dieser einstweiligen Anordnung ist nicht erforderlich. Das Interesse des Antragstellers kann allenfalls ausnahmsweise hinter überwiegenden, besonders gewichtigen Gründen zurücktreten müssen (BVerfGE 79, 69, 74 f.; 93, 1, 14). Solche Gründe können in Belangen der Allgemeinheit oder Rechten Dritter liegen und sind i.R. des Anordnungsgrundes zu prüfen (→ Rn. 84). Wenn sie vorliegen, kann dem Antragsteller das Abwarten der Hauptsacheentscheidung zugemutet werden; ein Anordnungsgrund fehlt. Zweck der Folgenabwägung bei offenem Ausgang der Hauptsache im Anordnungsverfahren nach § 123 ist es, eine gerichtliche Entscheidung zu ermöglichen, obwohl die bei drohender Grundrechtsverletzung eigentlich verfassungsrechtlich gebotene intensive Prüfung von Sach- und Rechtslage aus Zeitmangel nicht durchführbar ist. Nachdem diese eingehende Prüfung vom BVerfG ausschließlich zum Schutz der Rechte des Antragstellers aus Art. 19 Abs. 4 GG und seiner Grundrechte gefordert wird, kann die Folgenabwägung, die an ihre Stelle tritt, sich auch nur auf die Folgen des Erlasses oder Nichterlasses einer einstweiligen Anordnung im Hinblick auf diese Rechte beziehen.

102 **f) Kein Verbot der Vorwegnahme der Hauptsache.** Teile der Rspr. und der Lit. gehen von einem grundsätzlichen *Verbot der Vorwegnahme der Hauptsache* im Eilverfahren aus. Eine Vorwegnahme der Hauptsache liegt dann vor, wenn dem Antragsteller bereits im Verfahren nach § 123 zur begehrten Rechtsposition verholfen wird, er also so gestellt wird, als ob er in der Hauptsache obsiegt hätte. Dabei sind drei Formen der Vorwegnahme der Hauptsache[217] zu beobachten: Die Eilentscheidung nimmt die Hauptsacheentscheidung irreversibel vorweg;[218] sie räumt die begehrte Rechtsposition nur vorläu-

---

213 Vgl. BVerfG NVwZ 2009, 715 f. (zu § 86 b Abs. 2 SGG).
214 So verfährt bspw. OVG Magdeburg NVwZ-RR 2012, 553, 555.
215 *K. P. Jank,* in: Finkelnburg/Jank, ⁴1998, Rn. 167.
216 *K. Schneider,* in: Burkiczak/Dollinger/Schorkopf, BVerfGG, 2015, § 32 Rn. 276 ff. m.w.N.; *Pestalozza* § 18 Rn. 18; i.d.S. auch *Lechner/Zuck* § 32 Rn. 23.
217 Zu dieser Unterscheidung ausf. *M. Dombert,* in: Finkelnburg/Dombert/Külpmann Rn. 175 ff.
218 Z.B. BVerwGE 109, 258 (Zeugenvernehmung durch Untersuchungsausschuss); OVG Bln NJW 2003, 840 (Ausstrahlung eines Fernsehfilms); VGH Mannheim NVwZ-RR 1997, 629 (Teilnahme eines Politikers an einer Fernsehdiskussion).

fig bis zur Hauptsacheentscheidung ein;[219] oder sie kommt dem Hauptsacheantrag durch Einräumung faktischer Vorteile nahe, ohne dem Antragsteller zugleich die begehrte Rechtsposition zu vermitteln.[220] Während die Rspr. den Begriff der Vorwegnahme i.d.R. weit versteht, wird er in der Lit. teilweise nur auf die erstgenannte Gruppe der irreversiblen Vorwegnahmen bezogen.[221]

Die Befürworter eines Verbots der Vorwegnahme verschärfen z.T. die Anforderungen an den Anordnungsanspruch, z.T. auch an den Anordnungsgrund.[222] Nach Auffassung mancher Befürworter dürfe die einstweilige Anordnung nur dann erlassen werden, wenn ein Anordnungsanspruch mit ganz überwiegender Wahrscheinlichkeit vorliege und für den Fall, dass eine einstweilige Anordnung nicht ergehe, die dem Antragsteller drohenden Nachteile unzumutbar wären.[223] Andere unterscheiden beim geforderten Wahrscheinlichkeitsgrad für den Anordnungsanspruch nach der Art der Vorwegnahme. Wenn sich bei einer späteren Niederlage des Antragstellers im Hauptsacheverfahren die Rechtswirkungen der Vorwegnahme nicht wieder rückgängig machen lassen, die Hauptsache also irreversibel vorweggenommen wird, soll die einstweilige Anordnung nur ergehen dürfen, wenn die Erfolgsaussichten in der Hauptsache hoch sind. Lassen sich die Rechtswirkungen aber wieder rückgängig machen oder wird die begehrte Rechtsposition nur bis zur Hauptsacheentscheidung faktisch irreversibel eingeräumt, sollen überwiegende Erfolgsaussichten in der Hauptsache genügen.[224] Teilweise wird der Erlass einer einstweiligen Anordnung aber auch ganz für solche Anträge abgelehnt, die auf eine hoheitliche Maßnahme mit nicht mehr rückholbarer Regelungswirkung gerichtet sind.[225]

103

Zwar scheint eine Vorwegnahme der Hauptsache sich nicht mit der Zwischenregelungsfunktion der einstweiligen Anordnung zu vertragen. Denn Sinn einer einstweiligen Anordnung nach § 123 ist gerade nicht die Entscheidung der Hauptsache selbst, sondern lediglich das Offenhalten der Hauptsacheentscheidung. § 123 Abs. 1 verbietet jedoch die Vorwegnahme der Hauptsache nicht. Die *einstweilige Anordnung ist immer nur vorläufig* in dem Sinne, dass sie nicht endgültig über das vom Antragsteller geltend gemachte Recht entscheidet, sondern nur *für den Zeitraum bis zur Hauptsacheentscheidung.* Über diesen Zeitraum *trifft sie* jedoch *immer eine endgültige Entscheidung.*[226] Dass ihre Wirkungen nicht mehr rückgängig gemacht werden können oder sich die Hauptsache bei ihrem Erlass erledigt, hängt mit der Fallgestaltung und dem spezifischen Rechtsschutzbedürfnis des Einzelfalles zusammen, macht aber eine solche einstweilige Anordnung nicht zu einer Hauptsacheentscheidung. Sie behält weiter ihren Charakter als endgültige Regelung des Zwischenzeitraums. Da sich auch bei einer Vorwegnahme der Hauptsache der Charakter der einstweiligen Anordnung als Zwischenregelung nicht ändert, *verbietet § 123 Abs. 1 eine* derartige *Vorwegnahme nicht.* Wortlaut und Sinn des § 123 kön-

104

---

219 Z.B. OVG Bautzen SächsVBl 1997, 268 (Vertretungsbefugnis des Direktors einer Landesmedienanstalt); OVG Koblenz NVwZ-RR 2010, 586 (Zahlung eines monatlichenGeldbetrages für einen begrenzten Zeitraum); OVG Münster NWVBl 1996, 26 (vorläufiger Anwohnerparkausweis); VGH München NVwZ-RR 2005, 254 (vorläufiges Abiturzeugnis).

220 Z.B. OVG Bautzen SächsVBl 1997, 298 (vorläufiger Unterricht eines Schülers nach den alten Rechtschreibregeln); OVG Lüneburg NVwZ-RR 2004, 258 (vorläufige Zuweisung zu einem bestimmten Gymnasium); OVG Schleswig NVwZ-RR 1995, 664 (vorläufige vorzeitige Einschulung eines Kindes in die Grundschule); VGH Kassel NVwZ-RR 2010, 318 (vorläufiger Schulbesuch in einer bestimmten Jahrgangsstufe).

221 *Kopp/Schenke* § 123 Rn. 14; *F. Wollenschläger,* in: Gärditz § 123 Rn. 123; i.d.S. wohl auch VGH Kassel NVwZ-RR 2001, 366.

222 OVG Lüneburg DVBl 2012, 705 f. (zusätzlich zur besonderen Eilbedürftigkeit werden schwere und unzumutbare, anders nicht abwendbare Nachteile gefordert).

223 BVerwGE 109, 258, 262; Buchholz 310 § 123 Nr. 15; NVwZ-RR 2014, 558, 559; OVG Bautzen SächsVBl 1997, 210, 211; 1997, 268, 270; OVG Bln NVwZ 1991, 1198; NJW 2003, 840, 841; NVwZ-RR 2003, 35; OVG Bln-Bbg NVwZ-RR 2016, 943, 944; OVG Koblenz NVwZ-RR 1988, 19; NVwZ 2004, 363, 364 ff.; OVG Münster NVwZ 1997, 302; NVwZ-RR 2015, 387; OVG Saarlouis NVwZ-RR 2005, 550, 551; OVG Schleswig NVwZ-RR 1995, 664; VGH Kassel NVwZ-RR 2007, 348, 350; NVwZ-RR 2008, 537; NVwZ-RR 2010, 318; NVwZ 2016, 1101, 1102; VGH Mannheim NVwZ-RR 2000, 397, 398; VGH München NVwZ-RR 1990, 99, 100; DVBl 2011, 308, 309; *Kopp/Schenke* § 123 Rn. 14; s.a. OVG Schleswig NVwZ-RR 1992, 387, 388 und VGH München BayVBl 2001, 500 (die hier nur auf die hohe Wahrscheinlichkeit eines Obsiegens in der Hauptsache abstellen); weitergehend OVG Bln DVBl 1991, 762, 763 (das zusätzlich zu höheren Anforderungen an Anordnungsanspruch und -grund noch verlangt, dass keine legitimen gegenläufigen Interessen der Verwaltung überwiegen).

224 VGH Mannheim NVwZ-RR 2008, 179; NVwZ-RR 2015, 650, 652; vgl. auch VGH Kassel ESVGH 42, 216, 221 (zu § 85 Abs. 2 ArbGG, § 111 Abs. 2 HPVG); i.d.S. wohl auch OVG Greifswald NVwZ-RR 1994, 334 f.

225 OVG Münster NWVBl 1998, 328, 329.

226 VGH Kassel NJW 1984, 378; *F. Schoch,* in: Schoch/Schneider/Bier § 123 Rn. 147 f.

nen auch *keine anderen oder gesteigerten Anforderungen* für den Erlass einer solchen einstweiligen Anordnung entnommen werden.

105　　Ein *Grundsatz „Verbot der Vorwegnahme der Hauptsache"* ist aber auch deswegen *abzulehnen, weil er den Blick auf die verfassungsrechtlichen Vorgaben* einer einstweiligen Anordnung *verstellt.* Wie oben dargelegt, verlangt Art. 19 Abs. 4 GG unter bestimmten Voraussetzungen geradezu eine einstweilige Anordnung, die die Hauptsache zugunsten des Antragstellers vorwegnimmt (→ Rn. 11). Die Befürworter eines Verbots der Vorwegnahme, die für Ausnahmen eine besonders hohe Erfolgsaussicht in der Hauptsache verlangen, müssten konsequenterweise vorläufigen Rechtsschutz versagen, wenn wegen komplexer Fragen und besonderer Eilbedürftigkeit die Zeit nicht ausreicht, Sach- und Rechtslage auf diesen hohen Wahrscheinlichkeitsgrad hin zu überprüfen. Dies würde aber die Anforderungen des Art. 19 Abs. 4 GG verletzen. Denn bei unsicherem Anordnungsanspruch, bei dem eine Grundrechtsverletzung inmitten steht, entscheidet eine Folgenabwägung, in die die Schwere der dem Antragsteller drohenden Nachteile und der Grad ihrer Irreversibilität einzubeziehen sind, ob die einstweilige Anordnung dennoch erlassen werden muss (BVerfG NVwZ 1997, 479, 480; → Rn. 100). Gerichte lösen dieses Problem teilweise dadurch, dass sie einerseits am Vorwegnahmeverbot festhalten und grds. eine hohe Wahrscheinlichkeit des Obsiegens in der Hauptsache verlangen, bei unüberschaubarer Sach- oder Rechtslage die einstweilige Anordnung aber dann erlassen wollen, wenn intensive und endgültige Grundrechtsverletzungen drohen oder dies die einzige Rechtsschutzmöglichkeit ist.[227] Aus *verfassungsrechtlicher Sicht existiert ein Vorwegnahmeverbot nicht,* sondern nur ein Gebot effektiven Rechtsschutzes. Danach muss in die Prüfung des Anordnungsgrundes die des Anordnungsanspruchs einbezogen werden, wenn die Prüfung des Anordnungsanspruchs Anhaltspunkte für eine Grundrechtsverletzung ergibt. *Je schwerer und unwiderruflicher die Nachteile* voraussichtlich sind, die der Antragsteller ohne die einstweilige Anordnung erleidet, *desto stärker ist sein Rechtsschutzanspruch.*[228] Dies *gilt für die Prüfung jedes Antrages nach § 123,* gleichgültig ob mit der einstweiligen Anordnung die Hauptsache vorweggenommen werden soll oder nicht.

106　　**g) Kein Verbot der Überschreitung der Hauptsache.** Wenn dem in der Hauptsache geltend gemachten Anspruch eine *Ermessensvorschrift* zugrunde liegt oder die betreffende Norm der Behörde einen *Beurteilungsspielraum* einräumt, kann der Kläger *in der Hauptsache* i.d.R. allenfalls ein *Bescheidungsurteil* (§ 113 Abs. 5 S. 2, § 114) erreichen. Mit seinem Antrag nach § 123 begehrt der Antragsteller aber nicht selten eine einstweilige Anordnung des Gerichts, die ihn so stellt, als ob die Verwaltung ihr Ermessen oder ihren Beurteilungsspielraum bereits zu seinen Gunsten ausgeübt hat. Nach Auffassung eines Teils der Rspr. darf die einstweilige Anordnung nicht über das hinausgehen, was im Hauptsacheverfahren gewährt werden könnte. Ein Anspruch lediglich auf Neubescheidung sei nicht mit einer einstweiligen Anordnung sicherungsfähig. Ein Anordnungsanspruch i.S.v. § 123 bestehe nur, wenn im konkreten Fall ausnahmsweise eine Ermessensreduzierung auf Null vorliege.[229] Andere Gerichtsentscheidungen lassen den Erlass einer einstweiligen Anordnung auch dann zu, wenn sich die betreffende Verwaltungsentscheidung bereits im Eilverfahren als rechtswidrig erweist und mit hoher Wahrscheinlichkeit angenommen werden kann, dass eine Neubescheidung zugunsten des Antragstellers ausgehen werde.[230]

107　　*Verfassungsrechtliche Gründe* können allerdings eine einstweilige Anordnung auch dann fordern, wenn durch sie mehr zugesprochen wird, als der Antragsteller mit seiner Klage in der Hauptsache erreichen könnte. Wenn eine nicht unerhebliche und irreversible Grundrechtsverletzung droht, muss wegen der Rechtsschutzgarantie des Art. 19 Abs. 4 GG vorläufiger Rechtsschutz gewährt werden unabhängig davon, ob damit über die Hauptsache hinausgegangen wird (→ Rn. 12). Auch die *Zwischenre-*

227　OVG Lüneburg NVwZ-RR 2001, 241; OVG Schleswig InfAuslR 1993, 19; vgl. auch OVG Bautzen SächsVBl 1997, 217, 218 (das lediglich den erforderlichen Wahrscheinlichkeitsgrad für einen Hauptsacheerfolg herabsetzt).

228　BVerfG DVBl 1996, 196; NJW 2014, 3711 m.w.N.

229　BVerwGE 63, 110, 112; OVG Greifswald NVwZ-RR 2017, 318, 320; OVG Münster NWVBl 1995, 140, 141; DVBl 2000, 933, 934; VGH Kassel NJW 1989, 470, 472; i.d.S. auch OVG Koblenz NJW 1978, 2355, 2356 und NVwZ 1990, 1087, wonach ausreichen soll, dass eine Ermessensreduzierung auf Null nicht ausgeschlossen erscheint; vgl. auch VGH Mannheim NVwZ 2008, 550 ff.

230　OVG Lüneburg NVwZ-RR 2008, 792 f.; VGH München BayVBl 1992, 659; 1997, 470, 471; s.a. VGH Kassel – 7 B 2707/9, BeckRS 2010, 45232, der allerdings als Antragsgrund verlangt, dass ohne einstweilige Anordnung ein äußerst schwerwiegender Rechtsnachteil droht; VGH Mannheim NVwZ-RR 1992, 57 f., der zusätzlich die Reversibilität der eingeräumten Rechtsposition verlangt.

gelungsfunktion des § 123 steht einer „überschießenden" einstweiligen Anordnung nicht entgegen. Denn die einstweilige Anordnung entscheidet nicht die Hauptsache endgültig, sondern trifft – wie bei einer Anordnung, die die Hauptsache vorwegnimmt (→ Rn. 104) – nur eine Regelung für den Zeitraum bis zur Hauptsacheentscheidung. Auch in einem Anspruch auf Neubescheidung liegt ein Anordnungsanspruch i.S.v. § 123. Zwar existiert kein allgemeiner Anspruch auf fehlerfreie Ermessensausübung oder Rechtsanwendung ohne Beurteilungsfehler (BVerwGE 39, 235 ff., 237 m.w.N.; 45, 197, 198 f.; 51, 264, 267). Dient die betreffende Norm, die Beurteilungsspielraum oder Ermessen einräumt, jedoch zumindest auch dem Schutz des Antragstellers, besitzt dieser ein *subjektives Recht auf ermessensfehlerfreie Entscheidung oder beurteilungsfehlerfreie Rechtsanwendung.*[231] Der Anspruch auf Neubescheidung leitet sich aus diesem subjektiven Recht ab. Dieser stellt daher ebenso einen *Anordnungsanspruch i.S.v. § 123 Abs. 3 VwGO i.V.m. § 920 Abs. 2 ZPO dar* wie ein Anspruch auf eine konkrete Maßnahme der Verwaltung. Wenn dem Anspruch auf Neubescheidung in der Zwischenzeit bis zur Hauptsacheentscheidung durch Schaffung vollendeter Tatsachen Vereitelung droht, liegt neben dem Anordnungsanspruch auch ein Anordnungsgrund vor. Dann muss nach § 123 eine einstweilige Anordnung erlassen werden. Somit hat das Gericht auch bei einem Anspruch lediglich auf Neubescheidung mit einer einstweiligen Anordnung den Antragsteller vor Nachteilen durch bloßen Zeitablauf zu bewahren.[232] Davon zu unterscheiden ist die Frage, welchen Inhalt die einstweilige Anordnung in einem solchen Fall haben soll. Dies ist keine Frage der Begründetheit des Antrages nach § 123, also des „Ob" einer einstweiligen Anordnung, sondern eine Frage des „Wie" der einstweiligen Anordnung, also des *Inhalts der gerichtlichen Anordnung.* Es hängt von der Art des Antragsbegehrens und den Umständen des Einzelfalles ab, welche Anordnung das Gericht zu treffen hat (→ Rn. 109 ff.). Dabei kann es ausreichen, wenn das Gericht in seiner einstweiligen Anordnung lediglich die Verpflichtung der Behörde zur Neubescheidung mit vorläufiger Wirkung ausspricht (so z.B. VG Oldenburg NVwZ-RR 2005, 127, 130). Das *Gebot zur Gewährung effektiven Rechtsschutzes kann es jedoch auch im Einzelfall erfordern, die begehrte Maßnahme der Verwaltung vorläufig anzuordnen* und damit *das in der Hauptsache Erreichbare* für den Zwischenzeitraum bis zu einer endgültigen Entscheidung *zu überschreiten.*

Dass die Meinung in der Rspr., die einen Anordnungsanspruch i.S.v. § 123 nur bei ausnahmsweiser 108 Ermessensreduzierung auf Null bejaht, zu Unzuträglichkeiten in der Praxis führt, zeigen die *Probleme um den Eilrechtsschutz des Nachbarn gegen genehmigungsfreigestellte Bauvorhaben* (→ Rn. 38). Auch wenn das Bauvorhaben den Nachbarn in einem subjektiven öffentlichen Recht verletzt, liegt ein Einschreiten der Baubehörde, etwa durch Baueinstellungsverfügung, i.d.R. in ihrem pflichtgemäßen Ermessen. Spiegelbildlich dazu besitzt der Nachbar nur einen Anspruch gegen die Behörde auf fehlerfreie Ermessensentscheidung.[233] Da eine Ermessensreduzierung auf Null nur in Ausnahmefällen vorliegt, wäre sein Antrag nach § 123 i.d.R. erfolglos. Er würde sich schlechter stellen, als bei einem genehmigungspflichtigen Bauvorhaben, gegen dessen Genehmigung er vorläufigen Rechtsschutz nach §§ 80, 80 a erlangen kann (zum Verhältnis zwischen den Verfahren nach §§ 80, 80 a und § 123 beim baurechtlichen Nachbarschutz → Rn. 36 ff.). Denn im Aussetzungsverfahren nach § 80 a Abs. 3, § 80 Abs. 5 kommt es nur auf die mögliche Verletzung einer nachbarschützenden Norm an; eine Ermessensreduzierung auf Null wird nicht gefordert (VG München NVwZ 1997, 928, 929). Manche Entscheidungen beseitigen diesen als nicht sachgerecht empfundenen Wertungswiderspruch, indem sie im Baunachbarrecht die Voraussetzungen für eine einstweilige Anordnung an die Voraussetzungen einer Aussetzung der Vollziehung nach § 80 a Abs. 3, § 80 Abs. 5 anlehnen und auf die Forderung nach einer Ermessensreduzierung auf Null verzichten.[234] Begründet wird diese Angleichung mit Hinweisen

---

231 BVerwGE 11, 95, 96, 98; 15, 59, 62; 19, 252, 255; *Maurer* § 8 Rn. 15, § 11 Rn. 63; *Schmitt Glaeser/Horn* Rn. 159 f.
232 OVG Münster NWVBl 1999, 271; 1999, 271, 272; VGH Mannheim DÖV 1997, 694; s.a. VG Gelsenkirchen NVwZ-RR 1988, 73, 74; VG Leipzig NVwZ-Beilage I 3/2001, I 33, I 34 f.; *H. Huba*, JuS 1990, 983, 988 f.; *F. Schoch*, in: Schoch/Schneider/Bier § 123 Rn. 159 f.; i.d.S. wohl auch OVG Bautzen NVwZ-RR 2009, 563, 564; DÖV 1999, 610; OVG Lüneburg NVwZ-RR 2008, 792 (das allerdings zusätzlich fordert, dass erneute fachgerechte Ermessensausübung bzw. Ausnutzen des Beurteilungsspielraums zu Gunsten des Antragstellers ausgehen wird).
233 Näher z.B. *C. Bamberger*, NVwZ 2000, 983 ff.; *W. Bock*, DVBl 2006, 12, 13 ff.; *D. Mampel*, UPR 1997, 267 ff.; *S. Oeter*, DVBl 1999, 189, 191 ff.; s.a. OVG Greifswald BauR 2003, 1710.
234 OVG Bautzen NVwZ 1997, 922; VGH Mannheim NVwZ-RR 1995, 490, 491; VGH München NVwZ 1997, 923; VG München NVwZ 1997, 928, 929; s.a. VGH Mannheim NVwZ-RR 1998, 613; anders OVG Greifswald BauR

auf die Intentionen des Gesetzgebers,[235] auf Art. 19 Abs. 4 GG[236] (wobei offen bleibt, warum die außerhalb des Baunachbarrechts weiter geforderte Ermessensreduzierung auf Null damit vereinbar sein soll) und auf den allgemeinen Gleichheitssatz aus Art. 3 GG.[237] Würde die Rspr. allerdings anerkennen, dass sich – wie gerade dargelegt – ein Anordnungsanspruch nach § 123 auch aus dem Anspruch des Antragstellers auf Neubescheidung ableitet und nicht erst eine Ermessensreduzierung auf Null den Anspruch begründet, wäre es nicht erforderlich, für ein ganzes Rechtsgebiet einen Ausnahmemaßstab aufzustellen. Die Heranziehung der Voraussetzungen einer Aussetzung der Vollziehung nach § 80 a Abs. 3, § 80 Abs. 5 ist i. ü. auch nicht erforderlich, um die *Interessen des Bauherrn* angemessen bei der Entscheidung über eine einstweilige Anordnung berücksichtigen zu können. Entgegenstehende Belange Dritter sind auch im Verfahren nach § 123 gegen die Interessen des Antragstellers abzuwägen. Dies erfolgt bei der Prüfung des Anordnungsgrundes. Bei überwiegenden entgegenstehenden öffentlichen oder privaten Belangen ist dem Antragsteller ein Abwarten der Hauptsacheentscheidung zuzumuten (→ Rn. 84).

109   **3. Inhalt der gerichtlichen Anordnung. a) Richterliche Gestaltungsbefugnis.** Während das Gericht bei der Frage, *ob* eine einstweilige Anordnung zu ergehen hat, an die materiellen Voraussetzungen des § 123 Abs. 1 gebunden ist, steht das *„Wie"* der einstweiligen Anordnung, also ihr konkreter Inhalt, *im Ermessen des Gerichts* (§ 123 Abs. 3 VwGO i.V.m. § 938 Abs. 1 ZPO). Wegen der Vielfalt der unterschiedlichen Rechtsschutzanliegen, die im Verfahren nach § 123 vorläufig geregelt werden können, enthält § 123 keine Vorgaben für bestimmte Entscheidungsinhalte im Gegensatz zu § 113 für das Urteil und § 80 Abs. 5 für das Eilverfahren gegen belastende Verwaltungsakte. Auch die in § 938 Abs. 2 ZPO erwähnten Anordnungsinhalte sind nur beispielhaft. Trotz der Wortwahl in § 938 Abs. 1 ZPO („Das Gericht bestimmt nach freiem Ermessen..."), ist die Entscheidung des Gerichts über den Inhalt seiner einstweiligen Anordnung nicht beliebig. Das Gericht besitzt für den Inhalt seiner einstweiligen Anordnung *richterliche Gestaltungsbefugnis*, die es nur innerhalb des von Verfassungsrecht und VwGO gesetzten Rahmens ausüben kann.

110   **b) Kriterien für den Inhalt der einstweiligen Anordnung.** Ziel der einstweiligen Anordnung muss es sein, ausgerichtet am Rechtsschutzziel des Antragstellers und den Umständen des konkreten Einzelfalls möglichst effektiven vorläufigen Rechtsschutz i.S.v. Art. 19 Abs. 4 GG zu gewähren. Dabei darf das Gericht nur solche Anordnungen treffen, die „zur Erreichung des Zwecks erforderlich" sind (§ 938 Abs. 1 ZPO i.V.m. § 123 Abs. 3 VwGO).

111   **aa) Rechtsschutzziel.** Hat der Antragsteller eine konkrete Maßnahme beantragt – wozu er nicht verpflichtet ist (→ Rn. 66) – ist das Gericht daran zwar nicht gebunden (entsprechend § 88). Es hat sich aber am Rechtsschutzziel des Antragstellers zu orientieren und darf ihm in Umfang oder Qualität nicht mehr oder etwas anderes zusprechen als der Antragsteller tatsächlich begehrt.[238] Sein wahres Begehren ist ggf. durch Auslegung zu ermitteln. Nachdem es Zweck der einstweiligen Anordnung ist, im Interesse des Antragstellers die Schaffung vollendeter Tatsachen zu verhindern, darf der Inhalt der einstweiligen Anordnung nur zu seinen Gunsten wirken. Einstweilige Anordnungen im Interesse der Verwaltung als Antragsgegner etwa zur Heilung von Fehlern im Verwaltungsverfahren sind von § 123 nicht gedeckt. Lehnt das Gericht den Erlass einer einstweiligen Anordnung ab, darf es damit keine weitergehenden Anordnungen zulasten der Beteiligten verbinden.[239]

112   **bb) Entscheidungsrahmen der Hauptsache.** Da die einstweilige Anordnung die Hauptsacheentscheidung offenhalten soll, sind einstweilige Anordnung und Hauptsacheentscheidung aufeinander bezogen. Mit der einstweiligen Anordnung darf daher lediglich der Hauptsacheanspruch (Anordnungsanspruch) abgesichert werden. Der Streitgegenstand des Anordnungsverfahrens ist jedoch nicht identisch mit dem des Hauptsacheverfahrens, weil die einstweilige Anordnung nicht über den Hauptsachean-

2003, 1710 (Anforderungen an die Glaubhaftmachung des Anordnungsanspruchs weniger streng); OVG Münster NWVBl 1999, 220, 221 (Verstoß gegen Nachbarrechte kann mit hinreichender Deutlichkeit bejaht werden).

235 VGH München NVwZ 1997, 923.
236 OVG Bautzen NVwZ 1997, 922; VGH Mannheim NVwZ-RR 1995, 490, 491.
237 OVG Bautzen NVwZ 1997, 922; *W.-R. Schenke*, VBlBW 2000, 56, 59.
238 VGH Mannheim VBlBW 1981, 395, 396; NVwZ-RR 2015, 650, 652, 654; vgl. auch OVG Bautzen SächsVBl 1998, 61 f. (zu § 80 Abs. 5).
239 *M. Dombert*, in: Finkelnburg/Dombert/Külpmann Rn. 236.

spruch selbst entscheidet, sondern nur über den Zwischenzeitraum bis zu dessen Entscheidung (→ Rn. 47). Daher ist das Gericht im Eilverfahren nicht an das in der Hauptsache anzuwendende materielle Recht gebunden und kann auch Anordnungen treffen, die nach dem auf den Hauptsachenanspruch anzuwendenden materiellen Recht nicht möglich sind.[240] Der Anordnungsinhalt darf aber nicht gegen ein gesetzliches Verbot verstoßen und muss mit dem Zweck des in der Hauptsache anwendbaren Rechts vereinbar sein. Er muss sich außerdem an Art. 19 Abs. 4 GG messen lassen. So darf das Gericht keine Auflagen anordnen, die zu einer nicht unerheblichen Verletzung seiner Grundrechte führen, die durch die Hauptsacheentscheidung nicht mehr rückgängig gemacht werden kann (BVerfG NVwZ-RR 2009, 945, 948).

Wegen der fehlenden Bindung an das materielle Recht der Hauptsache verbietet § 123 auch nicht eine **113** Anordnung, die die Hauptsache vorläufig oder endgültig vorwegnimmt. Das verfassungsrechtliche Gebot des effektiven Rechtsschutzes kann im Gegenteil sogar eine solche einstweilige Anordnung verlangen (ausf. zur *Vorwegnahme der Hauptsache* → Rn. 11, Rn. 102 ff.). Nachdem Anordnungsanspruch i.S.v. § 123 auch der Anspruch des Antragstellers auf *ermessensfehlerfreie Entscheidung oder beurteilungsfehlerfreie Rechtsanwendung* sein kann, kann das Gericht in einem solchen Fall im Wege der einstweiligen Anordnung eine Neubescheidung anordnen.[241] Reicht eine Anordnung der Neubescheidung nicht aus, um dem Antragsteller effektiven vorläufigen Rechtsschutz zu gewähren, muss das Gericht mit Rücksicht auf Art. 19 Abs. 4 GG den Antragsteller vorläufig so stellen, als ob die Verwaltung ihr Ermessen oder ihren Beurteilungsspielraum bereits zugunsten des Antragstellers betätigt hätte. § 123 enthält insofern auch kein Verbot, über das in der Hauptsache Erreichbare hinauszugehen (zur *Überschreitung der Hauptsache* ausf. → Rn. 12, 106 ff.).

cc) Erforderlichkeit, insbes. Vorläufigkeit. Da Zweck des Verfahrens nach § 123 die Verhinderung **114** vollendeter Tatsachen und dadurch die Offenhaltung der Hauptsacheentscheidung ist, kann die einstweilige Anordnung nur die Zwischenzeit bis zur rechtskräftigen Entscheidung in der Hauptsache betreffen. Nach § 938 Abs. 1 ZPO „erforderlich" sind daher i.d.R. nur Maßnahmen, die sich auf diesen Zeitraum beschränken. Welche Maßnahme erforderlich ist, kann nur im Einzelfall nach dem Rechtsschutzziel des Antragstellers und den konkreten Umständen beurteilt werden. Die Auswahl hat sich am Gebot effektiven Rechtsschutzes i.S.v. Art. 19 Abs. 4 GG zu orientieren und dabei zu berücksichtigen, ob schwere und irreversible Grundrechtsverletzungen drohen (BVerfG NVwZ-RR 2009, 945, 948). Rechtlich oder tatsächlich unmögliche Maßnahmen dürfen nicht angeordnet werden. Die einstweilige Anordnung trifft zwar *für die Zwischenzeit* bis zur Hauptsacheentscheidung eine *endgültige* Entscheidung. Im Hinblick auf die *Entscheidung über den Hauptsacheanspruch* muss sie jedoch einen *vorläufigen* Charakter behalten. Vorläufigkeit wird insbes. dann gewahrt, wenn die Maßnahme bei Unterliegen des Antragstellers in der Hauptsache rückgängig gemacht werden kann. Die einstweilige Anordnung sollte daher *grds. auf reversible Maßnahmen gerichtet* sein. Wenn allerdings anders kein effektiver Rechtsschutz zu erreichen ist als durch eine Maßnahme, die die Hauptsache endgültig und irreversibel vorwegnimmt, weil sich bspw. durch die Anordnung zugleich die Hauptsache erledigt (z.B. BVerwGE 109, 258; VGH Mannheim NVwZ-RR 1997, 629), geht das Gebot des Art. 19 Abs. 4 GG vor und eine einstweilige Anordnung mit diesem Inhalt ist zu erlassen. § 123 enthält *kein generelles Verbot der Vorwegnahme der Hauptsache* (→ Rn. 11, 102 ff.). Da das Gericht nicht an das in der Hauptsache anzuwendende materielle Recht gebunden ist, kann es die Verwaltung zu Maßnahmen verpflichten, die im materiellen Recht nicht vorgesehen sind, aber die Vorläufigkeit wahren, wie der Erlass eines *vorläufigen Verwaltungsakts* etwa in Gestalt einer vorläufigen Genehmigung, Erlaubnis oder Zulassung.[242] Wird ausreichender Rechtsschutz nur dadurch erreicht, dass das Gericht mit der

---

240 Z.B. OVG Bautzen SächsVBl 1997, 298 (vorläufiger Unterricht eines Schülers nach den alten Rechtschreibregeln); OVG Bln NVwZ 1991, 1198 (vorläufige Teilnahme an Prüfung); VG Braunschweig DVBl 2012, 314 (vorläufige Gestattung des Inverkehrbringens von Tabakwaren); s.a. *F. Schoch*, in: Schoch/Schneider/Bier § 123 Rn. 140a (einstweilige Anordnung ist vom materiellen Recht losgelöstes prozessuales Sicherungsmittel).

241 Z.B. VGH Mannheim VBlBW 1981, 395, 396; VG Freiburg NJW 1997, 1796, 1798; VG Gelsenkirchen NVwZ-RR 1988, 73, 74.

242 Aber abl. zur vorläufigen Baugenehmigung OVG Bautzen NVwZ 1994, 81; VGH München BayVBl 1976, 402; zum Vorbescheid OVG Bln NVwZ 1991, 1198; anders auch HmbOVG NVwZ-RR 2007, 760 (wegen Verbots des § 15 Abs. 4 PBefG keine vorläufige Taxengenehmigung, sondern endgültige, aber zeitlich befristete).

einstweiligen Anordnung eine *vorläufige Feststellung* trifft, kann auch eine solche Entscheidung ergehen.[243]

115   Vorläufigkeit kann weiter durch Einschränkungen erreicht werden, wie eine *Befristung*[244] oder die Anordnung einer *Sicherheitsleistung* (§ 123 Abs. 3 VwGO i.V.m. § 921 ZPO). Das in der Anordnung Gewährte kann mit Auflagen oder inhaltlichen Begrenzungen so eingeschränkt werden, dass es dem Antragsteller die begehrte Rechtsposition nur für den Zwischenzeitraum zubilligt.[245]

116   *Auf Antrag* des Antragsgegners oder eines notwendig Beigeladenen *ordnet das Gericht die Einleitung des Verwaltungsverfahrens, des Widerspruchsverfahrens oder die Klageerhebung an* (§ 123 Abs. 3 VwGO i.V.m. § 926 ZPO; → Rn. 139 ff.). Diese Maßnahme unterstützt ebenfalls die Vorläufigkeit der einstweiligen Anordnung, weil sie den Zeitraum zwischen einstweiliger Anordnung und rechtskräftiger Hauptsacheentscheidung verkürzt. Das Gericht kann eine entsprechende Wirkung auch dadurch erreichen, dass es die einstweilige Anordnung mit der auflösenden Bedingung verbindet, dass die Anordnung hinfällig wird, wenn der Antragsteller die Hauptsache nicht binnen einer bestimmten Frist anhängig gemacht hat.[246]

117   **dd) Adressat der einstweiligen Anordnung und Verpflichtung der Verwaltung.**   Adressat der einstweiligen Anordnung ist der *Antragsgegner*, i.d.R. also die Verwaltung. Die einstweilige Anordnung kann sich auch an den *Antragsteller* richten, etwa die Einleitung des Verwaltungsverfahrens, des Widerspruchsverfahrens oder die Klageerhebung anordnen. Auf andere Beteiligte des Verfahrens, also insbes. den notwendig Beigeladenen, erstreckt sich nur die Rechtskraft der Entscheidung (entsprechend § 121 Nr. 1; zur Rechtskraft → Rn. 131; → § 121 Rn. 41). Da der *Beigeladene* aber an einem fremden Verfahren teilnimmt, kann *keine Anordnung an ihn* gerichtet werden.[247] Soll dies geschehen, müsste der Antragsteller einen weiteren Antrag nach § 123 stellen und den vormaligen Beteiligten nunmehr als Antragsgegner benennen. Voraussetzung für einen Erfolg dieses Antrages ist aber die Passivlegitimation dieses neuen Antragsgegners im Hinblick auf den jetzt geltend gemachten Anordnungsanspruch.

118   Nach Meinung von Teilen der Rspr. und Lit. kann das Gericht bei Verpflichtungs- und Leistungsbegehren die begehrte Maßnahme nicht selbst treffen, sondern in der einstweiligen Anordnung lediglich die Verwaltung zum Handeln verpflichten.[248] Solch richterliche Zurückhaltung mag mit Rücksicht auf die Gewaltenteilung zu begrüßen sein. Das Gericht ist dazu allerdings nicht verpflichtet. Rechtsgrundlage für den Inhalt einer einstweiligen Anordnung ist nicht § 113, sondern allein § 123 Abs. 3 VwGO i.V.m. § 938 Abs. 1 ZPO, der eine *eigenständige Maßnahme des Gerichts erlaubt*. Da § 123 Ausfluss des verfassungsrechtlichen Rechtsschutzgebotes ist, ist für das Gericht in dieser Frage die *Effektivität der Rechtsschutzgewährung* i.S.v. Art. 19 Abs. 4 GG maßgeblich, die Vorrang vor Überlegungen zur Gewaltenteilung haben muss. Ist die Entscheidung im konkreten Fall sehr eilbedürftig, *hat das Gericht die erforderliche Maßnahme selbst zu treffen*, wenn die Ausführung einer gerichtlichen Verpflichtung durch die Verwaltung zu lange dauern würde, um den Antragsteller effektiv zu schützen. Anordnungen gegen Beigeladene sind allerdings auch bei großer Eilbedürftigkeit nicht möglich, wenn kein entsprechender weiterer Antrag nach § 123 gestellt wurde und der Beigeladene nicht passivlegitimiert ist. So darf das Gericht beim Eilantrag eines Nachbarn gegen einen Schwarzbau nicht selbst die Baueinstellung verfügen, da gegen den Bauherrn kein Anordnungsanspruch vorliegt. Der Anordnungsan-

---

243 VGH Kassel ESVGH 42, 216, 218 f. (zu § 85 Abs. 2 ArbGG, § 111 Abs. 2 HPVG); VGH Mannheim DVBl 2010, 1440 und DVBl 2011, 1035 (vorl. Feststellung der Zulässigkeit eines Bürgerbegehrens); VG Wiesbaden NVwZ 2013, 1100; *M. Dombert*, in: Finkelnburg/Dombert/Külpmann Rn. 217.

244 Z.B. VGH Mannheim VBlBW 1993, 304, 305 (zeitliche Begrenzung der Zuweisung einer Unterkunft an Obdachlosen); VGH Mannheim NVwZ-RR 2010, 289 (befristetes Abschiebungsverbot); VGH München BayVBl 1997, 470, 472 (vorläufige Hilfe zum Lebensunterhalt auf 6 Monate beschränkt); NVwZ-RR 2014, 959, 962 (Befristung bis zur endgültigen Feststellung des Alters des Asylbewerbers).

245 Z.B. BVerwGE 33, 42, 44 (statt Beurlaubung zum Studium nur Beurlaubung bis zur endgültigen Entscheidung in der Hauptsache).

246 BVerwGE 33, 42, 44 f.; a.M. *M. Dombert*, in: Finkelnburg/Dombert/Külpmann Rn. 224.

247 *M. Dombert*, in: Finkelnburg/Dombert/Külpmann Rn. 235; *Kopp/Schenke* § 123 Rn. 30; a.M. *F. Schoch*, in: Schoch/Schneider/Bier § 123 Rn. 163 a, 163 e (für Ausnahmefälle).

248 VGH München GewArch 1984, 346; im Grundsatz auch bejaht von *M. Dombert*, in: Finkelnburg/Dombert/Külpmann Rn. 237.

spruch des Nachbarn besteht nur gegen die Behörde auf Einschreiten; demgemäß kann auch nur diese Adressat der einstweiligen Anordnung sein.[249]

4. Form der gerichtlichen Entscheidung. Nach § 123 Abs. 4 entscheidet das Gericht *immer durch Beschluss,*[250] auch wenn eine mündliche Verhandlung stattgefunden hat. Der Beschluss muss stets begründet werden (§ 122 Abs. 2 S. 2), unabhängig davon, ob gegen den Beschluss ein Rechtsmittel gegeben ist (→ § 122 Rn. 19). Für die schriftliche Abfassung und den Inhalt der Begründung gilt § 117 analog (→ § 122 Rn. 15 f.). Der Beschluss ist entsprechend § 117 Abs. 2 Nr. 6 mit einer *Rechtsmittelbelehrung* zu versehen, wenn er mit der Beschwerde angefochten werden kann (→ Rn. 136 ff.). In dringenden Fällen entscheidet der *Vorsitzende* (§ 123 Abs. 2 S. 3 i.V.m. § 80 Abs. 8; → Rn. 64). Der Beschluss wird entweder durch Verkündung (analog § 116 Abs. 1), durch Zustellung (analog § 116 Abs. 2) oder durch formlose Mitteilung (§ 173 VwGO i.V.m. § 329 Abs. 2 ZPO) wirksam (zu den Einzelheiten → § 122 Rn. 13 f.).[251] Die Rechtsmittelfrist beginnt allerdings erst mit der Zustellung zu laufen (§ 58 Abs. 1, § 56 Abs. 1). Eine vollstreckungsfähige Verpflichtung erwächst aus der einstweiligen Anordnung ebenfalls erst nach förmlicher Zustellung (VGH Mannheim NVwZ 1986, 488, 489).

Ebenso wie im Aussetzungsverfahren nach §§ 80, 80 a kann das Gericht im Anordnungsverfahren einen *„Hängebeschluss"* treffen. Mit dieser auch als *Schiebeverfügung* oder *Zwischenverfügung* (-entscheidung, -beschluss) bezeichneten Anordnung trifft das Gericht – bei besonderer Eilbedürftigkeit auch der Vorsitzende – auf Antrag oder von Amts wegen eine vorläufige Entscheidung zur Überbrückung des Zeitraums zwischen Eingang des Eilantrags und endgültiger Entscheidung über den Eilantrag. Er ist *nur ausnahmsweise* zulässig, wenn der Eilantrag nicht offensichtlich aussichtslos ist und wenn wegen unmittelbar drohenden Eintritts von Nachteilen auf andere Weise dem Antragsteller effektiver Rechtsschutz i.S.v. Art. 19 Abs. 4 GG nicht gewährt werden kann.[252] Dabei ist nicht der Prüfungsmaßstab für eine einstweilige Anordnung anzulegen, sondern eine reine Folgenabwägung vorzunehmen.[253] Das Gericht hat bei Eintritt der definitiven Entscheidungsreife (z.B. nach Eingang der angeforderten Behördenakten, nach Anhörung der Beteiligten) den Hängebeschluss durch den endgültigen Beschluss nach § 123 zu ersetzen.

5. Kostenentscheidung und Streitwert. Da das Anordnungsverfahren nach § 123 ebenso wie das Aussetzungsverfahren nach §§ 80, 80 a im Hinblick auf die Hauptsache ein *selbständiges Rechtsschutzverfahren* ist, muss im Anordnungsverfahren *auch eine Kostenentscheidung* getroffen werden. Sie richtet sich nach §§ 154 ff. Der *Streitwert* ist gem. § 53 Abs. 2 Nr. 1, § 52 Abs. 1 GKG grds. nach der Bedeutung der Sache für den Antragsteller zu bestimmen. Falls keine ausreichenden Anhaltspunkte für die Beurteilung der Bedeutung im konkreten Fall zu ermitteln sind, ist auf den Auffangstreitwert des § 52 Abs. 2 GKG zurückzugreifen.[254] In der Praxis setzen Gerichte *im Regelfall die Hälfte des für das Hauptsacheverfahren maßgeblichen Streitwerts* an, erhöhen ihn aber *bis zum Hauptsachestreitwert,* wenn die einstweilige Anordnung die Hauptsache ganz oder z.T. vorwegnimmt.[255] In *beamtenrechtlichen Konkurrentenverfahren* um Einstellung und Beförderung, in denen das vorläufige Rechtsschutz-

---

249 VGH Mannheim VBlBW 1990, 335; nur i.E. ebenso VGH Mannheim VBlBW 1991, 219, 220; a.M. *F. Schoch,* in: Schoch/Schneider/Bier § 123 Rn. 163 e.

250 Zur Tenorierung *T. I. Schmidt,* JA 2002, 885, 887 f.

251 Zur telefonischen Bekanntgabe OVG Brem DVBl 1991, 1269; OVG Münster – 18 B 1157/16, BeckRS 2017, 100471 Rn. 7 ff.; VGH Mannheim NVwZ 1986, 488, 489; VBlBW 1992, 344; VG Wiesbaden NVwZ 1988, 90, 91.

252 Von der Zulässigkeit eines Hängebeschlusses gehen z.B. aus VerfGH Bln NVwZ 1999, 1332, 1333 und Sondervotum S. 1334; OVG Bautzen NVwZ 2004, 1134; OVG Münster NVwZ 1999, 785; OVG Saarlouis NVwZ 2006, 956; VGH Kassel NVwZ-RR 1995, 302; NJW 1996, 474, 475; NVwZ 2015, 447; VGH München DVBl 2000, 925, 926; s. näher auch *W. Kuhla,* in: Posser/Wolff, BeckOK VwGO § 123 Rn. 169 ff.; zu dogmatischen Bedenken *F. Schoch,* in: Schoch/Schneider/Bier § 123 Rn. 164; anders *M. Dombert,* in: Finkelnburg/Dombert/Külpmann Rn. 298, der Hängebeschlüsse bei Anträgen nach § 123 Abs. 1 S. 2 ablehnt.

253 I.d.S. auch OVG Saarlouis – 2 B 154/15, BeckRS 2015, 51377 Rn. 12 f.; VGH Kassel NVwZ 2017, 1144; *M. Dombert,* in: Finkelnburg/Dombert/Külpmann Rn. 299.

254 OVG Bautzen NVwZ-RR 2006, 219 f.; OVG Lüneburg NVwZ-RR 2007, 829; OVG Münster NVwZ-RR 2000, 120 f.

255 Z.B. OVG Bautzen NVwZ-RR 2015, 680; OVG Bln NJW 2003, 840, 841; OVG Lüneburg NVwZ-RR 2008, 143; 2 OA 187/12, BeckRS 2012, 50761; OVG Münster NVwZ-RR 2009, 407; NVwZ-RR 2008, 656; NVwZ-RR 2010, 335 f.; s.a. *M. Dombert,* in: Finkelnburg/Dombert/Külpmann Rn. 352; Ziff. 1.5 des – lediglich empfehlenden – Streitwertkatalogs für die Verwaltungsgerichtsbarkeit 2013 (abgedruckt in NVwZ Beilage 2/2013, 57 ff.) wonach der Streitwert i.d.R. ½ des Streitwertes des Hauptsacheverfahrens beträgt und bei gänzlicher oder teilweiser Vorwegnahme der Hauptsache bis zur Höhe des Hauptsachestreitwerts angehoben werden kann.

verfahren darauf gerichtet ist, dem Dienstherrn die Ernennung des ausgewählten Konkurrenten bis zu einer abschließenden Entscheidung über seinen Bewerbungsverfahrensanspruch zu untersagen, tritt das vorläufige Rechtsschutzverfahren regelmäßig an die Stelle des Hauptsacheverfahrens (→ Rn. 34 f., 82 a, 94 a). Der Auffassung, dass hier der Ansatz des vollen Streitwerts[256] geboten sei, weil das Gericht nach der Rspr. des BVerwG die Sach- und Rechtslage vollumfänglich prüfen müsse,[257] ist nicht beizupflichten. Zwar kommt es i.d.R. nicht mehr zu einem Hauptsacheverfahren. Der begehrte Rechtsschutz besitzt jedoch immer noch vorläufigen Charakter, da die einstweilige Anordnung längstens bis zur erneuten Durchführung des Auswahlverfahrens Wirkung zeitigt.[258] Ein *Zwischenverfahren zum Erlass eines Hängebeschlusses* (Schiebeverfügung, Zwischenverfügung, → Rn. 120) ist gegenüber dem eigentlichen Anordnungsverfahren selbständig und bedarf einer eigenen Kostenentscheidung und Streitwertfestsetzung.[259] Gleiches gilt für das *Abänderungsverfahren* (→ Rn. 127 ff.), das ebenfalls eine eigene Kostenentscheidung und eine eigene Streitwertfestsetzung erfordert.

122   **6. Vorschriften für das Verfahren im ersten Rechtszug. a) Allgemeine Grundsätze.** Grds. gelten für das Anordnungsverfahren die allgemeinen Verfahrensvorschriften. Es sind außerdem entsprechend alle Regelungen und allgemeinen Rechtsgrundsätze zum Klageverfahren anzuwenden, sofern der Charakter des Eilverfahrens nicht Abweichungen gebietet. Wie bei einem Klageverfahren ist auch für die Einleitung eines Verfahrens nach § 123 ein *Antrag erforderlich*; der Erlass einer einstweiligen Anordnung von Amts wegen ist ausgeschlossen, → Rn. 65, zum Abänderungsverfahren → Rn. 127 ff. Auch im Eilverfahren sind Dritte *notwendig beizuladen (§ 65 Abs. 2)*, um die Wirksamkeit der Entscheidung ebenfalls gegenüber dem Dritten herzustellen (z.B. gegenüber dem Bauherrn eines genehmigungsfreigestellten Bauvorhabens bei einem Antrag des Nachbarn nach § 123; → Rn. 38; → § 65 Rn. 55). Im Anordnungsverfahren kann der *Antrag auch zurückgenommen* (→ § 92 Rn. 17) oder der Rechtsstreit *durch einen Prozessvergleich erledigt* werden (→ § 106 Rn. 6). Zur Geltung des *Untersuchungsgrundsatzes* auch im Eilverfahren → Rn. 90.

123   **b) Vorlagepflichten.** Ist das Gericht von der *Verfassungswidrigkeit einer entscheidungserheblichen Norm* überzeugt, kann es auch im Verfahren nach § 123 das Verfahren aussetzen und die Frage dem BVerfG *gem. Art. 100 Abs. 1 GG vorlegen*. Es ist dazu allerdings grds. nicht verpflichtet. Zu den Voraussetzungen im Einzelnen → Rn. 13 ff.

124   Wenn für den Rechtsstreit eine *Norm des sekundären Europarechts entscheidungserheblich* ist und der deutsche Verwaltungsrichter *Zweifel an ihrer Gültigkeit* hegt, darf er zur Abwehr von Europarecht eine einstweilige Anordnung nur unter den vom EuGH aufgestellten Voraussetzungen erlassen (→ Rn. 17 ff.). Grds. ist nach der Rspr. des EuGH entgegen dem Wortlaut des Art. 267 Abs. 2 und 3 AEUV *jedes Gericht zur Vorlage an den Gerichtshof verpflichtet* (→ Rn. 19).

125   **c) Anhörung und mündliche Verhandlung.** Nachdem das Gericht im Verfahren nach § 123 durch Beschluss entscheidet, *kann eine mündliche Verhandlung durchgeführt werden*; sie ist aber nicht verpflichtend (§ 101 Abs. 3 i.V.m. § 123 Abs. 4; zur fakultativen mündlichen Verhandlung → § 101 Rn. 50).[260] Ob eine mündliche Verhandlung angesetzt wird, entscheidet die Kammer[261] nach pflichtgemäßem Ermessen. Maßgeblich ist hierfür insbes., wie eilbedürftig das Verfahren ist.

---

256   Zum Streit um die Festsetzung des Auffangstreitwerts und die Bemessung in Abhängigkeit von der Zahl der im Streit befindlichen Stellen in beamtenrechtlichen Konkurrentenverfahren: BVerwG – 2 VR 5.12, BeckRS 2013, 46293 Rn. 40; OVG Bln-Bbg – 4 L 23.13, BeckRS 2013, 56353; NVwZ-RR 2014, 58, 62; OVG Brem – 2 B 258/13, BeckRS 2014, 48184; OVG Koblenz – 2 B 10707/13, BeckRS 2013, 57783; OVG Magdeburg NVwZ-RR 2015, 520; VGH Kassel NVwZ-RR 2005, 366; VGH Mannheim NVwZ 2017, 167, 171; VGH München – 6 C 13.284, BeckRS 2013, 50086.

257   OVG Lüneburg NVwZ-RR 2013, 928, 930 f.; VG Kassel – 1 L 481/11.KS, BeckRS 2011, 56175; *F. Wieland/ A. Seulen*, DÖD 2011, 69, 71; i.d.S. auch OVG Bln-Bbg NVwZ-RR 2014, 58, 62; OVG Brem – 2 B 258/13, BeckRS 2014, 48184; OVG Magdeburg NVwZ-RR 2015, 520; VGH Mannheim NVwZ 2017, 167, 171; VGH München – 6 C 13.284, BeckRS 2013, 50086.

258   VGH Kassel NVwZ-RR 2012, 376; i.E. ebenso OVG Münster NVwZ-RR 2012, 663, 664; NVwZ-RR 2015, 237, 238.

259   OVG Saarlouis – 2 B 154/15, BeckRS 2015, 51377 Rn. 18.

260   Zur Entbehrlichkeit einer mündlichen Verhandlung nach Art. 6 Abs. 1 EMRK: EGMR 5.4.2016 – 33060/10 (Blum v. Austria), Ziff. 68 ff., insbes. 71, sowie → § 80 Rn. 18 b.

261   Nicht der Vorsitzende: *M. Dombert*, in: Finkelnburg/Dombert/Külpmann Rn. 291; *M. Happ*, in: Eyermann § 123 Rn. 55.

Auch in Verfahren des vorläufigen Rechtsschutzes ist der verfassungsrechtlich verankerte *Anspruch* 126 *auf rechtliches Gehör* (Art. 103 Abs. 1 GG) zu beachten. Alle Beteiligten des Verfahrens (§ 63) müssen Gelegenheit haben, unter angemessenen Umständen und in ausreichendem Maße zu Sach- und Rechtslage Stellung zu nehmen, um so die Entscheidung des Gerichts beeinflussen zu können.[262] Wegen der verfassungsrechtlichen Bedeutung des Grundsatzes muss das Gericht gerade bei Verzicht auf eine mündliche Verhandlung alle denkbaren weiteren Möglichkeiten ausschöpfen, um den Beteiligten Gelegenheit zur Äußerung zu geben. Anhörungen müssen bei Dringlichkeit u. U. auch am Wochenende stattfinden (BVerfGE 65, 227, 236 [zu § 80 Abs. 5]). Nur in Ausnahmefällen, wenn der Schutz gewichtiger Interessen eine sofortige gerichtliche Entscheidung erfordert und anders effektiver Rechtsschutz nicht gewährt werden kann, ist eine Anhörung entbehrlich (VGH Mannheim VBlBW 1999, 265, 266; vgl. auch BVerfGE 9, 89, 98; 49, 329, 342). Die Anhörung ist dann aber möglichst nachträglich noch durchzuführen (BVerfGE 65, 227, 233; 70, 180, 188 f.; vgl. auch BVerfGE 49, 329, 342). Um dem Anspruch auf rechtliches Gehör Genüge zu tun, kann es auch erforderlich sein, dass das Gericht zunächst einen „Hängebeschluss" (→ Rn. 120) erlässt, der dem Gericht erst die Zeit gibt, eine Anhörung durchzuführen.[263]

VIII. Änderung oder Aufhebung der einstweiligen Anordnung

1. Statthaftigkeit. § 80 Abs. 7 sieht für das Aussetzungsverfahren ausdrücklich die Möglichkeit vor, 127 den Beschluss des Gerichts nachträglich zu ändern oder aufzuheben. Nach dem Wortlaut des § 123 existiert hingegen im Anordnungsverfahren eine Abänderungsmöglichkeit nicht. Abs. 3 verweist nicht auf die Vorschriften der §§ 927, 936 ZPO, die die Abänderbarkeit im zivilprozessualen einstweiligen Rechtsschutz regeln. Es besteht allerdings weitgehend *Einigkeit in Rspr. und Schrifttum*, dass *auch einstweilige Anordnungen nachträglich geändert oder aufgehoben* werden können. *Umstritten ist nur die dogmatische Herleitung* dieses Ergebnisses. Ein Teil der Befürworter des Abänderungsverfahrens wendet § 927 ZPO analog an,[264] ein anderer Teil befürwortet eine Analogie zu § 80 Abs. 7.[265] Andere beziehen sich zur Begründung auf einen allgemeinen Rechtsgedanken, der den Regelungen für vergleichbare Eilverfahren zu entnehmen sei, und beziehen sich dabei sowohl auf § 80 Abs. 7 als auch auf § 927 ZPO (VGH Kassel NVwZ-RR 1996, 713; VGH München BayVBl 1996, 215). Wieder andere stellen eine Analogie zu § 80 Abs. 7 und § 927 ZPO her.[266]

Die *dogmatische Herleitung hat* einmal *praktische Konsequenzen* für die Frage, ob ein Abänderungs- 128 verfahren nur auf Antrag oder auch von Amts wegen und dann auch ohne Vorliegen veränderter Umstände eingeleitet werden kann. Letzteres erlaubt § 80 Abs. 7, nicht aber § 927 ZPO. Die beiden Vorschriften unterscheiden sich weiter in der Frage, ob ein Abänderungsverfahren voraussetzt, dass bereits eine einstweilige Anordnung ergangen war (so bei § 927 ZPO) oder ob es auch durchgeführt werden kann, wenn der Antrag zuvor abgelehnt worden war (so bei § 80 Abs. 7). Schließlich stellt sich die Frage nach dem für das Abänderungsverfahren zuständigen Gericht. Nach § 80 Abs. 7 ist das Gericht der Hauptsache zuständig, nach § 927 ZPO das Gericht, das die einstweilige Anordnung erlassen hatte, das Gericht der Hauptsache hingegen nur, wenn die Hauptsache anhängig ist. Wegen dieser nicht unerheblichen Unterschiede zwischen § 80 Abs. 7 und § 927 ZPO überzeugt eine pauschale Verweisung auf beide Normen oder auf einen aus beiden abzuleitenden Rechtsgedanken zur Begründung eines Abänderungsverfahrens bei § 123 nicht. Befürworter einer analogen Anwendung des § 927 ZPO verweisen darauf, dass der Gesetzgeber nur versehentlich unterlassen habe, § 927 ZPO bei der Aufzählung der entsprechend anzuwendenden Bestimmungen der ZPO in § 123 Abs. 3 aufzuneh-

---

262 BVerfGE 65, 227, 233 f.; 94, 166, 207; VGH Mannheim VBlBW 1999, 265, 266; vgl. auch BVerfGE 86, 133, 144.
263 *M. Happ,* in: Eyermann § 123 Rn. 55; vgl. auch BVerfGE 70, 180, 190.
264 HmbOVG NVwZ-RR 1994, 366, 367; 1995, 180; OVG Koblenz DÖV 1991, 388; OVG Münster OVGE 29, 316, 317; *K. P. Jank,* in: Finkelnburg/Jank, ⁴1998, Rn. 528; *B. Huber,* NVwZ 1994, 138; *T. Roeser/A. Hänlein,* NVwZ 1995, 1082, 1083.
265 OVG Bln NVwZ 1998, 1093, 1094; HmbOVG NVwZ-RR 2009, 543 f.; OVG Lüneburg – 8 ME 111/10, BeckRS 2010, 49514; VGH Mannheim NVwZ-RR 2002, 908, 909; VGH München BayVBl 1997, 470, 472; NVwZ 2000, 210, 211; *M. Dombert,* in: Finkelnburg/Dombert/Külpmann Rn. 491; *M. Funke-Kaiser,* in: Bader § 123 Rn. 65; *M. Happ,* in: Eyermann § 123 Rn. 77; *Kopp/Schenke* § 123 Rn. 35; *M. Redeker,* in: Redeker/v. Oertzen § 123 Rn. 46; *F. Schoch,* in: Schoch/Schneider/Bier § 123 Rn. 177.
266 OVG Koblenz DÖV 2001, 41, 42; VGH Mannheim DVBl 1995, 929; *K.-J. Melullis,* MDR 1996, 26, 30; *Schmitt Glaeser/Horn* Rn. 323.

men.[267] Die Untätigkeit des Gesetzgebers über mehrere Jahrzehnte hinweg sowie die Neufassung des § 80 Abs. 7 m.W.v. 1.1.1991 (→ § 80 Rn. 183) sprechen allerdings gegen ein Redaktionsversehen.[268] Nicht nur beim Aussetzungsverfahren sondern auch beim Anordnungsverfahren besteht jedoch Bedarf für eine Abänderungsmöglichkeit. Jedenfalls dann, wenn wegen veränderter Umstände der Betroffene durch die ursprünglich erlassene einstweilige Anordnung nicht mehr ausreichend geschützt wird und ihm schwere und irreversible Nachteile drohen, ist ein Verfahren zur Abänderung der ursprünglichen Entscheidung auch aus Gründen des effektiven Rechtsschutzes (Art. 19 Abs. 4 GG) geboten. Andererseits ist eine einstweilige Anordnung nicht mehr erforderlich und muss daher aufgehoben werden können, wenn keine Gefahr mehr droht, dass vor der Hauptsacheentscheidung vollendete Tatsachen geschaffen werden. Nachdem daher in § 123 eine planwidrige Gesetzeslücke besteht, ist diese unter Heranziehung der entsprechenden Vorschrift aus dem parallelen Verfahren des vorläufigen Rechtsschutzes der VwGO zu schließen, also § 80 Abs. 7 analog anzuwenden.

129 **2. Abänderungsverfahren.** Wegen der *analogen Anwendung von § 80 Abs. 7* entsprechen die Voraussetzungen des Abänderungsverfahrens i.R.v. § 123 denen der Abänderung im Aussetzungsverfahren (→ § 80 Rn. 183 ff.). Zuständiges Gericht ist wie beim Aussetzungsverfahren das Gericht der Hauptsache i.S.v. § 123 Abs. 2.[269] Das Gericht kann seinen Beschluss jederzeit selbst ändern oder aufheben (entsprechend § 80 Abs. 7 S. 1). Auf veränderte Umstände kommt es dabei nicht an. Findet das Verfahren hingegen auf Antrag eines Beteiligten statt, müssen veränderte Umstände in tatsächlicher oder rechtlicher Hinsicht vorliegen (entsprechend § 80 Abs. 7 S. 2).[270] Ein Änderungsantrag kann nicht nur nach Erlass einer einstweiligen Anordnung, sondern auch nach vorheriger Ablehnung der einstweiligen Anordnung gestellt werden.[271] Für letztere Fallkonstellation machen jedoch einige Befürworter einer Analogie zu § 80 Abs. 7 hiervon eine Ausnahme. Wenn der Erlass einer einstweiligen Anordnung abgelehnt worden sei, bestehe keine Regelungslücke, weil nach einer Ablehnung jederzeit ein erneuter Antrag nach § 123 gestellt werden könne[272] (→ Rn. 131). Die Vertreter dieser Auffassung sehen allerdings nur deshalb keine Regelungslücke, weil sie die materielle Rechtskraft der ablehnenden Entscheidung unter den Vorbehalt gleichbleibender Sach- und Rechtslage stellen.[273] Ohne den Streit zu entscheiden, betont das BVerfG, dass wegen Art. 19 Abs. 4 GG ein Antragsteller auch nach einer ablehnenden Entscheidung bei geänderten relevanten Umständen erneut um vorläufigen Rechtsschutz nachsuchen können müsse. Lehne das Gericht eine analoge Anwendung des § 80 Abs. 7 ab, müsse es entweder den Antrag entsprechend § 88 als neuen Antrag nach § 123 auslegen oder zumindest dem Prozessvertreter einen Hinweis nach § 86 Abs. 3 auf die Rechtsauffassung des Gerichts zur Unzulässigkeit des gestellten Antrags geben.[274]

130 Gegenüber dem ursprünglichen Eilverfahren ist das *Abänderungsverfahren ein selbständiges Verfahren* i.R.v. § 123. Für die gerichtliche Entscheidung gelten die gleichen Grundsätze wie für eine Entscheidung nach § 123 Abs. 1 über einen Antrag auf Erlass einer einstweiligen Anordnung. Das Rechtsschutzinteresse für einen Abänderungsantrag besteht nur soweit und solange der Antragsteller durch die einstweilige Anordnung oder ihre Ablehnung beschwert ist. Will der Antragsteller eine Verletzung rechtlichen Gehörs (Art. 103 Abs. 1 GG) geltend machen, geht die zum 1.1.2005 eingeführte Anhörungsrüge (§ 152 a) als besonderer Rechtsbehelf vor. Soweit sie reicht, besteht kein Rechtsschutzbedürfnis für ein Abänderungsverfahren (→ § 80 Rn. 175 a, 185). Hat der im ursprünglichen Anordnungsverfahren Unterlegene Beschwerde eingelegt und sich im Beschwerdeverfahren auf geänderte

---

267 *K. P. Jank*, in: Finkelnburg/Jank, 41998, Rn. 528 m.w.N.

268 Zur Kritik an der Untätigkeit des Gesetzgebers *K. Redeker*, NVwZ 1991, 526, 530; *F. Schoch*, NVwZ 1991, 1121, 1123.

269 HmbOVG NVwZ-RR 2009, 543 f.; OVG Koblenz DÖV 1991, 388 (obwohl es Analogie zu § 927 ZPO befürwortet); VGH München NVwZ 2000, 210, 211.

270 Z.B. OVG Bln NVwZ 1998, 1093, 1094 (neue Tatsachen aufgrund einer erst nach Erlass der einstweiligen Anordnung stattgefundenen Ortsbesichtigung); OVG Koblenz DÖV 2001, 41, 42 (Änderung der Auswahlerwägungen im beamtenrechtlichen Konkurrentenstreit); VGH Kassel NVwZ-RR 1996, 713 (neue Entscheidung des BVerfG); VGH München BayVBl 1997, 470, 471 (Änderungsbescheid der Behörde nach Erlass der einstweiligen Anordnung); BayVBl 1996, 215, 216 (noch nicht rechtskräftige Entscheidung im Hauptsacheverfahren).

271 VGH Kassel NVwZ-RR 1996, 713; *T. Roeser/A. Hänlein*, NVwZ 1995, 1082, 1083; a.M. VGH Kassel NJW 1987, 1354; *B. Huber*, NVwZ 1994, 138; i.d.S. wohl auch OVG Münster NVwZ-RR 2002, 611, 612.

272 *M. Funke-Kaiser*, in: Bader § 123 Rn. 68; *M. Happ*, in: Eyermann § 123 Rn. 81.

273 *M. Funke-Kaiser*, in: Bader § 123 Rn. 64; *M. Happ*, in: Eyermann § 123 Rn. 75.

274 BVerfG NVwZ 2008, 417 f.

Umstände berufen, ist ein gleichzeitig erhobener Abänderungsantrag mangels Rechtsschutzinteresses unzulässig, da das Beschwerdegericht die geänderten Umstände im Beschwerdeverfahren berücksichtigen kann.[275] Das Vorliegen veränderter Umstände, seien sie tatsächlicher oder rechtlicher Art, muss lediglich glaubhaft sein (zur Glaubhaftmachung → Rn. 87 ff.). Der Antrag ist begründet, wenn sich diese Umstände in einer für die Entscheidung erheblichen Weise geändert haben. Der Abänderungsantrag kann nur mit Erfolg auf veränderte Umstände gestützt werden, wenn das Gericht gerade diese Umstände in seiner ursprünglichen Entscheidung als entscheidungserheblich angesehen hatte (VGH Mannheim DVBl 1995, 929). Unter den Voraussetzungen des § 146 Abs. 1 ist auch gegen einen Abänderungsbeschluss das Rechtsmittel der Beschwerde gegeben.[276]

IX. Rechtskraft und Wiederaufnahme

Auch eine Entscheidung im Anordnungsverfahren, gegen die kein Rechtsmittel mehr gegeben ist, erwächst entsprechend § 121 in *formelle und materielle Rechtskraft* (→ § 121 Rn. 41).[277] Sie kann dann nur noch in einem Abänderungsverfahren analog § 80 Abs. 7 geändert oder aufgehoben werden (zum Abänderungsverfahren → Rn. 127 ff.).[278] Sofern ein Verstoß gegen Art. 103 Abs. 1 GG geltend gemacht wird, wird allerdings auf eine *Anhörungsrüge nach § 152 a* hin das Verfahren fortgeführt (zum diesem besonderen Rechtsbehelf → § 80 Rn. 175 a). Der vorläufige Charakter des Anordnungsverfahrens steht der Rechtskraft nicht entgegen, da sich die Vorläufigkeit nur auf die Entscheidung in der Hauptsache bezieht. Über den Zeitraum bis zur rechtskräftigen Hauptsacheentscheidung trifft das Gericht nach § 123 jedoch eine *endgültige Entscheidung*. Daher kann die Behörde die Rechtswirkungen einer rechtskräftigen einstweiligen Anordnung nicht mit dem Erlass einer entgegenstehenden Behördenentscheidung beseitigen. Sie muss vielmehr bei Gericht ein Abänderungsverfahren analog § 80 Abs. 7 beantragen, in dem ihr Antrag nur bei mittlerweile veränderter Sach- oder Rechtslage Erfolg haben kann (HmbOVG NVwZ-RR 1994, 366, 367; 1995, 180 f.). Die aus der Rechtskraft resultierende Bindungswirkung entfällt spätestens mit rechtskräftiger Entscheidung in der Hauptsache oder mit Bestandskraft eines im Anordnungsverfahren umstrittenen Verwaltungsakts.[279] Denn in beiden Fällen steht keine Hauptsacheentscheidung mehr aus, die die Eilentscheidung offenhalten könnte. Die Bindungswirkung der einstweiligen Anordnung kann auch vorher wegfallen, wenn die einstweilige Anordnung selbst eine entsprechende zeitliche Einschränkung enthält (OVG Greifswald GewArch 1999, 417, 419). Unterliegt der Antragsteller im Hauptsacheverfahren endgültig, entfällt eine ihm durch die einstweilige Anordnung vorläufig eingeräumte Rechtsposition rückwirkend, ohne dass dies vom Gericht eigens angeordnet werden müsste (BVerwGE 94, 352, 356).

Ob bei unanfechtbaren Entscheidungen nach § 123 eine *Wiederaufnahme* (§ 153) in Betracht kommen kann, ist umstritten.[280] Auch eine rechtskräftige Entscheidung nach § 123 schließt ein Verfahren ab, nämlich das Eilverfahren, über das das Gericht endgültig befindet. Daher kann grds. auch eine derartige Entscheidung Gegenstand eines Wiederaufnahmeverfahrens nach § 153 Abs. 1 sein. Allerdings existiert im vorläufigen Rechtsschutz die besondere Verfahrensart des *Abänderungsverfahrens*. Dieses bietet eine wesentlich einfachere Möglichkeit zur Änderung oder Aufhebung einer gerichtlichen Entscheidung, da ein Abänderungsantrag auch schon vor Unanfechtbarkeit des Beschlusses statthaft ist. Wird – wie hier – die analoge Anwendung des § 80 Abs. 7 als Rechtsgrundlage für das Abänderungsverfahren befürwortet (→ Rn. 128), ist es nicht erforderlich, die Wiederaufnahme zuzulassen, um noch

131

132

275 M. Happ, in: Eyermann § 123 Rn. 79.
276 Allerdings keine Beschwerdemöglichkeit gegen die Ablehnung der Änderung oder Aufhebung von Amts wegen (§ 80 Abs. 7 S. 1 analog), VGH Mannheim NVwZ-RR 2002, 908, 910.
277 HmbOVG NVwZ-RR 1994, 366, 367; 1995, 180; OVG Lüneburg – 8 ME 111/10, BeckRS 2010, 49514; OVG Saarlouis – 2 B 319/11, BeckRS 2011, 53834; VGH Kassel NJW 1984, 378 f.; NVwZ-RR 1996, 713; 2001, 366.
278 M. Dombert, in: Finkelnburg/Dombert/Külpmann Rn. 358; anders OVG Münster BeckRS 2010, 50967 – 13 B 170/10 (ausnahmsweise trotz rechtskräftiger Entscheidung erneuter Antrag über denselben Streitgegenstand zulässig, wenn die Behörde ihrer durch die einstw. Anordnung auferlegte Verpflichtung unter Berufung auf geänderte Sach- u. Rechtslage nicht nachkommt).
279 Kopp/Schenke § 123 Rn. 34; F. Schoch, in: Schoch/Schneider/Bier § 123 Rn. 168 a; a.M. M. Funke-Kaiser, in: Bader § 123 Rn. 64; M. Happ, in: Eyermann § 123 Rn. 75.
280 Dafür VGH Kassel NJW 1984, 378; M. Dombert, in: Finkelnburg/Dombert/Külpmann Rn. 504; dagegen BVerwGE 76, 127, 128; VGH München DÖV 1984, 895, 896; VG Dessau NJ 1999, 331, 332 m. zust. Anm. T. Flint; weitere Nachw. → § 153 Rn. 12.

nachträglich Fehler im ursprünglichen Verfahren geltend machen zu können.[281] Im Gegensatz zur analogen Anwendung von § 927 ZPO kann bei analoger Anwendung von § 80 Abs. 7 S. 2 ein Antrag auf Abänderung auch wegen im ursprünglichen Verfahren ohne Verschulden nicht geltend gemachter Umstände gestellt werden. Um solche unverschuldet nicht geltend gemachte Umstände handelt es sich aber bei den Wiederaufnahmegründen, bspw. wenn sich erst nachträglich herausstellt, dass ein Beteiligter eine gefälschte Urkunde vorgelegt hatte. Das Gericht kann analog § 80 Abs. 7 S. 1 ohnehin von Amts wegen seine ursprüngliche Entscheidung jederzeit abändern, wenn es zu zutreffenderen (Sach- oder Rechts-)Erkenntnissen gelangt ist. Dies ist auch der Fall bei Vorliegen eines der Nichtigkeits- und Restitutionsgründe der ZPO, auf die § 153 Abs. 1 verweist. Das im vorläufigen Rechtsschutzverfahren zu Verfügung stehende *Abänderungsverfahren verdrängt* daher als spezielleres Verfahren eine *Wiederaufnahme nach § 153* (→ § 153 Rn. 13 f.).

X. Vollziehung der einstweiligen Anordnung

133   § 123 Abs. 3 VwGO i.V.m. § 928 ZPO verweist für die Vollziehung einer einstweiligen Anordnung auf die Vorschriften der Zwangsvollstreckung, soweit nicht die über § 123 Abs. 3 entsprechend anwendbaren §§ 929–932 ZPO Sondervorschriften enthalten. Die *einstweilige Anordnung wird* also grds. *durch Vollstreckung gem. §§ 167 ff. vollzogen* (vgl. BGH DVBl 1993, 252, 253). Eine Ausnahme bilden nur einstweilige Anordnungen, die eine Gestaltungs- oder Feststellungswirkung haben. Hier wird die einstweilige Anordnung mit ihrem Erlass vollzogen. Nach § 168 Abs. 1 Nr. 2 ist eine einstweilige Anordnung ein *Vollstreckungstitel.* Sie ist grds. *sofort vollstreckbar* (§ 149 Abs. 1 S. 1; → § 168 Rn. 36 ff.). Auf Antrag oder von Amts wegen kann das Gericht, das die einstweilige Anordnung erlassen hatte (nach § 149 Abs. 1 S. 2; → § 149 Rn. 5 ff.), oder nach Beschwerdeeinlegung das Beschwerdegericht (→ § 149 Rn. 7, 11 f.)[282] die *Vollziehung* einstweilen *aussetzen.* Trifft die Behörde eine abändernde Entscheidung nach Erlass der einstweiligen Anordnung, ändert dies an der Vollstreckbarkeit der einstweiligen Anordnung nichts. Hat sich die Sach- oder Rechtslage nach Erlass der einstweiligen Anordnung geändert, bietet das Abänderungsverfahren in analoger Anwendung des § 80 Abs. 7 (→ Rn. 127 ff.) einen Sonderweg zur nachträglichen Änderung oder Aufhebung der Eilentscheidung. Will die Behörde die Wirkung der einstweiligen Anordnung beseitigen, muss sie daher bei Gericht einen Abänderungsantrag analog § 80 Abs. 7 stellen und veränderte Umstände geltend machen. Eine Vollstreckungsgegenklage nach § 167 i.V.m. § 767 ZPO scheidet aus.[283]

134   Die *Vollstreckung* richtet sich grds. nach den §§ 169–172. Dabei ist zu unterscheiden, ob die Vollstreckung zugunsten der öffentlichen Hand oder gegen die öffentliche Hand betrieben wird. Vollstreckungen *zugunsten der öffentlichen Hand,* die in der Praxis selten vorkommen, erfolgen nach § 169 (vgl. zu den Einzelheiten die Komm. bei § 169). Richtet sich – wie in der Praxis der Regelfall – die Vollstreckung *gegen die öffentliche Hand,* kommt es darauf an, zu welcher Handlung oder Unterlassung die einstweilige Anordnung die Verwaltung verpflichtet. Einstweilige Anordnungen, die unmittelbar auf eine Geldzahlung gerichtet sind, werden nach § 170 Abs. 1 vollstreckt (→ § 170 Rn. 46, 106 f.; → § 172 Rn. 49). Verpflichtet die einstweilige Anordnung die Verwaltung zum Erlass eines Verwaltungsakts (→ § 172 Rn. 35), zu anderen „unersetzbaren" hoheitlichen Maßnahmen (→ § 172 Rn. 41 ff.),[284] zu Unterlassungen (→ § 172 Rn. 44 ff.)[285] oder zur Abgabe von Willenserklärungen (→ § 172 Rn. 47) richtet sich die Vollstreckung nach § 172, d.h. die einstweilige Anordnung wird mittelbar durch Zwangsgeld durchgesetzt. Ist die Verwaltung zur Vornahme einer vertretbaren Handlung oder zur Herausgabe einer Sache verpflichtet, richtet sich die Vollstreckung nach § 167 Abs. 1 S. 1 VwGO i.V.m. §§ 883 ff. ZPO (→ § 172 Rn. 50 ff.).[286] Bei der Anwendung der Vollstreckungsvorschriften sind die *Gerichte* allerdings *verpflichtet, der Bedeutung der im jeweiligen Fall betroffenen*

281 Anders M. *Happ,* in: Eyermann § 123 Rn. 76 (Wiederaufnahmeverfahren möglich aber unzulässig, soweit Abänderungsverfahren zur Verfügung steht.).

282 Nach § 173 VwGO i.V.m. § 570 Abs. 3 ZPO; OVG Bln NVwZ 2001, 1424, 1425 m.w.N.

283 A.M. OVG Münster – 13 B 170/10, BeckRS 2010, 50967.

284 A.M. VGH Mannheim NVwZ-RR 2013, 541 f. (bei nicht vertretbarer Handlungspflicht nach § 167 i. V.m. § 888 ZPO).

285 A. M. BGH DVBl 1993, 252, 255 m.w.N. (§ 167 VwGO, § 890 ZPO); OVG Weimar DVBl 2010, 1123 (nur LS); offen gelassen von OVG Magdeburg NVwZ 2009, 855.

286 I.d.S. auch OVG Koblenz NVwZ-RR 2014, 293; a.M. *F. Schoch,* Jura 2002, 318, 327.

Grundrechte und den Erfordernissen eines effektiven Rechtsschutzes Rechnung zu tragen. So kann es erforderlich sein, eine Verpflichtung der Verwaltung nicht nach dem eigentlich einschlägigen § 172 durch Zwangsgeld zu vollstrecken, wenn nach den Umständen des Einzelfalles klar erkennbar ist, dass die Verwaltung auch unter dem Druck von Zwangsgeld nicht einlenken wird. In einem solchen Fall gebietet es das Gebot effektiven Rechtsschutzes, einschneidendere Zwangsmaßnahmen zu ergreifen und sich dabei auf entsprechende Bestimmungen der ZPO zu stützen, die über § 167 Anwendung finden können.[287]

Als Besonderheit bei der Vollstreckung einer einstweiligen Anordnung ist die *Monatsfrist des § 123* 135 *Abs. 3 VwGO i.V.m. § 929 Abs. 2 ZPO* zu beachten. Der Lauf der Frist beginnt mit der Verkündung der einstweiligen Anordnung (analog § 116 Abs. 1) oder ihrer Zustellung (analog § 116 Abs. 2).[288] Der teilweise vertretenen Auffassung, dass die Frist erst zu laufen beginne, wenn für den Vollstreckungsgläubiger erkennbar sei, dass die verpflichtete Behörde die einstweilige Anordnung nicht befolgen werde (VGH Mannheim VBlBW 1984, 150), steht der eindeutige Wortlaut des § 929 Abs. 2 ZPO entgegen.[289] Eine Verlängerung der Monatsfrist durch Einräumung einer Erfüllungsfrist[290] ist ebenfalls mit § 929 Abs. 2 ZPO nicht vereinbar (→ § 172 Rn. 58, 65).[291] Da es sich bei der Monatsfrist um eine *gesetzliche Frist* handelt, kann sie auch aus anderen Gründen *nicht abgekürzt oder verlängert* werden.[292] Im Gegensatz zum Zivilprozess ist im Verwaltungsprozess bei Versäumung der Frist *Wiedereinsetzung* (§ 60) möglich.[293] Mit der Amtszustellung der einstweiligen Anordnung allein wird die Monatsfrist des § 929 Abs. 2 ZPO noch nicht gewahrt, denn die Amtszustellung ist lediglich Wirksamkeitserfordernis einer (nicht verkündeten) einstweiligen Anordnung und nicht Vollziehungsmittel (BGH DVBl 1993, 252, 254; VGH Mannheim NVwZ-RR 2013, 541, 542 f.). Die *Vollstreckung muss innerhalb der Monatsfrist* dadurch *begonnen* werden, dass der Gläubiger fristgerecht beim zuständigen Vollstreckungsorgan *eine bestimmte Vollziehungsmaßnahme beantragt,* z.B. den Erlass einer Vollstreckungsanordnung nach § 170 Abs. 1 oder § 172 S. 1, und damit unmissverständlich seinen Durchsetzungswillen zum Ausdruck bringt.[294] Dies gilt auch für einstweilige Anordnungen, mit denen die Verwaltung zu einer *Unterlassung* verpflichtet worden ist. Hier muss innerhalb der Monatsfrist ein Antrag nach § 172 S. 1 gestellt werden.[295] Es reicht zur Fristwahrung aus, wenn mit der Vollstreckung innerhalb der Frist begonnen wurde. Dann kann sie auch nach Fristende fortgesetzt werden. Hat der Vollstreckungsgläubiger die Frist des § 929 Abs. 2 ZPO versäumt, ist die Vollstreckung der einstweili-

287 BVerfG NVwZ 1999, 1330, 1331 (Weigerung einer Gemeinde, eine Halle einer politischen Partei für ihren Bundesparteitag zu überlassen).

288 OVG Magdeburg – 1 M 204/15, BeckRS 2016, 45267 Rn. 3; VGH Mannheim NVwZ-RR 2013, 541 f.; 9 S 358/14, BeckRS 2014, 51030 Rn. 9; VGH München NVwZ-RR 2003, 699; *M. Dombert,* in: Finkelnburg/Dombert/Külpmann Rn. 521; a.M. OVG Koblenz NVwZ-RR 2014, 293, 294 (Neubeginn der Vollziehungsfrist nach Abschluss des Beschwerdeverfahrens).

289 OVG Bln-Bbg NJW 2012, 2216 f.; OVG Münster NVwZ-RR 1992, 388; VGH Mannheim – 9 S 358/14, BeckRS 2014, 51030 Rn. 9 (Aufgabe der Auffassung VGH Mannheim VBlBW 1984, 150); *M. Dombert,* in: Finkelnburg/Dombert/Külpmann Rn. 521; *F. Schoch,* in: Schoch/Schneider/Bier § 123 Rn. 172 a.

290 *R. Pietzner/J. Möller,* in: Schoch/Schneider/Bier § 172 Rn. 33, 36.

291 *F. Schoch,* in: Schoch/Schneider/Bier § 123 Rn. 172 f.

292 BGH DVBl 1993, 252, 256; OVG Magdeburg – 1 O 147/15, BeckRS 2015, 54261 Rn. 8; VGH Mannheim – 9 S 358/14, BeckRS 2014, 51030 Rn. 19.

293 BGH DVBl 1993, 252, 256; VGH Mannheim – 9 S 358/14, BeckRS 2014, 51030 Rn. 20; *M. Dombert,* in: Finkelnburg/Dombert/Külpmann Rn. 523.

294 VGH Mannheim – 9 S 358/14, BeckRS 2014, 51030 Rn. 12; *M. Dombert,* in: Finkelnburg/Dombert/Külpmann Rn. 523

295 S. aber BGH DVBl 1993, 252, 255 (wonach die Vollstreckung eines Unterlassungsgebotes – im Gegensatz zu der hier vertretenen Auffassung – nach § 167 VwGO, § 890 ZPO erfolgt und in der Zustellung der einstweiligen Anordnung dann ein Vollstreckungsakt liegt, wenn diese auf Antrag des Vollstreckungsgläubigers bereits mit einer Androhung nach § 890 Abs. 2 ZPO verbunden wurde); VGH Mannheim NVwZ-RR 2013, 737 f. (Antrag auf Androhung von Ordnungsgeld nach § 167 Abs. 1 i.V.m. § 890 Abs. 2 ZPO); OVG Magdeburg – 1 M 204/15, BeckRS 2016, 45267 Rn. 4 f. (Parteizustellung als formalisierter Akt der Vollziehungszustellung reicht aus); a.M. *F. Schoch,* in: Schoch/Schneider/Bier § 123 Rn. 172 d (Vollziehung durch Zustellung); für eine Ausnahme im beamtenrechtlichen Konkurrentenstreit (keine Vollziehung erforderlich, da Unterlassungspflicht der Behörde unmittelbar mit Erlass der einstweiligen Anordnung kraft Verfassungsrechts eintritt) OVG Saarlouis NVwZ-RR 2018, 194, 195 m.w.N.; VGH München – 3 CE 14.771, BeckRS 2014, 55300 Rn. 48 f. jeweils m.w.N.

gen Anordnung unstatthaft. Die einstweilige Anordnung ist dann wegen veränderter Umstände im Abänderungsverfahren aufzuheben.[296]

XI. Rechtsbehelfe

136   **1. Beschwerde.** Gegen Entscheidungen der VG im Verfahren nach § 123 ist das Rechtsmittel der Beschwerde zum *OVG* gegeben, § 146 Abs. 1. Die Beschwerde ist gem. § 147 Abs. 1 innerhalb einer *Frist von zwei Wochen* seit Bekanntgabe des Beschlusses einzulegen. Zwar beginnt die Frist erst ab Zustellung der Entscheidung zu laufen (§ 57 Abs. 1, § 56 Abs. 1).[297] Die Rechtsmitteleinlegung ist jedoch bereits vor der Zustellung *frühestens mit Rechtsmittelfähigkeit* des Beschlusses statthaft. Ein Beschluss ist dann rechtsmittelfähig, wenn er mit Wissen und Willen des Gerichts aus seinem internen Geschäftsbereich hinausgegeben wurde.[298] § 146 Abs. 4[299] setzt die *Begründungsfrist* auf einen Monat seit Bekanntgabe der Entscheidung fest (S. 1) und stellt Anforderungen an den *Inhalt der Begründung* (S. 3), bei deren Nichteinhaltung die Beschwerde unzulässig ist (S. 4). Bei Beschwerden gegen einstweilige Anordnungen gibt es keine Nichtabhilfeentscheidung des VG (§ 146 Abs. 4 S. 5). Entscheidungen der OVG (§ 152 Abs. 1) und des BVerwG können nicht mit der Beschwerde angegriffen werden.

137   Im *Beschwerdeverfahren* muss das OVG *grds. eine eigene Sachentscheidung* treffen. Die Aufhebung der Entscheidung des VG mit anschließender Zurückverweisung *in entsprechender Anwendung von § 130 Abs. 2* ist zwar noch möglich[300], wurde durch die Änderung des § 130 (durch Art. 1 Nr. 17 des RmBereinVpG vom 20.12.2001, BGBl I 3987) allerdings erschwert. § 130 Abs. 2 erfordert nunmehr einen Antrag eines Beteiligten. Im Eilverfahren dürfte nur der Fall des § 130 Abs. 2 Nr. 2 in Betracht kommen, wonach eine Zurückverweisung voraussetzt, dass das VG noch nicht in der Sache entschieden hat.[301] Auch wenn ein entsprechender Antrag sowie die Voraussetzung der fehlenden Sachentscheidung vorliegen, ist das Gebot des Art. 19 Abs. 4 GG zu berücksichtigen. Das OVG hat jedenfalls immer dann selbst die Sachentscheidung zu treffen, wenn das Verfahren so eilbedürftig ist, dass die Zurückverweisung zu viel Zeit in Anspruch nehmen würde und daher die Effektivität des Rechtsschutzes gefährden könnte.

138   Auch *gegen einen „Hängebeschluss"* (*Schiebeverfügung, Zwischenverfügung*) ist nach § 146 Abs. 1 das *Rechtsmittel der Beschwerde* gegeben. Beim Hängebeschluss handelt es sich nicht um eine prozessleitende Verfügung i.S.v. § 146 Abs. 2, da hiermit nicht das prozessuale Verhalten der Beteiligten geregelt wird. Es wird vielmehr sachlich über den Eilantrag entschieden, wenn auch nur vorläufig zur Überbrückung bis zur endgültigen Entscheidungsreife (→ § 146 Rn. 25, 54).[302] Eine *andere Frage* ist, *ob das Beschwerdegericht nur den Hängebeschluss selbst überprüfen darf* und zur endgültigen Entscheidung die Sache an das VG zurückverweisen muss[303] oder *ob es selbst den (endgültigen) Beschluss nach § 123 treffen kann* (VGH München DVBl 2000, 925, 926). Zwar richtet sich die Beschwerde nur gegen den Hängebeschluss, sodass auch eigentlich nur dieser Gegenstand der Rechtsmittelentscheidung des OVG ist. Wollte man allerdings daraus folgern, dass das Beschwerdegericht ausschließlich den Hängebeschluss prüfen und in keinem Fall die endgültige Entscheidung nach § 123 treffen darf, würde der Charakter und Sinn des Eilverfahrens außer Acht gelassen. Da das Anordnungsverfahren Ausfluss der Rechtsschutzgarantie des Art. 19 Abs. 4 GG ist, muss die Effektivität der Rechtsschutzgewährung Priorität haben. Das Beschwerdegericht darf sich daher *nur dann* auf die Überprüfung des Hängebeschlusses beschränken, wenn die Zeitverzögerung, die die anschließende Zurückverweisung

---

296   OVG Münster NVwZ-RR 1992, 388; OVG Saarlouis NVwZ-RR 2008, 76, 78 f. (allerdings bei vorliegender schriftlicher Zusicherung der Behörde, das Unterlassungsgebot der einstweiligen Anordnung zu befolgen, ausnahmsweise keine Aufhebung der Anordnung); anders VGH Mannheim – 9 S 358/14, BeckRS 2014, 51030 Rn. 4 (wenn Aufhebung im Beschwerdeverfahren, kein zusätzlicher Antrag nach § 80 Abs. 7 erforderlich).

297   OVG Bautzen NVwZ-RR 1994, 81.

298   OVG Bautzen SächsVBl 2000, 192, 193 (zu § 146 Abs. 5 a.F.); OVG Brem DVBl 1991, 1269; VGH Mannheim NVwZ 1986, 488, 489; VBlBW 1992, 344.

299   Zur Frage der Anwendbarkeit auf Beschwerden gegen Hängebeschlüsse *T. Mann,* NWVBl 2017, 60, 66.

300   OVG Bln DVBl 2002, 1063; zur alten Rechtslage OVG Greifswald NVwZ-RR 1999, 542; VGH Mannheim NVwZ-RR 1989, 588, 589.

301   Z.B. VGH Kassel NVwZ-RR 2003, 756; NVwZ-RR 2013, 655, 656.

302   OVG Bautzen NVwZ 2004, 1134; VGH Kassel NJW 1996, 474, 475; NVwZ 2017, 1144; *M. Dombert,* in: Finkelnburg/Dombert/Külpmann Rn. 300; *T. Mann,* NWVBl 2017, 60, 65 f.

303   VerfGH Bln NVwZ 1999, 1332, 1333, offen gelassen im Sondervotum S. 1334; HmbOVG NVwZ 1989, 479.

an das VG mit sich bringt, die Effektivität des Rechtsschutzes nicht gefährdet. Kann die Zeitverzögerung effektiven Rechtsschutz beeinträchtigen, verpflichtet Art. 19 Abs. 4 GG das OVG sogar, die (endgültige) Entscheidung nach § 123 selbst zu treffen.

2. Antrag auf Klageerhebung und Aufhebung mangels Klageerhebung. Nach § 123 Abs. 3 VwGO 139 i.V.m. § 926 Abs. 1 ZPO kann das Gericht *auf Antrag die Klageerhebung anordnen*. Der Antrag kann vom Antragsgegner und von den notwendig Beigeladenen gestellt werden.[304] Diese Maßnahme zielt darauf ab, den Zeitraum zwischen einstweiliger Anordnung und rechtskräftiger Hauptsacheentscheidung möglichst kurz zu halten und den von der Anordnung Beschwerten vor einer zu langen Bindung an die einstweilige Anordnung zu bewahren. Das Verfahren nach § 123 Abs. 3 VwGO, § 926 Abs. 1 ZPO ist *neben einem Abänderungsverfahren* (→ Rn. 127 ff.) zulässig. Kann also der von einer einstweiligen Anordnung Beschwerte veränderte Umstände geltend machen, kann er sowohl ein Abänderungsverfahren wie auch die Anordnung der Klageerhebung beantragen oder sich für eines der beiden Verfahren entscheiden (VGH München NVwZ-RR 1998, 685, 686).

§ 926 Abs. 1 ZPO ist unter Berücksichtigung der Besonderheiten des Verwaltungsverfahrens so auszu- 140 legen, dass darunter *nicht nur die Erhebung der Hauptsacheklage selbst* zu verstehen ist, sondern *auch die Einleitung eines Verwaltungsverfahrens oder eines Widerspruchsverfahrens*, wenn für die Klageerhebung diese Voraussetzungen noch erfüllt werden müssen.[305] Dabei ist dem Antragsteller eine Frist zu setzen, die das Gericht nach pflichtgemäßem Ermessen bestimmt.[306] Voraussetzung für eine solche Anordnung ist eine bereits erlassene einstweilige Anordnung.[307] Das Gericht hat eine Anordnung nach § 123 Abs. 3 VwGO i.V.m. § 926 Abs. 1 ZPO zu erlassen, wenn die formellen Voraussetzungen dafür vorliegen. Da es bei diesem Antrag nur darum geht, den Zeitraum zwischen einstweiliger Anordnung und Hauptsacheentscheidung zu verkürzen, kommt es auf etwaige Erfolgsaussichten in der Hauptsache nicht an. Der Antrag ist allerdings unzulässig, wenn die Hauptsacheklage, zu deren Erhebung der Antragsteller verpflichtet werden soll, offensichtlich unzulässig oder unbegründet wäre.[308] Diese Frage dürfte allenfalls bei zwischenzeitlicher Erledigung der Hauptsache eine Rolle spielen, da ansonsten die vorangegangene einstweilige Anordnung mangels Anordnungsanspruchs gar nicht hätte erlassen werden dürfen. Die Entscheidung des Gerichts ergeht durch mit Begründung versehenen (§ 122 Abs. 2 S. 1) Beschluss (§ 123 Abs. 4). Zuständig ist in der Terminologie des § 926 Abs. 1 ZPO das „Arrestgericht". Es handelt sich um das Gericht, das die einstweilige Anordnung erlassen hatte, gleichgültig ob das Eilverfahren mittlerweile in der Beschwerdeinstanz anhängig ist (VGH Kassel NJW 1980, 1180). Gegen den Beschluss ist i.R. des § 146 Abs. 1 das Rechtsmittel der Beschwerde gegeben. § 146 Abs. 2 schließt hier die Beschwerde nicht aus. Denn das Gericht setzt in seiner Anordnung nach § 123 Abs. 3 VwGO, § 926 Abs. 1 ZPO nicht nur eine Frist fest, innerhalb derer der Antragsteller einer bestehenden Pflicht nachkommen muss, sondern schafft mit der Aufforderung zur Einleitung des Verfahrens oder zur Klageerhebung erstmals eine neue Verpflichtung des Antragstellers (OVG Saarlouis DÖV 1974, 320).

Leistet der Verpflichtete der Anordnung des Gerichts keine Folge, so sieht § 123 Abs. 3 VwGO i.V.m. 141 § 926 Abs. 2 ZPO vor, dass der Beteiligte, der den Antrag nach § 926 Abs. 1 ZPO gestellt hatte, nunmehr die *Aufhebung der einstweiligen Anordnung* beantragen kann. Das Gericht hat dem Antrag stattzugeben, wenn der Verpflichtete innerhalb der festgesetzten Frist das Verfahren nicht eingeleitet oder die Klage nicht erhoben hat. Gleiches gilt, wenn er die Klage zwar erhoben, später aber wieder zurückgenommen hat. Der Antrag ist unzulässig, wenn der Betroffene kein Rechtsschutzbedürfnis (mehr) besitzt, weil sich bspw. zwischenzeitlich die Hauptsache erledigt hat oder die einstweilige Anordnung mittlerweile aus anderen Gründen aufgehoben wurde.[309] Zuständig ist für diese Entschei-

---

304 VGH Kassel NJW 1980, 1180; *M. Dombert*, in: Finkelnburg/Dombert/Külpmann Rn. 475; s.a. VGH München NVwZ-RR 1998, 685, 686.

305 Vgl. VGH München NVwZ-RR 1998, 685, 686; *M. Dombert*, in: Finkelnburg/Dombert/Külpmann Rn. 478; anders VGH Kassel NJW 1980, 1180 (der unter großzügig bemessener Fristsetzung die Klageerhebung anordnete, obwohl der Klage noch ein Vorverfahren vorauszugehen hatte).

306 Z.B. VGH München NVwZ-RR 1998, 685, 686 (Verpflichtung des Nachbarn, binnen einer bestimmten Frist bei der Behörde den Erlass einer Baueinstellungsverfügung zu beantragen).

307 Vgl. *I. Drescher*, in: MüKoZPO § 926 Rn. 3; *M. Huber*, in: Musielak/Voit, ZPO, § 926 Rn. 6.

308 HmbOVG NVwZ 2004, 117; OVG Münster OVGE 29, 316 f.; VGH München NVwZ-RR 1998, 685, 686.

309 Vgl. *W.-D. Walker*, in: Schuschke/Walker § 926 Rn. 30.

dung das „Arrestgericht", also das Gericht, das die einstweilige Anordnung erlassen hatte, gleichgültig vor welchem Gericht sich das Eilverfahren zu diesem Zeitpunkt befindet.[310] Das Gericht entscheidet durch Beschluss. § 123 Abs. 4 geht hier der Bestimmung in § 926 Abs. 2 ZPO, wonach ein Endurteil zu ergehen hat, vor.[311] Auch gegen diesen Beschluss ist nach § 146 Abs. 1 das Rechtsmittel der Beschwerde gegeben. Wurde die einstweilige Anordnung aufgehoben, kann sich daran ein eigenes Klageverfahren über die Schadensersatzpflicht anschließen (§ 123 Abs. 3 VwGO i.V.m. § 945 ZPO; → Rn. 143 ff.).

142 **3. Weitere Rechtsbehelfe: Anhörungsrüge, Verzögerungsrüge, Verfassungsbeschwerde.** Die 2005 geschaffene *Anhörungsrüge* nach § 152 a stellt einen *außerordentlichen Rechtsbehelf für Gehörsrügen* (Art. 103 Abs. 1 GG) dar (→ § 80 Rn. 175 a). Wegen der Subsidiarität der Anhörungsrüge ist zunächst ein noch statthaftes Beschwerdeverfahren durchzuführen und die Gehörsrüge dort vorzubringen (§ 152 a Abs. 1 Ziff. 1, 1. Alt.).[312] Abänderungsverfahren und Verfassungsbeschwerde sind keine anderweitigen Rechtsbehelfe i.S.v. § 152 a Abs. 1 Ziff. 1, 2. Alt. Behandelt ein VG den Eilantrag oder ein OVG die Beschwerde zu zögerlich, holt bspw. Stellungnahmen der Gegenseite nicht mit der erforderlichen Zügigkeit ein, kommt eine *Verzögerungsrüge* mit anschließender *Entschädigungsklage nach § 198 Abs. 3, 5 GVG wegen überlanger Verfahrensdauer* in Betracht. Der Entschädigungsanspruch (§ 198 Abs. 1 S. 1 GVG) wurde 2011 mit dem Gesetz über den Rechtsschutz bei überlangen Gerichtsverfahren und strafrechtlichen Ermittlungsverfahren (BGBl I 2302) in das GVG eingefügt und erfasst Nachteile materieller und immaterieller Art, die Beteiligte durch die überlange Dauer des gerichtlichen Verfahrens, auch im vorläufigen Rechtsschutz (§ 198 Abs. 6 Nr. 1 GVG), erlitten haben. Welcher Zeitraum für eine tatsächlich wirksame gerichtliche Kontrolle i.S.d. Art. 19 Abs. 4 GG angemessen ist, richtet sich nach den Umständen des Einzelfalles.[313] Die Verzögerungsrüge ist gem. § 198 Abs. 3 GVG beim mit der Sache befassten Gericht zu erheben, die Klage auf Entschädigung unter Einhaltung der Fristen des § 198 Abs. 5 GVG beim zuständigen OLG bzw. beim BGH (§ 201 Abs. 1 GVG). Bei einer *Verfassungsbeschwerde* gegen eine Entscheidung im Verfahren nach § 123 ist ebenso wie im Verfahren nach § 80 Abs. 5 der *Grundsatz der Subsidiarität der Verfassungsbeschwerde* zu beachten[314] (→ § 80 Rn. 176). Der Betroffene hat daher vor einer Anrufung des BVerfG alle anderen Wege zu beschreiten, die zu einer Korrektur der betreffenden Grundrechtsverletzung führen können. Neben einer Beschwerde nach § 146, einer Anhörungsrüge nach § 152 a Abs. 1, einem Abänderungsverfahren (→ Rn. 127 ff.) oder einer Verzögerungsrüge mit Entschädigungsklage nach § 198 Abs. 3 GVG (BVerfG NVwZ 2014, 62, 63) gehört dazu grds. auch die *Erschöpfung des Rechtsweges in der Hauptsache*, jedenfalls dann wenn der Betroffene nicht geltend machen kann, *durch die gerichtliche Eilentscheidung selbst* nach § 123 in einem Grundrecht verletzt worden zu sein.[315] Der Betroffene muss das Hauptsacheverfahren nur dann nicht vorab durchführen, wenn es für ihn unzumutbar ist. Das kann dann der Fall sein, wenn eine Korrektur der Grundrechtsverletzung im Klageverfahren wegen entgegenstehender Rspr. der Fachgerichte aussichtslos erscheint. Ein vorheriges Hauptsacheverfahren ist auch dann nicht geboten, wenn in dem betreffenden Fall keine weitere tatsächliche Aufklärung erforderlich ist und die Voraussetzungen des § 90 Abs. 2 S. 2 BVerfGG vorliegen, das heißt die Verfassungsbeschwerde von allgemeiner Bedeutung ist (Alt. 1) oder dem Betroffenen durch die Verweisung auf den Rechtsweg in der Hauptsache ein schwerer und unabwendbarer Nachteil entstünde (Alt. 2).[316]

XII. Schadensersatzanspruch gegen den Antragsteller

143 Nach § 123 Abs. 3 VwGO i.V.m. § 945 ZPO hat der Antragsteller dem Antragsgegner den durch die Vollziehung der einstweiligen Anordnung entstandenen Schaden zu ersetzen, wenn sich nachträglich herausstellt, dass die *einstweilige Anordnung von Anfang an ungerechtfertigt* war *oder* wenn sie *we-*

---

310 OLG Karlsruhe NJW 1973, 1509; *F. Schoch*, in: Schoch/Schneider/Bier § 123 Rn. 191; a.M. *M. Dombert*, in: Finkelnburg/Dombert/Külpmann Rn. 481 (erstinstanzliches Gericht); *M. Funke-Kaiser*, in: Bader § 123 Rn. 73.

311 *M. Dombert*, in: Finkelnburg/Dombert/Külpmann Rn. 481; *M. Funke-Kaiser*, in: Bader § 123 Rn. 73.

312 Zu den Anforderungen an eine Anhörungsrüge im Beschwerdeverfahren HmbOVG NVwZ-RR 2014, 494 f.

313 BVerfG NVwZ 2014, 62 (10-wöchige Dauer des Beschwerdeverfahrens in einem Schulrechtsfall als überlang eingestuft).

314 BVerfG NJW 2003, 1305; NVwZ 2008, 70; NJW 2011, 3706, 3707; NVwZ 2014, 62, 63; NJW 2014, 3711.

315 BVerfG NVwZ-RR 2014, 329, 330 (beamtenrechtlicher Konkurrentenstreit).

316 BVerfG DVBl 2002, 1112 m.w.N.; vgl. auch BVerfG NJW 2011, 3706, 3707.

gen Verstoßes gegen eine Anordnung der Klageerhebung aufgehoben (→ Rn. 141) wurde (§ 926 Abs. 2 ZPO). Für den Schadensersatzanspruch kommt es auf ein Verschulden des Antragstellers *nicht* an. Das Risiko einer Schadensersatzpflicht des § 945 ZPO ist der Preis, den der Antragsteller der einstweiligen Anordnung für die Möglichkeit zahlen muss, schon aufgrund vorläufiger, in einem Eilverfahren mit nur summarischer Prüfung gewonnener Erkenntnisse vollstrecken zu können (BGH DVBl 1993, 252, 254). Der Schadensersatzanspruch ist im Zivilrechtsweg geltend zu machen.[317]

1. Voraussetzungen. Die einstweilige Anordnung war *von Anfang an ungerechtfertigt*, wenn sie *bei* **144** *zutreffender Beurteilung der Sach- und Rechtslage nicht hätte ergehen dürfen*, weil ihre materiellen Voraussetzungen zum Zeitpunkt ihres Erlasses nicht vorlagen (vgl. BGH NJW-RR 1992, 998, 1001). Dies ist der Fall, wenn zu diesem Zeitpunkt kein Anordnungsanspruch oder kein Anordnungsgrund bestand. Im Schadensersatzprozess stellt das Gericht dies grds. selbst aufgrund seiner eigenen freien Überzeugung fest. Die vorherige Aufhebung der einstweiligen Anordnung ist dafür nicht Voraussetzung. Das Schadensersatzgericht ist *nicht an eine Entscheidung des Beschwerdegerichts* über die einstweilige Anordnung *gebunden*.[318] Denn das Beschwerdegericht trifft ebenso wie das Ausgangsgericht nur eine Entscheidung aufgrund summarischer Prüfung der Sach- und Rechtslage. Auch vor dem Beschwerdegericht müssen Anordnungsanspruch und Anordnungsgrund nur glaubhaft sein. Im Schadensersatzprozess hat die Sach- und Rechtslage hingegen zur Überzeugung des Gerichts festzustehen. Schon wegen der unterschiedlichen Prüfungsmaßstäbe kann daher das Schadensersatzgericht nicht an eine Entscheidung des Beschwerdegerichts gebunden sein. Eine *Bindung* hinsichtlich des Anordnungsanspruchs tritt hingegen *durch eine Entscheidung in der Hauptsache im Umfang ihrer Rechtskraft* ein (vgl. BGHZ 122, 172, 175; BGH NJW-RR 1992, 998, 999). Hinsichtlich des Anordnungsgrundes kann das Schadensersatzgericht allerdings nicht gebunden werden, da im Hauptsacheverfahren das Gericht hierüber nicht entscheidet.

2. Inhalt der Schadensersatzpflicht. Nach § 945 ZPO ist dem Gegner der „Schaden zu ersetzen, der **145** ihm aus der Vollziehung der angeordneten Maßregel oder dadurch entsteht, daß er Sicherheit leistet...". Andere als *Vollziehungsschäden* und *Vollziehungsabwendungsschäden* werden von der Schadensersatzpflicht nicht umfasst (vgl. BGHZ 122, 172, 176). Der zu ersetzende Schaden wird in entsprechender Anwendung der einschlägigen Regeln des bürgerlichen Rechts, insbes. nach §§ 249 ff. *BGB*, bestimmt (VGH Mannheim VBlBW 1984, 86, 87 f.).

Einstweilige Anordnungen werden i.d.R. durch Vollstreckung vollzogen (→ Rn. 133). Der Antrags- **146** gegner kann jedoch keinen Schadensersatz geltend machen, wenn er die *einstweilige Anordnung freiwillig befolgt* hat. Behörden werden wegen ihrer Bindung an Gesetz und Recht in Art. 20 Abs. 3 GG i.d.R. einer gerichtlichen Anordnung freiwillig nachkommen. Ließe man eine freiwillige Erfüllung als Voraussetzung ausreichen, entstünde immer dann, wenn die einstweilige Anordnung ein Handlungsgebot enthält und sich gegen einen Hoheitsträger richtet, die verschuldensunabhängige Schadensersatzpflicht bereits mit Erlass der (materiell fehlerhaften) einstweiligen Anordnung.[319] Der Zweck der Schadensersatzpflicht besteht allerdings darin, dem Antragsteller ein Risiko aufzubürden im Gegenzug für den Vorteil schon aufgrund vorläufiger, nur in summarischem Verfahren ermittelter Erkenntnisse vollstrecken zu können (BGH DVBl 1993, 252, 254). Risiko und Vorteil stehen also in einer Wechselbeziehung. Daher kann den Antragsteller das Risiko nur treffen dürfen, wenn er den Vorteil auch in Anspruch nimmt. Der Antragsteller unterliegt einer Schadensersatzpflicht daher nur, wenn er die Vollstreckung der einstweiligen Anordnung zumindest begonnen hat, etwa durch einen Antrag auf Erlass einer Vollstreckungsanordnung nach § 170 Abs. 1 oder § 172 S. 1.[320]

---

317 BGHZ 78, 127, 128 f.; *M. Lemke*, DVBl 1982, 989 ff.; *Schmitt Glaeser/Horn* Rn. 324; a.M. VGH Mannheim VBlBW 1983, 309, 310 f.; *M. Dombert*, in: Finkelnburg/Dombert/Külpmann Rn. 547; *D. Ehlers*, in: Schoch/Schneider/Bier § 40 Rn. 552 f.

318 *F. Schoch*, in: Schoch/Schneider/Bier § 123 Rn. 196 a; a.M. VGH München NVwZ-RR 1994, 399, 400; *M. Happ*, in: Eyermann § 123 Rn. 85.

319 Für eine Schadensersatzpflicht bei freiwilliger Erfüllung *M. Happ*, in: Eyermann § 123 Rn. 85; ähnl. auch *M. Dombert*, in: Finkelnburg/Dombert/Külpmann Rn. 540 (nur dann keine Schadensersatzpflicht, wenn Antragsteller eindeutig Willen zu erkennen gibt, von der einstweiligen Anordnung nicht Gebrauch machen zu wollen).

320 I.E. ebenso *F. Schoch*, in: Schoch/Schneider/Bier § 123 Rn. 198.

147   **3. Anspruchsberechtigte.** Die Pflicht zum Schadensersatz besteht nach § 945 ZPO *nur gegenüber* „*dem Gegner*". Dies ist derjenige, gegen den die einstweilige Anordnung erlassen wurde. Dritte, selbst wenn diese im Anordnungsverfahren notwendig *Beigeladene* waren, besitzen *keinen Anspruch auf Schadensersatz.*[321] Denn obwohl sich die Rechtskraft der Eilentscheidung auf den Beigeladenen erstreckt, ist er doch nicht Partei des Eilverfahrens und kann verfahrensrechtlich nicht über den Streitstoff verfügen (BGH NJW 1981, 349, 350). Die einstweilige Anordnung kann deshalb auch nicht gegen den Beigeladenen, sondern nur gegen den Antragsgegner gerichtet werden.

148   Die Freistellung von Wohnbauvorhaben von der Genehmigungspflicht in den reformierten Landesbauordnungen führte zu der Diskussion, ob der teilweise Rückzug des Staates aus dem Bauordnungsrecht nunmehr vergleichbar dem Zivilrecht *Nachbarn und Bauherrn als Gegner* erscheinen lasse, sodass der Bauherr doch nach § 945 ZPO Schadensersatz vom Nachbarn erhalten können müsse.[322] Wollte man einen Schadensersatzanspruch des Bauherrn bejahen, führte dies allerdings zu einem *Wertungswiderspruch* im Vergleich zu Eilverfahren bei genehmigungspflichtigen Bauvorhaben.[323] Denn das Aussetzungsverfahren nach § 80 a Abs. 3, § 80 Abs. 5 kennt keine Schadensersatzpflicht (→ § 80 Rn. 178). Das Schadensersatzrisiko des Antragstellers wäre daher von dem Zufall abhängig, ob sich das Bauvorhaben auf dem Nachbargrundstück im beplanten oder im unbeplanten Bereich befindet. Außerdem würde ein Schadensersatzanspruch des Bauherrn die *Effektivität des Rechtsschutzes des Nachbarn* (Art. 19 Abs. 4 GG) schmälern.[324] Bei seinem Antrag nach § 123 macht der Nachbar gegenüber der Verwaltung als Anordnungsanspruch ein subjektives öffentliches Recht geltend, das Ausfluss seines *Eigentumsgrundrechts* ist. Der Schutz dieses Grundrechts würde beeinträchtigt, würden sich Nachbarn aus Angst vor – immerhin verschuldensunabhängigen – Schadensersatzansprüchen Dritter nicht mehr oder nur noch selten gegen Eingriffe der Verwaltung in ihr Grundrecht wehren. Wäre bei der Zulassung von Schadensersatzansprüchen Dritter im Baurecht der Rechtsschutz des betroffenen Nachbarn nur erschwert, weil von Risikofreude und Finanzkraft des Nachbarn abhängig, hätten Schadensersatzansprüche Dritter im *Anlagengenehmigungsrecht* prohibitive Wirkung. Wegen der Höhe eines möglichen Schadens könnten sich Betroffene nicht mehr gegen Beeinträchtigungen ihrer Grundrechte wehren und der von Art. 19 Abs. 4 GG geforderte Rechtsschutz entfiele in diesem Bereich ganz.[325]

149   **4. Praktische Bedeutung, Anspruchskonkurrenz.** Die *Bedeutung* des Schadensersatzanspruchs nach § 123 Abs. 3 VwGO i.V.m. § 945 ZPO ist *in der Praxis eher gering.* Auf der Seite des Antragsgegners steht regelmäßig eine Behörde, der durch die Vollziehung der einstweiligen Anordnung häufig kein Schaden entsteht. Anders ist dies insbes. in Fällen, in denen die Behörde durch eine ungerechtfertigte einstweilige Anordnung verpflichtet wurde, dem Antragsteller vorläufig Leistungen, bspw. Sozialhilfe oder Bundesausbildungsförderung, zu gewähren. Ein Rückforderungsanspruch ergibt sich in dann häufig aus Spezialnormen, z.B. § 50 Abs. 1 und 2 SGB X, § 20 Abs. 1 Nr. 4 BAföG. Im Übrigen kann die Rückforderung auf den allgemeinen öffentlich-rechtlichen Erstattungsanspruch gestützt werden.[326] Liegen die Voraussetzungen sowohl eines Erstattungsanspruchs wie auch des Schadensersatzanspruchs nach § 123 Abs. 3 VwGO, § 945 ZPO vor, stehen beide in Anspruchskonkurrenz.[327]

---

321   Zur Einführung einer Anspruchsgrundlage de lege ferenda für den Beigeladenen einer beamtenrechtlichen Konkurrentenklage *M. Rudek*, NJW 2003, 3531, 3533 f.
322   *V. Mehde/S. Hansen*, NVwZ 2010, 14, 18 (analoge Anwendung).
323   *M. Uechtritz*, NVwZ 1996, 640, 646; vgl. auch *G. Borges*, DÖV 1997, 900, 904.
324   *B. Retzlaff*, NJW 1999, 3224, 3226; *M. Uechtritz*, BauR 1998, 719, 730.
325   *F. Schoch*, in: Schoch/Schneider/Bier § 123 Rn. 201.
326   BVerwGE 71, 85, 87 ff.; ausf. *F. Ossenbühl*, NVwZ 1991, 513 ff.
327   BVerwGE 71, 354, 358; a.M. VGH Mannheim VBlBW 1984, 86, 87; *M. Dombert*, in: Finkelnburg/Dombert/Külpmann Rn. 544.

Teil III
Rechtsmittel und Wiederaufnahme des Verfahrens

12. Abschnitt
Berufung

Vorbemerkungen zu §§ 124 ff.

Schrifttum

1. Monographien und Beiträge in Sammelwerken: *H. Bauer*, Gerichtsschutz als Verfassungsgarantie, 1973; *G. Baumgärtel*, Wesen und Begriff der Prozeßhandlungen einer Partei im Zivilprozeß, ²1972; *V. Buermeyer*, Rechtsschutzgarantie und Gerichtsverfahrensrecht, 1975; *P. Gottwald*, Die Revision als Tatsacheninstanz, 1975; *Ch. Grabenwarter*, Verfahrensgarantien in der Verwaltungsgerichtsbarkeit, 1997; *O. Jauernig/B. Hess*, Zivilprozeßrecht, ³⁰2011; *H. Johlen* (Hrsg.), Münchener Prozeßformularbuch, Bd. 7: Verwaltungsrecht, ⁴2014; *W. B. Maetzel*, Zur Beschwer als Rechtsmittelvoraussetzung im Verwaltungsprozeß, in: FS Bay. VGH, 1979, 29; *A. May*, Die Revision in den zivil- und verwaltungsgerichtlichen Verfahren (ZPO, ArbGG, VwGO, SGG, FGO), ²1997; *H. Sendler*, Rechtsanwalt und Verwaltungsgerichtsbarkeit, in: FS Redeker, 1993, 71; *Ch. Tomuschat*, Völkerrechtliche Grundlagen der Verwaltungsgerichtsbarkeit, in: FS Redeker, 1993, 273; *C. H. Ule*, Verwaltung und Verwaltungsgerichtsbarkeit, 1979.

2. Beiträge in Zeitschriften: *J. Bader*, Zulassungsberufung und Zulassungsbeschwerde nach der 6. VwGO-Novelle, NJW 1998, 409; *ders.*, Das sechste Gesetz zur Änderung der Verwaltungsgerichtsordnung, DÖV 1997, 442; *M. Burgi*, Die Erledigung des Rechtsstreits in der Hauptsache als Problem der verwaltungsprozessualen Dogmatik, DVBl 1991, 193; *H. Geiger*, Der Abschied von der Gesetzgebungskunst – Am Beispiel des Rechtsmittelbereinigungsgesetzes im Verwaltungsprozess, NJW 2002, 1248; *W. J. Habscheid*, Der Rechtsmittelverzicht im Zivilprozeß, NJW 1965, 2369; *U. Jessen*, Die Gestaltung des Rechtsmittelzugs im Entwurf einer Verwaltungsprozeßordnung, NVwZ 1982, 410; *B. Kienemund*, Das Gesetz zur Bereinigung des Rechtsmittelrechts im Verwaltungsprozess, NJW 2002, 1231; *W. Kuhla/J. Hüttenbrink*, Neuregelungen in der VwGO durch das Gesetz zur Bereinigung des Rechtsmittelrechts im Verwaltungsprozess (RmBereinVPG), DVBl 2002, 85; *G. Luke*, Grundsätze des Verwaltungsprozesses, JuS 1961, 41; *K. W. Lotz*, Sechstes Gesetz zur Änderung der Verwaltungsgerichtsordnung, BayVBl 1997, 257; *K. Redeker*, Neue Experimente mit der VwGO?, NVwZ 1996, 521; *H. Reuß*, Zur Neuordnung des Revisionsrechts, insbesondere im verwaltungsgerichtlichen Verfahren, DÖV 1959, 10; *K. Renner*, Ist das Rechtsmittelrecht der VwGO noch leistungsfähig?, 18. Deutscher Verwaltungsgerichtstag, 2016; *W.-R. Schenke*, „Reform" ohne Ende – Das Sechste Gesetz zur Änderung der Verwaltungsgerichtsordnung und anderer Gesetze (6. VwGOÄndG), NJW 1997, 81; *H.-P. Schmieszek*, Sechstes Gesetz zur Änderung der Verwaltungsgerichtsordnung und anderer Gesetze (6.VwGOÄndG), NVwZ 1996, 115; *H. Schröder*, Grundsätze des Verwaltungsprozesses, JuS 1961, 48; *M.-J. Seibert*, Die Zulassung der Berufung, DVBl 1997, 932; *ders.*, Änderungen der VwGO durch das Gesetz zur Bereinigung des Rechtsmittelrechts im Verwaltungsprozess, NVwZ 2002, 265; *H. Sendler*, Guter Rechtsschutz und Verfahrensbeschleunigung, DVBl 1982, 821; *P. Stelkens*, Verwaltungsgerichtsbarkeit im Umbruch – eine Reform ohne Ende?, NVwZ 1995, 325; *B. Stüer*, Die Beschleunigungsnovellen 1996, DVBl 1997, 326; *C. H. Ule*, Verwaltungsverfahren und Verwaltungsgerichtsbarkeit, DVBl 1957, 597; *J. Weitzel*, Grundzüge des Rechts der Rechtsmittel, JuS 1992, 625.

A. Wesen und Funktionen von Rechtsmitteln

I. Begriffe

1 **1. Rechtsmittel.** Als Rechtsmittel bezeichnet die VwGO in der Überschrift zum III. Teil die Berufung (§§ 124 ff.), die Revision (§§ 132 ff.) und die Beschwerde (§§ 146 ff.). Rechtsmittel sind prozessuale Rechtsbehelfe („remedia"), durch die eine Partei eine ihr ungünstige gerichtliche Entscheidung vor Eintritt der formellen Rechtskraft (§ 173 i.V.m. § 705 ZPO) im Wege der Nachprüfung durch ein höheres Gericht zu beseitigen oder ändern und so eine richtige und für sie günstigere Entscheidung zu erreichen sucht. Demgemäß hemmen Rechtsmittel den Eintritt der Rechtskraft und dienen so der Fortführung des Rechtsstreits *(Suspensiveffekt)*. Zugleich zeichnen sie sich dadurch aus, dass sie die Sache zur Entscheidung in die höhere Instanz bringen und so eine Erneuerung und Wiederholung des Rechtsstreits vor einem anderen Richter bewirken *(Devolutiveffekt)*.[1] Über die Berufung gegen das Urteil des VG entscheidet daher das OVG, über die Revision gegen das Urteil des OVG das BVerwG. Auch über die Beschwerde entscheidet das übergeordnete Gericht. Der Devolutiveffekt wird hier durch die Abhilfemöglichkeit des Untergerichts nur hinausgeschoben. Erfolgt Abhilfe, wird die Beschwerde gegenstandslos.

2 Der *Suspensiveffekt* eines Rechtsmittels bedeutet, dass die Rechtskraft der angefochtenen gerichtlichen Entscheidung in formeller wie materieller Hinsicht gehemmt wird.[2] In umfassender Weise wird sie vom Gesetz für die Berufung und die Revision angeordnet (§§ 124 a Abs. 4 S. 6, 133 Abs. 4). Für die Beschwerde beschränkt § 149 Abs. 1 S. 1 die aufschiebende Wirkung kraft Gesetzes auf die Fälle der Festsetzung eines Ordnungs- oder Zwangsmittels.[3] Ansonsten bedarf es nach § 149 Abs. 1 S. 2 eines Beschlusses über die einstweilige Aussetzung der Vollziehung der angefochtenen Entscheidung. Einem Rechtsmittel wird nur dann der Suspensiveffekt zuteil, wenn es gegen die angegriffene Entscheidung tatsächlich gegeben ist, und die Rechtsmittelfrist noch nicht abgelaufen ist, da andernfalls die Rechtskraft bereits eingetreten ist (GmSOGB BGHZ 88, 353). Berufung und Revision schließen zudem die Vollziehbarkeit der angefochtenen Entscheidung aus. Bei der Beschwerde ist dies nur ausnahmsweise der Fall. Rechtsmittel können sich nur auf einen Teil der Entscheidung beziehen. Wird etwa die Berufung nur teilweise eingelegt, erstreckt sich der Suspensiveffekt dennoch auch auf den nicht angefochte-

---

1 *M. Happ*, in: Eyermann § 124 Rn. 2 f.; *B. Rimmelspacher*, in: MüKoZPO Vorbem. § 511 Rn. 1; *Schmitt Glaeser/Horn* Rn. 456.

2 *Baumbach/Lauterbach/Albers/Hartmann* Grundz § 511 Rn. 2; *Schmitt Glaeser/Horn* Rn. 456.

3 Vgl. *Kopp/Schenke* § 146 Rn. 2; nach Ansicht von *M. Happ*, in: Eyermann § 146 Rn. 1 entspricht der Suspensiveffekt der Beschwerde dagegen dem der Berufung, sodass die Beschwerde ebenso wie der ggf. vorgeschaltete Antrag auf Zulassung der Beschwerde die Rechtskraft der angefochtenen Entsch. hemmt; a.A. *M. Redeker*, in: Redeker/v. Oertzen § 146 Rn. 22.

nen Teil des Urteils. Die Hemmungswirkung erfasst das gesamte Urteil und geht damit über die Beschwer des Rechtsmittelführers hinaus,[4] §§ 537, 558 ZPO, § 173.[5]

Prozesshandlungen sind grds. bedingungsfeindlich. Ein Rechtsmittel kann also nicht unter einer Bedingung eingelegt werden,[6] denn eine bedingte Rechtsmitteleinlegung wäre nicht mit dem Ablauf eines geordneten Verfahrens und dem Interesse des Prozessgegners zu vereinbaren. Aus diesem Grund können sich Rechtsmittel auch nur gegen wirksame gerichtliche Entscheidungen richten. Sie setzen also deren Verkündung und/oder Zustellung voraus. Ein zuvor eingelegtes Rechtsmittel ist unzulässig und wird selbst dann nicht zulässig, wenn später tatsächlich eine angreifbare Entscheidung ergeht.[7] Andernfalls würde das Rechtsmittel unter der Bedingung eingelegt, dass der Rechtsmittelführer unterliegt.

2. Rechtsbehelfe. Die bislang dargestellten Rechtsmittel stellen lediglich einen Ausschnitt aus dem Bereich der (prozessualen) Rechtsbehelfe dar.[8] Die Rechtsbehelfe als Oberbegriff bezeichnen jedes von der Rechtsordnung gewährte Mittel zur Verwirklichung eines Rechts. Zu ihnen gehören die verwaltungsprozessualen Rechtsbehelfe, die auf die Kontrolle eines Verwaltungshandelns oder einer gerichtlichen Entscheidung gerichtet sind.[9] Dabei werden die gerichtlichen Rechtsbehelfe, etwa die Anträge auf Aussetzung der Vollziehung, auf Anordnung der aufschiebenden Wirkung (§§ 80 Abs. 4, 5, 80 a Abs. 1 Nr. 2) oder auf Änderung oder Aufhebung solcher Maßnahmen (§§ 80 Abs. 7, 80 a Abs. 3) von den nicht-gerichtlichen Rechtsbehelfen – namentlich dem Widerspruchsverfahren – unterschieden; die gerichtlichen Rechtsbehelfe werden ihrerseits in die ordentlichen und die außerordentlichen sowie die Rechtsmittel unterteilt.

a) Gerichtliche und nicht-gerichtliche Rechtsbehelfe. Zu den gerichtlichen Rechtsbehelfen zählen die verschiedenen Klagearten (Gestaltungs-, Feststellungs- und Leistungsklage), der Normenkontrollantrag sowie die Anträge nach §§ 80, 80 a. Der Widerspruch nach §§ 68 ff. ist als bedeutendster nicht-gerichtlicher Rechtsbehelf ein reines Verwaltungsverfahren und hat die Überprüfung der Recht- und Zweckmäßigkeit des Verwaltungshandelns zum Ziel. Bleibt er erfolglos, ist er aber gem. § 68 zugleich Vorschaltrechtsbehelf und Sachentscheidungsvoraussetzung der Anfechtungsklage sowie der Verpflichtungsklage. Gestaltungs-, Feststellungs- und Leistungsklagen einerseits und Normenkontrollantrag andererseits sind hingegen ausschließlich auf die Kontrolle der Rechtmäßigkeit des Verwaltungshandelns bezogen.

b) Ordentliche und außerordentliche Rechtsbehelfe. Während die ordentlichen Rechtsbehelfe generell gewährt werden, greifen die außerordentlichen Rechtsbehelfe nur bei Vorliegen besonderer Voraussetzungen. Zu den außerordentlichen Rechtsbehelfen zählen die Verfassungsbeschwerde (Art. 93 Abs. 1 Nr. 4 a GG, § 90 BVerfGG), die Klage auf Wiederaufnahme des Verfahrens (§ 153 i.V.m. §§ 578 ff. ZPO), des Weiteren die Anträge auf Wiedereinsetzung in den vorherigen Stand (§ 60 Abs. 1), auf vorläufigen Rechtsschutz (§§ 80, 80 a, 123), auf Urteilsberichtigung (§ 119) und Urteilsergänzung (§ 120). Die neuere verwaltungsgerichtliche Rspr. lehnt außerordentliche Rechtsbehelfe, soweit sie gesetzlich nicht ausgestaltet sind, im Anschluss an BVerfGE 107, 395/416 nunmehr grds. ab (BVerwG NVwZ 2005, 232; OVG Münster NVwz-RR 2004, 706). Damit ist auch eine **außerordentliche Beschwerde ausgeschlossen,** jedenfalls soweit sie in den Anwendungsbereich der Anhörungsrüge nach § 152 a fällt, die in Umsetzung der bundesverfassungsgerichtlichen Rspr. vom Gesetzgeber in die VwGO eingefügt wurde. Dies gilt auch dann, wenn die Verletzung verfassungsrechtlich gesicherter Verfahrensrechte oder das Vorliegen eines offenkundigen prozessualen Unrechts geltend gemacht wird, soweit dies mit der Rüge der Versagung des rechtlichen Gehörs verbunden ist. Soweit nicht be-

---

4 Vgl. BVerwGE 10, 68 ff.; RG JW 1930, 2954; BGHZ 7, 143; BGH NJW 1994, 657; *R. Rudisile,* in: Schoch/Schneider/Bier Vorbem. § 124 Rn. 1; *R. Pietzner/W. Bier,* in: Schoch/Schneider/Bier § 133 Rn. 13; teilweise a.A. *M. Happ,* in: Eyermann § 124 Rn. 2.

5 *Baumbach/Lauterbach/Albers/Hartmann* § 537 Rn. 6.

6 BVerfGE 40, 272, 275; *M. Happ,* in: Eyermann³ § 124 Rn. 37; a.A. *U. Kornblum,* NJW 1997, 922 f.

7 BVerwGE 25, 20, 21; so auch BVerwG NJW 1978, 1870; OVG Münster VBlNW 1995, 392 f. (die beiden letztgenannten Urteile im Hinblick auf den Widerspruch gegen zu erwartende Verwaltungsakte).

8 *R. Rudisile,* in: Schoch/Schneider/Bier Vorbem. § 124 Rn. 2.; *Stern* Rn. 607; a.A. wohl *Schmitt Glaeser/Horn* Rn. 456.

9 *M. Redeker,* in: Redeker/v. Oertzen § 124 Rn. 1.

reits über eine solche weite Auslegung des § 152 a Rechtsschutzlücken vermieden werden können, empfiehlt sich eine analoge Anwendung.[10]

Bei Urteilen ist die Möglichkeit einer außerordentlichen Beschwerde umstr.: Sofern Berufung und Revision von Gesetzes wegen ausgeschlossen sind, z.B. nach § 78 Abs. 1 und 2 AsylVfG, wurde eine im Urteilsverfahren erlassene Entscheidung selbst bei gravierenden Verfahrensverstößen teilweise als nicht anfechtbar angesehen,[11] wohingegen vom BFH eine außerordentliche Beschwerde gegen ein Revisionsurteil wegen sog. greifbarer Gesetzeswidrigkeit noch im Jahr 2004 (nach Inkrafttreten des § 321 a ZPO) in eine fristgebundene Gegenvorstellung umgedeutet wurde (BFH NJW 2004, 2853 f.). Die verwaltungsgerichtliche Rspr. belegt hingegen, dass eine außerordentliche Beschwerde wegen greifbarer Gesetzeswidrigkeit in Anwendung der §§ 146 ff. seit jeher allein bei Beschlüssen in Betracht kam, die mit Rechtsmitteln nicht anfechtbar waren (arg.: § 138 ZPO).[12]

7 **c) Formlose Rechtsbehelfe.** Daneben existieren formlose Rechtsbehelfe, die mangels Devolutiv- und Suspensiveffekt keine Rechtsbehelfe im prozessrechtlichen Sinne sind. Sie beruhen auf Art. 17 GG. Sie sind weder an Form noch Frist gebunden. Der Rechtsbehelfsführer (Petent) muss keine eigene Beschwer geltend machen.[13] Der formlose Rechtsbehelf gibt kein subjektives Recht auf begründeten Bescheid. Erst recht kann der Petent keine Entscheidung in der Sache verlangen, jedoch hat er ein subjektives Recht auf informatorischen Bescheid. Die zuständige Stelle muss also die Eingabe entgegennehmen, sachlich prüfen und innerhalb angemessener Frist zumindest mitteilen, wie sie die Eingabe behandeln wird.[14]

8 Herkömmlich unterscheidet man bei den formlosen Rechtsbehelfen drei Typen: die Gegenvorstellung bei der handelnden Behörde oder – ausnahmsweise – bei Gericht, die Aufsichtsbeschwerde bei der höheren Aufsichtsbehörde und die Dienstaufsichtsbeschwerde.[15]

9 **aa) Gegenvorstellung.** Mit der Gegenvorstellung wendet sich der Betroffene an die entscheidende Behörde mit dem Ersuchen, die beanstandete Verwaltungshandlung oder ihr Unterlassen auf Rechtmäßigkeit und Zweckmäßigkeit hin zu überprüfen.[16] Gegen Urteile oder urteilsvertretende Beschlüsse ist die Gegenvorstellung nach zutr. Ansicht grds. unstatthaft.[17] Denn insoweit ist ein reguläres Rechtsmittel möglich oder es wäre zumindest möglich gewesen (BVerwG NJW 1995, 2053). Unanfechtbare Beschlüsse können indes mithilfe einer Gegenvorstellung zur Überprüfung gestellt werden (vgl. BVerwG Buchholz 310 § 60 VwGO Nr. 214). Die Rspr. hat die Gegenvorstellung sogar als Ausnahme vom Grundsatz der Unabänderlichkeit unanfechtbarer Beschlüsse zugelassen, „um zu verhindern, dass die Unanfechtbarkeit der Entscheidung zu einem anders nicht zu beseitigenden groben prozessualen Unrecht führt."[18] Verstöße gegen Art. 103 Abs. 1 GG können jedoch lediglich über die Spezialnorm des § 152 a geltend gemacht werden. Bei sonstigen Verfahrensgrundrechten (gesetzlicher Richter: Art. 101 Abs. 1 GG; faires Verfahren: Art. 2 Abs. 1 i.V.m. Art. 20 Abs. 3 GG/Art. 6 EMRK) ist die Gegenvorstellung durch § 152 a nicht ausgeschlossen[19] – jedenfalls soweit seine analoge Anwendung wegen der sich aus dem Wortlaut ergebenden Grenzen ausgeschlossen ist (→ Rn. 6).[20] Gegenvorstellungen dür-

---

10 *Kopp/Schenke* Vorbem. § 124 Rn. 8 a; *Schenke* NVwZ 2005, 729.

11 Vgl. *R. Rudisile*, in: Schoch/Schneider/Bier Vorbem. § 124 Rn. 11; *M. Happ*, in: Eyermann § 124 Rn. 13 unter Verweis auf BGH NJW 1989, 2758.

12 BVerwG NVwZ-RR 1998, 685; HmbOVG NVwZ-RR 2001, 612; *M. Happ*, in: Eyermann § 124 Rn. 13 in fine.

13 Vgl. *Schmitt Glaeser/Horn* Rn. 9 ff.

14 Vgl. *Schmitt Glaeser/Horn* Rn. 15, der das Recht auf formelle Bescheidung aus BVerfGE 2, 225, 230 herleitet; ebenso *Stern* Rn. 53; i.E. auch *D. Kalierhoff*, LKV 1992, 57, 58 sowie *Schenke* Rn. 6.

15 *Schenke* Rn. 7 a; *Schmitt Glaeser/Horn* Rn. 6; *Stern* Rn. 52.

16 Vgl. z.B. OVG Koblenz NJW 1986, 1706 f.; VGH Kassel NJW 1987, 1354 f.; *M. Bauer*, NJW 1991, 1711 ff.; ausf. zu diesem formlosen Rechtsbehelf *J. Meyer-Ladewig*, in: Schoch/Schneider/Bier Vorbem. § 124 Rn. 13 ff.; *E. Schumann*, FS Baumgärtel, 1990, 491 ff.

17 SächsVerfGH NJW 1998, 3114; HmbOVG JZ 1958, 68; *M. Happ*, in: Eyermann Vorbem. § 124 Rn. 7; *R. Hohmann*, JR 1991, 10, 12; *P. Kummer*, FS Krasney, 1997, 280; a.A. BGH NJW 2000, 590; *U. Seetzen*, NJW 1982, 2343.

18 BVerfGE 63, 77, 78; BayObLG JR 1970, 391; dahingehend auch BVerfGE 55, 1, 5: „... wenn ein Beschluß in offensichtlichem Widerspruch zum Gesetz steht."

19 *M. Happ*, in: Eyermann Vorbem. § 124 Rn. 8.

20 *Kopp/Schenke* Vorbem. § 124 Rn. 9 ff. (10) begreift die Fälle der Verletzung von verfassungsrechtlich garantierten Verfahrensrechten bzw. offenkundigem groben prozessualen Unrecht (Grenze des Wortlauts?) als eine Verletzung rechtlichen Gehörs und sieht sie damit regelmäßig als unter § 152 a subsumierbar an. Hilfsweise befürwortet er die analoge Anwendung des § 152 a.

fen nicht dazu dienen, „die Überprüfung unanfechtbarer gerichtlicher Entscheidungen lediglich mit dem Ziel zu veranlassen, eine richtigere oder zweckmäßigere Entscheidung zu erwirken" (OVG Münster 30.7.1998 – 10A 4574/94). Unstatthaft ist eine Gegenvorstellung gegen eine gerichtliche Entscheidung, soweit ein Rechtsmittel gegeben ist.

bb) Aufsichtsbeschwerde. Die (Sach-)Aufsichtsbeschwerde richtet sich an die übergeordnete Instanz 10 der Verwaltungsstelle, die den fraglichen Akt erlassen oder auch unterlassen hat, und enthält das Ersuchen um Nachprüfung des Verhaltens der nachgeordneten Verwaltungsstelle.

cc) Dienstaufsichtsbeschwerde. Sie richtet sich gegen das persönliche Verhalten eines Angehörigen 11 des öffentlichen Dienstes (Beamter, Angestellter, Arbeiter) und sucht dieses einer dienstrechtlichen, bei Beamten unter Umständen sogar disziplinarrechtlichen Würdigung zu unterwerfen. Ihr Adressat ist der Dienstvorgesetzte.[21]

II. Funktionen

Rechtsmittel haben ihren Grund in der Fehlsamkeit menschlicher Erkenntnis. Es ist deshalb eine Kon- 12 trolle sowohl für die Beteiligten eines Prozesses als auch für den Staat als Träger der Gerichte im Rahmen einer Berufung geboten.[22] Zweck der Überprüfung ist zum einen eine Erhöhung der Richtigkeit der einzelnen Entscheidung („Richtigkeitsgewähr"), zum anderen der Erhalt und die Förderung des objektiven Rechts. Übergeordnete Gerichte sollen die Rspr. untergeordneter Spruchkörper kontrollieren und so einen Beitrag zur Sicherung der Qualität und der Einheitlichkeit der Rspr. leisten. Rechtsmittel sind damit eine unerlässliche Voraussetzung zur Sicherung der Einzelfallgerechtigkeit.[23] Rechtsmittel erhöhen zudem die Legitimität richterlichen Entscheidens durch die Duplizierung richterlicher Entscheidungsfindung in diskursiv organisierten Verfahren. Es ist wie bereits im erstinstanzlichen Verfahren durch den Diskurs mit den Streitbeteiligten, im Kollegium des Spruchkörpers, mit übergeordneten Instanzen und mit der öffentlichen Rechtsprechungskritik geprägt. Weiterhin erhöhen Rechtsmittel die Rechtssicherheit. Im Rechtsstaat muss Rechtssicherheit bestehen. Rechtssicherheit bedeutet beim Gesetz Bestimmtheit, bei der Rspr. Vorhersehbarkeit. Schließlich erlauben Rechtsmittel – insbes. in der Revisionsinstanz – die Fortentwicklung und Vereinheitlichung der Rspr. und erhöhen so die Flexibilität der Rechtsordnung.[24]

Seine Grenze findet das Bemühen, durch wiederholtes Entscheiden zu der „richtigen" Entscheidung zu 13 gelangen, in einer unzumutbaren Verlängerung und Verteuerung der Prozesse. Da die Rechtssicherheit ohnehin zwingend gebietet, dass ein Rechtsstreit – selbst auf die Gefahr einer fehlerhaften Entscheidung hin – einmal definitiv beendet sein muss (dem dient das Institut der Rechtskraft), ist sinnvollerweise schon von Gesetzes wegen (dazu BVerfGE 54, 277, 291 ff.) darauf zu achten, dass Dauer und Kosten der Rechtsverfolgung für die Allgemeinheit wie für den einzelnen in einem angemessenen Verhältnis zur Bedeutung des Streits stehen. In der rechtspolitischen Diskussion wird in neuerer Zeit zunehmend die Notwendigkeit erkannt, eine Kosten-Nutzen-Analyse im Recht der Rechtsmittel vorzunehmen.

Der Umfang der Überprüfung unterscheidet sich bei den Rechtsmitteln. Bei Berufung und Beschwerde 14 erfolgt eine Nachprüfung in tatsächlicher und rechtlicher Hinsicht. Durch die Berufung soll i.R. des Berufungsantrages eine völlig neue Verhandlung und Prüfung des gesamten Prozessstoffes vor dem höheren Gericht ermöglicht werden, § 128. Die Prüfungsbefugnisse des Revisionsgerichtes sind hingegen beschränkt. Gemäß dem Wortlaut des § 137 Abs. 1 kann eine Kontrolle des vorinstanzlichen Urteils allein in rechtlicher Hinsicht erfolgen. Das BVerwG ist demzufolge an die tatsächlichen Feststellungen des Vordergerichts gebunden. Das den Rechtsmitteln innewohnende Ziel der Korrektur unrichtiger Entscheidungen aus Gründen der Einzelfallgerechtigkeit, aber auch im Interesse der Allgemeinheit, insonderheit zur Verbesserung der Rechtspflege,[25] ist demzufolge v.a. für die Berufung und die

---

21 Vgl. *Schmitt Glaeser/Horn* Rn. 6.
22 Vgl. *Stern* Rn. 412.
23 Vgl. *J. Weitzel*, JuS 1992, 625.
24 Vgl. *K. Renner*, 18. Deutscher Verwaltungsgerichtstag 2016.
25 *Rosenberg/Schwab/Gottwald* § 132 IV Rn 21.

Beschwerde kennzeichnend. Bei der Revision stehen demgegenüber die Wahrung der Einheit der Rspr. sowie die Rechtsfortbildung im Vordergrund.[26]

III. Arten der Rechtsmittel

15   **1. Berufung.** Die Berufung führt grds. zu einer umfassenden Überprüfung der erstinstanzlichen Urteile und Gerichtsbescheide des VG durch das OVG (§ 128). Der Rechtsmittelführer kann allerdings kraft der Dispositionsmaxime (→ Rn. 31) den Umfang der Überprüfung der erstinstanzlichen Entscheidung selbst bestimmen (§ 129), also den Streitgegenstand des Berufungsverfahrens beschränken. Wird die Berufung auf einen entsprechenden Zulassungsantrag hin unbeschränkt zugelassen, so ist Gegenstand des Berufungsverfahrens der Streitfall in demselben Umfang, wie er vom VG zu prüfen war. Hat dieses versehentlich nur über einen Teil des Streitgegenstands entschieden, so ist es möglich, im Einverständnis mit den Beteiligten ohne eine erstinstanzliche Entscheidung und ein hiergegen eingelegtes Rechtsmittel im Berufungsverfahren darüber zu entscheiden.[27]

16   Das Berufungsgericht prüft den Sachverhalt sowohl in tatsächlicher als auch in rechtlicher Hinsicht. Dies bedeutet, dass u.U. eine Beweisaufnahme wiederholt werden muss, oder dass neue Beweismittel zu berücksichtigen sind. Allerdings besteht die Möglichkeit, verspätetes Vorbringen zurückzuweisen. Gem. § 128 a sind neue Erklärungen und Beweismittel, die im ersten Rechtszug entgegen einer hierfür gesetzten Frist (§ 87 b Abs. 1 und 2) nicht vorgebracht wurden, nur zuzulassen, wenn nach der freien Überzeugung des Gerichts ihre Zulassung die Erledigung des Rechtsstreits nicht verzögern würde, oder wenn der Beteiligte die Verspätung genügend entschuldigt. Auch Beiladungen können im Berufungsverfahren nachgeholt werden, ohne dass es darauf ankommt, dass der Beigeladene eine Tatsacheninstanz verliert. Nichts anderes gilt für Klageänderungen (arg. § 142).

17   Die Befugnis zur Zulassung der Berufung steht nach den Modifizierungen des Gesetzes zur Bereinigung des Rechtsmittelrechts im Verwaltungsprozess (RmBereinVpG [BGBl I 2001, 3987]) dem VG zu, wenn die Gründe des § 124 Abs. 2 Nr. 3 oder Nr. 4 vorliegen (§ 124 a Abs. 1 S. 1). Wird in dem Urteil des VG die Berufung nicht zugelassen, bleibt als Rechtsmittel der Antrag auf Zulassung der Berufung beim OVG, der sich auf alle fünf Zulassungsgründe des § 124 Abs. 2 stützen kann und binnen eines Monats nach Zustellung des Urteils zu stellen ist (§ 124 a Abs. 4). Hat das VG die Berufung in seinem Urteil zugelassen, ist diese innerhalb eines Monats nach Zustellung des Urteils einzulegen (§ 124 a Abs. 2).

18   **2. Revision.** Die Revision ist das Rechtsmittel, das die Überprüfung eines Urteils des OVG bzw. VGH – im Fall der Sprungrevision (§ 134) sowie bei Ausschluss der Berufung (§ 135) ausnahmsweise auch eines VG – zum Ziel hat. Sie eröffnet den Beteiligten eine dritte Instanz im verwaltungsgerichtlichen Verfahren, ist dabei aber, auf die rechtliche Würdigung des Streitfalles beschränkt und damit grds. an die in dem angefochtenen Urteil getroffenen tatsächlichen Feststellungen gebunden (§ 137 Abs. 2). Die Revision dient neben dem Rechtsschutz des Bürgers und der Wahrung der Bindung der vollziehenden Gewalt an Gesetz und Recht (Art. 20 Abs. 3 GG) v.a. der Wahrung der Rechtseinheit und der Fortbildung des Rechts.[28]

19   Neben der Beschränkung auf die Überprüfung von Rechtsfragen ergibt sich eine weitere Einschränkung der Zugangsmöglichkeit zum BVerwG aus der bundesstaatlichen Ordnung. Gem. § 137 Abs. 1 Nr. 1 kann grds. nur die Verletzung von Bundesrecht gerügt werden. Lediglich die Anwendung der Beamtengesetze der Länder (§ 127 BRRG) und in bestimmten Umfang (§ 137 Abs. 1 Nr. 2) der VwVfG der Länder kann vom BVerwG überprüft werden. Außerdem ist eine Überprüfung irreversiblen Rechts durch das BVerwG dann zulässig, wenn dessen Auslegung offenbar willkürlich ist (BVerwG JZ 1973, 26, 27).

20   **3. Beschwerde.** Mit der Beschwerde werden Entscheidungen des VG, des Vorsitzenden oder des Berichterstatters, die nicht Urteile oder Gerichtsbescheide sind, sowohl in tatsächlicher wie in rechtlicher Hinsicht der Nachprüfung zugänglich gemacht (§ 146 Abs. 1). Die Beschwerde hat im Gegensatz zur Berufung und zur Revision grds. keinen Suspensiveffekt (zur Ausnahme vgl. § 149 und → Rn. 2).

---

26 *P. Gottwald,* Revision, 1975, 19; *H. Reuß,* DÖV 1959, 10 ff.
27 Zu diesem „Heraufholen von Prozessresten" VGH Mannheim DVBl 1989, 884 ff.
28 BVerfGE 19, 323, 327; 13, 90, 91; 24, 91; *Hufen* § 41 Rn. 1; *Kopp/Schenke* § 132 Rn. 1.

Das wichtigste Anwendungsfeld der Beschwerde sind sog. streitentscheidende Beschlüsse. Diese sind 21 abzugrenzen von bloßen prozessleitenden Verfügungen, die nicht Beschwerdegegenstand sein können (§ 146 Abs. 2). Der Regelung des § 146 Abs. 2 liegt der Gedanke zugrunde, dass hier eine Verletzung relevanter prozessualer Rechte nicht in Betracht kommt, oder dass eine Überprüfung innerhalb des Rechtsmittels gegen die Hauptsacheentscheidung sinnvoll und ausreichend ist. Ausgenommen von der Anfechtungsmöglichkeit sind auch Entscheidungen des Vorsitzenden nach §§ 80 Abs. 8 und 123 Abs. 2 S. 3. Für kostenrechtliche Entscheidungen und bei Streitwertfestsetzungsbeschlüssen sieht § 146 Abs. 3 ferner eine Streitwertgrenze vor.

Die Beschlüsse des OVG sind grds. unanfechtbar (§ 152 Abs. 1). Nur in drei ausdrücklich im Gesetz 22 genannten Ausnahmefällen ist die Beschwerde statthaft. Es handelt sich dabei um die Nichtzulassungsbeschwerde nach § 133 Abs. 1, den Streit um Aktenvorlage nach § 99 Abs. 2 und die Entscheidung über eine Verweisung nach § 17a Abs. 4 GVG.

4. Anschlussrechtsmittel. Nach der Einlegung eines zulässigen Rechtsmittels durch einen Beteiligten 23 können die übrigen Beteiligten nach Maßgabe des § 127[29] ein sog. Anschlussrechtsmittel einlegen. Das unselbständige Anschlussrechtsmittel kann unabhängig von den für ein Hauptrechtsmittel geltenden Zulässigkeitsvoraussetzungen eingelegt werden.[30] Nach BVerwG (NJW 2008, 1096) ist die Anschlussberufung jedoch unstatthaft, wenn der Berufungsantrag derselben Partei bzgl. desselben Teils des Streitgegenstandes abgewiesen wurde. Die Anschließung ist nach überwiegender Auffassung trotz des üblichen Sprachgebrauchs (Anschlussberufung, -revision und -beschwerde) kein Rechtsmittel, sondern ein besonderer Rechtsbehelf.[31]

B. Reformen und ihre Bewertung

Die Vorschläge, die zur Reform des Rechtsmittelrechts in den letzten Jahrzehnten gemacht wurden, 24 sind kaum noch überschaubar.[32] Ziel aller Reformvorschläge war es, das verwaltungsgerichtliche Verfahren unter Beachtung der rechtsstaatlichen Vorgaben zu straffen und die Verwaltungsgerichtsbarkeit zu entlasten.

Einen weitreichenden Versuch hat der Gesetzgeber insoweit anlässlich des 6. VwGOÄndG (BGBl I 25 1626) im Jahr 1996 unternommen, das 2002 durch das RmBereinVpG ergänzt wurde. Zentrale Elemente der Neuregelungen bilden die Einführung einer allgemeinen Zulassungsberufung (§§ 124, 124a) und der damit im Zusammenhang stehende Anwaltszwang vor dem OVG (§ 67 Abs. 1) sowie die Einführung einer Zulassungsbeschwerde (§ 146 Abs. 4).

Notwendige Konsequenz der Einführung einer allgemeinen Zulassungsberufung und der damit ver- 26 bundenen Begründungspflicht (→ Rn. 43–45) ist die Obliegenheit, sich vor den OVG durch einen Anwalt oder eine gleichwertig qualifizierte Person (§ 67 Abs. 1) vertreten zu lassen. Auch in Verfahren über die Aussetzung der Vollziehung (§§ 80, 80a), der einstweiligen Anordnungen (§ 123) sowie der PKH bedarf die Beschwerde künftig der Zulassung durch das OVG, wobei die gleichen Grundsätze gelten wie bei der Berufungszulassung (vgl. § 146 Abs. 4 i.V.m. § 124 Abs. 2).

Allerdings hat sich die Regelung der konditionierten Zulassung der Berufung (§§ 124, 124a) als nur 26a bedingt zielführend erwiesen. Drei hauptsächliche Schwächen werden hervorgehoben:[33] Zum einen hat das Berufungszulassungsverfahren zwar im Durchschnitt sämtlicher zweitinstanzlichen Verfahren zu einer gewissen Verkürzung, gerade bei den zugelassenen Berufungen aber – nicht zuletzt wegen der

---

29 § 127 betrifft zwar unmittelbar nur die Berufung, ist aber gem. § 141 entsprechend bei der Revision (BVerwGE 65, 27, 31) und bei der Beschwerde mit Ausnahme der Form- und Fristvorschriften (*M. Happ*, in: Eyermann § 146 Rn. 32) anwendbar; vgl. auch *Schenke* Rn. 1132.

30 Nach BVerwG NJW 2008, 1096 ist die Anschlussberufung jedoch unstatthaft, wenn der Berufungsantrag derselben Partei hinsichtlich desselben Teils des Streitgegenstandes abgewiesen wurde.

31 Vgl. BGHZ 37, 131, 133; 83, 371, 376 f.; *R. Rudisile*, in: Schoch/Schneider/Bier Vorbem. § 124 Rn. 6; *J. Weitzel*, JuS 1992, 625, 630; a.A. *F. Baur*, FS Fragistas, 1966, 359; *H. Prüfung*, ZZP 95 (1982), 499, 502 f.

32 Vgl. namentlich *C. H. Ule*, Verwaltung, 1979, 412 und 530; *ders.*, FS Carl Heymanns Verlag, 1965, 53 ff.; §§ 141 und 150 des RegE einer Verwaltungsprozessordnung (EVwPO) vom 24.2.1982, abgedruckt in: BT-Drs. 9/1851; zu diesem Entwurf *U. Jessen*, NVwZ 1982, 410 ff. sowie *H. Sendler*, FS Redeker, 1993, 71, 87; Koordinierungsausschuss, Entwurf einer VwPO, 1978, 105. Eine Übersicht über die Reformvorschläge gibt *H. Sendler*, DVBl 1982, 157, 158.

33 *K. Renner*, 18. Deutscher Verwaltungsgerichtstag 2016.

doppelten Schriftsatzfristen für den Zulassungsantrag und die Berufungsbegründung – zu einer deutlichen Verlängerung der durchschnittlichen Verfahrensdauer bei den OVG geführt, wenn man die Laufzeiten für die Zulassungs- und die Berufungsverfahren addiert. Weiterhin ist diese Reform zum Auslöser einer Fehlleitung von Ressourcen bei den Prozessbevollmächtigten geworden, die nicht mehr nur die erstinstanzliche Entscheidung als unrichtig angreifen müssen, sondern sich aus Haftungsgründen in aller Regel veranlasst sehen, auch alle anderen der insgesamt fünf Zulassungstatbestände zu überprüfen und selbst dort umfänglich darzulegen, wo sie selbst nur geringe Erfolgsaussichten sehen. Schließlich hat sich die fehlende Überprüfungsmöglichkeit einer Zulassungsversagung im fachgerichtlichen Rechtszug als nachteilig erwiesen. Dies hat eine Übersteuerung verursacht, da möglicherweise revisionswürdige Rechtssachen gar nicht erst vor das BVerwG gelangen können. Damit ist dem Revisionsgericht die Anschauungsbreite abhandengekommen, auf die eine kasuistisch untermauerte höchstrichterliche Rspr. angewiesen ist. Zudem hat sich die Kontrolle darüber, wie das Berufungszulassungsrecht in der Praxis gehandhabt wird, aus dem fachgerichtlichen Rechtszug hin in die Zuständigkeit des BVerfG verlagert, das über Verfassungsbeschwerden gegen eine Nichtzulassung wegen einer Verletzung des Art. 19 Abs. 4 S. 1 GG zu entscheiden hat.[34] Bei der Revision wird hingegen nur ein geringer Reformbedarf gesehen. Insbes. wird empfohlen, die revisionstypischen Zulassungsgründe (§ 132 Abs. 2) offener als bislang zu formulieren und damit das diskretionäre Element der Zulassung der Revision anzuerkennen.[35]

C. Verfassungsrechtliche und völkerrechtliche Vorgaben

I. Verfassungsrechtliche Implikationen

27 Art. 19 Abs. 4 GG verpflichtet den Staat objektivrechtlich zur Leistung von Individualrechtsschutz.[36] Ob diese grundgesetzliche Systementscheidung darüber hinaus einen Instanzenzug verlangt, ist umstr. Nach zutr. h.M. garantiert Art. 19 Abs. 4 GG allein den Weg zu einem Gericht und damit Schutz durch den Richter, nicht aber gegen den Richter, sodass danach nicht auf die Notwendigkeit einer zweiten Instanz geschlossen werden kann.[37] Nach a.A. kann ein effektiver Rechtsschutz hingegen grds. nur in einem mindestens zweistufigen Instanzenzug sichergestellt werden.[38]

28 Sieht man mit der h.M. in Art. 19 Abs. 4 GG nur die Garantie der Eröffnung des Rechtsweges und nicht des Rechtsmittelweges, kann das Erfordernis eines Instanzenzuges auch nicht aus dem Rechtsstaatsprinzip abgeleitet werden; denn Art. 20 Abs. 3 GG gewährt nicht mehr als der ihn „krönende" Art. 19 Abs. 4 GG. Mithin ist allein die Eröffnung des Rechtswegs überhaupt, nicht aber ein Instanzenzug geboten.[39]

29 Ist indes in den Prozessordnungen ein Instanzenzug vorgesehen, gilt dieser als der von Art. 19 Abs. 4 GG garantierte Rechtsweg.[40] Eine administrative oder richterliche Verkürzung stellt daher eine Verletzung des Art. 19 Abs. 4 GG dar (BVerfGE 44, 302, 306; 53, 148, 151). Auch insoweit ist wiederum der Gleichheitssatz zu beachten.

---

34 Vgl. etwa BVerfG 23.2.2011 – 1 BvR 500/07.
35 *K. Renner*, 18. Deutscher Verwaltungsgerichtstag 2016.
36 Vgl. *W. Krebs*, in: v. Münch/Kunig, GG Art. 19 Rn. 55 und 64 ff.
37 BVerfGE 4, 74, 94 f.; 6, 7, 12; 8, 174, 181 f.; 11, 232, 233; 19, 323, 327 f.; 28, 21, 36; 49, 329, 340; 65, 76, 90; BVerfG NVwZ 1993, 465; BVerwGE 1, 60, 61 f.; 1, 63; 3, 145, 147; 33, 142, 144; *K. A. Bettermann*, in: Bettermann/Nipperdey/Scheuner, Die Grundrechte, Bd. III/2, 1959, 779, 809 f.; *M. Happ*, in: Eyermann Vorbem. § 124 Rn. 1; *R. Rudisile*, in: Schoch/Schneider/Bier Vorbem. § 124 Rn. 4; *I. Kraft*, in: Eyermann § 50 Rn. 2; *E. Schmidt-Aßmann*, in: Maunz/Dürig Art. 19 Abs. IV Rn. 179; *H. Hofmann*, in: *Schmidt-Bleibtreu/Hofmann/Hopfauf*, Art. 19 Rn. 48.
38 *O. Bachof*, DVBl 1958, 6 ff.; *H. Bauer*, Gerichtsschutz als Verfassungsgarantie, 1973, 101; *V. Buermeyer*, Rechtsschutzgarantie und Gerichtsverfahrensrecht, 1975, 95 f. und 99 ff.; *W. Krebs*, in: v. Münch/Kunig, GG Art. 19 Rn. 69, der die Rspr. zur öffentlichen Gewalt i.S.d. Art. 19 Abs. 4 GG zählt; *D. Lorenz*, FS Menger, 1985, 143, 153 f.; a.A. *A. Vosskuhle*, Rechtsschutz gegen den Richter, 1993, 255, 322 ff. Gegen beide Ansichten wendet sich *C. H. Ule*, DVBl 1958, 9 ff., insbes. auch Fn. 3; für ihn lässt Art. 19 Abs. 4 GG die Frage des Instanzenzuges offen.
39 Statt vieler: BVerfGE 42, 243, 248; 49, 252, 256; 65, 76, 90; 78, 7, 18; *K. A. Bettermann*, in: Bettermann/Nipperdey/Scheuner, Die Grundrechte, Bd. III/2, 1959, 779, 810; *E. Schmidt-Aßmann*, in: Maunz/Dürig Art. 19 Abs. IV Rn. 179 m.w.N. in Fn. 6.
40 BVerfGE 40, 272, 274 f.; 41, 23, 26; 54, 277, 293. Krit. hiergegen *E. Schmidt-Aßmann*, in: Maunz/Dürig Art. 19 Abs. IV Rn. 179 m.w.N.

II. Völkerrechtliche Bindungen

Zunehmend schreibt auch das Völkerrecht vor, dass individuelle Rechte durch die Gewährung gericht- 30
licher Rechtsmittel zu verbürgen sind.[41] Indessen können ihm keine Verpflichtungen entnommen werden, in der VwGO ein Rechtsmittel gegen Entscheidungen der Judikative zur Verfügung zu stellen. Insbes. Art. 6 Abs. 1 EMRK, der vom Europäischen Gerichtshof für Menschenrechte im Wege „funktionaler Auslegung" auch für bestimmte verwaltungsrechtliche Streitigkeiten für anwendbar erklärt wurde,[42] geht mit seiner Garantie eines „billigen" („fair") Verfahrens nicht über den Gehalt des Art. 19 Abs. 4 GG hinaus.

D. Prüfungsumfang und Prüfungsgegenstand im Rechtsmittelverfahren

I. Rechtsmitteleinlegung als Ausfluss der Dispositionsmaxime

Auch das Rechtsmittelverfahren wird grds. von der Dispositionsmaxime (ausf. zur Dispositionsmaxi- 31
me → § 86 Rn. 5 f.). und somit von der Bestimmungs- und Verfügungsbefugnis der Parteien über den Verfahrensgegenstand beherrscht. Ihnen obliegt daher die Entscheidung, ob und inwieweit sie ein Urteil als unrichtig angreifen und seine Beseitigung bestreiten wollen.[43] Ein Urteil kann im Ganzen oder nur teilweise angefochten werden, wobei eine partielle Anfechtung selbst dann möglich ist, wenn das angefochtene Urteil in einem weiteren Umfang beschwerend und unrichtig wirkt. Es liegt mithin in der Hand der Parteien, durch entsprechende Anfechtungserklärungen, d.h. bestimmte Rechtsmittel- bzw. Aufhebungsanträge, den Gegenstand und die Grenzen des Rechtsmittels zu bestimmen sowie – insbes. durch Erledigungserklärung oder Zurücknahme – über sein Schicksal im Verfahrensablauf zu entscheiden. Rechtsmittelberechtigt ist grds. nur ein Beteiligter der Vorinstanz (vgl. §§ 124 Abs. 1, 132 Abs. 1, 146 Abs. 1), bei Beschlüssen und anderen Entscheidungen, die nicht Urteile oder Gerichtsbescheide sind, aber auch ein sonst von der Entscheidung betroffener Dritter (§ 146 Abs. 1).
Stehen mehrere Rechtsmittel zur Verfügung, ist den Beteiligten das „Ob" und „Wie" des Rechtsmit- 32
tels überlassen. Bei Unklarheiten ist wie bei jeder Prozesshandlung im Wege der Auslegung nach den allgemeinen Grundsätzen zu ermitteln, ob ein Rechtsmittel eingelegt worden ist und ggf. welches.[44] Bei dieser Klärung kommt der Bezeichnung des Rechtsmittels bloß indizieller, nicht aber bindender Charakter zu. Abzustellen ist vielmehr auf den erkennbaren Zweck, den der Rechtsmittelführer verfolgt. Eine Umdeutung in das gewollte zulässige Rechtsmittel ist also möglich.[45] Bei Unklarheiten hat das Gericht auf eine Klarstellung hinzuwirken. Beharrt der Rechtsmittelführer trotz eines Hinweises des Gerichts auf das von ihm eingelegte Rechtsmittel, scheidet eine Umdeutung aus. Gleiches gilt, wenn eingelegter und rechtlich zutreffender Rechtsbehelf unterschiedliche Zwecke verfolgen (BVerwG NJW 1962, 1076; BayVBl 1996, 30, 31; VGH München NJW 1982, 1474).

II. Gegenstand des Rechtsmittelverfahrens

1. Statthaftigkeit des Rechtsmittelverfahrens. Ein Rechtsmittel ist grds. nur statthaft (→ Rn. 54), 33
wenn es sich gegen eine Entscheidung richtet, die bereits ergangen ist. Sie muss also durch Verkündung oder Zustellung wirksam geworden sein. Wird es vorher eingelegt, ist es nach h.M. unzulässig.[46] Der spätere Erlass der Entscheidung heilt den Mangel nicht. Vielmehr muss das Rechtsmittel erneut eingelegt werden (BVerwG NJW 1978, 1870; BFHE 138, 154; VGH Mannheim NJW 1973, 1663). Ist das Urteil nur verkündet, jedoch noch nicht zugestellt worden, beginnt die Rechtsmittelfrist zwar

---

41 Vgl. *Ch. Tomuschat*, FS Redeker, 1993, 273 ff.
42 Vgl. *M. Brenner*, Verw 1998, 1, 10 f.; *J. Schwarze*, EuGRZ 1993, 377, 378.
43 H.M.; vgl. statt vieler *P. Gilles*, AcP Bd. 177 (1977), 189, 200, m. zahlr. Nachw. in Fn. 23. Zur Legitimation der Dispositionsmaxime im Rechtsmittelverfahren: *G. Luke*, JuS 1961, 41 ff.; *Schenke* Rn. 1125; *H. Schröder*, JuS 1961, 48 ff.
44 BVerwG BayVBl 1996, 30; BFH DStR 1979, 723; BGH FamRZ 1986, 1087; NJW-RR 1987, 376; *Kopp/Schenke* Vorbem. § 124 Rn. 14.
45 BGH NJW 1991, 510. Hierbei sind an eine anwaltlich vertretene Partei höhere Anforderungen zu stellen; so wurde von BVerwG DVBl 1994, 109 die Möglichkeit der Umdeutung der Einlegung einer Berufung durch einen RA in einen Antrag auf Zulassung der Berufung nach § 78 Abs. 2 AsylVfG verneint; vgl. auch *Kopp/Schenke* Vorbem. § 124 Rn. 14.
46 *R. Rudisile*, in: Schoch/Schneider/Bier Vorbem. § 124 Rn. 34 m.w.N.

nicht zu laufen, ein Rechtsmittel ist aber gleichwohl schon zulässig.[47] Rechtsmittel sind des Weiteren möglich, wenn – obwohl fehlerhaft – nur der Tenor zugestellt worden ist, oder wenn die Entscheidung formlos übermittelt wurde, obwohl Zustellung vorgeschrieben ist.[48]

34 Rechtsmittel sind ferner statthaft, wenn Zweifel an der Gültigkeit und Wirksamkeit eines Urteils bestehen können. Dies gilt v.a. bei Scheinentscheidungen, die nur ihrem äußeren Anschein nach gerichtliche Entscheidungen sind, sowie bei nichtigen Entscheidungen, die an so schweren Verfahrensmängeln leiden, dass sie wirkungslos sind. Den Betroffenen wird dann die Möglichkeit gegeben, den äußeren Schein einer solchen gerichtlichen Entscheidung zu beseitigen.[49]

35 **2. Berufung und Revision.** Beide Rechtsmittel sind nur gegen Endurteile möglich, also Urteile, die über ein Rechtsschutzbegehren eine abschließende Entscheidung treffen und den Prozessstoff ganz oder teilweise durch Sach- oder Prozessurteil für die betreffende Instanz erledigen (BVerwG MDR 1961, 957). Hierzu gehören auch die Teilurteile (§ 110), die Grundurteile (§ 111), die Ergänzungsurteile (§ 120), die Vorbehaltsurteile (§ 302 Abs. 3 ZPO) sowie solche Zwischenurteile, die eine Vorabentscheidung über den Grund enthalten, § 111, (vgl. § 304 ZPO.) oder die über die Zulässigkeit der Klage entscheiden (§ 109). Nicht dazu zählen jedoch Zwischenurteile nach § 173 i.V.m. § 303 ZPO. Den Urteilen gleichgestellt sind Gerichtsbescheide (§ 84 Abs. 3 Hs. 1) sowie mit Blick auf die Revision auch Beschlüsse über die Unzulässigkeit oder (Un)Begründetheit einer Berufung (§ 125 Abs. 2 S. 4; § 130 a S. 2 i.V.m. § 125 Abs. 2 S. 4).

36 **3. Beschwerde.** Das Rechtsmittel der Beschwerde ist gem. § 146 Abs. 1 gegen gerichtliche Entscheidungen zulässig, die weder Urteile noch Gerichtsbescheide sind. Gem. § 146 Abs. 4 steht den Beteiligten die Beschwerde ferner zu gegen Beschlüsse des VG über die Aussetzung der Vollziehung (§§ 80, 80 a), über einstweilige Anordnungen (§ 123) sowie gegen Beschlüsse im Verfahren der PKH. Nach der Rspr. ist die Beschwerde ausnahmsweise auch gegen bestimmte Entscheidungen gegeben, die zwar in Urteilsform ergangen sind, inhaltlich aber keine Hauptsache betreffen (Bsp.: Beschwerde gegen isolierte Kostenentscheidungen oder gegen die Festsetzung des Streitwerts in einem Urteil).[50]

37 **4. Teilbarkeit.** Sofern der Streitgegenstand teilbar ist, kann ein Rechtsmittel auch auf einen rechtlich abtrennbaren, selbständig überprüfbaren Teil der angegriffenen Entscheidung beschränkt werden. Dies gilt gem. § 158 Abs. 1 jedoch nicht für die Kostenentscheidung.

38 Bei mehreren einfachen Streitgenossen auf der Gegenseite kann das Rechtsmittel auf einzelne von ihnen beschränkt werden (BGH NJW 1969, 928).

39 Wird nur ein Teil einer Entscheidung mit Rechtsmitteln angegriffen, so tritt der Suspensiv- und der Devolutiveffekt gleichwohl mit Wirkung für die gesamte Entscheidung ein, solange das eingelegte Rechtsmittel noch erweitert werden oder sich der Gegner noch anschließen kann.[51] In dem Ausnahmefall einer bewusst gewollten Rechtsmittelbeschränkung kann dagegen regelmäßig ein Rechtsmittelverzicht hinsichtlich der anderen Teile des Urteils zu sehen sein.[52]

40 **5. Untätigkeit des Gerichts.** Ein Rechtsmittel kann schließlich im Fall der Untätigkeit des Gerichts eingelegt werden. Auch wenn das Gericht eine Entscheidung unangemessen verzögert, kommt nach zutr. Ansicht ein Rechtsmittel in Betracht.[53] So ist namentlich eine Beschwerde bei Verzögerung einer Entscheidung über einen Antrag auf PKH[54] sowie gegen die Ablehnung einer Terminbestimmung oder

47 BAG NJW 1991, 1273; BayVerfGH BayVBl 1985, 398; *Kopp/Schenke* Vorbem. § 124 Rn. 19; *R. Rudisile*, in: Schoch/Schneider/Bier Vorbem. § 124 Rn. 34.

48 *R. Rudisile*, in: Schoch/Schneider/Bier Vorbem. § 124 Rn. 34.

49 BVerwGE 91, 242; RGZ 135,118; *Kopp/Schenke* Vorbem. § 124 Rn. 22; *P. Kothe*, in: Redeker/v. Oertzen § 107 Rn. 10; vgl. zum Unterschied zwischen Nichturteilen (nicht rechtsmittelfähig) und nichtigen Urteilen (rechtsmittelfähig) *J. Schmidt*, in: Eyermann § 107 Rn. 11 f.

50 OVG Bautzen DÖV 1997, 603 Nr. 123 (LS); VGH Mannheim NVwZ-RR 1992, 110; 1997, 766 Nr. 73 (LS); *H. Johlen*, in: ders., Münchener Prozessformularbuch, Bd. 7, ⁴2014, A.V.3 Rn. 3 f.

51 BGHZ 7, 143; *Kopp/Schenke* Vorbem. § 124 Rn. 18.

52 *Kopp/Schenke* Vorbem. § 124 Rn. 18.

53 *M. Happ*, in: Eyermann Vorbem. § 124 Rn. 15; *J. Ziekow*, DÖV 1998, 951.

54 LAG Bln MDR 1984, 258; OLG Celle MDR 1985, 592; OLG Düsseldorf FamRZ 1986, 484; OLG Hamburg NJW-RR 1989, 1022; a.A. OVG Brem NJW 1984, 992; krit. *E. Schmidt-Aßmann/W. Schenk*, in: Schoch/Schneider/Bier Einl Rn. 159; *J. Ziekow*, DÖV 1998, 949.

die Anberaumung auf einen unzumutbar späten Zeitpunkt[55] möglich. Dabei ist es unerheblich, ob die Untätigkeit oder die Verzögerung dem Gericht vorwerfbar ist, wenn nur Wirkungen feststellbar sind, die einer Verweigerung des Rechtsschutzes zumindest gleichkommen (VGH München BayVBl 1978, 213). In diesen Fällen stellt die Untätigkeit einen Verstoß gegen Art. 19 Abs. 4 GG und Art. 6 Abs. 1 EMRK dar.

Die Möglichkeit einer Beschwerde im Verwaltungsprozess beschränkte sich lange Zeit auf außergewöhnliche Fälle und blieb regelmäßig ohne Aussicht auf Erfolg (vgl. hierzu: VGH Mannheim NJW 1984, 993; VGH München BayVBl 1978, 213). Erst mit dem Gesetz über den Rechtsschutz bei überlangen Gerichtsverfahren und strafrechtlichen Ermittlungsverfahren (ÜVerfBesG)[56] reagierte der deutsche Gesetzgeber auf die Forderungen des EGMR,[57] Rechtsmittel bei Untätigkeit des Gerichts einzulegen. Im Mittelpunkt der Novelle stehen die neu in das GVG eingefügten §§ 198–201, die über § 173 S. 2 VwGO auch für den Verwaltungsprozess anwendbar sind. Durch diese Regelung wird dem Betroffenen ein zweistufiger Sanktionsmechanismus zur Verfügung gestellt. Auf der ersten Stufe muss das kritisierte Gericht mit einer Rüge auf die Verzögerung hingewiesen werden (Verzögerungsrüge). Verzögert sich das Verfahren gleichwohl weiter, so kann auf der zweiten Stufe eine Entschädigungsklage erhoben werden. Diese Kombination stellt damit eine neuartige Variante der Rechtsschutzgestaltung dar. Der Deutsche Bundestag hat hinsichtlich der Effektivität einen Evaluierungsauftrag erteilt,[58] dem die Bundesregierung durch Erstellung eines Erfahrungsberichts am 17.10.2014 nachgekommen ist.[59]

III. Eigenständiger Rechtsmittelgegenstand?

Teilweise wird die Anerkennung eines besonderen Rechtsmittelgegenstandes befürwortet, der in Verfeinerung des Streitgegenstandsbegriffs allein auf dem prozessrechtlichen, nicht auf dem materiellrechtlichen Anspruchsbegriff basieren soll.[60] Auf seiner Grundlage wird von Stimmen im Schrifttum eine Erledigung der Hauptsache im höheren Rechtszug als möglich angesehen.[61] Nach diesem zwischen Streitgegenstand und Rechtsmittelgegenstand differenzierenden Ansatz wird aus § 91 a ZPO ein Schluss a maiore ad minus in der Weise gezogen, dass ein Teil des Rechtsstreits, nämlich die Instanz, in der sich das Verfahren befindet, übereinstimmend für erledigt erklärt werden kann, ohne dass zugleich der Rechtsstreit insgesamt für erledigt erklärt wird.[62] Aus der gesetzlichen Grundkonzeption der Rechtsmittel, die sich als Kassation durch Reformation beschreiben lässt,[63] folgt indessen, dass das Rechtsmittelverfahren keinen eigenen Streitgegenstand kennt. Es wird vielmehr bestimmt durch die reformierende Neu- oder Weiterverhandlung des mit der Klage geltend gemachten Streitgegenstandes. Die Rechtsmittelanträge sind nicht Klagen, die ein neues Verfahren eröffnen, sondern Verfahrensfortsetzungsanträge.[64] Tritt die „Erledigung in der Hauptsache" oder ein Ereignis, das in diesem Sinne verstanden wird, nach Beendigung der ersten Instanz ein, führt dies daher nicht zur „Erledigung

40a

41

---

55 OLG Frankfurt NJW 1994, 1715; OLG Karlsruhe NJW 1984, 985; *P. Kothe*, in: Redeker/v. Oertzen § 102 Rn. 3; *R. Rudisile*, in: Schoch/Schneider/Bier Vorbem. § 124 Rn. 36; a.A. OVG Brem NJW 1984, 992; *Kopp/Schenke* § 102 Rn. 3; *J. Ziekow*, DÖV 1998, 951.

56 Gesetz über den Rechtsschutz bei überlangen Gerichtsverfahren und strafrechtlichen Ermittlungsverfahren (ÜVerfBesG) v. 24.11.2011, BGBl I 2302. Dazu *Graf*, NZWiSt 2012, 121 ff.; *Steinbeiß-Winkelmann/Sporrer*, NJW 2014, 177 ff.

57 EGMR NJW 2006, 2389; NJW 2010, 3355.

58 BT-Drs. 17/7217.

59 BT-Drs. 18/2950.

60 *Arwed Blomeyer*, Zivilprozessrecht, ²1985, 559 ff.

61 Für eine eigenständige Rechtsmittelerledigungserklärungsmöglichkeit: OLG Bremen MDR 1963, 335; OLG Frankfurt NJW-RR 1989, 63 m.w.N.; *Baumbach/Lauterbach/Albers/Hartmann* § 91 a Rn. 102 und 195 ff.; *W. Heintzmann*, ZZP 87 (1974), 199, 201; *P. Kothe*, in: Redeker/v. Oertzen § 107 Rn. 14; *A. Schulz*, JZ 1983, 331, 334 f.; diff. G. *Furtner*, MDR 1961, 188, 189 ff.; a.A. *W. J. Habscheid*, NJW 1960, 2132, 2134; *Horst Göppinger*, Die Erledigung des Rechtsstreits in der Hauptsache, 1958, 299; *J. Schmidt*, in: Eyermann § 161 Rn. 10; offen gelassen in: VGH München BayVBl 1985, 89 f.

62 BGHZ 34, 203; OLG Stuttgart ZZP 79 (1963), 474; LG Bochum ZZP 97 (1984), 215 f. m. zust. Anm. W. *Waldner*, KG MDR 1986, 592; *W. Heintzmann*, ZZP 87 (1974), 199, 212; a.A. KG (12. ZS) FamRZ 1977, 562.

63 Vgl. *K. A. Bettermann*, ZZP 88 (1975), 365, 369 ff. und 386. Zu den unterschiedlichen Ansichten – Reformations-, Kassationsziel – s. b. *Rimmelspacher*, in: MüKoZPO Vorbem. § 511 Rn. 3 mit den Fn. 5 ff.

64 *J. Weitzel*, JuS 1992, 625, 627.

des Rechtsmittels", sondern nur zur Erledigung in der Hauptsache des auch im Rechtsmittelverfahren weiter betriebenen Klageverfahrens.[65]

E. Zulassungsfragen bei Berufung, Revision und Beschwerde

42 Die Berufung gegen Endurteile des VG steht den Beteiligten allein dann zu, wenn sie vom VG oder OVG zugelassen wird (§ 124 Abs. 1). Hierfür müssen die Voraussetzungen des § 124 Abs. 2 erfüllt sein, dessen Zulassungskriterien nach Nr. 3–5 den Zulassungsgründen für die Revision nach § 132 Abs. 2 *mutatis mutandis* entsprechen. Dem Revisionsrecht fremd sind der Zulassungsgrund des erheblichen Zweifels an der Richtigkeit des Urteils (Nr. 1) sowie der besonderen tatsächlichen oder rechtlichen Schwierigkeiten der Rechtssache (Nr. 2).

43 Im Zuge des RmBereinVpG wurde die mit dem 6.VwGOÄndG eingeführte Zulassungserfordernis für die Beschwerde durch ein Begründungs- und Darlegungserfordernis ersetzt, da sich die analoge Anwendung der Zulassungsgründe des § 124 Abs. 2 als nicht effizient und zweckmäßig erwies.[66] Die Beschwerde ist innerhalb eines Monats nach Bekanntgabe der Entscheidung zu begründen (§ 146 Abs. 4 S. 1). Die Begründung ist, sofern sie nicht bereits mit der Beschwerde vorgelegt worden ist, bei dem OVG einzureichen (§ 146 Abs. 4 S. 2) und muss einen bestimmten Antrag enthalten, die Gründe darlegen, aus denen die Entscheidung abzuändern oder aufzuheben ist und sich mit der angefochtenen Entscheidung auseinander setzen (§ 146 Abs. 4 S. 3). Der Begründung muss zu entnehmen sein, aus welchen tatsächlichen oder rechtlichen Gründen der angefochtene Beschluss unrichtig sein soll und geändert werden muss. Es genügt daher nicht, die tatsächliche und rechtliche Würdigung durch das VG mit pauschalen Angriffen oder formelhaften Wendungen zu rügen.[67] Wird diesen Erfordernissen nicht entsprochen ist die Beschwerde nach § 146 Abs. 4 S. 4 als unzulässig zu verwerfen.

44 Die für die Revision, die Berufung sowie die Beschwerde normierten Zulassungsverfahren übernehmen eine Filterfunktion, um die angerufene höhere Instanz vor einer Belastung mit einem nicht Erfolg versprechendem Rechtsmittel zu bewahren.[68] Dabei bleibt der doppelte Zweck der Rechtsmittel erhalten: Zum einen dienen sie dem Individualinteresse an einer gerechten Einzelfallentscheidung, zum anderen dem Allgemeininteresse an der Wahrung der Rechtseinheit und an der Rechtsfortbildung. So streben die Zulassungsgründe nach § 124 Abs. 2 Nr. 3 und 4 sowie die Parallelkriterien nach § 132 Abs. 2 Nr. 1 und 2 vorrangig nach Rechtseinheit und Rechtsfortbildung, wohingegen die Zulassungsgründe nach § 124 Abs. 2 Nr. 1, 2 und 5 sowie nach § 132 Abs. 2 Nr. 3 in erster Linie den Schutz des Individualinteresses an einer gerechten Einzelfallentscheidung beabsichtigen.[69]

45 Gem. § 133 Abs. 1 kann die Nichtzulassung der Revision durch das OVG durch Beschwerde angefochten werden. Diese Beschwerde ist nach § 133 Abs. 2 innerhalb eines Monats nach der Zustellung des versagenden Urteils beim *iudex a quo* einzureichen. In der Begründung, die zwei Monate nach Zustellung erfolgen muss, ist die grundsätzliche Bedeutung der Rechtssache darzulegen oder die Entscheidung, von der das Urteil abweicht, zu bezeichnen; das gleiche gilt für einen Verfahrensmangel (§ 133 Abs. 3).

46 Nach dem RmBereinVpG ist die Zulassung zur Berufung bei grundsätzlicher Bedeutung der Rechtssache (§ 124 Abs. 2 Nr. 3) und bei Abweichung von einer Entscheidung des OVG, des BVerwG, des gemeinsamen Senats der obersten Gerichtshöfe des Bundes oder des BVerfG (§ 124 Abs. 2 Nr. 4) durch das VG zuzulassen, § 124a Abs. 1 S. 1.[70] Das Zulassungsverfahren vor dem OVG bleibt erhalten. Spricht das VG die Zulassung zur Berufung in seinem Urteil nicht aus, ist allein statthaftes Rechtsmittel der Antrag auf Zulassung der Berufung über den als *iudex ad quem* das OVG entscheidet.

47 Über die Zulassung der Revision entscheidet im Regelfall das OVG als *iudex a quo* oder – auf Beschwerde gegen die Nichtzulassung – das BVerwG als *iudex ad quem* durch Beschluss (§§ 132 Abs. 1, 133 Abs. 5).

---

65 *W. B. Maetzel*, DÖV 1971, 613, 617.
66 *M.-J. Seibert*, NVwZ 2002, 265, 268.
67 *M.-J. Seibert*, NVwZ 2002, 265, 268.
68 Für die Revision vgl. *A. May*, Revision, [2]1997, 137; für die Zulassungsberufung vgl. *M.-J. Seibert*, DVBl 1997, 932.
69 Vgl. *M.-J. Seibert*, DVBl 1997, 932.
70 *B. Kienemund*, NJW 2002, 1231.

Aus Effizienz- und Zweckmäßigkeitsgründen ist das durch das 6. Gesetz zur Änderung der VwGO   48
und anderer Gesetze (6. VwGOÄndG [BGBl I 1626]) eingeführte Zulassungserfordernis für die Beschwerde durch ein Begründungs- und Darlegungserfordernis ersetzt worden, § 146 Abs. 4 S. 3.[71]

F. Zulässigkeit von Rechtsmitteln

I. Allgemeines

Wie bei der Klage ist auch beim Rechtsmittel zwischen den Voraussetzungen seiner (prozessualen) Zu-   49
lässigkeit und seiner (materiell-rechtlichen) Begründetheit zu unterscheiden. Die Zulässigkeitsvoraussetzungen sind von Amts wegen zu prüfen, auch vom Revisionsgericht.[72] Fehlt es an einer Zulässigkeitsvoraussetzung des Rechtsmittels, ist es ohne Sachprüfung durch Prozessurteil zu verwerfen (vgl.
§§ 125 Abs. 2 S. 1, 143). Über seine Begründetheit darf dann nicht entschieden werden. Eine erneute
Berufung innerhalb der Frist wird dadurch nicht ausgeschlossen. Fehlt hingegen die sachliche Berechtigung, so ist das Rechtsmittel als unbegründet zurückzuweisen.[73] Ein solches Sachurteil äußert
Rechtskraftwirkung in der Sache.

Sind in dem zweistufigen Prüfverfahren bei der Klage zunächst die Sachentscheidungsvoraussetzungen   50
zu prüfen, so ist bei allen drei Rechtsmitteln – nach deren Zulassung – die Prüfung spezifischer Zulässigkeitsvoraussetzungen zwingend. Die Sachentscheidungsvoraussetzungen der ersten Instanz, werden
in der Rechtsmittelinstanz demgegenüber i.d.R. zu Kriterien, die i.R. der Begründetheit zu prüfen
sind, es sei denn, sie wirken, wie die Prozesshandlungsvoraussetzungen, in der Rechtsmittelinstanz
fort.[74] Das ist nur dann anders, wenn es sich um Prozessvoraussetzungen der ersten Instanz handelt.
Diese werden i.R. der Begründetheit geprüft (Postulations-, Prozess- und Parteifähigkeit). Das Gericht
darf grds. nicht offenlassen, ob ein eingelegtes Rechtsmittel unzulässig oder unbegründet ist. Zur Sache darf es nur entscheiden, wenn die Zulässigkeit des Rechtsmittels feststeht (OLG Frankfurt MDR
1978, 236 f.). Angesichts der Notwendigkeit, den Umfang der Rechtskraft klar zu bestimmen, darf ein
Rechtsmittel auch nicht als unzulässig und zugleich unbegründet zurückgewiesen werden. Denn ein
Prozessurteil, das ein Rechtsmittel als unzulässig verwirft, erwächst nur hinsichtlich dieser prozessualen Entscheidung in Rechtskraft.

Von dem Grundsatz des Vorrangs der Zulässigkeits- vor der Begründetheitsprüfung sind aus Gründen   51
der Prozessökonomie allerdings Ausnahmen zu machen: So ist anerkannt, dass das Gericht die Frage
der Zulässigkeit offenlassen kann, wenn das Rechtsmittel jedenfalls unbegründet ist.[75]

Wie bei den Sachentscheidungsvoraussetzungen ist auch bei den Zulässigkeitsvoraussetzungen eines   52
Rechtsmittels die Prüfung der Reihenfolge umstr.[76] Jede Dogmatisierung ist hier unangebracht. Das
Rechtsmittelgericht wird die Reihenfolge der Prüfung nach Zweckmäßigkeitsgesichtspunkten bestimmen. Aus Gründen der Prozessökonomie kann es dabei bestimmte Prozessvoraussetzungen, selbst
wenn sie logisch vorrangig sind, dann ungeprüft lassen, wenn das Rechtsmittel mangels einer anderen
Prozessvoraussetzung offensichtlich unzulässig ist.[77] Insbes. dann, wenn Frist- und Formvorschriften
nicht eingehalten wurden, kann ein Rechtsmittel ohne weitere Prüfung als unzulässig verworfen werden.

II. Voraussetzungen für die Zulässigkeit

Zulässigkeitsvoraussetzungen für ein Rechtsmittel sind im Einzelnen: 53

- Statthaftigkeit des Rechtsmittels (→ Rn. 54 f.)
- Wahrung von Form und Frist bei Einlegung des Rechtsmittels (→ Rn. 57 f.)

---

71 M.-J. Seibert, NVwZ 2002, 265, 268.
72 BVerwG BayVBl 1986, 534; Kopp/Schenke Vorbem. § 124 Rn. 30.
73 Kopp/Schenke Vorbem. § 124 Rn. 33; Ule § 61 III.
74 Vgl. Kopp/Schenke Vorbem. § 124 Rn. 29; R. Rudisile, in: Schoch/Schneider/Bier Vorbem. § 124 Rn. 28 ff.; Stern
    Rn. 617 f.
75 BFHE 67, 207; OLG Köln DB 1974, 2202; Kopp/Schenke Vorbem. § 124 Rn. 30; R. Rudisile, in: Schoch/Schneider/
    Bier Vorbem. § 124 Rn. 30 f.; a.A.: Baumbach/Lauterbach/Albers/Hartmann Grundz § 511 Rn. 6.
76 Vgl. die Reihenfolge bei Kopp/Schenke Vorbem. § 124 Rn. 28; M. Redeker, in: Redeker/v. Oertzen § 124 Rn. 5;
    Schmitt Glaeser/Horn Rn. 469.
77 Vgl. R. Rudisile, in: Schoch/Schneider/Bier Vorbem. § 124 Rn. 44.

- Beschwer (→ Rn. 59 ff.)
- Vorliegen der persönlichen Prozesshandlungsvoraussetzungen wie Beteiligtenfälligkeit und Prozessfähigkeit, § 62, sowie Postulationsfähigkeit, § 67 (→ Rn. 75 f.)
- kein Verlust des Rechtsmittels durch Verzicht, Vergleich oder Verwirkung seitens des Rechtsmittelführers (→ Rn. 77 ff.)
- kein Untergang des Rechtsmittels durch Zurücknahme, Abschluss eines Vergleichs oder Erledigungserklärung der Hauptsache seitens der Hauptbeteiligten (→ Rn. 86 ff.).

54 **1. Statthaftigkeit.** Das Rechtsmittel muss „an sich" **statthaft** sein.[78] Statthaftigkeit ist gegeben, wenn das eingelegte Rechtsmittel gegen ein Urteil oder einen Beschluss dieser Art überhaupt vorgesehen ist, und es von einem zum Gebrauch des Rechtsmittels Berechtigten eingelegt wird. Es muss daher eine rechtsmittelfähige Entscheidung ergangen sein, und das Rechtsmittel darf nicht durch Gesetz ausgeschlossen sein.[79] Insoweit kann auf die Ausführungen zu den „Arten der Rechtsmittel" (→ Rn. 15 ff.) sowie zum „Gegenstand des Rechtsmittelverfahrens" (→ Rn. 33 ff.) verwiesen werden.

Beispiele:

55 **a) Statthaftigkeit an sich und Zulassung des Rechtsmittels.** Gegen Urteile ist die Berufung oder die Revision statthaft, nicht aber die Beschwerde. Gegen Beschlüsse ist die Beschwerde, nicht aber die Berufung oder die Revision statthaft (vgl. §§ 124 Abs. 1, 132 Abs. 1 S. 1, 134 Abs. 1 S. 1, 146). Gegen Urteile und Beschlüsse des BVerwG ist kein Rechtsmittel statthaft.

56 **b) Rechtsmittelberechtigung.**[80] Nur den Beteiligten (§ 63) steht die Befugnis zu, Rechtsmittel einzulegen (vgl. §§ 124 Abs. 1, 132 Abs. 1, 146 Abs. 1); der *quivis ex populo* ist davon ausgeschlossen.

57 **2. Einhalten von Form und Frist.** Die für die Einlegung und Begründung des Rechtsmittels vorgeschriebenen Förmlichkeiten und Fristen, einschließlich der Vorschriften für bestimmte Anträge und Begründungen (§ 124 a Abs. 3 S. 1), müssen beachtet worden sein. Wird die Berufung nicht in dem Urteil des VG zugelassen, ist die Zulassung der Berufung nach § 124 a Abs. 4 innerhalb eines Monats nach Zustellung des Urteils zu beantragen. Die Revision ist nach § 139 Abs. 1 innerhalb eines Monats nach Zustellung des vollständigen Urteils oder des Beschlusses über die Zulassung der Revision nach § 134 Abs. 3 S. 2 einzulegen. Die Beschwerde ist nach § 147 Abs. 1 innerhalb von zwei Wochen nach Bekanntgabe der Entscheidung einzulegen. Bei Revision (§ 139 Abs. 1 S. 2) und Beschwerde (§ 147 Abs. 2) ist die Frist auch gewahrt, wenn das jeweilige Rechtsmittel beim *iudex ad quem* (BVerwG bzw. OVG) eingeht. Neu ist die Fristgebundenheit der (unselbständigen) Anschlussrechtsmittel i.R. der Berufung und der Revision nach dem durch das RmBereinVpG novellierten § 127 (Abs. 2 S. 2).

58 Revision (§ 139 Abs. 1 S. 1) und Beschwerde (§ 147 Abs. 1 S. 1 Alt. 1) sind schriftlich einzulegen. Die Berufung bedarf zwar nicht einer besonderen Einlegung (vgl. § 124 a Abs. 5 S. 5), doch ist sie innerhalb von zwei Monaten nach Zustellung des Beschlusses über die Zulassung der Berufung zu begründen (§ 124 a Abs. 3 S. 1, Abs. 4 S. 4). Dazu muss der Berufungsführer nach Zulassung der Berufung einen Schriftsatz zur Berufungsbegründung einreichen. Eine Antragstellung zur Niederschrift des Urkundsbeamten der Geschäftsstelle ist also nicht als ausreichend anzusehen. Dagegen kann die Beschwerde auch zur Niederschrift des Urkundsbeamten der Geschäftsstelle eingelegt werden (§ 147 Abs. 1 S. 1 Alt. 2). Über Form und Frist der Begründung von Berufung und Revision trifft das Gesetz gesonderte Anordnungen (§ 124 a Abs. 3 S. 1 und S. 2, Abs. 4 S. 4 und S. 5; § 139 Abs. 3 S. 1 und 2).

59 **3. Beschwer.** Der Zugang zum Rechtsmittel wird über das Erfordernis einer Beschwer des Rechtsmittelführers gesteuert, die nicht allein in der Kostenbelastung bestehen darf (§ 158 Abs. 1). Nur wer durch eine Entscheidung belastet ist, kann ein anerkennenswertes Rechtsschutzbedürfnis nachweisen, diese Beschwer mit dem Rechtsmittel zu beseitigen. Die Beschwer ist mithin eine Erscheinungsform

---

78 Vgl. § 519 b Abs. 1 ZPO i.V.m. § 173; § 143 S. 1; § 574 S. 1 ZPO i.V.m. § 173.

79 *Arwed Blomeyer*, Zivilprozessrecht, ²1985, § 97 I; *Ch. Althammer*, in: Stein/Jonas Vorbem. § 511 Rn. 10; *Rosenberg/Schwab/Gottwald* § 134 II Rn. 5; *J. Weitzel*, JuS 1992, 625, 627 f.; der Begriff bleibt indes vieldeutig; vgl. GmSOGB BVerwGE 68, 379, 380: danach ist – abweichend nach § 554 a Abs. 1 S. 1 ZPO – „unter einem an sich statthaften Rechtsmittel (i.S.d. § 705 ZPO) ein solches zu verstehen, das ohne Rücksicht auf besondere Zulässigkeitsvoraussetzungen gegeben ist." I.d.S. auch *Kopp/Schenke* Vorbem. § 124 Rn. 28 a.E.

80 *Kopp/Schenke* Vorbem. § 124 Rn. 34; *R. Rudisile*, in: Schoch/Schneider/Bier Vorbem. § 124 Rn. 37 f.

des Rechtsschutzinteresses für die Rechtsmittelinstanz.[81] Das „Rechtsmittelschutzbedürfnis"[82] muss in der besonderen, dem Rechtsmittel angepassten Form vorliegen (BVerwGE 17, 352).

Das Erfordernis einer Beschwer bewirkt zweierlei: Zum einen entscheidet grds. allein die beschwerte 60
Partei darüber, ob ein Rechtsmittel eingelegt werden kann. Das ist Ausfluss ihrer Dispositionsbefugnis (→ Rn. 31 f.). Zum anderen ist das Rechtsmittel nur zulässig, wenn mit ihm die Beseitigung der Beschwer des Rechtsmittelführers angestrebt wird (BGH NJW 1990, 2683 – st. Rspr.). Ob tatsächlich eine widerrechtliche Beschwer vorliegt, zeigt sich erst bei der Prüfung der Begründetheit des Rechtsmittels. Der Vortrag, die angefochtene Entscheidung sei rechtswidrig, gehört daher nicht zum Erfordernis der Beschwer, sondern zu einer formgerechten Begründung. Die Frage, ob der Rechtsmittelkläger beschwert ist, beantwortet sich nach seiner Parteirolle in der Vorinstanz.

a) Formelle Beschwer. Beim Kläger wird regelmäßig eine formelle Beschwer vorausgesetzt.[83] Sie liegt 61
vor, wenn die Wirkungen der ergangenen Entscheidung ungünstiger sind als die der beantragten Entscheidung.[84] Das ist der Fall, wenn dem Rechtsschutzbegehren des Klägers in der anzufechtenden Entscheidung nicht entsprochen, also dem Klageantrag nicht in vollem Umfang stattgegeben wurde, z.B. das Gericht nur dem Hilfsantrag stattgegeben und den Hauptantrag abgewiesen hat.[85] Die formelle Beschwer liegt somit in der Differenz zwischen dem Antrag des Rechtsmittelführers und dem Urteilsausspruch. Dabei muss es sich um eine inhaltliche und nicht nur redaktionelle Abweichung handeln. Der Grundsatz der formellen Beschwer wird i.d.R. mit dem Zusatz versehen, eine Beschwer i.S. einer Beeinträchtigung der von dem Rechtsmittelführer beanspruchten oder verteidigten Rechtsstellung könne sich nur aus dem Tenor, nicht aber aus den Urteilsgründen ergeben.[86] Allein die Entscheidungsgründe beschweren danach nicht. Sie können nur in ihrer Bedeutung für einen auslegungsbedürftigen Tenor eine Beschwer enthalten, da sie insoweit an der Rechtskraft teilnehmen.[87] Bei Bescheidungsurteilen i.S.d. § 113 Abs. 5 S. 2 ist es hingegen die Regel, dass Teile der Entscheidungsbegründung an der Rechtskraft teilhaben. Denn die Rechtsauffassung, zu deren Beachtung das Gericht die Behörde verpflichtet, lässt sich hier regelmäßig nicht in der Urteilsformel darstellen. Nach der Rspr. bestimmt sich in diesen Fällen der Umfang der materiellen Rechtskraft und damit der Bindungswirkung nach den die maßgebliche Rechtsauffassung des Gerichts darstellenden Entscheidungsgründen. Ein Bescheidungsurteil, das einem entsprechenden Antrag stattgibt, beschwert daher den Kläger, wenn sich die vom Gericht für verbindlich erklärte Rechtsauffassung nicht mit seiner eigenen deckt, und sich für ihn als ungünstiger erweist, wenn also bei Anwendung der Rechtsauffassung des Gerichts durch die Behörde eher mit einem ihm nachteiligen Ergebnis zu rechnen ist als bei Anwendung seiner eigenen Rechtsauffassung.[88] Für die Beschwer unerheblich sind hingegen nur tatsächliche Feststellungen in den Entscheidungsgründen oder die Begründung für ein präjudizielles Rechtsverhältnis.[89]

Beispiele: 62
Eine Beschwer des Klägers liegt nicht vor:

- wenn seinem Antrag in vollem Umfang stattgegeben wurde, und zwar auch dann nicht, wenn die Entscheidung auf andere Gründe gestützt wird, als sie der Rechtsmittelkläger zur Rechtfertigung seines Begehrens vorgebracht hatte (BVerwGE 4, 16; 4, 283; 17 352, 353);
- wenn Feststellungen zulasten des Rechtsmittelklägers getroffen werden;[90]

---

81 BGHZ 50, 261, 263; 57, 224, 225; BGH NJW 1996, 527; *W. B. Maetzel,* FS Bay. VGH, 1979, 29; *R. Rudisile,* in: Schoch/Schneider/Bier Vorbem. § 124 Rn. 39; *Stern* Rn. 627; *J. Weitzel,* JuS 1992, 625, 628 f.
82 Vgl. *A. May,* Revision, ²1997, 131.
83 BVerwGE 4, 116, 117; BSGE 43, 1, 3; *H.-J. Heßler,* in: Zöller Vorbem. § 511 Rn. 13; *R. Rudisile,* in: Schoch/Schneider/Bier Vorbem. § 124 Rn. 40.
84 BVerwG DVBl 1982, 447: „Eine Beschwer des Rechtsmittelführers liegt dann vor, wenn die angefochtene Entscheidung, soweit sie für die Beteiligten verbindlich werden kann, hinter seinem Begehren zurückbleibt."
85 BVerwGE 4, 16; 4, 283 ff.; 10, 148 ff.; BVerwG NJW 1983, 407; RGZ 100, 208; BGH NJW 1958, 995; BSGE 43, 1, 2 f.; *Kopp/Schenke* Vorbem. § 124 Rn. 41.
86 *R. Rudisile,* in: Schoch/Schneider/Bier Vorbem. § 124 Rn. 41; *Rosenberg/Schwab/Gottwald* § 134 II 3 a; krit. *W. B. Maetzel,* FS Bay. VGH, 1979, 29, 30 ff.
87 BVerwGE 70, 159, 161; BGHZ 24, 284; BGH NJW 1986, 2703; *Kopp/Schenke* § 121 Rn. 18; *R. Rudisile,* in: Schoch/Schneider/Bier Vorbem. § 124 Rn. 40; *J. Weitzel,* JuS 1992, 625, 629.
88 BVerwG NJW 1983, 407 unter Verweis auf BVerwGE 23, 123, 124; OVG Bln DÖV 1976, 105; *Kopp/Schenke* Vorbem. § 124 Rn. 44; vgl. auch *W. B. Maetzel,* FS Bay. VGH, 1979, 29, 32.
89 Vgl. *R. Rudisile,* in: Schoch/Schneider/Bier Vorbem. § 124 Rn. 41.
90 So *Arwed Blomeyer,* Zivilprozeßrecht, ²1985, § 97 für den Fall, dass die Begründung nicht in Rechtskraft erwächst.

- wenn das Gericht über seinen Antrag überhaupt nicht entschieden hat (BGHZ 30, 213; BSGE 17, 11);
- bei einem Zwischenurteil nach § 109, wenn die Klagebefugnis nur für einzelne der als verletzt behaupteten Rechte bejaht wird (BVerwG NJW 1980, 2268).

63 Eine Beschwer des Klägers liegt demgegenüber vor:

- wenn nur seinem weniger weitgehenden Hilfsantrag stattgegeben wird (BVerwGE 29, 261, 264 f.; BAGE 10, 340, 344; BGHZ 26, 295; 41, 38, 41);
- wenn dem Hilfsantrag stattgegeben wird, der auf den Erlass eines nicht durch Auflagen eingeschränkten Verwaltungsaktes gerichtet war, und der Hauptantrag abgewiesen wird, der auf Aufhebung der mit dem Verwaltungsakt verbundenen Auflage zielte (BVerwGE 29, 261, 263 f.);
- wenn das Gericht i.R. eines Bescheidungsurteils eine andere Rechtsauffassung vertreten hat, und die Bindungswirkung deswegen weniger weitreichend ist, wenn also bei Anwendung der Rechtsauffassung des Gerichts durch die Behörde eher mit einem ungünstigeren Ergebnis zu rechnen ist als bei Anwendung der Rechtsauffassung des Klägers (BVerwG NJW 1983, 407; BSGE 43, 1, 3; → Rn. 61);
- wenn über einen Punkt entschieden wurde, der nicht (mehr) Gegenstand des Rechtsstreits war (BGH NJW 1991, 703);
- wenn eine verfahrensrechtlich nötige Kostenentscheidung unterbleibt (RG HRR 33, 1619; vgl. auch BGH NJW 1959, 291);
- wenn statt der vom Kläger beantragten Erledigung der Hauptsache auf Klageabweisung erkannt wird, auch wenn es dem Kläger nur oder überwiegend um eine Änderung der Kostenentscheidung geht;[91]
- bei Aufhebung und Zurückverweisung in die erste Instanz, wenn der Kläger Zurückweisung der Berufung beantragt hatte (BGH NJW-RR 1990, 481);
- wenn das Urteil dem Wortlaut nach zwar dem Antrag des Klägers entspricht, nicht aber dem damit verfolgten materiellen Begehren (OLG Karlsruhe NJW-RR 1986, 582).

64 **b) Materielle Beschwer des Beklagten.** Für den Beklagten ist streitig, ob er formell oder materiell beschwert sein muss.[92] Ausreichend ist eine materielle Beschwer jedenfalls dann, wenn er keinen Antrag gestellt hat. Sie liegt im Gegensatz zur formellen Beschwer dann vor, wenn die ergangene Entscheidung überhaupt ungünstige Wirkungen für den Rechtsmittelführer zeitigt,[93] wenn die Entscheidung den Beklagten in seiner Rechtsstellung also inhaltlich beeinträchtigt.[94] Überwiegend wird indes angenommen, dass eine Beschwer bereits dann gegeben ist, wenn die Entscheidung hinter dem vom Beklagten gestellten Antrag zurückbleibt.[95] Dagegen ist eingewandt worden, es könne schon deshalb nur auf die materielle Beschwer ankommen, weil das Gericht nur nach dem Sachantrag des Klägers entscheide.[96] Dies ist jedoch nur dann zutr., wenn der Beklagte keinen Antrag gestellt hat.[97] Im Kern betreffen die Meinungsverschiedenheiten die Frage, ob eine Beschwer des Beklagten auch in anderen Fällen möglich ist.[98] In aller Regel wirkt sich dieser Streit allerdings nicht aus, weil der Beklagte in doppeltem Sinne beschwert ist. So ist er auch formell beschwert, wenn er die Zurückweisung der Berufung begehrt, das Gericht aber auf Aufhebung und Zurückverweisung erkennt (BGH NJW 1984, 495; 1991, 704).

---

91 BGHZ 57, 224 m. Anm. *W. Zeiss*, JR 1972, 68; BGH NJW 1972, 112.
92 Für materielle Beschwer des Bekl. etwa BGH NJW 1955, 545; für formelle Beschwer des Kl. wie des Bekl. etwa *Rosenberg/Schwab/Gottwald* § 134 II 3 c.
93 Vgl. *O. Jauernig*, Zivilprozessrecht, 2003, § 72 V.
94 Vgl. *Ch. Althammer*, in: Stein/Jonas Vorbem. § 511 Rn. 85.
95 BGHZ 38, 289, 290; *K. A. Bettermann*, ZZP 82 (1969), 44 ff.; *Arwed Blomeyer*, Zivilprozessrecht, ²1985, § 97 II a; *Ch. Althammer*, in: Stein/Jonas²² Vorbem. § 511 Rn. 84 und 87; *Kopp/Schenke* Vorbem. § 124 Rn. 41; *Schmitt Glaeser/Horn* Rn. 132 und 463; *Stern* Rn. 627.
96 *M. Happ*, in: Eyermann Vorbem. § 124 Rn. 28; *R. Rudisile*, in: Schoch/Schneider/Bier Vorbem. § 124 Rn. 41.
97 Vgl. *O. Jauernig*, Zivilprozessrecht, 2003, § 72 V; *A. May*, Revision, ²1997, 132. Zur Frage einer entsprechenden Obliegenheit des Bekl. vgl. einerseits *J. Weitzel*, JuS 1992, 625, 629 und andererseits *Rosenberg/Schwab/Gottwald* § 134 II 3 b sowie *B. Rimmelspacher*, in: MüKoZPO Vorbem. § 511 Rn. 17.
98 Z. B. dann, wenn der Bekl. seinem Anerkenntnis gem. verurteilt worden ist; *O. Jauernig*, Zivilprozessrecht, 2003, § 72 V fordert auch insoweit eine formelle Beschwer; a. A., soweit der Bekl. keinen Antrag gestellt hat: BGH LM § 263 ZPO Nr. 5; BGH NJW 1984, 495; 1991, 704; *Kopp/Schenke* Vorbem. § 124 Rn. 40.

Beispiele: 65
Der Beklagte ist nicht beschwert:

- wenn andere Sachentscheidungsvoraussetzungen bzw. materiell-rechtliche Gründe im Urteil angenommen werden, als er geltend gemacht hatte; hingegen ist er beschwert, wenn sich die nachteilige Bedeutung des Tenors aus den Gründen ergibt;
- wenn Klageabweisung durch Sach- anstatt durch Prozessurteil erfolgt, was sich aus der weiterreichenden Rechtskraftwirkung des Sachurteils ergibt.[99]

Der Beklagte ist beschwert: 66

- wenn die Abweisung durch Prozessurteil statt Sachurteil erfolgt, da jenes eine geringere Rechtskraftwirkung besitzt;[100] (der Rechtsmittelkläger muss jedoch ausdrücklich einen Antrag auf Abweisung durch Sachurteil gestellt haben; der allgemeine Antrag auf Abweisung reicht nicht aus.);[101]
- ebenso wie der Kläger bei Klageabweisung wegen Unzulässigkeit des Rechtsweges (BVerwGE 8, 334);
- bei einer Abweisung als zurzeit unbegründet, wenn der Beklagte die völlige Abweisung erstrebte (BGHZ 24, 279, 284; OLG Hamm WM 1981, 62);
- wenn eine Feststellung der Erledigung statt Klageabweisung erfolgt.

c) Materielle Beschwer des Beigeladenen. Auch der Beigeladene ist zur selbständigen Vornahme von 67 Prozesshandlungen – einschließlich der Rechtsmitteleinlegung – berechtigt. Da er eigene Interessen wahrnimmt, die von den Interessen beider Parteien abweichen können, ist auch für ihn das Vorliegen einer eigenen Beschwer als Voraussetzung für die Einlegung eines Rechtsmittels unabdingbar. Allein die Stellung des Beigeladenen als Beteiligter des Verfahrens reicht für die Zulässigkeit eines Rechtsmittels nicht aus (BVerwGE 31, 233 f.). Eine formelle Beschwer ist hingegen schon deshalb nicht erforderlich, weil der Beigeladene keinen Antrag stellen muss. Auch wenn sich i.d.R. eine Beschwer für ihn daraus ergibt, dass das Urteil den von ihm gestellten Anträgen nicht entsprochen hat, ist seiner Verfahrensstellung nach doch eine nachteilige Einwirkung auf seine rechtlich geschützten Interessen, also eine materielle Beschwer zu fordern.[102] Ob dies der Fall ist, bemisst sich nach den besonderen Umständen des Sachverhaltes und der sich daraus ergebenden Interessenlage (BVerwGE 16, 273, 275). Zur Begründetheit eines Rechtsmittels muss entsprechend § 113 Abs. 1 S. 1 eine Verletzung von eigenen subjektiven Rechten des – auch einfachen (BVerwGE 77, 102) – Beigeladenen vorliegen.[103] Bei einem Bescheidungsurteil genügt als Beschwer, dass die vom Gericht als verbindlich erklärte Rechtsauffassung für den Beigeladenen ungünstiger ist als seine eigene und diese Auffassung zu einer Beeinträchtigung seiner subjektiven Rechte führen kann (BVerwGE 69, 256, 258). Hat gegen ein Urteil, durch das der Klage des Bauherrn auf Erteilung der Baugenehmigung stattgegeben worden ist, allein der beigeladene Nachbar Berufung eingelegt, so kann sein Rechtsmittel nur dann Erfolg haben, wenn er durch die stattgebende Entscheidung in seinen eigenen subjektiven Rechten verletzt ist (BVerwGE 47, 19; BVerwG NVwZ 1990, 857).

Beispiele: 68
Der Beigeladene ist nicht beschwert:

- durch die bloße mit der Stellung als Beteiligter verknüpfte Bindung an ein rechtskräftiges Urteil (BVerwGE 31, 233 f.; VGH München BayVBl 1990, 280, 281);
- wenn er zu Unrecht beigeladen war;[104]

---

99 BVerwG Bucholz § 310 § 40 VwGO Nr. 164, 33, 36 f.; OVG Lüneburg VerwRspr 5, 122; a.A. *Ule* § 61 III 3.
100 BVerwG 10, 148; 29, 210, 211; BVerwG DÖV 1959, 463; OVG Koblenz AS 8, 95; OVG Münster OVGE 2, 95; VGH München VerwRspr 13, 377; krit. *W. B. Maetzel*, FS Bay. VGH, 1979, 29, 31.
101 OVG Lüneburg NJW 1954, 1822; OVG Münster OVGE 2, 95; für Anfechtungsklagen vgl. BVerwG NJW 1968, 1795.
102 BVerwGE 16, 273, 275; 31, 233 f.; 37, 43; 47, 19; 52, 240; 64, 67; 69, 246; 87, 332, 337; 98, 210, 212; BVerwG NVwZ 1991, 1076; VGH München BayVBl 1990, 280, 281; *Kopp/Schenke* Vorbem. § 124 Rn. 46; *W. B. Maetzel*, FS Bay. VGH, 1979, 29, 37; *R. Rudisile*, in: Schoch/Schneider/Bier Vorbem. § 124 Rn. 42; *M. Redeker*, in: Redeker/v. Oertzen § 124 Rn. 7.
103 *M. Redeker*, in: Redeker/v. Oertzen § 124 Rn. 7.
104 BVerwGE 31, 233; 37, 43, 44 ff.; 54, 332; 64, 67; BVerwG NJW 1972, 221; OVG Münster NJW 1964, 1689; VGH Kassel DÖV 1976, 607; *W. B. Maetzel*, FS Bay. VGH, 1979, 29, 36.

- wenn in Anfechtungsklagen der Beigeladene nicht auch selbst in seinen subjektiven Rechten i.S.d. § 113 Abs. 1 S. 1 verletzt sein kann (BVerwGE 47, 19, 20 ff.; 64, 67, 68 ff.).

69   Der Beigeladene ist beschwert:

- als Bauherr, wenn seine Baugenehmigung auf die Klage des Nachbarn hin aufgehoben wird (BVerwGE 52, 240);
- als Gemeinde, wenn in einem Fortsetzungsfeststellungsurteil festgestellt wird, dass die Baugenehmigungsbehörde zur Erteilung eines beantragten Bauvorbescheides über die planungsrechtliche Zulässigkeit eines Vorhabens verpflichtet war, den sie im Hinblick auf die Versagung des Einvernehmens der Gemeinde abgelehnt hatte; denn hier wird zugleich mit bindender Wirkung zwischen Kläger und beigeladener Gemeinde festgestellt, dass die Versagung des Einvernehmens durch die Gemeinde rechtswidrig war (VGH Mannheim NVwZ 1997, 198, 199);
- als Oberste Landesstraßenbaubehörde, wenn im Urteil die Verpflichtung zur Erteilung einer Baugenehmigung ausgesprochen wird, die ihrer Zustimmung bedarf (BVerwGE 54, 328).

70   **d) Sonderfälle.** Die Einlegung eines Rechtsmittels durch den Vertreter des öffentlichen Interesses, dem allgemein oder für bestimmte Fälle die Vertretung des Landes oder von Landesbehörden übertragen ist (§ 36 Abs. 1 S. 2), setzt, sofern er nicht als Vertreter des Staates, sondern als Parteivertreter auftritt, eine Beschwer nicht voraus (BVerwGE 7, 226, 227; 9, 143, 144; 67, 64, 66; BVerwG BayVBl 1977, 702, 703). Er kann sich demgemäß auch erst nach dem Erlass einer von ihm als unrichtig erachteten Entscheidung allein zum Zweck der Rechtsmitteleinlegung am Verfahren beteiligen, um dem einen oder anderen Prozessbeteiligten die Beschwer ganz oder teilweise zu nehmen.[105] Hiervon ausgenommen ist nach der Rspr. des BVerwG der Oberbundesanwalt, der zur Einlegung einer Revision bzw. Anschlussrevision nicht berechtigt ist (GmSOGB BVerwGE 25, 170, 174 f.; BVerwGE 96, 258, 261). Er bedarf einer solchen Berechtigung – auch im Interesse der Wahrung des öffentlichen Interesses – nicht, da er sich zu diesem Zweck an jedem Verfahren vor dem BVerwG beteiligen kann (BVerwGE 96, 258, 261). Auch Rechtsmittel des Vertreters des öffentlichen Interesses müssen aber jedenfalls eine anderslautende Entscheidung als die der Vorinstanz zum Ziel haben und dürfen sich nicht darauf beschränken, nur die Begründung einer Entscheidung auf den Prüfstand zu stellen.[106] Etwas anderes gilt nur dann, wenn sich durch die erstrebte Begründung zugleich die Tragweite der angefochtenen Entscheidung und damit der Umfang der Rechtskraft verändert (BVerwGE 23, 123; BVerwG Buchholz 421.0 Prüfungswesen Nr. 157). Er darf jedoch auch dann Rechtsmittel gegen ein Urteil einlegen, wenn es seiner eigenen bisherigen Stellungnahme (BVerwGE 7, 226) oder seinem in der Vorinstanz gestellten Antrag[107] entspricht. Dies ergibt sich aus seiner Aufgabe, nicht Parteiinteressen zu vertreten, sondern auf die Durchsetzung des Rechts zum Nutzen des Gemeinwohls zu achten. Gleiches gilt für Rechtsmittel von Amtsträgern und Behörden, denen durch Gesetz die Klagebefugnis nach § 42 Abs. 2 unabhängig von einer Betroffenheit in eigenen Rechten bzw. in Rechten des Rechtsträgers, dem sie zuzurechnen sind, eingeräumt ist[108] wie namentlich beim Bundesbeauftragten für Asylangelegenheiten (BVerwGE 67, 64 ff.).

71   **e) Maßgeblicher Zeitpunkt.** Die Beschwer muss im Zeitpunkt der Rechtsmitteleinlegung vorliegen. Demnach genügt es nicht, wenn sie erst zu dem Zeitpunkt eintritt, in dem über das Rechtsmittel entschieden wird.[109] Sie kann nicht durch Klageerweiterung im zweiten Rechtszug geschaffen werden, wenn nicht wenigstens ein Teil des ursprünglichen Begehrens mit dem Rechtsmittel weiter verfolgt wird. Denn die durch ein Anschlussrechtsmittel (§ 127) mögliche Klageerweiterung setzt ebenso wie die Klageänderung ein zulässig eingelegtes Rechtsmittel voraus,[110] also die Weiterverfolgung eines vorinstanzlich versagten Begehrens oder Teilbegehrens. Die Beschwer kann sich also nur aus dem Streit-

---

105   *Bosch/Schmidt* § 62 II.
106   BVerwG MDR 1977, 868; Buchholz 310 § 40 VwGO Nr. 164; *M. Redeker*, in: Redeker/v. Oertzen § 124 Rn. 8.
107   BVerwG MDR 1977, 867; a.A. *A. May*, Revision, ²1997, Rn. 42.
108   Vgl. *G. F. Kassier*, in: Wieczorek/Rössler/Schütze, Zivilprozeßrecht sowie Zivilprozeßordnung und Nebengesetze, Bd. 3, 1988, § 511 Anm. B IV i; *Kopp/Schenke* Vorbem. § 124 Rn. 52; *Ule* § 61 III 3 und § 33 V.
109   BGHZ 1, 29; *M. Happ*, in: Eyermann³ Vorbem. § 124 Rn. 18; *H.-J. Heßler*, in: Zöller Vorbem. § 511 Rn. 10 a; *Ule* § 61 III 3.
110   BVerwGE 71, 73; BGH NJW 1988, 827; 1992, 2296; 1999, 1407; NJW-RR 2002, 1085; NJW 2003, 2172; BSGE 9, 17; 11, 26.

gegenstand der ersten Instanz ergeben.[111] Fällt die Beschwer während des Rechtsmittelverfahrens weg, so muss der Rechtsmittelkläger die Entscheidung in der Hauptsache für erledigt erklären; das Rechtsmittel wird durch den Wegfall nicht unzulässig,[112] bei mangelnder Erledigungserklärung jedoch als unbegründet zurückgewiesen.[113]

Auch für die Bestimmung des Wertes des Beschwerdegegenstands nach § 146 Abs. 3 ist der Zeitpunkt   72
der Rechtsmitteleinlegung maßgeblich (vgl. § 173 i.V.m. § 4 Abs. 1 S. 1 ZPO). Eine Rechtsmittelerweiterung macht die Beschwerde nicht statthaft (BSG SozR 1500 § 144 Nr. 30; Breithaupt 1994, 871). Nur dann, wenn die Erweiterung auf einer Änderung beruht, die unabhängig vom Willen des Rechtsmittelführers eingetreten ist, kann ausnahmsweise etwas anderes gelten (BSGE 58, 291, 294). Wird die Beschwerde nachträglich beschränkt, so führt dies nicht zu ihrer Unzulässigkeit, es sei denn, die spätere Beschränkung erweist sich als willkürlich.[114]

4. Rechtsschutzbedürfnis. Aus der Beschwer ergibt sich regelmäßig das Rechtsschutzbedürfnis, wes-   73
halb es keine eigene Zulässigkeitsvoraussetzung für Rechtsmittel darstellt.[115] Nur ausnahmsweise kann trotz gegebener (formeller) Beschwer ein Rechtsmittel unzulässig sein, weil es aus anderen Gründen am Rechtsschutzinteresse fehlt (BGHZ 50, 263; 57, 225; BGH NJW 1958, 995), etwa wenn der Rechtsmittelführer keine Beseitigung seiner Beschwer erstrebt (vgl. OLG Karlsruhe FamRZ 1980, 682). Eine ursprünglich vorhandene Beschwer kann auch entfallen, etwa wenn der zur Auskunft verurteilte Beklagte die Auskunft zwischen den Instanzen erteilt und dennoch Berufung einlegt (OLG Schleswig FamRZ 1984, 174), oder wenn eine fehlerhafte Vorentscheidung höherinstanzlich nicht mehr korrigierbar ist (vgl. OLG Schleswig SchlHA 1991, 94). Tritt ein erledigendes Ereignis zwischen den Instanzen ein, also nach der letzten mündlichen Verhandlung in der Vorinstanz, aber noch vor der Einlegung des Rechtsmittels, so ist eine Beschwer nur gegeben, wenn ein berechtigtes Interesse an der Klärung des mit dem Rechtsmittel verfolgten Begehrens, etwa an der Rechtmäßigkeit eines erledigten Verwaltungsaktes, besteht (BSG Breithaupt 1996, 538). Ansonsten ist das Rechtsmittel unzulässig (vgl. BGH LM § 511 ZPO Nr. 11).

Andererseits kann trotz formeller Beschwer ausnahmsweise das Rechtsschutzbedürfnis an der Beseiti-   74
gung der Entscheidung fehlen, etwa dann, wenn die rechtskraftfähige Feststellung eines Urteils keinen Nachteil bringt oder wenn dieser endgültig fortfällt.[116]

5. Vorliegen der persönlichen Prozesshandlungsvoraussetzungen. Die Zulässigkeit eines Rechtsmittels   75
hängt ferner vom Vorliegen der Partei-, Prozess- und Postulationsfähigkeit ab oder ihr Fehlen muss durch spätere Genehmigung geheilt werden. Geht der Streit der Parteien aber um die Partei- bzw. Prozessfähigkeit oder die gesetzliche Vertretung, so ist hierfür bis zu einer rechtskräftigen Erledigung dieser Angelegenheit die Partei als partei- bzw. prozessfähig bzw. als richtig vertreten zu behandeln (BGH LM § 52 ZPO Nr. 3; ZZP 103 [1990], 464; OVG Münster NVwZ-RR 1996, 619). Somit ist die betroffene Partei auch für die Einlegung (BGHZ 24, 91; 35, 6; 111, 219) und Zurücknahme (BGH LM § 52 ZPO Nr. 3) des Rechtsmittels als handlungsbefugt anzusehen, selbst wenn sie mit dem Rechtsmittel die Aufhebung eines Sachurteils wegen ihrer Prozessunfähigkeit begehrt (BGH MDR 1972, 220). Einem nicht prozessfähigen Beteiligten ist dies auch möglich, wenn seine Klage zu Unrecht nicht als   76
unzulässig, sondern als unbegründet abgewiesen wurde.[117]

---

111 BGHZ 24, 370; BGH NJW-RR 1987, 124; NJW 1993, 597; MDR 1994, 305; OLG Hamm NJW-RR 2001, 142.
112 BGHZ 1, 29; *Ule* § 61 III 3.
113 BGHZ 1, 29; BGH NJW 1967, 564; *R. Rudisile*, in: Schoch/Schneider/Bier Vorbem. § 124 Rn. 47; a.A.: *Kopp/Schenke* Vorbem. § 124 Rn. 43, der dies für nicht vereinbar mit der Teleologie der Zulassungsverfahren (§ 124 Abs. 1; s.a. § 133) hält, die auf eine Einschränkung der Rechtsmittel gerichtet ist.
114 Vgl. BGH NJW 1983, 1063; BSG SozR 1500 § 146 Nr. 6, 7; *G. F. Kassier*, in: Wieczorek/Rössler/Schütze, Zivilprozeßrecht sowie Zivilprozeßordnung und Nebengesetze, Bd. 3, 1988, § 511 Anm. B IV i; *R. Rudisile*, in: Schoch/Schneider/Bier Vorbem. § 124 Rn. 49.
115 BGHZ 57, 225; *H.-J. Heßler*, in: Zöller Vorbem. § 511 Rn. 11; *Stern* Rn. 627.
116 BGH JR 1953, 385; LM § 91a ZPO Nr. 4; a.A.: BGH NJW 1958, 995; OVG Koblenz GewArch 1983, 156; OVG Münster NJW 1973, 1763, 1764; OLG Düsseldorf OLGZ 72, 39; OLG Hamburg NJW-RR 1989, 570; *R. Rudisile*, in: Schoch/Schneider/Bier Vorbem. § 124 Rn. 48, wonach der Beteiligte ein berechtigtes Interesse daran hat, dass eine gegen ihn ergangene ungünstige Entscheidung auch aufgehoben wird.
117 VGH Kassel NJW 1990, 403; *W. Bier*, in: Schoch/Schneider/Bier § 62 Rn. 19.

III. Einzelfragen

77   **1. Kein Verzicht und keine Verwirkung.** Aus §§ 127 Abs. 2, 134 Abs. 5 folgt, dass auf ein Rechtsmittel verzichtet werden kann. Der Rechtsmittelverzicht ist die Erklärung, sich des Rechts auf Nachprüfung und Abänderung einer ungünstigen Entscheidung des Untergerichts durch das Obergericht endgültig zu begeben (RGZ 161, 350, 355; BGH NJW 1985, 2335). Die Endgültigkeit unterscheidet den Verzicht von der (einstweiligen) Beschränkung der Rechtsmittelanträge (vgl. §§ 124 a Abs. 3, 133 Abs. 3) und von der Rechtsmittelrücknahme (vgl. §§ 126, 140). Der Rechtsmittelverzicht geht somit über die Rücknahme des Rechtsmittels hinaus,[118] indem er zu erkennen gibt, dass die Beteiligten sich endgültig mit dem Urteil zufrieden geben wollen. Das Urteil wird daher bereits vor Ablauf der Rechtsmittelfrist rechtskräftig (vgl. BVerwGE 68, 379, 381). Eine Beschränkung hindert den Rechtsmittelträger nicht, das Rechtsmittel i.R. der Rechtsmittelgründe (BGHZ 12, 52, 67) noch auszudehnen; die Rechtsmittelrücknahme führt nur zum Verlust des konkreten Rechtsmittels, nicht zum Verlust der Rechtsmittelbefugnis selbst.[119] Nach einer Rücknahme besteht daher hinsichtlich des gleichen Urteils die Möglichkeit einer erneuten Rechtsmitteleinlegung. In ihrer Wirkung mit der Rechtsmittelrücknahme vergleichbar ist die **Erledigterklärung** des Rechtsmittels, die ebenfalls zulässig ist.[120]

78   **a) Verzicht.** Aus § 173 i.V.m. § 515 ZPO ergeben sich Zulässigkeit und Wirksamkeit eines einseitig erklärten **Rechtsmittelverzichts.** Unter diese Regelung wird sowohl der Fall der Verzichtserklärung gegenüber dem Gericht wie auch gegenüber der anderen Partei subsumiert. Es handelt sich um eine einseitige Prozesshandlung, die von Amts wegen zu beachten ist (arg. §§ 522 Abs. 1, 552 Abs. 1 ZPO; BGHZ 27, 60, 61; BGH NJW 1985, 2334) und nicht der Annahme des Gegners bedarf.[121]

79   Der gegenüber dem Gericht erklärte Verzicht ist grds. unwiderruflich. Eine Ausnahme ist jedoch beim Vorliegen eines Wiederaufnahmegrundes gegeben, §§ 580, 581 ZPO, (BGHZ 80, 389, 394). Als zulässig wird auch ein (außergerichtlicher) Verzichtsvertrag angesehen, in dessen Rahmen entweder beide Parteien oder aber nur eine Partei auf Rechtsmittel verzichten.[122]

80   Ein Teilverzicht ist zulässig, wenn mehrere Ansprüche eingeklagt waren oder wenn ein Anspruch sich so trennen lässt, dass die Entscheidung über einen Teil rechtskräftig werden kann (RGZ 55, 277). So kann der Verzicht auf einen von mehreren Ansprüchen oder auf einen abtrennbaren Teil des Anspruchs beschränkt werden (BGH NJW 1981, 2816). Abgesehen von diesen Fällen ist ein Teilverzicht unwirksam. Der Verzicht eines Streitgenossen wirkt nur für ihn, auch bei notwendig Beigeladenen und notwendigen Streitgenossen.[123]

81   **aa) Gerichtlicher Verzicht nach Urteilserlass.** Hat eine Partei gegenüber dem Gericht auf Rechtsmittel verzichtet, so wird ein gleichwohl eingelegtes Rechtsmittel unzulässig.[124] Ein einseitiger Verzicht führt jedoch nicht zur Rechtskraft des Urteils, solange die Rechtsmittelfrist für die andere Partei noch läuft.[125] Der gegenüber dem Gegner erklärte Verzicht kann mit dessen Zustimmung bis zum Eintritt der Rechtskraft der Entscheidung widerrufen werden.[126] Bis zu diesem Zeitpunkt ist auch eine vertragliche Aufhebung des Verzichts möglich.[127] Im Übrigen steht sein Wirksamwerden unter den Bedingungen der §§ 130, 131 BGB. Ein von beiden Parteien gegenüber dem Gericht erklärter Verzicht auf Rechtsmittel zieht hingegen nach h.M. die Rechtskraft des Urteils nach sich (vgl. § 173 i.V.m. § 705 ZPO) und führt daher zur Unzulässigkeit eines dennoch eingelegten Rechtsmittels (vgl. RGZ 110, 228, 230, BGHZ 4, 314, 320 f.; BGH LM § 514 ZPO Nr. 5).

82   **bb) Verzicht durch einseitige außergerichtliche Erklärung.** Verzichtet eine Partei gegenüber der anderen durch einseitige außergerichtliche Erklärung, so ist ein gleichwohl eingelegtes Rechtsmittel ebenso

---

118   *R. Rudisile,* in: Schoch/Schneider/Bier Vorbem. § 124 Rn. 52.
119   *Rosenberg/Schwab/Gottwald* § 135 III l und 4 a.
120   *M. Happ,* in: Eyermann § 126 Rn. 1 a; *R. Hüßtege,* in: Thomas/Putzo § 91 a Rn. 8.
121   Vgl. BGH NJW 1967, 794, 795; 1985, 2334; *R. Rudisile,* in: Schoch/Schneider/Bier Vorbem. § 124 Rn. 53; *Rosenberg/Schwab/Gottwald* § 134 II 5 a.
122   Vgl. *B. Rimmelspacher,* JuS 1988, 953.
123   *R. Rudisile,* in: Schoch/Schneider/Bier Vorbem. § 124 Rn. 52.
124   Vgl. *B. Rimmelspacher,* JuS 1988, 953.
125   Zum Streit über das Erfordernis einer Beschwer zulasten des Rechtsmittelberechtigten *B. Rimmelspacher,* JuS 1988, 953, 954 f.
126   BGH NJW 1985, 2334; *Baumbach/Lauterbach/Albers/Hartmann* § 515 Rn. 5.
127   *Kopp/Schenke* § 74 Rn. 23.

wie bei einem gerichtlichen Verzicht unzulässig. Die Unzulässigkeit ist nach der vom BGH übernommenen Rspr. des RG nur auf Einrede des Rechtsmittelbeklagten beachtlich.[128] Bei beiderseitigem außergerichtlichem Verzicht ist streitig, ob dieser Verzicht vergleichbar dem allseitigen gerichtlichen Verzicht unmittelbar die Rechtskraft herbeiführt, ob also die im außerprozessualen Raum abgegebenen Erklärungen der Parteien untereinander die Unanfechtbarkeit und Bindungswirkung der gerichtlichen Entscheidung begründen können.[129] Dem wird insbes. entgegengehalten, dass damit die Feststellung des Zeitpunktes, in dem die Rechtskraft eintritt, unzumutbar und entgegen den Belangen der Rechtssicherheit erschwert werde.[130]

cc) Rechtsmittelverzicht vor Urteilserlass. § 515 ZPO enthält keine Regelung über den Rechtsmittel-   83
verzicht vor Urteilserlass. Er ist gleichwohl möglich, denn die Beteiligten können ja sogar auf die Klage verzichten[131] und damit den Rechtsweg schlechthin ausschließen. Um den Erklärenden angesichts der Formlosigkeit der Erklärung vor einer allzu leichtfertigen Abgabe und damit der vorschnellen Preisgabe einer prozessualen Befugnis zu schützen, ist er nur durch einen Vertrag zwischen den Beteiligten möglich (BGHZ 28, 45, 48) oder aber durch Erklärungen, die vor Gericht abgegeben werden.[132] Ein einseitiger Rechtsmittelverzicht vor Urteilserlass ist damit wirkungslos.[133] Der beiderseitige – gerichtliche sowie außergerichtliche – Verzicht macht hingegen das Rechtsmittel unzulässig.[134] Ein außergerichtlicher Verzichtsvertrag ist aber auch vor Urteilserlass nur auf Einrede beachtlich.[135] Da schon der allseitige nachträgliche außergerichtliche Verzicht nicht in der Lage ist, die Rechtskraft vor Ablauf der Rechtsmittelfrist herbeizuführen, kann beim „vorherigen" Rechtsmittelverzicht nichts anderes gelten.[136]

dd) Rechtsmittelverzicht nach Rechtsmitteleinlegung. Die h.M. sieht einen Rechtsmittelverzicht nach   84
Einlegung eines Rechtsmittels als möglich an.[137] Der Verzicht kann vertraglich, einseitig gegenüber dem Gegner oder gegenüber dem Gericht erklärt werden.[138]

b) Auslegung. Inhalt und Reichweite eines gegenüber dem Gericht erklärten Rechtsmittelverzichts be-   85
stimmen sich danach, wie er bei objektiver Betrachtung zu verstehen ist (BGH NJW 1981, 2816; FamRZ 1986, 1089). Er braucht nicht ausdrücklich erklärt zu sein,[139] bezieht sich aber immer auf das Rechtsmittel als Ganzes. Eine Verzichtserklärung durch schlüssige Handlung kann nur angenommen werden, wenn die Handlung bei objektiver Betrachtung (BAG BB 1982, 151) unzweideutig erkennen lässt, dass die Partei auf das Rechtsmittel verzichten wollte (BGHZ 4, 314).Die Erklärung „Kläger legt keine Berufung ein" genügt hierfür im Allgemeinen (BGH LM § 514 ZPO Nr. 6). Die Erklärung eines Beteiligten, er habe nicht die Absicht, Berufung einzulegen und bitte um Zusendung der Kostenrechnung, enthält hingegen keinen Verzicht, da nicht eindeutig ist, ob er das Recht auf Einlegung der Berufung endgültig aufgeben will.[140]

---

128 RGZ 150, 351, 355; BGH NJW 1968, 794; 1985, 2334 m.w.N.; NJW-RR 1991, 1213; für die h.M. vgl. statt vieler
      G. Baumgärtel, Wesen, ²1972, 207 m.w.N.; *Ch. Althammer*, in: Stein/Jonas § 515 Rn. 17; a.A. *B. Rimmelspacher*,
      JuS 1988, 953, 955, der mit Blick auf die praktisch häufigsten Fälle überhaupt keinen Anlass für die Kontroverse
      zwischen „amtswegiger" und „einredeabhängiger" Berücksichtigung des Verzichts sieht.
129 Dafür BGHZ 4, 314, 321; BGH LM § 514 ZPO Nr. 5; OLG Düsseldorf NJW 1965, 403 f.; *W. Habscheid*, NJW
      1965, 2369, 2372; *K. Reichold*, in: Thomas/Putzo § 515 Rn. 15; *Rosenberg/Schwab/Gottwald* § 149 II 1 c; dagegen
      BGH LM § 514 ZPO Nr. 12; OLG Düsseldorf FamRZ 1980, 709; *B. Rimmelspacher*, JuS 1988, 953, 955.
130 So BGHZ 28, 45, 48; *B. Rimmelspacher*, JuS 1988, 953, 955.
131 BVerfGE 32, 305; *Kopp/Schenke* § 74 Rn. 21; *M. Redeker*, in: Redeker/v. Oertzen § 126 Rn. 8.
132 *Ch. Althammer*, in: Stein/Jonas § 515 Rn. 3; *R. Rudisile*, in: Schoch/Schneider/Bier Vorbem. § 124 Rn. 59; *B.
      Rimmelspacher*, JuS 1988, 953, 956.
133 BGHZ 28, 45, 48; a.A. *W. Habscheid*, NJW 1965, 2369.
134 *P. Gilles*, Rechtsmittel im Zivilprozess, 1972, 45 Anm. 59; *Rosenberg/Schwab/Gottwald* § 134 II 5 b.
135 BGHZ 27, 60 f.; 28, 45, 52; *G. Baumgärtel*, Wesen, ²1972, 207 m.w.N.; a.A. *B. Rimmelspacher*, JuS 1988, 953,
      956.
136 *B. Rimmelspacher*, JuS 1988, 953, 956.
137 RGZ 161, 350, 352, 356 f.; BGHZ 27, 60, 61 f.; BGH NJW 1991, 1213; *Ch. Althammer*, in: Stein/Jonas Vorbem.
      § 511 Rn. 22 sowie § 514 Rn. 5 (für Ehe- und insbes. auch Scheidungssachen); *H.-J. Heßler*, in: Zöller § 515 Rn. 7;
      R. Rudisile, in: Schoch/Schneider/Bier Vorbem. § 124 Rn. 53; *B. Rimmelspacher*, JuS 1988, 953, 957; a.A. *Julius
      Wilhelm Planck*, Lehrbuch des Deutschen Civilprozessrechts I, 1887, 313.
138 *Baumbach/Lauterbach/Albers/Hartmann* § 515 Rn. 7 f.
139 Vgl. BGH NJW 1974, 1248; 1985, 2335; *Julius Wilhelm Planck*, Lehrbuch des Deutschen Civilprozessrechts I,
      1887, 312 f.
140 Vgl. BGH FamRZ 1958, 180; *Baumbach/Lauterbach/Albers/Hartmann* § 515 Rn. 10 m.w. Bsp.

86 **2. Zurücknahme, Vergleich, Erledigungserklärung.** Ein Verlust des Rechtsmittels und damit das Ende der Rechtshängigkeit tritt durch Zurücknahme, Vergleich oder Erledigungserklärung ein.[141]

87 **a) Zurücknahme.** Die Zurücknahme des Rechtsmittels (vgl. §§ 126, 140; für die Beschwerde vgl. § 155 Abs. 2) ist der Widerruf des mit seiner Einlegung gestellten Gesuchs, Rechtsschutz durch Nachprüfung des angefochtenen Urteils zu gewähren. Sie setzt daher die Einlegung des Rechtsmittels voraus, ist jedoch nur bis zur Rechtskraft der Entscheidung hierüber zulässig (vgl. §§ 126 Abs. 1 S. 1, 140 Abs. 1 S. 1). Im Berufungsverfahren ist sie auch noch nach der Verkündung des Berufungsurteils und während des Laufs der Revisionsfrist zulässig. Die Zurücknahme der Berufung nach Stellung der Anträge in der mündlichen Verhandlung setzt aber die Einwilligung des Beklagten und ggf. des Vertreters des öffentlichen Interesses voraus. Die Einwilligung des Beigeladenen ist hingegen nicht erforderlich. Eine Zurücknahme erfolgt durch Erklärung gegenüber dem Gericht, entweder in der mündlichen Verhandlung oder schriftlich durch Einreichung eines Schriftsatzes oder zur Niederschrift des Urkundsbeamten der Geschäftsstelle. In beiden Rechtsmittelinstanzen ist sie durch einen Bevollmächtigten zu erklären. Als Prozesshandlung kann sie weder unter einer Bedingung erfolgen noch wegen Irrtums widerrufen werden.[142] Die Zurücknahme führt zum Verlust des eingelegten Rechtsmittels (§ 173 i.V.m. § 269 Abs. 3 S. 1 ZPO), das angefochtene Urteil bleibt jedoch bestehen (vgl. §§ 126 Abs. 3, 140 Abs. 2). Der Rechtsmittelkläger verliert jedoch nicht das Recht auf das Rechtsmittel schlechthin, sondern kann es weiterhin einlegen, sofern die Rechtsmittelfrist noch nicht abgelaufen ist.[143] Nach § 126 Abs. 2 S. 1 gilt die Berufung als zurückgenommen, wenn der Berufungskläger trotz Aufforderung des Gerichts das Verfahren mehr als drei Monate nicht betreibt. Für das Revisionsverfahren fehlt es an einer entsprechenden gesetzlichen Fiktion.

88 **b) Prozessvergleich.** Prozessual beendet auch der (formgerecht und mit zulässigem Inhalt abgeschlossene) Prozessvergleich (vgl. § 106) den Rechtsstreit ohne gerichtliche Entscheidung.[144] Die bis dahin getroffenen Entscheidungen bleiben existent, werden aber unwirksam, auch ohne dass sie aufgehoben werden.[145] Der Prozessvergleich stellt einen öffentlich-rechtlichen Vertrag dar, mit dem die Beteiligten eines bei Gericht anhängigen Rechtsstreits diesen unmittelbar beenden. Dies unterscheidet ihn vom außergerichtlichen Vergleich, dessen Zulässigkeit und Wirksamkeit sich ausschließlich nach den §§ 55 ff. VwVfG richtet.[146] Der öffentlich-rechtliche Vertrag, der einem Prozessvergleich zugrunde liegt, wird zwar grds. zwischen den Hauptbeteiligten des Verfahrens geschlossen; Vertragsparteien können aber auch andere Verfahrensbeteiligte sein und sogar solche Personen, die am bisherigen Verfahren nicht beteiligt waren.[147] Obwohl Prozesshandlungen bedingungsfeindlich sind und generell nicht widerrufen, angefochten oder sonst rückgängig gemacht werden können, wird es für zulässig gehalten, dass sich die Beteiligten in einem Prozessvergleich den Widerruf bis zu einem bestimmten Zeitpunkt vorbehalten. Anders als bei sonstigen prozessbeendenden Prozesshandlungen lässt die Rspr. mit Zustimmung der Lit. auch die Anfechtung des Prozessvergleichs unter den Voraussetzungen der §§ 119, 123 BGB zu.[148]

89 **c) Beiderseitige Erledigungserklärung.** Tritt nach Rechtshängigkeit eines Verfahrens ein Ereignis ein, aufgrund dessen die Weiterverfolgung des prozessualen Begehrens für den Kläger nicht mehr sinnvoll erscheint, so spricht man von einer Erledigung. Der Eintritt des erledigenden Ereignisses führt hier nicht automatisch zur Beendigung des Verfahrens; vielmehr ist das Gericht an den vom Kläger gestellten Antrag so lange gebunden, wie dieser aufrechterhalten wird. Von der Zurücknahme unterscheidet sich die beiderseitige Erledigungserklärung gem. § 91 a ZPO i.V.m. § 173[149] dadurch, dass sie das Rechtsschutzgesuch nicht zurücknimmt, sondern für gegenstandslos erklärt. Ohne Bedeutung für die

---

141 *Rosenberg/Schwab/Gottwald* § 127 II 1.

142 Vgl. *Ule* § 61 VI.

143 BGH NJW 1984, 658; *O. Jauernig,* Zivilprozessrecht, 2003, § 72 VII; *Ule* § 61 VI.

144 BGHZ 41, 310; zur Doppelnatur des Prozessvergleichs vgl. *Rosenberg/Schwab/Gottwald* § 129 II; *Schenke* Rn. 1102 ff.

145 *Wolfgang Grunsky,* Grundlagen des Verfahrensrechts, 1974, 98.

146 Vgl. *A. May,* Revision, ²1997, 297 f.; *Schenke* Rn. 1105.

147 Vgl. *Kopp/Schenke* § 106 Rn. 10 a; *Schenke* Rn. 1102.

148 BSGE 7, 279, 280 f.; *Wolfgang Grunsky,* Grundlagen des Verfahrensrechts, 1974, 99; *Baumbach/Lauterbach/Albers/Hartmann* Anh § 307 Rn. 36.

149 Nach BVerwG DVBl 1970, 283 findet § 91 a ZPO auch im Verwaltungsprozessrecht entsprechende Anwendung.

prozessbeendende Wirkung der beiderseitigen Erledigungserklärung ist der Umstand, ob das Rechtsmittel zuvor zulässig oder begründet war oder ob ein erledigendes Ereignis vorlag. Die Erledigungserklärungen der Parteien sind Prozesshandlungen, die dem Gericht gegenüber vorzunehmen sind. Sie dürfen an keine Bedingungen oder sonstige Vorbehalte geknüpft werden.[150] Sie müssen unmissverständlich sein, auch wenn sie nicht ausdrücklich auf Erledigung gerichtet zu sein brauchen, sondern in einer konkludenten Prozesshandlung liegen können.[151]

I.d.R. wird sich eine Erledigungserklärung auf den Rechtsstreit als Ganzes beziehen, sodass ein Fall **90** der Erledigungserklärung des Rechtsstreits in der Hauptsache vorliegt (ausf. zur Erledigung des Rechtsstreits in der Hauptsache s. § 161). Zur Frage, ob auch das Rechtsmittel als solches für erledigt erklärt werden kann → Rn. 41.

3. Maßgeblicher Zeitpunkt. Der für die Beurteilung der Zulässigkeit des Rechtsmittels maßgebliche **91** Zeitpunkt ist der Schluss der mündlichen Verhandlung, auf die die Entscheidung ergeht. Wird ohne mündliche Verhandlung entschieden (§§ 125 Abs. 2 S. 2, 133 Abs. 5, 146 Abs. 6 S. 1, 150, 101 Abs. 2), muss der Zeitpunkt der Entscheidung als maßgeblich angesehen werden.[152] Insoweit gilt für die Zulässigkeit eines Rechtsmittels dasselbe wie für eine Klage. Damit ist allerdings noch nichts dazu gesagt, ob die zunächst fehlende Zulässigkeit später noch eintreten oder ob ein ursprünglich zulässiges Rechtsmittel bis zum Schluss der mündlichen Verhandlung noch unzulässig werden kann.[153] Im Einzelnen gilt folgendes:

Ob ein Rechtsmittel statthaft ist, bestimmt sich nach dem Zeitpunkt der Einlegung des Rechtsmittels. **92** Das Vertrauen der Partei auf einen bestimmten Instanzenzug hindert den Gesetzgeber nicht daran, die Statthaftigkeit eines Rechtsmittels zu beschneiden und die Neuregelung auf bereits rechtshängige Verfahren für anwendbar zu erklären. Ebenso kann der Gesetzgeber auch die Statthaftigkeit eines Rechtsmittels erweitern, ohne dass dem das Vertrauen eines Beteiligten entgegensteht, das Verfahren sei in einer bestimmten Instanz endgültig abgeschlossen. Die Klage wird dann zulässig, wenn das spätere Gesetz bis zum Ablauf der Rechtsmittelfrist in Kraft tritt (BFG Breithaupt 1989, 77). Dem Gesetzgeber steht dabei frei, an welchen Verfahrensstand er die Anwendbarkeit der Neuregelung knüpft.[154] Im Allgemeinen ist damit für Prozesshandlungen das Verfahrensrecht anwendbar, das zurzeit der Vornahme der Prozesshandlung gilt (BSGE 37, 64; 58, 291). Das aus dem Rechtsstaatsprinzip folgende Verbot der echten Rückwirkung von Gesetzen verbietet es jedoch, ein statthaftes Rechtsmittel nach seiner Einlegung rückwirkend für unstatthaft zu erklären. Angesichts des schutzwürdigen Vertrauens des obsiegenden Beteiligten ist es zudem unzulässig, nachträglich ein Rechtsmittel gesetzlich für statthaft zu erklären.

Nach dem Zeitpunkt der Einlegung bestimmt sich auch, ob das Rechtsmittel form- und fristgerecht **93** eingelegt wurde. Maßgeblicher Zeitpunkt für die Zulässigkeit des Rechtsmittels bei einem Rechtsmittelverzicht ist nach der hier vertretenen Auffassung, die einen Rechtsmittelverzicht noch nach Rechtsmitteleinlegung als möglich ansieht, der Schluss der mündlichen Verhandlung, auf die die Entscheidung ergeht.[155] Da sich an der Beschwer bei der Einlegung des Rechtsmittels und der Entscheidung darüber i.d.R. nichts ändert, ist maßgeblicher Zeitpunkt für ihr Vorliegen die Einlegung des Rechtsmittels (→ Rn. 71). Die übrigen Zulässigkeitsvoraussetzungen müssen spätestens im Zeitpunkt der Entscheidung des Rechtsmittelgerichts gegeben sein.[156]

4. Prüfung von Amts wegen. Die Voraussetzungen der Zulässigkeit des Rechtsmittels sind wie die **94** Sachentscheidungsvoraussetzungen der Klage vom Rechtsmittelgericht immer von Amts wegen zu prüfen. Eine Ausnahme gilt nur für den nicht dem Gericht, sondern nur einem Beteiligten gegenüber erklärten Rechtsmittelverzicht sowie für den außergerichtlichen Vergleich, die beide allein auf Einrede zu berücksichtigen sind (→ Rn. 82).

---

150 A.A. *Baumbach/Lauterbach/Albers/Hartmann* § 91 a Rn. 76, die auch eine hilfsweise erklärte Erledigung als zulässig ansehen.
151 *A. May*, Revision, ²1997, 306.
152 So für die Berufung *M. Happ*, in: Eyermann Vorbem. § 124 Rn. 18.
153 Vgl. *Ch. Althammer*, in: Stein/Jonas Vorbem. § 511 Rn. 16.
154 Vgl. *Ch. Althammer*, in: Stein/Jonas Vorbem. § 511 Rn. 17.
155 Vgl. *Ch. Althammer*, in: Stein/Jonas Vorbem. § 511 Rn. 22.
156 BGH MDR 1978, 566; *R. Rudisile*, in: Schoch/Schneider/Bier Vorbem. § 124 Rn. 50.

G. Begründetheit von Rechtsmitteln

I. Umfang der Prüfung

95　Erst wenn das Gericht das Rechtsmittel als zulässig erachtet, darf es in die Prüfung seiner Begründetheit eintreten. In diesem Rahmen hat es darüber zu befinden, ob das ursprüngliche prozessuale Begehren, soweit es Gegenstand des Rechtsmittelverfahrens ist, zulässig und begründet ist. Gem. § 17 a Abs. 5 GVG ist allerdings die Unzulässigkeit des Rechtswegs für das Rechtsmittelverfahren unbeachtlich.

96　Die Begründetheit eines Rechtsmittels setzt voraus, dass die gerichtliche Entscheidung in dem Umfang, in dem sie angegriffen wird, unrichtig ist. Unrichtig ist die angegriffene Entscheidung, wenn sie die Zulässigkeit oder die Begründetheit der Klage bzw. – im Revisionsverfahren – der Berufung zu Unrecht bejaht oder verneint hat. Verfahrensmängel und sonstige Mängel sind grds. nur insoweit erheblich, als sich die angegriffene Entscheidung nicht aus anderen, vom Rechtsmittelgericht überprüfbaren Gründen i.E. als richtig erweist. Bei Verfahrensmängeln kommt überdies eine Heilung durch fehlerfreie Nachholung der entsprechenden Verfahrenshandlung in Betracht, sofern dadurch der Zweck der Vorschrift noch erreicht werden kann. Diese Möglichkeit besteht auch noch in der Rechtsmittelinstanz, soweit diese in der zu entscheidenden Frage dieselbe Entscheidungskompetenz hat wie das Vordergericht.[157] Denkbar ist aber auch, dass sich die Rechtslage – bei der Entscheidung über eine Berufung oder Beschwerde – durch inzwischen neu eingetretene Tatsachen oder – mit Blick auf alle drei Rechtsmittel – durch eine Änderung des anzuwendenden Rechts zugunsten des Rechtsmittelführers geändert hat. Dabei überprüft das Berufungs- und das Beschwerdegericht eine ergangene Entscheidung in tatsächlicher[158] und rechtlicher Hinsicht, das Revisionsgericht hingegen lediglich die Verletzung revisiblen Rechts (§ 137 Abs. 1 und 2). Die Überprüfung der angegriffenen Entscheidung geht von der Sach- und Rechtslage im Zeitpunkt der letzten mündlichen Verhandlung vor dem Rechtsmittelgericht aus. Ist das Rechtsmittel begründet, so hebt das Rechtsmittelgericht die angefochtene Entscheidung auf und entscheidet nach Maßgabe der gesetzlichen Vorschriften entweder selbst – ganz oder teilweise – über das prozessuale Begehren, oder weist die Sache zur erneuten Verhandlung an ein unteres Gericht zurück (§ 125 Abs. 2, §§ 130, 144, 150).

II. Verbot der reformatio in peius

97　Legt nur ein Beteiligter ein Rechtsmittel ein, so darf das Rechtsmittelgericht die Entscheidung nicht zuungunsten des Rechtsmittelführers ändern. Im ungünstigsten Fall ist es daher denkbar, dass sein Rechtsmittel erfolglos bleibt. Angefochten und zu überprüfen ist immer nur der den Rechtsmittelkläger beschwerende Teil der Entscheidung. Zulasten des Rechtsmittelklägers darf die Vorentscheidung selbst dann nicht abgeändert werden, wenn sich bei einem (nur) teilweise zusprechenden Urteil herausstellt, dass es insgesamt unrichtig ist. Im Gegensatz zum Widerspruchsverfahren gilt also im Rechtsmittelverfahren das Verbot der *reformatio in peius*, die auch als „Verböserung" bezeichnet wird.[159] Gem. § 129, der unmittelbar das Berufungsverfahren betrifft, aber entsprechend im Revisions- und Beschwerdeverfahren angewendet wird, darf das Urteil der Vorinstanz nur insoweit geändert werden, als eine Abänderung beantragt ist.[160] Gibt sich der unterlegene Prozessgegner mit dem zufrieden, was das Vordergericht dem Rechtsmittelführer zugesprochen hat, so bietet auch das Rechtsmittel keinen Anlass, die angefochtene Entscheidung gegen oder jedenfalls ohne den erklärten Willen des Unterlegenen zu korrigieren. Der Rechtsmittelbeklagte kann diese Situation und das Verbot der reformatio in peius nur dadurch überwinden, dass er sich dem bereits eingelegten Rechtsmittel des Klägers anschließt (→ Rn. 23). Das Verbot der Schlechterstellung erstreckt sich nur auf den der Disposition der Beteiligten unterliegenden Streitgegenstand, der durch das Rechtsmittel in die höhere Instanz gelangt ist, nicht aber auf solche in der angefochtenen Entscheidung getroffenen Feststellungen, die der

---

157　Vgl. *Kopp/Schenke* Vorbem. § 124 Rn. 60 f.

158　Zum Begriff der „Tatsache" A. *May*, Revision, ²1997, 440 f.

159　Vgl. O. *Jauernig*, Zivilprozessrecht, 2003, § 72 VIII; *Rosenberg/Schwab/Gottwald* § 148 II 2; *Schenke* Rn. 1130; *Ule* § 61 VHI; J. *Weitzel*, JuS 1992, 625, 630 f.

160　Eine solche Lesart setzt das Verbot der reformatio in peius allerdings bereits voraus; so für die Parallelvorschrift des § 536 (a.F.) ZPO: J. *Weitzel*, JuS 1992, 625, 630.

Disposition der Beteiligten entzogen und daher ohne Rücksicht auf den Willen der Beteiligten nur von Amts wegen zu treffen sind (BSGE 62, 131, 136).

Im Einzelfall kann indessen zweifelhaft sein, was unter einer Schlechterstellung zu verstehen ist, und welche Teile der angefochtenen Entscheidung von dem Verschlechterungsverbot erfasst werden. Dies v.a. dann, wenn das Rechtsmittelgericht zu dem Ergebnis gelangt, die vom Vordergericht als unzulässig verworfene Klage sei unbegründet. Die Rspr. hat in diesen Fällen die Korrektur der Entscheidung des Vordergerichts für zulässig angesehen.[161] Darin liegt kein Verstoß gegen das Verbot der Schlechterstellung, weil dem Begehren nach einer Sachentscheidung entsprochen wird.[162] Aber auch im umgekehrten Fall wird die Korrektur der Entscheidung des Vordergerichts als zulässig angesehen.[163]

Ist in einem Berufungsurteil lediglich der angefochtene Verwaltungsakt aufgehoben worden, so darf das Revisionsgericht die rechtsmittelführende Behörde nicht zum Erlass eines anderen Verwaltungsaktes verurteilen (BSGE 58, 263, 266). Dies folgt für die Behörde nach dem Grundsatz der Gesetzmäßigkeit der Verwaltung allerdings dann zwingend aus der Aufhebung des Verwaltungsaktes, wenn die Bescheidung eines Antragstellers notwendig ist.

Die Rspr. nimmt an, dass eine Verletzung des Verbots der reformatio in peius gegen das materielle Prozessrecht verstößt, nicht aber gegen Vorschriften, die das Verfahren und insbes. die Form einer Prozesshandlung betreffen. Nicht der Gang des Verfahrens wird danach fehlerhaft, sondern der Inhalt der Entscheidung (BSG NJW 1958, 687).

H. Rechtsmittel gegen inkorrekte Entscheidungen

I. Grundsatz der Meistbegünstigung

Die Frage, welches Rechtsmittel zulässig ist, wenn das Gericht eine ihrer Art nach unzulässige – „inkorrekte" – Entscheidung erlassen hat, wird vom Gesetz nicht geregelt. Die Inkorrektheit kann dabei darin bestehen, dass das Gericht eine in ihrer Art falsche Entscheidung getroffen hat, also bspw. anstelle des vom Gesetz verlangten Urteils einen Beschluss erlassen hat. Weiterhin ist denkbar, dass die Entscheidung unklar ist, wenn sich also nicht zweifellos klären lässt, welcher Art die getroffene Entscheidung ist (z.B. Beschluss oder Urteil). Schließlich entsteht in diesem Zusammenhang die Frage, welches Rechtsmittel gegen ein Nichturteil gegeben ist, und welcher Rechtsschutz gegen eine Entscheidung begehrt werden kann, die unter Verletzung wesentlicher Verfahrensvorschriften zustande gekommen ist.

1. Inkorrekte Entscheidungen. Hinsichtlich der Anfechtbarkeit inkorrekter Entscheidungen werden unterschiedliche Auffassungen vertreten. Nach der subjektiven Theorie[164] soll sich die Statthaftigkeit des gewählten Rechtsmittels nach der vom Gericht gewählten Entscheidungsform richten. Nach der objektiven Theorie[165] beurteilt sich die Statthaftigkeit eines Rechtsmittels hingegen nach den Vorschriften, welche im Fall einer formell korrekten Entscheidung des Gerichts anwendbar wären. Ausgangspunkt für die Lösung dieses Problems muss der Grundsatz sein, dass Fehler des Gerichts niemals zulasten der Parteien gehen dürfen.[166] V.a. darf durch eine falsche Sachbehandlung den Beteiligten nicht der Instanzenzug abgeschnitten werden. Daher ist dem Betroffenen ein Wahlrecht einzuräumen. Es ist damit wahlweise das Rechtsmittel zulässig, das nach der getroffenen Entscheidung einzulegen ist oder das der richtigen Entscheidung entspricht. Nach diesem Grundsatz der Meistbegünstigung ist mithin sowohl das eigentlich zutreffende als auch das zur tatsächlichen Entscheidungsform korrespon-

---

161 BGHZ 23, 36, 50; 46, 281, 283 f.; BSGE 2, 225, 229; 13, 136, 166.
162 *A. May*, Revision, ²1997, 479.
163 *A. May*, Revision, ²1997, 479.
164 So bisweilen das RG: RGZ 143, 170, 173; im Schrifttum noch heute so *Baumbach/Lauterbach/Albers/Hartmann* Grundz § 511 Rn. 28.
165 RGZ 39, 43; 159, 360; OLG München NJW 1957, 836; *Konrad Hellwig*, System des deutschen Zivilprozeßrechts, 1. Teil, 1912, § 2 138 I 1 b.
166 BVerwGE 18, 193; 71, 213, 215; BVerwG NVwZ 1985, 280; NVwZ-RR 1992, 664, 665; RGZ 110, 138; BGHZ 21, 142, 147.

dierende Rechtsmittel gegeben.[167] Dass sich daraus eine zweifache Anfechtungsmöglichkeit ergibt, muss in Kauf genommen werden.[168] Grds. muss in der Form des Rechtsmittels entschieden werden, das zu der an sich richtigen Entscheidung passt (→ § 124 Rn. 93).[169]

103   **2. Unklare Entscheidungen.** Auch wenn die angefochtene Entscheidung Anlass zu berechtigten Zweifeln hinsichtlich der Wahl des Rechtsmittels gibt, wird seine Zulässigkeit im Zweifel anzunehmen sein. Solche Zweifel können insbes. wegen einer Formverfehlung entstehen, bspw. darüber, ob das Untergericht durch Urteil oder Beschluss entschieden hat. Sofern demnach die Parteien befugt sind, bei der Wahl des Rechtsmittels der Auffassung des Untergerichts zu folgen, kommt nur der Wille des unteren Gerichts in Betracht, der in der angefochtenen Entscheidung erkennbar Ausdruck gefunden hat. Bedeutsam sind insoweit v.a. der Inhalt der Entscheidung, deren Bezeichnung, die Vornahme oder Unterlassung einer Kostenentscheidung, die Verwendung der gerichtsüblichen Formen und Vordrucke sowie die Zulassung eines bestimmten Rechtsmittels. Letztlich handelt es sich also um eine Auslegung der anzufechtenden Entscheidung.[170]

104   **3. Nichturteil.** Der Grundsatz, dass den Beteiligten eines Verfahrens aus Fehlern des Gerichts keine Nachteile erwachsen dürfen, gilt auch bei Erlass eines Nichturteils. Darunter ist der Fall zu verstehen, dass nicht einmal der äußere Tatbestand einer Entscheidung (eines Urteils) gesetzt ist, wenn aber „das, was vorliegt, ein Urteil zu sein scheint oder zu sein vorgibt".[171] Ein solcher Fall liegt vor, wenn ein nicht zur Ausübung der Rechtspflege bestimmtes staatliches Organ entschieden hat, aber auch, soweit die Entscheidung mangels Verkündung nicht existent geworden ist.[172] Ein Nicht- oder Scheinurteil beendet die Instanz nicht. Grds. ist es auch nicht rechtsmittelfähig, es sei denn, dass es im Interesse der Beteiligten geboten ist, eine auf diese Weise in Erscheinung getretene Entscheidung zu beseitigen. Das ist dann der Fall, wenn der „äußere Anschein eines Urteils" entstanden ist, wovon nach h.M. insbes. dann auszugehen ist, wenn die Nichtentscheidung von der Geschäftsstelle ausgefertigt oder zugestellt worden ist.[173] Ist das Nichturteil mit einem Rechtsmittel angegriffen worden, so kann das Rechtsmittelgericht nicht zur Sache selbst entscheiden; es muss sich vielmehr darauf beschränken, das Scheinurteil aufzuheben und an die untere Instanz zurückzuverweisen.[174]

105   **4. Verletzung wesentlicher Verfahrensvorschriften.** Von der Behandlung eines Nichturteils zu unterscheiden ist die Frage, welcher Rechtsschutz gegen eine Entscheidung begehrt werden kann, die unter Verletzung wesentlicher Verfahrensvorschriften zustande gekommen ist und überhaupt nicht oder wegen Erschöpfung des Rechtsmittelzuges nicht mehr angefochten werden kann. Eine solche Entscheidung ist weder wirkungslos noch nichtig und gestattet daher unter den Voraussetzungen des § 156 Abs. 2 i.V.m. §§ 579, 580 ZPO bei einer Reihe schwerster Urteilsmängel lediglich die Wiederaufnahme des Verfahrens[175] oder – namentlich bei der Rüge der Verletzung des rechtlichen Gehörs nach Art. 103 Abs. 1 GG – eine Verfassungsbeschwerde.[176] Selbst schwere Verfahrensverstöße eröffnen jedoch keine sonst verschlossene Instanz.[177]

---

167   BVerwGE 11, 128; 18, 195; 26, 60; 30, 98; 71, 213, 215; BVerwG NVwZ 1985, 280; RGZ 72, 220; 110, 135; BGHZ 40, 265, 267; 72, 182, 187; 98, 362, 364 f.; BGH NJW-RR 1990, 1483; NJW 1999, 583, 584 m.w.N.; BSGE 72, 90; *Ch. Althammer,* in: Stein/Jonas Vorbem. § 511 Rn. 39; *Kopp/Schenke* Vorbem. § 124 Rn. 22; *R. Rudisile,* in: Schoch/Schneider/Bier Vorbem. § 124 Rn. 51; *Rosenberg/Schwab/Gottwald* § 133 II 2; *Schenke* Rn. 1135 f.; *Ule* § 61 IX 1; *W. B. Maetzel,* MDR 1969, 345, 348 gesteht den Betroffenen auf der Grundlage des Meistbegünstigungsgrundsatzes nur das gegen die korrekte Entscheidung gegebene Rechtsmittel, aber kein Wahlrecht zu.
168   *Ch. Althammer,* in: Stein/Jonas Vorbem. § 511 Rn. 39.
169   *M. Happ,* in: Eyermann Vorbem. § 124 Rn. 11; *R. Rudisile,* in: Schoch/Schneider/Bier Vorbem. § 124 Rn. 51.
170   *Ch. Althammer,* in: Stein/Jonas Vorbem. § 511 Rn. 42.
171   *G. Luke,* JuS 1985, 767, 768; *Artur Nikisch,* Zivilprozeßrecht, ²1952, § 102 IV 1; hierzu auch BVerfG JuS 1985, 478 Nr. 5; zur Unterscheidung von einer zwar existenten, aber wirkungslosen Entscheidung BVerwGE 91, 242.
172   *Rosenberg/Schwab/Gottwald* § 60 III 1.
173   RGZ 133, 215, 220; BGHZ 10, 346, 349; *Baumbach/Lauterbach/Albers/Hartmann* Grundz § 511 Rn. 26 und *Übers* § 300 Rn. 12 f.; *G. Luke,* JuS 1985, 767, 769; *Rosenberg/Schwab/Gottwald* § 60 III 2.
174   BGHZ 10, 346, 349; *O. Jauernig,* NJW 1964, 723.
175   Vgl. *O. Jauernig,* Zivilprozessrecht, 2003, § 60 IV.
176   Art. 93 Abs. 1 Nr. 4 a GG i.V.m. §§ 13 Nr. 8 a, 90 ff. BVerfGG; vgl. *Ch. Althammer,* in: Stein/Jonas Vorbem. § 511 Rn. 67; *Ule* § 61 IX 2.
177   Vgl. *Ch. Althammer,* in: Stein/Jonas Vorbem. § 511 Rn. 66 und 68.

II. Weiteres Verfahren des Rechtsmittelgerichts

Bei inkorrekten Entscheidungen ist richtigerweise davon auszugehen, dass das Rechtsmittelgericht die 106 „inkorrekte" durch die „korrekte" Entscheidung ersetzen muss, und sich das Rechtsmittelverfahren danach bestimmt (BVerwGE 18, 193, 195; so auch OVG Münster NJW 1979, 1102). Für eine „Perpetuierung"[178] der inkorrekten Entscheidung besteht schon deshalb kein Anlass, weil sie zu einer ungerechtfertigten Verkürzung des Instanzenzuges führen kann. Ergeht z.B. eine erstinstanzliche Entscheidung durch Beschluss statt durch Urteil und wird eine hiergegen eingelegte Beschwerde wiederum durch Beschluss – statt durch Urteil – entschieden, so ist hiergegen gem. § 146 von vornherein jedes Rechtsmittel ausgeschlossen. Das Rechtsmittelgericht hat vielmehr das Verfahren unabhängig davon, welches Rechtsmittel die Partei eingelegt hat, in der Verfahrensart weiterzubetreiben, die von Anfang an richtigerweise hätte eingeschlagen werden müssen. Das Rechtsmittelverfahren ist also so durchzuführen, als habe das Untergericht die Entscheidung in der richtigen Form erlassen und sei dagegen das statthafte Rechtsmittel eingelegt worden.[179]

Auch in der Sache selbst hat das Rechtsmittelgericht immer nur die Entscheidungsbefugnisse, die es 107 hätte, wenn das Vordergericht in der richtigen Form entschieden hätte (BGH NJW 1979, 43, 47; OVG Koblenz DÖV 1976, 828). Es muss also, wenn die Voraussetzungen für eine Sachentscheidung nicht vorliegen, die inkorrekte Entscheidung aufheben und gem. den für seine eigene Entscheidung maßgeblichen Bestimmungen (vgl. z.B. §§ 130, 141), sie durch eine formgerechte Entscheidung ersetzen, die Sache an die Vorinstanz zurückverweisen oder an das zuständige Gericht verweisen.[180] Hat das VG statt durch Urteil durch Beschluss entschieden, kommt einerseits entsprechend der äußeren Form der Entscheidung eine Beschwerde in Betracht und andererseits nach dem Grundsatz der Meistbegünstigung aber auch das Rechtsmittel, das gegen die Entscheidung in der richtigen Form statthaft gewesen wäre, hier also der Antrag auf Zulassung der Berufung.[181] Hat das OVG fälschlicherweise durch Beschluss entschieden, hebt das BVerwG auf Beschwerde des Rechtsmittelpetenten den angefochtenen Beschluss auf und verweist die Sache an das OVG zurück (§ 141 i.V.m. § 130).

III. Keine Erweiterung des Instanzenzuges

Das Prinzip der Meistbegünstigung will die Beteiligten nur vor der Gefahr schützen, sich infolge einer 108 inkorrekten Entscheidung für ein ungünstiges Rechtsmittel zu entscheiden; es bezweckt hingegen nicht, den Instanzenzug zu erweitern. Eine Ausnahme von diesem Grundsatz muss deshalb dann angenommen werden, wenn die inkorrekte Entscheidung anfechtbar ist, gegen die korrekte Entscheidung aber kein Rechtsmittel zulässig wäre. Die Meistbegünstigung führt nämlich nicht zu einer dem konkreten Verfahren widersprechenden Erweiterung des Instanzenzuges.[182] Ein Verfahrensfehler der Vorinstanz kann nicht in eine ohne diesen Fehler nicht bestehende Sachkompetenz der Rechtsmittelinstanz umgemünzt werden. Dem steht auch das berechtigte Interesse des Rechtsmittelgegners entgegen, nicht seinerseits ein Opfer der Formverfehlung zu werden und eine Rechtsposition zu verlieren, die er ohne diesen Fehler hätte.[183] So wird eine Entscheidung, die durch unanfechtbaren Beschluss ergehen müsste, nicht dadurch anfechtbar, dass sie in das Endurteil aufgenommen wird (BGHZ 46, 112; BGH MDR 1969, 472). Auch dann, wenn das Gericht ein Teilurteil nach § 110 beabsichtigte, dessen Voraussetzungen indessen nicht vorlagen, sich die Entscheidung jedoch inhaltlich als ein unzulässiges Zwischenurteil darstellt, so ist ein selbständiges Rechtsmittel grds. nicht statthaft. Denn wäre die Entscheidung als Zwischenurteil nach § 173 i.V.m. § 303 ZPO ergangen, so könnte es nicht selbständig, sondern nur zusammen mit der die Instanz abschließenden Entscheidung angefochten werden.[184] Stets wäre das Rechtsmittel gegen die korrekte Entscheidung unzulässig, es sei denn, dass sie den Beteiligten

---

178 *Schenke* Rn. 1138.
179 VGH Mannheim NJW 1982, 2460; *M. Happ*, in: Eyermann[3] Vorbem. § 124 Rn. 14; *Kopp/Schenke* Vorbem. § 124 Rn. 22; *R. Rudisile*, in: Schoch/Schneider/Bier Vorbem. § 124 Rn. 51.
180 OVG Münster NJW 1974, 1102; VGH München BayVBl 1982, 18; *Kopp/Schenke* Vorbem. § 124 Rn. 23.
181 *M. Happ*, in: Eyermann Vorbem. § 124 Rn. 11.
182 BVerwG Buchholz 448.0 § 34 WPflG Nr. 61; NJW 1986, 1125, 1126; BAG NJW 1984, 254, 255; BGHZ 46, 112, 113 f.; BGH NJW-RR 1990, 1483 m.w.N.; *Kopp/Schenke* Vorbem. § 124 Rn. 23; *R. Rudisile*, in: Schoch/Schneider/Bier Vorbem. § 124 Rn. 51; *Rosenberg/Schwab/Gottwald* § 133 II 2 a.
183 *W. B. Maetzel*, MDR 1969, 345, 347.
184 BGHZ 8, 383, 384 f.; vgl. *Ch. Althammer*, in: Stein/Jonas Vorbem. § 511 Rn. 55.

über die normalen Wirkungen der korrekten Entscheidung hinaus nachteilige Rechtswirkungen erzeugt (BGH ZZP 92 [1979], 362 m.Anm. *P. Gottwald*). Solche überschießenden Rechtswirkungen können sich aus einer scheinbaren materiellen Rechtskraft, aus der scheinbaren Verfahrensbeendigung oder aus der von der Entscheidung beanspruchten Unabänderlichkeit ergeben. Dann muss die Rechtsmittelinstanz in der Lage sein, den Mangel der „Inkorrektheit" zu beheben, ohne deshalb eine Kompetenz „in der Sache selbst" in Anspruch zu nehmen.[185] Ist hingegen nur die fehlerhafte Entscheidung unanfechtbar, während gegen die korrekte Entscheidung ein Rechtsmittel gegeben ist, so kann dieses zulässigerweise eingelegt werden.[186]

I. Konkurrenz mehrerer Rechtsmittel, Haupt- und Hilfsantrag

I. Rechtsmittelkonkurrenz

109   Haben mehrere Rechtsmittelberechtigte, z.B. mehrere Streitgenossen, verschiedene, an sich zulässige Rechtsmittel eingelegt, etwa den Antrag auf Zulassung der Berufung gestellt oder Sprungrevision eingelegt, so ist nur das Rechtsmittel maßgeblich, das in seiner Wirkung die umfassendere Nachprüfung eröffnet und nach Möglichkeit den Verlust einer Instanz zulasten eines Beteiligten vermeidet.[187] Die übrigen Rechtsmittel sind im Zweifel entsprechend umzudeuten und ggf. gem. § 83 an das zuständige Gericht zu verweisen.

II. Haupt- und Hilfsantrag

110   **1. Zulässigkeit der Verbindung von Haupt- und Hilfsantrag.** Zulässig ist auch im Rechtsmittelverfahren eine Verbindung von Haupt- und Hilfsanträgen (BVerfGE 40, 275). Macht der Kläger in der Vorinstanz neben dem Hauptantrag einen Hilfsantrag geltend, so kommen die folgenden Fallgestaltungen in Betracht:

111   **2. Haupt- und Hilfsantrag als Gegenstand des Rechtsmittelverfahrens.** Hat das erstinstanzliche Gericht dem Hauptantrag stattgegeben und infolgedessen über den Hilfsantrag nicht entschieden, so ist die Prüfungsbefugnis des Rechtsmittelgerichts umstr. Nach der Rspr. des BGH[188] sowie des BVerwG (BVerwG DVBl 1980, 597) wird ein in der Vorinstanz gestellter Hilfsantrag bei Einlegung eines Rechtsmittels durch den Beklagten automatisch auch Gegenstand des Rechtsmittelverfahrens, wenn die angegriffene Entscheidung dem Hauptantrag stattgegeben hat.[189] Hat das Vordergericht den Hauptantrag abgewiesen und dem Hilfsantrag stattgegeben, und legt dagegen nur der Beklagte ein Rechtsmittel ein, so kann das Rechtsmittelgericht auch dann nicht über den Hauptantrag entscheiden, wenn es den Hilfsantrag gerade deshalb für unbegründet hält, weil seiner Ansicht nach dem Hauptantrag stattzugeben war.[190] Will der Kläger nicht riskieren, mit seinem Klagebegehren vollständig zu unterliegen, so muss er seinerseits Anschlussberufung einlegen.[191] Legt allein der Kläger gegen das Urteil ein Rechtsmittel ein, so wird der Hilfsantrag damit in der Rechtsmittelinstanz nur insoweit anhängig, als die Verurteilung aus dem Hilfsantrag bei einem Erfolg der Berufung aufzuheben ist.[192] Solange über den Hauptantrag noch nicht rechtskräftig entschieden ist, bleibt auch die Wirksamkeit des Urteils über den Hilfsantrag in der Schwebe (BVerwG DVBl 1980, 597). Insbes. kann das Rechtsmittel

---

185   *W. B. Maetzel*, MDR 1969, 345, 347.

186   BVerwGE 22, 86, 89; 71, 213, 215; *R. Rudisile*, in: Schoch/Schneider/Bier Vorbem. § 124 Rn. 51.

187   *Kopp/Schenke*[16] Vorbem. § 124 Rn. 55; anders BSG NJW 1966, 1775, wonach nur das zuerst eingelegte Rechtsmittel zulässig ist.

188   BGHZ 25, 79, 85; BGH NJW 1952, 184; 1979, 2096; NJW-RR 1990, 518, 519; ebenso bereits RGZ 77, 120; 105, 292; 117, 112.

189   So auch *Arwed Blomeyer*, Zivilprozeßrecht, ²1985, § 101 II 2; *B. Rimmelspacher*, in: MüKoZPO § 528 Rn. 46; *Rosenberg/Schwab/Gottwald* § 137 VI 3 b; *W. Grunsky*, in: Stein/Jonas § 537 (a.F.) Rn. 10, der jedoch ebenso wie *H. Brox*, FS Carl Heymanns Verlag, 1965, 121, 133, dem Kläger die Möglichkeit einräumt, für den Fall der Begründetheit der Berufung hilfsweise Anschlussberufung einzulegen.

190   BGHZ 41, 38; *H. Brox*, FS Carl Heymanns Verlag, 1965, 121, 130 ff.; *W. Grunsky*, in: Stein/Jonas § 537 (a.F.) Rn. 9; *Rosenberg/Schwab/Gottwald* § 137 IV 3 b.

191   Zur Zulässigkeit bei einer Zurückverweisung an das Berufungsgericht BGH NJW 1994, 586, 588; *Arwed Blomeyer*, Zivilprozeßrecht, ²1985, § 101 II 2.

192   BVerwG DVBl 1980, 597; *H. Brox*, FS Carl Heymanns Verlag, 1965, 121, 136; *W. Grunsky*, in: Stein/Jonas § 537 (a.F.) Rn. 9.

des Klägers, der seinen Hauptantrag weiter verfolgt, nicht unter Verweis auf die Rechtskraft der Entscheidung über seinen in der Vorinstanz erfolgreichen Hilfsantrag als unzulässig verworfen werden (BVerwG DVBl 1980, 597). Gibt das Rechtsmittelgericht dem Hauptantrag statt, muss es zugleich die Verurteilung aus dem Hilfsantrag aufheben, um dem Kläger nicht einen zweiten Titel in derselben Sache zu geben. Die Aufhebung wirkt jedoch nur deklaratorisch.[193] Hat sich das Vordergericht unzulässigerweise darauf beschränkt, den Hauptantrag abzuweisen, ohne auf den Hilfsantrag einzugehen, so ist das Urteil, wenn es nicht nur als Teilurteil über den Hauptantrag zu verstehen ist, nach § 120 zu ergänzen. Ist dies wegen Überschreitung der Frist des § 120 Abs. 2 nicht mehr möglich, dann ist zwar die Rechtshängigkeit des Hilfsantrags erloschen, doch kann der Anspruch im Wege der Klageänderung noch in die Berufungsinstanz gebracht werden.[194]

§ 124 [Zulässigkeit der Berufung]

(1) Gegen Endurteile einschließlich der Teilurteile nach § 110 und gegen Zwischenurteile nach den §§ 109 und 111 steht den Beteiligten die Berufung zu, wenn sie von dem Verwaltungsgericht oder dem Oberverwaltungsgericht zugelassen wird.

(2) Die Berufung ist nur zuzulassen,

1. wenn ernstliche Zweifel an der Richtigkeit des Urteils bestehen,
2. wenn die Rechtssache besondere tatsächliche oder rechtliche Schwierigkeiten aufweist,
3. wenn die Rechtssache grundsätzliche Bedeutung hat,
4. wenn das Urteil von einer Entscheidung des Oberverwaltungsgerichts, des Bundesverwaltungsgerichts, des Gemeinsamen Senats der obersten Gerichtshöfe des Bundes oder des Bundesverfassungsgerichts abweicht und auf dieser Abweichung beruht oder
5. wenn ein der Beurteilung des Berufungsgerichts unterliegender Verfahrensmangel geltend gemacht wird und vorliegt, auf dem die Entscheidung beruhen kann.

Schrifttum

1. Monographien und Beiträge in Sammelwerken: *M. Baumgärtel*, Die Zulassungsberufung in der VwGO – Im Spannungsfeld zwischen Beschleunigung und Gewährung effektiven Rechtsschutzes, 2004; *J. M. Buscher*, Die Zulassungsberufung im Verwaltungsprozeß, 2004; *K. F. Gärditz*, Das Sonderverwaltungsprozessrecht des Asylverfahrens, in: FS für Wolf-Rüdiger Schenke, 2011, 689; *P. Gottwald*, Die Revisionsinstanz als Tatsacheninstanz, 1975; *E.-W. Hanack*, Der Ausgleich divergierender Entscheidungen in der oberen Gerichtsbarkeit, 1962; *W. Kralik*, Der Streitgegenstand im Rechtsmittelverfahren, in: FS für Gottfried Baumgärtel, 1990, 261; *P. Kummer*, Die Nichtzulassungsbeschwerde, 1990; *C. L. Lässig*, Die fehlerhafte Rechtsmittelzulassung und ihre Verbindlichkeit für das Rechtsmittelgericht, 1976; *A. May*, Die Revision in den zivil- und verwaltungsgerichtlichen Verfahren (ZPO, ArbGG, VwGO, SGG, FGO), ²1997; *J. Meyer-Ladewig*, Revisionszulassung, Rechtssicherheit und Vertrauensschutz, in: Verwaltungsrecht zwischen Freiheit, Teilhabe und Bindung. Festgabe aus Anlaß des 25-jährigen Bestehens des Bundesverwaltungsgerichts, 1978, 417; *ders.*, Die Vereinheitlichung der öffentlich-rechtlichen Prozeßordnungen, in: FS Menger, 1985, 833; *G. A. Neuhäuser*, Die Zulassung der Berufung im Verwaltungsprozess unter den Einwirkungen des Verfassungs- und des Unionsrechts, 2012; *H. Prütting*, Die Zulassung der Revision, 1977; *T. Schreiner*, Die Zulassungsberufung in Verwaltungsgerichtsordnung (VwGO), Zivilprozessordnung (ZPO) und Arbeitsgerichtsbarkeit (ArbGG), 2010; *E. Schwinge*, Grundlagen des Revisionsrechts, ²1960; *H. Sendler*, Zu wenig durch zu viel Rechtsschutz im Verwaltungsprozess? Oder: Wäre weniger mehr?, in: FS für die Deutsche Richterakademie, 1983, 175; *F. Vorndran*, Die Beschränkung der Revision zu den oberen Bundesgerichten mit Ausnahme des Strafprozeßrechts, 1957; *F. Weyreuther*, Revisionszulassung und Nichtzulassungsbeschwerde in der Rechtsprechung der obersten Bundesgerichte, 1971.

2. Beiträge in Zeitschriften: *B. Atzler*, Aktuelle Probleme des Zulassungsrechts für Berufungs- und Beschwerdeverfahren, NdsVBl 1998, 153; *ders.*, Zwei Jahre Zulassungsrecht – ein Rückblick und eine Polemik –, NdsVBl 1999, 86; *ders.*, Zulassung der Berufung, NVwZ 2001, 410; *J. Bader*, Praktische Erfahrungen mit dem Sechsten VwGO-Änderungsgesetz, VBlBW 1997, 401, 449; *ders.*, Das Sechste Gesetz zur Änderung der Verwaltungsgerichtsordnung, DÖV 1997, 442; *ders.*, Zulassungsberufung und Zulassungsbeschwerde nach der 6. VwGO-Novelle, NJW 1998, 409; *ders.*, Die Neuregelung des Rechtsmittelrechts und sonstige Änderungen der VwGO durch das Rechtsmittelbereinigungsgesetz, VBlBW 2002, 471; *C. Bath*, Wie aus besonderen Schwierigkeiten ernstliche Zweifel werden, LKV 2003, 80; *E. Becht*, Grundfragen des Berufungsverfahrens, JuS 1990, 829, 1000, JuS 1991, 59, 134; *J. Berkemann*, Verwaltungsprozeßrecht auf "neuen Wegen"?, DVBl 1998, 446; *U. Berlit*, Reformbedarfe im Asylprozessrecht – für eine Reintegration des Sonderasylprozessrechts in das allgemeine Verwaltungsprozessrecht, DVBl 2015, 657; *H. Bethge*, Die verfassungsrechtliche Problematik einer Zulassungsberufung im Zivilprozess, NJW 1991, 2391; *B. Büchner*, Zur Grundsatzberufung im Verwaltungsprozess, insbesondere im Asylprozess, DÖV 1984, 578; *W. Ewer*, Das Sechste Gesetz zur Änderung der Verwal-

---

193 BGHZ 112, 229, 232; BGH NJW 1989, 1486, 1487; 1993, 1005, 1007; *H. Brox*, FS Carl Heymanns Verlag, 1965, 121, 136; *Kopp/Schenke*[16] Vorbem. § 124 Rn. 56.
194 *W. Grunsky*, in: Stein/Jonas § 537 (a.F.) Rn. 11; *B. Rimmelspacher*, in: MüKoZPO⁵ § 528 Rn. 44; *Rosenberg/Schwab/Gottwald* § 137 IV 3 b.

tungsgerichtsordnung – gesetzgeberischer Aktionismus mit kontraproduktiver Wirkung, ZG 1998, 47; *H. Fliegauf*, Nochmals zum Sechsten VwGO-Änderungsgesetz: Reform oder Anpassung?, NJW 1997, 1968; *H. Fliegauf/L. Blüm*, Die 6. Novelle zur Verwaltungsgerichtsordnung, AnwBl 1998, 127; *R. Gaier*, Verfassungsrechtliche Vorgaben für die Zulassung der Berufung im Verwaltungsstreitverfahren, NVwZ 2011, 385; *H. Geiger*, Das Berufungs- und Beschwerdeverfahren nach der Neuregelung durch das Gesetz zur Bereinigung des Rechtsmittelrechts im Verwaltungsprozess, BayVBl 2003, 65; *M.-E. Geis/S. Thirmeyer*, Die Berufung im Verwaltungsprozess, JuS 2013, 517; *H. Günther*, Berufungszulassung wegen „ernstlicher Zweifel" am Urteils-Resultat oder an den Entscheidungs-Gründen?, NVwZ 1998, 472; *ders.*, Berufungszulassung wegen Divergenz statt Grundsätzlichkeit oder umgekehrt?, DVBl 1998, 678; *M. Happ*, Die Darlegung ernstlicher Zweifel an der Richtigkeit des Urteils – Ein Beitrag zur Diskussion um die Auslegung der §§ 124, 124a VwGO, BayVBl 1999, 577; *H. M. Heinig*, Ernstliche Zweifel trotz richtigen Ergebnisses? – Anmerkungen zur Auslegung des § 124 Abs. 2 Nr. 1 VwGO, DÖV 2004, 525; *H.-J. Höllein*, Die Zulassungsberufung im Asylverfahrensrecht, ZAR 1989, 109; *J. Hüttenbrink*, Droht die 7. VwGO-Novelle? – Annahmeberufung (-beschwerde) statt Zulassungsberufung(-beschwerde) – ein Plädoyer zur Revision der 6. VwGO-Novelle, DVBl 2000, 882; *ders.*, Neue Strukturen in der Verwaltungsgerichtsbarkeit?, DVBl 2016, 751; *U. Jessen*, Die Gestaltung des Rechtsmittelzugs im Entwurf einer Verwaltungsprozeßordnung, NVwZ 1982, 410; *H. Johlen*, Erfahrungen mit der Beschwerdezulassung nach den §§ 146 Abs. 4, 124 Abs. 2 VwGO, NWVBl 1999, 41; *B. Kienemund*, Das Gesetz zur Bereinigung des Rechtsmittelrechts im Verwaltungsprozess, NJW 2002, 1231; *L. Knopp*, Verwaltungsprozessuale Neuerungen durch das Gesetz zur Bereinigung des Rechtsmittelrechts, DÖV 2003, 24; *F. O. Kopp*, Entlastung der Verwaltungsgerichte und Beschleunigung des Verfahrens nach dem Entwurf einer Verwaltungsprozeßordnung (EVwPO), DVBl 1982, 613; *W. Kuhla/J. Hüttenbrink*, Entwicklung des Verwaltungsprozeßrechts in den Jahren 1997 und 1998, DVBl 1999, 898; *W. Kuhla*, Die berufungstypischen Zulassungsgründe, DVBl 2001, 172; *P. Kummer*, Der Zugang zur Berufungsinstanz nach neuem Recht – Berufungszulassung und Nichtzulassungsbeschwerde, NZS 1993, 285, 337; *G. Laudemann*, Das Zulassungsrecht nach dem 6. VwGOÄndG in der obergerichtlichen Rechtsprechung, NJ 1999, 6; *ders.*, Prozessuale Probleme im Zusammenhang mit dem Zulassungsverfahren nach dem 6. VwGOÄndG, NJ 2000, 172; *K. W. Lotz*, Zur Abgrenzung der Rechtsschutzaufgaben von Widerspruchsbehörde, Verwaltungsgericht und Verwaltungsgerichtshof, BayVBl 1987, 738; *ders.*, Sechstes Gesetz zur Änderung der Verwaltungsgerichtsordnung, BayVBl 1997, 257; *K. W. Lotz/L. Dillmann*, Vereinfachung des verwaltungsgerichtlichen Verfahrens und Entlastung der Verwaltungsgerichte, BayVBl 1992, 737; *W. B. Maetzel*, Offene Fragen zum Revisionszulassungsverfahren nach der Verwaltungsgerichtsordnung, MDR 1961, 453; *ders.*, Berufungsbeschränkungen im Verwaltungsprozeß, DÖV 1965, 314; *ders.*, Der zwei-instanzliche Verwaltungsprozeß, DVBl 1965, 825; *ders.*, Instanzverkürzungen im Verwaltungsprozeß?, DÖV 1977, 626; *D. Mampel*, Beschwerde-Zulassung nach dem 6. VwGO-Änderungsgesetz oder: Die Macht der Gewohnheit, NVwZ 1998, 261; *A. May*, Die Zulassung der Berufung, Die Sozialgerichtsbarkeit 1993, 249; *C. Meissner*, Die Novellierung des Verwaltungsprozeßrechts durch das Sechste Gesetz zur Änderung der Verwaltungsgerichtsordnung, VBlBW 1997, 81; *J. Meyer-Ladewig*, Entlastung der Gerichte in der Verwaltungs- und Finanzgerichtsbarkeit, NJW 1978, 857; *ders.*, Vereinfachung und Beschleunigung verwaltungsgerichtlicher Verfahren, DVBl 1979, 539; *A. Niesler*, Die Berufung im Verwaltungsprozess, §§ 124ff. VwGO, JuS 2007, 728; *U. Numberger/T. Schönfeld*, Neuerungen in der VwGO, UPR 1997, 89; *H. A. Petzold*, Wechselwirkungen zwischen § 124 VwGO n. F. und Art. 177 EGV, NJW 1998, 123; *M. Quaas*, Das 6. VwGO-Änderungsgesetz aus anwaltlicher Sicht, NVwZ 1998, 701; *ders.*, Erste Erfahrungen mit den neuen Verfahrensregelungen für die verwaltungsrechtlichen Anwaltssachen (§§ 112a ff. BRAO), DVBl 2012, 1413; *U. Ramsauer*, Prozessuale Einbußen beim Rechtsschutz durch weniger Rechtsmittel, AnwBl 2015, 739; *K. Redeker*, Neue Experimente mit der VwGO?, NVwZ 1996, 521; *ders.*, Wenn der Rechtsweg „verschlankt" werden soll, NJW 1998, 2790; *K. Rennert*, Die maßgebliche Perspektive bei der Zulassung von Berufung und Beschwerde im Verwaltungsprozeß, NVwZ 1998, 665; *ders.*, Suspensiv- und Devolutiveffekt bei zulassungsbedürftigen Rechtsmitteln, VBlBW 1999, 283; *W. Roth*, Der Berufungszulassungsgrund der „ernstlichen Zweifel" im verwaltungsgerichtlichen Verfahren, VerwArch 1997, 416; *ders.*, Tatsachenfragen als Zulassungsgrund bei der Grundsatz- und Divergenzberufung, DÖV 1991, 191; *R. Rudisile*, Das Berufungs(zulassungs)recht der VwGO im Spiegel der Rechtsprechung, Die Verwaltung 2006, 421; *ders.*, Rechtsprechungsentwicklung – Die Judikatur des BVerfG zum Berufungszulassungsrecht der VwGO, NVwZ 2012, 1425; *M. Sauthoff*, Erste Äußerungen des BVerwG zum Recht der Berufungszulassung nach §§ 124, 124a VwGO, NordÖR 1999, 11; *W.-R. Schenke*, „Reform" ohne Ende – Das Sechste Gesetz zur Änderung der Verwaltungsgerichtsordnung und anderer Gesetze (6. VwGOÄndG), NJW 1997, 81; *J. Schmidt*, Das 6. VwGO-Änderungsgesetz und seine Folgen aus der Sicht der Berufungsinstanz, NVwZ 1998, 694; *H.-P. Schmieszek*, Sechstes Gesetz zur Änderung der Verwaltungsgerichtsordnung und anderer Gesetze (6. VwGOÄndG), NVwZ 1996, 1151; *H. Schnellenbach*, Die Änderung der Verwaltungsgerichtsordnung durch das Gesetz zur Entlastung der Rechtspflege, DVBl 1993, 230; *M.-J. Seibert*, Die Zulassung der Berufung, DVBl 1997, 932; *ders.*, Das Verfahren auf Zulassung der Berufung – Erfahrungen mit der 6. VwGO-Novelle, NVwZ 1999, 113; *ders.*, Änderungen der VwGO durch das Gesetz zur Bereinigung des Rechtsmittelrechts im Verwaltungsprozess, NVwZ 2002, 265; *ders.*, Berufungszulassung durch den Einzelrichter?, NVwZ 2004, 821; *H. Sendler*, Zum Instanzenzug in der Verwaltungsgerichtsbarkeit, DVBl 1982, 157; *ders.*, „Kleine" Revisionsurteile?, DVBl 1992, 240; *P. Stelkens*, Verwaltungsgerichtsbarkeit im Umbruch – eine Reform ohne Ende?, NVwZ 1995, 325; *B. Stüer*, Die Beschleunigungsnovellen 1996, DVBl 1997, 326; *M. Uechtritz*, Die 6. VwGO-Novelle und die aktuellen Überlegungen zur Reform des Rechtsmittelrechts – Das Berufungsverfahren, NVwZ 2000, 1217; *C. H. Ule*, Vor einer einheitlichen Verwaltungsprozeßordnung?, DVBl 1981, 363; *ders.*, Effektiver Rechtsschutz einer funktionsfähigen Rechtspflege?, DVBl 1982, 821; *ders.*, Die zweite Tatsacheninstanz in der Verwaltungsgerichtsbarkeit im Licht der Rechtstatsachenforschung, DVBl 1983, 440; *V. Wahrendorf*, Das 6. VwGO-ÄnderungsG – Bemerkungen zum prozeßrechtlichen Beratungsgegenstand des 12. Verwaltungsrichtertages, NWVBl 1998, 177; *A. v. Wedelstädt*, Die Tücken der Nichtzulassungsbeschwerde, DB 1991, 1899; *R. Wilke/A. Teschner*, Der Verwaltungsprozeß im „Standort Deutschland", SchlHA 1997, 25; *J. Ziekow*, Abweichung von bindenden Verfassungsgerichtsentscheidungen?, NVwZ 1995, 247.

A. Entstehungsgeschichte

I. Entwicklungsgeschichte der Berufung

1   Der Gesetzgeber hat durchgängig den Zugang zur Berufungsinstanz durch partielle Beschränkungen zu erschweren versucht.

2   **1. Verwaltungsgerichtsbarkeit nach 1945.** Bereits in den ersten Jahren nach dem 2. Weltkrieg führte eine ständig wachsende Zahl von verwaltungsgerichtlichen Prozessen und die damit verbundene Überlastung der Berufungsinstanz[1] in verschiedenen Ländern zu Berufungsbeschränkungen.[2] Die im Einzelnen unterschiedlichen Regelungen orientierten sich durchgängig an denselben Strukturprinzipien. Beschränkungen waren bei Nichterreichen einer bestimmten Berufungssumme oder/und für bestimmte Rechtsgebiete[3] vorgesehen; insoweit war die Berufung von einer besonderen Zulassung abhängig. Eine Nichtzulassungsbeschwerde kannte nur die hessische Regelung.[4]

3   **2. VwGO von 1960.** Die Überlastung der OVGe und des BVerwG in den 50er Jahren (vgl. BT-Drs. 3/109, 12 [zu § 130] und 9 [zu § 86]) führte angesichts der positiven Erfahrungen mit der Berufungsbeschränkung in den Ländergesetzen zu einer vergleichbaren Regelung in der VwGO vom 21.1.1960 (BGBl I 17). Der 1951 veröffentlichte sog. *Präsidentenentwurf*[5] hatte sich noch auf die knappe Vorschrift beschränkt, dass die Berufung für bestimmte Rechtsgebiete ausgeschlossen oder beschränkt werden könne (§ 127). *§ 131 VwGO 1960* sah eine wesentlich detailliertere, den Vorschriften über die Revision weitgehend angeglichene Regelung vor. Danach konnte für besondere Rechtsgebiete die Berufung durch Bundes- oder Landesgesetz von einer besonderen Zulassung abhängig gemacht werden (und zwar ursprünglich nur einmal für die Dauer von höchstens 5 Jahren). Zulassungsgründe wa-

---

1 Vgl. z.B. *Werner*, DVBl 1951, 341.
2 Z.B. in Bayern, Hessen, Niedersachsen, Schleswig-Holstein, Rheinland-Pfalz, vgl. ii Einzelnen *F. Vorndran*, Beschränkung der Revision, 1957, 35 ff.; *Koehler* § 131 Anm. 2.
3 Z.B. auf dem Gebiet der Wohnraumbewirtschaftung, wo man sich durch das Betreiben des Berufungsverfahrens einen Zeitgewinn erhoffte; vgl. *Werner*, DVBl 1951, 341 f. So betrug 1949 beim OVG Münster der Anteil der „Wohnungsangelegenheiten" an sämtlichen Rechtssachen 56 %; vgl. Dokumentation „Die Verwaltungsgerichtsbarkeit im Land Nordrhein-Westfalen 1945–1969" (OVGE-Sonderband [Hrsg.]: Präsident des OVG NW), 121.
4 § 102 Abs. 4 des hessischen Verwaltungsgerichtsgesetzes vom 31.10.1946 i.d.F. des Änderungsgesetzes vom 30.6.1949 (GVBl 79).
5 Aufgestellt von der Vereinigung der Präsidenten der VG des Bundesgebiets in Zusammenarbeit mit der Arbeitsgemeinschaft der Innenministerien der Länder der Bundesrepublik, DVBl 1951, nach 568.

ren die grundsätzliche Bedeutung der Rechtssache oder eine Divergenz zu ober- oder höchstrichterlicher Rspr. Die Verfahrensrüge als dritter Zulassungsgrund trat erst 1991 aufgrund des 4. VwGOÄndG (Viertes Gesetz zur Änderung der VwGO vom 17.12.1990 [BGBl I 2809]) hinzu. Gegen die Nichtzulassung der Berufung durch das VG war die Beschwerde zum OVG gegeben.

Bemerkenswert ist, dass der Gesetzgeber zeitgleich mit der VwGO ein gesondertes (auf fünf Jahre befristetes) *„Gesetz über die Beschränkung der Berufung im verwaltungsgerichtlichen Verfahren"* (vom 21.1.1960 [BGBl I 44]) verabschiedete. Nach § 1 Abs. 1 des Berufungsbeschränkungsgesetzes fand eine Berufung nur nach Zulassung statt bei Streitigkeiten auf den Gebieten des Preisrechts, der öffentlichen Abgaben, der Kosten, der Strafen und des Zwangsgeldes mit einem Wert des Beschwerdegegenstandes unter 300 Deutsche Mark sowie auf den Gebieten der Wohnraumbewirtschaftung, der Notaufnahme von Deutschen in das Bundesgebiet, der Anerkennung als ausländischer Flüchtling und der Feststellung als heimatloser Ausländer sowie des Aufenthalts- und Niederlassungsrechts der Ausländer. **4**

3. Entwurf einer Verwaltungsprozessordnung. Eine weitere bedeutende Etappe in der Geschichte der Berufungsbeschränkung war die jahrzehntelange Diskussion um eine einheitliche Verwaltungsprozessordnung (VwPO). Sie spiegelt das Ringen wider um einen Ausgleich zwischen den Zielen eines wirksamen Rechtsschutzes i.S.d. Einzelfallgerechtigkeit einerseits und der Beschleunigung des Verfahrens durch Bündelung der Rechtsschutzkapazitäten andererseits. Das Vorhaben einer VwPO wurde zwar letztlich aufgegeben, hatte aber – insbes. unter dem Aspekt der Rechtsmittelbeschränkung – gleichwohl wichtige Auswirkungen auf das Verwaltungsprozessrecht. Die Änderungen der Berufungsvorschriften durch das Entlastungsgesetz,[6] das 4. VwGOÄndG und durch das 6. VwGOÄndG[7] gehen auf die Vorarbeiten zur VwPO zurück. **5**

Der weitreichende Vorschlag von *Ule*,[8] dem (Mit-)Verfasser des sog. Speyerer Entwurfs,[9] die OVGe zu Revisionsgerichten für Landesrecht zu machen und sie ihrer Funktion als Tatsachengerichte zu entkleiden, hat zu Recht keine Gefolgschaft finden können.[10] Verwaltungsrechtsstreite sind fast immer durch eine Gemengelage von Landes- und Bundesrecht geprägt; die Einrichtung von Landesrevisionsgerichten würde deshalb zu einer Verkomplizierung des Rechtsmittelweges und überdies – wegen der Nichtüberprüfung von Bundesrecht durch die OVGe – zu einer zusätzlichen Belastung des BVerwG führen.[11] **6**

Der Regierungsentwurf einer VwPO von 1982 (BT-Drs. 9/1851) und 1985[12] sah demgegenüber eine allgemeine Berufungszulassung zur Entlastung der OVGe und des BVerwG vor. Nach § 141 Abs. 1 E-VwPO 1982 war die Berufung nur statthaft, wenn sie zuvor vom VG oder – auf Beschwerde gegen die Nichtzulassung – vom OVG zugelassen worden war. Bei der Ausgestaltung der Zulassungsgründe war intensiv erörtert worden, in welcher Weise die klassische Trias der (Revisions-)Zulassungsgründe (vgl. § 132 Abs. 2) erweitert werden müsse, um der Tatsache Rechnung zu tragen, dass die Berufung eine zweite Tatsacheninstanz ist, die der Korrektur einer Entscheidung im Einzelfall dienen soll.[13] § 141 Abs. 2 Nr. 3 E-VwPO 1982 (wörtlich übereinstimmend heute § 124 Abs. 2 Nr. 2 VwGO) wählte die *besonderen tatsächlichen oder rechtlichen Schwierigkeiten* der Rechtssache zum weiteren Zulassungskriterium neben den drei aus dem Revisionsrecht übernommenen Zulassungsgründen. Die Regierungsbegründung führte hierzu aus, eine Berufungsbeschränkung für einfache und unproblematische Fälle sei angemessen. Das Zulassungskriterium „besondere Schwierigkeiten" lasse erwarten, dass das Berufungsgericht genügend Entscheidungsspielraum habe, bei begründeten Zweifeln an der Richtigkeit der Entscheidung erster Instanz oder wenn es erkenne, dass das erstinstanzliche Gericht offen- **7**

---

6 Gesetz zur Entlastung der Gerichte in der Verwaltungs- und Finanzgerichtsbarkeit vom 31.3.1978 (BGBl I 446).
7 Viertes Gesetz zur Änderung der VwGO vom 17.12.1990 (BGBl I 2809) und Sechstes Gesetz zur Änderung der VwGO und anderer Gesetze vom 1.11.1996 (BGBl I 1626).
8 *Ule*, FS Heymanns-Verlag, 1965, 53, 85.
9 Entwurf eines Verwaltungsgerichtsgesetzes zur Vereinheitlichung der VwGO, der FGO und des SGG (Hrsg. *C. H. Ule*), Schriftenreihe der Hochschule Speyer, Bd. 40, 1969.
10 Zum zwei- oder dreistufigen Instanzenzug vgl. auch *U. Jessen*, NVwZ 1982, 410.
11 Vgl. *H. Sendler*, DVBl 1982, 157, 158.
12 BT-Drs. 10/3437, berichtigt in BT-Drs. 10/3477. Der VwPO-Entwurf von 1982 wurde wegen Ablaufs der Legislaturperiode unverändert nochmals 1985 in den Bundestag eingebracht.
13 BT-Drs. 9/1851, 146 und BT-Drs. 10/3437, 146; ferner *J. Meyer-Ladewig*, FS Menger, 1985, 833, 844; *H. Sendler*, DVBl 1982, 157, 161.

sichtlich falsch entschieden habe, die Berufung zuzulassen (BT-Drs. 9/1851, 146 und BT-Drs. 10/3437, 146).

8   Sendler schlug als Alternative zu den „besonderen Schwierigkeiten" vor, die Berufung dann zuzulassen, wenn das Berufungsgericht zu der Meinung gelange, dass eine Berufung *hinreichende Aussicht auf Erfolg* oder – anders formuliert – das erstinstanzliche Gericht unrichtig entschieden habe; in Fällen, in denen das Berufungsgericht – bei einer pauschalen Prüfung – zu diesem Ergebnis komme, liege im Allgemeinen ohnehin ein Fall von besonderen tatsächlichen oder rechtlichen Schwierigkeiten vor. Der Vorschlag Sendlers entspricht im Kern der heutigen Regelung des § 124 Abs. 2 Nr. 1 („ernstliche Zweifel an der Richtigkeit des Urteils").

9   Der 54. Deutsche Juristentag lehnte 1982 die Einführung einer allgemeinen Berufungszulassung ab; die Effektivität des Rechtsschutzes i.S.d. institutionellen Gewährleistung sachrichtiger Entscheidungen sollte gewahrt bleiben.[14] Das Vorhaben einer VwPO wurde schließlich nach rund 30 Jahren Diskussion mit der Verabschiedung des 4. VwGOÄndG (Viertes Gesetz zur Änderung der VwGO vom 17.12.1990 [BGBl I 2809]) 1990 faktisch aufgegeben.[15]

10 **4. Gesetzesänderungen 1978 und 1990.** Angesichts erheblich gestiegener Eingänge und einer zunehmenden Verfahrensdauer entschied sich der Gesetzgeber noch während der Diskussion um eine VwPO für ein *Entlastungsgesetz* als Zeitgesetz ohne Änderung der VwGO. Das (befristete) Gesetz zur Entlastung der Gerichte in der Verwaltungs- und Finanzgerichtsbarkeit vom 31.3.1978[16] – EntlG – sah die Zulassungsberufung für Streitsachen bis zu einer bestimmten Berufungssumme[17] vor (Art. 2 § 4). 1990 wurde diese Regelung als Dauerrecht in die VwGO überführt (§ 131 Abs. 2 i.d.F. des 4. VwGOÄndG [Viertes Gesetz zur Änderung der VwGO vom 17.12.1990 (BGBl I 2809)]). Bereits 1982 hatte § 32 AsylVfG (BGBl I 946)[18] für Asylverfahren eine an enge Voraussetzungen geknüpfte Zulassung der Berufung eingeführt. Hieran anknüpfend sah dann das 6. VwGOÄndG vom 1.11.1996 die allgemeine Zulassungsberufung in den §§ 124, 124 a vor (→ Rn. 11 ff.).

II. Geschichte der Norm

11 Nach der bis zum 31.12.1996 unverändert geltenden Fassung des ursprünglichen Gesetzestextes war die Berufung ohne Zulassung statthaft (zu partiellen Beschränkungen → Rn. 3 f.). Das am 1.1.1997 in Kraft getretene 6. VwGOÄndG[19] hat die allgemeine Zulassungsberufung eingeführt. Die Berufung ist nur noch gegeben, wenn sie vom OVG oder – seit der Änderung durch das am 1.1.2002 in Kraft getretenen RmBereinVpG[20] – vom VG zugelassen wird.

12 **1. Ziel des 6. VwGOÄndG.** Nach der Gesetzesbegründung sollen die VGe entlastet werden, damit sie ihre Aufgabe, Rechtsschutz zeitgerecht zu gewähren, besser erfüllen können. Die zunehmenden Rückstände bei den VGen und der Anstieg der Verfahrensdauer gerade in den klassischen Verfahren (verwaltungsrechtliche Streitigkeiten mit Ausnahme der Asylverfahren) erforderten es, die Möglichkeiten zu einer Vereinfachung und Straffung der Verfahren auszuschöpfen, die den Rechtsschutz und das rechtsstaatliche Verfahren nicht unangemessen beeinträchtigen (BT-Drs. 13/3993, 9). Die Regelung über die Zulassungsberufung gehe von dem Grundsatz aus, dass eine Tatsacheninstanz regelmäßig ausreiche. Die zweite Tatsacheninstanz solle nur in solchen Verfahren zur Verfügung stehen, in denen eine Überprüfung der Entscheidung erster Instanz von der Sache her notwendig sei (BT-Drs. 13/3993, 13).

---

14 Vgl. Beschl. des 54. DJT zum Thema: „Welchen Anforderungen soll eine einheitliche Verwaltungsprozeßordnung genügen, um im Rahmen einer funktionsfähigen Rechtspflege effektiven Rechtsschutz zu gewährleisten?", Bd. II, L, 221 f.

15 Vgl. *C. H. Ule*, DVBl 1991, 509; ferner *M. Pagenkopf*, DVBl 1991, 285.

16 BGBl I 446; verlängert durch Gesetz vom 22.12.1983 (BGBl I 1515) und vom 4.7.1985 (BGBl I 1274) bis einschließlich Ende 1990.

17 Bei einer Klage, die eine Geldleistung oder einen hierauf gerichteten Verwaltungsakt betrifft, 500 DM und bei einer Erstattungsstreitigkeit zwischen jur. Personen des öffentlichen Rechts oder Behörden 5.000 DM.

18 Später § 78 AsylG 1992, → Rn. 49 f.

19 Sechstes Gesetz zur Änderung der VwGO und anderer Gesetze vom 1.11.1996 (BGBl I 1626).

20 Gesetz zur Bereinigung des Rechtsmittelrechts im Verwaltungsprozess (RmBereinVpG) vom 20.12.2001 (BGBl I 3987).

2. Entwurf der Bundesregierung. Die Zulassungsgründe des § 124 Abs. 2 Nr. 3–5 stimmen inhaltlich 13 mit den Revisionszulassungsgründen in § 132 und den Berufungszulassungsgründen in § 131 a.F. überein. Heftig gerungen wurde um die weiteren Zulassungsgründe neben diesen drei klassischen Zulassungsgründen. Der Entwurf der Bundesregierung (BT-Drs. 13/3993, 5) sah als vierten Zulassungsgrund ausschließlich die „ernstlichen Zweifel an der Richtigkeit des Urteils" (heutige Nr. 1 des § 124 Abs. 2) vor. Die Anknüpfung an das Merkmal „ernstliche Zweifel" diene, so die Gesetzesbegründung, der Rechtssicherheit, weil hierzu eine gefestigte Rspr. (zu § 80) vorliege und dadurch hinreichend sicher erkennbar unbegründete Anträge auf Zulassung der Berufung durch das Berufungsgericht abgelehnt werden könnten. Die Regelung diene dem Zweck, die Einzelfallgerechtigkeit zu verwirklichen und grob ungerechte Entscheidungen zu korrigieren (BT-Drs. 13/3993, 13).

3. Stellungnahme des Bundesrates. Der Bundesrat schlug demgegenüber in seinem Gesetzesentwurf 14 (BT-Drs. 13/1433, 5) und in seiner Stellungnahme zum Regierungsentwurf (BT-Drs. 13/3993, 21) vor, als vierten Zulassungsgrund ausschließlich die „besonderen tatsächlichen oder rechtlichen Schwierigkeiten der Rechtssache" (heutige Nr. 2 des § 124 Abs. 2) zu wählen. Gegen den von der Bundesregierung vorgesehenen Berufungszulassungsgrund der „ernstlichen Zweifel an der Richtigkeit des Urteils" bestünden grundsätzliche Einwände. Was unter „ernstlichen Zweifeln" i.S.d. § 80 zu verstehen sei, werde in Rspr. und Lit. nach wie vor kontrovers diskutiert. Z.T. würden erhebliche Zweifel schon dann bejaht, wenn das Obsiegen ebenso wahrscheinlich sei wie das Unterliegen; nach h.M. sei eine überwiegende Wahrscheinlichkeit des Obsiegens erforderlich. Folge man der h.M., so werde man dem unterlegenen Beteiligten kaum vermitteln können, weshalb er in einem Rechtsstaat ohne Berufungsmöglichkeit ein erstinstanzliches Urteil akzeptieren muss, das unter Umständen mit einer Wahrscheinlichkeit von bis zu 50 % unrichtig ist (BT-Drs. 13/3993, 21 f.). Mit dem alternativ vorgeschlagenen Zulassungsgrund der „besonderen Schwierigkeiten" werde der Zulassungsgrund des § 141 Abs. 2 Nr. 3 E-VwPO (→ Rn. 7) übernommen. Dieser Zulassungsgrund werde regelmäßig auch dann vorliegen, wenn das Berufungsgericht bei seiner Prüfung erkenne, dass das erstinstanzliche Gericht unrichtig entschieden habe (BT-Drs. 13/1433, 14). Eine Berufungsbeschränkung für unproblematische Fälle sei angemessen. Die vorgeschlagenen Zulassungskriterien gewährleisteten, dass nur die tatsächlich berufungswürdigen Streitfälle in die zweite Instanz gelangen könnten (BT-Drs. 13/1433, 13).

4. Gegenäußerung der Bundesregierung. Die Bundesregierung lehnte den Vorschlag des Bundesrates 15 ab (BT-Drs. 13/4069, 2). Das Zulassungskriterium „besondere tatsächliche oder rechtliche Schwierigkeiten" sei nicht hinreichend bestimmt, um einen gleichmäßigen Zugang zum Rechtsmittelgericht zu gewährleisten. Dies zeige die unterschiedliche Praxis bei der Einzelrichterübertragung gem. § 6.

5. Rechtsausschuss des Bundestages. Der Rechtsausschuss des Bundestages (BT-Drs. 13/5098, 24) 16 schlug den – Gesetz gewordenen – Kompromiss vor, sowohl den Zulassungsgrund der „besonderen tatsächlichen oder rechtlichen Schwierigkeiten" als auch den Zulassungsgrund der „ernstlichen Zweifel" aufzunehmen. Beide Zulassungsgründe überschnitten sich z.T., aber nicht generell. Mit dem Zulassungskriterium der „besonderen Schwierigkeiten" werde dem OVG die Entscheidung über die Zulassung der Berufung erleichtert; denn es brauche sich in einer zulassenden Entscheidung nicht zwangsläufig zur materiellen Richtigkeit der angefochtenen Entscheidung zu äußern. Gerade in komplizierten Fällen, in denen eine Prognose über den Ausgang des Rechtsstreits nicht möglich sei, könne es auf diesen Annahmegrund zurückgreifen.

6. Gesetzesänderung 2002. Das 6. VwGOÄndG hatte – in Anlehnung an § 78 Abs. 2 S. 1 AsylG – 17 vorgesehen, dass ausschließlich das OVG (auf Antrag) über die Zulassung der Berufung entscheidet. Mit dem am 1.1.2002 in Kraft getretenen RmBereinVpG (vom 20.12.2001 [BGBl I 3987]) ist darüber hinaus dem VG die Befugnis und die Pflicht zugewiesen worden, die Berufung bei grundsätzlicher Bedeutung oder Divergenz zuzulassen (§ 124 Abs. 1 i.V.m. § 124a Abs. 1 S. 1; → § 124a Rn. 9 ff.).

B. Allgemeiner Überblick

I. Inhalt und systematische Stellung der Norm

§ 124 ist die Grundnorm für die Berufung. Abs. 1 regelt die Statthaftigkeit der Zulassungsberufung 18 (zum Begriff der Statthaftigkeit vgl. GmSOGB BVerwGE 68, 379, 380). Gegen Urteile der VGe ist die

Berufung nur gegeben, wenn sie von dem VG oder dem OVG zugelassen worden ist (zu Sondervorschriften → Rn. 43 ff.). Ist die Berufung vom VG zugelassen worden, hat der Rechtsmittelführer nach Maßgabe des § 124 a Abs. 2 und 3 Berufung einzulegen. Ist die Berufung vom VG nicht zugelassen worden, hat der Rechtsmittelführer einen Antrag auf Zulassung der Berufung nach Maßgabe des § 124 a Abs. 4 zu stellen; eine unmittelbar eingelegte Berufung ist in diesem Fall unzulässig.[21] Abs. 2 führt abschließend die Gründe auf, aus denen die Berufung zuzulassen ist. Normiert sind (nur) die tatbestandlichen Voraussetzungen der Zulassungsgründe, während die Anforderungen an das Zulassungsverfahren in § 124 a festgelegt sind. § 124 steht daher in engem Zusammenhang mit § 124 a, der die Entscheidung des VG über die Zulassung und die Berufungseinlegung und -begründung, den Zulassungsantrag (Frist, Form, Begründung), den Suspensiveffekt des Antrags, das Zulassungsverfahren, die Zulassungsentscheidung des OVG (Begründung, Unanfechtbarkeit bei Ablehnung, „Durchstarten" in das Berufungsverfahren bei Zulassung) regelt.

19   Über § 125 Abs. 1 gelten die Vorschriften des Teils II (§§ 54–123) entsprechend, soweit sich aus dem 12. Abschnitt über die Berufung nichts anderes ergibt. Zu beachten ist ferner, dass nach § 173 zahlreiche Vorschriften der ZPO über die Berufung (§§ 511 ff. ZPO) entsprechende Anwendung finden, sofern die VwGO keine Regelung enthält und die Unterschiede beider Verfahrensarten nicht entgegenstehen.

20   Die allgemeinen Vorschriften über die Zulassungsberufung werden durch eine Reihe von Sondervorschriften verdrängt, die entweder die Berufung ausschließen oder ein Sonderverfahrensrecht für die Zulassungsberufung vorsehen (→ Rn. 43 ff.). Hervorzuheben ist, dass im Verfahren nach dem AsylG die weiter gefassten Zulassungsgründe des § 124 Abs. 2 durch die Zulassungsgründe des § 78 Abs. 3 AsylG verdrängt werden (→ Rn. 50).

II. Sinn und Zweck der Zulassungsberufung

21   **1. Funktion des Zulassungsverfahrens.** Das Zulassungserfordernis bezweckt die Entlastung der OVGe und des BVerwG. Es wirkt als „*Filter*" für das Berufungsverfahren, indem es das OVG vor nicht erfolgversprechenden Berufungen bewahrt und nur die berufungswürdigen Streitfälle in die zweite Instanz gelangen lässt. Eine Berufungsinstanz soll nur in solchen Fällen zur Verfügung stehen, in denen eine Überprüfung der erstinstanzlichen Entscheidung von der Sache her notwendig ist.[22] Da die Ablehnung der Berufungszulassung durch das OVG unanfechtbar ist, also nur nach Zulassung der Berufung der Weg auch zum BVerwG gegen das Endurteil des OVG offensteht, führt das Zulassungserfordernis vor allem auch zu einer Entlastung des BVerwG.[23]

22   Die Zulassungsberufung dient einem *doppelten Ziel*:[24] Einerseits dem Individualinteresse an einer gerechten Einzelfallentscheidung und andererseits dem Allgemeininteresse an der Wahrung der Rechtseinheit und an der Rechtsfortbildung. Dem Parteiinteresse an materieller *Einzelfallgerechtigkeit* tragen insbes. die dem Revisionsrecht fremden Zulassungsgründe des § 124 Abs. 2 Nr. 1 („ernstliche Zweifel") und Nr. 2 („besondere Schwierigkeiten") sowie ergänzend die Verfahrensrüge nach Nr. 5 Rechnung. Nr. 1 und Nr. 2 sind an einer inhaltlichen Kontrolle der Entscheidung orientiert, Nr. 5 an einer Kontrolle des Weges, auf dem das Ergebnis gefunden wurde. Im Vergleich zur Revision hat somit das Interesse an der richtigen und gerechten Entscheidung im Einzelfall bei der Berufung ein ungleich stärkeres Gewicht. Dazu trägt auch bei, dass nicht nur Fehler des VG bei der rechtlichen Würdigung, sondern auch solche bei der Sachverhaltsermittlung in der Berufungsinstanz zur Überprüfung gestellt werden können. Die Zulassungsgründe Nr. 3 (grundsätzliche Bedeutung) und Nr. 4 (Divergenz) dienen hingegen vorrangig dem Streben nach *Rechtseinheit und -fortbildung*; die Erfolgsaussicht der Berufung spielt insoweit grds. keine Rolle. Besondere Bedeutung für die Wahrung der Rechtseinheitlichkeit hat die Berufungsinstanz bei der Auslegung und Anwendung des umfangreichen Landesrechts; insoweit entscheidet das OVG letztinstanzlich.

---

21   Zur Umdeutung einer Berufung in einen Antrag auf Zulassung der Berufung → § 124 a Rn. 166 ff.
22   Vgl. BT-Drs. 13/1433, 13 und BT-Drs. 13/3993, 13; zur Gesetzesbegründung → Rn. 12 ff.
23   Vgl. z.B. *H. Sendler*, DVBl 1982, 157, 160.
24   Zum Nachstehenden *M.-J. Seibert*, DVBl 1997, 932; ferner BVerfG NVwZ 2000, 1163, 1164.

2. Funktion des Berufungsverfahrens. Das 6. VwGOÄndG hat zwar den Zugang zum Berufungsge- 23
richt, nicht aber das Wesen der Berufung als Tatsachen- und Rechtsinstanz sowie den Verfahrensgang
verändert. Während die Revision auf eine Überprüfung in rechtlicher Hinsicht beschränkt ist (§ 137),
besteht die Funktion der Berufung in einer *umfassenden Prüfung des Streitfalls* sowohl in rechtlicher
als auch in tatsächlicher Hinsicht (vgl. § 128 Abs. 1 S. 2). Das Berufungsgericht ist nicht an die von
der Vorinstanz festgestellten Tatsachen gebunden und trifft eigene Tatsachenfeststellungen. Es berücksichtigt auch neu vorgebrachte Tatsachen und Beweismittel (§ 128). Der Prüfungsumfang wird nicht
durch die Gründe eingeschränkt, aus denen die Berufung zugelassen wurde; unabhängig vom konkreten Zulassungsgrund prüft das OVG den Berufungsgegenstand unter allen rechtlichen und tatsächlichen Aspekten. Einschränkungen ergeben sich lediglich für verspätet vorgebrachte Erklärungen und
Beweismittel gem. § 128 a. Das Berufungsverfahren führt somit zu einer Erneuerung und Wiederholung des Rechtsstreits in der nächsten Instanz (sog. *Reformationszweck*). Es ist zugleich eine Fortsetzung des Verfahrens, weil das Berufungsgericht auf bestimmte Erkenntnisse des erstinstanzlichen Verfahrens zurückgreifen kann. So muss etwa das Berufungsgericht nicht notwendig die in erster Instanz
protokollierten Zeugenvernehmungen wiederholen.

Funktion des Berufungsverfahrens ist auch eine *Kontrolle der Rspr.* der VGe. Es leistet damit einen 24
Beitrag zur Sicherung der Qualität und Einheitlichkeit der landesgerichtlichen Rspr. Neben einer Erhöhung der Richtigkeit der einzelnen Entscheidung („Richtigkeitsgewähr") dient die Berufung somit
auch dem Erhalt und der Förderung des objektiven Rechts.

III. Wesen und Rechtscharakter der Zulassungsberufung

Die in §§ 124 ff. normierte Zulassungsberufung ist ein Zulassungs-, kein Annahmerechtsmittel 25
(→ Rn. 26 ff.). Sie ist als zweistufiges Verfahren ausgestaltet; es besteht aus dem Verfahren über die
Zulassung der Berufung und – nach positiver Zulassungsentscheidung – dem Berufungsverfahren
(→ Rn. 31 ff.). Der Zulassungsantrag ist ein echtes Rechtsmittel mit Suspensiv- und Devolutiveffekt
(→ Rn. 35 ff.). Diese rechtliche Einordnung hat u.a. Bedeutung für die Zuständigkeit des OVG als
„Gericht der Hauptsache" i.S.d. §§ 80, 123 sowie für die Verfahrenseinstellung nach Erledigung der
Hauptsache oder nach Klagerücknahme (→ Rn. 39).

1. Zulassungs-, nicht Annahmerechtsmittel. Die Zulassungsberufung der §§ 124 ff. ist als Zulas- 26
sungsrechtsmittel zu qualifizieren, obwohl sie auch Elemente eines Annahmerechtsmittels aufweist.[25]
Praktische Bedeutung kommt dieser Einordnung nicht zu. Die Klassifizierung ist aber für das Verständnis hilfreich. Die Unterscheidung zwischen Annahme- und Zulassungsrechtsmittel ist im Übrigen
nicht trennscharf,[26] zumal der Gesetzgeber die Elemente beider nach Zweckmäßigkeitsvorstellungen
beliebig kombinieren kann.[27] Die wesentlichen Strukturen lassen sich aber wie folgt beschreiben:
Beim *Annahmerechtsmittel* ist die Rechtsmittelinstanz ohne Weiteres, d.h. ohne besondere Zulassung, 27
eröffnet. Bsp. hierfür ist die frühere zivilprozessuale Annahmerevision gem. §§ 542, 554 b ZPO a.F.
oder die strafprozessuale Annahmeberufung gem. § 313 StPO. Die Beteiligten müssen unmittelbar das
Rechtsmittel in der Sache (Berufung oder Revision) einlegen und dieses bereits umfassend begründen;
die Streitsache wird im Berufungs- bzw. Revisionsverfahren anhängig, bevor über die Annahme entschieden ist. Über die (Nicht-)Annahme des Rechtsmittels befindet das Rechtsmittelgericht *im* Beru-
fungs- bzw. Revisionsverfahren (vgl. BGHZ 81, 397, 398 f.). Eine Aufspaltung in ein Beschwerde-
oder Antragsverfahren einerseits und ein Berufungs- bzw. Revisionsverfahren andererseits findet nicht
statt. Vergleichbar ist das Annahmeverfahren bei der Verfassungsbeschwerde (die freilich kein Rechtsmittel ist).

Beim *Zulassungsrechtsmittel* kann das Rechtsmittelgericht über den Rechtsstreit in der (Haupt-)Sache 28
erst nach positiver Zulassungsentscheidung entscheiden. Es bedarf stets einer gesonderten Entscheidung über die Zulassung des Rechtsmittels (Berufung oder Revision). Der Beschwerdeführer (Antragsteller) hat zunächst nur die Zulassungsgründe und erst nach positiver Zulassungsentscheidung des

---

25 A.A. *B. Clausing*, JuS 1998, 56, 57 (Fn. 7); *K. W. Lotz*, BayVBl 1997, 1, 6.
26 Teilweise wird – unpräzise – darunter nur die Fragestellung verstanden, welcher Instanz die Entscheidung darüber zu-
    fallen soll, ob die Voraussetzungen für die Eröffnung der Berufungsinstanz vorliegen.
27 Vgl. auch BVerfGE 49, 148, 160: Bei der Funktionsbestimmung des Rechtsmittels ist von der positiven Ausgestaltung
    im geltenden Gesetz auszugehen.

Rechtsmittelgerichts die Berufungs-(bzw. Revisions-)gründe darzulegen. Je nach gesetzlicher Ausgestaltung wird die Entscheidung über die Zulassung des Rechtsmittels von der Vorinstanz oder der Rechtsmittelinstanz getroffen.

29   Beim klassischen Zulassungsrechtsmittel entscheidet die Vorinstanz (*judex a quo*) gesondert – neben der Entscheidung in der Hauptsache – über die Zulassung des Rechtsmittels. Ursprünglich war die Nichtzulassung des Rechtsmittels durch den Vorderrichter regelmäßig unanfechtbar (vgl. z.B. § 546 ZPO a.F. [vgl. dazu BGHZ 2, 16, 17 ff.], § 28 Abs. 2 FGG a.F., § 79 Abs. 2 GBO a.F., § 162 Abs. 1 Nr. 1 SGG a.F., § 92 Abs. 1 ArbGG a.F.). Später wurde dann – und zwar erstmals im verwaltungsgerichtlichen Verfahren – die Möglichkeit vorgesehen, gegen die ablehnende Zulassungsentscheidung (Nichtzulassungs-)Beschwerde einzulegen, über die das Rechtsmittelgericht entscheidet.[28] Diese Beschwerde wird als selbständiges Rechtsmittel qualifiziert, mit dem eine rein prozessuale Nebenentscheidung erstrebt wird.

30   Das Zulassungsrechtsmittel kann aber aus verfahrenspraktischen Überlegungen (VGH Mannheim 7.3.1997 – A 16 S 3449/96) auch so ausgestaltet sein, dass ausschließlich oder zusätzlich das Rechtsmittelgericht (*judex ad quem*) – auf Antrag – über die Zulassung entscheidet. Der Zulassungsantrag tritt insoweit funktionell an die Stelle der Nichtzulassungsbeschwerde.[29] Diese Lösung hat der Gesetzgeber zunächst für die Zulassungsberufung im Asylverfahren (§ 78 AsylG) und mit dem 6. VwGOÄndG auch allgemein für die Zulassungsberufung im Verwaltungsstreitverfahren verwirklicht.

31   **2. Zweistufigkeit des Berufungsverfahrens. a) Selbständigkeit des Zulassungsverfahrens vor dem OVG.** Zulassungs- und Berufungsverfahren sind durch eine eng verzahnte Zweistufigkeit (vgl. BVerwG DVBl 2000, 562, 563) geprägt. Gegenstand des Zulassungsverfahrens ist die Frage des Zugangs zur Berufungsinstanz, Gegenstand des Berufungsverfahrens ist der Rechtsstreit in der Hauptsache. Das Zulassungsverfahren vor dem OVG ist ein selbständiges Verfahren, das – anders als beim Annahmerechtsmittel – nicht Teil des Berufungsverfahrens ist. Daran ändert auch die verfahrensvereinfachende Bestimmung des § 124a Abs. 5 S. 5 nichts, dass das Antragsverfahren automatisch „als Berufungsverfahren fortgesetzt" wird, wenn das OVG die Berufung zulässt; sie dient lediglich der Verfahrensbeschleunigung. Eine entsprechende Bestimmung kennt auch die Zulassungsrevision im Zusammenhang mit der Nichtzulassungsbeschwerde (§ 139 Abs. 2 S. 1). Gleichwohl ist der Zulassungsantrag trotz seiner Selbständigkeit eng auf die Berufung bezogen.

32   **b) Verfahrensrechtliche Konsequenzen.** Die Qualifizierung des Zulassungsverfahrens als besonderes, von der Berufung zu unterscheidendes Verfahren ist insbes. von Bedeutung für die zutreffende *Bezeichnung* und die *Begründung des Antrags*. So kann ein von einem Anwalt als „Berufung" bezeichnetes Rechtsmittel grds. nicht in einen Antrag auf Zulassung der Berufung umgedeutet werden (→ § 124a Rn. 168 f.). Die durch eine positive Zulassungsentscheidung eröffnete Berufung bedarf stets einer *gesonderten Berufungsbegründung*; andernfalls ist sie als unzulässig zu verwerfen (→ § 124a Rn. 351 f., 360). Die Zweistufigkeit der Zulassungsberufung bewirkt, dass gesondert für den Zulassungsantrag dessen *Zulässigkeitsvoraussetzungen* zu prüfen sind (→ Rn. 52); beim Annahmerechtsmittel werden demgegenüber unmittelbar die Zulässigkeitsvoraussetzungen des Rechtsmittels in der Sache geprüft.

33   Selbständig ist das Zulassungsverfahren auch insoweit, als weder Verfahrensfehler im Zulassungsverfahren noch Fehler bei der Bejahung der Zulassungsvoraussetzungen im nachfolgenden Berufungsverfahren geltend gemacht werden können. Es unterliegt daher keiner Sanktion, wenn die Berufung zugelassen wird, ohne dass der Rechtsmittelgegner zuvor angehört worden ist (vgl. BFHE 124, 20, 21). Ebenso wenig kann gerügt werden, dass die Zulassung in der Sache zu Unrecht erfolgt ist. Das *Berufungsgericht* ist *an seine Zulassungsentscheidung gebunden* (→ Rn. 52 und → § 124a Rn. 302 ff.).[30]

34   Ungeachtet ihrer prozessualen Selbständigkeit bilden Zulassungs- und Berufungsverfahren *kosten- und gebührenrechtlich* einen *einheitlichen Rechtszug*; das erfolgreiche Zulassungsverfahren ist kosten-

---

28   Dazu ausf. *F. Vorndran*, Beschränkung der Revision, 1957, 36 f., 42 ff., 81.
29   Vgl. BT-Drs. 12/2062, 41; VGH Mannheim 7.3.1997 – A 16 S 3449/96.
30   Vgl. BVerwG NJW 1961, 1737, 1738; 3.2.1997 – 9 B 657.96; 27.5.1998 Buchholz 402.25 § 32 AsylVfG Nr. 6; *H. Prütting*, Zulassung der Revision, 1977, 254; *F. Weyreuther*, Revisionszulassung, 1971, Rn. 178 m.w.N.

und gebührenrechtlich Teil des Berufungsverfahrens.[31] Die Bewilligung von PKH erstreckt sich ebenfalls sowohl auf das Zulassungs-, als auch auf das Berufungsverfahren; die beiden Verfahrensabschnitte bilden aufgrund ihres inneren Zusammenhangs einen einheitlichen Rechtszug i.S.d. § 119 ZPO.[32]

3. Rechtscharakter des Zulassungsantrags. a) Echtes Rechtsmittel. Der Zulassungsantrag ist ein echtes Rechtsmittel.[33] Er richtet sich gegen eine gerichtliche Entscheidung (→ Rn. 36) und hat sowohl Suspensiv- (→ Rn. 37) als auch Devolutiveffekt (→ Rn. 38; zum Begriff des Rechtsmittels → Vorbem. § 124 Rn. 1 ff.).   35

aa) Gerichtliche Entscheidung. Der Zulassungsantrag scheint sich auf den ersten Blick deshalb nicht gegen eine gerichtliche Entscheidung zu richten, weil Gegenstand des Zulassungsantrags allein die Frage des Zugangs zur Berufungsinstanz ist, das VG hierüber aber keine ausdrückliche negative Entscheidung trifft. Eine solche Betrachtungsweise würde indes der Verknüpfung von Zulassungs- und Berufungsverfahren in einem zweistufigen Rechtsmittelverfahren nicht gerecht. Mit dem Zulassungsantrag wird vielmehr – auf einer ersten Stufe – bereits die verwaltungsgerichtliche Entscheidung in der Sache angegriffen, auch wenn das OVG vor Zulassung der Berufung noch gehindert ist, über die Hauptsache zu entscheiden. Dementsprechend regelt § 124a Abs. 4 S. 3, dass das „angefochtene Urteil" in dem Zulassungsantrag zu bezeichnen ist. Auch mit dem „gegen die abweisende Entscheidung gegebenen Rechtsmittel" i.S.d. § 80b soll nach der Vorstellung des Gesetzgebers bereits der Zulassungsantrag und nicht erst die zugelassene Berufung erfasst sein (→ § 80b Rn. 13). Der Zulassungsantrag kann als gesetzlich fingierte Einlegung der Berufung verstanden werden, soweit das Zulassungsverfahren – nach positiver Zulassungsentscheidung des OVG – automatisch in das Berufungsverfahren übergeht (§ 124a Abs. 5 S. 5). Sieht man von den Fällen einer Anschlussberufung ab, leitet der Zulassungsantrag (i.V.m. der Zulassungsentscheidung) als Ausdruck der Parteidisposition das Berufungsverfahren ein.[34] Die positive Zulassungsentscheidung macht die Berufung statthaft und eröffnet die Prüfung des Rechtsstreits in der Sache durch das OVG; mit der zugelassenen Berufung werden Suspensiv- und Devolutiveffekt aufrechterhalten.   36

bb) Suspensiveffekt. Der Zulassungsantrag hat Suspensiveffekt. Die rechtzeitige (GmSOGB BGHZ 88, 353) Stellung des Antrags hemmt die Rechtskraft des verwaltungsgerichtlichen Urteils (§ 124a Abs. 4 S. 6, vgl. ferner § 124a Abs. 5 S. 4). Die Rechtskrafthemmung erfasst auch den nicht angefochtenen Teil des Urteils, soweit und solange ein Beteiligter diesen Teil durch (unselbständige) Anschlussberufung der Nachprüfung des Berufungsgerichts noch unterwerfen kann.[35] Eine Erweiterung des Rechtsmittels ist hingegen – abweichend vom Zivilprozessrecht – nur innerhalb der Antrags- und Begründungsfrist des § 124a Abs. 4 S. 1 und 4 zulässig (vgl. dazu BVerwGE 10, 68 ff.), sofern es sich nicht um eine Anschlussberufung handelt.   37

cc) Devolutiveffekt. Der Antrag auf Zulassung der Berufung hat auch Devolutiveffekt.[36] Dies folgt nicht bereits aus dem Umstand, dass das OVG als höhere Instanz über den Zulassungsantrag entscheidet.[37] Entscheidend ist vielmehr, dass bereits mit Einlegung des Zulassungsantrags der Rechtsstreit (in der Hauptsache) in der Rechtsmittelinstanz anfällt (VGH München NVwZ-RR 1993, 220; NVwZ 2000, 210), auch wenn das OVG zunächst nur über die erste Stufe, die Zulassung der Berufung, entscheidet. Dass das OVG vor Zulassung der Berufung nicht über die Hauptsache entscheiden kann,   38

---

31 Vgl. VGH Kassel 4.2.1999 – 9 S 4605/98.A m.w.N.; VGH Mannheim 17.11.1998 – A 6 S 2151/97.
32 OVG Weimar NVwZ 1998, 867; VGH Mannheim DÖV 1998, 1066; *M. Happ*, in: Eyermann § 124a Rn. 45a; für die Revision BVerwG DÖV 1995, 384; a.A. VGH Kassel ESVGH 47, 300; VGH München 11.5.1998 – 27 B 98.30425; s.a. VGH Kassel ESVGH 48, 239.
33 I.E. ebenso: *M. Happ*, in: Eyermann § 124a Rn. 31 f.; *Kopp/Schenke* Vorbem. § 124 Rn. 2; *R. Rudisile*, in: Schoch/Schneider/Bier Vorbem. § 124 Rn. 1, 6. Zur Nichtzulassungsbeschwerde als Rechtsmittel vgl.: BVerwG 10.10.1979 – 8 CB 42.79; BFHE 99, 107, 108; 148, 489, 490; 164, 20, 21; *P. Kummer*, Nichtzulassungsbeschwerde, 1990, Rn. 9; *R. Pietzner/W. Bier*, in: Schoch/Schneider/Bier § 133 Rn. 10; *A. v. Wedelstädt*, DB 1991, 1899; *F. Weyreuther*, Revisionszulassung, 1971, Rn. 189; a.A. BAGE 33, 79, 81 (hiergegen *S. Frohner*, BB 1980, 1164); BAG NJW 1997, 2002.
34 Vgl. BVerwG NVwZ 1999, 642; 20.7.1998 – 9 B 10.98 (insoweit in DVBl 1999, 100 nicht abgedruckt); ferner *K. Rennert*, VBlBW 1999, 283, 285.
35 Vgl. RGZ 56, 31, 34; BGHZ 7, 143, 144 f.; BGH NJW 1992, 2296; 1994, 657 m.w.N.; Baumbach/Lauterbach/Albers/Hartmann Grundz § 511 Rn. 2.
36 Vgl. BVerwG NVwZ 1999, 642; OVG Greifswald NVwZ-RR 1999, 591; VGH Kassel DÖV 2004, 624; VGH München NVwZ 2000, 210; ferner *K. Rennert*, VBlBW 1999, 283, 285.
37 So aber *R. Rudisile*, in: Schoch/Schneider/Bier Vorbem. § 124 Rn. 6.

steht der Anhängigkeit nicht entgegen.[38] Hat der Zulassungsantrag Erfolg, wird das Zulassungsverfahren als Berufungsverfahren fortgeführt und der Devolutiveffekt entfaltet seine volle Wirkung. Auch
dies ist wiederum Konsequenz des zweistufigen Berufungsverfahrens.

39 **b) Verfahrensrechtliche Konsequenzen.** Der Rechtsmittelcharakter, insbes. der Devolutiveffekt des
Zulassungsantrags hat verschiedene verfahrensrechtliche Konsequenzen:

- Wird während des Zulassungsverfahrens der Rechtsstreit in der **Hauptsache für erledigt erklärt**, so
  stellt nicht das VG, sondern das Rechtsmittelgericht das Verfahren ein.[39]
- Eine **Klagerücknahme** ist gegenüber dem Rechtsmittelgericht zu erklären, das für die Einstellung
  des Verfahrens zuständig ist.
- Das Berufungsgericht ist auch während des Zulassungsverfahrens „Gericht der Hauptsache" i.S.d.
  §§ **80, 123** (→ § 80 Rn. 115).[40] Es ist allein dazu berufen, die bei der Aussetzungsentscheidung zu
  berücksichtigende Erfolgsaussicht des Zulassungsantrags und der Berufung zu beurteilen (vgl. für
  die Nichtzulassungsbeschwerde BVerwGE 1, 45, 47; 3, 65). Im Hinblick auf die Dreimonatsfrist
  des § 80 b kommt nicht zuletzt aus rechtssystematischen Gründen eine Aussetzungszuständigkeit
  des VG während des Zulassungsverfahrens nicht in Betracht (vgl. OVG Greifswald NVwZ-RR
  1999, 591). Für das vergleichbare Problem bei der Nichtzulassungsbeschwerde ist nach st. Rspr.
  des BVerwG[41] das Rechtsmittelgericht bereits vor Zulassung des Rechtsmittels, also während des
  Beschwerdeverfahrens, als Gericht der Hauptsache i.S.d. § 80 Abs. 5 zuständig (→ § 80
  Rn. 115);[42] bereits mit der Vorlage der Nichtzulassungsbeschwerde an das Rechtsmittelgericht endet die Anhängigkeit des Hauptsacherechtsstreits in der Vorinstanz[43] und der Rechtsstreit geht auf
  die nächste Instanz über.[44]
- Im Zulassungsverfahren ist das Berufungsgericht befugt, den von der Vorinstanz festgesetzten
  Streitwert nach § 63 Abs. 3 S. 1 GKG zu ändern,[45] weil das Verfahren „wegen der Hauptsache" in
  der Rechtsmittelinstanz schwebt. Das OVG kann auch nach Rücknahme des Zulassungsantrags im
  Einstellungsbeschluss die erstinstanzliche Streitwertfeststellung ändern (vgl. OVG Münster
  30.3.2000 – 5 B 1718/99).

IV. Verfassungsrechtliche Vorgaben

40 **1. Verfassungsmäßigkeit der Zulassungsberufung.** Es liegt in der *Gestaltungsfreiheit des Gesetzgebers*, ob er Rechtsmittel gegen Gerichtsentscheidungen vorsieht, welche Zwecke er damit verfolgt wissen will und wie er sie im Einzelnen ausgestaltet; das GG selbst trifft dazu keine Bestimmung
(BVerfGE 74, 228, 234; BVerfG NVwZ 2004, 1371). Weder Art. 19 Abs. 4 GG noch Art. 95 GG noch
das Rechtsstaatsprinzip noch die Grundrechte (insbes. Art. 103 Abs. 1 GG) gewährleisten einen In-

---

38 Auch wenn man eine (fortdauernde) Anhängigkeit in der Vorinstanz befürworten würde, wäre eine Entscheidung über
    die Hauptsache nicht möglich; für die Vorinstanz ist das Verfahren abgeschlossen.
39 Vgl. nur OVG Lüneburg NVwZ-RR 1998, 337; 1998, 461; OVG Münster 22.3.1999 – 10 A 1621/96.A; VGH Kassel
    ESVGH 48, 40; VGH München BayVBl 1999, 309 f.; für das Verfahren der Nichtzulassungsbeschwerde BVerwG
    NJW 1965, 1732; 17.12.1999 Buchholz 310 § 161 VwGO Nr. 103.
40 Ebenso: OVG Weimar 16.7.1999 – 3 EO 510/99; VGH München DVBl 1999, 1664, 1665; Külpmann: in: *Finkeln-
    burg/Dombert/Külpmann* Rn. 868; *M. Redeker,* in: Redeker/v. Oertzen § 80 Rn. 57.
41 BVerwGE 1, 45, 47; BVerwG BayVBl 1966, 279; 8.10.1969 Buchholz 448.0 § 35 WPflG Nr. 5; 10.10.1978 – 4 B
    125.78 m.w.N.; InfAuslR 1994, 395. Die von der Gegenauffassung angeführten Entscheidungen des BVerwG
    22.1.1976 und 30.11.1976 Buchholz 310 § 80 VwGO Nr. 28 und 29 sind nicht einschlägig; sie betreffen eine zulas-
    sungsfreie bzw. eine von der Vorinstanz zugelassene Revision, der jeweils keine Nichtzulassungsbeschwerde vorausge-
    gangen war.
42 Ebenso BVerwG NVwZ 2005, 1422; *Külpmann:* in: *Finkelnburg/Dombert/Külpmann* Rn. 868; *Kopp/Schenke* § 80
    Rn. 143; *Pietzner/Ronellenfitsch* § 57 Rn. 8; *M. Redeker,* in: Redeker/v. Oertzen § 80 Rn. 57; *D. Sellner,* FS Lerche,
    1993, 815, 819.
43 So auch für Anträge nach § 123: OVG Münster OVGE 22, 123, 124 f.; VGH München DVBl 1981, 687; ferner
    BVerwG DVBl 1966, 273; *Pietzner/Ronellenfitsch* § 58 Rn. 6; *F. Schoch,* in: Schoch/Schneider/Bier § 123 Rn. 112 f.;
    a.A.: OVG Koblenz DÖV 1963, 521; VGH München BayVBl 1993, 477, 478; *P. Schmidt,* BayVBl 1981, 372, 373.
44 BVerwG NVwZ 2005, 1422; ferner *R. Pietzner/W. Bier,* in: Schoch/Schneider/Bier § 133 Rn. 16, 65.
45 Z.B.: OVG Münster 3.2.2000 – 5 B 1717/99; VGH München 27.8.2008 – 15 ZB 08.758; für das vergleichbare Prob-
    lem im Verfahren über die Nichtzulassungsbeschwerde vgl. BVerwG 19.4.1988 – 1 B 39.88; 9.2.1989 – 4 B 236.88;
    10.2.1989 – 7 B 15.89; 1.2.1990 – 3 B 13.90; 15.5.1990 – 3 B 67.90; 22.10.1990 – 8 B 37.90; 25.11.1993 – 7 B
    186/93; offen gelassen 6.10.1985 – 4 B 123.85.

stanzenzug.[46] Dem Gesetzgeber ist es von Verfassungs wegen nicht verwehrt, ein bisher nach der jeweiligen Verfahrensordnung statthaftes Rechtsmittel abzuschaffen oder den Zugang zu einem an sich eröffneten Rechtsmittel von einschränkenden Voraussetzungen abhängig zu machen (BVerfGE 87, 48, 61; BVerfG NVwZ 2004, 1371). Er kann den Zugang zum Rechtsmittelgericht nach Maßgabe allgemeiner Kriterien, wie eines Mindestwertes des Streitgegenstandes oder der Beschwer, oder nach Maßgabe der Bedeutung der einzelnen Rechtssache für das Allgemeininteresse eröffnen und je nachdem einen unkontrollierten Zugang oder Zugangskontrollen in Form von Zulassungs-, Annahme- oder Ablehnungsverfahren durch den Vorderrichter oder durch den Rechtsmittelrichter vorsehen (BVerfGE 54, 277, 292).

Stellt eine Verfahrensordnung jedoch einen Instanzenzug zur Verfügung, darf der Zugang zur nächsten   41 Instanz nicht in unzumutbarer, aus Sachgründen nicht mehr zu rechtfertigender Weise erschwert werden.[47] Insbes. muss der Zugang zu den Gerichten allen Bürgern auf möglichst gleichmäßige Weise eröffnet werden. Die Regeln über den Zugang zum Rechtsmittelgericht müssen sich durch ein besonderes Maß an *Gleichheit, Klarheit* und *Bestimmtheit* auszeichnen.[48] Das rechtsstaatliche Gebot, dem Rechtsuchenden in klarer Abgrenzung den Weg zur Überprüfung gerichtlicher Entscheidungen zu weisen, verbietet es, ihn mit einem unübersehbaren „Annahme- oder Zulassungsrisiko" und seinen Kostenfolgen zu belasten (BVerfGE 49, 148, 164). Mit diesen verfassungsrechtlichen Grundsätzen wäre eine Zulassungspraxis, die auf die jeweilige Arbeitsbelastung des zuständigen Senats abstellte, nicht vereinbar (BVerfGE 49, 148, 164; 54, 277, 293).

Die drei klassischen Zulassungsgründe des *§ 124 Abs. 2 Nr. 3-5* werden diesen Grundsätzen ohne Wei-   42 teres gerecht (vgl. BVerfG BayVBl 1999, 303). Insbes. der unbestimmte Rechtsbegriff „grundsätzliche Bedeutung der Rechtssache" ist nach Auffassung des BVerfG keine „vage Generalklausel", die die Entscheidung in das Belieben des Gerichts stellte, sondern ein überkommener, hinreichend eingrenzbarer und durch die Rspr. in den verschiedenen Gerichtszweigen auch bereits weithin ausgefüllter Rechtsbegriff (so BVerfGE 49, 148, 156 zu § 554 b Abs. 1 ZPO a.F.). Auch die unbestimmten Rechtsbegriffe des *§ 124 Abs. 2 Nr. 1 und 2* sind verfassungsrechtlich unbedenklich (BVerfG NVwZ 2000, 1163).

2. Verfassungsrechtliche Anforderungen an Zulassungsgründe. Art. 19 Abs. 4 GG verbietet den Ge-   42a richten eine Auslegung und Anwendung der Berufungszulassungsgründe, die die Beschreitung des Rechtswegs in einer unzumutbaren, aus Sachgründen nicht mehr zu rechtfertigenden Weise erschweren. Deshalb dürfen insbes. die Anforderungen an die Darlegung der Zulassungsgründe nicht derart erschwert werden, dass sie auch von einem durchschnittlichen, nicht auf das gerade einschlägige Rechtsgebiet spezialisierten Rechtsanwalt mit zumutbarem Aufwand nicht mehr erfüllt werden können und dadurch die Möglichkeit, die Zulassung eines Rechtsmittels zu erstreiten, für den Rechtsmittelführer leer läuft. Dies gilt nicht nur hinsichtlich der Anforderungen an die Darlegungen der Zulassungsgründe gem. § 124 a Abs. 4 S. 4, sondern ebenso für die Auslegung und Anwendung der Zulassungsgründe des § 124 Abs. 2 selbst. Mit dem Gebot effektiven Rechtsschutzes unvereinbar ist eine den Zugang zur Berufung und damit in einem nächsten Schritt auch zur Revision erschwerende Auslegung und Anwendung des § 124 Abs. 2 deshalb dann, wenn sie sachlich nicht zu rechtfertigen ist, sich damit als objektiv willkürlich erweist und dadurch den Zugang zur nächsten Instanz unzumutbar erschwert.[49] Hinsichtlich der konkreten inhaltlichen Anforderungen des BVerfG an die Auslegung und Anwendung der Zulassungsgründe wird auf → Rn. 79 (ernstliche Zweifel), → Rn. 108 (besondere Schwierigkeiten) sowie auf → Rn. 136 f. (Vorlagepflicht nach Art. 267 Abs. 3 EG), hinsichtlich der Anforderungen an die Darlegungsanforderungen auf → § 124 a Rn. 181 und 189 f. verwiesen.

---

46 St. Rspr. vgl. BVerfGE 1, 433, 437 f.; 42, 243, 248; 49, 252, 256; 49, 329, 343; 54, 277, 291; 65, 76, 90; 78, 7, 18; 83, 24, 31; 87, 48, 61; 89, 381, 390; 92, 365, 390.
47 BVerfGE 49, 329, 341 m.w.N.; 65, 76, 90; 74, 228, 234; 78, 7, 18; 78, 88, 99; BVerfG NVwZ 2000, 1163; DVBl 2009, 379 m.w.N.
48 Vgl. BVerfGE 49, 148, 164 f.; 54, 277, 292 f.; 74, 228, 234; BVerfG NVwZ 2004, 1371.
49 BVerfG NVwZ 2005, 1176; NVwZ 2007, 805; NJW 2009, 3642; NVwZ 2010, 634, 640; NJW 2010, 1062; NVwZ-RR 2011, 963.

V. Sondervorschriften

43   In nicht unbedeutendem Umfang haben sich Sondervorschriften in einzelnen Bereichen entwickelt, die entweder die Berufung ausschließen (→ Rn. 44 ff.) oder ein Sonderverfahrensrecht für die Zulassungsberufung vorsehen (→ Rn. 49 ff.).

44   **1. Ausschluss der Berufung.**   Um die Rechtsmittelgerichte zu entlasten, ist der dreistufige Instanzenzug für bestimmte Sachgebiete auf zwei, vereinzelt sogar auf eine Instanz beschränkt worden. Dieses Ziel wird insbes. durch einen Ausschluss der Berufung erreicht. Er entlastet die OVG, bewirkt allerdings zugleich eine stärkere Belastung des BVerwG, weil die praktisch wichtige Korrekturfunktion der Berufungsinstanz entfällt.

45   Die Berufung ist durch folgende Sondervorschriften ausgeschlossen worden:

- § 34 S. 1 Wehrpflichtgesetz (WPflG);[50]
- § 10 Abs. 2 S. 1 Kriegsdienstverweigerungsgesetz;[51]
- § 75 S. 1 Zivildienstgesetz (ZDG);[52]
- § 84 Soldatengesetz;[53]
- § 137 Abs. 3 S. 1 Telekommunikationsgesetz (TKG),[54] nicht jedoch § 44 Postgesetz (PostG);[55]
- § 37 Abs. 2 S. 1 Vermögensgesetz (VermG);[56]
- § 6 Abs. 1 S. 2 Vermögenszuordnungsgesetz (VZOG);[57]
- § 23 Abs. 2 S. 1 Investitionsvorranggesetz (IVG);[58]
- § 27 Abs. 1 S. 2 des Gesetzes über den Ausgleich beruflicher Benachteiligungen für Opfer politischer Verfolgung im Beitrittsgebiet (Berufliches Rehabilitierungsgesetz);[59]
- § 339 Abs. 1 S. 1 und Abs. 3 Lastenausgleichsgesetz (LAG);[60]
- § 22 S. 1 Verkehrssicherstellungsgesetz;[61]
- § 12 S. 1 Wirtschaftssicherstellungsgesetz;[62]
- § 58 Saatgutverkehrsgesetz.[63]

46   Ist die Berufung – wie in den vorstehend aufgeführten Fällen – durch Bundesgesetz ausgeschlossen, steht den Beteiligten die Revision an das BVerwG zu, wenn das VG oder (auf Beschwerde gegen die Nichtzulassung) das BVerwG sie zugelassen hat (§ 135).

47   Sowohl Berufung als auch Revision schließt § 78 Abs. 1 AsylG[64] aus, wenn das VG das Klagebegehren gegen die Entscheidung über den Asylantrag als offensichtlich unzulässig oder offensichtlich unbegründet abgewiesen hat.

48   Die bundesrechtlichen Sondervorschriften über den Berufungsausschluss gehen als speziellere Regelungen den allgemeinen Regelungen der VwGO vor (vgl. auch § 135). Der Gesetzgeber hat daher zu Recht auf eine entsprechende überflüssige Klarstellung in § 124 Abs. 3 verzichtet, wie sie vom Bundesrat angeregt worden war.[65]

---

50   I.d.F. der Bekanntmachung vom 15.8.2011 (BGBl I 1730).
51   Vom 9.8.2003 (BGBl I 1593).
52   I.d.F. der Bekanntmachung vom 17.5.2005 (BGBl I 1346).
53   I.d.F. der Bekanntmachung vom 30.5.2005 (BGBl I 1482); vgl. dazu BVerwG 28.11.2012 – 2 B 72.12.
54   I.d.F des Art. 1 Nr. 104 Buchst. a des Gesetzes vom 3.5.2012 (BGBl I 958).
55   BVerwG, NVwZ-RR 2006, 580.
56   I.d.F. der Bekanntmachung vom 9.2.2005 (BGBl I 205).
57   I.d.F. der Bekanntmachung vom 28.10.2003 (BGBl I 2081).
58   I.d.F. der Bekanntmachung vom 4.8.1997 (BGBl I 1997).
59   Vom 23.12.2003 (BGBl I 2848).
60   Vom 14.8.1952 (BGBl I 446) i.d.F. der Bekanntmachung vom 21.7.2004 (BGBl I 1742); zu dessen Vorrang vor der VwGO vgl. § 190 Abs. 1 Nr. 1.
61   I.d.F. der Bekanntmachung vom 8.10.1968 (BGBl I 1082), zul. geänd. durch ZivilschutzneuordnungsVO vom 25.3.1997 (BGBl I 726, 731). Die vergleichbare Regelung in § 23 Wassersicherstellungsgesetz ist durch Art. 18 des 4. VwGOÄndG vom 17.12.1990 (BGBl I 2809) aufgehoben worden.
62   I.d.F. der Bekanntmachung vom 3.10.1968 (BGBl I 1069), zul. geänd. durch Einführungsgesetz zur AO vom 14.12.1976 (BGBl I 3341).
63   Vom 20.8.1985 (BGBl I 1633), i.d.F. der Bekanntmachung vom 16.7.2004 (BGBl I 1673).
64   Vom 26.6.1992 (BGBl I 1126) i.d.F. der Bekanntmachung vom 20.7.2017 (BGBl I 2780).
65   BT-Drs. 13/3993, 21 f.: „(3) Die Abs. 1 und 2 gelten nicht, wenn die Berufung durch Bundesgesetz ausgeschlossen ist."

2. Asylverfahrensrecht. Die Sonderregelungen des AsylG über die Berufungszulassung (§ 78) und das 49 Berufungsverfahren (§ 79) gelten nach dem Willen des Gesetzgebers neben den allgemeinen Vorschriften der VwGO fort.[66] Durch das 6. VwGOÄndG (Art. 3) ist lediglich Abs. 6 des § 78 AsylG aufgehoben worden, die übrigen Regelungen sind unberührt geblieben. § 78 Abs. 2–5 AsylG enthalten gegenüber §§ 124, 124 a restriktivere Regelungen für den Rechtsmittelführer. Die Berufungszulassungsgründe sind auf die drei Revisionszulassungsgründe des § 132 Abs. 2 beschränkt (§ 78 Abs. 3 AsylG), die einheitliche Frist für den beim VG (→ § 124 a Rn. 163) zu stellenden Zulassungsantrag einschließlich Begründung beträgt einen Monat (§ 78 Abs. 4 S. 1 AsylG). Das Absehen von einer Begründung der Zulassungsentscheidung ist an keine Voraussetzung geknüpft (§ 78 Abs. 5 S. 1 AsylG). Eine (Sprung-) Revision gegen das Urteil des VG findet nicht statt (§ 78 Abs. 2 S. 2 AsylG). Für das Berufungsverfahren gelten weitere Sonderregelungen (§ 79 AsylG).

Soweit der Regelungsgehalt des § 78 AsylG reicht, verdrängt die Vorschrift als lex specialis §§ 124, 50 124 a. Fraglich ist, ob und ggf. in welchem Umfang neben § 78 AsylG die allgemeinen Vorschriften der §§ 124, 124 a noch ergänzende Anwendung finden. Eine Geltendmachung der Zulassungsgründe des § 124 Abs. 2 Nr. 1 und 2 über die Zulassungsgründe des § 78 Abs. 3 AsylG hinaus scheidet jedenfalls aus, weil § 78 Abs. 3 AsylG insoweit eine ausdrückliche, abschließende Sonderregelung getroffen hat (VGH Mannheim VBlBW 1997, 299). Hingegen gilt die Regelung über die Berufungsbegründung in § 124 a Abs. 6 auch in Asylrechtsstreitigkeiten, weil § 78 AsylG insoweit keine ausdrückliche Sonderregelung normiert.[67]

3. Bundesdisziplinarrecht. Gegen das Urteil des VG über eine Disziplinarklage steht den Beteiligten – 51 ohne dass es einer Zulassung des Rechtsmittels bedarf – unmittelbar die Berufung an das OVG zu. Die Berufung ist bei dem VG innerhalb eines Monats nach Zustellung des Urteils schriftlich einzulegen und – abweichend von § 124 a Abs. 3 S. 1 – auch zu begründen (§ 64 Abs. 1 S. 1 und 2 BDG). Im Übrigen steht den Beteiligten die Berufung gegen ein verwaltungsgerichtliches Urteil im Disziplinarrecht nur zu, wenn sie vom OVG oder vom VG[68] zugelassen wird; die §§ 124, 124 a finden Anwendung (§ 64 Abs. 2 BDG).

4. Verwaltungsrechtliche Anwaltssachen (§§ 112 a ff. BRAO). Gegen Urteile des Anwaltsgerichtshofs 51a steht den Beteiligten die Berufung nur zu, wenn sie von diesem oder dem BGH zugelassen wurde. Die §§ 124, 124 a sind entsprechend anzuwenden (§ 112 e BRAO).[69]

C. Zulässigkeit und Begründetheit des Rechtsmittels

I. Allgemeines

1. Zweistufigkeit der Zulassungsberufung. Die Zulassungsberufung ist zweistufig ausgestaltet (näher 52 → Rn. 31 ff., ferner → Rn. 26 ff.). Das Zulassungsverfahren ist ein selbständiges Verfahren neben bzw. vor dem Berufungsverfahren. Gegenstand des Zulassungsverfahrens ist die Frage des Zugangs zur Berufungsinstanz, Gegenstand des Berufungsverfahrens ist der Rechtsstreit in der Hauptsache. Der Antrag auf Zulassung der Berufung ist ein echtes Rechtsmittel (→ Rn. 35 ff.). Diese Zweistufigkeit bewirkt, dass gesondert für das Zulassungsverfahren und das Berufungsverfahren jeweils Zulässigkeits- und Begründetheitsvoraussetzungen zu prüfen sind. Da sich die Zulässigkeitsvoraussetzungen weitgehend überschneiden, werden faktisch die Zulässigkeitsvoraussetzungen der Berufung bereits im Zulassungsverfahren geprüft. Dies führt i.E. zu einer Doppelprüfung. Zwar ist das Berufungsgericht an seine Zulassungsentscheidung gebunden.[70] Da Gegenstand der Zulassungsentscheidung jedoch ausschließlich die Überwindung der Zulassungsschranke ist, bindet allein die Eröffnung der Berufungsinstanz das Berufungsgericht. Alle weiteren Anforderungen an die Statthaftigkeit und Zulässigkeit der

---

66 Krit. *K. F. Gärditz*, FS Schenke, 701 f.; *U. Berlit*, DVBl 2015, 657, 659 f.
67 Vgl. BVerwG NVwZ 1998, 1311; 22.4.1999 – 9 B 1037.98; ebenso OVG Münster 10.1.2017 – 4 A 2333/15.A; 28.4.2017 – 11 A 60/17.A; zur Anwendung des § 127: BVerwGE 142, 99 = NVwZ 2012, 1045.
68 Seit dem 12.2.2009 (Gesetz v. 5.2.2009, BGBl I 160) kann die Berufung – wie nach § 124 Abs. 1, § 124 a Abs. 1 – auch vom VG zugelassen werden; zur alten Fassung s. OVG Saarlouis NVwZ-RR 2004, 701.
69 Zu ersten Erfahrungen *M. Quaas*, DVBl 2012, 1413.
70 Vgl. BVerwG NJW 1961, 1737, 1738; 27.5.1988 Buchholz 402.25 § 32 AsylVfG Nr. 6; 3.2.1997 – 9 B 657.96; *H. Prütting*, Zulassung der Revision, 1977, 254; *F. Weyreuther*, Revisionszulassung, 1971, Rn. 178 m.w.N.

Berufung werden durch die Zulassungsentscheidung nicht präjudiziert.[71] Erkennt demnach das OVG (erst) im Berufungsverfahren, dass eine Zulässigkeitsvoraussetzung für die Berufung – etwa das erforderliche Rechtsschutzinteresse,[72] die Beschwer, die Beteiligten- oder Prozessfähigkeit – nicht vorliegt, so ist die Berufung zu verwerfen, auch wenn dieselbe (Vor-)Frage bereits im Zulassungsverfahren zu prüfen war und zur Ablehnung des Zulassungsantrags hätte führen müssen. Dies gilt auch für die Berufungsfähigkeit der angegriffenen Entscheidung (vgl. zutreffend BGH NJW 1988, 49, 50 f.; ferner BSGE 10, 233, 235 ff.), das Fehlen eines Zulassungsantrags[73] oder die Versäumung der Antragsfrist (BVerwG NVwZ 1999, 642; 20.7.1998 – 9 B 10.98), nicht jedoch für die Versäumung der Antragsbegründungsfrist.

53　**2. Maßgeblicher Zeitpunkt.** Maßgeblicher Zeitpunkt für die Beurteilung der Zulässigkeit des Zulassungsantrags bzw. der Berufung ist der Schluss der mündlichen Verhandlung bzw. – im schriftlichen Verfahren – der Zeitpunkt der Entscheidung. Die Beschwer muss bei Stellung des Zulassungsantrags vorliegen. Bei fristgebundenen Anforderungen – Schriftform des Zulassungsantrags, Darlegungs- und Begründungspflichten, Vertretungszwang hinsichtlich des Zulassungsantrags – kommt es ebenfalls auf den Zeitpunkt der Antragstellung bzw. des Fristablaufs an.

54　**3. Prüfung von Amts wegen.** Die Zulässigkeitsvoraussetzungen des Zulassungsantrags bzw. der Berufung sind – wie die Zulässigkeitsvoraussetzungen der Klage – jeweils von Amts wegen zu prüfen. Die bei der Prüfung der Zulässigkeitsvoraussetzungen erforderlichen tatsächlichen Feststellungen sind im Wege des Freibeweises zu treffen (BVerwGE 48, 201, 204; BVerwGE 71, 73, 74; BVerwG, NJW 2008, 3588).

II. Zulassungsantrag

55　Der Antrag auf Zulassung der Berufung ist zulässig, wenn die allgemeinen (→ Vorbem. § 124 Rn. 53 ff.) und die spezifischen Zulässigkeitsvoraussetzungen des Rechtsmittels vorliegen. Spezifische Zulässigkeitsvoraussetzung ist, dass der Rechtsmittelführer die Gründe, aus denen die Berufung zuzulassen ist, darlegen muss (§ 124 a Abs. 4 S. 4; → § 124 a Rn. 179 ff., insbes. § 124 a → Rn. 183). Begründet ist der Zulassungsantrag, wenn ein geltend gemachter Zulassungsgrund (§ 124 Abs. 2) tatsächlich vorliegt und das angefochtene Urteil sich nicht bereits im Zulassungsverfahren aus anderen Gründen als richtig erweist (→ § 124 a Rn. 251 ff.; ferner → Rn. 101 ff.).

III. Berufung

56　**1. Zulässigkeit der Berufung.** Die Zulässigkeit der Berufung setzt neben den allgemeinen Zulässigkeitsanforderungen (→ Rn. 52) vor allem eine fristgemäße Berufungsbegründung voraus (→ § 124 a Rn. 37 ff.).

57　**2. Begründetheit der Berufung.** I.R. des Berufungsantrags prüft das Berufungsgericht den Streitfall im gleichen Umfang wie das VG, also in tatsächlicher und rechtlicher Hinsicht (§ 128). Die Zulassungsentscheidung eröffnet die Berufung in vollem Umfang, nicht nur hinsichtlich der Gründe, derentwegen sie erfolgte (→ 124 a Rn. 301 m.w.N.). Die Gründe, aus denen die Berufung zugelassen worden ist, sind ohne Bedeutung für das Berufungsverfahren. Die Zulassungsentscheidung bindet auch insoweit nicht, als i.R.d. § 124 Abs. 2 Nr. 1 und 2 die Erfolgsaussicht der Berufung geprüft worden ist. Gegenstand der Begründetheitsprüfung ist sowohl die Zulässigkeit als auch die Begründetheit der Klage (→ Vorbem. § 124 Rn. 96).

58　Die Berufung ist begründet, wenn und soweit das Berufungsgericht zu einem anderen Entscheidungsergebnis gelangt. Unbegründet ist die Berufung, wenn der Entscheidungstenor des verwaltungsgerichtlichen Urteils nicht geändert wird; dabei ist unerheblich, ob die Begründung des OVG von der Begründung des verwaltungsgerichtlichen Urteils abweicht, ob etwa die Klage als unzulässig statt unbegrün-

---

71　BVerwG 12.1.2009 – 5 B 48.08; zum Revisionszulassungsrecht vgl. BVerwG NJW 1954, 734; BAGE 8, 73, 75; BGH LM § 546 ZPO Nr. 32; NJW 1993, 2052; BSGE 13, 32, 33; 13, 140, 141 f.

72　Dazu BFHE 93, 295, 297; BGH LM § 546 ZPO Nr. 21; MDR 1970, 778; NJW 1993, 2052; *F. Weyreuther*, Revisionszulassung, 1971, Rn. 16.

73　BVerwG NVwZ 1999, 642; 20.7.1998 – 9 B 10.98 (insoweit in DVBl 1999, 100 nicht abgedruckt).

det abgewiesen wird oder umgekehrt. Hat das VG einer Klage stattgegeben, obwohl diese unzulässig war, wird auf die zulässige und begründete Berufung das erstinstanzliche Urteil aufgehoben und die Klage als unzulässig abgewiesen.

D. Die der Zulassungsberufung unterworfenen Entscheidungen (Abs. 1)

I. Übersicht

Statthaft ist die Berufung – und entsprechend auch der Antrag auf Zulassung der Berufung – gegen folgende Entscheidungen:

59

- *Endurteile*: Sie schließen das Verfahren für die erste Instanz durch Prozess- oder Sachurteil endgültig ab (BVerwG MDR 1961, 957, 958). In der Praxis werden sie regelmäßig nur als „Urteil" bezeichnet.
- *Teilurteile nach § 110*: Sie sind Endurteile über einen Teil des Streitgegenstandes.
- *Zwischenurteile nach §§ 109, 111*, also solche über die Zulässigkeit der Klage oder Grundurteile (→ Rn. 60 f.; zu unselbständigen Zwischenurteilen nach § 303 ZPO i.V.m. § 173 → Rn. 60).
- *Vorbehaltsurteile* nach § 173 VwGO i.V.m. § 302 ZPO: Nach § 302 Abs. 3 ZPO sind Urteile, die unter Vorbehalt der Entscheidung über die Aufrechnung ergehen, hinsichtlich der Rechtsmittel als Endurteile anzusehen.
- *Gerichtsbescheide*: Gegen sie kann nach § 84 Abs. 2 Nr. 1 wahlweise Zulassung der Berufung oder mündliche Verhandlung beantragt werden.
- *Ergänzungsurteile* nach § 120: Es handelt sich im Verhältnis zum jeweiligen Urteil um selbständige Entscheidungen; die Zulassung der Berufung und etwaige Rechtsmittelbeschränkungen beurteilen sich gesondert für Urteil und Ergänzungsurteil.
- *Beschlüsse in Musterverfahren* (§ 93 a Abs. 2 S. 5).

II. Zwischenurteile

Nicht statthaft sind Berufung und Zulassungsantrag gegen unselbständige Zwischenurteile nach § 173 VwGO, § 303 ZPO über einzelne prozessuale Streitfragen. Solche Zwischenurteile binden nur das Gericht, das sie erlassen hat (§ 318 ZPO). Die entschiedene prozessuale Streitfrage ist im Rechtsmittelverfahren gegen das Endurteil überprüfbar. Hingegen sind Zwischenurteile über die Zulässigkeit der Klage (§ 109) oder Grundurteile (§ 111) selbständig mit Berufung und Zulassungsantrag angreifbar (§ 124 Abs. 1) und binden, solange sie nicht angefochten sind, gem. § 173 VwGO i.V.m. § 512 ZPO auch das Berufungsgericht (vgl. BVerwGE 60, 123, 125; BVerwG NVwZ 1997, 1210, 1211; ferner → Rn. 209).

60

In dem Sonderfall eines Zwischenurteils über die Rechtmäßigkeit der Zeugnisverweigerung (§ 98 VwGO i.V.m. § 387 ZPO) ist die Beschwerde nach § 146 Abs. 1 gegeben (§ 387 Abs. 3 ZPO).

61

III. „Inkorrekte" Entscheidungen

Hat das VG nicht in der nach dem Prozessrecht vorgeschriebenen Form entschieden, z.B. durch Beschluss statt durch Urteil („inkorrekte Entscheidung"), kann grds. sowohl das Rechtsmittel gegen die tatsächliche Entscheidung als auch das Rechtsmittel eingelegt werden, das bei richtiger Entscheidungsform gegeben wäre („Grundsatz der Meistbegünstigung"; im Einzelnen → Vorbem. § 124 Rn. 101 ff.)[74] Ist daher durch Beschluss statt richtigerweise durch Urteil entschieden worden, kann der Rechtsmittelführer auch einen Antrag auf Zulassung der Berufung stellen. Für die Rechtsmittelfrist ist die für den Rechtsmittelführer jeweils günstigere Frist maßgebend. Das Rechtsmittelgericht entscheidet in dem Verfahren und in der Form, die bei richtiger Entscheidung der Vorinstanz und dem danach gegebenen Rechtsmittel zulässig wären.[75] Ist gegen eine inkorrekte Entscheidung, die durch Beschluss statt durch Urteil ergangen ist, Beschwerde eingelegt worden, wird das Verfahren als Zulassungsverfahren nach § 124 a fortgesetzt; der Rechtsmittelführer muss – ggf. nach Hinweis des OVG – darlegen,

62

---

74 Vgl. BGH NJW 1999, 583, 584 m.w.N.; BVerwGE 139, 296 = NVwZ-RR 2011, 882.
75 BVerwGE 18, 193, 195; 30, 91, 98; BAG NJW 1984, 254; BGH NJW 1966, 351; VGH Mannheim NVwZ 1982, 2460.

aus welchen Gründen die Berufung zuzulassen sein soll. Der der richtigen Entscheidungsform entsprechende Instanzenzug darf nicht durch eine inkorrekte Entscheidung erweitert oder von seinen Voraussetzungen freigestellt werden.[76] Der Grundsatz der Meistbegünstigung soll nur Nachteile der durch eine ihrer Form nach inkorrekte Entscheidung beschwerten Beteiligten ausschließen. Nach Zulassung entscheidet im Beispielsfall das OVG durch Urteil über die Berufung.

IV. Fehlerhafte Rechtsmittelbelehrung

63   Die Statthaftigkeit der Berufung bzw. des Antrags auf Zulassung der Berufung kann sich nicht aus einer unzutreffenden Rechtsmittelbelehrung ergeben. Ist die Berufung kraft Gesetzes ausgeschlossen (→ Rn. 44 ff.) oder ist sie gegen die angegriffene Entscheidung ihrer Art nach nicht gegeben, wird sie nicht durch eine unrichtige Rechtsmittelbelehrung statthaft (st. Rspr., vgl. nur BVerwGE 33, 209, 211; 71, 73, 76). Ebenso wenig wird eine Berufung ohne Zulassung statthaft, wenn das VG fehlerhaft über eine unmittelbare Berufungseinlegung belehrt hat.

E. Beteiligte im Sinne des Abs. 1

64   Berechtigt zur Einlegung der Berufung (§ 124a Abs. 2 S. 1) bzw. zur Stellung eines Zulassungsantrags (§ 124a Abs. 4 S. 1) sind nach § 124 Abs. 1 nur die Beteiligten (§ 63) des erstinstanzlichen Verfahrens, also Kläger, Beklagter, Beigeladener und Vertreter des öffentlichen Interesses. Zur Rechtsmitteleinlegung berechtigt ist auch der Rechtsnachfolger eines Beteiligten, z.B. bei Veräußerung eines streitbefangenen Grundstücks nach Erlass des erstinstanzlichen Urteils, wenn er den Prozess – auch durch Erklärung im Zulassungsantrag – übernommen hat (§ 173 VwGO i.V.m. §§ 265, 266 ZPO).[77] Die Aufsichtsbehörde ist nicht Beteiligte i.S.d. § 63 und daher nicht befugt, im Wege des Selbsteintritts anstelle einer Selbstverwaltungskörperschaft ein Rechtsmittel einzulegen (OVG Magdeburg NVwZ-RR 2002, 797).

65   *Gesetzliche Vertreter oder Prozessbevollmächtigte* sind keine Beteiligten; sie sind nicht befugt, im eigenen Namen Berufung einzulegen oder einen Zulassungsantrag zu stellen, und zwar selbst dann nicht, wenn sie durch die Kostenentscheidung des erstinstanzlichen Urteils belastet sind (vgl. BVerwG 16.8.1983 Buchholz 310 § 87 VwGO Nr. 60). Davon zu unterscheiden ist die Befugnis, Beschwerde einzulegen gegen die Kostenentscheidung des erstinstanzlichen Urteils (vgl. BVerwG 16.8.1983 Buchholz 310 § 87 VwGO Nr. 60), gegen eine Zurückweisung als Prozessbevollmächtigter (vgl. VGH Kassel VerwRspr 21 [1970], 884) oder gegen eine zu niedrige Festsetzung des Streitwerts.

66   *Dritte* sind grds. nicht einlegungs-/antragsberechtigt. Auch derjenige Dritte, der trotz Vorliegens der Voraussetzungen für eine (einfache oder notwendige) Beiladung nicht beigeladen worden ist, ist kein Beteiligter. Er ist auch nicht beschwert, weil er durch die Entscheidung nicht gebunden wird.[78] Das VG kann ihn allerdings nach Erlass des Urteils noch beiladen, jedoch nicht mehr nach Berufungseinlegung oder Stellung eines Zulassungsantrags[79] sowie nach Rechtskraft des Urteils. Der nachträglich *Beigeladene* ist rechtsmittelbefugt (vgl. BVerwGE 1, 27, 28; BFHE 139, 134); die Einlegungs-/Antragsfrist für ihn wird erst durch die Zustellung des erstinstanzlichen Urteils in Lauf gesetzt (BVerwGE 1, 27, 28 f.). Erfolgt die Beiladung erst nach Eintritt des Devolutiveffekts (→ Rn. 38), kann der Beigeladene nicht mehr Berufung einlegen oder einen Zulassungsantrag stellen; denn Rechtsmittel kann nur derjenige einlegen, der Beteiligter in der Vorinstanz war (vgl. BVerwGE 38, 290, 296; BVerwG NVwZ 1991, 871, 872). Ausgeschlossen ist dann auch eine Anschlussberufung.

67   Eine Beiladung durch das OVG im Zulassungsverfahren scheidet grds. aus (VGH Mannheim VBlBW 2000, 148). Der Beigeladene würde einerseits durch das erstinstanzliche Urteil gebunden, könnte aber andererseits im Zulassungsverfahren lediglich i.R. der geltend gemachten Zulassungsgründe eines anderen Beteiligten Einfluss auf die Entscheidung nehmen. Seinem Interesse, sich ohne Beschränkung zu den tatsächlichen und rechtlichen Feststellungen äußern zu können, kann im Zulassungsverfahren

---

76   Vgl. BVerwG NJW 1986, 1125 f.; BAG NJW 1984, 254, 255; BGHZ 46, 112; BGH NJW-RR 1990, 1483 m. zahlreichen w.N.; BSGE 72, 90, 91; OVG Münster 5.11.1999 – 5 A 3347/98 u.a.
77   VGH Mannheim NVwZ 1998, 975.
78   BVerwG NVwZ 1991, 871, 872; BFHE 113, 350, 351; VGH Mannheim DÖV 1975, 646; NVwZ 1986, 141.
79   Der Rechtsstreit wird mit Stellung des Zulassungsantrags beim OVG anhängig, → Rn. 38.

nicht Rechnung getragen werden; § 142 Abs. 2 und § 144 Abs. 3 S. 2 vergleichbare Vorschriften existieren nicht.[80] Eine Beiladung kommt daher erst nach Zulassung der Berufung im Berufungsverfahren in Betracht.

Der *Vertreter des öffentlichen Interesses* ist Beteiligter und damit antragsbefugt, wenn er von seiner Beteiligungsbefugnis bis zum Abschluss des Verfahrens vor dem Gericht Gebrauch macht, bei dem er bestellt ist (§ 63 Nr. 4). Die Beteiligungserklärung kann noch nach Verkündung oder Zustellung des erstinstanzlichen Urteils und zum alleinigen Zweck der Stellung eines Berufungszulassungsantrags abgegeben werden, solange für die anderen Beteiligten die Rechtsmittelfristen noch laufen.[81] Verzichtet der VöI darauf, im Zulassungsverfahren als Rechtsmittelführer aufzutreten, kann er im Zulassungsverfahren das zulässige Vorbringen des Rechtsmittelführers allenfalls erläutern oder vertiefen, nicht aber um neue Gründe ergänzen (VGH München NVwZ-RR 2013, 438). Nach Ablauf der Rechtsmittelfristen kann er aber Anschlussberufung einlegen (offengelassen von BVerwGE 16, 265, 267 f.). **68**

Die Antragsberechtigung besagt nichts über die erforderliche Beschwer, das sog. Rechtsmittelschutzbedürfnis (→ Vorbem. § 124 Rn. 59). Der zu Unrecht Beigeladene ist generell nicht beschwert und kann keinen Zulassungsantrag stellen (BVerwGE 31, 233, 234 f.; 47, 19, 20; BVerwG NVwZ 1991, 871, 872). **69**

F. Zulassungsgründe (Abs. 2)

I. Abschließende Regelung

§ 124 Abs. 2 zählt die Gründe auf, aus denen die Berufung zuzulassen ist. Diese Aufzählung ist abschließend, wie der Wortlaut („nur") verdeutlicht. Das Wort „nur" war bereits in § 132 Abs. 2 mit der Absicht eingefügt worden, die Ausschließlichkeit des Katalogs der Zulassungsgründe zu betonen.[82] Andere als die aufgeführten Gründe, z.B. das Bedürfnis einer einheitlichen Entscheidung in mehreren dieselbe Sache betreffenden Rechtsstreitigkeiten (vgl. BGH NJW 1970, 1549), können nicht zur Zulassung der Berufung führen. **70**

II. Kein Ermessen

Dem VG oder OVG steht kein Ermessen bei der Zulassung der Berufung zu. Liegen die tatbestandlichen Voraussetzungen eines der fünf Berufungszulassungsgründe des § 124 Abs. 2 vor, „ist" die Berufung zuzulassen. Dem OVG ist auch kein Beurteilungsspielraum bei der Prüfung der unbestimmten Rechtsbegriffe in § 124 Abs. 2 Nr. 1 und 2 eingeräumt,[83] ungeachtet des Umstandes, dass die Generalklauseln bei der praktischen Anwendung auf den Einzelfall durchaus Raum für „flexible" Antworten eröffnen. Bei richtigem Verständnis der Nr. 1 und 2 (→ Rn. 75 ff., 106 ff.) geht es dabei aber im Wesentlichen nur um die Frage, ob die Richtigkeitsgewähr im Einzelfall bereits im Zulassungs- oder erst im Berufungsverfahren erfolgt. **71**

III. Überblick

Die Zulassungsgründe des § 124 Abs. 2 Nr. 1 und 2, die im bisherigen Prozessrecht ohne Vorbild sind, sind auf das grds. selbe Ziel, die Verwirklichung der Einzelfallgerechtigkeit gerichtet. Sie müssen nach ihrer Entstehungsgeschichte (→ Rn. 11 ff., 109 f.) als sich ergänzende, aufeinander bezogene Regelungen verstanden werden. Beide dienen der Korrektur einer Entscheidung im Einzelfall und sollen die Berufung eröffnen, wenn ernstliche (Nr. 1) oder jedenfalls „begründete Zweifel an der Richtigkeit der Entscheidung erster Instanz" (Regierungsbegründung zu § 141 Abs. 2 Nr. 3 VwPO = § 124 Abs. 2 Nr. 2 VwGO)[84] bestehen. **72**

---

80 Zum Verfahren der Nichtzulassungsbeschwerde auch BVerwG 4.6.1992 Buchholz 310 § 142 VwGO Nr. 13.
81 BVerwGE 3, 321, 322; 16, 265, 267 f.; BVerwG DVBl 1993, 41 m.w.N.; NJW 1994, 3024; NVwZ-RR 1997, 519.
82 Vgl. *Koehler* § 132 Anm. B I 3; *F. Weyreuther*, Revisionszulassung, 1971, Rn. 45. Die Vorläufervorschrift des § 53 Abs. 2 BVerwGG enthielt den Zusatz „nur" noch nicht.
83 So aber: *R. Rudisile*, in: Schoch/Schneider/Bier § 124 Rn. 29; *W.-R. Schenke*, NJW 1997, 81, 91; s.a. *Kopp/Schenke* § 124 Rn. 5: kein Ermessen.
84 BT-Drs. 9/1851, 146.

73 Die Zulassungsgründe der Nr. 3–5 entsprechen inhaltlich den Berufungszulassungsgründen in § 131 Abs. 3 VwGO a.F. und § 78 Abs. 3 AsylG (zum Verhältnis von § 78 Abs. 3 AsylG und § 124 Abs. 2 → Rn. 50) bzw. den Revisionszulassungsgründen in § 132 Abs. 2. Diese „klassischen" Zulassungsgründe sollen u.a. gewährleisten, dass revisionswürdige Streitsachen weiterhin an das BVerwG gelangen können; dieses Ziel ist insbes. bei der Auslegung und Anwendung des Berufungszulassungsgrundes der „grundsätzlichen Bedeutung" (Nr. 3) zu berücksichtigen (→ Rn. 126, 130 ff.). Die Zulassungsgründe der Nr. 3 und 4 haben daneben die wichtige eigenständige Funktion, die Rechtseinheit und Rechtsfortbildung des Landesrechts zu gewährleisten und zu fördern. Die Verfahrensrüge dient der Einhaltung und einheitlichen Anwendung des gerichtlichen Verfahrensrechts.

G. Ernstliche Zweifel an der Richtigkeit (Abs. 2 Nr. 1)

I. Allgemeines

74 Der Zulassungsgrund der ernstlichen Zweifel dient in erster Linie der Gewährleistung materieller Einzelfallgerechtigkeit (zu Sinn und Zweck der Zulassungsberufung → Rn. 21 ff.; zur Entstehungsgeschichte → Rn. 11 ff.). Er ist auf eine inhaltliche Kontrolle der erstinstanzlichen Entscheidung gerichtet. Dem gleichen Zweck dient der Zulassungsgrund der besonderen Schwierigkeiten in § 124 Abs. 2 Nr. 2, der die Berufung bei offenem Ausgang des Rechtsstreits ermöglicht (BVerwG DVBl 2002, 1556; 2004, 838; ferner → Rn. 106). Die beiden strukturgleichen Zulassungsgründe sind als sich ergänzende Einheit zu verstehen.

II. Prüfungsmaßstab

75 Ernstliche Zweifel i.S.d. § 124 Abs. 2 Nr. 1 liegen dann vor, wenn erhebliche Gründe dafür sprechen, dass die verwaltungsgerichtliche Entscheidung einer rechtlichen Prüfung wahrscheinlich nicht standhalten wird, wenn also ein Erfolg der Berufung wahrscheinlicher erscheint als ein Misserfolg.[85] Nach a.A. sind ernstliche Zweifel bereits dann gegeben, wenn neben den für die Richtigkeit der verwaltungsgerichtlichen Entscheidung sprechenden Umständen gewichtige, dagegen sprechende Gründe zu Tage treten, die Unentschiedenheit oder Unsicherheit in der Beurteilung der Rechtsfragen oder Unklarheiten in der Beurteilung der Tatsachenfragen bewirken, wenn also ein Erfolg des Rechtsmittels, dessen Eröffnung angestrebt wird, mindestens ebenso wahrscheinlich ist wie ein Misserfolg (zur Auffassung des BVerfG → Rn. 79).[86]

76 **1. Wortlaut.** Der Wortlaut der Vorschrift lässt beide Deutungen gleichermaßen zu. Dies zeigt auch das unterschiedliche Verständnis gleich lautender Formulierungen in anderen Vorschriften. So bejaht die einhellige Auffassung im Steuerrecht „ernstliche Zweifel" an der Rechtmäßigkeit eines angefochtenen Verwaltungsakts i.S.d. § 361 Abs. 2 S. 2 AO, § 69 Abs. 2 S. 2 FGO bereits bei Unklarheit oder Unsicherheit in der Einschätzung der Sach- oder Rechtslage (st. Rspr. des BFH, vgl. nur BFHE 127, 140, 145; 170, 106, 107 f.). Andererseits bestehen „ernstliche Zweifel" i.S.d. § 80 Abs. 4 S. 3 nach der heute überwiegenden Auffassung in der verwaltungsgerichtlichen Rspr. und Lehre erst, wenn die Bedenken gegen die Rechtmäßigkeit des Verwaltungsakts derart überwiegen, dass ein Erfolg des Rechtsbehelfs wahrscheinlicher ist als ein Unterliegen[87] (→ § 80 Rn. 143 m.w.N.); eine nicht unbeachtliche Ge-

---

85 OVG Bautzen SächsVBl 1998, 29; OVG Lüneburg NVwZ 1999, 431; OVG Magdeburg NJ 1998, 607; OVG Münster DVBl 1998, 244; 1999, 120 (LS); NVwZ-RR 2011, 623; VGH Kassel NVwZ 1998, 195; VGH Mannheim ESVGH 37, 314; DVBl 1997, 1327; 1998, 486; VBlBW 1998, 419; *J. Bader*, NJW 1998, 409, 411; *M. Happ*, in: Eyermann § 124 Rn. 11, 15 f.; *H.-P. Schmieszek*, NVwZ 1996, 1151, 1153; *M.-J. Seibert*, DVBl 1997, 932 f.

86 BVerwG DVBl 2002, 1556; NVwZ 2003, 490; 2004, 744; DVBl 2004, 838; VGH Mannheim VBlBW 1997, 219; 1997, 420; DVBl 1997, 1325; NVwZ-RR 2011, 751; OVG Bautzen 3.12.2012 – 5 A 769/10; OVG Lüneburg 5.11.2012 – 2 LA 177/12; OVG Greifswald NVwZ-RR 1999, 476; OVG Lüneburg NVwZ 1997, 1225; DVBl 1999, 478; OVG Schleswig NVwZ 1999, 1354, 1356; *Kopp/Schenke* § 124 Rn. 7; *G. Laudemann*, NJ 2000, 172, 174; *W.-R. Schenke*, NJW 1997, 81, 91; *J. Schmidt*, NVwZ 1998, 694, 697 f.; *B. Stüer*, DVBl 1997, 326, 336; wohl auch *J. Berkemann*, DVBl 1998, 446, 455; weitergehend *W. Roth*, VerwArch 1997, 416, 426 ff. (nicht offensichtlich unbegründet).

87 OVG Brem DVBl 1985, 1182, 1183 f.; HmbOVG NVwZ-RR 1992, 318, 319; OVG Koblenz NJW-RR 1992, 1426; OVG Münster OVGE 40, 160; NVwZ 1989, 588; 17.3.1994 – 15 B 2916/93; OVG Saarlouis NVwZ 1992, 699, 700; VGH Mannheim NVwZ 1991, 1004, 1005; VGH München NVwZ-RR 1993, 378.

genauffassung lässt hingegen den offenen Ausgang des Rechtsbehelfs genügen[88] (→ § 80 Rn. 143 m.w.N.). „Ernstliche Zweifel" i.S.d. Art. 16 a Abs. 4 S. 1 GG liegen nach Ansicht des BVerfG erst vor, wenn erhebliche Gründe dafür sprechen, dass die Maßnahme einer rechtlichen Prüfung wahrscheinlich nicht standhält (BVerfG DVBl 1996, 739).

2. Entstehungsgeschichte und Systematik. Entscheidendes Gewicht kommt deshalb der Entstehungs- 77 geschichte der Vorschrift und dem systematischen Zusammenhang mit dem Zulassungsgrund Nr. 2 zu. Sie sprechen für das Verständnis des § 124 Abs. 2 Nr. 1 im Sinne überwiegender Erfolgsaussicht des Rechtsmittels. Ausweislich der Regierungsbegründung (BT-Drs. 13/3993, 13; → Rn. 13) wollte der Gesetzgeber an die „gefestigte Rechtsprechung" zu § 80 Abs. 4 S. 3 anknüpfen mit dem Ziel, eine Korrektur „grob ungerechter" Entscheidungen zu ermöglichen. Damit sollte – trotz der in sich widersprüchlichen Formulierungen – erkennbar die Begriffsbestimmung der herrschenden Rspr. zu § 80 übernommen werden, auch wenn diese nicht einheitlich und gefestigt sein mag. Der Bundesrat (BT-Drs. 13/3993, 21; → Rn. 14) wies ausdrücklich auf Auslegungszweifel hin, verstand aber die Formulierung „ernstliche Zweifel" unter Verweis auf die „wohl h. L." ebenfalls als überwiegende Wahrscheinlichkeit des Obsiegens; er schlug gerade deshalb den Zulassungsgrund Nr. 2 vor, um gegenüber Urteilen, die (nur) „mit einer Wahrscheinlichkeit von bis zu 50 Prozent unrichtig" sind, die Berufung zu eröffnen. Dieses Verständnis wurde im weiteren Gesetzgebungsverfahren nicht aufgegeben, sondern führte – auf Vorschlag des Rechtsausschusses – zur Aufnahme beider Zulassungsgründe in den Katalog des § 124 Abs. 2 (BT-Drs. 13/5098, 24; → Rn. 16). Gerade die Systematik der Zulassungsgründe stützt daher die hier vertretene Auffassung (→ Rn. 112 ff.).

Die Gegenauffassung entspricht i.E. dem vom Bundesrat mit der Nr. 2 verfolgten Ziel. Da diese Inten- 78 tion in der Nr. 2 ihren gesetzgeberischen Niederschlag gefunden hat, besteht weder Anlass noch Notwendigkeit, die Nr. 1 mit einem Inhalt auszulegen, der Nr. 2 entbehrlich machen würde. Denn die Voraussetzungen der Nr. 2 liegen vor, wenn die „besonderen tatsächlichen und rechtlichen Schwierigkeiten" der Rechtssache eine Prognose über den Ausgang des Rechtsstreits nicht möglich machen (→ Rn. 106). Die Zulassungsgründe der Nr. 1 und 2 ergänzen sich mithin: Sprechen überwiegende Gründe für die Unrichtigkeit des Urteils, so sind „erhebliche Zweifel" i.S.d. Nr. 1 gegeben, aber die Sache ist grds. nicht besonders schwierig. Ist wegen der „besonderen rechtlichen oder tatsächlichen Schwierigkeiten" der Sache im Zulassungsverfahren eine Prognose über den Ausgang des Rechtsstreits nicht möglich, so liegt der Zulassungsgrund der Nr. 2 vor (→ Rn. 113 ff.).[89] Damit hat der Meinungsstreit letztlich keine praktische Bedeutung.

3. Verfassungsrechtliche Anforderungen. Die hier vertretene Auffassung, die die Zulassungsgründe 79 Nr. 1 und 2 als sich ergänzende Einheit versteht, wird auch den verfassungsrechtlichen Maßstäben gerecht. Art. 19 Abs. 4 GG gebietet nach zutr. Auffassung des BVerfG, dass die Berufung zuzulassen ist, wenn ein einzelner tragender Rechtssatz oder eine erhebliche Tatsachenfeststellung im Urteil des VG mit schlüssigen Argumenten in Frage gestellt wird. Sie sei nicht erst dann zuzulassen, wenn bei der im Zulassungsverfahren allein möglichen summarischen Überprüfung der Erfolg des Rechtsmittels wahrscheinlicher sei als der Misserfolg. Das Zulassungsverfahren habe nicht die Aufgabe, das Berufungsverfahren vorwegzunehmen.[90] Jedenfalls bei gleich großer Wahrscheinlichkeit von Erfolg und Misserfolg ist daher die Berufung zuzulassen.[91] Soweit allerdings das BVerfG dieses Ergebnis ohne nähere Begründung isoliert in § 124 Abs. 2 Nr. 1 hineinliest, ohne die gebotene Gesamtbetrachtung der Zulassungsgründe des § 124 Abs. 2 vorzunehmen, gibt es hierfür keine verfassungsrechtliche Fundierung.[92] Die hier befürwortete, dogmatisch überzeugendere Ansicht entspricht gleichermaßen den ver-

---

88 BVerwG BayVBl 1982, 442; OVG Lüneburg NVwZ-RR 1989, 328; OVG Schleswig NVwZ-RR 1992, 106; *F. Schoch*, in: Schoch/Schneider/Bier § 80 Rn. 284 ff.

89 Ebenso OVG Münster NVwZ 1999, 202, 203; *C. Bath*, LKV 2003, 80; *W. Kuhla*, DVBl 2001, 172, 174, 177 f.

90 BVerfG NVwZ 2000, 1163; NJW 2004, 2510; NVwZ-RR 2008, 1; DVBl 2009, 379; BVerfGE 125, 104 = NVwZ 2010, 634, 641; NJW 2010, 1062; NVwZ 2011, 546; BVerfGE 134, 106; NVwZ 2016, 1243; 16.1.2017 – 2 BvR 2615/14; VerfGH Bln 17.6.2015 – 109/14.

91 *R. Gaier*, NVwZ 2011, 385, 389.

92 Krit. zu Recht *B. Atzler*, NVwZ 2001, 410 f.; *C. Barth*, LKV 2003, 80 f. (Fn. 5, 16); *W. Kuhla*, DVBl 2001, 172 ff.; *M. Happ*, in: Eyermann § 124 Rn. 15; *Rudisile*, Die Verwaltung 2006, 421, 423; ders., NVwZ 2012, 1425 mit überzeugender Begründung.

fassungsrechtlichen Anforderungen. Entspricht eine einfachrechtliche Auslegung dem Verfassungsrecht, gibt es keinen Anlass, eine andere Lösung verfassungsrechtlich zu bevorzugen.

III. Verfahrens- und materiellrechtliche Fehler

80 Ernstliche Zweifel i.S.d. § 124 Abs. 2 Nr. 1 beziehen sich nicht lediglich nur auf eine unrichtige Anwendung „materiellen Rechts", sondern erfassen auch Verletzungen des Verfahrensrechts, soweit diese zu Zweifeln an der Richtigkeit des Entscheidungsergebnisses Anlass geben. Die gegenteilige Auffassung, die insbes. die Überprüfung von Sachverhaltsfeststellungen aus dem Anwendungsbereich des § 124 Abs. 2 Nr. 1 ausklammern will (ausf. → Rn. 81 ff.).[93] verengt die Tatbestandsvoraussetzungen der Vorschrift in nicht überzeugender Weise. Der Wortlaut der Vorschrift ist nicht auf materiellrechtliche Fehler beschränkt, sondern erfasst alle Fehler, die die Richtigkeit des Urteils infrage stellen. Auch Verfahrensfehler können das verwaltungsgerichtliche Urteil unrichtig machen. So begründen Fehler bei der Beurteilung der Sachurteilsvoraussetzungen, die von der höchstrichterlichen Rspr. als Verfahrensfehler i.S.d. § 132 Abs. 2 Nr. 3 anerkannt werden,[94] Zweifel an der Richtigkeit der verwaltungsgerichtlichen Entscheidung. Gegen das hier vertretene Ergebnis kann auch nicht eingewandt werden, Verfahrensfehler könnten lediglich nach § 124 Abs. 2 Nr. 5 gerügt werden. Nach allgemeiner Auffassung stehen alle Zulassungsgründe selbständig nebeneinander und können kumulativ geltend gemacht werden.[95]

IV. „Richtigkeit" der Sachverhaltsfeststellungen

81 Umstr. ist, ob und ggf. unter welchen Voraussetzungen fehlerhafte Sachverhaltsfeststellungen des VG ernstliche Zweifel i.S.d. § 124 Abs. 2 Nr. 1 begründen können. Insoweit sind drei Aspekte zu unterscheiden. Fraglich ist zunächst, ob mit dem Zulassungsgrund der Nr. 1 überhaupt geltend gemacht werden kann, das VG habe auf der Grundlage eines unzutreffenden Sachverhalts entschieden (→ Rn. 82 ff.). Bejaht man dies, stellt sich die weitere Frage, ob erstmals im Berufungsverfahren vorgebrachte Tatsachen und Beweismittel, die bereits im Zeitpunkt der letzten mündlichen Verhandlung vor dem VG existent bzw. verfügbar waren, zu berücksichtigen sind (→ Rn. 86 ff.). Drittens ist zu klären, ob eine nach Erlass des verwaltungsgerichtlichen Urteils entstandene Änderung der Sach- oder Rechtslage im Zulassungsverfahren zu berücksichtigen ist (→ Rn. 92 ff.).

82 **1. Unzutreffende Tatsachenfeststellungen.** Ernstliche Zweifel i.S.d. § 124 Abs. 2 Nr. 1 liegen nach h.M. (→ Rn. 86, 92 jeweils m.w.N.)[96] nicht nur bei einer unzutreffenden rechtlichen Bewertung, sondern auch bei einer unzutreffenden Feststellung des entscheidungserheblichen Sachverhalts (einschließlich Beweiswürdigung) vor. Nach einer *Mindermeinung*[97] muss das Berufungsgericht bei seiner Entscheidung über die Berufungszulassung nach Nr. 1 grds. die tatsächlichen Feststellungen des VG zugrunde legen und die tatrichterliche Überzeugungsbildung gem. § 108 Abs. 1 akzeptieren.[98] In ähnlicher Weise wenden manche Senate der Obergerichte bei Rügen gegen Tatsachenfeststellungen revisionsrechtliche Maßstäbe an: Eine Beweiswürdigung könne nur mit Erfolg angegriffen werden bei Verletzung von gesetzlichen Beweisregeln, von Denkgesetzen oder allgemeinen Erfahrungssätzen, bei aktenwidrig angenommenem Sachverhalt oder wenn sie offensichtlich sachwidrig und damit willkürlich

---

93 VGH Mannheim NVwZ 1998, 645; DVBl 1998, 486; *J. Bader*, VBlBW 1997, 401, 406; *J. Berkemann*, DVBl 1998, 446, 455.

94 Vgl. BVerwGE 13, 141, 144 f.; 13, 239, 240 f.; 30, 111; BVerwG BayVBl 1993, 30, 31; BSGE 15, 169, 172; 34, 236, 237; 39, 200, 201; 145, 299, 300; 153, 509, 510.

95 *J. Bader*, NJW 1998, 409, 410; *Kopp/Schenke* § 132 Rn. 20; speziell zum Verhältnis von § 124 Abs. 2 Nr. 1 zu § 124 Abs. 2 Nr. 5: OVG Schleswig 13.10.1997 – 5 M 102/97.

96 BVerfG NVwZ 2000, 1163; DVBl 2004, 822; HmbOVG NVwZ 1998, 203; 1998, 863 f.; OVG Lüneburg NVwZ 2004, 1381; OVG Münster DVBl 1997, 1342; 21.6.2012 – 18 A 1459/11; VGH Mannheim NVwZ 1998, 1088; 1999, 1357, 1358; NVwZ-RR 2012, 778; OVG Bautzen 29.9.2014 – 4 A 311/13; *J. Schmidt*, NVwZ 1998, 694, 697 f.; *W. Kuhla/J. Hüttenbrink*, DVBl 1999, 898, 904 ff.

97 VGH Mannheim NVwZ 1998, 645; DVBl 1998, 486; *J. Bader*, VBlBW 1997, 401, 406, jedoch diff. NJW 1998, 409, 410 f.; *J. Berkemann*, DVBl 1998, 446, 455.

98 *J. Berkemann*, DVBl 1998, 446, 453.

ist.[99] Damit wird eine reine Rechtsprüfung vorgenommen; dem OVG wird letztlich die Rolle eines Landesrevisionsgerichts zugewiesen. Wortlaut und Entstehungsgeschichte der Vorschrift sowie der systematische Zusammenhang der Zulassungsgründe sprechen für die herrschende Sichtweise.[100]

2. Wortlaut. Der Wortlaut der Nr. 1 enthält keine Einschränkung auf materiellrechtliche Fehler.[101]   83
Zweifel an der Richtigkeit des Urteils bestehen auch dann, wenn das VG auf der Grundlage eines unzutreffenden Sachverhalts entschieden hat (BVerfG NVwZ 2000, 1163; DVBl 2004, 822). Der Zulassungsgrund ist mit Blick auf das angestrebte Rechtsmittelverfahren und die dort mögliche Entscheidung auszulegen und anzuwenden. Da § 124 Abs. 2 Nr. 1 den Zugang zur Berufung eröffnen soll, muss er auch auf den vollen Prüfungsumfang der Berufungsinstanz in tatsächlicher und rechtlicher Hinsicht bezogen sein.[102]

3. Entstehungsgeschichte. Auch die Entstehungsgeschichte (→ Rn. 5 ff., 11 ff.) bestätigt die herr-   84
schende Sicht. Schon bei der Diskussion um die Einführung einer Berufungszulassung in der VwPO stand das Problem im Vordergrund, den klassischen drei Revisionszulassungsgründen ein weiteres Auswahlkriterium zur Seite zu stellen, „das der Tatsache Rechnung trägt, daß die Berufung eine *Tatsacheninstanz* ist".[103] Beide im Zusammenhang mit dem Entwurf einer VwPO diskutierten und mit den heutigen Nr. 1 und 2 wörtlich oder inhaltlich übereinstimmenden Auswahlkriterien zielten demgemäß (auch) auf eine Erfassung der im Hinblick auf die *tatsächlichen* Feststellungen falsch entschiedenen und deshalb berufungswürdigen Fälle.[104] Dem Gesetzgebungsverfahren zum 6. VwGOÄndG ist nicht der geringste Hinweis zu entnehmen, dass die ernstlichen Zweifel an der Richtigkeit des Urteils in einem anderen Sinne verstanden werden sollten. Ziel der Novelle war es vielmehr, zur Verwirklichung der Einzelfallgerechtigkeit grds. weiterhin eine zweite Tatsacheninstanz in solchen Fällen zur Verfügung zu stellen, in denen eine Überprüfung von der Sache her notwendig ist. Der an einer gerechten Entscheidung der Streitsache interessierten Partei ist es grds. gleich, ob sie durch einen rechtlichen oder tatsächlichen Fehler des Vordergerichts verletzt ist.[105]

4. Innersystematischer Zusammenhang. Der innersystematische Zusammenhang der Zulassungs-   85
gründe rechtfertigt kein anderes Auslegungsergebnis. Der Antragsteller ist mit seiner Rüge, das verwaltungsgerichtliche Urteil beruhe auf einem unvollständigen oder fehlerhaften Sachverhalt keineswegs (allein) auf den Zulassungsgrund der Nr. 5 verwiesen. Das Vorliegen eines Verfahrensfehlers nach § 124 Abs. 2 Nr. 5 schließt nicht das Vorliegen eines anderen Zulassungsgrundes aus. Die Zulassungsgründe können vielmehr kumulativ geltend gemacht werden (→ Rn. 80). Im Übrigen ist bis heute in der höchstrichterlichen Rspr. nicht befriedigend geklärt, ob und inwieweit die Richtigkeit und Vollständigkeit des Sachverhalts eine Frage des Verfahrensrechts oder des sachlichen Rechts ist (→ Rn. 189 ff.).

V. Neu vorgebrachte („alte") Tatsachen und Beweismittel

Die Aufgabe der Berufung als zweite Tatsacheninstanz verlangt, den Zugang zu ihr auch dann zu er-   86
öffnen, wenn Tatsachen und Beweismittel, die die Richtigkeit der angegriffenen Entscheidung infrage stellen, erstmals im Zulassungsverfahren vorgebracht werden. Neu vorgebrachte Tatsachen und Beweismittel, die bereits im Zeitpunkt der letzten mündlichen Verhandlung vor dem VG existent bzw.

---

99   VGH München 29.7.2009 – 11 ZB 07.1043; OVG Bautzen 8.1.2010 – 3 B 197/07; OVG Lüneburg 12.8.2014 –
     8 LA 71/14; 28.5.2015 – 3 A 44/15; ähnl. OVG Bln 19.7.2011 – OVG 2 N 82.09.
100   Zum Folgenden vgl.: *M.-J. Seibert*, DVBl 1997, 932, 933 f.; *ders.*, NVwZ 1999, 113, 116 f.
101   Unzutreffend einzelne obergerichtliche Senate: Die freie Sachverhalts- und Beweiswürdigung des Verwaltungsgerichts
     sei außerhalb eines Verstoßes gegen § 108 Abs. 1 S. 1 VwGO i. V. m. Art. 103 Abs. 1 GG einer Rüge nach § 124
     Abs. 2 Nr. 1 VwGO nicht zugänglich (OVG Münster 14.2.2013 – 12 A 39/13; VGH München 10.9.2013 – 16 a DZ
     12.2037).
102   Vgl. BVerwGE 70, 24, 25 f. für die Grundsatzrüge im Berufungszulassungsrecht; ferner OVG Münster NVwZ 1998,
     754.
103   *J. Meyer-Ladewig*, FS Menger, 1985, 833, 844; Hervorhebung nicht im Original.
104   Vgl. § 141 Abs. 2 Nr. 3 E-VwPO (BT-Drs. 9/1851 vom 14.7.1982 und BT-Drs. 10/3437 vom 31.5.1985).
105   Vgl. *E. Schwinge*, Grundlagen des Revisionsrechts, ²1960, 28.

verfügbar waren, sind im Zulassungsverfahren zu berücksichtigen.[106] Neu vorgebrachte Tatsachen sind substantiiert darzulegen und glaubhaft zu machen (→ Rn. 91).

87　Ein *Teil der Rspr.*[107] und *Lit.*[108] lehnt hingegen die Berücksichtigung neuen tatsächlichen Vorbringens generell ab; nach a.A. soll dies nur für den Fall gelten, dass die Umstände der rechtsmittelführenden Partei bekannt waren und von dieser auch im erstinstanzlichen Verfahren hätten vorgebracht werden können.[109] Jede Partei treffe eine Prozessförderungspflicht, den Prozessstoff umfassend vorzutragen. Andernfalls wäre es in das Belieben der Partei gestellt, ob sie ihr bekannte Tatsachen im erstinstanzlichen Verfahren zurückhalte, um sich eine weitere Tatsacheninstanz eröffnen zu können.

88　**1. Präklusion.** Die Gegenauffassung überzeugt nicht. Die allgemeine Prozessförderungspflicht und das Ziel, verwaltungsgerichtliche Verfahren zu beschleunigen, begründen allein keine Präklusion neuen Vorbringens. Hierzu bedarf es vielmehr einer ausdrücklichen gesetzlichen Regelung. Neues Vorbringen kann daher nur gem. §§ 87 b, 128 a präkludiert werden. Eine darüber hinausgehende Regelung zur Präklusion von erstmaligem Vorbringen neuer Tatsachen und Beweismittel im Berufungszulassungsverfahren enthalten die §§ 124 ff. nicht. Die „Sanktionierung" einer schuldhaften Verletzung der Prozessförderungspflicht eines Beteiligten kann nur bei der Kostenentscheidung (vgl. § 155 Abs. 5) erfolgen (vgl. VGH München BayVBl 1998, 154), nicht durch eine Präklusion. Dabei ist auch zu berücksichtigen, dass im erstinstanzlichen Verfahren kein Anwaltszwang besteht.

89　**2. Strukturähnliche Zulassungsgründe Nr. 1 und 2.** Die Zusammenschau der beiden strukturähnlichen Zulassungsgründe Nr. 1 und 2 spricht ebenfalls gegen eine Zurückweisung neuen Vorbringens. Nach § 124 Abs. 2 Nr. 2 rechtfertigen Schwierigkeiten *tatsächlicher* Art die Zulassung der Berufung. Der entscheidungserhebliche Sachverhalt erfordert auch dann eine Klärung und Feststellung in einem Berufungsverfahren, wenn die tatsächlichen Feststellungen des VG durch neues Vorbringen nachhaltig infrage gestellt werden oder bislang vom VG nicht hinreichend aufklärbare tatsächliche Umstände durch Vorlage neuer Beweismittel, z.B. Urkunden, nunmehr zugunsten des Rechtsmittelführers klärungsfähig erscheinen. Für den Zulassungsgrund der Nr. 1 gilt nichts anderes. Es widerspräche dem angestrebten Ziel der Einzelfallgerechtigkeit, wenn unrichtige Tatsachenfeststellungen nicht auch mit neuem Vorbringen zu Tatsachen und Beweismitteln gerügt werden könnten. § 124 Abs. 2 Nr. 1 öffnet – wie auch Nr. 2 – den Zugang zur Rechtsmittelinstanz mit Blick auf das prognostizierte Ergebnis des angestrebten Rechtsmittels. Im Zulassungsverfahren sind alle (dargelegten) Umstände zu berücksichtigen, die für den Erfolg des angestrebten Rechtsmittels entscheidungserheblich sein können (vgl. BVerwG DVBl 2002, 1556; OVG Münster NVwZ 1998, 754). Dazu gehören im Berufungsverfahren (unstreitig) neuer Vortrag und neue Beweismittel.

90　**3. Missbräuchliches prozessuales Verhalten.** Hinter der Gegenauffassung steht letztlich die Furcht vor einem möglichen missbräuchlichen prozessualen Verhalten des Rechtsmittelführers, der sich mit bewusst „zurückgehaltenen" Tatsachen eine weitere Tatsacheninstanz erstreiten könnte. Diese Gefahr sollte zum einen nicht zu hoch bewertet werden.[110] Mit einem unvollständigen Tatsachenvortrag „verschenkt" ein Kläger nämlich grds. eine Instanz und damit die Chance, dass bereits das VG den Sachverhalt und die Rechtslage zu seinen Gunsten würdigt. Es erscheint zum anderen nicht sachgerecht, wegen einer möglichen Missbrauchsgefahr in Einzelfällen neuen Tatsachenvortrag und neue Beweise generell auszuschließen, zumal deren schlichte Behauptung nicht ausreicht (s. im Folgenden).

91　**4. Substantiierung und Glaubhaftmachung.** Es genügt nicht, neue Tatsachen lediglich zu behaupten. Der Rechtsmittelführer muss vielmehr ernstliche Zweifel an der Richtigkeit der erstinstanzlichen Ent-

---

106　BVerwG DVBl 2002, 1556; HmbOVG NVwZ 1998, 863 f.; OVG Lüneburg DVBl 1998, 492 (LS); 5.11.2012 – 2 LA 177/12; OVG Münster DVBl 2000, 1468; OVG Weimar DVBl 1998, 849; VGH Mannheim NVwZ 1998, 1088; VBlBW 2002, 528; VGH München BayVBl 1998, 154; *M. Happ,* BayVBl 1999, 577, 581; *Kopp/Schenke* § 124 Rn. 7 b; *W. Kuhla/J. Hüttenbrink,* DVBl 1999, 898, 904 ff.; *M.-J. Seibert,* DVBl 1997, 932, 936 f.; *ders.,* NVwZ 1999, 113, 117.

107　OVG Lüneburg NordÖR 2003, 196; OVG Münster DVBl 1997, 1337; VGH Kassel NVwZ-RR 1998, 78 (offen gelassen); speziell für die Beschwerdezulassung unter Hinweis auf das Abänderungsverfahren nach § 80 Abs. 7: OVG Bln NVwZ 1998, 1093; VGH Mannheim NVwZ 1998, 758.

108　*J. Bader,* VBlBW 1997, 401, 449; *J. Berkemann,* DVBl 1998, 446, 455.

109　OVG Koblenz 28.8.1997 – 7 A 11841/97; OVG NVwZ 1998, 1094; OVG Lüneburg DVBl 1999, 476, 477 f.; NVwZ-RR 2000, 122 f.

110　Ebenso *M. Quaas,* NVwZ 1998, 701, 704 aus Anwaltssicht.

scheidung darlegen. Er muss deshalb neuen Tatsachenvortrag substantiieren und glaubhaft machen, um dem Berufungsgericht die summarische Beurteilung zu ermöglichen, das noch zuzulassende Rechtsmittel werde voraussichtlich zum Erfolg führen.[111] Je nach Fallkonstellation kann der Rechtsmittelführer z.B. gehalten sein, Fotos von einer in Rede stehenden Örtlichkeit, Planunterlagen oder Schriftverkehr vorzulegen oder auch eine eidesstattliche Versicherung abzugeben. Das Berufungsgericht wird im Einzelfall an die Glaubhaftmachung umso höhere Anforderungen stellen können, je weniger nachvollziehbar ein Unterlassen des Vorbringens in der ersten Instanz ist. Auf diese Weise kann auch einer Missbrauchsgefahr begegnet werden. Vergleichbare Anforderungen sind an die Vorlage neuer Beweismittel zu stellen. Es genügt nicht, lediglich einen Beweisantrag in der zweiten Instanz zu stellen (VGH Kassel 11.5.2016 – 7 A 1687/15.Z). Urkunden sind im Zulassungsverfahren vorzulegen. Werden neue Zeugen aufgeboten, muss jedenfalls den Anforderungen an einen förmlichen Beweisantrag genügt werden (ladungsfähige Anschrift des Zeugen, Beweisthema, voraussichtliche Aussage des Zeugen); ggf. sollte eine eidesstattliche Versicherung des Zeugen beigebracht werden. Die zu erwartenden Aussagen und das voraussichtliche Beweisergebnis sind näher zu bezeichnen (OVG Lüneburg NJW 2011, 3673). Eine Sachverhaltsaufklärung durch Beweisaufnahme ist im Zulassungsverfahren nicht generell ausgeschlossen. So ist etwa die Frage, ob ein geltend gemachter Verfahrensfehler i.S.d. § 124 Abs. 2 Nr. 5 tatsächlich vorliegt, erforderlichenfalls durch eine Beweisaufnahme im Zulassungsverfahren zu klären. Der funktionale Unterschied zwischen Zulassungs- und Berufungsverfahren verlangt aber, dass Beweisaufnahmen – von sachlich begründeten Ausnahmen abgesehen – grds. im Berufungsverfahren durchgeführt werden. Eine solche Ausnahme kann auch bei hinreichenden Anhaltspunkten für ein missbräuchliches prozessuales Verhalten vorliegen.

VI. Änderung der Sach- oder Rechtslage

1. Frage des materiellen Rechts. Ob eine Änderung der Sach- oder Rechtslage nach Abschluss der 92 ersten Instanz im Zulassungsverfahren zu berücksichtigen ist, ist zunächst eine Frage des materiellen Rechts. Ist für die gerichtliche Beurteilung der Begründetheit einer Klage die Sach- und Rechtslage im Zeitpunkt der letzten Behördenentscheidung maßgeblich – wie häufig bei Anfechtungsklagen –, so ist eine Änderung der Sach- oder Rechtslage auch für die Entscheidung über die Zulassung der Berufung unerheblich. Kommt es hingegen nach materiellem Recht auf die Sach- und Rechtslage im Zeitpunkt der gerichtlichen Entscheidung an – wie regelmäßig bei Verpflichtungsklagen oder Anfechtungsklagen gegen Dauerverwaltungsakte –, können sich Zweifel an der Richtigkeit der verwaltungsgerichtlichen Entscheidung auch aus rechtlichen oder tatsächlichen Umständen ergeben, die das VG noch nicht kennen und deshalb nicht berücksichtigen konnte.[112] Dabei ist es unerheblich, ob der Rechtsmittelführer die neue Tatsache selbst geschaffen hat, um dem angegriffenen Urteil die Grundlage zu entziehen.[113] Nach *a.A.* soll es für die Beurteilung der ernstlichen Zweifel i.S.d. Nr. 1 stets auf die Rechtslage und die tatsächlichen Umstände im Zeitpunkt der Entscheidung des VG ankommen.[114]

2. Wortlaut. Der Wortlaut des § 124 Abs. 2 Nr. 1 steht der Berücksichtigung einer geänderten Sach- 93 oder Rechtslage nur scheinbar entgegen. Zwar macht eine geänderte Rechts- oder Sachlage die Entscheidung des VG bezogen auf dessen Entscheidungszeitpunkt nicht unrichtig. Entscheidend ist jedoch

111 Vgl. OVG Lüneburg DÖV 1998, 435 (LS); 12.2.2008 – 5 LA 326/04; 1.10.2008 – 5 LA 64/06; 3.11.2011 – 10 LA 72/10; OVG Schleswig 27.2.1997 – 2 M 6/97; VGH Mannheim DVBl 1998, 486; OVG Münster 18.6.2014 – 12 A 898/14; 11.12.2014 – 12 A 1990/14; OVG Bautzen 23.2.2016 – 3 A 286/14; es handelt sich insoweit ebenso wenig um eine vorweggenommene Beweiswürdigung (so aber HmbOVG NVwZ 1998, 203) wie bei der summarischen Prüfung der Erfolgsaussichten der Hauptsache im Eilverfahren.

112 BVerwG NVwZ 2003, 490 (Änderung der Sachlage); 2004, 744 (Rechtsänderung); HmbOVG NVwZ 1998, 863 f.; OVG Koblenz NVwZ 1998, 1094; DVBl 1998, 241; OVG Lüneburg DVBl 1999, 476; OVG Münster NVwZ 1998, 754; NVwZ-RR 2011, 623; OVG Weimar DVBl 1998, 849; VGH Kassel NVwZ 2000, 85 (nur für Änderung der Rechtslage); VGH Mannheim NVwZ-RR 2003, 607; OVG Saarlouis 30.5.2011 – 1 A 37/11; ferner *B. Atzler*, Nds-VBl 1999, 153, 153 f.; *M. Happ*, in: Eyermann § 124 Rn. 21; *Kopp/Schenke* § 124 Rn. 7 c; *W. Kuhla/J. Hüttenbrink*, DVBl 1999, 898, 904 ff.; *G. Laudemann*, NJ 1999, 5, 7 f.; *M.-J. Seibert*, DVBl 1997, 932, 937; *ders.*, NVwZ 1999, 113, 117 ff.

113 BVerwG NVwZ 2003, 490, 491; a.A. VGH München 21.2.2000 – 2 ZB 00.316.

114 OVG Münster NVwZ 2000, 334; VGH Kassel DVBl 1998, 1033, 1034; VGH Mannheim NVwZ 1998, 199.

– wie im Revisionsrecht[115] – die i.E. richtige Entscheidung über den Streitgegenstand; so kann auch eine Revision, ohne dass die Entscheidungsgründe eine Gesetzesverletzung ergeben (§ 144 Abs. 4), begründet sein, wenn nach Erlass des angegriffenen Urteils eine entscheidungserhebliche Rechtsnorm in Kraft getreten ist, die das Vordergericht noch nicht anwenden und verletzen konnte.[116]

94   **3. Zweck des Zulassungsverfahrens.** Der Zulassungsgrund Nr. 1 ist mit Blick auf das angestrebte Rechtsmittelverfahren und die dort mögliche Entscheidung auszulegen und anzuwenden. Entsprechend dem Zweck des Zulassungsverfahrens sind daher alle vom Rechtsmittelführer dargelegten Umstände zu berücksichtigen, die für den Erfolg des angestrebten Rechtsmittels entscheidungserheblich sein können. Zweifel am Entscheidungsergebnis des VG können sich auch aus einer Änderung der Sach- oder Rechtslage ergeben, die nach materiellem Recht für das OVG beachtlich ist und deshalb im angestrebten Berufungsverfahren berücksichtigt werden müsste (vgl. BVerwG NVwZ 2003, 490; 2004, 744; OVG Münster NVwZ 1998, 754).

95   **4. Beschleunigungsgedanke.** Insbes. würde die mit der Einführung des Zulassungsverfahrens erstrebte Verkürzung und Beschleunigung verwaltungsgerichtlicher Verfahren verfehlt, wenn eine entscheidungserhebliche Änderung der Sach- oder Rechtslage unberücksichtigt bliebe. Vordergründig würde zwar das konkrete Zulassungs- bzw. Berufungsverfahren schneller beendet, aber die endgültige Herstellung des Rechtsfriedens würde hinausgeschoben. Behörden und Gerichte würden mit zusätzlichen vermeidbaren Verfahren belastet, etwa mit Vollstreckungsgegenklagen, mit neuen Leistungs- bzw. Verpflichtungsklagen oder mit Wiederaufnahmeverfahren nach § 51 VwVfG.[117]

96   **5. Systematischer Zusammenhang.** Auch der systematische Zusammenhang spricht für die Berücksichtigung einer veränderten Sach- oder Rechtslage. Es macht wenig Sinn, wenn für die Beurteilung der Nr. 1 auf einen anderen Zeitpunkt abgestellt wird als für die Beurteilung der Nr. 2 (wie hier OVG Münster NVwZ 1998, 754).

97   **6. Maßgeblicher Zeitpunkt.** Maßgeblicher Zeitpunkt für die Berücksichtigung einer nachträglichen Änderung der Sach- oder Rechtslage ist der Zeitpunkt der gerichtlichen Entscheidung über die Zulassung, nicht der Fristablauf für die Stellung und Begründung des Zulassungsantrags (§ 124a Abs. 4).[118] Davon zu unterscheiden ist, dass der Rechtsmittelführer nach Ablauf der Antragsfrist auch unter Berufung auf eine Änderung der Sach- oder Rechtslage keine neuen Rügen vorbringen kann. Die Änderung der Sach- oder Rechtslage ist grds. nur in dem durch die Darlegungen des Rechtsmittelführers vorgegebenen Prüfungsrahmen zu berücksichtigen.[119] Davon sind jedoch zwei Ausnahmen zu machen. Sind sowohl die Änderung der Sach- oder Rechtslage als auch deren Auswirkung auf das Ergebnis des Rechtsstreits offenkundig (zur Reduzierung der Darlegungslast bei Offenkundigkeit → § 124a Rn. 203 f.), kann das OVG diese Umstände auch ohne ausdrücklichen Vortrag berücksichtigen.[120] Zum anderen kann das OVG berücksichtigen, ob das angefochtene Urteil sich aufgrund einer inzwischen eingetretenen Tatsachen- oder Rechtsänderung aus anderen Gründen als richtig darstellt und zunächst bestehende Zweifel an seiner Richtigkeit damit beseitigt sind; dies gilt auch bei einer nachträglichen Ergänzung von Ermessenserwägungen (OVG Münster NVwZ-RR 2011, 623). Mit diesen Differenzierungen wird weder die vom Gesetzgeber vorgeschriebene Darlegungspflicht noch die Beschränkung der gerichtlichen Prüfung auf die vorgetragene Begründung unterlaufen (→ § 124a Rn. 256 f.). Jedenfalls wenn der Rechtsmittelführer auf eine bevorstehende Änderung der Rechtslage (BVerwG NVwZ 2004, 744) oder der tatsächlichen Verhältnisse (HmbOVG 27.5.2009 – 5 Bf 18/08.Z) vor Ablauf der Frist des § 124a Abs. 4 S. 4 hingewiesen hat, steht der Berücksichtigung der späteren Rechts- oder Tatsachenänderung nicht entgegen, dass sie erst nach Ablauf der Frist, aber vor

---

115 BVerwGE 1, 291, 300: „Die Entscheidung über die Richtigkeit des angefochtenen Urteils und die Entscheidung in der Sache selbst (sollten) nach demselben Recht getroffen werden".

116 BVerwGE 1, 291, 300; 41, 227, 230 f.; 50, 49, 51 f.; 66, 178, 179; BVerwG NVwZ-RR 1993, 65.

117 Vgl. BVerwG NVwZ 2003, 490; 2004, 744; OVG Koblenz DVBl 1998, 241; OVG Münster NVwZ 1998, 754.

118 BVerwG NVwZ 2003, 490; 2004, 744; OVG Münster InfAuslR 2005, 182; a.A. OVG Koblenz, DVBl 1998, 241; OVG Lüneburg DVBl 1999, 476; OVG Münster NVwZ 1998, 754; VGH Kassel NVwZ 1998, 755.

119 OVG Münster 10.5.2012 – 6 A 128/12; VGH München 22.10.2015 – 22 ZB 15.1584; 8.2.2017 – 22 ZB 16.1426; großzügig VGH München 23.11.2009 – 1 ZB 06.1768.

120 So auch OVG Bautzen 31.3.2008 – 5 B 377/06, das allerdings zu Unrecht nur auf die Offenkundigkeit der Rechtsänderung abstellt; ferner VGH Kassel 6.12.2004 – 2 ZU 3375/ 04; vgl. auch Gutmann, InfAuslR 2005, 184 zu einer Änderung des Gemeinschaftsrechts; a.A. wohl OVG Münster NVwZ-RR 2010, 40.

der Entscheidung des OVG über den Zulassungsantrag eingetreten ist (a.A. OVG Magdeburg NordÖR 2014, 245).

VII. Richtigkeit des „Urteils"

1. Entscheidungsergebnis maßgeblich. Ernstliche Zweifel an der Richtigkeit des Urteils liegen nur 98 vor, wenn die Angriffe gegen die Entscheidungsgründe zugleich Zweifel an der Richtigkeit des Entscheidungsergebnisses begründen.[121] Der *Wortlaut* des § 124 Abs. 2 Nr. 1 ist zwar nicht eindeutig, weil mit der Formulierung „Urteil" nicht nur das Entscheidungsergebnis, sondern auch die Urteilsgründe gemeint sein könnten. Nach allgemeinen prozessrechtlichen Grundsätzen besteht jedoch kein *Rechtsschutzbedürfnis*, eine Entscheidung allein deshalb anzufechten, weil eine andere, vermeintlich richtige Begründung angestrebt wird; etwas anderes gilt allerdings bei Bescheidungsurteilen nach § 113 Abs. 5 S. 2, soweit die Gründe binden und der Rechtsmittelführer eine für ihn günstigere Begründung begehrt.[122] Es besteht deshalb auch kein Interesse an der Zulassung einer Berufung, die erkennbar keinen Erfolg haben wird. Die Vorschrift des § 124 Abs. 2 Nr. 1 soll nach ihrem im Gesetzgebungsverfahren dokumentierten (→ Rn. 77 ff.) *Sinn und Zweck* den Zugang zur Berufungsinstanz nur eröffnen, wenn ein Obsiegen im Berufungsverfahren wahrscheinlich ist; damit wird nicht lediglich auf die Begründung, sondern (auch) auf das Ergebnis abgestellt.

Allerdings ist Ausgangspunkt für die Beurteilung, ob ernstliche Zweifel an der Richtigkeit einer Ent- 99 scheidung bestehen, stets die Prüfung, ob die Begründung der Entscheidung (un-)richtig ist. Hiermit korrespondiert die Pflicht des Rechtsmittelführers, sich im Zulassungsantrag mit den entscheidungstragenden Annahmen des VG auseinanderzusetzen und im Einzelnen darzulegen, in welcher Hinsicht und aus welchen Gründen an deren Richtigkeit Zweifel bestehen; er ist jedoch nicht zur Darlegung verpflichtet, dass das Urteil sich nicht aus anderen als vom VG dargelegten Gründen als richtig erweist (→ § 124a Rn. 197, 207, ferner → Rn. 101 ff.).[123] Eine Zulassung der Berufung nach § 124 Abs. 2 Nr. 1 ist nur gerechtfertigt, wenn die fehlerhafte Begründung für das Entscheidungsergebnis von Bedeutung ist, wenn sie sich auf das Ergebnis ausgewirkt hat, wenn sie entscheidungserheblich ist. Erforderlich ist mithin eine *Kausalitätsprüfung*. Diese Prüfung verlangt keine intensive Aufarbeitung und Durchdringung des gesamten Prozessstoffs in der Art eines Berufungsverfahrens, sondern erstreckt sich vor allem auf die im Folgenden dargestellten Gesichtspunkte.

2. Entscheidungserheblichkeit für Entscheidung des VG. Das OVG hat im Zulassungsverfahren zu 100 prüfen, ob die fehlerhafte Begründung – ausgehend von der *Rechtsansicht des VG* – für das Ergebnis des VG ursächlich war. Daran fehlt es, wenn die zweifelhafte Begründung nicht *entscheidungstragend* ist, also bei einem obiter dictum. Ist die fehlerhafte Begründung zwar entscheidungstragend, beruht das Urteil aber auf einer weiteren selbständig tragenden, nicht erfolgreich gerügten Begründung (*Mehrfachbegründung*: „sowohl deshalb als auch deshalb"; → § 124a Rn. 196)[124] scheidet eine Zulassung wegen ernstlicher Zweifel an der Richtigkeit der Entscheidung ebenfalls aus; denn die fehlerhafte Begründung kann hinweggedacht werden, ohne dass sich etwas am Ergebnis des VG ändern würde. Der Rechtsmittelführer kann nicht besser stehen, als wenn das VG auf die fehlerhafte Begründung verzichtet hätte. Dieser Grundsatz gilt dann nicht, wenn es an der Gleichwertigkeit der Mehrfachbegründungen fehlt. Nach h.M. zählt hierzu nicht der Fall, dass das VG die Klage ausdrücklich als unzulässig *und* unbegründet abgewiesen hat; der Rechtsmittelführer muss daher im Regelfall sowohl die Abweisung als unzulässig als auch die Abweisung als unbegründet mit Zulassungsrügen an-

121 BVerwG DVBl 2004, 838; OVG Bautzen NVwZ-RR 1999, 809; OVG Bln NVwZ 1998, 197; 1998, 650; 1998, 1318; HmbOVG DVBl 1997, 1333; OVG Lüneburg NVwZ 1997, 1225; OVG Münster NVwZ 1997, 1224; 1998, 530; DVBl 1998, 486; VGH Kassel NVwZ 1998, 755, 756; DVBl 1998, 243 (LS); VGH Mannheim DVBl 1986, 486; 1997, 1327; NVwZ 1998, 645, 646; *J. Bader*, VBlBW 1997, 401, 406; *H. Günther*, NVwZ 1998, 472; *H. M. Heinig*, DÖV 2004, 525; *M.-J. Seibert*, DVBl 1997, 932, 934; *ders.*, NVwZ 1999, 113, 115 und 119 f.; a.A.: VGH Mannheim DVBl 1998, 237; wohl auch *J. Berkemann*, DVBl 1998, 446, 458.
122 Vgl. etwa BVerwG DVBl 1982, 447; NJW 1996, 737 m.w.N.; OVG Bln-Bbg 8.1.2010 – 10 N 86.08; der Prüfungsgegenstand im Rechtsmittelverfahren kann nur dann auf die angegriffene Begründung beschränkt werden, wenn die Gefahr widersprüchlicher Entscheidungen ausgeschlossen ist, vgl. OVG Münster 23.6.2004 – 8 A 3587/02 m.w.N.; ferner BVerwG 28.2.1979 Buchholz 454.31 § 5 WoBindG Nr. 3.
123 Zutr. BVerwG DVBl 2004, 838.
124 *F. Weyreuther*, Revisionszulassung, 1971, Rn. 129; VGH Kassel DVBl 2012, 714; 8.3.2013 – 9 A 827/12.Z; VGH München NVwZ-RR 2013, 93; OVG Münster 2.9.2009 – 12 A 524/08.

greifen (näher zur Gleichwertigkeit → § 124 a Rn. 112 m.w.N.). Hat das VG hingegen eine alternative Mehrfachbegründung gegeben („entweder deshalb oder deshalb"), genügt es, wenn hinsichtlich einer Begründung erfolgreich ein Zulassungsgrund geltend gemacht wird.[125]

101   **3. Entscheidungserheblichkeit für Entscheidung des OVG.** Das OVG kann das Vorliegen ernstlicher Zweifel an der Richtigkeit der angegriffenen Entscheidung auch dann verneinen, wenn sich die Entscheidung *aus anderen als den vom VG erwogenen Gründen* als richtig erweist.[126] Dem liegt die Einsicht zugrunde, dass ein Verfahren nicht fortgeführt werden soll um eines Fehlers willen, der mit Sicherheit für das endgültige Ergebnis bedeutungslos bleiben wird.[127] Es soll keinen Unterschied machen, ob das VG selbst das Urteil auf eine weitere tragende Begründung gestützt hat oder ob eine solche für das OVG im Zulassungsverfahren auf der Hand liegt. Dieser im Revisionszulassungsrecht anerkannte Gedanken der Prozessökonomie,[128] den das BVerwG auf eine analoge Anwendung des § 144 Abs. 4 stützt, gilt gleichermaßen für das Berufungsverfahren. Die für das Verfahren über die Nichtzulassungsbeschwerde gem. § 133 maßgeblichen allgemeinen Erwägungen können auf das Berufungszulassungsverfahren übertragen werden.

102   Das bedeutet nicht, dass das OVG im Zulassungsverfahren verpflichtet wäre, alle möglichen weiteren Gründe zu prüfen, die das angefochtene Urteil tragen könnten.[129] Eine Ablehnung der Berufungszulassung kommt nur in Betracht, soweit im Zulassungsverfahren bei *summarischer Prüfung* eine andere selbständig tragende Begründung ohne Weiteres erkannt wird. Würde hingegen die Prüfung, ob sich das Urteil aus anderen Gründen als richtig erweist, erst eine aufwändige Aufarbeitung und Durchdringung des gesamten bisherigen Prozessstoffs erfordern, so ist die Berufung zuzulassen, falls entscheidungstragende Gründe des VG unrichtig sind.[130] Das Berufungsgericht ist gehindert, beim Austausch der Gründe auf Erwägungen abzustellen, die nicht ohne Weiteres auf der Hand liegen und deren Heranziehung deshalb über den im Zulassungsverfahren von ihm vernünftigerweise zu leistenden Prüfungsumfang hinausgeht. Dies gilt insbes. dann, wenn die vom OVG herangezogenen Erwägungen ihrerseits grds. klärungsbedürftige Fragen aufwerfen[131] oder den Beteiligten erforderliche Einwirkungsmöglichkeiten auf die Tatsachenfeststellung genommen werden (BVerfGE 134, 106).

102a   Die Zulassung der Berufung wird danach i.d.R. geboten sein, wenn das VG zu Unrecht die Zulässigkeit der Klage verneint und deshalb deren Begründetheit nicht geprüft hat. Erweist sich die unzutreffend als unzulässig abgewiesene Klage jedoch bereits im Zulassungsverfahren ohne Weiteres als unbegründet, muss die Berufung nicht zugelassen werden;[132] gleiches gilt, wenn die Klage als unbegründet abgewiesen wurde, das Berufungsgericht sie jedoch für erkennbar unzulässig hält (VGH München NVwZ 2004, 629; 18.7.2017 – 12 ZB 13.2095). Die angegriffene Entscheidung des VG kann sich auch dann aus anderen Gründen als richtig erweisen, wenn zwar die gerügte Begründung unrichtig ist, aber ein weiterer (nicht gerügter) Fehler des VG den angegriffenen Fehler „überholt" mit der Folge, dass das Urteil i.E. richtig ist. Bsp.: Die (vom Rechtsmittelführer gerügten) Ausführungen, mit denen das VG die Klage abgewiesen hat, begegnen „ernstlichen Zweifeln"; gleichwohl kann sich das Urteil i.E. aus anderen Gründen als den angegriffenen als richtig erweisen, wenn das VG die Zulässigkeit der Klage (z.B. wegen Versäumung der Klagefrist) zu Unrecht bejaht hat.

---

125   BVerwG NVwZ 1994, 269 f.; OVG Lüneburg NVwZ-RR 2004, 702 f.; VGH München NVwZ-RR 2004, 391; *F. Weyreuther*, Revisionszulassung, 1971, Rn. 130.

126   I.E. wie hier: BVerfG NVwZ 2007, 805; 23.2.2011 – 1 BvR 500/07; BVerwG DVBl 2004, 838; OVG Bln NVwZ 1998, 650; OVG Münster 6.12.1991 – 16 A 2608/91.A; DVBl 1992, 313; 30.4.1992 – 16 A 857/92.A; 7.4.1997 – 25 A 1460/97.A; 24.11.1997 – 5 A 5231/95.A; 14.4.2000 – 7 B 459/00; ferner Heinig, DÖV 2004, 525ff.

127   BVerwG 29.10.1979 Buchholz 310 § 144 VwGO Nr. 34; *F. Weyreuther*, Revisionszulassung, 1971, Rn. 237; ferner *H. Sendler*, DVBl 1992, 240, 242 m.w.N.

128   BVerwGE 54, 99, 100 f.; BVerwG 27.4.1978 Buchholz 310 § 132 VwGO Nr. 166; NJW 1979, 2163; 29.10.1979 Buchholz 310 § 144 VwGO Nr. 34; 16.8.1985 Buchholz 451.51 FEG Nr. 7; 6.10.1988 Buchholz 421.8 Stiftungsrecht Nr. 3; 20.2.1990 Buchholz 310 § 132 VwGO Nr. 281; BFH NVwZ 2000, 720; *H. Sendler*, DVBl 1992, 240, 242; *F. Weyreuther*, Revisionszulassung, 1971, Rn. 237.

129   BVerwG DVBl 2004, 838; *M.-J. Seibert*, NVwZ 1999, 113, 120.

130   Vgl. BVerwG DVBl 2004, 838; OVG Bautzen NVwZ-RR 1999, 809; OVG Münster NVwZ 1999, 202, 205; VGH Mannheim DVBl 1998, 237.

131   Vgl. BVerfG NVwZ 2006, 683; NVwZ 2007, 805; DVBl 2009, 379; BVerfGE 125, 104 = NVwZ 2010, 634, 641; NVwZ 2016, 1243; VerfGH BW VBlBW 2016, 374.

132   Vgl. BVerwGE 54, 99, 100; BVerwG 30.4.1990 Buchholz 310 § 125 VwGO Nr. 9; 5.2.1998 – 2 B 56.97; BFH NVwZ 2000, 720; HmbOVG 30.9.2004 – 1 Bf 162/04; VGH München NVwZ-RR 2004, 223.

Will das OVG den Zulassungsantrag ablehnen, weil es die angegriffene Entscheidung aus anderen als   103
den vom VG angestellten Erwägungen für zutreffend hält, muss dem Rechtsmittelführer zuvor *rechtliches Gehör* gewährt werden. Dieser muss Gelegenheit erhalten, zu den für ihn neuen Gründen Stellung zu nehmen.[133]

VIII. Summarische Prüfung

Bei der Beurteilung, ob ernstliche Zweifel gegen die Richtigkeit des Urteils bestehen, prüft das OVG   104
lediglich summarisch oder pauschal die Erfolgsaussicht der noch zuzulassenden Berufung.[134] Die Frage der Richtigkeit der angefochtenen Entscheidung kann und soll im Zulassungsverfahren nicht abschließend geklärt werden. Die Entscheidung über die Zulassung der Berufung nimmt die Entscheidung im Berufungsverfahren nicht vorweg, sondern erschöpft sich in der Überwindung der Zulassungsschranke. Andernfalls könnte das Zulassungsverfahren nicht die ihm zugewiesene Aufgabe erfüllen, das Berufungsgericht zu entlasten. Das Berufungsgericht soll sich nicht mehr mit den Rechtssachen befassen müssen, von denen sich ohne den Aufwand eines Berufungsverfahrens schon im Zulassungsverfahren zuverlässig sagen lässt, das VG habe sie i.E. richtig entschieden und die angestrebte Berufung werde voraussichtlich keinen Erfolg haben.[135] Ist die Richtigkeit des angegriffenen Urteils zwar zweifelhaft, kann aber ohne intensivere Prüfung nicht beurteilt werden, ob die Berufung voraussichtlich Erfolg haben wird, liegen grds. die Voraussetzungen des § 124 Abs. 2 Nr. 2 vor (→ Rn. 106, 113 ff.). Dem OVG ist damit die sinnvolle Möglichkeit eröffnet, von einer Prognose über die Erfolgsaussicht abzusehen. Die sich ergänzenden Zulassungsgründe des § 124 Abs. 2 Nr. 1 und 2 ermöglichen und fordern damit eine auf den Entlastungszweck des Zulassungsverfahrens zugeschnittene summarische Prüfung der Richtigkeit des angegriffenen Urteils.

H. Besondere tatsächliche oder rechtliche Schwierigkeiten (Abs. 2 Nr. 2)

I. Allgemeines

Der Zulassungsgrund der besonderen Schwierigkeiten ist auf den ersten Blick nicht einfach zu verstehen.   105
Er soll wie die Nr. 1 die Richtigkeit im Einzelfall gewährleisten, dient also der Sicherung der Einzelfallgerechtigkeit (BVerwG DVBl 2002, 1556; 2004, 838). Er ergänzt den Zulassungsgrund der Nr. 1, indem er die Berufung bei offenem Ausgang des Rechtsstreits eröffnet (→ Rn. 106, 113 ff.).

II. „Besondere" Schwierigkeiten

Eine Rechtssache weist besondere tatsächliche oder rechtliche Schwierigkeiten auf, wenn die Angriffe   106
des Rechtsmittelführers begründeten Anlass zu Zweifeln an der Richtigkeit der erstinstanzlichen Entscheidung geben, die sich nicht ohne Weiteres im Zulassungsverfahren klären lassen, sondern die Durchführung eines Berufungsverfahrens erfordern. Oder anders formuliert: Die Berufung ist nach § 124 Abs. 2 Nr. 2 zuzulassen, wenn der Ausgang des Rechtsstreits aufgrund der summarischen Prüfung im Zulassungsverfahren als offen erscheint.[136] Nach *a.A.* sollen vom Zulassungsgrund der Nr. 2 solche Rechtssachen erfasst werden, die voraussichtlich in tatsächlicher oder rechtlicher Hinsicht größere, d.h. überdurchschnittliche, das normale Maß nicht unerheblich überschreitende Schwierigkeiten verursachen.[137] Der konkret zu entscheidende Fall müsse sich in tatsächlicher oder rechtlicher Hinsicht signifikant, d.h. erheblich von dem Spektrum der in verwaltungsgerichtlichen Verfahren zu ent-

---

133 BVerfG NVwZ 2006, 683; NVwZ-RR 2011, 226; NVwZ 2007, 805; BVerwG DVBl 2004, 838; VGH Mannheim DVBl 1997, 1327; *M.-J. Seibert*, DVBl 1997, 932, 934; *H. Sendler*, DVBl 1992, 240, 243.
134 Vgl. *H. Sendler*, DVBl 1982, 157, 161: pauschale Prüfung.
135 OVG Münster NVwZ 1999, 202 unter Berücksichtigung der Zulassungsgründe gem. § 124 Abs. 2 Nr. 1 und Nr. 2.
136 OVG Koblenz NVwZ 1998, 1094, 1096; OVG Münster NVwZ 1999, 202; OVG Weimar DVBl 1998, 489; 2001, 320; VerfGH RhPf NVwZ-RR 2005, 218; VGH München 9.5.2017 – 10 ZB 16.57; *M. Happ*, BayVBl 1999, 577, 582; *ders.*, in: Eyermann § 124 Rn. 27; *W. Kuhla/J. Hüttenbrink*, DVBl 1999, 898, 903 f.; *G. Laudemann*, NJ 1999, 6, 8; *M. Quaas*, NVwZ 1998, 701, 704; *K. Rennert*, NVwZ 1998, 665, 670; *M.-J. Seibert*, DVBl 1997, 332, 334 ff.; *ders.*, NVwZ 1999, 113, 115 f.; i.E. wohl auch OVG Münster 28.8.1997 – 13 B 1800/97; ZKF 1998, 278; s.a. *K. W. Lotz*, BayVBl 1987, 738, 743 Fn. 67 (Anknüpfung an Erfolgsaussichten).
137 HmbOVG NVwZ-RR 2000, 190; OVG Lüneburg NVwZ 1997, 1225; VGH Kassel DVBl 1999, 119 f.; VGH Mannheim DVBl 1997, 1327; 1997, 1329; *J. Bader*, NJW 1998, 409, 413; *W.-R. Schenke*, NJW 1997, 81, 91.

scheidenden Streitfälle unterscheiden. *J. Berkemann*[138] wiederum stellt auf die Komplexität der Rechtssache ab, die aus tatsächlichen oder rechtlichen Gründen kein Wahrscheinlichkeitsurteil darüber erlaube, wie letztlich zu entscheiden ist.

107 **1. „Überdurchschnittlichkeit" zu unbestimmt.** Das Kriterium der „überdurchschnittlichen" Schwierigkeiten i.S.d. Gegenauffassung knüpft den Zugang zum Berufungsgericht an eine weitgehend unbestimmte, nicht berechenbare Voraussetzung.[139] Es fehlt sowohl an einem konsensfähigen Maßstab für die Bestimmung des (Über-)Durchschnittlichen[140] als auch an einer halbwegs praktikablen, subsumtionsfähigen Umschreibung desselben. Der Maßstab der „überdurchschnittlichen" Schwierigkeiten lässt sich auch nicht mit der – ohnehin umstr. und uneinheitlichen – Auslegung ähnlicher Formulierungen in anderen Normen rechtfertigen. Es besteht kein zwingender Grund, den Zulassungsgrund des § 124 Abs. 2 Nr. 2 in Übereinstimmung mit § 6 Abs. 1 S. 1 Nr. 1 oder § 84 Abs. 1 S. 1 auszulegen; gegen eine identische Auslegung spricht bereits § 84 Abs. 2 Nr. 1, der eine Zulassung der Berufung ermöglicht. Trotz vergleichbarer Formulierungen stehen die Vorschriften in unterschiedlichen Funktionszusammenhängen und dienen unterschiedlichen gesetzgeberischen Intentionen.

108 **2. Funktionsbezogene Auslegung.** Der Begriff der besonderen Schwierigkeiten i.S.d. § 124 Abs. 2 Nr. 2 muss vielmehr funktions- und verfahrensbezogen verstanden werden. Maßstab für die „besonderen" Schwierigkeiten ist die Prognosemöglichkeit im Zulassungsverfahren über den Ausgang des Rechtsstreits; auszugehen ist dabei von den Erkenntnismöglichkeiten und dem Erkenntnisstand des Berufungsgerichts im Zulassungsverfahren. Werfen die Angriffe des Rechtsmittelführers gegen das erstinstanzliche Urteil Fragen von solcher Schwierigkeit auf, dass sich diese nicht ohne Weiteres im Zulassungsverfahren, sondern erst in einem Berufungsverfahren klären und entscheiden lassen, liegt ein Fall von besonderer Schwierigkeit i.S.d. § 124 Abs. 2 Nr. 2 vor.[141] Ein Indiz für besondere Schwierigkeiten kann sich auch aus dem Begründungsaufwand des erstinstanzlichen Urteils ergeben (BVerfG, NVwZ 2000, 1163); dies ist jedoch dann nicht der Fall, wenn der Begründungsumfang lediglich Folge des Bemühens ist, auf die Argumente des Unterlegenen möglichst vollständig einzugehen. Auch der notwendige Begründungsaufwand für die Ablehnung einer Berufungszulassung kann Indiz für die besonderen rechtlichen Schwierigkeiten sein, insbes. wenn die entscheidungserhebliche Frage in Rspr. und Lit. umstr. ist (BVerfG NJW 2009, 3642).

109 **3. Entstehungsgeschichte und gesetzgeberische Motive.** Entstehungsgeschichte und gesetzgeberische Motive (→ Rn. 7, 14, 16) sprechen für dieses Verständnis. Der Zulassungsgrund der „besonderen Schwierigkeiten" war bereits – wörtlich übereinstimmend – im Regierungsentwurf zur VwPO enthalten (§ 141 Abs. 2 Nr. 3). Nach der Regierungsbegründung sollte das Berufungsgericht damit genügend Entscheidungsspielraum erhalten, bei begründeten Zweifeln an der Richtigkeit der Entscheidung erster Instanz die Berufung zuzulassen (BT-Drs. 9/1851, 146; BT-Drs. 10/3437, 146). Der Bundesrat griff diesen Zulassungsgrund im Gesetzgebungsverfahren des 6. VwGOÄndG auf, um die Berufung auch in Fällen zu eröffnen, in denen das angegriffene Urteil zu 50 % unrichtig ist. Er hielt den Maßstab der von der Bundesregierung vorgeschlagenen Nr. 1 – überwiegende Wahrscheinlichkeit des Obsiegens – für zu eng (BT-Drs. 13/3993, 21 f.). Der Rechtsausschuss empfahl, sowohl den Vorschlag der Bundesregierung (heutige Nr. 1) als auch den des Bundesrates (heutige Nr. 2) in den Katalog der Zulassungsgründe aufzunehmen. Mit dem Zulassungsgrund Nr. 2 werde dem OVG die Entscheidung über die Annahme der Berufung erleichtert. Dieses brauche sich in der annehmenden Entscheidung nicht zwangsläufig zur materiellen Richtigkeit der angefochtenen Entscheidung zu äußern, sondern könne die Berufung auch wegen besonderer Schwierigkeiten zulassen. Gerade in komplizierten Fällen, in denen eine Prognose über den Ausgang des Rechtsstreits nicht möglich sei, könne es sich empfehlen, auf diesen Zulassungsgrund zurückzugreifen (BT-Drs. 13/5098, 24). Diesem Vorschlag ist der Gesetzgeber gefolgt.

---

138 DVBl 1998, 446, 455 f.; ähnl. OVG Münster NVwZ 2000, 86.
139 Vgl. BVerfG NVwZ 2000, 1163; *J. Bader*, DÖV 1997, 442, 447; *G. Laudemann*, NJ 2000, 172, 174.
140 Vgl. zutr. *H. Schnellenbach*, DVBl 1993, 230, 232.
141 I.E. ähnl. OVG Lüneburg NVwZ 1997, 1229: Nicht allein die abstrakte Schwierigkeit führe zur Zulassung; auch in „alltäglichen" Rechtsstreitigkeiten, deren Richtigkeit nach dem gegenwärtigen Stand der Sachverhaltsermittlung noch nicht beurteilt werden könne, sei die Zulassung nach Nr. 2 geboten.

Die Motive lassen demnach – trotz vereinzelter Ungereimtheiten – deutlich erkennen, dass das Kriterium der „besonderen Schwierigkeiten" die Zulassung der Berufung bereits dann ermöglichen soll, wenn gewichtige Gründe gegen die Richtigkeit des erstinstanzlichen Urteils sprechen, wenn also Unentschiedenheit oder Unsicherheit in der Beurteilung von Rechtsfragen oder Unklarheiten in der Beurteilung von Tatfragen gegeben ist. Der Bundesrat spricht insoweit von einer 50 %-igen Wahrscheinlichkeit der Unrichtigkeit, der Rechtsausschuss von der nicht möglichen Prognose über den Ausgang des Rechtsstreits, die Regierungsbegründung zum VwPO-Entwurf von begründeten Zweifeln an der Richtigkeit der erstinstanzlichen Entscheidung. Die besondere Schwierigkeit eines Falles zeigt sich demnach gerade darin, dass im summarischen Zulassungsverfahren eine Prognose über den Ausgang des Rechtsstreits nicht möglich ist. **110**

4. Wortlaut. Der Wortlaut der Vorschrift spricht nicht gegen eine solche Auslegung. Es entspricht dem allgemeinen Sprachgebrauch, eine Frage als schwierig zu bezeichnen, wenn die Antwort auf sie schwer fällt, weil sie offen ist (OVG Münster NVwZ 1999, 202, 203). Die „besondere Schwierigkeit" im vorliegenden Zusammenhang meint die Schwierigkeit, den konkreten Fall in tatsächlicher und rechtlicher Hinsicht „lösen" zu können. Ein Fall erscheint deshalb als besonders schwierig oder komplex, weil eine Aussage zur (negativen oder positiven) Erfolgsaussicht nicht ohne Weiteres zu treffen ist. Die „Ergebnisoffenheit" indiziert mithin die besondere Schwierigkeit der Rechtssache. **111**

5. Systematik der Zulassungsgründe. Der Zulassungsgrund der Nr. 2 passt sich mit diesem Inhalt auch in die Systematik der Zulassungsgründe ein und stellt eine sinnvolle Ergänzung der Nr. 1 dar. Sowohl die Nr. 1 als auch die Nr. 2 wollen den Zugang zu einer inhaltlichen Überprüfung des angefochtenen Urteils in einem Berufungsverfahren in den Fällen eröffnen, in denen die Richtigkeit des angefochtenen Urteils weiterer Prüfung bedarf, ein Erfolg der angestrebten Berufung nach den Erkenntnismöglichkeiten des Zulassungsverfahrens also mindestens möglich ist (BVerwG DVBl 2002, 1556; 2004, 838). Die beiden Zulassungsgründe unterscheiden sich nicht in dem Maßstab, der für sie verbindlich ist; beide sind an der Richtigkeit der angefochtenen Entscheidung und spiegelbildlich damit an den Erfolgsaussichten der Berufung ausgerichtet. Sie unterscheiden sich in dem Grad der Zweifel, die an der Richtigkeit des angefochtenen Urteils bestehen, und damit in dem Grad der Wahrscheinlichkeit, mit der ein Erfolg der Berufung zu erwarten ist (OVG Münster NVwZ 1999, 202). **112**

Die Voraussetzungen der beiden *Zulassungsgründe der Nr. 1 und 2* greifen mithin ineinander und *ergänzen sich*: Sprechen überwiegende Gründe für die Unrichtigkeit des Urteils, so sind „erhebliche Zweifel" i.S.d. Nr. 1 gegeben, aber die Sache ist i.d.R. nicht besonders schwierig. Ist wegen der besonderen rechtlichen oder tatsächlichen Schwierigkeiten der Sache im Zulassungsverfahren eine Prognose über den Ausgang des Rechtsstreits nicht möglich, so liegt der Zulassungsgrund der Nr. 2 vor. Sprechen überwiegende Gründe für die Richtigkeit des angefochtenen Urteils, liegt weder der Zulassungsgrund der Nr. 1 noch derjenige der Nr. 2 vor.[142] Weder macht also die Nr. 2 die Nr. 1 entbehrlich noch umgekehrt. **113**

6. Reduzierung der Darlegungslast. Die Strukturgleichheit der beiden Zulassungsgründe Nr. 1 und Nr. 2 führt auch zu einer Reduzierung der Darlegungslast. Werden zu Unrecht ernstliche Zweifel an der Richtigkeit des Urteils behauptet, so kann die Berufung gleichwohl wegen der besonderen tatsächlichen oder rechtlichen Schwierigkeiten der Rechtssache gerechtfertigt sein, wenn die konkreten Angriffe gegen die erstinstanzliche Entscheidung zwar keine überwiegende Erfolgsaussicht des Rechtsmittels begründen, aber der Ausgang des Rechtsstreits wegen der im Zulassungsverfahren nicht zu klärenden Fragen offen ist. Wird umgekehrt eine Zulassung wegen der besonderen Schwierigkeiten der Rechtssache beantragt, so kann eine Zulassung wegen ernstlicher Zweifel erfolgen, wenn die konkreten Angriffe gegen die angefochtene Entscheidung bereits im Zulassungsverfahren zu der Überzeugung des OVG führen, dass die Berufung voraussichtlich Erfolg haben wird.[143] **114**

Das Zusammenspiel von Nr. 1 und Nr. 2 eröffnet dem OVG insbes. die Möglichkeit, sich nicht stets bereits im Zulassungsverfahren auf die voraussichtliche Unrichtigkeit des Urteils i.S.d. Nr. 1 festlegen **115**

---

142 OVG Münster NVwZ 1999, 202; *M.-J. Seibert*, DVBl 1997, 932, 935 f.; *ders.*, NVwZ 1999, 113, 116.
143 Vgl. HmbOVG NVwZ 1997, 689; OVG Münster ZKF 1998, 278; NVwZ 1999, 202, 205; *J. Rennert*, NVwZ 1998, 665, 672 f.; zur „funktionellen Parallelität" von Nr. 1 und Nr. 2 vgl. auch OVG Weimar 15.6.1998 – 2 ZEO 383/97; vgl. ferner OVG Münster NVwZ 2000, 86; 4.1.2000 – 10 B 2092/99.

zu müssen; es kann ggf. die Frage offen lassen und nach Nr. 2 zulassen. Das Berufungsverfahren ist damit bei gleichzeitiger Entlastung des Zulassungsverfahrens ergebnisoffener.

116 **7. Verhältnis von Zulassungs- zu Berufungsgrund.** Gegen den hier befürworteten Maßstab der Ergebnisoffenheit kann nicht erfolgreich eingewandt werden, Zulassungsgrund und Berufungsgrund (§ 124a Abs. 3 S. 4) dürften nicht identisch sein.[144] Es existiert kein allgemein verbindlicher Grundsatz, dass Zulassungsgründe und Berufungsgründe sich nicht überschneiden dürfen. Ob zwischen Zulassungsgrund und Berufungsgrund deutlich unterschieden werden kann und muss, hängt allein von der konkreten Ausgestaltung des Zulassungsgrundes durch den Gesetzgeber ab (vgl. OVG Münster NVwZ 1999, 202, 204). Dienen die Zulassungsgründe – wie in § 124 Abs. 2 Nr. 3 und 4 – primär dem Allgemeininteresse an Rechtseinheit und Rechtsfortbildung, unterscheiden sich Zulassungsgründe und Berufungsgründe in ihren Voraussetzungen. Zielen die Zulassungsgründe hingegen auf die Sicherung der Einzelfallgerechtigkeit, überschneiden sie sich mehr oder weniger zwangsläufig mit den späteren Berufungsgründen. Beim Zulassungsgrund der „ernstlichen Zweifel an der Richtigkeit des Urteils" (§ 124 Abs. 2 Nr. 1) hat der Gesetzgeber diese Überschneidung bewusst gewollt. Der damit verbundenen Schwierigkeit und Gefahr, dass das Zulassungsverfahren zu einer Art vorweggenommenem Berufungsverfahren werden könnte und mit einem „Vorurteil" beendet wird, kann gerade mit dem Zulassungsgrund des § 124 Abs. 2 Nr. 2 begegnet werden. Er eröffnet dem Berufungsgericht die Möglichkeit, sich im Zulassungsverfahren nicht auf ein bestimmtes Ergebnis des Berufungsverfahrens festlegen zu müssen.

III. „Tatsächliche oder rechtliche" Schwierigkeiten

117 **1. Allgemeines.** Die besonderen Schwierigkeiten müssen tatsächlicher oder rechtlicher Art sein. Die Beurteilung des Falles selbst muss in tatsächlicher oder rechtlicher Hinsicht besonders schwierig, d.h. nach der hier vertretenen Auffassung (→ Rn. 106) ergebnisoffen sein. Unerheblich sind Bedeutung oder Folgewirkungen der zu entscheidenden Fragen. Es kommt daher nicht auf eine besondere gesellschafts-, wirtschafts- oder kommunalpolitische Brisanz der Rechtssache an.[145] Ebenso wenig ist relevant, ob die Bedeutung der Rechtssache über den Einzelfall hinausreicht, welche Breitenwirkung sie hat oder welches Interesse sie in der Öffentlichkeit findet. Insoweit kommt allerdings der Zulassungsgrund der grundsätzlichen Bedeutung (§ 124 Abs. 2 Nr. 3) in Betracht.

118 **2. „Rechtliche" Schwierigkeiten.** Besondere „rechtliche" Schwierigkeiten können sowohl bei der Auslegung der anzuwendenden rechtlichen Bestimmungen als auch bei der Subsumtion des konkreten Falles unter die einschlägigen Vorschriften vorliegen. Unter beiden Aspekten kann die rechtliche Beurteilung der Rechtssache ergebnisoffen und damit besonders schwierig i.S.d. § 124 Abs. 2 Nr. 2 sein.

119 **3. „Tatsächliche" Schwierigkeiten.** Besondere „tatsächliche" Schwierigkeiten an der Rechtssache betreffen die Feststellung des entscheidungserheblichen Sachverhalts. Sie können bei einer unzureichenden Ermittlung oder unzutreffenden Feststellung des Sachverhalts durch das VG gegeben sein, wenn also auf der Grundlage des im Zulassungsverfahren nicht klärungsfähigen Sachverhalts offen ist, zu welchem Ergebnis die noch zuzulassende Berufung führen wird. Sie können ferner bei einer schwierigen Beweiswürdigung bestehen, deren Ergebnis im Zulassungsverfahren offen erscheint, oder wenn die Beweiswürdigung durch das VG in sich fragwürdig oder nicht nachvollziehbar ist. Besondere tatsächliche Schwierigkeiten können sich auch aus im Zulassungsverfahren nicht hinreichend überschaubaren entscheidungsrelevanten technischen, wirtschaftlichen oder ggf. auch politischen Zusammenhängen und Hintergründen ergeben.

120 **4. Neu vorgebrachte Tatsachen und Beweismittel.** Neu vorgebrachte Tatsachen und Beweismittel, die bereits im Zeitpunkt der letzten mündlichen Verhandlung vor dem VG existent bzw. verfügbar waren, sind im Zulassungsverfahren zu berücksichtigen. Der entscheidungserhebliche Sachverhalt erfordert auch dann eine Klärung und Feststellung in einem Berufungsverfahren, wenn die tatsächlichen Feststellungen des VG durch neues Vorbringen nachhaltig erschüttert werden oder bislang nicht hinreichend aufklärbare oder aufgeklärte tatsächliche Umstände durch Vorlage neuer Beweismittel nunmehr

---

144 So aber *J. Berkemann*, DVBl 1998, 446, 454.
145 VGH Kassel DVBl 1998, 1095 (LS); *M. Happ*, in: Eyermann § 124 Rn. 32.

zugunsten des Rechtsmittelführers klärungsfähig erscheinen (→ Rn. 86 ff.). Neue Tatsachen müssen substantiiert dargelegt und glaubhaft gemacht werden, um dem OVG die summarische Prüfung zu ermöglichen, ob begründete Zweifel an der Richtigkeit des festgestellten Sachverhalts und damit des Urteils bestehen. Neue Beweismittel müssen vorgelegt bzw. benannt und deren voraussichtliches Beweisergebnis glaubhaft gemacht werden (→ Rn. 91).

5. Änderung der Sach- oder Rechtslage. Eine Änderung der Sach- oder Rechtslage nach dem Schluss 121
der mündlichen Verhandlung im erstinstanzlichen Verfahren ist dann zu berücksichtigen, wenn nach materiellem Recht auf den Zeitpunkt der gerichtlichen Entscheidung (hier des OVG) abzustellen ist, also regelmäßig bei Verpflichtungsklagen oder Anfechtungsklagen gegen Dauerverwaltungsakte (→ Rn. 92). Die Berufung ist in diesen Fällen zuzulassen, wenn sich die Rechtssache erst aufgrund der eingetretenen Änderung der Sach- oder Rechtslage als rechtlich oder tatsächlich schwierig erweist. Umgekehrt ist die Zulassung abzulehnen, wenn die Sache nach Änderung der Sach- oder Rechtslage keine besonderen Schwierigkeiten mehr aufweist (→ Rn. 92 ff.).

Maßgeblicher Zeitpunkt für die Berücksichtigung einer nachträglichen Änderung der Sach- oder 122
Rechtslage ist der Zeitpunkt der gerichtlichen Entscheidung über die Zulassung, nicht der Fristablauf für die Stellung und Begründung des Zulassungsantrags (§ 124 a Abs. 4; → Rn. 97).

IV. Verhältnis zur Einzelrichterübertragung und zur Entscheidung durch Gerichtsbescheid

Weder die Übertragung des Rechtsstreits auf den Einzelrichter gem. § 6 Abs. 1 S. 1 Nr. 1 noch die Ent- 123
scheidung des VG durch Gerichtsbescheid gem. § 84 Abs. 1 S. 1 schließen den Zulassungsgrund der „besonderen Schwierigkeiten" aus.[146] Die erstinstanzliche Beurteilung, dass keine besonderen Schwierigkeiten tatsächlicher oder rechtlicher Art i.S.d. §§ 6, 84 gegeben sind, bindet das Berufungsgericht nicht; sie ist nicht einmal ein Indiz für die Zulassungsentscheidung des OVG. Dasselbe gilt für den umgekehrten Fall. Der Zulassungsgrund des § 124 Abs. 2 Nr. 2 wird nicht schon dadurch indiziert oder gar bindend vorgegeben, dass das VG weder den Rechtsstreit auf den Einzelrichter übertragen noch durch Gerichtsbescheid entschieden hat.[147] Ebenso wenig verlieren die Beteiligten ihr Recht, sich auf den Zulassungsgrund des § 124 Abs. 2 Nr. 2 zu berufen, wenn sie der Übertragung des Rechtsstreits auf den Einzelrichter oder einer Entscheidung durch Gerichtsbescheid zugestimmt oder sie angeregt haben.[148] Umgekehrt reicht der Umstand, dass beim VG die Kammer und nicht der Einzelrichter entschieden hat, nicht aus, um besondere Schwierigkeiten der Rechtssache zu begründen (VGH München 20.8.2009 – 15 ZB 08.2745).

Gegen eine inhaltsgleiche Auslegung (so aber der Bundesrat, BT-Drs. 13/1433, 13) des Begriffs „be- 124
sondere tatsächliche oder rechtliche Schwierigkeiten" in § 124 Abs. 2 Nr. 2 und des Begriffs „besondere Schwierigkeiten tatsächlicher oder rechtlicher Art" in § 6 Abs. 1 S. 1 Nr. 1 und § 84 Abs. 1 S. 1 spricht bereits § 84 Abs. 2 Nr. 1, der eine Berufungszulassung nach § 124 Abs. 2 Nr. 2 ermöglicht. Die Vorschriften von § 6 Abs. 1 S. 1 Nr. 1, § 84 Abs. 1 S. 1 und § 124 Abs. 2 Nr. 2 stehen in jeweils unterschiedlichen Funktionszusammenhängen und sind auf jeweils andere Rechtsfolgen gerichtet. Was unter den „besonderen Schwierigkeiten" im jeweils anders gearteten Zusammenhang zu verstehen ist, ist bereichsspezifisch zu ermitteln (→ Rn. 107 f.). Die Frage, ob der Einzelrichter oder die Kammer im erstinstanzlichen Verfahren entscheiden soll, ist aus einem anderen Blickwinkel und auf der Grundlage eines anders aufbereiteten Streitstoffes zu entscheiden als die Frage, ob die erstinstanzliche Entscheidung einer Überprüfung in einem Berufungsverfahren bedarf. Die besonderen Schwierigkeiten der Rechtssache i.S.d. § 124 Abs. 2 Nr. 2 können nur aus der Sicht des OVG beurteilt werden. Maßgebend ist die tatsächliche und rechtliche Beurteilung des geltend gemachten Rechtsschutzanspruchs in dem angestrebten Rechtsmittelverfahren. Das Berufungsgericht baut auf der Vorarbeit auf, die insbes. im erstinstanzlichen Gerichtsverfahren geleistet worden ist. Ein ursprünglich schwieriger Fall, den das VG nach Aufklärung des Sachverhalts und sorgfältiger rechtlicher Aufarbeitung „richtig" entschieden hat,

---

146 OVG Münster NVwZ 1999, 202, 204; NVwZ-RR 1999, 696; NVwZ 2000, 86; *J. Berkemann*, DVBl 1998, 446, 456; *M.-J. Seibert*, DVBl 1997, 932, 936; a.A. *J. Bader*, DÖV 1997, 442, 448 f.; *ders.*, NJW 1998, 409, 413.
147 OVG Lüneburg NVwZ 1997, 1225; OVG Münster NVwZ 1999, 202, 204; NVwZ-RR 1999, 696; 19.4.2012 – 1 A 74/11; 26.1.2015 – 12 A 2101/13; VGH Mannheim NVwZ-RR 1998, 975; VBlBW 1998, 419, 420; OVG Bautzen 26.11.2013 – 1 A 476/13.
148 A.A. *J. Bader*, DÖV 1997, 442, 447; *ders.*, VBlBW 1997, 401, 406.

muss aus der maßgeblichen Sicht des Berufungsgerichts keine besonderen Schwierigkeiten mehr aufweisen.[149] Umgekehrt kann ein ursprünglich einfacher Fall aufgrund der erstinstanzlichen Entscheidung und ihrer Begründung nunmehr schwierige tatsächliche und rechtliche Fragen aufwerfen (OVG Münster NVwZ 1999, 202, 204).

V. Entscheidungserheblichkeit

125 Die Zulassung der Berufung nach § 124 Abs. 2 Nr. 2 setzt voraus, dass die geltend gemachte besonders schwierige Frage rechtlicher oder tatsächlicher Art für das Entscheidungsergebnis von Bedeutung ist. Diese Kausalitätsprüfung umfasst drei Gesichtspunkte (→ Rn. 100 ff.):

- Die angegriffene zweifelhafte Begründung muss entscheidungstragender Bestandteil des verwaltungsgerichtlichen Urteils sein (OVG Münster NVwZ 1997, 1004).
- Beruht das Urteil des VG auf einer weiteren selbständig tragenden, nicht erfolgreich gerügten Begründung, kommt eine Zulassung wegen besonderer Schwierigkeiten nicht in Betracht.
- Eine Zulassung wegen besonderer Schwierigkeiten kann das OVG auch dann ablehnen, wenn zwar die geltend gemachten begründeten Zweifel an der Begründung des verwaltungsgerichtlichen Urteils bestehen (z.B. hinsichtlich der Auslegung einer Rechtsnorm), die Entscheidung sich jedoch bereits im Zulassungsverfahren aus anderen als den vom VG dargelegten Gründen als richtig erweist. Vor einer Ablehnung der Berufungszulassung muss dem Rechtsmittelführer rechtliches Gehör gewährt werden (→ Rn. 103).

I. Grundsätzliche Bedeutung der Rechtssache (Abs. 2 Nr. 3)

I. Allgemeines

126 Die Formulierung in § 124 Abs. 2 Nr. 3 ist identisch mit der Formulierung in § 132 Abs. 2 Nr. 1. Der Berufungszulassungsgrund ist in seinen Grundzügen wie der textgleiche Revisionszulassungsgrund auszulegen. „Grundsätzliche Bedeutung" bei der Berufungszulassung ist jedoch nicht unbesehen mit „grundsätzlicher Bedeutung" bei der Revisionszulassung gleichzusetzen.[150] Abweichungen ergeben sich daraus, dass die grundsätzliche Bedeutung der Rechtssache – wie alle Zulassungsgründe – mit Blick auf das Zulassungsziel, das Berufungsverfahren, auszulegen ist (BVerwGE 70, 24, 25 f.; BSGE 2, 45, 47 f.). Eine grundsätzliche Bedeutung der Rechtssache kann sich – anders als im Revisionszulassungsrecht – auch aus der Klärungsbedürftigkeit von Landesrecht (→ Rn. 128 f.) oder der Klärungsbedürftigkeit von Tatsachenfragen (→ Rn. 138 ff.) ergeben. Besonderheiten bestehen ferner im Hinblick darauf, dass das OVG nicht letztinstanzlich bundesrechtliche Fragen klären kann (→ Rn. 130 ff.). Die Grundsatzberufung ist auf die für die Zukunft richtungsweisende Klärung von Rechts- und Tatsachenfragen gerichtet;[151] ihr Ziel ist die Wahrung der Einheitlichkeit des Rechts und der Rspr. sowie die Fortentwicklung des Rechts.[152] Sie dient dem Interesse der Allgemeinheit an der einheitlichen Entwicklung und Handhabung des Rechts und damit der Rechtssicherheit (vgl. BFHE 144, 137, 138; BFH NJW 1992, 1527). Die Übernahme des klassischen Revisionszulassungsgrundes der grundsätzlichen Bedeutung in das Berufungszulassungsrecht soll nicht zuletzt auch sicherstellen, dass revisionswürdige Rechtssachen an das BVerwG gelangen können. Dieser Aspekt gewinnt Bedeutung bei der grundsätzlichen Bedeutung von bundesrechtlichen Fragen (→ Rn. 130 ff.).

II. Grundsätzliche Bedeutung

127 Eine Rechtssache hat grundsätzliche Bedeutung i.S.d. § 124 Abs. 2 Nr. 3, wenn für die Entscheidung der Vorinstanz eine grundsätzliche, bisher in der Rspr. noch nicht geklärte Rechts- oder Tatsachenfrage von Bedeutung war, die auch für die Entscheidung im Berufungsverfahren erheblich wäre und de-

---

149 M.-J. *Seibert*, DVBl 1997, 932, 936.
150 So bereits F. *Weyreuther*, Revisionszulassung, 1971, Rn. 54, 57 m.w.N.
151 BVerwG 31.5.1967 Buchholz 310 § 132 VwGO Nr. 53; 27.5.1975 Buchholz 310 § 132 VwGO Nr. 132; 20.12.1995 Buchholz 310 § 132 Abs. 2 Ziff. 1 VwGO Nr. 9.
152 Vgl. BVerwGE 13, 90, 91 m.w.N.; BVerwG NJW 1988, 664; 9.12.1994 Buchholz 310 § 132 Abs. 2 Ziff. 1 VwGO Nr. 4; OVG Münster DVBl 1997, 1337.

ren Klärung im Interesse der einheitlichen Rechtsanwendung oder der Fortbildung des Rechts geboten erscheint.[153] An der Klärung der aufgeworfenen Rechts- oder Tatsachenfrage muss ein über den Einzelfall hinausgehendes allgemeines Interesse bestehen. An der allgemeinen Bedeutung der Sache fehlt es regelmäßig, wenn lediglich die Anwendung von (in sich nicht zweifelhaften) Vorschriften auf den konkreten Fall in Rede steht oder wenn die Beantwortung der aufgeworfenen Frage ausschlaggebend von einer Würdigung der konkreten Umstände des Einzelfalls abhängt.[154] Eine grundsätzliche Bedeutung wird dementsprechend nicht dargetan, wenn sich der Rechtsmittelführer darauf beschränkt, die Ausführungen des VG im Einzelfall mit tatsächlichen und rechtlichen Erwägungen als unrichtig anzugreifen.[155] Auf die Erfolgsaussicht der Berufung kommt es für das Vorliegen des Zulassungsgrundes des § 124 Abs. 2 Nr. 3 grds. nicht an (aber → Rn. 154). Bisweilen weist das Rechtsmittelgericht in seiner Zulassungsentscheidung sogar ausdrücklich darauf hin, dass die Zulassung des Rechtsmittels nichts über dessen Erfolgsaussicht besage, um falschen Hoffnungen entgegenzutreten.[156] Das Berufungsgericht ist andererseits grds. nicht verpflichtet, den Rechtsmittelführer auf die Möglichkeit des Misserfolgs einer Berufung hinzuweisen.[157]

1. Landesrecht. Die Wahrung der Rechtseinheit und die Weiterentwicklung des Rechts auf dem Gebiet des Landesrechts ist allein Aufgabe des OVG als der insoweit letzten Instanz. Lediglich mit dem BVwVfG wörtlich übereinstimmende Vorschriften des VwVfG eines Landes (vgl. § 137 Abs. 1 Nr. 2 VwGO) und das gesamte Landesbeamtenrecht (vgl. § 127 Nr. 2 BRRG) sind revisibel.[158] Die auf das Land begrenzte Rechtseinheit bestimmt die Anforderungen an die grundsätzliche Bedeutung von Landesrecht. An der Klärung einer landesrechtlichen Frage besteht regelmäßig ein allgemeines Interesse, wenn eine divergierende Rspr. der VGe des Landes vorliegt.[159] Eine grundsätzliche Bedeutung ist nicht gegeben, wenn die landesrechtliche Frage durch die bisherige Rspr. des OVG als geklärt angesehen werden kann. Weicht das Urteil des VG von der Rspr. des OVG ab, liegt ein Fall von Divergenz i.S.d. § 124 Abs. 2 Nr. 4 vor. 128

Hat ein *anderes* OVG zu inhaltsgleichem Landesrecht eines anderen Bundeslandes abweichend von der Rspr. des angerufenen OVG entschieden, liegt eine grundsätzliche Bedeutung i.d.R. nicht vor. Es gibt keinen Harmonisierungszwang, inhaltsgleiches Landesrecht in den verschiedenen Bundesländern identisch auszulegen. Das mit der Berufung angestrebte Ziel der Rechtseinheit ist hinsichtlich des Landesrechts auf die Landesgrenzen beschränkt. Die Entscheidung des anderen OVG kann allerdings neue Gesichtspunkte aufzeigen, die die landesrechtliche Frage trotz der vorliegenden Rspr. des angerufenen OVG als noch oder wieder klärungsbedürftig erscheinen lassen.[160] Liegt hingegen noch keine Entscheidung des angerufenen OVG vor, so kann eine Divergenz zwischen dem angegriffenen Urteil des VG und der Entscheidung eines anderen OVG zu inhaltsgleichem Landesrecht eine grundsätzliche Bedeutung indizieren. 129

2. Bundesrecht. Die Beurteilung der grundsätzlichen Bedeutung von bundesrechtlichen Fragen wirft aus der Sicht des Berufungsgerichts Probleme auf. Der Bezugspunkt beim Bundesrecht ist ein anderer als beim Landesrecht. Ziel ist die Rechtseinheit im Bundesgebiet; letzte Instanz zur Herstellung dieser Einheit ist das BVerwG. Damit wird das OVG in eine *eigentümliche Zwitterrolle* gedrängt. Einerseits obliegt ihm die Aufgabe, auch in Bezug auf das Bundesrecht die Einheitlichkeit des Rechts zu wahren 130

---

153 Vgl. VGH Kassel ESVGH 47, 289 f.; VGH Mannheim 6.3.1997 – 14 S 424/97; für das Revisionsrecht: BVerwGE 13, 90, 91; BVerwG NVwZ 1996, 1010 m.w.N.; 27.2.1997 Buchholz 310 § 132 Abs. 2 Ziff. 1 VwGO Nr. 15.

154 BVerwG 27.4.1979 Buchholz 310 § 132 VwGO Nr. 174 (Zumutbarkeit einer Wiederholungsprüfung nach neuem Recht); 13.11.1987 Buchholz 436.36 § 24 BAFöG Nr. 10 (Verwirkung); 22.11.1993 Buchholz 402.24 § 10 AuslG Nr. 134 (Verhältnismäßigkeit der Ausweisung); BAG, NJW 2007, 1165; F. *Weyreuther*, Revisionszulassung, 1971, Rn. 61 m.w.N. in Fn. 4.

155 Vgl. z.B.: BVerwG 21.2.1990 Buchholz 424.01 § 1 FlurBG Nr. 9; OVG Münster 12.1.1999 – 5 A 5782/98.A.

156 Vgl. BVerwG 20.2.1990 Buchholz 310 § 132 VwGO Nr. 281; OVG Münster 17.12.1998 – 5 B 2562/98; H. *Sendler*, DVBl 1982, 240; F. *Weyreuther*, Revisionszulassung, 1971, Rn. 33 m.w.N. in Fn. 4.

157 Für die Revisionszulassung BVerwG 24.6.1994 Buchholz 310 § 132 Abs. 1 VwGO Nr. 1.

158 Ferner besteht nach Art. 99 GG die Möglichkeit, durch Landesgesetz das BVerwG in landesrechtlichen Fragen in Anspruch zu nehmen (vgl. z.B. Art. 97 BayVwVfG, § 304 LVwG SH).

159 Sollte es trotz der Vorlagepflicht an den Großen (Vereinigten) Senat nach § 12 zu einer divergierenden Rspr. einzelner Senate des OVG gekommen sein, begründet auch dies eine grundsätzliche Bedeutung.

160 Zum Revisionsrecht BVerwG DVBl 1960, 854; NVwZ 1987, 55; 27.2.1997 Buchholz 310 § 132 Abs. 2 Ziff. 1 VwGO Nr. 15 m.w.N.

und es fortzuentwickeln. Diese Funktion wird es insbes. in den Fällen erfüllen können, in denen noch keine ober- und höchstrichterliche Rspr. vorliegt. Die vereinheitlichende Wirkung bereits der Rspr. der OVG wird vielfach eine Entscheidung des BVerwG – zumindest in einem Revisionsverfahren – erübrigen. Andererseits steht die einheitsstiftende Wirkung der obergerichtlichen Rspr. gewissermaßen unter dem Vorbehalt der höchstrichterlichen Rspr. Das OVG ist insoweit in der Rolle einer „Durchgangsinstanz", weil das Berufungsverfahren nicht notwendig zur bundeseinheitlichen Klärung führt.

131   Diese schwierige Doppelrolle des OVG spiegelt sich in der Frage, wie die Klärungsbedürftigkeit von Bundesrecht in Bezug auf die Berufungsinstanz zu bestimmen ist: Nach dem Stand der Rspr. insgesamt oder nach dem Stand der Rspr. des angerufenen OVG. Für das Bundesrecht kann es nur auf die *Rspr. im Bundesgebiet*, wie sie insbes. durch das BVerwG repräsentiert wird, ankommen. Der Berufungszulassungsgrund des § 124 Abs. 2 Nr. 3 soll gerade auch den Weg zur Revisionsinstanz offenhalten, um eine bundeseinheitliche Klärung zu ermöglichen (so auch BVerfG NVwZ 2000, 1163 [„Vorstufe"]; DVBl 2009, 379; InfAuslR 2014, 40). Eine bundesrechtliche Frage ist demnach jedenfalls dann von grundsätzlicher Bedeutung i.S.d. § 124 Abs. 2 Nr. 3, wenn sie auch nach § 132 Abs. 2 Nr. 1 von grundsätzlicher Bedeutung wäre. Der Zugang zur Berufungsinstanz wegen grundsätzlicher Bedeutung einer bundesrechtlichen Norm ist nicht nur eröffnet, wenn ein Vereinheitlichungsbedarf im Verhältnis zwischen VG und Berufungsgericht besteht,[161] sondern auch und gerade dann, wenn ein auf das Bundesgebiet bezogener Vereinheitlichungsbedarf gegeben ist.

132   Daraus folgt: Die grundsätzliche Bedeutung einer bundesrechtlichen Frage ist regelmäßig *bei divergierender Rspr. der OVGe* (vgl. BVerfG NVwZ 1993, 465; StGH Hess 9.8.2017 – P.St. 2609) oder auch verschiedener Spruchkörper des angerufenen Berufungsgerichts anzunehmen. In diesen Fällen ist eine Zulassung wegen grundsätzlicher Bedeutung nicht deshalb ausgeschlossen, weil das angerufene OVG bzw. der zuständige Senat die aufgeworfene bundesrechtliche Frage bereits entschieden hat.[162] Auch wenn unmittelbar im Berufungsverfahren keine (weitere) Klärung erwartet werden kann, ist die Berufung im Hinblick auf eine Klärung in einem Revisionsverfahren zuzulassen. Andernfalls würde bei divergierender Rspr. der OVGe der Weg zum BVerwG und damit eine bundeseinheitliche Klärung der Frage versperrt werden. Eine Sprungrevision kann der Rechtsmittelführer nur mit Zustimmung der gegnerischen Partei erreichen (§ 134 Abs. 1 S. 1).

133   Ist der Anwendungsbereich von Bundesrecht ausnahmsweise regional auf den Rechtsprechungsbereich eines einzigen OVG beschränkt,[163] ist die grundsätzliche Bedeutung i.S.d. § 124 Abs. 2 Nr. 3 wie bei Landesrecht (→ Rn. 128 f.) zu beurteilen.

134   **3. Verfassungsrecht.** Die Frage der Vereinbarkeit eines formellen Gesetzes mit dem GG oder der Landesverfassung kann ebenfalls die Zulassung der Berufung wegen grundsätzlicher Bedeutung der Rechtssache rechtfertigen.[164] Dem steht nicht entgegen, dass das Berufungsgericht im Hinblick auf das Verwerfungsmonopol des BVerfG nach Art. 100 Abs. 1 GG oder des jeweiligen Landesverfassungsgerichts die Verfassungswidrigkeit eines Gesetzes nicht selbst feststellen kann. Gelangt das Berufungsgericht zu der Überzeugung, das Gesetz sei verfassungswidrig, muss es im Berufungsverfahren das BVerfG oder das Landesverfassungsgericht anrufen; dann wird im Verfahren der konkreten Normenkontrolle und damit mittelbar im Berufungsverfahren die Verfassungsmäßigkeit der Norm geklärt. Bejaht das Berufungsgericht im Berufungsverfahren die Verfassungsmäßigkeit der fraglichen Gesetzesnorm, ist es allein zur Entscheidung berufen.

135   Verfehlt ist die Auffassung des BFH (NJW 1999, 2464), eine grundsätzliche Bedeutung sei dann zu verneinen, wenn eine normverwerfende Entscheidung des BVerfG voraussichtlich nicht zur rückwirkenden Nichtigerklärung, sondern lediglich zur Feststellung der Verfassungswidrigkeit führen werde, sodass für den Betroffenen keine günstigere Entscheidung zu erwarten sei. Ziel der Grundsatzberufung ist nicht die Einzelfallgerechtigkeit, sondern die Wahrung der Rechtseinheit und die Rechtsfortentwicklung. Der BFH unterläuft i.E. die Voraussetzungen der Vorlagepflicht nach Art. 100 Abs. 1

---

161   So *K. Rennert*, NVwZ 1998, 665, 669 Fn. 377 für den Fall der Divergenz.
162   A.A. OVG Lüneburg 4.6.1997 – 4 L 1896/97; 18.8.1998 – 4 L 3229/98.
163   Vgl. BVerwG 23.11.1979 Buchholz 310 § 132 VwGO Nr. 181 (keine grundsätzliche Bedeutung i.S.d. § 132).
164   St. Rspr. zum Revisionszulassungsrecht: BVerwG 10.2.1967 Buchholz 310 § 132 VwGO Nr. 57; 31.7.1970 Buchholz 310 § 132 VwGO Nr. 70; 13.10.1971 Buchholz 310 § 132 VwGO Nr. 83; NJW 1993, 2825; a.a BGH RzW 1964, 225; 1967, 378; hiergegen zu Recht: BFHE 148, 530, 531 f.; BSGE 40, 158, 159; BSG MDR 1976, 260; *P. Kummer*, Nichtzulassungsbeschwerde, 1990, Rn. 145.

GG; danach ist allein entscheidend, ob es für die Entscheidung des vorlegenden Gerichts auf die Gültigkeit des betreffenden Gesetzes ankommt.

4. Unionsrecht. Eine Rechtssache ist im Hinblick auf unionsrechtliche Fragen dann von grundsätzlicher Bedeutung i.S.d. § 124 Abs. 2 Nr. 3, wenn dargelegt ist, dass im weiteren Rechtsmittelverfahren voraussichtlich gem. Art. 267 AEUV eine Vorabentscheidung des EuGH einzuholen sein wird (BVerfG NVwZ 2012, 426; 19.4.2017 – 1 BvR 1994/13 m.w.N.). Daran fehlt es, wenn hinreichende Gründe vorliegen, die die Einholung einer Vorabentscheidung entbehrlich erscheinen lassen, wenn also die betreffende unionsrechtliche Frage bereits Gegenstand einer Auslegung durch den EuGH war oder wenn die richtige Auslegung von Unionsrecht derart offenkundig ist, dass für einen vernünftigen Zweifel keinerlei Raum bleibt.[165] Eine Vorlagepflicht besteht auch dann nicht, wenn der Zulassungsantrag bereits an der hinreichenden Darlegung gem. § 124a Abs. 4 S. 4 oder an sonstigen Zulässigkeitsvoraussetzungen scheitert, es also für die Entscheidung des Zulassungsantrags nicht auf die aufgeworfene unionsrechtliche Frage ankommt.[166] Dass die Vereinbarkeit mit Unionsrecht nicht von Amts wegen, sondern nur bei entsprechender Darlegung geprüft wird, ist mit dem unionsrechtlichen Äquivalenz- und Effizienzgebot vereinbar (BVerwGE 135, 137 = NVwZ 2010, 652). **136**

Für die Beurteilung, ob eine unionsrechtliche Frage grundsätzliche Bedeutung i.S.d. § 124 Abs. 2 Nr. 3 hat, ist entscheidend, dass eine ablehnende Zulassungsentscheidung unanfechtbar ist (§ 124a Abs. 5 S. 4). Nach Art. 267 Abs. 3 AEUV ist ein innerstaatliches Gericht zur Anrufung des EuGH verpflichtet, wenn seine Entscheidungen nicht mehr mit Rechtsmitteln des innerstaatlichen Rechts angefochten werden können. Die h.M. geht zu Recht davon aus, dass nicht nur solche Gerichte vorlagepflichtig sind, deren Entscheidungen – wie bei den obersten Bundesgerichten – generell unanfechtbar sind (abstrakte Betrachtungsweise), sondern auch solche Gerichte, gegen deren konkret zu treffende Entscheidung im Einzelfall kein Rechtsmittel gegeben ist (konkrete Betrachtungsweise).[167] Deshalb ist das OVG letztinstanzliches Gericht i.S.d. Art. 267 Abs. 3 AEUV und vorlagepflichtig, wenn es den Zulassungsantrag (als unbegründet) ablehnen will.[168] Bei einer derartigen Sachlage hat das OVG jedoch nicht im Zulassungsverfahren eine Vorabentscheidung einzuholen, sondern – mit Blick auf Art. 267 Abs. 3 AEUV – wegen grundsätzlicher Bedeutung der klärungsbedürftigen Unionsrechtsfrage die Berufung zuzulassen (BVerfG NVwZ 2009, 519; NVwZ 2012, 426). Die unionsrechtliche Frage kann dann sowohl unmittelbar im Berufungsverfahren als auch mittelbar durch eine Vorabentscheidung des angerufenen EuGH geklärt werden. In gleicher Weise verfährt das BVerwG bei einer Revisionsnichtzulassungsbeschwerde.[169] Nach Zulassung der Berufung ist das OVG allerdings nicht (mehr) zur Vorlage an den EuGH verpflichtet, weil seine Berufungsentscheidung mit der Revision bzw. der Nichtzulassungsbeschwerde anfechtbar ist (vgl. BVerwG NJW 1986, 1448). **137**

5. Tatsachenfragen. Die Grundsatzberufung erfasst – anders als die Grundsatzrevision – auch solche Fälle, in denen sich die grundsätzliche Bedeutung der Rechtssache aus den verallgemeinerungsfähigen Auswirkungen ergibt, die die in der Berufungsentscheidung zu erwartende Klärung von Tatsachenfragen haben wird.[170] Der seinem Wortsinn nach offene Begriff „Rechtssache" ist mit Blick auf dasjenige Rechtsmittel auszulegen, zu dem der Zulassungsgrund der grundsätzlichen Bedeutung den Zugang eröffnet.[171] Da Aufgabe der Berufung die umfassende Überprüfung der Rechtssache sowohl in rechtlicher als auch in tatsächlicher Hinsicht – auch unter Berücksichtigung neu vorgebrachter Tatsachen und Beweismittel – ist (§ 128), erstreckt sich der Berufungszulassungsgrund des § 124 Abs. 2 Nr. 3 **138**

---

165 BVerwG NJW 1988, 664; 25.3.1994 Buchholz 310 § 132 Abs. 2 Ziff. 1 VwGO Nr. 1; NJW 1996, 2945 im Anschluss an EuGH NJW 1983, 1257; ferner BVerfGE 82, 159, 196; BVerfG NVwZ 1993, 883 f.

166 Das verkennt *T. Flint*, NJ 1998, 608; zutr. hingegen OVG Magdeburg NJ 1998, 607 f. (LS) für die Zulassungsgründe des § 124 Abs. 2 Nr. 1 und 2.

167 VGH München NJW 1985, 2894, 2895; vgl. ferner BVerfG NJW 1997, 2512; StGH Hess EuGRZ 1997, 213, 215.

168 BVerfG NVwZ 2009, 519; NVwZ 2012, 426; OVG Münster DVBl 2000, 1075; *H. A. Petzold*, NJW 1998, 123, 125.

169 BVerwG NJW 1988, 664; 25.3.1994 Buchholz 310 § 132 Abs. 2 Ziff. 1 VwGO Nr. 1; NJW 1996, 2945.

170 BVerwGE 70, 24 zu § 32 Abs. 2 Nr. 1 AsylVfG a.F. (= § 78 Abs. 3 Nr. 1 AsylG n.F.); ferner *B. Büchner*, DÖV 1984, 578; zu § 124 Abs. 2 Nr. 3: VGH Mannheim NVwZ 1997, 1230; DVBl 1997, 661; *J. Bader*, NJW 1998, 409, 410; *J. Berkemann*, DVBl 1998, 446, 452; *K. W. Lotz*, BayVBl 1987, 738; *M.-J. Seibert*, DVBl 1997, 932, 936; *ders.*, NVwZ 1999, 113, 118 f.; ausf. *W. Roth*, DÖV 1998, 191.

171 Vgl. BVerwGE 70, 24, 25 f.; ferner BSGE 2, 45, 47 f.; BSG NJW 1994, 1823 f.; *F. Weyreuther*, Revisionszulassung, 1971, Rn. 54, 57 m.w.N.

auch auf Tatsachenfragen von grundsätzlicher Bedeutung. Dem kann nicht entgegengehalten werden, der Gesetzgeber habe bewusst eine mit § 132 Abs. 2 Nr. 1 übereinstimmende Formulierung gewählt, sodass § 124 Abs. 2 Nr. 3 in derselben Weise ausgelegt werden müsse; dieser Einwand überzeugt schon deshalb nicht, weil auch § 78 Abs. 3 Nr. 1 AsylG eine identische Wortfassung verwendet, sich aber nach st. Rspr. – als Berufungszulassungsgrund – (auch) auf grds. klärungsbedürftige Tatsachenfragen bezieht.

139   Tatsachenfragen von verallgemeinerungsfähiger Bedeutung können vorliegen bei der Auslegung und Anwendung von technischen Regelwerken, die normersetzenden oder norminterpretierenden Charakter haben[172] (z.B. für die Beurteilung von Lärm, Luftverunreinigungen, Gerüchen [vgl. dazu BVerwG NVwZ 1999, 63] oder sonstigen Immissionen und Emissionen oder für die Anlegung von Straßen [vgl. dazu BVerwG NVwZ 1999, 64]), bei der Auslegung von DIN-Vorschriften (vgl. dazu BVerwG NVwZ-RR 1997, 214), bei „allgemeinen Erfahrungssätzen“,[173] bei der Ermittlung einer bestimmten Verkehrsauffassung (z.B. im Lebensmittelrecht),[174] bei der Beurteilung von Gesundheitsgefahren (Bsp.: Rinderseuche BSE [VGH Mannheim DVBl 1997, 661]; Elektrosmog; radioaktive Strahlung) oder bei wissenschaftlichen Ursachenzusammenhängen.

140   Eine Tatsachenfrage ist i.d.R. dann grds. klärungsbedürftig, wenn zu der aufgeworfenen Frage divergierende Rspr. der VGe oder anderer OVGe vorliegt. Hat das angerufene OVG die aufgeworfene Tatsachenfrage bereits für seinen Rechtsprechungsbereich geklärt, ist eine Zulassung der Berufung nach § 124 Abs. 2 Nr. 3 i.d.R. nicht gerechtfertigt, es sei denn, neu vorgetragene Gesichtspunkte lassen die Frage wieder klärungsbedürftig erscheinen. Obwohl Tatsachenfragen in aller Regel bundesweite Bedeutung haben, ist auf die Klärung durch das angerufene Berufungsgericht abzustellen, weil dieses für seinen Zuständigkeitsbereich Tatsachenfragen letztinstanzlich entscheidet, eine bundeseinheitliche Klärung durch das BVerwG also ausscheidet.

141   Für die Darlegung der Grundsatzbedeutung reicht es nicht aus, wenn lediglich Zweifel an der tatsächlichen Entscheidungsgrundlage des erstinstanzlichen Urteils geäußert werden oder lediglich behauptet wird, dass sich die entscheidungserheblichen Tatsachen anders darstellen als vom VG angenommen. Vielmehr bedarf es der Angabe konkreter Anhaltspunkte dafür, dass die für die Entscheidung erheblichen Tatsachen, etwa im Hinblick auf hierzu vorliegende gegensätzlichen Stellungnahmen von Sachverständigen, einer unterschiedlichen Würdigung und damit einer Klärung im Berufungsverfahren zugänglich sind.[175]

III. Klärungsbedürftigkeit

142   Voraussetzung für die grundsätzliche Bedeutung einer Rechtssache ist, dass die aufgeworfene Rechts- oder Tatsachenfrage klärungsbedürftig ist. Die Klärungsbedürftigkeit ist nicht bereits dann zu bejahen, wenn die als grds. bedeutsam bezeichnete Frage noch nicht ober- bzw. höchstrichterlich entschieden ist.[176] Nach der Zielsetzung des Zulassungsrechts ist vielmehr Voraussetzung, dass aus Gründen der Einheit oder der Fortentwicklung des Rechts eine ober- bzw. höchstrichterliche Entscheidung geboten ist (vgl. z.B. BVerwG NVwZ 1995, 695).

143   **1. Eindeutige Antwort.** Die Klärungsbedürftigkeit fehlt, wenn sich die als grds. bedeutsam bezeichnete Rechtsfrage auf der Grundlage des Gesetzeswortlauts nach allgemeinen Auslegungsregeln und auf der Grundlage der bereits vorliegenden Rspr. ohne Weiteres beantworten lässt.[177] Ein gewichtiger Anhaltspunkt kann sein, dass die Rechtsfrage (so gut wie) unbestritten ist.[178] Eine Tatsachenfrage erweist sich dann nicht als klärungsbedürftig, wenn sie sich aufgrund von eindeutigen und widerspruchsfreien

172   *J. Berkemann*, DVBl 1998, 446, 452; *M.-J. Seibert*, DVBl 1997, 932, 936.
173   *J. Berkemann*, DVBl 1998, 446, 452.
174   *D. Mahn*, ZLR 1997, 125, 127.
175   OVG Münster 22.2.2000 – 5 A 750/00.A; OVG Schleswig 18.11.1996 – 1 L 216/96; VGH Kassel 22.7.1994 – 13 UZ 1952/94; VGH Mannheim 15.3.2000 – A 6 548/00.
176   BVerwG 31.7.1987 Buchholz 436.0 § 69 BSHG Nr. 14; BSG NJW 1994, 150; VGH Kassel NVwZ 2003, 1525, 1526.
177   BVerwG NVwZ 1990, 556; 1995, 601, 602; 1995, 695; 1995, 700, 701; 27.8.1996 Buchholz 401.1 § 7h EStG Nr. 1; NVwZ 1998, 66; VGH Kassel NVwZ 2003, 1525, 1526; VGH Mannheim NVwZ 1998, 975.
178   Vgl. BVerwG NJW 1953, 1568 (LS); 15.12.1969 – 4 B 178.69; *F. Weyreuther*, Revisionszulassung, 1971, Rn. 65.

Gutachten oder Stellungnahmen von sachverständigen Stellen ohne Weiteres beantworten lässt (zur Klärungsbedürftigkeit von Tatsachenfragen → Rn. 140 f.).[179]

2. Bereits vorliegende Rechtsprechung. Die Klärungsbedürftigkeit von bundesrechtlichen Fragen ist **144** ferner zu verneinen, wenn die aufgeworfene Frage durch die bereits vorliegende höchstrichterliche Rspr. – gleich, ob in einem Revisions-, Beschwerde-, PKH- oder erstinstanzlichen Verfahren[180] – entschieden ist.[181] An einem Klärungsbedarf fehlt es auch dann, wenn die Frage durch die Rspr. eines anderen obersten Bundesgerichts (als des BVerwG) geklärt ist, das sich mit dieser oder mit einer gleichgelagerten Rechtsfrage bereits befasst hat (BVerwG BayVBl 2007, 472; NVwZ 2008, 212). Gleiches gilt für landesrechtliche sowie Tatsachenfragen, wenn diese durch die bisherige obergerichtliche Rspr. – in einem Berufungs-, Zulassungs- oder Beschwerdeverfahren (OVG Greifswald NVwZ 1999, 789: Verfahren des vorläufigen Rechtsschutzes) – geklärt sind. Eine bereits von der Rspr. entschiedene Frage kann allerdings dann eine Zulassung der Berufung rechtfertigen, wenn neue Gesichtspunkte vorgebracht werden, die die Frage als klärungsbedürftig geblieben oder wieder geworden erscheinen lassen.[182]

3. Nachträgliche Rechtsprechung. Ist die Klärungsbedürftigkeit nach Stellung des Zulassungsantrags **145** dadurch entfallen, dass die Rspr. die bezeichnete Grundsatzfrage in einem anderen Verfahren geklärt hat, so kommt eine Zulassung wegen Divergenz in Betracht. Weicht die Entscheidung des VG von der nachträglich ergangenen Entscheidung des BVerwG, des angerufenen OVG oder des BVerfG ab, so ist wegen Divergenz zuzulassen, vorausgesetzt, die Grundsatzrüge ist ordnungsgemäß dargelegt worden[183] (→ Rn. 157); dies ist sogar verfassungsrechtlich geboten, weil sonst dem Rechtsmittelführer eine verfahrensrechtliche Position entzogen würde (vgl. BVerfG NJW 2008, 2493, 2494). Hat das VG die Grundsatzfrage ebenso beantwortet wie die klärende Entscheidung des BVerwG, des OVG oder des BVerfG, scheidet eine Zulassung wegen Divergenz aus.

4. Auslaufendes Recht. Der Auslegung und Anwendung von auslaufendem oder ausgelaufenem **146** Recht kommt regelmäßig keine grundsätzliche Bedeutung (mehr) zu, weil das mit der Grundsatzberufung verfolgte Ziel, eine Rechtsfrage im Interesse der Einheit oder Fortentwicklung des Rechts für die Zukunft richtungsweisend zu klären, grds. nicht mehr erreicht werden kann.[184] Ausnahmsweise ist eine grundsätzliche Bedeutung zu bejahen, wenn die außer Kraft tretenden oder getretenen Vorschriften noch in einer erheblichen Zahl offener Altfälle anzuwenden sind oder wenn die Klärung für einen nicht überschaubaren Personenkreis in nicht absehbarer Zukunft von Bedeutung ist.[185] In der Rspr. des BVerwG ist bislang nicht hinreichend klar, ob die zweite Voraussetzung (nicht überschaubarer Personenkreis) eine kumulative oder lediglich eine alternative Voraussetzung im Verhältnis zur ersten (große Zahl von Altfällen) ist.[186] Die allgemeine, grundsätzliche Bedeutung kann nicht davon abhängen, ob die Vielzahl der Fälle sich genau bestimmen lässt oder unüberschaubar ist, zumal vom Rechtsmittelführer verlangt wird, möglichst konkret die Bedeutung für andere Fälle anzugeben (vgl. z.B. BVerwG NVwZ-RR 1996, 712). Klärungsbedürftigkeit besteht ausnahmsweise auch dann, wenn die außer Kraft getretene Vorschrift durch eine Bestimmung ersetzt worden ist, bei der sich die streitigen

---

179 OVG Münster 30.9.1998 – 5 A 3829/97.A.
180 An die klärungstauglichen Entscheidungen i.S.d. § 124 Abs. 2 Nr. 3 sind ebenso wenig formelle Anforderungen zu stellen wie an die divergenzbegründenden i.S.d. § 124 Abs. 2 Nr. 4. Entscheidend ist allein, ob die Frage in der betreffenden Entscheidung tatsächlich geklärt ist. Vgl. dazu BVerwG 2.2.1994 Buchholz 310 § 132 Abs. 2 Ziff. 2 VwGO Nr. 1.
181 BVerwGE 13, 90, 91; BVerwG NJW 1960, 1587; DVBl 1960, 854; NJW 1976, 905, 906; NVwZ 1987, 55; 1989, 1175; NJW 1992, 256, 257; NVwZ 1998, 66; VGH Mannheim NVwZ 1998, 975.
182 Zum Revisionsrecht BVerwG DVBl 1960, 854; NVwZ 1987, 55; 27.2.1997 Buchholz 310 § 132 Abs. 2 Ziff. 1 VwGO Nr. 15 m.w.N.
183 BVerwG 5.6.1973 Buchholz 310 § 132 VwGO Nr. 106; 20.3.1985 Buchholz 310 § 132 VwGO Nr. 230; 11.2.1986 Buchholz 310 § 132 VwGO Nr. 240; BayVBl 1992, 537, 538; NVwZ-RR 1993, 513; 14.2.1997 – 1 B 3/97; OVG Weimar DÖV 1998, 84 (LS); VGH Mannheim 31.8.1998 – A 6 S 2056/97.
184 OVG Münster 5.3.2015 – 12 A 2088/13; st. Rspr. zur Grundsatzrevision: BVerwG 31.5.1967 Buchholz 310 § 132 VwGO Nr. 53; 27.5.1975 Buchholz 310 § 132 VwGO Nr. 132; 9.9.1994 Buchholz 310 § 132 Abs. 2 Ziff. 1 Nr. 4; 20.12.1995 Buchholz 310 § 132 Abs. 2 Ziff. 1 VwGO Nr. 9 m.w.N.; NVwZ 1996, 1010.
185 BVerwG NVwZ-RR 1996, 712 m.w.N.; 27.2.1997 Buchholz 310 § 132 Abs. 2 Ziff. 1 VwGO Nr. 15; BSG MDR 1976, 348; VGH Mannheim 12.2.2002 – 8 S 252/02.
186 Vgl. BVerwG 27.2.1997 Buchholz 310 § 132 Abs. 2 Ziff. 1 VwGO Nr. 15.

Fragen in gleicher Weise stellen (BVerwG NVwZ-RR 1996, 712), oder wenn die Fassung des aufgehobenen Gesetzes für die auf ihrer Grundlage erlassenen untergesetzlichen Normen (z.B. gemeindlichen Gebührensatzungen) unverändert von Bedeutung bleibt (BVerwG 29.1.1975 Buchholz 310 § 132 VwGO Nr. 129). An der Klärungsbedürftigkeit fehlt es hingegen, wenn die umstr. Rechtsfragen inzwischen durch Erlass neuen Rechts beantwortet werden.[187]

147   **5. Übergangsvorschriften.** Der Auslegung von Übergangsvorschriften, die ihrer Natur nach nur eine vorübergehende Bedeutung haben, kommt regelmäßig keine grundsätzliche Bedeutung zu.[188]

148   **6. „Überholte" Tatsachen.** Der Klärung von Tatsachen, die sich inzwischen verändert haben, kommt – wie der Auslegung ausgelaufenen Rechts – regelmäßig keine grundsätzliche, zukunftsgerichtete Bedeutung zu (vgl. VGH Kassel 27.6.1997 – 13 UZ 2667/95). „Überholte" Tatsachen können ausnahmsweise verallgemeinerungsfähige Auswirkungen und damit grundsätzliche Bedeutung haben, wenn entsprechende obergerichtliche Feststellungen noch für eine nennenswerte Zahl von Fällen Bedeutung erlangen (OVG Münster 25.8.1995 – 25 A 5008/95.A zum Asylrecht). Derartige Umstände sind vom Rechtsmittelführer darzulegen.

IV. Klärungsfähigkeit

149   Die grundsätzliche Bedeutung einer Rechtssache setzt ferner voraus, dass die Rechts- oder Tatsachenfrage in einem Berufungsverfahren klärungsfähig ist. Klärungsfähig sind nur Fragen, die für den zu entscheidenden Streitfall entscheidungserheblich sind (→ Rn. 154). Daran kann es aus unterschiedlichen Gründen fehlen. Eine materiell-rechtliche Frage ist nicht klärungsfähig, wenn die Klage bereits unzulässig ist (→ Rn. 154). Fragen, die ausschließlich die Zulässigkeitsvoraussetzungen des Berufungszulassungsantrags oder das Vorliegen der Zulassungsgründe betreffen, sind nicht im Berufungsverfahren klärungsfähig (und -bedürftig), weil sie sich dort nicht stellen.[189] Der Klärungsfähigkeit kann auch entgegenstehen, dass das OVG durch eine zurückverweisende Entscheidung des BVerwG oder durch eine eigene (an das VG) zurückverweisende Entscheidung in derselben Rechtssache gebunden wird (vgl. BFHE 91, 509, 510; BSG MDR 1985, 84). Die aufgeworfene Grundsatzfrage kann auch durch Gesetz der Überprüfung durch das OVG entzogen sein. So kann das Berufungsgericht Vorentscheidungen im ersten Rechtszug, die unanfechtbar oder mit der Beschwerde anfechtbar sind (§ 173 VwGO i.V.m. § 512 ZPO), nicht überprüfen (→ Rn. 198 ff.). Das Berufungsgericht prüft auch nicht, ob der beschrittene Rechtsweg zulässig ist (§ 17 a Abs. 5 GVG; → Rn. 209) und ob das VG die sachliche und örtliche Zuständigkeit zu Recht bejaht hat (§ 83 VwGO i.V.m. § 17 a Abs. 5 GVG; → Rn. 210). Die Klärungsfähigkeit ist nicht deshalb zu verneinen, weil über die Verfassungswidrigkeit eines Gesetzes das BVerfG (Art. 100 Abs. 1 GG) oder ein Landesverfassungsgericht entscheidet (→ Rn. 134 f.) oder die Klärung einer unionsrechtlichen Frage erst nach einer Vorabentscheidung des EuGH nach Art. 267 AEUV erreicht werden kann (→ Rn. 136 f.).

V. Maßgeblicher Zeitpunkt[190]

150   Nach der mündlichen Verhandlung des VG *neu eingetretene Tatsachen* oder neue Beweismittel, die nur die Umstände des konkreten Einzelfalls betreffen, sind i.R. des Zulassungsgrundes des § 124 Abs. 2 Nr. 3 nicht zu berücksichtigen. Beziehen sich hingegen die neu eingetretenen Tatsachen oder neu verfügbaren Beweismittel auf eine die Berufung wegen grundsätzlicher Bedeutung eröffnende Tatsachenfrage verallgemeinerungsfähiger Tragweite, können sie im Zulassungsverfahren vorgetragen werden,[191] allerdings nur bis zum Ablauf der Zulassungsantragsfrist (OVG Weimar DÖV 1999, 609 f.). Je nach Fallkonstellation kann aufgrund einer veränderten Sachlage entweder eine ursprüng-

---

187   Vgl. BVerwG 9.3.1984 Buchholz 442.30 Seeverkehrsrecht Nr. 2; 18.8.1992 Buchholz 310 § 132 VwGO Nr. 310; DVBl 1995, 568; NVwZ 1996, 1010; 4.6.1998 – 9 B 429/98.
188   BVerwG 27.4.1979 Buchholz 310 § 132 VwGO Nr. 174; 9.9.1994 Buchholz 310 § 132 Abs. 2 Ziff. 1 VwGO Nr. 3; BauR 2013, 2014.
189   OVG Münster 26.9.2002 – 8 A 3115/02; VGH Mannheim VBlBW 2001, 231.
190   S. dazu auch → Rn. 146 (auslaufendes Recht), → Rn. 148 („überholte" Tatsachen) und → Rn. 154 (Unerheblichkeit wegen Änderung der Sach- oder Rechtslage).
191   OVG Weimar DÖV 1999, 609 f.; VGH Kassel NVwZ 1998, 755; VGH Mannheim NVwZ-RR 1993, 581 (LS); InfAuslR 1994, 290, 291.

lich geklärte Tatsachenfrage grundsätzliche Bedeutung erlangen oder eine ursprünglich klärungsbedürftige Frage bereits im Zulassungsverfahren als geklärt angesehen werden. Voraussetzung ist, dass das neue Vorbringen einen bereits anhängigen Streitgegenstand betrifft (offen gelassen von VGH Mannheim 4.7.2000 – A 9 S 1275/00). Verfehlt ist die Auffassung des 1. Senats des BGH (BGH NJW 2004, 3188; zur herrschenden Gegenauffassung → § 124a Rn. 257), bei nachträglichem Wegfall der grundsätzlichen Bedeutung das Rechtsmittel auch dann wegen grundsätzlicher Bedeutung zuzulassen, wenn das Rechtsmittel Aussicht auf Erfolg hat. Der BGH verkennt Sinn und Zweck der Grundsatzrüge; sie dient der Rechtseinheit und -fortbildung und lediglich mittelbar der Einzelfallgerechtigkeit (→ Rn. 22).

Eine Rechtsfrage, die sich nur auf eine nach der angefochtenen Entscheidung in Kraft getretene *neue*   150a *Rechtslage* bezieht, verleiht der Sache keine grundsätzliche Bedeutung; denn die Rechtsfrage war für die Entscheidung des Verwaltungsgerichts nicht maßgeblich (vgl. BVerwG NVwZ 2005, 709). Es kann aber eine Zulassung der Berufung nach § 124 Abs. 2 Nr. 1 oder 2 in Betracht kommen (→ Rn. 92 ff.).

VI. Entscheidungserheblichkeit

Wie für alle Zulassungsgründe wird auch beim Zulassungsgrund der grundsätzlichen Bedeutung eine   151 im Wesentlichen gleichartige Erheblichkeits- oder Kausalitätsprüfung vorgenommen. Beim Zulassungsgrund der grundsätzlichen Bedeutung erfolgt diese Prüfung der Entscheidungserheblichkeit überwiegend unter den Gesichtspunkten der Klärungsbedürftigkeit und Klärungsfähigkeit, teils aber auch unter dem Gesichtspunkt, ob eine Klärung „zu erwarten ist". Die konkrete Zuordnung ist jedoch letztlich zweitrangig, weil es sich um einen allgemeinen Rechtsgedanken handelt (→ Rn. 100, 101 f.).

1. Tragende Begründung. Die grds. bedeutsame Frage muss im Urteil des VG zum entscheidungstra   152 genden Begründungsteil gehören. Klärungsbedürftig sind daher nur Rechts- oder Tatsachenfragen, die die Vorinstanz entschieden hat, nicht jedoch solche, die sich erst stellen würden, wenn das VG anders entschieden hätte[192] oder andere Tatsachen festgestellt hätte (OVG Münster 10.5.2016 – 11 A 732/16). Eine Grundsatzfrage, mit der sich das VG rechtsfehlerhaft nicht befasst hat, obwohl sie sich nach dem festgestellten Sachverhalt gestellt hätte, begründet ebenfalls nicht die Zulassung der Berufung (OVG Münster 1.2.2010 – 8 A 84/10.A; offen gelassen vom VGH Mannheim 4.7.2000 – A 9 S 1275/00).

2. Mehrfachbegründung. Ist das angegriffene Urteil auf eine weitere selbständig tragende Begrün   153 dung gestützt, hinsichtlich deren ein Zulassungsgrund nicht (erfolgreich) geltend gemacht wird, scheidet eine Zulassung wegen grundsätzlicher Bedeutung mangels Klärungsbedürftigkeit der aufgeworfenen Frage aus. Nicht selten wird in diesem Zusammenhang auch davon gesprochen, dass eine Zulassung nicht in Betracht komme, weil eine Klärung der grundsätzlichen Frage im künftigen Rechtsmittelverfahren wegen der Mehrfachbegründung nicht zu „erwarten" sei.[193] Dieser gedankliche Ansatz stellt jedoch zu Unrecht auf die Beurteilung des Rechtsmittelgerichts und nicht auf die des Vordergerichts ab. Wäre diese Sicht richtig, wäre eine Klärung der Grundsatzfrage im Rechtsmittelverfahren dann zu „erwarten", wenn die Doppel- oder Mehrfachbegründung des Vordergerichts falsch ist. Eine solche Überprüfung der Begründung des Vordergerichts durch das Rechtsmittelgericht wird aber – zu Recht – von der Rspr. nicht vorgenommen. Maßgeblich ist vielmehr ausschließlich die Beurteilung des Vordergerichts hinsichtlich der Mehrfachbegründung.

3. Erheblichkeit im Berufungsverfahren. Eine Zulassung der Berufung ist nicht gerechtfertigt, wenn   154 in dem angestrebten Berufungsverfahren die als grds. klärungsbedürftig bezeichnete Frage für den Ausgang des Rechtsstreits im Rechtsmittelverfahren unerheblich ist (BVerwG 30.8.1962 Buchholz 310 § 132 VwGO Nr. 35; DVBl 1993, 49 f.). Davon ist auszugehen, wenn sich die Entscheidung aus einem anderen als dem vom VG angeführten Grund als richtig (→ Rn. 101 f.) oder auch als unrichtig erweist. In diesen Fällen ist die Grundsatzfrage nicht klärungsbedürftig oder nicht klärungsfähig bzw. eine Klärung der aufgeworfenen Frage nicht zu erwarten; dem Rechtsmittelführer ist zuvor rechtliches

---

192 OVG Münster 27.8.1998 – 5 A 5353/97.A; zum Revisionsrecht: BVerwG 29.6.1992 Buchholz 418.04 Nr. 17.
193 Vgl. z.B. *F. Weyreuther*, Revisionszulassung, 1971, Rn. 75 ff.

Gehör zu gewähren (→ Rn. 103). Diese Voraussetzungen liegen z.B. vor, wenn eine Grundsatzfrage zur Begründetheit der Klage in einem Berufungsverfahren nicht geklärt werden kann, weil die Klage bereits erkennbar unzulässig ist.[194] Unerheblich ist insoweit, ob das VG die Klage als begründet oder unbegründet angesehen hat; die Grundsatzrüge dient nicht der Sicherung der Einzelfallgerechtigkeit (→ Rn. 22). Die Berufung ist auch dann nicht zuzulassen, wenn es auf die zu klärende Frage wegen einer Änderung der Rechtslage oder der maßgeblichen tatsächlichen Umstände (im konkreten Fall) erkennbar nicht ankommt (zur Gesetzesänderung → Rn. 96). Davon zu unterscheiden sind die Fälle auslaufenden Rechts (→ Rn. 146) oder „überholter" Tatsachen (→ Rn. 148), in denen es zwar im konkreten Fall noch auf die „alte" Sach- oder Rechtslage ankommt, bei denen es aber i.d.R. an einer Klärungsbedürftigkeit für die Zukunft fehlt.

J. Divergenz (Abs. 2 Nr. 4)

I. Allgemeines

155 Der Zulassungsgrund der Abweichung in § 124 Abs. 2 Nr. 4 stimmt wörtlich mit dem Berufungszulassungsgrund in § 78 Abs. 3 Nr. 2 AsylG und weitgehend mit dem Revisionszulassungsgrund in § 132 Abs. 2 Nr. 2 überein. Von letzterem unterscheidet sich § 124 Abs. 2 Nr. 4 dadurch, dass auch eine Abweichung von einer Entscheidung des OVG zur Zulassung der Berufung führt.

156 Die Berufungszulassung wegen Abweichung wird nach ganz h.M. als ein Seitenstück, als eine Spielart, als besonderer Fall oder als Unterfall der Grundsatzzulassung verstanden.[195] Es darf jedoch nicht übersehen werden, dass es sich bei dieser Charakterisierung um eine schlagwortartige Überspitzung handelt, weil auch Fälle von Divergenz ohne grundsätzliche Bedeutung denkbar sind.[196] Entscheidend sind die in den zitierten Kurzformeln zum Ausdruck gebrachte weitgehende Überlagerung und Strukturgleichheit der beiden Zulassungsgründe Nr. 3 und Nr. 4, die überwiegend die gleiche Zielsetzung verfolgen. Wie die Grundsatzrüge dient die Divergenzrüge der Wahrung der Einheitlichkeit der Rspr.[197] bei der Auslegung des Rechts, mithin der Wahrung der Rechtseinheit und Rechtsanwendungsgleichheit.[198] Die Weiterentwicklung des Rechts steht dabei – anders als bei der Grundsatzberufung – nicht im Vordergrund,[199] wenngleich im Einzelfall die bewusste Abweichung eines VG von ober- oder höchstrichterlicher Rspr. eine Rechtsfortbildung anstoßen kann. Anders als die Divergenzrevision sichert die Divergenzberufung auch die Einheitlichkeit der Rspr. zum Landesrecht und zu verallgemeinerungsfähigen Tatsachen (zu Tatsachenfragen → Rn. 172).

II. Verhältnis der Divergenz- zur Grundsatzrüge

157 Aus der Struktur- und Zielverwandtschaft der Grundsatz- und Divergenzrüge ergeben sich wichtige Folgerungen für die Auslegung bzw. Umdeutung des Vorbringens im Zulassungsverfahren. Liegt die geltend gemachte Divergenz nicht vor, so ist die Berufung gleichwohl wegen grundsätzlicher Bedeutung zuzulassen, wenn mit der Divergenzrüge in Wirklichkeit eine Frage aufgeworfen wird, die der Rechtssache grundsätzliche Bedeutung gibt.[200] Beruft sich der Rechtsmittelführer umgekehrt auf eine grundsätzliche Bedeutung der Rechtssache, so kann eine Zulassung wegen Divergenz erfolgen, wenn die aufgeworfene Rechtsfrage bereits durch die Rspr. geklärt ist und das angegriffene Urteil von dieser

---

194   Vgl. BVerwG MDR 1957, 123; 30.8.1962 Buchholz 310 § 132 VwGO Nr. 35; BFHE 152, 40, 42; *F. Weyreuther*, Revisionszulassung, 1971, Rn. 74.

195   Vgl. nur BVerwGE 59, 87, 93; 70, 24, 27; BVerwG DVBl 1965, 841, 842; 1992, 1441; 27.2.1997 Buchholz 310 § 132 Abs. 2 Ziff. 2 VwGO Nr. 2; 27.2.1997 Buchholz 310 § 132 Abs. 2 Ziff. 1 VwGO Nr. 15; *F. Weyreuther*, Revisionszulassung, 1971, Rn. 8.

196   Vgl. *H. Günther*, DVBl 1998, 678, 680; *W. B. Maetzel*, MDR 1961, 453 (Fn. 4).

197   S.a. Art. 95 Abs. 3 S. 1 GG; ferner *F. Weyreuther*, Revisionszulassung, 1971, Rn. 96.

198   BVerwG 26.6.1995 Buchholz 310 § 132 Abs. 2 Ziff. 2 VwGO Nr. 2; NVwZ 1996, 1010; 27.2.1997 Buchholz 310 § 132 Abs. 2 Ziff. 1 VwGO Nr. 15; *R. Pietzner/J. Buchheister*, in: Schoch/Schneider/Bier § 132 Rn. 57.

199   BVerwG 27.2.1997 Buchholz 310 § 132 Abs. 2 Ziff. 1 VwGO Nr. 15; *W. B. Maetzel*, DVBl 1969, 347, 348.

200   Vgl. BVerwGE 24, 91; 59, 87, 93; 99, 351, 353; BVerwG 26.6.1984 Buchholz 407.4 § 17 StrG Nr. 56; DVBl 1992, 1441; BFHE 89, 256, 257; 148, 436; 153, 213, 214; BAG MDR 2005, 825; OVG Münster 15.5.2000 – 21 A 3523/99.A; *P. Kummer*, Nichtzulassungsbeschwerde, 1990, Rn. 170; *F. Weyreuther*, Revisionszulassung, 1971, Rn. 94; vgl. ferner OVG Bln NVwZ 1998, 200, 201.

Rspr. abweicht.[201] Einer Umstellung des Antrags bedarf es nicht; Voraussetzung ist jedoch, dass die erhobene Rüge ursprünglich zulässig und begründet war.[202] Daran fehlt es auch, wenn sich die aufgeworfene Rechtsfrage auf der Grundlage der gesetzlichen Regelung und der hierzu bereits vorliegenden ober- bzw. höchstrichterlichen Rspr. bereits zweifelsfrei beantworten lässt (VGH Kassel 26.1.1999 – 9 ZU 2538/97.A).

III. Abweichung

1. Grundsätze. Eine Abweichung i.S.d. § 124 Abs. 2 Nr. 4 liegt vor, wenn das Urteil des VG mit 158
einem seine Entscheidung tragenden (abstrakten) Rechtssatz in Anwendung derselben Rechtsvorschrift (→ Rn. 160 f.) von einem in der Rspr. der in Nr. 4 genannten Gerichte aufgestellten eben solchen Rechtssatz abweicht.[203] Die Abweichung kann sowohl formelles als auch materielles Recht betreffen. Eine Divergenz liegt ferner vor, wenn die Tatsachenfeststellungen in der verwaltungsgerichtlichen Entscheidung von der Feststellung verallgemeinerungsfähiger Tatsachen in der Rspr. insbes. des übergeordneten OVG abweichen[204] (→ Rn. 172). Maßgeblich sind allein die schriftlichen Entscheidungsgründe. Mit den im Anschluss an die Verkündung eines Urteilstenors mündlich mitgeteilten Gründen werden keine „Rechtssätze" aufgestellt (VGH Mannheim NVwZ 1999, 669); mündlich mitgeteilte Gründe haben nur die Bedeutung einer vorläufigen und unmaßgeblichen Information der Beteiligten (BGH NJW 1961, 419, 420; BSG NJW 1961, 1183). Ausreichend ist eine objektive Abweichung; ob sie dem VG bekannt oder von ihm gewollt war, ist unerheblich.[205] Deshalb ist die Berufung wegen Divergenz auch dann zuzulassen, wenn die Entscheidung des BVerwG oder des OVG erst nach Erlass des angegriffenen verwaltungsgerichtlichen Urteils ergangen ist[206] (→ Rn. 174).

2. Unrichtige Anwendung. Die lediglich unrichtige Anwendung eines von dem angerufenen OVG 159
oder dem BVerwG entwickelten und im angefochtenen Urteil nicht infrage gestellten Rechtsgrundsatzes auf den zu entscheidenden Einzelfall ist keine Abweichung i.S.d. § 124 Abs. 2 Nr. 4.[207] Eine bloß fehlerhafte Rechtsanwendung und keine Divergenz liegt auch dann vor, wenn das VG eine Rechtsfrage oder einen Rechtssatz übersehen hat.[208]

3. Verdeckte Divergenz. Allerdings ist eine Entscheidung dann divergenzgeeignet, wenn das VG still- 159a
schweigend (konkludent) von einer bestimmten Rechtsansicht ausgegangen ist; dies ist eine Frage der Auslegung im Einzelfall.[209] Eine nur scheinbar fallbezogene Würdigung kann ausnahmsweise eine sog. verdeckte Divergenz beinhalten, wenn zwingende Anhaltspunkte erkennen lassen, dass das VG einen divergierenden allgemeinen Rechts- oder Tatsachensatz aufgestellt hat.[210] An die Darlegung und Feststellung einer solchen verdeckten Abweichung sind hohe Anforderungen zu stellen; es muss konkret

---

201 BVerwGE 24, 91; für die Klärung einer Grundsatzfrage durch eine nach Ablauf der Antragsfrist ergangene Entscheidung: BVerfG DVBl 2000, 407, 408; BVerwG 20.3.1985 Buchholz 310 § 132 VwGO Nr. 230; 11.2.1986 Buchholz 310 § 132 VwGO Nr. 240; BayVBl 1992, 537, 538; NVwZ-RR 1993, 513; OVG Weimar DÖV 1998, 84 (LS); VGH Mannheim 31.8.1998 – A 6 S 2056/97.

202 Vgl. z.B. OVG Weimar DÖV 1998, 84 (LS); VGH Kassel ZAR 1997, 144 (LS); VGH Mannheim 31.8.1998 – A 6 S 2056/97.

203 OVG Münster NVwZ 1998, 306, 307; VGH Mannheim DVBl 1997, 1326; st. Rspr. zum Revisionsrecht: BVerwG 30.6.1988 Buchholz 310 § 132 VwGO Nr. 263; 21.7.1988 Buchholz 310 § 132 VwGO Nr. 265; 12.12.1991 Buchholz 310 § 132 VwGO Nr. 302; 26.6.1995 Buchholz 310 § 132 Abs. 2 Ziff. 2 VwGO Nr. 2; NVwZ-RR 1996, 712, 713.

204 Vgl. VGH Kassel ESVGH 47, 291; NVwZ 1998, 303; ferner BVerwGE 70, 24, 27; W. Roth, DÖV 1998, 191, 197 f.; H.-J. Höllein, ZAR 1989, 111.

205 Vgl. BFHE 98, 1; F. Weyreuther, Revisionszulassung, 1971, Rn. 106.

206 Vgl. BVerwG MDR 1954, 652; DVBl 1965, 841; 7.6.1991 Buchholz 310 § 132 VwGO Nr. 299; P. Kummer, Nichtzulassungsbeschwerde, 1990, Rn. 160; a.A. BGH NJW 2003, 2319; 2003, 3781.

207 OVG Münster NVwZ 1998, 306, 307; st. Rspr. zum Revisionsrecht: BVerwG 31.3.1988 Buchholz 310 § 132 VwGO Nr. 260; DVBl 1990, 58; 10.7.1995 Buchholz 310 § 132 Abs. 2 Ziff. 2 Nr. 3; NVwZ-RR 1997, 191.

208 Vgl. VGH Kassel ESVGH 47, 291; VGH Mannheim DVBl 1997, 1326; ferner zum Revisionsrecht: BVerwG 23.8.1976 Buchholz 310 § 132 VwGO Nr. 147; NVwZ-RR 1997, 512, 513.

209 Vgl. BVerwG 23.8.1976 Buchholz 310 § 132 VwGO Nr. 147; F. Weyreuther, Revisionszulassung, 1971, Rn. 114 m.w.N.

210 BAG MDR 2004, 1199 m.w.N.; NJW 2007, 1164; OVG Münster 29.7.1999 – 20 A 1948/99.A; VGH Kassel NJW 1986, 3042 (LS); F. Weyreuther, Revisionszulassung, 1971, Rn. 114.

und im Einzelnen begründet werden, warum das VG von dem betreffenden Rechtssatz ausgegangen sein muss. In der Mehrzahl der Fälle wird lediglich eine unrichtige Rechtsanwendung vorliegen.

IV. Identität der Rechtsfrage

160   Nach st.Rspr. des BVerwG ist die Divergenzzulassung nur gerechtfertigt, wenn sich die Entscheidung, von der abgewichen wird, nicht nur auf dieselbe Rechtsfrage, sondern auch auf die Anwendung derselben Rechtsnorm bezieht.[211] Die Frage ist in der Rspr. der Bundesgerichte umstr.,[212] aber i.S.d. BVerwG zu beantworten. Die Divergenzzulassung bezweckt nicht etwa, allgemeine, auf mehreren Rechtsgebieten auftauchende Rechtsfragen zu beantworten, sondern die Einheitlichkeit der Rspr. in der Auslegung bestimmter Gesetzesvorschriften zu sichern (BVerwG NJW 1960, 979 f.). Der übereinstimmende und erst recht der nur ähnliche Wortlaut von Vorschriften gewährleistet nicht, dass die Vorschriften auf demselben Rechtsgedanken beruhen und sachlich übereinstimmen. Sinn und Zweck der Vorschriften sowie der jeweilige systematische Zusammenhang können trotz gleichen Wortlauts eine unterschiedliche Auslegung erfordern (BVerwGE 16, 53, 57). Ist damit eine Abweichung lediglich möglich, ist eine Zulassung wegen Divergenz nicht gerechtfertigt.[213] Die praktische Bedeutung der umstr. Frage ist freilich gering. Wird eine Divergenzzulassung wegen Nichtidentität der maßgeblichen Vorschriften abgelehnt, kommt häufig eine Zulassung wegen grundsätzlicher Bedeutung in Betracht (→ Rn. 157).

161   Demgegenüber sind nach st. Rspr. des Gemeinsamen Senats der obersten Gerichtshöfe des Bundes (GmSOGB) die Voraussetzungen für eine Divergenzvorlage nach § 2 Abs. 1 RsprEinhG[214] (Abweichung „in einer Rechtsfrage") nicht nur erfüllt, wenn sich die zur Entscheidung vorgelegte Rechtsfrage im Anwendungsbereich derselben Rechtsvorschrift stellt, sondern auch dann, wenn sie auf der Grundlage von Vorschriften aufgeworfen wird, die zwar in verschiedenen Gesetzen stehen, in ihrem Wortlaut aber im Wesentlichen und in ihrem Regelungsinhalt gänzlich übereinstimmen und deswegen nach denselben Prinzipien auszulegen sind.[215] Es genügen also im Wesentlichen gleiche Regelungen in unterschiedlichen Gesetzen (GmSOGB BVerwGE 92, 367, 370). Die großzügigere Auslegung des § 2 Abs. 1 RsprEinhG erscheint gerechtfertigt, weil das Korrektiv einer Grundsatzvorlage an den GmSOGB fehlt.[216]

V. Divergenzentscheidung

162   **1. Divergenzrelevante Gerichte.   a) OVG.**   § 124 Abs. 2 Nr. 4 führt abschließend die Gerichte auf, deren Entscheidungen eine Divergenz begründen können. Abweichend von der Divergenzrevision ist die Berufung auch bei einer Divergenz zu einer Entscheidung „des" OVG, also des im Instanzenzug übergeordneten Berufungsgerichts,[217] zuzulassen. Bereits in § 131 i.d.F. des 4. VwGOÄndG war die Divergenzrüge auf die Abweichung von einer Entscheidung „des" OVG beschränkt worden, während zuvor die Abweichung von der Entscheidung (irgend-)„eines" OVG ausgereicht hatte. Dies sollte den Schwierigkeiten Rechnung tragen, die sich bei der Feststellung abweichender Entscheidungen anderer OVG ergeben können.[218] Die Abweichung von einer Entscheidung eines anderen OVG rechtfertigt so-

---

211   BVerwGE 16, 53, 54 ff.; 24, 155, 156; BVerwG NJW 1960, 979; 16.10.1979 Buchholz 310 § 132 VwGO Nr. 184; NVwZ 1982, 433; 12.12.1991 Buchholz 310 § 132 VwGO Nr. 302; 26.6.1995 Buchholz 310 § 132 Abs. 2 Ziff. 2 VwGO Nr. 2 m.w.N.; ebenso *Kopp/Schenke* § 132 Rn. 15; *P. Kummer*, Nichtzulassungsbeschwerde, 1990, Rn. 175 f; *R. Pietzner/J. Buchheister*, in: Schoch/Schneider/Bier § 132 Rn. 75 ff.; *F. Weyreuther*, Revisionszulassung, 1971, Rn. 116 ff.

212   A.A. als das BVerwG: BFHE 101, 247; BGHZ 7, 339, 342 f.; 9, 179, 181; 25, 186, 188; BSGE 29, 225, 228 f.; *E.-W. Hanack*, Ausgleich divergierender Entscheidungen, 1962, 154 ff.; *Koehler* § 132 Anm. B V 6; *M. Redeker*, in: Redeker/v. Oertzen § 132 Rn. 14; wohl auch *K. A. Bettermann*, NJW 1961, 44.

213   Vgl. *P. Kummer*, Nichtzulassungsbeschwerde, 1990, Rn. 175; *F. Weyreuther*, Revisionszulassung, 1971, Rn. 119.

214   Gesetz zur Wahrung der Einheitlichkeit der Rechtsprechung der obersten Gerichtshöfe des Bundes vom 19.6.1968 (BGBl I 661).

215   GmSOGB BVerwGE 77, 370, 373; BVerwGE 41, 363, 365; ebenso BVerwG NVwZ 1992, 1085, 1087 f.

216   Vgl. *R. Pietzner/J. Buchheister*, in: Schoch/Schneider/Bier § 132 Rn. 77; s.a. *F. Weyreuther*, Revisionszulassung, 1971, Rn. 121.

217   OVG Münster 24.3.1997 – 23 B 544/97; 29.7.2011 – 12 A 1729/10; ferner BVerfG BayVBl 1994, 530 (zu § 78 Abs. 3 Nr. 2 AsylVfG).

218   BT-Drs. 11/7030, 32; s.a. BT-Drs. 12/1217, 52 zu § 144 Abs. 2 Nr. 2 SGG.

mit nicht die Zulassung der Berufung wegen Divergenz, möglicherweise aber wegen grundsätzlicher Bedeutung (Nr. 3)[219] (→ Rn. 132, 129); je nach Fallgestaltung können auch ernstliche Zweifel (Nr. 1) oder besondere Schwierigkeiten (Nr. 2) gegeben sein. Ausreichend ist die Abweichung von der Entscheidung eines Senats des OVG, auch wenn andere Senate, etwa auch der erkennende Senat (OVG Lüneburg NVwZ-RR 1999, 697), die Frage abweichend beurteilen (→ Rn. 175).

b) BVerwG. Die Abweichung von einer Entscheidung eines anderen Revisionsgerichts als des **163** BVerwG begründet ebenfalls keine Divergenz; denn § 124 Abs. 2 Nr. 4 gewährleistet – wie § 132 Abs. 2 Nr. 1 – nur die Einheitlichkeit der Rspr. innerhalb des Verwaltungsrechtsweges.[220] Insoweit kommen aber die Zulassungsgründe der Nr. 1, 2 oder 3 in Betracht.

Weicht das angefochtene Urteil von einer Entscheidung des OVG ab, steht es aber im Einklang mit der **164** Rspr. des BVerwG, so ist die Berufung zuzulassen, wenn das OVG an seiner von der Rspr. des BVerwG abweichenden Auffassung festhält (zur „Überholung" der Rspr. des OVG durch neuere Rspr. des BVerwG → Rn. 175). Weicht das verwaltungsgerichtliche Urteil von der Rspr. des BVerwG ab, steht es aber im Einklang mit der Rspr. des OVG, so ist ebenfalls die Berufung zuzulassen.

c) GmSOGB. Der GmSOGB ist in § 124 Abs. 2 Nr. 4 aufgeführt, weil er wegen seiner Verklamme- **165** rungsfunktion dem jeweiligen Rechtsweg zugeordnet werden kann.[221]

d) BVerfG. Der Zulassungstatbestand der Abweichung von einer Entscheidung des BVerfG soll das **166** Verfassungsgericht entlasten und verhindern, dass gegen ein verwaltungsgerichtliches Urteil, das von einer Entscheidung des BVerfG abweicht, Verfassungsbeschwerde eingelegt wird.[222] Im Berufungszulassungsrecht hätte es dieses Zulassungstatbestandes allerdings nicht bedurft, weil eine Abweichung von der Rspr. des BVerfG als eine Verletzung der Bindungswirkung nach § 31 Abs. 1 BVerfGG[223] über den Zulassungsgrund der Nr. 1 oder auch den der Nr. 2 geltend gemacht werden kann.

e) EuGH. Eine Abweichung von einer Entscheidung des EuGH kann nicht mit der Divergenzrüge **166a** geltend gemacht werden, weil dieser nicht zu den in § 124 Abs. 2 Nr. 4 angeführten Gerichten gehört. Angesichts der eindeutigen Aufzählung ist für eine analoge Anwendung der Vorschrift kein Raum (BVerwG 26.1.2010 – 9 B 40.09 zu § 132 Abs. 2 Nr. 2; a.A. OVG Lünebur 10.2.2011 – 11 LA 491/10 zu § 78 Abs. 3 Nr. 2 AsylG). Einer analogen Anwendung bedarf es i.d.R. auch nicht, weil diese Fallkonstellation über § 124 Abs. 2 Nr. 1 oder 2 erfasst werden kann.

f) VG. Die Abweichung von der Entscheidung eines anderen VG oder von einer anderen Kammer **167** desselben VG begründet keine Divergenz (vgl. VGH München BayVBl 1985, 181); in Bezug auf Landesrecht oder tatsächliche Feststellungen kann aber eine grundsätzliche Bedeutung gegeben sein (→ Rn. 128, 140).

2. Divergenzrelevante Entscheidungen. a) Begriff der „Entscheidung". Der Begriff der „Entschei- **168** dung" in § 124 Abs. 2 Nr. 4 erfasst sowohl *Urteile* als auch *Beschlüsse*, einschließlich Entscheidungen im *Zulassungsverfahren*.[224] Voraussetzung ist aber stets, dass die in Rede stehende Frage nicht nur erwogen, sondern „entschieden" worden ist (zu obiter dicta → Rn. 173). Daran fehlt es regelmäßig bei Beschlüssen, die ein Rechtsmittel wegen grundsätzlicher Bedeutung zulassen, weil mit der Zulassung noch nicht über die grds. bedeutsame Frage entschieden ist (vgl. BVerwG NVwZ 1999, 406 f.; VGH Kassel NVwZ-Beilage 2000, 6 [LS]). Auch Entscheidungen über die Gewährung von *PKH*[225] oder Kostenentscheidungen nach § 161 Abs. 2 (OVG Münster 4.8.2003 – 8 A 2621/03.A) haben wegen des summarischen Prüfungsmaßstabs im Allgemeinen keinen divergenzfähigen Entscheidungsgehalt. Bei Entscheidungen im *einstweiligen Rechtsschutzverfahren* ist zu differenzieren. Soweit sie lediglich summarisch über die Rechtslage befinden, sind sie nicht divergenzgeeignet. Werden hingegen rechtliche

---

219 So auch BT-Drs. 11/7030, 32.
220 Vgl. BVerwGE 4, 357, 358 f.; BVerwG 19.12.1977 Buchholz 310 § 132 VwGO Nr. 159; *F. Weyreuther*, Revisionszulassung, 1971, Rn. 96.
221 Vgl. *R. Pietzner/J. Buchheister*, in: Schoch/Schneider/Bier § 132 Rn. 66.
222 Vgl. die Regierungsbegründung, BT-Drs. 12/3628, 15, zur entsprechenden Ergänzung des § 132 Abs. 2 Nr. 2 durch Art. 5 des Fünften Gesetzes zur Änderung des Gesetzes über das BVerfG vom 2.8.1993 (BGBl I 1442).
223 Zum Verhältnis von Divergenzzulassung und § 31 BVerfGG vgl. *J. Ziekow*, NVwZ 1995, 247.
224 Vgl. BVerwG 2.2.1994 Buchholz 310 § 132 Abs. 2 Ziff. 2 VwGO Nr. 1; VGH Kassel NVwZ 2000, 1433.
225 Vgl. OVG Bautzen DÖV 2016, 826; *P. Kummer*, Nichtzulassungsbeschwerde, 1990, Rn. 161; *F. Weyreuther*, Revisionszulassung, 1971, Rn. 100.

oder tatsächliche Fragen entschieden, weil i.R. einer Interessenabwägung nach § 80 Abs. 5 die Rechtslage klar, eindeutig oder „offensichtlich" ist oder weil die Anspruchsvoraussetzungen des § 123 oder die Gewährung effektiven Rechtsschutzes eine Entscheidung der materiellen Rechtsfragen erfordern, sind solche Beschlüsse divergenzfähig (OVG Lüneburg DVBl 1998, 491 f. [LS]; VGH Mannheim 17.9.2013 – 3 S 1727/13).

169 **b) Zurückverweisendes Urteil.** Ein in derselben Sache ergangenes, zurückverweisendes Urteil ist nach der Rspr. des BVerwG[226] nicht divergenzgeeignet, weil die nicht beachtete Bindung nach § 130 Abs. 2 bzw. § 144 Abs. 6 als Verfahrensfehler (§ 124 Abs. 2 Nr. 5) zu qualifizieren sei. Überzeugen kann das nicht. Mehrere Zulassungsgründe können parallel nebeneinander gegeben sein. Auch in dem Sonderfall des zurückverweisenden Urteils ist das Ziel einer Divergenzzulassung die Wahrung der Rechtseinheit. Dass das Recht wegen der Selbstbindung des Rechtsmittelgerichts nicht fortentwickelt werden kann,[227] steht ohnehin bei der Divergenzzulassung nicht im Vordergrund.[228] Folgt man der Rspr. des BVerwG, so ist jedenfalls eine Divergenzrüge in aller Regel als Verfahrensrüge auszulegen.[229]

170 **c) Vorlagebeschlüsse.** Sie sind, gleich ob nach §§ 11, 12 an den GS (vgl. BAGE 52, 394, 396 ff.), nach § 11 Abs. 1 RsprEinhG[230] an den GmSOGB (vgl. BVerwG NJW 1976, 1420), nach Art. 100 Abs. 1 GG an das BVerfG oder nach Art. 267 AEUV an den EuGH, nicht divergenzfähig. Sie sollen eine Entscheidung des angerufenen Gerichts lediglich vorbereiten, ohne selbst eine Präjudizwirkung und Leitbildfunktion für die Rspr. zu entfalten.[231]

171 **d) Vergleichsvorschlag.** Ein gerichtlicher Vergleichsvorschlag nach § 106 S. 2 ist keine divergenzgeeignete Entscheidung, weil mit ihm keine Rechtsfrage entschieden wird (OVG Bautzen NVwZ-RR 1999, 478).

172 **3. Tatsachenfeststellungen.** Divergenzrelevant sind nicht nur abstrakte Rechtssätze, sondern auch verallgemeinerungsfähige Tatsachenfeststellungen in einer Entscheidung des übergeordneten OVG.[232] In Ausnahmefällen können auch Entscheidungen des BVerfG (nach § 26 Abs. 1 BVerfGG erhebt das BVerfG die erforderlichen Beweise) oder des BVerwG[233] divergenzgeeignete Tatsachenfeststellungen enthalten.[234] Wie die Grundsatzzulassung (→ Rn. 138) ist auch die strukturähnliche Divergenzzulassung mit Blick auf die Funktion des Berufungsverfahrens als Tatsacheninstanz auszulegen. Der Begriff der „Entscheidung" i.S.d. § 124 Abs. 2 Nr. 4 erfasst auch Tatsachenfeststellungen, die zum Bestandteil jeder Entscheidung gehören. Bei Tatsachenfeststellungen verallgemeinerungsfähiger Art besteht – wie bei abstrakten Rechtssätzen – ein Bedürfnis nach Wahrung der Einheitlichkeit der Rspr. im Interesse der Rechtssicherheit und damit ein Grund für eine Divergenzzulassung. Tatsachen von verallgemeinerungsfähiger Bedeutung (→ Rn. 139) sind allerdings eher selten.

173 **4. Entscheidungserheblichkeit.** Eine zulassungsbegründende Abweichung von einer „Entscheidung" der in § 124 Abs. 2 Nr. 4 aufgeführten Gerichte setzt ferner voraus, dass der Rechtssatz oder die Tatsachenfeststellungen für die Divergenzentscheidung entscheidungserheblich gewesen sind. Ausführun-

---

226 BVerwG MDR 1964, 620; 19.2.1973 Buchholz 310 § 132 VwGO Nr. 102; 29.6.1977 Buchholz 310 § 132 VwGO Nr. 154; 17.3.1994 Buchholz 310 § 144 VwGO Nr. 57; NJW 1997, 3456; ebenso *P. Kummer*, Nichtzulassungsbeschwerde, 1990, Rn. 177; *R. Pietzner/J. Buchheister*, in: Schoch/Schneider/Bier § 132 Rn. 65; a.A. BAGE 11, 223; *F. Weyreuther*, Revisionszulassung, 1971, Rn. 101.

227 Darauf stellen *R. Pietzner/J. Buchheister*, in: Schoch/Schneider/Bier § 132 Rn. 65 ab.

228 BVerwG 27.2.1997 Buchholz 310 § 132 Abs. 2 Ziff. 1 VwGO Nr. 15; eine Rechtsfortentwicklung fehlt auch bei der Divergenzzulassung wegen Abweichung von der bindenden (!) Rspr. des BVerfG, → Rn. 156, 166.

229 BVerwG MDR 1964, 620; 19.2.1973 Buchholz 310 § 132 VwGO Nr. 102; 29.6.1977 Buchholz 310 § 132 VwGO Nr. 154; 17.3.1994 Buchholz 310 § 144 VwGO Nr. 57; NJW 1997, 3456.

230 Gesetz zur Wahrung der Einheitlichkeit der Rspr. der obersten Gerichtshöfe des Bundes vom 19.6.1968 (BGBl I 661).

231 BAGE 52, 394, 396 f.; *Kopp/Schenke* § 132 Rn. 14; *R. Pietzner/J. Buchheister*, in: Schoch/Schneider/Bier § 132 Rn. 64.

232 Vgl. VGH Kassel ESVGH 47, 291; NVwZ 1998, 303; ZAR 1998, 185 (LS); ferner BVerwGE 70, 24, 27; *H.-J. Höllein*, ZAR 1989, 111; *W. Roth*, DÖV 1998, 191, 197 f.

233 In Betracht kommen Feststellungen zu offenkundigen, unstr. oder sich aus den Akten ergebenden Tatsachen.

234 Vgl. *W. Roth*, DÖV 1998, 191, 197.

gen oder Begründungen, die die Divergenzentscheidung nicht tragen (*obiter dicta*),[235] oder bloße Hinweise (Empfehlungen) zum weiteren Verfahren bei einer Zurückverweisung[236] sind nicht divergenzfähig. Dazu gehören auch Ausführungen, die eine einschlägige Frage zwar ansprechen, aber letztlich offen lassen (BVerwG 4.2.1972 Buchholz 310 § 132 VwGO Nr. 86). Nichttragende Begründungen sind auch dann nicht divergenzfähig, wenn sie Gegenstand eines Leitsatzes sind.[237] Allerdings wird regelmäßig eine Berufungszulassung wegen grundsätzlicher Bedeutung in Betracht kommen, wenn im angefochtenen Urteil von einem für die Rechtsentwicklung bedeutsamen obiter dictum abgewichen wird (BVerwG 26.6.1984 Buchholz 407.4 § 17 StrG Nr. 56).

5. Maßgeblicher Zeitpunkt. Für die Frage der Divergenz ist der Zeitpunkt der Entscheidung über den 174 Antrag auf Zulassung der Berufung maßgeblich.[238] Deshalb ist auf den neuesten Stand der Rspr. im Zeitpunkt der Zulassungsentscheidung abzustellen (BVerwG MDR 1954, 652). Divergenzbegründend sind auch solche obergerichtlichen oder höchstrichterlichen Entscheidungen, die erst nach Erlass des angefochtenen Urteils ergangen sind[239] (→ Rn. 159). Ergangen ist die Divergenzentscheidung, wenn sie verkündet bzw. – im schriftlichen Verfahren – zugestellt ist (BFHE 10, 346, 347 f.). Sie muss nicht veröffentlicht sein[240] oder überhaupt mit den Entscheidungsgründen zugestellt worden sein. Es genügt, dass die Abweichung von einer verkündeten, bislang lediglich in Form einer Pressemitteilung vorliegenden Entscheidung gerügt wird (BFHE 10, 346, 347 f.; a.A. VGH Kassel NVwZ 1998, 303, 304); ggf. muss das Berufungsgericht mit seiner Zulassungsentscheidung bis zur Vorlage der schriftlichen Entscheidungsgründe zuwarten.

6. Überholte Rechtsprechung. a) Änderung der Rechtsprechung. Die Abweichung von einer Rspr., 175 an der in späteren Entscheidungen nicht mehr festgehalten worden ist, rechtfertigt nicht die Divergenzzulassung;[241] dies gilt auch dann, wenn die Aufgabe der früheren Rspr. durch einen Beschluss des GS des BVerwG oder des OVG erfolgt (BVerwG 2.2.1994 Buchholz 310 § 132 Abs. 2 Ziff. 2 VwGO Nr. 1). Eine Entscheidung des OVG kann auch durch neuere Rspr. des BVerwG überholt sein; Voraussetzung ist, dass der für die Divergenzentscheidung zuständige Senat nicht an seiner Rspr. festhalten will. Gleiches gilt, wenn das obergerichtliche Urteil vom BVerwG aufgehoben worden ist (VGH Kassel NVwZ-Beilage 1998, 111 [LS]). Liegen hingegen voneinander abweichende Entscheidungen verschiedener Senate desselben Gerichts vor, ohne dass die eine durch die andere überholt ist, so ist im Außenverhältnis jede der Entscheidungen divergenzbegründend.[242]

b) Gesetzesänderung. Eine Rspr. kann auch durch eine *Gesetzesänderung* „überholt" werden;[243] hat die 176 angegriffene Entscheidung des VG die geänderte bzw. neue Vorschrift angewandt, während der Divergenzentscheidung die alte Vorschrift zugrundeliegt, fehlt es an der Identität der Rechtsvorschrift (→ Rn. 160 f.). Hiervon zu unterscheiden ist der Fall der Anwendung auslaufenden Rechts (→ Rn. 178).

c) Änderung der tatsächlichen Verhältnisse. Eine Zulassung der Berufung wegen divergierender Tat- 177 sachenfeststellungen scheidet dann aus, wenn die verallgemeinerungsfähigen Tatsachenfeststellungen

---

235 OVG Bln NVwZ 1998, 200; OVG Münster 15.5.2000 – 21 A 3523/99.A; ferner BVerfG NJW 1996, 45; BVerwGE 99, 351, 353; BVerwG 26.6.1984 Buchholz 407.4 § 17 StrG Nr. 56; NVwZ 1998, 952, 953; BGHZ 21, 234, 236; *F. Weyreuther*, Revisionszulassung, 1971, Rn. 126 m.w.N.; für den Fall der Doppelbegründung BAG NJW 1981, 366, 367.

236 Vgl. OVG Münster NVwZ 2000, 1430; VGH Mannheim 5.9.1997 – A 16 S 2354/97; ferner BGH NJW 1954, 1933.

237 BVerwGE 99, 351, 353; BVerwG 10.4.1997 – 9 B 84/97; VGH Mannheim 5.9.1997 – A 16 S 2354/97; a.A. HmbOVG NVwZ 1999, 430.

238 OVG Münster 24.6.1999 – 14 A 2788/94.A; ferner BAG MDR 1983, 522; BFH NJW 1996, 1776; a.A. BGH NJW 2003, 2319; 2003, 3781.

239 Vgl. BVerwG MDR 1954, 652; DVBl 1965, 841; 7.6.1991 Buchholz 310 § 132 VwGO Nr. 299; *P. Kummer*, Nichtzulassungsbeschwerde, 1990, Rn. 160; a.A. BGH NJW 2003, 2319; 2003, 3781.

240 Vgl. BAGE 1, 224, 226 f.; 10, 346, 347 f.; BFHE 93, 23, 25; *F. Weyreuther*, Revisionszulassung, 1971, Rn. 102.

241 OVG Koblenz DVBl 1999, 118; OVG Münster 6.3.2012 – 1 A 1733/10; ferner BVerwG 20.11.1981 Buchholz 427.3 § 12 LAG Nr. 164; 18.12.1990 Buchholz 310 § 132 VwGO Nr. 294; 17.4.1991 Buchholz 310 § 132 VwGO Nr. 300; 2.2.1994 Buchholz 310 § 132 Abs. 2 Ziff. 2 VwGO Nr. 1; 5.5.1999 – 4 B 35.99; *F. Weyreuther*, Revisionszulassung, 1971, Rn. 104.

242 Vgl. *R. Pietzner/J. Buchheister*, in: Schoch/Schneider/Bier § 132 Rn. 70; *M. Redeker*, in: Redeker/v. Oertzen § 132 Rn. 13; *F. Weyreuther*, Revisionszulassung, 1971, Rn. 104.

243 BVerwG DVBl 1961, 745, 746; 26.6.1995 Buchholz 310 § 132 Abs. 2 Ziff. 2 VwGO Nr. 2; *F. Weyreuther*, Revisionszulassung, 1971, Rn. 104.

in einer Divergenzentscheidung durch *Änderung der tatsächlichen Verhältnisse* „überholt" sind;[244] die Änderung kann auch erst nach dem Ergehen der erstinstanzlichen Entscheidung eingetreten sein. Ist hingegen gerade zweifelhaft, ob sich die tatsächlichen Umstände geändert haben, ist die Divergenzzulassung gerechtfertigt.

VI. Auslaufendes Recht

178   Hat das VG ausgelaufenes, aber für den entschiedenen Altfall noch geltendes Recht angewandt und weicht es mit seiner Entscheidung von ober- oder höchstrichterlicher Rspr. i.S.d. § 124 Abs. 2 Nr. 4 ab, ist die Berufung zur Wahrung der Rechtseinheit und Rechtsanwendungsgleichheit zuzulassen. Die besonderen Voraussetzungen der Grundsatzrüge hinsichtlich ausgelaufenen Rechts (→ Rn. 146) gelten nicht für die Divergenzzulassung (BVerwG 27.2.1997 Buchholz 310 § 132 Abs. 2 Ziff. 1 VwGO Nr. 15). Die gegenteilige Auffassung des VGH Kassel[245] überzeugt nicht. Zwar ist die Divergenzzulassung eine Art besonderer Fall der Grundsatzzulassung, aber nicht lediglich eine „Teilmenge" der Grundsatzzulassung, sondern eigenständig geregelt. Bei ihr steht nicht die in die Zukunft gerichtete Weiterentwicklung des Rechts im Vordergrund, sondern der Gesichtspunkt der Wahrung der Rechtseinheit und Rechtsanwendungsgleichheit (→ Rn. 156). Während bei der Grundsatzzulassung der Aspekt der Schaffung und Herstellung von Rechtseinheit dominiert, dient die Divergenzzulassung stärker der (Be-)Wahrung und Sicherung der Rechtseinheit. Der rechtsstaatliche Grundwert der Rechtseinheit wäre gefährdet, wenn die VGe bei der Anwendung ausgelaufenen, aber für Altfälle noch geltenden Rechts von ober- oder höchstrichterlicher Rspr. ohne Möglichkeit berufungsgerichtlicher Überprüfung abweichen könnten. Es macht mithin einen Unterschied, ob die Rechtseinheit – wie bei der Grundsatzzulassung – für eine unbedeutende Zahl von Fällen erst noch hergestellt werden müsste oder ob eine grds. bestehende Rechtseinheit – wie bei der Divergenzzulassung – „durchgesetzt" und nicht vorzeitig aufgegeben werden soll.

179   Eine Zulassung der Berufung scheidet hingegen aus, wenn in einem Berufungsverfahren über die behauptete Divergenz aufgrund der inzwischen eingetretenen Rechtsänderung nicht mehr zu befinden wäre, wenn also die neue Rechtslage maßgeblich wäre (BVerwG NVwZ 1996, 1010).

VII. Erheblichkeit der Abweichung

180   Wie bei allen Zulassungsgründen (→ Rn. 100 ff., 151 ff.) wird auch bei der Divergenzrüge die Erheblichkeit oder Kausalität der Abweichung sowohl im Hinblick auf das Entscheidungsergebnis des VG (→ Rn. 181) als auch im Hinblick auf die zu erwartende Entscheidung des Berufungsgerichts geprüft (→ Rn. 182). Die davon zu unterscheidende Prüfung, ob das angegriffene Urteil von einem *entscheidungserheblichen* Rechtssatz einer anderen Entscheidung abweicht, gehört systematisch zur Frage der divergenzrelevanten „Entscheidung" (→ Rn. 173).

181   **1. Erheblichkeit für Entscheidung des VG.** Die Abweichung des verwaltungsgerichtlichen Urteils ist nach § 124 Abs. 2 Nr. 4 nur erheblich, wenn das Urteil auf ihr „beruht". Es muss also mindestens die Möglichkeit bestehen, dass das VG ohne die Abweichung zu einem für den Rechtsmittelführer sachlich günstigeren Ergebnis gekommen wäre;[246] ausgehend von den Tatsachenfeststellungen und der Rechtsansicht des VG darf sich ein ursächlicher Zusammenhang zwischen Abweichung und Ergebnis nicht ausschließen lassen.[247] Diese Voraussetzung liegt nicht vor, wenn die gerügte Rechtsauffassung des VG nicht entscheidungstragend ist (etwa bei einem obiter dictum) oder wenn das Urteil auf einer weiteren selbständig tragenden, nicht erfolgreich angegriffenen Begründung (Mehrfachbegründung: „sowohl deshalb als auch deshalb") beruht (→ Rn. 100; ferner BAG NJW 1981, 1687, 1688).

---

244   Vgl. OVG Münster NWVBl 1999, 268; 15.3.1999 – 4 A 3368/95.A; 24.6.1999 – 14 A 2788/94.A; VGH Kassel 21.3.2000 – 12 UZ 4014/99.A.

245   VGH Kassel ESVGH 48, 296; 20.7.1998 – 13 UZ 1594/98.A; wohl auch BVerwG NVwZ 1996, 1010 unter Bezugnahme auf BVerwG 26.6.1995 Buchholz 310 § 132 Abs. 2 Ziff. 2 VwGO Nr. 2, dem jedoch die in → Rn. 176 dargestellte Fallgruppe zugrundelag.

246   Vgl. VGH Kassel NVwZ 1998, 203; ferner BVerwGE 1, 1, 2 f.; BAG NJW 1963, 164 (LS); BGHZ 4, 58, 60.

247   Vgl. *F. Weyreuther*, Revisionszulassung, 1971, Rn. 124 m.w.N.

2. Erheblichkeit für Entscheidung des OVG. Eine Zulassung der Berufung wegen Divergenz kann abgelehnt werden, wenn die gerügte Abweichung – ausgehend von der Rechtsauffassung des Berufungsgerichts – für die Entscheidung im Berufungsverfahren erkennbar nicht entscheidungserheblich wäre, wenn sich also das Urteil des VG aus anderen Gründen als richtig erweist (→ Rn. 101).[248]   182

K. Verfahrensmangel (Abs. 2 Nr. 5)

I. Allgemeines

Nach § 124 Abs. 2 Nr. 5 wird die Berufung zugelassen, wenn ein der Beurteilung des Berufungsgerichts unterliegender Verfahrensmangel geltend gemacht wird und vorliegt, auf dem die Entscheidung beruhen kann. § 124 Abs. 2 Nr. 5 stimmt inhaltlich mit § 132 Abs. 2 Nr. 3 überein; soweit nach § 124 Abs. 2 Nr. 5 der Verfahrensmangel – abweichend von § 132 Abs. 2 Nr. 3 – der Beurteilung des Berufungsgerichts unterliegen muss, handelt es sich lediglich um eine Klarstellung (→ Rn. 198). Die Verfahrensrüge nach § 78 Abs. 3 Nr. 3 AsylG ist enger gefasst; danach ist die Berufung nur zuzulassen, wenn ein absoluter Revisionsgrund i.S.d. § 138 geltend gemacht wird und vorliegt (zum Verhältnis von § 78 Abs. 2 AsylG zu § 124 Abs. 2 → Rn. 50).   183

Die Zulassung wegen eines Verfahrensmangels bezweckt die Kontrolle des Berufungsgerichts über die Einhaltung des Verfahrensrechts durch die VGe und dient damit einem doppelten Ziel: Zum einen der sachlichen Richtigkeit der Rspr., zu dem ein „due process" beitragen soll, mithin der Einzelfallgerechtigkeit; zum anderen der „Erziehung" der Gerichte zur Einhaltung des Verfahrensrechts und damit der institutionellen Sicherung einer rechtsstaatlichen Verfahrensordnung.[249] Der institutionelle Aspekt tritt besonders deutlich bei den in § 138 (zur entsprechenden Anwendung im Berufungszulassungsrecht → Rn. 220 ff.) aufgeführten Verfahrensfehlern hervor, die ohne Nachweis der Ursächlichkeit des Verfahrensverstoßes für das Entscheidungsergebnis zur Zulassung des Rechtsmittels führen. Die Verfahrensberufung trägt – ebenso wie die nach § 124 Abs. 2 Nr. 1 und 2 zugelassenen Berufungen – über die Einzelfalljudikatur auch zur Wahrung der Rechtseinheit und zur Fortentwicklung des Rechts bei.   184

Als einer der drei klassischen Revisionszulassungsgründe ist die Verfahrensrüge nicht zuletzt deshalb in das Berufungszulassungsrecht übernommen worden, um den Zugang zum Berufungsgericht nicht enger zu gestalten als den Zugang zum Revisionsgericht. Während allerdings die Grundsatz- und die Divergenzrüge darüber hinaus auch dem Ziel dienen, im Interesse der Rechtseinheit und -fortbildung den Weg zum BVerwG offen zu halten, kommt der Verfahrensrüge eine vergleichbare Funktion nicht zu. Denn der Verfahrensmangel wird – nach Zulassung der Berufung – grds. bereits im Berufungsverfahren „geheilt".   185

Während die Verfahrensrüge im Revisionsrecht bisweilen als Fremdkörper und Tribut an die Einzelfallgerechtigkeit kritisiert wurde,[250] ergänzt sie im Berufungszulassungsrecht die vorrangig der Einzelfallgerechtigkeit dienenden Zulassungsgründe der Nr. 1 und 2. Neben diesen ist sie nicht etwa entbehrlich. Zwar erfassen Nr. 1 und 2 auch Verletzungen des Verfahrensrechts; diese müssen sich aber auf das materiellrechtliche Entscheidungsergebnis in der Weise ausgewirkt haben, dass der Ausgang des Rechtsmittelverfahrens mindestens als offen erscheint. Die Anforderungen an die Erheblichkeit eines Verfahrensmangels i.S.d. § 124 Abs. 2 Nr. 5 für das Entscheidungsergebnis sind demgegenüber insoweit niedriger, als die Möglichkeit genügt, dass das Gericht ohne den Verfahrensverstoß zu einem für den Rechtsmittelführer günstigeren Ergebnis gelangt wäre (→ Rn. 220).   186

II. Begriff des Verfahrensmangels

1. Grundsätzliches. Ein Verfahrensmangel i.S.v. § 124 Abs. 2 Nr. 5 ist ein Verstoß gegen eine Vorschrift, die den Verfahrensablauf regelt, d.h. ein Verfahrensverstoß, der den Weg zu dem Urteil und die Art und Weise des Urteilserlasses, nicht dessen Inhalt betrifft (error in procendendo), nicht ein Mangel der sachlichen Entscheidung, also eine Verletzung einer den Inhalt des Urteils bestimmenden   187

---

248 Ferner BVerwGE 54, 99, 100; OVG Münster DVBl 1992, 313 f. (LS).
249 Vgl. *K. A. Bettermann*, NJW 1954, 1305, 1310; ferner BVerwG NVwZ-RR 1996, 359.
250 Vgl. *H. J. Hermann*, Die Zulassung der Revision und die Nichtzulassungsbeschwerde im Steuerprozeß, 1986, Rn. 179.

Vorschrift (error in iudicando).[251] Abgrenzungsschwierigkeiten ergeben sich daraus, dass bestimmte Vorschriften sowohl den Verfahrensgang des Gerichts als auch den Inhalt des Urteils betreffen, also sowohl Handlungs- als auch Maßstabsnorm für das Gericht sind. Mängel der Entscheidung selbst können also auch Verfahrensfehler sein.[252] So werden etwa Fehler bei der Beurteilung der Sachurteilsvoraussetzungen von der Rspr. des BVerwG als Verfahrensfehler i.S.d. § 132 Abs. 2 Nr. 3 gewertet;[253] die Rüge, das Vordergericht habe fehlerhaft durch Prozess-, statt durch Sachurteil (oder umgekehrt) entschieden, stellt einen Verstoß gegen Vorschriften über das gerichtliche Verfahren dar.[254] Der Vorschlag, den Verfahrensfehler als Verletzung einer Norm des Verwaltungsprozessrechts zu definieren,[255] dürfte allerdings zu weit gehen, weil die das Verfahren regelnden Vorschriften nicht identisch sind mit der Summe der in den Prozessordnungen enthaltenen Vorschriften.[256] Für das Berufungszulassungsrecht werden die aufgezeigten Abgrenzungsschwierigkeiten dadurch entschärft, dass Fehler, die sich auf den Inhalt, d.h. das Entscheidungsergebnis des Urteils auswirken, jedenfalls auch über die Zulassungsgründe des § 124 Abs. 2 Nr. 1 und 2 geltend gemacht werden können (→ Rn. 80). Angesichts der Abgrenzungsprobleme und Überschneidungen muss es genügen, dass der Rechtsmittelführer der Sache nach den gerügten Fehler hinreichend i.S.d. § 124 Abs. 2 Nr. 1, 2 oder 5 bezeichnet, ohne dass es auf die zutreffende Benennung des Zulassungsgrundes ankommt (vgl. VGH Mannheim NVwZ 1998, 1088).

188   Die möglichen Verfahrensfehler sind mannigfaltig und können nicht erschöpfend behandelt werden. Die folgende Darstellung beschränkt sich auf typische sowie problematische Fallgruppen.

189   **2. Mängel bei der Aufklärung und Feststellung des Sachverhalts.** In der höchstrichterlichen Rspr. zum Revisions(zulassungs)recht ist nicht abschließend geklärt, ob und inwieweit die Richtigkeit und Vollständigkeit des Sachverhalts eine Frage des Verfahrensrechts oder des sachlichen Rechts ist. Diese Abgrenzungsschwierigkeiten sind für die Berufungszulassung von untergeordneter Bedeutung, wenn und soweit mit den Berufungszulassungsgründen des § 124 Abs. 2 Nr. 1 und Nr. 2 auch die Unrichtigkeit der verwaltungsgerichtlichen Tatsachenfeststellungen gerügt werden kann (→ Rn. 81 ff., 86 ff.).

190   **a) Sachverhalts- und Beweiswürdigung.** Verstöße gegen allgemeine Grundsätze der Sachverhalts- und Beweiswürdigung betreffen nach überwiegender Rspr. des BVerwG[257] regelmäßig nicht das gerichtliche Verfahren, sondern die Anwendung materiellen Rechts. Zu den Beweiswürdigungsgrundsätzen gehören die gesetzlichen Beweisregeln, die allgemeinen Auslegungsgrundsätze, die allgemeinen Erfahrungssätze sowie die Denkgesetze.[258] Ein Verstoß gegen das Gebot der freien Beweiswürdigung und damit eine Verletzung sachlichen Rechts liegt nach revisionsrechtlichen Maßstäben dann vor, wenn ein Gericht von einem zweifelsfrei unrichtigen oder unvollständigen Sachverhalt ausgeht, es insbes. Umstände übergeht, deren Entscheidungserheblichkeit sich ihm hätte aufdrängen müssen.[259]

191   **b) Aufklärungsmangel.** Hingegen ist ein Verstoß gegen den *Amtsermittlungsgrundsatz* (§ 86 Abs. 1) ein Verfahrensmangel.[260] Eine Verletzung der Aufklärungspflicht aus § 86 Abs. 1 liegt nur vor, wenn bereits im erstinstanzlichen Verfahren auf die Vornahme der Sachverhaltsaufklärung hingewirkt worden ist oder wenn sich die weitere Sachverhaltsermittlung oder Beweiserhebung hätte aufdrängen

---

251   BVerwG NVwZ-RR 1996, 359 m.w.N.; RGZ 17, 358, 364; 25, 359, 361; BFHE 99, 6, 7; BSGE 2, 81, 82 f.; 3, 231, 233; 5, 1, 2.
252   BFHE 99, 6, 7; *C. H. Ule*, DVBl 1960, 553, 554; *F. Weyreuther*, Revisionszulassung, 1971, Rn. 140.
253   BVerwGE 13, 141, 144 f.; 13, 239, 240 f.; 30, 111, 113; BVerwG BayVBl 1993, 30, 31; NJW 1995, 2121; BFHE 145, 299, 300; 153, 509, 510; BSGE 15, 169, 172; 34, 236, 237; 39, 200, 201; BSG NJW 1994, 150.
254   BVerwGE 13, 141, 145; 13, 239, 240 f.; 30, 111, 113; BVerwG NJW 1995, 2121; BGH NJW 1960, 669, 670; BSG NJW 1960, 1491.
255   *R. Pietzner/J. Buchheister*, in: Schoch/Schneider/Bier § 132 Rn. 88.
256   Vgl. BFHE 99, 6, 7; *C. H. Ule*, DVBl 1960, 553, 554; *F. Weyreuther*, Revisionszulassung, 1971, Rn. 140.
257   BVerwGE 96, 200, 208 f.; BVerwG 9.6.1970 Buchholz 310 § 132 VwGO Nr. 62; NJW 1983, 62, 63; NVwZ-RR 1996, 359; NJW 1997, 3328; NVwZ 1997, 1209, 1210; 22.12.1998 – 10 B 2.98; 12.1.2009 – 5 B 48.08; teilweise einschränkend der 4. Senat: BVerwGE 84, 271, 272; BVerwG NVwZ 1997, 389.
258   BVerwGE 47, 330, 361; 61, 176, 188; 81, 74, 76; BVerwG 9.6.1970 Buchholz 310 § 132 VwGO Nr. 62; NVwZ-RR 1996, 359; 22.12.1998 – 10 B 2.98.
259   BVerwGE 96, 200, 208 f. m.w.N. (offen gelassen, ob damit auch ein Verfahrensfehler verbunden ist).
260   Vgl. etwa OVG Bautzen SächsVBl 1998, 288; OVG Münster NVwZ-RR 1997, 759; VGH Mannheim VBlBW 1997, 299; ferner BVerwG 25.1.1988 Buchholz 310 § 86 Abs. 1 VwGO Nr. 196; 26.10.1989 Buchholz 310 § 86 Abs. 1 VwGO Nr. 212; 4.12.1991 Buchholz 310 § 86 Abs. 1 VwGO Nr. 238; 11.5.1992 Buchholz 310 § 86 Abs. 1 VwGO Nr. 241; 18.7.1997 Buchholz 310 § 86 Abs. 1 VwGO Nr. 281.

müssen[261] bzw. geboten gewesen wäre (so BVerwG NVwZ-RR 1997, 214). Nach der st. Rspr. des BVerwG verletzt ein Gericht seine Pflicht zur erschöpfenden Aufklärung des Sachverhalts grds. dann nicht, wenn es von einer Beweiserhebung absieht, die eine durch einen Rechtsanwalt vertretene Partei nicht förmlich beantragt hat.[262] Eine lediglich schriftsätzliche Beweisanregung ist kein förmlicher Beweisantrag. Förmliche Beweisanträge dürfen grds. nur abgelehnt werden, wenn das angebotene Beweismittel schlechterdings untauglich ist, wenn es auf die Beweistatsache nicht ankommt oder wenn die Beweistatsache als wahr unterstellt wird. Liegen diese Voraussetzungen nicht vor, muss der Beweis antragsgemäß erhoben werden (BVerwG 7.9.1993 – 9 B 509.93). Ein Beweisantrag auf Einholung eines Sachverständigengutachtens oder einer amtlichen Auskunft kann hingegen grds. nach tatrichterlichem Ermessen gem. § 98 in entsprechender Anwendung des § 412 ZPO oder mit dem Hinweis auf eigene Sachkunde verfahrensfehlerfrei abgelehnt werden. Das Tatsachengericht muss seine Entscheidung aber nachvollziehbar begründen und insbes. angeben, woher es seine Sachkunde hat (vgl. BVerwG DVBl 1999, 1206; 27.3.2000 – 9 B 518.99). In der Ablehnung des Antrags, ein weiteres Sachverständigengutachten einzuholen, liegt nur dann ein Verfahrensmangel, wenn sich dem Gericht die Notwendigkeit dieser weiteren Beweiserhebung hätte aufdrängen müssen, nicht jedoch schon deshalb, weil ein Beteiligter die bisher vorliegenden Erkenntnisquellen i.E. für unzutreffend hält.[263]

3. Beweislast. Seit langem umstr. ist das in der Lit. umfangreich erörterte Problem, ob die Beweislast- 192 regeln dem Verfahrensrecht, dem materiellen Recht, beiden Rechtsgebieten, einem Zwischenrecht oder jeweils dem Rechtsgebiet wie der Rechtssatz zuzuordnen sind, dessen tatsächliche Voraussetzungen unklar geblieben sind.[264] Die Rspr. des BVerwG hat sich bislang stets auf die Aussage beschränkt, die Frage, wer im Einzelfall die materielle Beweislast zu tragen habe, sei nach materiellem Recht zu beantworten bzw. ergebe sich aus dem anzuwendenden materiellen Rechtssatz.[265] Diese Formulierungen lassen nicht hinreichend deutlich erkennen, ob die Beweislastregeln ausnahmslos dem materiellen Recht zugeordnet werden oder jeweils demselben Rechtsgebiet wie der Rechtssatz, dessen Voraussetzungen die streitigen Tatsachen begründen sollen; zu Beweislastfragen im Zusammenhang mit dem Prozessrecht (Bsp.: Prozessfähigkeit,[266] Parteifähigkeit, Vertretungsbefugnis des Prozessbevollmächtigten,[267] Wahrung der Klagefrist) hat das BVerwG, soweit ersichtlich, noch nicht Stellung genommen.

Der Rechtscharakter der Beweislastregeln ist nach dem Recht der jeweils anzuwendenden Materie zu 193 bestimmen. Allein diese Auffassung wird Zweck und Wirkung der Beweislastregeln gerecht. Die Beweislastregeln stehen in einem engen Sach- und Funktionszusammenhang zu der jeweiligen Norm, deren Anwendung unklar geblieben ist. Aus der jeweils anzuwendenden Norm ergibt sich die durch die Beweislast geregelte Risikoverteilung; denn wer die (materielle) Beweislast trägt, ist in Auslegung der im Einzelfall einschlägigen Norm zu ermitteln.[268] Die Beweislastregeln sind mithin Ergänzungsnormen; aufgrund ihrer dienenden Funktion teilen sie den Rechtscharakter der im Einzelfall anzuwendenden Norm, sind also in aller Regel dem materiellen Recht zuzuordnen.[269]

4. Mängel des gerichtlichen, nicht des Verwaltungsverfahrens. Verfahrensfehler i.S.d. § 124 Abs. 2 194 Nr. 5 sind nur solche, die sich auf das gerichtliche Verfahren, nicht das Handeln der Verwaltungsbe-

---

261 BVerwG DVBl 1993, 955; 1.7.1998 Buchholz 401.61 Zweitwohnungssteuer Nr. 14; 18.4.2016 – 8 B 7.16 m.w.N.; VGH Mannheim NVwZ 1998, 865; OVG Münster 19.5.2016 – 19 A 1512/14.

262 BVerwG 26.6.1975 Buchholz 310 § 132 VwGO Nr. 135; 2.11.1978 Buchholz 310 § 86 Abs. 1 VwGO Nr. 116; DÖV 1981, 839; InfAuslR 1983, 328 f.; NVwZ 1988, 1019; DVBl 1993, 955; VGH Mannheim VBlBW 1997, 299.

263 BVerwG 6.10.1987 Buchholz 310 § 98 VwGO Nr. 31; 7.9.1993 – 9 B 509.93; 11.1.1995 – 9 B 561.94.

264 Vgl. statt vieler *H. Prütting*, Gegenwartsprobleme der Beweislast, 1983, 175 ff.; *ders.*, in: MüKoZPO § 286 Rn. 137 ff.; *D. Leipold*, in: Stein/Jonas § 286 Rn. 54 f.; *M. Nierhaus*, Beweismaß und Beweislast, 1989, 201 m.w.N. zu den verschiedenen Positionen in der zivil- und verwaltungsrechtlichen Lit.

265 BVerwGE 13, 36, 41; 14, 181, 186 f.; 18, 168, 170 f.; 20, 211, 213; 44, 265, 270; 45, 131, 132; 55, 288, 297; 80, 290, 296; BVerwG 12.12.1972 Buchholz 310 § 132 VwGO Nr. 100; s.a. OVG Koblenz NVwZ 1987, 619, 620.

266 Vgl. BGH NJW 1955, 1714; 1996, 1059 f. (ohne Stellungnahme zum Rechtscharakter der Beweislastregeln).

267 Vgl. BSG DVBl 1971, 419 f.; NdsFG EFG 1988, 425 (ohne Stellungnahme zum Rechtscharakter der Beweislastregeln).

268 St. Rspr., vgl. z.B. BVerwGE 18, 168, 170 f.; 44, 265, 270; 45, 131, 132; 55, 288, 297; 61, 176, 189; 80, 290, 296.

269 Wie hier *R. Greger*, in: Zöller Vorbem. § 284 Rn. 15; *D. Leipold*, in: Stein/Jonas § 286 Rn. 54 f.; *M. Nierhaus*, Beweismaß und Beweislast, 1989, 210 f. m.w.N.; *H.-H. Peschau*, Die Beweislast im Verwaltungsrecht, 1983, 13 m.w.N.; *R. Pietzner/J. Buchheister*, in: Schoch/Schneider/Bier § 132 Rn. 91; *H. Prütting*, Gegenwartsprobleme der Beweislast, 1983, 176 ff.; *ders.*, in: MüKoZPO § 286 Rn. 137 ff.; *Rosenberg/Schwab/Gottwald* § 117 III 1; *E. Schneider*, MDR 1982, 502.

hörde beziehen. Fehler, die das Verwaltungsverfahrensrecht betreffen, sind grds. Teil des vom VG zu prüfenden materiellen Rechts.[270] Etwas anderes kann ausnahmsweise dann gelten, wenn sich der Fehler im Verwaltungs- oder Widerspruchsverfahren unmittelbar auch auf das gerichtliche Verfahren, auf die verfahrensrechtliche Stellung und Behandlung der Beteiligten in diesem Verfahren, auswirkt. Dies kann etwa der Fall sein bei einer fehlerhaften Anwendung von Präklusionsvorschriften des Verwaltungsverfahrensrechts, die auch im gerichtlichen Verfahren zu beachten sind, oder allgemein bei einer in das gerichtliche Verfahren hineinwirkenden Verkürzung des rechtlichen Gehörs, ohne dass das Vordergericht Abhilfe geschaffen hätte.[271] Ein Mangel des Verwaltungsverfahrens ist auch dann zugleich ein Mangel des verwaltungsgerichtlichen Verfahrens, wenn das VG die Klage als unzulässig abgewiesen hat, weil es zu Unrecht von einer nicht fristgerechten Einlegung des Widerspruchs ausgegangen ist oder eine Wiedereinsetzung in die Widerspruchsfrist unzutreffend versagt hat.[272]

5. Weitere Beispiele für Verfahrensmängel

195
■ wenn rechtsfehlerhaft nicht durch Sachurteil, sondern durch Prozessurteil entschieden wurde;[273]
■ wenn rechtsfehlerhaft nicht durch Prozessurteil, sondern durch Sachurteil entschieden wurde;[274]
■ wenn in unzulässiger Weise durch Grund-[275] oder Teilurteil[276] entschieden wurde;
■ wenn der Rechtsweg zu Unrecht verneint wurde;[277]
■ wenn zu Unrecht die rechtzeitige Klageerhebung verneint wurde;[278]
■ wenn die Wiedereinsetzung in den vorigen Stand wegen Versäumung der Klagefrist[279] oder der Widerspruchsfrist (→ Rn. 194) zu Unrecht abgelehnt wurde, nicht jedoch bei fehlerhafter Gewährung (→ Rn. 204);
■ wenn das Rechtsschutz- oder Feststellungsinteresse fehlerhaft bejaht oder verneint wurde;[280]
■ wenn die Klagebefugnis als Prozessnorm falsch ausgelegt oder angewandt wurde, etwa durch Überspannung der prozessualen Anforderungen an eine mögliche Rechtsverletzung, nicht jedoch bei einer fehlerhaften Würdigung des materiellen Rechts;[281]
■ fehlerhafte Auslegung des Klagebegehrens[282] oder Verletzung des ne ultra petita-Grundsatzes (§ 88);[283]
■ wenn das VG über einen Antrag entschieden hat, der nicht gestellt worden war;[284]
■ wenn die Sachdienlichkeit einer Klageänderung zu Unrecht verneint wurde;[285]
■ wenn das VG die Aufrechnung mit einer bestrittenen rechtswegfremden Gegenforderung zu Unrecht für unbeachtlich erklärt;[286]

270 BVerwGE 10, 37, 43; BVerwG 21.2.1964 Buchholz 310 § 108 VwGO Nr. 27; NVwZ-RR 1995, 113; 2.7.1998 – 11 B 26.98; BFHE 135, 396, 399; 141, 470, 473; OVG Münster 24.4.1998 – 5 A 1753/98.A.
271 BVerwG DÖV 1984, 467; NJW 1988, 2632; 27.6.1994 Buchholz 310 § 132 Abs. 2 Ziff. 3 VwGO Nr. 3; NVwZ-RR 1995, 113; 1.6.1995 Buchholz 310 § 132 Abs. 2 Ziff. 3 VwGO Nr. 7; 2.7.1998 – 11 B 26.98.
272 BVerwG 13.3.1962 Buchholz 310 § 60 VwGO Nr. 17; 27.10.1966 Buchholz 310 § 79 VwGO Nr. 4; 15.1.1970 Buchholz 310 § 70 VwGO Nr. 5; 2.7.1975 Buchholz 310 § 60 VwGO Nr. 85; NJW 1977, 542; 1983, 1923; 18.8.1987 Buchholz 310 § 60 VwGO Nr. 152; a.A. (materiellrechtlicher Fehler) BFHE 99, 6, 7f.; 141, 470, 473; BSG NJW 1958, 1320; vgl. auch BVerfG NVwZ-RR 1997, 72 (für das sozialgerichtliche Verfahren).
273 BVerwGE 13, 141, 145; 13, 239, 240f.; 30, 111, 113; BVerwG BayVBl 1993, 30, 31; NJW 1995, 2121; 16.2.1998 – 1 B 12.98; 16.12.1998 – 7 B 252.98; ferner RGZ 145, 45, 47; BFHE 145, 299, 300; 153, 509, 510; BGH NJW 1960, 669, 670; BSGE 34, 236, 237; 39, 200, 201; BSG NJW 1994, 150.
274 BFHE 173, 204, 206 (unzulässige Entscheidung durch Teilurteil); OLG Hamm MDR 1995, 1264.
275 RGZ 75, 16, 19; BGH NJW 1990, 1366, 1367; 1996, 848, 850 m.w.N.
276 RGZ 85, 214, 217; BFHE 173, 204, 206; BSGE 7, 3, 6f.; 12, 185, 190.
277 BSGE 15, 169, 172; 34, 236, 237.
278 BVerwG 23.10.1985 Buchholz 310 § 139 VwGO Nr. 66; 27.4.1990 Buchholz 310 § 74 VwGO Nr. 9; 20.1.1993 Buchholz 310 § 91 VwGO Nr. 24 m.w.N.; BayVBl 1998, 91; BFHE 145, 299, 300; 153, 509, 510.
279 BVerwG 13, 141, 144f.; 13, 239, 240f.; BVerwG 16.11.1982 Buchholz 310 § 132 VwGO Nr. 216; 23.10.1985 Buchholz 310 § 139 VwGO Nr. 66; BayVBl 1993, 30, 31 (Berufungsfrist).
280 BFHE 100, 288, 290; 116, 315, 318; BSG NJW 1960, 1491; a.A. BVerwG MDR 1958, 53f.
281 BVerwG NVwZ 1993, 884f.; NVwZ-RR 1996, 369; 16.2.1998 – 1 B 12.96.
282 BVerwGE 25, 357, 359; BVerwG 5.2.1998 – 2 B 56.97; 19.8.1998 – 2 B 10.98; BFHE 169, 507, 509.
283 RGZ 156, 372, 376; BAGE 23, 146, 148; BGH NJW 1979, 2250.
284 VGH Mannheim 17.7.1998 – 9 S 1592/98.
285 BVerwG NJW 1996, 2945; 16.12.1998 – 7 B 252.98.
286 Vgl. BVerwG NJW 1999, 161, 162.

■ Versagung rechtlichen Gehörs (§ 138 Nr. 3), weil im Einzelfall besondere Umstände deutlich machen, dass das tatsächliche Vorbringen eines Beteiligten entweder überhaupt nicht zur Kenntnis genommen oder bei der Entscheidung ersichtlich nicht in Erwägung gezogen worden ist (→ Rn. 223);[287]

■ wenn über einen in der mündlichen Verhandlung gestellten (unbedingten) Beweisantrag entgegen § 86 Abs. 2 nicht durch begründeten Beschluss während der mündlichen Verhandlung entschieden worden ist;[288]

■ unterlassene Unterrichtung der Beteiligten über vorgelegte Verwaltungsakten;[289]

■ vorschriftswidrige Besetzung des Gerichts (§ 138 Nr. 1);[290]

■ fehlerhafte Zurückweisung eines Richterablehnungsgesuchs[291] (dieser Fehler unterliegt aber nicht der Beurteilung des OVG) (→ Rn. 206);

■ fehlerhafte Zurückweisung verspäteten Klägervorbringens;[292]

■ Nichtvereidigung eines Zeugen;[293]

■ Verletzung des Öffentlichkeitsgrundsatzes;[294]

■ Verletzung des Mündlichkeitsprinzips;[295]

■ verspätete Abfassung der Urteilsgründe (§ 138 Nr. 6);[296]

■ verspätete Fällung eines zuzustellenden Urteils (§ 116 Abs. 2);[297]

■ wenn die Bindung an ein zurückverweisendes Urteil (§ 130 Abs. 2) nicht beachtet wurde (→ Rn. 169);[298]

■ Entscheidung über einen Prozesskostenhilfeantrag nach Entscheidung der Hauptsache.[299]

6. Verneinung eines Verfahrensmangels. Nicht als Verfahrensmängel i.S.d. § 124 Abs. 2 Nr. 5 sind anzusehen: 196

■ Verletzung bloßer Sollvorschriften des Prozessrechts;[300]

■ Verletzung bloßer Ordnungsvorschriften;[301]

■ Unrichtigkeiten, Unklarheiten, Lückenhaftigkeiten oder das Übergehen eines Antrags im verwaltungsgerichtlichen Urteil müssen mit den fristgebundenen Anträgen auf Berichtigung oder Ergänzung des Urteils nach §§ 118, 119, 120 geltend gemacht werden;[302]

■ Verfahrensfehler bei Nebenentscheidungen (Kosten, Rechtsmittelbelehrung);[303]

■ Verstoß gegen Art. 100 GG (Unterbleiben der Aussetzung des Verfahrens und der Vorlage an das BVerfG)[304] oder gegen Art. 267 AEUV;[305]

---

287 BVerwG 5.8.1998 – 11 B 23.98; BGH NJW 1984, 306, 307; 1986, 2436, 2437; 1993, 538 f.
288 Vgl. BVerwGE 12, 268, 269; BVerwG 6.10.1982 Buchholz 310 § 86 Abs. 2 VwGO Nr. 26; DVBl 1983, 1014, 1016; HmbOVG 29.5.1998 – Bs VI 209/94.
289 BVerwG 5.2.1998 – 7 B 24.98.
290 Vgl. BVerwG 28.7.1998 – 11 B 20.98; OVG Münster 25.1.1999 – 4 A 3619/98.A; VGH Mannheim VBlBW 1998, 419 (jeweils kammerinterne Geschäftsverteilung).
291 BVerwGE 50, 36 f.; BVerwG NJW 1977, 312; 30.5.1989 – 8 C 67.88.
292 BVerwG 15.4.1998 – 2 B 26.98 (zu § 128 a Abs. 1 S. 1).
293 BVerwG NJW 1998, 3369.
294 BVerwG DVBl 1999, 95.
295 BVerwG NVwZ 1998, 1176 (Zeitpunkt der Urteilsfindung im Falle der Urteilszustellung statt -verkündung, § 116 Abs. 2).
296 BVerwG DVBl 1996, 106; NJW 1998, 3290.
297 BVerwG DVBl 1998, 1080.
298 BVerwG MDR 1964, 620; 19.2.1973 Buchholz 310 § 132 VwGO Nr. 102; 29.6.1977 Buchholz 310 § 132 VwGO Nr. 154; 17.3.1994 Buchholz 310 § 144 VwGO Nr. 57; NJW 1997, 3456.
299 VGH Mannheim NVwZ 1998, 647.
300 Vgl. BGH NJW 1982, 293.
301 BVerwG 18.8.1981 Buchholz 310 § 117 VwGO Nr. 16 (zu § 117 Abs. 2 Nr. 1).
302 BVerwG DVBl 1963, 627 f.; JR 1969, 353 f.; VerwRspr 22, 1002, 1004 f.; 9.3.1978 Buchholz 310 § 132 VwGO Nr. 165; 22.11.1979 Buchholz 310 § 132 VwGO Nr. 180; 7.6.1989 Buchholz 310 § 119 VwGO Nr. 5; 16.11.1992 Buchholz 310 § 158 VwGO Nr. 6; P. Kummer, Nichtzulassungsbeschwerde, 1990, Rn. 197.
303 Vgl. BVerwG 18.7.1973 Buchholz 310 § 132 VwGO Nr. 111; 16.11.1992 Buchholz 310 § 158 VwGO Nr. 6; 2.7.1998 – 11 B 26.98; ferner DVBl 1990, 153; NJW 1991, 190 (letztere jeweils zur Entscheidung über die Revisionszulassung).
304 BVerwG 17.7.1975 Buchholz 310 § 132 VwGO Nr. 136.
305 Insoweit besteht schon keine Vorlagepflicht für das VG, vgl. BVerwG NVwZ 1993, 770; BFHE 148, 489, 490.

- Verstöße gegen die Regeln über die Beweislast, soweit sie die Anwendung materiellen Rechts betreffen (→ Rn. 192 f.);
- Verstöße gegen die Grundsätze der Sachverhalts- und Beweiswürdigung (→ Rn. 190);
- Rüge, das VG habe nicht durch Gerichtsbescheid nach § 84 entscheiden dürfen; hier kann nur mündliche Verhandlung nach § 84 Abs. 2 Nr. 2 beantragt werden;[306] dasselbe gilt für die Gehörsrüge gegenüber einem Gerichtsbescheid.[307]

III. Materiellrechtliche Auffassung des VG maßgebend

197   Bei der Prüfung, ob ein Verfahrensfehler vorliegt, ist nach st. höchstrichterlicher Rspr.[308] die materiellrechtliche Auffassung der Vorinstanz zugrundezulegen, auch wenn diese fehlerhaft sein sollte. So hängt z.B. der Umfang der erforderlichen Sachaufklärung von dem materiellrechtlichen Standpunkt des VG ab. Waren bestimmte Tatsachen nach der Rechtsauffassung des VG nicht entscheidungserheblich, ist der Vorwurf eines Verfahrensverstoßes unberechtigt. Der Rechtsmittelführer muss dann ggf. in Bezug auf die materiellrechtlichen Ausführungen des VG einen Zulassungsgrund geltend machen.

IV. Der Beurteilung des OVG unterliegender Verfahrensmangel

198   Diese Tatbestandsvoraussetzung, die sich auch in § 144 Abs. 2 Nr. 3 SGG, nicht jedoch in § 132 Abs. 2 Nr. 3 findet, ist eine überflüssige Klarstellung. Dass das OVG nur über das urteilen kann, was seiner Beurteilung unterliegt, versteht sich von selbst. Auf die entscheidende Frage, welche Verfahrensfehler der Beurteilung des Berufungsgerichts (nicht) unterliegen, gibt § 124 Abs. 2 Nr. 5 keine Antwort. Sie ist den sonstigen Vorschriften zu entnehmen. Nach der Gesetzesbegründung[309] ist § 124 Abs. 2 Nr. 5 zur Klarstellung deutlicher gefasst worden, um insbes. sicherzustellen, dass die Übertragung des Rechtsstreits auf den Einzelrichter oder die unterbliebene (Rück-)Übertragung vom Einzelrichter auf die Kammer (§ 6) eine Zulassung der Berufung nicht rechtfertigen können. Dieses vom Gesetzgeber angestrebte Ergebnis folgt indes aus § 173 VwGO i.V.m. § 512 ZPO (→ Rn. 201).

199   Im Hinblick auf den umfassenden Prüfauftrag des Berufungsgerichts in rechtlicher und tatsächlicher Hinsicht (§ 128) unterliegen grds. alle Verfahrensfehler der Beurteilung des Berufungsgerichts, sofern die Überprüfung nicht aufgrund besonderer gesetzlicher Vorschriften ausdrücklich ausgeschlossen ist. Solche Vorschriften finden sich in § 173 VwGO i.V.m. § 512 ZPO (→ Rn. 200), § 17a Abs. 5 GVG, § 83 S. 1 VwGO (→ Rn. 211) und § 173 VwGO i.V.m. §§ 295, 534 ZPO (→ Rn. 213).

200   **1. § 512 ZPO.** Nach § 512 ZPO, der im verwaltungsgerichtlichen Verfahren entsprechend anzuwenden ist (§ 173 VwGO),[310] unterliegen diejenigen Entscheidungen, die dem Endurteil vorausgegangen sind, dann nicht der Beurteilung des Berufungsgerichts, wenn sie ihrerseits aufgrund gesetzlichen Rechtsmittelausschlusses unanfechtbar sind oder selbständig anfechtbar sind. An derartige Vorentscheidungen des VG ist das Berufungsgericht mithin gebunden. § 512 gilt auch für Vorentscheidungen, die nicht durch selbständigen Beschluss ergangen sind, sondern in dem angegriffenen Endurteil selbst enthalten sind,[311] nicht jedoch für nachfolgende Entscheidungen.[312] „Berufungsgericht" i. S. der lediglich entsprechend anzuwendenden Vorschrift des § 512 ZPO ist das OVG nicht erst im Berufungsverfahren, sondern bereits im Berufungszulassungsverfahren. Dessen ungeachtet kann nach allgemeinen

---

306   Vgl. BVerwG ZOV 2006, 282.

307   VGH Kassel NVwZ-RR 2001, 207; OVG Greifswald 3.12.2009 – 2 L 148/09.

308   BVerwG 3.10.1972 Buchholz 310 § 132 VwGO Nr. 92 m.w.N.; 31.10.1972 Buchholz 310 § 132 VwGO Nr. 95; NVwZ 1990, 65; NVwZ-RR 1996, 369; NVwZ 1997, 501; 11.3.1998 – 11 B 13.98; BFHE 170, 88, 90; BGH NJW 1983, 822, 823; 1993, 538, 539 m.w.N.; 1995, 3258; ferner OVG Münster, 18.6.2012 – 13 A 1863/10.

309   BT-Drs. 13/3993, 13 (zu Nr. 15) sowie BT-Drs. 13/1433, 14 (zu Nr. 14) zu dem Entwurf eines VwGO-ÄndG, der insoweit unverändert vom RegE zum 6. VwGOÄndG übernommen worden ist.

310   OVG Münster 13.1.1999 – 8 A 5900/98.A; OVG Saarlouis NVwZ 1998, 645; VGH München NVwZ-RR 1991, 221; ferner zur Geltung der vergleichbaren Vorschrift des § 548 ZPO a.F./§ 557 Abs. 2 ZPO n.F. im Verwaltungsprozess: BVerwG VerwRspr 25, 996, 1000; 5.11.1970 Buchholz 310 § 54 VwGO Nr. 8; 8.8.1984 Buchholz 310 § 54 VwGO Nr. 32; NVwZ 1988, 531; 16.2.1988 Buchholz 303 § 548 ZPO Nr. 4; BVerwG 14.6.2016 – 4 B 45/15; 23.1.2017 – 6 B 43/16.

311   *W. Grunsky*, in: Stein/Jonas § 512 Rn. 4; *B. Rimmelspacher*, in: MüKoZPO § 512 Rn. 9; für die vergleichbare Vorschrift des § 548 ZPO: BGHZ 46, 112, 116; a.A. *M. Happ*, in: Eyermann § 128 Rn. 8.

312   *B. Rimmelspacher*, in: MüKoZPO § 512 Rn. 6; *W. Grunsky*, in: Stein/Jonas § 512 Rn. 6.

Grundsätzen ein Verfahrensmangel, der in der Berufungsinstanz der Beurteilung des Berufungsgerichts entzogen wäre, nicht die Zulassung der Berufung rechtfertigen. Bindungen, denen das Berufungsgericht im Berufungsverfahren unterliegt, sind schon im Berufungszulassungsverfahren zu beachten. Andernfalls würde sowohl die Filterfunktion des Zulassungsverfahrens als auch die gesetzlich angeordnete Bindungswirkung unterlaufen.[313]

a) Unanfechtbare Vorentscheidungen. Unanfechtbar wegen ausdrücklichen Rechtsmittelausschlusses **201** und damit gem. § 512 ZPO bindend sind z.B. folgende Vorentscheidungen des VG:

- *Übertragung des Rechtsstreits auf den Einzelrichter*[314] *bzw. Rückübertragung auf die Kammer*[315] *(§ 6 Abs. 4 S. 1).* Vom Rügeausschluss werden nicht nur Fehler in Bezug auf die materiellen Übertragungsvoraussetzungen des § 6 Abs. 1 und 3 erfasst, sondern auch Mängel bei dem insoweit zu beachtenden Verfahren.[316] An einer „Vorentscheidung" fehlt es indes, wenn die Übertragungsentscheidung mangels Bekanntgabe nicht wirksam geworden ist;[317] nehmen die Beteiligten an der mündlichen Verhandlung des Einzelrichters teil, ist von einer konkludenten Mitteilung des Übertragungsbeschlusses auszugehen (vgl. OVG Lüneburg NVwZ 1998, 85, 86). Ein Verstoß gegen § 6 ist allerdings ausnahmsweise dann beachtlich, wenn er zugleich eine Verletzung der prozessualen Gewährleistungen der Verfassung (rechtliches Gehör, gesetzlicher Richter) darstellt.[318] Dies kann bei manipulativer bzw. willkürlicher Übertragung der Fall sein.[319]
- *Unterlassung der Übertragung der Entscheidung auf den Einzelrichter* (vgl. OVG Greifswald **202** NVwZ-Beilage 1998, 109) bzw. Unterlassung der Rückübertragung auf die Kammer (§ 6 Abs. 4 S. 2). Auch die Unterlassung ist nach Sinn und Zweck des § 512 ZPO eine Vorentscheidung i.S. dieser Vorschrift.[320]
- Beschlüsse, mit denen die *sachliche bzw. örtliche Zuständigkeit* des VG bejaht wird (§ 83 **203** S. 2 i.V.m. § 17a Abs. 2 GVG) oder der Rechtsstreit an das sachlich bzw. örtlich zuständige Gericht verwiesen wird (§ 83 S. 2 i.V.m. § 17a Abs. 3 GVG). Dasselbe Ergebnis, nämlich Bindung des Berufungsgerichts an die Zuständigkeitsentscheidung des VG, folgt auch bereits aus § 83 S. 1 i.V.m. § 17a Abs. 5 GVG.
- *Gewährung der Wiedereinsetzung* (§ 60 Abs. 5),[321] nicht jedoch deren Ablehnung (BSGE 6, 256, **204** 262 f.). Unerheblich ist, ob über die Wiedereinsetzung durch selbständigen Beschluss oder in dem angefochtenen Urteil entschieden worden ist (→ Rn. 200; ferner BVerwGE 13, 141, 144 f.).
- *Beiladung (§ 65 Abs. 4 S. 3).*[322] **205**
- *Ablehnung eines Richters (§ 146 Abs. 2)*[323] oder eines Sachverständigen (§ 98 VwGO i.V.m. § 406 **206** Abs. 5 ZPO).

---

313 Vgl. OVG Greifswald NVwZ-Beilage 1998, 109; OVG Lüneburg NVwZ-Beilage 1998, 12, 13; OVG Münster NVwZ-RR 1990, 163; 13.1.1999 – 8 A 5900/98.A; für die vergleichbare Regelung des § 548 ZPO a.F./§ 557 Abs. 2 n.F. im Revisionsrecht: BVerwG 21.2.1973 Buchholz 310 § 173 VwGO Anhang: § 548 ZPO Nr. 2; 8.8.1984 Buchholz 310 § 54 VwGO Nr. 32; 11.11.1987 Buchholz 310 § 60 VwGO Nr. 153; 16.2.1988 Buchholz 303 § 548 ZPO Nr. 4; VerwRspr 25, 996, 1000 f.; BVerwG 14.6.2016 – 4 B 45/15; 23.1.2017 – 6 B 43/16.

314 Vgl. BVerwG 5.7.2011 – 8 B 9.11; HmbOVG DVBl 1996, 324 (LS); OVG Lüneburg NVwZ-Beilage 1998, 12, 13; OVG Münster NVwZ-RR 1990, 163; 13.1.1999 – 8 A 5900/98.A; 26.7.2012 – 1 A 1775/10; NWVBl 2012, 485; VGH München NVwZ-RR 1991, 221.

315 Vgl. OVG Koblenz 14.10.1998 – 10 A 10540/97; OVG Münster 19.1.2001 – 5 A 73/01.A.

316 Vgl. OVG Münster NVwZ-RR 1990, 163; OVG Saarlouis NVwZ 1998, 645; VGH München NVwZ-RR 1991, 221.

317 Ebenso H. Günther, NVwZ 1998, 37, 38; i.E. a.A. VGH Mannheim ESVGH 44, 81, 82.

318 BVerwGE 110, 40 = NVwZ 2000, 1290; 13.7.2011 – 3 B 42.11; 18.6.2012 – 8 B 30.12; OVG Münster 26.7.2012 – 1 A 1775/10.

319 Vgl. BVerwG 18.6.2012 – 8 B 30.12; HmbOVG NVwZ-RR 1996, 716; OVG Münster NVwZ-RR 1990, 163 m.w.N.; NWVBl 2012, 485; 12.11.2010 – 6 A 940/09; VGH Mannheim ESVGH 44, 81, 82.

320 A.A. B. Rimmelspacher, in: MüKoZPO § 512 Rn. 4; OLG Köln NJW 1980, 2361, 2362 (für den Fall, dass das Vordergericht zu Unrecht verspätetes Vorbringen nicht zurückweist).

321 Vgl. BVerwG NVwZ 1988, 531; ferner BGH DVBl 1981, 395, 396.

322 Vgl. BVerwG 3.8.1990 Buchholz 310, § 65 VwGO Nr. 99; A. May, NVwZ 1997, 251, 252 f. m.w.N.; vgl. aber auch BVerwGE 72, 165, 167 (Unwirksamkeit der Beiladung bei mangelnder Beteiligungsfähigkeit des Beigeladenen); ferner BVerwGE 31, 233, 234 ff.; 37, 43, 44 (Unzulässigkeit des Rechtsmittels eines zu Unrecht Beigeladenen mangels „Beschwer").

323 BVerwG 9.11.2001 Buchholz 310 § 132 Abs 2 Ziff. 3 VwGO Nr. 29; 15.8.2008 – 2 B 77.07 (zu Ausnahmen → Rn. 210 a.E.); OVG Lüneburg NVwZ-RR 2002, 471; 10.5.2010 – 4 LA 296/08; OVG Münster NVwZ-RR 2010,

207   ■ *Ablehnung einer Terminsverlegung* (§ 146 Abs. 2 bzw. § 173 VwGO i.V.m. § 227 Abs. 4 S. 3 ZPO);[324] denkbar ist aber eine Versagung rechtlichen Gehörs (→ Rn. 210).[325]

207a   ■ *Trennung von Verfahren* (§ 142 Abs. 2). Etwas anderes gilt nur dann, wenn Mängel gerügt werden, die als Folge der beanstandeten Trennung weiterwirkend dem angefochtenen Urteil selbst anhaften.[326]

208   ■ *prozessleitende Verfügungen* und sonstige Entscheidungen nach § 146 Abs. 2.

209   **b) Selbständig anfechtbare Vorentscheidungen.** Nicht der Beurteilung des Berufungsgerichts unterliegen nach § 512 ZPO ferner die selbständig anfechtbaren Vorentscheidungen des VG. Unerheblich ist, ob sie mit der Beschwerde oder (selbständig) mit der Berufung (Teilurteile nach § 110 oder Zwischenurteile nach §§ 109 und 111)[327] (→ Rn. 59, 60) anfechtbar sind.[328] So ist z.B. die abgelehnte Aussetzung des verwaltungsgerichtlichen Verfahrens nicht rügefähig (OVG Münster 30.8.2017 – 8 A 493/16).

210   **c) Ausnahmen.** Die Bindung nach § 512 ZPO erstreckt sich nach der höchstrichterl. Rspr. nur auf die Vorentscheidungen oder Verfahrenshandlungen selbst, nicht auch auf die Folgerungen, die das VG aus der durch die Vorentscheidung geschaffenen Prozesslage für das angefochtene Urteil gezogen hat. Ausgeschlossen sind daher (nur) solche Rügen, die sich unmittelbar gegen die Vorentscheidung und deren Richtigkeit wenden, nicht hingegen solche, die einen Mangel betreffen, der als Folge der beanstandeten Vorentscheidung weiterwirkend dem angefochtenen Urteil selbst anhaftet.[329] Ein solcher Fall liegt etwa vor bei unzulässiger Entscheidung durch Teil- oder Zwischenurteil (§§ 109–111),[330] bei einer Verletzung rechtlichen Gehörs durch Ablehnung einer Terminsverlegung[331] oder bei Trennung eines einheitlichen Verfahrensgegenstandes (BVerwGE 39, 319), nicht hingegen bei einer fehlerhaften Übertragung des Rechtsstreits auf den Einzelrichter (→ Rn. 201) hinsichtlich des Gebots des gesetzlichen Richters (a.A. HmbOVG NVwZ-RR 1996, 717), weil andernfalls die Regelungen in § 6 Abs. 4 S. 1 VwGO, § 512 ZPO unterlaufen würden. Eine weitere Ausnahme von der Bindung an Vorentscheidungen kam früher in Betracht bei einer Verletzung des Rechts auf rechtliches Gehör, um eine sonst erfolgreiche Verfassungsbeschwerde im Wege der Selbstkontrolle zu erübrigen;[332] seit dem 1.1.2005 dürfte insoweit § 152 a maßgeblich sein. Von der Bindung können auch willkürliche oder grob fehlerhafte Entscheidungen ausgenommen sein, etwa bei der Zurückweisung von Ablehnungsgesuchen.[333]

211   **2. § 17 a Abs. 5 GVG.** Nach § 17 a Abs. 5 GVG ist das Berufungsgericht an die ausdrückliche oder konkludente Bejahung des *Rechtswegs* durch das VG gebunden (vgl. BGH NJW 1994, 387; OVG Münster NVwZ 1994, 179). Ausnahmsweise ist das Berufungsgericht dann zur Prüfung des Rechtswegs befugt, wenn das VG unter Verstoß gegen § 17 a Abs. 3 S. 2 GVG nicht vorab durch Beschluss entschieden hat; andernfalls würde den Beteiligten mit dieser Verfahrensweise die Beschwerdemöglichkeit nach § 17 a Abs. 4 S. 3 GVG genommen.[334] Diese Ausnahme gilt hingegen nicht, wenn die Rüge

40; OVG Bautzen 14.10. 2013 – 5 A 87/11; 23.3.2015 – 5 A 352/13; OVG Weimar 6.9.2016 – 3 SO 512/16; a.A. OVG Bautzen SächsVBl 2001, 10.

324 BVerwG 16.9.1988 Buchholz 310 § 132 VwGO Nr. 266; NJW 1990, 2079, 2080.

325 Vgl. BVerwG 25.9.1981 Buchholz 310 § 102 VwGO Nr. 1; 16.9.1988 Buchholz 310 § 132 VwGO Nr. 266; NJW 1990, 2079, 2080; 5.12.1994 Buchholz 310 § 108 VwGO Nr. 259.

326 Vgl. BVerwGE 39, 319; 6.12.2007 – 9 B 53.07; OVG Münster NWVBl 2016, 419.

327 Vgl. BVerwGE 60, 123, 125; BVerwG NVwZ 1997, 1210, 1211.

328 RGZ 160, 352, 353; *W. Grunsky*, in: Stein/Jonas § 512 Rn. 3; *P. Gummer*, in: Zöller § 512 Rn. 2; *B. Rimmelspacher*, in: MüKoZPO § 512 Rn. 16.

329 Vgl. BVerwGE 39, 319, 323 f.; 51, 277, 279; BVerwG VerwRspr 25, 996, 1001; 21.2.1973 Buchholz 310 § 173 VwGO Anhang: § 548 ZPO Nr. 2; 13.2.1978 Buchholz 303 § 548 ZPO Nr. 1; 16.2.1988 Buchholz 303 § 548 ZPO Nr. 4; NJW 1998, 2301; 1.12.2011 – 4 BN 38/11.

330 BVerwGE 39, 319, 324.

331 BVerwG 25.9.1981 Buchholz 310 § 102 VwGO Nr. 1; 16.9.1988 Buchholz 310 § 132 VwGO Nr. 266; NJW 1990, 2079, 2080; 5.12.1994 Buchholz 310 § 108 VwGO Nr. 259.

332 Vgl. BVerfGE 42, 243, 245 ff.; 49, 252, 257 f.; 69, 233, 241 ff.; BVerwG DVBl 1984, 568; OVG Münster NVwZ-RR 1990, 163; ferner OLG Schleswig NJW 1988, 69; Baumbach/Lauterbach/Albers/Hartmann, § 512 Rn. 5; s.a. § 124 Rn. 201; *B. Rimmelspacher*, in: MüKoZPO § 512 Rn. 11.

333 BVerwG 9.11.2001 Buchholz 310 § 132 Abs 2 Ziff. 3 VwGO Nr. 29; 15.8.2008 – 2 B 77.07.

334 BVerwG NJW 1994, 956; BGHZ 119, 246, 250; BGH NJW 1993, 1799; 1994, 387; 1995, 2851; VGH München NVwZ-RR 1993, 668; NJW 1997, 1251, 1252.

des nicht gegebenen Rechtsweges im Berufungsverfahren nicht mehr aufrechterhalten wird (§ 17a GVG Abs. 5 entsprechend).[335]

Gem. § 83 S. 1 VwGO findet § 17a Abs. 5 GVG entsprechende Anwendung auf die *sachliche und örtliche Zuständigkeit*, die vom Berufungsgericht ebenfalls nicht geprüft wird (→ Rn. 203). Das Berufungsgericht hat von der ausdrücklich oder konkludent bejahten Zuständigkeit des VG auszugehen (vgl. BVerwG NVwZ-RR 1995, 300). Die einschränkende Auslegung des § 17a Abs. 5 GVG bei unterbliebener Vorabentscheidung über den Rechtsweg (→ Rn. 211) ist auf die sachliche und örtliche Zuständigkeit nicht übertragbar; denn insoweit ist die Beschwerde gem. § 83 S. 2 generell ausgeschlossen, den Beteiligten wird also kein Rechtsmittel vorenthalten. [212]

3. Verlust des Rügerechts (§ 295 ZPO). Ein Verfahrensmangel kann in der Berufungsinstanz – und ebenso im Zulassungsverfahren (→ Rn. 200) – nicht mehr geltend gemacht werden, wenn die Partei den Fehler nicht in der Vorinstanz bei der nächsten mündlichen Verhandlung, die aufgrund des betreffenden Verfahrens stattgefunden hat, gerügt hat, obgleich sie erschienen und ihr der Mangel bekannt war oder bekannt sein musste (§ 173 VwGO i.V.m. § 295 Abs. 1, § 534 ZPO).[336] „Nächste" mündliche Verhandlung ist nicht nur ein neuer Verhandlungstermin, sondern auch die (fortgesetzte) Verhandlung, die im Anschluss an den Verfahrensverstoß stattgefunden hat.[337] Der Verzicht auf mündliche Verhandlung nach Kenntnis des angeblichen Verfahrensmangels steht der rügelosen Verhandlung i.S.d. § 295 ZPO gleich (OVG Bautzen NVwZ-RR 1998, 693). Ein Beteiligter verliert auch dann sein Recht, die Versagung rechtlichen Gehörs zu rügen, wenn er gegen einen Gerichtsbescheid keinen Antrag auf mündliche Verhandlung stellt, um sich rechtliches Gehör zu verschaffen.[338] Hingegen liegt in der bloßen Nichtteilnahme an der mündlichen Verhandlung kein Verzicht auf die Einhaltung der Verfahrensvorschriften.[339] Die Rügeanforderungen sind unterschiedlich je nachdem, ob der Beteiligte sich eines Anwalts bedient hat oder nicht. Tritt der Beteiligte vor dem VG ohne Rechtsbeistand auf, kann ihm die Unkenntnis solcher Verfahrensverstöße regelmäßig nicht zugerechnet werden, die einer entsprechenden Wertung („Parallelwertung") in der Laiensphäre normalerweise verschlossen sind. Das ist etwa bei Formalitäten der Sitzungsniederschrift der Fall.[340] [213]

Ein Rügeverlust tritt nach § 295 Abs. 2 ZPO nicht ein, wenn Vorschriften verletzt sind, auf deren Befolgung eine Partei nicht wirksam verzichten kann. Wann eine Verfahrensvorschrift vorliegt, auf deren Einhaltung verzichtet werden kann, muss im Einzelfall unter Berücksichtigung des Zwecks der gesetzlichen Regelung ermittelt werden. Nicht verzichtbar sind Verletzungen von Vorschriften, die von Amts wegen zu berücksichtigen sind oder deren Befolgung vor allem im öffentlichen Interesse liegt.[341] Verzichtet werden kann auf die Befolgung von Vorschriften, die überwiegend im Interesse der Beteiligten getroffen worden sind und nicht die Grundlagen des Verfahrens berühren (BVerwGE 50, 344, 345; BVerwG DÖV 1981, 536, 537). Zu der z.T. nicht einfachen Abgrenzung hat sich in der Rspr. eine umfangreiche Kasuistik gebildet. [214]

Unverzichtbar ist z.B. die Befolgung von Vorschriften betreffend: [215]

- Rechtsweg und Zuständigkeit des Gerichts;[342]
- ordnungsgemäße Besetzung des Gerichts;[343]
- Klagefrist und Wiedereinsetzung in den vorigen Stand;[344]

---

335 BVerwG NJW 1994, 956; VGH München NJW 1997, 1251f.
336 OVG Bautzen NVwZ-RR 1998, 693; für die Revisionsinstanz BVerwGE 8, 149; BVerwG NJW 1989, 678; 21.7.1997 – 7 B 175.97; NJW 1998, 3369, jeweils m.w.N.; *B. Kohlndorfer*, DVBl 1988, 474 m.w.N.
337 Vgl. BVerwG NJW 1977, 313, 314; 21.7.1997 – 7 B 175.97; NJW 1998, 3369; NVwZ 1999, 65, 66, jeweils m.w.N.
338 OVG Koblenz DVBl 1999, 120; OVG Weimar NVwZ-Beilage 1997, 44; VGH Mannheim 15.3.2000 – A 6 S 48/00; VGH München NVwZ-RR 2007, 719; 7.6.2011 – 9 ZB 09.1657; OVG Bln 25.10.2013 – OVG 9 N 181.13; ferner BFHE 133, 352 (Vorbescheid).
339 Vgl. BVerwG 11.4.1977 Buchholz 303 § 295 ZPO Nr. 1; BFHE 153, 393, 395; BFH NVwZ-RR 1998, 791, 792.
340 Vgl. BVerwGE 51, 66, 68f.; 67, 43, 47; BVerwG NJW 1988, 577; s.a. BSGE 1, 126, 131.
341 Vgl. BVerwG 16.12.1980 Buchholz 310 § 138 Ziff. 1 VwGO Nr. 20; BSGE 3, 284, 285; 13, 217, 220; *P. Kummer*, NJW 1989, 1569, 1571; *Rosenberg/Schwab/Gottwald* § 68 I 2.
342 Ebenso *Rosenberg/Schwab/Gottwald* § 68 I 2.
343 Vgl. BVerwG 16.12.1980 Buchholz 310 § 138 Ziff. 1 VwGO Nr. 20 m.w.N.; BVerwGE 102, 7, 10; BGH NJW 1993, 600, 601; abweichend BVerwG VerwRspr 30, 1018.
344 Vgl. RGZ 131, 261, 262f.; 136, 275, 281; BGH FamRZ 1989, 373.

- notwendige Beiladung;[345]
- Beteiligungs- und Prozessfähigkeit eines Beteiligten;
- Vorverfahren bei der Anfechtungsklage;[346]
- Bindung an die Anträge (§ 88);[347]
- sonstige von Amts wegen zu berücksichtigende Sachurteilsvoraussetzungen.[348]

216   *Verzichtbar* ist z.B. die Befolgung von Vorschriften betreffend:

- ordnungsgemäße Ladung;[349]
- Gewährung rechtlichen Gehörs;[350]
- richterliche Aufklärungspflicht;[351]
- Ablehnung eines in der mündlichen Verhandlung gestellten Beweisantrags ohne Begründung;[352]
- Übergehen eines Beweisantrags;[353]
- Protokollierung der Beweisaufnahme;[354]
- Unmittelbarkeit der Beweisaufnahme;[355]
- Notwendigkeit eines Beweisbeschlusses;[356]
- Nichtbenachrichtigung von Ortstermin eines Gutachters;[357]
- Vereidigung eines Zeugen;[358]
- Einholung einer amtlichen Auskunft;[359]
- Übersetzungsfehler des Dolmetschers;[360]
- Vortrag des wesentlichen Inhalts der Akten (§ 103);[361]
- Öffentlichkeit der Sitzung[362] (sehr zweifelhaft);[363]
- Parteiöffentlichkeit;[364]
- Notwendigkeit einer Entscheidung über ein Ablehnungsgesuch.[365]

V. Geltendmachung des Verfahrensmangels

217   Die Zulassung wegen eines Verfahrensmangels setzt voraus, dass der Verfahrensmangel geltend ge-macht, d.h. sowohl in den ihn (vermeintlich) begründenden Tatsachen als auch in seiner rechtlichen

---

345 Vgl. BSGE 13, 217, 220.
346 BSGE 3, 293, 297.
347 RGZ 156, 372, 376; vgl. aber auch BGH NJW 1979, 2250 (Heilung durch Antrag, den Rechtsmittelantrag des Geg-ners zurückzuweisen).
348 BSGE 7, 3, 5.
349 BVerwGE 8, 149, 150; 19, 231, 234; BVerwG NJW 1989, 601; 1989, 678; s.a. 8.6.1979 Buchholz 310 § 86 Abs. 1 VwGO Nr. 120 (Benachrichtigung von Beweistermin).
350 BVerwGE 19, 231, 237f.; BVerwG NVwZ 1983, 668; NJW 1989, 601; NVwZ-RR 1990, 87; NVwZ 1999, 65; BFHE 102, 202, 207; 121, 286, 288; OVG Bautzen NVwZ-RR 1998, 693; 12.6.2009 – 3 B 196/07; OVG Lüneburg 29.1.1998 – 11 L 2222/97; 27.2.2009 – 5 LA 126/06.
351 BVerwG DÖV 1981, 839; 27.12.1988 Buchholz 310 § 86 Abs. 2 VwGO Nr. 36; 21.7.1997 – 7 B 175.97; BFHE 175, 40, 44; 176, 350, 357.
352 BVerwG NJW 1989, 1233; NVwZ-RR 1990, 669, 670.
353 BFHE 155, 498, 500.
354 BVerwGE 50, 344, 345f.; 51, 66, 68f.; 67, 43, 47; BVerwG NJW 1977, 313, 314; DÖV 1981, 536, 537; 1981, 840; 2.4.1981 Buchholz 310 § 105 VwGO Nr. 28; NJW 1988, 579; a.A. BVerwG 11.4.1986 Buchholz 310 § 105 VwGO Nr. 39; BGH NJW 1987, 1200.
355 BVerwGE 41, 174, 176ff.; BVerwG 31.8.1960 Buchholz 310 § 130 VwGO Nr. 1; NJW 1961, 379; 14.8.1987 Buch-holz 303 § 295 ZPO Nr. 4; 27.12.1988 Buchholz 310 § 86 Abs. 2 VwGO Nr. 36; NJW 1994, 1975.
356 BVerwG 14.8.1987 Buchholz 303 § 295 ZPO Nr. 4.
357 OVG Greifswald 26.2.2009 – 3 L 102/03.
358 BVerwG NJW 1998, 3369.
359 BVerwG NJW 1988, 2491.
360 BVerwG NVwZ 1983, 668; 1999, 65, 66; VGH Kassel DVBl 1997, 1344.
361 BVerwG 16.12.1968 Buchholz 310 § 103 VwGO Nr. 1; NJW 1984, 251.
362 BVerwG 4.11.1977 Buchholz 303 § 295 ZPO Nr. 1; NVwZ 1985, 566; BFHE 161, 427, 428.
363 Die Wahrung der Öffentlichkeit liegt zumindest auch im öffentlichen Interesse; BVerwG DÖV 1984, 888 bezeichnet den Öffentlichkeitsgrundsatz zu Recht als grundlegende Einrichtung des Rechtsstaats, die dem Vertrauen der Allge-meinheit in die Objektivität der Rechtspflege dient; für Unverzichtbarkeit: *Kopp/Schenke* § 55 Rn. 5; *Greger*, in: Zöller, § 295 ZPO Rn. 5 m.w.N.
364 BVerwG 14.8.1987 Buchholz 303 § 295 ZPO Nr. 4.
365 BVerwG NJW 1992, 1186f.

Würdigung substantiiert und schlüssig dargetan wird.[366] Das gilt auch für Mängel, die in einem Berufungsverfahren von Amts wegen zu prüfen sind.[367] Im Hinblick auf einen möglichen Verlust des Rügerechts (§ 173 VwGO i.V.m. §§ 295, 534 ZPO; → Rn. 213 ff.) muss auch stets substantiiert dargetan werden, dass der behauptete Verfahrensmangel bereits im erstinstanzlichen Verfahren gerügt worden ist, sofern sich dies nicht schon aus dem Urteil oder den ihm zugrunde liegenden Unterlagen ergibt, oder dass und warum auf die Befolgung des behaupteten Fehlers nicht wirksam verzichtet werden kann (§ 295 Abs. 2 ZPO).[368] Ferner sind die Umstände darzulegen, aus denen sich ergibt, warum die verwaltungsgerichtliche Entscheidung auf dem behaupteten Verfahrensmangel beruhen kann (BVerwG NJW 1985, 757; DVBl 1993, 49 f.).

VI. Vorliegen des Verfahrensmangels

Voraussetzung für die Zulassung der Berufung ist nicht nur die schlüssige Rüge eines Verfahrensmangels, sondern auch, dass der gerügte Verfahrensfehler tatsächlich vorliegt. Dieses Tatbestandsmerkmal ist aus § 131 Abs. 3 Nr. 3 a.F. und § 132 Abs. 2 Nr. 3 übernommen worden. Bis zur Änderung der vorgenannten Vorschriften durch das 4. VwGOÄndG[369] war umstr., in welcher Intensität die Frage des Vorliegens des geltend gemachten Verfahrensmangels bereits im Zulassungsverfahren zu prüfen ist.[370] Die Neuregelung soll verhindern, dass ein Beteiligter das Rechtsmittel mit der schlüssigen, aber unrichtigen Behauptung eines Verfahrensmangels erwirken und so die Nachprüfung des gesamten Streitstoffs erreichen kann (vgl. Begründung zum 4. VwGOÄndG, BT-Drs. 11/7030, 33). Das OVG hat die erforderlichen Tatsachen für die Prüfung, ob der Verfahrensmangel tatsächlich vorliegt, im Zulassungsverfahren festzustellen. Die notwendigen Feststellungen sind mangels bestimmter Regeln im Wege des Freibeweises zu treffen.[371]

218

VII. Erheblichkeit des Verfahrensmangels

Die Erheblichkeits- oder Kausalitätsprüfung ist – wie bei den anderen Zulassungsgründen – aus zwei Blickwinkeln vorzunehmen. Zum einen ist zu prüfen, ob der Verfahrensmangel – unter Zugrundelegung der Auffassung des VG – ursächlich für das Entscheidungsergebnis des VG gewesen sein kann (→ Rn. 220). Zum anderen ist das Berufungsgericht zur Prüfung befugt, ob der Verfahrensmangel – unter Zugrundelegung der Rechtsauffassung des Berufungsgerichts – für den Ausgang des Rechtsmittelverfahrens von Bedeutung ist (→ Rn. 224). Besonderheiten gelten für die absoluten Revisionsgründe des § 138 (→ Rn. 221 ff., 224).

219

1. Erheblichkeit für Entscheidung des VG. a) Allgemeines. Ein Verfahrensmangel ist nur erheblich, wenn die Entscheidung des VG auf ihm „beruhen" kann. Das setzt voraus, dass mindestens die Möglichkeit besteht, dass das Gericht ohne den Verfahrensverstoß zu einem für den Rechtsmittelführer sachlich günstigeren Ergebnis gelangt wäre,[372] dass sich also ein ursächlicher Zusammenhang zwischen dem Verfahrensfehler und dem Entscheidungsergebnis nicht ausschließen lässt. Maßgeblich für diese Prüfung sind die Tatsachenfeststellungen und die Rechtsauffassung des VG. Soweit Verfahrensmängel auch den Inhalt des Urteils betreffen (→ Rn. 187), wie bei der Beurteilung der Sachurteilsvoraussetzungen oder bei der Aufklärungsrüge, muss die betreffende rechtliche oder tatsächliche Frage entscheidungstragender Bestandteil des verwaltungsgerichtlichen Urteils sein. Die angegriffene Entscheidung beruht jedenfalls dann nicht auf dem behaupteten Verfahrensmangel (z.B. einer Gehörsver-

220

---

366 BVerwG NJW 1961, 425 f.; 14.1.1966 Buchholz 310 § 132 VwGO Nr. 50; 10.11.1992 Buchholz 303 § 314 ZPO Nr. 5; NJW 1997, 3328 m.w.N.; 3.7.1998 – 6 B 67.98; OVG Münster 28.4.2000 – 21 A 4896/99.A; VGH Mannheim VBlBW 1997, 263; F. Weyreuther, Revisionszulassung, 1971, Rn. 222.

367 Vgl. für das Revisionsverfahren: BVerwG 14.1.1966 Buchholz 310 § 132 VwGO Nr. 50; F. Weyreuther, Revisionszulassung, 1971, Rn. 222.

368 BVerwGE 8, 149, 150; BVerwG NJW 1989, 678; DVBl 1999, 99; BFHE 90, 452, 453; 161, 427, 428; BFH NVwZ-RR 1998, 791, 792; P. Kummer, Nichtzulassungsbeschwerde, 1990, Rn. 201; a.A. BVerwGE 25, 44, 45 f.: Frage der Begründetheit, nicht der Zulässigkeit; ebenso B. Kohlndorfer, DVBl 1988, 474, 477.

369 Viertes Gesetz zur Änderung der Verwaltungsgerichtsordnung v. 17.12.1990 (BGBl I 2809).

370 Das BVerwG ließ die schlüssige Darlegung genügen, vgl. F. Weyreuther, Revisionszulassung, 1971, Rn. 149 m.w.N.

371 Vgl. BVerwG 8.12.1986 Buchholz 310 § 132 VwGO Nr. 244; BFHE 149, 437; 180, 512, 514; P. Kummer, Nichtzulassungsbeschwerde, 1990, Rn. 264.

372 BVerwGE 14, 342, 346 m.w.N.; F. Weyreuther, Revisionszulassung, 1971, Rn. 151, 124.

sagung), wenn der in Rede stehende Gesichtspunkt aus Rechtsgründen von vornherein nicht geeignet war, dem Rechtsschutzbegehren zum Erfolg zu verhelfen (OVG Münster 21.1.1999 – 3 B 1867/98). Beruht das Urteil des VG auf einer weiteren selbständig tragenden, nicht erfolgreich mit Zulassungsgründen angegriffenen Begründung, ist die Verfahrensrüge unbegründet (zu diesen für alle Zulassungsgründe geltenden Erheblichkeitsgrundsätzen → Rn. 100, 181).

221 **b) Absolute Revisionsgründe des § 138.** Umstr. ist, ob die Beruhensprüfung bei den absoluten Revisionsgründen des § 138 entfällt, weil der Einfluss des Verfahrensmangels auf die Sachentscheidung unwiderleglich vermutet wird. Dies ist grds. zu bejahen.[373] Im Berufungszulassungsverfahren ist der Grundgedanke des § 138 entsprechend anzuwenden. Eine dem § 138 vergleichbare Vorschrift ist für das Berufungsverfahren deshalb nicht vorgesehen, weil im Berufungsverfahren – anders als im Revisionsverfahren (vgl. § 137) – nicht eine Gesetzesverletzung des angefochtenen Urteils geprüft, sondern eine von der Entscheidung des Vordergerichts unabhängige umfassende Neuprüfung des Rechtsstreits vorgenommen wird. Die gesetzliche Wertung, dass es sich bei den absoluten Revisionsgründen umso schwerwiegende Verfahrensstöße handelt, dass deren Ursächlichkeit für die Entscheidung vermutet wird, ist auf die Berufungszulassung zu übertragen. Sieht man von dem Sonderfall des rechtlichen Gehörs (§ 138 Nr. 3; → Rn. 223) ab, sehen im Wesentlichen alle Verfahrensordnungen[374] die in § 138 aufgeführten Verfahrensstöße als unbedingte (absolute) Revisionsgründe an. Die Gewährleistung der über § 138 geschützten Verfahrensgrundsätze erfordert bei einem Verstoß eine Überprüfung der Rechtssache durch das Berufungsgericht.

222 Ein Verzicht auf die Vermutungsregel würde in vielen Fällen eine erfolgreiche Rüge des Verfahrensfehlers von vornherein ausschließen, weil eine Ursächlichkeit für das Entscheidungsergebnis praktisch nicht dargetan werden könnte. So muss etwa die Darlegung eines Ursachenzusammenhangs bei der Rüge scheitern, die Vorschriften über die Öffentlichkeit der Verhandlung (§ 138 Nr. 5)[375] seien verletzt. Das Erfordernis einer Beruhensprüfung ließe auch die Angriffe gegen eine nicht mit Gründen versehene Entscheidung (§ 138 Nr. 6) praktisch leerlaufen (vgl. OVG Bln 10.8.2017 – 2 N 88.14). Die Richtigkeit eines verkündeten Entscheidungstenors hängt nicht davon ab, ob das Urteil später hinreichend mit Gründen versehen wird. Andererseits fehlt einem Urteil ohne Gründe die Grundlage, um erfolgversprechend andere Zulassungsgründe geltend machen zu können.

223 Für den praktisch wichtigsten Fall, die *Versagung rechtlichen Gehörs*, kann die entsprechende Anwendung der Vermutungsregel des § 138 Nr. 3 allerdings i.E. offenbleiben.[376] Denn die zur Versagung rechtlichen Gehörs entwickelte Rspr. des BVerwG, die die Vermutungsregel des § 138 „gelockert" hat, stellt ungeachtet der entsprechenden Geltung dieser Regel im Berufungszulassungsrecht eine sachgerechte Differenzierung dar. Nach st. Rspr. des BVerwG erfordert die ordnungsgemäße Begründung der Gehörsrüge grds. Ausführungen dazu, was bei ausreichender Gewährung rechtlichen Gehörs vorgetragen worden wäre; nur auf der Grundlage eines solchen Vortrags kann geprüft und entschieden werden, ob auszuschließen ist, dass die Gewährung rechtlichen Gehörs zu einer anderen, für den Rechtsmittelführer günstigeren Entscheidung geführt hätte.[377] Diese Grundsätze gelten jedoch nur für Fälle, in denen sich die behauptete Versagung rechtlichen Gehörs auf *einzelne* Feststellungen oder rechtliche Gesichtspunkte beziehen. Sie gelten nicht, wenn die Gehörsrüge – wie insbes. im Falle der dem Rechtsmittelführer versagten Teilnahme an der mündlichen Verhandlung – den *gesamten* Verfahrensstoff erfasst.[378] Hat der Rechtsmittelführer oder sein Prozessbevollmächtigter an der mündlichen Ver-

---

373 I.E. ebenso VGH Mannheim NVwZ-RR 1998, 687, 688; OVG Bln 10.8.2017 – 2 N 88.14; *R. Rudisile*, in: Schoch/Schneider/Bier § 124 Rn. 62; a.A. für die Versagung rechtlichen Gehörs OVG Koblenz DVBl 1999, 118; offen gelassen von OVG Münster NVwZ-RR 1997, 759; 2004, 701, 702.

374 Vgl. § 547 ZPO, § 202 SGG i.V.m. § 547 ZPO (vgl. § 170 Abs. 3 SGG), § 338 StPO und § 119 FGO.

375 Von Art. 6 Abs. 1 EMRK als Leitgedanke des Prozessrechts gewährleistet.

376 Gegen eine analoge Anwendung des § 138 Nr. 3: OVG Bln NVwZ 1998, 197; OVG Koblenz DVBl 1999, 118; OVG Schleswig NVwZ 1999, 1354, 1355.

377 Vgl. BVerwG BayVBl 1979, 762; InfAuslR 1985, 83; 2.4.1985 Buchholz 310 § 108 VwGO Nr. 165; 31.7.1985 Buchholz 310 § 98 VwGO Nr. 28; NJW 1992, 852, 853; 9.7.1992 Buchholz 310 § 86 Abs. 1 VwGO Nr. 244; ferner BVerfG InfAuslR 1993, 300, 302; OVG Münster NWVBl 1995, 232; NVwZ-RR 2004, 701; NVwZ-RR 2012, 952.

378 Vgl. BVerwG DVBl 1984, 90; 18.10.1983 Buchholz 310 § 108 VwGO Nr. 140; NJW 1986, 1057; NJW 1992, 2042; 1992, 3185; 1995, 1441; BFHE 186, 102; ferner OVG Bln 2.2.1999 – 3 N 71.97; OVG Weimar 21.7.1999 – 3 ZKO 158/97; VGH Kassel NVwZ 1996, 817 (LS); a.A. BVerwG NJW 1992, 852, 853; OVG Münster NJW 1996, 334; VGH Kassel MDR 1996, 637.

handlung nicht teilnehmen können, lässt sich im Nachhinein nicht feststellen, wie die mündliche Verhandlung im Falle ihrer Anwesenheit verlaufen wäre. Das Vorbringen eines Beteiligten in der mündlichen Verhandlung, die wesentlich durch das Gespräch zwischen Gericht und Rechtssuchendem geprägt ist, wird weitgehend durch den konkreten Verlauf der mündlichen Verhandlung bestimmt. Der Rechtsmittelführer ist daher objektiv nicht in der Lage, Ausführungen darüber zu machen, was er im Falle einer Teilnahme an der mündlichen Verhandlung noch vorgetragen hätte. Dies rechtfertigt es, auf eine entsprechende Kausalitätsprüfung und Darlegungen hierzu zu verzichten.[379] Auch die auf eine zu Unrecht versagte Akteneinsicht gestützte Gehörsrüge erfordert nicht die Darlegung, was bei Gewährung des rechtlichen Gehörs vorgetragen worden wäre und inwieweit dieser Vortrag zur Klärung des geltend gemachten Anspruchs geeignet gewesen wäre; denn hierzu ist der Rechtsmittelführer regelmäßig mangels Kenntnis des Inhalts dieser Akten objektiv nicht in der Lage.[380]

2. Erheblichkeit für Entscheidung des OVG. Eine Zulassung der Berufung kommt dann nicht in Betracht, wenn der Verfahrensmangel – nach der Rechtsauffassung des Berufungsgerichts – für den Ausgang des Berufungsverfahrens ohne Bedeutung wäre, wenn sich also das Urteil des VG aus anderen Gründen als richtig erweist (→ Rn. 101 f.).[381] Dieses Korrektiv findet bei den absoluten Revisionsgründen des § 138 wegen der Schwere der Fehler grds. keine Anwendung[382] (zur entspr. Anwendung des § 138 → Rn. 223). Bei einer Versagung des rechtlichen Gehörs ist zu differenzieren. Bezieht sich der Gehörsverstoß auf einzelne Feststellungen oder rechtliche Gesichtspunkte, auf die es für die Berufungsentscheidung unter keinen Umständen ankommt, so ist die Berufung trotz eines Verfahrensfehlers nicht zuzulassen; erfasst der gerügte Mangel hingegen den gesamten Streitstoff, ist eine Feststellung, das verwaltungsgerichtliche Urteil sei i.E. richtig, nicht möglich.[383]

224

§ 124 a [Zulassung und Begründung der Berufung]

(1) ¹Das Verwaltungsgericht lässt die Berufung in dem Urteil zu, wenn die Gründe des § 124 Abs. 2 Nr. 3 oder Nr. 4 vorliegen. ²Das Oberverwaltungsgericht ist an die Zulassung gebunden. ³Zu einer Nichtzulassung der Berufung ist das Verwaltungsgericht nicht befugt.

(2) ¹Die Berufung ist, wenn sie von dem Verwaltungsgericht zugelassen worden ist, innerhalb eines Monats nach Zustellung des vollständigen Urteils bei dem Verwaltungsgericht einzulegen. ²Die Berufung muss das angefochtene Urteil bezeichnen.

(3) ¹Die Berufung ist in den Fällen des Absatzes 2 innerhalb von zwei Monaten nach Zustellung des vollständigen Urteils zu begründen. ²Die Begründung ist, sofern sie nicht zugleich mit der Einlegung der Berufung erfolgt, bei dem Oberverwaltungsgericht einzureichen. ³Die Begründungsfrist kann auf einen vor ihrem Ablauf gestellten Antrag von dem Vorsitzenden des Senats verlängert werden. ⁴Die Begründung muss einen bestimmten Antrag enthalten sowie die im Einzelnen anzuführenden Gründe der Anfechtung (Berufungsgründe). ⁵Mangelt es an einem dieser Erfordernisse, so ist die Berufung unzulässig.

(4) ¹Wird die Berufung nicht in dem Urteil des Verwaltungsgerichts zugelassen, so ist die Zulassung innerhalb eines Monats nach Zustellung des vollständigen Urteils zu beantragen. ²Der Antrag ist bei dem Verwaltungsgericht zu stellen. ³Er muss das angefochtene Urteil bezeichnen. ⁴Innerhalb von zwei Monaten nach Zustellung des vollständigen Urteils sind die Gründe darzulegen, aus denen die Berufung zuzulassen ist. ⁵Die Begründung ist, soweit sie nicht bereits mit dem Antrag vorgelegt worden ist, bei dem Oberverwaltungsgericht einzureichen. ⁶Die Stellung des Antrags hemmt die Rechtskraft des Urteils.

---

379 BVerwG 18.10.1983 Buchholz 310 § 108 VwGO Nr. 140; DVBl 1984, 90; NJW 1992, 3185, 3186; 1995, 1441; BFHE 186, 102; OVG Weimar 21.7.1999 – 3 ZKO 158/97.

380 BVerwG 17.7.1973 Buchholz 310 § 138 Ziff. 3 VwGO Nr. 19; 3.11.1987 Buchholz 310 § 100 Nr. 5; VGH Kassel DVBl 1999, 1668; VGH Mannheim NVwZ-RR 1998, 687, 688.

381 Ferner BVerwGE 14, 342, 346 f.; BVerwG 20.2.1990 Buchholz 310 § 132 VwGO Nr. 281; 30.4.1990 Buchholz 310 § 125 VwGO Nr. 9.

382 BVerwGE 62, 6, 10; BVerwG NJW 1997, 674.

383 BVerwGE 62, 6, 10 f.; BVerwG NVwZ 1994, 1095, 1096; 1996, 378; zu dieser Differenzierung → Rn. 223.

(5) [1]Über den Antrag entscheidet das Oberverwaltungsgericht durch Beschluss. [2]Die Berufung ist zuzulassen, wenn einer der Gründe des § 124 Abs. 2 dargelegt ist und vorliegt. [3]Der Beschluss soll kurz begründet werden. [4]Mit der Ablehnung des Antrags wird das Urteil rechtskräftig. [5]Lässt das Oberverwaltungsgericht die Berufung zu, wird das Antragsverfahren als Berufungsverfahren fortgesetzt; der Einlegung einer Berufung bedarf es nicht.

(6) [1]Die Berufung ist in den Fällen des Absatzes 5 innerhalb eines Monats nach Zustellung des Beschlusses über die Zulassung der Berufung zu begründen. [2]Die Begründung ist bei dem Oberverwaltungsgericht einzureichen. [3]Absatz 3 Satz 3 bis 5 gilt entsprechend.

Schrifttum

1. Monographien und Beiträge in Sammelwerken: *H. Brox*, Zur Problematik von Haupt- und Hilfsanspruch, in: Recht im Wandel, 1965, 121; *P. Kummer*, Die Nichtzulassungsbeschwerde, 1990; *ders.*, Die Gegenvorstellung, in: FS für O. E. Krasney, 1997, 277; *A. May*, Die Revision in den zivil- und verwaltungsgerichtlichen Verfahren (ZPO, ArbGG, VwGO, SGG, FGO), [2]1997; *G. A. Neuhäuser*, Die Zulassung der Berufung im Verwaltungsprozess unter den Einwirkungen des Verfassungs- und des Unionsrechts, 2012; *R. Sell*, Probleme der Rechtsmittelbegründung im Zivilprozeß, 1973; *F. Weyreuther*, Revisionszulassung und Nichtzulassungsbeschwerde in der Rechtsprechung der obersten Bundesgerichte, 1971.

2. Beiträge in Zeitschriften: *J. Bader*, Praktische Erfahrungen mit dem Sechsten VwGO-Änderungsgesetz, VBlBW 1997, 401 und 449; *ders.*, Zulassungsberufung und Zulassungsbeschwerde nach der 6. VwGO-Novelle, NJW 1998, 409; *ders.*, Die Neuregelung des Rechtsmittelrechts und sonstige Änderungen der VwGO durch das Rechtsmittelbereinigungsgesetz, VBlBW 2002, 471; *J. Blomeyer*, Beschränkung des Rechtsmittels in der Rechtsmittelbegründung, NJW 1969, 50; *J. Buchheister*, Das Berufungs-(Zulassungs-)Verfahren – Aktuelle Probleme aus richterlicher Sicht, DVBl 2016, 469; *W. Fichte*, Die Verlängerung der Frist zur Begründung der Nichtzulassungsbeschwerde nach § 160 a Abs. 2 Satz 2 SGG, SGb 1999, 653; *G. Furtner*, Die Erledigung der Hauptsache im Rechtsmittelverfahren, MDR 1961, 188; *H. Geiger*, Das Berufungs- und Beschwerdeverfahren nach der Neuregelung durch das Gesetz zur Bereinigung des Rechtsmittelrechts im Verwaltungsprozess, BayVBl 2003, 65; *M.-E. Geis/S. Thirmeyer*, Die Berufung im Verwaltungsprozess, JuS 2013, 517; *P. Gilles*, Rechtsmitteleinlegung, Rechtsmittelbegründung und nachträgliche Parteidispositionen über das Rechtsmittel, AcP 177 (1977), 189; *P. Gottwald*, Rechtsmittelzulässigkeit und Erledigung der Hauptsache, NJW 1976, 2250; *W. Grunsky*, Die Erweiterung des Rechtsmittelantrags im Zivilprozeß, NJW 1966, 1393; *ders.*, Zum Umfang der Dispositionsbefugnis des Rechtsmittelklägers bei der Bestimmung des Verfahrensgegenstandes, ZZP 88 (1975), 49; *ders.*, Zur Zulässigkeit der Anschließung des Berufungsklägers an die unselbständige Anschlußberufung des Berufungsbeklagten, ZZP 97 (1984), 478; *H. Günther*, Der erneute Beginn der Berufungsbegründungsfrist nach verfassungsgerichtlicher Unterbrechung, DVBl 1988, 1039; *ders.*, Frist zum Stellen eines bestimmten Berufungsantrags, BayVBl 1996, 233; *M. Happ*, Die Darlegung ernstlicher Zweifel an der Richtigkeit des Urteils – Ein Beitrag zur Diskussion um die Auslegung der §§ 124, 124a VwGO, BayVBl 1999, 577; *W. Heintzmann*, Die Erledigung des Rechtsmittels, ZZP 87 (1974), 199; *O. Jauernig*, Materielle Rechtskraft oder innerprozessuale Bindungswirkung eines Verwerfungsbeschlusses gem. § 519 b Abs. 2 ZPO bei wiederholter Berufung?, MDR 1982, 286; *H. Johlen*, Die Zulassung der Berufung aus anwaltlicher Sicht, NWVBl 2015, 366; *B. Kienemund*, Das Gesetz zur Bereinigung des Rechtsmittelrechts im Verwaltungsprozess, NJW 2002, 1231; *L. Knopp*, Verwaltungsprozessuale Neuerungen durch das Gesetz zur Bereinigung des Rechtsmittelrechts, DÖV 2003, 24; *B. Kohlndorfer*, Die Anwendung von § 295 ZPO im verwaltungsgerichtlichen Verfahren, DVBl 1988, 474; *W. Kuhla/J. Hüttenbrink*, Neuregelungen in der VwGO durch das Gesetz zur Bereinigung des Rechtsmittelrechts im Verwaltungsprozess (RmBereinVpG), DVBl 2002, 85; *G. Laudemann*, Das Gesetz zur Bereinigung des Rechtsmittelrechts im Verwaltungsprozess, NJ 2002, 68; *K. W. Lotz*, Das Gesetz zur Bereinigung des Rechtsmittelrechts im Verwaltungsprozess – Praktische Verbesserungen und einige neue Probleme, BayVBl 2002, 353; *P. Müller*, Formlose Mitteilung oder Zustellung der Verlängerung der Berufungsbegründungsfrist, NJW 1990, 1778; *S. Müller-Rabe*, Beschränkter Prüfungsumfang im Berufungsverfahren, NJW 1990, 283; *A. Niesler*, Die Berufung im Verwaltungsprozess, §§ 124ff. VwGO, JuS 2007, 728; *H. Oehlers*, Der Zweck der „Berufungsgründe" nach § 519 Abs. 3 Nr. 2 ZPO, MDR 1996, 447; *N. Pantle*, Zur Einheitlichkeit des Verfahrens bei mehrfacher Berufungseinlegung, NJW 1988, 2773; *R. Pietzner*, Zur übereinstimmenden Erledigungserklärung im Verwaltungsprozeß, VerwArch 1984, 79; *S. Proske*, Außerordentliche Rechtsmittel gegen die fehlerhafte Nichtzulassung der Revision, NJW 1997, 352; *M. Quaas*, Das 6. VwGO-Änderungsgesetz aus anwaltlicher Sicht, NVwZ 1998, 701; *K. Rennert*, Suspensiv- und Devolutiveffekt bei zulassungsbedürftigen Rechtsmitteln, VBlBW 1999, 283; *W. Roth*, Die fehlerhafte Einreichung der Berufungszulassungsbegründung beim OVG – ein rechtsmethodisches Exempel, NVwZ 2003, 1189; *R. Rudisile*, Das Berufungs(zulassungs)recht der VwGO im Spiegel der Rechtsprechung, Die Verwaltung 2006, 421; *ders.*, Rechtsprechungsentwicklung – Die Judikatur des BVerfG zum Berufungszulassungsrecht der VwGO, NVwZ 2012, 1425; *H.-P. Schmieszek*, Sechstes Gesetz zur Änderung der Verwaltungsgerichtsordnung und anderer Gesetze (6. VwGOÄndG), NVwZ 1996, 1151; *F. Schnauder*, Teilanfechtung und Teilrechtskraft im Zivilprozeß – BGH NJW 1993, 269, JuS 1993, 365; *A. Schulte-Trux*, Zulassung der Berufung – Zulassungsquoten und Darlegungsanforderungen, NWVBl 2015, 364; *A. Schulz*, Die Erledigung von Rechtsmitteln, JZ 1983, 331; *U. Seetzen*, Die Anhörungsrüge kraft Verfassungsrechts, NJW 1982, 2337; *M.-J. Seibert*, Die Zulassung der Berufung, DVBl 1997, 932; *ders.*, Das Verfahren auf Zulassung der Berufung – Erfahrungen mit der 6. VwGO-Novelle, NVwZ 1999, 113; *ders.*, Änderungen der VwGO durch das Gesetz zur Bereinigung des Rechtsmittelrechts im Verwaltungsprozess, NVwZ 2002, 265; *ders.*, Berufungszulassung durch den Einzelrichter?, NVwZ 2004, 821; *B. Silberkuhl*, Vertretungszwang bei der verwaltungsgerichtlichen Prozeßkostenhilfebeschwerde?, NJW 1998, 438; *M. Siems*, Die selbständige Anschlußberufung im Verwaltungsprozeß, NVwZ 2000, 160; *B. Stüer*, Die Beschleunigungsnovellen 1996, DVBl 1997, 326; *U. Vollkommer*, „Stillschweigender" Antrag auf Wiedereinsetzung in den vorigen Stand bei abgelaufenen Rechtsmittelbegründungsfristen, DRiZ 1969, 244; *V. Wagner*, Der erneute Beginn der Berufungsbegründungsfrist nach verfassungsgerichtlicher Unterbrechung, NJW 1987, 1184.

S. ferner das Schrifttum zu § 124.

A. Entstehungsgeschichte und allgemeiner Überblick

I. Gesetzgebungsgeschichte

1. Einführung 1997. § 124 a ist zusammen mit der grundlegenden Änderung des § 124 durch das am 1.1.1997 in Kraft getretene 6. VwGOÄndG[1] eingefügt worden. Die bis zu diesem Zeitpunkt i.d.R. zulassungsfreie Berufung wurde durch die allgemeine Zulassungsberufung ersetzt. Die Entscheidung über die Zulassung der Berufung stand zunächst – auf Antrag – ausschließlich dem OVG zu. Zeitgleich ist der Anwaltszwang vor dem OVG (heute § 67 Abs. 4) eingeführt worden, um sicherzustellen, dass der Erfolg eines Zulassungsantrags nicht an mangelnder Rechtskenntnis des Rechtsschutzsuchenden scheitert. Wegen der Einzelheiten der Entwicklungsgeschichte der Berufung (→ § 124 Rn. 1 ff.) und der Gesetzgebungsgeschichte (→ § 124 Rn. 11 ff.) wird auf die Komm. zu § 124 verwiesen.

2. Änderung 2002. Durch das am 1.1.2002 in Kraft getretene RmBereinVpG[2] ist § 124 a geändert worden. Seitdem lässt auch das VG von Amts wegen bei Vorliegen der Voraussetzungen des § 124 Abs. 2 Nr. 3 und 4 die Berufung zu (§ 124 Abs. 1 i.V.m. § 124 a Abs. 1). In diesem Fall hat der Rechtsmittelführer nach Urteilszustellung binnen eines Monats Berufung einzulegen und diese binnen 2 Monaten zu begründen. Lässt das VG nicht die Berufung zu, gilt weiterhin das bisherige Zulassungsverfahren vor dem OVG. Allerdings sind anstelle der früheren einmonatigen Begründungsfrist nunmehr zwei getrennte Fristen für die Stellung des Zulassungsantrags und dessen Begründung vorgesehen. Die Zulassung der Berufung ist binnen eines Monats nach Zustellung des Urteils zu beantragen (§ 124 a Abs. 4 S. 1); für die Begründung des Zulassungsantrags steht eine Frist von zwei Monaten nach Zustellung des Urteils zur Verfügung (§ 124 a Abs. 4 S. 4).

3. Änderung 2004. Mit Wirkung vom 1.9.2004 ist § 124 a Abs. 4 S. 5 geändert worden.[3] Seitdem ist die Antragsbegründung, sofern sie nicht bereits zusammen mit dem Zulassungsantrag beim VG vorgelegt worden ist, beim OVG (und nicht mehr beim VG) einzureichen. Der Gesetzgeber hat damit auf die Kritik an der früheren Regelung („Rechtsmittelfalle") reagiert (→ Rn. 161).

II. Inhalt und systematische Stellung der Norm

§ 124 a steht in einem engen Regelungszusammenhang mit § 124. Nach § 124 Abs. 1 ist die Berufung gegen verwaltungsgerichtliche Urteile nur statthaft, wenn sie zuvor von dem VG oder dem OVG zugelassen worden ist. § 124 Abs. 2 führt die Gründe und deren tatbestandliche Voraussetzungen auf, bei deren Vorliegen die Berufung zuzulassen ist. Wird die Berufung vom VG gem. § 124 a Abs. 1 S. 1 zugelassen, ist sie innerhalb eines Monats beim VG einzulegen (§ 124 a Abs. 2) und innerhalb von zwei Monaten zu begründen (§ 124 a Abs. 3); andernfalls ist sie unzulässig (§ 124 a Abs. 3 S. 5). Hat das VG die Berufung nicht zugelassen, kann der Rechtsmittelführer einen Antrag auf Zulassung der Berufung innerhalb der Monatsfrist des § 124 a Abs. 4 S. 1 beim VG (§ 124 a Abs. 4 S. 2) stellen; innerhalb der zweimonatigen Frist des § 124 a Abs. 4 S. 4 muss er beim OVG (§ 124 a Abs. 4 S. 5) die Zulassungsgründe darlegen (→ Rn. 131 ff.). Der fristgerechte Zulassungsantrag hat Suspensiveffekt (§ 124 a Abs. 4 S. 6). § 124 a Abs. 5 regelt die Entscheidung des OVG über den Zulassungsantrag und deren Wirkung. Wird der Zulassungsantrag abgelehnt, ist das erstinstanzliche Urteil rechtskräftig (§ 124 a Abs. 5 S. 4). Wird die Berufung zugelassen, geht das Antragsverfahren automatisch in das Berufungsverfahren über, ohne dass es der Einlegung einer Berufung bedarf (§ 124 a Abs. 5 S. 5). Erforderlich ist jedoch eine Berufungsbegründung innerhalb der Monatsfrist des § 124 a Abs. 6 S. 1.

Nach § 125 Abs. 1 gelten die Vorschriften des Teils II (§§ 54–123) entsprechend, soweit sich aus dem 12. Abschnitt über die Berufung nichts anderes ergibt. Zu beachten ist ferner, dass nach § 173 die Vorschriften der ZPO über die Berufung (§§ 511 ff. ZPO) entsprechende Anwendung finden, sofern die VwGO keine Regelung enthält und die Unterschiede beider Verfahrensarten nicht entgegenstehen.

---

1 Sechstes Gesetz zur Änderung der VwGO und anderer Gesetze vom 1.11.1996 (BGBl I 1626).
2 Gesetz zur Bereinigung des Rechtsmittelrechts im Verwaltungsprozess (RmBereinVpG) [BGBl 2001 I 3987].
3 Art. 6 Nr. 2 a des Ersten Gesetzes zur Modernisierung der Justiz vom 24.8.2004 (BGBl I 2198).

III. Normzweck

6 Grundlegendes Ziel der durch das 6. VwGOÄndG geschaffenen Regelungen der §§ 124, 124 a ist die Beschleunigung verwaltungsgerichtlicher Verfahren. Die Verwaltungsgerichtsbarkeit soll entlastet werden, um zeitnahen Rechtsschutz zu gewährleisten (BT-Drs. 13/3993, 9, 13). Das Entlastungs- und Beschleunigungsziel wird durch eine Kombination verschiedener Regelungen angestrebt. Insbes. das Zulassungsverfahren vor dem OVG, in dem die Voraussetzungen des § 124 Abs. 2 geprüft werden, dient als Filter, um die Berufungsinstanz vor nicht erfolgversprechenden Berufungen zu bewahren (→ § 124 Rn. 21 f.). Nach § 124 a Abs. 4 S. 4 müssen die Gründe, aus denen die Berufung zuzulassen ist, vom Rechtsmittelführer dargelegt werden. Diese Darlegungspflicht soll i.V.m. dem Anwaltszwang den Aufwand des OVG für die Bearbeitung des Zulassungsantrags reduzieren und auf diese Weise zur Entlastung der Berufungsinstanz beitragen. Die Fristgebundenheit der Antragsbegründung soll eine zeitliche Verkürzung bewirken. Allerdings erwies sich die ursprüngliche 1-Monats-Frist als übermäßige Rechtsschutzbeeinträchtigung;[4] deshalb war die Verlängerung der Begründungsfrist auf zwei Monate durch das am 1.1.2002 in Kraft getretene RmBereinVpG sinnvoll. Das „Durchstarten" in das Berufungsverfahren nach Zulassung der Berufung durch das OVG, ohne dass es der Einlegung einer Berufung bedarf (§ 124 a Abs. 5 S. 5), soll ebenfalls der Beschleunigung dienen (→ Rn. 300). Mit den Regelungen des § 124 a Abs. 3 und 6, wonach die fristgebundene Berufungsbegründung einen bestimmten Antrag sowie die Berufungsgründe enthalten muss, soll der Berufungskläger im Interesse der Verfahrensbeschleunigung gezwungen werden, Berufungsgericht und Berufungsprozessgegner frühzeitig über Inhalt, Umfang und Ziel seines Rechtsmittels zu informieren (→ Rn. 84, 106).

7 Die mit Wirkung vom 1.1.2002 eingeführte Befugnis des VG zur Zulassung der Berufung stellt eine gewisse Kurskorrektur des Gesetzgebers dar. Mit ihr soll das Tor zur Berufungsinstanz im Interesse einer schnellen Rechtsfortbildung wieder etwas weiter geöffnet werden. Zudem soll sie die seltsame Inkongruenz vermeiden, dass das VG zuvor zwar eine Sprungrevision bei grundsätzlicher Bedeutung oder Divergenz (§ 134 Abs. 1 und 2 i.V.m. § 132 Abs. 2 Nr. 1 und 2) zulassen konnte, nicht jedoch die Berufung.

IV. Sondervorschriften

8 Die allgemeinen Vorschriften über die Zulassungsberufung werden durch verschiedene Sondervorschriften verdrängt. Insoweit wird auf die Komm. zu § 124 verwiesen (→ § 124 Rn. 43 ff.). Insbes. die Regelungen des AsylG über die Berufungszulassung (§ 78 AsylG) und das Berufungsverfahren (§ 79 AsylG) verdrängen grds. die allgemeinen Regelungen (→ § 124 Rn. 49 f.). Abschließend ist § 78 Abs. 2 AsylG auch insoweit, als nur das OVG, nicht jedoch das VG die Berufung zulassen kann; dementsprechend nimmt § 124 a Abs. 1 S. 1 nur auf § 124 Abs. 2, nicht § 78 Abs. 2 AsylG Bezug. Hingegen findet die Pflicht zur Berufungsbegründung gem. § 124 a Abs. 3 ergänzende Anwendung in Verfahren nach dem AsylG (→ § 124 Rn. 50; → Rn. 343). Im Bundesdisziplinarrecht ist für das Berufungsverfahren § 64 BDG maßgebend: Bei Disziplinarklagen ist die Berufung ohne Zulassung unmittelbar eröffnet (Abs. 1); bei Klagen gegen Disziplinarverfügungen kann die Berufung nur vom OVG, nicht jedoch vom VG zugelassen werden (Abs. 2) (ferner → § 124 Rn. 51).[5]

B. Zulassung der Berufung durch das VG (Abs. 1)

I. Zulassung von Amts wegen

9 Das VG entscheidet von Amts wegen, ob die Berufung zuzulassen ist. Ein Antrag der Beteiligten ist nicht erforderlich, kann aber als Anregung hilfreich sein. Da das VG zu einer Nichtzulassung der Berufung nicht befugt ist (§ 124 a Abs. 1 S. 3), ist auf einen etwaigen Antrag im Falle der Ablehnung im Urteil nicht einzugehen.

---

4 Vgl. nur M.-J. Seibert, DVBl 1997, 932, 940; ders., NVwZ 2002, 265, 266 f.
5 OVG Saarlouis NVwZ-RR 2004, 701.

II. Zulassungsgründe des § 124 Abs. 2 Nr. 3 und 4

Die Zulassungskompetenz des VG ist auf die beiden Zulassungsgründe des § 124 Abs. 2 Nr. 3 und 4 10 (zu den Voraussetzungen → § 124 Rn. 74 ff., 105 ff.) beschränkt, weil sich die sonstigen Zulassungsgründe nicht für eine Zulassungsentscheidung des VG eignen; § 124 Abs. 2 Nr. 1 (ernstliche Zweifel) und Nr. 2 (besondere Schwierigkeiten)[6] setzen ebenso wie die Nr. 5 (Verfahrensfehler) eine dem VG nicht mögliche und auch nicht zustehende Beurteilung der Erfolgsaussichten des Rechtsmittels voraus. Die Zulassungsgründe müssen im Zeitpunkt der letzten mündlichen Verhandlung bzw. bei Entscheidungen ohne mündliche Verhandlung im Zeitpunkt der Entscheidung vorliegen.

III. Kein Ermessen des VG

Sind die Tatbestandsvoraussetzungen eines der beiden Berufungszulassungsgründe gegeben, „lässt" 11 das VG die Berufung zu (§ 124 a Abs. 1 S. 1). Dem VG steht bei seiner Entscheidung weder ein Ermessen noch ein Beurteilungsspielraum zu.

IV. Entscheidungserheblichkeit des Zulassungsgrundes

Hinsichtlich einer Urteilsbegründung, die nicht entscheidungstragend ist (obiter dictum), darf die Berufung nicht zugelassen werden. Ist das Urteil des VG auf mehrere voneinander unabhängige, selbständig tragende Erwägungen gestützt (kumulative Begründung), so darf die Berufung nur zugelassen werden, wenn für jede dieser Erwägungen ein Zulassungsgrund vorliegt. Bei einer alternativen Begründung („entweder deshalb oder deshalb") genügt hingegen, dass für einen dieser Gründe ein Zulassungsgrund gegeben ist (→ Rn. 252 ff.).

V. Teilzulassung[7]

Hat das VG über mehrere tatsächlich und rechtlich selbständige und abtrennbare Klagansprüche entschieden, so sind für jeden selbständigen Klaganspruch gesondert die Voraussetzungen für eine Zulassung der Berufung zu prüfen. Sind Berufungszulassungsgründe nur hinsichtlich eines Anspruchs gegeben, muss die Berufung auf diesen Teil beschränkt werden. Auch bei einem tatsächlich und rechtlich selbständigen und abtrennbaren Teil eines Streitgegenstands kommt eine Teilzulassung in Betracht. Unzulässig ist die Beschränkung der Zulassung auf bestimmte Rechtsfragen oder einzelne Urteilselemente. Die Beschränkung der Zulassung ist grds. im Tenor des Zulassungsbeschlusses deutlich zum Ausdruck zu bringen. Soweit die Berufung nicht zugelassen worden ist, können die Beteiligten einen Antrag auf Zulassung der Berufung stellen (§ 124 a Abs. 4 S. 1).

VI. Entscheidung grds. durch die Kammer

Nach dem Wortlaut des § 124 Abs. 1 und des § 124 a Abs. 1 S. 1 steht dem „Verwaltungsgericht" die 14 Zulassungskompetenz zu. Mangels einer ausdrücklichen Einschränkung ist darunter nicht nur die Kammer als Kollegialorgan, sondern auch die Kammer als Einzelrichter i.S.d. § 6 oder des § 87 a Abs. 2 und 3 zu verstehen.[8] Allerdings soll über Rechtssachen von grundsätzlicher Bedeutung (die bewusste Divergenz ist ein Unterfall der grundsätzlichen Bedeutung) i.d.R. die Kammer und nicht der Einzelrichter entscheiden. Die VG sind im Grundsatz als Kollegialgerichte ausgestattet. Nur unter den Voraussetzungen des § 6 Abs. 1 (weder besondere Schwierigkeiten noch grundsätzliche Bedeutung) soll der Einzelrichter entscheiden dürfen; nach § 6 Abs. 3 sollte der Einzelrichter den Rechtsstreit auf die Kammer zurückübertragen, wenn sich aus einer wesentlichen Änderung der Prozesslage ergibt, dass die Rechtssache grundsätzliche Bedeutung hat. Auch der konsentierte Einzelrichter sollte nach

---

6 Auch wenn bei § 124 Abs. 2 Nr. 2 nicht auf die offenen Erfolgsaussichten (→ § 124 Rn. 106 ff. m.w.N.), sondern auf die „überdurchschnittlichen" Schwierigkeiten abzustellen sein sollte, wären jedenfalls die besonderen Schwierigkeiten nicht aus der Sicht des VG, sondern aus Sicht des OVG zu beurteilen (vgl. M.-J. *Seibert*, DVBl 1997, 932, 936 und 940).

7 Zu den näheren Einzelheiten und Nachw. → Rn. 266 ff.

8 Ausf. M.-J. *Seibert*, NVwZ 2004, 821 m.w.N.; BVerwGE 121, 292; BVerwG NVwZ 2005, 821; a.A. VGH Mannheim NVwZ 2004, 893; VGH München DVBl 2004, 1440 (LS).

§ 87 a Abs. 2 und 3 – in Ausübung des ihm zustehenden Ermessens – bei Fragen von grundsätzlicher Bedeutung von seiner Entscheidungsbefugnis keinen Gebrauch machen und den Rechtsstreit vom Spruchkörper in seiner vollen Besetzung entscheiden lassen. Obwohl also nach der gesetzgeberischen Zielsetzung über Sachen von grundsätzlicher Bedeutung grds. die Kammer zu entscheiden hat, ist nicht ausgeschlossen, dass der Einzelrichter die Berufung im Einzelfall zulässt. Selbst eine unter Verstoß gegen § 6 Abs. 1 bzw. 3 begründete Zuständigkeit des Einzelrichters hindert diesen nicht, die Berufung zuzulassen. Das Berufungsgericht ist an die Zulassung durch den Einzelrichter gebunden, und zwar auch dann, wenn man die Berufungszulassung für rechtswidrig hält.[9]

15   Die Zulassung ist eine prozessuale Nebenentscheidung, an der alle an der Hauptsacheentscheidung beteiligten Richter unter Einschluss der ehrenamtlichen Richter mitwirken.

VII. Entscheidungsform

16   Die Entscheidung über die Zulassung der Berufung gehört als prozessuale Nebenentscheidung kraft Sachzusammenhangs in das Urteil und kann nur zusammen mit diesem ausgesprochen werden. Es ist insbes. nicht zulässig, die Zulassung durch einen besonderen – sei es gleichzeitigen oder nachträglichen – Beschluss auszusprechen (vgl. BFHE 103, 305, 307 m.w.N.). Hat das VG „übersehen", die Berufung zuzulassen, so ist weder eine Urteilsergänzung nach § 120 möglich (vgl. BGH NJW 1966, 931; BSG NJW 1967, 597) noch eine Nachholung der Berufungszulassung durch besonderen Beschluss (vgl. VGH Mannheim DVBl 1996, 109, 110; ferner BGH NJW 1981, 2755 m.w.N.). Vielmehr kommt nur ein Antrag auf Zulassung der Berufung in Betracht. Möglich ist hingegen eine Berichtigung des Urteils wegen offenbarer Unrichtigkeit nach § 118, wenn sich diese aus dem Urteil selbst oder den mit der Verkündung oder dem Erlass des Urteils zusammenhängenden Umständen ergibt (z.B. Zulassung wurde verkündet und protokolliert, aber nicht ins Urteil aufgenommen). Ein nur gerichtsintern gebliebenes Versehen reicht nicht aus (vgl. BAG NJW 1987, 1221 f.; BGH NJW-RR 2001, 61).

17   Die Zulassungsentscheidung sollte im Interesse der Klarheit in die Urteilsformel aufgenommen werden; zwingend erforderlich ist dies jedoch nicht.[10] Ausreichend ist, wenn die Zulassung klar und eindeutig aus den Entscheidungsgründen hervorgeht, etwa unter Hinweis auf den Zulassungsgrund oder die gesetzliche Bestimmung.[11] Eine dem Urteil beigefügte Rechtsmittelbelehrung, dass gegen dieses Urteil Berufung eingelegt werden könne, stellt allein grds. keinen Ausspruch über die Zulassung der Berufung dar;[12] denn die Rechtsmittelerklärung ist ihrem Inhalt nach keine Willens-, sondern Wissenserklärung.[13]

VIII. Begründung und Rechtsmittelbelehrung

18   Das Gesetz sieht nicht ausdrücklich eine Begründung vor. Gleichwohl ist es geboten, den Zulassungsgrund sowie die Rechts- oder Tatsachenfrage anzugeben, die für grds. klärungsbedürftig erachtet wird, bzw. die Abweichung von ober- oder höchstrichterlicher Rspr. zu benennen. Das VG muss sowohl über die Berufungseinlegungsfrist des § 124 a Abs. 2 S. 1 als auch über die Berufungsbegründungsfrist des § 124 a Abs. 3 S. 1 belehren (→ Rn. 142, 44).

IX. Bindung des Berufungsgerichts an Zulassung

19   Das Berufungsgericht ist an die Zulassung auch dann gebunden (§ 124 a Abs. 1 S. 2), wenn offensichtlich keiner der Zulassungsgründe des § 124 Abs. 2 Nr. 3 oder 4 vorliegt (vgl. BVerwGE 102, 95, 98 f.; 108, 108, 110 zur Revisionszulassung); dies gilt selbst dann, wenn das VG die Berufungszulassung

---

9   BVerwGE 121, 292; VGH München DVBl 2004, 1440 (LS); *M.-J. Seibert*, NVwZ 2004, 821, 823; ebenso BGH NJW 2014, 3520 (Aufhebung der Entscheidung und Zurückverweisung); a.A. VGH Mannheim NVwZ 2004, 893.

10   Demgegenüber sieht § 64 Abs. 3 a S. 1 ArbGG die ausdrückliche Aufnahme in den Urteiltenor vor.

11   BVerwG DÖV 1984, 553; VGH München NVwZ-RR 2006, 582; 23.10.2009 – 10 ZB 09.2312; BAGE 56, 179; BFHE 150, 114, 115; BSG NVwZ 1984, 752.

12   OVG Greifswald 17.5.2004 – 2 L 120/03; VGH Mannheim NVwZ-RR 2003, 693; ferner BVerwG NJW 1986, 862; NVwZ 1988, 351; BAG NJW 2001, 244; OVG Schleswig NVwZ-RR 1995, 59; VGH Mannheim NVwZ-RR 1996, 618.

13   BVerwG Buchholz 310 § 131 VwGO Nr. 1; OVG Schleswig NVwZ-RR 1995, 59; VGH Mannheim NVwZ-RR 2003, 693; *F. Weyreuther*, Revisionszulassung, 1971, Rn. 165.

entgegen § 124a Abs. 1 S. 1 auf den Zulassungsgrund des § 124 Abs. 2 Nr. 2 gestützt hat (VGH Mannheim VBlBW 2010, 41). Bereits zur vergleichbaren Vorschrift des § 132 Abs. 3 (Bindung an Revisionszulassung) war in der Gesetzesbegründung ausgeführt worden, dass die Bindung auch dann eintritt, wenn „ein Zulassungsgrund offensichtlich nicht gegeben" ist (BT-Drs. 11/7030, 33). Auch an eine Zulassung durch den Einzelrichter ist das Berufungsgericht gebunden (→ Rn. 14). Eine Bindung besteht nur dann nicht, wenn die Entscheidung ihrer Natur nach nicht berufungsfähig ist, die Berufung also nicht statthaft ist.[14]

Eine Zulassung durch einen nicht den Anforderungen des § 118 entsprechenden Berichtigungsbeschluss (vgl. BAG NJW 1987, 1221, 1222; BGH NJW-RR 2001, 61; → Rn. 16) oder durch eine Urteilsergänzung nach § 120 (vgl. BGH NJW 1966, 931; BSG NJW 1967, 597; → Rn. 16) bindet das Berufungsgericht nicht, weil sonst die zwingenden Vorschriften über den prozessualen Instanzenzug unterlaufen würden (BGH NJW 1994, 2832). Ist gegen ein Urteil sondergesetzlich die Berufung ausgeschlossen, also nicht statthaft, hilft die Zulassung nicht darüber hinweg (→ Rn. 305 m.w.N.). Die Bindungswirkung der Zulassung erstreckt sich auch nicht auf die weiteren Anforderungen an die Zulässigkeit für die Berufung wie etwa das Rechtsschutzinteresse, die Beschwer oder die Beteiligten- und Prozessfähigkeit (→ Rn. 304, 306 m.w.N.). An eine unzulässige Beschränkung der Zulassung ist das Berufungsgericht nicht gebunden; die Beschränkung ist unwirksam, mit der Folge, dass die Berufung uneingeschränkt zugelassen ist (zu den näheren Einzelheiten und Nachw. → Rn. 266 ff.). 20

X. Wirkung der Zulassung

Soweit die Zulassungsentscheidung reicht (zur Teilzulassung → Rn. 266 ff.), wird die Berufung in vollem Umfang eröffnet, nicht nur hinsichtlich der vom VG bejahten Zulassungsgründe (→ Rn. 301). Auch die (unbeschiedenen) Hilfsanträge fallen automatisch in der Berufungsinstanz an (ausf. → Rn. 282 ff., insbes. → Rn. 287 f.). Die Zulassung wirkt gegenüber allen Beteiligten.[15] Der Berufungsführer muss nicht gerade durch die Rechts- oder Tatsachenfrage beschwert sein, die zur Zulassung geführt hat; es genügt vielmehr, dass die Sachentscheidung eine Beschwer für ihn enthält (vgl. BVerwG 29.8.1975 Buchholz 421.2 Hochschulrecht Nr. 42). 21

Die Zulassung der Berufung ist unanfechtbar. Sowohl das VG als auch das OVG sind an die Zulassung gebunden (→ Rn. 19 f., 302 ff.). Soweit die Berufung nicht zugelassen worden ist, können die Beteiligten einen Antrag auf Zulassung der Berufung stellen (§ 124a Abs. 4 S. 1). 22

XI. Keine Entscheidung über Nichtzulassung

Verneint das VG die Voraussetzungen des § 124 Abs. 2 Nr. 3 und 4, darf es weder im Tenor noch in den Entscheidungsgründen ausführen, dass und warum es die Berufung nicht zulässt (§ 124a Abs. 1 S. 3). Sinn des § 124a Abs. 1 und 2 ist es, lediglich eine *zusätzliche* Möglichkeit der Berufungszulassung durch das VG zu eröffnen, aber nicht den zuvor eingeführten Berufungszulassungsantrag infrage zu stellen. Spricht das VG entgegen § 124a Abs. 1 S. 3 die Nichtzulassung der Berufung aus, so ist diese Entscheidung unbeachtlich; eine Beschwerde hiergegen ist weder möglich noch nötig. Vielmehr kommt nur ein Antrag auf Zulassung der Berufung nach § 124a Abs. 4 in Betracht.[16] Das OVG kann in seiner Zulassungsentscheidung den unstatthaften Ausspruch des VG über die Nichtzulassung deklaratorisch aufheben. 23

C. Einlegung der Berufung (Abs. 2)

Lässt das VG die Berufung nach § 124a Abs. 1 zu, bedarf es einer gesonderten Einlegung der Berufung (§ 124a Abs. 2). Wird hingegen die Berufung vom OVG zugelassen, entfällt eine Berufungseinlegung, weil das erfolgreiche Zulassungsverfahren als Berufungsverfahren fortgesetzt wird (§ 124a Abs. 5 S. 5). In jedem Fall bedarf es einer Berufungsbegründung (§ 124a Abs. 3 S. 1 bzw. Abs. 6 S. 1). 24

---

14 Vgl. BAG NJW 1984, 254, 255; BFH NVwZ 1999, 696; 1999, 807; ferner Begründung des Regierungsentwurfs (BT-Drs. 11/7030, 33) zu der inhaltsgleichen Vorschrift des § 132 Abs. 3).

15 Unstr.; str. ist jedoch, ob auch die Zulassung durch das OVG gegenüber allen Beteiligten wirkt → Rn. 308 ff.

16 OVG Bln 20.8.2002 – 8 N 111.02; *M.-J. Seibert*, NVwZ 2002, 265, 266.

I. Einlegungsberechtigte

25   Berechtigt zur Einlegung der Berufung sind nach § 124 Abs. 1 nur die Beteiligten (§ 63) des erstinstanzlichen Verfahrens (→ § 124 Rn. 64 ff.).

II. Form und Einreichung der Berufung

26   **1. Vertretungszwang.** Der Vertretungszwang nach § 67 Abs. 4 gilt auch für die Einlegung der Berufung beim VG (§ 124 a Abs. 2 S. 1). Die früheren – unberechtigten[17] – Bedenken gegen den Vertretungszwang bei Berufungseinlegung sind durch die ab 1.1.2008 geltende Regelung des § 67 Abs. 4 S. 2 ausgeräumt worden.

27   **2. Schriftform.** Die Berufung muss schriftlich eingelegt werden, auch wenn § 124 a das Schriftformerfordernis nicht ausdrücklich vorsieht (zur Berufungsbegründung: BVerwG NVwZ 2012, 1262). Sie muss unterschrieben sein (VGH München 8.11.2011 – 10 BV 11.2045). Eine Einlegung zur Niederschrift des Urkundsbeamten der Geschäftsstelle oder eine telefonische/mündliche Einlegung sind nicht möglich (im Einzelnen → Rn. 151 ff.).

28   **3. Adressat der Berufung.** Die Berufung ist zwingend beim VG einzulegen (§ 124 a Abs. 2 S. 1). Damit wird dem VG ermöglicht, zeitgleich die Berufungsschrift und die Verfahrensakten an das Berufungsgericht zu senden. Die Berufungseinlegung beim Rechtsmittelgericht wahrt – anders als im Revisionsrecht (§ 139 Abs. 1 S. 2) – nicht die Berufungsfrist. Das OVG ist aus nachwirkender Fürsorgepflicht (nur) verpflichtet, den Begründungsschriftsatz im ordentlichen Geschäftsgang an das VG weiterzuleiten. Dem Berufungsführer ist Wiedereinsetzung in den vorigen Stand zu gewähren, wenn die Weiterleitung im normalen Geschäftsgang den rechtzeitigen Eingang beim VG bewirkt hätte, dies jedoch trotz Erkennbarkeit der falschen Adressierung unterblieben ist (→ Rn. 42, 164 f. m.w.N.).

III. Einlegungsfrist

29   Die Berufung muss innerhalb eines Monats nach Zustellung des vollständigen (zur Notwendigkeit und zum Begriff der „Vollständigkeit" → Rn. 137) Urteils eingelegt werden (§ 124 a Abs. 2 S. 1). Die (nach § 57 Abs. 2 VwGO i.V.m. § 222 ZPO, §§ 187 ff. BGB zu berechnende) Einlegungsfrist läuft für jeden Beteiligten gesondert mit der Zustellung an ihn (das gilt auch für notwendige Streitgenossen [§ 64 VwGO i.V.m. § 62 ZPO]). Eine Verlängerung der Einlegungsfrist ist – im Unterschied zur Berufungsbegründungsfrist (vgl. § 124 a Abs. 3 S. 3; → Rn. 46 ff.) – nicht möglich, weil es sich um eine gesetzliche Frist handelt, die nur in den besonders bestimmten Fällen auf Antrag verlängert werden kann (§ 57 Abs. 2 VwGO i.V.m. § 224 Abs. 2 ZPO).[18] Eine gleichwohl vom OVG gewährte Fristverlängerung ist unwirksam (BVerwG NJW 1961, 1083); ggf. kommt eine Wiedereinsetzung in den vorigen Stand in Betracht.

30   Bei fehlender oder unrichtiger Rechtsmittelbelehrung läuft nicht die Monatsfrist des § 124 a Abs. 2 S. 1, sondern die einjährige Ausschlussfrist des § 58 Abs. 2. Eine ordnungsgemäße Belehrung setzt nach st. (aber fragwürdiger) Rspr. nicht voraus, dass über den Vertretungszwang vor dem OVG belehrt wird (→ Rn. 141). Belehrt die Rechtsmittelbelehrung zwar über die Einlegungsfrist, nicht aber über die zweimonatige Begründungsfrist, ist sie unvollständig und setzt auch die Einlegungsfrist nicht in Lauf (BVerwGE 5, 178, 179 [GS] für die Revisionsfrist; → Rn. 142). Bei fehlender oder unwirksamer Zustellung des angefochtenen Urteils ([auch zur Heilung] ausf. → Rn. 136 ff.) läuft weder die Einlegungsfrist des § 124 a Abs. 2 S. 1 noch die Jahresfrist des § 58 Abs. 2 S. 1.

31   Zur Bedeutung von *Urteilsergänzung und -berichtigung* für den Lauf der Rechtsmittelfristen → Rn. 143 ff.

32   Lehnt das VG den Antrag auf Zulassung der *Sprungrevision* durch gesonderten Beschluss ab, beginnt mit der Zustellung dieser Entscheidung der Lauf der Berufungseinlegungsfrist von neuem, sofern der Antrag nach § 134 frist- und formgerecht gestellt und die Zustimmungserklärung des Gegners beige-

---

17 Näher *M.-J. Seibert*, NVwZ 2002, 265, 269 sowie Komm. in der 2. Aufl.; ferner VGH München 9.9.2002 – 1 BV 02.1100; VGH Mannheim, NJW 2006, 250; NJW 2009, 167; für die Beschwerdeeinleitung: OVG Münster NVwZ 2002, 885; VGH München DVBl 2002, 1063; DÖV 2003, 168.

18 Vgl. BVerwGE 34, 351, 352; BVerwG NJW 1961, 1083; 1990, 1313; VGH Kassel NVwZ-RR 1998, 466.

fügt war. Dies folgt aus einer analogen Anwendung des § 134 Abs. 3 S. 1, dessen Anpassung an die Neufassung des § 124 a durch das RmBereinVpG übersehen wurde. Eine echte Wahlmöglichkeit zwischen der Berufung und dem Antrag auf Zulassung der Sprungrevision ist nur gewährleistet, wenn für den Fall, dass die Sprungrevision nicht zugelassen wird, noch fristgemäß Berufung eingelegt werden kann[19] (zur Sprungrevision ferner → Rn. 146).

IV. Inhalt der Berufung

Das eingelegte Rechtsmittel ist als „Berufung" zu bezeichnen. Der Gebrauch des Wortes „Berufung" 33
ist allerdings nicht unbedingt erforderlich, wenn sich aus der Begründung hinreichend deutlich ergibt, dass das nach der Rechtslage gegebene Rechtsmittel eingelegt werden soll. Ein Antrag auf Zulassung der Berufung kann in eine Berufung umgedeutet werden, insbes. wenn die Richtigkeit der erstinstanzlichen Entscheidung infrage gestellt wird.[20] Zur Auslegung und Umdeutung von Rechtsmitteln im Übrigen → Rn. 167 ff.

Nach § 124 a Abs. 2 S. 2 muss das angefochtene Urteil innerhalb der Einlegungsfrist so bestimmt be- 34
zeichnet sein, dass über dessen Identität Gewissheit besteht. Eine vollständige Bezeichnung erfordert die Angabe der Beteiligten, des VG, des Aktenzeichens und des Verkündungsdatums (im Einzelnen → Rn. 170 ff.). Wird die Berufung gegen einen Gerichtsbescheid nur „hilfsweise" neben einem „vorrangigen" Antrag auf mündliche Verhandlung eingelegt, steht die Berufung unter einer Bedingung und ist deshalb unzulässig (OVG Koblenz NJW 2012, 2988).

Die Berufungseinlegung muss noch keinen bestimmten Berufungsantrag oder die Berufungsgründe 35
enthalten; diese sind vielmehr erst binnen der Zwei-Monats-Frist einzureichen (§ 124 a Abs. 3 S. 1 und 4). Der Berufungsführer muss erst vor Ablauf der Berufungsbegründungsfrist verbindlich entscheiden, welches – im Antrag konkret bestimmte – Ziel er mit seinem Rechtsmittel verfolgen will. Stellt er deshalb innerhalb der Berufungsbegründungsfrist einen eingeschränkten Berufungsantrag, so ist darin keine teilweise Rücknahme der eingelegten Berufung zu sehen (→ Rn. 97).

V. Prozesskostenhilfe

Ist ein Beteiligter aus finanziellen Gründen nicht in der Lage, die Berufung durch einen Vertreter nach 36
§ 67 Abs. 2 i.V.m. Abs. 4 S. 5 einlegen zu lassen, kann er einen Antrag auf Bewilligung von PKH und Beiordnung eines Rechtsanwalts stellen. Die vollständige formularmäßige Erklärung über die persönlichen und wirtschaftlichen Verhältnisse (§ 117 Abs. 2 und 4 ZPO) sowie die entsprechenden Belege müssen innerhalb der einmonatigen Einlegungsfrist des § 124 a Abs. 2 S. 1 vorgelegt werden (→ Rn. 226 f.). Der PKH-Antrag muss beim OVG gestellt werden; der Eingang des Antrags beim VG wahrt die Frist ebenfalls (str.; → Rn. 229 ff.). Für die Stellung des PKH-Antrags besteht kein Vertretungszwang (→ Rn. 228). Findet ein Beteiligter keinen vertretungsbereiten Rechtsanwalt, kann er einen Antrag auf Beiordnung eines Notanwalts stellen (→ Rn. 237). Nach Bekanntgabe des Beschlusses über die PKH muss die Einlegung der Berufung – anders als die Berufungsbegründung (→ Rn. 77, 244) – innerhalb der Zweiwochenfrist des § 60 Abs. 2 S. 1 Hs. 1 nachgeholt werden.

D. Berufungsbegründung (Abs. 3)

I. Allgemeines

Bis zum Inkrafttreten des 6. VwGOÄndG am 1.1.1997 musste die Berufungsschrift nur einen be- 37
stimmten Antrag enthalten (§ 124 Abs. 3 S. 1 a.F.), der nach Ablauf der Berufungsfrist noch nachgeholt werden konnte (§ 125 Abs. 1 i.V.m. § 82 Abs. 2).[21] Eine Berufungsbegründung war nicht zwingend, sondern lediglich als Soll-Erfordernis vorgesehen (§ 124 Abs. 3 S. 2 a.F.); das Ausbleiben einer Berufungsbegründung hatte für den Berufungsführer keine nachteiligen Rechtsfolgen (BVerwG DVBl 1985, 960, 961; 1999, 95).

---

19 Ebenso *Kopp/Schenke* § 134 Rn. 13.
20 Zur Beschwerde OVG Bln NVwZ 2003, 239; weiter gehend BGH MDR 2008, 1293: eine wirksame Berufungseinlegung liegt – ohne Umdeutung – generell bei einem irrtümlichen Antrag auf Zulassung der Berufung vor.
21 Vgl. BVerwGE 13, 94; BVerwG 13.2.1979 Buchholz 310 § 124 VwGO Nr. 11 m.w.N.

38 Demgegenüber orientiert sich die Neuregelung an den Bestimmungen im Revisionsrecht (§ 139 Abs. 3) und im zivilprozessualen Berufungsrecht (§ 519 Abs. 3 ZPO a.F.).[22] Seitdem muss die Berufungsbegründung sowohl einen bestimmten Antrag enthalten als auch die Gründe der Anfechtung (Berufungsgründe) im Einzelnen anführen (Abs. 3 S. 4). Die Berufungsbegründung muss als bestimmender Schriftsatz der Schriftform genügen und ist deshalb in einem von einem Rechtsanwalt unterschriebenen Schriftsatz bei Gericht einzureichen (vgl. BVerwG NVwZ 2012, 1262). Die form-, frist- und inhaltsgerechte Berufungsbegründung ist Voraussetzung für die Zulässigkeit der Berufung (Abs. 3 S. 5). Genügt die Berufungsbegründung nicht den formellen oder inhaltlichen Anforderungen, ist die Berufung als unzulässig zu verwerfen (§ 125 Abs. 2).[23] § 124 a Abs. 3 hebt die Berufungsbegründung damit in den Rang einer Zulässigkeitsvoraussetzung. Dieser fristgebundene Begründungszwang ist mit dem GG vereinbar (vgl. zu § 519 ZPO a.F.: BVerfG NJW 1974, 133; BayVerfGH BayVBl 1987, 314).

II. Zweck der Regelung

39 Die Begründungspflicht soll nach der Intention des Gesetzgebers (vgl. BT-Drs. 13/3993, 1 und 13 [zu Nr. 16]; ferner BVerwG DÖV 2000, 603) die Verfahren verkürzen, beschleunigen und konzentrieren. Das Erfordernis eines bestimmten Berufungsantrags soll gewährleisten, dass bis zum Ablauf der Berufungsbegründungsfrist Klarheit darüber herrscht, in welchem Umfang das vorinstanzliche Urteil angefochten wird (→ Rn. 84). Das Erfordernis der Berufungsgründe will erreichen, dass den Berufungsgerichten fristgebunden eine konkrete, aus sich heraus verständliche und zusammenfassende Aufarbeitung des Streitstoffs für das Berufungsverfahren vorgelegt wird, um sie zu entlasten. Zudem soll der Berufungsgegner frühzeitig erkennen können, welche Gründe der Berufungskläger seinem Rechtsmittelbegehren zugrunde legen will.[24] Die Berufungsgerichte sind allerdings nicht an das Vorbringen der Beteiligten gebunden, sondern zu einer umfassenden Prüfung von Amts wegen verpflichtet (§ 128); eine zulässige Berufungsbegründung kann nachträglich ergänzt werden (→ Rn. 125 ff.). Die Begründungsanforderungen sind damit i.E. ein Kompromiss zwischen dem Anliegen, eine Berufungsbegründung mit der drohenden Sanktion einer Verwerfung zu erzwingen, und dem Ziel der Richtigkeitsgewähr. Im Übrigen dürfen die Anforderungen an eine ordnungsgemäße Berufungsbegründung nicht überspannt werden (vgl. BVerwG DVBl 2000, 561; NVwZ 2000, 315).

III. Form und Einreichung der Berufungsbegründung

40 **1. Vertretungszwang.** Die Berufungsbegründung ist durch einen Rechtsanwalt oder einen anderen nach § 67 Abs. 2 i.V.m. Abs. 4 S. 5 berechtigten Vertreter einzureichen. Die bloße Übernahme von Ausführungen der Partei oder eines Dritten oder die bloße Bezugnahme hierauf genügen nicht. Auch die Bezugnahme auf ein Rechtsgutachten reicht nicht (im Einzelnen → Rn. 119 ff.). Eine Berufungsbegründung kann (auch) dann unzureichend sein, wenn der Prozessbevollmächtigte sie ausdrücklich als die Rechtsauffassung einer Partei bezeichnet und sich damit gleichzeitig von dieser Meinung distanziert (vgl. BVerwG 10.6.1969 Buchholz 310 § 139 VwGO Nr. 33). Sinn des Vertretungszwangs im Berufungsverfahren ist es, dass ein rechtskundiger Vertreter eine eigene Stellungnahme zu den Berufungsgründen erarbeitet und die Verantwortung für den Inhalt mit seiner Unterschrift übernimmt.

41 **2. Schriftform.** Die Berufungsbegründung muss schriftlich, d.h. durch einen vom Bevollmächtigten handschriftlich unterschriebenen Schriftsatz vorgelegt werden. Das Schriftformerfordernis folgt sowohl aus dem Wortlaut des § 124 a Abs. 3 S. 2 („einzureichen") als auch aus dem allgemeinen Grundsatz im Rechtsmittelrecht, dass Rechtsmittel schriftlich einzulegen und zu begründen sind, wenn eine prozessuale Frist zu wahren ist (→ Rn. 151). Die Berufungsbegründung kann auch in einem Termin der mündlichen Verhandlung vor dem Berufungsgericht, der *vor* Ablauf der Berufungsbegründungsfrist stattfindet, durch den Prozessbevollmächtigten des Berufungsführers zu richterlichem Protokoll erklärt werden; denn die Beweiskraft eines in der vorgeschriebenen Form (vgl. § 105 VwGO i.V.m. §§ 159–165 ZPO) aufgenommenen Protokolls ersetzt die von § 124 a Abs. 3 S. 1 und 2 verlangte

---

22 BT-Drs. 13/3993, 13.
23 Vgl. OVG Münster 22.4.1998 – 6 A 4800/97; NVwZ 1999, 208, 209; zum Revisionsrecht: BVerwG NVwZ-RR 1995, 545.
24 S.a. (krit.) *H. Oehlers*, MDR 1996, 447 ff.

Schriftform der Berufungsbegründung (BVerwG DÖV 2000, 603 m.w.N.). Wegen der näheren Einzelheiten zur Schriftlichkeit, Unterschrift und technischen Übermittlung von Schriftstücken wird auf das zum Zulassungsantrag Ausgeführte verwiesen (→ Rn. 151–157).

3. Adressat der Berufungsbegründung (Abs. 3 S. 2). Wird die Berufungsbegründung nicht zugleich 42 mit der Einlegung der Berufung beim VG vorgelegt, muss sie beim OVG eingereicht werden (§ 124a Abs. 3 S. 2). Die Berufungsbegründung ist deshalb beim OVG einzureichen, weil die Verfahrensakten nach Einlegung der Berufung an das OVG gehen und der Vorsitzende des Senats über Anträge auf Verlängerung der Berufungsbegründungsfrist oder auf Akteneinsicht zu entscheiden hat.[25] Der Eingang der gesonderten Begründung beim VG wahrt die Frist nicht. Das VG ist aus nachwirkender Fürsorgepflicht (nur) verpflichtet, den Begründungsschriftsatz im ordentlichen Geschäftsgang an das OVG weiterzuleiten. Dem Berufungsführer ist Wiedereinsetzung in den vorigen Stand zu gewähren, wenn die Weiterleitung im normalen Geschäftsgang den rechtzeitigen Eingang beim OVG bewirkt hätte, dies jedoch trotz Erkennbarkeit der falschen Adressierung unterblieben ist[26] (ferner → Rn. 164 f.).

IV. Berufungsbegründungsfrist (Abs. 3 S. 1)

Die Berufung muss innerhalb von zwei Monaten nach Zustellung des vollständigen (→ Rn. 137) Urteils begründet werden (§ 124a Abs. 3 S. 1). Die Frist ist nur gewahrt, wenn eine den formellen und inhaltlichen Anforderungen (§ 124a Abs. 3 S. 4) genügende Begründung fristgerecht beim OVG eingeht. Hat hingegen das OVG die Berufung zugelassen, gilt abweichend die einmonatige Begründungsfrist des § 124a Abs. 6 S. 1 (→ Rn. 345 ff.).

1. Fristlauf. Die zweimonatige Begründungsfrist ist eine selbständige, von der Berufungseinlegung 44 und der Einlegungsfrist unabhängig laufende Frist. Sie beginnt daher auch dann mit Zustellung des angegriffenen Urteils zu laufen, wenn die Einlegungsfrist versäumt und deshalb Wiedereinsetzung beantragt worden ist.[27] Die Rechtsmittelbelehrung des angegriffenen Urteils muss auch über die zweimonatige Begründungsfrist belehren (→ Rn. 142, 295 ff.). Ist die Rechtsmittelbelehrung sowohl in Bezug auf die Einlegung der Berufung als auch in Bezug auf die Begründungsfrist unrichtig erteilt, so muss der Rechtsmittelführer die Berufung innerhalb der Jahresfrist des § 58 Abs. 2 S. 1 nicht nur einlegen, sondern auch begründen. Belehrt die Rechtsmittelbelehrung zwar über die Einlegungsfrist, nicht aber über die zweimonatige Begründungsfrist, ist sie unvollständig und setzt auch die Einlegungsfrist nicht in Lauf (BVerwGE 5, 178, 179 [GS] für die Revisionsfrist; → Rn. 142, 295 ff.).

Hat das Berufungsgericht in Verkennung der Jahresfrist des § 58 Abs. 2 die Berufung wegen nicht 45 fristgerechter Berufungsbegründung verworfen, läuft die Jahresfrist während des Revisionsverfahrens gegen die Verwerfung der Berufung nicht weiter. Da eine Berufungsbegründung nach instanzbeendender Verwerfung der Berufung ins Leere ginge, würde der Berufungsführer andernfalls zu einem sinnlosen Verhalten gezwungen.[28] Nach Aufhebung der fehlerhaften Verwerfungsentscheidung durch das BVerwG ist das Berufungsverfahren fortzusetzen; in entsprechender Anwendung der Regelung über die Unterbrechung des Verfahrens (§ 173 VwGO i.V.m. § 249 ZPO)[29] beginnt die volle Begründungsfrist von neuem zu laufen, und zwar ab Zustellung der Revisionsentscheidung.[30]

2. Fristverlängerung (Abs. 3 S. 3). Die Berufungsbegründungsfrist kann auf einen vor ihrem Ablauf 46 gestellten Antrag vom Senatsvorsitzenden verlängert werden (§ 124a Abs. 3 S. 3). Der Antrag muss bestimmten formellen und inhaltlichen Anforderungen genügen.

a) Antragsfrist. Der Verlängerungsantrag muss *vor* Ablauf der Begründungsfrist gestellt werden. Ist 47 der Verlängerungsantrag nach Ablauf der Begründungsfrist eingegangen, ist eine Fristverlängerung nicht möglich (OVG Münster 17.11.2014 – 16 A 1643/14). Eine gleichwohl gewährte Verlängerung

---

25 M.-J. *Seibert*, NVwZ 2002, 265, 266.
26 Vgl. BVerfGE 93, 99, 113 ff.; BGH NJW 1998, 908; NJW-RR 1998, 354 m.w.N.; BSGE 38, 248 (GS); OVG Münster NVwZ-RR 2000, 841.
27 BVerwG NJW 1992, 2780; 25.11.1993 Buchholz 310 § 133 (n.F.) VwGO Nr. 14.
28 Zutr. BVerwG 29.9.1998 Buchholz 310 § 124a VwGO Nr. 5; ebenso für eine Verfassungsbeschwerde gegen eine letztinstanzliche zivilprozessuale Verwerfung der Berufung: BVerfGE 74, 220; a.A.: RGZ 158, 195 ff.; BGH VersR 1977, 573; NJW 1998, 1155.
29 Zur entsprechenden Anwendung der §§ 239 ff. ZPO vgl. BVerwG 9.6.1977 Buchholz 303 § 239 Nr. 1.
30 Dazu V. *Wagner*, NJW 1987, 1184, 1186.

durch den Vorsitzenden geht ins Leere und ist unwirksam; sie vermag an der mit Ablauf der Begründungsfrist eingetretenen Rechtskraft und Unzulässigkeit der Berufung (vgl. BVerwG NVwZ-RR 1995, 545) nichts mehr zu ändern (BGHZ 116, 377, 378 f. [unter Aufgabe von BGHZ 102, 37 ff.]). Ist hingegen der Verlängerungsantrag vor Fristablauf bei Gericht eingegangen, kann die Rechtsmittelbegründungsfrist auch nach ihrem Ablauf noch wirksam verlängert werden.[31] Eine zeitliche Schranke für die Verlängerungsentscheidung existiert nicht (vgl. BGHZ 102, 37, 40 [mehr als fünf Monate nach Fristablauf]). Der Rechtsmittelführer kann grds. die Frist voll ausschöpfen; der Antrag muss nicht so rechtzeitig eingehen, dass der Vorsitzende nach dem gewöhnlichen Geschäftsgang vor Ablauf der Frist entscheiden könnte (vgl. BGHZ 83, 217, 221 f.; BGH FamRZ 1990, 36, 37; NJW 1999, 430). Der Verlängerungsantrag ist erst statthaft, wenn die Begründungsfrist in Lauf gesetzt worden ist (BVerwG 14.9.1989 Buchholz 310 § 139 Nr. 78).

48   Ist der Antrag auf Verlängerung der Berufungsbegründungsfrist nicht rechtzeitig bei Gericht eingegangen, so ist eine (gesonderte) Wiedereinsetzung hinsichtlich des Verlängerungsantrags rechtlich nicht möglich. Versäumte Prozesshandlung i.S.d. § 60 ist nicht der Verlängerungsantrag, sondern die Berufungsbegründung. Das Gesetz sieht in § 124 a Abs. 3 S. 1 (bzw. Abs. 6 S. 1) lediglich eine Frist für die Berufungsbegründung, nicht für den Verlängerungsantrag vor. Der Berufungsführer hat zwar die Gelegenheit, während des Laufs der Berufungsbegründungsfrist ihre Verlängerung zu beantragen; dieser Antrag ist jedoch nicht die vom Berufungsführer erwartete und von ihm versäumte Prozesshandlung. Wiedereinsetzung kann deshalb nur gewährt werden, wenn innerhalb der Wiedereinsetzungsfrist die Berufungsbegründung nachgeholt wird. Dies gilt auch dann, wenn auf diese Weise im Einzelfall die Rechte des Rechtsmittelklägers verkürzt werden (zur Wiedereinsetzung in die Berufungsbegründungsfrist → Rn. 67 ff.).[32]

49   **b) Formelle Antragsvoraussetzungen.** Der Verlängerungsantrag bedarf zu seiner Wirksamkeit der Schriftform (BVerwG BayVBl 1991, 33; BVerwGE 115, 302, 305; BGHZ 93, 300 ff.). Das Schriftformerfordernis dient der klaren Fristbestimmung und damit der Rechtssicherheit (vgl. BVerfG NVwZ 1994, 781: verfassungsrechtlich zulässig). Ein lediglich fernmündlich gestellter Antrag genügt nicht; eine gleichwohl – rechtswidrig – verfügte Verlängerung des Vorsitzenden wird aber als wirksam erachtet (→ Rn. 62). Der Verlängerungsantrag unterliegt dem Vertretungszwang (§ 67 Abs. 4).[33] Als fristwahrender bestimmender Schriftsatz[34] muss der Antrag von einem postulationsfähigen Vertreter unterzeichnet sein.[35] Ein Mangel in der Vertretung führt jedoch nicht zur Unwirksamkeit einer gleichwohl durch das Gericht verfügten Fristverlängerung (BVerwG DVBl 2002, 1554). Der Antrag kann – ebenso wie die (gesonderte) Berufungsbegründung selbst – nur beim OVG, nicht beim VG eingereicht werden (vgl. BVerwG BayVBl 1994, 188; a.A. BFHE 88, 160; BFH NJW 1987, 3032 [LS]); ein zusammen mit der Berufungseinlegung beim VG gestellter Antrag begegnet hingegen keinen Bedenken. Er muss erkennen lassen, dass der Rechtsmittelführer eine Verlängerung der Frist erstrebt (vgl. dazu BGH NJW 1990, 2628, 2629). Der Antrag braucht keinen konkreten Verlängerungstermin anzugeben; er sollte dies aber, um den benötigten weiteren Zeitbedarf kenntlich zu machen.

50   **c) Verlängerungsgründe.** Zwar nennt § 124 a Abs. 3 S. 3 – im Unterschied zu § 520 Abs. 2 S. 2 und 3 ZPO – keine Tatbestandsvoraussetzungen für die (Ermessens-)Entscheidung des Vorsitzenden. Die Voraussetzungen des § 520 Abs. 2 S. 3 ZPO sind jedoch als maßgebende Gesichtspunkte bei der Entscheidung des Vorsitzenden zu berücksichtigen (s.a. § 57 Abs. 2 VwGO i.V.m. § 224 Abs. 2 ZPO: „erhebliche Gründe"). Der Vorsitzende darf demnach die Frist verlängern, wenn nach seiner freien (nicht nachprüfbaren) Überzeugung der Rechtsstreit durch die Verlängerung nicht verzögert wird oder wenn der Berufungsführer erhebliche Gründe darlegt (vgl. BVerwG, NJW 2008, 3303). Diese alternativen

---

31 BVerwGE 10, 75, 76 f. (zu § 57 Abs. 1 S. 2 BVerwGG = § 139 Abs. 3 S. 3 VwGO n.F.); BAG NJW 1980, 309 (GS); BGH NJW 1982, 51 f. (Vorlagebeschl.); BGHZ 83, 217 ff. (GS).

32 Zum Vorstehenden vgl. BVerwG 6.4.1967 Buchholz 310 § 139 VwGO Nr. 26; BayVBl 1994, 188; NJW 1996, 2808; 29.1.1999 Buchholz 310 § 60 VwGO Nr. 221; BAG NJW 1969, 1456; 1989, 1181; BFHE 107, 107 f.; 148, 414 ff. (GS) m.w.N.; BGH NJW 1988, 3021 f.; 1995, 60; a.A. (Verlängerungsantrag innerhalb der Wiedereinsetzungsfrist): H. G. Ganter, NJW 1994, 164 ff. m.w.N.

33 BVerwG DVBl 2002, 1554; vgl. ferner BFHE 136, 575; BGH NJW 1985, 1558, 1559 m.w.N.; 1988, 211.

34 Der Verlängerungsantrag dient nicht lediglich der Vorbereitung der späteren mündlichen Verhandlung, sondern bezweckt eine Entscheidung, vgl. GmSOGB BVerwGE 58, 365; RGZ 160, 307, 308; BGH LM § 554 Nr. 3.

35 Vgl. BVerwGE 13, 141, 142 ff.; GmSOGB BVerwGE 58, 365; BGH NJW 1980, 291 m.w.N.

Voraussetzungen stehen in einem gewissen Wechselbezug: Je gravierender eine Verzögerung wäre, desto wichtigere Gründe für eine Verlängerung sollten vorliegen. An einer Verzögerung fehlt es, wenn über die Berufung ohnehin erst nach geraumer Zeit entschieden werden kann oder soll. Die erheblichen Gründe müssen grds. angegeben und glaubhaft gemacht werden, sofern sie nicht offenkundig sind (§ 57 Abs. 2 VwGO i.V.m. § 224 Abs. 2 ZPO). Bei einem Erstantrag wird allerdings in der gerichtlichen Praxis nicht regelmäßig eine ausdrückliche anwaltliche Glaubhaftmachung verlangt (vgl. BGH FamRZ 1990, 36 f.). Erhebliche Gründe können zum Bsp. sein: Krankheit oder Urlaub (vgl. BVerfG NJW 2000, 1634; BGH NJW 1991, 2080, 2081) des Prozessbevollmächtigten oder der Partei, Vergleichsverhandlungen (BGH NJW 1999, 430), besondere Schwierigkeit oder erheblicher Umfang der Sache, Arbeitsüberlastung des Prozessbevollmächtigten[36] oder Personalschwierigkeiten in der Kanzlei,[37] unter bestimmten Voraussetzungen auch die Notwendigkeit einer (weiteren) Rücksprache mit der Partei,[38] ausnahmsweise das Abwarten einer (unmittelbar) bevorstehenden Grundsatzentscheidung. Abzustellen ist auf die individuellen Umstände des Einzelfalls, aus denen sich unter dem Gesichtspunkt des fairen Verfahrens die Notwendigkeit des zeitlichen Aufschubs ergibt (ebenso *W. Fichte*, SGb 1999, 653, 654). Generell sollte es sich um einleuchtende Gründe handeln, die eine Fristwahrung weder zumutbar noch dem Rechtsstreit dienlich erscheinen lassen. In Anlehnung an § 520 Abs. 2 S. 2 ZPO dürfte auch das Einverständnis der Gegenpartei genügen; eine Verpflichtung zur Fristverlängerung besteht in diesem Fall jedoch nicht.

Bei Vorliegen der genannten tatbestandlichen Voraussetzungen ist einem ersten Verlängerungsantrag **51** i.d.R. zu entsprechen (vgl. BGH VersR 1985, 972; MDR 2001, 1432; ferner BVerfG NJW 1989, 1147). Eine unter Zeitdruck erzwungene Berufungsbegründung ist im Zweifel nicht ausgereift oder mangelhaft und folglich für das Berufungsverfahren nicht förderlich.[39] An eine zweite oder weitere Fristverlängerung sind tendenziell strengere Anforderungen zu stellen. Je mehr Zeit dem Prozessbevollmächtigten für die Berufungsbegründung insgesamt zur Verfügung steht, umso größere Anstrengungen hat er zu unternehmen, um die Begründung innerhalb der gesetzten Frist vorzulegen. Weitere Verlängerungen können jedoch weder generell abgelehnt noch ausschließlich von der Zustimmung des Prozessgegners abhängig gemacht werden (BVerfG NJW 2000, 944, 945). Maßgeblich sind vielmehr die konkreten Umstände des Einzelfalls (zu dem Einzelfall eines dritten Verlängerungsantrags vgl. BGH NJW 1996, 3155).

d) Verfahren und Entscheidung. Zuständig für die Entscheidung über den Verlängerungsantrag ist **52** der Vorsitzende des Senats. Die irrtümlich von einem nach der Geschäftsverteilung nicht zuständigen Vorsitzenden getroffene Entscheidung ist wirksam (vgl. BGHZ 37, 125, 126).

Über das Fristverlängerungsgesuch kann ohne mündliche Verhandlung entschieden werden (§ 57 **53** Abs. 2 VwGO i.V.m. § 225 Abs. 1 ZPO). Die Gegenpartei muss zwar nicht vor einer ersten, aber vor jeder wiederholten Fristverlängerung angehört werden (§ 57 Abs. 2 VwGO i.V.m. § 225 Abs. 2 ZPO); unterbleibt die Anhörung, ist die Verlängerungsverfügung gleichwohl – in aller Regel – wirksam (vgl. RGZ 150, 357, 361; BAG VersR 1979, 947; BGH NJW 1973, 2110, 2111).

Die Entscheidung über die Verlängerung steht grds. im freien, nicht nachprüfbaren Ermessen des Vor- **54** sitzenden. Dieser hat die beiderseitigen Belange abzuwägen. Macht ein Anwalt einen rechtfertigenden erheblichen Grund geltend, so kann er bei einem erstmaligen Verlängerungsantrag mit einer stattgebenden Entscheidung rechnen (vgl. BGH VersR 1985, 972; ferner BVerfG NJW 1989, 1147). Das Ermessen des Vorsitzenden ist in einem solchen Fall regelmäßig auf Null reduziert. Entspricht der Vorsitzende gleichwohl nicht diesem Gebot rechtsstaatlicher Verfahrensgestaltung, kann der Anwalt i.d.R. mit Erfolg einen Wiedereinsetzungsantrag stellen (→ Rn. 73).

Die Frist kann nicht stillschweigend, sondern nur ausdrücklich verlängert werden (vgl. BGH MDR **55** 1990, 323). Die Verfügung des Vorsitzenden über die Fristverlängerung bedarf zu ihrer Wirksamkeit

---

36 Vgl. BVerfG NJW 1989, 1147; 2000, 1634; BAG NJW 1995, 150; MDR 2005, 288; BGH VersR 1985, 972; FamRZ 1990, 36 f.; NJW 1991, 2080, 2081; strenger bei wiederholtem Antrag BGH FamRZ 1987, 58.

37 Vgl. *T. Putzo*, NJW 1977, 1, 7.

38 BGH VersR 1985, 972; NJW 1991, 1359 (Rücksprache wegen eines Umstandes, der erst durch Akteneinsicht erkennbar war); 1994, 2957 (keine Möglichkeit der Besprechung mit Partei wegen eines Fortbildungslehrgangs); MDR 1997, 191, 192 (fehlende Besprechung wegen Terminschwierigkeiten); NJW 1999, 430; MDR 2001, 1432.

39 Vgl. *E. Schneider*, MDR 1977, 89, 90.

nicht der förmlichen Zustellung; vielmehr genügt ihre formlose Mitteilung.[40] Auch eine telefonische Mitteilung der Verlängerungsentscheidung reicht aus (vgl. BGHZ 93, 300, 305; BGH NJW 1998, 1155, 1156); die Fristverlängerung sollte aber stets entweder schriftlich verfügt oder in einem Aktenvermerk festgehalten werden.

56   **e) Neue Frist.** Die Frist kann bis zu einem bestimmten Termin oder um einen bestimmten Zeitraum – Monate, Wochen, Tage oder Stunden (vgl. BAG NJW 1957, 1942, 1943) – verlängert werden. Bei einem Erstantrag dürfte eine Verlängerung um einen Monat häufig angemessen sein. Bei Verlängerung um einen bestimmten Zeitraum wird die neue Frist vom Ablauf der alten an berechnet (§ 57 Abs. 2 VwGO i.V.m. § 224 Abs. 3 ZPO); dabei ist für die Berechnung sowohl der ursprünglichen als auch der verlängerten Frist § 57 Abs. 2 VwGO i.V.m. § 222 Abs. 2 ZPO[41] zu berücksichtigen (BGH NJW 1956, 1278; a.A. RGZ 131, 337 f.). Die Fristverlängerung kann kürzer, aber nicht länger als beantragt gewährt werden. Eine über den Antrag hinausgehende Verlängerung ist aber wirksam (BVerwG DVBl 2002, 1554; BAG NJW 1962, 125; 1962, 1413). In einer gegenüber dem Antrag kürzeren Verlängerung liegt konkludent die Ablehnung des weiter gehenden Antrags (BGH MDR 1990, 45).

57   Die stattgebende Verlängerungsverfügung enthält zwei gesondert zu beurteilende Anordnungen: Zum einen die Entbindung von dem ursprünglichen Fristende und zum anderen die Festsetzung eines neuen Endtermins (vgl. BGHZ 4, 389, 399; 14, 148, 150; BGH MDR 1987, 651). Wird daher eine Frist verlängert, aber das neue Fristende versehentlich nicht angegeben, so wird zwar die Bindung des Berufungsführers an das bisherige Fristende aufgehoben, eine Bindung an ein neues Fristende aber nicht begründet.[42]

58   Eine verlängerte Berufungsbegründungsfrist kann weder durch den Vorsitzenden oder das Gericht (vgl. OLG Hamburg MDR 1952, 561) noch durch Parteivereinbarung (§ 57 Abs. 2 verweist nicht auf § 224 Abs. 1 ZPO) nachträglich wieder verkürzt werden.

59   **f) Wirkung der Fristverlängerung.** Wird auf einen rechtzeitig gestellten (zum verspäteten Antrag → Rn. 62) Antrag die Begründungsfrist erst nach deren Ablauf verlängert, wird das bereits unzulässig gewordene Rechtsmittel – wie bei der Wiedereinsetzung in den vorigen Stand – wieder zulässig (BVerwGE 10, 75, 77). Nach a.A.[43] soll der Ablauf der Begründungsfrist durch den Antrag aufschiebend bedingt gehemmt sein bis zur Entscheidung über den Verlängerungsantrag; damit soll dem früheren Bedenken, es sei begrifflich ausgeschlossen, eine bereits abgelaufene Frist zu verlängern (vgl. z.B. RGZ 77, 159, 160; 156, 385, 386; BGH NJW 1956, 1278; 1962, 1396), Rechnung getragen werden. Dieses einem gegenständlichen Denken verhaftete Bedenken ist jedoch zu Recht aufgegeben worden (vgl. BVerwGE 10, 75, 76 f.; BAG NJW 1980, 309 [GS]; BGHZ 83, 217 ff. [GS]), sodass es der Konstruktion über eine Fristhemmung nicht bedarf. Vor Entscheidung über den rechtzeitig gestellten Verlängerungsantrag darf jedenfalls eine Berufung nicht wegen Versäumung der Begründungsfrist als unzulässig verworfen werden (vgl. BGH VersR 1982, 1191; FamRZ 1988, 831).

60   Die Verlängerung der Berufungsbegründungsfrist wirkt nur zugunsten desjenigen Berufungsführers, der sie beantragt hat, nicht zugleich auch zugunsten der Gegenpartei, die ebenfalls Berufung eingelegt, aber keinen Verlängerungsantrag gestellt hat (BVerwGE 3, 233 f.; BGH NJW 1987, 3263; BSGE 32, 169, 170). Die Berufungsbegründungsfristen laufen für jeden Prozessbeteiligten gesondert und werden nur auf Antrag verlängert. Bezieht sich die Verlängerung gleichwohl eindeutig auch auf die Gegenpartei, so ist die Verlängerungsentscheidung jedenfalls dann unwirksam, wenn sie nach Ablauf der Begründungsfrist ergeht (→ Rn. 62; a.A. BGH VersR 1972, 1128, 1129; NJW 1987, 3263).

61   **g) Wirksamkeit der Fristverlängerung.** Eine Fristverlängerung ist – von besonders schweren Fehlern abgesehen – grds. wirksam. Bei der Beurteilung der Wirksamkeit steht der Vertrauensschutz im Verhältnis zwischen Gericht und Verfahrensbeteiligten im Vordergrund (vgl. BGHZ 93, 300, 305; BGH

---

40   Vgl. BGHZ 93, 300, 305; BGH NJW 1990, 1797; 1998, 1155, 1156; die abweichende Auffassung von BGH MDR 1990, 36 wurde aufgegeben (vgl. BGH NJW 1990, 1797). Vgl. auch *P. Müller*, NJW 1990, 1778 f.

41   § 222 Abs. 2 ZPO: „Fällt das Ende einer Frist auf einen Sonntag, einen allgemeinen Feiertag oder einen Sonnabend, so endet die Frist mit Ablauf des nächsten Werktages."

42   Vgl. BGH MDR 1987, 651; s.a. dazu BGH MDR 1990, 323: Eine Rechtsmittelbegründungsfrist kann nicht auf unbestimmte Zeit verlängert werden.

43   *Kopp/Schenke* § 139 Rn. 9; *M. Redeker*, in: Redeker/v. Oertzen § 139 Rn. 8; wohl auch *T. Stuhlfauth*, in: Bader/Funke-Kaiser/Stuhlfauth/von Albedyll § 124 a Rn. 33.

MDR 1990, 323; NJW 1998, 1155, 1156). Dieser kann allerdings in ein Spannungsverhältnis zur Rechtssicherheit und zu den Interessen der Gegenpartei treten.

Unwirksam ist die Fristverlängerung trotz verspäteten Antrags; denn die angegriffene Entscheidung ist 62 bereits unanfechtbar geworden (vgl. BGHZ 116, 377, 378 f.; → Rn. 47). Hingegen wird eine Verlängerung trotz fehlenden Antrags (OVG Münster 27.7.2010 – 8 A 4062/04; BAG NJW 1962, 125; wohl auch BGHZ 116, 377, 378) oder auf einen lediglich (fern-)mündlich gestellten Antrag (vgl. BVerwGE 115, 302, 305; BGH NJW 1985, 1558; 1998, 1155, 1156) von der Rspr. als wirksam erachtet. Der fehlende Antrag muss dem verspäteten Antrag jedoch zumindest dann gleichgestellt werden, wenn die Verlängerung erst nach Fristablauf erfolgt. Auch die Wirksamkeit der Verlängerung bei einem lediglich telefonisch gestellten Antrag begegnet unter dem Gesichtspunkt der Rechtssicherheit Bedenken (BVerfG NVwZ 1994, 781); allerdings dürfte insoweit der Vertrauensschutz des Antragstellers Vorrang verdienen.

Im Übrigen ist eine Verlängerungsentscheidung nicht bereits deshalb nichtig, weil prozessrechtliche 63 Voraussetzungen – etwa die Postulationsfähigkeit des Antragstellers (BVerwG DVBl 2002, 1554) – nicht gegeben sind (vgl. BGH NJW 1998, 1155, 1156). Wirksam ist die Verlängerungsentscheidung, wenn der Verlängerungsantrag aus sonstigen Gründen, etwa wegen fehlender Unterschrift, unwirksam ist (vgl. RGZ 160, 307, 308 f.; BGH LM § 554 ZPO Nr. 3), wenn die Frist über das im Antrag genannte Fristende hinaus verlängert wird[44] oder wenn ein nach der Geschäftsverteilung unzuständiger Vorsitzender entschieden hat (vgl. BGHZ 37, 125, 126).

Ist dem Antragsteller eine Fristverlängerung mitgeteilt, aber das neue (in der Urschrift verfügte) Frist- 64 ende versehentlich nicht angegeben worden, so wird die Bindung des Rechtsmittelführers an das bisherige Fristende aufgehoben, nicht jedoch eine Bindung an ein neues Fristende begründet (→ Rn. 57).

h) Anfechtbarkeit. Weder die Gewährung noch die Ablehnung der Fristverlängerung sind anfechtbar 65 (§ 152; für die Ablehnung s.a. § 57 Abs. 2 VwGO i.V.m. § 225 Abs. 3 ZPO). Folglich ist auch eine Überprüfung im Revisionsverfahren nicht möglich (§ 173 VwGO i.V.m. § 557 Abs. 2 ZPO),[45] sofern nicht die Unwirksamkeit der Verlängerungsentscheidung in Rede steht (→ Rn. 61 ff.).

Ist allerdings eine Fristverlängerung abgelehnt worden, obwohl der Anwalt damit rechnen durfte, dass 66 seinem ausreichend begründeten Erstantrag auf Verlängerung entsprochen wird, kann mit Aussicht auf Erfolg ein Wiedereinsetzungsantrag gestellt werden (→ Rn. 73). Wird dieser zu Unrecht abgelehnt, ist ein Verfahrensmangel i.S.d. § 132 Abs. 2 Nr. 3 gegeben.

3. Wiedereinsetzung in den vorigen Stand. a) Allgemeines. Ist die Berufungsbegründungsfrist ver- 67 säumt worden, ist eine Wiedereinsetzung in den vorigen Stand nach § 60 möglich. Dies gilt auch bei Versäumung der vom Vorsitzenden verlängerten Frist. Wiedereinsetzung zur Ergänzung einer fristgemäß eingereichten, aber inhaltlich (teilweise) unzureichenden Berufungsbegründung kann nicht gewährt werden (→ Rn. 78). Reicht der Berufungsführer die Berufungsbegründung schuldhaft bei einem unzuständigen Gericht ein, so ist ihm Wiedereinsetzung zu gewähren, wenn die Weiterleitung im normalen Geschäftsgang den rechtzeitigen Eingang beim OVG bewirkt hätte, dies jedoch unterblieben ist (→ Rn. 42, 164 f.). Die Berufungsbegründung muss innerhalb der einmonatigen Wiedereinsetzungsfrist des § 60 Abs. 2 S. 1 Hs. 2 nachgeholt werden; ein Antrag auf Verlängerung der Begründungsfrist kann die nachzuholende Berufungsbegründung nicht ersetzen.[46]

Eine Wiedereinsetzung kann auch noch *nach Verwerfung der Berufung* wegen Versäumung der Beru- 68 fungsbegründungsfrist beantragt werden.[47] Zuständig für die Entscheidung hierüber ist grds. das Berufungsgericht (§ 60 Abs. 4);[48] ist zugleich gegen die Verwerfungsentscheidung Rechtsmittel eingelegt worden, so ist das BVerwG nur dann befugt, i.R. des Rechtsmittelverfahrens auch über die Wiedereinsetzung zu entscheiden, wenn die Wiedereinsetzung nach Aktenlage ohne Weiteres zu gewähren ist (vgl. BGH NJW 1982, 1873, 1874) oder wenn der Wiedereinsetzungsantrag unzulässig ist (vgl. BVerwG NVwZ 1985, 484, 485). Hat der Wiedereinsetzungsantrag Erfolg, so wird die Verwerfungs-

---

44 Vgl. BVerwG DVBl 2002, 1554; BAG NJW 1962, 125; 1962, 1413; BGH NJW 1998, 1155, 1156.
45 Vgl. BGHZ 102, 37, 39.
46 BVerwG 29.1.1999 Buchholz 310 § 60 VwGO Nr. 221; ferner BVerwG BayVBl 1994, 188; NJW 1996, 2808 m.w.N.; BAG NJW 1989, 1181; BFHE 107, 107 f.; 148, 414 ff. (GS); BGH NJW 1988, 3021 f.; 1995, 60.
47 Vgl. BVerwGE 11, 322, 323; BVerwG NJW 1957, 804; 1990, 1806; BGH NJW 1982, 887; BSG NJW 1967, 2332.
48 Vgl. BVerwG NVwZ 1985, 484, 485; NJW 1982, 1873, 1874.

entscheidung gegenstands- und wirkungslos, ohne dass es einer ausdrücklichen Aufhebung bedarf (vgl. BGH NJW 1968, 107; 1982, 887); ein entsprechender klarstellender Ausspruch ist jedoch zweckmäßig. Beruht die Verwerfungsentscheidung allerdings nicht allein auf der Fristversäumnis, sondern auf einem selbständig tragenden zweiten Grund, ist die Wiedereinsetzung mangels Rechtsschutzbedürfnisses abzulehnen; denn bei gleichwohl gewährter Wiedereinsetzung würde die Verwerfungsentscheidung – im Hinblick auf den zweiten tragenden Grund – wirksam bleiben (vgl. dazu BVerwG NJW 1990, 1806). Bei dieser Fallkonstellation muss der Rechtsmittelführer ggf. zweigleisig verfahren und zusätzlich die Verwerfungsentscheidung (hinsichtlich des zweiten Verwerfungsgrundes) angreifen.

69   Allein eine Anfechtung der Verwerfungsentscheidung kann helfen, wenn das Berufungsgericht zu Unrecht eine Fristversäumnis bejaht hat; eine Wiedereinsetzung scheidet in diesem Fall aus.

70   **b) Sorgfaltsanforderungen.** Hinsichtlich der Überprüfung und Kontrolle der Berufungsbegründungsfrist trifft den bevollmächtigten Anwalt eine gesteigerte Sorgfaltspflicht; er ist im Allgemeinen verpflichtet, die Fristwahrung eigenverantwortlich zu überwachen. Zwar darf ein Prozessbevollmächtigter, ohne dass ihm ein Verschulden zum Vorwurf gemacht werden könnte, die Berechnung der üblichen Fristen in Rechtsmittelsachen, die in seiner Praxis häufig vorkommen und deren Berechnung keine rechtlichen Schwierigkeiten macht, gut ausgebildetem und sorgfältig überwachtem Büropersonal überlassen. Zu diesen Fristen gehört jedoch regelmäßig nicht die Berufungsbegründungsfrist. Ihre Überwachung ist keine Routineangelegenheit.[49] Gesteigerte Aufmerksamkeit erfordert der Umstand, dass eine besondere Frist für die Rechtsmittelbegründung läuft. So läuft neben der einmonatigen Berufungseinlegungsfrist (§ 124 a Abs. 2 S. 1) eine zweimonatige Begründungsfrist (§ 124 a Abs. 3 S. 1), wenn die Berufung in dem erstinstanzlichen Urteil zugelassen worden ist. Bei einer Zulassung der Berufung durch das OVG beträgt die Frist zur Begründung der Berufung nach § 124 a Abs. 6 S. 1 hingegen einen Monat; es besteht hier zudem die Gefahr, dass das Büropersonal durch die Rechtsmittelbelehrung, der Zulassungsbeschluss sei unanfechtbar, irritiert wird und die Berufungsbegründungsfrist übersieht (so z.B. der Sachverhalt bei OVG Saarlouis 15.9.1999 – 9 R 25/98). Etwas anderes gilt dann, wenn glaubhaft vorgetragen wird, dass in der Kanzlei des Prozessbevollmächtigten häufig Verfahren vor dem OVG bearbeitet werden und es sich deshalb bei der Fristberechnung und -kontrolle um gängige Routineangelegenheiten handelt, mit denen die Büroangestellten vertraut sind (vgl. BVerwG 14.1.1992 – 9 C 47.91). Diese Sorgfaltspflichten gelten entsprechend für die mit der Prozessführung betrauten Behördenbediensteten i.S.d. § 67 Abs. 4 S. 4.[50] Eine Wiedervorlageverfügung des Behördenvertreters reicht allein nicht (BVerwG NVwZ 2001, 430).

71   Der Prozessbevollmächtigte kann sich seiner Pflicht zur Fristenkontrolle nicht dadurch entziehen, dass er die Fristwahrung einem anderen Rechtsanwalt überträgt, ohne diesen anzuleiten oder zu überwachen (BVerwG BayVBl 1995, 123; BGH VersR 1975, 1146; NJW-RR 1993, 892, 893).

72   **c) Ablehnung eines Fristverlängerungsantrags.** Ist ein Antrag auf Verlängerung der Berufungsbegründungsfrist abgelehnt worden, kann eine Wiedereinsetzung in den vorigen Stand hinsichtlich der versäumten Berufungsbegründungsfrist in Betracht kommen. Die Wiedereinsetzungsfrist des § 60 Abs. 2 S. 1 läuft dann ab Kenntnis der Ablehnung des Fristverlängerungsantrags (vgl. BGH NJW 1997, 400).

73   Der Rechtsmittelführer ist allerdings generell mit dem Risiko belastet, dass der Senatsvorsitzende in Ausübung seines pflichtgemäßen Ermessens eine beantragte Verlängerung der Berufungsbegründungsfrist versagt (vgl. BGHZ 83, 217, 222 [GS]; BGH FamRZ 1987, 58; 1990, 36). Ein Wiedereinsetzungsgrund liegt deshalb nur vor, wenn mit großer Wahrscheinlichkeit mit der Bewilligung der Fristverlängerung gerechnet werden konnte (vgl. BGH FamRZ 1987, 58; 1990, 36). Dies ist insbes. bei hinreichend begründeten Erstanträgen der Fall. Ein Anwalt kann regelmäßig erwarten, dass dem Erstantrag auf Verlängerung der Berufungsbegründungsfrist entsprochen wird, wenn ein erheblicher

---

49   Vgl. OVG Lüneburg NVwZ-RR 2004, 227; OVG Münster NVwZ-RR 2004, 221; VGH Mannheim NVwZ-RR 2004, 222; NVwZ-RR 2007, 137; OVG Saarlouis NJW 2012, 100; ferner OVG Koblenz NVwZ-RR 2003, 73; OVG Lüneburg NJW 2003, 3362; VGH Mannheim NVwZ-RR 2007, 819; OVG Münster NJW 2011, 3465 (jeweils Begründungsfrist nach § 124 a Abs. 4 S. 4); BVerwG NJW 1982, 2458 (Revisionsbegründungsfrist); 1992, 852 m.w.N. (Beschwerdebegründungsfrist); 14.1.1992 – 9 C 47.91; KStZ 1994, 153; NJW 1995, 2122; BayVBl 1995, 123; zur Berufungsbegründungsfrist auch BGH NJW 1992, 1632.

50   BVerwG 14.2.1992 Buchholz 310 § 60 VwGO Nr. 176; NVwZ-RR 1996, 60; FEVS 54, 390; OVG Koblenz NVwZ-RR 2004, 700; OVG Münster NWVBl 1998, 408, 409; 21.9. 2010 – 7 A 343/10; 30.6.2011 – 2 A 435/11; VGH Mannheim NVwZ-RR 2004, 222.

rechtfertigender Grund vorgebracht wird; er braucht sich nicht auf eine hiervon abweichende Verfahrenspraxis des zuständigen Senats einzustellen.[51] Der Anwalt muss auch nicht damit rechnen, dass bei einem Erstantrag generell eine ausdrückliche anwaltliche Glaubhaftmachung oder restriktive Anforderungen an die nähere Substantiierung verlangt werden, wenn er nicht hierzu aufgefordert wurde (vgl. BGH FamRZ 1990, 36 f.; NJW 1999, 430). Andererseits darf er sich nicht darauf verlassen, dass einem ohne jegliche Angabe von Gründen gestellten Fristverlängerungsgesuch stattgegeben wird (BVerwG NJW 2008, 3303).

In der höchstrichterlichen Rspr. ist noch nicht abschließend geklärt, unter welchen Voraussetzungen **74** mit einer zweiten oder dritten Verlängerung gerechnet werden kann. Jedenfalls ist die Ablehnung eines zweiten Verlängerungsantrags allein mit der Begründung, der Prozessgegner habe der erneuten Verlängerung nicht zugestimmt, mit § 57 Abs. 2 VwGO i.V.m. § 225 Abs. 2 ZPO nicht vereinbar; Anhörung bedeutet nicht Zustimmung des Gegners (BVerfG NJW 2000, 944, 945). Ein Anwalt, der eine dritte Verlängerung der Berufungsbegründungsfrist mit dem Hinweis auf eine fehlende Information von seiner plötzlich schwer erkrankten Partei begehrt, kann dann nicht mit großer Wahrscheinlichkeit mit einer Bewilligung rechnen, wenn weder dem Antrag noch den Prozessakten ein Anhaltspunkt dafür zu entnehmen ist, er sei auf eine Information angewiesen (BGH NJW 1996, 3155).

Ist die Fristverlängerung rechtzeitig und ordnungsgemäß beantragt worden, wird vom Rechtsmittel- **75** führer nicht verlangt, dass er sich vor Fristablauf vergewissert, ob seinem Antrag entsprochen worden ist (vgl. BVerfG NJW 1989, 1147; BAG NJW 1986, 603; BGH NJW 1983, 1741); denn es wird auch nicht erwartet, dass der Antrag so rechtzeitig gestellt wird, dass über ihn vor Ablauf der Begründungsfrist entschieden werden kann (vgl. BGHZ 83, 217, 221 f.; BGH FamRZ 1990, 36, 37; NJW 1999, 430).

d) Verspäteter Fristverlängerungsantrag. Ist ein Fristverlängerungsantrag – z.B. wegen Verzögerung **76** des Postlaufs – erst nach Fristablauf bei Gericht eingegangen, so ist eine (gesonderte) Wiedereinsetzung hinsichtlich des verspätet gestellten Verlängerungsantrags nach st. höchstrichterlicher Rspr. nicht zulässig (→ Rn. 48). Wiedereinsetzung kann vielmehr nur gewährt werden, wenn innerhalb der Wiedereinsetzungsfrist die Berufungsbegründung nachgeholt wird (→ Rn. 67). Mangels Berufungsbegründung kann deshalb auch ein Verlängerungsantrag nicht in einen Antrag auf Wiedereinsetzung umgedeutet werden.[52]

e) Prozesskostenhilfe. Wird die Berufungsbegründungsfrist mit Rücksicht auf den Ausgang eines **77** PKH-Verfahrens versäumt, kommt eine Wiedereinsetzung in den vorigen Stand in Betracht. Für die Nachholung der Berufungsbegründung steht seit dem 1.9.2004 eine Frist von 1 Monat zur Verfügung (§ 60 Abs. 2 S. 1 Hs. 2; zu verfassungsrechtlichen Bedenken → Rn. 244).

f) Nachträgliche Ergänzung der Begründungsschrift. Zur Ergänzung einer zwar fristgerecht einge- **78** reichten, aber inhaltlich unzureichenden, den Mindestanforderungen des § 124a Abs. 3 nicht genügenden Berufungsbegründung kann Wiedereinsetzung nicht gewährt werden;[53] denn die Wiedereinsetzung setzt die Versäumung einer gesetzlichen Frist, nicht einzelner Prozesshandlungen voraus. Das Institut der Wiedereinsetzung ist nicht dazu bestimmt, inhaltliche Unvollständigkeiten oder inhaltliche Mängel einer an sich fristgerecht eingereichten Rechtsmittelbegründung durch nachgeschobenes Vorbringen zu heilen (BGH NJW 1997, 1309, 1310; 2000, 364 f.). Sind (lediglich) bestimmte, quantitativ abgegrenzte Teile des Streitgegenstands unzureichend oder gar nicht begründet angegriffen worden, so kann Wiedereinsetzung zur Ergänzung der nur teilweise unzureichenden Berufungsbegründung ebenfalls nicht gewährt werden. Die einheitliche Berufungsbegründung lässt sich nicht unter dem Gesichtspunkt der Fristwahrung in einzelne, auf unterschiedliche Teile des Streitgegenstandes bezogene „Berufungsbegründungen" aufteilen (vgl. BGH NJW 1997, 1309, 1310).

Von diesen Fällen zu unterscheiden ist die Konstellation, dass eine im Original den Anforderungen des **79** § 124a Abs. 3 genügende Berufungsbegründungsschrift durch ein Büroversehen oder einen technischen Übertragungsfehler beim Faxen (es fehlen z.B. einzelne Seiten) nicht vollständig rechtzeitig an

---

51 Vgl. BVerfG NJW 1989, 1147; BAG NJW 1995, 150; 1995, 1446 f.; BGH VersR 1985, 972, 973; FamRZ 1990, 36 f.;
    NJW 1991, 1359; 1993, 134, 135; 1994, 2957, 2958; NJW-RR 1996, 245; MDR 1997, 191; NJW 1999, 430.
52 A.A. M. *Vollkommer*, DRiZ 1969, 244, 246.
53 Vgl. BVerwGE 28, 18; BAG NJW 1962, 2030; BFHE 122, 34, 35; BGH NJW 1997, 1309 f.; 2000, 364.

das Berufungsgericht gelangt. Insoweit kann – wie bei der fehlgeschlagenen Übermittlung der gesamten Berufungsbegründung – Wiedereinsetzung gewährt werden (vgl. dazu auch BGH NJW 2000, 364).

80   **g) Rechtsmittel.** Wird die Wiedereinsetzung *gewährt*, ist die Entscheidung unanfechtbar (§ 60 Abs. 5); sie kann als unanfechtbare Vorentscheidung auch nicht i.R. eines Nichtzulassungsbeschwerde- oder Revisionsverfahrens überprüft werden (§ 173 VwGO i.V.m. § 557 Abs. 2 ZPO),[54] unabhängig davon, ob über die Wiedereinsetzung durch selbständigen Beschluss oder in dem angefochtenen Berufungsurteil entschieden worden ist (vgl. BGHZ 46, 112, 116; → § 124 Rn. 200).

81   Wird die Wiedereinsetzung im Berufungsurteil *abgelehnt* oder ist über den bereits vorliegenden Wiedereinsetzungsantrag nicht entschieden worden, so kann das Urteil mit der Beschwerde gegen die Nichtzulassung der Revision bzw. der Revision angefochten werden. Die fehlerhafte Ablehnung der Wiedereinsetzung bzw. die fehlerhafte Nichtbescheidung ist ein Verfahrensmangel i.S.d. § 132 Abs. 2 Nr. 3 (vgl. BVerwGE 13, 141, 145; BVerwG NVwZ 1988, 531; ferner BGH NJW 1982, 887).

82   Ist der Wiedereinsetzungsantrag erst nach Ergehen des Verwerfungsbeschlusses gestellt worden und hat deshalb das OVG im Verwerfungsbeschluss nicht zugleich über die Wiedereinsetzung entschieden, ist eine Prüfung der Wiedereinsetzungsfrage im Rechtsmittelverfahren gegen den Verwerfungsbeschluss grds. ausgeschlossen (vgl. BGH VersR 1977, 817; NJW 1982, 887 m.w.N.), es sei denn, die Wiedereinsetzung ist nach Aktenlage ohne Weiteres zu gewähren (vgl. BGH NJW 1982, 1873, 1874) oder der Wiedereinsetzungsantrag ist unzulässig (vgl. BVerwG NVwZ 1985, 484, 485). Bei gesonderter Entscheidung über die Versagung der Wiedereinsetzung ist eine gesonderte Anfechtung möglich und erforderlich (vgl. BVerwGE 13, 141, 144 f.; BGH NJW 1982, 887).

V. Berufungsantrag (Abs. 3 S. 4 Hs. 1)

83   Nach § 124 a Abs. 3 S. 4 Hs. 1 muss die (fristgemäße) Berufungsbegründung einen bestimmten Antrag enthalten. Er ist Voraussetzung für eine zulässige Berufung (BVerwG 10.3.2011 – 2 B 37.10; → Rn. 128).

84   **1. Regelungszweck.** Die Regelung soll den Berufungskläger im Interesse der Beschleunigung des Berufungsverfahren (→ Rn. 39) dazu anhalten, sich eindeutig über Umfang und Ziel seines Rechtsmittels zu erklären und Berufungsgericht und Prozessgegner möglichst schnell und zuverlässig darüber ins Bild zu setzen. Der Antrag muss deshalb innerhalb der Berufungsbegründungsfrist gestellt werden und kann nicht nachgeholt werden (vgl. § 124 a Abs. 3 S. 5; → Rn. 85 f., 103 ff.). Die „Bestimmtheit" des Berufungsantrags soll sicherstellen, dass das Gericht einerseits nicht mehr zuerkennt, als der Kläger begehrt (vgl. §§ 129, 88) und andererseits über das Begehren des Klägers erschöpfend entscheidet (vgl. § 120 Abs. 1).[55] Die Berufungsbegründung muss daher die Erklärung enthalten, inwieweit das Urteil angefochten wird und welches Ziel in der Sache verfolgt wird (→ Rn. 87–97).[56]

85   **2. Fristgebundenheit.** Der Berufungsantrag muss innerhalb der Berufungsbegründungsfrist, die vom Senatsvorsitzenden verlängert werden kann (§ 124 a Abs. 3 S. 3), gestellt werden.[57] Er kann nicht nachgeholt werden. Davon zu unterscheiden ist die – auch nach Ablauf der Berufungsbegründungsfrist zulässige – sachgerechte Formulierung eines förmlichen Antrags, sofern nur das Klageziel der Sache nach innerhalb der Frist hinreichend bestimmt war.

86   Die Rechtslage hat sich insoweit durch das 6. VwGOÄndG[58] geändert. Zwar sah auch § 124 Abs. 3 S. 1 a.F. einen bestimmten Antrag als zwingendes Erfordernis vor; nach ganz h.M. konnte der Antrag aber bis zum Schluss der mündlichen Verhandlung bzw. innerhalb einer vom Vorsitzenden nach § 125 Abs. 1 i.V.m. § 82 Abs. 2 zu setzenden Frist nachgeholt werden.[59] Nunmehr schließt die Sonderrege-

---

54   BVerwG NVwZ 1988, 531; BGH DVBl 1981, 395, 396.

55   BVerwG NJW 1977, 1465.

56   Vgl. BGH NJW 1987, 3264, 3265 m.w.N.; 1988, 827, 828.

57   Ebenso *M. Happ*, in: Eyermann § 124 a Rn. 25; *Kopp/Schenke* § 124 a Rn. 29; *R. Rudisile*, in: Schoch/Schneider/Bier § 124 a Rn. 49; wohl auch VGH München 22.2.1999 – 10 B 98.1620.

58   Sechstes Gesetz zur Änderung der VwGO und anderer Gesetze vom 1.11.1996 (BGBl I 1626), in Kraft getreten am 1.1.1997.

59   Vgl. BVerwGE 13, 94; BVerwG NJW 1977, 1465; 1993, 2824 f. m.w.N.; NVwZ 1994, 75; VGH Mannheim Die Justiz 1984, 30; krit. *H. Günther*, BayVBl 1996, 233.

lung des § 124 a Abs. 3 S. 5[60] eine entsprechende Anwendung des § 82 Abs. 2 aus (§ 125 Abs. 1 S. 1 Hs. 2); folgt man der Rspr. zum Revisionsrecht,[61] stellt auch die Fristverlängerungsmöglichkeit (§ 124 a Abs. 3 S. 3) i.V.m. dem Anwaltszwang (§ 67 Abs. 4) eine die entsprechende Anwendung des § 82 Abs. 2 verdrängende Sonderregelung dar.

3. Inhalt des Antrags. Der Antrag des Berufungsführers besteht aus zwei Teilen, dem Antrag auf Aufhebung oder Änderung[62] des erstinstanzlichen Urteils (Anfechtungs- oder Aufhebungsantrag) und dem Begehren in der Sache, also der Weiterverfolgung des erstinstanzlichen Klagebegehrens (Sachantrag).[63]   87

Ist der *Kläger* Berufungsführer, muss sein Berufungsantrag stets auch eine Sachbitte enthalten. Der   88 Antrag muss darauf gerichtet sein, das angefochtene Urteil durch eine dem Rechtsmittelführer in der Sache günstigere Entscheidung zu ersetzen. Es genügt daher nicht, wenn lediglich die Aufhebung des angefochtenen Urteils und die Zurückverweisung um ihrer selbst willen begehrt wird;[64] vielmehr muss der in erster Instanz erfolglos gebliebene Klageanspruch zumindest teilweise, sei es auch nur als Hilfsantrag (vgl. BGH NJW 1996, 320), weiterverfolgt werden.[65] Bei Fehlen entgegenstehender Anhaltspunkte wird allerdings ein auf Urteilsaufhebung und Zurückverweisung gerichteter Antrag regelmäßig – insbes. i.V.m. der Berufungsbegründung – dahin auszulegen sein, dass Ziel des Rechtsmittels die Weiterverfolgung des bisherigen Sachbegehrens sein soll.[66]

Ist der *Beklagte* Rechtsmittelführer, so ist fraglich, ob er neben dem Aufhebungsantrag auch einen   89 Sachantrag (auf Klageabweisung) stellen muss; denn hierzu war er schon in erster Instanz nicht verpflichtet. Jedenfalls wird im Aufhebungsantrag regelmäßig der Klageabweisungsantrag konkludent enthalten sein (vgl. BAGE 17, 213, 314; offen gelassen von OLG Hamburg NJW 1987, 783, 784).

An der erforderlichen Weiterverfolgung des erstinstanzlichen Klagebegehrens fehlt es, wenn lediglich   90 im Wege der Klageänderung ein neuer, bislang nicht geltend gemachter Anspruch zur Entscheidung gestellt wird.[67] Die Zulässigkeit eines Rechtsmittels setzt vielmehr voraus, dass mit ihm die Beseitigung gerade der durch das angefochtene Urteil geschaffenen Beschwer erstrebt wird.

4. Bestimmtheit des Antrags. Der Antrag muss innerhalb der Berufungsbegründungsfrist   91 (→ Rn. 85 f.) „bestimmt" sein. Es muss hinreichend deutlich sein, in welchem Umfang und mit welchem Ziel das erstinstanzliche Urteil angefochten wird (vgl. BGH NJW 1987, 1335). Daran fehlt es, wenn offenbleibt, ob das Urteil in vollem oder in beschränktem Umfang angefochten wird. Ist der Antrag in einem Mindestumfang bestimmt, aber unklar, ob darüber hinaus das erstinstanzliche Urteil angefochten werden soll, so ist die Berufung in diesem Mindestumfang zulässig (BGH NJW 1975, 2013; VersR 1987, 101).

5. Förmlicher Antrag und Auslegung des Begehrens. Das sachliche Ziel des Berufungsbegehrens sollte   92 im eigenen Interesse des Berufungsklägers in einem förmlichen, vom übrigen Inhalt der Begründungsschrift abgesetzten, bestimmt gefassten Antrag formuliert werden (vgl. BGH VersR 1975, 48; 1987, 101). Zulässig ist eine Bezugnahme auf die Anträge in der Vorinstanz. Der Berufungsführer wird i.d.R. beantragen, das angefochtene Urteil des VG aufzuheben/zu ändern (zur synonymen Verwendung der Begriffe Aufhebung und Änderung → Rn. 87) und nach seinem Klageantrag erster Instanz

---

60 Ebenso M. *Happ*, in: Eyermann § 124 a Rn. 25; R. *Rudisile*, in: Schoch/Schneider/Bier § 124 a Rn. 49; wohl auch VGH München 22.2.1999 – 10 B 98.1620.
61 Vgl. BVerwGE 13, 94, 97; BVerwG 31.1.1962 Buchholz 310 § 82 VwGO Nr. 4 (Antragstellung nur innerhalb der – ggf. vom Vorsitzenden verlängerten – Rechtsmittelbegründungsfrist).
62 In der Praxis der OVG werden die Begriffe „Aufhebung" und „Änderung" sowohl in den Rechtsmittelanträgen als auch im Tenor des Berufungsurteils synonym verwendet. Zu beachten ist, dass im Zivilprozess unter den gem. § 519 Abs. 3 Nr. 1 ZPO zu beantragenden „Abänderungen des Urteils" der Sachantrag verstanden wird.
63 Zur Formulierung des Berufungsantrags → Rn. 92.
64 BVerwG 13.3.1996 Buchholz 310 § 130 VwGO Nr. 15; OVG Lüneburg NVwZ 1993, 1017; OVG Münster 11.3.1996 – 5 A 185/96; VGH Mannheim 19.11.1996 – 4 S 3365/94; ferner BGH NJW 1994, 2835, 2836; OLG Hamburg NJW 1987, 783 f. m.w.N.; OLG München OLGZ 1978, 486.
65 BGH NJW 1983, 172, 173; MDR 1989, 245; NJW 1994, 3358, 3359; 1999, 3126, 3127; MDR 2006, 828; VGH Mannheim 19.11.1996 – 4 S 3365/94.
66 Vgl. BGH NJW 1985, 1164; NJW 1987, 3264, 3265; VersR 1987, 101; NJW 1994, 2835, 2836; NJW-RR 1995, 1154; VGH Mannheim 19.11.1996 – 4 S 3365/94.
67 Vgl. BGH NJW 1983, 172, 173; 1990, 2683; 1994, 3358, 3359; 1996, 527 je m.w.N; ferner OVG Münster NVwZ-RR 2003, 72.

zu entscheiden.[68] Der Berufungsgegner wird beantragen, die Berufung (als unzulässig) zu verwerfen oder sie – ggf. hilfsweise – (als unbegründet) zurückzuweisen.

93   § 124 a Abs. 3 S. 4 verlangt allerdings nicht notwendig einen förmlichen Antrag. Die Regelung erstrebt keine durch die Sache nicht gerechtfertigte Formalisierung. Ausreichend ist vielmehr, dass die innerhalb der Begründungsfrist eingereichten Schriftsätze des Berufungsklägers ihrem gesamten Inhalt nach eindeutig erkennen lassen, in welchem Umfang und mit welchem Ziel das Urteil angefochten werden soll. Es kommt deshalb auch nicht allein auf die in der Begründungsschrift formulierten Anträge, sondern auf die Auslegung des gesamten Vorbringens in der Begründungsschrift oder in sonstigen innerhalb der Begründungsfrist eingegangenen Erklärungen des Berufungsklägers an.[69]

94   Grds. sind die Erklärungen des Berufungsführers „vernünftig" auszulegen. Bei Fehlen entgegenstehender Anhaltspunkte wird der Berufungsführer regelmäßig die erstinstanzliche Entscheidung im Umfang der Zulassung durch das OVG anfechten und in diesem Umfang die erstinstanzlichen Anträge weiterverfolgen wollen.[70] Zweifel können etwa dann bestehen, wenn die Berufungsbegründung das angefochtene Urteil nur teilweise infrage stellt. Wird die Aufhebung des verwaltungsgerichtlichen Urteils in vollem Umfang beantragt, so wird grds. unter Berücksichtigung der Berufungsgründe hinreichend deutlich sein, dass die uneingeschränkte Weiterverfolgung der erstinstanzlich gestellten Klageanträge begehrt wird (→ Rn. 88 f.).

95   Es reicht aus, dass das Ziel der Berufung aus der Tatsache ihrer Einlegung allein erkennbar ist (BVerwGE 58, 299, 301; BVerwG NJW 1994, 66). Soweit es nach erfolgreicher Berufungszulassung durch das OVG keiner Einlegung der Berufung mehr bedarf (§ 124 a Abs. 5 S. 5), kann der Einreichung einer Berufungsbegründungsschrift je nach den Umständen des Einzelfalls ein ähnlicher Erklärungswert zu entnehmen sein.[71] Dabei darf der Inhalt des Zulassungsbeschlusses nicht unberücksichtigt bleiben. Ein allgemeiner Grundsatz, die Anfechtung des erstinstanzlichen Urteils entspreche im Zweifel dem Maß der Beschwer, dürfte allerdings mit dem Zweck des § 124 a Abs. 3 S. 4, den Berufungskläger zu eindeutigen Erklärungen über Umfang und Ziel seiner Rechtsmitteleinlegung zu veranlassen, nicht vereinbar sein (vgl. BGH VersR 1987, 101 m.w.N.).

96   **6. Beschränkter Berufungsantrag. a) Allgemeines.** Ein Berufungsantrag kann zwangsläufig nur im Umfang der zugelassenen Berufung gestellt werden. Ein *beschränkter* Berufungsantrag liegt daher nur dann vor, wenn weniger beantragt wird, als von der (ggf. teilweise) zugelassenen Berufung umfasst ist. Der Berufungsführer kann den Berufungsantrag auf einen abtrennbaren Teil des verwaltungsgerichtlichen Urteils beschränken. Die Voraussetzungen für eine zulässige Beschränkung des Berufungsantrags sind identisch mit den Voraussetzungen für einen beschränkten Zulassungsantrag bzw. eine Teilzulassung der Berufung (zur Teilzulassung → Rn. 266 ff.).[72] Der Berufungsführer kann den Berufungsantrag auf Teile des Streitstoffes beschränken, über die in einem besonderen Verfahrensabschnitt durch Teil- oder Zwischenurteile entschieden werden kann.[73] So kann die Berufung wirksam auf einen von mehreren Streitgegenständen (→ Rn. 268–270), auf einen von mehreren Streitgenossen (→ Rn. 273), auf einen tatsächlich und rechtlich selbständigen und abtrennbaren Teil *eines* Streitgegenstandes (→ Rn. 271) oder bei Streit über Grund und Höhe eines Anspruchs auf Grund oder Höhe dieses Anspruchs (→ Rn. 272) beschränkt werden. Unzulässig ist die Beschränkung auf einzelne von mehreren Anspruchs- oder Ermächtigungsgrundlagen, auf bestimmte Rechtsfragen oder einzelne Urteilselemente (→ Rn. 276).

---

68 Ist der Bekl. Berufungsführer, wird er beantragen, das angefochtene erstinstanzliche Urteil aufzuheben/zu ändern und die Klage abzuweisen.
69 Vgl. BVerwGE 12, 189, 190; BVerwG NJW 1977, 1465; 16.12.2004 – 1 B 59.04; 17.5.2006 – 1 B 13.06; 10.3.2011 – 2 B 37.10; 21.9.2011 – 3 B 56.11; RGZ 145, 38, 39; BGH NJW 1951, 153; FamRZ 1985, 631; NJW 1987, 1335, 1336; 1987, 3264, 3265; 1992, 698.
70 I.E. ebenso *Kopp/Schenke* § 124 a Rn. 32; *R. Rudisile*, in: Schoch/Schneider/Bier § 124 a Rn. 49; ferner OVG Münster 23.5.2003 – 11 A 5503/99.
71 BVerwG 16.12.2004 – 1 B 59.04; 17.5.2006 – 1 B 13.06.
72 Vgl. BVerwGE 49, 232, 234; 50, 292, 295; BVerwG 30.10.1987 Buchholz 310 § 132 Nr. 252 m.w.N.; BGHZ 45, 287, 289; 53, 152, 155; 101, 276, 278; 111, 158, 166; *F. Weyreuther*, Revisionszulassung, 1971, Rn. 50.
73 Vgl. BGH NJW 1980, 1579; 1984, 615 m.w.N.; 1987, 3264 f.; ferner soll eine Beschränkung auf eine Aufrechnung oder ein Zurückbehaltungsrecht zulässig sein, → Rn. 274 f.

b) Anfängliche Beschränkung. Grds. gilt, dass die Grenzen, in denen der Rechtsstreit vor dem Beru- 97
fungsgericht erneut zu verhandeln ist, erst durch die Berufungsanträge bestimmt werden. Stellt der Berufungsführer in der Berufungsbegründungsfrist deshalb einen eingeschränkten Berufungsantrag, so
ist darin keine teilweise Rücknahme der Berufung zu sehen.[74] Die Berufung ist auch nicht (teilweise)
als unzulässig zu verwerfen, soweit der Berufungsantrag hinter der zugelassenen Berufung zurückbleibt.[75] Das Urteil des VG wird vielmehr hinsichtlich des nicht angegriffenen Teils seiner Entscheidung mit Ablauf der Begründungsfrist rechtskräftig.[76] Dies gilt sowohl für den Fall, dass die Berufung
nach § 124 a Abs. 1 S. 1 durch das VG zugelassen wird, als auch für den Fall, dass das OVG nach
§ 124 a Abs. 5 S. 1 die Berufung zulässt. Nach § 124 a Abs. 3 muss der Berufungsführer erst vor Ablauf der Berufungsbegründungsfrist verbindlich entscheiden, welches – im Antrag konkret bestimmte
– Ziel er mit seinem Rechtsmittel verfolgen will (vgl. BVerwG NJW 1992, 703, 704 zum Revisionsantrag). Weder eine Berufungseinlegung noch ein Zulassungsantrag oder die Zulassung durch das OVG
haben die Bedeutung eines unbeschränkten Berufungsantrags.[77] Die Notwendigkeit einer gesonderten
Berufungsbegründungsschrift verlangt vielmehr eine eigenständige und aktualisierte rechtliche Durchdringung des Streitstoffs sowie die Prüfung, in welchem Umfang die zugelassene Berufung durchgeführt werden soll[78] (→ Rn. 39).

In der (bloßen) Beschränkung des Berufungsantrags eines Klägers liegt weder eine teilweise Klagerück- 98
nahme (vgl. VGH Mannheim NVwZ-RR 2012, 588; BGH MDR 1989, 987 m.w.N.; a.A. OVG
Schleswig NVwZ-RR 2003, 702, 703) noch ein teilweiser Berufungsverzicht.[79] Der Berufungsführer
kann daher noch bis zum Ablauf der Berufungsbegründungsfrist seinen Berufungsantrag erweitern
(→ Rn. 100–104).

c) Nachträgliche Beschränkung. Wird der bereits gestellte Berufungsantrag nachträglich einge- 99
schränkt, ist darin eine teilweise Berufungsrücknahme zu sehen (vgl. BGH FamRZ 1989, 1064,
1065 m.w.N.). Dies gilt auch für eine Antragsbeschränkung noch vor Ablauf der Berufungsbegründungsfrist; denn der Berufungsumfang ist bereits mit Antragstellung wirksam festgelegt worden.

7. Erweiterung des Berufungsantrags. Eine Erweiterung des Berufungsantrags liegt begrifflich (nur) 100
vor, wenn das Berufungsbegehren i.R. der Beschwer durch das verwaltungsgerichtliche Urteil erweitert
wird. Hiervon zu unterscheiden ist die Klageerweiterung in zweiter Instanz (vgl. BGH NJW 1984,
2831, 2833; MDR 1988, 658). Die Erweiterung des erstinstanzlich zur Entscheidung gestellten Streitgegenstands im Wege der Klageänderung ist keine Anfechtung des erstinstanzlichen Urteils; sie ist
nach den allgemeinen Grundsätzen gem. § 125 Abs. 1 i.V.m. § 91 bis zum Schluss der mündlichen Verhandlung möglich.

Eine Erweiterung des Berufungsantrags ist nur i.R. der zugelassenen Berufung zulässig.[80] Andernfalls 101
würde das Zulassungserfordernis umgangen; mit Ablauf der Rechtsmittelfrist wird das erstinstanzliche Urteil insoweit rechtskräftig, als es nicht angegriffen worden ist, sofern nicht eine Anschlussberufung zulässig ist.

Eine Erweiterung des Berufungsantrags ist ausgeschlossen, wenn der Berufungskläger auf die weiter 102
gehende Berufung verzichtet hat. Die bloße Beschränkung des Berufungsantrags stellt keinen teilweisen Berufungsverzicht dar.[81] Andererseits muss nicht ausdrücklich von einem „Verzicht" gesprochen
werden; ein Rechtsmittelverzicht kann auch dann anzunehmen sein, wenn in der Begründungsschrift
klar und eindeutig der Wille zum Ausdruck gebracht wird, das Urteil (teilweise) endgültig hinzunehmen und es (insoweit) nicht anfechten zu wollen (vgl. BGH NJW 1990, 1118).

---

74 OVG Münster VRS 110, 455; zum Revisionsantrag BVerwG NJW 1992, 703, 704; nicht eindeutig BVerwGE 91, 24,
26 f.; ferner BGH FamRZ 1989, 1064, 1065.
75 Vgl. BGH NJW 1968, 2106; *J. Blomeyer*, NJW 1969, 50.
76 Vgl. BVerwGE 91, 24, 25, 27 (für eine eingeschränkt beantragte Zulassung der Revision).
77 A.A. OVG Schleswig NVwZ-RR 2003, 702, 703 für den Fall eines nach § 124 a Abs. 5 S. 5 fortgesetzten Berufungsverfahrens, weil hier der Gegenstand des Berufungsverfahrens bereits durch den Zulassungsantrag bestimmt werde:
Der beschränkte Berufungsantrag bedeute eine Rücknahme der Klage; das OVG Schleswig verkennt, dass dieser Ansatz versagt, wenn der Bekl. Berufungskläger ist.
78 BVerwG DVBl 1999, 95, 96; OVG Münster NVwZ 1999, 208, 209; zur Revision: BVerwGE 80, 321, 322 f.
79 BGHZ 88, 360, 363; BGH NJW 1981, 2360, 2361; 1985, 3079; 1990, 1118; NJW-RR 1998, 572 jeweils m.w.N.
80 Für das Zivilprozessrecht: *R. Sell*, Rechtsmittelbegründung, 1973, 83.
81 Vgl. BGHZ 88, 360, 363; BGH NJW 1981, 2360, 2361; 1985, 3079; 1990, 1118; NJW-RR 1998, 572 jeweils
m.w.N.; *F. Schnauder*, JuS 1993, 365, 366.

103   Der Berufungsantrag kann nur bis zum Ablauf der Berufungsbegründungsfrist erweitert werden (streitig).[82] Nach § 124 a Abs. 3 S. 4 und 5 muss der Berufungsantrag – im Unterschied zur Rechtslage vor dem 6. VwGOÄndG[83] – innerhalb der Berufungsbegründungsfrist gestellt sein (→ Rn. 86). Im Zivilprozessrecht ist allerdings nach st. Rspr.[84] ein Rechtsmittelkläger trotz beschränkten Rechtsmittelantrags grds. nicht gehindert, das Rechtsmittel auch nach Ablauf der Rechtsmittelbegründungsfrist auf einen anderen Teil der angefochtenen Entscheidung zu erweitern; Voraussetzung ist jedoch, dass sich die erweiterten Anträge noch i.R. der fristgerecht eingereichten Rechtsmittelbegründung halten. Die Rechtsmittelanträge haben folglich bis zum Schluss der mündlichen Verhandlung nur vorläufigen Charakter (so ausdrückl. BGHZ 12, 52, 67; BGH FamRZ 1986, 254, 256; MDR 1988, 217). Begründet wird dies vor allem mit der Absicht des Gesetzgebers anläßlich der 1905 eingeführten, inzwischen aufgehobenen Vorschrift des § 554 Abs. 6 ZPO[85] sowie mit der Dispositionsbefugnis des Rechtsmittelklägers über den Umfang des Rechtsmittelangriffs, die im Wesentlichen der eines erstinstanzlichen Klägers entspreche. Demgegenüber kann nach Auffassung des BVerwG[86] ein Beteiligter das in Antrag und Begründung zunächst eingeschränkte Rechtsmittelbegehren nur dann um andere Streitpunkte nachträglich erweitern, wenn er innerhalb der Rechtsmittelbegründungsfrist seinen Antrag erweitert und sein Rechtsmittel diesem erweiterten Umfang gemäß begründet.

104   Die Auffassung des BGH ist im verwaltungsprozessualen Zusammenhang verfehlt. Sie entspricht nicht der Regelungsintention des VwGO-Gesetzgebers. Die eindeutige Bestimmung von Umfang und Ziel der Berufung innerhalb der Begründungsfrist ist eine Zulässigkeitsvoraussetzung der Berufung, um den zweitinstanzlichen Prozess zu beschleunigen. Hiermit unvereinbar ist ein lediglich vorläufiger Charakter des Berufungsantrags. Die strenge Zulässigkeitsvoraussetzung eines fristgerechten Berufungsantrags wäre weitgehend funktionslos und sinnentleert.[87] Darüber hinaus ist es widersprüchlich, zwar die Darlegung der Berufungsgründe innerhalb der Begründungsfrist, nicht aber den fristgerechten Berufungsantrag zur Voraussetzung einer nachträglichen Antragserweiterung zu machen. Darin liegt eine willkürliche, weder durch den Wortlaut des Gesetzes noch dessen Sinn und Zweck gerechtfertigte unterschiedliche Wertigkeit von Berufungsantrag und Berufungsgründen. Die im Interesse der Verfahrensbeschleunigung notwendige frühzeitige Festlegung des berufungsgerichtlichen Prüfungsumfangs erfolgt nicht durch die Berufungsgründe, sondern durch die Berufungsanträge (s. ausf. 1. Aufl. Rn. 318 f.).

VI. Berufungsgründe (Abs. 3 S. 4 Hs. 2)

105   Nach § 124 a Abs. 3 S. 4 Hs. 2 muss die Berufungsbegründung die im Einzelnen anzuführenden Gründe der Anfechtung (Berufungsgründe) enthalten.

106   **1. Regelungszweck.** Die Regelung orientiert sich an den Regelungen des Revisionsrechts (§ 139 Abs. 3) und des zivilprozessualen Berufungsrechts (§ 519 Abs. 3 ZPO a.F.).[88] Zweck der Regelung ist es, dass der Berufungskläger – im Interesse einer Entlastung des Berufungsgerichts (→ Rn. 39) – in ausreichender Weise zum Ausdruck bringt, dass und warum er die Entscheidungsgrundlagen des Urteils erschüttern will. Er muss sich über Inhalt, Umfang und Zweck des Berufungsangriffs erklären.[89] Die Anforderungen an eine ordnungsgemäße Berufungsbegründung dürfen jedoch nicht überspannt

---

82 Ebenso VGH München DÖV 2003, 211; *T. Stuhlfauth*, in: Bader/Funke-Kaiser/Stuhlfauth/von Albedyll § 124 a Rn. 37; *M. Happ*, in: Eyermann § 124 a Rn. 15; *R. Rudisile*, in: Schoch/Schneider/Bier § 124 a Rn. 51; zur höchstrichterlichen Rspr. s. den nachfolgenden Text mit entspr. Nachw.

83 Sechstes Gesetz zur Änderung der VwGO und anderer Gesetze vom 1.11.1996 (BGBl I 1626), in Kraft getreten am 1.1.1997.

84 RGZ 56, 31, 34; 130. 229, 230; BGHZ 12, 52, 67 f.; BGH NJW 1963, 444 (Berufungserweiterung nach Zurückverweisung an das Berufungsgericht); 1984, 437, 438; 1984, 2831, 2832; 1989, 170; 1994, 2896 (Berufungserweiterung nach Zurückverweisung an das Berufungsgericht); NJW-RR 1998, 572; NJW 2005, 3067 (zu § § 524 Abs. 2 S. 2 ZPO); ferner *P. Gilles*, AcP 177 (1977), 189, 213 ff.; bei einheitlichem Streitgegenstand auch *R. Sell*, Rechtsmittelbegründung, 1973, 18 ff., 54 ff.; a.A. *W. Grunsky*, NJW 1966, 1393 ff.; *ders.*, in: Stein/Jonas, [20]1977, § 519 Rn. 41.

85 Ausf. dazu *R. Sell*, Rechtsmittelbegründung, 1973, 27 ff.

86 BVerwGE 10, 68, 69; vgl. ferner BVerwG NJW 1993, 2824 (Klarstellung nach Fristablauf zulässig).

87 Dazu auch *P. Gilles*, AcP 177 (1977), 189, 210 f.; *W. Grunsky*, ZZP 88 (1975), 49, 54.

88 BT-Drs. 13/3993, 13.

89 Vgl. BVerwG NJW 1980, 2268, 2269 m.w.N.; BAG NJW 1998, 2470; BFHE 143, 196 f.; BGH NJW 1999, 3126 m.w.N.

werden (vgl. BVerwG NVwZ 2000, 67). Durch übertriebene formale Anforderungen dürfen keine Rechtsmittel vom OVG ferngehalten werden (BVerwG DÖV 2000, 603; VGH Mannheim NVwZ 1998, 1089, 1091).

2. Inhaltliche Anforderungen. Die Berufungsbegründung muss erkennen lassen, aus welchen rechtlichen oder tatsächlichen Gründen das angefochtene Urteil nach Ansicht des Berufungsklägers unrichtig sein soll und geändert werden muss.[90] Dies erfordert eine Prüfung, Sichtung und rechtliche Durchdringung des Streitstoffes und damit eine sachliche Auseinandersetzung mit den Gründen des angefochtenen Urteils.[91] Die Berufungsbegründung muss substantiiert und konkret auf den Streitfall sowie die tragenden Entscheidungsgründe des VG zugeschnitten sein.[92] Welche Mindestanforderungen in Anwendung dieser Grundsätze jeweils an die Berufungsbegründung zu stellen sind, hängt wesentlich von Art und Struktur des Rechtsstreits sowie den Umständen des konkreten Einzelfalles ab. Die pauschale Bezugnahme auf einen gegenüber der Vorinstanz eingenommenen Rechtsstandpunkt (vgl. BVerwG 3.3.2005 – 5 B 58.04), die bloße Darstellung anderer Rechtsansichten, Textbausteine aus anderen Rechtsstreitigkeiten (vgl. BGH, MDR 2008, 994) oder der Verweis auf Literaturstellen (vgl. BAG NJW 1998, 2470; BFHE 121, 19, 20) genügen nicht, wenn es an der erforderlichen Auseinandersetzung mit den Gründen der angefochtenen Entscheidung fehlt; allerdings bedeutet das nicht zwangsläufig, dass der Berufungsführer in jedem Fall auf die einzelnen Erwägungen des Verwaltungsgerichts detailliert eingehen muss (vgl. BVerwGE 114, 155; BVerwG 2.6.2006 – 10 B 4.05). Es reicht ferner nicht aus, die tatsächliche und rechtliche Würdigung durch das VG mit pauschalen Angriffen oder formelhaften Wendungen zu rügen, etwa derart, das Urteil könne (in einem bestimmten Punkt) keinen Bestand haben, die Auffassung des VG sei unzutreffend, das erstinstanzliche Vorbringen sei nicht hinreichend berücksichtigt worden oder es werde die Verletzung materiellen Rechts gerügt.[93] Auch in einfachen Streitfällen ist eine kurze, auf den konkreten Fall bezogene Darlegung unerläßlich (vgl. BGH NJW 1995, 1559 m.w.N.). Eine kurze, präzise und auf die wesentlichen Gesichtspunkte beschränkte Begründung ist andererseits ausreichend. Auch genügt es, wenn der Berufungsführer an seiner in tatsächlicher und rechtlicher Hinsicht hinreichend konkret erläuterten Auffassung festhält, durch den mit der Klage angegriffenen Bescheid verletzt zu sein, und dadurch zum Ausdruck bringt, dass er von den gegenteiligen Ausführungen des angefochtenen Urteils nicht überzeugt ist (BVerwG NVwZ 2012, 1490). Bezugnahmen auf früheres Vorbringen oder Wiederholungen früheren Vorbringens[94] sind nur zulässig, wenn sie ihrerseits den Anforderungen an eine Berufungsbegründung genügen (ausf. → Rn. 115 ff.).

Wird die Berufung ausschließlich auf neue Tatsachen bzw. Erkenntnisse oder auf eine Rechtsänderung gestützt, muss sich die Berufungsbegründung nicht mit den Gründen des angefochtenen Urteils auseinander setzen.[95] Sie muss jedoch darlegen, dass die neuen Tatsachen oder die Rechtsänderung auch unter Zugrundelegung der Rechtsauffassung des VG zu einer anderen Beurteilung des Klagebegehrens führen können (vgl. BAG NJW 1990, 2641, 2642).

Die Berufungsbegründung muss – im Falle ihrer Berechtigung – geeignet sein, das Urteil i.E. infrage zu stellen (→ Rn. 111 ff.). Es kommt jedoch nicht darauf an, ob die Berufungsbegründung in der Sache zutrifft; dies ist eine Frage der Begründetheit der Berufung. Die Schlüssigkeit oder Vertretbarkeit der Begründung ist nicht Voraussetzung für die Zulässigkeit der Berufung.[96] Berufungsgründe und Entschei-

107

108

109

---

90 Vgl. BVerwG DÖV 2000, 603; 2.7.2008 – 10 B 3.08; 17.12.2015 – 6 B 24/15; BGH NJW 1984, 177, 178; 1990, 1184; 1994, 1481; 1995, 1559; NJW-RR 1998, 354.

91 OVG Saarlouis 15.9.1999 – 9 R 25/98; VGH Mannheim VBlBW 1998, 353, 354; VGH München NVwZ 1998, 864, 865; zu § 519 Abs. 3 Nr. 2 ZPO: BGH NJW 1997, 1787; 1999, 3784; zur Revisionsbegründung: BVerwGE 22, 38, 39; BVerwG NJW 1980, 2268, 2269 m.w.N.; 2.4.1982 Buchholz 310 § 139 VwGO Nr. 61; NVwZ 1998, 735; BAG NJW 2000, 686, 687; BSG NVwZ 1986, 336; BFHE 228, 407 = NJW 2010, 2240.

92 Vgl. BVerwG NVwZ 2000, 67; 2.7.2008 – 10 B 3.08; 17.12.2015 – 6 B 24/15; BGH NJW 1997, 1787; MDR 2007, 901; MDR 2008, 994.

93 Vgl. BVerwG 10.12.1963 Buchholz 310 § 139 VwGO Nr. 15; 3.11.1967 Buchholz 310 § 139 VwGO Nr. 28; 2.4.1982 Buchholz 310 § 139 VwGO Nr. 61; BAG NJW 1966, 565; BFHE 121, 19, 20; BGH NJW-RR 1998, 354; NJW 1999, 3784; OVG Saarlouis 15.9.1999 – 9 R 25/98.

94 Zur Gleichwertigkeit von Bezugnahmen und Wiederholungen z.B. BVerwG NVwZ 1989, 557.

95 Vgl. BVerwG 3.3.2005 – 5 B 58.04; ferner RGZ 143, 291, 293; BGH MDR 1967, 755; BauR 1996, 427, 428; NJW 1997, 859; 1999, 3784; zur Revisionsbegründung BAG NJW 1990, 2641 f.

96 Vgl. BGH NJW 1975, 1032; 1995, 1559 m.w.N.; 1999, 3126; 1999, 3784, 3785; 2003, 2531; 2003, 2532; MDR 2012, 244.

dungsgründe müssen nicht übereinstimmen (BVerwG NVwZ 2000, 1042). Die Berufung ist insgesamt zulässig, wenn die Berufungsbegründung zumindest in einem einzelnen Punkte, der sich auf den gesamten Streitgegenstand bezieht, den Anforderungen des § 124 a Abs. 3 S. 4 genügt (→ Rn. 126).

110 In asylrechtlichen Streitigkeiten genügt es, wenn die Berufungsbegründung eine entscheidungserhebliche Frage zu den tatsächlichen Verhältnissen im Heimatstaat des Asylbewerbers konkret bezeichnet und ihre hierzu von der Vorinstanz abweichende Beurteilung deutlich macht (BVerwG NVwZ 2000, 67; 2000, 315).

111 **3. Mehrere selbständig tragende Begründungen des VG.** Ist das Urteil des VG auf mehrere voneinander unabhängige, selbständig tragende rechtliche Erwägungen gestützt, muss der Berufungsführer für jede dieser Erwägungen darlegen, warum sie nach seiner Auffassung die angefochtene Entscheidung nicht trägt. Nur so bringt er in ausreichender Weise zum Ausdruck, dass und aus welchen Gründen er das Ergebnis des angefochtenen Urteils infrage stellen will. Die Berufung ist deshalb zu verwerfen, wenn nur hinsichtlich des einen von zwei rechtlich voneinander unabhängigen Urteilsgründen eine ordnungsgemäße Begründung vorliegt, für den anderen Urteilsgrund aber eine solche fehlt.[97] Geht allerdings aus dem erstinstanzlichen Urteil nicht hinreichend deutlich hervor, dass das VG seine Entscheidung auf eine weitere selbständig tragende Begründung gestützt hat (z.B. bei einem bloßen „Hinweis"), so muss der Berufungsführer diese auch nicht gesondert angreifen (zutr. BGH NJW-RR 2013, 509).

112 Von dem Grundsatz in → Rn. 111 ist dann eine Ausnahme zu machen, wenn die Mehrfachbegründungen nicht gleichwertig sind. Dies ist zum einen der Fall, wenn die Rechtskraft der Begründungen unterschiedlich weit reicht; die Berufung ist hier schon dann zuzulassen, wenn nur hinsichtlich einer in ihrer Rechtskraftwirkung weiterreichenden Begründung ein Zulassungsgrund besteht (BVerwG NJW 2003, 2255; NVwZ-RR 2017, 266 jeweils zum Revisionszulassungsrecht; OVG Lüneburg 20.9.2007 – 5 LA 105/06). Ist z.B. ein Klageabweisungsgrund nur ein vorläufiger, der zweite hingegen ein „endgültiger", so genügt es, wenn die Berufungsbegründung nur den zweiten Grund angreift (vgl. BGH NJW 2000, 590, 591). Auch eine Begründung, die die tatbestandlichen Voraussetzungen verneint, entfaltet eine umfassendere Rechtskraftwirkung als die weitere Begründung, es liege auch ein Ermessensfehler vor (BVerwG NVwZ-RR 2017, 266). Gleiches gilt, wenn ein Bescheidungsurteil angefochten wird, bei dem die Gründe die Behörde bei der Neubescheidung binden; auch hier genügt es, wenn der Rechtsmittelführer einzelne Begründungen angreift, um eine für ihn günstigere Begründung zu erreichen (OVG Lüneburg 6.6.2008 – 5 LA 270/05; VGH Kassel DÖD 2016, 313). Streitig ist, ob eine Ausnahme auch dann vorliegt, wenn das VG die Klage ausdrücklich als unzulässig *und* unbegründet abgewiesen hat. Insbes. nach der zivilgerichtlichen Rspr. muss sich der Berufungsführer lediglich gegen die Ausführungen zur Zulässigkeit der Klage wenden.[98] Denn die angegriffene Entscheidung erwachse nur hinsichtlich der als fehlend festgestellten Sachurteilsvoraussetzung(en) in Rechtskraft, nicht jedoch hinsichtlich der Ausführungen zur Begründetheit;[99] trotz der Erwägungen zur Sache handele es sich um ein Prozessurteil. Demgegenüber betrachtet das BVerwG[100] überwiegend die Klageabweisungsgründe zur Unzulässigkeit *und* Unbegründetheit als gleichwertig; es verlangt daher, dass der Rechtsmittelführer sowohl Ausführungen zur Zulässigkeit als auch zur Begründetheit macht. Dieser Auffassung ist grds. zuzustimmen; denn der Rechtsmittelführer sollte nicht besser stehen, wenn das VG die Zulässigkeit der Klage ausdrücklich verneint anstatt sie – wie in zweifelhaften Fällen üblich und anerkannt – dahinstehen lässt. Davon ist nur dann eine Ausnahme zu machen, wenn dem Rechtsmittelführer ansonsten Nachteile wegen der Rechtskraftbindung an den materiellrechtlichen Begründungsteil drohen; dies kann insbes. bei Feststellungsklagen in Betracht kommen.

113 **4. Mehrere oder teilbare Streitgegenstände.** Bei einer umfassenden Anfechtung muss die Rechtsmittelbegründung – im Falle ihrer Berechtigung – geeignet sein, das gesamte Urteil infrage zu stellen. Bei

---

97 BVerwG NJW 1980, 2268, 2269 m.w.N.; BGH NJW 1990, 1184; 1993, 3073, 3074; NJW-RR 1998, 354 m.w.N.; NJW 1998, 1081, 1082; 2000, 590, 591; 28.1.2014 – 4 B 50.13.
98 Vgl. BGH NJW-RR 1995, 1154; für die Revisionsbegründung: BVerwGE 5, 37, 39; BGHZ 11, 222, 224; BGH NJW 1984, 128, 129.
99 BVerwGE 5, 37, 39; BVerwG NVwZ 2000, 1411, 1412 f.; RGZ 158, 145, 155; BGHZ 11, 222, 223 f.; BGH NJW 1984, 128, 129.
100 Vgl. BVerwG 11.11.1991 Buchholz 310 § 113 VwGO Nr. 237; NVwZ 1998, 737; 9.4.2003 – 4 B 29.03; ferner BVerwG DVBl 1981, 495; ebenso OVG Münster 13.5.2016 – 7 A 936/15.

einer Mehrheit von Streitgegenständen muss sie sich daher auf alle Streitgegenstände beziehen, die vom Berufungsantrag erfasst sind,[101] es sei denn, die Entscheidung über den einen Streitgegenstand hängt von der Entscheidung über den anderen notwendig ab (vgl. RG JW 1937, 2786; BAGE 68, 1, 4; BAG DB 1977, 1369, 1370; 1997, 2284). Geschieht dies hinsichtlich eines Streitgegenstandes nicht, ist die Berufung insoweit unzulässig.

Bei einem quantitativ oder in sonstiger Weise teilbaren Streitgegenstand muss sie sich auf alle Teile des   114
Urteils erstrecken, hinsichtlich deren eine Abänderung beantragt ist. Es muss wenigstens eine den gesamten Streitgegenstand durchgehend erfassende Rüge erhoben werden. Andernfalls ist die Berufung für den nicht oder ungenügend begründeten Teil unzulässig (vgl. BFHE 160, 1; BGHZ 22, 272, 278; BGH NJW 1990, 1184; 1997, 1309).

5. Bezugnahmen. Sinn und Zweck der von § 124 a Abs. 3 und 6 geforderten besonderen Berufungs-   115
begründung verlangt, dass sie aus sich selbst heraus verständlich ist.[102] Diese Verfahrensanforderung ist aber kein Selbstzweck, sondern soll die Urteilsfindung im Wege eines schnellen und zweckmäßigen Verfahrens gewährleisten.[103] Eine Bezugnahme auf einen anderen Schriftsatz ist daher grds. zulässig, wenn die Bezugnahme hinreichend genau erfolgt (Bezeichnung des Schriftsatzes, Angabe der in Bezug genommenen Seiten, etc.), der in Bezug genommene Schriftsatz (auch) den Anforderungen an eine Berufungsbegründung genügt und der Schriftsatz sich bei den Akten befindet bzw. gleichzeitig eingereicht wird. Die Bezugnahme soll eine unnötige Wiederholung bereits vorgetragener Ausführungen erübrigen; sie entbindet aber nicht von der selbständigen Auseinandersetzung mit dem angegriffenen Urteil in rechtlicher und tatsächlicher Hinsicht und der schriftsätzlichen Durchdringung des Streitstoffes. Eine allgemeine Verweisung auf das gesamte bisherige schriftliche Vorbringen ist unzureichend (vgl. BVerwG BayVBl 1988, 379, 380).

a) Bezugnahme auf erstinstanzliches Vorbringen. Eine pauschale und undifferenzierte Bezugnahme   116
auf den Vortrag in erster Instanz ist – ebenso wie eine bloße Wiederholung erstinstanzlichen Vorbringens – unzureichend, weil sie sich nicht mit dem angegriffenen Urteil und dessen Argumentation auseinandersetzt.[104] Eine bloße Bezugnahme genügt selbst dann nicht dem Begründungserfordernis, wenn der Streit nur eine einzelne Rechtsfrage betrifft.[105] Hingegen ist eine Bezugnahme auf bestimmte Ausführungen in erster Instanz im Einzelfall zulässig, wenn die Begründungsschrift lediglich zur weiteren Konkretisierung, Erläuterung oder Ergänzung auf näher bezeichnete rechtliche oder tatsächliche Darlegungen verweist. Es wäre überflüssige Förmelei, wenn in einem solchen Fall die Wiederholung der betreffenden erstinstanzlichen Darlegungen verlangt würde. Dies gilt erst recht, wenn und soweit sich das VG nach Ansicht des Berufungsführers zu Unrecht mit seinem Vorbringen nicht auseinandergesetzt hat.

b) Bezugnahme auf PKH-Antrag. Der Verweis auf einen PKH-Antrag für das zweitinstanzliche Ver-   117
fahren ist dann zulässig, wenn die Antragsbegründung von dem zweitinstanzlichen Rechtsanwalt oder sonstigen Bevollmächtigten i.S.d. § 67 erarbeitet wurde[106] und die Antragsbegründung den Anforderungen an eine Berufungsbegründung genügt. Der PKH-Antrag muss nicht unterzeichnet gewesen sein (so aber die Rspr.; → Rn. 156).

c) Bezugnahme auf Parallelverfahren. Auf die inhaltlich ausreichende Berufungsbegründung in einer   118
Parallelsache kann dann Bezug genommen werden, wenn ein Abdruck davon beigefügt wird.[107] Ebenso ist eine Berufungsbegründung zulässig, die eine gemeinsame Begründung für alle Parallelverfahren

---

101 Vgl. BAGE 68, 1, 3 f.; BAG DB 1997, 2284; BFHE 143, 196, 197; BGH NJW 1991, 1683, 1684 f.; 1993, 3073, 3074; 1998, 602; MDR 2002, 1329.

102 Zur Revisionsbegründung vgl. BVerwG BayVBl 1988, 379, 380 (allg. Verweis auf das gesamte bisherige Vorbringen).

103 VGH Mannheim NVwZ 1998, 1089, 1091; zur Revisionsbegründung: BVerwG NJW 1985, 1235.

104 OVG Münster 29.4.1999 – 16 A 1224/97 m.w.N.; VGH München NVwZ-RR 2001, 545; VGH Mannheim VBlBW 2009, 359; für die Revisionsbegründung: BVerwGE 13, 181, 183; 10.6.1969 Buchholz 310 § 139 VwGO Nr. 32; BGH NJW 1990, 2628; NJW-RR 1998, 354; NJW 1999, 3126; 2000, 590, 591.

105 Vgl. BVerwGE 13, 181; BVerwG 10.6.1969 Buchholz 310 § 139 VwGO Nr. 32; 30.1.1981 Buchholz 310 § 139 VwGO Nr. 56; BGH NJW 1981, 1620; 1994, 1481.

106 Dazu BAGE 8, 346, 348 f. m.w.N.; BGHZ 22, 254; BGH NJW 1981, 1620; 1998, 1647.

107 VGH Mannheim DÖV 2010, 492; BAG NJW 1966, 565 (für bei demselben Spruchkörper anhängige Parallelverfahren).

(zwischen denselben Parteien) enthält; insoweit genügt – obwohl in hohem Maße untunlich – die Einreichung lediglich *eines* Schriftsatzes den Anforderungen des § 124 a Abs. 3 (vgl. BGH MDR 1963, 483).

119 **d) Bezugnahme auf Ausführungen Dritter.** Eine Berufungsbegründung, die *ausschließlich* auf Ausführungen eines Dritten Bezug nimmt, ist unzulässig; sie verstößt gegen den vor dem OVG geltenden Vertretungszwang (§ 67 Abs. 4). Das Vertretungsgebot bezweckt, dass der bevollmächtigte Rechtsanwalt eine eigene Prüfung, Sichtung und rechtliche Durchdringung des Streitstoffs vornimmt und hierfür die Verantwortung übernimmt. Die Berufungsbegründung muss vom Rechtsanwalt erarbeitet sein. Daran fehlt es, wenn der Prozessbevollmächtigte sich Ausführungen der von ihm vertretenen Partei oder eines Dritten lediglich zu eigen macht, ohne dass erkennbar ist, dass die Bezugnahme auf einer eigenständigen Aufarbeitung und Würdigung der entscheidungserheblichen Fragen beruht.[108] Dem Vertretungsgebot wird auch nicht genügt, wenn der Prozessbevollmächtigte von der Partei inhaltlich unverändert übernommene Ausführungen lediglich unterzeichnet,[109] auch wenn der Schriftsatz den Briefkopf (VGH Mannheim NVwZ 1999, 205, 207) oder den Stempel (VGH Mannheim NVwZ 1998, 753) des Rechtsanwalts trägt.

120 Die gleichen Grundsätze gelten für die Vertretung von juristischen Personen des öffentlichen Rechts und Behörden; der vor dem OVG postulationsfähige Bedienstete i.S.d. § 67 Abs. 4 S. 4 muss selbst die fachliche und rechtliche Verantwortung für die Rechtsmittelschrift übernehmen und kann sich nicht stattdessen auf Stellungnahmen von Fachreferaten oder anderen Behörden beziehen (VGH Mannheim NVwZ 1999, 429 f.).

121 Ebenso wenig ist die bloße Bezugnahme auf ein Rechtsgutachten eines – an sich vertretungsberechtigten – Hochschullehrers ausreichend. Der Prozessbevollmächtigte ist nicht befugt, die ihm übertragene Verantwortung für eine *eigene* Prüfung, Sichtung und rechtliche Durchdringung des Streitstoffs beliebig auf Dritte zu übertragen (BVerwG NVwZ 1990, 459, 460; BFHE 143, 196, 198). Berücksichtigungsfähig ist hingegen eine *ergänzende* Bezugnahme auf Ausführungen in einem Rechtsgutachten eines Dritten (BVerwGE 26, 239, 242; BVerwG NVwZ 1990, 459, 460). Der Verweis auf Literaturstellen oder die bloße Wiedergabe anderer Rechtsansichten werden dem Begründungserfordernis nicht gerecht, wenn es an einer erkennbaren Auseinandersetzung mit der angefochtenen Entscheidung fehlt (vgl. BAG NJW 1998, 2470; BFHE 121, 19, 20).

122 Die Unterzeichnung einer Rechtsmittelbegründung nicht durch das sachbearbeitende Mitglied einer Sozietät, sondern bei dessen Abwesenheit durch ein anderes Sozietätsmitglied ist zulässig, wenn kein Anhalt dafür besteht, dass der unterzeichnende Rechtsanwalt es unterlassen haben könnte, den von seinem Sozius entworfenen Schriftsatz vor Unterzeichnung zu prüfen (BVerwGE 68, 241, 242; BVerwG NVwZ 1990, 459, 460).

123 Als ausreichend wird die Bezugnahme eines Beteiligten auf die Berufungsbegründung eines anderen Beteiligten erachtet, wenn beide Beteiligten dasselbe Prozessziel verfolgen und dieselben Anträge stellen; dies kann ein Streitgenosse oder auch ein Beigeladener sein (vgl. BSGE 16, 227, 230; 78, 98, 100 m.w.N.).

124 **e) Bezugnahme auf Zulassungsvorbringen.** Ist die Berufung vom *OVG* zugelassen worden, kann auch eine ausdrückliche Bezugnahme auf den Antrag auf Zulassung der Berufung und den Zulassungsbeschluss – je nach den Umständen des Einzelfalles – für eine ordnungsgemäße Begründung ausreichen (→ Rn. 354 ff.).

125 **6. Nachschieben von Berufungsgründen.** Innerhalb der Begründungsfrist kann die Berufungsbegründung uneingeschränkt ergänzt werden. Nach Fristablauf ist ein Nachschieben von Berufungsgründen nur zulässig, wenn die fristgerecht eingereichte Begründung den Erfordernissen des § 124 a Abs. 3 S. 4 genügt.

126 Der Berufungsführer muss in der Berufungsbegründung nicht zu allen für ihn nachteiligen Aspekten der angegriffenen Entscheidung Stellung nehmen. Es genügt vielmehr, wenn sich die Berufungsbegründung mit einem einzelnen Streitpunkt befasst und diesen in einer den Erfordernissen des § 124 a

---

108   Vgl. BVerwGE 13, 90, 92 ff.; 26, 239 f.; BVerwG NVwZ 1990, 459; 19.8.1993 Buchholz 310 § 67 VwGO Nr. 81; NJW 1997, 1865; NVwZ 1998, 961, 962; VGH Mannheim VBlBW 1997, 381, 382.
109   Vgl. BVerwG 19.8.1993 Buchholz 310 § 67 VwGO Nr. 81; VGH Mannheim NVwZ 1999, 429.

Abs. 3 S. 4 entsprechenden Weise behandelt, sofern davon der ganze Streitgegenstand betroffen ist.[110] Ist die Berufung in dieser Weise zulässig begründet und damit die Berufungsinstanz für eine unbeschränkte erneute sachliche und rechtliche Prüfung eröffnet, so ist der Berufungskläger nicht gehindert, sein Vorbringen gegen das angefochtene Urteil auch nach Ablauf der Berufungsbegründungsfrist zu ergänzen (vgl. RGZ 149, 202, 205; BGH NJW 1984, 177, 178). Anders als im Berufungszulassungsverfahren (→ Rn. 131 ff.) und abweichend vom Revisionsrecht[111] kann der Berufungsführer sowohl Verfahrens- als auch materielle Fehler des angegriffenen Urteils nachträglich rügen; denn alle Berufungsgründe sind von Amts wegen zu berücksichtigen. Das OVG ist nicht an die fristgerecht geltend gemachten Berufungsgründe und Rügen gebunden (§ 128).

Liegt innerhalb der Begründungsfrist keine dem § 124a Abs. 3 genügende Berufungsbegründung vor, 127 kann diese auch nicht nach Fristablauf ergänzt oder nachgebessert werden. Wiedereinsetzung zur Ergänzung einer fristgerecht eingereichten, aber formal oder inhaltlich (teilweise) unzureichenden Berufungsbegründung kann nicht gewährt werden[112] (→ Rn. 78).

VII. Zustellung der Berufungsbegründung

§ 127 Abs. 2 S. 2 verlangt die Zustellung der Berufungsbegründungsschrift an die Rechtsmittelgegner, 127a damit die Monatsfrist für die Einlegung der Anschlussberufung in Lauf gesetzt wird. Bei einer auf mehrere Schriftsätze verteilten Berufungsbegründung („Staffelbegründung") ist allein der Schriftsatz zuzustellen, durch den i.V.m. vorangehenden Schriftsätzen erstmals den Anforderungen des § 124a Abs. 3 S. 4 entsprochen wird. Es sind also nicht alle Schriftsätze zuzustellen (BVerwGE 142, 99 = NVwZ 2012, 1045).

VIII. Verwerfung bei unzureichender Berufungsbegründung (Abs. 3 S. 5)

Wird innerhalb der Berufungsbegründungsfrist kein bestimmter Berufungsantrag gestellt oder werden 128 innerhalb der Frist keine den Anforderungen des § 124a Abs. 3 S. 4 genügenden Berufungsgründe vorgelegt, so ist die Berufung gem. § 124a Abs. 3 S. 5 unzulässig und nach § 125 Abs. 2 zu verwerfen.[113] Ist die Berufung nur hinsichtlich eines von mehreren Streitgegenständen oder hinsichtlich eines quantitativ abtrennbaren Teils eines Streitgegenstands unzureichend begründet, ist die Berufung nur insoweit als unzulässig zu verwerfen (→ Rn. 113 f.).

E. Antrag auf Zulassung der Berufung durch das OVG (Abs. 4)

Hat das VG die Berufung nicht zugelassen, kann der Rechtsmittelführer nicht unmittelbar Berufung 129 einlegen, sondern muss einen Antrag auf Zulassung der Berufung nach Maßgabe des § 124a Abs. 4 stellen. Soweit das VG nur teilweise die Berufung zugelassen hat, gilt Gleiches hinsichtlich des nicht von der Zulassung betroffenen Teils des Urteils. Eine unmittelbar eingelegte Berufung ist nicht statthaft.[114] Sie ist als unzulässig zu verwerfen (§ 125 Abs. 2 S. 1).[115] Mangels Entscheidungskompetenz kann das OVG nicht etwa im laufenden Berufungsverfahren ausdrücklich oder stillschweigend die Berufung zulassen; es ist nicht befugt, außerhalb des Zulassungsverfahrens über die Zulassung der Berufung zu befinden (vgl. BSG NVwZ 1997, 832; ferner BVerwG NJW 1986, 862; NVwZ-RR 1989, 581, 582). Der Antrag auf Zulassung der Berufung hat sowohl Suspensiv- als auch Devolutiveffekt und ist ein echtes Rechtsmittel (→ Rn. 221 ff., → § 124 Rn. 35 ff.).

---

110 Vgl. BGH NJW 1984, 177, 178; 1985, 2828; 1987, 3264, 3265; 1990, 1184; 1993, 2611, 2612; 1999, 3126 f.
111 Verfahrensrügen müssen innerhalb der Revisionsbegründungsfrist vorgebracht werden und können nicht nachgeholt werden, soweit sie nicht von Amts wegen zu berücksichtigen sind (§ 139 Abs. 3 S. 4, § 137 Abs. 3).
112 Vgl. BVerwGE 28, 18, 21; BAG NJW 1962, 2030; BFHE 122, 34, 35; BGH NJW 1997, 1309 f.; 2000, 364.
113 VGH München 22.2.1999 – 10 B 98.1620; zur Revisionsbegründung vgl. BVerwG 22.11.1994 Buchholz 310 § 139 Abs. 3 VwGO Nr. 2; ferner BGH NJW 1998, 602, 603.
114 Die Auffassung von *Kopp/Schenke* Vorbem. § 124 Rn. 28 a.E., die Zulassung der Berufung gehöre nicht zur Statthaftigkeit, beruht auf einem Missverständnis von BVerwGE 68, 379, 380 f.; der dort verwendete Begriff der „Statthaftigkeit an sich" ist enger und umschreibt, dass das eingelegte Rechtsmittel gegen eine Entscheidung dieser Art gegeben ist (hier: Berufungsfähigkeit der angegriffenen Entscheidung).
115 Vgl. BVerwG NJW 1986, 862.

I. Antragsberechtigte

130   Berechtigt zur Stellung eines Zulassungsantrags sind nach § 124 Abs. 1 nur die Beteiligten (§ 63) des
erstinstanzlichen Verfahrens, also Kläger, Beklagter, Beigeladener und Vertreter des öffentlichen Interesses (→ § 124 Rn. 64 ff.).

II. Zweigeteilte Antrags- und Begründungsfrist (Abs. 4 S. 1 und 4)

131   **1. Grundsätzliches.** Seit 1.1.2002 sieht § 124 a Abs. 4 zwei getrennte Fristen für die Einlegung des
Rechtsmittels und dessen Begründung vor. Die Zulassung der Berufung ist binnen eines Monats nach
Zustellung des Urteils zu beantragen (§ 124 a Abs. 4 S. 1). Für die Begründung des Zulassungsantrags,
also die Darlegung der Zulassungsgründe, sowie den Rechtsmittelantrag i.e.S. steht eine weitere Frist
von zwei Monaten nach Zustellung des Urteils zur Verfügung (§ 124 a Abs. 4 S. 4).

132   Innerhalb der Antragsfrist des § 124 a Abs. 4 S. 1 muss lediglich ein Zulassungsantrag gestellt werden,
der das angefochtene Urteil hinreichend bestimmt bezeichnet (§ 124 a Abs. 4 S. 3). Der Rechtsmittelführer muss binnen der einmonatigen Antragsfrist noch nicht entscheiden, in welchem Umfang er das
Urteil angreifen will. Die Festlegung, welches konkret bestimmte Ziel er mit seinem Rechtsmittel verfolgen will, ist Teil der Antragsbegründung und muss daher erst vor Ablauf der zweimonatigen Begründungsfrist erfolgen. Stellt der Rechtsmittelführer deshalb innerhalb der Antragsbegründungsfrist
einen Antrag auf teilweise Berufungszulassung, so liegt darin keine Teilrücknahme des Zulassungsantrags.

133   Eine nach Fristablauf eingehende Antragsbegründung ist nur insoweit zu berücksichtigen, als sie eine
fristgemäß vorgelegte Begründung erläutert, ergänzt oder klarstellt bzw. auf eine Stellungnahme des
Rechtsmittelgegners erwidert, nicht jedoch, soweit mit ihr neue Rügen erhoben werden (vgl. OVG
Münster 24.4.1998 – 24 B 236/98).

134   Die Fristen sind nach § 57 Abs. 2 VwGO i.V.m. § 222 ZPO, §§ 187 ff. BGB zu berechnen. Sie laufen
für jeden Beteiligten gesondert mit der Zustellung an ihn (das gilt auch für notwendige Streitgenossen
[§ 64 VwGO i.V.m. § 62 ZPO]). Eine Verlängerung der Antrags- und/oder Begründungsfrist ist – im
Unterschied zur Berufungsbegründungsfrist (vgl. § 124 a Abs. 3 S. 3; → Rn. 46 ff.) – nicht möglich,
weil es sich um eine gesetzliche Frist handelt, die nur in den besonders bestimmten Fällen auf Antrag
verlängert werden kann (§ 57 Abs. 2 VwGO i.V.m. § 224 Abs. 2 ZPO).[116] Eine gleichwohl vom OVG
gewährte Fristverlängerung ist unwirksam (BVerwG NJW 1961, 1083); ggf. kommt eine Wiedereinsetzung in den vorigen Stand in Betracht.

135   Der Rechtsmittelführer kann die jeweilige Frist voll ausschöpfen (bis 24.00 Uhr des letzten Fristtages);
ihn treffen dann allerdings besondere Sorgfaltspflichten (s. Komm. zu § 57). Obwohl der Lauf der
Frist erst mit Zustellung des Urteils beginnt, kann bei verkündeten Urteilen der Zulassungsantrag bereits vor Zustellung des Urteils gestellt werden; denn das Urteil ist mit Verkündung rechtlich existent
(vgl. OVG Lüneburg OVGE 1, 160, 161; VGH Kassel VerwRspr 1, 237). Der Zulässigkeit des Zulassungsantrags steht auch grds. nicht entgegen, dass er bereits vor Zustellung des Urteils vollständig und
abschließend begründet worden ist.[117] Der Zulassungsantrag ist hingegen unzulässig, wenn er vor
Verkündung des Urteils oder – bei nicht verkündeten Urteilen – vor Zustellung des Urteils gestellt
wird (vgl. VGH Mannheim NJW 1973, 1663). Von der Begründungsfrist ist der Rechtsmittelführer
nicht deshalb entbunden, weil er das Angebot einer gerichtlichen Mediation angenommen hat (VGH
Kassel NJW 2010, 3530).

136   **2. Zustellung an Bevollmächtigte.** Ist ein Bevollmächtigter bestellt, muss die Zustellung an ihn erfolgen (§ 67 Abs. 6 S. 5); bei Zustellung an den Beteiligten beginnen die Antrags- und Begründungsfristen
nicht zu laufen (BVerwG MDR 1962, 511). Das Erlöschen der Vollmacht durch Widerruf oder Kündigung wird erst mit Zugang der Widerrufs- oder Kündigungserklärung beim VG wirksam.[118] Wird an
mehrere Bevollmächtigte zugestellt, beginnen die Antrags- und Begründungsfristen mit der zeitlich ers-

---

116 Vgl. BVerwGE 34, 351, 352; BVerwG NJW 1961, 1083; 1990, 1313; VGH Kassel NVwZ-RR 1998, 466; VGH
     München BayVBl 2003, 540; OVG Bautzen 27.9.2016 – 3 A 564/16.
117 Vgl. BAG NJW 2003, 2773; BGH MDR 2000, 293 (jeweils für die Berufungsbegründung).
118 BVerwG NJW 1983, 2155; NVwZ 1985, 337; OVG Bln NJW 1977, 1167; VGH München NJW 1976, 1117.

ten Zustellung zu laufen; die spätere Zustellung setzt keine neue Frist in Lauf (BVerwG NJW 1984, 2115; 1998, 3582 m.w.N.).

3. Zustellung des „vollständigen" Urteils. Die Fristen beginnen erst mit der Zustellung des „vollstän- 137 digen" Urteils zu laufen. Dazu gehören Urteilskopf (Rubrum), Urteilsformel (Tenor), Tatbestand, Entscheidungsgründe, Rechtsmittelbelehrung und Unterschriften der Richter[119] (vgl. § 117 Abs. 2). Ausreichend ist, dass die zugestellte Urteilsausfertigung formal und inhaltlich geeignet ist, den Beteiligten die Entscheidung über die Rechtsmitteleinlegung zu ermöglichen (vgl. BGH VersR 1982, 70). Ein i.d.S. vollständiges Urteil liegt auch bei einer offenbaren geringfügig unrichtigen Urteilsausfertigung (z.B. Schreibfehler im Aktenzeichen),[120] sonstigen unwesentlichen Abweichungen von der Urschrift oder bei teilweiser Unleserlichkeit der Ausfertigung (vgl. BGH VersR 1980, 771) vor, nicht jedoch, wenn ein nicht ganz unwesentlicher Teil der Urteilsformel fehlt (vgl. BGH MDR 1978, 153). Entscheidend ist stets, ob der Beteiligte aus der Ausfertigung den wesentlichen Inhalt der Urschrift und insbes. den Umfang der Beschwer erkennen kann (vgl. BGH VersR 1980, 771). Zur Urteilsergänzung und -berichtigung → Rn. 143 ff.

4. Zustellungsmängel. Das Urteil des VG ist gem. § 116 Abs. 1 S. 2 zuzustellen. Die Zustellung er- 138 folgt seit dem 1.7.2002 nach den Vorschriften der ZPO, § 56 Abs. 2. Bei fehlender oder unwirksamer Zustellung (s. dazu ausf. die Komm. zu § 56) laufen weder die Antrags- und Begründungsfristen des § 124a Abs. 4 S. 1 und 4 noch die Jahresfrist des § 58 Abs. 2 S. 1 (BVerwG JR 1969, 33). Der Antrag kann allerdings verwirkt sein (s. Komm. zu § 58).

Bis zum 30.6.2002 war eine nach § 9 Abs. 1 VwZG in Betracht kommende Heilung von Zustellungs- 139 mängeln durch § 9 Abs. 2 VwZG ausgeschlossen. Nunmehr gilt nach § 189 ZPO ein Urteil in dem Zeitpunkt als zugestellt, in dem es der Person, an die die Zustellung dem Gesetz gemäß gerichtet war oder gerichtet werden konnte, tatsächlich zugegangen ist. Zustellungsmängel werden unbeachtlich, wenn das Rechtsmittel eingelegt wird, ohne den Zustellungsmangel zu rügen (VGH München NJW 1984, 2845; NVwZ-RR 1998, 207); dies gilt nicht bei der Zustellung an einen Prozessunfähigen (VGH Mannheim NVwZ-RR 1991, 493; VGH München NJW 1984, 2845).

5. Fehlerhafte Rechtsmittelbelehrung. Ist eine Rechtsmittelbelehrung nicht oder unrichtig erteilt wor- 140 den, läuft die einjährige Ausschlussfrist des § 58 Abs. 2. Mit Stellung eines ordnungsgemäßen Zulassungsantrags ist die Jahresfrist nicht „verbraucht"; sie kann vielmehr für einen wiederholten Antrag genutzt werden (ausf. → Rn. 322). Wird die Rechtsmittelbelehrung durch Urteilsberichtigung nach § 118 nachgeholt bzw. berichtigt,[121] erfordert dies die erneute Zustellung des gesamten berichtigten Urteils (BVerwG DVBl 2000, 562; s.a. BVerwG BayVBl 1987, 629). Ab dem Zeitpunkt der erneuten Zustellung laufen die Fristen des § 124a Abs. 4 S. 1 und 4.

Nach st. Rspr. des BVerwG ist eine Rechtsmittelbelehrung nicht unrichtig oder unvollständig, wenn 141 über den notwendigen Inhalt des Rechtsbehelfs und die zwingend zu beachtenden Formerfordernisse nicht belehrt wird.[122] Eine ordnungsgemäße Belehrung über den Antrag auf Zulassung der Berufung setzt daher nicht voraus, dass über den Vertretungszwang vor dem OVG[123] belehrt wird. Überzeugend ist das nicht.[124] Ein derartiger Hinweis in der Rechtsmittelbelehrung ist zwar für Entscheidungen im Anwaltsprozess verzichtbar; sein Fehlen erschwert aber im verwaltungsgerichtlichen Verfahren den Zugang zum Rechtsmittelzug in kaum zumutbarer Weise.[125] Zumindest sollte bei entsprechenden Rechtsirrtümern von juristischen Laien großzügig mit einer Wiedereinsetzung in den vorigen Stand geholfen werden. Eine Rechtsmittelbelehrung, die den Eindruck erweckt, die Stellung des Zulassungsantrags unterliege nicht dem Vertretungszwang, ist allerdings irreführend und geeignet, die Antragstel-

---

119 Dazu BGH FamRZ 1982, 482; NJW-RR 1987, 377.
120 BVerwG 24.5.1996 Buchholz 310 § 133 (n.F.) VwGO Nr. 23.
121 Für die Zulässigkeit einer Berichtigung: HmbOVG NJW 1961, 1084; OVG Münster OVGE 31, 246; a.A. OVG Weimar ThürVBl 1995, 236; VGH Kassel NVwZ-RR 1992, 668.
122 BVerwGE 1, 192, 193; 50, 248, 250 ff.; 57, 188, 190; BVerwG NVwZ 1997, 1211, 1212; a.A. BSGE 7, 16, 17 f.
123 VGH Mannheim NJW 1997, 2698; VGH München BayVBl 1998, 379; für das Revisionsrecht: BVerwGE 52, 226, 232; BVerwG DVBl 1960, 897, 898; NVwZ 1997, 1211, 1212; a.A. BSGE 7, 16, 17 f. (für alle zwingenden Einzelheiten des Rechtsmitteleinlegung); offengelassen von BVerwG DVBl 1995, 1007, 1008; BFHE 121, 174, 175 f.
124 Ebenso VGH Mannheim NVwZ-RR 2002, 466; T. Stuhlfauth, in: Bader/Funke-Kaiser/Stuhlfauth/von Albedyll § 124a Rn. 58.
125 Dazu auch BVerfGE 93, 108 mit Sondervotum von J. Kühling, 117 ff.

lung zu erschweren; sie setzt die Monatsfrist nicht in Lauf.[126] Eine solche Irreführung stellt der Zusatz dar, der Zulassungsantrag könne zur Niederschrift des Urkundsbeamten der Geschäftsstelle gestellt werden; es ist nicht auszuschließen, dass diesem unrichtigen[127] Zusatz entnommen wird, das Rechtsmittel dürfe ohne anwaltliche Vertretung zur Niederschrift eingelegt werden.[128]

142   Die Rechtsmittelbelehrung des angegriffenen Urteils muss jedenfalls auch über die zweimonatige Begründungsfrist belehren. Die (fragwürdige) Rspr., dass bei *einheitlicher* Rechtsbehelfseinlegungs- und -begründungsfrist nicht über das fristgebundene Begründungserfordernis belehrt werden muss,[129] ist jedenfalls auf *zweigeteilte* Einlegungs- und Begründungsfristen wie in § 124 a Abs. 4 S. 1 und 4 oder in § 124 a Abs. 2 und 3 nicht übertragbar. Bei einheitlicher Frist gehört die Begründung (nur) zu den Inhalts- und Formerfordernissen des Rechtsbehelfs. Bei zweigeteilter Frist ist die Begründung hingegen einer von zwei Teilen des Rechtsbehelfs; Einlegung und Begründung bilden zusammen den Rechtsbehelf. Belehrt die Rechtsmittelbelehrung daher zwar über die Einlegungs- oder Antragsfrist, nicht aber über die Begründungsfrist, ist sie unvollständig und setzt auch die Einlegungs- oder Antragsfrist nicht in Lauf.[130] Die Rechtsmittelbelehrung ist auch dann insgesamt unrichtig, wenn lediglich über die zweite Stufe – die Antragsbegründungsfrist – unrichtig belehrt wird (a.A. VGH München, NJW 2007, 2347). Bei unrichtiger oder unvollständiger Rechtsmittelbelehrung läuft die (einheitliche) Jahresfrist des § 58 Abs. 2 sowohl für die Einlegung als auch für die Begründung des Rechtsmittels mit Zustellung des angegriffenen Urteils (BVerwG NVwZ-RR 2000, 325).

143   **6. Urteilsergänzung und -berichtigung.** Ergänzungs- bzw. Berichtigungsantrag und -verfahren haben grds. keinen Einfluss auf den Fristlauf.[131]

144   Wird allerdings das Urteil innerhalb der Antragsfrist *ergänzt* (§ 120), beginnt mit der Zustellung des Ergänzungsurteils der Lauf der Monatsfrist auch hinsichtlich des ursprünglichen Urteils von neuem (§ 173 VwGO i.V.m. § 518 ZPO).[132] Wird das Urteil nach Ablauf der Antragsfrist ergänzt, kommt lediglich eine Wiedereinsetzung in den vorigen Stand in Betracht (BVerwG NVwZ-RR 1989, 519). Hat der Ergänzungsantrag keinen Erfolg, bleibt der Fristlauf unberührt (vgl. BFH 1979, 1568).

145   Die erneute Zustellung eines Urteils nach *Berichtigung* setzt grds. keine neue Rechtsmittelfrist in Gang.[133] Etwas anderes gilt ausnahmsweise dann, wenn erst die berichtigte Fassung des Urteils die Partei in die Lage setzt, sachgemäß über die Frage der Einlegung des Rechtsmittels und dessen Begründung zu entscheiden. Dies ist etwa der Fall, wenn erst durch die Berichtigung klargestellt wird, dass eine Beschwer vorliegt,[134] wenn bei Rückforderung der Urteilsausfertigung zwecks Berichtigung nicht erkennbar war, in welchem Umfang eine Berichtigung vorgenommen werden würde[135] oder wenn beim Beteiligten durch die Rückforderung die Vorstellung entstanden ist, die Antrags- und Begründungsfrist werde erst mit Zustellung der berichtigten Urteilsausfertigung zu laufen beginnen (vgl. BVerwG 4.9.1992 Buchholz 310 § 133 [n.F.] VwGO Nr. 5).

146   **7. Verhältnis zur Sprungrevision.** Lehnt das VG den Antrag eines Beteiligten auf Zulassung der Revision ab, beginnt mit der Zustellung des Ablehnungsbeschlusses der Lauf der Frist für den Berufungszulassungsantrag von neuem, wenn der Antrag nach § 134 frist- und formgerecht gestellt und die Zu-

---

126   Vgl. BVerwG 6.3.1978 Buchholz 310 § 58 VwGO Nr. 35; NVwZ 1997, 1211, 1212; 1998, 170, 171.

127   Sowohl in der VwGO als auch in der ZPO gilt der Grundsatz, dass Klagen und Rechtsmittel zur Niederschrift des Urkundsbeamten der Geschäftsstelle nur erhoben bzw. eingelegt werden können, wenn anwaltliche Vertretung nicht vorgeschrieben ist (BVerwG NVwZ 1997, 1211, 1212; 1998, 170, 171).

128   Vgl. BVerwG NVwZ 1995, 901; 1997, 1211, 1212; 1998, 170, 171 f.; OVG Münster NVwZ-RR 1998, 595 f.; 23.4.1998 – 18 B 437/98.

129   Zu § 132 Abs. 3 a.F.: BVerwG DVBl 1965, 840 f. m.w.N.; 1970, 279; zu § 124 a Abs. 1 a.F.: OVG Bautzen NVwZ 1987, 1003; OVG Lüneburg NVwZ-Beilage 1997, 92, 94; OVG Weimar NVwZ-Beilage 1997, 90; NVwZ-RR 1998, 207; VGH Mannheim VBlBW 1998, 419.

130   BVerwGE 5, 178, 179 (GS) für die Revisionsfrist; ferner BVerwG, NVwZ 1998, 1312, 1313; OVG Bautzen NVwZ-RR 2003, 693.

131   BVerwG NVwZ-RR 1989, 519; 24.5.1996 Buchholz 310 § 133 (n.F.) VwGO Nr. 23; 10.7.2008 – 2 B 41.08; ferner BGH NJW 1993, 1399, 1400.

132   Vgl. BVerwG NVwZ-RR 1989, 519; ferner BGH VersR 1981, 57.

133   BGH MDR 2003, 1128; VGH München 20.9.2002 – 7 ZB 02.1219; VGH Mannheim NVwZ-RR 2008, 847.

134   BVerwG 24.5.1996 Buchholz 310 § 133 (n.F.) VwGO Nr. 23; 10.7.2008 – 2 B 41.08; BFH BB 1974, 1330; BGH NJW 1991, 1834 m.w.N.

135   BVerwG NVwZ 1991, 681; 24.5.1996 Buchholz 310 § 133 (n.F.) VwGO Nr. 23.

stimmungserklärung des Rechtsmittelgegners beigefügt war (§ 134 Abs. 3 S. 1).[136] Lässt das VG die Revision zu, können die Beteiligten wählen, ob sie Berufung einlegen bzw. die Zulassung der Berufung beantragen oder Revision einlegen wollen (BVerwGE 81, 81, 83 f.; 91, 140, 142). Voraussetzung ist allerdings, dass im Zeitpunkt der Revisionszulassungsentscheidung die Fristen des § 124 a noch laufen (vgl. BVerwG 23.10.1968 Buchholz 310 § 134 VwGO Nr. 9); der Antrag auf Zulassung der Revision hemmt nicht die Fristen des § 124 a. Ggf. muss zunächst Berufung eingelegt bzw. ein Antrag auf Zulassung der Berufung gestellt werden; die spätere Einlegung der Sprungrevision gilt als Verzicht auf die Berufung (§ 134 Abs. 5).

III. Vertretungszwang

Der „vor... dem Oberverwaltungsgericht" bestehende Vertretungszwang gilt nach der Klarstellung in § 67 Abs. 4 S. 2 auch für den Antrag auf Zulassung der Berufung, obwohl der Antrag beim VG zu stellen ist.[137] Ausnahmen vom Vertretungszwang lässt die Rspr. bei der Rücknahme des Zulassungsantrags (→ Rn. 327), der Klagerücknahme (→ Rn. 330) und der Erledigungserklärung (→ Rn. 334) zu.   147

Das Vertretungsgebot verlangt, dass der Bevollmächtigte eine eigene Prüfung, Sichtung und rechtliche Durchdringung des Streitstoffes vornimmt und hierfür die Verantwortung übernimmt. Die bloße Bezugnahme auf Ausführungen der von ihm vertretenen Partei oder eines Dritten reicht nicht; dies gilt auch für die Bezugnahme auf das Rechtsgutachten eines Hochschullehrers. Ebenso wenig genügt die inhaltlich unveränderte Übernahme von Ausführungen der Partei (näher → Rn. 200 ff.; → Rn. 119 ff. zur Berufungsbegründung).   148

Der von einem nicht postulationsfähigen Beteiligten gestellte Zulassungsantrag ist unwirksam und wahrt nicht die Frist. Der Mangel fehlender Postulationsfähigkeit kann nicht nach Ablauf der Antragsfrist durch Erklärung eines postulationsfähigen Vertreters geheilt werden (vgl. BFH NJW 1977, 864; 1979, 832; BGH NJW 1990, 3085, 3086). Eine Genehmigung durch Bezugnahme auf den Antrags- oder Begründungsschriftsatz der nicht postulationsfähigen Partei vor Fristablauf genügt nicht dem Erfordernis einer eigenen Prüfung und rechtlichen Durchdringung des Streitstoffes durch den Prozessbevollmächtigten (→ Rn. 200).[138] Der von einem nicht Postulationsfähigen gestellte Zulassungsantrag ist als unzulässig zu verwerfen.   149

Die Verwerfung des Zulassungsantrags wegen mangelnder Postulationsfähigkeit hindert nicht, innerhalb der Antragsfrist PKH zu beantragen und nach deren Gewährung ein Wiedereinsetzungsgesuch für einen erneuten Zulassungsantrag zu stellen. Mit der Wiedereinsetzung wird der Verwerfungsbeschluss gegenstandslos (→ Rn. 242).   150

IV. Schriftform

1. Schriftlichkeit. Der Antrag auf Zulassung der Berufung (nebst Begründung) kann nur schriftlich gestellt werden. Eine Antragstellung zur Niederschrift des Urkundsbeamten der Geschäftsstelle oder eine telefonische/mündliche Antragstellung (vgl. BVerwGE 17, 166 ff.) sind nicht möglich. § 124 a sieht zwar das Schriftformerfordernis – im Gegensatz zu § 81 Abs. 1, § 124 Abs. 2 a.F., § 139 Abs. 1 S. 1 und § 147 Abs. 1 S. 1 – nicht ausdrücklich vor; in dieser Lückenhaftigkeit ist jedoch keine bewusste Entscheidung des Gesetzgebers zu sehen. Es ist vielmehr ein allgemeiner Grundsatz des Rechtsmittelrechts, dass Rechtsmittel schriftlich einzulegen und zu begründen sind, wenn eine prozessuale Frist gewahrt werden soll.[139] Zudem schließt der Vertretungszwang eine Rechtsmitteleinlegung zur Niederschrift des Urkundsbeamten aus. Denn sowohl in der VwGO als auch in der ZPO gilt der Grundsatz, dass Klagen und Rechtsmittel zur Niederschrift des Urkundsbeamten der Geschäftsstelle nur erhoben   151

---

136   Zur analogen Anwendung, wenn das VG die Berufung zugelassen hat, → Rn. 32.

137   OVG Bautzen 10.5.2017 – 4 A 228/17; bei Nichtbeachtung trotz Hinweises in der Rechtmittelbelehrung ist keine Wiedereinsetzung zu gewähren: VGH München 23.1.2017 – 3 ZB 16.2327.

138   Die Entscheidung des BGH NJW 1990, 3085, 3086 steht hierzu nicht im Widerspruch, weil sie die Bezugnahme auf einen Anwaltsschriftsatz betraf.

139   Vgl. etwa BGH NJW 1967, 2114 m.w.N. Auch im sozialgerichtlichen Verfahren ist die fristgebundene Revisionsbegründung schriftlich vorzulegen, obwohl § 164 Abs. 2 S. 1 SGG die Schriftform nicht ausdrückl. erwähnt, vgl. GmSOGB BVerwGE 58, 359, 361 m.w.N.

bzw. eingelegt werden können, wenn eine anwaltliche Vertretung nicht vorgeschrieben ist (BVerwG NVwZ 1998, 170, 171 m.w.N.; HmbOVG 10.11.2008 – 5 Bf 402/08.Z).

152   **2. Unterschrift.** Nach st. höchstrichterlicher Rspr. gehört zum Formerfordernis der Schriftlichkeit *grds.* die eigenhändige (handschriftliche) Unterzeichnung.[140] Allerdings hat die Rspr. hiervon zunehmend – nicht zuletzt unter Berücksichtigung neuer technischer Übermittlungsformen – Ausnahmen zugelassen.

153   An die zu beachtende Schriftform der Antrags- und Begründungsschrift sind dieselben Anforderungen zu stellen wie an die Schriftform der Klageerhebung; als bestimmende Schriftsätze[141] sind Antrags- und Begründungsschrift und Klageerhebung nach denselben Grundsätzen zu beurteilen (vgl. GmSOGB BVerwGE 58, 359, 360). Mit Blick auf Sinn und Zweck des Schriftformerfordernisses (→ Rn. 154) ist es nicht gerechtfertigt, strengere Anforderungen im Anwaltsprozess als in Verfahren ohne Vertretungszwang zu stellen.[142] Auf die Komm. zu § 81 kann daher ergänzend verwiesen werden.

154   Welcher Grad an Formenstrenge sinnvoll zu fordern ist, ergibt sich nicht aus § 126 BGB, sondern aus prozessrechtlichen Vorschriften und Überlegungen.[143] Form- und Verfahrensvorschriften sind nicht Selbstzweck, sondern dienen der Wahrung der materiellen Rechte der Beteiligten (vgl. etwa BVerwG DÖV 2000, 603; GmSOGB NJW 2000, 2340, 2341). Das Schriftlichkeitserfordernis für Prozesshandlungen dient der Rechtssicherheit. Es soll gewährleisten, dass aus dem Schriftstück der Inhalt der Erklärung, die abgegeben werden soll, und die Person, von der sie ausgeht, hinreichend zuverlässig entnommen werden können. Außerdem muss feststehen, dass es sich bei dem Schriftstück nicht nur um einen Entwurf handelt, sondern dass es mit Wissen und Willen des Berechtigten dem Gericht zugeleitet worden ist (GmSOGB BVerwGE 58, 359, 365; ferner BVerwG NJW 1989, 1175). Ferner soll bei fristwahrenden Schriftsätzen die klare Fristbestimmung sichergestellt werden. Das Erfordernis der Schriftlichkeit ist jedenfalls bei eigenhändiger Unterschrift erfüllt. Ausgehend von Sinn und Zweck des Schriftlichkeitserfordernisses können bestimmende Schriftsätze aber auch ohne eigenhändige Namenszeichnung der Schriftform genügen, wenn sich aus anderen Anhaltspunkten eine vergleichbare Gewähr für die Urheberschaft und den Rechtsverkehrswillen ergibt.[144] Solche anderen Umstände können sich aus dem Inhalt des Schriftstücks allein (z.B. besonderer Sachkenntnis;[145] für den Verfasser „typischer" Vortrag [BVerwG NJW 1989, 1175, 1177]) oder i.V.m. beigefügten Unterlagen (z.B. Prozessvollmacht; Bescheide;[146] Briefumschlag;[147] unterzeichnetes Anschreiben [BGH NJW 2010, 3661] oder Widerspruchsschreiben [BVerwG 26.6.1980 Buchholz 310 § 81 VwGO Nr. 8]) ergeben; ein gedruckter Briefkopf reicht nicht (BVerwG NJW 2003, 1544).

155   Die Unterschrift mit einer Abkürzung (Paraphe, Namens- oder Handzeichen) wird von der höchstrichterlichen Rspr. nicht als ausreichend angesehen; dabei ist ein großzügiger Maßstab anzulegen, wenn die Autorenschaft gesichert ist.[148] Der Schriftsatz einer Behörde genügt hingegen der Schriftform, wenn der in Maschinenschrift wiedergegebene Name des Verfassers mit einem – unterschriebe-

---

140 Vgl. BVerwGE 13, 141, 143 („Selbstverständlichkeit"); BVerwG NJW 2003, 1544; BGH NJW 1985, 328; 1987, 2588, 2589.

141 Der Begriff ist im Gesetz nicht ausdrückl. festgelegt, wird aber von ihm als gegeben vorausgesetzt (vgl. bereits RGZ 151, 82, 83). Bestimmende Schriftsätze enthalten für das Verfahren wesentliche (gestaltende) Prozesshandlungen, im Gegensatz zu vorbereitenden Schriftsätzen, die einen Vortrag für die mündliche Verhandlung ankündigen (vgl. GmSOGB BVerwGE 58, 359, 360; ferner BVerwGE 13, 90, 92).

142 Offen gelassen von BVerwGE 30, 274, 277; BVerwG 26.6.1980 Buchholz 310 § 81 VwGO Nr. 8; NJW 1989, 1175, 1177; GmSOGB BVerwGE 58, 359, 365; a.A. RGZ 151, 82, 86 und ihm folgend die Rspr. des BGH.

143 Ganz h.M.: BVerfGE 15, 288, 291; BVerwG 10, 1, 2 (GS); BVerwG NJW 1989, 1175; GmSOGB BVerwGE 58, 359, 364 f. – BFHE 111, 278, 283 f. (GS); BGH NJW 1967, 2114.

144 BVerwGE 10, 1, 2 (GS); BVerwG NJW 1966, 1043 f.; 29.6.1984 Buchholz 310 § 81 VwGO Nr. 11; NJW 1989, 1175 m.w.N; 2003, 1544.

145 BVerwGE 30, 274, 277; BVerwG 26.5.1978 Buchholz 310 § 70 VwGO Nr. 14.

146 BVerwG 26.6.1980 Buchholz 310 § 81 VwGO Nr. 8. Die Beifügung der angefochtenen Bescheide allein soll nicht ausreichen: BVerwG 26.8.1983 Buchholz 310 § 81 VwGO Nr. 9.

147 Für handschriftliche Beschriftung: BVerwGE 30, 274, 277 f.; BVerwG 26.6.1980 Buchholz 310 § 81 VwGO Nr. 8; 29.6.1984 Buchholz 310 § 81 VwGO Nr. 11; a.A. für maschinenschriftliche Beschriftung: BVerwG 26.8.1983 Buchholz 310 § 81 VwGO Nr. 9; BVerwG 29.8.1983 Buchholz 310 § 81 VwGO Nr. 10 (LS).

148 Vgl. BVerwGE 43, 113, 115; BAG NJW 1996, 3164; 2001, 316; BGH NJW 1982, 1467; 1994, 55; LAG Bln MDR 2002, 989; grundlegende Zweifel bei BFHE 179, 233; vgl. auch BSG NJW 1992, 1188 zur Wirksamkeit einer paraphierten Terminsbestimmung.

nen – Beglaubigungsvermerk versehen ist (BVerwGE 10, 1, 3 [GS]; 36, 296, 298; GmSOGB BVerwGE 58, 359).

Bezugnahmen auf Ausführungen in anderen Schriftsätzen (z.B. in einem PKH-Antrag) wurden teilweise von der Rspr. (BGHZ 22, 254, 255 f.; BGH NJW 1998, 1647; ferner BAGE 8, 346, 348 f.) nur dann als zulässig angesehen, wenn auch das andere Schriftstück unterzeichnet ist. Der Schriftform ist jedoch nach deren Sinn und Zweck bereits dann genügt, wenn die bezugnehmende Antragsschrift unterzeichnet ist; damit wird eindeutig dokumentiert, welche Schriftstücke mit welchem Inhalt der Autor mit seinem Willen in Verkehr bringt. Ebenso reicht es aus, wenn das dem bestimmenden Schriftsatz beigefügte Anschreiben unterschrieben ist (vgl. BVerfGE 15, 288, 291; BGH NJW 2010, 3661; BFHE 111, 278 [GS]; a.A. BGHZ 37, 156). **156**

3. Technische Übermittlung von Schriftstücken. Die Schriftform wird von der Rspr. auch als gewahrt angesehen bei einem Telegramm (auch bei telefonischer Aufgabe),[149] einem Fernschreiben (Telex),[150] einem Telebrief der Post (BVerwGE 77, 38; BAG NJW 1989, 1822; BFHE 136, 38, 41; BGHZ 87, 63), einem (die Unterschrift wiedergebenden) Telefax (Telekopie, Fernkopie),[151] einer Bildschirmtext-Mitteilung (Btx),[152] einer Übermittlung mittels Fax-Modem (Computerfax),[153] einer sonstigen elektronischen Übertragung einer Textdatei mit eingescannter Unterschrift auf ein Faxgerät des Gerichts (vgl. GmSOGB NJW 2000, 2340, 2341) oder einem unterschriebenen, als pdf-Datei eingescannten und per E-Mail übermittelten Dokument (OVG Münster NwVZ-RR 2015, 923; a.A. LSG München 24.2.2012 – L 8 SO 9/12 B ER). Bei diesen technischen Übermittlungsformen wird der mit dem Schriftformerfordernis bezweckten Rechtssicherheit ausreichend Rechnung getragen (s. näher Komm. zu § 81). Seit 1.4.2005 sieht § 55 a unter den dort genannten Voraussetzungen auch die Übermittlung von elektronischen Dokumenten an das Gericht vor; insoweit wird auf die Komm. zu § 55 a verwiesen. **157**

V. Adressat von Zulassungsantrag und -begründung (Abs. 4 S. 2 und 5)

1. Zulassungsantrag. Nach § 124 a Abs. 4 S. 2 ist der Antrag auf Zulassung der Berufung beim VG zu stellen. Vorbild für die Regelung war § 78 Abs. 4 S. 2 AsylVfG. Die Antragstellung beim VG soll vor allem der Beschleunigung des Verfahrens dienen. Das VG wird zum frühest möglichen Zeitpunkt in Kenntnis gesetzt, dass das Urteil nicht rechtskräftig geworden ist, und übersendet die Verfahrensakten an das Berufungsgericht.[154] Eine Aktenanforderung durch das OVG entfällt. Nicht zuletzt soll die Ortsnähe der Rechtsmitteleinlegung auch dem Rechtsschutzsuchenden dienen. **158**

Der Antrag muss innerhalb der Antragsfrist beim VG eingehen. Ein unmittelbar beim OVG gestellter Antrag ist unzulässig und vermag die Antragsfrist nicht zu wahren.[155] Ist jedoch – z.B. mangels ordnungsgemäßer Zustellung – die Rechtsmittelfrist nicht in Lauf gesetzt worden, darf der Zulassungsantrag auch unmittelbar beim OVG gestellt werden; denn in diesem Fall kommt es auf den Nachweis der Fristeinhaltung nicht an (HmbOVG NVwZ 1998, 532). **159**

Bei einer gemeinsamen Briefannahmestelle für VG und OVG geht eine an das OVG adressierte Antragsschrift nur dem OVG, nicht auch (zugleich) dem VG zu (HmbOVG NJW 1998, 696 f.; ferner BGH NJW 1983, 123; NJW-RR 1996, 443). Der Zulassungsantrag ist daher nur zulässig, wenn er innerhalb der Antragsfrist an das VG weitergeleitet worden ist. Der faktische Zugang beim zuständi- **160**

---

149 Vgl. BVerwGE 3, 56, 57; 81, 32, 34; RGZ 139, 45, 47 f.; BAG NJW 1971, 2190; BFHE 92, 438 f.; BGHZ 79, 314, 316; BSGE 1, 243, 245.

150 Vgl. BVerfGE 74, 228, 235 m.w.N.; BGHZ 65, 10, 11; 87, 63, 65; BGH NJW 1982, 1470.

151 Vgl. BVerwG NJW 1991, 1193; BGH NJW 1994, 2097; OVG Münster NJW 1991, 1197; a.A. für den Fall, dass die Telekopie einem privaten Zwischenempfänger übermittelt und von dort durch einen Boten überbracht wird, BGHZ 79, 314.

152 Vgl. GmSOGB NJW 2000, 2340, 2341; BVerwG NJW 1995, 2121, 2122; BFHE 179, 233, 234; BSG NJW 1997, 1254, 1255; a.A. BGH NJW 1998, 3649 f. (Vorlagebeschluss an den GmSOGB).

153 Vgl. GmSOGB NJW 2000, 2340, 2341; BSG NJW 1997, 1254; a.A. BGH NJW 1998, 3649 f. (Vorlagebeschluss an den GmSOGB); s.a. BFH NJW 2000, 1288.

154 Vgl. OVG Weimar DVBl 1997, 1343; M.-J. Seibert, DVBl 1997, 932.

155 OVG Bautzen DÖV 1998, 1068 (LS); HmbOVG DVBl 1997, 1333; NVwZ 1998, 532; OVG Münster NVwZ 1997, 1235; 24.4.2014 – 7 A 217/14; OVG Weimar DVBl 1997, 1343; DÖV 1997, 964; VGH Kassel 3.12.1997 – 4 TZ 3816/97.

gen Gericht wirkt trotz fehlerhafter Adressierung fristwahrend.[156] Eine telefonische Unterrichtung des zuständigen Gerichts durch das unzuständige Gericht über den Inhalt der Rechtsmittelschrift reicht jedoch trotz Fertigung eines entsprechenden Empfangsvermerks nicht; denn es fehlt an der erforderlichen Schriftform (BVerwGE 93, 45, 48; BSGE 38, 248, 261).

161   **2. Zulassungsbegründung.** Nach § 124 a Abs. 4 S. 5 in der ab 1.9.2004 geltenden Fassung[157] ist die Antragsbegründung, sofern sie nicht schon zusammen mit dem Zulassungsantrag beim VG vorgelegt worden ist, beim OVG einzureichen. Der Gesetzgeber wollte damit der Kritik an der früheren Regelung („Rechtsmittelfalle", weil auch die fristgebundene Begründung für den Zulassungsantrag beim VG einzureichen war) Rechnung tragen.

162   nicht besetzt

163   Für das Asylverfahren sieht § 78 Abs. 4 AsylG eine Sonderregelung vor. Nach § 78 Abs. 4 S. 2 AsylG sind Anträge auf Zulassung der Berufung beim VG einzureichen. Dies gilt grds. auch für die nach § 78 Abs. 4 S. 4 AsylG notwendige Begründung des Zulassungsantrags, auch wenn Zulassungsantrag und Begründung in getrennten Schriftsätzen eingereicht werden. Die Begründung kann aber – nicht zuletzt mit Blick auf § 124 a Abs. 4 S. 5 – ausnahmsweise auch dann fristwahrend beim OVG eingereicht werden, wenn der Zulassungsantrag mit den Akten dem OVG bereits vorgelegt worden ist und die Beteiligten hiervon Kenntnis haben.[158]

164   **3. Weiterleitungspflicht und Wiedereinsetzung.** Wird der Zulassungsantrag bei dem unzuständigen OVG gestellt, so kann wegen dieses Irrtums über den richtigen Adressaten regelmäßig keine Wiedereinsetzung in den vorigen Stand gewährt werden; denn ein Prozessbevollmächtigter hat die Rechtsmittelschrift vor der Unterzeichnung auch bzgl. der richtigen Bezeichnung des Rechtsmittelgerichts zu überprüfen.[159] Nur ausnahmsweise kann bei einer eindeutigen, falschen Auskunft des Gerichts eine Wiedereinsetzung in Betracht kommen (BVerfG DVBl 2004, 1229; ferner OVG Münster NVwZ-RR 2003, 688). Ist hingegen der Zulassungsantrag an das zuständige VG adressiert, aber wegen eines Büroversehens an das OVG gesandt worden, kann je nach den Umständen des Einzelfalls Wiedereinsetzung gewährt werden.

165   In beiden Fallkonstellationen ist das OVG grds. verpflichtet, die Zulassungsschrift im ordentlichen Geschäftsgang an das VG weiterzuleiten. Für das OVG, das über den eingereichten Rechtsmittelantrag in der Sache zu entscheiden hat, besteht eine i.R. einer fairen Verfahrensgestaltung gebotene prozessuale Fürsorgepflicht gegenüber den Parteien. Diese Fürsorgepflicht besteht auch im Falle der falschen Adressierung; denn mit Einreichung des Zulassungsantrags beim OVG wird ein – unzulässiges – Rechtsmittel anhängig, das ein Tätigwerden des OVG – ggf. die Verwerfung des Rechtsmittels – erfordert. Von seiner Fürsorgepflicht ist das Berufungsgericht nicht deshalb entbunden, weil die angegriffene Entscheidung mit einer Rechtsmittelbelehrung versehen war und deshalb das Verschulden des Prozessbevollmächtigten regelmäßig als gravierend angesehen werden kann. Auf welchen Gründen die fehlerhafte Einreichung beruht, ist für die gerichtliche Fürsorgepflicht und für die Frage der Wiedereinsetzung unerheblich.[160] Dem Rechtsmittelführer ist daher Wiedereinsetzung in den vorigen Stand zu gewähren, wenn die Weiterleitung im normalen Geschäftsgang[161] den rechtzeitigen Eingang beim

156   OVG Schleswig 28.4.1998 – 1 M 25/98; ferner: BVerfGE 93, 99, 115; BGH NJW 1983, 123; NJW-RR 1996, 443; BSGE 38, 248 (GS); a.A. OVG Koblenz DÖV 2008, 337.

157   Art. 6 Nr. 2 a des Ersten Gesetzes zur Modernisierung der Justiz vom 24.8.2004 (BGBl I 2198).

158   HmbOVG 1.7.2009 – 5 Bf 47/09.AZ; *Schenk*, in: Hailbronner, Ausländerrecht, Teil B 2, § 78 Rn. 137; *Marx*, AsylVfG, 72009, § 78 Rn. 474; vgl. ferner ausf. zur vergleichbaren Problematik unter der Geltung des § 124 a a.F.: Komm. in der 1. Aufl., § 124 a Rn. 52 m.w.N.; a.A. VGH München 10.10.2006 – 9 ZB 04.31122; *Berlit*, in: GK-AsylVfG § 78 Rn. 530.

159   OVG Greifswald NVwZ 1999, 201; HmbOVG NJW 1998, 696, 697; OVG Münster NVwZ-RR 2000, 841; zum Revisionsrecht: BVerwG 16.11.1982 Buchholz 310 § 60 VwGO Nr. 128; 18.3.1997 Buchholz 310 § 60 VwGO Nr. 208; BGH NJW 1995, 1499; 1998, 908; zur Frist nach § 124 a Abs. 4 S. 5: OVG Bautzen NVwZ-RR 2003, 316; OVG Greifswald NJW 2003, 602; OVG Lüneburg NVwZ-RR 2003, 157; OVG Münster NVwZ 2003, 1279; OVG Saarlouis 29.4.2004 – 1 Q 20/02; VGH München NVwZ-RR 2003, 531; NVwZ-RR 2006, 851.

160   Vgl. BVerfGE 91, 99, 115; BSGE 38, 248, 258 ff. (GS); BGH MDR 2011, 747; MDR 2011, 1193; VGH München NVwZ-RR 2003, 531.

161   Gerichtseigener Kurierdienst, der länger als Post braucht, reicht nicht, BVerwG BayVBl 2004, 156.

VG bewirkt hätte, dies jedoch trotz Erkennbarkeit der falschen Adressierung unterblieben ist.[162] Ein Verschulden der Partei oder ihres Prozessbevollmächtigten wirkt sich insoweit nicht mehr aus (BVerfGE 93, 99, 115 f.; BGH NJW 1998, 908; ferner BGH MDR 2009, 285). Das unzuständige Gericht ist jedoch nicht verpflichtet, jedes Schriftstück sofort daraufhin zu überprüfen, ob darin etwa eine Rechtsmittelschrift oder -begründung enthalten ist, die an das zuständige Gericht weiterzuleiten ist (BVerfG NJW 2006, 1579). Geht eine Rechtsmittelschrift am letzten oder vorletzten Tag beim unzuständigen Gericht ein, so wird schon aus zeitlichen Gründen eine sachgemäße Durchsicht und rechtzeitige Weiterleitung an das zuständige Gericht nicht in Betracht kommen (OVG Münster 10.11.2010 – 6 A 1890/10; ferner BSGE 38, 248, 261); es entspricht noch einem geordneten Geschäftsgang, wenn die Übersendung von Schriftsätzen von einem Gericht zum anderen nicht bis zum nächsten Tag bewerkstelligt werden kann.[163] Allerdings kann eine Weiterleitung per Telefax dann in Betracht kommen, wenn offensichtlich ist, dass die Frist für den beim unzuständigen Gericht eingereichten Schriftsatz noch am selben Tag abläuft; dies gilt jedenfalls dann, wenn das Gericht selbst zur Fehladressierung beigetragen hat (vgl. OVG Lüneburg NJW 2007, 3225). Ob das Gericht vor Weiterleitung erst den Eingang der Originalschriftsätze abwarten darf,[164] ist fraglich.

VI. Inhalt des Zulassungsantrags

1. Bezeichnung des Zulassungsantrags. Die Zulassung der Berufung sollte tunlichst ausdrücklich beantragt werden. Der Gebrauch der Worte „Antrag auf Zulassung der Berufung" ist jedoch nicht erforderlich.[165] Der Antrag kann auch stillschweigend gestellt werden.   166

a) Auslegung. Wie jede Prozesshandlung und -erklärung ist die Stellung eines Zulassungsantrags nach allgemeinen Grundsätzen auslegungsfähig und auslegungsbedürftig. Fehlt eine ausdrückliche Bezeichnung als Zulassungsantrag, reicht es aus, wenn aus dem Zusammenhang, insbes. der Begründung, erkennbar ist, dass ein Antrag auf Zulassung der Berufung gestellt werden soll. Unschädlich ist auch eine falsche Bezeichnung des an sich gewollten Rechtsbehelfs (sog. falsa demonstratio). So ist von einem Zulassungsantrag auszugehen, wenn der Rechtsmittelführer zwar versehentlich „Berufung" eingelegt hat, sich aber aus den Gesamtumständen, etwa durch Bezeichnung und Darlegung von Zulassungsgründen, ergibt, dass der Rechtsmittelführer sich lediglich im Ausdruck vergriffen hat.[166] Bei der Auslegung ist stets zu berücksichtigen, dass das Prozessrecht und seine Handhabung nicht Selbstzweck sind, sondern der Verwirklichung des sachlichen Rechts dienen sollen (vgl. statt vieler BVerwG DÖV 2000, 603; GmSOGB NJW 2000, 2340, 2341). Im Zweifel ist daher anzunehmen, dass ein Antrag auf Zulassung der Berufung als der statthafte Rechtsbehelf gestellt sein sollte.[167] Ebenso ist i.d.R. keine (unzulässige) zeitgleiche Einlegung einer Berufung neben einem Zulassungsantrag gewollt; i.d.R. handelt es sich um die Ankündigung einer Berufung für den Fall der Zulassung (vgl. BVerwG 3.12.1998 –1 B 110.98). Nicht ausreichend ist jedoch der – in Berufungsverfahren übliche – Hinweis, dass Anträge und Begründung einem gesonderten Schriftsatz vorbehalten bleiben (BVerwG 6.1.2009 – 10 B 55.08).   167

b) Umdeutung. Ergibt die Auslegung eindeutig, dass ein unzulässiger Rechtsbehelf anstelle des an sich statthaften Zulassungsantrags eingelegt worden ist, besteht für eine Umdeutung nahezu kein Raum. Denn der Anwaltszwang setzt der Zulässigkeit einer Umdeutung enge Grenzen.[168] Eine   168

---

162   BVerfG DVBl 2003, 861; BVerwG 11.12.2006 – 5 PKH 34.06; OVG Münster NVwZ 1997, 1235; 11.7.2002 – 8 A 940/02; *T. Stuhlfauth*, in: Bader/Funke-Kaiser/Stuhlfauth/von Albedyll § 124 a Rn. 25, 71; offen gelassen von HmbOVG DVBl 1997, 1333, 1334; a.A.: OVG Bln 5.8.2004 – 2 N 75.04; OVG Greifswald NVwZ 1999, 201; VGH Kassel DVBl 1996, 1278 (zu § 78 Abs. 4 AsylG); ferner BGH NJW 2000, 737. Im „umgekehrten" Fall bejahen eine Weiterleitungspflicht der Vorinstanz an das Rechtsmittelgericht: BVerfGE 93, 99, 113 ff.; BVerwG NJW 2008, 932; BGH NJW 1998, 908; NJW-RR 1998, 354; NJW 2006, 3499; BSGE 38, 248 (GS); OVG Münster NVwZ-RR 2000, 841; OVG Lüneburg NJW 2007, 3225; zur generellen Weiterleitungspflicht bei Irrläufern: BVerfG NJW 2002, 3692.
163   VGH München 13.3.2006 – 24 C 06.490; OVG Lüneburg NJW 2007, 3225.
164   So VGH München 13 3.2006 – 24 C 06.490; OVG Lüneburg NJW 2007, 3225.
165   Vgl. *F. Weyreuther*, Revisionszulassung, 1971, Rn. 211.
166   Vgl. BVerwG NVwZ 1999, 405; 1999, 641, 642; OVG Greifswald NVwZ 1998, 201, 202; HmbOVG NVwZ 1997, 690; VGH Mannheim VBlBW 1997, 264; ferner BVerwG DVBl 1996, 105.
167   So auch OVG Greifswald NVwZ 1998, 201, 202; ferner BVerfG NJW 2000, 649, 650; OVG Bautzen 26.3.2014 – 1 A 579/13.
168   Vgl. *F. Weyreuther*, Revisionszulassung, 1971, Rn. 211.

Rechtsmittelerklärung, die von einem Rechtsanwalt als Prozessbevollmächtigtem abgegeben wird, ist nach st. Rspr. des BVerwG einer Umdeutung grds. unzugänglich.[169] Gleiches gilt für Erklärungen von Hochschullehrern,[170] rechtskundigen Behördenvertretern nach § 67 Abs. 4 S. 4[171] sowie Bevollmächtigten nach § 67 Abs. 2 S. 2 i.V.m. Abs. 4 S. 3.[172] Insbes. kann eine eindeutig eingelegte Berufung nicht in einen Zulassungsantrag umgedeutet werden,[173] weil beide Rechtsbehelfe unterschiedlichen Zwecken dienen.[174] Der Antrag auf Zulassung der Berufung begehrt ausschließlich die Zulassung dieses Rechtsmittels durch das OVG. Die Berufung richtet sich gegen die Entscheidung des VG in der Sache. Beide Rechtsbehelfe stehen in einem Stufenverhältnis selbständig nebeneinander (ausf. → § 124 Rn. 21 ff., 31 ff.). Sie sind weder austauschbar noch ist der Zulassungsantrag als Minus in dem Berufungsantrag enthalten. Eine Umdeutung ist allerdings dann möglich, wenn zwar zunächst "Berufung" eingelegt, dann aber innerhalb der laufenden Einlegungsfrist beantragt wird, diese Prozesshandlung als Antrag auf Zulassung der Berufung zu behandeln; in diesem Fall ist nur über den Zulassungsantrag, nicht jedoch (zusätzlich) über eine Berufung zu entscheiden (BVerwG, NJW 2009, 162; 19.4.2010 – 9 B 4.10). Die Umdeutung einer „Nichtzulassungsbeschwerde" gegen ein verwaltungsgerichtliches Urteil scheidet dann aus, wenn sie beim OVG und nicht – wie nach § 124 a Abs. 4 S. 2 vorgeschrieben – beim VG eingelegt worden ist (OVG Lüneburg 15.10.2009 – 5 LA 230/09).

169   Beruht die eindeutig gewollte Einlegung der Berufung auf einem Rechtsirrtum, so kann nach st. Rspr. des BVerwG auch nicht mit einer Wiedereinsetzung in den vorigen Stand (§ 60) geholfen werden, wenn sich der Rechtsmittelführer nicht an die zutreffende gerichtliche Rechtsmittelbelehrung gehalten hat.[175] Hat eine Partei persönlich „Berufung" eingelegt, scheidet eine Umdeutung in einen Zulassungsantrag von vornherein mangels Postulationsfähigkeit aus. Wird zugleich die Gewährung von PKH beantragt, kann eine Rechtsmittelerklärung als Entwurf für einen Zulassungsantrag ausgelegt oder in einen solchen umgedeutet werden.

170   **2. Bezeichnung des angefochtenen Urteils (Abs. 4 S. 3).**   Nach § 124 a Abs. 4 S. 3 muss das angefochtene Urteil innerhalb der Antragsfrist so bestimmt bezeichnet sein, dass sich das VG (zwecks Aktenübersendung an das OVG) sowie insbes. das OVG über dessen Identität Gewißheit verschaffen können (vgl. BGH NJW 1958, 1780; FamRZ 1989, 1063, 1064; NJW 1991, 2081; BAG NJW 2011, 3052). Eine vollständige Bezeichnung erfordert die Angabe der Beteiligten, des VG, des Aktenzeichens und des Verkündungsdatums (vgl. BGH FamRZ 1989, 1061, 1064; NJW 1991, 2081; ferner BGH FamRZ 1988, 830). Fehlerhafte oder unvollständige Angaben in der Antragsschrift schaden nicht, wenn aufgrund der sonstigen erkennbaren Umstände deutlich wird, welches Urteil angefochten werden soll. So ist es ausreichend, wenn die fehlenden Angaben aus der der Antragsschrift beigefügten Kopie des angefochtenen Urteils zu ersehen sind oder fehlerhafte Angaben durch die Bezugnahme auf die beigefügte Kopie korrigiert werden.[176]

171   Sind mehrere gerichtliche Entscheidungen zwischen denselben Beteiligten ergangen, muss das mit dem Zulassungsantrag angefochtene Urteil von den anderen zwischen den Beteiligten ergangenen Urteilen eindeutig unterscheidbar sein (vgl. BGH NJW 1974, 1658; VersR 1981, 854). Sofern zwischen den

---

169   Für den Zulassungsantrag nach § 124 a: BVerwG 29.7.1997 – 5 B 60.97; NVwZ 1998, 1297; 1999, 641, 642; 11.6.1999 – 5 PKH 38.99, 5 B 143.99; 15.9.2005 – 6 B 54.05; 12.8.2008 – 6 B 50/08; 19.4.2010 – 9 B 4.10; 10.1.2013 – 4 B 30.12; OVG Münster 14.2.2003 – 3 A 576/03; VGH Kassel DÖV 2012, 820; für den Zulassungsantrag nach § 78 Abs. 2 AsylG: BVerwG DVBl 1994, 1409; ferner: BVerwG NJW 1962, 883; 25.5.1973 Buchholz 310 § 144 VwGO Nr. 24; BayVBl 1974, 708; NJW 1985, 2658, 2660.

170   Zur allgemeinen Gleichstellung mit Rechtsanwälten BVerwG 23.3.1973 Buchholz 310 § 60 VwGO Nr. 70.

171   VGH Mannheim DVBl 1997, 1328; zur allgemeinen Gleichstellung mit Rechtsanwälten: BVerwG 14.2.1992 Buchholz 310 § 60 VwGO Nr. 176; 6.6.1995 Buchholz 310 § 60 VwGO Nr. 198; OVG Münster NWVBl 1998, 408.

172   Zur allgemeinen Gleichstellung mit Rechtsanwälten BVerwG 26.3.1979 Buchholz 310 § 60 VwGO Nr. 105.

173   Vgl. BVerwG DVBl 1994, 1409 m.w.N.; 29.7.1997 – 5 B 60.97; NVwZ 1998, 1297; 1999, 641; 11.6.1999 – 5 PKH 38.99, 5 B 143.99; OVG Greifswald NVwZ 1998, 201; OVG Münster 18.3.1997 – 7 B 548/97; IÖD 2015, 143; OVG Weimar ThürVBl 1997, 212; VGH Mannheim NVwZ 1997, 693; DVBl 1997, 1328; VBlBW 1997, 264; VGH München NVwZ-RR 1998, 207; 18.1.2017 – 1 ZB 16.2474.

174   BVerwG NVwZ 1999, 641, 642; VGH Mannheim VBlBW 1997, 264; ferner BVerwG DVBl 1996, 105.

175   BVerwG 12.4.1956 Buchholz 427.3 § 341 LAG Nr. 3; DÖD 1969, 230, 232; 14.7.1972 Buchholz 310 § 60 VwGO Nr. 67; 11.6.1999 – 5 PKH 38.99 (5 B 143.99).

176   Vgl. BVerfG NJW 1991, 3140; BGH NJW 1974, 1658 (Fehlbezeichnung der Parteien und des Aktenzeichens); FamRZ 1989, 1063, 1064 (Angabe des falschen Aktenzeichens); NJW 1991, 2081; 1993, 1719, 1720 (Angabe des falschen Aktenzeichens).

Beteiligten nur ein Rechtsstreit anhängig ist, genügt regelmäßig die Bezeichnung der Parteien und die Adressierung an das VG, das das Urteil erlassen hat, um das angefochtene Urteil zu identifizieren (vgl. BGH NJW 1958, 1780).

Zur Bezeichnung des Urteils i.S.d. §124a Abs. 4 S. 3 gehört nach dem Grundgedanken der Vorschrift **172** auch die Angabe, für wen und gegen wen das Rechtsmittel eingelegt wird, um die Parteirollen in der Rechtsmittelinstanz bestimmen zu können.[177] Es muss zumindest aus den Umständen eindeutig zu erkennen sein, wer von den Parteien Rechtsmittelführer ist und wer Rechtsmittelgegner sein soll (vgl. BGH NJW 1994, 1879; 1996, 320 m.w.N.). Solche Umstände können neben der beigefügten Kopie des angefochtenen Urteils auch die Beschwer nur einer Partei durch das angefochtene Urteil (vgl. BAG NJW 1968, 1494), die Rechtsmittelanträge (vgl. BGH NJW 1991, 2775), die Identität des Prozessbevollmächtigten im Berufungszulassungsverfahren mit dem Prozessbevollmächtigten erster Instanz (vgl. BAG NJW 1968, 1494) oder die Gerichtsakten (vgl. BAG NJW 1968, 1494; BGH NJW 1965, 1865) sein. Die Angabe der ladungsfähigen Anschriften der Beteiligten und ihrer Prozessbevollmächtigten ist nicht erforderlich (vgl. BAGE 53, 30 [GS]; BGHZ 65, 114, 116; 102, 332, 333f.). Steht der Rechtsmittelführer fest, ergibt sich der Rechtsmittelgegner im Allgemeinen bereits aus der Bezeichnung des Urteils (vgl. BGH NJW 1969, 928). Stehen indes auf der Kläger- oder der Beklagtenseite mehrere Streitgenossen, so sind in aller Regel zusätzliche Angaben erforderlich, um den oder die Berufungskläger bzw. den oder die Berufungsbeklagten deutlich zu bezeichnen (vgl. BGH NJW 1991, 2775). Im Zweifel richtet sich ein Rechtsmittel gegen die gesamte angefochtene Entscheidung, also gegen alle Streitgenossen (vgl. BGH NJW 1969, 928, 929; 1984, 58; 1988, 1204, 1205; MDR 2008, 1352, 1353).

Eine mangelhafte Bezeichnung des Urteils kann nach Ablauf der Antragsfrist nicht mehr geheilt werden.[178] Eine entsprechende Anwendung der §125 Abs. 1, §82 Abs. 3[179] ist durch die Sonderregelung des §124a Abs. 4 ausgeschlossen (→ Rn. 86). **173**

3. Keine Begründung erforderlich. Der binnen Monatsfrist zu stellende Zulassungsantrag muss noch **174** keinen bestimmten Umfang des Rechtsmittelziels oder die Zulassungsgründe enthalten; diese sind vielmehr erst binnen der Zwei-Monats-Frist einzureichen (§124a Abs. 4 S. 4). Der Rechtsmittelführer muss erst vor Ablauf der Antragsbegründungsfrist verbindlich entscheiden, welches konkret bestimmte Ziel er mit seinem Rechtsmittel verfolgen will (→ Rn. 132, 176).

VII. Beschränkung und Erweiterung des Zulassungsbegehrens

1. Beschränkung des Begehrens. Der Rechtsmittelführer kann das Zulassungsbegehren auf einen abtrennbaren Teil des verwaltungsgerichtlichen Urteils beschränken. Die Voraussetzungen für eine zulässige Beschränkung des Zulassungsbegehrens sind identisch mit den Voraussetzungen für eine Teilzulassung der Berufung[180] (zur Teilzulassung → Rn. 266ff.). Der Rechtsmittelführer kann die begehrte Zulassung auf Teile des Streitstoffes beschränken, über die in einem besonderen Verfahrensabschnitt durch Teil- oder Zwischenurteil entschieden werden kann.[181] So kann das Zulassungsbegehren wirksam auf einen von mehreren Streitgegenständen (→ Rn. 288ff.), auf einen von mehreren Streitgenossen (→ Rn. 273), auf einen tatsächlich und rechtlich selbständigen und abtrennbaren Teil *eines* Streitgegenstandes (→ Rn. 271) oder bei Streit über Grund und Höhe eines Anspruchs aufgrund oder Höhe dieses Anspruchs (→ Rn. 272) beschränkt werden. Unzulässig ist die Beschränkung auf einzelne von mehreren Anspruchs- oder Ermächtigungsgrundlagen, auf bestimmte Rechtsfragen oder einzelne Urteilselemente (→ Rn. 276). **175**

---

177 St. höchstrichterliche Rspr.: BAGE 21, 193, 195f. (zu §553 Abs. 1 ZPO); 25, 255, 257 (zu §518 Abs. 2 ZPO); BFHE 120, 341 (zu §120 Abs. 2 FGO); BGH NJW 1984, 58; 1988, 1204; 1991, 2775; 1994, 1879; 1996, 320; 1998, 3499 (jeweils zu §518 Abs. 2 ZPO); ferner OVG Greifswald NJW 2003, 602, 603.

178 Vgl. BAG 25.5.1973 – 2 AZR 99/73; BAGE 21, 193, 195 und 198; 25, 255, 259f.; BFHE 120, 341, 342; BGH NJW 1994, 1879.

179 Zur Rechtslage vor dem am 1.1.1997 in Kraft getretenen 6. VwGOÄndG vom 1.11.1996 (BGBl I 1626): BVerwG NVwZ 1983, 29, 30; NJW 1993, 2824f.

180 Vgl. BVerwGE 49, 232, 234; 50, 292, 295; BVerwG 30.10.1987 Buchholz 310 §132 Nr. 252 m.w.N.; BGHZ 45, 287, 289; 53, 152, 155; 101, 276, 278; 111, 158, 166; *F. Weyreuther*, Revisionszulassung, 1971, Rn. 50.

181 Vgl. BGH NJW 1980, 1579; 1984, 615 m.w.N.; 1987, 3264f.; ferner soll eine Beschränkung auf eine Aufrechnung oder ein Zurückbehaltungsrecht zulässig sein, → Rn. 274f.

176   Wegen der zweigeteilten Frist für Antragstellung und Antragsbegründung gelten für die Festlegung des Rechtsmittelziels vergleichbare Grundsätze wie für die Einlegung und Begründung einer vom VG zugelassenen Berufung (→ Rn. 132, 96 ff.). Stellt der Rechtsmittelführer deshalb innerhalb der Antragsbegründungsfrist einen Antrag auf teilweise Berufungszulassung, so liegt darin keine Teilrücknahme des zuvor gestellten Zulassungsantrags. In der bloßen Beschränkung des Zulassungsziels eines Klägers liegt auch weder eine teilweise Klagerücknahme (vgl. BGH MDR 1989, 987 m.w.N.) noch ein teilweiser Rechtsmittelverzicht.[182] Allerdings kann ein Rechtsmittelverzicht dann anzunehmen sein, wenn in der Antrags- bzw. Begründungsschrift zwar nicht ausdrücklich von einem „Verzicht" gesprochen wird, aber klar und eindeutig der Wille zum Ausdruck gebracht wird, das Urteil (teilweise) endgültig hinnehmen und es (insoweit) nicht anfechten zu wollen (vgl. BGH NJW 1990, 1118).

177   Wird hingegen das bereits eindeutig und konkret umrissene weiter gehende Zulassungsziel nachträglich eingeschränkt, ist darin eine teilweise Rechtsmittelrücknahme zu sehen (vgl. BGH FamRZ 1989, 1064, 1065 m.w.N.). Dies gilt auch für eine nachträgliche Antragsbeschränkung noch vor Ablauf der Antrags- und Begründungsfrist.

178   **2. Erweiterung des Begehrens.** Das Zulassungsbegehren kann nur bis zum Ablauf der Antrags- und Begründungsfrist erweitert werden (→ Rn. 132). Eine Erweiterung des Zulassungsbegehrens ist ausgeschlossen, wenn der Rechtsmittelführer auf die weitergehende Einlegung des Rechtsmittels verzichtet hat.

VIII.   Darlegung der Zulassungsgründe (Abs. 4 S. 4)

179   Nach § 124 a Abs. 4 S. 4 sind die Gründe, aus denen die Berufung zuzulassen ist, „darzulegen". Die Berufung ist zuzulassen, wenn einer der Gründe des § 124 Abs. 2 „dargelegt" ist und vorliegt (§ 124 a Abs. 5 S. 2).

180   **1. Zweck des Darlegungserfordernisses.** Die fristgebundene Verpflichtung zur Darlegung der Zulassungsgründe dient der Verfahrensbeschleunigung und Verkürzung der gerichtlichen Bearbeitungszeiten. Der Begründungszwang soll den Aufwand für die Bearbeitung des Zulassungsantrags reduzieren und so zur Entlastung der Berufungsinstanz beitragen.[183] Das Berufungsgericht soll grds. allein auf der Grundlage des Zulassungsantrags und seiner Begründung sowie der angegriffenen Entscheidung in die Lage versetzt werden zu prüfen, ob eine Berufungszulassung in Betracht kommt.[184] Der zeitgleich eingeführte Vertretungszwang vor dem OVG (§ 67) soll gewährleisten, dass der Erfolg eines Zulassungsantrags nicht an mangelnder Rechtskenntnis des Rechtsschutzsuchenden scheitert.

181   **2. Verfassungsrechtliche Vorgaben.** Sehen prozessrechtliche Vorschriften Rechtsbehelfe bzw. die Möglichkeit vor, die Zulassung eines Rechtsmittels zu erstreiten, so verbietet Art. 19 Abs. 4 GG eine Auslegung und Anwendung dieser Rechtsnormen, die die Beschreitung des eröffneten Rechtswegs in einer unzumutbaren, aus Sachgründen nicht mehr zu rechtfertigenden Weise erschweren. Das Rechtsmittelgericht darf ein von der jeweiligen Rechtsordnung eröffnetes Rechtsmittel daher nicht ineffektiv machen und für den Rechtsmittelführer „leerlaufen" lassen.[185] Insbes. darf ein Gericht nicht durch übermäßig strenge Handhabung verfahrensrechtlicher Vorschriften den Anspruch auf gerichtliche Durchsetzung des materiellen Rechts unzumutbar verkürzen (BVerfG DVBl 2000, 407, 408). Deshalb dürfen die Anforderungen an die Darlegung der Zulassungsgründe nicht derart erschwert werden, dass sie auch von einem durchschnittlichen, nicht auf das gerade einschlägige Rechtsgebiet spezialisierten Rechtsanwalt mit zumutbarem Aufwand nicht mehr erfüllt werden können. Das Zulassungsverfahren hat nicht die Aufgabe, das Berufungsverfahren vorwegzunehmen. An die Begründung des Zulassungsantrags dürfen daher nicht dieselben Anforderungen gestellt werden wie an die spätere Berufungsbegründung.[186] Eine verfassungswidrige Überspannung der Darlegungsanforderungen wäre es, wenn vom Rechtsmittelführer im Zulassungsantrag eine Argumentation verlangt würde, die sich in al-

---

182   BGHZ 88, 360, 363; BGH NJW 1981, 2360, 2361; 1985, 3079; 1990, 1118; NJW-RR 1998, 572, jeweils m.w.N.

183   Begründung zum Gesetzentwurf der Bundesregierung, BT-Drs. 13/3993, 13 (zu § 124 a) und 1 (Zielsetzung).

184   Vgl. OVG Koblenz 30.1.1997 – 7 B 10293/97; 18.3.1997 – 10 B 10658/97.

185   BVerfGE 77, 275, 284; 78, 88, 99; BVerfG NVwZ-Beilage 1995, 17; DVBl 2000, 407, 408; 2000, 1458, 1459; 2001, 894, 895.

186   BVerfG NVwZ 2000, 1163; DVBl 2001, 894, 895; NJW 2004, 2510; NJW 2008, 3275.

len Nuancen mit den Erwägungen deckt, aufgrund derer das OVG das angegriffene Urteil für falsch hält, er also im Zulassungsantrag genau die spätere Argumentation des OVG „treffen" müsste (vgl. VerfG Bbg DVBl 1999, 1722, 1724). Es ist andererseits verfassungsrechtlich nicht zu beanstanden, wenn ein OVG im verfahrensrechtlich vorgegebenen Rahmen eher „strenge" oder eher „großzügige" Maßstäbe anlegt (vgl. VerfG Bbg DVBl 1999, 1722, 1724).

3. Sowohl Zulässigkeits- als auch Begründetheitsvoraussetzung. Die Darlegungsanforderungen haben 182 einen Doppelcharakter. Sie sind einerseits – mit ihrem Mindestinhalt – Zulässigkeitsvoraussetzung, andererseits Begründetheitsvoraussetzung für den Zulassungsantrag.

a) Zulässigkeitsvoraussetzung. Ein nicht oder nicht genügend begründeter Zulassungsantrag ist als 183 unzulässig zu verwerfen (so für die Nichtzulassungsbeschwerde BVerwG NVwZ-RR 1996, 712, 713). Den Anforderungen an die Antragsbegründung als Zulässigkeitsvoraussetzung ist bereits dann genügt, wenn der Rechtsmittelführer darlegt, welcher Zulassungsgrund aus welchen konkreten Gründen *aus seiner Sicht* zur Zulassung der Berufung führen soll. Wie bei der Berufungsbegründung (→ Rn. 109) kommt es für die Zulässigkeit des Zulassungsantrags nicht darauf an, ob die Antragsbegründung aus Sicht des OVG überzeugend, schlüssig oder jedenfalls vertretbar ist. Ob die Begründung die Zulassung der Berufung rechtfertigt, ist vielmehr eine Frage der Begründetheit des Zulassungsantrags. Zulässigkeitsvoraussetzung ist allein, dass die Begründung den jeweils abstrakten Voraussetzungen des geltend gemachten Zulassungsgrundes genügt. Bei mangelnder Darlegung der Zulassungsgründe wird allerdings in der Praxis der Obergerichte der Zulassungsantrag überwiegend nicht als unzulässig verworfen, sondern – ohne Differenzierung zwischen Zulässigkeit und Begründetheit – abgelehnt (→ Rn. 291).

b) Begründetheitsvoraussetzung. Im Unterschied zur Berufungsbegründung sind die Darlegungen in 184 der Antragsbegründung auch Voraussetzung für die Begründetheit des Zulassungsantrags. Im zugelassenen Berufungsverfahren prüft das OVG von Amts wegen umfassend alle Berufungsgründe unabhängig von der Berufungsbegründung; es ist nicht an die vorgetragenen Berufungsgründe und Rügen gebunden (§ 128; → Rn. 126). Demgegenüber ist die Prüfung des OVG im Zulassungsverfahren grds. auf die Darlegungen im Zulassungsantrag begrenzt (→ Rn. 186). Die Darlegungen des Rechtsmittelführers sind damit notwendige Erfolgsvoraussetzung für die Begründetheit des Zulassungsantrags.[187]

4. Allgemeine Darlegungsanforderungen. Die Regelung des § 124 a Abs. 4 S. 4 ist dem Revisionszu- 185 lassungsrecht (vgl. § 133 Abs. 3 S. 3) nachgebildet.[188] An die Darlegungs- und Begründungspflicht sind daher im Grundsatz vergleichbare Anforderungen wie an die Begründung einer Nichtzulassungsbeschwerde zu stellen. Dies gilt nicht nur für die klassischen Zulassungsgründe des § 124 Abs. 2 Nr. 3–5, sondern auch für § 124 Abs. 2 Nr. 1 und 2. Allerdings weisen die Zulassungsgründe des § 124 Abs. 2 Nr. 1 und 2 Strukturgleichheiten mit den Berufungsgründen auf, die zu einer scheinbaren Reduzierung der Darlegungsanforderungen führen (→ Rn. 189).

Aus dem Darlegungsgebot folgt die Beschränkung der berufungsgerichtlichen Prüfung auf die Darle- 186 gungen des Rechtsmittelführers. Im Zulassungsverfahren findet im Grundsatz keine Prüfung von Amts wegen statt (vgl. auch § 124 a Abs. 5 S. 2).[189] Diese Prüfungsbeschränkung ist eine doppelte: Das Berufungsgericht prüft die Frage, ob die Berufung zuzulassen ist, grds. nur hinsichtlich der vom Rechtsmittelführer geltend gemachten Zulassungsgründe und i.R. eines bestimmten Zulassungsgrundes nur hinsichtlich der vorgetragenen Begründung.[190] Die Darlegung der Zulassungsgründe erfordert danach zweierlei: Der Rechtsmittelführer muss erstens in seinem Antrag hinreichend klar bezeichnen, auf welchen Zulassungsgrund er sich beruft (→ Rn. 187 ff.); er muss zweitens näher ausführen, warum dieser Zulassungsgrund seiner Auffassung nach vorliegt (→ Rn. 194 ff., 206 ff.).[191]

a) Bezeichnung der Zulassungsgründe. aa) Grundsätze. Der jeweilige Zulassungsgrund ist hinrei- 187 chend deutlich zu bezeichnen. Er muss indes nicht ausdrücklich benannt sein, insbes. nicht mit der ge-

---

187 Zum Rollenwandel zwischen Anwalt und Gericht *M.-J. Seibert*, NVwZ 1999, 113, 114.
188 Vgl. Begründung zum Gesetzentwurf der Bundesregierung, BT-Drs. 13/3993, 13 (zu § 124 a).
189 Vgl. z.B. OVG Frankfurt (Oder) 14.4.1998 – 4 A 171/97; VGH Kassel NVwZ 1998, 1320.
190 Vgl. *M.-J. Seibert*, DVBl 1997, 932, 938; *ders.*, NVwZ 1999, 113, 114; *J. Berkemann*, DVBl 1998, 446, 457; krit. *M. Happ*, BayVBl 1999, 577, 579 f.
191 Vgl. z.B. OVG Münster 16.4.1997 – 8 B 679/97; NVwZ 1997, 1223; 1997, 1232; 1999, 202, 204; VGH Kassel NVwZ 1998, 195 m.w.N.; 1998, 1320.

nauen Normbezeichnung.[192] Die Anforderungen an die Darlegungslast dürfen nicht überspannt werden; sie dürfen im Lichte des Art. 19 Abs. 4 GG nicht „zur leeren Form" werden[193] (→ Rn. 181). Es genügt, dass sich die Antragsbegründung der Sache nach einem bestimmten Zulassungsgrund oder mehreren zuordnen lässt.[194] Das Rechtsmittelgericht ist sowohl befugt als auch verpflichtet, die Antragsbegründung sinn- und sachgerecht und ggf. auch berichtigend auszulegen.[195] Eine sinngemäße oder konkludente Geltendmachung von Zulassungsgründen bejaht das BVerwG auch i.R. der Revisionszulassung.[196]

188   Ob sich das Vorbringen des Antragstellers eindeutig einem Zulassungsgrund (oder mehreren) zuordnen lässt, hängt regelmäßig von den Umständen des jeweiligen Verfahrens, dem konkreten Vortrag und den Darlegungsanforderungen des einzelnen Zulassungsgrundes ab (vgl. auch BVerfG NVwZ-Beilage 1995, 17). Voraussetzung ist stets, dass in dem Zulassungsantrag der Sache nach hinreichend klar zum Ausdruck kommt, auf welchen Zulassungsgrund der Antrag gestützt werden soll (BVerfG BayVBl 2011, 338). Es ist nicht Aufgabe des Berufungsgerichts, aus einem unübersichtlichen oder gar verworrenen Sachvortrag mit erheblichem Verständnis- und Auslegungsaufwand bestimmte Zulassungsgründe herauszufiltern.[197] Insbes. bei sehr umfangreichen Ausführungen, die in unklarer, kaum auflösbarer Weise mit unerheblichem Vorbringen vermengt sind, müssen nicht bestimmte Zulassungsgründe herausgesucht werden.[198] Andererseits scheitert ein Zulassungsantrag keineswegs ohne Weiteres daran, dass die Antragsbegründung nicht konkret einzelnen Zulassungsgründen zugeordnet ist[199] (ausf. → Rn. 189). Ein bestimmter Auslegungsaufwand ist dem Berufungsgericht zumutbar.

189   **bb) Vortrag ohne ausdrückliche Bezeichnung des Zulassungsgrundes.** Eine konkludente Geltendmachung kommt vor allem bei den Zulassungsgründen des § 124 Abs. 2 Nr. 1 und 2 in Betracht. Einer Antragsbegründung, die die Richtigkeit der erstinstanzlichen Entscheidung mit konkreten Rügen angreift und sich fallbezogen und substantiiert mit den Erwägungen des VG auseinandersetzt, kann regelmäßig entnommen werden, dass sich der Antragsteller auf die Zulassungsgründe der ernstlichen Zweifel an der Richtigkeit der erstinstanzlichen Entscheidung bzw. der besonderen tatsächlichen oder rechtlichen Schwierigkeiten (zur konkludenten Geltendmachung des § 124 Abs. 2 Nr. 2 bei Geltendmachung des § 124 Abs. 2 Nr. 1 → Rn. 191) berufen will.[200] Es ist nicht notwendig, dass der Rechtsmittelführer ausdrücklich „ernstliche Zweifel gegen die Richtigkeit der verwaltungsgerichtlichen Entscheidung" hegt. Es reicht aus, wenn ihn die „gegenteilige Auffassung des VG nicht überzeugt" (vgl. OVG Lüneburg 21.3.1997 – 12 M 1255/97) oder wenn er lediglich substantiiert ausführt, warum die angegriffene Entscheidung seiner Auffassung nach unrichtig ist. Die gegenteilige Auffassung einiger Senate der Obergerichte, eine Antragsbegründung in der Art einer Berufungsbegründung genüge grds. nicht den Anforderungen an einen Zulassungsantrag,[201] überzeugt nicht. Diese Auffassung stützt sich zu undifferenziert auf die ober- und höchstrichterliche Rspr. zu den „klassischen" Zulassungsgründen i.S.d. § 132 Abs. 2 VwGO oder des § 78 Abs. 3 AsylG.[202] Anders als bei den „klassischen" Zulassungsgründen des § 124 Abs. 2 Nr. 3-5 sind die konkreten Darlegungsanforderungen bei den beiden

---

192   OVG Münster NVwZ 1997, 1232; VGH Mannheim 13.3.1997 – 14 S 545/97.

193   Dazu BVerfGE 78, 88, 99; BVerfG NVwZ-Beilage 1995, 17; OVG Bln NVwZ 1998, 200.

194   BVerfG BayVBl 2011, 338; NVwZ 2011, 546; OVG Frankfurt (Oder) 14.4.1998 – 4 A 171/97; OVG Lüneburg 21.3.1997 – 12 M 1255/97; 9.4.1997 – 12 M 1628/97; VGH Kassel NVwZ 1998, 649; VGH Mannheim 13.3.1997 – 14 S 545/97; NVwZ 1998, 865; a.A.: OVG Koblenz NVwZ-RR 1998, 79; OVG Münster NVwZ 1998, 415; 1999, 202; 9.2.2000 – 5 A 4020/98; OVG Saarlouis 17.3.1999 – 9 O 48/98; VGH Kassel NVwZ 1998, 1320.

195   Vgl. *F. Weyreuther*, Revisionszulassung, 1971, Rn. 240.

196   BVerfG DVBl 1998, 233 (Auslegung des Beschwerdevorbringens zur grundsätzlichen Bedeutung als sinngemäße Geltendmachung eines Verfahrensfehlers; NVwZ 2000, 315 (mit den Ausführungen zur Divergenzrüge wurde der Sache nach ein Verfahrensmangel bezeichnet).

197   BVerwG 7.12.1995 – 9 B 377.95; NWVBl 1996, 104, 105; OVG Münster NVwZ 1997, 1224; VGH München 31.5.2017 – 9 ZB 17.703.

198   Vgl. BVerwG 12.12.1972 Buchholz 310 § 132 VwGO Nr. 99; NJW 1996, 1554. Zu beachten ist, dass sich die zit. Rspr. des BVerwG auf „Extremfälle" unübersichtlicher Rechtsmittelbegründungsschriften bezieht.

199   Insoweit zu streng OVG Münster 25.3.1999 – 6 A 2208/98.

200   Zutr. OVG Frankfurt (Oder) 14.4.1998 – 4 A 171/97; OVG Lüneburg 21.3.1997 – 12 M 1255/97; OVG Saarlouis 17.3.1999 – 9 O 48/98; vgl. auch OVG Münster NVwZ 1999, 202; zu streng: OVG Münster NVwZ 1997, 1223 („in aller Regel nicht"); 1997, 1224.

201   Vgl. HmbOVG DVBl 1998, 1095 (LS); OVG Münster NWVBl 1999, 269; 25.3.1999 – 6 A 2208/98; VGH Kassel NVwZ 1998, 1096; OVG Magdeburg, NVwZ-RR 2009, 136.

202   Vgl. z.B. HmbOVG NVwZ 1997, 689; DVBl 1998, 1095 (LS); OVG Münster DVBl 1997, 1342.

Zulassungsgründen Nr. 1 und 2 strukturell einer Berufungsbegründung vergleichbar;[203] nach zutreffender Auffassung des BVerwG sind die Darlegungen zu § 124 Abs. 2 Nr. 1 vielfach mit der Berufungsbegründung sogar deckungsgleich.[204] Wegen dieser Deckungsgleichheit, nicht etwa aufgrund weniger strenger Anforderungen an die Darlegung der beiden Zulassungsgründe des § 124 Abs. 2 Nr. 1 und 2,[205] kommt vielfach eine konkludente Darlegung der Nr. 1 und 2 in Betracht.

cc) Vortrag zu einem anderen bezeichneten Zulassungsgrund. Eine sinngemäße Geltendmachung eines Zulassungsgrundes kommt auch dann in Betracht, wenn sich der Rechtsmittelführer erfolglos auf einen anderen Zulassungsgrund beruft, aber der Sache nach den erfolgversprechenden Zulassungsgrund vorträgt.[206] Art. 19 Abs. 4 GG verpflichtet das OVG dazu, die Zulassungsbegründung angemessen zu würdigen und durch sachgerechte Auslegung selbständig zu ermitteln, welche Zulassungsgründe der Sache nach geltend gemacht werden und welche Einwände welchen Zulassungsgründen zuzuordnen sind (BVerfG BayVBl 2011, 338; NVwZ 2011, 546). Darin liegt keine „Umdeutung".[207] So hat etwa das BVerwG dem Vorbringen zur Grundsatzrüge die sinngemäße Geltendmachung eines Verfahrensmangels entnommen (BVerwG DVBl 1998, 233; NVwZ 2000, 66) bzw. den Ausführungen zur Divergenzrüge die sinngemäße Bezeichnung eines Verfahrensmangels (BVerwG 31.8.1999 – 3 B 57.99; NVwZ 2000, 315; DVBl 2004, 125). Eine derartige berichtigende Auslegung hat das Berufungsgericht insbes. bei solchen Zulassungsgründen zu berücksichtigen, die sich inhaltlich überschneiden.

Dies gilt insbes. für die strukturell einander ähnlichen Zulassungsgründe des *§ 124 Abs. 2 Nr. 1 und 2*.[208] Sie sind darauf gerichtet, die Berufung zuzulassen, wenn aufgrund der konkreten Angriffe gegen die erstinstanzliche Entscheidung der Ausgang des Rechtsstreits offen ist. Macht der Rechtsmittelführer ausdrücklich sowohl § 124 Abs. 2 Nr. 1 als auch Nr. 2 geltend, ist es selbstverständlich ausreichend, dass er eine gemeinsame Begründung für beide Zulassungsgründe vorträgt; es wäre reiner Formalismus, von dem Rechtsmittelführer zu verlangen, seine inhaltlichen Darlegungen gleichsam zweimal anzubringen.[209]

Eine wechselseitige konkludente Geltendmachung kommt ferner im Verhältnis der Zulassungsgründe des *§ 124 Abs. 2 Nr. 3 und Nr. 4* in Betracht; denn nach nahezu einhelliger Auffassung ist die Divergenzrüge ein besonderer Fall der Grundsatzrüge[210] (→ § 124 Rn. 156 m.w.N.). Wird daher zu Unrecht eine Divergenz geltend gemacht, so ist die Berufung gleichwohl wegen grundsätzlicher Bedeutung zuzulassen, wenn mit der Divergenzrüge in Wirklichkeit eine Frage grundsätzlicher Bedeutung aufgeworfen wird[211] (→ § 124 Rn. 157 m.w.N.). Beantragt der Rechtsmittelführer umgekehrt eine Zulassung wegen grundsätzlicher Bedeutung, so kann eine Zulassung wegen Divergenz erfolgen, wenn die aufgeworfene Rechtsfrage bereits durch das BVerwG oder das OVG geklärt ist und das angegriffene Urteil von dieser Rspr. abweicht[212] (→ § 124 Rn. 145, 157 m.w.N.).

Inhaltliche Überschneidungen können sich auch bei den Zulassungsgründen des *§ 124 Abs. 2 Nr. 1 und 5* ergeben. Macht der Rechtsmittelführer ernstliche Zweifel mit der Begründung geltend, das VG sei von einem unrichtigen Sachverhalt ausgegangen bzw. habe den Sachverhalt nicht hinreichend auf-

190

191

192

193

---

203 I.E. ebenso: OVG Frankfurt (Oder) 14.4.1998 – 4 A 171/97; HmbOVG NVwZ 1997, 689; *K.-W. Lotz*, BayVBl 1997, 257, 260; *M.-J. Seibert*, DVBl 1997, 932, 938.

204 BVerwG DVBl 2000, 562, 563; vgl. auch VGH München NJW 1998, 1507: Es ist bei § 124 Abs. 2 Nr. 1 und 2 regelmäßig erforderlich, bereits im Zulassungsantrag den Prozessstoff so aufzubereiten, wie es im Falle der Zulassung der Beschwerde für die spätere Beschwerdebegründung notwendig ist.

205 Insoweit zutr. OVG Münster NVwZ 1997, 1224 gegen *H.-P. Schmieszek*, NJW 1996, 1151, 1153 und *W.-R. Schenke*, NJW 1997, 81, 92.

206 BVerfG BayVBl 2011, 338; NVwZ 2011, 546; Zu streng: OVG Bln 1.12.1998 – 8 N 50.98; OVG Lüneburg NVwZ-RR 2000, 123.

207 So aber ohne Begründung *G. A. Neuhäuser*, Die Zulassung der Berufung im Verwaltungsprozess unter den Einwirkungen des verfassungs- und des Unionsrechts, 2012, S. 222 ff.

208 Vgl. OVG Münster NVwZ 1999, 202; 2000, 86; 4.1.2000 – 10 B 2092/99; VGH Mannheim DVBl 2001, 318; a.A. OVG Lüneburg DÖV 2000, 340, 341; ferner OVG Münster 25.11.1997 – 9 A 3889/97.

209 HmbOVG 27.1.1997 – Bs IV 2/97; OVG Weimar 15.6.1998 – 2 ZEO 383/97; a.A. VGH Kassel NVwZ 1998, 1096.

210 BVerwG 24.5.1965 Buchholz 310 § 132 VwGO Nr. 49; 20.11.1972 Buchholz 310 § 132 VwGO Nr. 98; *P. Kummer*, Die Nichtzulassungsbeschwerde, 1990, Rn. 155; *F. Weyreuther*, Revisionszulassung, 1971, Rn. 93 m.w.N.

211 BVerwGE 24, 91; BFHE 148, 436; *F. Weyreuther*, Revisionszulassung, 1971, Rn. 94.

212 BVerwGE 24, 91; für den Fall, dass die Frage durch eine nach Ablauf der Antragsfrist ergangene Entscheidung geklärt wurde: BVerfG DVBl 2000, 407, 408; BVerwG 20.3.1985 Buchholz 310 § 132 VwGO Nr. 230; 11.2.1986 Buchholz 310 § 132 VwGO Nr. 240; BayVBl 1992, 537, 538; NVwZ-RR 1993, 513.

geklärt, so kann darin die sinngemäße Geltendmachung eines Verfahrensmangels zu sehen sein.[213] Dies ist insbes. dann von Bedeutung, wenn das OVG die Rüge unzutreffender Sachverhaltsfeststellung entgegen herrschender Ansicht nicht als Unrichtigkeit i.S.d. Nr. 1, sondern ausschließlich als Verfahrensmangel i.S.d. Nr. 5 gelten lässt (→ § 124 Rn. 82 ff.). Umgekehrt kann in der Verfahrensrüge unzureichender Sachverhaltsaufklärung die sinngemäße Rüge ernstlicher Zweifel an der Richtigkeit der angefochtenen Entscheidung in tatsächlicher Hinsicht enthalten sein.

194   **b) Begründungsanforderungen. aa) Grundsätze.** Über die Bezeichnung eines oder mehrerer Zulassungsgründe hinaus hat der Rechtsmittelführer in rechtlicher und tatsächlicher Hinsicht darzulegen, warum er die von ihm benannten Zulassungsgründe für gegeben erachtet (VGH Kassel NVwZ 1998, 195 m.w.N.; 1998, 1320). „Darlegen" bedeutet mehr als lediglich einen allgemeinen Hinweis geben, nämlich „erläutern", „näher auf etwas eingehen" oder „etwas substantiieren".[214] Der Streitstoff muss unter konkreter Auseinandersetzung mit dem angefochtenen Urteil gesichtet, rechtlich durchdrungen und aufbereitet werden. Erforderlich ist eine fallbezogene Begründung, die dem Berufungsgericht eine Beurteilung der Zulassungsfrage i.d.R. ohne weitere aufwändige Ermittlungen ermöglicht.[215] Dies verlangt ein Mindestmaß an Klarheit, Verständlichkeit, Übersichtlichkeit und Geordnetheit der Ausführungen. Dem wird nicht entsprochen, wenn die Ausführungen zu den Zulassungsgründen in unübersichtlicher, ungegliederter, unklarer, kaum auflösbarer Weise mit Einlassungen zu für das Zulassungsverfahren unerheblichen Fragen vermengt sind. Das Berufungsgericht muss aus einem derartigen Gemenge nicht das heraussuchen, was – bei wohlwollender Auslegung – zur Begründung des Zulassungsantrags geeignet sein könnte.[216] Es ist allerdings grds. gehalten, die Antragsbegründung sinn- und sachgerecht und ggf. auch berichtigend auszulegen.[217] Die Anforderungen dürfen mit Blick auf Art. 19 Abs. 4 GG nicht überspannt werden[218] (→ Rn. 181). Das Berufungsgericht darf vom Rechtsmittelführer nicht einen „vollständigen Begründungskontext" verlangen, den es im Fall der Stattgabe selbst zu entwickeln hätte (BVerfG NVwZ 2000, 1163 zum Zulassungsgrund des § 124 Abs. 2 Nr. 1). Die bloße Nennung des Zulassungsgrundes reicht jedoch nicht (OVG Greifswald NVwZ-RR 2003, 695). Auch eine bloße wörtliche Wiederholung des erstinstanzlichen Vorbringens genügt nicht, wenn es an der erforderlichen Auseinandersetzung mit den Gründen der angefochtenen Entscheidung fehlt (VGH München BayVBl 2012, 567).

195   Macht ein Rechtsmittelführer mehrere Zulassungsgründe geltend, so sollte er grds. für jeden Zulassungsgrund gesondert auszuführen, mit welcher Begründung er die jeweiligen Zulassungsvoraussetzungen für gegeben ansieht. Es muss hinreichend deutlich erkennbar sein, welcher der bezeichneten Zulassungsgründe mit welcher Begründung geltend gemacht wird. Aber auch insoweit sind keine übertriebenen Anforderungen zu stellen. So hat etwa das BVerwG den Vortrag zur Divergenzrüge (auch) als Vortrag zur Verfahrensrüge verstanden (BVerwG 31.8.1999 – 3 B 57.99). Soweit die Voraussetzungen der Zulassungsgründe weitgehend deckungsgleich sind – wie im Verhältnis von § 124 Abs. 2 Nr. 1 und 2 –, genügt es, dass die inhaltlichen Darlegungen sich gleichzeitig beiden Zulassungsgründen zuordnen lassen. Das Verlangen, die Ausführungen gleichsam zweimal vorzutragen, liefe auf eine sachlich nicht gerechtfertigte Förmelei hinaus[219] (→ § 124 Rn. 108 sowie → Rn. 191).

196   **bb) Darlegung der Entscheidungserheblichkeit.** Ist das angefochtene Urteil auf mehrere, die Entscheidung jeweils selbständig tragende Begründungen gestützt, bedarf es in Bezug auf jede dieser Begründungen eines geltend gemachten und vorliegenden Zulassungsgrundes (→ § 124 Rn. 100).[220] Andern-

213 VGH Mannheim (9. Senat) NVwZ 1998, 1088, 1089; (1. Senat) 1999, 1357 f.; a.A. VGH Mannheim (7. Senat) NVwZ 1998, 645.
214 BVerwGE 13, 90, 91; BVerwG 9.3.1993 Buchholz 310 § 133 (n.F.) VwGO Nr. 11.
215 Vgl. OVG Bln NVwZ 1998, 200; OVG Koblenz 30.1.1997 – 7 B 10293/97; 18.3.1997 – 10 B 10658/97; OVG Münster 17.4.1997 – 9 B 689/97; NVwZ 1997, 1224; 19.2.2013 – 1 A 362/11; 26.9.2016 – 1 A 1662/15; ferner M.-J. Seibert, DVBl 1997, 932, 938 f.
216 BVerwG NWVBl 1996, 104, 105; 7.12.1995 – 9 B 377.95; BFHE 222, 54.
217 F. Weyreuther, Revisionszulassung, 1971, Rn. 240.
218 BVerfGE 78, 88, 99; BVerfG BayVBl 1995, 178 f.; NVwZ 2000, 1163; DVBl 2001, 894, 895; OVG Bln NVwZ 1998, 200; VGH Kassel NVwZ 1998, 195.
219 Zutr. OVG Münster NVwZ 1999, 202, 205.
220 Vgl. BVerwG 9.12.1994 Buchholz 310 § 132 Abs. 2 Ziff. 1 VwGO Nr. 4; DÖV 1998, 117, 118; BayVerfGH, BayVBl 2007, 123.

falls ist der Zulassungsantrag abzulehnen. Dies gilt i.d.R. auch für den Fall, dass das VG die Klage als unzulässig *und* unbegründet abgewiesen hat (str.; näher → Rn. 112).[221]

Rechts- oder Tatsachenfragen, die in den Gründen der verwaltungsgerichtlichen Entscheidung nicht erörtert worden sind oder nicht zweifelhaft waren, müssen im Zulassungsantrag nicht dargelegt werden, um eine Entscheidungserheblichkeit darzutun.[222] Insbes. bedarf es keiner Darlegung dazu, wie das VG entschieden hätte, wenn es seine Entscheidung nicht auf die mit Zulassungsgründen erfolgreich angegriffene Begründung gestützt hätte. Dies gilt auch hinsichtlich der Befugnis des OVG, ernstliche Zweifel i.S.d. § 124 Abs. 2 Nr. 1 zu verneinen, wenn sich die angegriffene Entscheidung aus anderen als den vom VG erörterten Gründen als richtig erweist (→ § 124 Rn. 98 f., 101).[223] Die gegenteilige Ansicht vereinzelter obergerichtlicher Senate[224] verkennt, dass die Ergebniskontrolle zulasten des Rechtsmittelführers von Amts wegen aus prozessökonomischen Gründen erfolgt. Das Berufungsgericht ist bei seiner Prüfung, ob die angegriffene Entscheidung aus anderen Gründen richtig ist, nicht auf die Darlegungen der Beteiligten beschränkt (OVG Bln NVwZ 1998, 1318, 1319 m.w.N.); es hat vor einer Ablehnung des Zulassungsantrags „aus anderen Gründen" den Beteiligten rechtliches Gehör zu gewähren (→ § 124 Rn. 101 ff.). 197

cc) Bezugnahmen.[225] Das Darlegungserfordernis verlangt nach seinem Sinn und Zweck, dass die Antragsbegründung aus sich selbst heraus verständlich ist, um das Berufungsgericht zu entlasten und eine zügige Entscheidung zu ermöglichen. Das schließt jedoch eine Bezugnahme auf andere Schriftstücke nicht aus, wenn die Bezugnahme hinreichend konkret erfolgt (Bezeichnung des Schriftsatzes, bei umfangreichen Schriftsätzen Angabe der in Bezug genommenen Seiten[226]), der in Bezug genommene Schriftsatz (auch) den Anforderungen an eine Antragsbegründung genügt und der Schriftsatz sich bei den Akten befindet bzw. gleichzeitig eingereicht wird (OVG Bln-Bbg 9.3.2009 – 12 N 5/09). Bezugnahmen sollen unnötige Wiederholungen bereits vorgetragener Ausführungen vermeiden; sie entbinden aber nicht von der konkreten Auseinandersetzung mit dem angegriffenen Urteil. 198

Nicht ausreichend ist eine allgemeine Verweisung auf das gesamte erstinstanzliche Vorbringen.[227] Ebenso wenig genügt der pauschale Verweis einer Behörde als Rechtsmittelführerin auf den angefochtenen Bescheid (OVG Münster NWVBl 1998, 285, 286) ohne Auseinandersetzung mit der angegriffenen Entscheidung. Hingegen ist eine Bezugnahme auf bestimmte, näher bezeichnete rechtliche oder tatsächliche Ausführungen in erster Instanz zulässig, wenn sie lediglich der weiteren Konkretisierung und Ergänzung dient. 199

Zweck des Vertretungsgebots (§ 67 Abs. 4) ist es, dass der bevollmächtigte Rechtsanwalt die Antragsbegründung selbst erarbeitet und hierfür die Verantwortung übernimmt. An einer ausreichenden Darlegung mangelt es daher auch dann, wenn der bevollmächtigte Rechtsanwalt in seiner Antragsschrift lediglich Bezug nimmt auf Ausführungen der von ihm vertretenen Partei oder eines Dritten, ohne dass erkennbar wird, dass er eine eigene Prüfung, Gewichtung oder rechtliche Durchdringung des Streitstoffes vorgenommen hat.[228] Ebenso wenig reicht aus, dass der Prozessbevollmächtigte von der Partei inhaltlich unverändert übernommene Ausführungen lediglich unterzeichnet,[229] auch wenn der Schriftsatz den Briefkopf (VGH Mannheim NVwZ 1999, 205, 207) oder den Stempel (VGH Mannheim NVwZ 1998, 753) des Rechtsanwalts trägt. Unzureichend ist auch die ausschließliche Bezugnahme auf die „umfangreichen Ausführungen" einer anderen erstinstanzlichen Entscheidung.[230] 200

---

221 Vgl. BVerwG DVBl 1981, 495; 11.11.1991 Buchholz 310 § 113 VwGO Nr. 237; 9.4.2003 – 4 B 29.03; ferner BVerwG NVwZ 1998, 737 (für eine unzulässige Berufung).

222 BVerwG DVBl 2004, 838; OVG Lüneburg 21.3.1997 – 12 M 1255/97; OVG Münster 14.4.2000 – 7 B 459/00; wohl auch OVG Bln NVwZ 1998, 1318, 1319; ferner BVerfG NVwZ-Beilage 1994, 65, 66 (zu § 78 Abs. 4 AsylG).

223 BVerfG NVwZ 2006, 683; BVerwG DVBl 2004, 838, 839; OVG Münster 14.4.2000 – 7 B 459/00.

224 Vgl. z.B. OVG Greifswald 10.5.2002 – 2 L 162/01; OVG Münster NWVBl 1999, 269.

225 Zum Ganzen auch → Rn. 115 ff. (Bezugnahmen in der Berufungsbegründung).

226 Vgl. BVerwGE 31, 212, 217; BVerwG 31.10.1972 Buchholz 310 § 132 VwGO Nr. 95 m.w.N.

227 BVerwG 19.11.1993 Buchholz 310 § 133 (a.F.) Nr. 13 m.w.N.; DÖV 1998, 117, 118; OVG Brem 22.12.1997 – 2 B 201/97; OVG Münster NVwZ 1999, 202, 205 m.w.N.; VGH Kassel 17.7.1998 – 8 UZ 2071/98.

228 OVG Brem 22.12.1997 – 2 B 201/97; OVG Münster 17.4.1997 – 9 B 689/97; 8.8.2011 – 12 A 1556/11; 3.3.2017 – 19 A 544/16; VGH Mannheim VBlBW 1997, 381; NJW 2010, 3386; vgl. auch VGH Mannheim NVwZ 1998, 753 (fehlende Postulationsfähigkeit).

229 Vgl. BVerwG 19.8.1993 Buchholz 310 § 67 VwGO Nr. 81; VGH Mannheim NVwZ 1999, 429; BGH NJW 2008, 1311.

230 OVG Greifswald NVwZ-RR 2000, 549; VGH Kassel 27.7.1998 – 10 TZ 2718/98.

201 Die gleichen Grundsätze gelten für die Vertretung von juristischen Personen des öffentlichen Rechts und Behörden; der vor dem OVG postulationsfähige Bedienstete i.S.d. § 67 Abs. 4 S. 4 muss selbst die fachliche und rechtliche Verantwortung für die Rechtsmittelschrift übernehmen und kann sich nicht stattdessen lediglich auf Stellungnahmen von Fachreferaten oder anderen Behörden beziehen (VGH Mannheim NVwZ 1999, 429 f.).

202 Ebenso wenig reicht die bloße Bezugnahme auf ein Rechtsgutachten eines – an sich vertretungsberechtigten – Hochschullehrers aus. Der Bevollmächtigte ist nicht befugt, die ihm übertragene Verantwortung für eine *eigene* Antragsbegründung beliebig auf Dritte zu übertragen (BVerwG NVwZ 1990, 459, 460; BFHE 143, 196, 198). Die lediglich *ergänzende* Bezugnahme auf ein fremdes Rechtsgutachten ist hingegen berücksichtigungsfähig (BVerwGE 26, 239, 242; BVerwG NVwZ 1990, 459, 460). Der Verweis auf Literaturstellen oder die bloße Wiedergabe anderer Rechtsansichten werden dem Darlegungserfordernis nicht gerecht, wenn es an einer erkennbaren Auseinandersetzung mit der angefochtenen Entscheidung fehlt (vgl. BAG NJW 1998, 2470; BFHE 121, 19, 20).

203 **dd) Reduzierung der Darlegungslast bei Offenkundigkeit.** Die Darlegungsanforderungen sind umso geringer, je offensichtlicher die Voraussetzungen des jeweiligen Zulassungsgrundes zu Tage treten. Sinn des Darlegungs- und Begründungszwangs ist es, dem Rechtsmittelgericht ohne allzu großen Aufwand die Prüfung zu ermöglichen, ob eine Berufungszulassung gerechtfertigt ist. Dessen bedarf es umso weniger, je offensichtlicher und klarer ein Fehler für das Berufungsgericht ist.

204 Ein Fehler des VG kann im Einzelfall auch derart schwerwiegend oder offenkundig sein, dass er ohne entsprechende Rüge des Rechtsmittelführers vom Berufungsgericht zu berücksichtigen ist.[231] Daran hat auch die Neufassung des § 124 a Abs. 5 S. 2 ausweislich der Gesetzesbegründung nichts ändern wollen.[232] Die Darlegungs- und Begründungspflicht dient keinem Selbstzweck, sondern soll die Arbeit des Berufungsgerichts lediglich erleichtern und beschleunigen. Auch im Revisionszulassungsrecht hat das BVerwG z.B. Verfahrensfehler aus nicht vorgebrachten, aber offenkundigen Gründen bejaht.[233] Eine Berücksichtigung nicht gerügter Fehler von Amts wegen muss freilich auf offenkundige Fehler beschränkt bleiben. Andernfalls könnte sich das Berufungsgericht regelmäßig zu einer umfassenden – wenn auch nur summarischen – Prüfung der erstinstanzlichen Entscheidung veranlasst sehen (i.E. ebenso OVG Münster NVwZ 1997, 1224, 1225). Eine solche Verfahrensweise widerspräche jedoch der mit der Darlegungspflicht verfolgten gesetzgeberischen Intention.

205 **ee) Beschränkung der Prüfung auf Antragsbegründung.** Die Prüfung des Berufungsgerichts im Zulassungsverfahren ist auf die vorgetragene Antragsbegründung beschränkt.[234] Deshalb können innerhalb eines geltend gemachten Zulassungsgrundes grds. nur Rügen, die vom Rechtsmittelführer dargelegt worden sind, zur Zulassung der Berufung führen (vgl. OVG Münster 19.3.1997 – 18 B 439/97). So ist eine Zulassung wegen grundsätzlicher Bedeutung nicht gerechtfertigt, wenn der Rechtsstreit zwar objektiv eine klärungsbedürftige und klärungsfähige Frage von allgemeiner Bedeutung aufwirft, die Antragsbegründung aber eine andere Rechtsfrage für grds. bedeutsam hält.[235] Auch i.R. der Zulassungsgründe der ernstlichen Zweifel (§ 124 Abs. 2 Nr. 1) und der besonderen Schwierigkeit der Rechtssache (§ 124 Abs. 2 Nr. 2) ist die erstinstanzliche Entscheidung nur insoweit auf ihre Richtigkeit zu prüfen, als sie angegriffen wird. Dabei ist jedoch nicht kleinlich oder gar spitzfindig zu verfahren. Es genügt, wenn der Rechtsmittelführer den „wunden Punkt" der Entscheidung angreift.

206 **5. Darlegungsanforderungen im Einzelnen. a) Ernstliche Zweifel (§ 124 Abs. 2 Nr. 1).** Der Rechtsmittelführer muss darlegen, warum die angegriffene Entscheidung aus seiner Sicht unrichtig ist (zu den tatbestandlichen Voraussetzungen → § 124 Rn. 75 ff.). Dazu muss er sich mit den entscheidungs-

---

231 OVG Münster NVwZ 1997, 1224, 1225; NWVBl 1999, 269; 20.3.2002 – 16 B 20/02; VGH Mannheim NVwZ-RR 2012, 948; OVG Bautzen 1.6.2016 – 5 A 54/13 (unter nicht überzeugendem Rückgriff auf den Grundsatz „iuria novit curia"); vgl. ferner BVerfG DVBl 2001, 894, 895; NJW 2004, 2510 (einer nicht nachvollziehbaren Begründung muss nicht entgegengetreten werden).

232 BT-Drs. 14/7744, 4: Ein Zulassungsantrag, der eine offensichtliche Fehlentscheidung betreffe, beinhalte konkludent immer auch die Darlegung des Zulassungsgrundes nach § 124 Abs. 2 Nr. 1; ferner *M.-J. Seibert*, NVwZ 2002, 265, 267.

233 BVerwG 18.5.1999 – 9 B 209.99; s.a. BFHE 153, 378, 380 zur Offenkundigkeit der grundsätzlichen Bedeutung.

234 Hiervon zu unterscheiden ist die durch konkrete Rügen veranlasste Prüfung, ob sich die Entscheidung aus anderen Gründen als richtig darstellt.

235 Vgl. BFHE 147, 219, 221 f.; *F. Weyreuther*, Revisionszulassung, 1971, Rn. 217.

tragenden Annahmen des VG auseinander setzen und im Einzelnen darlegen, in welcher Hinsicht und aus welchen Gründen diese ernstlichen Zweifeln begegnen. Er muss insbes. die konkreten Feststellungen tatsächlicher oder rechtlicher Art benennen, die er mit seiner Rüge angreifen will. Diesen Darlegungsanforderungen wird nicht genügt, wenn sich sein Vorbringen in einer Wiederholung des erstinstanzlichen Vortrags erschöpft, ohne im Einzelnen auf die Gründe der angefochtenen Entscheidung einzugehen (vgl. VGH Mannheim VBlBW 1997, 299, 300). Es reicht auch nicht aus, das angegriffene Urteil mit floskelhaften Wendungen zu rügen, etwa derart, das Urteil könne keinen Bestand haben, die Auffassung des VG zu einem bestimmten Punkt sei unzutreffend oder das erstinstanzliche Vorbringen sei nicht hinreichend berücksichtigt worden (vgl. OVG Münster NVwZ 1999, 202, 205 m.w.N.). Nach Auffassung des BVerfG genügt es ferner nicht, lediglich auf ein abweichendes Urteil eines anderen VG zu verweisen, ohne auszuführen, aus welchem Grund es überzeugender sein soll als das im Ausgangsverfahren ergangene (BVerfG NVwZ 2000, 1163, 1164). Erforderlich ist vielmehr, dass sich aus der Antragsbegründung schlüssige[236] Gegenargumente ergeben, die einen einzelnen tragenden Rechtssatz, eine konkrete Subsumtion oder eine erhebliche Tatsachenfeststellung infrage stellen. Den Darlegungsanforderungen genügt daher, wer ähnlich wie in einer Berufungsschrift – in Auseinandersetzung mit den entscheidungserheblichen Gründen des VG – deren Fehlerhaftigkeit aufzuzeigen versucht.[237] Allerdings müssen die Darlegungen im Zulassungsantrag nicht die Qualität und Intensität einer Berufungsbegründung haben; das Zulassungsverfahren hat nicht die Aufgabe, das Berufungsverfahren vorwegzunehmen (BVerfG NVwZ 2000, 1163; NJW 2004, 2510).

Nicht darzulegen ist, wie das VG entschieden hätte, wenn es seine Entscheidung nicht auf die vom Rechtsmittelführer angegriffene Begründung gestützt hätte (ausf. → Rn. 197); denn die Befugnis des OVG, ernstliche Zweifel an der Richtigkeit des angefochtenen Urteils auch dann zu verneinen, wenn sich die Entscheidung aus anderen als den vom VG erwogenen Gründen als richtig erweist, beruht auf einer Prüfung von Amts wegen im Interesse der Prozessökonomie (→ §124 Rn. 101 ff.). 207

Soweit der Rechtsmittelführer neue Tatsachen vorträgt (zur Zulässigkeit neuen Vorbringens → §124 Rn. 86 ff., 92 ff.), genügt es nicht, diese lediglich zu behaupten. Erforderlich ist vielmehr eine Substantiierung und Glaubhaftmachung neuen Tatsachenvorbringens, um dem OVG die summarische Beurteilung zu ermöglichen, ob die Berufung voraussichtlich Erfolg haben wird. An die Glaubhaftmachung sind umso höhere Anforderungen zu stellen, je weniger nachvollziehbar ein Unterlassen des Vorbringens in der ersten Instanz ist (→ §124 Rn. 91). 208

b) Besondere Schwierigkeiten (§124 Abs. 2 Nr. 2). Die Darlegung besonderer tatsächlicher oder rechtlicher Schwierigkeiten erfordert, dass der Rechtsmittelführer näher ausführt, warum aufgrund der besonderen Schwierigkeiten der Rechtssache die Entscheidung über sie auch anders ausfallen könnte (zu den tatbestandlichen Voraussetzungen → §124 Rn. 106 ff.). Er muss also darlegen, welche begründeten Zweifel gegen die verwaltungsgerichtliche Entscheidung bestehen, die den Ausgang des Rechtsstreits als zumindest offen erscheinen lassen. Erforderlich ist die konkrete Darlegung, welche Teile des Urteils mit guten Gründen in einer Weise angreifbar sind, dass aufgrund der deshalb gegebenen besonderen Schwierigkeiten der Rechtssache begründete Zweifel an der Richtigkeit des Urteils bestehen.[238] Hat das VG bereits in den Urteilsgründen eine vertretbare Gegenauffassung bzw. die Schwierigkeit des Falles aufgezeigt, genügen auch erläuternde Hinweise auf die einschlägigen Passagen des Urteils (vgl. BVerfG NVwZ 2000, 1163; DVBl 2001, 895, 896). 209

Ähnlich sind die Darlegungsanforderungen, wenn man der Gegenauffassung folgt, wonach §124 Abs. 2 Nr. 2 verlangt, dass die Rechtssache in tatsächlicher oder rechtlicher Hinsicht signifikant vom Spektrum der in verwaltungsgerichtlichen Verfahren zu entscheidenden Streitfälle abweicht (→ §124 Rn. 106). Zur Darlegung der vorgenannten Voraussetzungen hat der Rechtsmittelführer darzutun, hinsichtlich welcher aufgrund der erstinstanzlichen Entscheidung auftretenden Fragen sich besondere tatsächliche oder rechtliche Schwierigkeiten ergeben sollen und worin die aus seiner Sicht vorliegende 210

---

236 Die Schlüssigkeit ist zwar nicht Zulässigkeitsvoraussetzung, aber Begründetheitsvoraussetzung für den Zulassungsantrag; zu diesem Doppelcharakter der Darlegungen des Rechtsmittelführers → Rn. 182 ff.
237 Vgl. OVG Münster NVwZ 1999, 202, 205; M.-J. Seibert, DVBl 1997, 932, 938 f.; J. Schmidt, NVwZ 1998, 694, 696; strenger wohl: OVG Münster NVwZ 1997, 1223; 1998, 415; VGH Mannheim DVBl 1997, 1327.
238 OVG Münster NVwZ 1999, 202, 205; M.-J. Seibert, DVBl 1997, 932, 936.

besondere tatsächliche oder rechtliche Problematik im Einzelnen bestehen soll.[239] Ungeachtet der Auslegungsunterschiede zu § 124 Abs. 2 Nr. 2 bedarf es der konkreten Auseinandersetzung mit den einzelnen Feststellungen des angefochtenen Urteils.

211   **c) Grundsätzliche Bedeutung (§ 124 Abs. 2 Nr. 3).**[240] Die Darlegung der grundsätzlichen Bedeutung einer Rechtssache setzt voraus, dass eine bestimmte, obergerichtlich oder höchstrichterlich noch nicht hinreichend geklärte und für die Berufungsentscheidung erhebliche Frage rechtlicher oder tatsächlicher Art herausgearbeitet und formuliert wird; außerdem muss angegeben werden, worin die allgemeine, über den Einzelfall hinausgehende Bedeutung bestehen soll.[241] Darzulegen sind also die konkrete Frage, ihre Klärungsbedürftigkeit, ihre Klärungsfähigkeit und ihre allgemeine Bedeutung.

212   Den Darlegungsanforderungen an die *Klärungsbedürftigkeit* wird nicht gerecht, wer sich darauf beschränkt, die Rechtsausführungen des angefochtenen Urteils in Frageform zu kleiden (BVerwG NVwZ-RR 1993, 276). Auch der bloße Hinweis, die Rechtsfrage sei bislang noch nicht ober- oder höchstrichterlich entschieden worden, reicht allein nicht (vgl. BVerwG NJW 1993, 2825, 2826). Von näheren Angaben kann allerdings abgesehen werden, wenn die Klärungsbedürftigkeit offenkundig ist (vgl. BFHE 153, 378, 380; → Rn. 203 f.). Ist die Rechtsfrage bereits obergerichtlich oder höchstrichterlich geklärt, erfordert die Darlegung der Klärungsbedürftigkeit den Vortrag, welche neuen gewichtigen Gesichtspunkte vorliegen, die bislang von der Rspr. noch nicht berücksichtigt worden sind (BVerwG 7.1.1992 Buchholz 303 § 579 ZPO Nr. 1). Wird die Klärungsbedürftigkeit mit divergierender Rspr. anderer, in § 124 Abs. 2 Nr. 4 nicht aufgeführter Gerichte begründet, entsprechen die Darlegungsanforderungen im Wesentlichen denen für eine Divergenzzulassung (OVG Frankfurt [Oder] NVwZ 2000, 591).

213   Die Darlegung der *Klärungsfähigkeit* (→ § 124 Rn. 149, 154) erfordert Angaben zur Entscheidungserheblichkeit der aufgeworfenen Frage in einem Berufungsverfahren. Dies bedeutet jedoch nicht, dass zu allen sich möglicherweise im Zusammenhang mit der Grundsatzfrage stellenden Problemen Stellung genommen werden muss. Vielmehr brauchen Rechtsfragen, die in der Begründung der verwaltungsgerichtlichen Entscheidung keine Rolle gespielt haben, im Regelfall nicht erörtert zu werden, um eine Entscheidungserheblichkeit darzulegen (BVerfG NVwZ-Beilage 1994, 65, 66; → Rn. 197).

214   Zur Darlegung der Grundsatzbedeutung von *Tatsachenfragen* (→ § 124 Rn. 138 ff.) genügt es nicht, wenn lediglich Zweifel an der tatsächlichen Entscheidungsgrundlage des erstinstanzlichen Urteils geäußert werden oder lediglich behauptet wird, dass sich die entscheidungserheblichen Tatsachen anders darstellen als vom VG angenommen. Vielmehr bedarf es der Angabe konkreter Anhaltspunkte dafür, dass die für die Entscheidung erheblichen und über den Einzelfall hinaus bedeutsamen Tatsachen, etwa mit Blick auf hierzu vorliegende gegensätzliche Stellungnahmen von Sachverständigen oder das Gewicht einer abweichenden Meinung, einer unterschiedlichen Würdigung und damit einer Klärung im Berufungsverfahren zugänglich sind.[242]

215   **d) Divergenz (§ 124 Abs. 2 Nr. 4).**[243] Erforderlich ist die Darlegung, mit welchem Rechtssatz das VG von einem in der Rspr. der in § 124 Abs. 2 Nr. 4 genannten Gerichte aufgestellten Rechtssatz abgewichen sein soll. Dazu muss der Rechtsmittelführer zum einen die Entscheidung des Gerichts, von der abgewichen werden soll, sowie einen in dieser Entscheidung enthaltenen entscheidungserheblichen abstrakten Rechtssatz so bezeichnen, dass er ohne langes Suchen auffindbar ist; die Entscheidung ist i.d.R. mit Datum und Aktenzeichen oder Fundstelle zu benennen. Zum anderen muss er einen gleichfalls entscheidungserheblichen[244] ebenso abstrakten Rechtssatz aus der angefochtenen Entscheidung anführen oder – soweit ein solcher in der Entscheidung nicht ausdrücklich ausgesprochen ist – herausarbeiten (BVerwG 7.3.1975 Buchholz 310 § 132 VwGO Nr. 130) und aufzeigen, dass der Rechtssatz

---

239   Vgl. OVG Münster NVwZ 1997, 1224; VGH Kassel DVBl 1999, 119, 120 (LS); VGH Mannheim NVwZ 1998, 414.

240   Zu den Voraussetzungen der Grundsatzzulassung im Einzelnen → § 124 Rn. 126 ff.

241   Vgl. BVerwGE 13, 90, 91 f.; BVerwG NVwZ-RR 1993, 276; NJW 1994, 144, 145; NVwZ 1997, 501; DÖV 1998, 117.

242   OVG Schleswig 18.11.1996 – 1 L 216/96; VGH Kassel 22.7.1994 – 13 UZ 1952/94; VGH Mannheim 15.3.2000 – A 6 S 48/00; 17.2.2010 – A 11 S 895/08.

243   Zu den Voraussetzungen der Divergenzzulassung im Einzelnen → § 124 Rn. 155 ff.

244   Zur Darlegung der Entscheidungserheblichkeit vgl. VGH Kassel 21.3.2000 – 12 VZ 4014/99.A.

der angefochtenen Entscheidung von dem in der Divergenzentscheidung aufgestellten Rechtssatz in Anwendung derselben Vorschrift abweicht.[245]

Nicht ausreichend ist die pauschale Behauptung, die angegriffene Entscheidung weiche von der st. 216 Rspr. des BVerwG oder des OVG ab (vgl. VGH Kassel NVwZ 2000, 1433), oder der Hinweis auf abweichende Rspr. in einem ähnlichen Fall. Ebenso wenig genügt das Aufzeigen einer fehlerhaften oder unterbliebenen Anwendung von Rechtssätzen, die die in § 124 Abs. 2 Nr. 4 genannten Gerichte in ihrer Rspr. aufgestellt haben; notwendig ist die Darlegung eines Widerspruchs im abstrakten Rechtssatz[246] (→ § 124 Rn. 159).

Für die Divergenz in Bezug auf Tatsachenfragen (→ § 124 Rn. 172) ergeben sich vergleichbare Darle- 217 gungsanforderungen. Anzugeben ist, mit welchen verallgemeinerungsfähigen Tatsachenfeststellungen das verwaltungsgerichtliche Urteil zu ebensolchen verallgemeinerungsfähigen Tatsachenfeststellungen des OVG in Widerspruch stehen soll.

e) Verfahrensmangel (§ 124 Abs. 2 Nr. 5).[247] Der Verfahrensmangel muss sowohl in den ihn (ver- 218 meintlich) begründenden Tatsachen als auch in seiner rechtlichen Würdigung substantiiert und schlüssig dargetan werden.[248] Das gilt auch für Mängel, die in einem Berufungsverfahren von Amts wegen zu prüfen sind.[249] Die Rüge einer Gehörsversagung setzt voraus, dass exakt angegeben wird oder ohne Weiteres erkennbar ist, welche Schriftsätze, Protokolle oder sonstigen Unterlagen den als übergangen gerügten Vortrag oder Vorgang enthalten (OVG Lüneburg NJW 2006, 3018). Ferner sind die Umstände darzulegen, aus denen sich ergibt, warum die verwaltungsgerichtliche Entscheidung auf dem behaupteten Verfahrensmangel beruhen kann (BVerwG NJW 1985, 757; DVBl 1993, 49 f.); dies gilt allerdings grds. nicht für die absoluten Revisionsgründe des § 138 (→ § 124 Rn. 221 ff.). Darüber hinaus muss stets dargelegt werden, dass ein Rügeverlust nicht eingetreten ist (§ 173 VwGO i.V.m. §§ 295, 534 ZPO; zum Rügeverlust → § 124 Rn. 213 ff.); dazu muss substantiiert dargetan werden, dass der behauptete Verfahrensmangel bereits im erstinstanzlichen Verfahren gerügt worden ist, sofern sich dies nicht schon aus dem Urteil oder den ihm zugrunde liegenden Unterlagen ergibt, oder dass und warum auf die Befolgung des behaupteten Fehlers nicht wirksam verzichtet werden kann (§ 295 Abs. 2 ZPO).[250]

Rügt der Rechtsmittelführer eine *Versagung rechtlichen Gehörs* in Bezug auf *einzelne* Feststellungen 219 oder rechtliche Gesichtspunkte, muss er ausführen, was er bei ausreichender Gewährung rechtlichen Gehörs vorgetragen hätte und inwieweit dieser Vortrag zur Klärung des geltend gemachten Anspruchs geeignet gewesen wäre. Erfasst die Gehörsrüge hingegen den *gesamten* Streitstoff (Bsp.: Versagte Teilnahme an der mündlichen Verhandlung oder versagte Akteneinsicht), bedarf es einer solchen Darlegung der Beeinflussung der angegriffenen Entscheidung durch die Gehörsversagung nicht (ausf. → § 124 Rn. 223 m.N. zur Rspr.).

Rügt der Rechtsmittelführer einen *Aufklärungsmangel* (→ § 124 Rn. 191), muss er angeben, welche 220 Beweisanträge gestellt worden sind oder welche Ermittlungen sich dem VG hätten aufdrängen müssen, welche Beweismittel bzw. Aufklärungsmöglichkeiten in Betracht gekommen wären, welches Ergebnis die Beweisaufnahme bzw. weitere Aufklärung voraussichtlich gehabt hätte und inwiefern dieses Ergebnis zu einer dem Rechtsmittelführer günstigeren Entscheidung hätte führen können.[251]

---

245 OVG Bln NVwZ 1998, 200; OVG Münster NVwZ 1998, 306, 307; OVG Schleswig NVwZ 1999, 1354, 1356; ferner BVerwG DVBl 1984, 93; NVwZ-RR 1996, 712, 713; 2000, 260.

246 BVerwG 17.1.1995 Buchholz 421.0 Prüfungswesen Nr. 342; DÖV 1998, 117, 118.

247 Zu den Anforderungen an einen Verfahrensmangel → § 124 Rn. 183 ff.

248 BVerwG NJW 1961, 425 f.; 14.1.1966 Buchholz 310 § 132 VwGO Nr. 50; 10.11.1992 Buchholz 303 § 314 ZPO Nr. 5; NJW 1997, 3328 m.w.N.; 3.7.1998 – 6 B 67.98; VGH Mannheim VBlBW 1997, 263; *F. Weyreuther*, Revisionszulassung, 1971, Rn. 222.

249 Vgl. für das Revisionsverfahren: BVerwG 13.1.1966 Buchholz 310 § 132 VwGO Nr. 50; *F. Weyreuther*, Revisionszulassung, 1971, Rn. 222.

250 BVerwGE 8, 149, 150; BVerwG NJW 1989, 678; DVBl 1999, 99; BFHE 90, 452, 453; 161, 427, 428; *P. Kummer*, Nichtzulassungsbeschwerde, 1990, Rn. 201; a.A. BVerwGE 25, 44, 45 f.: Frage der Begründetheit, nicht der Zulässigkeit; ebenso *B. Kohlndorfer*, DVBl 1988, 474, 477.

251 VGH Mannheim NVwZ 1998, 865, 866; ferner BVerwG 31.10.1972 Buchholz 310 § 132 VwGO Nr. 95; NVwZ 1982, 433, 434; DÖV 1998, 117, 118; BGH NJW 1987, 2442, 2443 (zu § 86 VwGO).

IX. Wirkung der Antragstellung (Abs. 4 S. 6)

221   Der Antrag auf Zulassung der Berufung ist ein echtes Rechtsmittel (→ § 124 Rn. 35 ff.). Er hat sowohl Suspensiveffekt als auch Devolutiveffekt.

222   **1. Suspensiveffekt.** Die rechtzeitige (GmSOGB BGHZ 88, 353) Stellung des Antrags hemmt die Rechtskraft des verwaltungsgerichtlichen Urteils (§ 124 a Abs. 4 S. 6; s.a. § 124 a Abs. 5 S. 4). Die Rechtskrafthemmung erfasst auch den nicht angefochtenen Teil des Urteils, soweit und solange ein Beteiligter diesen Teil durch (unselbständige) Anschlussberufung der Nachprüfung des Berufungsgerichts noch unterwerfen kann.[252] Eine Erweiterung des Rechtsmittels ist hingegen – abweichend vom Zivilprozessrecht – nur innerhalb der Antrags- und Begründungsfristen des § 124 a Abs. 4 S. 1 und 4 zulässig (vgl. dazu BVerwGE 10, 68 ff.; → Rn. 132), sofern es sich nicht um eine Anschlussberufung handelt.

223   **2. Devolutiveffekt.**[253]   Bereits mit Einlegung des Zulassungsantrags fällt der Rechtsstreit (in der Hauptsache) in der Rechtsmittelinstanz an,[254] auch wenn das OVG zunächst nur über die erste Stufe, die Zulassung der Berufung, entscheidet. Dass das OVG vor Zulassung der Berufung nicht über die Hauptsache entscheiden kann, steht der Anhängigkeit nicht entgegen; der Devolutiveffekt hängt nicht von Art und Umfang der Entscheidungskompetenz ab. Die Anfallwirkung bereits mit Antragstellung führt auch zur sachgerechten und prozessökonomischen Behandlung verschiedener verfahrensrechtlicher Fragen. Wird während des Zulassungsverfahrens der Rechtsstreit in der Hauptsache für erledigt erklärt oder die Klage zurückgenommen, so stellt nicht das VG, sondern das OVG das Verfahren ein (→ § 124 Rn. 39).[255] Das OVG ist auch „Gericht der Hauptsache" i.S.d. §§ 80, 123 während des Zulassungsverfahrens (→ § 124 Rn. 39 m.w.N.).[256] Es ist ferner befugt, im Zulassungsverfahren den von der Vorinstanz festgesetzten Streitwert nach § 25 Abs. 2 S. 2 GKG zu ändern (→ § 124 Rn. 39).[257]

X. Kein unselbständiger Anschlusszulassungsantrag

224   Ein unselbständiger Anschlusszulassungsantrag (nach Ablauf der Antragsfrist) ist im Berufungszulassungsverfahren nicht zulässig.[258] Das besonders ausgestaltete Zulassungsverfahren mit seinen Fristen und Darlegungspflichten steht einer entsprechenden Anwendung der Vorschriften über die Anschlussberufung und Anschlussrevision (§§ 141, 127) entgegen.[259] Es besteht auch kein Bedürfnis für eine Analogie. Ziel eines Anschlussrechtsmittels ist es, die „Waffengleichheit" der Beteiligten herzustellen. Deren bedarf es im Zulassungsverfahren nicht, weil die Beteiligten gleichgerichtete Anträge auf Zulassung der Berufung verfolgen, wenn auch mit unterschiedlicher Begründung. Die Zulassung der Berufung wirkt für alle Beteiligten (str.; ausf. → Rn. 308 ff.); der Rechtsmittelgegner kann nach Zulassung der Berufung ggf. eine Anschlussberufung einlegen.[260]

XI. Keine Klageänderung

225   Für eine Klageänderung ist in einem Zulassungsverfahren kein Raum. Eine Klageänderung in der Berufungsinstanz setzt eine zulässige Berufung (BGH NJW 1999, 2118, 2119 m.w.N.; OVG Münster

---

252   Vgl. RGZ 56, 31, 34; BGHZ 7, 143, 144 f.; BGH NJW 1992, 2296; 1994, 657 m.w.N.; ferner BVerwG NVwZ-RR 2008, 214.
253   → § 124 Rn. 38.
254   Vgl. BVerwG NVwZ 1999, 642; OVG Greifswald NVwZ-RR 1999, 591; VGH München 9.7.1999 – 25 ZE 99.1581; a.A.: VGH München NVwZ-RR 1993, 220.
255   Vgl. nur OVG Lüneburg NVwZ-RR 1998, 337; 1998, 461; OVG Münster 22.3.1999 – 10 A 1621/96.A; VGH München BayVBl 1999, 309 f.; für das Verfahren der Nichtzulassungsbeschwerde BVerwG NJW 1965, 1732.
256   VGH München 9.7.1999 – 25 ZE 99.1581; Külpmann, in: Finkelnburg/ Dombert/Külpmann Rn. 868; M. Redeker, in: Redeker/v. Oertzen § 80 Rn. 57; für die Nichtzulassungsbeschwerde BVerwG E 1, 45, 47; BVerwG BayVBl 1966, 279; 8.10.1969 Buchholz 448.0 § 35 WpflG Nr. 5; 10.10.1978 – 4 B 125.78 m.w.N.; InfAuslR 1994, 395.
257   Für die Nichtzulassungsbeschwerde: BVerwG 19.4.1988 – 1 B 39.88; 9.2.1989 – 4 B 236.88; 10.2.1989 – 7 B 15.89; 1.2.1990 – 3 B 13.90; 15.5.1990 – 3 B 67.90; 22.10.1990 – 8 B 37.90; 25.11.1993 – 7 B 186.93; offen gelassen 6.10.1985 – 4 B 123.85.
258   BVerwG NVwZ 2002, 1250, 1251; VGH München NVwZ 2000, 213; M.-J. Seibert, DVBl 1997, 932, 940; R. Rudisile, in: Schoch/Schneider/Bier § 124 a Rn. 67; M. Siems, NVwZ 2000, 160.
259   BVerwG NVwZ 2002, 1250, 1251; für die Nichtzulassungsbeschwerde BVerwGE 34, 351, 352.
260   Zur Unzulässigkeit der Anschlussberufung während des Zulassungsverfahrens OVG Koblenz NVwZ-RR 2003, 317.

BauR 2003, 1708; 18.1.2010 – 12 E 158/09) und damit deren Zulassung voraus. Gegenstand des Zulassungsverfahrens kann nur der Streitgegenstand der erstinstanzlichen Entscheidung sein.[261] Allerdings kann bei Erledigung des Rechtsstreits in der Hauptsache die Zulassung der Berufung mit dem Ziel einer Entscheidung nach § 113 Abs. 1 S. 4 beantragt werden; in diesem Fall muss der Kläger darlegen, dass er ein berechtigtes Fortsetzungsfeststellungsinteresse hat[262] (→ Rn. 341 a).

XII. Prozesskostenhilfe

1. Frist. Der Antrag auf Gewährung von PKH ist an sich nicht fristgebunden. Ist jedoch eine Partei aus finanziellen Gründen nicht in der Lage, fristgemäß einen dem Vertretungserfordernis des § 67 Abs. 4 entsprechenden Antrag auf Berufungszulassung zu stellen, so muss der Antrag auf Bewilligung von PKH und Beiordnung eines Rechtsanwalts innerhalb der einmonatigen Antragsfrist des § 124 a Abs. 4 S. 1 gestellt werden.[263] Denn das beabsichtigte Rechtsmittel hat nur dann Aussicht auf Erfolg, wenn wegen der Fristversäumnis Wiedereinsetzung gewährt werden kann; Wiedereinsetzung in den vorigen Stand kommt aber nur in Betracht, wenn die unbemittelte Partei alles in ihren Kräften Stehende und ihr Zumutbare getan hat, um das in ihrer Mittellosigkeit bestehende Hindernis zu beseitigen. Sie muss daher innerhalb der Frist des § 124 a Abs. 4 S. 1 einen den gesetzlichen Anforderungen genügenden Antrag auf Bewilligung von PKH einreichen. Es reicht aus, dass das PKH-Gesuch bis zum Ablauf der Rechtsmittelfrist eingereicht wird.[264] Aufgrund der Rechtsmittelbelehrung des VG über den Berufungszulassungsantrag ist für die unbemittelte Partei auch ohne Weiteres erkennbar, dass sie sich wegen ihrer Mittellosigkeit innerhalb der Antragsfrist des § 124 a Abs. 4 S. 1 an das Gericht wenden muss.[265] Soweit von dem Antragsteller eine Begründung zu verlangen ist bzw. verlangt werden kann (→ Rn. 232 ff.), muss diese (erst) innerhalb der zweimonatigen Begründungsfrist des § 124 a Abs. 4 S. 4 vorgelegt werden.[266] Die abweichende Auffassung (innerhalb der einmonatigen Antragsfrist nach § 124 a Abs. 4 S. 1)[267] wird nicht hinreichend dem verfassungsrechtlichen Gebot gerecht, den Zugang zu Gericht jedermann in grundsätzlich gleicher Weise zu ermöglichen. Art. 3 Abs. 1 GG i.V.m. dem Rechtsstaatsprinzip des Art. 20 Abs. 3 GG verlangt, bei der Verwirklichung des Rechtsschutzes die Situation des mittellosen Antragstellers weitgehend der Situation des bemittelten Antragstellers anzugleichen.[268] Folgt man gleichwohl der Gegenauffassung, ist dem Antragsteller mit Blick auf die unterschiedlichen Auffassungen zur Begründungsfrist des PKH-Gesuchs jedenfalls Wiedereinsetzung in den vorigen Stand zu gewähren, wenn er sich an der Begründungsfrist des § 124 a Abs. 4 S. 4 und nicht an der Antragsfrist des § 124 a Abs. 4 S. 1 orientiert hat.[269]

Innerhalb der Antragsfrist müssen auch die formularmäßige Erklärung über die persönlichen und wirtschaftlichen Verhältnisse (§ 117 Abs. 2 und 4 ZPO) sowie die entsprechenden Belege vorgelegt werden.[270] Ist eine solche Erklärung bereits im verwaltungsgerichtlichen Klageverfahren abgegeben

226

227

---

261 OVG Münster 23.10.1998 – 22 B 2150/98; 21.5.2001 – 8 A 3373/99; OVG Weimar DVBl 2003, 879; VGH Mannheim 27.10.2004 – 8 S 1322/04; VGH München 17.7.2009 – 12 ZB 08.739.

262 BVerwG NVwZ-RR 1996, 122; OVG Lüneburg NVwZ-RR 2004, 912; NVwZ-RR 2007, 67; VGH Mannheim NVwZ-RR 1998, 371; OVG Münster 15.12.2008 – 8 A 968/07.

263 Vgl. BVerwG NJW 1956, 1731; 30.10.1992 Buchholz 310 § 60 VwGO Nr. 182; 7.4.1994 Buchholz 310 § 166 VwGO Nr. 34; NJW 1995, 2121; 21.1.1999 Buchholz 310 § 166 VwGO Nr. 38; BAG NJW 1955, 1006; BGHZ 16, 1; zu § 124 a Abs. 1 S. 1 a.F.: OVG Koblenz DVBl 1997, 1342; VGH Kassel NVwZ 1998, 203; VGH Mannheim VBlBW 1997, 381; NVwZ-RR 1998, 598; NVwZ 1999, 205; VGH München BayVBl 1997, 637.

264 Vgl. BGHZ 16, 1, 3 unter der früheren Rspr. (so frühzeitig eine Einreichung, dass noch innerhalb der Rechtsmittelfrist über den PKH-Antrag entschieden werden kann) zust.: BVerfGE 22, 83, 87; BVerwGE 15, 306, 308; BVerwG NJW 1956, 1731; 30.10.1992 Buchholz 310 § 60 VwGO Nr. 182; 7.4.1994 Buchholz 310 § 166 VwGO Nr. 34.

265 OVG Koblenz DVBl 1997, 1342; ferner BVerwG 7.4.1994 Buchholz 310 § 166 VwGO Nr. 34.

266 BVerwG 25.5.2007 – 8 PKH 3.07; 1.9.1994 – 11 PKH 4.94; 28.5.2010 – 1 PKH 5/10 (jeweils zur Revisonszulassungsbeschwerde); OVG Lüneburg NVwZ-RR 2003, 906; VGH Mannheim 15.11.2004 – 12 S 1751/04; OVG Magdeburg NordÖR 2009, 527; VGH Kassel 1.11.2010 – 9 A 1965/10.Z; OVG Münster 29.3.2011 – 18 A 1721/10; 7.10.2013 – 2 A 953/12; 3.4.2014 – 16 A 353/14.

267 BVerwG 21.1.1999 – 1 PKH 1.99; 16.4.2009 – 6 PKH 31.08; unergiebig: BVerwG 11.7.1983 – 1 ER 210/83, da nach § 132 Abs. 3 a.F. eine einheitliche Einlegungs- und Begründungsfrist galt.

268 Grundlegend BVerfGE 81, 347, 356; ferner BVerwG 18.2.2013 – 6 BN 1.12

269 Zutr. OVG Saarlouis 27.7.2015 – 1 A 106/153.

270 Vgl. BVerwG 26.1.1961 Buchholz 310 § 60 VwGO Nr. 5; 17.9.1964 Buchholz 310 § 60 VwGO Nr. 34; 21.1.1999 Buchholz 310 § 166 VwGO Nr. 38; NVwZ 2004, 888; BAG NJW 1967, 222, 223; BFHE 118, 300, 301; 136, 354;

worden und haben sich die wirtschaftlichen Verhältnisse seitdem nicht geändert, genügt eine Bezugnahme auf die frühere Erklärung, wenn zugleich versichert wird, dass keine Veränderung der Verhältnisse eingetreten ist.[271] Hingegen muss ein übernahmebereiter Rechtsanwalt nicht bereits innerhalb der Antragsfrist, sondern erst innerhalb der Wiedereinsetzungsfrist nach Bewilligung von PKH benannt werden.[272]

228   **2. Kein Vertretungszwang.** Der PKH-Antrag kann schriftlich oder zu Protokoll der Geschäftsstelle (§ 166 VwGO i.V.m. § 117 Abs. 1 S. 1 HS. 2 ZPO) gestellt werden. Er unterliegt nicht dem Vertretungszwang (§ 173 VwGO i.V.m. § 78 Abs. 3 ZPO).[273]

229   **3. Adressat des PKH-Antrags.** Der Antrag auf Bewilligung von PKH kann sowohl beim OVG als auch beim VG gestellt werden. Entscheidungsbefugt ist jedoch allein das OVG.

230   Nach § 166 VwGO i.V.m. § 117 Abs. 1 S. 1 HS. 1 ZPO ist der PKH-Antrag bei dem Prozessgericht zu stellen. Ist das Verfahren in einem höheren Rechtszug „anhängig", so ist das Gericht dieses Rechtszuges zuständig (§ 166 VwGO i.V.m. § 127 Abs. 1 S. 2 ZPO). Über den Wortlaut des § 127 Abs. 1 S. 2 ZPO hinaus entscheidet das OVG allerdings auch, soweit PKH für einen erst beabsichtigten Zulassungsantrag beantragt wird, wenn also das Verfahren im höheren Rechtszug noch nicht anhängig ist, sondern erst anhängig gemacht werden soll.[274] Nach Sinn und Zweck der Zuständigkeitsregelung soll nicht die Vorinstanz die Erfolgsaussichten des (beabsichtigten) Rechtsmittels gegen seine eigene Entscheidung prüfen. Die Entscheidungszuständigkeit für ein PKH-Gesuch folgt demnach der Entscheidungszuständigkeit für das Berufungszulassungsverfahren. Das OVG ist deshalb auch „Prozessgericht" für die Antragstellung.[275]

231   Daneben kann der PKH-Antrag entsprechend § 124 a Abs. 4 S. 2 fristwahrend auch beim VG gestellt werden. Denn was für die Stellung des Berufungszulassungsantrags gilt, muss auch für das sich auf dieses Rechtsmittel beziehende PKH-Gesuch zulässig sein.[276] Der Sinn des § 124 a Abs. 4 S. 2, durch die Antragstellung beim VG eine zügige Aktenübersendung zum OVG zu gewährleisten, gilt gleichermaßen für die Anbringung des PKH-Gesuchs. Selbst wenn man dieser Rechtsauffassung nicht folgte, wäre jedenfalls eine fristgemäße Antragstellung beim VG nicht verschuldet i.S.d. § 60 Abs. 1; denn von der unbemittelten Partei wird generell erwartet, dass sie sich an der Rechtsmittelbelehrung für den Berufungszulassungsantrag orientiert (→ Rn. 226).

232   **4. Antragsbegründung.** In der obergerichtlichen Rspr. ist umstr., welche Anforderungen an die Begründung eines PKH-Antrags für einen beabsichtigten Berufungszulassungsantrag zu stellen sind. In Anlehnung an die Rspr. des BVerwG zum PKH-Antrag für eine Revisionsnichtzulassungsbeschwerde ist nur von *anwaltlich vertretenen Antragstellern* eine auf die Zulassungsgründe des § 124 Abs. 2 zugeschnittene Begründung zu verlangen. Diese haben innerhalb der zweimonatigen Antragsbegründungsfrist des § 124 a Abs. 4 S. 4 zumindest „in groben Zügen" darzulegen, welcher Zulassungsgrund i.S.d. § 124 Abs. 2 mit einem beabsichtigten Antrag auf Zulassung der Berufung geltend gemacht werden soll.[277] Dazu gehört ein Mindestmaß an Begründung, die dem OVG eine ausreichende Grundlage für die Prüfung der Frage gibt, ob die beabsichtigte Rechtsverfolgung hinreichende Aussicht auf Erfolg

148, 13, 15 f.; BGH NJW 1960, 676; 1983, 2145, 2146; 1993, 732, 733; NJW-RR 1993, 451 m.w.N.; NJW 1994, 2097, 2098; BSGE 1, 287, 288 f.; BSG MDR 1982, 878; HmbOVG DVBl 2000, 577 (LS); OVG Münster 3.4.2014 – 16 A 353/14.

271   BVerwG 21.1.1999 Buchholz 310 § 166 VwGO Nr. 38; BFHE 148, 13, 16; BGH NJW 1983, 2145, 2146 f.; MDR 1991, 50; NJW 1994, 2097, 2098.

272   BVerwG NVwZ 2004, 888; VGH Mannheim NVwZ-RR 2002, 788; a.A. OVG Münster DVBl 2001, 1226.

273   OVG Lüneburg NVwZ-RR 1997, 761; DÖV 1998, 346; OVG Münster 23.6.1998 – 23 A 1400/98.A; VGH Kassel DVBl 1997, 1334, 1335; VGH Mannheim VBlBW 1997, 381; *B. Silberkuhl*, NJW 1998, 438; ferner BVerwG DVBl 1960, 935; 22.8.1990 Buchholz 310 § 166 VwGO Nr. 21; BFHE 163, 123; BGHZ 91, 311, 313 f.

274   Vgl. BFHE 133, 350, 351 f.; BGH NJW 1987, 1023 m.w.N.; VGH Kassel NVwZ-RR 2001, 806; VGH Mannheim DÖV 1982, 868; FamRZ 2003, 104; ferner: BVerwG 13.8.1965 Buchholz 310 § 60 VwGO Nr. 38; 11.7.1983 Buchholz 310 § 60 VwGO Nr. 133.

275   VGH Kassel NVwZ-RR 2001, 806; VGH Mannheim FamRZ 2003, 104; a.A. (Antragstellung beim VG): VGH Kassel NVwZ-RR 2003, 390; VGH Mannheim 10.6.1998 – A 9 S 1269/98; ferner BGH NJW 1987, 1023.

276   I.E. ebenso VGH Kassel NVwZ-RR 2003, 390; ferner BFH/NV 1995, 92; 1996, 847; 1997, 703; BGH NJW 1987, 1023; a.A. VGH Mannheim NVwZ-RR 2002, 788; OVG Lüneburg DVBl 2010, 797 (unter unzutreffender Berufung auf das BVerwG); *T. Stuhlfauth*, in: Bader/Funke-Kaiser/Stuhlfauth/von Albedyll § 124 a Rn. 64.

277   OVG Lüneburg NVwZ-RR 2000, 123; OVG Münster NVwZ-RR 1998, 338; ferner BVerwG 17.9.1964 Buchholz 310 § 60 VwGO Nr. 34; 11.7.1983 Buchholz 310 § 60 VwGO Nr. 133; 13.9.1989 Buchholz 310 § 166 VwGO

bietet. Die bloße Wiederholung des Wortlauts eines oder mehrerer der gesetzlichen Zulassungsgründe reicht dafür nicht aus (vgl. BVerwG 1.9.1994 Buchholz 436.36 § 17 BAföG Nr. 16).

Von einem *anwaltlich nicht vertretenen Beteiligten* kann hingegen grds. keine Begründung erwartet 233 werden. Die Erfolgsaussicht der beabsichtigten Rechtsverfolgung ist vielmehr von Amts wegen zu prüfen.[278] Inzwischen verlangen allerdings zunehmend die Obergerichte[279] und auch – ohne Begründung[280] – das BVerwG[281] von der anwaltlich nicht vertretenen Partei, zumindest in laienhafter Weise und in groben Zügen darzulegen, welchen Berufungszulassungsgrund sie beabsichtigt geltend zu machen und warum sie die Voraussetzungen dieses Zulassungsgrundes für gegeben erachtet. Diese Auffassung überzeugt nicht. Der Gesetzgeber hat den Vertretungszwang vor dem OVG gezielt mit Blick auf die Schwierigkeiten der Darlegungsanforderungen eingeführt. Die von einer rechtsunkundigen Partei verlangte Begründung kann dem Sinn des Formerfordernisses, eine Entlastung des Rechtsmittelgerichts zu erreichen, i.d.R. nicht gerecht werden, sodass sie auf eine bloße Förmelei hinausläuft (vgl. BVerwG NJW 1965, 1293). Das gilt auch für die Darlegung ernstlicher Zweifel i.S.d. § 124 Abs. 2 Nr. 1; denn von einem Rechtsunkundigen kann kaum die Darlegung verlangt werden, dass und warum die zuvor von Berufsrichtern festgestellte Rechtslage unrichtig sei. Selbst bei entsprechender Absenkung der Darlegungsanforderungen müsste das OVG stets von Amts wegen prüfen, ob sonstige, über die laienhaften Darlegungen hinausgehende Zulassungsgründe in Betracht kommen (dies wird verkannt von VGH Kassel DVBl 1997, 1234, 1235). Andernfalls würde die verfassungsrechtlich gebotene weitgehende Angleichung der Rechtsschutzsituation von Bemittelten und Unbemittelten (vgl. BVerfGE 81, 347, 356 m.w.N.) verfehlt. Die unbemittelte Partei ist ausnahmsweise dann nicht vom Begründungszwang befreit, wenn nach den Umständen des Einzelfalls auch Rechtsausführungen oder insbes. Darlegungen zu den tatsächlichen Umständen erwartet werden können (vgl. BVerwG NJW 1965, 1038). Maßgebend ist insoweit, ob in dem Unterlassen der Begründung ein Verschulden i.S.d. § 60 Abs. 1 zu sehen wäre.[282]

Der PKH *bewilligende* Beschluss sollte entsprechend der Praxis des BVerwG (vgl. z.B. BVerwG NJW 234 1965, 1038; ebenso OVG Lüneburg DÖV 1998, 346, 347) nicht begründet werden, um eine die Waffengleichheit der Parteien verletzende Rechtsberatung zu vermeiden.

5. Zulassungs- und Berufungsverfahren als einheitlicher Rechtszug. Das Zulassungsverfahren und 235 das sich anschließende Berufungsverfahren bilden aufgrund ihres inneren Zusammenhangs einen einheitlichen Rechtszug i.S.d. § 119 Abs. 1 S. 1 ZPO i.V.m. § 166 VwGO. PKH kann nur für den gesamten Rechtszug bewilligt werden. Die Bewilligung von PKH erstreckt sich deshalb sowohl auf das Zulassungs-, als auch auf das Berufungsverfahren. Eine Beschränkung der Bewilligung auf das Zulassungsverfahren ist nicht möglich.[283] Dementsprechend kommt es für die Prüfung, ob die Rechtsverfolgung oder Rechtsverteidigung hinreichende Aussicht auf Erfolg bietet, auf die Erfolgsaussicht des gesamten Rechtszugs an (OVG Weimar NVwZ 1998, 867, 868; VGH Mannheim DVBl 1999, 108).

Nach § 166 VwGO i.V.m. § 119 Abs. 1 S. 2 ZPO ist in einem höheren Rechtszug nicht zu prüfen, ob 236 die Rechtsverfolgung oder Rechtsverteidigung hinreichende Aussicht auf Erfolg bietet oder mutwillig

---

Nr. 20; 1.9.1994 Buchholz 436.36 § 17 BAföG Nr. 16; BGH NJW 1958, 63; a.A. BGH NJW 1993, 732; NJW-RR 2001, 1146: Begründung aus verfassungsrechtlichen Gründen nicht gefordert.

278 OVG Lüneburg (4. Senat) DÖV 1998, 346; OVG Münster NVwZ-RR 1998, 338; VGH Mannheim (3. Senat) VBlBW 1997, 425, 426; offengelassen von OVG Münster 23.6.1998 – 23 A 1400/98.A; zur Rspr. des BVerwG: BVerwG NJW 1965, 1038; 1965, 1293; JurBüro 1991, 570; NJW 1997, 1865; 5.9.1997 – 5 B 80.97 (5 PKH 39.97); BFHE 163, 123, 124; *J. Berkemann*, DVBl 1998, 446, 450; *P. Kummer*, Nichtzulassungsbeschwerde, 1990, Rn. 308; *M. Happ*, in: Eyermann § 166 Rn. 31.

279 OVG Lüneburg (12. Senat) NVwZ-RR 1997, 761; VGH Kassel (13. Senat) DVBl 1997, 1334, 1335; VGH Mannheim (7. Senat) NVwZ-RR 1998, 598; (14. Senat) 27.1.1998 – 14 S 177/98; OVG Bln 20.12.2010 – OVG 5 N 21.10; OVG Münster 14.1.2013 – 16 A 2690/12; 3.4.2014 – 16 A 353/14; OVG Bautzen 15.4.2014 – 3 A 344/12; 6.3.2015 – 3 A 379/14; ebenso *J. Bader*, VBlBW 1997, 401, 403.

280 Zum Teil wird sogar – unzutreffend – auf eine ständige Rechtsprechung verwiesen.

281 BVerwG NVwZ-RR 2011, 621; 8.9.2008 – 3 PKH 3.08; 28.5. 2010 – 1 PKH 5.10 u.a.; 4.5.2011 – 7 PKH 9.11; 30.7.2012 – 5 PKH 8.12; 11.2.2015 – 5 PKH 12.15 D.

282 Ebenso *R. Pietzner/W. Bier*, in: Schoch/Schneider/Bier § 133 Rn. 56.

283 OVG Weimar NVwZ 1998, 867; VGH Kassel NVwZ-RR 2000, 119; VGH Mannheim DVBl 1999, 108; für das Nichtzulassungsbeschwerde- und das Revisionsverfahren: BVerwG DÖV 1995, 384; a.A. OVG Bautzen 21.12.1999 – A 4 S 30/98; VGH Kassel ESVGH 47, 300; VGH München 11.5.1998 – 27 B 98.30425; s.a. VGH Kassel ESVGH 48, 239.

erscheint, wenn der Gegner das Rechtsmittel eingelegt hat. Diese Vorschrift findet auch im Zulassungsverfahren Anwendung, und zwar auch dann, wenn man entgegen der hier vertretenen Auffassung eine gesonderte Bewilligung für das Zulassungsverfahren für möglich erachtet.[284] Denn der Devolutiveffekt des Zulassungsantrags hebt das Verfahren in einen „höheren Rechtszug" i.S.d. § 119 Abs. 1 S. 2 ZPO (→ § 124 Rn. 35 ff.).

XIII. Bestellung eines Notanwalts

237   Findet ein Beteiligter keinen vertretungsbereiten Rechtsanwalt, kann er einen Antrag auf Beiordnung eines Notanwalts gem. § 173 VwGO i.V.m. § 78 b ZPO stellen. Über diesen Antrag ist in entsprechender Anwendung der Grundsätze über die Wiedereinsetzung einer mittellosen Partei in den vorigen Stand wegen Versäumung der Rechtsmittelfrist zu entscheiden[285] (→ Rn. 226 ff., 244 f.). Der Antrag gem. § 78 b ZPO muss deshalb innerhalb der Antragsfrist des § 124 a Abs. 4 S. 1 gestellt werden[286] (→ § Rn. 226). Die Beiordnung eines Notanwalts setzt voraus, dass sich der Beteiligte innerhalb der Rechtsmittelfrist bei zumindest einigen Anwälten vergeblich um eine Prozessvertretung bemüht hat.[287]

XIV. Wiedereinsetzung in den vorigen Stand

238   **1. Allgemeines.** Wegen Versäumung der Antragsfrist nach § 124 a Abs. 4 S. 1 kann Wiedereinsetzung in den vorigen Stand nach § 60 gewährt werden. Die Wiedereinsetzung kann nur von einem postulationsfähigen Vertreter beantragt werden.[288] Grds. sind sowohl der Wiedereinsetzungsantrag als auch die nachzuholende Prozesshandlung, also der Zulassungsantrag, an das VG zu richten, bei dem die versäumte Prozesshandlung gem. § 124 a Abs. 4 S. 2, § 60 Abs. 2 S. 3 nachzuholen ist (VGH Mannheim VBlBW 2000, 148). Ist der Rechtsstreit jedoch bereits (z.B. aufgrund eines von dem Beteiligten gestellten Zulassungsantrags) beim Berufungsgericht anhängig, können der Wiedereinsetzungsantrag und der nachzuholende formgerechte Zulassungsantrag *auch* beim Berufungsgericht gestellt werden.[289] Im Hinblick auf den Zweck des § 124 a Abs. 4 S. 2, die Aktenübersendung an das OVG zu beschleunigen, wäre es eine überflüssige Förmelei, wenn der Wiedereinsetzungsantrag und der (formgerechte) Zulassungsantrag beim VG gestellt werden müssen, obwohl die Sache bereits beim OVG anhängig ist. Der gerichtliche Geschäftsgang würde unnötig belastet und der Rechtsbehelf der Wiedereinsetzung schwerfälliger (vgl. BVerwGE 11, 322, 323).

239   Ist der Zulassungsantrag versehentlich beim OVG statt beim VG gestellt worden und ist deshalb die Antragsfrist versäumt worden, so ist Wiedereinsetzung in den vorigen Stand zu gewähren, wenn die Weiterleitung im normalen Geschäftsgang den fristgerechten Eingang beim VG bewirkt hätte, dies jedoch trotz Erkennbarkeit der falschen Adressierung unterblieben ist (→ § Rn. 164 f.).

240   Wiedereinsetzung zur Ergänzung eines fristgemäß gestellten, aber inhaltlich unvollständigen bzw. den Darlegungsanforderungen nicht genügenden Antrags auf Zulassung der Berufung ist grds. ausgeschlossen. Das Institut der Wiedereinsetzung ist nicht dazu bestimmt, inhaltliche Mängel eines an sich fristgerecht gestellten Antrags durch nachgeschobenes Vorbringen zu heilen (ausf. zur Rechtsmittelbegründung → Rn. 78 f. m.N. der Rspr.). Eine Ausnahme hiervon muss für den Fall gelten, dass erst nach (fristgemäß beantragter) Akteneinsicht bestimmte Rügen und Gesichtspunkte vorgetragen werden können. Denn der Antragsteller ist gezwungen, die bereits ohne Akteneinsicht ersichtlichen Zulassungsgründe fristgemäß darzulegen; er kann deswegen nicht schlechter stehen als derjenige, der nur die sich aus der Akteneinsicht ergebenden Zulassungsgründe vorträgt.

241   Nach der Rspr. des BVerwG zur Nichtzulassungsbeschwerde ist eine Wiedereinsetzung dann nicht möglich, wenn die Versäumung der Beschwerdefrist damit begründet wird, die Beschwerde habe vor

---

284 Vgl. OVG Bautzen 21.12.1999 – A 4 S 30/98; a.A. VGH München JurBüro 1994, 175 für das „rein formelle Verfahren über die Zulassung der Berufung nach § 78 Abs. 2 AsylVfG".
285 BVerwG 23.3.1987 Buchholz 303 § 78 b ZPO Nr. 2; BGH NJW 1996, 2937, 2938; HmbOVG DVBl 2000, 577 (LS).
286 BVerwG 23.3.1987 Buchholz 303 § 78 b ZPO Nr. 2; BayVBl 2000, 252.
287 BVerwG BayVBl 2000, 252 m.w.N.; ferner BVerwG 27.1.1961 Buchholz 310 § 67 VwGO Nr. 3; BFHE 125, 248.
288 VGH Mannheim VBlBW 2000, 148; ferner BVerwG 27.1.1961 Buchholz 310 § 67 VwGO Nr. 3; BFHE 125, 248.
289 BVerwGE 11, 322, 323; a.A. BVerwG NJW 1962, 1692: Wiedereinsetzungsantrag nur beim Rechtsmittelgericht, nachzuholender Rechtsmittelantrag nur beim Vordergericht.

Akteneinsicht nicht begründet werden können;[290] mit Rücksicht auf die „eng begrenzten" Revisionszulassungsgründe müsse vom Prozessbevollmächtigten verlangt werden, allein aufgrund des angefochtenen Urteils sowie der Informationen durch den Mandanten eine den gesetzlichen Anforderungen genügende Begründung fristgerecht einzureichen. Diese Rspr. kann auf Berufungszulassungsanträge nicht uneingeschränkt übertragen werden (so auch VGH Mannheim NJW 2008, 2456). Der Vortrag zu den Zulassungsgründen des § 124 Abs. 2 Nr. 1 und 2, der strukturell einer Berufungsbegründung[291] gleicht, kann im Einzelfall ohne eine Akteneinsicht unmöglich sein, etwa wenn sich bestimmte tatsächliche Umstände erst aus den beigezogenen Verwaltungsakten ergeben. Wiedereinsetzung kann deshalb gewährt werden, wenn eine sich aufgrund der Akteneinsicht ergebende konkrete Rüge unverschuldet erst nach Fristablauf vorgetragen werden kann.[292] Voraussetzung ist, dass die Akteneinsicht fristgerecht beantragt wurde.

Ist der Zulassungsantrag (allein) wegen Fristversäumnis verworfen worden, so macht ein erfolgreicher **242** Wiedereinsetzungsantrag den Verwerfungsbeschluss gegenstandslos und führt zur Fortsetzung des Zulassungsverfahrens (vgl. BVerwGE 11, 322 f.; BVerwG NJW 1990, 1806; BGH NJW 1982, 887 m.w.N.; ferner VGH München NVwZ-RR 2009, 901). Ist der Zulassungsantrag hingegen sowohl wegen Fristversäumnis als auch aus einem anderen Grund (z.B. wegen nicht hinreichender Darlegung von Zulassungsgründen) abgelehnt worden, kann die Wiedereinsetzung mangels Rechtsschutzbedürfnisses keinen Erfolg haben. Der ablehnende Beschluss bliebe bestehen, da er auch auf dem zweiten Grund beruht, sodass für eine Fortführung des Zulassungsverfahrens kein Raum ist (vgl. BVerwG NJW 1990, 1806).

2. Sorgfaltsanforderungen. Die Antragsbegründungsfrist (§ 124 a Abs. 4 S. 4) muss der Anwalt eigen- **243** verantwortlich überwachen. Sie gehört grds. nicht zu denjenigen einfachen Fristen, die der Anwalt gut ausgebildetem und sorgfältig überwachtem Büropersonal ohne besonderen Hinweis überlassen darf. Ihre Überwachung ist keine Routineangelegenheit (→ Rn. 70 f.).[293] Irrt sich der Anwalt über die Nichtverlängerbarkeit der Antragsbegründungsfrist, handelt es sich um einen Rechtsirrtum, der grds. nicht unverschuldet ist. Er kann nicht damit rechnen, dass über seinen am letzten Tag der Frist gestellten Verlängerungsantrag noch vor Fristablauf entschieden wird.[294]

3. Prozesskostenhilfe und Wiedereinsetzung. Der unbemittelte Beteiligte, der nach *Bewilligung* von **244** PKH und Beiordnung eines Rechtsanwalts einen formgerechten Berufungszulassungsantrag stellt, hat grds. Anspruch auf Wiedereinsetzung in den vorigen Stand, wenn der PKH-Antrag innerhalb der einmonatigen Antragsfrist des § 124 a Abs. 4 S. 1 gestellt worden ist.[295] Innerhalb der Zweiwochenfrist des § 60 Abs. 2 S. 1 Hs. 1 muss der Zulassungsantrag gestellt und Wiedereinsetzung beantragt werden. Seit dem 1.9.2004 sieht § 60 Abs. 2 S. 1 Hs. 2 ausdrücklich vor, dass die Frist für die Begründung des Rechtsmittels 1 Monat beträgt. Der Gesetzgeber hat damit die bisherige Kontroverse in der höchstrichterlichen Rspr. – auf leider nicht zufrieden stellende Weise – entschieden. Zwar ist die teilweise vertretene Auffassung, innerhalb der alten Zweiwochenfrist des § 60 Abs. 2 S. 1 sei das Rechtsmittel auch zu begründen,[296] zu Recht verworfen worden; denn diese genügte nicht dem Verfassungsgebot, die Rechtsschutzsituation des unbemittelten Beteiligten weitgehend der des bemittelten anzugleichen (BVerfGE 81, 347, 356 m.w.N.; 92, 122, 124). Zur Erreichung dieser Gleichstellung ist aber in der neueren höchstrichterlichen Rspr. befürwortet worden, die gesetzlich vorgesehene zweimonatige Begründungsfrist (§ 124 a Abs. 4 S. 4) ab Zustellung oder Bekanntgabe des PKH-Beschlusses zu eröff-

---

290 BVerwG VerwRspr 10, 511; DVBl 1970, 279, 280; 26.5.1975 Buchholz 310 § 132 VwGO Nr. 131; NJW 1990, 1313; vgl. auch BVerwG NVwZ 1997, 993, 994.

291 Bei der Berufungsbegründung besteht die Möglichkeit und ggf. die Pflicht, im Hinblick auf die notwendige Akteneinsicht einen Fristverlängerungsantrag gem. § 124 a Abs. 3 S. 3 zu stellen, vgl. BVerwG VerwRspr 10, 511.

292 Vgl. auch BVerwG NJW 1990, 1313 zu einem sonst möglichen Verstoß gegen den Grundsatz des rechtlichen Gehörs.

293 OVG Koblenz NVwZ-RR 2003, 73; VGH Mannheim NVwZ-RR 2007, 819; OVG Münster NJW 2011, 3465; NJW 2015, 2679.

294 OVG Brem NJW 2015, 2678; ebenso BVerwG 19.1.2010 – 8 B 124/09; a.A. OVG Bautzen 17.8.2009 – 5 A 97/09.

295 OVG Koblenz DVBl 1997, 1342; NVwZ 1999, 205; VGH Kassel NVwZ 1998, 203; VGH Mannheim VBlBW 1997, 381; ferner BVerfGE 22, 83; BVerwG NJW 1956, 1731; 1995, 2121; BGHZ 16, 1; BSG NVwZ 1993, 509, 510.

296 So BFHE 148, 414 (GS); VGH Mannheim NVwZ 1999, 205, 206 f.; offen gelassen: BFH NJW 2003, 1550.

nen,[297] jedenfalls soweit nicht das Rechtsmittelgericht gesondert Wiedereinsetzung hinsichtlich der versäumten Frist für die Einlegung des Rechtsmittels gewährt. Im letzteren Fall sollte nach der bisher überwiegenden höchstrichterlichen Rspr. die Frist zur Begründung des Rechtsmittels ein Monat ab Zustellung des Wiedereinsetzungsbeschlusses betragen.[298] Für den Rechtsmittelführer bedeutete dies i.E., dass die Zweimonatsfrist sich verkürzte, wenn frühzeitig Wiedereinsetzung gewährt wurde. Verfassungsrechtlich überzeugend erscheint jedoch allein eine einheitliche Zweimonatsfrist ab Bekanntgabe des PKH-Beschlusses, weil sie eine Angleichung an die Situation bemittelter Rechtsmittelführer und eine einheitliche einfache Fristberechnung gewährleistet.[299]

245   Auch nach *Ablehnung* des PKH-Antrags kommt grds. eine Wiedereinsetzung in Betracht.[300] Sie ist dann gerechtfertigt, wenn die Partei vernünftigerweise nicht mit der Ablehnung ihres Antrags wegen fehlender Bedürftigkeit rechnen musste, wenn sie also davon ausgehen durfte, dass sie die wirtschaftlichen Voraussetzungen für die Gewährung der PKH genügend dargetan habe.[301] Auch wenn der PKH-Antrag mangels Erfolgsaussicht abgelehnt worden ist, hängt die vom Rechtsmittelführer anschließend wegen Versäumung der Antragsfrist gem. § 124 a Abs. 4 S. 1 begehrte Wiedereinsetzung nur davon ab, ob er sich ohne Verschulden für bedürftig i.S.d. §§ 114 ff. ZPO i.V.m. § 166 VwGO und deshalb für verhindert halten konnte, den Zulassungsantrag rechtzeitig zu stellen, also nicht davon, ob er mit der Bejahung der Erfolgsaussicht des beabsichtigten Rechtsmittels rechnen konnte.[302] Auch insoweit steht für die Antragsbegründung die Monatsfrist des § 60 Abs. 2 S. 1 Hs. 2 zur Verfügung. Entfällt die Mittellosigkeit vor Entscheidung über den PKH-Antrag, so läuft die Frist für den Wiedereinsetzungsantrag mit Behebung des Hindernisses und nicht erst mit Bekanntgabe des ablehnenden PKH-Beschlusses (vgl. BGH NJW 1999, 793).

F.   Entscheidung des OVG über den Zulassungsantrag (Abs. 5)

I.   Zulässigkeit und Begründetheit des Antrags

246   **1. Allgemeines.** Das Zulassungsverfahren ist ein selbständiges Verfahren neben bzw. vor dem Berufungsverfahren. Aufgrund dieser Zweistufigkeit sind jeweils gesondert für das Zulassungsverfahren und das Berufungsverfahren Zulässigkeits- und Begründetheitsvoraussetzungen zu prüfen (→ § 124 Rn. 52). Wegen der weitgehenden Überschneidung der Zulässigkeitsvoraussetzungen kommt es i.E. zu einer Doppelprüfung.[303]

247   Die Prüfung des OVG ist grds. auf die frist- und formgerechten Darlegungen des Rechtsmittelführers im Zulassungsantrag begrenzt (→ Rn. 187 ff., 194 ff.). Hinsichtlich der Einzelheiten, insbes. auch der Ausnahmen, wird auf die zusammenhängende Darstellung bei den Darlegungsanforderungen verwiesen (→ Rn. 184, 186).

248   Über die Zulässigkeit und Begründetheit des Zulassungsantrags muss im Zulassungsbeschluss abschließend entschieden werden. Insbes. kann nicht die Klärung einer schwierigen Zulässigkeitsfrage (z.B. Postulationsfähigkeit bei Stellung des Zulassungsantrags) dem Berufungsverfahren vorbehalten bleiben (vgl. BVerwG 13.7.1999 Buchholz 310 § 124 a VwGO Nr 9); denn die Zulassungsentscheidung ist für das Berufungsgericht bindend (→ Rn. 302 ff.).

249   **2. Zulässigkeit.** Die Zulässigkeit des Zulassungsantrags ist grds. vor dessen Begründetheit zu prüfen. Allerdings kann die Zulässigkeit offengelassen werden, wenn der Antrag jedenfalls unbegründet ist. Für den Umfang der Rechtskraft des verwaltungsgerichtlichen Urteils ist dies ohne Bedeutung.[304]

---

297 BVerwG NVwZ 2002, 992; BFHE 201, 425; BGH NJW 2003, 3275; 2003, 3782; ferner OVG Bautzen SächsVBl 2000, 95.

298 BVerwG NJW 1992, 2307; 2.4.1992 Buchholz 310 § 139 VwGO Nr. 84; BAGE 43, 297; 59, 174, 177; BGH NJW 1982, 1110; BSG SozR 1500 § 164 SGG Nr. 9; SozR 1500 § 67 SGG Nr. 13; vermeintlich abweichende Entscheidungen des BVerwG betreffen nicht den Fall der PKH-Bewilligung: vgl. 2.3.1992, Buchholz 310 § 133 (n.F.) VwGO Nr. 2; 25.11.1993, Buchholz 310 § 133 (n.F.) VwGO Nr. 14.

299 Krit. auch M. Schultz, NJW 2004, 2329, 2334.

300 Vgl. nur BVerwG 23.5.1985 Buchholz 310 § 60 VwGO Nr. 147; BGH VersR 1985, 271; NJW 1993, 732.

301 BVerwG NJW 1995, 2121; BGHZ 26, 99, 101; BGH NJW-RR 1987, 1150; FamRZ 1990, 279; MDR 1991, 50.

302 Vgl. BGH VersR 1985, 271; 1985, 395; NJW 1993, 732, 733; s.a. BVerfGE 22, 83, 86.

303 Zum Umfang der Bindungswirkung des Zulassungsbeschlusses im Berufungsverfahren → Rn. 304 ff.

304 In der obergerichtlichen Praxis werden unzulässige Zulassungsanträge häufig nicht „verworfen", sondern „abgelehnt", → Rn. 291.

Die Zulässigkeitsvoraussetzungen sind von Amts wegen zu prüfen. Die bei dieser Prüfung erforderlichen tatsächlichen Feststellungen sind im Wege des Freibeweises zu treffen.[305] Der Rechtsmittelführer trägt grds. die Beweislast für die tatsächlichen Voraussetzungen der Zulässigkeit des Zulässigkeitsantrags,[306] es sei denn, es handelt sich um Vorgänge im gerichtsinternen Bereich (vgl. BGH NJW 1981, 1673, 1674). 250

3. Begründetheit. Der Zulassungsantrag ist begründet, wenn ein geltend gemachter Zulassungsgrund i.S.d. § 124 Abs. 2 vorliegt. Lässt das OVG die Berufung wegen eines Zulassungsgrundes zu, muss es nicht die weiteren geltend gemachten Zulassungsgründe prüfen. Denn die Zulassungsentscheidung eröffnet die Berufung in vollem Umfang, nicht nur hinsichtlich der Gründe, derentwegen sie erfolgte (→ Rn. 301). Wird die Berufung allerdings lediglich beschränkt auf einen Teil des Gesamtstreitstoffes zugelassen (zur Teilzulassung → Rn. 266 ff.), müssen hinsichtlich des abgelehnten Teils alle geltend gemachten Zulassungsgründe geprüft werden. 251

Die Begründetheit des Zulassungsantrags setzt voraus, dass der geltend gemachte Zulassungsgrund sich auf eine entscheidungserhebliche Frage bezieht. Die Entscheidungserheblichkeit ist unter 3 Gesichtspunkten von Bedeutung: 252

- Die mit dem Zulassungsgrund angegriffene Begründung muss entscheidungstragender Bestandteil des verwaltungsgerichtlichen Urteils sein.[307] 253

- Beruht das angegriffene Urteil auf zwei (oder mehreren) voneinander unabhängigen, selbständig tragenden Begründungen, legt der Rechtsmittelführer aber nur für eine Begründung einen Zulassungsgrund dar, scheidet eine Zulassung der Berufung aus;[308] denn die Entscheidung des VG hätte auch dann Bestand, wenn auf die zum Gegenstand des Zulassungsgrundes gemachte Begründung verzichtet worden wäre (→ § 124 Rn. 100, 125, 153, 220). Ob dieser Grundsatz dann eine Ausnahme erfährt, wenn das VG die Klage ausdrücklich als unzulässig *und* unbegründet abgewiesen hat, ist streitig. Nach der hier vertretenen Auffassung genügt es i.d.R. nicht, lediglich die Ausführungen zur Zulässigkeit der Klage anzugreifen (→ Rn. 112). Hat das VG hingegen eine alternative Mehrfachbegründung gegeben („entweder deshalb oder deshalb"), reicht es, wenn hinsichtlich einer Begründung erfolgreich ein Zulassungsgrund geltend gemacht wird.[309] 254

- Das OVG *kann* eine Zulassung der Berufung dann ablehnen, wenn sich die angegriffene Entscheidung ungeachtet der geltend gemachten Zulassungsgründe aus anderen als den vom VG erwogenen Gründen ersichtlich als richtig erweist. Dem liegt der prozessökonomische Gedanke zugrunde, dass ein Verfahren nicht fortgeführt werden soll um eines Fehlers willen, der mit Sicherheit für das Ergebnis des Rechtsstreits bedeutungslos bleiben wird (ausf. → § 124 Rn. 101 ff. m.w.N.; ferner → § 124 Rn. 125, 154, 173. 224). 255

II. Maßgeblicher Beurteilungszeitpunkt

Maßgeblicher Zeitpunkt für die Beurteilung des Zulassungsantrags ist grds. der Zeitpunkt der Entscheidung des OVG.[310] Dies gilt zum einen für die Zulässigkeit des Antrags (→ Vorbem. § 124 Rn. 91 ff.). Bei fristgebundenen Anforderungen – Schriftform des Zulassungsantrags, Darlegungs- und Begründungspflichten, Vertretungszwang hinsichtlich des Zulassungsantrags – kommt es hingegen auf den Zeitpunkt der Antragstellung bzw. des Fristablaufs an. Die Statthaftigkeit des Rechtsmittels (→ Vorbem. § 124 Rn. 92) sowie die Beschwer (→ Vorbem. § 124 Rn. 69, 93) müssen bei Stellung des Zulassungsantrags vorliegen. 256

---

305 Vgl. BVerwG NJW 2008, 3588; für die Sachentscheidungsvoraussetzungen der Klage BVerwGE 48, 201, 204.
306 Vgl. für die Rechtzeitigkeit der Berufung BGH VersR 1977, 967, 968; 1980, 90, 91; ferner BGH NJW 1981, 1673, 1674.
307 Z.B. OVG Münster NVwZ 1997, 1004; VGH Mannheim NVwZ 1998, 196; → Rn. 100, 125, 152, 173. Zur verfassungsrechtlichen Zulässigkeit dieser Anforderung an die Darlegungspflicht VerfG Bbg DVBl 1999, 1722, 1724 f.
308 Zur verfassungsrechtlichen Zulässigkeit dieser Anforderung an die Darlegungspflicht VerfG Bbg DVBl 1999, 1722, 1724.
309 BVerwG NVwZ 1994, 269 f.; OVG Lüneburg NVwZ-RR 2004, 702 f.; VGH München NVwZ-RR 2004, 391; F. *Weyreuther*, Revisionszulassung, 1971, Rn. 130.
310 Für die Nichtzulassungsbeschwerde: BVerwG NJW 1960, 594, 595; BayVBl 1997, 573; BAG MDR 1983, 522; BFHE 111, 396; 173, 506, 509; BGH MDR 1978, 566.

257   Zum anderen richtet sich die Beurteilung, ob ein Zulassungsgrund nach § 124 Abs. 2 vorliegt, grds. nach dem Zeitpunkt der Entscheidung des OVG. Unerheblich ist, ob der Zulassungsantrag im Zeitpunkt seiner Stellung begründet war.[311] So ist die Berufung nicht zuzulassen, wenn die geltend gemachten „Schwierigkeiten" zwar bei Einlegung des Zulassungsantrags vorlagen, aber im Zeitpunkt der Zulassungsentscheidung nicht mehr fortbestehen (OVG Schleswig NordÖR 2014, 128). Eine nachträgliche Änderung der Sach- oder Rechtslage bis zum Zeitpunkt der Entscheidung ist – sofern es nach materiellem Recht auf den Entscheidungszeitpunkt ankommt – grds. zu berücksichtigen. Davon zu unterscheiden ist die – zu verneinende – Frage, ob der Rechtsmittelführer nach Ablauf der Antragsfrist unter Berufung auf eine Änderung der Sach- oder Rechtslage neue Rügen vorbringen kann. Die Änderung der Sach- oder Rechtslage ist grds. nur in dem durch die Darlegungen des Rechtsmittelführers vorgegebenen Prüfungsrahmen zu berücksichtigen.[312] Davon sind jedoch zwei Ausnahmen zu machen. Sind sowohl die Änderung der Sach- oder Rechtslage als auch deren Auswirkung auf das Ergebnis des Rechtsstreits offenkundig (zur Reduzierung der Darlegungslast bei Offenkundigkeit → Rn. 203 f.), kann das OVG diese Umstände auch ohne ausdrücklichen Vortrag berücksichtigen.[313] Zum anderen kann das OVG berücksichtigen, ob das angefochtene Urteil sich aufgrund einer inzwischen eingetretenen Tatsachen- oder Rechtsänderung aus anderen Gründen als richtig darstellt und zunächst bestehende Zweifel an seiner Richtigkeit damit beseitigt sind.[314] Mit diesen Differenzierungen wird weder die vom Gesetzgeber vorgeschriebene Darlegungspflicht noch die Beschränkung der gerichtlichen Prüfung auf die vorgetragene Begründung unterlaufen. Jedenfalls wenn der Rechtsmittelführer auf eine bevorstehende Änderung der Rechtslage (BVerwG NVwZ 2004, 744) oder der tatsächlichen Verhältnisse (HmbOVG 27.5.2009 – 5 Bf 18/08.Z) vor Ablauf der Frist des § 124 a Abs. 4 S. 4 hingewiesen hat, steht der Berücksichtigung der späteren Rechts- oder Tatsachenänderung nicht entgegen, dass sie erst nach Ablauf der Frist, aber vor der Entscheidung des OVG über den Zulassungsantrag eingetreten ist (OVG Lüneburg DÖV 2013, 532). Zur Erledigung des Rechtsstreits aufgrund einer Änderung der Sach- oder Rechtslage → § Rn. 332 ff.

III. Entscheidung des OVG

258   **1. Entscheidungsform und Besetzung.** Das OVG entscheidet über den Zulassungsantrag durch Beschluss (§ 124 a Abs. 5 S. 1). Die Durchführung einer mündlichen Verhandlung steht im Ermessen des Gerichts (§ 101 Abs. 3); in der Praxis wird entsprechend dem Entlastungsziel des Zulassungsverfahrens grds. ohne mündliche Verhandlung entschieden. Der Berichterstatter des Senats kann im Einverständnis der Beteiligten allein entscheiden (→ § 125 Rn. 25).

259   **2. Beweiserhebung.** Das Zulassungsverfahren soll dem Berufungsverfahren nicht vorgreifen und insbes. die Erfolgsaussichten der Berufung, soweit erheblich, nur summarisch prüfen (→ § 124 Rn. 104). Daher wird eine Beweiserhebung regelmäßig im Zulassungsverfahren nicht in Betracht kommen. Der funktionale Unterschied zwischen Zulassungs- und Berufungsverfahren legt es nahe, dass Beweiserhebungen grds. im Berufungsverfahren vorgenommen werden. Eine Beweiserhebung im Zulassungsverfahren ist jedoch nicht ausgeschlossen. Sie kann notwendig werden bei der Prüfung der Zulässigkeit des Zulassungsantrags (etwa bei der Frage der Fristwahrung), aber auch i.R. der Begründetheitsprüfung. Nach § 124 Abs. 2 Nr. 5 ist Voraussetzung, dass der gerügte Verfahrensfehler tatsächlich vorliegt; das OVG hat die erforderlichen Tatsachen für das Vorliegen des Verfahrensfehlers im Zulassungsverfahren festzustellen. Damit soll verhindert werden, dass ein Beteiligter das Rechtsmittel mit der schlüssigen, aber unrichtigen Behauptung eines Verfahrensmangels erwirken und so die Nachprüfung des gesamten Streitstoffs erreichen kann (→ § 124 Rn. 218). Unter demselben Gesichtspunkt

---

311 Zum Zulassungsgrund der ernstlichen Zweifel → § 124 Rn. 97. Zum Zulassungsgrund der besonderen Schwierigkeiten → § 124 Rn. 122. Für die Grundsatzrüge → § 124 Rn. 150 i.V.m. Rn. 146, 148, 154; ferner BFHE 111, 396; InfAuslR 1994, 290, 291; OVG Weimar DÖV 1999, 609 f.; VGH Kassel NVwZ 1998, 755; VGH Mannheim NVwZ-RR 1993, 581 (LS). Für die Divergenzrüge → § 124 Rn. 174; ferner BVerwG NJW 1960, 594, 595; BayVBl 1997, 573; BAG MDR 1983, 522; BFH NJW 1996, 1776; BGH MDR 1978, 566; a.A. BGH NJW 2003, 2319; 2003, 3781. Für alle Zulassungsgründe: BFHE 173, 506, 509; BGH JZ 2003, 320.
312 OVG Münster 10.5.2012 – 6 A 128/12; großzügig VGH München 23.11.2009 – 1 ZB 06.1768.
313 So auch OVG Bautzen 31.3.2008 – 5 B 377/06, das allerdings zu Unrecht nur auf die Offenkundigkeit der Rechtsänderung abstellt; a.A. wohl OVG Münster NVwZ 2010, 40.
314 OVG Münster DVBl 2010, 1309 (Berücksichtigung eines Ablehnungsbescheids nach Fristablauf).

kann eine Beweiserhebung im Zusammenhang mit neuem Sachvortrag in Betracht kommen, wenn etwa Anhaltspunkte für ein missbräuchliches prozessuales Verhalten vorliegen (→ § 124 Rn. 91). Insoweit bedarf es nicht notwendig einer abschließenden Aufklärung. Ausreichen kann auch eine Beweiserhebung zur Ausräumung/Reduzierung oder Bestätigung von Zweifeln sein. Die notwendigen Feststellungen sind wegen Fehlens bestimmter Regeln im Wege des Freibeweises zu treffen;[315] reicht der Freibeweis nicht aus, so ist auf Zeugenvernehmung oder anderweite Beweismittel zurückzugreifen (vgl. BGH MDR 2000, 290).

3. Rechtliches Gehör. Vor einer Entscheidung des OVG über den Zulassungsantrag ist den übrigen 260 Beteiligten rechtliches Gehör zu gewähren. Davon kann abgesehen werden, wenn bereits bei Eingang des Antrags erkennbar ist, dass der Antrag abzulehnen ist und die übrigen Beteiligten durch die Ablehnungsentscheidung nicht beschwert werden. Wird die Berufung unter Verstoß gegen das Gebot rechtlichen Gehörs zugelassen, so bindet die Zulassungsentscheidung sowohl das Berufungsgericht (→ Rn. 302) als auch das Revisionsgericht (→ Rn. 303).

Will das OVG die Zulassung der Berufung mit der Begründung ablehnen, das angegriffene Urteil stelle 261 sich aus anderen Gründen als den vom VG erörterten Gründen als richtig dar (→ § 124 Rn. 101 ff.), muss dem Rechtsmittelführer zuvor rechtliches Gehör gewährt werden. Dieser muss Gelegenheit erhalten, zu den für ihn neuen Gründen Stellung zu nehmen.[316]

4. Kein Zulassungsermessen. Die Zulassung der Berufung oder Ablehnung des Zulassungsantrags ist 262 eine gebundene Entscheidung. Sind die Tatbestandsvoraussetzungen eines der Berufungszulassungsgründe gegeben, „ist" die Berufung zuzulassen (§ 124 Abs. 2; → § 124 Rn. 71). Dem OVG steht bei seiner Entscheidung über den Zulassungsantrag weder ein Ermessen noch ein Beurteilungsspielraum bei der Auslegung und Anwendung der unbestimmten Rechtsbegriffe des § 124 Abs. 2 zu.[317]

5. Mehrheit von Antragstellern. Haben mehrere Beteiligte jeweils Anträge auf Zulassung der Beru- 263 fung gestellt, so ist über alle Anträge zu befinden, auch wenn sie ein gleichgerichtetes Ziel verfolgen. Zwar wirkt die erfolgreiche Zulassung – im Umfang des zugelassenen Streitgegenstandes – für alle Beteiligten (str.; → Rn. 308 ff.); das Zulassungsverfahren wird jedoch nur für den Beteiligten automatisch als Berufungsverfahren fortgesetzt (§ 124 a Abs. 5 S. 5), der erfolgreich einen Zulassungsantrag gestellt hat. Das OVG kann die Zulassung der Berufung auf bestimmte Prozessbeteiligte einschränken (BVerwGE 65, 27, 31 m.w.N.).

Die Anträge mehrerer Beteiligter sind sachlich jeweils gesondert zu beurteilen. Nur soweit die Zulas- 264 sungsvoraussetzungen für den jeweiligen Antragsteller vorliegen, ist die Berufung zuzulassen (zur Teilzulassung → Rn. 273, 277). Über mehrere Anträge auf Zulassung der Berufung ist einheitlich zu entscheiden.

Bei notwendigen Streitgenossen (s. näher Komm. zu § 64) ist § 64 VwGO i.V.m. § 62 ZPO zu beach- 265 ten. Die Antragsfrist läuft für jeden Streitgenossen gesondert. Der fristgerechte Zulassungsantrag eines Streitgenossen bewirkt jedoch, dass auch gegenüber den anderen Streitgenossen die Rechtskraft gehemmt wird. Die Prozesse aller Streitgenossen gelangen in die Rechtsmittelinstanz. Die „säumigen" Streitgenossen sind als Beteiligte „zuzuziehen" (§ 62 Abs. 2 ZPO),[318] werden aber nicht Rechtsmittelführer. Die Berufung kann gegenüber notwendigen Streitgenossen nur einheitlich zugelassen werden (→ Rn. 273).

5 a. Keine Beiladung im Zulassungsverfahren. Im Zulassungsverfahren kommt eine Beiladung gem. 265a § 65 nicht in Betracht. Gegenstand des Zulassungsverfahrens ist allein die Frage des Zugangs zur Berufungsinstanz. Die in diesem Zusammenhang zu treffende Entscheidung, ob der Rechtsmittelzug zu eröffnen ist oder nicht, vermag rechtliche Interessen Dritter, die am Verfahren bisher nicht beteiligt waren, nicht zu berühren. Da das Zulassungsverfahren auf die Prüfung der Zulassungsgründe gem. § 124 Abs. 2 beschränkt ist, kann es auch den wesentlichen Zweck der Beiladung, nämlich eine ein-

---

315 Vgl. BVerwG 8.12.1986 Buchholz 310 § 132 VwGO Nr. 244; BFHE 149, 437; 180, 512, 514; *P. Kummer*, Nichtzulassungsbeschwerde, 1990, Rn. 264.

316 BVerwG DVBl 2004, 838, 839; VGH Mannheim DVBl 1997, 1327; ferner *M.-J. Seibert*, DVBl 1997, 932, 934; *H. Sendler*, DVBl 1992, 240, 243.

317 Wie hier: *Kopp/Schenke* § 124 Rn. 5; a.A. OVG Lüneburg NVwZ-RR 2004, 125; *R. Rudisile*, in: Schoch/Schneider/Bier § 124 Rn. 29; *W.-R. Schenke*, NJW 1997, 81, 91.

318 BVerwG 23.10.1970 Buchholz 310 § 173 VwGO Anhang: § 62 ZPO Nr. 1.

heitliche Sachentscheidung gegenüber allen an dem streitigen Rechtsverhältnis beteiligten Personen zu ermöglichen, nicht erfüllen. Die bei Erfolglosigkeit des Zulassungsantrags eintretende Rechtskraft des erstinstanzlichen Urteils würde den erst im Zulassungsverfahren beigeladenen Dritten nicht binden;[319] der Beigeladene wäre sonst in seinem Recht auf rechtliches Gehör verletzt, weil er sich nicht umfassend zum Sachverhalt und zur Rechtslage äußern konnte (vgl. auch VGH Mannheim NVwZ-RR 2000, 728). Der zu Unrecht nicht Beigeladene ist andererseits nicht in seinen Rechten verletzt, weil er durch das verwaltungsgerichtliche Urteil nicht gebunden wird (§ 121). Ist eine notwendige Beiladung unterblieben und steht damit die Wirksamkeit des Urteils in Frage, ist allerdings die Berufung wegen eines schwerwiegenden, von Amts wegen zu beachtenden (vgl. BVerwGE 16, 23 = DVBl 1963, 679) Verfahrensfehlers zuzulassen; die Beiladung kann dann im Berufungsverfahren nachgeholt werden.

266 **6. Teilzulassung.** Das OVG kann bzw. muss (→ Rn. 277 f.) unter bestimmten Voraussetzungen die Zulassung der Berufung auf einen Teil des Streitstoffs beschränken. Eine solche Teilzulassung dient – entsprechend dem Zweck der Berufungszulassung – der Entlastung der Berufungsgerichte (→ Rn. 6). Das OVG soll nicht zwangsläufig den gesamten Rechtsstreit neu verhandeln müssen, wenn die Zulassungsvoraussetzungen nur für einen Teil des Gesamtstreitstoffs vorliegen. Die Zulässigkeit der Teilzulassung ist zwar nicht ausdrücklich gesetzlich geregelt, ergibt sich aber daraus, dass auch der Rechtsmittelführer selbst das verwaltungsgerichtliche Urteil nur teilweise anfechten kann (vgl. dazu BGHZ 53, 152, 155).

267 **a) Zulässige Beschränkungen.** Eine Beschränkung der Zulassung auf einen Teil des Streitstoffes ist immer dann zulässig, wenn es prozessual möglich ist, über diesen Teil in einem gesonderten Verfahrensabschnitt, abgetrennt vom übrigen Verfahren, im Wege eines Teil- oder (selbständigen) Zwischenurteils zu entscheiden; denn diese Zerlegung des Streitstoffes sieht das Gesetz selbst vor (§§ 109, 110, 111).[320] Die Teilzulassung muss sich auf einen tatsächlich und rechtlich selbständigen und abtrennbaren Teil des Gesamtstreitstoffs beziehen.[321] Sie scheidet aus, wenn wegen der Gefahr einander widersprechender Entscheidungen ein Bedürfnis nach einheitlicher Entscheidung besteht (OVG Münster 23.6.2004 – 8 A 3587/02; → Rn. 268). Die Grundsätze zur Teilzulassung einer Revision gelten prinzipiell auch für die Teilzulassung einer Berufung.[322]

268 **aa) Objektive Klagehäufung.** Die Zulassung kann wirksam auf einen von mehreren selbständigen Ansprüchen oder Streitgegenständen beschränkt werden.[323] Die Ansprüche können auch im Verhältnis von Haupt- und Hilfsantrag zueinander stehen (zu den verschiedenen Fallkonstellationen bei Haupt- und Hilfsantrag → Rn. 282 ff.).[324] Eine Beschränkung der Zulassung ist allerdings dann ausgeschlossen, wenn die Ansprüche derart miteinander zusammenhängen oder voneinander abhängen, dass die Gefahr einander widersprechender Entscheidungen besteht.[325] Von der objektiven Klagehäufung zu unterscheiden ist eine Konkurrenz mehrerer materiellrechtlicher Anspruchsgrundlagen hinsichtlich des gleichen prozessualen Ziels; die Beschränkung der Zulassung auf eine Anspruchsgrundlage ist unzulässig (vgl. BGH NJW 1984, 615; ferner NJW 1990, 1910, 1912; → Rn. 276).

269 **bb) Klage und Widerklage.** Die Grundsätze für eine Teilzulassung bei objektiver Klagehäufung gelten auch im Verhältnis von Klage und Widerklage.[326]

---

319   VGH Mannheim NVwZ-RR 2000, 814; OVG Saarlouis 24.1.2011 – 2 A 82/10; OVG Schleswig NordÖR 2012, 497; ferner BVerwG NVwZ 2001, 202; BSG 17.8.2006 – B 12 KR 79/05.

320   Vgl. BAGE 52, 346, 355; BGH MDR 1971, 569; NJW 1980, 1579; 1981, 287; 1984, 615 m.w.N.; 1987, 3264 f.; zur Aufrechnung und zum Zurückbehaltungsrecht → Rn. 274 f.

321   BVerwGE 49, 232, 234; 50, 292, 295; BVerwG 30.10.1987 Buchholz 310 § 132 VwGO Nr. 252 m.w.N.; 25.2.1988 Buchholz 240.1 BBesO Nr. 2; F. Weyreuther, Revisionszulassung, 1971, Rn. 50.

322   Ebenso R. Rudisile, in: Schoch/Schneider/Bier § 124 a Rn. 134; a.A. K. Rennert, VblBW 1999, 283, 287.

323   Vgl. BVerwG NJW 1961, 982; 10.9.1992 Buchholz 436.61 § 18 SchwbG Nr. 6; BGHZ 48, 134, 136; 53, 152, 154.

324   Vgl. BVerwG 11.1.1977 Buchholz 407.4 § 18 f. FStrG Nr. 1.

325   Vgl. BVerwG NJW 1961, 982 f.; 4.7.1985 Buchholz 424.01 § 85 FlurbG Nr. 2; BAGE 2, 326, 328; BGHZ 107, 236, 242; BGH NJW 1991, 2699; 1992, 511; 1993, 2173; MDR 2001, 105 (BGH jeweils zum Teilurteil); F. Weyreuther, Revisionszulassung, 1971, Rn. 47.

326   Vgl. BFHE 98, 326, 327 f.; BSGE 3, 135, 139; F. Weyreuther, Revisionszulassung, 1971, Rn. 47.

cc) Haupt- und Nebenanspruch. Auch eine Beschränkung der Zulassung auf Hauptforderung oder 270
Nebenforderung (z.B. Zinsanspruch) ist statthaft, weil insoweit auch eine Beschränkung des Zulassungsantrags durch den Rechtsmittelführer zulässig wäre.[327]

dd) Teilbarer Anspruch. Möglich ist eine Beschränkung der Zulassung auf einen abtrennbaren Teil 271
eines Anspruchs oder Streitgegenstands. Es muss sich um einen individualisierbaren, selbständig zur
Bescheidung geeigneten Teil des Streitgegenstands handeln (vgl. BGH NJW 1987, 3264 f.), wie z.B.
bei einer summenmäßigen Aufspaltung[328] oder bei einer Beschränkung auf einen bestimmten – abgrenzbaren – Zeitabschnitt (vgl. BGH NJW 1988, 1734; 1995, 2034, 2036). Die Teilzulassung ist nur
zulässig, wenn die Gefahr einander widersprechender Entscheidungen aufgrund einer abweichenden
Beurteilung durch das Rechtsmittelgericht ausgeschlossen ist (vgl. BGH NJW 1987, 441 m.w.N.;
1991, 2699; 1992, 511; 1993, 2173).

ee) Grund und Höhe. Bei einem nach Grund und Höhe streitigen Anspruch kommt eine Beschrän- 272
kung auf Grund oder Höhe des Anspruchs in Betracht; denn die VwGO erlaubt eine entsprechende
Zerlegung des Rechtsstreits durch ein Grundurteil (§ 111).[329]

ff) Subjektive Klagehäufung. Die Zulassung kann ferner auf einen von mehreren Streitgenossen (sei 273
es auf Kläger-, sei es auf Beklagtenseite) beschränkt werden;[330] denn jeder Streitgenosse könnte – unabhängig von den anderen – Rechtsmittel einlegen. Ausgeschlossen ist eine Teilzulassung bei notwendigen Streitgenossen, weil die berufungsgerichtliche Entscheidung insoweit nur einheitlich ergehen
kann (vgl. BAGE 2, 331, 332; BGH LM § 546 ZPO Nr. 9).

gg) Verschiedene Angriffs- oder Verteidigungsmittel. Der BGH hat auch die Beschränkung der Zulas- 274
sung auf eines von verschiedenen Angriffs- oder Verteidigungsmittel, das einen tatsächlich und rechtlich selbständigen und abtrennbaren Teil des Gesamtstreitstoffs betrifft, als zulässig angesehen (BGHZ
45, 287, 289; BGH NJW 1970, 609; 1980, 1579). Diese Fallgruppe steht der unzulässigen Beschränkung auf einzelne Rechtsfragen oder Entscheidungselemente sehr nahe. Als zulässige Beschränkungen
sind z.B. angesehen worden:

- Einwand der Unzulässigkeit der Klage (vgl. BGH WM 1987, 1353, 1354; NJW 1990, 1795,
1796 f.; 1993, 1799). Im Verwaltungsprozessrecht käme auch eine Beschränkung auf den Einwand
in Betracht, dass eine bestimmte Prozessvoraussetzung (z.B. Prozessführungsbefugnis, Klagefrist)
nicht vorgelegen habe; denn ein Zwischenurteil nach § 109 wird auch hinsichtlich einzelner Prozessvoraussetzungen für zulässig erachtet;[331]
- zur Aufrechnung gestellte Gegenforderung;[332]
- Zurückbehaltungsrecht;[333]
- Einwand des Mitverschuldens[334] (sehr zweifelhaft).

Diese Beschränkungen der Zulassung können allenfalls ausnahmsweise in Betracht kommen. Im Beru- 275
fungsverfahren hat das OVG grds. über den geltend gemachten Anspruch und nicht lediglich über
„Ausschnitte" desselben zu entscheiden. Das Zulassungserfordernis soll die Schranke zur berufungsgerichtlichen Überprüfung lediglich öffnen, aber nicht die umfassende Prüfungsbefugnis und -aufgabe
des Berufungsgerichts (vgl. § 128) einschränken. Das OVG prüft unabhängig vom Zulassungsgrund
den Rechtsstreit umfassend von Amts wegen (→ Rn. 301). Trotz des grundsätzlichen Interesses an
einer Entlastung der Berufungsgerichte ist es regelmäßig zweckmäßiger, einheitlich über den Anspruch
zu entscheiden (vgl. BGH NJW 1980, 1579). Gleichwohl mag im Einzelfall ein anerkennenswertes Bedürfnis bestehen, einen Rechtsstreit nicht nochmals in vollem Umfang zu verhandeln, obwohl die eigentliche Streitfrage auf einen bestimmten abtrennbaren Teil des Streitstoffs begrenzt ist.

---

327 Vgl. BVerwG 26.11.1974 Buchholz 310 § 132 VwGO Nr. 126; 30.10.1987 Buchholz 310 § 132 VwGO Nr. 252.
328 Vgl. BGHZ 7, 62 f.; 53, 152, 155; zurückhaltender: BVerwG 13.11.1968 – 8 B 85.68; BFHE 98, 326, 327 f.; OVG
Magdeburg 14.1.2014 – 1 L 7/11 8 (keine Teilzulassung bei unklarer Summenaufteilung).
329 Vgl. BGH NJW 1980, 1579; 1981, 287; 1984, 615 m.w.N.
330 Vgl. BGH LM § 546 ZPO Nr. 9; BGHZ 48, 134, 136 m.w.N.; BGH NJW 1979, 767; 1984, 614; 1984, 615.
331 Für das Zivilprozessrecht a.A. BGH NJW 1983, 2084 f.; WM 1987, 1353, 1354; NJW 1993, 1799.
332 Vgl. BGHZ 36, 316; 53, 152, 155; 109, 179, 189; BGH NJW 1996, 527; BAGE 47, 355, 357; ferner *S. Müller-
Rabe*, NJW 1990, 283, 286.
333 Vgl. BGHZ 45, 287, 289; ferner *S. Müller-Rabe*, NJW 1990, 283, 286 f.
334 Vgl. BGH NJW 1980, 1579; 1981, 287; 1984, 615.

276   **b) Unzulässige Beschränkung.** Das Berufungsgericht hat ebenso wie das VG über den prozessualen Anspruch zu befinden. Es ist nicht seine Aufgabe, einzelne, aus dem Streitstoff herauslösbare Fragen zu beantworten (vgl. BAGE 47, 355, 358). Unzulässig ist daher die Beschränkung der Zulassung auf bestimmte Rechtsfragen oder einzelne Urteilselemente.[335] Ausgeschlossen ist z.B. eine Beschränkung der Zulassung auf

- unselbständige Vorfragen (vgl. BVerwGE 41, 52, 53; 49, 232, 234 f.; 50, 292, 295);
- einzelne von mehreren Anspruchs- oder Ermächtigungsgrundlagen;[336]
- die Einrede der Verjährung (vgl. BGH NJW 1981, 1953, 1954);
- die Frage, ob ein Beweisantrag zu Recht abgelehnt worden ist (vgl. BGH NJW 1982, 1535);
- auf die Kosten.[337]

277   **c) Pflicht zur Beschränkung.** Hat das VG über mehrere tatsächlich und rechtlich selbständige und abtrennbare Klageansprüche entschieden und hat der Rechtsmittelführer einen Antrag auf Zulassung der Berufung gegen das Urteil in seiner Gesamtheit gestellt, so sind für jeden selbständigen Klageanspruch gesondert die Voraussetzungen für eine Zulassung der Berufung zu prüfen.[338] Sind die mit dem Zulassungsantrag geltend gemachten Berufungszulassungsgründe nur hinsichtlich eines Anspruchs oder hinsichtlich eines abtrennbaren Teils des Streitgegenstands gegeben, muss die Berufung auf diesen Teil beschränkt und im Übrigen der Zulassungsantrag abgelehnt werden. Dies ergibt sich aus Sinn und Zweck der Berufungszulassung. Das Erfordernis der Zulassung bezweckt, die Berufungsgerichte zu entlasten und alle nicht unbedingt im Interesse der Einzelfallgerechtigkeit oder der Rechtseinheit und Rechtsfortbildung liegende Arbeit von ihnen fernzuhalten (vgl. BGHZ 2, 396, 398; 7, 62, 63; 69, 93, 94; BSGE 3, 135, 138).

278   Eine Pflicht zur Beschränkung der Zulassung besteht auch dann, wenn lediglich hinsichtlich eines Teils des Gesamtstreitstoffs ein Zulassungsantrag gestellt worden ist. Das OVG kann nicht über das Antragsbegehren hinausgehen. Hingegen steht es im Ermessen des OVG, ob es ausnahmsweise die Berufung auf ein Angriffs- oder Verteidigungsmittel beschränkt (→ Rn. 275).

279   **d) Eindeutigkeit der Beschränkung.** Die Beschränkung der Zulassung muss aus Gründen der Rechtsmittelklarheit eindeutig aus dem Zulassungsbeschluss hervorgehen (vgl. BVerwGE 41, 52, 53; BAG NJW 1991, 1002). Sie ist grds. im Tenor des Zulassungsbeschlusses (→ Rn. 292) deutlich zum Ausdruck zu bringen. Eine in der Beschlussformel dem Wortlaut nach uneingeschränkt ausgesprochene Berufungszulassung ist (nur) dann ausnahmsweise als beschränkte auszulegen, wenn sich die Beschränkung ausdrücklich und eindeutig aus den Gründen ergibt.[339] Im Zweifel ist von einer unbeschränkten Zulassung auszugehen.[340] Betrifft die Begründung des Zulassungsbeschlusses nur einen von mehreren Streitgegenständen oder abtrennbaren Klageansprüchen, so ist ohne weitere zusätzliche Anhaltspunkte i.d.R. nicht anzunehmen, dass die Berufung entgegen dem Beschlusstenor auf die allein erwähnten Rechtsfragen oder Ansprüche beschränkt sein soll.[341] Dies gilt erst recht, wenn lediglich eine Beschränkung auf einen Teil des Streitgegenstands in Rede steht (vgl. BVerwGE 41, 52, 53; BGH NJW 1980, 3013; 1982, 1940; 1990, 1795, 1796). Eindeutig keine Einschränkung der Zulassung

---

335   Vgl. BVerwG JR 1956, 31, 32; BVerwGE 41, 52, 53; 49, 232, 234 f.; BAGE 2, 326, 327; 52, 346, 355 f.; BFHE 98, 326, 327 f.; BGH NJW 1954, 110; MDR 1971, 569; NJW 1978, 1920, 1921; 1982, 1535; 1984, 615; 1987, 2586; 1987, 3264 f.; BSGE 3, 135, 138 f.; F. Weyreuther, Revisionszulassung, 1971, Rn. 34, 50.

336   Vgl. BVerwG 136, 377 = NVwZ 2011, 51 zu den Abschiebungsverboten des § 60 Abs. 2, 3 und 7 AufenthG; VGH Mannheim 23.3.2000 – A 12 S 2573/98 zum Abschiebungsschutz nach § 53 AuslG; BGH NJW 1984, 615; ferner BGH NJW 1990, 1910, 1912.

337   OVG Koblenz NVwZ 1999, 198, 200. Eine isolierte Anfechtung der Kostenentscheidung ist nicht möglich (§ 158); deshalb ist auch ein Antrag auf Teilzulassung bzw. eine Beschränkung der Zulassung ausgeschlossen (vgl. etwa BVerwG 13.6.1969 Buchholz 310 § 158 Nr. 3; 2.3.1972 Buchholz 310 § 158 Nr. 4; 16.11.1992 Buchholz 310 § 158 Nr. 6).

338   Vgl. BVerwG 11.1.1977 Buchholz 407.4 § 18 f. FStrG Nr. 1; s.a. BVerwG DVBl 1960, 140.

339   BGH NJW 2004, 1324; MDR 2004, 1375; MDR 2005, 886. Abweichend § 64 Abs. 3 a, § 72 Abs. 1 ArbGG n.F.: Die Entscheidung über die Zulassung des Rechtsmittels ist in den Urteilstenor aufzunehmen; vgl. dazu BAG NJW 2004, 2691 m.w.N.

340   Vgl. BVerwG 6.11.1981 Buchholz 407.4 § 17 FStrG Nr. 44; BGH NJW 1979, 2398; 1984, 614.

341   Vgl. BVerwG 6.11.1981 Buchholz 407.4 § 17 FStrG Nr. 44; BAGE 7, 290, 294; BAG NJW 1991, 1002; BGH NJW 1984, 614; 1984, 2353; 1992, 1039 f.; großzügiger (für Beschränkung): BVerwG 10.9.1992 Buchholz 436.61 § 18 SchwbG Nr. 6; BAGE 2, 326, 327; BGH NJW 1967, 2312; 1987, 2586; 1990, 1795, 1796; 1993, 1799.

liegt vor, wenn in den Gründen „insbesondere" eine bestimmte Frage als klärungsbedürftig angesehen wird (vgl. BGH NJW 1988, 1210).

e) Wirksamkeit und Wirkung der Teilzulassung. Wirksam beschränkt ist die Zulassung der Berufung **280** nur dann, wenn eine solche Beschränkung zulässig ist und die Beschränkung aus dem Zulassungsbeschluss eindeutig hervorgeht (vgl. BVerwGE 42, 52; 50, 292, 295). Eine wirksame Beschränkung der Berufungszulassung bewirkt, dass der nicht zugelassene Teil des Streitstoffs nicht der Prüfungs- und Entscheidungskompetenz des Berufungsgerichts unterliegt. Der durch die Berufungsanträge bestimmte Prüfungsrahmen im Berufungsverfahren kann nicht weiter sein als der Umfang der Zulassung (→ Rn. 96). Dies gilt jedoch grds. nicht für die unselbständige Anschlussberufung;[342] denn sie bedarf nach § 127 Abs. 4 i.d.F. des Gesetzes zur Bereinigung des Rechtsmittelrechts im Verwaltungsprozess vom 20.12.2001 (BGBl I 3987) keiner Zulassung.[343]

Ist die Beschränkung der Zulassung unzulässig, ist nicht die Zulassung, sondern nur die Beschränkung **281** unwirksam, mit der Folge, dass die Berufung uneingeschränkt zugelassen ist.[344] Allerdings ist stets zu prüfen, ob eine in unzulässiger Weise auf eine bestimmte Rechtsfrage beschränkte Zulassung nicht umgedeutet werden kann in eine Zulassung hinsichtlich eines Teils des Streitgegenstands oder hinsichtlich eines von mehreren Ansprüchen (vgl. BGH NJW 1987, 2586 f.).

7. Hilfsanträge in erster Instanz. Die Behandlung von (echten) erstinstanzlichen Hilfsanträgen im Zu- **282** lassungs- und Berufungsverfahren bedarf einer differenzierten Betrachtung. Ein (echter) Hilfsantrag liegt nur vor, wenn mit ihm etwas anderes begehrt wird als mit dem Hauptantrag („aliud"), wenn also Haupt- und Hilfsantrag unterschiedliche Streitgegenstände betreffen. Ist hingegen der Hilfsantrag (als „minus") im Hauptantrag enthalten, so handelt es sich in Wahrheit lediglich um *einen* Antrag. Folgende Fallgruppen sind beim echten Hilfsantrag zu unterscheiden:

a) Abweisung des Hauptantrags und Stattgabe des Hilfsantrags. Das VG hat den Hauptantrag abge- **283** wiesen und dem Hilfsantrag stattgegeben: Stellt der (allein durch die Abweisung des Hauptantrags beschwerte) *Kläger* erfolgreich einen Zulassungsantrag, so ist die Berufung nur hinsichtlich des Hauptantrags zuzulassen. Solange über den Hauptantrag noch nicht rechtskräftig entschieden worden ist, bleibt die Wirksamkeit des erstinstanzlichen Urteils über den Hilfsantrag in der Schwebe; sie steht unter einer auflösenden Bedingung im Hinblick auf das Schicksal des Hauptantrags. Gibt das Berufungsgericht dem Hauptantrag statt, so wird die Verurteilung aufgrund des Hilfsantrags durch die Vorinstanz wirkungslos (BAG MDR 2009, 165). Das Berufungsgericht sollte jedoch deklaratorisch die Verurteilung aus dem Hilfsantrag aufheben; andernfalls hätte der Kläger zwei Titel in Händen.[345]

Weist das Berufungsgericht die Sache gem. § 130 an das VG zurück, so darf es die Verurteilung aus **284** dem Hilfsantrag nicht aufheben; diese bleibt auflösend bedingt, bis das VG über den Hauptantrag entschieden hat. Gibt das VG dem Hauptantrag statt, muss es zugleich seine frühere Entscheidung über den Hilfsantrag zur Klarstellung aufheben.[346]

Stellt der *Beklagte*, der die Abweisung des Hilfsantrags erreichen will, erfolgreich einen Zulassungsan- **285** trag, ist die Berufung nur hinsichtlich des Hilfsantrags zuzulassen. Dies gilt auch dann, wenn das Berufungsgericht den Hilfsantrag gerade deshalb für unbegründet hält, weil seiner Ansicht nach dem Hauptantrag hätte entsprochen werden müssen.[347]

b) Abweisung des Haupt- und des Hilfsantrags. Das VG hat sowohl den Haupt- als auch den Hilfs- **286** antrag abgewiesen: Der Kläger muss in Bezug auf beide Abweisungsentscheidungen mit je gesonderter Begründung einen Antrag auf Zulassung der Berufung stellen, sofern er nicht die weitere Rechtsverfolgung entweder auf seinen Haupt- oder seinen Hilfsantrag beschränken will (BVerwG 24.6.2009 – 5 B

---

342 Anders dann, wenn das Berufungsgericht zuvor einen Antrag des Anschlussberufungsführers auf Zulassung der Berufung wegen desselben Teils des Streitgegenstandes abgelehnt hat (BVerwG NVwZ-RR 2008, 214).
343 Damit ist der früheren Kontroverse (vgl. BVerwG NVwZ-RR 1997, 253 einerseits und BVerwGE 116, 169 andererseits) die Grundlage entzogen.
344 Vgl. HmbOVG 27.7.2017 – 3 Bf 128/15; BVerwGE 49, 232, 235; 50, 292, 295; BAGE 52, 346, 355 f.; BAG NJW 1986, 2271; BFHE 162, 290, 293; BGH NJW 1984, 2945; 1987, 3264 f.; problematisch BVerwG 8.1.2007 – 10 B 63/06: Überprüfung der Teilbarkeit des Streitgegenstandes bei einer teilweisen Berufungszulassung nur auf Willkür.
345 BVerwG DVBl 1980, 597; *H. Brox*, in: Recht im Wandel, 1965, 121, 136.
346 Vgl. BGH NJW 1989, 1486, 1487; *H. Brox*, in: Recht im Wandel, 1965, 121, 137 ff.; ferner BGH NJW 1993, 1005, 1007.
347 Vgl. BVerwG DVBl 1980, 597; BGHZ 41, 38; *H. Brox*, in: Recht im Wandel, 1965, 121, 130 ff.

69.08). Wird die Berufung nur hinsichtlich des Hauptantrags zugelassen und bestätigt das Berufungsurteil die erstinstanzliche Abweisung des Hauptantrags, bleibt es bei der erstinstanzlichen Abweisung des Hilfsantrags. Gibt das Berufungsgericht hingegen dem Hauptantrag statt, muss es im Wege der Klarstellung die erstinstanzliche Entscheidung über den Hilfsantrag aufheben (→ Rn. 283).

287   **c) Stattgabe des Hauptantrags.**   Das VG hat dem Hauptantrag stattgegeben und deshalb nicht über den Hilfsantrag entschieden: Stellt der (allein durch die Verurteilung nach dem Hauptantrag beschwerte) Beklagte erfolgreich einen Zulassungsantrag, so ist die Zulassung der Berufung nicht auf das mit dem Hauptantrag verfolgte Begehren zu beschränken. Der Hilfsantrag, über den das VG wegen der Zuerkennung des Hauptantrags nicht zu entscheiden brauchte, fällt allein durch die (erfolgreiche) Rechtsmitteleinlegung des Beklagten (automatisch) in der Berufungsinstanz an.[348] Der Beschluss des Berufungsgerichts über die Zulassung der Berufung muss daher zum Ausdruck bringen, dass der Streitgegenstand im Berufungsverfahren Haupt- und Hilfsantrag umfasst und nicht auf den Hauptantrag beschränkt ist. Diese Grundsätze gelten auch für die Stufenklage (OVG Münster DÖV 2004, 39).

288   **d) Abweisung des Hauptantrags unter Übergehung des Hilfsantrags.**   Das VG hat den Hauptantrag abgewiesen und versehentlich nicht über den Hilfsantrag entschieden: Der Kläger kann wegen der Abweisung des Hauptantrags einen Zulassungsantrag stellen und wegen des übergangenen Hilfsantrags die Ergänzung des verwaltungsgerichtlichen Urteils gem. § 120 beantragen.[349] Hat das VG hingegen rechtsirrig (z.B. durch fehlerhafte Ermittlung des Klageziels) von einer Entscheidung über den Hilfsantrag abgesehen, muss der Kläger einen entsprechenden Zulassungsantrag stellen.[350] Hiervon zu unterscheiden ist, dass sich das VG in einem Teilurteil nach § 110 bewusst die Entscheidung über den Hilfsantrag vorbehalten hat. Hier kann ein Zulassungsantrag nur bzgl. des Teilurteils über den Hauptantrag gestellt werden; über den Hilfsanspruch hat das VG noch zu entscheiden.

289   **8. Begründung der Entscheidung.**   Die am 1.1.2002 in Kraft getretene Änderung des § 124 a hat die Begründungsanforderungen zu Recht verschärft.[351] Nach § 124 Abs. 2 S. 2 a.F. konnte das OVG von einer Begründung absehen, wenn dem Zulassungsantrag stattgegeben oder wenn er einstimmig abgelehnt wurde. Nunmehr ist der Beschluss im Regelfall zumindest kurz zu begründen. Die grundsätzliche Begründungspflicht bezieht sich sowohl auf ablehnende als auch auf stattgebende Beschlüsse. Der Rechtsmittelführer darf um so eher eine (auch eingehendere) Begründung erwarten, je gewichtiger sein Vorbringen ist. Von einer Begründung kann nur und insoweit abgesehen werden, als die Gründe für die Beteiligten auf der Hand liegen oder das Antragsvorbringen neben der Sache liegt.

290   Das Begründungserfordernis dient nicht zuletzt der Selbstvergewisserung des Senats. Es hat auch Bedeutung für eine mögliche Verfassungsbeschwerde. Mit ordentlichen Rechtsbehelfen nicht mehr angreifbare letztinstanzliche gerichtliche Entscheidungen bedürfen zwar von Verfassungs wegen grds. keiner Begründung.[352] Eine Begründung ist allerdings verfassungsrechtlich dann geboten, wenn von dem eindeutigen Wortlaut einer Rechtsnorm abgewichen werden soll und der Grund hierfür sich nicht schon eindeutig aus den den Beteiligten bekannten oder für sie ohne Weiteres erkennbaren Besonderheiten des Falls ergibt (BVerfGE 71, 122, 135; BVerfG NJW 1993, 1906; NVwZ 1993, 975, 976). Gleiches gilt für die Abweichung von einer höchstrichterlichen Rspr. (BVerfGE 81, 97, 106). Das Fehlen der Begründung einer gerichtlichen Entscheidung oder eines anderen Hinweises auf den maßgeblichen rechtlichen Gesichtspunkt kann dazu führen, dass im Verfassungsbeschwerdeverfahren ein Verfassungsverstoß nicht auszuschließen und die Entscheidung deshalb aufzuheben ist.[353]

291   **9. Tenor.**   Der unzulässige Antrag auf Zulassung der Berufung wird „verworfen", der unbegründete Antrag „abgelehnt" (vereinzelt wird der unbegründete Antrag auch „zurückgewiesen"). In der Praxis

---

348 St. Rspr.: BVerwG 10.11.1993 Buchholz 424.01 § 64 FlurbG Nr. 7; BVerwG 3.2.1997 – 9 B 657.96; 14.3.1997 – 9 B 53.97; NVwZ 1997, 1132, 1133 je m.w.N.; 1999, 642, 643; BGHZ 41, 38, 41; BGH MDR 1990, 711; MDR 2005, 162.

349 Vgl. BVerwG JR 1969, 353 f.; 16.8.1995 Buchholz 310 § 120 VwGO Nr. 9; ferner BVerwGE 81, 12.

350 Vgl. BVerwG NVwZ 1993, 62; BVerwGE 95, 269, 271, 273 m.w.N.; VGH Mannheim NVwZ 1993, 804.

351 M.-J. Seibert, NVwZ 2002, 265, 267.

352 BVerfGE 50, 287, 289 f.; 94, 166, 210; BVerfG NJW 2001, 2161; einschränkend: BVerfGE 71, 122, 135; 81, 97, 106; BVerfG NJW 1993, 1908; NVwZ 1993, 975, 976.

353 BVerfG NVwZ 1993, 975, 976; s.a. BVerfG NVwZ 1993, 465: Aufhebung eines Nichtzulassungsbeschlusses, weil sachlich vertretbare Gründe für die Nichtzulassung der Berufung mangels Angabe von Gründen in der Entscheidung nicht erkennbar waren.

der Obergerichte werden allerdings regelmäßig nur unstatthafte oder nicht fristgerechte Anträge „verworfen"; im Übrigen werden unzulässige Anträge „abgelehnt", ohne zwischen Unzulässigkeit und Unbegründetheit des Antrags zu differenzieren. Insbes. bei mangelnder Darlegung der Zulassungsgründe wird der Zulassungsantrag überwiegend nicht als unzulässig verworfen. Immerhin unterscheidet auch das Gesetz nicht, ob der Zulassungsantrag mangels Darlegung von Zulassungsgründen unzulässig oder wegen Fehlens von Zulassungsgründen unbegründet ist, sondern spricht einheitlich von „Ablehnung" (§ 124a Abs. 5 S. 4).[354] Das BVerwG verwirft hingegen grds. Nichtzulassungsbeschwerden, wenn die Revisionszulassungsgründe nicht hinreichend dargelegt sind.

Der Tenor des erfolgreichen Zulassungsantrags lautet: „Die Berufung wird zugelassen". Eine lediglich **292** teilweise Zulassung der Berufung muss im Tenor hinreichend klar zum Ausdruck kommen: „Die Berufung wird insoweit zugelassen, als... Im Übrigen wird der Antrag abgelehnt."

10. Kosten. Wird der Antrag auf Zulassung der Berufung abgelehnt, trägt der Antragsteller die Kos- **293** ten des Antragsverfahrens (§ 154 Abs. 2).[355] Auch die außergerichtlichen Kosten des Beigeladenen können erstattungsfähig sein (VGH München BayVBl 2003, 349; restriktiv VGH München DVBl 2002, 345). Hat der Antrag auf Zulassung der Berufung Erfolg, bleibt die Entscheidung über die Kosten des Zulassungsverfahrens der Berufungsentscheidung vorbehalten.[356] Die Kosten des erfolgreichen Zulassungsverfahrens sind Teil der Kosten des Berufungsverfahrens. Die Kostentragungspflicht hängt vom Ausgang des gesamten Rechtsstreits ab (BFHE 119, 380, 383), über den erst im Berufungsurteil entschieden wird. Reicht der erfolgreiche Antragsteller keine (fristgerechte) Berufungsbegründung ein, ist die Berufung auf Kosten des Antragstellers zu verwerfen (§ 154 Abs. 2).[357]

Ist der Zulassungsantrag teilweise erfolglos und teilweise erfolgreich, kann (nur) über die Kosten des **294** erfolglosen Teils im Zulassungsbeschluss abschließend nach § 154 Abs. 2 (nicht nach § 155 Abs. 1 S. 1) entschieden werden; im Übrigen bleibt die Kostenentscheidung dem Berufungsurteil vorbehalten. In gleicher Weise ist zu differenzieren, wenn der Zulassungsantrag eines Beteiligten abgelehnt, der eines anderen Beteiligten erfolgreich ist.[358] Das OVG kann aber auch die Kostenentscheidung insgesamt der Berufungsentscheidung vorbehalten.

11. Rechtsmittelbelehrung. Der Beschluss, mit dem die beantragte Berufungszulassung *abgelehnt* **295** wird, bedarf keiner Rechtsmittelbelehrung, weil er nicht anfechtbar ist (§ 124a Abs. 5 S. 4; § 152 Abs. 1). Üblich ist jedoch ein Hinweis auf die Unanfechtbarkeit am Ende der Entscheidungsgründe.

Der Beschluss über die *Zulassung* der Berufung muss eine Rechtsmittelbelehrung über die Notwendig- **296** keit und Fristgebundenheit der Berufungsbegründung enthalten. Die Berufungsbegründungsfrist läuft nur, wenn über sie ordnungsgemäß im Zulassungsbeschluss belehrt worden ist (zum Fristlauf bei fehlerhafter Rechtsmittelbelehrung → Rn. 44 ff.).[359] Dies folgt unmittelbar[360] – nicht lediglich entsprechend[361] – aus § 58 Abs. 1. Denn das Rechtsmittel der Berufung ist zweistufig angelegt (→ § 124 Rn. 31 f., 52); sowohl über die erste Stufe (fristgebundene Stellung eines Zulassungsantrags) als auch über die zweite Stufe (fristgebundene Berufungsbegründung) ist in einer den Anforderungen des § 58 genügenden Weise zu belehren (BVerwG DVBl 2000, 562, 563 ff.; NJW 2009, 2322; NVwZ-RR 2013, 128).

Notwendige Bestandteile dieser Belehrung sind die Erforderlichkeit der Berufungsbegründung, die **297** Dauer der Berufungsbegründungsfrist (§ 124a Abs. 6 S. 1) und der Ort der Einlegung (beim OVG, § 124a Abs. 6 S. 2) einschließlich Adresse (BVerwG NJW 2009, 2322). Nicht zum erforderlichen Inhalt der Rechtsmittelbelehrung gehören nach st. Rspr. Form und notwendiger Inhalt des Rechtsbe-

---

354 Vgl. auch GmSOGB NJW 1984, 1027, 1028.
355 Die Vorschrift findet unmittelbar Anwendung, weil der Zulassungsantrag ein Rechtsmittel ist, → § 124 Rn. 35.
356 Vgl. BVerwG DÖV 1959, 758; BFHE 119, 380, 383; 150, 445, 447; 163, 125; *P. Kummer*, Die Nichtzulassungsbeschwerde, 1990, Rn. 299; *F. Weyreuther*, Revisionszulassung, 1971, Rn. 250.
357 Zur Revision BVerwG NVwZ-RR 1995, 545.
358 BVerwG 10.11.1980, Buchholz 310 § 155 VwGO Nr. 7; BAGE 36, 66, 72; BFHE 150, 445, 447.
359 BVerwG NVwZ 1998, 1311; DVBl 2000, 562, 563; VGH Mannheim NVwZ-Beilage 1998, 49; DVBl 1999, 112, 113; OVG Lüneburg NVwZ-Beilage 1997, 92, 93; GewArch 1999, 32; a.A. OVG Münster DVBl 1997, 1340.
360 So zutr. BVerwG NVwZ 1998, 1311; DVBl 2000, 562, 563 unter Verweis auf die Rspr. zur Revisionsbegründungsfrist (vgl. dazu BVerwG NVwZ 1994, 490, 491; NVwZ-RR 1994, 361 f.; NVwZ 1999, 653, 654); ferner OVG Lüneburg NVwZ-Beilage 1997, 92, 93 f.
361 So aber OVG Lüneburg GewArch 1999, 32, 33; VGH Mannheim NVwZ 1999, 207; gegen eine unmittelbare Anwendung auch OVG Münster DVBl 1997, 1340.

helfs.[362] Eine Belehrung über den notwendigen Inhalt der Berufungsbegründung (Antrag und Berufungsgründe, § 124 a Abs. 3 S. 4) ist daher zwar nicht zwingend, gleichwohl aber ein nobile officium, um die Rechtsmittelbelehrung beteiligtenfreundlich zu gestalten. Nicht erforderlich (BVerwG NVwZ-RR 2013, 128 m.w.N.), aber hilfreich sind der Verweis auf den weiterhin bestehenden Vertretungszwang (§ 67 Abs. 4), der Hinweis auf die Verlängerungsmöglichkeit der Berufungsbegründungsfrist (§ 124 a Abs. 6 S. 3 i.V.m. Abs. 3 S. 3) sowie der warnende Zusatz, dass die Berufung bei Fehlen eines der Erfordernisse des § 124 a Abs. 3 unzulässig ist (§ 124 a Abs. 6 S. 3 i.V.m. Abs. 3 S. 5). Auf die Frist zur Einlegung der Anschlussberufung braucht nicht hingewiesen zu werden (BVerwGE 142, 99 = NVwZ 2012, 1045).

298 Die Belehrung muss im Zulassungsbeschluss selbst enthalten und von der Unterschrift der Richter gedeckt sein (§ 122 Abs. 1 i.V.m. § 117 Abs. 2 Nr. 6 und Abs. 1 S. 2[363]). Nicht ausreichend ist eine Belehrung bereits im erstinstanzlichen Urteil oder durch gesondertes Schreiben des Berufungsgerichts (BVerwG DVBl 2000, 562; NJW 2009, 2322; a.A. VGH Mannheim NVwZ 1999, 207). Allerdings ist es nicht erforderlich, dass die Belehrung von den Gründen des Zulassungsbeschlusses abgesetzt und mit einer gesonderten Überschrift versehen wird (BVerwG NVwZ-RR 2013, 128 m.w.N.). Ist die Rechtsmittelbelehrung im Zulassungsbeschluss unterblieben oder unrichtig erteilt, ist der Beschluss gem. § 122 Abs. 1 i.V.m. § 118 Abs. 1 zu berichtigen und in der berichtigten Form erneut zuzustellen (BVerwG DVBl 2000, 562). Eine unterbliebene oder fehlerhafte Rechtsmittelbelehrung setzt die einmonatige Begründungsfrist (§ 124 a Abs. 6 S. 1) nicht in Lauf (→ Rn. 44 ff.).

299 **12. Bekanntgabe des Beschlusses.** Der *stattgebende* Beschluss muss nach den Vorschriften der ZPO zugestellt werden (§ 56 Abs. 2), weil er die Berufungsbegründungsfrist in Lauf setzt (§ 124 a Abs. 6 S. 1; § 56 Abs. 1).[364] Die Zustellung erfolgt an sämtliche Verfahrensbeteiligten, auch an den Beigeladenen (BVerwG NVwZ 1992, 179 f.). Der *ablehnende* Beschluss wird den Beteiligten formlos mitgeteilt, weil er nicht mit Rechtsmitteln angefochten werden kann (§ 173 Abs. 1 VwGO i.V.m. § 329 Abs. 2 S. 1 ZPO).

299a **13. Vorlagepflicht nach Art. 267 AEUV.** Würde voraussichtlich im weiteren Rechtsmittelverfahren gem. Art. 234 Abs. 3 EG eine Vorabentscheidung des EuGH einzuholen sein, muss die Berufung zugelassen werden; anderenfalls würde das OVG als letztinstanzliches Gericht gegen die Vorlagepflicht an den EuGH verstoßen (→ § 124 Rn. 136 f.).

IV. Wirkung der Entscheidung

300 **1. Wirkung des stattgebenden Beschlusses. a) Fortsetzung als Berufungsverfahren.** Lässt das OVG die Berufung zu, wird das Antragsverfahren als Berufungsverfahren fortgesetzt, ohne dass es der gesonderten Einlegung einer Berufung bedarf (§ 124 a Abs. 5 S. 5). Die Berufung ist jedoch innerhalb eines Monats nach Zustellung des Zulassungsbeschlusses zu begründen (§ 124 a Abs. 6 S. 1); die fristgebundene Begründungspflicht dient in erster Linie der Klarstellung durch den Berufungsführer, ob und weshalb er an der Durchführung des Berufungsverfahrens festhalten will (BVerwG NVwZ 1998, 1311, 1312; 2000, 315; → Rn. 39). Will der Antragsteller die Berufung nicht fortführen, muss er sie zurücknehmen.[365] Die Regelung über das sog. Durchstarten, also der Entbehrlichkeit der Berufungseinlegung, soll „unnötigen Verfahrensaufwand" (BT-Drs. 11/7030, 32 [zu § 131 VwGO a.F.]) vermeiden und dient der Beschleunigung. Eine inhaltlich identische Regelung sieht § 139 Abs. 2 S. 1 für das Revisionsverfahren vor.

301 **b) Bedeutungslosigkeit der Zulassungsgründe für das Berufungsverfahren.** Die Zulassungsentscheidung eröffnet die Berufung in vollem Umfang, nicht nur hinsichtlich der Gründe, derentwegen sie er-

---

362 BVerwGE 1, 192, 193; 50, 248, 250 ff.; 57, 188, 190, BVerwG NVwZ-RR 2001, 142, 143.
363 Die Verweisungsregelung des § 122 Abs. 1, die § 117 nicht ausdrücklich erwähnt, wird allg. als unvollständig angesehen. Wie bei Beschlüssen des einstweiligen Rechtsschutzes sind auch bei Zulassungsbeschlüssen die für Urteile geltenden Regelungen des § 117 Abs. 1 und Abs. 2 Nr. 6 entsprechend heranzuziehen, vgl. BVerwG DVBl 2000, 562 m.w.N.
364 BVerwG 29.9.1998 – 9 C 14.98; DVBl 2000, 562; OVG Lüneburg NVwZ-Beilage 1997, 92, 94.
365 Zum alten Recht BVerwGE 38, 104, 105: Die Nichteinlegung der Revision nach erfolgreicher Nichtzulassungsbeschwerde ist kostenrechtlich der Rücknahme der zugelassenen Revision gleich zu erachten.

folgte.[366] Das OVG prüft unabhängig vom Zulassungsgrund den Rechtsstreit i.R. der gestellten Anträge umfassend unter allen rechtlichen und tatsächlichen Aspekten (vgl. § 128). Die Gründe, aus denen die Berufung zugelassen worden ist, sind ohne Bedeutung für das Berufungsverfahren. Unbeachtlich ist daher auch der nachträgliche Wegfall des Zulassungsgrundes, z.B. durch höchstrichterliche oder gesetzgeberische Klärung einer grds. bedeutsamen Frage i.S.d. § 124 Abs. 2 Nr. 3[367] oder durch Veränderung der entscheidungserheblichen tatsächlichen Umstände (BVerwG NVwZ 2000, 315).

c) Bindung an die Zulassungsentscheidung. aa) Grundsatz. Die Zulassungsentscheidung ist unanfechtbar (§ 152 Abs. 1) und auch nicht widerrufbar. Das Berufungsgericht ist an seine eigene Zulassungsentscheidung gebunden;[368] es kann nicht im Berufungsverfahren nochmals über die Zulässigkeit oder Begründetheit des Zulassungsantrags entscheiden.[369] Auch eine Abänderung im Wege richterlicher Selbstkontrolle oder aufgrund eines „außerordentlichen" Rechtsbehelfs ist ausgeschlossen (VGH Mannheim DVBl 2000, 566). Die Berufungszulassung hat konstitutive Wirkung, soweit sie die Zugangsschranke zum Berufungsverfahren aufhebt. Ist ein Rechtsstreit in einer bestimmten Instanz anhängig geworden, so hat das zur Entscheidung in diesem Rechtszug berufene Gericht nach allgemeinen prozessrechtlichen Grundsätzen keine Möglichkeit, diese Prozesslage ungeschehen zu machen und sich der Entscheidung zu entziehen (BVerwG NVwZ 1989, 249, 250; 3.2.1997 – 9 B 657.96). 302

Die Eröffnung der Berufungsinstanz durch die Zulassungsentscheidung entfaltet auch Bindungswirkung im Revisionsverfahren. Sie ist nicht vom BVerwG im Revisionsverfahren überprüfbar. Ein verfahrensfehlerhaft zustande gekommener oder sachlich unrichtiger Zulassungsbeschluss hat nicht die Fehlerhaftigkeit des durch ihn möglich gewordenen Berufungsverfahrens zur Folge (BVerwG 3.2.1997 – 9 B 657.96). Die Berufungszulassung unterliegt auch nicht als eine dem angefochtenen Urteil vorausgehende Entscheidung gem. § 173 VwGO, § 557 Abs. 2 ZPO der Beurteilung des Revisionsgerichts, weil die Zulassung jedenfalls unanfechtbar ist (BVerwG NVwZ 1998, 1179; 14.12.2006 – 1 B 272.06). 303

bb) Umfang der Bindungswirkung. Die Bindungswirkung erstreckt sich nur auf den Entscheidungsgegenstand (Tenor), nicht auf die Vorfragen (Gründe). Gegenstand der Zulassungsentscheidung ist allein die Überwindung der Zulassungsschranke. Alle weiteren Anforderungen an die Statthaftigkeit und Zulässigkeit der Berufung bleiben unberührt und werden durch die Zulassungsentscheidung nicht präjudiziert.[370] Erkennt demnach das OVG (erst) im Berufungsverfahren, dass eine Zulässigkeitsvoraussetzung für die Berufung – etwa das erforderliche Rechtsschutzinteresse,[371] die Beschwer, die Beteiligten- oder Prozessfähigkeit – nicht vorliegt, so ist die Berufung zu verwerfen, auch wenn dieselbe (Vor-)Frage bereits im Zulassungsverfahren zu prüfen war und zur Ablehnung des Zulassungsantrags hätte führen müssen. Ebenso wenig ist das OVG an die im Zulassungsbeschluss (vorläufig) geäußerte Rechtsauffassung zur Zulässigkeit oder Begründetheit der Klage gebunden (BVerwG 28.1.2013 – 2 B 62.12). Im Berufungsverfahren ist der Streitstoff gem. § 128 in vollem Umfang neu zu prüfen. 304

Auch soweit es an einer ihrer Natur nach berufungsfähigen Entscheidung fehlt, hilft die Zulassung darüber nicht hinweg. Die *Berufungsfähigkeit der angegriffenen Entscheidung* ist eine – neben der Zulassung – weitere Voraussetzung der Zulässigkeit der Berufung (zutr. BGH NJW 1988, 49, 50 f.). Eine Entscheidung, die vom Gesetz der Anfechtung entzogen ist, bleibt auch bei irriger Rechtsmittelzulas- 305

---

366 BVerwG DVBl 1997, 907; 16.9.2003 – 9 B 27.03; *M.-J. Seibert*, DVBl 1997, 932, 940; vgl. für die Revisionszulassung: BVerwGE 4, 342, 344; 49, 232, 235; BVerwG DÖV 1967, 464; BFHE 147, 219, 222; 171, 198, 200; *F. Weyreuther*, Revisionszulassung, 1971, Rn. 34.

367 Für die Revisionszulassung: BVerwG NJW 1961, 1737, 1738; BAGE 2, 285, 287; BFHE 98, 326, 327; BGHZ 25, 96, 103 ff.; *F. Weyreuther*, Revisionszulassung, 1971, Rn. 36.

368 Vgl. BVerwG NJW 1961, 1737, 1738; NVwZ 1989, 249; 13.7.1999 Buchholz 310 § 124a VwGO Nr 9; OVG Münster 22.10.1998 – 23 A 5719/98.A; *C. L. Lässig*, Fehlerhafte Rechtsmittelzulassung, 1977, 18 f.; *H. Prütting*, Zulassung der Revision, 1977, 254; *F. Weyreuther*, Revisionszulassung, 1971, Rn. 178 m.w.N.

369 Dies gilt auch dann, wenn das Berufungsgericht – zu Unrecht – Zulässigkeitsfragen (z.B. Postulationsfähigkeit bei Stellung des Zulassungsantrags) offen gelassen und deren Klärung dem Berufungsverfahren vorbehalten hat, vgl. BVerwG 13.7.1999 Buchholz 310 § 124a VwGO Nr. 9.

370 BVerwG 12.1.2009 – 5 B 48.08; zum Revisionszulassungsrecht vgl. BVerwG NJW 1954, 734; BAGE 8, 73, 75; BGH LM § 546 ZPO Nr. 32; NJW 1993, 2052; BSGE 13, 32, 33; 13, 140, 141 f.; *W. Grunsky*, in: Stein/Jonas § 546 Rn. 24; *A. May*, Revision, 1997, IV, Rn. 146; *F. Weyreuther*, Revisionszulassung, 1971, Rn. 16.

371 Dazu BFHE 93, 295, 297; BGH LM § 546 ZPO Nr. 21; MDR 1970, 778; NJW 1993, 2052; *F. Weyreuther*, Revisionszulassung, 1971, Rn. 16.

sung unanfechtbar.[372] Ein solcher Fall ist etwa gegeben, wenn die Berufung kraft Gesetzes ausgeschlossen ist (→ § 124 Rn. 44 ff.) oder wenn ein Zwischenurteil i.S.d. § 173 VwGO i.V.m. § 303 ZPO nicht selbständig anfechtbar ist (vgl. BSGE 10, 233, 235 ff.; → § 124 Rn. 60). Bisweilen hat die Rspr. (vgl. z.B. BAG NJW 1984, 254, 255; BSGE 10, 230, 233; 13, 140, 141 f.) in diesen Fällen missverständlich davon gesprochen, dass die Zulassung unwirksam und das Rechtsmittelgericht deshalb an die Zulassung nicht gebunden sei. Diese Begründung unterscheidet nicht hinreichend zwischen der Wirksamkeit der Zulassungsentscheidung und den objektiven Grenzen der Bindungswirkung einer Zulassungsentscheidung. Die fehlerhafte Zulassung ist wirksam und bindend, aber es fehlt an einer anderen Voraussetzung für die Statthaftigkeit und Zulässigkeit der Berufung. Die Unanfechtbarkeit des Urteils bewirkt deshalb keine Ausnahme von der Bindungswirkung.

306   Von der Bindung an die Zulassungsentscheidung unberührt bleibt ferner das *Fehlen eines Zulassungsantrags* oder die *Versäumung der Zulassungsantragsfrist*. Da nach erfolgreicher Berufungszulassung das Zulassungsverfahren als Berufungsverfahren fortgeführt wird, ist das Vorliegen eines fristgemäßen Zulassungsantrags zugleich Zulässigkeitsvoraussetzung der Berufung; denn es ist letztlich der Zulassungsantrag, der kraft des nach dem Gesetz ihm zukommenden Devolutiveffektes (→ § 124 Rn. 38) i.V.m. der gerichtlichen Zulassungsentscheidung das zugelassene Begehren in der Rechtsmittelinstanz anhängig werden lässt (BVerwG NVwZ 1999, 642, 643; DVBl 1999, 100). Das Fehlen eines fristgemäßen Zulassungsantrags führt demnach ungeachtet einer positiven Zulassungsentscheidung zur Verwerfung der Berufung; bezieht sich der Zulassungsantrag nur auf einen Teil des erstinstanzlichen Verfahrensgegenstandes, wurde die Berufung jedoch – irrig – uneingeschränkt zugelassen, so ist die Berufung hinsichtlich des nicht vom Zulassungsantrag erfassten Teils als unzulässig zu verwerfen.

307   **cc) Durchbrechung der Bindungswirkung.** Ausnahmsweise durchbrochen wird die Bindung jedoch bei einer *unzulässigen Beschränkung der Zulassung*. Die beschränkte Zulassung muss sich auf einen tatsächlich und rechtlich selbständigen und abtrennbaren Teil des Gesamtstreitstoffes beziehen, über den in einem besonderen Verfahrensabschnitt durch Teil- oder Zwischenurteil entschieden werden könnte (→ Rn. 267 ff.). Die Zulassung kann deshalb nicht auf einzelne Rechtsfragen oder einzelne von mehreren konkurrierenden Anspruchsgrundlagen beschränkt werden (→ Rn. 276). Ist die Zulassung gleichwohl auf bestimmte Rechtsfragen (Vorfragen) beschränkt worden, so ist diese Beschränkung unwirksam mit der Folge, dass sich die Zulassung auf das gesamte Urteil erstreckt (→ Rn. 281). Allerdings ist vorrangig zu prüfen, ob sich die auf eine Rechtsfrage beschränkte Berufungszulassung nicht in eine wirksame Zulassung hinsichtlich eines von mehreren Ansprüchen umdeuten lässt (vgl. BGH NJW 1987, 2586 f.).

308   **d) Wirkung für alle Beteiligten.** Die Zulassung der Berufung wirkt – wie die Revisionszulassung – für alle Beteiligten (str.).[373] Nach § 124 Abs. 1 steht „den Beteiligten", also allen Beteiligten, die Berufung zu, wenn sie von dem VG oder dem OVG zugelassen wird. Diese Regelung schränkt ebenso wenig wie die vergleichbare Vorschrift zum Revisionszulassungsrecht (§ 132 Abs. 1) die Rechtsmittelkläger auf denjenigen Beteiligten ein, der die Zulassung erfolgreich erstritten hat.

309   Hiermit übereinstimmend sieht § 124 a Abs. 5 S. 5 (für die Revision vgl. § 139 Abs. 2 S. 1) vor, dass das OVG die Berufung allgemein (als Rechtsmittel) und nicht nur die eines bestimmten Rechtsmittelführers zulässt. Mit der Zulassungsentscheidung wird dem Urteil die Berufungsfähigkeit verliehen und damit die Statthaftigkeit der Berufung begründet. Die Zulassung beseitigt die Zugangsschranke zur Berufungsinstanz. Sie ist streitgegenstandsbezogen, nicht personenbezogen. Es kann deshalb auch keinen Unterschied machen, ob das VG die Berufung zulässt – dessen Zulassung gilt unstreitig für alle Beteiligten – oder ob das OVG sie zulässt. Die gegenteilige Auffassung des 7. Senats des BVerwG zum Revisionszulassungsrecht führt gar zu dem paradoxen Ergebnis, dass die Revisionszulassung durch das OVG nur dann für alle Beteiligten gilt, wenn sie sofort (im Urteil) ausgesprochen wird, nicht je-

---

372   Vgl. BVerwGE 20, 233, 235; BVerwG VerwRspr. 14, 380; BAGE 41, 67, 71 f.; BGH NJW 1984, 2364; 1988, 49, 50 f.; BSGE 10, 230, 232 f.; 10, 233, 235 ff.; *F. Weyreuther*, Revisionszulassung, 1971, Rn. 16.

373   *J. Bader*, VBlBW 1997, 449; *Kopp/Schenke* § 124 a Rn. 61 f.; *M.-J. Seibert*, DVBl 1997, 932, 940; ferner *P. Kummer*, NZS 1993, 337, 343 zu § 145 Abs. 5 SGG; a.A. *T. Stuhlfauth*, in: Bader/Funke-Kaiser/Stuhlfauth/von Albedyll § 127 Rn. 10; *M. Happ*, in: Eyermann § 124 a Rn. 88; *R. Rudisile*, in: Schoch/Schneider/Bier § 124 a Rn. 137, 147; *K. Rennert*, VBlBW 1999, 283, 285 f.; für das Revisionszulassungsrecht: BVerwG NVwZ 2001, 201.

doch dann, wenn das OVG seine zunächst ablehnende Zulassungsentscheidung auf Beschwerde eines Beteiligten revidiert (§ 139 Abs. 2).

Der hier vertretenen Auffassung steht nicht die Regelung des § 124a Abs. 5 S. 5 entgegen, wonach das 310 Antragsverfahren als Berufungsverfahren fortgesetzt wird und es keiner Einlegung der Berufung bedarf.[374] Diese Vorschrift bezieht sich ausschließlich auf den Antragsteller[375] und entbindet lediglich diesen von der Berufungseinlegung. Die Zulassung durch das OVG hat also nicht etwa zur Folge, dass die Berufung auch für die übrigen Beteiligten automatisch anhängig würde. Die Beteiligten, die keinen erfolgreichen Zulassungsantrag gestellt haben, sind anders als der Beteiligte, der die Zulassung erstritten hat, nicht von der Berufungseinlegung befreit.[376] Ihnen ist die Möglichkeit eröffnet, entsprechend § 124a Abs. 6 S. 1 eine Berufungsbegründung einzureichen.

Die von der Gegenauffassung vermisste Berufungseinlegungsfrist ist § 124a Abs. 6 i.V.m. Abs. 3 S. 4 311 zu entnehmen. Diese Vorschrift bestimmt für alle Beteiligten, die einen Berufungsantrag stellen wollen, dass die Berufung innerhalb eines Monats zu begründen ist und dass die Begründung einen bestimmten Antrag enthalten muss. Die Berufungseinlegungsfrist fällt also mit der Berufungsbegründungsfrist zusammen. Dieses Verständnis entspricht auch der Funktion, die die Berufungsbegründungspflicht gem. § 124a Abs. 6 S. 1 nach Auffassung des BVerwG hat. Mit der Einreichung der Berufungsbegründungsschrift soll auch der Beteiligte, der die Zulassung erfolgreich erstritten hat, eindeutig zu erkennen geben, dass er die Durchführung eines Berufungsverfahrens erstrebt (BVerwG NVwZ 1998, 1311, 1312). Die Berufungsbegründungsschrift übernimmt insoweit die Funktion der Berufungseinlegung (→ Rn. 39).

2. Wirkung des ablehnenden Beschlusses. a) Unanfechtbarkeit und Rechtskraftwirkung. Die ableh- 312 nende Entscheidung über den Zulassungsantrag ist unanfechtbar (§ 152 Abs. 1). Sie ist mit ordentlichen Rechtsmitteln nicht angreifbar. In Betracht kommt nur eine Wiederaufnahme des Verfahrens nach § 153 (→ Rn. 314) oder eine Anhörungsrüge nach § 152a (→ Rn. 315); Gegenvorstellung und außerordentliche Beschwerde sind seit 1.1.2005 nicht mehr zulässig (→ Rn. 316). Die Prüfung, ob das Berufungsgericht den Antrag auf Zulassung der Berufung zu Recht abgelehnt hat, ist dem BVerwG auch dann im Nichtzulassungsbeschwerdeverfahren verwehrt, wenn das OVG die Berufung – nach Ablehnung des Zulassungsantrags – als unstatthaft verworfen hat (BVerwG 25.2.1998 – 6 B 8.98; NVwZ-RR 1999, 539).

Mit der Ablehnung des Zulassungsantrags wird das Urteil des VG rechtskräftig (§ 124a Abs. 5 S. 4). 313 „Ablehnung" i.S.d. § 124a Abs. 5 S. 4 meint sowohl die Verwerfung des Zulassungsantrags als unzulässig als auch die Ablehnung als unbegründet. Abgelehnt ist der Zulassungsantrag nicht erst mit der Bekanntgabe oder Zustellung des Beschlusses, sondern bereits in dem Zeitpunkt, in dem der ablehnende Beschluss aus dem Gerichtsgebäude heraus zur Beförderung an die Post übergeben wird (BVerwGE 95, 64, 67; ferner BVerfG NJW 1993, 51). Dieser Zeitpunkt ist in der Gerichtsakte zuverlässig festzuhalten, weil er Bedeutung erlangen kann für eine Wiederaufnahme des Verfahrens (BVerwGE 95, 64, 69; zur Wiederaufnahme des Verfahrens → Rn. 314).

b) Wiederaufnahme des Zulassungsverfahrens. Gegen ablehnende Beschlüsse im Berufungszulas- 314 sungsverfahren ist die Wiederaufnahme des Verfahrens gem. § 153 VwGO i.V.m. §§ 578 ff. ZPO statthaft. Dem rechtskräftigen Endurteil i.S.d. § 578 Abs. 1 ZPO steht der das Verfahren rechtskräftig abschließende Ablehnungsbeschluss des OVG nach § 124a Abs. 5 S. 4 gleich,[377] zumal § 153 in einem weiteren Sinne von dem „rechtskräftig abgeschlossenen Verfahren" spricht. Gegen den Beschluss ist statt der Klage der Antrag auf Wiederaufnahme gegeben (vgl. BAGE 66, 140, 142; BFHE 165, 569, 571; VGH Kassel DÖV 1969, 647), über den durch Beschluss zu entscheiden ist.[378] Der Antrag muss von einem postulationsfähigen Bevollmächtigten i.S.d. § 67 Abs. 2 i.V.m. Abs. 4 gestellt werden.

c) Anhörungsrüge. Gegen unanfechtbare Beschlüsse, mit denen das OVG die Zulassung der Berufung 315 *abgelehnt* hat, kann seit dem 1.1.2005 eine Anhörungsrüge nach § 152a erhoben werden. § 152a fin-

---

374 So aber *R. Rudisile*, in: Schoch/Schneider/Bier § 124a Rn. 137.
375 Vgl. auch die Klarstellung in der vergleichbaren Vorschrift des § 139 Abs. 2 S. 1 Hs. 2.
376 Die von der Gegenauffassung gerügte Verletzung der Dispositionsmaxime liegt deshalb nicht vor.
377 OVG Münster NVwZ-RR 2003, 535; 5.1.2007 – 8 A 4410/06.A; ferner BVerwGE 48, 201, 203; BVerwG DVBl 1960, 641 f.
378 Vgl. BVerwG DVBl 1960, 641 ff.; BAGE 66, 140, 142; BAG NJW 1995, 2125; BGH NJW 1983, 883.

det auch im Asylverfahrensrecht Anwendung. Hat das OVG den Anspruch eines beschwerten Beteiligten auf rechtliches Gehör in entscheidungserheblicher Weise verletzt, ist das Verfahren fortzuführen (§ 152 a Abs. 1 S. 1). Die Rüge muss in der Zweiwochenfrist des § 152 a Abs. 2 erhoben werden. Hierüber muss in dem angegriffenen Beschluss nicht belehrt werden, weil es sich bei der Anhörungsrüge um einen außerordentlichen Rechtsbehelf handelt; § 58 bezieht sich nur auf ordentliche Rechtsbehelfe (vgl. BR-Drs. 663/04, 53; s. aber auch BR-Drs. 663/04 [Beschl.] 5). Da die Rüge sich gegen eine Entscheidung des OVG richtet, besteht Anwaltszwang (§ 152 a Abs. 2 S. 5). Sie hindert nicht den Eintritt der Rechtskraft der angegriffenen Entscheidung; das angerufene Gericht kann aber deren Vollziehung aussetzen (§ 152 a Abs. 6 i.V.m. § 149 Abs. 1 S. 2). Soweit das OVG die Berufung *zulässt*, ist gegen diesen Beschluss die Anhörungsrüge nicht statthaft (§ 152 a Abs. 1 S. 2).

316 **d) Gegenvorstellung und außerordentliche Beschwerde.** Neben der nunmehr ausdrücklich geregelten Anhörungsrüge (§ 152 a) ist eine Gegenvorstellung oder außerordentliche Beschwerde nicht zulässig.[379] Diese außerhalb des geschriebenen Rechts entwickelten außerordentlichen Rechtsbehelfe würden die formelle und materielle Rechtskraft des ablehnenden Zulassungsbeschlusses unterlaufen. Mit der Rechtskraft ist zu Gunsten der obsiegenden Beteiligten eine Bindungswirkung eingetreten. Sie schützt aus Gründen der Rechtssicherheit und des Rechtsfriedens die obsiegenden Beteiligten davor, dass die ergangene Entscheidung ohne weiteres wieder in Frage gestellt werden kann. Die Rechtskraft verhindert ferner im öffentlichen Interesse, dass der bereits entschiedene Streit immer wieder den Gerichten unterbreitet werden kann (BVerfG NJW 2003, 1924, 1928 f.; 2003, 3687; NJW 2006, 2907; DVBl 2009, 311). Es ist Aufgabe des Gesetzgebers, den vom BVerfG geforderten Rechtsschutz „in weiteren Fällen, in denen dies rechtsstaatlich geboten ist" (BVerfG NJW 2003, 1924, 1926 [l. Sp.]), zu verwirklichen. Mit Ablauf des 31.12.2004 hat sich daher auch die (umstr.) Frage erledigt, ob bereits mit Inkrafttreten des § 321 a ZPO a.F. (Zivilprozessreformgesetz vom 27.7.2001 [BGBl I 1887]) am 1.1.2002 die Möglichkeit einer außerordentlichen Beschwerde wegen greifbarer Gesetzwidrigkeit entfallen ist.[380]

V. Mehrfache Stellung des Zulassungsantrags

317 **1. Wiederholter Zulassungsantrag vor Entscheidung des OVG.** Derselbe Beteiligte kann innerhalb der Antragsfrist mehrmals einen Zulassungsantrag stellen.[381] Das kommt insbes. dann in Betracht, wenn Zweifel bestehen, ob der zunächst gestellte Antrag zulässig ist (vgl. RGZ 102, 364 ff.; 158, 53 ff. [GrSZ]). Die mehrfache Stellung von Zulassungsanträgen derselben Partei (auch durch verschiedene Anwälte [vgl. BGH NJW 1993, 269]) führt vor Entscheidung des Berufungsgerichts nicht zu einer Vervielfachung der Rechtsmittel und Rechtsmittelverfahren, sondern lediglich zu einem anhängigen Rechtsmittelverfahren mit einem einheitlichen Rechtsmittel (vgl. BGH NJW 1966, 1753, 1754; 1985, 2480; 1985, 2834; 1996, 2659; MDR 2005, 824); zur Rücknahme des Rechtsmittels durch einen von mehreren Prozessbevollmächtigten → Rn. 326. Über mehrfache Zulassungsanträge hat das Berufungsgericht einheitlich zu entscheiden.[382] Liegen bei Entscheidung des OVG mehrere Zulassungsanträge vor, von denen sich nur einer als zulässig erweist, so ist nur auf den zulässigen Antrag zu entscheiden. Der spätere Zulassungsantrag gewinnt erst dann selbständige Bedeutung, wenn der frühere unzulässig oder unwirksam ist. Sind alle Anträge unzulässig, ist das Rechtsmittel durch eine einheitliche Entscheidung zu verwerfen.[383] Sind sämtliche Zulassungsanträge zulässig, so hat das OVG die dargelegten Zulassungsgründe aller Anträge bei seiner (einheitlichen) Entscheidung zu berücksichtigen.

---

379 BVerwG 3.5.2011 – 6 KSt 1.11; 25.6.2012 – 8 B 49.12; 5.7.2012 – 5 B 24.12; einschränkend 19.7.2012 – 2 B 35.12; ferner VGH Kassel DÖV 2013, 124.
380 Vgl. BVerwG NJW 2002, 2657; 27.6.2003 – 5 PKH 21.03; 11.8.2003 – 7 PKH 66.03; BFH NJW 2003, 919; 2004, 2853; BGH NJW 2002, 1577; 2003, 919, 929; 2003, 3137; 2004, 58; a.A. BFH NJW 2004, 2854.
381 Allg. Auffassung für die Berufung: BVerwG NVwZ 1998, 170, 172; RGZ 102, 364; 158, 53; 164, 52, 53; BAGE 24, 432, 433; BFHE 141, 467, 469; BGH NJW 1957, 990; 1966, 1753; 1968, 49; 1978, 2245, 2246; 1981, 1962; 1985, 2480; 1991, 1116; 1993, 269; 1996, 2659.
382 Vgl. BAGE 24, 432, 433; BFHE 141, 467, 469; BGH NJW 1966, 1753, 1754; 1985, 2480; 1985, 2834; 1993, 269; 1996, 2659 f.
383 Vgl. BAGE 24, 432, 433; BFHE 141, 467, 469; BGH NJW 1957, 990; 1966, 1753, 1754; 1968, 49; 1978, 2245, 2246; 1985, 2480; 1993, 268.

2. Erneuter Zulassungsantrag nach Entscheidung des OVG. a) Verwerfung des Erstantrags. Ist ein 318 Berufungszulassungsantrag als unzulässig verworfen worden, so kann nach st. Rspr. die Partei von diesem Rechtsmittel nochmals Gebrauch machen, sofern die Rechtsmittelfrist noch nicht abgelaufen ist.[384] Der Prozess wird dann in einem zweiten Zulassungsverfahren fortgesetzt, in dem das OVG durch Beschluss über den neuen Zulassungsantrag entscheidet. Das wiederholte Rechtsmittel ist nur zulässig, wenn der Grund für die Verwerfung des ersten weggefallen ist. Dies ist keine Frage der materiellen Rechtskraft, sondern der innerprozessualen Bindungswirkung gem. § 173 VwGO i.V.m. § 318 ZPO, die dem Gericht, soweit sie reicht, eine abweichende Entscheidung verwehrt.[385] Die Grenzen der Bindungswirkung bestimmen sich nach dem Umfang der Rechtskraft. Ist der mit dem wiederholten Zulassungsantrag unterbreitete Sachverhalt in entscheidungserheblichen Punkten anders gelagert, hindert die Bindungswirkung der früheren Verwerfungsentscheidung das Gericht nicht, nunmehr die Zulässigkeit des Zulassungsantrags zu bejahen (BVerwG NVwZ 1998, 170, 172). Bsp.: Der vom Berufungsführer persönlich gestellte Zulassungsantrag wird wegen fehlender Postulationsfähigkeit als unzulässig verworfen. Der von einem Rechtsanwalt innerhalb der Rechtsmittelfrist erneut gestellte Zulassungsantrag ist (wegen Änderung maßgeblicher Umstände) zulässig (vgl. BVerwG NVwZ 1998, 170, 172). Gegenbsp.: Das OVG hat den Zulassungsantrag wegen Versäumung der einmonatigen Antragsfrist als unzulässig verworfen, obwohl aufgrund fehlerhafter Rechtsmittelbelehrung die Jahresfrist des § 58 Abs. 2 lief. Der unter Hinweis auf die noch laufende Antragsfrist wiederholte Zulassungsantrag ist unzulässig, weil die erste Verwerfungsentscheidung entgegensteht.[386]

b) Ablehnung des Erstantrags. Ist ein Zulassungsantrag als unbegründet abgelehnt worden, so ist ein 319 wiederholter Zulassungsantrag grds. unzulässig. Der Umfang der Rechtskraft und damit auch der innerprozessualen Bindungswirkung i.S.d. § 318 ZPO i.V.m. § 173 VwGO bestimmt sich nach dem Streitgegenstand bzw. dem „Anspruch" (§ 322 ZPO), nicht jedoch nach den geltend gemachten einzelnen Zulassungsgründen. Der Ablehnungsbeschluss steht deshalb einer zweiten Entscheidung auch dann entgegen, wenn mit dem wiederholten Antrag andere Zulassungsgründe geltend gemacht werden (vgl. VGH Mannheim NVwZ-RR 2000, 647).

c) Berufungszulassung. Wird die Berufung zugelassen, die Berufungsbegründungsfrist (§ 124a Abs. 6 320 S. 1) aber versäumt, könnte der Berufungsführer ein Interesse haben, erneut die Zulassung zu beantragen, sofern die Antragsfrist (§ 124a Abs. 1 S. 1) wegen einer falschen Rechtsmittelbelehrung oder fehlerhaften Zustellung des erstinstanzlichen Urteils noch läuft. Ein erneuter Zulassungsantrag ist jedoch unzulässig, weil derselbe Sachverhalt bereits Gegenstand der ersten Zulassungsentscheidung war (→ Rn. 319). Die zivil- und arbeitsgerichtliche Rspr., die bei Versäumung der Berufungsbegründungsfrist eine erneute Berufungseinlegung (mit neuer Berufungsbegründungsfrist) für statthaft hält (vgl. z.B. BAG NJW 1996, 1430; BGH NJW 1978, 2245; 1985, 2480), ist nicht übertragbar, weil es dort keiner Zulassungsentscheidung des Berufungsgerichts bedarf, die einer erneuten Entscheidung entgegensteht.[387]

3. Wiederholter Zulassungsantrag nach Antragsrücknahme. Auch ein erneuter Zulassungsantrag 321 nach Rücknahme des zuerst gestellten Antrags ist statthaft, sofern der Berufungsführer nicht zugleich auf dieses Rechtsmittel verzichtet hat. Die Antragsrücknahme bewirkt nur den Verlust des eingelegten Rechtsmittels.[388]

4. Wiederholter Antrag während der Jahresfrist des § 58 Abs. 2. Die bei fehlerhafter oder irreführen- 322 der Rechtsmittelbelehrung laufende Jahresfrist des § 58 Abs. 2 kann für einen wiederholten Rechtsmittelantrag genutzt werden. Dies gilt auch für den Fall, dass der erste Zulassungsantrag zurückge-

---

384 Vgl. zur Berufung BVerwG NVwZ 1998, 170, 172; RGZ 158, 53; 164, 52, 53; BGH NJW 1966, 1753, 1754; 1981, 1962; 1991, 1116; O. *Jauernig*, MDR 1982, 286; a.A. *T. Stuhlfauth*, in: Bader/Funke-Kaiser/Stuhlfauth/von Albedyll § 124a Rn. 109.
385 Vgl. BGH NJW 1991, 1116f. (unter Aufgabe von BGH NJW 1981, 1962); O. *Jauernig*, MDR 1982, 286; ferner BVerwG NVwZ 1998, 170, 172.
386 Vgl. dazu BGH NJW 1981, 1962; O. *Jauernig*, MDR 1982, 286.
387 A.A. wohl *R. Rudisile*, in: Schoch/Schneider/Bier Vorbem. § 124 Rn. 46.
388 St. Rspr.: BFHE 141, 467, 469; BGH NJW 1957, 990; 1966, 1753, 1754; offen gelassen von BSG DÖV 1996, 747.

nommen oder verworfen wurde.[389] Demgegenüber wird in der Kommentarliteratur teilweise die Auffassung vertreten, es bestünde kein rechtsstaatliches Bedürfnis dafür, über die Jahresfrist ein wiederholtes Rechtsmittel zu ermöglichen.[390] Eine Verkürzung der Rechtsmittelfrist ist jedoch mit der klaren gesetzlichen Regelung des § 58 Abs. 2 nicht vereinbar. Ob ein „rechtsstaatliches Bedürfnis" für einen wiederholten Zulassungsantrag zu verneinen ist und unter welchen Voraussetzungen eine Fristverkürzung in Betracht kommt, obliegt allein der Entscheidung des Gesetzgebers (vgl. dazu bereits RGZ 158, 53, 56). Bedenklich ist ferner, dass die Gegenauffassung die Antragsrücknahme i.E. als Verzicht auf das Rechtsmittel wertet.[391]

323   **5. Wiedereinsetzung bei wiederholtem Zulassungsantrag.** Hat der Rechtsmittelführer einen wirksam und fristgemäß gestellten Zulassungsantrag zurückgenommen, ist eine Wiedereinsetzung mit dem Ziel, den Zulassungsantrag erneut zu stellen, nicht gerechtfertigt.[392] Wiedereinsetzung ist hingegen zu gewähren, wenn der erste Antrag von einer nicht postulationsfähigen Person, verbunden mit einem PKH-Gesuch, gestellt wurde und der Zulassungsantrag nach Gewährung von PKH wiederholt wird (vgl. BGH NJW 1985, 2834; → Rn. 244).

324   **6. Kostenrechtliche Behandlung. a) Einheitliches Zulassungsverfahren.** Wenn und soweit über mehrere Zulassungsanträge derselben Partei in einem einheitlichen Zulassungsverfahren zu entscheiden ist, handelt es sich auch kostenrechtlich um ein einheitliches Rechtsmittel. Die Rücknahme nur eines von mehreren Zulassungsanträgen bewirkt weder die Rücknahme des Rechtsmittels insgesamt (vgl. BGH NJW 1993, 269) noch die Kostenfolge des § 155 Abs. 2 (vgl. BGH NJW 1957, 990; MDR 1958, 508).

325   **b) Verfahrensverdoppelung.** Eine Verfahrensverdoppelung liegt hingegen vor, wenn der zweite Zulassungsantrag erst gestellt wird, nachdem der erste Antrag zurückgenommen worden ist. Es handelt sich dann um zwei kostenrechtlich getrennt zu beurteilende Zulassungsverfahren. Gleiches gilt, wenn der zweite Zulassungsantrag erst nach Verwerfung des ersten gestellt worden ist.[393]

VI. Zurücknahme des Zulassungsantrags

326   Die Zurücknahme des Antrags auf Zulassung der Berufung ist nicht ausdrücklich gesetzlich geregelt. Sie ist aber als Ausprägung der auch im Verwaltungsprozess geltenden Dispositionsmaxime[394] entsprechend § 126 Abs. 1 S. 1 zulässig. Der Zulassungsantrag kann – wie jedes Rechtsmittel – nicht mehr zurückgenommen werden, nachdem das OVG wirksam über den Antrag entschieden hat. Entscheidend ist nicht der Zeitpunkt der Bekanntgabe oder Zustellung, sondern der Zeitpunkt der Herausgabe aus dem Gerichtsgebäude an die Post,[395] es sei denn, die Entscheidung ist bereits vorher telefonisch bekannt gegeben worden (vgl. OVG Brem NVwZ 1987, 518). Sind mehrere Zulassungsanträge durch verschiedene Anwälte desselben Beteiligten gestellt worden (→ Rn. 317) und nimmt ein Anwalt den Zulassungsantrag zurück, so ist durch Auslegung zu ermitteln, ob die Rücknahme nur den von diesem Anwalt gestellten Zulassungsantrag oder das Rechtsmittel des Zulassungsantrags insgesamt betrifft (vgl. BGH NJW 1993, 269); die Rücknahme des Rechtsmittels ohne weitere Einschränkung durch einen von mehreren Prozessbevollmächtigten bewirkt im Zweifel den Verlust des Rechtsmittels insgesamt (vgl. OLG Bremen MDR 2006, 1186).

327   Die Zurücknahme hat wie die Antragstellung schriftlich zu erfolgen und unterliegt dem Vertretungszwang (vgl. BVerwG NJW 1961, 1641; a.A. BFHE 119, 233; 132, 400, 401 f.; 136, 448 f.). Der Zurücknahme durch einen postulationsfähigen Bevollmächtigten bedarf es ausnahmsweise dann nicht,

---

389   BVerwG NVwZ 1998, 170 ff.; BGH NJW 1981, 1962; *Kopp/Schenke* § 58 Rn. 16; *M. Redeker*, in: Redeker/v. Oertzen § 58 Rn. 15 a.

390   *T. Stuhlfauth*, in: Bader/Funke-Kaiser/Stuhlfauth/von Albedyll § 124 a Rn. 109; *J. Schmidt*, in: Eyermann § 58 Rn. 15.

391   Zum Unterschied zwischen Rechtsmittelrücknahme und Rechtsmittelverzicht → Vorbem. § 124 Rn. 77.

392   BVerwG NJW 1997, 2897, 2898; NVwZ 1997, 1210, 1211; BGH NJW 1991, 2839; NJW-RR 1998, 1446.

393   A.A. *N. Pantle*, NJW 1988, 2773, 2775: Der Verwerfungsbeschluss stehe unter der auflösenden Bedingung der Einlegung eines zweiten Antrags.

394   Vgl. *R. Pietzner*, VerwArch 1984, 79, 80 f.

395   BVerwGE 95, 64, 67; a.A. (Zeitpunkt der Bekanntgabe): OVG Brem NVwZ 1987, 518; *F. Weyreuther*, Revisionszulassung, 1971, Rn. 212.

wenn bereits der Zulassungsantrag ohne Bevollmächtigten gestellt worden ist.[396] Die Zurücknahme ist gegenüber dem OVG zu erklären, bei dem das Zulassungsverfahren anhängig ist. Als Prozesshandlung ist sie bedingungsfeindlich, unanfechtbar und unwiderruflich.[397] Sie bedarf nicht der Einwilligung des Prozessgegners (Umkehrschluss aus § 91 Abs. 1 S. 2, § 126 Abs. 1 S. 2 und § 140 Abs. 1 S. 2).[398] Die Zurücknahme bewirkt – im Unterschied zum Verzicht – lediglich den Verlust des eingelegten Rechtsmittels; innerhalb der Antragsfrist kann derselbe Beteiligte erneut einen Antrag auf Zulassung der Berufung stellen (→ Rn. 321, 322).

Nach Antragsrücknahme ist das Verfahren auf Zulassung der Berufung in entsprechender Anwendung der § 125 Abs. 1 S. 1, § 92 Abs. 3 S. 1 und § 126 Abs. 3 S. 2 durch Beschluss einzustellen und über die Kostenfolge zu entscheiden. Nach § 155 Abs. 2 trägt derjenige, der ein Rechtsmittel zurücknimmt, die Kosten des (Rechtsmittel-)Verfahrens. In entsprechender Anwendung der § 125 Abs. 1 S. 1, § 87a Abs. 1 Nr. 2 und 5, Abs. 3 entscheidet hierüber der Vorsitzende bzw. der Berichterstatter. Im Einstellungsbeschluss kann auch die Befugnis zur Abänderung des erstinstanzlichen Streitwerts gem. § 25 Abs. 2 S. 2 GKG wahrgenommen werden (→ § 124 Rn. 39). 328

Bei Streit über die Wirksamkeit der Zurücknahme entscheidet das OVG durch Einstellungsbeschluss, wenn es die Wirksamkeit bejaht, und durch Beschluss in der Sache, wenn es die Wirksamkeit verneint; die Frage der Wirksamkeit ist jeweils in den Gründen zu erörtern. 329

VII. Klagerücknahme

Die Zurücknahme der Klage während des Zulassungsverfahrens ist gegenüber dem OVG zu erklären. Denn der Rechtsstreit ist aufgrund des Devolutiveffekts des Zulassungsantrags beim OVG anhängig (→ § 124 Rn. 38 sowie → § 124 Rn. 39). Der nicht durch einen Bevollmächtigten i.S.d. § 67 Abs. 2 i.V.m. Abs. 4 vertretene Kläger kann als Rechtsmittelbeklagter die Klage ohne Rechtsanwalt zurücknehmen (vgl. BVerwG NJW 1970, 1205; NVwZ 2009, 192; OVG Bautzen 20.6.2013 – 5 A 360/12). Dies soll dann nicht gelten, wenn der Bevollmächtigte ausdrücklich nicht einverstanden ist (VGH Mannheim 16.4.2012 – 11 S 4/12; OVG Bautzen 11.2.2016 – 5 A 608/15). Das OVG – nicht das VG – stellt das Verfahren insgesamt durch Beschluss ein. Zugleich wird die Entscheidung des VG für unwirksam erklärt; die Kosten des Verfahrens in beiden Instanzen werden dem Kläger gem. § 155 Abs. 2 auferlegt. 330

Nehmen der in erster Instanz erfolgreiche Kläger (im Einverständnis mit dem Beklagten) seine Klage und der in erster Instanz unterlegene Beklagte seinen Zulassungsantrag gleichzeitig zurück, so kommt der Klagerücknahme die maßgebliche Bedeutung zu; denn gegenüber der Rücknahme des Zulassungsantrags ist die Klagerücknahme die umfassendere Prozesserklärung (VGH Kassel NVwZ-RR 2000, 334). 331

VIII. Erledigung des Rechtsstreits

Zu unterscheiden ist zwischen der für erledigt erklärten Hauptsache (→ Rn. 332 ff.), dem für erledigt erklärten Rechtsmittel (→ Rn. 340 f.) und einem (Fortsetzungs-)Feststellungsantrag (→ Rn. 341 a). 331a

1. Erledigung der Hauptsache. a) Allgemeines. Auch im Berufungszulassungsverfahren kann der Rechtsstreit in der Hauptsache durch übereinstimmende Erledigungserklärungen der Hauptbeteiligten beendet werden. Ein vom Beigeladenen gestellter und aufrechterhaltener Zulassungsantrag wird dadurch unzulässig (vgl. VGH München BayVBl 1972, 450). Das OVG hat das Verfahren (insgesamt) entsprechend § 125 Abs. 1 S. 1 i.V.m. § 92 Abs. 3 S. 1 einzustellen,[399] das erstinstanzliche Urteil für unwirksam zu erklären (§ 173 VwGO i.V.m. § 269 Abs. 3 S. 1 ZPO)[400] und über die Kosten des – gesamten – Rechtsstreits gem. § 161 Abs. 2 zu entscheiden. Für die nach § 161 Abs. 2 zu treffende Kos- 332

---

396 Vgl. BVerwGE 14, 19, 20 f.; BVerwG NJW 1970, 1205; s.a. BGH NJW-RR 1994, 759.
397 Vgl. BVerwG NJW 1954, 852 (bedingte Zurücknahme der Nichtzulassungsbeschwerde); 1997, 2897 (Anfechtung und Widerruf der Berufungsrücknahme).
398 *P. Kummer*, Nichtzulassungsbeschwerde, 1990, Rn. 248; *F. Weyreuther*, Revisionszulassung, 1971, Rn. 212.
399 OVG Lüneburg NVwZ-RR 1998, 337; ferner BVerwGE 13, 174; 30, 27; BVerwG NJW 1965, 1732; OVG Münster OVGE 28, 177, 185.
400 OVG Lüneburg NVwZ-RR 1998, 337; OVG Münster 22.3.1999 – 10 A 1621/96.A; ferner BVerwGE 13, 174; BVerwG NJW 1965, 1732.

tenentscheidung kommt es darauf an, ob das Rechtsmittel nach dem bisherigen Sach- und Streitstand voraussichtlich Erfolg gehabt hätte. Maßgeblich sind die Erfolgsaussichten sowohl des Zulassungsantrags als auch der sich ggf. anschließenden Berufung.[401] Denn Zulassungs- und Berufungsverfahren bilden eine einheitliche Instanz. Hätte der Zulassungsantrag voraussichtlich keinen Erfolg gehabt, kommt es auf die Erfolgsaussichten der – voraussichtlich nicht zugelassenen – Berufung nicht mehr an.

333   Für diese Entscheidungen ist allein das OVG zuständig[402] (→ § 124 Rn. 39 i.V.m. → § 124 Rn. 38); denn der Rechtsstreit insgesamt ist durch den Antrag auf Zulassung der Berufung beim OVG anhängig geworden (→ § 124 Rn. 38). Aus demselben Grunde ist eine Erledigungserklärung gegenüber dem OVG – nicht dem VG – abzugeben.

334   Die Erledigungserklärung unterliegt nach der Rspr. des BVerwG an sich nicht dem Vertretungszwang gem. § 67 Abs. 4. Wird jedoch ein Beteiligter anwaltlich vertreten, kann er nicht selbst, also ohne oder gegen seinen Anwalt, die Hauptsache für erledigt erklären. Hingegen kann der nicht durch einen Rechtsanwalt vertretene Beteiligte – i.d.R. der Rechtsmittelgegner – selbst eine Erledigungserklärung abgeben.[403]

335   Erledigungserklärungen im Zulassungsverfahren haben nur dann eine verfahrensbeendende Wirkung, wenn der Zulassungsantrag statthaft ist und fristgerecht gestellt wurde;[404] die Beteiligten sind nicht dispositionsbefugt, die Unwirksamkeit einer nicht fristgerecht oder nicht in statthafter Weise angefochtenen Entscheidung herbeizuführen.

336   Bei einseitiger Erledigungserklärung ist der Erledigungsstreit bereits im Zulassungsverfahren und nicht erst – nach Zulassung der Berufung – im Berufungsverfahren auszutragen.[405] Ein erfolgreicher Feststellungsantrag setzt die Zulässigkeit des Zulassungsantrags voraus (vgl. BVerwGE 34, 159). Ist die Hauptsache objektiv erledigt, stellt das OVG fest, dass sich die Hauptsache des Rechtsstreits und das Zulassungsverfahren erledigt haben, und erklärt zugleich klarstellend das angefochtene Urteil für unwirksam (vgl. BVerwG 17.12.1993 Buchholz 310 § 161 VwGO Nr. 103).

337   b) Erledigung „zwischen den Instanzen". Erledigt sich die Hauptsache nach Erlass der erstinstanzlichen Entscheidung, aber vor Ablauf der Rechtsmittelfrist (und ist noch kein Zulassungsantrag gestellt), können die Beteiligten gegenüber dem VG übereinstimmende Erledigungserklärungen abgeben.[406] Das VG hat in eigener Zuständigkeit sein Urteil für wirkungslos zu erklären, das Verfahren einzustellen und eine Kostenentscheidung nach § 161 Abs. 2 zu treffen (VGH München BayVBl 1961, 123; vgl. auch BGH NJW 1995, 1095, 1096). Vielfach wird allerdings unsicher sein, ob auch der Gegner vor Ablauf der Rechtsmittelfrist den Rechtsstreit in der Hauptsache für erledigt erklärt. Für diesen Fall ist die Stellung eines Zulassungsantrags sinnvoll, um die Unanfechtbarkeit der erstinstanzlichen Entscheidung zu verhindern. Nach weit überwiegender Auffassung in Rspr. und Lit. ist es zulässig, ein Rechtsmittel allein zu dem Zweck einzulegen, um in dem Rechtsmittelverfahren durch übereinstimmende Erledigungserklärungen eine Verfahrensbeendigung herbeizuführen.[407] Dies gilt auch für den Antrag auf Zulassung der Berufung.

401 OVG Lüneburg NVwZ-RR 1998, 337; ferner HmbOVG NVwZ-RR 1998, 461 für die Erledigung des Zulassungsverfahrens.

402 OVG Lüneburg NVwZ-RR 1998, 337; 1998, 461; OVG Münster 22.3.1999 – 10 A 1621/96.A; VGH Kassel ESVGH 48, 40; VGH München BayVBl 1999, 309 f.; für das Verfahren der Nichtzulassungsbeschwerde: BVerwG NJW 1965, 1732; 17.12.1993 Buchholz 310 § 161 VwGO Nr. 103.

403 Vgl. BVerwGE 13, 174, 176; 30, 27, 28; 36, 130, 133; BVerwG 28.11.1967 Buchholz 310 § 67 VwGO Nr. 24; NVwZ 1990, 69, 70; krit. H. Günther, DVBl 1988, 1039, 1043 ff.

404 Vgl. OVG Münster MDR 1980, 259; zu weitgehend OVG Münster OVGE 9, 205: Zulässigkeit des Rechtsmittels erforderlich. S.a. BVerwG 6.8.1987 Buchholz 451.54 MStG Nr. 11 m.w.N.: Zulässigkeit und Begründetheit des Rechtsmittels nicht erforderlich.

405 Vgl. BVerwGE 74, 93 (unter Aufgabe von BVerwGE 34, 40); BVerwG 17.12.1993 Buchholz 310 § 161 VwGO Nr. 103; 16.3.1994 Buchholz 310 § 161 VwGO Nr. 104; OVG Bln NJ 2003, 557; OVG Bautzen 13.8.2012 – 2 A 587/09.

406 BGH NJW 1995, 1095, 1096; OVG Münster NVwZ-RR 1995, 479; VGH München BayVBl 1961, 123; 1987, 636.

407 BVerwG NVwZ 1993, 979; HmbOVG MDR 1995, 956; OVG Koblenz DVBl 1973, 894; AS 18, 86; OVG Lüneburg NVwZ-RR 1998, 337; OVG Münster OVGE 24, 91, 92 f.; 25, 247; 28, 177; NVwZ-RR 2003, 701 (Eilverfahren); 27.10.2009 – 19 B 1400/09 (Eilverfahren); OVG Saarlouis NJW 1978, 121; VGH München BayVBl 1979, 618; 1987, 636; ferner P. Gottwald, NJW 1976, 2250 m.w.N.; a.A. für das Eilverfahren, sofern von der Entscheidung des VG keine nachteiligen Wirkungen (mehr) ausgehen: OVG Koblenz DVBl 1987, 851, 852; OVG Weimar FEVS 48,

Die gegenüber der herrschenden Auffassung vorgetragene Kritik überzeugt nicht. Die Erledigung der **338** Hauptsache hat keine Auswirkungen auf die für die Zulässigkeit des Zulassungsantrags erforderliche formelle Beschwer. Die Beschwer hängt allein davon ab, ob dem Beteiligten durch das angefochtene Urteil etwas versagt worden ist, was er beantragt hat.[408] Ebenso wenig entfällt das Rechtsschutzinteresse allein deswegen, weil sich der Rechtsstreit erledigt hat. Der Rechtsmittelführer hat regelmäßig ein erhebliches Interesse daran, dass das angefochtene Urteil wirkungslos wird. Aus diesem Grunde steht auch § 158 Abs. 1 nicht entgegen; mit dem Zulassungsantrag soll nicht nur die Kostenentscheidung geändert, sondern auch die Unwirksamkeit der angefochtenen Entscheidung herbeigeführt werden. Ein Fall des § 158 Abs. 2 liegt nicht vor, weil das VG gerade nicht nur über die Kosten, sondern auch in der Hauptsache entschieden hat.[409] Bei verspäteter Erledigungserklärung können die Kosten des Rechtsmittelverfahrens dem Säumigen auferlegt werden (VGH München BayVBl 1987, 636). Zum Fortsetzungsfeststellungsantrag → Rn. 341a.

c) Erledigung vor Ergehen des verwaltungsgerichtlichen Urteils. Das in → Rn. 337f. beschriebene **339** Vorgehen – Rechtsmitteleinlegung mit dem ausschließlichen Ziel, den Rechtsstreit in der Hauptsache für erledigt zu erklären – ist auch dann zulässig, wenn das erledigende Ereignis schon vor Erlass der erstinstanzlichen Entscheidung eingetreten ist. Eine zeitliche Grenze für den Übergang zur Erledigungserklärung besteht nicht.[410]

2. Erledigung des Rechtsmittels. Nach § 161 Abs. 2 kann auch nur das Berufungszulassungsverfah- **340** ren – unabhängig vom Hauptsacheverfahren – übereinstimmend für erledigt erklärt werden,[411] mit der Folge, dass das angefochtene Urteil wirksam bleibt und in Rechtskraft erwächst.[412] Eine Erledigung kann auch aufgrund übereinstimmender Erledigungserklärungen des Beigeladenen (als Rechtsmittelführers) und des Rechtsmittelgegners eintreten.[413] Das Berufungszulassungsverfahren kann auch dann durch übereinstimmende Erledigungserklärungen wirksam beendet werden, wenn der Zulassungsantrag unzulässig war.[414] Im Falle der Erledigung ist lediglich das Verfahren über die Zulassung der Berufung einzustellen und über die Kosten des Zulassungsverfahrens nach § 161 Abs. 2 zu entscheiden.[415] Die Kostenentscheidung hat den voraussichtlichen Erfolg sowohl des Zulassungsantrags als auch der angestrebten Berufung zu berücksichtigen;[416] Zulassungs- und Berufungsverfahren bilden als Rechtsmittelinstanz eine Einheit.

Erklärt der Rechtsmittelführer einseitig das Zulassungsverfahren für erledigt, ist das Zulassungsverfah- **341** ren als (Feststellungs-)Streit über die Erledigung fortzusetzen; unabhängig vom Ausgang bleibt das vorinstanzliche Urteil unberührt.

3. (Fortsetzungs-)Feststellungsantrag. Hat sich die Hauptsache erledigt, kann der Rechtsmittelführer **341a** noch ein berechtigtes Interesse an der Klärung haben, ob das Recht, über das in der angefochtenen Entscheidung gestritten wurde, vor Erledigung bestand, oder ob der angefochtene, inzwischen aber er-

---

129; vgl. auch VGH Kassel DVBl 1998, 243: keine Zulassung, um im zugelassenen Rechtsmittelverfahren die Hauptsache für erledigt zu erklären.

408 OVG Lüneburg NVwZ-RR 1998, 337; OVG Münster OVGE 25, 247, 249f.; 28, 177, 180f.; vgl. auch P. *Gottwald*, NJW 1976, 2250.

409 HmbOVG MDR 1995, 956; OVG Koblenz DVBl 1973, 894; OVG Lüneburg NVwZ-RR 1998, 337; OVG Münster OVGE 25, 247, 249f.; NVwZ-RR 2003, 701; a.A: OVG Koblenz DVBl 1987, 851, 852; OVG Münster NVwZ-RR 2002, 796; 2002, 895; 6.3.2003 – 18 B 37/03 jeweils für den Fall, dass von der (Eil-)Entscheidung des VG keine nachteiligen Wirkungen mehr ausgehen.

410 BVerwG NVwZ 1989, 47, 48; 1993, 979f.; 2004, 353; BGH NJW 1989, 2885, 2887; VGH München BayVBl 1979, 618, 619; OVG Saarlouis NVwZ-RR 2016, 528 (einschränkend im Eilverfahren).

411 OVG Bautzen NVwZ-RR 1999, 215, 216; HmbOVG NVwZ-RR 1998, 461. Zur h.M. im Rechtsmittelrecht vgl. ferner: BVerwG 9.6.1992 Buchholz 310 § 161 VwGO Nr. 96 (Nichtzulassungsbeschwerdeverfahren); NVwZ 1995, 372f. (Revisionsverfahren); BFHE 138, 173; 165, 17, 19; 173, 506, 508f. (jeweils Nichtzulassungsbeschwerdeverfahren); OVG Münster OVGE 9, 205 (Berufungsverfahren); G. *Furtner*, MDR 1961, 188, 189; W. *Heintzmann*, ZZP 87 (1974), 199f.; A. *Schulz*, JZ 1983, 331ff.; a.A. OLG Karlsruhe FamRZ 1991, 464; W. J. *Habscheid*, NJW 1960, 2132ff.; offen gelassen von VGH München NJW 1986, 2068.

412 Vgl. BVerwG 9.6.1992 Buchholz 310 § 161 VwGO Nr. 96; ferner BFHE 138, 173; 165, 17, 19f.

413 Vgl. BVerwG 9.6.1992 Buchholz 310 § 161 VwGO Nr. 96; s. ferner BVerwG NJW 1960, 594.

414 Vgl. BFHE 165, 17; s.a. BVerwG 6.8.1987 Buchholz 451.54 MStG Nr. 11.

415 Vgl. BVerwG 9.6.1992 Buchholz 310 § 161 VwGO Nr. 96; BFHE 138, 173; 165, 17, 19f.; KG MDR 1986, 592, 593 m.w.N.

416 HmbOVG NVwZ-RR 1998, 461; vgl. ferner BVerwG 8.10.1984 Buchholz 310 § 133 VwGO Nr. 50; NVwZ 1991, 871, 872.

ledigte Verwaltungsakt rechtswidrig war. Der Übergang zur (Fortsetzungs-)Feststellungsklage nach § 43 Abs. 1 oder nach § 113 Abs. 1 S. 4 ist bei Erledigung der Hauptsache grds. noch im Stadium des Berufungszulassungsverfahrens möglich.[417] Der Zulassungsantrag hat nur Erfolg, wenn im Berufungszulassungsverfahren ein berechtigtes Interesse an der begehrten Feststellung dargelegt wird. Die Umstände, aus denen sich ein solches (Fortsetzungs-)Feststellungsinteresse ergeben soll, sind mit der Berufungszulassungsbegründung innerhalb der Begründungsfrist (§ 124 a Abs. 4 S. 4) darzulegen.[418] Erledigt sich die Hauptsache nach Ablauf der Begründungsfrist, kann das (Fortsetzungs-)Feststellungsinteresse auch noch nachträglich dargelegt werden.[419]

G. Berufungsbegründung nach Zulassung durch das OVG (Abs. 6)

342   Hat das OVG die Berufung zugelassen, bedarf es keiner Einlegung der Berufung. Vielmehr wird das Zulassungsverfahren automatisch als Berufungsverfahren fortgesetzt (§ 124 a Abs. 5 S. 5). Erforderlich ist allerdings eine gesonderte Berufungsbegründung innerhalb eines Monats nach Zustellung des Zulassungsbeschlusses; andernfalls ist die Berufung unzulässig (§ 124 a Abs. 6 S. 1 und 3 i.V.m. Abs. 3 S. 5). Die Berufungsbegründung übernimmt damit zugleich die Funktion einer Berufungseinlegung; denn sie lässt erkennen, ob und inwieweit der Berufungsführer die Durchführung eines Berufungsverfahrens erstrebt.[420]

I. Anwendbarkeit in Asylverfahren

343   Die Berufungsbegründungspflicht nach § 124 a Abs. 6 findet auch in Verfahren nach dem AsylG Anwendung.[421] § 78 AsylG normiert insoweit keine abschließende Sonderregelung. Abs. 2–5 dieser Vorschrift regeln lediglich das Antragsverfahren auf Zulassung der Berufung sowie die Form und die Rechtswirkungen der Entscheidung des OVG über die Zulassung, nicht jedoch das weitere Berufungsverfahren einschließlich Berufungsbegründung.

II. Adressat der Berufungsbegründung (Abs. 6 S. 2)

344   Die Berufungsbegründung muss binnen der Monatsfrist beim OVG eingereicht werden (§ 124 a Abs. 6 S. 2). Der Eingang der Begründung beim VG wahrt die Frist nicht. Das VG ist allerdings verpflichtet, den Begründungsschriftsatz im ordentlichen Geschäftsgang an das OVG weiterzuleiten (→ Rn. 164 f.).

III. Berufungsbegründungsfrist (Abs. 6 S. 1)

345   Die Berufung muss innerhalb eines Monats nach Zustellung des Beschlusses über die Zulassung der Berufung begründet werden (§ 124 a Abs. 6 S. 1; zur Verfassungsmäßigkeit dieser Vorschrift vgl. BVerwG 16.6.2011 – 1 B 11.11). Die Frist ist nur gewahrt, wenn eine den formellen und inhaltlichen Anforderungen (§ 124 a Abs. 3 S. 4 i.V.m. Abs. 6 S. 3) genügende Begründung fristgerecht beim OVG eingeht.

346   **1. Fristlauf.** Die Monatsfrist beginnt nur zu laufen, wenn der Beteiligte über sie im Zulassungsbeschluss belehrt worden ist (BVerwG DVBl 1999, 95; 2000, 562, 563; → Rn. 296 ff.). Fehlt die Belehrung oder ist sie fehlerhaft, läuft die Jahresfrist des § 58 Abs. 2 (BVerwG 29.9.1998 Buchholz 310 § 124 a VwGO Nr. 5). Gibt die Belehrung fehlerhaft eine längere Berufungsbegründungsfrist als die

---

417 OVG Lüneburg NVwZ-RR 2004, 912; NVwZ-RR 2007, 67; VGH Mannheim NVwZ-RR 1998, 371; OVG Münster 15.12.2008 – 8 A 968/07; VGH München 31.3.2009 – 11 ZB 07.630; NVwZ-RR 2013, 218; OVG Bln 5.4.2011 – OVG 2 N 18.08; für das Revisionszulassungsverfahren: BVerwG NVwZ-RR 1996, 122; BFH 9.8.2001 – VII B 34/01.

418 BVerwG NVwZ-RR 1996, 122; VGH Mannheim NVwZ-RR 1998, 371; VGH München BayVBl 2012, 287; 18.7.2016 – 11 ZB 16.299; BFH 9.8.2001 – VII B 34/01.

419 OVG Lüneburg NVwZ-RR 2004, 912; NVwZ-RR 2007, 67; OVG Münster 15.12.2008 – 8 A 968/07; VGH Kassel 9.2.2011 – 6 A 1871/10.Z; VGH München NVwZ-RR 2013, 218; OVG Bautzen 2.10.2014 – 2 A 798/12; OVG Bln 27.6.2016 – OVG 10 N 2.16.

420 BVerwG NVwZ 1998, 1311, 1312; 2000, 315; OVG Münster NVwZ 1999, 208, 209; DVBl 1999, 997; VGH Mannheim NVwZ 1999, 207.

421 BVerwG DVBl 1999, 95; a.A. ein Teil der Obergerichte: OVG Münster 22.12.1997 – 25 A 3247/97.A; VGH München DVBl 1997, 1332.

gesetzliche Monatsfrist an, läuft ebenfalls die Jahresfrist des § 58 Abs. 2 und nicht die in der fehlerhaften Belehrung genannte Frist (offen gelassen von BVerwG NVwZ 1999, 653, 654).

Weder die Monatsfrist des § 124 a Abs. 6 S. 1 noch die Jahresfrist des § 58 Abs. 2 laufen, wenn der 347 Zulassungsbeschluss nicht wirksam zugestellt worden ist (ausf. [auch zur Heilung] → Rn. 136 ff.).[422]

Hat das Berufungsgericht in Verkennung der (bei fehlender oder mangelhafter Belehrung laufenden) 348 Jahresfrist des § 58 Abs. 2 die Berufung wegen nicht fristgerechter Berufungsbegründung verworfen, läuft die Jahresfrist während des Revisionsverfahrens gegen die Verwerfung der Berufung nicht weiter. Da eine Berufungsbegründung nach instanzbeendender Verwerfung der Berufung ins Leere ginge, würde der Berufungsführer andernfalls zu einem sinnlosen Verhalten gezwungen.[423] Nach Aufhebung der fehlerhaften Verwerfungsentscheidung durch das BVerwG ist das Berufungsverfahren fortzusetzen; in entsprechender Anwendung der Regelung über die Unterbrechung des Verfahrens (§ 173 VwGO i.V.m. § 249 ZPO)[424] beginnt die volle Begründungsfrist von neuem zu laufen, und zwar ab Zustellung der Revisionsentscheidung.[425]

2. Fristverlängerung. Die Frist für die Berufungsbegründung kann auf einen vor ihrem Ablauf gestellten 349 Antrag vom Senatsvorsitzenden verlängert werden (§ 124 a Abs. 6 S. 3 i.V.m. Abs. 3 S. 3; → Rn. 46 ff.).

IV. Berufungsantrag und -gründe (Abs. 6 S. 3 i.V.m. Abs. 3 S. 4)

1. Allgemeines. Für die Berufungsbegründung nach Zulassung durch das OVG gelten grds. die glei- 350 chen Anforderungen wie für die Begründung nach § 124 a Abs. 3 S. 3-5, auf die § 124 a Abs. 6 S. 3 Bezug nimmt. Auf die Komm. hierzu wird verwiesen (→ Rn. 46 ff., 83 ff., 105 ff.). Wird den gesetzlichen Anforderungen an die Berufungsbegründung nicht genügt, ist die Berufung unzulässig (Abs. 6 S. 3 i.V.m. Abs. 3 S. 5). Besonderheiten ergeben sich daraus, dass der Berufungsbegründung nach § 124 a Abs. 6 ein Zulassungsverfahren vorausgeht und es nicht der Einlegung der Berufung bedarf (§ 124 a Abs. 5 S. 5).

2. Gesonderte Begründungsschrift. Die Berufungsbegründung muss nach Zulassung der Berufung durch 351 das OVG in einem gesonderten Schriftsatz eingereicht werden. Dies gilt auch dann, wenn der Berufungsantrag und die wesentlichen Berufungsgründe bereits im Antrag auf Zulassung der Berufung oder in einem sonstigen vor Zustellung des Zulassungsbeschlusses verfassten Schriftsatz enthalten sind. Eine vorweggenommene Berufungsbegründung genügt also nicht.[426] Allerdings darf der Berufungsbegründungsschriftsatz auf das Vorbringen im Zulassungsverfahren Bezug nehmen (→ Rn. 354 ff.). Einer ausdrücklichen Bezugnahme auf das bereits im Zulassungsantrag enthaltene Begehren und die dort genannten Gründe bedarf es dann nicht, wenn sich beides bereits aus dem Gesamtzusammenhang ergibt; im Einzelfall kann etwa die Stellung eines Beweisantrags genügen, um deutlich zu machen, dass das Berufungsverfahren durchgeführt werden soll (BVerwG NVwZ-RR 2004, 541).

Das Erfordernis eines gesonderten Schriftsatzes ist – auch mit Blick auf eine lediglich formelhafte oder 352 globale Bezugnahme – keine entbehrliche Förmelei. Nach dem Zweck des § 124 a Abs. 6 S. 1 soll der Berufungsführer mit der Einreichung der Berufungsbegründungsschrift fristgebunden eindeutig zu erkennen geben, dass er nach wie vor die Durchführung eines Berufungsverfahrens erstrebt (→ Rn. 39). Zugleich soll dem Berufungsgericht ermöglicht werden, anhand eines klaren prozessualen Kriteriums, nämlich des Ausbleibens eines gesonderten Begründungsschriftsatzes, die Berufung gem. § 125 Abs. 2 zu verwerfen, ohne zuvor aufwändig das Vorbringen im Zulassungsverfahren auf seine Eignung für die Begründung der Berufung sichten und beurteilen zu müssen (BVerwG DVBl 1999, 95, 96; OVG Münster NVwZ 1999, 208, 209). Das mit der Begründungspflicht angestrebte Beschleunigungsziel

---

422 Vgl. BVerwG 29.9.1998 – 9 C 14.98; DVBl 2000, 562, 565; OVG Lüneburg NVwZ-Beilage 1997, 92, 94; in Betracht kommt aber eine Verwirkung.

423 Zutr. BVerwG 29.9.1998 Buchholz 310 § 124 a VwGO Nr. 5; ebenso für eine Verfassungsbeschwerde gegen eine letztinstanzliche zivilprozessuale Verwerfung der Berufung: BVerfGE 74, 220; a.A.: RGZ 158, 195 ff.; BGH VersR 1977, 573; NJW 1998, 1155.

424 Zur entsprechenden Anwendung der §§ 239 ff. ZPO vgl. BVerwG 9.6.1977 Buchholz 303 § 239 Nr. 1.

425 Dazu V. Wagner, NJW 1987, 1184, 1186.

426 BVerwG DVBl 1999, 95 (unter ausdrückl. Aufgabe von DVBl 1997, 1325); 2000, 562; NVwZ-RR 2001, 142; NJW 2003, 3288; NVwZ 2003, 868; BayVBl 2003, 442; NVwZ-RR 2004, 541; 5.2006 – 6 B 77.05; NJW 2008, 1014; 19.10.2009 – 2 B 51.09. Ebenso BGH NJW 2008, 588 (a.A. noch BGH NJW 2004, 2981); BFH 20.6.2008 – VII R 46/07.

verlangt ferner vom Berufungsführer die Prüfung, in welchem Umfang und mit welcher Begründung eine zugelassene Berufung durchgeführt werden soll.

353 **3. Berufungsantrag.** Die Anforderungen an den Berufungsantrag ergeben sich aus Abs. 3 (→ Rn. 83 ff.), auf den Abs. 6 S. 3 verweist. Soweit der Berufungsantrag gegenüber dem Umfang der Berufungszulassung beschränkt wird, gelten die Ausführungen in → Rn. 96 ff. entsprechend.

354 **4. Berufungsgründe.** Die inhaltlichen Anforderungen an die Berufungsgründe nach Zulassung durch das OVG sind grds. die gleichen wie für die Berufungsgründe nach Zulassung durch das VG; Abs. 6 S. 3 verweist dementsprechend auf Abs. 3 (→ Rn. 105 ff.). Besonderheiten ergeben sich nur bei der Frage, ob und inwieweit es ausreicht, auf den Berufungszulassungsantrag und den Zulassungsbeschluss zu verweisen. Eine ausdrückliche Bezugnahme auf das Zulassungsvorbringen und den Zulassungsbeschluss kann – je nach den Umständen des Einzelfalles – für eine ordnungsgemäße Begründung ausreichen.[427] Der Zulassungsantrag muss den Anforderungen (auch) an eine Berufungsbegründung genügen und in der Berufungsbegründungsschrift muss hinreichend zum Ausdruck gebracht werden, welche Zulassungsgründe und welcher Teil des Zulassungsvorbringens zur Stützung der Berufung dienen sollen.[428] Zulässig ist – je nach den Umständen des Einzelfalls – sowohl eine umfassende[429] als auch eine Teil- oder ergänzende Verweisung. Im Einzelfall kann sich der gesonderte Begründungsschriftsatz auch in einem Verweis auf die Begründung im Zulassungsverfahren erschöpfen (vgl. OVG Münster NVwZ 1999, 208).

355 Eine Bezugnahme wird insbes. dann in Betracht kommen, wenn der Zulassungsantrag auf *ernstliche Zweifel* an der Richtigkeit der angefochtenen Entscheidung oder auf *besondere tatsächliche oder rechtliche Schwierigkeiten* der Rechtssache gestützt war; denn diese beiden Zulassungsgründe weisen eine sachliche Nähe zu den Berufungsgründen des § 124 a Abs. 3 S. 4 auf (→ Rn. 189).[430]

356 Möglich ist auch der Verweis auf eine *Verfahrensrüge*, wenn zugleich die Unrichtigkeit des angegriffenen Urteils dargelegt ist; dies gilt namentlich dann, wenn das Berufungsgericht die Berufung wegen des gerügten Verfahrensfehlers zugelassen hat.[431]

357 Dass Ausführungen zur *Divergenzrüge* regelmäßig nicht den Anforderungen an eine Rechtsmittelbegründung gerecht werden (so BVerwG NVwZ 1989, 557; BAG MDR 1997, 273), ist zumindest in dieser Pauschalität nicht zutreffend. Auch insoweit kommt es auf die Umstände des Einzelfalles an. So genügt es im Falle eines erfolgreichen Antrags auf Berufungszulassung wegen Divergenz, wenn die anschließende Berufungsbegründung die vom VG abweichend entschiedene Rechts- oder Tatsachenfrage durch Bezugnahme auf die Begründung des Zulassungsantrags und auf den Zulassungsbeschluss bezeichnet und damit regelmäßig zugleich zum Ausdruck bringt, dass sie die Beseitigung der Divergenz erstrebt.[432]

358 Der Verweis auf Ausführungen zur *Grundsatzrüge* ist dann ausreichend, wenn deutlich wird, dass und warum das verwaltungsgerichtliche Urteil aus Sicht des Berufungsführers keinen Bestand haben kann. Häufig ist allerdings ein nochmaliges Eingehen auf das Vorbringen im Zulassungsverfahren geboten; denn die im Zulassungsverfahren entscheidungserhebliche Fragestellung ist eine andere als jene, um die es im Berufungsverfahren unter dem Aspekt der Richtigkeitsgewähr geht (vgl. BVerwG NVwZ 1989, 557; ferner BAG MDR 1997, 273). Insbes. ist regelmäßig ein bloßer Verweis auf den Zulassungsbeschluss unzureichend, weil dieser sich grds. gerade nicht dazu verhält, ob die zu klärende Rechtsfrage vom VG richtig oder falsch entschieden worden ist (vgl. BVerwG NJW 2006, 3081).

---

427 BVerwG DVBl 1999, 95; NVwZ 2000, 67; DVBl 2004, 125; 30.1.2009 – 5 B 44/08; 19.10.2009 – 2 B 51/09; OVG Münster NVwZ 1999, 208, 209; VGH Mannheim NVwZ-Beilage 1998, 49; NVwZ 1998, 1089, 1091; VGH München NVwZ 1998, 864, 865; zum Revisionsrecht: BVerwG NJW 1984, 140.

428 BVerwG DVBl 1999, 95, 96; 2004, 125; 2.7.2008 – 10 B 3.08; OVG Münster NVwZ 1999, 208, 209; zur Revisionsbegründung: BVerwGE 80, 321, 322 f.; BVerwG NJW 1985, 1235; BayVBl 1990, 124.

429 Zur „vollinhaltlichen" Verweisung vgl. OVG Lüneburg NVwZ-Beilage 1997, 92, 94; VGH Mannheim NVwZ 1998, 1089, 1091; zum Revisionsverfahren vgl. BVerwG NJW 1985, 1235; NVwZ 1989, 557.

430 Ferner BVerwG DVBl 2000, 562, 563; OVG Münster NVwZ 1999, 205; 1999, 208, 209; 29.4.1999 – 16 A 1224/98; VGH Mannheim NVwZ 1998, 1089, 1092.

431 Vgl. BVerwGE 80, 321, 323; BVerwG NJW 1985, 1235; BayVBl 1988, 379, 380; NVwZ 1989, 557; DVBl 2004, 125; ferner BFHE 133, 247 ff.; wohl zu streng VGH Mannheim DVBl 2001, 493.

432 BVerwG NVwZ 2000, 315; 2001, 1029 f.; VGH Mannheim NVwZ 1998, 1089, 1091; a.A. VGH München BayVBl 2001, 350.

V. Prozesskostenhilfe

Ist bereits für das Verfahren auf Zulassung der Berufung PKH bewilligt worden, erstreckt sich die Bewilligung auch auf das Berufungsverfahren (→ Rn. 235 f.). Beantragt der Berufungsführer erst nach Berufungszulassung durch das OVG PKH für das Berufungsverfahren, so werden im Regelfall hinreichende Erfolgsaussichten i.S.d. ZPO zu bejahen sein. Wird die Berufungsbegründungsfrist mit Rücksicht auf den Ausgang eines PKH-Verfahrens versäumt, kommt eine Wiedereinsetzung in den vorigen Stand in Betracht. Der Antrag auf PKH für das Verfahren über die zugelassene Berufung zwingt auch dann nicht zu einer fristgemäßen Berufungsbegründung, wenn der Rechtsmittelführer von seinem bisherigen Prozessbevollmächtigten vertreten wird und die Berufungsbegründung keine zusätzlichen Kosten verursachen würde (BVerwG NVwZ 2004, 111; a.A. OVG Koblenz NVwZ-Beilage 2000, 4 f.). Für die Nachholung der Berufungsbegründung steht seit dem 1.9.2004 eine Frist von 1 Monat zur Verfügung (§ 60 Abs. 2 S. 1 Hs. 2). 359

VI. Verwerfung bei unzureichender Berufungsbegründung (Abs. 6 S. 3 i.V.m. Abs. 3 S. 5)

Wird innerhalb der Berufungsbegründungsfrist keine den Anforderungen des Abs. 6 S. 3 i.V.m. Abs. 3 S. 4 genügende Berufungsbegründung vorgelegt, so ist die Berufung gem. Abs. 6 S. 3 i.V.m. Abs. 3 S. 5 unzulässig und nach § 125 Abs. 2 zu verwerfen.[433] Ist die Berufung nur hinsichtlich eines von mehreren Streitgegenständen oder hinsichtlich eines quantitativ abtrennbaren Teils eines Streitgegenstands unzureichend begründet, ist die Berufung nur insoweit als unzulässig zu verwerfen (→ Rn. 113 f.). Hat das OVG über den vor Ablauf der Berufungsbegründungsfrist gestellten (ordnungsgemäßen) Antrag auf PKH nicht vorab entschieden, darf es die Berufung nicht wegen Versäumung der Berufungsbegründungsfrist als unzulässig verwerfen (BVerwG NVwZ 2004, 111). 360

§ 124 b (weggefallen)

§ 125 [Berufungsverfahren; Entscheidung bei Unzulässigkeit]

(1) ¹Für das Berufungsverfahren gelten die Vorschriften des Teils II entsprechend, soweit sich aus diesem Abschnitt nichts anderes ergibt. ²§ 84 findet keine Anwendung.

(2) ¹Ist die Berufung unzulässig, so ist sie zu verwerfen. ²Die Entscheidung kann durch Beschluß ergehen. ³Die Beteiligten sind vorher zu hören. ⁴Gegen den Beschluß steht den Beteiligten das Rechtsmittel zu, das zulässig wäre, wenn das Gericht durch Urteil entschieden hätte. ⁵Die Beteiligten sind über dieses Rechtsmittel zu belehren.

Schrifttum
J. Demharter, Wiedereinsetzung durch Beschluß bei Versäumung der Einspruchsfrist, NJW 1986, 2754; *F. Kopp,* Änderungen der Verwaltungsgerichtsordnung zum 1.1.1991, NJW 1991, 521; *W. B. Maetzel,* Berufungsbeschränkungen im Verwaltungsprozeß, DÖV 1965, 314; *J. Meyer-Ladewig,* Vereinfachung und Beschleunigung verwaltungsgerichtlicher Verfahren, DVBl 1979, 539; *ders.,* Das Gesetz zur Beschleunigung verwaltungsgerichtlicher und finanzgerichtlicher Verfahren, NJW 1985, 1985; *W. Roth,* Der Anspruch auf öffentliche Verhandlung nach Art. 6 Abs. 1 EMRK im verwaltungsgerichtlichen Rechtsmittelverfahren, EuGRZ 1996, 495; *R. Rudisile,* § 125 Abs. 2 VwGO und 6. VwGO-Änderungsgesetz, NVwZ 1998, 148; *P.-A. Zeihe,* Darf die Berufung durch Beschluß als unzulässig verworfen werden, wenn die erste Instanz durch Gerichtsbescheid entschieden hat?, NWVBl 1996, 178.

[433] VGH München 22.2.1999 – 10 B 98.1620; 14.5.2013 – 11 B 12.1522; zur Revisionsbegründung vgl. BVerwG 22.11.1994 Buchholz 310 § 139 Abs. 3 VwGO Nr. 2; ferner BGH NJW 1998, 602, 603.

I. Allgemeines

1 **1. Entstehungsgeschichte.** Die Vorschrift ist bisher einmal durch das 4. VwGOÄndG[1] mit Wirkung vom 1.1.1991 geändert worden.[2]

2 a) **§ 125 Abs. 1.** S. 1 entspricht der Ursprungsfassung und stimmt inhaltlich mit § 82 MRVO Nr. 165 überein. Durch das 4. VwGOÄndG ist Abs. 1 um S. 2 ergänzt worden, der vorsieht, dass über die Berufung nicht durch Gerichtsbescheid entschieden werden darf.[3]

3 b) **§ 125 Abs. 2.** § 125 Abs. 2 in der Ursprungsfassung sah vor, dass die Berufung durch Beschluss als unzulässig verworfen werden konnte, wenn sie nicht statthaft oder nicht in der gesetzlichen Form und Frist eingelegt war. Anders als zu § 519b ZPO a.F. (ab 1.1.2002: § 522 Abs. 1 ZPO n.F.) wurden nach h.M. unter Statthaftigkeit nicht alle Zulässigkeitsvoraussetzungen, sondern die Statthaftigkeit i.e.S. (Berufungsfähigkeit) verstanden. Aus diesem Grunde eröffnete Art. 2 § 5 Abs. 1 S. 2 EntlG[4] ergänzend die Möglichkeit der Verwerfung der Berufung durch Beschluss bei allen nicht in § 125 Abs. 2 a.F. genannten Zulässigkeitsmängeln, wenn der Beschluss einstimmig erging. Das 4. VwGOÄndG hat diese Bestimmungen zusammengefasst und vereinfacht.[5] Seit dem 1.1.1991 kann eine unzulässige Berufung stets durch Beschluss verworfen werden, gleich aus welchem Grunde. Auch die Regelungen über die Rechtsmittel sind vereinheitlicht[6] worden. Gegen den Beschluss stehen dieselben Rechtsmittel zur Verfügung wie gegen ein Urteil gleichen Inhalts.

4 **2. Zweck der Vorschrift und Normzusammenhang.** a) **§ 125 Abs. 1.** Die Vorschriften über die Berufung sind auf wenige Sondervorschriften (§§ 124–130b) beschränkt. Ergänzend finden über § 125 Abs. 1 die Vorschriften des Teils II entsprechende Anwendung, soweit sich aus den Sondervorschriften oder sonstigen Grundsätzen des Berufungsverfahrens nichts Abweichendes ergibt. Die Verfahrensvorschriften im erst- und zweitinstanzlichen Verfahren sind daher in weiten Teilen identisch.

5 § 125 Abs. 1 ist keine abschließende Regelung. Die Kostenregelungen gem. §§ 154 ff. sind im Berufungsverfahren ebenso anwendbar wie über § 173 zahlreiche Vorschriften der ZPO.

6 § 125 Abs. 1 hat auch Bedeutung für das Revisionsverfahren. Denn nach § 141 gelten die Vorschriften über die Berufung mit Ausnahme der §§ 87a, 130a und 130b entsprechend für die Revision.

7 b) **§ 125 Abs. 2.** Diese Regelung ermöglicht bei Unzulässigkeit der Berufung eine Entscheidung durch Beschluss statt durch Urteil. Der damit verbundene Verzicht auf die mündliche Verhandlung und die Beteiligung der ehrenamtlichen Richter dient der Vereinfachung und Beschleunigung des Verfahrens. Nach Einführung der Berufungszulassung am 1.1.1997[7] ist die praktische Bedeutung der Vorschrift indes geringer geworden, weil die Zulässigkeit des Rechtsmittels bereits im Zulassungsverfahren geprüft wird. Es verbleibt jedoch noch ein relevanter Anwendungsbereich (→ Rn. 38). Systematisch steht die Vorschrift § 130a nahe, wonach auch bei Begründetheit oder Unbegründetheit der Berufung durch Beschluss entschieden werden kann; erforderlich ist aber nach § 130a – im Gegensatz zu § 125 Abs. 2 – eine einstimmige Entscheidung des OVG.

---

1 Gesetz zur Neuregelung des verwaltungsgerichtlichen Verfahrens (Viertes Gesetz zur Änderung der Verwaltungsgerichtsordnung – 4. VwGOÄndG) vom 17.12.1990 (BGBl I 2809).

2 Zur Entstehungsgeschichte der Ursprungsfassung *Koehler* § 125 Anm. I

3 Bereits zuvor hatte § 125 Abs. 2 S. 5 a.F. vorgesehen, dass durch Vorbescheid die Berufung nicht als unzulässig, sondern nur als offenbar unbegründet zurückgewiesen werden durfte.

4 Gesetz zur Entlastung der Gerichte in der Verwaltungs- und Finanzgerichtsbarkeit vom 31.3.1978 (BGBl I 446).

5 Vgl. die Begründung zum Regierungsentwurf des 4. VwGOÄndG, BT-Drs. 11/7030, 31 (zu Nr. 28).

6 Vgl. § 125 Abs. 2 S. 4 a.F. („Gegen den Beschluss ist die Beschwerde zuzulassen, wenn gegen ein Urteil gleichen Inhalts die Revision zuzulassen wäre.") und Art. 2 § 5 Abs. 2 S. 1 EntlG („... das Rechtsmittel..., das zulässig wäre, wenn das Gericht durch Urteil entschieden hätte").

7 Durch das Sechste Gesetz zur Änderung der VwGO und anderer Gesetze vom 1.11.1996 (BGBl I 1626).

II. Anwendbare Vorschriften des Teils II (Abs. 1)

1. Anwendungsbereich. a) Berufungszulassungsverfahren. Seit der Einführung der Berufungszulassung durch das 6. VwGOÄndG[8] mit Wirkung vom 1.1.1997 erstreckt sich § 125 Abs. 1 auch auf das dem eigentlichen Berufungsverfahren vorgelagerte Berufungszulassungsverfahren (ebenso OVG Bln NVwZ-RR 2006, 360). Zwar verweist § 125 Abs. 1 S. 1 ausdrücklich nur „für das Berufungsverfahren" auf die entsprechende Anwendung der Vorschriften des II. Teils. § 125 Abs. 1 S. 1 findet jedoch entsprechende Anwendung auf das Berufungszulassungsverfahren, soweit sich nicht aus §§ 124, 124 a sowie der Eigenart des Berufungszulassungsverfahrens Abweichungen ergeben. Die entsprechende Verweisung ist nicht auf § 122 beschränkt, zumal § 122 keine abschließende Regelung für Beschlüsse enthält. Die Regelungen des Teils II sind daher unmittelbar (→ Rn. 10) oder entsprechend – vorbehaltlich der unten im Einzelnen dargestellten Abweichungen (→ Rn. 12 ff.) – im Zulassungsverfahren anwendbar.

b) Asylverfahren. § 125 gilt auch in Verfahren nach dem AsylG; insoweit sind allerdings die Sondervorschriften der §§ 74–84 b AsylG zu beachten.

2. Grundsätze. § 125 Abs. 1 ordnet pauschal die entsprechende Geltung der Vorschriften des Teils II („Verfahren"), also der §§ 54–123 mit Ausnahme des § 84, für das Berufungsverfahren an. Unter systematischem Gesichtspunkt ist die generelle *entsprechende* Anwendung der §§ 54 ff. indes verfehlt. Denn ein erheblicher Teil der in Bezug genommenen Vorschriften gilt bereits unmittelbar im zweitinstanzlichen Verfahren. Einer entsprechenden Anwendung bedürfen allerdings insbes. die Vorschriften des 9. Abschnitts (§§ 81–106), weil sie i.e.S. das „Verfahren im ersten Rechtszug" (Überschrift des 9. Abschnitts) regeln. Ein Großteil der übrigen Vorschriften (vgl. insbes. den 7. Abschnitt „Allgemeine Verfahrensvorschriften") ist hingegen nicht ausschließlich auf das erstinstanzliche Verfahren zugeschnitten; z.T. erwähnen die Vorschriften sogar ausdrücklich das Rechtsmittelverfahren (z.B. § 58 Abs. 1: „Rechtsmittel"; § 65: „in höherer Instanz anhängig"; § 67: Vertretungszwang vor dem OVG, insbes. § 67 Abs. 1 S. 2: „Antrag auf Zulassung der Berufung"; § 80 b Abs. 2: Fortdauer der aufschiebenden Wirkung auf Anordnung des „Oberverwaltungsgerichts"; § 123 Abs. 2 S. 2: „Berufungsverfahren"). Insoweit hat § 125 Abs. 1 lediglich klarstellende Bedeutung: Die in Bezug genommenen Vorschriften sind unmittelbar anwendbar, soweit die Berufungsvorschriften als Sondervorschriften nichts Abweichendes regeln.

§ 125 Abs. 1 regelt nur die Anwendbarkeit des Teils II für das Berufungs„verfahren", betrifft also nur das berufungsgerichtliche Verfahrensrecht. Davon zu unterscheiden ist die unmittelbare Anwendung des II. Teils als materieller Prüfungsmaßstab für die Begründetheit der Berufung (→ § 124 Rn. 57 f.). So sind z.B. die Zulässigkeitsvoraussetzungen der Klage oder das von der ersten Instanz einzuhaltende Verfahrensrecht unmittelbarer Prüfungsmaßstab der Berufungsentscheidung.

3. Einzelne anwendbare Vorschriften. a) §§ 54–67 (7. Abschnitt). Die allgemeinen Verfahrensvorschriften sind uneingeschränkt (unmittelbar) anwendbar. Der entsprechenden Anwendung über § 125 Abs. 1 bedarf es nicht (→ Rn. 10). Einfache Beiladungen sind (nur) im Revisionsverfahren unzulässig (§ 142 Abs. 1).

b) §§ 68–80 b (8. Abschnitt). Die besonderen Vorschriften für Anfechtungs- und Verpflichtungsklagen gelten auch im berufungsgerichtlichen Verfahren. Soweit sie die Zulässigkeit der Klage betreffen, sind sie i.R. der Begründetheit der Berufung zu prüfen. Die Regelungen über die aufschiebende Wirkung (§§ 80 ff.) finden Anwendung. Gericht der Hauptsache i.S.d. § 80 Abs. 5 und 7 ist das OVG bereits mit Anhängigkeit des Berufungszulassungsverfahrens (→ § 124 Rn. 39 m.w.N.). Zu beachten ist das Ende der aufschiebenden Wirkung im Berufungsrechtszug gem. der Dreimonatsfrist des § 80 b.

c) §§ 81–106 (9. Abschnitt). Bei der entsprechenden Anwendung der Vorschriften über das „Verfahren im ersten Rechtszug" sind einige Besonderheiten zu berücksichtigen.

8

9

10

11

12

13

14

---

8 Sechstes Gesetz zur Änderung der VwGO und anderer Gesetze vom 1.11.1996 (BGBl I 1626).

15 ■ *§ 81 Abs. 1* wird durch die Sonderregelung des § 124 a ausgeschlossen.[9] Wegen des Vertretungszwangs (§ 67 Abs. 1) ist die Stellung des Zulassungsantrags zur Niederschrift des Urkundsbeamten der Geschäftsstelle nicht möglich[10] (→ § 124 a Rn. 151).

16 ■ *§ 81 Abs. 2* findet Anwendung. Der Rechtsmittelschrift und allen sonstigen Schriftsätzen sollen Abschriften für die übrigen Beteiligten beigefügt werden.

17 ■ *§ 82 Abs. 1 S. 1* ist anwendbar,[11] soweit sich die Anforderungen an die Rechtsmittelschrift nicht bereits aus § 124 a Abs. 1 S. 3 ergeben. Zur Bezeichnung des Urteils i.S.d. § 124 a Abs. 2 S. 2 und Abs. 4 S. 3 gehört auch die Angabe des Berufungsklägers und des Berufungsbeklagten (→ § 124 a Rn. 172 m.w.N.). § 82 Abs. 1 S. 2 (Antrag) und S. 3 Hs. 1 (Begründung) werden durch § 124 a Abs. 3 S. 4 und Abs. 4 S. 4 verdrängt. Auch § 82 Abs. 1 S. 3 Hs. 2 ist nicht entsprechend anzuwenden: Es genügt, das angefochtene Urteil zu bezeichnen (§ 124 a Abs. 2 S. 2 und Abs. 4 S. 3); nicht erforderlich ist, dass der Rechtsmittelführer das angefochtene Urteil in Urschrift oder Abschrift beifügt.[12] Hierfür besteht kein praktisches Bedürfnis, weil die erstinstanzlichen Verfahrensakten dem OVG zusammen mit dem Rechtsmittelantrag vorgelegt werden (→ § 124 a Rn. 158).

18 ■ *§ 82 Abs. 2* ist, soweit die Sonderregelung des § 124 a Abs. 4 reicht, auf den Berufungszulassungsantrag nicht anwendbar. Erfüllt der Zulassungsantrag einzelne Anforderungen des § 124 a Abs. 4 nicht, können diese nach Ablauf der Antragsfrist nicht mehr nachgeholt werden. Dies gilt für den Antrag, die Unterschrift,[13] die Antragsbegründung und die Bezeichnung des Urteils (→ § 124 a Rn. 173 m.w.N.). Wird hingegen die Wohnungsanschrift des Klägers im Verlaufe des Berufungsverfahrens unbekannt, ist dieser gem. § 82 Abs. 2 zu der erforderlichen Ergänzung innerhalb einer bestimmten Frist aufzufordern (HmbOVG NJW 2006, 3082).

19 Die Regelung des § 82 Abs. 2 findet auch auf die Berufungsbegründung und den Berufungsantrag keine Anwendung. Anders als nach der Rechtslage bis zum Inkrafttreten des 6. VwGOÄndG am 1.1.1997 (→ § 124 a Rn. 37, 86 m.w.N.) kann der Berufungsantrag nicht innerhalb einer vom Vorsitzenden zu setzenden Frist nachgeholt werden. Gleiches gilt für die Berufungsbegründung (→ § 124 a Rn. 37 f.). Sowohl § 124 a Abs. 3 S. 5 als auch die Fristverlängerungsmöglichkeit nach § 124 a Abs. 3 S. 3 i. V. m. dem Anwaltszwang (§ 67 Abs. 4) verdrängen als Sonderregelung § 82 Abs. 2 (→ § 124 a Rn. 86 m.N. auch zur Gegenauffassung, die noch auf die alte Rechtslage abstellt). Hiervon zu unterscheiden ist, dass das Berufungsgericht in unmittelbarer Anwendung des § 82 Abs. 2 den Kläger aufzufordern hat, die bereits in erster Instanz fehlende ladungsfähige Anschrift anzugeben (BVerwG 30.9.1999 – 5 B 190.99).

20 ■ *§ 83* ist anwendbar. Er verweist auf §§ 17–17 b GVG, die Sondervorschriften für das Rechtsmittelverfahren vorsehen.

21 ■ *§ 84* (Gerichtsbescheid) findet gem. § 125 Abs. 1 S. 2, § 141 im Rechtsmittelverfahren keine Anwendung. Er ist jedoch im erstinstanzlichen Verfahren vor dem OVG (§ 48) oder dem BVerwG (§ 50) anwendbar.

22 ■ *§ 85* ist im Berufungs- und Berufungszulassungsverfahren entsprechend anzuwenden. Die Berufung bzw. der Zulassungsantrag sind dem Rechtsmittelgegner mit der Aufforderung zur schriftlichen Äußerung zuzustellen (OVG Münster NVwZ 2001, 212). § 85 S. 1 und 2 Hs. 1 ist auch auf die Berufungsbegründung nach § 124 a Abs. 6 anzuwenden; dem Berufungsbeklagten ist also Gelegenheit zur Stellungnahme zu geben (a.A. OVG Münster NVwZ 2001, 212). Zwar bedarf es insoweit gem. § 124 a Abs. 5 S. 5 keiner Einlegung einer Berufung. Aber die Berufungsbegründung übernimmt die Funktion einer Berufungseinlegung (→ § 124 a Rn. 39 m.w.N.). Der Gegenstand der Berufung ist im Übrigen nicht identisch mit dem Gegenstand des Zulassungsverfahrens, sodass es einer erneuten Gelegenheit zur Gegenäußerung bedarf.

---

9   OVG Bautzen 25.9.2006 – A 2 B 724/05 und OVG Bln 11.1.2017 – OVG 3 N 137.16 wenden allerdings § 81 Abs. 1 S. 1 (Schriftformerfordernis) auf Berufungszulassungsanträge an; i.E. ergibt sich dadurch keine Abweichung, → 124 a Rn. 151.

10 BVerwG NVwZ 1995, 901 f. (für erstinstanzliche Verfahren vor dem BVerwG); 1997, 1211, 1212; 1998, 170, 171.

11 Vgl. VGH Mannheim 11.3.1997 – 9 S 2904/95 (ladungsfähige Anschrift); HmbOVG NJW 2006, 3082 (ladungsfähige Anschrift); OVG Lüneburg 26.3.2013 – 5 LA 125/12; *Koehler* § 124 Anm. V 7 a.

12 A.A. *Koehler* § 124 Anm. V 7 b.

13 Vgl. OVG Münster DÖV 1961, 315: mangelnde Unterschrift kann nach Ablauf der Berufungsfrist nicht geheilt werden.

■ *§ 85 S. 2 Hs. 2 i. V. m. § 81 Abs. 1 S. 2* hat nur für den Fall Bedeutung, dass der Berufungskläger 23
keinen Antrag stellt und anwaltlich nicht vertreten ist (→ Rn. 15).

■ *§§ 86, 87* gelten grds. auch im berufungsgerichtlichen Verfahren. 24

■ *§ 87 a* ist sowohl im Zulassungs- als auch im Berufungsverfahren anwendbar (Umkehrschluss aus 25
§ 141 S. 2).[14] Im Gesetzgebungsverfahren konnte sich der Bundesrat nicht mit seinem Vorschlag
durchsetzen, die Anwendung des § 87 a Abs. 2 (Einzelrichterentscheidung im Einverständnis der
Beteiligten) auszuschließen; der Bundestag hielt die Einzelrichterentscheidung für unbedenklich,
weil sie das Einverständnis der Beteiligten voraussetze.[15] Auch nach Einführung der Berufungszulassung besteht ein erhebliches praktisches Bedürfnis für die Anwendung des § 87 a Abs. 2 im Berufungsverfahren; zulässig ist auch, dass der Berichterstatter über einen Antrag auf Zulassung der
Berufung im Einverständnis der Beteiligten entscheidet (OVG Bln NVwZ-RR 2006, 360; OVG
Münster 16.4.2015 – 19 A 74/15). Ausgeschlossen ist der konsentierte Einzelrichter im vereinfachten Berufungsverfahren ohne mündliche Verhandlung nach § 130 a; aus dieser Sondervorschrift,
insbes. dem Erfordernis der Einstimmigkeit, folgt, dass der Senat in Beschlussbesetzung entscheiden muss (→ § 130 a Rn. 46). In den Fällen des § 87 a Abs. 1 Nr. 2 oder 3 kann der Berichterstatter oder Vorsitzende auch über die Beschwerde gegen die Versagung von Prozesskostenhilfe für das
erstinstanzliche Verfahren entscheiden; dies entspricht dem Sinn und Zweck der Regelung, bei Erledigung des Rechtsstreits den Spruchkörper auch insoweit zu entlasten, als noch eine Entscheidung zur begehrten Bewilligung von Prozesskostenhilfe aussteht.[16]

■ *§ 87 b* gilt sowohl im Zulassungs- als auch im Berufungsverfahren, und zwar auch im sog. verein- 26
fachten Berufungsverfahren nach § 130 a (BVerwG NVwZ 2000, 1042). Die Regelung wird ergänzt und modifiziert durch § 128 a, der die Rechtsfolgen regelt für den Fall, dass Erklärungen
und Beweismittel trotz Fristsetzung des VG nach § 87 b verspätet vorgebracht wurden. Hinsichtlich des nach § 128 a präkludierten Vorbringens kann das Berufungsgericht nicht nochmals nach
§ 87 b verfahren.

■ *§ 88* ist anwendbar. Auch im Rechtsmittelverfahren (einschließlich Zulassungsverfahren, vgl. 27
§ 122 Abs. 1) ist das Rechtsschutzbegehren, wie es sich aus dem gesamten inhaltlichen Vorbringen
ergibt, maßgebend, nicht der Wortlaut der Anträge (§ 88 Hs. 2).[17] Der Kläger hat Anspruch auf
vollständige Entscheidung über sein Klagebegehren.[18] Das Berufungsgericht darf das Urteil des VG
nach § 129 nur insoweit ändern, als eine Änderung beantragt ist; es darf aber auch über das Klagebegehren nicht hinausgehen (§ 88 Hs. 1).

■ *§ 89* findet im Berufungsverfahren grds. Anwendung, nicht jedoch im Zulassungsverfahren. Die 28
Widerklage bedarf allerdings im Berufungsverfahren der Einwilligung des Gegners oder der Zulassung durch das Gericht als sachdienlich; das folgt entweder aus § 173 VwGO i. V. m. § 533 Nr. 1
ZPO oder aus einer entsprechenden Anwendung des § 91 Abs. 1 S. 1 (vgl. BVerwGE 44, 351,
360 ff.; OVG Lüneburg NJW 1984, 2652, 2653). Gleiches gilt für eine Änderung der Widerklage
im Berufungsverfahren (vgl. BGH NJW 1998, 2058). Die Sachdienlichkeit kann nur dann bejaht
werden, wenn dem Gegner aus dem Instanzverlust kein prozessualer Nachteil droht; sie ist zu verneinen, wenn die Klage entscheidungsreif ist, die Zulassung der Widerklage jedoch die Entscheidung verzögern würde.[19]

■ *§ 91* (Klageänderung) findet im Berufungsverfahren (Umkehrschluss aus § 142 Abs. 1 S. 1),[20] nicht 29
jedoch bereits im Zulassungsverfahren Anwendung. Eine Klageänderung in der Berufungsinstanz

---

14 VGH Kassel NVwZ 1991, 594; OVG Bln NVwZ-RR 2006, 360; OVG Münster 13.9.2006 – 18 E 895/06; 27.5.2010
– 5 A 699/08; VGH München 23.11.2006 – 9 BV 06.2452; HmbOVG NVwZ-RR 2007, 211; OVG Lüneburg
12.2.2010 – 5 LC 58/08; für das Berufungszulassungsverfahren: OVG Bln NVwZ-RR 2006, 360.
15 BT-Drs. 11/7030 Anl. 2 Nr. 13 (§ 128 Abs. 1 S. 2 VwGO), S. 47 und Anl. 3 Nr. 10 (§ 87 a Abs. 2 und § 125 Abs. 1 S. 2
VwGO), S. 52 (die Bundesregierung zit. versehentlich § 524 Abs. 3 ZPO).
16 OVG Münster 4.3.2005 – 22 E 958/04; 13.9.2006 – 18 E 895/06; HmbOVG NVwZ-R 2007, 211; a.A. VGH Mannheim NVwZ-RR 2007, 210; OVG Weimar NVwZ-RR 2008, 286.
17 BVerwG NJW 1997, 1250; DVBl 1997, 907; 9.2.2000 Buchholz 402.240 § 53 AuslG Nr. 29; 27.10.2006 – 1 B
151.06.
18 BVerwG 14.10.1997 – 9 B 676.97; 31.10.1997 – 9 B 698.97.
19 Vgl. BGH NJW 1982, 2072, 2074; zur Klageänderung in der Berufungsinstanz vgl. VGH Mannheim VBlBW 1994,
147, 148.
20 OVG Münster 16.3.2004 – 6 A 4887/01; 17.12.2014 – 6 A 2162/12; OVG Bln-Bbg 26.11.2008 – 9 B 17.08; VGH
München 7.5.2009 – 4 B 06.3354; 3.2.2015 – 10 BV 13.421.

setzt eine zulässige Berufung (vgl. BGH NJW 1992, 2296; 1999, 2118, 2119 m.w.N.) und damit deren Zulassung voraus.[21] Der obsiegende Kläger kann nur im Wege der Anschlussberufung die Klage ändern (OVG Münster NVwZ 1999, 1252, 1253). Der Sachdienlichkeit einer objektiven Klageänderung (Veränderung des Streitgegenstandes) steht nicht entgegen, dass der Gegner eine Tatsacheninstanz verliert (vgl. BGH NJW 1992, 2296, 2297). Bei einer subjektiven Klageänderung (Parteiwechsel) in der Berufungsinstanz ist umstr., ob der neue Beklagte der Klageänderung zustimmen muss.[22] Das OVG kann auch bei einer Klageänderung durch Beschluss nach § 130 a entscheiden, wenn es die geänderte Klage abweisen will, nicht jedoch, wenn es der Berufung im Hinblick auf die geänderte Klage stattgeben will (BVerwG NVwZ 1999, 1000, 1001).

30   ■   **§ 92 Abs. 1** (Klagerücknahme) findet im gesamten zweitinstanzlichen Verfahren Anwendung; die Klagerücknahme in zweiter Instanz setzt stets die Einwilligung des Beklagten voraus, auch wenn das VG ohne mündliche Verhandlung entschieden hat (zum erstinstanzlichen Urteilsverfahren ohne mündliche Verhandlung → § 92 Rn. 22).

31   ■   **§ 92 Abs. 2** (Klagerücknahmefiktion) ist im zweitinstanzlichen Verfahren nicht anwendbar.[23] Die Regelung wird durch die Sondervorschrift des § 126 Abs. 2 verdrängt, wonach die Berufung als zurückgenommen gilt, wenn der Berufungskläger das Verfahren trotz Aufforderung des Gerichts länger als drei Monate nicht betreibt. Andernfalls würde für den Fall, dass der Kläger zugleich Berufungskläger ist, das Gericht die Wahlmöglichkeit haben, ob die Klage oder die Berufung als zurückgenommen gilt; dies würde auch wegen der unterschiedlichen Fristen (§ 92 Abs. 2: zwei Monate; § 126 Abs. 2: drei Monate[24]) zu einem nicht tragbaren Ergebnis führen. Dem steht nicht entgegen, dass die dem § 92 Abs. 2 vergleichbare Vorschrift des § 81 AsylG im Zulassungs-[25] und im Berufungsverfahren[26] Anwendung findet. Die dem zugrunde liegende Rspr. ist nicht übertragbar; das Asylverfahrensrecht enthält keine dem § 126 Abs. 2 entsprechende Regelung für das Berufungsverfahren, und § 81 AsylG ist als lex specialis gegenüber § 92 Abs. 2 und § 126 Abs. 2 vorrangig.[27]

32   ■   **§ 92 Abs. 3** (Verfahrenseinstellung nach Klagerücknahme oder Hauptsacheerledigung)[28] ist im Zulassungs- und im Berufungsverfahren anzuwenden;[29] mit Stellung des Berufungszulassungsantrags ist das OVG für die Verfahrenseinstellung zuständig (→ § 124 Rn. 39).

33   ■   **§§ 93–106** sind im Berufungsverfahren anwendbar.[30]

34   **d) §§ 107–122 (10. Abschnitt).** Die §§ 107–122 sind im Berufungsverfahren entsprechend anzuwenden;[31] sie werden ergänzt durch § 125 Abs. 2, §§ 128, 128 a und 130.

35   ■   **§ 109:** Durch Zwischenurteil kann auch über die Zulässigkeit der Berufung (oder der Revision, § 141) entschieden werden (vgl. BVerwGE 65, 27, 29). Hiervon zu unterscheiden ist die Möglich-

---

21 OVG Münster 21.5.2001 – 8 A 3379/99; vgl. ferner OVG Münster 12.1.1998 – 18 B 22/98; 23.10.1998 – 22 B 2150/98. VGH München 17.7.2009 – 12 ZB 08.739.

22 Bejahend: BGHZ 21, 285; 90, 17, 19; BGH MDR 1986, 304; NJW 1987, 1946, 1947 (Ausnahme: Rechtsmissbrauch); abl.: BVerwG DVBl 1959, 61 (unter Hinweis auf den im verwaltungsgerichtlichen Verfahren geltenden Untersuchungsgrundsatz); VGH Kassel NVwZ 1988, 88; VGH München BayVBl 2000, 52.

23 A.A. K. Rennert, in: Eyermann § 92 Rn. 14.

24 Bei Einführung der beiden Normen durch das 6.VwGOÄndG (BGBl 1996 I 1626) am 1.1.1997 waren die Fristen noch gleich (jeweils drei Monate); das JuMoG v. 24.8.2004 (BGBl 2004 I 2198) hat die Frist in § 92 Abs. 2 m.W.v. 1.9.2004 auf 2 Monate verkürzt.

25 OVG Bautzen SächsVBl 2000, 95 (nur LS).

26 Nach BVerwG NVwZ 1986, 842 gilt die Vorläufervorschrift des § 33 AsylVfG a.F. auch für den Fall, dass der Kläger Rechtsmittelbeklagter ist.

27 Zutr. OVG Weimar NVwZ 2000, 1434.

28 Zur entsprechenden Anwendung des § 92 Abs. 3 S. 1 bei Hauptsacheerledigung vgl. BVerwG 27.3.1997 – 1 C 5.95.

29 BVerwG NJW 1992, 703; 27.3.1997 – 1 C 5.95; 11.7.2011 – 8 C 23.10; OVG Münster 28.1.2008 – 6 A 1775/06; 9.7.2012 – 13 A 560/09; VGH München 17.3.2008 – 4 B 08.354.

30 Zu § 98: BVerwG IÖD 2014, 100; zu § 101 Abs. 1: BVerwG NVwZ 1999, 1000, 1001; 24.9.2009 – 6 B 5.09; 2.12.2012 – 2 B 32.12; NVwZ 2015, 1299; zu § 101 Abs. 2: BVerwG 28.5.2008 – 2 C 9.07; BVerwGE 156, 9; OVG Münster OVGE 34, 85; VGH München 5.7.2007 – 14 B 04.2676; zu § 106: OVG Münster 31.7.2017 – 19 A 2368/15; zu § 108 Abs. 1 S. 2 VwGO: BVerwG 20.10.2011 – 2 B 86.11.

31 Zu § 113 Abs. 1: BVerwG DÖV 1984, 173; zu § 113 Abs. 1 S. 4: VGH München 26.6.2012 – 10 BV 11.1936; zu § 113 Abs. 5 S. 1: VGH München 10.8.2007 – 2 BV 07.3; zu §§ 118, 119: OVG Münster 9.1.2013 – 9 A 2054/07; OVG Bautzen 4.11.2015 – 5 A 759/10.

keit, im Rechtsmittelverfahren durch Zwischenurteil über die Zulässigkeit der Klage zu entscheiden (OVG Lüneburg GewArch 1980, 203; VGH München DVBl 1979, 673, 674).

§ 122 findet entsprechende Anwendung auf Beschlüsse im Berufungszulassungsverfahren; § 122 ist 36 aber seinerseits ergänzungsbedürftig (→ § 122 Rn. 11 ff.).

e) § 123 (11. Abschnitt). Der Erlass einer einstweiligen Anordnung nach § 123 ist sowohl im Beru- 37 fungszulassungs- als auch im Berufungsverfahren zulässig. Gericht der Hauptsache i.S.d. § 123 Abs. 2 S. 1 und 2 ist das OVG bereits mit Anhängigkeit des Berufungszulassungsverfahrens (→ § 124 Rn. 39 m.w.N.).

III. Verwerfung der Berufung (Abs. 2)

1. Zulässigkeit der Berufung. Die unzulässige Berufung ist zu verwerfen (§ 125 Abs. 2 S. 1). Für das 38 Zulassungsverfahren und das Berufungsverfahren sind jeweils gesondert die Zulässigkeitsvoraussetzungen des Rechtsmittels zu prüfen. Da die Zulässigkeitsvoraussetzungen weitgehend identisch sind, findet eine doppelte Prüfung statt. Dabei ist das Berufungsgericht lediglich an den Entscheidungsausspruch seiner Zulassungsentscheidung, also an die Eröffnung der Berufungsinstanz gebunden.[32] Alle sonstigen Anforderungen an die Statthaftigkeit und Zulässigkeit der Berufung werden durch die Zulassungsentscheidung nicht präjudiziert, mit der Berufungszulassung ist also nicht die Zulässigkeit der Berufung verbindlich festgestellt (BVerwG 12.1.2009 – 5 B 48.08; 28.1.2013 – 2 B 62.13); dies gilt auch für die Berufungsfähigkeit der angegriffenen Entscheidung (zutr. BGH NJW 1988, 49, 50 f.; ferner BSGE 10, 233, 235 ff.), das Fehlen eines Zulassungsantrags[33] oder die Versäumung der Frist für den Zulassungsantrag (ausf. → § 124 a Rn. 302–307). Wird deshalb erst im Berufungsverfahren das Fehlen einer Zulässigkeitsvoraussetzung des Rechtsmittels erkannt, ist die Berufung (trotz der positiven Zulassungsentscheidung) zu verwerfen. Von diesem Fall abgesehen, kommt eine Verwerfung der Berufung auch dann in Betracht, wenn die Berufung nicht fristgemäß (§ 124 a Abs. 3 S. 1) oder ausreichend (§ 124 a Abs. 3 S. 4) begründet ist (§ 124 a Abs. 3 S. 5) oder wenn sich wegen des – gegenüber der Zulassungsentscheidung – späteren Entscheidungszeitpunkts Änderungen bei den Zulässigkeitsvoraussetzungen ergeben haben.[34] Die Berufung ist auch dann zu verwerfen, wenn anstelle des Zulassungsantrags unmittelbar Berufung eingelegt wird[35] (→ Rn. 52).

Die Zulässigkeit der Berufung ist von Amts wegen zu prüfen. Sie kann dann offenbleiben, wenn sich 39 keine Auswirkungen für die materielle Rechtskraft ergeben, also insbes. dann, wenn die Berufung aus den Gründen der erstinstanzlichen Entscheidung auch unbegründet ist.[36] Die Zulässigkeit der Berufung bedarf allerdings einer Entscheidung, wenn der Gegner eine unselbständige Anschlussberufung eingelegt hat (vgl. § 127 Abs. 5).

Maßgeblicher Zeitpunkt für die Beurteilung der Zulässigkeitsvoraussetzungen ist grds. der Zeitpunkt 40 der letzten mündlichen Verhandlung, im schriftlichen Verfahren der Zeitpunkt der gerichtlichen Entscheidung (→ Vorbem. § 124 Rn. 91 ff.). Abweichend hiervon kommt es bei fristgebundenen Anforderungen – schriftliche Berufungsbegründung, Vertretungszwang hinsichtlich der Berufungsbegründung – auf den Zeitpunkt des Fristablaufs an. Die Statthaftigkeit des Rechtsmittels und die Beschwer müssen bereits bei Stellung des Zulassungsantrags vorliegen.

Im Revisionsverfahren ist die Zulässigkeit der Berufung von Amts wegen zu prüfen. Fehlt eine Sachur- 41 teilsvoraussetzung für die Entscheidung des Berufungsgerichts, ist eine Sachentscheidung auch des Revisionsgerichts ausgeschlossen (BVerwG DVBl 1986, 285; NVwZ 1990, 1170; 14.3.1991 – 5 C 16.90).

2. Entscheidungsform. a) Bei zulässiger Berufung. Ist die Berufung zulässig, so entscheidet das OVG 42 durch Urteil in der Sache oder vorab durch Zwischenurteil über die Zulässigkeit (§ 125 Abs. 1 S. 1 i.V.m. § 109).[37] Ausgeschlossen ist ein die Zulässigkeit bejahender Beschluss nach § 125 Abs. 2.

---

32 Vgl. BVerwG NJW 1961, 1737, 1738; Buchholz 402.25 § 32 AsylVfG Nr. 6; 3.2.1997 – 9 B 657.96.
33 BVerwG 20.7.1998 – 9 B 10.98 (insoweit in DVBl 1999, 100 nicht abgedruckt); NVwZ 1999, 642.
34 Vgl. *R. Rudisile*, NVwZ 1998, 148, 149.
35 Vgl. *R. Rudisile*, NVwZ 1998, 148, 149.
36 Zutr. *M. Happ*, in: Eyermann § 125 Rn. 3.
37 BVerwGE 65, 27, 29.

43 **b) Bei unzulässiger Berufung.** Ist die Berufung unzulässig, kann sie durch (End-)Urteil (ein Zwischenurteil über die Unzulässigkeit ist ausgeschlossen) oder durch Beschluss nach § 125 Abs. 2 verworfen werden. Das OVG kann auch aufgrund mündlicher Verhandlung durch Beschluss gem. § 125 Abs. 2 S. 2 entscheiden (vgl. § 101 Abs. 3); denn § 125 Abs. 2 enthält nicht die Einschränkung des § 130 a S. 1 („eine mündliche Verhandlung nicht für erforderlich hält").[38] Diese Wahlmöglichkeit über Entscheidungsform und Verfahren steht im pflichtgemäßen Ermessen des OVG. Sie verstößt nicht gegen die Garantie des gesetzlichen Richters (Art. 101 Abs. 1 S. 2 GG).[39] Es ist auch mit Art. 6 EMRK vereinbar, dass das OVG ohne mündliche Verhandlung über die Zulässigkeit der Berufung entscheidet. Er enthält keine generelle Garantie einer mündlichen Verhandlung im zweitinstanzlichen Verfahren[40] (→ § 130 a Rn. 10). Widerspricht ein Beteiligter im Rahmen der Anhörung gemäß § 125 Abs. 2 S. 3 der beabsichtigten Verfahrensweise, muss das OVG diesen Umstand zur Kenntnis nehmen und bei der Ausübung seines Ermessens, ob es über die Berufung durch Beschluss entscheidet, in Erwägung ziehen.[41] Zulässig ist ein Beschluss nach § 125 Abs. 2 S. 2 auch bei einer unzulässigen Berufung gegen einen Gerichtsbescheid. Art. 6 EMRK steht einer solchen Verfahrensweise jedenfalls seit der Neufassung des § 84 Abs. 2 Nr. 1 durch das 6. VwGOÄndG[42] nicht mehr entgegen:[43] Seitdem haben die Beteiligten die Option, gegen einen Gerichtsbescheid statt der Zulassung der Berufung mündliche Verhandlung zu beantragen; machen sie hiervon keinen Gebrauch, verzichten sie auf die Rechte aus Art. 6 Abs. 1 EMRK. Gleiches gilt, wenn das Urteil des VG mit Einverständnis der Parteien ohne mündliche Verhandlung ergangen ist (vgl. BVerwG DVBl 1983, 1014; NVwZ 1999, 404).

44 Seit der Neufassung des § 125 Abs. 2 durch das 4. VwGOÄndG (→ Rn. 3) kann in allen Fällen der Unzulässigkeit durch Beschluss entschieden werden, auch bei fehlender Zulassung der Berufung (→ Rn. 52). Bei Teilunzulässigkeit kommt auch eine einheitliche Entscheidung durch Beschluss nach § 130 a in Betracht.

45 **c) Bei unzulässiger Wiederaufnahmeklage.** Das Berufungsgericht kann nach § 153 Abs. 1 VwGO i.V.m. § 585 ZPO i.V.m. § 125 Abs. 2 VwGO eine unzulässige Wiederaufnahmeklage durch Beschluss verwerfen.[44] Die Ablehnung eines unzulässigen Wiederaufnahmeantrags rechtfertigt kein aufwändigeres Verfahren als die Behandlung der Berufung selbst.

46 **3. Entscheidung durch Beschluss. a) Anhörung der Beteiligten (Abs. 2 S. 3). aa) Grundsatz.** Vor einer Entscheidung durch Beschluss ohne mündliche Verhandlung nach § 125 Abs. 2 S. 2 sind die Beteiligten zwingend zu dieser Verfahrensweise anzuhören. Die Anhörung kann durch einen schriftlichen Hinweis des Vorsitzenden oder Berichterstatters erfolgen (§ 125 Abs. 1 S. 1 i.V.m. § 87).[45] Die Urschrift der Anhörungsmitteilung ist vom Vorsitzenden oder Berichterstatter zu unterzeichnen; eine Paraphe genügt nicht.[46] Anzuhören sind die Beteiligten, also nicht nur der Berufungskläger, sondern auch der Berufungsbeklagte und sonstige Beteiligte. Die Anhörungsmitteilung muss jedenfalls den von dem Beschluss beschwerten Beteiligten nachweisbar zugehen; sie ist nach den Vorschriften der ZPO zuzustellen, wenn eine Äußerungsfrist gesetzt wird (§ 56 Abs. 1 und 2). Unterbleibt die Anhörung oder ist der Zugang des Anhörungsschreibens nicht nachweisbar, begründet dies einen Verfahrensfehler, der im Revisionsverfahren zur Aufhebung des Beschlusses führt (vgl. BVerwG NJW 1980, 1810). Gleiches gilt, wenn das Gericht eine Frist zur Äußerung einräumt, aber vor Ablauf der Äußerungsfrist entscheidet (BVerwG NJW 1991, 2037).

---

38 Ebenso OVG Brem DÖV 1983, 297, 298.
39 BVerwGE 72, 59 ff.
40 BVerwG NVwZ 1992, 890; DVBl 1996, 105; NVwZ 1999, 404; 1999, 1000, 1001; 10.1.2013 – 4 B 30.12.
41 BVerwG 24.4.2017 – 6 B 17.17 (zu § 130 a S. 2 i.V.m. § 125 Abs. 2 S. 3).
42 Sechstes Gesetz zur Änderung der VwGO und anderer Gesetze vom 1.11.1996 (BGBl I 1626).
43 So bereits zur a.F.: BVerwG DVBl 1996, 105 unter (fragwürdiger) Berufung auf EGMR NJW 1992, 1813; ferner VGH Kassel NVwZ-RR 1996, 543; VGH Mannheim NJW 1991, 1845; krit. W. *Roth*, EuGRZ 1998, 495, 505 ff.; P.-A. *Zeihe*, NWVBl 1996, 178 f.
44 BVerwG 31.10.1995 Buchholz 310 § 153 Nr. 29; OVG Brem NJW 1990, 2337; OVG Münster NVwZ 1995, 95; VGH Mannheim NVwZ-RR 1996, 539; NJW 1997, 145.
45 Vgl. BVerwG NVwZ 2000, 1040, 1042; 4.10.2010 – 9 B 17/10 (jeweils zu § 130 a); VGH Mannheim DÖV 1981, 765.
46 OVG Münster NVwZ-RR 1997, 760; offen gelassen von: BVerwG 4.3.1993 Buchholz 310 § 87 b Nr. 1 m.w.N.; 17.11.1994 Buchholz 310 § 130 a VwGO Nr. 11.

bb) Inhalt des Anhörungsschreibens. Die fallbezogene (zu dieser Anforderung vgl. BVerwG 6.3.1999 47
Buchholz 312 EntlG Nr. 60) Mitteilung, dass ein Beschluss nach § 125 Abs. 2 in Betracht kommt, genügt grds.[47] Gleichwohl sollte i.d.R. zusätzlich angegeben werden, aus welchem Grund die Berufung unzulässig sein dürfte. Zwingend erforderlich ist ein solcher Hinweis, wenn der Berufungskläger erkennbar von falschen Voraussetzungen ausgeht oder den Grund für die Unzulässigkeit offenbar nicht kennt; nur so kann ihm Gelegenheit gegeben werden, den Grund für die Unzulässigkeit – etwa durch einen Wiedereinsetzungsantrag – ggf. zu beseitigen (vgl. BGH NJW 1991, 2081 f.).

cc) Erneute Anhörung. Hat sich die Sach- oder Rechtslage nach der Anhörungsmitteilung geändert 48
oder haben die Beteiligten nach der Anhörung Erhebliches vorgetragen oder neue Beweisanträge gestellt, ist grds. eine erneute Anhörung geboten, wenn das Gericht an seiner beabsichtigten Verfahrensweise festhalten will. Eine erneute Anhörung ist hingegen verzichtbar, wenn sich die Prozesslage nach Anhörung nicht verändert hat (ausf. → § 130 a Rn. 26–29).[48]

b) Entscheidungsgründe. Der Beschluss ist gem. § 122 Abs. 2 S. 1 zu begründen, weil er mit Rechts- 49
mitteln angefochten werden kann und über ein Rechtsmittel entscheidet. Da er revisionsrechtlich einem Urteil gleichgestellt ist (vgl. § 125 Abs. 2 S. 4, § 132 Abs. 1), muss aus ihm auch erkennbar sein, auf welcher tatsächlichen Grundlage die Berufungsentscheidung beruht. Dies kann sich aus den Entscheidungsgründen oder einer Bezugnahme auf das erstinstanzliche Urteil ergeben; ein förmlicher Tatbestand ist nicht erforderlich (§ 122 verweist nicht auf § 117 Abs. 2 Nr. 4, Abs. 3).[49] Kosten- und Vollstreckbarkeitsentscheidungen entsprechen denen bei einem Urteil.

c) Rechtsmittel und Rechtsmittelbelehrung (Abs. 2 S. 4 und 5). Gegen den Beschluss nach § 125 50
Abs. 2 steht den Beteiligten das Rechtsmittel zu, das gegen ein Urteil gleichen Inhalts statthaft wäre: Die Revision bzw. die Beschwerde gegen die Nichtzulassung der Revision (§§ 132, 133). Hierüber muss in dem Beschluss belehrt werden (§ 125 Abs. 2 S. 5). Das Berufungsgericht muss in dem Beschluss ferner über die Zulassung der Revision entscheiden (§ 125 Abs. 2 S. 4, § 132 Abs. 1). Ist rechtsfehlerhaft die Zulässigkeit der Berufung verneint worden, stellt dies einen Verfahrensfehler i.S.d. § 132 Abs. 2 Nr. 3 dar.[50]

Das in § 125 Abs. 2 S. 4 bezeichnete Rechtsmittel steht auch dann offen, wenn die Berufung als un- 51
statthaft verworfen wird, weil anstelle des an sich gebotenen Antrags auf Zulassung der Berufung unmittelbar Berufung eingelegt worden ist.[51] Dem steht weder entgegen, dass der Suspensiveffekt nur eintritt, wenn innerhalb der Rechtsmittelfrist das statthafte Rechtsmittel eingelegt wird, noch der Umstand, dass einer Partei, die eine unstatthafte Berufung einlegt, eine Instanz mehr zur Verfügung steht, als der Partei, deren (statthafter) Antrag auf Zulassung der Berufung keinen Erfolg hat (vgl. § 124 a Abs. 2 S. 3).[52] Der Rechtsmittelführer könnte etwa mit der Nichtzulassungsbeschwerde als Verfahrensfehler rügen, dass sein Rechtsmittel zu Unrecht als „Berufung" ausgelegt worden ist.

d) Wirkung des Beschlusses. Das OVG ist an den Verwerfungsbeschluss wie an ein Urteil nach § 173 52
VwGO i.V.m. § 318 ZPO gebunden.[53] Mit Unanfechtbarkeit des Verwerfungsbeschlusses wird das Urteil des VG rechtskräftig. Ist die Berufung (allein) wegen Versäumung der Frist zur Berufungseinlegung oder/und Berufungsbegründung verworfen worden, so macht ein erfolgreicher Wiedereinsetzungsantrag den Verwerfungsbeschluss gegenstandslos und führt zur Fortsetzung des Berufungsverfahrens (vgl. BVerwGE 11, 322 f.; BVerwG NJW 1990, 1806; BGH NJW 1982, 887 m.w.N.). Ist die Berufung hingegen sowohl wegen Fristversäumnis als auch aus einem anderen Grund erfolglos geblieben, kann die Wiedereinsetzung mangels Rechtsschutzbedürfnisses keinen Erfolg haben. Der Verwerfungsbe-

---

47 Für die unbegründete Berufung (heute § 130 a) vgl. BVerwG 9.6.1991 Buchholz 312 EntlG Nr. 19.
48 BVerwG DVBl 1983, 1014, 1016 m.w.N.; NVwZ-RR 1996, 477.
49 Vgl. BVerwG DÖV 1998, 204; NVwZ 2000, 73, 74 (jeweils zu § 130 a).
50 BVerwGE 13, 141, 145; 13, 239, 240 f.; 30, 111, 113; BVerwG BayVBl 1993, 30, 31; NJW 1995, 2121; 16.2.1998 –
   1 B 12.98; 16.12.1998 – 7 B 252.98; ferner RGZ 145, 45, 47; BFHE 145, 299, 300; 153, 509, 510; BGH NJW 1960,
   669, 670; BSGE 34, 236, 237; 39, 200, 201; BSG NJW 1994, 150.
51 Vgl. BVerwG 29.7.1997 – 5 B 60.97; NVwZ 1998, 1297; 1999, 641, 642; a.A. OVG Greifswald NVwZ 1998, 201,
   202.
52 So aber OVG Greifswald NVwZ 1998, 201, 202.
53 Ebenso M. Happ, in: Eyermann § 125 Rn. 6.

schluss bliebe bestehen, da er auch auf dem zweiten Grund beruht, sodass für eine Fortführung des Berufungsverfahrens kein Raum ist (vgl. BVerwG NJW 1990, 1806).

53 Ist die Berufung wegen Versäumung der Berufungsbegründungsfrist verworfen worden, ist ein erneuter Antrag auf Zulassung der Berufung ausgeschlossen, auch wenn die Antragsfrist des § 124 a Abs. 1 S. 1 wegen einer falschen Rechtsmittelbelehrung oder fehlerhaften Zustellung des erstinstanzlichen Urteils noch läuft. Der erneute Zulassungsantrag ist unzulässig, weil derselbe Sachverhalt („Zulassung der Berufung") bereits Gegenstand der ersten Zulassungsentscheidung war. Die zivil- und arbeitsgerichtliche Rspr., die bei Versäumung der Berufungsbegründungsfrist eine erneute Berufungseinlegung (mit neuer Berufungsbegründungsfrist) für statthaft hält,[54] ist nicht übertragbar, weil es dort keiner Zulassungsentscheidung des Berufungsgerichts bedarf, die einer erneuten Entscheidung entgegensteht.

§ 126 [Zurücknahme der Berufung]

(1) [1]Die Berufung kann bis zur Rechtskraft des Urteils zurückgenommen werden. [2]Die Zurücknahme nach Stellung der Anträge in der mündlichen Verhandlung setzt die Einwilligung des Beklagten und, wenn ein Vertreter des öffentlichen Interesses an der mündlichen Verhandlung teilgenommen hat, auch seine Einwilligung voraus.

(2) [1]Die Berufung gilt als zurückgenommen, wenn der Berufungskläger das Verfahren trotz Aufforderung des Gerichts länger als drei Monate nicht betreibt. [2]Absatz 1 Satz 2 gilt entsprechend. [3]Der Berufungskläger ist in der Aufforderung auf die sich aus Satz 1 und § 155 Abs. 2 ergebenden Rechtsfolgen hinzuweisen. [4]Das Gericht stellt durch Beschluß fest, daß die Berufung als zurückgenommen gilt.

(3) [1]Die Zurücknahme bewirkt den Verlust des eingelegten Rechtsmittels. [2]Das Gericht entscheidet durch Beschluß über die Kostenfolge.

Schrifttum

H. F. Gaul, Der Widerruf der Rechtsmittelrücknahme nach rechtskräftigem Verfahrensabschluß unter Berücksichtigung des gleichen Problems beim Rechtsmittelverzicht, ZZP 74 (1961), 49; *ders.*, ZZP 75 (1962), 267; *Linn*, Beendigung des Verwaltungsprozesses ohne Streitentscheidung in der Sache, DVBl 1956, 816; *M. Pagenkopf*, Die Neuregelung des Asylverfahrensrechts, NVwZ 1982, 590; *F. J. Schumacher*, Probleme des neuen Asylverfahrensgesetzes, DÖV 1982, 806; *M. Skolik*, Die fingierte Klage- und Berufungsrücknahme im allgemeinen Verwaltungsprozess, SächsVBl. 12/2012, 297; *E. Teubner/T. Künzel*, Prozessverträge – Zulässigkeit, Abschluß und Wirkungen, MDR 1988, 720.

I. Entstehungsgeschichte

1 § 126 regelt in Parallele zu § 92 über die Zurücknahme der Klage die Zurücknahme der Berufung. Während Abs. 1 und 3 schon bisher galten, ist Abs. 2 ebenso wie § 92 Abs. 2 und 3 durch das 6. VwGOÄndG und anderer Gesetze vom 1.11.1996 (BGBl I 1626) in Anlehnung an § 81 AsylVfG i.d.F. der Bekanntmachung vom 27.7.1993 (BGBl I 1361) eingefügt worden. Ergänzend zur Regelung des § 126 ist gem. § 173 S. 1 auch § 515 Abs. 3 ZPO heranzuziehen.[1]

II. Berufungsrücknahme (Abs. 1)

2 **1. Abgrenzung.** Abzugrenzen ist die Zurücknahme der Berufung von der Klagerücknahme, der Erledigungserklärung der Hauptsache sowie dem Verzicht auf die Berufung. Die Zurücknahme der Berufung ist die Erklärung des Berufungsklägers, dass er auf die Nachprüfung des Urteils im Wege eines Berufungsverfahrens verzichtet.[2] Die Rücknahme der Klage, die auch noch in der Berufungsinstanz möglich ist, führt zum Wegfall der Rechtshängigkeit von Anfang an und mithin dazu, dass das angegriffene Urteil unwirksam wird, § 173 S. 1 i.V.m. § 269 Abs. 3 ZPO (vgl. BVerwGE 26, 297, 300; BGHZ 84, 320.). Werden gleichzeitig die Rücknahme der Klage und der Berufung erklärt, so ist im

---

54 Vgl. z.B. BAG NJW 1996, 1430; BGH NJW 1978, 2245; 1985, 2480; ebenso zur Rechtslage vor Einführung der Zulassungsberufung: BVerwG NVwZ 1998, 170, 172.

1 *Baumbach/Lauterbach/Albers/Hartmann* § 516 Rn. 17 ff.

2 *Ch. Althammer*, in: Stein/Jonas, § 515 Rn. 1.

Zweifel anzunehmen, dass in erster Linie die Klage zurückgenommen werden soll.[3] Die Erledigterklärung der Hauptsache führt ebenso wie die Zurücknahme der Berufung[4] zur Rechtskraft des angefochtenen Urteils (zu Fällen der Erledigterklärung vgl. BVerwGE 12, 256; BGHZ 34, 200). Der Verzicht hat zur Folge, dass das Urteil, auf das er sich bezieht, rechtskräftig wird und der Verzichtende das Recht auf Nachprüfung schlechthin verliert, eine dennoch eingelegte Berufung somit als unzulässig zu verwerfen ist.[5] Auch eine vertragliche Verpflichtung zur Berufungsrücknahme ist möglich, bspw. in einem außergerichtlichen Vergleich. Ein zwischen den Beteiligten vereinbarter oder den Beteiligten gegenüber erklärter Verzicht ist aber, soweit er nicht durch Prozesshandlung vollzogen wird, nur auf eine entsprechende Einrede hin berücksichtigungsfähig.[6]

2. Auslegung und Willensmängel. Die Zurücknahme der Berufung ist Ausdruck der Dispositionsmaxime und als Prozesshandlung hinsichtlich ihres Erklärungsgehaltes auszulegen. Möglicherweise will der Berufungskläger die Berufung nur vorübergehend nicht betreiben, eventuell sie nur teilweise zurücknehmen. Wurden mehrere Berufungen eingelegt, kann sich die Rücknahme auf eine überflüssige oder auf alle beziehen.[7] Auch eine konkludente Rücknahme ist möglich. Der Berufungsverzicht muss allerdings eindeutig sein.[8] Ein Schweigen auf eine Anfrage des Gerichts kann daher nicht als Rücknahme ausgelegt werden, auch dann nicht, wenn das Gericht mitgeteilt hat, dass es ein Schweigen i.d.S. auslegen werde (OVG Lüneburg OVGE 7, 257; VGH München BayVBl 1975, 22).

Die Zurücknahme der Berufung ist Prozesshandlung. Als solche ist sie bedingungsfeindlich und kann nicht angefochten werden. Auch ein Widerruf scheidet grds. aus, selbst dann, wenn der Gegner zustimmt.[9] Etwas anderes gilt ausnahmsweise nur dann, wenn der Widerruf gleichzeitig mit der Rücknahmeerklärung eingeht, der zugrunde liegende Irrtum für das Gericht oder den Gegner offensichtlich war (vgl. BGH VersR 1977, 574; FamRZ 1988, 496) oder wenn das Berufungsurteil andernfalls mit der Restitutionsklage angefochten werden könnte.[10] Unter diesen engen Bedingungen ist ein Widerruf binnen einem Monat nach Kenntnis der Tatsachen zulässig, die zur Restitutionsklage berechtigen.[11]

3. Zulässigkeit. Für die Rücknahmeerklärung gelten dieselben Formalien wie für andere Prozesshandlungen. Sie muss dem OVG gegenüber erklärt werden; eine Erklärung gegenüber dem VG ist unwirksam. Anders als ein vertraglicher Verzicht kann sie grds. erst nach Erlass des erstinstanzlichen Urteils (sowie Stellung des Antrags auf Zulassung der Berufung nach § 124 a) wirksam erfolgen (BGH MDR 1967, 744). Sie ist, soweit sie nicht in der mündlichen Verhandlung abgegeben wird, schriftlich oder zur Niederschrift des Urkundsbeamten der Geschäftsstelle des OVG[12] abzugeben. Bei Zurücknahme in der mündlichen Verhandlung, im Erörterungstermin oder im Beweistermin muss zum Nachweis im Streitfall die Erklärung in der Niederschrift festgehalten werden (§ 105 VwGO, §§ 160 Abs. 3 Nr. 8, 162 Abs. 1 ZPO); sofern dies nicht geschieht, beeinträchtigt das die Wirksamkeit der Zurücknahme jedoch nicht (BVerwG Buchholz 310 § 92 Nr. 7; BGH NJW 1984, 1465). Ein prozessunfähiger Beteiligter, der ein Rechtsmittel wirksam einlegen konnte, kann es auch wirksam wieder zurücknehmen. Die Rücknahme ist auch dann wirksam, wenn die dem Prozessvertreter erteilte Vollmacht bei Eingang der Rücknahme beim Berufungsgericht bereits widerrufen, dies dem Berufungsgericht aber noch nicht mitgeteilt war (VGH Mannheim 15.4.1981 – 6 S 57/81).

---

3 BVerwGE 26, 297, 299; BFH DStR 1967, 98 zur gleichzeitigen Zurücknahme von Berufung und Revision; OVG Münster DÖV 1960, 957; NJW 1987, 559; *R. Rudisile*, in: Schoch/Schneider/Bier § 126 Rn. 5; *Kopp/Schenke* § 126 Rn. 5.

4 BVerwG 26.7.2012 – 2 C 34.11.

5 Vgl. VGH Mannheim NVwZ-RR 1989, 111; *Kopp/Schenke* § 126 Rn. 6; *R. Rudisile*, in: Schoch/Schneider/Bier Vorbem. § 124 Rn. 56.

6 BVerwG Buchholz 310 § 92 Nr. 6; BGHZ 79, 131; vgl. *E. Täubner/T. Künzel*, MDR 1988, 720, 724.

7 Vgl. BGHZ 45, 380; OLG München MDR 1979, 409: im Zweifel bezieht sich die Rücknahme auf alle eingelegten Berufungen.

8 *Kopp/Schenke* § 126 Rn. 6.

9 BVerwGE 57, 342; BVerwG 22.4.1994 – 9 C 456/93; BVerwG 6.12.1996 – 8 C 33.95; BFHE 93, 536; BGH NJW-RR 1990, 67; VGH München DÖV 1950, 64.

10 BVerwG Buchholz 310 § 92 Nr. 3; BGHZ 33, 73; *R. Rudisile*, in: Schoch/Schneider/Bier § 126 Rn. 7; abw. *H. F. Gaul*, ZZP 74 (1961), 49; *ders.*, ZZP 75 (1962), 267: Widerruf nur mit Wiederaufnahmeklage möglich.

11 BGHZ 33, 73; *R. Rudisile*, in: Schoch/Schneider/Bier § 126 Rn. 7.

12 H.M.: § 515 Abs. 2 ZPO ist nicht anwendbar. Wenn die Berufung zur Niederschrift des Urkundsbeamten eingelegt werden kann (§ 124 Abs. 2 S. 1), muss auch die Zurücknahme entsprechend möglich sein; zur Zulässigkeit *R. Rudisile*, in: Schoch/Schneider/Bier § 126 Rn. 8 f.; a.A. *Kopp/Schenke* § 126 Rn. 3.

6   Die Rücknahme ist möglich ab der Einlegung der Berufung bis zur Rechtskraft des Berufungsurteils; sie ist nicht möglich, soweit das Berufungsverfahren bereits abgeschlossen ist, sei es durch Klagerücknahme, Vergleich oder Erledigterklärung der Hauptsache.[13] Nach Einlegung der Revision wird die Berufungsrücknahme gegenüber dem BVerwG erklärt (BVerwGE 26, 297, 299). Auch eine unzulässige Berufung kann zurückgenommen werden. Nach Stellung der Anträge in der mündlichen Verhandlung ist nach Abs. 1 S. 2 die Zurücknahme der Berufung nur noch mit Einwilligung des „Beklagten" – richtigerweise: des Berufungsbeklagten (BVerwG NVwZ 1995, 372) – möglich. Damit werden andere Beteiligte vor einer einseitigen Beendigung eines Verfahrens im fortgeschrittenen Stadium geschützt (VGH München DVBl 1982, 1011, 1012); insbes. wird das Anschlussrecht des Gegners (§ 127 S. 2) geschützt. Der Vertreter des öffentlichen Interesses muss nur einwilligen, wenn er an der mündlichen Verhandlung teilgenommen hat. Auf die Einwilligung eines Beigeladenen kommt es nicht an, da er nicht Hauptpartei und damit nicht Berufungsbeklagter ist. Im schriftlichen Verfahren ist die Rücknahme der Berufung ohne Einwilligung des Gegners nur bis zum Eingang der letzten Einwilligungserklärung nach § 101 Abs. 2 zulässig (BVerwGE 26, 143, 144; VGH Mannheim NJW 1974, 964). Die Einwilligung zur Rücknahme der Berufung muss gleichfalls schriftlich oder zur Niederschrift erklärt werden; auch eine konkludente Erklärung, etwa durch Stellen eines Kostenantrags nach Maßgabe des § 155 Abs. 2, ist möglich.[14] Unter Einwilligung ist abweichend von § 183 S. 1 BGB nicht nur die vorherige Zustimmung, sondern auch die nachträgliche Genehmigung zu verstehen. Für Anfechtung und Widerruf der Einwilligungserklärung gelten dieselben Regeln wie für die Erklärung der Zurücknahme der Berufung.

7   Grds. entfaltet die Berufungsrücknahme auch im Falle mehrerer Streitbeteiligter nur für den Beteiligten Wirkung, der sie erklärt. Bei der notwendigen Streitgenossenschaft (§ 64 i.V.m. § 62 ZPO) behält der Berufungskläger seine Eigenschaft als solcher, wenn ein anderer die Berufung fortführt.[15] Sofern ein Beigeladener die von ihm eingelegte Berufung zurücknimmt, das Berufungsverfahren jedoch von einem anderen Streitbeteiligten fortgeführt wird, bleibt er Beigeladener in diesem Verfahren.[16]

III. Rücknahmefiktion (Abs. 2)

8   Nach Abs. 2 tritt die Berufungsrücknahme kraft Gesetzes ein, wenn der Berufungskläger das Verfahren trotz Aufforderung des Gerichts länger als drei Monate nicht betreibt. Diese Rücknahmefiktion beruht auf der Annahme, dass der Berufungskläger nach Ablauf dieser Frist kein Interesse mehr an der Fortsetzung des Verfahrens hat und damit das Rechtsschutzinteresse entfallen ist.[17] Ihre Grundlage findet diese Regelung im Asylverfahrensrecht.[18] Ebenso wie § 92 Abs. 2 ist die Vorschrift wegen ihres systemsprengenden Charakters zurückhaltend anzuwenden.

9   **1. Verfassungsrechtliche Kriterien.** Die Regelung ist verfassungsrechtlich unbedenklich, sofern die folgenden, von der Rspr. entwickelten Kriterien hinsichtlich der Aufforderung des Gerichts berücksichtigt werden:

10   **a) Sachlich fundierte Anhaltspunkte für ein fehlendes Interesse des Berufungsklägers.** Nur wenn sachlich fundierte Anhaltspunkte für ein fehlendes Interesse des Berufungsklägers an dem Berufungsverfahren vorliegen, darf das Gericht eine solche Aufforderung an den Berufungskläger richten.[19] Das ist namentlich dann der Fall, wenn er solche prozessualen Mitwirkungspflichten verletzt, die sich unmittelbar aus dem Gesetz ergeben oder seitens des Gerichts konkretisiert worden sind (§ 125 Abs. 1 i.V.m. §§ 86 Abs. 4 S. 2, 87 Abs. 1, 128 a).[20] Es genügt hingegen nicht, dass der Berufungskläger neuere höchstrichterliche Rspr. nicht zum Anlass nimmt, sein Klagebegehren zu überprüfen (VGH

---

13   VGH München BayVBl 1980, 342; *R. Rudisile*, in: Schoch/Schneider/Bier § 126 Rn. 8.
14   OLG Düsseldorf MDR 1988, 681; *M. Happ*, in: Eyermann § 126 Rn. 5.
15   RGZ 76, 298; 157, 33; *M. Happ*, in: Eyermann § 126 Rn. 9; *Kopp/Schenke* § 126 Rn. 4; *R. Rudisile*, in: Schoch/Schneider/Bier § 126 Rn. 4; *M. Redeker*, in: Redeker/v. Oertzen § 126 Rn. 3.
16   *Kopp/Schenke* § 126 Rn. 4; *R. Rudisile*, in: Schoch/Schneider/Bier § 126 Rn. 4.
17   Dazu *M. Skolik*, SächsVBl. 12/2012, 297.
18   Dort gilt sie als „prozessuale Neuschöpfung": *M. Pagenkopf*, NVwZ 1982, 590; *F. J. Schumacher*, DÖV 1982, 806.
19   Zu § 33 AsylVfG vgl. BVerfG NVwZ 1994, 62, 63; BVerwGE 71, 213; vgl. *W. Molitor*, in: GK-AsylVfG § 81 Rn. 53 ff.
20   Zu § 33 AsylVfG auch insoweit BVerfG NVwZ 1994, 62, 63; BVerwGE 71, 213, 218 f.

Kassel NVwZ-RR 1994, 468), dass er Änderungen der tatsächlichen Verhältnisse nicht von sich aus vorträgt (BVerwG NVwZ 1987, 604), oder dass das OVG den Antrag auf PKH oder einen Eilantrag abgelehnt hat (VGH Kassel ZAR 1995, 39). Auch eine bloß vorsorgliche Aufforderung des Gerichts löst wegen ihrer Unzulässigkeit nicht die Rechtswirkungen des § 126 Abs. 2 aus.[21]

b) Äußere Form der gerichtlichen Aufforderung. Die Aufforderung muss als verfahrensvorbereitende 11 und -leitende Maßnahme vom Gericht an den Berufungskläger gerichtet werden. Sie muss vom Vorsitzenden, vom Berichterstatter oder vom gesamten Senat unterschrieben sein und ist wegen der Ingangsetzung eines Fristlaufs (§ 56 Abs. 1) zuzustellen (zum Zustellungserfordernis vgl. BVerwGE 71, 213).

c) Inhaltliche Anforderungen an die Aufforderung. Die Betreibensaufforderung muss hinreichend be- 12 stimmt sein und erkennen lassen, welche Mitwirkung vom Berufungskläger verlangt wird, etwa bestimmte Urkunden vorzulegen, zu bestimmten Fragen schriftsätzlich Stellung zu nehmen oder sich zu einer Änderung der tatsächlichen oder rechtlichen Verhältnisse zu äußern. Insoweit dürfen keine unverhältnismäßig hohen Anforderungen vonseiten des Gerichts gestellt werden (BVerwG DVBl 1984, 1005).

2. Entsprechende Geltung des Abs. 1 S. 2. Hinsichtlich der Einwilligung des Beklagten und ggf. des 13 Vertreters des öffentlichen Interesses zur Zurücknahme der Berufung nach Stellung der Anträge in der mündlichen Verhandlung gilt nach Abs. 2 S. 2 die Regelung des Abs. 1 S. 2 entsprechend.

3. Hinweis auf die Rechtsfolgen. Der Berufungskläger muss auf die Rechtsfolgen hingewiesen wer- 14 den, die sich für den Fall ergeben, dass er der Aufforderung nicht nachkommt und er infolge der Rücknahmefiktion des Abs. 2 i.V.m. § 155 Abs. 2 die Kosten des Berufungsverfahrens zu tragen hat. Wegen des Beginns der Drei-Monats-Frist ist an den Tag der Zustellung der Aufforderung anzuknüpfen.[22]

4. Weiterbetreiben des Verfahrens. Um das Verfahren weiterzubetreiben, muss der Berufungskläger 15 der Aufforderung des Gerichts nachkommen und die ihm aufgegebenen Handlungen vornehmen. Nicht ausreichend ist die Vornahme von Handlungen, die zur Erfüllung der prozessualen Mitwirkungspflichten von nur untergeordneter Bedeutung sind (BVerwG NVwZ 1987, 605, 606). Vielmehr muss der Berufungskläger die Essentialia der ihm gegenüber konkretisierten „Betreiberlasten" erfüllen, namentlich durch eine Substantiierung seines Klagebegehrens. Sofern ihm dies nicht möglich ist, hat er die Gründe seines Unvermögens plausibel darzulegen (BVerfG NVwZ 1985, 33; 1994, 62, 63; BVerwGE 71, 213), ggf. die Vornahme einer anderen, annähernd gleichwertigen Handlung anzubieten.[23]

Die Frist für die Erfüllung dieser Obliegenheiten beträgt drei Monate. Sie kann nicht verlängert wer- 16 den, weil es sich um eine gesetzliche Frist handelt, § 57 i.V.m. § 224 Abs. 2 ZPO (BVerwG NJW 1986, 207.). Nach der Rspr. des BVerwG zu § 33 AsylVfG a.F. handelt es sich dabei um eine uneigentliche gesetzliche Frist, bei der eine Wiedereinsetzung nicht schon bei unverschuldeter Säumnis, sondern nur bei höherer Gewalt zulässig sein soll (BVerwG NJW 1986, 207). Das dieser Rspr. zum AsylVfG zugrunde liegende Ziel, bei Zweifeln über das Fortbestehen des Rechtsschutzinteresses ein Verfahren so schnell wie möglich abzuschließen, gilt für die in Abs. 2 vorgesehene Rücknahmefiktion in gleicher Weise. Indessen steht diesem Fristverständnis § 60 Abs. 1 entgegen, der eine Wiedereinsetzung bei fehlendem Verschulden für jede gesetzliche Frist vorsieht.[24]

IV. Wirkungen (Abs. 3)

1. Wirkungen der Rücknahme (Abs. 1) und der Fiktion (Abs. 2). Nach Abs. 3 S. 1 ist die Berufung 17 mit der Rücknahme ex tunc als nicht eingelegt anzusehen. Die Rücknahme beendet mithin das Verfahren, sofern keine weiteren Berufungen eingelegt worden sind. Im Fall einer Rücknahme nach Abs. 1 trifft das Gericht die Feststellung, dass die Berufung zurückgenommen wurde. Bei Fiktion der Berufungsrücknahme stellt das Gericht nach Abs. 2 S. 4 durch Beschluss fest, dass die Berufung als zurück-

---

21 *R. Rudisile*, in: Schoch/Schneider/Bier § 126 Rn. 13.
22 *R. Rudisile*, in: Schoch/Schneider/Bier § 126 Rn. 18, 21.
23 *R. Rudisile*, in: Schoch/Schneider/Bier § 126 Rn. 20.
24 *R. Rudisile*, in: Schoch/Schneider/Bier § 126 Rn. 22.

genommen gilt. Da die Rechtswirkungen bei der fingierten Berufungsrücknahme ebenso unmittelbar eintreten wie bei der Rücknahme durch Prozesshandlung, ist der Beschluss hier wie dort rein deklaratorischer Natur.[25] Das OVG entscheidet von Amts wegen auch über die Kosten (Abs. 3 S. 2 i.V.m. § 155 Abs. 2).[26] Die Beendigung des Berufungsverfahrens wird auch bei Zurücknahme nach Abs. 1 durch Beschluss entsprechend § 173 S. 1 i.V.m. 515 Abs. 3 ZPO festgestellt.[27] Ist jedoch die Zurücknahme der Berufung deshalb streitig, weil der Berufungsbeklagte die Einwilligung in die Zurücknahme verweigert hat, so hat das Berufungsgericht darüber durch Urteil zu entscheiden (BVerwG 24.1.1989 – 8 B 123/88). Wird die Berufung nach Erlass des Berufungsurteils zurückgenommen, enthält der Beschluss die Feststellung, dass das Urteil unwirksam ist. Gegen die Entscheidung des OVG ist gem. § 152 Abs. 1 keine Beschwerde gegeben, auch nicht hinsichtlich der Feststellung des Verlustes der Berufung.

18   **2. Streit über die Wirksamkeit der Rücknahme.** Bei einem Streit über die Wirksamkeit der Rücknahme der Berufung oder über das Vorliegen der gesetzlichen Voraussetzungen der Rücknahmefiktion ist das Verfahren zu dessen Klärung vor dem Berufungsgericht fortzusetzen[28] und über die Beendigung des Verfahrens durch (Prozess)Urteil oder – im Fall einer für wirksam erachteten Rücknahme – gem. § 130 a analog[29] durch Beschluss zu entscheiden.

19   **3. Erneute Rechtsmitteleinlegung.** Abs. 3 hindert nicht die erneute Einlegung einer (neuen) Berufung. Im Unterschied zum Rechtsmittelverzicht kann eine neue Berufung eingelegt werden, soweit dies nach den allgemeinen Vorschriften über die Berufung zulässig ist.[30] Hierfür darf aber insbes. die Antragsfrist des § 124 a Abs. 4 S. 1 noch nicht abgelaufen sein. Nach Verstreichen der Antragsfrist ist nur noch eine unselbständige Anschlussberufung möglich.[31]

§ 127 [Anschlussberufung]

(1) ¹Der Berufungsbeklagte und die anderen Beteiligten können sich der Berufung anschließen. ²Die Anschlussberufung ist bei dem Oberverwaltungsgericht einzulegen.

(2) ¹Die Anschließung ist auch statthaft, wenn der Beteiligte auf die Berufung verzichtet hat oder die Frist für die Berufung oder den Antrag auf Zulassung der Berufung verstrichen ist. ²Sie ist zulässig bis zum Ablauf eines Monats nach der Zustellung der Berufungsbegründungsschrift.

(3) ¹Die Anschlussberufung muss in der Anschlussschrift begründet werden. ²§ 124 a Abs. 3 Satz 2, 4 und 5 gilt entsprechend.

(4) Die Anschlussberufung bedarf keiner Zulassung.

(5) Die Anschließung verliert ihre Wirkung, wenn die Berufung zurückgenommen oder als unzulässig verworfen wird.

Schrifttum

F. *Baur*, Ist die Anschlußberufung ein Rechtsmittel?, in: FS Fragistas, 1966, 359; H. *Fenn*, Anschlußberufung, Beschwer und unbezifferter Klageantrag, ZZP 89 (1976), 121; H. *Geiger*, Der Abschied von der Gesetzgebungskunst – Am Beispiel des Rechtsmittelbereinigungsgesetzes im Verwaltungsprozess, NJW 2002, 1248; P. *Gilles*, Grundprobleme des zivilprozessualen Anschließungsrechts, ZZP 92 (1979), 152; B. *Heiderhoff*, Zur Abschaffung der Anschlussberufung, NJW 2002, 1402; U. *Kahler*, Das Schicksal der Anschlußberufung gem. § 127 VwGO im Falle der übereinstimmenden Erklärung der Erledigung der Hauptberufung, NVwZ 1985, 403; B. *Kienemund*, Das Gesetz zur Bereinigung des Rechtsmittelrechts im Verwaltungsprozess, NJW 2002, 1231; W. *Kuhla*/J. *Hüttenbrink*, Neuregelungen in der VwGO durch das Gesetz zur Bereinigung des Rechtsmittelrechts im Verwaltungsprozess (RmBereinVPG), DVBl 2002, 85; E. v. *Olshausen*, Wer zu spät kommt, den belohnt die neue ZPO – jedenfalls manchmal,

---

25 Eingehend R. *Rudisile*, in: Schoch/Schneider/Bier § 126 Rn. 27 f.
26 Bei Zurücknahme der Hauptberufung trägt der Hauptberufungsführer grds. auch die Kosten einer unselbständigen Anschlussberufung, VGH München BayVBl 1994, 60.
27 R. *Rudisile*, in: Schoch/Schneider/Bier § 126 Rn. 26.
28 BVerwG NJW 1997, 2898; *Kopp/Schenke* § 126 Rn. 9 m.w.N.
29 BVerwG NVwZ-RR 1994, 362; NJW 1997, 2898; OVG Münster DÖV 1982, 373; *Kopp/Schenke* § 126 Rn. 9; R. *Rudisile*, in: Schoch/Schneider/Bier § 126 Rn. 31; a.A. BGHZ 46, 112.
30 H.M. in der VwGO: VGH Kassel 22.9.1992 – 11 UE 1125/89; statt vieler *Kopp/Schenke* § 126 Rn. 2; R. *Rudisile*, in: Schoch/Schneider/Bier § 126 Rn. 25 mit Fn. 96.
31 *Kopp/Schenke* § 126 Rn. 2.

NJW 2002, 802; *B. Rimmelspacher*, Metamorphosen eines Rechtsmittels – Zur Umdeutung und Abgrenzung von Berufung, selbständiger und unselbständiger Anschlußberufung –, JR 1988, 93; *J. Schmidt*, Nochmals: Das Schicksal der Anschlußberufung gem. § 127 VwGO im Falle der übereinstimmenden Erklärung der Erledigung der Hauptberufung, NVwZ 1985, 888; *M. Siems*, Die selbstständige Anschlussberufung im Verwaltungsprozess, NVwZ 2000, 160.

I. Allgemeines und Bedeutung der Anschlussberufung

Der durch das 6. VwGOÄndG geschaffenen Rechtslage wurde § 127 durch das RmBereinVpG 1 (BGBl 2001 I 3987; vgl. BT-Drs. 14/ 6393, 13 f.) angepasst und somit der neuen (ZPO-RG, BGBl I 2001, 1887) zivilprozessualen Vorschrift zur Anschlussberufung (§ 524 ZPO) angeglichen. Die Vorschrift wurde insoweit modifiziert, dass die in § 127 a.F. enthaltene Differenzierung zwischen selbständiger und unselbständiger Anschlussberufung aufgegeben wurde (§ 127 Abs. 5 n.F.). § 127 regelt nunmehr nur noch die unselbständige Anschlussberufung.[1]

Sofern das Urteil mehrere Beteiligte beschwert, kann jeder von ihnen unabhängig voneinander die 2 Überprüfung des Urteils in einem Berufungsverfahren nach Maßgabe der §§ 124 ff. anstreben. Stattdessen ist es dem Berufungsbeklagten und den anderen Beteiligten aber auch möglich, sich der vom Gegner eingelegten Berufung anzuschließen (→ Vorbem. § 124 Rn. 23). Dieses Recht besteht nach Abs. 2 selbst dann, wenn sie auf die Berufung – nicht aber auf die Anschlussberufung – verzichtet haben.[2] Zum einen bezweckt das Anschließungsrecht eine Waffengleichheit zwischen den Beteiligten des Berufungsverfahrens, indem sie dem Berufungsbeklagten erlaubt, eine eigene Berufung auch dann noch einzulegen, wenn die Hauptberufung erst kurz vor Ablauf der hierfür vorgesehenen Frist eingelegt wird.[3] Diesem Grundsatz der Billigkeit entspricht es, dass das OVG dann auch zum Nachteil des Berufungsklägers entscheiden kann, das Verbot der reformatio in peius also nicht gilt.[4] Zum anderen dient die Anschlussberufung der Prozessökonomie, da sie das eigene Vorgehen von dem des Gegners abhängig macht und daher nicht zur vorsorglichen Einlegung von Rechtsmitteln zwingt.[5]

II. Die unselbständige Anschlussberufung

Das Schicksal der Anschließung ist nach Abs. 5 von der Berufung abhängig, da sie ihre Wirkung verliert, wenn die Berufung zurückgenommen oder als unzulässig verworfen wird. Diese *Akzessorietät* 3 wird dadurch gerechtfertigt, dass dem Berufungsbeklagten von dem Augenblick an, in dem er keine Abänderung des erstinstanzlichen Urteils zu seinem Nachteil befürchten muss, zugemutet werden kann, sich auch seinerseits mit dem Urteil abzufinden. Seine grundsätzliche Bereitschaft dazu hat er dadurch bewiesen, dass er keine selbständige Berufung eingelegt hat.[6]

III. Zulässigkeit

Eine als „herrschend" geltende Ansicht negiert den Rechtsmittelcharakter der Anschlussberufung.[7] 4 Für die Anschlussberufung bedarf es keiner Beschwer (1) und keiner Zulassung nach § 124[8] (2). Die Einlegung muss innerhalb der Frist in Abs. 2 S. 2 erfolgen (3), und es bedarf einer Begründung der Anschlussschrift nach § 124a Abs. 3 S. 2, 4 und 5 (4).

(1) Weder eine Beschwer des Anschlussberufungsklägers[9] noch das Erreichen einer gesetzlich festgelegten Berufungssumme (VGH Mannheim VBlBW 1996, 374, 375) sind Zulässigkeitsvoraussetzung. Aus

---

1 Zum RmBereinVpG und § 127: *B. Heiderhoff*, NJW 2002, 1402; *B. Kienemund*, NJW 2002, 1231; *E. v. Ohlshausen*, NJW 2002, 802.
2 OLG Hamm FamRZ 1983, 823; Baumbach/Lauterbach/Albers/Hartmann § 524 Rn. 15; *J. Meyer-Ladewig*, SGG § 143 Rn. 5; abw. OLG Köln FamRZ 1983, 824.
3 BGHZ 89, 114; BGH NJW 1984, 1240; *U. Kahler*, NVwZ 1985, 403.
4 *R. Rudisile*, in: Schoch/Schneider/Bier § 127 Rn. 4.
5 *Rosenberg/Schwab/Gottwald* § 136 I 2.
6 *Ch. Althammer*, in: Stein/Jonas § 522 Rn. 2.
7 BGHZ 85, 371, 376 f.; *M. Happ*, in: Eyermann § 127 Rn. 3; *R. Rudisile*, in: Schoch/Schneider/Bier Vorbem. § 124 Rn. 6; a.A. *F. Baur*, FS Fragistas, 1966, 359; im Ansatz *Ch. Althammer*, in: Stein/Jonas § 522 Rn. 3; *Kopp/Schenke* § 127 Rn. 2–3 hinsichtlich der selbständigen Anschlussberufung; *Rosenberg/Schwab/Gottwald* § 136 I 3.
8 BVerwGE 9, 143 zu § 131 a.F.; *R. Rudisile*, in: Schoch/Schneider/Bier § 127 Rn. 6 a; *M. Redeker*, in: Redeker/v. Oertzen
9 BVerwG NVwZ 1996, 803; RGZ 156, 242; BGHZ 4, 229, 234; VGH Kassel ESVGH 21, 201; *Rosenberg/Schwab/Gottwald* § 136 II 3; a.A. *Ch. Althammer*, in: Stein/Jonas § 522 Rn. 6.

dem Verzicht auf eine Beschwer folgt, dass eine *Anschlussberufung* auch zum ausschließlichen Zweck der Erweiterung des Klageantrags (KG VersR 1969, 190) und zur Erhebung einer Widerklage[10] zulässig ist. (2) Die Anschlussberufung ist nicht zulassungsbedürftig (Abs. 4). Sie ist jedoch nur i.R. der zugelassenen Berufung zulässig, da sonst die Vorschriften über die Zulassung der Berufung unterlaufen würden.[11] (3) Die Anschlussberufung ist auch noch möglich, wenn der Beteiligte auf die Berufung verzichtet hat oder die Frist für eine Berufung oder den Antrag auf Zulassung verstrichen ist (Abs. 2 S. 1). Nach Abs. 2 S. 2 ist sie bis zum Ablauf eines Monats nach Zustellung der Berufungsbegründungsschrift einzulegen. (4) Die Anschlussberufung muss in der Anschlussschrift entsprechend § 124 a Abs. 3 S. 2, 4 und 5 erfolgen. Eine Verlängerung der Begründungsfrist ist nicht möglich.[12]

5   **1. Gegenstand der Anschlussberufung.** Die Anschlussberufung ist der in einem bereits eröffneten und noch nicht beendeten Berufungsverfahren gestellte Antrag, das angefochtene Urteil auch *zugunsten* des Berufungsbeklagten – entgegen dem Ziel der Hauptberufung – zu ändern.[13] Sie muss wie jede Berufung auf Abänderung der Entscheidung, also des der Rechtskraft unterliegenden Ausspruchs des Gerichts, gerichtet sein. Allein wegen der Urteilsgründe ist eine Anschließung nach h.M. unzulässig.[14] Indessen kann hiermit abweichend von § 158 Abs. 1 nach überwiegender Ansicht eine Änderung der Kostenentscheidung angestrebt werden.[15]

6   Mit der Neuordnung des Rechts der Anschlussberufung durch Art. 1 Nr. 16 RmBereinVpG vom 20.12.2001 (BGBl I, 3987) ist die Anschlussberufung ohne Zulassung statthaft und nicht mehr an den Rahmen der zugelassenen Berufung gebunden (so noch BVerwG NVwZ-RR 1997, 253).[16] Die Anschlussberufung muss auch nicht denselben Streitgegenstand betreffen wie die Hauptberufung (BVerwGE 125, 44 = NVwZ 2006, 838 L = BeckRS 2006, 22767). Betrifft die Anschlussberufung andere prozessuale Ansprüche, muss nach §§ 44, 89 Abs. 1 S. 1 ein sachlicher Zusammenhang rechtlicher oder wirtschaftlicher Art (BGH NJW 2008, 920, 922) mit der Berufung bestehen (BVerwGE 125, 44, 47).[17]
Die Anschlussberufung ist allein für die Geltendmachung von Ansprüchen zulässig, die sich gegen den Berufungskläger[18] oder einen notwendigen Streitgenossen des Berufungsklägers richten.[19] Daher kann in dem Fall, in dem zwei Nachbarn, die als einfache Streitgenossen eine dem beigeladenen Bauherrn erteilte Baugenehmigung anfechten, der eine obsiegt und der andere unterliegt, sich der unterlegene Nachbar der Berufung des beigeladenen Bauherrn, die sich gegen den obsiegenden Nachbarn richtet, nicht im Wege der unselbständigen Anschlussberufung anschließen (BVerwG NVwZ-RR 1998, 457).

7   **2. Beteiligte der Anschlussberufung.** Für die aufseiten des Berufungsklägers stehende Partei ist eine Anschlussberufung nicht zulässig (OVG Lüneburg NJW 1986, 422). Der Vertreter des öffentlichen Interesses kann indes entsprechend seiner Rechtsstellung – selbst wenn er zugleich den Staat vertritt (BVerwGE 7, 226 ff.; VGH München BayVBl 1979, 274) – auch zur Unterstützung des Berufungsklägers Anschlussberufung einlegen. Die Anschlussberufung des Vertreters des öffentlichen Interesses ist selbst dann zulässig, wenn dieser nicht über die Anträge des Berufungsklägers der Hauptberufung hinausgeht (BVerwGE 9, 143 ff.; VGH München BayVBl 1978, 119 f.). Der Vertreter des öffentlichen Interesses muss allerdings eine anderslautende Entscheidung in der Form anstreben, dass einer Prozesspartei die Beschwer ganz oder teilweise genommen wird (BVerwG DÖV 1977, 784).

8   **3. Form und Auslegung.** Ob eine Anschlussberufung eingelegt werden sollte, muss durch Auslegung ermittelt werden. Es reicht aus, wenn um eine über die bloße Verteidigung gegen die Berufung hinaus-

---

10 RGZ 156, 242; BGHZ 4, 229, 234 mit Fn. 12; *Rosenberg/Schwab/Gottwald* § 136 II 3.
11 BVerwG BayVBl 1981, 374 (jedoch zur Anschlussrevision); BVerwG 18.3.1996 – 9 C 64/95; NVwZ-RR 1997, 254; *Kopp/Schenke* § 127 Rn. 9.
12 *Th. Stuhlfauth*, in: Bader § 127 Rn. 24; *Kopp/Schenke* § 127 Rn. 18; vgl. auch BT-Drs. 14/7474, 16.
13 BGH NJW-RR 1989, 441; *Rosenberg/Schwab/Gottwald* § 136 I 1.
14 BGH NJW 1958, 868; BGHZ 95, 313; a.A. *Ch. Althammer*, in: Stein/Jonas § 522 Rn. 4 sowie Vorbem. § 511 Rn. 95 ff.
15 BGH NJW 1981, 2360; BGHZ 17, 393, 397; VGH Mannheim VBlBW 1983, 242, 244; *M. Happ*, in: Eyermann § 127 Rn. 9; *P. Gilles*, ZZP 92 (1979), 152, 159; *H.-J. Heßler*, in: Zöller § 524 Rn. 23.
16 BVerwG 1.3.2012 – 10 C 5/11 = NVwZ 2012, 1045 (1046).
17 *W. Roth*, in: Posser/Wolff § 127 Rn. 9.
18 BVerwG NJW 1985, 393; NVwZ-RR 1990, 379, 380; 1998, 457; VGH Mannheim NVwZ 1999, 442.
19 VGH Mannheim VBlBW 1991, 472; *R. Rudisile*, in: Schoch/Schneider/Bier § 127 Rn. 5.

gehende Entscheidung des OVG nachgesucht wird, ohne dass dies als die Einlegung einer selbständigen Berufung gemeint ist (BVerwG NVwZ-RR 1995, 58; BGH NJW-RR 1991, 510; HmbOVG NVwZ-RR 1999, 145). Von einer Anschlussberufung ist auszugehen, wenn die Berufung nicht fristgerecht oder von einem Beteiligten eingelegt wird, der nicht beschwert ist oder auf eine Berufung verzichtet hat. Auch unter der neuen Fassung ist eine Umdeutung von einer unzulässigen unselbständigen Berufung in eine Anschlussberufung möglich, solange die umzudeutende unzulässige Berufung innerhalb der Frist des § 127 Abs. 2 S. 2 beim OVG eingeht.[20] Eine einen anderen Streitgegenstand betreffende Anschlussberufung ist als selbständige Berufung zu beurteilen (VGH Mannheim VBlBW 1991, 472 f.; RSpDienst 1996, Beilage 10, B 2-3), sofern die Berufungsfrist noch nicht abgelaufen ist (hierzu OVG Münster OVGE MüLü 33, 158, 159). Haben Kläger und Beklagter Berufung eingelegt und ist die Berufung des Klägers unzulässig, kann sie als Anschlussberufung an die Berufung des Beklagten anzusehen sein (BSG NJW 1970, 1814).

Die Form der Anschlussberufung bestimmt sich entsprechend § 124a Abs. 3 S. 2, 4 und 5. Danach gilt, dass die Anschlussberufung schriftlich beim OVG einzureichen ist.[21] Bei einer vom Vertreter des öffentlichen Interesses einzulegenden Anschlussberufung ist immer nur der Vertreter des öffentlichen Interesses beim OVG (VGH) zuständig. **9**

4. Bedingte Anschlussberufung. Die Anschlussberufung kann im Gegensatz zur regulären Berufung **10** auch bedingt eingelegt werden; sie kann auch von einer anderen prozessualen Voraussetzung abhängig gemacht werden, namentlich von dem Umstand, dass das Gericht eine bestimmte Rechtsfrage, auf der die Sachentscheidung unmittelbar beruht, verneint.[22] Unzulässig ist es hingegen, dass der Kläger die Anschlussberufung von der Abweisung des Klageanspruchs eines nicht notwendigen Streitgenossen abhängig macht (BGH NJW-RR 1989, 1099).

IV. Unwirksamwerden (Abs. 5)

Gem. § 127 Abs. 5 wird die Anschlussberufung unwirksam, wenn die Berufung zurückgenommen **11** oder als unzulässig verworfen wird. Gleiches gilt für die Erledigung der Hauptsache durch einvernehmliche Erklärung.[23] Die Rechtslage rechtfertigt keine Unterscheidung zur Berufungsrücknahme oder zum Vergleich. In diesen Fällen ist nur noch eine Kostenentscheidung zu fällen. Die Unwirksamkeit der Anschlussberufung wird in den abschließenden Entscheidungen deklaratorisch festgehalten.[24]

V. Entscheidung

Die Entscheidung über Berufung und Anschlussberufung erfolgt in einem einheitlichen Verfahren und **12** in *einem* Urteil. Es ist keinesfalls zulässig, vorweg durch ein Teilurteil oder einen Beschluss über die Anschlussberufung getrennt zu entscheiden.[25] Sofern die Anschlussberufung unwirksam geworden ist, ist dies vom OVG in der Entscheidung über die Berufung festzuhalten. Die Anschlussberufung muss als unzulässig verworfen werden, wenn die Hauptberufung weggefallen ist. Wird sie entgegen § 127 Abs. 5 ausdrücklich aufrechterhalten, ist sie zu verwerfen.[26] Etwas anderes gilt, wenn in Wirklichkeit keine Anschlussberufung, sondern eine selbständige Berufung eingelegt worden ist. In dieser Konstellation stellt der Ausspruch über die „Wirkungslosigkeit der Anschlussberufung" in Wahrheit eine unzulässige Verwerfung der Berufung dar, die im Wege einer Nichtzulassungsbeschwerde nach § 544 ZPO angegriffen werden kann.[27]

20 BGHZ 100, 383; BGH FamRZ 1987, 154; *Fenn*, ZZP 89 (1976), 121, 130; m.w. Begr. *Kopp/Schenke* § 127 Rn. 17; *R. Rudisile*, in: Schoch/Schneider/Bier § 127 Rn. 10; *B. Rimmelspacher*, JR 1988, 93.
21 Vgl. *Kopp/Schenke* § 127 Rn. 15; *R. Rudisile*, in: Schoch/Schneider/Bier § 127 Rn. 9.
22 BGH NJW 1984, 1240; VGH Mannheim VBlBW 1994, 449, 453; *Kopp/Schenke* § 127 Rn. 17; *R. Rudisile*, in: Schoch/Schneider/Bier § 127 Rn. 11.
23 OLG München MDR 1984, 320; *M. Happ*, in: Eyermann § 127 Rn. 23; *Kopp/Schenke* § 127 Rn. 20; *Schmidt*, NVwZ 1985, 888; a.A. BGH NJW 1986, 852; *U. Kahler*, NVwZ 1985, 403.
24 BVerwG NVwZ 2009, 666, 668.
25 BAG NJW 1975, 1248; BGHZ 20, 311; BGH NJW 1994, 2235; *R. Rudisile*, in: Schoch/Schneider/Bier § 127 Rn. 13.
26 BGH NJW 1987, 3263; BVerwG NVwZ 2009, 666, 668; *Th. Stuhlfauth*, in: Bader § 127 Rn. 30.
27 BGH NJW 2011, 1455 (1456).

VI. Kosten

13   Bei Zurücknahme der Hauptberufung trägt die Kosten einer unselbständigen Anschlussberufung grds. der Hauptberufungsführer.[28] Dasselbe gilt für den Fall, dass das Rechtsmittel aufgrund des prozessualen Verhaltens des Rechtsmittelführers unzulässig wird (BVerwGE 72, 165, 169 [hier jedoch bezogen auf die Revision]). Willigt der Anschlussberufungskläger in die Zurücknahme der Berufung ein oder wusste er von der Unzulässigkeit der Anschlussberufung oder der Berufung, so trägt er jedoch die Kosten der Anschlussberufung.[29]

§ 128 [Umfang der Nachprüfung]

[1]Das Oberverwaltungsgericht prüft den Streitfall innerhalb des Berufungsantrags im gleichen Umfang wie das Verwaltungsgericht. [2]Es berücksichtigt auch neu vorgebrachte Tatsachen und Beweismittel.

Schrifttum

E. *Bötticher*, Reformatio in peius und Prozeßurteil, ZZP 65 (1952), 464; W. *Grunsky*, Beschränkungen bei der Einlegung eines Rechtsmittels und bei der Aufhebung eines Urteils, ZZP 84 (1971), 129; D. *Jesch*, Entscheidung des Rechtsmittelgerichts im Verwaltungsprozeß und reformatio in peius, DÖV 1955, 391; F. *Mattern*, Miterledigung von vorinstanzlichen Prozeßrechten, JZ 1960, 385; E. *Schneider*, Die Pflicht des Berufungsgerichts zur erneuten Zeugenvernehmung, NJW 1974, 841.

I. Normzweck

1   Die Vorschrift, die seit dem Inkrafttreten der VwGO unverändert geblieben ist, umschreibt den Sinn des Berufungsverfahrens. Danach ist das OVG eine zweite Tatsacheninstanz. Es prüft den Streitstoff grds. umfassend neu. Diese Nachprüfung wird allerdings durch die Berufungsanträge beschränkt. § 128 ist auch auf Streitigkeiten nach dem AsylVfG anwendbar (§ 79 Abs. 1 AsylVfG). § 128 S. 2 gilt dort uneingeschränkt, weil § 74 Abs. 4 S. 4 AsylVfG ebenfalls das Vorbringen neuer Tatsachen und Beweismittel grds. zulässt.[1]

II. Prüfung „im gleichen Umfang"

2   Grds. prüft das OVG den Streitfall in tatsächlicher und rechtlicher Hinsicht im gleichen Umfang wie das VG.[2] Damit umschreibt die Vorschrift den Devolutiveffekt der Berufung.[3] Sie macht zugleich deutlich, dass es sich bei dem Verfahren vor dem VG und bei der (zulässigen) Berufung vor dem OVG (zur Zulassungsberufung eingehend → § 124 Rn. 25 ff.) grds. um eine Einheit handelt[4].[5] Insofern stellt das Berufungsverfahren nicht nur eine Erneuerung und Wiederholung des Verfahrens in erster Instanz vor einem anderen Richter, sondern auch dessen Fortsetzung dar.[6]

3   Der Umfang der Prüfung wird durch den Urteilsausspruch des VG bestimmt;[7] das OVG darf hierüber nicht hinausgehen, selbst wenn nach seiner Auffassung das Vordergericht von einem anderen, insbes. weitergehenden Streitgegenstand hätte ausgehen müssen (BVerwG NVwZ 2001, 200).

4   Auch darf das OVG den noch in der ersten Instanz anhängigen „Rest" nicht in die zweite Instanz „heraufholen", wenn das VG nur über einen Teil des Streitgegenstandes oder nur über einen von mehreren Streitgegenständen durch Teilurteil i.S.d. § 110 entschieden hat.[8] Das gilt selbst dann, wenn die Beteiligten damit einverstanden sind (a.A. BGH NJW 1986, 2108). Denn die Sache fällt beim Rechtsmittelgericht eben ohne diese „Reste" an. Darüber hinwegzusehen, würde dem Zulassungserfordernis

---

28   OVG Münster MDR 1962, 767; VGH München BayVBl 1994, 60; zur Kostenfolge bei unzulässiger Anschlussberufung: OVG Münster OVGE MüLü 18, 204, 206.
29   BVerwGE 26, 297, 301; OVG Münster DÖV 1953, 705; VerwRspr 13 (1961), 1023; M. *Redeker*, in: Redeker/v. Oertzen § 127 Rn. 9.
1   Ebenso *Th. Stuhlfauth*, in: Bader[6] § 128 Rn. 1; a.A. M. *Happ*, in: Eyermann[14] § 128 Vorbem. Rn. 1.
2   BVerwG 28.7.2011 – 2 C 16.10, NVwZ-RR 2012, 356, Rn. 13.
3   M. *Happ*, in: Eyermann[14] § 128 Rn. 1.
4   R. *Rudisile*, in: Schoch/Schneider/Bier[31] § 128 Rn. 3.
5   Ähnl. auch VG Augsburg 29.1.2013 – Au 2 V 12.530, BeckRS 2013, 47425, Rn. 9.
6   M. *Happ*, in: Eyermann[14] § 128 Rn. 1.
7   *Th. Stuhlfauth*, in: Bader § 128 Rn. 2.
8   OVG Mannheim NJW 1971, 109; dazu eingehend M. *Happ*, in: Eyermann § 128 Rn. 6; *Kopp/Schenke* § 128 Rn. 1.

widersprechen.[9] Hat das VG allerdings das Klagebegehren fehlerhaft zu eng ausgelegt und deshalb unter Verstoß gegen § 88 über das Klagebegehren nicht vollständig entschieden, so kann dies im Berufungsverfahren geheilt werden. Das OVG hat dann – wenn es nicht nach § 130 Abs. 2 zurückverweist – gemäß der zutreffenden Auslegung des Klagebegehrens zu entscheiden, also über den vollständigen Antrag.[10]

Auch wenn das OVG die Überzeugung gewinnt, dass das erstinstanzliche Urteil an Mängeln leidet, 5 muss es prüfen, ob das Urteil nicht i.E. doch bestehen bleiben muss, wenn auch aus anderen Gründen.[11] Dies gilt allerdings nicht, wenn das OVG einen erheblichen Verfahrensmangel feststellt[12] und dieser ursächlich für die Entscheidung des VG ist (OVG Münster NVwZ-RR 1997, 759). In einem solchen Fall kann das OVG nach § 130 Abs. 2 Nr. 1 die Sache an das VG zurückverweisen. Ob es das tut oder eine eigene Sachentscheidung trifft, steht im Ermessen des OVG.[13]

Die Gründe, deretwegen die Berufung zugelassen wurde, beschränken die Prüfungsbefugnis des OVG 6 nicht,[14] ebenso wenig die Berufungsbegründung nach § 124 a Abs. 3.[15] I.R. einer zulässigen Berufung kann der Kläger seine Klage ändern (§ 91) und erweitern, der Beklagte kann Widerklage erheben (§ 89).

Wohl aber schränkt der Zulassungsantrag den Prüfungsumfang ein: Wird die Zulassung nur hinsichtlich eines Teiles des erstinstanzlichen Urteils beantragt, so wird die Rechtskraft im Übrigen nicht gehemmt; das Urteil des VG wird also teilrechtskräftig. Dies folgt aus § 124 a Abs. 4 S. 6. Das gilt auch, wenn das OVG die Zulassung teilweise ablehnt. Daraus folgt, dass der Rechtsstreit beim OVG lediglich insoweit anfällt, als die Zulassung beantragt und ausgesprochen wurde. Darüber hinaus ist das Verfahren unanfechtbar abgeschlossen.[16]

Bei der Ermittlung des Sachverhalts ist das Berufungsgericht nicht an die Feststellungen des VG gebunden. Es kann aber auf dessen Erkenntnissen aufbauen. Sie werden in das Berufungsverfahren eingeführt.[17] Dies folgt bereits daraus, dass es sich beim Berufungsverfahren um eine Fortsetzung eines einheitlichen Verfahrens handelt. Allerdings gilt dem Grunde nach auch für das OVG die Untersuchungsmaxime: Es muss den Sachverhalt von Amts wegen ermitteln.[18]

Insbes. kann das Berufungsgericht die Ergebnisse der erstinstanzlichen Beweisaufnahme übernehmen. 9 Erstinstanzliche Beweishandlungen bleiben daher wirksam;[19] Zeugenaussagen bleiben Zeugenbeweis und werden nicht durch bloße Übernahme in die zweite Instanz zum Urkundenbeweis (BAG DB 1967, 868). Allerdings können die Prozessbeteiligten die Verwertung von erstinstanzlichem Prozessstoff – also auch das Ergebnis der Beweisaufnahme – dadurch ausschließen, dass sie Tatsachen nicht mehr oder aber in veränderter Weise vortragen. Dabei ist allerdings § 128 a zu berücksichtigen.[20] Ob es die Beweisaufnahme wiederholt oder ihre Resultate schlicht übernimmt, steht grds. im Ermessen des OVG.[21] Wenn es allerdings Zweifel an der zutreffenden Beweiswürdigung des VG hat, kann eine Wiederholung der Beweisaufnahme notwendig sein. Das Ermessen wird dabei auf Null reduziert, wenn das OVG eine Zeugenaussage anders würdigt oder auch anders versteht. Auch die Glaubwürdigkeit eines Zeugen kann das Berufungsgericht nur dann anders beurteilen als das VG, wenn es sich in einer erneuten Vernehmung einen eigenen Eindruck verschafft hat. Andernfalls wäre das Gebot der Unmittelbarkeit der Beweisaufnahme verletzt.[22] Die Glaubwürdigkeit eines Zeugen darf das OVG nur dann ohne nochmalige Vernehmung bejahen oder verneinen, wenn diese Beurteilung in gleichartigen Erwägungen der Vorinstanz eine Stütze findet. Auch wenn im Urteil erster Instanz die Aussage gar nicht gewürdigt wurde, weil das VG ihm keine entscheidungserhebliche Bedeutung beigemessen hat, muss

9 So überzeugend *Th. Stuhlfauth*, in: Bader § 128 Rn. 8.
10 Ebenso *M. Happ*, in: Eyermann § 128 Rn. 7.
11 BGH NJW 1986, 2707; NJW-RR 1990, 480; NJW 1993, 538; *Kopp/Schenke* § 128 Rn. 3.
12 Dazu *Th. Stuhlfauth*, in: Bader § 130 Rn. 4.
13 *Th. Stuhlfauth*, in: Bader § 130 Rn. 11.
14 BVerwG DVBl 1997, 907; *Th. Stuhlfauth*, in: Bader § 128 Rn. 4; *Kopp/Schenke* § 128 Rn. 1.
15 *M. Happ*, in: Eyermann § 128 Rn. 2.
16 Ebenso *Th. Stuhlfauth*, in: Bader § 128 Rn. 3.
17 *M. Happ*, in: Eyermann § 128 Rn. 3; *Kopp/Schenke* § 128 Rn. 2; *R. Rudisile*, in: Schoch/Schneider/Bier § 128 Rn. 4.
18 *R. Rudisile*, in: Schoch/Schneider/Bier § 128 Rn. 4.
19 *Baumbach/Lauterbach/Albers/Hartmann* § 528 Rn. 10.
20 *M. Happ*, in: Eyermann § 128 Rn. 3.
21 *R. Rudisile*, in: Schoch/Schneider/Bier § 128 Rn. 4.
22 BAG DB 1990, 332; BGH NJW 1987, 3205; *Kopp/Schenke* § 128 Rn. 2.

das OVG die Vernehmung wiederholen, wenn es selbst diese Aussage doch für relevant hält[23] oder wenn dem Vordergericht bei der Beweiserhebung ein Verfahrensfehler unterlaufen ist.[24] Entsprechendes gilt für den Augenscheinsbeweis.[25]

III. Einschränkungen

10 Das OVG prüft den Streitfall nur „innerhalb des Berufungsantrags". Allein das, was die Beteiligten beantragen, kann deshalb Gegenstand des Berufungsverfahrens werden. Dies ergibt sich schon aus der Dispositionsbefugnis der Prozessbeteiligten und wird in § 129 noch einmal klargestellt (vgl. deshalb eingehend die Ausführungen zu § 129). Für das erstinstanzliche Verfahren findet dieser Grundsatz eine Parallele in § 88. Aus der Vorschrift ergibt sich ein Verbot der reformatio in peius[26] sowie der reformatio in melius (→ § 129 Rn. 1).[27] Eine Beschränkung der Anträge ist grds. keine teilweise Berufungsrücknahme, jedenfalls dann nicht, wenn die Berufungsschrift keinen Antrag enthält; ihre Erweiterung ist kein neuer Anspruch. Denn entscheidend ist, welche Anträge die Beteiligten in der mündlichen Verhandlung stellen.[28] Die äußerste Grenze eines zulässigen Berufungsantrags ist der Klageantrag. Allerdings besteht keine strikte Bindung des OVG an diese Anträge, weil es gem. § 125 Abs. 1 S. 1 i.V.m. § 88 an deren Fassung nicht gebunden ist. Maßgebend ist vielmehr das erkennbare Rechtsschutzziel (BVerwG DVBl 1997, 907). Gebunden ist das OVG hingegen an Vorentscheidungen der ersten Instanz, die selbständig anfechtbar sind[29] oder für die Rechtsmittel ausdrücklich ausgeschlossen sind.[30]

IV. Neu vorgebrachte Tatsachen und Beweismittel

11 Anders als die ZPO kennt die VwGO kein grundsätzliches Novenverbot. Nach § 128 S. 2 sind im Berufungsverfahren auch neue Tatsachen und Beweismittel zu berücksichtigen. Deshalb gelten §§ 530, 531 ZPO hier nicht.[31] Auch neue Beweisanträge können in der zweiten Instanz gestellt werden.[32] Allerdings hat § 128 S. 2 aufgrund des durch das 4. VwGOÄndG vom 17.12.1990 (BGBl I 2809) neu eingefügten § 128 a stark an Bedeutung verloren. Nunmehr sind auch im Verwaltungsprozess neue Erklärungen und Beweismittel, die in der ersten Instanz verspätet vorgebracht wurden, weitgehend präkludiert. Darin liegt eine Sanktion für die schuldhafte Verletzung einer Mitwirkungspflicht des Beteiligten in der ersten Instanz.[33] Damit sind solche Tatsachen und Beweismittel ausgeschlossen, die der Beteiligte auch schon im Verfahren vor dem VG hätte vorbringen können[34] und wegen der Fristsetzung des VG hätte vorbringen müssen. Nicht erfasst werden von der Präklusion folglich solche Tatsachen und Beweismittel, von denen der Beteiligte erst nach Abschluss des Verwaltungsgerichtsverfahrens Kenntnis erlangt. Dass er sie in der Berufungsinstanz vorbringen kann – und auch einen Anspruch darauf hat, mit ihnen gehört zu werden –, folgt bereits aus dem Umstand, dass es sich in beiden Instanzen um ein einheitliches Verfahren handelt.

---

23 BVerwG Buchholz 310 § 86 Abs. 1 VwGO Nr. 58, 85, 87; BVerwG VerwRspr 31 (1980), 506; BGH NJW 1976, 1742; 1984, 2629; 1986, 2885; 1987, 3205; 1994, 2960; 1995, 1292.
24 BGH NJW 1994, 941; zum Ganzen auch *Th. Stuhlfauth*, in: Bader § 128 Rn. 6; *R. Rudisile*, in: Schoch/Schneider/Bier § 128 Rn. 5.
25 BGH NJW-RR 1986, 190; *M. Happ*, in: Eyermann § 128 Rn. 3; *Kopp/Schenke* § 128 Rn. 2; *R. Rudisile*, in: Schoch/Schneider/Bier § 128 Rn. 5.
26 *R. Rudisile*, in: Schoch/Schneider/Bier 128 Rn. 2.
27 Ebenso *M. Happ*, in: Eyermann § 129 Rn. 1; *M. Redeker*, in: Redeker/v. Oertzen § 129 Rn. 1.
28 *Baumbach/Lauterbach/Albers/Hartmann* § 528 Rn. 11.
29 Mit der Beschwerde oder mit der Berufung: § 173 i.V.m. § 280 Abs. 2 ZPO, dazu *H.-J. Heßler*, in: Zöller § 512 Rn. 2; *R. Rudisile*, in: Schoch/Schneider/Bier § 128 Rn. 6.
30 Vgl. die Bsp. bei *R. Rudisile*, in: Schoch/Schneider/Bier § 128 Rn. 7 (dort Fn. 22).
31 VGH München NJW 1982, 2394; *Kopp/ Schenke* § 128 Rn. 2; *R. Rudisile*, in: Schoch/Schneider/Bier § 128 Rn. 8.
32 *Kopp/Schenke* § 128 Rn. 2.
33 So zutr. *Th. Stuhlfauth*, in: Bader § 128 a Rn. 2.
34 *Kopp/Schenke* § 128 Rn. 2.

§128a [Neue Erklärungen und Beweismittel; Verspätung; Ausschluss]

(1) ¹Neue Erklärungen und Beweismittel, die im ersten Rechtszug entgegen einer hierfür gesetzten Frist (§87b Abs. 1 und 2) nicht vorgebracht worden sind, sind nur zuzulassen, wenn nach der freien Überzeugung des Gerichts ihre Zulassung die Erledigung des Rechtsstreits nicht verzögern würde oder wenn der Beteiligte die Verspätung genügend entschuldigt. ²Der Entschuldigungsgrund ist auf Verlangen des Gerichts glaubhaft zu machen. ³Satz 1 gilt nicht, wenn der Beteiligte im ersten Rechtszug über die Folgen einer Fristversäumung nicht nach §87b Abs. 3 Nr. 3 belehrt worden ist oder wenn es mit geringem Aufwand möglich ist, den Sachverhalt auch ohne Mitwirkung des Beteiligten zu ermitteln.

(2) Erklärungen und Beweismittel, die das Verwaltungsgericht zu Recht zurückgewiesen hat, bleiben auch im Berufungsverfahren ausgeschlossen.

Schrifttum

K. A. Bettermann, Hundert Jahre Zivilprozeßordnung – Das Schicksal einer liberalen Kodifikation, ZZP 91 (1978), 365; *D. Dengler*, Verfassungsmäßigkeit des §528 Abs. 3 ZPO, NJW 1980, 163; *K. G. Deubner*, Anmerkung zu BGH – VII ZR 143/79, NJW 1980, 2356; *ders.*, Anmerkung zu BGH – VII ZR 160/81, NJW 1982, 1710; *ders.*, Zurückweisung verspäteten Vorbringens als Rechtsmissbrauch, NJW 1987, 465; *W. Grunsky*, Die Straffung des Verfahrens durch die Vereinfachungsnovelle, JZ 1977, 201; *B. Klein*, Auf dem Weg zum 5. VwGO-Änderungsgesetz, BayVBl 1992, 196; *H. D. Lange*, Die Zurückverweisung eines verspäteten Vorbringens im ersten Termin, DRiZ 1980, 408; *W. Mertens*, Fluchtwege zur Vermeidung der Zurückverweisung wegen Verspätung und ihre Abwehr, DRiZ 1985, 344; *L. Michalski*, Beweisvereitelung durch beweisbelastete Partei und Nachholbarkeit in der Berufungsinstanz, NJW 1991, 2069; *M. Pagenkopf*, Die VwGO-Novelle – Augenmaß und Schlichtheit, DVBl 1991, 285; *K. Putzo*, Die Vereinfachungsnovelle, NJW 1977, 1; *E. Schneider*, Nichtzulassung verspäteten Vorbringens gegen den Willen beider Parteien?, NJW 1979, 2506; *P. Stelkens*, Das Gesetz zur Neuregelung des verwaltungsgerichtlichen Verfahrens (4. VwGOÄndG) – das Ende einer Reform?, NVwZ 1991, 209; *S. Weth*, Die Zurückverweisung verspäteten Vorbringens im Zivilprozeß, 1988.

I. Allgemeines

Nach §128 S. 2 sind im Berufungsverfahren neu vorgebrachte Tatsachen und Beweismittel grds. zu berücksichtigen. Davon macht §128a unter bestimmten Voraussetzungen eine Ausnahme. Die Vorschrift dient der Beschleunigung des Verfahrens[1] und soll verhindern, dass die Beteiligten §87b dadurch umgehen, dass sie nach Fristversäumung in erster Instanz vor dem OVG neu vortragen. Sie ist verfassungsrechtlich unbedenklich (vgl. BVerfGE 60, 1, 6; 67, 39, 41 [zu den zivilprozessualen Präklusionsvorschriften]). Da bei der Anwendung der Präklusion wegen Art. 103 Abs. 1 GG jedoch Zurückhaltung geboten ist (BVerfG NJW 1992, 2556, 2557; VGH Mannheim NVwZ-Beilage 6/1995, 44) und im Verwaltungsprozess der Untersuchungsgrundsatz gilt, ist die praktische Bedeutung der Vorschrift gering.[2] Nach §141 gilt die Vorschrift auch im Revisionsverfahren.[3] Sie dürfte auch im Beschwerdeverfahren anwendbar sein.[4] Das OVG kann selbst nach §125 Abs. 1 i.V.m. §87b vorgehen; dies gilt für solche Erklärungen und Beweismittel, die das VG nicht nach §87b behandelt hat, oder für solche Tatsachen, die erst nach dem für die Entscheidung des VG maßgeblichen Zeitpunkt entstanden sind.[5] **1**

II. Zulassungsbedürftige neue Erklärungen und Beweismittel (Abs. 1)

Abs. 1 der Vorschrift regelt die Voraussetzungen der Präklusion für den Fall, dass der Beteiligte im erstinstanzlichen Verfahren eine Frist gem. §87b Abs. 1 oder 2 hat verstreichen lassen. „Erklärungen" sind Angaben zum entscheidungserheblichen Sachverhalt.[6] Nicht erfasst werden hiervon die Klageänderung oder die Widerklage (BGH NJW 1986, 2257, 2258). Ebenso wenig gilt die Vorschrift für bloße Rechtsausführungen,[7] eine bloße Konkretisierung des schon in erster Instanz Vorgetragenen (BGH NJW-RR 1991, 1214) oder Anträge zum Verfahren.[8] Neu ist jeder Vortrag, der bis zum Schluss **2**

---

1 *B. Klein*, BayVBl 1992, 196; *Kopp/Schenke* §128a Rn. 1; *P. Stelkens*, NVwZ 1991, 209.
2 *M. Happ*, in: Eyermann §128a Rn. 1.
3 *Kopp/Schenke* §128a Rn. 1; *M. Pagenkopf*, DVBl 1991, 285.
4 *Th. Stuhlfauth*, in: Bader §128a Rn. 3; *Kopp/Schenke* §128a Rn. 1; *R. Rudisile*, in: Schoch/Schneider/Bier §128a Rn. 2; *P. Stelkens*, NVwZ 1991, 209, 214.
5 *M. Happ*, in: Eyermann §128a Rn. 1; *R. Rudisile*, in: Schoch/Schneider/Bier §128a Rn. 9.
6 *M. Redeker*, in: Redeker/v. Oertzen §128a Rn. 2.
7 *M. Happ*, in: Eyermann §128a Rn. 2.
8 *Kopp/Schenke* §128a Rn. 2.

der mündlichen Verhandlung im ersten Rechtszug nicht oder nur in unsubstantiierter Weise vorgebracht worden ist.[9] Nicht neu sind jedoch solche Erklärungen, die für den seinerzeitigen Streitgegenstand oder aufgrund der Beurteilung der Rechtslage durch das erstinstanzliche Gericht nicht entscheidungserheblich waren.[10] Was in erster Instanz vorgebracht worden ist, ergibt sich aus dem Tatbestand des Urteils sowie ggf. aus den Entscheidungsgründen oder der Niederschrift.[11] Unter § 128 a fallen auch solche Beweismittel, die zunächst vorgebracht wurden, dann jedoch wieder fallengelassen worden sind.[12] Sollten Zweifel bestehen, ist davon auszugehen, dass das Vorbringen nicht neu und damit nicht von § 128 a Abs. 1 umfasst ist.[13]

III. Voraussetzungen der Zulassung

3   **1. Nichtzulassung.** Unter den folgenden Voraussetzungen sind neue Erklärungen und Beweismittel nicht zuzulassen:

- Das VG hat dem betroffenen Beteiligten erfolglos eine Frist nach § 87 b Abs. 1, 2 gesetzt und ihn hinreichend konkret zur Angabe von Tatsachen, Benennung von Beweismitteln etc. aufgefordert. Die Fristsetzung muss in ordnungsgemäßer Weise erfolgt sein.[14]
- Die Zulassung würde nach der freien Überzeugung des Gerichts die Erledigung des Rechtsstreits verzögern. Abzustellen ist dabei auf das Berufungsverfahren (BGH NJW 1979, 2109). Die Verspätung muss kausal für die Verzögerung sein (BVerfG NJW 1995, 1417, 1418). Der Kausalzusammenhang fehlt, wenn der Beteiligte rechtzeitig durch einen Schriftsatz auf den neuen Sachvortrag oder das neue Beweismittel hingewiesen hatte (BVerfG NJW 1990, 2373). Das OVG ist jedoch verpflichtet, die Verzögerung durch zumutbare Maßnahmen zur Vorbereitung des Termins abzuwenden (BVerfG a.a.O). Unterlässt das OVG solche Maßnahmen, so fehlt es an der Ursächlichkeit der Verspätung für die Verzögerung (BVerfG a.a.O; NJW 1995, 1417). Es gelten insoweit dieselben Grundsätze wie zu § 87 b.

4   **2. Zulassung.** Eine Zurückweisung des Vorbringens ist unter den folgenden – alternativen – Voraussetzungen ausgeschlossen:

- Der Beteiligte hat die Verspätung genügend entschuldigt (§ 128 a Abs. 1 S. 1 Hs. 2). Ein Verschulden des Beteiligten liegt dann nicht vor, wenn der Beteiligte erstinstanzlich obsiegt hat, die Rechtslage ebenso wie das Gericht 1. Instanz beurteilt und seinen Sachvortrag entsprechend gestaltet.[15] Dies gilt auch, wenn ein Beweismittel in erster Instanz noch nicht zur Verfügung gestanden hat oder erst nach Schluss der mündlichen Verhandlung bekannt geworden ist (BGH NJW 1971, 1040). Maßgeblich ist insoweit der Einzelfall.[16]
- Nach § 128 a Abs. 1 S. 2 kann das Gericht verlangen, dass der Entschuldigungsgrund glaubhaft gemacht wird. „Gericht" i.d.S. ist der Vorsitzende oder der Berichterstatter, nicht notwendig der Senat.[17]
- Der Beteiligte ist im ersten Rechtszug über die Folgen einer Fristversäumung nicht nach § 87 b Abs. 3 S. 1 Nr. 3 belehrt worden (§ 128 a Abs. 1 S. 3 Alt. 1).
- Es ist mit geringem Aufwand möglich, den Sachverhalt auch ohne Mitwirkung der Beteiligten zu ermitteln (§ 128 a Abs. 1 S. 3 Alt. 2).

5   **3. Entscheidung des Gerichts.** Eine Verzögerung der Erledigung kann nur dann angenommen werden, wenn der Rechtsstreit ansonsten schon entscheidungsreif wäre.[18] Die Entscheidung erfolgt ebenso wie bei § 87 b Abs. 3 S. 1 nach freier Überzeugung des Gerichts, die ihre Grenzen im Willkürverbot

---

9   BGH NJW 1989, 717, 718; *M. Happ*, in: Eyermann § 128 a Rn. 3; *W. Grunsky*, in: Stein/Jonas § 528 a.F. Rn. 2.
10   BVerfG NJW 1984, 2203; *W. Grunsky*, in: Stein/Jonas § 528 a.F. Rn. 6.
11   BAG NJW 1960, 166; *M. Happ*, in: Eyermann § 128 a Rn. 3.
12   *L. Michalski*, NJW 1991, 2070.
13   I.E. BAG NJW 1960, 166; *Rosenberg/Schwab/Gottwald* § 37 VI 2.
14   *M. Happ*, in: Eyermann § 128 a Rn. 4; *R. Rudisile*, in: Schoch/Schneider/Bier § 128 a Rn. 5; zu § 79 Abs. 1 AsylVfG *M. Redeker*, in: Redeker/v. Oertzen § 128 a Rn. 1.
15   BGH NJW 1983, 931; *R. Rudisile*, in: Schoch/Schneider/Bier § 128 a Rn. 9.
16   *M. Happ*, in: Eyermann § 128 a Rn. 7; vgl. BGH NJW 1991, 493.
17   *M. Happ*, in: Eyermann § 128 a Rn. 7.
18   BGH NJW-RR 1991, 1214; *Kopp/Schenke* § 128 a Rn. 2.

hat.[19] Vor einer Präklusion ist der Beteiligte zu hören.[20] Es bedarf keiner ausdrücklichen Zulassungsentscheidung; sie erfolgt durch Erlass eines Beweisbeschlusses oder durch Berücksichtigung des Vortrags im Urteil.[21] Wird der Vortrag nicht zugelassen, so ist dies jedoch im Urteil zu begründen (BVerfG NJW 1987, 1621; 1992, 2556, 2557; BFH NVwZ-RR 1992, 390). Durch Teilurteil kann eine Verspätungszurückweisung nicht erfolgen.[22]

Eine Überprüfung der Zulassungsentscheidung des OVG ist nicht in jedem Fall möglich. Hat das OVG 6 zu Unrecht ein neues Vorbringen *nicht zugelassen*, so ist diese Entscheidung mit der Revision angreifbar. I.d.R. kann diese auf den Revisionsgrund der Verletzung des rechtlichen Gehörs gestützt werden (BVerfG NJW 1987, 2733; 1990, 2373; 1992, 299). Sofern jedoch das OVG ein Vorbringen zu Unrecht *zugelassen* hat, so ist eine Rüge dieser Entscheidung im Wege eines Revisionsverfahrens vor dem BVerwG nicht möglich.[23] Fehlt der ablehnenden Entscheidung des OVG die ausreichende Begründung, so hat das BVerwG dennoch nicht die Möglichkeit, die Zulassung mit anderer Begründung aufrechtzuerhalten.[24]

IV. Ausschluss (Abs. 2)

Abs. 2 betrifft die Fälle, in denen das VG den Vortrag nach § 87 b Abs. 3 zu Recht zurückgewiesen 7 hat. In diesem Fall erfolgt keine neuerliche Präklusionsentscheidung nach § 128 a Abs. 1. Das OVG ist vielmehr darauf beschränkt zu prüfen, ob das VG die Erklärungen und Beweismittel zu Recht zurückgewiesen hat. Hat der Beteiligte in erster Instanz auf die gerichtliche Aufforderung nach § 87 b gar nichts vorgetragen, gilt jedoch für das Vorbringen in der Berufungsinstanz § 128 a Abs. 1 (BGH NJW 1981, 1218; zur Verfassungsmäßigkeit BVerfG NJW 1981, 271, 272 f.). Es kommt i.R. des Abs. 2 allein darauf an, ob das Vorbringen tatsächlich als verspätet zurückgewiesen worden ist.[25]

Eine Erklärung oder ein Beweismittel ist zu Recht zurückgewiesen worden, wenn das VG aus Sicht des 8 Berufungsgerichts § 87 b richtig angewendet hat.[26] Insofern kann auch auf die Rspr. zu § 528 Abs. 3 a.F. ZPO verwiesen werden. Das OVG prüft, ob die Frist wirksam gesetzt worden war (BGH NJW 1981, 2255; 1983, 822), ob das VG zu Recht eine Verzögerung angenommen hat (BAG NJW 1989, 2214; BGH NJW 1985, 1539, 1543) und ob diese genügend entschuldigt war.[27] Es prüft auch, ob das Gericht die Verzögerung durch Maßnahmen hätte abwenden können und müssen.[28]

Im Rahmen des § 128 a Abs. 2 kommt es grds. nicht auf eine Verzögerung an. Die Vorschrift ist jedoch dahingehend restriktiv auszulegen, dass der Ausschluss für solches Vorbringen nicht gilt, das in der zweiten Instanz offenkundig oder unstreitig wird und der Entscheidung zugrunde gelegt werden kann[29] oder wenn Wiederaufnahmegründe vorliegen.[30] Weitere Einschränkungen gefährden den Normzweck des § 128 a. Vor allem, wenn die Berücksichtigung des Sachvortrages von allen Beteilig-

---

19 BVerfG NJW 1992, 2557; *R. Rudisile*, in: Schoch/Schneider/Bier § 128 a Rn. 10.
20 *M. Happ*, in: Eyermann § 128 a Rn. 8.
21 *R. Rudisile*, in: Schoch/Schneider/Bier § 128 a Rn. 11.
22 BGH NJW 1980, 2355; 1981, 1271; krit. hierzu *K. G. Deubner*, NJW 1980, 2356; *W. Mertens*, DRiZ 1985, 344, 345 ff.; *R. Rudisile*, in: Schoch/Schneider/Bier § 128 a Rn. 11.
23 H.M.: BGH NJW 1991, 1896; s. a. BVerwG 11.11.2008 – 9 B 54.07; *M. Happ*, in: Eyermann § 128 a Rn. 8; *Kopp/ Schenke* § 128 a Rn. 6; h.M. zu §§ 527, 528 a.F. ZPO: BAGE 42, 244; BGH NJW 1960, 100; 1981, 928; *Baumbach/ Lauterbach/Albers/Hartmann* § 530 Anm. 4C; *K. G. Deubner*, NJW 1981, 929; *ders.*, NJW 1982, 1710; krit.: *R. Rudisile*, in: Schoch/Schneider/Bier § 128 a Rn. 12; *K. Putzo*, NJW 1977, 1, 8.
24 Offen gelassen in BGH NJW 1987, 261; ausdrückl. in BGH NJW 1990, 1302; abw. BGHZ 83, 371.
25 *Th. Stuhlfauth*, in: Bader § 128 a Rn. 13; *R. Rudisile*, in: Schoch/Schneider/Bier § 128 a Rn. 13.
26 *M. Redeker*, in: Redeker/v. Oertzen § 128 a Rn. 8.
27 Zum Nachholen der Entschuldigung der Verspätung im 2. Rechtszug: BVerfG NJW 1987, 2003; BGH NJW 1986, 134; OLG Frankfurt NJW 1979, 375.
28 BVerfG NJW 1990, 2373; BGH NJW 1987, 499; s.a. *K. G. Deubner*, NJW 1987, 465 ff.
29 BVerfG NJW 1983, 271; BGH NJW 1980, 945; *Baumbach/Lauterbach/Albers/Hartmann* § 531 Rn. 4 f.; abw. *W. Grunsky*, JZ 1977, 201, 206; *R. Rudisile*, in: Schoch/Schneider/Bier § 128 a Rn. 14.
30 *Rosenberg/Schwab/Gottwald* § 140 VI 2 c.

ten gewünscht wird[31] oder der Sachvortrag durch vorlegbare Urkunden bewiesen werden kann,[32] hat dies keinen Einfluss auf den Ausschluss. Dieser bleibt in seiner gegebenen Form bestehen.[33]

9   Erfolgte der Ausschluss zu Unrecht, ist das Vorbringen zuzulassen und eine Zurückweisung nach Abs. 1 ausgeschlossen.[34] Hat das OVG unter Verstoß gegen § 128 a Abs. 2 Erklärungen und Beweismittel zugelassen, so kann dieser Verfahrensfehler nicht mit der Revision angegriffen werden.[35] Hat es eine Prüfung unterlassen, wird die Rechtmäßigkeit jedoch in der Revisionsinstanz überprüft (BGH NJW 1985, 1556, 1558). In diesem Fall kommt auch eine Verfassungsbeschwerde wegen Verletzung des Grundrechts auf rechtliches Gehör (Art. 103 Abs. 1 GG) in Betracht.

§ 129   [Bindung an die Anträge]

Das Urteil des Verwaltungsgerichts darf nur soweit geändert werden, als eine Änderung beantragt ist.

Schrifttum

K. A. Bettermann, Die Zurückverweisung durch das Berufungsgericht im Verwaltungs- und Zivilprozeß, DVBl 1961, 65; *E. Böttcher,* Reformatio in peius und Prozeßurteil, ZZP 65 (1952), 464; *A. Hamann,* Zur Entwicklung des Verwaltungsprozeßrechts und des Verwaltungsverfahrensrechts vom Beginn des Jahres 1988 bis zur Mitte des Jahres 1990, DVBl 1991, 129; *D. Jesch,* Entscheidung des Rechtsmittelgerichts im Verwaltungsprozeß und reformatio in peius, DÖV 1955, 391; *U. Jessen,* Keine Bindung an den Rechtsmittelantrag bei Zurückverweisung?, NJW 1978, 1616; *W. Merle,* Zur eventuellen Klagehäufung, ZZP 83 (1970), 436; *J. Schmidt,* Probleme des Verwaltungsprozeßrechts, VBlBW 1983, 131.

I. Bedeutung

1   § 129 untersagt eine Sachentscheidung des OVG zu nicht angefochtenen Teilen des Ersturteils. Eine Abweichung vom Berufungsbegehren ist sowohl zugunsten (reformatio in melius)[1] als auch zuungunsten des Berufungsklägers (reformatio in peius) untersagt. Die Vorschrift ist Ausdruck der Dispositionsmaxime und findet für die Klage ihre Parallele in § 88.[2] Inhalt und Reichweite des Berufungsbegehrens ergeben sich vorrangig aus dem Berufungsantrag, wie er in der mündlichen Verhandlung vor dem Berufungsgericht gestellt wird. Sofern nicht ausdrücklich ein Berufungsantrag gestellt wird, ist das Änderungsbegehren anhand der sonstigen Prozesserklärungen des Rechtsmittelführers (BVerwG DVBl 1997, 907), insbes. anhand des Antrags auf Zulassung der Berufung zu ermitteln (BVerwG NJW 1997, 1250; DVBl 1997, 907). Das Berufungsgericht ist jedoch bei der Ermittlung des Änderungsbegehrens an die Fassung der Anträge nicht gebunden, sondern hat das im Klageantrag und im gesamten Parteivorbringen zum Ausdruck kommende Rechtsschutzziel zu ermitteln, § 125 Abs. 1 i.V.m. § 88 Hs. 2 (BVerwG DVBl 1997, 907). Der Berufungsantrag kann sich auf einzelne abtrennbare Streitgegenstände oder Teile eines solchen beschränken, nicht jedoch auf einzelne Tatsachen- oder Rechtsfragen (BVerwG DVBl 1997, 907, 908).

II. Bindung an die Anträge

2   Hat der Beklagte gegen ein stattgebendes erstinstanzliches Urteil über den Hauptantrag Berufung eingelegt, so ist auch der auf einem einheitlichen Sachverhalt beruhende Hilfsantrag in der zweiten Instanz anhängig.[3] Eine Anschlussberufung des Berufungsbeklagten ist nicht erforderlich.[4] Sofern das VG jedoch den Hilfsantrag zuerkannt hat und der Beklagte Berufung eingelegt hat, kann das OVG in der Berufung über den Hauptantrag nur dann entscheiden, wenn der Kläger Anschlussberufung ein-

---

31 Str. für § 528 Abs. 3 ZPO *W. Grunsky,* in: Stein/Jonas § 527 a.F. Anm. 21; *H. D. Lange,* DRiZ 1980, 408; *S. Weth,* Die Zurückverweisung, 1988, 286; *Baumbach/Lauterbach/Albers/Hartmann* § 531 Rn. 5; *K. A. Bettermann,* ZZP 91 (1978), 365, 383; *E. Schneider,* NJW 1979, 2506.

32 Dafür in der ZPO: *D. Dengler,* NJW 1980, 163.

33 BGH NJW 1980, 1102; *Rosenberg/Schwab/Gottwald* § 137 VI 2 c.

34 BGH NJW 1980, 343; 1981, 2555; *R. Rudisile,* in: Schoch/Schneider/Bier § 128 a Rn. 15.

35 BGH NJW 1991, 1896; *W. Grunsky,* in: Stein/Jonas § 528 a.F. Rn. 16.

1   *M. Happ,* in: Eyermann § 129 Rn. 1; *M. Redeker,* in: Redeker/v. Oertzen § 129 Rn. 1.

2   BVerwG 26.10.2009 – 10 B 16/09, NVwZ 2010, 188.

3   *M. Happ,* in: Eyermann Vorbem. § 124 Rn. 3.

4   BVerwG NVwZ 1997, 1132, 1133; BGH NJW-RR 1990, 518, 519 (zur Revision); BSG NZS 1996, 39; *R. Rudisile,* in: Schoch/Schneider/Bier § 129 Rn. 4; abw. *W. Merle,* ZZP 83 (1970), 478; *Rosenberg/Schwab/Gottwald* § 138 II 2 b.

legt.[5] Gibt das OVG in diesem Fall dem Hauptantrag auf die Anschlussberufung des Klägers statt, so muss es die Verurteilung aus dem Hilfsantrag aufheben, da andernfalls der Kläger zwei Titel hätte (BVerwG DVBl 1980, 597). Hat das vorinstanzliche Gericht eine Klage nur aufgrund der vom Beklagten erklärten Hilfsaufrechnung abgewiesen und legt nur der Kläger ein Rechtsmittel ein, so ist dem Rechtsmittelgericht die erneute Überprüfung der Klageforderung verwehrt.[6]

III. Teilurteile

Ein „Heraufholen" von noch in der unteren Instanz anhängigen Teilen einer Streitsache im Falle der **3** Berufung gegen ein Teilurteil oder für den Fall, dass eine Berufung nur teilweise eingelegt wurde, ist grds. nicht zulässig.[7] Dies gilt jedoch nicht, wenn das VG unzulässigerweise über einen nicht trennbaren Teil durch Teilurteil entschieden hat.[8] Hat das VG aber einen Anspruch übersehen, kann das OVG, auch bei Einverständnis der Beteiligten, darüber nicht entscheiden. Im letzteren Fall muss eine Urteilsergänzung nach § 120 beantragt werden.[9]

IV. Verbot der reformatio in peius

Es gilt das Verbot der reformatio in peius, d.h. das erstinstanzliche Urteil darf nicht zum Nachteil des **4** Berufungsklägers abgeändert werden, sofern nicht das Ausmaß der Nachprüfung durch Anschlussberufungen erweitert wurde.[10] Das OVG hat keine Befugnis, dem Berufungskläger entgegen dem Urteil des VG etwas abzuerkennen oder aufzuerlegen.[11] Bei jedem geltend gemachten Anspruch läuft der Berufungskläger daher lediglich Gefahr, dass die Berufung abgewiesen wird.[12]

V. Ausnahmen vom Verbot

Das Verböserungsverbot gilt jedoch grds. nur für den Tenor des Urteils, also den Teil, der in Rechts- **5** kraft erwächst. Das OVG kann daher der Entscheidung des VG in der Begründung nicht folgen und die Entscheidung aus anderen rechtlichen Gründen bestehen lassen.[13] Dies gilt nach einhelliger Auffassung jedenfalls dann, wenn die Abweichung nicht zu einer Änderung in der Sache führt und nicht mit weiterreichenden Rechtsfolgen verbunden ist.[14] Das OVG kann auf die Berufung des Klägers gegen ein die Klage als *unzulässig* abweisendes Urteil die Klage als *unbegründet* abweisen.[15] Ebenso kann es dahingehend erkennen, dass die vom VG als unbegründet abgewiesene Klage unzulässig sei (BVerwG Buchholz 310 § 129 VwGO Nr. 2; BVerwG NVwZ-RR 1991, 443, 445). Es kann einzelne Rechnungsposten zugunsten des Klägers ändern, sofern es zu demselben Endergebnis kommt.[16]

Auf die Berufung des Beklagten gegen ein Prozessurteil, die mit dem Ziel erfolgt, die Abweisung als unbegründet zu erreichen, kann das OVG das Prozessurteil aufheben und der Klage stattgeben. Dies ergibt sich aus der Tatsache, dass diese Möglichkeit auch dem VG nach Aufhebung und Zurückverweisung offen stünde.[17]

---

5 BGH NJW 1964, 722; *M. Happ,* in: Eyermann § 129 Rn. 2; *Ch. Althammer,* in: Stein/Jonas § 537 Rn. 4; *R. Rudisile,* in: Schoch/Schneider/Bier § 129 Rn. 4; *Rosenberg/Schwab/Gottwald* § 138 II 2.

6 BGH NJW 1990, 447, 449; *Kopp/Schenke* § 129 Rn. 1.

7 BVerwGE 71, 73; BGH NJW 1959, 1824; VGH Kassel NJW 1980, 358; VGH Mannheim NJW 1971, 109; *A. Hamann,* DVBl 1991, 129; a.A. BGH NJW 1986, 2108, wenn die Beteiligten einverstanden sind; *J. Schmidt,* VBlBW 1983, 131.

8 BVerwGE 71, 77; BVerwG ZBR 1983, 275; BGHZ 30, 215; *M. Happ,* in: Eyermann § 129 Rn. 4; *Kopp/Schenke* § 128 Rn. 1.

9 *R. Rudisile,* in: Schoch/Schneider/Bier § 129 Rn. 7; so auch BSGE 27, 146, 149; 45, 49, 50; anders BGHZ 97, 280.

10 *E. Bötticher,* ZZP 65 (1952), 464; *M. Happ,* in: Eyermann § 129 Rn. 1; *D. Jesch,* DÖV 1955, 391.

11 *Rosenberg/Schwab/Gottwald* § 138 II 2.

12 *Baumbach/Lauterbach/Albers/Hartmann* § 528 Rn. 13; *Rosenberg/Schwab/Gottwald* § 138 II 2 a; abw. OLG Karlsruhe NJW 1956, 1245.

13 *M. Redeker,* in: Redeker/v. Oertzen § 129 Rn. 1; *Rosenberg/Schwab/Gottwald* § 138 II. 2.

14 BGH NJW 1957, 539; *Kopp/Schenke* § 129 Rn. 2; *R. Rudisile,* in: Schoch/Schneider/Bier § 129 Rn. 6; a.A. BGH NJW 1988, 1982 f.

15 BVerwGE 22, 45, 46; BVerwG NVwZ 1982, 15; BGH NJW 1996, 193, 195; *Rosenberg/Schwab/Gottwald* § 138 II 2 e; skeptisch *Th. Stuhlfauth,* in: Bader § 129 Rn. 8.

16 BGH VersR 1961, 374; *Rosenberg/Schwab/Gottwald* § 138 II 2 a.

17 *R. Rudisile,* in: Schoch/Schneider/Bier § 129, Rn. 6 unter Verweis auf BGH LM § 536 Nr. 8 ZPO;

6 Umstr. ist, ob und inwieweit das OVG an das Berufungsbegehren gebunden ist, wenn zwingende Prozessvoraussetzungen verletzt wurden. Nach h.M. kann das OVG auf die Berufung des in erster Instanz teilweise obsiegenden Klägers die Klage als unzulässig abweisen, wenn zwingende Prozessvoraussetzungen wie z.B. Prozess- oder Parteifähigkeit nicht vorliegen.[18] Es ist jedoch zu unterscheiden: Sofern der Mangel unbehebbar ist, ist die Abweisung der gesamten Klage unzulässig. Hier gelten die Grundsätze der reformatio in peius.[19] Etwas anderes gilt in diesem Zusammenhang nur, wenn solche Verfahrensnormen verletzt wurden, bei deren Verletzung eine Wiederaufnahme des Verfahrens möglich ist.[20] Im Falle eines behebbaren Mangels kann das OVG das erstinstanzliche Urteil unabhängig vom Antrag des Berufungsklägers vollständig aufheben und die Sache an das zuständige VG zurückverweisen.

7 Bei den Entscheidungen über die Kosten und die vorläufige Vollstreckbarkeit, die von Amts wegen ergehen, ist das OVG ebenfalls nicht an einen Antrag gebunden (BVerwGE 14, 171, 174f.; BGH NJW 1981, 2360). Dasselbe gilt für die Änderung der Höhe des Streitwerts zum Nachteil des Berufungsklägers.[21]

8 Für die Klageänderung, die Klageerweiterung und die Widerklage gelten auch in der Berufungsinstanz die §§ 88, 89, 91 (§ 125 Abs. 1).[22] Bei der Klageänderung, die nur im Wege der Anschlussberufung zu erreichen ist, ist jedoch zu beachten, dass ein zulässiges Rechtsmittel Voraussetzung ist (BGH NJW 1988, 2540). Im Falle eines Wechsels der Beteiligten hat das Gericht darüber hinaus zu verhindern, dass dem neuen Beklagten durch seinen „verspäteten" Eintritt in das Verfahren ein Schaden entsteht (OVG Koblenz AS 5, 385).

§ 130 [Zurückverweisung]

(1) Das Oberverwaltungsgericht hat die notwendigen Beweise zu erheben und in der Sache selbst zu entscheiden.

(2) Das Oberverwaltungsgericht darf die Sache, soweit ihre weitere Verhandlung erforderlich ist, unter Aufhebung des Urteils und des Verfahrens an das Verwaltungsgericht nur zurückverweisen,

1. soweit das Verfahren vor dem Verwaltungsgericht an einem wesentlichen Mangel leidet und aufgrund dieses Mangels eine umfangreiche oder aufwändige Beweisaufnahme notwendig ist oder
2. wenn das Verwaltungsgericht noch nicht in der Sache selbst entschieden hat

und ein Beteiligter die Zurückverweisung beantragt.

(3) Das Verwaltungsgericht ist an die rechtliche Beurteilung der Berufungsentscheidung gebunden.

Schrifttum
K. A. Bettermann, Anmerkung zu BVerfG – 1 BvR 361/52, DVBl 1955, 22; *ders.*, Die Zurückverweisung durch das Berufungsgericht im Verwaltungs- und Zivilprozeß, DVBl 1961, 65; *B. Kienemund*, Das Gesetz zur Bereinigung des Rechtsmittelrechts im Verwaltungsprozess, NJW 2002, 1231; *A. Mayer*, Zurückverweisung eines nicht unter Beweis gestellten verspäteten Vorbringens, NJW 1983, 858; *B. Rimmelspacher*, Anmerkung zu BGH – VI ZR 362/91, ZZP 106 (1993), 246 ff.; *M.-J. Seibert*, Änderungen der VwGO durch das Gesetz zur Bereinigung des Rechtsmittelrechts im Verwaltungsprozess, NJW 2002, 265.

I. Bedeutung und Anwendbarkeit

1 § 130 wurde durch das Gesetz zur Bereinigung des Rechtsmittelrechts im Verwaltungsprozess (RmBereinVpG [BGBl 2001 I 3987]) neu gefasst. Die Möglichkeit des Berufungsgerichts, eine Sache an das VG zurückzuverweisen, unterliegt nun den engeren Grenzen des Abs. 2 und bedarf des Antrages eines Beteiligten.[1]

---

18 BGHZ 18, 106; OVG Münster OVGE MüLü 28, 53, 55 (hier: Unzulässigkeit, da Verwaltungsrechtsweg nicht eröffnet); *E. Bötticher*, ZZP 65, 467f.; a.A. VGH Kassel NJW 1980, 358; *M. Happ*, in: Eyermann § 129 Rn. 4; diff. *R. Rudisile*, in: Schoch/Schneider/Bier § 129 Rn. 6.
19 RGZ 58, 248; BGH NJW 1986, 1494; VGH Kassel NJW 1981, 358; *U. Jessen*, NJW 1978, 1616; *Rosenberg/ Schwab/Gottwald* § 138 II 2 d.
20 BGH NJW 1986, 1494; *Baumbach/Lauterbach/Albers/Hartmann* § 528 Rn. 17.
21 *Kopp/Schenke* § 129 Rn. 5.
22 BGH NJW-RR 1990, 505; BSGE 8, 113; *R. Rudisile*, in: Schoch/Schneider/Bier § 129 Rn. 8.
 1 Vgl. *B. Kienemund*, NJW 2002, 1231, 1233 f.

Grds. hat das OVG eine abschließende Entscheidung zu treffen.[2] Unter den eng umschriebenen Voraussetzungen des § 130 Abs. 2 kann es sich jedoch auf eine kassatorische Entscheidung beschränken und die Sache an das VG zurückverweisen. Die Vorschrift dient der Prozessökonomie und nimmt dabei in Kauf, dass den Beteiligten eine Instanz verloren geht. Da ein Recht auf zwei Tatsacheninstanzen nicht besteht, ist die Vorschrift verfassungsrechtlich unbedenklich (BGH NJW 1975, 1785; KG NJW 1982, 2327). Entscheidet das OVG in erster Instanz, ist § 130 nicht anwendbar.[3]

§ 130 ist auch im Beschwerdeverfahren heranzuziehen,[4] ebenso im Verfahren des einstweiligen Rechtsschutzes nach §§ 80, 80 a, 123.[5] Hier ist jedoch angesichts der Tatsache, dass diese auf vorläufige und schnelle Regelung angelegt sind, bei der Anwendung des § 130 Zurückhaltung geboten. Im Verfahren nach dem AsylVfG gilt § 130 nicht (§ 79 Abs. 2 AsylVfG).[6]

§ 130 Abs. 2 bestimmt die Fälle, in denen eine Zurückverweisung möglich ist, abschließend. Eine Zurückverweisung kann nicht *allein* auf Zweckmäßigkeitserwägungen gegründet werden, eine erweiternde Anwendung der Vorschrift ist unzulässig.[7]

II. Entscheidung des Gerichts

Die Entscheidung über die Zurückverweisung liegt unter den engen Voraussetzungen des Abs. 2 im Ermessen des Gerichts; es ist zur Zurückverweisung nicht verpflichtet, kann also immer in der Sache selbst entscheiden.[8] Im Revisionsverfahren ist daher die Entscheidung nur im Hinblick auf einen Ermessensfehlgebrauch nachprüfbar.[9] Bei Willkür wird jedoch das Recht auf den gesetzlichen Richter verletzt (BVerfGE 3, 255, 256; 31, 145, 165; 54, 100, 115). Das OVG entscheidet über die Zurückverweisung gem. § 130 Abs. 2 nach Beantragung durch einen Beteiligten. Die Ermessensentscheidung muss von Erwägungen der Prozessökonomie bestimmt sein.[10] Abzuwägen ist der Vorteil, dass den Parteien der Instanzenzug voll gewahrt bleibt, insbes. bei umfangreicher Neuverhandlung, gegen den Nachteil, den die Zurückverweisung infolge Verzögerung oder Verteuerung bedeutet.[11] Eine Zurückverweisung ist umso weniger sachdienlich, je näher die Entscheidungsreife der Sache ist.[12]

Das Berufungsgericht entscheidet über die Zurückverweisung durch Urteil, das ein Endurteil ist, jedoch keine Kostenentscheidung enthält.[13] Im Falle der Zurückverweisung müssen die entsprechenden Ermessenserwägungen im Urteil wiedergegeben werden,[14] sodass eine Überprüfung der Ermessensausübung durch das BVerwG möglich ist. Die Zurückverweisung erfolgt an das VG, das in erster Instanz entschieden hat, nicht an eine bestimmte Kammer.[15] Dies gilt auch dann, wenn das VG seine Zuständigkeit zu Unrecht angenommen hat, da die Zuständigkeit gem. § 83 i.V.m. § 17 a Abs. 5 GVG durch das OVG nicht mehr geprüft wird. Hat sich jedoch zwischenzeitlich die Gerichtsorganisation geändert, kann an ein anderes VG verwiesen werden.[16]

Verweist das OVG zurück, entscheidet das VG in vollem Umfang. Das OVG kann grds. nicht teilweise zurückverweisen (BSG NJW 1961, 1743), es sei denn, es handelt sich um einen teilbaren Streitgegen-

---

2 VG Augsburg 29.1.2013 – Au 2 V 12.530, BeckRS 2013, 47425 Rn. 9.
3 *R. Rudisile*, in: Schoch/Schneider/Bier § 130 Rn. 2.
4 Vgl. HmbOVG FamRZ 1991, 960, 961 (zur Zurückverweisung im PKH-Beschwerdeverfahren); VGH Mannheim NVwZ 1984, 185; VBlBW 1995, 313; VGH München BayVBl 1984, 755.
5 OVG Münster NVwZ-RR 1997, 759 m.w.N. auch zur Gegenmeinung; NWVBl 1998, 29, 30; VGH Kassel NVwZ-RR 1990, 671, 672; *Kopp/Schenke* § 130 Rn. 1 m.w.N.; a.A. *M. Redeker*, in: Redeker/v. Oertzen § 130 Rn. 6 b.
6 Hierzu auch BVerwG Buchholz 402.25 § 32 AsylVfG Nr. 5; Art. 4 RmBereinVpG.
7 BGH NJW 1975, 1780; 1979, 926; 1986, 1234; *Kopp/Schenke* § 130 Rn. 5; *R. Rudisile*, in: Schoch/Schneider/Bier § 130 Rn. 4.
8 BVerwG Buchholz 310 § 130 VwGO Nr. 9; BVerwG NVwZ-RR 1988, 125; *Th. Stuhlfauth*, in: Bader § 130 Rn. 11.
9 BVerwG DVBl 1994, 210, 211; *Kopp/Schenke* § 130 Rn. 6 m. Rspr.-Nachw.
10 Vgl. BVerwG VerwRspr 22, Nr. 215, 891, 892; BVerwG Buchholz § 130 Nr. 7. *Ch. Althammer*, in: Stein/Jonas § 538 Rn. 45.
11 VGH Mannheim VBlBW 1983, 278, 279; *Ch. Althammer*, in: Stein/Jonas § 539 Rn. 13.
12 BVerwG Buchholz 310 § 130 VwGO Nr. 10 (Zurückverweisung dann nicht ermessensfehlerhaft, wenn Rechtsstreit in der Sache noch nicht entscheidungsreif); VGH München BayVBl 1998, 56–57; *Ch. Althammer*, in: Stein/Jonas § 538 Rn. 3; *A. Mayer*, NJW 1983, 858; zum Absehen von der Zurückverweisung, da keine andere Entsch. in der Sache getroffen werden könnte.
13 *R. Rudisile*, in: Schoch/Schneider/Bier § 130 Rn. 12.
14 BGHZ 23, 36, 50; *Ch. Althammer*, in: Stein/Jonas § 539 Rn. 17.
15 *M. Happ*, in: Eyermann § 130 Rn. 18 a. A. *Kopp/Schenke* § 130 Rn. 7.
16 *R. Rudisile*, in: Schoch/Schneider/Bier § 130 Rn. 12.

stand. In einem solchen Fall kann das OVG ein Teilurteil erlassen und im Übrigen zurückverweisen.[17] Bei einem Berufungsurteil, das i.R. eines Zwischenstreits nach § 109 die Zulässigkeit der Klage bejaht, kommt eine Zurückverweisung nicht in Betracht, weil die Hauptsache in der ersten Instanz anhängig geblieben ist (BVerwGE 36, 229, 230).

III. Aufhebung des Urteils und des Verfahrens

7   Die Zurückverweisung erfolgt unter Aufhebung des Urteils und des Verfahrens. Die aufhebende Entscheidung (iudicium rescindens) macht das Urteil, das Abs. 2 Nr. 1 voraussetzt, als staatlichen Hoheitsakt unwirksam, um so den Weg für eine neue Entscheidung des Verwaltungsgerichts freizumachen. Mit dieser Vernichtung der im Urteil angeordneten Wirkungen wird dem Interesse nach Rechtssicherheit entsprochen.[18] Soweit das Verfahren von einem wesentlichen Mangel beeinflusst ist (Abs. 2 Nr. 1) oder eine Entscheidung des Verwaltungsgerichts in der Sache bisher nicht ergangen ist (Abs. 2 Nr. 2), ist auch das erstinstanzliche Verfahren – ggf. ein abgrenzbarer Teil desselben – aufzuheben. Damit entfallen im Umfang der Aufhebung die Wirkungen der früheren mündlichen Verhandlung.[19]

IV. Voraussetzungen der Zurückverweisung

8   Durch das RmBereinVpG wurden die Voraussetzungen für eine Zurückverweisung in materieller und verfahrensrechtlicher Hinsicht im Interesse der Verfahrensbeschleunigung verschärft. Neben den Voraussetzungen aus § 127 Abs. 2 Nr. 1 und 2 muss nun zusätzlich ein Antrag eines Beteiligten vorliegen.[20]

9   **1. Verfahren leidet an einem wesentlichen Mangel (Abs. 2 Nr. 1).**   Nach § 130 Abs. 2 Nr. 1 ist eine Zurückverweisung möglich, wenn das Verfahren an einem wesentlichen Mangel leidet. Wesentlicher Mangel i.S.d. Vorschrift ist neben den in § 138 genannten Mängeln[21] jeder Mangel, der ursächlich für die Entscheidung des VG gewesen ist, sodass das Verfahren keine ordnungsgemäße Entscheidungsgrundlage darstellt.[22] Es reicht dabei aus, wenn der Mangel die Entscheidung beeinflusst hat.[23] Dies ist bspw. der Fall bei

- Verletzung des rechtlichen Gehörs,[24]
- Verstoß gegen Vorschriften über die Öffentlichkeit, über die geheime Beratung und Abstimmung (VGH Kassel NJW 1981, 599), die Mündlichkeit (VGH Kassel ESVGH 25, 186, 188), die Beiladung,[25] den Amtsermittlungsgrundsatz (OVG Münster NVwZ-RR 1997, 760), die Beweisaufnahme,[26]
- Entscheidung durch Beschluss statt durch Urteil (OVG Münster NJW 1974, 1102; VGH Mannheim NVwZ 1984, 185), verfahrensfehlerhafter Entscheidung durch Gerichtsbescheid (OVG Lüneburg NVwZ-RR 1996, 719; VGH Mannheim VBlBW 1984, 345–346),
- verfahrensfehlerhafter Trennung eines unteilbaren Streitgegenstandes durch das VG (OVG Münster OVGE MüLü 37, 88 ff.),
- versehentlichem Nichtbescheiden eines Teils des Streitgegenstandes (HmbOVG MDR 1996, 526),
- Abweisung der Klage als unzulässig, ohne zu prüfen, ob wegen der Versäumung einer richterlichen Frist Wiedereinsetzung zu gewähren ist (BVerwG NVwZ-RR 1996, 179, 181),
- ungewöhnlicher Verzögerung bei der Abfassung der schriftlichen Entscheidungsgründe (VGH Mannheim VBlBW 1990, 102, 103; VGH München BayVBl 1980, 755, 756),

---

17   *R. Rudisile*, in: Schoch/Schneider/Bier § 130 Rn. 10.
18   Vgl. *Baumbach/Lauterbach/Albers/Hartmann* Übers § 300 Rn. 10 und 20, sowie § 562 Rn. 4; *W. Ball*, in: Musielak § 563 Rn. 2.
19   *W. Ball*, in: Musielak § 538 Rn. 18.
20   *B. Kienemund*, NJW 2002, 1231, 1233.
21   OVG Münster VBlNW 1996, 114, 115 (zum wesentlichen Mangel bei nicht ordnungsgemäßer Ladung des Bekl.).
22   OVG Münster DVBl 1996, 120; VGH Kassel NJW 1984, 821, 823; eingehend *K. A. Bettermann*, DVBl 1961, 65, 67; vgl. auch *B. Rimmelspacher*, ZZP 106 (1993), 246 ff.
23   *M. Redeker*, in: Redeker/v. Oertzen § 130 Rn. 5.
24   RGZ 81, 324; HmbOVG VR 1984, 179 (Überraschungsurteil); VGH Kassel MDR 1992, 905.
25   *R. Rudisile*, in: Schoch/Schneider/Bier § 130 Rn. 6.
26   VGH Kassel NJW 1984, 821, 823; NVwZ-RR 1989, 334; vgl. OLG Düsseldorf MDR 1982, 502.

- Nichteinhaltung einer Terminzusage des Vorsitzenden (VGH Kassel VerwRspr 32, 372, 373; VGH Mannheim Justiz 1980, 162).

Auf materiell-rechtliche Mängel kann die Zurückverweisung nicht gestützt werden. Die Abgrenzung ist wie bei § 132 Abs. 2 Nr. 3 vorzunehmen.[27] Der Mangel muss wesentlich sein.[28] Dabei ist die Sicht des VG, dessen Urteil angegriffen wird, maßgeblich, nicht etwa die Beurteilung der Sach- und Rechtslage durch das OVG[29].[30] Eine Zurückverweisung ist jedoch entsprechend § 144 Abs. 4 ausgeschlossen, wenn aufgrund einer anderen rechtlichen Beurteilung durch das OVG der Verfahrensverstoß unerheblich ist (BGHZ 31, 358, 364; BGH NJW-RR 1990, 480, 481; NJW 1993, 538).

Das Vorliegen eines wesentlichen Verfahrensmangels erfüllt das Erfordernis für eine Zurückweisung 10 (neben dem Antragserfordernis) noch nicht. Entsprechend Abs. 2 Nr. 1 muss dieser Mangel eine umfangreiche (z.B. Vernehmung einer Vielzahl von Zeugen) oder aufwändige (etwa an einem weit entfernt liegenden Ort) Beweisaufnahme (BT-Drs. 14/6393, 14) notwendig machen. Eine „normale" Beweisaufnahme genügt nicht für eine Zurückverweisung, da das OVG zu dieser nach Abs. 1 ausdrücklich verpflichtet ist.[31]

2. VG hat in der Sache noch nicht entschieden (Abs. 2 Nr. 2). Die Zurückverweisung ist nach § 130 11 Abs. 2 Nr. 2 zulässig, wenn das VG noch nicht **in der Sache selbst entschieden** hat. Das ist insbes. dann der Fall, wenn die Klage vom VG zu Unrecht durch Prozessurteil abgewiesen wurde.[32] Hat das VG jedoch durch Zwischenurteil über die Zulässigkeit der Klage entschieden, ist eine Zurückverweisung unzulässig (BVerwGE 36, 218, 229). Keine Entscheidung in der Sache selbst liegt im Hinblick auf die Höhe vor, wenn das VG die Klage wegen des Grundes abgewiesen hat.[33] Dies ist auch anzunehmen, wenn das VG das Klagebegehren zu eng ausgelegt und deshalb nicht in der Sache entschieden hat[34] oder den Kern des Vorbringens verkannt hat (BGH NJW-RR 1990, 1500).

Im Übrigen wird die Frage, inwieweit die Regelung auch in anderen Fällen – ggf. analog – anzuwen- 12 den ist, uneinheitlich beantwortet. Überwiegend anerkannt ist, dass – jedenfalls in analoger Anwendung der Vorschrift – eine Zurückverweisung nach Abs. 2 Nr. 1 erfolgen kann, wenn das VG zwar in der Sache entschieden, aber zur eigentlichen Rechtsfrage nicht Stellung genommen hat, weil es die Weichen falsch gestellt hatte.[35] Dies ist der Fall, wenn das VG zu Unrecht das Eingreifen einer materiell-rechtlichen Ausschlussfrist angenommen hat[36] oder zu Unrecht von der Nichtigkeit einer Satzung ausgegangen ist (BVerwG DÖV 1982, 167; VGH Mannheim VBlBW 1986, 351, 352). Die Zurückverweisung wurde außerdem für folgende Fälle als zulässig erachtet:

- Das VG hat zu Unrecht angenommen, dass es an die Entscheidung einer anderen Behörde oder eines anderen Gerichts gebunden sei (BGH NJW 1984, 128; OVG Lüneburg OVGE 3, 132).
- Das VG hat einen Verwaltungsakt zu Unrecht aus formellen Gründen aufgehoben (OVG Koblenz MDR 1952, 188).
- Es hat zu Unrecht eine Rechtsnorm für nichtig gehalten hat (BVerwG NVwZ 1982, 500; OVG Lüneburg OVGE 2, 205, 214; 3, 132, 136).
- Der Grund der Klageabweisung ist später durch Gesetzesänderung weggefallen (OVG Münster OVGE 11, 135).

---

27 *R. Rudisile*, in: Schoch/Schneider/Bier § 130 Rn. 6.
28 Kein wesentlicher Mangel ist z.B. die unterbliebene Bekanntgabe eines Einzelrichterbeschlusses, VGH Mannheim ESVGH 44, 81 f.
29 *Kopp/Schenke* § 130 Rn. 9 m.w.N.
30 BGH 1.2.2010 – II ZR 209/08, NJW-RR 2010, 1048, 1049.
31 *Th. Stuhlfauth*, in: Bader § 130 Rn. 7; *B. Kienemund*, NJW 2002, 1231, 1234.
32 OVG Münster DÖV 1990, 166, 167; *Kopp/Schenke* § 130 Rn. 11; *R. Rudisile*, in: Schoch/Schneider/Bier § 130 Rn. 8.
33 *M. Happ*, in: Eyermann § 130 Rn. 12.
34 *Ders.*, a.a.O.
35 BVerwGE 38, 139, 146; BVerwG NVwZ 1982, 500; 1988, 754, 755; OVG Lüneburg OVGE MüLü 15, 510; *Kopp/Schenke* § 130 Rn. 11; *R. Rudisile*, in: Schoch/Schneider/Bier § 130 Rn. 9; a.A. *Ule* § 62 V 1 a.
36 BSGE 51, 202, 205; VGH Kassel DVBl 1961, 560; VGH Mannheim VBlBW 1997, 297, 298; LG Frankfurt NJW 1987, 784; 1988, 78.

13   In den folgenden Fällen wurde eine Zurückverweisung für unzulässig gehalten:

- ■ Das VG hat nicht alle Rechtsfragen behandelt, auf die es ankam (BSGE 2, 245).
- ■ Das VG vertritt eine Rechtsauffassung, die von der des OVG abweicht und befasst sich daher nicht mit dem vom OVG für entscheidungserheblich gehaltenen Sachverhalt (BGH NJW 1975, 1785, 1786; abw. OVG Münster NJW 1962, 834).
- ■ Das VG hat die Vorschrift, auf der der angefochtene Verwaltungsakt beruht, gar nicht angewendet und deswegen die im tatsächlichen Bereich liegenden Anwendungsvoraussetzungen der Vorschrift nicht geprüft (OVG Münster DÖV 1962, 318, 319).
- ■ Das OVG stellt andere Anforderungen an die Schlüssigkeit und Pflicht zur Substantiierung, aufgrund derer eine Beweisaufnahme erforderlich wird (BGH NJW 1993, 2318).

V. Wirkung der Zurückverweisung

14   **1. Bindung des VG.** Die Zurückverweisung eröffnet die erste Instanz von neuem. Das Verfahren wird mit der in § 130 Abs. 3 festgelegten *Bindungswirkung* fortgesetzt. Wie in jedem anderen erstinstanzlichen Verfahren können die Parteien Anträge stellen sowie neue Beweismittel und Tatsachen vorbringen (BVerwGE 15, 56, 57). Soweit sie nicht gegenstandslos geworden sind, bleiben Prozesshandlungen des früheren Verfahrens vor dem VG und solche des Berufungsverfahrens wirksam,[37] müssen jedoch zum Gegenstand der mündlichen Verhandlung gemacht werden[38]. Soweit diese nicht durch die Aufhebung (→ Rn. 7) berührt ist, ist das VG an die eigene frühere Entscheidung gebunden (§ 173 S. 1 i.V.m. § 318 ZPO). Das VG ist nach § 130 Abs. 3 an die rechtliche Beurteilung des OVG gebunden. Ist das zurückverweisende Urteil mit anderer Begründung durch das BVerwG bestätigt worden, gilt dies für die Beurteilung durch das VG (BVerwGE 22, 273, 280f; 24, 253, 260; BVerwG NJW 1967, 900). Im Verfahren der Sprungrevision ist auch das Revisionsgericht an die materiell-rechtliche Rechtsansicht gebunden, die das Berufungsgericht seiner Entscheidung, mit der es die Sache an das VG zurückweist, zugrunde gelegt hat (BVerwGE 54, 116, 121 ff.).

15   Die Bindung tritt auch dann ein, wenn die Zurückverweisung fehlerhaft war (BVerwG NVwZ-RR 1989, 506). Sie erstreckt sich auf alle Ausführungen, die für die Aufhebung des Urteils tragend waren (BVerwG Buchholz 310 § 144 VwGO Nr. 28; BVerwGE 43, 243). Dies sind Rechtsausführungen, Ausführungen über die Auslegung von Vorschriften, über das Bestehen oder Nichtbestehen von Erfahrungssätzen sowie über die Zulässigkeit der Klage und die Auslegung von Prozesshandlungen (BVerwGE 42, 213, 247). Bindend sind auch solche Ausführungen, die den unmittelbaren Aufhebungsgründen in dem Sinne vorausgehen, dass sie notwendige Voraussetzung sind, z.B. Verfassungsmäßigkeit der für die Entscheidung maßgeblichen Vorschriften.[39] Die Bindung gilt nur für dieselbe Sache. Parallelsachen sind, auch wenn es sich um dieselbe Rechtsfrage handelt, von ihr nicht betroffen (BVerwGE 54, 116, 123; BVerwG NVwZ 1982, 120). An darüber hinausgehende Ausführungen des OVG ist das VG indes nicht gebunden.[40] Ebenso wenig sind Sachverhaltsfeststellungen des Berufungsgerichts bindend.[41] Die Bindung entfällt, wenn sich der Sachverhalt oder die Rechtslage geändert hat (BVerwGE 39, 300, 304), auch wenn das durch die Auslegung einer Norm des Gemeinschaftsrechts durch den EuGH geschehen ist (BVerwGE 89, 320, 327). Sie entfällt auch bei Änderung der Rspr. des OVG, des BVerwG oder des BVerfG zu dieser Frage in einem vergleichbaren Fall (GmSOGB BVerwGE 41, 363, 368).

16   **2. Verbot der reformatio in peius.** Das VG muss bei seiner Entscheidung das Verbot der reformatio in peius beachten. Es darf keine für den Rechtsmittelführer ungünstigere Entscheidung treffen, soweit das frühere Urteil von der Aufhebung nicht berührt wurde und sich nicht auf Grund von Amts wegen zu treffender neuer tatsächlicher Feststellungen oder neuer Anträge eine veränderte prozessuale Situation ergibt.[42]

---

37   *M. Redeker*, in: Redeker/v. Oertzen § 130 Rn. 7.
38   *M. Happ*, in: Eyermann § 130 Rn. 21.
39   *Kopp/Schenke* § 130 Rn. 12.
40   *Kopp/Schenke* § 130 Rn. 12.
41   *R. Rudisile*, in: Schoch/Schneider/Bier § 130 Rn. 16.
42   Eingehend *Kopp/Schenke* § 130 Rn. 13 m.w.N.

3. Bindung des OVG. Wird gegen das auf die Zurückverweisung ergehende Urteil erneut Berufung 17 eingelegt, ist das OVG in demselben Umfang gebunden wie das VG (BVerwGE 54, 116, 119; BGH NJW 1992, 2831). Dies ist Folge des ungeschriebenen, im Rechtsstaatsprinzip gründenden Prinzips der Selbstbindung des Rechtsmittelgerichts.[43] Hat das OVG jedoch zwischenzeitlich in anderen Fällen neue Rechtsgrundsätze erarbeitet, entfällt insoweit die Bindung (BVerwGE 41, 363, 368 f.). Umstr. ist, ob es seine Rspr. auch in diesem Fall aufgeben kann.[44]

§ 130 a [Entscheidung durch Beschluss]

[1]Das Oberverwaltungsgericht kann über die Berufung durch Beschluß entscheiden, wenn es sie einstimmig für begründet oder einstimmig für unbegründet hält und eine mündliche Verhandlung nicht für erforderlich hält. [2]§ 125 Abs. 2 Satz 3 bis 5 gilt entsprechend.

Schrifttum

C. Burkiczak, Die Anhörungsmitteilung vor der Entscheidung über eine Berufung durch Beschluss im verwaltungs- und sozialgerichtlichen Verfahren, NVwZ 2016, 806; *R. Klenke*, Vorbefassung von Richterinnen und Richtern mit dem Rechtsstreit als Ansatzpunkt für Befangenheit? – Zur Vereinbarkeit des Gerichtsbescheids mit Art. 6 Abs. 1 EMRK nach der 6. VwGO-Novelle, DÖV 1998, 155; *H. H. Koch/H.-P. Steinmetz*, Das Entlastungsgesetz – eine Zwischenbilanz, BayVBl 1981, 138; *F. Kopp*, Änderungen der Verwaltungsgerichtsordnung zum 1.1.1991, NJW 1991, 521; *I. Kraft*, Der Einfluss des Art 6 EMRK auf die deutsche Verwaltungsgerichtsbarkeit, EuGRZ 2014, 666; *J. Meyer-Ladewig*, Vereinfachung und Beschleunigung verwaltungsgerichtlicher Verfahren, DVBl 1979, 539; *K. W. Lotz*, Zur Abgrenzung der Rechtsprechungsaufgaben von Widerspruchsbehörde, Verwaltungsgericht und Verwaltungsgerichtshof, BayVBl 1987, 738; *M. Pagenkopf*, Die VwGO-Novelle – Augenmaß und Schlichtheit, DVBl 1991, 285; *M. Quaas*, Das 6. VwGO-Änderungsgesetz aus anwaltlicher Sicht, NVwZ 1998, 701; *W. Roth*, Der Anspruch auf öffentliche Verhandlung nach Art. 6 Abs. 1 EMRK im verwaltungsgerichtlichen Rechtsmittelverfahren, EuGRZ 1998, 495; *J. Schmidt*, Das 6. VwGO-Änderungsgesetz und seine Folgen aus der Sicht der Berufungsinstanz, NVwZ 1998, 694; *B. Stuer/C. D. Hermanns*, Verwaltungs-, Sozial- und Finanzgerichtsbarkeit unter einem Dach, ZRP 2002, 164; *J. Ziekow*, Anmerkung zum Urteil des BVerwG vom 22.1.1998 – 2 C 4.97, JZ 1999, 90.

I. Allgemeines

1. Entstehungsgeschichte. Die Vorschrift ist durch das am 1.1.1991 in Kraft getretene 1 4. VwGOÄndG[1] eingefügt worden und erfasste ursprünglich nur einstimmig für unbegründet gehaltene Berufungen. Sie übernahm damit den zeitlich befristeten Art. 2 § 5 EntlG[2] im Wesentlichen in Dauerrecht. Diese Bestimmung gab dem OVG die Möglichkeit, „die Berufung bis zur Anberaumung der

---

43 VGH Kassel DÖV 1965, 860; *Kopp/Schenke* § 130 Rn. 16.
44 Abl. BVerwGE 54, 116, 123 f.; *M. Happ*, in: Eyermann § 130 Rn. 27; *R. Rudisile*, in: Schoch/Schneider/Bier § 130 Rn. 18; a.A. BFHE 118, 361, 364 für den Fall der Verletzung des Rechts auf Gehör; *Kopp/Schenke* § 130 Rn. 17.
1 Gesetz zur Neuregelung des verwaltungsgerichtlichen Verfahrens (Viertes Gesetz zur Änderung der Verwaltungsgerichtsordnung – 4. VwGOÄndG) vom 17.12.1990 (BGBl I 2809).
2 Gesetz zur Entlastung der Gerichte in der Verwaltungs- und Finanzgerichtsbarkeit vom 31.3.1978 (BGBl I 446).

mündlichen Verhandlung und bis zur Anordnung einer Beweiserhebung durch Beschluß zurückzuwei-sen, wenn es sie einstimmig für unbegründet und eine mündliche Verhandlung nicht für erforderlich hält". Die zeitliche Begrenzung, innerhalb derer ein Beschluss nach Art. 2 § 5 EntlG ergehen konnte, wurde nicht übernommen.

2   Die Möglichkeit, über Berufungen durch Beschluss zu entscheiden, ist durch das 6. VwGOÄndG[3] mit Wirkung vom 1.1.1997 auch auf einstimmig für begründet gehaltene Berufungen erstreckt worden. Zugleich ist die Einschränkung entfallen, dass bei Berufungen gegen einen Gerichtsbescheid nicht durch Beschluss entschieden werden darf, weil gegen Gerichtsbescheide nunmehr wahlweise auch ein Antrag auf mündliche Verhandlung gestellt werden kann (vgl. § 84 Abs. 2 Nr. 1; → Rn. 39).

3   **2. Zweck der Vorschrift und Normzusammenhang.** Das OVG entscheidet über zugelassene Berufun-gen grds. aufgrund mündlicher Verhandlung durch Urteil (§ 125 Abs. 1, § 101 Abs. 1, § 107). Als Ausnahme hiervon ermöglicht § 130 a eine vereinfachte Entscheidung ohne mündliche Verhandlung in der Berufungsinstanz. Diese Entscheidungsform soll der Entlastung der Berufungsgerichte und der Be-schleunigung der Verfahren dienen.[4] Nach der Vorstellung des Gesetzgebers soll das OVG im verein-fachten Berufungsverfahren die Möglichkeit haben, „offenbar unbegründete"[5] bzw. „eindeutig aus-sichtslose"[6] (seit 1.1.1997 auch eindeutig erfolgreiche) Berufungen rasch und ohne unangemessenen Verfahrensaufwand zu erledigen. Die ersparte Arbeitskapazität soll nutzbringend für die Entscheidung schwierigerer Streitsachen verwendet werden (Begründung zum 4. VwGOÄndG, BT-Drs. 11/7030, 31 f.). Das Ziel des Gesetzgebers, die Anwendung des vereinfachten Berufungsverfahrens regelmäßig auf eindeutige Fälle zu beschränken, soll durch das Erfordernis der Einstimmigkeit erreicht werden.

4   § 130 a steht im inhaltlichen Zusammenhang mit § 125 Abs. 2, der bei Unzulässigkeit der Berufung eine Entscheidung durch Beschluss ohne mündliche Verhandlung ermöglicht; Einstimmigkeit wird in-soweit nicht gefordert.

5   Lange Zeit wurden das vereinfachte Berufungsverfahren nach § 130 a und die Zulassungsberufung le-diglich als *alternative* Entlastungs- und Beschleunigungsinstrumente diskutiert. So sah der vom Koor-dinierungsausschuss vorgelegte Entwurf einer Verwaltungsprozessordnung eine dem § 130 a vergleich-bare Vorschrift vor (§ 161), lehnte aber eine allgemeine Zulassungsberufung ab.[7] Demgegenüber be-fürwortete der Regierungsentwurf einer Verwaltungsprozessordnung eine allgemeine Zulassungsberu-fung (§ 141) und verzichtete deshalb auf ein vereinfachtes Berufungsverfahren (BT-Drs. 9/1851 und BT-Drs. 11/3437). Die Kombination beider Instrumente durch das 6. VwGOÄndG wurde zunächst skeptisch beurteilt und § 130 a als „bedeutungsloses Auslaufmodell"[8] oder „Makulatur"[9] bezeichnet. Tatsächlich verbleibt jedoch trotz der Filterfunktion der Zulassungsberufung für das vereinfachte Be-rufungsverfahren in der Praxis ein nicht unbedeutender Anwendungsbereich. Sinnvoll ist eine Ent-scheidung nach § 130 a etwa bei offensichtlichen Fehlern der erstinstanzlichen Entscheidung oder bei Änderungen der Sach- oder Rechtslage.[10]

6   **3. Verfassungsrecht.** Gegen § 130 a bestehen keine verfassungsrechtlichen Bedenken.[11] Der Anspruch auf rechtliches Gehör (Art. 103 Abs. 1 GG) begründet kein Recht auf mündliche Verhandlung.[12] Das Prinzip der Mündlichkeit ist kein Verfassungsgrundsatz, sondern nur eine einfachrechtliche Prozess-maxime (BVerfGE 15, 303, 307; BVerwGE 57, 272, 273). Das verfassungsrechtliche Anhörungsrecht des Betroffenen ist auch im schriftlichen Verfahren gewahrt (BVerfGE 5, 9, 11; 11, 232, 234; BVerwG 30.7.2009 – 5 B 107.08). Auch aus Art. 19 Abs. 4 GG ergibt sich nicht die Notwendigkeit einer

---

3   Sechstes Gesetz zur Änderung der Verwaltungsgerichtsordnung und anderer Gesetze vom 1.11.1996 (BGBl I 1626).
4   Begründung zum 4. VwGOÄndG, BT-Drs. 11/7030, 31 f.; s.a. BVerwG NVwZ 1996, 1102.
5   Begründung zum Entlastungsgesetz, BT-Drs. 8/842, 12.
6   Begründung zum 4. VwGOÄndG, BT-Drs. 11/7030, 31.
7   Entwurf einer Verwaltungsprozessordnung, vorgelegt vom Koordinierungsausschuss zur Vereinheitlichung der VwGO, der FGO und des SGB, herausgegeben vom Bundesminister der Justiz, Köln 1978, 104 ff.
8   *J. Schmidt*, NVwZ 1998, 694, 695.
9   *M. Quaas*, NVwZ 1998, 701, 702.
10   Z.B. in Asylverfahren bei Änderung der politischen Verhältnisse im Heimatstaat des Asylbewerbers.
11   BVerwGE 57, 272, 273 ff.; 72, 59, 60 ff.; BVerwG 15.8.1991 Buchholz 310 § 130 a VwGO Nr. 1; 6.12.1991 Buchholz 310 § 166 VwGO Nr. 24; 10.4.1992 Buchholz 310 § 130 a VwGO Nr. 5; 22.12.1998 Buchholz 310 § 130 a VwGO Nr. 31; NVwZ 1999, 1000, 1001.
12   BVerfGE 5, 9, 11; 36, 85, 87; 60, 175, 210 f.; 89, 381, 391; BVerwGE 57, 272, 273; 72, 59, 60 f.; BVerwG NVwZ 1992, 890; 30.7.2009 – 5 B 107.08.

mündlichen Verhandlung.[13] Insbes. erschwert § 130 a die Rechtsverfolgung des Berufungsklägers nicht in unzumutbarer Weise; der Betroffene kann sich schriftlich zur Sache und – nach Anhörung – zur beabsichtigten Verfahrensweise äußern.[14]

Die dem OVG durch § 130 a unter bestimmten Umständen eröffnete Wahlmöglichkeit, über eine Beru- 7 fung entweder in der Beschlussbesetzung oder aber aufgrund mündlicher Verhandlung unter Hinzuziehung der ehrenamtlichen Richter zu entscheiden, verstößt nicht gegen die Garantie des gesetzlichen Richters (Art. 101 Abs. 1 S. 2 GG). Die sachlichen Kriterien, an die § 130 a die Zulässigkeit einer Entscheidung im Beschlusswege knüpft, sind ein ausreichender Schutz gegen richterliche Willkür (BVerwGE 72, 59, 60 f. zur Vorgängervorschrift des Art. 2 § 5 Abs. 1 EntlG).

4. Art. 6 EMRK. Die Vorschrift des § 130 a entspricht auch den Anforderungen des Art. 6 Abs. 1 8 EMRK, der innerstaatlich im Range eines Bundesgesetzes gilt.[15] Erforderlich ist aber eine konventionskonforme Auslegung und Anwendung des § 130 a;[16] Art. 6 Abs. 1 EMRK schränkt insoweit das Verfahrensermessen des Berufungsgerichts ein.

Die durch Art. 6 Abs. 1 EMRK gewährleistete Garantie einer öffentlichen mündlichen Verhandlung ist 9 ein „fundamentaler Grundsatz jeder demokratischen Gesellschaft" (EGMR NJW 1992, 1813, 1814). Nach dieser Vorschrift hat jedermann einen Anspruch darauf, „dass seine Sache in billiger Weise öffentlich und innerhalb einer angemessenen Frist gehört wird, und zwar von einem unabhängigen und unparteiischen Gericht, das über zivilrechtliche Ansprüche und Verpflichtungen zu entscheiden hat". Diese Garantie ist nicht auf zivilrechtliche Rechtsverhältnisse beschränkt, sondern umfasst auch weite Teile der verwaltungsgerichtlichen Streitigkeiten;[17] dessen ungeachtet wollte der deutsche Gesetzgeber das Verfahrensprinzip der mündlichen Verhandlung aus Art. 6 Abs. 1 EMRK allgemein gewahrt wissen (BVerwGE 138, 289 = DVBl 2011, 366). Die Öffentlichkeit des Verfahrens dient nach der Rspr. des EGMR dem Schutz vor Geheimjustiz und der Sicherstellung eines fairen Verfahrens (EGMR EuGRZ 1985, 225, 228 [Fall Axen]; NJW 1992, 1813, 1814 [Fall Helmers]); sie wird durch eine öffentliche mündliche Verhandlung gewährleistet.

Art. 6 Abs. 1 EMRK garantiert den Rechtsschutzsuchenden einen Rechtszug mit mindestens einer 10 mündlichen Verhandlung. Das bedeutet aber nicht, dass Art. 6 Abs. 1 EMRK immer schon dann Genüge getan ist, wenn zwar im erstinstanzlichen Verfahren, nicht aber im Berufungsverfahren die Möglichkeit der mündlichen Verhandlung bestand.[18] In Fällen einer erstinstanzlichen öffentlichen mündlichen Verhandlung verlangt Art. 6 Abs. 1 EMRK nach der Rspr. des EGMR zwar nicht stets in der folgenden zweiten Instanz eine weitere mündliche Verhandlung.[19] Maßgebend sind vielmehr die besonderen Merkmale des jeweiligen Verfahrens. So bedürfen Verfahren über die Zulassung der Berufung oder Berufungsverfahren, die sich nur auf Rechtsfragen beziehen, nicht notwendig einer mündlichen Verhandlung.[20] Gleiches gilt, wenn das Berufungsgericht über die Sache ohne eigene Ermittlungen nach Aktenlage entscheiden kann (EGMR EuGRZ 1991, 420, 421 [Fall Fejde]); eine Entscheidung nach Aktenlage kommt auch nach Einholung eines schriftlichen Sachverständigengutachtens in Betracht (BVerwG 4.8.2005 Buchholz 140 Art 6 EMRK Nr. 10). Hat aber die Sachverhaltsermittlung eine besondere Bedeutung, kommt es etwa auf die Glaubwürdigkeit des Klägers oder von Zeugen an, handelt es sich um eine komplexe oder schwierige Beweiswürdigung oder stellt ein Beteiligter die Tatsachenfeststellungen der Vorinstanz substantiiert infrage, so verlangt Art. 6 Abs. 1 EMRK auch in der Berufungsinstanz eine mündliche Verhandlung (EGMR NJW 1992, 1813 [Fall Helmers]). Von Bedeu-

---

13 BVerfGE 11, 232, 234; 35, 382, 406; BVerwGE 57, 272, 274; 72, 59, 60 f.; BVerwG NVwZ 1992, 890.
14 BVerwGE 57, 272, 274 f. zur Vorgängervorschrift des Art. 2 § 5 Abs. 1 EntlG; BVerwG NVwZ 1992, 890.
15 Vgl. BVerfGE 74, 358, 370 m.w.N.; vgl. ferner BVerfGE 82, 106, 114; BVerwG DVBl 2000, 807.
16 Vgl. BVerwG NVwZ 1999, 763, 764; 2.12.2012 – 2 B 32.12; *W. Roth,* EuGRZ 1998, 495, 502; zur konventionskonformen Auslegung vgl. auch BVerwG DVBl 2000, 807, 809 f.
17 BVerwGE 111, 69; BVerwG DVBl 1996, 105; NVwZ 1999, 1000, 1001; 1999, 1108, 1109; DVBl 2000, 807, 808 m.w.N. aus der Rspr. des EGMR; NVwZ 2002, 993, 994. Art. 6 EMRK findet in asyl- und ausländerrechtlichen Verfahren keine Anwendung, vgl. BVerwG 20.12.2004 Buchholz 310 § 130 a VwGO Nr. 69; 8.8.2007 – 10 B 74.07.
18 So aber BVerwG 28.6.1983 Buchholz 312 EntlG Nr. 32; NVwZ 1989, 1168; 1999, 404; 26.2.1999 – 9 B 169.98; ausdrücklich offen gelassen von BVerwG NVwZ 1999, 763.
19 EGMR EuGRZ 1985, 225, 228 (Fall Axen) zu Art. 1 Nr. 2 des Gesetzes zur Entlastung des Bundesgerichtshofs in Zivilsachen vom 15.8.1969, BGBl I 1141 (dazu → Rn. 1); 1991, 420 f. (Fall Fejde); NJW 1992, 1813 (Fall Helmers).
20 BVerwG UPR 2004, 143; EGMR EuGRZ 1985, 229, 232 (Fall Sutter); NJW 1992, 1813 (Fall Helmers); EuGRZ 1995, 537, 541 f. (Fall Kremzow).

tung ist auch, ob sich das Berufungsgericht erstmals (dann mündliche Verhandlung) oder nach früherer Klärung in vorangegangenen – anderen – Verfahren mit Tatsachenfragen auseinandersetzt. Im letzteren Fall steht auch die Beiziehung und Einführung einer größeren Anzahl neuer Erkenntnismittel in das Berufungsverfahren einer Entscheidung ohne mündliche Verhandlung nicht entgegen.[21] Eine mündliche Verhandlung im Berufungsverfahren ist nach Art. 6 Abs. 1 EMRK i.d.R. auch dann nicht zwingend geboten, wenn eine Beweisaufnahme vor der vollbesetzten Richterbank des Berufungsgerichts an Ort und Stelle stattgefunden hat, den Beteiligten hierbei Gelegenheit zur Äußerung gegeben war und das Berufungsgericht seine Auffassung über das Ergebnis der Beweisaufnahme mitgeteilt hat (BVerwG NVwZ 1999, 763). Art. 6 Abs. 1 EMRK gewährleistet dann keine mündliche Verhandlung vor den Tatsachengerichten, wenn diese nicht beantragt wurde oder der Gegenstand des Verfahrens keine Fragen von öffentlicher Bedeutung aufwirft (EGMR NJW 2003, 1921, 1922 f.).

11   **5. Anwendungsbereich.** § 130 a findet auch Anwendung bei Streit darüber, ob das (Berufungs-)Verfahren durch eine wirksame Berufungs- oder Klagerücknahme[22] oder durch übereinstimmende Hauptsacheerledigungserklärungen[23] beendet worden ist, oder nach einer Zurückverweisung der Sache durch das BVerwG (§ 144). Im Falle der Anschlussberufung ist zu differenzieren (→ Rn. 40).

12   § 130 a gilt ferner in Verfahren nach dem AsylVfG. Die frühere Sondervorschrift des § 79 Abs. 3 AsylVfG ist durch Art. 33 Abs. 1 des Justizmitteilungsgesetzes vom 18.6.1997 (BGBl I 1430) mit Wirkung vom 27.6.1997 aufgehoben worden; bereits vor der klarstellenden Aufhebung des § 79 Abs. 3 AsylVfG durfte allerdings das Berufungsgericht in Asylrechtsstreitigkeiten nach § 130 a i.d.F. des 6. VwGOÄndG verfahren.[24]

13   Das Berufungsgericht kann auch über Wiederaufnahmeklagen gegen ein Berufungsurteil nach § 153 Abs. 1 VwGO i.V.m. § 585 ZPO i.V.m. § 130 a VwGO durch Beschluss entscheiden.[25] Keine Anwendung findet § 130 a im Revisionsverfahren (§ 141).

13a   In Disziplinarklageverfahren nach dem Bundesdisziplinargesetz darf das Berufungsgericht nicht gem. § 130 a auf eine Entfernung aus dem Beamtenverhältnis, Aberkennung des Ruhegehalts oder Zurückstufung erkennen oder eine solche Entscheidung bestätigen; dem steht die Sonderregelung des § 59 BDG entgegen, der gem. § 65 Abs. 1 S. 1 BDG im Berufungsverfahren Anwendung findet.[26]

II. Voraussetzungen für den Beschluss nach § 130 a

14   **1. Keine zeitliche Grenze für Beschluss nach § 130 a.** § 130 a enthält keine Ausschlussfrist für die Anwendung der Regelung.[27] Der Gesetzgeber hat bewusst die noch in der Vorläufervorschrift des Art. 2 § 5 Abs. 1 EntlG enthaltene zeitliche Grenze für eine Entscheidung im vereinfachten Berufungsverfahren („bis zur Anberaumung der mündlichen Verhandlung und bis zur Anordnung der Beweisaufnahme") nicht in § 130 a übernommen (BT-Drs. 11/7030, 31 [zu § 130a] und 26 [zu § 84]). Entscheidend ist die Prozesslage im Zeitpunkt der Anhörungsmitteilung; das Berufungsgericht soll – i.S.d. angestrebten Beschleunigung und Entlastung – auf eine veränderte Prozesssituation reagieren können. Im Einzelnen:

15   Die Anberaumung eines – später wieder aufgehobenen – Termins zur mündlichen Verhandlung schließt nicht aus, im Beschlusswege zu entscheiden[28] (ferner → Rn. 1). Auch wenn eine mündliche Verhandlung bereits stattgefunden hat, ist ein Beschluss im vereinfachten Berufungsverfahren dann nicht ausgeschlossen, wenn für eine sonst notwendig werdende *weitere* mündliche Verhandlung kein

---

21   BVerwG NVwZ 1996, 1102; 15.2.1999 – 9 B 520.98 (beide Entscheidungen betrafen asyl- und ausländerrechtliche Streitigkeiten, auf die Art. 6 Abs. 1 EMRK keine Anwendung findet); a.A. (ohne Differenzierung): M. *Happ*, in: Eyermann § 130 a Rn. 3; W. *Roth*, EuGRZ 1998, 495, 502; J. *Ziekow*, JZ 1999, 90 f.

22   BVerwG NJW 1997, 2897, 2898; NVwZ 1997, 1210, 1211; OVG Münster DÖV 1982, 373 (LS).

23   BVerwG NVwZ-RR 1994, 362; OVG Münster 18.12.2008 – 13 A 1066/06.

24   BVerwG 24.2.1998 Buchholz 310 § 130 a VwGO Nr. 22; 8.5.1998 Buchholz 140 Art. 6 EMRK Nr. 2; OVG Lüneburg DVBl 1997, 667; OVG Magdeburg AuAS 2000, 15.

25   Vgl. BVerwG 31.10.1995 Buchholz 310 § 153 Nr. 29; OVG Brem NJW 1990, 2337; OVG Münster NVwZ 1995, 95; VGH Mannheim NVwZ-RR 1996, 539; NJW 1997, 145.

26   BVerwG NVwZ-RR 2008, 335; BayVBl 2009, 120.

27   BVerwG 30.3.1998 Buchholz 310 § 130 a VwGO Nr. 23: Keine Bedenken, wenn die Berufungsentscheidung erst ein Jahr nach dem verwaltungsgerichtlichen Urteil ergeht.

28   BVerwG NVwZ 1999, 1108; 1999, 1109; 3.2.1999 Buchholz 310 § 130 a VwGO Nr. 33 (nach Eingang eines Terminverlegungsantrags); OVG Münster DVBl 1993, 565.

Erörterungsbedarf besteht;[29] gleiches gilt, wenn die mündliche Verhandlung wiedereröffnet worden ist und anschließend das Gericht das vorbereitende Verfahren wieder aufnimmt (OVG Bautzen DÖV 2016, 792). Ein Beschluss nach § 130 a kommt auch nach Zurückverweisung durch das BVerwG (BVerwG NVwZ 2005, 336) oder nach Aussetzung wegen einer Vorlage an das BVerfG (BVerwG NVwZ-RR 2012, 295) in Betracht. Dies folgt sowohl aus Sinn und Zweck als auch aus der Entstehungsgeschichte der Regelung.[30] Auch den Anforderungen des Art. 6 Abs. 1 EMRK ist entsprochen, wenn nicht erkennbar ist, dass durch eine weitere mündliche Verhandlung die Beteiligten zu einer weiteren Klärung beitragen könnten. Eine derartige Prozesssituation kann etwa nach Widerruf eines (unter Widerrufsvorbehalt geschlossenen) Prozessvergleichs oder nach Änderung der Sach- oder Rechtslage (z.B. Wegfall des Rechtsschutzbedürfnisses) gegeben sein. Auch die Durchführung eines Erörterungstermins (BVerwG 10.9.1998 – 8 B 103.98) oder die Anordnung und Durchführung einer Beweisaufnahme (ggf. in einem Beweistermin)[31] hindern nicht eine Entscheidung in einem vereinfachten Verfahren nach § 130 a.

Ein längerer Zeitraum zwischen der Anhörungsmitteilung und der Entscheidung nach § 130 a begründet allein kein schutzwürdiges Vertrauen der Beteiligten darauf, das Berufungsgericht werde nicht durch Beschluss entscheiden.[32] Hat das Berufungsgericht den Beteiligten in der Anhörungsmitteilung eine Frist zur Äußerung eingeräumt, darf es nicht vor Ablauf der Frist entscheiden; andernfalls verletzt es das Recht auf rechtliches Gehör (BVerwG NJW 1991, 2037 m.w.N.; 14.3.1994 – 11 B 141.93). **16**

2. Anhörung der Beteiligten. a) Grundsätzliches. Vor einer Entscheidung durch Beschluss sind die Beteiligten nach § 130 a S. 2 i.V.m. § 125 Abs. 2 S. 3 zwingend zu dieser Verfahrensweise anzuhören. Die Regelung ist eine besondere Ausprägung des Rechts auf rechtliches Gehör und der Grundsätze eines fairen Verfahrens.[33] Anzuhören sind die Beteiligten, also nicht nur der Berufungskläger, sondern auch der Berufungsbeklagte und alle sonstigen Beteiligten. Da das vereinfachte Berufungsverfahren es dem Berufungsgericht ermöglicht, gegen den Willen der Beteiligten ohne die auch im Berufungsverfahren grds. vorgesehene mündliche Verhandlung (§ 125 Abs. 1, § 101 Abs. 1) zu entscheiden, sind an die Anhörungsmitteilung strenge formelle und inhaltliche Anforderungen zu stellen (BVerwG NVwZ 1999, 1107). **17**

Die Anhörungsmitteilung dient zwei Zwecken: Einerseits sollen die Beteiligten Gelegenheit erhalten, zu der beabsichtigten Entscheidungsform durch Beschluss Stellung zu nehmen und ggf. Gründe darzutun, aus denen sie eine mündliche Verhandlung für sachdienlich halten; darüber hinaus wird ihnen die Möglichkeit eingeräumt, vor der angekündigten Entscheidung in der Sache selbst ergänzende und abschließende Ausführungen zu machen und ggf. das beabsichtigte Entscheidungsergebnis infrage zu stellen (vgl. BVerwG NJW 1980, 1810, 1811; 1981, 295; NVwZ 2000, 1040, 1041 f.). Andererseits soll das Berufungsgericht zu der fallbezogenen Prüfung veranlasst werden, ob die gesetzlichen Voraussetzungen für die vorgesehene vereinfachte Verfahrensweise gegeben sind.[34] **18**

b) Inhalt der Anhörungsmitteilung. Der Inhalt der Anhörungsmitteilung muss den vorgenannten Zielen Rechnung tragen und rechtliches Gehör sowohl zur beabsichtigten Verfahrensweise als auch zur Sache selbst gewähren. **19**

Zum einen muss das Anhörungsschreiben darauf hinweisen, dass ein Beschluss ohne mündliche Verhandlung in Betracht kommt oder erwogen wird (BVerwG DÖV 2008, 79). Die Darlegung einer „definitiven Absicht", durch Beschluss entscheiden zu wollen, ist nicht erforderlich (BVerwG GewArch **20**

---

29 Ebenso BVerwG NVwZ 2005, 336; NVwZ-RR 2012, 295; OVG Brem DÖV 1983, 297, 298; *T. Stuhlfauth*, in: Bader/Funke-Kaiser/Stuhlfauth/von Albedyll § 130 a Rn. 12; *Rudisile*, in: Schoch/Schneider/Bier § 130 a Rn. 7; *O. E. Krasney*, NJW 1993, 2986; *M. Redeker*, in: Redeker/v. Oertzen § 130 a Rn. 1 a; a.A.: *Happ*, in: Eyermann § 130 a Rn. 6.

30 Die Begründung des Regierungsentwurfs zu § 130 a (BT-Drs. 11/7030, 31) verweist ausdrückl. auf die Neuregelung des § 84 (Gerichtsbescheid); hierzu wird in der Regierungsbegründung (BT-Drs. 11/7030, 26) ausgeführt, dass eine Entscheidung durch Gerichtsbescheid nicht dann noch sachgerecht sei, wenn bereits eine mündliche Verhandlung oder eine Beweiserhebung stattgefunden habe.

31 BVerwG NVwZ 1996, 1102 (Urkundsbeweis); 1999, 763 (Augenschein); 1999, 1108; ferner BVerwG NVwZ 1999, 763.

32 BVerwG 15.3.1984 Buchholz 310 § 88 VwGO Nr. 15 (7 Monate); 16.2.1999 Buchholz 310 § 130 a VwGO Nr. 34 (8 Monate).

33 Vgl. BVerwG 19.4.1999 Buchholz 310 § 130 a VwGO Nr. 37; NVwZ 2000, 1040, 1041.

34 Vgl. BVerwG 6.3.1990 Buchholz 312 EntlG Nr. 60; 24.6.1999 Buchholz 310 § 130 a VwGO Nr. 41; zum Ganzen auch C. Burkiczak, NVwZ 2016, 806.

1999, 31). Der Hinweis darf jedoch nicht lediglich abstrakt und allgemein erfolgen, sondern muss sich auf den konkreten Rechtsstreit beziehen; er soll den Beteiligten hinreichenden Anlass zu einer Äußerung geben (BVerwG 6.3.1990 Buchholz 312 EntlG Nr. 60).

21 Zum anderen muss die Anhörungsmitteilung unmissverständlich erkennen lassen, wie das Berufungsgericht in der Sache zu entscheiden beabsichtigt. Die Beteiligten müssen der Anhörungsmitteilung (oder den sonstigen Umständen) entnehmen können, ob das Gericht die Berufung für begründet oder für unbegründet hält. Soll der Berufung nur teilweise stattgegeben werden, muss mitgeteilt worden, in welchem Umfang das Rechtsmittel Erfolg haben wird.[35]

22 In der Anhörungsmitteilung müssen weder die Gründe für die beabsichtigte Entscheidungsform noch die Gründe für die beabsichtigte Entscheidung in der Sache angegeben werden.[36] Ändert das OVG nach Anhörung seine (angekündigte) Entscheidungsabsicht – sei es auch nur teilweise –, so müssen die Beteiligten erneut angehört werden (BVerwG NVwZ 1999, 1107 f.; 2000, 1040, 1042).

23 c) **Anhörungsfrist und Zustellung.** Mit der Anhörungsmitteilung ist eine angemessene Frist zu setzen, binnen derer die Beteiligten sich zu der vorgesehenen Vorgehensweise und zur Sache äußern können (BVerwG 18.1.2006 – 2 B 53.05). Die Angemessenheit der Frist bestimmt sich nach den Umständen des Einzelfalls, etwa der Bedeutung oder Schwierigkeit der Sache (vgl. BVerwG NVwZ-RR 1994, 362; 20.4.1999 – 9 B 97.99); im Hinblick auf die sonst geltende Ladungsfrist (§ 102 Abs. 1 S. 1) sollte eine Frist von zwei Wochen nicht unterschritten werden.[37] Die Äußerungsfrist wird nur wirksam in Lauf gesetzt, wenn die Anhörungsmitteilung nach den Vorschriften der ZPO zugestellt wird (§ 56 Abs. 1 und 2).[38] Die Zustellung erbringt zudem den erforderlichen Nachweis über den Zugang der Anhörungsmitteilung.[39] Eine Entscheidung vor Ablauf der Anhörungsfrist stellt eine Versagung rechtlichen Gehörs dar;[40] verfügt das Gericht eine Anhörung ohne ausdrückliche Befristung, so muss es einen angemessenen Zeitraum für eine Stellungnahme der Beteiligten abwarten, bevor es ohne mündliche Verhandlung durch Beschluss entscheidet (BVerwG 10.12.2004 – 1 B 12.04).

24 Verspätetes Vorbringen ist nicht präkludiert; das Gericht muss den Beteiligtenvortrag zur Kenntnis nehmen, der bis zur Herausgabe der Entscheidung zur Versendung an die Beteiligten eingeht.[41] Das Berufungsgericht ist aber nach Ablauf der Anhörungsfrist berechtigt, ohne weiteres Zuwarten in der Sache zu entscheiden. Eine Verlängerung der Äußerungsfrist (§ 57 Abs. 2 VwGO i.V.m. § 224 Abs. 2 ZPO) kann nur vor deren Ablauf beantragt werden.[42] Über einen Verlängerungsantrag – auch einen verspäteten (BVerwG 30.10.2000 – 9 B 393.00) oder nicht hinreichend begründeten – muss das Berufungsgericht *vor* einer Beschlussfassung nach § 130 a entscheiden und den Beteiligten so Gelegenheit geben, ggf. noch darauf zu reagieren; andernfalls verletzt es das Recht auf rechtliches Gehör (BVerwG DVBl 1999, 97; NVwZ 2000, 73, 74; 30.10.2000 – 9 B 393.00).

25 d) **Weitere Förmlichkeiten.** Der Vorsitzende oder Berichterstatter kann die erforderliche Anhörung durchführen (§ 125 Abs. 1 S. 1 i.V.m. § 87), ohne dass sich der Senat schon zu diesem Zeitpunkt mit der Sache befasst haben muss. Einstimmigkeit ist erst im Zeitpunkt der abschließenden Beschlussfassung herzustellen.[43] Die Urschrift der Anhörungsmitteilung ist vom Vorsitzenden oder Berichterstatter zu unterzeichnen; eine Paraphe genügt nicht.[44] Eine Anhörungsmitteilung kann in aller Regel erst

---

35 BVerwG NVwZ 2000, 1040, 1041; DÖV 2008, 79; offen gelassen von: BVerwG NVwZ 1999, 1107 f.; 16.12.1999 Buchholz 310 § 130 a VwGO Nr. 30.
36 Vgl. BVerwG NJW 1981, 295; 9.6.1981 Buchholz 312 EntlG Nr. 19; 19.1.2001 – 3 B 113.00; 4.10.2010 – 9 B 17.10; OVG Münster 28.9.1992 – 8 A 2393/89.
37 Vgl. aber BVerwG 20.4.1999 – 9 B 97.99 (7 Tage im konkreten Fall ausreichend); vgl. auch BVerwG NJW 1965, 2418 (Ablehnung eines Beweisantrags wenigstens 10 Tage vor Erlass des durch Zustellung ergangenen Urteils).
38 BVerwG 17.11.1994 Buchholz 310 § 130 a VwGO Nr. 11.
39 Zur Notwendigkeit eines nachweisbaren Zugangs der Anhörungsmitteilung: BVerwG NJW 1980, 1810; 23.11.1981 Buchholz 312 EntlG Nr. 28; 25.4.2005 – 1 C 6.04.
40 BVerwG 18.1.2006 – 2 B 53/05; 19.12.2008 – 9 C 16.07.
41 BVerwGE 58, 146, 148 f.; 5.11.1998 – 9 B 165.98; 7.4.1999 – 9 B 999.98.
42 Vgl. Baumbach/Lauterbach/Albers/Hartmann § 224 Rn. 3 m.w.N.
43 BVerwG NVwZ 2000, 1040, 1042; ferner BVerwG 8.12.1982 Buchholz 312 EntlG Nr. 29.
44 OVG Münster NVwZ-RR 1997, 760; offen gelassen von: BVerwG 4.3.1993 Buchholz 310 § 87b Nr. 1 m.w.N.; 17.11.1994 Buchholz 310 § 130 a VwGO Nr. 11.

nach Eingang der Berufungsbegründung erfolgen, weil sonst eine Würdigung der gegen die erstinstanzliche Entscheidung gerichteten Angriffe nicht möglich ist.[45]

e) Erneute Anhörung. Hat sich nach der Anhörungsmitteilung die prozessuale Lage wesentlich geändert, so ist grds. eine erneute Anhörung geboten, sofern das Berufungsgericht an seiner beabsichtigten Verfahrensweise festhalten will. Eine relevante Änderung der Prozesssituation ist etwa gegeben, wenn ein Beteiligter seinen bisherigen *Sachvortrag* in erheblicher Weise ergänzt, erweitert oder geändert hat.[46] Das Anhörungsverfahren soll die mündliche Verhandlung kompensieren, deren Ziel der Dialog ist, auch wenn dieser rechtlich nicht erzwingbar ist.[47]

Einer erneuten Anhörungsmitteilung bedarf es daneben auch dann, wenn ein erheblicher neuer *Beweisantrag* angekündigt wurde. Beweisanträge, die erst nach Zugang der (ersten) Anhörungsmitteilung gestellt werden, müssen zwar nicht gem. § 125 Abs. 1 i.V.m. § 86 Abs. 2 vorab beschieden werden. Dem doppelten Ziel des § 86 Abs. 2, einerseits das Gericht zu veranlassen, sich vor Erlass der Sachentscheidung über die Entscheidungserheblichkeit des Beweisantrags schlüssig zu werden, und andererseits die Beteiligten auf die durch die Ablehnung des Beweisantrages entstandene Verfahrenslage hinzuweisen, muss jedoch i.d.R. durch eine erneute Anhörungsmitteilung Rechnung getragen werden. Das Berufungsgericht muss deshalb in einem neuen Anhörungsschreiben darauf hinweisen, dass es unverändert eine Entscheidung nach § 130a beabsichtigt und damit den Beweisanträgen nicht nachgehen wird[48]; einer Begründung bedarf diese Mitteilung nicht. Allerdings muss das Berufungsgericht in dem Beschluss nach § 130a darlegen, aus welchen prozessrechtlichen Gründen es den Beweisanträgen nicht nachzugehen brauchte.[49]

Eine erneute Anhörung ist hingegen ausnahmsweise verzichtbar, wenn das Vorbringen nicht den Anforderungen genügt, die erfüllt sein müssen, um dem Gericht überhaupt Veranlassung zu geben, sich damit zu befassen, also z.B. weitere Ermittlungen anzustellen oder einen Beweisantrag – wäre er in mündlicher Verhandlung gestellt – vorab nach § 86 Abs. 2 zu bescheiden.[50] Dies ist etwa der Fall, wenn der Beteiligte früheres Vorbringen oder frühere Beweisanträge lediglich wiederholt, wenn sein Vorbringen oder seine Beweisanträge unsubstanziiert sind,[51] wenn sein Vorbringen neben der Sache liegt oder wenn er lediglich sog. Beweisermittlungsanträge stellt; Gleiches gilt, wenn er seine Beweisanträge nur vorsorglich stellt und damit selbst zu erkennen gibt, dass er einen Hinweis dazu vor der abschließenden Beschlussfassung nicht erwartet.[52] Nach Ansicht des BVerwG ist eine erneute Anhörung auch dann entbehrlich, wenn der Beweisantrag sich auf eine nicht entscheidungserhebliche Tatsache bezieht;[53] diese Auffassung ist nicht überzeugend, weil der Zweck der Anhörungsmitteilung gerade darin besteht, dass der Beteiligte über die Unerheblichkeit seines Beweisantrags informiert wird und ergänzend vortragen kann. Allerdings kann das Berufungsgericht dann von einer erneuten Anhörung absehen, wenn es auf das neue Vorbringen aus seiner Sicht erkennbar unter keinem rechtlichen Gesichtspunkt ankommt.

Einer erneuten Anhörung bedarf es auch dann nicht, wenn das Berufungsgericht einem schriftsätzlichen Beweisbegehren (z.B. durch Beiziehung und Verwertung einer Auskunft) nachgekommen ist[54] oder eine eingereichte Urkunde verwertet hat (BVerwG 21.1.2000 Buchholz 310 § 130a VwGO Nr. 46). Allein wegen Zeitablaufs seit der ersten Anhörung ist das Berufungsgericht grds. nicht zur Einräumung einer erneuten Äußerungsfrist verpflichtet (BVerwG 16.2.1999 Buchholz 310 § 130a

26

27

28

29

---

45 Vgl. BVerwG DVBl 1983, 1014, 1015; 24.6.1999 Buchholz 310 § 130a VwGO Nr. 41: Ausnahmsweise früher, sofern eine konkrete und fallbezogene Entscheidung über die Anhörungsmitteilung möglich ist.

46 BVerwG 6.3.1990 Buchholz 312 EntlG Nr. 60; NVwZ-RR 1996, 477; 21.1.2000 Buchholz 310 § 130a VwGO Nr. 46; 17.8.2010 – 10 B 19.10; 21.6.2011 – 9 B 90.10; 14.4.2016 – 5 B 7.16.

47 Entgegen der Ansicht von C. Burkiczak, NVwZ 2016, 806, 811 ff. sind daher die Anforderungen an weitere Anhörungsmitteilungen nicht überspannt.

48 BVerwG DVBl 1983, 1014, 1016; 10.4.1992 Buchholz 310 § 130a VwGO Nr. 5; 3.2.1993 Buchholz 310 § 130a VwGO Nr. 7; 24.11.1994 Buchholz 310 § 130a VwGO Nr. 12; 18.6.1996 Buchholz 310 § 130a VwGO Nr. 16; NVwZ-RR 1999, 537; 6.7.1999 – 2 B 45.99; 20.10.2011 – 2 B 63.11.

49 BVerwG 24.11.1994 Buchholz 310 § 130a VwGO Nr. 12; NVwZ 1999, 537 m.w.N.; AuAS 2000, 123.

50 Allg. BVerwG 21.4.1981 Buchholz 310 § 86 Abs. 1 VwGO Nr. 133; BayVBl 1997, 253.

51 BVerwG BayVBl 1997, 253; VGH München 30.6.2008 – 11 B 05.1082.

52 Vgl. BVerwG DVBl 1983, 1014, 1016 m.w.N.; 28.6.1983 Buchholz 312 EntlG Nr. 32; 24.11.1994 Buchholz 310 § 130a VwGO Nr. 12; 18.6.1996 Buchholz 310 § 130a VwGO Nr. 16; NVwZ 2000, 73, 74.

53 BVerwG BayVBl 1997, 253; 22.6.2007 – 10 B 56/07; NVwZ 2010, 845.

54 BVerwG 1.12.1999 Buchholz 310 § 130a VwGO Nr. 45; ferner 16.2.1983 Buchholz 312 EntlG Nr. 31.

VwGO Nr. 34). Allerdings muss aus den Entscheidungsgründen des Beschlusses nach § 130 a ersichtlich sein, dass das Berufungsgericht die Ausführungen des Beteiligten zur Kenntnis genommen und seine Beweisanträge vorher auf ihre Rechtserheblichkeit geprüft hat (BVerwG 24.11.1994 Buchholz 310 § 130 a VwGO Nr. 12); ggf. ist darüber hinaus darzulegen, weshalb es ausnahmsweise von einer erneuten Anhörungsmitteilung absehen durfte.[55]

30   **f) Folgen fehlerhafter Anhörung.** Unterbleibt eine ordnungsgemäße Anhörungsmitteilung oder geht sie nicht nachweisbar dem Betroffenen zu, begründet dies einen Verstoß gegen das Gebot der Gewährung rechtlichen Gehörs, der im Revisionsverfahren zur Aufhebung des Beschlusses führt.[56] Dies gilt auch für den Fall, dass das Gericht eine Äußerungsfrist einräumt, aber vor deren Ablauf entscheidet[57], es sei denn, der Betroffene hat auf die Ausnutzung der Äußerungsfrist verzichtet (vgl. BVerwG NJW 1992, 327; 30.10.1998 – 9 B 402.98). Eine Verletzung des Rechts auf Gewährung rechtlichen Gehörs liegt ferner vor, wenn die Anhörungsmitteilung irreführend und dadurch objektiv geeignet war, den betroffenen Beteiligten in seiner Rechtsverteidigung zu beeinträchtigen (BVerwG NVwZ 1999, 1107).

31   Die durch eine unterbliebene oder nicht ordnungsgemäße *erste* Anhörungsmitteilung verursachte Gehörsversagung beruht stets auf der Verletzung von Bundesrecht (§ 138 Nr. 3)[58], weil sie sich nicht nur auf einzelne Sachverhaltsumstände, sondern auf das Vorbringen insgesamt auswirkt (zu dieser Differenzierung → § 124 Rn. 223; ferner BVerwG NVwZ-RR 1999, 537). Das kann bei einer unterbliebenen oder nicht ordnungsgemäßen zweiten Anhörungsmitteilung anders sein, sofern sie nur durch einzelne neue Gesichtspunkte, insbes. einen Beweisantrag erforderlich wird. Die Kausalität der Gehörsversagung setzt insoweit die Darlegung voraus, was bei ordnungsgemäßer (zweiter) Anhörung nach § 130 a noch vorgetragen worden wäre.[59]

32   **3. Nichterforderlichkeit der mündlichen Verhandlung. a) Ermessensentscheidung.** Voraussetzung für eine Entscheidung nach § 130 a ist, dass das Berufungsgericht die Durchführung einer mündlichen Verhandlung für nicht erforderlich hält. Diese Beurteilung steht im pflichtgemäßen (weiten) Ermessen des Berufungsgerichts; Einstimmigkeit ist insoweit nicht erforderlich (→ Rn. 42 f.). Bei der Ausübung des Ermessens ist aber zu berücksichtigen, dass nach § 101 Abs. 1 die mündliche Verhandlung als Kernstück auch des Berufungsverfahrens die Regel und das Absehen davon die Ausnahme bildet. Dem liegt die Vorstellung des Gesetzgebers zugrunde, dass das in der mündlichen Verhandlung stattfindende Rechtsgespräch als ein diskursiver Prozess zwischen dem Gericht und den Beteiligten die Ergebnisrichtigkeit des Urteils gerade in tatsächlich und rechtlich schwierigen Fällen typischerweise fördert.[60] Die Ermessensentscheidung über ein Abweichen von diesem Regelfall muss deshalb daran ausgerichtet sein, ob die für das gerichtliche Verfahren zentrale Funktion der mündlichen Verhandlung nach den Umständen des Falles ausnahmsweise verzichtbar ist (BVerwG NJW 2011, 1830).

32a   Bei seiner Ermessensentscheidung kann das Gericht berücksichtigen, ob der Streitfall rechtlich oder tatsächlich schwierig oder komplex ist, ob Prozessbeteiligte sich ggf. besser mündlich als schriftsätzlich äußern könnten, ob sie ausreichend Gelegenheit hatten, ihren Standpunkt in erster Instanz vorzutragen, ob die Fassung sachdienlicher Anträge besprochen werden sollte, ob erörterungsbedürftige neue Gesichtspunkte entstanden sind, ob die Gewährung rechtlichen Gehörs in schriftsätzlicher Form ausreichend und angemessen ist (vgl. BVerwG NVwZ 1999, 763). Berücksichtigt werden sollte grds. auch, dass die mündliche Verhandlung maßgeblich zur Akzeptanz der Entscheidung und Verfahrenszufriedenheit beitragen kann. Grds. ist die Anwendung des § 130 a auf einfach gelagerte Streitsachen beschränkt (BVerwG 2.12.2012 – 2 B 32.12). Je größer die tatsächlichen oder rechtlichen Schwierigkeiten der Streitsache sind, desto notwendiger wird es, eine mündliche Verhandlung durchzuführen. Weist eine Rechtssache außergewöhnlich große Schwierigkeiten in rechtlicher und/oder tatsächlicher

---

55   BVerwG 18.6.1996 Buchholz 310 § 130 a VwGO Nr. 16; 6.7.1999 – 2 B 45.99; AuAS 2000, 123.

56   BVerwG NJW 1980, 1810; 17.11.1994 Buchholz 310 § 130 a VwGO Nr. 11; 4.12.1998 – 2 B 152.97.

57   BVerwG NJW 1991, 2037; 7.4.1999 Buchholz 11 Art. 103 Abs. 1 GG Nr. 55; 10.3.2000 – 9 C 40.99.

58   BVerwG 28.6.1983 Buchholz 312 EntlG Nr. 32; 26.8.1993 – 4 B 126.93; 8.12.1993 – 11 C 41.92; 17.11.1994 Buchholz 310 § 130 a VwGO Nr. 11; 18.6.1996 Buchholz 310 § 130 a VwGO Nr. 16; 14.12.1998 – 2 B 152.97; NVwZ 1999, 1107, 1108.

59   BVerwG 18.3.1992 Buchholz 310 § 130 a VwGO Nr. 4; 3.2.1993 Buchholz 310 § 133 (n.F.) VwGO Nr. 10; 18.6.1996 Buchholz 310 § 130 a VwGO Nr. 16; zu weitgehend BVerwG NVwZ 1998, 1066 (auch bei erster Anhörung); offen gelassen von BVerwG NVwZ-RR 1999, 537.

60   BVerwG 24.9.2009 – 6 B 5.09; BVerwGE 138, 289 = DVBl 2011, 366; 2.12.2012 – 2 B 32.12.

Hinsicht auf, scheidet eine Entscheidung nach § 130 a aus (BVerwG NVwZ 2004, 1377; 10.6.2008 – 3 B 107.07; 24.9.2009 – 6 B 5.09; NVwZ 2015, 1299). Ggf. können auch mangelhafte deutsche Sprachkenntnisse die Durchführung einer mündlichen Verhandlung (unter Hinzuziehung eines Dolmetschers) nahelegen.[61] Hält das Berufungsgericht die Angaben eines Beteiligten oder Zeugen abweichend vom VG[62] oder erstmals (BVerwG DVBl 2002, 1213; BayVBl 2002, 706) für zweifelhaft und deshalb unglaubwürdig, muss es eine mündliche Verhandlung durchführen und sich durch eine eigene Anhörung selbst einen Eindruck von der Glaubwürdigkeit verschaffen. Das Gleiche gilt, wenn das Berufungsgericht im Asylprozess erstmals wesentliche innere Tatsachen (z.B. Ernsthaftigkeit der Glaubensüberzeugung) feststellt oder wenn aufgrund veränderter Umstände erstmals eine neue Beurteilung der allgemeinen Lage im Heimatstaat des Betroffenen geboten ist (BVerwGE 138, 289 = DVBl 2011, 366). Hingegen ist das Beschlussverfahren nach § 130 a zulässig, wenn bei gleicher Tatsachengrundlage diese lediglich rechtlich anders beurteilt wird (BVerwG NVwZ 2012, 379). Im Übrigen schränkt Art. 6 Abs. 1 EMRK das Ermessen des Berufungsgerichts ein (→ Rn. 10, 36 ff.).

Im Falle einer Änderung oder Erweiterung des Streitgegenstands in der Berufungsinstanz ist zu beachten, dass insoweit das VG weder darüber befunden noch eine mündliche Verhandlung durchgeführt hat. Für die Frage, ob deshalb erstmals eine mündliche Verhandlung vor dem OVG erforderlich ist, ist allerdings nicht die prozessrechtliche Einordnung entscheidend, ob es sich um eine Klageänderung oder -erweiterung oder um einen Übergang zur Fortsetzungsfeststellungsklage handelt. Maßgeblich ist vielmehr, ob die Antragsumstellung oder -änderung erstmals Rechtsfragen oder Tatsachen entscheidungserheblich werden lässt, auf die es zuvor nicht ankam und die deshalb im erstinstanzlichen Verfahren noch nicht in mündlicher Verhandlung zu erörtern waren. In diesem Fall müssen die Beteiligten die Gelegenheit erhalten, sich zu den neuen entscheidungserheblichen Fragen in einer mündlichen Verhandlung vor dem Berufungsgericht zu äußern.[63] **32b**

Das Berufungsgericht ist bei seiner Ermessensentscheidung nicht an die Erwägungen im Zulassungsbeschluss gebunden. Der Umstand, dass das OVG die Berufung wegen besonderer tatsächlicher oder rechtlicher Schwierigkeiten i.S.v. § 124 Abs. 2 Nr. 2 zugelassen hat, kann gegen eine Anwendung des § 130 a sprechen, hindert jedoch nicht stets eine Entscheidung ohne mündliche Verhandlung;[64] denn es ist nicht ausgeschlossen, dass sich nach näherer Befassung mit dem Rechtsstreit die ursprüngliche Beurteilung des Schwierigkeitsgrades nicht aufrechterhalten lässt. Auch eine Zulassung wegen grundsätzlicher Bedeutung schließt ein Vorgehen nach § 130 a nicht aus (zutr. BVerwG 19.1.2001 – 3 B 113.00). Gleiches gilt für eine Berufungszulassung wegen ernstlicher Zweifel an der Richtigkeit des Urteils i.S.v. § 124 Abs. 2 Nr. 1 (BVerwG 13.8.2015 – 4 B 15.15). Maßgeblich ist allein die Prozesslage und die Notwendigkeit einer mündlichen Verhandlung im Zeitpunkt der Anhörungsmitteilung bzw. des Beschlusses nach § 130 a. **33**

Die Ermessensentscheidung wird ausreichend begründet, wenn das Berufungsgericht in den Beschlussgründen darlegt, es sei einstimmig der Auffassung, dass eine mündliche Verhandlung nicht erforderlich und die Berufung begründet oder unbegründet sei (BVerwG NVwZ 1999, 1109; 3.2.1999 – 4 B 4.99); das Gericht muss seine Erwägungen zum Ermessen nicht im Einzelnen in dem Beschluss ausführen (BVerwG NVwZ 1984, 792). Widerspricht allerdings ein Beteiligter im Rahmen der Anhörung der beabsichtigten Verfahrensweise, muss das Gericht hinreichend erkennen lassen, dass es diesen Umstand zur Kenntnis genommen und bei der Ausübung seines Ermessens in Erwägung gezogen hat.[65] **34**

In der Revisionsinstanz kann nur geprüft werden, ob das Berufungsgericht von seinem Ermessen fehlerhaft Gebrauch gemacht hat, ob der Entscheidung sachfremde Erwägungen oder eine grobe Fehleinschätzung zugrundelagen und ob – i.R. einer konventionskonformen Auslegung des § 130 a – den Anforderungen des Art. 6 Abs. 1 EMRK Genüge getan ist.[66] **35**

---

61 Vgl. BVerfGE 35, 382, 404; BVerwG 6.3.2000 Buchholz 310 § 130 a VwGO Nr. 48 (nicht zwingend).
62 BVerwG 29.6.1999 Buchholz 310 § 130 a VwGO Nr. 42; 20.11.2001 Buchholz 402.25 § 1 AsylVfG Nr. 251.
63 BVerwG NVwZ 2015, 600; 13.8.2015 – 4 B 15.15.
64 Vgl. BVerwG 11.12.2003 – 6 B 60.03 m.w.N.; 17.8.2004 – 6 B 49/04; 26.9.2007 – 3 B 39.07; VGH München 31.3.2014 – 21 B 13.2047.
65 BVerwG 24.4.2017 – 6 B 17.17.
66 BVerwG NVwZ 1992, 890, 891; NVwZ-RR 1993, 165; 1994, 120; NVwZ 1999, 763 f.; 1999, 1108; 1999, 1109; 30.7.2009 – 5 B 107.08.

36 **b) Garantie mindestens einer mündlichen Verhandlung.** Ein Beschluss nach § 130 a setzt voraus, dass den Beteiligten in erster Instanz eine mündliche Verhandlung gewährleistet war. Art. 6 Abs. 1 EMRK garantiert i.R. seines Anwendungsbereichs den Rechtsschutzsuchenden einen Rechtszug mit mindestens einer mündlichen Verhandlung (→ Rn. 10); hiermit übereinstimmend wollte auch der Gesetzgeber der VwGO – wie sich insbes. aus § 84 Abs. 2 und 3 ergibt – erreichen, dass den Beteiligten ein mit wenigstens einer mündlichen Verhandlung verbundener Rechtszug gewährleistet ist (BVerwG DVBl 1999, 93; BVerwGE 138, 289 = DVBl 2011, 366). Dies führt zu einer Einschränkung des dem Berufungsgericht i.R. von § 130 a zustehenden Ermessens. Im Einzelnen:

37 **aa) Verfahrensfehlerhafte Entscheidung des VG.** Hat das VG in verfahrensfehlerhafter Weise von einer mündlichen Verhandlung ganz abgesehen, so ist für eine Entscheidung im Beschlusswege nach § 130 a kein Raum. Entsprechendes gilt, wenn der Verhandlungstermin vor dem Verwaltungsgericht fehlerbehaftet und deshalb nicht geeignet war, dem Anspruch der Beteiligten auf Gewährung rechtlichen Gehörs Genüge zu tun (BVerwG NVwZ 2015, 1299). Dies ist etwa der Fall, wenn das VG einen Termin ohne Beteiligung des nicht ordnungsgemäß geladenen Klägers durchgeführt hat (BVerwG DVBl 1999, 93) oder wenn in erster Instanz ein befangener Einzelrichter entschieden hat (BVerwG NVwZ 2015, 1299). Gleiches gilt, wenn das VG ohne das erforderliche Einverständnis der Beteiligten (§ 101 Abs. 2) ohne mündliche Verhandlung entschieden hat.[67]

38 **bb) Verzicht auf mündliche Verhandlung.** Die Anwendung des § 130 a ist nicht ausgeschlossen, wenn die Beteiligten in 1. Instanz auf eine mündliche Verhandlung verzichtet haben (§ 101 Abs. 2)[68] oder wenn das VG ohne einen ordnungsgemäß geladenen Beteiligten verhandelt hat (§ 102 Abs. 2)[69]. Allerdings kann eine neue Verfahrenslage die Durchführung einer mündlichen Verhandlung erfordern (→ Rn. 10).

39 **cc) Gerichtsbescheid.** Bis zum Inkrafttreten des 6. VwGOÄndG[70] am 1.1.1997 war die Anwendung des § 130 a ausdrücklich für den Fall ausgeschlossen, dass das VG durch Gerichtsbescheid entschieden hatte; auf diese Weise sollte wenigstens eine mündliche Verhandlung im Rechtszug gewährleistet sein. Diese Einschränkung ist durch das 6. VwGOÄndG entfallen, weil zugleich – mit Blick auf Art. 6 Abs. 1 EMRK (BT-Drs. 13/1433, 12; BT-Drs. 13/3993, 12) – die Möglichkeit eröffnet wurde, gegen den Gerichtsbescheid anstelle eines Antrags auf Zulassung der Berufung einen Antrag auf mündliche Verhandlung zu stellen (§ 84 Abs. 2 Nr. 1). Diese Option für den Unterlegenen genügt den Anforderungen des Art. 6 Abs. 1 EMRK, obwohl eine mündliche Verhandlung nach Ergehen des Gerichtsbescheids nicht vergleichbar ergebnisoffen ist wie eine mündliche Verhandlung vor der Entscheidung.[71] Allerdings scheidet bei konventionskonformer Auslegung ein vereinfachtes Berufungsverfahren nach § 130 a dann aus, wenn das OVG der Berufung des in erster Instanz Unterlegenen stattgeben will; denn andernfalls hätte der im Berufungsverfahren unterlegene Berufungsbeklagte in keiner Tatsacheninstanz Gelegenheit gehabt, seinen Standpunkt in einer mündlichen Verhandlung vorzutragen.[72] Er muss allerdings den Wunsch nach einer mündlichen Verhandlung äußern, um einen Verfahrensfehler rügen zu können (BVerwG NJW 2003, 1544).

40 **dd) Anschlussberufung.** Da über die Anschlussberufung zusammen mit der Hauptberufung zu entscheiden ist, müssen die Voraussetzungen des § 130 a insgesamt vorliegen. Bei der Anschlussberufung ist dabei zu differenzieren. Ist der Gegenstand der Anschlussberufung bereits Gegenstand des erstinstanzlichen Verfahrens gewesen, kommt eine Entscheidung ohne mündliche Verhandlung in Betracht. Hat sich hingegen durch eine im Wege der Anschlussberufung erfolgte Klageänderung, Klageerweiterung oder Widerklage der Streitgegenstand im Berufungsverfahren wesentlich geändert, kann das Berufungsgericht nicht nach § 130 a ohne mündliche Verhandlung entscheiden, wenn es der Anschlussberufung stattgeben will. Andernfalls hätte der Gegner in keiner Tatsacheninstanz Gelegenheit gehabt,

---

67 BVerwG 22.11.1984 Buchholz 312 EntlG Nr. 40; 14.7.1988 Buchholz 312 EntlG Nr. 51; 9.6.1999 – 9 B 257.99.
68 BVerwG DVBl 1983, 1014; 22.12.1998 Buchholz 310 § 130 a VwGO Nr. 11; NVwZ 1999, 404; 25.9.2007 – 5 B 53.07.
69 BVerwG NVwZ 1988, 1018.
70 Sechstes Gesetz zur Änderung der Verwaltungsgerichtsordnung und anderer Gesetzes vom 1.11.1996 (BGBl I 1626).
71 Krit. *W. Roth*, EuGRZ 1998, 495, 507 f.; s. ferner *R. Klenke*, DÖV 1998, 155.
72 BVerwG NVwZ 2002, 993, 994; NJW 2003, 1544; 7.2.2007 – 1 B 286/06; *T. Stuhlfauth*, in: Bader/Funke-Kaiser/Stuhlfauth/von Albedyll § 130 a Rn. 8; *M. Happ*, in: Eyermann § 130 a Rn. 5; *W. Roth*, EuGRZ 1998, 495, 507.

seinen Standpunkt zu dem veränderten Streitgegenstand in einer öffentlichen mündlichen Verhandlung darzulegen (BVerwG NVwZ 1999, 1000, 1001). § 130 a ist jedoch anwendbar, wenn das Berufungsgericht die Anschlussberufung hinsichtlich des geänderten Begehrens zurückweisen möchte; denn der Anschlussberufungsführer unterwirft sich mit seinem Vorgehen den Regeln des Berufungsverfahrens (vgl. BGH MDR 1999, 53).

ee) Klageänderung. Bei einer Klageänderung im Berufungsverfahren kommt ein Beschluss nach § 130 a nur in Betracht, wenn das veränderte Klagebegehren erfolglos bleibt (im Einzelnen → Rn. 40). 41

4. Einstimmigkeit. § 130 a verlangt Einstimmigkeit (nur) bei der Beurteilung, ob die Berufung begründet oder unbegründet ist. Die Einstimmigkeit muss sich lediglich auf den Tenor, nicht auch auf die Begründung erstrecken (BVerwG NVwZ 1984, 792); bei Bescheidungsurteilen muss allerdings auch über die für die Neubescheidung maßgebliche Rechtsauffassung des Gerichts Einstimmigkeit bestehen. An der Einstimmigkeit fehlt es, wenn ein Senatsmitglied die Sache für nicht entscheidungsreif hält.[73] Die Berufung muss nicht offensichtlich unbegründet oder begründet sein (BVerwG 17.10.1978 Buchholz 312 EntlG Nr. 3), auch wenn nach der gesetzgeberischen Intention die eindeutig aussichtslosen oder erfolgversprechenden Berufungen in einem vereinfachten Verfahren erledigt werden sollen (→ Rn. 3). Das Berufungsgericht kann die Klage aus anderen Gründen für begründet oder unbegründet halten als das VG.[74] 42

Einstimmigkeit ist nicht erforderlich bei der Beurteilung der Frage, ob eine mündliche Verhandlung erforderlich ist, und bei der Ermessensentscheidung, ob ohne mündliche Verhandlung durch Beschluss entschieden werden soll (BVerwG 20.1.1998 Buchholz 310 § 130 a VwGO Nr. 19). Das Einstimmigkeitserfordernis schließt eine Entscheidung durch den sog. konsentierten Einzelrichter (§ 87 a) im vereinfachten Berufungsverfahren nach § 130 a aus (BVerwGE 111, 69; → § 130 a Rn. 46). 43

5. Berufung begründet oder unbegründet. Das OVG muss die Berufung einstimmig für begründet oder einstimmig für unbegründet halten. Erfasst ist von § 130 a auch der Fall, dass die Berufung einstimmig teilweise für begründet und im Übrigen für unbegründet gehalten wird (VGH Mannheim NVwZ 1997, 691; vgl. auch BVerwG NVwZ 1999, 1107). Für unzulässige Berufungen gilt das vereinfachte Berufungsverfahren nach § 125 Abs. 2. Bei einer teilweise unzulässigen und teilweise begründeten oder unbegründeten Berufung ist auch ein kombinierter Beschluss nach § 130 a, § 125 Abs. 2 möglich. § 130 a ist auch anzuwenden, wenn das OVG die Sache nach § 130 Abs. 1 zurückverweisen will.[75] 44

6. Ermessen des Berufungsgerichts. § 130 a räumt dem Berufungsgericht in zweifacher Hinsicht Ermessen ein: Zum einen bei der Frage, ob das Gericht eine mündliche Verhandlung für nicht erforderlich hält (ausf. → Rn. 32 ff.), und zum anderen bei der Frage, ob es von der Möglichkeit eines vereinfachten Berufungsverfahren Gebrauch macht („kann"), wenn alle Voraussetzungen des § 130 a vorliegen. Das Berufungsgericht kann also eine mündliche Verhandlung durchführen, obwohl es eine solche nicht für erforderlich hält; macht es von der Ausnahme des § 130 a keinen Gebrauch, ist dies nicht überprüfbar. Entscheidet sich das Berufungsgericht hingegen nach pflichtgemäßem Ermessen für ein vereinfachtes Berufungsverfahren, so werden faktisch die beiden Ermessensentscheidungen zu einer zusammengezogen; im Revisionsverfahren wird dann (nur) geprüft, ob das Berufungsgericht bei seiner Entscheidung, die mündliche Verhandlung nicht für erforderlich zu halten, von seinem Ermessen fehlerhaft Gebrauch gemacht hat (→ Rn. 35). 45

7. Entscheidung. a) Besetzung und Verfahren. Das Berufungsgericht entscheidet bei einem Beschluss außerhalb der mündlichen Verhandlung in der Besetzung von drei Berufsrichtern. Einen Beschluss nach § 130 a darf nur der Senat des OVG als Kollegialorgan treffen, nicht jedoch der im Einverständnis der Beteiligten nach § 87 a Abs. 2 und 3 zur Entscheidung berufene Vorsitzende oder Berichterstatter (sog. konsentierter Einzelrichter).[76] Dies folgt insbes. aus dem auf eine erhöhte Richtigkeitsgewähr 46

---

73 *M. Happ*, in: Eyermann § 130 a Rn. 11.
74 Vgl. BVerwG NVwZ 1982, 115 (zum Wechsel von Unzulässigkeit der Klage zu Unbegründetheit der Klage und umgekehrt) m.w.N.
75 Ebenso *M. Happ*, in: Eyermann § 130 a Rn. 12.
76 BVerwG NVwZ 2000, 1040 f.; 20.7.2000 – 1 B 30.00; a.A. noch BVerwG 17.10.1997 Buchholz 310 § 87 a VwGO Nr. 3.

zielenden Einstimmigkeitserfordernis des § 130 a. Die Entscheidung kann auch im Umlaufverfahren getroffen werden (BVerwG 23.9.1991 Buchholz 310 § 130 a VwGO Nr. 2). Auch im vereinfachten Berufungsverfahren nach § 130 a ist es zulässig, die Beteiligten zum fristgebundenen Vortrag nach § 87 b aufzufordern und verspätetes Vorbringen zurückzuweisen (BVerwG NVwZ 2000, 1042).

47   **b) Entscheidungsgründe.** Der Beschluss nach § 130 a ist zu begründen, weil er mit Rechtsmitteln angefochten werden kann und über ein Rechtsmittel entscheidet (§ 122 Abs. 2 S. 1).[77] Ein förmlicher Tatbestand im Sinne eines gesondert herausgestellten Abschnitts ist nicht erforderlich (§ 122 verweist nicht auf § 117 Abs. 2 Nr. 4, Abs. 3).[78] Wegen der urteilsersetzenden Funktion und revisionsrechtlichen Bedeutung des Beschlusses (§ 130 a S. 2 i.V.m. § 125 Abs. 1 S. 4, § 132 Abs. 1) muss ihm allerdings hinreichend verlässlich entnommen werden können, von welcher tatsächlichen Grundlage das Berufungsgericht bei seiner Entscheidung ausgegangen ist. Das kann sich aus einer Bezugnahme auf den Tatbestand des erstinstanzlichen Urteils, des Zulassungsbeschlusses des Berufungsgerichts oder aus der Mitteilung der wesentlichen Tatsachen in den Entscheidungsgründen ergeben.[79] Bezugnahmen sind im Übrigen nach § 122 Abs. 2 S. 3 möglich; ergänzend findet § 130 b auf den urteilsersetzenden Beschluss Anwendung (vgl. BVerwG NVwZ 2000, 73, 74 f.; 2000, 190, 192).

48   Die Entscheidungsgründe müssen erkennen lassen, dass die tatbestandlichen Voraussetzungen des § 130 a vorgelegen haben; ausreichend ist der Hinweis, dass der Senat die Berufung einstimmig für begründet/unbegründet und eine mündliche Verhandlung nicht für erforderlich gehalten hat. Eine Begründung, warum die tatbestandlichen Voraussetzungen des § 130 a vorliegen und auf welchen Gründen die Ermessensausübung zur Entscheidung durch Beschluss beruht, ist nicht erforderlich (BVerwG NVwZ 1984, 792; 1999, 1109; 3.2.1999 – 4 B 4.99). Aus den Entscheidungsgründen muss auch ersichtlich sein, dass das Berufungsgericht die Ausführungen der Beteiligten – insbes. auch deren Vortrag nach Zugang der Anhörungsmitteilung – zur Kenntnis genommen hat, ihre etwaigen Beweisanträge auf ihre Rechtserheblichkeit geprüft hat, und aus welchen prozessrechtlichen Gründen es den Beweisanträgen nicht nachzugehen brauchte (→ Rn. 29).

49   Kosten- und Vollstreckbarkeitsentscheidungen entsprechen denen bei einem Urteil. In dem Beschluss ist über die Zulassung der Revision zu entscheiden (§ 125 Abs. 2 S. 4, § 132). Das OVG ist an den Beschluss wie an ein Urteil nach § 173 VwGO, § 318 ZPO gebunden.

50   **c) Rechtsmittel und Rechtsmittelbelehrung.** Gegen den Beschluss nach § 130 a steht den Beteiligten das Rechtsmittel zu, das gegen ein Urteil gleichen Inhalts statthaft wäre, also die Revision bzw. die Beschwerde gegen die Nichtzulassung der Revision (§ 130 a S. 2 i.V.m. § 125 Abs. 2 S. 4, §§ 132, 133). Hierüber muss im Beschluss belehrt werden (§ 130 a S. 2 i.V.m. § 125 Abs. 2 S. 5).

§ 130 b [Vereinfachte Abfassung des Berufungsurteils]

[1]Das Oberverwaltungsgericht kann in dem Urteil über die Berufung auf den Tatbestand der angefochtenen Entscheidung Bezug nehmen, wenn es sich die Feststellungen des Verwaltungsgerichts in vollem Umfange zu eigen macht. [2]Von einer weiteren Darstellung der Entscheidungsgründe kann es absehen, soweit es die Berufung aus den Gründen der angefochtenen Entscheidung als unbegründet zurückweist.

Schrifttum
Jörg Lücke, Begründungszwang und Verfassung, 1987.

---

77   Vgl. BVerwG NVwZ 2000, 73, 75; 9.6.2008 – 10 B 149/07.
78   BVerwG 17.2.1998 Buchholz 310 § 130 a VwGO Nr. 21; DÖV 1998, 204; NVwZ 2000, 73, 74 m.w.N.; 2000, 190, 192.
79   BVerwG 17.2.1998 Buchholz 310 § 130 a VwGO Nr. 21; DÖV 1998, 204; NVwZ 2000, 73, 74 m.w.N.

I. Allgemeines

1. Entstehungsgeschichte. Die Regelung des § 130 b S. 2 (Bezugnahme auf die Entscheidungsgründe 1 der angefochtenen Entscheidung) ist durch das am 1.1.1991 in Kraft getretene 4. VwGOÄndG[1] eingeführt worden. Mit Wirkung vom 1.1.1997 ist § 130 b durch das 6. VwGOÄndG[2] neu gefasst und um die Regelung des S. 1 (Bezugnahme auf den Tatbestand der angefochtenen Entscheidung) ergänzt worden. Diese Regelung, die im Regierungsentwurf des 6. VwGOÄndG noch nicht enthalten war, beruht auf einem Vorschlag des Bundesrates (BT-Drs. 13/3993, 22).

2. Zweck der Vorschrift und Normzusammenhang. § 130 b soll das OVG von unnötiger Formulie- 2 rungs- und Schreibarbeit entlasten, soweit eine Berufung aus den den Beteiligten bereits bekannten Gründen der angefochtenen Entscheidung zurückgewiesen wird (BT-Drs. 11/7070, 32) oder das OVG sich die tatsächlichen Feststellungen der angefochtenen Entscheidung zu eigen macht (BT-Drs. 13/3993, 22 und BT-Drs. 13/5098, 24). Damit soll das Verfahren vereinfacht und beschleunigt werden.

Die Vorschrift ergänzt für die Berufungsentscheidung die Vorschriften über den Tatbestand (§ 125 3 Abs. 1 i.V.m. § 117 Abs. 2 Nr. 4 und Abs. 3) und die Entscheidungsgründe (§ 108 Abs. 1 S. 2; § 125 Abs. 1 i.V.m. § 117 Abs. 2 Nr. 5). Sie ist die gesetzliche Fixierung einer – auch ohne sie geltenden – Berechtigung der Gerichte, in ihren Entscheidungen auf andere (den Beteiligten bekannte oder jedenfalls ohne Weiteres zugängliche) schriftliche Dokumente oder Entscheidungen verweisen zu dürfen.[3] Ähnliche Berechtigungen finden sich auch in § 122 Abs. 2 S. 3, § 117 Abs. 3 S. 2, § 117 Abs. 5, § 77 Abs. 2 AsylG und § 84 Abs. 4. Diese Vorschriften sind nicht abschließend (→ Rn. 9, 16, 17).

3. Verfassungsrecht. § 130 b ist mit dem GG, insbes. mit Art. 20 Abs. 3 GG und Art. 19 Abs. 4 GG, 4 vereinbar.[4] Auch soweit sich aus dem GG eine Begründungspflicht ergibt,[5] wird diese durch § 130 b nicht tangiert. Denn § 130 b bedeutet keinen Verzicht auf eine Begründung; vielmehr macht sich ein Gericht, das ein Rechtsmittel „aus den Gründen der angefochtenen Entscheidung als unbegründet zurückweist", die Begründung der Vorinstanz zu eigen und begründet eben damit – lediglich ohne verbale Wiederholung – seine Rechtsmittelentscheidung. Deshalb liegt bei einer Bezugnahme nach § 130 b auch nicht der absolute Revisionsgrund des § 138 Nr. 6 (fehlende Gründe) vor.[6]

4. Art. 6 EMRK. Aus dem Grundsatz einer geordneten Rechtspflege (Art. 6 Abs. 1 EMRK) folgt nach 5 Ansicht des EGMR, dass gerichtliche Entscheidungen angemessen begründet sein müssen. Ein Rechtsmittelgericht kann sich jedoch, wenn es ein Rechtsmittel zurückweist, die Begründung der angefochtenen Entscheidung durch Bezugnahme zueigen machen (EGMR NJW 1999, 2429).

5. Anwendungsbereich. § 130 b S. 2 ist auf Beschlüsse nach § 125 Abs. 2 S. 2, § 130 a oder § 124 a 6 Abs. 2 S. 1 nicht anwendbar, weil insoweit die inhaltsgleiche Vorschrift des § 122 Abs. 2 S. 3 als lex specialis vorrangige Anwendung findet. Soweit jedoch die urteilsersetzenden Beschlüsse nach § 125 Abs. 2 S. 2 oder § 130 a ausreichende tatsächliche Feststellungen – wenn auch nicht in Gestalt eines förmlichen Tatbestandes i.S.d. § 117 Abs. 2 Nr. 4 (→ § 125 Rn. 49 und → § 130 a Rn. 47) – enthalten müssen, ist § 130 b S. 1 entsprechend anwendbar (vgl. BVerwG NVwZ 2000, 73, 74 f.). Auch auf sonstige Beschlüsse, die tatsächliche Feststellungen enthalten, ist § 130 b S. 1 als bloße Festschreibung einer allgemeinen Verweisungsberechtigung (vgl. BVerwG NJW 1980, 953, 954; → § 130 b Rn. 3) entsprechend anzuwenden. § 130 b gilt auch in asylrechtlichen Streitigkeiten (Umkehrschluss aus § 79 AsylG). Hat bereits das VG von der Möglichkeit des § 117 Abs. 5 Gebrauch gemacht hat, seine Entscheidung in abgekürzter Form zu begründen, steht dies einer Anwendung des § 130 b nicht entgegen (BVerwG 8.11.2001 – 4 C 18.00; VGH München 28.6.2012 – 9 B 10.2532).

---

1 Gesetz zur Regelung des verwaltungsgerichtlichen Verfahrens (Viertes Gesetz zur Änderung der Verwaltungsgerichtsordnung – 4. VwGOÄndG) vom 17.12.1990 (BGBl I 2809).
2 Sechstes Gesetz zur Änderung der Verwaltungsgerichtsordnung und anderer Gesetze vom 1.11.1996 (BGBl I 1626).
3 Vgl. BVerwG NJW 1980, 953, 954; NVwZ 2000, 73, 74 f.; 3.1.2006 – 10 B 17.05; 3.12.2008 – 4 BN 25.08.
4 Vgl. BVerwG NJW 1980, 953, 954 zu Art. 2 § 7 EntlG; ferner BFHE 169, 1, 2 f. zu § 105 Abs. 5 S. 1 FGO a.F.; einschränkend *J. Lücke*, Begründungszwang und Verfassung, 1987, 170 ff. (sofern lediglich von einer „weiteren" Begründung abgesehen wird).
5 Vgl. näher *J. Lücke*, Begründungszwang und Verfassung, 1987, 37 ff., 104 ff.
6 Vgl. BVerwG 17.10.1978 Buchholz 312 EntlG Nr. 3; ferner BAG BB 1998, 1954.

II. Verweisung auf den Tatbestand (S. 1)

7   Nach § 125 Abs. 1 i.V.m. § 117 Abs. 2 Nr. 4 muss das Berufungsurteil einen Tatbestand enthalten. Im Tatbestand ist der Sach- und Streitstand unter Hervorhebung der gestellten Anträge seinem wesentlichen Inhalt nach gedrängt darzustellen; wegen der Einzelheiten soll auf Schriftsätze, Protokolle und andere Unterlagen verwiesen werden, soweit sich aus ihnen der Sach- und Streitstand ausreichend ergibt (§ 125 Abs. 1 i.V.m. § 117 Abs. 3). Der Tatbestand hat für das Vorbringen der Beteiligten in der mündlichen Verhandlung Beweiswirkung (§ 173 VwGO i.V.m. § 314 ZPO). Aus der Sachverhaltsdarstellung des Berufungsurteils muss das Revisionsgericht ersehen können, von welchen tatsächlichen Voraussetzungen das Berufungsgericht ausgegangen ist. Das Fehlen oder die völlige Unverständlichkeit der tatsächlichen Feststellungen stellen einen Verfahrensmangel und absoluten Revisionsgrund (§ 132 Abs. 2 Nr. 3, § 138 Nr. 6) dar.

8   Die Regelung des § 130 b S. 1 stellt keine Ausnahme von diesen Grundsätzen dar. Sie erleichtert lediglich die Darstellung des Tatbestandes, indem sie eine Bezugnahme auf den Tatbestand der angefochtenen Entscheidung zulässt. Die Bezugnahme ist ein Mittel zur Straffung des Tatbestands und soll das OVG von unnötiger Formulierungs- und Schreibarbeit entlasten (BT-Drs. 13/3993, 22). Sie ist aber nur zulässig, soweit hierdurch die Beurteilung des Sach- und Streitstandes durch das Revisionsgericht nicht unmöglich oder wesentlich erschwert wird (vgl. auch § 543 Abs. 2 S. 2 ZPO a.F. [bis 31.12.2001]). Deshalb kann sich der Tatbestand des Berufungsurteils i.d.R. nicht ausschließlich in einer Bezugnahme auf das erstinstanzliche Urteil erschöpfen, da dieses nur den erstinstanzlichen Sach- und Streitstand, nicht aber dessen Fortentwicklung in der Berufungsinstanz wiedergeben kann. Das Berufungsgericht darf sich aber dann mit einer Bezugnahme auf das angefochtene Urteil begnügen, wenn der Sachverhalt unstreitig ist, in zweiter Instanz nichts Neues vorgetragen worden ist und lediglich um eine Rechtsfrage gestritten wird (vgl. BAG NJW 1998, 774 [nur LS]).

9   Zulässig ist auch eine Verweisung lediglich auf Teile des erstinstanzlichen Tatbestandes, soweit diese hinreichend genau bezeichnet werden[7]; für die Beteiligten und das Rechtsmittelgericht muss Klarheit über die tatbestandlichen Feststellungen des Berufungsgerichts bestehen. Die Regelung des § 130 b S. 1 ist auch im Übrigen nicht abschließend. Sie ist lediglich Ausdruck eines allgemeinen Grundsatzes, der Verweisungen auf andere, den Beteiligten bekannte oder ohne Weiteres zugängliche Schriftstücke oder Entscheidungen erlaubt (→ Rn. 3). Zulässig ist daher auch eine Bezugnahme auf den Zulassungsbeschluss, einen sonstigen in derselben Streitsache ergangenen Beschluss oder eine andere – genau bezeichnete – Entscheidung (→ Rn. 16 m.N.). Nicht erforderlich ist, dass der Tatbestand auch für außenstehende Dritte ohne weitere Lektüre verständlich ist (BVerwG 9.6.1981 Buchholz 312 EntlG Nr. 19).

III. Verweisung auf die Entscheidungsgründe (S. 2)

10   Im Berufungsurteil sind in kurzer Zusammenfassung die Gründe anzugeben, die für die richterliche Überzeugung leitend gewesen sind (§ 108 Abs. 1 S. 2; § 117 Abs. 2 Nr. 5; § 173 VwGO i.V.m. § 313 Abs. 3 ZPO).[8] Die Funktion der schriftlichen Entscheidungsgründe besteht darin, deutlich zu machen und sicherzustellen, dass das Gericht alle wesentlichen Gesichtspunkte, insbes. das Vorbringen der Beteiligten, i.R. des ihnen zustehenden rechtlichen Gehörs berücksichtigt und sich mit ihnen in der gebotenen Weise auseinandergesetzt hat, dass ferner den Beteiligten die Einschätzung der Erfolgsaussichten eines Rechtsmittels und dem Rechtsmittelgericht die Nachprüfung der Entscheidung ermöglicht werden.[9]

11   Die Regelung des § 130 b S. 2 schränkt diese Grundsätze nicht ein, sondern erleichtert lediglich die Darstellung der Urteilsgründe. Das Berufungsgericht macht sich mit einer ausdrücklichen Bezugnahme auf die Entscheidungsgründe des erstinstanzlichen Urteils diese zueigen und begründet auf diese Weise seine Berufungsentscheidung. Die Funktion der Entscheidungsgründe muss dabei gewahrt bleiben; die

---

7   Ebenso *R. Rudisile*, in: Schoch/Schneider/Bier § 130 b Rn. 2 a; a.A. *M. Happ*, in: Eyermann § 130 b Rn. 2.

8   Zur Anwendbarkeit des § 313 Abs. 3 ZPO vgl. BVerwG VerwRspr 29 (1978), 927, 928.

9   BVerwG NVwZ 1989, 249, 250; 3.4.1990 Buchholz 310 § 117 VwGO Nr. 31, jeweils m.w.N.; ferner *J. Lücke*, Begründungszwang und Verfassung, 1987, 37 ff.

Verweisung muss dem Revisionsgericht die vollständige Prüfung der Urteilsbegründung gestatten (vgl. BVerwG 18.12.1981 Buchholz 310 § 138 Ziffer 6 VwGO Nr. 17).

Das OVG kann sich umfassend, also in jeder Hinsicht uneingeschränkt den Entscheidungsgründen der 12 Vorinstanz anschließen. Ist damit die Streitsache erschöpfend behandelt, bedarf es nicht eines darüber hinausgehenden „Mindestinhalts" der Entscheidungsgründe.[10] Weder § 130b S. 2 noch verfassungsrechtliche Vorschriften verlangen dies; die Entscheidungsgründe müssen lediglich ihre Funktion erfüllen, dass der unterlegene Beteiligte die Erfolgsaussichten eines Rechtsmittels beurteilen und das Rechtsmittelgericht das angefochtene Urteil zuverlässig nachprüfen kann. Allerdings sollte die Befriedungsfunktion[11] selbständig formulierter Entscheidungsgründe nicht unterschätzt werden.

Das OVG ist hingegen zu ergänzenden Erwägungen verpflichtet bei substantiierten Einwendungen ge- 13 gen das erstinstanzliche Urteil, bei neuem, in den erstinstanzlichen Entscheidungsgründen nicht behandeltem rechtlichen Vorbringen, bei neuem tatsächlichen Vorbringen, bei neuen Beweismitteln, oder wenn die Gründe des VG nicht alle Punkte hinreichend behandelt haben.[12] Hat im Berufungsverfahren eine Beweisaufnahme stattgefunden, sind (ergänzende) Ausführungen zur Beweiswürdigung erforderlich (BFHE 174, 391).

Das Berufungsgericht kann auch lediglich teilweise, etwa hinsichtlich einzelner Punkte, auf die erstin- 14 stanzlichen Entscheidungsgründe verweisen, wie bereits der Gesetzeswortlaut („soweit") deutlich macht. Dabei kann es sich auch um eine Hilfsbegründung handeln (BVerwG NVwZ-RR 1993, 53).

Die Übernahme der Gründe der angefochtenen Entscheidung muss ausdrücklich angegeben werden 15 (vgl. BVerwG 22.7.1980 Buchholz 312 EntlG Nr. 15). Ferner ist der Umfang der in Bezug genommenen erstinstanzlichen Gründe genau zu bezeichnen.[13] In diesem Umfang werden die Ausführungen des VG Bestandteil der Gründe des Berufungsurteils und bilden – zusammen mit etwaigen ergänzenden Erwägungen des OVG – die Entscheidungsgründe i.S.d. § 117 Abs. 2 Nr. 5.[14]

Die Regelung des § 130b S. 2 ist nicht abschließend. In der Berufungsentscheidung kann auch verwie- 16 sen werden auf die Gründe des Zulassungsbeschlusses (BVerwG NVwZ 2000, 73, 74 f.), auf eine andere in derselben Streitsache ergangene Entscheidung,[15] auf die Begründung des angegriffenen Bescheids (VGH München 16.1.2014 – 9 B 10.1979), auf eine Parallelentscheidung zwischen den Beteiligten[16] oder auch eine zwischen anderen Parteien ergangene, den Beteiligten aber ohne Weiteres zugängliche Entscheidung.[17] Zulässig ist auch, in den Entscheidungsgründen auf Schriftsätze der Beteiligten Bezug zu nehmen; allerdings sollte davon nur in besonders geeigneten Fällen Gebrauch gemacht werden (BVerwG 3.12.2008 – 4 BN 25.08).

IV. Entsprechende Anwendung auf unzulässige und begründete Berufungen

§ 130b S. 2 erfasst nach seinem Wortlaut nur Bezugnahmen bei unbegründeten Berufungen. Die Rege- 17 lung ist jedoch auch insoweit nicht abschließend. Vielmehr sind Gerichte allgemein zu Bezugnahmen auf (den Beteiligten bekannte) Dokumente oder Entscheidungen befugt (→ Rn. 3). Die Vorschrift des § 130b S. 2 ist daher auf unzulässige[18] oder begründete Berufungen entsprechend anzuwenden. In Betracht kommen allerdings nur Verweisungen auf einzelne Begründungsteile. So kann etwa die Berufung ebenso wie die Klage wegen Prozessunfähigkeit des Klägers und Rechtsmittelführers unzulässig

---

10 A.A. Kopp/Schenke § 130b Rn. 1; *J. Lücke*, Begründungszwang und Verfassung, 1987, 175 f.; ferner BSG NJW 1989, 1758.
11 Vgl. näher *J. Lücke*, Begründungszwang und Verfassung, 1987, 72 ff.
12 BVerwG NJW 1980, 953, 954; 9.12.1980 Buchholz 312 EntlG Nr. 17; DÖV 2005, 1046; 20.10.2011 – 2 B 86.11; BFHE 161, 1; BAG BB 1998, 1954.
13 BVerwG 24.10.1986 Buchholz 312 EntlG Nr. 44; 3.4.1990 Buchholz 310 § 117 VwGO Nr. 31; NVwZ-RR 1993, 53; DÖV 2005, 1046; 20.10.2011 – 2 B 86.11.
14 Vgl. BVerwG 24.10.1986 Buchholz 312 EntlG Nr. 44; NVwZ-RR 1989, 334; 1993, 53; 20.10.2011 – 2 B 86.11.
15 BVerwG 7.9.1963 Buchholz 310 § 138 Ziffer 6 VwGO Nr. 4; DÖV 1981, 765; 18.12.1981 Buchholz 310 § 138 Ziffer 6 VwGO Nr. 17; OVG Münster NVwZ 1998 Beilage Nr. 4, 33 (PKH-Ablehnung).
16 BFHE 121, 284, 285; BGHZ 39, 333, 346; BGH NJW 1971, 39; VGH Kassel ESVGH 30, 163, 166.
17 BVerwG 7.9.1963 Buchholz 310 § 138 Ziffer 6 VwGO Nr. 4; NVwZ 1989, 249, 250; 3.4.1990 Buchholz 310 § 117 VwGO Nr. 31; 3.1.2006 – 10 B 17.05; vgl. auch BVerwGE 72, 15, 26 f. = NVwZ 1985, 736; BFHE 168, 306, 308 ff. (diff.); 170, 129; a.A VGH Kassel ESVGH 30, 163, 165 f.
18 Ebenso Kopp/Schenke § 130b Rn. 2; *R. Rudisile*, in: Schoch/Schneider/Bier § 130b Rn. 5.

sein. Bei begründeten Berufungen kann bei einzelnen Anspruchsgrundlagen oder Tatbestandsmerkmalen eine Verweisung auf die – insoweit zutreffenden – Entscheidungsgründe in Betracht kommen.

§ 131 (aufgehoben)

§ 132 [Zulassung der Revision]

(1) Gegen das Urteil des Oberverwaltungsgerichts (§ 49 Nr. 1) und gegen Beschlüsse nach § 47 Abs. 5 Satz 1 steht den Beteiligten die Revision an das Bundesverwaltungsgericht zu, wenn das Oberverwaltungsgericht oder auf Beschwerde gegen die Nichtzulassung das Bundesverwaltungsgericht sie zugelassen hat.

(2) Die Revision ist nur zuzulassen, wenn

1. die Rechtssache grundsätzliche Bedeutung hat,
2. das Urteil von einer Entscheidung des Bundesverwaltungsgerichts, des Gemeinsamen Senats der obersten Gerichtshöfe des Bundes oder des Bundesverfassungsgerichts abweicht und auf dieser Abweichung beruht oder
3. ein Verfahrensmangel geltend gemacht wird und vorliegt, auf dem die Entscheidung beruhen kann.

(3) Das Bundesverwaltungsgericht ist an die Zulassung gebunden.

Schrifttum

1. Monographien und Beiträge in Sammelwerken: *M. Baring/R. Pohle*, Empfiehlt es sich, die Revision (Rechtsbeschwerde) zu den oberen Bundesgerichten (außer in Strafsachen) einzuschränken und ihre Zulässigkeit in den einzelnen Gerichtsbarkeiten einheitlich zu regeln?, in: Gutachten zum 44. DJT, Bd. 1, 3. Teil, Hefte A und B, 1962; *M. Baumgärtel*, Die Zulassungsberufung in der VwGO – Im Spannungsfeld zwischen Beschleunigung und Gewährung effektiven Rechtsschutzes, 2004; *H. Bley*, Verfahrensmängel im Sozialprozeß, 1988; *M. Eggert*, Die Nichtzulassungsbeschwerde der VwGO, Sorgfaltspflichten und Folgen pflichtwidrigen Verhaltens eines beauftragten Rechtsanwalts, 2002; *E.-W. Hanack*, Der Ausgleich divergierender Entscheidungen in der oberen Gerichtsbarkeit, 1962; *H. J. Herrmann*, Die Zulassung der Revision und die Nichtzulassungsbeschwerde im Steuerprozess, 1986; *P. Kirchhof*, Revisibles Verwaltungsrecht, in: FS Menger, 1985, 813; *P. Kummer*, Die Nichtzulassungsbeschwerde – SGG, ArbGG, VwGO, ZPO, FGO, 2. Aufl. 2010; *C. L. Lässig*, Die fehlerhafte Rechtsmittelzulassung und ihre Verbindlichkeit für das Rechtsmittelgericht, 1976; *B. Linnenbaum*, Probleme der Revisionszulassung wegen grundsätzlicher Bedeutung der Rechtssache (§ 546 Abs. 1 S. 2 ZPO), 1986; *A. May*, Die Revision, 1997; *J. Meyer-Ladewig*, Revisionszulassung, Rechtssicherheit und Vertrauensschutz, in: Festgabe aus Anlaß des 25jährigen Bestehens des BVerwG, 1978, 417; *H. Prütting*, Die Zulassung der Revision, 1977; *K. Redeker*, Revisionsurteile im Gewand von Zulassungsbeschlüssen – zum schleichenden Bedeutungswandel der Entscheidungen des BVerwG über Zulassungsbeschwerden, in FS für Konrad Gelzer zum 75. Geb., 1991, 333; *F. Klein/R. Ruban*, Der Zugang zum BFH. Die Nichtzulassungsbeschwerde, Revision (Mit Mustern zur Revision und Zulassungsbeschwerde), 1986; *F. Weyreuther*, Revisionszulassung und Nichtzulassungsbeschwerde in der Rechtsprechung der obersten Bundesgerichte, 1971.

2. Beiträge in Zeitschriften: *L. Allkemper*, Wege zur Verbesserung des Individualrechtsschutzes im Vorabentscheidungsverfahren nach Art. 177 EG-Vertrag, EWS 1994, 253; *E. Baring*, Das Verfahren vor dem BVerwG, DVBl 1961, 349; *A. J. Baumert*, Voraussetzungen für die Zulassung der Revision, MDR 2004, 71; *M. Bertrams*, Das vor dem Bundesverwaltungsgericht revisible Recht, DÖV 1992, 97; *K. A. Bettermann*, Die Grenzen der Wirksamkeit des BVerwG insbesondere als Revisionsgericht, DVBl 1956, 11; *H. Büttner*, Revisionsverfahren – Änderungen durch das Zivilprozeßreformgesetz, MDR 2001, 1201; *ders./N. Tretter*, Irrungen und Wirrungen – Die beschränkte Zulassung von Revisionen in Zivilsachen, NJW 2009, 1905; *N. Dethloff*, Zugang zur Revisionsinstanz, ZRP 2000, 428; *H. Friederichs*, Die Nichtzulassungsbeschwerde in der Rechtsprechung des Bundessozialgerichts, NJW 1976, 1875; *J. Goebel*, Rechtsmittelreform in Zivilsachen und Rechtspolitik – Theoretische Fragen in praktischer Absicht, ZZP 113 (2000), 49; *H. Grave*, Bietet das verwaltungsgerichtliche Revisionsverfahren hinreichende Rechtsgarantien?, VerwArch 64 (1973), 51; *H. Günther*, Berufungszulassung wegen Divergenz statt Grundsätzlichkeit oder umgekehrt, DVBl 1998, 678; *G. Helas*, Zuwachs an Revisionen beim Bundessozialgericht im Jahre 2000, SuP 2001, 181; *R. Hottgenroth/U. Kornblum*, Revisionsbegründung vor Revisionszulassung, ZZP 122 (2009), 327; Kein Rechtsmittel gegen die Nichtzulassung der Revisionsbeschwerde, EWiR 2000, 993; *H. Kreutzfeld*, Verfassungsbeschwerde statt Nichtzulassungsbeschwerde, FA 2001, 297; *H.-F. Lange*, Neuregelung des Zugangs zum BFH – Das Zweite FGO-Änderungsgesetz, NJW 2001, 1098; *H. List*, Die Revisionszulassung „neu" – Hat sich die Neuregelung bewährt?, DB 2002, 1069; *D. E. Lousanoff*, Die „grundsätzliche Bedeutung" der Rechtssache im neuen Revisionsrecht, NJW 1977, 1042; *A. Mack*, Der Weg zum BFH (Nichtzulassungsbeschwerde) und Revision, Steuerstreit und Strafverteidigung 1999, 31 (Beratungsakzente 28); *W. B. Maetzel*, Offene Fragen zum Revisionsverfahren nach der VwGO, MDR 1961, 453; *ders.*, Filter für das Revisionsverfahren, DVBl 1969, 347; *H. Müller*, Die Revisionszulassung im Verwaltungsstreitverfahren, NJW 1955, 1740; *ders.*, Abweichen von einer Entscheidung, NJW 1963, 2060; *G. Mutke*, Die unterbliebene Vorlage an den EuGH als Revisionsgrund im Verwaltungsprozess, DVBl 1987, 403; *M. Pagenkopf*, Die VwGO-Novelle – Augenmaß und Schlichtheit, DVBl 1991, 285; *E. K. Pakuscher*, Gedanken zur Beschleunigung der Revisionsverfahren in Verwaltungsstreitsachen, DÖV 1971, 217; *H. A. Petzold*, Ist Gemeinschaftsrecht Bundesrecht?, NVwZ 1999, 151; *K. Rennert*, Die maßgebliche Perspektive bei der Zulassung von Berufung und Beschwerde im Verwaltungsprozeß – Zugleich ein Beitrag zur Systematik der Zulassungsgründe, NVwZ 1998, 665; *Reuss*, Revision und Nichtzulassungsbeschwerde zum BVerwG, DVBl 1957, 293; *A. Rosenthal*, Probleme im zivilprozessualen Revisionszulassungsrecht nach Inkrafttreten des ZPO-RG vom 1.1.2002, 2007; *J. Roth*, Die Nichtzulassungsbeschwerde beim Bundesfinanzhof, NWB 2010, 276; *R. Ruban*, Der Rechtsweg zum BFH, StVj 1991, 142; *M. Schmid*, Die Nichtzulassungsbeschwerde – häufige Fehler und ihre Vermeidung, DStR 1993, 1284; *E. Schneider*, Verfassungsbeschwerde bei Nichtzulassung der Revision trotz Abweichung, NJW 1977, 1043; *F. W. Schwöbbermeyer*, Die Zulassungsrevision – Ausweg oder Ende?, AnwBl 1992, S. 15; *H. Sendler*, „Kleine" Revisionsurteile?, DVBl 1992, 240; *P. Tiedemann*, Die abweichende Judikatur oberster Gerichtshöfe als Revisionsgrundlage (zum Begriff grundsätzliche Bedeutung), MDR 1977, 813; *E. Ullmann*, Gedanken zum neuen Recht der Revision und der Rechtsbeschwerde in Zivilsachen vor dem Bundesgerichtshof, WRP 2002, 593; *A. v. Wedelstädt*, Die Tücken der Nichtzulassungsbeschwerde, DB 1991, 1899; *J. Ziekow*, Abweichung von bindenden Verfassungsgerichtsentscheidungen?, NVwZ 1995, 247. *R. Zuck*, Nichtzulassungsbeschwerde und rechtliches Gehör, NJW 2008, 2078.

A. Allgemeines

I. Gegenstand der Revision

1 Der 13. Abschnitt regelt die Revision im Verwaltungsprozess. Die Revision ist ein Rechtsbehelf, mit dem die angefochtene Entscheidung auf Einhaltung des materiellen Rechts und Beachtung der Verfahrensvorschriften kontrolliert werden kann.[1] Revisionsgericht ist das BVerwG. Das Prüfprogramm der Revision ergibt sich aus § 137, also Bundesrecht (Abs. 1 Nr. 1) oder Vorschriften des VwVfG eines Landes, die in ihrem Wortlaut mit denen des VwVfG des Bundes übereinstimmen (Abs. 1 Nr. 2). Der Begriff Bundesrecht umfasst die formellen und materiellen Gesetze (einschließlich Grundgesetz), die vom Bundesgesetzgeber erlassen worden sind, das unionsrechtliche Primär- und Sekundärrecht sowie Regelungen, die aufgrund von Art. 25 GG oder Zustimmungsgesetzen Bestandteil des innerstaatlichen Rechts geworden sind. Als revisibeles „Bundesrecht" kann ferner in Betracht kommen: Besatzungsrecht (→ § 137 Rn. 46), das Recht der DDR (→ § 137 Rn. 47–49), Gewohnheitsrecht (→ § 137 Rn. 55), allgemeine Rechtsgrundsätze des Verwaltungsrechts (→ § 137 Rn. 56–69) und Auslegungsregeln (→ § 137 Rn. 70–72). Dagegen sind Verwaltungsvorschriften (mangels Rechtssatzqualität) grds.

---

1 I. *Kraft*, in: Eyermann § 132 Rn. 1.

nicht revisibel.[2] Eine Ausnahme bildeten früher die als allgemeine Verwaltungsvorschriften zu § 79 BBG erlassenen Beihilfevorschriften des Beamtenrechts[3] (→ § 137 Rn. 35). Auch normenkonkretisierende Verwaltungsvorschriften wie die TA-Luft sind unter bestimmten Umständen revisibel[4] (→ § 137 Rn. 29–34).

Es handelt sich unabhängig von dem Zulassungsgrund grds. um eine Vollrevision.[5] Das BVerwG ist 2 bei der Anwendung der Rechtsnormen allerdings an die Feststellungen des Erstgerichts gebunden, soweit diese Feststellungen nicht erfolgreich mit Verfahrensrügen angegriffen werden, § 137 Abs. 2. Für den Erfolg der *zugelassenen* Revision sind aber weder die Zulassungsgründe noch die geltend gemachten Revisionsgründe maßgeblich (→ § 137 Rn. 191–204).

Gegenstand der revisionsgerichtlichen Überprüfung können Urteile der OVG/VGH (§ 132 Abs. 1) 3 oder der VG (§ 134 [Sprungrevision], § 135 [Ersatzrevision]) sowie urteilsersetzende Beschlüsse nach § 47 Abs. 5 S. 1 2. Alt., § 125 Abs. 2 S. 4 und § 130 a sowie Gerichtsbescheide (§ 84 Abs. 2 Nr. 3) sein. Urteile i.S.v. § 132 Abs. 1 sind Sach- und Prozessurteile (§ 107), Zwischenurteile (→ § 109 Rn. 25),[6] Teilurteile (→ § 110 Rn. 25 ff.) und Grundurteile (→ § 111 Rn. 41 ff.)[7] sowie Ergänzungsurteile (BGH NJW 1980, 840; → § 120 Rn. 25). Ebenfalls revisibel ist eine Entscheidung, wenn sie fälschlich in Gestalt einer (an sich) nicht revisionsfähigen Entscheidung ergeht.[8] Dagegen fehlt es an der Revisibilität, wenn die Entscheidung fälschlich in der Form eines Urteils ergeht.[9] Das Meistbegünstigungsprinzip ist nur anwendbar, wenn bei der Wahl der richtigen Entscheidungsform eine weitere Rechtsmittelinstanz eröffnet wäre.[10]

II. Zweck und Rahmen der Revision

Die Revision dient der einheitlichen Anwendung und Fortentwicklung (→ Rn. 14) vor allem von 4 Bundesrecht, wie die Zulassungsgründe grundsätzlichen Bedeutung (→ Rn. 15 ff.). und Divergenz (→ Rn. 32 ff.) verdeutlichen.

Es besteht kein Anspruch auf eine Revisionsinstanz. Weder Art. 19 Abs. 4 GG noch Art. 20 Abs. 3 GG 5 oder Art. 103 Abs. 1 GG gewährleisten einen Anspruch auf einen wie auch immer gearteten Instanzenzug.[11] Schließlich lässt sich auch aus Art. 95 GG kein Anspruch auf eine Revisionsinstanz herleiten. Aus der verfassungsrechtlichen Aufgabe der obersten Bundesgerichte, die Einheit des Rechts zu wahren, folgt nicht unbedingt, dass diese *Revisions*gerichte sein müssen. Ebenfalls denkbar wäre ihre Ausgestaltung als *Vorlage*gerichte.[12] Der einfache Gesetzgeber ist lediglich nicht befugt, diese Rechtsmittelaufgabe den obersten Bundesgerichten zu entziehen.

Er ist aber berechtigt, von ihm zugelassene Rechtsmittel an bestimmte Verfahrensvoraussetzungen zu 6 knüpfen. Der wirkungsvolle Rechtsschutz, den das Rechtsstaatsprinzip und Art. 19 Abs. 4 GG gewährleisten, ist die umfassende tatsächliche und rechtliche Prüfung des Streitgegenstandes und eine verbindliche Entscheidung durch einen Richter,[13] nicht aber die Gewährleistung von Rechtsmittelzügen.[14] Allerdings darf der Zugang zu einer (eingeräumten) Instanz nicht in unzumutbarer, aus Sachgründen nicht mehr zu rechtfertigender Weise erschwert werden.[15] Die Begrenzung auf die drei „klas-

---

2 BVerwG 8.1.2013 – 5 B 9.12, Rn. 5 m.w.N.
3 BVerwG 28.4.1988 – 2 C 58.85, juris Rn. 13; 24.8.1995 – 2 C 7.94, juris Rn. 18.
4 BVerwGE 28.10.1998 – 8 C 16.96, juris Rn. 15–17; 20.12.1999 – 7 C 15.98, juris Rn. 9.
5 Vgl. Pietzner/Buchheister, in: Schoch/Schneider/Bier § 132 Rn. 14–16.
6 BVerwGE 14, 273 ff.; 60, 123, 125.
7 BVerwG NVwZ 1996, 175, 176.
8 BVerwG 5.9.1991 – 3 C 26.89, juris Rn. 19 m.w.N.
9 Für gerichtliche Vollstreckungsentscheidungen nach § 172 S. 1 BVerwG 30.8.1985 – 4 C 60.81, juris Rn. 12.
10 BVerwG NJW 1986, 1125 f.; wohl weitergehend P. Schmidt, in: Eyermann § 132 Rn. 3.
11 BVerfGE 49, 329, 340, 342; 54, 277, 291; 65, 76, 90; 87; 48, 61; 89, 381, 390; 92, 365, 410.
12 Bericht der Sachverständigenkommission für die Vereinfachung der Verwaltung beim Bundesministerium des Innern, Vereinfachung der Verwaltung, Anl. 6, „Stellungnahme zu dem Entwurf einer VwGO", 155, 158 ff. und die sich anschließende Diskussion; J. Schmidt, in: Merten, Die Vereinheitlichung der Verwaltungsgerichtsgesetze zu einer Verwaltungsprozessordnung, 1978, 169, 178, 181; E. Eyermann, FS Maunz, 1971, 55, 67; F. Kopp, in: 54. DJT, 1982, Bd. I B 47.
13 BVerfG 11.6.1980 – 1 PBvU 1/79, juris Rn. 47.
14 St. Rspr. z.B. BVerfG 4.7.1995 – 1 BvF 2/86 u.a., juris Rn. 161 m.w.N.; 11.6.1980 – 1 PBvU 1/79, juris Rn. 47.
15 So z.B. BVerfG 12.1.1960 – 1 BvL 17/59, juris Rn. 13 zu Prozesskostenvorschüssen.

sischen Revisionsgründe" stellt keine unzumutbare, aus Sachgründen nicht mehr zu rechtfertigende Erschwerung des Zugangs zur Revisionsinstanz dar.[16]

7   Keine unangemessene Zugangsbeschränkung zum Revisionsgericht liegt schließlich in dem in § 67 Abs. 1 normierten Zwang, sich durch einen Rechtsanwalt oder durch einen Rechtslehrer an einer deutschen Hochschule vertreten zu lassen. Zwar verliert der Beteiligte seine Postulationsfähigkeit (im Einzelnen → § 67 Rn. 63) und wird mit einem Honoraranspruch des Bevollmächtigten belastet. Die darin liegenden Einschränkungen sind aber mit der allgemeinen Handlungsfreiheit (Art. 2 Abs. 1 GG), dem allgemeinen Persönlichkeitsrecht (Art. 2 Abs. 1 i.V.m. 1 Abs. 1 GG), dem Recht auf rechtliches Gehör (Art. 103 Abs. 1 GG) und dem Gebot effektiven Rechtsschutzes (Art. 19 Abs. 4 GG) vereinbar. Im Interesse einer geordneten und sachkundigen Verfahrensführung und angesichts der Gefahr einer Überlastung oberster Bundesgerichte ist der Vertretungszwang verfassungsrechtlich nicht zu beanstanden,[17] wenn dem Vertretenen und Gehörsberechtigten ein entscheidender Einfluss auf den Gang des Verfahrens durch eine Bindung des Rechtsanwalts an das erteilte Mandat verbleibt.[18]

8   Art. 267 AEUV bestimmt die Auslegung/Anwendung von Unionsrecht durch die nationalen Gerichte in verfahrensrechtlicher Sicht. Die Vorschrift berechtigt (Vorinstanz) bzw. verpflichtet (BVerwG) die nationalen Gerichte, den EuGH im Wege des Vorabentscheidungsverfahrens anzurufen, wenn sich in dem Prozess eine entscheidungsrelevante Frage über die Auslegung der Verträge, über die Gültigkeit und die Auslegung der Handlungen der Organe, Einrichtungen oder sonstigen Stellen der Union stellt. Zu den (auszulegenden) Handlungen der Organe gehört auch das unionsrechtliche Sekundärrecht (Richtlinien und Verordnungen). Ein rechtswidriges Unterlassen der Vorlage an den EuGH verletzt das Recht auf den gesetzlichen Richter. Im Übrigen enthält das Unionsrecht (etwa in Art. 251 ff. AEUV) keine direkten Vorgaben zur Regelung des nationalen Revisionsrechts. Es gilt der Grundsatz der prozessualen Autonomie der Mitgliedstaaten.[19] Auch die vom EuGH beim nationalen Vollzug von Unionsrecht für anwendbar erklärten Grundsätze des Diskriminierungsverbotes und des Effizienzgrundsatzes[20] machen keine konkreten inhaltlichen Vorgaben für die Ausgestaltung des Verwaltungsprozessrechts. Diese Vorschrift dient der Durchsetzung des Unionsrechts (effet utile) und damit einer Vereinheitlichung der Rechtsanwendung in der Union (Gleichbehandlung, Ausschluss von Diskriminierung).

III. Das Zulassungsprinzip

9   Die Revision (zu Wesen und Funktion der Rechtsmittel → Vorbem. § 124 Rn. 1–23, insbes. zur Revision → Rn. 18 f.) ist nur statthaft, wenn sie zugelassen worden ist, § 132 Abs. 1. Die nichtzugelassene Revision wäre gem. § 143 S. 1. Alt., S. 2, § 144 Abs. 1 als unstatthaft zu verwerfen. Die Revision ist nur aus den in § 132 Abs. 2 genannten Gründen (Grundsatz-, Divergenz- und Verfahrensrevision) zuzulassen. Sie kann von dem OVG/VGH zugelassen werden[21] (zur Zulassungsentscheidung des OVG/VGH → Rn. 73 ff.) oder auf die Beschwerde gegen die Nichtzulassungsentscheidung des OVG/VGH durch das BVerwG. Das Erfordernis der Zulassung stellt eine (zulässige) verfahrensrechtliche Schranke dar. Die Zulassung ist nicht an die materielle Unrichtigkeit der Ausgangsentscheidung oder auch nur die Erfolgsaussichten einer etwaig zuzulassenden Revision gebunden.[22] Für die Zulassung zur Revision ist es unerheblich, ob der Rechtsstreit einen besonders hohen Streitwert hat oder

---

16   Vgl. BVerfG NVwZ 2000, 1163 zu § 124 VwGO, *Berlit*, in: Posser/Wolff § 132 Rn. 16.1.
17   BVerwG 30.1.1980 – 7 B 1.80, juris Rn. 2.
18   *E. Schmidt-Aßmann*, in: Maunz/Dürig Art. 103 Abs. 1 Rn. 107; *C. Meissner*, in: Schoch/Schneider/Bier § 67 Rn. 8; problematisch kann dies z.B. in den Fällen des sog. „Querulantenwahns" werden, wenn der eingeschaltete Rechtsbeistand für seinen Mandanten eine die Prozessführung betreffende partielle Geschäftsunfähigkeit feststellen lässt und damit für den Mandanten unter Umständen nicht mehr abberufbar ist.
19   Vgl. Pietzner/Buchheister, in: Schoch/Schneider/Bier § 132 Rn. 12 a; EuGH 14.9.2016 – C-184/15 u.a., Rn. 37 m.w.N. Allg. zum Verhältnis Unionsrecht/nationales Prozessrecht → EVR Rn. 176 ff.; *K. Stern*, JuS 1998, 769 ff.; *E. Schmidt-Aßmann*, in: Schoch/Schneider/Bier Einl. Rn. 100 ff.; *M. Brenner*, Verw 31 (1998), 1 ff.; *M. Burgi*, Verwaltungsprozeß und Europarecht, 1996; *Th. v. Danwitz*, Verwaltungsrechtliches System und Europäische Integration, 1996; *Hufen* § 3 Rn. 16 ff.; *R. Koch*, EuZW 1995, 78 ff.; *V. Nessler*, DVBl 1993, 1240 ff.; *H. W. Rengeling/A. Middeke/M. Gellermann*, Handbuch des Rechtsschutzes in der Europäischen Union, ²2003; *F. Schoch*, JZ 1995, 109 ff.; *J. Schwarze*, Das Verwaltungsrecht unter europäischem Einfluß, 1996.
20   EuGH 25.7.1991 – C-208/90, Rn. 16.
21   Im Falle der Sprungrevision kann die Zulassung auch durch das VG erfolgen, § 134.
22   Vgl. *Pietzner/Buchheister*, in: Schoch/Schneider/Bier § 132 Rn. 13.

ihm eine große tatsächliche Bedeutung beigemessen wird.[23] Auch Verwaltungsstreitverfahren, die scheinbar keine große Bedeutung aufweisen, können Rechtsfragen aufwerfen, die der Rechtsfortbildung bedürfen. Dies kann insbes. der Fall sein, wenn neue rechtliche Regelungen geschaffen worden sind oder sich Fragen der Umsetzung des Unionsrechts stellen.

Das OVG/VGH hat von Amts wegen zu prüfen, ob einer der in § 132 Abs. 1 genannten Gründe für die Zulassung der Revision vorliegen. Soweit das OVG/VGH die Revision nicht zulässt, kann jeder der an dem Prozess noch Beteiligten, die Nichtzulassung mit der Beschwerde anfechten und im Erfolgsfalle Revision einlegen, soweit er durch das Urteil bzw. die Nichtzulassung der Revision beschwert ist, also Kläger, Beklagter, Beigeladener und Vertreter des öffentlichen Interesses (wenn er sich beteiligt hat).[24] Der Vertreter des Bundesinteresses beim BVerwG (→ § 35 Rn. 18 und → § 63 Rn. 18) ist aufgrund seiner besonderen Rechtsstellung als „unbeteiligter Mittler"[25] nicht berechtigt, selbst Revision einzulegen und darf auch keine Anschlussrevision erheben.[26] Das OVG kann eine Beiladung auch noch nach Erlass des Urteils bis zu dessen Rechtskraft oder bis zur Einlegung eines Rechtsmittels anordnen.[27] Der erst im Revisionsverfahren notwendig Beigeladene (einfache Beiladungen sind im Revisionsverfahren nach § 142 Abs. 1 unzulässig) ist auf eine Anschlussrevision beschränkt, die keiner Zulassung bedarf, die aber ihre Wirkung verliert, wenn die Revision zurückgenommen oder als unzulässig verworfen wird (§ 142 Abs. 1 i.V.m. § 127 Abs. 4 und 5). 10

Die Beschwer des Rechtsmittelführers ist Zulässigkeitsvoraussetzung, die jeweils gesondert zu prüfen ist. Für den *Kläger* ist grds. auf die *formelle Beschwer* abzustellen, also darauf, ob der Entscheidungsausspruch hinter dem zuletzt beantragten Begehren zurückbleibt.[28] Beim *Beklagten* wie dem *Beigeladenen* kommt es auf die *materielle Beschwer* an. Der materiell beschwerte Beklagte muss in der Vorinstanz keinen Sachantrag gestellt haben (BVerwGE 96, 258). Das gleiche gilt auch für den Beigeladenen.[29] Materielle Beschwer des Beigeladenen bedeutet, dass dieser auf Grund der Bindungswirkung des angefochtenen Urteils (§ 121) präjudiziell und unmittelbar in entsprechender Anwendung von § 42 Abs. 2 möglicherweise in eigenen Rechten verletzt ist.[30] Keine materielle Beschwer besteht dagegen, wenn der Rechtsmittelführer im vorinstanzlichen Verfahren zu Unrecht beigeladen wurde. In diesem Fall begründet die Beiladung nur eine Verfahrensposition, aber keine materiellen Rechte.[31] 11

Die Beschwer ist abzugrenzen von der für die Begründetheit der Revision erforderlichen Verletzung des in § 137 Abs. 1 genannten revisiblen Rechts.

Über die Beschwerde entscheidet zunächst das Ausgangsgericht, § 133 Abs. 5 S. 1 im Wege der Abhilfe oder i.d.R. wahrscheinlicher der Nichtabhilfe. Maßgeblich für die Abhilfeentscheidung des OVG/VGH wie die Beschwerdeentscheidung des BVerwG ist der Zeitpunkt der jeweiligen Entscheidung, nicht der Zeitpunkt, zu dem das Urteil erlassen worden ist. Dies kann etwa Bedeutung erlangen, wenn nach dem Urteil eine divergierende Entscheidung eines der in § 132 Abs. 2 Nr. 2 genannten Gerichte ergeht. 12

Das BVerwG ist an die Zulassungsentscheidung der Vorinstanz gebunden. Im Fall der Nichtzulassungsbeschwerde hat es bei der Zulassung kein Ermessen. Liegt einer der drei Zulassungsgründe vor, muss die Zulassung erfolgen. „Nur" bezieht sich allein auf die maßgeblichen Zulassungsgründe, nicht aber auf einen wie auch immer gearteten rechtlichen Spielraum.[32] 13

B. Die Revisionszulassungsgründe

I. Allgemeines

Die Revision ist nur zuzulassen, wenn einer der in § 132 Abs. 2 aufgezählten Zulassungsgründe vorliegt. Der Katalog ist *abschließend*, die Revisionszulassungsgründe dürfen schon nach dem Wortlaut 14

---

23 Vgl. *Pietzner/Buchheister*, in: Schoch/Schneider/Bier § 132 Rn. 8.
24 Vgl. *Kraft*, in: Eyermann, § 132 Rn. 7.
25 Redeker/v.Oertzen § 132 Rn. 3.
26 BVerwG 9.8.1994 – 7 C 45.93, juris Rn. 13, 14.
27 BVerwG 6.11.1953 – II C 35.53, juris Rn. 13.
28 *Berlit*, in: Posser/Wolff § 132 Rn. 6.
29 BVerwG 14.4.2000 – 4 C 5.99, juris Rn. 14.
30 BVerwG 28.10.1999 – 7 C 32.98, juris Rn. 11 m.w.N.
31 BVerwG 11.1.2001 – 7 C 10.00, juris Rn. 13.
32 Vgl. *Pietzner/Buchheister*, in: Schoch/Schneider/Bier § 132 Rn. 21 m.w.N.; *Kraft*, in: Eyermann, § 132 Rn. 13 m.w.N.

(„nur") der Vorschrift nicht erweiternd ausgelegt werden.[33] Die Einführung eines allgemeinen außergesetzlichen Revisionszulassungsgrundes hat das BVerwG im Hinblick auf die Durchsetzung von Grundrechten im Jahr 2002 abgelehnt.[34]Die Zulassungsgründe des Abs. 2 gelten gleichermaßen für *alle Zulassungsentscheidungen*, sei es für die des OVG/VGH, für die Zulassung des BVerwG aufgrund einer Nichtzulassungsbeschwerde, bei der Ersatzrevision und der Sprungrevision oder für die Entscheidungen des VG. Die Zulassungsgründe der grundsätzlichen Bedeutung der Rechtssache nach § 132 Abs. 2 Nr. 1 und der Divergenz nach § 132 Abs. 2 Nr. 2 dienen vor allem *öffentlichen Revisionszielen*, „die Rechtseinheit in ihrem Bestand zu erhalten" und „die Weiterentwicklung des Rechts zu fördern",[35] weniger dem „privaten Anliegen" der Einzelfallgerechtigkeit. Allein der Zulassungsgrund des Verfahrensmangels nach § 132 Abs. 2 Nr. 3 dient auch der Einzelfallgerechtigkeit[36] (→ Rn. 98). In der Entscheidungspraxis des BVerwG stellen Verfahrensmängel jedoch keine *Zulassungs*gründe dar. Die aufgrund von § 132 Abs. 2 Nr. 3 erfolgreich durchgeführten Nichtzulassungsbeschwerden führen in der Regel[37] zur Aufhebung und Zurückverweisung der Sache gem. § 133 Abs. 6 noch im Zulassungsverfahren.[38] Dabei darf nicht übersehen werden, dass der Erfolg einer Rüge von Verfahrensmängeln, insbes. der Sachverhaltsaufklärung gerade erst dazu führen kann, dass der entschädigungserhebliche Sachverhalt und damit die Rechtsanwendung korrigiert werden.

II. Grundsätzliche Bedeutung der Rechtssache (Abs. 2 Nr. 1)

15 Die Revision ist zuzulassen, wenn die „Rechtssache grundsätzliche Bedeutung hat", § 132 Abs. 2 Nr. 1. Die Zulassung wegen grundsätzlicher Bedeutung setzt voraus, dass die Rechtssache eine bestimmte, entscheidungserhebliche Frage des revisiblen Rechts (§ 137 Abs. 2) aufwirft, die im Interesse der Rechtseinheit oder der Fortentwicklung des Rechts der Klärung in einem Revisionsverfahren bedarf. Ziel des Revisionsverfahrens sind die Erhaltung der Rechtseinheit und die Förderung der Weiterentwicklung des Rechts. Entsprechend sind Gegenstand der Grundsatzrevision noch nicht geklärte, abstrakte und allgemein bedeutsame Rechtsfragen. Besonders schwere Rechtsanwendungsfehler bilden dagegen grds. keinen Zulassungsgrund. Atypische Fälle, die

16 Grundsätzliche Bedeutung meint eine „*allgemeine*" Bedeutung.[39] Dieser Begriff ist v.a. in Fällen des *Übergangsrechts* und des *auslaufenden Rechts* (→ Rn. 23) präzisiert worden. Danach liegt eine allgemeine Bedeutung (nur) vor, wenn eine Rechtsvorschrift aufgrund einer Übergangsbestimmung ihre Gültigkeit auch in Zukunft für *einen nicht überschaubaren Personenkreis* behält,[40] wenn noch eine *erhebliche Anzahl* von Altfällen zu entscheiden ist[41] oder wenn sich bei der Neuregelung dieselbe Rechtsfrage stellt.[42] Letzteres kommt insbes. in Frage, wenn die Neuregelung auf einer Umsetzungsverpflichtung des europäischen Unionsrechts beruht und die entsprechende Bestimmung in absehbarer Zeit in Kraft treten wird.[43] Mit der Gleichsetzung von grundsätzlicher und allgemeiner Bedeutung können *Einzelfälle* von besonderer, möglicherweise auch grundrechtlicher Tragweite für den Betroffenen keine grundsätzliche Bedeutung erlangen, wenn die Rechtsfrage keine Bedeutung über den Einzelfall hinaus hat. Daran fehlt es auch, wenn die Frage nur den streitgegenständlichen Einzelfall betreffen kann.[44]

33 So auch *Berlit*, in: Posser/Wolff § 132 Rn. 16.
34 BVerwG 28.3.2002 – 5 B 87.01, juris Rn. 1; BVerfG 7.12.1998 – 1 BvR 831/89 (LS 2).
35 St. Rspr. des BVerwG: BVerwG 2.10.1961 – VIII B 78.61, BVerwGE 13, 90, 91; 21.1.2016 – 4 BN 36.15, juris Rn. 12.
36 Vgl. *Pietzner/Buchheister*, in: Schoch/Schneider/Bier § 132 Rn. 83: „Gewährleistung des korrekten Verfahrens im Einzelfall"; *J. Meyer-Ladewig*, FG BVerwG, 1978, 417; *F. Weyreuther*, Revisionszulassung, 1971, Rn. 2 Fn. 3.
37 Vgl. etwa BVerwG 16.5.2013 – 9 B 6.13, juris Rn. 1, 32 ff.; dazu *Pietzner/Buchheister*, in: Schoch/Schneider/Bier § 133 Rn. 88 ff., 110.
38 Darum hat sich hierfür auch das auf *W. B. Maetzel* zurückgehende Wort der „Schmalspurrevision" eingebürgert, vgl. MDR 1961, 453, 455; *H. J. Herrmann*, Zulassung, 1986, Rn. 180; *Pietzner/Buchheister*, in: Schoch/Schneider/Bier § 132 Rn. 85.
39 BVerwGE 13, 90, 91 f.; BVerwG NVwZ-RR 1990, 220, 221; Buchholz 310 § 132 VwGO Nr. 325; Buchholz 402.25 § 1 AsylVfG Nr. 223; BFHE 144, 133, 135.
40 Buchholz 310 § 132 Abs. 2 Ziff. 1 VwGO Nr. 4, 6, 9, 10; Buchholz 310 § 132 Abs. 2 Ziff. 1 VwGO Nr. 21.
41 BVerwG Buchholz 310 § 132 VwGO Nr. 160; Buchholz 310 § 132 Abs. 2 Ziff. 1 VwGO Nr. 15.
42 BVerwG Buchholz 310 § 132 Abs. 2 Ziff. 1 VwGO Nr. 9.
43 BVerwG 8.8.2012 – 7 B 28/12, juris Rn. 2 IVU-Richtlinie.
44 BVerwG 2.9.2015 – 9 B 16.15 Rn. 6.

1. Abstrakte Rechtsfrage. Die Rechtsfrage und der Klärungsbedarf müssen in der Beschwerdebegründung dargelegt werden (§ 133 Abs. 3 S. 3).[45] Der Zulassungsgrund des § 132 Abs. 1 Nr. 1 setzt die Formulierung einer bestimmten, höchstrichterlich noch ungeklärten und für die Revisionsentscheidung erheblichen Rechtsfrage des revisiblen Rechts und außerdem die Angabe voraus, worin die allgemeine, über den Einzelfall hinausgehende Bedeutung bestehen soll. Nicht jede Frage, zu der sich das BVerwG noch nicht geäußert hat, führt auf eine erst im Revisionsverfahren zu klärende Thematik. Nach der Zielsetzung des Revisionszulassungsrechtes ist Voraussetzung vielmehr, dass der im Rechtsstreit vorhandene Problemgehalt aus Gründen der Einheit des Rechts einschließlich gebotener Rechtsfortentwicklung eine Klärung gerade durch eine höchstrichterliche Entscheidung verlangt. Das ist nach der st. Rspr. des BVerwG dann nicht der Fall, wenn sich die aufgeworfene Rechtsfrage auf der Grundlage der vorhandenen Rspr. und mit Hilfe der üblichen Regeln sachgerechter Gesetzesinterpretation ohne Weiteres beantworten lässt.[46] Die grundsätzliche Bedeutung hängt nicht an dem Rechtsstreit insgesamt, sondern an einer sich aus Anlass des Rechtsstreits konkret stellenden abstrakten Frage der Auslegung revisiblen Rechts. Abstrakt bedeutet, dass die Beantwortung der Rechtsfrage für die Rechtsanwendung über den konkreten Rechtsstreit hinaus in einer Vielzahl von Fällen Bedeutung hat und diese sind nicht allein auf den streitgegenständlichen Fall beschränkt.[47] Teilweise wird der Begriff „fallübergreifende Rechtsfrage" verwendet.[48] In der Rspr. wird für die Zulassung formuliert „Das Verfahren gibt dem BVerwG Gelegenheit, sich grds. zu Fragen zu äußern."[49] Eine solche Zulassungsentscheidung ist sehr allgemein, so dass allein aus der Zulassung nicht deutlich werden muss, warum genau das BVerwG sich welcher Rechtsfrage annimmt.[50] Auch die Zulassung durch ein Instanzgericht erscheint mitunter gemessen an den dezidierten Anforderungen des Zulassungsrechts sehr knapp. Dass das Verfahren etwa dem BVerwG Gelegenheit gibt, sich grds. zu Fragen im Zusammenhang mit dem neuen Fluglärmschutzgesetz sowie zum Verhältnis von Fach- und Landesentwicklungsplanung zu äußern, legt die Voraussetzungen nicht dar. Sehr viel konkreter ist dagegen „Im Hinblick auf den Beklagten und die Beigeladene hat u.a. die Frage, wie die Begrifflichkeit der (un-)wesentlichen Rechtsbeeinträchtigung in § 8 Abs. 3 Satz 2 Nr. 3 Alt. 1 LuftVG auszulegen ist, mit Blick auf das Urteil des VGH Mannheim vom 8. April 2008 – 8 S 1140/07 – grundsätzliche Bedeutung, ebenso die Frage, in welchen Fällen in Abhängigkeit vom Gestattungszustand eine Änderung oder Erweiterung i.S.v. § 8 Abs. 1 Satz 1, Abs. 3 Satz 1 LuftVG vorliegt. Eine grundsätzliche Bedeutung ergibt sich auch im Hinblick auf die Kläger, weil – soweit ersichtlich – noch keine höchstrichterliche Rspr. zu der Frage vorliegt, ob ein Privatkläger, der die Aufhebung einer Zulassungsentscheidung gem. § 4 Abs. 1 Satz 1 Nr. 2, Satz 2, Abs. 3 UmwRG erreicht hat, unabhängig von einer (möglichen) Rechtsverletzung einen weitergehenden Anspruch darauf hat, dass die Nutzung des bereits realisierten Vorhabens unterbunden wird."[51] In jedem Fall sind *tatsächlich* bedeutsame Rechtssachen einer revisionsgerichtlichen Klärung nicht zugänglich. Verallgemeinerungsfähige Tatsachenfragen (z.B. die Verfolgungslage im Herkunftsstaat in Asylverfahren) können auch dann nicht die Revisionszulassung rechtfertigen, wenn ihre Klärung in einer Vielzahl instanzengerichtlicher Verfahren von Bedeutung wäre.[52] Dies folgt aus der Bindung des BVerwG an die tatsächlichen Feststellungen der Vorinstanz, § 137 Abs. 2.[53] Keine abstrakte Rechts*frage* ist die konkrete (auch eindeutig falsche) Rechts*anwendung* durch die Behörde und das Vordergericht im Einzelfall.[54] Daneben muss die oder müssen die zu entscheidende(n) Rechtsfra-

17

---

45 BVerwG 25.5.2016 – 7 B 1.15 Rn. 4.
46 BVerwG 16.11.2004 – 4 B 71.04, juris Rn. 4.
47 BVerwG 2.9.2015 – 9 B 16.15 Rn. 6.
48 *Berlit*, in: Posser/Wolff § 132 Rn. 22.
49 Etwa: BVerwG HessVGH 21.8.2009 – 11 C 227/08.T u.a., juris Rn. 1309 (für eine Zulassung durch ein Instanzgericht).
50 Konkret dagegen BVerwG 12.12.2006 – 4 B 20.06, juris Rn. 9: „kann zur Klärung der Frage beitragen, unter welchen Voraussetzungen die Einrichtung eines regionalen Verkehrsflughafens auf einem aus der militärischen Trägerschaft entlassenen ehemaligen Militärflugplatz einer Prüfung der Umweltverträglichkeit bedarf, insbesondere ob und inwieweit im Rahmen einer Vorprüfung des Einzelfalls eine Vorbelastung durch den früheren militärischen Flugbetrieb zu berücksichtigen ist."
51 OVG Münster 14.10.2013 – 20 D 7/09.AK, juris Rn. 188; nachgehend BVerwG 18.12.2014 – 4 C 36.13.
52 *Berlit*, in: Posser/Wolff § 132 Rn. 22.
53 BVerwG NVwZ 1985, 199, 200; dem folgend *Pietzner/Buchheister*, in: Schoch/Schneider/Bier § 132 Rn. 32; dieses Ergebnis ist zumindest aufgrund der Begründung, die auf einem Fehlschluss beruht, bedenklich.
54 BVerwGE 24, 90, 91 f.; BVerwG NVwZ-RR 1993, 276; 2000, 457, 458; *H. Prütting*, Zulassung, 1977, 153.

ge(n) aber auch insoweit „*konkret*" sein, als es auf ihre Beantwortung im (künftigen) Revisionsverfahren entscheidend ankommen muss (zur Entscheidungserheblichkeit → Rn. 65).[55] Sie müssen also für den konkreten Rechtsstreit entscheidungserheblich sein.

18   **2. Klärungsbedürftigkeit.** Weitere Voraussetzung für die grundsätzliche Bedeutung einer Rechtssache ist die Klärungsbedürftigkeit der Rechtsfrage. Eine Zulassung der Revision wegen Grundsätzlichkeit scheidet aus, wenn die in der Beschwerde bezeichneten Fragen nicht klärungsbedürftig sind. Nicht klärungsbedürftig sind Fragen, deren Antwort sich ohne Weiteres aus dem Gesetz ergibt, die durch die Rspr. des BVerwG beantwortet sind oder beantwortet werden können, aber auch Fragen, deren Beantwortung sich aus juristischem Allgemeingut ergeben, welches keiner Bestätigung oder Überprüfung in einem Revisionsverfahren bedarf.[56] Hierzu gehört auch, wenn die aufgeworfene Rechtsfrage durch die Rspr. eines *anderen obersten Bundesgerichts* geklärt ist, das aufgrund seiner originären Zuständigkeit mit dieser oder einer gleichgelagerten Rechtsfrage bereits befasst war und das angerufene BVerwG dem folgt.[57] Diese Fragen sind schon geklärt. Ihre Behandlung in einem Revisionsverfahren würde der Einheit oder der Fortentwicklung des Rechts nicht dienen. Kein Klärungsbedarf besteht schließlich, wenn die Rechtsfrage bereits geklärt ist oder auf der Grundlage der bestehenden bundesgerichtlichen Rspr. mit Hilfe der anerkannten Auslegungsregelungen auch ohne Durchführung eines Revisionsverfahrens eindeutig beantwortet werden kann.[58]

19   **a) Klare Rechtslage.** Das BVerwG sieht sich nicht in der Lage, alle Rechtsfragen selbst zu entscheiden und erst dann als geklärt anzusehen, wenn sie höchstrichterlich entschieden wurden. Das Fehlen einer eigenen Judikatur zu einer Rechtsfrage verleiht ihr daher noch keine grundsätzliche Bedeutung.[59] Eine klärungsbedürftige Rechtsfrage liegt „nach der ständigen Rspr. aller *Senate des BVerwG*" dann nicht vor, „wenn sich die aufgeworfene Rechtsfrage auf der Grundlage des Gesetzeswortlauts mit Hilfe der üblichen Regeln sachgerechter Interpretation und auf der Grundlage der entstandenen Rspr. ohne Weiteres beantworten lässt" (BVerwG NVwZ 1995, 601, 602). Diese Formel eröffnet dem Revisionsgericht ein gewisses Zulassungsermessen. Es reicht nicht aus, den konkreten Problemgehalt, den die Auslegung einer Vorschrift mit sich bringt, zu verdeutlichen. Dies könnte vom BVerwG leicht als Frage bloßer Rechtsanwendung ausgeklammert werden. Es muss methodisch nachvollziehbar und argumentativ ausschöpfend die Auslegung der entscheidenden Norm durch die Vorinstanzen noch in ihrer Abstraktheit („als Rechtssatz") infrage gestellt werden (→ § 124 Rn. 143). Unverzichtbar ist es deswegen nachzuweisen, dass die Rechtsfrage in Lit. und Rspr. unterschiedlich beantwortet wird.

20   **b) „Difformität".** Der Umstand, dass die Instanzgerichte eine Rechtsfrage unterschiedlich beantworten,[60] macht diese aus der Sicht des BVerwG noch nicht klärungsbedürftig.[61] Hieraus folgt eine Klärungsbedürftigkeit im revisionsrechtlichen Sinne erst, wenn die Rspr. zu der Rechtsfrage innerhalb der Berufungsgerichte oder zu einem anderen Bundesgericht, nicht aber dem BVerfG, divergiert.[62] Die Nichtzulassung der Berufung wegen fehlender grundsätzlicher Bedeutung der Rechtssache, obwohl divergierende Rspr. der OVG zu einer bestimmten Rechtsfrage vorliegt, verletzt Art. 19 Abs. 4 GG.[63] Unabhängig von der verfassungswidrigen Verkürzung des Rechtsweges gebietet schon die einfachgesetzliche Interpretation der grundsätzlichen Bedeutung i.S.v. § 132 Abs. 2 Nr. 1 jedenfalls dann eine klärungsbedürftige Frage anzunehmen, wenn das OVG/der VGH seine Abweichung von der ersten Instanz nicht erschöpfend begründet hat oder die Urteilsbegründung des OVG/des VGH durch die Nichtzulassungsbeschwerde neuerlich ernsten Zweifeln ausgesetzt werden wird.

21   **c) Neue Gesichtspunkte.** Aus dem Revisionszulassungsziel der Rechtsfortbildung wird deutlich, dass Rechtsfragen nicht ein für alle Mal geklärt werden können. Dementsprechend ist das *Vorliegen* einer

---

55 BVerwG Buchholz 310 § 132 VwGO Nr. 62; *H. v. Nicolai*, in: Redeker/v. Oertzen § 132 Rn. 9; *M. Eggert*, Nichtzulassungsbeschwerde, 2002, 70.
56 BVerwG 10.10.2003 – 4 B 83.03, Nr. 1 der Gründe.
57 BVerwG 24.10.2011 – 9 B 12/11, juris Rn. 8.
58 BVerwG 7.12.2015 – 2 B 79.15 Rn. 4.
59 BVerwG 31.7.1987 – 5 B 49.87, juris Rn. 3.
60 Difformität *H. Grave*, VerwArch 64 (1973), 54, 56.
61 Vgl. *Pietzner/Buchheister*, in: Schoch/Schneider/Bier § 132 Rn. 35.
62 *Pietzner/Buchheister*, in: Schoch/Schneider/Bier § 132 Rn. 35.
63 BVerfG 26.1.1993, juris Rn. 12–16.

höchstrichterlichen Rspr. zu einer Rechtsfrage kein Grund, die Revision nicht zuzulassen. Auch hier muss gefragt werden, ob die bisherige Rspr. geeignet ist, die Rechtsfrage noch überzeugend zu klären.[64] Das ist dann nicht der Fall, wenn

- das BVerwG von sich aus die alte Rspr. als ungenügend ansieht und die Rechtsfrage nunmehr anders entscheiden möchte,
- in Lit. und Rspr. der Untergerichte der Rspr. die Gefolgschaft versagt wird, weil aufgrund mangelnder Überzeugungskraft die präjudiziellen Bindungen brüchig werden und
- mit der Nichtzulassungsbeschwerde ernsthafte Bedenken gegen die damalige Überzeugungsbildung angeführt werden können, indem erhebliche, noch nicht berücksichtigte Gründe für eine neue Beantwortung der Rechtsfrage vorgebracht werden.

d) Überholende Rechtsprechung. Wird in einem anderen Verfahren die bedeutsame Rechtsfrage geklärt, entfällt ihre Klärungsbedürftigkeit (→ § 124 Rn. 142 ff.). Weicht das BVerwG von der Rspr. des OVG ab, kommt allerdings eine Divergenzzulassung in Betracht. 22

e) Auslaufendes Recht und Übergangsrecht. Klärungsbedürftig sind Rechtsfragen nach dem Verständnis des BVerwG nur dann, wenn sie für die Zukunft richtungweisend geklärt werden können. Das ist bei auslaufendem Recht und Übergangsrecht regelmäßig nicht der Fall.[65] Ausnahmsweise gilt dies nicht, wenn 23

- die Vorschrift für einen nicht überschaubaren Personenkreis die Geltung behält (BVerwG Buchholz 310 § 132 Abs. 2 Ziff. 1 VwGO Nr. 4, 6, 9, 10),
- noch eine erhebliche Anzahl bzw. eine nicht überschaubare Vielzahl von Fällen nach altem Recht zu entscheiden ist[66] oder
- die Neuregelung dieselbe Frage aufwirft (BVerwG NVwZ-RR 1996, 712).

3. Klärungsfähigkeit. Eine Rechtsfrage kann nur dann die Zulassung zur Revision rechtfertigen, wenn diese i.R. des Revisionsverfahrens vom BVerwG beantwortet werden kann. Die Klärungsfähigkeit fehlt nicht schon dann, wenn die Entscheidungsmonopole anderer Gerichte berührt sind. Die Vorabentscheidungsbefugnis des EuGH nach Art. 267 AEUV und die Verwerfungskompetenz des BVerfG nach Art. 100 Abs. 1 GG eröffnen lediglich Zwischenverfahren (→ Rn. 29, 31), die i.R. des Revisionsverfahrens stattfinden können und seine Zulassung sogar zu begründen vermögen. 24

a) Revisible Rechtsfragen (§ 137 Abs. 1). Klärungsfähig sind nur revisible Rechtsfragen i.S.v. § 137 Abs. 1 (→ § 137 Rn. 27–121). 25

b) Bindende, tatsächliche Feststellungen (§ 137 Abs. 2). Das Revisionsgericht ist an die tatsächlichen Feststellungen in dem angefochtenen Urteil gem. § 137 Abs. 2 gebunden, außer wenn diese durch zulässige und begründete Verfahrensrügen erschüttert werden (→ § 137 Rn. 22–190). 26

c) Fehlende, tatsächliche Feststellungen. Problematisch sind die Fälle, in denen sich das OVG aufgrund eines einfachen Rechtsanwendungsfehlers grds. bedeutsame Rechtsfragen abschneidet. An sich wären dies Fälle, in denen die grundsätzliche Bedeutung gegeben wäre. Zudem wäre es wünschenswert, Urteile nicht auf allzu bequeme Art und Weise revisionsfest machen zu können. Das BVerwG setzt freilich bei den vom OVG *entschiedenen* Rechtsfragen an. Kann sich die Rechtsfrage erst aufgrund weiterer Sachaufklärung nach Aufhebung und Zurückverweisung der Sache stellen, kommt es auf die Bedeutsamkeit der Rechtsfrage nicht an; die Revision wäre nach dem BVerwG nur aus verfahrensrechtlichen Gründen möglich.[67] 27

d) Entscheidungserheblichkeit. Ein wichtiges Element der Klärungsfähigkeit bildet die Entscheidungserheblichkeit. Fragen, die sich in einem nachfolgenden Revisionsverfahren nicht stellen würden, weil 28

---

64 BVerfG NJW 1994, 2817; BVerwG Buchholz 451.533 AFöG Nr. 7; Buchholz 421.0 Prüfungswesen Nr. 306; ebenso BSG SozR § 162 SGG Nr. 194; BFHE 93, 267, 269; BFH/NV 1997, 124, 459, 460; 1988, 188 sowie *F. Weyreuther*, Revisionszulassung, 1971, Rn. 66.
65 BVerwG 22.10.2012 – 8 B 40.12, juris Rn. 5 m.w.N.
66 BVerwG Buchholz 310 § 132 VwGO Nr. 160; Buchholz 310 § 132 Abs. 2 Ziff. 1 VwGO Nr. 15; BVerwG 22.10.2012 – 8 B 40/12, juris Rn. 7.
67 BVerwG NJW 1961, 1229; Buchholz 310 § 132 Abs. 2 Ziff. 1 VwGO Nr. 12; Buchholz 310 § 132 VwGO Nr. 309; BFH/NV 1994, 181, 182, 326, 327; 1997, 127, 128.

das Erstgericht Tatsachen, die für die Beantwortung unserer Frage vorliegen müssten, nicht festgestellt hat, sind schließlich nicht klärungsfähig. Die aufgeworfenen, grds. bedeutsamen Rechtsfragen müssen entscheidungserheblich sein, ansonsten fehlt ihnen die Klärungsfähigkeit. Entscheidungserheblichkeit liegt nicht vor, wenn

- ▪ die Rechtsfrage nicht Teil der tragenden Begründung ist (→ § 124 Rn. 152),
- ▪ das angegriffene Urteil auf eine weitere, selbständig tragende Begründung gestützt werden kann und sich hier kein Zulassungsgrund auftut (→ § 124 Rn. 153) oder
- ▪ die Revision aus anderen Gründen keinen Erfolg haben kann (→ § 144 Rn. 22–35).

29   **e) Fehlende grundsätzliche Zuständigkeit.** Das BVerwG verneint in einer Entscheidung aus dem Jahr 1982 die Klärungsfähigkeit der Rechtsfrage, wenn der Rechtsstreit vom Zivilgericht mit bindender Wirkung verwiesen worden ist, für den Streitgegenstand aber nach der – später ergangenen – Rspr. des BVerwG die Zivilgerichte zuständig sind (BVerwG Buchholz 310 § 132 VwGO Nr. 213). Weil mit einer weiteren Befassung der Verwaltungsgerichte nicht zu rechnen sei, könne eine grundsätzliche Klärung der Rechtsfrage nur vom BGH erzielt werden[68]. Unbeantwortet ist bislang, ob darin ein Verstoß gegen § 17 Abs. 2 S. 1 GVG liegen könnte.

30   **f) Prozessuale Gründe.** Eine materielle Rechtsfrage ist schließlich nicht klärungsfähig, wenn bereits Klage[69] oder Berufung (BSG SozR 1500 § 160 SGG Nr. 39; SozR 1500 § 160 a SGG Nr. 16) unzulässig waren (in diesen Fällen sei aber an § 8 GKG erinnert) oder das Revisionsgericht aus sonstigen prozessualen Gründen gehindert wäre, in der Sache zu entscheiden.[70]

31   **g) Selbstbindung des Revisionsgerichts.** Nach § 144 Abs. 6 hat das Gericht, an das zurückverwiesen wird, die Rechtsauffassung des Revisionsgerichts zu übernehmen.[71] Die Bindung der Vorinstanz entfällt, wenn das BVerwG in einem anderen Verfahren nachträglich eine abweichende Rechtsauffassung vertreten hat. Dies setzt voraus, dass die spätere Entscheidung über den betreffenden Fall hinaus einen verallgemeinerungsfähigen Inhalt und eine fallübergreifende Bedeutung hat. Das bedeutet auch eine Selbstbindung des Revisionsgerichts. Gegen dessen Rechtsauffassung können grds. bedeutsame und klärungsfähige Rechtsfragen nur aufgeworfen werden, wenn die Rechtslage oder die höchstrichterliche Rspr. sich geändert hat (→ § 144 Rn. 79–81).

III. Divergenz (Abs. 2 Nr. 2)

32   Eine nach § 132 Abs. 2 Nr. 2 die Zulassung der Revision rechtfertigende Abweichung liegt nur dann vor, wenn sich das Erstgericht in Anwendung derselben Rechtsvorschrift mit einem seine Entscheidung tragenden abstrakten Rechtssatz zu einem in einem Urteil des BVerwG, des Gemeinsamen Senats der obersten Gerichtshöfe des Bundes oder des BVerfG aufgestellten eben solche Rechtssatz in Widerspruch gesetzt hat.[72] Dagegen ist ein Anwendungsfehler, d.h. die unrichtige Anwendung eines Rechtssatzes, keine Divergenz i.S.d. Revisionszulassungsrechtes.[73] Die Aufzählung ist abschließend. Eine Divergenz von der Entscheidung eines anderen OVG, eines anderen obersten Gerichtshofes des Bundes oder des EuGH kann mithin die Zulassung nach § 132 Abs. 2 Nr. 2 nicht begründen. Abweichungen von Entscheidungen des EuGH sind im Rahmen der Grundsatzrevision zu behandeln.[74] Um einen grundsätzlichen Klärungsbedarf unter dem Gesichtspunkt einer Abweichung von der Rspr. des EuGH darzutun, muss die Beschwerde aufzeigen, welche von dieser Rspr. abweichenden Rechtssätze das Vorgericht aufgestellt hat und inwieweit diese geeignet sein könnten, die mit der Rspr. des EuGH erreichte Klärung wieder infrage zu stellen und deshalb Anlass zu erneuter Klärung in einem Revisionsverfahren und ggf. einem Vorabentscheidungsverfahren nach Art. 267 AEUV zu geben. Zu beachten ist die

---

68 So auch *Pietzner/Buchheister*, in: Schoch/Schneider/Bier § 132 Rn. 52.
69 BFHE 135, 156, 157; 147, 222, 224; 152, 40, 42; BFH/NV 1994, 713; *P. Kummer*, Nichtzulassungsbeschwerde, 1990, Rn. 129; *H. Prütting*, Zulassung, 1977, 128; *R. Ruban*, in: Gräber § 115 FGO Rn. 30; *F. Weyreuther*, Revisionszulassung, 1971, Rn. 74.
70 *M. Eggert*, Nichtzulassungsbeschwerde, 2002, 76 f. m.w.N.
71 Vgl. BVerwG 22.2.2007 – 4 B 2.07, juris Rn. 5.
72 BVerwG 20.2.2002 – 9 B 63.01, juris Rn. 7.
73 BVerwG 10.7.1995 – 9 B 18.95, juris Rn. 3 (LS 1).
74 BVerwG 17.7.2008 – 9 B 15.08, juris Rn. 11.

Erweiterung des Kreises divergenzerheblicher Entscheidungen auf andere OVG für Klagen aus dem Beamtenverhältnis, § 191 i.V.m. § 127 BRRG.

1. Anwendungsbereich. Die Divergenzrevision steht in engem Zusammenhang mit der Grundsatzrevision.[75] Sie zielt auf die Wahrung der Einheitlichkeit der Rspr. der benannten Divergenzgerichte (Art. 95 Abs. 3 S. 1 GG) und die Sicherstellung der Einheitlichkeit gerade der verwaltungsrechtlichen Rspr. (vgl. § 11 Abs. 4).[76]   33

2. Divergierende Entscheidungen. Nach § 132 Abs. 1 können Urteile des OVG und dessen Beschlüsse   34
nach § 47 Abs. 5 S. 1 der Revision unterzogen werden. § 134 erweitert die revisiblen Entscheidungen unter den dort genannten Voraussetzungen um Urteile eines VG gem. § 49 Nr. 2. Diese prinzipiell revisiblen Entscheidungen werden von § 132 Abs. 2 Nr. 2 für die Fälle der Divergenzrevision zwar ihrem Wortlaut nach eingeschränkt. Soweit aber auch Beschlüsse des OVG/VGH eine Rechtsfrage enthalten, von der abgewichen werden könnte, sind auch Beschlüsse der Abweichungsrevision zugänglich.[77] Die Ergänzung des § 132 Abs. 1 um Beschlüsse nach § 47 Abs. 5 S. 1 ohne die gleichzeitige Ergänzung von § 132 Abs. 2 Nr. 2 darf daher nicht als bewusster Verzicht auf Divergenzrevisionen gegen Beschlussentscheidungen gedeutet werden, sondern als *Redaktionsversehen*.[78] Diese „Planwidrigkeit" des Gesetzes bei Feststellung einer Lücke ist durch eine *analoge Anwendung* von § 132 Abs. 2 Nr. 2 *auf Beschlüsse nach § 47 Abs. 5 S. 1* zu beheben.

3. Divergente Entscheidungen. Divergenzfähig sind die Entscheidungen (nicht nur Urteile)[79] der in   35
§ 132 Abs. 2 Nr. 2 aufgeführten Spruchkörper BVerwG, GmSOGB und BVerfG, wenn und soweit sie die Entscheidung einer Rechtsfrage enthalten, von der abgewichen werden könnte. Eine Erweiterung auf die Entscheidungen anderer Spruchkörper ist grds. nicht möglich.[80] Auf die Rechtskraft der Divergenzentscheidung kommt es nicht an.

Problematisch kann aber sein, ob z.B. die Ausführungen in einem Beschluss die Rechtsfrage *entschei-*   36
den. Eine (abschließende) Entscheidung ist zu *verneinen* bei

- die Revision zulassenden Beschlüssen,[81]
- Vorlagebeschlüssen nach § 11 an den Großen Senat[82] (hier wird aber regelmäßig die Grundsatzrüge Erfolg haben),[83]
- Vorlagebeschlüssen an den GmSOGB,[84]
- Vorlagebeschlüssen an das BVerfG und den EuGH (auch hier wird wie beim BVerfG regelmäßig die Grundsatzrüge Erfolg haben),
- divergenzverneinenden Beschlüssen,[85]
- Beschlüssen im PKH-Verfahren, da sie auf der Grundlage einer summarischen Prüfung ergehen (§ 114 ZPO).

Dagegen können Kostenentscheidungen des BVerwG, GmSOGB und BVerfG Entscheidungen bilden,   37
in denen Rechtsfragen entschieden werden. Daran ändert auch der Umstand nichts, dass gegen die

---

75 BVerwGE 59, 87, 93; 70, 24, 27; BVerwG NVwZ 1996, 1010; Buchholz 310 § 132 VwGO Nr. 49 und Nr. 98; § 132 Abs. 2 Ziff. 2 VwGO Nr. 2, 5; BSG SozR 1500 § 160 SGG Nr. 28; BFHE 119, 380, 383; 148, 436, 439; 153, 213, 214; *Pietzner/Buchheister*, in: Schoch/Schneider/Bier § 132 Rn. 58; *H. v. Nicolai*, in: Redeker/v. Oertzen, ¹⁴2004 § 132 Rn. 11; *P. Schmidt*, in: Eyermann, ¹²2006 § 132 Rn. 12; *Kuhla/Hüttenbrink/Endler* F Rn. 115; *F. Weyreuther*, Revisionszulassung, 1971, Rn. 93; *P. Kummer*, Nichtzulassungsbeschwerde, 1990, Rn. 155; *H. Friederichs*, NJW 1981, 1421, 1423; hierzu auch *R. Ruban*, in: Gräber § 115 FGO Rn. 25; *A. v. Wedelstädt*, DB 1991, 1899, 1901; *E.-W. Hanack*, Ausgleich divergierender Entscheidungen, 1962, 86.
76 *Kraft*, in: Eyermann, § 132 Rn. 30; *Pietzner/Buchheister*, in: Schoch/Schneider/Bier § 132 Rn. 56.
77 *Pietzner/Buchheister*, in: Schoch/Schneider/Bier § 132 Rn. 59 m.w.N.
78 Vgl. *Pietzner/Buchheister*, in: Schoch/Schneider/Bier § 132 Rn. 63.
79 BVerwG 2.2.1994 – 1 B 208.93, juris Rn. 3.
80 BVerwG NVwZ 90, 1163, 1164 in Bezug auf zeitlich nachfolgende Entscheidungen, allerdings zur alten Rechtslage (→ Rn. 72).
81 BVerwG Buchholz 310 § 132 VwGO Nr. 262; *P. Kummer*, Nichtzulassungsbeschwerde, 1990, Rn. 161; *F. Weyreuther*, Revisionszulassung, 1971, Rn. 100.
82 BVerwG Buchholz 235.15 § 28 HessBesG Nr. 2; BAGE 52, 394, 396; *Kopp/Schenke* § 132 Rn. 14; *W. Grunsky*, in: ders., Arbeitsgerichtsgesetz, ⁷1995, § 72 ArbGG Rn. 27. A.M. *R. Ruban*, in: Gräber § 115 FGO Rn. 50.
83 BGHZ 76, 397, 399.
84 BVerwG NJW 1976, 1420.
85 *F. Weyreuther*, Revisionszulassung, 1971, Rn. 100; *Pietzner/Buchheister*, in: Schoch/Schneider/Bier § 132 Rn. 63.

Kostengrundentscheidung gem. § 158 eine isolierte Anfechtung unzulässig ist. Wird im Rahmen der Kostenentscheidung eine Rechtsfrage entschieden, kann die divergente Rechtsansicht in einer Kostenentscheidung zu finden sein. Dies gilt nicht, wenn – wie im Fall der Erledigung der Hauptsache (§ 161 Abs. 2) – nur eine summarische Prüfung erfolgt.

38 Besonderheiten gelten schließlich für den Fall, dass das Gericht, an das das BVerwG zurückverwiesen hat, von den dort entschiedenen Rechtsfragen unter Missachtung des § 144 Abs. 6 abweicht. Hier würde aufgrund der Selbstbindung des Revisionsgerichts (→ Rn. 31) eine (ergebnisoffene) Divergenzrevision nicht mehr möglich sein. Diese Divergenzen sind daher mit der Verfahrensrüge geltend zu machen. Eine diesbezügliche Divergenzrüge ist dementsprechend umzudeuten.[86]

39 **4. Die Divergenz.   a) Widerspruch in abstrakten, entscheidungstragenden Rechtssätzen.**   Die Divergenz ist nur dann hinreichend bezeichnet, wenn ein inhaltlich bestimmter, die Entscheidung der Vorinstanz tragender abstrakter Rechtssatz benannt (oder im Falle der Beschwerde „herausgearbeitet") wird, der von einem Rechtssatz eines divergenzerheblichen Gerichts abweicht, und zwar in Anwendung derselben Rechtsvorschrift.[87] Der Hinweis auf eine – vermeintlich – fehlerhafte Anwendung der in der höchstrichterlichen Rspr. formulierten Rechtssätze genügt den Anforderungen nicht.[88] Der herangezogene Rechtssatz muss noch aktuell sein und darf zwischenzeitlich nicht durch Rechtsprechungsänderung aufgegeben[89] oder durch Rechtsänderung überholt sein.[90] Hilfsbegründungen, „obiter dicta" oder bloß fallbezogene Hinweise des BVerwG zur Verfahrensfortsetzung vor dem Instanzgericht entfallen als tauglicher Vergleichsgegenstand.

40 Nicht divergenzfähig ist danach die unrichtige *Rechtsanwendung* im Einzelfall durch das Berufungsgericht, wenn dieses nur von derselben Rechtsansicht wie das BVerwG ausgeht.[91] In der fehlerhaften Nicht- oder Falschanwendung eines nicht bestrittenen Rechtssatzes soll regelmäßig keine (konkludente) Aufstellung eines abweichenden Rechtssatzes liegen.[92] *Subsumtionsfehler* scheiden als Zulassungsgrund der Revision aus. Allerdings bedarf auch dieser unumstößlich erscheinende Grundsatz kritischer Aufmerksamkeit: mitunter liegt der Fehler schon in der Verkennung der Begriffsbestimmung durch den Gesetzgeber.[93]

41 Mit der Divergenzrüge kann ein Unterschied lediglich in der *Begründung* der Rechtsfrage nicht geltend gemacht werden.[94] Schließlich soll auch eine übersehene Rechtsfrage mangels entscheidungstragenden Rechtssatzes divergenzirrelevant sein,[95] weil hierin lediglich eine falsche Rechtsanwendung zu sehen sei.[96] Dies kann jedoch dann nicht gelten, wenn in den scheinbar nur falsch gezogenen Rechts-

---

86 BVerwG 17.3.1994 – 3 B 24.93, juris Rn. 2; *P. Kummer*, Nichtzulassungsbeschwerde, 1990, Rn. 178.

87 BVerwG 25.3.2009 – 4 B 63/08, juris Rn. 18: BVerwG Buchholz 310 § 132 VwGO Nr. 130, 265, 302; § 132 Abs. 2 Ziff. 2 VwGO Nr. 2; DVBl 1984, 93; BSG SozR 1500 § 160 a SGG Nr. 67; BFHE 138, 152, 153; 163, 204, 206; BVerwGE 99, 351, 353; BVerwG Buchholz 310 § 132 VwGO Nr. 226; Buchholz 310 § 132 VwGO Nr. 302; Buchholz 130 § 8 RuStAG Nr. 32; Buchholz 238.3 A § 83 BPersVG Nr. 13; BSG SozR 1500 § 160 SGG Nr. 61; BFHE 163, 204, 206; BAGE 1, 18, 20; 32, 136, 138; BAG AP § 72 ArbGG 1953 – Divergenzrevision – Nr. 24; BGHZ 21, 234, 236. *J. Meyer-Ladewig/R. Rudisile*, in: Schoch/Schneider/Bier § 124 Rn. 42, für die insoweit vergleichbare Statthaftigkeit der Berufung; *Bosch/Schmidt* § 67 II 2; *R. Ruban*, in: Gräber § 115 FGO Rn. 54; *M. Schmid*, DStR 1993, 1284, 1287; *P. Schmidt*, in: Eyermann § 132 Rn. 13; *A. v. Wedelstädt*, DB 1991, 1899, 1902; *Kopp/Schenke* § 132 Rn. 14; *P. Kummer*, Nichtzulassungsbeschwerde, 1990, Rn. 165; *M. Eggert*, Nichtzulassungsbeschwerde, 2002, 92 f., 98 f., 103 f.; für die insoweit vergleichbare Statthaftigkeit der Berufung; *Pietzner/Buchheister*, in: Schoch/Schneider/Bier § 132 Rn. 71, 81; *R. Ruban*, in: Gräber § 115 FGO Rn. 54, 62; *Schunck/De Clerck* § 132 Anm. 3.c (aa); *R. Seer*, in: Tipke/Kruse § 115 FGO Rn. 69, allerdings in Bezug auf die alte Fassung des § 115 Abs. 2 Nr. 2; *A. v. Wedelstädt*, DB 1991, 1899, 1902; *F. Weyreuther*, Revisionszulassung, 1971, Rn. 126. A.M. *E.-W. Hanack*, Ausgleich, 1962, 287 ff.

88 BVerwG 16.7.2013 – 9 B 15/13, juris Rn. 9 m.w.N.

89 BVerwG NVwZ 2000, 65.

90 BVerwGE 116,169 zur Divergenzvorlage nach § 11 Abs. 2 VwGO.

91 BVerwG NVwZ 1982, 433; Buchholz 310 § 132 VwGO Nr. 302; Buchholz 310 § 108 VwGO Nr. 264, S. 14; w.N. bei *M. Eggert*, Nichtzulassungsbeschwerde, 2002, 103 Fn. 876.

92 *Berlit*, in: Posser/Wolff § 132 Rn. 41.1.

93 Zu dieser Konstellation z.B. BVerwGE 85, 348, 357, zur grundlegenden Begriffsbestimmung des „Eingriffs" im BNatSchG.

94 BVerwG HFR 1973, 509; *R. Ruban*, in: Gräber § 115 FGO Rn. 55.

95 BVerwG NVwZ-RR 1997, 512, 513; Buchholz 310 § 132 VwGO Nr. 147; BFHE 167, 488, 490; BFH/NV 1997, 237; BSG SozR 1500 § 160 a SGG Nr. 68; *F. Weyreuther*, Revisionszulassung, 1971, Rn. 114, 131; *M. Eggert*, Nichtzulassungsbeschwerde, 2002, 103 f.

96 BVerwG NVwZ-RR 1997, 512, 513.

ausführungen der Begründung vom Instanzgericht konkludent ein Rechtssatz aufgestellt wird.[97] Diese *"versteckten"* Rechtssätze müssen in der Divergenzrüge aber so deutlich aus dem gedanklichen Zusammenhang der divergierenden Entscheidung herausgearbeitet werden, dass unzweifelhaft feststeht, *welcher* Rechtssatz aufgestellt wurde.[98] Keinen divergenzrelevanten Widerspruch stellt die Ausweitung eines höchstrichterlichen Rechtssatzes auf neue Fragestellungen dar.[99]

b) Anwendung derselben Rechtsvorschrift. Die Abweichung muss sich auf eine Rechtsfrage beziehen, die sich bei der Anwendung ein und derselben Rechtsvorschrift stellt.[100] Nicht infrage kommen danach sogar die Fälle, in denen die angezogene Entscheidung zu einem anderen Paragraphen desselben Gesetzes erging.[101] Für die Identität der Rechtsvorschriften spricht der Sinn der Divergenzrevision. Es sollen nicht, allgemeine, auf mehreren Rechtsgebieten auftretende Rechtsfragen zu beantworten werden.[102] Hierfür reicht die Grundsatzrevision aus.[103] Außerdem steht im Zeitpunkt der Zulassung nicht mit hinreichender Sicherheit fest, ob die beiden Rechtsvorschriften auf denselben Rechtsgedanken beruhen. Die bloße Möglichkeit der Divergenz ist aber kein Zulassungsgrund.[104]   42

Dass eine Divergenzprüfung auch bei Vorliegen zweier Rechtsvorschriften möglich ist, beweist das BVerwG selbst, indem es sich für bestimmte Fallgruppen der Rspr. des GmSOGB zu § 2 Abs. 1 RsprEinhG angeschlossen hat (BVerwG NVwZ 1992, 1085. A.M. aber noch BVerwGE 36, 340, 346). Überdies ist die Abweichung der st. Rspr. des BVerwG von der Rspr. des GmSOGB von besonderem Gewicht. Der Gemeinsame Senat sieht die Voraussetzung für eine Vorlage nach § 2 Abs. 1 RsprEinhG ("dieselbe Rechtsfrage") nicht nur dann als erfüllt an, wenn sich die zur Entscheidung gestellte Rechtsfrage im Anwendungsbereich derselben Rechtsvorschrift stellt, sondern auch dann, wenn sie auf der Grundlage von Vorschriften aufgeworfen wird, die zwar in verschiedenen Gesetzen stehen, in ihrem Wortlaut aber im Wesentlichen und in ihrem Regelungsgehalt gänzlich übereinstimmen und deswegen nach denselben Prinzipien auszulegen sind (GmSOGB BVerwGE 77, 370, 373 unter Hinweis auf BVerwGE 41, 363, 365), wenn also "im Wesentlichen gleiche Regelungen in unterschiedlichen Gesetzen" (GmSOGB BVerwGE 92, 367, 370) vorliegen.[105]   43

c) Zeitpunkt der Abweichung. Die angezogene Divergenz-Entscheidung muss dem neuesten Stand der höchstrichterlichen Rspr. entsprechen. Ist sie durch die Rechtsentwicklung überholt, oder hat das BVerwG an seiner Entscheidung nicht mehr festgehalten oder ist eine insoweit relevante Gesetzesänderung erfolgt, kann sie eine Divergenzrüge nicht mehr tragen.[106]   44

5. Die Erheblichkeit der Divergenz (Beruhenserfordernis). Die Abweichung stützt nur dann eine Divergenzrüge, wenn die vorinstanzliche Entscheidung "auf dieser Abweichung beruht". Ein Urteil be-   45

---

97 BAGE 41, 188, 192; BAG AP § 72a ArbGG 1979 – Divergenz – Nr. 11, 13, 15; BFHE 167, 488, 489 ff.; *R. Ruban*, in: Gräber § 115 FGO Rn. 54; *M. Schmid*, DStR 1993, 1284, 1287; *P. Schmidt*, in: *Eyermann* § 132 Rn. 13.

98 BAGE 32, 136, 138; 41, 188; BAG AP § 72 ArbGG, 1953 – Divergenzrevision – Nr. 24; AP § 72a ArbGG 1979 – Divergenz – Nr. 11, 15; BFHE 162, 483, 487; *R. Ruban*, in: Gräber § 115 Rn. 54; *M. Schmid*, DStR 1993, 1284, 1287.

99 BFH/NV 1993, 610; 1997, 26, 790; *Pietzner/Buchheister*, in: Schoch/Schneider/Bier § 132 Rn. 73.

100 BVerwGE 16, 53, 54 ff.; 27, 155, 156; Buchholz 310 § 132 VwGO Nr. 96; Buchholz 310 § 132 VwGO Nr. 184; Buchholz 310 § 132 VwGO Nr. 302; Buchholz 448.11 § 75 ZDG Nr. 2; Buchholz 232 § 90 BBG Nr. 18; Buchholz 238.3 A § 83 BPersVG Nr. 5; Buchholz 421.20 Hochschulpersonalrecht Nr. 38; *P. Kummer*, Nichtzulassungsbeschwerde, 1990, Rn. 175; *Hw. Müller*, NJW 1963, 2060; *H. Prütting*, Zulassung, 1977, 219 f.; *F. Weyreuther*, Revisionszulassung, 1971, Rn. 118 ff.; w.N. bei *M. Eggert*, Nichtzulassungsbeschwerde, 2002, 99 f.

101 Weitergehend BFHE 93, 25, 29 f.; s.a. BFHE 101, 247, 249; w.N. bei *M. Eggert*, Nichtzulassungsbeschwerde, 2002, 100 Fn. 847.

102 *Pietzner/Buchheister*, in: Schoch/Schneider/Bier § 132 Rn. 75; ebenso *M. Eggert*, Die Nichtzulassungsbeschwerde, 2002, 100.

103 *Pietzner/Buchheister*, in: Schoch/Schneider/Bier § 132 Rn. 75.

104 *M. Eggert*, Die Nichtzulassungsbeschwerde, 2002, 101; *P. Kummer*, Nichtzulassungsbeschwerde, 1990, Rn. 175; *Pietzner/Buchheister*, in: Schoch/Schneider/Bier § 132 Rn. 75; *F. Weyreuther*, Revisionszulassung, 1971, Rn. 119.

105 Seit BVerwG NVwZ 1992, 1085, folgt das BVerwG dem GmSOGB; dies gilt jedoch nur für Außendivergenzen; innerhalb seines Autoritätsbereichs hält es an seinem abweichenden Verständnis fest; hierzu *Pietzner/Buchheister*, in: Schoch/Schneider/Bier § 132 Rn. 76.

106 BVerwG 23.3.2009 – 8 B 2/09, juris Rn. 9; BVerwGE 116, 169, 173; BVerwG Buchholz 310 § 132 VwGO Nr. 145, 294, 300; Buchholz 427.3 § 12 LAG Nr. 164; Buchholz 238.3 A § 83 BPersVG Nr. 13; BSG SozR 1500 § 160 SGG Nr. 61; BFHE 127, 81, 82; 129, 313, 314 f.; BVerwG 7.3.2002 – 5 B 60/01; *H. J. Herrmann*, Zulassung, 1986, Rn. 159; *P. Kummer*, Nichtzulassungsbeschwerde, 1990, Rn. 171; *F. Weyreuther*, Revisionszulassung, 1971, Rn. 104.

ruht nur auf solchen Gründen, die – auf der Grundlage der Rechtsauffassung der Vorinstanz – nicht fortgedacht werden können, wenn das angegriffene Urteil Bestand haben soll.[107] Das bedeutet: Im Falle der kumulativen Mehrfachbegründung muss die Divergenzrüge alle Begründungen rügen können,[108] während bei der alternativen Mehrfachbegründung lediglich eine Variante erschüttert werden muss.[109] Keine Erheblichkeit liegt vor, wenn durch eine Gesetzesänderung eine Entscheidung der Vorinstanz (nachträglich) gestützt wird (§ 144 Abs. 4) und es auf die von der höchstrichterlichen Rspr. entschiedenen Rechtsfrage (künftig) nicht mehr ankäme.[110]

IV. Verfahrensmangel (Abs. 2 Nr. 3)

46   **1. Allgemeines.** Der in § 132 Abs. 2 Nr. 3 geregelte Revisionszulassungsgrund des Verfahrensmangels ist eigentlich ein an der Einzelfallgerechtigkeit orientierter Beschwerdegrund. Es wird geltend gemacht, dass im konkreten Verfahren die prozessrechtlichen Vorgaben nicht korrekt eingehalten worden sind. Auch wenn dies mit der „Nichtzulassungsbeschwerde" geltend gemacht wird, wird aber im Grunde nicht die Zulassung zur Revision, sondern die Aufhebung und Zurückverweisung der Sache gem. § 133 Abs. 6 schon aufgrund des Beschwerdeverfahrens begehrt. Die Verfahrensrüge steht selbständig und gleichwertig neben den übrigen Zulassungsgründen des § 132 Abs. 2; sie kann insofern auch kumulativ geltend gemacht werden.[111]

47   **2. Verhältnis zur Grundsatz- und Divergenzrevision.** Der Aufgabe des Revisionsgerichts, die Weiterentwicklung des Rechts zu fördern und die Rechtseinheit in ihrem Bestand zu erhalten, entspricht die Eröffnung der Revisionsinstanz zur Klärung grundsätzlicher Rechtsfragen und zur Korrektur einer der höchstrichterlichen Rspr. widersprechenden Rspr. der Instanzgerichte (§ 132 Abs. 2 Nr. 1 und 2). Außerdem sollen die Berufungsgerichte ihre Entscheidungen auf der Grundlage eines ordnungsgemäß durchgeführten Verfahrens treffen. Sinn der Revisionszulassung wegen Verfahrensmängel (§ 132 Abs. 2 Nr. 3) ist die Kontrolle des Verfahrensganges, nicht der Rechtsfindung.[112] Verfahrensfragen können auch Rechtsfragen von grundsätzlicher Bedeutung betreffen, sodass neben der Zurückverweisung nach § 133 Abs. 6 auch die Grundsatzrevision in Betracht kommt. *Pietzner* hat vorgeschlagen, „bei Idealkonkurrenz" beider Zulassungstatbestände die Grundsatzrevision vorgehen zu lassen.[113] Dies solle auch für die Fälle gelten, in denen nur ein Verfahrensmangel ordnungsgemäß gerügt, auf die grundsätzliche Bedeutung der Rechtssache aber nicht eingegangen wurde. Dem ist zuzustimmen. Es wäre unangemessen, Fragen von grundsätzlicher Bedeutung in „kleiner" Dreierbesetzung (vgl. § 10 Abs. 3) abzuhandeln. Es besteht aber auch nicht die Möglichkeit, die Rechtsfrage ungeachtet ihrer Grundsätzlichkeit zu beantworten. In diesen Fällen hat das BVerwG die Revision zuzulassen, damit in voller Senatsbesetzung die grds. bedeutsame Rechtsfrage geklärt werden kann. Die Verletzung der prozessrechtlichen Vorschriften kann den Zugang zur Grundsatz- und Abweichungsrevision versperren, weil durch die Verfahrensfehler ein „anderer" entscheidungserheblicher Sachverhalt festgestellt worden ist.

48   Bei Konkurrenz von Divergenz und Verfahrensmangel wird man unterscheiden müssen. Im Interesse des Beschwerdeführers wird man im Wege der Beschlussbesetzung entscheiden können, wenn das Instanzgericht unbewusst von der Rspr. des BVerwG abgewichen ist und diese Abweichung nur korrigiert werden soll.[114] In allen anderen Fällen der Divergenz aber wird eine grds. klärungsbedürftige Rechtsfrage aufgeworfen, für die nichts anderes als für die konkurrierende Grundsatzrevision gelten kann.

---

107 BVerwG 3.3.1961 – VIII CB 169.60 (LS).
108 BVerwG Buchholz 310 § 132 VwGO Nr. 158, 176, 197, 284, 320; BAG NJW 1981, 1687, 1688; NZA 1997, 281, 282; 1998, 45, 46; *H. Friederichs*, NJW 1976, 1875, 1877; *H. v. Nicolai*, in: Redeker/v. Oertzen § 132 Rn. 15; *Pietzner/Buchheister*, in: Schoch/Schneider/Bier § 132 Rn. 79.; *R. Ruban*, in: Gräber § 115 FGO Rn. 60; *P. Schmidt*, in: Eyermann § 132 Rn. 14, 22; *R. Seer*, in: Tipke/Kruse § 115 FGO Rn. 79; *F. Weyreuther*, Revisionszulassung, 1971, Rn. 129.
109 BVerwG NVwZ 1994, 269; BAG NJW 1981, 366; *R. Ruban*, in: Gräber § 115 FGO Rn. 60; *Pietzner/Buchheister*, in: Schoch/Schneider/Bier § 132 Rn. 80; *F. Weyreuther*, Revisionszulassung, 1971, Rn. 130.
110 BVerwG 7.3.2002 – 5 B 60.01, juris Rn. 5.
111 Näher bei *M. Eggert*, Nichtzulassungsbeschwerde, 2002, 117 f.
112 BVerwG 2.11.1995 – 9 B 710.04, juris Rn. 5.
113 *Pietzner/Buchheister*, in: Schoch/Schneider/Bier § 132 Rn. 86.
114 So wohl auch *Pietzner/Buchheister*, in: Schoch/Schmidt-Aßmann/Pietzner § 132 Rn. 86.

3. Verfahrensmangel. a) Begriff. Ein Verfahrensmangel i.S.d. § 132 Abs. 2 Nr. 3 ist ein Verstoß ge- 49
gen eine Vorschrift, die den Verfahrensablauf regelt. Gerügt wird ein Verstoß gegen Verfahrensnormen, der den Weg zu dem Urteil und die Art und Weise des Urteilserlasses, nicht dessen Inhalt betrifft
(error in procedendo), nicht ein Mangel der sachlichen Entscheidung (error in judicando).[115] Die Regeln und Grundsätze, die nicht den äußeren Verfahrensablauf, sondern den inneren Vorgang der richterlichen Rechtsfindung bestimmen, gehören nicht zum Verfahrensrecht. Die Abgrenzung von Verfahrensfehlern und inhaltlichen Fehlern dient im Revisionszulassungsverfahren der Sonderung der Verwaltungsstreitsachen, in denen die Revisionsinstanz eröffnet werden soll, von denen, die durch die
Entscheidung des Berufungsgerichts ihr Ende finden.

Ein Fehler, der sich nicht im Verfahrensablauf, sondern ohne Auswirkung auf den Verfahrensgang le- 50
diglich im Kopf des Richters ereignet, also Fehler in der Sachverhalts- und Beweiswürdigung (z.B. ein
Verstoß gegen allgemeine Erfahrungssätze oder die Denkgesetze), ist deshalb kein Verfahrensfehler
i.S.d. § 132 Abs. 2 Nr. 3, sondern ein Fehler, der die inhaltliche Richtigkeit der Entscheidung betrifft
und infolgedessen nur unter den Voraussetzungen des § 132 Abs. 2 Nr. 1 oder 2 zur Zulassung der Revision führen kann.[116] Dasselbe gilt für Fehler bei der Sachverhalts- und Beweiswürdigung. Mit Angriffen gegen die Sachverhalts- und Beweiswürdigung der Tatsacheninstanz lässt sich – jedenfalls bis
zur Grenze der Willkür – die Zulassung der Revision deshalb jedenfalls in aller Regel nicht erreichen.

Verfahrensmangel i.S.d. § 132 Abs. 2 Nr. 3 meint das gerichtliche Verfahren,[117] nicht Mängel des Ver- 51
waltungs- oder Widerspruchverfahrens,[118] es sei denn, diese haben sich unmittelbar auf das Gerichtsverfahren ausgewirkt und sind damit auch diesem eigen.[119] Grds. können nur Verfahrensfehler des
OVG/VGH (unbeschadet der Fälle des § 135) geltend gemacht werden,[120] es sei denn, auch hier hätte
sich ein Fehler der Eingangsinstanz in der zweiten Instanz fortgesetzt.[121] Der maßgebliche *Zeitraum*
für beachtliche Verfahrensmängel ist der Zeitraum vom Anhängigwerden der Sache bis zur Zustellung
der Entscheidung an die Beteiligten, wobei jedoch noch nach der Zustellung der anzugreifenden Entscheidung Verfahrensmängel denkbar sind, die die Zulassung der Revision auslösen können.[122]

b) Beurteilungsperspektive. Die Frage, ob das vorinstanzliche Verfahren an einem Mangel leidet, ist 52
vom materiellrechtlichen Standpunkt des Berufungsgerichts aus zu beurteilen, auch wenn dieser
Standpunkt verfehlt sein sollte.[123] Der Zugang zur Revisionsinstanz wird auch nicht dadurch unzulässig erschwert, dass die Beschwerdeführer für die Feststellung des Sachverhaltes verfahrensrechtlich
hinzunehmen haben, dass insoweit die Rechtsauffassung des Tatsachengerichts maßgeblich ist.[124]

Auch aus dem Gesichtspunkt der Aufgabe der „Prozessaufsicht über die Instanzgerichte",[125] folgt 53
nicht zwingend die Notwendigkeit, diesen Grundsatz aufzuweichen. Das Zulassungsrecht ist formal.
Ein Verfahrensfehler (etwa eine unterlassene Beweiserhebung) ist auf der Grundlage der Rechtsauffassung der Vorinstanz zu prüfen. Eine fehlerhafte Rechtsauffassung ist kein Verfahrensfehler, sondern
wirft die Frage der Grundsatz- oder Abweichungsrüge auf. Entsprechend kann der Vorinstanz auch
kein verfahrensrechtlicher Vorwurf daraus gemacht werden, dass sie (auf der Grundlage ihrer [nicht
mit der Grundsatzrüge angegriffenen] Rechtsauffassung) bestimmte Verfahrenshandlungen nicht vorgenommen hat.

---

115 BVerwG 2.11.1995 – 9 B 710.04, juris Rn. 5.
116 BVerwG 26.1.2006 – 9 B 22.05, juris Rn. 7; auch zu dieser Abgrenzung BVerwG 5.7.1994 – 9 C 158/94, juris
   Rn. 27 ff.
117 BVerwGE 10, 37, 43; BVerwG NVwZ-RR 1996, 359; Buchholz 310 § 132 Abs. 2 Ziff. 3 VwGO Nr. 3; BFHE 93,
   209, 211; 99, 6, 7; BSGE 2, 81, 82; *P. Kummer*, Nichtzulassungsbeschwerde, 1990, Rn. 191; *F. Weyreuther*, Revisionszulassung, 1971, Rn. 142.
118 BVerwG Buchholz 310 § 132 Abs. 2 Ziff. 3 VwGO Nr. 3, 7; *F. Weyreuther*, Revisionszulassung, 1971, Rn. 142.
119 BVerwG Buchholz 310 § 60 VwGO Nr. 152; Buchholz § 132 Abs. 2 Ziff. 3 VwGO Nr. 3; Buchholz 310 § 132 Abs. 2
   Ziff. 3 VwGO Nr. 7; Buchholz 451.171 AtG Nr. 13.
120 BVerwG Buchholz 310 § 132 VwGO Nr. 216, 148, 177; *P. Kummer*, Nichtzulassungsbeschwerde, 1990, Rn. 196;
   F. Weyreuther, Revisionszulassung, 1971, Rn. 142.
121 BVerwG Buchholz 310 § 132 VwGO Nr. 216; BSGE 4, 200, 201; *P. Kummer*, Nichtzulassungsbeschwerde, 1990,
   Rn. 196; *F. Weyreuther*, Revisionszulassung, 1971, Rn. 142.
122 Näher *M. Eggert*, Nichtzulassungsbeschwerde, 2002, 117 m.w.N.
123 BVerwG 30.12.2009 – 4 BN 13.09, juris Rn. 21; BVerwG 3.11.2009 – 9 B 87.09, juris Rn. 2; BVerwG 23.1.1996 –
   11 B 150.95, juris Rn. 2; BVerwG 25.3.1987 – 6 C 10.84, juris Rn. 16.
124 BVerwG 21.1.2016 – 4 BN 36.15, juris Rn. 2.
125 *Pietzner/Buchheister*, in: Schoch/Schneider/Bier § 132 Rn. 83.

54 **c) Beispiele für Verfahrensmängel.** Als Beispiele für Verfahrensmängel sind anerkannt:

aa) Die absoluten Revisionsgründe i.S.v. § 138 Nr. 1–6

55
- nicht vorschriftsmäßige Besetzung des Gerichts (§ 138 Nr. 1; → § 138 Rn. 17–87),
- Mitwirkung eines ausgeschlossenen oder mit Erfolg abgelehnten Richters (§ 138 Nr. 2; → § 138 Rn. 88–102),
- Verletzung des rechtlichen Gehörs (§ 138 Nr. 3; → § 138 Rn. 103–180),
- mangelnde Vertretung nach Vorschrift des Gesetzes (§ 138 Nr. 4; → § 138 Rn. 181–197),
- Verletzung der Vorschriften über die Öffentlichkeit (§ 138 Nr. 5; → § 138 Rn. 198–216),
- Fehlen der Entscheidungsgründe (§ 138 Nr. 6; → § 138 Rn. 217–249).

bb) Sonstige Verfahrensmängel

56
- fehlerhafte Verneinung des Rechtsweges,
- fehlerhafte Bejahung der Zulässigkeit,
- Erlass eines unzulässigen Grund- oder Teilurteils,
- fehlerhafte Behandlung eines Richterablehnungsgesuchs,[126]
- fehlerhafte Handhabung der für den Lauf der Klagefristen maßgeblichen Zustellungsnormen,
- fehlerhafte Verneinung der Wahrung der Klagefrist,[127]
- Ablehnung einer Wiedereinsetzung in den vorigen Stand wegen Versäumung der Klagefrist,[128]
- die Verkennung des Rechtsschutz- oder Feststellungsinteresses,
- verspätete Abfassung des Urteils (§ 117 Abs. 4),[129]
- Missachtung der verfahrensinternen Bindungswirkung des zurückverweisenden Revisionsurteils (§ 144 Abs. 6),[130]
- fehlerhafte Antragsauslegung gem. § 88[131] oder
- Verletzung des rechtlichen Gehörs durch Verkennung des Kerns des klägerischen Vorbringens oder Übergehen eines wesentlichen Teils des Klagevortrags,
- wenn über einen Hilfsantrag nicht entschieden wird,[132]
- wenn das OVG nach Stattgabe des Hauptantrags in erster Instanz die Klage mit dem Hauptantrag abweist, ohne über den bereits in erster Instanz gestellten Hilfsantrag zu entscheiden.[133]

cc) Keine Verfahrensmängel

57
- Fehler in der Beweiswürdigung,[134]
- ein Verstoß gegen § 94 (Verfahrensaussetzung) ist als solcher im Revisionsverfahren grds. nicht als Verfahrensmangel rügefähig,[135]
- ein Verstoß gegen die Pflicht zur Sachverhaltsaufklärung (§ 86 Abs. 1) kann nur dann in Frage kommen, wenn das Gericht eine ihm unmöglich zur Verfügung stehende Sachkunde in Anspruch nimmt oder keinen Beweis erhebt, obwohl sich ihm die Einholung eines Sachverständigengutachtens hätte aufdrängen müssen,[136]
- wenn das OVG keine Vorabentscheidung des EuGH nach Art. 267 AEUV eingeholt hat,
- eine willkürliche Rechtsanwendung (BVerwG 21.2.2003 – 9 B 64/02),
- Verfahrensmängel bei Vorentscheidungen, die gem. § 173 VwGO i.V.m. § 557 Abs. 2 ZPO unanfechtbar sind.

---

126 BVerwGE 50, 36 ff.
127 BVerwG Buchholz 310 § 139 VwGO 66.
128 BVerwGE 13, 141, 144 f.; 13, 239, 240 f.; BVerwG Buchholz 310 § 132 VwGO Nr. 216; Buchholz 310 § 139 VwGO Nr. 66; Buchholz 310 § 67 VwGO Nr. 75.
129 BVerwG NVwZ-RR 1996, 299.
130 BVerwGE 42, 243, 245; BVerwG NJW 1997, 3456; Buchholz 310 § 144 VwGO Nr. 57.
131 BVerwGE 25, 357, 359.
132 BVerwG JZ 1997, 463, 465.
133 BVerwGE 104, 260, 264.
134 BVerwG NVwZ-RR 1996, 359; BVerwGE 96, 200, 208 f.: ein Verstoß gegen das Gebot der freien Beweiswürdigung begründet die Verletzung sachlichen Rechts, ausdrücklich offen gelassen ist das gleichzeitige Vorliegen eines Verfahrensfehlers.
135 BVerwG 5.6.2013 – 5 B 11/13, juris Rn. 8
136 BVerwG 11.7.2013 – 3 B 64/12, juris Rn. 7 f. (Heilpraktikererlaubnis für Physiotherapeuten).

dd) Beweiswürdigungsgrundsätze, insbes. Verstoß gegen die Denkgesetze. Die Verletzung allgemeiner 58
Beweiswürdigungsgrundsätze gilt allgemein als Verletzung sachlichen Rechts (und nicht des Prozessrechts).[137] Zu ihnen gehören die allgemeinen Auslegungsgrundsätze (§§ 133, 157 BGB), die gesetzlichen Beweisregeln, die Denkansätze und die allgemeinen Erfahrungssätze.[138] Ausnahmsweise kann jedoch ein Verstoß gegen die Denkgesetze einen Verfahrensfehler i.S.d. § 132 Abs. 2 Nr. 3 begründen,
und zwar wegen Verletzung des Grundsatzes der freien Beweiswürdigung gem. § 108. Dies ist dann
der Fall, wenn sich der Verstoß auf die tatsächliche Würdigung beschränkt und die rechtliche Subsumtion nicht berührt (BVerwGE 84, 271, 273 f.; BVerwG Buchholz 310 § 108 VwGO Nr. 269), z.B. bei
Indizienbeweisen (BVerwGE 84, 271, 273 f.; BVerwG Buchholz 406.12 § 22 BauNVO Nr. 4) oder
Prognosen (BVerwG Buchholz § 108 VwGO Nr. 269).

4. Anfechtbarkeit. a) Nebenentscheidungen. Verfahrensfehler, die das Zustandekommen der Kos- 59
tenentscheidung betreffen, sind isoliert nicht anfechtbar. Dies folgt aus § 158.[139]

b) Verstoß gegen Art. 100 GG. Ein Verstoß gegen die Vorlagepflicht des Art. 100 GG ist kein die Re- 60
visionszulassung nach § 132 Abs. 2 Nr. 3 rechtfertigender Verfahrensfehler.[140] Eine Zurückverweisung
scheidet schon deshalb aus, weil das BVerwG selbst verpflichtet ist zu prüfen, ob die Voraussetzungen
des Art. 100 Abs. 1 S. 1 GG für die Einholung einer Entscheidung des BVerfG gegeben sind. Ist die
Vorinstanz dieser Pflicht nicht nachgekommen, so liegt, wenn sich ihre Entscheidung als nicht zutreffend erweist, kein die Aufhebung des Urteils rechtfertigender Verfahrensmangel vor.

c) § 557 Abs. 2 ZPO. Nach § 557 Abs. 2 ZPO unterliegen auch diejenigen Entscheidungen der Beur- 61
teilung des Revisionsgerichts, die dem Endurteil vorausgegangen sind, sofern sie nicht unanfechtbar
sind. Diese Vorschrift ist gem. § 173 auch im Verfahren vor den VG anwendbar; der prozessökonomische Sinn der gesetzlich angeordneten Unanfechtbarkeit würde vereitelt, wenn die Revisionskontrolle
einschränkungslos alle Vorentscheidungen umfassen müsste.[141] Sind aber Verfahrensfehler der höchstrichterlichen Überprüfung entzogen, können sie mangels Klärungsfähigkeit auch nicht als Revisionszulassungsgründe fungieren (→ Rn. 61). Unanfechtbare Vorentscheidungen sind z.B.:

- die nach § 152 unanfechtbaren Beschlüsse eines OVG wie z.B. die Zurückweisung der Ablehnung
  eines Sachverständigen (BVerwG Buchholz 303 § 548 ZPO Nr. 4; BSG SozR 1500 § 160 SGG
  Nr. 48),
- die Ablehnung einer Terminsverlegung (§ 227 Abs. 3 S. 3 ZPO),[142]
- die Gewährung der Wiedereinsetzung (§ 60 Abs. 5),[143]
- die (erfolgte) Beiladung[144] oder
- die Stattgabe[145] oder Zurückweisung[146] eines Ablehnungsgesuchs.

Gem. § 557 Abs. 2 ZPO wird lediglich die Vorentscheidung selbst der revisionsrechtlichen Kontrolle 62
entzogen.[147] Folgerungen, die das Vordergericht aus der durch die Vorentscheidung geschaffenen Prozesslage gezogen hat, bleiben nachprüfbar.[148] Wird bspw. eine Terminsverlegung abgelehnt, kann diese

---

137 BVerwG NVwZ 1997, 1209, 1210; NJW 1997, 3328; Buchholz 448.0 § 34 WPflG Nr. 43; Buchholz 402.24 § 2
    AuslG Nr. 8; Buchholz 238.5 § 46 Nr. 2; Buchholz 310 § 108 VwGO Nr. 266.
138 BVerwGE 47, 330, 361; 61, 176, 188; 80, 290, 296 f.; BVerwG Buchholz 310 § 108 VwGO Nr. 266; BFHE 161,
    191, 195.
139 BVerwG Buchholz 310 § 158 VwGO Nr. 3; Buchholz 310 § 158 VwGO Nr. 4; Buchholz 310 § 158 VwGO Nr. 6;
    BSG SozR 1500 § 160 SGG Nr. 54; BFHE 173, 506, 509 f.; BFH/NV 1996, 433; BAG NZA 1996, 1231, 1232 mit
    Verweis auf § 99 Abs. 1 ZPO; *P. Kummer*, Nichtzulassungsbeschwerde, 1990, Rn. 48.
140 BVerwG 19.4.2011 – 8 B 7.11; juris Rn. 8 m.w.N.
141 BVerwG NVwZ 1988, 531; Buchholz 310 § 54 VwGO Nr. 8; Buchholz 303 § 548 ZPO Nr. 4 (sämtliche Entschei-
    dungen ergingen zur Vorschrift des § 548 ZPO a.F., die der des jetzigen § 557 Abs. 2 ZPO entspricht).
142 BVerwG Buchholz 11 Art. 140 GG Nr. 45.
143 BVerwG Buchholz 310 § 60 VwGO Nr. 153; BSGE 6, 256, 262 f.; BGH DVBl 1981, 395, 396; nicht dagegen ihre
    Ablehnung.
144 BVerwG Buchholz 310 § 65 VwGO Nr. 99; *A. May*, NVwZ 1997, 251, 252.
145 BVerwG Buchholz 310 § 54 VwGO Nr. 35.
146 BVerwG Buchholz 310 § 54 VwGO Nr. 32.
147 BVerwGE 39, 319, 323; BVerwG Buchholz 310 § 60 VwGO Nr. 153; Buchholz 303 § 548 ZPO Nr. 1; BSG SozR
    1500 § 160 SGG Nr. 57; RGZ 160, 157, 160; *P. Kummer*, Nichtzulassungsbeschwerde, 1990, Rn. 193.
148 BVerwGE 39, 319, 323; BVerwG Buchholz 310 § 60 VwGO Nr. 153; Buchholz 303 § 548 ZPO Nr. 1; BSG SozR
    1500 § 160 SGG Nr. 57; RGZ 160, 157, 160; *P. Kummer*, Nichtzulassungsbeschwerde, 1990, Rn. 193.

Entscheidung nicht angegriffen werden, eine darin liegende Versagung des rechtlichen Gehörs jedoch kann fortwirken und damit anfechtbar bleiben.[149]

63   **5. Rügeverlust.** Über § 173 gelten die Vorschriften über das Rügerecht, §§ 295, 556 ZPO, auch beim verwaltungsgerichtlichen Verfahren.[150] Durch den Rügeverlust nach § 295 Abs. 1 ZPO gilt der Verfahrensmangel als geheilt. Nach § 295 ZPO kann ein Verfahrensverstoß „nicht mehr gerügt werden, wenn die Partei auf die Befolgung der Vorschrift verzichtet oder wenn sie bei der nächstmöglichen Verhandlung, die aufgrund des betreffenden Verfahrens stattgefunden hat oder in der darauf Bezug genommen ist, den Mangel nicht gerügt hat, obgleich sie erschienen ist und ihr der Mangel bekannt war oder bekannt sein musste." In der Praxis ist die Erhebung der Verfahrensrüge im Wege der Nichtzulassungsbeschwerde nach Alt. 1 des § 295 ZPO (Rügeverlust infolge Verzichts auf die Befolgung der Vorschriften) häufig schon deshalb ausgeschlossen, weil der Beschwerdeführer durch sein Verhalten im vorinstanzlichen Verfahren sein Rügerecht verloren hat. Diese Tendenz wird durch die Einführung der Zulassungsberufung deutlich verstärkt. Der beauftragte Rechtsanwalt wird schon das Verfahren erster Instanz voll „ausreizen" müssen, wenn er seinen Sorgfaltspflichten nachkommen will.

64   Für die 2. Alt. genügt es, dass der Beschwerdeführer von der Möglichkeit der Verfahrensrüge in der nächsten mündlichen Verhandlung keinen Gebrauch macht, ein Verzichtswille ist hierbei entbehrlich. Da in der Verwaltungsgerichtsbarkeit die Mehrzahl der Fälle in einem einzigen Termin zur mündlichen Verhandlung verhandelt werden dürfte, ist praktisch das Auftreten in diesem Termin ausschlaggebend. Gerügt werden muss der Verfahrensfehler auf konkrete und nachdrückliche Art, das „Vorbehalten aller Rechte und Schritte" reicht nicht aus.[151] Zur Erfüllung einer ordnungsgemäßen Rüge der mangelhaften Sachaufklärung muss ein förmlicher, ausdrücklich zu Protokoll gegebener[152] Beweisantrag i.S.d. § 86 Abs. 2 gestellt werden (BVerwG Buchholz 310 § 132 VwGO Nr. 92; Buchholz 232 § 26 BBG Nr. 17).

65   Der Rügeverlust kann schließlich nur bei verzichtbaren Verfahrensvorschriften eintreten, § 295 Abs. 2 ZPO, d.h. Normen, an deren Einhaltung kein öffentliches Interesse besteht.[153] *Nicht verzichtbar* sind Vorschriften über:

- den Rechtsweg und die ausschließliche Zuständigkeit des Gerichts,[154]
- die Öffentlichkeit des Verfahrens gem. § 169 GVG,[155]
- die notwendige Beiladung,
- die Besetzung des Gerichts und der gesetzliche Richter,[156]
- die Wiedereinsetzung in den vorigen Stand und die Klagefrist,
- die Beteiligungs- und Prozessfähigkeit eines Beteiligten (→ § 124 Rn. 215),
- das Vorverfahren bei der Anfechtungsklage,
- die Bindung an die Anträge gem. § 88.

66   *Verzichtbar* sind dagegen:

- die Durchführung einer mündlichen Verhandlung (BFH/NV 1997, 414),
- die Durchführung eines Beweisbeschlusses (BVerwG Buchholz 303 § 295 ZPO Nr. 4),
- die Entscheidung über ein Ablehnungsgesuch (BVerwG Buchholz 303 § 295 ZPO Nr. 12),
- die Benachrichtigung der Beteiligten von der Beweisaufnahme,[157]
- die Ladung,[158]

---

149 BVerwG Buchholz 310 § 132 VwGO Nr. 266; Buchholz 11 Art. 140 GG Nr. 45.
150 BVerwGE 8, 149, 150; 19, 231, 234; BVerwG NJW 1961, 379 f.; BSGE 3, 284, 285; 4, 60, 64; BSG SozR 1500 § 160 a SGG Nr. 61; BFHE 90, 452, 453; 105, 325, 327; *F. Haueisen,* NJW 1965, 191 ff.; *B. Kohlndorfer,* DVBl 1988, 474 ff.
151 BVerwGE 19, 231, 236; BVerwG Buchholz 310 § 133 VwGO Nr. 84; Buchholz 303 § 295 ZPO Nr. 8.
152 BVerwGE 21, 184, 185; BVerwG Buchholz 310 § 86 Abs. 2 VwGO Nr. 19; Buchholz 232 § 26 BBG Nr. 17.
153 *R. Greger,* in: Zöller § 295 ZPO Rn. 2.
154 *Rosenberg/Schwab/Gottwald* § 67 Rn. 12; *R. Greger,* in: Zöller § 295 ZPO Rn. 4.
155 OLG Köln NJW-RR 1986, 560, a.M. BVerwG Buchholz 303 § 295 ZPO Nr. 1; BFHE 161, 427, 428; *Kopp/Schenke* § 55 Rn. 5.
156 BVerwGE 102, 7, 10; BVerwG NJW 1993, 600, 601; Buchholz 310 § 138 Ziff. 1 VwGO Nr. 20; BAG MDR 1984, 347.
157 BVerwGE 8, 149, 150; 19, 231, 234; BVerwG Buchholz 310 § 86 Abs. 1 VwGO Nr. 120.
158 BVerwG Buchholz 303 § 295 ZPO Nr. 8; Buchholz 310 § 133 VwGO Nr. 84; BFH/NV 1995, 225, 226.

- der Gang der mündlichen Verhandlung (BVerwG Buchholz 310 § 103 VwGO Nr. 9),
- die richterliche Aufklärungspflicht,[159]
- die Unmittelbarkeit,[160]
- die Parteiöffentlichkeit (BVerwG Buchholz 303 § 295 ZPO Nr. 4; Buchholz 310 § 86 Abs. 1 VwGO Nr. 120),
- die Protokollierung[161] der Beweisaufnahme,
- die Gewährung rechtlichen Gehörs,[162]
- das Übergehen eines Beweisantrages (BVerwG NJW 1989, 1233; BFHE 155, 498, 500),
- die Vereidigung eines Zeugen (BVerwG NJW 1998, 3369),
- die Einholung einer amtlichen Auskunft (BVerwG NJW 1998, 2491),
- der Übersetzungsfehler eines Dolmetschers (BVerwG NVwZ 1983, 668; 1999, 65, 66; Buchholz 310 § 55 VwGO Nr. 6).

6. Erheblichkeit. a) Allgemeines. Der Verfahrensmangel muss erheblich sein, d.h. gem. § 132 **67** Abs. 2 Nr. 3, dass die Entscheidung auf ihm „beruhen kann". „Beruhen" meint dasselbe wie bei § 132 Abs. 2 Nr. 2; die Möglichkeit, dass das Gericht ohne den Verfahrensfehler zu einem sachlich günstigeren Ergebnis gekommen wäre, reicht also aus.[163] Die maßgebliche Perspektive ist die des iudex a quo.[164] Es kommt nur auf die Gründe der anzufechtenden Entscheidung an, nicht aber auf eventuelle Darlegungen im Nichtabhilfebeschluss. Keine Rolle spielt auch, was der iudex a quo bei der Urteilsabfassung gedacht hat, sondern lediglich, was Eingang in die Entscheidung gefunden hat.[165]

b) Ordnungsvorschriften. Die Verletzung bloßer Ordnungsvorschriften reicht i.d.R. nicht aus.[166] **68**

c) Rechtsmittelzulassung und Rechtsmittelbelehrung. Verfahrensfehler, die bei der Rechtsmittelzulassung oder der Rechtsmittelbelehrung unterlaufen, können nach § 132 Abs. 2 Nr. 3 nicht gerügt werden, weil die Entscheidung (zur Sache) nicht darauf beruht.[167] **69**

d) Mehrfachbegründung. Die Entscheidung des Berufungsgerichts beruht bei einer kumulativen **70** Mehrfachbegründung nur dann auf dem geltend gemachten Verfahrensfehler, wenn die anderweitige Begründung entweder nicht selbständig trägt oder sie erfolgreich mit Zulassungsgründen angegriffen werden kann.

e) Absolute Revisionsgründe des § 138. Grds. entfällt die Erheblichkeitsprüfung bei Vorliegen eines **71** absoluten Revisionsgrundes gem. § 138, weil in diesen Fällen die Erheblichkeit unwiderleglich vermutet wird (→ § 124 Rn. 221–223, v.a. zu der Einordnung des § 138 Nr. 3 „Versagung rechtlichen Gehörs").

7. Verhältnis zu anderen Rechtsvorschriften. Die Rechtsbehelfe der §§ 119 (Urteilsberichtigung auf **72** Antrag) und 120 (Urteilsergänzung) haben vor der Nichtzulassungsbeschwerde Vorrang. Unrichtigkei-

---

159 BVerwG Buchholz 310 § 86 Abs. 2 VwGO Nr. 36; BFHE 155, 498, 500; 162, 236, 237 f.; 176, 350, 357; BFH/NV 1995, 238, 239; 1995, 320, 321.
160 BVerwGE 41, 174, 177; BVerwG NJW 1961, 379; 1994, 1975; Buchholz 303 § 295 ZPO Nr. 4; Buchholz 310 § 86 Abs. 2 VwGO Nr. 36; Buchholz 11 Art. 140 GG Nr. 54; BGH MDR 1979, 567; BFH/NV 1997, 414. A.M. *S. Weth*, JuS 1991, 34, 36.
161 BVerwGE 50, 344, 345 f.; 51, 66, 68; 67, 43, 47; BVerwG NJW 1977, 313, 316; DÖV 1981, 840 f.; NJW 1988, 579, a.M. NVwZ 1986, 748.
162 BVerwGE 19, 231, 237; BVerwG DÖV 1981, 839 f.; Buchholz 310 § 55 VwGO Nr. 6; BFH/NV 1994, 381, 382.
163 BVerwGE 1, 1, 2 f.; 5, 12, 13; 14, 342, 346; BSGE 2, 197, 201; 8, 228, 232; BSG SozR 1500 § 160 SGG Nr. 31; BFHE 89, 328, 329; BAG NJW 1963, 1643; BGHZ 4, 58, 60; *P. Kummer*, Nichtzulassungsbeschwerde, 1990, Rn. 203; *A. v. Wedelstädt*, DB 1991, 1903; *F. Weyreuther*, Revisionszulassung, 1971, Rn. 150.
164 *Kopp/Schenke* § 132 Rn. 23; *Schunck/De Clerck* § 133 Anm. 2 a) i.V.m. § 138 Anm. 2 a.E.
165 BVerwGE 29, 261, 268; *Kopp/Schenke* § 132 Rn. 23; *R. Ruban*, in: Gräber § 115 FGO Rn. 96.
166 BVerwG Buchholz 310 § 117 VwGO Nr. 16 zu § 117 Abs. 2 Nr. 1; *Pietzner/Buchheister*, in: Schoch/Schneider/Bier § 132 Rn. 97.
167 BVerwG Buchholz 310 § 132 VwGO Nr. 111; Buchholz 310 § 132 VwGO Nr. 289; Buchholz 415.1 Allgemeines Kommunalrecht Nr. 88; BSGE 4, 206, 210; *Pietzner/Buchheister*, in: Schoch/Schneider/Bier § 132 Rn. 98; *F. Weyreuther*, Revisionszulassung, 1971, Rn. 18.

ten des Berufungsurteils sind daher mit den fristgebundenen Anträgen (Zwei-Wochen-Frist) auf Berichtigung oder Ergänzung des Urteils geltend zu machen.[168]

C. Die Zulassungsentscheidung des OVG/VGH

73   Die Entscheidung über die Zulassung ist – bis auf die Sonderfälle der §§ 134, 135 – zunächst dem Berufungsgericht übertragen. Lässt es die Revision nicht zu, greift der Mechanismus des § 133 ein. Wurde schon die Berufung nicht zugelassen (vgl. §§ 124, 124 a), ergibt sich für das OVG/den VGH keine Möglichkeit der Revisionszulassung. Auch § 133 greift nicht ein, weil das Urteil des VG mit der Ablehnung des Antrags auf Zulassung der Berufung rechtskräftig wird, § 124 a Abs. 5 S. 4. Das OVG entscheidet somit darüber, ob dem Kläger eine oder drei Instanzen für die Durchsetzung seines Begehrens zur Verfügung stehen.

I. Form der Entscheidung

74   **1. Zulassungsermessen.** Unbeschadet der Sonderfälle der Sprungrevision des § 134 (→ § 134 Rn. 15–49) wird über die Zulassung der Revision von Amts wegen entschieden.[169] Eines Antrages bedarf es nicht, ein Antrag ist als Anregung zu verstehen und deshalb nicht zurückzuweisen. Ein Zulassungsermessen besteht grds. nicht; dies gilt jedoch ausnahmsweise dann nicht, wenn das Berufungsgericht nachträglich einen Verfahrensmangel bemerkt. Weil es diesen nicht mehr heilen kann, sollte es im Interesse der beschwerten Partei auf die Revisionszulassung verzichten und die Aufhebung und Zurückverweisung gem. § 133 Abs. 6 anregen.

75   **2. Zulassung im Tenor.** Die Zulassung der Revision im Tenor unterliegt zwar keinem Gebot, ist aber gängige Praxis und aus Gründen der Rechtsklarheit zweckmäßig. Eine Zulassung kann auch in den Entscheidungsgründen erfolgen,[170] wo sie jedoch ausdrücklich ausgesprochen werden muss.[171] Enthält das Berufungsurteil zur Frage der Zulassung keine Aussage, liegt eine Nichtzulassung vor.[172] Entspricht dies nicht dem Beratungsergebnis oder dem mündlich verkündeten Urteilstenor, kommt eine Berichtigung bzw. Ergänzung des schriftlich abgefassten Urteils in Betracht.

76   **3. Ordnungsgemäße Besetzung.** Die Entscheidung über die Zulassung ist eine prozessuale Nebenentscheidung (BVerwGE 22, 86, 89). Sie hat darum unter Mitwirkung der an der Entscheidung zur Hauptsache beteiligten Richter zu erfolgen.[173] Am Abhilfebeschluss i.R. des Nichtzulassungsbeschwerdeverfahrens nach §§ 133, 139 Abs. 2 S. 2 wirken gem. § 5 Abs. 3 S. 2 die ehrenamtlichen Richter hingegen nicht mit.

77   **4. Berichtigung.** Gem. § 118 ist unter den strengen tatbestandlichen Voraussetzungen auch der Ausspruch über die Zulassung der Revision berichtigungsfähig (→ § 118 Rn. 21).

78   **5. Ergänzung.** Nach § 120 ist das Urteil auf Antrag durch nachträgliche Entscheidung zu ergänzen, „wenn ein nach dem Tatbestand von einem Beteiligten gestellter Antrag oder die Kostenfolge bei der Entscheidung ganz oder z.T. übergangen ist". Da die Revision von Amts wegen zugelassen wird und etwaige Anträge der Beteiligten lediglich als Anregung zu verstehen sind (BVerwGE 22, 86, 88 f.; BAGE 2, 358, 362), kommt eine direkte Anwendung des § 120 nicht in Betracht.[174] Die h.M. verneint

---

168   BVerwG JR 1969, 353, 354; Buchholz 310 § 119 VwGO Nr. 5; Buchholz 310 § 132 VwGO Nr. 62; Buchholz 310 § 132 VwGO Nr. 165; Buchholz 310 § 132 VwGO Nr. 180; BFH/NV 1987, 667; 1992, 685; 1995, 448, 449; *P. Kummer*, Nichtzulassungsbeschwerde, 1990, Rn. 197.

169   BVerwGE 2, 80, 81; BGHZ 44, 395, 396; BAGE 3, 21, 23; BSG NVwZ 1984, 752; BFHE 99, 107, 108.

170   S.a. *Berlit*, in: Posser/Wolff § 132 Rn. 14.1.

171   BGH NJW 1980, 344; BAGE 1, 33, 34; BSGE 2, 121, 126; 4, 206, 210; BSG NVwZ 1984, 752; BFHE 123, 117, 119; 150, 403, 405.

172   BGHZ 44, 395, 397; BGH NJW 1980, 344; BAGE 9, 205, 210; 22, 53, 56; BSGE 4, 206, 210; BSG NJW 1968, 127 f.; NVwZ 1984, 752; BFHE 99, 107, 108; 123, 117, 119; BFH/NV 1988, 451; *C. L. Lässig*, Rechtsmittelzulassung, 1976, 67; *H. Prütting*, Zulassung, 1977, 265; *R. Ruban*, in: Gräber § 115 FGO Rn. 108; *J. Wenzel*, in: MüKoZPO II § 543 ZPO Rn. 31; *F. Weyreuther*, Revisionszulassung, 1971, Rn. 161.

173   *C. L. Lässig*, Rechtsmittelzulassung, 1976, 60 f.; *H. Prütting*, Zulassung, 1977, 266; *F. Weyreuther*, Revisionszulassung, 1971, Rn. 162.

174   BGHZ 44, 395, 396; BGH MDR 1967, 344; BAGE 2, 358, 362; 21, 22 f.; BFHE 99, 107, 108; *C. L. Lässig*, Rechtsmittelzulassung, 1976, 66; *P. Schmidt*, in: Eyermann § 132 Rn. 20; *Kopp/Schenke* § 132 Rn. 34; *H. v. Nicolai*, in:

überdies die Möglichkeit einer entsprechenden Anwendung, weil keine Urteils- oder Entscheidungslücke vorläge, denn Schweigen gelte als Nichtzulassung.[175] Dem ist nicht zu folgen.[176]

Eine Entscheidungslücke liegt nicht erst dann vor, wenn das Urteil das möglicherweise übergangene   79
Begehren regelt. Eine Kostenentscheidung bspw., in der versäumt wurde, dem Kläger die Mehrkosten der Verweisung des Rechtsstreits gem. § 83 S. 1 VwGO i.V.m. § 17b Abs. 2 GVG aufzuerlegen, ist ergänzungsfähig (→ § 120 Rn. 13), obwohl es mit der Kostenlastentscheidung zuungunsten des Beklagten formal ebenfalls eine Regelung enthält. Eine Entscheidungslücke liegt daher vor, wenn das begründete Begehren eines Beteiligten, die Revision zuzulassen, übergangen wurde. In diesen Fällen ist die Verletzung des rechtlichen Gehörs durch Urteilsergänzung zu heilen. Wird in dieser die Nichtzulassung ausdrücklich ausgesprochen und begründet, liegt darin eine sinnvolle Überzeugungsarbeit, die vom Berufungsgericht erwartet werden kann und die sowohl das Revisionsgericht als auch die Beteiligten durch die Abstandnahme von der Nichtzulassungsbeschwerde entlasten kann. Wird aber in der Urteilsergänzung die Revision zugelassen, wird die vormalige Entscheidungslücke auch i.E. offenbar. In diesen Fällen wäre die Verweisung des Beschwerten auf die Nichtzulassungsbeschwerde nicht sinnvoll. Dies entspricht auch der Gesetzeslage im arbeitsgerichtlichen Verfahren, §§ 64 Abs. 3 a, 72 Abs. 1 S. 2 ArbGG, wobei allerdings eine 2-Wochen-Antragsfrist ab Verkündung des Urteils besteht.

6. Abhilfebeschluss. Das Berufungsgericht kann freilich einer eingelegten Nichtzulassungsbeschwerde   80
durch Beschluss gem. § 139 Abs. 2 abhelfen (→ § 139 Rn. 29–35). Damit unterscheidet sich das Verfahren der Zulassung der Revision grundlegend vom Verfahren der Zulassung der Berufung nach § 124 a. Bei letzterer hat das VG (iudex a quo) keine Abhilfemöglichkeit, es entscheidet ausschließlich das OVG (iudex ad quem), § 124 a Abs. 5 S. 1. In der Praxis erfolgt die Zulassung der Revision durch die OVG eher zurückhaltend; die Nichtzulassungsbeschwerde nach § 133 hat deshalb eine große Bedeutung.

7. Begründung. Das OVG/der VGH muss eine ablehnende Zulassungsentscheidung begründen,[177]   81
obwohl das Gesetz hierzu schweigt (anders die ausdrückliche Regelung in § 74 Abs. 3 S. 2 GWB). Für Entschädigungssachen nach dem BEG folgte dies ausdrücklich aus der Norm des § 219 Abs. 3 S. 2 BEG. Die Entscheidungsgründe müssen so präzise und ausführlich sein, dass die Parteien die maßgebenden Erwägungen verstehen und nachvollziehen können (OLG Saarbrücken FamRZ 1993, 1098, 1099), die höhere Instanz das Urteil überprüfen kann (BGH NJW-RR 1988, 524) und erkennbar wird, ob Art. 3 GG (vgl. BVerfG NJW 1994, 2279) sowie Art. 103 Abs. 1 GG beachtet wurden (BVerfG NJW 1994, 2279).

II. Die teilweise Zulassung

Das Berufungsgericht kann nach der Rspr. die Zulassung der Revision beschränken; dies entspreche   82
dem Zweck der Zulassungsrevision, das Revisionsgericht zu entlasten, damit es den durch die Zulassungsgründe gestellten Aufgaben gerecht werden kann.[178] Die Beschränkung der Zulassung durch das Berufungsgericht lässt sich dem Gesetzestext nicht entnehmen. Die Befugnis des *Gerichts* zur Beschränkung ist dogmatisch kaum aufgearbeitet. Im Zivilprozess wird das Recht der *Parteien*, den Umfang ihrer Revision zu beschränken, aus der Dispositionsmaxime abgeleitet.[179] Dieses Argument ist für den Verwaltungsprozess kaum brauchbar. Angesichts der zunehmend schlechten Erfahrungen mit der Teilzulassung und dem Entstehen von Mischfällen von Rechtsmitteln (beschränkt zugelassene Re-

---

Redeker/v. Oertzen § 132 Rn. 24; *Reichold, in: Thomas/Putzo* § 543 ZPO Rn. 6, 7; *J. Wenzel,* in: MüKoZPO II § 543 Rn. 32.

175 BGHZ 44, 395, 396; BGH NJW 1981, 2755, 2756; BAGE 9, 205, 209 f.; BAG BB 1981, 616 (LS); BSGE 25, 202, 203; BSG NJW 1968, 127; BFHE 125, 150, 152; *H. J. Herrmann,* Zulassung, 1986, Rn. 88; *C. L. Lässig,* Rechtsmittelzulassung, 1976, 66 ff.; *H. Prütting,* Zulassung, 1977, 268; *R. Seer,* in: Tipke/Kruse § 115 FGO Rn. 126; *R. Ruban,* in: Gräber § 115 Rn. 109; *F. Weyreuther,* Revisionszulassung, 1971, Rn. 174.

176 Wie hier *P. Hartmann,* in: Baumbach/Lauterbach/Albers/Hartmann § 543 ZPO Rn. 15; *H. Müller,* NJW 1955, 1740; *Pohle,* Anm. AP Nr. 1 und 2 zu § 319 ZPO Bl. 243 R, 299 R; *M. Vollkommer,* in: Zöller § 321 ZPO Rn. 5.

177 *Kopp/Schenke* § 132 Rn. 33; *Pietzner/Buchheister,* in: Schoch/Schneider/Bier § 132 Rn. 115; *H. v. Nicolai,* in: Redeker/v. Oertzen § 132 Rn. 24.

178 BGHZ 2, 396, 398; 7, 62, 63; BGH NJW 1979, 767; 1998, 1138; *J. Wenzel,* in: MüKoZPO II § 543 ZPO Rn. 35 ff.

179 Vgl. *Büttner/Tretter* NJW 2009, 1905, 1906 m.N. auch in Fn. 17.

vision, Nichtzulassungsbeschwerde wegen des „nicht zugelassenen" Teils, evtl. Anschlussrevision der beschwerten Gegenpartei) sollte hier größte Zurückhaltung geübt werden. Eine verfahrenswidrige Beschränkung der Revisionszulassung durch das Berufungsgericht ist nach ständiger Rspr. des BGH unwirksam. In einem solchen Fall ist die Revision uneingeschränkt zulässig.[180]

83   **1. Beschränkbarkeit.**   Nach der Rspr. v.a. des BGH ist immer dann, wenn ein Teil des Streitgegenstandes abtrennbar ist, also wenn das Gericht den Prozessstoff durch ein Teil-, Zwischen- oder Grundurteil abschichten kann (hierzu §§ 109–111), die Zulassung der Revision beschränkbar,[181] z.B. auf

- einen von mehreren selbständigen prozessualen Ansprüchen,[182]
- einen Anspruchsteil in zeitlicher Hinsicht (BGHZ 103, 393, 394; 130, 50, 59) oder bzgl. Grund und Höhe (BGHZ 76, 397, 398 f.; BGH NJW 1981, 1953, 1954; 1982, 2380; 1984, 615),
- eine von mehreren Prozessparteien,[183]
- einzelne Angriffs- und Verteidigungsmittel (im Einzelnen → § 124 a Rn. 274)[184] oder
- Klage oder Widerklage.[185]

Vergleichbare Fälle sind im Verwaltungsprozess – teilweise – zwar denkbar, jedoch liegen sie so am Rande, dass die beschränkte Verwirklichung eines Entlastungszwecks durch die entstehenden Unsicherheiten und Rechtsmittelverdoppelungen negativ überkompensiert werden dürften. Nicht zu folgen ist der Auffassung, dass bei einem abtrennbaren Teil des Gesamtstreitstoffes die Zulassung der Revision auf diesen Teil beschränkt werden *müsse*.[186] Eine derartige Verpflichtung ist weder der VwGO noch der ZPO zu entnehmen. Es handelt sich bei der teilweisen Zulassung auch um keine Rechtsfortbildung, sondern um Beibehaltung bestimmter Elemente des „alten" zivilistischen Revisionsrechts, die jedenfalls im Verwaltungsprozess zugunsten des an sich unbestrittenen und textlich niedergelegten Grundsatzes der *Vollrevision* endgültig abzulegen sind. Im modernen Verwaltungsrecht häufen sich Abwägungsentscheidungen und finale Normen mit planungsrechtlichen Elementen, die in einem normativen Geflecht verbunden sind, das insgesamt und „kohärent" von der Rspr. auch prozessrechtlich zu interpretieren und fortzuentwickeln ist. Dazu passt kein aktionenrechtliches Denken, das letzlich hinter den referierten Auffassungen steht. Bei unklarem Zulassungsausspruch ist im Zweifelsfall von einer unbeschränkten Zulassung auszugehen.[187]

84   Eine Beschränkung auf eine bestimmte (abstrakte) *Rechtsfrage* ist mit dem Wesen der Revision, die eine Entscheidungskorrektur im Wege der Vollrevision ermöglichen soll, nicht vereinbar.[188] Es gibt also keine Übereinstimmung zwischen der Geltendmachung von Zulassungsgründen und der Wirkung der Zulassungsentscheidung. Letztere öffnet dem Revisionsgericht Möglichkeiten der Klärung von Rechtsfragen über den Fall und über den Tag hinaus.[189] Unzulässig sind auch Beschränkungen auf

---

180 *Büttner/Tretter*, NJW 2009, 1905, 1907 m.w.N. auch in Fn. 28, 29.
181 Vgl. *Pietzner/Buchheister*, in: Schoch/Schmidt-Aßmann/Bier § 132 Rn. 21 ff.; BVerwGE 49, 232, 234; 50, 292, 295; BVerwG Buchholz 310 § 132 VwGO Nr. 252; BGHZ 53, 152, 154; 76, 397 ff.; 95, 307, 308; 101, 276, 278; 103, 393, 394; 111, 158, 166; BGH NJW 1982, 2188; 1984, 615; 1987, 3264 f.; BAGE 47, 355, 357; BAG NJW 1986, 2271, 2272; BFHE 162, 290, 292 f.; *F. Weyreuther*, Revisionszulassung, 1971, Rn. 46.; *W. Grunsky*, in: Stein/Jonas V/1 § 546 ZPO Rn. 25 ff.
182 BVerwGE 41, 52, 53; 50, 292, 295; BVerwG DVBl 1960, 140; Buchholz 407.4 § 17 FStrG Nr. 44; Buchholz 310 § 132 VwGO Nr. 252; Buchholz 424.01 § 85 FlurbG Nr. 2; Buchholz 436.61 § 18 SchwbG Nr. 6; BSGE 3, 135, 139; BGHZ 48, 134, 136; 69, 93, 94; 76, 397, 398; 111, 158, 166 f.; BGH NJW 1984, 615; BAGE 2, 326, 327; 47, 355, 357; BFHE 144, 133, 136; *J. Wenzel*, in: MüKoZPO II § 543 ZPO Rn. 36; *F. Weyreuther*, Revisionszulassung, 1971, Rn. 47.
183 BGHZ 48, 134, 136; BGH NJW 1979, 767; 1984, 615; LM Nr. 9 zu § 546 ZPO; BSGE 3, 135, 139; BAGE 2, 331, 332; 29, 221, 224; 47, 355, 357.
184 BGHZ 53, 152, 154 f.; 76, 397, 399; 109, 179, 189; BGH MDR 1971, 569; NJW 1980, 1579; 1982, 1535; 1984, 615; BAGE 47, 355, 357; *W. Grunsky*, in: Stein/Jonas V/1 § 546 ZPO Rn. 29; *J. Wenzel*, in: MüKoZPO II § 543 ZPO Rn. 40.
185 BSGE 3, 135, 139; *F. Weyreuther*, Revisionszulassung, 1971, Rn. 47.
186 Vgl. Pietzner/Buchheister, in: Schoch/Schmidt-Aßmann/Bier § 132 Rn. 23 m.w.N.
187 So auch Berlit, in: Posser/Wolff § 132 Rn. 12.1.
188 BVerwGE 41, 52, 53; BGHZ 90, 318, 320; 101, 276, 278; 131, 260, 261; BGH NJW 1982, 1535; BSGE 3, 135, 138; BAGE 2, 326, 327; 47, 355, 358; BFHE 133, 189, 191; 162, 290, 292; *F. Weyreuther*, Revisionszulassung, 1971, Rn. 50.
189 Vgl. bspw. Zulassungsbeschluss BVerwG 3.3.2009 – 4 B 57/08 „zur Klärung der Frage, unter welchen bundesrechtlichen Voraussetzungen in Regionalplänen durch die Bezeichnung von Zielen der Raumordnung die Rechtsfolge her-

einzelne rechtliche oder tatsächliche Gesichtspunkte (BGHZ 131, 260, 261), einzelne Urteilselemente[190] oder unselbständige Vorfragen (BVerwGE 49, 232, 234; 50, 292, 295).

2. Beschränkung. Wann eine Beschränkung der Zulassung anzunehmen ist, wird unterschiedlich gesehen. Z.T. wird angenommen, eine Beschränkung läge auch ohne *ausdrückliche* Entscheidung im Tenor oder in den Entscheidungsgründen vor, wenn die Zulassung nur wegen einer bestimmten Rechtsfrage ausgesprochen wird *und* diese Rechtsfrage einen beschränkbaren Teil der Rechtssache betrifft.[191] Diese Ansicht ist abzulehnen.[192] Begründungen der Instanzgerichte, mit denen geklärt würde, *warum* die Revision zugelassen würde, ließen sich kurzerhand dahin umdeuten, *dass* die Revision beschränkt sein soll (BGH NJW 1984, 615). Unterbleibt der Hinweis auf die Nichtzulassungsbeschwerde in der Rechtsmittelbelehrung, spricht dies für eine unbeschränkte Zulassung (BVerwG Buchholz 402.44 VersG Nr. 1).

3. Bindende Wirkung. Nach § 132 Abs. 3 ist das BVerwG an die Zulassungsentscheidung des OVG/VGH oder des VG in den Sonderfällen der §§ 134, 135 (vgl. §§ 134 Abs. 2 S. 2, 135 S. 3) gebunden. Das BVerwG darf die Bejahung der Zulässigkeitskriterien weder überprüfen noch korrigieren, sondern ist zur Vollrevision verpflichtet. Die Bindung ist freilich nicht präjudiziell; alle Anforderungen an die Statthaftigkeit und Zulässigkeit der Revision bleiben unberührt.

§ 133 [Beschwerde gegen die Nichtzulassung der Revision]

(1) Die Nichtzulassung der Revision kann durch Beschwerde angefochten werden.

(2) [1]Die Beschwerde ist bei dem Gericht, gegen dessen Urteil Revision eingelegt werden soll, innerhalb eines Monats nach Zustellung des vollständigen Urteils einzulegen. [2]Die Beschwerde muß das angefochtene Urteil bezeichnen.

(3) [1]Die Beschwerde ist innerhalb von zwei Monaten nach der Zustellung des vollständigen Urteils zu begründen. [2]Die Begründung ist bei dem Gericht, gegen dessen Urteil Revision eingelegt werden soll, einzureichen. [3]In der Begründung muß die grundsätzliche Bedeutung der Rechtssache dargelegt oder die Entscheidung, von der das Urteil abweicht, oder der Verfahrensmangel bezeichnet werden.

(4) Die Einlegung der Beschwerde hemmt die Rechtskraft des Urteils.

(5) [1]Wird der Beschwerde nicht abgeholfen, entscheidet das Bundesverwaltungsgericht durch Beschluß. [2]Der Beschluß soll kurz begründet werden; von einer Begründung kann abgesehen werden, wenn sie nicht geeignet ist, zur Klärung der Voraussetzungen beizutragen, unter denen eine Revision zuzulassen ist. [3]Mit der Ablehnung der Beschwerde durch das Bundesverwaltungsgericht wird das Urteil rechtskräftig.

(6) Liegen die Voraussetzungen des § 132 Abs. 2 Nr. 3 vor, kann das Bundesverwaltungsgericht in dem Beschluß das angefochtene Urteil aufheben und den Rechtsstreit zur anderweitigen Verhandlung und Entscheidung zurückverweisen.

Schrifttum

1. Monographien und Beiträge in Sammelwerken: *M. Baumgärtel*, Die Zulassungsberufung in der VwGO – Im Spannungsfeld zwischen Beschleunigung und Gewährung effektiven Rechtsschutzes, 2004; *M. Eggert*, Die Nichtzulassungsbeschwerde der VwGO, Sorgfaltspflichten und Folgen pflichtwidrigen Verhaltens eines beauftragten Rechtsanwalts, 2002; *P. Kummer*, Die Nichtzulassungsbeschwerde. Das Beschwerdeverfahren nach der FGO, der VwGO und dem SGG, 2. Aufl. 2010; *D. Neumann*, Erfahrungen mit der Nichtzulassungsbeschwerde, in: FS für Marie Luise Hilger und Hermann Stumpf zum 70. Geb., 1983, 513; *M. Quaas/R. Zuck*,

---

beigeführt werden kann, dass öffentliche Belange einem Vorhaben nach § 35 Abs. 3 Satz 3 BauGB entgegenstehen" (Verhinderungsplanung im Hinblick auf das Aufstellen von Windenergieanlagen; zum Verfahrensfortgang s. BVerwG 22.8.2012 – 4 B 8/12).

190 BVerwG Buchholz 310 § 132 VwGO Nr. 124; BGHZ 95, 307, 308; BGH NJW 1982, 2188; BAGE 47, 179, 182; BFHE 98, 328, 329.

191 BVerwG Buchholz 424.01 § 85 FlurbG Nr. 2; Buchholz 436.61 § 18 SchwbG Nr. 6; BGHZ 48, 134, 136; 53, 152, 154; 101, 276, 279; BGH LM Nr. 9 zu § 546 ZPO; NJW 1988, 1778; 1989, 774; 1990, 1795, 1796 f.; 1993, 1799; 1995, 1955, 1956; BAGE 2, 326, 327.

192 BGH MDR 1969, 476, 477; NJW 1984, 614; 1992, 1039, 1040; *P. Kummer*, Nichtzulassungsbeschwerde, 1990, Rn. 24.

Prozesse in Verwaltungssachen, 2008; *F. Weyreuther*, Revisionszulassung und Nichtzulassungsbeschwerde in der Rechtsprechung der oberen Bundesgerichte, 1971.

2. Beiträge in Zeitschriften: *H. Friederichs*, Die Nichtzulassungsbeschwerde in der Rechtsprechung des Bundessozialgerichts, NJW 1976, 1875; *ders.*, Weitere Rechtsprechung des Bundessozialgerichts zur Nichtzulassungsbeschwerde, NJW 1981, 1421; *S. Frohner*, Rechtliche Neuordnung der Nichtzulassungsbeschwerde, BB 1980, 1164; *H. Müller*, Die Revisionszulassung im Verwaltungsstreitverfahren – Rechtsmittel oder Rechtsbehelf, NJW 1955, 1740; *ders.*, Die Nichtzulassungsbeschwerde im künftigen Verwaltungsstreitverfahren, NJW 1960, 515; *P. Mennacher*, Die Nichtzulassungsbeschwerde im Steuerrecht, DStR 1979, 590; *M. Schmid*, Die Nichtzulassungsbeschwerde – häufige Fehler und ihre Vermeidung, DStR 1993, 1284; *J. Wenzel*, Das neue zivilprozessuale Revisionszulassungsrecht in der Bewährung, NJW 2002, 3353.

Weiteres Schrifttum bei § 132.

I. Wesen und Bedeutung der Nichtzulassungsbeschwerde (NZB)

1. Allgemeines. Die *Rechtsnatur* der Nichtzulassungsbeschwerde ist umstritten. Nach einer Ansicht ist sie ein „echtes" Rechtsmittel,[1] nach a.A. kein Rechtsmittel i.e.S.[2] und jedenfalls kein Rechtsmittel in Bezug auf die Hauptsache.[3] Hier wird der Auffassung gefolgt, dass die Nichtzulassungsbeschwerde einen speziellen Rechtsbehelf darstellt[4]. Sie ist jedoch ein Rechtsmittel i.S.d. Art. 267 Abs. 3 AEUV. Rechtsmittel sind eine Untergruppe der „Rechtsbehelfe" (zu den Rechtsmitteln eingehend → Vorbem. § 124 Rn. 1 ff.). Ein Rechtsbehelf ist jedes von der Rechtsordnung gewährte Mittel zur Verwirklichung eines Rechts (→ Vorbem. § 124 Rn. 4). Die Nichtzulassungsbeschwerde dient der Verwirklichung des Rechts auf Zulassung der Revision. Damit ist sie ein Rechtsbehelf. Rechtsmittel hemmen den Eintritt der Rechtskraft und dienen so der Fortführung des Rechtsstreits (Suspensiveffekt). Auch die Nichtzu-

---

1 *Pietzner/Bier*, in: Schoch/Schneider/Bier § 133 Rn. 10.
2 *Heßler*, in: Zöller [29]2012 § 544 Rn. 5.
3 *P. Schmidt*, in: Eyermann § 133 Rn. 1; *J. Wenzel*, NJW 2002, 3353, 3357; *J. Wenzel*, in: MüKoZPO Aktualisierungsband ZPO-Reform § 544 Rn. 1.
4 *W. Ball*, in: Musielak § 544 Rn. 2.

lassungsbeschwerde hemmt den Eintritt der Rechtskraft, § 133 Abs. 4. Sie hat aber nur teilweise den für Rechtsmittel kennzeichnenden Devolutiveffekt. Sie bringt nicht die Sache insgesamt zur Entscheidung in die höhere Instanz mit dem Ziel, den Rechtsstreit vor einem anderen Richter zu erneuern und zu wiederholen. Inhalt der Nichtzulassungsbeschwerde ist der Streit über das Vorliegen der Revisionsvoraussetzungen (insbes. der grundsätzlichen Bedeutung und der Abweichung) des eigentlichen Rechtsstreits.

Der *Suspensiveffekt* der Nichtzulassungsbeschwerde ist gem. § 133 Abs. 4 ohne Weiteres zu bejahen. **2** Die Hemmung dauert an bis zur Ablehnung der Beschwerde durch das Revisionsgericht, § 133 Abs. 5 S. 3 bzw. bei Zulassung der Revision bis zur abschließenden Entscheidung des Rechtsstreits.[5] Sie ist nicht zu verwechseln mit der aufschiebenden Wirkung von Widerspruch und Anfechtungsklage, die gelegentlich ebenfalls als „Suspensiveffekt" bezeichnet wird (→ § 80 Rn. 34). Abgegrenzt werden muss auch von der Vollstreckbarkeit bzw. der vorläufigen Vollstreckbarkeit, die sich gem. § 167 Abs. 1 entsprechend nach den §§ 708–720 ZPO richtet (→ § 167 Rn. 3 ff., insbes. → § 167 Rn. 9). Ein Antrag auf einstweilige Einstellung der Zwangsvollstreckung gem. § 167 VwGO i.V.m. § 719 Abs. 2 ZPO kann anlässlich der Nichtzulassungsbeschwerde gestellt werden (vgl. BVerwGE 29, 290; BVerwG NVwZ 1998, 1177). Für ihn ist dann das BVerwG zuständig ab Einlegung der Beschwerde bei dem Gericht, gegen dessen Urteil Revision eingelegt werden soll (vgl. BVerwG NVwZ 1998, 1177).

Die Nichtzulassungsbeschwerde hat jedoch keinen *Devolutiveffekt*.[6] Zwar wird vertreten, sie habe **3** einen „begrenzten"[7] bzw. einen „gehemmten"[8] Devolutiveffekt. Die Nichtzulassungsbeschwerde hebe den Rechtsstreit in die nächst höhere Instanz, und die Devolution sei lediglich aufschiebend bedingt, gehemmt durch die Abhilfeverweigerung seitens des iudex a quo.[9] Indessen wird die Sache damit zwar einer höheren Instanz, nicht aber einer Entscheidung zugeführt. *Gegenstand* der Nichtzulassungsbeschwerde ist allein die Rechtmäßigkeit der prozessualen Nebenentscheidung über die Nichtzulassung der Revision und damit die Frage, ob einer der Zulassungsgründe des § 132 Abs. 2 einschlägig ist. Damit wird die Hauptsache nicht von der Devolution erfasst.[10]

Soweit es i.R. des Zulassungsgrundes „grundsätzliche Bedeutung der Rechtssache" **4** (§ 132 Abs. 2 Nr. 1) um die Auslegung von Gemeinschaftsrecht geht und eine Vorlage an den EuGH nach Art. 267 Abs. 2 oder Abs. 3 AEUV (ex 234 Abs. 2 und 3 EG) in Betracht kommt, handelt es sich bei der Nichtzulassungsbeschwerde um ein *Rechtsmittel i.S.d. Unionsrechts*.[11] Mit der Entscheidungsbefugnis des BVerwG über die Frage, ob eine materielle Vorlagepflicht an den EuGH besteht, kommt ihm auch eine Integrationsfunktion im europäischen Rechtsleben zu.[12]

2. Praktische Bedeutung. Die praktische Bedeutung der Nichtzulassungsbeschwerde ist groß. 2013 **5** gingen 763, 2014 711 und 2015 758 Nichtzulassungsbeschwerden ein. Zugelassen wurden 2013 95, 2014 104 und 2015 63 Nichtzulassungsbeschwerden. Als unzulässig verworfen wurden 2013 173, 2014 186 und 2015 194 Nichtzulassungsbeschwerden.[13]

Das BVerwG ist streng bei der Prüfung, ob der formalen Begründungspflicht § 133 Abs. 3 S. 3 verlangt **6** für die Zulässigkeit der Nichtzulassungsbeschwerde die Darlegung der grundsätzlichen Bedeutung der Rechtssache und/oder die Bezeichnung der divergenten Entscheidung bzw. des Verfahrensmangels. Sind diese formalen Voraussetzungen erfüllt, prüft das BVerwG auf der Grundlage der Darlegung bzw. Bezeichnung im Rahmen der Begründetheit, ob ein Zulassungsgrund gegeben ist.

---

5 *W. Ball*, in: Musielak § 544 Rn. 13.
6 *P. Schmidt*, in: Eyermann § 133 Rn. 1; *Kopp/Schenke* § 133 Rn. 1; *J. Wenzel*, in: MüKoZPO Aktualisierungsband ZPO-Reform § 544 Rn. 1; *W. Ball*, in: Musielak § 544 Rn. 2.
7 So *Heßler*, in: Zöller § 544 Rn. 5.
8 So *Pietzner/Bier*, in: Schoch/Schneider/Bier § 133 Rn. 15.
9 So *Pietzner/Bier*, in: Schoch/Schneider/Bier § 133 Rn. 15.
10 A.M. *Pietzner/Bier*, in: Schoch/Schneider/Bier § 133 Rn. 16.
11 *J. Wenzel*, NJW 2002, 3353, 3355.
12 Die entsprechenden Ausführungen von *J. Wenzel*, NJW 2002, 3353, 3355, für die zivilprozessuale Nichtzulassungsbeschwerde können auf die Verwaltungsgerichtsbarkeit übertragen werden.
13 Auskunft der Pressestelle des BVerwG v. 2.3.2017.

II. Formelle Voraussetzungen der Beschwerdeeinlegung – Zulässigkeit der Beschwerde

7 **1. Statthaftigkeit.** Die Nichtzulassungsbeschwerde ist statthaft, wenn die Revision durch eine gerichtliche Entscheidung *nicht zugelassen* wurde, wobei die Entscheidung ihrer Natur nach *revisionsfähig* sein muss.[14]

8 **a) Nichtzulassung der Revision.** Die Nichtzulassung der Revision erfolgt durch das OVG, ausnahmsweise im Falle des § 135 durch das VG, und zwar regelmäßig durch die Feststellung im Urteil „Die Revision... wird nicht zugelassen". Die Revision ist gem. § 132 Abs. 1 nur statthaft, wenn sie ausdrücklich zugelassen wurde. Die Zulassung kann nach überwiegender Auffassung nicht nachträglich, weder durch Urteilsergänzung (§ 120) noch durch gesonderten Beschluss, erfolgen. Bei fehlender Aussage zur Frage der Zulassung liegt daher ebenfalls eine Nichtzulassung vor (→ § 132 Rn. 75).[15] Unterbleibt die Aufnahme der Zulassungsentscheidung in das schriftlich abgefasste Urteil versehentlich, kann dies aber gem. § 118 berichtigt werden.[16] Bei teilweiser Zulassung ist die Nichtzulassungsbeschwerde nur insoweit statthaft, als es um den *nicht* revisionszugelassenen Teil der Klage geht. Bei unberechtigter Beschränkung der Revision ist von einer uneingeschränkten Zulassung auszugehen.[17] In diesem Fall wird die Nichtzulassungsbeschwerde für unstatthaft gehalten, ihre Einlegung jedoch gleichwohl zur Sicherheit empfohlen.[18] Die Ablehnung der Zulassung einer *Sprung*revision ist gem. § 134 Abs. 2 S. 3 unanfechtbar, weshalb die Nichtzulassungsbeschwerde in diesem Fall unstatthaft ist (→ § 134 Rn. 101).[19] Im Übrigen ist das BVerwG gem. § 132 Abs. 3 an die Zulassungsentscheidung gebunden, auch wenn diese augenscheinlich gegen das Gesetz verstößt, insbes. bei Fehlen eines Revisionsgrundes oder Mängeln im Beschwerdeverfahren.[20] Gleiches gilt bei nachträglichen Gesetzesänderungen oder zwischenzeitiger Klärung der Rechtsfrage in Parallelverfahren.[21] Die positive Zulassungsentscheidung kann daher nicht angefochten werden.

9 **b) Revisionsfähige Entscheidung.** Die angefochtene Entscheidung muss ihrer Natur nach *revisionsfähig* sein. Gem. § 132 Abs. 1 sind dies *Urteile* des OVG (§ 49 Nr. 1) und Beschlüsse nach § 47 Abs. 5 S. 1 (Normenkontrollverfahren). Nach der Aufhebung des § 136 a.F. durch das 6. VwGOÄndG sind auch Urteile in Normenkontrollverfahren revisionsfähig. Im Übrigen sind alle Arten von Urteilen umfasst, neben dem Endurteil (Voll- oder Teilurteil gem. § 110) auch Zwischenurteile gem. § 109 und Grundurteile gem. § 111, Ergänzungsurteile gem. § 120 oder Vorbehaltsurteile gem. § 173 VwGO i.V.m. § 302 ZPO. Ebenfalls revisibel sind Urteile des VG gem. § 135 S. 1 und Gerichtsbescheide i.S.v. § 84 Abs. 1 S. 1.

10 Bei den *Beschlüssen* sind abgesehen von § 47 Abs. 5 S. 1 und § 99 Abs. 2 (behördliche Vorlage- und Auskunftspflicht) nur urteilsvertretende Beschlüsse revisibel, also nach § 125 Abs. 2 S. 4 (Verwerfung der Berufung als unzulässig), § 93 a Abs. 2 (Musterverfahren) und § 130 a (einstimmige Entscheidung).[22] Die Falschtitulierung eines Urteils als Beschluss (BVerwGE 1, 178 ff.; 18; 193, 195; BVerwG NVwZ 85, 280 f.) oder eines Beschlusses als Urteil (BVerwG MDR 1961, 957; BSG SozR § 160 SGG Nr. 48) ist unerheblich, es kommt jeweils auf den Inhalt an.[23] Gegen Kostenentscheidungen kann gem. § 158 Abs. 1 nicht isoliert vorgegangen werden, also auch nicht mittels der Nichtzulassungsbeschwerde (→ § 158 Rn. 12 und → Rn. 21).[24]

11 **2. Postulationsfähigkeit.** Für die Einlegung der Nichtzulassungsbeschwerde gilt gem. § 67 Abs. 4 *Vertretungszwang*. Demnach sind nur Rechtsanwälte oder Rechtslehrer an einer Hochschule i.S.d. § 67 Abs. 2 S. 1 postulationsfähig (eine Ausnahme besteht gem. § 67 Abs. 4 S. 4 für juristische Personen des

---

14 M. *Eggert*, Nichtzulassungsbeschwerde, 2002, 34; P. *Kummer*, Nichtzulassungsbeschwerde, 1990, Rn. 10.
15 BFHE 99, 107, 108; M. *Eggert*, Nichtzulassungsbeschwerde, 2002, 35; P. *Kummer*, Nichtzulassungsbeschwerde, 1990, Rn. 18.
16 BSG NJW 1963, 126; vgl. aber BGHZ 20, 188, 190 ff., und BAG MDR 1960, 793; M. *Eggert*, Nichtzulassungsbeschwerde, 2002, 35 m.w.N.
17 BGH VersR 1982, 242; 1982, 1196 f.; 1984, 38; NJW 1987, 3265; M. *Eggert*, Nichtzulassungsbeschwerde, 2002, 36.
18 M. *Eggert*, Nichtzulassungsbeschwerde, 2002, 36 Fn. 229.
19 M. *Eggert*, Nichtzulassungsbeschwerde, 2002, 36.
20 Vgl. Begründung BT-Drs. 11/7030, 33; M. *Eggert*, Nichtzulassungsbeschwerde, 2002, 36 f. m.w.N.
21 BVerwG 12.12.1969 – VII C 80.68, juris Orientierungssatz.
22 M. *Eggert*, Nichtzulassungsbeschwerde, 2002, 38.
23 M. *Eggert*, Nichtzulassungsbeschwerde, 2002, 39; P. *Kummer*, Nichtzulassungsbeschwerde, 1990, Rn. 15.
24 BVerwG 2.3.1972 – IV B 118.71, juris Rn. 1, 2; 16.11.1992 – 11 B 65/92, juris Rn. 3.

öffentlichen Rechts und Behörden [Behördenprivileg], → §67 Rn. 71). Verfassungsrechtlich ist dies unbedenklich (→ §67 Rn. 66 f.). Der Mangel der Postulationsfähigkeit kann nach Fristablauf nicht durch die Zustimmung einer postulationsfähigen Person geheilt werden.[25] Auch die bloße Unterschrift unter einen ersichtlich von der Partei verfassten Schriftsatz oder bloße Bezugnahme auf Ausführungen Dritter, selbst wenn es sich dabei um ein Rechtsgutachten eines Hochschullehrers handelt, sind unzureichend, denn es muss erkennbar werden, dass der postulationsfähige Vertreter eine eigene Sichtung und rechtliche Durchdringung des Streitstoffs vorgenommen hat (zu den Sorgfaltspflichten des Rechtsanwalts → Rn. 41 ff., 53 ff.).[26] In diesem Fall ist eine Rücknahme und fristgemäße Neuvornahme des Rechtsmittels erforderlich und geboten.[27] Vom Vertretungszwang *ausgenommen* ist gem. §173 VwGO i.V.m. §§117 Abs. 1 S. 1 Hs. 2, 129 a, 78 Abs. 5 ZPO der *Antrag auf PKH*. Ausnahmen gelten weiter bei der Erledigungserklärung und der Zurücknahme. Die Mandatsniederlegung nach Beschwerdeeinlegung, aber vor Begründung, entfaltet erst durch die Bestellungsanzeige eines neuen Prozessbevollmächtigten Wirkung.[28]

3. Form und „Mindestinhalt" der Beschwerde. a) Einlegungsort. Die Einlegung der Nichtzulassungsbeschwerde erfolgt gem. §133 Abs. 2 S. 1 bei dem Gericht, gegen dessen Urteil Revision eingelegt werden soll (iudex a quo). I.d.R. ist dies gem. §132 das OVG, ausnahmsweise gem. §135 oder in den Fällen des §84 Abs. 2 Nr. 4 (Gerichtsbescheid) das VG. Dies dient der Ermöglichung der Abhilfeprüfung gem. §133 Abs. 5 S. 1 Hs. 1 und §139 Abs. 2 S. 1 Hs. 1.[29] Die Einlegung unmittelbar beim BVerwG ist daher nicht Frist wahrend, wenn die Nichtzulassungsbeschwerde nicht mehr fristgerecht zum iudex a quo gelangt.[30] Eine Wiedereinsetzung ist nur denkbar, wenn die Beschwerde so frühzeitig beim BVerwG eingeht, dass eine fristgemäße Weiterleitung ohne Weiteres erwartet werden konnte (→ §139 Rn. 45 zur umgekehrten Konstellation)[31]. Das Feiertagsprivileg des §57 Abs. 2 VwGO i.V.m. §222 Abs. 2 ZPO richtet sich nach der Feiertagsregelung am Einlegungsort (→ §57 Rn. 37).[32] Die nachgeholte Einlegung einer ursprünglich in fehlerhafter Form erhobenen Beschwerde muss ebenfalls beim iudex a quo erfolgen, auch wenn die Akten bereits dem Beschwerdegericht vorliegen.[33]

b) Schriftform. Trotz fehlender ausdrücklicher Regelung muss die Beschwerde schriftlich eingelegt werden.[34] So wie heute noch §160 a Abs. 1 S. 3 SGG und §116 Abs. 2 S. 3 FGO, sprach die ursprüngliche Fassung des §132 Abs. 3 S. 3 von einer „Beschwerdeschrift". An dem Schriftformerfordernis wollte die Neufassung der VwGO nichts ändern, denn gem. §139 Abs. 2 wird die erfolgreiche Beschwerde als Revision fortgesetzt, für die in §139 Abs. 1 S. 1 wiederum Schriftform vorgesehen ist. Die Schriftform der Beschwerde folgt ferner daraus, dass §133 anders als die §§81 Abs. 1 S. 2, 147 Abs. 1 S. 1 keine Einlegung beim Urkundsbeamten der Geschäftsstelle vorsieht, was im Übrigen auch im Hinblick auf den Anwaltszwang ausscheidet.[35]

Die Schriftform erfordert *grds. Schriftlichkeit* (verkörpertes Schriftstück) mit *eigenhändiger Unterschrift*.[36] Im Hinblick auf die fortschreitende Technisierung des Rechtsverkehrs werden von beiden Erfordernissen und gerade im Hinblick auf die technische Übermittlung von Schriftstücken immer häufiger Ausnahmen zugelassen. Dies gilt insbes. für die Übermittlung von Schriftstücken mittels EGVP

12

13

14

---

25 BFH NJW 1977, 864; 1979, 832; BSG NJW 1960, 1439; BVerwG JR 1963, 156; *M. Eggert*, Nichtzulassungsbeschwerde, 2002, 43; *P. Kummer*, Nichtzulassungsbeschwerde, 1990, Rn. 60.
26 BVerwGE 22, 38; BVerwG NVwZ 1990, 459; *M. Eggert*, Nichtzulassungsbeschwerde, 2002, 43.
27 BVerwG NVwZ 1990, 459 f.; *M. Eggert*, Nichtzulassungsbeschwerde, 2002, 43.
28 BFHE 121, 20; *Pietzner/Bier*, in: Schoch/Schneider/Bier §133 Rn. 21.
29 *M. Eggert*, Nichtzulassungsbeschwerde, 2002, 44.
30 BFHE 145, 499, 500; BVerwG Buchholz 310 §132 VwGO Nr. 194; *M. Eggert*, Nichtzulassungsbeschwerde, 2002, 44.
31 BVerfGE 93, 99, 112 f.; *Pietzner/Bier*, in: Schoch/Schneider/Bier §133 Rn. 19, der zu Recht darauf hinweist, dass diese Entscheidung unmittelbar nur den Zivilprozess betrifft, wo eine Rechtsmittelbelehrung nicht vorgesehen ist (Fn. 37); vgl. *M. Eggert*, Nichtzulassungsbeschwerde, 2002, 46 und 56; vgl. für §124 a VwGO HmbOVG DVBl 1997, 1333 f.; OVG Münster DVBl 1997, 1339, 1340.
32 BSG SozR 3-1500 §160 a SGG Nr. 19; BAG NZA 1997, 507 f.; VGH München NJW 1997, 2130.
33 BVerwG Buchholz 310 §132 VwGO Nr. 194; BFHE 145, 499, 500; *M. Eggert*, Nichtzulassungsbeschwerde, 2002, 44.
34 BVerwG NJW 1991, 1193; *M. Eggert*, Nichtzulassungsbeschwerde, 2002, 39.
35 Vgl. BFH/NV 1990, 252; *M. Eggert*, Nichtzulassungsbeschwerde, 2002, 40.
36 BVerwG NJW 2003, 1544; *M. Eggert*, Nichtzulassungsbeschwerde, 2002, 40, 156 mit jeweils ausf. Hinweisen.

oder beA (vgl. die Komm. zu § 55 a). Es kann auf die Ausführungen zu § 124 a (→ § 124 a Rn. 27, 151 ff.), § 81 (→ § 81 Rn. 46 ff.) und § 139 (→ § 139 Rn. 22) verwiesen werden.

15   **c) Bezeichnung des Rechtsbehelfs.** Es muss in der Beschwerdeschrift deutlich zum Ausdruck kommen, mit welchem Rechtsbehelf das Urteil des Vordergerichts angegriffen werden soll.[37] Die Beschwerde sollte möglichst genau als „Nichtzulassungsbeschwerde" oder „Beschwerde i.S.d. § 133 Abs. 1 VwGO" bezeichnet werden.[38]

16   **d) Bedingungsfeindlichkeit.** Prozesshandlungen sind grds. bedingungsfeindlich (→ Vorbem. § 124 Rn. 3). Dies gilt auch für die Nichtzulassungsbeschwerde. Sie ist daher unzulässig, wenn sie nur „hilfsweise" eingelegt wird, z.B. für den Fall der zugleich eingelegten, unzulässigen Revision[39] oder des Abhängigmachens von der Gewährung von *PKH*. Im Falle einer „vorsorglichen" Einlegung des Rechtsbehelfs ist die Beschwerde dann zulässig, wenn diese Formulierung so verstanden werden kann, dass sie lediglich auf die Frist wahrende Einlegung und die Möglichkeit einer späteren Rücknahme hinweist.[40] Zur Sicherheit sollten derartige Formulierungen aber vermieden werden.

17   **e) Antrag.** Die Beschwerdeschrift muss einen genau formulierten Antrag enthalten, aus dem sich das angestrebte Rechtsschutzziel, nämlich die *Aufhebung* der Nebenentscheidung des iudex a quo über die Nichtzulassung der Revision *und* die *Zulassung* der Revision, ergibt.[41]

18   **f) Bezeichnung der angefochtenen Entscheidung.** Gem. § 133 Abs. 2 S. 2 muss die Beschwerde das angefochtene Urteil bezeichnen.[42] Dieser Pflicht ist mit der Bezeichnung des betreffenden *Gerichts*, des *Aktenzeichens* und des *Datums* der Gerichtsentscheidung Genüge getan.[43] Darüber hinaus wird die Angabe der Beteiligten (Parteien) gefordert (→ § 124 a Rn. 170).[44] Dies mag zwar hilfreich sein, ist jedoch zur Identifizierung der Entscheidung nicht erforderlich.[45] Die Beifügung einer Kopie des angefochtenen Urteils wird in § 133 (anders als in § 82 Abs. 1) nicht verlangt, ist aber empfehlenswert.

19   **g) Vollmachtsurkunde.** Zur Erteilung der Prozessvollmacht und Vorlage der Vollmachtsurkunde vgl. zunächst → § 67 Rn. 67 ff. Das Bestehen einer Vollmacht ist gem. § 67 Abs. 6 S. 4 in jedem Stadium des Verfahrens von Amts wegen zu überprüfen, sofern der Bevollmächtigte kein Rechtsanwalt ist. In der Praxis wird die Vollmacht generell von den Gerichten angefordert (→ § 67 Rn. 67). Den Prozessbevollmächtigten trifft die Pflicht, sich rechtzeitig eine dem Schriftformerfordernis genügende und die Beschwerdeeinlegung inhaltlich deckende Prozessvollmacht *ausstellen* zu lassen.[46] Aus § 67 Abs. 6 S. 1 folgt die Obliegenheit des Prozessbevollmächtigten, von sich aus die Vollmachtsurkunde *vorzulegen*.[47] Da nach der Neufassung des § 67 eine Prüfung von Amts wegen nicht erfolgt, wenn der Bevollmächtigte ein Rechtsanwalt ist, die Prüfung aber stattfindet, wenn der Prozessgegner die mangelhafte Vertretung rügt (→ § 67 Rn. 67), geht der Rechtsanwalt den sichersten Weg, wenn er eine ordnungsgemäße Vollmacht zusammen mit der Beschwerdeschrift einreicht.[48]

20   **4. Einlegungsfrist.** Gem. § 133 Abs. 2 S. 1 ist die Nichtzulassungsbeschwerde innerhalb *eines Monats nach Zustellung des vollständigen Urteils* beim OVG, ausnahmsweise beim VG (zum Einlegungsort → Rn. 12), einzulegen. Diese Frist darf nicht mit der Begründungsfrist gem. § 133 Abs. 3 S. 1 (zur Begründungsfrist → Rn. 37 f.) verwechselt werden (*zwei Monate nach Zustellung des vollständigen Urteils*); es handelt sich um jeweils unabhängige Fristen.[49] Beide Fristen sind *Ausschlussfristen* (zum Begriff → § 57 Rn. 16), die mangels einer gesetzlichen Regelung gem. § 57 Abs. 2 VwGO i.V.m.

---

37 Formulierungsbsp. bei *W. Ewer* in: Quaas/Zuck § 7 Rn. 28.

38 Vgl. *M. Eggert*, Nichtzulassungsbeschwerde, 2002, 44; *F. Weyreuther*, Revisionszulassung, 1971, Rn. 211 m.w.N.

39 BVerwG Buchholz 310 § 132 VwGO Nr. 7, 231; Buchholz 310 § 133 VwGO Nr. 58, 83; BFHE 137, 70 f.; BAG NJW 1996, 2534; *M. Eggert*, Nichtzulassungsbeschwerde, 2002, 155.

40 BVerwG Buchholz 448.0 § 25 WPflG Nr. 111; Buchholz 310 § 132 VwGO Nr. 231; *Pietzner/Bier*, in: Schoch/Schneider/Bier § 133 Rn. 18; zur Vorsicht mahnt *M. Eggert*, Nichtzulassungsbeschwerde, 2002, 155.

41 Vgl. *H. Friederichs*, NJW 1976, 1875; *M. Eggert*, Nichtzulassungsbeschwerde, 2002, 45, 154.

42 Zur Bezeichnungspflicht *M. Eggert*, Nichtzulassungsbeschwerde, 2002, 45, 157 f.

43 *M. Eggert*, Nichtzulassungsbeschwerde, 2002, 45, 157.

44 *Kopp/Schenke* § 133 Rn. 4.

45 *M. Eggert*, Nichtzulassungsbeschwerde, 2002, 45, 157 Fn. 1359.

46 *M. Eggert*, Nichtzulassungsbeschwerde, 2002, 159.

47 BVerwGE 71, 20, 21; *M. Eggert*, Nichtzulassungsbeschwerde, 2002, 159.

48 *M. Eggert*, Nichtzulassungsbeschwerde, 2002, 160.

49 *M. Eggert*, Nichtzulassungsbeschwerde, 2002, 52.

§ 224 Abs. 2 ZPO *nicht verlängert* werden dürfen.[50] Eine gleichwohl erfolgte Verlängerung wäre unzulässig und mithin unbeachtlich. Auch eine Wiedereinsetzung in den vorigen Stand dürfte dann i.d.R. nicht mehr in Betracht kommen.[51] Die Monatsfrist gilt auch bei Zustellung im Ausland.[52]

Der Lauf beider Fristen beginnt gem. § 133 Abs. 2 S. 1 bzw. Abs. 3 S. 1 mit der Zustellung. Diese erfolgt gem. § 56 Abs. 2 nach der ZPO (insbes. → § 56 Rn. 1, 22 ff.; außerdem → § 57 Rn. 18 ff.; → § 116 Rn. 26 ff.; → § 124 a Rn. 131 ff.). Bei Zustellung an mehrere Beteiligte (§ 63) ist jede Zustellung gesondert zu beurteilen, auch bei notwendigen Streitgenossen (§ 64 VwGO i.V.m. § 62 ZPO).[53] **21**

Die Frist beginnt nur zu laufen, wenn das Urteil *ordnungsgemäß ausgefertigt* (→ § 117 Rn. 35 ff. und → § 56 Rn. 80)[54] und *vollständig* (vgl. die Komm. der §§ 117, 124 a) ist. Nur bei einem vollständigen Urteil können die Beteiligten prüfen, ob die Nichtzulassungsbeschwerde Aussicht auf Erfolg hat. Das vollständige Urteil erfordert insbes. den Urteilskopf (Rubrum), die Urteilsformel (Tenor), den Tatbestand, die Entscheidungsgründe, die Rechtsbehelfsbelehrung und die Unterschriften der Richter (→ § 117 Rn. 26). Ein abgekürztes Urteil gem. § 168 Abs. 2 (Vollstreckung) erfüllt diese Voraussetzungen nicht.[55] Bei einer revisionsfähigen Entscheidung durch Gerichtsbescheid oder Beschluss gelten die Ausführungen zur Frist entsprechend.[56] **22**

Ohne ordnungsgemäße Rechtsbehelfsbelehrung gem. § 58 Abs. 1 beträgt die Einlegungsfrist *ein Jahr*, außer wenn die Einlegung vor Ablauf der Jahresfrist infolge höherer Gewalt unmöglich war oder eine schriftliche Belehrung dahin erfolgt ist, dass ein Rechtsbehelf nicht gegeben sei, § 58 Abs. 2 S. 1. Der Beteiligte muss also über den Rechtsbehelf als solchen, das zuständige Gericht, dessen Sitz und die Frist schriftlich belehrt worden sein. Für die Einzelheiten wird auf die Komm. des § 58 verwiesen (insbes. → § 58 Rn. 41 ff.). Die Belehrung ist nach st. Rspr. fehlerhaft, wenn ein Hinweis auf das Begründungserfordernis des § 133 Abs. 3 unterbleibt.[57] **23**

Die Einlegung der Beschwerde und sogar der Begründung kann auch schon *vor der Zustellung*, nicht aber vor der Verkündung erfolgen.[58] Die Fristen beginnen gem. § 133 Abs. 2 S. 1 gleichwohl mit dem Zeitpunkt der Zustellung zu laufen.[59] Die hiervon zu unterscheidende Berechnung der Fristen richtet sich nach den § 57 VwGO, § 222 ZPO, §§ 187–189 BGB. Es wird auf die Komm. des § 57 verwiesen (→ § 57 Rn. 27 ff. und die dort behandelten Bsp. und Sonderfälle). **24**

Der *Antrag* auf *Urteilsberichtigung* (§ 118), auf *Berichtigung des Tatbestandes* (§ 119) oder auf *Urteilsergänzung* (§ 120) und *seine Ablehnung* lassen den ursprünglichen Lauf der Rechtsbehelfsfrist unberührt, insbes. wird der Fristlauf hierdurch nicht gehemmt.[60] Wird einem derartigen Antrag *stattgegeben*, fragt sich aber, ob damit ein neuer Fristlauf in Gang gesetzt wird. Bei der Urteilsberichtigung gilt dies grds. nicht, es sei denn, erst aus dem berichtigten Urteil ergibt sich zweifelsfrei eine Beschwer des Beteiligten (→ § 57 Rn. 39 und → § 118 Rn. 35).[61] Für die Tatbestandsberichtigung gilt das Entsprechende (→ § 119 Rn. 29).[62] Aus der Selbständigkeit des *Ergänzungsurteils* folgt zunächst der Lauf einer eigenen (zweiten) Rechtsbehelfsfrist, die von der Rechtsbehelfsfrist für das Urteil unabhängig ist. Aus § 173 VwGO i.V.m. § 518 ZPO wird allerdings hergeleitet, dass auch die Frist für das Urteil neu zu laufen beginnt, wenn die Ergänzung noch innerhalb der Rechtsbehelfsfrist erfolgt.[63] **25**

Bei der *Versäumung der Frist* ist gem. § 60 eine *Wiedereinsetzung* in den vorigen Stand möglich (insbes. → § 60 Rn. 20 ff.; zur Wiedereinsetzung bei Versäumung der Revisionsfrist → § 139 Rn. 54 ff.).[64] Für die Einzelheiten der Beantragung der Wiedereinsetzung wird auf die Komm. des § 60 verwiesen **26**

---

50 BVerwG 30.4.2010 – 8 PKH 5/09, juris Rn. 7 m.w.N.
51 BVerwG 26.5.1975 – III B 117.74, juris Orientierungssatz.
52 *M. Eggert*, Nichtzulassungsbeschwerde, 2002, 47; *P. Kummer*, Nichtzulassungsbeschwerde, 1990, Rn. 50.
53 *M. Eggert*, Nichtzulassungsbeschwerde, 2002, 47 f.
54 *M. Eggert*, Nichtzulassungsbeschwerde, 2002, 47.
55 *M. Eggert*, Nichtzulassungsbeschwerde, 2002, 47 f.
56 *M. Eggert*, Nichtzulassungsbeschwerde, 2002, 48.
57 BVerwG DVBl 1960, 897 f.; 1965, 840 f.; MDR 1971, 327; Buchholz 310 § 132 VwGO Nr. 4; ebenda Nr. 10; *M. Eggert*, Nichtzulassungsbeschwerde, 2002, 48.
58 BVerwG NJW 1953, 1568; 1954, 854; *M. Eggert*, Nichtzulassungsbeschwerde, 2002, 48.
59 *M. Eggert*, Nichtzulassungsbeschwerde, 2002, 51.
60 *M. Eggert*, Nichtzulassungsbeschwerde, 2002, 52.
61 *M. Eggert*, Nichtzulassungsbeschwerde, 2002, 53; *Pietzner/Bier*, in: Schoch/Schneider/Bier, Rn. 20 zu § 133.
62 *M. Eggert*, Nichtzulassungsbeschwerde, 2002, 53.
63 BVerwG 13.1.1989 – 4 CB 24/88, juris Rn. 2.
64 Ausf. *M. Eggert*, Nichtzulassungsbeschwerde, 2002, 56, 166 ff.

(→ § 60 Rn. 106 ff.).[65] Die Ein-Monats-Frist des § 60 Abs. 2 S. 1 Hs. 2 gilt gem. § 60 Abs. 2 S. 3 nicht nur für die Beantragung der Wiedereinsetzung, sondern auch für die Nachholung der versäumten Rechtshandlung, also der Beschwerdeeinlegung. Auf die Fristenproblematik und Fragen der Wiedereinsetzung im Zusammenhang mit der Beantragung von PKH wird nachfolgend gesondert eingegangen. Ansonsten existiert zur Wiedereinsetzung eine umfangreiche Kasuistik (vgl. nur die Einzelfallkasuistik in → § 60 Rn. 50–100). Spezifisch für die Nichtzulassungsbeschwerde ist die Problematik der Einreichung der Beschwerde beim falschen Gericht (zum Einlegungsort → Rn. 12; → § 60 Rn. 100).[66]

27 **5. PKH-Verfahren. a) Allgemeines.** Ein i.S.d. § 166 VwGO i.V.m. §§ 114 ff. ZPO „bedürftiger" Beteiligter kann einen Antrag auf Gewährung von *PKH* stellen. Auf die Komm. des § 166 wird verwiesen. Die PKH wird gem. § 119 Abs. 1 S. 1 ZPO für jeden Rechtszug besonders bewilligt, sie muss also auch beantragt werden, wenn in der Vorinstanz bereits PKH bewilligt wurde.[67] Die PKH kann *parallel* (gleichzeitig) mit oder *isoliert* vor der Einlegung einer Beschwerde beantragt werden. Die parallele Beantragung ist meist unzweckmäßig, da hier der Antragsteller und Beschwerdeführer im Falle eines negativen Ausgangs der Nichtzulassungsbeschwerde ohne Not für die Kosten derselben aufkommen muss.[68] Wird dieser Weg gleichwohl gewählt, darf die Beschwerdeeinlegung nicht von der Gewährung von PKH abhängig gemacht werden, sie würde damit unzulässig (zur Bedingungsfeindlichkeit → Rn. 16).[69] Dagegen eröffnet die Ablehnung eines isolierten Prozesskostenhilfegesuches die Möglichkeit, von der Einlegung einer voraussichtlich erfolglosen Nichtzulassungsbeschwerde Abstand zu nehmen oder i.R. derselben wenigstens gezielt der ablehnenden Argumentation des Gerichts entgegenzutreten.

28 **b) Zuständigkeit.** Zuständig für den Antrag (PKH-Gesuch) ist gem. § 166 VwGO i.V.m. § 117 Abs. 1 S. 1 ZPO das „Prozessgericht". Bei Anhängigkeit des Verfahrens in einem höheren Rechtszug ist gem. § 166 VwGO i.V.m. § 127 Abs. 1 S. 2 Hs. 2 ZPO das Gericht dieses Rechtszuges zuständig. Dies gilt auch, wenn das Rechtsmittel noch nicht eingelegt ist (→ § 166 Rn. 208). Bei der Nichtzulassungsbeschwerde macht das vorgeschaltete Abhilfe-Verfahren beim iudex a quo die Situation etwas unübersichtlich. Dies betrifft die Fragen, *bei welchem Gericht* das PKH-Gesuch *anzubringen* ist und welches Gericht über das PKH-Gesuch *entscheidet.*

29 Bei einem *parallelen* PKH-Gesuch wird vertreten, dass der Antrag zusammen mit der Nichtzulassungsbeschwerde beim iudex a quo (regelmäßig also das Berufungsgericht) anzubringen sei. Im Falle einer *Abhilfe* gewähre das Berufungsgericht gleichzeitig PKH für das Nichtzulassungsverfahren, die dann gem. § 139 Abs. 2 S. 1 für das Revisionsverfahren fortgelte.[70] Ungeachtet der gerichtlichen Praxis darf allerdings nur das BVerwG über die Erfolgsaussichten einer Revision entscheiden, die schon wegen des Grundsatzes der Vollrevision anders zu beurteilen sind als die Erfolgsaussichten der Nichtzulassungsbeschwerde. Da die Nichtzulassungsbeschwerde und das anschließende Revisionsverfahren im Falle der Abhilfe gem. § 139 Abs. 2 aber einen einheitlichen *Rechtszug* bilden (→ § 139 Rn. 35), müsste die PKH-Entscheidung durch das BVerwG erfolgen. Deshalb ist grds. auch hier eine Anbringung beim BVerwG angezeigt. Da das BVerwG über den PKH-Antrag allerdings ohnehin erst entscheiden kann, wenn die Prozessakten nach durchgeführtem Abhilfe-Verfahren bei ihm angekommen sind, spricht nichts gegen die Anbringung beim iudex a quo (OVG oder VG). Im Falle einer *Nichtabhilfe* ist das PKH-Gesuch dann vom Vordergericht jedenfalls dem BVerwG zur Entscheidung vorzulegen, weil dem iudex a quo die Versagung von PKH verschlossen ist.[71]

30 Bei einem *isolierten* PKH-Gesuch findet kein Abhilfeverfahren statt. Damit ist in jedem Fall das BVerwG als Prozessgericht zuständig und richtiger Adressat.[72] Eine *Frist wahrende* Einlegung wird in entsprechender Anwendung des § 133 Abs. 2 S. 1 auch beim iudex a quo (OVG oder ausnahmsweise VG) für zulässig gehalten. Für eine entsprechende Anwendung dieser Vorschrift kann die unübersicht-

---

65 Weiterhin ausf. *M. Eggert*, Nichtzulassungsbeschwerde, 2002, 170 ff.
66 *M. Eggert*, Nichtzulassungsbeschwerde, 2002, 168, 170.
67 *M. Eggert*, Nichtzulassungsbeschwerde, 2002, 160.
68 *M. Eggert*, Nichtzulassungsbeschwerde, 2002, 161.
69 BGHZ 4, 54 f.; BVerwGE 59, 302, 305 f.; BAG NJW 1969, 446; *M. Eggert*, Nichtzulassungsbeschwerde, 2002, 162.
70 So *Pietzner/Bier*, in: Schoch/Schneider/Bier § 133 Rn. 50, 59.
71 Vgl. *Pietzner/Bier*, in: Schoch/Schneider/Bier § 133 Rn. 49.
72 BVerwG Buchholz 310 § 60 VwGO Nr. 38; ebenda Nr. 133; § 166 VwGO Nr. 23; VGH Mannheim DÖV 1982, 868; BFHE 133, 350 ff.; *M. Eggert*, Nichtzulassungsbeschwerde, 2002, 163.

liche Überlagerung von Abhilfeverfahren und PKH-Verfahren sowie der Rechtsgedanke des Art. 19 Abs. 4 GG angeführt werden.[73] Am sichersten erscheint jedoch – auch im Hinblick auf die bisherige revisionsgerichtliche Rspr. – die Einlegung beim BVerwG.

c) Frist. Eine eigene Frist für die Beantragung von PKH existiert nicht. Die Monatsfrist des 31 § 133 Abs. 2. S. 1 hat aber Auswirkungen auf das PKH-Verfahren, die in engem Zusammenhang mit Fragen der Wiedereinsetzung in den vorigen Stand (§ 60) stehen. Das PKH-Verfahren darf die Rechtsbehelfsfrist für den bedürftigen Antragsteller nicht verkürzen (BVerfGE 22, 83, 87; BGHZ 16, 1, 3). Demnach ist es ausreichend, aber auch erforderlich, dass der PKH-Antrag bis zum Ablauf der Frist des § 133 Abs. 2 S. 1 gestellt wird. Im Falle eines *erfolgreichen* PKH-Antrags wird dann gem. § 60 Wiedereinsetzung in den vorigen Stand gewährt, da der Antragsteller in diesem Falle unverschuldet an der Einhaltung der Frist gehindert war (ausf. → § 166 Rn. 22 ff.).[74] Wurde das PKH-Gesuch wegen *mangelnder Mittellosigkeit* abgelehnt, wird die Wiedereinsetzung gewährt, wenn sich der Antragsteller „vernünftigerweise" für mittellos halten durfte. Eine Wiedereinsetzung kommt auch in Betracht, wenn das PKH-Gesuch wegen *mangelnder Erfolgsaussichten* abgelehnt wird (→ § 60 Rn. 38 f. und → Rn. 81 f.; → § 166 Rn. 26).[75] Die Einlegung der Nichtzulassungsbeschwerde muss gem. § 60 Abs. 2 S. 1 Hs. 2 innerhalb von *einem Monat* nach Zustellung der PKH-Entscheidung nachgeholt werden.

d) Form. Der PKH-Antrag selbst kann gem. § 166 VwGO i.V.m. § 117 Abs. 1 S. 1 Hs. 2 ZPO zu Pro- 32 tokoll der Geschäftsstelle erklärt oder schriftlich gestellt werden, in letzterem Fall muss er unterschrieben sein.[76] Der Antragsteller muss hierbei nicht anwaltlich vertreten sein (§ 166 VwGO i.V.m. § 78 Abs. 5 ZPO).[77] Die allgemeinen Voraussetzungen eines PKH-Antrags müssen erfüllt sein, insbes. ist die Erklärung über die persönlichen und wirtschaftlichen Verhältnisse beizufügen (§ 117 Abs. 2 und 4 ZPO; zu den Einzelheiten → § 166 Rn. 186 ff.). Die Anforderungen an die Begründung der Erfolgsaussichten eines PKH-Antrages werden im Abschnitt III 3) erörtert. Im Falle eines isolierten PKH-Antrags sollte bei anwaltlicher Vertretung die Beschwerdeschrift als *Entwurf* (als solcher gekennzeichnet und ohne Unterschrift) nebst Unterlagen beigefügt werden. Damit ist gewährleistet, dass die Prüfung der Erfolgsaussichten unproblematisch erfolgen kann.[78]

6. Beschwer (Rechtsschutzbedürfnis) und Beschwerdebefugnis. Es ist ein anerkannter Rechtsgrund- 33 satz, dass Schutz durch die Gerichte nur bei Vorliegen eines (allgemeinen) *Rechtsschutzbedürfnisses* in Anspruch genommen werden kann (→ § 42 Rn. 335).[79] In den Rechtsmittelinstanzen stimmt das Rechtsschutzbedürfnis i.d.R. (zu Ausnahmen → Vorbem. § 124 Rn. 73)[80] mit der sog. *Beschwer* überein,[81] so auch bei der Nichtzulassungsbeschwerde.[82] Ist der Beschwerdeführer *Kläger,* ist eine *formelle Beschwer* Voraussetzung. Diese liegt vor, wenn ein für den Kläger nachteiliger Unterschied zwischen seinem Antrag und dem Urteilstenor besteht[83] (Bsp. → Vorbem. § 124 Rn. 61 ff.). Diese Belastung muss nicht auf den geltend gemachten Zulassungsgründen beruhen.[84] Etwas anderes soll nur bei Verfahrensmängeln gelten.[85] Ist der Beschwerdeführer *Beklagter,* ist streitig, ob er *formell oder materiell* beschwert sein muss (→ Vorbem. § 124 Rn. 64 ff.). Eine materielle Beschwer liegt vor, wenn die Entscheidung den Beklagten *inhaltlich* in seiner Rechtsstellung beeinträchtigt, unabhängig von seinem Antrag. Der Streit hat aber zumeist keine Auswirkungen, weil der Beklagte i.d.R. sowohl formell als auch materiell beschwert ist (→ Vorbem. § 124 Rn. 64). Ist der Beschwerdeführer ein (zu Recht) *Bei-

---

73 So *Pietzner/Bier,* in: Schoch/Schneider/Bier § 133 Rn. 51 unter Verweis auf BFH/NV 1995, 92, 93; 1996, 847; 1997, 703, 704.
74 *M. Eggert,* Nichtzulassungsbeschwerde, 2002, 167.
75 *M. Eggert,* Nichtzulassungsbeschwerde, 2002, 167.
76 BGH NJW 1994, 2097; *M. Eggert,* Nichtzulassungsbeschwerde, 2002, 166.
77 So auch Pietzner/Bier, in: Schoch/Schneider/Bier § 133 Rn. 54.
78 *M. Eggert,* Nichtzulassungsbeschwerde, 2002, 164 f.
79 *M. Eggert,* Nichtzulassungsbeschwerde, 2002, 58; *P. Kummer,* Nichtzulassungsbeschwerde, 1990, Rn. 62.
80 S.a. *F. Weyreuther,* Revisionszulassung, 1971, Rn. 199.
81 BVerwGE 17, 352 f. verwendet die Begriffe synonym; *M. Eggert,* Nichtzulassungsbeschwerde, 2002, 58.
82 *M. Eggert,* Nichtzulassungsbeschwerde, 2002, 58.
83 BVerwGE 17, 352 f.; *M. Eggert,* Nichtzulassungsbeschwerde, 2002, 58.
84 BGH NJW 1954, 110; BVerwG NJW 1956, 925; *M. Eggert,* Nichtzulassungsbeschwerde, 2002, 58; *F. Weyreuther,* Revisionszulassung, 1971, Rn. 197.
85 *F. Weyreuther,* Revisionszulassung, 1971, Rn. 197.

geladener, ist für ihn eine materielle Beschwer zu fordern (→ Vorbem. § 124 Rn. 67 ff.). Bei mehreren Beschwerdeführern ist die Beschwer für jeden Beteiligten unabhängig zu untersuchen.[86] Keine Beschwer ist bei dem *VÖI* (§§ 36, 63 Nr. 4) erforderlich (→ § 36 Rn. 9 und → Vorbem. § 124 Rn. 70).[87]

34 Neben einer Belastung durch das Urteil muss die *Beschwerdebefugnis* vorliegen. Beschwerdebefugt ist nur derjenige, der im Falle einer Zulassung auch befugt wäre, Revision einzulegen.[88] Dies sind gem. § 132 Abs. 1 die „Beteiligten" (§ 63) des vorinstanzlichen Verfahrens, also Kläger, Beklagter, Beigeladener und der Vertreter des öffentlichen Interesses, falls er von seiner Beteiligungsbefugnis Gebrauch macht. Der VBI (§ 35) darf keine Revision und mithin auch keine Nichtzulassungsbeschwerde einlegen.[89] Die Beschwerdebefugnis fehlt, wenn die Beteiligung rechtswirksam beendet wurde, z.B. wenn der Mitkläger die Berufung zurückgenommen hat oder die Beiladung aufgehoben wurde und auch bei einem Verlust der Beteiligten- (§ 61) oder Prozessfähigkeit (§ 62) (→ Vorbem. § 124 Rn. 75).[90] Prozessbevollmächtigte sind nicht beschwerdebefugt, auch wenn ihnen das Urteil Kosten auferlegt.[91] Beigeladene sind nur beschwerdebefugt, wenn sie tatsächlich beigeladen wurden, die Beiladung kann aber innerhalb der Rechtsmittelfrist nachgeholt werden.[92] Der allgemeine und besondere VÖI sind beschwerdebefugt, wenn sie schon vor dem Abschluss des instanzlichen Verfahrens beteiligt waren. Nach Abschluss des Instanzverfahrens kann sich der allgemeine VÖI noch beteiligen, solange die Rechtsbehelfsfrist für die anderen Beteiligten nicht abgelaufen ist.[93]

III. Anforderungen an die Beschwerdebegründung im Allgemeinen – Zulässigkeitsvoraussetzungen

35 **1. Form und Mindestinhalt der Beschwerdebegründung. a) Selbständigkeit von Beschwerdeeinlegung und Beschwerdebegründung.** Die Beschwerdebegründung ist unabhängig von der Einlegung der Beschwerde. Sie kann (und wird i.d.R.) durch einen eigenen Schriftsatz (mit eigener Frist) erfolgen.

36 **b) Einreichungsort.** Die Beschwerdebegründung ist (wie die Beschwerdeschrift) gem. § 133 Abs. 3 S. 2 bei dem Gericht, gegen dessen Entscheidung Revision eingelegt werden soll (iudex a quo), einzureichen, also nicht beim BVerwG. Die Eingabe kann nach einer Auffassung ausnahmsweise beim BVerwG (iudex ad quem) erfolgen, wenn die Beteiligten davon Kenntnis haben, dass die Gerichtsakten infolge Nichtabhilfe bereits dem Beschwerdegericht vorgelegt wurden, da ansonsten der iudex a quo nur noch als Briefträger fungieren würde. Nach a.A. soll in diesem Fall der Weg über die Wiedereinsetzung in den vorigen Stand mit einer differenzierten Verschuldensprüfung vorzugswürdig sein.[94] Mit einer Einreichung beim iudex a quo ist der Beschwerdeführer auf der sicheren Seite. Um Verzögerungen in der Bearbeitung zu vermeiden, kann zeitgleich ein zweites Exemplar des Begründungsschriftsatzes beim BVerwG unter dem dort geführten (bereits bekannten) Aktenzeichen eingereicht werden. Die Doppelverwendung sollte kenntlich gemacht werden.

37 **2. Begründungsfrist.** Gem. § 133 Abs. 3 S. 1 ist die Beschwerde innerhalb von *zwei Monaten* nach der Zustellung des vollständigen Urteils zu begründen. Diese Ausschlussfrist kann nicht verlängert werden.[95] Die Begründungsfrist ist von der einmonatigen Beschwerdefrist gem. § 133 Abs. 2 *unabhängig.* Beide Fristen beginnen zum gleichen Zeitpunkt (Ereignis der Zustellung) zu laufen. Entsprechend hat es für die Berechnung der Begründungsfrist keine Bedeutung, zu welchem Zeitpunkt die Nichtzulassungsbeschwerde erhoben wurde oder wann die Frist hierfür geendet hat. Wenn sich also das Ende der Beschwerdefrist verlängert hat (z.B. wegen Ostern oder Weihnachten, § 57 Abs. 2 VwGO i.V.m.

---

86 BFHE 150, 445; *P. Kummer,* Nichtzulassungsbeschwerde, 1990, Rn. 64.
87 *M. Eggert,* Nichtzulassungsbeschwerde, 2002, 60.
88 BVerwG NJW 1955, 1851, 1852; *M. Eggert,* Nichtzulassungsbeschwerde, 2002, 60; *P. Kummer,* Nichtzulassungsbeschwerde, 1990, Rn. 66; *F. Weyreuther,* Revisionszulassung, 1971, Rn. 193.
89 *Kopp/Schenke* § 35 Rn. 4.
90 *M. Eggert,* Nichtzulassungsbeschwerde, 2002, 60 f.; *P. Kummer,* Nichtzulassungsbeschwerde, 1990, Rn. 66.
91 BVerwG Buchholz 310 § 67 VwGO Nr. 60; *M. Eggert,* Nichtzulassungsbeschwerde, 2002, 63.
92 *M. Eggert,* Nichtzulassungsbeschwerde, 2002, 61.
93 *M. Eggert,* Nichtzulassungsbeschwerde, 2002, 62 f.
94 BVerwG Buchholz 310 § 132 VwGO Nr. 194; BFHE 145, 499, 500; *M. Eggert,* Nichtzulassungsbeschwerde, 2002, 44.
95 Anders als bei der Revisionsbegründung (§ 139 Abs. 3 S. 3), vgl. *Pietzner/Bier,* in: Schoch/Schneider/Bier § 133 Rn. 27.

§ 222 Abs. 2 ZPO), gilt dies nicht für die Begründungsfrist.[96] Die zweimonatige Begründungsfrist ist auch einzuhalten, wenn die Beschwerdefrist versäumt und deswegen Wiedereinsetzung beantragt wurde.[97]

Der Prozessbevollmächtigte muss zusätzlich bedenken, dass vom Gericht nur diejenigen Zulassungsgründe berücksichtigt werden, die i.R. der Begründung bis zum Fristablauf geltend gemacht wurden.[98] Ihr „Nachholen" oder „Nachschieben" ist ausgeschlossen.[99] Es können lediglich bereits vorgetragene Zulassungsgründe im Nachhinein verdeutlicht oder vervollständigt werden.[100] Wird ein (weiterer) Zulassungsgrund erst nachträglich bekannt, kann dieser nur im Wege einer Wiedereinsetzung in den vorigen Stand in das Verfahren eingeführt werden.[101] | 38

3. Sonderfragen beim PKH-Antrag.

Es ist umstritten,[102] welche Anforderungen an die Begründung bzw. die Einhaltung der Begründungsfrist zu stellen sind, wenn statt der Beschwerde zunächst nur ein Antrag auf PKH (isolierter PKH-Antrag) eingereicht wird. Es handelt sich hier also nicht um eine Frage der Beschwerdebegründung, sondern um eine Frage der *Begründung des PKH-Antrags*. Im Falle einer späteren Wiedereinsetzung in den vorigen Stand nach erfolgreicher (oder erfolgloser) PKH-Beantragung, muss die dann eingelegte Nichtzulassungsbeschwerde selbstverständlich begründet werden; hierfür steht dem Beschwerdeführer eine mit der Zustellung des Wiedereinsetzungsbeschlusses laufende (weitere) Frist von einem Monat zu.[103] | 39

Die Rspr. differenziert zwischen anwaltlich vertretenen und auf sich selbst gestellten Antragstellern. Der *nicht anwaltlich vertretene Antragsteller* verletzt nicht seine Sorgfalt, wenn er keine oder nur unzureichende Angaben hinsichtlich des Zulassungsgrunds macht. Die Erfolgsaussichten werden hier von Amts wegen geprüft, dem rechtsunkundigen Antragsteller kann keine „Parallelwertung in der Laiensphäre" zugemutet werden.[104] | 40

Von dem *anwaltlich vertretenen Antragsteller* wird verlangt, bis zum Ablauf der Beschwerdefrist „zumindest in groben Zügen" darzutun, welcher Zulassungsgrund mit der Nichtzulassungsbeschwerde geltend gemacht werden soll.[105] Nach einer neueren Entscheidung gilt dies jedenfalls bis zum Ablauf der Begründungsfrist.[106] Erforderlich sei „wenigstens ein Mindestmaß an Begründung", für die die schlichte Wiedergabe der im Gesetz genannten Zulassungsgründe nicht ausreiche.[107] Diese Auffassung ist abzulehnen, denn der hiermit verbundene hohe Prüfungsaufwand kann dem Rechtsanwalt nicht schon vor seiner Beiordnung abverlangt werden. | 41

4. Darlegungs- und Bezeichnungspflicht bei der Beschwerdebegründung.

Kernpunkt bei der Nichtzulassungsbeschwerde ist die *gesetzliche Darlegungs- und Bezeichnungspflicht gem. § 133 Abs. 3 S. 3*. Hiernach muss die grundsätzliche Bedeutung der Rechtssache *dargelegt* oder die Entscheidung, von der das Urteil abweicht, oder der Verfahrensmangel *bezeichnet* werden. Das Vordergericht hat die Frage der Revisionszulassung bereits von Amts wegen geprüft und verneint. I.d.R. liegt daher der Zulassungsgrund nicht auf der Hand und bedarf einer *eingehenden Begründung*. Die *formale Bezeichnungspflicht* dient der Beschleunigung des Beschwerdeverfahrens[108] und der Entlastung des Revisionsgerichts, dem nicht die Durcharbeitung der Verfahrensakten obliegt, sondern das allein aufgrund des | 42

---

96 *D. Neumann,* FS Hilger und Stumpf, 1983, 513, 516.
97 BVerwG NJW 1992, 2780; BFHE 203, 407; *M. Eggert,* Nichtzulassungsbeschwerde, 2002, 52.
98 BVerwG NJW 1990, 3102; 1996, 1554; BFHE 93, 503, 505; 168, 17, 18; *M. Eggert,* Nichtzulassungsbeschwerde, 2002, 54.
99 BFHE 93, 503, 505; 168, 17, 19; *M. Eggert,* Nichtzulassungsbeschwerde, 2002, 54.
100 BVerwG Buchholz 448.0 § 34 WPflG Nr. 17; *M. Eggert,* Nichtzulassungsbeschwerde, 2002, 54; *P. Kummer,* Nichtzulassungsbeschwerde, 1990, Rn. 81.
101 *M. Eggert,* Nichtzulassungsbeschwerde, 2002, 54.
102 Vgl. *M. Eggert,* Nichtzulassungsbeschwerde, 2002, 55, 165.
103 BVerwG NVwZ 2002, 992 f.; *Pietzner/Bier,* in: Schoch/Schneider/Bier § 133 Rn. 62 f.
104 BVerwG Buchholz 310 § 60 VwGO Nr. 5; *M. Eggert,* Nichtzulassungsbeschwerde, 2002, 55. So auch *Pietzner/Bier,* in: Schoch/Schneider/Bier § 133 Rn. 56.
105 BVerwG Buchholz 310 § 60 VwGO Nr. 34; *M. Eggert,* Nichtzulassungsbeschwerde, 2002, 55 und 165.
106 BVerwG Buchholz 436.36 § 17 BAföG Nr. 16; *M. Eggert,* Nichtzulassungsbeschwerde, 2002, 55 Fn. 417.
107 BVerwG Buchholz 436.36 § 17 BAföG Nr. 16; *M. Eggert,* Nichtzulassungsbeschwerde, 2002, 55.
108 BSG SozR 1500-3 § 160 a SGG Nr. 14; *M. Eggert,* Nichtzulassungsbeschwerde, 2002, 178.

Beschwerdevortrags und der angegriffenen Entscheidung über die Revisionszulassung befinden können soll.[109]

43   Das Beschwerdevorbringen muss ein „Mindestmaß an Klarheit, Verständlichkeit und Übersichtlichkeit"[110] beinhalten. Jeder Zulassungsgrund ist *konkret zu bezeichnen und in substantiierter und schlüssiger Form* darzutun.[111] Formelhafte Wortwendungen, schlichte Behauptungen oder allgemeine Hinweise genügen nicht.[112] Gerade die Darlegung des Zulassungsgrunds der „grundsätzlichen Bedeutung der Rechtssache" stellt hohe Anforderungen. Teilweise wird gefordert, dass für jeden Zulassungsgrund auch zur *Entscheidungserheblichkeit* vorgetragen wird sowie zu der Frage, ob die Entscheidung möglicherweise unter anderen Gesichtspunkten Bestand haben könnte, wenn hierzu Veranlassung besteht.[113] Letzteres ist jedenfalls im Hinblick auf eine analoge Anwendung des § 144 Abs. 4 abzulehnen, da der Rechtsschutz hierdurch ohne sachlichen Grund verkürzt wird. Die Kausalität des vom Vordergericht nicht erkannten Zulassungsgrunds für die so und nicht anders ergangene Entscheidung muss aber dargelegt werden (für die Grundsatzrüge → Rn. 44 ff., für die Divergenzrüge → Rn. 49 ff. und für die Verfahrensrüge → Rn. 53 ff.).

IV.   Anforderungen an die Beschwerdebegründung im Einzelnen – Begründetheit der Beschwerde

44   **1. Begründung der Grundsatzrüge.**   Gem. § 133 Abs. 3 S. 3 Alt. 1 muss in der Begründung „*die grundsätzliche Bedeutung der Rechtssache dargelegt*" werden. *Darlegen* bedeutet „erläutern", „erklären" oder „näher auf etwas eingehen".[114] Erforderlich ist eine präzise Stellungnahme zu den einzelnen Voraussetzungen.[115] Es muss also dargelegt werden, dass die Rechtssache eine abstrakte Rechtsfrage aufwirft, die höchstrichterlich noch nicht geklärt, klärungsfähig und klärungsbedürftig ist und deren Entscheidung für die Einheit oder die Weiterentwicklung des Rechts allgemein bedeutsam ist. Diese Stellungnahme darf jeweils nur dann unterbleiben, wenn die Erfüllung einer der Voraussetzungen ausnahmsweise *offenkundig* ist,[116] wovon nicht vorschnell ausgegangen werden sollte.[117] Ohne entsprechende Darlegung ist dem Beschwerdeführer die Geltendmachung dieses Zulassungsgrunds bereits abgeschnitten. Es genügt nicht, ein komplexes rechtliches Problemfeld anzugeben, ohne dabei eine Grundsatzfrage herauszustellen.[118] Es genügt nicht, mit rechtlichen Erwägungen die zumeist lakonischen Gründe anzugreifen, aufgrund derer der iudex a quo die Zulassung der Revision gem. § 132 Abs. 2 Nr. 2 abgelehnt hat.[119] Insbes. muss davor gewarnt werden, die Rechtsgrundsätzlichkeit allein auf materiellrechtliche Erwägungen zu stützen und dabei die als rechtsfehlerhaft empfundene Entscheidung des iudex a quo anzugreifen.[120] Die Nichtzulassungsbeschwerde dient prinzipiell nicht der Herstellung von Einzelfallgerechtigkeit.

45   Die herausgearbeitete *abstrakte Rechtsfrage* muss genau formuliert werden, es kann sich auch um mehrere Rechtsfragen handeln.[121] Es muss klar zwischen Rechts- und Tatsachenfragen unterschieden

---

109   BVerwG Buchholz 310 § 132 VwGO Nr. 187 m.w.N.; BFHE 144, 137, 138 f.; *M. Eggert*, Nichtzulassungsbeschwerde, 2002, 178.

110   BVerwG DÖV 1974, 105; Buchholz 310 § 132 VwGO Nr. 99; Buchholz 310 § 133 (n.F.) VwGO Nr. 20, 26; *M. Eggert*, Nichtzulassungsbeschwerde, 2002.

111   *H. Friederichs*, NJW 1981, 1421; *M. Eggert*, Nichtzulassungsbeschwerde, 2002, 184.

112   Vgl. *M. Eggert*, Nichtzulassungsbeschwerde, 2002, 184 m.w.N.

113   BSG SozR 1500 § 160 a SGG Nr. 54; *Pietzner/Bier*, in: Schoch/Schneider/Bier § 133 Rn. 30 Fn. 93 (jedoch dürften diese Anforderungen „nicht überspannt" werden).

114   BVerwGE 13, 90, 91; BVerwG Buchholz 310 § 133 (n.F.) VwGO Nr. 11, 20; BFHE 90, 369, 370; *M. Eggert*, Nichtzulassungsbeschwerde, 2002, 187.

115   BVerwGE 13, 90, 91; BVerwG NVwZ 1997, 501; Buchholz 310 § 133 (n.F.) VwGO Nr. 11, 20, 26; Buchholz 310 § 132 VwGO Nr. 62; BFHE 90, 369, 370; *M. Eggert*, Nichtzulassungsbeschwerde, 2002, 187 f.

116   BFHE 98, 372, 373; 153, 378, 380; *M. Eggert*, Nichtzulassungsbeschwerde, 2002, 188.

117   Vgl. *M. Eggert*, Nichtzulassungsbeschwerde, 2002, 188 Fn. 1623.

118   BVerwG Buchholz 310 § 132 VwGO Nr. 172 (nur LS; Gründe abgedruckt unter Buchholz 421.0 Prüfungswesen Nr. 100); *M. Eggert*, Nichtzulassungsbeschwerde, 2002, 188; *P. Kummer*, Nichtzulassungsbeschwerde, 1990, Rn. 93.

119   *M. Eggert*, Nichtzulassungsbeschwerde, 2002, 189.

120   BVerwG Buchholz 310 § 133 (n.F.) VwGO Nr. 26; *M. Eggert*, Nichtzulassungsbeschwerde, 2002, 189.

121   BVerwGE 13, 90, 91; BVerwG GewArch 1994, 285; Buchholz 310 § 132 VwGO Nr. 62; § 133 (n.F.) VwGO Nr. 1; BSG SozR 1500 § 160 Nr. 6 (nur LS; Gründe abgedruckt unter § 160 a SGG Nr. 11); *M. Eggert*, Nichtzulassungsbeschwerde, 2002, 190; *P. Kummer*, Nichtzulassungsbeschwerde, 1990, Rn. 108.

werden.[122] Unerheblich ist an sich, aus welchem Rechtsgebiet die Rechtsfrage stammt.[123] Regelmäßig wird es sich aber um verwaltungs- oder verfahrensrechtliche Fragestellungen handeln. Aus einem komplexeren rechtlichen Problemkreis muss, sofern möglich, wenigstens eine konkrete Rechtsfrage herausgelöst und präzise in Worte gefasst wird.[124] Dabei betreffen Rechtsfragen nicht nur kausale, sondern auch finale Normstrukturen und Begriffsbestimmungen. Bei Problemgebieten, zu denen bereits höchstrichterliche Rspr. existiert, muss die Rechtsfrage, um nicht mangels Klärungsbedürftigkeit abgewiesen zu werden, auf ein noch unbeantwortetes Problem abzielen. Damit werden zwangsläufig immer speziellere Rechtsfragen aufgeworfen, was es zunehmend erschwert, die Bedeutung der Rechtssache über den speziellen Einzelfall hinaus zu begründen.[125] Es ist ratsam, aber nicht zwingend notwendig, die *Frageform* einzuhalten; es genügt, dass klar wird, worüber das Revisionsgericht zu befinden haben wird.[126]

Im Anschluss muss der Prozessbevollmächtigte schlüssig und substantiiert die Klärungsbedürftigkeit 46 der aufgeworfenen Rechtsfrage darlegen, warum also eine Beantwortung der Rechtsfrage durch das Revisionsgericht im Interesse der Wahrung der Rechtseinheit und der Förderung der Rechtsentwicklung für notwendig gehalten wird.[127] Dies erfordert eine genaue Analyse der bisher zu dieser Frage vorhandenen Lit. und Rspr. Die jeweiligen Fundstellen sind möglichst anzugeben.[128] Wenn die Rechtsfrage noch ungeklärt ist, ist hierauf hinzuweisen und eingehend dazu Stellung zu nehmen, „in welchem Umfang, von welcher Seite und aus welchen Gründen" die Frage streitig ist.[129] Wenn die Rechtsfrage an sich geklärt, nach Auffassung des Prozessbevollmächtigten aber gleichwohl (erneut) klärungsbedürftig (geworden) ist, muss er zusätzlich ausführen, warum die Frage nach wie vor (oder wieder) umstritten ist.[130] Betrifft die Rechtsfrage *auslaufendes Recht* oder *Übergangsrecht*, muss auch vorgetragen werden, warum sie „für einen nicht überschaubaren Personenkreis in absehbarer Zukunft" noch bedeutsam ist.[131] Bei der gerügten Verletzung von *Verfassungsrecht* muss eine Auseinandersetzung mit der Rspr. des BVerfG zu der angeblich verletzten Verfassungsnorm erfolgen.[132] Betrifft die Rechtsfrage die Auslegung oder Gültigkeit *Europäischen Unionsrechts*, muss dargelegt werden, dass im Revisionsverfahren voraussichtlich eine Vorabentscheidung des EuGH gem. Art. 267 Abs. 3 AEUV einzuholen sein wird.[133]

Auch die *Klärungsfähigkeit* der Rechtsfrage muss substantiiert und schlüssig ausgeführt werden, war- 47 um also das BVerwG in der Lage sein wird, die Rechtsfrage durch eine Entscheidung in der Sache zu beantworten.[134] Hierbei muss der Prozessbevollmächtigte den Weg der Nachprüfung darstellen, den das Revisionsgericht nach seiner Auffassung einzuschlagen hat.[135] Zur Klärungsfähigkeit zählt auch die Frage der *Entscheidungserheblichkeit*. Es muss also dargelegt werden, warum es *für die Revisionsentscheidung* auf die Beantwortung der Rechtsfrage ankommt.[136]

---

122 *M. Eggert*, Nichtzulassungsbeschwerde, 2002, 70; *P. Kummer*, Nichtzulassungsbeschwerde, 1990, Rn. 108.
123 *P. Kummer*, Nichtzulassungsbeschwerde, 1990, Rn. 111; *F. Weyreuther*, Revisionszulassung, 1971, Rn. 63, 64.
124 BVerwG Buchholz 310 § 132 VwGO Nr. 172 (nur LS, Gründe abgedruckt unter Buchholz 421.0 Prüfungswesen Nr. 100); *M. Eggert*, Nichtzulassungsbeschwerde, 2002, 190.
125 *M. Eggert*, Nichtzulassungsbeschwerde, 2002, 191.
126 *P. Kummer*, Nichtzulassungsbeschwerde, 1990, 110.
127 BVerwGE 13, 90, 92; BVerwG NJW 1994, 145; Bucholz 310 § 133 (n.F.) VwGO Nr. 11; Buchholz 310 § 132 VwGO Nr. 62; § 133 (n.F.) VwGO Nr. 26; *M. Eggert*, Nichtzulassungsbeschwerde, 2002, 192.
128 *M. Eggert*, Nichtzulassungsbeschwerde, 2002, 195.
129 BVerwG NVwZ 1982, 250; BSG SozR 1500 § 160a SGG Nr. 59; *M. Eggert*, Nichtzulassungsbeschwerde, 2002, 193.
130 *M. Eggert*, Nichtzulassungsbeschwerde, 2002, 194 f.
131 BVerwG Buchholz 310 § 132 Abs. 2 Ziff. 1 VwGO Nr. 9; *P. Kummer*, Nichtzulassungsbeschwerde, 1990, Rn. 141 ff.
132 *P. Kummer*, Nichtzulassungsbeschwerde, 1990, Rn. 146.
133 BVerwG NVwZ 1988, 350; Buchholz 310 § 132 Abs. 2 Ziff. 1 VwGO Nr. 1; *M. Eggert*, Nichtzulassungsbeschwerde, 2002, 205.
134 *M. Eggert*, Nichtzulassungsbeschwerde, 2002, 197.
135 BSG SozR 1500 § 160a SGG Nr. 31; *M. Eggert*, Nichtzulassungsbeschwerde, 2002, 197.
136 BFH/NV 1990, 377, 513; 1993, 182, 183; 1994, 873, 874; 1997, 878, 879; BSG SozR 1500 § 160a SGG Nr. 54; NZS 1997, 495; *M. Eggert*, Nichtzulassungsbeschwerde, 2002, 197; *Pietzner/Bier*, in: Schoch/Schneider/Bier § 133 Rn. 32.

48   Schließlich muss dargelegt werden, warum die Rechtssache Bedeutung *über den Einzelfall hinaus* (→ § 132 Rn. 17 ff.)[137] hat.[138] Es muss substantiiert und schlüssig vorgetragen werden, dass und warum sich die Rechtsfrage in einer verallgemeinerungsfähigen Art und Weise beantworten lässt.[139] Die über den Einzelfall hinausgehende Bedeutung liegt nicht schon vor, wenn der Ausgang des Rechtsstreits auch für andere Personen von Interesse sein könnte.[140]

49   **2. Begründung der Divergenzrüge.** Gem. § 133 Abs. 3 S. 3 Alt. 2 muss in der Begründung *„die Entscheidung, von der das Urteil abweicht... bezeichnet werden".* Bezeichnet werden muss demnach zunächst die *Divergenzentscheidung* (divergente Entscheidung; → § 132 Rn. 35 ff.) gem. § 132 Abs. 2 Nr. 2, also die Entscheidung des BVerwG oder des GmSOGB oder des BVerfG, von der das angefochtene Urteil abweicht. Der Bundesfinanzhof gehört nicht zu den in § 132 Abs. 2 Nr. 2 genannten Gerichten.[141] Es können auch mehrere Entscheidungen bezeichnet werden. Ungenügend ist ein Hinweis auf eine angebliche „ständige Rechtsprechung" oder eine ähnliche Umschreibung.[142] Vielmehr muss die Entscheidung genau benannt werden, i.d.R. mit Aktenzeichen und Datum oder Fundstelle,[143] und somit für das Revisionsgericht identifizierbar und auffindbar sein.[144]

50   Über die Bezeichnung der Divergenzentscheidung hinaus ist nach dem Wortlaut und der Systematik der Vorschrift auch die *Bezeichnung der Abweichung* (Divergenz; zur Divergenz → § 132 Rn. 32 ff.) erforderlich.[145] Dies erfordert nach der Rspr. des BVerwG, dass die Beschwerde einen inhaltlich bestimmten, die angefochtene Entscheidung tragenden Rechtssatz benennt, mit dem die Vorinstanz einem in der Rspr. des BVerwG aufgestellten eben solchen, die Entscheidung des BVerwG tragenden Rechtssatzes in Anwendung derselben Rechtsvorschrift widersprochen hat.[146] Die relevanten Rechtssätze der angegriffenen Entscheidung und der Divergenzentscheidung („höheren" Entscheidung) müssen – unter erheblichem Aufwand – aus den jeweiligen Urteilen herausgearbeitet, gegenübergestellt und verglichen werden.[147] Sodann muss die Abweichung an sich, also die Unvereinbarkeit bzw. der Widerspruch der beiden Rechtssätze dargelegt werden.[148]

51   Auch das *Beruhen* der angefochtenen Entscheidung *auf der Abweichung*, also die Erheblichkeit der Divergenz, muss dargelegt werden.[149] Es ist also darzulegen, warum das Urteil der Vorinstanz beim Zugrundelegen der Auffassung in der Entscheidung, von der abgewichen worden sein soll, anders hätte ausfallen müssen (BVerwG Buchholz 310 § 132 VwGO Nr. 11) oder können. Ein Urteil beruht nur auf solchen Gründen, die – nach der Rechtsauffassung des Berufungsgerichts beurteilt – nicht fortgedacht werden können, wenn die Entscheidung Bestand haben soll.[150]

52   Das Darlegungserfordernis ist weniger streng zu beurteilen, wenn der Beschwerdeführer die höchstrichterliche Entscheidung noch nicht vollständig kennen kann; er muss dann aber auf diesen Umstand und sein vergebliches Bemühen, sich die Entscheidung zu beschaffen, hinweisen.[151] Im Fall der sog. „überholten Grundsatzbeschwerde" kann diese ggf. als Divergenzbeschwerde aufrechterhalten wer-

---

137   Ausf. zur Einzelfallbedeutung *M. Eggert*, Nichtzulassungsbeschwerde, 2002, 82 ff.

138   BVerwGE 13, 90, 91 f.; BVerwG NJW 1993, 2824; GewArch 1994, 285; NVwZ 1997, 501; Buchholz 310 § 132 VwGO Nr. 62; ebenda Nr. 92; § 133 (n.F.) VwGO Nr. 6; ebenda Nr. 26; BSG SozR 1500 § 160 a SGG Nr. 60; BFHE 90, 369, 370; *M. Eggert*, Nichtzulassungsbeschwerde, 2002, 199.

139   *M. Eggert*, Nichtzulassungsbeschwerde, 2002, 199.

140   *P. Kummer*, Nichtzulassungsbeschwerde, 1990, Rn. 126.

141   BVerwG 27.3.2008 – 9 B 24.07, juris Rn. 4.

142   *M. Eggert*, Nichtzulassungsbeschwerde, 2002, 206.

143   *Pietzner/Bier*, in: Schoch/Schneider/Bier § 133 Rn. 35.

144   BFHE 99, 25, 26; 101, 44, 45; *P. Kummer*, Nichtzulassungsbeschwerde, 1990, Rn. 166.

145   BVerfGE 81, 22, 27 f.; BVerwG Buchholz 448.0 § 34 WpflG Nr. 33; Buchholz 310 § 132 Abs. 2 Ziff. 1 VwGO Nr. 9; BAG NJW 1980, 1814; BSG SozR 1500 § 160 a SGG Nr. 67; *M. Eggert*, Nichtzulassungsbeschwerde, 2002, 213 f.; *P. Kummer*, Nichtzulassungsbeschwerde, 1990, Rn. 167; *F. Weyreuther*, Revisionszulassung, 1971, 220.

146   BVerwG 5.12.2008 – 9 B 28/08, juris Rn. 10.

147   Ausf. zu diesem Vorgang *M. Eggert*, Nichtzulassungsbeschwerde, 2002, 213 ff.

148   BVerwG 7.3.1975 – VI CB 47.74, juris Orientierungssatz; 21.10.1983 – 1 B 116.83 Rn. 2, 3.

149   BVerwG Buchholz 310 § 132 VwGO Nr. 122 (nur LS; Gründe abgedruckt unter Buchholz 448.0 § 34 WPflG Nr. 33); BFHE 112, 342, 344; BSG SozR 1500 § 160 a SGG Nr. 39; BAG NJW 1980, 312; *W. Ewer*, in: Quaas/Zuck, Prozesse in Verwaltungssachen, 2008, § 7 Rn. 66; vgl. zur „Abweichung" eingehend *M. Eggert*, Nichtzulassungsbeschwerde, 2002, 215 f.

150   BVerwG 3.3.1961 – VIII CB 169.60, juris (LS).

151   BVerfG 3.10.1989 – 1 BvR 1245/88, juris Rn. 28; *M. Eggert*, Nichtzulassungsbeschwerde, 2002, 218.

den.[152] Ebenso kann eine in der Beschwerde zu Unrecht gerügte Divergenz erfolgreich sein, wenn durch die behauptete Abweichung eine Rechtsfrage von grundsätzlicher Bedeutung aufgeworfen wird.

3. Begründung der Verfahrensrüge. Gem. § 133 Abs. 3 S. 3 Alt. 3 muss in der Begründung *„der Verfahrensmangel bezeichnet werden"*. Grds. ist von der Ordnungsgemäßheit des Verfahrens in der Vorinstanz auszugehen,[153] weshalb „eine Verfahrensrüge allein nach strengen formellen Regeln Gehör finden" kann.[154] Über die *Bezeichnung* des Verfahrensmangels hinaus müssen auch der *Erhalt des Rügerechts*[155] (zum Rügeverlust → § 132 Rn. 119 ff.) und das *Beruhenkönnen*[156] der angefochtenen Entscheidung auf dem Verfahrensmangel *dargelegt* werden. Dies folgt nach der Rspr. aus der Entstehungsgeschichte und dem Sinn und Zweck der Vorschrift.[157] Erforderlich ist eine eigene Begründung mit einem substantiierten und schlüssigen Vorbringen[158] auch der Tatsache, die den Mangel ergeben (sollen),[159] sodass für das BVerwG – die Richtigkeit des Sachvortrags unterstellt – ohne Weiteres nachvollziehbar ist, dass die Voraussetzungen einer Rüge i.S.d. § 132 Abs. 2 Nr. 3 erfüllt sind.[160]

a) Darlegungserfordernisse. Für die *Bezeichnung des Verfahrensmangels* ist zunächst ein *substantiierter Tatsachenvortrag* erforderlich. Der Prozessbevollmächtigte muss die Tatsachen, aus denen sich nach seiner Auffassung der Mangel ergibt, „einzeln, genau und bestimmt" anführen[161] (→ § 139 Rn. 88 ff.) Er darf nicht darauf vertrauen, das BVerwG werde die jeweiligen Vorgänge den Akten entnehmen.[162] Es hängt von den Umständen des Einzelfalles[163] und vom jeweils gerügten Verfahrensmangel ab, welche konkreten Details vorzutragen sind. Ergibt sich aus den behaupteten Tatsachen schon kein Verfahrensmangel, ist der Vortrag unschlüssig. Damit ist die Nichtzulassungsbeschwerde wegen Nichterfüllung der formalen Begründungspflicht bereits unzulässig.[164] Außerdem ist ein *substantiierter Rechtsvortrag* notwendig.[165] Der verletzte prozessuale Rechtssatz muss dargelegt werden, der einschlägige Paragraph muss nicht, sollte aber genannt werden.

Gem. § 173 VwGO i.V.m. §§ 295, 534, 556 ZPO kann der Beschwerdeführer sein Rügerecht verlieren, wenn er auf die Befolgung der Vorschrift verzichtet oder den Mangel nicht rechtzeitig gerügt hat.[166] Es muss demnach auch zum *Erhalt des Rügerechts* vorgetragen werden. Bei einer *verzichtbaren* Verfahrensnorm erfordert dies die Darlegung, dass die Rüge der Nichtbeachtung der Vorschrift ordnungsgemäß und rechtzeitig erhoben worden ist; es sei denn, diese Umstände ergeben sich schon aus dem Urteil oder den ihm zugrunde liegenden Unterlagen.[167] Selbst bei einer *unverzichtbaren* Prozessvorschrift i.S.d. § 295 Abs. 2 ZPO werden Erläuterungen dazu verlangt, weshalb es sich um eine un-

53

54

55

---

152 BVerwG 11.2.1986 – 8 B 7.85, juris Rn. 3; 23.8.1993 – 9 B 349/93, juris Rn. 2; 6.11.2013 – 4 BN 29.13, juris Rn. 8; *Pietzner/Bier*, in: Schoch/Schneider/Bier § 133 Rn. 37.

153 BVerwG 27.6.1995 – 5 B 53.95, juris Rn. 14.

154 BVerwG NJW 1997, 3328; DVBl 1981, 494; *M. Eggert*, Nichtzulassungsbeschwerde, 2002, 219.

155 BVerwGE 8, 149, 150; BVerwG Buchholz 303 § 295 ZPO Nr. 1; Buchholz 310 § 133 VwGO Nr. 84; *P. Kummer*, Nichtzulassungsbeschwerde, 1990, Rn. 201.

156 BVerwG Buchholz 310 § 132 VwGO Nr. 84; Buchholz 310 § 98 VwGO Nr. 28; Buchholz 300 § 191 GVG Nr. 2; Buchholz 310 § 105 VwGO Nr. 42; Buchholz 421.0 Prüfungswesen Nr. 297; BSG SozR 1500 § 160 a SGG Nr. 36; BFHE 132, 508, 510; *M. Eggert*, Nichtzulassungsbeschwerde, 2002, 227; *P. Kummer*, Nichtzulassungsbeschwerde, 1990, Rn. 204.

157 Hierzu *M. Eggert*, Nichtzulassungsbeschwerde, 2002, 219, 220, der allerdings darauf hinweist, dass sich eine ausdrückl. Begründung für diese Auslegung in der Rspr. nicht finden lässt (Fn. 1914); *Pietzner/Bier*, in: Schoch/Schneider/Bier § 133 Rn. 40 verstehen den „Verfahrensmangel" in § 133 Abs. 3 S. 4 nur als „Kurzbezeichnung" des in § 132 Abs. 2 Nr. 3 umschriebenen Verfahrensmangels und entnimmt dies einer „systematischen Zusammenschau der Vorschriften".

158 BSG SozR 1500 § 160 a Nr. 14; *M. Eggert*, Nichtzulassungsbeschwerde, 2002, 220; *P. Kummer*, Nichtzulassungsbeschwerde, 1990, Rn. 188.

159 Vgl. § 139 Abs. 3 S. 4.

160 BSG SozR 1500 § 160 a Nr. 14; BVerwG Buchholz 310 § 132 VwGO Nr. 5; Buchholz 310 § 132 VwGO Nr. 8; *M. Eggert*, Nichtzulassungsbeschwerde, 2002, 220; *P. Kummer*, Nichtzulassungsbeschwerde, 1990, Rn. 189.

161 BVerwGE 94, 116, 119; BVerwG Buchholz 310 § 132 VwGO Nr. 39; BFHE 98, 386, 389; 166, 574, 575; *M. Eggert*, Nichtzulassungsbeschwerde, 2002, 222; *P. Kummer*, Nichtzulassungsbeschwerde, 1990, Rn. 188; *M. Schmid*, DStR 1993, 1288.

162 *M. Eggert*, Nichtzulassungsbeschwerde, 2002, 222; *P. Kummer*, Nichtzulassungsbeschwerde, 1990, Rn. 188.

163 *P. Kummer*, Nichtzulassungsbeschwerde, 1990, Rn. 189.

164 *P. Kummer*, Nichtzulassungsbeschwerde, 1990, Rn. 190.

165 BVerwG Buchholz 303 § 314 ZPO Nr. 5; *F. Weyreuther*, Revisionszulassung, 1971, Rn. 222.

166 BVerwG 30.9.1988 – 9 CB 47/88, juris Rn. 3.

167 BVerwG 12.2.1959 – III C 133.57, juris Leitsätze (= BVerwGE 8, 149, 150, 151).

verzichtbare Verfahrensnorm handeln soll.[168] Der Prozessbevollmächtigte geht demnach den sichersten Weg, wenn er substantiiert darlegt, wann und wo der geltend gemachte Verfahrensmangel gerügt worden ist, oder, dass und warum eine Rüge nicht möglich oder im Hinblick auf § 295 Abs. 2 ZPO nicht erforderlich war.

56 Zum Merkmal des *Beruhenkönnens* bzw. der Entscheidungserheblichkeit muss ebenfalls vorgetragen werden. Dies erfordert die Darlegung des Kausalzusammenhangs zwischen dem Verfahrensmangel und dem nachteiligen Entscheidungsergebnis bzw. dessen Möglichkeit.[169] Nur bei absoluten Revisionsgründen i.S.d. § 138 sind keine Ausführungen hierzu nötig.[170]

57 Ergibt sich ein prozessualer Mangel nicht aus der Sitzungsniederschrift, muss der Prozessbevollmächtigte wegen der entgegenstehenden Beweiskraftwirkung nach § 105 VwGO i.V.m. § 165 ZPO einen *Antrag auf Protokollberichtigung* nach § 105 VwGO i.V.m. § 164 ZPO *spätestens* mit der Beschwerdeschrift stellen (→ § 105 Rn. 74 ff.).[171]

58 **b) Einzelfälle.** Gem. § 86 Abs. 1 S. 1 Hs. 1 erforscht das Gericht den Sachverhalt von Amts wegen (zur Amtsermittlungspflicht → § 86 Rn. 10 ff.). Verstößt es gegen diese Aufklärungspflicht, ist eine *Aufklärungsrüge* in Betracht zu ziehen (→ § 86 Rn. 59). Ein Verstoß kommt in Betracht, wenn sich das Tatsachengericht aufgrund seiner eigenen Rechtsauffassung gedrängt fühlen musste, weitere Beweise zu erheben, und dies gleichwohl unterlässt.[172] Die Rüge steht allerdings unter dem Vorbehalt, dass die durch den Rechtsanwalt vertretene Partei die von ihr vermisste Beweiserhebung beantragt hatte.[173] Dargelegt werden muss[174]

- der ermittlungsbedürftige Sachverhaltsumstand oder welcher Beweis mit welchem Beweismittel hätte erhoben werden müssen,
- welche Tatsache sich bei einer weiteren Sachaufklärung voraussichtlich ergeben hätte (Beweisthema),
- dass bereits im Verfahren vor dem Tatsachengericht auf die Vornahme der Sachverhaltsaufklärung hingewirkt worden ist bzw. aus welchen Gründen der anwaltlich vertretene Beschwerdeführer nicht auf eine entsprechende Aufklärung hingewirkt hat und warum sich die Sachverhaltsaufklärung oder Beweiserhebung dem Gericht hätte aufdrängen müssen,[175] und
- inwiefern diese „neue" Tatsache vom Rechtsstandpunkt des Vordergerichts aus gesehen zu einer günstigeren Entscheidung hätte führen können.[176]

59 Erhebt der Beschwerdeführer die *Gehörsrüge* (vgl. § 138 Nr. 3), macht er also eine Verletzung seines durch Art. 103 Abs. 1 GG und als dessen Ausprägung in § 108 Abs. 2 garantierten Anspruchs auf *rechtliches Gehör* (zum Inhalt dieses Grundsatzes und zur Gehörsrüge → § 108 Rn. 176 ff., 189 und → § 138 Rn. 103 ff.) geltend, muss er substantiiert darlegen,

- in welcher Weise das Gericht das rechtliche Gehör versagt hat, also welcher prozessuale Vorgang gerügt wird,[177]

---

168 BSG SozR 1500 § 160 a SGG Nr. 61; *P. Kummer*, Nichtzulassungsbeschwerde, 1990, Rn. 201.
169 BVerwG Buchholz 300 § 191 GVG Nr. 2; vgl. auch BVerwG NJW 1976, 1705; Buchholz 310 § 132 VwGO Nr. 3, 5; Buchholz 310 § 98 VwGO Nr. 28; Buchholz 310 § 105 VwGO Nr. 42; Buchholz 421.0 Prüfungswesen Nr. 297; BSG SozR 1500 § 160 a SGG Nr. 36; SozR 3-1720 § 189 GVG Nr. 1; BFHE 132, 508, 510; *M. Eggert*, Nichtzulassungsbeschwerde, 2002, 228; *P. Kummer*, Nichtzulassungsbeschwerde, 1990, Rn. 204.
170 BSGE 4, 281, 288; BSG SozR 1500 § 136 SGG Nr. 8; SozR 3-1720 § 189 GVG Nr. 1; *M. Eggert*, Nichtzulassungsbeschwerde, 2002, 228; *P. Kummer*, Nichtzulassungsbeschwerde, 1990, Rn. 204; *F. Weyreuther*, Revisionszulassung, 1971, Rn. 153.
171 BVerwG 6.9.2011 – 9 B 49.11 u.a., juris Rn. 8; 21.12.2016 – 8 B 27.15, juris Rn. 29.
172 BVerwGE 57, 55, 57; BVerwG NVwZ 1993, 62, 63; 1993, 268; NVwZ-RR 1993, 330, 331.
173 BVerwG Buchholz 310 § 132 VwGO Nr. 114; Buchholz 310 § 132 VwGO Nr. 161; Buchholz 310 § 132 Nr. 164; Bucholz 310 § 132 VwGO Nr. 171 (nur LS; Gründe abgedruckt unter Buchholz 310 § 86 Abs. 1 VwGO Nr. 16); *P. Kummer*, Nichtzulassungsbeschwerde, 1990, Rn. 207.
174 Ausf. zu den Darlegungserfordernissen, auch in Bezug auf die einzelnen Beweisarten, *M. Eggert*, Nichtzulassungsbeschwerde, 2002, 229 ff.
175 BVerwG NVwZ 1989, 453, 454; 1993, 62, 63; DVBl 1993, 955; NJW 1994, 2243; NVwZ 1997, 890; Buchholz 310 § 132 VwGO Nr. 164; Buchholz 310 § 86 Abs. 1 VwGO Nr. 265; 4.10.2002 – 1 B 224/02.
176 Vgl. a. BVerwG 5.12.2008 – 9 B 28/08, juris Rn. 5, wonach bei gegensätzlichen Gutachten auch noch darzulegen sei, dass auch das nach Auffassung der Beschwerde richtige Gutachten nicht geeignet sei, die Beweisfrage abschließend zu klären.
177 *M. Eggert*, Nichtzulassungsbeschwerde, 2002, 232.

- wozu konkret sich der Betroffene nicht hat äußern können bzw. welches Vorbringen verhindert worden ist,[178]
- grds.,[179] was er bei ausreichender Gewährung rechtlichen Gehörs noch vorgetragen hätte,[180]
- dass der weitere Vortrag zur Klärung des geltend gemachten Anspruchs geeignet gewesen wäre[181] bzw. eine andere Entscheidung ermöglichen würde, warum der Verfahrensmangel also nicht unbedeutend sein kann,[182]
- dass kein Rügeverlust eingetreten ist und dass er seine prozessualen Möglichkeiten ausgeschöpft hat, um rechtliches Gehör zu erlangen (z.B. durch einen Befangenheitsantrag).[183]
- Ein Sonderfall liegt vor beim Erfordernis einer öffentlichen mündlichen Verhandlung in Normenkontrollverfahren bezüglich Festsetzungen des Bebauungsplanes, die unmittelbar das im Planungsgebiet liegende Grundstück des Antragstellers betreffen.[184]

Wird die Rüge *fehlender Entscheidungsgründe* (§ 138 Nr. 6; → § 138 Rn. 217 ff.) erhoben, muss der 60 Prozessbevollmächtigte unter Angabe konkreter Daten bzw. unter konkreter Beschreibung seiner erfolglosen Nachforschungen darlegen, dass ihm das *vollständig abgesetzte und unterschriebene* Urteil gar nicht bzw. mehr als fünf Monate nach Verkündung oder Beschluss der Geschäftsstelle übergeben worden ist.[185] Diese – weitgehenden – Anforderungen gelten, wenn das Fehlen der Entscheidungsgründe vom Vordergericht nicht eingeräumt wird.

Für eine *Besetzungsrüge* (§ 138 Nr. 1 VwGO, Art. 101 Abs. 1 S. 1 GG; → § 138 Rn. 17 ff.) muss eine 61 Auseinandersetzung mit den Einzelheiten der Geschäftsverteilung erfolgen.[186] Die den Mangel begründenden Tatsachen müssen so vorgetragen werden, dass dem Revisionsgericht die Beurteilung ermöglicht wird.[187] Die Anforderungen dürfen hier nicht überzogen werden, weil die Geschäftsverteilung im Verantwortungsbereich des Gerichts liegt. Gegebenenfalls muss eine Aufklärung von Amts wegen erfolgen.

Die *Rüge aktenwidriger Feststellungen* erfordert einen genauen Vortrag dazu, welche Aktenteile bzw. 62 welche Schriftsatzstelle unberücksichtigt blieb, und welche Schlussfolgerung sich dem Tatsachengericht, ausgehend von dessen materiellrechtlicher Auffassung, hätte aufdrängen müssen.[188]

4. Mehrere Zulassungsgründe, Mehrfachbegründung. Treten *mehrere Zulassungsgründe nebeneinander* 63 auf, stellt sich die Frage nach dem *Verhältnis* der Zulassungsgründe zueinander. Ist die anzugreifende Entscheidung „mehrfach begründet", gilt Folgendes: Im Falle einer *kumulativen Mehrfachbegründung*, bei der sich die Entscheidung also *nebeneinander* auf mehrere selbständige und tragfähige Gründe stützt,[189] muss für jeden dieser Begründungsteile mindestens ein Zulassungsgrund i.S.d.

---

178 BVerwG Buchholz 310 § 108 VwGO Rn. 105; BFH BB 1992, 1990; BSG SozR 1500 § 160 a Nr. 36; *M. Eggert*, Nichtzulassungsbeschwerde, 2002, 232; *P. Kummer*, Nichtzulassungsbeschwerde, 1990, Rn. 233.
179 Ausnahme: Der Gehörsverstoß betrifft nicht einzelne Feststellungen, sondern das Ergebnis des Gesamtverfahrens, z.B. die verfahrensfehlerhafte Durchführung der mündlichen Verhandlung; BVerwGE 15, 24, 25; BVerwG NJW 1995, 1441; Buchholz 310 § 108 VwGO Nr. 252.
180 BVerwG NJW 1997, 3328; Buchholz 312 EntlG Nr. 45; Buchholz 310 § 52 VwGO Nr. 26; Buchholz 310 § 130 a VwGO Nr. 4; BFHE 135, 167 f.; 143, 325, 328; 145, 497, 498; *M. Eggert*, Nichtzulassungsbeschwerde, 2002, 232.
181 BVerwG NJW 1997, 3328; Buchholz 310 § 138 Ziff. 3 VwGO Nr. 23; Buchholz 310 § 108 VwGO Nr. 105, 140, 165; Buchholz 310 § 98 VwGO Nr. 28; Buchholz 310 § 132 VwGO Nr. 245; Buchholz 310 § 104 VwGO Nr. 25; Buchholz 316 § 54 VwVfG Nr. 6; *M. Eggert*, Nichtzulassungsbeschwerde, 2002, 232.
182 *M. Eggert*, Nichtzulassungsbeschwerde, 2002, 233; z.T. enger BVerwG Buchholz 310 § 108 VwGO Nr. 165, 252; *Pietzner/Bier*, in: Schoch/Schneider/Bier § 133 Rn. 41 f.
183 BVerwG Buchholz 310 § 183 Ziff. 3 VwGO Nr. 30; *M. Eggert*, Nichtzulassungsbeschwerde, 2002, 233.
184 Diese obligatorische Anforderung an den gesetzlichen Verfahrensgang ergibt sich aus Art. 6 Abs. 1 S. 1 EMRK, vgl. BVerwGE 110, 203, bestätigt durch BVerwG 26.2.2008 – 4 BN 51/07, juris m.Anm. *Glatz*, juris PR extra 2008, 190–192.
185 BSG NJW 1995, 1983; *M. Eggert*, Nichtzulassungsbeschwerde, 2002, 236.
186 BVerwG Buchholz 310 § 138 Ziff. 1 VwGO Nr. 24; *M. Eggert*, Nichtzulassungsbeschwerde, 2002, 235.
187 BVerwG Buchholz 310 § 138 Ziff. 1 VwGO Nr. 24; Buchholz 310 § 132 Abs. 2 Ziff. 3 VwGO Nr. 9; BSG NJW 1995, 1983; BFH NVwZ-RR 1990, 334; *Pietzner/Bier*, in: Schoch/Schneider/Bier § 133 Rn. 44; *M. Eggert*, Nichtzulassungsbeschwerde, 2002, 234.
188 BFH/NV 1997, 412, 413; 1998, 190, 191; *Pietzner/Bier*, in: Schoch/Schneider/Bier § 133 Rn. 48; *M. Eggert*, Nichtzulassungsbeschwerde, 2002, 237.
189 „Sowohl deshalb als auch deshalb", vgl. *M. Eggert*, Nichtzulassungsbeschwerde, 2002, 105.

§ 132 Abs. 2 vorliegen.[190] Bei dem Zulassungsgrund der Divergenz „beruht" die Entscheidung z.B. nicht auf der Abweichung, wenn die Divergenz nur hinsichtlich eines Begründungsteiles gegeben ist. Die Nichtzulassungsbeschwerde wäre dann schon unzulässig.[191] Dies gilt jedoch nicht, wenn die Entscheidungsbegründungen etwa wegen unterschiedlicher Rechtskraftwirkung nicht gleichwertig sind (BVerwG NJW 2003, 2255 f.).

64   Im Falle einer *alternativen Mehrfachbegründung* lässt das Gericht bewusst *unentschieden*, ob die eine oder andere Beschwerdebegründung durchgreifen soll. Hier ist es ausreichend, wenn nur gegenüber einem Begründungsteil ein Zulassungsgrund besteht.[192] Verfolgt der Beschwerdeführer *mehrere selbständige Klagebegehren*, muss für jeden prozessualen Anspruch wenigstens ein Zulassungsgrund dargelegt werden. Dies gilt nur dann nicht, wenn das eine Begehren präjudizierend für das andere ist, wobei aber die rechtliche Bestandsabhängigkeit der nachgeordneten Ansprüche aufgezeigt werden muss.[193]

65   **5. Vortrag im Hinblick auf § 144 Abs. 4 analog.**   Gem. § 144 Abs. 4 ist die *Revision* zurückzuweisen, wenn die Entscheidungsgründe zwar eine Verletzung des bestehenden Rechts ergeben, „sich die Entscheidung selbst aber aus anderen Gründen als richtig darstellt". Eine zunächst bestehende Tendenz des BVerwG, im Sinne einer „Prognosetheorie" bereits im Beschwerdeverfahren die Erfolgsaussichten der Revision zu prüfen, hat sich nicht durchgesetzt.[194] Es kann also auch zur Zulassung einer voraussichtlich erfolglosen Revision kommen.[195] Die Vorschrift wird von der Rspr. teilweise im Verfahren über die Nichtzulassungsbeschwerde trotz krit. Stimmen in der Lit.[196] entsprechend (analog) angewendet, wenn sich die Entscheidung aus anderen Gründen i.E. als richtig darstellt (→ § 144 Rn. 34 f.).[197] Allerdings dürften diese Gründe nicht ihrerseits klärungsbedürftige Rechtsfragen von grundsätzlicher Bedeutung aufwerfen (→ § 144 Rn. 34).

66   Diese Auffassung ist abzulehnen. Sie vermischt beide Verfahren in unzulässiger Weise. Der Wortlaut des § 144 Abs. 4 („Revision") ist eindeutig. Eine Lücke und Analogiebedürftigkeit besteht schon deshalb nicht, weil die Nichtzulassungsbeschwerde prinzipiell nicht auf den Erfolg und damit die Einzelfallgerechtigkeit abstellt, sondern maßgeblich auf die *öffentlichen* Ziele und Aufgaben bei der Wahrung der Rechtseinheit und der Rechtsfortbildung. Diese Ziele kann das BVerwG nach Zulassung der Revision in seinem Urteil unabhängig vom Ausgang des konkreten Revisionsverfahrens umsetzen. Auch der Rechtsmittelführer kann unabhängig vom endgültigen Ausgang des konkreten Rechtsstreits ein legitimes Interesse an der Klärung wichtiger Rechtsfragen haben.

67   Ein Vortrag im Hinblick auf § 144 Abs. 4 analog bei der Nichtzulassungsbeschwerde wird bislang nur vom BSG gefordert, „wenn trotz nahe liegender rechtlicher Gestaltung die schlüssige Darlegung fehlt, dass die Entscheidung... nicht mit einer anderen rechtlichen Begründung... bestätigt werden kann".[198] Diese Auffassung, die auch unter dem Gesichtspunkt der *„Entscheidungserheblichkeit"* diskutiert wird (→ Rn. 51),[199] ist abzulehnen.[200] Es führt zu einer nicht zu rechtfertigenden Verkürzung des Rechtsschutzes gem. Art. 19 Abs. 4 GG (vgl. BVerfG DVBl 1995, 35, 36), wenn der Beschwerdeführer

---

190 BVerwG Buchholz 310 § 132 VwGO Nr. 109, 115 (nur LS), 158, 176, 197 (nur LS), 209 (nur LS), 232 (nur LS; Gründe abgedruckt unter Buchholz 451.90 EWG-Recht Nr. 53), 284 (nur LS), 287 (nur LS; Gründe abgedruckt unter Buchholz 11 Art. 116 GG Nr. 20), 320; Buchholz § 132 Abs. 2 Ziff. 1 VwGO Nr. 4; BayVBl 1980, 567; NJW 1982, 840; NVwZ 1987, 1086; 1991, 376; NJW 1991, 649; 1997, 3328; BSG SozR 1500 § 160 a SGG Nr. 5; ebenda Nr. 38; BFHE 112, 337, 338; *M. Eggert*, Nichtzulassungsbeschwerde, 2002, 66; *P. Kummer*, Nichtzulassungsbeschwerde, 1990, Rn. 101.
191 *M. Eggert*, Nichtzulassungsbeschwerde, 2002, 66, 105.
192 BVerwG Buchholz 310 § 47 VwGO Nr. 80; *M. Eggert*, Nichtzulassungsbeschwerde, 2002, 66, 105 und 182.
193 BAGE 68, 1, 3 f.; 78, 373, 375; *M. Eggert*, Nichtzulassungsbeschwerde, 2002, 66 f., 182; *P. Kummer*, Nichtzulassungsbeschwerde, 1990, Rn. 99.
194 BVerwGE 14, 342, 347; BVerwG Buchholz 310 § 132 VwGO Nr. 281; *M. Eggert*, Nichtzulassungsbeschwerde, 2002, 239; *F. Weyreuther*, Revisionszulassung, 1971, Rn. 234.
195 *M. Eggert*, Nichtzulassungsbeschwerde, 2002, 239.
196 Vgl. nur *M. Eggert*, Nichtzulassungsbeschwerde, 2002, 240 Fn. 2072.
197 BVerwGE 54, 99, 100 f.; BVerwG Buchholz 310 § 132 VwGO Nr. 35, 166, 176, 178 und 281; Buchholz 310 § 144 VwGO Nr. 34; Buchholz § 125 VwGO Nr. 9; *P. Kummer*, Nichtzulassungsbeschwerde, 1990, Rn. 263; *F. Weyreuther*, Revisionszulassung, 1971, Rn. 237; ausf. für die analoge Anwendung des § 144 Abs. 4 auch *Pietzner/Bier*, in: Schoch/Schneider/Bier § 133 Rn. 76 ff.
198 BSG SozR 1500 § 160 a SGG Nr. 54; ebenso *P. Kummer*, Nichtzulassungsbeschwerde, 1990, Rn. 168.
199 *Pietzner/Bier*, in: Schoch/Schneider/Bier § 133 Rn. 30.
200 Vgl. *Kopp/Schenke* § 133 Rn. 15 a.E.

mittelbar dazu gezwungen wird, selbst auf neue, gegen seinen geltend gemachten Anspruch sprechende Gründe aufmerksam zu machen, wenn dies auch im Revisionsverfahren nicht von ihm gefordert wird.[201] Für den Prozessbevollmächtigten besteht daher keine Pflicht zur Einreichung einer Revisionsbegründung bereits im Beschwerdeverfahren (zu den anwaltlichen Prüfungs- und Belehrungspflichten im Hinblick auf die Erfolgsaussichten der Revision → Rn. 42).[202] Der Prozessbevollmächtigte sollte die Entwicklung dieser Rspr. allerdings sorgfältig verfolgen und v.a. in der Beschwerdeschrift auf einen Hinweis für den Fall drängen, dass das Gericht die Anwendung des § 144 Abs. 4 analog in Betracht zieht. Im gegebenen Fall muss dieser Grund dann ebenfalls mit einer Rüge i.S.d. § 132 Abs. 2 Nr. 1-2 angegriffen werden.[203]

V. Gerichtliches Beschwerdeverfahren und Beschwerdeentscheidung

1. Das Abhilfeverfahren durch den iudex a quo. Gem. § 133 Abs. 5 S. 1 entscheidet das BVerwG erst   68
dann durch Beschluss, *„wenn der Beschwerde nicht abgeholfen"* wird. Dieses *Abhilfeverfahren*
(→ § 139 Rn. 29 ff.) dient der Selbstkorrektur des iudex a quo, der Beschleunigung des Beschwerdeverfahrens und der Entlastung des iudex ad quem (→ § 148 Rn. 1; vgl. insgesamt die Komm. des § 148 zum Institut der Abhilfe). Daher ist die Beschwerde auch beim iudex a quo einzulegen, der bis zu einer Entscheidung über die Abhilfe durch Beschluss Gericht der Hauptsache i.S.d. § 80 Abs. 5 bleibt (→ § 80 Rn. 115). Erst mit der Nichtabhilfe wird die Sache einer höheren Instanz zugeführt. Der Beschwerdegegner hat auch im Abhilfeverfahren Anspruch auf rechtliches Gehör.[204] Einer mündlichen Verhandlung bedarf es nicht,[205] sie findet in der Praxis auch nicht statt.

Hilft der iudex a quo der Beschwerde ab, *hebt* er durch den *Abhilfebeschluss* seine Entscheidung über   69
die Nichtzulassung der Revision *auf* und *spricht die Zulassung der Revision aus.* An dem Beschluss
wirken die ehrenamtlichen Richter nicht mit, § 5 Abs. 3 S. 2. Im Falle der Abhilfe wird das Beschwerdeverfahren gem. § 139 Abs. 2 S. 1 Hs. 1 als Revisionsverfahren fortgesetzt, worauf gem. § 139 Abs. 2 S. 2 in dem Beschluss hinzuweisen ist (→ § 139 Rn. 29 ff.). Der Einlegung einer Revision durch den Beschwerdeführer bedarf es nicht, § 139 Abs. 2 S. 1, 2. Hs. Der Abhilfebeschluss ist unanfechtbar[206] und muss deshalb nicht begründet werden,[207] wenngleich aus rechtsstaatlichen Gründen zumindest der Zulassungsgrund angegeben werden sollte, den der iudex a quo für einschlägig hält.[208] Mit der Zustellung beginnt gem. § 139 Abs. 3 S. 1 Hs. 2 die in diesem Falle einmonatige (auf Antrag vor Fristablauf verlängerbare, § 139 Abs. 3 S. 3) Revisionsbegründungsfrist, über die gem. § 58 zu belehren ist (→ § 139 Rn. 45, 48 ff.). Die Entscheidung über die *Kosten* des Beschwerde- bzw. Abhilfeverfahrens folgt der Kostenentscheidung in der Hauptsache. Dies ergibt sich aus § 154 Abs. 1 und 2, erscheint aber nicht in allen Fällen sachgerecht. Im Falle der Abhilfe korrigiert ja das Vordergericht seine eigene (Fehl-)Entscheidung.

Ist die Nichtzulassungsbeschwerde nach Auffassung des Vordergerichts unzulässig oder unbegründet,   70
legt der iudex a quo diese entsprechend § 148 Abs. 1 Hs. 2 unter *Verweigerung der Abhilfe* unverzüglich dem BVerwG zusammen mit den Akten vor,[209] wovon die Beteiligten in Kenntnis gesetzt werden sollen, § 148 Abs. 2, entsprechend. Die *Nichtabhilfeentscheidung* hat vor allem gerichtsinterne Wirkung, kann formlos ergehen (i.d.R. ergeht aber ein Beschluss, arg. § 150), und muss den Beteiligten nicht mitgeteilt werden,[210] ist aber aktenkundig zu machen.[211] Eine Abhilfeentscheidung ist ausnahmsweise nicht erforderlich, wenn die Nichtzulassungsbeschwerde unstatthaft oder offensichtlich

---

201 Ausf. M. *Eggert*, Nichtzulassungsbeschwerde, 2002, 242 ff.
202 M. *Eggert*, Nichtzulassungsbeschwerde, 2002, 241.
203 M. *Eggert*, Nichtzulassungsbeschwerde, 2002, 243.
204 Vgl. P. *Kummer*, Nichtzulassungsbeschwerde, 1990, Rn. 252; F. *Weyreuther*, Revisionszulassung, 1971, Rn. 225, mit Hinweis darauf, dass das Gebot rechtlichen Gehörs sanktionslos sei; H. *Müller*, NJW 1960, 515, 516.
205 F. *Weyreuther*, Revisionszulassung, 1971, Rn. 225.
206 BFHE 90, 335 f.; 164, 20, 22; F. *Weyreuther*, Revisionszulassung, 1971, Rn. 226.
207 A.M. P. *Kummer*, Nichtzulassungsbeschwerde, 1990, Rn. 253.
208 Vgl. *Pietzner/Bier*, in: Schoch/Schneider/Bier § 133 Rn. 67.
209 P. *Kummer*, Nichtzulassungsbeschwerde, 1990, Rn. 254.
210 Vgl. P. *Kummer*, Nichtzulassungsbeschwerde, 1990, Rn. 254; für einen förmlichen Beschluss F. *Weyreuther*, Revisionszulassung, 1971, Rn. 228; *Pietzner/Bier*, in: Schoch/Schneider/Bier § 133 Rn. 69.
211 P. *Kummer*, Nichtzulassungsbeschwerde, 1990, Rn. 254; F. *Weyreuther*, Revisionszulassung, 1971, Rn. 228.

unzulässig wegen Verstoßes gegen den Vertretungszwang ist. Auch dann ist die Verwerfungsbefugnis aber dem BVerwG vorbehalten.[212]

71　**2. Die Entscheidung durch das BVerwG. a) Allgemeines.** Das BVerwG prüft die Zulässigkeit und die Begründetheit der Nichtzulassungsbeschwerde.[213] Die Unzulässigkeit führt zur *Verwerfung* der Nichtzulassungsbeschwerde. Die Unbegründetheit führt zur *Zurückweisung* der Nichtzulassungsbeschwerde (die Terminologie entspricht § 144 Abs. 1, 2). Ist die Nichtzulassungsbeschwerde jedenfalls unbegründet, kann die Frage der Zulässigkeit offen gelassen werden (→ Vorbem. § 124 Rn. 51). Die Begründetheit der Nichtzulassungsbeschwerde führt zur *Zulassung* der Revision (§ 139 Abs. 2 S. 1 Alt. 2).

72　Die Entscheidung über die Nichtzulassungsbeschwerde erfolgt gem. § 133 Abs. 5 S. 1 durch *Beschluss*, der gem. § 133 Abs. 5 S. 2 Hs. 1 kurz begründet werden soll. Zum Zwecke der Entlastung des BVerwG (vgl. BVerwGE 80, 228; BT-Drs. 11/7030, 34) kann von der *Begründung* gem. § 133 Abs. 5 S. 2 Hs. 2 abgesehen werden, wenn sie nicht geeignet ist, zur Klärung der Voraussetzungen beizutragen, unter denen eine Revision zuzulassen ist. Mit der *„Ablehnung der Beschwerde* durch das BVerwG" tritt nach § 133 Abs. 5 S. 3 die *Rechtskraft* der angefochtenen Entscheidung ein. Für den Zeitpunkt der Rechtkraft kommt es nicht auf die Bekanntgabe oder Zustellung des Beschlusses an, sondern auf seine Herausgabe aus dem Gerichtsgebäude zur Beförderung mit der Post.[214]

73　**b) Prüfung der Begründetheit und Zurückweisung der unbegründeten Beschwerde.** Wurde die Beschwerde zulässigerweise erhoben, liegt aber kein Zulassungsgrund vor, wird sie als *unbegründet zurückgewiesen.* Maßgeblicher Zeitpunkt für die Prüfung ist der Zeitpunkt der Entscheidung durch das BVerwG.[215]

74　**c) Zulassung der Revision bei Begründetheit der Nichtzulassungsbeschwerde.** Wenn die Nichtzulassungsbeschwerde begründet ist, lässt das BVerwG die Revision zu (oder verfährt in geeigneten Fällen nach § 133 Abs. 6). Das Beschwerdeverfahren wird dann gem. § 139 Abs. 2 S. 1 Hs. 1 als Revision fortgesetzt, ohne dass diese gesondert durch den Beschwerdeführer beantragt werden müsste. Hierauf ist in dem Beschluss hinzuweisen (→ § 139 Rn. 30). Mit der Zustellung des Beschlusses beginnt die in diesem Fall einmonatige, aber verlängerbare *Revisionsbegründungsfrist* gem. § 139 Abs. 3 S. 1 Hs. 2, über die gem. § 58 zu belehren ist (→ § 139 Rn. 46 ff.). Die Revision selbst kann nach Zulassung auch auf Gründe gestützt werden, die nicht mit der Nichtzulassungsbeschwerde geltend gemacht wurden. Für die Einzelheiten des Verfahrens wird auf die Komm. des § 139 verwiesen.

75　**d) Durchentscheiden nach Abs. 6 bei Verfahrensmangel.** Gem. § 133 Abs. 6 kann das BVerwG bei Vorliegen der Voraussetzungen des § 132 Abs. 2 Nr. 3 (Verfahrensmangel) in dem Beschluss das angefochtene Urteil aufheben und den Rechtsstreit zur anderweitigen Verhandlung und Entscheidung zurückverweisen („Durchentscheiden").[216] Die Vorschrift erfasst auch Fälle von Divergenzrügen, die nur Verfahrensrecht zum Gegenstand haben.[217] Eine Zurückverweisung kommt ferner in Betracht, wenn die Beschwerde zusätzlich auf § 132 Abs. 2 Nr. 1 oder Nr. 2 gestützt wird, der Verfahrensmangel aber auch im Falle der grundsätzlichen Bedeutung oder der Divergenz zur Zurückverweisung führen wür-

---

212　BVerwG 23.11.1962 – IV B 124.62, juris Orientierungssatz; *Pietzner/Bier*, in: Schoch/Schneider/Bier § 133 Rn. 69, 70.

213　Statistisch gibt die folgende Tabelle Auskunft über die Beschwerdeverfahren (Auskunft der Pressestelle des BVerwG von 2.3.2017):

Nichtzulassungsbeschwerden in B-, BN- und PB-Verfahren									
Jahr	Eingelegte NZB	Entschiedene NZB	Unzulässige NZB	Erfolgreiche NZB	davon Zulassung wg. grundsätzl. Bedeutung § 132 Abs. 2 Nr. 1 VwGO	davon Zulassung wg. Abweichung § 132 Abs. 2 Nr. 2 VwGO	davon Zulassung wg. Verfahrensfehler § 132 Abs. 2 Nr. 3 VwGO	davon Zulassung aus mehreren Gründen	davon Zurückverweisung wg. Verfahrensfehler § 133 Abs. 6 VwGO
2013	763	790	173	95	54	2	3	13	23
2014	711	745	186	104	66	3	1	4	30
2015	758	671	194	63	42	1	2	5	13

214　BVerwGE 95, 64, 67; *Pietzner/Bier*, in: Schoch/Schneider/Bier § 133 Rn. 92 f., der zu Recht kritisiert, dass dies unter dem Gesichtspunkt der Rechtssicherheit und Rechtsmittelklarheit „nicht sonderlich glücklich" ist. A.M. Zeitpunkt der Zustellung *F. Weyreuther*, Revisionszulassung, 1971, Rn. 252.

215　Vgl. *P. Kummer*, Nichtzulassungsbeschwerde, 1990, Rn. 256.

216　Vgl. *Pietzner/Bier*, in: Schoch/Schneider/Bier § 133 Rn. 86; BT-Drs. 11/7030, 34.

217　BVerwG NVwZ 1992, 890, 891; Buchholz 310 § 132 VwGO Nr. 313; *Pietzner/Bier*, in: Schoch/Schneider/Bier § 133 Rn. 86.

de.[218] Ggf. kann ebenso zurückverwiesen werden, nachdem das BVerwG die übrigen geltend gemachten Zulassungsgründe in seinem Beschluss „abgearbeitet" hat.[219] Eine abschließende Entscheidung in der Sache selbst erlaubt § 133 Abs. 6 nicht, diese steht nach dem Wortlaut nur dem iudex a quo zu.[220] Die Zulassung von Revisionen wegen eines Verfahrensmangels ist aufgrund des § 133 Abs. 6 die Ausnahme. Von den 2013 zugelassenen Revisionen (95) wurden drei, von den 2014 zugelassenen Revisionen (105) eine und von den 2015 zugelassenen Revisionen (63) zwei gem. § 132 Abs. 2 Nr. 3 zugelassen. Nach § 133 Abs. 6 wurde in 23, 30 bzw. 13 Fällen verfahren.[221]

3. Kosten. Der *Streitwert* entspricht im Regelfall gem. § 47 Abs. 3 GKG demjenigen des angestrebten 76 Revisionsverfahrens. Damit entspricht er dem Streitwert des Berufungsverfahrens, wenn nicht erkennbar das Rechtsschutzbegehren vom Beschwerdeführer eingeschränkt wird.[222] Über die *Kosten* einer *erfolgreichen* Beschwerde wird erst in der Endentscheidung über die Revision entschieden (→ § 154 Rn. 52).[223] Wird die Nichtzulassungsbeschwerde *abgelehnt*, trägt der Beschwerdeführer nach § 154 Abs. 2 die Kosten des Beschwerdeverfahrens. Bei einer *teilweise erfolgreichen* Beschwerde kann über die Kosten des erfolglosen Teils bereits im Zulassungsbeschluss entschieden werden. Die Entscheidung über die restlichen Kosten erfolgt dann zusammen mit der Hauptsacheentscheidung (→ § 154 Rn. 52).

Nach § 3 Abs. 2 GKG i.V.m. Nr. 2121 KV (Anl. 1 zum GKG) entsteht im Falle der *erfolglosen* Be- 77 schwerde eine Gebühr von 30 €. Für eine *erfolgreiche* Beschwerde entsteht *keine* Gebühr. Bei einer *teilweise erfolgreichen* Beschwerde entsteht die Gebühr gleichwohl und kann dem Beschwerdeführer aufgegeben werden (→ § 154 Rn. 52). Hinsichtlich der *Rechtsanwaltsgebühren* gilt, dass das Verfahren über die Nichtzulassungsbeschwerde und das Verfahren über die Revision gem. § 17 Nr. 9 RVG verschiedene gebührenrechtliche Angelegenheiten sind. In dem Nichtzulassungsverfahren kann nach der Nr. 3506 VV RVG eine 1,6-fache Verfahrensgebühr entstehen, die allerdings nach Nr. 3506 VV RVG auf die Verfahrensgebühr für ein anschließendes Revisionsverfahren wieder anzurechnen ist, wenn derselbe Anwalt sowohl in dem Verfahren über die Beschwerde als auch im Revisionsverfahren selbst vertritt.

4. Weitere prozessuale Maßnahmen. a) Anhörungsrüge. Gegen den die Nichtzulassungsbeschwerde 78 zurückweisenden oder verwerfenden Beschluss kann regelmäßig innerhalb von zwei Wochen nach Kenntnis von der *Verletzung des rechtlichen Gehörs* Anhörungsrüge nach § 152 a erhoben werden (zu den Voraussetzungen und Rechtsfolgen der Anhörungsrüge s. die Komm. bei § 152 a). Der Beschwerdeführer hat insbes. nach § 152 Abs. 2 S. 6 die angegriffene Entscheidung zu bezeichnen und das Vorliegen der in Abs. 1 S. 1 Nr. 2 genannten Voraussetzungen darzulegen, insbes., dass das BVerwG wesentlichen Vortrag nicht zur Kenntnis genommen oder nicht in Erwägung gezogen hat. Dieser Fall liegt nicht vor, wenn das BVerwG dem zur Kenntnis genommenen und in Erwägung gezogenen Vorbringen nicht gefolgt ist, sondern aus Gründen des materiellen Rechts oder des Prozessrechts zu einem anderen Ergebnis gelangt ist, als es der unterlegene Beteiligte für richtig hält.[224] Problematisch ist, dass es nicht Sinn des Rechtsbehelfs nach § 152 a sein soll, das Gericht zu einer Ergänzung oder Erläuterung seiner Begründung zu veranlassen,[225] weil das BVerwG bei der Entscheidung über die Nichtzulassungsbeschwerde lediglich gehalten sei, seinen Beschluss „kurz" zu begründen, § 133 Abs. 5 S. 2. In der Praxis scheitern viele Anhörungsrügen an diesem Punkt, weil nach herrschender Rspr. auch keine Pflicht des Gerichts besteht, das Vorbringen der Beteiligten in den Gründen der Entscheidung ausführlich zu beschreiben. Dies kann aber dazu führen, dass maßgeblicher Sachvortrag zwar zur Kenntnis

---

218 BVerwG Buchholz 310 § 133 (n.F.) VwGO Nr. 10; *Pietzner/Bier*, in: Schoch/Schneider/Bier § 133 Rn. 86.
219 BVerwG Buchholz 11 Art. 33 Abs. 5 GG Nr. 71; Buchholz 310 § 108 VwGO Nr. 269; *Pietzner/Bier*, in: Schoch/Schneider/Bier § 133 Rn. 86.
220 Gleichwohl hält das BVerwG Buchholz 310 § 133 (n.F.) VwGO Nr. 22 die Aufhebung des Urteils durch Beschluss für zulässig, wenn die korrekte Handhabung der Verfahrensvorschriften die Beurteilung der Klage als unzulässig zur Folge haben muss; vgl. *Pietzner/Bier*, in: Schoch/Schneider/Bier § 133 Rn. 87.
221 Statistik des BVerwG, Auskunft der Pressestelle 2.3.2017.
222 *Pietzner/Bier*, in: Schoch/Schneider/Bier § 133 Rn. 91.
223 BVerwG MDR 1960, 69; BFHE 119, 380, 383; 144, 133, 137; 150, 445, 447; 163, 125; *P. Kummer*, Nichtzulassungsbeschwerde, 1990, Rn. 299.
224 BVerwG ZOV 2006, 40.
225 So BVerwG NVwZ 2008, 1027 Rn. 3 f.

genommen, aber in der Entscheidung zur Hauptsache nicht adäquat bearbeitet wird. Ein Beispiel stellt ein Verfahren zur BAB 4 dar, in dem ein maßgebliches Problem des europäischen Naturschutzrechts (Beurteilung von Stickstoffeinträgen auf – FFH-relevante Lebensräume) erst (ansatzweise) in der Anhörungsrüge behandelt wurde. Diese wurde im Ergebnis als unbegründet zurückgewiesen, was allenfalls im Hinblick auf das zugrunde liegende Eilverfahren vertretbar erscheint.[226]

79 **b) Wiederaufnahme des Verfahrens, Gegenvorstellung, Verfassungsbeschwerde.** Gegen einen ablehnenden und rechtskräftigen Beschluss über die Nichtzulassungsbeschwerde kann der Beschwerdeführer sonst nur noch mittels *außerordentlicher bzw. formloser Rechtsbehelfe* vorgehen (→ Vorbem. § 124 Rn. 6 ff.). In Betracht kommen eine Wiederaufnahme des Verfahrens, eine Gegenvorstellung oder eine Verfassungsbeschwerde. Die *Wiederaufnahme des Verfahrens* ist in § 153 Abs. 1 VwGO i.V.m. §§ 578 ff. ZPO geregelt. Trotz des Wortlauts des § 578 Abs. 1 ZPO („rechtskräftiges Endurteil") gilt die Vorschrift entsprechend für Beschlüsse, die das Verfahren rechtskräftig beenden, also auch für die oben genannten Beschlüsse (→ § 153 Rn. 10 ff.; vgl. BVerwG NJW 1959, 117; DVBl 1960, 641), sowie für rechtskräftige Gerichtsbescheide, die als Urteile gelten (§ 84 Abs. 3).[227] Dies gilt unabhängig davon, ob die Beschwerde als unzulässig verworfen[228] oder als unbegründet zurückgewiesen wurde.[229] Erforderlich sind ein Wiederaufnahme*antrag* (→ § 153 Rn. 10 ff.), die schlüssige Behauptung eines Wiederaufnahme- oder Restitutionsgrundes nach den §§ 579 ff. ZPO (→ § 153 Rn. 30) sowie die Beachtung der Fristen des § 586 ZPO (→ § 153 Rn. 33 ff.). Wegen der Einzelheiten wird auf die Komm. des § 153 verwiesen.[230]

80 Eine *Gegenvorstellung* als formloser Rechtsbehelf dient dazu, den Entscheidungsträger im Wege der Selbstkontrolle zu einer Überprüfung der beanstandeten Handlung zu veranlassen (→ Vorbem. § 124 Rn. 9).[231] Gegenvorstellungen gegen rechtskräftig abgeschlossene Beschwerdeverfahren sind grds. ausgeschlossen und nur *ausnahmsweise* bei schwersten Fehlern und Verletzungen der Grundrechte des Art. 101 Abs. 1 S. 2 GG und Art. 103 Abs. 2 GG statthaft (zum Institut der Gegenvorstellung → Vorbem. § 124 Rn. 9).[232] Entsprechend der Frist für die Verfassungsbeschwerde muss die Gegenvorstellung innerhalb eines Monats nach Bekanntgabe der Entscheidung erhoben werden.[233] Durch Plenarbeschluss des BVerfG vom 30.4.2003 (BVerfGE 107, 395, 416) wurde festgestellt, dass außerordenliche Rechtsbehelfe den verfassungsrechtlichen Anforderungen an die Rechtsmittelklarheit nicht genügen. Darauf beruht der Erlass des Anhörungsrügegesetzes vom 9.12.2004 und die Einfügung des § 152 a. Es bleibt auch danach bei der ausnahmsweisen Statthaftigkeit der Gegenvorstellung, allerdings sind die Einzelheiten strittig und werden nicht einheitlich beurteilt.[234] Unstatthaft ist die Gegenvorstellung mit Blick auf die insoweit nunmehr abschließende Regelung in § 152 a, jedenfalls soweit eine Verletzung des Anspruchs auf rechtliches Gehör gerügt wird.[235] Auch die Vorschriften über die Wiederaufnahme dürfen nicht umgangen werden.[236] Verstöße gegen den *gesetzlichen Richter* können innerhalb der Fristen des § 586 ZPO mit dem Wiederaufnahmeantrag (§ 579 Abs. 1 Nr. 1–3 ZPO; § 153) geltend gemacht werden. Auch insoweit ist die Gegenvorstellung unstatthaft.[237]

81 Weiterhin ist die Erhebung einer *Verfassungsbeschwerde* nach Art. 93 Abs. 1 Nr. 4a GG i.V.m. §§ 13 Nr. 8 a, 90, 92 ff. BVerfGG denkbar. Sie kann auf eine Verletzung von Art. 101 Abs. 1 S. 2 GG (gesetzlicher Richter) und Art. 103 Abs. 1 GG (rechtliches Gehör) gestützt werden. Wegen der Subsidiarität der Verfassungsbeschwerde muss allerdings unter Umständen eine Anhörungsrüge, ein Antrag

---

226 BVerwG NVwZ 2008 1027 f.
227 M. Redeker, in: Redeker/v. Oertzen § 153 Rn. 3.
228 BVerwGE 48, 201, 203; BVerwG Buchholz 310 § 153 VwGO Nr. 12; BFHE 152, 426, 428; 165, 569; BAG NJW 1995, 2125; vgl. Pietzner/Bier, in: Schoch/Schneider/Bier § 133 Rn. 94.
229 BFHE 97, 502, 503; BFH/NV 1990, 173, 174; 1991, 751, 752; Pietzner/Bier, in: Schoch/Schneider/Bier § 133 Rn. 94.
230 Zu den anwaltlichen Sorgfaltspflichten beim Wiederaufnahmeantrag vgl. M. Eggert, Nichtzulassungsbeschwerde, 2002, 261.
231 Vgl. M. Eggert, Nichtzulassungsbeschwerde, 2002, 264.
232 Vgl. Pietzner/Bier, in: Schoch/Schneider/Bier § 133 Rn. 99.
233 P. Kummer, Nichtzulassungsbeschwerde, 1990, Rn. 317; zu den anwaltlichen Sorgfaltspflichten bei Erhebung einer Gegenvorstellung vgl. M. Eggert, Nichtzulassungsbeschwerde, 2002, 265 f.
234 Vgl. BVerfGE 122, 190, 195 f.; Kummer, Nichtzulassungsbeschwerde, Rn. 994 f.
235 BVerfG 23.8.2006 – 4 A175.04, Rn. 1 und 1.7.2008 – 9 KSt 3.08, Rn. 2.
236 Pietzner/Bier, in: Schoch/Schneider/Bier § 133 Rn. 98.
237 Pietzner/Bier, in: Schoch/Schneider/Bier § 133 Rn. 98.

auf Wiederaufnahme des Verfahrens gestellt oder Gegenvorstellung erhoben werden. Eine Verletzung von Art. 19 Abs. 4 GG kann vorliegen, wenn der die Beschwerde zurückweisende Beschluss auf einer fehlerhaften Auslegung des § 132 Abs. 2 Nr. 1–3 beruht. Schließlich können Grundrechte oder grundrechtsgleiche Rechte verletzt sein. Die *Monatsfrist* des § 93 Abs. 1 S. 1 BVerfGG für die Einlegung und Begründung der Verfassungsbeschwerde muss beachtet werden.[238] Die Verfassungsbeschwerde ist im Regelfall mangels Rechtswegerschöpfung unzulässig, wenn die Nichtzulassungsbeschwerde als unzulässig verworfen wurde. Dies gilt insbes., wenn die Verwerfung wegen Nichterfüllung der formalen Bezeichnungspflicht erfolgte. Der Betroffene hat dann nicht alles ihm Zumutbare getan, um den von ihm gerügten Verfassungsverstoß zu beseitigen.[239]

c) Zurücknahme der Beschwerde, Erledigungserklärung. Zeichnet sich der voraussichtliche Misserfolg der Beschwerde schon im Laufe des Verfahrens ab, kann sie in analoger Anwendung des § 140 Abs. 1 S. 1 zurückgenommen werden[240]. Soweit – wie fast stets – nicht mündlich verhandelt wird, ist die Einwilligung des Antragsgegners nicht erforderlich. Die *Zurücknahme* (zur Zurücknahme i.E. → Vorbem. § 124 Rn. 87 und → § 140 Rn. 1 ff.) beendet das Verfahren. Sie muss in der Form der Beschwerdeeinlegung, also schriftlich und durch einen postulationsfähigen Prozessbevollmächtigten erfolgen. Sie ist bedingungsfeindlich, unwiderruflich und unanfechtbar.[241] Sie kann auf einen Teil des Streitgegenstands beschränkt und bis zum Erlass eines außenwirksamen Beschlusses über die Nichtzulassungsbeschwerde erklärt werden. Der Beschwerdeführer verliert hierdurch rückwirkend seinen Rechtsbehelf,[242] kann aber innerhalb der Beschwerdefrist erneut Nichtzulassungsbeschwerde einlegen.[243] 82

Weiterhin kommt eine *Erledigung des Rechtsstreits* (zur Erledigung → Vorbem. § 124 Rn. 89 f. und → § 161 Rn. 26 ff.) in Betracht. Erledigt sich die *Hauptsache* (z.B. durch die Rücknahme des angefochtenen Bescheids), führt dies auch zur Erledigung des Verfahrens über die Nichtzulassungsbeschwerde.[244] Bei einer übereinstimmenden Erledigungserklärung wird das Verfahren nach §§ 141 S. 1, 125 Abs. 1 S. 1 i.V.m. § 92 Abs. 3 S. 1 analog eingestellt und gem. § 161 Abs. 2 über die Kosten des Rechtsstreits entschieden. Bei einer einseitigen Erledigungserklärung (des Beschwerdeführers) wandelt sich das Verfahren in einen Erledigungsfeststellungsstreit um (wenn der Gegner der Erledigungserklärung nicht zustimmt) (→ § 161 Rn. 113 ff.).[245] Auch die *Nichtzulassungsbeschwerde als solche* kann sich erledigen, z.B. durch vorzeitige Klärung der Rechtsfrage in einem Parallelverfahren. Bei übereinstimmender Erledigungserklärung entscheidet das Gericht nach Einstellung nur noch über die Kosten, § 161 Abs. 2 nach billigem Ermessen. Bei einer einseitigen Erledigungserklärung wandelt sich das Verfahren auch hier in einen Erledigungsfeststellungsstreit um (zur Erledigung im Zulassungsverfahren → § 161 Rn. 55).[246] Erklären die Beteiligten während eines Verfahrens der NZB das Verfahren nur wegen des bisher allein beschiedenen *Hauptantrages* übereinstimmend für erledigt, ist nur das Beschwerdeverfahren einzustellen und der Rechtsstreit wegen des bisher nicht beschiedenen *Hilfsantrages* vor dem OVG fortzusetzen.[247] Die Kosten des Rechtsbehelfsverfahrens trägt derjenige, der in diesem Feststellungsstreit unterliegt.[248] Die Wirksamkeit der Vorentscheidungen bleibt unberührt. Schließlich können die Beteiligten gem. § 106 einen *Prozessvergleich* schließen und so den Rechtsstreit vollständig oder z.T. erledigen.[249] Auf die Komm. des § 106 wird verwiesen (→ § 106 Rn. 1 ff.). 83

---

238 Zum Ganzen M. *Eggert*, Nichtzulassungsbeschwerde, 2002, 266 ff.
239 BVerfGE 16, 124, 127; BVerfG SozR 1500 § 160 a SGG Nr. 48; M. *Eggert*, Nichtzulassungsbeschwerde, 2002, 268; P. *Kummer*, Nichtzulassungsbeschwerde, 1990, Rn. 322.
240 BFHE 151, 12, 13; M. *Eggert*, Nichtzulassungsbeschwerde, 2002, 254.
241 Vgl. *Pietzner/Bier*, in: Schoch/Schneider/Bier § 133 Rn. 102; P. *Kummer*, Nichtzulassungsbeschwerde, 1990, Rn. 247.
242 BSG SozR 1500 § 160 a Nr. 23; P. *Kummer*, Nichtzulassungsbeschwerde, 1990, Rn. 247.
243 Vgl. M. *Eggert*, Nichtzulassungsbeschwerde, 1990, 256, zu den anwaltlichen Sorgfaltspflichten bei der Rücknahme vgl. 257 f.
244 BVerwGE 72, 93, 94; P. *Kummer*, Nichtzulassungsbeschwerde, 1990, Rn. 246.
245 M. *Eggert*, Nichtzulassungsbeschwerde, 2002, 250.
246 Sowie M. *Eggert*, Nichtzulassungsbeschwerde, 2002, 251 f., dort auch zu den Sorgfaltspflichten bei der Erledigungserklärung.
247 BVerwG 12.7.2013 – 6 PB 9/13, juris Rn. 3.
248 *Pietzner/Bier*, in: Schoch/Schmidt-Aßmann/Pietzner § 133 Rn. 107.
249 Vgl. M. *Eggert*, Nichtzulassungsbeschwerde, 2002, 253.

§ 134 [Sprungrevision]

(1) [1]Gegen das Urteil eines Verwaltungsgerichts (§ 49 Nr. 2) steht den Beteiligten die Revision unter Übergehung der Berufungsinstanz zu, wenn der Kläger und der Beklagte der Einlegung der Sprungrevision schriftlich zustimmen und wenn sie von dem Verwaltungsgericht im Urteil oder auf Antrag durch Beschluß zugelassen wird. [2]Der Antrag ist innerhalb eines Monats nach Zustellung des vollständigen Urteils schriftlich zu stellen. [3]Die Zustimmung zu der Einlegung der Sprungrevision ist dem Antrag oder, wenn die Revision im Urteil zugelassen ist, der Revisionsschrift beizufügen.

(2) [1]Die Revision ist nur zuzulassen, wenn die Voraussetzungen des § 132 Abs. 2 Nr. 1 oder 2 vorliegen. [2]Das Bundesverwaltungsgericht ist an die Zulassung gebunden. [3]Die Ablehnung der Zulassung ist unanfechtbar.

(3) [1]Lehnt das Verwaltungsgericht den Antrag auf Zulassung der Revision durch Beschluß ab, beginnt mit der Zustellung dieser Entscheidung der Lauf der Frist für den Antrag auf Zulassung der Berufung von neuem, sofern der Antrag in der gesetzlichen Frist und Form gestellt und die Zustimmungserklärung beigefügt war. [2]Läßt das Verwaltungsgericht die Revision durch Beschluß zu, beginnt der Lauf der Revisionsfrist mit der Zustellung dieser Entscheidung.

(4) Die Revision kann nicht auf Mängel des Verfahrens gestützt werden.

(5) Die Einlegung der Revision und die Zustimmung gelten als Verzicht auf die Berufung, wenn das Verwaltungsgericht die Revision zugelassen hat.

Schrifttum

1. Monographien und Beiträge in Sammelwerken *A. May*, Die Revision in den zivil- und verwaltungsgerichtlichen Verfahren (ZPO, ArbGG, VwGO, SGG, FGO), 2. Aufl. 1997, 222.

2. Beiträge in Zeitschriften *K. Bepler*, Die Gegenzustimmung zur Sprungrevision – ein Verfahrensvergleich, NJW 1989, 686; *W. B. Maetzel*, Die Sprungrevision im Verwaltungsprozeß, MDR 1966, 93; *H. Meyer*, Die Zustimmungserklärung zur Einlegung der Sprungrevision, NZS 1995, 356; *P. Schaeffer*, Zur Sprungrevision im Verwaltungsprozeß, NVwZ 1982, 21; *M.-J. Seibert*, Berufungszulassung durch den Einzelrichter?, NVwZ 2004, 821; *O.E. Krasney*, Vorsicht bei der Sprungrevision, ZTR 2013, 295; *U. Berlit*, Reformbedarf im Asylprozeßrecht – für eine Reintegration in das allgemeine Verwaltungsprozeßrecht, DVBl 2015, 660.

I. Entwicklung des Normbestands

1   In seiner ursprünglichen Fassung regelte § 134 das Verfahren der Sprungrevision z.T. abweichend, namentlich in den Fällen, in denen das VG die Sprungrevision nicht schon in dem angefochtenen Urteil zugelassen hatte. In diesem Fall konnten die Beteiligten ohne vorherige Zulassung gegen das Urteil Revision einlegen, verbunden mit dem Antrag an das VG, die Revision zuzulassen. Der Revisionsschrift war sowohl die Zustimmung des Rechtsmittelgegners zur Einlegung der Sprungrevision als auch der Antrag auf ihre Zulassung beizufügen. Lehnte das VG die Zulassung ab, war die eingelegte Revision als Berufung zu behandeln, wenn der Beteiligte nicht auf das Rechtsmittel innerhalb von zwei Wochen nach Zustellung des Beschlusses verzichtete, mit dem das VG die Zulassung der Revision abgelehnt hatte.

Seine jetzige Fassung erhielt § 134 im Wesentlichen durch das 4. VwGOÄndG (v. 17.12.1990, 2
BGBl I 2809). Hat das VG die Sprungrevision nicht bereits im Urteil zugelassen, ist nach der Neuregelung der Einlegung der Revision ein gesondertes Antragsverfahren vorgeschaltet. Die Zulassung der
Sprungrevision ist innerhalb eines Monats nach Zustellung des Urteils selbständig zu beantragen.
Schon diesem Antrag ist die Zustimmung des Rechtsmittelgegners zur (späteren) Einlegung der Revision beizufügen. Die Revision ist nunmehr innerhalb eines Monats nach Zustellung des gesonderten Beschlusses über ihre Zulassung einzulegen (§ 139 Abs. 1 S. 1). Lehnt das VG die Zulassung der Revision ab, wird die Revision nicht mehr in eine Berufung umgedeutet. Stattdessen öffnete § 134 Abs. 3
(i.d.F. des 4.VwGOÄndG) mit der Ablehnung des Zulassungsantrags die Frist für die Berufung oder –
in den Fällen der zulassungsbedürftigen Berufung nach § 131 damaliger Fassung – für den Antrag auf
ihre Zulassung neu.

Im Übrigen ist seit dem 4. VwGOÄndG klargestellt, dass nur die Zustimmung des Klägers und des 3
Beklagten zur Einlegung der Sprungrevision erforderlich ist, nicht aber auch die Zustimmung anderer
Beteiligter, insbes. des Beigeladenen. In dieser Weise hatte die Rspr. bereits zuvor den Begriff Rechts-
mittelgegner in § 134 Abs. 1 ausgelegt (GmSOGB BVerwGE 50, 369, 371).

Das 6. VwGOÄndG passte § 134 Abs. 3 an die dort generell eingeführte Zulassungsberufung an. 4
Lehnt das VG den besonderen Antrag auf Zulassung der Sprungrevision ab, setzt diese Entscheidung
den Lauf der Frist für einen Antrag auf Zulassung der Berufung erneut in Gang.

Das RmBereinVpG (v. 20.12.2001, BGBl I 3987) hat durch entsprechende Einfügungen in § 134 5
Abs. 1 S. 1 und S. 3 jeweils klargestellt, dass die Zustimmung des Rechtsmittelgegners sich auf die Einlegung der Sprungrevision zu beziehen hat. Der bisherige Wortlaut hätte es zugelassen, die Zustimmung stattdessen auf die Zulassung der Sprungrevision zu beziehen (Begründung des Gesetzentwurfs
BT-Drs. 14/6393, 14).

II. Bedeutung der Sprungrevision

§ 134 ermöglicht den Beteiligten, die Berufungsinstanz zu übergehen und nach einem Urteil des VG 6
unmittelbar die Revisionsinstanz zu erreichen. Die Zulassung der Sprungrevision erweitert die möglichen Rechtsmittel. Neben der Berufung steht wahlweise die Revision zur Verfügung. Die Wahl der Revision schließt die Berufung aus. Diese Disposition über den Instanzenzug ist den Beteiligten nur gemeinsam möglich. Die Einlegung der (zugelassenen) Sprungrevision und die Zustimmung des Rechtsmittelgegners zu ihr bewirken nur zusammen den Verzicht auf die Berufung (§ 134 Abs. 5).

Diese Straffung des Instanzenzuges verhilft den Beteiligten möglichst rasch und kostengünstig zu einer 7
abschließenden Entscheidung, wenn nur die Klärung von Rechtsfragen in Mitten steht, eine weitere
Tatsacheninstanz aber nicht erforderlich ist, weil kein Bedarf an weiterer tatsächlicher Klärung besteht. Sie ermöglicht die schnelle Klärung grundsätzlicher Rechtsfragen, insbes. in Bereichen der Mas-
senverwaltung. Die Sprungrevision ist ferner geeignet, bei neu auftretenden Rechtsfragen schnell zu
einer einheitlichen Rspr. der Instanzgerichte beizutragen.

Dient die Sprungrevision der schnellen und kostengünstigen Klärung grds. bedeutsamer Rechtsfragen 8
in einem strafferen Instanzenzug, darf die tatsächliche Grundlage der Revisionsentscheidung nicht in
Frage gestellt werden. Die Klärungsbedürftigkeit und -fähigkeit der Rechtsfragen wäre offen, wenn
die tatsächlichen Grundlagen der Entscheidung noch angegriffen werden könnten. Die ggf. erforderliche Aufhebung des angefochtenen Urteils und die Zurückverweisung der Sache zur weiteren Aufklärung des Sachverhalts stehen der angestrebten raschen Klärung grundsätzlicher Rechtsfragen in einem
gestrafften Instanzenzug entgegen. Verfahrensfehler können deshalb mit der Sprungrevision nicht geltend gemacht werden (§ 134 Abs. 4).

Von der Möglichkeit der Sprungrevision können die Beteiligten verantwortlich nur Gebrauch machen, 9
wenn sie zuvor sorgfältig geprüft haben, ob die tatsächlichen Feststellungen des VG den Verzicht auf
eine weitere Tatsacheninstanz zulassen, ob sie sich also auf der Grundlage dieser tatsächlichen Feststellungen auf eine Entscheidung nur der Rechtsfragen einlassen können. Dies gilt auch für den
Rechtsmittelgegner. Ihm darf der Verzicht auf eine weitere Tatsacheninstanz und damit die Bindung
an die tatsächlichen Feststellungen des VG nicht gegen seinen Willen aufgezwungen werden. Die
Sprungrevision ist deshalb nur zulässig, wenn der Rechtsmittelgegner ihrer Einlegung zustimmt.

III. Voraussetzungen der Sprungrevision

10   **1. Statthaftigkeit.** Die Sprungrevision steht den Beteiligten gem. § 134 Abs. 1 S. 1 gegen das Urteil des VG zu, und zwar unter Übergehung der Berufungsinstanz. Sie setzt also voraus, dass an sich eine Berufung gegen die angefochtene Entscheidung möglich (statthaft) wäre.

11   Das sind neben Urteilen des VG Gerichtsbescheide (§ 84 Abs. 3 Hs. 1, § 84 Abs. 2 Nr. 2) sowie Beschlüsse, mit denen das VG bei Musterverfahren gem. § 93 a Abs. 2 S. 1 über die zunächst ausgesetzten Verfahren entscheidet (§ 93 a Abs. 2 S. 5).[1] Statthaft ist die Sprungrevision auch gegen Urteile des Einzelrichters.[2] Allerdings kann die Sprungrevision nur in Fällen grundsätzlicher Bedeutung oder bei Abweichung von der Rspr. insbes. des BVerwG zugelassen werden (§ 134 Abs. 2 S. 1). Gerade in diesen Fällen kommen aber regelmäßig weder ein Gerichtsbescheid noch die Übertragung auf den Einzelrichter in Betracht (vgl. § 6 Abs. 1 S. 1 Nr. 1; § 84 Abs. 1 S. 1). Hat das VG die gesetzlichen Voraussetzungen einer Übertragung auf den Einzelrichter oder einer Entscheidung durch Gerichtsbescheid beachtet, werden deshalb die Voraussetzungen für die Zulassung der Sprungrevision regelmäßig fehlen. Die Entscheidungen sind aber ihrer Art nach mit der Berufung anfechtbar und damit auch unter Übergehung der Berufungsinstanz mit der Sprungrevision. Sind die Voraussetzungen ihrer Zulassung zu Unrecht angenommen worden, ist das BVerwG gleichwohl gebunden (§ 134 Abs. 2 S. 2).[3] Das gilt erst recht, wenn die Voraussetzungen einer Zulassung der Sprungrevision vorliegen, aber zuvor die Voraussetzungen für eine Übertragung auf den Einzelrichter oder für eine Entscheidung durch Gerichtsbescheid verkannt worden waren. Die Berücksichtigung dieser Verfahrensmängel ist im Revisionsverfahren nach § 134 Abs. 4 ausgeschlossen (offen: BVerwGE 122, 94, 95 f.).

12   In Streitigkeiten nach dem AsylVfG war die Sprungrevision bisher ausgeschlossen (§ 78 Abs. 2 S. 2 AsylG).[4] Durch das Gesetz zur besseren Durchsetzung der Ausreisepflicht v. 20.7.2017 (BGBl I 2780) ist die Sprungrevision nunmehr auch in Asylangelegenheiten eröffnet. Ausgenommen bleiben die Fälle, in denen das VG die Klage als offensichtlich unzulässig oder offensichtlich unbegründet abgewiesen hat (§ 78 Abs. 6 AsylG). In den gerichtlichen Disziplinarverfahren nach dem BDG ist eine Sprungrevision ausgeschlossen, weil § 69 BDG bei seiner Verweisung auf die Vorschriften über das Revisionsverfahren die Vorschrift des § 134 ausklammert.

13   Die Sprungrevision ist auch dann statthaft, wenn die Berufung der Zulassung bedarf. Einer gleichzeitigen Zulassung der Berufung bedarf es nicht.[5] Seit dem 4. VwGOÄndG ist die Zulassung der Sprungrevision von der Zulassung der Berufung abgekoppelt. Lehnt das VG den Antrag auf Zulassung der Sprungrevision durch Beschluss ab, beginnt nach § 134 Abs. 3 mit der Zustellung dieser Entscheidung der Lauf der Frist für den Antrag auf Zulassung der Berufung von neuem. Damit hat der Gesetzgeber zu erkennen gegeben, dass die vorherige oder gleichzeitige Zulassung der Berufung nicht Voraussetzung für die Zulassung der Sprungrevision sein soll.

14   § 134 Abs. 1 S. 1 macht die Zulassung der Sprungrevision nur davon abhängig, dass die Voraussetzungen für die Zulassung der Berufung vorliegen (BVerwGE 92, 220). Auch bei diesem Verständnis eröffnet § 134 Abs. 1 S. 1 nicht die Möglichkeit, ein Urteil anzufechten, das sonst einer Überprüfung in höherer Instanz entzogen wäre. Die Voraussetzungen, unter denen eine Sprungrevision allein zugelassen werden darf, sind zugleich Gründe für die Zulassung der Berufung. § 132 Abs. 2 Nr. 1 deckt sich mit § 124 Abs. 2 Nr. 3, § 132 Abs. 2 Nr. 2 deckt sich mit § 124 Abs. 2 Nr. 4. Ob die Berufung aus diesen Gründen zuzulassen ist, kann das VG selbst entscheiden (§ 124 a Abs. 1 S. 1). Es darf deshalb erst recht mit der Entscheidung über die Zulassung der Sprungrevision zugleich mit Blick auf die Statthaftigkeit dieses Rechtsmittels feststellen, dass die Voraussetzungen für die Zulassung der übergangenen Berufung vorliegen. An diese Beurteilung ist das BVerwG gebunden (§ 134 Abs. 2 S. 2). Es kann diese

---

1   *I. Kraft* in: Eyermann § 134 Rn. 3; *M. Redeker,* in: Redeker/von Oertzen § 134 Rn. 1; *R. Pietzner/W. Bier;* in: Schoch/Schneider/Bier § 134 Rn. 10; a.A. *T Stuhlfauth;* in: Bader § 134 Rn. 5: Sprungrevision ist statthaft nur gegen Urteile des VG.

2   *K. Kuhlmann,* in: Wysk § 134 Rn. 2; *U. Berlit,* in: Posser/Wolff § 134 Rn. 2; a.A. VGH Mannheim VBlBW 2004, 108 (für die Berufungszulassung; hiergegen BVerwG VBlBW 2005, 60; *M.-J. Seibert* NVwZ 2004, 821); *T. Stuhlfauth,* in: Bader § 134 Rn. 6.

3   BVerwG 27.4.2005 Buchholz 316 § 49 a VwVfG Nr. 3; vgl. auch BVerwG VBlBW 2005, 60; BGH NJW 2003, 1254, 1255; VGH Mannheim VBlBW 2010, 41.

4   Krit. hierzu *U. Berlit*, DVBl 2015, 657, 660.

5   Anders für die überholte Rechtslage vor dem 4. VwGOÄndG: BVerwGE 28, 88, 89; BVerwG 18.10.1988 Buchholz 310 § 134 VwGO Nr. 35; für die Rechtslage nach dem 4. VwGOÄndG vgl. BVerwGE 92, 220.

Bindung nicht dadurch unterlaufen, dass es die Statthaftigkeit der Sprungrevision mit der Begründung verneint, Gründe für eine Zulassung der übergangenen Berufung hätten nicht vorgelegen.

2. Zustimmung des Rechtsmittelgegners. Die Zulässigkeit der Sprungrevision setzt die Zustimmung 15 des Klägers und des Beklagten voraus. Die Zustimmung ist Prozesshandlung. Sie ist auf Gegenseitigkeit angelegt. Zusammen mit der Einlegung der Sprungrevision ist sie auf einen gemeinsamen Verzicht auf die Berufungsinstanz gerichtet (§ 134 Abs. 5).

Das Erfordernis seiner Zustimmung soll den Rechtsmittelgegner vor dem unfreiwilligen Verlust einer 16 zweiten Tatsacheninstanz schützen. Obwohl der Rechtsmittelgegner vor dem VG obsiegt hat, kann aus seiner Sicht eine zweite Tatsacheninstanz erforderlich sein. Das angefochtene Urteil kann ihm ungünstige tatsächliche Feststellungen enthalten, auf die es wegen der ihm günstigen Rechtsauffassung des VG nicht ankam. Teilt das Revisionsgericht diese Rechtsauffassung nicht, können die bisher unerheblichen tatsächlichen Feststellungen für eine Entscheidung des Revisionsgerichts in der Sache Bedeutung gewinnen. Anders als sonst kann der Rechtsmittelgegner bei einer Sprungrevision nicht im Wege der „Gegenrüge" Verfahrensmängel geltend machen, namentlich nicht die Tatsachenfeststellungen des VG angreifen (offen: GmSOGB BVerwGE 50, 369, 375).

Fehlt eine Zustimmung überhaupt oder ist sie nicht wirksam erklärt, ist die gleichwohl eingelegte Revision unstatthaft und deshalb als unzulässig zu verwerfen (§ 143 S. 1, § 144 Abs. 1). 17

a) Rechtsmittelgegner. Erforderlich ist nach der ausdrücklichen Regelung in § 134 Abs. 1 S. 1 nur die 18 Zustimmung der Hauptbeteiligten, also des Klägers und des Beklagten, nicht hingegen die Zustimmung anderer Beteiligter, also des Beigeladenen oder des Vertreters des öffentlichen Interesses. Mit dem Zweck der Zustimmung ist deren Beschränkung auf die Hauptbeteiligten nur schwer vereinbar. Der Beigeladene bedarf in der Lage des erstinstanzlich erfolgreichen Rechtsmittelgegners desselben Schutzes gegen zunächst unerhebliche, aber unzutreffende tatsächliche Feststellungen des VG, die in der Revisionsinstanz bei geänderter Rechtsauffassung eine Entscheidung zu seinem Nachteil ermöglichen.

Das Gesetz geht von einer Zustimmung beider Hauptbeteiligter aus. Legt einer von ihnen selbst 19 Sprungrevision ein, liegt darin zugleich seine Zustimmung. Sind Kläger und Beklagter in erster Instanz jeweils teilweise unterlegen und wollen sie beide Sprungrevision einlegen, muss der Beklagte der Einlegung einer Sprungrevision des Klägers, der Kläger der Einlegung einer Sprungrevision des Beklagten zustimmen. Will der Beigeladene oder der Vertreter des öffentlichen Interesses Sprungrevision einlegen, müssen sowohl der Kläger als auch der Beklagte zustimmen (BVerwG NVwZ 2006, 599).

Sind an dem Verfahren mehrere Kläger oder mehrere Beklagte beteiligt, müssen sämtliche Kläger oder 20 Beklagte zustimmen. Das gilt auch dann, wenn von mehreren Klägern (oder mehreren Beklagten) nur einer Sprungrevision einlegen will. Die anderen Kläger (oder Beklagten) müssen der Einlegung der Sprungrevision eines Klägers (oder eines Beklagten) zustimmen, damit für den Fall der Einlegung der Verzicht auf die Berufung wirksam wird, die ihnen sonst zustünde. Dadurch wird bei mehreren in erster Instanz unterlegenen Klägern (oder Beklagten) verhindert, dass von ihnen unterschiedliche Rechtsmittel gegen das ergangene Urteil betrieben werden können.

b) Adressat der Zustimmung. Die Zustimmung ist dem Revisionskläger gegenüber abzugeben, nicht 21 gegenüber dem Gericht.[6] Zwar ist die Zustimmung dem Zulassungsantrag oder der Revisionsschrift beizufügen und damit dem Gericht vorzulegen. Diese Vorlage dient aber nur dazu, dem Gericht nachzuweisen, dass die Zustimmung erteilt ist.[7]

Auch wenn die Zustimmung gegenüber dem Revisionskläger zu erklären ist, kann der Rechtsmittel- 22 gegner seine Erklärung unmittelbar bei Gericht einreichen. Das Gericht hat die Erklärung wie jeden Schriftsatz der Gegenseite zu übermitteln. Die Zustimmung erreicht den Rechtsmittelgegner mithin nicht zufällig, sondern bestimmungsgemäß über das Gericht.

c) Zeitpunkt der Zustimmung. Die Zustimmung kann im Vorhinein erklärt werden.[8] Der Begriff der 23 Zustimmung umfasst auch die Einwilligung (§ 183 S. 1 BGB). Die Zustimmung kann mithin erklärt

---

6 *R. Pietzner/W. Bier*, in: Schoch/Schneider/Bier § 134 Rn. 20; *W.B. Maetzel*, MDR 1966, 93, 95.
7 *A. May*, Revision, 1997, 224.
8 BVerwG 29.2.1984 Buchholz 310 § 134 VwGO Nr. 24; ZfBR 2001, 558.

werden, bevor das Urteil des VG verkündet oder an Verkündung statt zugestellt ist.[9] Zwar ist die Zustimmung dem Antrag auf Zulassung der Sprungrevision oder der Revisionsschrift beizufügen. Sie kann aber auch nachträglich erklärt und dem Gericht nachgesandt werden, jedoch nur innerhalb der Frist für den Zulassungsantrag oder für die Einlegung der Sprungrevision (BVerwG NVwZ-RR 1993, 219; NVwZ-RR 2010, 146).

24   **d) Schriftform.** Die Zustimmung muss schriftlich erteilt werden. Die Schriftform dient dem Schutz des Rechtsmittelgegners. Mit seiner Zustimmung zur Sprungrevision verzichtet er auf die Berufung (§ 134 Abs. 5) und damit auf die Möglichkeit, ergänzend Tatsachen vorzutragen und aus seiner Sicht fehlerhafte Tatsachenfeststellungen des VG anzugreifen, auf die es wegen der Rechtsauffassung des VG zwar nicht ankam, die aber in der Rechtsmittelinstanz für eine Entscheidung in der Sache Bedeutung gewinnen können (§ 134 Abs. 4). Wegen dieser weitreichenden Folgen muss eindeutig und zweifelsfrei feststehen, dass der Rechtsmittelgegner seine Zustimmung tatsächlich erteilt hat und eine hierauf gerichtete Erklärung von ihm herrührt.[10] Die Schriftform erfüllt zugleich eine Warnfunktion. Darüber hinaus bezweckt sie, dem Revisionsgericht bei Ablauf der Revisionsfrist die Sicherheit zu verschaffen, dass die notwendige Zustimmung des Rechtsmittelgegners vorliegt und das eingelegte Rechtsmittel deshalb zulässig ist (BSGE 12, 230, 233).

25   Für die Zustimmungserklärung gelten dieselben Anforderungen wie für die Revisionsschrift und andere bestimmende Schriftsätze. Sie muss grds. handschriftlich unterzeichnet sein (BGHZ 92, 76). Der Schriftform genügen dieselben technischen Verkörperungen der Erklärung und dieselben Formen der Übermittlung, wie sie für bestimmende Schriftsätze sonst anerkannt sind, auch wenn die Zustimmung, anders als jene, nicht unmittelbar gegenüber dem Gericht abgegeben wird (BVerwG DÖV 2006, 218, 219; BSGE 79, 235).

26   Die Zustimmung kann vor dem VG zu Protokoll erklärt werden, insbes. in dem Termin zur mündlichen Verhandlung.[11] Die Aufnahme einer Erklärung in ein gerichtliches Protokoll wahrt die Schriftform. Ihm kann mit hinreichender Sicherheit der Inhalt der Erklärung, die abgegeben werden soll, und die Person, von der sie herrührt, entnommen werden. Das gilt jedenfalls dann, wenn die protokollierte Erklärung dem Beteiligten vorgelesen und von ihm genehmigt worden ist. Damit ist zugleich der Warnfunktion genügt, der das Erfordernis der Schriftlichkeit auch dient, denn dem Beteiligten wird verdeutlicht, dass er nunmehr eine rechtsverbindliche Erklärung abgibt.

27   Die Zustimmung kann auch außerhalb der mündlichen Verhandlung zur Niederschrift des Urkundsbeamten der Geschäftsstelle (§ 173, § 496 ZPO) oder eines Richters (BVerwGE 39, 314, 315) erklärt werden.

28   **e) Vertretungszwang.** Die Zustimmung unterliegt nicht dem **Vertretungszwang** des § 67 Abs. 1 (BVerwGE 39, 314, 315; BVerwG NVwZ 1990, 974). Sie wird nicht dem BVerwG gegenüber abgegeben, sondern dem Revisionskläger gegenüber. Sie wird beim VG eingereicht. Sie muss regelmäßig vor Einlegung der Sprungrevision erklärt werden. Sie bewirkt noch nicht die Eröffnung des Revisionsverfahrens, ist erst recht noch nicht Teil des Revisionsverfahrens.

29   **f) Zustimmung zur Einlegung.** Die **Zustimmung** muss **zur Einlegung** der Sprungrevision, nicht zu deren Zulassung erklärt werden (BVerwG NVwZ 1986, 119, 120). Der Wortlaut des § 134 Abs. 1 ist nunmehr eindeutig.

30   Wie jede Prozesserklärung ist zwar eine Zustimmung des Rechtsmittelgegners auslegungsfähig. An den Inhalt der Erklärung sind aber strenge Anforderungen zu stellen. Wegen der weitreichenden Folgen einer Zustimmung muss der abgegebenen Erklärung eindeutig und zweifelsfrei entnommen werden können, dass der Rechtsmittelgegner mit der Einlegung der Sprungrevision einverstanden ist (BVerwG NVwZ 1986, 119, 120).

31   Bei einer Erklärung im Vorhinein ist das Schutzbedürfnis des Rechtsmittelgegners besonders hoch. Er kennt noch nicht die Entscheidungsgründe des Urteils, insbes. nicht die tatsächlichen Feststellungen des VG. Er kann deshalb regelmäßig noch nicht beurteilen, ob eine zweite Tatsacheninstanz wirklich

---

9   BVerwG 25.11.1992 Buchholz 310 § 134 VwGO Nr. 40; BVerwGE 132, 10 Rn. 11; BVerwG 23.3.2011 – 8 C 47.09, juris Rn. 16.
10 R. *Pietzner/W. Bier*, in: Schoch/Schneider/Bier § 134 Rn. 13.
11 BVerwG 29.2.1984 Buchholz 310 § 134 VwGO Nr. 24; BVerwGE 92, 220; BVerwG NVwZ-RR 1993, 219; DVBl 2005, 513; BVerwG 23.3.2011 – 8 C 47.09, juris Rn. 16.

entbehrlich ist. Hat er in dieser Lage nach dem Wortlaut seiner Erklärung nur der Zulassung der Sprungrevision oder allgemein einer Sprungrevision zugestimmt, kann seine Erklärung nicht über ihren Wortlaut hinaus als Zustimmung zur Einlegung der Sprungrevision ausgelegt werden.[12]

Erst recht können in der mündlichen Verhandlung gestellte wechselseitige Anträge auf Zulassung der 32 Sprungrevision nicht zugleich als Zustimmung zur Einlegung der Sprungrevision ausgelegt werden.[13] Ein solcher Antrag ist nur für den Fall des eigenen Unterliegens gestellt. Er enthält nicht zugleich für den Fall des eigenen Obsiegens die Zustimmung zur Einlegung der Revision durch den Prozessgegner.

Hat der Rechtsmittelgegner nach dem Wortlaut seiner Erklärung der Zulassung der Sprungrevision 33 oder allgemein der Sprungrevision zugestimmt, kann eine solche im Vorhinein abgegebene Erklärung nur ausnahmsweise als Zustimmung zur Einlegung der Sprungrevision ausgelegt werden, etwa wenn das Interesse der Beteiligten an einer höchstrichterlichen Klärung der Rechtslage auf der Hand lag, weil zu einer bestimmten entscheidungserheblichen Rechtsfrage offenkundig von einander abweichende obergerichtliche Rspr. bestand.[14] Haben die Beteiligten in der mündlichen Verhandlung vor dem VG die Erklärung zu Protokoll gegeben, sie stimmten der Sprungrevision zu, legt das BVerwG diese Erklärung als Zustimmung zur Einlegung der Sprungrevision aus (BVerwG DVBl 2005, 513). Auch die Erklärung, für den Fall, dass die andere Seite ein Revisionsverfahren betreiben wolle, werde auf die Einlegung eines Rechtsmittels verzichtet, kann als Zustimmung zur Einlegung der Sprungrevision verstanden werden (BVerwG NVwZ 2015, 1620, 1621).

Das Schutzbedürfnis des Rechtsmittelgegners ist geringer, wenn das vollständige Urteil zugestellt ist 34 und er von den Entscheidungsgründen hat Kenntnis nehmen können. In dieser Lage kann schon eher eine zweideutige Zustimmung zur Sprungrevision als Zustimmung zu ihrer Einlegung ausgelegt werden (BVerwG 3.11.1992 Buchholz 310 §134 VwGO Nr. 41). Insbes. wird es regelmäßig ausreichen, wenn der Rechtsmittelgegner in Kenntnis des vollständigen Urteils erklärt, er stimme der Sprungrevision zu (BSGE 109, 56).

Hat das VG eine in der mündlichen Verhandlung abgegebene Erklärung unrichtig (nämlich nicht im 35 Sinne einer eindeutigen Zustimmung zur Einlegung der Sprungrevision) protokolliert, kann jeder Beteiligte die Berichtigung des Protokolls beantragen (§105, §164 ZPO). Erst in der berichtigten Fassung des Protokolls ist die Zustimmung so verkörpert, dass sie der Revisionsschrift i.S.v. §134 Abs. 1 S. 3 beigefügt werden kann. Das berichtigte Protokoll muss deshalb innerhalb der Frist für die Einlegung der Sprungrevision vorliegen (BVerwG NVwZ 1984, 302; NVwZ-RR 1993, 219; BSG NVwZ 1982, 64). Hat das VG den Berichtigungsantrag zögerlich bearbeitet, kann nach Berichtigung des Protokolls Wiedereinsetzung in den vorigen Stand gewährt werden, wenn die Frist zur Einlegung der Sprungrevision wegen dieser zögerlichen Bearbeitung versäumt wurde.[15] In anderen Fällen einer Berichtigung des Protokolls, die für eine rechtzeitige Vorlage nicht mehr ausreicht, wird die Versäumung der Revisionsfrist regelmäßig auf einem Verschulden des Beteiligten beruhen. Er hat bei Protokollierung darauf zu achten, ob es sich um eine Zustimmung zur Einlegung der Sprungrevision handelt. Erforderlichenfalls muss er auf eine andere eindeutig gefasste Erklärung dringen (BVerwG NVwZ 1984, 302; NVwZ-RR 1993, 219).

Wenn das Revisionsgericht die Sprungrevision mangels einer Zustimmung des Rechtsmittelgegners als 36 unzulässig verwirft, wird regelmäßig bereits die Frist für einen Antrag auf Zulassung der Berufung oder für die Einlegung einer vom VG zugelassenen Berufung abgelaufen sein. Wiedereinsetzung in den vorigen Stand wegen Versäumung dieser Fristen wird regelmäßig nicht gewährt werden können. Der Revisionskläger handelt schuldhaft, wenn er eine nicht eindeutige Erklärung des Rechtsmittelgegners als Zustimmung zur Einlegung der Sprungrevision ausgelegt (missverstanden) hat (BVerwG 21.12.1998 Buchholz §134 VwGO Nr. 47).

g) Bindungswirkung. Bindungswirkung entfaltet die Zustimmung des Rechtsmittelgegners erst, wenn 37 der Revisionskläger die Sprungrevision eingelegt hat. Die Zustimmung ist auf Gegenseitigkeit ange-

---

12 BVerwG NVwZ 1984, 302; BVerwGE 81, 81; 91, 140; BVerwG 3.11.1992 Buchholz 310 §134 VwGO Nr. 41; NVwZ-RR 1993, 219; BSG SozR 4. Folge 1500 §161 SGG Nr. 1.
13 BVerwG 29.2.1984 Buchholz 310 §134 VwGO Nr. 24; 21.12.1998 Buchholz 310 §134 VwGO Nr. 47; DÖV 2006, 218, 219; anders in einem Ausnahmefall: BVerwG NVwZ 1986, 643.
14 BVerwG NVwZ 1986, 643; NVwZ-RR 2010, 146; zur Abgrenzung BVerwG NVwZ-RR 1993, 219.
15 *R. Pietzner/W. Bier*, in: Schoch/Schneider/Bier §134 Rn. 26.

legt. Der Rechtsmittelgegner ist nicht weiter und nicht früher gebunden als der Revisionskläger selbst. Dessen Bindung an die Sprungrevision tritt erst mit deren Einlegung ein. Bis zum Eingang der Sprungrevision beim Gericht kann daher der Rechtsmittelgegner seine Zustimmung widerrufen.[16] Das gilt auch dann, wenn das VG die Sprungrevision nachträglich auf Antrag durch Beschluss zulässt und der Rechtsmittelgegner seine Zustimmung schon vorher erklärt hatte (§ 134 Abs. 1 S. 3).[17] Widerruft der Rechtsmittelgegner seine Zustimmung vor Einlegung der Sprungrevision, wird ein bereits ergangener Zulassungsbeschluss gegenstandslos. Ist der Rechtsmittelgegner seinerseits durch das Urteil des VG beschwert und stellt er einen Antrag auf Zulassung der Berufung, kann darin konkludent der Widerruf einer zuvor erklärten Zustimmung zur Einlegung der Sprungrevision liegen.[18]

38   Im Übrigen kann die Zustimmung weder unter einer Bedingung oder befristet abgegeben noch mit dem Vorbehalt des Widerrufs versehen werden, der über den Zeitpunkt der Einlegung der Sprungrevision hinausreicht. Ist der Zustimmung ein derartiger unzulässiger Widerrufsvorbehalt oder eine Bedingung oder Befristung beigefügt, ist die Zustimmung insgesamt unwirksam. Die Sprungrevision ist mangels wirksamer Zustimmung unstatthaft.

39   **h) Beifügung der Zustimmung.** Die Zustimmung muss dem Antrag oder, wenn die Revision in dem Urteil des VG zugelassen ist, der Revisionsschrift beigefügt werden. Zu unterscheiden ist zwischen der Abgabe der Zustimmungserklärung und ihrer Beifügung. Der Rechtsmittelgegner erklärt seine Zustimmung grds. unmittelbar gegenüber dem Revisionskläger. Ihm übermittelt er seine Zustimmungserklärung. Das Gesetz geht davon aus, dass der Rechtsmittelführer im Besitz einer Zustimmungserklärung ist, die in einem Schriftstück verkörpert ist. Dass eine solche Zustimmung existiert, muss er dem Gericht nachweisen.

40   Die Zustimmung ist schriftlich zu erklären. Damit kommen alle Formen in Betracht, die für bestimmende Schriftsätze zugelassen sind (→ § 81 Rn. 46 ff.). Der Schriftform steht die elektronische Form gleich (§ 55 a), wenn sie mit einer qualifizierten elektronischen Signatur versehen ist.

41   Die Existenz der Zustimmungserklärung ist dem Gericht grds. durch die Vorlage des Originals nachzuweisen. Ebenso wie der Revisionskläger seinen Antrag auf Zulassung der Sprungrevision oder die Revisionsschrift selbst dem Gericht per Telefax übermitteln kann, kann er aber auch eine ihm zugegangene Zustimmungserklärung per Telefax an das Gericht übermitteln und damit i.S.d. § 134 Abs. 1 S. 3 „beifügen". Dies hat das BVerwG mit Urteil vom 19.2.2015 (BVerwGE 151, 255, 257 f.) entschieden und damit die in seiner bisherigen Rspr.[19] vertretene strengere Auffassung, wonach für das Beifügen der Erklärung nicht dieselben Übermittlungswege verwendet werden können wie für die Abgabe der Erklärung selbst, aufgegeben. Die Übermittlung der Zustimmungserklärung an das Gericht per Telefax genügt nach dieser neuen Rspr. unabhängig davon, ob der Revisionskläger die Zustimmungserklärung seinerseits per Telefax oder auf andere Weise empfangen hat. Nach Auffassung des BVerwG besteht trotz der spezifischen Funktion, die der Beifügung der Zustimmungserklärung zukommt, nämlich Beweis für ein tatsächliches Geschehen zu erbringen (Erteilung der Zustimmung), kein Grund, den Übermittlungsweg per Telefax nicht für die Zustimmungserklärung des Gegners und deren Weiterleitung zuzulassen, nachdem auch die Einlegung der Revision selbst per Telefax zulässig ist.

42   Macht der Rechtsmittelführer nicht von der Möglichkeit der Vorlage der Zustimmungserklärung durch Telefax oder mittels einer anderen zugelassenen (elektronischen) Kommunikationsform Gebrauch, ist die ihm zugegangene (schriftliche) Zustimmungserklärung grds. in ihrer originalen Verkörperung dem Gericht vorzulegen. Der Revisionskläger kann die Zustimmungserklärung allerdings auch in Form einer Abschrift oder Ablichtung dem Zulassungsantrag oder der Revisionsschrift beifügen. Nach der Rspr. und vorherrschender Ansicht in der Literatur kann der Vorlage des Originals aber nur die Vorlage einer Abschrift oder Ablichtung gleichgestellt werden, die in ihrem Beweiswert dem Original entspricht. Eine einfache Abschrift oder eine einfache Ablichtung genügen deshalb nicht; erforder-

---

16 BVerwG NVwZ 2006, 834; *T. Stuhlfauth,* in: Bader § 134 Rn. 14; *Kraft,* in: Eyermann § 134 Rn. 17; *W.-R. Schenke,* in: *Kopp/Schenke* § 134 Rn. 20; *R. Pietzner/W. Bier,* in: Schoch/Schneider/Bier § 134 Rn. 21; *P. Schaeffer,* NVwZ 1982, 21, 22.

17 Insoweit einschränkend: *U. Berlit,* in: Posser/Wolff § 134 Rn. 10

18 BVerwG NVwZ 2006, 834; *P. Schaeffer,* NVwZ 1982, 21, 23.

19 BVerwG NJW 2005, 3367; NVwZ 2006, 599 und BVerwG 18.9.2008 – 2 C 125.07, juris Rn. 1, 9; ebenso die Vorauflagen.

lich ist vielmehr eine Beglaubigung durch eine hierzu ermächtigte Stelle. Zu diesen Stellen gehört der Rechtsanwalt nicht.[20] Auch insoweit stellt sich die Frage, ob es gerechtfertigt ist, an die beizufügende Zustimmungserklärung strengere Anforderungen zu stellen als an die Klageerhebung. Für diese ist aber anerkannt, dass der Schriftform auch dann Genüge getan ist, wenn zwar die Unterschrift fehlt, sich aber aus dem Schriftstück in Verbindung mit den möglicherweise beigefügten Anlagen hinreichend sicher – d.h. ohne Notwendigkeit einer Klärung durch Rückfrage oder durch Beweiserhebung – ergibt, dass die Klageschrift von dem Kläger herrührt und mit dessen Willen in den Verkehr gebracht wurde. Diese Anforderungen sind erfüllt, wenn gleichzeitig mit der unterzeichneten Klageschrift eine nur anwaltlich beglaubigte Ablichtung der Zustimmungserklärung beigefügt wird.[21]

Diese Probleme stellen sich nicht, wenn der Rechtsmittelgegner seine Zustimmung unmittelbar gegenüber dem Gericht abgibt. Für die Abgabe der Erklärung kann er sich der technischen Übermittlungswege bedienen, wie sie für bestimmende Schriftsätze zugelassen sind. Es reicht aus, wenn er die Erklärung dem Gericht durch Telefax übermittelt und damit abgibt. Dem Gericht liegt damit zugleich schon das originale Schriftstück vor, das die Erklärung verkörpert. 43

Nach ihrem Zweck will die Vorschrift den Rechtsmittelführer dazu anhalten, bis zum Ablauf der Rechtsmittelfrist klarzustellen, welches Rechtsmittel er einlegen will, namentlich klarzustellen, ob ein einvernehmlicher Verzicht auf die Berufungsinstanz gewollt ist. Die Zustimmung muss deshalb bis zum Ablauf der Antragsfrist oder der Revisionsfrist dem Gericht vorliegen.[22] Das ist regelmäßig das VG, bei dem der Antrag auf Zulassung der Sprungrevision zu stellen und eine zugelassene Sprungrevision einzulegen ist. Hat das VG die Sprungrevision bereits in seinem Urteil zugelassen, kann die Zustimmung entsprechend § 139 Abs. 1 S. 2 innerhalb der Revisionsfrist beim BVerwG eingereicht werden. 44

Hingegen erfordert der Zweck der Vorschrift nicht, dass die Zustimmung dem Gericht gleichzeitig mit dem Antrag auf Zulassung der Sprungrevision oder der Revisionsschrift zugeht. Mit dem Erfordernis des „Beifügens" ist nicht eine körperliche Verknüpfung von Zulassungsantrag oder Revisionsschrift einerseits und Zustimmung andererseits gemeint. Es genügt vielmehr, wenn bei Ablauf der Rechtsmittelfrist sowohl der Zulassungsantrag oder die Revisionsschrift einerseits und die Zustimmung zur Einlegung der Sprungrevision andererseits dem Gericht vorgelegen haben. Die Zustimmung ist dem Antrag oder der Revisionsschrift deshalb auch dann „beigefügt", wenn der Rechtsmittelgegner sie dem Gericht unmittelbar übersendet, bevor der Revisionskläger seinen Zulassungsantrag gestellt oder die Revisionsschrift eingereicht hat (vgl. BVerwG NVwZ 2006, 834). 45

Hat der Rechtsmittelgegner seine Zustimmung zu der Sprungrevision in der mündlichen Verhandlung vor dem VG zu Protokoll erklärt, braucht dieses Protokoll nicht in Abschrift oder Ablichtung dem Antrag oder der Revisionsschrift beigefügt zu werden. Das Protokoll der mündlichen Verhandlung und damit das Original der Zustimmungserklärung befinden sich bereits bei Gericht und brauchen deshalb nicht mehr für das Gericht beigefügt zu werden.[23] Der Revisionskläger braucht in seine Revisionsschrift auch keinen Hinweis auf die bei den Gerichtsakten befindliche Zustimmungserklärung aufzunehmen.[24] 46

War der Revisionskläger ohne sein Verschulden gehindert, seinem Zulassungsantrag oder seiner Revisionsschrift die Zustimmung fristgerecht beizufügen, kommt Wiedereinsetzung in den vorigen Stand in Betracht.[25] Die Beifügung der Zustimmung ist zwar keine Rechtshandlung i.S.d. § 60 Abs. 2 S. 3, sondern Realakt. Für diesen gilt unmittelbar keine Frist, die versäumt werden könnte. Der Antrag auf Zulassung der Sprungrevision ist jedoch nur formgerecht gestellt und die im Urteil zugelassene Sprungrevision ist nur formgerecht eingelegt, wenn dem Antrag oder der Revisionsschrift die Zustim- 47

---

20 BVerwG NVwZ 2006, 599; BVerwG18.9.2008 – 2 C 125. 07, juris Rn. 9; BSG 79, 235, 237.

21 So zutr. *R. Pietzner/W. Bier*, in: Schoch/Schneider/Bier § 134 Rn. 28 b; diese raten allerdings angesichts der gefestigten gegenteiligen Rspr. zu Recht zur Vorsicht. Es ist angeraten, eine den Anforderungen an eine öffentliche Urkunde (§ 415 ZPO) entsprechende Abschrift vorzulegen.

22 BVerwGE 18, 53, 54; 39, 314, 315; 65, 27, 30; 91, 140; ferner BVerfGE 65, 293, 296.

23 BVerwG NVwZ 2002, 90; BVerwGE 132, 10 Rn. 11; BVerwG 23.3.2011 – 8 C 47.09, juris Rn. 16.

24 A.A. BSG SozR 4. Folge 1500 § 161 SGG Nr. 1; ferner *U. Berlit*, in: Posser/Wolff § 134 Rn. 23.

25 BSG NZS 1994, 431; *T.Stuhlfauth*, in: Bader § 134 Rn. 18; *W.- R. Schenke*, in: *Kopp/Schenke* § 134 Rn. 19; *R. Pietzner/W. Bier*, in: Schoch/Schneider/Bier § 134 Rn. 32; *A. May*, Revision, 1997, 224; *K. Bepler*, NJW 1989, 686, 689 f.; offen gelassen von BVerwGE 18, 53, 55; BVerwG NVwZ 1984, 302; BVerwG 21.4.1988 Buchholz 310 § 134 VwGO Nr. 33.

mung beigefügt ist. Für die Wiedereinsetzung in den vorigen Stand macht es keinen Unterschied, ob der Rechtsmittelführer ohne Verschulden gehindert war, die Rechtsmittelfrist überhaupt einzuhalten, oder ob er „nur" gehindert war, sie in formgerechter Weise zu wahren.

48 Fällt das Hindernis für die Beifügung der Zustimmung weg und legt der Revisionskläger die Zustimmung vor, ist Wiedereinsetzung in die Frist für den Antrag auf Zulassung der Sprungrevision oder für deren Einlegung zu gewähren, denn diese Fristen waren versäumt. Der Zulassungsantrag oder die Revisionseinlegung brauchen nicht eigens wiederholt zu werden. Mit der Nachreichung der Zustimmung sind der Zulassungsantrag oder die Revision formgerecht nachgeholt.

49 Kein Grund für eine Wiedereinsetzung in den vorigen Stand liegt vor, wenn es dem Rechtsmittelführer nicht gelungen ist, den Rechtsmittelgegner innerhalb der Rechtsmittelfrist zu einer Zustimmung zur Einlegung der Sprungrevision zu bewegen.[26] In diesem Fall kann er nur Berufung einlegen.

50 **3. Zulassung der Sprungrevision.** Die Sprungrevision bedarf der Zulassung durch das VG. Das BVerwG kann eine Sprungrevision nicht zulassen. Lehnt das VG die Zulassung ab, kann diese Entscheidung nicht mit einer Beschwerde gegen die Nichtzulassung der Revision angegriffen werden (§ 134 Abs. 2 S. 3). VG i.S.d. § 134 Abs. 1 S. 1 ist auch der Einzelrichter, wenn die Kammer ihm den Rechtsstreit gem. § 6 Abs. 1 S. 1 übertragen hat (BVerwGE 132, 10 Rn. 10).

51 **a) Teilzulassung.** Die Zulassung kann nicht auf einen abtrennbaren selbständigen Teil des Streitgegenstandes beschränkt werden.[27] Denn dann wäre gegen das Urteil im Übrigen nach Zulassung durch das VG oder das OVG die Berufung gegeben. Für diesen Teil des Rechtsstreits gälte die Einlegung der Sprungrevision nicht als Verzicht auf die Berufung, weil die Sprungrevision insoweit nicht zugelassen ist. Dies hätte die Folge, dass über Teile desselben Streitgegenstandes in unterschiedlichen Instanzen mit unterschiedlichem Ergebnis gestritten werden könnte.[28] Eine Teilzulassung kommt nur bei objektiver Klagehäufung in Betracht. Die Zulassung kann auf eines der mehreren in einer Klage verfolgten Klagebegehren beschränkt werden. Die verbundenen Verfahren werden durch die Teilzulassung der Sprungrevision getrennt.

52 **b) Zulassungsgründe.** Die Sprungrevision darf nur zugelassen werden, wenn die Rechtssache grundsätzliche Bedeutung i.S.d. § 132 Abs. 2 Nr. 1 hat oder das VG von der Entscheidung eines der in § 132 Abs. 2 Nr. 2 genannten Gerichte abgewichen ist. Hingegen kann die Zulassung der Sprungrevision nicht wegen eines Verfahrensfehlers i.S.d. § 132 Abs. 2 Nr. 3 erreicht werden. Verfahrensfehler des VG, auf denen das Urteil beruht, müssen im Berufungsverfahren behoben werden. Jedoch können grds. klärungsbedürftige Fragen des Prozessrechts zum Gegenstand einer Sprungrevision gemacht werden. Es handelt sich um eine auf Verfahrensfragen bezogene Grundsatzrevision nach § 132 Abs. 2 Nr. 1.

53 Die Sprungrevision darf grds. nur zur Klärung einer Frage des Bundesrechts oder wegen einer Abweichung in einer Frage des Bundesrechts zugelassen werden. In Streitigkeiten beamtenrechtlicher Art erweitert § 127 Nr. 2 BRRG den Prüfungsmaßstab auf die Verletzung von Vorschriften eines Landesbeamtengesetzes. Nach dem Wortlaut des § 127 Nr. 2 BRRG gilt dieser erweiterte Prüfungsmaßstab nur für die Revision gegen Urteile des OVG. Daraus kann nicht gefolgert werden, die Sprungrevision dürfe nicht zugelassen werden, wenn sie auf die Verletzung von Vorschriften eines LBG gestützt werden solle.[29] § 127 Nr. 2 BRRG bezweckt mit seinem erweiterten Prüfungsmaßstab für das Revisionsverfahren, eine einheitliche Auslegung und Anwendung dieser Vorschriften sicherzustellen. Besteht Bedarf an

---

26 BVerwGE 18, 53, 55; BVerwGBVerwG 21.4.1988 Buchholz 310 § 134 VwGO Nr. 33.

27 *R. Pietzner/W. Bier*, in: Schoch/Schneider/Bier § 134 Rn. 43; a.A. *K. Kuhlmann*, in: Wysk § 134 Rn. 9.

28 Bsp: Gegenstand des Rechtsstreits ist ein auf eine Geldleistung gerichteter Verwaltungsakt. Das VG hält den Anspruch dem Grunde nach für gegeben, in der Höhe jedoch nicht in dem vollen geltend gemachten Umfang. Stellen sich Fragen grds. Bedeutung nur zur Höhe der Geldleistung, ist der Streitgegenstand zwar teilbar; es ist grds. möglich, die Revision nur hinsichtlich des abgewiesenen Teilbetrages zuzulassen. Das kann aber wegen der weiter gefassten Gründe für die Zulassung der Berufung zur Folge haben, dass über den geltend gemachten Anspruch i.Ü., namentlich über dessen Bestehen dem Grunde nach, nach Zulassung der Berufung auf den Antrag des Rechtsmittelgegners im Berufungsverfahren gestritten wird.

29 BVerwG 6.7.1965 Buchholz 310 § 134 VwGO Nr. 8; *R. Pietzner/W. Bier*, in: Schoch/Schneider/Bier § 134 Rn. 35; a.A. BVerwGE 24, 186; *I. Kraft*, in: Eyermann § 134 Rn. 20; *M.Redeker*, in: Redeker/von Oertzen § 134 Rn. 9; *W. Kuhla*, in: Kuhla/Hüttenbrink S. 496.

einer raschen und kostengünstigen Klärung von Rechtsfragen auch des LBG, spricht vor diesem Hintergrund nichts dagegen, hierfür auch die Sprungrevision zu ermöglichen.

Auch wenn ein Zulassungsgrund vorliegt, steht die Zulassung der Sprungrevision im Ermessen des VG. Es unterliegt einer eigenen Beurteilung auch des VG, ob es sinnvoll ist, die Sache sogleich unter Übergehung der zweiten Tatsacheninstanz einer revisionsgerichtlichen Beurteilung zuzuführen. 54

IV. Zulassungsentscheidung

Das VG kann die Sprungrevision entweder bereits in seinem Urteil oder nachträglich durch gesonderten Beschluss zulassen. Die nachträgliche Zulassung der Sprungrevision durch Beschluss ist ebenso wie die Zulassung im Urteil unanfechtbar, auch für den Beigeladenen. 55

Die Zulassung der Sprungrevision wirkt zu Gunsten aller Beteiligter, auch wenn das VG sie auf Antrag eines Beteiligten nachträglich durch Beschluss zulässt. Die erfolgreich beantragte Zulassung der Sprungrevision erweitert die möglichen Rechtsmittel. Neben der Berufung steht wahlweise die Revision zur Verfügung. 56

Das VG kann die Zulassung auf einen Beteiligten beschränken.[30] In diesem Fall steht den anderen Beteiligten, soweit sie beschwert sind, nur das Rechtsmittel der Berufung nach deren Zulassung zur Verfügung. Sie müssen aber der Einlegung der Sprungrevision durch den Revisionskläger zustimmen. Legt dieser die Sprungrevision ein, wirkt sie zusammen mit der Zustimmung der anderen Beteiligten auch für diese als Verzicht auf die für sie allein in Betracht kommende Berufung (für den Beigeladenen als weiteren Beschwerten → Rn. 81). Sie können sich der Sprungrevision des Revisionsklägers anschließen. 57

1. Zulassung im Urteil. Das VG muss die Sprungrevision ausdrücklich zulassen. Der Ausspruch über ihre Zulassung sollte in die Urteilsformel aufgenommen werden. Die Zulassung der Sprungrevision kann sich jedoch auch aus den Entscheidungsgründen ergeben (BVerwG NVwZ 2009, 1431). Hingegen reicht es regelmäßig allein nicht aus, wenn das VG eine Rechtsmittelbelehrung dahin erteilt hat, dass gegen das Urteil unter den in § 134 Abs. 1 genannten Voraussetzungen Revision gegeben ist.[31] Anders kann es sich verhalten, wenn die Rechtsmittelbelehrung so formuliert ist, dass die Sprungrevision ohne einen besonderen Antrag, der auf ihre Zulassung gerichtet ist, eingelegt werden kann. Eine so formulierte Rechtsmittelbelehrung kann dahin verstanden werden, dass die Sprungrevision bereits zugelassen sein soll (vgl. BVerwG NJW 1978, 722). 58

Die Zulassung im Urteil spricht das VG von Amts wegen aus. Ein Antrag der Beteiligten oder eines der Beteiligten ist nicht erforderlich. 59

Lässt das VG die Sprungrevision bereits im Urteil zu, hat es sowohl über das Rechtsmittel der Berufung wie auch über das Rechtsmittel der Sprungrevision zu belehren (BVerwGE 81, 81; 91, 140). Ist die Rechtsmittelbelehrung hinsichtlich eines dieser Rechtsmittel unterblieben oder unrichtig erteilt, läuft für beide Rechtsmittel die Jahresfrist des § 58 Abs. 2, also auch für das Rechtsmittel, über das richtig belehrt wurde. 60

Nach § 58 Abs. 1 muss das Gericht nicht über die Form belehren, die für das Rechtsmittel einzuhalten ist. Die Rechtsmittelbelehrung braucht deshalb keinen Hinweis darauf zu enthalten, dass der Revisionsschrift die Zustimmung des Rechtsmittelgegners zur Einlegung der Sprungrevision beizufügen ist (BVerwG 29.9.1962 Buchholz 310 § 134 VwGO Nr. 5; BVerwGE 18, 53, 54). Enthält die Rechtsmittelbelehrung jedoch an sich entbehrliche Aussagen über das Erfordernis einer Zustimmung des Rechtsmittelgegners, müssen diese Aussagen richtig und vollständig sein. Anderenfalls wird die Revisionsfrist des § 139 Abs. 1 S. 1 nicht in Lauf gesetzt (BVerwG NVwZ-RR 1994, 361; BSGE 58, 18, 20). 61

2. Nachträgliche Zulassung durch Beschluss. Das VG kann die Sprungrevision nachträglich durch Beschluss zulassen, wenn es im Urteil weder die Zulassung ausdrücklich abgelehnt noch die Sprungrevision zugelassen hat. Hat das VG die Zulassung der Sprungrevision im Urteil ausdrücklich abgelehnt, 62

---

30 *W.-R.Schenke*, in: *Kopp/Schenke* § 134 Rn. 8; *R. Pietzner/W. Bier*, in: Schoch/Schneider/Bier § 134 Rn. 53; a.A. *I. Kraft*, in: Eyermann § 134 Rn. 22.

31 BVerwG 18.10.1988 Buchholz 310 § 134 VwGO Nr. 35; *T. Stuhlfauth*, in: Bader § 134 Rn. 7; *R. Pietzner/W. Bier*, in: Schoch/Schneider/Bier § 134 Rn. 44; anders wohl BVerwG 22.4.1970 Buchholz 310 § 134 VwGO Nr. 13; 14.6.1972 Buchholz 310 § 134 VwGO Nr. 15.

ist über die Nichtzulassung der Sprungrevision unanfechtbar entschieden (§ 134 Abs. 2 S. 3). Lässt das VG gleichwohl auf einen nachträglich gestellten Antrag die Sprungrevision durch Beschluss zu, ist das BVerwG an diese Zulassung gem. § 134 Abs. 2 S. 2 gebunden. Es liegt ein bloßer Mangel des Zulassungsverfahrens vor, der mit der Zulassungsentscheidung wegen deren Bindungswirkung unbeachtlich wird.[32]

63   Das VG kann die Sprungrevision auch dann noch nachträglich zulassen, wenn es selbst im Urteil oder das OVG auf Antrag bereits die Berufung zugelassen hat. Die Zulassung der Sprungrevision ermöglicht nur die Wahl zwischen mehreren in Betracht kommenden Rechtsmitteln. Welches Rechtsmittel tatsächlich durchgeführt wird, richtet sich nach der Regelung in § 134 Abs. 5.

64   Die nachträgliche Zulassung durch Beschluss setzt einen Antrag des Revisionsklägers voraus. Er ist innerhalb eines Monats nach Zustellung des vollständigen Urteils zu stellen (zu Mängeln der Zustellung vgl. BVerwGE 104, 1, 3). Unerheblich ist, ob das VG über die Möglichkeit, einen Antrag auf Zulassung der Sprungrevision zu stellen, und über die Frist belehrt hat, die für einen solchen Antrag gilt. Einer solchen Belehrung bedarf es nicht. Der Zulassungsantrag ist weder ein Rechtsmittel noch ein sonstiger Rechtsbehelf i.S.d. § 58 Abs. 1 (BVerwGE 18, 53, 55).

65   Der Antrag ist beim VG zu stellen. Er unterliegt deshalb nicht dem Vertretungszwang des § 67 Abs. 1.[33] Wird der Antrag beim BVerwG gestellt, wahrt er die Frist des § 134 Abs. 1 S. 2 nicht.[34]

66   Der Antrag kann bereits vor der Zustellung des Urteils, etwa im Anschluss an die Verkündung des Urteils, zu Protokoll gestellt werden. Das VG kann in diesem Fall, bei ebenfalls zu Protokoll erklärter Zustimmung, die Sprungrevision durch sofort verkündeten Beschluss zulassen (BSGE 49, 126, 128).

67   Die schlichte Einlegung der Sprungrevision ersetzt den Antrag auf ihre Zulassung nicht (BVerwG NJW 1978, 772). Der Revisionskläger muss deshalb daneben diesen Antrag innerhalb der Frist des § 134 Abs. 1 S. 2 einreichen. Lässt das VG auf einen solchen rechtzeitig gestellten Antrag die Sprungrevision zu, braucht ihre Einlegung nicht wiederholt zu werden. Die Zulassung wirkt auf die Einlegung zurück (BVerwG NVwZ 1998, 174).

68   Hat derselbe oder hat ein anderer Beteiligter bereits einen Antrag auf Zulassung der Berufung gestellt, hindert dies einen parallelen Antrag auf Zulassung der Sprungrevision nicht.[35]

69   Der Antrag ist anders als die Nichtzulassungsbeschwerde kein Rechtsmittel. Für ihn gilt das Begründungserfordernis des § 133 Abs. 3 S. 3 nicht. Der Antragsteller braucht deshalb die Zulassungsgründe nicht darzulegen.[36]

70   Dem Antrag ist innerhalb der Antragsfrist die Zustimmung des Rechtsmittelgegners zur Einlegung der Sprungrevision beizufügen (§ 134 Abs. 1 S. 3). Anderenfalls ist der Antrag unzulässig.

71   Über die nachträgliche Zulassung der Sprungrevision entscheidet das VG durch Beschluss. Der Beschluss ergeht ohne Mitwirkung der ehrenamtlichen Richter (§ 5 Abs. 3 S. 2). Über die Zulassung der Sprungrevision gegen ein Urteil des Einzelrichters kann nur dieser, nicht aber die Kammer, über die Zulassung der Sprungrevision gegen eine Entscheidung der Kammer kann nur diese, nicht aber der Einzelrichter entscheiden.

72   Der Beschluss ist mit einer Rechtsmittelbelehrung zu versehen. Zu belehren ist nur noch über das mit dem Beschluss eröffnete Rechtsmittel der Sprungrevision.

73   **3. Bindung an die Zulassungsentscheidung.** Hat das VG die Sprungrevision zugelassen, ist das BVerwG an die Zulassung gebunden (§ 134 Abs. 2 S. 2). Die Bindung bezieht sich einmal auf die Beurteilung der Frage, ob Zulassungsgründe i.S.d. § 132 Abs. 2 Nr. 1 oder 2 vorgelegen haben. Die Bindung hindert das BVerwG zum anderen daran, im Revisionsverfahren nachzuprüfen, ob die Zulassungsentscheidung an einem Verfahrensmangel leidet.[37]

---

32   BSGE 64, 296, 297; *R. Pietzner/W. Bier*, in: Schoch/Schneider/Bier § 134 Rn. 41.
33   *M. Winkelmüller/F. van Schewick*, in: Gärditz § 134 Rn. 18; *M. Redeker*, in: Redeker/von Oertzen § 134 Rn. 6; a.A. *Berlit*, in: Posser/Wolff § 134 Rn. 20.
34   *M. Redeker*, in: Redeker/von Oertzen § 134 Rn. 6.
35   *M. Redeker*, in: Redeker/von Oertzen § 134 Rn. 6.
36   *T. Stuhlfauth*, in: Bader: § 134 Rn. 23.
37   Für die Zulassung der Berufung: BVerwG 13.7.1999 Buchholz 310 § 124 a VwGO Nr. 9; offen gelassen für eine Zulassung, die nicht durch den gesetzlichen Richter ergangen ist: BVerwGE 122, 94, 95 f.

Ob die Voraussetzungen einer zulässigen Sprungrevision im Übrigen gegeben sind, hat das BVerwG 74
hingegen selbständig und ohne Bindung an die Auffassung des VG nachzuprüfen.[38] Das BVerwG hat
namentlich nachzuprüfen, ob eine wirksame Zustimmung des Rechtsmittelgegners zur Einlegung der
Sprungrevision vorliegt. Das gilt auch in dem Fall, dass das VG die Sprungrevision auf einen nachträglich gestellten Antrag durch Beschluss zugelassen hat.[39] In diesem Fall hat das VG zwar vor der Zulassung zu prüfen, ob eine ausreichende Zustimmung zur Einlegung der Sprungrevision und damit ein
zulässiger Antrag vorliegt. Von der wirksamen Zustimmung hängt aber nicht nur die Zulässigkeit des
Antrags, sondern auch die Zulässigkeit (Statthaftigkeit) der eingelegten Revision ab.

Hat der Rechtsmittelführer innerhalb der Antragsfrist des § 134 Abs. 1 S. 2 zwar einen Antrag auf Zu- 75
lassung der Sprungrevision gestellt, die Zustimmung des Rechtsmittelgegners aber erst nach Ablauf
der Frist nachgereicht, hat der deshalb nicht formgerechte Antrag die Frist nicht gewahrt. Hat der
Rechtsmittelführer nicht vorsorglich und rechtzeitig auch einen Antrag auf Zulassung der Berufung
gestellt, ist das Urteil des VG rechtskräftig geworden. Eine gleichwohl aufgrund der nachgereichten
Zustimmung des Rechtsmittelgegners ausgesprochene Zulassung der Sprungrevision bindet das
BVerwG nicht,[40] denn über die verfahrensfehlerhafte Zulassung hinaus ist die Revision wegen der eingetretenen Rechtskraft des angefochtenen Urteils unzulässig.

Dasselbe gilt, wenn der Zulassungsantrag erst nach Ablauf der Antragsfrist gestellt worden ist, ohne 76
dass das VG Wiedereinsetzung in den vorigen Stand gewährt hat. Die damit eingetretene Rechtskraft
des Urteils wird durch eine gleichwohl ausgesprochene Zulassung der Sprungrevision nicht überwunden.

Gebunden ist nur das BVerwG. Legen die Beteiligten die zugelassene Sprungrevision nicht ein, son- 77
dern beantragen sie die Zulassung der Berufung, ist das OVG nicht an die Beurteilung des VG gebunden, die Rechtssache habe grundsätzliche Bedeutung. Ebenso wenig entfaltet die Zulassung der
Sprungrevision, wird sie nicht eingelegt, Bindung für die Zulassung der Revision im Anschluss an ein
stattdessen durchgeführtes Berufungsverfahren.[41]

V. Sprungrevision und Berufung

Mit der Zulassung der Sprungrevision steht den Beteiligten ein alternatives Rechtsmittel gegen das Ur- 78
teil des VG zur Verfügung. Sie können wählen, ob sie Revision einlegen oder die Zulassung der Berufung beantragen bzw. Berufung einlegen wollen, wenn das VG sie in dem angefochtenen Urteil zugelassen hat. Die Zulassung der Sprungrevision allein verengt die möglichen Rechtsmittel noch nicht auf
die Revision.

Diese Wahlmöglichkeit besteht von vornherein, wenn das VG die Sprungrevision bereits in dem ange- 79
fochtenen Urteil zugelassen hat. Sie entsteht im nachhinein, wenn das VG die Sprungrevision auf einen
nachträglich gestellten Antrag durch Beschluss zugelassen hat, es sei denn, zu diesem Zeitpunkt sei die
Frist für einen Antrag auf Zulassung der Berufung bzw. bei deren Zulassung durch das VG die Frist
für die Einlegung der Berufung bereits abgelaufen, ohne dass der Beteiligte (auch) einen Antrag auf
Zulassung der Berufung gestellt bzw. eine vom VG zugelassene Berufung eingelegt hätte. In diesem
Fall kann nach Zulassung der Sprungrevision nur noch dieses Rechtsmittel eingelegt werden.

Die Möglichkeit, zwischen den in Betracht kommenden Rechtsmitteln zu wählen, fällt (erst) weg, 80
wenn die zugelassene Sprungrevision mit Zustimmung des Rechtsmittelgegners eingelegt wird. Die
Einlegung der zugelassenen Revision und die Zustimmung hierzu gelten gem. § 134 Abs. 5 als Verzicht auf die Berufung. Die Vorschrift dient der Rechtssicherheit. Sie schafft Klarheit darüber, welches
Rechtsmittel gegen das Urteil des VG eingelegt ist. Konkurrierende Rechtsmittel gegen dasselbe Urteil
werden ausgeschlossen. Ausgeschlossen wird ferner, dass der Prozess im Rechtsmittelzug aufgespalten
wird. Das könnte eintreten, wenn Kläger und Beklagter in erster Instanz jeweils z.T. unterlegen sind.
In diesem Fall könnte der eine Beteiligte Sprungrevision und der andere Beteiligte Berufung einlegen.

---

38 So der Sache nach BVerwG 29.2.1984 Buchholz 310 § 134 VwGO Nr. 24 für die Rechtslage vor Einfügung des § 134
Abs. 2 S. 2.
39 Anders wohl: BSG SozR 2. Folge 1500 § 161 SGG Nr. 31; *H. Meyer*, NZS 1995, 356, 358.
40 BVerwGE 18, 53, 54; BVerwG 21.4.1988 Buchholz 310 § 134 VwGO Nr. 33.
41 BSG SozR 3. Folge 5425 § 15 KSVG Nr. 1; *R. Pietzner/W. Bier*, in: Schoch/Schneider/Bier § 134 Rn. 52.

81   Hat der Revisionskläger mit Zustimmung des Rechtsmittelgegners die zugelassene Sprungrevision eingelegt, wird nicht nur ein Verzicht dieser Beteiligten auf die Berufung fingiert. Vielmehr ist nunmehr auch für die anderen Beteiligten das Rechtsmittel der Berufung endgültig ausgeschlossen, insbes. auch für einen Beigeladenen.[42] Der fingierte Verzicht knüpft zwar an die Einlegung der Sprungrevision und die Zustimmung des Rechtsmittelgegners an. Einer Zustimmung des Beigeladenen bedarf es nicht (§ 134 Abs. 1 S. 1). Der Zweck des § 134 Abs. 5 erfordert aber, seine Rechtsfolge auch auf den Beigeladenen zu erstrecken. Nur so kann verhindert werden, dass über denselben Streitgegenstand in zwei verschiedenen Instanzen gestritten wird. Der Gesetzgeber hat bewusst darauf verzichtet, die Sprungrevision von der Zustimmung des Beigeladenen abhängig zu machen. Er hat damit bestätigt, dass dem Beigeladenen nur eingeschränkte verfahrensrechtliche Möglichkeiten zustehen sollen, die von den Dispositionen der Hauptbeteiligten abhängig sind. Deshalb kann nicht zu Gunsten des Beigeladenen von einem generellen Vorrang der Berufung oder des zuerst eingelegten Rechtsmittels ausgegangen werden.[43]

82   Nach dem Wortlaut des § 134 Abs. 5 erfasst der Verzicht nur die Berufung. Er erstreckt sich indes auch auf einen Antrag auf Zulassung der Berufung. Jedenfalls wäre ein solcher Antrag mangels Rechtsschutzinteresses unzulässig, weil die angestrebte Berufung wegen des Verzichts nicht durchgeführt werden kann.

83   Aufgrund des Verzichts werden eine bereits anhängige Berufung oder ein schon gestellter Antrag auf Zulassung der Berufung gegenstandslos.[44] Das Berufungsverfahren oder das Zulassungsverfahren haben sich erledigt. Sie sind nach entsprechenden Erklärungen der Beteiligten einzustellen. Die Kosten sind Teil der Verfahrenskosten. Ihre Verteilung richtet sich danach, wer aufgrund der abschließenden Entscheidung die Kosten zu tragen hat. Eine Kostenentscheidung nach § 161 Abs. 2 ist deshalb entbehrlich. Unterlässt es der Rechtsmittelführer, die anhängige Berufung oder das Zulassungsverfahren für erledigt zu erklären, sind die Berufung oder der Zulassungsantrag auf seine Kosten als unzulässig zu verwerfen.

84   Wird Berufung eingelegt oder ein Antrag auf ihre Zulassung gestellt, nachdem mit Zustimmung des Rechtsmittelgegners Sprungrevision eingelegt und der Verzicht auf die Berufung damit fingiert ist, sind Berufung oder Zulassungsantrag von vornherein unzulässig.[45]

85   Der Verzicht auf die Berufung ist endgültig. Er bleibt bestehen, wenn die Revision zurückgenommen oder deshalb unzulässig wird, weil der Revisionskläger sie nicht oder nicht rechtzeitig begründet (vgl. BVerwGE 63, 27, 33).

86   Allein die Einlegung der zugelassenen Sprungrevision bewirkt den Verlust der Berufungsmöglichkeit nicht. Ist die Zustimmung zur Einlegung der Sprungrevision nicht oder nicht wirksam oder nicht rechtzeitig erklärt worden, tritt die Rechtsfolge des § 134 Abs. 5 nicht ein. Trotz Einlegung der Sprungrevision bleiben eine anhängige Berufung oder ein Antrag auf ihre Zulassung zulässig (BVerwG 21.4.1988 Buchholz 310 § 134 VwGO Nr. 33). Ebenso steht dem fingierten Verzicht auf die Berufung entgegen, wenn die Einlegung der Sprungrevision als Prozesshandlung unwirksam ist, wie dies etwa bei fehlender Prozessfähigkeit oder fehlender Postulationsfähigkeit (§ 67 Abs. 1) der Fall ist.[46]

VI. Verfahren bei zugelassener Sprungrevision

87   **1. Einlegung und Begründung der Revision.** Wird die Sprungrevision bereits im Urteil des VG zugelassen, ist sie innerhalb eines Monats nach Zustellung des vollständigen Urteils beim VG einzulegen (§ 139 Abs. 1 S. 1) und innerhalb von zwei Monaten nach Zustellung des vollständigen Urteils zu begründen. Wird die Sprungrevision nachträglich durch Beschluss des VG zugelassen, ist sie innerhalb eines Monats nach Zustellung dieses Beschlusses ebenfalls beim VG einzulegen (§ 139 Abs. 1 S. 1; § 134 Abs. 3 S. 2) und innerhalb von zwei Monaten nach Zustellung dieses Beschlusses zu begründen (§ 139 Abs. 3 S. 1). Die Begründung ist in beiden Fällen beim BVerwG einzureichen.

---

42 BVerwGE 65, 27, 30; BVerwG 26.9.1991 Buchholz 310 § 134 VwGO Nr. 39; BSGE 74, 64; *R. Pietzner/W. Bier*, in: Schoch/Schneider/Bier § 134 Rn. 61; *P. Schaeffer*, NVwZ 1982, 21, 23.

43 So aber BVerwGE 14, 298, 299 ff.; BSGE 24, 281, 283; *W. Kuhla*, in: Kuhla/Hüttenbrink S. 498.

44 *T. Stuhlfauth*, in: Bader § 134 Rn. 34.

45 BSGE 74, 64; *A. May*, Revision, 1997, 227.

46 BSG NJW 1964, 2080; *R. Pietzner/W. Bier*, in: Schoch/Schneider/Bier § 134 Rn. 59; *A. May*, Revision, 1997, 227.

2. Revisionsgründe. Die Sprungrevision kann nur auf die Verletzung materiellen Rechts gestützt wer- 88
den. Verfahrensfehler können als Revisionsgrund nicht geltend gemacht werden (§ 134 Abs. 4).

§ 134 Abs. 4 schließt nach seinem Zweck nicht nur Verfahrensrügen des Revisionsklägers aus. Viel- 89
mehr kann auch der Rechtsmittelgegner nicht durch Gegenrüge geltend machen, die tatsächlichen
Feststellungen des VG beruhten auf Verfahrensfehlern.[47] Er muss vor seiner Zustimmung zur Einlegung der Sprungrevision sorgfältig prüfen, ob die tatsächlichen Feststellungen des VG auch aus seiner
Sicht den Verzicht auf die Berufung als zweite Tatsacheninstanz ermöglichen.

Eine Ausnahme gilt für den Beigeladenen. Seine Zustimmung zur Einlegung der Sprungrevision ist 90
nicht erforderlich. Die Hauptbeteiligten können ihm die Möglichkeit nehmen, selbst Berufung gegen
das Urteil des VG einzulegen oder doch in einem Berufungsverfahren die ihm nachteiligen tatsächlichen Feststellungen des VG durch Tatsachenvortrag anzugreifen, um eine ihm ungünstige Entscheidung auf mangelhafter Tatsachengrundlage zu verhindern. Der Ausschluss von Verfahrensrügen nach
§ 134 Abs. 4 rechtfertigt sich nur, weil der Kläger und der Beklagte die tatsächlichen Feststellungen
des VG prüfen konnten, bevor sie durch Einlegung der Sprungrevision und der Zustimmung zu ihr
sich freiwillig mit einem Rechtsmittel zufrieden gegeben haben, das auf die Rechtsfragen beschränkt
ist. Dem Beigeladenen kann der Verzicht auf eine zweite Tatsacheninstanz aufgezwungen werden. Ihm
muss als Ausgleich die Möglichkeit bleiben, im Revisionsverfahren durch Verfahrensrügen geltend zu
machen, dass die tatsächlichen Feststellungen des VG keine abschließende Entscheidung zu seinen
Lasten ermöglichen.[48] Das entspricht dem Gebot effektiven Rechtsschutzes und dem Anspruch auf
rechtliches Gehör. Dadurch wird zwar dem Sinn der Sprungrevision zuwider dieses Verfahren mit Unsicherheiten über die tatsächlichen Entscheidungsgrundlagen belastet. Dies ist aber der notwendige
Preis dafür, dass die Einlegung der Sprungrevision von einer Zustimmung des Beigeladenen abgekoppelt ist.

§ 134 Abs. 4 steht nicht entgegen, im Revisionsverfahren solche Verfahrensmängel zu berücksichtigen, 91
die in jeder Lage des Verfahrens auch ohne Rüge von Amts wegen zu beachten sind und die ein Revisionsurteil in der Sache ausschließen (BSGE 71, 43; BGH NJW-RR 1996, 1150). Dazu gehören die
Vorschriften, von deren Einhaltung die Zulässigkeit der Klage abhängt (BVerwG NVwZ-RR 1999,
472), ferner die Vorschriften, von deren Einhaltung die Tauglichkeit des angefochtenen Urteils als Entscheidungsgrundlage abhängt (BVerwGE 51, 6, 11 für die unterbliebene notwendige Beiladung).

§ 134 Abs. 4 schließt nicht solche Rügen aus, die allein die materiell-rechtliche Seite einer verfahrens- 92
rechtlichen Frage betreffen. So kann mit der Sprungrevision geltend gemacht werden, das VG habe die
Zulässigkeit der Klage unter dem Gesichtspunkt der Klagebefugnis des § 42 Abs. 2 fehlerhaft beurteilt, weil es die hierfür erhebliche materiell-rechtliche Rechtslage unzutreffend bewertet habe
(BVerwG NVwZ 1983, 610; NVwZ 1998, 954).

§ 134 Abs. 4 betrifft den Maßstab für die Begründetheit einer eingelegten Sprungrevision. Wird eine 93
Sprungrevision entgegen § 134 Abs. 4 ausschließlich auf Mängel des Verfahrens gestützt, ist sie unbegründet, nicht aber unzulässig.[49] Wird die Sprungrevision außer auf die Verletzung materiellen Rechts
auch auf Verfahrensrügen gestützt, findet eine sachliche Überprüfung der Verfahrensrügen nicht statt.
Sie sind für die Begründetheit der Revision unbeachtlich.

3. Revisionsentscheidung. **a) Entscheidung über die Zulässigkeit.** Ist die Sprungrevision unzulässig, 94
ist sie durch Beschluss zu verwerfen (§§ 143, 144 Abs. 1). Über die Zulässigkeit der Sprungrevision
kann vorab durch Zwischenurteil entschieden werden (BVerwGE 65, 27, 29; BVerwG NVwZ-
RR 1994, 361).

b) Entscheidung in der Sache. Für die Entscheidung in der Sache bestehen dieselben Möglichkeiten 95
wie auch sonst (§ 144 Abs. 2–5).

Muss die Sache nach § 143 Abs. 3 S. 1 Nr. 2 zurückverwiesen werden, weil es an den erforderlichen 96
Tatsachenfeststellungen für eine abschließende Entscheidung fehlt, hat das BVerwG die Wahl, ob es

---

47 *I. Kraft,* in: Eyermann § 134 Rn. 32; *R. Pietzner/W. Bier,* in: Schoch/Schneider/Bier § 134 Rn. 74; *O.E. Krasney,* ZTR
   2013, 295 zu § 76 Abs. 4 ArbGG und § 161 Abs. 4 SGG; a.A. *P. Schaeffer,* NVwZ 1982, 21, 23.
48 GmSOGB BVerwG 50, 369, 375 f.; BVerwG 26.9.1991 Buchholz 310 § 134 VwGO Nr. 39; *I. Kraft,* in: Eyermann
   § 134 Rn. 32; *R. Pietzner/W. Bier,* in: Schoch/Schneider/Bier § 134 Rn. 73.
49 *R. Pietzner/W. Bier,* in: Schoch/Schneider/Bier § 134 Rn. 78; a.A. BVerwG 4.5.1984 Buchholz 310 § 134 VwGO
   Nr. 26.

die Sache an das VG oder an das OVG zurückverweist (§ 144 Abs. 5 S. 1). Die Vorschrift ist seit dem 6. VwGOÄndG wenig systemgerecht. Sie ist seinerzeit unverändert beibehalten worden, obwohl die Berufung nunmehr generell von einer Zulassung abhängt, das OVG also nur noch bei Vorliegen bestimmter Gründe mit einer Sache befasst werden soll. Diese Gründe werden im Falle einer Zurückverweisung zur weiteren Klärung des Sachverhalts regelmäßig nicht vorliegen. Zur Klärung des entscheidungserheblichen Sachverhalts ist grds. das VG als Eingangsgericht berufen. An das OVG sollte die Sache deshalb nur zurückverwiesen werden, wenn sich im Anschluss an die Rechtsauffassung des BVerwG noch klärungsbedürftige Fragen des irrevisiblen Landesrechts stellen.

97　Verweist das BVerwG die Sache an das OVG zurück, gelten nach § 144 Abs. 5 S. 2 für das Verfahren dort dieselben Grundsätze, wie wenn der Rechtsstreit auf eine ordnungsgemäß eingelegte Berufung bei dem OVG anhängig geworden wäre. Die Vorschrift ist dahin zu lesen, dass es einer Zulassung der Berufung nicht bedarf. Das OVG hat die zurückverwiesene Sache als zugelassene Berufung zu behandeln. Eine Begründung der Berufung nach § 124 a Abs. 3 ist nicht erforderlich. Das OVG kann die Berufung nur dann als unzulässig verwerfen, wenn nachträglich andere Voraussetzungen ihrer Zulässigkeit weggefallen sind.

98　Verweist das BVerwG die Sache zurück, sind sowohl das VG als auch das OVG nach § 144 Abs. 6 an die rechtliche Beurteilung des BVerwG gebunden. Für das OVG gilt diese Bindung auch, wenn das BVerwG die Sache an das VG zurückverwiesen hat und nach dessen erneuter Entscheidung die Sache im Berufungsverfahren an das OVG gelangt. Wäre das OVG in diesem Falle nicht an die Auffassung des BVerwG gebunden, könnte die Sprungrevision nicht ihre Funktion einer raschen Klärung der entscheidungserheblichen Rechtsfragen erfüllen.[50]

99　**4. Anschlussrevision.** Auch bei der Sprungrevision ist die Anschließung des Rechtsmittelgegners möglich (BVerwGE 65, 27). Eine besondere Revisionszulassung ist für die Anschließung an die Sprungrevision eines Beteiligten nicht erforderlich (§§ 141 S. 1, 127 Abs. 4). Die Anschlussrevision kann sowohl beim VG als auch beim BVerwG eingelegt werden.

100　Die Einlegung der unselbständigen Anschlussrevision bedarf keiner Zustimmung des Revisionsklägers. Dieser ist nicht schutzbedürftig, nachdem er mit Zustimmung des Rechtsmittelgegners selbst Sprungrevision eingelegt hat. Ist der Rechtsmittelgegner durch das Urteil des VG ebenfalls beschwert und hatte er vor der Einlegung der Sprungrevision die Zulassung der Berufung (wo möglich schon erfolgreich) beantragt, verliert er nach § 134 Abs. 5 das Rechtsmittel der Berufung, wenn der Revisionskläger mit seiner Zustimmung eine nachträglich zugelassene Sprungrevision einlegt. Die Anschlussrevision ist für ihn nunmehr die einzige Möglichkeit, sich gegen den ihn beschwerenden Teil des angefochtenen Urteils zu wehren. Die Anschlussrevision ist insbes. für den Beigeladenen von Bedeutung, dem die Möglichkeit der Berufung ohne seine Mitwirkung durch die Hauptbeteiligten genommen werden kann.

VII. Verfahren bei Nichtzulassung der Sprungrevision

101　**1. Ablehnung der Zulassung im Urteil.** Ebenso wie das VG die Sprungrevision bereits im Urteil zulassen kann, kann es ihre Zulassung im Urteil ablehnen. Das bedarf eines ausdrücklichen Ausspruchs. Die Entscheidung über die Zulassung der Sprungrevision gehört nicht zu den prozessualen Nebenentscheidungen, die das VG zwingend zu treffen hat. Äußert sich das VG zur Zulassung der Sprungrevision nicht, liegt darin keine stillschweigende Ablehnung der Zulassung. Anderenfalls wären nachträgliche, vom Gesetz vorgesehene Anträge auf Zulassung der Sprungrevision weithin ausgeschlossen, weil das VG schon immer über diese Frage stillschweigend negativ entschieden hätte, und zwar unanfechtbar (§ 134 Abs. 2 S. 3).

102　**2. Ablehnung der Zulassung durch nachträglichen Beschluss.** Lehnt das VG den Antrag auf Zulassung der Sprungrevision durch nachträglichen Beschluss ab, beginnt mit dessen Zustellung der Lauf der Frist für den Antrag auf Zulassung der Berufung von neuem (§ 134 Abs. 3 S. 1). Ein Beteiligter soll zunächst die Möglichkeit zurückstellen dürfen, die Zulassung der Berufung zu erreichen. Dem Beteiligten wird aber nur dann der Weg in die Berufungsinstanz zeitlich offengehalten, wenn er das Sei-

---

50　*R. Pietzner/W. Bier;* in: Schoch/Schneider/Bier § 134 Rn. 84.

nige zur Zulassung der Sprungrevision getan hatte. Er muss den Antrag auf ihre Zulassung in der gesetzlichen Frist und Form gestellt und ihm eine wirksame Zustimmungserklärung beigefügt haben. Die Zulassung der Sprungrevision darf nur von der Beurteilung der Zulassungsgründe durch das VG abhängig gewesen sein.

§ 134 Abs. 3 S. 1 erfasst nach seinem Wortlaut zwar nicht den Fall, dass das VG in seinem Urteil gem. **104** § 124a Abs. 1 S. 1 die Berufung zugelassen hat, der Beteiligte aber nicht Berufung einlegt, sondern einen Antrag auf nachträgliche Zulassung der Sprungrevision stellt. Lehnt das VG diesen Antrag ab, beginnt mit der Zustellung dieser Entscheidung in entsprechender Anwendung des § 134 Abs. 3 S. 1 die Frist für die Einlegung der Berufung von neuem.[51]

Ein rechtzeitig gestellter, aber erfolglos gebliebener Antrag auf Zulassung der Sprungrevision kann **105** nicht in einen Antrag auf Zulassung der Berufung umgedeutet werden.[52]

nicht besetzt **106**

Lehnt das VG den Antrag auf Zulassung der Sprungrevision durch Beschluss ab, bedarf dieser Be- **107** schluss einer Rechtsmittelbelehrung. Das VG hat dahin zu belehren, dass die Frist für den Antrag auf Zulassung der Berufung erneut beginnt (§ 134 Abs. 3). Hatte das VG die Berufung bereits nach § 124a Abs. 1 S. 1 zugelassen, hat es dahin zu belehren, dass die Frist für die Einlegung der Berufung erneut beginnt. Es handelt sich nicht um die Belehrung über ein Rechtsmittel gegen den ergangenen, eine Zulassung der Sprungrevision ablehnenden Beschluss, sondern um eine erneute Belehrung über ein Rechtsmittel gegen das Urteil des VG. Die diesem Urteil beigegebene Rechtsmittelbelehrung ist unrichtig geworden, weil die Belehrung über den Fristbeginn nicht mehr zutrifft.[53]

Eine Rechtsmittelbelehrung ist nicht erforderlich, wenn das VG den Zulassungsantrag als unzulässig **108** verworfen hat, weil er entweder nicht in der gesetzlichen Frist oder Form gestellt oder ihm eine (wirksame) Zustimmungserklärung nicht beigefügt war. Denn in diesen Fällen setzt die Ablehnung des Zulassungsantrags die Frist für den Antrag auf Zulassung der Berufung nicht erneut in Lauf. Der Revisionskläger ist aber nicht gehindert, gleichwohl den Antrag auf Zulassung der Berufung zu stellen. Das OVG hat selbständig nachzuprüfen, ob der Antrag auf Zulassung der Berufung fristgerecht gestellt ist. Dies hängt in dieser Fallgestaltung von den Voraussetzungen des § 134 Abs. 3 S. 1 ab. Deshalb hat das OVG auch zu prüfen, ob der Antrag auf Zulassung der Sprungrevision frist- und formgerecht gestellt war und ihm eine wirksame Zustimmungserklärung beigefügt war. An die Beurteilung dieses Antrags als unzulässig durch das VG ist das OVG nicht gebunden.

§ 135 [Revision bei Ausschluss der Berufung]

[1]Gegen das Urteil eines Verwaltungsgerichts (§ 49 Nr. 2) steht den Beteiligten die Revision an das Bundesverwaltungsgericht zu, wenn durch Bundesgesetz die Berufung ausgeschlossen ist. [2]Die Revision kann nur eingelegt werden, wenn das Verwaltungsgericht oder auf Beschwerde gegen die Nichtzulassung das Bundesverwaltungsgericht sie zugelassen hat. [3]Für die Zulassung gelten die §§ 132 und 133 entsprechend.

Schrifttum

Beiträge in Zeitschriften *W. B. Maetzel*, Der zwei-instanzliche Verwaltungsprozeß, DVBl 1965, 825.

---

51 Ebenso *Berlit*, in: Posser/Wolff § 134 Rn. 31.
52 *T. Stuhlfauth*, in: Bader § 134 Rn. 26; *W.-R. Schenke*, in: *Kopp/Schenke* § 134 Rn. 11; *R. Pietzner/W. Bier*, in: Schoch/Schneider/Bier § 134 Rn. 42.
53 *Redeker*, in: Redeker/von Oertzen § 134 Rn. 8; *R. Pietzner/W. Bier*, in: Schoch/Schneider/Bier § 134 Rn. 38.

I. Bedeutung der Vorschrift

1   Der Bundesgesetzgeber kann in Fachgesetzen prozessrechtliche Bestimmungen treffen, die von der VwGO abweichen. Er kann dabei die Berufung als zweite Tatsacheninstanz ausschließen, wenn er dies etwa wegen Besonderheiten des jeweiligen Sachgebiets für rechtspolitisch sinnvoll hält. In diesen Fällen verdrängt das spätere und speziellere Gesetz die Vorschriften der VwGO. Mithin ermöglicht nicht erst § 135 den Ausschluss der Berufung und damit ein verwaltungsgerichtliches Verfahren, das auf zwei Instanzen beschränkt ist. Die Vorschrift sieht nur ergänzend zum fachgesetzlichen Ausschluss der Berufung die Revision zum BVerwG vor, und zwar nach den Regeln, die auch sonst für die Revision und ihre Zulassung gelten. § 135 kann nicht verhindern, dass der Gesetzgeber auch insoweit Sonderregelungen trifft und nicht nur die Berufung, sondern auch die Revision ausschließt, oder für die Revision und deren Zulassung abweichende Bestimmungen trifft. § 135 enthält nur ein Angebot, das den Gesetzgeber davon abhalten soll, bei Ausschluss der Berufung über diese Sonderregelung hinaus auch die Revision und deren Zulassung ohne Not spezialgesetzlich zu regeln. § 135 erfasst danach die Fälle, in denen der Gesetzgeber sich in einem Fachgesetz damit begnügt, die Berufung auszuschließen.

II. Voraussetzungen

2   Die Regelung gilt für die Fälle, in denen durch Bundesgesetz die Berufung ausgeschlossen ist. Die VwGO ermächtigt die Länder nicht, die Berufung durch Landesgesetz auszuschließen. Ein landesrechtlicher Ausschluss der Berufung wäre deshalb wegen Verstoßes gegen höherrangiges Bundesrecht (§ 124 Abs. 1) unwirksam (Art. 31 GG).

3   § 135 S. 1 erfasst über seinen Wortlaut hinaus nicht nur Urteile des VG, sondern auch andere Endentscheidungen des VG, die einem Urteil gleichgestellt sind, also Gerichtsbescheide (vgl. § 84 Abs. 2 Nr. 2) und Beschlüsse nach 93 a Abs. 2 S. 1 (vgl. S. 5 der Vorschrift).

4   Die Berufung ist i.S.d. § 135 S. 1 nur dann ausgeschlossen, wenn sie generell für bestimmte Gegenstände ausgeschlossen ist, nicht hingegen, wenn sie nur unter bestimmten Voraussetzungen zuzulassen ist. Auch wenn die Berufung danach im Einzelfall nicht gegeben ist, weil die Voraussetzungen ihrer Zulassung nicht erfüllt sind, ist nicht nach § 135 die Revision eröffnet.

5   Der Bundesgesetzgeber ist nicht gehindert, neben der Berufung auch die Revision auszuschließen (Beispiel: § 78 Abs. 1 AsylVfG). In diesen Fällen findet § 135 keine Anwendung.

III. Rechtsfolgen

6   § 135 regelt den Zugang zur Revisionsinstanz nicht abweichend von den allgemein geltenden Vorschriften. Die Revision bedarf der Zulassung durch das VG oder auf Beschwerde gegen ihre Nichtzulassung durch das BVerwG (§ 135 S. 2). Für die Zulassungsgründe und das Zulassungsverfahren gelten die §§ 132, 133. Hat das VG durch Gerichtsbescheid entschieden, kann eine Nichtzulassungsbeschwerde nicht auf Verfahrensfehler (§ 132 Abs. 3) gestützt werden, die die Richtigkeit der festgestellten Tatsachen oder eine Verletzung rechtlichen Gehörs betreffen; insoweit ist vielmehr vorrangig nach § 84 Abs. 2 Nr. 4 der Antrag auf mündliche Verhandlung zu stellen (BVerwG NVwZ-RR 2003, 902)

7   Lässt das BVerwG die Revision auf Beschwerde hin zu oder hilft das VG einer Nichtzulassungsbeschwerde ab, bedarf es der Einlegung der Revision entgegen dem missverständlichen Wortlaut des § 135 S. 2 nicht. Vielmehr wird auch in diesen Fällen das Beschwerdeverfahren nach § 139 Abs. 2 S. 1 als Revisionsverfahren fortgesetzt.[1]

8   Nach Zulassung der Revision gelten für das Revisionsverfahren keine Besonderheiten. Das BVerwG hat als Rechtmittelgericht abweichend vom Wortlaut des § 80 b Abs. 2 über die Fortdauer der aufschiebenden Wirkung zu entscheiden (vgl. BVerwG NVwZ 2007, 1097).

9   Hat das VG zu Unrecht angenommen, die Berufung sei ausgeschlossen, deshalb eine (fehlerhafte) Entscheidung über die Nichtzulassung der Revision getroffen und unzutreffend über das Rechtsmittel der Beschwerde gegen die Nichtzulassung der Revision belehrt, haben die Beteiligten die Möglichkeit, einen Antrag auf Zulassung der Berufung zu stellen, weil dies das Rechtsmittel wäre, das bei korrekter Entscheidung des VG gegeben wäre. Legt ein Beteiligter statt dessen eine an sich unstatthafte Be-

---

1   *I. Kraft*, in: Eyermann § 135 Rn. 1.

schwerde gegen die Nichtzulassung der Revision ein, verwirft das BVerwG diese Beschwerde nicht als unzulässig, sondern hebt in entsprechender Anwendung von § 133 Abs. 6 die fehlerhafte Entscheidung über die Nichtzulassung der Revision isoliert auf und verweist die Sache in diesem Umfang an das VG zurück. Das VG kann dann entweder die Berufung selbst zu lassen oder – wenn es die Voraussetzungen hierfür nicht für gegeben hält – das Urteil hinsichtlich der Rechtsmittelbelehrung berichtigen (BVerwG NJW 2002, 2262). Hat das VG die Revision in der irrigen Annahme zugelassen, sein Urteil unterliege einem fachgesetzlichen Ausschluss der Berufung, ist das BVerwG an diese Zulassung der Revision nicht gebunden, sondern hat die Revision als unstatthaft zu verwerfen. Der Revisionskläger kann dann nachträglich den Antrag auf Zulassung der Berufung stellen; in die insoweit versäumte Frist ist ihm Wiedereinsetzung zu gewähren (BVerwG NVwZ-RR 2006, 580).

IV. Einzelfälle

Der Bundesgesetzgeber hat in zahlreichen Fällen von der Möglichkeit Gebrauch gemacht, die Beru- 10 fung auszuschließen und das verwaltungsgerichtliche Verfahren dadurch auf zwei Instanzen zu beschränken:

§ 27 Abs. 1 S. 2 BerRehaG i.d.F. v. 23.12.2003, BGBl I 2848;
§ 20 Abs. 2 ESG i.d.F. v. 27.8.1990 BGBl I 1802;
§ 23 Abs. 2 S. 1 InVorG i.d.F. v. 4.8.1997, BGBl I 1996;
§ 10 Abs. 2 S. 1 KDVG i.d.F. v. 9.8.2003, BGBl I 1593;
§ 339 LAG i.d.F. v. 21.7.2004, BGBl I 1742;
§ 58 SaatG i.d.F. v. 16.7.2004, BGBl I 1673;
§ 22 VerkSiG i.d.F. v. 8.10.1968 BGBl I 1082;
§ 37 Abs. 2 S. 1 VermG i.d.F. v. 9.2.2005, BGBl I 205;
§ 12 Abs. 1 S. 1 EntschG i.V.m. § 37 Abs. 2 S. 1 VermG;
§ 6 Abs. 2 AusglLeistG i.V.m. § 37 Abs. 2 S. 1 VermG;
§ 6 Abs. 1 S. 2 VZOG i.d.F. v. 29.3.1994, BGBl I 709;
§ 16 Abs. 1 S. 2 VwRehaG i.d.F. v. 1.7.1997, BGBl I 1620;
§ 12 S. 1 WiSG i.d.F. v. 3.10.1968, BGBl I 1069;
§ 34 S. 1 WpflG i.d.F. v. 30.5.2005, BGBl I 1465;
§ 84 SG i.d.F. v. 30.5.2005, BGBl I 1482;
§ 75 S. 1 ZDG i.d.F. v. 17.5.2005, BGBl I 1346;
§ 137 Abs. 3 TKG v. 22.6.2004, BGBl I 1190.[2]

V. Ausschluss der Beschwerde

Der Gesetzgeber verbindet mit dem Ausschluss der Berufung zumeist den Ausschluss der Beschwerde 11 (→ § 146 Rn. 31 ff.), mit Ausnahme der Beschwerde gegen die Nichtzulassung der Revision, die mit Blick auf § 135 nicht ausgeschlossen werden kann (zur ausnahmsweise zugelassenen Rechtswegbeschwerde vgl. BVerwGE 108, 153).

§ 136 (aufgehoben)

§ 137 [Zulässige Revisionsgründe]

(1) Die Revision kann nur darauf gestützt werden, daß das angefochtene Urteil auf der Verletzung

1. von Bundesrecht oder
2. einer Vorschrift des Verwaltungsverfahrensgesetzes eines Landes, die ihrem Wortlaut nach mit dem Verwaltungsverfahrensgesetz des Bundes übereinstimmt,

beruht.

---

2 Hierzu BVerwG NVwZ-RR 2006, 580.

(2) Das Bundesverwaltungsgericht ist an die in dem angefochtenen Urteil getroffenen tatsächlichen Feststellungen gebunden, außer wenn in bezug auf diese Feststellungen zulässige und begründete Revisionsgründe vorgebracht sind.

(3) [1]Wird die Revision auf Verfahrensmängel gestützt und liegt nicht zugleich eine der Voraussetzungen des § 132 Abs. 2 Nr. 1 und 2 vor, so ist nur über die geltend gemachten Verfahrensmängel zu entscheiden. [2]Im übrigen ist das Bundesverwaltungsgericht an die geltend gemachten Revisionsgründe nicht gebunden.

Schrifttum

1. Monographien und Beiträge in Sammelwerken: *P. Gottwald*, Die Revisionsinstanz als Tatsacheninstanz, 1975; *P. Kirchhof*, Revisibles Verwaltungsrecht, in: FS Menger, 1985, 813; *M. Klaer-Cichon*, Die Revisibilität von Landesrecht vor dem Bundesverwaltungsgericht, 1992; *H.-H. Klumpp*, Landesrecht vor Bundesgerichten im Bundesstaat des Grundgesetzes, 1969; *K. Kuchinke*, Grenzen der Nachprüfbarkeit tatrichterlicher Würdigung und Feststellungen in der Revisionsinstanz, 1964; *R. Martin*, Prozeßvoraussetzungen und Revision, 1974; *A. May*, Die Revision in den zivil- und verwaltungsgerichtlichen Verfahren (ZPO, ArbGG, VwGO, SGG, FGO), 2. Aufl. 1997, 317ff.; *T. Mayen*, Die Befugnis des Bundesverwaltungsgerichts zur Auslegung behördlicher Willenserklärungen, in: FG 50 Jahre Bundesverwaltungsgericht, 2003, 641; *C.-F. Menger*, Landesrecht vor Bundesgerichten, 1962; *G. Rothe*, Revisionsrügen des Rechtsmittelgegners?, in: Ehrengabe für Bruno Heusinger, 1968, 257; *P. Schwerdtner*, Das revisible Recht im Verwaltungsprozeß, 1966; *H. Stumpf*, Zur Revisibilität der Auslegung von privaten Willenserklärungen, in: FS für Hans Carl Nipperdey, 1965, Bd. I, 957; *C. H. Ule*, Zur Revisibilität des Verwaltungsverfahrensrechts, in: Verfassung, Verwaltung, Finanzen, FS für Gerhard Wacke, 1972, 277; *H.-D. Weiß*, Revisibilität des Beamtendisziplinarrechts, in: Öffentliches Dienstrecht im Wandel, FS für Walther Fürst, 2002, 385.

2. Beiträge in Zeitschriften: *M. Bertrams*, Das vor dem Bundesverwaltungsgericht revisible Recht, DÖV 1992, 97; *L. Fastrich*, Revisibilität der Ermittlung ausländischen Rechts, ZZP 97 (1984), 423; *H. Grave/H.-J. Mühle*, Denkgesetze und Erfahrungssätze als Prüfungsmaßstab im Revisionsverfahren, MDR 1975, 274; *J. Gundel*, Neue Wege zur Auslegung von Landesrecht durch das BVerwG – Die Neubelebung von Art. 99 Alt. 2 GG durch Länderstaatsverträge, NVwZ 2000, 408; *H.-J. D. Hardt*, Die Revisibilität der allgemeinen Verwaltungsgrundsätze, DVBl 1973, 325; *N. Jansen/R. Michaels*, Die Auslegung und Fortbildung ausländischen Rechts, ZZP 116 (2003), 3; *A. May*, Auslegung individueller Willenserklärungen durch das Revisionsgericht?, NJW 1983, 980; *H. Oetker*, Rechtsvorschriften der ehem. DDR als Problem methodengerechter Gesetzesanwendung, JZ 1992, 608; *H.-U. Paeffgen*, Art. 30, 70, 101 I GG – vernachlässigbare Normen? – Revisibilität von Landesrecht durch das BVerwG und „vorbeugende Verbrechensbekämpfung", JZ 1991, 437; *H. A. Petzold*, Ist Gemeinschaftsrecht Bundesrecht? Zur Europafreundlichkeit von VwGO und FGO, NVwZ 1999, 151; *T. Pfeiffer*, Die revisionsgerichtliche Kontrolle der Anwendung ausländischen Rechts, NJW 2002, 3306; *Th. Rehm*, Vom Gesetz, das klüger ist als sein Verfasser – zur Revisibilität ausländischen Rechts, JZ 2014, 73; *W. Roth*, Ungleichzeitige Parallelgesetzgebung – Verlust der Revisibilität des Offenkundigkeitsmerkmals in § 44 I LVwVfG?, NVwZ 1999, 388; *R. Rudisile*, Die Gegenrüge im Revisionsrecht, DVBl 1988, 1135; *E. Schneider*, Die Befugnis des Rechtsbeschwerdegerichts zur Selbstauslegung, MDR 1981, 885; *F. W. Schwöbbermeyer*, Die Bedeutung der „Salvatorischen Klausel" in revisiblen Berufungsurteilen, NJW 1990, 1451; *H.-O. Sieg*, Eigene Beweiserhebung durch das Revisionsgericht, NJW 1983, 2014; *H. Sodan*, Unbeachtlichkeit und Heilung von Verfahrens- und Formfehlern, DVBl 1999, 729.

I. Allgemeines

1. Entwicklung des Normbestands. Es entspricht der Funktion der Revision, dass mit ihr das ange- 1
fochtene Urteil nur eingeschränkt nachgeprüft werden kann. § 137 greift insoweit auf überkommene
Regelungen zurück, passt sie aber z.T. den Besonderheiten des Verwaltungsprozesses an.

Die Vorschrift ist seit ihrem Inkrafttreten nur durch § 97 Nr. 3 VwVfG geändert worden. Mit dem 2
VwVfG übernahm der Gesetzgeber ungeschriebene allgemeine Rechtsgrundsätze des Verwaltungsrechts in das geschriebene Recht. Die Länder erließen in einer abgestimmten Aktion wortgleiche Gesetze. Diese sollten in Übereinstimmung mit dem VwVfG des Bundes ausgelegt werden. Das BVerwG
hatte aber Landesrecht auch dann für irrevisibel gehalten, wenn die Länder in einer abgestimmten Aktion gleichlautende Gesetze erlassen hatten. Deshalb musste entweder jedes Land gem. Art. 99 GG die
Revisibilität seines VwVfG vorsehen oder der Bund eine solche Revisibilität vorschreiben. Letzteres ist
mit § 97 Nr. 3 VwVfG (in begrenztem Umfang) geschehen.

§ 97 Nr. 3 VwVfG ist zwar durch Art. 1 Nr. 7 des 2. VwVfÄndG (v. 6.8.1998, BGBl I 2022) gestrichen 3
worden. Dadurch ist aber die Änderung des § 137 Abs. 1 nicht rückgängig gemacht worden.[1]

2. Bedeutung der Norm. a) Umfang revisionsgerichtlicher Überprüfung. Zusammen mit § 132 4
Abs. 2 bestimmt § 137 Funktion und Eigenart der Revision. Die Revision ist eröffnet, um eine einheitliche Auslegung und Anwendung des Rechts und dessen Fortbildung zu gewährleisten sowie die Einhaltung des Verfahrens sicherzustellen. Mit Blick auf diese Funktionen beschränkt § 137 den Umfang,
in dem das Revisionsgericht das angefochtene Urteil nachprüfen darf. Überschreitet das Revisionsgericht diese Grenzen, kann es den Anspruch der Beteiligten auf den gesetzlichen Richter verletzen
(BVerfGE 31, 145, 165).

§ 137 wirkt auf die Zulassung der Revision vor. Sie kann nur aus Gründen erreicht werden, die im 5
angestrebten Revisionsverfahren geprüft werden können. Die Fragen grundsätzlicher Bedeutung müssen solche des revisiblen Rechts sein. Sie müssen sich auf der Tatsachengrundlage stellen, die nach
§ 137 Abs. 2 dem BVerwG im Revisionsverfahren verbindlich vorgegeben ist.

---

1 *T. Stuhlfauth*, in: Bader § 137 Rn. 1. Dieselbe Frage stellte sich zu § 44 a; vgl. insoweit: BVerwG NJW 1999, 1729,
1730.

6   **aa) Beschränkungen aus § 137.** Zum einen prüft das BVerwG nur nach, ob das angefochtene Urteil auf einer Verletzung des (näher beschriebenen revisiblen) Rechts beruht. Das einschränkende „nur" in Abs. 1 bezieht sich vornehmlich auf die Verletzung des Rechts als alleinigen Gegenstand revisionsgerichtlicher Überprüfung. Das Revisionsgericht ist kein Tatsachengericht. Die Revision ermöglicht eine Nachprüfung des angefochtenen Urteils nur in rechtlicher, nicht aber in tatsächlicher Hinsicht. Diese Funktion der Revision verdeutlicht § 137 Abs. 2 weiter. Das Revisionsgericht ist an die tatsächlichen Feststellungen der Vorinstanz gebunden. Zu den Rechtssätzen, deren Einhaltung das Revisionsgericht nachprüfen kann, gehören neben den Rechtssätzen des materiellen Rechts die Rechtssätze des Verfahrensrechts. Tatsachenfeststellungen können deshalb mit der Rüge angegriffen werden, sie seien unter Verletzung von Verfahrensvorschriften zustande gekommen.

7   Zum anderen prüft das BVerwG nicht die Verletzung jedweden Rechts nach. § 137 Abs. 1 beschreibt das revisible Recht. Eine einheitliche Auslegung und Anwendung des Rechts und seine Fortbildung erfordern nicht in allen Fällen die Entscheidung des BVerwG als Revisionsgericht. Auf dem Gebiet des Landesrechts und für anderes Partikularrecht ist grds. das OVG in der Lage, durch seine Rspr. die Rechtseinheit zu wahren. Revisibel sind deshalb grds. nur die Rechtssätze des Bundesrechts, ferner die Vorschriften des VwVfG eines Landes, wenn die Vorschrift mit dem VwVfG des Bundes übereinstimmt. Andere Rechtssätze, namentlich solche des Landesrechts, sind ausnahmsweise revisibel, wenn ein Bundesgesetz oder nach Art. 99 GG ein Landesgesetz dies vorsieht. Ohne Rücksicht auf den Charakter der einschlägigen Norm wird eine Verletzung gerade von Bundesrecht unwiderleglich vermutet, wenn die Verletzung der Norm einen Verfahrensmangel i.S.d. § 138 ergibt.

8   Nach Maßgabe des § 137 Abs. 3 ist das BVerwG in der Nachprüfung des angefochtenen Urteils durch die geltend gemachten Revisionsgründe beschränkt. Eine solche Bindung besteht insbes. an erhobene Verfahrensrügen. Keine Bindung besteht an die Gründe, die zur Zulassung der Revision geführt haben. § 132 Abs. 2 eröffnet zwar die Revision im Wesentlichen zur Wahrung der Rechtseinheit und zur Fortbildung des Rechts (Nr. 1 und Nr. 2). Ist die Hürde der Zulassung genommen, ermöglicht die Revision aber eine rechtliche Überprüfung des angefochtenen Urteils im vollen Umfang des revisiblen Rechts ohne Rücksicht darauf, ob die Beantwortung der insoweit gestellten Fragen einen Beitrag zur Wahrung der Einheit des Rechts oder zu seiner Fortbildung leistet. Nach ihrer Zulassung bestimmt vielmehr das individuelle Rechtsschutzinteresse an der richtigen Entscheidung des Einzelfalles das Ziel der Revision.

9   **bb) Bindung an unanfechtbare Vorentscheidungen.** Das Revisionsgericht kann ferner nicht diejenigen Entscheidungen überprüfen, die dem Endurteil der Vorinstanz vorausgegangen sind und die nach ausdrücklicher gesetzlicher Vorschrift unanfechtbar sind (§ 173, § 557 Abs. 2 ZPO). Die Revision kann nicht darauf gestützt werden, die Vorinstanz habe bei einer prozessualen Zwischenentscheidung prozessrechtliche Vorschriften verletzt, wenn diese Zwischenentscheidung einer Anfechtung entzogen ist. Dies gilt etwa für die Rüge, die Vorinstanz habe zu Unrecht eine Klageänderung als sachdienlich zugelassen (§ 91 Abs. 3) oder das Berufungsgericht habe die Berufung zu Unrecht zugelassen (BVerwG NVwZ-RR 2000, 260; NVwZ 1998, 1179). Das BVerwG grenzt diese Beschränkung der revisionsgerichtlichen Überprüfung in zweifacher Hinsicht ein. Zum einen soll § 173, § 557 Abs. 2 ZPO nicht diejenigen Vorentscheidungen erfassen, die zwar nach allgemeinem Prozessrecht anfechtbar sind, aber wegen eines spezialgesetzlich normierten Rechtsmittelausschlusses (→ § 146 Rn. 31 ff.) im konkreten Fall nicht angegriffen werden können (BVerwGE 110, 40, 43 f.). Zum anderen soll die Rüge eines Verfahrensmangels dann zulässig sein, wenn diese Rüge sich nicht unmittelbar gegen die Vorentscheidung selbst wendet, sondern einen Mangel betrifft, der als Folge der beanstandeten Vorentscheidung weiterwirkend dem angefochtenen Urteil selbst anhaftet.[2]

---

2   BVerwGE 39,319, 323 f.; BVerwG 16.2.1988 Buchholz 303 § 548 ZPO Nr. 4; NVwZ 1999, 184, 185; BVerwGE 110, 40, 44; s.a. BVerwG NVwZ-RR 1999, 587, 588: die Ablehnung von Prozesskostenhilfe und der Beiordnung eines Rechtsanwalts kann weiterwirkend zu einer Verletzung rechtlichen Gehörs führen; BVerwG NVwZ-RR 2000, 257, 258: die verfahrensfehlerhafte Übertragung des Rechtsstreits auf den Einzelrichter kann weiterwirkend zu einer fehlerhaften Besetzung der Richterbank führen; der Sache nach ebenso BVerwGE 104, 170, 172: die fehlerhafte Zurückweisung eines Ablehnungsgesuchs kann weiterwirkend zu einer vorschriftswidrigen Besetzung der Richterbank bei der Endentscheidung führen, sowie BVerwG NVwZ-RR 1999, 408: die fehlerhafte Ablehnung eines Antrags auf Terminaufhebung kann weiterwirkend zu einer Verletzung rechtlichen Gehörs in der mündlichen Verhandlung führen.

Diese Deutung des § 557 Abs. 2 ZPO begegnet Bedenken.[3] Eigentlicher Sinn der Vorschrift ist es 10 schon nach ihrem Wortlaut, die Prüfungsbefugnis des Revisionsgerichts zu erweitern. Sie unterwirft prozessuale Vorentscheidungen einer Überprüfung des Revisionsgerichts. Das Revisionsgericht kann im Zusammenhang mit der Endentscheidung nachprüfen, ob die prozessuale Vorentscheidung fehlerhaft war. Diese Prüfung nimmt das Revisionsgericht nur mit Blick auf die Endentscheidung vor. Nur diese, nicht aber die Vorentscheidung ist Gegenstand der Revision. Wird die Vorentscheidung im Zusammenhang mit der Endentscheidung überprüft, lautet die maßgebliche Frage, ob die Endentscheidung als Gegenstand der Revision auf der fehlerhaften Vorentscheidung beruht. Diese Frage nach dem „Beruhen" der Endentscheidung auf der fehlerhaften Vorentscheidung ist dann zu bejahen, wenn als Folge der beanstandeten Vorentscheidung der Endentscheidung ein darauf beruhender, weiterwirkender Mangel anhaftet. Von dieser erweiterten Prüfungsbefugnis des Revisionsgerichts macht § 557 Abs. 2 ZPO wiederum Ausnahmen für die Fälle, in denen eine Vorentscheidung unanfechtbar ist. Die Vorschrift verwehrt dem Revisionsgericht in diesem Fall die sonst eröffnete erweiterte Prüfung. Die Vorschrift wiederholt nicht einfach die anderweit normierte Unanfechtbarkeit einer Vorentscheidung, sondern untersagt dem Revisionsgericht gerade, die Vorentscheidung im Zusammenhang mit der Endentscheidung zu überprüfen. Damit ist dem Revisionsgericht die Prüfung verwehrt, ob die Endentscheidung auf einem Mangel beruht, der sich als weiterwirkende Folge einer fehlerhaften, aber unanfechtbaren Vorentscheidung darstellt.

§ 557 Abs. 2 ZPO ist deshalb dahin zu verstehen, dass dem Revisionsgericht die Feststellung verwehrt 11 ist, die beanstandete Vorentscheidung sei fehlerhaft gewesen. Das Revisionsgericht hat vielmehr von der Richtigkeit einer unanfechtbaren Vorentscheidung und einer durch sie geschaffenen Prozesslage auszugehen. § 557 Abs. 2 ZPO ist aber in anderer Richtung einzuschränken. Trotz Unanfechtbarkeit der Zwischenentscheidung kann das Revisionsgericht überprüfen, ob wegen deren Fehlerhaftigkeit die anfechtbare Endentscheidung gegen eine verfassungsrechtliche Verfahrensgarantie verstößt, etwa den Anspruch auf den gesetzlichen Richter oder den Anspruch auf rechtliches Gehör verletzt.

b) Begründetheit der Revision. Mit dem Umfang revisionsgerichtlicher Überprüfung beschreibt § 137 12 Abs. 1 zugleich eine wesentliche, wenn auch nicht die alleinige Voraussetzung für die Begründetheit der Revision. Die Revision ist begründet, wenn das angefochtene Urteil auf einer Verletzung revisiblen Rechts beruht (§ 137 Abs. 1) und sich nicht aus anderen Gründen als richtig darstellt (§ 144 Abs. 4). Bei dem verletzten Recht kann es sich dabei um Normen des Prozessrechts oder des materiellen Rechts handeln.

Entgegen dem missverständlichen Wortlaut regelt § 137 Abs. 1 nicht die Anforderungen an die (for- 13 melle) Begründung der Revision. Diese Anforderungen ergeben sich vielmehr aus § 139 Abs. 3 S. 4. Aus dem Umfang, in dem das BVerwG das angefochtene Urteil zulässigerweise nachprüfen kann, ergibt sich jedoch spiegelbildlich, auf welche Rügen eine (zugelassene) Revision gestützt werden kann, wenn sie Erfolg haben will (zulässige Revisionsgründe).

aa) Rechtsverletzung. Revisibles Recht ist verletzt, wenn eine ihm angehörende Norm nicht oder 14 nicht richtig auf den festgestellten Sachverhalt angewendet worden ist (§ 173, § 546 ZPO). Aus welchem Grund die Norm nicht oder unrichtig angewendet worden ist, ist unerheblich. Der Vorinstanz können Fehler bei der Auslegung der Norm oder bei der Subsumtion des Sachverhalts unter die richtig ausgelegte Norm unterlaufen sein.[4] Die Vorinstanz kann eine Norm übersehen oder bewusst außer Acht gelassen haben. Sie kann tatsächlich nicht bestehende allgemeine Rechtsgrundsätze angenommen haben, i.d.S. also eine Norm angewandt haben, die es nicht gibt.

Räumt eine Norm des Prozessrechts dem Gericht Ermessen ein, ist die revisionsgerichtliche Überprü- 15 fung darauf beschränkt, ob die Vorinstanz von den Grenzen ihres Ermessens eine irrige Auffassung gehabt hat oder sich dieser Grenzen überhaupt nicht bewusst gewesen ist.[5] Räumt eine Norm des Prozessrechts dem Gericht einen Beurteilungsspielraum ein, liegt eine Rechtsverletzung nur vor, wenn die

---

3 Krit. auch: *M. Eichberger/J. Buchheister*, in: Schoch/Schneider/Bier § 137 Rn. 100 ff.; *I. Kraft*, in: Eyermann § 137 Rn. 82.

4 *I. Kraft*, in: Eyermann § 137 Rn. 38 f.

5 BVerwGE 52, 11, 16 (zum Ermessen des Tatsachengerichts bei der Vereidigung von Zeugen); BVerwG DVBl 1999, 987; BVerwG 30.6.2004 Buchholz 310 § 130a VwGO Nr. 64; BVerwG 13.8.2015 – 4 B 15.15, juris Rn. 6; BVerwG NVwZ 2015, 1299 (jeweils zum Ermessen des Berufungsgerichts bei der Anwendung des § 130a).

Vorinstanz ihren Beurteilungsspielraum überschritten hat. Das BVerwG prüft nach, ob die Vorinstanz den Sinngehalt der Vorschrift beachtet, in tatsächlicher und rechtlicher Hinsicht keine ungeklärten Fragen offen gelassen sowie bei der Ermittlung und Würdigung der rechtserheblichen Tatsachen die gebotene Sorgfalt beachtet hat (BVerwG DVBl 1983, 643, 645). Enthält die Norm des Prozessrechts hingegen unbestimmte Rechtsbegriffe, prüft das BVerwG auch nach, ob die Vorinstanz diese Begriffe richtig angewandt hat.

16 Das Recht muss durch das angefochtene Urteil verletzt sein. Ist Gegenstand der Revision ein Berufungsurteil, kommt es darauf an, ob das Berufungsurteil, nicht aber ob das erstinstanzliche Urteil revisibles Recht verletzt. Diese Unterscheidung ist vor allem von Bedeutung, wenn der Revisionskläger eine Verletzung von Prozessrecht geltend macht. Der gerügte Verfahrensfehler muss dem Berufungsgericht im Berufungsverfahren unterlaufen sein. Ein Mangel des erstinstanzlichen Verfahrens ist unerheblich, es sei denn, er habe sich in der angefochtenen Berufungsentscheidung fortgesetzt (BSG NVwZ-RR 2002, 79, 80).

17 **bb) Beruhen.** Eine Verletzung revisiblen Rechts führt nur dann zum Erfolg der Revision, wenn das angefochtene Urteil auf ihr beruht. Die Rechtsverletzung muss für das Ergebnis des angefochtenen Urteils kausal sein. Für die Gewissheit dieser Kausalität ist zu unterscheiden zwischen Verfahrensfehlern und materiellrechtlichen Mängeln. Bei einem materiellen Rechtsverstoß ist die erforderliche Kausalität (nur) gegeben, wenn die Vorinstanz ohne den Rechtsverstoß eine andere Entscheidung getroffen hätte; die bloße Möglichkeit einer anderen Entscheidung reicht nicht aus.[6] Bei einem Verfahrensfehler beruht die Entscheidung hingegen schon auf einem Rechtsverstoß, wenn mindestens die Möglichkeit besteht, dass das Gericht ohne den Rechtsverstoß zu einem dem Rechtsmittelführer sachlich günstigeren Ergebnis hätte gelangen können.[7] Weil das Revisionsgericht kein Tatsachengericht ist, kann es regelmäßig nicht abschließend feststellen, welche Entscheidung die Vorinstanz bei Meidung des Verfahrensfehlers hätte treffen müssen. Bei den in § 138 genannten Verfahrensmängeln wird deren Kausalität unwiderleglich vermutet. In diesen Fällen kommt es nicht einmal auf die Möglichkeit an, dass sich die Missachtung der Verfahrensvorschrift auf das Ergebnis der Entscheidung ausgewirkt hat.

18 Hat die Vorinstanz ausschließlich irrevisibles Recht angewandt, kann das Urteil gleichwohl auf einer Verletzung revisiblen Rechts beruhen. Die Vorinstanz kann zum einen eine an sich einschlägige Norm des revisiblen Rechts nicht angewandt haben. Das angefochtene Urteil beruht auf der durch Nichtanwendung verletzten Norm des revisiblen Rechts. Die Vorinstanz kann zum anderen bei der Auslegung und Anwendung des anzuwendenden irrevisiblen Rechts gegen solche Normen des revisiblen Rechts verstoßen haben, an denen die Auslegung und Anwendung des irrevisiblen Rechts zu messen war. Das angefochtene Urteil beruht auf einer Verletzung revisiblen Rechts, wenn die angewendete Norm des irrevisiblen Rechts, sei es auch erst in ihrer Auslegung durch die Vorinstanz, mit revisiblem Recht nicht vereinbar ist.

19 Ist das angefochtene Urteil auf mehrere je selbständig tragende Gründe gestützt, beruht es nicht auf der Verletzung revisiblen Rechts, wenn einer dieser Gründe kein revisibles Recht verletzt. Umgekehrt beruht das angefochtene Urteil auf einer Verletzung revisiblen Rechts, wenn sich nur eine vorgreifliche, aber fehlerhaft beantwortete Frage nach revisiblem Recht richtet, das Urteil im Übrigen aber auf irrevisibles Recht gestützt ist (BGHZ 118, 295, 299).

20 Beruht das angefochtene Urteil (möglicherweise) auf einem geltend gemachten Verfahrensfehler, bleibt die Revision gleichwohl erfolglos, wenn der Beteiligte sein Rügerecht bereits in der Vorinstanz verloren hat (§ 173, § 556 ZPO, § 295 ZPO). Danach kann ein Beteiligter die Verletzung einer Verfahrensvorschrift nicht mehr rügen, wenn er auf ihre Befolgung verzichtet oder sich in eine mündliche Verhandlung eingelassen hat, ohne den Verfahrensmangel zu rügen, obwohl ihm der Mangel bekannt war oder hätte bekannt sein müssen. Der Verlust des Rügerechts tritt nicht ein, wenn eine Vorschrift verletzt ist, auf deren Befolgung ein Beteiligter nicht wirksam verzichten kann. Hat der Beteiligte sein Rügerecht verloren, bleibt der davon betroffene Verfahrensfehler im Revisionsverfahren unberücksichtigt.

---

6 I. *Kraft*, in: Eyermann § 137 Rn. 42.
7 BVerwGE 14, 342, 346; BFH BFH/NV 2001, 1410, 1411.

cc) Maßgeblicher Zeitpunkt. Das Revisionsgericht hat wie jedes Gericht das Recht anzuwenden, das 21
für den zu entscheidenden Fall gilt. Zwar kann die Revision nur darauf gestützt werden, dass das Urteil auf der Verletzung revisiblen Rechts beruht. Das Revisionsgericht ist deshalb aber nicht darauf beschränkt, nur das bei Erlass der angefochtenen Entscheidung geltende Recht anzuwenden. Maßgeblich
ist vielmehr, ob das angefochtene Urteil objektiv mit dem geltenden Recht übereinstimmt. Das Recht
ist i.S.d. § 137 Abs. 1 verletzt, wenn bei richtiger Anwendung des geltenden revisiblen Rechts die Entscheidung anders ausfallen müsste. Das angefochtene Urteil beruht deshalb auch dann auf einer Verletzung revisiblen Rechts, wenn es objektiv gegen Recht verstößt, das nach seinem Erlass in Kraft getreten ist.

Verletzt das angefochtene Urteil revisibles Recht, kann das BVerwG zudem nicht nur die Entscheidung 22
aufheben und die Sache an die Vorinstanz zurückverweisen, sondern auch in der Sache selbst entscheiden (§ 144 Abs. 3 S. 1 Nr. 1). Diese Befugnis schließt notwendig das Recht und die Pflicht ein, das im
Zeitpunkt dieser Sachentscheidung geltende Recht anzuwenden und damit die Rechtsänderungen zu
beachten, die seit der angefochtenen Entscheidung eingetreten sind, soweit diese für das streitige
Rechtsverhältnis gelten.

Hat sich nach Erlass des angefochtenen Urteils das Recht geändert, ist maßgeblich für die Nachprü- 23
fung des angefochtenen Urteils die Rechtslage zum Zeitpunkt der Revisionsentscheidung, wenn das
Tatsachengericht, entschiede es jetzt, das geänderte Recht zu berücksichtigen hätte.[8] Das ist der Fall,
wenn es nach materiellem Recht auf den Zeitpunkt der Entscheidung des Gerichts, nicht aber auf den
Zeitpunkt der letzten verwaltungsbehördlichen Entscheidung ankommt, und wenn das geänderte
Recht sich nach seinem zeitlichen und inhaltlichen Geltungsanspruch auf den festgestellten Sachverhalt erstreckt (BVerwGE 100, 346, 348).

Unter diesen Voraussetzungen sind nicht nur Änderungen des revisiblen Rechts, sondern grds. auch 24
solche des irrevisiblen Rechts zu berücksichtigen.[9] Dem sind aber durch § 137 Abs. 1 Grenzen gesetzt.
Einerseits kann das BVerwG Normen des irrevisiblen Landesrechts selbst auslegen und anwenden,
wenn die Vorinstanz dies von einem anderen rechtlichen Ansatz aus nicht getan hat. Das BVerwG
kann deshalb inzwischen geändertes Landesrecht anwenden, wenn die Vorinstanz diese Rechtsänderung berücksichtigen müsste, entschiede sie jetzt.[10] Andererseits kann die Revision nur Erfolg haben,
wenn das angefochtene Urteil revisibles Recht verletzt. Änderungen des irrevisiblen Rechts führen zunächst nur dazu, dass das Urteil, erginge es jetzt, irrevisibles Recht verletzt. Bundesrechtlich kann das
angefochtene Urteil nach wie vor nicht zu beanstanden sein. Es kommt deshalb darauf an, ob die Vorinstanz, entschiede sie jetzt, ihre Entscheidung infolge der eingetretenen Änderung irrevisiblen Rechts
nicht mehr auf die im angefochtenen Urteil angegebenen Gründe stützen könnte, ohne dadurch zugleich revisibles Recht zu verletzen (BVerwG 51, 121, 125). Die Änderung irrevisiblen Rechts kann
das BVerwG deshalb nur berücksichtigen, wenn von ihm als Vorfrage die richtige Anwendung revisiblen Rechts abhängt,[11] oder wenn die Rechtsänderung sich auf Regelungen erstreckt, die das revisible
Recht zumindest berühren (BVerwG BayVBl 1978, 22; NVwZ 1984, 107, 108). Auch wenn der bundesrechtliche Prüfmaßstab als solcher von der Rechtsänderung nicht tangiert wird, kann es aufgrund
einer Änderung des Landesrechts an einem tauglichen Gegenstand für eine auf die derzeitige Rechtslage bezogene revisionsrechtliche Prüfung fehlen.[12]

Das angefochtene Urteil kann schließlich in die Verletzung revisiblen Rechts hineinwachsen, wenn erst 25
im Revisionsverfahren eine bis dahin geltende und von der Vorinstanz angewandte irrevisible Norm

---

8 BVerwGE 55, 272, 273; 66, 178, 179; 72, 339, 340; 90, 57; 91, 334, 338; 104, 1, 5; 119, 245, 248; 121, 140,
   144;129, 251, 257 f.
9 BVerwGE 51, 121, 125; BVerwG NVwZ-RR 1993, 65; BVerwGE 97, 79, 81 f.
10 BVerwGE 48, 305, 313; BVerwG NJW 1990, 2768.
11 Bsp.: Während des Revisionsverfahrens, in dem über die Erteilung einer Baugenehmigung gestritten wird, tritt ein Bebauungsplan in Kraft. Die Vorinstanz hat auf der Grundlage des § 34 BauGB einen Anspruch auf die Erteilung der
   begehrten Baugenehmigung angenommen. Die Anwendung des revisiblen § 34 BauGB ist mit Inkrafttreten des irrevisiblen Ortsrechts (Bebauungsplan) nicht mehr richtig und verletzt deshalb Bundesrecht; vgl. hierzu BVerwGE 41, 227;
   ferner BVerwGE 67, 23, 24; 68, 360, 364; BVerwG NVwZ-RR 1993, 65, für den nachträglichen Erlass einer Veränderungssperre; BVerwG BayVBl 2005, 213, 215, für die Änderung eines Flächennutzungsplans, der die Ausschlusswirkung des § 35 Abs. 3 S. 3 BauGB herbeiführen soll; für andere Änderungen des Flächennutzungsplans offen gelassen
   BVerwG NVwZ 2003, 1261, 1262.
12 BVerwG, NVwZ 2016, 1814, 1815.

außer Kraft tritt und das streitige Rechtsverhältnis durch eine in Kraft getretene Norm des revisiblen Rechts geregelt wird (BVerwGE 49, 1, 2).

26 Wie eine Rechtsänderung ist im Revisionsverfahren auch zu berücksichtigen, dass eine Rechtsnorm, auf die das angefochtene Urteil gestützt ist, inzwischen durch das BVerfG für nichtig erklärt ist. Soweit Änderungen des irrevisiblen Rechts zu berücksichtigen sind, gilt dasselbe, wenn das Verfassungsgericht eines Landes eine Norm des irrevisiblen Landesrechts oder ein OVG nach § 47 eine untergesetzliche Rechtsnorm des Landes- oder Ortsrechts, etwa einen Bebauungsplan, für nichtig erklärt hat (BGH NVwZ 1982, 329, 330). Ebenso ist zu berücksichtigen, wenn eine Norm durch Zeitablauf außer Kraft getreten ist (BVerwGE 51, 121, 125, für eine Veränderungssperre).

II. Revisibles Recht (Abs. 1)

27 Unter revisiblem Recht sind alle Rechtssätze zu verstehen, die das Revisionsgericht als Maßstab für seine Nachprüfung des angefochtenen Urteils in rechtlicher Hinsicht heranziehen darf.[13] Dazu gehören sowohl die Rechtssätze des materiellen Rechts als auch die Rechtssätze des Prozessrechts.

28 **1. Recht.** Revisibel sind nur Rechtssätze (Rechtsnormen).[14]

29 **a) Verwaltungsvorschriften.** Verwaltungsvorschriften sind keine Rechtsnormen, sondern verwaltungsinterne Richtlinien, die nicht unmittelbar Rechte und Pflichten für Dritte begründen. Schon aus diesem Grund sind sie nicht revisibel (BVerwG DÖV 1988, 974, 975; InfAuslR 1993, 298; NVwZ-RR 1997, 568; NVwZ 2007, 708). Im Außenverhältnis können sie Wirkungen entfalten, weil die Verwaltung verpflichtet ist, den Grundsatz der Gleichbehandlung aus Art. 3 Abs. 1 GG zu wahren. Verbindlichkeit nach außen erlangen sie nur als Ausdruck tatsächlich geübter Verwaltungspraxis. Als Grundlage der tatsächlichen Verwaltungspraxis sind sie revisionsrechtlich als Tatsachen zu behandeln (BVerwG InfAuslR 1984, 69, 70; DVBl 1986, 110, 111 f.), soweit sie eine künftig beabsichtigte Verwaltungspraxis verlautbaren, als Willenserklärung des Richtliniengebers.[15] Das BVerwG prüft nur nach, ob die Auslegung der Verwaltungsvorschriften durch das Tatsachengericht dem Recht, insbes. dem Gleichheitsgrundsatz, entspricht (sehr weitgehend BVerwG NVwZ 1994, 575) und ob die Auslegung selbst mit den Denkgesetzen oder sonstigen allgemeinen Auslegungsgrundsätzen im Einklang steht, die für Verwaltungsvorschriften gelten.[16] Dabei ist maßgeblich die tatsächliche Handhabung der Verwaltungsvorschriften zu berücksichtigen (BVerwGE 79, 249, 251).

30 Verweist der Richtliniengeber, um das von ihm Gewollte zu kennzeichnen, auf gesetzliche Vorschriften, sind die in Bezug genommenen Vorschriften nicht als (revisible) Rechtsnormen anzuwenden, sondern lediglich als Bestandteil der Verwaltungsrichtlinien heranzuziehen.[17]

31 Den Charakter allenfalls von Verwaltungsvorschriften besitzen sowohl die VOB als auch die VOL/A. Sie stellen deshalb kein revisibles Recht dar (BVerwG NVwZ 1999, 653; NZBau 2000, 529; NJW 2001, 1440). Ob gegen sie verstoßen wurde, ist Tatfrage. Schreibt der Gesetz- und Verordnungsgeber nur die Anwendung der Verdingungsordnungen in bestimmten Fällen vor, werden diese dadurch nicht selbst zu Rechtsnormen (offen gelassen von BVerwG NJW 2001, 1440). Sie finden auch dann nur als Verwaltungsvorschriften Anwendung. Anders verhält es sich, wenn der Gesetz- und Verordnungsgeber eine eigene Rechtsfolge an Tatbestände anknüpft, die in den Verdingungsordnungen geregelt sind. Insoweit hat er eine eigene Regelung in Form einer Rechtsnorm getroffen, bei der er nur darauf verzichtet hat, den Tatbestand selbst unter Wiederholung des Wortlauts der Verwaltungsvorschrift auszuformulieren.

32 **b) Normkonkretisierende Verwaltungsvorschriften.** Anders als die Auslegung und Anwendung sonstiger Verwaltungsvorschriften können die Auslegung und Anwendung technischer Normen, die als Ver-

---

13 M. Bertrams, DÖV 1992, 97.
14 T. Stuhlfauth, in: Bader § 137 Rn. 4; W.-R. Schenke, in: Kopp/Schenke § 137 Rn. 18; M. Redeker, in: Redeker/von Oertzen § 137 Rn. 5; I. Kraft, in: Eyermann § 137 Rn. 19.
15 BVerwG 7.5.1981 Buchholz 232 § 8 BBG Nr. 19; 7.5.1981 Buchholz 232 § 25 BBG Nr. 1; NVwZ-RR 1990, 619, 620; NVwZ 1993, 692, 693; ZBR 1995, 238; NVwZ-RR 1996, 47; BayVBl 1997, 696.
16 BVerwG 7.5.1981 Buchholz 232 § 25 BBG Nr. 1; NVwZ-RR 1990, 619, 620; 21.9.1993 Buchholz 310 § 139 VwGO Nr. 181; NVwZ 1993, 692, 693.
17 BVerwGE 91, 77, 80; BVerwG DÖV 1988, 974, 975; BVerwG 21.9.1993 Buchholz 310 § 139 VwGO Nr. 181; 18.8.2005 – 5 B 68.05.

waltungsvorschriften ergangen sind, revisionsgerichtlich überprüfbar sein.[18] Dies gilt etwa für bestimmte atomrechtliche Verwaltungsvorschriften (BVerwGE 72, 300, 320 f.), insbes. aber für die TA-Luft und TA-Lärm.[19] Soweit sie die unbestimmten Rechtsbegriffe des Gesetzes durch grds. verbindliche Festlegungen und Vorgaben konkretisieren, ist ihnen unter bestimmten Voraussetzungen eine auch im gerichtlichen Verfahren zu beachtende Bindungswirkung zuzuerkennen. Solche Verwaltungsvorschriften können demgemäß i.R. ihrer normkonkretisierenden Funktion rechtliche Außenwirkung entfalten.

c) Andere technische Normen. Verweist der Gesetzgeber in gesetzlichen Bestimmungen auf die „Regeln der Technik" und nimmt er sie dadurch in seinen Regelungswillen auf, werden sie nicht ihrerseits selbst zu Rechtsnormen.[20] Welche anerkannten Regeln der Technik bestehen und ob ein bestimmtes Vorhaben oder eine bestimmte Anlage in ihrer konkreten Ausführung den Regeln der Technik entspricht, ist Feststellung einer Tatsache (BVerwG NVwZ-RR 1997, 214, 215). 33

Technischen Normen kann die Bedeutung von allgemeinen Erfahrungssätzen zukommen. Als solche sind sie keine Rechtssätze, sondern Hilfsmittel bei der Auslegung von Rechtsnormen oder – häufiger – bei der Feststellung von Tatsachen.[21] Sie können vom Revisionsgericht nicht wie Normen ausgelegt werden. Ihre Anwendung oder Nichtanwendung durch das Tatsachengericht ist nur als Teil der Sachverhalts- und Beweiswürdigung unter den hierfür geltenden Voraussetzungen und Einschränkungen im Revisionsverfahren angreifbar (BVerwG DÖV 1999, 35). 34

d) Rechtsbegriffe. Das BVerwG hat teilweise bestimmten Begriffen Revisibilität zuerkannt, wie dem Begriff der politischen Partei (BVerwGE 6, 96, 97) oder dem Begriff der Prüfung (BVerwG 12.5.1961 Buchholz 421.0 Prüfungswesen Nr. 11), dem Begriff des Gemeingebrauchs[22] oder den Begriffen der Mehrheitswahl und der Verhältniswahl (BVerwGE 118, 345). Das ist missverständlich. Revisibel ist Bundesrecht. Unter Recht kann jedoch nur ein Rechtssatz, nicht ein Begriff verstanden werden. Der einzelne Begriff ist nur ein unselbständiger Bestandteil eines Rechtssatzes, in den er eingegangen ist. Revisibel sind nur die bundesrechtlichen Rechtssätze, die den jeweiligen Begriff enthalten. Enthält ein Landesgesetz denselben Begriff, kann dessen Auslegung an der bundesrechtlichen Vorschrift zu messen sein. Ihr kann zu entnehmen sein, dass auch der Landesgesetzgeber diesen Begriff nur mit demselben Inhalt verwenden kann. Eine abweichende Auslegung verletzt dann die bundesrechtliche Maßstabsnorm.[23] 35

2. Bundesrecht. a) Verfassungsrechtlicher Hintergrund. Dass das BVerwG als Revisionsgericht grds. darauf beschränkt ist, das angefochtene Urteil auf die Verletzung von Bundesrecht nachzuprüfen, folgt nicht aus der bundesstaatlichen Ordnung des Grundgesetzes und der verfassungsrechtlich vorgegebenen Stellung eines Bundesgerichtes in dieser bundesstaatlichen Ordnung.[24] Nach Art. 74 Nr. 1 GG hat der Bund die Kompetenz, Verfahren und Gerichtsverfassung der Verwaltungsgerichte zu regeln. Der Bund kann deshalb auch bestimmen, ob und in welchem Umfang das BVerwG als Revisionsgericht entscheiden soll, wenn es um die Anwendung von Landesrecht geht. Die Gesetzgebungskompetenz des Bundes aus Art. 74 Nr. 1 GG ist nicht dahin eingeschränkt, dass der Bundesgesetzgeber die Zuständigkeit von Bundesgerichten für die Auslegung und Anwendung von Landesrecht nicht begründen dürfte (BVerfGE 10, 285, 292 ff.). Die Rspr. ist eine eigenständige Staatsgewalt und nicht bloße Staatsfunktion des Bundes und der Länder. Sie ist materiell und funktionell dem Ganzen, der Gemeinschaft von Bund und Ländern, zugeordnet. Die Aufgabenverteilung zwischen Bundesgerichten und den Gerichten der Länder hat lediglich gerichtsorganisatorische Bedeutung. Die Rechtsprechungskompetenz folgt nicht der Gesetzgebungskompetenz. 36

---

18 Zust. M. *Winkelmüller/F. van Schewick*, in: Gärditz § 137 Rn. 13 ff.
19 BVerwG 15.2.1988 Buchholz 406.25 § 48 BImSchG Nr. 2; 10.1.1995 Buchholz 406.25 § 48 BImSchG Nr. 4; 21.3.1996 Buchholz 406.251 § 22 UVPG Nr. 4; BVerwGE 110, 216, 218; BVerwG NVwZ 2001, 1165. Ebenso BVerwGE 107, 338, für die Allgemeine Rahmen-Verwaltungsvorschrift über Mindestanforderungen an das Einleiten von Abwasser in Gewässer; verneint für Regelwerke der int. Zivilluftfahrtbehörde ICAO, BVerwG NVwZ 2016, 1247, 1248.
20 BVerwG NVwZ-RR 1997, 214; NVwZ 2007, 708; BVerwG 8.8.2008 Buchholz 310 § 137 Abs. 1 VwGO Nr. 31.
21 Vgl. *W.-R Schenke*, in: *Kopp/Schenke* § 137 Rn. 18; *M. Redeker*, in: Redeker/von Oertzen § 137 Rn. 5.
22 BVerwGE 4, 342, 343; anders wohl für den Begriff des Anliegergebrauchs: BVerwG 19.9.2007 – 9 B 22.06.
23 Zutr. *J. Suerbaum*, in: Posser/Wolff § 137 Rn. 22 f.
24 I.d.S. wohl *H.-U. Paeffgen*, JZ 1991, 437; wie hier: *H.-J. D. Hardt* JZ 1973, 325, 328.

37 Dass im Verwaltungsprozess grds. nur Bundesrecht revisibel ist, ist allein durch gerichtsorganisatorische Gründe erklärbar. Diese Beschränkung wird durch Erwägungen der Zweckmäßigkeit getragen.[25] Der Gesetzgeber konnte aus Gründen der Verfahrensökonomie, der Entlastung der Revisionsinstanz und der Spezialisierung die verbindliche Auslegung von Landesrecht und anderem Partikularrecht den OVG überlassen.

38 **b) Allgemeiner Begriff des Bundesrechts.** § 137 Abs. 1 Nr. 1 enthält keine allgemeine Definition des Bundesrechts. Der Begriff knüpft an den Normgeber an. Maßgeblich ist darauf abzustellen, welches Organ den Rechtsanwendungsbefehl erteilt hat.[26] Bundesrecht ist deshalb das Recht, das für die zu entscheidende Streitsache aufgrund des Rechtssetzungsbefehls eines Rechtssetzungsorgans des Bundes gilt (BVerwG 3.11.1982 Buchholz 310 § 40 VwGO Nr. 202; 21.3.2006 Buchholz 310 § 137 Abs. 1 VwGO Nr. 25). Hingegen ist Recht, das für den zu entscheidenden Fall aufgrund des Rechtssetzungsbefehls eines Rechtssetzungsorgans des Landes gilt, kein revisibles Bundesrecht.[27] Von Landesorganen gesetztes Recht ist Landesrecht auch dann, wenn sein Erlass auf einer Ermächtigung des Bundesrechts beruht oder sein Erlass des Einvernehmens mit einem Bundesminister bedurfte (BVerwG NVwZ-RR 1997, 568).

39 Hingegen kommt es nicht entscheidend auf den räumlichen Geltungsbereich des einschlägigen Rechtssatzes an. Im gesamten Bundesgebiet einheitlich oder übereinstimmend geltende Rechtssätze sind noch nicht allein aus diesem Grund Bundesrecht (BVerwGE 22, 299, 300). Das Interesse an einer bundeseinheitlichen Auslegung und Anwendung solcher Rechtssätze eröffnet nicht die revisionsgerichtliche Überprüfbarkeit (BVerwG NVwZ-RR 1997, 568). Deshalb ist eine Vorschrift des Landesrechts auch dann irrevisibel, wenn die entsprechenden Gesetze der anderen Länder eine wortgleiche Vorschrift enthalten, selbst wenn dies auf einer konzertierten Aktion der Landesgesetzgeber oder auf einem gemeinsamen Musterentwurf beruht (BVerwG DVBl 1990, 530; BVerwGE 99, 351, 353 f.). Irrevisibel sind ferner die Bestimmungen in Staatsverträgen der Länder untereinander, die durch die jeweils zuständigen Gesetzgebungsorgane der Länder in Landesrecht transformiert sind.[28] Die Länder haben nur die Möglichkeit, für diese bundesweit geltenden Normen gem. Art. 99 GG eine Überprüfung durch das BVerwG zuzulassen (BVerwG NJW 2006, 632, 633). Andererseits gibt es partielles Bundesrecht, dessen Geltungsbereich sich auf einen Teil des Bundesgebietes beschränkt.[29] Es ist nicht deshalb irrevisibel, weil es nicht im gesamten Bundesgebiet gilt.

40 Das BVerwG hat das Bundesrecht als das Recht umschrieben, das aufgrund einheitlicher Kompetenz im ganzen Bundesgebiet gilt (BVerwGE 35, 277). Mit dieser Definition wollte es das Recht der Europäischen Gemeinschaften erfassen. Ob damit auch im Übrigen eine tragfähige Definition des Bundesrechts gegeben ist, ist zweifelhaft. Mit der Geltung aufgrund einheitlicher Kompetenz enthält die Definition ein brauchbares Kriterium, um das revisible Bundesrecht von Landesrecht und anderem Partikularrecht abzugrenzen. Sie grenzt damit solche Normen aus dem Bundesrecht aus, die im Bundesgebiet einheitlich gelten, weil sie von den Ländern abgestimmt für ihren jeweiligen Kompetenzbereich erlassen wurden. Diese Normen gelten nicht aufgrund einheitlicher Kompetenz. Andererseits greift die Definition zu kurz, weil sie nicht das von Rechtssetzungsorganen des Bundes gesetzte partielle Bundesrecht erfasst.

41 Es bedarf keiner allgemeinen Definition des Bundesrechts, die das Unionsrecht ausdrücklich erfasst. Der Begriff des Bundesrechts ist ergänzend von der Aufgabe der Revision her zu deuten. Diese liegt darin, das Interesse der Allgemeinheit an einheitlicher Auslegung, Anwendung und Fortbildung des Rechts zu wahren. Diese Aufgabe ist für das Landesrecht und sonstiges Partikularrecht durch das OVG sichergestellt. Der Begriff „Bundesrecht" bezeichnet in § 137 Abs. 1 deshalb den Gegensatz zum Landesrecht und zum sonstigen Partikularrecht. Die einheitliche Auslegung und Anwendung des Unionsrechts kann aber durch die OVG nicht sichergestellt werden, weil sein Geltungsbereich über die

---

25 *P. Kirchhof*, FS-Menger, 1985, 813, 814; enger wohl *C.H. Ule*, FS-Wacke, 1972, 277, 283; ferner: *I. Kraft*, in: Eyermann § 137 Rn. 7: nur als begründungsbedürftige Ausnahme zulässig.
26 Vgl *P. Kirchhof*, FS-Menger, 1985, 813, 817 ff.
27 Vgl. auch *M. Bertrams*, DÖV 1992, 97.
28 BVerwGE 22, 299, 300 (ZDF-Vertrag); BVerwG NJW 1998, 1578; NJW 2006, 632, 633; 22.6.2006 Buchholz 422.2 Rundfunkrecht Nr. 41 (Rundfunkgebührenstaatsvertrag).
29 Bspw. als Folge der Abweichungsgesetzgebung nach Art. 72 Abs. 3 GG: *J. Suerbaum*, in: Posser/Wolff § 137 Rn. 4.

Grenzen eines Bundeslandes hinausreicht. Derartiges Recht muss von der Funktion der Revision her revisibel sein.[30]

c) Bundesrecht im Einzelnen. Zum revisiblen Bundesrecht gehören: 42

aa) Nachkonstitutionelles gesetztes Bundesrecht. Zum Bundesrecht gehören das Bundesverfassungs-   43
recht, also das Grundgesetz und die aus ihm abgeleiteten verfassungsrechtlichen Grundsätze,[31] sowie
das von Bundesorganen gesetzte Recht, nämlich die förmlichen Bundesgesetze und die Rechtsverordnungen, welche die Bundesregierung, eine Bundesbehörde oder eine bundesunmittelbare Körperschaft
erlassen hat. Rechtsverordnungen, die von Landesorganen erlassen sind, sind auch dann kein Bundesrecht, wenn sie ihre Ermächtigungsgrundlage im Bundesrecht haben (BVerwGE 54, 54, 56). Bundesrecht sind ferner die Satzungen bundesunmittelbarer Körperschaften und Anstalten. Satzungsrecht anderer Körperschaften und Anstalten ist dagegen auch dann kein Bundesrecht, wenn die Ermächtigungsgrundlage zum Erlass dieser Satzungen dem Bundesrecht angehört.[32]
Revisibel sind ferner als Bundesrecht erlassene Vorschriften, die nach Verlust der Gesetzgebungskom-   44
petenz des Bundes gem. Art. 125 a ff. GG als Bundesrecht fortgelten.

bb) Vorkonstitutionelles Recht. Vorkonstitutionelles Recht[33] ist revisibel, soweit es nach Art. 124   45
oder 125 GG als Bundesrecht fortgilt. Soweit vorkonstitutionelles Landesrecht nach Art. 124 GG und
Art. 125 GG als Bundesrecht fortgilt, ist dadurch revisibles (→ Rn. 39) partielles Bundesrecht entstanden (vgl. BVerwGE 11, 89, 90; BVerwG DVBl 1958, 391, 392).

cc) Besatzungsrecht. Besatzungsrecht[34] gehört zum revisiblen Recht, sofern es Bundesrecht wäre oder   46
geworden wäre, falls es von deutschen Organen erlassen worden wäre (BVerwGE 81, 1). Wie vorkonstitutionelles deutsches Recht sind solche Gesetze zu behandeln, die deutsche Rechtssetzungsorgane
auf besatzungsrechtlicher Grundlage erlassen haben.

dd) Recht der DDR. Das Recht der DDR ist revisibel, soweit es nach Art. 9 Abs. 2 und 4 EVtr als   47
Bundesrecht fortgilt (BVerwG VIZ 1993, 452, 453; VIZ 1996, 511). Soweit es nach Art. 9 Abs. 5
EVtr als Landesrecht fortgilt, ist es irrevisibel.[35]
Vor dem Beitritt war das Recht der DDR nicht revisibel (BVerwGE 66, 277, 279). Revisionsrechtlich   48
war es fremdes Recht und als solches wie ausländisches Recht zu behandeln. Hierbei ist es für solche
Bestimmungen geblieben, welche bereits vor dem Beitritt ausgelaufen waren. Dasselbe gilt für solche
Bestimmungen, die mit dem Beitritt ausgelaufen sind, weil der Einigungsvertrag sie weder zum fortgeltenden Bundesrecht noch zum fortgeltenden Landesrecht bestimmt hat.[36] Die Auslegung und Anwendung dieser Bestimmungen ist wie bei ausländischem Recht revisionsrechtlich als Tatsachenfeststellung zu behandeln. Ihre Auslegung ist nach denselben Regeln überprüfbar, die für Tatsachenfeststellungen und die Feststellung ausländischen Rechts gelten.
Bei dieser Feststellung kann dem Tatsachengericht eine fehlerhafte Rechtsanwendung, und zwar des   49
revisiblen Bundesrechts, unterlaufen sein, wenn nach Wortlaut, Systematik und Zweck der jeweiligen
bundesrechtlichen Vorschrift maßgeblich auch auf die gelebte Rechtswirklichkeit in der DDR abzustellen ist, die Vorinstanz die Maßgeblichkeit der Rechtswirklichkeit aber verkannt hat. Hingegen ist
die Ermittlung der Rechtswirklichkeit Tatsachenfeststellung, die dem Tatsachengericht obliegt; sie ist
aber vom BVerwG daraufhin nachprüfbar, ob die Vorinstanz etwa allgemeinkundige Erkenntnisse zur
Rechtswirklichkeit der DDR missachtet hat (BVerwG VIZ 2000, 35).

ee) Völkerrechtliche Verträge. Völkerrechtliche Verträge, die der Bund geschlossen hat, enthalten   50
Bundesrecht, soweit der Vertrag Fragen regelt, für die eine Gesetzgebungskompetenz des Bundes besteht und er durch Bundesgesetz in innerstaatliches Recht transformiert worden ist (Art. 59 Abs. 2 S. 1

---

30 Ebenso *I. Kraft*, in: Eyermann § 137 Rn. 19.
31 *M. Bertrams*, DÖV 1992, 97.
32 Vgl. BVerwG BayVBl 1990, 154 für einen als Satzung beschlossenen Bebauungsplan; BVerwG 20.11.2015 – 6 B
32.15, juris Rn. 12 f. zur ApprobationsO f. Ärzte und zum Satzungsrecht der Hochschulen.
33 Dazu gehört neben dem Reichsrecht auch das von Zonen- oder Bizonenverwaltung erlassene Recht: *M. Redeker*, in:
Redeker/von Oertzen § 137 Rn. 9.
34 Sein Fortgelten bestimmte sich aus Art. 1 Abs. 1 des Überleitungsvertrages, BGBl II 1955 405.
35 BVerwG NVwZ 1996, 998; BVerwG 11.4.2006 Buchholz 310 § 137 Abs. 1 VwGO Nr. 26.
36 BVerwG VIZ 2000, 35; BVerwGE 117, 233, 235; BVerwG 28.8.2007 – 8 B 31.07; a.A. *H. Oetker*, JZ 1992, 608,
613 f.: nunmehr revisibles Recht.

GG).[37] In innerstaatliches Recht transformierte Bestimmungen völkerrechtlicher Verträge des Deutschen Reiches können unter den Voraussetzungen von Art. 123 und 124 GG als Bundesrecht fortgelten (BVerwGE 80, 233, 235).

51 Regelt ein vom Bund geschlossener völkerrechtlicher Vertrag Fragen, welche die ausschließliche Gesetzgebungskompetenz der Länder betreffen, sind diese Bestimmungen auch dann kein revisibles Recht, wenn die für die Bundesgesetzgebung zuständigen Organe dem Vertrag durch Bundesgesetz zugestimmt haben (vgl. auch BVerwG NVwZ 2011, 752 Rn. 8). Für die innerstaatliche Wirksamkeit bedarf es der Transformation des für die Landesgesetzgebung zuständigen Organs. Die Regelungen gelten dann als Landesrecht (BVerwG 10.12.1976 Buchholz 421.11 § 2 GFaG Nr. 5).

52 Keinen völkerrechtlichen Vertrag stellt der Einigungsvertrag dar. Er ist nach Wirksamwerden des Beitritts als Bundesrecht aufrechterhalten geblieben (Art. 45 Abs. 2 EVtr).

53 **ff) Allgemeine Regeln des Völkerrechts.**　Die **allgemeinen Regeln des Völkerrechts** sind gem. Art. 25 GG Bundesrecht und damit revisibel.

54 **gg) Unionsrecht.**　Das **Unionsrecht** ist revisibel[38] (zur Begründung → Rn. 40 f.), und zwar sowohl das primäre als auch das sekundäre Unionsrecht. Für bloße Richtlinien gilt dies jedenfalls dann, wenn die Frist abgelaufen ist, die in der Richtlinie für ihre Umsetzung in deutsches Recht vorgesehen ist (BVerwGE 74, 243, 246 f.). Das BVerwG kann ferner nachprüfen, ob die Vorinstanz an sich irrevisibles Recht richtlinienkonform ausgelegt und angewandt hat. Richtlinien können mithin revisibler Maßstab für die Auslegung irrevisiblen Rechts sein.[39]

55 **hh) Gewohnheitsrecht.**　Revisibel sind die Sätze des **Gewohnheitsrechts**, soweit sie in den Bereich der Rechtssetzungskompetenz des Bundes fallen, insbes. soweit sie gesetztes Bundesrecht ergänzen.[40]

56 **ii) Allgemeine Rechtsgrundsätze des Verwaltungsrechts.**　Die **allgemeinen Rechtsgrundsätze des Verwaltungsrechts** können revisibel sein. Sie sind Rechtssätze. Allgemeine Rechtsgrundsätze des Verwaltungsrechts sind solche Rechtssätze, die unabhängig von einem bestimmten Sachgebiet grds. für alle Materien des Verwaltungsrechts gelten. Es handelt sich um ungeschriebene Rechtssätze, die ihren Geltungsgrund in der allgemeinen Rechtsüberzeugung haben. Ihre Funktion ist es, Lücken zu schließen, die sich im gesetzten Recht auftun.

57 Die allgemeinen Rechtsgrundsätze des Verwaltungsrechts sind nicht als solche, also nicht deshalb revisibel, weil sie allgemeine Grundsätze sind. Sie gehören dem revisiblen Bundesrecht an, wenn sie Bundesrecht ergänzen. Soweit sie Landesrecht oder anderes Partikularrecht ergänzen, sind sie hingegen irrevisibel.[41] Hat die Vorinstanz allgemeine Rechtsgrundsätze herangezogen, um das geschriebene irrevisible Recht zu ergänzen, kann das BVerwG nicht nachprüfen, ob diese Rechtsgrundsätze richtig angewandt sind. Ebenso wenig kann das BVerwG nachprüfen, ob die Vorinstanz allgemeine Rechtsgrundsätze zur Ergänzung irrevisiblen Rechts hätte heranziehen müssen oder dies fälschlich unterlassen hat. Denn nur aus dem irrevisiblen Recht kann sich ergeben, ob und wie dieses ergänzungsbedürftig ist.

58 Z.T. werden die allgemeinen Rechtsgrundsätze des Verwaltungsrechts generell dem revisiblen Bundesrecht zugerechnet:[42] Ihr Entstehungsgrund sei nicht eine gesetzgeberische Entscheidung, sondern die Rechtsüberzeugung der Rechtsbeteiligten. Ihre Anwendung im konkreten Fall lasse sich nicht dem Gesetzgebungsbefehl eines Landesorgans oder eines Bundesorgans zuordnen. Ein allgemeiner Rechtsgrundsatz lasse sich in seinem Geltungsbereich auch nicht auf das Hoheitsgebiet eines Landes beschränken. Die Entwicklung von Rechtsüberzeugungen sei nicht an Landesgrenzen gebunden.

59 Die bundesweite Geltung eines allgemeinen Rechtsgrundsatzes ist als Gesichtspunkt für die Zuordnung zum Landesrecht oder zum Bundesrecht indes unergiebig. Die Entwicklung von Rechtsüberzeu-

37 BVerwGE 42, 148, 149; 44 156, 160; BVerwGE 115, 274, 284.
38 BVerfGE 82, 159, 196; BVerwGE 35, 277; 67, 305, 307; 87, 154, 156; 90, 18, 19; BVerwG NVwZ 1993, 770; NVwZ 1997, 178; BFHE 119, 439, 440; *H. Petzold*, NVwZ 1999, 151.
39 Vgl. auch *M. Eichberger/J. Buchheister*, in: Schoch/Schneider/Bier § 137 Rn. 40 f.
40 BVerwGE 2, 22, 24; *M. Eichberger/J. Buchheister*, in: Schoch/Schneider/Bier § 137 Rn. 65; *W.-R. Schenke*, in: *Kopp/Schenke* § 137 Rn. 5; *I. Kraft*, in: Eyermann § 137 Rn. 9; *P. Schwerdtner*, Das revisible Recht, 1966, 59 ff.
41 BVerwG 23.10.2000 Buchholz 310 § 144 VwGO Nr. 69; 1.4.2004 Buchholz 310 § 137 Abs. 1 VwGO Nr. 21; BGHZ 118, 295, 299.
42 *H.-J. D. Hardt*, JZ 1973, 325; *P. Kirchhof*, FS-Menger, 1985, S. 813, 819 ff.

gungen macht zwar an Landesgrenzen nicht halt; die Bildung einer allgemeinen Rechtsüberzeugung kann sich aber entweder bundesweit oder parallel in den Ländern vollziehen. Die allgemeine Rechtsüberzeugung als Entstehungsgrund für die allgemeinen Rechtsgrundsätze des Verwaltungsrechts hindert zwar daran, sie dem Bundes- oder Landesrecht danach zuzuordnen, wessen Organ den Rechtsanwendungsbefehl erteilt hat. Allgemeine Rechtsgrundsätze des Verwaltungsrechts können jedoch an Hand der Gesetzgebungskompetenz dem Bundes- oder Landesrecht zugeordnet werden (so ausdrückl. BVerwG NJW 1957, 391, 392). So verfährt das Grundgesetz etwa in Art. 124 und 125 GG mit Normen des vorkonstitutionellen Rechts, die ebenfalls außerhalb der Rechtsetzungsvorschriften des Grundgesetzes mit seiner Verteilung auf Bund und Länder entstanden sind.

Die allgemeinen Rechtsgrundsätze des Verwaltungsrechts dienen dazu, Lücken in den besonderen Verwaltungsgesetzen auszufüllen. Das in eine Lücke tretende Recht steht auf der gleichen Stufe wie das von ihm aufgefüllte Recht. Im Bundesstaat kann es allein der Ebene zugeordnet werden, der das Recht angehört, zu dessen Ergänzung es herangezogen wird (BVerwG 22.6.2006 Buchholz 422.2 Rundfunkrecht Nr. 41). Ob, in welchem Umfang und in welcher Weise geschriebenes Recht der Ergänzung bedarf, kann nur in Anwendung dieser geschriebenen Rechtssätze beantwortet werden.[43] **60**

Allgemeine Rechtsgrundsätze des Verwaltungsrechts lassen sich mitunter auf geschriebenes Recht zurückführen. Hieran knüpft das BVerwG z.T. für ihre Zuordnung zum Bundes- oder Landesrecht an. Wenn und soweit solche Grundsätze auf das Bundesrecht rückführbar sind, soll sich daraus ihre Revisibilität ergeben, ohne dass ihre Stellung als allgemeine Grundsätze des Verwaltungsrechts daran etwas ändere (BVerwG DÖV 1971, 857). **61**

Als solche aus dem Bundesrecht abgeleitete und deshalb stets revisible allgemeine Grundsätze des Verwaltungsrechts hat das BVerwG beispielsweise anerkannt den Grundsatz der Verhältnismäßigkeit, das Abwägungsgebot als rechtsstaatliche Schranke der planerischen Gestaltungsfreiheit (BVerwGE 61, 295, 301; BVerwG NJW 1982, 1473), den Grundsatz des Vertrauensschutzes mit seinem bundesverfassungsrechtlichen Kernbestand (BVerwGE 51, 310, 315), den Grundsatz der Chancengleichheit und das Gebot der Fairness bei Prüfungen,[44] den Grundsatz der Folgenbeseitigung (BVerwG DÖV 1971, 857; BVerwGE 82, 24). Anders als der Folgenbeseitigungsanspruch soll hingegen der öffentlich-rechtliche Erstattungsanspruch kein Institut des revisiblen Bundesrechts sein. Als gleichsam umgekehrter Leistungsanspruch teile er dessen Rechtsqualität, gehöre also entweder dem Bundesrecht oder dem Landesrecht an, je nach dem, welchem Recht der rückabzuwickelnde Leistungsanspruch zuzurechnen ist.[45] Das soll auch dann gelten, wenn der rückabzuwickelnde Leistungsanspruch durch einen öffentlich-rechtlichen Vertrag begründet war, der auf den stets revisiblen §§ 54 ff. VwVfG beruht (BVerwGE 111, 162, 172). **62**

Die Zuordnung allgemeiner Rechtsgrundsätze des Verwaltungsrechts zum revisiblen Bundesrecht dann, wenn sie auf Rechtssätze des Bundesrechts zurückführbar sind, überzeugt nicht.[46] Diese geschriebenen Rechtssätze finden nicht unmittelbar Anwendung. Der in ihnen ausgedrückte allgemeine Rechtsgrundsatz wird nur unter Beachtung der Besonderheiten der jeweils einschlägigen Rechtsmaterie entsprechend angewandt. Für ihre Zuordnung zum revisiblen Bundesrecht oder zum irrevisiblen Recht ist es deshalb unergiebig, wenn sie ihren Ausdruck auch in Sätzen des geschriebenen Rechts gefunden haben und aus solchen herleitbar sind. Denn im konkreten Fall finden sie nicht aufgrund dieses Normsetzungsbefehls Anwendung. **63**

Hiervon zu unterscheiden ist freilich eine andere Funktion bestimmter allgemeiner, insbes. aus Bundesverfassungsrecht ableitbarer Rechtsgrundsätze. Sie können Maßstab dafür sein, ob die Vorinstanz das irrevisible Recht in Übereinstimmung mit Bundesrecht ausgelegt hat. Die Auslegung und Anwendung irrevisiblen Landesrechts muss mit höherrangigem Bundesrecht in Einklang stehen. Bundesrecht, an dem die Auslegung und Anwendung irrevisiblen Rechts zu messen ist, kann die Gestalt allgemeiner Rechtsgrundsätze haben. Sie ergänzen dann das Bundesrecht, an dem die Auslegung und Anwendung **64**

---

43 BVerwG NJW 1986, 1629, 1630; NVwZ-RR 1990, 208; BVerwG 10.6.1996 Buchholz 310 § 137 Abs. 1 VwGO Nr. 11; NVwZ-RR 1998, 513; 17.8.2008 Buchholz 310 § 137 Abs. 1 VwGO Nr. 30; *I. Kraft,* in: Eyermann § 137 Rn. 22.

44 BVerwGE 55, 355, 358; BVerwG BayVBl 1982, 662, 663; DVBl 1993, 51; NVwZ 1993, 686, 688.

45 BVerwG 55, 337, 339; BVerwG NVwZ 1991, 574, 575; BVerwGE 111, 162, 172; BVerwG NVwZ-RR 2003, 874; BVerwG 21.1.2010 Buchholz 310 § 137 Abs. 1 VwGO Nr. 39.

46 Vgl. auch *M. Eichberger/J. Buchheister,* in: Schoch/Schneider/Bier § 137 Rn. 68; *I. Kraft,* in: Eyermann § 137 Rn. 24.

des irrevisiblen Landesrechts zu messen ist. Ein solcher Grundsatz ist der bundesverfassungsrechtliche Grundsatz der Verhältnismäßigkeit. Zu unterscheiden ist also zwischen der Ergänzung irrevisiblen Rechts durch allgemeine Rechtsgrundsätze einerseits und der Überprüfung der Auslegung und Anwendung irrevisiblen Rechts an Hand allgemeiner Rechtsgrundsätze des Bundesrechts andererseits. Als solcher Prüfungsmaßstab kommen alle allgemeinen Rechtsgrundsätze in Betracht, die aus Bundesrecht herleitbar sind. Insoweit geht es allein um die Frage, welche Überprüfungsmaßstäbe das Bundesrecht zur Verfügung stellt.

65   Der Folgenbeseitigungsanspruch beispielsweise ist keine Maßstabsnorm. Er dient, nicht anders als der öffentlich-rechtliche Erstattungsanspruch, der Ergänzung des jeweiligen Fachrechts. Er gehört dem Bundesrecht an, wenn die hoheitliche Maßnahme, deren Folgen beseitigt werden sollen, auf Bundesrecht beruht. Beruht diese Maßnahme auf irrevisiblem Landesrecht, richten sich auch nach diesem die Voraussetzungen, unter denen die Folgen einer rechtswidrigen Maßnahme zu beseitigen sind.[47]

66   Auch Vorschriften des BGB können allgemeine Rechtsgrundsätze enthalten. Sie können im Verwaltungsrecht herangezogen werden, um dort bestehende Lücken im geschriebenen Recht zu füllen. Die Vorschriften des BGB sind zwar als solche Bundesrecht. Soweit sie aber nicht unmittelbar Anwendung finden, sondern auf öffentlich-rechtliche Rechtsverhältnisse nur unter Beachtung der Besonderheiten der jeweils einschlägigen Rechtsmaterie entsprechend anzuwenden sind, kommt es für ihre Zuordnung zum Bundesrecht und damit für ihre Revisibilität auf den Ursprung des Rechtsverhältnisses an. Werden sie auf ein Rechtsverhältnis landesrechtlichen Ursprungs entsprechend angewendet, dienen sie der Ergänzung von Landesrecht und teilen dessen Eigenschaft als irrevisibles Recht.[48]

67   Beispiele für derartige Rechtsgrundsätze sind das Gebot von Treu und Glauben,[49] und als Ausfluss dieses Gebots die Rechtsgedanken der Verwirkung,[50] des Rechtsmissbrauchs (BVerwGE 55, 337) sowie der unzulässigen Rechtsausübung (BVerwGE 111, 162, 172; BVerwG 17.12.2004 – 9 B 47.04). Allgemeine Rechtsgrundsätze des Verwaltungsrechts sind die bürgerlich-rechtlichen Regeln über die Geschäftsführung ohne Auftrag (BVerwGE 82, 350, 351; BVerwG NWVBl 1996, 125, 126), über die Aufrechnung (BVerwG 15.11.1973 Buchholz 406.11 § 135 BBauG Nr. 5) oder über die Abtretung von Forderungen (BVerwG NJW 1993, 1610).

68   Die allgemeinen Regeln über die Folgen fehlerhaften staatlichen Handelns gehören dem Recht an, das fehlerhaft angewandt worden ist. Welche Folgen sich für die Wirksamkeit eines Rechtsaktes ergeben, wenn dieser den gesetzlichen Anforderungen nicht genügt, bestimmt sich nach revisiblem Recht, wenn der Rechtsakt nach revisiblem Recht ergeht, hingegen nach irrevisiblem Landesrecht, wenn der Rechtsakt den nach Landesrecht zu stellenden Anforderungen nicht genügt.[51]

69   Die Grundsätze über das Außerkrafttreten von Normen wegen Funktionslosigkeit sind revisibel, wenn sie auf Normen angewandt werden, deren Erlass und Inkrafttreten sich nach Bundesrecht bestimmen, hingegen irrevisibel, wenn sie auf Normen angewandt werden, deren Erlass und Inkrafttreten sich nach Landesrecht bestimmen.[52]

70   jj) **Auslegungsregeln.** Für **Auslegungsregeln** gilt dasselbe wie für die allgemeinen Rechtsgrundsätze des Verwaltungsrechts. Sie können Bundesrecht oder Landesrecht sein.

---

47 Ähnl. BVerwG BayVBl 1992, 443; *M. Eichberger/J. Buchheister*, in: Schoch/Schneider/Bier § 137 Rn. 74.
48 BVerwGE 44, 351, 354 (zum Namensrecht der Gemeinde entsprechend § 12 BGB); BVerwGE 50, 255, 262; BVerwGE 123, 303, 306; BVerwG 22.6.2006 Buchholz 422.2 Rundfunkrecht Nr. 41; 10.8.2007 – 9 B 17.07 (jeweils Verjährung). Sie sollen hingegen revisibel sein, soweit sie nach dem seinerseits revisiblen § 62 S. 2 VwVfG auf einen nach Landesrecht geschlossenen öffentlich-rechtlichen Vertrag Anwendung finden: BVerwGE 84, 257, 264; hiergegen mit Recht *W.-R. Schenke*, in: Kopp/Schenke § 137 Rn. 16.
49 BVerwGE 55, 337; 69, 46, 48; BVerwG NVwZ-RR 1998, 513; BVerwG 19.9.2000 Buchholz 310 § 137 Abs. 1 VwGO Nr. 15; 1.4.2004 Buchholz § 137 Abs. 1 VwGO Nr. 21; 22.6.2006 Buchholz 422.2 Rundfunkrecht Nr. 41. Jedoch kann für die Beurteilung dessen, was im Einzelfall als treuwidrig angesehen werden kann, die Ausstrahlungswirkung revisibler Normen von Bedeutung sein und das angefochtene Urteil Bundesrecht verletzen, wenn es diese Ausstrahlungswirkung nicht beachtet hat: BVerwGE 111, 162, 172; noch weiter gehend BVerwG NVwZ 2003, 993.
50 BVerwG 28.12.1994 Buchholz 406.11 § 127 BauGB Nr. 78; NVwZ-RR 1998, 513; OVG Münster NVwZ-RR 1993, 397, 398.
51 BVerwGE 55, 339, 341; 66, 140, 143; 70, 143, 147; BVerwG DVBl 1982, 546, 548; NVwZ 1984, 101, 102; NVwZ-RR 1994, 118; BVerwG 5.2.2009 Buchholz 310 § 137 Abs. 1 VwGO Nr. 35.
52 BVerwG 23.9.1998 – 6 C 2.98. Die Grundsätze zum Außerkrafttreten von Bebauungsplänen wegen Funktionslosigkeit gehören dem Bundesrecht an und sind revisibel, weil der Erlass und das Inkrafttreten von Bebauungsplänen sich nach Bundesrecht (Baugesetzbuch) richten.

Allgemeine Grundsätze über die Auslegung von Normen gehören nicht schon als solche dem Bundes- 71
recht an. Sie sind nur revisibel, wenn sie zur Auslegung revisiblen Rechts herangezogen werden. Werden sie zur Auslegung irrevisiblen Rechts herangezogen, unterliegt ihre Anwendung keiner revisionsgerichtlichen Prüfung.[53] Das gilt beispielsweise für die gewohnheitsrechtlich anerkannte Kollisionsregel, nach der die spätere Norm die frühere verdrängt, wenn derselbe Sachverhalt normiert ist. Sie gehört dem revisiblen Recht an, wenn die in Konflikt stehenden Normen ihrerseits dem revisiblen Recht
angehören.[54] Nur dann kann das Revisionsgericht die in Rede stehenden Normen darauf hin auslegen, ob sie denselben Sachverhalt normieren.

Grundsätze zur Auslegung von Willenserklärungen (Anträgen), beispielsweise die entsprechend an- 72
wendbaren Regeln des § 133 BGB, gehören nur dann dem revisiblen Recht an, wenn die in Rede stehende Willenserklärung einen Sachbereich betrifft, der durch revisibles Recht geregelt ist.[55] Dasselbe
gilt für die Auslegung von Verwaltungsakten (BVerwG 25.5.1984 Buchholz 316 § 38 VwVfG Nr. 4;
NVwZ 1987, 598).

d) Abgrenzung Bundesrecht/Landesrecht. Ob (revisibles) Bundesrecht oder (irrevisibles) Landesrecht 73
vorliegt, bedarf in bestimmten Fallgestaltungen näherer Betrachtung.

aa) Verweisungen. Eine Norm des Landesrechts kann auf eine Norm des Bundesrechts verweisen 74
oder sie in Bezug nehmen. Entsprechend der allgemeinen Begriffsbestimmung ist maßgeblich, ob die
Anwendung der Norm des Bundesrechts auf den konkret geregelten Sachverhalt auf dem Gesetzesbefehl eines Rechtssetzungsorgans des Bundes beruht.[56] Kommt die Norm des Bundesrechts hingegen im
konkreten Fall aufgrund eines Normsetzungsbefehls des Landesgesetzgebers zur Anwendung, ist sie
nicht revisibel.[57] Insoweit gilt dasselbe wie in den Fällen, in denen eine bundesrechtliche Norm zur
Ausfüllung oder Ergänzung von Landesrecht herangezogen wird.

Verweist eine Norm des Landesrechts auf eine Norm des Bundesrechts, kommt die Norm des Bundes- 75
rechts aufgrund eines Normsetzungsbefehls des Bundes zur Anwendung, wenn sich ihr sachlicher Anwendungsbereich durch die Verweisung nicht ändert. Das ist der Fall, wenn der Landesgesetzgeber die
bundesrechtliche Norm lediglich zum Anknüpfungspunkt einer eigenen Regelung nimmt.[58] Eine solche Anknüpfung liegt insbes. dann vor, wenn der Landesgesetzgeber im Tatbestand der landesrechtlichen Norm eine bundesrechtliche Regelung als geltend voraussetzt und an sie eine eigene Rechtsfolge
anknüpft. Die bundesrechtliche Norm wird in diesem Fall zwar nur angewendet, weil eine landesrechtliche Norm auf sie verweist. Ihr sachlicher Geltungsbereich erweitert sich aber dadurch nicht. Ob
ihre Voraussetzungen erfüllt sind, ist bundesrechtliche und deshalb revisible Vorfrage für die Anwendung einer landesrechtlichen Norm. Ordnet eine Norm des Landesrechts die (entsprechende) Anwendung einer bundesrechtlichen Vorschrift an, kann dies ferner dahin zu verstehen sein, dass die Vorschriften des Bundesrechts unter Verzicht auf eine landesrechtliche Regelung und damit Bundesrecht

53 BVerwG NVwZ 1985, 654; NJW 1986, 1629, 1630; BVerwGE 78, 347, 352; BVerwG 24.8.2006 – 10 B 1.06;
  28.1.2010 Buchholz 310 § 137 Abs. 1 VwGO Nr. 40.
54 BVerwG NVwZ 1991, 1074. BVerwGE 85, 289, 292 f. wendet diese Kollisionsregel als bundesrechtlichen Rechtssatz
  auf das Verhältnis zweier Bebauungspläne an; da sich deren Erlass und Geltung nach Bundesrecht richtet, bestimmt
  auch das Bundesrecht, welcher von zwei Bebauungsplänen sich durchsetzt; krit.: *C. H. Ule*, FS-Wacke, 1972, S. 277,
  280 Fn. 18.
55 BVerwGE 84, 257, 264, mit der zweifelhaften Weiterung, dass bei der Auslegung von öffentlich-rechtlichen Verträgen
  in einem landesrechtlichen geregelten Sachbereich über § 62 S. 2 VwVfG auch die allgemeinen Auslegungsgrundsätze
  des BGB revisibel sind; insoweit offen gelassen von BVerwGE 115, 274, 289.
56 Vgl. auch *I. Kraft*, in: Eyermann § 137 Rn. 21.
57 BVerwG 25.10.1961 Buchholz 310 § 137 VwGO Nr. 11; BVerwG 8.9.1972 Buchholz 401.84 Benutzungsgebühren
  Nr. 19; 30.1.1974 Buchholz 310 § 137 VwGO Nr. 69; BVerwGE 57, 204, 206 f.; BVerwG 13.5.1976 Buchholz 237.4
  § 35 HmbBG Nr. 1; NVwZ 1984, 101, 102, DVBl 1984, 192, 194; NVwZ 1985, 652; NVwZ 1986, 739; BVerwG
  2.7.1990 Buchholz 310 § 137 VwGO Nr. 160; BVerwGE 91, 77, 81;BVerwG 28.6.1995 Buchholz 310 § 137 Abs. 1
  VwGO Nr. 4; 7.3.1996 Buchholz 310 § 137 Abs. 1 VwGO Nr. 8; NVwZ 1998, 76; 3.7.1998 Buchholz 430.4 Versor-
  gungsrecht Nr. 39; DÖV 2001, 605, 606; BVerwGE 118, 201, 203; BVerwG 20.8.2014 – 9 B 9.14, juris
  Rn. 3 m.w.N.; diff. *P. Kirchhof*, FS-Menger, 1985, 813, 827 f.: Wird Bundesrecht in Bezug genommen, bleibt es grds.
  revisibles Bundesrecht. Zu Landesrecht wird es nur, wenn das Landesgesetz nicht auf die jeweils geltende Fassung des
  in Bezug genommenen Bundesrechts verweist und das Bezug genommene Bundesrecht geändert wird.
58 BVerwG 51, 268, 271 f.; BVerwG 12.4.1984 Buchholz 436.7 § 27 a BVG Nr. 14; ausf. BVerwG NVwZ-RR 2013,
  462, 463 zur Anknüpfung des Ordnungsrechts an den bundesrechtlichen Eigentumsbegriff bei einer Verschränkung
  von Normen des Bundes- und Landesrechts durch Bezugnahmen.

als solches für anwendbar erklärt werden sollte (BVerwG NJW 1988, 1924, 1925; NVwZ 1993, 359).

76   Verweist eine Norm des Landesrechts auf eine Norm des Bundesrechts, kommt das in Bezug genommene Bundesrecht aufgrund des Normsetzungsbefehls des Landes zur Anwendung, wenn diese Verweisung den sachlichen Anwendungsbereich des Bundesrechts erweitert, wie der Bundesgesetzgeber ihn bestimmen konnte und wollte. Regelt eine landesrechtliche Norm nur den Tatbestand eigenständig, verweist aber für die Rechtsfolge auf eine (entsprechend anzuwendende) bundesrechtliche Regelung, liegt insgesamt eine Norm des Landesrechts vor. Auf den konkret geregelten Sachverhalt findet die bundesrechtliche Regelung nur aufgrund eines Gesetzgebungsbefehls des Landesgesetzgebers Anwendung. Der Landesgesetzgeber hat den Geltungsbereich der bundesrechtlichen Regelung erweitert, nämlich auf einen von ihr nicht erfassten Tatbestand erstreckt. Die herangezogenen Vorschriften des Bundesrechts werden ebenso als Landesrecht angewendet, wie wenn das Landesrecht, statt auf die Norm des Bundesrechts zu verweisen, deren Wortlaut wiedergegeben hätte.[59] Die in Bezug genommene Regelung des Bundesrechts gehört mithin dem Landesrecht an, wenn der Landesgesetzgeber eine eigene, wenn auch inhaltsgleiche Regelung hat treffen wollen.

77   Parallel zu behandeln sind die Fälle, in denen umgekehrt eine Norm des Bundesrechts auf eine Norm des Landesrechts verweist oder diese in Bezug nimmt. Maßgeblich ist, ob das Bundesrecht an die landesrechtliche Norm nur hat anknüpfen wollen oder ob das Bundesrecht eine eigene, wenn auch inhaltsgleiche Regelung hat treffen wollen. Im ersten Fall bleibt die in Bezug genommene Regelung des Landesrechts irrevisibles Landesrecht; im zweiten Fall liegt insgesamt eine revisible Regelung des Bundesrechts vor. Eine bloße Anknüpfung an eine landesrechtliche Regelung liegt vor, wenn die bundesrechtliche Norm einen Begriff verwendet, dessen inhaltliche Bestimmung sie dem Landesrecht überlässt (Bsp.: BVerwGE 27, 253, 254).

78   Enthält die im Streitfall anzuwendende Norm des irrevisiblen Landesrechts den gleichen Begriff wie ein Bundesgesetz, ist diese Norm des Landesrechts nicht allein deshalb revisibel, weil der Landesgesetzgeber den dort enthaltenen Begriff in demselben Sinne verwendet hat wie das Bundesgesetz (BVerwGE 32, 252, 254; BVerwG NVwZ 1989, 246).

79   **bb) Ausfüllung von Rahmenrecht.** Ist eine landesrechtliche Vorschrift in Ausfüllung eines Rahmengesetzes des Bundes ergangen, wird das Landesrecht allein dadurch noch nicht zu Bundesrecht. Vielmehr ist zu unterscheiden, welche inhaltlichen Vorgaben das Rahmengesetz des Bundes dem Landesgesetzgeber gemacht hat.

80   War der Landesgesetzgeber rahmenrechtlich verpflichtet, eine rahmenrechtliche Vorschrift des Bundes inhaltsgleich zu übernehmen, und hat er hieran anknüpfend diese Bestimmung wörtlich in das Landesrecht übernommen, ist die Bestimmung revisibel.[60]

81   Anders verhält es sich bei rahmenrechtlichen Bestimmungen, die der Landesgesetzgeber bei Erlass von Landesrecht zwar zu beachten hatte, die aber auf eine inhaltliche Ausfüllung durch ihn angelegt waren. Das im Einzelfall anzuwendende Recht beruht auch dann nicht auf einem Gesetzesbefehl des Bundes, wenn der Landesgesetzgeber die durch ihn auszufüllende Bestimmung des Bundesrahmenrechts lediglich im Wortlaut wiederholt und die nähere Konkretisierung den zuständigen Landesbehörden bei der Anwendung im Einzelfall überlassen hat (BVerwG NVwZ-RR 1999, 239). Das im Einzelfall anzuwendende Recht beruht in diesem Fall ebenso auf einem Gesetzesbefehl des Landes wie in den Fällen, in denen der Landesgesetzgeber die ausfüllungsbedürftige Norm des Bundesrahmenrechts durch eine eigenständige Formulierung konkretisiert hat.[61]

82   **cc) Art. 125 a ff. GG.** Hat der Bund aufgrund seiner Gesetzgebungskompetenz ein Gesetz erlassen und später aufgrund einer Änderung der Kompetenzbestimmungen des Grundgesetzes seine Gesetzgebungszuständigkeit verloren, gilt das Gesetz als Bundesrecht fort, kann aber durch Landesrecht ersetzt werden (Art. 125 a Abs. 1 und 2 GG). Die Länder können das fortgeltende Bundesrecht auch in der Weise durch Landesrecht ersetzen, dass sie die bundesrechtlich erlassenen Vorschriften unverändert

---

59 BVerwG NVwZ 2003, 995, 996; BVerwG 21.3.2006 Buchholz 310 § 137 Abs. 1 VwGO Nr. 25; 10.8.2007 Buchholz 310 § 137 Abs. 1 VwGO Nr. 29; 2.7.2009 Buchholz 310 § 137 Abs. 1 VwGO Nr. 36.
60 BVerwG NVwZ 1987, 976; NVwZ 2000, 198, 199; a.A. *W.-R. Schenke*, in: *Kopp/Schenke* § 137 Rn. 9.
61 BVerwGE 85, 348, 354; BVerwG NVwZ-RR 1989, 288; NVwZ 1991, 69; NVwZ-RR 1999, 239; NVwZ 2000, 198, 199.

oder mit Modifikationen in Landesrecht überführen. Das kann etwa dann der Fall sein, wenn der Landesgesetzgeber in einem Landesgesetz die Anwendbarkeit des Bundesgesetzes mit gewissen Maßgaben anordnet. Ob er damit das Bundesrecht im Übrigen in Landesrecht überführt hat, ist eine Frage der Auslegung der entsprechenden landesrechtlichen Norm. Deren Auslegung durch die Vorinstanz ist nicht revisibel und vom BVerwG deshalb hinzunehmen. In dieser Weise in Landesrecht überführtes Bundesrecht wird als Landesrecht, nicht als Bundesrecht angewandt. Seine Auslegung ist nicht revisibel (BVerwG NVwZ 2002, 1505).[62]

3. Verwaltungsverfahrensgesetze (§ 137 Abs. 1 Nr. 2). Nach § 137 Abs. 1 Nr. 2 kann die Revision 83 auch darauf gestützt werden, dass das angefochtene Urteil auf der Verletzung einer Vorschrift des VwVfG eines Landes beruht, die ihrem Wortlaut nach mit dem VwVfG des Bundes übereinstimmt. Revisibel ist nur die Norm des VwVfG selbst. Irrevisibel bleiben aber Rechtssätze oder allgemeine Grundsätze, die dem sonstigen irrevisiblen Recht entnommen sind, um an sich revisible Normen des VwVfG eines Landes auszufüllen oder zu ergänzen.[63] Revisibilität ist aber gegeben, wenn es um die rechtlich zutreffende Schließung einer im Bundes- wie im Landesverwaltungsverfahrensgesetz gleichermaßen bestehende Lücke geht (BVerwG NVwZ 2016, 1577, 1578)

a) Bedeutung der Norm. Sinn der begrenzten Erweiterung des revisiblen Rechts ist es, eine einheitli- 84 che Auslegung derjenigen landesrechtlichen Vorschriften des VwVfG zu gewährleisten, die mit denen des VwVfG des Bundes identisch sind.[64] Dagegen bleiben landesrechtliche Vorschriften des Verfahrensrechts, die vom VwVfG des Bundes im Wortlaut abweichen, ebenso irrevisibel wie landesrechtliche Vorschriften, für die es in diesem Bundesgesetz überhaupt keine entsprechenden Regelungen gibt (BVerwG NVwZ-RR 195, 299; BVerwG 30.8.2006 – 10 B 38.06).

Ändert der Bund sein VwVfG, entfällt in diesem Umfang die Revisibilität der VwVfG der Länder, so- 85 lange sie dem geänderten VwVfG des Bundes nicht angepasst sind. Unerheblich ist, ob der Bundesgesetzgeber nur den schon bisher bestehenden Inhalt der Vorschrift verdeutlichen wollte.[65] Ob der bisherige Inhalt der Norm durch die Änderung ihres Wortlauts nur verdeutlicht oder geändert worden ist, ist nur durch Auslegung zu ermitteln. Von einer Auslegung kann aber die Revisibilität der Norm nicht abhängen. Die Befugnis des BVerwG zur Auslegung der Norm hängt ihrerseits von der Revisibilität der Norm ab.

nicht besetzt 86

aa) Verwaltungsverfahrensgesetz. Das Landesgesetz muss ein allgemeines Verwaltungsverfahrensge- 87 setz im Typus des VwVfG des Bundes sein (BVerwG 13.11.1995 Buchholz 310 § 137 Abs. 1 VwGO Nr. 5). Keine Verwaltungsverfahrensgesetze i.S.d. § 137 Abs. 1 Nr. 2 sind solche Landesgesetze, die lediglich einzelne oder mehrere verwaltungsverfahrensrechtliche Vorschriften enthalten (BVerwG NVwZ 1984, 101, 102; DÖV 1984, 112; DVBl 1984, 192, 194), also insbes. Fachgesetze, die Materien des besonderen Verwaltungsrechts regeln und dabei für diesen Sachbereich verfahrensrechtliche Regelungen treffen.

bb) Wörtliche Übereinstimmung. § 137 Abs. 1 Nr. 2 verlangt ausdrücklich eine wörtliche Überein- 88 stimmung, lässt also eine nur inhaltliche Übereinstimmung nicht genügen (BVerwG 30.8.2006 – 10 B 38.06; *W. Roth*, NVwZ 1999, 388). Allenfalls sprachlich (insbes. nur mundartlich) verschiedene,

---

62 Krit. hierzu *T. Rottenwallner* DÖV 2013, 515; SächsVerfGH NVwZ 2011, 936; vgl. auch BVerwG 9.8.2013 – 9 B 31.13, juris Rn. 3.

63 BVerwGE 77, 295, 299, für landesrechtliche Vorschriften, aus denen sich ergibt, wann Beeinträchtigungen unzumutbar sind und deshalb den in § 74 Abs. 2 S. 3 VwVfG normierten Entschädigungsanspruch auslösen; BVerwG 4.7.1990 Buchholz 310 § 137 VwGO Nr. 161 und BVerwG NVwZ 2011, 752 Rn. 11, jeweils zu einer dem irrevisiblen Recht entnommenen Ermessensregelung, deren angeblich fehlerhafte Anwendung nicht mit Blick auf § 40 VwVfG als Verletzung revisiblen Rechts gerügt werden kann; BVerwGE 123, 303, 307 zur Heranziehung der bürgerlich-rechtlichen Verjährungsvorschriften auf den Zinsanspruch nach § 49 a Abs. 4 VwVfG.

64 *W. Roth*, NVwZ 1999, 388.

65 So *M. Redeker*, in: Redeker/von Oertzen § 137 Rn. 2 a, zur Änderung des Merkmals „offenkundig" in § 44 Abs. 1 VwVfG in „offensichtlich" durch Art. 1 Nr. 4 des 2. VwVfÄndG vom 6.8.1998, BGBl I 2022; hiergegen mit Recht: *W. Roth*, NVwZ 1999, 388; zweifelnd auch *M. Eichberger/J. Buchheister*, in: Schoch/Schneider/Bier § 137 Rn. 62.

inhaltlich aber völlig übereinstimmende Bezeichnungen beseitigen eine sonst wörtliche Übereinstimmung nicht.[66]

89　Grds. müssen nur die miteinander zu vergleichenden Normen wörtlich übereinstimmen.[67] Dabei reicht aus, wenn der zur Entscheidung herangezogene Teil der Norm übereinstimmt. Insoweit ist die Übereinstimmung aber aufgehoben, wenn nur eine der zu vergleichenden Vorschriften in ihrem Text Zusätze oder Auslassungen enthält, die den Sinn oder die Tragweite einschränken, erweitern oder sonst modifizieren.[68] Auch wenn der Wortlaut der Vorschrift der gleiche ist, kann die erforderliche Übereinstimmung beseitigt sein, wenn das Gesetz an anderer Stelle Regelungen enthält, die sich als Erweiterung, Einschränkung oder sonstige Modifizierung der zu betrachtenden Norm auswirken.[69]

90　**4. Sonstiges revisibles Landesrecht.** Landesrecht kann aufgrund besonderer Vorschriften außerhalb der VwGO revisibel sein. Sie können sich aus dem Landes- oder dem Bundesrecht ergeben.[70]

91　**a) § 127 Nr. 2 BRRG.** Zu den bundesrechtlichen Vorschriften, welche die Revisibilität von Landesrecht anordnen, gehört – durch das Beamtenstatusgesetz unverändert (§ 63 Abs. 3 S. 2 BeamtStG)[71] – § 127 Nr. 2 BRRG (zur Verfassungsmäßigkeit der Vorschrift BVerfGE 10, 285, 290 ff.; BVerwGE 137, 30 Rn. 6). Nach dieser Vorschrift kann die Revision außer auf die Verletzung von Bundesrecht darauf gestützt werden, dass das angefochtene Urteil auf einer Verletzung von Landesrecht beruht. Die Vorschrift setzt eine Streitigkeit aus dem Beamtenverhältnis voraus; mit Landesrecht ist deshalb nur das materielle Landesbeamtenrecht gemeint (BVerwGE 13, 303; vgl. hierzu auch BVerwGE 121, 140, 144). Unerheblich ist, in welchem Gesetz die Norm enthalten ist. So kann eine Norm in einem Schulgesetz einen beamtenrechtlichen Inhalt haben und deshalb materiell dem Beamtenrecht zuzuordnen sein (BVerwG 10.10.2013 – 2 B 61.13, juris Rn. 1). Eine Streitigkeit aus dem Beamtenverhältnis liegt nicht vor, wenn sich nach dem Landesbeamtengesetz nur die Entscheidung einer Vorfrage richtet, das streitige Rechtsverhältnis aber selbst nicht im Beamtenrecht wurzelt (BVerwG 4.10.2006 – 6 B 41.06).

92　Die Vorschrift gilt nicht für beamtenähnliche öffentlich-rechtliche Dienstverhältnisse.[72] Deshalb sind Vorschriften eines Landesbeamtengesetzes nicht revisibel, wenn auf sie in einem Landesgesetz Bezug genommen wird, das ein beamtenähnliches sonstiges öffentlich-rechtliches Dienstverhältnis regelt (BVerwG NVwZ 1985, 652).

93　Vorschriften der Landespersonalvertretungsgesetze können materiell dem Landesbeamtenrecht zuzuordnen sein; in diesem Fall unterliegt ihre Auslegung und Anwendung nach § 127 Nr. 2 BRRG revisionsgerichtlicher Kontrolle.[73] Nicht nach § 127 Nr. 2 BRRG revisibel sind namentlich die Vorschriften, die dem Organisationsrecht der Personalvertretung zugehören. Sie sind nur revisibel, wenn der Landesgesetzgeber selbst dies angeordnet hat, indem er für sein Personalvertretungsgesetz insgesamt von der Möglichkeit des Art. 99 GG Gebrauch gemacht hat (BVerwGE 102, 95, 98).

94　Irrevisibel bleiben ferner andere landesrechtliche Vorschriften, die nicht zum Landesbeamtenrecht gehören, auch wenn sich ihre Anwendung auf ein Beamtenverhältnis auswirkt.[74]

95　Auch das kirchliche Beamten- und Amtsrecht ist nach § 127 Nr. 2 BRRG revisibel, wenn die öffentlich-rechtlichen Religionsgesellschaften gem. § 135 S. 2 BRRG bestimmt haben, dass auf die Rechtsverhältnisse ihrer Beamten und Seelsorger das BRRG anwendbar ist.[75]

66　Vgl. die Beispiele bei *M. Redeker*, in: Redeker/von Oertzen § 137 Rn. 2 a: Sonnabend anstelle von Samstag; anstelle der bundesrechtlichen Bezeichnung der Behördenorganisation die entsprechende Bezeichnung des Landesrechts.

67　BVerwG 13.11.1995 Buchholz 310 § 137 Abs. 1 VwGO Nr. 5; der Sache nach schon BVerwGE 66, 111, 113; 71, 48, 49.

68　*I. Kraft*, in: Eyermann § 137 Rn. 32.

69　*W.-R. Schenke*, in: Kopp/Schenke § 137 Rn. 15.

70　Zur Kompetenz des Bundesgesetzgebers, die Revisibilität von Landesrecht anzuordnen BVerfGE 10, 285, 290 ff.

71　BVerwGE 137, 30 Rn. 6; hierzu auch *J. P. Terhechte* NVwZ 2010, 996, 999.

72　BVerwG 3.6.1977 Buchholz 310 § 137 VwGO Nr. 86; 3.11.1982 Buchholz 310 § 40 VwGO Nr. 202; 1.9.1992 Buchholz 230 § 127 BRRG Nr. 53.

73　BVerwGE 66, 291, 292; 137, 192; BVerwG 10.6.1977 Buchholz 230 § 127 BRRG Nr. 34; PersV 1998, 476; 20.10.2010 – 2 B 39.10, juris Rn. 5.

74　BVerwG NVwZ 1993, 379; SächsVBl 1996, 281 (jeweils für die kommunalverfassungsrechtlichen Vorschriften über die Wahl und Abwahl von Wahlbeamten der Gemeinde); 27.5.1992 Buchholz 232 § 72 BBG Nr. 36; 7.7.2005 Buchholz 230 § 127 BRRG Nr. 61; 4.5.2007 – 2 B 24.07.

75　BVerwGE 28, 345, 348; 66, 241, 247; BVerwG 10.6.2005 – 2 B 97.04.

b) Art. 99 GG. Landesrecht ist dann revisibel, wenn das Land nach Art. 99 GG dem BVerwG für den   96
letzten Rechtszug die Entscheidung in Sachen zugewiesen hat, bei denen es sich um die Anwendung
von Landesrecht handelt.[76] Eine solche Zuweisung kann auch darin liegen, dass der Landesgesetzgeber, ohne das BVerwG ausdrücklich zu erwähnen, für bestimmte Streitsachen eine dritte Instanz vorsieht.[77]

Von der Möglichkeit des Art. 99 GG hat beispielsweise das Land Bayern in Art 97 BayVwVfG Ge-   97
brauch gemacht (hierzu BVerwGE 82, 336, 337; BVerwG NVwZ 1992, 1201). Nach dieser Vorschrift
kann die Revision auf eine Verletzung des BayVwVfG gestützt werden, und zwar ohne Rücksicht auf
die Beschränkungen des § 137 Abs. 1 Nr. 2, also auch dann, wenn die konkrete Norm nicht mit einer
Vorschrift des VwVfG des Bundes übereinstimmt. Eine ähnliche Regelung trifft § 5 AGVwGO Bln sowie § 327 LVwG/SH.

Von der Möglichkeit des Art. 99 GG können die Länder in untereinander geschlossenen Staatsverträ-   98
gen Gebrauch machen. Sie können auf diese Weise erreichen, dass die Staatsverträge, soweit sie in
Landesrecht transformiert sind, in allen Ländern gleich ausgelegt und angewandt werden.[78]

5. Bindung des Revisionsgerichts. Soweit die Vorinstanz irrevisibles Recht angewandt hat, ist das   99
BVerwG an die Auslegung dieses Rechts durch die Vorinstanz gebunden (§ 173, § 560 ZPO).

a) Bedeutung der Bindung. Das BVerwG muss irrevisibles Recht ohne eigene Nachprüfung in der   100
Form und mit dem Inhalt als gegeben hinnehmen, in der die Vorinstanz es angewandt hat.[79] Das
BVerwG kann die Anwendung irrevisiblen Rechts auch nicht eingeschränkt darauf nachprüfen, ob die
Vorinstanz bei seiner Auslegung die allgemeinen Grundsätze der Auslegung von Rechtsnormen beach-
tet hat. Soweit sie zur Auslegung irrevisiblen Rechts herangezogen werden, sind diese Grundsätze
selbst dem irrevisiblen Recht zuzurechnen (→ Rn. 71).

Das BVerwG ist an die Auslegung irrevisiblen Rechts durch die Vorinstanz auch insoweit gebunden,   101
als diese Auslegung als Vorfrage für die Anwendung einer Norm des revisiblen Rechts erheblich ist.
Das gilt etwa dann, wenn eine Norm des revisiblen Rechts einen Begriff enthält, der durch irrevisibles
Recht vorgeben ist.[80]

Im Prozessrecht gilt nichts anderes. Zwar hat auch das Revisionsgericht von Amts wegen zu prüfen,   102
ob die Sachurteilsvoraussetzungen der Klage gegeben sind. Hängt diese Beurteilung von der Auslegung einer Norm des irrevisiblen Rechts als Vorfrage ab, ist das BVerwG an die Auslegung dieser
Norm durch die Vorinstanz gebunden, beispielsweise dann, wenn die Vorinstanz eine Norm des Landesrechts dahin ausgelegt hat, dass sie ein subjektiv-öffentliches Recht einräumt, aus dem sich eine
Klagebefugnis i.S.d. § 42 Abs. 2 herleiten lässt (BVerwGE 78, 347, 351; BVerwG NVwZ 1989, 247,
248), dass ein durch sie geregeltes Rechtsverhältnis als öffentlich-rechtlich zu qualifizieren ist und deshalb für Streitigkeiten aus diesem Rechtsverhältnis der Verwaltungsrechtsweg eröffnet ist
(BVerwGE 49, 137, 138; 50, 255, 258). Dasselbe gilt für die Frage, ob sich aus einem landesrechtlich
geregelten Rechtsverhältnis die Notwendigkeit einer Beiladung ergibt (BVerwGE 51, 268, 271) oder
ob einem durch Landesrecht bestimmtem Verwaltungshandeln der Charakter einer Regelung mit unmittelbarer Rechtswirkung nach außen zukommt, wie er für den Begriff des Verwaltungsakts in § 42
vorausgesetzt ist.[81]

b) Grenzen der Bindung. Das BVerwG hat aber nachzuprüfen, ob die Vorinstanz eine irrevisible   103
Norm im Widerspruch zu Bundesrecht ausgelegt hat, insbes. ob das Ergebnis der Auslegung in Widerspruch zu Normen des Bundesrechts steht.[82]

---

76   Beispiele BVerwGE 11, 336, 337; 17, 43, 46; zu Art. 99 GG vgl. BVerfGE 10, 285 ff.
77   *W.-R. Schenke*, in: *Kopp/Schenke* § 137 Rn. 11; zur Auslegung landesrechtlicher Vorschriften mit Blick auf eine mögli-
     che Eröffnung revisionsgerichtlicher Überprüfung nach Art. 99 GG vgl. auch BVerwGE 102, 95, 97.
78   Bsp. sind § 48 RStV (hierzu: BVerwG NJW 1998, 2690; NJW 2006, 632, 633); § 19 des Staatsvertrages über Medien;
     § 22 JMStV; § 13 des Rundfunkbeitragsstaatsvertrages.
79   Vgl. etwa BVerwGE 17, 322, 323; 50, 255, 257; 56, 308, 310; BVerwG DVBl 1992, 1170.
80   BVerwG 13.5.1976 Buchholz 237.4 § 35 HmbBG Nr. 1; Bsp.: landesverfassungsrechtliche oder landesorganisations-
     rechtliche Normen bestimmen, wer zuständige Stelle i.S. einer revisiblen Vorschrift ist.
81   BVerwG NJW 1978, 1821; DÖV 1992, 536; BVerwG 9.10.1998 Buchholz 402.43 § 9 MRRG Nr. 1.
82   BVerwG 13.5.1976 Buchholz 237.4 § 35 HmbBG Nr. 1; BVerwGE 56, 308, 310; 75, 67, 69; 78, 347, 351; BVerwG
     NVwZ-RR 1989, 227, 228; DVBl 2000, 386; NVwVBl 2002, 55, 57.

104 **aa) Auslegung anhand von Bundesrecht.** Zu einem solchen Widerspruch kann es kommen, wenn die Vorinstanz eine Norm des Bundesrechts zur Auslegung einer irrevisiblen Norm herangezogen hat, dabei jedoch von einem unzutreffenden Verständnis der bundesrechtlichen Norm ausgegangen ist und deshalb zu fehlerhaften Folgerungen für den Inhalt der irrevisiblen Norm gelangt ist. Allerdings verwandelt sich eine irrevisible Norm nicht dadurch in Bundesrecht, dass sie anhand von Bundesrecht ausgelegt wird (BVerwG 21.3.2006 Buchholz 310 § 137 Abs. 1 VwGO Nr. 25). Bundesrecht wird nur dann verletzt, wenn die Vorinstanz die zur Auslegung herangezogene Norm als Bundesrecht angewandt hat:

105 Hat die Vorinstanz eine Norm des Bundesrechts lediglich als Auslegungshilfe oder zur Bekräftigung herangezogen, um den maßgeblichen Inhalt der allein einschlägigen irrevisiblen Norm zu gewinnen, hat sie damit kein Bundesrecht angewandt (BVerwGE 100, 346, 349; BVerwG NJW 1997, 814; NJW 2006, 632, 634). Ebenso wie die allgemeinen Auslegungsregeln gehören Vorschriften, Begriffe und Rechtsgrundsätze des Bundesrechts dem Landesrecht an, wenn sie zur Auslegung landesrechtlicher Bestimmungen ergänzend und lückenfüllend herangezogen werden.[83]

106 Hingegen hat die Vorinstanz Bundesrecht angewandt, wenn sie die einschlägige Norm des irrevisiblen Rechts dahin ausgelegt hat, deren Inhalt werde durch eine bundesrechtliche Norm bestimmt.[84] Dasselbe gilt, wenn die Vorinstanz die Auslegung einer irrevisiblen Vorschrift wesentlich vom Verständnis einer bundesrechtlichen Norm abhängig gemacht hat (BVerwGE 70, 64, 65). In diesen Fällen verletzt die Auslegung irrevisibler Vorschriften Bundesrecht, wenn die herangezogene bundesrechtliche Vorschrift fehlerhaft angewendet ist.[85]

107 Bundesrecht hat die Vorinstanz ferner angewandt, wenn sie dem Bundesrecht entnommen hat, dieses gebiete die von ihr gefundene Auslegung des irrevisiblen Rechts. In der sich darin ausdrückenden Ansicht, durch das Bundesrecht zu einer bestimmten Auslegung des Landesrechts verpflichtet zu sein, liegt die Anwendung von Bundesrecht.[86] Unerheblich ist, ob die angenommene Bindung durch Bundesrecht objektiv besteht. Auch wenn eine solche Bindung tatsächlich nicht besteht, beruht das Urteil auf der fehlerhaften Anwendung des gleichwohl herangezogenen Bundesrechts, wenn dieses inhaltlich verkannt ist (BVerwGE 79, 339, 341).

108 **bb) Überprüfung des Auslegungsergebnisses anhand von Bundesrecht.** Das angefochtene Urteil verletzt Bundesrecht, wenn es zwar (allein) auf einer irrevisiblen Bestimmung beruht, wenn deren Inhalt aber nicht mit Bundesrecht in Einklang steht. Dabei ist unerheblich, ob sich dieser Widerspruch schon ohne Weiteres aus der irrevisiblen Norm ergibt oder ob erst die Vorinstanz der irrevisiblen Norm durch Auslegung einen Inhalt erschlossen hat, der die Norm in Widerspruch zu Bundesrecht setzt.

109 Insoweit zieht das BVerwG Bundesrecht als Prüfungsmaßstab dafür heran, ob die angewandte irrevisible Norm in der Auslegung der Vorinstanz mit Bundesrecht vereinbar ist. Bundesrecht ist danach verletzt, wenn die angewandte Norm des irrevisiblen Rechts mit allgemeinen Grundsätzen des Verwaltungsrechts nicht vereinbar ist, soweit diese wegen ihrer ausschließlichen Verwurzelung im Bundesrecht, insbes. im Bundesverfassungsrecht, zu den stets revisiblen Rechtssätzen gehören (→ Rn. 61 ff.).

110 Gleichsam umgekehrt ist Bundesrecht verletzt, wenn die Vorinstanz angenommen hat, eine Norm des irrevisiblen Rechts sei wegen Verstoßes gegen bundesrechtliche Vorgaben nicht anwendbar, die Vorinstanz dabei aber die bundesrechtlichen Vorgaben verkannt, namentlich solche des Bundesverfassungsrechts überspannt hat und deshalb eine irrevisible Norm nicht angewandt hat (BVerwGE 26, 305, 310). Das Gebot verfassungskonformer Auslegung von Gesetzen wurzelt im Grundgesetz und gehört deshalb zum revisiblen Bundesrecht (zweifelnd BVerwG 17.12.2009 Buchholz 310 § 137 Abs. 1 VwGO Nr. 38). Lässt die Vorinstanz eine Norm des Landesrechts außer Anwendung, weil sie in ihrer Auslegung angeblich mit höherrangigem Recht unvereinbar ist, so verletzt die auf der Nichtanwendung der Norm beruhende Entscheidung der Vorinstanz den bundesrechtlichen Grundsatz verfassungskonformer Auslegung, wenn die Vorinstanz bei der Feststellung des Inhalts der Norm die Mög-

---

83 M. *Klaer-Cichon*, Revisibilität, 22 f.
84 BVerwGE 90, 337, 342; BVerwG NJW 2009, 1097, 1098; zur Abgrenzung vgl. BVerwG 10.6.1994 Buchholz 11 Art. 140 GG Nr. 55.
85 Anders wohl BVerwG NJW 2006, 632, 633: bei fehlerhafter Annahme einer Bindung liege keine Anwendung von Bundesrecht vor.
86 BVerwG DVBl 2000, 386; NWVBl 2002, 55, 57; BVerwGE 117, 313; BVerwG 11.7.2005 – 4 B 34.05; NJW 2006, 632, 634.

lichkeiten, sie im Einklang mit höherrangigem Recht auszulegen, nicht beachtet oder nicht ausgeschöpft hat (BVerwGE 78, 347, 352).

cc) Bundesrahmenrecht als Prüfungsmaßstab. Ist eine landesrechtliche Vorschrift in Ausfüllung eines 111 Rahmengesetzes des Bundes ergangen, ist die Auslegung der landesrechtlichen Norm durch die Vorinstanz revisionsgerichtlich daraufhin nachprüfbar, ob das Auslegungsergebnis mit den rahmenrechtlichen Vorgaben vereinbar ist (BVerwGE 118, 10; → Rn. 79 ff.).

Ist der Landesgesetzgeber rahmenrechtlich verpflichtet, eine rahmenrechtliche Vorschrift des Bundes 112 inhaltsgleich zu übernehmen, und hat er hieran anknüpfend diese Bestimmung wörtlich in das Landesrecht übernommen, kann nur in Übereinstimmung mit der bundesrechtlichen Regelung entschieden werden, wie die Begriffe in der landesrechtlichen Vorschrift auszulegen sind.[87]

Hat der Landesgesetzgeber die rahmenrechtlichen Bestimmungen bei Erlass von Landesrecht zwar zu 113 beachten, sind sie aber auf eine inhaltliche Ausfüllung durch den Landesgesetzgeber angelegt, steht dem Landesgesetzgeber bei dieser Ausfüllung ein Spielraum zu.[88]

Ähnliches gilt für untergesetzliche Normen des irrevisiblen Rechts, die auf einer bundesrechtlichen Er- 114 mächtigungsgrundlage beruhen. Ist die untergesetzliche Norm nur wirksam, wenn sie die bundesrechtlichen Vorgaben inhaltlich ohne Abweichungen übernimmt, ist regelmäßig davon auszugehen, dass die untergesetzliche Norm nach dem Willen des Normgebers mit den bundesrechtlichen Vorgaben übereinstimmen soll. In diesem Fall kann das BVerwG die untergesetzliche Norm ohne Bindung an das Verständnis der Vorinstanz selbst auslegen, denn darin liegt in Wahrheit eine Auslegung der bundesrechtlichen Ermächtigungsnorm, mit der die untergesetzliche Norm nach dem Willen des Normgebers übereinstimmt.[89] Hat der untergesetzliche Normgeber nach der Auslegung der landesrechtlichen Vorschrift durch die Vorinstanz einen Begriff der bundesrechtlichen Ermächtigungsgrundlage mit dessen Inhalt übernehmen wollen, ist die Auslegung der landesrechtlichen Norm ebenfalls daraufhin überprüfbar, ob sie mit dem bundesrechtlichen Begriff übereinstimmt (BVerwGE 54, 54, 56).

c) Eigene Auslegung irrevisiblen Rechts durch das Revisionsgericht. Die Bindung des BVerwG an die 115 Auslegung irrevisiblen Rechts durch die Vorinstanz unterscheidet sich von der Bindung an die tatsächlichen Feststellungen der Vorinstanz. Die Bindung an die tatsächlichen Feststellungen entspricht der Funktion des Revisionsgerichts. Es ist auf die Rechtsanwendung und deren Überprüfung beschränkt, kann aber nicht selbst den maßgeblichen Sachverhalt feststellen, und zwar auch dann nicht, wenn hierzu Feststellungen der Vorinstanz überhaupt fehlen oder die getroffenen Feststellungen nicht binden, weil gegen sie zulässige und begründete Revisionsgründe geltend gemacht sind (§ 137 Abs. 2). Die Bindung des BVerwG an die Auslegung irrevisiblen Rechts entspricht keiner derartigen funktionalen Beschränkung des Revisionsgerichts (zum verfassungsrechtlichen Hintergrund → Rn. 36 f.). Im Gegenteil ist es Aufgabe des Revisionsgerichts, das Recht auszulegen und auf den festgestellten Sachverhalt anzuwenden. Das irrevisible Recht ist hiervon auch nicht aufgrund einer etwa nur beschränkten Kompetenz des BVerwG als Bundesgericht ausgenommen. Als erst- und letztinstanzliches Gericht nach § 50 ist das BVerwG ohnedies verpflichtet, Landesrecht selbständig auszulegen (BVerwG NVwZ 1998, 398). Es bestand lediglich keine Notwendigkeit, die Sorge für die einheitliche Auslegung und Anwendung von Landesrecht und anderem Partikularrecht dem BVerwG als Revisionsgericht anzuvertrauen, weil die Erfüllung dieser Aufgabe durch die OVG sichergestellt ist. Zur Entlastung des BVerwG kann deshalb die Revision nicht auf eine Verletzung von Landesrecht gestützt werden.

Das BVerwG darf sich danach zwar nicht in Widerspruch zu einer Auslegung irrevisiblen Rechts set- 116 zen, welche die Vorinstanz ohne Verstoß gegen Bundesrecht gefunden hat. Im Übrigen darf das BVerwG aber irrevisibles Recht selbst auslegen, soweit dies für eine abschließende Entscheidung des Rechtsstreits notwendig und möglich ist.[90] Hat die Vorinstanz eine irrevisible Norm nicht angewandt (ihre Anwendbarkeit aber auch nicht verneint), weil sie dessen Entscheidungserheblichkeit verkannt

---

87 BVerwG NVwZ 1987, 976; NVwZ 2000, 198, 199; a.A. *W.-R. Schenke*, in: *Kopp/Schenke* § 137 Rn. 9.
88 BVerwGE 70, 270, 273; 80, 201; 85, 348, 354; BVerwG NVwZ 1991, 69; NVwZ-RR 1999, 239; NVwZ 2000, 198, 199.
89 BVerwGE 94, 151, 154, für das Verhältnis von Festsetzungen eines Bebauungsplans, die grds. dem irrevisiblen Ortsrecht angehören, zu den Ermächtigungsnormen der Baunutzungsverordnung.
90 Ähnl. *M. Eichberger/J. Buchheister*, in: Schoch/Schneider/Bier § 137 Rn. 86 f.

hat, ist das BVerwG befugt, diese Norm selbst auszulegen und anzuwenden, wenn es nach seiner Rechtsauffassung auf sie ankommt.[91]

117   Aus denselben Gründen kann das BVerwG irrevisibles Recht selbst auslegen, wenn es sich während des Revisionsverfahrens geändert hat und diese Änderung nach allgemeinen Grundsätzen im Revisionsverfahren zu berücksichtigen ist.[92]

118   Zu einer eigenen Auslegung irrevisiblen Rechts ist das BVerwG ferner berechtigt, wenn die Vorinstanz das einschlägige irrevisible Recht zwar ausgelegt hat, diese Auslegung das BVerwG aber nicht bindet, weil die Norm in der Auslegung der Vorinstanz mit Bundesrecht nicht vereinbar ist oder die Vorinstanz sonst bei der Auslegung der irrevisiblen Norm Bundesrecht verletzt hat (BVerwGE 72, 300, 325; 75, 67, 72; ebenso: BGH NJW 1997, 2115, 2117).

119   Statt die irrevisible Norm selbst auszulegen, kann das Revisionsgericht in diesen Fällen aber auch von der Möglichkeit Gebrauch machen, die Sache nach § 173, § 563 Abs. 4 ZPO an die Vorinstanz zurückzuverweisen (BVerwGE 104, 1, 6). Es kann durchaus tunlich sein, von der rechtlich gegebenen Möglichkeit, Landesrecht selbst auszulegen, nur zurückhaltend Gebrauch zu machen (BVerwG NVwZ 1998, 398).

120   Eine solche Zurückhaltung kann etwa dann angezeigt sein, wenn es mehrere Möglichkeiten gibt, die Norm auszulegen, ohne dass sie in einer dieser Auslegungen gegen Bundesrecht verstieße (vgl. etwa BVerwGE 100, 160, 170 ff.; BVerwG NVwZ 2005, 1076, 1078). Generell sollte die eigene Auslegung durch das Bundesverwaltungsgericht auf die Fälle beschränkt werden, in denen das Ergebnis der Auslegung eindeutig ist.[93] Das ist der Fall, wenn die Feststellung des geltenden Landesrechts offensichtlich keine Ermittlungen (rechtlicher Art) erfordert, die – etwa wegen der Unübersichtlichkeit der Rechtsmaterie oder wegen größerer Sachnähe – besser von dem Berufungsgericht anzustellen wären, das grds. über das Bestehen und den Inhalt des irrevisiblen Landesrechts zu befinden hat (BVerwG BayVBl 1978, 22; BVerwGE 109, 203, 210).

121   Hat das BVerwG Landesrecht selbst ausgelegt, ist das OVG in künftigen Fällen an diese Auslegung nicht in dem Sinne gebunden, dass es die Revision nach § 132 Abs. 2 Nr. 2 zulassen müsste, wenn es von der Auslegung des BVerwG abweichen will. Die Revision kann nach § 132 Abs. 2 Nr. 2 nur wegen einer Abweichung bei der Auslegung revisibler Rechtssätze zugelassen werden.

III.   Bindung an tatsächliche Feststellungen (Abs. 2)

122   § 137 Abs. 2 bindet das Revisionsgericht grds. an die tatsächlichen Feststellungen, welche die Vorinstanz in dem angefochtenen Urteil getroffen hat. Das entspricht der Aufgabenverteilung zwischen Revisionsgericht und Tatsacheninstanz. Die Revision ist darauf beschränkt, neben der Einhaltung des Verfahrens die Rechtsanwendung der Vorinstanz zu überprüfen. Das Revisionsgericht prüft den Streitfall nicht im gleichen Umfang wie das Berufungsgericht; es lässt anders als das Berufungsgericht (§ 128) neu vorgebrachte Tatsachen und Beweismittel außer Betracht.

123   **1. Tatsachen. a) Lebenssachverhalt.** § 137 Abs. 2 bezieht sich auf die rechtserheblichen Tatsachen, welche die Tatbestandsmerkmale der einschlägigen Rechtsnormen ausfüllen sollen. Gemeint sind in § 137 Abs. 2 die Tatsachen, aus deren Vorliegen sich die geltend gemachte Rechtsfolge ergeben soll. Tatsachen i.S.d. § 137 Abs. 2 ist der Lebenssachverhalt, auf den das materielle Recht anzuwenden ist.

124   **aa) Hilfstatsachen.** Die entscheidungserheblichen Tatsachen können nicht immer unmittelbar festgestellt werden. Das Tatsachengericht kann deshalb andere Tatsachen (Hilfstatsachen oder Indizien) heranziehen und aus ihnen einen wertenden Schluss auf das Vorliegen der Haupttatsache ziehen. Die Bindungswirkung des § 137 Abs. 2 erstreckt sich auf die Feststellung der Vorinstanz, dass bestimmte

---

91 BVerwGE 39, 329, 332; 48, 305, 313; BVerwG BayVBl 1978, 22; BVerwGE 66, 241, 248; 68, 121, 124; 116, 296, 300 (zu den Festsetzungen eines Bebauungsplans); ebenso BGH NJW 1995, 3151; anders: *H.-U. Paeffgen,* JZ 1991, 437, 441.

92 BVerwG BayVBl 1978, 22; BVerwG 22.5.1980 Buchholz 415.1 AllgKommR Nr. 32; NVwZ-RR 1993, 65; BVerwGE 97, 79, 82; BVerwG DVBl 1995, 925, 926; ebenso: BGH NJW-RR 1993, 13, 14; krit.: *I. Kraft,* in: Eyermann § 137 Rn. 80.

93 Noch weiter gehend BVerwG NVwZ 1991, 570, 571: Zurückverweisung, wenn das einschlägige Landesrecht von einander abweicht und von einer Auslegung der in Rede stehenden Norm für eine bundesweite Rechtsfortbildung nichts gewonnen wird; vgl. ferner BVerwGE 109, 203, 210.

Hilfstatsachen vorliegen. Aber auch der Schluss von den Hilfstatsachen auf die Hauptsache und damit deren Feststellung gehört zur Tatsachenfeststellung, an die das Revisionsgericht gebunden ist. Dieser Schluss ist ein Akt der Beweiswürdigung.

Gegen den Schluss von den Hilfstatsachen auf die Haupttatsache und damit gegen deren Feststellung 125 selbst kann der Revisionskläger geltend machen, die Vorinstanz habe die Grenzen der freien Beweiswürdigung überschritten, etwa die Denkgesetze oder die allgemeinen Erfahrungssätze nicht beachtet. Ein Verstoß gegen Denkgesetze liegt u.a. vor, wenn der Tatrichter Indiztatsachen, die sich zwanglos mit der gegensätzlichen Annahme vereinbaren lassen, nur mit einer Annahme für vereinbar hält, also deren Mehrdeutigkeit nicht erkennt oder ihnen Indizwirkungen beimisst, die sie nicht haben können (BGH NJW 1993, 935, 938).

bb) Prognosen. Bestimmte Tatsachen kann das Gericht nur im Wege einer Prognose feststellen. Dazu 126 gehören künftige Tatsachen, auf deren Feststellung es ankommt, wenn das Gesetz den Eintritt einer Rechtsfolge von einer Tatsache abhängig macht, die in der Zukunft eintritt oder ausbleibt. Dazu gehören ferner hypothetische Tatsachen, die festzustellen sind, wenn eine Rechtsnorm, insbes. des Schadensersatzrechts, eine Rechtsfolge davon abhängig macht, welche (tatsächlich nicht eingetretene und auch nicht mehr eintretende) Tatsache ohne das Dazwischentreten einer anderen Tatsache eingetreten wäre. Zur Feststellung solcher Tatsachen werden in der Vergangenheit wahrgenommene oder in der Gegenwart wahrnehmbare Tatsachen mit Hilfe von allgemeinen Erfahrungssätzen, Naturgesetzen oder Denkgesetzen bewertet. Die Prognose ist mithin das Ergebnis einer Beweiswürdigung. Sie ist revisionsgerichtlich nur in den hierfür bestehenden Grenzen überprüfbar.[94] Im Übrigen ist das Revisionsgericht an die Feststellung einer künftigen oder einer hypothetischen Tatsache durch die Vorinstanz ebenso gebunden wie an die Feststellung jeder anderen Tatsache. Ähnlich wie Prognosen zu behandeln sind Feststellungen dazu, welche (gegenwärtigen) Auswirkungen von bestimmten (festgestellten) Gegebenheiten ausgehen (können). Die wertende Einschätzung dieser Auswirkungen ist nicht Teil der Rechtsanwendung, sondern Feststellung des ihr vorausliegenden Sachverhalts (BVerwGE 126, 233, 237).

Davon zu unterscheiden sind Prognosen insbes. der Verwaltung, die Gegenstand der gerichtlichen 127 Überprüfung sind und nach materiellem Recht nur einer eingeschränkten gerichtlichen Kontrolle unterliegen. Die Feststellung der Vorinstanz, dass die verwaltungsbehördliche Prognose zu beanstanden oder nicht zu beanstanden ist, ist für sich keine Tatsachenfeststellung, sondern Rechtsanwendung.

b) Prozesstatsachen. § 137 Abs. 2 bezieht sich hingegen nicht auf die Prozesstatsachen, die sich aus 128 dem Ablauf und Fortgang des Rechtsstreits ergeben.[95] Prozesstatsachen kann das Revisionsgericht selbst feststellen, ohne dabei an die Feststellungen der Vorinstanz gebunden zu sein.[96] Das gilt allerdings nur für Prozesstatsachen, die in dem konkreten Verfahren, wenn auch in einer der voraufgegangenen Instanzen eingetreten sind, nicht hingegen für Prozesstatsachen in einem anderen Verfahren, auch wenn dieses Verfahren vorgreiflich ist. Prozesstatsachen aus anderen Verfahren können nur wie Tatsachen sonst berücksichtigt werden, etwa wenn sie sich aus Akten ergeben, die schon die Vorinstanz beigezogen hat, und wenn sie deshalb festgestellt sind, oder wenn sie offenkundig i.S.v. gerichtskundig sind.

Zu den Prozesstatsachen gehören die Tatsachen, die für das Vorliegen der Sachurteilsvoraussetzungen 129 erheblich sind. Ob die Sachurteilsvoraussetzungen vorliegen, hat das Revisionsgericht stets von Amts wegen zu prüfen. Es muss selbst die notwendigen Feststellungen treffen, aus denen sich das Vorliegen oder Fehlen der Sachurteilsvoraussetzungen ergibt. Ggf. muss es hierüber Beweis erheben (vgl. hierzu BVerwG NJW 2008, 3588). Treten nachträglich Tatsachen ein, die sich auf die von Amts wegen zu beachtenden Voraussetzungen der Zulässigkeit der Klage auswirken, sind sie im Revisionsverfahren zu berücksichtigen.[97]

---

94 BVerwGE 151, 333, 342; BSG DVBl 1990, 212, 213; *A. May*, Revision, 1997, 445.
95 BGH NJW-RR 1987, 1196, 1197 (zum Inhalt eines Grundurteils); ferner NJW 1991, 1683; MDR 2002, 902 (zur Unterbrechung eines Verfahrens durch den Eintritt der Prozessunfähigkeit eines sich selbst vertretenden Rechtsanwalts).
96 Zur Auslegung von Prozesshandlungen BGH MDR 2010, 1482; NJW 2011, 1455, 1456.
97 BVerwGE 36, 317, 321 (ordnungsgemäße Vertretung eines prozessunfähigen Beteiligten); BVerwGE 57, 204, 209 f.; BVerwGE 57, 342, 344 (jeweils Vorverfahren); BVerwG 71, 73, 74 (fehlende Berufungszulassung); BVerwG NJW 1977, 542; BayVBl 1983, 476 (jeweils rechtzeitige Einlegung des Widerspruchs); BVerwG NVwZ 1982, 38, 40 (Prozessführungsbefugnis); BVerwG NVwZ 1985, 265; NVwZ 1991, 570, 571 (jeweils Erledigung des gefochtenen

130 Zu den Prozesstatsachen gehören ferner die Tatsachen, die der Begründung einer Verfahrensrüge die-
     nen. Sie hat das Revisionsgericht ebenfalls selbst festzustellen.[98] Diese Tatsachen muss der Revisions-
     kläger aber bezeichnen, damit seine Verfahrensrüge zulässig ist (§ 139 Abs. 3 S. 4). Nur in diesem
     Rahmen stellt das Revisionsgericht die Tatsachen selbst fest.

131 Zu den Prozesstatsachen gehört hingegen nicht der (behauptete) Abschluss eines außergerichtlichen
     Vergleichs. Er wirkt sich nicht unmittelbar selbst, also nicht ohne prozessbeendende Erklärungen auf
     den Prozess aus. Seine materiellrechtlichen Wirkungen, betreffen die Begründetheit der Klage. Inso-
     weit gehört der Abschluss des außergerichtlichen Vergleichs zu den rechtserheblichen Tatsachen, auf
     welche die Bindungswirkung des § 137 Abs. 2 sich bezieht. Wird der Abschluss eines außergerichtli-
     chen Vergleichs behauptet, gehört dies deshalb regelmäßig zu den (neuen) Tatsachen, die im Revisi-
     onsverfahren nicht berücksichtigt werden können. Der Abschluss eines außergerichtlichen Vergleichs
     kann sich ausnahmsweise unmittelbar auf die Zulässigkeit der Klage oder der Revision auswirken und
     dann insoweit als Prozesstatsache zu behandeln sein, wenn sich ein Beteiligter in dem außergerichtli-
     chen Vergleich verpflichtet hat, die Klage oder die Revision zurückzunehmen, denn dann kann sich die
     Fortführung des Verfahrens als unzulässige Rechtsausübung darstellen und wegen Verstoßes gegen
     Treu und Glauben unzulässig sein. Der Abschluss eines außergerichtlichen Vergleichs kann ferner aus-
     nahmsweise berücksichtigt werden, wenn er und der Inhalt des abgeschlossenen Vergleichs unstr. sind,
     etwa weil alle Beteiligten den Abschluss des Vergleichs und seinen Inhalt dem Gericht übereinstim-
     mend mitgeteilt haben (BAG NJW 1982, 789).

132 **c) Generelle Tatsachen.** § 137 Abs. 2 bezieht sich nicht auf die generellen Tatsachen. Diese dienen da-
     zu, eine Norm auszulegen, ihren Inhalt zu bestimmen. Sie haben nichts zu tun mit der Anwendung der
     Norm im Einzelfall, gehören also nicht zum Lebenssachverhalt, auf den das materielle Recht anzu-
     wenden ist.[99] Derartige generelle Tatsachen sind beispielsweise die allgemeinen tatsächlichen Verhält-
     nisse, auf deren Hintergrund der Inhalt der Norm durch Auslegung erschlossen wird, weil der Gesetz-
     geber sie vorgefunden und mit der einschlägigen Norm auf sie reagiert hat. Zu den generellen Tatsa-
     chen gehören ebenso die allgemeinen Auswirkungen einer bestimmten Auslegung der Norm, wenn
     diese zur Überprüfung des Auslegungsergebnisses herangezogen werden.

133 Zu den generellen Tatsachen gehören die Gesetzesmaterialien (BVerwGE 52, 84, 89; 57, 98, 103). Sie
     werden nicht zur Subsumtion unter die Rechtsnorm, sondern zu deren Auslegung herangezogen. Die
     Auswertung der Gesetzesmaterialien ist Rechtsanwendung.

134 Anders verhält es sich, wenn die Rechtsnorm und eine in sie eingegangene Prognose des Gesetz- oder
     Verordnungsgebers an einer höherrangigen Rechtsnorm zu messen sind. Die Subsumtion unter diese
     höherrangige Norm setzt die Feststellung der dafür benötigten Tatsachen voraus. Zu ihnen können die
     im Normsetzungsverfahren ermittelten Tatsachen und deren Bewertung als wahr oder unwahr gehö-
     ren. Hat die Vorinstanz hierzu tatsächliche Feststellungen getroffen, ist das Revisionsgericht nach
     Maßgabe des § 137 Abs. 2 an sie gebunden.

135 **2. Feststellung von Tatsachen.**   Gebunden ist das Revisionsgericht an festgestellte Tatsachen. Es ist
     unerheblich, ob Feststellungen in dem mit „Tatbestand" oder in dem mit „Entscheidungsgründen"

Verwaltungsakts); BVerwGE 81, 32, 37 (Wahrung des Schriftformerfordernisses bei der Klageerhebung); BVerwG
BayVBl 1987, 373, 374 (Wirksamkeit des Urteils erster Instanz); BVerwG NJW 1995, 2053; NVwZ-RR 1999, 472
(jeweils Rechtsschutzinteresse); BVerwG NJW 2002, 1137, 1138 (rechtzeitige Begründung der Berufung); BVerwGE
151, 228, 231 (Überprüfung des Rechtswegs bei fehlender Vorabentscheidung trotz Rüge); BFHE 146, 27, 31 f.;
BFHE 146, 196, 198, m. abl. Anm. *K. J. v. Bornhaupt*, BB 1984, 1427 (jeweils Rechtzeitigkeit der Klage); BFH BFH/
NV 2001, 1125, 1126 (Beschwer durch den angefochtenen Bescheid); BGHZ 18, 98, 106 (nachträglicher Wegfall des
Feststellungsinteresses); BGHZ 31, 279; 32, 279; BGH NJW-RR 1987, 57, 58 (jeweils: Prozessführungsbefugnis);
BGHZ 53, 130; BGH NJW 1984, 1556 (nachträgliche Begründung des Feststellungsinteresse); BGHZ 85, 288, 290;
BGH NJW-RR 1986, 157 (Prozessunfähigkeit); BGH NJW 1987, 325 (Rechtzeitigkeit des Rechtsmittels); BGH NJW-
RR 1987, 139, 141 (Parteiwechsel); BGH NJW 1989, 588 (Wahrung des Schriftformerfordernisses bei der Berufungsschrift); BGH NJW 1992, 627; NJW 2002, 1957 (jeweils Prozessvollmacht); BGH NJW 2002, 2107 (Unterbrechung
des Verfahrens); BGH MDR 2004, 1197 (Parteifähigkeit); BAG NJW 1982, 789 (Abschluss eines Prozessvergleichs in
einem anderen Verfahren).
98 BVerwGE 26, 234, 237; BVerwG 25.5.2001 Buchholz 310 § 108 Abs. 2 VwGO Nr. 34 (für die Gehörsrüge); hierzu
    auch *H.-O. Sieg*, NJW 1983, 2014.
99 *A. May*, Revision, 1997, 446.

überschriebenen Abschnitt des Urteils enthalten sind.[100] Maßgeblich ist allein die inhaltliche Bedeutung der Aussage.

Die Tatsache muss festgestellt sein. Es genügt nicht, dass das Gericht in seinem Urteil bestimmte Angaben referierend wiedergibt, sich aber einer Stellungnahme dazu enthält, ob die Angaben zutreffen oder nicht, weil es nach seiner Rechtsauffassung nicht darauf ankommt (anders wohl BVerwG DVBl 2003, 139, 141).   136

Teil der Feststellung ist eine gem. § 117 Abs. 3 S. 2 ausgesprochene Bezugnahme auf konkrete Teile der Akten (BVerwG DVBl 1985, 110 für die Bezugnahme auf einen Bebauungsplan). Auch mit einer pauschalen Bezugnahme auf die Akten (Gerichtsakten und beigezogene Akten der beklagten Behörde) sind sämtliche darin enthaltenen tatsächlichen Umstände festgestellt.[101] Vom bisherigen Inhalt der Akten abweichender tatsächlicher Vortrag führt neue Tatsachen in das Verfahren ein, die das Revisionsgericht nicht berücksichtigen kann. Durch die pauschale Bezugnahme auf die Akten festgestellt wird jedoch nur deren Inhalt als Tatsache, also etwa der Umstand, dass in den beigezogenen Akten der Behörde sich ein Schreiben bestimmten Inhalts befindet. Die in diesem Schreiben mitgeteilten Umstände werden hingegen durch die pauschale Bezugnahme auf die Akten nicht als Tatsachen festgestellt; die Würdigung eines solchen Schreibens ist Sache des Tatsachengerichts.   137

Reicht es nach materiellem Recht oder nach Prozessrecht aus, dass eine Tatsache glaubhaft gemacht ist, steht ihrer Feststellung gleich, wenn die Vorinstanz die Tatsache als glaubhaft gemacht angesehen hat.[102]   138

Festgestellt sind auch solche Tatsachen, von deren Vorliegen das Tatsachengericht aufgrund einer gesetzlichen Vermutung ausgegangen ist. Gebunden ist das Revisionsgericht dabei, vorbehaltlich zulässiger und begründeter Revisionsrügen, zunächst an die Feststellung der Tatsachen, an welche die gesetzliche Vermutung anknüpft. Gebunden ist das Revisionsgericht auch an die daraus gezogene Schlussfolgerung auf die vermutete Tatsache. Diese Bindung entfällt aber, wenn die Vorinstanz die gesetzliche Vermutungsregel unrichtig angewandt hat, also rechtlich unzutreffende Schlüsse aus der Anknüpfungstatsache gezogen hat. Dabei geht es um fehlerhafte Rechtsanwendung, die das Revisionsgericht ohne Rüge nachprüft.[103]   139

Festgestellt sind auch Tatsachen, die das Tatsachengericht im Wege der Schätzung in entsprechender Anwendung des § 287 ZPO gewonnen hat. Die Schätzung ist eine besondere Form der freien Beweiswürdigung. An ihr Ergebnis ist das Revisionsgericht nach § 137 Abs. 2 gebunden. Die Schätzung kann mit den gleichen Revisionsgründen angegriffen werden wie andere Tatsachenfeststellungen auch.[104]   140

Keine tatsächliche Feststellung hat das Tatsachengericht getroffen, wenn es im Wege einer Beweislastentscheidung entschieden hat. Die richtige Anwendung der Beweislastregeln unterliegt voller revisionsgerichtlicher Überprüfung. Sie gehören dem materiellen Recht an.[105] Ihre Anwendung ist mithin Rechtsanwendung.   141

3. Bindung an festgestellte Tatsachen. a) Bedeutung der Bindung. Die Bindung an die tatsächlichen Feststellungen der Vorinstanz legt für das BVerwG die tatsächliche Grundlage fest, auf der die Revisionsentscheidung allein getroffen werden darf. Das BVerwG hat seiner rechtlichen Beurteilung den festgestellten Sachverhalt zugrunde zu legen. Es kann nicht nachprüfen, ob die festgestellten Tatsachen richtig sind. Das BVerwG kann seine Entscheidung nicht auf Tatsachen stützen, die das Tatsachengericht nicht festgestellt hat. Es ist gehindert, ergänzenden oder abweichenden Tatsachenvortrag der Beteiligten zu berücksichtigen (BVerwGE 50, 64, 70; 54, 73, 75; 61, 285, 286). In der Revisionsinstanz können keine neuen Tatsachen eingeführt werden. Neu i.d.S. sind zum einen Tatsachen, die bisher nicht festgestellt worden sind, weil sie der Vorinstanz nicht bekannt waren oder es auf sie nach der   142

---

100 BVerwG NVwZ 1985, 337, 338; BVerwG 6.2.2001 – 6 BN 6.00; BFH BFH/NV 2002, 153, 155.
101 Hiergegen: *F. W. Schwöbbermeyer*, NJW 1990, 1451; einschränkend wohl auch *M. Eichberger/J. Buchheister*, in: Schoch/Schneider/Bier § 137 Rn. 137 ff.
102 Vgl. *M. Redeker*, in: Redeker/von Oertzen § 137 Rn. 15; einschränkend BVerwG 30.10.1990 Buchholz 310 § 137 VwGO Nr. 165.
103 *A. May*, Revision, 1997, 454.
104 BGHZ 83, 61, 66; *A. May*, Revision, 1997, 458.
105 BFH/NV 2002, 934, 935. Etwas anderes gilt dann, wenn die Regeln über die Verteilung der Beweislast bei Anwendung einer Norm des Verfahrensrechts herangezogen werden; in diesem Fall stellt die Verkennung dieser Regeln einen Verfahrensmangel dar: BFH BFH/NV 2002, 661.

Rechtsauffassung der Vorinstanz nicht ankam. Neu sind zum anderen solche Tatsachen, die nachträglich eingetreten sind (BVerwG 28.2.1984 Buchholz 402.25 § 1 AsylVfG Nr. 19). Das BVerwG darf auch solche tatsächlichen Feststellungen nicht selbst treffen, die zu treffen die Vorinstanz unterlassen hat, die sich aber ausgehend von der Rechtsauffassung des BVerwG als erforderlich erweisen.

143   § 137 Abs. 2 hindert das BVerwG nicht nur daran, neue Tatsachen unmittelbar zu berücksichtigen. Es kann auch den Umstand nicht berücksichtigen, dass (möglicherweise) neue Tatsachen vorliegen. Treten nachträglich Tatsachen ein oder werden nachträglich Tatsachen bekannt, die – ihre Richtigkeit unterstellt – entscheidungserheblich sind, rechtfertigt allein dies eine Zurückverweisung der Sache an das Tatsachengericht nicht.[106]

144   Dass in dem dargelegten Sinne neue Tatsachen vorliegen, jedenfalls behauptet werden, hat das BVerwG aber dann zu berücksichtigen, wenn das angefochtene Urteil Bundesrecht verletzt und sich die Frage stellt, ob in der Sache entschieden werden kann (§ 144 Abs. 3 Nr. 1) oder die Sache an das Tatsachengericht zurückverwiesen werden muss (§ 144 Abs. 3 Nr. 2). Das BVerwG kann zwar auf der Grundlage der bindenden tatsächlichen Feststellungen der Vorinstanz durchentscheiden. Ob es von dieser Möglichkeit Gebrauch macht, steht aber in gewisser Weise in seinem Ermessen. Dabei kann es auch berücksichtigen, dass neue Tatsachen vorgebracht sind, die, liegen sie vor, entscheidungserheblich sind.

145   Keine tatsächliche Feststellung ist die Wahrunterstellung. Das BVerwG ist deshalb nicht gehindert, erstmals im Revisionsverfahren eingeführte Tatsachen als wahr zu unterstellen. Das kommt in Betracht, wenn die Vorinstanz aus Rechtsgründen eine Vorschrift nicht für anwendbar gehalten und zu ihr deshalb keine tatsächlichen Feststellungen getroffen hat. Das BVerwG kann den auf diese Vorschrift bezogenen tatsächlichen Vortrag als wahr unterstellen und das angefochtene Urteil im Ergebnis als richtig bestätigen, wenn der als wahr unterstellte Vortrag die rechtlichen Voraussetzungen der Vorschrift nicht erfüllt (BVerwG 10.5.1994 – 9 C 500.93).

146   **b) Ausnahmsweise Berücksichtigung neuer Tatsachen.** Ausnahmsweise soll das Revisionsgericht selbst Tatsachen feststellen dürfen, die festzustellen die Vorinstanz unterlassen hat.

147   **aa) Änderung der Rechtslage.** Zu berücksichtigen sind neue Tatsachen, wenn sie erst mit Blick auf eine Änderung der Rechtslage von Bedeutung sind, die während des Revisionsverfahrens eingetreten ist (BVerwGE 61, 285, 286). Ist diese Änderung der Rechtslage im Revisionsverfahren zu beachten, muss auch neues tatsächliches Vorbringen beachtlich sein, das sich auf die geänderte Rechtslage bezieht. Es muss sich nicht um neue Tatsachen i.S. nachträglich eingetretener Tatsachen handeln. Beachtlich sind auch schon bisher vorhandene Tatsachen, die aber weder vorgetragen noch festgestellt waren, weil es auf sie erst im Lichte der eingetretenen Rechtsänderung ankommen kann. Das BVerwG stellt aber nicht selbst die Tatsachen fest, die mit Blick auf die Rechtsänderung neu vorgebracht sind.[107] Dass neue Tatsachen zu berücksichtigen sind, hindert das BVerwG nur, auch mit Blick auf die geänderte Rechtslage allein auf der bisherigen Tatsachengrundlage durchzuentscheiden. Es verweist die Sache an die Vorinstanz zurück.

148   **bb) Berücksichtigung aus Gründen der Prozessökonomie.** Darüber hinaus sollen neue Tatsachen im Revisionsverfahren ausnahmsweise beachtlich sein, wenn ihre Nichtberücksichtigung mit der Prozessökonomie in hohem Maße unvereinbar wäre (vgl. auch BGH NJW 2009, 3783). Die Berücksichtigung der neuen Tatsachen muss dem Revisionsgericht eine abschließende Entscheidung in der Sache selbst ermöglichen. Die Tatsachen dürfen nicht weiter beweisbedürftig sein. Ihre Verwertung muss einer endgültigen Streiterledigung dienen. Ihre Berücksichtigung darf schützenswerte Interessen der Beteiligten nicht berühren.[108] Diese Voraussetzungen können erfüllt sein, wenn ein nachträglich eingetretener oder nicht festgestellter einzelner Umstand völlig unstr. ist,[109] wenn sich bestimmte, nach Erlass der angefochtenen Entscheidung vorgenommene Prozesshandlungen eines Beteiligten in einem

---

106   BVerwG 28.2.1984 Buchholz 402.25 § 1 AsylVfG Nr. 19; BVerwGE 91, 104, 106.
107   Anders für die Tatsachen, aus denen sich das wirksame Inkrafttreten des Rechtssatzes ergibt: BGH NJW-RR 1993, 13, 14.
108   Vgl. BVerwGE 58, 146, 152; BVerwG 29.7.1985 Buchholz 402.24 § 2 AuslG Nr. 71; NVwZ 1993, 781; BGH NJW 1985, 1338; FamRZ 2002, 318, 319.
109   BVerwG 17.3.2004 Buchholz 402.240 § 88 AuslG Nr. 3; BVerwGE 126, 378, 382; anders: BVerwG 31.8.2004 Buchholz 402.240 § 47 AuslG Nr. 27.

vorgreiflichen Verfahren aus den beigezogenen Akten dieses Verfahrens ergeben, wenn sich aus den von der Vorinstanz in Bezug genommenen Beiakten ohne Weiteres lediglich ergänzende Feststellungen treffen lassen oder schließlich unter bestimmten Voraussetzungen, wenn der neue Umstand eine Wiederaufnahme des Verfahrens nach § 153 i.V.m. § 580 ZPO begründet hätte.[110]

Diese Ausnahmen sind nicht unbedenklich. Dass eine Tatsache unstr. ist, ersetzt ihre Feststellung nicht. Dass die Tatsache nicht bestritten wird, ist nur ein (unter Umständen gewichtiger) Gesichtspunkt für die freie Beweiswürdigung.[111]   149

cc) Offenkundige Tatsachen. Offenkundige Tatsachen i.S.d. § 291 ZPO sind grds. durch das Tatsachengericht festzustellen; sie bedürfen lediglich keines Beweises. Ihre Eigenart ermöglicht es aber dem BVerwG zumeist, offenkundige Tatsachen zu berücksichtigen, auch wenn die Vorinstanz sie nicht festgestellt hat.[112] Zu den offenkundigen Tatsachen gehören die allgemeinkundigen Tatsachen (BVerwGE 91, 150, 153) sowie die gerichtskundigen Tatsachen (BVerwG NVwZ 1993, 781).   150

Allgemeinkundig sind solche Tatsachen, von denen verständige und erfahrene Menschen regelmäßig ohne Weiteres Kenntnis haben oder von denen sie sich durch Benutzung allgemein zugänglicher, zuverlässiger Quellen unschwer überzeugen können. Hat die Vorinstanz ihrer Entscheidung eine Tatsache mit der Begründung zugrunde gelegt, sie sei allgemeinkundig, kann das BVerwG nachprüfen, ob das, was als allgemeinkundig angesehen wurde, auch wirklich allgemeinkundig ist. Das BVerwG ist selbst Teil der „Allgemeinheit" und hat deshalb teil an dem allgemeinen Wissen (BVerwGE 17, 141, 144; OLG Düsseldorf NJW 1993, 2452, 2453). Aus eben diesem Grund ist das BVerwG auch in der Lage, allgemeinkundige Tatsachen selbst festzustellen (BVerwG 25.8.2004 Buchholz 402.25 § 73 AsylVfG Nr. 12).   151

Zu den allgemeinkundigen Tatsachen gehören die geschichtlichen Tatsachen. Hat die Vorinstanz insoweit keine Feststellungen getroffen, hat sich das BVerwG nicht gehindert gesehen, seiner Entscheidung geschichtliche Tatsachen zugrunde zu legen, die in der Öffentlichkeit als feststehend erachtet werden oder sich aus allgemein zugänglichen Quellen ergeben.[113]   152

Gerichtskundige Tatsachen sind solche Umstände, die dem Gericht von Amts wegen bekannt sind.[114] Solche Umstände kann das Revisionsgericht verwerten. Als aktenkundig können solche Tatsachen vom Revisionsgericht verwertet werden, die urkundlich in den Akten festgehalten sind (BVerwG DVBl 1989, 874, 875, für eine in den Akten enthaltene Antragsrücknahme). Von den gerichtskundigen Tatsachen ist das private Wissen der Richter zu unterscheiden. Dieses bezieht sich nicht auf amtlich bekannt gewordene Tatsachen und kann deshalb nur verwertet werden, wenn sein Gegenstand allgemeinkundig ist.   153

Dem BVerwG sind aber Grenzen gesetzt, soweit es nachträglich eingetretene allgemeinkundige oder gerichtskundige Tatsachen berücksichtigen will. Bei komplexen Sachverhalten kann klärungsbedürftig bleiben, wie sich einzelne nachträglich eingetretene allgemeinkundige Tatsachen auf den komplexen   154

---

110 BVerwGE 10, 357, 358; 29, 127, 130; BVerwG 16.2.1972 Buchholz 427.3 § 273 LAG Nr. 20; 30.5.1978 Buchholz 448.5 § 13 MustV Nr. 14; 27.3.1980 Buchholz 427.6 § 4 BFG Nr. 31; BVerwGE 91, 104, 107; BVerwG InfAuslR 1993, 235; DVBl 1993, 1357, 1363; zu Tatsachen, die einen Wiederaufnahmegrund ergeben, ebenso: BGH NJW 1990, 925, 927.

111 BVerwGE 116, 188, 195 berücksichtigt neuen tatsächlichen Vortrag, wenn die Gegenseite ihn nicht substantiiert bestritten hat. Die Gegenseite braucht sich im Revisionsverfahren aber nicht zu neuem tatsächlichem Vorbringen zu erklären. Stellt sie den neuen Vortrag nicht ausdrückl. unstr., kann er keinesfalls berücksichtigt werden. Vgl. insoweit auch die Kritik von M. Grünberg, SächsVBl. 2002, 267.

112 BVerwGE 29, 127, 130; 58, 146, 152 (rechtskräftiger Abschluss eines vorgreiflichen Verfahrens); BVerwG 29.7.1985 Buchholz 402.24 § 2 AuslR Nr. 71; NVwZ 1993, 781, 782 (Ergebnis eines inzwischen abgeschlossenen vorgreiflichen Prozesses); BVerwGE 91, 104 (Berücksichtigung einer offenkundigen Veränderung der Verhältnisse im Herkunftsland eines Asylbewerbers); 102, 331, 349 (zur Begründung des im Verfahren angefochtenen Planfeststellungsbeschlusses); BGH DVBl 1985, 109 (Rechtskraft des Urteils in einem anderen vorgreiflichen Verfahren); NJW 1985, 1338; hiergegen: A. May, Revision, 1997, 450 (Rn. 342).

113 Der Sache nach schon ohne nähere Begründung BVerwGE 8, 222, 224 f.; ferner: 13, 128, 130 ff.; 54, 101, 107; 91, 104, 107; 152, 26, 39; BVerwG DVBl 2001, 1153, 1154.

114 Zweifelhaft aber BVerwG 8.9.1986 Buchholz 238.3A § 46 BPersVG Nr. 20: Tatsächliche Feststellungen in anderen gerichtlichen Entscheidungen können berücksichtigt werden, wenn diese Entscheidungen gerichtsbekannt sind. Gerichtsbekannt können nur Tatsachen sein, die das Gericht selbst in früheren Verfahren festgestellt hat. Liegen dem Revisionsgericht Entscheidungen anderer Gerichte vor, ist dem Revisionsgericht allenfalls gerichtsbekannt, dass dieses andere Gericht in dem Urteil bestimmte Feststellungen getroffen hat. Dass diese Feststellungen zutreffen, ist damit aber für das Revisionsgericht nicht gerichtsbekannt.

Sachverhalt als solchen tatsächlich auswirken. Sie machen eine neue Gesamtwürdigung durch die Tatsacheninstanz erforderlich und ermöglichen damit noch keine abschließende Entscheidung im Revisionsverfahren (BVerwG DVBl 1984, 780, 781; BVerwGE 87, 52, 62).

155   **dd) Zeitablauf.** Berücksichtigt werden kann nach der Rspr. des BVerwG eine tatsächliche Entwicklung, deren Beginn das Tatsachengericht festgestellt hat und die seit dessen Entscheidung durch bloßen Zeitablauf zwangsläufig eingetreten ist.[115]

156   **ee) Heilung von Ermessensfehlern.** Die Bindung an die Tatsachenfeststellungen der Vorinstanz hindert das BVerwG, im Revisionsverfahren die Heilung eines Ermessensfehlers mit der Begründung anzunehmen, die Ermessensausübung der Behörde erweise sich aufgrund von Erwägungen als rechtmäßig, welche die Behörde im Revisionsverfahren nachgeschoben hat. Solche nachgeschobenen Erwägungen können auch dann nicht berücksichtigt werden, wenn sie sich noch als eine „Ergänzung" der Ermessenserwägungen i.S.d. § 114 S. 2 darstellen. Mit ihnen stellt die Behörde auf Tatsachen ab, die weder von der Vorinstanz festgestellt noch bisher Gegenstand des Rechtsstreits waren. Weder dem Wortlaut noch dem Zweck des § 114 S. 2 ist zu entnehmen, dass als Ausnahme zu der allgemeinen Regelung des § 137 Abs. 2 im Revisionsverfahren solche Ermessenserwägungen eingeführt werden können, die sich auf Umstände stützen, welche die Tatsacheninstanz nicht festgestellt hat.[116]

157   **c) Wegfall der Bindung. aa) Rügen.** Das BVerwG ist an die tatsächlichen Feststellungen nicht gebunden, wenn gegen sie zulässige und begründete Revisionsgründe vorgebracht sind. Revisionsgrund i.d.S. ist die Rüge einer Verletzung von Verfahrensvorschriften, namentlich solchen, welche die Feststellung des entscheidungserheblichen Sachverhalts betreffen. Es sind dies insbes. Verstöße gegen das Gebot, den Sachverhalt von Amts wegen zu ermitteln (§ 86 Abs. 1), gegen das Gebot rechtlichen Gehörs oder Verstöße gegen den Überzeugungsgrundsatz (§ 108 Abs. 1).

158   Soweit eine tatsächliche Feststellung auf einem Verstoß gegen Verfahrensvorschriften beruht, entfällt die Bindung nur, wenn der Verfahrensfehler in zulässiger und begründeter Weise gerügt wird. Fehlt eine solche Rüge oder ist die erhobene Rüge unzulässig oder unbegründet, hat das BVerwG eine festgestellte Tatsache auch dann hinzunehmen, wenn ihre Feststellung aufgrund anderer nicht gerügter Verfahrensmängel fehlerhaft ist.

159   **bb) Gegenrügen.** Bindend und deshalb im Revisionsverfahren verwertbar sind auch solche tatsächlichen Feststellungen der Vorinstanz, auf die es nach deren Rechtsauffassung nicht ankam. Hat ein Beteiligter in der Vorinstanz aus Rechtsgründen obsiegt, ist er durch das zu seinen Gunsten ergangene Urteil nicht beschwert. Er kann ihm ungünstige tatsächliche Feststellungen nicht mit der Revision angreifen. Im Revisionsverfahren können diese tatsächlichen Feststellungen dem bisher aus Rechtsgründen erfolgreichen Beteiligten nachteilig werden. Teilt das BVerwG die Rechtsauffassung der Vorinstanz nicht, kann es auf der Grundlage ihrer tatsächlichen Feststellungen zulasten des bisher erfolgreichen Beteiligten durchentscheiden (§ 144 Abs. 3 S. 1 Nr. 1). Dem in der Vorinstanz erfolgreichen Beteiligten ist deshalb die Befugnis eingeräumt, die Fehlerhaftigkeit ihm möglicherweise nachteiliger tatsächlicher Feststellungen mittels Gegenrüge[117] im Revisionsverfahren zu beanstanden.[118] Gegenrügen sind ebenso möglich, wenn tatsächliche Feststellungen der Vorinstanz aufgrund ihrer Rechtsauffassung zwar entscheidungserheblich waren, sich diese Rechtsauffassung aber im Revisionsverfahren als bundesrechtswidrig herausstellt. Können die tatsächlichen Feststellungen in einem anderen rechtlichen Zusammenhang im Revisionsverfahren zulasten des in der Vorinstanz erfolgreichen Beteiligten Bedeutung erlangen, muss diesem ebenfalls die Gegenrüge erlaubt sein.

160   Gegenrügen kann der Rechtsmittelgegner unbefristet bis zum Schluss der Revisionsinstanz erheben (BVerwG DÖV 2007, 207, 208). Die Möglichkeit hierzu muss ihm in Wahrung rechtlichen Gehörs eingeräumt werden (BVerwGE 68, 290, 296; BVerwG NVwZ 1999, 991). Die Gegenrüge muss inhaltlich den Anforderungen entsprechen, die auch sonst an die Rüge eines Verfahrensfehlers zu stellen

115 Vgl. BVerwGE 37, 151, 154; 66, 192, 198 (im konkreten Fall verneint); BVerwG 29.7.1985 Buchholz 424.24 § 2 AuslR Nr. 71; 20.10.2010 Buchholz 448.0 § 12 WPflG Nr. 215 Rn. 14.
116 BVerwG 9.12.1999 Buchholz 239.2 § 28 SVG Nr. 3; a.A. *M. Redeker*, in: Redeker/von Oertzen § 137 Rn. 17; *J. Suerbaum*, in: Posser/Wolff § 137 Rn. 63.
117 Zu ihr *R. Rudisile*, DVBl 1988, 1135 ff.
118 BVerwGE 126, 378, 382; *T. Stuhlfauth*, in: Bader § 137 Rn. 16; *I. Kraft*, in: Eyermann § 137 Rn. 78; offen gelassen von BVerwGE 32, 228, 235; a.A. *G. Rothe*, in: Heusinger-Ehrengabe, 1968, 257, 264 f.

sind (BVerwGE 117, 25, 38; 146, 137, 142). Der Möglichkeit, Gegenrügen zu erheben, entspricht eine Rügelast des Rechtsmittelgegners. Unterlässt er solche Rügen, sind die Feststellungen im Revisionsverfahren verwertbar.

cc) Aktenwidrige Feststellungen. Das BVerwG ist nicht an tatsächliche Feststellungen gebunden, die im Widerspruch zu anderen tatsächlichen Feststellungen in dem angefochtenen Urteil stehen. Einander widersprechende tatsächliche Feststellungen schließen sich gegenseitig aus und binden nicht. Das BVerwG ist deshalb nicht an solche tatsächlichen Feststellungen gebunden, die in einem offensichtlichen Widerspruch zum Inhalt der Akten stehen, die Gegenstand der mündlichen Verhandlung vor dem Tatsachengericht waren und von diesem ausgewertet worden sind (aktenwidrige Tatsachenfeststellungen).[119] Erforderlich ist ein Widerspruch zwischen einer im Urteil festgestellten und einer durch Bezugnahme auf die Akten ebenfalls festgestellten Tatsache (BVerwG NJW 2012, 1672 Rn. 14). Der Widerspruch muss offensichtlich sein, so dass es einer weiteren Beweiserhebung zur Klärung des Sachverhalts nicht bedarf (BVerwG NVwZ 2002, 87, 88). Unter diesen Voraussetzungen ist ein offensichtlicher Widerspruch zwischen den tatsächlichen Feststellungen im Urteil und der Aktenlage ohne Verfahrensrüge von Amts wegen zu berücksichtigen.[120] Der Widerspruch kann nicht nachträglich im Wege der Tatbestandsberichtigung behoben werden (BVerwG NJW 2012, 1672 Rn. 15)

4. Abgrenzung Tatsachenfeststellung/Rechtsanwendung. a) Juristische Tatsachen. Unter juristischen Tatsachen werden zumeist Rechtsverhältnisse verstanden, wie das Eigentum an einer Sache, bei denen aus Gründen der Prozessökonomie nicht zwischen den Tatsachen, aus denen sich das Rechtsverhältnis ergibt, und dessen Vorliegen selbst unterschieden wird. Stellt das Tatsachengericht in seinem Urteil nur das Vorliegen dieses Rechtsverhältnisses fest, erwähnt es also nur, eine bestimmte Person sei Eigentümer einer Sache, ohne die Tatsachen im Einzelnen festzustellen, aus denen sich das Eigentum dieser Person ergibt, stellt sich die Frage, ob damit für das Revisionsgericht bindend das Eigentum dieser Person als Tatsache festgestellt ist. Das ist nicht der Fall. Die schlichte Feststellung, jemand sei Eigentümer, ist Rechtsanwendung. Das Revisionsgericht kann die Eigentumsverhältnisse abweichend von der Vorinstanz beurteilen, wenn die Akten für eine eigene rechtliche Beurteilung des Revisionsgerichts eine ausreichende tatsächliche Grundlage bieten. Fehlt es hieran, verbietet sich die Annahme, die Vorinstanz habe stillschweigend die Tatsachen festgestellt, aus denen sich das Eigentum ergeben soll. Die Rechtsanwendung der Vorinstanz kann mangels Bezeichnung ihrer tatsächlichen Grundlage nicht auf ihre Richtigkeit nachgeprüft werden. Das ist unproblematisch, wenn die Beteiligten ebenso selbstverständlich wie die Vorinstanz von dem Bestehen des Rechtsverhältnisses (im Bsp. dem Eigentum) ausgehen. Fehlt die notwendige Feststellung der Tatsachen, aus denen sich als Rechtsfolge das Eigentum ergibt, kann im Revisionsverfahren gerügt werden, die Vorinstanz habe verfahrensfehlerhaft das Eigentum angenommen, nämlich entweder ihre Aufklärungspflicht verletzt oder unter Verstoß gegen den Überzeugungsgrundsatz des § 108 Abs. 1 S. 2 nicht die Gründe mitgeteilt, die für ihre Überzeugung leitend gewesen sind.

b) Rechtsanwendung als Gegenstand der Tatsachenfeststellung. Die Richtigkeit oder Unrichtigkeit einer Rechtsanwendung kann ausnahmsweise selbst Gegenstand einer Tatsachenfeststellung sein, nämlich dann, wenn es nicht um eine Rechtsanwendung durch das Gericht geht. Ist Gegenstand des angefochtenen Urteils eine Prüfungsentscheidung, sind die Feststellung und Bewertung der Prüfungsleistung tatsächliche Feststellungen der Vorinstanz, selbst dann, wenn die Prüfungsleistung und damit die bei ihrer Bewertung gewonnenen Erkenntnisse einen rechtlichen Bezug aufweisen.[121]

c) Auslegung von Willenserklärungen.[122] Um die Feststellung von Tatsachen handelt es sich, wenn der Inhalt einer materiellrechtlich erheblichen Willenserklärung (BVerwG NVwZ-RR 2003, 874), einer Verfahrenshandlung (BVerwGE 115, 302, 307) des Vortrags in der Klageschrift einschließlich prozessualer Erklärungen (BVerwG 23.9.2013 – 2 B 51.13, juris Rn. 9) oder eines Vertrages durch

161

162

163

164

---

119 BVerwG BayVBl 1984, 155; BVerwG 14.12.1995 Buchholz 428 § 17 VermG Nr. 1.
120 BVerwGE 71, 93, 97; 79, 291, 297 f.; BVerwG DÖV 2001, 605, 607; zu den Anforderungen an eine Rüge aktenwidriger Feststellungen vgl. BVerwG NVwZ 2002, 87, 88.
121 BVerwG NVwZ 1993, 686, 687; BVerwG 25.3.1994 Buchholz 421.0 Prüfungswesen Nr. 331.
122 Hierzu die eingehende Darstellung von *T. Mayen*, in: FG 50 Jahre Bundesverwaltungsgericht, 2003, 641.

Auslegung zu ermitteln ist. Dasselbe gilt, wenn der Inhalt behördlicher Erklärungen[123] auszulegen ist, etwa zu ermitteln ist, ob eine verbindliche Zusage gewollt war (BVerwG 25.5.1984 Buchholz 316 § 38 VwVfG Nr. 4) oder ein Verwaltungsakt erlassen[124] und welche konkrete Regelung durch ihn gesetzt werden sollte.[125]

165   Das BVerwG ist deshalb gem. § 137 Abs. 2 grds. an die Auslegung gebunden, die das Tatsachengericht einer materiell-rechtlich erheblichen Willenserklärung (BVerwG NVwZ-RR 2003, 874), einer Verfahrenshandlung, einem Vertrag,[126] einer behördlichen Erklärung (BVerwG 27.5.1981 Buchholz 406.11 § 135 BBauG Nr. 17) oder einem Verwaltungsakt[127] gegeben hat. Jedoch ist die Auslegung einer Willenserklärung oder eines Verwaltungsakts nicht ausschließlich ein Akt der Tatsachenfeststellung. Das Ziel der Auslegung ist zwar die Feststellung einer Tatsache, etwa des Willens des Erklärenden. Auf tatsächlichem Gebiet liegt aber nur die Erfassung des Wortlauts einer Erklärung, ferner die Sichtung und Aufklärung der tatsächlichen Umstände, die für die gewollte Bedeutung der Erklärung erheblich sind. Daneben ist die Auslegung von Willenserklärungen, Verträgen und Verwaltungsakten inhaltlich von Elementen der Rechtsanwendung durchsetzt. Sie wird zum einen durch rechtliche Vorgaben in Form von Auslegungsgrundsätzen gesteuert. Die Bedeutung einer Erklärung erschließt sich zum anderen zumeist nur vor dem materiell-rechtlichen Hintergrund, vor dem sie abgegeben wird. Erst aus dem materiellen Recht ergibt sich, ob eine Regelung und ggf. welchen Inhalts mit der Erklärung angestrebt sein mag. Dieses Ineinander von tatsächlichen Feststellungen und Rechtsanwendung ist kein untrennbarer Vorgang. Er muss vielmehr in seine Elemente zerlegt werden, um zu bestimmen, inwieweit das BVerwG an das Ergebnis einer Auslegung der Vorinstanz gebunden ist.[128]

166   Für das BVerwG voll überprüfbar ist die Auslegung, soweit die auf sie einwirkenden Elemente der Rechtsanwendung betroffen sind. Das BVerwG hat – auch ohne Rüge eines Beteiligten – nachzuprüfen, ob das Tatsachengericht gegen das materielle Recht verstoßen hat, das bei der Auslegung von Willenserklärungen, Verträgen und Verwaltungsakten zu beachten ist. Die Auslegung durch die Vorinstanz ist danach revisionsgerichtlich uneingeschränkt daraufhin nachzuprüfen, ob anerkannte Auslegungsgrundsätze,[129] gesetzliche Auslegungsregeln, die Denkgesetze oder allgemeine Erfahrungssätze verletzt sind oder der Vorinstanz sonstige Rechtsirrtümer unterlaufen sind.[130] Einen sonstigen Rechtsirrtum lässt die Auslegung erkennen, wenn das Tatsachengericht das materielle Recht nicht richtig erfasst hat, vor dessen Hintergrund sich der Bedeutungsgehalt einer abgegebenen Erklärung erst erschließt. Hiervon abweichend nimmt das BVerwG z.T. an, es könne auch die Einhaltung der anerkannten Auslegungsgrundsätze, der gesetzlichen Auslegungsregeln, der Denkgesetze, der allgemeinen Erfahrungssätze nur dann nachprüfen, wenn der Revisionskläger deren Verletzung gerügt habe (BVerwGE 115, 274, 280).

167   Gebunden ist das BVerwG hingegen, soweit die tatsächlichen Grundlagen der Auslegung betroffen sind.[131] Ob die für sie erheblichen Tatsachen ordnungsgemäß festgestellt sind, kann das BVerwG nur aufgrund einer zulässigen Verfahrensrüge nachprüfen.[132] Ein Verfahrensfehler liegt auch vor, wenn das Tatsachengericht die auszulegende Erklärung sprachlich falsch verstanden hat (BGH NJW 1993, 538, 539). Wird eine Verfahrensrüge nicht erhoben, hat das BVerwG die von der Vorinstanz festgestellten tatsächlichen Umstände seiner Prüfung zugrunde zu legen, ob die Vorinstanz unter Zugrunde-

---

123 BVerwG 27.5.1981 Buchholz 406.11 § 135 BBauG Nr. 17; NVwZ 1994, 575, 576 für ein von der Behörde verwendetes Antragsformular

124 BVerwGE 65, 61, 69; BVerwG 17.10.1967 Buchholz 237.5 § 94 HessBG 54 Nr. 1; vgl. auch VGH Mannheim DVBl 2010, 196.

125 BVerwG 7.4.1989 Buchholz 448.11 § 24 ZDG Nr. 6; 25.9.1989 Buchholz 401.8 Verwaltungsgebühren Nr. 23; NVwZ 1999, 72.

126 BVerwG NVwZ 1991, 574, 575; VIZ 2003, 579, 580; BGH NJW 1984, 41; BAG NJW 2002, 1260, 1261.

127 BVerwGE 84, 157, 162; BVerwG NVwZ 1985, 488, 489; NVwZ 1987, 601, 602; BVerwGE 115, 274, 280; 31.3.2005 – 3 B 92.04 (für eine Nebenbestimmung zu einem Verwaltungsakt).

128 Zutr.: *T. Mayen*, in: FG 50 Jahre Bundesverwaltungsgericht, 2003, 641, 648 ff.

129 Hierzu gehört auch die irrtümliche Annahme eines in Wahrheit nicht bestehenden Auslegungsgrundsatzes: BVerwG 27.5.1981 Buchholz 406.11 § 135 BBauG Nr. 17.

130 BVerwGE 65, 61, 69; BVerwG NVwZ 1982, 196; BVerwGE 67, 305, 307 f.; BVerwG DVBl 1984, 441, 443; BVerwGE 84, 157, 162; BVerwG NVwZ 1991, 574, 575; BVerwGE 115, 302, 307; BVerwG VIZ 2003, 579; BGH NJW 2002, 1260, 1261.

131 *M. Eichberger/J. Buchheister*, in: Schoch/Schneider/Bier § 137 Rn. 153.

132 BVerwGE 115, 274, 280.

legung der anerkannten Auslegungsgrundsätze, gesetzlichen Auslegungsregeln, der Denkgesetze und der allgemeinen Erfahrungssätze zu einem „richtigen" Auslegungsergebnis gelangt ist. Es kann der Auslegung keine weiteren nicht festgestellten Umstände zugrunde legen.

Das BVerwG hat z.T. für sich die Befugnis in Anspruch genommen, Verwaltungsakte selbständig ohne   168
jede Bindung an die Auslegung der Vorinstanz auszulegen,[133] jedenfalls des Verwaltungsakts, der den Gegenstand des Rechtsstreits bildet. Z.T. hat das BVerwG auch Anträge selbst ausgelegt, die der Beteiligte im Verwaltungsverfahren bei der Behörde gestellt hat (BVerwG 24.1.1985 Buchholz 237.6 § 38 NdsLBG Nr. 1). In seiner neueren Rspr. nimmt es zu Recht an, es sei an die Auslegung von Willenserklärungen, Verträgen und Verwaltungsakten durch das Tatsachengericht gebunden und könne nur überprüfen, ob dessen Auslegung die rechtlich vorgegebenen Auslegungsregeln beachtet, im Einklang mit allgemeinen Erfahrungssätzen und Denkgesetzen steht oder sonst auf einem Rechtsirrtum beruht. Nur unter diesen Voraussetzungen könne es die Auslegung selbst vornehmen.[134] Dasselbe gilt, wenn die Vorinstanz den Inhalt einer Willenserklärung, eines Vertrags, einer behördlichen Erklärung, eines Verwaltungsakts nicht ermittelt hat oder das Auslegungsergebnis nicht näher begründet wird. In diesen Fällen ist das BVerwG befugt, selbst auszulegen, wenn die Vorinstanz den Inhalt (Wortlaut) der Erklärung, sei es auch nur durch Bezugnahme auf die Akten, festgestellt hat und keine ergänzenden Feststellungen zu weiteren für die Auslegung bedeutsamen Umständen erforderlich sind (BVerwGE 84, 157, 161).

Eine Grenze ist jedoch stets zu beachten. Kommt es für die Auslegung über den Wortlaut hinaus auf   169
weitere tatsächliche Umstände an, ist das BVerwG auch bei einer eigenen Auslegung an die tatsächlichen Umstände gebunden, die das Tatsachengericht festgestellt hat. Hier liegt das eigentliche Problem einer eigenen Auslegung durch das BVerwG. Es kann nicht wie das Tatsachengericht die Umstände umfassend ermitteln, die für die Auslegung Bedeutung gewinnen können. Das BVerwG kann sich für seine Auslegung nur in dem Rahmen dessen bewegen, was das Tatsachengericht bereits festgestellt hat.[135] Ist der Vorinstanz bei der Auslegung einer Willenserklärung ein Rechtsanwendungsfehler unterlaufen, kann das BVerwG diese Willenserklärung nur dann abschließend selbst auslegen, wenn hierfür weitere tatsächliche Feststellungen nicht erforderlich sind.[136] Hingegen ist die Sache an das Tatsachengericht zurückzuverweisen, wenn die Begleitumstände, die für die Auslegung bedeutsam sind, erst noch ermittelt werden müssen.[137] Das ist beispielsweise der Fall, wenn die Vorinstanz zu Unrecht am Wortlaut einer Erklärung haften geblieben ist und deshalb nicht alle in Betracht kommenden weiteren Umstände ermittelt hat.

Das BVerwG hält sich darüber hinaus für befugt, einen Verwaltungsakt nach § 47 VwVfG im Revisi-   169a
onsverfahren umzudeuten, wenn die bindenden tatsächlichen Feststellungen der Vorinstanz hierfür ausreichen, den Beteiligten zur Umdeutung rechtliches Gehör gewährt worden ist und sie durch die Umdeutung nicht in ihrer Rechtsverteidigung beeinträchtigt werden (BVerwGE 110, 111, 114 f.; 126, 254, 276).

d) Verwaltungsvorschriften. Revisionsrechtlich zu den Tatsachen gehört der Inhalt von Verwaltungs-   170
vorschriften. Sie sind Ausdruck einer geübten oder beabsichtigten tatsächlichen Verwaltungspraxis. Die Feststellung ihres Inhalts ist Tatsachenfeststellung, nicht Rechtsanwendung (BVerwG InfAuslR 1984, 69, 70; DVBl 1986, 110, 111 f.; → Rn. 29). Das BVerwG ist mithin an die Auslegung einer Verwaltungsvorschrift durch die Vorinstanz gem. § 137 Abs. 2 gebunden.

e) Fremdes Recht. Die Ermittlung fremden, insbes. ausländischen Rechts ist revisionsgerichtlich als   171
Tatsachenfeststellung zu behandeln (§ 173, § 293 ZPO). Seine Ermittlung obliegt deshalb dem Tat-

---

133 BVerwG 17.10.1967 Buchholz 237.5 § 94 HessBG 54 Nr. 1; BVerwGE 67, 222, 234; BVerwG DVBl 1999, 983, 984; BVerwGE 125, 9, 13; der Sache nach ebenso: BSGE 48, 56, 58; BSG NVwZ 1989, 902, 903; unklar BVerwGE 60, 223, 228 f.; einschränkend: BVerwGE 115, 274, 280; offen gelassen von BVerwG DVBl 1983, 810, 811; NVwZ 1985, 181; NVwZ 1986, 374.

134 BVerwG NJW 2002, 1137, 1139; NVwZ-RR 2003, 874; BVerwG 6.4.2004 Buchholz 310 § 137 Abs. 2 Nr. 12; BVerwGE 126, 254, 265; 149, 343, 350 f.

135 BVerwG 26.5.1971 Buchholz 232 § 26 BBG Nr. 13; BVerwG 7.5.1981 Buchholz 232 § 8 BBG Nr. 19.

136 BVerwG NVwZ 1987, 598; 5.10.2000 Buchholz 428 § 30 VermG Nr. 21; VIZ 2002, 20, 22; NJW 2002, 1137, 1138; NVwZ-RR 2003, 874; ähnl. BGH NJW 1984, 1346, 1347; NJW 1991, 1180, 1181: eigene Auslegung des Revisionsgerichts, wenn (im Falle der Zurückverweisung) weitere tatsächliche Feststellungen nicht zu erwarten sind.

137 BSG SozR 2. Folge 2200 § 182 RVO Nr. 103; BSG NVwZ 1989, 902, 903.

richter.[138] Fremdes Recht i.d.S. ist auch das Recht der DDR, soweit es nicht nach dem Einigungsvertrag als Bundes- oder Landesrecht fortgilt (VerwG VIZ 2001, 323).

172 Das BVerwG kann deshalb ausländisches Recht nicht heranziehen, wenn die Vorinstanz eine möglicherweise anwendbare Norm des ausländischen Rechts übersehen hat (anders wohl BGH MDR 2002, 1024; NJW 2002, 3335), es sei denn, der Inhalt des ausländischen Rechts ist offenkundig und kann deshalb ausnahmsweise berücksichtigt werden (→ Rn. 150 ff.).

173 Feststellungen der Vorinstanz zum Inhalt ausländischen (fremden) Rechts können Gegenstand von Verfahrensrügen sein.[139] Im Revisionsverfahren kann gerügt werden, die Vorinstanz habe ihrer Pflicht nicht genügt, das ausländische Recht zu ermitteln (§ 173, § 293 S. 2 ZPO),[140] oder habe das Ergebnis unter Verletzung sonstiger Verfahrensvorschriften gewonnen, beispielsweise gegen das Gebot rechtlichen Gehörs verstoßen.[141]

174 **5. Beweiswürdigung.** Indem § 137 Abs. 2 das Revisionsgericht an die tatsächlichen Feststellungen der Vorinstanz bindet, entzieht die Vorschrift insbes. die Beweiswürdigung des Tatrichters einer umfassenden revisionsgerichtlichen Nachprüfung. Dem Tatsachengericht ist die Aufgabe übertragen, sich im Wege der freien Beweiswürdigung unter Abwägung verschiedener Möglichkeiten seine Überzeugung über den zu entscheidenden Sachverhalt zu bilden. Dieser Vorgang ist revisionsgerichtlich nur eingeschränkt nachprüfbar.[142]

175 **a) Mängel der Beweiswürdigung als Verfahrensfehler.** Streitig ist, ob die Würdigung des Sachverhalts und der erhobenen Beweise (Tatsachenwürdigung) dem materiellen Recht oder dem Verfahrensrecht angehört. Davon hängt ab, ob Mängel der Sachverhalts- und Beweiswürdigung Verstöße gegen das materielle Recht (→ § 124 Rn. 189 ff.).[143] darstellen oder Verfahrensfehler sind.

176 Diese Unterscheidung ist zwar in erster Linie für die Zulassung der Revision von Bedeutung. Materiellrechtliche Mängel können nur unter der Voraussetzung einer grundsätzlichen Bedeutung oder einer Abweichung die Zulassung der Revision nach § 132 Abs. 2 Nr. 1 oder 2 rechtfertigen. Verstöße gegen das Verfahrensrecht führen hingegen schon als solche, nämlich als Verfahrensmängel nach § 132 Abs. 2 Nr. 3 zur Zulassung der Revision. Ist die Revision zugelassen, bleibt die Unterscheidung zwischen Verfahrensmängeln und materiellrechtlichen Fehlern aber von Bedeutung. Verfahrensmängel müssen in der Revisionsbegründung und damit innerhalb der für sie geltenden Frist dargelegt werden (§ 139 Abs. 3 S. 4). Sind Mängel der Beweis- und Tatsachenwürdigung Verfahrensfehler, entfällt die Bindung des BVerwG an die auf ihrer Grundlage getroffenen tatsächlichen Feststellungen nur, wenn die Mängel gerügt werden (§ 137 Abs. 2). Als materiellrechtliche Mängel hätte das BVerwG sie auch ohne Rüge zu berücksichtigen.

177 Überwiegend ordnet das BVerwG die Grundsätze der Beweis- und Sachverhaltswürdigung revisionsrechtlich dem materiellen Recht zu (→ § 124 Rn. 190).[144] Dahinter steht die Vorstellung, Verfahrensmängel seien Verstöße gegen Vorschriften, die den Verfahrensablauf regeln. Verfahrensmängel betreffen danach den Weg zu dem Urteil und die Art und Weise des Urteilserlasses. Kein Verfahrensfehler, sondern ein Verstoß gegen materielles Recht liege vor, wenn eine Vorschrift verletzt sei, die den Inhalt des Urteils bestimme. Materielle Mängel seien danach Mängel der sachlichen Entscheidung (BVerwG NVwZ-RR 1996, 359; → § 124 Rn. 187). Die Abgrenzung zwischen Verfahrensmängeln und materiellrechtlichen Fehlern verlaufe nicht entlang der Linie Tatsachenfeststellung einerseits, Rechtsanwendung andererseits. Die Rechtsfindung beschränke sich nicht auf das Auffinden und Auslegen von Rechtsnormen. Zu ihr gehöre vielmehr auch die Würdigung des Tatsachenmaterials, das dem Gericht vorliege. Ein Fehler, der sich nicht im Verfahrensablauf, sondern ohne Auswirkung auf den Verfahrensgang lediglich im Kopf des Richters ereigne, sei kein Verfahrensfehler, sondern ein Fehler, der die

---

138 BVerwG DVBl 1985, 966, 967; DVBl 1987, 1221, 1222; NJW 1989, 3107; InfAuslR 1995, 405; für die Öffnung der Revision für ausl. Recht. *Th. Rhiem*, JZ 2014, 73 zu § 545 Abs. 1 ZPO.

139 Ausf.: *L. Fastrich*, ZZP 97 (1984), 423 ff.

140 BGHZ 118, 151,162; zu möglichen Rügen vgl. BGH NJW 1989, 3107; MDR 2002, 899.

141 BVerwGE 45, 357, 365; BVerwG NVwZ 1985, 411; NJW 1989, 3107; 20.3.1989 Buchholz 130 § 3 RuStG Nr. 2; InfAuslR 1995, 405; 28.5.2015 Buchholz 428.8 § 1 BerRehaG Nr. 6 (Aufklärungsrüge hins. Rechtspraxis der DDR).

142 BVerwG NVwZ-RR 1996, 359, 360; BVerwGE 137, 275 Rn. 35 ff.

143 BVerwG NJW 1983, 62, 63; NVwZ-RR 1996, 359; NJW 1997, 3328.

144 BVerwG 9.6.1970 Buchholz 310 § 132 Nr. 62; 10.2.1978 Buchholz 402.24 § 2 AuslG Nr. 8; NVwZ-RR 1995, 310, 311.

inhaltliche Richtigkeit der Entscheidung betreffe (BVerwG NVwZ-RR 1996, 359). Die Grundsätze der Beweis- und Sachverhaltswürdigung betreffen aus dieser Sicht die Erkenntnis (die Rechtsfindung), nicht das Verfahren.

Nach zutreffender Auffassung liegt ein Verfahrensmangel vor, wenn eine Norm des Verfahrensrechts (Verwaltungsprozessrechts) verletzt ist.[145] Die Fehler bei der Tatsachenfeststellung sind regelmäßig Verstöße gegen Verfahrensrecht. Zu ihm gehört namentlich § 108 Abs. 1, der den Grundsatz der freien Überzeugungsbildung normiert. Werden dessen Grenzen überschritten, liegt ein Verfahrensmangel vor. Unabhängig davon liegt § 137 keine Trennung zwischen dem Gang des Verfahrens und dem Inhalt der Entscheidung zugrunde. § 137 Abs. 2 trennt vielmehr ersichtlich zwischen Fehlern bei der Anwendung des materiellen Rechts auf den festgestellten Sachverhalt und Fehlern bei der Feststellung des Sachverhalts. Revisionsrechtlich sind Fehler bei der Tatsachenfeststellung Verfahrensfehler, denn § 137 Abs. 2 geht davon aus, dass Fehler bei der Tatsachenfeststellung nur auf Rüge zu berücksichtigen sind, rügebedürftig aber nur Verfahrensfehler sind (§ 137 Abs. 3, § 139 Abs. 3 S. 4). Auch das BVerwG nimmt z.T. jedenfalls der Sache nach diese Unterscheidung vor. Sie liegt der Rspr. zugrunde, nach der ein Verstoß gegen den Überzeugungsgrundsatz des § 108 Abs. 1 und damit einhergehend eine Verletzung der allgemein verbindlichen Grundsätze der Beweiswürdigung einen Verfahrensfehler darstellen kann.[146]   178

b) Revisionsgerichtliche Überprüfung der freien Beweiswürdigung. Die Anforderungen an die Beweiswürdigung sind vor allem in § 108 Abs. 1 S. 1 geregelt. Er normiert das Gebot der freien Beweiswürdigung. Das Gericht entscheidet nach seiner freien, aus dem Gesamtergebnis des Verfahrens gewonnenen Überzeugung (Überzeugungsgrundsatz).   179

aa) Verletzung des Überzeugungsgrundsatzes. Das Gericht hat seiner Überzeugungsbildung das Gesamtergebnis des Verfahrens zugrunde zu legen. Es darf nicht einzelne erhebliche Tatsachen oder Beweisergebnisse aus seiner Würdigung ausblenden. Das Gericht muss den Inhalt der ihm vorliegenden Akten vollständig und einwandfrei berücksichtigen. Eine unzureichende Verwertung des vorliegenden Tatsachenmaterials ist ein Fehler in der Sachverhalts- und Beweiswürdigung.[147]   180

Der Grundsatz der freien Beweiswürdigung ist hingegen nicht schon dann verletzt, wenn auch eine inhaltlich andere Überzeugung möglich gewesen wäre. Die Beweiswürdigung kann nicht daraufhin nachgeprüft werden, ob sie überzeugend ist, ob festgestellte Einzelumstände mit dem ihnen zukommenden Gewicht in die abschließende Würdigung des Sachverhalts eingegangen sind, ob solche Einzelumstände ausreichen, die Würdigung zu tragen (BVerwG NJW 1985, 393, 395).   181

bb) Verletzung allgemeiner Beweiswürdigungsgrundsätze. Die Tatsachenwürdigung ist ferner daraufhin überprüfbar, ob die allgemein verbindlichen Beweiswürdigungsgrundsätze verletzt sind (BVerwGE 89, 110, 117). Zu ihnen gehören die allgemeinen Auslegungsgrundsätze, die gesetzlichen Beweisregeln,[148] die Denkgesetze und die allgemeinen Erfahrungssätze.[149] Dabei sind weder die Denkgesetze noch die allgemeinen Erfahrungssätze Rechtssätze.[150] Sie gehören nicht dem materiellen Recht an. Sie existieren mit gleichem Inhalt auch außerhalb rechtlicher Zusammenhänge. Sie sind Hilfsmittel für die Würdigung von Tatsachen. Ihre Anwendung ist nicht Rechtsanwendung, sondern Teil der Sachverhaltsfeststellung. Sie sind wie die anderen allgemein verbindlichen Beweiswürdigungsgrundsätze immanente Schranken der freien Beweiswürdigung. Hat das Tatsachengericht gegen sie verstoßen, ist das Gebot der freien Beweiswürdigung verletzt.[151] Die Grenzen der freien Beweiswürdigung sind   182

---

145 *R. Pietzner/J. Buchheister*, in: Schoch/Schneider/Bier § 132 Rn. 87 f.; krit. hierzu *M.-J. Seibert* in diesem Kommentar § 124 Rn. 187.

146 BVerwG 18.2.1972 Buchholz 310 § 108 VwGO Nr. 62; offen gelassen in: 4.7.1973 Buchholz 310 § 108 VwGO Nr. 72; BVerwGE 65, 57, 59; BVerwG DVBl 1984, 1005, 1006; 14.3.1988 Buchholz 310 § 108 VwGO Nr. 199; BVerwGE 96, 200, 209; zu dieser Rspr. ferner BVerfGE 83, 216, 228.

147 Vgl. bspw. BVerwGE 68, 338, 339; BVerwG DVBl 1983, 1105, 1106; 31.10.1994 Buchholz 310 § 86 Abs. 1 VwGO Nr. 261; BVerwGE 96, 200, 208 f.; BVerwG NJW 2012, 1672 Rn. 7.

148 Der Grenzen der freien Beweiswürdigung sind insoweit auch dann überschritten, wenn das Tatsachengericht sich rechtsirrig an eine nicht bestehende Beweisregel gebunden gesehen hat: BVerwG 11.2.1976 Buchholz 310 § 108 VwGO Nr. 84; 6.2.1978 Buchholz 310 § 139 VwGO Nr. 46.

149 BVerwG 14.3.1988 Buchholz 310 § 108 VwGO Nr. 199; BVerwGE 81, 74, 76; BVerwG 8.12.1993 Buchholz 310 § 132 VwGO Nr. 325; NVwZ-RR 1996, 359, 360; ZfBR 2016, 799, 800.

150 *A. May*, Revision, 1997, 452 (Rn. 347 f.); anders BGH NJW 1982, 2455, 2456; NJW-RR 1993, 653; NJW 2001, 2464, 2465.

151 *H. Grave/H.-J. Mühle*, MDR 1975, 274, 276.

ferner überschritten, wenn die tatsächlichen Feststellungen willkürlich,[152] also offensichtlich unhaltbar oder handgreiflich falsch sind (BSG NJW 1981, 2718).

183   **cc) Verstoß gegen Denkgesetze.** Ein **Verstoß gegen die Denkgesetze** ist nicht schon dann gegeben, wenn der Tatrichter eine Würdigung der tatsächlichen Verhältnisse vorgenommen hat, die womöglich nicht zwingend ist. Von einer Verletzung der Denkgesetze durch unrichtige Schlussfolgerungen kann vielmehr nur dann gesprochen werden, wenn nur eine einzige Folgerung möglich, jede andere aber aus denkgesetzlichen Gründen schlechterdings unmöglich ist, und wenn das Gericht die i.d.S. allein denkbare Folgerung nicht gezogen hat. Das Gericht muss Voraussetzungen und Folgerung in einer Weise verknüpft haben, dass die Folgerung unter keinen Umständen richtig sein kann.[153]

184   **dd) Verstoß gegen allgemeine Erfahrungssätze.** Unter allgemeinen Erfahrungssätzen sind die aus der Beobachtung von Einzelfällen gewonnenen Sätze der allgemeinen Lebenserfahrung zu verstehen. Mit ihrer Hilfe schließt der Richter aus vorhandenen Indizien auf unmittelbar erhebliche Tatsachen.[154] Als allgemeine Erfahrungssätze bezeichnet das BVerwG die jedermann zugänglichen Sätze, die nach der allgemeinen Erfahrung unzweifelhaft gelten und durch keine Ausnahme durchbrochen sind.[155] Hierdurch unterscheidet sich der Erfahrungssatz von der Erfahrungstatsache (BVerwG ZfBR 2011, 275). Daneben gibt es spezielle Erfahrungssätze, die örtlich und sachlich begrenzt sind oder deren Feststellung besondere Sachkenntnis voraussetzt.

185   Ob allgemeine Erfahrungssätze als Grenzen der freien Beweiswürdigung bestehen, hat das BVerwG selbst festzustellen. Es hat als Teil der Allgemeinheit an deren Erfahrungswissen teil, aus dem die Erfahrungssätze abgeleitet sind. Hat die Vorinstanz für ihre Würdigung des Sachverhalts einen allgemeinen Erfahrungssatz herangezogen, unterliegt es revisionsgerichtlicher Überprüfung, ob dieser Erfahrungssatz besteht und ob er zu Recht herangezogen wurde (BVerwGE 88, 312, 320). Der Grundsatz der freien Beweiswürdigung ist verletzt, wenn das Tatsachengericht seiner Entscheidung einen allgemeinen Erfahrungssatz zugrunde gelegt hat, der nicht besteht,[156] oder den Sachverhalt unter Missachtung eines allgemeinen Erfahrungssatzes gewürdigt hat.

186   Den allgemeinen Erfahrungssätzen stehen die Sätze der geschichtlichen Erfahrung gleich. Das BVerwG kann nachprüfen, ob die Vorinstanz bei der Würdigung geschichtlicher Tatsachen die aus den allgemeinen Quellen zu entnehmenden Sätze der geschichtlichen Erfahrung beachtet hat, etwa eine geschichtliche Erfahrungstatsache zu Unrecht nicht berücksichtigt oder zu Unrecht eine in Wahrheit nicht bestehende geschichtliche Erfahrungstatsache angenommen hat.[157]

187   **ee) Erfahrungstatsachen.** Von den allgemeinen Erfahrungssätzen sind die Erfahrungstatsachen zu unterscheiden. Unter Erfahrungstatsachen sind tatsächliche Vermutungen zu verstehen, die sich aus bestimmten allgemein anerkannten Erfahrungen rechtfertigen (BVerwGE 96, 337, 342; 100, 310, 314; 143, 119,126). Derartige tatsächliche Vermutungen stellen ebenfalls keine Rechtssätze dar, sondern sind außerrechtliche Maßstäbe für die Bewertung von Tatsachen, die i.R. der Beweis- und Sachverhaltswürdigung ergänzend heranzuziehen sind (BGH NJW 1982, 2455, 2456). Die tatsächliche Vermutung wird auch als Anscheinsbeweis bezeichnet. Zwischen beidem besteht kein sachlicher Unterschied.

188   Die tatsächliche Vermutung setzt einen Sachverhalt voraus, der nach der Lebenserfahrung regelmäßig auf einen bestimmten Verlauf hinweist und es rechtfertigt, die besonderen Umstände des einzelnen Falles in ihrer Bedeutung zurücktreten zu lassen. Ihr liegen Ereignisse zugrunde, die serienmäßig typisch gleich verlaufen. Ob und welche Tatsachen abstrakt den Schluss auf einen regelmäßigen Verlauf zulassen, unterliegt revisionsgerichtlicher Überprüfung (BVerwGE 17, 141, 143). Soweit es sich um offenkundige, insbes. durch die Lebenserfahrung vermittelte Tatsachen handelt, kann das Revisionsge-

---

152 BVerfGE 57, 39, 42; 11.9.2015 InfAuslR 2016, 1; BVerfG NJW 1991, 2622, 2623; offen gelassen von BVerwG 19.10.1999 Buchholz 310 § 108 Abs. 1 VwGO Nr. 11.

153 BVerwG 20.10.1987 Buchholz 310 § 86 Abs. 3 VwGO Nr. 37; NVwZ-RR 1995, 310; 24.5.1996 Buchholz 310 § 108 VwGO Nr. 270; 19.10.1999 Buchholz 310 § 108 Abs. 1 VwGO Nr. 11; BVerwGE 147, 47, 51.

154 BVerwGE 88, 312, 320; ferner *H. Grave/H.-J. Mühle*, MDR 1975, 274, 275.

155 BVerwGE 89, 110, 117; BVerwG NVwZ 1996, 175; BVerwG, ähnl. BGH NJW 1982, 2455, 2456.

156 BVerwGE 95, 341, 351 f.; BVerwG NVwZ 1996, 175; BVerwGE 99, 242, 244; BVerwG VIZ 2001, 94; BGH NJW 1982, 2455, 2456; NJW 1993, 653.

157 BVerwGE 19, 354, 356 ff.; 30, 225, 228; 38, 122, 123; 41, 132, 134; BVerwG 25.3.1971 Buchholz 310 § 137 VwGO Nr. 45; 10.11.1995 Buchholz 412.3 § 6 BVFG Nr. 82.

richt selbst feststellen, ob eine tatsächliche Vermutung besteht (BVerwGE 107, 304, 310; BVerwG VIZ 2000, 213, 214). Ob hingegen im konkreten Fall ein solcher typischer Geschehensablauf als Grundlage einer tatsächlichen Vermutung vorliegt, hat das Tatsachengericht festzustellen. Das BVerwG ist an eine derartige Feststellung nach § 137 Abs. 2 gebunden (BVerwG VIZ 2000, 87, 88).

Eine tatsächliche Vermutung ist erschüttert, wenn Tatsachen vorliegen, aus denen sich ergibt, dass ein 189 anderer Ablauf als der erfahrungsgemäß sich ereignende ernsthaft in Betracht kommt (BVerwG NVwZ 1987, 217, 218; BVerwGE 85, 12, 16 f.). Die Feststellung solcher Tatsachen ist Aufgabe des Tatsachengerichts. Die Wertung, ob die festgestellten Tatsachen zur Erschütterung der Vermutung geeignet sind, ist vom Revisionsgericht selbständig zu prüfen (BVerwG VIZ 2000, 399, 402).

ff) Beweismaß. Die Beweiswürdigung des Tatsachengerichts kann ferner daraufhin nachgeprüft wer- 190 den, ob die Regeln über das rechte Beweismaß beachtet sind. Nach § 108 Abs. 1 hat der Tatrichter ohne Bindung an Beweisregeln und nur seinem Gewissen unterworfen die Entscheidung zu treffen, ob er an sich mögliche Zweifel überwinden und sich von einem bestimmten Sachverhalt als wahr überzeugen kann. Jedoch setzt das Gesetz eine von allen Zweifeln freie Überzeugung nicht voraus. Das Gericht darf keine unerfüllbaren Beweisanforderungen stellen und keine unumstößliche Gewissheit bei der Prüfung verlangen, ob eine Behauptung wahr und erwiesen ist. Vielmehr darf und muss sich der Richter in tatsächlich zweifelhaften Fällen mit einem für das praktische Leben brauchbaren Grad von Gewissheit begnügen, der den Zweifeln Schweigen gebietet, ohne sie völlig auszuschließen. Revisionsgerichtlich kann beanstandet werden, wenn das Tatsachengericht die Anforderungen an das Maß der Gewissheit überspannt (BGH NJW 1993, 935, 937). Das Revisionsgericht ist dann nicht an die Feststellung gebunden, die Tatsache sei nicht erwiesen und deshalb nicht festgestellt.

IV. Bindung an die erhobenen Rügen (Abs. 3)

1. Allgemeine Bedeutung der Vorschrift. Wie § 137 insgesamt regelt auch Abs. 3 nicht die Zulässig- 191 keit von Revisionsrügen, sondern den Umfang, in dem das angefochtene Urteil für den Fall einer zulässigen Revision revisionsgerichtlicher Überprüfung unterliegt. § 137 Abs. 3 bestimmt dabei, inwieweit das BVerwG an die Revisionsgründe gebunden ist, die der Revisionskläger geltend gemacht hat. Soweit eine solche Bindung nicht besteht, kann das BVerwG auch ohne Rüge nachprüfen, ob das angefochtene Urteil revisibles Recht verletzt. Für diese Bindung unterscheidet die Vorschrift zwischen der Verletzung materiellen Rechts und Verfahrensmängeln. Die Vorschrift geht von dem Grundsatz aus, dass das BVerwG das angefochtene Urteil umfassend darauf nachprüfen kann, ob materielles revisibles Recht verletzt ist. Umgekehrt liegt ihr zugrunde, dass das BVerwG das angefochtene Urteil auf Verfahrensfehler nur dann und nur insoweit nachprüfen kann, als Mängel des Verfahrens gerügt sind.[158] Letzteres ergibt sich im Übrigen bereits aus § 139 Abs. 3 S. 4, der für eine zulässige Verfahrensrüge die fristgerechte Darlegung des Verfahrensmangels verlangt.

Recht besehen regelt Abs. 3 in seinen beiden Sätzen nur die Frage, inwieweit das BVerwG das ange- 192 fochtene Urteil auf die Verletzung materiellen Rechts nachprüfen darf. Eine solche Nachprüfung ist ihm verwehrt, wenn ausschließlich Verfahrensmängel gerügt sind, es sei denn, es liegt einer der Zulassungsgründe des § 132 Abs. 2 Nr. 1 oder 2 vor (S. 1). Werden nicht ausschließlich Verfahrensmängel gerügt (oder liegt einer der Zulassungsgründe des § 132 Abs. 2 Nr. 1 oder 2 vor), prüft das BVerwG das angefochtene Urteil in materiellrechtlicher Hinsicht in vollem Umfang nach, ohne an die erhobenen (materiellrechtlichen) Rügen gebunden zu sein (S. 2). Die Vorschrift geht aber als selbstverständlich davon aus, dass Verfahrensmängel immer gerügt werden müssen.

2. Satz 1. S. 1 schränkt den Grundsatz ein, dass das BVerwG das angefochtene Urteil auf die Verlet- 193 zung materiellen Rechts umfassend, also ohne Bindung an erhobene Rügen, nachprüfen kann. Zugleich normiert die Vorschrift Ausnahmen zu dieser Einschränkung. Die Zusammenhänge werden dadurch etwas verdeckt, dass sich die Regel aus S. 2, die Ausnahme und die ihr zugeordnete Gegenausnahme hingegen aus S. 1 ergibt.

§ 137 Abs. 3 S. 1 betrifft eine Revision, die ausschließlich auf Verfahrensmängel gestützt ist. In diesem 194 Fall ist es dem BVerwG grds. verwehrt, das angefochtene Urteil auch darauf nachzuprüfen, ob es ma-

---

158 M. *Eichberger/J. Buchheister*, in: Schoch/Schneider/Bier § 137 Rn. 229 ff.

terielles Recht verletzt. Das BVerwG ist vielmehr an die erhobenen Verfahrensrügen gebunden. Diese Bindung besteht in zwei Richtungen. Zum einen sind nur die „geltend gemachten" Verfahrensmängel zu prüfen; die Prüfung nicht geltend gemachter Verfahrensmängel ist ausgeschlossen. Zum anderen sind „nur" (die geltend gemachten) Verfahrensmängel zu prüfen; die Prüfung materiellrechtlicher Mängel des angefochtenen Urteils ist damit ausgeschlossen.

195   Auch wenn die Revision ausschließlich auf Verfahrensmängel gestützt ist, kann das BVerwG ausnahmsweise dennoch nachprüfen, ob das angefochtene Urteil materielles Recht verletzt. Hierfür muss eine der Voraussetzungen des § 132 Abs. 2 Nr. 1 oder 2 vorliegen. Die Rechtssache muss eine grds. bedeutsame Frage des materiellen Rechts aufwerfen oder die Vorinstanz muss in Beantwortung einer solchen Frage von einer Entscheidung des BVerwG oder eines der anderen in § 132 Abs. 2 Nr. 2 genannten Gerichte abgewichen sein. Auch wenn nur Verfahrensfehler geltend gemacht sind, erweitert § 137 Abs. 3 S. 1 im Interesse der Rechtseinheit und der Rechtsfortbildung auf dem Gebiet des materiellen Rechts die Prüfungsbefugnis des BVerwG.

196   § 137 Abs. 3 S. 1 setzt nicht voraus, dass die Revision wegen grundsätzlicher Bedeutung der Rechtssache oder wegen Abweichung zugelassen ist. Es reicht vielmehr aus, dass die Voraussetzungen einer Zulassung nach einem dieser Zulassungsgründe in der Sache vorliegen.[159]

197   Liegt diese Voraussetzung vor, kann das BVerwG das Urteil in vollem Umfang auf die Einhaltung materiellen Rechts nachprüfen. Es ist nicht auf die Beantwortung der Frage beschränkt, die grundsätzliche Bedeutung hat oder die unter Abweichung von einer divergenzfähigen Entscheidung beantwortet worden ist. Das ergibt sich letztlich aus Abs. 3 S. 2. Er ermöglicht eine umfassende Überprüfung des angefochtenen Urteils auf die Einhaltung materiellen Rechts in allen Fällen, in denen das BVerwG nicht nach S. 1 auf die Prüfung nur der geltend gemachten Verfahrensfehler beschränkt ist.

198   Liegen die Voraussetzungen des § 132 Abs. 2 Nr. 1 ausschließlich deshalb vor, weil der geltend gemachte Verfahrensmangel auf eine grds. bedeutsame Frage des Verfahrensrechts führt, rechtfertigt allein die Rechtsgrundsätzlichkeit dieser Verfahrensfrage nicht eine unbeschränkte Entscheidungsbefugnis des BVerwG. Wird die Revision in einem solchen Fall allein auf den Verfahrensmangel gestützt, bleibt die Prüfung vielmehr auf den geltend gemachten Verfahrensfehler beschränkt (BVerwGE 19, 231, 232 f.; BVerwG DVBl 1984, 1016).

199   Das BVerwG soll aber über den geltend gemachten Verfahrensmangel hinaus die Prüfung auf weitere Verfahrensfragen erstrecken dürfen, wenn diese grundsätzliche Bedeutung haben (BVerwG DVBl 1974, 910), oder wenn ein nicht gerügter Verfahrensmangel mit dem gerügten Verfahrensmangel in einem unlösbaren Zusammenhang steht (BFH BB 1994, 1773, 1774).

200   Beruht das angefochtene Urteil auf dem allein geltend gemachten Verfahrensfehler, ist das BVerwG durch § 137 Abs. 3 S. 1 nicht gehindert, das Urteil aus anderen materiellrechtlichen Gründen als in der Sache richtig zu bestätigen und die Revision zurückzuweisen (§ 144 Abs. 4). Anders verhält es sich nur dann, wenn der gerügte Verfahrensfehler zugleich einen absoluten Revisionsgrund darstellt (BVerwGE 102, 7, 11).

201   **3. Satz 2.**   Hat der Revisionskläger die Revision nicht ausschließlich auf Verfahrensmängel gestützt, ist das BVerwG nach § 137 Abs. 3 S. 2 an die geltend gemachten Revisionsgründe nicht gebunden. Die Vorschrift betrifft damit die Revisionen, die entweder ausschließlich oder neben Verfahrensrügen zumindest auch auf die Verletzung materiellen Rechts gestützt sind. Die Vorschrift ermöglicht eine umfassende Überprüfung des angefochtenen Urteils auf die Einhaltung materiellen Rechts in allen Fällen, in denen das BVerwG nicht nach S. 1 auf die Prüfung nur der geltend gemachten Verfahrensfehler beschränkt ist.

202   Ist das BVerwG an die erhobenen Rügen nicht gebunden, kann der Revisionskläger die Prüfung nicht auf bestimmte materielle Mängel beschränken und erreichen, dass das BVerwG nur eine bestimmte, ihn interessierende Rechtsfrage entscheidet.

203   § 137 Abs. 3 S. 2 stellt das BVerwG nicht in jeder Hinsicht von der Bindung an die geltend gemachten Revisionsgründe frei. Soweit der Revisionskläger Verfahrensfehler geltend gemacht hat, prüft das BVerwG nur diese geltend gemachten Verfahrensmängel nach, nicht aber auch andere Verfahrensfehler. Hat der Revisionskläger keine Verfahrensfehler geltend gemacht, prüft das BVerwG ausschließlich

---

159   *W.-R.Schenke,* in: *Kopp/Schenke* § 137 Rn. 35.

die Verletzung materiellen Rechts nach. Dass der Revisionskläger die Revision auch auf die Verletzung materiellen Rechts gestützt hat, hebt die Bindung des BVerwG an die erhobenen Verfahrensrügen nicht auf. Verfahrensfehler können stets nur dann berücksichtigt werden, wenn sie frist- und formgerecht geltend gemacht sind (§ 173, § 557 Abs. 3 S. 2 ZPO).[160]

4. Von Amts wegen zu beachtende Verfahrensmängel. Ohne Bindung an die erhobenen Rügen hat 204
das Revisionsgericht stets nachzuprüfen, ob die Sachurteilsvoraussetzungen gegeben sind.[161] Auch bestimmte andere Verfahrensmängel sind stets von Amts wegen zu beachten.[162] Ohne Rüge zu berücksichtigen sind solche Verfahrensmängel, die auf das Verfahren in der Revisionsinstanz derart fortwirken, dass ein auf die Sache eingehendes Revisionsurteil nicht möglich ist. Dazu gehören Mängel, welche die Wirksamkeit[163] und Zulässigkeit der angefochtenen Entscheidung[164] betreffen.

§ 138 [Absolute Revisionsgründe]

Ein Urteil ist stets als auf der Verletzung von Bundesrecht beruhend anzusehen, wenn

1. **das erkennende Gericht nicht vorschriftsmäßig besetzt war,**
2. **bei der Entscheidung ein Richter mitgewirkt hat, der von der Ausübung des Richteramts kraft Gesetzes ausgeschlossen oder wegen Besorgnis der Befangenheit mit Erfolg abgelehnt war,**
3. **einem Beteiligten das rechtliche Gehör versagt war,**
4. **ein Beteiligter im Verfahren nicht nach Vorschrift des Gesetzes vertreten war, außer wenn er der Prozeßführung ausdrücklich oder stillschweigend zugestimmt hat,**
5. **das Urteil auf eine mündliche Verhandlung ergangen ist, bei der die Vorschriften über die Öffentlichkeit des Verfahrens verletzt worden sind, oder**
6. **die Entscheidung nicht mit Gründen versehen ist.**

Schrifttum

1. Monographien und Beiträge in Sammelwerken A. May, Die Revision in den zivil- und verwaltungsgerichtlichen Verfahren (ZPO, ArbGG, VwGO, SGG, FGO), 2. Aufl. 1997.

2. Beiträge in Zeitschriften G. Britz, Das Grundrecht auf den gesetzlichen Richter in der Rechtsprechung des BVerfG, JA 2001, 573; ders., Verfassungsrechtliche Effektuierung des Vorabentscheidungsverfahrens, NJW 2012, 1313; H. Günther, Rechtsbehelfe gegen Einzelrichterübertragung, NVwZ 1998, 37; W. Haensle, Der Willkürmaßstab bei der Garantie des gesetzlichen Richters bei Nichtvorlagen – bewährter Maßstab oder gemeinschaftsrechtliche Notwendigkeit einer Neuausrichtung?, DVBl 2011, 811; B. Werner, Ordnungsgemäße Besetzung eines Spruchkörpers bei Vakanz der Vorsitzendenstelle, NJW 2007, 2671.

---

160 BVerwGE 85, 54, 55; BVerwG NVwZ 1998, 628; I. Kraft, in: Eyermann § 137 Rn. 84; anders: BVerwG NVwZ-RR 2000, 317 für den absol. Revisionsgrund fehlender Entscheidungsgründe.

161 BVerwGE 3, 208, 211 (Prozessführungsbefugnis); NVwZ 2016, 864, 865 (Präklusion nach § 47 a); BSGE 42, 212, 215 (Zulässigkeit der Klage); BSG DVBl 1987, 244 (Prozessvollmacht für die Klageerhebung); BGH NJW 1982, 578 (Rechtskraft einer anderweitigen Entscheidung über den Streitgegenstand); NJW-RR 1986, 157 (Prozessfähigkeit); MDR 2004, 1197 (Parteifähigkeit).

162 BGH NJW 1982, 1757, 1759 (Zulässigkeit eines in der Vorinstanz ergangenen Grundurteils); NJW-RR 1991, 1346 (Missachtung der Bindung an die Anträge der Beteiligten); NJW 1992, 2831, 2833 (Einhaltung der Bindungswirkung zurückverweisender Urteile); NJW 1993, 3067 (Behandlung eines Nichtbeteiligten als Partei).

163 BVerwG NJW 1997, 2897: von Amts wegen zu berücksichtigen ist, dass die Berufung bereits vor Ergehen der Berufungsentscheidung wirksam zurückgenommen war und die gleichwohl in der Sache ergangene Berufungsentscheidung deshalb ohne Wirksamkeit war.

164 BVerwGE 71, 73, 74 (mangelnde Zulassung der Berufung); BVerwG NJW 2002, 1137, 1138 (rechtzeitige Begründung der Berufung als Voraussetzung für die Zulässigkeit der Berufung).

A. Bedeutung der Vorschrift

I. Zweck der Norm

1   Der Gesetzgeber hat in § 138 Verstöße gegen zentrale Verfahrensgarantien aufgegriffen und sanktioniert, um sie gegen Verletzungen besonders zu schützen. Eine Verletzung dieser Verfahrensgarantien soll wegen ihrer zentralen Bedeutung stets zu einer Aufhebung des angefochtenen Urteils führen, auch

wenn sich im Einzelfall ein Einfluss des Verfahrensfehlers auf das Ergebnis nicht (eindeutig) erweisen lässt.

II. Rechtsfolge der Norm

Liegt einer der Verfahrensmängel vor, die in § 138 aufgezählt sind, ist das Urteil stets als auf einer Ver- 2
letzung von Bundesrecht beruhend anzusehen. Die Vorschrift normiert damit eine Vermutung („ist ...
anzusehen"), die nicht widerlegt werden kann („stets").

Die absoluten Revisionsgründe sind in § 138 abschließend aufgezählt. Für alle anderen Rechtsverlet- 3
zungen ist im Einzelfall zu prüfen, ob das angefochtene Urteil auf ihnen beruht (BVerwGE 110, 40,
48).

1. Gegenstand der Vermutung. Gegenstand der Vermutung ist zweierlei: Zum einen wird die Kausali- 4
tät zwischen dem Verfahrensfehler und der getroffenen Entscheidung vermutet („beruht"). Es entfällt
die nach § 137 Abs. 1 sonst erforderliche Prüfung, ob das angefochtene Urteil auf der festgestellten
Gesetzesverletzung beruht. Vermutet wird aber nur die Ursächlichkeit der Rechtsverletzung für das
angefochtene Urteil. Soweit der Verfahrensverstoß seinerseits, um überhaupt vorzuliegen, die Feststellung kausaler Zusammenhänge erfordert, wird diese Feststellung durch § 138 nicht erleichtert. Die
Vorschrift setzt das Vorliegen eines der dort genannten Verfahrensmängel voraus, erleichtert aber
nicht deren Feststellung.[1] Zum anderen wird unwiderleglich vermutet, dass die bezeichneten Verfahrensverstöße Bundesrecht verletzen.[2] Ein absoluter Revisionsgrund ist mithin auch dann gegeben,
wenn sich der Verfahrensverstoß unmittelbar aus Vorschriften ergibt, die nicht dem revisiblen Recht
angehören.

Mit Urteil ist in § 138 das mit der Revision angefochtene Urteil gemeint. Der Verfahrensverstoß muss 5
der Instanz unterlaufen sein, die das angefochtene Urteil erlassen hat (BVerwG 15.10.1980 Buchholz
310 § 133 VwGO Nr. 29). Richtet sich die Revision gegen ein Berufungsurteil des OVG können Verstöße ausnahmsweise erheblich sein, die dem VG im erstinstanzlichen Verfahren unterlaufen sind,
nämlich dann, wenn das OVG ohne eigene sachliche Nachprüfung ein Ergebnis übernommen hat, das
mit dem Fehler behaftet ist.[3]

2. Tragweite der Vermutung. § 138 erfasst Verfahrensverstöße, die nach der maßgeblichen Wertung 6
des Gesetzgebers so schwer wiegen, dass ein auf ihnen beruhendes Urteil insgesamt keine tragfähige
Grundlage für eine Entscheidung in der Sache bietet. Sie erfassen regelmäßig die Urteilsgrundlage insgesamt (BVerwG NVwZ-RR 2000, 317).

Das angefochtene Urteil beruht zwar nicht auf einer Rechtsverletzung, wenn es auf mehrere Gründe 7
gestützt ist, die das Urteil jeweils selbständig tragen, und von diesen zumindest einer nicht von der
festgestellten Rechtsverletzung berührt wird. Die Vermutung des § 138 erstreckt sich aber regelmäßig
auf alle einem Urteil beigegebenen Gründe. Ausnahmen sind denkbar. Die Vorinstanz kann etwa nur
einen der mehreren selbständig tragenden Gründe unter Verletzung des rechtlichen Gehörs gewonnen
haben. Das Urteil beruht nicht auf dieser Verletzung, wenn ein anderer ebenfalls selbständig tragender
Grund von diesem Fehler nicht erfasst wird.[4] Dasselbe gilt, wenn die Vorinstanz ihr Urteil auf mehrere
selbständig tragende Gründe gestützt hat, von denen nur einer nicht den formalen Anforderungen an
Entscheidungsgründe i.S.d. § 138 Nr. 6 genügt (BVerwG 25.2.2000 Buchholz 402.240 § 53 AuslG
Nr. 31).

Die Revision ist nach § 144 Abs. 4 zurückzuweisen, wenn das angefochtene Urteil revisibles Recht ver- 8
letzt, sich aber aus anderen Gründen als richtig darstellt. Diese Möglichkeit besteht regelmäßig nicht,
wenn ein Verfahrensmangel nach § 138 vorliegt (BVerwGE 102, 7, 12). Eine solche Zurückweisung
kommt nur auf der Grundlage der tatsächlichen Feststellungen in Betracht, die in dem angefochtenen

---

1 *I. Kraft*, in: Eyermann § 138 Rn. 4; *J. Suerbaum*, in: Posser/Wolff § 138 Rn. 4.
2 *I. Kraft*, in: Eyermann § 138 Rn. 3; *K. Kuhlmann*, in: Wysk § 138 Rn. 4.
3 *W.-R. Schenke*, in: Kopp/Schenke § 138 Rn. 3; vgl auch BVerwG 22.11.2007 Buchholz 310 § 138 Ziff. 6 VwGO Nr. 42.
4 BVerwG GewArch 1995, 114; einschränkend aber bei unterschiedlicher Rechtskraftwirkung der verschiedenen Gründe:
  BVerwG NJW 2003, 2255.

Urteil getroffen sind. Von sämtlichen dort getroffenen Feststellungen ist aber zu vermuten, dass sie auf einem Verfahrensfehler beruhen.[5]

9 Daraus ergibt sich zugleich, dass bei Vorliegen eines absoluten Revisionsgrundes die Revision ausnahmsweise nach § 144 Abs. 4 zurückgewiesen werden kann, wenn der Verfahrensfehler nicht die Urteilsgrundlage insgesamt erfasst, sondern nur einzelne Feststellungen.[6] Die fehlerhafte Feststellung muss hinweggedacht werden können, ohne dass die Richtigkeit der Entscheidung i.E. in Frage gestellt wird; die fehlerhafte Feststellung darf sich auch nicht mittelbar auf die übrigen Feststellungen der Vorinstanz ausgewirkt haben. Das ist wohl nur bei der Versagung des rechtlichen Gehörs denkbar, wenn der Beteiligte nur zu einzelnen Punkten nicht gehört worden ist. Das angefochtene Urteil kann i.E. aus Gründen richtig sein, zu denen der gerügte Verfahrensmangel keinen Bezug hat und auf die er sich nicht ausgewirkt haben kann.[7]

10 **3. Weitere Folgerungen.** Auf einen absoluten Revisionsgrund kann sich nur der Beteiligte berufen, dem gegenüber fehlerhaft verfahren worden ist (BVerwG NJW 1983, 2155; BVerwGE 116, 296, 306). Die Absolutheit des Revisionsgrundes erweitert nicht den Schutzbereich der jeweiligen Verfahrensvorschrift.

11 Absolute Revisionsgründe müssen geltend gemacht werden. Sie sind wie Verfahrensfehler auch sonst nicht von Amts wegen, sondern nur auf Rüge zu berücksichtigen.[8]

12 Auch wenn ein Verfahrensmangel einen absoluten Revisionsgrund darstellt, kann er nicht geltend gemacht werden, wenn der Revisionskläger in der Vorinstanz auf die Einhaltung der verletzten Vorschrift verzichtet oder sich in Kenntnis des Verfahrensverstoßes rügelos in eine Verhandlung eingelassen hat (§ 173, § 295 Abs. 1 ZPO).[9] Jedoch werden absoluten Revisionsgründen häufig Verstöße gegen solche Vorschriften zugrunde liegen, auf deren Einhaltung der Beteiligte nicht verzichten kann (§ 173, § 295 Abs. 2 ZPO). Verzichtbar ist stets der Anspruch auf rechtliches Gehör.

13 Wie auch sonst bei Verfahrensfehlern kann bei absoluten Revisionsgründen der Mangel im Revisionsverfahren geheilt werden, wenn der Zweck der verletzten Verfahrensvorschrift noch dadurch erreicht werden kann, dass die unterbliebene Verfahrenshandlung vor dem Revisionsgericht nachgeholt wird. Dies kommt etwa dann in Betracht, wenn dem Beteiligten in der Vorinstanz die Stellungnahme zu Rechtsfragen verwehrt war (BVerwG NVwZ 2003, 224, 225; NVwZ 2011, 696 Rn. 12) oder wenn der nicht nach Vorschrift des Gesetzes vertretene Beteiligte die Prozessführung im Revisionsverfahren genehmigt.

III. Anwendungsbereich der Norm

14 § 138 gilt zwar unmittelbar für das Revisionsverfahren, also für die zugelassene Revision, wirkt aber schon auf die Zulassung der Revision vor. Die absoluten Revisionsgründe sind zugleich Verfahrensmängel i.S.d. § 132 Abs. 2 Nr. 3. Ein Verfahrensmangel rechtfertigt die Zulassung der Revision nur, wenn die angefochtene Entscheidung auf ihm beruhen kann. Diese Voraussetzung ist nicht mehr eigens zu prüfen, wenn absolute Revisionsgründe als Verfahrensfehler geltend gemacht werden.[10]

15 § 138 ist bei der Zulassung der Berufung nach § 124 Abs. 2 Nr. 5 entsprechend anzuwenden (→ § 124 Rn. 221). Auch hierfür ist vorausgesetzt, dass die Entscheidung des VG auf dem geltend gemachten Verfahrensfehler beruhen kann. Bei absoluten Revisionsgründen ist der Einfluss des Verfahrensfehlers auf die Entscheidung unwiderlegbar zu vermuten.

---

5 Ebenso mit abweichender Begründung: *K. Kuhlmann,* in Wysk § 138 Rn. 5; *J. Suerbaum,* in: Posser/Wolff § 138 Rn. 7 ff.

6 I.E. ähnl. *M. Eichberger,* in: Schoch/Schneider/Bier § 138 Rn. 10 ff.

7 BVerwGE 62, 6, 10; BVerwG NVwZ 1994, 1095; BVerwGE 109, 283, 285; BVerwG 19.12.2008 Buchholz 401.61 Zweitwohnungssteuer Nr. 26 (verneint bei Entscheidung vor Ablauf einer Äußerungsfrist).

8 *M. Eichberger,* in: Schoch/Schneider/Bier § 138 Rn. 30; *W.-R. Schenke,* in: Kopp/Schenke § 138 Rn. 2; *I. Kraft,* in Eyermann § 138 Rn. 11; einschränkend, aber mit wenig einleuchtender Begründung BGH NJW 2003, 1254, 1255 für bestimmte Besetzungsrügen.

9 BVerwG 30.11.2004 – 10 B 64.04: Verstoß gegen die Vorschriften über die Öffentlichkeit der mündlichen Verhandlung (§ 138 Nr. 5).

10 Anders die st. Rspr. für die Rechtslage vor dem 4. VwGOÄndG: BVerwG NVwZ 1991, 671. Sie ist durch das 4. VwGOÄndG überholt: BVerwG NVwZ-RR 1996, 299, 300.

In Streitigkeiten nach dem AsylVfG kommt eine Zulassung der Berufung abweichend von § 124 **16** Abs. 2 Nr. 5 nicht wegen jeden Verfahrensmangels in Betracht, sondern nur wegen eines Verfahrensfehlers i.S.d. § 138 (§ 78 Abs. 3 Nr. 3 AsylVfG). Z.T. wird die Auffassung vertreten, § 78 Abs. 3 Nr. 3 AsylVfG beschränke nur gegenständlich die möglichen Verfahrensfehler, die zur Zulassung der Berufung führen könnten, auf die in § 138 genannten Verfahrensmängel. Die Kausalitätsvermutung des § 138 soll hingegen nicht gelten.[11] Diese Auffassung trifft nicht zu. Im Wortlaut des § 78 Abs. 3 AsylVfG fehlt die bei der Zulassung der Berufung oder der Revision normierte Voraussetzung, dass das angefochtene Urteil auf dem Verfahrensmangel beruhen kann oder beruht (§ 124 Abs. 2 Nr. 5; § 132 Abs. 2 Nr. 3). Diese Voraussetzung aufzuführen war entbehrlich, weil der Gesetzgeber § 78 Abs. 3 Nr. 3 AsylVfG als Tatbestands- und Rechtsfolgenverweisung verstanden hat, die Kausalität der dort aufgeführten Verfahrensfehler für die getroffene Sachentscheidung also unwiderleglich vermutet wird.

B. Die absolute Revisionsgründe im Einzelnen

I. Nicht vorschriftsmäßige Besetzung des Gerichts (Nr. 1)

Ein absoluter Revisionsgrund liegt vor, wenn das erkennende Gericht nicht vorschriftsmäßig besetzt **17** war. Die Regelung sichert die Vorschriften ab, die der Bestimmung des gesetzlichen Richters dienen. Sie sichert einer Revision gegen jede Form und Art einer möglichen Manipulierung der Richterbank den Erfolg. Damit verhindert sie zugleich vorbeugend solche Manipulationen.[12]

1. Inhalt der Norm. a) Nicht vorschriftsmäßig besetzt. § 138 Nr. 1 stellt darauf ab, dass das erken- **18** nende Gericht nicht vorschriftsmäßig besetzt war. Von diesem Wortlaut ausgehend liegt ein absoluter Revisionsgrund stets vor, wenn eine Vorschrift verletzt ist, die im konkreten Fall die Besetzung der Richterbank bestimmt. Die Vorschrift verlangt nach ihrem Wortlaut hingegen nicht, dass der Revisionskläger seinem gesetzlichen Richter entzogen wurde. Käme es hierauf an, wäre ihr Anwendungsbereich enger. Nicht jeder Verstoß gegen eine Vorschrift, welche die Besetzung des Gerichts bestimmt, verletzt zugleich die Verfassungsgarantie des Art. 101 Abs. 1 S. 2 GG. Deren Schutzbereich ist enger. Die Garantie des gesetzlichen Richters soll nicht vor beliebigen Verletzungen von Verfahrensbestimmungen schützen. Sie will nur die missbräuchliche Manipulation der Zuständigkeit verhindern. Eine nur irrtümliche Überschreitung der Kompetenzen und eine schlicht fehlerhafte Anwendung des Prozessrechts verstößt nicht zugleich gegen das Verfassungsgebot des Art. 101 Abs. 1 S. 2 GG.

aa) Rechtsprechung des Bundesverwaltungsgerichts. Das BVerwG legt § 138 Nr. 1 einschränkend **19** aus. Die Vorschrift sichert danach einfachrechtlich den verfassungsrechtlich garantierten Richter ab. Sind Vorschriften verletzt, aus denen sich im konkreten Fall die richtige Besetzung des Gerichts ergibt, soll dies den absoluten Revisionsgrund des § 138 Nr. 1 nur dann erfüllen, wenn zugleich der Anspruch auf den gesetzlichen Richter nach Art 101 Abs. 1 S. 2 GG verletzt ist.[13] Diese Einschränkung hat das BVerwG insbes. auf Verstöße gegen die Regelungen in Geschäftsverteilungsplänen der Gerichte angewandt.[14] In weiteren Entscheidungen hat es die Einschränkung auf alle Vorgänge erstreckt, die für die konkrete Besetzung der Richterbank maßgebend waren.[15]

Das BVerwG nimmt eine Verletzung des Anspruchs auf den gesetzlichen Richter dabei erst dann an, **20** wenn das Gericht seine Zuständigkeit willkürlich angenommen hat, also aufgrund einer Auslegung oder Anwendung der einschlägigen Normen, die durch sachliche Erwägungen nicht mehr gerechtfertigt ist.[16]

---

11 Zum Streitstand *R. Marx*, in: AsylVfG, § 78 Rn. 263 ff., Rn. 392 ff.
12 *W.-R. Schenke*, in: Kopp/Schenke § 138 Rn. 4.
13 BVerwG 8.11.1982 Buchholz 310 § 133 VwGO Nr. 38; NVwZ 1988, 724, 725; 14.3.1989 Buchholz 310 § 133 VwGO Nr. 88; 13.6.1991 Buchholz 310 § 138 Ziff. 1 VwGO Nr. 28; 31.10.1994 Buchholz 310 § 54 VwGO Nr. 51; DVBl 1997, 1235, 1236; BVerwGE 104, 170, 172; BVerwG NVwZ 2000, 260; NVwZ-RR 2002, 150, 151; 6.7.2007 – 8 PKH 2.07.
14 BVerwG NJW 1991, 1370; BVerwG 21.12.1994 Buchholz 310 § 138 Ziff. 1 VwGO Nr. 32.
15 BVerwG 13.6.1991 Buchholz 310 § 138 Ziff. 1 VwGO Nr. 28; 31.10.1994 Buchholz 310 § 54 VwGO Nr. 51.
16 BVerwG 14.1.1986 Buchholz 310 § 133 VwGO Nr. 62; 14.3.1989 Buchholz 310 § 133 VwGO Nr. 88; 18.10.1990 Buchholz 300 § 21 e GVG Nr. 19; 13.6.1991 Buchholz 310 § 138 Ziff. 1 VwGO Nr. 28; 21.12.1994 Buchholz 310 § 138 Ziff. 1 VwGO Nr. 32; NVwZ-RR 2002, 150, 151.

21 **bb) Kritik an der Rechtsprechung.** § 138 Nr. 1 lässt sich nicht entnehmen, dass ein absoluter Revisionsgrund nur in den Fällen vorliegen soll, in denen ein Verfahrenverstoß zugleich die Verfassungsgarantie des gesetzlichen Richters aus Art. 101 Abs. 1 S. 2 GG verletzt. Das BVerwG greift auf Rspr. des BVerfG zurück,[17] die auf ein anderes Problem reagiert, das sich im Revisionsverfahren nicht stellt. Wird mit einer Verfassungsbeschwerde eine Verletzung des Anspruchs auf den gesetzlichen Richter gerügt, steht das BVerfG regelmäßig vor dem Problem, dass die richtige Richterbank und damit der gesetzliche Richter sich erst aus der Anwendung einfachrechtlicher Vorschriften ergeben. Deren Auslegung und Anwendung obliegt zuvörderst den Fachgerichten. Das BVerfG nimmt sie hin, solange sie nicht eine grundsätzliche Verkennung von Bedeutung und Tragweite der jeweils in Rede stehenden Verfassungsbestimmung verrät.[18] Dem BVerwG obliegt als Revisionsgericht aber gerade die (umfassende) Prüfung, ob die Vorinstanz (auch) das einfache (revisible) Recht zutreffend angewandt hat. Die für den Verfassungsprozess notwendigen Einschränkungen können deshalb nicht auf die Anwendung des § 138 Nr. 1 übertragen werden (BGH JZ 1993, 733, 736).

22 Dennoch ist es gerechtfertigt, den Anwendungsbereich des § 138 Nr. 1 zu begrenzen. Das Urteil der Vorinstanz soll nicht wegen jeden Fehlers bei der Anwendung prozessualer Bestimmungen aufgehoben werden müssen, die im Einzelfall die Richterbank bestimmen.

23 Sinnvoll ist eine solche Einschränkung, wenn eine Vorschrift verletzt ist, die nicht unmittelbar die Besetzung des Gerichts regelt, deren Anwendung sich aber mittelbar auf die Besetzung des Gerichts auswirkt. Dazu gehören insbes. Vorschriften, deren eigentlicher Schutzbereich nicht die Wahrung des gesetzlichen Richters ist, bspw. Vorschriften, welche die Vorlage der Sache an ein anderes Gericht zur Klärung einer bestimmten Rechtsfrage vorsehen. Schutzbereich dieser Vorschriften ist die Einheitlichkeit der Rechtsordnung.

24 Soweit Normen unmittelbar die Besetzung des Gerichts regeln, hat das BVerwG ihre Einhaltung uneingeschränkt nachzuprüfen. Aus ihnen ergibt sich ohne Weiteres die vorschriftsmäßige Besetzung des Gerichts. Ihre Verletzung erfüllt deshalb ohne zusätzliche Erfordernisse den absoluten Revisionsgrund des § 138 Nr. 1.

25 In welcher Besetzung das Gericht zu entscheiden hat, kann allerdings von prozessualen Zwischenentscheidungen abhängen. Beispiele hierfür sind die Übertragung des Rechtsstreits auf den Einzelrichter gem. § 6 oder die Entscheidung über ein Befangenheitsgesuch. Sind derartige Zwischenentscheidungen inhaltlich unrichtig ergangen, ist das Gericht an sich nicht vorschriftsmäßig besetzt. Jedoch unterliegen unanfechtbare Zwischenentscheidungen nach § 173, § 557 Abs. 2 ZPO nicht der Beurteilung des Revisionsgerichts. Dazu gehören etwa die Übertragung des Rechtsstreits auf den Einzelrichter (§ 6 Abs. 4) und die Beschlüsse zu Ablehnungsgesuchen (§ 146 Abs. 2). Demgemäß kann die unzutreffende Übertragung des Rechtsstreits auf den Einzelrichter (BVerwG NVwZ-RR 2000, 257, 258; NVwZ-RR 2002, 150, 151), die unrichtige Bescheidung eines Ablehnungsgesuchs nicht mehr als Verfahrensfehler gerügt werden.[19] Jedoch ist § 557 Abs. 2 ZPO dahin einzuschränken, dass trotz Unanfechtbarkeit der Zwischenentscheidung das Revisionsgericht überprüfen kann, ob wegen deren Fehlerhaftigkeit die anfechtbare Endentscheidung gegen eine verfassungsrechtliche Verfahrensgarantie verstößt, etwa den Anspruch auf den gesetzlichen Richter (→ § 137 Rn. 9 ff.).[20] Ist eine unanfechtbare und deshalb revisionsgerichtlicher Prüfung an sich entzogene Zwischenentscheidung für die Besetzung des Gerichts maßgeblich, ist der absolute Revisionsgrund des § 138 Nr. 1 dann, aber auch nur dann erfüllt, wenn durch diese Zwischenentscheidung die Verfassungsgarantie des gesetzlichen Richters verletzt wird (ähnl. BGH NJW 2003, 1254, 1256).

26 **b) Erkennendes Gericht.** Ein absoluter Revisionsgrund liegt nur vor, wenn das erkennende Gericht nicht vorschriftsmäßig besetzt war. Erkennendes Gericht ist die Richterbank, die aufgrund der münd-

---

17 So ausdrücklich BVerwG 13.6.1991 Buchholz 310 § 138 Ziff. 1 VwGO Nr. 28; DVBl 1997, 1235, 1236.
18 BVerfGE 82, 286, 299; BVerfG NVwZ-RR 2008, 289, 290; NJW 2012, 3228.
19 BVerwGE 104, 170, 172; BVerwG NVwZ-RR 2000, 260; BVerwG 25.7.2008 Buchholz 310 § 132 Abs. 2 Nr. 3 VwGO Nr. 49.
20 BVerwG 21.12.2004 Buchholz § 54 VwGO Nr. 65; NVwZ 2006, 936; NVwZ 2008, 696.

lichen Verhandlung das angefochtene Urteil gefällt hat.[21] Erkennendes Gericht ist hingegen nicht die Richterbank, die das Urteil verkündet.[22]

Maßgeblich ist die mündliche Verhandlung, auf die das Urteil ergeht. Fehler bei der Besetzung der 27 Richterbank in einem Erörterungstermin (BVerwG 29.4.1982 Buchholz 310 § 138 Ziff. 1 VwGO Nr. 21) oder in einem bloßen Beweistermin (BVerwGE 41, 174, 176; BVerwG NVwZ 1998, 1066) begründen deshalb nicht den absoluten Revisionsgrund des § 138 Nr. 1. Dasselbe gilt für Besetzungsfehler bei vorausgegangenen Zwischenentscheidungen. Aus demselben Grund sind unerheblich Fehler bei der Besetzung der Richterbank in einer früheren mündlichen Verhandlung, wenn das Urteil aufgrund einer weiteren, nicht lediglich fortgesetzten mündlichen Verhandlung ergeht (BVerwG BayVBl 1972, 109). War das Gericht in einem vorausgegangenen Erörterungstermin, in einem Beweistermin oder bei früheren mündlichen Verhandlungen fehlerhaft besetzt, stellt dies nur einen Verstoß gegen prozessrechtliche Vorschriften dar, auf deren Befolgung die Beteiligten verzichten können (BVerwGE 41, 174, 176; BVerwG NJW 2001, 1878). Der Beteiligte muss den vermeintlichen Mangel deshalb rechtzeitig in der darauf folgenden mündlichen Verhandlung rügen. Unterlässt er dies, ist ein etwaiger Verfahrensmangel gem. § 173, § 295 Abs. 1 ZPO geheilt.[23]

Entscheidet das Gericht ohne mündliche Verhandlung, sei es aufgrund eines Verzichts der Beteiligten 28 durch Urteil, sei es nach § 130 a durch Beschluss oder nach § 84 durch Gerichtsbescheid, ist erkennendes Gericht die Richterbank, welche die Endentscheidung fällt.

Hat eine mündliche Verhandlung stattgefunden und haben die Beteiligten auf eine weitere mündliche 29 Verhandlung verzichtet, ergeht das Urteil nicht aufgrund der mündlichen Verhandlung, sondern als Entscheidung ohne mündliche Verhandlung. Bei dieser Entscheidung ist das Gericht nicht deshalb vorschriftswidrig besetzt, wenn an ihr nicht dieselben Richter mitgewirkt haben wie an der vorausgegangenen mündlichen Verhandlung (BVerwG NVwZ 1985, 562; NVwZ 1990, 58; BFH BFH/NV 2007, 478). Für die vorschriftsmäßige Besetzung ist unerheblich, ob in der Entscheidung Umstände verwertet werden, die Gegenstand der mündlichen Verhandlung waren, ohne sich in den Akten, insbes. in der Niederschrift über die mündliche Verhandlung, niederzuschlagen (BVerwG NVwZ 1990, 58). In der Verwertung solcher Umstände kann unter Umständen ein Verstoß gegen § 108 Abs. 1 S. 1 oder gegen § 86 Abs. 1 liegen. Ebenso wenig liegt eine nicht vorschriftsmäßige Besetzung des Gerichts vor, wenn bei mehreren auf einander folgenden mündlichen Verhandlungen das Gericht unterschiedlich besetzt war (BVerwG NJW 1986, 3154, 3155).

2. Einzelheiten zur vorschriftsmäßigen Besetzung. a) Anforderungen an die berufenen Richter. Den 30 Vorschriften gemäß besetzt ist das Gericht nur, wenn an der Entscheidung ausschließlich Personen mitgewirkt haben, die wirksam zu Richtern berufen sind.[24] Für die wirksame Berufung reicht bei einem Berufsrichter aus, dass er durch die Aushändigung einer entsprechenden Urkunde ernannt ist. Grds. unerheblich sind Mängel des Auswahlverfahrens, etwa eine fehlerhafte Besetzung des Richterwahlausschusses, der an der Berufung des Richters mitgewirkt hat. Derartige Mängel führen nur dann zu einem Entzug des gesetzlichen Richters, wenn sie die Zusammensetzung der Richterbank im Einzelfall als manipuliert erscheinen lassen können oder wenn wegen der fehlerhaften Besetzung des Richterwahlausschusses von einer Wahl im Rechtssinne nicht mehr gesprochen werden kann (BGH NJW 2005, 2317).

Nach Art. 97 Abs. 2, Art 92 GG müssen Berufsrichter grds. hauptamtlich und endgültig angestellt 31 sein. Richter, denen diese Garantien ihrer persönlichen Unabhängigkeit fehlen, dürfen nur aus zwingenden Gründen herangezogen werden. Ihre Zahl ist auf das unumgänglich erforderliche Maß zu beschränken. Haben bei einer Entscheidung ohne sachliche Notwendigkeit nicht hauptamtlich und planmäßig endgültig angestellte Richter mitgewirkt, verletzt die Entscheidung das Recht der Beteiligten auf den gesetzlichen Richter. Ob dieses Gebot im Einzelfall fehlerhaft gehandhabt worden ist, prüft

---

21 BVerwGE 41, 174, 176; BVerwG 15.2.1980 Buchholz 310 § 133 VwGO Nr. 26; 29.4.1982 Buchholz 310 § 138 Ziff. 1 VwGO Nr. 21; 12.3.1990 Buchholz 310 § 133 VwGO Nr. 93.
22 Dasselbe gilt für die Richterbank bei einem Beschluss, durch den ein Verkündungstermin aufgehoben wird: BVerwG 15.2.1980 Buchholz 310 § 133 VwGO Nr. 26.
23 BVerwGE 41, 174, 176 f.; BVerwG NJW 2001, 1878.
24 Zur fehlenden Vereidigung vgl. BVerwG NVwZ 2005, 231; BGH NJW 2003, 2545; BAG MDR 2010, 1012; zu Verfahrensmängeln bei der Richterwahl (vorschriftswidrige Besetzung eines Richterwahlausschusses) vgl. BGH NJW 2004, 3784.

das Revisionsgericht voll nach; es beschränkt sich nicht auf die Prüfung, ob Willkür oder die Absicht einer Manipulation vorliegt (BVerwGE 102, 7; BGHZ 130, 304).

32   Die vorschriftsmäßige Besetzung des Gerichts verlangt, dass der Richter die zur Ausübung des Richteramtes erforderliche Verhandlungsfähigkeit und damit auch die Fähigkeit besitzt, die wesentlichen Vorgänge der Verhandlung wahrzunehmen und in sich aufzunehmen. Blindheit oder Taubheit eines Richters führen aber nur ausnahmsweise dazu, dass das Gericht nicht vorschriftsmäßig besetzt ist. Ohne die Fähigkeit zu sehen oder zu hören darf eine sachgerechte Beurteilung der Streitsache nicht möglich sein (BVerwGE 65, 240; OLG Frankfurt MDR 2010, 1015). Das BVerfG ordnet demgegenüber Mängel in der physischen oder psychischen Konstitution des Richters, wie Blindheit, Taubheit, Schwerhörigkeit, Krankheit oder Übermüdung, nicht dem Schutzbereich des Anspruchs auf den gesetzlichen Richter zu. Derartige Mängel könnten im Einzelfall zu Verletzungen des Anspruchs auf rechtliches Gehör oder auf ein rechtsstaatlich faires Verfahren führen (BVerfG NJW 1992, 2075).

33   **b) Berufung der ehrenamtlichen Richter.** Das erkennende Gericht war nicht den Vorschriften gemäß besetzt, wenn an der Entscheidung ehrenamtliche Richter mitgewirkt haben, die nach den §§ 21, 22 vom Amt des ehrenamtlichen Richters ausgeschlossen sind oder in dieses Amt nicht berufen werden können.

34   Fehler bei der Wahl eines ehrenamtlichen Richters führen hingegen nicht zwingend dazu, dass das Gericht nicht vorschriftsmäßig besetzt ist (ausf. → § 29 Rn. 10). Sie berühren den Schutzbereich des Anspruchs auf den gesetzlichen Richter zum einen dann, wenn sie so schwer wiegen, dass wegen des Fehlers von einer Wahl im Rechtssinne nicht mehr gesprochen werden kann.[25] Wird die Wahl bei weniger schwerwiegenden Mängeln auf die Anfechtung eines Berechtigten hin aufgehoben, ist damit das Gericht nicht nachträglich in allen Fällen als nicht vorschriftsmäßig besetzt anzusehen, in denen die betroffenen ehrenamtlichen Richter an der Entscheidung mitgewirkt haben (BVerwG 21.8.1986 Buchholz 310 § 28 VwGO Nr. 2). Fehler bei der Wahl ehrenamtlicher Richter berühren den Schutzbereich des Anspruchs auf den gesetzlichen Richter zum anderen dann, wenn sie eine Manipulation der Entscheidungszuständigkeit im Einzelfall befürchten lassen.[26]

35   nicht besetzt

36   **c) Mitwirkung nicht berufener Personen.** Das erkennende Gericht war nicht vorschriftsmäßig besetzt, wenn an der Entscheidung hierzu nicht berufene Personen mitgewirkt haben. Das ist der Fall, wenn über die zur Entscheidung berufenen Richter hinaus bei der Beratung Personen anwesend waren, die hierzu nicht nach § 193 GVG befugt sind.[27]

37   **d) Zusammensetzung des Spruchkörpers. aa) Besetzung des Gerichts.** Das Gericht muss in der Besetzung entscheiden, die sich aus den gerichtsverfassungsrechtlichen Vorgaben ergibt (für das VG: §§ 5, 6; für das OVG: § 9 i.V.m. dem AGVwGO des Landes; für das BVerwG: § 10). Dabei kann sich je nach Verfahrensart und Entscheidungsform die Besetzung des Gerichts ändern.

38   Entscheidet das OVG nach § 130a über die Berufung ohne mündliche Verhandlung durch Beschluss, wirkt sich dies auf die Besetzung des Gerichts in den Ländern aus, die gem. § 9 Abs. 3 bei Entscheidungen aufgrund mündlicher Verhandlung eine andere Besetzung, insbes. die Mitwirkung ehrenamtlicher Richter, vorsehen als bei Entscheidungen außerhalb einer mündlichen Verhandlung (vgl. etwa § 109 Abs. 1 JustG NRW). Wendet das OVG das Beschlussverfahren nach § 130a verfahrensfehlerhaft an, kann dann darin zugleich eine Verletzung des Anspruchs auf den gesetzlichen Richter liegen.[28]

39   Wird das OVG aufgrund bindender Verweisung als erstinstanzliches Gericht mit einer Streitsache befasst, hat es in der Besetzung zu entscheiden, die für erstinstanzliche Entscheidungen des OVG nach § 9 Abs. 3 S. 2 i.V.m. dem jeweiligen Ausführungsgesetz des Landes vorgesehen ist. Das gilt auch dann, wenn das OVG die Verweisung für unrichtig hält (BVerwGE 85, 54, 55).

---

25 BVerwG 21.8.1986 Buchholz 310 § 28 VwGO Nr. 2; NJW 1988, 219; NVwZ 1988, 724, 725; BFHE 168, 508; HFR 2001, 473, 474.
26 BVerwG 21.8.1986 Buchholz 310 § 28 VwGO Nr. 2; NJW 1988, 219; NVwZ 1988, 724, 725; BFHE 168, 508; HFR 2001, 473, 474.
27 BVerwGE 5, 85 (zu der inhaltsgleichen Vorschrift des § 54 Abs. 2 Buchst. a BVerwGG); *W.-R. Schenke*, in: Kopp/ *Schenke* § 138 Rn. 6; *M. Redeker*, in: Redeker/von Oertzen § 138 Rn. 2.
28 Offen gelassen von BVerwGE 111, 69, 73.

bb) Vorsitzender. Der jeweilige Spruchkörper muss einen ständigen Vorsitzenden haben (§ 4, § 21 f 40
Abs. 1 GVG). Von Vertretungsfällen abgesehen kann Vorsitzender eines Spruchkörpers nur ein Vorsitzender Richter im statusrechtlichen Sinne sein. Bestimmt der Geschäftsverteilungsplan zum Vorsitzenden einen Richter, der nicht Vorsitzender Richter im statusrechtlichen Sinne ist, ist der Spruchkörper nicht vorschriftsmäßig besetzt (BVerwGE 106, 345, 346).

Der Vorsitzende muss bei jeder Entscheidung des Spruchkörpers den Vorsitz führen. Eine Vertretung 41
greift nur bei seiner Verhinderung ein. Verhinderung ist lediglich die vorübergehende tatsächliche oder rechtliche Unmöglichkeit des Vorsitzenden, seine Aufgaben selbst wahrzunehmen. Eine ständige Verhinderung schüfe einen „vorsitzlosen" und deshalb gesetzwidrigen Dauerzustand. Ein Verhinderungsfall ist vor allem gegeben, wenn der Vorsitzende durch Urlaub, Krankheit,[29] eine anderweitige dienstliche Tätigkeit oder durch einen übermäßigen Geschäftsanfall zeitweilig an der Wahrnehmung der Geschäfte als Vorsitzender gehindert ist (BVerwG NJW 2001, 3493).

Als Verhinderung wird auch eine Vakanz im Vorsitz angesehen, die durch Eintritt oder Versetzung in 42
den Ruhestand, durch Abordnung, durch Versetzung oder durch Tod entsteht. In diesem Fall soll der zukünftige Vorsitzende verhindert sein. In Wirklichkeit handelt es sich bei einer Vakanz aber um eine dauerhafte Verhinderung des Vorsitzenden. Dieser Zustand ist an sich gesetzwidrig. Wenn überhaupt, kann er allenfalls bis zu einer Wiederbesetzung der Stelle nur für eine kurze Übergangszeit[30] hingenommen werden.[31] Kann anlässlich des Ausscheidens eines Vorsitzenden seine Stelle nicht gleichzeitig oder doch in angemessener Frist wieder mit einem ständigen Vorsitzenden besetzt werden, muss das Präsidium für diesen Fall Vorsorge treffen (§ 4, § 21 e Abs. 3 S. 1 GVG), etwa den Vorsitz dem Vorsitzenden Richter eines anderen Spruchkörpers übertragen.[32] Das gilt erst recht, wenn die Justizverwaltung überhaupt davon absieht, die frei gewordene Stelle wiederzubesetzen, der davon betroffene Spruchkörper aber auch nicht (sofort) aufgelöst werden soll (BVerwG NJW 2001, 3493).

cc) Einzelrichter. Das Gericht kann auch dann nicht vorschriftsmäßig besetzt sein, wenn anstelle des 43
Spruchkörpers zu Unrecht der Einzelrichter entschieden hat (§§ 6, 87 a Abs. 2, 125 Abs. 1 i.V.m. § 87 a Abs. 2). Dasselbe gilt, wenn der Spruchkörper die Sache dem Einzelrichter übertragen hat, dann aber anstelle des Einzelrichters ohne Rückübertragung der Sache durch diesen entscheidet (BFH BFH/NV 2007, 466; vgl. insoweit auch BVerfG NJW-RR 2010, 268).

Allerdings kann das BVerwG grds. nicht den Beschluss nachprüfen, durch den die Kammer den 44
Rechtsstreit gem. § 6 auf den Einzelrichter übertragen hat (§ 173, § 557 Abs. 2 ZPO und → Rn. 25). Nach der Rspr. des BVerwG schließt § 173, § 557 Abs. 2 ZPO zwar die Rüge solcher Verfahrensfehler nicht aus, die als Folge der beanstandeten Vorentscheidung weiterwirkend der angefochtenen Sachentscheidung anhaften (BVerwG NVwZ-RR 1999, 587). Diese Einschränkung trifft an sich auf die fehlerhafte Übertragung des Rechtsstreits auf den Einzelrichter zu. Denn sie haftet notwendig dem nachfolgenden von ihm erlassenen Urteil an. Jedoch entnimmt das BVerwG zumindest in einzelnen Entscheidungen der Regelung des § 6 Abs. 4 S. 1, dass Verstöße gegen § 6 Abs. 1 S. 1 allein nicht zum Erfolg eines Rechtsmittels führen sollen.[33]

Trotz § 173, § 557 Abs. 2 ZPO kann das BVerwG nachprüfen, ob wegen einer fehlerhaften Über- 45
tragung die Endentscheidung gegen eine verfassungsrechtliche Verfahrensgarantie verstößt, etwa gegen den Anspruch auf den gesetzlichen Richter oder gegen den Anspruch auf rechtliches Gehör (→ Rn. 25). Der absolute Revisionsgrund des § 138 Nr. 1 liegt mithin vor, wenn der Verstoß gegen § 6 dazu geführt hat, dass nicht mehr der gesetzliche Richter i.S.d. Art. 101 Abs. 1 S. 2 GG entschieden hat[34] oder andere prozessuale Gewährleistungen der Verfassung verletzt sind (BVerwG NVwZ-RR 2002, 150).

---

29 Anders kann es sich bei einer längeren Erkrankung verhalten, bei der eine Wiederherstellung der Gesundheit nicht absehbar ist: BGHZ 164, 87.
30 Zu großzügig aber BSG NJW 2007, 2717: sechs Monate.
31 Vgl. hierzu BVerwG 26.3.2003 Buchholz 300 § 21 f GVG Nr. 7; 4.8.2006 – 5 B 52.06; BSG NJW 2007, 2717, mit Besprechung von B. Werner, NJW 2007, 2671.
32 Zur verfassungsrechtlichen Zulässigkeit einer solchen Regelung BVerfG DVBl 2012, 963; ferner BVerwG NJW 1986, 1366, 1367; NJW 2001, 3493, 3494.
33 BVerwGE 110, 40, 43; offen gelassen von BVerwG 4.12.1998 Buchholz 310 § 6 VwGO Nr. 1.
34 BVerwGE 110, 40, 44; BGH NJW 2003, 1254, 1256; offen gelassen von BVerwG 4.12.1998 Buchholz 310 § 6 VwGO Nr. 1; NVwZ-RR 2000, 257, 258; zu einem Beispielsfall vgl. VGH Kassel NVwZ-RR 2000, 547.

46   Die Entscheidung des Einzelrichters verstößt gegen das verfassungsrechtliche Gebot des gesetzlichen
     Richters, wenn es an einer wirksamen Übertragung des Rechtsstreits auf den Einzelrichter fehlt (OVG
     Frankfurt/Oder NVwZ-RR 2001, 202), sei es, weil ein Übertragungsbeschluss überhaupt nicht vor-
     liegt (BVerwG NVwZ-RR 2002, 150; BFH BFH/NV 2007, 466), sei es, weil der Übertragungsbe-
     schluss nicht wirksam ist. Unerheblich ist, ob der Richter sich über das Fehlen einer wirksamen Über-
     tragung hinweggesetzt hat oder irrig vom Vorliegen eines wirksamen Übertragungsbeschlusses ausging
     (OVG Frankfurt/Oder NVwZ-RR 2001, 202).

47   Die Übertragung des Rechtsstreits auf den Einzelrichter ist insbes. unwirksam, solange der Beschluss
     den Beteiligten nicht bekannt gegeben ist. Eine solche Bekanntgabe ist formlos möglich. Sie liegt aber
     nicht konkludent darin, dass eine anberaumte mündliche Verhandlung vor dem Einzelrichter stattfin-
     det.[35] Sie kann hingegen in einem Hinweis in der Ladung enthalten sein, dass der Rechtsstreit auf den
     Einzelrichter übertragen ist (OVG Lüneburg NVwZ 1998 [Beilage Nr. 2], 12). Das BVerwG wirft auch
     insoweit die Frage auf (und verneint sie), ob die Entscheidung des Einzelrichters ohne vorherige Be-
     kanntgabe des Übertragungsbeschlusses als objektiv willkürliche Überschreitung seiner Kompetenz er-
     scheint oder von einer Manipulationsabsicht getragen ist (BVerwG NVwZ-RR 2002, 150).

48   An einer wirksamen Übertragung des Rechtsstreits auf den Einzelrichter fehlt es auch dann, wenn ein
     von ihm angenommenes Einverständnis der Beteiligten mit einer Entscheidung durch den Einzelrichter
     tatsächlich fehlt (§ 87 a Abs. 2 und 3).[36]

49   Besteht im Berufungsverfahren ein Einverständnis der Beteiligten mit einer Entscheidung des Einzel-
     richters (§ 125 Abs. 1, § 87 a Abs. 2), ist der Einzelrichter nicht befugt, gem. § 130 a über die Berufung
     ohne mündliche Verhandlung durch Beschluss zu entscheiden. § 130 a sieht als Voraussetzung eines
     solchen Beschlusses die Einstimmigkeit in der Sache und damit eine Entscheidung durch den Spruch-
     körper vor. Bei einem Beschluss nach § 130 a ist deshalb das Gericht nicht vorschriftsmäßig besetzt,
     wenn diesen Beschluss der Einzelrichter erlässt (BVerwGE 111, 69, 73).

49a Besteht im Berufungsverfahren ein Einverständnis der Beteiligten mit einer Entscheidung des Einzel-
     richters (§ 125 Abs. 1, § 87 a Abs. 2), hat dieser nach pflichtgemäßem Ermessen darüber zu entschei-
     den, ob er von der ihm eingeräumten Befugnis Gebrauch macht. Bei einer Rechtssache von grundsätz-
     licher Bedeutung soll eine Entscheidung allein durch den Einzelrichter ermessens- und damit verfah-
     rensfehlerhaft sein, mit der weiteren Folge, dass der Anspruch auf den gesetzlichen Richter verletzt ist
     (BSGE 99, 189).

50   Die Übertragung des Rechtsstreits auf den Einzelrichter verstößt hingegen nicht gegen eine verfas-
     sungsrechtliche Verfahrensgarantie, wenn die Kammer die Übertragung nicht begründet hat. Eine ge-
     setzliche Pflicht zur Begründung besteht nicht, auch nicht bei Widerspruch eines Beteiligten gegen die
     beabsichtigte Übertragung (BVerwG NVwZ-RR 2002, 150, 151; BFH NVwZ 2002, 160).

51   Der Revisionskläger kann sein Recht verloren haben, die nicht vorschriftsmäßige Besetzung zu rügen,
     wenn er sich auf eine Verhandlung vor dem nicht wirksam berufenen Einzelrichter eingelassen hat
     (§ 173, § 556 ZPO, § 295 Abs. 1 ZPO). Grds. kann der Beteiligte zwar nicht auf die Einhaltung der
     Vorschriften verzichten, von denen die vorschriftsmäßige Besetzung des Gerichts abhängt.[37] Für die
     Vorschriften über die Übertragung des Rechtsstreits auf den Einzelrichter kann aber die Möglichkeit
     eines Verzichtes auf ihre Einhaltung angenommen werden. Das Gesetz selbst kennt den konsentierten
     Einzelrichter (§ 87 a Abs. 2).[38] Eine rechtzeitige Rüge schon in der Vorinstanz ist jedenfalls dann erfor-
     derlich (BGH NJW 2001, 2479), wenn das Gericht nicht von einer Übertragung des Rechtsstreits auf
     den Einzelrichter durch die Kammer, sondern für die Beteiligten ersichtlich von deren Einverständnis
     mit einer Entscheidung durch den Einzelrichter ausgeht.

52   Entscheidet der Einzelrichter in einer Sache, der er rechtsgrundsätzliche Bedeutung beimisst, und lässt
     er deswegen die Revision zu (§ 132 Abs. 2 Nr. 1), ist zwar die Zulassung der Revision wirksam und
     bindet das BVerwG (§ 132 Abs. 3). Das Urteil des Einzelrichters beruht aber auf einer Verletzung der
     Vorschriften über den gesetzlichen Richter und ist auf die Revision hin aufzuheben. Der Rechtsstreit
     darf einem Einzelrichter nicht zur Entscheidung übertragen werden, wenn die Rechtssache grundsätz-

---

35   A.A. OVG Lüneburg NVwZ 1998, 85; offen gelassen von BVerwG NVwZ-RR 2002, 150, 151.
36   BGH NJW 2001, 2479.
37   BVerwG 16.12.1980 Buchholz 310 § 138 Ziff. 1 VwGO Nr. 20; BVerwGE 102, 7, 10.
38   BVerwG 11.4.2001 – 8 B 277.00; offen gelassen von VGH Kassel NVwZ-RR 2000, 547; a.A. BSGE 99, 189, 191;
     H. Günther NVwZ 1998, 37, 39; für den Zivilprozess BGH MDR 2001, 585; MDR 2009, 823.

liche Bedeutung hat (§ 6 Abs. 1 S. 2). Der Einzelrichter hat den Rechtsstreit auf die Kammer zurückzuübertragen, wenn sich aus einer wesentlichen Änderung der Prozesslage ergibt, dass die Rechtssache
grundsätzliche Bedeutung hat (§ 6 Abs. 3 S. 1). Ob die Rechtssache grundsätzliche Bedeutung hat, ist
danach Vorfrage sowohl für die Zulassung der Revision als auch für die Zurückübertragung des
Rechtsstreits auf die Kammer. Verneint und bejaht der Einzelrichter diese gleiche Vorfrage in ein- und
derselben Entscheidung, so ist diese offenbare Unvereinbarkeit stets als objektiv willkürlich anzusehen
(BGH NJW 2003, 1254, 1255).

dd) Vorübergehend abwesender Richter. Ein Gericht war nicht vorschriftsmäßig besetzt, wenn ein an   53
der Entscheidung beteiligter Richter während wesentlicher Vorgänge der mündlichen Verhandlung
vorübergehend abwesend war, also den Gerichtssaal verlassen hatte (BVerwG 10.10.1985 Buchholz
310 § 133 VwGO Nr. 60), ohne dass der Vorsitzende, sei es auch nur konkludent (BFH NVwZ-
RR 2002, 542), eine kurzzeitige Unterbrechung der mündlichen Verhandlung angeordnet hatte.

Ein Gericht ist auch dann nicht vorschriftsmäßig besetzt, wenn in der mündlichen Verhandlung einer   54
der mitwirkenden Richter eingeschlafen ist.[39] Der schlafende Richter ist wie der (körperlich) abwesende Richter zu behandeln. Ein Beteiligter verletzt die gebotene Verfahrensfairness, wenn er, um sich
einen absoluten Revisionsgrund für den Fall des Unterliegens zu sichern, nicht sogleich den Vorsitzenden auf einen schlafenden Beisitzer hinweist und um Abhilfe bittet, obwohl er seiner Sache sicher ist.[40]

e) Zuständigkeitsregelungen. Zu einer nicht vorschriftsmäßigen Besetzung des Gerichts können Ver-   55
stöße gegen solche Vorschriften führen, welche die Zuständigkeit des Gerichts bestimmen (Rechtsweg,
sachliche und örtliche Zuständigkeit).[41] Richtet sich die Revision gegen ein Berufungsurteil, liegt der
absolute Revisionsgrund des § 138 Nr. 1 nicht vor, wenn der Verwaltungsrechtsweg nicht gegeben ist
oder das VG sachlich oder örtlich unzuständig war. Eine unter diesem Gesichtspunkt nicht vorschriftsmäßige Besetzung des VG schlägt nicht auf das OVG durch. Dieses muss über die Berufung entscheiden, gleichgültig, ob der Verwaltungsrechtsweg gegeben ist oder das VG zuständig war (BVerwG
NJW 1992, 1579).

f) Geschäftsverteilungspläne. Die vorschriftsmäßige Besetzung des Gerichts wird namentlich durch   56
den Geschäftsverteilungsplan des Gerichts (§ 4, § 21 e GVG) sowie den Geschäftsverteilungs- oder
Mitwirkungsplan des Spruchkörpers (§ 4, § 21 f GVG) bestimmt.

Wird die Geschäftsverteilung innerhalb eines Spruchkörpers statt von diesem selbst vom Präsidium   57
des Gerichts geregelt, ohne dass ein Fall des § 21 g Abs. 1 S. 2 GVG vorliegt, führt dies zu einer vorschriftswidrigen Besetzung des Gerichts.[42] Die Richterbank ist nur dann nach den gesetzlichen Vorschriften besetzt, wenn die hierfür maßgeblichen Entscheidungen von der im Gesetz bestimmten Stelle
getroffen sind. Der Übergriff in eine fremde Zuständigkeit birgt die Gefahr der Manipulierung der
Richterbank in sich.

aa) Erfordernis eines Geschäftsverteilungsplans. Mit der Garantie des gesetzlichen Richters soll ver-   58
mieden werden, dass durch eine auf den Einzelfall bezogene Auswahl der zur Entscheidung berufenen
Richter das Ergebnis der Entscheidung beeinflusst werden kann. Aus diesem Grund verbietet Art. 101
Abs. 1 S. 2 GG nicht nur, von Regelungen abzuweichen, die der Bestimmung des zur Entscheidung berufenen Richters dienen. Diese Verfassungsgarantie setzt vielmehr auch einen Bestand von Rechtssätzen voraus, die für jeden Streitfall den Richter bezeichnen, der für die Entscheidung zuständig ist. Der
rechtsstaatliche Grundsatz des gesetzlichen Richters untersagt die Auswahl des zur Mitwirkung berufenen Richters von Fall zu Fall im Gegensatz zu einer normativen, abstrakt-generellen Vorherbestim-
mung (BVerfGE 95, 322, 327 ff.).

Das erkennende Gericht ist deshalb nicht vorschriftsmäßig besetzt, wenn es an einem Geschäftsvertei-   59
lungsplan, sei es des Gerichts, sei es des einzelnen Spruchkörpers, überhaupt fehlt.

---

39 Hierzu und zu den Anforderungen an die Besetzungsrüge BVerwG 16.12.1980 Buchholz 310 § 138 Ziff. 1 VwGO
Nr. 20; NJW 1981, 413; 19.2.1985 Buchholz 310 § 138 Ziff. 1 VwGO Nr. 26; NJW 1986, 2721; NJW 2001, 2898;
15.11.2004 – 7 B 56.04; NJW 2006, 2648; 19.7.2007 – 5 B 84.06.
40 BVerwG NJW 2001, 2898, 2899.
41 Anders BVerwG 14.7.1981 Buchholz 310 § 133 VwGO Nr. 32: Bedenken gegen die örtliche Zuständigkeit des Gerichts rechtfertigen nicht die Besetzungsrüge. Vgl. auch BayVerfGH BayVBl 2008, 106.
42 A.A: BVerwG BayVBl 1989, 59, 60, noch zur früheren Fassung des § 21 GVG, nach der der Vorsitzende die Geschäfte
innerhalb des Spruchkörpers verteilte.

60   **bb) Inhaltliche Anforderungen an Geschäftsverteilungspläne.** Die Garantie des gesetzlichen Richters stellt inhaltliche Anforderungen an die Bestimmungen, aus denen sich die Entscheidungsbefugnis eines bestimmten Richters für einen konkreten Fall herleitet. Enthält der Geschäftsverteilungsplan einzelne Regelungen, die nach diesen Maßstäben beanstandet werden könnten, führt dies nicht zu einer vorschriftswidrigen Besetzung bei der Entscheidung der konkreten Streitsache, wenn deren Zuweisung an einen Spruchkörper von den zu beanstandenden Regelungen nicht betroffen ist (BVerwG 29.8.1974 Buchholz 310 § 138 Ziff. 1 VwGO Nr. 16).

61   Der Geschäftsverteilungsplan des Gerichts muss – jährlich neu – im Voraus abstrakt-generell die Zuständigkeit der Spruchkörper so hinreichend klar regeln, dass sich die im Einzelfall zur Entscheidung berufenen Richter sowie die im Verhinderungsfall zur Vertretung berufenen Richter möglichst eindeutig ablesen lassen (BVerfGE 31, 145, 163). Er darf keinen vermeidbaren Spielraum bei der Heranziehung der einzelnen Richter zur Entscheidung einer Sache und damit keine unnötige Unbestimmtheit hinsichtlich des gesetzlichen Richters lassen. Ein solcher Mangel kann nicht dadurch geheilt werden, dass im Einzelfall sachgerechte Erwägungen für die Heranziehung des einen und den Ausschluss des anderen Richters maßgebend waren.

62   Werden zur Bestimmung des gesetzlichen Richters auslegungsbedürftige Begriffe verwendet, verstößt dies nicht gegen Art. 101 Abs. 1 S. 2 GG (BVerfGE 95, 322). Mit dem Gebot der normativen Vorausbestimmung des gesetzlichen Richters ist die Verwendung unbestimmter Begriffe vereinbar, wenn die einzelne Regelung so beschaffen ist, dass sachfremden Einflüssen generell vorgebeugt wird. Zulässig sind Regelungen, die den zuständigen Spruchkörper nach dem Schwerpunkt des Falles (BVerwG DVBl 2002, 60) bestimmen oder rechtlich oder tatsächlich zusammenhängende Sachen einem von mehreren an sich in Betracht kommenden Spruchkörpern zuweisen.

63   Im Interesse zahlenmäßig gleicher Belastung aller Spruchkörper können neu eingehende Streitsachen in der Reihenfolge ihres Eingangs oder in der Reihenfolge ihrer Registrierung rundum auf die Spruchkörper des Gerichts verteilt werden, sofern dabei hinreichende Vorkehrungen gegen sachfremde Einflüsse auf die Bestimmung des gesetzlichen Richters getroffen werden. Solche Vorkehrungen sind insbes. erforderlich für die Fälle gleichzeitigen Eingangs mehrerer Streitsachen.[43]

64   nicht besetzt

65   Nach § 4, § 21e Abs. 3 GVG darf die Geschäftsverteilung unter bestimmten Voraussetzungen während des Geschäftsjahrs geändert werden (Überlastung, ungenügende Auslastung, Richterwechsel, dauernde Verhinderung eines Richters). Die Gründe, die eine Umverteilung erforderlich machen, sind ausreichend detailliert zu dokumentieren (BGH NStZ-RR 2015, 288). Die Änderung darf auch bereits anhängige Verfahren einbeziehen,[44] in Ausnahmefällen sich auch auf bereits anhängige Sachen beschränken (zu den Voraussetzungen hierfür: BVerfG NJW 2009, 1734). Welche Anordnungen zur Behebung dieser Gründe zu treffen sind, steht im pflichtgemäßen Ermessen des Präsidiums. Seine Entscheidung kann revisionsgerichtlich nur auf Willkür nachgeprüft werden (BVerwG NJW 1982, 2274). Ist eine Änderung der Geschäftsverteilung notwendig, dürfen Umbesetzungen aus anderen Erwägungen einbezogen werden, die für sich nicht zum Anlass einer Änderung der Geschäftsverteilung während des laufenden Geschäftsjahrs genommen werden dürften. Sie müssen aber mit der notwendig veranlassten Änderung der Geschäftsverteilung in einem vertretbaren personellen und sachlichen Zusammenhang stehen (BVerwG 22.1.1985 Buchholz 300 § 21e GVG Nr. 13).

66   Wird die Geschäftsverteilung geändert und werden dabei nur einzelne anhängige Sachen aus einem bestimmten Sachgebiet von einem anderen Spruchkörper übernommen, müssen die Sachen nach allgemeinen und jederzeit überprüfbaren Merkmalen bestimmt sein. Diese müssen eine Einflussnahme der Mitglieder des Präsidiums und der bisher zuständigen Richter auf den Übergang eines bestimmten Verfahrens ausschließen.[45]

---

43   BVerwG NJW 1983, 2154 (bspw. durch Bestimmung des Anfangsbuchstabens der Namen der Kläger als Hilfskriterium); OVG Bln NJW 1999, 594, 595 (wohl weniger streng); vgl. auch BVerwG 29.8.1974 Buchholz 310 § 138 Ziff. 1 VwGO Nr. 16; 30.10.1984 Buchholz 300 § 21e GVG Nr. 12.
44   Zu den verfassungsrechtlichen Anforderungen BVerfG NJW 2005, 2689.
45   BVerwG NJW 1984, 2961, mit Hinweisen auf zulässige und unzulässige Merkmale; BFH BFH/NV 2006, 1873; zum Übergang anhängiger Sachen bei der Geschäftsverteilung für das neue Geschäftsjahr vgl. BVerwG 30.10.1984 Buchholz 300 § 21e GVG Nr. 12.

Welcher Spruchkörper zur Entscheidung berufen ist, beurteilt sich allein nach dem Geschäftsvertei- 67
lungsplan im Zeitpunkt der Entscheidung, nicht nach dem Geschäftsverteilungsplan bei Eingang der
Sache. Geschäftsverteilungspläne treten mit Ablauf des Geschäftsjahres ohne Weiteres außer Kraft; die
gesamte Geschäftslast ist neu zu verteilen (§ 21 e Abs. 1 S. 2 GVG). Übernimmt die neue Geschäftsverteilung Regelungen der alten, werden Mängel rechtlich bedeutungslos, die der alten Geschäftsverteilung angehaftet haben mögen (BVerwG 30.10.1984 Buchholz 300 § 21 e GVG Nr. 12). Verbleiben bereits anhängige Verfahren bei dem bisher zuständig gewesenen Spruchkörper, kommt es nicht darauf
an, ob die Verfahren nach Maßgabe eines insoweit beanstandungsfreien Geschäftsverteilungsplans in
den Spruchkörper gelangt waren (OVG Münster NWVBl 1999, 268).

Der Geschäftsverteilungs- oder Mitwirkungsplan des Spruchkörpers muss denselben Anforderungen 68
genügen wie der Geschäftsverteilungsplan des Gerichts (hierzu: BVerfGE 95, 322). Ist der Spruchkörper eines Gerichts mit Berufsrichtern überbesetzt, muss grds. durch einen Mitwirkungsplan im Voraus
nach abstrakten Merkmalen bestimmt werden, welche Richter an den jeweiligen Verfahren mitzuwirken haben. Aus dieser Vorausbestimmung muss für den Regelfall die Besetzung bei den einzelnen Verfahren ableitbar sein. Entsprechendes gilt, wenn die Entscheidung eines Rechtsstreits vom Kollegialgericht auf den Einzelrichter übertragen werden kann und Einzelrichter der jeweilige Berichterstatter
sein soll. Im Mitwirkungsplan muss geregelt werden, welche Richter für die anhängig werdenden Sachen jeweils Berichterstatter sein werden. Soweit die Zusammensetzung der Sitzgruppe nicht von der
Bestimmung des Berichterstatters abhängt, ist diese Bestimmung aber keine Frage des gesetzlichen
Richters. Als abstrakte Merkmale, nach denen die mitwirkenden Richter bestimmt werden können,
kommen bspw. in Betracht: Aktenzeichen, Eingangsdatum,[46] Rechtsgebiet oder Herkunftsgerichtsbe-
zirk der anhängigen Sache. Zulässig sind Regelungen, die den für die Entscheidung einer Sache zuständigen Richter nach dem Schwerpunkt des Falles bestimmen oder rechtlich oder tatsächlich zusammenhängende Sachen einer von mehreren an sich zuständigen Sitzgruppen zuweisen. Hingegen fehlt es
an der erforderlichen abstrakten Bestimmung der Richter im Vorhinein, wenn der Mitwirkungsplan
zunächst nur regelt, welche Richter an welchen Sitzungstagen mitzuwirken haben, und erst die Terminierung der einzelnen Sache zu deren Zuordnung zur konkreten Sitzgruppe führt.

cc) Heranziehung der ehrenamtlichen Richter. Für die Heranziehung ehrenamtlicher Richter sind 69
nicht uneingeschränkt die Grundsätze anwendbar, die für die Mitwirkungspläne in überbesetzten
Spruchkörpern gelten. Anders als bei der Heranziehung von Berufsrichtern kann die Heranziehung
der ehrenamtlichen Richter an die Ladung der konkreten Sache anknüpfen. Zulässig sind damit Regelungen, nach denen die ehrenamtlichen Richter in der vor Beginn des Geschäftsjahres festgelegten Reihenfolge der Haupt- und Hilfsliste in der Weise herangezogen werden, dass nach Eingang der Ladungsverfügung zu dem Termin die zuoberst stehenden ehrenamtlichen Richter geladen werden, die
noch an keiner Sitzung teilgenommen haben (BVerwG NVwZ-RR 2000, 474, 475; NVwZ-RR 2000,
646).

Wird bei der Heranziehung der ehrenamtlichen Richter aufgrund eines bloßen Irrtums die nach der 70
Liste zu wahrende Reihenfolge nicht eingehalten, ist das Gericht nicht vorschriftswidrig besetzt, weil
die fehlerhafte Besetzung nicht auf willkürlichen manipulativen Erwägungen beruht (BVerwG
14.1.1986 Buchholz 310 § 133 VwGO Nr. 62).

dd) Abweichung von Geschäftsverteilungsplänen im Einzelfall. Das erkennende Gericht ist nicht vor- 71
schriftsmäßig besetzt, wenn der beanstandungsfreie Geschäftsverteilungsplan des Gerichts oder des
Spruchkörpers nicht richtig angewandt worden ist. Das BVerwG verlangt, die unrichtige Anwendung
des Geschäftsverteilungsplans müsse zugleich den Anspruch auf den gesetzlichen Richter verletzen,
was wiederum eine willkürliche Missachtung des Geschäftsverteilungsplans voraussetze; hingegen reiche es nicht aus, wenn der Richter seine Zuständigkeit irrtümlich unter Verstoß gegen die Regelungen
des Geschäftsverteilungsplans angenommen habe.[47]

Richtigerweise führt jede fehlerhafte Anwendung des Geschäftsverteilungsplans dazu, dass das Ge- 72
richt i.S.d. § 138 Nr. 1 nicht vorschriftsmäßig besetzt ist (→ Rn. 21 ff.). Die Einhaltung der einfach-

---

46 Auch bei Umverteilung bereits anhängiger Sachen: BVerwG 7.1.2004 – 1 B 141.03.
47 BVerwG 26.4.1974 Buchholz 310 § 133 VwGO Nr. 11; DÖV 1981, 969; BVerwG 21.12.1994 Buchholz 310 § 138
    Ziff. 1 VwGO Nr. 32; DVBl 2002, 60, 61; BVerwG 1.6.2007 – 8 B 85.06. Hiergegen mit Recht BGH NJW 1993,
    1596, 1598.

rechtlichen Regelungen des Geschäftsverteilungsplans hat das BVerwG in vollem Umfang nachzuprüfen. Bei der Auslegung der Geschäftsverteilungspläne ist aber namentlich das Verständnis zu berücksichtigen, welches das Präsidium als Normgeber seinen Regelungen beigemessen hat. Insbes. kann eine ständig geübte Praxis für das Verständnis der getroffenen Regelungen von maßgeblicher Bedeutung sein. Muss das BVerwG für das Verständnis von Regelungen in Geschäftsverteilungsplänen maßgeblich auf die gewachsene Übung und den Regelungswillen des Präsidiums abstellen, läuft dies in der Sache auf eine Überprüfung hinaus, ob die konkrete Handhabung im Streitfall sich so weit von den geschriebenen Regelungen des Geschäftsverteilungsplans entfernt, dass die Auslegung und Anwendung des Geschäftsverteilungsplans nicht mehr nachvollziehbar ist und deshalb willkürlich erscheint. Zu einer aus sich heraus eindeutigen Regelung des Geschäftsverteilungsplans darf sich eine ungeschriebene Gerichtspraxis aber nicht in Widerspruch setzen (BVerwG NVwZ 2015, 1695).

73 ee) **Verhinderungsfälle.** Das Gericht kann auch dann vorschriftswidrig besetzt sein, wenn ein zur Entscheidung berufener Richter wegen einer angeblichen Verhinderung nicht mitgewirkt hat, obwohl kein Verhinderungsgrund vorlag. Für den Fall einer möglichen Kollision verschiedener Dienstgeschäfte kann der Geschäftsverteilungsplan regeln, welche Dienstgeschäfte den Vorrang vor anderen Dienstgeschäften haben.

74 Es verstößt nicht gegen den Grundsatz des gesetzlichen Richters, wenn ein Richter sich für verhindert erklärt, einen Termin zur mündlichen Verhandlung wahrzunehmen, weil ihm aufgrund Abwesenheit (etwa Urlaub oder Krankheit) oder vorrangiger Dienstgeschäfte nicht genügend Zeit verbleibt, sich auf den Termin vorzubereiten.

75 Überträgt die Kammer den Rechtsstreit auf den Berichterstatter als Einzelrichter, bezieht sich der Beschluss auf das Mitglied der Kammer, das nach dem Geschäftsverteilungsplan für das Verfahren zuständig ist, im Falle seiner Verhinderung somit auf den Richter, der im Geschäftsverteilungsplan als sein Vertreter bestimmt ist. Ist ein Fall der Verhinderung nicht offensichtlich, ist der Vorsitzende berechtigt, die Verhinderung des Richters festzustellen, der vorrangig zur Entscheidung in der Sache berufen wäre (OVG Münster 19.11.1998 – 23 A 2616/98.A).

76 Erklärt sich ein ehrenamtlicher Richter für verhindert, braucht das Gericht einen von ihm angegebenen Hinderungsgrund nicht näher nachzuprüfen, sondern darf sich darauf verlassen, dass ein ehrenamtlicher Richter sich seiner richterlichen Pflicht nicht ohne triftigen Grund entzieht.[48] Teilt hingegen ein ehrenamtlicher Richter wiederholt mit, er sei an der Wahrnehmung des Richteramtes gehindert, ohne einen konkreten Hinderungsgrund zu benennen, kann der Vorsitzende verpflichtet sein, entweder auf Teilnahme des ehrenamtlichen Richters an der Sitzung oder auf die Glaubhaftmachung eines hinreichenden Verhinderungsgrundes zu drängen (BFH NVwZ 2002, 382, 383).

77 Nimmt ein ehrenamtlicher Richter ohne zureichenden Hinderungsgrund einen Sitzungstermin nicht wahr, führt dies nicht nur in der konkreten Sitzung zu einer abweichenden Besetzung der Richterbank. Vielmehr verschiebt sich bei einer Heranziehung der ehrenamtlichen Richter nach einer Liste die Heranziehung der ehrenamtlichen Richter insgesamt. Diese Verschiebung führt aber nicht dazu, dass das Gericht auch in den nachfolgenden Verfahren nicht vorschriftsmäßig besetzt wäre (BFH NVwZ 2002, 382, 383).

78 Der Geschäftsverteilungsplan darf für den Fall der Verhinderung eines ehrenamtlichen Richters vorsehen, dass der nach der Liste nächste ehrenamtliche Richter heranzuziehen ist, der noch nicht zu einer Sitzung geladen ist (BVerwG BayVBl 1986, 376).

79 Die Hilfsliste aus ehrenamtlichen Richtern, die am Gerichtssitz oder in dessen Nähe wohnen (§ 30 Abs. 2), dient nicht der allgemeinen Vertretung, sondern nur der Vertretung in Fällen unvorhergesehener Verhinderung (→ § 30 Rn. 13 ff.). Wann eine Verhinderung als unvorhergesehen zu betrachten ist, ist der näheren Bestimmung im Geschäftsverteilungsplan und ergänzend der Übung des Gerichts überlassen. Bei danach unvorhergesehener Verhinderung eines ehrenamtlichen Richters darf sich die Geschäftsstelle auch ohne konkreten Auftrag oder generelle Ermächtigung um die Heranziehung eines Vertreters nach der Hilfsliste bemühen.[49] Das Gericht kann in der Reihenfolge der Hilfsliste denjeni-

---

48 BVerwGE 44, 215; BVerwG BayVBl 1986, 376, 377; BVerwG 31.1.1986 Buchholz 310 § 54 VwGO Nr. 35; BFH BFH/NV 1989, 532; BFH/NV 1996, 840; NVwZ 2002, 382.
49 BVerwG 31.1.1986 Buchholz 310 § 54 VwGO Nr. 35.

gen ehrenamtlichen Richter heranziehen, dem eine Teilnahme an der Sitzung möglich ist und der als erster telephonisch erreichbar war (BFH HFR 2001, 1168).

g) Befangenheit eines Richters. Das Gericht muss in einer Besetzung entscheiden, die von den Vorga- 80
ben des Geschäftsverteilungsplans abweicht, wenn einer der berufenen Richter wegen Besorgnis der Befangenheit abgelehnt ist und der Ablehnungsgrund vorliegt. Die unrichtige Entscheidung über ein Ablehnungsgesuch rechtfertigt die Rüge einer nicht vorschriftsmäßigen Besetzung des Gerichts, wenn sie Bedeutung und Tragweite der Verfassungsgarantie des gesetzlichen Richters grundlegend verkennt oder auf einem vergleichbar schweren Mangel des Verfahrens beruht.[50] Nach Verfahren oder Inhalt muss die Ablehnungsentscheidung Ausdruck einer (objektiven) Manipulation der Richterbank sein. Wird dem Beteiligten erst nach Erlass des Urteils ein Befangenheitsgrund bekannt, begründet dies einen Besetzungsfehler i.S.v. § 138 Nr. 1, der auch nach Beendigung der Vorinstanz noch mit Erfolg gerügt werden kann, wenn der Richter der Vorinstanz tatsächlich und so eindeutig die gebotene Distanz und Neutralität hat vermissen lassen, dass jede andere Würdigung als die einer Besorgnis der Befangenheit willkürlich erschiene (BVerwG NVwZ 2012, 1188 Rn. 18).

h) Verletzung von Vorlagepflichten. Ein Entzug des gesetzlichen Richters und damit eine Entschei- 81
dung in nicht vorschriftsmäßiger Besetzung liegt vor, wenn ein Gericht es entgegen einer gesetzlichen Verpflichtung unterlässt, die Sache einem anderen Gericht vorzulegen, das über eine bestimmte Rechtsfrage zu entscheiden hat.[51]

Das gilt für eine unterbliebene Vorlage an das BVerfG nach Art. 100 GG. Sie führt indes regelmäßig 82
nicht zur Aufhebung des angefochtenen Urteils, weil der Verfahrensverstoß im Revisionsverfahren behoben werden kann.

Gesetzlicher Richter i.S.d. Art. 101 Abs. 1 S. 2 GG ist auch der EuGH. Es stellt einen Entzug des ge- 83
setzlichen Richters dar, wenn ein nationales Gericht seiner Pflicht zur Anrufung des EuGH im Wege des Vorabentscheidungsverfahrens nicht nachkommt.[52] Eine Verletzung dieser Pflicht ist jedoch für § 138 Nr. 1 regelmäßig ohne Bedeutung. Nur letztinstanzliche Gerichte sind zur Anrufung des EuGH verpflichtet (Art. 267 Abs. 3 AEUV). Bei anderen Gerichten steht es in deren Ermessen, ob sie eine Vorabentscheidung einholen wollen. Nur deren Entscheidungen sind Gegenstand der Revision. Hat dieses Gericht eine Vorlage an den EuGH ermessensfehlerhaft unterlassen, liegt darin regelmäßig ein Entzug des gesetzlichen Richters nur dann, wenn für das Unterlassen der Vorlage willkürliche oder manipulative Erwägungen maßgebend waren (BVerwG LKV 1998, 150). In diesem Sinne unhaltbar wird die Vorlagepflicht aber regelmäßig nur gehandhabt, wenn ein letztinstanzliches Gericht seine Vorlagepflicht grundlegend verkennt und nicht mehr vertretbar handhabt).[53]

Unter denselben Voraussetzungen stellt es einen absoluten Revisionsgrund i.S.d. § 138 Nr. 1 dar, wenn 84
ein OVG, soweit es über eine Frage des Landesrechts endgültig entscheidet, die nach § 12 erforderliche Vorlage an den Großen Senat unterlässt, bevor es von der Entscheidung eines anderen Senats des OVG abweicht.[54]

nicht besetzt 85

3. Anforderungen an die Darlegung. An die Schlüssigkeit und die Substantiierung einer Beset- 86
zungsrüge sind strenge Anforderungen zu stellen.[55] Welche Tatsachen nach seiner Meinung den Mangel begründen, muss der Revisionskläger in einer Weise vortragen, die dem Revisionsgericht eine (abschließende) Beurteilung ermöglicht. Für eine schlüssige Rüge reicht deshalb nicht die allgemeine Behauptung aus, bestimmte Richter hätten am Verfahren nicht mitwirken dürfen (BVerwG 25.9.1981 Buchholz 310 § 133 VwGO Nr. 33). Kennt der Revisionskläger die tatsächlichen Grundlagen des Ver-

---

50 BVerfG NJW 2012, 3228; BVerwG 21.3.2000 – 7 B 36/00; NJW 2008 3303; BFH BFH/NV 2006, 1301 (für die unterbliebene Bekanntgabe des Beschlusses, mit dem ein Befangenheitsgesuch abgelehnt worden ist).
51 BVerfG 82, 159, 194; 87, 282; BVerfG NJW 2001, 1267, 1268; NVwZ 2004, 1224, 1227; BVerwG NVwZ 2013, 218 Rn. 41.
52 BVerfGE 82, 159, 194 ff.; BVerfG NJW 2001, 1267, 1268; NVwZ 2004, 1224, 1227; hierzu ferner *W. Haensle* DVBl 2011, 811.
53 BVerfG NJW 2011, 3428, 3433; NJW 2012, 1202, 1203; hierzu ferner *G. Britz* NJW 2012, 1313.
54 Vgl. BVerwG NVwZ 2006, 1404; offen gelassen von BVerwG NVwZ 1998, 952, 953.
55 BVerwG 12.7.1982 Buchholz 310 § 133 VwGO Nr. 37; 17.12.1982 Buchholz § 138 Ziff. 1 VwGO Nr. 24; NJW 1986, 3154; 21.12.1994 Buchholz § 138 Ziff. 1 VwGO Nr. 32; 27.6.1995 Buchholz 310 § 132 Abs. 2 Ziff. 3 VwGO Nr. 9; DVBl 1999, 1599; ebenso zu § 119 Nr. 1 FGO: BFH NVwZ 2002. 382.

fahrens nicht, vermutet er aber einen Verfahrensfehler, muss er sich Aufklärung zu verschaffen suchen. Er kann nur dann von der Fehlerhaftigkeit einer Verfahrenshandlung ausgehen, wenn ihm die Aufklärung ganz oder teilweise verweigert worden ist oder ihm eine erteilte Auskunft unzutreffend erscheint oder wenn der angegebene Grund das gerichtliche Verfahren nicht rechtfertigt.[56]

87   Ist das Urteil aufgrund einer mündlichen Verhandlung ergangen, wird allein durch die Sitzungsniederschrift bewiesen, welche Richter an der mündlichen Verhandlung teilgenommen haben (§ 105, § 160 Abs. 1 Nr. 2 ZPO, § 165 ZPO).[57] Unerheblich sind abweichende Angaben in einer im Gerichtsgebäude ausgehängten Tagesordnung. Das BVerwG lässt aber für eine hinreichend substantiierte Rüge den Hinweis ausreichen, an der Entscheidung hätten andere Richter mitgewirkt, als in der ausgehängten Tagesordnung aufgeführt.[58]

II. Mitwirkung eines ausgeschlossenen oder mit Erfolg abgelehnten Richters (Nr. 2)

88   Nach § 138 Nr. 2 liegt ein absoluter Revisionsgrund vor, wenn bei der Entscheidung ein Richter mitgewirkt hat, der von der Ausübung des Richteramtes kraft Gesetzes ausgeschlossen oder wegen Besorgnis der Befangenheit mit Erfolg abgelehnt war. Die Vorschrift sichert wie § 138 Nr. 1 die vorschriftsmäßige Besetzung der Richterbank. § 138 erfasst die (gesetzwidrige) Mitwirkung eines solchen Richters nicht über den Tatbestand der Nr. 1, sondern hat für diesen Fall mit der Nr. 2 einen eigenen absoluten Revisionsgrund geschaffen. Dieser sichert zugleich den Grundsatz eines fairen Verfahrens. Kein Beteiligter soll sein Recht vor einem Richter suchen müssen, dem es an der gebotenen Neutralität fehlt.[59]

89   **1. Mitwirkung eines kraft Gesetzes ausgeschlossenen Richters.** Die gesetzlichen Ausschließungsgründe sind in § 41 ZPO geregelt, der über § 54 Abs. 1 im Verwaltungsprozess anwendbar ist. Daneben enthält § 54 Abs. 2 einen gesetzlichen Ausschließungsgrund, der speziell auf den Verwaltungsprozess zugeschnitten ist (zu den Ausschließungsgründen → § 54 Rn. 18 f.). Wegen der verfassungsrechtlichen Forderung, den gesetzlichen Richter im Voraus möglichst eindeutig zu bestimmen, kann § 54 Abs. 1 i.V.m. § 41 ZPO nur streng am Wortlaut orientiert ausgelegt werden und ist einer ausweitenden Auslegung nicht zugänglich (BGH NJW-RR 2012, 1341).

90   **a) Vorliegen eines gesetzlichen Ausschließungsgrundes.** Lag ein gesetzlicher Ausschließungsgrund vor, hat der davon betroffene Richter aber gleichwohl bei der Entscheidung mitgewirkt, ist regelmäßig der absolute Revisionsgrund des § 138 Nr. 2 erfüllt.

91   Liegen gesetzliche Ausschließungsgründe vor, tritt der Ausschluss des Richters von der weiteren Mitwirkung kraft Gesetzes ein. Ausschließungsgründe muss das Gericht von Amts wegen beachten. Sie können zwar nach § 54 Abs. 1, § 42 Abs. 1 ZPO zum Gegenstand eines Ablehnungsgesuchs gemacht werden. Der Ausschluss von der weiteren Mitwirkung hängt aber nicht von einem erfolgreich gestellten Ablehnungsgesuch ab. Liegt ein gesetzlicher Ausschließungsgrund vor, kann das Gericht zwar den davon betroffenen Richter durch Beschluss von der Mitwirkung ausschließen. Er stellt aber nur deklaratorisch fest, dass der Richter ausgeschlossen ist, bewirkt jedoch nicht konstitutiv dessen Ausschluss.

92   Der absolute Revisionsgrund des § 138 Nr. 2 ist dennoch ausnahmsweise nicht erfüllt, wenn ein Beteiligter gestützt auf einen gesetzlichen Ausschließungsgrund ein Befangenheitsgesuch angebracht hat, das Gericht dieses Befangenheitsgesuch jedoch unter Verkennung der Rechtslage abgelehnt hat (a.A. → § 54 Rn. 128). Dies folgt aus § 547 Nr. 2 ZPO, der über § 173 ergänzend heranzuziehen ist. Danach liegt ein absoluter Revisionsgrund nicht vor, wenn bei der Entscheidung ein Richter mitgewirkt hat, der von der Ausübung des Richteramtes kraft Gesetzes ausgeschlossen war, sofern nicht dieses Hindernis mittels eines Ablehnungsgesuchs ohne Erfolg geltend gemacht ist. Die ergänzende Heranziehung dieser Vorschrift ist auch deshalb geboten, weil das Revisionsgericht ohnehin an die unanfechtbaren Zwischenentscheidungen der Vorinstanz gebunden ist (§ 173, § 557 Abs. 2 ZPO; → § 137 Rn. 9 ff.). Insoweit kommt aber der absolute Revisionsgrund des § 138 Nr. 1 in Betracht. Trotz § 173,

---

56 BVerwG 11.4.1986 Buchholz 310 § 133 VwGO Nr. 64; 30.11.2004 Buchholz 310 § 138 Ziff. 1 VwGO Nr. 43; BGH MDR 2005, 1243.
57 BVerwG 5.7.1978 Buchholz 310 § 133 VwGO Nr. 19.
58 BVerwG 21.4.1977 Buchholz 310 § 133 VwGO Nr. 17; anders aber BVerwG 15.12.1978 Buchholz 310 § 138 Ziff. 1 VwGO Nr. 18.
59 BVerfGE 89, 28, 36; BVerfG NJW 2007, 3771, 3772; NVwZ-RR 2008, 289, 290.

§ 557 Abs. 2 ZPO kann das Revisionsgericht überprüfen, ob wegen der Fehlerhaftigkeit der Zwischenentscheidung die anfechtbare Endentscheidung gegen eine verfassungsrechtliche Verfahrensgarantie verstößt, etwa den Anspruch auf den gesetzlichen Richter. Der absolute Revisionsgrund des § 138 Nr. 1 ist danach gegeben, wenn die Vorinstanz bei Auslegung und Anwendung des gesetzlichen Ausschließungsgrundes Bedeutung und Tragweite der Garantie des gesetzlichen Richters verkannt hat.

b) Mitwirkung. Der kraft Gesetzes ausgeschlossene Richter muss bei der Entscheidung mitgewirkt **93** haben, die das Verfahren abschließt (→ Rn. 26 ff).

c) Fehlerhafte Annahme eines gesetzlichen Ausschließungsgrundes. Die fehlerhafte Annahme eines **94** gesetzlichen Ausschließungsgrundes fällt nicht unter § 138 Nr. 2. Das Gericht ist aber nicht vorschriftsmäßig besetzt, wenn es einen an sich zur Mitwirkung berufenen Richter von dieser Mitwirkung ausschließt, weil in seiner Person angeblich ein gesetzlicher Ausschließungsgrund vorliegt, ein solcher Grund aber tatsächlich nicht gegeben ist. Zwar ist der Beschluss unanfechtbar, mit dem das Gericht den Richter etwa aufgrund einer Selbstanzeige ausgeschlossen hat. Er unterliegt deshalb nicht der Nachprüfung durch das Revisionsgericht (§ 173, 557 Abs. 2 ZPO).[60] Dies hindert das BVerwG jedoch nicht an der eingeschränkten Nachprüfung, ob die Auslegung und Anwendung der Ausschließungstatbestände zugleich den Anspruch auf den gesetzlichen Richter verletzt hat. Ist dies der Fall, liegt der absolute Revisionsgrund des § 138 Nr. 1 vor (BVerwG DVBl 1999, 1599).

Der absolute Revisionsgrund des § 138 Nr. 1 liegt ferner vor, wenn ein an sich zur Mitwirkung berufe- **95** ner Richter sich einer Mitwirkung ohne eine Entscheidung des Gerichts von sich aus enthält, weil er irrig in seiner Person einen Ausschließungsgrund annimmt.[61] Es fehlt an einer unanfechtbaren und deshalb nur eingeschränkt nachprüfbaren Zwischenentscheidung des Gerichts. Deshalb führt jeder Irrtum des Richters zur fehlerhaften Besetzung des Gerichts, nicht nur ein solcher, durch den zugleich Bedeutung und Tragweite des gesetzlichen Richters grundlegend verkannt werden.

2. Mitwirkung eines erfolgreich abgelehnten Richters. Ein absoluter Revisionsgrund liegt vor, wenn **96** an der Entscheidung ein Richter mitgewirkt hat, der wegen Besorgnis der Befangenheit mit Erfolg abgelehnt war.

a) Erfolgreiches Ablehnungsgesuch. § 138 Nr. 2 setzt ein erfolgreiches Ablehnungsgesuch voraus. Die **97** Vorschrift sanktioniert nicht die Mitwirkung eines befangenen Richters, sondern in beiden Alternativen die gesetzwidrige Mitwirkung eines ausgeschlossenen Richters. Anders als gesetzliche Ausschließungsgründe führt der Ablehnungsgrund der Befangenheit nicht von selbst zum Ausschluss des Richters von einer weiteren Mitwirkung, sondern erst die Entscheidung des Gerichts. Sie wirkt in diesem Falle konstitutiv. Anders als bei den gesetzlichen Ausschließungsgründen reicht es für den absoluten Revisionsgrund mithin nicht aus, dass Gründe vorlagen, aus denen sich eine Besorgnis der Befangenheit tatsächlich ergab. Diese Gründe müssen vielmehr geltend gemacht worden sein, und zwar mit Erfolg.

b) Nachträgliche positive Bescheidung des Ablehnungsgesuchs. Die positive Entscheidung über das **98** Ablehnungsgesuch muss bereits zu dem Zeitpunkt vorgelegen haben, zu dem die angefochtene Entscheidung erging. Hat das Gericht die Ablehnung erst für begründet erklärt, nachdem die angefochtene Entscheidung bereits ergangen war, liegt der absolute Revisionsgrund des § 138 Nr. 2 hingegen nicht vor (BFHE 134, 525, 531). Die positive Entscheidung über das Befangenheitsgesuch wirkt nicht auf den Zeitpunkt seiner Anbringung zurück.

Allerdings muss sich der Richter bereits aufgrund des Befangenheitsantrags jeder weiteren Mitwir- **99** kung am Verfahren enthalten. Er darf insbes. nicht an der Sachentscheidung mitwirken, wenn das Befangenheitsgesuch vor Ergehen der Sachentscheidung bereits angebracht, aber noch nicht beschieden ist (§ 54 Abs. 1, § 47 ZPO). Ein Verstoß gegen diese Pflicht stellt indes keinen absoluten Revisionsgrund,[62] sondern nur einen einfachen Verfahrensfehler dar, auf dem das angefochtene Urteil beruhen

---

60 So ausdrücklich mit der Folge, dass der absolute Revisionsgrund des § 138 Nr. 1 nicht vorliegt: BVerwG 31.1.1986 Buchholz 310 § 54 VwGO Nr. 35, ohne auf die weitere in diesem Zusammenhang vom Bundesverwaltungsgericht sonst erörterte Frage einzugehen, ob der fehlerhafte Beschluss über die Ausschließung des Richters weiterwirkend zu einem Mangel des daraufhin ergangenen Urteils geführt hat.

61 *W.-R. Schenke,* in: *Kopp/Schenke* § 138 Rn. 5; vgl. auch BVerfGE 89, 28, 37.

62 Anders: *K. Kuhlmann,* in: *Wysk* § 138 Rn. 21.

muss. Ist in diesen Fällen die Sachentscheidung aufgrund einer mündlichen Verhandlung ergangen und hat der Beteiligte sich rügelos auf diese eingelassen, wird zudem regelmäßig das Recht verwirkt sein, sich auf den Verfahrensmangel zu berufen.

100   c) **Nachträgliches Ablehnungsgesuch.** Erst recht liegt der absolute Revisionsgrund des § 138 Nr. 2 nicht vor, wenn ein Beteiligter einen Richter erst nach Ergehen der Sachentscheidung wegen einer erst nachträglich zu Tage getretenen Besorgnis der Befangenheit ablehnt (zur Rüge eines Besetzungsfehlers in diesem Fall → Rn. 80). Das gilt auch dann, wenn nach mündlicher Verhandlung und nach Fällung, Absetzung und Unterzeichnung des Urteils, aber vor dessen Verkündung oder Zustellung ein Grund entsteht, der die Besorgnis der Befangenheit rechtfertigt, und ein darauf gestütztes Ablehnungsgesuch für begründet erklärt wird (BGH NJW 2001, 1502, 1503).

101   d) **Erfolgloses Ablehnungsgesuch.** Hat das Gericht ein Ablehnungsgesuch zurückgewiesen, liegt der absolute Revisionsgrund des § 138 Nr. 2 auch dann nicht vor, wenn die Befangenheit des abgelehnten Richters tatsächlich zu besorgen war, das Ablehnungsgesuch also hätte Erfolg haben müssen. Die unrichtige Entscheidung über ein Ablehnungsgesuch rechtfertigt aber die Rüge einer nicht vorschriftsmäßigen Besetzung des Gerichts (§ 138 Nr. 1), wenn sie Bedeutung und Tragweite der Verfassungsgarantie des gesetzlichen Richters grundlegend verkennt oder auf einem vergleichbar schweren Mangel des Verfahrens beruht.[63]

102   Einen schweren Mangel des Verfahrens stellt es nicht stets dar, wenn das Gericht sogleich in der Sache entscheidet, ohne zuvor über ein vorliegendes Ablehnungsgesuch zu befinden. Ein solches Vorgehen ist zulässig, wenn das Ablehnungsgesuch rechtsmissbräuchlich und deshalb unzulässig ist.[64] Ist der Rechtsstreit auf den Einzelrichter übertragen, gilt dies allerdings nicht. Der Einzelrichter kann nicht unter Hintanstellung des aus seiner Sicht rechtsmissbräuchlichen Ablehnungsgesuchs sogleich in der Sache entscheiden. Anders als im Spruchkörper fehlt es an einer gewissen Kontrolle der Einschätzung des Ablehnungsgesuchs als rechtsmissbräuchlich durch nicht betroffene Richter (anders wohl BVerwG 21.3.2000 – 7 B 36.00). Die Annahme eines rechtsmissbräuchlichen Ablehnungsgesuchs verkennt dann Bedeutung und Tragweite der Garantie des gesetzlichen Richters, wenn die Prüfung eine Beurteilung des eigenen Verhaltens des abgelehnten Richters voraussetzt und sich deshalb als Entscheidung in eigener Sache darstellt (BVerfG NJW 2007, 3771).

102a Hingegen soll es nach Auffassung des BVerfG unzulässig sein und den Anspruch auf den gesetzlichen Richter verletzen, wenn das Gericht ohne Entscheidung über das Befangenheitsgesuch zu einem Zeitpunkt in der Sache entscheidet, zu dem der abgelehnte Richter aus anderen Gründen etwa wegen Urlaubs ohnehin an einer Mitwirkung gehindert ist (BVerfG NVwZ 2007, 691). Diese Auffassung ist unzutreffend, weil das erkennende Gericht wegen der Verhinderung des abgelehnten Richters vorschriftsmäßig besetzt ist.

III. Verletzung rechtlichen Gehörs (Nr. 3).

103   Ein absoluter Revisionsgrund ist gegeben, wenn einem Beteiligten das rechtliche Gehör versagt war. Der Anspruch auf rechtliches Gehör ergibt sich aus Art 103 Abs. 1 GG. Der Einzelne soll nicht bloßes Objekt des Verfahrens sein. Er soll vor der Entscheidung zu Wort kommen, damit er Einfluss auf das Verfahren und sein Ergebnis nehmen kann. Dies kann zum einen durch tatsächliches Vorbringen, zum anderen durch Rechtsausführungen (BVerfG NJW-RR 2002, 69) geschehen. Die Erfüllung des Anspruch auf rechtliches Gehör stellt sicher, dass die Entscheidung auf der Grundlage eines zutreffenden Sachverhalts ergehen kann (BVerfGE 81, 123, 129; 86, 133, 144; 89, 381, 392).

104   **1. Inhalt der Gewährleistung.** Im Kern gewährleistet der Anspruch auf rechtliches Gehör zweierlei:

105   Zum einen muss der Beteiligte Gelegenheit haben, in tatsächlicher und rechtlicher Hinsicht alles vorzutragen, was aus seiner Sicht zu seiner Rechtsverfolgung oder Rechtsverteidigung notwendig ist. Der Anspruch auf rechtliches Gehör wird durch Maßnahmen und Unterlassungen verletzt, die den Beteiligten daran hindern, sich zu äußern.

---

63 BVerwG 21.12.2004 Buchholz 310 § 54 VwGO Nr. 65; NVwZ 2006, 936, 937.
64 BVerfG NJW 2007, 3771; NVwZ-RR 2008, 289; BVerwG NVwZ-RR 2011, 621, 622.

Der Beteiligte hat nur dann die Möglichkeit, sich sachgerecht zu äußern, wenn er weiß, auf welchen 106 tatsächlichen und rechtlichen Vortrag es für die Entscheidung des Gerichts ankommt. Er muss über den gesamten Prozessstoff und den Stand des Verfahrens unterrichtet sein. Das Gericht ist deshalb verpflichtet, den Beteiligten Kenntnis von allen Vorgängen im Verfahren zu geben. Es muss ihnen bspw. die Schriftsätze der anderen Beteiligten zuleiten,[65] darauf hinweisen, welche Akten es beigezogen hat, Einsicht in die Gerichtsakten und die beigezogenen Akten gewähren und prozessleitende Verfügungen oder eigene Zwischenentscheidungen allen Beteiligten bekannt geben.

Auf welchen tatsächlichen und rechtlichen Vortrag es für die Entscheidung ankommt, kann der Beteiligte auch dann nicht erkennen, wenn das Gericht bei seiner Entscheidung einen bisher nicht erörterten rechtlichen oder tatsächlichen Gesichtspunkt zur Grundlage seiner Entscheidung macht und damit dem Rechtsstreit eine Wendung gibt, mit der nach dem bisherigen Verlauf des Verfahrens auch ein gewissenhafter Beteiligter selbst unter Berücksichtigung der Vielfalt vertretbarer Rechtsauffassungen nicht zu rechnen brauchte (Überraschungsentscheidung). Unterbleibt ein rechtzeitiger Hinweis des Gerichts auf einen solchen Gesichtspunkt, verhindert es dadurch ebenfalls eine Äußerung des Beteiligten zur Grundlage des Verfahrens.[66] Art. 103 Abs. 1 GG verbietet überraschende Entscheidungen umso mehr dann, wenn sie mit keinem Rechtsmittel mehr angefochten werden können (BVerfG 6.9.2016 – 1 BvR 1586/15, NVwZ-RR 2017, 81, Rn. 14). 107

Zum anderen muss das Gericht den Vortrag des Beteiligten zur Kenntnis nehmen und bei seiner Entscheidung in Erwägung ziehen. Das Gericht hat in den Entscheidungsgründen in angemessener Weise zum Ausdruck zu bringen, aus welchen Gründen es von einer Auseinandersetzung mit dem rechtlichen und tatsächlichen Vorbringen eines Beteiligten abgesehen hat. Das Gericht ist aber andererseits nicht verpflichtet, sich in den Entscheidungsgründen mit jedem rechtlichen und tatsächlichen Argument ausdrückl. zu befassen. Es darf ein Vorbringen außer Betracht lassen, das nach seinem Rechtsstandpunkt unerheblich oder offensichtlich unsubstantiiert ist. Grds. ist davon auszugehen, dass ein Gericht das von ihm entgegengenommene Vorbringen auch in seine Erwägung einbezogen hat. Nur bei Vorliegen deutlich gegenteiliger Anhaltspunkte kann ein Verstoß gegen den Anspruch auf rechtliches Gehör angenommen werden.[67] 108

Kenntnisnahme und Berücksichtigung wird von allen Richtern gefordert, die an der Entscheidung mitwirken. Hat das Gericht in der mündlichen Verhandlung einem Beteiligten eine Frist zur Äußerung eingeräumt, genügt es nicht, wenn allein die Berufsrichter, nicht aber auch die ehrenamtlichen Richter von Schriftsätzen Kenntnis nehmen, die der Beteiligte innerhalb der ihm eingeräumten Äußerungsfrist nachgereicht hat.[68] 109

Eine Verletzung rechtlichen Gehörs setzt kein Verschulden des Gerichts voraus. Der Anspruch auf rechtliches Gehör ist auch dann verletzt, wenn für den Verstoß nicht der zur Entscheidung berufene Richter, sondern die Geschäftsstelle oder die Poststelle des Gerichts verantwortlich ist.[69] Der Anspruch auf rechtliches Gehör kann aber nur vom Gericht, nicht hingegen von außenstehenden Dritten verletzt werden, bspw. durch die Post, die für das rechtliche Gehör wesentliche Schriftstücke nicht ordnungsgemäß befördert hat (OLG Hamm NJW-RR 2011, 139). Kann nicht aufgeklärt werden, ob ein Schriftstück erst im Verfügungsbereich des Gerichts oder schon vorher auf dem Postweg verloren gegangen ist, kann eine Verletzung rechtlichen Gehörs nicht festgestellt werden (OLG Hamm NJW-RR 2011, 139). Ist ein Beteiligter durch außenstehende Dritte an einer Äußerung gehindert worden, 110

---

65 Vgl. BVerfGE 19, 32, 36 f., einschließlich der Anlagen zu solchen Schriftsätzen: BVerfGE 50, 280, 284.
66 BVerfG NJW-RR 2002, 69, 70; BVerwG 21.4.1977 Buchholz 310 § 138 Ziff. 3 VwGO Nr. 28; 25.3.1980 Buchholz 310 § 104 VwGO Nr. 13; NJW 1988, 275; 14.3.1991 Buchholz 310 § 86 Abs. 3 VwGO Nr. 43; 24.9.1992 Buchholz 451.512 MGVO Nr. 61; 25.5.2001 Buchholz 310 § 108 Abs. 2 VwGO Nr. 34; NVwZ 2002, 87, 89; NVwZ 2003, 224, 225; NVwZ 2003, 1132, 1133; 20.6.2006 – 3 B 91.05; 12.12.2007 – 8 B 57.07.
67 BVerfGE 58, 353, 356; 70, 288; BVerfG NJW-RR 2002, 68, 69; BVerwG 9.6.1981 Buchholz 312 EntlG Nr. 19; 9.3.1988 Buchholz 442.10 § 4 StVG Nr. 81; 6.9.1988 Buchholz 310 § 108 VwGO Nr. 206; 18.5.1995 Buchholz 406.12 § 15 BauNVO Nr. 25; NVwZ 1996, 378; NJW 1998, 553; NJW 1999, 1493; 25.11.1999 Buchholz 310 § 138 Ziff. 3 VwGO Nr. 64; NJW 2003, 2255.
68 BVerwG 15.7.2008 Buchholz 310 § 108 Abs. 2 VwGO Nr. 77; VGH Mannheim VBlBW 2008, 356; BGH NJW-RR 2012, 879, 880; BAG NJW 2009, 1163.
69 BVerfG NVwZ 1998 (Beilage Nr. 1), 1; zur fehlerhaften Anhörung infolge Kanzleiversehen vgl. BVerwG NVwZ-RR 1994, 362; NVwZ 1999, 1107; BFH BFH/NV 2002, 365.

kommt Wiedereinsetzung in den vorigen Stand in Betracht. Deren prozessordnungswidrige Versagung kann wiederum eine Verletzung rechtlichen Gehörs begründen.

111   Der Anspruch auf rechtliches Gehör ist nur verletzt, wenn der Beteiligte überhaupt die Absicht hatte, sich noch zu äußern. Der Beteiligte muss alle verfahrensrechtlich eröffneten Möglichkeiten ausgenutzt haben, sich schon in der Vorinstanz rechtliches Gehör zu verschaffen, soweit ihm diese Möglichkeiten im Einzelfall zumutbar waren.[70] Hat ein Beteiligter eine solche ihm zumutbare Möglichkeit nicht genutzt, ist er nicht in seinem Anspruch auf rechtliches Gehör verletzt. Zu diesen Möglichkeiten kann auch ein Antrag auf Wiedereröffnung einer bereits geschlossenen mündlichen Verhandlung gehören.[71]

112   Der Anspruch auf rechtliches Gehör gehört zu den Verfahrensrechten, auf dessen Einhaltung der Beteiligte verzichten kann. Eine Verletzung des rechtlichen Gehörs kann deshalb nicht mehr als Revisionsgrund geltend gemacht werden, wenn der Beteiligte sich in der Vorinstanz rügelos in eine Verhandlung zur Sache eingelassen hatte (§ 173, 295 Abs. 1 ZPO).

113   **2. Einfachrechtliche Ausprägungen des rechtlichen Gehörs.** Die VwGO enthält zahlreiche Vorschriften, die den verfassungsrechtlichen Grundsatz rechtlichen Gehörs einfachrechtlich ausprägen. Eingereichte Schriftsätze hat das Gericht den anderen Beteiligten zu übersenden (§ 86 Abs. 4 S. 3). In die Gerichtsakten und die ihm vorgelegten Akten hat das Gericht Einsicht zu gewähren (§ 100 Abs. 1). Es hat die Beteiligten bei der Erforschung des Sachverhalts heranzuziehen (§ 86 Abs. 1). Von Beweisterminen sind sie zu benachrichtigen (§ 97 S. 1). In der mündlichen Verhandlung gestellte Beweisanträge können nur durch einen begründeten Gerichtsbeschluss abgelehnt werden (§ 86 Abs. 2).[72] Das Gericht hat grds. aufgrund einer mündlichen Verhandlung zu entscheiden. Von ihr darf es nur bei Einverständnis der Beteiligten (§ 101 Abs. 1 und 2) oder unter weiteren Voraussetzungen nach besonderer Anhörung der Beteiligten (§ 84 Abs. 1 S. 1 und 2; § 125 Abs. 2 S. 1–3; § 130 a) absehen. Zu der mündlichen Verhandlung sind die Beteiligten unter Einhaltung einer Frist zu laden (§ 102 Abs. 1). In der mündlichen Verhandlung hat das Gericht die Streitsache mit den Beteiligten tatsächlich und rechtlich zu erörtern (§ 104 Abs. 1). Das Gericht darf sein Urteil nur auf Tatsachen und Beweisergebnisse stützen, zu denen die Beteiligten sich äußern konnten (§ 108 Abs. 2).

114   Diese beispielhaft genannten Normen enthalten einfachrechtliche Pflichten (des Gerichts) und Rechte (der Beteiligten), die gegenüber dem verfassungsunmittelbaren Anspruch auf rechtliches Gehör eigenständig sind. Der verfassungsrechtliche Anspruch auf rechtliches Gehör wirkt auf die Auslegung und Anwendung dieser Vorschriften ein. Er schließt ferner unmittelbar Lücken, soweit bei Anwendung der einfachrechtlichen Vorschriften noch keine ausreichende Möglichkeit der Äußerung besteht, die der Verfassungsverbürgung gerecht wird. Sind die einzelnen dem rechtlichen Gehör zugeordneten prozessualen Vorschriften eingehalten, ist zwar regelmäßig, nicht aber stets auch der Anspruch auf rechtliches Gehör gewahrt. Umgekehrt ist nicht stets das rechtliche Gehör verletzt, wenn die es ausprägenden einfachrechtlichen Vorschriften nicht eingehalten sind.[73] Absoluter Revisionsgrund ist nur die Verletzung rechtlichen Gehörs. Der absolute Revisionsgrund des § 138 Nr. 3 liegt deshalb nicht schon dann vor, wenn eine verfahrensrechtliche Vorschrift verletzt ist, die sich als Ausprägung des rechtlichen Gehörs darstellt. Es bedarf immer der weiteren Feststellung, dass zugleich der Anspruch auf rechtliches Gehör verletzt ist.

---

70   BVerfGE 74, 220, 225; BVerwG 16.5.1991 Buchholz 427.6 § 13 BFG Nr. 8 (zur Obliegenheit eines Beteiligten zu einem Hinweis an das Gericht, wenn er der Verhandlung aus gesundheitlichen Gründen vorübergehend nicht mehr folgen kann); 26.8.1992 Buchholz 310 § 108 VwGO Nr. 250 (zur Obliegenheit eines in Strafhaft befindlichen Beteiligten, die durch das Strafvollzugsgesetz eröffneten Möglichkeiten einer Teilnahme am Termin wahrzunehmen); 17.7.2003 Buchholz 310 § 135 VwGO Nr. 4 (Antrag auf mündliche Verhandlung bei Erlass eines Gerichtsbescheids); 8.8.2007 – 4 BN 35.07 (Obliegenheit, die Unterbrechung der mündlichen Verhandlung zu beantragen, um vorgelegtes Material zu sichten, damit eine Stellungnahme möglich ist); 30.7.2008 Buchholz 310 § 132 Abs. 2 Nr. 3 VwGO Nr. 50 (Obliegenheit einen weiteren Beweisantrag zu stellen, wenn die Gründe für die Ablehnung des ersten Beweisantrags erkennen lassen, dass das Gericht das Beweisthema nicht richtig erfasst hat. Zweifelhaft hingegen BVerwG NJW 1980, 1972 (Obliegenheit, einen Befangenheitsantrag zu stellen, wenn der Vorsitzende in der mündlichen Verhandlung das Wort abschneidet); VGH Kassel NVwZ 2000, 1432 (Hinweis auf einen noch nicht beschiedenen Beweisantrag, wenn das Gericht ihn nicht übersehen hat, sondern ihn erkennbar nicht bescheiden will).

71   BVerwG NJW 1992, 3185; ein Antrag auf Wiedereröffnung der mündlichen Verhandlung kann aber von einem anwaltlich nicht vertretenen Beteiligten nicht erwartet werden: VGH Mannheim VBlBW 2001, 453, 454.

72   BVerwG NVwZ 2008, 330.

73   Vgl. auch *I. Kraft*, in: Eyermann § 138 Rn. 30.

3. Voraussetzungen des absoluten Revisionsgrundes. Der Anspruch auf rechtliches Gehör dient kei- 115
nem Selbstzweck. Er soll vielmehr die Möglichkeit gewährleisten, sich zu den entscheidungserheblichen (rechtlichen und tatsächlichen) Gesichtspunkten zu äußern. Das Gericht muss zwar sämtlichen
Vortrag der Beteiligten zur Kenntnis nehmen und in Erwägung ziehen. Nur dann kann es entscheiden,
ob der Vortrag entscheidungserheblich ist. Der Anspruch auf rechtliches Gehör ist aber erst dann verletzt, wenn Vortrag nicht zur Kenntnis genommen oder nicht in Erwägung gezogen ist, der aus der
maßgeblichen Sicht des Gerichts entscheidungserheblich war oder gewesen wäre. Das Gericht muss
den Beteiligten zwar Gelegenheit geben, sich zu dem gesamten Prozessstoff und zu allen prozessualen
Vorgängen zu äußern. Der Anspruch auf rechtliches Gehör ist aber nur dann verletzt, wenn das Gericht eine Äußerung zu entscheidungserheblichen Gesichtspunkten verhindert hat. Damit bezieht sich
schon der Tatbestand des absoluten Revisionsgrundes auf entscheidungserheblichen Vortrag.[74]

Der Anspruch auf rechtliches Gehör gewährt keinen Schutz gegen Entscheidungen, die den Sachvor- 116
trag eines Beteiligten aus Gründen des formellen oder materiellen Rechts ganz oder teilweise außer Betracht lassen (BVerwG 2.7.1981 Buchholz 424.01 § 2 FlurbG Nr. 1; NJW 1996, 1553). Deshalb liegt
ein Verfahrensfehler i.S.d. § 138 Nr. 3 nur dann vor, wenn (erstens) das Gericht Vortrag des Beteiligten
nicht zur Kenntnis genommen oder nicht erwogen hat und (zweitens) dieser übergangene Vortrag
nach der maßgeblichen Rechtsauffassung des Gerichts entscheidungserheblich war. Für diese Entscheidungserheblichkeit reicht aus, dass der übergegangene Vortrag eine entscheidungserhebliche Frage in
einer Weise betraf, die eine Auseinandersetzung mit ihm erforderlich machte. Das Urteil beruht auf
diesem Verfahrensfehler, wenn das Gericht bei Berücksichtigung des übergangenen Vortrags zu einem
anderen, dem Revisionskläger günstigeren Ergebnis gekommen wäre. Gegenstand der Vermutung des
§ 138 Nr. 3 ist allein die Annahme, dass bei Berücksichtigung des übergangenen Vortrags eine andere
Entscheidung ergangen wäre.

Wenn der Beteiligte eine Verletzung rechtlichen Gehörs erfolgreich rügen will, muss er deshalb darle- 117
gen, dass das Gericht Vortrag nicht zur Kenntnis genommen oder nicht erwogen hat, der nach der
maßgeblichen Rechtsauffassung des Gerichts entscheidungserheblich war. Es genügt mithin bspw.
nicht der Vortrag des Revisionsklägers, ein von ihm eingereichter Schriftsatz sei im Geschäftsgang verloren gegangen und deshalb nicht zur Kenntnis der entscheidenden Richter gelangt. Damit steht nur
fest, dass die Richter Vorbringen des Beteiligten nicht zur Kenntnis genommen und demgemäß nicht
in Erwägung gezogen haben. Der Beteiligte muss darüber hinaus darlegen, welchen Inhalt der Schriftsatz hatte und wieso dieser Vortrag eine entscheidungserhebliche Frage betraf. Dagegen kommt es
nicht darauf an, ob das Gericht anders, nämlich i.S.d. Revisionsklägers entschieden hätte, wenn es
sich mit dessen übergangenen Vortrag auseinandergesetzt hätte (BVerwG NVwZ 1996, 378;
NJW 1998, 553).

Das Gericht kann zum anderen dem Beteiligten die Möglichkeit einer Äußerung ganz oder teilweise 118
genommen haben.

Das Gericht muss überhaupt (weiteren) Vortrag des Revisionsklägers verhindert haben. Der Revisi- 119
onskläger muss durch den Verstoß gegen eine prozessuale Vorschrift gehindert worden sein, sich zu
äußern. Diese Ursächlichkeit zwischen einem Verfahrensverstoß und der Verletzung rechtlichen Gehörs wird nach § 138 Nr. 3 nicht vermutet.

Hat das Gericht bspw. unter Verstoß gegen § 86 Abs. 4 S. 3 den Schriftsatz eines anderen Beteiligten 120
dem Revisionskläger nicht zugeleitet, ist diese Verfahrensvorschrift verletzt. Eine Verletzung rechtlichen Gehörs liegt darin aber nur, wenn die mangelnde Kenntnis von dem vorenthaltenen Schriftsatz
den Revisionskläger von weiterem eigenen Vortrag abgehalten hat. Das ist nicht der Fall, wenn der
Schriftsatz etwa nur bekannten Vortrag wiederholt hat, zu dem zu äußern der Revisionskläger ohnedies Anlass und Gelegenheit hatte (BVerwG NJW 1980, 1810). Hat das Gericht dem Revisionskläger
die Einsichtnahme in die Gerichtsakten verwehrt, liegt darin ein Verstoß gegen § 100 Abs. 1. Enthielt
die Gerichtsakte nur Schriftsätze der Beteiligten und prozessleitende Verfügungen des Gerichts, die
dem Revisionskläger ohnehin sämtlich in Abschrift vorlagen, stellt die verweigerte Akteneinsicht nicht
zugleich eine Verletzung rechtlichen Gehörs dar. Die zu Unrecht verweigerte Akteneinsicht hat dem

---

[74] Hierzu auch M. *Eichberger*, in: Schoch/Schneider/Bier § 138 Rn. 75 ff.

Revisionskläger nicht die Kenntnis von Prozessstoff und prozessualen Vorgängen vorenthalten. Sie kann ihn deshalb nicht von weiterem Vortrag abgehalten haben.[75]

121 Demnach genügt es nicht, wenn der Revisionskläger nur darlegt, die Vorinstanz habe eine prozessuale Vorschrift mit Bezug zum rechtlichen Gehör missachtet (anders möglicherweise BVerwGE 22, 271, 271; 44, 307). Er muss vielmehr auch darlegen, dass dieser Verstoß ihm eine Gelegenheit zur Äußerung genommen hat.[76]

122 Der Anspruch auf rechtliches Gehör soll dem Beteiligten nicht die Möglichkeit geben, sich zu allem Möglichen zu äußern, sondern die Möglichkeit gewährleisten, sich zu den entscheidungserheblichen Gesichtspunkten zu äußern. Das Gericht muss deshalb durch sein prozessordnungswidriges Verhalten nicht nur Vortrag überhaupt, sondern Vortrag zu entscheidungserheblichen Gesichtspunkten verhindert haben.

123 Hat das Gericht bspw. unter Verstoß gegen § 86 Abs. 4 S. 3 den Schriftsatz eines anderen Beteiligten dem Revisionskläger nicht zugeleitet oder unter Verstoß gegen § 100 Abs. 1 Einsicht in die Gerichtsakte oder in beigezogene Akten verhindert, liegt keine Verletzung rechtlichen Gehörs vor, wenn der vorenthaltene Schriftsatz Vortrag enthielt, der nicht entscheidungserheblich war und den das Gericht in seinem Urteil nicht verwertet hat. Der Revisionskläger ist dann zwar an weiterem eigenem Vortrag gehindert worden, aber nicht an Vortrag zu einem Punkt, der für die Entscheidung erheblich war.

124 Der Revisionskläger muss deshalb auch darlegen, dass ihm die Vorinstanz nicht nur prozessordnungswidrig Gelegenheit zur Äußerung vorenthalten hat, sondern auch, dass davon die Äußerung zu einer entscheidungserheblichen Frage betroffen war.

125 Der Anspruch auf rechtliches Gehör ist ferner nur dann verletzt, wenn der Beteiligte überhaupt die Absicht hatte, sich noch zu äußern. Diese Ursächlichkeit des Prozessrechtsverstoßes für eine Verletzung des rechtlichen Gehörs wird nach § 138 Nr. 3 ebenfalls nicht vermutet. Sie ist deshalb vom Revisionskläger darzulegen. Er muss vortragen, dass er noch weiter vorgetragen hätte, wenn ihm nicht prozessordnungswidrig die Gelegenheit dazu genommen worden wäre.

126 Problematisch ist die weitere Frage, ob der absolute Revisionsgrund des § 138 Nr. 3 unabhängig davon vorliegt, was der Revisionskläger inhaltlich vorgetragen hätte, wenn ihm nicht die Gelegenheit dazu prozessordnungswidrig abgeschnitten worden wäre. Ihr entspricht spiegelbildlich die Frage, ob der Revisionskläger darlegen muss, was er Entscheidungserhebliches noch vorgetragen hätte, wenn das Gericht sich prozessordnungsgemäß verhalten hätte.

127 Der Anspruch auf rechtliches Gehör will nur solchen Vortrag ermöglichen und schützt nur vor einer Nichtberücksichtigung solchen Vortrags, der in einem Zusammenhang mit dem Streitgegenstand steht. Dass in diesem Sinne entscheidungserhebliches Vorbringen verhindert worden ist, gehört bereits zum Tatbestand einer Verletzung rechtlichen Gehörs. Der absolute Revisionsgrund des § 138 Nr. 3 ist nur erfüllt, wenn das prozessordnungswidrige Verhalten des Gerichts für die Verhinderung entscheidungserheblichen Vortrags ursächlich war. Davon ausgehend muss der Revisionskläger nicht nur darlegen, dass er sich geäußert hätte, sondern auch darlegen, was er geäußert hätte, wenn das Gericht ihm nicht die Gelegenheit dazu genommen hätte.[77] Dieser Vortrag muss einen entscheidungserheblichen Punkt betreffen (BVerwG 7.10.2003 – 7 B 68.03). Das Gericht hätte ihn nicht ohne Auseinandersetzung mit ihm übergehen dürfen, wenn der Revisionskläger Gelegenheit zur Äußerung gehabt hätte. Sein Anspruch auf rechtliches Gehör ist nicht verletzt, wenn er inhaltlich ohnedies nichts Entscheidungserhebliches mehr weiter vorgetragen hätte. Dass er dazu im Stande gewesen wäre, wenn

75 VGH Kassel NVwZ-RR 2002, 784; vgl. auch BVerwG BayVBl 1988, 251 zu einer zu Unrecht verweigerten Erteilung von Ablichtungen aus der Akte.

76 Anders VGH Kassel DVBl 1999, 1668. Hiervon zu unterscheiden ist ein anderes Problem. Hat der Revisionskläger sich auch nach Ergehen der angefochtenen Entscheidung und bis zum Ablauf der Frist für die Revisionsbegründung vergeblich um Einsicht in die Akten bemüht, ist ihm eine weiter gehende Darlegung nicht möglich. In diesen Fällen muss aus diesem Grund ausreichen, dass er zur Darlegung eines Verfahrensmangels nach § 138 Nr. 3 nur die begehrte Akteneinsicht und deren rechtswidrige Versagung dartut; in diesem Sinne wohl auch VGH Mannheim NVwZ-RR 1998, 687, 688.

77 BVerwG 17.7.1973 Buchholz 310 § 138 Nr. 3 VwGO Nr. 19; 29.9.1976 Buchholz 310 § 138 Nr. 3 VwGO Nr. 23; 16.8.1983 Buchholz 310 § 52 VwGO Nr. 26; FEVS 34, 1.

das Gericht ihm nicht das Wort abgeschnitten hätte, muss der Revisionskläger darlegen.[78] Hierfür kann ausreichen, wenn der Revisionskläger einen sachlichen Zusammenhang hergestellt zwischen dem Streitgegenstand einerseits und seinen in verfahrenswidriger Weise verhinderten weiteren Ausführungen andererseits (BVerwG 29.1.1982 Buchholz 310 § 108 VwGO Nr. 125). Hingegen kommt es nicht darauf an, ob die Vorinstanz anders entschieden hätte, wenn sie diesen Vortrag nicht verhindert hätte. Dieser Zusammenhang (aber auch nur er) ist vielmehr Gegenstand der Vermutung des § 138 Nr. 3.[79]

Der Anspruch auf rechtliches Gehör ist aber in jedem Fall verletzt, wenn der Beteiligte sich zu dem Prozessstoff insgesamt, zu dem Gesamtergebnis des Verfahrens i.S.d. § 108 Abs. 1 S. 1 nicht äußern konnte. Nach der VwGO wird das Gesamtergebnis des Verfahrens in der mündlichen Verhandlung gewonnen. Das Urteil ergeht grds. aufgrund einer mündlichen Verhandlung (§ 101 Abs. 1). In ihr hat das Gericht die Streitsache mit den Beteiligten tatsächlich und rechtlich zu erörtern (§ 104 Abs. 1). Es hat den Beteiligten das Wort zu erteilen, damit sie ihre Anträge nicht nur stellen, sondern auch begründen können (§ 103 Abs. 3). Das Gericht darf im Urteil nur das verwerten, was Gegenstand der mündlichen Verhandlung war. Hat das Gericht ohne mündliche Verhandlung entschieden, ohne dass die Voraussetzungen vorlagen, unter denen das Gericht ausnahmsweise von einer mündlichen Verhandlung absehen darf, ist schon damit das rechtliche Gehör stets verletzt (BVerwG DVBl 2003, 747, 748; NVwZ 2004, 1377, 1380; NVwZ 2009, 59; BVerwG 26.6.2009 – 8 B 56.09, juris Rn. 13). Der Revisionskläger hat sich zum gesamten Prozessstoff nicht in der prozessrechtlich vorgeschriebenen Weise äußern können. Dasselbe gilt, wenn zwar eine mündliche Verhandlung stattgefunden hat, das Gericht aber die Teilnahme eines Beteiligten an ihr oder seine Äußerung in ihr gänzlich verhindert hat. Der Revisionskläger braucht nicht vorzutragen, was er in der mündlichen Verhandlung vorgetragen hätte und inwiefern dies für ihn zu einem günstigeren Ergebnis geführt hätte.[80] Die mündliche Verhandlung betrifft das Gesamtergebnis des Verfahrens und damit stets alle entscheidungserheblichen Fragen. **128**

Nur wenn sich die behauptete Verletzung rechtlichen Gehörs auf einzelne Feststellungen bezieht, setzt die schlüssige Rüge dieses Verfahrensfehlers voraus, dass der Beteiligte substantiiert darlegt, wozu er sich nicht hat äußern können und was er bei ausreichender Gewährung rechtlichen Gehörs noch vorgetragen hätte.[81] **129**

4. Bestätigung des Urteils aus anderen Gründen. War dem Revisionskläger die Möglichkeit verschlossen, sich zu dem entscheidungserheblichen Sachverhalt – dem Gesamtergebnis des Verfahrens i.S.d. § 108 Abs. 1 S. 1 – zu äußern, kann das BVerwG das angefochtene Urteil nicht auf seine sachliche Richtigkeit überprüfen. Das Gesamtergebnis des Verfahrens ist in einer verfahrensrechtlich fehlerhaften Weise zur Grundlage der Entscheidung geworden. Damit fehlt jede Grundlage, auf der die anderweitige Richtigkeit der angefochtenen Entscheidung beurteilt werden könnte. Dies schließt die Anwendung des § 144 Abs. 4 aus. **130**

Anders verhält es sich, wenn die Verletzung rechtlichen Gehörs sich auf einzelne Feststellungen bezieht, auf die es für die Entscheidung bei richtiger rechtlicher Würdigung unter keinem Gesichtspunkt ankommen kann.[82] Zwar liegt der absolute Revisionsgrund des § 138 Nr. 3 auch dann vor, wenn der Anspruch auf rechtliches Gehör nur bezogen auf eine einzelne Feststellung verletzt ist, die dem Urteil zugrunde liegt. Das angefochtene Urteil beruht deshalb auf der Verletzung rechtlichen Gehörs. Die Unterbindung weiteren entscheidungserheblichen Vortrags als notwendige Voraussetzung einer Verletzung rechtlichen Gehörs bezieht sich aber, was die Entscheidungserheblichkeit angeht, auf die Rechtsauffassung der Vorinstanz. Für die Bestätigung der angefochtenen Entscheidung nach § 144 Abs. 4 **131**

---

78 BVerwG 29.9.1976 Buchholz 310 § 138 Ziff. 3 VwGO Nr. 23 (Entzieht der Vorsitzende in der mündlichen Verhandlung einem Beteiligten das Wort, weil dessen Ausführungen nicht zur Sache gehörten, muss der Beteiligte darlegen, was er Entscheidungserhebliches noch vorgetragen hätte, wenn ihm nicht das Wort abgeschnitten worden wäre.); anders offenbar BVerwG 25.5.1988 Buchholz 310 § 108 VwGO Nr. 201; NVwZ 1990, 69, jeweils für die Verwertung eines Schriftsatzes mit entscheidungserheblichem Vorbringen, welcher der Gegenseite nicht zur Kenntnis gelangt war.
79 BVerwG 24.9.1992 Buchholz 451.512 MGVO Nr. 61; vgl. auch BVerwG NJW 1998, 55.
80 BVerwG NVwZ-RR 1998, 525; BVerwG 18.6.2001 – 8 B 38.01; VGH Mannheim VBlBW 2001, 453, 454; BFH HFR 2002, 39; NVwZ-RR 2002, 615, 616; *W.-R. Schenke* in: *Kopp/Schenke* § 138 Rn. 20; unklar BVerwG NJW 1992, 2042; anders BVerwG 26.8.1992 Buchholz 310 § 108 VwGO Nr. 250.
81 BVerwG NVwZ 1996, 378; BVerwG 26.5.1998 Buchholz 310 § 138 Ziff. 3 VwGO Nr. 46.
82 BVerwG 16.10.1984 Buchholz 310 § 86 Abs. 1 VwGO Nr. 164; NVwZ 1994, 1095; NVwZ 1996, 378; NVwZ 2003, 224, 225; OVG Lüneburg NVwZ-RR 2008, 142.

kommt es jedoch auf die Rechtsauffassung des BVerwG an. Das BVerwG ist nicht gehindert, unter Verwertung der übrigen, von dem Verfahrensfehler nicht beeinflussten Feststellungen das angefochtene Urteil i.E. aus anderen Gründen zu bestätigen, wenn es nach seiner Rechtsauffassung auf die von dem Fehler beeinflusste Feststellung nicht ankommt.

132 **5. Einzelfälle. a) Äußerungsmöglichkeit.** Eine sachgerechte, dem Rechtsschutz dienliche Äußerung kann eine angemessene Vorbereitung voraussetzen. Räumt das Gericht dem Beteiligten die Möglichkeit einer Vorbereitung nicht ein, kann darin die Verletzung rechtlichen Gehörs liegen.

133 Der Beteiligte muss Gelegenheit erhalten, sich zu dem Ergebnis einer Beweisaufnahme zu äußern (BVerwG NVwZ 2003, 1132, 1133). Wird erst in der mündlichen Verhandlung ein Gutachten ausgehändigt, muss das Gericht den Beteiligten durch Vertagung oder durch Einräumung einer angemessenen Äußerungsfrist Gelegenheit zur Stellungnahme geben (BVerwG 5.11.1987 Buchholz 310 § 108 VwGO Nr. 198). Der Beteiligte muss darlegen, was er Entscheidungserhebliches noch vorgebracht hätte, wenn ihm eine solche Gelegenheit eingeräumt worden wäre. Dafür genügt, wenn er etwa Vorhalte aufzeigt, die er dem Gutachter gemacht hätte. Ob die Vorhalte tatsächlich geeignet gewesen wären, die Überzeugung des Gerichts von der Richtigkeit des Gutachtens zu erschüttern, gehört zu der Frage, ob das angefochtene Urteil auf dem Verfahrensmangel beruht. Dieser Zusammenhang ist mithin nach § 138 Nr. 3 zu vermuten, deshalb weder ausdrückl. festzustellen noch darzulegen.

134 Dasselbe gilt, wenn das Gericht in der mündlichen Verhandlung auf einen bisher nicht erörterten Gesichtspunkt hinweist, zu dem der Beteiligte sich nicht sofort erklären kann (BFHE 195, 9, 12 f.). Wird ihm in der mündlichen Verhandlung keine Äußerungsfrist gewährt, kann der Beteiligte in einem solchen Fall sich rechtliches Gehör auch dadurch zu verschaffen suchen, dass er einen nicht nachgelassenen Schriftsatz einreicht und die Wiedereröffnung der mündlichen Verhandlung beantragt. Wird ein solcher Antrag abgelehnt, kann darin eine Verletzung des rechtlichen Gehörs liegen (BFHE 195, 9, 12 f.).

135 Das Gericht genügt seiner Pflicht zur Gewährung rechtlichen Gehörs aber, wenn es eine ausführliche schriftliche Stellungnahme eines Beteiligten, die neues Vorbringen enthält, der Gegenseite kurz vor der mündlichen Verhandlung zur Kenntnisnahme übersendet.[83] Selbst Verlesen in der mündlichen Verhandlung reicht aus (BVerwG NVwZ 1989, 1154; BVerwG 23.2.1989 Buchholz 310 § 108 VwGO Nr. 216). Kann der andere Beteiligte sich zu dem neuen Vorbringen nicht sofort erklären, kann er Vertagung der Verhandlung beantragen und sich dadurch rechtliches Gehör verschaffen. Lehnt das Gericht in diesem Fall einen begründeten Vertagungsantrag ab, kann darin eine Verletzung rechtlichen Gehörs liegen.

136 **b) Äußerungsfrist.** Räumt das Gericht einem Beteiligten eine Frist zur Äußerung ein, kann es dessen Anspruch auf rechtliches Gehör verletzen, wenn das Gericht die selbst gesetzte Äußerungsfrist nicht abwartet und vor deren Ablauf entscheidet,[84] es sei denn, der Beteiligte hätte sich ohnehin nicht mehr geäußert (hierzu BVerwG 14.2.1996 Buchholz 310 § 138 Ziff. 3 VwGO Nr. 43). Hat ein Beteiligter eine schriftsätzliche Äußerung angekündigt, für deren Hereingabe das Gericht ihm keine Frist gesetzt hatte, ist das Gericht verpflichtet, mit der Entscheidung eine angemessene Zeit zuzuwarten. Das Gericht ist hingegen nicht verpflichtet, dem Beteiligten nunmehr eine Frist zu setzen, auch wenn dies aus Gründen der Klarheit zweckmäßig ist.[85] Der Anspruch auf rechtliches Gehör wird auch verletzt, wenn das Gericht eine Frist zur Äußerung gesetzt hat, die objektiv nicht ausreicht, um innerhalb der Frist eine sachlich fundierte Äußerung zum entscheidungserheblichen Sachverhalt und zur Rechtslage zu erbringen (BVerfG NVwZ 2003, 859; BVerwG 18.1.2006 – 2 B 53.05; BSG NJW-RR 2010, 282). Dasselbe gilt, wenn das Gericht einen begründeten Antrag auf Einräumung einer bestimmten Äußerungsfrist oder deren Verlängerung nicht bescheidet, sondern in der Sache entscheidet.[86]

137 nicht besetzt

---

83 BVerwG NVwZ 1989, 263 (4 Tage); 23.2.1989 Buchholz 310 § 108 VwGO Nr. 216 (Tag vor der mündlichen Verhandlung).
84 BVerwG 12.2.1991 Buchholz 11 Art. 9 Nr. 27; NJW 1992, 327; 10.3.2000 Buchholz § 139 Abs. 3 VwGO Nr. 7; 19.12.2008 Buchholz 401.61 Zweitwohnungssteuer Nr. 26.
85 Vgl. BayObLG MDR 2003, 170: Frist von etwa zwei bis drei Wochen ist bei einer angekündigten Rechtsmittelerwiderung angemessen.
86 BVerwG 10.12.2004 Buchholz 310 § 130a VwGO Nr. 67; 15.12.2004 Buchholz 310 § 130a VwGO Nr. 68.

Wartet das Berufungsgericht die Frist nicht ab, innerhalb der sich der Beteiligte zu der Absicht äußern 138 durfte, über die Berufung gem. § 130 a S. 1 ohne mündliche Verhandlung durch Beschluss zu entscheiden, fehlt es an der gesetzlich vorgeschriebenen Anhörung. Damit lagen die Voraussetzungen nicht vor, unter denen das Berufungsgericht ausnahmsweise von einer mündlichen Verhandlung absehen durfte. In dem deshalb gesetzwidrigen Unterbleiben der mündlichen Verhandlung liegt ein Verstoß gegen den Anspruch auf rechtliches Gehör, der stets den absoluten Revisionsgrund des § 138 Nr. 3 ergibt.

Dasselbe gilt, wenn das Gericht im Einverständnis der Beteiligten ohne mündliche Verhandlung entscheidet (§ 101 Abs. 2) und eine Frist nicht abwartet, die es den Beteiligten für deren abschließenden 139 Vortrag zur Sache eingeräumt hat. Denn in diesem Fall wird das Gesamtergebnis des Verfahrens durch den schriftlichen Vortrag der Beteiligten erarbeitet (BFH BFH/NV 2002, 945, 946).

c) Beweisantrag. Der Grundsatz rechtlichen Gehörs gebietet die Berücksichtigung erheblicher Beweisanträge. Die Nichtberücksichtigung eines erheblichen Beweisantrags verletzt den Anspruch auf rechtliches Gehör, wenn sie im Prozessrecht keine Stütze findet.[87] 139a

d) Einführung von Entscheidungsgrundlagen in den Prozess. Das Gericht kann seine Entscheidung 140 nur auf solche Tatsachen stützen, zu denen die Beteiligten sich zuvor äußern konnten (§ 108 Abs. 2).

Das Gericht darf sein Urteil nicht auf Tatsachen stützen, die es erst nach Schluss der letzten mündli- 141 chen Verhandlung ohne Beweisbeschluss selbständig ermittelt hat (BVerwG BayVBl 1972, 136). Nachträglich ermittelte Tatsachen kann das Gericht nur dadurch zur Grundlage der Entscheidung machen, dass es die mündliche Verhandlung wiedereröffnet und den Beteiligten dort Gelegenheit zur Äußerung gibt.

Das Gericht darf nicht zum Beleg für eine entscheidungserhebliche tatsächliche Annahme lediglich auf 142 eine gerichtliche Entscheidung verweisen, ohne diese zuvor in das Verfahren eingeführt zu haben (BVerwG 23.4.2001 Buchholz 402.25 § 1 AsylVfG Nr. 248). Das Gericht darf nicht im Urteil unveröffentlichte Erlasse oder Urkunden als Beweismittel würdigen und verwerten, ohne die ihnen zu entnehmenden Erkenntnisse den Beteiligten zumindest inhaltlich in der gebotenen Weise zugänglich gemacht zu haben.[88] Dasselbe gilt für Akten, die das Gericht im Urteil verwertet.[89] Werden erst im Termin zur mündlichen Verhandlung dem Gericht umfangreiche Akten überreicht und will das Gericht daraus später Teile als Beweismittel verwerten, mit deren Vorhandensein die Beteiligten nicht zu rechnen brauchten, muss es die Existenz dieser Unterlagen und ihre mögliche Erheblichkeit für den Ausgang des Prozesses zuvor mit den Beteiligten erörtern (BVerwG 4.11.1977 Buchholz 406.11 § 35 BBauG Nr. 142).

Auf allgemeinkundige Tatsachen und Erfahrungssätze darf das Gericht seine Entscheidung nur stüt- 143 zen, wenn die Beteiligten zuvor Gelegenheit zur Äußerung hatten oder sie allen Beteiligten gegenwärtig und als entscheidungserheblich bewusst sind (BVerwGE 67, 83).[90] Gerichtskundige Tatsachen[91] oder „gerichtsbekannte Unterlagen" muss das Gericht entweder zum Gegenstand der mündlichen Verhandlung machen oder es muss sie den Beteiligten sonst zugänglich machen, wenn es seine Entscheidung hierauf stützen will.[92] Ebenso hat das Gericht vorzugehen, wenn es auf besonderer Sachkunde beruhende Tatsachen zur Grundlage seiner Entscheidung machen will (BVerwG 26.11.1979 Buchholz 310 § 108 VwGO Nr. 111).

nicht besetzt 144

Der Anspruch auf rechtliches Gehör ist in diesen Fällen verletzt, wenn das prozessordnungswidrige 145 Verhalten des Gerichts den Beteiligten gehindert hat, zu den verwerteten Tatsachen, Unterlagen oder Akten Entscheidungserhebliches vorzutragen. Der Revisionskläger muss darlegen, was er Entschei-

---

87 BVerfG NJW 2009, 1585, 1586; BVerwG NVwZ 2012, 376 Rn. 9 ff.
88 Vgl. BVerwG 15.4.1969 Buchholz 310 § 108 VwGO Nr. 38; 20.3.1985 Buchholz 310 § 108 VwGO Nr. 163.
89 BVerwG 4.11.1977 Buchholz 406.11 § 35 BBauG Nr. 142; 20.3.1985 310 § 108 VwGO Nr. 163; 7.10.2003 – 7 B 68.03; 6.6.2006 – 3 B 98.06.
90 BVerfGE 48, 206, 209; BVerwG 30.3.1999 Buchholz 310 § 130 a Nr. 36; 15.10.1999 Buchholz 310 § 138 Ziff. 3 VwGO Nr. 63; offener BVerwG 21.5.1980 Buchholz 310 § 108 VwGO Nr. 116.
91 Zur Möglichkeit des Gegenbeweises: BayVerfGH BayVBl 2010, 733.
92 BVerwG 26.11.1979 Buchholz 310 § 108 VwGO Nr. 111; BVerwGE 62, 123; BVerwG 24.7.2001 Buchholz 310 § 108 Abs. 2 VwGO Nr. 35; 3.5.2002 – 4 B 1.02.

dungserhebliches vorgetragen hätte, wenn das Gericht die von ihm verwerteten Umstände ordnungsgemäß zur Grundlage seiner Entscheidung gemacht hätte (BVerwG 14.4.2005 Buchholz 310 § 133 n.F. VwGO Nr. 81).

146 **e) Hinweispflicht.** Eine Entscheidung stellt sich als „Überraschungsurteil" dar, wenn das Gericht einen bis dahin nicht erörterten rechtlichen oder tatsächlichen Gesichtspunkt zur Grundlage seiner Entscheidung macht und damit dem Rechtsstreit eine Wendung gibt, mit der die Beteiligten nach dem bisherigen Verlauf des Verfahrens selbst unter Berücksichtigung der Vielfalt vertretbarer Rechtsauffassungen nicht zu rechnen brauchten (→ Rn. 107). Gibt das Gericht einen rechtlichen Hinweis, hat es die Beteiligten auf eine Änderung der rechtlichen Beurteilung hinzuweisen, wenn es an der zunächst geäußerten Rechtsauffassung nicht mehr festhalten will (BVerwG NVwZ 2011, 696 Rn. 11). Der unterbliebene Hinweis führt zu einer Verletzung rechtlichen Gehörs, wenn der Beteiligte aufgrund des gebotenen Hinweises weiter zur Sache Entscheidungserhebliches vorgetragen hätte, mit dem das Gericht sich in den Entscheidungsgründen hätte auseinandersetzen müssen. Der Revisionskläger muss deshalb darlegen, dass er sich geäußert hätte und was er dabei vorgetragen hätte.[93]

147 Ein Beteiligter kann aber nicht generell erwarten, das Gericht werde zumindest „Andeutungen" zur Rechtslage und zur Einschätzung des Sachverhalts machen. Eine Überraschungsentscheidung liegt nicht vor, wenn das Gericht einen Rechtsstandpunkt eingenommen hat, der aufgrund der vorhandenen Rspr. bekannt sein konnte.[94] Will das Gericht von seiner bisherigen Rspr. abweichen, kann unter dem Gesichtspunkt des Vertrauensschutzes ein Hinweis an die Beteiligten erforderlich sein.[95]

148 Ein Beteiligter darf auch nicht mit einer Tatsachenwürdigung überrascht werden, die von keiner Seite als möglich vorausgesehen werden konnte (BFH BFH/NV 2002, 36,37). Ein Gericht ist aber i.d.R. nicht verpflichtet, seine Schlussfolgerung aus den ihm vorliegenden Tatsachen mit den Beteiligten zu erörtern, zumal diese Würdigung letztlich erst in der abschließenden Beratung vorgenommen werden kann.[96]

149 Hat das Gericht eine Beweisaufnahme beschlossen, muss es die Beteiligten rechtzeitig vor einer Sachentscheidung unterrichten, wenn es den Beweisbeschluss nicht oder nicht vollständig ausführen will.[97] Hebt das Gericht einen Beweisbeschluss auf, muss es den Beteiligten vor der Sachentscheidung Gelegenheit zur Stellungnahme geben.

150 **f) Mündliche Verhandlung.** Findet eine mündliche Verhandlung statt, begründet der Anspruch auf rechtliches Gehör das Recht der Beteiligten auf Äußerung in dieser Verhandlung. Zum rechtlichen Gehör gehört auch der Anspruch eines Beteiligten, sich in der Verhandlung durch einen rechtskundigen Prozessbevollmächtigten vertreten zu lassen.[98] Dem Gebot rechtlichen Gehörs genügt das Gericht regelmäßig dadurch, dass es eine mündliche Verhandlung anberaumt, die Beteiligten ordnungsgemäß lädt und die mündliche Verhandlung zu dem festgesetzten Zeitpunkt eröffnet sowie in ihr Gelegenheit zur Äußerung gibt.[99]

151 **aa) Ladung.** Der Anspruch auf rechtliches Gehör ist nicht allein deshalb verletzt, weil das Gericht bei der Ladung eines Beteiligten die Ladungsfrist nicht eingehalten oder diese verkürzt hat, obwohl ein dringender Fall i.S.d. § 102 Abs. 1 S. 2 nicht vorlag. Das rechtliche Gehör kann aber verletzt sein, wenn der Beteiligte sich in der ihm verbleibenden Zeit auf die mündliche Verhandlung nicht ausreichend vorbereiten konnte oder ihm eine Teilnahme an dem Termin wegen zu kurzfristiger Ladung nicht möglich war.[100] Um sich rechtliches Gehör zu verschaffen, muss er aber derartige Gründe mit

---

93 BVerwG 24.9.1992 Buchholz 451.512 MGVO Nr. 61; 26.5.1998 Buchholz 310 § 138 Ziff. 3 VwGO Nr. 46.
94 BVerwG NVwZ-RR 2001, 798, 800; 7.10.2004 Buchholz 402.25 § 1 AsylVfG Nr. 293; hingegen kann ein Verstoß gegen rechtliches Gehör vorliegen, wenn das Gericht ohne vorherigen Hinweis seine Entscheidung auf eine vereinzelte Literaturmeinung stützt: StGH Hess NJW-RR 2002, 424.
95 BVerwG NVwZ-RR 2001, 798, 800; 22.12.2004 Buchholz 310 § 86 Abs. 3 VwGO Nr. 59; 8.6.2015 Buchholz 11 Art. 20 GG Nr. 219; BVerwG 16.1.2018 – 7 B 3.17.
96 Vgl. BVerwG 31.8.1979 Buchholz 310 § 108 VwGO Nr. 109; GewArch 1995, 114.
97 BVerwGE 17, 172, 173; BVerwG 16.8.1973 Buchholz 310 § 138 Ziff. 3 VwGO Nr. 20; enger wohl BFH BFH/NV 2006, 1308.
98 BVerwG 9.12.1983 Buchholz 310 § 108 VwGO Nr. 141; NVwZ 1989, 857; VGH Mannheim VBlBW 2001, 453, 454; anders wohl BVerwG 9.7.1980 Buchholz 310 § 138 Ziff. 3 VwGO Nr. 31.
99 Zu Einzelheiten vgl. auch A. *Scheidler* BayVBl 2012, 326.
100 BVerwGE 44, 307; BVerwG 8.3.2006 Buchholz 310 § 102 VwGO Nr. 24; 22.12.2009 Buchholz 310 § 102 VwGO Nr. 25.

einem Antrag auf Aufhebung oder Verlegung des Termins geltend machen (BVerwG NJW 1987, 2694).

Der Anspruch auf rechtliches Gehör ist verletzt, wenn das Gericht in Abwesenheit eines Beteiligten 152 mündlich verhandelt hat, obwohl er zu der Verhandlung nicht ordnungsgemäß geladen war, eine ordnungsgemäße Ladung sich jedenfalls nicht zweifelsfrei nachweisen lässt.[101]

Weiß das Gericht aus dem Rücklauf der Postzustellungsurkunde, dass die Ladung nur durch Niederlegung 153 gung zugestellt ist, ist das Gericht nicht stets gehalten, sich vor der mündlichen Verhandlung zu vergewissern, ob die Ladung abgeholt worden ist. Es ist grds. Sache des Beteiligten die Ladung abzuholen. Unterlässt er dies, hat er nicht alles Erforderliche zur Wahrung seines rechtlichen Gehörs getan (BVerwG 10.1.2003 – 7 B 72.02).

bb) Aufruf der Sache. Aus dem Anspruch auf rechtliches Gehör ergeben sich Anforderungen an einen 154 ordnungsgemäßen Aufruf der Sache (§ 103 Abs. 2).[102]

cc) Eröffnung der mündlichen Verhandlung. Ist zur festgesetzten Terminsstunde ein ordnungsgemäß 155 geladener Beteiligter nicht anwesend, liegt es grds. im Ermessen des Vorsitzenden, ob er dennoch die mündliche Verhandlung sogleich eröffnet (§ 103 Abs. 1) oder noch eine gewisse Zeit abwartet.[103]

Tritt bei der Anreise zum Termin ein Umstand ein, der dem Beteiligten oder seinem Prozessbevoll- 156 mächtigten ein rechtzeitiges Erscheinen zur Verhandlung unmöglich macht, muss er dem Gericht mitteilen, ob und ggf. wann er noch zur mündlichen Verhandlung erscheinen kann. Ist dies unterblieben, ist es nicht zu beanstanden, wenn das Gericht die mündliche Verhandlung zur angesetzten Terminsstunde eröffnet und ohne den abwesenden Beteiligten oder seinen Prozessbevollmächtigten verhandelt.[104] Ist zwar der Beteiligte, nicht aber sein Prozessbevollmächtigter zur angesetzten Terminsstunde erschienen, kann das Gericht ebenfalls die mündliche Verhandlung eröffnen und in Abwesenheit des Prozessbevollmächtigten verhandeln, wenn der erschienene Beteiligte damit einverstanden ist.[105]

Erfährt das Gericht vor Beginn der mündlichen Verhandlung, dass der Prozessbevollmächtigte eines 157 Beteiligten den Termin zwar wahrnehmen will, aus von ihm nicht zu vertretenden Gründen aber nicht pünktlich erscheinen kann, so hat es zur Wahrung des rechtlichen Gehörs mit der Eröffnung der mündlichen Verhandlung zu warten, sofern und solange das mit dem Interesse an der Einhaltung der Tagesordnung zu vereinbaren ist.[106] Hat ein Beteiligter sein Erscheinen oder die Möglichkeit einer geringen Verspätung ausdrückl. angekündigt, kann er im Allgemeinen damit rechnen, dass das Gericht eine gewisse Zeit wartet.[107] Ist ein (weiteres) Zuwarten nicht (mehr) vertretbar, muss der Termin zur Gewährung rechtlichen Gehörs gem. § 173, § 227 ZPO von Amts wegen aufgehoben oder verlegt werden. Voraussetzung hierfür ist, dass der Prozessbevollmächtigte alles Erforderliche und ihm Mögliche getan hat, um den Verhandlungstermin rechtzeitig wahrzunehmen (zu den erforderlichen Anstrengungen etwa BVerwG NJW 1988, 577), hieran jedoch ohne sein Verschulden gehindert worden ist.[108] Trifft der Prozessbevollmächtigte erst zu einem Zeitpunkt ein, zu dem die mündliche Verhandlung zwar bereits geschlossen, eine Entscheidung aber noch nicht verkündet ist, muss er die Wiedereröffnung der mündlichen Verhandlung beantragen.[109] Haben sich die anderen Beteiligten bereits entfernt, muss das Gericht aufgrund des dargelegten Verspätungsgrundes die Entscheidung verkünden, dass ein neuer Termin zur mündlichen Verhandlung anberaumt werde (BVerwG NVwZ 1989, 857; NJW 1992, 3185).

101 BVerwG 17.11.1983 Buchholz 310 § 138 Ziff. 3 VwGO Nr. 37; 25.1.2005 – 7 B 93.04; zu einem verloren gegangenen Empfangsbekenntnis BVerwG, NJW 2015, 3386; zu einer Ladung durch Telefax vgl. BFH BFH/NV 2003, 1426.
102 Ausf. BVerfGE 42, 364, 369 ff.; BVerwGE 72, 28 ff.
103 BVerwG NJW 1986, 206, 207; NVwZ 1989, 857; OVG Münster NVwZ-RR 2002, 785; vgl. auch VerfGH Bln JR 2002, 11: Wartezeit von 15 Minuten sei üblich.
104 BVerwG 25.11.1987 Buchholz 310 § 108 VwGO Nr. 196; NVwZ 1989, 857.
105 BVerwG NVwZ 1989, 857; OVG Münster NVwZ-RR 2002, 785.
106 BVerwG NJW 1979, 1619; 10.12.1985 Buchholz 310 § 108 VwGO Nr. 178; 11.4.1989 Buchholz 310 § 104 VwGO Nr. 23; NJW 1992, 3185.
107 BVerwG NJW 1986, 206, 207: zehn Minuten zu kurz; vgl. auch VerfGH Bln JR 2002, 11.
108 BVerwG 10.12.1985 Buchholz 310 § 108 VwGO Nr. 178; 26.11.1987 Buchholz 303 § 227 ZPO Nr. 10; 11.4.1989 Buchholz 310 § 104 VwGO Nr. 23; 27.11.1989 Buchholz 303 § 227 ZPO Nr. 14; 25.11.1987 Buchholz § 108 VwGO Nr. 196; NJW 1992, 3185.
109 BVerwG NJW 1992, 3185; vgl. auch BVerwG 6.12.1988 Buchholz 310 § 108 VwGO Nr. 210.

158 **dd) Vertagung der mündlichen Verhandlung.** Ein Beteiligter kann in der mündlichen Verhandlung einen Antrag auf Vertagung der Verhandlung stellen, dem das Gericht zu entsprechen hat, wenn erhebliche Gründe die Vertagung verlangen (§ 173, § 227 Abs. 1 S. 1 ZPO).[110] Erhebliche Gründe für eine Vertagung können etwa vorliegen, wenn das Gericht in der mündlichen Verhandlung auf einen bis dahin nicht erörterten rechtlichen Gesichtspunkt hinweist, zu dem der Prozessbevollmächtigte eines Beteiligten sich nicht ohne Rücksprache mit seinem abwesenden Mandanten und nicht ohne weitere tatsächliche Informationen durch diesen äußern kann.[111]

159 In diesen Fällen hat aber eine mündliche Verhandlung stattgefunden, an welcher der Revisionskläger teilnehmen und in der er sich äußern konnte. Eine Verletzung rechtlichen Gehörs setzt voraus, dass das Gericht ihm durch die rechtswidrige Ablehnung der Vertagung die Möglichkeit zu weiterem entscheidungserheblichen Vortrag abgeschnitten hat. Der Revisionskläger muss darlegen, was er noch Entscheidungserhebliches hätte vortragen können, wenn die Verhandlung vertagt worden wäre.[112]

160 Ein Verstoß gegen den Anspruch auf rechtliches Gehör liegt ferner regelmäßig vor, wenn das Gericht ein Endurteil verkündet, ohne zuvor durch einen gesondert verkündeten Beschluss über den Antrag auf Vertagung zu entscheiden und die mündlichen Verhandlung mit der Gelegenheit fortzusetzen, der Prozesslage entsprechende Sachanträge zu stellen.[113]

161 **ee) Erörterung in der Verhandlung.** Der Anspruch auf rechtliches Gehör ist verletzt, wenn das Gericht die mündliche Verhandlung auf einen von mehreren Streitpunkten beschränkt, dann aber über den gesamten Sachverhalt entscheidet, ohne den Beteiligten Gelegenheit zu geben, zu weiteren Streitpunkten Stellung zu nehmen.[114]

162 nicht besetzt

163 Ist ein Beteiligter trotz ordnungsgemäßer Ladung zur mündlichen Verhandlung nicht erschienen, muss er damit rechnen, dass die anderen Beteiligten ihr bisheriges Vorbringen in der mündlichen Verhandlung in rechtlicher oder tatsächlicher Hinsicht ergänzen. Das Gericht kann dieses Vorbringen bei seiner Entscheidung berücksichtigen, ohne dem fern gebliebenen Beteiligten besonders Gelegenheit zur Äußerung zu geben.[115] Das Gericht darf aber schriftliches Vorbringen eines Beteiligten nur zugrunde legen, wenn es den anderen Beteiligten rechtzeitig vor der mündlichen Verhandlung zur Kenntnis gegeben worden ist.[116] Ein Beteiligter muss aber nicht damit rechnen, dass im Wege der Klageänderung ein neuer Streitgegenstand in das Verfahren eingeführt und aufgrund der mündlichen Verhandlung sofort über diesen Streitgegenstand entschieden wird. Das Gericht muss dem fern gebliebenen Beteiligten Gelegenheit zur Äußerung zu der geänderten Klage geben.[117]

164 **gg) Entscheidung ohne mündliche Verhandlung durch Beschluss nach § 130 a.** Das Berufungsgericht kann nach § 130 a über die Berufung durch Beschluss ohne mündliche Verhandlung entscheiden. Die Beteiligten sind vorher hierzu anzuhören (§ 130 a S. 2, § 125 Abs. 2 S. 3). Fehlte es an einer Anhörung überhaupt[118] oder war die Anhörung nicht ordnungsgemäß (→ § 130 a Rn. 17 ff.),[119] durfte das Berufungsgericht von einer mündlichen Verhandlung nicht absehen. Weil in diesem Fall die vorgeschriebene mündliche Verhandlung unterblieben ist, ist allein deshalb das rechtliche Gehör der Beteiligten verletzt und der absolute Revisionsgrund des § 138 Nr. 3 gegeben.[120] Es kommt nicht darauf an, ob das Gericht auch bei ordnungsgemäßer Anhörung von einer mündlichen Verhandlung hätte absehen dür-

---

110 BVerwGE 44, 307.
111 BVerwG DVBl 1982, 635; ähnl. BVerwG 11.3.1981 Buchholz 310 § 108 VwGO Nr. 119.
112 BVerwG 13.8.1981 Buchholz 310 § 138 Ziff. 3 VwGO Nr. 33.
113 Vgl. aber auch BVerwG 10.5.1984 Buchholz 310 § 108 VwGO Nr. 149.
114 BVerwG 13.8.1965 Buchholz § 138 Ziff. 3 VwGO Nr. 17; NVwZ 2002, 87, 89.
115 Dazu BVerwG 7.8.1967 Buchholz 310 § 108 VwGO Nr. 30; BVerwGE 61, 145; BVerwG 25.5.1988 Buchholz 310 § 108 VwGO Nr. 201; a.A. BFH BFH/NV 2004, 51, 52.
116 BVerwGE 78, 30; BVerwG 25.5.1988 Buchholz 310 § 108 VwGO Nr. 201.
117 BVerwG 20.12.2000 Buchholz 310 § 108 Abs. 2 VwGO Nr. 31.
118 Dem steht gleich, dass der Zugang eines Anhörungsschreibens nicht festgestellt werden kann: BVerwG 25.4.2005 Buchholz 310 § 130 a VwGO Nr. 72.
119 Zu den Anforderungen hieran: BVerwG DÖV 2008, 79; 27.11.2007 – 5 B 83.06; 24.3.2006 – 10 B 55.05.
120 BVerwG 6.3.1990 Buchholz 312 EntlG Nr. 60; NVwZ-RR 1994, 120; NVwZ-RR 1994, 362; NVwZ-RR 1998, 783; NVwZ 1999, 1107; 24.3.2006 – 10 B 55.05; DÖV 2008, 79. Anders BVerwG 28.4.1997 Buchholz 421.0 Prüfungswesen Nr. 380: Danach soll es darauf ankommen, ob der Revisionskläger durch die nicht ordnungsgemäße Anhörung von weiterem entscheidungserheblichem Vortrag abgehalten worden ist. Die Entscheidung übersieht, dass

fen. Der Revisionskläger braucht nur darzulegen, dass und aus welchem Grund die Anhörung den gesetzlichen Anforderungen nicht genügt hat und die Voraussetzungen für eine Entscheidung durch Beschluss nicht vorlagen.[121] Die Verletzung rechtlichen Gehörs, die den absoluten Revisionsgrund ausmacht, liegt in dem gesetzwidrigen Unterbleiben einer mündlichen Verhandlung. Dasselbe gilt, wenn eine erforderliche erneute Anhörung unterblieben ist.[122]

Das rechtliche Gehör ist ferner verletzt, wenn das OVG ermessensfehlerhaft von der Möglichkeit einer 165
Entscheidung durch Beschluss nach § 130 a Gebrauch gemacht hat. Das ist der Fall, wenn der Verzicht auf eine mündliche Verhandlung auf sachfremden Erwägungen oder auf grober Fehleinschätzung beruht, etwa weil die Rechtssache außergewöhnlich große Schwierigkeiten in rechtlicher oder tatsächlicher Hinsicht aufweist.[123]

nicht besetzt 166

Hat das VG ohne mündliche Verhandlung durch Gerichtsbescheid entschieden, kann das OVG der Be- 167
rufung nicht ohne mündliche Verhandlung durch Beschluss nach § 130 a stattgeben (BVerwGE 116, 123). Dadurch würde der Anspruch des Beteiligten auf rechtliches Gehör verletzt, der in erster Instanz obsiegt hat. Der Beteiligte ist gehalten, sich Gehör zu verschaffen. Hört ihn das OVG zu seiner Absicht an, über die Berufung nach § 130 a durch Beschluss zu entscheiden, und weist es dabei (ordnungsgemäß) darauf hin, dass es der Berufung voraussichtlich stattgegeben wird, muss der Beteiligte deutlich machen, dass er eine mündliche Verhandlung wünscht. Ebenso wenig darf das OVG durch Beschluss nach § 130 a entscheiden, wenn das VG verfahrensfehlerhaft gänzlich ohne mündliche Verhandlung oder ohne Beteiligung des nicht ordnungsgemäß geladenen Klägers an der mündlichen Verhandlung entschieden hat (BVerwG 8.8.2007 – 10 B 74.07).

hh) Verwerfung der Berufung ohne mündliche Verhandlung nach § 125 Abs. 2. Nach § 125 Abs. 2 168
kann eine unzulässige Berufung ohne mündliche Verhandlung durch Beschluss verworfen werden. Nach § 125 Abs. 2 S. 3 sind die Beteiligten dazu vorher zu hören. Hat das Berufungsgericht ohne eine solche Anhörung durch Beschluss entschieden, ist der Anspruch der Beteiligten auf rechtliches Gehör verletzt. Der Beschluss beruht nach § 138 Nr. 3 stets auf dieser Verletzung (BVerwG 8.12.1993 – 11 C 41.92). Der Revisionskläger braucht nicht darzulegen, was er bei ordnungsgemäßer Anhörung etwa zur Zulässigkeit der Berufung oder zu der beabsichtigten Verfahrensweise noch vorgetragen hätte. Ist die Anhörung gesetzwidrig unterblieben, durfte der Beschluss schon deshalb nicht ergehen.

ii) Entscheidung im Normenkontrollverfahren ohne mündliche Verhandlung. Nach § 47 Abs. 5 S. 1 169
entscheidet das OVG im Normenkontrollverfahren durch Urteil oder, wenn es eine mündliche Verhandlung nicht für erforderlich hält, durch Beschluss. Dieses Verfahrensermessen wird nach Auffassung des BVerwG durch Art. 6 Abs. 1 S. 1 EMRK eingeschränkt. Wendet sich der Eigentümer eines im Plangebiet gelegenen Grundstücks gegen eine Festsetzung in einem Bebauungsplan, die unmittelbar sein Grundstück betrifft, ist über seinen Normenkontrollantrag aufgrund einer mündlichen Verhandlung zu entscheiden, es sei denn, der Antrag ist offensichtlich unzulässig. Entscheidet das OVG über einen solchen Normenkontrollantrag ohne mündliche Verhandlung durch Beschluss, liegt der absolute Revisionsgrund des § 138 Nr. 3 vor (BVerwGE 110, 203; BVerwG 26.2.2008 – 4 BN 51.07). Ist der Antragsteller nicht Eigentümer eines Grundstücks im Geltungsbereich des streitigen Bebauungsplans, ist unsicher, in welchen Fällen das OVG ermessensfehlerfrei von einer mündlichen Verhandlung absehen kann. Nach der Rspr. des BVerwG soll maßgeblich sein, ob die angegriffene planerische Festsetzung auf das Grundeigentum des Antragstellers unmittelbar einwirkt und welche konkreten Beeinträchtigungen bspw. erst in einem nachfolgenden Baugenehmigungsverfahren zu beurteilen sind (BVerwG NVwZ 2002, 87).

---

die Verletzung rechtlichen Gehörs in dem Unterbleiben einer mündlichen Verhandlung liegt. Anders ebenfalls BSG NJW-RR 2010, 282 für den Fall, dass die Anhörung wegen einer unangemessen kurzen Äußerungsfrist nicht den Anforderungen entsprach.
121 BVerwG 24.3.2006 – 10 B 55.05.
122 BVerwG 28.6.1983 Buchholz 312 EntlG Nr. 32; 6.3.1990 Buchholz 312 EntlG Nr. 60; NVwZ-RR 1994, 120; 16.3.1994 Buchholz 442.151 § 46 StVO Nr. 10; 24.11.1994 Buchholz 310 § 130 a VwGO Nr. 12; 28.4.1997 Buchholz 421.0 Prüfungswesen Nr. 380; BayVBl 1997, 253; 4.4.2003 Buchholz 310 § 130 a VwGO Nr. 62; 22.6.2007 – 10 B 56.07.
123 BVerwGE 121, 211; BVerwGE 138, 289 Rn. 21 ff.; BVerwG NVwZ-RR 2012, 295 Rn. 4.

170 **jj) Urteil ohne mündliche Verhandlung.** Entscheidet das Gericht durch Urteil ohne mündliche Verhandlung, ist stets der absolute Revisionsgrund des § 138 Nr. 3 gegeben, wenn der Revisionskläger sein Einverständnis mit einer Entscheidung ohne mündliche Verhandlung nicht oder nicht wirksam erklärt hat (§ 101 Abs. 2).[124] Ändert sich die Prozesslage nach dem Verzicht wesentlich, ist der Verzicht dadurch zwar weder verbraucht noch widerruflich.[125] Jedoch steht es im Ermessen des Gerichts, ob es trotz wirksamen Verzichts ohne mündliche Verhandlung entscheidet. Das Gericht hat in diesem Zusammenhang dafür einzustehen, dass trotz der unterbleibenden mündlichen Verhandlung das rechtliche Gehör der Beteiligten nicht verletzt wird (BVerwG NVwZ-RR 2004, 77; 26.6.2009 – 8 B 56.09, juris Rn. 12). Daraus kann sich auch die Pflicht ergeben, eine mündliche Verhandlung anzuberaumen, wenn ein Beteiligter geltend macht, eine wesentliche Änderung der Prozesslage erfordere unter dem Gesichtspunkt seines rechtlichen Gehörs deren Durchführung (BVerwG 1.3.2006 – 7 B 90.05).

171 Geht ein Schriftsatz ein, nachdem das Gericht die Entscheidung durch Unterzeichnung des Urteils gefällt hat, aber bevor die Entscheidung zur Zustellung der Post übergeben ist, muss das Gericht den Schriftsatz noch berücksichtigen und kenntlich machen, dass dies geschehen ist. Fehlt es daran, muss das Rechtsmittelgericht davon ausgehen, dass der Schriftsatz bei der Entscheidung nicht berücksichtigt und damit der Anspruch auf rechtliches Gehör des Beteiligten verletzt worden ist (OLG Zweibrücken Rpfleger 2002, 439).

172 **g) Prozesskostenhilfe.** Problematisch ist, ob im Revisionsverfahren geltend gemacht werden kann, die Vorinstanz habe den Anspruch auf rechtliches Gehör dadurch verletzt, dass sie einen Antrag auf Bewilligung von Prozesskostenhilfe und damit einhergehend die Beiordnung eines Rechtsanwalts zu Unrecht abgelehnt hat.[126] Entscheidungen des OVG über die Versagung von Prozesskostenhilfe sind unanfechtbar (§ 152) und unterliegen deshalb nach § 173, § 557 Abs. 2 ZPO keiner Überprüfung des Revisionsgerichts. Das BVerwG kann aber überprüfen, ob wegen ihrer Fehlerhaftigkeit die anfechtbare Endentscheidung gegen eine verfassungsrechtliche Verfahrensgarantie verstößt, etwa den Anspruch auf rechtliches Gehör. Dabei hat das BVerwG indes zu beachten, dass es Aufgabe des Tatsachengerichts war, bei der Entscheidung über die Gewährung der Prozesskostenhilfe in summarischer Einschätzung der damaligen Prozesslage die Erfolgsaussicht zu würdigen und sich über die Erforderlichkeit der Beiordnung eines Rechtsanwalts sein Urteil zu bilden. Diese tatrichterliche Einschätzung unterliegt nur in Grenzen einer revisionsgerichtlichen Beurteilung. Das BVerwG hat seine Prüfung darauf zu beschränken, ob die Vorinstanz den Sinn der Prozesskostenhilfe und der Beiordnung eines Rechtsanwalts als verfahrensrechtliche Ausgestaltung des Anspruchs auf rechtliches Gehör verkannt hat, ob es sich von sachfremden Erwägungen hat leiten lassen.

173 **h) Prozesspfleger.** Hält das Gericht einen Kläger für (partiell) prozessunfähig, kann es der Grundsatz rechtlichen Gehörs erfordern, dem Kläger einen Pfleger für den Prozess zu bestellen. Nach § 62 Abs. 4, § 57 ZPO ist die Bestellung eines Prozesspflegers an sich nur für den Beklagten vorgesehen. Nach der Rspr. des BVerwG ist aber die Bestellung eines Vertreters auch für den prozessunfähigen Kläger in engen Grenzen erforderlich. Erforderlich ist sie insbes. auf dem Gebiet der Eingriffsverwaltung.[127] Liegt diese Voraussetzung nicht vor, ist der Anspruch auf rechtliches Gehör nicht verletzt, wenn die Bestellung eines besonderen Vertreters unterblieben ist (BVerwG 9.12.1986 Buchholz 303 § 57 ZPO Nr. 2). In anderen Fällen kann es erforderlich sein, vor eine Abweisung der Klage als unzulässig den Kläger darauf hinzuweisen, dass er für eine ordnungsgemäße Vertretung durch Bestellung eines Betreuers sorgen müsse, und dem Kläger hierfür ausreichend Zeit einzuräumen (BAG FamRZ 2009, 1665).

174 **i) Terminsverlegung.** Ein anberaumter Termin zur mündlichen Verhandlung kann nach § 173, § 227 ZPO aufgehoben oder verlegt werden. Der Beteiligte kann eine solche Änderung verlangen, wenn er

---

124 BVerwG DVBl 2003, 747; NVwZ 2009, 59; zu den Anforderungen an ein wirksames Einverständnis vgl. BVerwGE 14, 17, 18; 22, 271, 272; BVerwG NJW 1969, 252; BVerwGE 62, 6; BVerwG 22.6.1982 Buchholz 310 § 101 VwGO Nr. 13; NJW 1984, 645; OVG Bautzen SächsVBl 2008, 123.
125 BVerwG 1.3.2006 – 7 B 90.05; a.A. BFH 19.4.2016 – IX B 110/15, juris Rn. 14 m.w.N.
126 BVerwG 26.7.1974 Buchholz 310 § 166 VwGO Nr. 11; BVerwGE 51, 111; 51, 277; *Kopp/Schenke* § 138 Rn. 10.
127 BVerwGE 23, 15; BVerwG 22.5.1974 Buchholz 310 § 133 VwGO Nr. 12; 21.8.1979 Buchholz 310 § 62 VwGO Nr. 14; 9.12.1986 Buchholz 303 § 57 ZPO Nr. 2.

an dem anberaumten Termin aus „erheblichen Gründen" verhindert ist.[128] Lehnt das Gericht den Antrag auf Aufhebung oder Verlegung des Termins ab, obwohl der Beteiligte aus erheblichen Gründen an einer Teilnahme gehindert ist, und bleibt der Beteiligte deshalb der mündlichen Verhandlung fern, ist sein Anspruch auf rechtliches Gehör verletzt.[129] Die Verletzung des rechtlichen Gehörs erfasst den gesamten Prozessstoff. Der Revisionskläger braucht nicht darzulegen, was er in der mündlichen Verhandlung vorgetragen hätte, wenn das Gericht nicht seine Teilnahme an ihr verhindert hätte.[130]

Diese Grundsätze gelten zum einen dann, wenn der Beteiligte nicht durch einen Prozessbevollmächtigten vertreten ist und in seiner Person ein erheblicher Grund vorliegt, der seiner Teilnahme an der mündlichen Verhandlung entgegensteht.[131] Sie gelten zum anderen dann, wenn der Beteiligte durch einen Rechtsanwalt als Prozessbevollmächtigten vertreten ist und in dessen Person derartige Gründe vorliegen.[132] In diesem Fall kommt es nicht darauf an, ob der Beteiligte den Termin persönlich wahrnehmen könnte (anders BVerwG 9.7.1980 Buchholz 310 § 138 Ziff. 3 VwGO Nr. 31). Denn der Anspruch auf rechtliches Gehör umfasst das Recht, sich in der mündlichen Verhandlung durch einen rechtskundigen Vertreter zu äußern, und zwar unabhängig davon, ob es sich um ein Verfahren handelt, für das nach § 67 Vertretungszwang besteht.[133] 175

j) Verspätete Entscheidungsfindung. § 116 Abs. 2 gebietet, dass der Richter sich unmittelbar nach der mündlichen Verhandlung, spätestens aber zwei Wochen danach i.E. festlegt. Die fristgerechte Fällung der Entscheidung soll den Beteiligten gewährleisten, dass das Gericht ihr schriftliches und mündliches Vorbringen nicht nur zur Kenntnis genommen, sondern bei der Entscheidungsfindung auch tatsächlich in Erwägung gezogen hat. § 116 Abs. 2 sichert damit den Anspruch der Beteiligten auf Gewährung rechtlichen Gehörs[134] (→ § 116 Rn. 36). 176

§ 116 Abs. 2 knüpft nicht oder jedenfalls nicht in erster Linie an das richterliche Erinnerungsvermögen an. Gegen die Vorschrift ist bereits dann verstoßen, wenn die dort vorgeschriebene Frist von zwei Wochen für die Entscheidungsfindung auch nur um einen Tag überschritten wird. Der Richter handelt zwar verfahrensfehlerhaft, wenn er sich erst nach Ablauf der Frist von zwei Wochen i.E. festlegt. Wenn er dabei das gesamte schriftsätzliche und mündliche Vorbringen der Beteiligten zur Kenntnis nimmt und bedenkt, liegt aber nicht zugleich auch ein Verstoß gegen die Gewährleistung rechtlichen Gehörs vor (BVerwGE 110, 40, 47 f.). 177

Wie bei allen Verstößen gegen Vorschriften, die einfachrechtlich den Grundsatz rechtlichen Gehörs ausprägen, ist vielmehr auch bei einem Verstoß gegen § 116 Abs. 2 die Feststellung erforderlich, dass die verspätete Entscheidungsfindung zu einer Verletzung rechtlichen Gehörs geführt hat. Die Feststellung dieser Ursächlichkeit wird nicht durch § 138 Nr. 3 erleichtert. Sie ist vom Revisionskläger darzulegen. Maßgeblich sind die konkreten Umstände des Einzelfalls (BVerwGE 119, 329, 339 f.). Dabei kommt dem Ausmaß, in dem die Frist überschritten ist, eine wichtige Bedeutung als Indiz zu (vgl. auch BVerfG NJW 1990, 651; → § 116 Rn. 36). Die Darlegung einer Verletzung rechtlichen Gehörs verlangt in diesen Fällen ferner den Vortrag, dass der Revisionskläger in der mündlichen Verhandlung rechtliche oder tatsächliche Gesichtspunkte vorgetragen hat, die sich nicht bereits in seinen Schriftsätzen fanden und die das Gericht nicht berücksichtigt hat (BVerwGE 110, 40, 47 f.). 178

---

128 Zu den erheblichen Gründen und ihrer Darlegung vgl. BVerwGE 50, 275, 276; BVerwG NJW 1986, 2897; 26.11.1987 Buchholz 303 § 227 ZPO Nr. 10; BVerwGE 81, 229, 232; BVerwG NVwZ-RR 1990, 442; 3.8.1994 Buchholz 310 § 108 VwGO Nr. 257; 5.12.1994 Buchholz 310 § 108 VwGO Nr. 259; 23.1.1995 Buchholz 303 § 227 ZPO Nr. 21; 17.3.1995 Buchholz 310 § 108 VwGO Nr. 262; 2.11.1998 Buchholz 310 § 108 VwGO Nr. 285; NJW 1999, 2608; NJW 2001, 2735; 4.2.2002 Buchholz 303 § 227 ZPO Nr. 31; 29.4.2004 – 3 B 118.03; 29.4.2004 Buchholz 303 § 227 ZPO Nr. 32; NJW 2006, 2648, 2649; 14.11.2006 – 10 B 48.06; 31.5. 2007 Buchholz 303 § 227 ZPO Nr. 34; 9.8.2007 – 5 B 10.07; OVG Bautzen NJW 2011, 3177; OVG Lüneburg NJW 2011, 1986; OVG Magdeburg NVwZ 2009, 192.
129 BVerwG NJW 1992, 2042; OVG Bautzen SächsVBl 2004, 11; OVG Schleswig NVwZ-RR 2002, 154.
130 BVerwG 28.8.1992 Buchholz 310 § 108 VwGO Nr. 252; NVwZ 1995, 373, 375; 2.11.1998 Buchholz 310 § 108 VwGO Nr. 285; 9.8.2007 – 5 B 10.07.
131 BVerwG NJW 1992, 2042; einschränkend BVerwG NJW 2006, 2648, 2649: der Beteiligte muss sich in diesem Fall grds. um einen Terminsvertreter bemühen.
132 BVerwG 9.8.2007 – 5 B 10.07; OVG Lüneburg NJW 2011, 1986.
133 Vgl. etwa BVerwG 9.12.1983 Buchholz 310 § 108 VwGO Nr. 141; 11.4.1989 Buchholz 310 § 104 VwGO Nr. 23; NJW 1992, 3185; VGH Mannheim VBlBW 2001, 453, 454; OVG Schleswig NVwZ-RR 2002, 154.
134 BVerfG NJW 1990, 651; NJW 2008, 3276; BVerwGE 106, 366; 110, 40, 47 f.

179   § 116 Abs. 2 gilt nur für Urteile, die aufgrund mündlicher Verhandlung erlassen werden. Die Vorschrift ist nicht anwendbar, wenn die Beteiligten in oder nach einer mündlichen Verhandlung auf weitere mündliche Verhandlung verzichten. Deshalb ist unerheblich, wann das Gericht nach einer mündlichen Verhandlung das Urteil im schriftlichen Verfahren erlässt (BVerwG NVwZ-RR 2003, 460, 461).

180   **k) Wiedereinsetzung in den vorigen Stand.** Das Recht auf Wiedereinsetzung dient dazu, den Anspruch auf rechtliches Gehör zu verwirklichen. Die gesetzwidrige Versagung der Wiedereinsetzung verletzt deshalb den Anspruch auf rechtliches Gehör. § 60 sieht zwar eine Wiedereinsetzung in den vorigen Stand nur bei der Versäumung gesetzlicher Fristen vor. Die Vorschrift ist aber entsprechend anzuwenden, wenn die Durchsetzung des Anspruchs auf rechtliches Gehör dies verlangt, etwa wenn die schuldlose Versäumung einer richterlichen Frist zu einem Ausschluss späteren Vorbringens führt (BVerwG NJW 1994, 673).

IV. Mangelnde Vertretung nach Vorschrift des Gesetzes (Nr. 4)

181   Ein absoluter Revisionsgrund ist gegeben, wenn ein Beteiligter im Verfahren nicht nach den Vorschriften des Gesetzes vertreten war, es sei denn, er hat der Prozessführung ausdrückl. oder stillschweigend zugestimmt.

182   **1. Schutzbereich der Norm.** § 138 Nr. 4 will nach seinem Zweck die Beteiligten schützen, die selbst nicht wirksam handeln, sondern ihre Angelegenheiten nur mit Hilfe eines Dritten regeln können. Die Voraussetzung einer ordnungsgemäßen gesetzlichen Vertretung soll ihr verfassungsrechtlich gewährleistetes Selbstbestimmungsrecht sicherstellen. Wer in einem Verfahren nicht persönlich als Handelnder auftreten kann, soll eine für ihn nachteilige Entscheidung nur hinnehmen müssen, wenn ihm das Handeln eines gesetzlichen Vertreters zugerechnet werden kann. Allgemein will § 138 Nr. 4 einen Beteiligten davor bewahren, zum bloßen Objekt eines Gerichtsverfahrens zu werden, weil er in dem Verfahren nicht wirksam handeln kann oder weil er von dem Verfahren nichts weiß.[135]

183   Die den Vorschriften gemäße Vertretung muss nicht im gesamten Verfahren, sondern braucht nur in der mündlichen Verhandlung gefehlt zu haben, auf die das angefochtene Urteil ergangen ist.

184   § 138 Nr. 4 dient dem Schutz des Beteiligten, der im Verfahren ohne eine Vertretung nach Vorschrift des Gesetzes geblieben ist. Deshalb kann nur er, nicht aber ein anderer Beteiligter diesen Mangel rügen.[136] § 138 Nr. 4 gilt für jeden Beteiligten, also auch für den Beigeladenen.[137] Allerdings ist eine verfahrensfehlerhaft unterbliebene notwendige Beiladung kein Fall mangelnder Vertretung im Verfahren.[138]

185   **2. Anwendungsfälle.** **a) Mangelnde oder eingeschränkte Prozessfähigkeit.** Eine Vertretung nach Vorschrift des Gesetzes fehlt, wenn ein Beteiligter prozessunfähig ist (§ 62), im Verfahren aber ohne gesetzlichen Vertreter bleibt oder für ihn nicht der richtige gesetzliche Vertreter auftritt.[139] Ein Verstoß i.S.d. § 138 Nr. 4 liegt mithin vor, wenn die Vorinstanz einen in Wahrheit prozessunfähigen Beteiligten für prozessfähig gehalten hat.[140]. Von Amts wegen braucht ein Gericht aber die Prozessfähigkeit eines Beteiligten nur zu prüfen, wenn sich vernünftige Zweifel an seiner Prozessfähigkeit ergeben. Beruft sich ein Beteiligter wegen seiner mangelnden Prozessfähigkeit auf den absoluten Revisionsgrund des § 138 Nr. 4, muss er die Tatsachen darlegen, aus denen sich seine fehlende Prozessfähigkeit und damit der behauptete Verfahrensmangel ergeben sollen. Die Mitteilung von Zweifeln und Vermutungen genügt nicht.[141]

---

135 BVerwG 24.5.1988 Buchholz 310 § 133 VwGO Nr. 79; BAG NJW 1991, 1952.
136 BVerwG NVwZ-RR 1997, 319; 10.3.1998 Buchholz 310 § 138 Ziff. 4 VwGO Nr. 7; *M. Eichberger*, in: Schoch/Schneider/Bier § 138 Rn. 109; *W.-R. Schenke*, in: *Kopp/Schenke* § 138 Rn. 22; *I Kraft*, in: Eyermann § 137 Rn. 39; offen gelassen von BVerwG 14.3.1989 Buchholz 310 § 133 VwGO Nr. 88; ebenso BGHZ 63, 78, 79 für den sachgleichen Nichtigkeitsgrund nach § 579 Abs. 1 Nr. 4 ZPO; anders *M. Redeker*, in: Redeker/von Oertzen § 138 Rn. 7.
137 *T. Stuhlfauth*, in: Bader § 138 Rn. 50; *M. Eichberger*, in: Schoch/Schneider/Bier § 138 Rn. 108; *M. Redeker*, in: Redeker/von Oertzen § 138 Rn. 7; *I. Kraft*, in: Eyermann § 137 Rn. 39; *W.-R. Schenke*, in: Kopp/Schenke § 138 Rn. 21.
138 BVerwGE 74, 19, 22; BVerwG NVwZ-RR 1989, 519, 520; ebenso zum Nichtigkeitsgrund des § 579 Abs. 1 Nr. 4 ZPO: BVerwGE 104, 182, 184.
139 BVerwG 26.8.1982 Buchholz 310 § 133 Ziff. 4 VwGO Nr. 3; *I. Kraft*, in: Eyermann § 137 Rn. 40.
140 BVerwG 15.10.1980 Buchholz 310 § 133 VwGO Nr. 29; vgl. auch BAG FamRZ 2009, 1665.
141 BVerwG 26.8.1982 Buchholz 310 § 133 Ziff. 4 VwGO Nr. 3; BGHZ 159, 94, 99.

Der dauernden Prozessunfähigkeit ist die vorübergehende Verhandlungsunfähigkeit in der mündlichen 186
Verhandlung gleichzustellen (BVerwG 23.2.1983 Buchholz 310 § 62 VwGO Nr. 16). Verhandlungsunfähigkeit steht einem Mangel der Vertretung wegen fehlender Prozessfähigkeit gleich, wenn die freie Willensbestimmung durch eine krankhafte Störung der Geistestätigkeit vorübergehend – während der mündlichen Verhandlung – ausgeschlossen ist. Dass dies der Fall war, hat der Revisionskläger substantiiert darzulegen (BVerwG 16.5.1991 Buchholz 427.6 § 13 BFG Nr. 8). Auf eine mögliche Beeinträchtigung der Verhandlungsfähigkeit des Beteiligten kommt es aber nicht an, wenn er durch einen – seinerseits prozessfähigen – Rechtsanwalt vertreten war (BVerwG 23.2.1983 Buchholz 310 § 62 VwGO Nr. 16).

Ist ein Beteiligter mangels Volljährigkeit in seiner Prozessfähigkeit beschränkt und im Prozess noch 187
nicht selbst handlungsfähig, wird er im Prozess durch seine gesetzlichen Vertreter vertreten. Deren Prozessführungsbefugnis endet mit dem Eintritt der Volljährigkeit des Beteiligten. Der bisherige gesetzliche Vertreter wird damit nicht automatisch zum Prozessbevollmächtigten des Beteiligten. Führt er gleichwohl den Prozess für ihn weiter, ist dieser nicht (mehr) nach Vorschrift des Gesetzes vertreten. Allerdings kann sich aus den Umständen ergeben, dass der Beteiligte die weitere Prozessführung durch seinen bisherigen gesetzlichen Vertreter stillschweigend genehmigt hat (BVerwG 19.10.1981 Buchholz 310 § 133 VwGO Nr. 34).

b) Handeln eines nicht berechtigten Vertretungsorgans. Juristische Personen, beteiligtenfähige Verei- 188
nigungen (§ 61 Nr. 2) sowie Behörden können ebenfalls nicht selbst, sondern nur durch ihre Vertretungsorgane handeln. Der absolute Revisionsgrund des § 138 Nr. 4 liegt vor, wenn im Prozess für sie ein nicht vertretungsberechtigtes Organ gehandelt hat (BGH FamRZ 2005, 888; NJW-RR 2007, 98).

c) Mangelnde Beteiligungsfähigkeit. § 138 Nr. 4 findet ferner Anwendung, wenn die Beteiligtenfähig- 189
keit fehlt. Wer nicht beteiligtenfähig ist, ist ebenfalls nicht in der Lage, wirksame Prozesshandlungen vorzunehmen. Ein Urteil kann weder für noch gegen ihn ergehen. Übersieht das Gericht die fehlende Beteiligtenfähigkeit, ergeht die Entscheidung gegen jemanden, der im Verfahren nicht nach Vorschrift des Gesetzes vertreten war.[142]

d) Verlust der Prozessführungsbefugnis. Der **Verlust der Prozessführungsbefugnis** kann ebenfalls dazu 190
führen, dass der Beteiligte nicht mehr nach Vorschrift des Gesetzes vertreten ist. Ist das Verfahren durch Eröffnung des Insolvenzverfahrens unterbrochen (§ 173, § 240 ZPO), ist der Schuldner nicht nach Vorschrift des Gesetzes vertreten, wenn gleichwohl mündlich verhandelt und gegen ihn ein Urteil erlassen wird (BGHZ 172, 250; BGH NJW 2007, 2702).

e) Parteiwechsel. Nach seinem Schutzzweck ist § 138 Nr. 4 auch dann anwendbar, wenn das Verfah- 191
ren für oder gegen jemanden geführt wird, der von dem Verfahren unverschuldet keine Kenntnis hat. Hierzu zählen die Fälle, in denen kraft Gesetzes ein Parteiwechsel eingetreten ist, das Gericht diesen Parteiwechsel aber nicht berücksichtigt, sondern das Verfahren für und gegen die bisherige Partei weiterführt. Ist das Verfahren durch den Tod eines Beteiligten gem. § 173, § 239 ZPO unterbrochen und hat dessen Rechtsnachfolger das Verfahren noch nicht aufgenommen, ist der Rechtsnachfolger nicht nach Vorschrift des Gesetzes vertreten, wenn gleichwohl mündlich verhandelt und gegen die verstorbene Partei ein Urteil erlassen wird, das deren Rechtsnachfolger bindet (BVerwG 24.5.1988 Buchholz 310 § 133 VwGO Nr. 79).

f) Vollmachtlose Vertretung. Das Verfahren wird für oder gegen jemanden geführt, der von dem Ver- 192
fahren unverschuldet keine Kenntnis hat, wenn der Prozess unter seinem Namen von einem anderen geführt wird oder für ihn ein vollmachtloser Vertreter den Prozess führt. In diesen Fällen ist der Beteiligte nicht nach Vorschrift des Gesetzes vertreten. Übersieht das Gericht die mangelnde Vollmacht des Vertreters und trifft es eine Sachentscheidung zulasten des Vertretenen, ist der absolute Revisionsgrund des § 138 Nr. 4 erfüllt. Ein vollmachtloser Vertreter tritt der Sache nach auch dann auf, wenn ein Beteiligter einem Dritten eine Vollmacht für die Wahrnehmung lediglich eines Termins erteilt (Terminsvollmacht), das Gericht aber diese Terminsvollmacht irrtümlich als allgemeine Prozessvollmacht behandelt und deshalb allein noch dem Dritten Kenntnis von allen weiteren Vorgängen gibt, mit der Folge, dass der Prozess an dem Beteiligten „vorbeiläuft". Insoweit ist der bloße Terminsvertreter voll-

---

142 *M. Eichberger*, in: Schoch/Schneider/Bier § 138 Rn. 114; *Kopp/Schenke* § 138 Rn. 21.

machtloser Vertreter; der Beteiligte ist nicht ordnungsgemäß vertreten (BVerwG 10.8.1994 Buchholz 310 § 138 Ziff. 4 VwGO Nr. 6).

193   **g) Mangelnde Postulationsfähigkeit.**   Hat der Beteiligte einen Prozessbevollmächtigten bestellt, dem die erforderliche Postulationsfähigkeit fehlt, ist hingegen der absolute Revisionsgrund des § 138 Nr. 4 nicht erfüllt (BVerwG NJW 2005, 3018). Das Erfordernis einer besonderen Postulationsfähigkeit dient dem öffentlichen Interesse an einem geordneten Gang des Verfahrens und dem Interesse des Beteiligten an ordnungsgemäßer Beratung. Es liegt in dessen Verantwortung, eine vertretungsberechtigte Person auszuwählen, die für ihn vor Gericht wirksam handeln kann.[143]

193a   **h) Beigeordneter Rechtsanwalt.**   Ist dem Beteiligten Prozesskostenhilfe bewilligt und ein Rechtsanwalt beigeordnet worden, ist der Beteiligte weiterhin durch diesen Rechtsanwalt nach Vorschrift des Gesetzes vertreten, auch wenn dieser das Mandat niederlegt (BVerwG 10.4.2006 – 5 B 87.05). Die Beiordnung gem. § 166, § 121 Abs. 1 ZPO verpflichtet den Rechtsanwalt, die Vertretung einer Partei zu übernehmen (§ 48 Abs. 1 Nr. 1 BRAO). Dies steht einer Niederlegung des Mandats durch einseitige Erklärung entgegen; der beigeordnete Rechtsanwalt ist darauf verwiesen, gem. § 48 Abs. 2 die Aufhebung der Beiordnung zu beantragen.

194   **i) Öffentliche Zustellung.**   Ein Beteiligter hat zwar auch dann keine Kenntnis von einem gegen ihn geführten Verfahren, wenn ihm die Klage öffentlich zugestellt worden ist. § 138 Nr. 4 ist aber nicht anwendbar. Das gilt sowohl dann, wenn das Gericht die prozessualen Vorschriften über die öffentliche Zustellung eingehalten hat,[144] als auch dann, wenn die Voraussetzungen einer öffentlichen Zustellung für das Gericht erkennbar nicht vorgelegen haben.[145]

195   **3. Abgrenzung zur Verletzung rechtlichen Gehörs.**   Die Rspr. hat dem § 138 Nr. 4 auch die Fälle zugeordnet, in denen das Gericht bei der Vorbereitung und Durchführung der mündlichen Verhandlung den Vorschriften des Gesetzes nicht genügt und dem Beteiligten dadurch die Teilnahme daran objektiv unmöglich gemacht hat. § 138 Abs. 4 wird dabei als Extremfall der Versagung rechtlichen Gehörs verstanden.[146] Danach ist ein Beteiligter nicht nach Vorschrift des Gesetzes vertreten gewesen, wenn er oder sein Prozessbevollmächtigter zur mündlichen Verhandlung nicht oder nicht ordnungsgemäß geladen war und an ihr daher weder selbst noch durch einen Bevollmächtigten teilnehmen konnte.[147] Dasselbe gilt, wenn der Beteiligte zwar ordnungsgemäß geladen war, das Gericht aber zu einem anderen als dem in der Ladung bestimmten Zeitpunkt die Verhandlung in Abwesenheit des Beteiligten durchgeführt hat (BVerwGE 66, 311). Hingegen ist der absolute Revisionsgrund des § 138 Nr. 4 nicht erfüllt, wenn der Beteiligte oder dessen Prozessbevollmächtigter aus einem in seiner Person liegenden Grund an der mündlichen Verhandlung nicht teilnimmt, selbst wenn dieser Grund unverschuldet eingetreten ist.[148]

196   Entscheidet das Gericht ohne mündliche Verhandlung, obwohl die Beteiligten auf eine mündliche Verhandlung nicht oder nicht wirksam verzichtet haben, ist hingegen auch nach der Rspr. § 138 Nr. 4 nicht einschlägig (a.A. BFH NVwZ-RR 1997, 260; BFH/NV 2004, 201). Es fehlt an einem Verfahrensabschnitt, in dem der Beteiligte hätte vertreten sein müssen, aber nicht vertreten war.

197   **4. Heilung des Mangels.**   Hat der Beteiligte der Prozessführung ausdrückl. oder stillschweigend zugestimmt, ist der Mangel der Vertretung geheilt und ein Verfahrensfehler nicht gegeben. Zustimmung

---

143 BVerwG NJW 2006, 2648, 2649; BAG NJW 1991, 1252.
144 Zu der vergleichbaren Vorschrift des § 579 Abs. 1 Nr. 4 ZPO: BGHZ 153, 189.
145 BGH MDR 2007, 419.
146 *Baumbach/Lauterbach/Albers/Hartmann* § 547 ZPO Rn. 11; vgl. auch BFH HFR 2002, 39, 40.
147 BVerwG NJW 1983, 2155; NJW 1991, 583; NJW 2006, 2648, 2649; BFH NVwZ-RR 2003. 608 (Ladung nur des nicht mehr vertretungsberechtigten ehemaligen Prozessbevollmächtigten); BFH NVwZ-RR 2005, 72 (fehlende Ladung des ordnungsgemäß bestellten Prozessbevollmächtigten); das soll aber nur für solche Mängel der Ladung gelten, die den Beteiligten von der Teilnahme an der mündlichen Verhandlung abhalten konnten, also bspw. nicht für den Fall, dass die Ladungsfrist nicht gewahrt ist: BVerwG NJW 1987, 2694. Vgl. ferner BVerwG 27.11.2000 Buchholz 310 § 130a VwGO Nr. 53: offen gelassen, ob § 138 Nr. 4 dann erfüllt ist, wenn das Gericht unter Verstoß gegen § 67 Abs. 6 S. 5 statt des Prozessbevollmächtigten den Beteiligten selbst geladen hat.
148 BVerwG NJW 2006, 2648, 2649; BFH BFH/NV 2001, 629, für den Fall, dass der Prozessbevollmächtigte des Klägers an der mündlichen Verhandlung nicht teilnimmt, weil über ein Prozesskostenhilfegesuch noch nicht entschieden war; BFH/NV 2001, 1130, 1131; BFH/NV 2002, 1169, für den Fall, dass ein Beteiligter von der ordnungsgemäßen Ladung keine Kenntnis erhalten hat.

meint sowohl die vorherige Einwilligung als auch die (praktisch allein bedeutsame) nachträgliche Genehmigung. Die Zustimmung muss sich auf die Prozessführung insgesamt beziehen; sie darf sich nicht auf einzelne Prozesshandlungen beschränken. Zu welchem Zeitpunkt die Zustimmung erklärt wird, ist unerheblich. Sie kann noch im Revisionsverfahren erklärt werden, mit der Folge, dass der Revisionsgrund des § 138 Nr. 4 entfällt (BVerwG 7.6.1972 Buchholz § 138 Ziff. 4 VwGO Nr. 1).

V. Verletzung der Vorschriften über die Öffentlichkeit des Verfahrens (Nr. 5)

Ein absoluter Revisionsgrund liegt vor, wenn das Urteil auf eine mündliche Verhandlung ergangen ist, **198** bei der die Vorschriften über die Öffentlichkeit des Verfahrens verletzt worden sind. Die Öffentlichkeit des Verfahrens ist in den §§ 169, 171 b ff. GVG geregelt, die über § 55 im Verwaltungsprozess entsprechend anzuwenden sind.

1. Anwendungsbereich. Nach § 138 Nr. 5 stellt die Verletzung der Vorschriften über die Öffentlich- **199** keit des Verfahrens nur dann einen absoluten Revisionsgrund dar, wenn sie bei der mündlichen Verhandlung verletzt sind. Maßgeblich ist dabei allein die mündliche Verhandlung, auf die das angefochtene Urteil ergangen ist (BVerwG DÖV 1981, 969, 970; NJW 1990, 1249). Hingegen begründet es keinen absoluten Revisionsgrund, wenn die Vorinstanz die Vorschriften über die Öffentlichkeit des Verfahrens (erst) bei der Verkündung des Urteils verletzt hat, die nach § 55, § 169 S. 1 GVG ebenfalls öffentlich ist;[149] eine Verletzung des Öffentlichkeitsgrundsatzes bei der Urteilsverkündung kann sich nicht auf die Entscheidungsfindung ausgewirkt haben.

Öffentlich ist nach § 55, § 169 GVG nur die mündliche Verhandlung vor dem erkennenden Gericht **200** (BVerwG 8.9.1988 Buchholz 310 § 133 VwGO Nr. 82). Ein Erörterungstermin gem. § 87 Abs. 1 S. 2 Nr. 1 sowie eine Beweisaufnahme vor dem beauftragten oder ersuchten Richter (§ 96 Abs. 2) oder im vorbereitenden Verfahren (§ 87 Abs. 3) sind lediglich parteiöffentlich.[150] Ein Verstoß gegen die Parteiöffentlichkeit ist kein absoluter Revisionsgrund i.S.d § 138 Nr. 5. Er stellt als solcher einen Verfahrensfehler dar, kann auch den Anspruch auf rechtliches Gehör verletzen und dann unter § 138 Nr. 3 fallen.[151]

nicht besetzt 201

2. Verstöße gegen die Öffentlichkeit des Verfahrens. Der Grundsatz der Öffentlichkeit bezweckt in **202** erster Linie die Kontrolle des Verfahrensganges durch die Öffentlichkeit. Er verlangt, dass jedermann ohne Ansehung seiner Zugehörigkeit zu bestimmten Gruppen der Bevölkerung und ohne Ansehung bestimmter persönlicher Eigenschaften die Möglichkeit hat, an den Verhandlungen der Gerichte als Zuhörer teilzunehmen. Die Vorschriften über die Öffentlichkeit sind dann nicht mehr gewahrt, wenn nur Verfahrensbeteiligten Zugang gewährt wird.

a) Tatsächlicher Ausschluss der Öffentlichkeit. Die Öffentlichkeit ist gesetzwidrig ausgeschlossen, **203** wenn der freie und ungehinderte Zugang der Öffentlichkeit zur mündlichen Verhandlung aufgehoben ist, sei es durch organisatorische Maßnahmen, sei es auch nur versehentlich. Der Grundsatz ungehinderten Zugangs der Öffentlichkeit findet seine Grenze jedoch dort, wo es aus tatsächlichen Gründen unmöglich ist, ihm zu entsprechen, oder wo Umstände, die außerhalb des Einflussbereichs oder der Einwirkungsmöglichkeit des Gerichts liegen, seine strikte Anwendung beeinträchtigen (BVerwG 26.3.1981 Buchholz 310 § 133 VwGO Nr. 31).

Eine Verhandlung ist deshalb i.S.d. § 55, § 169 S. 1 GVG schon dann „öffentlich", wenn sie in Räu- **204** men stattfindet, die während der Dauer der Verhandlung grds. jedermann zugänglich sind. Der Öffentlichkeit der Verhandlung steht nicht entgegen, wenn in dem Verhandlungsraum nur eine begrenzte Zahl von Zuhörern Platz findet. Die Öffentlichkeit der Verhandlung ist auch dann gewahrt, wenn das Gerichtsgebäude zeitweise verschlossen ist, Zuhörer sich aber (etwa mit Hilfe einer Klingel) Einlass verschaffen können, mag dies auch mit einer kurzen Wartezeit verbunden sein (BVerwG NJW 1990,

---

149 BVerwG NVwZ 2003, 1132, 1133; 30.9.2010 Buchholz 310 § 138 Ziff. 5 VwGO Nr. 4.
150 BVerwG NVwZ-RR 1989, 167, 168; 27.7.1993 Buchholz 310 § 87 VwGO Nr. 8.
151 Vgl. BFH BFH/NV2004, 50, 51; zur Rügeobliegenheit des Beteiligten vgl. BVerwG 8.6.1979 Buchholz 310 § 86 Abs. 1 VwGO Nr. 120; 4.11.1997 Buchholz 303 § 295 ZPO Nr. 1. Unternimmt ein gerichtlich bestellter Sachverständiger zur Vorbereitung seines Gutachtens eine Ortsbesichtigung, ist auch diese regelmäßig parteiöffentlich. Ein Verstoß gegen die Parteiöffentlichkeit macht das Gutachten unverwertbar: BVerwG NJW 2006, 2058.

1249; DVBl 1999, 95; BGH NJW 2011, 3800). Der freie Zutritt der Öffentlichkeit ist jedoch rechtlich erheblich beschränkt, wenn Auskunft darüber verlangt wird, in welchem Verfahren der Besucher das Gerichtsgebäude betreten möchte, was er in diesem Verfahren wolle und welche Rolle er im Prozess spiele und ob er eine Ladung zum Termin vorweisen könne, weil außer den Bediensteten des Gerichts nur die Prozessbeteiligten das Gerichtsgebäude betreten dürften und dies überprüft werden müsse (BVerwG NVwZ 2000, 1298). I.Ü. dienen Eingangskontrollen im Gericht der sicheren und ungestörten Durchführung der mündlichen Verhandlung und schränken den Grundsatz der Öffentlichkeit nicht unzulässig ein (OVG Bln NJW 2010, 1620).

205 Die Verhandlung muss nicht notwendig in einem Raum stattfinden, der im Allgemeinen für mündliche Verhandlungen benutzt wird.[152] Die Öffentlichkeit ist auch dann gewahrt, wenn ein Teil der mündlichen Verhandlung – etwa im Anschluss an eine Ortsbesichtigung – nicht im Gerichtsgebäude, sondern auf einem privaten Grundstück stattfindet, wenn nur während der Dauer der Verhandlung grds. jedermann der Zutritt offen steht (BVerwG 22.4.1988 Buchholz 300 § 169 GVG Nr. 5).

206 Es reicht aus, wenn die Verhandlung in jedermann zugänglichen Räumen stattfindet. Eine an jedermann gerichtete Bekanntgabe des Verhandlungstermins, etwa durch Aushang im Gerichtsgebäude oder am Sitzungssaal, braucht nicht hinzuzutreten.[153] Es reicht aus, wenn sich jeder Interessierte ohne Schwierigkeiten Kenntnis davon verschaffen kann, wann und wo eine Gerichtsverhandlung stattfindet (BVerfG NJW 2002, 814; BVerwG DVBl 1999, 95). Das gilt auch, wenn das Gericht nicht im Gerichtsgebäude, sondern in anderen Gebäuden[154] oder, etwa im Anschluss an eine Augenscheinseinnahme, „auf der Straße" mündlich verhandelt.

207 Die Verletzung der Vorschriften über die Öffentlichkeit des Verfahrens muss aber stets dem Gericht zuzurechnen sein.[155] Wird Zuhörern der Zugang zum Sitzungssaal durch tatsächliche Hindernisse verwehrt, etwa indem die Tür zum Verhandlungsraum abgeschlossen worden ist, stellen diese nur dann einen erheblichen Verstoß gegen die Öffentlichkeit des Verfahrens dar, wenn das (erkennende) Gericht sie bemerkt hat oder bei Anwendung der gebotenen Sorgfalt hätte bemerken können (BVerwG NVwZ 2000, 1298; BGH NJW 2011, 3800).

208 Das Gericht hat die notwendigen organisatorischen Vorkehrungen für den Fall zu treffen, dass die mündliche Verhandlung über das normale Dienstende hinaus andauert und deshalb die Gefahr besteht, das Gebäude könne dann geschlossen und der freie Zugang ausgeschlossen sein. Das ist etwa dann der Fall, wenn die mündliche Verhandlung nicht im Dienstgebäude des Gerichts, sondern in einem „fremden" Gebäude stattfindet (BVerwGE 104, 170, 173).

209 War die Öffentlichkeit versehentlich ausgeschlossen, wird dieser Mangel geheilt, wenn der davon betroffene Teil der mündlichen Verhandlung nach Herstellung der Öffentlichkeit seinem wesentlichen Inhalt nach vollständig wiederholt wird (BVerwGE 104, 170, 174 f.).

209a War einem Beteiligten eine Beschränkung des Zugangs der Öffentlichkeit zur mündlichen Verhandlung bekannt, ist er verpflichtet, einen entsprechenden Hinweis zu geben, um dem Gericht Gelegenheit zur Abhilfe und zur Wiederholung der Teile der mündlichen Verhandlung zu geben, die unter Ausschluss der Öffentlichkeit stattgefunden hatten (BVerwG 30.11.2004 – 10 B 64.04; OVG Bln NJW 2010, 1620).

210 **b) Anordnung des Ausschlusses der Öffentlichkeit.** Die Vorschriften über die Öffentlichkeit des Verfahrens sind ferner verletzt, wenn das Gericht entgegen den gesetzlichen Vorschriften den Ausschluss der Öffentlichkeit von der mündlichen Verhandlung angeordnet hatte. Sie sind ebenso verletzt, wenn die Öffentlichkeit nicht ausgeschlossen war, obwohl sie nach gesetzlichen Vorschriften hätte ausgeschlossen werden müssen.[156]

---

152 Vgl. BVerwG 13.11.1987 Buchholz 310 § 133 VwGO Nr. 74; VGH München BayVBl 2003, 151.

153 BVerwG 3.1.1977 Buchholz 310 § 138 Ziff. 5 VwGO Nr. 1; 22.4.1988 Buchholz 300 § 169 GVG Nr. 5; OVG Bln NJW 2010, 1620; VGH München BayVBl 2003, 151; enger BAG 22.9.2016 – 6 AZN 376/16, NJW 2016, 3611, Rn. 10 ff.

154 VGH München NVwZ-RR 2002, 799: kein Aushang am Gebäude erforderlich, wenn das Gericht im jedermann zugänglichen Sitzungssaal eines Rathauses verhandelt.

155 Krit. hierzu *J. Suerbaum*, in: Posser/Wolff § 138 Rn. 77.

156 *M. Eichberger*, in: Schoch/Schneider/Bier § 138 Rn. 132; *I. Kraft*, in: Eyermann § 138 Rn. 50; *J. Suerbaum*, in: Posser/Wolff § 138 Rn. 78; a.A. BFH BFH/NV 2006, 752; *W.-R. Schenke*, in: Kopp/Schenke § 138 Rn. 24; *K. Kuhlmann*, in: Wysk § 138 Rn. 46.

Schließt das Gericht die Öffentlichkeit gem. § 172 GVG aus, muss es gem. § 174 Abs. 1 S. 3 GVG bei 211
der öffentlichen Verkündung des Ausschlusses mit ausreichender Bestimmtheit im Beschluss selbst angeben, aus welchem Grund dies geschehen ist. Es genügt nicht, dass sich der Ausschließungsgrund aus
dem Sachzusammenhang ergeben könnte (BVerwG NJW 1983, 2155). Es ist dann der absolute Revisionsgrund des § 138 Nr. 5 anzunehmen, weil für den feststehenden Ausschluss der Öffentlichkeit ein
rechtfertigender Grund nicht festgestellt werden kann.

Hat das Gericht zum Schutz der Privatsphäre eines Prozessbeteiligten oder Zeugen die Öffentlichkeit 212
ausgeschlossen oder einen solchen Ausschluss abgelehnt, sind seine Entscheidungen unanfechtbar
(§ 55, § 171 b Abs. 3 GVG). Sie unterliegen damit gem. § 173, § 557 Abs. 2 ZPO nicht der Beurteilung
des Revisionsgerichts. Der Revisionskläger kann eine Verfahrensrüge nicht mit Erfolg darauf stützen,
die Vorinstanz habe zu Unrecht die Öffentlichkeit aus den Gründen des § 171 b Abs. 1 und 2 GVG
ausgeschlossen oder einen solchen Ausschluss zu Unrecht abgelehnt.[157]

nicht besetzt 213

Hat das Gericht mehrere selbständige Verfahren gem. § 93 zu einheitlicher Verhandlung verbunden, 214
aber nur für einen Teil der Verhandlung ohne Begründung die Öffentlichkeit ausgeschlossen, muss das
Revisionsgericht prüfen, ob ein solcher Verfahrensverstoß gerade das Verfahren des Revisionsklägers
betrifft. Ist das nicht der Fall, so kann die Revision auf den Verfahrensmangel nicht gestützt werden
(BVerwG NJW 1983, 2155).

3. Darlegungserfordernisse. Die Angabe in der Sitzungsniederschrift, die Sitzung sei öffentlich gewe- 215
sen, beweist nicht, dass die Vorschriften über die Öffentlichkeit des Verfahrens eingehalten worden
sind (BVerwG 13.11.1987 Buchholz 310 § 133 VwGO Nr. 74). Sie kann allenfalls beweisen, dass die
Öffentlichkeit nicht durch Entscheidung des Gerichts ausgeschlossen war.

nicht besetzt 216

VI. Fehlen der Entscheidungsgründe (Nr. 6)

Ein absoluter Revisionsgrund ist gegeben, wenn ein Urteil nicht mit Gründen versehen ist. § 138 Nr. 6 217
knüpft an den notwendigen formellen Inhalt eines Urteils an (§ 117 Abs. 2 Nr. 5). Danach müssen im
Urteil die Gründe schriftlich niedergelegt werden, die für die Überzeugungsbildung des Gerichts maßgeblich waren. Den Entscheidungsgründen kommt eine doppelte Aufgabe zu (→ § 117 Rn. 77 ff.). Sie
sollen zum einen die Beteiligten über die maßgeblichen tatsächlichen und rechtlichen Erwägungen des
Gerichts unterrichten und ihnen die Kenntnis darüber vermitteln, auf welchen Feststellungen, Erkenntnissen und rechtlichen Überlegungen das Urteil beruht. Die Entscheidungsgründe sollen zum anderen die Nachprüfung des Urteils im Rechtsmittelverfahren ermöglichen. Einer Entscheidung fehlt
nur dann die Begründung i.S.d. § 138 Nr. 6, wenn die Entscheidungsgründe diese doppelte Aufgabe
nicht mehr erfüllen können, also den Beteiligten, aber auch dem Rechtsmittelgericht die Möglichkeit
entzogen ist, die getroffene Entscheidung zu überprüfen.[158]

nicht besetzt 218

1. Formelle Mängel der Begründung. Ein Urteil ist nicht mit Gründen versehen, wenn diese vollstän- 219
dig fehlen, wenn das Gericht also keine Entscheidungsgründe niedergeschrieben hat. Ist gem. § 116
Abs. 2, § 117 Abs. 4 S. 2 ein Urteil, das an Verkündungs statt den Beteiligten zugestellt werden soll,
der Geschäftsstelle ohne Tatbestand, Entscheidungsgründe und Rechtsmittelbelehrung übergeben worden, und hat die Geschäftsstelle eine Ausfertigung der ihr übergebenen Entscheidungsformel den Beteiligten zugestellt, kommt es für die Beurteilung, ob das Urteil mit Gründen versehen ist, nicht auf
diese Ausfertigung an, wenn das Gericht später der Geschäftsstelle das um Tatbestand und Entscheidungsgründe vervollständigte Urteil übergibt und den Beteiligten eine Ausfertigung dieses Urteils zugestellt wird. Wird vorab gem. § 117 Abs. 4 S. 2 nur die unterschriebene Entscheidungsformel ausgefertigt und den Beteiligten zugestellt, ist erst das später vervollständigte Urteil das Urteil, das i.S.d.
§ 138 Nr. 6 mit Gründen versehen sein muss (VGH Kassel NVwZ-RR 2002, 792).

---

157 *M. Eichberger*, in: Schoch/Schneider/Bier § 138 Rn. 133.
158 BVerwG NJW 1998, 3290; NVwZ-RR 2000, 257; BVerwG 25.2.2000 Buchholz 402.240 § 53 AuslG Nr. 31; ferner
     BVerwG 2007, 216, 218, dort als Problem des rechtlichen Gehörs behandelt.

220   Auch wenn das Gericht Entscheidungsgründe niedergeschrieben hat, ist das Urteil nicht mit Gründen versehen, wenn die niedergeschriebenen Gründe so unbrauchbar sind, dass sie zur Rechtfertigung des Urteilstenors ungeeignet sind.[159] In diesem Sinne schon formell ungeeignet sind die Entscheidungsgründe dann, wenn das Gericht lediglich inhaltslose, rational nicht nachvollziehbare oder unverständliche Wendungen niedergeschrieben hat, die nicht erkennen lassen, von welchen Erwägungen das Gericht ausgeht,[160] oder wenn die Begründung keinen Bezug zu dem zu entscheidenden Fall aufweist und in diesem Sinne nicht nachvollziehbar ist (hierzu auch BVerwG 3.4.2006 Buchholz 11 Art. 4 GG Nr. 79). Die niedergeschriebenen Entscheidungsgründe können auch dann in diesem Sinne unbrauchbar sein, wenn ein Tatbestand vollständig fehlt und auch sonst nicht erkennbar ist, welche tatsächlichen Feststellungen der rechtlichen Würdigung zugrunde liegen (BGH NJW 2002, 2648).

221   Ein Urteil ist auch dann nicht mit Gründen versehen, wenn diese zu einem wesentlichen Teil fehlen. Das ist der Fall, wenn das Gericht einen selbständigen Anspruch oder ein selbständiges Angriffs- oder Verteidigungsmittel mit Stillschweigen übergangen hat.[161] Unter selbständigen Ansprüchen und selbständigen Angriffs- und Verteidigungsmitteln sind die eigenständigen Klagegründe und solche Angriffs- und Verteidigungsmittel zu verstehen, die den vollständigen Tatbestand einer mit selbständiger Wirkung ausgestatteten Rechtsnorm bilden (BFH BFH/NV 2002, 363).

222   **a) Abgrenzung gegen inhaltlich unzureichende Gründe.** Eine bloß unvollständige, oberflächliche oder unrichtige Entscheidung erfüllt hingegen noch nicht die Voraussetzungen des groben Formmangels, wie er für § 138 Nr. 6 erforderlich ist.[162]

223   Ein Urteil ist nicht allein deshalb nicht mit Gründen versehen, weil das Gericht nicht auf jedes Argument eines Beteiligten eingegangen ist (BVerwG 24.2.1999 – 2 B 62/98). Es muss nur erkennbar sein, welcher Grund für die Entscheidung über den Klageanspruch oder ein einzelnes Verteidigungs- oder Angriffsmittel maßgebend war. Unerheblich ist, wenn der angegebene Grund tatsächlich nicht vorliegt, rechtlich fehlerhaft beurteilt ist oder rechtlich nicht tragfähig ist. Entscheidungsgründe fehlen ferner nicht schon dann, wenn die Begründung inhaltlich unvollständig ist, weil sie sich nicht mit allen in Betracht kommenden Rechtsvorschriften auseinandersetzt. Auf den Verfahrensmangel fehlender Entscheidungsgründe führt dies allenfalls dann, wenn der Revisionskläger im gerichtlichen Verfahren zu der in Betracht kommenden Rechtsvorschrift erhebliche Angriffs- oder Verteidigungsmittel geltend gemacht hat, welche die Vorinstanz zu einer Auseinandersetzung hiermit gezwungen hätten (BVerwG NJW 1998, 3290). Ein Urteil ist noch i.S.d. § 138 Nr. 6 mit Gründen versehen, wenn das Vorliegen oder Nichtvorliegen nur einzelner tatbestandlicher Voraussetzungen ohne ausdrückliche Begründung lediglich festgestellt wird, sofern das Vorbringen der Beteiligten keine eingehendere Auseinandersetzung gebot (VGH Kassel 28.7.1997 – 12 UZ 2994/94).

224   Eine lückenhafte und unvollständige Begründung kann dem Fehlen einer Begründung nicht gleichgestellt werden, wenn lediglich einzelne Tatumstände oder Anspruchselemente unerwähnt geblieben sind oder wenn sich eine hinreichende Begründung aus dem Gesamtzusammenhang der Entscheidungsgründe erschließen lässt (BVerwG NJW 1998, 3290). Die Lückenhaftigkeit der Entscheidungsgründe kann allerdings dann anders zu beurteilen sein, wenn das Urteil auf einzelne Ansprüche oder einzelne selbständige Angriffs- und Verteidigungsmittel überhaupt nicht eingeht (BFH BFH/NV 2001, 626, 627).

225   Hat die Vorinstanz über einen geltend gemachten selbständigen Anspruch hingegen überhaupt nicht entschieden, ist der absolute Revisionsgrund des § 138 Nr. 6 nicht gegeben. Er betrifft nur das Fehlen oder die Mangelhaftigkeit der Entscheidungsgründe, nicht jedoch das Fehlen einer an sich gebotenen Entscheidung.

226   **b) Bezugnahmen.** Mit Gründen versehen ist ein Urteil in den Fällen, in denen das Gericht zulässigerweise (→ § 117 Rn. 85) von einer weiteren Darstellung der Entscheidungsgründe absieht und stattdes-

---

159   BVerwG NJW 1998, 3290; BVerwG 13.7.1999 Buchholz 310 § 138 Ziff. 6 VwGO Nr. 35; NJW 2000, 257; BVerwG 25.2.2000 Buchholz 402.240 § 53 AuslG Nr. 31; 15.7.2010 – 8 B 94.09, juris Rn. 13.
160   BVerwGE 117, 228; BVerwG ZOV 2006, 182; BVerwG 20.10.2006 – 2 B 64.06; NVwZ 2007, 216, 218; BVerwG 13.12.2006 Buchholz 442.066 § 24 TKG Nr. 2.
161   BVerwG NJW 1998, 3290; BFH NVwZ-RR 2002, 158, 159; HFR 2002, 38.
162   BVerwG 3.4.1990 Buchholz 310 § 117 VwGO Nr. 31; NJW 1998, 3290; NVwZ-RR 2000, 257; BVerwG 25.2.2000 Buchholz 402.240 § 53 AuslG Nr. 31.

sen auf die Begründung des Verwaltungsakts oder des Widerspruchsbescheids (§ 117 Abs. 5) oder der vorinstanzlichen Entscheidung (§ 130 b) verweist.[163] Das Gericht muss in den Entscheidungsgründen aber ausdrückl. feststellen, dass und in welchem Umfang es der in Bezug genommenen Entscheidung folgt; die in Bezug genommene Entscheidung muss Ausführungen zu allen entscheidungserheblichen selbständigen Angriffs- und Verteidigungsmitteln enthalten (BFH NVwZ-RR 2002, 158, 159). Ebenso wenig fehlen Entscheidungsgründe deshalb, weil das Berufungsgericht in einem Beschluss nach § 130 a S. 1 auf einen Tatbestand verzichtet hat und die Anträge sowie der Sach- und Streitstand sich erst aus dem Zusammenhang mit der erstinstanzlichen Entscheidung erschließen (BVerwG 15.5.1996 Buchholz 310 § 122 VwGO Nr. 6).

Hat das Gericht zur Begründung der Entscheidung seine Auffassung dargelegt und verweist es ledig- 227 lich bestätigend auf andere gerichtliche Entscheidungen oder Schriftstücke, brauchen diese den Beteiligten nicht bekannt zu sein, insbes. nicht zuvor in das Verfahren eingeführt worden sein (BVerwG 18.12.1981 Buchholz 310 § 138 Ziff. 4 VwGO Nr. 17). Es genügt, wenn sie ihnen ohne Schwierigkeiten zugänglich sind.

Anders verhält es sich, wenn das Gericht zur Begründung selbst auf andere Entscheidungen und 228 Schriftstücke Bezug nimmt und durch diese Bezugnahme sonst erforderliche eigene Darlegungen im Urteil ersetzt. Solche Entscheidungen und Schriftstücke müssen den Beteiligten bekannt sein oder ihnen doch spätestens mit der Zustellung des Urteils bekannt werden.[164] Das Gericht kann eigene Ausführungen namentlich durch die Bezugnahme auf solche Entscheidungen ersetzen, die es in einem früheren Abschnitt des Verfahrens getroffen hat, die also zwischen denselben Beteiligten ergangen und ihnen aus diesem Grund bekannt sind.[165] Werden in Bezug genommene andere gerichtliche Entscheidungen oder Schriftstücke den Beteiligten erst nach der Zustellung des Urteils bekannt, kann der Begründungsmangel durch erneute Zustellung des Urteils behoben werden (BVerwG 30.11.1995 Buchholz 310 § 138 Ziff. 6 VwGO Nr. 30). Die erste Zustellung ist wie die Zustellung einer versehentlich unvollständigen Urteilsausfertigung durch die Geschäftsstelle zu behandeln. Den Fehler für nicht behebbar zu erachten, würde den Interessen der Verfahrensbeteiligten und dem Grundsatz der Verfahrensökonomie widersprechen (a.A. noch 4. Aufl.).

Die Bezugnahme auf die Gründe einer anderen Entscheidung oder auf ein anderes Schriftstück ist fer- 229 ner nur zulässig, wenn sich für die Beteiligten und für das Rechtsmittelgericht aus einer Zusammenschau der Ausführungen in dem angefochtenen Urteil einerseits, den dort in Bezug genommenen fremden Ausführungen andererseits mit hinreichender Klarheit die Gründe ergeben, die für die richterliche Überzeugung leitend gewesen sind (BVerwG 21.9.2006 – 8 B 35.06). Die Ausführungen in der in Bezug genommenen Entscheidung müssen sich dem Klagebegehren zuordnen lassen und zu ihm etwas Entscheidungserhebliches beitragen können. Begnügt sich das Gericht im Wesentlichen mit einer Bezugnahme auf eine andere Entscheidung sowie dem Hinweis, im zu entscheidenden Fall gelte nichts anderes, ist das Urteil nicht mit Gründen versehen, wenn die Entscheidung des Gerichts völlig unverständlich ist, weil die Sachverhalte in beiden Fällen nicht gleich gelagert sind und auch sonst keine Verbindung erkennbar ist, die eine gleiche Sachbehandlung rechtfertigt (BVerwG 3.4.2006 Buchholz 11 Art. 4 GG Nr. 79).

c) **Textbausteine.** Unterschreiben die Richter eine Urschrift des Urteils, die Hinweise an die Kanzlei 230 zur Verwendung von Textbausteinen oder zur Übernahme gekennzeichneter Abschnitte aus anderen Schriftstücken enthält, sind die so bezeichneten Textbausteine oder Abschnitte aus anderen Schriftstücken nicht Teil der Entscheidungsgründe. Das Urteil ist nur dann mit Gründen versehen, wenn die übrigen Teile der Entscheidungsgründe eine ausreichende und aus sich heraus verständliche Begründung der getroffenen Entscheidung liefern (OLG Düsseldorf NJW-RR 2008, 1091). Das Urteil erhält nicht dadurch vollständige Entscheidungsgründe, dass die Kanzlei eine Ausfertigung herstellt, die entsprechend den Anweisungen in der Urschrift vervollständigt ist (großzügiger wohl BGH NJW 2001, 1653, 1654).

---

163 BVerwG 15.5.1996 Buchholz 310 § 122 VwGO Nr. 6; zu den Grenzen einer Bezugnahme vgl. BFH BFH/NV 2001, 909.
164 BVerwG 30.11.1995 Buchholz 310 § 138 Ziff. 6 VwGO Nr. 30 zur Bezugnahme auf ein Urteil in einem Parallelverfahren, das gleichzeitig gefällt, aber erst später zugestellt wurde.
165 BVerwG NWVBl 2002, 55; 27.5.1988 Buchholz 402.25 § 32 AsylVfG Nr. 6; 1.6.2016 BayVBl. 2016, 826.

231   nicht besetzt

232   **2. Verspätete Absetzung der Entscheidung.** Ein Urteil ist nicht mit Gründen versehen, wenn ihm zwar gem. § 117 Abs. 1 S. 2 und Abs. 2 Nr. 5 Entscheidungsgründe beigefügt sind, diese aber nicht die Beurkundungsfunktion wahren, die ihnen zukommt. Wird ein Urteil erst erhebliche Zeit nach seiner Fällung abgesetzt, bieten die ihm beigefügten Gründe keine geeignete Grundlage mehr für das Revisionsgericht, um das Vorliegen von Revisionsgründen in rechtsstaatlicher Weise zu überprüfen (BVerfG NJW-RR 2002, 424).

233   **a) Beurkundungsfunktion.** Die Entscheidungsgründe beurkunden die Gründe, aus denen das Gericht aufgrund der mündlichen Verhandlung seine Überzeugung gewonnen hat (§ 108 Abs. 1 S. 2), die also der Fällung des Urteils zugrunde gelegen haben. Die Beurkundungsfunktion setzt mithin voraus, dass die niedergelegten Gründe das Ergebnis der mündlichen Verhandlung und gleichermaßen die Erwägungen wiedergeben, die für die richterliche Überzeugungsbildung ausschlaggebend waren. Die Beurkundungsfunktion ist nur gewahrt, wenn einerseits das Urteil alsbald nach der mündlichen Verhandlung gefällt und andererseits die dafür maßgeblichen Gründe alsbald nach der Fällung des Urteils schriftlich niedergelegt werden. Das Urteil ist nicht mehr mit Gründen versehen, wenn das Gericht die ihm beigefügten Gründe so spät niederlegt, dass keine Gewähr mehr dafür besteht, diese Gründe könnten noch mit jenen überstimmen, die das Gericht aufgrund der mündlichen Verhandlung gewonnen und der gefällten Entscheidung zugrunde gelegt hat.

234   Die VwGO sichert durch zeitliche Vorgaben den notwendigen Zusammenhang zwischen der mündlichen Verhandlung und der Fällung des Urteils einerseits sowie zwischen der Fällung des Urteils und dem Absetzen der schriftlichen Urteilsgründe andererseits. Dieser zweite Zusammenhang ist für die Wahrung der Beurkundungsfunktion von Bedeutung. Die verspätete Fällung des Urteils kann hingegen zu einer Verletzung rechtlichen Gehörs führen (→ Rn. 176 ff.).

235   **b) Verspätete Absetzung verkündeter Urteile.** Regelmäßig ist das Urteil in dem Termin zu verkünden, in dem die mündliche Verhandlung geschlossen wird. Ausnahmsweise kann das Urteil auch in einem besonders angesetzten Termin verkündet werden. Dieser Verkündungstermin soll nicht später als zwei Wochen nach der mündlichen Verhandlung stattfinden (§ 116 Abs. 1). Mit der Verkündung des Urteils hat das Gericht die Überzeugungsbildung abgeschlossen, die der mündlichen Verhandlung nachfolgt. Es hat das Ergebnis festgelegt, das bei einer Entscheidung durch den Spruchkörper zudem auf einer vorausgegangenen Beratung beruht.

236   War ein Urteil bei der Verkündung noch nicht vollständig abgefasst,[166] ist es gem. § 117 Abs. 4 S. 1 vor Ablauf von zwei Wochen, vom Tage der Verkündung an gerechnet, vollständig abgefasst der Geschäftsstelle zu übergeben. Kann dies ausnahmsweise nicht geschehen, ist innerhalb dieser zwei Wochen die von den Richtern unterschriebene Urteilsformel der Geschäftsstelle zu übergeben; Tatbestand und Entscheidungsgründe sind dann alsbald nachträglich niederzulegen, von den Richtern gesondert zu unterschreiben und der Geschäftsstelle zu übergeben (§ 117 Abs. 4 S. 2). Das Gesetz schreibt eine alsbaldige Niederlegung der Entscheidungsgründe vor, weil nur so der notwendige Zusammenhang zwischen ihnen und dem bereits abschließend beratenen und gefällten Urteil gewahrt bleibt.

237   Mit zunehmendem zeitlichem Abstand zwischen der mündlichen Verhandlung, der Beratung und der Fällung des Urteils einerseits sowie der Abfassung der Urteilsgründe andererseits nimmt die Gefahr zu, dass die Beurkundungsfunktion der Entscheidungsgründe wegen des abnehmenden richterlichen Erinnerungsvermögens nicht mehr gewahrt ist. Der GmSOGB hat unter Rückgriff auf den damaligen § 552 ZPO (jetzt § 548 ZPO) entschieden, eine Frist von fünf Monaten sei die äußerste Grenze, bis zu der Tatbestand und Entscheidungsgründe nachträglich abgefasst, unterzeichnet und der Geschäftsstelle übergeben werden könnten, damit der Zusammenhang der schriftlichen Gründe mit der mündlichen Verhandlung und der Beratung des Urteils noch gewahrt ist. Ein bei Verkündung noch nicht vollständig abgefasstes Urteil[167] ist danach i.S.d. § 138 Nr. 6 nicht mit Gründen versehen, wenn Tatbe-

---

166   Das ist die Regel, weil das Urteil in der Regel in dem Termin verkündet wird, in dem die mündliche Verhandlung geschlossen worden ist (§ 116 Abs. 1 S. 1), in diesem Termin aber ein vollständiges Urteil regelmäßig noch nicht vorliegen kann.

167   Zur Frage, wann ein Urteil vollständig abgefasst ist, BVerwG NVwZ-RR 1996, 299.

stand und Entscheidungsgründe nicht binnen fünf Monaten nach Verkündung schriftlich niedergelegt, von den Richtern besonders unterschrieben und der Geschäftsstelle übergeben worden sind.[168]

Aus Gründen der Rechtssicherheit markiert die Frist von fünf Monaten seit der Urteilsverkündung eine starre äußerste Grenze. Ist sie überschritten, kommt es nicht zusätzlich darauf an, ob die konkreten Umstände des einzelnen Verfahrens den Schluss zulassen, dass die schriftlichen Urteilsgründe nicht mehr das Ergebnis der Beratung widerspiegeln (BVerwG NVwZ-RR 1996, 299; BAG NJW 2000, 2835). 238

Die Frist von fünf Monaten soll sicherstellen, dass die schriftlich verlautbarten Gründe den Gründen entsprechen, die auf der Grundlage der mündlichen Verhandlung beraten sind. Sie beginnt deshalb mit dem Abschluss der Beratung und der Fixierung ihres Ergebnisses. Die Frist rechnet daher in den Fällen des § 117 Abs. 4 von dem Zeitpunkt der Verkündung des noch nicht vollständig abgefassten Urteils an. Das gilt auch dann, wenn das Gericht das Urteil nicht in dem Termin verkündet hat, in dem es die mündliche Verhandlung geschlossen hat, sondern einen besonderen Verkündungstermin angesetzt hat.[169] 239

Die Frist ist gewahrt, wenn das Urteil vor ihrem Ablauf in vollständiger Form der Geschäftsstelle übergeben wird. Auf die Zustellung an die Beteiligten kommt es nicht an. Die Frist stellt auf das nachlassende Erinnerungsvermögen der Richter ab. Auf das Erinnerungsvermögen kommt es nach Übergabe des vollständigen Urteils an die Geschäftsstelle nicht mehr an.[170] 240

Auf die Frist sind die Regeln des § 222 ZPO nicht anwendbar. Fällt der letzte Tag der Frist auf einen Sonnabend, einen Sonntag oder einen allgemeinen Feiertag, endet die Frist mit diesem Tag, nicht aber erst mit dem Ablauf des nächsten Werktags.[171] Dem Gericht soll nicht für die Absetzung des Urteils eine bestimmte Frist ungeschmälert bis zum letzten Tag – und wenn dieser ein Sonnabend, Sonntag oder Feiertag ist – bis zum nächsten Werktag zur Verfügung zu stehen. Dadurch würde die Frist zu einer Art Bearbeitungsfrist. Damit wäre ihr Sinn verkannt. 241

Wird der Geschäftsstelle vor Ablauf der Frist ein vollständig abgefasstes Urteil übergeben, dieses jedoch vor seiner Ausfertigung und Zustellung an die Beteiligten von den Richtern wieder zurückgeholt und erst nach Ablauf der Frist in überarbeiteter Fassung der Geschäftsstelle erneut übergeben, ist die Frist nicht gewahrt. Denn hierfür kommt es auf die (endgültige) Fassung des Urteils an, die nach dem Willen des Gerichts die entscheidungstragenden Gründe enthalten soll.[172] 241a

Auch wenn ein bei der Verkündung noch nicht vollständig abgefasstes Urteil vor Ablauf von fünf Monaten um Tatbestand und Entscheidungsgründe vervollständigt und unterschrieben der Geschäftsstelle übergeben wird, kann es gleichwohl im Einzelfall nicht mit Gründen versehen sein. Über den bloßen Zeitablauf seit der Verkündung des Urteils hinaus müssen aber besondere Umstände hinzukommen, die wegen des Zeitablaufs schon bestehende Zweifel zu der Annahme verdichten, dass der gesetzlich geforderte Zusammenhang zwischen der mündlichen Verhandlung und dem Ergebnis der ihr folgenden Beratung einerseits sowie den schriftlich niedergelegten Urteilsgründen andererseits nicht mehr gewahrt ist.[173] Solche Umstände sind von dem Beteiligten darzulegen, der sich auf den Verfahrensmangel beruft (BVerwG 7.5.1999 – 7 B 77.99; OVG Weimar ThürVBl 2000, 43). Hierfür genügt noch nicht der Hinweis, die Frist von fünf Monaten sei nur knapp gewahrt (BFH NVwZ-RR 2002, 542, 543; OVG Weimar ThürVBl 2000, 43). Ebenso wenig reicht es aus, dass es mangels entsprechender Gründe nicht als Ausnahmefall i.S.d. § 117 Abs. 4 S. 2 gerechtfertigt war, die äußerste Grenze von fünf Monaten für das Absetzen des vollständigen Urteils auszuschöpfen (BVerwG 4.8.2000 – 7 B 50.00). Ebenso genügt noch nicht, dass anstelle des Spruchkörpers der Einzelrichter entschieden hat, mag sich auch der Einzelrichter zur Festigung und Auffrischung seines Erinnerungsvermögens nicht an weitere mitwirkende Richter wenden können (OVG Weimar ThürVBl 2000, 43). Hingegen kann berücksichtigt werden, dass für die Entscheidungsfindung ein unmittelbarer, also persönlicher 242

---

168 GmSOGB BVerwGE 92, 367; ihm folgend etwa: BVerwG NVwZ-RR 1996, 299; NVwZ-RR 2000, 317.
169 BAG BB 1998, 2216; *M. Eichberger*, in: Schoch/Schneider/Bier § 138 Rn. 160.
170 BVerwG 21.7.1997 Buchholz 310 § 138 Ziff. 6 VwGO Nr. 31; OVG Weimar ThürVBl 2000, 43; anders, aber etwas unklar: BVerwG NVwZ 1999, 1334, jedoch aufgegeben mit BVerwG NVwZ 2001, 1150, 1151.
171 BAG NJW 2000, 2835; *M. Eichberger*, in: Schoch/Schneider/Bier § 138 Rn. 161; anders: OVG Bautzen SächsVBl 2000, 39 (offen gelassen in SächsVBl 2004, 260, 263).
172 OVG Bautzen SächsVBl 2004, 260, 263.
173 BVerwG 3.5.2004 – 7 B 60.04; 3.2.2005 Buchholz 402.25 § 1 AsylVfG Nr. 300; SächsVBl 2013, 15 Rn. 24.

Eindruck der an der Entscheidung beteiligten Richter bedeutsam ist (BVerwG NVwZ-RR 2001, 798, 799). Soweit Beweisaufnahmen zu bewerten waren, kann von Bedeutung sein, ob die Beweiswürdigung in sich stimmig erscheint und die Erinnerung durch ergiebige Protokolle oder bei Einnahme des richterlichen Augenscheins durch Photographien und Kartenmaterial gestützt wurde (vgl. auch BVerwG 3.5.2004 – 7 B 60.04). Auch widersprüchliche und deshalb nicht mehr nachvollziehbare Ausführungen in einem Urteil, das erst kurz vor Ablauf der fünfmonatigen Frist der Geschäftsstelle übergeben wird, können den Schluss rechtfertigen, das Urteil gebe nicht die Gründe wieder, die das Gericht bei seiner Entscheidung geleitet haben (BVerwG 19.9.2013 – 9 B 20.13, juris Rn. 4).

243   Die Anforderungen an die alsbaldige Absetzung eines Urteils nach seiner Verkündung gelten auch für den Einzelrichter, der naturgemäß mit seinen Entscheidungsgründen kein Beratungsergebnis wiedergibt.[174] Es geht bei der Beurkundungsfunktion um die Wiedergabe der Gründe, die für die Überzeugungsbildung des Gerichts und damit für die bereits gefällte Entscheidung maßgeblich waren. Legt der Einzelrichter die maßgeblichen Gründe für ein bereits verkündetes Urteil nicht alsbald schriftlich nieder, besteht ebenfalls die Gefahr, die schließlich niedergelegten Gründe seien nicht mehr jene, die der Einzelrichter aufgrund der mündlichen Verhandlung gewonnen und seinem bereits gefällten Urteil zugrunde gelegt hat (VGH Kassel MDR 1992, 905).

244   **c) Verspätete Absetzung an Verkündungs statt zugestellter Urteile.** Ersetzt das Gericht gem. § 116 Abs. 2 die Verkündung des Urteils durch dessen Zustellung, ist das (vollständige) Urteil binnen zwei Wochen nach der mündlichen Verhandlung der Geschäftsstelle zu übergeben. Kann dies ausnahmsweise nicht geschehen, ist in entsprechender Anwendung von § 117 Abs. 4 S. 2 innerhalb dieser zwei Wochen die von den Richtern unterschriebene Urteilsformel der Geschäftsstelle zu übergeben. Tatbestand und Entscheidungsgründe sind dann alsbald nachträglich niederzulegen, von den Richtern gesondert zu unterschreiben und der Geschäftsstelle zu übergeben. Wird entgegen § 116 Abs. 2, § 117 Abs. 4 S. 2 nicht zumindest die unterschriebene Urteilsformel binnen zwei Wochen nach der mündlichen Verhandlung der Geschäftsstelle übergeben, das Urteil also nicht fristgerecht beschlossen, liegt hierin eine Verletzung von § 116 Abs. 2, auf der das Urteil beruht.[175] Neben einer Verletzung des § 116 Abs. 2 kann zugleich der Anspruch der Beteiligten auf rechtliches Gehör verletzt sein (BVerfG NVwZ 1990, 651; BVerwGE 110, 40, 47; → § 116 Rn. 36). Die verspätete Fällung des Urteils erfüllt aber nicht die Voraussetzungen des absoluten Revisionsgrundes des § 138 Nr. 6.

245   Nicht mit Gründen versehen ist das (rechtzeitig gefällte) Urteil aber dann, wenn das Gericht in entsprechender Anwendung des § 117 Abs. 4 S. 2 zunächst nur die unterschriebene Entscheidungsformel der Geschäftsstelle übergeben hat, jedoch nicht alsbald danach auch die Entscheidungsgründe schriftlich niedergelegt, gesondert unterschrieben und der Geschäftsstelle übergeben hat. Auch in diesem Fall beträgt die äußerste Grenze hierfür fünf Monate (BVerwG NJW 1994, 273; NVwZ 2001, 1150).

246   Die Frist beginnt mit dem Tag der abschließenden Beratung des Urteils.[176] Dokumentiert wird der Abschluss der Beratung durch die Niederlegung der unterschriebenen Urteilsformel entsprechend § 117 Abs. 4 S. 2.[177] Der Beginn der Frist knüpft mithin regelmäßig an den Tag an, an dem die unterschriebene Urteilsformel der Geschäftsstelle übergeben worden ist. Das gilt auch dann, wenn das Gericht unter Verstoß gegen den entsprechend anwendbaren § 117 Abs. 4 S. 2 die unterschriebene Urteilsformel der Geschäftsstelle erst nach Ablauf von zwei Wochen nach der mündlichen Verhandlung übergibt. § 138 Nr. 6 sichert die Beurkundungsfunktion des Urteils und damit den Zusammenhang zwischen den beschlossenen und den schriftlich niedergelegten Gründen. Der Fristbeginn setzt mithin die Fällung des Urteils voraus.[178] Hat das Gericht unter Verstoß gegen § 117 Abs. 4 S. 2 sogar gänzlich davon abgesehen, das Beratungsergebnis in den dort vorgeschriebenen Formen und Fristen festzuhalten, sondern stattdessen ein (vollständiges) Urteil erst mehr als fünf Monate nach der mündlichen Ver-

---

174 M. *Eichberger*, in: Schoch/Schneider/Bier § 138 Rn. 155.
175 BVerwG 6.5.1998 Buchholz 310 § 116 VwGO Nr. 22; BVerwGE 110, 40, 47 f.
176 BVerwG NVwZ 2001, 1150; M. *Eichberger*, in: Schoch/Schneider/Bier § 138 Rn. 162.
177 BVerwG 3.8.1998 – 7 B 236.98; NVwZ 2000, 1290, 1292; anders: OVG Weimar ThürVBl 2000, 43: Frist beginnt mit dem Schluss der mündlichen Verhandlung; nach dem Leitsatz stellt auch BVerwG NJW 1994, 373 auf den Tag der mündlichen Verhandlung ab; in dem entschiedenen Fall kam es auf die Frage nicht an, weil die Urteilsformel noch am Tag der mündlichen Verhandlung schriftlich niedergelegt worden war.
178 Anders BVerwG NVwZ 2000, 1290, 1292: danach soll die Frist in diesen Fällen entweder mit dem Tag der mündlichen Verhandlung oder mit dem (fruchtlosen) Ablauf der Zwei-Wochen-Frist des § 117 Abs. 4 S. 2 analog beginnen.

handlung der Geschäftsstelle übergeben, kann indes nicht stets davon ausgegangen werden, erst damit sei das Urteil überhaupt gefällt worden. Haben an der Entscheidung ehrenamtliche Richter mitgewirkt, muss vielmehr davon ausgegangen werden, dass das Urteil im Anschluss an die mündliche Verhandlung beraten und beschlossen worden ist, auch wenn das Ergebnis nicht in den Formen und Fristen des § 116 Abs. 2, § 117 Abs. 4 S. 2 eigens festgehalten worden ist. Wird dann nur ein vollständiges Urteil der Geschäftsstelle übergeben, dieses aber erst mehr als fünf Monate nach der mündlichen Verhandlung, ist es nicht mit Gründen versehen. Insofern beginnt bei dieser Fallgestaltung die Frist mit der mündlichen Verhandlung.[179]

Der BGH (BGH NJW-RR 2001, 1642, 1643; ebenso wohl BVerfG NJW 2008, 3275) knüpft hingegen **247** stets an den Zeitpunkt der mündlichen Verhandlung an, wenn die Entscheidung nicht verkündet, sondern an Verkündungs statt zugestellt werden soll. Er weist darauf hin, in diesen Fällen sei, und zwar auch bei zwischenzeitlicher Niederlegung der Entscheidungsformel, nicht mehr sicher gewährleistet, dass das in der mündlichen Verhandlung Erörterte bei der so viel späteren Abfassung der Entscheidung Berücksichtigung findet, die Entscheidung also noch aufgrund der mündlichen Verhandlung ergeht. Der Zusammenhang zwischen der mündlichen Verhandlung und der Niederlegung des Ergebnisses der Beratung wird indes durch andere Verfahrenvorschriften gesichert (→ Rn. 176 ff.). Sind diese eingehalten, knüpft an die damit erreichte Sicherung des Ergebnisses die Frist für die Sicherung der Begründung dieses Ergebnisses an.

nicht besetzt **248**

d) Verspätete Absetzung von Entscheidungen ohne mündliche Verhandlung. Entscheidet das Gericht **249** nach § 101 Abs. 2 im Einverständnis der Beteiligten ohne mündliche Verhandlung, wird die Verkündung des Urteils ebenfalls durch dessen Zustellung an die Beteiligten ersetzt (§ 116 Abs. 3). In diesen Fällen fehlt es naturgemäß an zeitlichen Vorgaben für die Fällung des Urteils (vgl. hierzu BVerwG SächsVBl 2003, 215). Wie bei einem Urteil, das aufgrund mündlicher Verhandlung ergeht, muss aber sichergestellt sein, dass die niedergelegten Gründe diejenigen sind, aus denen das Urteil beschlossen worden ist. Bei Urteilen des Einzelrichters oder eines nur mit Berufsrichtern besetzten Spruchkörpers wird das Urteil regelmäßig erst beschlossen (gefällt), wenn die Richter das (vollständige) Urteil unterschreiben. Der erforderliche zeitliche Zusammenhang zwischen Beratung und Fällung des Urteils einerseits, der Absetzung des Urteils andererseits wird regelmäßig gewahrt sein. Anders verhält es sich, wenn das Urteil zwar ohne vorherige mündliche Verhandlung, aber in einer bestimmten Sitzung und damit in bestimmter Besetzung beraten und beschlossen wird.[180] In diesen Fällen ist die Beurkundungsfunktion der Entscheidungsgründe nicht mehr gewährleistet, wenn das vollständige Urteil erst mehr als fünf Monate nach der Beratung und Beschlussfassung der Geschäftsstelle übergeben wird.

§ 139 [Frist; Revisionseinlegung; Revisionsbegründung]

(1) [1]Die Revision ist bei dem Gericht, dessen Urteil angefochten wird, innerhalb eines Monats nach Zustellung des vollständigen Urteils oder des Beschlusses über die Zulassung der Revision nach § 134 Abs. 3 Satz 2 schriftlich einzulegen. [2]Die Revisionsfrist ist auch gewahrt, wenn die Revision innerhalb der Frist bei dem Bundesverwaltungsgericht eingelegt wird. [3]Die Revision muß das angefochtene Urteil bezeichnen.

(2) [1]Wird der Beschwerde gegen die Nichtzulassung der Revision abgeholfen oder läßt das Bundesverwaltungsgericht die Revision zu, so wird das Beschwerdeverfahren als Revisionsverfahren fortgesetzt, wenn nicht das Bundesverwaltungsgericht das angefochtene Urteil nach § 133 Abs. 6 aufhebt; der Einlegung einer Revision durch den Beschwerdeführer bedarf es nicht. [2]Darauf ist in dem Beschluß hinzuweisen.

(3) [1]Die Revision ist innerhalb von zwei Monaten nach Zustellung des vollständigen Urteils oder des Beschlusses über die Zulassung der Revision nach § 134 Abs. 3 Satz 2 zu begründen; im Falle des Ab-

---

179 A.A. BFH BFH/NV 2004, 1114, 1115: die Frist beginnt mit dem fruchtlosen Ablauf der Zwei-Wochen-Frist des § 117 Abs. 4 S. 2 analog.
180 So verhält es sich notwendig in den Fällen, in denen ehrenamtliche Richter an der Entscheidung mitzuwirken haben.

satzes 2 beträgt die Begründungsfrist einen Monat nach Zustellung des Beschlusses über die Zulassung der Revision. ²Die Begründung ist bei dem Bundesverwaltungsgericht einzureichen. ³Die Begründungsfrist kann auf einen vor ihrem Ablauf gestellten Antrag von dem Vorsitzenden verlängert werden. ⁴Die Begründung muß einen bestimmten Antrag enthalten, die verletzte Rechtsnorm und, soweit Verfahrensmängel gerügt werden, die Tatsachen angeben, die den Mangel ergeben.

Schrifttum

H. Büttner, Begründung der Revision vor ihrer Zulassung durch das Revisionsgericht?, NJW 2004, 3524; *C. Dästner*, Neue Formvorschriften im Prozessrecht, NJW 2001, 3469; *M. Schultz*, Rechtsmittelbegründungsfrist und Prozesskostenhilfe, NJW 2004, 2329.

I. Entwicklung des Normbestands

1   Die geltende Fassung des § 139 beruht auf dem 4. VwGOÄndG (v. 17.12.1990, BGBl I 2809). Bis dahin musste die Revision nach ihrer Zulassung stets noch gesondert eingelegt werden. Seither wird bei erfolgreicher Beschwerde gegen die Nichtzulassung der Revision das Beschwerdeverfahren als Revisionsverfahren fortgeführt. In diesen Fällen ist die Einlegung der Revision entbehrlich. Wird die Revision schon im angefochtenen Urteil zugelassen, ist sie nach wie vor gesondert bei dem Gericht einzulegen, dessen Urteil mit der Revision angefochten wird. Jedoch wahrt nunmehr auch die Einlegung der Revision beim BVerwG die Revisionsfrist. Für die Begründung der Revision bestimmt der neu gefasste Abs. 3 unterschiedliche Fristen, je nach dem, ob die Revision nachträglich auf Beschwerde oder bereits in dem angefochtenen Urteil zugelassen wird. Die Revisionsbegründung ist abweichend vom früheren Recht beim BVerwG einzulegen. Eine Übersendung an das Gericht, dessen Urteil angefochten wird, ist entbehrlich, weil die Möglichkeit der Abhilfe nicht besteht. § 139 Abs. 3 sieht in seiner Neufassung ausdrückl. vor, dass erst die Revisionsbegründung den Revisionsantrag zu enthalten braucht. Dass der Revisionsantrag schon in der Revisionsschrift gestellt werden kann, sah der Gesetzgeber als selbstverständlich an (Begründung des Gesetzentwurfs, BT-Drs. 11/7030, 35).

II. Einlegung der Revision (Abs. 1)

2   **1. Notwendigkeit der Einlegung.** Die Revision muss nur in den Fällen gesondert einlegt werden, in denen die Vorinstanz sie bereits in der angefochtenen Entscheidung zugelassen hat. Ist die Revision auf eine Beschwerde gegen ihre Nichtzulassung zugelassen worden ist, sei es durch die Vorinstanz im Wege der Abhilfe, sei es durch das BVerwG, wird das Beschwerdeverfahren ohne Einlegung der Revision als Revisionsverfahren fortgeführt.

3   Im Falle der Sprungrevision muss die Revision stets gesondert eingelegt werden, unabhängig davon, ob das VG sie schon in der angefochtenen Entscheidung oder erst nachträglich durch besonderen Beschluss nach § 134 Abs. 1 S. 1 zugelassen hat. Die Sprungrevision steht wahlweise neben der Berufung zur Verfügung. Der Revisionskläger muss sein Wahlrecht durch Einlegung der Sprungrevision ausüben, und zwar auch dann, wenn auf seinen Antrag die Sprungrevision nachträglich zugelassen wor-

den ist. Das Antragsverfahren kann deshalb anders als ein Beschwerdeverfahren nicht als Revisionsverfahren fortgesetzt werden.

2. Zur Einlegung berechtigte Beteiligte. Die Revision steht nach § 132 Abs. 1 den Beteiligten zu. Hat 4 die Vorinstanz die Revision in der angefochtenen Entscheidung zugelassen, kann jeder Beteiligte Revision einlegen, der durch die Entscheidung beschwert ist. Die Zulassung der Revision in der angefochtenen Entscheidung gibt das Rechtsmittel in vollem Umfang frei (BVerwG 17.3.1977 Buchholz 451.55 Subventionsrecht Nr. 50). Die nachträgliche Zulassung gibt die Revision hingegen nur für den Beschwerdeführer frei, mit dem das Beschwerdeverfahren als Revisionsverfahren fortgesetzt wird.

Revision kann auch ein Beteiligter einlegen, der nicht durch den Grund beschwert ist, aus dem die 5 Vorinstanz die Revision zugelassen hat. Für den Umfang der Zulassung ist der Zulassungsgrund ohne Bedeutung,[1] es sei denn, aus seiner Angabe ergibt sich zugleich der Wille, die Revision nur gegenständlich beschränkt zuzulassen. Eine zulässige gegenständliche Beschränkung nimmt der BGH an, wenn das Berufungsgericht die Revision ausdrückl. nur in Bezug auf die Zulässigkeit der Klage zugelassen hat (BGH MDR 2011, 1065). Damit wird aber nur ein eingeschränkter Teil des Streitstoffes, nicht aber des Streitgegenstandes erfasst. Kann bei objektiver Klagehäufung der angeführte Zulassungsgrund ausschließlich für einen der mehreren Klageansprüche von Bedeutung sein, kann sich in der Benennung dieses Zulassungsgrundes der Wille ausdrücken, die Revision gegenständlich beschränkt auf den von ihm betroffenen Klageanspruch zuzulassen. Revision einlegen kann dann nur der Beteiligte, der durch die Behandlung dieses Klageanspruchs beschwert ist.[2]

Beteiligter i.S.d. § 132 Abs. 1 ist nur, wer schon in der Vorinstanz Beteiligter war. 6

Deshalb kann ein Beigeladener nicht selbst Revision einlegen, wenn ihn erst das BVerwG gem. § 142 7 Abs. 1 S. 2 beigeladen hat. Dass er schon in der Vorinstanz hätte beigeladen werden müssen, macht ihn noch nicht zum Beteiligten, dem die Befugnis zusteht, gegen eine dort ergangene Entscheidung Rechtsmittel einzulegen.[3]

Der VöI ist gem. § 63 Nr. 4 nur dann am Verfahren beteiligt, wenn er von seiner Beteiligungsbefugnis 8 Gebrauch macht. Hatte der VöI sich bisher nicht am Verfahren beteiligt und legt er Revision ein, erklärt er damit zugleich seine Beteiligung. Jedoch darf die Rechtsmittelfrist für die anderen Beteiligten noch nicht abgelaufen sein.[4]

nicht besetzt 9

Der VBI kann hingegen keine Revision einlegen. Dies hat das BVerwG für den Oberbundesanwalt ent- 10 schieden (BVerwGE 96, 258, 261; → § 35 Rn. 19). Für den VBI gilt nichts anderes.

3. Eingeschränkte Einlegung. Die Revision kann beschränkt eingelegt werden. Der Revisionskläger 11 kann das Urteil der Vorinstanz nur hinsichtlich eines von mehreren entschiedenen Klageansprüchen oder hinsichtlich abtrennbarer Teile des entschiedenen Streitgegenstandes anfechten. Eine solche Beschränkung braucht der Revisionskläger noch nicht bei der Einlegung der Revision zu erklären. Erst die Begründung der Revision muss den Revisionsantrag enthalten. Erst mit ihm legt der Revisionskläger fest, in welchem Umfang er das Urteil anfechten will.

Als Prozesshandlung kann die Einlegung der Revision nicht unter einer Bedingung erklärt werden. Sie 12 kann auch nicht hilfsweise eingelegt werden.[5]

4. Ort der Einlegung. Die Revision ist bei dem Gericht einzulegen, dessen Entscheidung angefochten 13 wird (§ 139 Abs. 1 S. 1). Das ist regelmäßig das OVG, in den Fällen des § 135 und in den Fällen der Sprungrevision das VG. Die Revisionsfrist ist auch gewahrt, wenn die Revision stattdessen unmittelbar beim BVerwG eingelegt wird (§ 139 Abs. 1 S. 2).

5. Vertretungszwang. Für die Einlegung der Revision besteht Vertretungszwang, auch wenn sie regel- 14 mäßig nicht beim BVerwG, sondern noch bei der Vorinstanz einzulegen ist (§ 67 Abs. 4 S. 2).

---

1 BVerwG 23.1.1976 Buchholz 421.2 Hochschulrecht Nr. 43; 17.3.1977 Buchholz 451.55 Subventionsrecht Nr. 50.
2 BVerwG 10.9.1992 Buchholz 436.61 § 18 SchwbG Nr. 6; BGH NJW-RR 2002, 1148; NJW-RR 2004, 426; NJW 2008, 2351.
3 Offen gelassen für denjenigen, dessen Beiladung im Normenkontrollverfahren entgegen § 47 Abs. 2 S. 4 unterblieben ist: BVerwGE 116, 296, 307.
4 BVerwGE 16, 265, 268; BVerwG 11.3.1983 Buchholz 402.25 § 5 AsylVfG Nr. 1; 28.11.1986 Buchholz 402.24 § 2 AuslG Nr. 83; BVerwGE 90, 337, 339; BVerwG NJW 1994, 3024, 3025; NVwZ-RR 1997, 519.
5 Für die Nichtzulassungsbeschwerde BVerwG 12.9.1988 Buchholz 310 § 133 VwGO Nr. 83.

15   **6. Revisionsfrist.** Die Frist für die Einlegung der Revision beträgt einen Monat. Sie beginnt mit der Zustellung der vollständigen Entscheidung, gegen welche die Revision sich richtet und in der die Revision zugelassen ist (§ 139 Abs. 1 S. 1). Hat das VG die Sprungrevision nachträglich durch besonderen Beschluss zugelassen, beginnt die Frist mit der Zustellung dieses Beschlusses (§ 134 Abs. 3 S. 2, § 139 Abs. 1 S. 1).

16   Wurde das angefochtene Urteil nicht dem Prozessbevollmächtigten des Revisionsklägers, sondern entgegen § 56 Abs. 2, § 172 Abs. 1 S. 1 ZPO diesem persönlich zugestellt, so beginnt die Frist nicht zu laufen.[6]

17   Die Frist wird nur durch die Zustellung des vollständigen Urteils in Gang gesetzt. Diese Voraussetzung ist auch erfüllt, wenn die zugestellte Ausfertigung des Urteils eine geringfügige Unrichtigkeit aufweist.[7] Wird eine solche geringfügige Unrichtigkeit berichtigt, setzt die Berichtigung der Ausfertigung die Revisionsfrist nicht erneut in Lauf.[8]

18   Von der Berichtigung der Ausfertigung ist die Berichtigung der Entscheidung selbst zu unterscheiden. Grds. haben auch ein Antrag auf Berichtigung des Urteils und ein noch anhängiges Berichtigungsverfahren keinen Einfluss auf den Lauf der Frist zur Einlegung der Revision. Anders verhält es sich nur, wenn erst durch die Berichtigung klargestellt wird, dass eine Beschwer vorliegt, oder wenn der Beteiligte bei der Rückforderung der Urteilsausfertigung zum Zwecke der Berichtigung nicht erkennen konnte, in welchem Umfang eine Berichtigung vorgenommen werden würde.[9] In diesen Fällen beginnt die Revisionsfrist erst mit der Berichtigung zu laufen.

19   Wird das angefochtene Urteil innerhalb der Revisionsfrist nach § 120 ergänzt, beginnt hingegen die Frist für die Einlegung der Revision stets mit der Zustellung der nachträglichen Entscheidung erneut zu laufen, auch soweit mit der Revision das zuerst ergangene, ergänzte Urteil angefochten werden soll (§ 141 S. 1, § 173, § 517 ZPO).

20   Anders als die Frist zur Begründung der Revision kann die Frist zu ihrer Einlegung nicht verlängert werden, weil das Gesetz eine solche Möglichkeit nicht vorsieht (§ 57 Abs. 2, § 224 Abs. 2 ZPO).

21   Wird einem Beteiligten für das Revisionsverfahren PKH bewilligt und ein Rechtsanwalt beigeordnet, muss dieser innerhalb der Frist von zwei Wochen nach der Bewilligung die Einlegung der Revision nachholen (§ 60 Abs. 2 S. 1 und S. 3). Maßgeblich ist die Bekanntgabe der Bewilligung an den Revisionskläger selbst, nicht hingegen an den beigeordneten Rechtsanwalt, es sei denn, dieser wäre schon vor seiner Beiordnung Prozessbevollmächtigter des Revisionsklägers gewesen (BGH FamRZ 2001, 1143, 1144). Wird die Einlegung der Revision fristgerecht nachgeholt, kann von Amts wegen Wiedereinsetzung in den vorigen Stand gewährt werden. Dies setzt aber voraus, dass der Revisionskläger innerhalb der Frist für die Einlegung der Revision sein PKH-Gesuch in einer bescheidungsfähigen Weise angebracht hatte (→ § 166 Rn. 31 f.).[10] Unter derselben Voraussetzung kann Wiedereinsetzung in den vorigen Stand gegen die Versäumung der Revisionsfrist gewährt werden, wenn die Gewährung von PKH zwar abgelehnt worden ist, der Revisionskläger sich aber entschließt, das Verfahren unter Bestellung eines postulationsfähigen Prozessbevollmächtigten auf eigene Kosten durchzuführen (BGH NJW 2001, 2720, 2721).

22   **7. Revisionsschrift. a) Schriftform.** Die Revision ist schriftlich einzulegen. Eine Einlegung zur Niederschrift des Urkundsbeamten der Geschäftsstelle ist nicht möglich (BVerwG DVBl 1998, 233).

23   Die Schriftform ist grds. nur gewahrt, wenn die Erklärung schriftlich niedergelegt und vom Erklärenden eigenhändig unterschrieben ist (§ 126 Abs. 1 BGB).[11] Die Unterschrift soll die Identifizierung des Urhebers der schriftlichen Prozesshandlung ermöglichen (BVerfG NJW 2007, 3117) und dessen unbedingten Willen zum Ausdruck bringen, die volle Verantwortung für den Inhalt des Schriftsatzes zu

---

6   BVerwG 9.11.1961 Buchholz 310 § 137 VwGO Nr. 14; OVG Lüneburg NJW 2009, 1834.

7   BVerwG 24.5.1996 Buchholz 310 § 133 n.F. VwGO Nr. 23; ähnl. BGH NJW-RR 2004, 1651, 1652; NJW-RR 2006, 1570.

8   Zur Möglichkeit einer Wiedereinsetzung in den vorigen Stand, wenn das Gericht die berichtigte Entscheidung erneut zustellt und dadurch zu erkennen gibt, es halte die erste Zustellung wegen der später berichtigten Mängel der Ausfertigung für nicht wirksam: BGH MDR 2005, 1184.

9   BVerwG 22.3.1991 Buchholz 310 § 132 VwGO Nr. 296; NVwZ 2010, 962 Rn. 4.

10   Für die Beschwerde gegen die Nichtzulassung der Revision vgl. BVerwG 7.4.1994 Buchholz 310 § 166 VwGO Nr. 34.

11   Zu den Anforderungen an eine Unterschrift: BGH NJW-RR 2010, 358; zur Wiedereinsetzung in den vorigen Stand bei fehlender Unterschrift: BGH FamRZ 2009, 321.

übernehmen und diesen bei Gericht einzureichen (BGH NJW-RR 2009, 933). Bestimmende Schriftsätze, zu denen die Revisionsschrift gehört, genügen jedoch dem Erfordernis der Schriftform, wenn die Erklärung einer bestimmten Person als dem verantwortlichen Urheber verlässlich zugeordnet werden kann und hinreichend gesichert ist, dass es sich nicht nur um einen bloßen Entwurf, sondern um eine Prozesserklärung handelt, deren sich der Urheber willentlich entäußert hat (→ § 124 a Rn. 151 ff.). Entscheidend ist, ob sich dies aus dem bestimmenden Schriftsatz allein oder i.V.m. den ihn begleitenden Umständen hinreichend sicher ergibt, ohne dass darüber Beweis erhoben werden müsste (BVerwG 18.5.2010 Buchholz 442.09 § 9 a AEG Nr. 1 Rn. 15). Aus Gründen der Rechtssicherheit kann dabei nur auf die Umstände abgestellt werden, die dem Gericht bei Eingang des Schriftsatzes erkennbar waren oder bis zum Ablauf der Frist bekannt geworden sind (BVerwG NJW 2003, 1544). War das eingereichte, für das Gericht bestimmte Original der Rechtsmittelschrift nicht unterschreiben, kann es ausreichen, wenn die beigefügten für den Prozessgegner bestimmten Abschriften der Rechtsmittelschrift mit einem Beglaubigungsvermerk des Prozessbevollmächtigten versehen sind (BGH NJW 2009, 2311; NJW 2012, 1738). Eine Paraphe, ein Hand- oder Namenszeichen anstelle der Unterschrift genügen dem Schriftformerfordernis aber nicht (→ § 81 Rn. 8).[12] In Übrigen genügen der Schriftform dieselben technischen Verkörperungen der Erklärung und dieselben Formen der Übermittlung, wie sie für die Klageschrift und bestimmende Schriftsätze im Allgemeinen anerkannt sind[13] (→ § 81 Rn. 67 ff.). Dabei können Rechtsmittel und andere bestimmende Schriftsätze in Form elektronischer Dokumente an das BVerwG übermittelt werden, indem das elektronische Dokument an den elektronischen Gerichtsbriefkasten des BVerwG übertragen wird (§ 55 a Abs. 1 i.V.m. der Verordnung über den elektronischen Rechtsverkehr beim Bundesverwaltungsgericht und beim Bundesfinanzhof v. 16.11.2004, BGBl I 3091).

b) Inhalt der Revisionsschrift. Die Revisionsschrift muss die Erklärung enthalten, dass Revision eingelegt wird (§ 173, § 549 Abs. 1 S. 2 Nr. 2 ZPO). Eine Auslegung[14] gegen die gewählte Bezeichnung des Rechtsmittels ist ausgeschlossen, wenn auch der weitere Inhalt der Rechtsmittelschrift (etwa angekündigte Anträge, Begründung) der gewählten Bezeichnung entspricht und dadurch den Willen deutlich macht, gerade und nur dieses Rechtsmittel einlegen zu wollen (BVerwG DVBl 1994, 1409; NJW 2009, 162 Rn. 23). 24

Die Revision muss das angefochtene Urteil bezeichnen (§ 139 Abs. 1 S. 3). Dem ist genüge getan, wenn zweifelsfrei feststeht, welches Urteil gemeint ist. Der Revisionskläger wird hierfür regelmäßig das Gericht, dessen Urteil angegriffen wird, das Aktenzeichen der Vorinstanz und das Datum der angefochtenen Entscheidung angeben. Auch durch Angabe der Beteiligten kann i.V.m. anderen Angaben das angefochtene Urteil ausreichend identifiziert werden. Der Revisionskläger kann das angefochtene Urteil auch in der Weise bezeichnen, dass er der Revisionsschrift eine Ablichtung des angefochtenen Urteils beifügt, ggf. beschränkt auf dessen erste Seite, welche die zur Identifizierung des Urteils wesentlichen Angaben enthält. Nach Ablauf der Revisionsfrist können die notwendigen Angaben nicht mehr nachgeholt werden. 25

Der Revisionskläger braucht in der Revisionsschrift noch keinen bestimmten Antrag zu stellen. Der Antrag muss erst in der Revisionsbegründung enthalten sein. Er kann aber selbstverständlich schon in die Revisionsschrift aufgenommen werden und braucht dann in der Revisionsbegründung nicht wiederholt zu werden. 26

Hat der Revisionskläger in der Revisionsschrift ohne Einschränkung erklärt, er lege Revision ein, stellt es keine teilweise Zurücknahme der Revision dar, wenn er in der Revisionsbegründung nur einen eingeschränkten Antrag stellt. Das Gesetz verlangt dem Revisionskläger erst bei Ablauf der Revisionsbegründungsfrist die verbindliche Entscheidung darüber ab, welches – im Antrag konkret bestimmte – Ziel er mit seinem Rechtsmittel verfolgen will (§ 139 Abs. 3 S. 4).[15] 27

8. Einlegung vor Zulassung. Legt der Revisionskläger Revision ein und beantragt er gleichzeitig ihre Zulassung, wird die Revision regelmäßig nur bedingt, nämlich nur für den Fall ihrer Zulassung, einge- 28

---

12 Zum Freibeweis bei Zweifeln an der Echtheit einer Unterschrift BGH MDR 2001, 1255, 1256.
13 Zur elektronischen Übertragung einer Textdatei mit eingescannter Unterschrift auf ein Faxgerät des Gerichts GmSOGB BVerwGE 111, 377; zur E-Mail: BGH FamRZ 2009, 319.
14 Zur Möglichkeit der Auslegung *U. Berlit*, in: Posser/Wolff § 139 Rn. 13.
15 BVerwG NJW 1992, 703.

legt sein. Wird die Beschwerde gegen die Nichtzulassung der Revision zurückgewiesen, ist über die bedingt eingelegte Revision nicht mehr zu entscheiden. War die Revision hingegen als unbedingt eingelegt zu verstehen, ist sie mit der Ablehnung ihrer Zulassung als unzulässig (unstatthaft) zu verwerfen. Wird die Revision zugelassen, wird das Beschwerdeverfahren als Revisionsverfahren fortgesetzt. Stellt ein Beteiligter den Antrag auf Zulassung der Sprungrevision und legt die Revision gleichzeitig ein ohne dass das VG die Sprungrevision in seinem Urteil zugelassen hat, muss er die Sprungrevision erneut einlegen, wenn das VG sie nachträglich durch Beschluss zulässt. Erst mit dieser Zulassung wird die Wahlmöglichkeit zwischen Berufung und Revision eröffnet, die durch ausdrückliche Einlegung des einen oder anderen Rechtsmittels eindeutig ausgeübt werden muss.

III. Fortführung des Beschwerdeverfahrens als Revisionsverfahren (Abs. 2)

29 § 139 Abs. 2 vereinfacht das Verfahren, wenn die Revision erst nachträglich auf eine Beschwerde gegen ihre Nichtzulassung zugelassen wird. In diesen Fällen wird das erfolgreiche Beschwerdeverfahren als Revisionsverfahren fortgesetzt. Unerheblich ist, ob die Vorinstanz der Beschwerde abgeholfen oder ob ihr das BVerwG stattgegeben hat. Gibt das BVerwG einer Nichtzulassungsbeschwerde statt, kann es allerdings nach § 133 Abs. 6 in demselben Beschluss sogleich das angefochtene Urteil aufheben und die Sache an die Vorinstanz zurückverweisen, wenn das angefochtene Urteil auf einem geltend gemachten Verfahrensfehler i.S.d. § 132 Abs. 2 Nr. 3 beruht.

30 Wird das Beschwerdeverfahren als Revisionsverfahren fortgesetzt, bedarf es einer gesonderten Einlegung der Revision nicht (§ 139 Abs. 2 S. 1). Hierauf ist in dem Beschluss hinzuweisen, mit dem die Vorinstanz der Beschwerde abhilft oder das BVerwG ihr stattgibt (§ 139 Abs. 2 S. 2).

31 Wird nach erfolgreicher Beschwerde das Beschwerdeverfahren als Revisionsverfahren fortgesetzt, braucht der Revisionskläger sich erst in der Revisionsbegründung festzulegen, in welchem Umfang und mit welchem Streitgegenstand die zugelassene Revision durchgeführt werden soll (§ 139 Abs. 3 S. 4). Bleibt sein Revisionsantrag hinter dem bisherigen Begehren zurück, liegt darin keine teilweise Zurücknahme der Revision. Das Urteil der Vorinstanz wird in solchen Fällen hinsichtlich des nicht weiter angegriffenen Teils der Entscheidung rechtskräftig.

32 Wird die Revision aufgrund einer Beschwerde zugelassen, wirkt die Zulassung nur für den Beschwerdeführer, nicht aber für andere Beteiligte, die keine Beschwerde eingelegt haben.[16] § 139 Abs. 2 setzt voraus, dass die Zulassung der Revision nur den erfolgreichen Beschwerdeführer begünstigt. Er braucht keine Revision mehr einzulegen, sondern muss die zugelassene Revision nur noch innerhalb einer Frist von einem Monat nach Zustellung des Beschlusses über die Zulassung der Revision begründen (§ 139 Abs. 3 S. 1 Hs. 2). Der Gesetzgeber hat keine Regelungen über die Einlegung der Revision durch die übrigen Verfahrensbeteiligten getroffen.[17] Insoweit besteht keine Gesetzeslücke, die in entsprechender Anwendung des § 139 Abs. 1 S. 1 und Abs. 3 S. 1 mit der Folge geschlossen werden könnte, dass den anderen Beteiligten eine einheitliche Frist zur Einlegung und zur Begründung der Revision von einem Monat nach Zustellung des Zulassungsbeschlusses zusteht.[18] Die gegenteilige Auffassung ist mit der verfassungsrechtlich gebotenen Rechtsmittelklarheit nicht vereinbar.

33 Dasselbe gilt für den gegenständlichen Umfang der Revisionszulassung. Sind in der Vorinstanz mit der Klage mehrere Klagebegehren verfolgt worden, ist aber nur hinsichtlich eines dieser Klagebegehren eine Beschwerde gegen die Nichtzulassung der Revision eingelegt worden, gelangen die anderen Klagebegehren auch dann nicht in die Revisionsinstanz, wenn das Revisionsgericht die Revision zulässt, ohne die Zulassung (ausdrücklich) gegenständlich zu beschränken. Das Beschwerdeverfahren kann als Revisionsverfahren nur mit dem Gegenstand fortgeführt werden, der durch die Nichtzulassungsbeschwerde und kraft ihres Devolutiveffektes in die Rechtsmittelinstanz gelangt ist (BVerwG NVwZ 1999, 642, 643).

34 Brauchte die Vorinstanz über einen Hilfsantrag des Klägers nicht zu entscheiden, weil sie seinem Hauptantrag entsprochen hat, fällt der Hilfsantrag ebenfalls in der Revisionsinstanz an, wenn der Be-

---

16 BVerwG NVwZ 2001, 201; *I. Kraft,* in: Eyermann § 139 Rn. 13; *U. Berlit,* in: Posser/Wolff § 139 Rn. 16; *R. Pietzner/ J. Buchheister,* in: Schoch/Schneider/Bier § 139 Rn. 32 unter Hinweis auf die Regelungen der Vollrevision in § 166 Abs. 7 S. 2 FGO; a.A. *W.-R. Schenke,* in: Kopp/Schenke § 139 Rn. 1.

17 Zutr. *T. Stuhlfauth,* in: Bader § 132 Rn. 7.

18 *R. Pietzner/W. Bier,* in: Schoch/Schneider/Bier § 133 Rn. 83 f.

klagte gegen seine Verurteilung nach dem Hauptantrag Rechtsmittel einlegt (BVerwG DVBl 1980, 597; BGH MDR 1990, 711). Das BVerwG kann die Zulassung der Revision bei einem Haupt- und Hilfsantrag umfassenden Streitgegenstand nicht auf das vom Hauptantrag umrissene Begehren eingrenzen (BVerwG NVwZ 1999, 642, 643). Hat die Vorinstanz hingegen die Klage mit dem Hauptantrag abgewiesen und ihr mit dem Hilfsantrag stattgegeben, fällt auf eine erfolgreiche Beschwerde des Beklagten gegen seine Verurteilung nach dem Hilfsantrag nur dieser beim BVerwG an. Auf eine erfolgreiche Beschwerde des Klägers gegen die Abweisung seines Hauptantrags fällt nur dieser beim BVerwG an. Bleibt es im fortgesetzten Revisionsverfahren bei der Abweisung der Klage mit dem Hauptantrag, hat die rechtskräftig gewordene Verurteilung nach dem Hilfsantrag Bestand; wird im fortgeführten Revisionsverfahren der Klage mit dem Hauptantrag stattgegeben, wird die Verurteilung nach dem Hilfsantrag ohne Weiteres unwirksam, denn diese Verurteilung steht unter der Bedingung eines Misserfolgs des Hauptantrags. Hat die Vorinstanz die Klage mit dem Hauptantrag und mit dem Hilfsantrag abgewiesen, kommt es darauf an, ob der Kläger hinsichtlich beider Anträge die Zulassung der Revision erfolgreich beantragt hat. In dieser Fallgestaltung erfasst die Zulassung der Revision bezogen auf diesen Antrag nicht auch den (beschiedenen) Hilfsantrag.

Hat das BVerwG für das Verfahren der Beschwerde gegen die Nichtzulassung der Revision Prozess- 35 kostenhilfe bewilligt, erstreckt sich die Bewilligung auch auf das Revisionsverfahren, wenn auf die Beschwerde hin die Revision zugelassen wird. Es kommt nicht darauf an, ob das BVerwG die Prozesskostenhilfe ausdrückl. auch für das anschließende Revisionsverfahren bewilligt hat. Beschwerdeverfahren und Revisionsverfahren bilden einen einheitlichen Rechtszug i.S.d. §166, §119 S.1 ZPO (BVerwG 29.11.1994 Buchholz 310 §139 Abs.2 VwGO Nr. 2).

IV. Begründung der Revision (Abs. 3)

Die Revision bedarf der Begründung. Die Begründung der Revision ist gegenüber der Einlegung der 36 Revision eine eigene Prozesshandlung. Der Revisionskläger kann beide verbinden, die Revision also mit einer Revisionsschrift einlegen und begründen. Soweit die Revision einer Einlegung bedarf, trennt §139 Abs. 3 zwischen der Einlegung der Revision und deren Begründung. Soweit die Revision keiner Einlegung bedarf, weil nach §139 Abs. 2 das Beschwerdeverfahren als Revisionsverfahren fortgesetzt wird, ist die Begründung der Revision die einzige fristgebundene Prozesshandlung, die der Revisionskläger nach der Zulassung der Revision vornehmen muss. Hat der Revisionskläger bereits mit seiner Nichtzulassungsbeschwerde eine Begründung für die angestrebte Revision eingereicht, muss er gleichwohl nach Zulassung der Revision fristgerecht eine Revisionsbegründung einreichen, die sich allerdings in einer Bezugnahme auf die bereits vorliegende Begründung erschöpfen kann.[19]

Reicht der Revisionskläger keine Revisionsbegründung ein oder geht die Revisionsbegründung erst 37 nach Ablauf der Begründungsfrist ein, wird das angefochtene Urteil rechtskräftig. Die Revision ist unzulässig und durch Beschluss zu verwerfen (§§143, 144 Abs. 1). Unzulässig ist die Revision auch, wenn ihre Begründung den Anforderungen des §139 Abs. 3 S. 4 nicht genügt. Entsprechen lediglich einzelne Rügen diesen Anforderungen nicht, sind nur diese Rügen, ist aber nicht die Revision insgesamt unzulässig.

1. Ort der Begründung. Die Begründung der Revision ist beim BVerwG einzureichen (§139 Abs. 3 38 S. 2). Die Frist zur Begründung der Revision ist mithin nicht gewahrt, wenn der Revisionskläger die Begründung innerhalb der Frist nur bei dem Gericht einreicht, dessen Urteil mit der Revision angefochten wird. Das gilt auch in den Fällen, in denen die Vorinstanz die Revision auf die Beschwerde gegen ihre Nichtzulassung durch eine Abhilfeentscheidung nachträglich zulässt, obwohl in diesen Fällen das BVerwG anders als in allen anderen Fällen noch nicht mit der Sache befasst ist.

Die Revision selbst muss der Revisionskläger grds. bei dem Gericht einlegen, dessen Entscheidung er 39 mit der Revision anficht. Begründet er die Revision schon in der Revisionsschrift, ist die Frist zur Begründung der Revision nur gewahrt, wenn die Revisionsschrift innerhalb dieser Frist von der Vorin-

---

19 So zutr. BGH NJW 2008, 588, gegen BGH NJW 2004, 2981; hierzu ferner: *H. Büttner*, NJW 2004, 3524. Ebenso für die Begründung einer nachträglich zugelassenen Berufung: BVerwG NJW 2008, 1014.

stanz an das BVerwG gelangt.[20] Der Revisionskläger kann dies sicherstellen, indem er von der Möglichkeit des § 139 Abs. 1 S. 2 Gebrauch macht und die Revision mit samt Begründung unmittelbar beim BVerwG einreicht.

40   Wird die Revisionsbegründung bei der Vorinstanz eingereicht, ist diese verpflichtet, den Begründungsschriftsatz im normalen Geschäftsgang weiterzuleiten. Dem Revisionskläger ist Wiedereinsetzung in den vorigen Stand zu gewähren, wenn die Revisionsbegründung bei einer Weiterleitung im ordnungsgemäßen Geschäftsgang das BVerwG rechtzeitig erreicht hätte.[21] Mehr als eine Weiterleitung im ordnungsgemäßen Geschäftsgang schuldet die Vorinstanz dem Revisionskläger aber nicht.[22] Unvermeidliche Verzögerungen gehen in diesem Fall allein zu seinen Lasten. Wiedereinsetzung in den vorigen Stand kann ihm nicht gewährt werden.

41   **2. Begründungsfrist (Abs. 3 S. 1).** Die Begründung der Revision ist fristgebunden.

42   Hat der Revisionskläger die Revision fristgerecht begründet, kann er nach Ablauf der Frist seine Revisionsbegründung ergänzend erläutern. Neue Revisionsgründe kann er aber nicht mehr vorbringen. Er kann weder weiter gehende Revisionsanträge stellen noch eine weitere Rechtsnorm als verletzt rügen oder weitere Verfahrensmängel geltend machen oder neue Tatsachen für einen bereits geltend gemachten Verfahrensmangel einführen. Bedeutung hat dies aber nur für die Rüge bisher nicht oder nicht ausreichend geltend gemachter Verfahrensmängel. Denn hinsichtlich der Verletzung materiellen Rechts ist das BVerwG nicht an die geltend gemachten Revisionsgründe gebunden (§ 137 Abs. 3 S. 2). Einen Verstoß gegen materielles Recht hat das BVerwG vielmehr auch dann zu berücksichtigen, wenn er nicht geltend gemacht ist. Es schadet deshalb nicht, wenn solche Verstöße verspätet geltend gemacht werden; dies ist nichts anderes als die jederzeit mögliche Anregung, das angefochtene Urteil von Amts wegen auf die geltend gemachte Verletzung materiellen Rechts nachzuprüfen. Etwas anderes gilt wiederum dann, wenn der Revisionskläger innerhalb der Frist für die Begründung der Revision ausschließlich Verfahrensmängel geltend gemacht hat. Denn damit ist das BVerwG gem. § 137 Abs. 3 S. 1 grds. auf die Nachprüfung dieser Verfahrensmängel beschränkt. Diese Prüfungsbefugnis kann der Revisionskläger später nicht mehr erweitern, indem er nach Ablauf der Frist zur Begründung der Revision erstmals auch die Verletzung materiellen Rechts rügt.

43   **a) Regelmäßiger Fristlauf.** Der Beginn der Frist und ihre Dauer unterscheiden sich danach, ob die Vorinstanz die Revision schon in der angefochtenen Entscheidung zugelassen hat oder ob sie erst nachträglich auf eine Beschwerde hin zugelassen wird.

44   Hat die Vorinstanz die Revision bereits in der angefochtenen Entscheidung zugelassen, beträgt die Frist zur Begründung der Revision zwei Monate. Sie beginnt mit der Zustellung der vollständigen Entscheidung (§ 139 Abs. 3 S. 1 Hs. 1). Das gilt auch im Fall der Sprungrevision, wenn sie bereits im Urteil des VG zugelassen ist.

45   Wird die Revision auf eine Beschwerde hin zugelassen und das Beschwerdeverfahren gem. § 139 Abs. 2 S. 1 als Revisionsverfahren fortgesetzt, beträgt die Frist zur Begründung der Revision einen Monat. Sie beginnt mit der Zustellung des Beschlusses, durch den die Revision zugelassen wird. Das gilt sowohl in den Fällen, in denen die Vorinstanz einer Beschwerde abhilft, als auch in den Fällen, in denen das BVerwG einer Beschwerde stattgibt.

46   Hat das VG eine Sprungrevision nicht schon in der angefochtenen Entscheidung, sondern erst nachträglich durch gesonderten Beschluss zugelassen, beträgt die Frist zur Begründung der Revision ebenfalls zwei Monate und beginnt mit der Zustellung des Beschlusses, durch den die Revision nachträglich zugelassen wurde (§ 139 Abs. 3 S. 1 Hs. 1). Die nachträgliche Zulassung der Sprungrevision durch Beschluss unterscheidet sich von der nachträglichen Zulassung der Revision auf eine Nichtzulassungsbeschwerde hin. Im letzteren Falle wird das Beschwerdeverfahren als Revisionsverfahren fortgesetzt.

---

20 *I. Kraft*, in: Eyermann § 139 Rn. 17; *K. Kuhlmann*, in: Wysk § 139 Rn. 9; *U. Berlit*, in: Posser/Wolff § 139 Rn. 23; *R. Pietzner/J. Buchheister*, in: Schoch/Schneider/Bier § 139 Rn. 36.

21 Vgl. BVerfGE 93, 99, 113 ff.; BVerfG NJW 2002, 3692, 3693; BVerwG BayVBl 2004, 156; OVG Lüneburg NJW 2007, 3225; BGH NJW-RR 2004, 1656; FamRZ 2007, 1640; NJW 2008, 1890; NJW-RR 2009, 408; MDR 2011, 747.

22 Anders wenn ein Fehler der Geschäftsstelle des Ausgangsgerichts bei dem Rechtsmittelführer den Eindruck erweckt hat, die Begründung sei bei ihm einzureichen: OVG Münster NVwZ-RR 2003, 688.

Die Sprungrevision muss hingegen nach ihrer Zulassung in allen Fällen zunächst eingelegt werden. Daraus erklärt sich die längere Dauer der Begründungsfrist im Falle ihrer nachträglichen Zulassung.

Die Frist zur Begründung der Revision ist eine selbständige Frist. Sie ist von der Frist zur Einlegung 47
der Revision unabhängig. Sie läuft deshalb unabhängig davon ab, ob die Frist zur Einlegung der Revision versäumt wurde und gegen die Versäumung dieser Frist Wiedereinsetzung in den vorigen Stand beantragt ist.[23] Aus diesem Grunde kann die Frage einer Wiedereinsetzung in die versäumte Einlegungsfrist offenbleiben, wenn auch die Begründungsfrist inzwischen abgelaufen ist, ohne dass innerhalb dieser Frist eine ordnungsgemäße Begründung eingegangen ist und ohne dass insoweit Gründe für eine Wiedereinsetzung geltend gemacht sind und vorliegen (BFHE 175, 388). Solche Gründe liegen vor, wenn der Revisionskläger wegen seiner Mittellosigkeit darauf angewiesen ist, dass ihm für die ordnungsgemäße Einlegung und Begründung der Revision von ihm rechtzeitig beantragte Prozesskostenhilfe gewährt und ein Rechtsanwalt beigeordnet wird. In diesem Fall steht dasselbe unverschuldete Hindernis sowohl der rechtzeitigen Einlegung als auch der rechtzeitigen Begründung der Revision entgegen.

b) Besonderheiten zum Fristlauf. aa) Fehlerhafte Rechtsmittelbelehrung. Bei Zulassung der Revision 48
ist nach Maßgabe des § 58 Abs. 1 auch über die Notwendigkeit zu belehren, die Revision zu begründen. Wird das Revisionsverfahren nach Zulassung der Revision gem. § 139 Abs. 2 ohne besondere Einlegung als Revisionsverfahren fortgesetzt, ist nur über die Begründung der Revision zu belehren (BVerwG NJW 2009, 2322). Wird eine unzutreffende Belehrung erteilt, beginnt die Frist nicht zu laufen. Zu den notwendigen Bestandteilen der Belehrung gehört die Bezeichnung des Gerichts, bei dem die Begründung einzureichen ist, die Angabe seines Sitzes[24] sowie die Angabe der Frist, innerhalb der die Begründung einzureichen ist. Der Hinweis auf die Formvorschrift des § 139 Abs. 3 S. 4, also die Angabe des notwendigen Inhalts der Revisionsbegründung, gehört hingegen nicht zu den notwendigen Bestandteilen der Rechtsmittelbelehrung (BVerwG NJW 1961, 1083).

Der Hinweis auf den Vertretungszwang des § 67 Abs. 1 gehört gleichfalls nicht zu den notwendigen 49
Bestandteilen der Rechtsmittelbelehrung.[25] Nimmt das Gericht gleichwohl einen solchen Hinweis in die Rechtsmittelbelehrung auf, muss dieser aber vollständig und zutreffend sein (BVerwG NVwZ 2010, 962 Rn. 10). Weist das Gericht nicht auf den Vertretungszwang hin, belehrt es aber andererseits dahin, die Revision könne schriftlich oder zur Niederschrift des Urkundsbeamten der Geschäftsstelle eingelegt und begründet werden, enthält die Rechtsmittelbelehrung einen unrichtigen, jedenfalls irreführenden Zusatz. Denn der Vertretungszwang schließt die Einlegung und Begründung der Revision zur Niederschrift des Urkundsbeamten der Geschäftsstelle aus (BVerwG 6.3.1978 Buchholz 310 § 58 VwGO Nr. 35; DVBl 1998, 233).

Die Rechtsmittelbelehrung kann auch dann irreführend sein, wenn sie neben den erforderlichen Anga- 50
ben zahlreiche weitere Informationen enthält und dadurch den Eindruck erweckt, alle zu erfüllenden Anforderungen vollständig aufgelistet zu haben. Fehlt unter den weiteren Informationen der Hinweis auf den Vertretungszwang, wird der Beteiligte irregeführt, weil er nicht damit zu rechnen braucht, dass über die genannten Anforderungen hinaus weitere nicht genannte, aber wesentliche Anforderungen an die Zulässigkeit des Rechtsmittels bestehen (BVerwG DVBl 2002, 1553).

Wird die Revision auf eine Beschwerde hin nachträglich durch Beschluss zugelassen, ist die Belehrung 51
unrichtig, dass die Revision innerhalb von zwei Monaten nach Zustellung der Entscheidung zu begründen ist. Diese Belehrung erweckt zumindest den Eindruck, dass die Begründungsfrist nicht an den Zulassungsbeschluss, sondern an die Zustellung der anzufechtenden Entscheidung anknüpft (BVerwG 10.3.2000 Buchholz 310 § 139 Abs. 3 VwGO Nr. 7).

Wird die Revision bereits in dem Urteil der Vorinstanz zugelassen, ist die Belehrung unzutreffend, die 52
Revision sei innerhalb eines Monats nach Zustellung des Urteils einzulegen, die Revisionsbegründung spätestens innerhalb eines weiteren Monats einzureichen. Denn dadurch wird der Anschein einer selb-

---

23 BVerwG NJW 1992, 2780; 25.11.1993 Buchholz 310 § 133 n.F. VwGO Nr. 14; BVerwG 11.8.2016 – 9 B 68.15, juris Rn. 6.
24 Hierzu BVerwG NJW 2009, 2322.
25 *U. Berlit*, in: Posser/Wolff § 139 Rn. 20; anders VGH Mannheim NVwZ-RR 2002, 466 für das Verfahren der Berufungszulassung.

ständigen Monatsfrist für die Begründung der Revision erweckt und unzutreffend an den Ablauf der Revisionseinlegungsfrist angeknüpft (BVerwG NVwZ-RR 1994, 361).

53   Ist über die Dauer der Frist fehlerhaft belehrt worden, läuft für die Begründung der Revision gem. § 58 Abs. 2 eine Frist von einem Jahr seit der für den Fristbeginn maßgebenden Entscheidung. Das BVerwG hat offen gelassen, ob der Revisionskläger sich stattdessen an der unzutreffenden Dauer der Begründungsfrist festhalten lassen muss, die in der fehlerhaften Rechtsmittelbelehrung genannt ist, wenn die dort genannte Dauer über die gesetzliche Dauer der Frist hinausreicht (BVerwGE 108, 269, 270). Für eine solche Einschränkung der Jahresfrist des § 58 Abs. 2 gibt es jedoch keinen rechtlich tragfähigen Ansatz.

53a **bb) Fristablauf.** Fällt das Ende der Frist auf einen allgemeinen Feiertag, endet die Frist nach § 57 Abs. 2 i.V.m. § 222 Abs. 2 ZPO mit Ablauf des nächsten Werktags. Bei gesetzlichen Feiertagen, die nicht bundeseinheitlich geregelt sind, sind die Verhältnisse an dem Ort maßgebend, an dem die Frist zu wahren ist.[26] Für das Ende der Frist zur Revisionsbegründung sind also die Verhältnisse in Sachsen maßgeblich, weil das BVerwG dort seinen Sitz hat.[27]

54   **cc) Wiedereinsetzungsfragen.** Hat der Revisionskläger die Frist zur Begründung der Revision ohne Verschulden versäumt, kann ihm Wiedereinsetzung in den vorigen Stand gewährt werden.[28] Die Wiedereinsetzung setzt voraus, dass der Revisionskläger die Revisionsbegründung innerhalb der Frist von einem Monat nach Wegfall des Hindernisses einreicht (§ 60 Abs. 2 S. 1 und 3). Einer Wiedereinsetzung steht nicht entgegen, dass das Revisionsgericht die Revision mangels einer Revisionsbegründung durch Beschluss bereits verworfen hat (BVerwG 31.1.2000 Buchholz 310 § 60 VwGO Nr. 232).

55   Für die Wiedereinsetzung in den vorigen Stand gelten Besonderheiten, wenn der Revisionskläger infolge seiner Mittellosigkeit keinen Rechtsanwalt finden konnte, der zu seiner Vertretung bereit ist:

56   Wiedereinsetzung in den vorigen Stand kann dem Revisionskläger nur gewährt werden, wenn er rechtzeitig vor Ablauf der Frist zur Begründung der Revision Prozesskostenhilfe beantragt hat und dieser Antrag bescheidungsfähig war.[29] Dabei ist nicht erforderlich, dass der Antrag vor Ablauf der gesetzlichen Frist zur Begründung der Revision eingeht; es genügt, wenn er vor Ablauf einer auf Antrag verlängerten Frist eingeht (BGH FamRZ 2005, 105). Das Hindernis entfällt, wenn dem Revisionskläger Prozesskostenhilfe bewilligt und ein Rechtsanwalt beigeordnet wird. Mit dem Zugang dieses Beschlusses beginnt deshalb die Frist des § 60 Abs. 2 S. 1 Hs. 2 von einem Monat, innerhalb der die Begründung der Revision nachzuholen und Wiedereinsetzung zu beantragen ist.

57   nicht besetzt

58   Hatte die Vorinstanz die Revision in dem angefochtenen Urteil zugelassen und hat der Revisionskläger infolge seiner Mittellosigkeit bereits die Frist für die Einlegung der Revision versäumt, wird bis zur Bewilligung von Prozesskostenhilfe für das Revisionsverfahren zumeist auch die Frist zur Begründung der Revision versäumt sein. Wird in diesem Fall Prozesskostenhilfe für das Revisionsverfahren bewilligt, beginnt mit dieser Bewilligung die Frist des § 60 Abs. 2 S. 1 Hs. 2 von einem Monat für die Nachholung der versäumten Revisionsbegründung.[30]

59   Findet der Revisionskläger aus anderen Gründen als seiner Mittellosigkeit keinen Rechtsanwalt, der zu seiner Vertretung bereit ist, hat das BVerwG ihm auf seinen Antrag nach § 173, § 78b Abs. 1 S. 1 ZPO zur Wahrnehmung seiner Rechte einen Rechtsanwalt beizuordnen.[31] Wird ein solcher Notanwalt beigeordnet, ist aber im Zeitpunkt der Beiordnung die Frist zur Begründung der Revision bereits abgelaufen, kommt Wiedereinsetzung in den vorigen Stand nach denselben Grundsätzen in Betracht, wie sie für die Wiedereinsetzung nach Bewilligung von Prozesskostenhilfe gelten. Eine Wiedereinsetzung kommt aber nur in Betracht, wenn der Beteiligte bis zum Ablauf der Frist zur Begründung der Revisi-

---

26 OVG Frankfurt (Oder) NJW 2004, 3795.
27 In Sachsen sind bspw. Fronleichnam und Allerheiligen (1.11.) keine gesetzlichen Feiertage, hingegen das Reformationsfest (31.10.) und Buß- und Bettag.
28 Vgl. BGH NJW-RR 2005, 143: Der Revisionskläger ist verhindert, die Frist zur Begründung der Revision einzuhalten, wenn und solange seinem Prozessbevollmächtigten vor Ablauf der Frist die Prozessakten nicht oder nicht vollständig zur Einsichtnahme zur Verfügung stehen.
29 BVerwG 23.3.1987 Buchholz 303 § 78b ZPO Nr. 2.
30 *I. Kraft*, in: Eyermann § 139 Rn. 30.
31 Die Beiordnung ist abzulehnen, wenn die Revision aussichtslos ist: BGH NJW-RR 2003, 1074.

on alles getan hat, um durch einen Rechtsanwalt vertreten zu werden. Dazu gehört u.a., dass er noch innerhalb dieser Frist beim BVerwG einen Antrag auf Beiordnung eines Notanwalts gestellt hat (BVerwG 23.3.1987 Buchholz 303 § 78 b ZPO Nr. 2).

Wiedereinsetzung in den vorigen Stand kann der Beteiligte auch dann beantragen, wenn sein Antrag **60** auf Bewilligung von Prozesskostenhilfe oder auf Beiordnung eines Notanwalts abgelehnt wird. Die Frist für den Wiedereinsetzungsantrag beginnt auch in diesem Fall mit der Bekanntgabe des Beschlusses, der das Prozesskostenhilfegesuch oder den Antrag nach § 78 b ZPO zurückweist (BGH MDR 1996, 1061; MDR 2001, 1431).

c) Verlängerung der Frist (Abs. 3 S. 3). Die Frist zur Begründung der Revision kann gem. § 139 **61** Abs. 3 S. 3 verlängert werden. Die Vorschrift entspricht § 124 a Abs. 3 S. 3 (→ § 124 a Rn. 46 ff.).

aa) Antrag. Die Begründungsfrist kann nur auf Antrag verlängert werden (BGH NJW-RR 1990, 67). **62** Ein Antrag, das Ruhen des Verfahrens anzuordnen, enthält nicht zugleich konkludent den Antrag, die Frist zur Begründung der Revision zu verlängern (BGH NJW-RR 2010, 275). Er ist zwingend beim BVerwG einzureichen (BVerwG BayVBl 1994, 188). Er unterliegt dem Vertretungszwang des § 67 Abs. 4.[32] Ein Mangel in der Vertretung macht eine gleichwohl verfügte Verlängerung der Begründungsfrist nicht unwirksam (BVerwG DVBl 2002, 1554).

Aus Gründen der Rechtssicherheit ist der Antrag schriftlich zu stellen[33] (Einzelheiten → § 124 a **63** Rn. 49). Bei Ablauf der Begründungsfrist muss Klarheit bestehen, ob die formelle Rechtskraft des Urteils noch nicht eingetreten ist, weil entweder eine Revisionsbegründung oder ein Antrag auf Verlängerung der Begründungsfrist rechtzeitig eingegangen ist. Verlängert der Vorsitzende die Frist auf einen nur mündlich, insbes. fernmündlich gestellten Antrag, ist die Verlängerung zwar verfahrensfehlerhaft und rechtwidrig, aber nicht nichtig, sondern wegen ihrer Unanfechtbarkeit gleichwohl wirksam (BGHZ 93, 300, 304).

Im Antrag muss nicht der Zeitraum bezeichnet werden, um den die Frist verlängert werden soll (vgl. **64** auch OLG Frankfurt MDR 2003, 471).

Der Antrag ist nur (erst) statthaft, wenn die Frist zur Begründung der Revision in Lauf gesetzt ist. Ein **65** zuvor gestellter Antrag geht er ins Leere und braucht nicht beschieden zu werden (BVerwG 14.9.1989 Buchholz 310 § 139 VwGO Nr. 78). Der Revisionskläger muss entweder die Revision innerhalb der gesetzlichen Frist begründen oder den Antrag auf deren Verlängerung wiederholen. Unterlässt er dies mit Blick auf seinen verfrühten, nicht beschiedenen Verlängerungsantrag, ist die Revision unzulässig.

Der Antrag muss vor Ablauf der Begründungsfrist gestellt werden. Er muss aber nicht so rechtzeitig **66** gestellt werden, dass er noch vor Ablauf der Frist beschieden werden kann. Ein Eingang am letzten Tag der Frist reicht aus (BGH NJW 2010, 1611). Bei rechtzeitig gestelltem Antrag kann die Frist noch nach deren Ablauf verlängert werden (BGH NJW 1999, 430; → § 124 a Rn. 47 m.w.N.). Mit Ablauf der gesetzlichen Frist ist die Revision zwar bereits unzulässig und das angefochtene Urteil rechtskräftig geworden. Wird die Frist auf den Antrag hin verlängert, wirkt die Verlängerung aber ähnlich wie eine Wiedereinsetzung. Sie durchbricht die eingetretene Rechtskraft und macht die Revision wieder zulässig (→ § 124 a Rn. 59 m.w.N.).[34] Dem Antrag muss unmissverständlich das Begehren um Fristverlängerung zu entnehmen sein. Die Formulierung „die Begründung erfolgt in einem gesonderten Schriftsatz" in einem am letzten Tag der Begründungsfrist verfassten Schriftsatz genügt daher nicht (BVerwG 15.2.2012 – 2 B 137.11, juris Rn. 6).

Wird die Verlängerung der Frist erst nach deren Ablauf beantragt, ist die Revision unzulässig. Mit Ab- **67** lauf der gesetzlichen Begründungsfrist ist das angefochtene Urteil rechtskräftig geworden. Verlängert das Revisionsgericht die Frist gleichwohl, soll diese Verlängerung gegenstandslos und nicht im Stande sein, die eingetretene Rechtskraft des Urteils wieder zu beseitigen.[35] Unwirksam soll eine Fristverlängerung ferner dann sein, wenn kein Antrag gestellt ist, der Vorsitzende vielmehr ohne Antrag, aber erst nach Ablauf der gesetzlichen Begründungsfrist diese verlängert. Auch dann war die angefochtene

---

32 BVerwG DVBl 2002, 1554; BGH NJW-RR 1999, 286.
33 BVerfG NJW 1994, 781; BVerwG NJW 2002, 1137, 1138; BGHZ 93, 300, 304.
34 Wie hier: *U. Berlit*, in: Posser/Wolff, § 139 Rn. 33; a.A. *M. Redeker*, in: Redeker/von Oertzen § 139 Rn. 8: Der rechtzeitig gestellte Antrag auf Fristverlängerung hemmt den Ablauf der gesetzlichen Frist zur Begründung der Revision.
35 BGHZ 116, 377, 378; BFH HFR 2003, 376; *I. Kraft*, in: Eyermann § 139 Rn. 25; *W.-R. Schenke*, in: *Kopp/Schenke* § 139 Rn. 8; ferner § 124 a Rn. 47 m.w.N.

Entscheidung bereits rechtskräftig geworden (→ § 124 a Rn. 62). Das ist in beiden Fallgestaltungen dann nicht folgerichtig, wenn die Verlängerung der Begründungsfrist bei rechtzeitig gestelltem Antrag wie eine Wiedereinsetzung wirkt. Eine Wiedereinsetzung wäre auch dann wirksam, wenn die Antragsfrist des § 60 Abs. 2 S. 1 versäumt war oder ein Antrag nicht gestellt war. Auch dann wird die eingetretene Rechtskraft zulasten des von ihr begünstigten Beteiligten wieder durchbrochen.

68   Hat der Revisionskläger die Verlängerung der Frist verspätet beantragt, kommt eine gesonderte Wiedereinsetzung wegen Versäumung der Antragsfrist nicht Betracht. Wiedereinsetzung kann nur in die versäumte Frist zur Begründung der Revision gewährt werden (so der Sache nach ohne die Frage ausdrückl. anzusprechen BGH NJW 2012, 2522). Versäumte Prozesshandlung ist die Revisionsbegründung, nicht der Antrag auf Verlängerung der für sie einzuhaltenden Frist. Deshalb muss innerhalb eines Monats nach Wegfall des Hindernisses (§ 60 Abs. 2 S. 1 und 3) die versäumte Revisionsbegründung nachgeholt werden. Unterbleibt dies, ist die Revision unzulässig[36] (→ § 124 a Rn. 48 m.w.N.).

69   **bb) Entscheidung über die Verlängerung.** Über die Verlängerung der Frist entscheidet der Vorsitzende des zuständigen Spruchkörpers (BGH NJW-RR 2005, 792). Wird der Vorsitzende eines unzuständigen Spruchkörpers tätig, ist die von ihm ausgesprochene Fristverlängerung gleichwohl wirksam (BGHZ 37, 125). Dasselbe gilt, wenn anstelle des verhinderten Vorsitzenden ein nicht zu seiner Vertretung berufener Richter tätig wird oder ein anderes Mitglied des Spruchkörpers die Frist verlängert, obwohl der Vorsitzende nicht verhindert war. Derartige „Besetzungsfehler" machen die Entscheidung zwar rechtswidrig, nicht aber nichtig.

70   Vor der ersten Verlängerung der Frist kann der Vorsitzende die anderen Beteiligten anhören. Eine wiederholte Verlängerung der Frist setzt zwingend ihre Anhörung voraus (§ 57 Abs. 2, § 225 Abs. 2 ZPO). Ist die Anhörung unterblieben, ist die Verlängerung gleichwohl wirksam (→ § 124 a Rn. 53 m.w.N.).

71   Die Frist muss ausdrückl. verlängert werden (BGH NJW-RR 1990, 67, 68). Die Entscheidung kann nicht stillschweigend oder konkludent ergehen. Die Verlängerung muss schriftlich verfügt, jedenfalls aktenkundig gemacht werden (BVerwG NJW 2002, 1137, 1139).

72   Die Frist kann bis zu einem bestimmten Termin (hierzu: BGH NJW-RR 2008, 76) oder um einen bestimmten Zeitraum verlängert werden. Wird die Frist um einen bestimmten Zeitraum verlängert, wird die neue Frist vom Ablauf der alten an berechnet (§ 57 Abs. 2, § 224 Abs. 3 ZPO) (Einzelheiten → § 124 a Rn. 56). Wäre das Ende der alten (gesetzlichen) Frist an sich auf einen Sonnabend, einen Sonntag oder einen allgemeinen Feiertag gefallen und hätte die Frist deshalb erst mit Ablauf des nächsten Werktags geendet, beginnt der verlängerte Teil der Frist erst mit Ablauf dieses Werktags (BGH NJW 2006, 700; NJW-RR 2008, 76; MDR 2009, 644). Wird die Frist ohne weitere Angaben „antragsgemäß" verlängert, wird der Verlängerungsantrag zum Inhalt der Fristverlängerung auch dann, wenn in ihm die Frist fehlerhaft berechnet war (BGH MDR 2008, 813). Aus Gründen der Rechtssicherheit kann die Frist nicht auf unbestimmte Zeit verlängert werden (BGH NJW-RR 1990, 67, 68). Verlängert der Vorsitzende die Frist, ohne das Ende der neuen Frist anzugeben, ist damit die Bindung des Revisionsklägers an die gesetzliche Frist oder an eine schon einmal verlängerte Frist aufgehoben, eine Bindung an eine neue Frist aber nicht begründet (→ § 124 a Rn. 57 m.w.N.). Der Vorsitzende muss in diesem Fall nachträglich einen neuen Endtermin setzen.

73   Die Verlängerung der Frist muss zu ihrer Wirksamkeit den Beteiligten bekannt gegeben werden.[37] Eine formlose, auch mündliche Bekanntgabe genügt (→ § 124 a Rn. 55 m.w.N.).

74   nicht besetzt

75   Hat der Revisionskläger Fristverlängerung beantragt, muss der Vorsitzende zunächst über diesen Antrag entscheiden (BGH NJW 2005, 792). Das Revisionsgericht darf nicht stattdessen nach Ablauf der gesetzlichen Begründungsfrist die Revision als unzulässig verwerfen, weil der Revisionskläger sie nicht rechtzeitig begründet hat.

76   Die Frist für die Begründung der Revision läuft für jeden Beteiligten gesondert. Wird auf Antrag eines Revisionsklägers die Frist verlängert, wirkt die Verlängerung nur zu seinen Gunsten. Für andere Revisionskläger läuft die gesetzliche Begründungsfrist (BGH NJW-RR 2009, 643).

---

36   BVerwG BayVBl 1994, 188; NJW 1996, 2808; BFHE 200, 491.
37   BGH NJW-RR 1990, 67, 68; BGH NJW-RR 1989, 1404, 1405, verlangt sogar weiter gehend Zustellung.

cc) Gründe für eine Fristverlängerung. Die Frist darf nur verlängert werden, wenn der Revisionsklä-   77
ger hierfür erhebliche Gründe glaubhaft gemacht hat (§ 57 Abs. 2, § 224 Abs. 2 ZPO) (Einzelheiten
→ § 124 a Rn. 50 m.w.N.). In entsprechender Anwendung des § 551 Abs. 2 S. 4 ZPO darf der Vorsitzende die Frist ferner verlängern, wenn hierdurch nach seiner freien (nicht nachprüfbaren) Überzeugung der Rechtsstreit nicht verzögert wird. Einer Einwilligung des Gegners bedarf es nicht. Umgekehrt
ist dessen Einwilligung kein zwingender Grund zur (erstmaligen) Verlängerung der Frist, wie sich dies
für den Zivilprozess aus § 551 Abs. 2 S. 4 und 5 ZPO ergibt.

Einem ersten Antrag auf Verlängerung der Frist ist regelmäßig zu entsprechen (→ § 124 a   78
Rn. 51 m.w.N.). An die erforderliche Darlegung der erheblichen Gründe für die Notwendigkeit einer
Fristverlängerung sind keine hohen Anforderungen zu stellen (BGH NJW-RR 2011, 285). Ein erheblicher Grund für eine (erstmalige) Verlängerung ist insbes. die berufsbedingte allgemeine Arbeitsüberlastung (BVerfG FamRZ 2002, 533, 534), ohne dass es einer weiteren Substantiierung bedarf (BGH
NJW 2010, 1611; NJW-RR 2011, 285). Arbeitsüberlastung ist erst Recht ein erheblicher Grund,
wenn sie auf zusätzlichen Umständen beruht, etwa urlaubsbedingten Rückständen oder der Vertretung eines erkrankten Kollegen (BVerfG NJW 1998, 3703). Erhebliche Gründe können ferner darin
liegen, dass eine vom Rechtsanwalt für erforderlich gehaltene Besprechung mit dem Mandanten wegen Terminschwierigkeiten bisher nicht stattfinden konnte (BGH NJW 2001, 3552; MDR 2001,
1432; NJW 2010, 1610; NJW-RR 2011, 285) oder dass außergerichtliche Vergleichsverhandlungen
laufen (BGH NJW 1999, 430), oder eine urlaubsbedingte Abwesenheit (BGH NJW 2012, 2522).

Lehnt der Vorsitzende die Verlängerung der Frist ab, kann der Revisionskläger Wiedereinsetzung be-   79
antragen. Die Frist für den Wiedereinsetzungsantrag (§ 60 Abs. 2 S. 1) beginnt, wenn der Revisionskläger Kenntnis von der Ablehnung seines Antrags erhält.

Der rechtzeitig gestellte, aber vor Ablauf der Frist nicht mehr beschiedene Antrag auf Fristverlänge-   80
rung stellt nur dann ein nicht verschuldetes Hindernis für die rechtzeitige Begründung der Revision
dar, wenn der Revisionskläger mit großer Wahrscheinlichkeit mit einer Verlängerung der Frist rechnen
durfte (→ § 124 a Rn. 73 m.w.N.). Der Rechtsanwalt kann regelmäßig erwarten, dass einem ersten
Antrag auf Fristverlängerung entsprochen wird, jedenfalls dann, wenn er erhebliche Gründe für die
erbetene Verlängerung der Frist angeführt hat (verneint für den Fall, dass die Fristverlängerung ohne
Angabe von Gründen gestellt wird: BVerwG NJW 2008, 3303; zu Anträgen auf weitere Verlängerung
BGH FamRZ 2007, 1808; → § 124 a Rn. 74 m.w.N.). Mit einer hiervon abweichenden Praxis des Revisionsgerichts braucht der Rechtsanwalt nicht zu rechnen.[38] Eine ihm bekannte Praxis des angegangenen Spruchkörpers muss der Rechtsanwalt zwar in seine Vorausschau einbeziehen, jedoch nur insoweit, als sie den rechtlichen Anforderungen genügt (BGH NJW 2001, 3552; MDR 2001, 1432). Er
muss aber eine ihm bekannte strengere, gleichwohl zulässige Praxis des Gerichts in Rechnung stellen,
die von der großzügigeren Handhabung anderer Gerichte abweicht (BVerfG NJW-RR 2000, 1366). Er
kann ferner nicht mehr auf eine antragsgemäße Verlängerung vertrauen, wenn das Gericht bereits
über den Verlängerungsantrag entschieden, ihm aber nur teilweise entsprochen hat, jedoch so, dass
noch ausreichend Zeit für die Revisionsbegründung verbleibt (BGH NJW-RR 2008, 76, 77). Der Antragsteller kann bei einem Antrag auf weitere Fristverlängerung auf dessen Stattgabe vertrauen, wenn
der Gegner eingewilligt hat (BGH NJW 2009, 3100).

3. Schriftform. Die Revision muss schriftlich begründet werden. Grds. ist deshalb die eigenhändige   81
Unterschrift des postulationsfähigen Prozessbevollmächtigten erforderlich. Sie kann bei der Revisionsbegründung einer Behörde dadurch ersetzt werden, dass der in Maschinenschrift wiedergegebene Name des Verfassers mit einem Beglaubigungsvermerk versehen ist (GmSOGB BVerwGE 58, 359,
364 ff.).

4. Vertretungszwang. Die Begründung der Revision unterliegt dem Vertretungszwang des § 67   82
Abs. 4.

---

38 BVerfG NJW 1998, 3703; NJW 2000, 1634; NJW 2001, 812; FamRZ 2002, 533, 534; BGH NJW 1999, 430;
NJW 2001, 3552; MDR 2001, 1432; ferner BVerfG NJW-RR 2002, 1007: Hat der Rechtsmittelkläger rechtzeitig
einen begründeten Antrag auf Fristverlängerung abgesandt, mit dessen positiver Bescheidung er rechnen durfte, gereicht es ihm nicht zum Verschulden, wenn er vor Ablauf der Frist eine Nachfrage beim Gericht unterlässt, ob dieser
Antrag eingegangen und die Frist verlängert ist.

83 Die Revisionsbegründung hat die entscheidungserheblichen Gesichtspunkte aufzubereiten. Dazu gehört eine Sichtung und rechtliche Durchdringung des Streitstoffes. Damit einhergehen muss eine sachliche Auseinandersetzung mit den Gründen, welche die angefochtene Entscheidung tragen. Aus ihr muss hervorgehen, warum der Revisionskläger diese Begründung nicht für zutreffend hält (BVerwGE 80, 321, 323; 106, 202, 203). Hierdurch soll der Revisionskläger zugleich gezwungen werden, die Erfolgsaussichten seiner Revisionsrügen zu überdenken und diese sachgerecht zu beschränken. Beides soll zu einer Entlastung des Revisionsverfahrens beitragen. Durch den Vertretungszwang für die Revisionsbegründung soll erreicht werden, dass dem Revisionsgericht nur Ausführungen unterbreitet werden, die ein bestimmtes fachliches Niveau haben. Für diese Ausführungen muss der Prozessbevollmächtigte selbst die Verantwortung übernehmen.

84 Dem Vertretungszwang ist deshalb nicht schon dann genügt, wenn der Prozessbevollmächtigte die Revisionsbegründung nur unterschrieben hat. Sie muss vielmehr von ihm auch selbst erarbeitet sein (BVerwG NJW 1997, 1865, 1866; BGH FamRZ 2006, 408, 409). Der Revisionsbegründung muss die eigene Sichtung und rechtliche Durchdringung des Streitstoffes durch den Prozessbevollmächtigten zu entnehmen sein. Er muss selbst darlegen, aus welchen Gründen im Einzelnen das angefochtene Urteil aufzuheben sein soll. Diese Anforderungen gelten nicht nur für Rechtsanwälte, sondern auch für die anderen Personen, die zu einer Vertretung des Revisionsklägers vor dem BVerwG nach § 67 Abs. 4 S. 1, 3 und 4 berechtigt sind.

85 Den Anforderungen des Vertretungszwangs ist danach nicht genügt, wenn als Revisionsbegründung ein Schreiben vorgelegt wird, das lediglich von einem Rechtsanwalt unterzeichnet ist, sonst aber unverändert von der Partei selbst stammt. Das gilt jedenfalls dann, wenn der Rechtsanwalt keine Prüfung, Sichtung und rechtliche Durchdringung des Streitstoffes vorgenommen hat.[39] Aus demselben Grund genügt zur Begründung der Revision nicht die Bezugnahme des Rechtsanwalts auf ein Schreiben seiner Partei, das diese persönlich bei Gericht eingereicht hat, oder die Bezugnahme auf Ausarbeitungen eines Dritten.[40] Macht der vertretungsberechtigte Bevollmächtigte des Revisionsklägers sich dessen Ausführungen oder die Ausführungen Dritter zu eigen, genügt dies dem Vertretungszwang ausnahmsweise dann, wenn dies erkennbar Ergebnis einer eigenen Prüfung, Sichtung, rechtlichen Durchdringung und Würdigung des Streitstoffes ist (BGH NJW 1993, 1866).

86 Dem Vertretungszwang ist ferner nicht genügt, wenn der vertretungsberechtigte Rechtsanwalt pauschal auf die Ausführungen in dem Rechtsgutachten eines Dritten verweist. Etwas anderes kann nur gelten, wenn der Revisionskläger auch den Dritten bevollmächtigt oder seinem Prozessbevollmächtigten die Befugnis zur Erteilung einer Untervollmacht dieses Inhalts eingeräumt hat (BVerwG NVwZ 1990, 459). Ferner steht der Vertretungszwang nicht entgegen, die eigene Revisionsbegründung durch die Ausführungen in dem Rechtsgutachten eines Dritten zu ergänzen und zu diesem Zweck auf das Gutachten Bezug zu nehmen (BVerwGE 26, 239, 242).

87 Aus Gründen der Rechtssicherheit begnügt sich das Gesetz allerdings grds. mit dem äußeren Merkmal der Unterschrift. Andererseits muss dann an dem Erfordernis der Unterschrift streng festgehalten werden (BGHZ 37, 154, 159) Zwar muss eine Revisionsbegründungsschrift nicht von dem sachbearbeitenden Mitglied einer bevollmächtigten Sozietät, sondern kann bei dessen Abwesenheit durch ein anderes Mitglied der Sozietät unterzeichnet werden. Es darf dann aber kein Anhalt dafür bestehen, dass es der Revisionsbegründung an der gebotenen anwaltlichen Durchdringung fehlt und dass es der unterzeichnende Rechtsanwalt unterlassen hat, den von seinem Sozius entworfenen Schriftsatz vor Unterzeichnung zu prüfen.[41] Unterzeichnet hingegen ein anderes Mitglied der Sozietät den Schriftsatz nicht mit dem Zusatz „in Vertretung", sondern mit dem Zusatz „im Auftrag", gibt er dadurch zu erkennen, dass er für den Inhalt der Revisionsbegründung eine Verantwortung nicht übernehmen will und nicht übernimmt (BGH FamRZ 2007, 1638). Wird dem Revisionsgericht nur eine beglaubigte Abschrift der Revisionsbegründungsschrift eingereicht, ersetzt sie die Urschrift, wenn der Prozessbevollmächtigte den Beglaubigungsvermerk eigenhändig unterzeichnet hat (vgl. auch BGH NJW-RR 2004, 1364). Anders verhält es sich, wenn der Rechtsanwalt durch seine Unterschrift ausdrückl. nur die Übereinstimmung der Abschrift mit einer Revisionsbegründungsschrift beglaubigt, die nicht

---

39 BVerwG 19.8.1993 Buchholz 310 § 67 VwGO Nr. 81; VGH München BayVBl 2005, 572.
40 BVerwG NVwZ-RR 2013, 341; BFH BFH/NV 2005, 2018, 2019; OVG Lüneburg NVwZ-RR 2002, 468.
41 BVerwGE 68, 241, 242; BGH NJW 2003, 2028 (zum Zusatz „für Rechtsanwalt X, nach Diktat verreist").

von ihm selbst, sondern von einem anderen Mitglied der Sozietät stammt. Denn damit gibt er zu erkennen, dass nicht er selbst, sondern ein anderer die Verantwortung für ihren Inhalt trägt.

5. Inhalt der Revisionsbegründung (Abs. 3 S. 4). Die Revisionsbegründung muss einen bestimmten 88 Antrag enthalten, die verletzte Rechtsnorm bezeichnen und, soweit Verfahrensmängel gerügt werden, die Tatsachen angeben, aus denen sich der Mangel ergibt.

a) Antrag. Regelmäßig hat die Revisionsbegründung einen ausdrückl. formulierten Revisionsantrag 89 zu enthalten. Er umschreibt, in welchem Umfang und mit welchem Ziel die Entscheidung der Vorinstanz angefochten werden soll.

Das BVerwG ist an das sachliche Begehren, nicht an die gewählte Fassung der Anträge gebunden 90 (§ 141 S. 1, § 125 Abs. 1 S. 1, § 88). Es hat darauf hinzuwirken, dass unklare Anträge erläutert und sachdienliche Anträge gestellt werden (§ 141 S. 1, § 125 Abs. 1 S. 1, § 86 Abs. 3).

Will der Revisionskläger seinen in der Vorinstanz erfolglos gebliebenen Sachantrag uneingeschränkt 91 weiterverfolgen, reicht die Bezugnahme auf den dort gestellten Antrag aus.

Hat die Vorinstanz die Klage abgewiesen, genügt es grds., wenn der Revisionskläger nur die Aufhe- 92 bung des angefochtenen Urteils und die Zurückverweisung der Sache an die Vorinstanz beantragt, aber keinen Antrag stellt, das angefochtene Urteil durch eine ihm in der Sache günstigere Entscheidung zu ersetzen.[42] Ein solcher Sachantrag ist zwar erforderlich, weil er den Umfang der revisionsgerichtlichen Überprüfung mitbestimmt. Er ist aber regelmäßig dem Revisionsbegehren zumindest sinngemäß zu entnehmen.[43] Anders kann es namentlich bei objektiver Klagehäufung oder teilbarem Streitgegenstand sein, wenn offen bleibt, in welchem Umfang das Urteil der Vorinstanz angefochten werden soll.

Enthält die Revisionsbegründung keinen ausdrückl. formulierten Antrag, ist dies unschädlich, wenn 93 sich das Ziel der Revision aus deren Einlegung und aus sonstigen Erklärungen ergibt, die der Revisionskläger bis zum Ablauf der Begründungsfrist abgegeben hat (BVerwG NJW 2009, 162). Das Ziel der Revision kann sich allein aus deren Einlegung ergeben, etwa weil der Revisionskläger mit ihr nur den in der Vorinstanz gestellten, dort erfolglos gebliebenen Sachantrag weiterverfolgen kann. Wird nach Zulassung der Revision das Beschwerdeverfahren als Revisionsverfahren fortgesetzt, kann sich das Revisionsbegehren aus dem Beschwerdeantrag ergeben. Der Umfang und das Ziel, in dem und mit dem die Zulassung der Revision angestrebt wird, bestimmt regelmäßig Umfang und Ziel der zugelassenen Revision (vgl. BVerwG NJW 1997, 1250).

b) Angabe der verletzten Rechtsnorm. Die Revisionsbegründung muss die verletzte Rechtsnorm an- 94 geben. Soweit der Revisionskläger seine Revision auf die Verletzung materiellen Rechts stützt, macht dies den Kern der Revisionsbegründung aus. Die Angabe der verletzten Rechtsnorm erfordert mehr als nur die Benennung einer Vorschrift und die Behauptung, diese sei verletzt. Die Revisionsbegründung muss die entscheidungserheblichen Gesichtspunkte aufbereiten und sich hierzu mit den Gründen der angefochtenen Entscheidung sachlich auseinandersetzen. Dass die bezeichnete Rechtsnorm verletzt ist, muss der Revisionskläger deshalb in Auseinandersetzung mit dem angefochtenen Urteil darlegen (BVerwG NJW 2006, 3081).

Unerheblich ist, ob diese Auseinandersetzung aus der Sicht des Revisionsgerichts überzeugend oder 95 zumindest vertretbar ist. Dies ist eine Frage erst der Begründetheit der Revision, nicht schon ihrer Zulässigkeit. Für die Zulässigkeit der Revision ist es deshalb unerheblich, ob die als verletzt bezeichnete Rechtsnorm überhaupt revisibel ist (BVerwGE 102, 95, 99).

nicht besetzt 96

Zunächst muss die verletzte Rechtsnorm konkret bezeichnet werden. Es genügt nicht, wenn der Revi- 97 sionskläger nur allgemein die Verletzung materiellen Rechts rügt oder ohne nähere Konkretisierung nur ausführt, das angefochtene Urteil verstoße gegen ein bestimmtes Gesetz (BVerwG 3.11.1967 Buchholz 310 § 139 VwGO Nr. 28). Er muss allerdings nicht unbedingt das Gesetz und den Paragra-

---

42 *R. Pietzner/J. Buchheister*, in: Schoch/Schneider/Bier, § 139 Rn. 40 VwGO; a.A. OLG Hamburg NJW 1987, 783, 78.
43 *K. Kuhlmann*, in: Wysk § 139 Rn. 17.

phen mit seiner Zahl benennen. Es reicht aus, wenn sich den sachlichen Ausführungen entnehmen lässt, welche Norm oder welchen allgemeinen Rechtsgrundsatz der Revisionskläger für verletzt hält.[44]

98   Die darauf aufbauende Auseinandersetzung mit dem angefochtenen Urteil muss aus sich selbst heraus verständlich sein (BVerwGE 80, 321, 323; 106, 202, 203). Deshalb reicht es nicht aus, wenn der Revisionskläger nur auf seinen Vortrag vor dem Erlass des angefochtenen Urteils verweist oder ihn lediglich wiederholt.[45] Ebenso wenig genügt regelmäßig die Bezugnahme auf Schriftsätze aus dem Verfahren der Nichtzulassungsbeschwerde. Hat der Revisionskläger mit der Beschwerde die grundsätzliche Bedeutung der Rechtssache oder eine Abweichung von einer Entscheidung des BVerwG geltend gemacht, war im Zulassungsverfahren eine andere Fragestellung entscheidungserheblich als im nachfolgenden Revisionsverfahren (BVerwG NVwZ 1989, 557; NVwZ-RR 1991, 166; BFH HFR 2004, 764).

99   Die Bezugnahme auf Ausführungen in einer Nichtzulassungsbeschwerde oder in einem Antrag auf Zulassung der Sprungrevision reicht aber aus, wenn die Nichtzulassungsbeschwerde ihrerseits den Anforderungen an eine Revisionsbegründung genügt (BGH NJW-RR 2005, 794). Aus ihnen muss deutlich werden, aus welchen Gründen nach Auffassung des Revisionsklägers die angefochtene Entscheidung revisibles Recht verletzt. Ferner muss der Revisionskläger hinreichend deutlich zum Ausdruck bringen, auf welche Ausführungen zu welchen Zulassungsgründen er Bezug nehmen will (BVerwG NJW 1985, 1235; BVerwGE 80, 321, 323; 107, 117, 121).

100 Unter Umständen kann es genügen, wenn der Revisionskläger auf den Beschluss Bezug nimmt, durch den das BVerwG die Revision zugelassen hat. Ist dem Zulassungsbeschluss die Einschätzung zu entnehmen, das angefochtene Urteil werde voraussichtlich keinen Bestand haben, etwa weil es auf einer entscheidungserheblichen Abweichung beruht, kann der Revisionskläger sich durch Bezugnahme auf diesen Beschluss die Einschätzung des BVerwG und die dafür maßgebenden Erwägungen zu eigen machen (BVerwGE 114, 155, 158; aber auch BVerwG NJW 2006, 3081: nicht bei Zulassung wegen grundsätzlicher Bedeutung).

101 Ausreichen kann ferner die Bezugnahme auf den Entwurf einer Revisionsbegründung, die einem vorangegangenen Prozesskostenhilfegesuch beigefügt war (strenger BGH NJW 1998, 1647), oder auf das Prozesskostenhilfegesuch selbst, wenn dieses zugleich den Anforderungen an eine Revisionsbegründung genügt (BGH FamRZ 2004, 1553, 154; MDR 2008, 705).

102 c) **Verfahrensrügen.** § 139 Abs. 3 S. 4 stellt weiter gehende Anforderungen an die Rüge von Verfahrensmängeln (zu den in Betracht kommenden Verfahrensfehlern → § 124 Rn. 189 ff.). Der Revisionskläger hat nicht nur die verletzte Rechtsnorm zu bezeichnen, sondern auch die Tatsachen anzugeben, die den Verfahrensmangel ergeben (BVerwG 12.12.1996 Buchholz 236.1 § 20 a SG Nr. 5). Der gerügte Verfahrensmangel muss schlüssig dargelegt sein.[46] Der Revisionskläger muss ferner darlegen, dass das angefochtene Urteil auf dem geltend gemachten Verfahrensfehler beruht, es sei denn, dieser stelle einen absoluten Revisionsgrund i.S.d. § 138 dar. In diesem Fall wird unwiderleglich vermutet, dass das angefochtene Urteil auf dem Verfahrensfehler beruht.

103 Ist die Verfahrensvorschrift nicht bezeichnet, die verletzt sein soll, schadet dies nicht, wenn aus den Ausführungen im Übrigen hinreichend erkennbar wird, welche Rügen erhoben werden und welche Vorschrift verletzt sein soll.[47] Hat der Revisionskläger nicht ausdrückl. dargelegt, dass das angefochtene Urteil auf dem gerügten Verfahrensmangel beruhen kann, schadet dies nicht, wenn sich diese Kausalität von selbst versteht (BSG NVwZ-RR 2002, 79, 80).

104 Ein Verfahrensmangel ist im Übrigen nur dann hinreichend gerügt, wenn er sowohl in den ihn (vermeintlich) begründenden Tatsachen als auch in seiner rechtlichen Würdigung substantiiert dargetan wird.[48] Diesem Erfordernis kann der Revisionskläger auch dadurch genügen, dass er wegen des Verfahrensmangels auf Ausführungen hierzu in der Nichtzulassungsbeschwerde Bezug nimmt, wenn diese bereits die erforderlichen Angaben enthält. Unerheblich ist, ob das BVerwG in seinem Zulassungsbe-

---

44 BVerwG 3.11.1967 Buchholz 310 § 139 VwGO Nr. 28; 25.11.1970 Buchholz 310 § 139 VwGO Nr. 39; NJW 1980, 2268; NJW 1984, 140; BAG NJW 1997, 1597.

45 BVerwG 30.1.1981 Buchholz 310 § 139 Nr. 56; BSG NJW 1987, 1359; derartige Anforderungen sind verfassungsrechtlich nicht zu beanstanden: BVerfG NJW-RR 2002, 135.

46 BVerwG DVBl 1981, 493; 14.9.1989 Buchholz 310 § 133 VwGO Nr. 90; DVBl 1993, 955.

47 BVerwG 31.5.1983 Buchholz 310 § 108 VwGO Nr. 135; BGH NJW 2002, 1426, 1427.

48 BVerwG 10.11.1992 Buchholz 303 § 314 ZPO Nr. 5; 19.8.1997 Buchholz 310 § 133 n.F. VwGO Nr. 26.

schluss den gerügten Verfahrensmangel bejaht hat.[49] Hat das BVerwG die Revision wegen eines Verfahrensfehlers zugelassen und dessen Vorliegen in dem Zulassungsbeschluss näher dargelegt, genügt zur Begründung der Revision die Bezugnahme auf diesen Beschluss (BVerwG NJW 1994, 140).

§ 139 Abs. 3 S. 4 setzt voraus, dass die Revisionsbegründung selbst den Verfahrensmangel nennt, auf den die Revision gestützt werden soll (BVerwG 2.12.1988 Buchholz 407.4 § 8 FStrG Nr. 21; NVwZ 1998, 628). Hat der Revisionskläger in einer Nichtzulassungsbeschwerde einen Verfahrensfehler als Zulassungsgrund geltend gemacht, muss er ihn in der Revisionsbegründung als Revisionsgrund wiederholen, indem er zumindest auf die Nichtzulassungsbeschwerde oder den Zulassungsbeschluss verweist. Andernfalls kann der Verfahrensmangel im Revisionsverfahren nicht berücksichtigt werden.[50]   105

Verfahrensrügen können nach Ablauf der Revisionsbegründungsfrist weder nachgeschoben noch durch ergänzendes Vorbringen nachträglich schlüssig gemacht werden.[51] Hat der Revisionskläger die Revision rechtzeitig begründet, kann ihm nicht Wiedereinsetzung in den vorigen Stand gewährt werden, weil er es versäumt hat, einzelne Verfahrensrügen rechtzeitig geltend zu machen. Nur die Revisionsbegründung als solche, nicht die einzelne Rüge ist die Prozesshandlung, die versäumt werden kann und wegen deren Versäumung Wiedereinsetzung gewährt werden kann.[52]   106

Sind innerhalb der Frist zur Begründung der Revision keine Verfahrensfehler ordnungsgemäß gerügt worden, prüft das BVerwG das angefochtene Urteil nur auf die Verletzung materiellen Rechts nach. Aus § 137 Abs. 3 S. 2 folgt nichts anderes. Nach dieser Vorschrift ist das BVerwG nur an die Rügen einer Verletzung materiellen Rechts nicht gebunden. Sie lässt aber die Prüfung von Verfahrensmängeln grds. nur aufgrund von frist- und formgerecht erhobenen Revisionsrügen zu (BVerwGE 106, 115, 120).   107

§ 139 Abs. 3 S. 4 bezieht sich naturgemäß nicht auf solche Verfahrensmängel, die von Amts wegen zu berücksichtigen sind.[53] Auf sie kann der Revisionskläger das Revisionsgericht hinweisen, ohne an eine Frist oder an formelle Anforderungen an ihre Darlegung gebunden zu sein. Von Amts wegen zu berücksichtigen sind solche Verfahrensmängel, die auf das Verfahren in der Revisionsinstanz derart fortwirken, dass ein auf die Sache eingehendes Revisionsurteil nicht möglich ist. Dazu gehören Mängel, welche die Wirksamkeit[54] und Zulässigkeit der angefochtenen Entscheidung betreffen.[55]   108

§ 140 [Zurücknahme der Revision]

(1) ¹Die Revision kann bis zur Rechtskraft des Urteils zurückgenommen werden. ²Die Zurücknahme nach Stellung der Anträge in der mündlichen Verhandlung setzt die Einwilligung des Revisionsbeklagten und, wenn der Vertreter des Bundesinteresses beim Bundesverwaltungsgericht an der mündlichen Verhandlung teilgenommen hat, auch seine Einwilligung voraus.

(2) ¹Die Zurücknahme bewirkt den Verlust des eingelegten Rechtsmittels. ²Das Gericht entscheidet durch Beschluß über die Kostenfolge.

---

49 Strenger: BVerwG BayVBl 1988, 379, 380: die Bezugnahme reicht nur ausnahmsweise dann aus, wenn der geltend gemachte Verfahrensmangel zur Zulassung der Revision geführt hat; so wohl auch: *I. Kraft*, in: Eyermann § 139 Rn. 39; wie hier: *R. Pietzner/J. Buchheister*, in: Schoch/Schneider/Bier § 139 Rn. 43.
50 BVerwG 6.12.1984 Buchholz 310 § 139 VwGO Nr. 65; 27.10.1987 Buchholz 402.5 WaffG Nr. 49; 30.8.1988 Buchholz 402.25 § 1 AsylVfG Nr. 93; BVerwGE 106, 115, 120.
51 BVerwG 21.9.2000 Buchholz 237.1 Art. 86 BayLBG Nr. 10.
52 BVerwGE 28, 18, 21; a.A. BGH NJW 2000, 364 für den Fall, dass eine Begründungsschrift ohne Verschulden des Prozessbevollmächtigten dem Gericht nur unvollständig übermittelt worden ist; weiter gehend wohl OLG Celle NJW-RR 2003, 1439, 1440.
53 BGH NJW 1975, 1968; NJW 1982, 1757, 1759 (jeweils Zulässigkeit eines in der Vorinstanz ergangenen Grundurteils); NJW-RR 1991, 1346 (Missachtung der Bindung an die Anträge der Beteiligten); NJW 1992, 2831, 2833 (Einhaltung der Bindungswirkung zurückverweisender Urteile); NJW 1993, 3067 (Behandlung eines Nichtbeteiligten als Partei).
54 BVerwG NJW 1997, 2897: von Amts wegen zu berücksichtigen ist, dass die Berufung bereits vor Ergehen der Berufungsentscheidung wirksam zurückgenommen war und die gleichwohl in der Sache ergangene Berufungsentscheidung deshalb unwirksam ist.
55 BVerwGE 71, 73, 74 (mangelnde Zulassung der Berufung); BGH NJW 1982, 1873 (Zulässigkeit der Berufung).

I. Inhalt der Vorschrift

1   Die Vorschrift regelt die Rücknahme der Revision. Sie lässt zum einen die Rücknahme bis zum Eintritt der Rechtskraft des Urteils zu (§ 140 Abs. 1 S. 1). Sie regelt zum anderen, dass die Rücknahme der Revision der Einwilligung des Revisionsbeklagten und ggf. weiterer Beteiligter bedarf, wenn sie erst nach Stellung der Anträge in der mündlichen Verhandlung erklärt wird (§ 140 Abs. 1 S. 2). Die Vorschrift regelt schließlich die Wirkungen der Rücknahme. Sie bewirkt den Verlust des Rechtsmittels (§ 140 Abs. 2 S. 1). Das BVerwG entscheidet nur noch über die Kostenfolge (§ 140 Abs. 2 S. 2).

2   § 140 regelt die Rücknahme der Revision abschließend. Sie kann ausschließlich durch Erklärung des Revisionsklägers zurückgenommen werden. Die Rücknahme der Revision kann nicht nach § 141 S. 1 i.V.m. § 126 Abs. 2. fingiert werden, wenn der Revisionskläger das Revisionsverfahren trotz Aufforderung des Gerichts nicht betreibt.[1]

II. Rücknahme der Revision (Abs. 1 S. 1)

3   **1. Rücknahmeerklärung.** Die Rücknahme der Revision wird durch eine hierauf gerichtete Erklärung des Revisionsklägers bewirkt. Sie hat zum Inhalt, dass der Revisionskläger nicht länger die Nachprüfung des angefochtenen Urteils im Wege der Revision begehrt. Die Rücknahme ist Prozesshandlung. Sie ist gegenüber dem Revisionsgericht zu erklären (§ 173, § 565 ZPO, § 516 Abs. 2 S. 1 ZPO). Die Rücknahme ist schriftlich zu erklären; sie kann auch in der mündlichen Verhandlung zu Protokoll erklärt werden (§ 173, § 565 ZPO, § 516 Abs. 2 S. 2).

4   Ob der Revisionskläger die Revision zurücknehmen will, ist wie bei jeder Prozesserklärung durch Auslegung zu ermitteln. In keinem Falle reicht es aus, wenn der Revisionskläger auf eine Anfrage des Revisionsgerichts schweigt, ob die Revision zurückgenommen werden soll, auch wenn das Revisionsgericht erklärt hat, es werde Schweigen als Rücknahme werten.

5   Hat der Revisionskläger die Revision in der mündlichen Verhandlung zu Protokoll zurückgenommen, ist seine Erklärung in das Protokoll aufzunehmen, ihm vorzulesen und von ihm zu genehmigen (§ 105, § 160 Abs. 3 Nr. 8 ZPO, § 162 Abs. 1 S. 1 und 3 ZPO). Fehlt es an der Verlesung der Erklärung und ist die Genehmigung nicht im Protokoll vermerkt, ist die Rücknahme der Revision gleichwohl wirksam.[2] Allerdings ist im Streitfalle der Nachweis beeinträchtigt, dass eine solche Erklärung abgegeben ist.

6   **2. Zeitpunkt der Rücknahme.** Die Revision kann bis zum Eintritt der Rechtskraft des Urteils zurückgenommen werden (§ 140 Abs. 1 S. 1). Gemeint ist damit das Revisionsurteil, nicht aber das angefochtene Urteil der Vorinstanz. Dem Urteil steht ein Beschluss gleich, durch den das BVerwG eine unzulässige Revision gem. § 144 Abs. 1 verwirft. Hat der Revisionskläger die Frist zur Einlegung der Revision oder zu ihrer Begründung versäumt und ist das angefochtene Urteil deshalb rechtskräftig geworden, kann er mithin die (unzulässige) Revision zurücknehmen, solange das BVerwG sie noch nicht rechtskräftig verworfen hat.[3]

7   Rechtskräftig wird das Revisionsurteil mit seiner Verkündung oder, wenn die Verkündung nach § 116 Abs. 2 durch die Zustellung des Urteils ersetzt wird, mit der Zustellung des Urteils. Hat das BVerwG

---

1   *K. Kuhlmann*, in: Wysk § 140 Rn. 1.
2   BVerwG 14.11.1984 Buchholz 310 § 92 VwGO Nr. 7 (für Klagerücknahme); BGH NJW 1984, 1465 (für Rechtsmittelverzicht); BGHZ 108, 142, 45 f. (für Anerkenntnis); BSG MDR 1981, 612 (für Klagerücknahme).
3   *R. Pietzner/J. Buchheister*, in: Schoch/Schneider/Bier § 140 Rn. 16.

gem. § 116 Abs. 1 S. 1 einen Termin zur Verkündung einer Entscheidung angesetzt, kann die Revision mithin noch nach Schluss der mündlichen Verhandlung bis zur Verkündung der Entscheidung zurückgenommen werden. Wird die Verkündung des Urteils durch seine Zustellung ersetzt, ist maßgeblich die Zustellung an den Revisionskläger, denn damit wird das Urteil ihm gegenüber rechtskräftig.

Entscheidet das BVerwG nicht durch Urteil, sondern verwirft es die Revision nach § 144 Abs. 1 durch 8 Beschluss, kann die Revision zurückgenommen werden, solange der Beschluss noch nicht verkündet oder, wenn er ohne mündliche Verhandlung ergeht, noch nicht zugestellt ist.

3. Wirksamkeit der Rücknahme. Als Prozesshandlung ist die Rücknahme der Revision grds. nur 9 wirksam, wenn der Revisionskläger prozessfähig ist. Hat aber die Vorinstanz einen prozessunfähigen Beteiligten, der keinen gesetzlichen Vertreter hat, für prozessfähig gehalten, kann dieser Beteiligte eine Revision wirksam zurücknehmen, die er selbst eingelegt hat (BVerwG 14.7.1964 Buchholz 310 § 140 VwGO Nr. 2).

Die Rücknahme der Revision unterliegt dem Vertretungszwang des § 67 Abs. 4 (a.A. BFH BFH/ 10 NV 2002, 511). Hat der Revisionskläger aber die Revision persönlich ohne Beachtung der vorgeschriebenen Vertretung eingelegt, kann er diese Revision auch persönlich zurücknehmen (BVerwGE 14, 19; BVerwG NVwZ 2009, 192).

Hat der Prozessbevollmächtigte des Revisionsklägers die Revision zurückgenommen, ist diese Rück- 11 nahme auch dann wirksam, wenn er ohne entsprechende Weisung des Revisionsklägers gehandelt haben sollte (vgl. § 173, § 81 ZPO, § 83 ZPO).[4] Hatte der Revisionskläger die Vollmacht widerrufen, ist eine dennoch erklärte Rücknahme der Revision durch den Prozessbevollmächtigten wirksam, wenn sie beim BVerwG eingegangen ist, bevor ihm der Widerruf der Vollmacht angezeigt war (§ 173, § 87 Abs. 1 ZPO).

Als Prozesshandlung ist die Rücknahme der Revision unwiderruflich und bedingungsfeindlich. Sie 12 darf aber von innerprozessualen Vorgängen abhängig gemacht werden, insbes. vom Erfolg oder Misserfolg einer eigenen oder von dem Prozessgegner unbedingt vollzogenen anderweitigen Prozesshandlung, etwa einer unanfechtbaren Ablehnung eines PKH-Gesuchs (BVerwG NVwZ 2002, 990; a.A. BGH FamRZ 2008, 43, 44).

Ein Widerruf ist aber wirksam, wenn er gleichzeitig mit der Rücknahme beim BVerwG eingeht. Ein 13 Widerruf ist ferner wirksam, wenn die Rücknahme von der Einwilligung des Revisionsbeklagten abhängt und der Widerruf erklärt wird, bevor der Revisionsbeklagte in die Rücknahme eingewilligt hat.[5]

Eine Anfechtung wegen Irrtums oder anderer Willensmängel scheidet aus (BVerwGE 57, 342, 346; 14 BVerwG NVwZ 1997, 1210).

Ein nachträglicher Widerruf der Rücknahme ist ausnahmsweise zulässig, wenn ein Wiederaufnahme- 15 grund (§ 153 Abs. 1, §§ 578 ff. ZPO) gegeben ist (BVerwG 26.1.1971 Buchholz 310 § 92 VwGO Nr. 3). Ein Widerruf soll ferner zulässig sein, wenn die Zurücknahme der Revision für das Revisionsgericht und für den Rechtsmittelgegner sogleich als Versehen offenbar gewesen und deshalb nach Treu und Glauben als unwirksam zu behandeln ist (BVerwG NVwZ 1997, 1210; einschränkend BGH FamRZ 2008, 43, 44 f.) oder wenn sie durch einen unzutreffenden Hinweis des Gerichts veranlasst worden ist (VGH München BayVBl 2011, 569; BFHE 210, 4).

Wird die Rücknahme in anderen Fällen widerrufen, kann der Widerruf nicht in eine erneute Einlegung 16 der Revision verbunden mit einem Antrag auf Wiedereinsetzung in den vorigen Stand umgedeutet werden. Der Revisionskläger war an der Einhaltung der Revisionsfrist nicht gehindert (BVerwG NVwZ 1997, 1210).

Besteht Streit, ob eine Revision wirksam zurückgenommen ist, ist darüber durch Urteil zu entschei- 17 den. War die Rücknahme wirksam, ergeht ein Endurteil, in dessen Entscheidungsausspruch festgestellt wird, dass die Revision zurückgenommen ist. In der Kostenentscheidung sind dem Revisionskläger die weiteren Kosten des Revisionsverfahrens aufzuerlegen, die durch die Fortsetzung des Verfahrens ausgelöst wurden. War die Rücknahme unwirksam, ergeht ein Endurteil in der Sache selbst, in dessen Entscheidungsgründen die Unwirksamkeit der Rücknahme festgestellt wird (BVerwG NVwZ 1997, 1210). Die Kostenentscheidung dieses Urteils hat sich zu den gesamten Kosten des Revisionsverfah-

---

4 Für die Rücknahme der Berufung vgl. BVerwG NVwZ 1997, 1210.
5 Anders für den Fall der Klagerücknahme: BFHE 215, 53, 59 f.; OVG Lüneburg NVwZ-RR 2010, 862.

rens zu verhalten. Stattdessen kann die Unwirksamkeit der Rücknahme durch ein Zwischenurteil nach § 109 festgestellt werden (→ § 109 Rn. 7).

18 **4. Teilrücknahme.** Verfolgt der Revisionskläger in einem Revisionsverfahren mehrere selbständige Streitgegenstände, kann er seine Revision beschränkt auf einen dieser Streitgegenstände zurücknehmen. Ferner kann er die Revision nur hinsichtlich eines abtrennbaren Teils des Streitgegenstandes zurücknehmen.

19 Hatte der Revisionskläger in der Revisionsschrift ohne Einschränkung erklärt, er lege Revision ein, hat er aber in der Revisionsbegründung nur einen eingeschränkten Antrag gestellt, hat er damit die Revision nicht teilweise zurückgenommen (BVerwG NJW 1992, 703). Erst die Revisionsbegründung muss einen bestimmten Antrag enthalten (§ 139 Abs. 3 S. 4). Das Gesetz verlangt dem Revisionskläger erst bei Ablauf der Revisionsbegründungsfrist die verbindliche Entscheidung darüber ab, welches Ziel er mit seinem Rechtsmittel verfolgen will. Deshalb wäre es widersprüchlich, die ohne bestimmten Antrag eingelegte Revision bereits als umfassendes Rechtsmittel zu bewerten und den Revisionskläger daran festzuhalten, mit der Folge, dass er nur durch eine teilweise Rechtsmittelrücknahme mit entsprechender Kostenfolge wieder davon loskommen könnte.

20 nicht besetzt

III. Einwilligung in die Rücknahme

21 Die Rücknahme der Revision bedarf der Einwilligung des Revisionsbeklagten, wenn sie erklärt wird, nachdem die Anträge in der mündlichen Verhandlung gestellt waren. Ohne die Einwilligung ist die Rücknahme unwirksam und das Revisionsverfahren fortzusetzen. Das Gesetz schützt damit das Interesse des Revisionsbeklagten an einer Sachentscheidung, wenn das Verfahren schon weitgehend gefördert ist.

22 **1. Nach Stellung der Anträge.** Die Anträge müssen in der mündlichen Verhandlung gestellt sein. Ihre schriftsätzliche Ankündigung reicht nicht aus, und zwar auch dann nicht, wenn die Beteiligten sich mit einer Entscheidung des Gerichts ohne mündliche Verhandlung einverstanden erklärt haben, das Gericht aber dennoch eine mündliche Verhandlung anberaumt; auch in diesem Fall kann die Revision einwilligungsfrei bis zur Stellung der Anträge in der mündlichen Verhandlung zurückgenommen werden (BVerwG NVwZ 2009, 666). Erforderlich sind die Anträge des Revisionsklägers und des Revisionsbeklagten. Auf die Anträge anderer Beteiligter kommt es nicht an. Sie brauchen keine Anträge zu stellen. Auch der Revisionsbeklagte braucht keinen Antrag zu stellen. Hat er von einem Antrag abgesehen, ist es nicht gerechtfertigt, die spätere Zurücknahme der Revision von seiner Einwilligung abhängig zu machen.

23 Haben die Beteiligten sich mit einer Entscheidung ohne mündliche Verhandlung nach § 101 Abs. 2 einverstanden erklärt, bedarf die Rücknahme der Einwilligung des Revisionsbeklagten, wenn sie erst erklärt wird, nachdem die Einverständniserklärungen nach § 101 Abs. 2 aller Beteiligten eingegangen sind, und zumindest der Revisionsbeklagte seinen Revisionsantrag schriftlich gestellt hat. Von diesem Zeitpunkt an entspricht seine Interessenlage derjenigen, die in § 140 Abs. 1 S. 2 für seine Einwilligung vorausgesetzt wird.[6]

24 **2. Zur Einwilligung berechtigte Beteiligte.** Erforderlich ist die Einwilligung des Revisionsbeklagten. Es kommt nur auf die verfahrensrechtliche Stellung im Revisionsverfahren an, nicht auf die verfahrensrechtliche Stellung in den Vorinstanzen. Revisionsbeklagter ist der Beteiligte, zu dessen Gunsten das angefochtene Urteil ergangen ist. Revisionsbeklagter ist nicht notwendig der materielle Anspruchsgegner. Wird mit der Revision ein Berufungsurteil angegriffen, kann Revisionsbeklagter allein ein Beigeladener sein, der das Berufungsurteil erstritten hat.[7]

25 Hat der VBI an der mündlichen Verhandlung teilgenommen, bedarf es seiner Einwilligung, unabhängig davon, ob er selbst einen Antrag gestellt hat.

---

6 BVerwGE 26, 143, 144; a.A. *M. Redeker*, in: Redeker/von Oertzen § 140 Rn. 1: maßgeblich ist die Absendung der Revisionsentscheidung.
7 *R. Pietzner/J. Buchheister*, in: Schoch/Schneider/Bier § 140 Rn. 22; a.A. *W.-R. Schenke*, in: *Kopp/Schenke* § 140 Rn. 2; *M. Redeker*, in: Redeker/von Oertzen § 140 Rn. 1, wonach es auf die Einwilligung des Beigeladenen offenbar auch dann nicht ankommen soll, wenn er Revisionsbeklagter ist.

3. Einwilligungserklärung. Die Einwilligung ist Prozesshandlung. Sie wird regelmäßig in der mündli- 26
chen Verhandlung zu Protokoll, kann aber auch schriftlich erklärt werden. Die Einwilligung kann sowohl dem BVerwG als auch dem Revisionskläger gegenüber erklärt werden. Letzteres ist von Bedeutung, wenn der Revisionskläger die Revision erst nach Schluss der mündlichen Verhandlung vor einem
besonders anberaumten Verkündungstermin zurücknehmen will. Er kann sich dann eine schriftliche
Einwilligung des Revisionsbeklagten beschaffen und sie zusammen mit seiner Rücknahmeerklärung
beim BVerwG einreichen.

Als Prozesshandlung kann die Einwilligung weder widerrufen noch zurückgenommen oder angefoch- 27
ten werden. Anders als die Rücknahme selbst unterliegt die Einwilligung des Revisionsbeklagten nicht
dem Vertretungszwang des § 67 Abs. 4.[8] Die nachträgliche Einwilligung in die Rücknahme wirkt auf
den Zeitpunkt zurück, zu dem die Rücknahme erklärt worden ist (BVerwGE 26, 297).

Die Einwilligung muss bis zum Eintritt der Rechtskraft des Revisionsurteils erklärt werden. Geht sie 28
erst danach dem BVerwG zu, ist sie gegenstandslos. Mit dem Eintritt der Rechtskraft des Revisionsurteils ist die zunächst ohne Einwilligung erklärte Rücknahme ist endgültig unwirksam. Die grundsätzliche Rückwirkung der erst später erklärten Einwilligung ändert hieran nichts.

IV. Wirkungen der Rücknahme (Abs. 2)

Die Rücknahme der Revision wird mit dem Eingang der Erklärung beim BVerwG wirksam. Bedarf sie 29
der Einwilligung des Revisionsbeklagten, wird sie mit Zugang der Einwilligung beim BVerwG wirksam, und zwar rückbezogen auf den Zeitpunkt ihres Zugangs beim BVerwG.

1. Wegfall der Rechtshängigkeit. Mit dem Wirksamwerden der Rücknahme ist das Revisionsverfah- 30
ren nicht mehr anhängig. Ergeht gleichwohl ein Revisionsurteil, etwa weil eine beim BVerwG eingegangene Rücknahmeerklärung dem entscheidenden Senat vor der Entscheidung nicht bekannt geworden ist, ist das Revisionsurteil unwirksam. Das BVerwG hat das Revisionsurteil durch Beschluss für
unwirksam zu erklären, zusammen mit dem Ausspruch über die Kostenfolge nach § 140 Abs. 2 S. 2.
Der Beschluss ist in entsprechender Anwendung des § 320 Abs. 4 S. 2 ZPO von den Richtern zu treffen, die an dem unwirksamen Urteil mitgewirkt haben (BVerwG 13.10.1961 Buchholz 310 § 140
VwGO Nr. 1).

2. Verlust des eingelegten Rechtsmittels (Abs. 2 S. 1). Die Rücknahme bewirkt den Verlust der einge- 31
legten Revision. Sie wirkt auf den Zeitpunkt der Einlegung zurück. Die Rücknahme bewirkt über den
missverständlichen Wortlaut hinaus den Verlust der Revision auch dann, wenn nach einer erfolgreichen Nichtzulassungsbeschwerde das Beschwerdeverfahren als Revisionsverfahren fortgesetzt worden
ist. Die Rücknahme bewirkt nicht den Verlust des Rechtsmittels schlechthin. Sie hindert nicht die erneute Einlegung der Revision, sofern die Frist hierfür noch nicht abgelaufen ist.[9]

Die Rücknahme bewirkt den Verlust der Revision nur für den Revisionskläger, der seine Revision zu- 32
rückgenommen hat. Hatten neben ihm weitere Beteiligte ebenfalls Revision eingelegt, ist das Revisionsverfahren insoweit fortzusetzen. Der Revisionskläger, der seine Revision zurückgenommen hat,
bleibt Beteiligter des noch anhängigen Revisionsverfahrens und kann sich einer anderen anhängigen
Revision im Wege der unselbständigen Anschlussrevision anschließen. Das gilt auch für einen Beigeladenen als Revisionskläger. Hat er seine Revision zurückgenommen, ist aber noch die Revision eines
anderen Beteiligten anhängig, bleibt der Beigeladene in dieser Rolle Beteiligter des Revisionsverfahrens.

Eine Besonderheit besteht, wenn mehrere notwendige Streitgenossen (§ 64, § 62 ZPO) Revisionskläger 33
sind. Steht ihnen aus Gründen des materiellen Rechts das im Prozess geltend gemachte Recht nur gemeinschaftlich zu und können sie über dieses Recht nur gemeinschaftlich verfügen, steht ihnen die
Prozessführungsbefugnis nur gemeinschaftlich zu. Die Zurücknahme der Revision durch nur einen
Streitgenossen ist in diesen Fällen unwirksam (→ § 64 Rn. 94).

3. Anschlussrevision. Eine unselbständige Anschlussrevision wird mit der Rücknahme der Revision 34
ihrerseits unwirksam (§ 141 S. 1, § 127 Abs. 5; → § 141 Rn. 49 ff.).

---

8 R. Pietzner/J. Buchheister, in: Schoch/Schneider/Bier § 140 Rn. 25; I. Kraft, in: Eyermann § 140 Rn. 4; K. Kuhlmann, in: Wysk § 140 Rn. 4.
9 W.-R. Schenke, in: Kopp/Schenke § 140 Rn. 2.

35   **4. Kostenfolge (Abs. 2 S. 2).** Ist die Revision zurückgenommen, entscheidet das BVerwG nach § 140 Abs. 2 S. 2 nur noch über die Kostenfolge. Die Entscheidung ergeht durch Beschluss. Eine ausdrückliche Einstellung des Revisionsverfahrens ist nicht erforderlich, aber weithin üblich. Insoweit hat der Beschluss nur deklaratorische Wirkung. Nach § 155 Abs. 2 trägt die Kosten des Revisionsverfahrens, wer die Revision zurücknimmt (→ § 155 Rn. 59 f.).

36   Die Entscheidung nach § 140 Abs. 2 S. 2 hat auch dann das BVerwG zu treffen, wenn die Revision in den Fällen des § 139 Abs. 1 S. 1 bei der Vorinstanz eingelegt und dort noch zurückgenommen wurde, bevor die Vorinstanz die Akten dem BVerwG vorgelegt hatte.[10] Bereits mit der Einlegung der Revision ist der Devolutiveffekt eingetreten und die Sache beim BVerwG anhängig geworden.

V. Andere Möglichkeiten einer Beendigung des Revisionsverfahrens

37   **1. Erledigungserklärungen; Vergleich.** Die Beteiligten können den Rechtsstreit in der Hauptsache für erledigt erklären. Damit ist die Rechtshängigkeit der Klage in der Hauptsache beendet. Soweit sie Gegenstand des Revisionsverfahrens geworden sind, sind die vorausgegangenen Entscheidungen für unwirksam zu erklären (§ 173, § 269 Abs. 3 S. 1 ZPO). Die Beteiligten können auch nur das Revisionsverfahren übereinstimmend für erledigt erklären (→ § 161 Rn. 34). In diesem Falle ist nur das Revisionsverfahren einzustellen. Das angefochtene Urteil wird mit der Beendigung des Revisionsverfahrens rechtskräftig.

38   Die Beteiligten können den Rechtsstreit im Revisionsverfahren durch gerichtlichen Vergleich beenden (§ 141 S. 1, § 125 Abs. 1 S. 1, § 106). Ein außergerichtlicher Vergleich beendet das Revisionsverfahren hingegen nicht, selbst wenn der Revisionskläger sich in dem außergerichtlichen Vergleich zur Rücknahme der Revision verpflichtet hat oder die Beteiligten sich zur Abgabe von Erledigungserklärungen verpflichtet haben. Der außergerichtliche Vergleich bedarf der Umsetzung durch Abgabe entsprechender Prozesserklärungen. Betreibt der Revisionskläger das Revisionsverfahren weiter, kann der Revisionsbeklagte die Verpflichtung zur Rücknahme der Revision einredeweise geltend machen. Die Revision kann als unzulässige Rechtsausübung unzulässig und deshalb zu verwerfen sein.[11]

39   **2. Klagerücknahme; Berufungsrücknahme.** Der Kläger kann noch im Revisionsverfahren die Klage zurücknehmen. Unerheblich ist, ob er selbst Revisionskläger oder Revisionsbeklagter ist oder im Revisionsverfahren die Stellung eines sonstigen Beteiligten hat. Er kann die Klage auch dann zurücknehmen, wenn die Entscheidung der Vorinstanz zu seinen Gunsten ergangen ist. Dies ergibt sich unmittelbar aus § 92 Abs. 1 S. 1. Danach kann die Klage bis zum Eintritt der Rechtskraft des (erstinstanzlichen) Urteils zurückgenommen werden. Wird die Klage in der Revisionsinstanz zurückgenommen, fällt damit ihre Rechtshängigkeit weg. Das Verfahren ist insgesamt beendet. Das BVerwG stellt das Verfahren insgesamt ein. Es erklärt die Entscheidungen der Vorinstanzen für unwirksam (§ 173, § 269 Abs. 3 S. 1). Der Kläger trägt die Kosten des Verfahrens in allen Rechtszügen (§ 155 Abs. 2).

40   Wird sowohl die Klage als auch die Revision zurückgenommen, kommt es auf die zeitliche Abfolge der Prozesshandlungen an. Geht die Rücknahme der Revision der Klagerücknahme zeitlich vor, ist mit der Rücknahme der Revision das angefochtene Urteil rechtskräftig geworden. Die spätere Klagerücknahme ist damit unwirksam (§ 92 Abs. 1 S. 1). Das BVerwG stellt nur das Revisionsverfahren ein. Geht die Klagerücknahme der Rücknahme der Revision zeitlich vor, ist mit ihr das Verfahren insgesamt beendet. Die nachfolgende Rücknahme der Revision ist mangels eines noch anhängigen Revisionsverfahrens gegenstandslos. Das BVerwG stellt das Verfahren insgesamt ein.

41   Richtet sich die Revision gegen ein Berufungsurteil, kann der Berufungskläger die Berufung noch im Revisionsverfahren zurücknehmen (§ 126 Abs. 1 S. 1). Damit wird anders als im Falle der Klagerücknahme nicht das Verfahren insgesamt beendet. Die Berufungsrücknahme beendet, auch wenn sie erst im Revisionsverfahren erklärt wird, nur das Berufungsverfahren. Damit wird das ergangene Berufungsurteil wirkungslos. Mit dem Wegfall des Berufungsurteils verliert das Revisionsverfahren seinen Gegenstand. Das Revisionsverfahren wird aber durch die Berufungsrücknahme nicht beendet. Die Re-

---

10 *R. Pietzner/J. Buchheister*, in: Schoch/Schneider/Bier § 140 Rn. 33; a.A. *K. Kuhlmann*, in: Wysk § 140 Rn. 5; *U. Berlit*, in: Posser/Wolff § 140 Rn. 7.
11 *R. Pietzner/J. Buchheister*, in: Schoch/Schneider/Bier § 140 Rn. 9.

vision wird vielmehr unstatthaft.[12] Sie kann zurückgenommen oder für erledigt erklärt werden. Gibt der Revisionskläger eine solche Erklärung nicht ab, ist die unstatthaft gewordene Revision durch Beschluss nach $\S$ 144 Abs. 1 zu verwerfen.

Wird sowohl die Berufung als auch die Revision zurückgenommen, kommt es wiederum auf die zeitliche Abfolge der Prozesshandlungen an. Geht die Rücknahme der Revision der Berufungsrücknahme zeitlich vor, ist mit der Rücknahme der Revision das angefochtene Berufungsurteil rechtskräftig geworden. Die nachfolgende Berufungsrücknahme ist unwirksam. Das BVerwG stellt nur das Revisionsverfahren ein. Geht die Berufungsrücknahme der Rücknahme der Revision zeitlich vor, ist mit der Berufungsrücknahme nur das Berufungsverfahren beendet, nicht auch das Revisionsverfahren. Die nachfolgende Rücknahme der Revision beendet das Revisionsverfahren. Es ist sowohl das Berufungsverfahren als auch das Revisionsverfahren einzustellen.

Trifft die Rücknahme der Revision mit der Rücknahme der Berufung zusammen, wird also die Rücknahme beider Rechtsmittel gleichzeitig (namentlich in einem Schriftsatz) erklärt, wird die Prozesshandlung wirksam, welche die weitergehende Wirkung hat. Das ist im Verhältnis zur Rücknahme der Revision die Rücknahme der Berufung. Mit der Zurücknahme der Berufung wird das angefochtene Berufungsurteil wirkungslos und mangels eines Berufungsurteils die Revision gegenstandslos (BVerwGE 26, 297, 299). Wäre dagegen die Rücknahme der Revision wirksam, würde dadurch das Berufungsurteil rechtskräftig und wäre eine Rücknahme der Berufung deshalb nicht mehr möglich. Dasselbe gilt, wenn die Rücknahme der Revision mit der Klagerücknahme zusammentrifft. Die Klagerücknahme wird als die weitergehende Prozesshandlung wirksam.

3. Verzicht auf die Revision. Von der Rücknahme der Revision ist der Verzicht auf die Revision zu unterscheiden. Mit dem Verzicht auf die Revision verliert der Beteiligte dieses Rechtsmittel schlechthin, auch dann, wenn es noch nicht eingelegt ist. Mit dem Verzicht wird das Urteil rechtskräftig, auf das der Rechtsmittelverzicht sich bezieht. Eine gleichwohl eingelegte Revision ist als unzulässig zu verwerfen. Der Verzicht kann dem Gericht gegenüber oder dem anderen Beteiligten gegenüber erklärt werden (BGH AnwBl 2003, 121). Ein Verzicht ist erst wirksam möglich, wenn das anzufechtende Urteil erlassen ist. Ein vertraglicher vereinbarter Verzicht ist möglich, und zwar bereits vor Erlass des anzufechtenden Urteils.

$\S$ 141 [Revisionsverfahren]

[1]Für die Revision gelten die Vorschriften über die Berufung entsprechend, soweit sich aus diesem Abschnitt nichts anderes ergibt. [2]Die $\S\S$ 87 a, 130 a und 130 b finden keine Anwendung.

Schrifttum (zur Anschlussrevision)
P. Gilles, Anschließung, Beschwer, Verbot der reformatio in peius und Parteidispositionen über die Sache in höherer Instanz, ZZP 91 (1978), 128; *ders.*, Grundprobleme des zivilprozessualen Anschließungsrechts, ZZP 92 (1979), 152; *B. Kienemund*, Das Gesetz zur Bereinigung des Rechtsmittelrechts im Verwaltungsprozess, NJW 2002, 1231; *M.-J. Seibert*, Änderungen der VwGO durch das Gesetz zur Bereinigung des Rechtsmittelrechts im Verwaltungsprozess, NVwZ 2002, 265 M. *Siems*, Die selbständige Anschlussberufung im Verwaltungsprozess, NVwZ 2000, 160.

---

12 *I. Kraft*, in: Eyermann $\S$ 140 Rn. 12.

I. Entwicklung des Normbestands

1   § 141 S. 1 gilt unverändert seit Inkrafttreten der VwGO. Das 4.VwGOÄndG (v. 17.12.1990, BGBl I 2809) hat der Vorschrift einen Satz 2 angefügt. Das Gesetz übernahm als § 130 a und § 130 b aus dem VGFGEntlG (v. 31.3.1978, BGBl I 446) die Möglichkeiten, eine Berufung ohne die sonst vorgeschriebene mündliche Verhandlung durch Beschluss zurückzuweisen, wenn das Berufungsgericht sie einstimmig für unbegründet und eine mündliche Verhandlung nicht für erforderlich hielt, sowie von einer eigenen Darstellung der Entscheidungsgründe abzusehen, wenn das Berufungsgericht den Gründen der angefochtenen Entscheidung folgt. Ferner sah der neue § 87 a vor, dass der Vorsitzende oder der Berichterstatter (Abs. 3) in bestimmten Fällen allein entscheidet (Abs. 1) oder allein entscheiden kann (Abs. 2). Diese Befugnisse haben Vorsitzender oder Berichterstatter über § 125 Abs. 1 S. 1 auch im Berufungsverfahren. Der Gesetzgeber wollte diese Erleichterungen nicht in das Revisionsverfahren übernehmen und schloss deshalb die Anwendung dieser Vorschriften im Revisionsverfahren aus (vgl. die Begründung des Gesetzentwurfs BT-Drs. 11/7030, 35).

II. Inhalt der Vorschrift

2   **1. Allgemeine Bedeutung der Verweisung.** Die VwGO regelt das Revisionsverfahren in den §§ 134 ff. nicht abschließend. Neben Form und First der Revision sind überwiegend nur die Besonderheiten geregelt, durch die das Revisionsverfahren sich von den Verfahren in den anderen Instanzen unterscheidet. Die Regelungen sind auf Ergänzung und Vervollständigung angelegt. Nach § 141 S. 1 gelten deshalb für das Revisionsverfahren grds. die Vorschriften über die Berufung und über § 125 Abs. 1 S. 1 die allgemeinen Verfahrensvorschriften (§§ 54–67 a), die Vorschriften über das Verfahren im ersten Rechtszug (§§ 81–106) sowie die Vorschriften über Urteile und Beschlüsse (§§ 107–122) entsprechend. Diese Vorschriften gelten subsidiär, soweit die Vorschriften über das Revisionsverfahren Lücken lassen.

3   Darüber hinaus können über § 173 die Vorschriften der ZPO über die Revision ergänzend herangezogen werden, ferner die allgemeinen Bestimmungen der ZPO, soweit diese mit den Besonderheiten des Verwaltungsprozesses einerseits, des Revisionsverfahrens andererseits vereinbar sind.

4   Die Vorschriften über die Berufung, die allgemeinen Verfahrensvorschriften und die Vorschriften über das erstinstanzliche Verfahren gelten nicht entsprechend, wenn sich aus den Vorschriften über die Revision etwas anderes ergibt. Etwas anderes ergibt sich zum einen, wenn die Vorschriften über die Revision bestimmte Vorschriften ausdrücklich für nicht anwendbar erklären oder eine eigene Regelung enthalten. Dabei kann es sich um inhaltsgleiche Regelungen oder um abweichende Regelungen handeln. Etwas anderes ergibt sich zum anderen, wenn die Eigenart des Revisionsverfahrens eine entsprechende Anwendung der Vorschrift verbietet.

5   **2. Entsprechend anwendbare Vorschriften im Einzelnen. a) Vorschriften über die Berufung.** Die Verweisung auf die Vorschriften über die Berufung erfasst im Wesentlichen nur die Anschlussberufung (§ 127) sowie die Weiterverweisung in § 125 Abs. 1 S. 1 auf die allgemeinen Verfahrensvorschriften, auf die Vorschriften für das Verfahren im ersten Rechtszug und auf die Vorschriften über Urteile und Beschlüsse. Entsprechend anwendbar ist ferner § 129. Er bindet das Berufungsgericht an den Berufungsantrag und enthält ein Verbot der reformatio in peius. Entsprechend ist das BVerwG über § 141 S. 1 an den Revisionsantrag gebunden. Auch für das Revisionsverfahren gilt das Verbot einer reformatio in peius (→ § 129 Rn. 4 ff.).

6   nicht besetzt

7   Ausdrücklich für unanwendbar erklärt § 141 S. 2 die §§ 130 a, 130 b. Über die Revision ist deshalb stets durch Urteil zu entscheiden, es sei denn, die Revision ist unzulässig und daher gem. § 144 Abs. 1 durch Beschluss zu verwerfen. Eine Entscheidung durch Gerichtsbescheid ist nicht zulässig, wie sich aus § 141 S. 1, § 125 Abs. 1 S. 2 ergibt. Erleichterungen bestehen für die Begründung der Revisionsentscheidung nur nach Maßgabe des § 144 Abs. 7 für bestimmte (nicht alle) Verfahrensrügen, die nach Auffassung des BVerwG nicht durchgreifen.

8   § 140 enthält eine eigene Vorschrift über die Rücknahme der Revision. Sie ist abschließend. Keine entsprechende Anwendung im Revisionsverfahren findet deshalb insbes. § 126 Abs. 2 (→ § 140 Rn. 2).

Nicht entsprechend anwendbar ist § 128. Er regelt den Umfang, in dem das Berufungsgericht den 9
Streitfall überprüft. Die Vorschrift baut namentlich in ihrem S. 2 darauf auf, dass das Berufungsgericht zweite Tatsacheninstanz ist. § 137, insbes. dessen Abs. 2, regelt abweichend davon den Umfang, in dem das BVerwG das angefochtene Urteil überprüfen darf. Dasselbe gilt für § 128 a Abs. 1, der die Zulassung neuer Erklärungen und Beweismittel regelt, die in der Vorinstanz entgegen einer hierfür gesetzten Frist nicht vorgebracht sind. Von Bedeutung ist aber § 128 a Abs. 2. Nach dieser Vorschrift bleiben im Berufungsverfahren Erklärungen und Beweismittel ausgeschlossen, die das VG zu Recht zurückgewiesen hat. Der Revisionskläger kann nicht als Verfahrensfehler rügen, die Vorinstanz habe bestimmte Tatsachen nicht berücksichtigt oder bestimmte Beweise nicht erhoben, wenn er mit dem Vortrag dieser Tatsachen und diesen Beweismitteln zu Recht ausgeschlossen worden ist. Das gilt auch in den Fällen des § 135, wenn sich die Revision gegen eine Entscheidung des VG richtet.

b) Allgemeine Verfahrensvorschriften und Vorschriften über das Verfahren im ersten Rechtszug. Von 10
den allgemeinen Verfahrenvorschriften ist im Revisionsverfahren ausdrücklich ausgeschlossen eine entsprechende Anwendung der Vorschriften über die einfache Beiladung. Eine notwendige Beiladung ist hingegen in der Revisionsinstanz zulässig; insoweit sind die Vorschriften über die Beiladung anwendbar (§ 142 Abs. 1).

Von den Vorschriften über das Verfahren im ersten Rechtszug gelten insbes. diejenigen nicht entspre- 11
chend, die auf die erste Instanz als Tatsacheninstanz zugeschnitten sind. Sie passen nicht für das Revisionsverfahren, das auf eine rechtliche Überprüfung beschränkt ist. Soweit sie die Ermittlung von Tatsachen und die Aufklärung des Sachverhalts zum Gegenstand haben, sind diese Bestimmungen im Revisionsverfahren Maßstabsnormen. Sie zieht das BVerwG heran, wenn Verfahrensrügen erhoben sind.

Darüber hinaus schließt § 141 S. 2 ausdrücklich die Geltung des § 87 a für das Revisionsverfahren 12
aus. Auch im vorbereitenden Verfahren werden die notwendigen Entscheidungen nicht durch den Vorsitzenden oder den Berichterstatter getroffen, sondern durch den Senat in der Besetzung mit drei Berufsrichtern (§ 10 Abs. 3). Hingegen stehen dem Vorsitzenden oder dem Berichterstatter die Befugnisse des § 87 zu, soweit diese nicht auf die Tätigkeit der Tatsacheninstanz zugeschnitten sind, also insbes. eine Beweisaufnahme zum Gegenstand haben oder auf ihre Vorbereitung abzielen. Eine Ausnahme besteht, wenn tatsächliche Umstände zu ermitteln sind, von denen eine von Amts wegen zu prüfende Prozessvoraussetzung oder die Begründetheit einer zulässig erhobenen Verfahrensrüge abhängt. Für diese Ermittlungen stehen dem Vorsitzenden oder dem Berichterstatter die Befugnisse nach § 87 in vollem Umfang zur Verfügung.

Nicht anwendbar sind die Vorschriften über die Klageänderung (§ 91). Ihre Geltung ist durch § 142 13
Abs. 1 S. 1 ausdrücklich ausgeschlossen. Die Vorschrift schließt auch die Widerklage (§ 89) im Revisionsverfahren aus.[1]

III. Anschlussrevision

Anders als die ZPO hat die VwGO auf eine eigene Regelung der Anschlussrevision verzichtet. Diese 14
Lücke wird über § 141 S. 1 durch die Verweisung auf die Vorschriften über die Anschlussberufung geschlossen.

1. Funktion des Anschlussrechtsmittels. Hat ein Beteiligter Revision eingelegt, können sich der Revi- 15
sionsbeklagte und die anderen Beteiligten der Revision anschließen (Anschlussrevision).

Der Grundfall des Anschlussrechtsmittels ist die Anschließung des Rechtsmittelgegners. Sie setzt vor- 16
aus, dass die Vorinstanz der Klage z.T. stattgegeben und sie z.T. abgewiesen hat. Ein Anschlussrechtsmittel kommt nur in Betracht, wenn mehrere Beteiligte durch die Entscheidung beschwert sind und deshalb Rechtsmittel gegen unterschiedliche Teile der Entscheidung einlegen können. In dieser Lage kann sich ein Beteiligter mit dem von ihm erzielten Teilerfolg abfinden und zunächst kein Rechtsmittel einlegen, weil er darauf vertraut, auch der andere Beteiligte werde sich mit seinem Teilerfolg abfinden. Legt der andere Beteiligte Rechtsmittel ein, wird diese Erwartung in den Bestand des Urteils enttäuscht. Die Möglichkeit der Anschließung schützt den an sich friedfertigen Beteiligten vor dieser Enttäuschung. Dieses Schutzes bedarf er insbes. dann, wenn der andere Beteiligte mit der Einlegung eines

---

1 W.-R. *Schenke*, in: *Kopp/Schenke* § 141 Rn. 2.

Rechtsmittels bis zum Ende der Rechtsmittelfrist gewartet hat. Der an sich friedfertige Beteiligte wird von der Einlegung dieses Rechtsmittel regelmäßig erst erfahren, nachdem die Frist abgelaufen ist, innerhalb der er selbst sein Rechtsmittel hätte einlegen müssen. Ohne die Möglichkeit einer Anschließung könnte er auf das Rechtsmittel des Gegners nicht mehr reagieren. Die Anschließung ermöglicht es ihm „nachzuziehen" und seinerseits das Urteil insoweit in Frage zu stellen, als es den Gegner begünstigt, der zuerst Rechtsmittel eingelegt hat. Wer bei einem Teilobsiegen Rechtsmittel einlegt, soll dies nur um den Preis tun können, dass er den bereits errungenen eigenen Teilerfolg wieder aufs Spiel setzt. Die Möglichkeit der Anschließung stellt aus Gründen der Billigkeit die Waffengleichheit wieder her. Der Rechtsmittelgegner darf die Entscheidung der Vorinstanz zwar nicht mehr selbständig, aber doch in Abhängigkeit von dem Rechtsmittel des Rechtsmittelführers anfechten.[2] Aus Gründen der Prozessökonomie wird er von dem Zwang entlastet, vorsorglich und nur auf Verdacht ein Rechtsmittel einzulegen.

17   Strittig ist die dogmatische Einordnung des Anschlussrechtsmittels. Es wird überwiegend, insbes. von der Rspr., nicht als eigenes Rechtsmittel betrachtet, sondern nur als ein angriffsweise wirkender Antrag innerhalb des gegnerischen Rechtsmittels (z.B.: BVerwGE 125, 44, 46; BVerwG NVwZ 2008, 314). Für die Lösung von Zweifelsfragen ist nicht diese dogmatische Einordnung von Belang. Die Lösung ist vielmehr maßgeblich an dem Zweck zu orientieren, zu dem der Gesetzgeber die Anschließung eröffnet hat.

18   Davon abgesehen entspricht die Anschließung nach ihrer Funktion eher einem eigenen Rechtsmittel des Rechtsmittelgegners.[3] Ihrer Funktion nach ermöglicht die Anschließung die akzessorische, also von dem Hauptrechtsmittel abhängige Anfechtung der Entscheidung der Vorinstanz, durch die der andere Beteiligte ebenfalls beschwert ist. Der Rechtsmittelgegner kann sich dem Angriff des Rechtsmittelführers gegen die Entscheidung der Vorinstanz mit demselben Ziel anschließen, nämlich die Entscheidung zu seinen Gunsten zu ändern. Er darf das bereits eingeleitete Rechtsmittelverfahren zu einem eigenen Angriff auf die bereits angefochtene Entscheidung der Vorinstanz benutzen. Mit der Anschließung wehrt sich auch der Rechtsmittelgegner gegen die Entscheidung der Vorinstanz, weil diese auch ihn beschwert. Wie der Rechtsmittelführer begehrt der Rechtsmittelgegner die Aufhebung (Änderung) der Entscheidung der Vorinstanz. Dem entspricht die Form der Anschließung. Für sie gelten inhaltlich dieselben Erfordernisse wie für die Begründung des Rechtsmittels (§ 127 Abs. 3).[4]

19   **2. Selbständige/unselbständige Anschlussrevision.**   Seit dem RmBereinVpG (v. 20.12.2001, BGBl I 3987) regelt § 127 als Anschlussberufung und über § 141 S. 1 als Anschlussrevision nur noch die (früher) sog. unselbständige Anschlussberufung und unselbständige Anschlussrevision, also ein Rechtsmittel, das zeitlich nicht nur nach dem Hauptrechtsmittel, sondern auch nach Ablauf der für seine Einlegung geltenden Fristen eingelegt wird und in seinem Bestand von der Rechtshängigkeit des Hauptrechtsmittels abhängig ist.[5]

20   Hat ein Beteiligter zwar zeitlich nach einem anderen Beteiligten, aber noch innerhalb der für ihn offenen Einlegungsfrist eine auch im Übrigen formgerechte Revision eingelegt, gelten für diese Revision keine Besonderheiten. Über sie ist unabhängig von dem Schicksal der zuerst eingelegten Revision zu entscheiden. Ihre Bezeichnung als selbständige Anschlussrevision ist irreführend.[6]

21   Hat der Revisionsbeklagte selbst eine fristwahrende und statthafte Revision eingelegt, handelt es sich auch dann um eine eigenständige Revision und nicht um eine Anschlussrevision, wenn sie ausdrücklich als Anschließung an die zuerst eingelegte Revision des anderen Beteiligten bezeichnet wird (vgl. auch BGH NJW 2011, 1455) oder erkennbar nur deshalb eingelegt worden ist, weil der andere Beteiligte das Urteil der Vorinstanz angefochten hat. Das BVerwG räumt dem Revisionsbeklagten ein Wahlrecht ein zwischen einer eigenständigen Revision und einer Anschlussrevision. Hat der Revisionsbeklagte innerhalb der Einlegungsfrist eine eigene Hauptrevision eingelegt, ist zwar daneben die Einlegung einer Anschlussrevision unzulässig. Hat der Revisionsbeklagte aber nach den dafür geltenden

---

2   BVerwGE 100, 104, 107; BVerwG DVBl 2002, 1423; BVerwGE 125, 44, 46 f.; BVerwG NVwZ 2015, 301; 303; *P. Gilles* ZZP 92 (1979), 165 f.
3   Vgl. auch *M. Dawin/J. Buchheister,* in: Schoch/Schneider/Bier § 141 Rn. 18.
4   Vgl. insbes. *P. Gilles* ZZP 92 (1979), 154 ff.
5   Vgl. die Begründung des Gesetzentwurfs BT-Drs. 14/6393, 13; ferner *B. Kienemund,* NJW 2002, 1231, 1233.
6   *I. Kraft,* in: Eyermann § 141 Rn. 4; *U. Berlit,* in: Posser/Wolff § 141 Rn. 10 f.

Zulässigkeitsvoraussetzungen eine selbstständige Revision eingelegt, kann er eine Prozesserklärung abgeben, dass er seine Revision nur noch als Anschlussrevision aufrechterhält (BVerwG NVwZ 2008, 314 Rn. 12 ff. zur Anschlussberufung). Sinnvoll kann dies dann sein, wenn der Revisionsbeklagte den Druck auf den Revisionskläger verstärken will, seine Revision zurückzunehmen, um den ihm günstigen Teil der angefochtenen Entscheidung nicht durch die Anschlussrevision zu verlieren.[7]

Ist eine eigene Revision des Revisionsbeklagten unzulässig, etwa weil die Frist zu ihrer Einlegung oder 22 zu ihrer Begründung versäumt ist, kann sie in eine Anschlussrevision umgedeutet werden, wenn deren Voraussetzungen erfüllt sind (BVerwG NVwZ 2008, 314; BGH MDR 2012, 865).

nicht besetzt 23

3. Zulässigkeit der Anschlussrevision. a) zur Anschließung berechtigte Beteiligte. Nach § 141 S. 1, 24 § 127 Abs. 1 S. 1 können sich der Revisionsbeklagte und die anderen Beteiligten einer eingelegten Revision anschließen. Beteiligter ist nur, wer schon in der Vorinstanz beteiligt war. Ein erst im Revisionsverfahren Beigeladener kann keine Anschlussrevision einlegen.[8]

Eine Anschlussrevision kann nach ihrer Funktion immer nur der Rechtsmittelgegner einlegen. Sie soll 25 ihm die Möglichkeit eröffnen, der (Haupt-)Revision – ggf. auch ohne Einhaltung der in § 139 bestimmten Fristen – mit einem eigenen Rechtsmittel entgegenzutreten (BVerwG 25.5.1984 Buchholz 448.0 § 11 WPflG Nr. 35). Deshalb ist eine Anschlussrevision unstatthaft und zu verwerfen, wenn sie die Revision eines anderen Beteiligten unterstützen soll und in ihrem Antrag mit dem Revisionsantrag dieses Beteiligten übereinstimmt (BVerwG DVBl 1998, 139 f.).

Die Anschlussrevision eines Klägers ist auch dann möglich, wenn nicht der Beklagte selbst, sondern 26 ein Beigeladener oder der VÖI Revision eingelegt hat. Es reicht aus, wenn durch die Hauptrevision eine Änderung des angefochtenen Urteils zulasten des Anschlussrevisionsführers begehrt wird (BVerwG 11.11.1993 Buchholz 418.04 Heilpraktiker Nr. 19).

Die Anschließung erfordert eine Beschwer des Beteiligten.[9] Zur bloßen Erweiterung des Klageantrags 27 ist die Anschließung nicht eingeräumt,[10] soweit einer solchen Erweiterung nicht ohnehin das Verbot der Klageänderung im Revisionsverfahren entgegensteht (§ 142 Abs. 1 S. 1). Die Notwendigkeit einer Beschwer folgt aus der Funktion der Anschließung, und zwar unabhängig davon, ob sie als Rechtsmittel begriffen wird, bei dem eine Beschwer ohnedies für seine Zulässigkeit vorausgesetzt wird. Die Anschließung betrifft nur die Fälle, in denen der Rechtsmittelgegner an sich hätte Rechtsmittel einlegen können. Sie ermöglicht ihm, seine Beschwer durch das Nachziehen mit einem eigenen Rechtsmittel zu bekämpfen.

Auch der VÖI kann grds. Anschlussrevision einlegen, wenn er von seiner Beteiligungsbefugnis Ge- 28 brauch gemacht hat und deshalb am Verfahren beteiligt ist (BVerwGE 25, 170, 172). Er muss seine Beteiligung im Verfahren vor dem Gericht erklären, für das er bestellt ist (BVerwGE 25, 170, 173) und solange für die anderen Beteiligten die Rechtsmittelfrist noch nicht abgelaufen ist.[11] Er kann deshalb nicht erstmalig seine Beteiligung nach Ablauf der Revisionsfrist durch Einlegung einer Anschlussrevision erklären (BVerwGE 90, 337, 339).

Der VBI kann keine Anschlussrevision einlegen.[12] Seine Aufgabe ist es, als qualifizierte Einrichtung 29 der Rechtspflege das BVerwG bei der Rechtsfindung zu unterstützen und im öffentlichen Interesse an der Verwirklichung des Rechts mitzuwirken.

b) Form und Frist der Anschließung. Die Anschlussrevision ist entsprechend § 127 Abs. 1 S. 2 beim 30 BVerwG einzulegen.

Die Anschlussrevision muss schriftlich eingelegt werden. Erforderlich ist eine Revisionsanschluss- 31 schrift. Dies ergibt sich aus § 141 S. 1, § 127 Abs. 3 S. 1. Die Vorschrift regelt ausdrücklich nur die

---

7 Vg. M. *Winkelmüller/F. v. Schewick*, in: Gärditz § 141 Rn. 17.
8 *I. Kraft*, in: Eyermann § 141 Rn. 8; a.A. M. *Redeker*, in: Redeker/von Oertzen § 141 Rn. 2.
9 M. *Dawin/J. Buchheister*, in: Schoch/Schneider/Bier § 141 Rn. 24; K. *Kuhlmann*, in: Wysk § 141 Rn. 7; U. *Berlit*, in: Posser/Wolff § 141 Rn. 13; M. *Winkelmüller/F. v. Schewick*, in: Gärditz § 141 Rn. 20; a.A.: BVerwGE 29, 261, 264; 65, 27, 33; *I. Kraft*, in: Eyermann § 141 Rn. 9.
10 Anders für die Anschlussberufung BVerwG DVBl 2010, 1508 Rn. 15: für eine Klageänderung im Berufungsverfahren steht dem obsiegenden Kläger die Anschlussberufung zur Verfügung.
11 BVerwG 11.3.1983 Buchholz 402.25 § 5 AsylVfG Nr. 1; 28.11.1986 Buchholz 402.24 § 2 AuslG Nr. 83; NJW 1994, 3024, 3025; 4.5.1999 Buchholz 310 § 60 VwGO Nr. 223.
12 BVerwGE 128, 155, 160.

Begründung der Anschlussrevision. Sie setzt als selbstverständlich voraus, dass die Revisionsanschlussschrift wie die Revisionsschrift das angefochtene Urteil bezeichnet und die Erklärung enthält, dass gegen dieses Urteil Anschlussrevision eingelegt werde (§ 173, § 554 Abs. 3 S. 2 ZPO, § 549 Abs. 1 S. 2 ZPO).

32   Die Anschlussrevision muss begründet werden (§ 141 S. 1, § 127 Abs. 3 S. 1). Die Begründung ist beim BVerwG einzureichen (§ 141 S. 1, § 127 Abs. 3 S. 2, § 124a Abs. 3 S. 2). Sie muss inhaltlich den Anforderungen genügen, die an eine Revisionsbegründung zu stellen sind (§ 141 S. 1, § 127 Abs. 3 S. 2). Die Revisionsanschlussschrift muss also einen bestimmten Antrag enthalten, die verletzte Rechtsnorm bezeichnen und, soweit Verfahrensmängel gerügt werden, die Tatsachen angeben, welche den Mangel ergeben (§ 139 Abs. 3 S. 4). Mangelt es an einem dieser Erfordernisse, ist die Anschlussrevision unzulässig (§ 141 S. 1, § 127 Abs. 3 S. 2, § 124a Abs. 3 S. 5).

33   Die Anschlussrevision ist nicht unbefristet möglich, sondern nach § 141 S. 1, § 127 Abs. 2 S. 2 nur zulässig bis zum Ablauf eines Monats nach der Zustellung der Revisionsbegründungsschrift. Die Frist wird nur durch die förmliche Zustellung der Revisionsbegründung in Lauf gesetzt; eine formlose Übersendung der Revisionsbegründungsschrift reicht nicht aus (OVG Schleswig 30.4.2004 – 3 LB 128/03). Die Revisionsbegründung i.S.d. § 139 Abs. 3 S. 4 kann auf mehrere Schriftsätze verteilt zeitlich versetzt eingereicht werden, etwa Revisionsantrag und Revisionsgründe in getrennten Schriftsätzen. Die Revisionsbegründung liegt vor, sobald der Schriftsatz eingegangen ist, der i.V.m. vorangegangenen Schriftsätzen die gesetzlichen Mindestanforderungen erfüllt. Für den Fristlauf ist allein der Schriftsatz zuzustellen, durch den erstmals i.V.m. vorangegangenen Schriftsätzen den Anforderungen des § 139 Abs. 4 S. 3 entsprochen wird. Mit ihm liegen dem Revisionsbeklagten alle Informationen vor, die er für die Prüfung benötigt, ob er eine Anschlussrevision einlegen will. Um den Fristlauf in Gang zu setzen, bedarf es keiner Zustellung der vorangegangenen Schriftsätze; deren formlose Übersendung reicht aus (BVerwGE 142, 99 Rn. 13 ff.).

33a Das BVerwG braucht bei der Zustellung der Revisionsbegründung nicht darüber zu belehren, dass mit dem Ablauf eines Monats nach dieser Zustellung die Möglichkeit der Anschließung endet.[13] § 58 Abs. 1 gilt nicht, unabhängig davon, ob die Anschließung ein Rechtsmittel oder ein anderer Rechtsbehelf i.S. dieser Vorschrift ist. Entscheidend ist, dass die Zustellung der Revisionsbegründung keine Frist in Lauf setzt. Denn die Möglichkeit der Anschließung besteht bereits zuvor. Nach Ablauf von einem Monat nach der Zustellung der Revisionsbegründung ist mithin eine Anschließung auch dann nicht mehr zulässig, wenn der Revisionsbeklagte und die anderen Beteiligten hierüber nicht belehrt worden sind.

34   Die Anschlussrevision muss in der Revisionsanschlussschrift begründet werden (§ 141 S. 1, § 127 Abs. 3 S. 1). Die Begründung muss deshalb ebenfalls bis zum Ablauf von einem Monat nach der Zustellung der Revisionsbegründung eingereicht sein. Das Gesetz gewährt für die Einlegung der Anschlussrevision und deren Begründung mithin anders als bei der Revision selbst nicht unterschiedliche (gestufte) Fristen. Der Gesetzgeber hat eine besondere (längere) Frist für die Begründung des Anschlussrechtsmittels für entbehrlich gehalten. Dem Beteiligten seien aus der Rechtsmittelbegründungsschrift die Angriffe des Rechtsmittelführers bekannt und ermöglichten ihm Überlegungen zur Anschließung (Begründung des Gesetzentwurfs BT-Drs. 14/6393, 13 f.).

35   Anders als die Frist zur Begründung der Revision kann die Frist zur Begründung der Anschlussrevision nicht verlängert werden. § 127 Abs. 3 S. 2 verweist nicht auf § 124a Abs. 3 S. 3, der für die Begründung der Berufung die Möglichkeit einer Fristverlängerung vorsieht.[14]

36   Eine bedingte Einlegung der Anschlussrevision soll möglich sein. Sie soll für den Fall eingelegt werden können, dass die Revision Erfolg hat oder dass das Gericht eine bestimmte Rechtsfrage verneint, auf der die Sachentscheidung unmittelbar beruht. Die Möglichkeit einer solchen bedingten Anschlussrevision soll sich dadurch rechtfertigen, dass im Gegensatz zur bedingten Klageerhebung oder zur bedingten Einlegung eines Rechtsmittels der Bestand des Verfahrens selbst nicht in der Schwebe gehalten wird (OVG Koblenz NVwZ-RR 2003, 317). Das trifft jedenfalls dann nicht zu, wenn die Anschlussrevision einen Teil des Rechtsstreits zum Gegenstand hat, der eigener Rechtskraft fähig ist.

---

13   BVerwGE 142, 99 Rn. 20; a.A. wohl *M.-J. Seibert*, NVwZ 2002, 265, 268.
14   Vgl. *B. Kienemund*, NJW 2002, 1231, 1233.

Unzulässig ist aber eine Anschlussrevision, die bereits eingelegt wird, während das Verfahren der Beschwerde gegen die Nichtzulassung der Revision noch anhängig ist, und die bedingt für den Fall eingelegt ist, dass auf die Beschwerde des Gegners die Revision zugelassen wird. In diesem Fall fehlt es an einem Hauptrechtsmittel, dem sich der Anschlussrechtsmittelführer mit einer Anschlussrevision anschließen kann (OVG Koblenz NVwZ-RR 2003, 317). 37

c) Zulassung der Anschlussrevision. Die Anschlussrevision bedarf keiner Zulassung, wie § 141 S. 1, § 127 Abs. 4 ausdrücklich klarstellt. 38

d) Statthaftigkeit der Anschlussrevision. Nach verbreiteter Auffassung soll eine unselbständige Anschlussrevision nicht unbeschränkt statthaft sein, sondern in ihrem zulässigen Umfang von dem Gegenstand der Hauptrevision abhängen. 39

Seitdem § 127 Abs. 4 i.d.F. des RmBereinVpG (v. 20.12.2001, BGBl I 3987) die Anschlussberufung und über § 141 S. 2 die Anschlussrevision nicht mehr von einer Zulassung abhängig macht, ist der zum früheren Recht vertretenen Auffassung[15] die Grundlage entzogen, durch eine unselbständige Anschlussrevision könne die angefochtene Entscheidung nur in dem Umfang zur Überprüfung gestellt werden, als die Revision zugelassen ist.[16] Unzulässig ist die Anschlussrevision allerdings dann, wenn der spätere Anschlussrevisionskläger zunächst selbst erfolglos mit einer Nichtzulassungsbeschwerde die Zulassung der Revision zu erreichen versucht hat. Er hat damit selbst, wenn auch erfolglos, das Urteil der Vorinstanz angegriffen und verdient nicht den Schutz, den die Anschließung nur dem an sich friedfertigen Beteiligten gewähren will (BVerwG NVwZ-RR 2008, 214; 3.9.2010 Buchholz 310 § 127 VwGO Nr. 16). 40

Die Anschlussrevision ist nicht unstatthaft, wenn sie sich auf einen anderen prozessualen Anspruch bezieht, als er von der Hauptrevision erfasst wird. Die für eine solche Beschränkung der Anschlussrevision angeführte Begründung überzeugt nicht (BVerwGE 116, 169, 174; BVerwGE 125, 44 Rn. 14 ff.). Zur Begründung dieser Einschränkung wird darauf hingewiesen, mit der unselbständigen Anschlussrevision könne nur ein Antrag innerhalb der Hauptrevision gestellt werden (BVerwG BayVBl 1981, 374). Wegen der akzessorischen Natur der unselbständigen Anschließung könne sie sich nur auf einen Gegenstand der angefochtenen Entscheidung beziehen, welcher der Überprüfung durch die Hauptrevision zugänglich sei (BFHE 128, 158; BGH NJW 2001, 3543, 3545). Werden mit einer Klage mehrere selbständige Klageansprüche verfolgt, aber nur wegen eines dieser Ansprüche ein (Haupt-)Rechtsmittel eingelegt, sei über den anderen Anspruch rechtskräftig entschieden, mit der Folge, dass dieser Anspruch nicht (mehr) zum Gegenstand einer Anschließung gemacht werden könne (BFHE 81, 494, 496; VGH Mannheim NVwZ 1998, 1320). 41

Unbehelflich ist der Hinweis auf die eingetretene Rechtskraft. Es trifft zwar zu, dass über den Teil eines teilbaren Streitgegenstandes oder über einen selbständigen Klageanspruch, die nicht Gegenstand des (Haupt-)Rechtsmittels sind, rechtskräftig entschieden ist. Das ist bei der Anschließung voraussetzungsgemäß der Fall. Sie ist gerade dann gegeben, wenn ein Beteiligter die Frist für die Einlegung eines eigenen Rechtsmittels hat verstreichen lassen, der ihn beschwerende Teil des angefochtenen Urteils also in Rechtskraft erwachsen ist. Die Anschließung ist eine im Gesetz anerkannte Möglichkeit, die eingetretene Rechtskraft zu durchbrechen. Die Durchbrechung der Rechtskraft zulasten des Rechtsmittelführers ist geradezu der Sinne der Anschließung. Das angefochtene Urteil soll im Rahmen der Anschließung zulasten des Rechtsmittelführers geändert werden können (BVerwG NVwZ-RR 2002, 233, 234) 42

Mit der Anschließung soll dem an sich friedfertigen Beteiligten die Möglichkeit gegeben werden, der (Haupt-)Revision mit einem Antrag entgegenzutreten, „der deren Antrag gewissermaßen aufbricht" (BVerwG 25.5.1984 Buchholz 448.0 § 11 WPflG Nr. 35). Die Anschließung lässt die Bindung des Revisionsgerichts an den Antrag des Revisionsklägers entfallen und gestattet dem Revisionsgericht eine Entscheidung zu dessen Ungunsten; das Revisionsgericht wird durch die Anschließung vom Verbot einer reformatio in peius freigestellt, das anderenfalls eine Änderung der angefochtenen Entscheidung zum Nachteil des Revisionsklägers verbietet (BVerwGE 100, 104). 43

---

15 Vgl etwa: BVerwG BayVBl 1981, 374; BVerwG NVwZ-RR 1997, 253.
16 BVerwGE 116, 169, 173; BVerwGE 125, 44; NVwZ 2015, 301,303; BVerwGE 142, 99 Rn. 10.

44   Wäre die Zulässigkeit einer Anschlussrevision weitgehend von einer Identität der Gegenstände von (Haupt-)Revision und Anschlussrevision abhängig, wäre der Anwendungsbereich einer Anschlussrevision ganz erheblich eingeschränkt: Der Teil des Urteils, der den Revisionskläger belastet und von diesem angefochten wird, kann (und wird sinnvollerweise) nicht Gegenstand der Anschließung sein, weil insoweit ein bloßer Antrag auf Zurückweisung der Revision ausreicht; der Teil, der den Revisionskläger begünstigt, kann mangels Beschwer nicht Gegenstand der (Haupt-)Revision sein und müsste deshalb als Gegenstand der Anschließung ausscheiden. Der regelmäßige Anwendungsfall der Anschließung ist der eines „gespaltenen" Urteils in der Vorinstanz. Die Vorinstanz hat abtrennbare Teile eines Streitgegenstands unterschiedlich rechtlich beurteilt. Die Teilbarkeit des Streitgegenstands ist Voraussetzung jeden gespaltenen Urteils. Vor diesem Hintergrund könnte durch eine Anschließung allenfalls noch eine Einbeziehung neuer Streitgegenstände in das Rechtsmittelverfahren erreicht werden. Für eine derartige Einschränkung des Anwendungsbereichs einer Anschließung fehlt es an einem rechtfertigenden Grund. Im Revisionsverfahren wäre eine Anschließung mit diesem Ziel zudem regelmäßig unzulässig, weil sie gegen das Verbot der Klageänderung im Revisionsverfahren verstieße (§ 142 Abs. 1 S. 1).

45   Die Anschließung ist der Preis, mit dem der Revisionskläger zu rechnen hat, wenn er ein Urteil anficht, das ihn nicht nur beschwert, sondern auch begünstigt. Umgekehrt soll der Rechtsmittelgegner nachziehen dürfen, wenn er in seiner Erwartung enttäuscht wird, auch der andere Beteiligte werde stillhalten. Nachziehen darf er in dem Umfang, in dem das angefochtene Urteil auch ihn beschwert und in dem er deshalb zunächst auf eine eigene Revision verzichtet hat. Wird die Anschließung auf den Gegenstand der zugelassenen (Haupt-)Revision beschränkt, wäre der an sich friedfertige Beteiligte doch gezwungen, vorsorglich und auf Verdacht ein Rechtsmittel einzulegen. Die Gründe der Prozessökonomie, die ihm eine spätere Anschließung erlauben, kämen weithin nicht zum Tragen. Der Zweck der Anschlussrevision erfordert es danach, diese in dem Umfang zuzulassen, in dem der Rechtsmittelgegner durch das angefochtene Urteil selbst beschwert ist.

46   Eine Beschränkung auf den prozessualen Anspruch, der mit der Hauptrevision verfolgt wird, lässt sich aus dem Begriff der Anschließung nicht herleiten. Dieser Begriff bringt nur zum Ausdruck, dass die Revision des Gegners den Anknüpfungspunkt für die Anschlussrevision bildet. Zwischen Revision und Anschlussrevision muss eine Verbindung bestehen. Sie wird dadurch hergestellt, dass die Einlegung der Revision den Rechtsmittelgegner zur Anschließung veranlasst und sich die Angriffe gegen dasselbe Urteil richten. Die Anschlussrevision ist in ihrer Wirksamkeit nach § 141 S. 1, § 127 Abs. 5 von Bestand und Zulässigkeit der Hauptrevision abhängig. Hierin erschöpft sich die Akzessorietät zum Hauptrechtsmittel, die im Begriff der Anschließung zum Ausdruck kommt.

47   Das BVerwG hält die Anschlussrevision für unzulässig, wenn sie einen anderen Lebenssachverhalt betrifft als die Revision und mit deren Streitgegenstand auch nicht in einem unmittelbaren rechtlichen oder wirtschaftlichen Zusammenhang steht.[17]

48   Diese Beschränkung erscheint aus denselben Gründen zweifelhaft, aus denen eine weitgehende Identität der Streitgegenstände nicht verlangt werden kann.

49   **4. Unwirksamwerden der Anschlussrevision.** Die Anschließung verliert ihre Wirkung, wenn die Revision zurückgenommen oder als unzulässig verworfen wird (§ 141 S. 1, § 127 Abs. 5). Die Regelung entspricht der Funktion der Anschlussrevision. Dem an sich friedfertigen Rechtsmittelgegner wird die Möglichkeit einer Anschließung gerade deshalb eingeräumt, um ihm eine Anfechtung der Entscheidung der Vorinstanz in einer Lage zu ermöglichen, in der er ein eigenes Rechtsmittel von dem Verhalten des anderen Beteiligten abhängig gemacht hat. Kann das Rechtsmittel des Rechtsmittelführers in der Sache keinen Erfolg mehr haben, weil es zurückgenommen oder als unzulässig verworfen ist, muss der Rechtsmittelgegner nicht mehr befürchten, die Entscheidung der Vorinstanz könne zu seinen Lasten geändert werden. Ihm wird zugemutet, dass auch er sich mit der Entscheidung abfindet. Er wird so gestellt, wie er gestanden hätte, wenn seinen anfänglichen Erwartungen gemäß der Gegner kein Rechtsmittel eingelegt hätte und deshalb auch seine Anschließung unterbleiben wäre.[18]

50   Nach ihrem Zweck erfasst die Vorschrift deshalb auch andere Fälle, in denen eine Änderung des angefochtenen Urteils zulasten des Rechtsmittelgegners ausgeschlossen ist, weil über das (Haupt-)Rechts-

---

17   BVerwGE 116, 169, 174; BVerwGE 125, 44 Rn. 16; BVerwGE 142, 99 Rn. 10.
18   *P. Gilles* ZZP 92 (1979), 166 ff.

mittel nicht mehr zu entscheiden ist. Die Anschlussrevision wird auch dann unwirksam, wenn die Beteiligten den Rechtsstreit insoweit in der Hauptsache für erledigt erklären, als er Gegenstand der Revision ist, oder sich insoweit vergleichen.

Nach § 127 Abs. 5 „verliert" die Anschließung „ihre Wirkung". Sie wird nicht unzulässig, sondern erledigt sich kraft Gesetzes von selbst. Einer Rücknahme bedarf es nicht. Mit der Rücknahme des (Haupt-)Rechtsmittels oder dessen Verwerfung als unzulässig ist das Rechtsmittelverfahren insgesamt beendet. Stellt der Revisionsbeklagte aber in Kenntnis der Rücknahme der Revision den Anschlussrevisionsantrag, ist die Anschlussrevision zu verwerfen (BVerwG NVwZ 2009, 666 Rn. 16).   51

Die Kosten der unwirksam gewordenen Anschlussrevision trägt der Revisionskläger, der die Revision zurückgenommen oder dessen Revision als unzulässig verworfen wurde. Der Rechtsmittelgegner trägt aber die Kosten der Anschlussrevision selbst, wenn er zu deren Unwirksamkeit beigetragen hat, etwa indem er in den Fällen des § 140 Abs. 1 S. 2 einer Rücknahme der Revision durch den Revisionskläger zugestimmt hat (→ § 155 Rn. 59 f.). Dasselbe gilt, wenn der Revisionsbeklagte seine unwirksam gewordene Anschlussrevision trotz ihrer Unwirksamkeit weiterverfolgt und über sie eine Entscheidung des Gerichts begehrt (BVerwG NVwZ 2009, 666 Rn. 18).   52

§ 142 [Unzulässigkeit von Klageänderungen und Beiladungen]

(1) ¹Klageänderungen und Beiladungen sind im Revisionsverfahren unzulässig. ²Das gilt nicht für Beiladungen nach § 65 Abs. 2.

(2) ¹Ein im Revisionsverfahren nach § 65 Abs. 2 Beigeladener kann Verfahrensmängel nur innerhalb von zwei Monaten nach Zustellung des Beiladungsbeschlusses rügen. ²Die Frist kann auf einen vor ihrem Ablauf gestellten Antrag von dem Vorsitzenden verlängert werden.

I. Entwicklung des Normbestands

Nach der ursprünglichen Fassung des § 142 waren Beiladungen im Revisionsverfahren ausnahmslos unzulässig. War eine nach § 65 Abs. 2 notwendige Beiladung unterblieben, war nach der Rspr. des BVerwG dieser Mangel im Revisionsverfahren von Amts wegen zu berücksichtigen; die Sache war grds. an die Vorinstanz zurückzuverweisen (zum Beispiel: BVerwGE 51, 35), und zwar selbst dann, wenn dem Beizuladenden an einer erneuten Verhandlung in der Tatsacheninstanz nicht gelegen war. Um die dadurch verursachten unnötigen Verzögerungen des Verfahrens zu vermeiden, hat der Gesetzgeber mit dem 4. VwGOÄndG (v. 17.12.1990, BGBl I 2809) notwendige Beiladungen noch im Revisionsverfahren ermöglicht (Begründung des Gesetzentwurfs BT-Drs. 11/7030, 35).   1

II. Klageänderungen im Revisionsverfahren

Klageänderungen im Revisionsverfahren sind unzulässig (§ 142 Abs. 1 S. 1).   2

1. Zweck der Vorschrift. Das Verbot der Klageänderung entspricht der Funktion des Revisionsgerichts. Es ist auf eine Rechtskontrolle beschränkt und deshalb an die tatsächlichen Feststellungen der Vorinstanz gebunden (§ 137 Abs. 2). Grundlage der Entscheidung können nur die von ihr festgestellten Tatsachen sein. Im Revisionsverfahren kann kein neuer Streitstoff eingeführt werden. Er machte die Feststellung von Tatsachen erforderlich, die dem Revisionsgericht verwehrt ist. Wäre die Klageänderung im Revisionsverfahren zulässig, könnte der Kläger einen neuen Streitstoff in den Prozess ein-   3 führen, der weitere tatsächliche Feststellungen erforderlich machen kann. Da das Revisionsgericht diese Feststellungen nicht selbst treffen könnte, müsste es den Rechtsstreit allein wegen der Klageänderung zurückverweisen. Dadurch würde der Abschluss des Rechtsstreits über Gebühr verzögert. Unerheblich ist, ob der geänderten Klage ein Sachverhalt zugrunde liegt, der schon vorgetragen war, den die Vorinstanz aber nicht festgestellt hat, weil es nach dem bisher gestellten Antrag auf ihn nicht ankam (BVerwG 13.5.1976 Buchholz 237.4 § 35 HmbBG Nr. 1).

4   **2. Anwendungsbereich.** § 142 Abs. 1 S. 1 verbietet Klageänderungen im Revisionsverfahren ausnahmslos. Es kommt nicht darauf an, ob eine Klageänderung im Einzelfall tatsächlich die Ermittlung und Würdigung neuer Tatsachen erforderlich macht.

5   Hat die Vorinstanz eine bereits dort erklärte Klageänderung als unzulässig, etwa als nicht sachdienlich beurteilt und ist deshalb eine sachliche Entscheidung über die geänderte Klage unterblieben, kann das BVerwG diese Entscheidung treffen, wenn es abweichend von der Vorinstanz die Klageänderung als zulässig, insbes. als sachdienlich beurteilt (BVerwG NVwZ-RR 2000, 172, 173). Ist eine abschließende Entscheidung nicht möglich, weil die Vorinstanz wegen ihrer abweichenden Beurteilung die erforderlichen Feststellungen nicht getroffen hat, ist die Sache an die Vorinstanz zurückzuverweisen.

6   **a) Parteiwechsel.** Der Parteiwechsel ist als Fall einer Klageänderung anzusehen. Unzulässig ist es damit etwa, im Revisionsverfahren einen weiteren Kläger in den Prozess einzubeziehen (BVerwGE 66, 266, 267). Im Revisionsverfahren zulässig ist aber ein Parteiwechsel in den Fällen einer gesetzlichen Rechtsnachfolge i.S.v. § 173, §§ 239 ff. ZPO.[1] Dasselbe gilt für einen Wechsel in der behördlichen Zuständigkeit, der wie eine gesetzliche Rechtsnachfolge zu einem gesetzlichen Parteiwechsel führt, sofern und soweit der Wechsel der Zuständigkeit die behördliche Sachbefugnis auch in der rechtshängigen Sache erfasst.[2]

7   Vom Parteiwechsel ist die Berichtigung des Rubrums zu unterscheiden. Sie kommt etwa in Betracht, wenn nicht die Körperschaft Beteiligte ist, sondern die ihr angehörende Behörde selbst, durch welche die Körperschaft im Prozess vertreten war. Darin liegt keine Klageänderung, sondern nur eine Klarstellung, wer Beteiligter ist (BVerwG 25.9.1992 Buchholz 316 § 80 VwVfG Nr. 33).

8   **b) Hilfsanträge.** Dem Verbot der Klageänderung unterliegen auch Hilfsanträge, die erstmals im Revisionsverfahren gestellt werden (BVerwG NVwZ 1990, 260, 261). Der Kläger und Revisionskläger kann hingegen an Stelle des in der Vorinstanz gestellten Hauptantrags den dort gestellten Hilfsantrag als Hauptantrag und den in der Vorinstanz gestellten Hauptantrag nur als Hilfsantrag stellen. Hat die Vorinstanz die Klage abgewiesen, hat dort auch der Hilfsantrag zur Entscheidung gestanden. Das Auswechseln der Anträge kann daher nicht zu einer unzulässigen Klageänderung führen, sondern allenfalls zu einer Beschränkung des Klagebegehrens, die auch in der Revisionsinstanz erlaubt ist (BVerwG 25.3.1999 Buchholz 428 § 4 Abs. 2 VermG Nr. 2).

9   **c) Sachanträge eines Beigeladenen.** Hat der Beigeladene Revision eingelegt, mit der er die Abweisung einer in erster Instanz erfolgreichen Klage begehrt, kann er diesem Klageabweisungsantrag nicht hilfsweise einen Sachantrag hinzufügen, den er in erster Instanz nach § 66 S. 2 zu stellen unterlassen hat. Insoweit ist allerdings § 142 Abs. 1 S. 1 nicht unmittelbar einschlägig. Der Beigeladene kann nicht die Klage ändern. Der Streitgegenstand steht nicht zu seiner Disposition (anders offenbar BVerwG VIZ 2002, 18, 20). § 142 Abs. 1 S. 1 steht aber nach seinem Zweck abweichenden Sachanträgen eines Beigeladenen entgegen, weil diese den Streitgegenstand erweitern und wie die Klageänderung einen neuen Anspruch sowie den dazu gehörigen Tatsachenstoff in das Verfahren einführen.

10 **d) Übergangene Anträge.** Hat die Vorinstanz in dem angefochtenen Urteil über einen bei ihr gestellten Klageantrag nicht entschieden, kann der Kläger nur nach § 120 Abs. 1 eine Ergänzung des Urteils beantragen. Macht er von dieser Möglichkeit nicht innerhalb der Frist des § 120 Abs. 2 Gebrauch, kann im Revisionsverfahren über den Klageantrag nicht mehr entschieden werden. Seine Rechtshängigkeit ist entfallen (BVerwGE 81, 12, 14). § 142 Abs. 1 S. 1 steht dem Versuch entgegen, den Antrag in der Revisionsinstanz neu zu stellen (BVerwG 7.7.1994 Buchholz 427.3 § 249 LAG Nr. 35).

---

1 BVerwG 26.8.1993 Buchholz 451.74 § 1 KHG Nr. 9.
2 BVerwGE 44, 148, 150; 59, 221, 223 f.; BVerwG 20.10.1989 Buchholz 310 § 142 VwGO Nr. 12 NVwZ-RR 2016, 907 Rn. 16 zum Funktionswechsel (jährl. Wechsel eines Dekans).

e) Widerklage. Eine Widerklage ist im Revisionsverfahren grds. unzulässig (→ § 89 Rn. 5).[3] Sie ist 11 zwar keine Klageänderung, jedoch trifft der Zweck des § 142 Abs. 1 S. 1 auch auf sie zu. Das BVerwG lässt eine Widerklage anders als eine Klageänderung noch im Revisionsverfahren ausnahmsweise zu, wenn dadurch kein neuer Tatsachenstoff in den Rechtsstreit eingeführt wird, der Anspruch zur Entscheidung reif ist und die Vorinstanz über ihn sachlich entschieden hat.[4]

3. Erweiterungen und Beschränkungen des Klagebegehrens. Das Klagebegehren kann auch in der Re- 12 visionsinstanz ohne Änderung des Klagegrundes erweitert oder beschränkt werden. Solche Erweiterungen oder Beschränkungen gelten nach § 173, § 264 Nr. 2 ZPO nicht als Klageänderung.

Nach § 173, § 264 Nr. 2 ZPO liegt keine Klageänderung vor, wenn der Kläger bei unverändertem 13 sachlichen Ziel seines Rechtsschutzbegehrens nur seinem Klageantrag die prozessual richtige Form gibt, wenn also der Wechsel des Antrags an dem Begehren des Klägers in der Sache nichts ändert.[5] Hat der Kläger einen Anspruch bisher nur anfechtungsweise gegen einen ihn belastenden Verwaltungsakt geltend gemacht, kann er diesen Anspruch aber nur durch gesonderte Verpflichtungsklage verfolgen, soll hingegen der Übergang von einer Anfechtungsklage zu einer auf Verpflichtung gerichteten Untätigkeitsklage an dem Verbot der Klageänderung scheitern (BVerwGE 69, 227, 238).

Eine zulässige Erweiterung des Klagebegehrens liegt vor, wenn zu dem Hauptanspruch zusätzlich Pro- 14 zesszinsen als Nebenforderung geltend gemacht werden. Zinsen eines Anspruchs, der selbst nicht oder nicht mehr Gegenstand des Prozesses ist, sind nicht bloße Nebenforderung, sondern alleiniger Hauptanspruch. Hat sich der ursprüngliche Hauptanspruch im Revisionsverfahren erledigt, kann der Revisionskläger deshalb nicht an Stelle dieses Hauptanspruchs einen Anspruch auf Prozesszinsen erstmals in den Rechtsstreit einführen (BVerwG 7.5.1975 Buchholz 310 § 142 VwGO Nr. 2).

Ist der angefochtene Verwaltungsakt bereits vollzogen, kann der Kläger noch im Revisionsverfahren 15 den Antrag auf Folgenbeseitigung nach § 113 Abs. 1 S. 2 stellen. Er erweitert damit nur den Klageantrag, ohne den Klagegrund zu ändern (BVerwGE 108, 364, 369).

Hat der Kläger einen Verwaltungsakt in der Vorinstanz nur teilweise angefochten, kann er im Revisi- 16 onsverfahren noch zur uneingeschränkten Anfechtung des Verwaltungsakts übergehen.[6] Erfolg hat der erweiterte Antrag nur, sofern der Verwaltungsakt hinsichtlich des bislang nicht angefochtenen Teils noch nicht bestandskräftig geworden ist.

Eine zulässige Beschränkung des Klagebegehrens liegt vor, wenn der Kläger von dem ursprünglichen 17 Verpflichtungsantrag zu einem Anfechtungsantrag übergeht, der klarstellend bereits dem früheren Verpflichtungsantrag hinzugefügt war (BVerwG NJW 1998, 323, 324).

Ebenso beschränkt der Kläger nur seinen Klageantrag, wenn er im Revisionsverfahren an Stelle einer 18 Verpflichtung des Beklagten zum Erlass des begehrten Verwaltungsakts nur eine Verpflichtung zur Neubescheidung unter Beachtung der Rechtsauffassung des Gerichts begehrt.[7]

Regelmäßig kann der Kläger im Revisionsverfahren von einer Anfechtungsklage oder einer erledigten 19 Verpflichtungsklage gem. § 113 Abs. 1 S. 4 zur Fortsetzungsfeststellungsklage übergehen.[8] Wegen der Identität des Klagegrundes fehlt es an einer Klageänderung. Aus demselben Grund kann der Kläger im Revisionsverfahren auf einen Feststellungsantrag übergehen, wenn sich eine allgemeine Leistungsklage erledigt hat (BVerwGE 100, 83, 89). Mit der Fortsetzungsfeststellungsklage darf aber kein Prozessstoff in das Verfahren eingeführt werden, der notwendig andere tatsächliche und rechtliche Erwägungen erfordert als der bisherige. Mit dem Fortsetzungsfeststellungsantrag wird ein geänderter Prozessstoff in das Verfahren eingeführt, wenn sich der Zeitpunkt, der für seine Beurteilung maßgeblich ist, nicht mit demjenigen deckt, der für das ursprüngliche Klagebegehren maßgeblich war, und wenn sich überdies die Beurteilungsgrundlage ändert (BVerwGE 100, 83, 102 f.).

---

3 *K. Kuhlmann*, in: Wysk § 142 Rn. 4.
4 BVerwGE 44, 351, 360 f.; ebenso wohl: *I. Kraft*, in: Eyermann § 142 Rn. 11.
5 BVerwGE 27, 181, 184 (Übergang von einer Feststellungsklage zu einer Anfechtungsklage); BVerwGE 88, 24, 27 (Übergang vom Verpflichtungsantrag zum Feststellungsantrag); BVerwGE 106, 64, 69 (Übergang von einem Verpflichtungsantrag zu einem kassatorischen Gestaltungsantrag); BVerwGE 122, 193, 195 (Übergang vom Bescheidungsantrag zum Verpflichtungsantrag).
6 BVerwG 17.9.1981 Buchholz 448.0 § 12 WPflG Nr. 144; anders BFH BFH/NV 2002, 232.
7 *T. Stuhlfauth*, in: Bader § 142 Rn. 3.
8 BVerwGE 59, 148, 159; 65, 167, 168 f.; BVerwG DVBl 1998, 191, 192; NVwZ 1999, 404, 405; BVerwGE 110, 17, 19 f.; BFH NVwZ-RR 1999, 351.

20   Unter denselben Voraussetzungen kann der Kläger umgekehrt im Revisionsverfahren von einer Fort-
     setzungsfeststellungsklage zu der ursprünglich erhobenen Anfechtungsklage zurückkehren
     (BVerwGE 66, 75, 78). Er darf allerdings dadurch nicht das zuletzt verfolgte Rechtsschutzziel und da-
     mit den sachlichen Streitstoff wesentlich erweitern. Hieran kann etwa die Rückkehr von einem Fort-
     setzungsfeststellungsantrag zu einem ursprünglich verfolgten Verpflichtungs- oder Anfechtungsantrag
     scheitern, wenn der Kläger diesen schon in der Vorinstanz aufgegeben hatte (BVerwG 26.11.1987
     Buchholz 310 § 142 VwGO Nr. 10).

21   Das Verbot der Klageänderung steht nicht entgegen, noch im Revisionsverfahren vom ursprünglichen
     Klageantrag auf eine Erledigungserklärung und, bleibt diese einseitig, auf den Feststellungsantrag
     überzugehen, dass der Rechtsstreit in der Hauptsache erledigt ist (BVerwGE 82, 41, 42; 114, 149,
     151). Die einseitige Erledigungserklärung des Klägers wird zwar als besondere Form der Klageände-
     rung angesehen. Sie wird aber privilegiert; das Verbot der Klageänderung im Revisionsverfahren steht
     ihr nicht entgegen (→ § 161 Rn. 119). Dasselbe gilt für die Rückkehr vom Erledigungsfeststellungsan-
     trag zum Sachantrag (BVerwG NVwZ 1999, 404, 405).

III. Beiladung im Revisionsverfahren

22   Notwendige Beiladungen sind im Revisionsverfahren zulässig (§ 142 Abs. 1 S. 2), einfache Beiladun-
     gen sind hingegen ausnahmslos unzulässig (§ 142 Abs. 1 S. 1). Ist eine einfache Beiladung unterblie-
     ben, stellt dies keinen Verfahrensfehler dar, auf dem das angefochtene Urteil beruhen könnte (§§ 65,
     181 ff.). Die Aufhebung der Beiladung ist auch in der Revisionsinstanz möglich, wenn eine Beeinträch-
     tigung der rechtlichen Interessen des Beigeladenen ausgeschlossen ist (BVerwG 27.4.2016 Buchholz
     11 Art. 33 Abs. 2 GG Nr. 73).

23   **1. Zweck der Norm.** Wird eine notwendige Beiladung unterlassen, liegt darin ein Verfahrensfehler,
     der von Amts wegen zu berücksichtigen ist. Das Urteil kann die ihm zukommende Funktion nicht er-
     füllen. Kann eine Sachentscheidung in die Rechte Dritter eingreifen und kann sie aus diesem Grund
     auch ihnen gegenüber nur einheitlich ergehen, stellt die notwendige Beiladung sicher, dass die Sachent-
     scheidung nicht ohne die Beteiligung dieser Dritten erlassen wird. Nur auf diese Weise ist gewährleis-
     tet, dass die Dritten an die Rechtskraft des in der Sache ergehenden Urteils nach Maßgabe des § 121
     gebunden sind. Nach der früheren Fassung des § 142 konnte die notwendige Beiladung nur in der
     Vorinstanz nachgeholt werden. Das zwang zur Zurückverweisung der Sache in allen Fällen, in denen
     eine notwendige Beiladung unterblieben war.

24   Dieser Zwang zur Zurückverweisung war namentlich dann unbefriedigend, wenn der übergangene
     Dritte kein Interesse an einer solchen Zurückverweisung hatte, weil weitere Tatsachenfeststellungen
     nicht erforderlich waren, also auch aus seiner Sicht im Revisionsverfahren hätte entschieden werden
     können. Dem trägt die Neufassung des § 142 Rechnung. Sie ermöglicht es, eine unterbliebene notwen-
     dige Beiladung noch im Revisionsverfahren nachzuholen. Der Beigeladene kann Verfahrensmängel
     geltend machen (§ 142 Abs. 2), aber insbes. die Zurückverweisung an die Vorinstanz verlangen, wenn
     er hieran ein berechtigtes Interesse hat (§ 144 Abs. 3 S. 2). Dadurch wird gewährleistet, dass ihm nicht
     die Tatsacheninstanz in den Fällen genommen wird, in denen aus seiner Sicht notwendige tatsächliche
     Feststellungen unterblieben oder unrichtig getroffen sind.

25   **2. Nachholung der notwendigen Beiladung.** Eine unterbliebene notwendige Beiladung ist im Revisi-
     onsverfahren grds. nachzuholen. Das BVerwG kann nicht stattdessen das angefochtene Urteil wegen
     des unterlaufenen Verfahrensfehlers aufheben und die Sache an die Vorinstanz zurückverweisen. § 142
     Abs. 1 räumt ihm kein Ermessen ein. Der Zwang zur Beiladung ergibt sich aus deren Notwendigkeit.

26   Die Nachholung einer notwendigen Beiladung ist nicht ausnahmsweise entbehrlich, wenn die Klage
     offensichtlich unzulässig ist und somit kein Sachurteil, sondern nur ein Prozessurteil ergeht (a.A.: BFH
     NJW-RR 2002, 388, 389). Die Beiladung kann nicht vom Ausgang des Rechtsstreits abhängig ge-
     macht werden. Das Revisionsgericht kann nicht den Ausgang des Rechtsstreits für den Zeitpunkt vor-
     wegnehmen, für den sich die Frage stellt, ob eine notwendige Beiladung nachgeholt werden muss. Ob
     die Klage unzulässig ist und deshalb im Revisionsverfahren durch Prozessurteil abzuweisen ist, kann
     erst aufgrund des Ergebnisses der mündlichen Verhandlung entschieden werden. Aus demselben
     Grund kann die notwendige Beiladung im Revisionsverfahren nicht mit der Erwägung unterbleiben,

eine weitere Aufklärung des Sachverhalts sei erkennbar aus anderen Gründen erforderlich, das ange-fochtene Urteil müsse deshalb ohnehin aufgehoben und die Sache an die Vorinstanz zurückverwiesen werden, welche die unterbliebene Beiladung dann nachholen könne.[9]

Erst recht lässt sich nicht aus § 144 Abs. 3 S. 2 herleiten, eine notwendige Beiladung dürfe im Revisi- 27 onsverfahren unterbleiben, wenn dem übergangenen Dritten keine Nachteile durch eine Entscheidung in der Sache drohten.[10] Dadurch würde die Beiladung von dem Ergebnis der Revisionsentscheidung abhängig gemacht, das nicht bekannt ist und nicht vorweggenommen werden darf, wenn die Frage der nachzuholenden Beiladung ansteht. Die Entscheidung über die Beiladung bis zur Entscheidung in der Hauptsache zu verschieben und die Beiladung erst im Revisionsurteil mit Blick auf dessen Ergeb-nis abzulehnen, geht nicht an. Ergibt sich nämlich als Ergebnis der mündlichen Verhandlung eine Re-visionsentscheidung, welche die Belange des übergangenen Dritten nicht uneingeschränkt wahrt, ver-zögert die dann unvermeidliche Beiladung den Rechtsstreit erheblich. Das läuft dem Zweck des § 142 Abs. 2 zuwider.

Eine notwendige Beiladung kann nicht nachgeholt werden, wenn die Revision unzulässig ist. In die- 28 sem Fall würde die nachgeholte Beiladung die Rechte des übergangenen Dritten gerade beeinträchti-gen. Ist die Revision unzulässig, kann das BVerwG das angefochtene Urteil nicht nachprüfen. Die Rechtskraft dieses Urteils würde infolge der nachgeholten Beiladung auf den Dritten erstreckt, ohne dass er sich in der Sache hat äußern können. Wegen der Unzulässigkeit der Revision kann das Urteil auch nicht wegen des unterlaufenen Verfahrensfehlers an die Vorinstanz zurückverwiesen werden. Die rechtlichen Interessen eines übergangenen Dritten werden allein dadurch gewahrt, dass die ergangene Entscheidung ihm gegenüber mangels Beiladung weder formelle noch materielle Rechtskraft entfaltet (BVerwGE 104, 182, 184).

Im Verfahren der Nichtzulassungsbeschwerde kommt eine notwendige Beiladung nicht in Betracht. 29 § 142 Abs. 1 S. 2 ist in diesem Verfahren nicht entsprechend anzuwenden.[11] Das Beschwerdeverfahren beschränkt sich auf die Prüfung, ob die Zulassungsgründe des § 132 Abs. 2 vorliegen. Weist das BVerwG die Beschwerde zurück, wird damit das angefochtene Urteil zwar rechtskräftig. Die eingetre-tene Rechtskraft bände den Dritten jedoch auch dann nicht, wenn das BVerwG ihn im Beschwerdever-fahren beigeladen hätte. Hebt das BVerwG nach Maßgabe des § 133 Abs. 6 das angefochtene Urteil auf und verweist es den Rechtsstreit an die Vorinstanz zurück, können die Beteiligungsrechte des Drit-ten durch Beiladung in dem fortzusetzenden Verfahren gewahrt werden. Dasselbe gilt, wenn die Be-schwerde gegen die Nichtzulassung der Revision Erfolg hat; die Beiladung kann in dem dann eröffne-ten Revisionsverfahren nachgeholt werden.

3. Befugnisse des nachträglich Beigeladenen. a) Revision. Wer erst im Revisionsverfahren beigeladen 30 worden ist, kann nicht gegen das angefochtene Urteil Revision einlegen. Beteiligter i.S.d. § 132 Abs. 1 ist nur, wer schon in der Vorinstanz am Verfahren beteiligt war (→ § 139 Rn. 6 ff.). Dasselbe gilt für die Anschlussrevision.

b) Rüge von Verfahrensmängeln. Hat das BVerwG eine unterbliebene Beiladung nachgeholt, kann 31 der Beigeladene Verfahrensmängel rügen. Er kann dadurch insbes. verhindern, dass das BVerwG auf einer Tatsachengrundlage entscheidet, die nicht ordnungsgemäß zustande gekommen ist.

Der Beigeladene muss seine Verfahrensrügen innerhalb einer Frist von zwei Monaten nach Zustellung 32 des Beiladungsbeschlusses anbringen (§ 142 Abs. 2 S. 1). Nach Ablauf der Frist verliert der Beigelade-ne sein Rügerecht. Das Rügerecht ist kein Rechtsmittel oder sonstiger Rechtsbehelf i.S.d. § 58. Das BVerwG muss deshalb über das Rügerecht und die für seine Ausübung geltende Frist nicht belehren.[12] Die Frist läuft auch, wenn eine solche Belehrung unterblieben ist. Versäumt der Beigeladene die Frist, ist ihm Wiedereinsetzung in den vorigen Stand zu gewähren, wenn ihn an der Versäumung der Frist kein Verschulden trifft (§ 60 Abs. 1). Die Frist kann gem. § 142 Abs. 2 S. 2 verlängert werden. Hierfür ist ein Antrag des Beigeladenen erforderlich. Der Antrag muss vor Ablauf der Frist beim BVerwG ge-

---

9 A.A. *I. Kraft*, in: Eyermann § 142 Rn. 13.
10 So aber BVerwG 19.12.1996 Buchholz 310 § 144 VwGO Nr. 64; *U. Berlit*, in: Posser/Wolff § 142 Rn. 11.
11 BVerwG BayVBl 2001, 478; BFH HFR 2003,155, 156; *T. Stuhlfauth*, in: Bader § 142 Rn. 8; *M. Redeker*, in: Redeker/von Oertzen § 142 Rn. 4; *I. Kraft*, in: Eyermann § 142 Rn. 5; a.A. BVerwG 4.6.1992 Buchholz 310 § 142 VwGO Nr. 13.
12 *U. Berlit*, in: Posser/Wolff § 142 Rn. 13.1.

stellt werden. Über den Antrag entscheidet der Vorsitzende. Die Bestimmung ist dem § 139 Abs. 3 S. 3 nachgebildet (→ § 139 Rn. 61 ff.).

33   Als Verfahrensmängel kommen in erster Linie solche in Betracht, welche die Ermittlung des Sachverhalts betreffen. Innerhalb der Frist braucht der Beigeladene aber nur solche Rügen zu erheben, die sich auf die entscheidungserheblichen tatsächlichen Feststellungen der Vorinstanz beziehen. Zu nicht entscheidungserheblichen, aber ihm ungünstigen Feststellungen kann der nachträglich Beigeladene wie jeder andere Beteiligte auch „Gegenrügen" erheben, um zu vermeiden, dass diese bisher nicht entscheidungserheblichen tatsächlichen Feststellungen bei abweichender Rechtsauffassung des BVerwG entscheidungserhebliche Bedeutung gewinnen und das BVerwG gestützt auf sie das angefochtene Urteil aus anderen Gründen im Ergebnis als richtig bestätigt. Solche Gegenrügen sind für den nachträglich Beigeladenen ebenso wie für die anderen Beteiligten ohne zeitliche Begrenzung zulässig.[13]

34   Der Beigeladene kann nicht als Verfahrensfehler geltend machen, er habe zu dem Rechtsstreit schon in der Vorinstanz beigeladen werden müssen, infolge der unterbliebenen Beiladung sei sein Anspruch auf rechtliches Gehör verletzt. Denn dieser Verfahrensmangel wird durch die nachgeholte Beiladung behoben. Anderenfalls würde die Gehörsrüge entgegen dem Zweck der Vorschrift stets zu einer Zurückverweisung der Sache an die Vorinstanz führen, weil das Urteil stets auf diesem Mangel beruht (§ 138 Nr. 3). Das widerspräche auch der Wertung des § 144 Abs. 3 S. 2. Dass die Beiladung in der Vorinstanz unterblieben war, begründet danach ein Interesse an einer Zurückverweisung allein noch nicht.

35   c) **Zurückverweisung der Sache (§ 144 Abs. 3 S. 2).** Der Beigeladene kann verlangen, dass die Sache an die Vorinstanz zurückverwiesen wird, wenn er ein berechtigtes Interesse daran hat (§ 144 Abs. 3 S. 2). Diese Zurückverweisung spricht das BVerwG unabhängig davon aus, ob die Revision begründet oder unbegründet ist.

36   Der Beigeladene konnte auf die Erarbeitung der tatsächlichen Grundlage des angefochtenen Urteils nicht einwirken. Er konnte selbst weder Tatsachen vortragen noch sich zu dem Tatsachenvortrag der anderen Beteiligten oder zum Ergebnis einer Beweisaufnahme äußern. Dieser Nachteil kann nicht allein dadurch ausgeglichen werden, dass der Beigeladene die Möglichkeit erhält, Verfahrensmängel zu rügen. Er hat ein berechtigtes Interesse daran, sich ohne Beschränkung auf Verfahrensmängel zum Sachverhalt zu äußern. Die Zurückverweisung ist deshalb nicht davon abhängig, dass der Beigeladene einen Verfahrensfehler erfolgreich gerügt hat. Sie ist gerade für den Fall gegeben, dass die Möglichkeit, Verfahrensfehler zu rügen, nicht genügt, um eine ordnungsgemäße Rechtsverfolgung oder Rechtsverteidigung des Beigeladenen sicherzustellen.[14] Sein berechtigtes Interesse kann der Beigeladene insbes. dadurch dartun, dass er darlegt, was er zum Sachverhalt vorgetragen hätte, hätte er in der Vorinstanz dazu Gelegenheit gehabt (→ § 144 Rn. 82 ff.).

37   Nach dem Zweck des § 142 Abs. 2 S. 1 hat der Beigeladene innerhalb der dort geregelten Frist nicht nur Verfahrensrügen geltend zu machen, sondern auch sein berechtigtes Interesse an einer Zurückverweisung darzulegen.[15]

§ 143 [Prüfung der Zulässigkeitsvoraussetzungen]

[1]Das Bundesverwaltungsgericht prüft, ob die Revision statthaft und ob sie in der gesetzlichen Form und Frist eingelegt und begründet worden ist. [2]Mangelt es an einem dieser Erfordernisse, so ist die Revision unzulässig.

I. Inhalt der Norm

1   Nach § 143 S. 1 hat das BVerwG zu prüfen, ob die Revision zulässig ist. Der Vorschrift lässt sich entnehmen, dass das BVerwG die Zulässigkeit der Revision von Amts wegen zu prüfen hat sowie diese Prüfung in jeder Lage des Verfahrens vorzunehmen hat und nicht erst aufgrund der mündlichen Verhandlung über die Zulässigkeit der Revision befindet. Welche Folgen die Prüfung nach sich zieht, ist

13 *T. Stuhlfauth*, in: Bader § 142 Rn. 9; *M. Dawin/J. Buchheister*, in: Schoch/Schneider/Bier § 142 Rn. 13.
14 *T. Stuhlfauth*, in: Bader § 142 Rn. 7; *W.-R. Schenke*, in: *Kopp/Schenke* § 142 Rn. 7.
15 A.A. *I. Kraft*, in: Eyermann § 142 Rn. 4.

erst in § 144 Abs. 1 geregelt. Er bestimmt, dass die unzulässige Revision durch Beschluss zu verwerfen ist.

II. Unzulässigkeit der Revision

Die Revision ist unzulässig, wenn es an den Voraussetzungen fehlt, unter denen eine Sachentscheidung 2 des Revisionsgerichts ergehen darf.[1] § 143 nennt nicht alle Gründe, aus denen eine Sachentscheidung über die Revision ausgeschlossen ist, sondern nur die Gründe, die speziell für die Zulässigkeit der Revision gelten: Die Revision muss statthaft, in der gesetzlichen Frist und Form eingelegt sowie form- und fristgerecht begründet sein.

1. Statthaftigkeit der Revision. Statthaft ist die Revision, wenn gegen die angefochtene Entscheidung 3 ihrer Art nach das Rechtsmittel der Revision gegeben ist, der Revisionskläger durch die angefochtene Entscheidung beschwert ist, die Revision zugelassen ist und der Revisionskläger als Beteiligter zur Einlegung der Revision berechtigt ist (zur Statthaftigkeit eines Rechtsmittels → Vorbem. § 124 Rn. 54). In den Fällen der Sprungrevision ist die Revision ferner nur dann statthaft, wenn der Kläger und der Beklagte der Einlegung der Sprungrevision zugestimmt haben (→ § 134 Rn. 15 ff.).

a) Mit der Revision anfechtbare Entscheidungen. Mit der Revision anfechtbar sind die Urteile des 4 OVG (§ 132 Abs. 1), ferner die Entscheidungen des OVG über einen Normenkontrollantrag nach § 47 Abs. 5 S. 1, gleichgültig ob es sich um Urteile aufgrund mündlicher Verhandlung oder um Beschlüsse ohne mündliche Verhandlung handelt (§ 132 Abs. 1). Die Revision findet ferner gegen solche Entscheidungen des OVG statt, die einem Urteil gleichgestellt sind. Das sind Beschlüsse, mit denen das OVG eine Berufung gemäß § 125 Abs. 2 S. 1 und 2 als unzulässig verwirft (§ 125 Abs. 2 S. 4), mit denen es nach § 130 a S. 1 über die Berufung entscheidet (§ 130 a S. 2, § 125 Abs. 2 S. 4) sowie mit denen es nach rechtskräftiger Entscheidung eines Musterverfahrens gem. § 93 a Abs. 2 S. 1 über die ausgesetzten weiteren Verfahren entscheidet (§ 93 a Abs. 2 S. 5). Einem Urteil gleichgestellt sind außerdem die Gerichtsbescheide des OVG in Fällen seiner erstinstanzlichen Zuständigkeit (§ 84 Abs. 2 Nr. 3 und 4). Gegen erstinstanzliche Urteile des VG ist die Revision in den Fällen des § 135, also bei gesetzlichem Ausschluss der Berufung, sowie in den Fällen der Sprungrevision (§ 134) gegeben. Insoweit sind den Urteilen des VG wiederum gleichgestellt Gerichtsbescheide sowie Beschlüsse nach § 93 a Abs. 2 S. 1.

b) Beschwer. Nur wer durch die angegriffene Entscheidung belastet ist, hat ein anerkennenswertes 5 Rechtsschutzinteresse daran, die Entscheidung durch ein Rechtsmittel zu beseitigen oder zu ändern (zur Beschwer → Vorbem. § 124 Rn. 59 ff.). Die Beschwer muss sich aus dem Ergebnis der Entscheidung, dem Entscheidungssatz (Tenor) ergeben; es reicht nicht aus, wenn die angegriffene Entscheidung in ihrer Begründung tatsächliche Feststellungen oder rechtliche Ausführungen enthält, die dem Revisionskläger ungünstig sind. Die Beschwer muss sich aus dem Ausspruch zur Hauptsache ergeben; eine Belastung mit den Kosten des Rechtsstreits reicht nicht aus, wie sich aus § 158 Abs. 1 ergibt. Ist Gegenstand der Revision eine erstinstanzliche Entscheidung, ist der Kläger beschwert, wenn die Entscheidung der Vorinstanz inhaltlich hinter seinem Antrag zurückbleibt, ihm also weniger zuspricht, als er beantragt hat (formelle Beschwer). Ist Gegenstand der Revision eine Berufungsentscheidung, ist der Berufungskläger beschwert, wenn die Entscheidung inhaltlich hinter seinem Berufungsantrag zurückbleibt. Bei den anderen Beteiligten kommt es auf eine materielle Beschwer an. Sie ist gegeben, wenn sich das Urteil durch seinen Inhalt nachteilig auf ihre Rechtspositionen auswirkt.[2] Für die Statthaftigkeit einer Revision des VÖl ist hingegen eine Beschwer nicht erforderlich.

c) Zulassung der Revision. Unstatthaft ist die Revision, wenn sie der Zulassung bedarf, aber nicht 6 zugelassen ist. Die Revision ist teilweise unstatthaft, wenn die Vorinstanz die Revision nur eingeschränkt für einen abtrennbaren Teil des Streitgegenstandes oder nur für einen von mehreren Streitgegenständen zugelassen hat (→ § 139 Rn. 5), der Revisionskläger aber die Revision unbeschränkt eingelegt hat.[3]

---

1 Zu den Voraussetzungen für die Zulässigkeit eines Rechtsmittels im Allgemeinen → Vorbem. § 124 Rn. 53 ff.
2 Vgl. aber auch zur Nichtzulassungsbeschwerde BVerwG NJW 2002, 112, 122: Ein Beklagter, dessen Klageabweisungsantrag in vollem Umfang entsprochen worden ist, ist nicht materiell beschwert.
3 Hierzu BVerwG 10.9.1992 Buchholz 436.61 § 18 SchwbG Nr. 6; BGH NJW-RR 2004, 1365; NJW 2008, 2351; NJW-RR 2012, 759.

6a   Die Revision ist auch dann unzulässig, wenn das Berufungsgericht die Revision zwar zugelassen hat, diese Zulassung das Revisionsgericht aber nicht nach § 132 Abs. 3 bindet, weil die Zulassung verfahrensrechtlich überhaupt nicht ausgesprochen werden durfte (vgl. BGH MDR 2012, 863), etwa im Fall einer prozessual nicht vorgesehenen nachträglichen Zulassungsentscheidung durch Ergänzungsurteil oder Berichtigungsbeschluss oder aufgrund einer Anhörungsrüge, wenn deren Voraussetzungen nicht vorlagen (BGH NJW 2011, 1516).

7   **d) Zur Einlegung berechtigte Beteiligte.** Zur Einlegung der Revision berechtigt sind nur die Beteiligten der Vorinstanz und diese nur, soweit die Zulassung der Revision zu ihren Gunsten wirkt. Der VBl ist nicht berechtigt, Revision einzulegen (→ § 139 Rn 10).

8   **2. Form- und fristgerechte Einlegung der Revision.** Die Revision ist nur zulässig, wenn sie nach Maßgabe des § 139 Abs. 1 form- und fristgerecht eingelegt wird (→ § 139 Rn. 15 ff.).

9   **3. Form- und fristgerechte Begründung der Revision.** Die Revision ist nur zulässig, wenn sie form- und fristgerecht begründet wird. Welche Formen und Fristen für die Begründung der Revision zu wahren sind, ist in § 139 Abs. 3 geregelt (→ § 139 Rn. 41 ff.).

10   **4. Fehlen der Sachurteilsvoraussetzungen im Übrigen.** Die Sachurteilsvoraussetzungen, von denen die Zulässigkeit der Klage abhängt, sind regelmäßig nicht zugleich Voraussetzungen für die Zulässigkeit der Revision. Von ihnen hängt vielmehr die Begründetheit der Revision ab. Das Fehlen bestimmter Sachurteilsvoraussetzungen führt aber zugleich zur Unzulässigkeit der Revision. Das sind die Sachurteilsvoraussetzungen, von denen die Wirksamkeit der Revision als Prozesshandlung abhängt. Dazu gehören die Prozessfähigkeit des Revisionsklägers und dessen Beteiligtenfähigkeit (→ Vorbem. § 124 Rn. 75).

11   **5. Maßgeblicher Zeitpunkt.** Die Voraussetzungen für die Zulässigkeit der Revision müssen im Zeitpunkt der Entscheidung des BVerwG vorliegen.[4] Das gilt auch für die Statthaftigkeit der Revision. Wird die Revision ohne Zulassung eingelegt, wird sie zulässig, wenn sie nach ihrer Einlegung, aber noch vor einer Entscheidung des BVerwG zugelassen wird.[5]

III. Entscheidung über die Zulässigkeit der Revision

12   Ergibt die Prüfung durch das BVerwG, dass die Revision unzulässig ist, ist die Revision nach § 144 Abs. 1 durch Beschluss zu verwerfen (→ § 144 Rn. 7 ff.).

13   Ergibt die Prüfung, dass die Revision zulässig ist, entscheidet das BVerwG über die Revision in der Sache. Im Revisionsurteil äußert es sich, soweit erforderlich, zur Zulässigkeit der Revision. Das BVerwG kann nach seinem Ermessen vorab durch Zwischenurteil über die Zulässigkeit der Revision entscheiden (§ 141 S. 1, § 125 Abs. 1 S. 1, § 109). Zwar gilt § 109 seinem Wortlaut nach nicht unmittelbar für Rechtsmittel, findet jedoch nach seinem Zweck auch auf diese Anwendung (BVerwGE 65, 27, 29 → § 109 Rn. 13).

§ 144 [Revisionsentscheidung]

(1) Ist die Revision unzulässig, so verwirft sie das Bundesverwaltungsgericht durch Beschluß.

(2) Ist die Revision unbegründet, so weist das Bundesverwaltungsgericht die Revision zurück.

(3) ¹Ist die Revision begründet, so kann das Bundesverwaltungsgericht

1. in der Sache selbst entscheiden,
2. das angefochtene Urteil aufheben und die Sache zur anderweitigen Verhandlung und Entscheidung zurückverweisen.

²Das Bundesverwaltungsgericht verweist den Rechtsstreit zurück, wenn der im Revisionsverfahren nach § 142 Abs. 1 Satz 2 Beigeladene ein berechtigtes Interesse daran hat.

---

4   *T. Stuhlfauth*, in: Bader § 143 Rn. 2; *I. Kraft*, in: Eyermann § 143 Rn. 3.
5   *R. Pietzner/W. Bier*, in: Schoch/Schneider/Bier § 143 Rn. 7.

(4) Ergeben die Entscheidungsgründe zwar eine Verletzung des bestehenden Rechts, stellt sich die Entscheidung selbst aber aus anderen Gründen als richtig dar, so ist die Revision zurückzuweisen.

(5) ¹Verweist das Bundesverwaltungsgericht die Sache bei der Sprungrevision nach § 49 Nr. 2 und nach § 134 zur anderweitigen Verhandlung und Entscheidung zurück, so kann es nach seinem Ermessen auch an das Oberverwaltungsgericht zurückverweisen, das für die Berufung zuständig gewesen wäre. ²Für das Verfahren vor dem Oberverwaltungsgericht gelten dann die gleichen Grundsätze, wie wenn der Rechtsstreit auf eine ordnungsgemäß eingelegte Berufung bei dem Oberverwaltungsgericht anhängig geworden wäre.

(6) Das Gericht, an das die Sache zur anderweitigen Verhandlung und Entscheidung zurückverwiesen ist, hat seiner Entscheidung die rechtliche Beurteilung des Revisionsgerichts zugrunde zu legen.

(7) ¹Die Entscheidung über die Revision bedarf keiner Begründung, soweit das Bundesverwaltungsgericht Rügen von Verfahrensmängeln nicht für durchgreifend hält. ²Das gilt nicht für Rügen nach § 138 und, wenn mit der Revision ausschließlich Verfahrensmängel geltend gemacht werden, für Rügen, auf denen die Zulassung der Revision beruht.

Schrifttum
K. Bartels, Grenzen der Bindungswirkung rückverweisender Revisionsentscheidungen, ZZP 122 (2009), 449; *A. Meyer*, Zum Umfang der Bindungswirkung nach § 144 Abs. 6 VwGO, BayVBl 2007, 391.

I. Allgemeines

1. Entwicklung des Normbestands. Die geltende Fassung des § 144 beruht auf dem 4. VwGOÄndG 1 (v. 17.12.1990, BGBl I 2809). Es hat in Abs. 3 dessen S. 2 eingefügt, und zwar als Folge der gleichzeitigen Änderung des § 142, durch die der Gesetzgeber notwendige Beiladungen noch im Revisionsverfahren ermöglicht hat. Wird ein Beteiligter erst im Revisionsverfahren beigeladen, konnte er auf die Feststellung der maßgeblichen Tatsachen durch die Tatsacheninstanz nicht einwirken. Er kann deshalb ein berechtigtes Interesse an einer Zurückverweisung an die Tatsacheninstanz haben. Diese Möglichkeit hat ihm der Gesetzgeber durch die Ergänzung des § 144 Abs. 3 eröffnen wollen. Der neu eingefügte Abs. 7 reduziert die Anforderungen an die Begründung der Revisionsentscheidung, wenn nach Auffassung des BVerwG Verfahrensrügen nicht durchgreifen.

2. Inhalt der Norm. § 144 regelt Inhalt, Voraussetzungen und Wirkung der Entscheidungen, mit de- 2 nen das BVerwG abschließend über die Revision entscheiden kann. § 144 regelt aber nur die Entscheidungen in der Hauptsache, nicht hingegen die noch erforderlichen Entscheidungen, wenn sich das Revisionsverfahren durch Rücknahme der Revision, durch Klagerücknahme, durch übereinstimmende

Erledigungserklärungen der Beteiligten oder durch Vergleich erledigt. Ebenfalls nicht in § 144 geregelt sind die Entscheidungen in Nebenverfahren, etwa über einen PKH-Antrag oder ein Gesuch um vorläufigen Rechtsschutz, sowie in Zwischenverfahren, etwa über ein Ablehnungsgesuch. In diesen Fällen gelten (z.T. über § 141 S. 1) die allgemeinen Vorschriften, ggf. über § 173 die Vorschriften der ZPO, soweit nicht unmittelbar einschlägige Sondervorschriften bestehen, wie in § 140 für die Rücknahme der Revision.

3   § 144 regelt die Entscheidungen in der Hauptsache nicht abschließend. Ergänzend ist § 133 Abs. 6 zu berücksichtigen. Nach dieser Vorschrift kann das BVerwG auf eine Nichtzulassungsbeschwerde schon im Beschwerdeverfahren durch Beschluss einer Revision stattgeben und das angefochtene Urteil selbst aufheben und die Sache zur anderweitigen Verhandlung und Entscheidung an die Vorinstanz zurückverweisen, wenn mit der Beschwerde ein Verfahrensmangel geltend gemacht wird und vorliegt, auf dem das angefochtene Urteil beruht.

4   Die Revisionsentscheidung zielt nicht darauf, im Interesse der Rechtseinheit und der Fortentwicklung des Rechts Rechtsfragen von grundsätzlicher Bedeutung mehr oder weniger abstrakt zu beantworten. Zwar ist es Aufgabe der Revision (auch), das allgemeine Interesse an einer einheitlichen Auslegung und Anwendung des Rechts sowie an seiner Fortentwicklung zu fördern. Der Wahrung dieses Interesses dienen die Zugangsvoraussetzungen und das Zulassungsverfahren. Ist die Revision zugelassen, geht es aber allein um die richtige Entscheidung über den Streitgegenstand des Prozesses, auch wenn hierfür entgegen den Erwartungen, die in der Zulassung der Revision Ausdruck gefunden hatten, grds. bedeutsame Frage unbeantwortet bleiben müssen.

5   Das Revisionsverfahren zielt auf eine abschließende Entscheidung über den Streitgegenstand des Prozesses. Die Revisionsentscheidung erschöpft sich nicht darin, einen Mangel des angefochtenen Urteils aufzuzeigen und das angefochtene Urteil zu beseitigen, damit die Vorinstanz unter Vermeidung des Mangels erneut über die Sache entscheiden kann. Verletzt das angefochtene Urteil das anzuwendende Recht, kann das BVerwG dieses Urteil durch eine eigene Entscheidung in der Sache ersetzen, sei es i.E. und damit notwendig auch in der Begründung (§ 144 Abs. 3 S. 1 Nr. 1), sei es nur in der Begründung (§ 144 Abs. 4).

6   Einer eigenen Entscheidung des BVerwG in der Sache selbst sind aber Grenzen gesetzt, die sich aus der Eigenart des Revisionsverfahrens ergeben. Das Revisionsgericht kann nicht selbst die entscheidungserheblichen Tatsachen feststellen. Eine eigene abschließende Entscheidung in der Sache selbst ist ihm grds. nur möglich auf der Grundlage der Tatsachen, welche die Vorinstanz festgestellt hat. Reichen sie für eine abschließende Entscheidung nicht aus, muss die Sache zur Feststellung der erforderlichen Tatsachen an ein Tatsachengericht, zumeist die Vorinstanz, zurückverwiesen werden (§ 144 Abs. 3 S. 1 Nr. 2 und Abs. 5).

II. Entscheidung bei unzulässiger Revision (Abs. 1)

7   Ist die Revision unzulässig, verwirft das BVerwG sie durch Beschluss. Unzulässige Rechtsmittel werden nach gebräuchlicher Terminologie „verworfen". Ihr folgt die VwGO in § 144 Abs. 1 und in § 125 Abs. 2 S. 1.

8   **1. Voraussetzung der Verwerfung.** Jede unzulässige Revision ist durch Beschluss zu verwerfen. Unerheblich ist, aus welchem Grund sie unzulässig ist. Der Beschluss ist zu begründen (§ 141 S. 1, § 125 Abs. 1 S. 1, § 122 Abs. 2 S. 1). Unter welchen Voraussetzungen die Revision unzulässig ist, ist im Wesentlichen in § 143 geregelt (→ § 143 Rn. 2 ff.).

9   nicht besetzt

10   **2. Entscheidungsform.** Kann eine Entscheidung durch Beschluss ergehen, ist eine mündliche Verhandlung nicht erforderlich (§ 141 S. 1, § 125 Abs. 1 S. 1, § 101 Abs. 3). Die Entscheidung über die unzulässige Revision ist mithin jederzeit möglich. Das ist eine Folgerung daraus, dass das BVerwG die Zulässigkeit der Revision jederzeit von Amts wegen zu prüfen hat. Es entscheidet in der Besetzung mit drei Richtern (§ 10 Abs. 3). Das BVerwG kann über eine unzulässige Revision mündlich verhandeln. Auch in diesem Fall wird die Revision durch Beschluss verworfen (BVerwGE 74, 289, 291). Das BVerwG entscheidet aber in der Besetzung mit fünf Richtern (§ 10 Abs. 3).

Setzt die Beurteilung einer Revision als unzulässig die Bescheidung eines Antrags auf Wiedereinsetzung in den vorigen Stand voraus, ist die Revision ebenfalls durch Beschluss zu verwerfen, wenn sich der Antrag als erfolglos erweist. Beantragt der Revisionskläger Wiedereinsetzung, ist über diesen Antrag allerdings im Grundsatz aufgrund mündlicher Verhandlung durch Urteil zu entscheiden. Gem. § 173, § 238 Abs. 1 S. 1 ZPO ist nämlich das Verfahren über den Wiedereinsetzungsantrag mit dem Verfahren über die nachgeholte Prozesshandlung – hier über die Revision – zu verbinden. Ferner sind gem. § 173, § 238 Abs. 2 S. 1 ZPO auf die Entscheidung über den Wiedereinsetzungsantrag die Vorschriften anzuwenden, die für die nachgeholte Prozesshandlung gelten. Hat der Wiedereinsetzungsantrag aber keinen Erfolg, bleibt die Revision unzulässig und die hierfür in § 144 Abs. 1 getroffene Regelung anwendbar. Die unzulässige Revision ist unter gleichzeitiger Ablehnung des Wiedereinsetzungsantrags durch Beschluss zu verwerfen (BVerwGE 74, 289, 291). 11

nicht besetzt 12

Eine unzulässige Revision kann aus prozessökonomischen Gründen durch Urteil verworfen werden, wenn bei objektiver Klagehäufung der Revisionskläger in einem Revisionsverfahren mehrere selbständige Klageansprüche verfolgt oder sich gegen mehrere Klageansprüche wendet, die Revision aber nur hinsichtlich eines dieser Klageansprüche zulässig ist (BVerwG 10.9.1992 Buchholz 436.61 § 18 SchwbG Nr. 6). Das BVerwG braucht nicht das Verfahren zu trennen, um über den unzulässigen Teil der Revision durch Beschluss zu entscheiden. Eine unzulässige Revision kann ferner durch Urteil verworfen werden, wenn mehrere Beteiligte gegen das angefochtene Urteil Revision eingelegt haben, die Revision des einen Beteiligten unzulässig, die des anderen Beteiligten aber zulässig ist.[1] 13

3. Verfahren. Will das BVerwG die Revision als unzulässig verwerfen, muss es den Revisionskläger 14 regelmäßig zuvor anhören. Ob insoweit § 125 Abs. 2 S. 3 über § 141 S. 1 anzuwenden ist oder ob § 144 Abs. 1 gegenüber § 125 Abs. 2 eine abschließende, nicht ergänzungsfähige Regelung darstellt, ist für die Notwendigkeit einer Anhörung von minderer Bedeutung. Denn die allgemeine Pflicht der Gerichte zur Gewährung rechtlichen Gehörs bliebe in jedem Falle zu beachten.[2] Verwirft das BVerwG die Revision als unzulässig, ohne den Revisionskläger zuvor auf den Mangel der Zulässigkeit hinzuweisen, stellt dies regelmäßig eine unzulässige Überraschungsentscheidung dar. Ein solcher Hinweis ist nur dann entbehrlich, wenn ein anderer Beteiligter den Mangel der Zulässigkeit geltend gemacht hatte und der Revisionskläger deshalb Anlass und Gelegenheit hatte, sich hierzu zu äußern. Insbes. wenn die Frist zur Einlegung oder zur Begründung der Revision versäumt ist, ist eine Anhörung des Revisionsklägers angezeigt, um ihm Gelegenheit zu geben, allfällige Gründe für eine Wiedereinsetzung vorzubringen.

Hat das BVerwG eine Revision unter Verletzung rechtlichen Gehörs durch Beschluss als unzulässig 15 verworfen, hat es auf eine Anhörungsrüge nach § 152 a den Beschluss aufzuheben und das Revisionsverfahren fortzusetzen, wenn die mangelnde Anhörung des Revisionsklägers entscheidungserheblich war, die Revision also unter Berücksichtigung der Darlegungen in der Anhörungsrüge nicht als unzulässig hätte verworfen werden dürfen.

Wird der Revisionskläger erst durch die Verwerfung der Revision auf ein Fristversäumnis hingewiesen, kann er noch Wiedereinsetzung in den vorigen Stand beantragen. Dem steht nicht der Beschluss 16 entgegen, durch den das BVerwG die Revision als unzulässig verworfen hat (BVerwGE 11, 322, 323). Das BVerwG kann diesen Beschluss unter Gewährung von Wiedereinsetzung in die versäumte Frist formell aufheben oder als erledigt bezeichnen (RGZ 127, 287, 288). Diese Entscheidung kann gem. § 141, § 125 Abs. 1 S. 1, § 109 und § 173, § 303 ZPO durch Zwischenurteil über die Zulässigkeit der Revision getroffen werden.

III. Entscheidung bei unbegründeter Revision (Abs. 2 und 4)

1. Zurückweisung. Ist die Revision zwar zulässig, aber unbegründet, weist das BVerwG sie zurück 17 (§ 144 Abs. 2). Über die unbegründete Revision ist stets durch Urteil zu entscheiden. Eine Entscheidung durch Beschluss entsprechend § 130 a ist im Revisionsverfahren durch § 141 S. 2 ausgeschlossen.

---

1 BVerwG 18.3.1982 Buchholz 436.36 § 54 BAföG Nr. 1; BVerwGE 90, 337, 340; zum umgekehrten Vorgehen vgl. BGH MDR 2007, 968.
2 *M. Eichberger/W. Bier*, in: Schoch/Schneider/Bier § 144 Rn. 17.

18 Ist die Revision z.T. begründet, hebt das BVerwG in diesem Umfang das angefochtene Urteil auf und entscheidet insoweit in der Sache oder verweist die Sache zur anderweitigen Verhandlung und Entscheidung zurück. Im Übrigen weist es die Revision zurück.

19 Ähnliches gilt, wenn der Revisionskläger in der Vorinstanz ein Hauptbegehren und ein Hilfsbegehren verfolgt hat und mit beiden Begehren unterlegen ist. Die Revision kann nur dann als unbegründet zurückgewiesen werden, wenn sie sowohl hinsichtlich des Hauptbegehrens als auch hinsichtlich des Hilfsbegehrens unbegründet ist. Ist sie schon hinsichtlich des Hauptbegehrens begründet, ist über das Hilfsbegehren nicht mehr zu entscheiden. Ist die Revision hinsichtlich des weiterverfolgten Hauptbegehrens unbegründet, hinsichtlich des Hilfsbegehrens aber begründet, ist das angefochtene Urteil aufzuheben, soweit die Vorinstanz die Klage mit dem Hilfsbegehren abgewiesen hat. Insoweit ist entweder in der Sache zu entscheiden oder die Sache an die Vorinstanz zurückzuverweisen. Im Übrigen, nämlich soweit die Vorinstanz die Klage mit dem Hauptbegehren abgewiesen hat, ist die Revision zurückzuweisen (BVerwG 5.11.1985 Buchholz 316 § 51 VwVfG Nr. 18).

20 **2. Voraussetzungen der Zurückweisung. a) Mangelndes Beruhen auf einer Verletzung des Rechts (Abs. 2).** Wie sich durch einen Umkehrschluss aus § 137 Abs. 1 ergibt, ist die Revision unbegründet, wenn das angefochtene Urteil in dem Umfang, in dem es revisionsgerichtlicher Überprüfung unterliegt, nicht auf einer Verletzung des Rechts beruht. Die Revision ist damit zum einen unbegründet, wenn das angefochtene Urteil revisibles Recht nicht verletzt. Sie ist zum anderen unbegründet, wenn das angefochtene Urteil zwar revisibles Recht verletzt, auf dieser Verletzung aber nicht beruht. Trotz Verletzung revisiblen Rechts beruht das angefochtene Urteil hierauf nicht, wenn das Urteil auf mehrere Gründe gestützt ist, die das Urteil jeweils selbständig tragen und von denen jedenfalls ein Grund revisibles Recht nicht verletzt.

21 Hat die Vorinstanz die Abweisung einer Klage jeweils selbständig tragend auf deren Unzulässigkeit und deren Unbegründetheit gestützt, gilt nichts anderes. Die Revision hat in diesem Fall nicht bereits dann Erfolg, wenn die Annahme, die Klage sei unzulässig, revisibles Recht verletzt. Wegen der Verschiedenheit einer Prozessabweisung und einer Sachabweisung darf eine Klage zwar nicht zugleich aus prozessrechtlichen und aus sachlich-rechtlichen Gründen abgewiesen werden. Aus diesem Grund ist eine Sachbeurteilung, welche die Vorinstanz der Prozessabweisung beigegeben hat, bei der Bestimmung des maßgeblichen Urteilsinhalts als nicht geschrieben zu behandeln (BVerwG 12.7.2000 Buchholz 310 § 43 VwGO Nr. 133). Das gilt aber nur für die Bestimmung der Rechtskraft des Urteils. Erweist sich die Prozessabweisung im Revisionsverfahren als rechtsfehlerhaft, kann das BVerwG auf die dem angefochtenen Urteil beigegebene Sachbegründung zurückgreifen. Ist diese mit revisiblem Recht vereinbar, ist die Revision zurückzuweisen. Das Prozessurteil der Vorinstanz verwandelt sich dadurch für die Bestimmung seiner Rechtskraft in ein Sachurteil.

22 **b) Bestätigung des Urteils aus anderen Gründen (Abs. 4).** Beruht das angefochtene Urteil auf einer Verletzung revisiblen Rechts, kann die Revision gleichwohl unbegründet sein. Nach § 144 Abs. 4 ist die Revision zurückzuweisen, wenn die Entscheidungsgründe zwar eine Verletzung revisiblen Rechts ergeben, das Urteil selbst aber, also sein Ergebnis, sich aus anderen Gründen als richtig darstellt.

23 **aa) Bedeutung der Norm.** § 144 Abs. 2 geht von der tragenden Begründung der Vorinstanz aus. Ergeben dessen Entscheidungsgründe keine Verletzung revisiblen Rechts, ist die Revision nach § 144 Abs. 2 als unbegründet zurückzuweisen. Sowohl i.E. als auch in der Begründung ist das angefochtene Urteil nach Maßgabe der revisionsgerichtlichen Überprüfung richtig. Nach Abs. 4 ist die Revision zurückzuweisen, wenn der Entscheidungsausspruch der Vorinstanz von einer Begründung getragen wird, welche die Vorinstanz noch nicht berücksichtigt, sondern die erst das BVerwG herangezogen hat. Das BVerwG wechselt bei unverändertem Entscheidungsausspruch die Begründung für diesen Ausspruch aus. Das angefochtene Urteil ist zwar nicht in der Begründung, wohl aber i.E. richtig.

24 Ebenso wie § 144 Abs. 3 S. 1 Nr. 1 ermöglicht § 144 Abs. 4 dem BVerwG eine eigene Entscheidung in der Sache selbst, jeweils vorausgesetzt, die tatsächlichen Feststellungen der Vorinstanz lassen eine solche Entscheidung zu. Unter dieser Voraussetzung kann das BVerwG durchentscheiden, und zwar sowohl zugunsten des Revisionsklägers (§ 144 Abs. 3 S. 1 Nr. 1) als auch zu dessen Lasten (§ 144 Abs. 4).

bb) Einzelheiten. Der Wortlaut des § 144 Abs. 4 zwingt das BVerwG nicht, in jedem Falle zunächst 25 festzustellen, ob das angefochtene Urteil mit den ihm beigegebenen Gründen revisibles Recht verletzt. Das BVerwG kann dies vielmehr offen lassen, wenn die Revision jedenfalls aus anderen Gründen nach § 144 Abs. 4 zurückgewiesen werden muss (BVerwGE 100, 275, 277).

Weil die Revision auf eine abschließende Entscheidung in der Sache zielt, steht es nicht im Ermessen 26 des BVerwG, ob es in der Sache selbst entscheidet. Beruht das angefochtene Urteil auf einer Verletzung revisiblen Rechts, stellt es sich aber aus anderen Gründen i.E. als richtig dar, kann das BVerwG das angefochtene Urteil nicht aufheben und die Sache an die Vorinstanz zurückverweisen, sondern muss die Revision zurückweisen.[3]

Ergeben die Entscheidungsgründe eine Verletzung revisiblen Rechts, ist das BVerwG nicht gehindert, 27 zur Beurteilung des Rechtsstreits auf irrevisibles Recht zurückzugreifen, das die Vorinstanz nicht herangezogen hat. Das BVerwG kann die Revision zurückweisen, wenn das angefochtene Urteil sich auf der Grundlage irrevisiblen Rechts i.E. als richtig erweist. Ob es von dieser Möglichkeit Gebrauch macht, steht aber in seinem Ermessen. Es kann die Sache an die Vorinstanz zurückverweisen, wenn es ihm nicht tunlich erscheint, das irrevisible Recht selbst auszulegen (§ 173, § 563 Abs. 4 ZPO).

Hat die Vorinstanz eine Klage als unzulässig abgewiesen, kann das BVerwG die Prozessabweisung 28 nach § 144 Abs. 4 als Sachabweisung aufrechterhalten, wenn die tatsächlichen Feststellungen im angefochtenen Urteil eine hinreichende Grundlage für eine Sachentscheidung bieten und auch im Falle einer Zurückverweisung kein anderes Ergebnis möglich erscheint.[4] Ebenso kann die Revision nach § 144 Abs. 4 zurückgewiesen werden, wenn die Vorinstanz die Klage als sachlich unbegründet abgewiesen hat, diese Begründung zwar revisibles Recht verletzt, die Klage aber bereits als unzulässig abzuweisen ist; das unzulässige Sachurteil wird durch die Entscheidung des Revisionsgerichts in ein Prozessurteil umgewandelt (BVerwG NVwZ 2012, 86 Rn. 7) .

cc) Verfahrensfehler. Beruht das angefochtene Urteil auf einem Verfahrensfehler, hindert dies eine Zu- 29 rückweisung der Revision nach § 144 Abs. 4 nicht, wenn es sich i.E. aus materiell-rechtlichen Gründen als richtig darstellt, auf welche die gerügten Verfahrensmängel sich nicht ausgewirkt haben können.

Das kommt auch dann in Betracht, wenn die Revision ausschließlich auf Verfahrensfehler gestützt ist. 30 In diesem Fall ist das BVerwG zwar nach § 137 Abs. 3 S. 1 grds. darauf beschränkt, nur die geltend gemachten Verfahrensmängel nachzuprüfen. Die Vorschrift hindert das BVerwG aber nicht, das angefochtene Urteil durch Zurückweisung der Revision aus materiell-rechtlichen Gründen zu bestätigen, auf welche die Vorinstanz das Urteil nicht gestützt hat, wenn sich der Verfahrensfehler auf diese Gründe nicht auswirken kann (BVerwGE 58, 146, 149).

Stellt ein Verfahrensfehler einen absoluten Revisionsgrund nach § 138 dar, sind eine eigene Sachent- 31 scheidung des BVerwG und damit die Zurückweisung der Revision nach § 144 Abs. 4 regelmäßig ausgeschlossen (→ § 138 Rn. 8 f.).[5] Eine Zurückweisung der Revision aus anderen Gründen kommt nur auf der Grundlage der tatsächlichen Feststellungen in Betracht, die in dem angefochtenen Urteil getroffen sind. § 138 erfasst Verfahrensverstöße, die nach der maßgeblichen Wertung des Gesetzgebers so schwer wiegen, dass ein auf ihnen beruhendes Urteil insgesamt keine tragfähige Grundlage für eine Entscheidung in der Sache bietet. Der Verfahrensfehler erfasst das Urteil insgesamt, also sämtliche tatsächlichen Feststellungen, auf denen eine Sachentscheidung aufbauen könnte.

Ausnahmsweise betrifft bei absoluten Revisionsgründen ein Verfahrensfehler nicht die Urteilsgrundla- 32 ge insgesamt, sondern nur einzelne Feststellungen.[6] Das kommt namentlich bei einer Verletzung des rechtlichen Gehörs in Betracht (BVerwGE 106, 345, 350; BVerwG 19.12.2008 Buchholz 401.61 Zweitwohnungssteuer Nr. 26). Hat die Vorinstanz das rechtliche Gehör nur zu einer einzelnen tatsächlichen Feststellung vorenthalten, bleibt im Revisionsverfahren die Prüfung möglich, ob es materiell-rechtlich auf diese Feststellung ankommt. Ob eine fehlerhafte Feststellung für die Entscheidung er-

---

3 M. *Eichberger/W. Bier*, in: Schoch/Schneider/Bier § 144 Rn. 43.
4 BVerwG NVwZ 1982, 103, 104; 22.8.1996 Buchholz 310 § 144 VwGO Nr. 61; NVwZ 1998, 737; BAG MDR 2002, 777.
5 BVerwGE 102, 7, 11; enger M. *Eichberger/W.Bier*, in: Schoch/Schneider/Bier § 144 Rn. 53 ff.
6 BVerwG 16.3.1994 Buchholz 442.151 § 46 StVO Nr. 10.

heblich ist, ist nach der materiell-rechtlichen Auffassung des Revisionsgerichts zu beurteilen.[7] Eine verfahrensfehlerhaft getroffene Feststellung ist etwa unerheblich, wenn sie sich ausschließlich auf die Voraussetzungen einer Vorschrift bezieht, die bei zutreffender materiell-rechtlicher Beurteilung nicht anzuwenden ist (BVerwGE 109, 283, 285).

33   Liegt ein absoluter Revisionsgrund vor, kann die Revision nach § 144 Abs. 4 zurückgewiesen werden, wenn die Vorinstanz die Klage aus Gründen des sachlichen Rechts abgewiesen hat, die Klageabweisung sich i.E. als richtig erweist, weil die Klage an einem Mangel ihrer Zulässigkeit leidet, der von Amts wegen zu berücksichtigen ist (BFH NJW-RR 1998, 640).

34   **dd) Nichtzulassungsbeschwerde.** § 144 Abs. 4 wirkt auf die Entscheidung über eine Nichtzulassungsbeschwerde vor (BVerwG 22.8.1996 Buchholz 310 § 144 VwGO Nr. 62). Nach § 144 Abs. 4 soll allein die fehlerhafte Begründung einer Entscheidung, die sich i.E. als richtig darstellt, dem Rechtsmittel nicht zum Erfolg verhelfen. Die Revision wird deshalb in entsprechender Anwendung des § 144 Abs. 4 nicht zugelassen, wenn das angefochtene Urteil im angestrebten Revisionsverfahren aus anderen Gründen als richtig bestätigt werden müsste, ohne dass hierfür in der Revisionsentscheidung auf die materiell-rechtlichen oder verfahrensrechtlichen Fragen einzugehen wäre, welche die Zulassung der Revision rechtfertigen könnten. Allerdings kann die Beschwerde nicht unter Hinweis auf § 144 Abs. 4 zurückgewiesen werden, wenn sich das angefochtene Urteil i.E. aus Gründen als richtig erweist, die ihrerseits klärungsbedürftige Fragen von grundsätzlicher Bedeutung aufwerfen.[8] Als andere Gründe für die Richtigkeit des angefochtenen Urteils können im Beschwerdeverfahren nur solche berücksichtigt werden, die auf der Hand liegen. Das BVerwG muss eine Überraschungsentscheidung zulasten des Beschwerdeführers vermeiden. Dessen gesonderte Anhörung ist erforderlich, wenn das angefochtene Urteil schon im Beschwerdeverfahren aus anderen Gründen bestätigt werden soll, mit deren Heranziehung der Beschwerdeführer jedenfalls im Beschwerdeverfahren nicht zu rechnen brauchte (vgl. BVerfG BayVBl 2011, 564).

35   Unter diesen Voraussetzungen kann eine Nichtzulassungsbeschwerde in entsprechender Anwendung des § 144 Abs. 4 auch dann zurückgewiesen werden, wenn die Vorinstanz die Klage oder die Berufung zu Unrecht als unzulässig angesehen hat, das BVerwG jedoch in einem Revisionsverfahren auf der Grundlage der tatsächlichen Feststellungen der Vorinstanz die Klage oder die Berufung als unbegründet beurteilen müsste.[9]

IV. Entscheidung bei begründeter Revision (Abs. 3 S. 1).

36   § 144 Abs. 3 S. 1 regelt die Entscheidung des BVerwG bei begründeter Revision. Begründet ist die Revision, wenn das angefochtene Urteil auf einer Verletzung revisiblen Rechts beruht (§ 137 Abs. 1) und sich nicht aus anderen Gründen i.E. als richtig darstellt (§ 144 Abs. 4). Ist die Revision begründet, kann das BVerwG entweder in der Sache selbst entscheiden (§ 144 Abs. 3 S. 1 Nr. 1) oder das angefochtene Urteil aufheben und die Sache zur anderweitigen Verhandlung und Entscheidung zurückverweisen (§ 144 Abs. 3 S. 1 Nr. 2).

37   Das BVerwG kann sich darauf beschränken, das angefochtene Urteil ganz oder teilweise aufzuheben, wenn es weder einer Entscheidung in der Sache noch einer Zurückverweisung an die Vorinstanz bedarf. Eine solche Möglichkeit kommt in Betracht, wenn das angefochtene Urteil an einem Verfahrensmangel leidet, der durch bloße Aufhebung des Urteils beseitigt werden kann. Das ist der Fall, wenn es mangels Rechtshängigkeit an einer Grundlage für die ergangene Entscheidung überhaupt fehlt, etwa weil die Vorinstanz über die angebliche Klage oder das angebliche Rechtsmittel einer am Verfahren tatsächlich nicht beteiligten Person entschieden hat (BFH BStBl II 2001, 767, 768) oder unter Verletzung von § 88 über den gestellten Antrag hinaus über einen tatsächlich nicht rechtshängig gewordenen Anspruch entschieden hat (BVerwG BayVBl 1999, 768, 769; NVwZ 2010, 188 Rn. 5) oder über eine Klage entschieden hat, die bereits wirksam zurückgenommen war (BVerwG DVBl 2002, 1048)

---

7 BVerwG NVwZ 1994, 1095, 1096; NVwZ 1996, 378; BVerwGE 109, 283, 285.
8 *M. Eichberger/W. Bier,* in: Schoch/Schneider/Bier § 144 Rn. 62.
9 BVerwG NVwZ 1982, 103, 104; 30.4.1990 Buchholz 310 § 125 VwGO Nr. 9; 5.2.1998 Buchholz 310 § 88 VwGO Nr. 25; NVwZ 1998, 737.

oder ein Ergänzungsurteil erlassen hat, das mangels Antrags (§ 120 Abs. 1) nicht hätte ergehen dürfen (BVerwG NVwZ-RR 1999, 694, 695).

1. Entscheidung in der Sache (Abs. 3 S. 1 Nr. 1). Das BVerwG entscheidet in der Sache selbst, wenn die Vorinstanz zwar revisibles Recht fehlerhaft angewandt hat, gegen seine tatsächlichen Feststellungen aber keine zulässigen und begründeten Revisionsgründe vorgebracht sind und diese tatsächlichen Feststellungen für eine Entscheidung in der Sache ausreichen. Unter dieser Voraussetzung ist die Sache im Revisionsverfahren zur Endentscheidung reif (vgl. auch § 173, § 563 Abs. 3 ZPO). Das BVerwG ersetzt die fehlerhafte Entscheidung der Vorinstanz durch eine eigene Entscheidung in der Sache. **38**

Das BVerwG ist verpflichtet, in der Sache selbst zu entscheiden, wenn die tatsächlichen Feststellungen für eine solche Entscheidung ausreichen. Ein Ermessen kommt ihm insoweit nicht zu. Das Revisionsverfahren zielt auf die abschließende Entscheidung über den Streitgegenstand des Prozesses.[10] **39**

Entscheidet das BVerwG in der Sache selbst, kann es die Entscheidungen treffen, welche die Vorinstanz hätte treffen können und nach der Rechtsauffassung des BVerwG hätte treffen müssen. Ist Gegenstand des Revisionsverfahrens ein Berufungsurteil, kann das BVerwG die Berufung des Berufungsklägers gegen das erstinstanzliche Urteil zurückweisen, wenn die Vorinstanz der Berufung zu Unrecht stattgegeben hat. Hat die Vorinstanz zu Unrecht eine Berufung zurückgewiesen, kann das BVerwG unter Änderung sowohl des Berufungsurteils als auch des Urteils erster Instanz die Klage – je nach der Fallgestaltung – abweisen oder ihr stattgeben. **40**

Darf das BVerwG in der Sache selbst entscheiden, hat es darüber hinaus dieselben Entscheidungsbefugnisse, welche die Vorinstanz nach einer Zurückverweisung hätte. Das BVerwG ist insoweit nicht an den Revisionsantrag gebunden. Hat das VG in erster Instanz einer Klage stattgegeben, hat das Berufungsgericht aber auf einen hilfsweise gestellten Verweisungsantrag des Klägers die Sache an ein anderes Gericht verwiesen, kann das BVerwG unter Änderung des Berufungsurteils die Berufung gegen das erstinstanzliche Urteil zurückweisen, wenn es das angegangene Gericht für zuständig und dessen Entscheidung in der Sache für zutreffend hält. Denn diese Möglichkeit hätte das Berufungsgericht nach einer Zurückverweisung der Sache ebenfalls (BVerwG 6.7.1994 Buchholz 310 § 40 VwGO Nr. 271). **41**

Entscheidet das BVerwG in der Sache, ändert es auch die Kostenentscheidung der Vorinstanz und trifft eine neue einheitliche Kostenentscheidung. **42**

Für die Entscheidung in der Sache hat das BVerwG alle tatsächlichen Feststellungen zugrunde zu legen, an die es nach § 137 Abs. 2 gebunden ist. Es hat alle Tatsachen zu berücksichtigen, gegen deren Feststellung zulässige und begründete Revisionsrügen nicht vorgebracht sind. Das BVerwG kann alle Tatsachen zur Grundlage seiner Entscheidung machen, die unmittelbar oder mittelbar aus dem Urteil der Tatsacheninstanz ersichtlich sind, und zwar ohne Rücksicht darauf, ob diese sie verwertet hat (BVerwG 8.3.1984 Buchholz 310 § 137 VwGO Nr. 116). Das BVerwG kann insbes. solche Tatsachen heranziehen, die für die Vorinstanz nach deren Rechtsauffassung nicht entscheidungserheblich waren, die sie aber gleichwohl festgestellt hat. Der Rechtsmittelgegner kann gegen solche tatsächlichen Feststellungen Gegenrügen erheben, also geltend machen, sie seien unter Verletzung insbes. verfahrensrechtlicher Vorschriften zustande gekommen. Dadurch kann er verhindern, dass zu seinen Lasten tatsächliche Feststellungen verwertet werden, die bisher nicht entscheidungserheblich waren, aufgrund der abweichenden Rechtsauffassung des BVerwG aber entscheidungserheblich werden (BVerwGE 126, 378, 382). Hingegen kann das BVerwG die entscheidungserheblichen Tatsachen nicht selbst feststellen, mit Ausnahme der Tatsachen, die für die Beurteilung einer Sachurteilsvoraussetzung oder für Prozesshandlungen erheblich sind. Das BVerwG kann deshalb als Grundlage einer Entscheidung in der Sache die erforderlichen Tatsachen selbst ermitteln und würdigen, wenn es die Klage wegen Fehlens einer Sachurteilsvoraussetzung abweisen will oder wenn für die Entscheidung in der Sache eine Prozesshandlung festzustellen und auszulegen ist. **43**

Für die Entscheidung in der Sache kann das BVerwG irrevisibles Recht heranziehen. Hat die Vorinstanz eine irrevisible Norm nicht angewandt (ihre Anwendbarkeit aber auch nicht verneint), weil sie dessen Entscheidungserheblichkeit verkannt hat, ist das BVerwG befugt, diese Norm selbst auszulegen **44**

---

10 M. *Eichberger/W. Bier*, in: Schoch/Schneider/Bier § 144 Rn. 67 ff.; *K. Kuhlmann*, in: Wysk § 144 Rn. 12; *I. Kraft*, in: Eyermann § 144 Rn. 17; a.A. *W.-R. Schenke*, in: Kopp/Schenke § 144 Rn. 7.

und anzuwenden, wenn es nach seiner Rechtsauffassung auf sie ankommt[11] (→ § 137 Rn. 115 ff.). Dies entspricht seiner Aufgabe, das geltende Recht auf den festgestellten Sachverhalt anzuwenden. Das BVerwG kann aber von der eigenen Auslegung irrevisiblen Rechts absehen und stattdessen die Sache an die Vorinstanz zurückverweisen (§ 173, § 563 Abs. 4 ZPO).

45   **2. Zurückverweisung (Abs. 3 S. 1 Nr. 2). a) Notwendigkeit.** Das BVerwG kann nur dann in der Sache selbst entscheiden, wenn die Sache spruchreif ist. Es kann als Revisionsgericht die Sache nicht selbst spruchreif machen. Deshalb gibt § 144 Abs. 3 S. 1 Nr. 2 ihm die Möglichkeit, die Sache an die Vorinstanz zurückzuverweisen, wenn für die abschließende Entscheidung weitere tatsächliche Feststellungen erforderlich sind.

46   Die Sache ist zum einen zurückzuverweisen, wenn die Vorinstanz zwar das materielle Recht richtig angewandt hat, die für diese Anwendung erforderlichen Tatsachen jedoch entweder nicht ausreichend aufgeklärt oder sonst unter Verletzung von Verfahrensrecht festgestellt hat, sodass sie aufgrund zulässiger und begründeter Revisionsrügen im Revisionsverfahren nicht verwertbar sind. Die Sache ist zum anderen zurückzuverweisen, wenn die Vorinstanz schon das materielle Recht fehlerhaft angewandt hat und von dieser fehlerhaften Auffassung ausgehend die erforderlichen Tatsachen nicht festgestellt hat.

47   Das BVerwG kann die Sache ferner nach seinem Ermessen zurückverweisen, wenn die Entscheidung noch von der Auslegung und Anwendung irrevisiblen Rechts abhängt, das die Vorinstanz nicht angewandt hat (§ 173, § 563 Abs. 4 ZPO).

48   Verweist das BVerwG die Sache zurück, sieht es von einer Kostenentscheidung für das Revisionsverfahren ab. Sie bleibt vielmehr der Schlussentscheidung vorbehalten. Wer die Kosten des Revisionsverfahrens zu tragen hat, ergibt sich erst aus der Entscheidung, die nach der Zurückverweisung ergeht. Unterliegt der Revisionskläger dort, hat er auch die Kosten des Revisionsverfahrens zu tragen.

49   **b) Adressat.** Zurückverwiesen wird die Sache regelmäßig an die Vorinstanz. Richtet sich die Revision gegen eine Berufungsentscheidung des OVG, kann das BVerwG die Sache statt an das OVG ausnahmsweise an das VG zurückverweisen. Eine solche Möglichkeit besteht zum einen, wenn das OVG seinerseits die Sache nach § 130 an das VG zurückverweisen könnte, zum anderen dann, wenn das Verfahren erster Instanz an einem schweren Mangel leidet, der in der Berufungsinstanz nicht behoben wurde (BVerwG 18.11.1982 Buchholz 310 § 82 VwGO Nr. 11). Will das BVerwG in einem dieser Fälle die Sache an das VG zurückverweisen, muss es sowohl die Berufungsentscheidung des OVG als auch die erstinstanzliche Entscheidung des VG aufheben.

50   **aa) Zuständiger Spruchkörper.** Verweist das BVerwG die Sache ohne weiteren Zusatz an die Vorinstanz zurück, gilt die Zurückverweisung dem Spruchkörper, der nach der Geschäftsverteilung im Zeitpunkt der Zurückverweisung zuständig ist. Das ist der Spruchkörper, der die aufgehobene Entscheidung getroffen hat, wenn sich seither die Geschäftsverteilung nicht geändert hat. Hat sich die Geschäftsverteilung geändert, gilt die Zurückverweisung dem Spruchkörper, der nach der geänderten Geschäftsverteilung jetzt zuständig ist, es sei denn, der Geschäftsverteilungsplan enthielte eine Bestimmung, nach der es in Fällen der Zurückverweisung bei der früheren Zuständigkeit verbleibt.

51   **bb) Einzelrichter.** Hat ein Einzelrichter die angefochtene Entscheidung erlassen, bleibt es im Falle der Zurückverweisung bei der Zuweisung des Rechtsstreits an den Einzelrichter.[12] Das zurückverwiesene Verfahren bildet mit dem früheren Verfahren eine Einheit. Das ursprüngliche Verfahren wird nach der Zurückverweisung fortgeführt. Ergangene Zwischenentscheidungen behalten ihre Wirksamkeit, wenn sie unanfechtbar sind. Zu diesen Zwischenentscheidungen gehört die Übertragung des Rechtsstreits auf den Einzelrichter. Welcher Einzelrichter zuständig ist, richtet sich nach den Geschäftsverteilungsplänen im Zeitpunkt der Zurückverweisung. Die Zurückverweisung richtet sich an den nach dem spruchkörperinternen Geschäftsverteilungsplan zuständigen Einzelrichter des nach dem Geschäftsverteilungsplan des Gerichts zuständigen Spruchkörpers.

52   Hingegen ist nach der Zurückverweisung der Spruchkörper zuständig, wenn die Aufhebung des angefochtenen Urteils ausnahmsweise die Übertragung des Rechtsstreits auf den Einzelrichter erfasst. Das

---

11 BVerwGE 48, 305, 313; 66, 241, 248; 68, 121, 124; BGH NJW 1995, 3151; *J. Paeffgen*, JZ 1991, 437, 441; zurückhaltend: *I. Kraft*, in: Eyermann § 144 Rn. 19.
12 Ähnl. *M. Eichberger/W. Bier*, in: Schoch/Schneider/Bier § 144 Rn. 102.

ist der Fall, wenn die Zurückverweisung auf einem Verfahrensfehler beruht, der in der Übertragung des Rechtsstreits auf den Einzelrichter begründet liegt, etwa auf einem dadurch verursachten Verstoß gegen den gesetzlichen Richter i.S.d. Art. 101 Abs. 1 S. 2 GG.

Liegen solche Verfahrensfehler nicht vor, kann das BVerwG die Sache nicht in entsprechender Anwendung des § 173, § 563 Abs. 1 S. 2 ZPO statt an den Einzelrichter an den Spruchkörper zurückverweisen. Die durch eine unanfechtbare Zwischenentscheidung für den konkreten Rechtsstreit geschaffene Prozessrechtslage wird durch diese Vorschrift nicht zur Disposition des Revisionsgerichts gestellt. **53**

cc) Anderer Spruchkörper. Das BVerwG kann die Sache ausdrücklich an einen anderen Spruchkörper **54** der Vorinstanz zurückverweisen (§ 173, § 563 Abs. 1 S. 2 ZPO). Eine solche Entscheidung steht in seinem Ermessen. Sie kommt nur in Ausnahmefällen in Betracht. Sie durchbricht die Zuweisung der Sache an einen bestimmten Spruchkörper des Gerichts und berührt damit den Anspruch auf den gesetzlichen Richter. Sie kann deshalb nicht im Belieben des Revisionsgerichts stehen, sondern muss vorhersehbaren Kriterien folgen. Das BVerwG wird sein Ermessen daran auszurichten haben, ob die Zurückverweisung der Sache an einen anderen Spruchkörper im Interesse des Vertrauens des Beteiligten in die Rechtspflege geboten ist (BVerwG NJW 1964, 1736), etwa weil ernstliche Zweifel an der Unvoreingenommenheit des bisher zuständigen Spruchkörpers bestehen (BVerwG NVwZ 2015, 163). Eine solche Besorgnis wird aber grds. noch nicht allein durch eine fehlerhafte Rechtsanwendung begründet (BFH NJW 2001, 3144).

Ob die Sache an einen anderen Spruchkörper zurückverwiesen wird, entscheidet das BVerwG von **55** Amts wegen. Die Beteiligten können durch Anregungen auf eine solche Entscheidung hinwirken. Beantragt ein Beteiligter förmlich die Zurückverweisung an einen anderen Spruchkörper, braucht das BVerwG über den Antrag nicht förmlich zu entscheiden; es braucht nicht zu begründen, wenn es davon absieht, die Sache an einen anderen Spruchkörper zurückzuverweisen. Dies ist der gesetzliche Regelfall, der keiner Begründung bedarf.

Das BVerwG kann nur abstrakt an eine andere Kammer des VG oder an einen anderen Senat des **56** OVG zurückverweisen, hingegen diese Kammer oder diesen Senat nicht konkret bestimmen. Diese Bestimmung obliegt allein der Geschäftsverteilung durch das Präsidium.[13]

dd) Sprungrevision (Abs. 5). Im Falle der Sprungrevision kann das BVerwG die Sache statt an das VG **57** an das OVG zurückverweisen, das für die Berufung zuständig gewesen wäre (§ 144 Abs. 5 S. 1). Nach § 144 Abs. 5 S. 2 gelten in diesem Fall für das Verfahren vor dem OVG die gleichen Grundsätze, wie wenn die Berufung aufgrund einer ordnungsgemäß eingelegten Berufung dort anhängig geworden wäre. Die Berufung bedarf keiner Zulassung.[14] Die Zurückverweisung ersetzt die Zulassung. Nach dem Sinn und Zweck des § 144 Abs. 5 S. 2 bedarf es keiner fristgebundenen Begründung der Berufung als Voraussetzung ihrer Zulässigkeit. Die Berufung gilt auch insoweit aufgrund der Zurückverweisung als ordnungsgemäß „eingelegt".

§ 144 Abs. 5 eröffnet die Möglichkeit, das OVG systemwidrig mit einer Sache zu befassen. Seit dem **58** 6. VwGOÄndG ist zur Klärung des entscheidungserheblichen Sachverhalts grds. das VG als Eingangsgericht berufen. Das OVG soll nur angegangen werden können, wenn einer der Zulassungsgründe des § 124 Abs. 2 vorliegt. An das OVG sollte die Sache deshalb nur zurückverwiesen werden, wenn sich im Anschluss an die Rechtsauffassung des BVerwG noch klärungsbedürftige Fragen des irrevisiblen Landesrechts stellen.

c) Allgemeine Wirkung der Zurückverweisung. Im Umfang der Zurückverweisung wird das Verfahren (wieder) bei dem Gericht anhängig, an das der Rechtsstreit zurückverwiesen ist. Es wird in dieser **59** Instanz fortgesetzt. Unanfechtbare prozessuale Zwischenentscheidungen bleiben wirksam, es sei denn, sie sind von der Aufhebung des Urteils mitumfasst, weil das Urteil aufgrund der Zwischenentscheidung auf einem Verfahrensfehler beruht, der zu seiner Aufhebung geführt hat. Das Gericht, an das der Rechtsstreit zurückverwiesen ist, bleibt an die unanfechtbaren prozessualen Zwischenentscheidungen gebunden. Hatte das Berufungsgericht für den Berufungsrechtszug PKH bewilligt, wirkt diese Bewilligung fort (BVerwG DÖV 2008, 827).

---

13 *T. Stuhlfauth*, in: Bader § 144 Rn. 14; a.A: *W.-R. Schenke*, in: *Kopp/Schenke* § 144 Rn. 9.
14 *T. Stuhlfauth*, in: Bader § 134 Rn. 37; *M. Redeker*, in: Redeker/von Oertzen § 144 Rn. 7.

60   Die Beteiligten haben in dem fortzusetzenden Verfahren dieselben prozessualen Möglichkeiten, die sie im vorausgegangenen Verfahren hatten. Sie können neue Anträge stellen, neue Tatsachen vortragen und neue Beweismittel in das Verfahren einführen. Erklärungen und Beweismittel, die nach § 87 b, § 128 a zu Recht zurückgewiesen waren, bleiben bei der Fortsetzung des Verfahrens nach Zurückverweisung ausgeschlossen, es sei denn, ihr Ausschluss ist als verfahrensfehlerhaft von der Aufhebung des angefochtenen Urteils betroffen.[15]

61   An der erneuten Entscheidung können dieselben Richter mitwirken, die die aufgehobene Entscheidung getroffen haben. Ein Ausschließungsgrund liegt nicht vor.

61a   Die Zurückverweisung zur „anderweitigen Verhandlung und Entscheidung" (§ 144 Abs. 3 S. 1 Nr. 2) enthält keine Bindung des OVG dahingehend, dass es über die zurückverwiesene Sache nur aufgrund mündlicher Verhandlung, nicht aber durch Beschluss nach § 130 a entscheiden dürfte (BVerwG 12.11.2004 Buchholz 310 § 130 a VwGO Nr. 66).

62   Das Gericht kann seine erneute Entscheidung auf andere tatsächliche und rechtliche Gründe stützen, als sie der aufgehobenen Entscheidung zugrunde lagen. Hat das BVerwG die Sache zurückverwiesen, weil das Urteil materielles Bundesrecht verletzt, ist die Vorinstanz nicht gehindert, das Klagebegehren nunmehr auf der Grundlage einer Norm des irrevisiblen Landesrechts zu entscheiden, die sie in der aufgehobenen Entscheidung noch nicht herangezogen hatte. Hatte die Vorinstanz in der aufgehobenen Entscheidung eine Norm des irrevisiblen Landesrechts herangezogen, an deren Auslegung durch die Vorinstanz das BVerwG gebunden war, ist die Vorinstanz nicht gehindert, diese Norm anders auszulegen oder sie nicht mehr als maßgeblich anzusehen und die Sache auf der Grundlage anderer landesrechtlicher Normen zu entscheiden (BVerwG 28.6.1985 Buchholz 310 § 144 VwGO Nr. 42). Hat das BVerwG das Urteil wegen eines Verfahrensfehlers aufgehoben, ist die Vorinstanz nicht an seine frühere materiellrechtliche Beurteilung gebunden, sondern kann von ihr abweichen. Das gilt auch dann, wenn das BVerwG auf der Grundlage der materiellrechtlichen Auffassung der Vorinstanz einen Aufklärungsmangel als Verfahrensfehler festgestellt und zum Anlass der Zurückverweisung genommen hat. Die Vorinstanz ist nicht gehindert, nach der Zurückverweisung eine Rechtsauffassung zu vertreten, von der aus es auf die nicht ausreichend aufgeklärten Tatsachen nicht mehr ankommt. Deren Aufklärung kann dann unterbleiben.

63   **d) Bindung an die rechtliche Beurteilung des Revisionsgerichts (Abs. 6).** Das Gericht, an das die Sache zurückverwiesen ist, hat seiner Entscheidung die rechtliche Beurteilung des Revisionsgerichts zugrunde zu legen.

64   **aa) Anwendungsbereich.** Diese Bindung besteht auch dann, wenn das BVerwG die Sache durch Beschluss nach § 133 Abs. 6 zurückverwiesen hat (BVerwG NJW 1997, 3456).

65   Die Bindung besteht nur in derselben Sache. Die Vorinstanz ist nicht in weiteren Verfahren gebunden, die von denselben Beteiligten geführt werden und dieselben Rechtsfragen betreffen (BVerwG NVwZ 1982, 120; ZOV 2009, 135). Weicht die Vorinstanz in derartigen Verfahren von der rechtlichen Beurteilung des BVerwG ab, kann die Revision nach § 132 Abs. 2 Nr. 2 wegen Abweichung zuzulassen sein.

66   **bb) Zweck der Vorschrift.** Die Bindung an die Rechtsauffassung des Revisionsgerichts will verhindern, dass der von ihm festgestellte Fehler bei der erneuten Entscheidung wiederholt wird. Allgemein soll der rechtliche Ertrag des Revisionsverfahrens gesichert werden. Die im Revisionsverfahren erreichte rechtliche Klärung soll für den weiteren Gang des Verfahrens erhalten bleiben.

67   Die endgültige Entscheidung der Sache soll nicht dadurch verzögert oder gar verhindert werden, dass sie ständig zwischen Vorinstanz und Revisionsgericht hin- und hergeschoben wird, weil keines der beiden Gerichte seine Rechtsauffassung ändert. Der Richter ist zwar bei der Gesetzesanwendung nur an das Gesetz gebunden, wie er es nach bestem Wissen und Gewissen versteht. Die Bindung an die Rechtsauffassung der Vorinstanz macht eine gesetzlich angeordnete und deshalb zulässige Ausnahme von diesem Grundsatz. Die Vorinstanz darf das in Betracht kommende Recht nur in der Auslegung anwenden, die das Revisionsgericht für zutreffend hält. § 144 Abs. 6 institutionalisiert die Autorität

---

15   Anders *I. Kraft*, in: Eyermann § 144 Rn. 23; *M. Eichberger/W. Bier*, in: Schoch/Schneider/Bier § 144 Rn. 122: die Voraussetzungen der Präklusion seien erneut zu prüfen.

des übergeordneten Gerichts, die sich aus dem Instanzenzug ergibt (GmSOGB BVerwGE 41, 363, 367 f.).

cc) Umfang der Bindung. Bindungswirkung kommt der Rechtsauffassung des Revisionsgerichts zu, 68
welche die Zurückverweisung trägt. Tragende Gründe in diesem Sinne sind zum einen die Ausführungen, welche die Verletzung von Bundesrecht dartun und die Aufhebung des Urteils unmittelbar herbeiführen. Tragend sind zum anderen die Gründe, die eine Entscheidung in der Sache zugunsten des Revisionsklägers oder eine Bestätigung des Urteils nach § 144 Abs. 4 ausschließen. Sie sind für die Aufhebung des angefochtenen Urteils ebenfalls ursächlich.[16] Um den Ertrag des Revisionsverfahrens zu sichern, entfalten Bindungswirkung nicht nur die Ausführungen des Revisionsgerichts, die für die Zurückverweisung maßgeblich waren oder damit in unmittelbarem Zusammenhang stehen. Die Bindungswirkung erfasst vielmehr die gesamte entscheidungstragende Rechtsauffassung des Revisionsgerichts (BVerwG 13.9.1985 Buchholz 310 § 144 VwGO Nr. 43). Das schließt die Voraussetzungen ein, auf denen die Rechtsauffassung des Revisionsgerichts logisch aufbaut, auch wenn sie in der Revisionsentscheidung nicht ausdrücklich ausgesprochen sind.[17]

Beurteilen sich die notwendigen Voraussetzungen der Zurückverweisung (auch) nach irrevisiblem 69
Recht, können dem Revisionsurteil zu diesen Voraussetzungen keine stillschweigend mitentschiedenen und deshalb bindenden Feststellungen entnommen werden (BVerwG 26.2.2004 Buchholz 310 § 144 VwGO Nr. 71). Für die Zurückverweisung genügte, dass eine sie rechtfertigende Auslegung irrevisiblen Rechts nicht ausgeschlossen ist.

Die Bindung beschränkt sich andererseits auf die entscheidungstragende Auffassung des Revisionsge- 70
richts. Sie erstreckt sich nicht auf Hinweise, die das Revisionsgericht für die erneute Verhandlung und Entscheidung mit auf den Weg gibt.[18]

Zu den logischen Voraussetzungen einer Zurückverweisung kann die Zulässigkeit der Klage gehö- 71
ren.[19] Hat das BVerwG die Sache zurückverwiesen, weil das Urteil materielles Recht verletzt, hat die Vorinstanz bei ihrer erneuten Entscheidung vom Vorliegen der unverzichtbaren Prozessvoraussetzungen auszugehen. Lägen sie nicht vor, hätte das BVerwG durch Prozessurteil in der Sache selbst entscheiden müssen. Hat das BVerwG das Urteil wegen eines Verfahrensfehlers aufgehoben, ist zu unterscheiden: Eine Zurückverweisung der Sache aus verfahrensrechtlichen Gründen setzt im Allgemeinen nicht voraus, dass über den materiellrechtlichen Klageanspruch entschieden werden kann. Das Gericht, an das die Sache zurückverwiesen ist, ist regelmäßig nicht dahin gebunden, dass die Klage zulässig ist.[20] Eine Zurückverweisung aus bestimmten verfahrensrechtlichen Gründen setzt aber die (stillschweigende) Annahme voraus, dass die Klage zulässig ist. Hebt das BVerwG ein Urteil auf, weil die Vorinstanz den Sachverhalt zu einem materiellrechtlich erheblichen Punkt nicht ausreichend aufgeklärt hat, ist damit die Entscheidungserheblichkeit dieser materiellrechtlichen Frage und mit ihr notwendig die Zulässigkeit der Klage bejaht.

Hat das BVerwG ein Urteil wegen eines Verfahrensfehlers aufgehoben, ist die Vorinstanz bei ihrer er- 72
neuten Entscheidung grds. nicht mehr an die eigene materiellrechtliche Beurteilung gebunden, die sie in dem aufgehobenen Urteil vertreten hatte.[21] Das gilt auch dann, wenn das BVerwG den Verfahrensfehler ausgehend von der materiellrechtlichen Beurteilung der Vorinstanz angenommen hat, wie dies insbes. bei dem Verfahrensfehler einer mangelnden Aufklärung des Sachverhalts der Fall ist. Denn die Annahme mangelnder Aufklärung des Sachverhalts geht zwar von der materiellrechtlichen Beurteilung der Vorinstanz aus, setzt aber nicht deren Richtigkeit voraus. Die Zurückverweisung der Sache beruht somit tragend nur auf der Annahme, dass die Vorinstanz die vermisste weitere Aufklärung auf der Grundlage der eigenen – nicht notwendig zutreffenden – materiellrechtlichen Beurteilung hätte vornehmen müssen. Aus dem Erfolg der Verfahrensrüge allein kann deshalb nicht – auch nicht still-

16 BVerwG 21.3.1986 Buchholz 310 § 144 VwGO Nr. 46; 17.3.1994 Buchholz 310 § 144 VwGO Nr. 57; NJW 1997, 3456; NVwZ 2007, 594.
17 BVerwG 25.6.1992 Buchholz 412.3 § 6 BVFG Nr. 68; 17.3.1994 Buchholz 310 § 144 VwGO Nr. 57; NJW 1997, 3456; NVwZ 2007, 594, 595; BGH NJW-RR 2002, 929, 930.
18 BVerwGE 102, 7, 11; zur Abgrenzung vgl auch OVG Lüneburg DVBl 2009, 531.
19 BVerwG NJW 1997, 3456; NVwZ 2007, 594, 595; BGH NJW-RR 2002, 929, 930.
20 BVerwG 23.10.2000 Buchholz 310 § 144 VwGO Nr. 69; BGH NJW-RR 2002, 929, 930.
21 W.-R. Schenke, in: Kopp/Schenke § 144 Rn. 12; M. Redeker, in: Redeker/von Oertzen § 144 Rn. 10.

schweigend – geschlossen werden, das Revisionsgericht habe sich die materiellrechtliche Auffassung des Tatsachengerichts zu Eigen gemacht (BVerwG NVwZ 2000, 1299).

73   Hat das BVerwG die Sache zurückverwiesen, weil die Vorinstanz die Klage fehlerhaft als unzulässig abgewiesen hat, ist die Vorinstanz bei ihrer erneuten Entscheidung nicht gehindert, die Klage aus einem anderen Grunde als unzulässig abzuweisen (BVerwG 23.10.2000 Buchholz 310 § 144 VwGO Nr. 69). Hat das BVerwG die Sache zurückverwiesen, weil das Berufungsgericht die Berufung verfahrensfehlerhaft als unzulässig verworfen hat, ist das Berufungsgericht nicht gehindert, nunmehr die Klage als unzulässig abzuweisen (BVerwG 23.10.2000 Buchholz 310 § 144 VwGO Nr. 69).

74   Hat das BVerwG die Sache zurückverwiesen, weil auf der Grundlage seiner Rechtsauffassung die tatsächlichen Umstände weiter klärungsbedürftig sind, hat die Vorinstanz nunmehr auf der Grundlage dieser Rechtsauffassung den Sachverhalt zu ermitteln. Das erfordert nicht notwendig die Erhebung zusätzlicher Beweise. Grundlage nachzuholender Tatsachenfeststellungen können auch die Akten sein, selbst wenn sie dem BVerwG bei dessen Entscheidung schon vorlagen. Es ist nicht Aufgabe des Revisionsgerichts, den Akteninhalt in tatsächlicher Hinsicht auszuwerten und zu würdigen (BVerwG 17.3.1994 Buchholz 310 § 144 VwGO Nr. 57). Vermag die Vorinstanz die nach der Rechtsauffassung des Revisionsgerichts maßgeblichen Feststellungen nicht zu treffen, ist § 144 Abs. 6 nicht verletzt (BVerwG NVwZ 2007, 594, 596).

75   **dd) Wegfall der Bindung.** Die Bindung an die Rechtsauffassung des Revisionsgerichts entfällt, wenn sich die entscheidungserhebliche Sach- oder Rechtslage inzwischen geändert hat (BVerwGE 42, 243, 247; BVerwG NJW 1997, 3456). Das gilt auch, wenn nach Zurückverweisung des Rechtsstreits im zweiten Rechtsgang neuer Sachvortrag der Beteiligten oder die Sachverhaltsermittlung durch das Tatsachengericht eine gegenüber der revisionsgerichtlichen Entscheidung wesentlich veränderte Tatsachengrundlage ergibt (BVerwGE 145, 122, 128).

76   Das Gericht, an das die Sache zurückverwiesen ist, ist ferner nicht mehr an die Rechtsauffassung des Revisionsgerichts gebunden, wenn das Revisionsgericht selbst an dieser Rechtsauffassung nicht mehr festhält, sondern seine Rspr. in einer späteren Entscheidung geändert hat (GmSOGB BVerwGE 41, 363, 368 f.; BVerwG NVwZ 2007, 594).

77   Aus vergleichbaren Erwägungen ist das Gericht, an das die Sache zurückverwiesen ist, nicht mehr an die Rechtsauffassung des Revisionsgerichts gebunden, wenn inzwischen eine hiervon abweichende Entscheidung des BVerfG vorliegt (BVerwGE 39, 300, 305 f.) oder der EuGH inzwischen eine Frage des Unionsrechts abweichend entschieden hat (BVerwGE 87, 154, 165).

78   **ee) Folgen eines Verstoßes gegen die Bindung.** Weicht die Vorinstanz bei ihrer erneuten Entscheidung von der bindenden Rechtsauffassung des Revisionsgerichts ab, leidet diese Entscheidung an einem Verfahrensmangel. Die Zulassung der Revision kann nur über die Verfahrensrüge nach § 132 Abs. 2 Nr. 3 erreicht werden, nicht hingegen nicht wegen Abweichung von einer Entscheidung des BVerwG nach § 132 Abs. 2 Nr. 2 zugelassen werden.[22]

79   **ff) Selbstbindung des Revisionsgerichts.** Nach seinem Wortlaut bindet § 144 Abs. 6 nur das Gericht, an das die Sache zurückverwiesen ist. Hat dieses Gericht erneut entschieden und wird gegen seine Entscheidung wiederum Revision eingelegt, ist jedoch auch das BVerwG in dem erneuten Revisionsverfahren grds. an seine Rechtsauffassung aus dem ersten Revisionsurteil gebunden. § 144 Abs. 6 ist nach seinem Zweck entsprechend anzuwenden. Ohne eine Selbstbindung des Revisionsgerichts wäre der rechtliche Ertrag des ersten Revisionsverfahrens gefährdet, den § 144 Abs. 6 sichern will (GmSOGB BVerwGE 41, 363, 368; BVerwG 4.7.2011 – 7 B 26.11, juris Rn. 9).

80   Das Revisionsgericht ist aber nicht stärker gebunden als das Gericht, an das die Sache zurückverwiesen war. Ebenso wie dieses Gericht ist das Revisionsgericht nicht mehr gebunden, wenn es seine Auffassung aus dem zurückverweisenden Urteil inzwischen in einer anderen Entscheidung aufgegeben hat (GmSOGB BVerwGE 41, 363, 369 f.) oder wenn der EuGH inzwischen die maßgebliche Norm des Unionsrechts ausgelegt hat und hierdurch eine neue Rechtslage eingetreten ist (BVerwGE 87, 154, 164 f.; 89, 320, 327). Die Selbstbindung trifft das Revisionsgericht als solches und nicht nur den Spruchkörper, der das zurückverweisende Urteil gefällt hat. Ein Zuständigkeitswechsel innerhalb des Gerichts berührt die Bindung daher nicht (BVerwG 11.7.2016 – 8 B 5.16, juris Rn. 10).

---

22   BVerwG 17.3.1994 Buchholz 310 § 144 VwGO Nr. 57; NJW 1997, 3456; NVwZ 1998, 631.

Entfällt die Selbstbindung des Revisionsgerichts, wenn es zuvor in einer anderen Sache seine Recht- 81 sprechung geändert hat, ist es nur folgerichtig, seine Selbstbindung auch dann entfallen zu lassen, wenn es seine Rechtsprechung aus Anlass der zweiten Revisionsentscheidung in derselben Sache ändern will.[23]

V. Zurückverweisung bei nachträglicher Beigeladung (Abs. 3 S. 2).

Das BVerwG verweist den Rechtsstreit zurück, wenn ein erst im Revisionsverfahren notwendig Beige- 82 ladener hieran ein berechtigtes Interesse hat (§ 144 Abs. 3 S. 2). Diese Zurückverweisung beruht auf einem anderen sachlichen Gesichtspunkt als die Zurückverweisung im Falle einer begründeten Revision nach § 144 Abs. 3 S. 1 Nr. 2.

Der Sinn des § 144 Abs. 3 S. 2 erschließt sich vor dem Hintergrund der Rechtslage, wie sie vor der 83 Änderung des § 142 durch das 4. VwGOÄndG bestand. War in der Tatsacheninstanz eine notwendige Beiladung unterblieben, führte dies im Revisionsverfahren regelmäßig zur Aufhebung des Urteils und zur Zurückverweisung der Sache an die Vorinstanz, und zwar gleichgültig, ob dem übergangenen Dritten an der Zurückverweisung gelegen war oder nicht. Die Neuregelung eröffnet dem BVerwG nunmehr „ein ökonomisches Verfahren", indem sie nur noch dann zu einer Zurückverweisung der Sache zwingt, wenn der übergangene Dritte ein berechtigtes Interesse daran hat (Begründung des Gesetzentwurfs BT-Drs. 11/7030, 35).

Der erst im Revisionsverfahren Beigeladene soll sich dagegen wenden können, dass allein auf der 84 Grundlage der bisherigen tatsächlichen Feststellungen in der Sache selbst entschieden wird. Er konnte auf die Erarbeitung der tatsächlichen Grundlage des angefochtenen Urteils nicht einwirken. Er konnte weder selbst Tatsachen vortragen noch sich zu dem Tatsachenvortrag der anderen Beteiligten äußern noch konnte er zu dem Ergebnis einer Beweisaufnahme Stellung nehmen. Er hat zwar nach seiner Beiladung die Möglichkeit, Verfahrensmängel zu rügen (§ 142 Abs. 2 S. 1). Er kann damit namentlich geltend machen, die Vorinstanz habe den maßgeblichen Sachverhalt verfahrensfehlerhaft festgestellt. Dadurch allein kann aber der Nachteil nicht ausgeglichen werden, dass der Beigeladene nicht schon in der Tatsacheninstanz an der Ermittlung des entscheidungserheblichen Sachverhalts mitwirken konnte. Bspw. ist die Rüge mangelnder Aufklärung des Sachverhalts nur ordnungsgemäß erhoben, wenn substantiiert dargelegt wird, welche Fragen tatsächlicher Art aufklärungsbedürftig waren, welche Beweise der Beteiligte angetreten hat oder welche Ermittlungen sich dem Tatsachengericht auch ohne förmlichen Beweisantrag hätten aufdrängen müssen. Wäre der erst nachträglich beigeladene Beteiligte auf die Rüge von Verfahrensmängeln beschränkt, könnte er deshalb bspw. nicht mehr solche entscheidungserheblichen Tatsachen in den Rechtsstreit einführen, die aus seinem Lebensbereich stammen oder von denen nur er Kenntnis hat und deren Ermittlung sich der Vorinstanz mangels Anhaltspunkten weder nach dem Inhalt der Akten noch dem Vortrag der anderen Beteiligten aufdrängen musste.

Der erst nachträglich beigeladene Beteiligte kann danach ein berechtigtes Interesse daran haben, sich 85 ohne Beschränkung auf Verfahrensmängel zum Sachverhalt zu äußern, insbes. neue bisher nicht berücksichtigte Tatsachen oder weitere Beweismittel in das Verfahren einzuführen. Dieses Interesse wird durch § 144 Abs. 3 S. 2 sichergestellt. Die Zurückverweisung nach dieser Vorschrift ist nicht davon abhängig, dass der Beigeladene einen Verfahrensfehler erfolgreich gerügt hat. Sie ist gerade für den Fall gegeben, dass die Möglichkeit, Verfahrensfehler zu rügen, nicht genügt, um eine ordnungsgemäße Rechtsverfolgung oder Rechtsverteidigung des Beigeladenen sicherzustellen.[24] Sein berechtigtes Interesse muss der Beigeladene aber darlegen. Er muss insbes. dartun, was er zum Sachverhalt vorgetragen hätte, hätte er hierzu in der Vorinstanz Gelegenheit gehabt, und welche Möglichkeiten, auf die Feststellung des entscheidungserheblichen Sachverhalts einzuwirken, ihm sonst genommen sind.

Es entspricht dem Zweck des § 142 Abs. 2 S. 1, dass der Beigeladene innerhalb der dort geregelten 86 Frist nicht nur Verfahrensrügen geltend macht, sondern auch darlegt, aus welchen Gründen er ein berechtigtes Interesse an einer Zurückverweisung hat.[25]

---

23 *W.-R. Schenke,* in: *Kopp/Schenke* § 144 Rn. 16; offengelassen von GmSOGB BVerwGE 41, 363, 370; anders BVerwG ZOV 2011, 260; *T. Stuhlfauth,* in: Bader § 144 Rn. 31; *M. Eichberger/W. Bier,* in: Schoch/Schneider/Bier § 144 Rn. 130; *I. Kraft,* in: Eyermann § 144 Rn. 29.

24 *T. Stuhlfauth,* in: Bader § 142 Rn. 7; *M. Eichberger/W. Bier,* in: Schoch/Schneider/Bier § 144 Rn. 95 ff.

25 Vgl. auch *M. Eichberger/W. Bier.,* in: Schoch/Schneider/Bier § 144 Rn. 92.

87   Der erst nachträglich Beigeladene kann ein berechtigtes Interesse an einer Zurückverweisung bei jeder
      Entscheidung des Revisionsgerichts in der Sache haben. Eine Entscheidung in der Sache trifft das Re-
      visionsgericht nicht nur bei begründeter Revision in den Fällen § 144 Abs. 3 S. 1 Nr. 1, sondern auch,
      wenn es eine Revision als unbegründet zurückweist, weil auf der Grundlage der bisherigen tatsächli-
      chen Feststellungen das angefochtene Urteil nicht auf einem Verstoß gegen materielles revisibles Recht
      beruht (§ 144 Abs. 2), oder weil zwar das angefochtene Urteil auf einer Verletzung revisiblen Rechts
      beruht, sich aber auf der Grundlage der bisherigen tatsächlichen Feststellungen aus anderen Gründen
      i.E. als richtig erweist (§ 144 Abs. 4). Steht der Beigeladene nach seiner materiellen Interessenlage im
      Lager des Revisionsklägers, kann er ein berechtigtes Interesse daran haben, dass das angefochtene Ur-
      teil nicht zu seinen Lasten auf der bisherigen Tatsachengrundlage durch Zurückweisung der Revision
      bestätigt wird. § 144 Abs. 3 S. 2 gilt also nicht nur für die nach Satz 1 Nr. 1 desselben Absatzes mögli-
      che Entscheidung in der Sache. Im Interesse des nachträglich Beigeladenen kann die Sache sowohl bei
      an sich begründeter wie bei an sich unbegründeter Revision zurückverwiesen werden.

VI. Begründung der Revisionsentscheidung (Abs. 7)

88   Zu Erlass, Form und Inhalt der Revisionsentscheidung bestehen keine speziellen Vorschriften. An-
      wendbar sind vielmehr über § 141 S. 1, § 125 Abs. 1 S. 1 die allgemeinen Vorschriften über Urteile
      (§§ 116, 117) und – in den Fällen der Verwerfung durch Beschluss – diejenigen über Beschlüsse
      (§ 122).
89   Das Revisionsurteil ist damit wie jedes Urteil zu begründen (§ 117 Abs. 2 Nr. 5). Für die Begründung
      des Revisionsurteils schließt § 141 S. 2 ausdrücklich die Erleichterungen aus, die der Gesetzgeber in
      § 130 b für die Begründung eines Berufungsurteils vorgesehen hat. Das BVerwG kann damit insbes.
      nicht von einer weiteren Darstellung der Entscheidungsgründe absehen, soweit es die Revision aus den
      Gründen der angefochtenen Entscheidung als unbegründet zurückweisen will.
90   § 144 Abs. 7 erleichtert die Begründung der Revisionsentscheidung, wenn der Revisionskläger Verfah-
      rensmängel geltend gemacht hat. Hält das BVerwG die Verfahrensrügen für unbegründet, bedarf die
      Entscheidung insoweit keiner Begründung. Die Regelung soll das BVerwG von Arbeit entlasten, die
      weder für die Rechtsfortbildung noch für die Wahrung der Rechtseinheit Bedeutung hat und auch im
      Interesse der Beteiligten nicht erforderlich ist (zu Anwendungsfällen vgl. BVerwGE 80, 228, 231 f.).
      Die Regelung ist verfassungsrechtlich unbedenklich.[26] Die Verfassung gebietet nicht, dass letztinstanz-
      liche gerichtliche Entscheidungen begründet werden, die mit ordentlichen Rechtsbehelfen nicht mehr
      anfechtbar sind (BVerfG NJW 1997, 1693).
91   Die Entscheidung ist stets zu begründen, wenn der Revisionskläger absolute Revisionsgründe nach
      § 138 geltend gemacht hat, auch wenn das BVerwG die Rügen für nicht durchgreifend hält. Ebenfalls
      zu begründen ist die Entscheidung, wenn mit der Revision ausschließlich Verfahrensmängel geltend
      gemacht werden. Die Begründungspflicht bezieht sich in diesem Fall allerdings nur auf den Verfah-
      rensmangel, der zur Zulassung der Revision geführt hat.
92   Unabhängig von § 144 Abs. 7 braucht das Revisionsgericht auf Verfahrensrügen nicht einzugehen,
      wenn die Revision bereits aus anderen Gründen Erfolg hat und es deshalb auf die Verfahrensrügen
      nicht mehr entscheidungserheblich ankommt.

§ 145 (aufgehoben)

---

26 Zutr. *I. Kraft*, in: Eyermann § 144 Rn. 31; zweifelnd *Kopp/Schenke* § 144 Rn. 17.

§ 146 [Statthaftigkeit der Beschwerde]

(1) Gegen die Entscheidungen des Verwaltungsgerichts, des Vorsitzenden oder des Berichterstatters, die nicht Urteile oder Gerichtsbescheide sind, steht den Beteiligten und den sonst von der Entscheidung Betroffenen die Beschwerde an das Oberverwaltungsgericht zu, soweit nicht in diesem Gesetz etwas anderes bestimmt ist.

(2) Prozeßleitende Verfügungen, Aufklärungsanordnungen, Beschlüsse über eine Vertagung oder die Bestimmung einer Frist, Beweisbeschlüsse, Beschlüsse über Ablehnung von Beweisanträgen, über Verbindung und Trennung von Verfahren und Ansprüchen und über die Ablehnung von Gerichtspersonen sowie Beschlüsse über die Ablehnung der Prozesskostenhilfe, wenn das Gericht ausschließlich die persönlichen oder wirtschaftlichen Voraussetzungen der Prozesskostenhilfe verneint, können nicht mit der Beschwerde angefochten werden.

(3) Außerdem ist vorbehaltlich einer gesetzlich vorgesehenen Beschwerde gegen die Nichtzulassung der Revision die Beschwerde nicht gegeben in Streitigkeiten über Kosten, Gebühren und Auslagen, wenn der Wert des Beschwerdegegenstands zweihundert Euro nicht übersteigt.

(4) [1]Die Beschwerde gegen Beschlüsse des Verwaltungsgerichts in Verfahren des vorläufigen Rechtsschutzes (§§ 80, 80 a und 123) ist innerhalb eines Monats nach Bekanntgabe der Entscheidung zu begründen. [2]Die Begründung ist, sofern sie nicht bereits mit der Beschwerde vorgelegt worden ist, bei dem Oberverwaltungsgericht einzureichen. [3]Sie muss einen bestimmten Antrag enthalten, die Gründe darlegen, aus denen die Entscheidung abzuändern oder aufzuheben ist, und sich mit der angefochtenen Entscheidung auseinander setzen. [4]Mangelt es an einem dieser Erfordernisse, ist die Beschwerde als unzulässig zu verwerfen. [5]Das Verwaltungsgericht legt die Beschwerde unverzüglich vor; § 148 Abs. 1 findet keine Anwendung. [6]Das Oberverwaltungsgericht prüft nur die dargelegten Gründe.

Schrifttum

1. Monographien: *M. G. Kley*, Die außerordentliche Beschwerde, 1999; *C. Krämer*, Vorläufiger Rechtsschutz in VwGO-Verfahren, 1998.

2. Beiträge in Zeitschriften und Sammelbänden: *J. Bader*, Das sechste Gesetz zur Änderung der Verwaltungsgerichtsordnung, DÖV 1997, 442; *ders.*, Die Neuregelung des Rechtsmittelrechts und sonstige Änderungen der VwGO durch das Rechtsmittelbereinigungsgesetz, VBlBW 2002, 471; *F. Bien/O. Guillaumont*, Innerstaatlicher Rechtsschutz gegen überlange Verfahrensdauer, EuGRZ 2004, 451; *M. Bloching/A. Kettinger*, Verfahrensgrundrechte im Zivilprozess – Nun endlich das Comeback der außerordentlichen Beschwerde?, NJW 2005, 860; *G. Britz/D. Pfeifer*, Rechtsbehelfe gegen unangemessene Verfahrensdauer im Verwaltungsprozess, DÖV 2004, 245; *H. P. Buck*, Die „prozeßleitenden Verfügungen" nach § 146 Abs. 2 der Verwaltungsgerichtsordnung, DÖV 1964, 537; *K. Deumeland*, Erfolgreiche Nichtzulassungsbeschwerde wegen Verfahrensverzögerung der Vorinstanz, ZfS 2006, 205; *A. Guckelberger*, Die Zulassungsbeschwerde, DÖV 1999, 937; *dies.*, Zulässigkeit und Anfechtbarkeit verwaltungsgerichtlicher Hängebeschlüsse, NVwZ 2003, 275; *G. M. Jaeger*, Neue Perspektiven für die Beschleunigungsbeschwerde aufgrund des allgemeinen Justizgewährungsanspruchs?, VBlBW 2004, 128; *M. Jäger*, Der Entscheidungsmaßstab der Oberverwaltungsgerichte im Beschwerdeverfahren des einstweiligen Rechtsschutzes, DVBl 2009, 156; *D. Jakob*, Zulässigkeit und Zukunft der Untätigkeitsbeschwerde im Zivilprozess, ZZP 119 (2006), 303; *A. Kettinger*, Ein Plädoyer gegen die „Beerdigung" von außerordentlichen Rechtsbehelfen, DVBl 2006, 1151; *D. König*, Der Streit um die Anwendbarkeit des § 80 AsylVfG – Wann liegt eine Rechtsstreitigkeit nach dem Asylverfahrensgesetz vor?, NVwZ 2000, 268; *D. Kraheberger*, Die außerordentliche Beschwerde im Verwaltungsprozeß, DÖV 2002, 19; *W. Kuhla/J. Hüttenbrink*, Neuregelungen in der VwGO durch das Gesetz zur Bereinigung des Rechtsmittelrechts im Verwaltungsprozess (RmBereinVpG), DVBl 2002, 85; *U. Kutsch*, Der „Abschied" von der außerordentlichen Beschwerde, NVwZ 2003, 956; *A. K. Luczak*, Wirksame Beschwerdemöglichkeiten im Sinne der Art. 6 I, 13 EMRK, Beilage zu BT-Drucks 16/7655; *T. Mayen*, Wie könnte die Ausgestaltung der Rechtsmittel im Verwaltungsprozess verbessert werden?, Dokumentation 18. Deutscher Verwaltungsgerichtstag Hamburg 2017, 2018, 48; *J. Meyer-Ladewig*, Rechtsbehelfe gegen Verzögerungen im gerichtlichen Verfahren – zum Urteil des EGMR Kudla/Polen, NJW 2001, 2679; *ders.*, Überlange Verfahrensdauer, SGb 2006, 559; *M. Pein*, § 146 VwGO im Studienplatzverfahren: „Durchschlagen" der Beschwerdebegründung?, VR 2005, 333; *H. A. Petzold/J.-O. Heß*, Das Darlegungserfordernis i.S.d. § 146 VwGO n.F., NordÖR 2003, 353; *K. Redeker*, Kann eine Untätigkeitsbeschwerde helfen?, NJW 2003, 488; *W. Reimers*, Möglichkeiten zur Verfahrensbeschleunigung im verwaltungsgerichtlichen Verfahren, BDVR-Rundschreiben 2006, 56; *K. Rennert*, Wie könnte die Ausgestaltung der Rechtsmittel im Verwaltungsprozess verbessert werden?, in: Dokumentation 18. Deutscher Verwaltungsgerichtstag Hamburg 2017, 2018, 33: *S. Roller*, Der Gesetzentwurf eines Untätigkeitsbeschwerdegesetzes, DRiZ 2007, 82; *W. Roth*, Kein Beginn der Beschwerdefrist bei Zustellung lediglich des Beschlußtenors, NJW 1997, 1966; *M. Scheffer*, Zum Zwischenbeschluss im beamtenrechtlichen Konkurrentenverfahren, NVwZ 2004, 1081; *W.-R. Schenke*, Außerordentliche Rechtsbehelfe im Verwaltungsprozessrecht vor Erlass des Anhörungsrügengesetzes, NVwZ 2005, 729; *T. I. Schmidt*, Die außerordentliche Beschwerde wegen greifbarer Gesetzwidrigkeit im Verwaltungsprozess und die Radbruch'sche Formel, NVwZ 2003, 425; *H. P. Schmieszek*, Sechstes Gesetz zur Änderung der Verwaltungsgerichtsordnung und anderer Gesetze, NVwZ 1996, 1151; *E. Schneider*, Zulässigkeit der Untätigkeitsbeschwerde, MDR 2005, 430; *M.-J. Seibert*, Änderungen der VwGO durch das Gesetz zur Bereinigung des Rechtsmittelrechts im Verwaltungsprozess, NVwZ 2002, 265; *C. Steinbeiß-Winkel-*

mann, Überlange Gerichtsverfahren – der Ruf nach dem Gesetzgeber, ZRP 2007, 177; *R. Wilke*, Das Rechtsmittelzulassungsrecht nach der 7. VwGO-Novelle, NordÖR 2002, 493; *J. Ziekow*, Die Beschleunigungsbeschwerde im Verwaltungsprozeß, DÖV 1998, 941.

A. Allgemeines

I. Entstehungsgeschichte

1   § 146 Abs. 1–3 entsprechen im Wesentlichen den Vorschriften, welche bei Erlass der VwGO im Jahre 1960 verabschiedet wurden (BGBl 1960 I 34 f.). 1990 wurde § 146 Abs. 1 dahingehend ergänzt, dass auch Entscheidungen des Berichterstatters beschwerdefähig sind (BGBl 1990 I 2816). § 146 Abs. 2 wurde durch das am 1.1.1997 in Kraft getretene 6. VwGOÄndG um die Unanfechtbarkeit von Beschlüssen gegen die Ablehnung von Gerichtspersonen ergänzt (BGBl 1996 I 1628). Durch dasselbe Gesetz wurde der Wert des Beschwerdegegenstands bei Streitigkeiten über Kosten, Gebühren und Auslagen auf vierhundert Deutsche Mark erhöht (BGBl 1996 I 1628). Zugleich wurde die Beschwerde

gegen Beschlüsse des VG über die Aussetzung der Vollziehung (§§ 80, 80 a) und einstweilige Anordnungen (§ 123) sowie gegen Beschlüsse im Verfahren der PKH grundlegend umgestaltet. Gem. § 146 Abs. 4 stand die Beschwerde den Beteiligten nur zu, wenn sie vom OVG in entsprechender Anwendung des § 124 Abs. 2 zugelassen wurde. Nach § 146 Abs. 5 musste der Antrag auf Zulassung der Beschwerde innerhalb von zwei Wochen nach der Bekanntgabe der Entscheidung beim VG gestellt werden. In dem Antrag war der angegriffene Beschluss zu bezeichnen. Außerdem mussten in ihm die Gründe dargelegt werden, aus denen die Beschwerde zuzulassen ist. Gem. § 146 Abs. 6 entschied das OVG über den vom VG unverzüglich vorzulegenden Antrag durch Beschluss. § 124 a Abs. 2 S. 2 und 4 fanden entsprechende Anwendung, § 148 Abs. 1 galt nicht (BGBl 1996 I 1628). Nur im Falle der Zulassung der Beschwerde durch das OVG nahm es anschließend eine eingehende Prüfung der angefochtenen Gerichtsentscheidung vor. Mit der Einführung der Zulassungsbeschwerde wollte der Gesetzgeber sicherstellen, dass der Beschwerderechtszug bei den in § 146 Abs. 4 genannten Beschlüssen nicht weiter geht als der Instanzenzug in der Hauptsache. Außerdem erhoffte er sich davon eine Entlastung der Rechtsmittelgerichte (zur Diskussion um die Beschränkung des Rechtsmittelrechts → § 124 Rn. 5 ff.).[1]

In der Praxis reichte die zweiwöchige Frist bei der Zulassungsbeschwerde häufig nicht aus, um eine 2 den Anforderungen des OVG entsprechende Begründung des Zulassungsantrags zu erstellen. Wegen der hohen Zahl unzulässiger Anträge auf Zulassung der Beschwerde konstatierte man bald einen diesbezüglichen Änderungsbedarf. Zunächst wurde die Streichung der Sondervorschriften für die Beschwerde gegen Beschlüsse nach §§ 80, 80 a, 123 und im Prozesskostenhilfeverfahren in Erwägung gezogen.[2] Entgegen den gesetzgeberischen Erwartungen habe die Zulassungsbeschwerde zu einer Verlängerung der Verfahrensdauer geführt. Zudem habe sich gezeigt, dass die auf die Berufung zugeschnittenen Zulassungsgründe auf die Beschwerde gegen gerichtliche Eilentscheidungen nicht richtig passen (BT-Drs. 14/6393, 14). Der Bundesrat sprach sich demgegenüber für folgende Regelung aus: Die Zulassungsbeschwerde gegen Prozesskostenhilfeentscheidungen sei abzuschaffen. In den einstweiligen Rechtsschutzsachen könne dagegen das VG bei Vorliegen der Zulassungsgründe des § 124 Abs. 2 Nr. 3, 4 die Beschwerde selbst zulassen. Im Übrigen sei weiterhin die Zulassung der Beschwerde zu beantragen. Im Unterschied zu bisher seien jedoch die Zulassungsgründe dem OVG innerhalb von vier Wochen nach Bekanntgabe der Entscheidung darzulegen.[3] Die jetzige Gestalt des § 146 Abs. 4 geht auf den Vermittlungsausschuss zurück (BT-Drs. 14/7779, 2). Gem. § 146 Abs. 4 gelten für die Beschwerde gegen Beschlüsse in Verfahren des vorläufigen Rechtsschutzes besondere Begründungsanforderungen. Das RmBereinVpG trat am 1.1.2002 in Kraft (RmBereinVpG vom 20.12.2001, BGBl I 3987, Art. 7 Abs. 1) und änderte zugleich bei § 146 Abs. 3 den Wert des Beschwerdegegenstandes auf 200 €. Durch das Gesetz zur Änderung des Prozesskostenhilfe- und Beratungshilferechts v. 31.8.2013 (BGBl I 3533) wurde § 146 Abs. 2 dahingehend ergänzt, dass Beschlüsse über die Ablehnung von Prozesskostenhilfe nicht beschwerdefähig sind, wenn das Gericht ausschließlich die persönlichen oder wirtschaftlichen Voraussetzungen der Prozesskostenhilfe verneint hat. Mit dieser am 1.1.2014 in Kraft getretenen Neuerung möchte der Gesetzgeber die finanziellen Belastungen der Länder für Prozesskostenhilfeausgaben reduzieren, ohne den Zugang der betreffenden Personen zum verfassungsrechtlich verbürgten Rechtsschutz unabhängig von Vermögen und Einkommen zu beeinträchtigen (BT-Drs. 17/11472, 24).

II. Aufbau der Vorschrift

§ 146 Abs. 1 nennt die Gerichtsentscheidungen, gegen welche das Rechtsmittel der Beschwerde eröff- 3 net ist, sowie die zur Einlegung der Beschwerde Berechtigten. In den in § 146 Abs. 2, 3 genannten Fällen ist eine Beschwerde unzulässig. § 146 Abs. 4 statuiert erhöhte formale Anforderungen an die Beschwerde gegen Beschlüsse in Verfahren des vorläufigen Rechtsschutzes (§§ 80, 80 a und 123).

---

1 BT-Drs. 13/3993, 9, 14, 22 f.; 13/5098, 25.
2 BT-Drs. 14/6393, 1, 8; zur Rechtslage bei der früheren Zulassungsbeschwerde *H.-A. Petzold/J.-O. Heß*, NordÖR 2003, 353.
3 BT-Drs. 14/6854, 6; s. dazu die Erwiderung der Bundesregierung BT-Drs. 14/6854, 10 sowie die Position des Rechtsausschusses BT-Drs. 14/7474, 10, 13.

4   Die §§ 147–152 regeln weitere Einzelheiten des Beschwerdeverfahrens. Daneben kommen andere Vorschriften der VwGO über das erstinstanzliche und das Berufungsverfahren sowie einige Vorschriften der ZPO zur Anwendung (→ Rn. 44).[4] Die VwGO kennt nur eine befristete Beschwerde (s. § 147). Sofern nicht eine der in § 152 Abs. 1 ausdrücklich genannten Ausnahmen greift, gibt es keine weitere Beschwerde (BVerwGE 29, 72, 73). Die Beschwerde bei Nichtzulassung der Revision ist speziell in § 133 geregelt. Gem. § 67 Abs. 1 BDG (BGBl 2009 I 160) gelten für die Statthaftigkeit, Form und Frist der Beschwerde §§ 146, 147 entsprechend. Nach § 67 Abs. 3 BDG ist § 146 Abs. 4 für Beschlüsse des VG über eine Aussetzung nach § 63 BDG entsprechend anzuwenden. Wegen der abschließenden Aufzählung der Rechtsmittel in der WBO ist dort die Beschwerde entsprechend § 146 Abs. 1 nicht statthaft (BVerwG 12.12.2016 – 1 WB 38/16).

III. Bedeutung der Beschwerde

5   Im zivilprozessualen Schrifttum findet sich gelegentlich die Äußerung, bei der Beschwerde handle es sich um ein Rechtsmittel zur Anfechtung weniger wichtiger Entscheidungen.[5] Diese Wertung lässt sich nicht in vollem Umfang auf die verwaltungsprozessuale Beschwerde übertragen.[6] Denn mit diesem Rechtsmittel kann der Einzelne auch eine Überprüfung von Gerichtsentscheidungen im vorläufigen Rechtsschutz erreichen. Soweit es sich um eine Konstellation handelt, bei welcher dem Einzelnen angesichts der Zeitgebundenheit der infrage stehenden Maßnahme ein Abwarten des Ausgangs des Hauptsacheverfahrens nicht zugemutet werden kann, hat die Beschwerde für ihn einen herausragenden Stellenwert. Die Beschwerde ist wie die Berufung ein Rechtsmittel. Sie eröffnet eine zweite Tatsacheninstanz (s. § 128 zur Berufung).[7] Die herkömmlichen Beschwerden entfalten gem. § 148 Abs. 1 einen Devolutiveffekt unter der Voraussetzung, dass das Ausgangsgericht der Beschwerde nicht abhilft.[8] Bei der Anfechtung von Beschlüssen in Verfahren des vorläufigen Rechtsschutzes tritt stets ein Devolutiveffekt ein, da bei diesen Beschwerden § 148 Abs. 1 keine Anwendung findet (§ 146 Abs. 4 S. 5 Hs. 2; zum Devolutiveffekt der Zulassungsrechtsmittel → § 124 Rn. 38 f.). Der Beschwerde kommt insoweit ein Suspensiveffekt zu, als die angefochtene Entscheidung, soweit dies überhaupt möglich ist, nicht materiell rechtskräftig wird. Jedoch wird gem. § 149 Abs. 1 nur ausnahmsweise die Vollziehung der angefochtenen Gerichtsentscheidung verhindert.[9]

6   Von der Beschwerde abzugrenzen ist die *Gegenvorstellung*. Bei dieser handelt es sich um einen außerordentlichen Rechtsbehelf. Sie enthält die Aufforderung an das Ausgangsgericht, die eigene Entscheidung aus nachträglich besserer Einsicht zu korrigieren (eingehend zur Gegenvorstellung → § 150 Rn. 10 ff.).[10] Die *Dienstaufsichtsbeschwerde* ist keine Beschwerde nach § 146, da nicht gegen die Sachentscheidung vorgegangen, sondern lediglich die Einleitung von Maßnahmen der Dienstaufsicht angestrebt wird[11] und es sich dabei um einen weder an eine bestimmte Form noch an eine Frist gebundenen Rechtsbehelf handelt.

B. Statthaftigkeit

I. Beschwerdegegenstand

7   Mit der Beschwerde können *Entscheidungen* des VG, des Vorsitzenden oder des Berichterstatters angegriffen werden, die *nicht* Urteile oder Gerichtsbescheide sind (§ 146 Abs. 1). „Entscheidungen"

---

4   J. Meyer-Ladewig/R. Rudisile, in: Schoch/Schneider/Bier § 146 Rn. 2.
5   V. Lipp, in: MüKoZPO Aktualisierungsband, Bd. 2, ⁴2012, Vorbem. § 567 Rn. 1.
6   C. Jeromin, in: Gärditz § 146 Rn. 1.
7   VGH Kassel NVwZ-RR 2004, 704, 705; VGH Mannheim 8.11.2004 – 9 S 1536/04; s.a. BVerfG NVwZ 2004, 1112, 1114; J. Meyer-Ladewig/R. Rudisile, in: Schoch/Schneider/Bier § 146 Rn. 4.
8   M. Happ, in: Eyermann § 146 Rn. 1; W.-R. Schenke, in: Kopp/Schenke § 146 Rn. 1.
9   M. Happ, in: Eyermann § 146 Rn. 1.
10   S. BVerfGE 122, 190, 201; OVG Lüneburg NVwZ-RR 2010, 375; VGH Mannheim NVwZ-RR 2003, 692; VGH München NVwZ-RR 2004, 705.
11   Das BVerfG NJW 2004, 2891 betont darüber hinaus, dass sich die Dienstaufsicht allein auf die äußere Wahrnehmung der dienstlichen Aufgaben, nicht auf die Ausübung der unabhängigen Richtern anvertrauten rechtsprechenden Gewalt bezieht. Nach EGMR NJW 2006, 2389, 2392 sind Dienstaufsichtsbeschwerden kein wirksames Rechtsmittel, weil sie dem Beschwerdeführer regelmäßig keine Befugnis geben, den Staat zur Ausübung seiner Aufsichtsbefugnisse zu zwingen.

i.S.d. § 146 Abs. 1 sind förmliche Beschlüsse und Verfügungen (OVG Münster NWVBl 2011, 109). Diese müssen im Zeitpunkt der Rechtsmitteleinlegung *existent*, aber nicht schon zugestellt sein.[12] Nach dem Grundsatz der Meistbegünstigung reicht es zur Bejahung der Statthaftigkeit, wenn rein äußerlich ein Beschluss oder eine Verfügung vorliegt, selbst wenn es sich inhaltlich um ein Urteil oder einen Gerichtsbescheid handelt. Im Interesse eines effektiven Rechtsschutzes hat hier der Einzelne die Wahl zwischen dem Rechtsmittel, das der äußeren Form der Entscheidung entspricht, oder dem, das gegen die an sich verfahrensrechtlich gebotene, vom Gericht jedoch nicht gewählte Entscheidungsform gegeben ist.[13] Gegen eine gerichtliche Sachentscheidung nach Beendigung der Rechtshängigkeit aufgrund übereinstimmender Erledigungserklärungen kann trotz ihrer Wirkungslosigkeit wegen des von ihr ausgehenden Rechtsscheins Beschwerde eingelegt werden (HmbOVG NVwZ-RR 2015, 600; OVG Magdeburg 20.1.2015 – 3 M 521/14). Darüber hinaus sieht die Rspr. in einer Mitteilung eines Gerichts, dass es einen bestimmten Antrag nicht bearbeiten wird, unabhängig von seiner Form eine beschwerdefähige Entscheidung (OVG Münster NWVBl 2011, 109). Im Übrigen sind bloße Sach- und Rechtsauskünfte oder Mitteilungen des Gerichts ohne Entscheidungscharakter nicht beschwerdefähig (VGH München 3.3.2016 – 4 C 16.307).

Die Beschwerde ist statthaft, wenn nach § 173 i.V.m. den Vorschriften des GVG oder der ZPO auf die (sofortige) Beschwerde verwiesen wird. Gem. § 98 VwGO i.V.m. § 387 Abs. 3 ZPO ist ausnahmsweise gegen ein Zwischenurteil über die Rechtmäßigkeit einer Zeugnisverweigerung die Beschwerde das statthafte Rechtsmittel. Die Beschwerde ist unzulässig, wenn keine gerichtliche Entscheidung, sondern nur eine Auskunft oder ein Schreiben mit Hinweischarakter vorliegt.[14] Keine beschwerdefähige Entscheidung i.S.d. § 146 Abs. 1 ist gegeben, wenn ein Gericht ablehnend über eine Gegenvorstellung befindet. Sonst wird die Gegenvorstellung zu einem Rechtsmittel eigener Art nach Abschluss des Verwaltungsstreitverfahrens (OVG Lüneburg NVwZ-RR 2010, 375; VGH München BayVBl 1977, 157). Gegen die Entscheidungen eines beauftragten bzw. ersuchten Richters oder eines Urkundsbeamten ist nach § 151 die Erinnerung statthaft. Erst gegen den so ergangenen Erinnerungsbeschluss kann mit der Beschwerde vorgegangen werden.[15] Entscheidungen des OVG können nur in den Fällen des § 152 mit der Beschwerde angegriffen werden. 8

II. Problemfälle

1. Untätigkeit des Gerichts. Nach § 146 Abs. 1 und in Abgrenzung zu Abs. 2 ist die Beschwerde gegen förmliche Entscheidungen des Gerichts statthaft (s. VGH Kassel DVBl 1999, 114, 115; VGH Mannheim NVwZ 2003, 1541). An einer solchen Entscheidung des Gerichts fehlt es, wenn es untätig bleibt und überhaupt nicht entscheidet (VGH München 7.4.2016 – 4 C 16.635). Früher wurde von den Verwaltungsgerichten, aber auch in der Lit., die Statthaftigkeit einer gegen die Untätigkeit des angerufenen Gerichts erhobenen Beschwerde unterschiedlich beurteilt. Das BVerwG hat ohne eingehende Begründung den Standpunkt eingenommen, dass es im Verwaltungsprozessrecht keine Untätigkeitsbeschwerde gebe (BVerwG NVwZ 2003, 869). Der VGH Mannheim lehnte z.B. eine Untätigkeitsbeschwerde ab, weil der Gesetzgeber zwar mit der Untätigkeitsklage nach § 75 einen Rechtsbehelf für den Fall der behördlichen Untätigkeit vorgesehen, trotz seiner Bemühungen zur Beschleunigung des verwaltungsgerichtlichen Verfahrens aber von einer diesbezüglichen Bestimmung abgesehen habe. Auch Gründe der Rechtssicherheit würden gegen die Annahme einer Untätigkeitsbeschwerde sprechen.[16] 9

---

12 OVG Weimar APR 2008, 51, 57; VGH München 31.10.2014 – 9 CE 14.2039; VGH Mannheim VBlBW 1984, 374 f.; s. *J. Meyer-Ladewig/R. Rudisile*, in: Schoch/Schneider/Bier § 146 Rn. 6 i.V.m. Vorbem. § 124 Rn. 34 für das Erfordernis der Verkündung oder Zustellung an mindestens einen Beteiligten.

13 Zum Grundsatz der Meistbegünstigung BVerwG NJW 1963, 554; DVBl 1992, 776; OVG Bln NVwZ-RR 1990, 388.

14 VGH Mannheim NJW 1984, 993; s.a. OVG Münster NVwZ-RR 1998, 340; vgl. *M. Happ*, in: Eyermann § 146 Rn. 6; *C. Jeromin*, in: Gärditz § 146 Rn. 5; *J. Meyer-Ladewig/R. Rudisile*, in: Schoch/Schneider/Bier § 146 Rn. 6.

15 OVG Münster 5.5.2014 – 19 E 449/14; VGH München 25.9.2015 – 9 C 14.2020.

16 VGH Mannheim NVwZ 2003, 1541, 1542; s.a. OVG Bautzen 1.9.2009 – 3 E 37/09; OVG Brem NJW 1984, 992 f.; OVG Greifswald 27.11.2003 – 2 O 126/03; OVG Münster DVBl 1998, 241; so i.E. auch VGH Kassel DVBl 1999, 114 f.; LSG Bln-Bbg DÖD 2007, 212 ff.; *B. Clausing*, JuS 1999, 474, 478; *M. Redeker*, in: Redeker/v. Oertzen § 146 Rn. 7b; zu weiteren Gegenargumenten, die in der Lit. gegen die Untätigkeitsbeschwerde vorgebracht werden, der Überblick bei *G. M. Jaeger*, VBlBW 2004, 128, 132. Krit. dazu *J. Ziekow*, JZ 1998, 947 ff.

10   Diese Rspr. wurde kritisiert, weil sowohl Art. 19 Abs. 4 GG[17] als auch Art. 6 Abs. 1 EMRK, soweit sein Anwendungsbereich eröffnet ist, bei einer unangemessen langen gerichtlichen Verfahrensdauer verletzt werden.[18] Außerdem wird Art. 13 EMRK nach der neueren EGMR-Rspr. verletzt, wenn die Mitgliedstaaten keinen wirksamen Rechtsbehelf für Verletzungen des Art. 6 Abs. 1 EMRK zur Verfügung stellen.[19] Da nicht anzunehmen sei, dass der Gesetzgeber sich bewusst für einen völkerrechtswidrigen Rechtszustand entschieden habe,[20] wurde deshalb auch aus praktischen Erwägungen heraus, insbes. aufgrund der Verfahrensbeschleunigung, eine allgemeine Statthaftigkeit der Untätigkeitsbeschwerde befürwortet.[21] Diejenigen Gerichte, die sich daraufhin für diesen Rechtsbehelf ausgesprochen haben, machten eine solche Beschwerde von einer unzumutbaren Verzögerung des Verfahrens abhängig, die auf einen Rechtsverlust oder eine Rechtsverweigerung hinausläuft (OLG Brandenburg FamRZ 2008, 288; OVG Brem NordÖR 2010, 370, 371; VGH München 27.10.2005 – 12 C 05.2565).

11   In seiner Entscheidung vom 30.4.2003 hat das BVerfG, was die Korrektur von Verstößen eines Gerichts gegen Art. 103 Abs. 1 GG anbetrifft, klar zum Ausdruck gebracht, dass die Rechtsbehelfe in der geschriebenen Rechtsordnung geregelt und in ihren Voraussetzungen für die Bürger erkennbar sein müssen (BVerfG NJW 2003, 1924, 1928). Durch die rechtliche Ausgestaltung des Rechtsmittels sei dem Bürger die Prüfung zu ermöglichen, ob und unter welchen Voraussetzungen das Rechtsmittel zulässig sei. Wenn die Formerfordernisse so kompliziert und schwer zu erfassen sind, dass vom Rechtsschutzsuchenden nicht erwartet werden kann, sich in zumutbarer Weise davon Kenntnis zu verschaffen, müsse die Rechtsordnung zumindest eine dieses Defizit ausgleichende Rechtsbehelfsbelehrung vorsehen. Diese könne jedoch mangels einer gesetzlichen Regelung der Zulässigkeitsvoraussetzungen des Rechtsbehelfs nicht zuverlässig erteilt werden (BVerfG NJW 2003, 1924, 1928). Deshalb stellte sich das überwiegende Schrifttum zutreffend auf den Standpunkt, dass diese Aussagen gleichermaßen auf die Untätigkeitsbeschwerde zutreffen.[22]

11a   Die wiederholte Aufforderung des EGMR, Deutschland möge doch endlich einen wirksamen Rechtsbehelf gegen überlange Gerichtsverfahren einführen (EGMR NJW 2006, 2389 ff.; NJW 2010, 3355 ff.), hat zur Verabschiedung des Gesetzes über den Rechtsschutz bei überlangen Gerichtsverfahren geführt [ÜGRG] (BGBl 2011 I 2302 ff.). Es ist am 3.12.2011 in Kraft getreten. In diesem wird ein Entschädigungsanspruch für die überlange Verfahrensdauer mit einer während des Ausgangsverfahrens zu erhebenden Verzögerungsrüge eingeführt.[23] Obwohl aus Sicht des EGMR das Recht auf Entscheidung innerhalb angemessener Frist weniger wirksam ist, wenn keine Gelegenheit zur Beschwerde im innerstaatlichen Instanzenzug besteht, hielt der EGMR die deutsche Neuregelung nicht per se für bedenklich. Vielmehr werde sich die Konventionsgemäßheit erst im Laufe der Zeit beurteilen lassen (EGMR NVwZ 2013, 47 ff.). Im Jahr 2015 urteilte der EGMR, dass bei Gerichtsverfahren, deren Dauer deutliche Auswirkungen auf das Familienleben hat, die Staaten wegen Art. 8 EMRK zur Schaffung eines zugleich präventiven und Wiedergutmachung ermöglichenden Rechtsbehelfs verpflichtet sind (EGMR NJW 2015, 1433, 1437). Dem genügten die durch das ÜGRG eingeführten Regelungen ebenso wenig wie die früher in Erwägung gezogene Untätigkeitsbeschwerde, da sie wegen der Ungewissheit über ihre Zulässigkeitsvoraussetzungen und praktischen Auswirkungen als kein wirksamer Rechtsbehelf gegen übermäßig lang andauernde Gerichtsverfahren angesehen werden könne (EGMR

---

17   Zur Verletzung des Art. 19 Abs. 4 GG BVerfG NVwZ 2011, 486, 492 f.; OVG Frankfurt (Oder) InfAuslR 2003, 78, 79; für eine Untätigkeitsbeschwerde OVG Frankfurt (Oder) DVBl 2001, 314, 315; VGH München BayVBl 1978, 212, 213; LSG Essen SGb 2002, 734; LSG München NVwZ-RR 2001, 695; offen gelassen von VGH Mannheim NVwZ 2003, 885, 886; *A. Guckelberger*, DÖV 2012, 289 f.; *J. Ziekow*, DÖV 1998, 941 ff.; zu weiteren Argumenten im Schrifttum für die Untätigkeitsbeschwerde *G. M. Jaeger*, VBlBW 2004, 128, 132.

18   EGMR NJW 2001, 2694, 2697 f.; NJW 2010, 3355, 3356; OVG Frankfurt (Oder) InfAuslR 2003, 78, 79; VGH München NVwZ 2000, 693; *A. Guckelberger*, DÖV 2012, 289, 290 f.; *J. Ziekow*, DÖV 1998, 941, 944 f.

19   EGMR NJW 2001, 2694, 2699; NJW 2010, 3355, 3356; dazu *A. Guckelberger*, DÖV 2012, 289, 290 f.; *J. Gundel*, DVBl 2004, 17 ff.

20   *G. M. Jaeger*, VBlBW 2004, 128, 135.

21   VGH München NVwZ 2000, 693; s.a. OVG Brem NordÖR 2010, 370, 371; *G. Britz/D. Pfeifer*, DÖV 2004, 245, 249.

22   *G. Britz/D. Pfeifer*, DÖV 2004, 245, 249; *G. M. Jaeger*, VBlBW 2004, 128, 136; für die Einführung einer Untätigkeitsbeschwerde auch *K. Redeker*, NJW 2003, 488 f.

23   Näher dazu *A. Guckelberger* DÖV 2012, 289, 292; *W.-R. Schenke* DVBl 2016, 745 ff.

NJW 2015, 1433, 1437). Dies ist der Grund, warum mit Wirkung zum 15.10.2016 die in §155c FamFG geregelte Beschleunigungsbeschwerde eingeführt wurde.

Da der deutsche Gesetzgeber von der Installierung einer Untätigkeitsbeschwerde in der VwGO abge- **11b** sehen hat, obwohl diese in der Diskussion um die Ausgestaltung des Rechtsbehelfs gegen die überlange Verfahrensdauer zur Sprache gebracht wurde, steht einer Untätigkeitsbeschwerde nicht nur der Wortlaut des §146 Abs. 1, sondern auch der gesetzgeberische Wille entgegen. Deshalb lehnen die Verwaltungsgerichte seither eine Untätigkeitsbeschwerde unter Verweis auf den nunmehr vom Gesetzgeber vorgesehenen „abschließenden Rechtsbehelf" bei überlangen Gerichtsverfahren ab.[24] Da es gute Gründe für die Annahme gibt, dass sich auch im Verwaltungsgerichtsprozess Konstellationen ergeben können, in denen aufgrund der EGMR-Rspr. zu Art. 8 EMRK oder aus Gründen des effektiven Schutzes anderer Grund- bzw. Menschenrechte sich die gegenwärtige Rechtslage als unzulänglich herausstellen könnte,[25] müsste der Gesetzgeber hier durch Bereitstellung einer Beschleunigungsbeschwerde Abhilfe schaffen. Das BVerfG brauchte im Jahr 2015 zum Fehlen eines Beschleunigungsrechtsbehelfs in Umgangsverfahren keine Stellung zu nehmen, weil die vom Beschwerdeführer gerügte lange Verfahrensdauer vor allem auf seinem eigenen Verhalten beruhte (BVerfG NJW 2015, 2561, 2563).

2. Protokollberichtigung. Insgesamt werden drei Meinungen dazu vertreten, ob gegen den einen Proto- **12** kollberichtigung ablehnenden Beschluss Beschwerde erhoben werden kann. Nach einigen Gerichten ist der Anwendungsbereich des §146 Abs. 1 nicht eröffnet. Der Beschluss über die Vornahme der Protokollberichtigung sei ein Beschluss eigener Art, da er gemeinsam von dem Vorsitzenden und dem Protokollführer gefasst werde.[26] Andernorts wird demgegenüber generell die Beschwerdemöglichkeit gegen Beschlüsse zur Protokollberichtigung bejaht (VGH München BayVBl 1977, 444). Dies ist bereits abzulehnen, da in der Protokollberichtigung in gewissen Fällen eine unvertretbare Handlung liegt.[27] Richtigerweise handelt es sich, wie jetzt vom VGH München vertreten wird, bei der Protokollberichti- **13** gung um einen Beschluss i.S.d. §146 Abs. 1.[28] Aus der Systematik der §§146 Abs. 1, 151 S. 1 folgt, dass gegen sämtliche Beschlüsse des VG – sei es des Vorsitzenden oder des Urkundsbeamten – ein Rechtsbehelf eröffnet wird. Nach der Konzeption der VwGO wird die Beschwerde nicht ausgeschlossen, weil der angefochtene Beschluss von einer bestimmten Person erlassen wurde. Vielmehr knüpft ein gesetzlicher Beschwerdeausschluss in aller Regel an den Inhalt der jeweiligen Entscheidung an.[29] Allerdings kann das Beschwerdegericht nur eine inhaltlich beschränkte Überprüfung des Beschlusses vornehmen. Denn soweit es nicht auf einen Verfahrensfehler, sondern den Protokollinhalt ankommt, sind die Kenntnis und das Erinnerungsvermögen des Ausgangsrichters und des Protokollführers entscheidend.[30]

C. Ausschluss der Beschwerde

I. Andere Bestimmungen der VwGO außerhalb von §146

1. Unproblematische gesetzliche Bestimmungen. Nach dem Wortlaut des §146 Abs. 1 ist eine Be- **14** schwerde unzulässig, wenn in *diesem* Gesetz etwas anderes bestimmt ist. In der VwGO gibt es zahlreiche Regelungen zum Beschwerdeausschluss. So findet eine Beschwerde nicht statt bei: Beschlüssen im Zusammenhang mit der (Nicht-)Übertragung des Rechtsstreits auf den Einzelrichter (§6 Abs. 4),[31]

---

24 HmbOVG DÖV 2016, 228; OVG Münster 27.10.2014 – 12 E 1134/14; VGH München 5.8.2015 – 5 C 15.1429.
25 Dazu *Kirchberger* DVBl 2015, 675, 680.
26 HmbOVG 4.7.2008 – 3 So 13/08; VGH Kassel NVwZ-RR 2006, 849; 6.8.2009 – 1 E 2206/09; VGH Mannheim NVwZ-RR 2003, 318; offen gelassen von VGH München 27.10.2015 – 20 C 15.1906; *M. Redeker*, in: Redeker/v. Oertzen §146 Rn. 6; *W.-R. Schenke*, in: Kopp/Schenke, §146 Rn. 7; etwas anders OLG Hamm NJW 1989, 1680.
27 BGH NJW-RR 2005, 214; OLG Hamm NJW 1989, 1680.
28 VGH München NVwZ-RR 2000, 843; offen gelassen von VGH München 20.7.2012 – 22 C 12.1632; *Kugele* §146 Rn. 4.
29 VGH München NVwZ-RR 2000, 843, 844; *C. Jeromin*, in: Gärditz §146 Rn. 12.
30 VGH Kassel 6.8.2009 – 1 E 2206/09; VGH Mannheim NVwZ-RR 2003, 318; VGH München BayVBl 1999, 86 f.; 27.10.2015 – 20 C 15.1906; *C. Jeromin*, in: Gärditz §146 Rn. 12; dazu auch *Baumbach/Lauterbach/Albers/Hartmann* §164 Rn. 14 f.
31 OVG Bln NVwZ 1998, 650, 651; nach *J. Bader*, DÖV 1997, 442, 448 f. greift der Beschwerdeausschluss wegen Art. 101 Abs. 1 S. 2 GG nicht bei einer willkürlichen (Nicht-)Übertragung des Rechtsstreits; dazu auch *H. Günther*, NVwZ 1998, 37.

Entscheidungen über die Entbindung eines ehrenamtlichen Richters von seinem Amt (§ 24 Abs. 3 S. 3) bzw. über die Befreiung von der Amtsübernahme (§ 24 Abs. 4), Beschlüssen zur Bekanntgabe in Massenverfahren durch öffentliche Bekanntmachung (§ 56 a Abs. 1 S. 5), der Gewährung von Wiedereinsetzung (§ 60 Abs. 5), Beschlüssen zur Beiladung in Massenverfahren (§ 65 Abs. 3 S. 2) sowie der gerichtlichen Anordnung der Beiladung (§ 65 Abs. 4 S. 3), Beschlüssen über die Zurückweisung eines nicht vertretungsbefugten oder ungeeigneten Prozessbevollmächtigten oder Beistands (§ 67 Abs. 3 S. 1, S. 3, Abs. 7 S. 4), Beschlüssen zur Bestellung eines gemeinsamen Bevollmächtigten in Massenverfahren (§ 67 a Abs. 1 S. 4), Beschlüssen zur sachlichen und örtlichen Zuständigkeit des Gerichts bzw. einer dadurch bedingten Verweisung des Rechtsstreits (§ 83 S. 2), Entscheidungen über das Nichtvorliegen bzw. die Zulassung einer Klageänderung (§ 91 Abs. 3), Anordnungen zur Durchführung eines Musterverfahrens unter gleichzeitiger Aussetzung anderer Verfahren (§ 93 a Abs. 1 S. 3), der Stattgabe eines Ablehnungsgesuchs gegen einen Sachverständigen (§ 98 VwGO i.V.m. § 406 Abs. 5 ZPO) und der Ablehnung eines Antrags, einen bestimmten Vorgang in die Niederschrift über die mündliche Verhandlung aufzunehmen (§ 105 VwGO i.V.m. § 160 Abs. 4 S. 3 ZPO), der Ablehnung der Zulassung der Sprungrevision (§ 134 Abs. 2 S. 3). Gerichtsbeschlüsse, die eine Anhörungsrüge verwerfen oder zurückweisen, sind nach § 152 a Abs. 4 S. 3 unanfechtbar (VGH München 6.9.2016 – 4 C 16.915). Gem. § 158 Abs. 1 kann die gerichtliche Kostenentscheidung nur zusammen mit der Hauptsache angefochten werden; Kostenentscheidungen sind unanfechtbar, wenn keine Entscheidung in der Hauptsache ergangen ist (§ 158 Abs. 2). Dies gilt auch bei ohne eine Entscheidung in der Hauptsache ergangenen Kostenergänzungsbeschlüssen (OVG Münster 18.9.2014 – 7 E 640/14). Nach überwiegender Rspr. bezieht sich diese Regelung aber nicht auf Entscheidungen über die Notwendigkeit der Hinzuziehung eines Bevollmächtigten, weil sie kein Bestandteil der Kostenentscheidung sind.[32]

15   Z.T. ergibt sich ein Ausschluss der Beschwerde mittelbar dadurch, dass die VwGO ausdrücklich einen anderen Rechtsbehelf als die Beschwerde zur Verfügung stellt. Wird in zunächst ausgesetzten Verfahren nach der rechtskräftigen Durchführung eines Musterverfahrens durch Beschluss entschieden, können die Beteiligten dasjenige Rechtsmittel einlegen, das bei einer Entscheidung durch Urteil gegeben wäre (§ 93 a Abs. 2 S. 5). Bei einer Verwerfung der Berufung als unzulässig durch Beschluss ist das Rechtsmittel einzulegen, das zulässig wäre, wenn das Gericht durch Urteil entschieden hätte (§ 125 Abs. 2 S. 4).[33] Entsprechendes gilt, wenn gem. § 130 a in der Sache über die Berufung durch Beschluss entschieden wurde.

16   **2. Problemfälle. a) Einstellungsbeschluss bei der gewöhnlichen Klagerücknahme.** Gem. § 92 Abs. 3 S. 2 ist der im Zusammenhang mit einer Klagerücknahme ergehende Einstellungsbeschluss unanfechtbar. Nach Ansicht der Gerichte hat jedoch das VG bei einem Streit um die Wirksamkeit der Klagerücknahme das Verfahren fortzusetzen und durch Urteil zu entscheiden. Lehnt das VG eine solche Fortsetzung ab, kann nach Ansicht mehrerer OVGe gegen diese Entscheidung Beschwerde erhoben werden.[34]

17   **b) Einstellungsbeschluss bei der Fiktion der Klagerücknahme.** Für den nach § 92 Abs. 2 S. 4 vom Gericht zu treffenden Beschluss, dass die Klage als zurückgenommen gilt, fehlt eine ausdrückliche Regelung zu seiner (Un-)Anfechtbarkeit. Nach dem Aufbau des § 92 Abs. 2 und 3 sind der Feststellungsbeschluss der fingierten Klagerücknahme und der Einstellungsbeschluss nach § 92 Abs. 3 S. 1 rechtlich voneinander zu unterscheiden. Da § 92 Abs. 3 S. 2 nur von einem Beschluss in der Einzahl spricht, passt diese Regelung zwar nicht unmittelbar auf den Beschluss nach § 92 Abs. 2 S. 4,[35] ist aber nach der Meinung der Beschwerdegerichte auf diesen analog anzuwenden. Wie der Einstellungsbeschluss

---

32   BVerwG DÖV 1981, 343; OVG Bautzen SächsVBl 2000, 95; OVG Greifswald NVwZ 2002, 1129; OVG Saarlouis NVwZ-RR 1999, 213; NVwZ-RR 2000, 842; VGH Kassel DVBl 1996, 113 f.; *J. Meyer-Ladewig/R. Rudisile*, in: Schoch/Schneider/Bier § 146 Rn. 7; für die Anwendung auf eine nachträgliche Entscheidung über die Erstattungsfähigkeit außergerichtlicher Kosten des Beigeladenen OVG Weimar JurBüro 2001, 603; a.M. VGH München DVBl 1992, 792.

33   Das HmbOVG DVBl 1998, 487 f. wendet diese Bestimmung auch an, wenn das VG über einen verspäteten Antrag auf mündliche Verhandlung gegen einen Gerichtsbescheid durch Beschluss entschieden hat, str.

34   HmbOVG NVwZ 1990, 1089; OVG Koblenz DÖV 1981, 974 f.; OVG Münster NVwZ-RR 1998, 271 f.; VGH Kassel NVwZ-RR 1992, 55 f.; VGH Mannheim VBlBW 1984, 413 f.; VGH München NVwZ-RR 1991, 389 f.; NVwZ 1982, 45; *M. Happ*, in: Eyermann § 146 Rn. 6; a.M. BVerwG MDR 1965, 1014; OVG Münster 1970, 1700 f.

35   OVG Saarlouis NVwZ 1999, 897, 898; VGH München NVwZ 1999, 896, 897; VG Stuttgart NVwZ-RR 1997, 766 f.

sei auch der Feststellungsbeschluss nach § 92 Abs. 2 S. 4 nur deklaratorischer Natur (VGH München NVwZ 1999, 896, 897). Es sei kein sachlicher Grund für die unterschiedliche Behandlung von Streitigkeiten über die Wirksamkeit einer ausdrücklich erklärten bzw. fingierten Klagerücknahme ersichtlich. Der Gesetzgeber habe sich bewusst an die Vorschrift des § 81 AsylG angelehnt, bei dem einhellig angenommen wird, dass bei Streit um die fingierte Klagerücknahme das Verfahren fortzusetzen ist.[36]

c) Beschlüsse zur Tatbestandsberichtigung. Gem. *§ 119 Abs. 2 S. 2* können Beschlüsse über die Berichtigung des Tatbestands eines Urteils nicht angefochten werden (dazu auch VGH Mannheim NVwZ-RR 2003, 318). Diese Vorschrift wird von der Rspr. einengend ausgelegt. Eine Beschwerde ist ausnahmsweise möglich, wenn der Berichtigungsbeschluss an einem schweren Verfahrensfehler leidet, z.B. wenn ein Richter an dem Berichtigungsbeschluss mitgewirkt hat, obwohl er gar nicht an der zu berücksichtigenden Entscheidung beteiligt war.[37] **18**

d) Einwendungen gegen Vollstreckungsmaßnahmen. Z.T. wird vertreten, Einwendungen wegen Mängeln des Zwangsvollstreckungsverfahrens bei einer Vollstreckung nach *§ 169 Abs. 1* seien generell mit der Beschwerde nach § 146 Abs. 1 geltend zu machen.[38] Demgegenüber kommen nach zutreffender Ansicht wegen der Verweisung in § 167 Abs. 1 S. 1 die Vorschriften des achten Buches der ZPO zur Anwendung. Bei Einwendungen gegen eine reine Vollstreckungsmaßnahme, bei welcher der Vollstreckungsschuldner zuvor nicht angehört wurde, ist die Erinnerung gem. § 766 ZPO gegeben. Gegen eine aufgrund einer vorherigen Anhörung ergangene richterliche Entscheidung ist gem. § 793 ZPO sofortige Beschwerde zu erheben, an deren Stelle die Beschwerde nach § 146 Abs. 1 tritt.[39] Gegen den Beschluss nach § 167 Abs. 1 S. 1 i.V.m. § 769 ZPO über die einstweilige Zwangsvollstreckung ist unter Berücksichtigung der Wertung des § 707 Abs. 2 S. 2 ZPO keine Beschwerde statthaft (VGH Mannheim VBlBW 2014, 432, 433; VGH München BayVBl. 2015, 65). **19**

II. Beschwerdeausschluss (Abs. 2)

Zur Vermeidung von Verfahrensverzögerungen ist eine Beschwerde gegen die in § 146 Abs. 2 genannten Gerichtsentscheidungen ausgeschlossen. Die Gerichte sollen zunächst die Verhandlung abschließen und in der Sache entscheiden. Erst gegen diese Schlussentscheidung soll der Einzelne ein Rechtsmittel einlegen können.[40] **20**

1. Prozessleitende Verfügungen. Ausgeschlossen ist die Beschwerde bei prozessleitenden Verfügungen. Darunter werden herkömmlicherweise solche Entscheidungen des Gerichts verstanden, die es in Ausübung des ihm zukommenden Verfahrensermessens unmittelbar und ausschließlich in Bezug auf den Fortgang und Ablauf des Verfahrens trifft.[41] Des Weiteren ist – wenn auch nicht ganz unumstritten – erforderlich, dass die gerichtliche Entscheidung kein besonderes Gewicht für die Beteiligten hat, wie sich aus dem Vergleich zu den anderen in § 146 Abs. 2 genannten Maßnahmen ergibt.[42] Als Bei- **21**

---

36 VGH München NVwZ 1999, 896, 897; s.a. BVerfG NVwZ 2013, 136, 138; VGH Mannheim VBlBW 1998, 346, 347; so i.E. auch OVG Brem 28.5.1998 – 2 BB 48/98; VGH München DVBl 1999, 993; *M. Happ*, in: Eyermann § 146 Rn. 6; *C. Jeromin*, in: Gärditz § 146 Rn. 11; *T. Stuhlfauth*, in: Bader § 146 Rn. 5; a.M. VG Stuttgart NVwZ-RR 1997, 766 f.; *A. Decker*, BayVBl 1997, 673, 679.

37 Dazu OVG Lüneburg OVGE 14, 506; VGH München 4.8.1993 – 12 C 93.2060; 4.8.1993 – 12 C 93.2003; DÖV 1981, 766 f.; *C. Jeromin*, in: Gärditz § 146 Rn. 13; offen gelassen von BGH NJW-RR 1988, 407, 408 f.

38 In diese Richtung wohl *H. Engelhardt/M. App*, VwVG/VwZG, ⁹2011, § 18 VwVG Rn. 2.

39 OVG Bln-Bbg 13.12.2010 – OVG 11 L 49/10; OVG Weimar DÖV 2007, 305; VGH Kassel NVwZ-RR 1998, 77; 2004, 524; VGH Mannheim NVwZ 1989, 512 f.; NVwZ 1993, 73; ohne Bezug zur Aussetzung OVG Bautzen NVwZ 2004, 1134.

40 OVG Koblenz NVwZ-RR 1998, 693, 694; VGH Mannheim VBlBW 2015, 484; s.a. OVG Bautzen NVwZ 2004, 1134; *M. Scheffer*, NVwZ 2004, 1081.

41 Zum Begriff der prozessleitenden Verfügung z.B. BFHE 133, 8, 10; OVG Bautzen 24.4.2017 – 5 E 130/16; OVG Frankfurt (Oder) NVwZ 2003, 884, 885; OVG Koblenz NVwZ-RR 1998, 693; OVG Münster 26.2.2014 – 13 E 883/13; OVG Weimar 3.5.2002 – 4 VO 49/02; VGH Kassel NVwZ-RR 1995, 302; VGH Mannheim VBlBW 2015, 484; VGH München BayVBl 1981, 346, 347; 1983, 535, 536; 26.10.2007 – 19 C 07.2763; *S. Kautz*, in: HK-VerwR § 146 Rn. 12; *J. Meyer-Ladewig/R. Rudisile*, in: Schoch/Schneider/Bier § 146 Rn. 10; *M. Redeker*, in: Redeker/v. Oertzen § 146 Rn. 7 f.; *W.-R. Schenke*, in: Kopp/Schenke § 146 Rn. 10.

42 BFHE 133, 8, 10; OVG Koblenz NVwZ-RR 1998, 693; OVG Bautzen 24.4.2017 – 5 E 130/16; OVG Lüneburg NVwZ-RR 2015, 517, 518; OVG Magdeburg 4.11.2016 – 3 L 162/16; VGH Mannheim VBlBW 2015, 484; VGH München 26.10.2007 – 19 C 07.2763; in diese Richtung OVG Bautzen 3.5.2002 – 4 VO 49/02; NVwZ 2004, 1134 m.Anm. *M. Scheffer*, NVwZ 2004, 1081.

spiele für derartige prozessleitende Verfügungen sind zu nennen: die Anordnung der öffentlichen Zustellung einer gerichtlichen Maßnahme nach § 56 Abs. 2 VwGO i.V.m. §§ 185 ff. ZPO (VGH Mannheim VBlBW 2015, 484), die Aufforderung an den Kläger, seine Klage innerhalb einer bestimmten Frist zu ergänzen (§ 82 Abs. 2), sowie an den Beklagten, sich schriftlich zur Klage zu äußern (§ 85 S. 2 Hs. 1), das gerichtliche Verlangen, dass die Beteiligten zur Vorbereitung der mündlichen Verhandlung Schriftsätze einreichen (§ 86 Abs. 4 S. 1), Maßnahmen im vorbereitenden Verfahren nach § 87 sowie Anordnungen nach § 87 b, wie z.B. die Angabe von Tatsachen und Beweismitteln, die Aufforderung, das Verfahren weiter zu betreiben (§ 92 Abs. 2 S. 1),[43] die Anordnung des persönlichen Erscheinens eines Beteiligten (§ 95), nicht jedoch die Festsetzung eines Ordnungsmittels gem. § 95 Abs. 1 S. 3 (OVG Magdeburg 3.2.2016 – 1 O 9/16), die Anordnung der Beweiserhebung durch einen beauftragten Richter oder ein anderes Gericht vor Beginn der mündlichen Verhandlung (§ 96 Abs. 2), die Entscheidung über eine beanstandete Frage nach § 97 S. 3, die Ladung von Zeugen und Sachverständigen (§ 98 VwGO i.V.m. §§ 377 Abs. 1, 411 Abs. 3 ZPO), die Anberaumung eines Termins zur mündlichen Verhandlung (§ 101, s. OVG Bautzen 28.1.2010 – 5 E 5/10), die Ablehnung eines Terminverlegungsantrags (OVG Magdeburg 3.2.2010 – 1 L 95/09), die Entscheidung über eine beanstandete Frage nach § 104 Abs. 2 S. 2 sowie die Schließung und Wiedereröffnung der mündlichen Verhandlung (§ 104 Abs. 3),[44] die Entscheidung über Anträge, bestimmte Vorgänge in die Niederschrift aufzunehmen (§ 105 VwGO i.V.m. § 160 Abs. 4 S. 3 ZPO), die Berichtigung des Passivrubrums bei gesetzlichem Parteiwechsel,[45] die Entscheidung des Gerichts über die Form der Verkündung (→ § 116 Rn. 6 ff.) oder die gerichtliche Entscheidung über die (Nicht-)Verlängerung einer Frist für eine Stellungnahme (BVerwG Buchholz 310 § 130 a VwGO Nr. 30). Auch die vorläufige Streitwertfestsetzung nach § 63 Abs. 1 S. 1 GKG enthält eine nicht selbständig anfechtbare Zwischenentscheidung (VGH München 14.8.2008 – 5 C 05.1875). Entgegen dem VGH München kann die Regelung des § 146 Abs. 2 nicht im Wege der Analogie auf Beschlüsse über die Berichtigung der Rechtsbehelfsbelehrung eines Urteils übertragen werden.[46]

22   Keine prozessleitende Verfügung liegt in der Bestellung eines Prozesspflegers[47] oder eines besonderen Vertreters durch den Vorsitzenden (OVG Münster NWVBl 1997, 353; VGH München BayVBl 1973, 474). Die gerichtliche Zurückweisung eines Prozessbevollmächtigten ist nach § 67 Abs. 3 S. 1 explizit unanfechtbar.[48] Gleiches gilt gem. § 67 Abs. 3 S. 3, wenn das Gericht einem Prozessbevollmächtigten die weitere Vertretung untersagt, weil er nicht zur sachgerechten Darstellung des Sach- und Streitverhältnisses in der Lage ist (s. zur alten Rechtslage VGH München BayVBl 1963, 289, 290; 1972, 465; 1980, 221, 222). Wegen des verfassungsrechtlichen Justizgewährungsanspruchs ist der Begriff der prozessleitenden Verfügung eng auszulegen. Daher erfasst er nicht solche Gerichtsentscheidungen, welche die Rechtsstellung eines Beteiligten oder sonst Betroffenen erheblich berühren (VGH München BayVBl 1973, 474; 1981, 346, 347).

23   Gem. § 99 Abs. 2 S. 12 ist ein Beschluss des Gerichts zur Frage, ob die Voraussetzungen für die Verweigerung der Vorlage von Akten nach § 99 Abs. 2 S. 1 vorliegen, mit der Beschwerde anfechtbar. Liegt keine solche Konstellation vor, soll es sich nach der überwiegenden Meinung um eine prozessleitende Verfügung handeln, wenn ein Gericht einem Rechtsanwalt die Akten nicht zur Mitnahme in die Kanzlei überlässt. Begründet wird dies damit, dass die Anordnung im Interesse eines zügigen Verfahrensablaufs erfolge, der Richter des VG über die sachnäheren Kenntnisse verfüge und der Einzelne in seinem Recht auf Kenntnisnahme des Akteninhalts nicht beschränkt werde.[49] Neuerdings wird ein

43   OVG Lüneburg NVwZ 1998, 529; VGH München NVwZ 1998, 528 f.; *J. Meyer-Ladewig/R. Rudisile*, in: Schoch/Schneider/Bier § 146 Rn. 10; *W.-R. Schenke*, in: Kopp/Schenke § 146 Rn. 10; *T. Stuhlfauth*, in: Bader § 146 Rn. 6.

44   S.a. *M. Dolderer*, DÖV 2000, 491, 495.

45   OVG Bautzen 24.4.2017 – 5 E 130/16.

46   OVG Weimar ThürVBl 1995, 236, 237; VGH Mannheim NVwZ-RR 2003, 693, 694; a.M. VGH München 6.12.2004 – 1 C 03.2374.

47   OVG Koblenz NVwZ-RR 1998, 693; *M. Happ*, in: Eyermann § 146 Rn. 10; *J. Meyer-Ladewig/R. Rudisile*, in: Schoch/Schneider/Bier § 146 Rn. 10; *W.-R. Schenke*, in: Kopp/Schenke § 146 Rn. 12.

48   OVG Koblenz NVwZ-RR 2004, 703; VGH Mannheim 24.10.1997 – 2 S 2445/97; VGH München BayVBl 1980, 221, 222.

49   OVG Münster DÖV 1973, 279; NJW 1988, 221; OVG Schleswig NordÖR 2001, 395; VGH Mannheim VBlBW 2010, 485 f.; VGH München BayVBl 1971, 395; DÖV 1982, 604; NVwZ-RR 1998, 687, 688; *M. Happ*, in: Eyer-

Umkehrschluss zu § 99 Abs. 2 S. 12 gezogen.[50] Die zuletzt genannte Argumentation überzeugt nicht ganz. Mit § 99 Abs. 2 reagierte der Gesetzgeber auf eine Entscheidung des BVerfG. Es ist nicht anzunehmen, dass er damit zugleich eine allgemeine Aussage zur Möglichkeit der Beschwerde in anderen Fällen der Beschneidung der Akteneinsicht treffen wollte. Wie auch der BFH entschieden hat, sind Entscheidungen über die Gewährung von Akteneinsicht nicht ausschließlich prozessleitend.[51] Denn durch sie wird die Rechtsstellung des Beteiligten erheblich berührt. Das BVerfG hat betont, dass die Aktenüberlassung an den Prozessbevollmächtigten v.a. dem Zweck dient, die Chancengleichheit zwischen dem Bürger und dem Staat herzustellen (BVerfG NVwZ 1998, 836, 837). Dies zeigt deutlich, dass die Akteneinsicht und -überlassung nicht bloß Mittel gerichtlicher Verfahrenssteuerung sind, sondern zugleich eine Rechtswahrungs- und -verteidigungsfunktion im Interesse der Verfahrensbeteiligten erfüllen (OVG Koblenz DÖV 2002, 483, 484). Eine möglichst frühzeitige Anfechtbarkeit von Beschränkungen der Akteneinsicht trägt dazu bei, dass der Betroffene sich bereits in erster Instanz möglichst umfassend verteidigen kann und auf diese Weise ein späteres Vorgehen gegen die Hauptsacheentscheidung entbehrlich wird. Diese Argumentation konnte den VGH Mannheim VBlBW 2010, 485 f. nicht überzeugen, weil die nicht minder schwerwiegende Ablehnung des Befangenheitsantrags eines Richters explizit unanfechtbar sei (s.a. OVG Magdeburg 10.1.2012 – 1 O 2/12).

Auch die Entscheidung des VG, das Verfahren nach § 94 auszusetzen, bzw. die Ablehnung eines hierauf gerichteten Antrags sind anfechtbar. Die Aussetzung ist in der VwGO ausführlich geregelt und für die Beteiligten von erheblicher Bedeutung.[52] Gleiches gilt für den Aussetzungsbeschluss nach § 75 S. 3.[53] Mangels Vorliegens einer Ermessensnorm beinhaltet nach OVG Münster 26.2.2014 – 13 E 883/13 die gerichtliche Entscheidung über die Unterbrechung des Verfahrens gem. § 241 Abs. 1 ZPO keine prozessleitende Verfügung. Gleiches gilt für eine vom Verwaltungsgericht beschlossene Verweisung des Rechtsstreits an den Güterichter (§ 173 S. 1 i.V.m. § 278 Abs. 5 S. 1 ZPO), die im Übrigen auch nicht der Vorbereitung der abschließenden richterlichen Entscheidung dient (s. OVG Lüneburg NVwZ-RR 2015, 517, 518). Ebenfalls beschwerdefähig sind Gerichtsentscheidungen, welche das Ruhen des Verfahrens betreffen (§ 173 VwGO i.V.m. § 251 ZPO),[54] sowie Anordnungen, durch die das Verfahren selbst beendet wird.[55] Beschlüsse, mit denen das VG gem. § 149 Abs. 1 S. 2 die aufschiebende Wirkung der Beschwerde herstellt, sind nicht nur prozessleitend. Sie hindern inhaltlich den Vollzug der angefochtenen Sachentscheidung und berühren die Rechtsstellung eines Beteiligten erheblich. Aus der Möglichkeit des OVG nach § 173 VwGO i.V.m. § 570 Abs. 3 ZPO selbst eine einstweilige Anordnung zu erlassen, lässt sich nichts anderes entnehmen.[56] Solange das VG noch nicht darüber entschieden hat, ob es der Beschwerde abhelfen will, kann dessen einstweilige Aussetzung der Vollziehung mit der Beschwerde angefochten werden. Erst mit der Vorlage der Beschwerde an das OVG fehlt es am Rechtsschutzbedürfnis für eine Beschwerde gegen den Beschluss nach § 149 Abs. 1 S. 2.[57]

24

---

mann § 146 Rn. 9; *Kugele* § 146 Rn. 4; *J. Meyer-Ladewig/R. Rudisile*, in: Schoch/Schneider/Bier § 146 Rn. 10; *M. Redeker*, in: Redeker/v. Oertzen § 146 Rn. 7a; *W.-R. Schenke*, in: Kopp/Schenke § 146 Rn. 10; *T. Stuhlfauth*, in: Bader § 146 Rn. 10; VGH München NVwZ-RR 1998, 687, 688 hält dagegen eine Beschwerde gegen die Ablehnung der Herausgabe von Akten für möglich, wenn zunächst der Urkundsbeamte und daraufhin das VG entschieden hat.

50 OVG Koblenz NVwZ-RR 2002, 612; s. zur Geltendmachung i.R. eines Rechtsmittels gegen die Hauptsacheentscheidung VGH Kassel DVBl 1999, 1668; VGH Mannheim NVwZ-RR 1998, 687.

51 BFHE 133, 8, 10; BFH NVwZ-RR 1998, 472; BFH/NV 1999, 649; BFH/NV 2003, 59; BFH/NV 2003, 800; VGH Kassel NVwZ 1994, 398; VGH München BayVBl 1966, 427; offen gelassen vom OVG Frankfurt (Oder) NVwZ 2003, 884, 885, wenn die gerichtliche Entscheidung das „Ob" und nicht das „Wie" der Akteneinsicht betrifft.

52 OVG Bautzen 17.12.2010 – 2 E 137/10; OVG Bln-Bbg NVwZ-RR 2014, 824; OVG Brem NVwZ-RR 2009, 273; OVG Magdeburg 16.12.2011 – 1 O 172/11; OVG Münster DÖV 1973, 278, 279; VGH Kassel NVwZ-RR 2004, 390; VGH Mannheim VBlBW 1998, 348, 349; VGH München 16.2.2016 – 8 C 15.2617; *M. Happ*, in: Eyermann § 146 Rn. 10; *W.-R. Schenke*, in: Kopp/Schenke § 146 Rn. 12; a.M. *H. P. Buck*, DÖV 1964, 537, 539; *C. Meissner*, DVBl 1967, 426, 427.

53 BVerwGE 42, 108, 113; HmbOVG AuAS 1999, 93; *M. Happ*, in: Eyermann § 146 Rn. 10; *J. Meyer-Ladewig/R. Rudisile*, in: Schoch/Schneider/Bier § 146 Rn. 7.

54 OVG Münster NJW 1962, 1931; 24.11.1983 – 1 B 1452/83; a.M. *H. P. Buck*, DÖV 1964, 537, 538; *C. Meissner*, DVBl 1967, 426, 427.

55 *H. P. Buck*, DÖV 1964, 537; *C. Meissner*, DVBl 1967, 426, 427.

56 VGH Kassel DVBl 1991, 1319; VGH München BayVBl 1985, 22; a.M. VGH Mannheim NVwZ 1986, 934, 935; *J. Meyer-Ladewig/R. Rudisile*, in: Schoch/Schneider/Bier § 146 Rn. 9.

57 VGH Kassel DVBl 1991, 1319; von einer Anfechtbarkeit wird auch in BT-Drs. 10/3437, 162 ausgegangen.

25 Unterschiedliche Meinungen gibt es zur Statthaftigkeit der Beschwerde gegen gerichtliche Zwischenentscheidungen oder „Hängebeschlüsse". Es handelt sich bei diesen Maßnahmen um zeitlich eng begrenzte, durch die endgültige Eilentscheidung bedingte Anordnungen des Gerichts, welche verhindern sollen, dass bis zur Entscheidungsreife vollendete Tatsachen geschaffen werden.[58] Einige Gerichte halten diese Beschlüsse als prozessleitende Verfügungen für unanfechtbar, weil sie die Sachentscheidung nur vorbereiten und die Instanz nicht abschließen.[59] Zutreffend neigen die Gerichte überwiegend jedoch vermehrt zur Beschwerdefähigkeit (der Ablehnung) gerichtlicher Hängebeschlüsse,[60] wenn mit ihnen Auswirkungen auf den Inhalt des Verfahrens verbunden sind.[61] Gegen eine lediglich prozessleitende Natur der Zwischenentscheidungen spricht, dass sich das Gericht bei seiner Entscheidung nicht an reinen Verfahrensgesichtspunkten orientiert. Vielmehr ist für den Erlass oder die Ablehnung einer Zwischenentscheidung maßgeblich, ob sie zum Schutz der Rechtsstellung eines Verfahrensbeteiligten notwendig ist.[62] Der Hängebeschluss kann erheblich auf die Position eines der Beteiligten einwirken.[63] Die in § 146 Abs. 2 genannten Anordnungen haben einen rein verfahrensbezogenen Inhalt, wobei der Gegenstand des konkreten Rechtsstreits allenfalls mittelbar von Bedeutung ist. Demgegenüber lehnt sich der Inhalt des Hängebeschlusses unmittelbar an den möglichen Ausgang der jeweiligen Rechtsstreitigkeit an und schreibt den Beteiligten darauf bezogene Verhaltenspflichten vor.[64] Die Zwischenentscheidungen beinhalten somit materiell eine teilweise bzw. zeitweilige Entscheidung innerhalb des vorläufigen Rechtsschutzverfahrens.[65] Wie ein Blick auf manch andere anfechtbare Entscheidungen, z.B. die Aussetzung des Verfahrens, zeigt, kann allein aus der fehlenden Endgültigkeit des Hängebeschlusses ebenso wenig wie aus seiner Kurzfristigkeit auf seine Unanfechtbarkeit geschlossen werden.[66] Angesichts der divergierenden Haltung der Beschwerdegerichte wäre eine klare und eindeutige Regelung dieser Frage durch den Gesetzgeber wichtig (→ Rn. 54, → § 150 Rn. 4).

26 **2. Zu § 146 Abs. 2 zweite bis neunte Var.** Unanfechtbar sind des Weiteren Aufklärungsanordnungen nach § 86, Beschlüsse über die Bestimmung einer Frist (§ 57 VwGO i.V.m. §§ 224 Abs. 2, 225 Abs. 3 ZPO) oder über eine Vertagung (§ 173 VwGO i.V.m. § 227 Abs. 4 S. 3 ZPO). Wegen der Ähnlichkeit zur Vertagung soll auch die bloße Absetzung eines Gerichtstermins nicht anfechtbar sein (VGH München 26.10.2007 – 19 C 07.2763). Nach dem OVG Saarlouis liegt in der Mitteilung eines Berichterstatters, dass eine Terminierung in einer bestimmten Sache im laufenden Geschäftsjahr nicht mehr möglich ist, keine beschwerdefähige Entscheidung.[67] Auch Beweisbeschlüsse und Beschlüsse über die Ablehnung von Beweisanträgen (VerfGH Bln NVwZ 2007, 813, 814) können nicht mit der Beschwerde angefochten werden. Anders ist dies nach § 98 VwGO i.V.m. §§ 485–494 ZPO bei der Ablehnung eines Antrags auf Beweissicherung[68] oder bei einem über den Antrag hinausgehenden Beweissiche

---

58 VGH Kassel NVwZ 2015, 447; *M. Scheffer*, NVwZ 2004, 1081; ausf. zu den Hängebeschlüssen *A. Guckelberger*, NVwZ 2001, 275 ff.; *S. Kautz*, in: HK-VerwR § 146 Rn. 12.

59 OVG Bln NVwZ-RR 1999, 212. Eine Beschwerde soll dagegen möglich sein, wenn eine Sachentscheidung fälschlicherweise als Zwischenverfügung bezeichnet wird. S.a. OVG Münster IÖD 2014, 97 f.; OVG Lüneburg 7.7.2017 – 13 ME 170/17; VGH Kassel NVwZ-RR 1995, 302; VGH München 18.5.2017 – 2 CS 17.823.

60 OVG Bautzen NVwZ 2004, 1134; OVG Bln-Bbg 2.7.2010 – OVG 1 S 71.10; HmbOVG NVwZ 2004, 1135; OVG Münster NWVBl 2009, 224; IÖD 2015, 30; VGH Kassel, NVwZ 2015, 447.

61 OVG Münster IÖD 2015, 30 f.; VGH Kassel NVwZ 2015, 447.

62 OVG Bln-Bbg 2.7.2010 – OVG 1 S 71.10; OVG Weimar 3.5.2002 – 4 VO 49/02; in diese Richtung OVG Bautzen NVwZ 2004, 1134; der Hängebeschluss erfolgt im Interesse der Gewährung effektiven Rechtsschutzes nach Art. 19 Abs. 4 GG, s. HmbOVG NVwZ 2004, 1135. S.a. *S. Krull*, Der „Hängebeschluss" im System des vorläufigen Rechtsschutzes der Verwaltungsgerichtsordnung, 2016, S. 142; *T. Mann*, NWVBl. 2017, 60, 66.

63 OVG Weimar 3.5.2002 – 4 VO 48/02; *A. Guckelberger*, NVwZ 2001, 275, 278; *S. Krull*, Der „Hängebeschluss" im System des vorläufigen Rechtsschutzes der Verwaltungsgerichtsordnung, 2016, S. 143.

64 *A. Guckelberger*, NVwZ 2001, 275, 278.

65 OVG Bautzen NVwZ 2004, 1134 m.Anm. *M. Scheffer*, NVwZ 2004, 1081, 1082; OVG Schleswig 31.5.2001 – 4 M 38/01; OVG Weimar 3.5.2002 – 4 VO 49/02; VGH Kassel 28.4.2017 – 1 B 947/17; *S. Kautz*, in: HK-VerwR § 146 Rn. 12; *K. Kuhlmann*, in: Wysk § 146 Rn. 14; *S. Krull*, Der „Hängebeschluss" im System des vorläufigen Rechtsschutzes der Verwaltungsgerichtsordnung, 2016, S. 139 ff.; *W.-R. Schenke*, in: Kopp/Schenke § 146 Rn. 11; *T. Mann*, NWVBl 2017, 60, 66.

66 *S. Krull*, Der „Hängebeschluss" im System des vorläufigen Rechtsschutzes der Verwaltungsgerichtsordnung, 2016, S. 146.

67 OVG Koblenz DÖV 1989, 40; OVG Saarlouis 13.10.1997 – 2 Y 4/97; vgl. auch VGH Mannheim NJW 1984, 993; s. aber auch VGH München BayVBl 1978, 212, 213.

68 OVG Münster OVGE 24 Nr. 48; *J. Meyer-Ladewig/R. Rudisile*, in: Schoch/Schneider/Bier § 146 Rn. 11; *T. Stuhlfauth*, in: Bader § 146 Rn. 11.

rungsbeschluss.[69] Keine Beschwerde ist möglich gegen Beschlüsse über die Verbindung und Trennung von Verfahren und Ansprüchen nach § 93 (BVerwG 31.1.2011 – 8 B 32/10).

3. Ablehnung von Gerichtspersonen. Nach der vorletzten Var. des § 146 Abs. 2 können Beschlüsse 27 über die Ablehnung von Gerichtspersonen nicht mit der Beschwerde angefochten werden. Gerichtspersonen sind gem. § 54 VwGO i.V.m. §§ 41–49 ZPO Richter und Urkundsbeamte (HmbOVG IÖD 2011, 177). Den Beteiligten soll kein Rechtsmittel gegen die Abweisung eines gegen eine Gerichtsperson gerichteten Ablehnungsgesuchs eröffnet werden, wenn gegen die Entscheidung über die Klage oder den Antrag auf vorläufigen Rechtsschutz kein oder lediglich ein Zulassungsrechtsmittel möglich ist. Außerdem werden sie davon abgehalten, Ablehnungsgesuche allein zur Hinauszögerung der endgültigen Gerichtsentscheidung zu stellen.[70] Nach dem BVerfG verstößt eine Regelung, aufgrund derer eine Beschwerde gegen die eine Richterablehnung abweisende Gerichtsentscheidung nicht möglich ist, weder gegen Art. 19 Abs. 4 GG noch gegen Art. 101 Abs. 1 S. 2 GG (BVerfGE 45, 363, 375 f.; s.a. VGH München 15.6.2016 – 2 C 16.1029). Ist eine Gerichtsentscheidung in dieser Hinsicht fehlerhaft, kann sie ggf. Gegenstand einer Anhörungsrüge sein oder mit einem Rechtsmittel gegen die Hauptsacheentscheidung angegriffen werden.[71] So geht auch das BVerfG davon aus, dass bei einer unzulässigen Selbstentscheidung auch die dem Ablehnungsgesuch folgende Sachentscheidung am Makel des Verstoßes gegen den gesetzlichen Richter leidet (BVerfG 11.3.2013 – 1 BvR 2853/11).

§ 146 Abs. 2 vorletzte Var. bezieht sich nicht auf Beschlüsse über Ablehnungsgesuche gegen *Sachver-* 28 *ständige*. Sachverständige wirken nicht unmittelbar an der Gerichtsentscheidung mit; sie verschaffen dem Gericht lediglich Sachkenntnisse und erfüllen die Funktion eines Beweismittels.[72] Eine erweiternde Auslegung bzw. analoge Anwendung dieser Vorschrift kommt nicht in Betracht.[73] Wegen § 98 VwGO i.V.m. § 406 Abs. 5 ZPO ist jedoch eine Beschwerde gegen eine Gerichtsentscheidung unzulässig, die ein Ablehnungsgesuch gegen einen Sachverständigen für begründet erachtet.[74]

4. Ablehnende Prozesskostenhilfebeschlüsse. Seit dem 1.1.2014 sind Beschlüsse über die **Ablehnung** 28a **der Prozesskostenhilfe** nicht mehr beschwerdefähig, wenn das Gericht **ausschließlich die persönlichen oder wirtschaftlichen Voraussetzungen der Prozesskostenhilfe** verneint hat. Ausweislich der Gesetzesmaterialien kommt eine Beschwerde gegen eine Ablehnung von Prozesskostenhilfe nur noch in Betracht, „wenn die Erfolgsaussichten in der Hauptsache vom Gericht verneint wurden. Hat das Gericht hingegen die persönlichen oder wirtschaftlichen Voraussetzungen verneint, ist die Beschwerde gegen diese Entscheidung nicht statthaft" (BT-Drs. 17/11472, 48 f.).[75] Inzwischen gibt es zahlreiche Gerichtsentscheidungen zu diesem Ausschlussgrund. Nach dem OVG Bln-Bbg greift er nur, wenn die PKH „ausschließlich" wegen nicht glaubhaft gemachter Bedürftigkeit abgelehnt wird.[76] Der Ausschluss kommt auch dann zum Tragen, wenn das Gericht mangels Vorlage der erforderlichen Unterlagen die persönlichen oder wirtschaftlichen Voraussetzungen für eine PKH-Gewährung nicht prüfen konnte[77] oder die PKH nur gegen Ratenzahlung bewilligt wird.[78] Letztere beinhaltet eine Teilablehnung der PKH, entspricht dem Sinn und Zweck der Regelung sowie der Gesetzgebungsgeschich-

---

69 *J. Meyer-Ladewig/R. Rudisile,* in: Schoch/Schneider/Bier § 146 Rn. 11.
70 BT-Drs. 13/3993, 22 f.; 13/5098, 24 f.; vgl. dazu auch BVerwG 24.2.2000 – 9 B 74/00; OVG Lüneburg NVwZ-RR 2002, 471, 472; VGH München 15.6.2016 – 2 C 16.1029.
71 OVG Bln-Bbg 4.3.2013 – OVG 9 L 9/13; OVG Weimar 6.9.2016 – 3 SO 512/16; VGH München 7.1.2013 – 12 C 12.2684.
72 OVG Münster 18.9.2007 – 19 E 826/06; VGH Mannheim VBlBW 1998, 56; VGH München BayVBl 2004, 733; 17.3.2006 – 3 C 05.2420; s.a. *M. Happ,* in: Eyermann § 146 Rn. 11; *J. Meyer-Ladewig/R. Rudisile,* in: Schoch/ Schneider/Bier § 146 Rn. 10.
73 VGH Mannheim NVwZ-RR 1998, 689 (dabei soll das Beschwerdegericht über das Vorliegen eines Ablehnungsgrundes befinden können, wenn das VG einen verfrühten Antrag nicht zurückgewiesen, sondern in der Sache entschieden hat); i.E. HmbOVG IÖD 2011, 177; *T. Stuhlfauth,* in: Bader § 146 Rn. 12.
74 *C. Jeromin,* in: Gärditz § 146 Rn. 19. Dagegen ist nach § 98 VwGO i.V.m. § 406 Abs. 5 ZPO die Beschwerde möglich, wenn ein Ablehnungsgesuch gegen einen Sachverständigen für unbegründet erklärt wurde. Vgl. OVG Lüneburg NdsRpfl 1997, 293.
75 Dazu auch VGH München 6.9.2016 – 4 C 16.915.
76 OVG Bln-Bbg NVwZ-RR 2015, 599. Nach OVG Lüneburg 5.9.2017 – 13 PA 235/17 kann die Ablehnung der PKH nur mit der Beschwerde angefochten werden, wenn das Gericht die Erfolgsaussichten in der Hauptsache verneint hat.
77 OVG Bln-Bbg RVGreport 2016, 77; 21.6.2016 – OVG 3 M 55.16; OVG Brem 23.9.2016 – 1 PA 248/16.
78 *K. Kuhlmann,* in: Wysk § 146 Rn. 13.

te.[79] Wegen der Anknüpfung an die persönlichen und wirtschaftlichen Verhältnisse gilt der Beschwerdeausschluss auch für die Frage, ob eine Person wirtschaftlich Beteiligter i.S.v. § 116 Abs. 1 S. 1 Nr. 2 ZPO am Gegenstand des Rechtsstreits ist.[80] Nach dem Wortlaut sowie seinem Sinn und Zweck betrifft der Ausschluss der Beschwerde nur die erstmalige Entscheidung über die PKH-Bewilligung. Nachträgliche Entscheidungen über deren Änderung oder Aufhebung werden nicht erfasst.[81]

III. Beschwerdeausschluss (Abs. 3)

29   Nach dieser Bestimmung ist – vorbehaltlich einer gesetzlich vorgesehenen Beschwerde gegen die Nichtzulassung der Revision – eine Beschwerde in Streitigkeiten über Kosten, Gebühren und Auslagen unzulässig, wenn der Wert des Beschwerdegegenstands 200 € nicht übersteigt. Auf diese Weise will der Gesetzgeber in wirtschaftlich unbedeutenden Streitigkeiten eine Straffung der Verfahren sowie eine Entlastung der Beschwerdegerichte erreichen (BT-Drs. 13/3993, 14; s.a. VGH München BayVBl 2003, 92, 93). Der Begriff der Streitigkeiten über Kosten, Gebühren und Auslagen umfasst die Festsetzung der Gerichtskosten, die Gebühren und Auslagen der Prozessbevollmächtigten sowie angesichts der allgemein gehaltenen Formulierung („Kosten") die außergerichtlichen Kosten der Beteiligten einschließlich der Beigeladenen.[82] Weil die Reisekosten eines Beteiligten zum Termin zu den außergerichtlichen Kosten zählen, findet § 146 Abs. 3 auf den gleich gelagerten Fall der Beschwerde gegen die Ablehnung einer Reisekostenbeihilfe Anwendung.[83] Die Kosten müssen einen Zusammenhang zum Gerichtsverfahren aufweisen.[84] Strittig ist, ob dieser bei einer nachträglich isolierten Entscheidung über die Notwendigkeit eines Prozessbevollmächtigten für das Vorverfahren gegeben ist.[85] Da die 200 €-Grenze in der Praxis aber meistens überschritten werden dürfte, ist dieser Streit von geringer praktischer Relevanz.[86] Aus dem Kontext des § 162 Abs. 1, Abs. 2 S. 2 folgt, dass lediglich die Beratung während des Vorverfahrens zu den außergerichtlichen Kosten zählt (VGH München 5.2.2013 – 10 C 12.2381). E contrario kann daraus entnommen werden, dass es bei Kosten für einzelne Handlungen im Verwaltungsverfahren an dem nötigen prozessualen Zusammenhang fehlt.[87] Für die Wertfestsetzung der Gerichtsgebühren enthält § 68 Abs. 1 S. 1 GKG eine Sonderregelung.[88] Gegenüber § 146 Abs. 3 vorrangig ist die Beschwerderegelung in § 56 Abs. 2 i.V.m. § 33 Abs. 3 RVG,[89] etwas anderes gilt aber in Bezug auf § 11 RVG.[90] Die Ansichten gehen auseinander, ob die Entscheidung über die Höhe der Entschädigung von Zeugen und Sachverständigen sowie von ehrenamtlichen Richtern dem Anwendungsbereich des § 146 Abs. 3 unterfallen.[91] Auf keinen Fall bezieht sich diese Norm auf die

---

79   VGH Mannheim VBlBW 2016, 155.
80   OVG Weimar ThürVGRspr 2016, 107 f.
81   OVG Bautzen NVwZ-RR 2016, 439.
82   OVG Bautzen 2.8.2012 – 1 E 15/11; VGH München 5.2.2013 – 10 C 12.2381; zur Einbeziehung der außergerichtlichen Kosten VGH München BayVBl 2003, 92, 93; *J. Meyer-Ladewig/R. Rudisile*, in: Schoch/Schneider/Bier § 146 Rn. 12.
83   OVG Bautzen NVwZ-RR 1999, 814; VGH München BayVBl 2003, 92 f.; zur Zugehörigkeit der Reisekosten zu den außergerichtlichen Kosten auch VGH Mannheim 16.5.2000 – 9 S 652/00; *M. Kaufmann*, in: Posser/Wolff § 146 Rn. 6.
84   *M. Kaufmann*, in: Posser/Wolff § 146 Rn. 6; *J. Meyer-Ladewig/R. Rudisile*, in: Schoch/Schneider/Bier § 146 Rn. 12; *W.-R. Schenke*, in: Kopp/Schenke § 146 Rn. 16; *T. Stuhlfauth*, in: Bader § 146 Rn. 13; s.a. VGH München 5.2.2013 – 10 C 12.2381.
85   Bejahend und damit die Anwendung des § 158 Abs. 2 abl. VGH Kassel DVBl 1996, 113 f.; VGH Mannheim VBlBW 1996, 340 f.; *M. Happ*, in: Eyermann § 146 Rn. 13; a.M. VGH München NVwZ-RR 1993, 221. Das OVG Saarlouis NVwZ-RR 1999, 213 hält eine isolierte Beschwerde gegen den Ausspruch nach § 162 Abs. 2 S. 2 für möglich; offen gelassen von OVG Greifswald NVwZ 2002, 1129, 1130.
86   *C. Jeromin*, in: Gärditz § 146 Rn. 20.
87   OVG Brem 5.11.1987 – 1 B 95/87; OVG Saarlouis 1.2.1982 – 3 W 2/82; VGH Kassel NVwZ-RR 1990, 113 (Kosten der Verwaltung für eine Aktenübersendung); VGH München 5.2.2013 – 10 C 12/2381; *J. Meyer-Ladewig/R. Rudisile*, in: Schoch/Schneider/Bier § 146 Rn. 12; *W.-R. Schenke*, in: Kopp/Schenke § 146 Rn. 16; *T. Stuhlfauth*, in: Bader § 146 Rn. 13.
88   HmbOVG 17.8.1993 – Bs IV 358/92; OVG Münster 22.12.1999 – 16 E 704/99; VGH Kassel NVwZ-RR 1994, 478, 479; VGH München BayVBl 1994, 92, 93; *W.-R. Schenke*, in: Kopp/Schenke § 146 Rn. 16; *T. Stuhlfauth*, in: Bader § 146 Rn. 14; a.M. HmbOVG MDR 1993, 917 f.; OVG Münster 17.9.1991 – 13 E 737/91.A.
89   Noch zu § 128 Abs. 4 S. 1 BRAGO a.F. OVG Lüneburg 6.12.2001 – 2 OA 3485/01; ebenso HmbOVG 29.5.2002 – 4 So 55/01 für § 10 BRAGO a.F.; *T. Stuhlfauth*, in: Bader § 146 Rn. 13.
90   Zur Anwendbarkeit des § 146 Abs. 3 auf § 11 RVG *T. Stuhlfauth*, in: Bader § 146 Rn. 13.
91   Bejahend VGH Kassel NVwZ-RR 1990, 113; *J. Meyer-Ladewig/R. Rudisile*, in: Schoch/Schneider/Bier § 146 Rn. 12; *T. Stuhlfauth*, in: Bader § 146 Rn. 13; verneinend OVG Bautzen SächsVBl 2005, 137; OVG Greifswald NVwZ-RR

Festsetzung von Zwangsgeld nach § 172 oder auf PKH ablehnende Beschlüsse.[92] Im Unterschied zu § 511 Abs. 2 Nr. 1 ZPO, der für die Berufung Wertuntergrenzen festlegt, ist für die verwaltungsprozessuale Prozesskostenhilfebeschwerde das Erreichen eines bestimmten Wertes des Beschwerdegegenstandes nicht erforderlich.[93] Aus dem Wortlaut, der Stellung sowie Sinn und Zweck des § 146 Abs. 3 lässt sich nicht entnehmen, dass der Beschwerdeausschluss für solche Personen nicht gilt, die überhaupt nicht am Gerichtsverfahren beteiligt waren.[94]

Bei den genannten Streitigkeiten ist eine Beschwerde nur möglich, wenn der Wert des Beschwerdegegenstands mindestens 200 € beträgt. Der Wert des Beschwerdegegenstands richtet sich nach der durch den Beschwerdeantrag begrenzten Beschwer des Rechtsmittelführers.[95] Die Beschwerdesumme ergibt sich aus der Differenz zwischen dem Rechtsmittelantrag und dem von dem Gericht Zugesprochenen.[96] Hilft das Ausgangsgericht der Beschwerde z.T. ab, richtet sich die Beschwerdesumme nach dem noch streitigen Teilgegenstand. An eine Ausnahme ist allenfalls zu denken, wenn eine einheitlich zu treffende Entscheidung ohne nachvollziehbare Gründe willkürlich aufgeteilt wird.[97] Fallen Reisekosten eines Prozessbeteiligten für Termine in verschiedenen Sachen an, die zu derselben Zeit vor demselben Gericht verhandelt werden, ist es – Manipulationen ausgenommen – nicht zu beanstanden, wenn die Kosten nach der Zahl der Verfahren aufgeteilt werden und dadurch die Beschwerdesumme für jedes einzelne Verfahren unterschritten wird (VGH Mannheim 16.5.2000 – 9 S 652/00). Bei der Wertberechnung gelten über § 173 VwGO die §§ 3–9 ZPO, so dass bei einer auf einer subjektiven Klagehäufung beruhenden Anspruchsmehrheit die Erstattungsbeiträge zu addieren sind, sofern die Ansprüche nicht identisch sind (OVG Magdeburg NVwZ-RR 2013, 167). Maßgeblicher Zeitpunkt ist bei der Differenzfeststellung derjenige der Beschwerdeeinlegung (§ 173 VwGO i.V.m. § 4 Abs. 1 ZPO).[98]

IV. Beschwerdeausschluss durch Normen außerhalb der VwGO

Z.T. wird in Normen außerhalb der VwGO die verwaltungsprozessuale Beschwerde ausgeschlossen. In aller Regel sollen bei einem derartigen spezialgesetzlichen Beschwerdeausschluss auch die nicht ausdrücklich genannten Nebenentscheidungen des VG unanfechtbar sein.[99]

1. § 80 AsylG. Im Gesetzentwurf der Bundesregierung zur besseren Durchsetzung der Ausreisepflicht war eine Beschwerdemöglichkeit in vorläufigen Rechtsschutzverfahren durch Einführung von zwei neuen Absätzen zu § 80 AsylG angedacht (BT-Drs. 18/11546, 35 f.), die jedoch nicht Gesetz wurden. Damit bleibt es bei § 80 AsylG, wonach Entscheidungen nach dem AsylG vorbehaltlich des § 133 Abs. 1 VwGO nicht mit der Beschwerde angefochten werden können. Die Beschwerde ist also bei all den Streitigkeiten ausgeschlossen, welche ihre rechtliche Grundlage im AsylG haben. Dies ist bei allen Entscheidungen des BAMF der Fall. Hat eine andere Behörde entschieden, ist anhand des Sinnzusammenhangs und des Gefüges der einzelnen Regelungen zu bestimmen, ob die rechtliche Grundlage der

---

2003, 70 im Falle des § 33. Nach VGH Kassel HessVGRspr 1971, 35, 36 ist zumindest die Vorschrift des § 147 anzuwenden.

92 OVG Münster NVwZ 1988, 370; VGH München BayVBl 2003, 573; *S. Kautz*, in: HK-VerwR § 146 Rn. 13; *J. Meyer-Ladewig/R. Rudisile*, in: Schoch/Schneider/Bier § 146 Rn. 12.

93 VGH München BayVBl 2003, 573; *J. Meyer-Ladewig/R. Rudisile*, in: Schoch/Schneider/Bier § 146 Rn. 12; *W.-R. Schenke*, in: Kopp/Schenke § 146 Rn. 16.

94 Ebenso *J. Meyer-Ladewig/R. Rudisile*, in: Schoch/Schneider/Bier § 146 Rn. 12; *W.-R. Schenke*, in: Kopp/Schenke § 146 Rn. 17; a.M. OVG Münster NJW 1972, 118.

95 Dazu BVerwG NVwZ 1987, 219, 220; OVG Münster 24.2.2014 – 6 E 703/13; VGH München 11.6.2008 – 10 C 08.777, stellt auf den mit dem Rechtsmittel angefochtenen Beschluss ab; *J. Meyer-Ladewig/R. Rudisile*, in: Schoch/Schneider/Bier § 146 Rn. 12.

96 VGH München 8.2.2013 – 4 C 12/2793; *J. Meyer-Ladewig/R. Rudisile*, in: Schoch/Schneider/Bier § 146 Rn. 12; *W.-R. Schenke*, in: Kopp/Schenke § 146 Rn. 18; *T. Stuhlfauth*, in: Bader § 146 Rn. 15.

97 OVG Münster 12.1.2009 – 6 E 911/08; zur Frage der Trennung BVerfG NJW 1997, 649, 650; *J. Meyer-Ladewig/R. Rudisile*, in: Schoch/Schneider/Bier § 146 Rn. 12; *T. Stuhlfauth*, in: Bader § 146 Rn. 15.

98 Zu einem Fall der nachträglichen Beschränkung des eingelegten Rechtsmittels OVG Münster OVGE 17, 234 f.; *J. Meyer-Ladewig/R. Rudisile*, in: Schoch/Schneider/Bier § 146 Rn. 12.

99 Vgl. OVG Frankfurt (Oder) InfAuslR 2003, 78, 79; HmbOVG NordÖR 2002, 113; OVG Münster NVwZ-RR 1996, 128; 1996, 215; VGH Mannheim VBlBW 2000, 204 mit beispielhafter Aufzählung von Nebenentscheidungen, z.B. zu den Kosten, zur PKH, zum Streitwert; VGH München BayVBl 1998, 605; 1999, 87; 12.2.2008 – 20 C 08.30051; *R. Göbel-Zimmermann*, Asyl- und Flüchtlingsrecht, 1999, Rn. 423; *J. Meyer-Ladewig/R. Rudisile*, in: Schoch/Schneider/Bier § 146 Rn. 16.

Streitigkeit im AsylG liegt.[100] Angesichts des weiten Wortlauts des § 80 AsylG gehen die Gerichte überwiegend von einem umfassenden Beschwerdeausschluss aus. Er gilt nicht nur für Verfahren des vorläufigen Rechtsschutzes, sondern für alle unselbständigen und selbständigen Nebenverfahren, etwa die Gegenstandswertfestsetzung oder PKH-Entscheidungen (VGH Mannheim DÖV 2011, 944; VGH München 22.5.2013 – 8 C 13/30078).

33   Zunächst nahmen viele OVG an, dass solche Streitigkeiten asylrechtlicher Natur seien, in denen der Antragsteller eine einstweilige Anordnung gegen die Vollziehung einer nach dem AsylG erlassenen Abschiebungsandrohung begehrt, weil er einen ausländerrechtlichen Aufenthaltstitel anstrebt. Denn der Sache nach wende er sich gegen die Vollziehung der asylrechtlichen Abschiebungsandrohung.[101]

34   Dieser Sichtweise trat das BVerwG 1997 in einer Entscheidung entgegen, die allerdings kein vorläufiges Rechtsschutzverfahren betraf. Während früher im Asylverfahren generell die Abschiebungshindernisse und Duldungsgründe zu prüfen waren, habe der Gesetzgeber bei der Novellierung dieses Rechtsbereichs bewusst eine Trennung zwischen der Abschiebungsandrohung und ihrem Vollzug eingeführt. Sofern es um das Vorliegen von Duldungsgründen gehe, sei daher das Ausländerrecht und nicht das AsylG maßgeblich (BVerwG NVwZ 1998, 299, 300 f.). Obwohl mehrere OVG an ihrer bisherigen Rspr. festhalten,[102] kann für die auf vorläufigen Rechtsschutz ausgerichteten Eilverfahren nichts anderes gelten.[103] Die Voraussetzungen für die einstweilige Erteilung einer Duldung richten sich nach § 60a AufenthG (VGH Mannheim VBlBW 1999, 33). Ist nach § 80 AsylG das Vorliegen einer Streitigkeit nach dem AsylG maßgeblich, ist auf die materiell-rechtliche Natur des Rechtsstreits und nicht auf seine prozessuale Form abzustellen.[104]

35   Folgt man der Ansicht des BVerwG, ist § 80 AsylG also nicht einschlägig, wenn später ausländerrechtliche Duldungsgründe geltend gemacht werden. Abschiebungshindernisse unterfallen dagegen i.R. der Bindungswirkung des § 42 AsylG weiterhin dem Anwendungsbereich des § 80 AsylG.[105]

36   Zu Recht lehnen die Gerichte überwiegend einen Ausschluss der Beschwerde gegen solche Gerichtsentscheidungen nach § 80 AsylG ab, die das VG nach dem AsylG überhaupt nicht treffen darf. Der Wille des Gesetzgebers war kaum darauf gerichtet, Entscheidungen, die er selbst generell verbieten wollte, über § 80 AsylG für unanfechtbar zu erklären.[106] Hat dagegen das erstinstanzliche Gericht fehlerhaft eine Rechtsstreitigkeit nach dem AsylG verneint, greift der Beschwerdeausschluss dennoch ein (OVG Magdeburg 12.5.2011 – 2 M 23/11).

37   **2. Weitere Bestimmungen.** Des Weiteren ist eine Beschwerde gem. § 10 Abs. 2 S. 1 KDVG (OVG Magdeburg DÖV 2009, 424), § 34 S. 1 WPflG, § 75 S. 1 ZDG ausgeschlossen, sofern keine der Ausnahmebestimmungen zu diesen Vorschriften greift. Gleiches gilt für andere Gerichtsentscheidungen als

100   BVerwG NVwZ 1998, 299, 300 hinsichtlich § 78 AsylG; OVG Koblenz InfAuslR 2004, 255, 256; OVG Lüneburg DVBl 2000, 1545; OVG Münster 26.2.2013 – 18 B 572/12; VGH Mannheim VBlBW 1999, 33; 1999, 107; 2000, 204; *J. Meyer-Ladewig/R. Rudisile*, in: Schoch/Schneider/Bier § 146 Rn. 16 a.

101   Dazu VGH Kassel DÖV 1998, 391; VGH Mannheim VBlBW 1998, 317 f.; 1999, 109.

102   HmbOVG 5.3.1998 – Bs IV 177/97; OVG Koblenz AuAS 1998, 153; VGH Kassel DÖV 1998, 391 f.; InfAuslR 2003, 261; VGH Mannheim VBlBW 1998, 317 f.; 1999, 107, 108 ff.; 1999, 109, 110 ff. betonen v.a. die funktionelle Einheit, den Beschleunigungszweck und die unerwünschten Folgen einer Aufsplitterung des Verfahrens. Auch werde im 4. Unterabschnitt des AsylG nicht zwischen der Begründung der Ausreisepflicht und ihrer Durchsetzung differenziert; s.a. die zusammenfassende Darstellung der Argumentation der OVG bei *D. König*, NVwZ 2000, 268, 269.

103   So auch HmbOVG NVwZ-RR 1998, 456; OVG Koblenz InfAuslR 2004, 255, 256; OVG Lüneburg NordÖR 2004, 43; OVG Münster 21.9.1998 – 17 B 402/98; OVG Weimar DÖV 1998, 518; VGH Mannheim VBlBW 1998, 111, 112; 1999, 33; NVwZ 2000, 589; das BVerfG 5.6.1998 – 2 BvQ 21/98 ließ offen, ob es nicht bei einstweiligen Rechtsschutzverfahren wegen der Ansicht des BVerwG an der für seine Anrufung notwendigen Erschöpfung des Rechtswegs fehlt; *H. Geiger*, BayVBl 2003, 673, 676 f.; *D. König*, NVwZ 2000, 268, 270 f.; *J. Meyer-Ladewig/R. Rudisile*, in: Schoch/Schneider/Bier § 146 Rn. 16 a; *W.-R. Schenke*, in: Kopp/Schenke § 146 Rn. 24.

104   VGH Mannheim VBlBW 1999, 33; AuAS 2008, 22, 23; s.a. *D. König*, NVwZ 2000, 268, 269 f.; a.M. VGH Kassel DÖV 1998, 391 f.; VGH Mannheim VBlBW 1999, 109.

105   HmbOVG NVwZ-RR 1998, 456 f.; 16.2.2005 – 4 Bs 488/04; OVG Lüneburg DVBl 2000, 1545 f.; VGH Mannheim VBlBW 1998, 111, 112; nach VGH Mannheim VBlBW 1999, 33, 34 handelt es sich insoweit nur um die Frage, inwieweit die Bindungswirkung den Entscheidungsspielraum der Ausländerbehörde in der Sache beeinflusst; s.a. *D. König*, NVwZ 2000, 268, 272 f.

106   VGH München BayVBl 1998, 605; so wohl auch OVG Münster DVBl 1996, 1278; s. zur Argumentation mit der außerordentlichen Beschwerde OVG Frankfurt (Oder) LKV 1995, 198; der VGH München BayVBl 1998, 605 ließ offen, ob § 80 AsylG bei Willkür ausgeschaltet wird; *R. Göbel-Zimmermann*, Asyl- und Flüchtlingsrecht, 1999, Rn. 424, 426.

Urteile nach § 23 Abs. 2 S. 1 InVorG, § 37 Abs. 2 S. 1 VermG.[107] Weitere Beschwerdeausschlüsse enthalten § 27 Abs. 1 S. 2 BerRehaG, § 6 Abs. 1 S. 2 VZOG, § 22 S. 1 VerkSiG, § 12 S. 1 WiSiG.

V. Beschwerdeausschluss bei Vorlagebeschlüssen

Nach der Rspr. sind außerdem Vorlagebeschlüsse an ein oberstes Gericht nicht mit der Beschwerde **38** anfechtbar. Wird eine Streitsache gem. Art. 100 GG dem BVerfG vorgelegt, soll nach dessen Sinn und Zweck sofort das BVerfG entscheiden.[108] Noch keinesfalls abschließend geklärt ist, ob Vorlagebeschlüsse an den EuGH (Art. 267 UAbs. 2, 3 AEUV) mit der Beschwerde angefochten werden können. Der VGH Mannheim hat dies in einer Entscheidung verneint. Da das Europarecht Rechtsmittel gegen den Vorlagebeschluss nicht verbiete, richte sich die Beschwerdemöglichkeit allein nach dem nationalen Recht.[109] § 146 Abs. 2 sei erweiternd auszulegen, weil der Gesetzgeber bei Erlass dieser Norm nicht an die Vorlagebeschlüsse gedacht habe. Denn auch diese dienten der Förderung der Sachentscheidung.[110] Wird dagegen das Verfahren vom VG ausgesetzt und sieht es von einer Vorlage an den EuGH ab, weil dieselbe Frage bereits Gegenstand eines *anderen* Vorabentscheidungsverfahrens ist, wird die Statthaftigkeit der Beschwerde bejaht.[111] Die Ablehnung der Beschwerdefähigkeit von Vorlagebeschlüssen an den EuGH ist in der Lit. – wenn auch nicht überwiegend, so doch teilweise – auf Kritik gestoßen.[112] Ein Vorlagebeschluss kann nicht mit den in § 146 Abs. 2 genannten Verfügungen verglichen werden, da er für die Beteiligten eine ganz andere Tragweite als z.B. die Vertagung oder Bestimmung einer Frist hat.[113] Oft ist mit der Vorlage ein Hinausschieben der Sachentscheidung über einen längeren Zeitraum hinweg verbunden, welches den Wirkungen einer Aussetzung nach § 94 gleichkommt.[114] Es ist deshalb sachgerecht, wenn die Beteiligten das Rechtsmittelgericht anrufen können, welches jedoch die verwaltungsgerichtliche Entscheidung nur in beschränktem Umfang überprüfen kann (vgl. insbes. die überzeugende Argumentation in → EVR Rn. 141).[115]

D. Beispiele für beschwerdefähige Gerichtsentscheidungen

Als Beispiele für beschwerdefähige Gerichtsentscheidungen sind zu nennen: Beschlüsse über die Aus- **39** setzung der Vollziehung (§§ 80, 80 a) und über einstweilige Anordnungen (§ 123), Beschlüsse zur Abänderung von Gerichtsentscheiden nach § 80 Abs. 5 (§ 80 Abs. 7)[116] sowie Entscheidungen über Anträge gem. § 123 Abs. 3 VwGO, § 926 ZPO, in der Hauptsache Klage zu erheben (VGH München NVwZ-RR 1998, 685, 686), ablehnende Beschlüsse im Prozesskostenhilfeverfahren mangels Erfolgsaussichten in der Hauptsache, die Festsetzung eines Ordnungsgeldes gegen einen ehrenamtlichen Richter (§ 33),[117] sitzungspolizeiliche Anordnungen (§ 55 VwGO i.V.m. § 178 GVG),[118] die Ablehnung einer Wiedereinsetzung (§ 60 Abs. 5 e contrario; BVerwG 5.3.2008 – 3 B 69/08), die Ablehnung einer beantragten Beiladung (§ 65 Abs. 4 S. 3 e contrario) ebenso wie die gerichtliche Aufhebung der Beiladung (VGH München BayVBl. 2011, 251), die Anordnung der Bestellung eines Bevollmächtigten (OVG Münster NVwZ-RR 1998, 406) bzw. eines Prozesspflegers (OVG Koblenz NVwZ-RR 1998,

---

107 BVerwGE 108, 153 zur Rechtswegbeschwerde in vermögensrechtlichen Angelegenheiten.
108 OVG Lüneburg VerwRspr 5 Nr. 49; *M. Happ*, in: Eyermann § 146 Rn. 10; *J. Meyer-Ladewig/R. Rudisile*, in: Schoch/Schneider/Bier § 146 Rn. 9; *M. Redeker*, in: Redeker/v. Oertzen § 146 Rn. 6; *W.-R. Schenke*, in: Kopp/Schenke § 146 Rn. 15; s.a. OLG Celle EuZW 2009, 96; a.A. *C. Jeromin*, in: Gärditz § 146 Rn. 18.
109 VGH Mannheim VBlBW 1986, 458, 459; BFHE 132, 217, 219; *Kugele* § 146 Rn. 13; s.a. OLG Celle EuZW 2009, 96; vgl. ausf. EVR Rn. 141 ff. m.N. zur europäischen Rspr. Dass in Dänemark derartige Beschlüsse mit einem Rechtsmittel angegriffen werden können, zeigt das Urteil des EuGH EuZW 1998, 700.
110 VGH Mannheim VBlBW 1986, 458 f.; NVwZ-RR 2002, 236; s.a. BFHE 132, 217 ff.; so i.E. *M. Happ*, in: Eyermann § 146 Rn. 10; *S. Kautz*, in: HK-VerwR § 146 Rn. 12; *H. A. Petzold*, DVBl 1980, 126, 127; *M. Redeker*, in: Redeker/v. Oertzen § 146 Rn. 6; vgl. *W.-R. Schenke*, in: Kopp/Schenke § 146 Rn. 15.
111 OVG Brem ZfWG 2008, 268; OVG Koblenz AS RP 21, 408, 409; OVG Münster 10.5.2013 – 19 E 835/12; VGH Mannheim NVwZ-RR 2002, 236; *Kugele* § 146 Rn. 13; a.A. OLG Celle EuZW 2009, 96.
112 *M. Hilf*, EuGRZ 1986, 573 f.; *T. Pfeiffer*, NJW 1994, 1996 ff.
113 *M. Hilf*, EuGRZ 1986, 573, 574.
114 *T. Pfeiffer*, NJW 1994, 1996, 1999.
115 Dazu OVG Brem ZfWG 2008, 268; *M. Hilf*, EuGRZ 1986, 573, 574; *T. Pfeiffer*, NJW 1994, 1996, 2000 ff.
116 VGH Mannheim NVwZ-RR 1998, 611.
117 OVG Bautzen SächsVBl 2005, 137; OVG Greifswald NVwZ-RR 2003, 70; *J. Meyer-Ladewig/R. Rudisile*, in: Schoch/Schneider/Bier § 146 Rn. 7.
118 VGH München NVwZ 2003, 883, 884; *J. Meyer-Ladewig/R. Rudisile*, in: Schoch/Schneider/Bier § 146 Rn. 7.

693, 694), Aussetzungsbeschlüsse gem. § 75 S. 3 (BVerwGE 42, 108, 113; HmbOVG AuAS 1999, 93), § 94,[119] 173 VwGO i.V.m. § 248 ZPO, die Androhung und Festsetzung eines Ordnungsgeldes gegen nicht erschienene Beteiligte (§ 95 Abs. 1 S. 2, 3),[120] die Kostenauferlegung oder Ordnungsgeldfestsetzung bei Zeugen oder Sachverständigen (§ 98 VwGO i.V.m. §§ 380 Abs. 3, 409 Abs. 2, 411 ZPO),[121] die Zurückweisung eines gegen einen Sachverständigen gerichteten Ablehnungsgesuchs (§ 98 VwGO i.V.m. § 406 Abs. 5 ZPO),[122] Beschlüsse über die Verweigerung der Vorlage von Urkunden, Akten oder der Erteilung von Auskünften (§ 99 Abs. 2 S. 12), die Verweigerung der Akteneinsicht (§ 100), die Ablehnung einer Urteilsberichtigung (§ 118), die Nichtzulassung der Revision (§ 133), Beschlüsse über die (Un-)Zulässigkeit des Rechtswegs (§ 173 VwGO i.V.m. § 17a Abs. 4 S. 3 GVG)[123] oder richterliche Durchsuchungs- und Beschlagnahmeanordnungen im vereinsrechtlichen Ermittlungsverfahren (VGH Mannheim NVwZ 2003, 368).

E. Die Person des Beschwerdeführers

40   Nach § 146 Abs. 1 können die Beteiligten oder sonst von der Entscheidung Betroffene Beschwerde einlegen. Dabei handelt es sich um eine abschließende Regelung (VGH Mannheim NVwZ-RR 2011, 998). Beteiligte sind gem. § 63 der Kläger, Beklagte und Beigeladene (VGH Mannheim NVwZ-RR 2011, 998) sowie der VöI, wenn er am bisherigen Rechtsstreit beteiligt war oder gerade zum Zweck der Einlegung des Rechtsmittels von seiner gesetzlichen Beteiligungsbefugnis Gebrauch macht (→ § 36 Rn. 11). Sonst von der Entscheidung Betroffene sind Personen, die von der Entscheidung des VG beeinträchtigt werden, z.B. Zeugen und Sachverständige[124] sowie ein ehrenamtlicher Richter (OVG Bautzen SächsVBl 2005, 137; OVG Greifswald NVwZ-RR 2003, 70), wenn gegen sie ein Ordnungsmittel festgesetzt wurde. Gleiches gilt für Personen, deren Antrag auf Beiladung abgelehnt wurde.[125] Dem Wortlaut des § 146 Abs. 1 kann nicht entnommen werden, dass nur solche Personen beschwerdebefugt sind, welche an dem Gerichtsverfahren teilgenommen haben. Für den VöI folgt dies daraus, dass er nachträglich von der ihm eingeräumten Beteiligungsbefugnis zum alleinigen Zweck der Einlegung eines Rechtsmittels Gebrauch machen kann (→ § 36 Rn. 11). Eine Person, die eigentlich notwendig beizuladen gewesen wäre und nicht beigeladen wurde, ist nicht Beteiligter i.S.v. § 63. Sie ist auch nicht sonst von der Entscheidung betroffen, da während des Gerichtsverfahrens ihre Rechtsposition nicht verschlechtert wird und sich die Rechtskraft der Sachentscheidung nicht auf sie erstreckt.[126] Wird ein Prozessbevollmächtigter im Kostenfestsetzungsverfahren des von ihm vertretenen erstattungsberechtigten Beteiligten gegen den erstattungspflichtigen Gegner tätig, ist er selbst weder Beteiligter noch sonst von der Gerichtsentscheidung Betroffener, wenn die Kostenfestsetzung rechtlich keine Konsequenzen für seinen Vergütungsanspruch hat (OVG Münster DVBl 2011, 584). Sofern man nicht den Rechtsgedanken aus der Verweisungskette des § 165 S. 2 i.V.m. § 151 S. 3 als vorrangig betrachtet, ergeben sich aus der Kostenfestsetzung keine rechtlichen Auswirkungen für den Vergütungsanspruch des Prozessbevollmächtigten (OVG Lüneburg JurBüro 2015, 413, 414).

---

119 OVG Magdeburg 16.12.2011 – 1 O 172/11; VGH Mannheim DVBl 1997, 1329, 1330; VGH München 1990, 762; 16.2.2016 – 8 C 15.2617; zum Prüfumfang des Beschwerdegerichts VGH München NVwZ-RR 1992, 334.
120 OVG Magdeburg 3.2.2016 – 1 O 9/16.
121 VGH Mannheim VBlBW 1986, 64; NVwZ-RR 2003, 690, 691; *J. Meyer-Ladewig/R. Rudisile*, in: Schoch/Schneider/Bier § 146 Rn. 7.
122 Dazu OVG Lüneburg NdsRpfl 1997, 293.
123 HmbOVG NVwZ-RR 2000, 842; OVG Münster NVwZ 2002, 885; 9.1.2017 – 11 E 839/16; VGH München BayVBl 1993, 309, 310; *J. Meyer-Ladewig/R. Rudisile*, in: Schoch/Schneider/Bier § 146 Rn. 7. Allerdings fehlt nach HmbOVG NVwZ-RR 2001, 203 das Rechtsschutzbedürfnis für eine Beschwerde, wenn nach Ansicht des Beschwerdeführers der zutr. Rechtsweg bestimmt wurde, die Sache nur nicht an das sachlich bzw. örtlich zuständige Gericht verwiesen wurde.
124 VGH Mannheim NVwZ-RR 2011, 998, 999; *M. Redeker*, in: Redeker/v. Oertzen § 146 Rn. 14; *W.-R. Schenke*, in: Kopp/Schenke § 146 Rn. 8.
125 VGH Mannheim NVwZ-RR 2011, 998, 999; *M. Kaufmann*, in: Posser/Wolff § 146 Rn. 1; *W.-R. Schenke*, in: Kopp/Schenke § 146 Rn. 8.
126 OVG Greifswald NVwZ-RR 2006, 851; VGH Mannheim NVwZ-RR 2011, 998; vgl. auch VGH Mannheim NVwZ-RR 1998, 611, 612; *W.-R. Schenke*, in: Kopp/Schenke § 146 Rn. 8; a.M. *G. Lüke*, NJW 1978, 81, 85.

F. Beschwer

Weitere Voraussetzung für die Zulässigkeit der Beschwerde ist, dass der Beschwerdeführer durch die 41 von ihm angefochtene Entscheidung selbst beschwert wird.[127] Daran fehlt es z.b., wenn sich ein Prozessbeteiligter gegen die seinem Gegner bewilligte PKH wendet (VGH Kassel ESVGH 1, 201, 203 f.). Bei den Hauptbeteiligten, dem Antragsteller und Antragsgegner im vorläufigen Rechtsschutzverfahren genügt eine formelle Beschwer, d.h., wenn ihrem Antrag vom Gericht nicht in vollem Umfang stattgegeben wurde (OVG Münster NWVBl 1998, 450). Das Rechtsmittel eines Beigeladenen ist nur zulässig, wenn er durch die angefochtene Entscheidung materiell beschwert wird.[128] Materielle Beschwer bedeutet, dass der Beigeladene durch die angefochtene Entscheidung zumindest in seinen rechtlichen Interessen bzw. in einem subjektiven Recht[129] tangiert wird. Dies ist bei einem beigeladenen Träger öffentlicher Verwaltung nur der Fall, wenn er durch die Entscheidung des Gerichts unmittelbar in der Erfüllung seiner Aufgaben beeinträchtigt wird (OVG Münster NWVBl 1998, 450; VGH München 20.12.2016 – 20 CS 16.1416). Genügen kann das Begehren des Beigeladenen, dass die sofortige Vollziehbarkeit einer ihn begünstigenden, den Antragsteller belastenden Ordnungsverfügung bestehen bleibt (OVG Münster 19.12.1996 – 7 B 2769/96). Bei der ablehnenden Beiladung wird teilweise angenommen, dass der Dritte auch dann Beschwerde erheben können soll, wenn ein Beteiligter für ihn die Beiladung beantragt hatte. Folgt man dieser Konstruktion, muss nach dem VGH Mannheim NVwZ-RR 2011, 998, 999 der Beteiligte aber auch die Einhaltung der prozessualen Pflichten und Obliegenheiten im Hinblick auf die Nichtzustellung des Ablehnungsbeschlusses an den Dritten sicherstellen. Der VöI i.e.S. ist unabhängig von einer Beschwer beschwerdeberechtigt (→ § 36 Rn. 10).[130]

G. Rechtsschutzbedürfnis

Beschwerde kann nur erheben, wer ein schutzwürdiges Interesse an der Entscheidung des Rechtsmittelgerichts hat. Dies setzt voraus, dass sich die Rechtsstellung des Beschwerdeführers durch eine (stattgebende) Beschwerdeentscheidung verbessern kann.[131] Meistens wird bei Bejahung einer Beschwer auch das Rechtsschutzbedürfnis für die Beschwerde vorliegen.[132] Aufgrund der Möglichkeit, eine Abänderung der angefochtenen Gerichtsentscheidung nach § 80 Abs. 7 S. 2 zu beantragen, entfällt nicht das Rechtsschutzbedürfnis für eine Beschwerde. Während im Änderungsverfahren lediglich geprüft wird, ob infolge veränderter Umstände die verwaltungsgerichtliche Entscheidung abzuändern ist, betrifft das Beschwerdeverfahren den gesamten Streitgegenstand des vorläufigen Rechtsschutzes (OVG Lüneburg NdsRpfl 2004, 157; HmbOVG 23.7.2014 – 2 Bs 111/14). Verneint wurde das Rechtsschutzbedürfnis z.B., wenn der streitgegenständliche Bescheid zwischenzeitlich bestandskräftig wurde (VGH München 25.9.2003 – 12 CE 03.1939), bei Fertigstellung des Bauvorhabens, gegen das sich der Einzelne im vorläufigen Rechtsschutz gewendet hat (VGH München 26.1.2012 – 2 CE 11/2767), oder wenn das VG in der Sache selbst entschieden hat und deswegen der mit der Beschwerde verfolgte Zweck nicht mehr erreicht werden kann,[133] bspw. die Sachentscheidung vor der Entscheidung des Beschwerdegerichts über die angefochtene Aussetzung in der Sache ergeht (OVG Münster DÖV 1973, 278 f.). Mangels Rechtsschutzbedürfnisses für unzulässig gehalten wurde eine Beschwerde gegen einen Verweisungsbeschluss mit dem Ziel, die Sache statt an das LG an das AG zu verweisen. Denn die Partei kann schneller und mit geringerem Kostenrisiko bei dem Gericht, an das fehlerhaft verwiesen wurde, eine Weiterverweisung an das zuständige Gericht beantragen (HmbOVG NVwZ-RR 2001, 203). Kann eine Behörde eine unzureichende Begründung eines Sofortvollzugs durch eine neue ersetzen, fehlt ihr das Rechtsschutzbedürfnis für eine Beschwerde gegen eine erstinstanzliche Entscheidung, die auf den Begründungsmangel gestützt wurde (OVG Schleswig NVwZ-RR 2002, 541). Die Zulässigkeit

---

127 OVG Bautzen NVwZ 2004, 1134 m.Anm. *M. Scheffer*, NVwZ 2004, 1081, 1082 f.
128 BVerwG NVwZ-RR 1991, 601, 602; OVG Lüneburg NVwZ-RR 2000, 62, 63; OVG Münster NWVBl 1998, 450; VGH München 20.12.2016 – 20 CS 16.1416.
129 BVerwG NVwZ 1984, 718; 1998, 842; s.a. OVG Lüneburg NVwZ-RR 2000, 62, 63; VGH München 20.12.2016 – 20 CS 16.1416.
130 *J. Meyer-Ladewig/R. Rudisile*, in: Schoch/Schneider/Bier § 146 Rn. 4.
131 OVG Schleswig NordÖR 2001, 395, 396; VGH München 22.12.2014 – 2 CE 14.2000; *M. Happ*, in: Eyermann § 146 Rn. 30.
132 OVG Bautzen NVwZ 2004, 1134; *M. Happ*, in: Eyermann § 146 Rn. 30.
133 Dazu auch OVG Schleswig NordÖR 2001, 395, 396; VGH München BayVBl 1977, 341; 2.2.2012 – 2 CS 11/2251.

von Beschwerden im Falle einer Erledigung zwischen den Instanzen ist umstritten. Z.T. wird das Rechtsschutzbedürfnis für solche Beschwerden mit dem Ziel der Herbeiführung einer günstigeren Kostenentscheidung verneint (OVG Bln-Bbg 26.8.2016 – OVG 12 S 37.16; s.a. OVG Saarlouis NVwZ-RR 2016, 528). Andere Gerichte bejahen dies, da eine rechtliche Betroffenheit durch den erstinstanzlichen Beschluss aufgrund der negativen Kostenentscheidung fortbestehe (OVG Bautzen 20.8.2009 – 5 B 265/09; VGH Mannheim NVwZ-RR 2003, 392). Da in Rspr. und Lit. zu den Klageverfahren überwiegend vertreten wird, dass die Parteien ein Rechtsmittel einlegen dürfen, um bei einem erledigenden Ereignis nach Ergehen der gerichtlichen Entscheidung die Hauptsache für erledigt zu erklären, wird zutreffend davon ausgegangen, dass dies ebenfalls für die Beschwerde gilt.[134] Die Argumentation des OVG Brem NordÖR 2010, 369, 370, dass Beschlüsse in Verfahren des vorläufigen Rechtsschutzes auf einer nur summarischen Bewertung der Rechtslage beruhten, vermag nicht zu überzeugen, da es selbst einräumt, dass es Fälle einer umfassenden Prüfung geben kann. Für eine Beschwerde gegen eine richterliche Durchsuchungsanordnung entfällt das Rechtsschutzinteresse nicht allein deshalb, weil sich die Maßnahme durch ihren Vollzug erledigt hat.[135]

H. Weitere Zulässigkeitsvoraussetzungen

43   Es müssen die allgemeinen Zulässigkeits- und Prozessvoraussetzungen vorliegen. So muss der Verwaltungsrechtsweg gegeben sein; als Beschwerdegericht ist bei einer Anfechtung einer Entscheidung des VG das OVG (§ 46 Nr. 2), bei den Beschwerden nach §§ 99 Abs. 2, 133 Abs. 1 sowie nach § 17a Abs. 4 S. 4 GVG das BVerwG (§ 49 Nr. 3) zuständig. Die Beteiligteneigenschaft richtet sich nach § 61, die Prozessfähigkeit ist in § 62 geregelt. Mit Ausnahme der Beschwerde gegen Beschlüsse im Prozesskostenhilfeverfahren besteht für dieses Rechtsmittel gem. § 67 Abs. 4 Vertretungszwang (→ § 147 Rn. 7 ff.). Die Beschwerde ist unzulässig, wenn auf sie verzichtet bzw. das Beschwerderecht verwirkt wurde (insoweit kommt nur noch eine unselbständige Anschlussbeschwerde in Betracht).

I. Beschwerdeverfahren

44   Für das Beschwerdeverfahren gelten grds. die §§ 146 ff. Ergänzend können die Regelungen zum erstinstanzlichen Verfahren und der Berufung herangezogen werden,[136] soweit sich nichts Abweichendes aus den Unterschieden zwischen einem Urteils- und Beschlussverfahren ergibt. Dies gilt z.B. für die Beiladung, die Erledigung des Rechtsstreits in der Hauptsache, die Durchführung vorbereitender Maßnahmen oder den Abschluss eines Vergleichs. Auch kann eine eingelegte Beschwerde analog § 126 zurückgenommen werden.[137] Scheidet eine übereinstimmende Erledigungserklärung der Beschwerde mangels eines kontradiktorischen Verfahrens hinsichtlich einer Prozesskostenhilfegewährung aus, kann eine derartige Erledigungserklärung möglicherweise in eine Rücknahmeerklärung umgedeutet werden (VGH München NVwZ-RR 2013, 166). Anwendbar sind die §§ 54–67a, 86, 87, 87a,[138] 88, 93, 93a, 94, 95, 99, 100, 106. Während bis vor kurzem von der Zulässigkeit einer Änderung des Streitgegenstands analog § 91 ausgegangen wurde, ist nunmehr streitig, ob dies für die nach § 146 Abs. 4 besonders begründungsbedürftige Beschwerde gilt (→ Rn. 93 f.). Jedenfalls für die einfache Beschwerde muss mangels einer dem § 142 entsprechenden Vorschrift auf die Möglichkeit einer Antragsänderung geschlossen werden. Gem. §§ 150, 101 Abs. 3 kann, muss aber nicht notwendigerweise eine mündliche Verhandlung im Beschwerdeverfahren stattfinden. Soll der Beschwerde zuun-

---

134   HmbOVG MDR 1995, 956; OVG Koblenz DVBl 1973, 894; OVG Lüneburg NVwZ-RR 1998, 337; OVG Münster NWVBl 2003, 398; 27.10.2009 – 19 B 1400/09; VGH Mannheim NVwZ-RR 2002, 75; 2003, 392; a.M. OVG Münster NVwZ-RR 2002, 895 f.; 6.3.2003 – 18 B 37/03; OVG Koblenz DVBl 1987, 851, 852; *Kugele* § 146 Rn. 26; s.a. BVerwG NVwZ 2004, 353 zum Zeitpunkt der Erledigungserklärung.

135   OVG Bautzen NVwZ 1999, 891; HmbOVG NordÖR 1999, 349; VGH Mannheim ESVGH 48, 159; NVwZ 2003, 368; VG Göttingen 9.4.2013 – 2 B 656/12; s.a. BVerfG NJW 1998, 2813 f.

136   *J. Meyer-Ladewig/R. Rudisile*, in: Schoch/Schneider/Bier § 146 Rn. 2; *M. Redeker*, in: Redeker/v. Oertzen § 146 Rn. 12.

137   Dazu OVG Münster 26.3.2007 – 6 B 26/07; VGH Kassel 26.3.2002 – 9 TG 585/02; VGH München NVwZ 1991, 896; 27.11.2015 – 21 CE 15.2183; VG Göttingen 9.4.2013 – 2 B 656/12; *Koehler* 1131 f. Eine Rücknahme der Beschwerde nach der Entscheidung des Beschwerdegerichts ist nicht mehr möglich, OVG Brem NVwZ 1987, 518.

138   Bejahend OVG Saarlouis 25.10.1991 – 3 W 35/91; VGH München NVwZ 1991, 896 f.; *J. Meyer-Ladewig/R. Rudisile*, in: Schoch/Schneider/Bier § 146 Rn. 2; a.M. VGH Mannheim NVwZ 1991, 275.

gunsten eines anderen Beteiligten entsprochen werden, ist gem. Art. 103 Abs. 1 GG vorher rechtliches Gehör zu gewähren, sofern dem nicht ausnahmsweise die Eilbedürftigkeit der Angelegenheit oder die Notwendigkeit der Erzielung eines Überraschungseffekts entgegensteht (vgl. BVerfGE 7, 95, 98 f.; BVerfG DVBl 1984, 384; VGH Mannheim VBlBW 2015, 78, 79). Analog § 129 gilt für die Beschwerde das Verbot der reformatio in peius.[139]

J. Arten der Beschwerde

I. Einfache/besonders begründungsbedürftige Beschwerde

Ausgehend von der Regelung des § 146 sind zwei Formen der Beschwerde auseinanderzuhalten. Zum einen gibt es die *„einfache"* Beschwerde. Sie unterliegt den relativ „niedrigen" Zulässigkeitsvoraussetzungen des § 147. Erhöhte Anforderungen werden dagegen in § 146 Abs. 4 an eine Beschwerde gegen Beschlüsse des VG in Verfahren *des vorläufigen Rechtsschutzes* (§§ 80, 80 a und § 123) gestellt. Zwar unterliegt auch diese Beschwerde den Anforderungen des § 147. Zusätzlich sieht aber § 146 Abs. 4 vor, dass die Beschwerde innerhalb eines Monats nach Bekanntgabe der Entscheidung zu begründen ist. Sie muss einen bestimmten Antrag enthalten, die Gründe darlegen, aus denen die Entscheidung abzuändern oder aufzuheben ist, und sich mit der angefochtenen Entscheidung auseinandersetzen. Außerdem darf das OVG nur die dargelegten Gründe prüfen. 45

II. Anschlussbeschwerde

Bislang wurde fast einmütig davon ausgegangen, dass es bei der Beschwerde eine sog. *Anschlussbeschwerde* gibt. Relativ unproblematisch ist auch künftig die Behandlung der *selbständigen* Anschlussbeschwerde. Eine solche liegt vor, wenn diese selbst alle Zulässigkeitsvoraussetzungen einer gewöhnlichen Beschwerde erfüllt.[140] Sie ist als eigenständige Beschwerde zu behandeln, sodass hierfür keine besondere Begrifflichkeit mehr erforderlich ist. Fehlt es dagegen an einer der Zulässigkeitsvoraussetzungen, weil z.B. die Beschwerdefrist verstrichen ist oder auf das Rechtsmittel der Beschwerde verzichtet wurde, kommt nur eine *unselbständige* Anschlussbeschwerde in Betracht, welche von der Zulässigkeit und Aufrechterhaltung der Hauptbeschwerde abhängt. Während bis zum Inkrafttreten des RmBereinVpG ohne Weiteres die Vorschrift des § 127 zur Anschlussberufung auf die Beschwerde analog angewendet wurde (s. nur VGH Mannheim NVwZ 1999, 442, 443), stellt sich die Rechtslage nunmehr angesichts der detaillierten Ausgestaltung dieser Vorschrift als problematisch dar. So heißt es in § 127 Abs. 2 S. 2, dass die unselbständige Anschlussberufung bis zum Ablauf eines Monats nach Zustellung der Berufungsbegründungsschrift einzulegen ist. Diese Norm passt auf die einfache Beschwerde nicht, da diese nicht begründet werden muss. Denkbar wäre zwar eine Übertragung des § 127 auf die Beschwerde gegen Gerichtsbeschlüsse des vorläufigen Rechtsschutzes, weil bei diesen die Beschwerde innerhalb eines Monats nach Bekanntgabe der Entscheidung zu begründen ist.[141] Da der vorläufige Rechtsschutz ein besonders schneller Rechtsschutz sein soll, passt dazu aber eine ab Zustellung der Beschwerde laufende einmonatige Frist zur Einlegung der Anschlussbeschwerde nur bedingt.[142] Außerdem muss die Anschlussberufung gem. § 127 Abs. 3 in der Anschlussschrift begründet werden. 46

Deshalb muss sorgfältig überlegt werden, ob und inwieweit es künftig bei der Beschwerde nach § 146 noch eine Anschließungsmöglichkeit gibt. Zum einen kann man deren generelle Verneinung in Erwägung ziehen (OVG Münster 28.5.2009 – 13 B 258/09 ließ die Zulässigkeit der selbständigen Anschlussbeschwerde im Eilverfahren offen). Dazu neigt das OVG Greifswald NordÖR 2011, 93, 94 unter Verweis auf die detaillierte VwGO-Regelung zur Beschwerde, dem Fehlen einer dem § 127 korrespondierenden Regelung für die Beschwerde sowie des Verfassungsgebots der Rechtsmittelklarheit. Aus den Gesetzesmaterialien geht jedoch nicht hervor, dass der Gesetzgeber mit seiner Neuregelung die Anschlussbeschwerde abschaffen wollte. Gegen diese Überlegung spricht eine Gesamtbetrachtung der gesetzlichen Regelungen. Für die Berufung ist sowohl in § 127 als auch in § 524 ZPO eine An- 47

---

139 *J. Meyer-Ladewig/R. Rudisile*, in: Schoch/Schneider/Bier § 146 Rn. 5; *W.-R. Schenke*, in: Kopp/Schenke § 146 Rn. 1.
140 S. aber *W.-R. Schenke*, in: Kopp/Schenke § 146 Rn. 46.
141 Für eine Analogie *M. Funke-Kaiser*, in: Quaas/Zuck § 4 Rn. 340, 342.
142 S.a. *J. Meyer-Ladewig/R. Rudisile*, in: Schoch/Schneider/Bier § 146 Rn. 18 b.

schlussmöglichkeit vorgesehen, bei der sofortigen Beschwerde nach § 567 Abs. 3 ZPO sowie der Rechtsbeschwerde nach § 574 Abs. 4 ZPO gibt es eine unselbständige Anschlussbeschwerde. Nach dem in diesen Vorschriften sichtbar werdenden Willen des Gesetzgebers hat ein unselbständiges Rechtsmittel in solchen Fällen seine Berechtigung, in denen ein Beteiligter ungeachtet der ihm von der erstinstanzlichen Entscheidung auferlegten Beschwer von der rechtzeitigen Einlegung eines Rechtsmittels in der Hoffnung abgesehen hat, dass ein anderer Beteiligter ebenfalls kein Rechtsmittel einlegen wird. Wird er in dieser Hoffnung enttäuscht, soll er durch die Möglichkeit eines Anschlussrechtsmittels die Gelegenheit erhalten, die fragliche Entscheidung auch zu seinen Gunsten zur Überprüfung zu stellen (so BT-Drs. 14/6939, 13 zur Anschlussberufung nach § 127; zu den Motiven des § 127 BVerwG NVwZ-RR 2008, 214). Es ist kein plausibler Grund ersichtlich, warum hiervon gerade für die VwGO-Beschwerde eine Ausnahme gemacht werden sollte (i.E. auch VGH München 8.10.2008 – 20 CS 08.2430). Für die einfache Beschwerde kommt über die dynamische Verweisung in § 173 die Regelung des § 567 Abs. 3 ZPO zur Anwendung (i.E. VGH München 22.11.2010 – 12 CS 10/2243; 7.7.2014 – 20 CS 14.1179).[143] Denn die VwGO enthält nunmehr keine explizite Gesetzesbestimmung, die sich auf die einfache Beschwerde analog übertragen lässt. Dies kann man sich durch eine Gesamtbetrachtung der Vorschriften erschließen. Die unselbständige Anschlussbeschwerde sollte, solange keine Abhilfeentscheidung des VG ergangen ist, bei diesem eingelegt werden. Sie kann aber wegen § 147 Abs. 2 auch beim OVG eingereicht werden.[144] Nach dem Zeitpunkt der Nichtabhilfeentscheidung ist die Beschwerde beim OVG einzureichen.[145] Dies setzt aber eine entsprechende Mitteilung nach § 148 Abs. 2 voraus.

48   Was die Beschwerde gegen Entscheidungen in Verfahren des vorläufigen Rechtsschutzes anbetrifft, liegt es zwar auf den ersten Blick nahe, erhöhte Anforderungen an die Anschlussbeschwerde zu stellen (bejahend in Bezug auf Begründungspflicht und eingeschränkten Prüfumfang OVG Bln-Bbg 10.6.2015 – OVG 4 S 6.15; VGH München 7.7.2014 – 20 CS 14.1179).[146] Dennoch wird auch hier für eine Anwendung des § 567 Abs. 3 ZPO über § 173 VwGO plädiert. Bei der Anschlussberufung nach § 127 VwGO und der Rechtsbeschwerde nach § 574 ZPO handelt es sich um zulassungsbedürftige Rechtsmittel. Da die Zulassung der Beschwerde bei § 146 abgeschafft wurde, fehlt die Vergleichbarkeit zu diesen Regelungen. Auch eine Parallele zu § 146 Abs. 4 ist abzulehnen, weil Anschlussbeschwerde und Hauptbeschwerde voneinander zu trennen sind und es Aufgabe des Gesetzgebers ist, derartige Einschränkungen mit der nötigen Klarheit vorzugeben.[147] Da über Beschwerden gegen Entscheidungen des vorläufigen Rechtsschutzes schnell entschieden werden soll, verträgt sich damit eine besondere Begründungspflicht für eine unselbständige Anschlussbeschwerde nicht. Allerdings werden derartige nicht begründete Anschlussbeschwerden in der Praxis selten sein.[148] Aufgrund des Fehlens eines Abhilfeverfahrens bei der Beschwerde nach § 146 Abs. 4 ist eine damit in Zusammenhang stehende Anschlussbeschwerde direkt beim OVG einzureichen.[149] Im Übrigen muss sich eine nach Fristablauf eingelegte unselbständige Anschlussbeschwerde *gegen* das vom Hauptbeschwerdeführer angestrebte Ziel richten.[150]

---

143   So i.E. HmbOVG NVwZ 2007, 604, 608; *C. Jeromin*, in: Gärditz § 146 Rn. 25; *S. Kautz*, in: HK-VerwR § 146 Rn. 5; *Kugele* § 146 Rn. 28; *J. Meyer-Ladewig/R. Rudisile*, in: Schoch/Schneider/Bier § 146 Rn. 18 a; *W.-R. Schenke*, in: Kopp/Schenke § 146 Rn. 46; *K. Kuhlmann*, in: Wysk § 146 Rn. 9, § 147 Rn. 9; OVG Münster 8.5.2009 – 7 B 91/09 hebt hervor, dass sich nur der Beschwerdegegner der Beschwerde anschließen kann, der Beigeladene mit der Anschlussbeschwerde aber nicht dasselbe Ziel wie der Beschwerdeführer verfolgen kann.

144   *J. Meyer-Ladewig/R. Rudisile*, in: Schoch/Schneider/Bier § 146 Rn. 18 c.

145   *J. Meyer-Ladewig/R. Rudisile*, in: Schoch/Schneider/Bier § 146 Rn. 18 c; *W.-R. Schenke*, in: Kopp/Schenke § 146 Rn. 46.

146   *J. Meyer-Ladewig/R. Rudisile*, in: Schoch/Schneider/Bier § 146 Rn. 18 a f., wobei aber die Frist unanwendbar sein soll. *W.-R. Schenke*, in: Kopp/Schenke § 146 Rn. 46.

147   Wie hier *M. Happ*, in: Eyermann § 146 Rn. 32; *C. Jeromin*, in: Gärditz § 146 Rn. 25; für eine analoge Anwendung des § 146 Abs. 4 S. 3, 6 aus Gründen der Waffengleichheit OVG Greifswald NordÖR 2011, 93, 95; HmbOVG NVwZ 2007, 604, 605.

148   *C. Jeromin*, in: Gärditz § 146 Rn. 25.

149   S.a. *M. Funke-Kaiser*, in: Quaas/Zuck § 4 Rn. 344; *J. Meyer-Ladewig/R. Rudisile*, in: Schoch/Schneider/Bier § 146 Rn. 18 b; *W.-R. Schenke*, in: Kopp/Schenke § 146 Rn. 46.

150   OVG Lüneburg NVwZ-RR 2000, 62, 63; VGH Mannheim VBlBW 1998, 458, 459; NVwZ 1999, 442, 443.

III. Außerordentliche Beschwerde

Bis vor kurzem wurde vielfach die Möglichkeit bejaht, sich über *unanfechtbare* Entscheidungen wegen 49
„greifbarer Gesetzeswidrigkeit" beschweren zu können. → Rn. 116 ff.

K. Einfache Beschwerde

Alle Beschwerden, die sich gegen andere Gerichtsentscheidungen als Beschlüsse in Verfahren des vor- 50
läufigen Rechtsschutzes nach §§ 80, 80 a, 123 richten, unterliegen keinen speziellen Beschwerdeanfor-
derungen. Wurde in der Rechtsmittelbelehrung für eine nicht in § 146 Abs. 4 genannte Entscheidung
fehlerhaft auf die Beschwerde nach dieser Vorschrift hingewiesen, ist trotzdem die einfache Beschwerde das statthafte Rechtsmittel. Die unrichtige Rechtsmittelbelehrung wirkt sich nur auf die Dauer der
Beschwerdefrist aus.[151] Ein Großteil der Zulässigkeitsvoraussetzungen der einfachen Beschwerde wurde bereits in den vorherigen Ausführungen angesprochen. Form, Frist und Adressat der Einlegung
werden bei § 147 behandelt.

L. Beschwerde im vorläufigen Rechtsschutz (Abs. 4)

Die zum 1.1.1997 durch das 6. VwGOÄndG eingeführte Zulassungsbeschwerde gegen Beschlüsse 51
über die Aussetzung der Vollziehung (§§ 80, 80 a) und über einstweilige Anordnungen (§ 123) sowie
gegen Beschlüsse im Verfahren der PKH wurde durch das RmBereinVpG vom 20.12.2001 wieder abgeschafft. Entgegen den ursprünglichen Erwägungen hat sich der Gesetzgeber jedoch nicht dazu
durchringen können, die Beschwerde gegen Entscheidungen des vorläufigen Rechtsschutzes vollständig den Regelungen über die einfache Beschwerde zu unterstellen. § 146 Abs. 4 geht in seiner jetzigen
Gestalt auf den Vermittlungsausschuss zurück, dessen Normvorschlag aber nicht näher begründet
wurde. Die Bestimmung stellt einen *Kompromiss* zwischen der Forderung der Bundesregierung nach
einer gänzlichen Abschaffung der Zulassungsbeschwerde und der vom Bundesrat grds. geforderten
Beibehaltung dieser Beschwerdeart dar. In den Verfahren des vorläufigen Rechtsschutzes ist die Beschwerde nunmehr *zulassungsfrei* möglich. Allerdings werden *erhöhte Anforderungen an ihre Zulässigkeit* gestellt.[152] Durch die Aufstellung des Begründungserfordernisses sowie die Regelung zum Prüfungsumfang des Beschwerdegerichts wurde eine zeitliche Straffung des Beschwerdeverfahrens intendiert.[153] Der Gesetzgeber wollte eine Verfahrenskonzentration herbeiführen. Das Beschwerdegericht
soll sich nur mit solchen Gründen befassen müssen, die in Auseinandersetzung mit der erstinstanzlichen Entscheidung herausgearbeitet wurden (OVG Lüneburg 20.7.2012 – 12 ME 75/12).

I. Bedeutung

Wie die Berufung (s. § 128) soll die Beschwerde dem Rechtsmittelführer im Interesse der Einzelfallge- 52
rechtigkeit eine weitere Tatsacheninstanz eröffnen.[154] Die frühere Zulassungsbeschwerde zeichnete
sich durch eine zweistufige Verfahrensweise aus. Zuerst prüfte das Beschwerdegericht, ob der Zulassungsantrag des Beschwerdeführers zulässig und begründet ist. Je nach Ergebnis erging eine entsprechende Entscheidung über die Zulassung der Beschwerde. Im Falle einer Zulassung wurde das Zulassungsverfahren als Beschwerdeverfahren fortgesetzt und es erging eine weitere Gerichtsentscheidung
über die Beschwerde. Weil sich der Gesetzgeber für eine Beseitigung des Zulassungserfordernisses entschieden hat, erlässt das Beschwerdegericht heute nur noch *eine* Entscheidung. Bei Beschlüssen des VG
in Verfahren des vorläufigen Rechtsschutzes wurden als Kompensation für die Abschaffung des Zulassungsverfahrens die Anforderungen an eine zulässige Beschwerde erhöht. Gem. § 146 Abs. 4 S. 1 ist
die Beschwerde innerhalb eines Monats nach Bekanntgabe der Entscheidung zu begründen. Dabei stehen dem Beschwerdeführer, wie sich § 146 Abs. 4 S. 2 entnehmen lässt, zwei Wege offen. Zum einen

---

151 OVG Bautzen NVwZ-RR 1998, 339, jedoch für die Zulassungsbeschwerde nach § 146 Abs. 4 a.F.
152 OVG Münster NVwZ 2002, 1390; OVG Weimar EZAR 040 Nr. 6; ThürVBl 2004, 184; VGH Mannheim NVwZ
     2002, 883; 2002, 1388, 1389; NVwZ-RR 2002, 795, 796.
153 OVG Lüneburg 20.7.2012 – 12 ME 75/12; OVG Münster NVwZ 2002, 1390; OVG Weimar EZAR 040 Nr. 6;
     ThürVBl 2012, 101, 102; VGH Mannheim NVwZ 2002, 883; 2002, 1388, 1389; NVwZ-RR 2002, 795, 796.
154 S.a. BVerfG NVwZ 2004, 1112, 1114; VGH Mannheim 8.11.2004 – 9 S 1536/04; *M. Jäger*, DVBl 2009, 156.

kann er die Beschwerdebegründung mit der Einlegung der Beschwerde verbinden. Zum anderen ist es aber auch möglich, zunächst Beschwerde einzulegen und dann die Beschwerdebegründung vor Ablauf der gesetzlichen Begründungsfrist gesondert beim OVG einzureichen. Salopp ausgedrückt kann also die Beschwerde mit einem „Zweizeiler" eingelegt und ihre Begründung nachgereicht werden.[155]

53 Aus der Kombination von § 146 Abs. 4 und § 147 ergeben sich bei ordnungsgemäßer Rechtsbehelfsbelehrung folgende Konsequenzen: Versäumt es der Beschwerdeführer, innerhalb von zwei Wochen Beschwerde einzulegen, ist diese auf jeden Fall unzulässig. Daran ändert sich auch nichts, wenn die Beschwerdebegründung vor Ablauf der einmonatigen Begründungsfrist eingeht. Wurde die Beschwerde entgegen § 67 Abs. 4 nicht von einem Anwalt eingelegt, aber ihre spätere Begründung, ist die Beschwerde gleichwohl als unzulässig zu verwerfen. Weil Verstöße gegen § 67 Abs. 4 nach Ablauf der Beschwerdefrist nicht mehr heilbar sind, ist eine Genehmigung der früheren Prozesshandlung durch einen postulationsfähigen Bevollmächtigten in der Beschwerdebegründungsschrift ohne Belang.[156] Liegt die Begründung erst nach Ablauf der Monatsfrist vor, wird die Beschwerde nach § 146 Abs. 4 S. 4 als unzulässig verworfen.

II. Der Anwendungsbereich der besonders begründungsbedürftigen Beschwerde

54 Gem. § 146 Abs. 4 werden besondere Zulässigkeitsanforderungen für die Beschwerde gegen Beschlüsse des VG *in Verfahren des vorläufigen Rechtsschutzes* (§§ 80, 80 a, 123) statuiert. Da der Gesetzgeber mit dieser Ausgestaltung einerseits an die frühere Rechtslage zur Zulassungsbeschwerde anknüpfte, andererseits nach dem Gesetzeswortlaut insgesamt auf die §§ 80, 80 a und § 123 verwiesen wird, erfasst § 146 Abs. 4 Beschlüsse über den Erlass einer einstweiligen Anordnung, Beschlüsse über die Anordnung sowie die Wiederherstellung der aufschiebenden Wirkung, die Anordnung der sofortigen Vollziehung oder die Vollziehungsaussetzung, Beschlüsse, welche die aufschiebende Wirkung des Widerspruchs feststellen, sowie über die Anordnung einstweiliger Maßnahmen zur Sicherung der Rechte des Dritten nach § 80 a Abs. 3, Abs. 1 Nr. 2.[157] Keine Rolle spielt, ob das einstweilige Rechtsschutzbegehren Erfolg hatte oder abgewiesen wurde.[158] § 146 Abs. 4 gilt des Weiteren angesichts des Wortlauts sowie des Gewichts der jeweiligen Entscheidungen für Beschlüsse nach § 80 Abs. 7, unabhängig davon, ob der Änderungsbeschluss von Amts wegen oder auf Antrag erlassen wurde,[159] und nach § 123 Abs. 3 VwGO i.V.m. § 926 ZPO,[160] des Weiteren für Hängebeschlüsse in vorläufigen Rechtsschutzverfahren.[161] Wird in einem vorläufigen Rechtsschutzverfahren in einem gemeinsamen Beschluss die Entscheidung über die Gewährung von PKH mit der Sachentscheidung verbunden, gelten lediglich für die Beschwerde gegen die Sachentscheidung im vorläufigen Rechtsschutz, nicht aber für die Beschwerde gegen die Entscheidung über die PKH, die besonderen Anforderungen des § 146 Abs. 4 (OVG Frankfurt [Oder] FEVS 55 [2004], 262, 263). Bei der Androhung eines Zwangsmittels handelt es sich um eine Vollstreckungsmaßnahme in entsprechender Anwendung des § 172. Deshalb ist § 146 Abs. 4 nicht einschlägig (OVG Lüneburg NVwZ-RR 2000, 62, 63). Dieser Beschluss wird gerade nicht, wie vom Wortlaut des § 146 Abs. 4 S. 1 vorausgesetzt, auf die Regelungen in §§ 80, 80 a und 123 gestützt. Demgegenüber stellte sich das OVG Greifswald NVwZ-RR 2011, 997 f. auf den Standpunkt, auch bei vollstreckungsrechtlichen Beschlüssen aufgrund von Eilverfahrensbeschlüssen handle es sich um Annexverfahren, die ebenfalls dem § 146 Abs. 4 unterstellt werden müssten.[162]

---

155 C. *Just*, LKV 2002, 201, 205.

156 OVG Lüneburg NVwZ-RR 2003, 691 f.; anders ist die Rechtslage, wenn die Genehmigung in der Beschwerdebegründung noch innerhalb des Zeitraums zur Einlegung der Beschwerde erfolgt. S.a. OVG Bautzen 24.4.2014 – 5 E 47/14; OVG Bln-Bbg 8.2.2017 – OVG 5 L 4.17.

157 S.a. *W.-R. Schenke*, in: Kopp/Schenke § 146 Rn. 30.

158 *J. Meyer-Ladewig/R. Rudisile*, in: Schoch/Schneider/Bier § 146 Rn. 13.

159 Wie hier *J. Meyer-Ladewig/R. Rudisile*, in: Schoch/Schneider/Bier § 146 Rn. 13; a.A. *T. Stuhlfauth*, in: Bader § 146 Rn. 17.

160 OVG Bln-Bbg 14.9.2007 – 9 S 29.07; VGH München 29.11.2007 – 11 CS 07.3030; *J. Meyer-Ladewig/R. Rudisile*, in: Schoch/Schneider/Bier § 146 Rn. 13; zur Zulassungsbeschwerde *H. Johlen*, NWVBl 1999, 41; *C. Krämer*, Rechtsschutz, § 146 Rn. 4.

161 OVG Greifswald NVwZ-RR 2011, 997; VG Gießen GewArch 2012, 333; *M. Happ*, in: Eyermann § 146 Rn. 17; *T. Stuhlfauth*, in: Bader § 146 Rn. 18. Dabei wird zutr. betont, dass in diesem Falle einen fehlenden materiellen Begründung sich die Anforderungen an die Begründung der Beschwerde nivellieren, s. *S. Krull*, Der „Hängebeschluss" im System des vorläufigen Rechtsschutzes der Verwaltungsgerichtsordnung, 2016, S. 149 f.; *T. Mann*, NWVBl 2017, 60, 66.

162 Ebenso *Kugele* § 146 Rn. 24.

Hat das VG in einstweiligen Rechtsschutzverfahren fälschlicherweise durch Urteil statt durch Be- 55
schluss entschieden, kann nach dem Grundsatz der Meistbegünstigung entweder die Zulassung der
Berufung oder die Beschwerde unter den erhöhten Anforderungen des § 146 Abs. 4 eingelegt werden
(→ § 124 Rn. 62). Wird in einer Rechtsmittelbelehrung fälschlicherweise auf die Beschwerdeanforde-
rungen des § 146 Abs. 4 hingewiesen, obwohl ein Fall der einfachen Beschwerde gegeben ist, ist trotzdem die einfache Beschwerde das richtige Rechtsmittel.[163] Im umgekehrten Fall, in dem nach der
Rechtsmittelbelehrung eine einfache Beschwerde einzulegen ist, muss eine besonders begründungsbedürftige Beschwerde erhoben werden.[164] Die unrichtige Rechtsmittelbelehrung modifiziert jedoch
gem. § 58 Abs. 2 die Fristen in Bezug auf das Rechtsmittel (s.a. OVG Münster 14.1.2009 – 14 B
1865/08).

III. Beschwerdeberechtigte Personen

Mangels anderweitiger Angaben in § 146 Abs. 4 kann die Beschwerde von jedem eingelegt werden, 56
der Beschwerdeführer nach § 146 Abs. 1 sein kann.

IV. Postulationsfähigkeit

Nach § 67 Abs. 4 S. 1 müssen sich die Beteiligten vor dem BVerwG und dem OVG durch Prozessbe- 57
vollmächtigte vertreten lassen. Dies gilt nach S. 2 auch für Prozesshandlungen, durch die ein Verfahren vor dem BVerwG oder OVG eingeleitet wird. In sämtlichen Konstellationen der Beschwerde nach
§ 146 Abs. 4 (Einlegung der Beschwerde mit Begründung beim VG, Beschwerde beim VG und Beschwerdebegründung beim OVG, Einlegung von Beschwerde und Begründung beim OVG) muss sich
der Beschwerdeführer somit durch einen Prozessbevollmächtigten vertreten lassen.[165] Soweit die
Rechtsmittelbelehrung geeignet ist, bei dem Betroffenen einen Irrtum über die formellen oder materiellen Voraussetzungen des in Betracht kommenden Rechtsmittels hervorzurufen, z.B. weil der Eindruck entsteht, die Beschwerde könne im Gegensatz zur Begründung ohne einen Prozessbevollmächtigten eingelegt werden, gilt gem. § 58 Abs. 2 für die Beschwerdeeinlegung eine Frist von einem Jahr
(VGH Mannheim VBlBW 2004, 483, 484). Für juristische Personen des öffentlichen Rechts gibt es
nach § 67 Abs. 4 S. 4 ein sog. „Behördenprivileg".

V. Die Einlegung der Beschwerde

Wie sich u.a. aus § 146 Abs. 4 S. 2 ergibt, genügt bei Beschwerden gegen verwaltungsgerichtliche Be- 58
schlüsse in Verfahren des vorläufigen Rechtsschutzes nicht die bloße Einreichung einer Beschwerdebegründung. Vielmehr muss auch hier eine *Beschwerde eingelegt* werden. Die diesbezügliche Regelung
findet sich in § 147, weshalb auf die dortige Komm. verwiesen wird. Bei einer Beschwerde nach § 146
Abs. 4 muss nicht bereits bei ihrer Einlegung eindeutig zum Ausdruck gebracht werden, in welchem
Umfang die angefochtene Entscheidung überprüft werden soll. Ausreichend ist, wenn die Beschwerdebegründung nach § 146 Abs. 4 S. 3 diesbezüglich einen bestimmten Antrag enthält.[166]

VI. Die Begründung der Beschwerde

Im Unterschied zur einfachen Beschwerde ist das Begründungserfordernis ein zwingendes Zulässig- 59
keitskriterium. In § 146 Abs. 4 S. 1 wird die Frist für die Begründung der Beschwerde festgelegt, S. 2
regelt den Adressaten der Begründungsschrift. S. 3 hat den Inhalt der Beschwerdebegründung zum Gegenstand. § 146 Abs. 4 S. 4 regelt, wie das Beschwerdegericht bei Fehlen dieser Erfordernisse zu verfahren hat.

1. Der Adressat der Beschwerdebegründung. Je nachdem, ob die Beschwerdebegründung mit der 60
Einlegung der Beschwerde verbunden wird oder nicht, variiert der Adressat, an den sie zu richten ist.
Werden Beschwerde und Beschwerdebegründung verbunden, gilt die Vorschrift des § 147. Die begrün-

---

163 OVG Bautzen NVwZ-RR 1998, 339, allerdings hinsichtlich der Zulassungsrechtsmittel.
164 VGH Mannheim VBlBW 1997, 264; NVwZ 1997, 693, allerdings hinsichtlich der Zulassungsrechtsmittel.
165 S.a. C. *Zander* BDVR-Rundschreiben 2008, 22, 28 f.; VGH München 8.8.2012 – 21 CS 12/1599.
166 *W.-R. Schenke*, in: Kopp/Schenke § 146 Rn. 33.

dete Beschwerde ist bei dem Gericht, *dessen* Entscheidung angefochten wird, einzulegen. Nach § 147 Abs. 2 genügt es jedoch zur Wahrung der Beschwerdefrist, wenn die Beschwerde fristgerecht beim Beschwerdegericht eingeht. Eine *isolierte* Beschwerdebegründung ist dagegen, selbst wenn die Frist für die Einlegung der Beschwerde noch nicht abgelaufen ist,[167] zur Vermeidung zeitlicher Verzögerungen[168] gem. § 146 Abs. 4 S. 2 zwingend beim OVG einzulegen (OVG Bautzen 22.5.2017 – 3 B 60/17). Denn Beschwerden i.S.d. § 146 Abs. 4 darf das VG im Interesse der Verfahrensbeschleunigung nicht abhelfen.[169] Angesichts des eindeutigen Gesetzeswortlauts und des Fehlens einer dem § 147 Abs. 2 korrespondierenden Regelung reicht es nicht, wenn die Beschwerdebegründung vor Ablauf der Begründungsfrist beim VG eingeht. Für eine analoge Anwendung des § 147 Abs. 2 ist kein Raum (OVG Münster 10.2.2012 – 15 B 58/12; OVG Bautzen 22.5.2017 – 3 B 60/17). Leitet das Verwaltungsgericht innerhalb der Frist für die Beschwerdebegründung diese an das zuständige OVG weiter, ist den gesetzlichen Anforderungen Genüge getan (VGH München 22.6.2012 – 10 CS 12/1150).

61   Geht die Beschwerdebegründung nicht rechtzeitig beim OVG, aber beim VG ein, ist zu prüfen, ob dem Beschwerdeführer nicht gem. § 60 Wiedereinsetzung in den vorigen Stand gewährt werden kann. Der Beschwerdeführer muss sich das Verschulden seines Bevollmächtigten zurechnen lassen (OVG Bautzen 7.12.2015 – 1 B 354/15; OVG Münster NVwZ-RR 2003, 688 f.). Allerdings darf bei der Entscheidung über die Gewährung von Wiedereinsetzung in den vorigen Stand die Bedeutung der Rechtsschutzgarantie des Art. 19 Abs. 4 GG nicht außer Acht gelassen werden (BVerfG NJW 2002, 3692, 3693). Nach einer Entscheidung des BVerfG aus dem Jahre 2001 obliegt dem Ausgangsgericht eine „nachwirkende Fürsorgepflicht". Es muss fristgebundene Schriftsätze, die bei ihm eingereicht werden, im Zuge des regulären Geschäftsgangs an das Rechtsmittelgericht weiterleiten.[170] Daher ist dem Beschwerdeführer Wiedereinsetzung in den vorigen Stand zu gewähren, wenn seine Begründungsschrift so bald beim VG einging, dass sie bei einer pflichtgemäßen Weiterleitung im ordnungsgemäßen Geschäftsgang rechtzeitig beim OVG eingegangen wäre.[171] Eine Wiedereinsetzung ist grds. ausgeschlossen, wenn die Frist nur durch eine außerhalb des normalen Geschäftsgangs liegende Handlung des Ausgangsgerichts – wie durch ein Fax an das Beschwerdegericht – hätte gewahrt werden können.[172] Eine Ausnahme hiervon ist jedoch zu machen, wenn das Ausgangsgericht eine „gesteigerte Fürsorgepflicht" trifft, bspw. weil es durch eine verfahrensordnungswidrige Fehlinformation selbst zur Fehladressierung der Begründungsschrift beigetragen hat.[173]

62   **2. Form der Beschwerdebegründung.** Obwohl § 146 Abs. 4 keine bestimmte Form für die Beschwerdebegründung vorschreibt, ergibt sich aus dem Zusammenhang, dass sie in schriftlicher Form erfolgen muss.[174] Es gelten dieselben Erwägungen wie für die Klage- und Beschwerdeschrift. Die Begründung der Beschwerde kann schriftlich, telegrafisch, fernschriftlich oder per Tele- oder Computerfax, nicht aber mündlich oder per Telefon eingelegt werden (→ § 147 Rn. 3 f.). Sie muss von einer postulationsfähigen Person herrühren und von dieser eigenhändig unterschrieben sein (dazu und zu den Ausnahmen vom Unterschriftserfordernis → § 147 Rn. 4).

63   **3. Der Inhalt der Beschwerdebegründung nach § 146 Abs. 4 S. 3.** § 146 Abs. 4 S. 3 enthält erhöhte formelle Anforderungen an die Beschwerde gegen Beschlüsse des VG in vorläufigen Rechtsschutzver-

---

167   *J. Meyer-Ladewig/R. Rudisile*, in: Schoch/Schneider/Bier § 146 Rn. 13 b.
168   VGH Mannheim VBlBW 2002, 311, 312; NVwZ-RR 2002, 795, 796; *J. Meyer-Ladewig/R. Rudisile*, in: Schoch/Schneider/Bier § 146 Rn. 13 b; *W.-R. Schenke*, in: Kopp/Schenke § 146 Rn. 39.
169   VGH Mannheim NVwZ-RR 2002, 795; *W.-R. Schenke*, in: Kopp/Schenke § 146 Rn. 39.
170   BVerfG NJW 2001, 1343; OVG Bautzen 7.12.2015 – 1 B 354/15; OVG Münster NVwZ-RR 2003, 688, 689; OVG Magdeburg LKV 2009, 144.
171   OVG Greifswald 26.2.2004 – 1 M 242/03; OVG Lüneburg NJW 2007, 3225 f.; OVG Magdeburg LKV 2009, 144; VGH Mannheim NVwZ-RR 2002, 795, 796.
172   OVG Bautzen 7.12.2015 – 1 B 354/14; OVG Lüneburg NJW 2007, 3225; OVG Magdeburg LKV 2009, 144; VGH München 3.3.2008 – 19 CS 08.323; ob das Fax zum ordnungsgemäßen Geschäftsgang gehört, wurde vom OVG Münster NVwZ-RR 2003, 688, 689 offen gelassen; s.a. OVG Lüneburg NJW 2007, 3225, 3226.
173   OVG Lüneburg NJW 2007, 3225, 3226; OVG Magdeburg LKV 2009, 144; OVG Münster NVwZ-RR 2003, 688, 689; nach BVerfGE 110, 339, 342 sind bei einer Fristversäumung, die auf Fehlern des Gerichts beruht, die Anforderungen an eine Wiedereinsetzung mit besonderer Fairness zu handhaben; s. zur gesteigerten Fürsorgepflicht auch BVerfGE 93, 99, 116. *J. Meyer-Ladewig/R. Rudisile*, in: Schoch/Schneider/Bier § 146 Rn. 13 b; s.a. *W.-R. Schenke*, in: Kopp/Schenke § 146 Rn. 39.
174   Möglicherweise kommt in besonders dringenden Fällen, in denen das Gericht seine Entscheidung mündlich mitteilt, auch eine mündliche Beschwerdeeinlegung in Betracht.

fahren. Diese bilden einen Ausgleich für den Wegfall des Erfordernisses der Beschwerdezulassung sowie für die Verlängerung der Frist für den Vortrag des Beschwerdeführers (VGH München NVwZ 2003, 632, 633; 2003, 766). Zur Entlastung der Beschwerdegerichte und zur Beschleunigung der Beschwerdeverfahren wurde durch das Begründungserfordernis mehr Verantwortung auf den Beschwerdeführer übertragen.[175] Er soll alle aus seiner Sicht gegen die erstinstanzliche Entscheidung sprechenden Gesichtspunkte fristgerecht vortragen (OVG Münster NVwZ 2002, 1390; NVwZ-RR 2003, 50). Seine Ausführungen sollen erkennen lassen, aus welchen rechtlichen oder tatsächlichen Gründen der angefochtene Beschluss unrichtig und deswegen aufzuheben ist (VGH Mannheim 8.11.2004 – 9 S 1536/04). Nach der Regelungsintention des Gesetzgebers soll der Beschwerdeführer das Beschwerdevorbringen so aufbereiten, dass das Beschwerdegericht mit einer hohen Richtigkeitsgewähr zügig über die Beschwerde entscheiden kann (VGH München 20.10.2003 – 1 CS 03/2000). Die erhöhten Anforderungen des § 146 Abs. 4 S. 3 sind grds. mit der Rechtsschutzgarantie des Art. 19 Abs. 4 GG vereinbar (BVerfG NJW 2003, 3689). § 67 Abs. 4 stellt die rechtskundige Vertretung des Bürgers sicher. Außerdem wurde der Zeitraum für die Darlegungen des Beschwerdeführers auf einen Monat erhöht.[176]

a) Zum Verhältnis der Merkmale des § 146 Abs. 4 S. 3. Gem. § 146 Abs. 4 S. 3 muss die Beschwerdebegründung einen bestimmten Antrag enthalten, die Gründe darlegen, aus denen die Entscheidung abzuändern oder aufzuheben ist, und sich mit der angefochtenen Entscheidung inhaltlich auseinandersetzen. Bei unbefangener Lesart setzt sich die Beschwerdebegründung aus drei Elementen – Antrag, Darlegung der Gründe und inhaltliche Auseinandersetzung – zusammen. Einigkeit besteht darüber, dass das Erfordernis eines bestimmten Antrags ein selbständiges Element der Beschwerdebegründung ist (OVG Bln 26.11.2003 – 6 S 343/03). Unklar ist, wie sich die Darlegung der Gründe und die inhaltliche Auseinandersetzung mit der Entscheidung zueinander verhalten. Nach Meinung des VGH Mannheim gehen die beiden Merkmale fließend ineinander über (VGH Mannheim NVwZ 2002, 1388; offen gelassen von OVG Schleswig NJW 2003, 158), für *Kuhla/Hüttenbrink* ist es kaum vorstellbar, „dass das eine ohne das andere möglich ist",[177] weshalb wohl für *Redeker* die Auseinandersetzung bereits im Darlegungserfordernis enthalten ist.[178] In eine andere Richtung tendieren dagegen *Petzold/Heß* angesichts der Neuformulierung des § 146 Abs. 4 S. 3 und der Beschränkung des Prüfumfangs des Gerichts in S. 6.[179]

Leider sind die Gesetzesmaterialien zu dieser Frage unergiebig. Folgt man den zuerst genannten Autoren, wäre in dem Zusatz „und sich mit der angefochtenen Entscheidung auseinander setzen" lediglich ein zusätzlicher Hinweis an den Beschwerdeführer zu sehen. Da Zulassungsbeschwerden häufig daran scheiterten, dass oftmals nur eine pauschale Behauptung und keine Auseinandersetzung mit der angefochtenen Gerichtsentscheidung erfolgte, würde durch die Formulierung des § 146 Abs. 4 S. 3 nochmals besonders hervorgehoben, dass sich der Beschwerdeführer in seiner Beschwerdebegründung eingehend mit der angefochtenen Gerichtsentscheidung befassen und ausgehend von ihrer Begründung überlegen müsse, ob und aus welchen Gründen heraus sie abzuändern oder aufzuheben sei. Für eine „unselbständige" Bedeutung spricht auch der Vergleich zur Berufung. So setzt sich die Berufungsbegründung nach § 124a Abs. 3 S. 4 aus einem bestimmten Antrag und den im Einzelnen anzuführenden Gründen zusammen. Für den Antrag auf Zulassung der Berufung sind die Gründe darzulegen, aus denen die Berufung zuzulassen ist. In beiden Fällen wird davon ausgegangen, dass sich der Rechtsmittelführer auch mit der angefochtenen Entscheidung auseinandersetzen muss. Bei seiner Entscheidung ist das Beschwerdegericht analog § 129 an den Antrag des Beschwerdeführers gebunden. Gem. § 146 Abs. 4 S. 6 prüft es nur die dargelegten Gründe. Aus diesen beiden gesetzlichen Regelungen ergibt sich die untergeordnete Bedeutung des Merkmals der inhaltlichen Auseinandersetzung, das auch in § 146 Abs. 4 S. 3 an letzter Stelle genannt wird. Schließlich ermöglicht diese Ansicht die Berücksichtigung tatsächlicher oder rechtlicher Entwicklungen, die erst nach Erlass der infrage stehenden Gerichtsentscheidung eingetreten sind. Zum Problem nachträglicher Änderungen → Rn. 81 ff.

---

175 OVG Magdeburg 18.9.2008 – 3 M 511/08; VGH München 20.10.2003 – 1 CS 03/2000; *M.-J. Seibert*, NVwZ 2002, 265, 268.
176 OVG Greifswald 7.10.2003 – 1 M 34/03; VGH Mannheim NVwZ 2002, 1388, 1389.
177 *W. Kuhla/J. Hüttenbrink*, DVBl 2002, 85, 90.
178 *M. Redeker*, NordÖR 2002, 183, 186.
179 *H. A. Petzold/J.-O. Heß*, NordÖR 2003, 353, 355 f.

66   **b) Antrag.** Die Begründung der Beschwerde muss einen **bestimmten Antrag** enthalten (§ 146 Abs. 4 S. 3). Dadurch werden die Zielrichtung und der Umfang der Beschwerde gegen den angefochtenen Beschluss des vorläufigen Rechtsschutzes festgelegt.[180] Der für eine Beschwerde nach § 146 Abs. 4 notwendige Antrag soll sicherstellen, dass das Gericht nicht etwas anderes als das vom Beschwerdeführer Gewollte zuspricht und darüber hinaus erschöpfend über die Beschwerde entscheidet (OVG Greifswald NordÖR 2009, 262; OVG Münster DÖD 2016, 20, 21). Eine Bezugnahme auf den erstinstanzlichen Antrag ist zulässig (VGH Kassel InfAuslR 2003, 281, 283). Unklarheiten hinsichtlich des gestellten Antrags gehen mit Blick auf den Vertretungszwang des § 67 Abs. 4 zulasten des Beschwerdeführers. Stehen der Beschwerdeantrag und die Beschwerdebegründung zueinander in einem unauflösbaren Widerspruch, fehlt die nötige Bestimmtheit (OVG Bln 26.11.2003 – 6 S 343/03). Zu unbestimmt ist eine Teilanfechtung, wenn unklar bleibt, welcher Teil gemeint ist, oder bei verschiedenen Ansprüchen nicht deutlich wird, welcher der Ansprüche weiter verfolgt wird (zum Berufungsantrag OVG Schleswig NordÖR 2004, 352, 353).

67   Geht man vom Wortlaut und von der Systematik des § 146 Abs. 4 S. 3 aus, der zunächst einen bestimmten Antrag und erst daran anschließend die Darstellung der Gründe verlangt, legt die Vorschrift die Stellung eines ausdrücklichen Antrags nahe, der sich vom übrigen Inhalt der Begründung absetzt. Da jedoch wegen Art. 19 Abs. 4 GG prozessuale Normen wohlwollend auszulegen sind, kann es dem Beschwerdeführer nicht zum Nachteil gereichen, wenn zunächst die Gründe dargelegt werden und erst am Ende der Schrift der Beschwerdeantrag gestellt wird. Nichts deutet darauf hin, dass der Gesetzgeber mit dem die Begründungspflicht des § 146 Abs. 4 S. 1 konkretisierenden S. 3 zwingend eine bestimmte Reihenfolge vorgeben wollte. Im Hinblick auf den Gesetzeswortlaut („bestimmter Antrag"), die Entstehungsgeschichte, den Regelungszusammenhang des § 146 Abs. 4, aber auch den Sinn und Zweck der besonders begründungsbedürftigen Beschwerde (Verfahrensbeschleunigung, Entlastung des Beschwerdegerichts), betonten zunächst manche Gerichtsentscheide die Erforderlichkeit eines *ausdrücklichen* Antrags (s. z.B. VGH Mannheim NVwZ 2002, 883 f.; VGH München NVwZ 2003, 766; 11.3.2010 – 9 CS 09/2495).

68   Zunehmend vertreten die Gerichte aber, dass die besonders begründungsbedürftige Beschwerde bei Fehlen eines ausdrücklichen Antrags nicht stets unzulässig sein muss (OVG Münster DÖD 2016, 20, 21; VGH München 20.7.2017 – 1 CS 17.642). Innerhalb der Begründung der Beschwerde brauche ein bestimmter Antrag nicht notwendig ausdrücklich formuliert oder besonders hervorgehoben zu werden.[181] Es genüge vielmehr, wenn sich der Beschwerdeschrift oder dem Inhalt der Beschwerdebegründung *eindeutig* entnehmen lasse, mit welchem Ziel und in welchem Umfang die infrage stehende Gerichtsentscheidung angefochten werde.[182] Dem ist beizupflichten. Die Rechtsschutzgarantie des Art. 19 Abs. 4 GG gebietet eine Auslegung bzw. Anwendung der die Rechtsbehelfseinlegung regelnden Vorschriften, welche die Beschreitung des Rechtswegs nicht in unzumutbarer, aus Sachgründen nicht mehr zu rechtfertigender Weise erschweren (BVerfG NJW 2002, 3692, 3693; s.a. BVerfG NVwZ 2004, 1112, 1113; IÖD 2017, 52, 54). Lässt sich für das Beschwerdegericht aus der Darlegung der Gründe, warum die angefochtene Gerichtsentscheidung aufzuheben oder abzuändern ist, ohne Weiteres das Ziel und der Umfang der Beschwerde entnehmen, wäre es ein übertriebener Formalismus, wenn sie allein wegen Fehlens eines ausdrücklichen Antrags abgewiesen würde. Bei einem eindeutig erkennbaren Beschwerdeziel tritt keine Verfahrensverzögerung ein (VGH Mannheim NVwZ 2002, 1388; s.a. VGH Kassel InfAuslR 2003, 281, 282), welche durch das Erfordernis eines bestimmten Antrags vermieden werden sollte. Auch gibt es keine Anhaltspunkte dafür, dass der Gesetzgeber das Er-

---

180   OVG Münster IÖD 2012, 134; VGH Mannheim NVwZ 2002, 883, 884; VGH München NVwZ 2003, 766; 10.3.2010 – 9 CS 09/2495; *J. Meyer-Ladewig/R. Rudisile*, in: Schoch/Schneider/Bier § 146 Rn. 13 c; *T. Stuhlfauth*, in: Bader § 146 Rn. 29.

181   VGH Kassel InfAuslR 2003, 281, 282; DVBl 2004, 716; kein ausdrücklicher Antrag: OVG Bln 26.11.2003 – 6 S 343/03.

182   OVG Bln 26.11.2003 – 6 S 343/03; OVG Greifswald NordÖR 2009, 262; HmbOVG NordÖR 2003, 303, 304; OVG Lüneburg DVBl 2013, 253; 18.7.2017 – 11 ME 181/17; OVG Magdeburg 15.5.2012 – 1 M 40/12; OVG Münster DÖD 2016, 20, 21; 8.9.2017 – 13 B 879/17; OVG Weimar ThürVBl 2004, 159; VGH Kassel InfAuslR 2003, 281, 282; DVBl 2004, 716; GewArch 2008, 216; VGH Mannheim NVwZ 2002, 1388; NVwZ-RR 2003, 789, 790; VGH München BayVBl 2003, 663; 2007, 567, 568; 26.4.2012 – 11 CS 12/650; *S. Kautz*, in: HK-VerwR § 146 Rn. 21; *Kugele* § 146 Rn. 24; *W.-R. Schenke*, in: Kopp/Schenke § 146 Rn. 41; *T. Stuhlfauth*, in: Bader § 146 Rn. 29.

fordernis des „bestimmten Antrags" in § 146 Abs. 4 S. 3 rein formell und damit strenger als bei anderen wortgleichen Regelungen (§§ 124a Abs. 3 S. 4, 139 Abs. 3 S. 4) verstehen wollte.[183]

Richtigerweise – und darauf ist besonders zu achten – ist das Fehlen eines ausdrücklichen Antrags nur **69** dann unschädlich, wenn sich für das Beschwerdegericht das mit der Beschwerde verfolgte Ziel und ihr Umfang *eindeutig* oder *mit hinreichender Sicherheit* aus dem übrigen Vorbringen des Beschwerdeführers ergeben (OVG Münster DÖD 2016, 20, 21; VGH Kassel InfAuslR 2003, 281, 283; VGH München 20.7.2017 – 1 CS 17.642). Da mit § 146 Abs. 4 Verwaltungsprozesse insbes. im Bereich des vorläufigen Rechtsschutzes beschleunigt werden sollten, kann es nicht Aufgabe des Beschwerdegerichts sein, nicht hinreichend bestimmte Anträge mit erheblicher Mühe herauszuarbeiten (VGH Kassel InfAuslR 2003, 281, 283). Fehlt der Beschwerde ein ausdrücklicher Antrag und lässt sich das Rechtsschutzziel des Beschwerdeführers nur aufgrund untunlicher Ermittlungen des Beschwerdegerichts (VGH Mannheim NVwZ 2002, 1388) bzw. nicht ohne Verzögerung des Verfahrens (VGH Kassel InfAuslR 2003, 281, 282) feststellen, genügt die Beschwerde nicht den Anforderungen des § 146 Abs. 4 S. 3. Dies ist bspw. der Fall, wenn der Antrag des Beschwerdeführers bereits in der ersten Instanz nicht eindeutig formuliert war und die Beschwerdebegründung wiederum von der vom VG interpretierten Antragsformulierung abweicht, sodass das Beschwerdegericht lediglich über den (zeitlichen) Umfang des Eilantrags mutmaßen kann.[184] Eine ähnliche Situation kann eintreten, wenn in der ersten Instanz unterschiedliche Begehren mit Haupt- und Hilfsantrag verfolgt wurden und sich aufgrund der Beschwerdebegründung nicht eindeutig bestimmen lässt, wie weit das Beschwerdebegehren reichen soll (VGH Kassel InfAuslR 2003, 281, 283), oder der Beschwerdeführer abgeschoben wurde und daher unklar ist, welches Ziel er mit dem Verweis auf seinen Klageantrag weiter verfolgt (VGH München 14.8.2007 – 19 CE 07.1749).

Der bestimmte Antrag nach § 146 Abs. 4 S. 3 muss innerhalb der einmonatigen Frist zur Begründung **70** der Beschwerde (§ 146 Abs. 4 S. 1) gestellt werden. Mangelt es daran, ist die Beschwerde als unzulässig zu verwerfen (§ 146 Abs. 4 S. 4). Eine spätere Nachholung des Antrags scheidet aus. Jedoch ist auch nach Ablauf der Beschwerdebegründungsfrist eine sachgerechte Formulierung eines Antrags möglich, sofern das Ziel und der Umfang der eingelegten Beschwerde bereits innerhalb der Frist hinreichend bestimmt waren.[185]

c) Darlegung der Gründe und Auseinandersetzung mit der angefochtenen Entscheidung. Des Weite- **71** ren muss der Beschwerdeführer die Gründe darlegen, aus denen die angefochtene Entscheidung abzuändern oder aufzuheben ist,[186] und sich mit ihr auseinandersetzen (§ 146 Abs. 4 S. 3). Bei den Beschlüssen des § 146 Abs. 4 prüft also das Beschwerdegericht nicht von Amts wegen, ob die Begründung des VG dazu geeignet ist, das Beschlussergebnis zu tragen (OVG Bln-Bbg 14.9.2007 – 9 S 29.07). Stellt man auf den Kontext, insbes. § 146 Abs. 4 S. 6 ab, wird durch die Darlegung der Gründe, „aus denen die Entscheidung abzuändern oder aufzuheben ist", die spätere Prüfung des Beschwerdegerichts eingeschränkt. Hält der Beschwerdeführer die Gerichtsentscheidung teilweise für richtig, wird er hinsichtlich dieses Teils keine Gründe für ihre Aufhebung bzw. Änderung vortragen. Mangels Entscheidungsrelevanz sind keine Ausführungen zum Inhalt des betreffenden Teils der Gerichtsentscheidung notwendig.

Der jetzige § 146 Abs. 4 S. 3 ist in erheblichem Maße an den früheren § 146 Abs. 5 S. 3 angelehnt, der **72** folgendermaßen lautete: „In dem Antrag sind die Gründe darzulegen, aus denen die Beschwerde zuzulassen ist". Parallelen bestehen auch zu § 124a Abs. 3 S. 4, wonach die Begründung der Berufung die im Einzelnen anzuführenden Gründe der Anfechtung umfasst. Indem der Rechtsmittelführer dazu Stellung nehmen muss, warum die angefochtene Gerichtsentscheidung abzuändern/aufzuheben ist, soll einer vorschnellen und unüberlegten Einlegung von Rechtsmitteln entgegengewirkt werden. Durch die erhöhten Anforderungen an das Vorbringen des Beschwerdeführers wird der Fokus von Anfang an auf

---

183 OVG Münster DÖD 2016, 20, 21; OVG Weimar ThürVBl 2004, 159; VGH Mannheim NVwZ 2002, 1388; für eine Parallele zu den anderen Vorschriften auch VGH Kassel InfAuslR 2003, 281, 282.

184 VGH München NVwZ 2003, 766; s. zu einem Fall der Auslegung, in welchem zeitlichen Umfang Hilfe zum Lebensunterhalt begehrt wird, VGH München 23.8.2004 – 12 CE 04.1358 – 12 C 04.1413; zur Konstellation der Stellung von zwei Anträgen beim VG, OVG Lüneburg DVBl 2013, 253, 254.

185 Dazu M.-J. Seibert, NVwZ 2002, 265, 266 f. zur Berufungsbegründung; → § 124a Rn. 85.

186 Zu diesem Bezug der Darlegung H. A. Petzold/J.-O. Heß, NordÖR 2003, 353, 355; VGH München 22.8.2007 – 11 CS 07.1716.

die wesentlichen Fragen gelenkt und so das Verfahren beschleunigt (OVG Weimar EzAR 040 Nr. 6; ThürVBl 2004, 184; VGH München NVwZ 2004, 251). Für eine formgerechte Beschwerdebegründung ist die Angabe des vom OVG für das Beschwerdeverfahren vergebenen Aktenzeichens nicht notwendig (OVG Magdeburg 4.2.2009 – 2 M 2/09), aber für eine zügige Beschwerdebearbeitung förderlich. Eine Verwechslung des Aktenzeichens ist unschädlich, wenn sich die Beschwerdebegründung zweifelsfrei zuordnen lässt (OVG Magdeburg LKV 2016, 284, 285).

73   Das Darlegungserfordernis verfolgt den Zweck, das OVG durch ein strukturiertes, auf den Ausführungen des erstinstanzlichen Gerichts aufbauendes Beschwerdevorbringen zu entlasten und zu einer beschleunigten Abwicklung der vorläufigen Rechtsschutzverfahren beizutragen (VGH München 16.7.2015 – 11 CS 15.1194; s.a. VGH Mannheim NVwZ-RR 2006, 395, 396). Weil die jetzige Regelung des § 146 Abs. 4 S. 3 wesentlich dem früheren § 146 Abs. 5 S. 3 nachgebildet ist, im Übrigen mit dem Begriff „darlegen" ein aus den Zulassungsverfahren nach § 124 a Abs. 4 S. 4 VwGO und § 78 Abs. 4 S. 4 AsylG bekannter Begriff verwendet wird, kann bei seiner Auslegung an die dortigen Erkenntnisse angeknüpft werden.[187] Nach dem allgemeinen Sprachgebrauch geht eine Darlegung über einen bloßen Hinweis hinaus. Darlegen bedeutet etwas „erläutern", „näher auf etwas eingehen" oder „etwas substanziieren".[188] Das BVerfG hatte bisher keine Bedenken, wenn die Gerichte für eine ordnungsgemäße Darlegung ein Mindestmaß an Substanziierung verlangten.[189] Wegen Art. 19 Abs. 4 GG dürfen aber die gesetzlichen Vorschriften nicht so eng interpretiert werden, dass die gesetzlichen Rechtsmittel ineffektiv werden.[190] Die Anforderungen an die Darlegung dürfen nicht so hoch angesetzt werden, dass sie ein durchschnittlicher, nicht gerade auf das einschlägige Rechtsgebiet spezialisierter Rechtsanwalt nur mit unzumutbarem Aufwand erfüllen kann (BVerfG NVwZ-RR 2011, 963, 964; NVwZ 2016, 1243, 1244, 1246 für die Zulassung der Berufung). Die Substanziierungspflicht kann nur so weit gehen, wie sie von den Betroffenen nach dem jeweiligen Kenntnisstand erfüllt werden kann. Rügt der Beschwerdeführer den Mangel an überprüfbaren Unterlagen, darf das Beschwerdegericht von ihm aufgrund der fairen Verfahrensgestaltung und des Gebots effektiven Rechtsschutzes keinen weiteren Vortrag zum nur vermuteten Inhalt dieser Unterlagen verlangen.[191]

74   Gerade im Bereich des vorläufigen Rechtsschutzes kommt der in Art. 19 Abs. 4 GG verankerten Garantie effektiven Rechtsschutzes eine besondere Bedeutung zu. Je eilbedürftiger das jeweilige Verfahren ist, umso niedriger müssen die Anforderungen an die Beschwerdebegründung sein.[192] Insbes. in versammlungsrechtlichen Angelegenheiten verbleibt nach Erlass der erstinstanzlichen Entscheidung häufig nur wenig Zeit, um eine Beschwerde gegen eine Gerichtsentscheidung im Verfahren des vorläufigen Rechtsschutzes i.S.d. § 146 Abs. 4 S. 3 ausführlich zu begründen (BVerfG NVwZ 2004, 90). Art. 19 Abs. 4 GG verpflichtet die Gerichte, die Anforderungen an die Darlegung der Gründe in einer Beschwerdeschrift unter Berücksichtigung des vom Beschwerdeführer in versammlungsrechtlichen Eilverfahren meist nicht auszuräumenden Zeitdrucks *rechtsschutzfreundlich* zu bestimmen (BVerfG NVwZ 2004, 90). Mit Blick auf die Rechtsschutzgarantie des Art. 19 Abs. 4 GG kann deshalb je nach den Umständen des Einzelfalls auch eine nur knappe Begründung,[193] eine bloße Auseinandersetzung mit dem Entscheidungsergebnis[194] oder eine Bezugnahme auf den erstinstanzlichen Vortrag ausreichen.[195] Wenn dem Beschwerdeführer nur so geringe Zeit zur Verfügung steht, dass er sich in seiner Beschwerdeschrift nur unzulänglich mit dem Inhalt der angefochtenen Gerichtsentscheidung auseinandersetzen kann, kann der vom Gesetzgeber angestrebte Entlastungseffekt für die Beschwerdegerichte ohnehin nicht erreicht werden. Es ist Aufgabe der Gerichte, unter Berücksichtigung des Art. 19 Abs. 4

---

187   VGH Kassel NVwZ-RR 2003, 756, 757; VGH Mannheim NVwZ 2002, 1388; *M.-J. Seibert*, NVwZ 2002, 265, 268.
188   OVG Münster 28.5.2004 – 13 C 20/04; *H. A. Petzold/J.-O. Heß*, NordÖR 2003, 353, 364; → § 124 a Rn. 194; s.a. BVerwGE 13, 90, 91; OVG Saarlouis NVwZ-RR 2016, 528.
189   BVerfG NVwZ 2000, 1163, 1164; 2001, 552, 553 (für die Zulassung der Berufung); OVG Münster 25.1.2005 – 16 B 2219/04.
190   BVerfG NVwZ 2004, 1112, 1113; NVwZ-RR 2011, 963, 964; *T. Stuhlfauth*, in: Bader § 146 Rn. 32; im Hinblick auf die Zulassung der Berufung BVerfG NVwZ 2016, 1243, 1244; IÖD 2017, 52, 54.
191   BVerfG NVwZ 2004, 1112, 1113 f.; *M. Pein*, VR 2005, 333, 334.
192   *J. Bader*, VBlBW 2002, 471, 473; *T. Stuhlfauth*, in: Bader § 146 Rn. 32.
193   *Alexy* geschildert von *R. Wilke*, NordÖR 2002, 403, 404.
194   *J. Meyer-Ladewig/R. Rudisile*, in: Schoch/Schneider/Bier § 146 Rn. 13 c; *W.-R. Schenke*, in: Kopp/Schenke § 146 Rn. 41.
195   *T. Stuhlfauth*, in: Bader § 146 Rn. 32.

GG mit Blick auf den Zeitdruck des Beschwerdeführers einerseits und die Intentionen des Gesetzgebers bei der Aufstellung des Begründungserfordernisses andererseits die Anforderungen an die Darlegung der Gründe zu bestimmen. Dabei verbieten sich Pauschallösungen. Vielmehr ist auf die Besonderheiten des jeweiligen Einzelfalls Rücksicht zu nehmen.[196] So ist für die Auslegung und Anwendung des § 146 Abs. 4 S. 3 etwa von Bedeutung, ob eine Versammlung von ihrem Veranstalter rechtzeitig angemeldet wurde und der Zeitdruck im Beschwerdeverfahren außerhalb seiner Einwirkungsmöglichkeiten liegt (BVerfG NVwZ 2004, 90).

Festzuhalten bleibt somit: Ist der Beschwerdeführer auf eine möglichst schnelle Entscheidung des Beschwerdegerichts angewiesen, sind die Anforderungen an die Darlegung der Gründe, aus denen die Entscheidung zu ändern ist, sowie die inhaltliche Auseinandersetzung mit ihr im Zweifel niedrig (OVG Bautzen 5.7.2017 – 3 B 163/17). Kann er dagegen die nunmehr einmonatige Frist für die Beschwerdebegründung voll ausschöpfen, muss er mit großer Sorgfalt die Begründung ausarbeiten. Die nachfolgenden Ausführungen beziehen sich auf solche Situationen, in denen der Einzelne über ausreichend Zeit zur Erstellung der Beschwerdebegründung verfügt. Dadurch sollen die Beschwerdegerichte entlastet und das Beschwerdeverfahren beschleunigt werden.[197] Das Beschwerdegericht soll nicht von sich aus überlegen müssen, weshalb die eingelegte Beschwerde erfolgreich sein könnte, sondern dabei vom Vortrag des Beschwerdeführers ausgehen können. Aufgabe des Beschwerdeführers ist es deshalb, alle aus seiner Sicht gegen die erstinstanzliche Entscheidung sprechenden Gesichtspunkte rechtzeitig vorzutragen (OVG Münster NVwZ 2002, 1390; NVwZ-RR 2003, 50) und deren Rechtswidrigkeit aufzuzeigen (OVG Bautzen 10.6.2014 – NC 2 B 530/13). Sieht er davon ab, einen möglicherweise für die Abänderung sprechenden Grund darzulegen, muss er wegen § 146 Abs. 4 S. 6 damit rechnen, dass sich das Gericht wegen seines dazu fehlenden Vortrags nicht damit befasst, ob die angefochtene Gerichtsentscheidung aus anderen als den dargelegten Gründen korrekturbedürftig ist. An einer „Auseinandersetzung" mit der angefochtenen Gerichtsentscheidung fehlt es, wenn die noch vor Erlass des angegriffenen Beschlusses vorgetragene Argumentation unverändert übernommen wird (VGH München 16.7.2015 – 11 CS 15.1194).

Aus den Anforderungen des § 146 Abs. 4 S. 3 folgt, dass eine Beschwerdebegründung untauglich ist, die in einem reinen Koreferat der angefochtenen Gerichtsentscheidung besteht, ohne irgendwelche Gründe für ihre Unrichtigkeit darzutun.[198] Ungenügend ist es aber auch, wenn der Beschwerdeführer nur Gründe für die Unrichtigkeit der angefochtenen Gerichtsentscheidung vorträgt, ohne auf ihren Inhalt einzugehen, oder sich auf den Hinweis beschränkt, soweit ersichtlich, sei ein bestimmter Aspekt nicht geprüft worden (OVG Münster 25.8.2016 – 7 B 257/16). Für die Beschwerdebegründung ist ein substanziierter Vortrag erforderlich.[199] Ausgehend von der Entscheidung des VG muss der Beschwerdeführer aufzeigen, wo und weshalb diese aus seiner Sicht nicht tragfähig und überprüfungsbedürftig ist.[200] Dies setzt voraus, dass er den Streitstoff prüft, sichtet, rechtlich durchdringt und sich mit den Gründen des angefochtenen Beschlusses befasst.[201] Im Angesicht von Sinn und Zweck der Postulationsfähigkeit genügt es nicht, wenn sich der Prozessbevollmächtigte nur das Vorbringen einer Partei oder eines Dritten zu eigen macht. Vielmehr muss erkennbar sein, dass er selbst eine Prüfung, Sichtung und rechtliche Durchdringung der Materie vorgenommen hat (VGH München 15.2.2012 – 7 CE 12/180). Der Beschwerdeführer muss sich bei seinen Ausführungen an der Begründungsstruktur der angegriffenen Entscheidung orientieren.[202] I.R. der Darlegung ist die Begründung der verwaltungsgerichtlichen Entscheidung aufzugreifen und konkret darzustellen, weshalb sie für unrichtig gehalten

75

76

---

196 S.a. *T. Stuhlfauth*, in: Bader § 146 Rn. 32.

197 VGH Kassel NVwZ-RR 2006, 846, 847; VGH München 31.10.2007 – 11 CS 07.1811; *M.-J. Seibert*, NVwZ 2002, 265, 268.

198 OVG Schleswig NJW 2003, 158; VGH Mannheim NVwZ 2002, 1388, 1389; *M.-J. Seibert*, NVwZ 2002, 265, 269.

199 OVG Lüneburg NdsRpfl 2004, 195; VGH München 25.9.2003 – 12 CE 03.1939; s.a. OVG Münster 23.11.2007 – 6 B 1738/07.

200 VGH Mannheim NVwZ 2002, 883, 884; 2002, 1388, 1389; FEVS 55, 333; VGH München NVwZ 2003, 632, 633; 22.8.2007 – 11 CS 07.1716; ähnl. OVG Greifswald 7.10.2003 – 1 M 34/03; *J. Bader*, VBlBW 2002, 471, 473; *M.-J. Seibert*, NVwZ 2002, 265, 268.

201 OVG Bln-Bbg 27.11.2015 – OVG 3 S 82.15; OVG Greifswald 7.10.2003 – 1 M 34/03; OVG Lüneburg 6.12.2002 – 2 ME 215/02; OVG Münster 16.3.2016 – 1 B 1442/15; VGH Mannheim NVwZ 2002, 1388, 1389; 8.11.2004 – 9 S 1536/04; VGH München 16.7.2015 – 11 CS 15.1194; *S. Kautz*, in: HK-VerwR § 146 Rn. 22; *M.-J. Seibert*, NVwZ 2002, 265, 268 f.

202 OVG Greifswald 7.10.2003 – 1 M 34/03; VGH München NVwZ 2002, 883, 884; *J. Bader*, VBlBW 2002, 471, 473.

wird.[203] Je eingehender die Argumentation in der angefochtenen Gerichtsentscheidung ist, desto tiefer muss sich der Beschwerdeführer mit ihr befassen.[204] Es ist nicht Aufgabe des Beschwerdegerichts, sich aus einem umfänglichen Beschwerdevorbringen das herauszusuchen, was als Erwiderung auf die Ausführungen des VG aufgefasst werden könnte (OVG Münster 17.3.2008 – 18 B 388/08).

77   Eine gelungene Beschwerdebegründung zeichnet sich demzufolge durch eine fallbezogene Argumentation aus, die eine sehr enge Verbindung zur angefochtenen Gerichtsentscheidung aufweist. Aus ihr muss sich die Rechtswidrigkeit der Gerichtsentscheidung und die Notwendigkeit ihrer Aufhebung ergeben (OVG Lüneburg NordÖR 2014, 502; VGH München 14.9.2016 – 1 CS 16.1436). Es genügt nicht, wenn bei der Darlegung nur beiläufig ein rechtlicher Gesichtspunkt erwähnt wird, ohne dass der gebotene Zusammenhang zur angefochtenen verwaltungsgerichtlichen Entscheidung hergestellt wird (OVG Greifswald 7.10.2003 – 1 M 34/03). Die nötige inhaltliche Auseinandersetzung mit der angefochtenen Gerichtsentscheidung fehlt, wenn in der Beschwerdebegründung nur das erstinstanzliche Vorbringen wiederholt[205] oder auf dieses Bezug genommen wird[206] oder pauschale/formelhafte Rügen vorgebracht werden.[207] Ebenso stellt die bloße, in einem einzigen Satz formulierte Aussage, nach Meinung des Bevollmächtigten des Rechtsmittelführers sei eine Rechtsfrage anders zu beantworten, keine Darlegung von Gründen dar (VGH München 24.11.2008 – 11 CS 08.2882). Es ist unzureichend, wenn nur die Punkte bezeichnet werden, in denen der Beschluss angegriffen werden soll, ohne die Gründe zu erläutern (VGH Mannheim 8.11.2004 – 9 S 1536/04). Der Beschwerdeführer darf dem OVG den Fall auch nicht so unterbreiten, als wäre es erstmals zur Entscheidung berufen (VGH Mannheim NVwZ 2002, 883, 884; FEVS 55, 333). Enthält die angefochtene Gerichtsentscheidung für unterschiedliche Ansprüche oder für unterschiedliche Zeiträume verschiedene Begründungen, muss der Beschwerdeführer wiederum fallbezogen argumentieren. Soweit er die Entscheidung insgesamt für unrichtig hält, muss er in seiner Beschwerdebegründung auf jede der Entscheidungsbegründungen eingehen.[208] Hat das VG seine Entscheidung auf mehrere Begründungen gestützt, die unabhängig voneinander das Entscheidungsergebnis tragen, muss sich der Beschwerdeführer mit jeder Begründung auseinandersetzen und jede in Zweifel ziehen.[209] Wurde eine einstweilige Anordnung abgelehnt, weil das Gericht weder einen Anordnungsgrund noch einen Anordnungsanspruch für gegeben hielt, bleibt die Beschwerde erfolglos, wenn innerhalb der Beschwerdebegründungsfrist nur Darlegungen zum Anordnungsanspruch erfolgen (OVG Brem 22.6.2011 – 1 B 81/11). Abweichendes gilt nur, wenn innerhalb der Beschwerdebegründungsfrist in zulässiger Weise neue Umstände vorgetragen werden, nach denen es auf die tragenden Erwägungen des VG nicht mehr ankommt (OVG Weimar ThürVBl 2004, 159; OVG Lüneburg NVwZ-RR 2007, 521).

78   Die vom Beschwerdeführer vorgetragenen Gründe müssen solcher Art sein, dass das Beschwerdegericht zur Überzeugung gelangt, dass die angefochtene Gerichtsentscheidung abzuändern oder aufzuhe-

---

203   VGH München NVwZ 2003, 632, 633; 20.10.2003 – 1 CS 03/2000; ähnl. OVG Schleswig NJW 2003, 158; VGH Kassel NVwZ-RR 2003, 756, 757; VGH Mannheim NVwZ 2002, 883, 884.

204   OVG Münster NVwZ-RR 2004, 706; s.a. BVerfG NVwZ 2004, 1112, 1114; *C. Jeromin*, in: Gärditz § 146 Rn. 32; ähnl. *J. Meyer-Ladewig/R. Rudisile*, in: Schoch/Schneider/Bier § 146 Rn. 13 c.

205   OVG Bautzen 18.7.2017 – 3 B 147/17; OVG Koblenz NVwZ-RR 2016, 331, 332; OVG Lüneburg 6.12.2002 – 2 ME 215/02; OVG Münster 16.3.2016 – 1 B 1442/15; OVG Schleswig NJW 2003, 158; VGH Kassel 16.6.2010 – 8 B 2764/09; VGH Mannheim, NVwZ-RR 2002, 797; FEVS 55, 333; 12.6.2008 – 11 CS 08.1317; VGH München 18.5.2017 – 11 CS 17.223; *J. Bader*, VBlBW 2002, 471, 473; *M. Happ*, in: Eyermann § 146 Rn. 22; *W.-R. Schenke*, in: Kopp/Schenke § 146 Rn. 41.

206   OVG Greifswald 25.1.2008 – 2 M 43/07; OVG Lüneburg 6.12.2002 – 2 ME 215/02; OVG Schleswig NJW 2003, 158; VGH Mannheim NVwZ 2002, 883, 884; FEVS 55, 333; 8.11.2004 – 9 S 1536/04; VGH München 22.8.2007 – 11 CS 07.1716; *J. Bader*, VBlBW 2002, 471, 473; *J. Meyer-Ladewig/R. Rudisile*, in: Schoch/Schneider/Bier § 146 Rn. 13 c; *W.-R. Schenke*, in: Kopp/Schenke § 146 Rn. 41; *T. Stuhlfauth*, in: Bader § 146 Rn. 30. Näher zu den Bezugnahmen unter → Rn. 79 f.

207   OVG Bautzen 18.7.2017 – 3 B 147/17; OVG Brem DÖD 2009, 202, 204; OVG Greifswald 25.1.2008 – 2 M 43/07; OVG Schleswig NJW 2003, 158; VGH Mannheim NVwZ 2002, 1388, 1389; VGH München 18.5.2017 – 11 CS 17.223; *M. Happ*, in: Eyermann § 146 Rn. 22; *M.-J. Seibert*, NVwZ 2002, 265, 269.

208   VGH Mannheim NVwZ 2002, 883, 884; VGH München 5.8.2008 – 11 CE 08/1894; *T. Stuhlfauth*, in: Bader § 146 Rn. 30.

209   OVG Greifswald 7.10.2003 – 1 M 34/03; OVG Koblenz LKRZ 2009, 37; OVG Münster NVwZ-RR 2004, 706; 8.9.2017 – 13 B 879/17; VGH Mannheim NVwZ 2002, 883, 884; VGH München 8.9.2015 – 11 CE 15.1587; zu alternativen Erwägungen OVG Greifswald 25.1.2008 – 2 M 43/07; *J. Meyer-Ladewig/R. Rudisile*, in: Schoch/Schneider/Bier § 146 Rn. 13 c; *M.-J. Seibert*, NVwZ 2002, 265, 269; für den Fall der Alternativität *T. Stuhlfauth*, in: Bader § 146 Rn. 30.

ben *ist* (OVG Lüneburg NordÖR 2014, 502, 503). Es genügt demnach nicht, wenn die Unrichtigkeit eines einzelnen Begründungselements der verwaltungsgerichtlichen Entscheidung aufgezeigt wird, unter Zugrundelegung des Beschwerdevortrags aber die verwaltungsgerichtliche Entscheidung i.E. gleich ausfallen würde.[210] Gleiches gilt, wenn nur eine von mehreren das Ergebnis tragenden Erwägungen infrage gestellt wird (OVG Lüneburg NordÖR 2014, 502, 503) oder nur die Unrichtigkeit der Haupterwägung aufgezeigt wird, ohne die vom VG aufgestellten, sein Entscheidungsergebnis ebenfalls stützenden Hilfserwägungen in Zweifel zu ziehen (VGH München 11.7.2006 – 11 CS 06.39). Richtet sich die Beschwerde nur gegen einen Teil der erstinstanzlichen Entscheidung, muss die Darlegung gerade auf die tragenden Erwägungen dieses Teils der Entscheidung eingehen (OVG Greifswald 29.8.2006 – 2 M 106/06). Hat das VG einen Antrag als unzulässig abgetan, ist nach vorherrschender Ansicht der Gerichte in der Beschwerdebegründung zugleich aufzuzeigen, warum die Beschwerde auch in der Sache begründet ist.[211] Denn das Gericht habe nach § 146 Abs. 4 S. 6 nur die dargelegten Gründe zu prüfen. Sofern das VG sich zur Begründetheit des Antrags nicht geäußert hat, kann sich der Beschwerdeführer aber nicht mit der verwaltungsgerichtlichen Entscheidung auseinandersetzen, sodass zumindest eine Wiederholung des erstinstanzlichen Vorbringens (OVG Lüneburg NordÖR 2014, 502, 503; OVG Magdeburg 27.5.2008 – 2 M 72/08) oder eine Bezugnahme auf dieses genügen dürfte (OVG Lüneburg NordÖR 2014, 502, 503). Gleiches gilt insoweit, als das Verwaltungsgericht einen früheren Vortrag offen gelassen oder nicht berücksichtigt hat (OVG Bautzen 18.7.2017 – 3 B 147/17). Hat das VG einen Anordnungsanspruch verneint, muss der Beschwerdeführer in der Begründung auch das Vorliegen eines Anordnungsgrundes darlegen.[212]

aa) Bezugnahmen. Wie gesehen liegt keine ordnungsgemäße Beschwerdebegründung vor, wenn der 79 Beschwerdeführer lediglich auf sein erstinstanzliches Vorbringen verweist.[213] Davon zu unterscheiden sind Konstellationen, in denen sich der Beschwerdeführer in der Beschwerdebegründung mit der erstinstanzlichen Entscheidung auseinandersetzt, dabei aber zur Vermeidung unnötiger Wiederholungen bspw. auf seine Ausführungen verweist, die er in einem Schriftsatz des erstinstanzlichen Verfahrens zur richtigen Interpretation einer Norm gemacht hat. Dem Sinn und Zweck des § 146 Abs. 4 S. 3 entspricht es am besten, wenn die Beschwerdebegründung aus sich heraus verständlich ist. Andererseits gebietet Art. 19 Abs. 4 GG eine rechtsschutzfreundliche Auslegung prozessualer Normen (BVerfG NJW 2002, 3692, 3693). Da dem Beschwerdegericht die Akten vorliegen, ist eine Bezugnahme nicht ausgeschlossen, sofern diese hinreichend konkret erfolgt (Bezeichnung des Schriftsatzes, ggf. unter Angabe der Seitenzahl), das in Bezug genommene Schreiben selbst den Anforderungen der Beschwerdebegründung genügt und sich dieses bei den Akten befindet bzw. gleichzeitig eingereicht wird.[214] Indem der Antragsteller am Ende seiner Beschwerdebegründung auf die sonstigen, dem Gericht bereits vorliegenden diesseitigen Ausführungen Bezug nimmt, werden diese nicht Bestandteil der Beschwerdebegründung, weil dies den Intentionen des Darlegungserfordernisses zuwiderläuft (VGH München 2.12.2005 – 11 CS 05.2363). Da im Verfahren vor dem VG kein Vertretungszwang besteht, mangelt es aber an einer ausreichenden Darlegung, wenn der bevollmächtigte Anwalt in der Schrift zur Begründung der Beschwerde auf die Ausführungen seiner Partei Bezug nimmt, ohne *selbst* den Streitstoff auch in dieser Hinsicht gesichtet, geprüft und rechtlich durchdrungen zu haben (→ § 124 a Rn. 200).[215]

In einem vom VGH Mannheim zu entscheidenden Fall wurde in einer Angelegenheit Beschwerde ein- 80 gelegt, diese aber nicht begründet. Später machte der Beschwerdeführer geltend, dass die im Parallelverfahren eingelegte Beschwerdebegründung selbstverständlich auch in diesem Verfahren gelten müsse, weil derselbe Rechts- und Lebenssachverhalt betroffen sei. Dieses Vorbringen wurde zu Recht als

---

210 Nach *W.-R. Schenke*, in: Kopp/Schenke § 146 Rn. 41 ist im Falle einer Ermessensentscheidung des VG im vorläufigen Rechtsschutz aufzuzeigen, dass diese i.E. rechtswidrig ist.
211 OVG Lüneburg NordÖR 2014, 502, 503; OVG Saarlouis NVwZ-RR 2016, 528; VGH München 8.8.2006 – 11 CE 05.2152.
212 OVG Lüneburg NordÖR 2014, 502, 503; *T. Stuhlfauth*, in: Bader § 146 Rn. 31.
213 OVG Brem DÖD 2009, 202, 204; OVG Münster 16.3.2016 – 1 B 1442/15; OVG Schleswig NJW 2003, 158; VGH Mannheim NVwZ 2002, 883, 884; FEVS 55, 333; VGH München 12.4.2016 – 10 CS 16.431; *J. Bader*, VBlBW 2002, 471, 473; *J. Meyer-Ladewig/R. Rudisile*, in: Schoch/Schneider/Bier § 146 Rn. 13 c.
214 So VGH München 22.8.2007 – 11 CS 07.1716; *T. Stuhlfauth*, in: Bader § 146 Rn. 30.
215 HmbOVG 15.12.2006 – 3 Bs 111/06; so zur Zulassung der Berufung OVG Lüneburg NVwZ-RR 2002, 468.

ungenügend angesehen. Nach § 146 Abs. 4 S. 3 muss in jedem Beschwerdeverfahren ein bestimmter Antrag gestellt und dargelegt werden, aus welchen Gründen die angefochtene Gerichtsentscheidung unrichtig ist. Zur Erfüllung der formalen Anforderungen hätte zumindest ein Schriftsatz eingereicht werden müssen, in welchem auf die Beschwerdebegründung im Parallelverfahren Bezug genommen wird.[216] Hat ein Prozessbevollmächtigter in einem anderen Beschwerdeverfahren umfassender oder in anderer Weise vorgetragen, kommt diese Darlegung seinen übrigen Mandanten in vergleichbaren Beschwerdeverfahren nicht zugute.[217]

81   **bb) Zur Darlegung nachträglich eingetretener Änderungen der Sach- und Rechtslage.** Wie bei der früheren Zulassungsbeschwerde ist auch bei der Beschwerde nach § 146 Abs. 4 umstr., ob und inwieweit der Beschwerdeführer seine Beschwerdebegründung darauf stützen kann, die verwaltungsgerichtliche Entscheidung sei wegen einer zwischenzeitlichen Änderung der Sach- bzw. Rechtslage aufzuheben. Vielfach wird vertreten, dass nachträgliche Änderungen über das für den einstweiligen Rechtsschutz maßgebliche Abänderungsverfahren nach § 80 Abs. 7 (ggf. analog), nicht aber im Beschwerdeverfahren geltend zu machen sind.[218] Unter Zugrundelegung des § 146 Abs. 4 S. 3, 6 gehöre es nicht zu den Aufgaben des Beschwerdegerichts, den Streitfall neu aufzubereiten und eine eigene Entscheidung zu treffen.[219] Das Beschwerdegericht solle keine neue originäre Entscheidung treffen, sondern die Entscheidung des Ausgangsgerichts retrospektiv überprüfen (OVG Lüneburg ZfSch 2013, 117, 119). Andere sprechen sich dagegen für eine Berücksichtigungsmöglichkeit nachträglicher Änderungen im Beschwerdeverfahren aus, jedenfalls wenn die Änderung vor Ablauf der Beschwerdebegründungsfrist vorgetragen wird.[220] Nach manchen Gerichten sollen Änderungen nach Ablauf der Beschwerdebegründungsfrist im Verfahren nach § 80 Abs. 7 geltend gemacht werden,[221] während andere derartige Änderungen auch noch im Beschwerdeverfahren berücksichtigen wollen.[222] Nach seinem Sinn und Zweck ist § 146 Abs. 4 S. 1 einengend zu interpretieren, soweit die Änderungen erst nach Fristablauf eingetreten oder erkennbar geworden sind (OVG Magdeburg 22.10.2015 – 2 M 13/15).

82   Grds. sind im Beschwerdeverfahren nachträgliche Änderungen zu berücksichtigen.[223] Wie bei der Berufungszulassung (BVerwG 12.11.2002 – 7 AV 4/02; NVwZ 2003, 490, 491) ist auch für die Beschwerde nicht maßgeblich, ob das VG unter Zugrundelegung der ihm bekannten Tatsachen richtig entschieden hat. Entscheidend ist vielmehr, ob die Entscheidung über den Streitgegenstand i.E. richtig ist.[224] Ob und inwieweit neu vorgetragene Änderungen von dem Beschwerdegericht berücksichtigungsfähig sind, ergibt sich mangels Anordnung einer prozessualen Präklusion (VGH München 30.1.2017 – 4 CE 16.2575) aus dem materiellen Recht (OVG Bautzen 29.1.2015 – 3 B 100/14; s.a. VGH Mannheim 2.6.2017 – NC 9 S 1244/17). Nach dem Wortlaut des § 146 Abs. 4 S. 3 sind vom Beschwerdeführer die Gründe darzulegen, aus denen die Entscheidung abzuändern oder aufzuheben ist. Die Notwendigkeit zur Abänderung oder Aufhebung einer Entscheidung kann sich aber auch aus zwischenzeitlichen Änderungen ergeben.[225] Die Vorstellung, das Beschwerdegericht würde nur die

216 VGH Mannheim NVwZ-RR 2004, 391; s.a. *J. Meyer-Ladewig/R. Rudisile,* in: Schoch/Schneider/Bier § 146 Rn. 13 c.
217 OVG Lüneburg DVBl 2004, 1252; s.a. zur Bedeutung der Darlegung anderer in Studienzulassungsverfahren *M. Pein,* VR 2005, 333, 334 ff.
218 OVG Lüneburg NVwZ-RR 2006, 650, 651; ZfSch 2013, 117, 119; VGH München 17.2.2006 – 11 CS 05.1378; *J. Bader,* VBlBW 2002, 471, 474; *Kugele* § 146 Rn. 26; zu diesem Problem auch *M. Kamp,* NdsVBl 2005, 248 ff.
219 OVG Lüneburg ZfSch 2013, 117, 119; VGH Mannheim NVwZ-RR 2006, 849, 850.
220 VerfGH Bln 17.10.2006 – 98/06; OVG Bln-Bbg 14.9.2007 – 9 S 29.07; OVG Saarlouis 13.6.2017 – 2 B 344/17; VGH Mannheim 4.7.2017 – 2 S 1258/17; VGH München 30.1.2017 – 4 CE 16.2575; *C. Jeromin,* in: Gärditz § 146 Rn. 34; *T. Stuhlfauth,* in: Bader § 146 Rn. 39; *K. Kuhlmann,* in: Wysk § 146 Rn. 27; nur bei Offensichtlichkeit der Änderung *J. Meyer-Ladewig/R. Rudisile,* in: Schoch/Schneider/Bier § 146 Rn. 13 c.
221 OVG Bautzen SächsVBl 2007, 70; OVG Bln-Bbg 30.5.2016 – OVG 2 S 8.16; SächsVBl 2008, 23; s.a. OVG Magdeburg 2.11.2006 – 3 M 185/06; VGH Kassel LKRZ 2007, 430, 431; VGH Mannheim VBlBW 2011, 186, 188.
222 OVG Magdeburg 22.10.2015 – 2 M 13/15; *M. Jäger,* DVBl 2009, 156, 158; *C. Jeromin,* in: Gärditz § 146 Rn. 34; unter Einschränkungen OVG Bln-Bbg 3.3.2006 – 2 S 106.05.
223 OVG Bautzen 29.1.2015 – 3 B 100/14; Bln-Bbg 30.5.2016 – OVG 2 S 8.16; VGH Mannheim 4.7.2017 – 2 S 1258/17; VGH München 30.1.2017 – 4 CE 16.2575; *M. Happ,* in: Eyermann § 146 Rn. 22; *W.-R. Schenke,* in: Kopp/Schenke § 146 Rn. 42.
224 OVG Bautzen 29.1.2015 – 3 B 100/14; OVG Frankfurt (Oder) NVwZ-RR 2003, 694; OVG Lüneburg, NVwZ-RR 2005, 409, 410; OVG Saarlouis 13.6.2017 – 2 B 344/17; VGH Mannheim 4.7.2017 – 2 S 1258/17; VGH München 31.7.2008 – 7 CE 08.1120; *J. Meyer-Ladewig/R. Rudisile,* in: Schoch/Schneider/Bier § 146 Rn. 13 c.
225 OVG Bautzen 29.1.2015 – 3 B 100/14; OVG Lüneburg 10.11.2008 – 5 ME 260/08; *M. Jäger,* DVBl 2009, 156, 157 f.; *W.-R. Schenke,* in: Kopp/Schenke § 146 Rn. 42.

Ausgangsentscheidung des VG überprüfen, ohne selbst originär entscheiden zu müssen, ist zu pauschal. Auch wenn ein Antrag vom Ausgangsgericht unzutreffend als unzulässig abgewiesen wurde, muss das Beschwerdegericht nachher in der Sache selbst entscheiden. Unterstrichen wird dies durch $\S$ 146 Abs. 4 S. 6, wonach das Gericht nur die dargelegten Gründe prüft, ohne dass an dieser Stelle nochmals auf die Auseinandersetzung mit der Ausgangsentscheidung eingegangen wird. Weil das Beschwerdeverfahren eine neue Tatsacheninstanz eröffnet, in der die streitige Angelegenheit nochmals in vollem Umfang tatsächlich und rechtlich geprüft werden kann, liegt eine Einbeziehung nachträglicher Änderungen nahe.[226] Gerade bei der Beschwerde ist eine Berücksichtigung neuen Vorbringens angebracht, weil die angefochtene Entscheidung im Unterschied zum erstinstanzlichen Urteil oft auf keinem vergleichbaren förmlichen Verfahren mit eingehender Tatsachenfeststellung beruht (BT-Drs. 14/4772, 113 [ZPO-Beschwerde]). Die Einbeziehung einer möglichst aktuellen und situationsangepassten Sach- und Rechtslage ist eine notwendige Voraussetzung für eine effektive Beschwerdeentscheidung.[227] Dies gilt nach dem OVG Lüneburg insbes. für solche Beteiligte, die im ersten Rechtszug nicht rechtskundig vertreten sind (OVG Lüneburg 10.11.2008 – 5 ME 260/08). Ziel des einstweiligen Rechtsschutzes ist es, eine möglichst sachgerechte, der späteren Hauptsacheentscheidung angenäherte Entscheidung zu treffen.[228]

Das Beschwerdegericht soll nicht die infolge der nachträglichen Änderung i.E. unrichtige Entscheidung des Ausgangsgerichts bestätigen (OVG Frankfurt [Oder] NVwZ-RR 2003, 694) und den Beschwerdeführer auf seine anderweitigen Abänderungsmöglichkeiten verweisen müssen (OVG Magdeburg 22.10.2015 – 2 M 13/15; VGH Mannheim VBlBW 2011, 186, 188). Bei einer vorherigen Befassung des VG mit den neuen Umständen erhöht sich möglicherweise die Gesamtverfahrensdauer.[229] Der VGH Mannheim stellte heraus, dass offensichtliche Veränderungen zu keinem neuen, das Verfahren verzögernden Streitstand führen (VGH Mannheim VBlBW 2011, 186, 188). Außerdem vermeidet diese Ansicht rechtssystematische Schwierigkeiten, wenn die Beschwerde sowohl mit Fehlern des VG als auch mit nachträglichen Änderungen begründet wird.[230] Im Falle der Geltendmachung einer nachträglichen Änderung muss sich der Beschwerdeführer insoweit mit der angefochtenen Entscheidung auseinandersetzen, als er die von ihr zugrunde gelegten Prämissen und deren Unrichtigwerden aufgrund nachträglich eingetretener Umstände aufzuzeigen hat.[231] Nach der Rspr. können im Grundsatz auch solche neuen Tatsachen berücksichtigt werden, die vom Beschwerdeführer selbst geschaffen wurden. Ob derartige Umstände im anhängigen Verfahren berücksichtigungsfähig sind, richte sich allein nach dem materiellen Recht.[232] Stellt man auf den Wortlaut des $\S$ 146 Abs. 4 S. 6 ab, wonach das Beschwerdegericht die „dargelegten Gründe" prüft, kann man den Standpunkt einnehmen, dass nach Ablauf der Begründungsfrist eingetretene Änderungen irrelevant sind.[233] Andererseits ist zu berücksichtigen, dass in solchen Konstellationen, in denen die dargelegten Gründe dazu geeignet sind, die angefochtene Entscheidung in Zweifel zu ziehen, es prozessökonomisch geradezu geboten ist, dass das Beschwerdegericht die nachträglichen Änderungen berücksichtigen kann.[234] Sonst müsste es womöglich der Beschwerde in der Sache stattgeben bzw. sie abweisen, obwohl bekannt ist, dass diese Entscheidung angesichts der eingetretenen Änderung so gar nicht ergehen dürfte.[235] Einige der Gerichte signalisieren jedenfalls ihre Bereitschaft, aus Gründen des effektiven Rechtsschutzes ausnahmsweise spätere Änderungen dennoch berücksichtigen zu wollen (OVG Lüneburg IÖD 2007, 194; ZfSch 2013, 117, 119; VGH Mannheim VBlBW 2006, 285, 286), etwa bei Fallgestaltungen, die $\S$ 80 Abs. 8 oder $\S$ 173 S. 1 i.V.m. $\S$ 264 Nr. 3 ZPO vergleichbar seien (OVG Lüneburg ZfSch 2013, 117, 119). Im

83

---

226 OVG Bautzen 20.1.2015 – 3 B 100/14; OVG Weimar ThürVBl 2004, 159; s.a. OVG Lüneburg NdsRpfl 2004, 157; VGH Mannheim 8.11.2004 – 9 S 1536/04.
227 OVG Lüneburg 10.11.2008 – 5 ME 260/08; *M. Jäger*, DVBl 2009, 156, 157.
228 *M. Jäger*, DVBl 2009, 156, 158.
229 OVG Bautzen SächsVBl 2007, 167, 169; so zur früheren Zulassungsbeschwerde OVG Lüneburg NdsVBl 1998, 162, 165; OVG Münster NVwZ 1998, 754, 755; OVG Weimar DVBl 1998, 849, 850; VGH München BayVBl 1998, 154.
230 *W.-R. Schenke*, in: Kopp/Schenke $\S$ 146 Rn. 42.
231 *J. Meyer-Ladewig/R. Rudisile*, in: Schoch/Schneider/Bier $\S$ 146 Rn. 13c.
232 OVG Münster 26.3.2004 – 21 B 2399/03 unter Berufung auf BVerwG NVwZ 2003, 490, 491; VGH Mannheim 4.7.2017 – 2 S 1258/17.
233 *T. Stuhlfauth*, in: Bader $\S$ 146 Rn. 39.
234 *W.-R. Schenke*, in: Kopp/Schenke $\S$ 146 Rn. 43.
235 Wie hier i.E. *M. Jäger*, DVBl 2009, 156, 158.

Hinblick auf den Sinn und Zweck der einengenden Zulässigkeitsvoraussetzungen, der Beschleunigung und Verfahrenskonzentration besteht jedoch z.T. die Tendenz, solches neues Vorbringen im Beschwerdeverfahren außer Betracht zu lassen, das bereits zur Zeit des erstinstanzlichen Verfahrens vorlag und dem Beschwerdeführer bekannt war, aber von ihm bewusst für das Beschwerdeverfahren „aufgespart" wurde.[236]

84   **cc) Darlegung und Erledigung.**   Nach einem Beschluss des OVG Münster wird die angefochtene Entscheidung durch den Hinweis auf die zwischenzeitlich eingetretene Erledigung sowie die Erledigungserklärung des Antragstellers in ausreichender Weise infrage gestellt (OVG Münster NWVBl 2003, 398; zur Unbegründetheit der Beschwerde, wenn die Erledigungserklärung nicht zu den Gerichtsakten gelangt, OVG Münster 21.1.2014 – 12 B 14/14, zur Frage, ob bei Erledigung nicht das Rechtsschutzinteresse für die Beschwerde fehlt → Rn. 42). Dieser Rspr. ist zumindest dann beizupflichten, wenn sich das Beschwerdegericht nicht mehr eingehend mit der Begründetheit der angefochtenen Ausgangsentscheidung befassen muss. Ziel einer solchen Beschwerde kann nur noch, falls man dies für zulässig erachtet, die Wirkungsloserklärung des Beschlusses infolge übereinstimmender Erledigung oder andernfalls die Aufhebung des erstinstanzlichen Beschlusses sein (OVG Bautzen 4.6.2015 – 5 B 132/15).

85   **dd) Fristgemäße Darlegung.**   Der Beschwerdeführer muss innerhalb der Monatsfrist des § 146 Abs. 4 S. 1 die Gründe darlegen, aus denen die angefochtene Entscheidung abzuändern oder aufzuheben ist. Gründe, die erstmals nach Ablauf der Beschwerdebegründungsfrist gegen die Richtigkeit der angefochtenen Gerichtsentscheidung vorgebracht werden, sind als unzulässig anzusehen (OVG Bautzen SächsVBl 2004, 242, 243; VGH München NVwZ 2003, 632). Nach Ablauf der Frist können lediglich fristgerecht geltend gemachte Gründe vertieft, nicht aber qualitativ neue Gründe in das Beschwerdeverfahren eingeführt werden.[237]

86   **d) Die Frist für die Begründung der Beschwerde.**   Gem. § 146 Abs. 4 S. 1 ist die Beschwerde innerhalb *eines Monats* nach Bekanntgabe der Entscheidung zu begründen. Bekannt gegeben wird die infrage stehende Gerichtsentscheidung durch Zustellung (§ 56 Abs. 1). Die Zustellung erfolgt nach den Vorschriften der ZPO von Amts wegen (§ 56 Abs. 2). Für die Fristberechnung gilt § 57. Wurde eine Entscheidung mehrmals zugestellt, bestimmt sich der Beginn und Ablauf der Frist grds. nach der ersten wirksamen Zustellung.[238] Nach § 57 Abs. 2 i.V.m. § 224 Abs. 2 ZPO ist die gesetzliche Frist für die Begründung der Beschwerde nicht verlängerbar.[239] Weil die vorläufigen Rechtsschutzverfahren im Vergleich zu den Hauptsacheverfahren regelmäßig eilbedürftig sind und daher ohne zeitliche Verzögerungen durchgeführt werden sollen, hat der Gesetzgeber bewusst von einer Verlängerungsmöglichkeit, wie für die Frist zur Begründung der Berufung nach § 124a Abs. 3 S. 3, abgesehen (OVG Münster NVwZ-RR 2003, 389). Ist zweifelsfrei und offenkundig, auf welche Gerichtsentscheidung sich eine fristgemäße Beschwerdebegründung bezieht, schadet die Verwechslung des Aktenzeichens nicht (OVG Magdeburg LKV 2016, 284, 285).

87   **aa) Fristbeginn bei bloßer Kenntnis der Beschlussformel?**   Problematisch ist, ob durch die bloße Kenntnis der Beschlussformel der Lauf für die Beschwerdebegründungsfrist in Gang gesetzt wird. Für einen Fristbeginn spricht, dass in § 146 Abs. 4 S. 1 lediglich von der *Bekanntgabe der Entscheidung* gesprochen wird (VGH Mannheim InfAuslR 2016, 421; VGH München NVwZ 2003, 118). Allerdings kann sich ein Beschwerdeführer, welcher lediglich den Tenor des verwaltungsgerichtlichen Beschlusses kennt, nicht mit den Gründen der erstinstanzlichen Entscheidung auseinandersetzen und damit die Beschwerde nicht ordnungsgemäß begründen. Da nicht anzunehmen sei, dass der Gesetzgeber mit der Novellierung des § 146 Abs. 4 die besonders eilbedürftigen Verfahren faktisch von einer Über-

---

236   OVG Magdeburg 18.9.2008 – 3 M 511/08; ähnl. OVG Lüneburg 10.11.2008 – 5 ME 260/08; krit. VGH München 30.1.2017 – 4 CE 16.2575.

237   OVG Greifswald 26.2.2004 – 1 M 242/03; VGH Kassel LKRZ 2007, 430, 431; VGH Mannheim NJW 2013, 889; VGH München 22.1.2013 – 15 CS 12/2005; 17.2.2016 – 22 CS 15.2562; *M. Happ*, in: Eyermann § 146 Rn. 19; *T. Stuhlfauth*, in: Bader § 146 Rn. 39.

238   OVG Bln-Bbg 19.1.2017 – OVG 3 S 101.16; s. aber zur Neuzustellung mit einer nunmehr korrekten Rechtsbehelfsbelehrung VGH München 12.1.2017 – 3 CS 16.2134.

239   OVG Münster NVwZ-RR 2003, 389; VGH München 20.9.2017 – 3 CS 17/1583; s.a. *W. Kuhla/J. Hüttenbrink*, DVBl 2002, 85, 90; *J. Meyer-Ladewig/R. Rudisile*, in: Schoch/Schneider/Bier § 146 Rn. 13a; *W.-R. Schenke*, in: Kopp/Schenke § 146 Rn. 38; *T. Stuhlfauth*, in: Bader § 146 Rn. 21.

prüfung habe ausnehmen wollen, liegt es nahe, in diesen Fällen die Darlegungspflicht des Beschwerde-führers auf eine Auseinandersetzung mit dem Ergebnis der angefochtenen Entscheidung zu beschrän-ken (VGH Mannheim InfAuslR 2016, 421; VGH München NVwZ 2003, 118). Jedenfalls würden eventuelle Darlegungsmängel geheilt, wenn der Beschwerdeführer zu den später nachgereichten Grün-den Stellung nimmt (VGH München NVwZ 2003, 118). Denkbar wäre auch, ihm Wiedereinsetzung in den vorigen Stand zu gewähren.[240]

Andererseits kann man auch die Meinung vertreten, dass mit den Worten „Bekanntgabe der Entschei- 88 dung" in § 146 Abs. 4 S. 1 das Vorliegen der vollständigen Entscheidung gemeint ist.[241] Gegen die An-nahme eines Fristbeginns bei Vorliegen des bloßen Entscheidungstenors spricht, dass es dem Betroffe-nen unter dem Aspekt des effektiven Rechtsschutzes nicht zuzumuten ist, allein zur Wahrung der Frist sowohl die Beschwerde als auch eine Beschwerdebegründung einzureichen, obwohl noch ungewiss ist, wie überzeugend die Argumentation des VG für den Beschwerdeführer ist.[242] Dies gilt insbes., wenn zuvor keine mündliche Verhandlung stattgefunden hat. Die inhaltliche Auseinandersetzung mit der angefochtenen Entscheidung setzt notwendig deren vollständige Kenntnis voraus.[243] Wegen der Ver-gleichbarkeit zwischen den gesetzlichen Anforderungen an die Beschwerdebegründung und die Be-gründung der Berufung (§ 124 a Abs. 3) ist eine parallele Bestimmung des Fristbeginns geboten. In der Stellungnahme des Bundesrats begründete dieser die Anbindung der einmonatigen Frist an die Be-kanntgabe der Entscheidung mit einer Parallele zur Beschwerde im Falle der Nichtzulassung der Revi-sion (BT-Drs. 13/6854, 6). Weil bei dieser ebenfalls die Begründungsfrist ab Zustellung des vollständi-gen Urteils beginnt (§ 133 Abs. 2 S. 1), ergibt eine Gesamtbetrachtung der normativen Regelungen,[244] dass bei der Erforderlichkeit der Begründung eines Rechtsmittels die diesbezügliche Frist erst mit Kenntnis der Entscheidungsgründe der jeweiligen Gerichtsentscheidung zu laufen beginnt.

Gute Argumente sprechen dafür, dass in Konstellationen, in denen dem Einzelnen ein Abwarten der 89 Begründung der Gerichtsentscheidung aus Gründen effektiven Rechtsschutzes nicht zumutbar ist, im Falle einer bloßen Zustellung der Beschlussformel wegen Art. 19 Abs. 4 GG ganz vom Darlegungsge-bot abgesehen (VGH Mannheim InfAuslR 2016, 421) oder auf den erstinstanzlichen Vortrag verwie-sen werden kann (zur Zulassungsbeschwerde VGH Mannheim VBlBW 1998, 378, 379). Ansonsten wird hier dem Betroffenen generell die Möglichkeit genommen, die Entscheidung des VG durch ein Rechtsmittelgericht überprüfen zu lassen.[245]

bb) Ordnungsgemäße Rechtsbehelfsbelehrung. Die Einmonatsfrist für die Begründung der Beschwer- 90 de setzt voraus, dass der angefochtene Beschluss mit einer den Erfordernissen des § 58 Abs. 1 entspre-chenden Rechtsbehelfsbelehrung versehen wurde. Richtigerweise muss in der Belehrung über eine Be-schwerde gegen eine Gerichtsentscheidung in Verfahren des vorläufigen Rechtsschutzes auf das Be-gründungserfordernis des § 146 Abs. 4 einschließlich der dafür geltenden Einmonatsfrist hingewiesen werden.[246] Denn die Begründung ist eine wesentliche Komponente für diese Beschwerde (OVG Baut-zen NVwZ-RR 2003, 693). Da der Gesetzgeber mit der Verlängerung der Darlegungsfrist auf einen Monat gerade sicherstellen wollte, dass der Einzelne tatsächlich ausreichend Zeit für die Erstellung einer ordnungsgemäßen Beschwerdebegründung hat, muss die volle Ausschöpfung dieser Frist ge-währleistet sein. Fehlt eine Rechtsbehelfsbelehrung in Bezug auf die Beschwerdebegründung, hat dies zumindest Konsequenzen für die Beschwerdebegründungsfrist. Es gilt dann die Jahresfrist des § 58

---

240 Zu dieser Möglichkeit auch *W.-R. Schenke,* in: Kopp/Schenke § 146 Rn. 38.
241 *Kugele,* § 146 Rn. 21; *M. Redeker,* NordÖR 2002, 183, 186; so für die frühere Zulassungsbeschwerde *J. Meyer-La-dewig/R. Rudisile,* in: Schoch/Schneider/Bier § 146 Rn. 13 a.
242 Dazu auch die Argumentation von *W. Roth,* NJW 1997, 1966, 1967.
243 *J. Meyer-Ladewig/R. Rudisile,* in: Schoch/Schneider/Bier § 146 Rn. 13 a; *W.-R. Schenke,* in: Kopp/Schenke § 146 Rn. 38.
244 Auch bei der Verfassungsbeschwerde beginnt nach § 93 Abs. 1 S. 2 BVerfGG die Frist mit der Zustellung oder form-losen Mitteilung der in vollständiger Form abgefassten Entscheidung, wenn diese nach den maßgeblichen verfahrens-rechtlichen Vorschriften von Amts wegen vorzunehmen ist.
245 So für die frühere Zulassungsbeschwerde *J. Bader,* VBlBW 1997, 449, 451.
246 OVG Lüneburg 21.5.2014 – 5 ME 58/14; OVG Münster NVwZ-RR 2012, 397; *M. Happ,* in: Eyermann § 146 Rn. 18; *W.-R. Schenke,* in: Kopp/Schenke § 146 Rn. 38; a.M. *J. Meyer-Ladewig/R. Rudisile,* in: Schoch/Schneider/ Bier § 146 Rn. 13 a, wonach der Hinweis auf die Begründung nur ein nobile officium ist.

Abs. 2.[247] Daneben besteht bei einer unvollständigen Rechtsbehelfsbelehrung die Möglichkeit, dass das Verwaltungsgericht seine Entscheidung mit korrekter Rechtsbehelfsbelehrung zustellt und dadurch die einmonatige Begründungsfrist in Lauf setzt (VGH München 12.1.2017 – 3 CS 16.2134).

91 **cc) Wiedereinsetzung.** Wurde die Beschwerdebegründungsfrist des § 146 Abs. 4 S. 1 versäumt, kann dem Beschwerdeführer nach § 60 Wiedereinsetzung in den vorigen Stand gewährt werden, wenn ihm unverschuldet die Einhaltung der gesetzlichen Frist nicht möglich war. Für die Entscheidung über die Wiedereinsetzung ist das OVG zuständig.[248] Nach § 60 Abs. 2 S. 1 beträgt die Frist für die Nachholung der versäumten Handlung bei der Begründung der Beschwerde einen Monat. Eine Wiedereinsetzung kommt nur bei mangelndem Verschulden in Betracht, z.B. wenn die Begründung wegen eines Defekts des Faxgeräts des OVG diesem nicht rechtzeitig zugegangen ist.[249] Weil nach § 173 i.V.m. § 85 Abs. 2 ZPO das Verschulden des Bevollmächtigten dem Verschulden der Partei gleichsteht, scheidet eine Wiedereinsetzung in den vorigen Stand aus, wenn der Prozessbevollmächtigte des Beschwerdeführers von einer unrichtigen Gesetzeslage – z.B. von der Möglichkeit der Verlängerung der Beschwerdebegründungsfrist – ausgegangen ist (OVG Münster NVwZ-RR 2003, 389).[250] Geht die isolierte Beschwerdebegründung nicht rechtzeitig beim OVG, sondern beim VG ein, ist zu prüfen, ob dem Beschwerdeführer nicht Wiedereinsetzung in den vorigen Stand gewährt werden kann, weil das VG zur Weiterleitung des Schriftsatzes an das OVG verpflichtet gewesen wäre (→ Rn. 61). Eine Wiedereinsetzung zur Ergänzung einer rechtzeitig eingereichten, aber inhaltlich unzulänglichen Beschwerdebegründung kommt grds. nicht in Betracht[251] (→ § 124 a Rn. 67, 78).

92 Beantragt der Beschwerdeführer zunächst PKH für eine noch einzulegende Beschwerde, ist ihm unter den Voraussetzungen des § 60 Wiedereinsetzung wegen der Fristen zur Beschwerdeeinlegung und -begründung zu gewähren (VGH Mannheim NVwZ-RR 2003, 789). Bei der Auslegung und Anwendung der Wiedereinsetzungsregelungen ist zu beachten, dass wegen der Garantie effektiven Rechtsschutzes (Art. 19 Abs. 4 GG) sowie des Sozialstaatsprinzips des Art. 20 Abs. 1 i.V.m. Art. 3 Abs. 1 GG dem im Prozesskostenhilfeverfahren erfolgreichen, aber nicht bemittelten Beteiligten durch die Beantragung von PKH kein Nachteil entstehen darf. Deshalb steht dem Prozessbevollmächtigten für die Nachholung der Beschwerdebegründung bei nachholender Wahrung der Frist zur Einlegung der Beschwerde die volle Frist des § 146 Abs. 4 S. 1 zur Verfügung (s.a. § 60 Abs. 2 S. 1).[252]

VII. Sonderproblem: Änderungen des Streitgegenstands bei der Beschwerde nach § 146 Abs. 4

93 Umstr. ist, inwieweit bei Beschwerden in Verfahren des vorläufigen Rechtsschutzes ein Antrag entsprechend § 91 geändert werden kann. Die Mehrzahl der Gerichte spricht sich gegen derartige Änderungen aus. Nach dem in § 146 Abs. 4 S. 4, 6 zum Ausdruck kommenden Willen des Gesetzgebers sei das Beschwerdeverfahren in Eilsachen möglichst zügig und beschränkt auf die gegen die erstinstanzliche Entscheidung geltend gemachten Gründe durchzuführen. Diesem Zweck liefe eine Erweiterung oder Auswechslung des Streitgegenstands im Beschwerdeverfahren um bzw. gegen Begehren zuwider, die in

---

247 OVG Bautzen NVwZ-RR 2003, 693; OVG Lüneburg 21.5.2014 – 5 ME 58/14; OVG Münster NVwZ-RR 2012, 397. Bei der Zulassungsbeschwerde wurde von den Gerichten häufig vertreten, dass nur auf die Beschwerde als solche, nicht aber ihre Begründung hinzuweisen ist, dazu OVG Bautzen NVwZ 1997, 1003, 1004; OVG Weimar NVwZ-RR 1998, 207, 208; VGH Mannheim VBlBW 1998, 419 unter Berufung auf den Anwaltszwang; krit. *J. Schmidt*, NVwZ 1998, 694, 696 f.

248 *T. Stuhlfauth*, in: Bader § 146 Rn. 27.

249 Dazu VGH München 12.1.2012 – 10 CE 11/2687.

250 Zur Bejahung des Verschuldens wegen mangelnder Kontrolle von Ermittlungs- und Eingabefehlern OVG Bln-Bbg NJW 2012, 101, 102; wegen Nichtvornahme einer anwaltlichen Prüfung der Frist bei Vorlage der Akten an den Bevollmächtigten VGH München 29.6.2011 – 11 CE 11.1272; wegen Unterlassens der Mitteilung über die von einem Prozessbevollmächtigten fristgemäß einzureichende Beschwerde OVG Bln-Bbg BeckRS 2015, 42243.

251 Dazu BGH NJW 1997, 1309, 1310; 2000, 364 f.

252 VGH Mannheim NVwZ-RR 2003, 789; ähnl. VGH München BayVBl 2003, 663 (wenn keine gesonderte Wiedereinsetzung hinsichtlich der Einlegung ergangen ist); *C. Jeromin*, in: Gärditz § 146 Rn. 30; *J. Meyer-Ladewig/R. Rudisile*, in: Schoch/Schneider/Bier § 146 Rn. 13 a.

der ersten Instanz nicht geltend gemacht wurden.[253] Aufgabe des Beschwerdeverfahrens sei ausschließlich die rechtliche Überprüfung der erstinstanzlichen Entscheidung.[254] Vereinzelt wurde offen gelassen, ob ausnahmsweise eine Antragsänderung zulässig ist, wenn auf andere Weise kein effektiver Rechtsschutz zu erlangen ist.[255] Nach dem VGH Mannheim VBlBW 2015, 78 ist zur Vermeidung eines zusätzlichen erstinstanzlichen Eilrechtsschutzverfahrens eine sachdienliche Antragserweiterung ausnahmsweise möglich, wenn diese noch vor Ablauf der Beschwerdebegründungsfrist in das Beschwerdeverfahren eingeführt werden kann.

An einer pauschalen Verneinung der Möglichkeit einer Änderung des Streitgegenstands bei einer Beschwerde nach § 146 Abs. 4 bestehen Bedenken.[256] Für die Berufung gelten nach § 125 Abs. 1 S. 1 die Vorschriften des Teils II der VwGO entsprechend, nach § 128 S. 2 berücksichtigt das Gericht bei seiner Entscheidung neu vorgebrachte Tatsachen. Auch bei der Beschwerde nach § 146 Abs. 4 hält ein Großteil der Gerichte nachträglich eingetretene Änderungen für berücksichtigungsfähig (→ Rn. 81 ff.). Während für die Revision in § 142 Abs. 1 explizit die Vorschrift für die Klageänderung ausgeschlossen wird, fehlt eine diesbezügliche Bestimmung für die Beschwerde. Die Sonderregelung des § 146 Abs. 4 hat die Effizienzsteigerung der Gerichte im Blick. Verneint man generell die Möglichkeit einer Antragsänderung bei Beschwerden nach § 146 Abs. 4, hat dies zur Folge, dass zunächst das Ausgangsgericht und möglicherweise im Anschluss daran wieder das Beschwerdegericht mit der neuen Angelegenheit befasst werden. Bereits die einengenden Voraussetzungen des § 91 tragen dazu bei, dass sich das Beschwerdegericht nicht mit Änderungen des Streitgegenstands befassen muss, bei denen die Einleitung eines neuen Gerichtsverfahrens besser ist (s.a. VGH Mannheim VBlBW 2011, 95 f.; VGH München 10.10.2008 – 10 CS 08.2504). Der VGH München hält eine Antragsänderung im Beschwerdeverfahren nicht für schlechthin ausgeschlossen, jedenfalls wenn die Erweiterung zu keiner wesentlichen Änderung der zu prüfenden Gesichtspunkte führt (VGH München 3.3.2016 – 11 CE 16.219) oder die Garantie effektiven Rechtsschutzes deren Zulässigkeit gebietet (VGH München 30.6.2017 – 3 CE 17.897). Um dem Beschleunigungs- und Vereinfachungseffekt des § 146 Abs. 4 Rechnung zu tragen, verlangt er auch hinsichtlich des geänderten Antrags die Erfüllung des Frist- und Begründungserfordernisses des § 146 Abs. 4.[257] In einer weiteren Entscheidung (VGH München 29.5.2013 – 22 CS 13/753) hielt er eine Anpassung des Rechtsschutzbegehrens jedenfalls in solchen Fällen für zulässig, die unter Heranziehung des Gedankens des § 264 Nr. 3 ZPO keine Klage- bzw. Antragsänderung wären. Nach dem OVG Brandenburg kann im Beschwerdeverfahren jedenfalls vom Antrag auf Feststellung der aufschiebenden Wirkung des Widerspruchs zum Antrag auf Wiederherstellung der aufschiebenden Wirkung übergegangen werden (OVG Bbg ZfSH/SGB 2005, 677, 680).

VIII. Verfahren

Im Falle des § 146 Abs. 4 S. 5 legt das VG eine bei ihm eingereichte Beschwerde unverzüglich dem Beschwerdegericht vor. Im Unterschied zur einfachen Beschwerde ist es nicht befugt, einer Beschwerde nach § 146 Abs. 4 abzuhelfen. Darin wird nochmals das Bestreben des Gesetzgebers zur Vermeidung zeitlicher Verzögerungen bei Beschwerden in Verfahren des vorläufigen Rechtsschutzes sichtbar (s.a. VGH Mannheim VBlBW 2002, 311, 312; NVwZ-RR 2002, 795, 796). Auch wenn § 146 Abs. 4 S. 5 nur § 148 Abs. 1 und nicht § 149 für unanwendbar erklärt, darf das VG wegen des engen Regelungs-

94

95

---

253 HmbOVG NordÖR 2003, 241; NVwZ-RR 2004, 621; OVG Lüneburg NVwZ-RR 2010, 902, 903; OVG Magdeburg 19.2.2013 – 2 M 127/12; OVG Münster NVwZ-RR 2003, 72, 73; VGH Kassel 9.1.2008 – 1 TG 2464/07; VGH Mannheim VBlBW 2006, 285, 286; 4.8.2010 – 11 S 1376/10; mit Einschränkung VGH München 3.3.2016 – 11 CE 16.219; offen gelassen von OVG Koblenz 11.7.2017 – 7 B 11079/17; OVG Münster 1.6.2017 – 6 B 455/17; s.a. OVG Bln-Bbg 14.9.2007 – 9 S 29.07; VGH Mannheim DÖV 2008, 470, 471 (keine Antragserweiterung); *W.-R. Schenke*, in: Kopp/Schenke § 146 Rn. 33.
254 OVG Bautzen 6.7.2012 – 5 B 172/12; OVG Bln-Bbg 14.9.2017 – OVG 4 S 22.17; OVG Münster NVwZ-RR 2003, 72, 73; VGH Kassel 9.1.2008 – 1 TG 2464/07; VGH Mannheim VBlBW 2004, 483, 484.
255 HmbOVG NordÖR 2003, 241; NVwZ-RR 2004, 621, 622; OVG Koblenz 21.7.2017 – 7 B 11139/17; s.a. *M. Funke-Kaiser*, in: Quaas/Zuck § 4 Rn. 348.
256 So auch *M. Happ*, in: Eyermann § 146 Rn. 25; *S. Kautz*, in: HK-VerwR § 146 Rn. 23. Der VGH Kassel 18.5.2004 – 8 TG 1420/03 hielt eine Antragsänderung im Erörterungstermin für zulässig.
257 VGH München VRS 109, 141, 143; 6.2.2012 – 11 CE 11/2964; OVG Saarlouis 29.5.2013 – 1 B 314/13, wobei es offen ließ, ob aus Art. 19 Abs. 4 GG nicht Ausnahmen folgen; *S. Kautz*, in: HK-VerwR § 146 Rn. 23.

zusammenhangs zwischen diesen beiden Vorschriften die Vollziehung der angefochtenen Entscheidung nicht nach § 149 Abs. 1 S. 2 einstweilen aussetzen.[258]

IX. Die Entscheidung des Beschwerdegerichts

96　Gem. § 150 wird über die Beschwerde durch Beschluss entschieden. § 146 Abs. 4 S. 4 regelt die Entscheidung des Beschwerdegerichts bei Nichtvorliegen der besonderen Zulässigkeitsanforderungen an die Beschwerde gegen Beschlüsse in Verfahren des vorläufigen Rechtsschutzes. Da § 146 Abs. 4 S. 6 dieser Regelung nachfolgt, ergibt sich aus der Systematik, dass an das Vorliegen einer zulässigen Beschwerde angeknüpft wird. Nach dieser in ihrer Bedeutung umstrittenen Vorschrift prüft das OVG nur die dargelegten Gründe.

97　**1. Die Verwerfung der Beschwerde.** Gem. § 146 Abs. 4 S. 4 ist die Beschwerde zu verwerfen, wenn es an einem dieser Erfordernisse mangelt. Da S. 4 des § 146 Abs. 4 unmittelbar an die vorhergehenden Bestimmungen anknüpft, bezieht er sich v.a. auf die dort enthaltenen Anforderungen an die Begründung der Beschwerde. Weil in § 146 Abs. 4 S. 1 und 2 aber nur ein Teil der Zulässigkeitsanforderungen an die Beschwerde gegen Beschlüsse des VG in Verfahren des vorläufigen Rechtsschutzes geregelt wird und § 146 Abs. 4 S. 2 indirekt auf § 147 verweist, betrifft die Verwerfungsvorschrift sowohl die Fälle des Nichtvorliegens der besonderen Anforderungen an Beschwerden in vorläufigen Rechtsschutzverfahren als auch des Nichtvorliegens der für diese Beschwerden ebenfalls geltenden allgemeinen Zulässigkeitsanforderungen (z.B. Beschwer, Rechtsschutzbedürfnis).[259]

98　Fehlt eine Zulässigkeitsvoraussetzung für die Beschwerde, soll sich das Beschwerdegericht nach dem Willen des Gesetzgebers nicht mehr mit ihrer Begründetheit befassen (OVG Weimar EZAR 040 Nr. 6). Eine Durchsicht der aktuelleren Beschwerdeentscheidungen zeigt jedoch, dass die Gerichte vielfach in Fällen, in denen sie sich nicht sicher sind, ob z.B. den Darlegungsanforderungen Genüge getan ist, bzw. trotz Unzulässigkeit der Beschwerde darauf eingehen, dass die Beschwerde jedenfalls unbegründet wäre. Sie stellen also den Befriedungseffekt, der von einer Sachentscheidung ausgeht, mehr in den Vordergrund. Nimmt man den Gesetzeswortlaut des § 146 Abs. 4 S. 4 ernst, „ist" jedoch bei einem Fehlen der Zulässigkeitsanforderungen die Beschwerde zu verwerfen und nicht mehr auf die dargelegten Gründe bzw. den inhaltlichen Streitstoff einzugehen. Durch die unmittelbar an § 146 Abs. 4 S. 3 anschließende Regelung wird erkennbar an die besondere Bedeutung der Formbestimmungen und an die prozessualen Folgen ihres Fehlens erinnert (VGH Kassel InfAuslR 2003, 281, 283). Angesichts des Vertretungszwangs vor dem Beschwerdegericht ist es für den Beschwerdeführer nicht unzumutbar, wenn die Beschwerde wegen eines formellen Mangels verworfen wird (VGH Kassel InfAuslR 2003, 281, 282; VGH Mannheim NVwZ 2002, 883, 884). Die Verwerfung erfolgt durch Beschluss. Dieser ist zu begründen.[260] Das Beschwerdegericht muss dem Beschwerdeführer, nicht aber den anderen Beteiligten, vor der Verwerfung der Beschwerde rechtliches Gehör gewähren (Art. 103 Abs. 1 GG).[261]

99　**2. Die Begründetheitsprüfung des Beschwerdegerichts.** Liegt eine zulässige Beschwerde vor, prüft das Beschwerdegericht, ob sie in der Sache begründet ist, d.h. ob die angefochtene Gerichtsentscheidung des VG abzuändern oder aufzuheben ist. Was die Entscheidungsgrundlagen des Beschwerdegerichts anbetrifft, enthält § 146 Abs. 4 S. 6 eine Sonderbestimmung: Das OVG prüft nur die dargelegten Gründe. Fehlt es an einer Beschwerdebegründung, ist das Beschwerdegericht also an einer Überprüfung des angegriffenen Beschlusses in der Sache gehindert (VGH München 3.7.2008 – 11 CS 08.1252). Weil § 146 Abs. 4 S. 6 kein Vorbild in anderen Bestimmungen findet und die Gesetzesmaterialien diese Bestimmung nicht erläutern, besteht eine große Unsicherheit über ihre genaue Bedeutung. Richtigerweise muss diese stets vor dem Hintergrund der Novellierung des § 146 Abs. 4 gesehen werden. Anstelle der von der Bundesregierung befürworteten Abschaffung der Zulassungsbeschwerde bei Verfahren des vorläufigen Rechtsschutzes verständigte man sich im Vermittlungsausschuss auf eine

---

258　OVG Greifswald NVwZ-RR 2003, 534; *J. Meyer-Ladewig/R. Rudisile,* in: Schoch/Schneider/Bier § 146 Rn. 13 e; *W.-R. Schenke,* in: Kopp/Schenke § 146 Rn. 44; s. bei § 149 Rn. 7; *T. Stuhlfauth,* in: Bader § 146 Rn. 34.

259　*J. Meyer-Ladewig/R. Rudisile,* in: Schoch/Schneider/Bier § 146 Rn. 13 d rekurrieren auf § 173 i.V.m. § 572 Abs. 2 ZPO. So i.E. wohl auch *W.-R. Schenke,* in: Kopp/Schenke § 146 Rn. 43.

260　*J. Bader,* VBlBW 2002, 471, 474; *J. Meyer-Ladewig/R. Rudisile,* in: Schoch/Schneider/Bier § 146 Rn. 13 d; *T. Stuhlfauth,* in: Bader § 146 Rn. 33.

261　*T. Stuhlfauth,* in: Bader § 146 Rn. 33; vager *J. Meyer-Ladewig/R. Rudisile,* in: Schoch/Schneider/Bier § 146 Rn. 13 d.

Kompromisslösung. Man kam der Forderung des Bundesrats nach einer Beibehaltung der Zulassungsbeschwerde entgegen, beseitigte aber die Zweistufigkeit des bisherigen Zulassungsverfahrens. Durch die speziellen Anforderungen an die Beschwerde gegen Beschlüsse des VG in Verfahren des vorläufigen Rechtsschutzes und die Konzentration auf die wesentlichen Fragen (OVG Weimar EZAR 040 Nr. 6; VGH München NVwZ 2004, 251) strebte man eine Beschleunigung sowie eine Entlastung der Beschwerdegerichte an. Außerdem wollte man vermeiden, dass der Rechtsschutz in den vorläufigen Rechtsschutzverfahren über den Hauptsacherechtsschutz hinausgeht (VGH Kassel NVwZ-RR 2003, 756, 757; VGH München NVwZ 2004, 251; s.a. OVG Weimar ThürVBl 2012, 101, 102). Nach dem BVerfG ist § 146 Abs. 4 S. 6 verfassungsrechtlich nicht zu beanstanden.[262]

§ 146 Abs. 4 S. 6 knüpft an die vorhergehenden Sätze an. Da gem. § 146 Abs. 4 S. 1 die Beschwerde **100** binnen eines Monats zu begründen ist und der Beschwerdeführer nach § 146 Abs. 4 S. 3 die Gründe darlegen muss, aus denen die Entscheidung abzuändern oder aufzuheben ist, sind mit den dargelegten Gründen i.S.d. § 146 Abs. 4 S. 6 die in der fristgemäßen Beschwerdebegründung geschilderten Gründe gemeint.[263] Nach dem Gesetzestext prüft das Gericht *nur* die dargelegten Gründe. Bei einer rein semantischen Betrachtung soll es sich bei der Prüfung der Begründetheit der Beschwerde auf die in der Beschwerdebegründung genannten Punkte beschränken (OVG Greifswald NVwZ-RR 2003, 318 f.; s.a. OVG Münster NVwZ-RR 2003, 50). Hält man eng am Wortlaut des § 146 Abs. 4 S. 6 fest, obliegt danach dem Beschwerdeführer die genaue Bestimmung und Abgrenzung des Prüfauftrags des OVG (in diese Richtung VGH Mannheim NVwZ 2002, 1388, 1389). Damit kommt dem Prozessbevollmächtigten bei der Abfassung der Beschwerdebegründung eine besondere Verantwortung zu (VGH Mannheim NVwZ 2002, 1388, 1389). Obwohl der Gesetzestext des § 146 Abs. 4 S. 6 auf den ersten Blick eindeutig erscheint, variieren die Ansichten der Beschwerdegerichte zum Bedeutungsgehalt dieser Vorschrift.

a) Meinung 1: Ausschließliche Befassung mit den dargelegten Gründen. Geht man von dem Gesetzes **101** wortlaut des § 146 Abs. 4 S. 6 aus, liegt der Standpunkt nahe, dass sich das OVG bei der Prüfung der Begründetheit der Beschwerde ausschließlich mit den Darlegungen des Beschwerdeführers befasst.[264] Der Gesetzgeber habe das Auseinanderfallen der Ergebnisse im vorläufigen Rechtsschutz und im Hauptsacheverfahren bewusst in Kauf genommen, was angesichts der nur summarischen Prüfung der Gerichte im vorläufigen Rechtsschutz nicht ungewöhnlich sei (VGH Kassel EZAR 037 Nr. 7).

Zu Recht haben viele Beschwerdegerichte an der Richtigkeit dieser Vorgehensweise Zweifel. Denn bei **102** einer ausschließlichen Prüfung der vom Beschwerdeführer dargelegten Gründe müssten sie der Beschwerde stattgeben, auch wenn sich die angefochtene Gerichtsentscheidung aus anderen, jedoch vom Beschwerdeführer nicht dargelegten Gründen i.E. als richtig erweist. Sie müssten sehenden Auges eine rechtlich nicht zutreffende Entscheidung treffen.[265] Dem unterlegenen Beschwerdegegner bliebe in diesem Fall nichts anderes übrig, als sofort wieder die Abänderung dieser Gerichtsentscheidung zu beantragen (§ 80 Abs. 7). Dies dürfte kaum vom Gesetzgeber beabsichtigt gewesen sein, der mit § 146 Abs. 4 die Effizienz der Gerichte steigern wollte. Zugleich widerspricht diese Ansicht dem Charakter des vorläufigen Rechtsschutzes als schnellem Rechtsschutz.[266] Im vorläufigen Rechtsschutz soll für die Betroffenen bis zum Ergehen der Hauptsacheentscheidung eine vernünftige Zwischenregelung getroffen werden.[267] Wie wichtig dem Gesetzgeber dieses Anliegen ist, wird insbes. an § 80 Abs. 7 S. 1 deutlich. Schon mit Rücksicht auf die Rechtsschutzgarantie des Art. 19 Abs. 4 GG sind deshalb die Beschwerdegerichte bei ihrer Prüfung weiterhin der Aufgabe verpflichtet, irreparable Folgen, die sonst durch die sofortige Vollziehung einer hoheitlichen Maßnahme vor der abschließenden Gerichtsent-

262 BVerfG NJW 2003, 3689; OVG Münster 28.5.2004 – 13 C 20/04; VGH Mannheim NVwZ 2002, 1388, 1389; s.a. VGH Kassel NVwZ-RR 2003, 458, 459.
263 In diese Richtung OVG Weimar EZAR 040 Nr. 6; weitergehend für eine Einbeziehung der Darlegungen des Beschwerdegegners M. *Jäger*, DVBl 2009, 156, 162.
264 VGH Kassel EZAR 037 Nr. 7; in diese Richtung OVG Lüneburg NVwZ-RR 2007, 521; *W.-R. Schenke*, in: Kopp/Schenke § 146 Rn. 43.
265 VGH München BayVBl 2002, 306, 309; s.a. VGH Kassel NVwZ-RR 2006, 832, 834; M. *Funke-Kaiser*, in: Quaas/Zuck § 4 Rn. 360; T. *Stuhlfauth*, in: Bader § 146 Rn. 37.
266 Dazu auch OVG Weimar ThürVBl 2012, 101, 102; J. *Meyer-Ladewig/R. Rudisile*, in: Schoch/Schneider/Bier § 146 Rn. 14.
267 VGH München BayVBl 2002, 306, 309.

scheidung entstehen könnten, möglichst auszuschließen (zu Letzterem OVG Weimar EZAR 040 Nr. 6).

103   Würde sich das Beschwerdegericht tatsächlich nur mit den dargelegten Gründen des Beschwerdeführers befassen, würde die Mehrseitigkeit des Prozessrechtsverhältnisses vernachlässigt. Dadurch würde sich auch die Position desjenigen verschlechtern, der keine Beschwerde eingelegt hat und dessen erstinstanzlicher Vortrag mangels Darlegung außer Acht gelassen werden müsste. Der Rechtsschutz für den Beschwerdegegner würde hierdurch in der zweiten Instanz erheblich eingeschränkt[268] und das rechtsstaatliche Prinzip der Waffengleichheit im Prozess vernachlässigt.[269] Der Vermittlungsausschuss wollte mit seinem Vorschlag den Forderungen des Bundesrats nach einer Beibehaltung der Zulassungsbeschwerde entgegenkommen. Bei der früheren Zulassungsbeschwerde konnte aber das Beschwerdegericht nach der Zulassung der Beschwerde den Streitstoff vollumfänglich prüfen. Weil dieses Modell Ausgangsbasis für die Erarbeitung des Kompromissvorschlags war, war eine Verschlechterung der Position des Beschwerdegegners nicht beabsichtigt.[270] Während bei der Berufung bei Vorliegen der erforderlichen Zulassungsgründe das Berufungsgericht die Rechtssache umfassend prüft, würde das Beschwerdeverfahren bei einer restriktiven Handhabung des § 146 Abs. 4 S. 6 plötzlich hinter dem Hauptsacherechtsschutz zurückbleiben. Mit den Rechtsmitteln soll aus Gründen der materiellen Gerechtigkeit der Zugang zu einem übergeordneten Gericht eröffnet werden, weil es ausreichend Anlass zur nochmaligen Überprüfung der erstinstanzlichen Gerichtsentscheidung gibt. Dies gebietet aber, dass das Rechtsmittelgericht dann die aus seiner Sicht richtige Entscheidung fällen kann. Daher wird in § 144 Abs. 4 explizit geregelt, dass die Revision zurückzuweisen ist, wenn sich die Entscheidung aus anderen Gründen als richtig darstellt. Nach all dem entbindet § 146 Abs. 4 S. 6 das Beschwerdegericht nicht von der Prüfung, ob sich die angefochtene Entscheidung des VG nicht doch aus anderen Gründen als richtig darstellt.[271]

104   b) **Meinung 2: Keine Beschränkung für die Prüfung des Beschwerdegerichts.** Kurz nach Inkrafttreten des § 146 Abs. 4 S. 6 entschied der VGH München, dass diese Regelung lediglich die Amtsermittlungspflicht des Beschwerdegerichts beschränke. Seine Befugnisse zur umfassenden Interessenabwägung und zur vollständigen Prüfung entscheidungserheblicher Tatsachen und Rechtsfragen würden von ihr nicht berührt (VGH München BayVBl 2002, 306, 309). Versteht man diese Äußerung in dem Sinn, dass das Beschwerdegericht nach Bejahung der Zulässigkeit der Beschwerde ihre Begründetheit losgelöst von den Darlegungen des Beschwerdeführers prüfen darf, werden insoweit zu Recht Bedenken erhoben, weil das mit der Sonderregelung des § 146 Abs. 4 verfolgte Anliegen des Gesetzgebers zu sehr vernachlässigt wird.[272]

105   c) **Meinung 3: Keine Berücksichtigung weiterer Gesichtspunkte zugunsten des Beschwerdeführers.** Nach Ansicht mehrerer Gerichte bestünde eine sachgerechte Interpretation des § 146 Abs. 4 S. 6 darin, den Kontrollumfang des Rechtsmittelgerichts durch die Beschwerdebegründung nur insoweit verbindlich begrenzen zu lassen, als das Beschwerdegericht über die vom Beschwerdeführer dargelegten Gründe hinaus keine weiteren Gesichtspunkte zu seinen Gunsten in die Prüfung einbeziehen darf.[273] Auf diese Weise soll der in § 146 Abs. 4 S. 6 zum Ausdruck kommende Wille des Gesetzgebers respektiert werden, den Beschwerdeführer zu einem fristgerechten Vortrag aller aus seiner Sicht gegen die angefochtene Gerichtsentscheidung sprechenden Gesichtspunkte zu veranlassen. Zugleich werde durch die Beschränkung der Sachprüfung des Beschwerdegerichts eine Beschleunigung erzielt.[274] Im Übrigen dürfe es aber bei seiner Entscheidung über die Beschwerde andere Gesichtspunkte einbeziehen. Andernfalls liefe der in der ersten Instanz obsiegende Antragsteller und Beschwerdegegner Ge-

---

268   S. a. VGH Kassel NVwZ-RR 2003, 458, 459 sowie VGH München BayVBl 2002, 306, 309.

269   *M. Happ*, in: Eyermann § 146 Rn. 28; *M. Jäger*, DVBl 2009, 156, 161.

270   Nach OVG Bautzen 15.4.2008 – 5 BS 239/07 darf der Beschwerdegegner nichts vortragen, was zu einem neuen Sach- und Streitstand führt.

271   OVG Bln 24.2.2005 – 1 S 1.04; OVG Weimar 28.7.2011 – 1 EO 1108/10; VGH Kassel NVwZ-RR 2006, 832, 834; 14.3.2006 – 9 TG 512/06.

272   OVG Weimar EZAR 040 Nr. 6; *M. Funke-Kaiser*, in: Quaas/Zuck § 4 Rn. 363; *J. Meyer-Ladewig/R. Rudisile*, in: Schoch/Schneider/Bier § 146 Rn. 14.

273   VGH Kassel NVwZ-RR 2003, 458, 459; s. a. OVG Berlin LKV 2003, 29, 30; OVG Weimar 28.7.2011 – 1 EO 1108/10.

274   OVG Münster NVwZ-RR 2003, 50; NWVBl 2004, 60, 61; VGH Kassel NVwZ-RR 2003, 458, 459.

fahr, mit seinem bereits vom VG nicht berücksichtigten, möglicherweise aber relevanten Vorbringen auch vor dem Beschwerdegericht ungehört zu bleiben (Art. 103 Abs. 1 GG).[275] Zugleich laufe es auf eine Verweigerung vorbeugenden gerichtlichen Rechtsschutzes hinaus, wenn die zur Begründung des Eilrechtsschutzgesuchs vorgetragenen und möglicherweise entscheidungserheblichen Tatsachen von der Vorinstanz ungeprüft blieben und auch vom Beschwerdegericht nicht geprüft werden dürften (VGH Kassel NVwZ-RR 2003, 458, 459).

Diese Ansicht berücksichtigt im Unterschied zur Meinung 1 die Mehrseitigkeit des Prozessrechtsverhältnisses. Zugleich trägt sie dem Wortlaut des § 146 Abs. 4 S. 6 insofern Rechnung, als das Beschwerdegericht an die vom Beschwerdeführer dargelegten Gründe gebunden wird.[276] Dadurch kann die Verwendung des Worts „nur" plausibel erklärt werden. Sie überzeugt jedoch vor dem Hintergrund des § 146 Abs. 4 nicht ganz. Zunächst war geplant, durch die Abschaffung der Zulassungsbeschwerde den Rechtsmittelgerichten in den Verfahren des vorläufigen Rechtsschutzes wie bei der zulassungsfreien Beschwerde die volle Überprüfung zu ermöglichen. Der Bundesrat beharrte dagegen auf der Zulassungsbeschwerde, weil sonst der Rechtsschutz in den Verfahren nach §§ 80, 80 a und 123 über den Hauptsacherechtsschutz hinausgehen würde. Er wollte also eine Parallelität zwischen dem vorläufigen Rechtsschutz und dem Hauptsacherechtsschutz erreichen. Die Meinung 3 führt aber zu der Konsequenz, dass der Beschwerdeführer im Vergleich zur Berufung schlechter gestellt wird. Wurde dort das Vorliegen eines Zulassungsgrunds bejaht, prüft das Gericht den Streitstoff ohne jegliche Beschränkungen. Dürfte das Beschwerdegericht sich lediglich mit vom Beschwerdeführer vorgetragenen Aspekten befassen, müsste es möglicherweise eine Entscheidung zu seinen Lasten fällen und es werden infolgedessen bis zur Hauptsacheentscheidung irreparable Fakten geschaffen.

d) Meinung 4: Gestufte Prüfung des Beschwerdegerichts mit voller Prüfungsbefugnis auf der 2. Stufe. In anderen Gerichtsentscheidungen wird dagegen von einer Art zweistufigen Prüfung des Beschwerdegerichts ausgegangen, wobei dieses aber im Unterschied zur früheren Zulassungsbeschwerde nur noch eine Entscheidung trifft. Um dem Anliegen des Gesetzgebers Rechnung zu tragen, dass der Beschwerdeführer alle gegen die erstinstanzliche Entscheidung sprechenden Gesichtspunkte rechtzeitig vorträgt, sei vom Beschwerdegericht in einer ersten Phase zu prüfen, ob die Beschwerdegründe die Erwägungen des VG derart infrage stellen würden, dass das Vertrauen in die Richtigkeit des Beschlusses erschüttert werde bzw. Zweifel an seiner Richtigkeit bestünden.[277] Sei dies der Fall, habe das Beschwerdegericht „in einem weiteren Schritt – ohne die Beschränkung des § 146 Abs. 4 S. 6 – anhand der für das Verfahren des vorläufigen Rechtsschutzes geltenden allgemeinen Maßstäbe zu prüfen, ob dem Antragsbegehren zu entsprechen ist".[278] Es dürfe dabei in seine Entscheidung auch Gesichtspunkte einbeziehen, die das VG in der angefochtenen Entscheidung nicht behandelt bzw. abschließend entschieden hat.[279] Eine Interessenabwägung, bei welcher das Beschwerdegericht sehenden Auges vom Beschwerdeführer nicht erwähnte Belange übergehen müsse, sei keine geeignete Entscheidungsgrundlage (VGH München NVwZ 2003, 118, 120). Im Übrigen wäre es mit dem Zweck des vorläufigen Rechtsschutzes, bis zum Ausgang des Hauptsacheverfahrens eine vernünftige Zwischenregelung zu treffen, schwer zu vereinbaren, wenn es zu unterschiedlichen Beurteilungen im vorläufigen Rechtsschutzverfahren und im Hauptsacheverfahren kommen müsste (VGH München NVwZ 2003, 118, 121).

Bei dieser Variante treten die Gerichte nach einer vorausgegangenen Bejahung der Berechtigung der Beschwerde in eine vollumfängliche Prüfung des vorläufigen Rechtsschutzverfahrens ein (VGH Mannheim VBlBW 2015, 78, 79 f.). Folge davon ist, dass sie bei ihrer Entscheidung in der Sache neben dem Vortrag des Beschwerdegegners auch Gesichtspunkte berücksichtigen, die dem Beschwerdeführer zugute kommen, selbst wenn er sich dazu in seiner Beschwerdebegründung nicht geäußert hat. Dies ist v.a. dann von Bedeutung, wenn das VG den Erlass einer einstweiligen Anordnung wegen eindeutigen

106

107

108

---

275 OVG Weimar ThürVBl 2012, 101, 102; VGH Kassel NVwZ-RR 2003, 458, 459.
276 A.M. *J. Meyer-Ladewig/R. Rudisile*, in: Schoch/Schneider/Bier § 146 Rn. 14.
277 OVG Bln-Bbg 14.7.2015 – OVG 9 S 44.14; OVG Münster NVwZ 2002, 1390; NWVBl 2004, 60, 61; BauR 2007, 861; VGH Kassel NVwZ-RR 2003, 756, 757; ESVGH 57, 245; VGH Mannheim VBlBW 2015, 78, 79.
278 OVG Bln NVwZ 2002, Beilage I, 98, 99; OVG Bln-Bbg 14.7.2015 – OVG 9 S 44.14; OVG Münster NVwZ 2002, 1390; NVwZ-RR 2003, 50; NWVBl 2004, 60, 61; VGH Kassel NVwZ-RR 2003, 756, 757.
279 OVG Münster NVwZ-RR 2003, 50; NWVBl 2004, 60, 61; BauR 2007, 861; VGH Kassel NVwZ-RR 2003, 756, 757; NVwZ-RR 2006, 832, 834; s.a. OVG Weimar ThürVBl 2012, 101, 102; VGH Mannheim 25.11.2004 – 8 S 1870/04.

Fehlens eines Anordnungsgrunds ohne Thematisierung des Anordnungsanspruchs abgelehnt und sich der Beschwerdeführer in seiner Beschwerdebegründung auf die Widerlegung der Ausführungen des VG zum Anordnungsgrund beschränkt hat. Die Gerichte begründen ihre erweiterte Prüfung damit, dass andernfalls relevantes Vorbringen des jetzigen Beschwerdeführers, das in der ersten Instanz möglicherweise zu Unrecht nicht berücksichtigt wurde, auch vom Beschwerdegericht nicht beachtet werden dürfte.[280] Dies verstoße aber gegen Art. 103 Abs. 1 GG (OVG Bln NVwZ 2002, Beilage I, 98, 99; s.a. VGH Mannheim VBlBW 2015, 78, 79 f.). Der Beschwerdeführer sei nicht gehalten, seine Begründung über die Auseinandersetzung mit den Gründen der verwaltungsgerichtlichen Entscheidung hinaus zu erweitern (VGH Kassel NVwZ-RR 2003, 756, 757). Wenn vom Beschwerdegegner neue Gesichtspunkte in das Verfahren eingeführt würden, müsse das Beschwerdegericht dem Beschwerdeführer Gelegenheit zur Äußerung geben und dies zur Kenntnis nehmen.[281]

109   Als Gegenargument gegen diese Meinung nannte das OVG Weimar, dass bei dieser Handhabung dem gesetzgeberischen Willen zu einer Begrenzung der Prüfung des Beschwerdegerichts wegen der Vorläufigkeit der Entscheidung im Eilverfahren jedenfalls auf der zweiten Stufe keine Bedeutung mehr zukomme.[282] Dem ist aber entgegenzuhalten, dass der Gesetzgeber bei der Umgestaltung des § 146 Abs. 4 von der damaligen Zulassungsbeschwerde ausging. Deshalb kann die Regelung des § 146 Abs. 4 S. 6 durchaus so zu verstehen sein, dass das OVG die Begründetheit der Beschwerde zunächst ausgehend von den dargelegten Gründen prüfen soll. Ergibt sich bei ihrer Zugrundelegung, dass die Ausgangsentscheidung nicht abzuändern oder aufzuheben ist, muss es die Beschwerde abweisen. Wegen der Beschränkung der Prüfung des Beschwerdegerichts in § 146 Abs. 4 S. 6 obliegt ihm nicht die Prüfung, ob die Beschwerde aus anderen Gründen Erfolg haben könnte. Trifft der Vortrag des Beschwerdeführers zu, hat es dagegen seine Prüfung ohne Zwischenentscheidung fortzusetzen. Wie bei der Berufung prüft es dann ohne Einschränkung, wie in der Sache korrekt zu entscheiden wäre. I.E. führt die soeben vorgestellte Meinung insoweit zu einer Beschränkung des Zugangs zur Beschwerdeentscheidung, als der Beschwerdeführer die erstinstanzliche Entscheidung fristgerecht mit zutreffenden Gründen anfechten muss.[283]

110   **e) Meinung 5: Berücksichtigung offensichtlicher Gesichtspunkte.**   Nach einer Entscheidung des VGH München steht § 146 Abs. 4 S. 6 zumindest einer Berücksichtigung der für das Beschwerdegericht offensichtlichen Gesichtspunkte nicht im Wege. Aus der Verstärkung der Darlegungslast ließen sich keine Aussagen dazu entnehmen, „ob vom Beschwerdegericht ins Auge springende tatsächliche oder rechtliche Umstände berücksichtigt werden dürfen, die im Ansatz in den behördlichen und gerichtlichen Vorgängen bereits enthalten sind oder ggf. noch einer Klarstellung durch einen dieser Beteiligten bedürfen".[284] Es würde zu einem gravierenden Eingriff in die Struktur des § 80 Abs. 5 führen, wenn eine gerechte Abwägung der öffentlichen und privaten Belange durch das Beschwerdegericht daran scheitern würde, dass ein in dem Verfahren zumindest im Ansatz eingeführter Belang nur deshalb nicht berücksichtigt werden könnte, weil ihn der Beschwerdeführer nicht oder nicht hinreichend dargelegt hat (VGH München NVwZ-RR 2003, 154, 155). Ansonsten würde der Verwaltungsprozess trotz der grundsätzlichen Unterschiede an den zivilprozessualen Wahrheitsbegriff angenähert (VGH München NVwZ-RR 2003, 154, 155) und müsste das Beschwerdegericht sehenden Auges im vorläufigen Rechtsschutzverfahren und im Hauptsacheverfahren die Rechtslage unterschiedlich beurteilen (VGH München NVwZ-RR 2003, 154, 155). Inzwischen vertreten mehrere Gerichte den Standpunkt, dass das Gericht jedenfalls auf nicht vorgetragene Gesichtspunkte eingehen darf, wenn sie offensichtlich sind[285] bzw. wenn es sich um offenkundige nachträgliche Änderungen in der Sach- und Rechtslage ohne eine Veränderung des Streitgegenstands handelt (OVG Bautzen 28.4.2011 – 2 B 235/10).

---

280   VGH Kassel NVwZ-RR 2003, 756, 757; s.a. *M. Happ*, in: Eyermann § 146 Rn. 28.
281   *M. Happ*, in: Eyermann § 146 Rn. 28; s.a. BVerfG NJW 2003, 1924, 1927.
282   OVG Münster BauR 2007, 861; OVG Weimar EZAR 040 Nr. 6; *J. Meyer-Ladewig/R. Rudisile*, in: Schoch/Schneider/Bier § 146 Rn. 14.
283   *M. Jäger*, DVBl 2009, 156, 159.
284   VGH München NVwZ-RR 2003, 154, 155; s.a. VGH München 4.11.2016 – 21 CS 16.1907; offen gelassen von VGH Mannheim NVwZ 2002, 1388, 1390; s.a. OVG Greifswald 7.10.2003 – 1 M 34/03; ebenso *J. Meyer-Ladewig/R. Rudisile*, in: Schoch/Schneider/Bier § 146 Rn. 15.
285   OVG Bautzen 15.4.2008 – BS 239/07; 28.4.2011 – 2 B 235/10; VGH Kassel NVwZ-RR 2006, 846, 847; VGH Mannheim 9.1.2008 – 3 S 2016/07; VGH München 10.7.2006 – 1 CS 06.407; 22.1.2013 – 15 CS 12/2005; *Kugele* § 146 Rn. 26; *W.-R. Schenke*, in: Kopp/Schenke § 146 Rn. 43; *T. Stuhlfauth*, in: Bader § 146 Rn. 37 f.

Für diese Position streiten auch diejenigen Argumente, die bei der Zulassungsberufung für die Berück- 111 sichtigung nicht korrekt dargelegter Zulassungsgründe geltend gemacht werden.[286] Sinn und Zweck des Darlegungserfordernisses sei es, die Arbeit des Rechtsmittelgerichts zu erleichtern und zu beschleunigen. Bei offensichtlichen Fehlern sei jedoch die Darlegung unnötig (VGH Kassel NVwZ-RR 2006, 846, 847). Da die Rechtsmittel eine Korrektur zweifelhafter erstinstanzlicher Gerichtsentscheidungen ermöglichen sollen, sei bei offensichtlicher Unrichtigkeit der Entscheidung ihre Überprüfung geboten (zur Berufungszulassung → §124 a Rn. 203 f.).[287] Das BVerfG hatte in einer 2003 veröffentlichten Entscheidung keine Bedenken, dass der Prüfumfang des Beschwerdegerichts über §146 Abs. 4 S. 6 hinausgeht, wenn die angegriffene Entscheidung aus anderen als vom Antragsteller dargelegten Gründen offensichtlich rechtswidrig ist. Es sah jedoch in der fraglichen Entscheidung als nicht nachvollziehbar an, weshalb das Beschwerdegericht die infrage stehende Gerichtsentscheidung sodann nur am Maßstab der offensichtlichen Rechtswidrigkeit überprüfte. „Ist diese Reduktion des Prüfungsausmaßes nicht durch die Verletzung verfahrensrechtlicher Obliegenheiten des Ast. – etwa nach §146 Abs. 4 S. 3 VwGO – gerechtfertigt, verletzt eine so begrenzte Prüfung Art. 8 GG, der angesichts der regelhaften Zeitabhängigkeit von Versammlungen in Eilrechtsverfahren besonders bedeutsam wird" (BVerfG NJW 2003, 3689). Nach Meinung des BVerwG ist die zu §146 Abs. 4 S. 6 vertretene Auffassung, dass neben den in der Beschwerde dargelegten Gründen ausnahmsweise solche Aspekte geprüft werden dürfen, aus denen die angefochtene Entscheidung offensichtlich rechtswidrig ist, weder greifbar gesetzwidrig noch willkürlich (BVerwG Buchholz 310 §146 VwGO Nr. 6).

Dogmatisch lässt sich diese Ansicht mit einer teleologischen Reduktion des §146 Abs. 4 S. 6 begrün- 112 den.[288] Im Grunde geht es bei der Frage nach einer ganz oder weniger strengen Handhabung der Darlegung der Gründe darum, wie die Erfordernisse der Rechtssicherheit und der materiellen Gerechtigkeit auszutarieren sind. Grds. ist es dem Gesetzgeber nicht verwehrt, der Rechtssicherheit gegenüber der materiellen Gerechtigkeit den Vorrang einzuräumen. Angesichts dessen, dass er sich bei den anderen Rechtsmitteln für eine eher weite Prüfung der Rechtsmittelgerichte entschieden hat, könnte dies für eine weniger strikte Auslegung des §146 Abs. 4 S. 6 sprechen. Wenn der Rechtsstreit beim Beschwerdegericht anhängig ist und wegen der Offensichtlichkeit damit zu rechnen ist, dass bei einer weiteren Befassung des Ausgangsgerichts dieses seine Entscheidung ebenfalls korrigieren würde, wäre es eine unnötige Förmelei, wenn man die Beschwerde zunächst negativ beschieden, dann aber das Ausgangsgericht seine Entscheidung abändern würde (s. a. OVG Bautzen 24.2.2009 – 5 B 266/08). Da die Anforderungen an die Darlegung ohnehin je nach Zeitdruck variieren, liegt eine etwas flexiblere Handhabung des §146 Abs. 4 S. 6 nahe.

f) Meinung 6: Erweiterter Prüfungsrahmen nur in bestimmten Fallgruppen. In einer Entscheidung des 113 OVG Weimar wurde die Möglichkeit in Erwägung gezogen, grds. an dem engen Prüfungsrahmen des §146 Abs. 4 S. 6 (wohl i.S. einer ausschließlichen Prüfung) festzuhalten. Im Hinblick auf die Aufgaben des einstweiligen Rechtsschutzes soll jedoch für bestimmte Fallgruppen ein erweiterter Prüfungsrahmen in Betracht kommen. Als mögliche Konstellationen werden genannt:

- wenn im Beschwerdeverfahren neue Fragen auftreten,
- wenn die Begründung des VG nicht trägt und sich die Beschwerde nicht schon deshalb als begründet erweist,
- wenn für das Beschwerdegericht bei summarischer Prüfung offensichtlich ist, dass das Begehren aus anderen Gründen abzulehnen ist,
- wenn sich die weitere Sachaufklärung für den erstrebten einstweiligen Rechtsschutz geradezu aufdrängt (OVG Weimar EZAR 040 Nr. 6).

Eine derartige Einzelfalljudikatur führt jedoch zu erheblichen Rechtsunsicherheiten. Je nach Haltung 114 wird die gesetzgeberische Entscheidung in §146 Abs. 4 S. 6 mehr oder weniger „aufgeweicht". Es ist kaum anzunehmen, dass der Gesetzgeber die Herausbildung einer Kasuistik gewollt bzw. gebilligt hät-

---

286 *H. P. Schmieszek*, NVwZ 1996, 1151, 1153; *M.-J. Seibert*, NVwZ 1999, 113, 115; *ders.*, NVwZ 2002, 265, 267; OVG Münster NVwZ 1998, 530; VGH Kassel 7.9.2004 – 10 TG 1498/04.

287 OVG Münster NWVBl 2017, 71, 72; OVG Saarlouis 20.10.2016 – 1 B 243/16; VGH Mannheim NVwZ-RR 2002, 75, 76; VGH München 4.11.2016 – 21 CS 16.1907; *J. Meyer-Ladewig/R. Rudisile*, in: Schoch/Schneider/Bier §146 Rn. 15.

288 So auch *W.-R. Schenke*, in: Kopp/Schenke §146 Rn. 43.

te. Sie steht auch im Widerspruch zu den einfachen und verständlichen Regelungen des gerichtlichen Prüfauftrags und Prüfumfangs bei der Berufung und der Revision. Außerdem lässt sich diese Meinung nur schwer mit dem Wortlaut des § 146 Abs. 4 S. 6 in Einklang bringen. Wäre sie zutreffend, hätte § 146 Abs. 4 S. 6 folgendermaßen formuliert werden müssen: Das OVG prüft *grundsätzlich* nur die dargelegten Gründe.

115   **g) Stellungnahme.** Vorzugswürdig erscheint die Position derjenigen Gerichte, nach denen das Beschwerdegericht zunächst prüft, ob die infrage stehende Gerichtsentscheidung aus den vom Beschwerdeführer dargelegten Gründen aufzuheben bzw. abzuändern ist. Falls dies nicht der Fall ist, darf der Beschwerde nicht stattgegeben werden. Da das Beschwerdegericht „nur" die dargelegten Gründe prüft, ist die Beschwerde nach dem Willen des Gesetzgebers zurückzuweisen.[289] Anschließend ist die Beschwerde unter Einbeziehung des Vortrags des Beschwerdegegners und der diesbezüglichen Erwiderungen des Beschwerdeführers zu prüfen. Gute Argumente sprechen dafür, ausnahmsweise in Fällen der Offensichtlichkeit vom Maßstab des § 146 Abs. 4 S. 6 abzuweichen. Erweisen sich die Beschwerdegründe als berechtigt, reicht dies allein nicht für den Erfolg der Beschwerde aus. Eine Stattgabe durch das Beschwerdegericht setzt – in Analogie zu § 144 Abs. 4 – voraus, dass sich die angefochtene Entscheidung auch nicht aus anderen Gründen als richtig erweist.[290] Hält das Beschwerdegericht die Entscheidung des Ausgangsgerichts aus anderen als von diesem angeführten Erwägungen für zutreffend, muss es dem Beschwerdeführer hierzu keinen vorherigen Hinweis geben, wenn diese Erwägungen bereits im erstinstanzlichen Verfahren kontrovers erörtert wurden (VGH München BayVBl. 2016, 32, 33). Alles in allem ist die Vielfalt an Meinungen, die oft auch innerhalb der Senate der Beschwerdegerichte vertreten werden, rechtsstaatlich unbefriedigend.[291]

M. Die außerordentliche Beschwerde

116   Bis zum Jahre 2002 tendierte die Rspr. dazu, dass gegen nach dem Gesetz an sich unanfechtbare gerichtliche Entscheidungen im Interesse der materiellen Gerechtigkeit ausnahmsweise eine außerordentliche Beschwerde erhoben werden kann.[292] Als Voraussetzung für die außerordentliche Beschwerde wurde verlangt, dass die angefochtene gerichtliche Entscheidung jeder gesetzlichen Grundlage entbehrt und inhaltlich dem Gesetz fremd bzw. mit der Rechtsordnung schlechthin unvereinbar ist.[293] Mit anderen Worten muss die Entscheidung als greifbar gesetzwidrig erscheinen.[294]

117   Seit der Neuregelung des Rechtsmittelrechts in der ZPO (§ 321a ZPO) wurde in der höchstrichterlichen Rspr. eine außerordentliche Beschwerde in Fällen greifbarer Gesetzwidrigkeit zunehmend verneint.[295] Über § 173 gelte dieser aus § 321a ZPO abzuleitende allgemeine Rechtsgedanke auch im Verwaltungsprozess.[296] Zwischenzeitlich wurde in alle Prozessordnungen eine Anhörungsrüge einge-

289 M. *Jäger*, DVBl 2009, 156, 161 will § 146 Abs. 4 S. 6 auf beide Parteien beziehen, d.h. das Gericht prüft nur das, was von dem Beschwerdeführer und -gegner dargelegt wurde. Daran ist problematisch, dass in § 146 Abs. 4 eine Darlegung von Gründen des Beschwerdegegners nicht geregelt ist.

290 OVG Bln 24.2.2005 – 1 S 1.04; VGH Kassel NVwZ-RR 2006, 832, 834; 14.3.2006 – 9 TG 512/06; VGH München NVwZ 2004, 251; ähnl. OVG Bln NVwZ 2002, Beilage I, 98, 99; *J. Bader*, VBlBW 2002, 471, 474; *W.-R. Schenke*, in: Kopp/Schenke § 146 Rn. 43; s. zur Möglichkeit einer Zurückverweisung analog § 130 VGH Mannheim NVwZ-RR 2003, 532, 533; i.E. VGH Kassel NVwZ-RR 2003, 756.

291 S.a. M. *Funke-Kaiser*, in: Quaas/Zuck § 4 Rn. 358 f.; *T. Mayen*, in: Dokumentation, S. 48, 60 f.

292 BVerwG NVwZ-RR 1998, 685; Buchholz 310 § 152 VwGO Nr. 12; 24.2.1999 – 1 B 9/99; OVG Bautzen DÖV 1998, 930; VGH München BayVBl 1998, 605; BGH NJW 1990, 1794, 1795; 1992, 983, 984; JZ 1993, 413; BayObLG BayVBl 1998, 763 f. Das OVG Münster NVwZ-RR 1998, 600 lehnt eine außerordentliche Beschwerde gegen Beschlüsse über die Ablehnung von Gerichtspersonen ab, da sonst § 146 Abs. 2 ausgehöhlt würde.

293 BVerwG NVwZ-RR 1998, 685; DÖV 2002, 954; 22.1.2002 – 9 B 9/02; 21.5.2003 – 5 B 35/03; OVG Brem NordÖR 1999, 23; OVG Münster NVwZ-RR 2003, 695, 696; VGH Kassel ESVGH 53, 239, 240; VGH München BayVBl 1998, 605; BGH NJW 1990, 1794, 1795; 1992, 983, 984; JZ 1993, 413; NJW 1999, 1404; BayObLG BayVBl 1998, 763 f.; BFH NJW 2004, 2854, 2855; s.a. den Überblick der Rspr. bei D. *Kraheberger*, DÖV 2002, 19, 20; eingehend M.-G. *Kley*, Beschwerde, 1999.

294 OVG Brem NordÖR 1999, 23; OVG Frankfurt (Oder) LKV 1995, 198, 199; BGH JZ 1993, 413, 414; BAG NJW 1999, 84; BayObLG BayVBl 1998, 763, 764.

295 BGH NJW 2003, 3137, 3138; 2004, 2224, 2225; BVerwG DÖV 2002, 954; 21.5.2003 – 5 B 35/03; DVBl 2005, 254; BFH/NV 2003, 1431; BFH NJW 2004, 2854, 2855.

296 OVG Bautzen SächsVBl 2003, 296, 297; OVG Münster NVwZ-RR 2003, 695, 696; VGH Kassel ESVGH 53, 239, 240; VGH München NVwZ-RR 2003, 72; i.E. BVerwG DÖV 2002, 954 f.; s.a. HmbOVG NVwZ 2009, 62; OVG Lüneburg 14.9.2009 – 12 OB 242/08; VGH München BayVBl 2009, 476, 477.

führt (§ 152 a). Diese beschränkt sich jedoch auf Verletzungen des rechtlichen Gehörs. Jedenfalls bei Gehörsverletzungen kommt deshalb bei unanfechtbaren Gerichtsentscheidungen nur noch die Anhörungsrüge, aber keine außerordentliche Beschwerde in Betracht.[297] Teilweise wird vorgeschlagen, den jetzigen § 152 a im Wege der Analogie auf andere Verfahrensfehler zu übertragen, was zur Unzulässigkeit der außerordentlichen Beschwerde führen würde.[298] Nach dem Wortlaut wollte der Gesetzgeber jedoch gerade keine Ausdehnung auf andere Verfahrensfehler (→ § 152 a Rn. 22). Auch ist zu bedenken, dass zumindest in denjenigen Fällen, in denen die Entscheidung inhaltlich greifbar gesetzwidrig sein soll, die Vergleichbarkeit zu § 152 a nicht gegeben ist.[299] Teilweise wird argumentiert, wenn der Betroffene schon bei Gehörsverletzungen die nächste Instanz nicht anrufen könne, müsse eine Anrufung des übergeordneten Gerichts im Wege der außerordentlichen Beschwerde wegen anderer Unrichtigkeiten ausscheiden (OVG Magdeburg 13.2.2007 – 1 O 29/07; VGH München 14.5.2007 – 11 C 07.1087). Allerdings wollte der Gesetzgeber sich mit Erlass des Anhörungsrügengesetzes nicht generell von den außerordentlichen Rechtsbehelfen verabschieden. Denn in den diesbezüglichen Gesetzesmaterialien heißt es: „Damit trifft der Entwurf keine Aussage zu der Frage, wie die Gerichte künftig mit Verletzungen etwa des Willkürverbots umgehen sollen; insbes. die bisher in diesen Fällen zur Anwendung gekommenen außerordentlichen Rechtsbehelfe wie die außerordentliche Beschwerde oder die Gegenvorstellung sollen durch die Beschränkung dieses Entwurfs auf eine Erweiterung der Rügemöglichkeiten bei Anhörungsverstößen nicht ausgeschlossen werden."[300]

Schon zuvor sind im Schrifttum Zweifel an der Bereitschaft des iudex a quo zu dem Eingeständnis eigener Fehler und ihrer Aufhebung erhoben worden.[301] Aus diesem Grund gibt es Stimmen, welche trotz der Änderung der zivilprozessualen Rechtsmittelvorschriften eine außerordentliche Beschwerde als dringend notwendig erachten.[302] Das BVerfG hat herausgestellt, dass es in seinem Plenumsbeschluss vom 30.4.2003 (NJW 2003, 1924 ff.), in welchem es rechtsstaatliche Defizite der außerordentlichen Rechtsbehelfe beklagte, weil sie bislang nicht den Anforderungen an die Rechtsmittelklarheit genügten, keine Aussage des Inhalts machen wollte, dass derartige Rechtsbehelfe aus verfassungsrechtlichen Gründen unzulässig seien. Mit seiner Entscheidung habe es nur klarstellen wollen, dass wegen der rechtsstaatlichen Defizite der außerordentlichen Rechtsbehelfe diese keine Voraussetzung für die Anrufung des BVerfG sein könnten. Soweit die Rspr. der Fachgerichte außerordentliche Rechtsbehelfe als statthaft behandle, führe dies nicht zu einer Beeinträchtigung der Interessen der Rechtssuchenden. Im Gegenteil werde der Schutz ihrer Rechte erweitert (BVerfG NJW 2009, 829, 830). Anschließend weist es – bezogen auf die Gegenvorstellung – darauf hin, dass auch bei Anwendbarkeit des Art. 17 GG auf diese Rechtsbehelfe die Gerichte bei der sachlichen Entscheidung über eine Gegenvorstellung von der Beachtung der einschlägigen gesetzlichen Regelungen, namentlich der Bindung an die eigene Entscheidung, nicht befreit würden. „Vor allem aber ist dann, wenn ein Gericht auf eine Gegenvorstellung an seiner eigenen, von ihm selbst als fehlerhaft erkannten Entscheidung nicht festhalten will, zu beachten, dass die Lösung des hier zu Tage tretenden Konflikts zwischen materieller Gerechtigkeit und Rechtssicherheit in erster Linie dem Gesetzgeber übertragen ist" (BVerfG NJW 2009, 829, 831). In einem späteren Nichtannahmebeschluss (BVerfG 6.9.2016 – 1 BvR 173/15) wurde betont, dass der teilweise von den Fachgerichten in engen Grenzen anerkannte Rechtsbehelf der außerordentlichen Beschwerde den Anforderungen der Rechtsmittelklarheit nicht genüge, daher nicht zum nach § 90 Abs. 2 BVerfGG zu erschöpfenden Rechtsweg gehöre und auch nicht zur Wahrung des Grundsatzes der Subsidiarität geboten sei. Nach dem BFH ist das BVerfG so zu verstehen, dass es ausgeschlossen ist, gesetzlich geregelte Bindungen des Gerichts an seine eigenen Entscheidungen, wie sie sich insbes. aus der Rechtskraft der Entscheidung auch zugunsten des anderen Verfahrensbeteiligten ergäben, ohne gesetzliche Grundlage zu übergehen (BFH NJW 2009, 3053; so allerdings in Bezug auf die Gegenvorstellung OVG Bln-Bbg 3.1.2017 – OVG 5 RN 4.14).

---

297 BVerwG 3.5.2007 – 5 B 192/06; 8.6.2009 – 5 PKH 6/09; 2.10.2012 – 9 B 38/12; OVG Magdeburg 20.12.2007 – 1 L 101/07.
298 W.-R. Schenke, NVwZ 2005, 729, 735.
299 A.A. W.-R. Schenke, NVwZ 2005, 729, 737.
300 BT-Drs. 15/3706, 14; M. Bloching/A. Kettinger, NJW 2005, 860 ff.; s.a. VGH Mannheim NVwZ 2009, 792, 793.
301 D. Kraheberger, DÖV 2002, 19, 23.
302 G. Rößler, BB 2003, 1710, 1711; nun auch M. Bloching/A. Kettinger, NJW 2005, 860, 863.

119   Das BVerwG vertritt grds. den Standpunkt, dass die Zulässigkeit außerordentlicher Rechtsbehelfe gesetzlich geregelt werden müsse und für eine außerordentliche Beschwerde nach Einführung der Anhörungsrüge kein Raum mehr sei (BVerwG 8.6.2009 – 5 PKH 6/09; 2.10.2012 – 9 B 38/12). Dieser Ansicht haben sich einige Oberverwaltungsgerichte angeschlossen.[303] Im Jahr 2016 ließ es das BVerwG mangels Anhaltspunkten für eine objektive, willkürliche Rechtsverletzung offen, ob es eine außerordentliche Beschwerde wegen Verletzung des gesetzlichen Richters geben könne (BVerwG FamRZ 2016, 1457). Diese Unsicherheit innerhalb der Fachgerichtsbarkeit zeigt, dass nur eine klare und eindeutige Regelung zur gebotenen gleichmäßigen Rechtsanwendung beitragen kann. Da die Anforderungen an eine außerordentliche Beschwerde ebenso wie ihr Verhältnis zur an das Ausgangsgericht gerichteten Gegenvorstellung nicht eindeutig sind, sprechen gute Gründe dafür, die Auflösung dieses Konflikts dem Gesetzgeber zu überlassen, der die Rechtsbehelfe mit der nötigen Klarheit ausgestalten kann. Weil nach dem BVerfG die Zulässigkeit der Verfassungsbeschwerde nicht von der Einlegung der außerordentlichen Beschwerde abhängig ist, steht dem Betroffenen die Anrufung des BVerfG auf jeden Fall offen.[304] Da die außerordentliche Beschwerde nicht zum Rechtsweg gehört und auch ihre Einlegung nicht aus Gründen der Subsidiarität der Verfassungsbeschwerde erforderlich ist, wird durch ihre Einlegung die Monatsfrist zur Einlegung und Begründung der Verfassungsbeschwerde nicht erneut in Lauf gesetzt (BVerfG FA 2016, 374, 374 f.). Der Betroffene hat also die Wahl, ob er eine außerordentliche Beschwerde bei den Fachgerichten einlegen und deren Entscheidung abwarten, oder zur Vermeidung der Verfristung einer Verfassungsbeschwerde sogleich das BVerfG anrufen will.[305]

N.   Prozesskostenhilfe für die Beschwerde

120   Die Gewährung von Prozesskostenhilfe für das Beschwerdeverfahren richtet sich nach den allgemeinen Bestimmungen.[306] Allerdings müssen sich die Beteiligten im PKH-Verfahren gem. § 67 Abs. 4 S. 1 nicht durch Prozessbevollmächtigte vertreten lassen. Damit einem späteren, einer Prozesskostenhilfebewilligung nachfolgenden Wiedereinsetzungsantrag stattgegeben wird, ist der PKH-Antrag innerhalb der zweiwöchigen Beschwerdefrist des § 147 Abs. 1 zu stellen. Handelt es sich um eine Beschwerde i.S.d. § 146 Abs. 4, muss innerhalb der dort vorgesehenen Begründungsfrist auch eine Begründung erfolgen, um eine Prüfung der voraussichtlichen Erfolgsaussichten einer solchen Beschwerde vornehmen zu können. Erforderlich, aber genügend ist, dass gemäß der in dem anzufechtenden Beschluss erteilten Rechtsmittelbelehrung „in laienhafter Weise und in groben Zügen" neben einem bestimmten Antrag die Gründe geschildert werden, warum die fragliche Gerichtsentscheidung nicht richtig und daher abzuändern oder aufzuheben ist.[307]

§ 147   [Form; Frist]

(1) ¹Die Beschwerde ist bei dem Gericht, dessen Entscheidung angefochten wird, schriftlich oder zu Protokoll des Urkundsbeamten der Geschäftsstelle innerhalb von zwei Wochen nach Bekanntgabe der Entscheidung einzulegen. ²§ 67 Abs. 4 bleibt unberührt.

(2) Die Beschwerdefrist ist auch gewahrt, wenn die Beschwerde innerhalb der Frist bei dem Beschwerdegericht eingeht.

Schrifttum

K. *Kuhls*, Wahrt eine Beschwerdeschrift im PDF-Format die Schriftform?, jurisPR-ITR 3/2016 Anm. 6; W. *Roth*, Kein Beginn der Beschwerdefrist bei Zustellung lediglich des Beschlußtenors, NJW 1997, 1966; J. *Skrobotz*, Einreichung einer Beschwerde in elektronischer Form (E-Mail), jurisPR-ITR 1/2012 Anm. 6.

---

303   OVG Bautzen 15.6.2015 – 5 E 30/15.A; OVG Magdeburg 13.11.2012 – 1 O 114/12; bislang nicht explizit ablehnend VGH München 21.3.2011 – 4 C 11/463.
304   *H.-J. Papier*, DVBl 2009, 473, 477.
305   So *H.-J. Papier*, DVBl 2009, 473, 479 zur Gegenvorstellung.
306   *Kugele* § 146 Rn. 7.
307   OVG Bautzen 6.2.2015 – 3 B 279/14; VGH Kassel 8.10.2010 – 8 B 1344/10; *Kugele* § 146 Rn. 7.

I. Entstehungsgeschichte und Bedeutung

Durch das 4. VwGOÄndG wurde § 147 Abs. 1 S. 1 dahingehend geändert, dass die Beschwerde nicht 1 mehr bei dem Gericht, „von dem oder dessen Vorsitzenden die angefochtene Entscheidung erlassen ist" (BGBl 1960 I 35), sondern bei dem Gericht, dessen Entscheidung angefochten wird (BGBl 1990 I 2816), einzulegen ist. Mit Wirkung vom 1.7.2008 wurde eine Anpassung an das Gesetz zur Neuregelung des Rechtsberatungsrechts vorgenommen und der bisherige Verweis auf § 67 Abs. 1 S. 2 a.F. durch denjenigen auf § 67 Abs. 4 ersetzt (BGBl 2007 I 2840). Durch das Gesetz zur Einführung der elektronischen Akte in der Justiz vom 5.7.2017 wurden mit Wirkung zum 1.1.2018 die Wörter „zur Niederschrift" in § 147 Abs. 1 S. 1 durch die Wörter „zu Protokoll" ersetzt (BGBl 2017 I 2208). § 147 gilt für alle Beschwerden, auch für die nach § 146 Abs. 4 besonders zu begründende Beschwerde. Die Norm wird bei der Erinnerung gem. § 151 S. 3 und gem. § 67 Abs. 1 BDG bei der dort geregelten Beschwerde entsprechend angewendet.

II. Adressat der Beschwerde

Gem. § 147 Abs. 1 S. 1 ist die Beschwerde bei dem Gericht einzulegen, dessen Entscheidung angefoch- 2 ten wird (iudex a quo). Zur Fristwahrung genügt es jedoch, wenn die Beschwerde rechtzeitig beim Beschwerdegericht eingeht (§ 147 Abs. 2). Richtet sich die Beschwerde gegen eine Entscheidung des VG, ist das OVG (§ 46 Nr. 2), bei einer Entscheidung des OVG das BVerwG (§ 49 Nr. 3) Beschwerdegericht. Sofern es sich um keine Beschwerde gegen einen Beschluss in einem vorläufigen Rechtsschutzverfahren handelt, bei der es gem. § 146 Abs. 4 S. 5 keine Abhilfemöglichkeit gibt, muss das Beschwerdegericht wegen § 148 Abs. 1 eine bei ihm eingegangene Beschwerde zunächst an das Ausgangsgericht zur Abhilfe weiterleiten (zu den Ausnahmen von der Vorlagepflicht → § 148 Rn. 2–4). Weil die Akten regelmäßig beim Ausgangsgericht sind, empfiehlt es sich, die Beschwerde bei diesem Gericht einzulegen. Sobald das Beschwerdeverfahren durch Vorlage der Rechtssache beim Beschwerdegericht rechtshängig ist, ist eine unselbständige Anschlussbeschwerde beim Beschwerdegericht einzulegen (OVG Lüneburg OVGE 34, 426, 427).

III. Form der Beschwerde

1. Schriftform. Gem. § 147 Abs. 1 S. 1 ist die Beschwerde schriftlich oder zu Protokoll des Urkunds- 3 beamten der Geschäftsstelle einzulegen. Eine telefonische Beschwerdeeinlegung ist unzulässig (VGH München BayVBl 1971, 238). Die *Schriftform* soll sicherstellen, dass der Inhalt des Schriftstücks einwandfrei und zuverlässig feststeht und es sich um eine von einem ganz bestimmten Absender stammende und gewollte Prozesserklärung, d.h. keinen bloßen Entwurf, handelt (BVerfG NJW 2002, 3534, 3535; GmS-OGB BGHZ 144, 160, 162; OVG Bautzen 19.10.2015 – 5 D 55/14). Die Beschwerdeschrift muss grds. *eigenhändig unterschrieben* sein.[1] Auf diese Weise werden die Urheberschaft und der Wille zur Beschwerdeeinlegung deutlich.[2] Nur ein unter den fertigen Text gesetzter Namenszug (Abschlussfunktion), nicht aber eine dem Text vorangestellte „Oberschrift" bietet die notwendige Gewähr für die Übereinstimmung des schriftlich Erklärten mit dem Willen des Urhebers (VGH München 22.3.2010 – 11 CE 09.3150). Erforderlich ist ein Schriftzug, anhand dessen die Identität des Unterschreibenden festgestellt werden kann. Eine Abkürzung oder Paraphe[3] genügen ebenso wie ein maschinenschriftlicher Namenszug (VGH München 9.11.2011 – 12 C 11/1275) nicht. Die Schriftform ist auch gewahrt, wenn die Beschwerdeschrift in Form eines Telegramms (GmS-OGB BGHZ 144, 160, 162 f.), per Fernschreiben (GmS-OGB BGHZ 144, 160, 163 f.; BVerwG NJW 1995, 2121, 2122), Te-

---

1 OVG Bautzen 19.10.2015 – 5 D 55/14; OVG Münster OVGE 42, 133, 134; VGH München 29.12.2011 – 22 C 11.2565; s.a. BVerwG NJW 2003, 1544; GmS-OGB BGHZ 144, 160, 162.
2 OVG Bautzen SächsVBl 1997, 159; OVG Münster OVGE 42, 133, 134; VGH Mannheim 21.7.1980 – 3 S 838/80; s.a. den GmS-OGB BGHZ 144, 160, 162; BVerfG NJW 2007, 3117.
3 BGH NJW 1987, 1333, 1334; s. zur Frage Unterschrift oder Paraphe BGH NJW 2015, 3104 f.; zur Unzulässigkeit eines Faksimile-Stempels BAG NZA 2009, 1165 ff.

lefax[4] oder Telekopie[5] eingelegt wird. Bei Verwendung eines Telegramms oder eines Telex ist am Ende des Textes zumindest eine maschinenschriftliche Wiedergabe des Namenszuges erforderlich.[6] Bei der Einlegung der Beschwerdeschrift durch Telefax muss der Rechtsmittelführer dafür sorgen, dass eine „kopierte" Unterzeichnung beim zuständigen Gericht eingeht (s.a. § 130 Nr. 6 ZPO).[7] Umstr. ist, ob eine als PDF-Datei übermittelte Beschwerde mit eingescannter Unterschrift die Formanforderungen wahrt. Nach dem BGH liegt eine formgerechte Erklärung in dem Moment vor, indem die Geschäftsstelle die Datei ausdruckt. Dieser Ausdruck verkörpere das Rechtsmittel in einem mit einer Unterschrift abgeschlossenen Schriftstück (BGH NJW 2015, 1527, 1528). Das BVerwG hat zwischenzeitlich ein eingescanntes Schreiben in einer PDF-Datei als schriftlich i.S.d. § 69 Abs. 2 S. 5 BPersVG eingestuft, da auch bei diesen Dokumenten der Identitäts-, Abschluss- oder Vollständigkeitsfunktion, der Perpetuierungs- sowie Echtheits- und Verifikationsfunktion des Schriftformerfordernisses ausreichend Rechnung getragen werde (BVerwGE 157, 117, 122 ff.). Es gibt deshalb gute Argumente dafür, dass es sich der BGH-Rspr. anschließen wird, zumal es die Übermittlung eines elektronischen Dokuments im PDF-Format, das mit einer qualifizierten Signatur versehen ist, als § 3a Abs. 2 VwVfG genügend angesehen hat, weil das Risiko einer Manipulation bei Versendung nicht anders als beim Computerfax mit eingescannter Unterschrift einzuschätzen sei (BVerwG 7.12.2016 – 6 C 12/15). Das OVG Bautzen (NVwZ-RR 2016, 404, 405 f.) lehnt diese Sichtweise ab, weil nach § 55a Abs. 1 S. 3 a.F. elektronische Dokumente nur bei einer qualifizierten Signatur einem schriftlich zu unterzeichnenden Schriftstück gleichstehen. Daran ist richtig, dass durch die BGH-Rspr. die Grenzen zwischen elektronischer und schriftlicher Form verwischen. Da die Justiz künftig mit elektronischen Akten arbeiten soll, ist ein Ausdruck der Dokumente nicht mehr angedacht. Der Mangel der notwendigen Unterschrift kann nicht dadurch geheilt werden, dass die Beschwerdeschrift nach Fristablauf unterschrieben wird (s.a. OVG Bautzen NVwZ-RR 2016, 404, 407). Bei unverschuldeter Fristversäumnis kann gem. § 60 Wiedereinsetzung in den vorigen Stand beantragt werden (OVG Münster OVGE 42, 133, 135; s.a. BVerwG NJW 2003, 1544).

4   Nach der Rspr. ist bei Vorliegen *besonderer Umstände ausnahmsweise* eine fehlende Unterschrift unschädlich, wenn sich der eingegangenen Beschwerdeschrift ohne weitere Ermittlungen oder gar eine Beweisaufnahme eindeutig die Urheberschaft und der Wille zur Beschwerdeeinlegung entnehmen lässt.[8] Dafür reicht allein die maschinenschriftliche Angabe von Name und Adresse (OVG Bautzen SächsVBl 1997, 159; s.a. BVerwG NJW 2003, 1544) oder die Verwendung eines gedruckten Briefkopfs nicht aus (BVerwG NJW 2003, 1544). Entscheidend ist, ob sich dem Gericht aus Umständen, die bei Eingang des Schriftsatzes oder bis zum Ablauf der Frist erkennbar sind, eine hinreichende Gewähr für die Urheberschaft und den Willen ergibt, das Schreiben in den Rechtsverkehr zu bringen (BVerwG NJW 2003, 1544; NJW 2006, 1989, 1990). In einer Entscheidung, welche allerdings die Schriftform einer Klageerhebung per Btx-Mitteilung betraf, hielt das BVerwG eine fehlende Unterschrift für unbeachtlich, weil die Klage nach Verfahrensbeteiligten und -gegenstand (Nennung des Ausgangsbescheids unter Datumsangabe) und Prozessziel eindeutig bezeichnet war und zudem von dem privaten, mit Code-Nummer versehenen Teilnehmeranschluss des Klägers unter Angabe der vollständigen Absenderadresse und unter Hinweis auf die folgende Begründung sowie die Vollständigkeit der Übermittlung, eingelegt worden war (BVerwG NJW 1995, 2121, 2122). Diese Rspr. hat es zwischenzeitlich auf das Funkfax übertragen (BVerwG NJW 2006, 1989 f.). Nach dem GmS-OGB können bestimmende Schriftsätze formwirksam durch elektronische Übertragung einer Textdatei mit ein-

---

4   GmS-OGB BGHZ 144, 160, 164; OVG Münster OVGE 42, 133; VGH Mannheim VBlBW 1990, 335; VGH München 22.2.1990 – 23 CS 89.3689; zu dem Sonderfall, dass die Übermittlung per Telefax aus vom Übersender nicht zu vertretenden Gründen unterbrochen wird und die fehlenden Seiten noch am selben Tag ebenfalls per Telefax übersendet werden, BGH NJW 2004, 2228, 2230.

5   OVG Münster OVGE 42, 133, 134; VGH Mannheim VBlBW 1986, 107; 1990, 335; vgl. auch BVerwG NJW 1995, 2121, 2122.

6   *R. Greger*, in: Zöller § 130 Rn. 18; a.M. BGH NJW 1986, 1759, 1760.

7   OVG Münster OVGE 42, 133, 134; s.a. BVerfG NJW 2007, 3117.

8   OVG Bautzen SächsVBl 1997, 159; OVG Münster DÖV 1961, 315; VGH Mannheim 21.7.1980 – 3 S 838/80; VGH München 22.3.2010 – 11 CE 09/3150 (bei einer „Oberschrift"); VGH München 7.9.2017 – 21 C 17.1651; vgl. auch BVerfG NJW 2003, 3534, 3535; BVerwG NJW 1995, 2121, 2122.

gescannter Unterschrift auf ein Faxgerät des Gerichts übermittelt werden (sog. Computerfax).[9] Durch die spezielle Regelung in § 130 Nr. 6 ZPO trug der Gesetzgeber dieser Rspr. Rechnung.[10] Aus § 55 a sind die Anforderungen an die elektronischen Dokumente und Übermittlungswege zu entnehmen.[11] Nach BVerwGE 143, 50, 53 f. hilft beim Formerfordernis einer qualifizierten elektronischen Signatur nicht die hinreichende Sicherheit hinsichtlich der Urheberschaft und dem Übersendungswillen über die fehlende Signatur hinweg. Denn die hohen Anforderungen an die Signatur elektronischer Dokumente dienen zusätzlich dem Schutz vor nachträglichen Änderungen, mithin ihrer Integrität.

2. Zu Protokoll des Urkundsbeamten. Alternativ kann die Beschwerde **zu Protokoll** des Urkundsbeamten der Geschäftsstelle eingelegt werden. Die bis Ende 2017 geltende Formulierung „zur Niederschrift" wurde mit Wirkung zum 1.1.2018 durch die Wörter „zu Protokoll" ersetzt. Denn das Wort „Niederschrift" ist sprachlich eng mit der Papierform verbunden.[12] Die jetzt maßgebliche Formulierung soll verdeutlichen, dass „Niederschriften" bei elektronischer Aktenführung auch in elektronischer Form geschehen können.[13] Durch die Einlegung der Beschwerde zu Protokoll der Geschäftsstelle möchte man rechtsunkundigen Bürgern den Zugang zu Gericht erleichtern (HmbOVG NVwZ-RR 2000, 125). Das Protokoll muss bei persönlicher Anwesenheit des Beschwerdeführers aufgenommen werden. Es genügt nicht, wenn der Urkundsbeamte lediglich einen Aktenvermerk über eine bei ihm telefonisch eingelegte Beschwerde fertigt.[14] Bei dieser Form der Beschwerdeeinlegung muss der Urkundsbeamte das Ziel des Rechtsschutzbegehrens (Antrag) und die zu seiner Begründung dienenden Tatsachen in zusammengefasster Form protokollieren. Daneben hat er ggf. auf die ergänzende Abgabe erforderlicher Erklärungen, bspw. zu den wirtschaftlichen Verhältnissen, hinzuwirken. Der Urkundsbeamte ist aber nicht dazu verpflichtet, weitere Erklärungen aufzunehmen oder umfangreiche Rechtsausführungen zu protokollieren. Ihm obliegt insbes. nicht die Anfertigung lesbarer Protokolle von eingereichten Schriftsätzen (HmbOVG NVwZ-RR 2000, 125). Nach der Rspr. des BGH wird im Strafprozessrecht eine korrekte Rechtsmitteleinlegung auch dann angenommen, wenn das Rechtsmittel bereits in der mündlichen Verhandlung nach Verkündung der Entscheidung zu Protokoll des Gerichts oder eines Richters eingelegt wird, wobei diese aber nicht zur Protokollierung verpflichtet sind.[15] Diese Erwägungen gelten auch im Verwaltungsprozess (s.a. OVG Schleswig 14.3.2014 – 2 MB 5/14; VGH München 6.10.2014 – 12 C 14.22141).

Nach § 147 Abs. 1 ist die Beschwerde beim Urkundsbeamten der Geschäftsstelle des Gerichts einzulegen, dessen Entscheidung angefochten wird. Da nach § 147 Abs. 1 S. 2 die Regelung des *§ 67 Abs. 4 unberührt* bleibt, ist die Beschwerdeeinlegung zu Protokoll des Urkundsbeamten v.a. für PKH-Beschwerden von Bedeutung.[16] Durch § 147 Abs. 1 S. 2 wird gerade deutlich, „dass im Verwaltungsprozess der Grundsatz nicht gilt, wonach Prozesserklärungen, die zur Niederschrift des Urkundsbeamten der Geschäftsstelle ... erklärt werden können, allein deshalb von dem Vertretungszwang des § 67 Abs. 4 VwGO ausgenommen sind" (BVerwG NVwZ-RR 2013, 341, 342). Wegen der sich daraus ergebenden Missverständnisse (zur Frage der Irreführung der Rechtsmittelbelehrung OVG Schleswig 14.3.2014 – 2 MB 5/14) sollte § 147 in dieser Hinsicht de lege ferenda anders ausgestaltet werden.

IV. Rechtsanwaltszwang bei der Einlegung der Beschwerde?

Während nach früherer Rechtslage für die zulassungsfreien Beschwerden kein Anwaltszwang bestand, ist dieser heute für die Beschwerden die Regel.[17] Nach § 67 Abs. 4 müssen sich die Beteiligten vor dem OVG durch Prozessbevollmächtigte vertreten lassen. Gem. § 67 Abs. 4 S. 2 gilt der Vertretungszwang

9 GmS-OGB BGHZ 144, 160, 161 f. sowie BVerfG NJW 2002, 3534, 3535; so auch schon BSG NJW 1997, 1254, 1255; abl. BGH NJW 1998, 3649, 3650; zust. *J. F. Schwachheim*, NJW 1999, 621, 622 f.
10 OLG Braunschweig NJW 2004, 2024 ff.; *R. Greger*, in: Zöller § 130 Rn. 19.
11 OVG Bln-Bbg 11.6.2009 – OVG 5 M 16/09; *J. Skrobotz* jurisPR-ITR 1/2012 Anm. 6.
12 BT-Drs. 18/9416, 59.
13 BT-Drs. 18/9416, 59.
14 VGH München BayVBl 1971, 238 f.; *J. Meyer-Ladewig/R. Rudisile*, in: Schoch/Schneider/Bier § 147 Rn. 4; s.a. BGH NJW-RR 2009, 852 f.
15 BGHSt 31, 109 ff.; *M. Kaufmann*, in: Posser/Wolff § 147 Rn. 2; *J. Meyer-Ladewig/R. Rudisile*, in: Schoch/Schneider/Bier § 147 Rn. 4.
16 OVG Greifswald NordÖR 2006, 369; VGH Mannheim VBlBW 2004, 483; *T. Stuhlfauth*, in: Bader § 147 Rn. 6.
17 *T. Stuhlfauth*, in: Bader § 147 Rn. 7.

auch für Prozesshandlungen, durch die ein Verfahren vor dem OVG eingeleitet wird. Nach den Gesetzesmaterialien sind damit Prozesshandlungen gemeint, die sich auf das Verfahren der nächsten Instanz beziehen, aber noch beim Gericht der Vorinstanz vorgenommen werden (BT-Drs. 16/3655, 97). Wie schon nach bisherigem Recht[18] müssen somit Beschwerden gegen Beschlüsse in Verfahren des vorläufigen Rechtsschutzes von einer postulationsfähigen Person bzw. Einrichtung eingelegt werden, auch wenn erst im Zuge der späteren Beschwerdebegründung vor dem OVG ein Antrag gestellt wird. Etwaige Verstöße hiergegen können *nach Ablauf der Beschwerdefrist* nicht mehr geheilt werden. Deshalb ist eine Genehmigung der früheren Prozesshandlung durch einen postulationsfähigen Bevollmächtigten bspw. in der Beschwerdebegründungsschrift ohne Relevanz (OVG Lüneburg NVwZ-RR 2003, 691, 692). Eine Heilung kommt nur in Betracht, wenn noch vor Ablauf der Rechtsmittelfrist die Beschwerde durch eine vertretungsberechtigte Person nochmals eingelegt wird (VGH München 23.11.2011 – 4 Cs 11.2370). Aus verfassungsrechtlichen und verfahrensökonomischen Gründen wurden allein Beschwerden gegen Beschlüsse in PKH-Verfahren vom Anwaltserfordernis ausgenommen (BT-Drs. 14/6854, 10). Aus diesem Grund unterliegen z.B. Beschwerden gegen eine Rechtswegverweisung nach § 17 a Abs. 2 GVG dem Vertretungszwang (OVG Münster 12.1.2012 – 12 E 1340/11). Gelingt es dem Beschwerdeführer trotz zumutbarer Anstrengungen, die dem Gericht nachzuweisen sind, nicht, einen Anwalt zu finden, kann er gem. § 173 S. 1 i.V.m. § 78 b ZPO die Beiordnung eines Notanwalts beim Gericht beantragen, sofern die Rechtsverfolgung nicht mutwillig oder aussichtslos erscheint (VGH München 15.4.2010 – 4 CE 10.819; s.a. OVG Bln-Bbg 16.7.2015 – OVG 11 S 49.15).

8　Noch nicht abschließend geklärt ist, ob die Regelungen zum Vertretungszwang auch zur Anwendung kommen, wenn die Beschwerde von einem *sonst von der Entscheidung Betroffenen* – bspw. einem Zeugen, Sachverständigen oder ehrenamtlichen Richter – eingelegt wird. Das OVG Bln-Bbg verneinte dies, weil Zeugen nicht zu den in § 63 genannten Beteiligten gehören, die Beschwerde keinen Bezug zum Streitgegenstand des Hauptverfahrens aufweist, sie in der Regel keinen besonderen Sachverstand für ihre Beschwerde bedürfen und vergleichbare ZPO-Beschwerden nach §§ 78 Abs. 3, 381 Abs. 2, 569 Abs. 3 Nr. 3 ZPO keinem Anwaltszwang unterliegen.[19] Der VGH Mannheim vertrat dagegen zu Recht die Meinung, dass der Begriff des Beteiligten in einem weiten Sinne verstanden werden müsse. Wie an der Verweisung in § 147 Abs. 1 S. 2 erkennbar wird, wollte man den Anwaltszwang für sämtliche Beschwerden und damit unabhängig von der Person des Beschwerdeführers einführen.[20]

9　Vom Postulationserfordernis des § 67 Abs. 4 ist nur eine *Ausnahme* zu machen, wenn eine solche explizit vorgesehen wurde oder sich durch Auslegung ergibt. Aus verfassungs- und verfahrensökonomischen Gründen (BT-Drs. 14/6854, 10) wurden von dem Vertretungszwang *Beschwerden gegen Beschlüsse im Verfahren der PKH* ausgenommen. Nach Meinung des HmbOVG gehört zu den Verfahren der PKH auch die Festsetzung der aus der Staatskasse zu zahlenden Vergütung mit der Folge, dass für Beschwerden nach § 56 Abs. 2 RVG i.V.m. § 33 Abs. 7 S. 1 RVG jedenfalls deshalb kein Vertretungszwang besteht.[21] Falls man die Statthaftigkeit der Untätigkeitsbeschwerde noch bejahen sollte (→ § 146 Rn. 9–11 b), gilt das Vertretungserfordernis auch für diese.[22]

10　In § 66 Abs. 5 S. 1 GKG wird explizit bestimmt, dass Anträge und Erklärungen „ohne Mitwirkung eines Bevollmächtigten schriftlich eingereicht oder zu Protokoll der Geschäftsstelle abgegeben werden" können. Nach S. 2 gelten für die Bevollmächtigung die Regelungen der für das zugrunde liegende Verfahren geltenden Verfahrensordnung entsprechend. Der Einzelne kann also wählen, ob er den Rechtsbehelf betreffend der Kostenfestsetzung selbst oder durch einen von ihm bestellten Bevollmächtigten einlegen will, wobei sich die „Bevollmächtigung" dann nach § 67 richtet (BR-Drs. 700/08, 97 f.; OVG Bautzen 20.6.2012 – 4 E 81/09; OVG Saarlouis 12.2.2010 – 3 E 517/09). § 4 Abs. 6 JVEG, § 11 Abs. 6 RVG (kein Vertretungszwang VGH Kassel DÖV 2012, 123) und § 33 Abs. 7 RVG enthalten vergleichbare Regelungen für die dortigen Beschwerden.

18　OVG Greifswald NordÖR 2006, 369; OVG Lüneburg NVwZ-RR 2003, 691; VGH Mannheim VBlBW 2004, 483; VGH München 30.3.2006 – 24 CE 05.2266; s.a. BVerwG NVwZ 2002, 82.
19　OVG Bln-Bbg NJW 2016, 3259; s.a. OVG Greifswald NVwZ-RR 2003, 70.
20　VGH Mannheim NVwZ-RR 2003, 691, 692; s.a. OVG Bautzen 2.12.2014 – 3 E 140/14; OVG Münster NVwZ-RR 2005, 292.
21　HmbOVG NordÖR 2008, 66, 67 f.; s.a. OVG Brem NVwZ-RR 2015, 439.
22　VGH München 1.7.2005 – 12 C 05.1487; zur außerordentlichen Beschwerde VGH München 27.10.2009 – 7 ZB 09.1954.

V. Inhalt der Beschwerdeschrift

Der vierzehnte Abschnitt der VwGO enthält, abgesehen von § 146 Abs. 4 für die Beschwerde gegen 11
Beschlüsse des VG in Verfahren des vorläufigen Rechtsschutzes, keine speziellen Vorgaben zum Inhalt
der Beschwerde. Für die einfache Beschwerde gelten, sofern keine diesbezüglichen Besonderheiten bestehen, die allgemeinen Anforderungen an Rechtsbehelfserklärungen (VGH München BayVBl 1984,
671). Insbes. muss eine ladungsfähige Anschrift angegeben werden (VGH Mannheim NVwZ-RR
2006, 151, 152; VGH München 6.6.2006 – 24 CE 06.1102; nach BGH NJW-RR 2009, 1009 f. steht
der Zulässigkeit eines Rechtsmittels die Geheimhaltung der Anschrift nicht entgegen, wenn weder der
Ablauf des Rechtsmittelverfahrens noch Kostenerstattungsansprüche gefährdet werden). Es ist nicht
erforderlich, dass ausdrücklich Beschwerde eingelegt wird.[23] Es reicht, wenn sich durch Auslegung der
infrage stehenden Erklärung ergibt, dass der Beschwerdeführer eine Gerichtsentscheidung anficht, die
in Form einer Beschwerde überprüft werden soll.[24] Der VGH München (27.1.2011 – 12 CE 11.24)
legte ein Schreiben als Beschwerde aus, weil alle weiteren dort zusammenhanglos aufgezählten Rechtsbehelfe, u.a. Gehörsrüge und Befangenheitserklärung, unstatthaft waren. Keine Beschwerde liegt vor,
wenn der Rechtsmittelführer nicht zum Ausdruck bringt, dass eine verwaltungsgerichtliche Entscheidung überprüft werden soll, und er nur Ausführungen zu seinem Sachbegehren macht (HmbOVG
NJW 1996, 1226). Das Vorliegen einer Beschwerde wurde außerdem verneint, wenn nach dem Willen
des Erklärenden nur das VG, nicht aber das OVG die angefochtene Entscheidung überprüfen soll.[25]
Entsprechend §§ 124 a Abs. 2 S. 2, Abs. 4 S. 3, 152 a Abs. 2 S. 6 ist in der Beschwerde die angefochte- 12
ne Entscheidung zu bezeichnen.[26] Dazu gehören neben der Angabe der Parteien und des Gerichts, das
die Entscheidung erlassen hat, der Verkündungstermin und das Aktenzeichen (BGH NJW-RR 1989,
958, 959; NJW 2001, 1070, 1071; MDR 2003, 948). Es muss deutlich werden, für wen Beschwerde
eingelegt wird[27] und wer ggf. Beschwerdegegner ist.[28] Eine fehlerhafte oder unvollständige Angabe ist
unschädlich, wenn aufgrund der sonstigen erkennbaren Umstände für das Gericht und einen etwaigen
Beschwerdegegner nicht zweifelhaft bleibt, welche Gerichtsentscheidung angefochten wird (BGH
NJW-RR 1989, 958, 959; NJW 2001, 1070, 1071; MDR 2003, 948; s.a. OVG Magdeburg 21.4.2010
– 2 M 14/10 zur nachträglichen Berichtigung eines offensichtlichen Schreibfehlers). Einer Beschwerde
muss nicht die angefochtene Gerichtsentscheidung beigefügt sein (VGH München BayVBl 2014, 470).
Sofern nicht § 146 Abs. 4 S. 3 einschlägig ist (→ § 146 Rn. 54 f.), muss der Beschwerdeführer keinen
bestimmten Antrag stellen. Es genügt, wenn sich das mit der Beschwerde verfolgte Ziel durch Auslegung der abgegebenen Erklärung entnehmen lässt.[29] Probleme entstehen v.a., wenn sich die angefochtene Gerichtsentscheidung aus mehreren selbständigen Gesichtspunkten zusammensetzt. In diesem
Fall hängt die Reichweite der Rechtskraft der Entscheidung davon ab, ob alle oder nur einzelne Teile
davon überprüft werden sollen.[30] Während die Beschwerde gegen Beschlüsse des VG in Verfahren des
vorläufigen Rechtsschutzes (§ 146 Abs. 4 S. 1, 3) und die Nichtzulassungsbeschwerde (§ 133 Abs. 3)
zu begründen sind, besteht für die anderen Beschwerden kein Begründungszwang.[31] Es empfiehlt sich
aber eine Angabe der Tatsachen und Beweismittel und zwar schon im Zeitpunkt der Einlegung der

---

23 *J. Meyer-Ladewig/R. Rudisile*, in: Schoch/Schneider/Bier § 147 Rn. 5; *W.-R. Schenke*, in: Kopp/Schenke § 147 Rn. 2.
24 VGH München 15.3.2007 – 25 CS 07.567; 7.4.2008 – 7 CE 08.433 (Auslegung Revisionsantrag als Beschwerde); *J. Meyer-Ladewig/R. Rudisile*, in: Schoch/Schneider/Bier § 147 Rn. 5; *M. Redeker*, in: Redeker/v. Oertzen § 147 Rn. 3; *W.-R. Schenke*, in: Kopp/Schenke § 147 Rn. 2.
25 VGH Kassel ESVGH 23, 243, 244; nach BGH NJW-RR 2001, 279 kann eine Gegenvorstellung nicht in eine Beschwerde umgedeutet werden.
26 *J. Meyer-Ladewig/R. Rudisile*, in: Schoch/Schneider/Bier § 147 Rn. 5; *M. Redeker*, in: Redeker/v. Oertzen § 147 Rn. 3.
27 *J. Meyer-Ladewig/R. Rudisile*, in: Schoch/Schneider/Bier § 147 Rn. 5. Wobei die jeweilige Erklärung insoweit auszulegen ist, VGH München BayVBl 1984, 671. Dieses Problem wird z. B. bei der Zurückweisung eines Bevollmächtigten relevant, gegen die sich sowohl der Bevollmächtigte als auch der von ihm vertretene Beteiligte wehren können.
28 *J. Meyer-Ladewig/R. Rudisile*, in: Schoch/Schneider/Bier § 147 Rn. 5.
29 VGH München BayVBl 1984, 671; *J. Meyer-Ladewig/R. Rudisile*, in: Schoch/Schneider/Bier § 147 Rn. 5; *M. Redeker*, in: Redeker/v. Oertzen § 147 Rn. 3; s. zur Entbehrlichkeit eines Antrags bei der ZPO-Beschwerde BT-Drs. 14/4772, 113; BGHZ 91, 154, 160.
30 VGH Mannheim NVwZ-RR 1995, 126; *W.-R. Schenke*, in: Kopp/Schenke § 147 Rn. 2.
31 VGH München 8.2.2006 – 16 a CD 06.363; *J. Meyer-Ladewig/R. Rudisile*, in: Schoch/Schneider/Bier § 147 Rn. 5; *M. Redeker*, in: Redeker/v. Oertzen § 147 Rn. 3; *W.-R. Schenke*, in: Kopp/Schenke § 147 Rn. 2.

Beschwerde, damit sie das VG bei seiner Entscheidung über eine etwaige Abhilfe berücksichtigen kann.[32] Als Prozesserklärung darf die Beschwerde nicht bedingt eingelegt werden.[33]

VI. Beschwerdefrist

13   Gem. § 147 Abs. 1 S. 1 ist die Beschwerde innerhalb von zwei Wochen nach Bekanntgabe der Entscheidung einzulegen. Die allgemeine Befristung der Beschwerde dient dem berechtigten Interesse der Beteiligten nach einer Beschleunigung des Verfahrens und möglichst frühzeitigen klaren Rechtsverhältnissen (BT-Drs. 14/4772, 111 [ZPO-Beschwerde]). Sie ist mit Art. 6 und 13 EMRK vereinbar (VGH München 11.11.2013 – 10 CS 13.2237). Für jeden Beteiligten läuft eine gesonderte Beschwerdefrist.[34] Unter *Bekanntgabe* versteht man die Zustellung oder, wenn diese nicht vorgeschrieben ist, die Verkündung der Entscheidung (§ 57 Abs. 1). Da bei beschwerdefähigen Entscheidungen eine Frist in Lauf gesetzt wird, sind sie gem. § 56 Abs. 1 zuzustellen.[35] Nach § 56 Abs. 2 VwGO i.V.m. § 189 ZPO (BGBl 2005 I 3202) gilt ein Schriftstück, dessen formgerechte Zustellung sich nicht nachweisen lässt oder das unter Verletzung *zwingender* Formvorschriften zugegangen ist, als in dem Zeitpunkt zugestellt, in dem es seinem Adressaten tatsächlich zugegangen ist (näher dazu VGH Mannheim VBlBW 2016, 328, 329). Der spätest denkbare Zeitpunkt ist insoweit das Datum des Beschwerdeschriftsatzes bzw. seines Eingangs beim Gericht (OVG Greifswald NordÖR 2003, 446). Wird eine Entscheidung an denselben Beteiligten mehrfach zugestellt, richtet sich der Fristablauf nach der ersten wirksamen Bekanntgabe (OVG Bautzen 18.8.2015 – 2 B 236/15). Soweit die infrage stehende Gerichtsentscheidung *bereits* existent ist, kann gegen sie schon Beschwerde eingelegt werden, auch wenn sie noch nicht zugestellt ist.[36]

14   Die Beschwerdefrist läuft auch dann, wenn das Ausfertigungsdatum auf dem angefochtenen Beschluss fehlt.[37] Nach dem HmbOVG reicht für den Fristbeginn die Bekanntgabe der Beschlussformel.[38] Diese Ansicht ist abzulehnen, sofern der jeweilige Gerichtsbeschluss nach den gesetzlichen Vorschriften (§ 122 Abs. 2) zu begründen ist. Richtigerweise läuft dann die Beschwerdefrist erst ab Kenntnis der vollständigen Gerichtsentscheidung.[39] Nur so wird ein effektiver Rechtsschutz gewährleistet. Ohne Kenntnis der Entscheidungsgründe wird der Einzelne möglicherweise von einer Rechtsmitteleinlegung abgehalten, weil er seine Erfolgsaussichten nicht abschätzen kann.[40] Wird ein Beschluss innerhalb der Rechtsmittelfrist vom Ausgangsgericht ohne Angabe von Gründen zurückgefordert, beginnt mit der erneuten Zustellung des Beschlusses eine neue Rechtsmittelfrist.[41]

15   Die Beschwerdefrist beträgt *zwei Wochen*. Für die Frist gelten gem. § 57 Abs. 2 die §§ 222, 224 Abs. 2, Abs. 3, 225, 226 ZPO. Weil nichts anderes bestimmt ist, ist die zweiwöchige Frist des § 57 Abs. 2 VwGO i.V.m. § 224 Abs. 2 ZPO nicht verlängerbar (OVG Bautzen 3.3.2010 – 1 B 56/10). Stets ist zu prüfen, ob es nicht eine gegenüber § 147 Abs. 1 vorrangige Sonderregelung gibt. So gilt für die Nichtzulassungsbeschwerde nach § 133 Abs. 2 S. 1 eine einmonatige Frist. Die Beschwerde gegen Beschlüsse des VG in Verfahren des vorläufigen Rechtsschutzes ist gem. § 147 Abs. 1 innerhalb von zwei Wochen nach Bekanntgabe der Entscheidung einzulegen, lediglich für die Beschwerdebegründung steht dem Beschwerdeführer eine Frist von einem Monat zur Verfügung (§ 146 Abs. 4 S. 1). Gem.

---

32   Dazu VGH Kassel HessVGRspr 1988, 55; *M. Kaufmann*, in: Posser/Wolff § 147 Rn. 3.

33   OVG Münster NVwZ-RR 2002, 896. Unschädlich ist die Bedingung „sofern das VG der Beschwerde nicht abhilft", da sich dies ohnehin aus § 148 ergibt. S.a. *J. Meyer-Ladewig/R. Rudisile*, in: Schoch/Schneider/Bier § 147 Rn. 4.

34   *W. Ball*, in: Musielak § 569 Rn. 3.

35   Zum Problem, dass in der Zustellungsurkunde nur das Aktenzeichen der Hauptsache angegeben wird, VGH München 30.4.2012 – 22 C 11.2465.

36   OVG Brem DVBl 1991, 1269; VGH Mannheim DÖV 1984, 776; *M. Happ*, in: Eyermann § 147 Rn. 3; *M. Redeker*, in: Redeker/v. Oertzen § 147 Rn. 5; *W.-R. Schenke*, in: Kopp/Schenke § 147 Rn. 3.

37   VGH Kassel NVwZ-RR 1991, 390; *M. Happ*, in: Eyermann § 147 Rn. 3.

38   HmbOVG NJW 1996, 1225 f.; in diese Richtung wohl auch OVG Münster DÖV 1970, 102, 103; *M. Redeker*, in: Redeker/v. Oertzen § 147 Rn. 5.

39   *J. Bader*, in: Bader § 147 Rn. 4; *J. Meyer-Ladewig/R. Rudisile*, in: Schoch/Schneider/Bier, § 147 Rn. 8; *W.-R. Schenke*, in: Kopp/Schenke § 147 Rn. 3; s.a. § 93 Abs. 1 S. 2, 3 BVerfGG.

40   Dazu *W. Roth*, NJW 1997, 1966 ff.; *M. Happ*, in: Eyermann § 147 Rn. 3 sowie zur ZPO *Baumbach/Lauterbach/Albers/Hartmann* § 572 Rn. 3.

41   OVG Greifswald NordÖR 1999, 105. Nach BGHZ 89, 184, 185 ff. und BGH JZ 1999, 160 wirkt sich eine Berichtigung grds. nicht auf den Lauf der Rechtsmittelfrist aus. Eine Ausnahme macht er, wenn erst aus der Berichtigung hervorgeht, dass eine Partei durch das ergangene Urteil beschwert ist (s.a. OVG Magdeburg NVwZ 2008, 584, 585).

§ 127 Abs. 2 S. 3 ZPO beträgt die Frist für eine zivilprozessuale Beschwerde gegen eine Prozesskostenhilfeentscheidung einen Monat. Allerdings wird die dortige Regelung im Verwaltungsprozessrecht durch den spezielleren § 147 Abs. 1 überspielt (OVG Bautzen NVwZ-RR 2004, 544; OVG Magdeburg 21.8.2008 – 3 O 533/08; VGH München BayVBl 2003, 573; 13.5.2009 – 5 C 09.917). Denn diese Norm gilt im Grundsatz für alle Beschwerden i.R. des Verwaltungsprozesses. Die Verweisungsnorm des § 166 bezieht sich nur allgemein auf die PKH, hinsichtlich der Rechtsmittel im Zusammenhang mit einer Prozesskostenhilfeentscheidung wird lediglich eine einzelne Vorschrift – § 569 Abs. 3 Nr. 2 ZPO – in Bezug genommen.[42]

V.a. bei Beschlüssen im Kostenrecht ist darauf zu achten, ob es keine von § 147 Abs. 1 S. 1 abweichende Regelung zur Beschwerdefrist gibt. Für die Streitwertbeschwerde ist § 68 Abs. 1 S. 3 GKG maßgeblich. Da § 4 JVEG keine Bestimmung zur Beschwerdefrist enthält, können diesbezügliche Beschwerden unbefristet erhoben werden.[43] Strittig ist, ob gegen die Verhängung eines Ordnungsmittels gem. § 55 VwGO i.V.m. § 181 GVG innerhalb einer oder zwei Wochen Beschwerde einzulegen ist.[44] Die Beschwerdefrist des § 147 Abs. 1 S. 1 gilt – abgesehen von der Nichtzulassungsbeschwerde nach § 133 – auch dann, wenn das BVerwG Beschwerdegericht ist. 16

Ist der anzufechtenden Gerichtsentscheidung keine korrekte *Rechtsmittelbelehrung* beigefügt, gilt die Jahresfrist des § 58 Abs. 2.[45] In der Rechtsbehelfsbelehrung muss nicht gesondert genannt werden, dass die Frist auch bei einem rechtzeitigen Eingang der Beschwerde beim Beschwerdegericht gewahrt wird.[46] Die Rechtsmittelbelehrung ist u.a. darauf zu überprüfen, ob ihre Angaben zum Rechtsanwaltserfordernis zutreffen (OVG Brem NVwZ-RR 2004, 658 f.; VGH Mannheim VBlBW 2004, 483; VGH München 30.3.2006 – 24 CE 05.2266) oder sie einen irreführenden Zusatz enthält. Nach dem BVerwG muss in der Rechtsmittelbelehrung nicht auf einen gesetzlichen Vertretungszwang hingewiesen werden (BVerwG NVwZ 2015, 1699; OVG Saarlouis 20.3.2017 – 2 B 360/17). Denn nach dem Wortlaut des § 58 Abs. 1 ist nur über den Rechtsbehelf, das Gericht und die Frist zu belehren. Um auch rechtsunkundige Personen zu schützen, die möglicherweise wegen des mangelnden Hinweises einen Umkehrschluss ziehen, sollte diese Norm, wie in § 232 S. 2 ZPO zwischenzeitlich geschehen, de lege ferenda erweitert werden. 17

Bis zum Ablauf der Zweiwochenfrist bzw. im Falle einer unkorrekten Rechtsbehelfsbelehrung der Frist des § 58 Abs. 2 muss eine den soeben dargestellten Erfordernissen entsprechende Beschwerde eingelegt werden. Dabei können Fehler der zuerst eingelegten Beschwerde dadurch behoben werden, dass vor Fristablauf erneut eine den gesetzlichen Anforderungen entsprechende Beschwerde eingeht (OVG Münster NWVBl 1998, 350, 351; VGH München 23.12.2011 – 4 CS 11.2730). Die Beschwerde ist nicht fristgerecht erhoben, wenn sie erst nach Fristablauf unterzeichnet[47] oder ihr erst nach diesem Zeitpunkt der Bedeutungsgehalt einer Rechtsmittelschrift gegeben wird (VGH Kassel ESVGH 23, 243, 244). Wird eine bei einem unzuständigen Beschwerdegericht eingereichte Beschwerde verwiesen und geht sie erst nach Fristablauf bei dem zuständigen Gericht ein, ist sie verfristet.[48] Sofern die entsprechenden Voraussetzungen gegeben sind, kann bei unverschuldeter Fristversäumnis Wiedereinsetzung in den vorigen Stand nach § 60 gewährt werden.[49] An einen mit der Prozessführung betrauten Beamten einer Behörde mit Befähigung zum Richteramt werden im Vergleich zu einem Anwalt weder 18

---

42 OVG Brem JurBüro 2012, 205, 206; OVG Lüneburg JurBüro 2010, 434; OVG Münster NVwZ-RR 2004, 544; VGH München 30.4.2012 – 22 C 11.2465.

43 *P. Hartmann*, in: Hartmann, KostG, [47]2017, § 4 JVEG Rn. 26.

44 Für eine Woche: → § 55 Rn. 47; *C. Jeromin*, in: Gärditz § 146 Rn. 6; *S. Kautz*, in: HK-VerwR § 147 Rn. 10; für eine zweiwöchige Beschwerdefrist: *J. Meyer-Ladewig/R. Rudisile*, in: Schoch/Schneider/Bier § 147 Rn. 6; *M. Redeker*, in: Redeker/v. Oertzen § 147 Rn. 4; *W.-R. Schenke*, in: Kopp/Schenke § 147 Rn. 3; BT-Drs. 10/3437, 161.

45 OVG Bautzen NVwZ-RR 1998, 339; NVwZ 1999, 891; OVG Bln-Bbg 29.6.2010 – OVG 10 M 8.10; VGH Mannheim 1.9.2004 – 12 S 1750/04; VGH München NVwZ-RR 2002, 794 f.

46 OVG Münster OVGE 29, 183, 184; *H. Johlen*, in: Johlen/Oerder, Münchener Anwaltshandbuch Verwaltungsrecht, [3]2012, § 2 Rn. 279; *M. Redeker*, in: Redeker/v. Oertzen § 147 Rn. 6.

47 OVG Münster OVGE 42, 133, 134; DÖV 1961, 315; VGH Kassel 22.7.1983 – 4 TH 24/83.

48 VGH Mannheim Die Justiz 1988, 378 f.; *J. Meyer-Ladewig/R. Rudisile*, in: Schoch/Schneider/Bier § 147 Rn. 6.

49 So muss z.B. der Nachw. der rechtzeitigen Aufgabe der Beschwerdeschrift zur Post durch postalischen Beleg glaubhaft gemacht werden, OVG Lüneburg NJW 1991, 1196. Zur Wiedereinsetzung bei rechtzeitiger Abgabe des Schreibens eines Justizvollzugshäftlings, damit es durch die Post befördert wird, VGH München 13.3.2013 – 10 CS 13.318. Zur Frage notwendiger Vorkehrungen für den Fall der Abwesenheit VGH München 11.3.2011 – 11 CS 11.325, sowie BVerfG NJW 2013, 592 f. Auch Behörden haben ausreichende organisatorische Vorkehrungen zur Sicherstellung der Fristeinhaltung zu treffen, VGH München 13.9.2007 – 23 CS 07.2257.

strengere noch mildere Anforderungen bzgl. seiner Sorgfaltspflichten hinsichtlich der Fristeinhaltung gestellt (OVG Saarlouis 27.10.2004 – 1 W 35/04). Weil sich § 147 auf die Einlegung der Beschwerde bezieht, wird die Frist nicht dadurch gewahrt, dass vor ihrem Ablauf ein Antrag auf Gewährung von PKH gestellt wird.[50] Jedoch kann dem Antragsteller in diesen Fällen Wiedereinsetzung in den vorigen Stand gewährt werden, wenn binnen zwei Wochen nach Wegfall des Hindernisses ein Wiedereinsetzungsantrag gestellt wird (s. § 60)[51] und der Antragsteller alles Zumutbare zum Erhalt des Rechtsmittels getan hat, insbes. neben dem PKH-Antrag einen vertretungsberechtigten Anwalt angegeben und die erforderliche Erklärung über die persönlichen und wirtschaftlichen Verhältnisse abgegeben hat.[52] Voraussetzung für die Wiedereinsetzung ist, dass ein vollständiger PKH-Antrag innerhalb der Beschwerdefrist des § 147 Abs. 1 und nicht erst nach deren Ablauf gestellt wurde (VGH München 21.10.2016 – 9 CE 16.523).

Hat ein anderer Beteiligter fristgemäß Beschwerde eingelegt, kann trotz der Verfristung in dem eingelegten Rechtsmittel eine unselbständige Anschlussbeschwerde gesehen werden[53] (zur Anschlussbeschwerde → § 146 Rn. 46 ff.). Nach einer Entscheidung über die Hauptbeschwerde kann keine Anschlussbeschwerde mehr erhoben werden (OVG Lüneburg OVGE 34, 426, 427 f.).

§ 148 [Abhilfe; Vorlage an das Oberverwaltungsgericht]

(1) Hält das Verwaltungsgericht, der Vorsitzende oder der Berichterstatter, dessen Entscheidung angefochten wird, die Beschwerde für begründet, so ist ihr abzuhelfen; sonst ist sie unverzüglich dem Oberverwaltungsgericht vorzulegen.

(2) Das Verwaltungsgericht soll die Beteiligten von der Vorlage der Beschwerde an das Oberverwaltungsgericht in Kenntnis setzen.

I. Entstehungsgeschichte und Bedeutung der Vorschrift.

1　Abgesehen von der Einfügung des Wortes „Berichterstatter" durch das 4. VwGOÄndG (BGBl 1990 I 2816) entspricht § 148 Abs. 1 der ursprünglichen Fassung. Soweit § 148 Abs. 1 einschlägig ist, tritt erst im Zeitpunkt des Nichtabhilfebeschlusses und der Vorlage der Angelegenheit an das Beschwerdegericht der für ein Rechtsmittel typische Devolutiveffekt ein.[1] Das Abhilfeverfahren ermöglicht dem VG eine Selbstkontrolle. Entschließt es sich zur Abhilfe, wird dadurch das Verfahren verkürzt und das Beschwerdegericht entlastet.[2] Außerdem wird dem Betroffenen insbes. bei einer Verletzung des rechtlichen Gehörs die Instanz erhalten (BT-Drs. 14/4772, 114). Wird die Beschwerde gem. § 147 Abs. 2 beim Beschwerdegericht eingelegt, muss dieses unverzüglich dem VG durch Weiterleitung des Beschwerdeschriftsatzes Gelegenheit zur Abhilfe geben.

II. Anwendungsbereich (Abs. 1)

2　Ein Abhilfeverfahren ist bei allen Entscheidungen des VG, des Vorsitzenden oder Berichterstatters durchzuführen. Gem. § 146 Abs. 4 S. 5 Hs. 2 gibt es bei der Beschwerde gegen Beschlüsse des VG in Verfahren des vorläufigen Rechtsschutzes kein Abhilfeverfahren. Mit Blick auf die Ausgestaltung der landesrechtlichen Vorschriften ist zu entscheiden, inwieweit in Beschwerdeverfahren gegen disziplinarrechtliche Entscheidungen, z.B. vorläufige Dienstenthebungen, die Vorschriften und das Verfahren bei

---

50　OVG Lüneburg NVwZ-RR 2000, 790; BFH 25.1.2000 – IX S 15/99; *T. Stuhlfauth*, in: Bader § 147 Rn. 4.
51　*T. Stuhlfauth*, in: Bader § 147 Rn. 4.
52　BVerwG DVBl 2004, 836, 837; OVG Brem NordÖR 2008, 196, 197; OVG Münster 22.12. VGH München 30.11.2010 – 12 CE 10.2641.
53　Dazu HmbOVG DVBl 1953, 30 f.; 1996, 324; OVG Münster JR 1960, 76 m.Anm. *H. Müller*; VGH Kassel DÖV 1965, 465; VGH Mannheim NVwZ 1999, 442, 443; VGH München BayVGH (n.F.) 19, 151, 152; BayVBl 1974, 595; *M. Happ*, in: Eyermann § 147 Rn. 3; *J. Meyer-Ladewig/R. Rudisile*, in: Schoch/Schneider/Bier § 147 Rn. 7; *M. Redeker*, in: Redeker/v. Oertzen § 147 Rn. 6.
1　*J. Meyer-Ladewig/R. Rudisile*, in: Schoch/Schneider/Bier § 148 Rn. 2.
2　OVG Bln-Bbg RVGreport 2015, 36, 37; OVG Münster NVwZ-RR 2016, 930, 932; VGH München NVwZ-RR 2015, 518; *M. Happ*, in: Eyermann § 148 Rn. 1.

Beschlüssen in vorläufigen Rechtsschutzverfahren zur Anwendung kommen.[3] Durch § 572 Abs. 1 S. 2 ZPO wird klargestellt, dass ein Abhilfeverfahren bei Zwischenurteilen ausgeschlossen ist, weil das Erstgericht gem. § 318 ZPO an seine Entscheidung gebunden ist (BT-Drs. 14/4722, 115). § 148 wird grds. auf Beschwerden gegen oberverwaltungsgerichtliche Entscheidungen (§ 152 Abs. 1) entsprechend angewendet.[4]

Unter den Gerichten ist streitig, ob bei einer Beschwerde gegen eine Entscheidung zur (Un-)Zulässigkeit des Rechtswegs nach § 17a Abs. 4 S. 3 GVG zuvor ein Abhilfeverfahren durchzuführen ist. Das BSG sprach sich gegen eine Abhilfemöglichkeit aus (BSG NZS 1995, 142 f.). Nach der überzeugenden Ansicht des OVG Münster kann im Verwaltungsprozessrecht das Ausgangsgericht der angefochtenen Entscheidung abhelfen. Nach dem eindeutigen Wortlaut des § 17a Abs. 4 S. 3 GVG ist die Beschwerde nach den Vorschriften der jeweiligen Verfahrensordnungen und deshalb im Verwaltungsprozessrecht mit einer Abhilfemöglichkeit für das Ausgangsgericht gegeben.[5]   3

In der Praxis wird von der Durchführung eines Abhilfeverfahrens abgesehen, wenn eine sofortige Entscheidung des Beschwerdegerichts aus Gründen effektiven Rechtsschutzes (Art. 19 Abs. 4 GG) erforderlich ist und eine Abhilfe durch das Ausgangsgericht kaum in Betracht kommt, weil der Beschwerdeführer nichts Neues vorträgt.[6] Weil bei der Beschwerde gegen Beschlüsse des VG nach §§ 80, 80a, 123 gem. § 146 Abs. 4 S. 5 kein Abhilfeverfahren stattfindet, bleibt abzuwarten, ob und inwieweit diese von der Rspr. entwickelte Ausnahme in Zukunft noch von Bedeutung ist. Ein Abhilfeverfahren ist nicht allein deshalb entbehrlich, weil die erste Instanz der Streitwertbeschwerde eines anderen Beteiligten nicht abgeholfen und diese dem OVG vorgelegt hat, sofern die Streitwertbeschwerde eines anderen Beteiligten ein prozessual selbstständiges Rechtsmittel ist (VG Hmb 18.4.2017 – 2 K 7660/16).   4

III. Voraussetzungen der Abhilfe

Das Ausgangsgericht darf der angefochtenen Entscheidung nur abhelfen, solange die Streitsache *rechtshängig* ist. Wurde nach Einlegung der Beschwerde der Rechtsstreit übereinstimmend für erledigt erklärt, hat das Ausgangsgericht gem. § 161 Abs. 2 S. 1 nur noch über die Kosten zu befinden.[7] Entsprechendes gilt, wenn der Beschwerdeführer seine noch beim VG anhängige Beschwerde zurücknimmt (VG Bayreuth 24.8.2012 – B 1 K 10.1095). Wurde die Beschwerde dagegen bei dem OVG eingelegt, ist gegenüber diesem die Rücknahme der Beschwerde zu erklären.[8] Nach einer Vorlage der Beschwerde an das OVG ist eine Abhilfe durch das VG nicht mehr möglich.   5

Eine Abhilfe darf nur erfolgen, wenn das Ausgangsgericht die Beschwerde *für begründet* hält. Das jeweilige Gericht darf keine Abhilfeentscheidung treffen, um bei richtigem Tenor nur die Entscheidungsgründe zu verbessern oder zu ergänzen.[9] Im Abhilfeverfahren können Verfahrensmängel des ursprünglichen Verfahrens behoben werden, indem bei dieser Entscheidung nunmehr das zuständige Organ entscheidet.[10] Kommt das Ausgangsgericht zu dem Ergebnis, dass die Beschwerde begründet ist, ist es nach dem Wortlaut des § 148 Abs. 1 zur Abhilfe *verpflichtet* (soweit nicht die angefochtene Entscheidung im Ermessen des Gerichts steht).   6

Eine unzulässige Beschwerde muss dem OVG vorgelegt werden, da dem Ausgangsgericht nach § 148 Abs. 1 nur eine Abhilfe-, nicht aber eine Verwerfungsbefugnis eingeräumt wird. Da die Beschwerde   7

---

3 OVG Greifswald NordÖR 2011, 408, 409; OVG Lüneburg NdsVBl 2013, 112 f.; BbgDienstGH für Richter NVwZ-RR 2013, 60 f.

4 *M. Happ*, in: Eyermann § 148 Rn. 3 a; *T. Stuhlfauth*, in: Bader § 148 Rn. 2.

5 OVG Münster NWVBl 1998, 350 f.; *C. Jeromin*, in: Gärditz § 148 Rn. 2; *J. Meyer-Ladewig/R. Rudisile*, in: Schoch/Schneider/Bier § 148 Rn. 2.

6 VGH Mannheim DVBl 1990, 1358 f.; 7.11.1984 – 10 S 2813/84; BezG Erfurt ThürVBl 1993, 38; *M. Kaufmann*, in: Posser/Wolff § 148 Rn. 1; *J. Meyer-Ladewig/R. Rudisile*, in: Schoch/Schneider/Bier § 148 Rn. 3; abl. für die ZPO-Beschwerde *V. Lipp*, in: MüKoZPO § 572 Rn. 5.

7 OVG Münster NVwZ-RR 1995, 479; s.a. *M. Happ*, in: Eyermann § 148 Rn. 2; *M. Kaufmann*, in: Posser/Wolff § 148 Rn. 2; *W.-R. Schenke*, in: Kopp/Schenke § 148 Rn. 4 a.

8 *M. Happ*, in: Eyermann § 148 Rn. 2.

9 BFHE 145, 574 f.; s.a. *J. Meyer-Ladewig/R. Rudisile*, in: Schoch/Schneider/Bier § 148 Rn. 4. A.M. *W.-R. Schenke*, in: Kopp/Schenke § 148 Rn. 3; *T. Stuhlfauth*, in: Bader § 148 Rn. 10.

10 VGH München NVwZ 1991, 1198; *M. Happ*, in: Eyermann § 148 Rn. 10; *J. Meyer-Ladewig/R. Rudisile*, in: Schoch/Schneider/Bier § 148 Rn. 5; *M. Redeker*, in: Redeker/v. Oertzen § 148 Rn. 1; *T. Stuhlfauth*, in: Bader § 148 Rn. 8; krit. OVG Weimar ThürVBl 1995, 15, 16.

nicht für begründet erachtet wird, ist sie „sonst" dem Beschwerdegericht vorzulegen.[11] Nach Ansicht des BVerwG ist bei einer offensichtlich unbegründeten Beschwerde ein förmlicher Nichtabhilfebeschluss entbehrlich (BVerwG NJW 1963, 554).

8 Strittig ist des Weiteren, ob das Ausgangsgericht einer begründeten Beschwerde abhelfen darf, obwohl diese wegen Verfristung unzulässig ist. Die Lit. hält richtigerweise eine Abhilfe trotz der Versäumung der Beschwerdefrist für möglich,[12] wobei die angerufene Stelle dazu aber nicht verpflichtet ist.[13] Nach dem Gesetzestext des § 148 Abs. 1 hängt die Abhilfebefugnis des VG allein davon ab, ob die Beschwerde begründet ist.[14] Im Unterschied zu anderen Gesetzesvorschriften (s. § 66 Abs. 3 S. 1 GKG, § 4 Abs. 4 S. 1 JVEG) wird die Zulässigkeit der Beschwerde nicht besonders erwähnt. Das Abhilfeverfahren bei der verwaltungsprozessualen Beschwerde ist eine spezielle Ausprägung der Gegenvorstellung, das dem Ausgangsgericht eine Korrektur seiner Entscheidung erlaubt.[15]

9 Umstr. ist, ob das Ausgangsgericht der Beschwerde abzuhelfen hat, wenn es die Argumentation in der Beschwerde für zutreffend, aber die angefochtene Entscheidung aus einem neuen Gesichtspunkt für richtig hält. Der BFH nahm in einer Entscheidung an, dass in einem derartigen Fall die angefochtene Entscheidung aufgehoben und eine neue Entscheidung erlassen werden muss.[16] Dagegen spricht jedoch der Wortlaut des § 148 Abs. 1. Ist das VG der Ansicht, dass seine Entscheidung aus anderen Gründen richtig ist, hält es die Beschwerde nicht für begründet. Der Beschwerdeführer ist nach wie vor an der Entscheidung des Beschwerdegerichts interessiert, da ihn die angefochtene Sachentscheidung weiterhin beschwert.[17] Da nicht auszuschließen ist, dass die neue Begründung den Beschwerdeführer überzeugt, ist ihm die Nichtabhilfeentscheidung vorher mitzuteilen.[18]

IV. Abhilfeverfahren

10 Mangels spezialgesetzlicher Regelung ist diejenige Stelle für das Abhilfeverfahren zuständig, welche die angefochtene Entscheidung getroffen hat.[19] War das Verfahren dem Einzelrichter übertragen, hat dieser über die Abhilfe zu befinden (OVG Lüneburg NdsVBl 2013, 112). Wurde die angefochtene Entscheidung jedoch durch einen funktionell Unzuständigen erlassen, ist die Abhilfeentscheidung durch denjenigen zu fällen, der für den Erlass der angefochtenen Entscheidung eigentlich zuständig wäre.[20] Da der vierzehnte Abschnitt der VwGO keine speziellen Bestimmungen für das Abhilfeverfahren enthält, gelten die allgemeinen Grundsätze. Gem. § 173 VwGO i.V.m. § 571 Abs. 2 S. 1 ZPO können neue Tatsachen und Beweismittel vorgetragen werden.[21] Die Beschwerdeinstanz ist eine vollwertige zweite Tatsacheninstanz. Trägt der Beschwerdeführer neue Gesichtspunkte vor, muss das VG das Beschwerdevorbringen zur Kenntnis nehmen und seine Entscheidung nochmals überdenken (OVG Bln-Bbg RVGreport 2015, 36, 37). Es kann neue Ermittlungen anstellen und mündlich verhandeln, sofern es dies für geboten hält (§ 101 Abs. 3).[22] Wird eine Beschwerde eingelegt und eine gesetzlich nicht vorgeschriebene, aber mögliche Beschwerdebegründung angekündigt, muss das Verwaltungsgericht unter

---

11 I.E. BVerwG NJW 1963, 554; *M. Happ*, in: Eyermann § 148 Rn. 4 (nur hins. unstatthafter Beschwerde); *C. Jeromin*, in: Gärditz § 148 Rn. 4; *J. Meyer-Ladewig/R. Rudisile*, in: Schoch/Schneider/Bier § 148 Rn. 9; s.a. BFH 8.8.2000 – II B 1/00 und für die ZPO-Beschwerde *V. Lipp*, in: MüKoZPO § 572 Rn. 12.

12 *M. Happ*, in: Eyermann § 148 Rn. 4; *J. Meyer-Ladewig/R. Rudisile*, in: Schoch/Schneider/Bier § 148 Rn. 3; *W.-R. Schenke*, in: Kopp/Schenke § 148 Rn. 1; *E. Schneider*, MDR 1978, 525 ff. *T. Stuhlfauth*, in: Bader § 148 Rn. 5 (aber kein Anspruch, nur Ermessen). A.M. OVG Bln 9.6.1995 – 8 S 190.95; offen gelassen von LSG SchlH 3.4.2000 – L 6 B 4/00 KA.

13 *M. Kaufmann*, in: Posser/Wolff § 148 Rn. 1; *W.-R. Schenke*, in: Kopp/Schenke § 148 Rn. 1.

14 *W. Ball*, in: Musielak/Voit § 572 Rn. 4.

15 *W. Ball*, in: Musielak/Voit § 572 Rn. 4; *V. Lipp*, in: MüKoZPO § 572 Rn. 4.

16 BFHE 119, 122 ff.; 120, 460, 461; *W.-R. Schenke*, in: Kopp/Schenke § 148 Rn. 3.

17 OLG Köln FamRZ 1986, 487; i.E. *J. Meyer-Ladewig/R. Rudisile*, in: Schoch/Schneider/Bier § 148 Rn. 4; für die ZPO-Beschwerde *Baumbach/Lauterbach/Albers/Hartmann* § 572 Rn. 4 f.; *K. Reichold*, in: Thomas/Putzo § 572 Rn. 3.

18 BFH BayVBl 1986, 507; *Baumbach/Lauterbach/Albers/Hartmann* § 572 Rn. 4 f.

19 BVerwGE 46, 102, 103; *M. Happ*, in: Eyermann § 148 Rn. 6; *W.-R. Schenke*, in: Kopp/Schenke § 148 Rn. 2.

20 *M. Happ*, in: Eyermann § 148 Rn. 6; *J. Meyer-Ladewig/R. Rudisile*, in: Schoch/Schneider/Bier § 148 Rn. 5; *M. Redeker*, in: Redeker/v. Oertzen § 148 Rn. 1.

21 *J. Meyer-Ladewig/R. Rudisile*, in: Schoch/Schneider/Bier § 148 Rn. 3; *W.-R. Schenke*, in: Kopp/Schenke § 148 Rn. 3; *T. Stuhlfauth*, in: Bader § 148 Rn. 4.

22 Zu Letzterem *M. Happ*, in: Eyermann § 148 Rn. 6; *J. Meyer-Ladewig/R. Rudisile*, in: Schoch/Schneider/Bier § 148 Rn. 3; *M. Redeker*, in: Redeker/v. Oertzen § 148 Rn. 2; *W.-R. Schenke*, in: Kopp/Schenke § 148 Rn. 3.

dem Blickwinkel effektiven Rechtsschutzes regelmäßig den Eingang der Begründung abwarten.[23] Will das Ausgangsgericht der Beschwerde abhelfen, muss es einem vorhandenen Beschwerdegegner oder sonst davon Betroffenen gem. Art. 103 Abs. 1 GG zuvor rechtliches Gehör gewähren.[24] Richtigerweise kann das VG bei einer unverschuldet verfristeten Beschwerde Wiedereinsetzung in den vorigen Stand nach § 60 gewähren. Ansonsten würde der Sinn und Zweck des Abhilferechts leer laufen.[25]

V. Die Abhilfeentscheidung

Die Abhilfeentscheidung ergeht in derselben Form wie die angefochtene Entscheidung.[26] Will das Ausgangsgericht einer PKH-Beschwerde abhelfen, darf es nicht nur den angefochtenen Beschluss aufheben. Vielmehr muss es auch über die Bewilligung der PKH selbst befinden. „Abhilfe" bedeutet, dass das Erstgericht eine neue Entscheidung trifft (OVG Magdeburg NVwZ-RR 2009, 271). Nach § 122 Abs. 2 S. 1 ist die Abhilfeentscheidung zu begründen. Gegen diese Entscheidung können der Beschwerdegegner oder sonst von ihr Betroffene ihrerseits Beschwerde erheben.[27] In dieser Konstellation ist umstr., ob das VG seiner Entscheidung nochmals abhelfen kann[28] oder das OVG sofort über die Beschwerde entscheiden darf.[29] Für das Widerspruchsverfahren ist in § 68 Abs. 1 S. 2 Nr. 2 explizit geregelt, dass es eines Vorverfahrens nicht bedarf, wenn der Abhilfebescheid erstmalig eine Beschwer enthält. Da sich das VG bei Erlass der Abhilfeentscheidung bereits ein zweites Mal eingehend mit der streitigen Angelegenheit befasst hat und den betroffenen Personen vorher rechtliches Gehör gewährt werden musste, ist die Durchführung eines weiteren Abhilfeverfahrens unnötig. Das Ausgangsgericht kann auch nur teilweise abhelfen, soweit es die Beschwerde nur z.T. für begründet hält. Bei jeder Abhilfeentscheidung ist – abgesehen von der Teilabhilfe – zugleich über die Kosten der Beschwerde zu entscheiden.[30] Eine reformatio in peius ist ausgeschlossen, außer es wurde Anschlussbeschwerde erhoben.[31] Im Umfang der Abhilfe wird die eingelegte Beschwerde gegenstandslos.[32]

VI. Die Nichtabhilfeentscheidung

Einerseits wird vertreten, dass für die Nichtabhilfeentscheidung weder ein besonderes Form- noch Bekanntgabeerfordernis besteht.[33] Nach Ansicht des BFH genügt dagegen ein Vermerk oder ein bloß formloses Schreiben nicht als Nichtabhilfeentscheidung. Nur anhand eines unterschriebenen Beschlusses könne geprüft werden, ob das jeweils zuständige Organ nach eingehender Beratung eine Abhilfeentscheidung getroffen hat.[34] Die besseren Gründe sprechen für die zuerst genannte Meinung. Die Nichtabhilfeentscheidung hat eine andere Bedeutung als ein Abhilfeentscheid, da bei ihr ja noch die spätere Entscheidung des Beschwerdegerichts ergeht. Dies zeigt sich auch darin, dass das VG nach § 148 Abs. 2 die Beteiligten lediglich von der Vorlage der Beschwerde an das OVG in Kenntnis setzen „soll". Die Nichtabhilfeentscheidung zeitigt nur Wirkungen zwischen dem vorlegenden Gericht und

11

12

---

23 OVG Lüneburg JurBüro 2014, 428; OVG Münster NVwZ-RR 2016, 930, 932; VGH München NVwZ-RR 2015, 518 f.
24 *M. Happ*, in: Eyermann § 148 Rn. 6 (wenn es ernsthaft eine Abhilfe in Erwägung zieht); eher weit *J. Meyer-Ladewig/R. Rudisile*, in: Schoch/Schneider/Bier § 148 Rn. 3, 5; *M. Redeker*, in: Redeker/v. Oertzen § 148 Rn. 2; *W.-R. Schenke*, in: Kopp/Schenke § 148 Rn. 4; *T. Stuhlfauth*, in: Bader § 148 Rn. 4.
25 *J. Meyer-Ladewig/R. Rudisile*, in: Schoch/Schneider/Bier § 148 Rn. 3. A.M. LSG SchlH 3.4.2000 – L 6 B 4/00.
26 *M. Kaufmann*, in: Posser/Wolff § 148 Rn. 2; *J. Meyer-Ladewig/R. Rudisile*, in: Schoch/Schneider/Bier § 148 Rn. 5; *M. Redeker*, in: Redeker/v. Oertzen § 148 Rn. 2; *W.-R. Schenke*, in: Kopp/Schenke § 148 Rn. 2.
27 *M. Happ*, in: Eyermann § 148 Rn. 9; *J. Meyer-Ladewig/R. Rudisile*, in: Schoch/Schneider/Bier § 148 Rn. 5; *M. Redeker*, in: Redeker/v. Oertzen § 148 Rn. 2; *W.-R. Schenke*, in: Kopp/Schenke § 148 Rn. 7.
28 So *J. Meyer-Ladewig/R. Rudisile*, in: Schoch/Schneider/Bier § 148 Rn. 5.
29 *M. Happ*, in: Eyermann § 148 Rn. 9; *T. Stuhlfauth*, in: Bader § 148 Rn. 11.
30 *M. Happ*, in: Eyermann § 148 Rn. 8a; *J. Meyer-Ladewig/R. Rudisile*, in: Schoch/Schneider/Bier § 148 Rn. 5; *M. Redeker*, in: Redeker/v. Oertzen § 148 Rn. 2; *T. Stuhlfauth*, in: Bader § 148 Rn. 6.
31 *T. Stuhlfauth*, in: Bader § 148 Rn. 6.
32 S.a. *M. Happ*, in: Eyermann § 148 Rn. 9; *J. Meyer-Ladewig/R. Rudisile*, in: Schoch/Schneider/Bier § 148 Rn. 5.
33 *M. Kaufmann*, in: Posser/Wolff § 148 Rn. 3; *J. Meyer-Ladewig/R. Rudisile*, in: Schoch/Schneider/Bier § 148 Rn. 8; *W.-R. Schenke*, in: Kopp/Schenke § 148 Rn. 4; *T. Stuhlfauth*, in: Bader § 148 Rn. 7; *Wysk* § 148 Rn. 5.
34 BFHE 90, 103 ff.; BFH 17.9.2002 – III B 84/02; anders, wenn die Beschwerde offensichtlich unzulässig ist, s. BFH 18.10.2000 – IX B 101/00; für einen Beschluss auch *C. Jeromin*, in: Gärditz § 148 Rn. 7.

dem Beschwerdegericht. Deshalb genügt eine solche Entscheidung, aus der sich die ordnungsgemäße Durchführung eines Abhilfeverfahrens mit negativem Ausgang entnehmen lässt.[35]

13   Die Nichtabhilfeentscheidung muss grds. nicht besonders begründet werden.[36] Anderes gilt lediglich, wenn der angefochtene Beschluss entgegen dem Gesetz nicht begründet wurde; nur so kann das Beschwerdegericht die Entscheidung des VG überprüfen.[37] Eine Begründung ist des Weiteren erforderlich, wenn i.R. der Beschwerde neue Tatsachen vorgebracht wurden, welche nach Ansicht des Ausgangsgerichts aber keine andere Entscheidung rechtfertigen können.[38] In der Nichtabhilfeentscheidung kann das VG auch darlegen, warum es aus anderen Erwägungen seine frühere Entscheidung weiterhin für richtig hält.[39] Gegen die Nichtabhilfeentscheidung ist kein gesondertes Rechtsmittel gegeben.[40]

14   Fehlt eine ordnungsgemäße Nichtabhilfeentscheidung, wird im Verwaltungsprozessrecht z.T. vertreten, das Beschwerdegericht könne[41] bzw. müsse[42] die Beschwerde an das VG zur neuerlichen Entscheidung über die Abhilfe zurückgeben. Weil § 148 zum Abhilfeverfahren der Bestimmung des § 150 vorausgeht, lässt sich durchaus der Standpunkt vertreten, dass das Beschwerdegericht nur nach einer ordnungsgemäßen Nichtabhilfeentscheidung über die Beschwerde entscheiden darf. Anderseits ist nicht zu verkennen, dass die vornehmliche Aufgabe der Beschwerdegerichte darin besteht, über die eingelegte Beschwerde und nicht über die Nichtabhilfeentscheidung des Ausgangsgerichts zu befinden. Gem. dem über § 173 in das Verwaltungsprozessrecht hineinwirkenden § 572 Abs. 2 ZPO prüft das Beschwerdegericht, ob die Beschwerde statthaft und in der gesetzlichen Form und Frist eingelegt wurde. Ist dies der Fall, hat es sich mit der Begründetheit der Beschwerde zu befassen (OVG Lüneburg NdsVBl 2013, 112, 113). Aus den gesetzlichen Regelungen ergibt sich, unter welchen Voraussetzungen es die Sache an das Ausgangsgericht zur Entscheidung zurückgeben kann (§ 572 Abs. 3 ZPO, § 130 Abs. 2; s.a. OVG Magdeburg NVwZ-RR 2009, 271). Da es sich hierbei um Ermessensnormen handelt, ist das Beschwerdegericht nicht generell daran gehindert, trotz mangelhafter Nichtabhilfe zur Sache zu entscheiden.[43] Regelmäßig sehen die Gerichte eine solche Zurückverweisung nicht als zweckmäßig an, sofern sich kein besonderes Bedürfnis nach Erhaltung der Instanz ausmachen lässt (OVG Greifswald NordÖR 2011, 408, 409; OVG Lüneburg NdsVBl 2013, 112, 113; VGH Mannheim 30.3.2010 – 6 S 2429/09; s.a. BbgDienstGH für Richter NVwZ-RR 2013, 60, 61). Hat das VG ohne Abwarten einer angekündigten Beschwerdebegründung entschieden, befindet das Beschwerdegericht nach seinem Ermessen über die Zurückverweisung.[44]

---

35   *Klinger* § 148 S. 652 spricht insoweit von einem „internen" Beschluss; nach *J. Meyer-Ladewig/R. Rudisile*, in: Schoch/Schneider/Bier § 148 Rn. 8 ist die Nichtabhilfe zu vermerken und zu unterschreiben. Ebenfalls für einen Vermerk *Kugele* § 148 Rn. 7. Nach dem BbgDienstGH für Richter NVwZ-RR 2013, 60, 61 kann jedenfalls dann nicht von einer konkludenten Nichtabhilfe durch Vorlage der Akten an das OVG ausgegangen werden, wenn die Vorlage allein auf der Verfügung des Vorsitzenden beruht, an der Nichtabhilfeentscheidung aber weitere Richter hätten mitwirken müssen.

36   BFHE 105, 333 f.; BFH 5.6.2003 – I B 35/03; *J. Meyer-Ladewig/R. Rudisile*, in: Schoch/Schneider/Bier § 148 Rn. 8; *W.-R. Schenke*, in: Kopp/Schenke § 148 Rn. 4; *T. Stuhlfauth*, in: Bader § 148 Rn. 7.

37   BGHSt 34, 392, 393; *M. Happ*, in: Eyermann § 148 Rn. 8; *J. Meyer-Ladewig/R. Rudisile*, in: Schoch/Schneider/Bier § 148 Rn. 8; *W.-R. Schenke*, in: Kopp/Schenke § 148 Rn. 4; *E. Schneider*, MDR 1978, 525, 527; *T. Stuhlfauth*, in: Bader § 148 Rn. 7.

38   OVG Bln-Bbg RVGreport 2015, 36, 37; *M. Happ*, in: Eyermann § 148 Rn. 8, der auf § 122 Abs. 2 S. 1 verweist; *C. Jeromin*, in: Gärditz § 148 Rn. 8; *S. Kautz*, in: HK-VerwR § 148 Rn. 3; *J. Meyer-Ladewig/R. Rudisile*, in: Schoch/Schneider/Bier § 148 Rn. 8; für eine Entbehrlichkeit der Begründung auch unter derartigen Umständen *T. Stuhlfauth*, in: Bader § 148 Rn. 7.

39   *T. Stuhlfauth*, in: Bader § 148 Rn. 8.

40   BFHE 119, 122, 124; BFH 17.9.2002 – III B 84/02; *M. Kaufmann*, in: Posser/Wolff § 148 Rn. 4; *J. Meyer-Ladewig/R. Rudisile*, in: Schoch/Schneider/Bier § 148 Rn. 8; *M. Redeker*, in: Redeker/v. Oertzen § 148 Rn. 3; *W.-R. Schenke*, in: Kopp/Schenke § 148 Rn. 7; *T. Stuhlfauth*, in: Bader § 148 Rn. 11.

41   *M. Happ*, in: Eyermann § 148 Rn. 8 a; OVG Lüneburg NdsVBl 2013, 112, 113.

42   *J. Meyer-Ladewig/R. Rudisile*, in: Schoch/Schneider/Bier § 148 Rn. 8.

43   Zur Rückgabe analog § 130 *T. Stuhlfauth*, in: Bader § 148 Rn. 11; OVG Lüneburg NdsVBl 2013, 112; OVG Greifswald NordÖR 2011, 408, 409; VGH Mannheim 30.3.2010 – 6 S 2429/09.

44   OVG Lüneburg JurBüro 2014, 428; OVG Münster NVwZ-RR 2016, 930, 932; VGH München NVwZ-RR 2015, 518, 519.

VII. Vorlage an das Beschwerdegericht

Bei einer Nichtabhilfe ist die Beschwerde gem. § 148 Abs. 1 letzter Hs. unverzüglich, d.h. ohne schuld- 15
haftes Zögern (§ 121 Abs. 1 S. 1 BGB), dem OVG vorzulegen. Durch die Wahl des Unverzüglichkeits-
Kriteriums wollte der Gesetzgeber dem Ausgangsgericht eine angemessene Überprüfungsfrist einräumen, deren Dauer sich nach den Umständen des Einzelfalls (z.B. einer erforderlichen Beweisaufnahme) richtet (BT-Drs. 14/4722, 115 [ZPO-Beschwerde]; BT-Drs. 3/55, 47). Die Vorlage geschieht durch
die Übersendung der Beschwerde mitsamt den Akten. Mit der Vorlage wird die Rechtsstreitigkeit beim
Beschwerdegericht rechtshängig.[45] Eine Abhilfeentscheidung des Ausgangsgerichts nach Vorlage der
Beschwerde ist nicht mehr möglich.[46] Gehen nach Vorlage der Entscheidung noch Schriftsätze beim
VG ein, sind diese unverzüglich an das OVG weiterzuleiten.[47]

VIII. § 148 Abs. 2

Gem. § 148 Abs. 2 soll das VG die Beteiligten von der Vorlage der Beschwerde an das OVG in Kennt- 16
nis setzen. Sie werden dadurch über den Stand des Verfahrens informiert.[48] Zugleich können die Beteiligten ihre Schriftsätze direkt beim entscheidenden Gericht einreichen. Weil es sich bei § 148 Abs. 2
um eine Sollvorschrift handelt, bleibt ein Verstoß gegen diese Norm folgenlos.[49] Da keine besondere
Form der Mitteilung vorgegeben wird, genügt z.B. eine telefonische Benachrichtigung.[50]

§ 149 [Aufschiebende Wirkung]

(1) [1]Die Beschwerde hat nur dann aufschiebende Wirkung, wenn sie die Festsetzung eines Ordnungs-
oder Zwangsmittels zum Gegenstand hat. [2]Das Gericht, der Vorsitzende oder der Berichterstatter, dessen Entscheidung angefochten wird, kann auch sonst bestimmen, daß die Vollziehung der angefochtenen Entscheidung einstweilen auszusetzen ist.

(2) §§ 178 und 181 Abs. 2 des Gerichtsverfassungsgesetzes bleiben unberührt.

I. Entstehungsgeschichte und Bedeutung

§ 149 entspricht im Wesentlichen seiner ursprünglichen Fassung. Während früher § 149 Abs. 1 S. 1 1
der Beschwerde aufschiebende Wirkung bei der „Festsetzung einer Strafe" zukommen ließ, wurde dieser Begriff 1974 durch die Formulierung „Festsetzung eines Ordnungs- oder Zwangsmittels" ersetzt
(Art. 114 EGStGB vom 2.3.1974, BGBl I 565). Seit dem 4. VwGOÄndG (BGBl 1990 I 2816) kann
nicht nur das Gericht und der Vorsitzende, sondern auch der Berichterstatter die Aussetzung der Vollziehung anordnen. Die Einlegung der Beschwerde verhindert, dass die angefochtene Gerichtsentscheidung formell rechtskräftig wird. Letztere kann jedoch, wie § 149 Abs. 1 deutlich macht, trotz der Beschwerdeeinlegung vollzogen werden.[1] Aufschiebende Wirkung kommt der Beschwerde nur ausnahmsweise zu. Hat die angefochtene Gerichtsentscheidung die Festsetzung eines Ordnungs- oder
Zwangsmittels zum Gegenstand, ist sie gem. § 149 Abs. 1 S. 1 kraft Gesetzes, bei allen anderen Entscheidungen nur aufgrund einer besonderen gerichtlichen Anordnung (§ 149 Abs. 1 S. 2) nicht vollziehbar. Gem. § 152a Abs. 6 ist § 149 Abs. 1 S. 2 bei der Anhörungsrüge entsprechend anzuwenden.
Dasselbe gilt gem. § 83a Abs. 6 EnWG, § 28 Abs. 6 VSchDG, § 71a Abs. 6 GWB in den Abhilfeverfahren wegen Verletzung des Anspruchs auf rechtliches Gehör.

---

45 OVG Lüneburg OVGE 34, 426, 427; *W.-R. Schenke*, in: Kopp/Schenke § 148 Rn. 5. Wegen Art. 103 Abs. 1 GG muss
das VG Schriftsätze weiterleiten, wenn der Betreffende nicht um die Vorlage an das OVG weiß, vgl. dazu BVerfG
NJW 1983, 2187.

46 *M. Happ*, in: Eyermann § 148 Rn. 4; *S. Kautz*, in: HK-VerwR § 148 Rn. 4; *J. Meyer-Ladewig/R. Rudisile*, in: Schoch/
Schneider/Bier § 148 Rn. 4; *M. Redeker*, in: Redeker/v. Oertzen § 148 Rn. 2; *W.-R. Schenke*, in: Kopp/Schenke § 148
Rn. 2.

47 *J. Meyer-Ladewig/R. Rudisile*, in: Schoch/Schneider/Bier § 148 Rn. 7.

48 *W.-R. Schenke*, in: Kopp/Schenke § 148 Rn. 6.

49 BFH 19.3.2001 – X E 1/01; *C. Jeromin*, in: Gärditz § 148 Rn. 12; *J. Meyer-Ladewig/R. Rudisile*, in: Schoch/Schnei-
der/Bier § 148 Rn. 9; *M. Redeker*, in: Redeker/v. Oertzen § 148 Rn. 3; *W.-R. Schenke*, in: Kopp/Schenke § 148 Rn. 6.

50 *M. Kaufmann*, in: Posser/Wolff § 148 Rn. 3; *J. Meyer-Ladewig/R. Rudisile*, in: Schoch/Schneider/Bier § 148 Rn. 9

1 S.a. *J. Meyer-Ladewig/R. Rudisile*, in: Schoch/Schneider/Bier § 149 Rn. 2; *T. Stuhlfauth*, in: Bader § 149 Rn. 2.

2   § 149 Abs. 1 S. 2 ermöglicht es lediglich dem *Erstgericht*, dessen Entscheidung angefochten wird, die Aussetzung der Vollziehung anzuordnen. § 173 S. 1 VwGO i.V.m. § 570 Abs. 3 ZPO erlaubt es dem *Beschwerdegericht*, die Vollziehung der angefochtenen Entscheidung auszusetzen. Entfaltet eine Beschwerde aufschiebende Wirkung, darf die angefochtene Gerichtsentscheidung nicht vollzogen, ihre Vollstreckung nicht eingeleitet werden. Eine schon begonnene Vollstreckung ist einzustellen.[2]

II. Aufschiebende Wirkung von Beschwerden nach § 149

3   Nach § 149 Abs. 1 S. 1 entfaltet eine Beschwerde grds. keine aufschiebende Wirkung (VGH Mannheim NVwZ-RR 2014, 292), d.h. sie hemmt nicht die materielle Bindungswirkung der Gerichtsentscheidung (VGH München 6.7.2012 – 10 CS 12.1367). Durch die Einlegung der Beschwerde wird also weder der Fortgang des Verfahrens noch die Vollstreckung der angefochtenen Entscheidung gehindert.[3] Von diesem Grundsatz bestehen zwei Ausnahmen. Für beide Ausnahmen gilt, dass die aufschiebende Wirkung nicht vor Einlegung der Beschwerde eintritt. Bis dahin kann die angefochtene Gerichtsentscheidung vollzogen werden. Die aufschiebende Wirkung nach § 149 Abs. 1 endet spätestens mit Eintritt der formellen Rechtskraft der zu vollziehenden Entscheidung.[4]

4   **1. Aufschiebende Wirkung bei der Festsetzung von Ordnungs- und Zwangsmitteln.** Gem. § 149 Abs. 1 S. 1 entfaltet die Beschwerde bei Gerichtsentscheidungen, die die Festsetzung eines Ordnungs- oder Zwangsmittels zum Gegenstand haben, *kraft Gesetzes* aufschiebende Wirkung. Derartige Ordnungsmittel können nach § 95 beim Ausbleiben des persönlichen Erscheinens eines Beteiligten, nach § 98 VwGO i.V.m. §§ 380 Abs. 1 S. 2, 409 Abs. 1 S. 2, 3 ZPO beim Ausbleiben eines Zeugen oder Sachverständigen angeordnet werden. Wird das Zeugnis oder die Eidesleistung oder die Erstattung eines Gutachtens unberechtigt verweigert bzw. ein Gutachten erst verspätet erstellt, kann dafür ein Ordnungs- oder Zwangsmittel verhängt werden (§ 98 VwGO i.V.m. §§ 390, 409, 411 Abs. 2 ZPO). Die aufschiebende Wirkung umfasst auch die gleichzeitig erfolgenden Kostenbeschlüsse (§§ 380 Abs. 1 S. 1, 390 Abs. 1 S. 1, 409 Abs. 1 S. 1 ZPO).[5] Nach § 407a Abs. 2 S. 3 ZPO kann gegen einen Sachverständigen ein Ordnungsgeld verhängt werden, wenn dem Gericht mögliche Befangenheitsgründe nicht unverzüglich mitgeteilt werden. Gegen einen ehrenamtlichen Richter kann gem. § 33 Abs. 1 S. 1 ein Ordnungsgeld festgesetzt werden, wenn er ohne genügende Entschuldigung zu einer Sitzung nicht rechtzeitig erscheint oder sich seinen Pflichten auf andere Weise entzieht. Auch das Zwangsgeld gegen eine Behörde nach § 172 S. 1 ist ein Zwangsmittel.[6] Besonders zu beachten ist die Bestimmung des § 149 Abs. 2. Danach ist ein Ordnungsmittel wegen Ungebühr *während* der Verhandlung stets vollziehbar (§ 149 Abs. 2 VwGO i.V.m. §§ 178, 181 Abs. 2 GVG). Dies gilt jedoch nicht für *außerhalb* der Sitzung verhängte Ordnungsmaßnahmen nach § 180 GVG.[7]

5   **2. Die Anordnung der Aussetzung der Vollziehung.** Bei allen anderen Entscheidungen kann nach § 149 Abs. 1 S. 2 das Gericht, der Vorsitzende oder der Berichterstatter, dessen Entscheidung angefochten wird, die einstweilige Aussetzung der Vollziehung *anordnen*. Dies kann *von Amts wegen* oder auf eine entsprechende *Anregung* hin geschehen.[8] Nach dem VGH Mannheim fehlt das Rechtsschutzbedürfnis für einen Antrag auf Aussetzung der Vollziehung, solange der Gläubiger noch keine aktiven Maßnahmen zur Einleitung der Vollziehung unternimmt.[9]

6   **a) Voraussetzungen einer Aussetzung der Vollziehung.** Die Beschwerde gegen die angefochtene Entscheidung darf keine aufschiebende Wirkung haben (s. § 149 Abs. 1 S. 1); die Entscheidung muss also

---

2   *J. Meyer-Ladewig/R. Rudisile*, in: Schoch/Schneider/Bier § 149 Rn. 5.
3   *M. Redeker*, in: Redeker/v. Oertzen § 149 Rn. 1; *W.-R. Schenke*, in: Kopp/Schenke § 149 Rn. 1.
4   *M. Happ*, in: Eyermann § 149 Rn. 2; *J. Meyer-Ladewig/R. Rudisile*, in: Schoch/Schneider/Bier § 149 Rn. 3.
5   BT-Drs. 14/4722, 112 (ZPO-Beschwerde).
6   VGH München 12.7.2007 – 11 C 06.868; *M. Happ*, in: Eyermann § 149 Rn. 2; *J. Meyer-Ladewig/R. Rudisile*, in: Schoch/Schneider/Bier § 149 Rn. 3; *T. Stuhlfauth*, in: Bader § 149 Rn. 3.
7   S.a. *M. Kaufmann*, in: Posser/Wolff § 149 Rn. 1; *J. Meyer-Ladewig/R. Rudisile*, in: Schoch/Schneider/Bier § 149 Rn. 4; *M. Redeker*, in: Redeker/v. Oertzen § 149 Rn. 3.
8   *J. Meyer-Ladewig/R. Rudisile*, in: Schoch/Schneider/Bier § 149 Rn. 5; *M. Redeker*, in: Redeker/v. Oertzen § 149 Rn. 1; *W.-R. Schenke*, in: Kopp/Schenke § 149 Rn. 2; *T. Stuhlfauth*, in: Bader § 149 Rn. 4; für eine Anordnung nur aufgrund eines Antrags *C. Külpmann*, in: Finkelnburg/Dombert/Külpmann Rn. 1151.
9   VGH Mannheim NVwZ 2000, 691, 692; s. aber auch VGH München FEVS 52 (2001), 471, 473 f., wonach bei Nichtbeantragung der Zwangsvollstreckung nicht stets Gegenstandslosigkeit eintreten muss.

vollziehbar sein (VGH Mannheim NVwZ 2000, 691, 692). Wie bei § 80 wird ein weiter Vollziehungsbegriff zugrunde gelegt[10]. Eine einstweilige Anordnung der Aussetzung der Vollziehung ist nur möglich, wenn gegen den betreffenden Beschluss überhaupt ein Rechtsmittel gegeben ist (VGH München BayVGH [n.F.] 24, 155). Nach dem Gesetzeswortlaut des § 149 Abs. 1 S. 2 muss die angefochtene Gerichtsentscheidung nach ihrem Inhalt vollziehungsfähig sein.[11] Daran fehlt es bei Entscheidungen, die lediglich einen Antrag eines Verfahrensbeteiligten ablehnen,[12] z.B. einem Antrag auf Wiederherstellung der aufschiebenden Wirkung nach § 80.[13] Vollzugsfähig sind dagegen Gerichtsentscheidungen nach § 123 (OVG Bln DÖV 1986, 615) sowie Entscheidungen, mit denen einem Antrag auf Wiederherstellung der aufschiebenden Wirkung entsprochen wurde.[14] Denn im zuletzt genannten Fall darf aufgrund der einstweiligen Aussetzung der Vollziehung die Entscheidung bis zur Entscheidung des OVG über die Beschwerde vollzogen werden (OVG Bln DÖV 1989, 615).

Da die Anordnung der Aussetzung der Vollziehung die Zeitdauer zwischen der Beschwerdeeinlegung 7 und der Entscheidung über die Beschwerde überbrücken soll, ist sie durch den Erlass der Beschwerdeentscheidung auflösend bedingt (VGH München BayVBl 1985, 22). Richtigerweise kann das Ausgangsgericht eine Anordnung nach § 149 Abs. 1 S. 2 nur treffen, solange die Rechtssache bei ihm rechtshängig ist. Legt es die Angelegenheit dem Beschwerdegericht zur Entscheidung vor, darf es nicht mehr über die Aussetzung der Vollziehung der angefochtenen Entscheidung befinden.[15] Von nun an ist das Beschwerdegericht gem. § 173 S. 1 VwGO i.V.m. § 570 Abs. 3 ZPO zu einer entsprechenden Anordnung befugt. Mit der Entscheidung über die Beschwerde erledigt sich ein Antrag auf Aussetzung der Vollziehung (VGH Kassel 7.9.2004 – 10 TG 1498/04).

b) Anwendbarkeit des § 149 bei der besonders begründungsbedürftigen Beschwerde? Da in § 146 8 Abs. 4 S. 5 Hs. 2 lediglich § 148 Abs. 1 für unanwendbar erklärt wird, könnte man auf den ersten Blick dazu geneigt sein, die Befugnis des Ausgangsgerichts zur einstweiligen Aussetzung der Vollziehung der angefochtenen Entscheidung nach § 149 Abs. 1 S. 2 zu bejahen. In den bislang ergangenen Gerichtsentscheidungen wird jedoch zutreffend eine diesbezügliche Befugnis des Erstgerichts verneint. Wird gegen einen Beschluss in einem Verfahren des vorläufigen Rechtsschutzes Beschwerde eingelegt, verlagert sich infolge des Devolutiveffekts der Beschwerde die Entscheidungskompetenz zum OVG.[16] Nach § 146 Abs. 4 S. 5 muss das VG die Beschwerde unverzüglich vorlegen; bei dieser speziellen Form der Beschwerde besteht für das VG keine Abhilfebefugnis.[17] Weil die Nichtanwendbarkeit des § 148 Abs. 1 zugleich zur Unanwendbarkeit des § 149 Abs. 1 S. 2 führt, brauchte der Gesetzgeber in § 146 Abs. 4 S. 5 Hs. 1 nicht ausdrücklich festzustellen, dass eine Aussetzung der Vollziehung der angefochtenen Entscheidung durch das VG nicht möglich ist (OVG Greifswald NVwZ-RR 2003, 534; s.a. OVG Lüneburg NVwZ-RR 2010, 790). Dadurch wird der Betroffene aber nicht rechtsschutzlos gestellt. Nach § 173 S. 1 VwGO i.V.m. § 570 Abs. 3 ZPO kann das Beschwerdegericht ab der Einlegung der Beschwerde eine einstweilige Anordnung treffen.[18] Keine Auswirkungen auf die Aussetzungsbe-

---

10 VGH München 12.7.2007 – 11 C 06.868; *M. Happ*, in: Eyermann § 149 Rn. 1.
11 Zum vollziehungsfähigen Inhalt *M. Happ*, in: Eyermann § 149 Rn. 1; *J. Meyer-Ladewig/R. Rudisile*, in: Schoch/Schneider/Bier § 149 Rn. 5; *M. Redeker*, in: Redeker/v. Oertzen § 149 Rn. 4; dazu auch *A. Guckelberger*, NVwZ 2001, 275, 280.
12 OVGE Bln 8, 81, 82; VGH München BayVGH (n.F.) 7, 89, 93; BayVBl 1982, 344; dazu auch *C. Krämer*, Vorläufiger Rechtsschutz, 1998, § 146 Rn. 48; *J. Meyer-Ladewig/R. Rudisile*, in: Schoch/Schneider/Bier § 149 Rn. 5; *M. Redeker*, in: Redeker/v. Oertzen § 149 Rn. 4.
13 OVGE Bln 8, 81, 82; VGH Mannheim 13.5.1980 – 3 S 836/80; VGH München BayVBl 1982, 344.
14 OVG Bln DÖV 1986, 615; VGH Kassel NVwZ-RR 2004, 388, 389; VGH Mannheim NVwZ 1985, 922; VGH München BayVBl 1982, 344; *C. Jeromin*, in: Gärditz § 149 Rn. 5; A.M. OVG Lüneburg 28.8.1980 – 7 B 55/80.
15 VG Berlin NVwZ 1997, 514; VGH Mannheim VBlBW 1986, 65, 66; *M. Happ*, in: Eyermann § 149 Rn. 3; *J. Meyer-Ladewig/R. Rudisile*, in: Schoch/Schneider/Bier § 149 Rn. 6; *T. Stuhlfauth*, in: Bader § 149 Rn. 5. A.M. BFHE 108, 294 ff. Nach VGH München 28.8.2014 – 8 C 13.1596 entfällt das Rechtsschutzinteresse.
16 OVG Greifswald NVwZ-RR 2003, 534; s.a. *W.-R. Schenke*, in: Kopp/Schenke § 149 Rn. 2; *T. Stuhlfauth*, in: Bader § 149 Rn. 5; in Bezug auf die frühere Zulassungsbeschwerde OVG Bln NVwZ 2001, 1424, 1425; VGH Mannheim NVwZ 2000, 691, 692; VGH München NVwZ 2000, 210.
17 OVG Greifswald NVwZ-RR 2003, 534; s.a. *C. Jeromin*, in: Gärditz § 149 Rn. 3; *M. Kaufmann*, in: Posser/Wolff § 149 Rn. 3; *W.-R. Schenke*, in: Kopp/Schenke § 149 Rn. 2; *T. Stuhlfauth*, in: Bader § 149 Rn. 5; zur früheren Zulassungsbeschwerde OVG Bln NVwZ 2001, 1424, 1425; VGH München NVwZ 2000, 210.
18 OVG Greifswald NVwZ-RR 2003, 534; VGH Kassel NVwZ-RR 2004, 388, 389; *W.-R. Schenke*, in: Kopp/Schenke § 149 Rn. 2.

fugnis des Beschwerdegerichts ergeben sich aus der Möglichkeit eines Änderungsantrags nach § 80 Abs. 7 (OVG Bln NVwZ 2001, 1424, 1425).

9   **c) Verfahren und Entscheidung nach § 149 Abs. 1 S. 2.**   Nach § 149 Abs. 1 S. 2 ist für die Anordnung der Aussetzung der Vollziehung das Gericht, der Vorsitzende oder der Berichterstatter zuständig, dessen Entscheidung angefochten wird. Gem. § 101 Abs. 3 kann über die Aussetzung der Vollziehung mündlich verhandelt werden. Das Gericht entscheidet nach seinem *Ermessen* („kann") über die Anordnung der einstweiligen Aussetzung der Vollziehung.[19] Innerhalb der Gerichte variieren die Aussagen in Bezug auf den relevanten Entscheidungsmaßstab. Wegen der Ähnlichkeiten zwischen § 149 Abs. 1 S. 2 und § 80 Abs. 5 S. 1 wird zutreffend vertreten, dass sich das Gericht bei seiner Entscheidung von den verschiedenen kollidierenden Interessen unter Berücksichtigung der Erfolgsaussichten des Rechtsmittels leiten zu lassen hat.[20] Dabei ist zu berücksichtigen, dass nach dem Willen des Gesetzgebers die Beschwerde grds. keine aufschiebende Wirkung hat.[21] Die Aussetzung der Vollziehung soll nur angeordnet werden, wenn sich bei einer summarischen Prüfung ergibt, dass die angefochtene Entscheidung offensichtlich bzw. überwiegend fehlerhaft ist, aber noch nicht in der Sache entschieden werden kann.[22] Würde mit der sofortigen Durchsetzung einer einstweiligen Anordnung, deren Bestand im Beschwerdeverfahren ungewiss ist, das Ergebnis eines Hauptsacheverfahrens vorweggenommen, darf es dabei nicht sein Bewenden haben (OVG Bln NVwZ 2001, 1424, 1425). Z.T. wird auch lediglich auf Art. 19 Abs. 4 GG abgestellt, ohne auf die Erfolgsaussichten einzugehen. Der Grundsatz des effektiven Rechtsschutzes gebiete es, den im erstinstanzlichen Verfahren Unterlegenen ausnahmsweise für die Dauer des Rechtsmittelverfahrens vor unzumutbaren, sich im Falle eines Erfolgs seines Rechtsmittelbegehrens nicht mehr rückgängig zu machenden Folgen zu schützen.[23] Insoweit ist zwischen den Folgen einer Aussetzung der Vollziehung bei einer letztlich erfolglosen Beschwerde und einer Ablehnung einer Vollziehungsaussetzung bei einer sich später als erfolgreich erweisenden Beschwerde abzuwägen.[24] Zumindest wenn die Zeit zu einer Prüfung der Erfolgsaussichten des Rechtsmittels zu knapp ist bzw. sich diese nur schwer einschätzen lassen, ist diese Vorgehensweise nicht zu beanstanden. Die Entscheidung des Gerichts über die Aussetzung der Vollziehung ergeht in Form eines Beschlusses. Die Anordnung der einstweiligen Aussetzung der Vollziehung kann mit einer Auflage oder Sicherheitsleistung verbunden werden.[25] Auch kann die Vollziehung nur eines Teils der angefochtenen Entscheidung ausgesetzt werden, sofern sich diese aus mehreren selbständigen Teilen zusammensetzt. Bei der Entscheidung über die einstweilige Aussetzung der Vollziehung entscheidet das Gericht nicht über die Kosten.[26] Die Begründung der Entscheidung richtet sich nach § 122 Abs. 2. Während der Anhängigkeit der Beschwerde beim VG kann dieses seinen Beschluss nach § 149 Abs. 1 S. 2 von Amts wegen ändern oder aufheben.[27]

10 **d) Rechtsmittel.**   Ob gegen eine (Nicht-)Anordnung der Aussetzung der Vollziehung gem. § 149 Abs. 1 S. 2 Beschwerde erhoben werden kann, ist strittig. Der VGH Mannheim verneint dies wegen fehlenden Rechtsschutzbedürfnisses, da das Beschwerdegericht gem. § 173 S. 1 VwGO i.V.m. § 570

19 OVG Lüneburg NVwZ-RR 2010, 790; *M. Happ,* in: Eyermann § 149 Rn. 3; *J. Meyer-Ladewig/R. Rudisile,* in: Schoch/Schneider/Bier § 149 Rn. 5; *M. Redeker,* in: Redeker/v. Oertzen § 149 Rn. 4; *W.-R. Schenke,* in: Kopp/Schenke § 149 Rn. 4; so für das Beschwerdegericht VGH Kassel NVwZ-RR 2004, 388, 389; 2008, 61.
20 OVG Bln NVwZ 2001, 1424, 1425; OVG Lüneburg NVwZ-RR 2010, 790; VGH Kassel NVwZ-RR 2008, 61; *J. Meyer-Ladewig/R. Rudisile,* in: Schoch/Schneider/Bier § 149 Rn. 5; *M. Redeker,* in: Redeker/v. Oertzen § 149 Rn. 4; *T. Stuhlfauth,* in: Bader § 149 Rn. 5; s.a. BGH NJW 2002, 1658.
21 *C. Jeromin,* in: Gärditz § 149 Rn. 5; *Wysk* § 149 Rn. 5; aber zum Beschwerdegericht OVG Greifswald NVwZ-RR 2003, 534; VGH Kassel NVwZ 1990, 976; NVwZ-RR 2004, 388, 389.
22 So VGH Kassel DVBl 1990, 722; etwas anders VGH München NJW 1993, 3090, 3091; für das Beschwerdegericht VGH Kassel NVwZ 1990, 976; NVwZ-RR 2004, 388, 389; 2008, 61; *M. Kaufmann,* in: Posser/Wolff § 149 Rn. 2; *J. Meyer-Ladewig/R. Rudisile,* in: Schoch/Schneider/Bier § 149 Rn. 7.
23 OVG Greifswald NVwZ-RR 2003, 534; OVG Lüneburg NVwZ-RR 2010, 790 f.; ähnl. VGH Kassel NVwZ 1990, 976; NVwZ-RR 2004, 388, 389; NVwZ-RR 2008, 61.
24 VGH München NJW 1993, 3090, 3091; s. zum Beschwerdegericht OVG Greifswald NVwZ-RR 2003, 534.
25 *M. Happ,* in: Eyermann 149 Rn. 3; *C. Jeromin,* in: Gärditz § 149 Rn. 5; *J. Meyer-Ladewig/R. Rudisile,* in: Schoch/Schneider/Bier § 149 Rn. 5; *W.-R. Schenke,* in: Kopp/Schenke § 149 Rn. 4; *T. Stuhlfauth,* in: Bader § 149 Rn. 5.
26 VGH München BayVGH (n.F.) 24, 153, 154; BayVBl 1985, 22, 23; s. zum Beschwerdegericht OVG Greifswald NVwZ-RR 2003, 534, 535; zur Anhörungsrüge OVG Lüneburg NVwZ-RR 2010, 502; *M. Happ,* in: Eyermann § 149 Rn. 4; *J. Meyer-Ladewig/R. Rudisile,* in: Schoch/Schneider/Bier § 146 Rn. 6; *W.-R. Schenke,* in: Kopp/Schenke § 149 Rn. 4; *T. Stuhlfauth,* in: Bader § 149 Rn. 5.
27 *M. Happ,* in: Eyermann § 149 Rn. 4; *J. Meyer-Ladewig/R. Rudisile,* in: Schoch/Schneider/Bier § 149 Rn. 6.

Abs. 3 ZPO selbst eine eigene Aussetzungsentscheidung treffen kann (VGH Mannheim VBlBW 1986, 65 f.). Zutreffend bejahen mehrere Gerichte die Beschwerdemöglichkeit.[28] Solange keine Entscheidung des Ausgangsgerichts zur Frage der Abhilfe ergangen ist, muss wegen der noch fehlenden Zuständigkeit des OVG zu einer eigenen Aussetzungsentscheidung ein Schutz des Beschwerdeführers möglich sein.[29]

III. Die Aussetzung der Vollziehung durch das Beschwerdegericht

Nach st. Rspr. kann das Beschwerdegericht gem. $\S$ 173 S. 1 VwGO i.V.m. $\S$ 570 Abs. 3 ZPO auf Antrag oder von Amts wegen die Vollziehung der angefochtenen Entscheidung aussetzen.[30] *Voraussetzung* ist, dass eine Beschwerde eingelegt wurde. Im Unterschied zu $\S$ 149 Abs. 1 S. 2 beschränkt sich die Befugnis des Beschwerdegerichts nicht auf die Aussetzung der Vollziehung der angefochtenen Entscheidung, sondern es darf eine einstweilige Anordnung treffen.[31] Daher kann es auch eine einstweilige Regelung erlassen, wenn die Schaffung vollendeter Tatsachen durch den Vollzug der infrage stehenden Verwaltungsmaßnahme droht.[32] Da nach dem Wortlaut des $\S$ 173 S. 1 VwGO i.V.m. $\S$ 570 Abs. 3 ZPO das *Beschwerde*gericht zuständig ist, bedeutet dies bei den einfachen Beschwerden, dass das OVG die Vollziehung der angefochtenen Anordnung nur einstweilen aussetzen darf, wenn das Ausgangsgericht die Beschwerde dem höheren Gericht zur Entscheidung vorgelegt hat.[33] Es genügt, wenn die Zuständigkeit des Beschwerdegerichts im Zeitpunkt seiner Entscheidung gegeben ist (VGH München NJW 1993, 3090). Bei der Beschwerde gegen Beschlüsse in Verfahren des vorläufigen Rechtsschutzes ($\S$ 146 Abs. 4) ist das OVG ab Einlegung der Beschwerde für den Erlass einstweiliger Anordnungen zuständig. | 11

Für das *Verfahren* und die *Entscheidung* des Beschwerdegerichts über die einstweilige Aussetzung der Vollziehung gelten im Wesentlichen dieselben Erwägungen wie bei $\S$ 149 Abs. 1 S. 2 ($\rightarrow$ Rn. 9). Das Beschwerdegericht trifft seine Entscheidung nach pflichtgemäßem Ermessen (OVG Bln NVwZ 2001, 1424, 1425). Dabei ist zu berücksichtigen, dass der Beschwerde nach $\S$ 149 Abs. 1 S. 1 grundsätzlich keine aufschiebende Wirkung zukommt. Eine einstweilige Aussetzung kommt ausnahmsweise in Betracht, wenn die angegriffene Entscheidung offensichtlich fehlerhaft ist.[34] Bei einer Beschwerde nach $\S$ 146 Abs. 4 wird das OVG bei seiner Entscheidung über die Anordnung der einstweiligen Aussetzung der Vollziehung die Erfüllung der besonderen Zulässigkeitsvoraussetzungen der Beschwerde mit berücksichtigen, soweit dies in der Kürze der Zeit möglich ist.[35] Nach VGH Kassel NVwZ-RR 2008, 68 setzt ein Schiebe- oder Stoppbeschluss bei Beschwerden i.S.d. $\S$ 146 Abs. 4 i.d.R. das Vorliegen der Beschwerdebegründung voraus. Dem kann zumindest dann nicht zugestimmt werden, wenn der Betroffene auf eine schnellstmögliche Aussetzung angewiesen ist. Die einmonatige Frist darf voll ausgeschöpft werden, um das Gericht in der Sache zu überzeugen. Die Aussetzung soll dagegen der Schaffung vollendeter Tatsachen entgegenwirken. Ist die Angelegenheit dermaßen eilbedürftig, dass das Beschwerdegericht nicht über die nötige Zeit für eine Interessenabwägung verfügt, muss es ihm wegen Art. 19 Abs. 4 GG möglich sein, einen „Hängebeschluss" zur Sicherung der Position des Betroffenen | 12

---

28 VGH Kassel DVBl 1990, 722; 1991, 1329; VGH München BayVGH (n.F.) 24, 153, 154; BayVBl 1985, 22. Vgl. auch BT-Drs. 10/3437, 162; *M. Happ*, in: Eyermann $\S$ 149 Rn. 4; *M. Redeker*, in: Redeker/v. Oertzen $\S$ 149 Rn. 4; *W.-R. Schenke*, in: Kopp/Schenke $\S$ 149 Rn. 5; *T. Stuhlfauth*, in: Bader $\S$ 149 Rn. 5.

29 VGH Kassel DVBl 1991, 1329; *C. Jeromin*, in: Gärditz $\S$ 149 Rn. 5; möglicherweise *J. Meyer-Ladewig/R. Rudisile*, in: Schoch/Schneider/Bier $\S$ 149 Rn. 6.

30 OVG Bln DÖV 1986, 615; NVwZ 2001, 1424, 1425; OVG Greifswald NVwZ-RR 2003, 534; HmbOVG NVwZ-RR 2008, 475; VGH Kassel DVBl 1991, 1329; NVwZ 1992, 195; NVwZ-RR 2004, 388, 389; VGH Mannheim NVwZ 1985, 922; VBlBW 1986, 65, 66; NVwZ 2000, 691, 692; VGH München BayVBl 1982, 344; NJW 1993, 3090; VG Berlin NVwZ 1997, 514; BezG Dresden LKV 1992, 335, 336. Vgl. dazu auch *C. Külpmann*, in: Finkelnburg/Dombert/Külpmann Rn. 1153; *M. Happ*, in: Eyermann $\S$ 149 Rn. 5; *J. Meyer-Ladewig/R. Rudisile*, in: Schoch/Schneider/Bier $\S$ 149 Rn. 7; *M. Redeker*, in: Redeker/v. Oertzen $\S$ 149 Rn. 4; *W.-R. Schenke*, in: Kopp/Schenke $\S$ 149 Rn. 2.

31 S.a. OVG Lüneburg NVwZ 1999, 209, 210; *J. Meyer-Ladewig/R. Rudisile*, in: Schoch/Schneider/Bier $\S$ 149 Rn. 7.

32 HmbOVG NVwZ-RR 2006, 475; ausf. dazu *A. Guckelberger*, NVwZ 2001, 275, 280; *S. Krull*, Der „Hängebeschluss" im System des vorläufigen Rechtsschutzes, 2016.

33 VGH München NJW 1993, 3090; *M. Happ*, in: Eyermann $\S$ 149 Rn. 5; *J. Meyer-Ladewig/R. Rudisile*, in: Schoch/Schneider/Bier $\S$ 149 Rn. 7.

34 OVG Bautzen 3.11.2015 – 2 B 342/15; OVG Lüneburg 13.10.2015 – 11 ME 230/15; VGH Mannheim NVwZ-RR 2014, 292.

35 *W.-R. Schenke*, in: Kopp/Schenke $\S$ 149 Rn. 4; s.a. VGH Kassel NVwZ 2000, 1318.

zu erlassen.[36] Bei einer derartigen Eilbedürftigkeit darf das Gericht seine Entscheidung unverzüglich und ohne vorherige Anhörung des Antragsgegners treffen (VGH Kassel NVwZ 2000, 1318). Eine Aussetzung oder andere Zwischenregelung kann somit aus Gründen der grundgesetzlichen Rechtsschutzgarantie ergehen, wenn diese aufgrund einer Folgenabwägung dringend geboten erscheint.[37] In diese Interessenabwägung sind einerseits die Folgen einzustellen, die einträten, wenn keine Zwischenregelung erginge, die Beschwerde aber Erfolg hätte, und andererseits die Nachteile, die aus dem Fortbestand der Entscheidung über die Beschwerde resultieren, wenn die Beschwerde zurückgewiesen wird.[38] Gegen den Beschluss des Beschwerdegerichts kann gem. § 152 Abs. 1 keine weitere Beschwerde erhoben werden. Die Entscheidung des Beschwerdegerichts zur einstweiligen Aussetzung der Vollziehung entfaltet ihre Wirkungen, bis sie abgeändert oder über die Beschwerde entschieden wird.[39]

§ 150   [Entscheidung durch Beschluss]

Über die Beschwerde entscheidet das Oberverwaltungsgericht durch Beschluß.

Schrifttum

A. Hamann, Zur Zurückverweisung im Verfahren des vorläufigen Verwaltungsrechtsschutzes bei unvollständiger Sachprüfung des Verwaltungsgerichts, DVBl 1984, 1204; *D. Schnabl,* Das Ende der Gegenvorstellung?, NVwZ 2008, 638.

I. Entstehungsgeschichte und Bedeutung

1   § 150 wurde seit Erlass der VwGO nicht geändert. Er regelt die Form der Entscheidung des Beschwerdegerichts.

II. Verfahren

2   Für das Verfahren gelten im Wesentlichen die Ausführungen bei → § 146 Rn. 44. Die VwGO sieht keine Übertragung der Entscheidung auf ein einzelnes Mitglied des Senats vor. Etwas anderes ergibt sich auch nicht aus § 66 Abs. 6 GKG, der sich nur auf den Kostenansatz, nicht jedoch auf Kostenfestsetzungsbeschlüsse bezieht (VGH München NVwZ-RR 2007, 497, 498; 5.7.2016 – 10 C 15.474). Da das OVG durch Beschluss entscheidet, steht es gem. § 101 Abs. 3 in seinem Ermessen, ob es mündlich verhandeln will (BGH NJW-RR 2007, 1491, 1492; VGH München 27.11.2006 – 22 CS 06.2906). Wirkt sich die Entscheidung des OVG für einen anderen Beteiligten negativ aus, ist er vorher anzuhören (Art. 103 Abs. 1 GG).[1] Will das Beschwerdegericht die Beschwerde verwerfen bzw. zurückweisen, braucht es den Beschwerdegegner nicht zu hören.[2] Das Beschwerdegericht ermittelt den Sachverhalt gem. § 86 Abs. 1 S. 1 Hs. 1 von Amts wegen. Es berücksichtigt bei seiner Entscheidung grds. neu vorgetragene Tatsachen und Beweismittel.[3] Das OVG muss bei seiner Entscheidung alle Mitteilungen zur Kenntnis nehmen. Wird ohne mündliche Verhandlung entschieden, sind alle Eingänge bis zum Erlass der Entscheidung, also bis zur Hinausgabe des Beschlusses durch die Geschäftsstelle, zu berücksichtigen.[4] Das OVG darf über eine einfache Beschwerde grds. nur entscheiden, wenn ihr das VG nicht abgeholfen hat (§ 148 Abs. 1; zur Entbehrlichkeit einer Abhilfeentscheidung → § 148 Rn. 3 f.). Wurde die Beschwerde zurückgenommen, ist nur noch über die Folgen der Rücknahme zu entscheiden (s.a.

---

36 Entweder ist § 570 Abs. 3 ZPO verfassungskonform auszulegen oder die Befugnis zum Erlass einer Zwischenverfügung folgt unmittelbar aus Art. 19 Abs. 4 GG, dazu VGH Kassel NVwZ 2000, 1318 sowie *A. Guckelberger,* NVwZ 2001, 275, 280; *S. Krull,* Der „Hängebeschluss" im System des vorläufigen Rechtsschutzes, 2016.

37 OVG Bautzen 3.11.2015 – 2 B 342/15; OVG Lüneburg 13.10.2015 – 11 ME 230/15; VGH Mannheim NVwZ-RR 2014, 292.

38 OVG Lüneburg 13.10.2015 – 11 ME 230/15.

39 *J. Meyer-Ladewig/R. Rudisile,* in: Schoch/Schneider/Bier § 149 Rn. 8.

1 BVerfGE 7, 95, 98 f.; BVerfG DVBl 1984, 384; VGH Kassel NVwZ 2000, 1318; *J. Meyer-Ladewig/R. Rudisile,* in: Schoch/Schneider/Bier § 150 Rn. 2; *W.-R. Schenke,* in: Kopp/Schenke § 150 Rn. 4.

2 BVerfGE 7, 95, 98; *J. Meyer-Ladewig/R. Rudisile,* in: Schoch/Schneider/Bier § 150 Rn. 2.

3 *J. Meyer-Ladewig/R. Rudisile,* in: Schoch/Schneider/Bier § 150 Rn. 4; *T. Stuhlfauth,* in: Bader § 150 Rn. 2.

4 BVerfGE 62, 347, 353; BayObLG MDR 1981, 409; *J. Meyer-Ladewig/R. Rudisile,* in: Schoch/Schneider/Bier § 150 Rn. 2.

OVG Brem NVwZ 1987, 518). Haben die Beteiligten die Hauptsache für erledigt erklärt, entscheidet das Beschwerdegericht nach § 161 Abs. 2 über die Kosten und stellt das gesamte Verfahren ein.[5]

III. Umfang der Prüfung durch das Beschwerdegericht

1. Zulässigkeit. Zunächst prüft das Beschwerdegericht von Amts wegen, ob die eingelegte Beschwer- **3** de zulässig ist. Die Beschwerde muss statthaft (§ 146 Abs. 1–3) und von einer beschwerdebefugten Person form- und fristgemäß (§ 147 Abs. 1) eingelegt worden sein. Außerdem müssen die allgemeinen Prozesshandlungsvoraussetzungen, insbes. die Postulationsfähigkeit (VGH München 12.6.2014 – 10 C 14.372), gegeben sein. Eine unzulässige Beschwerde wird verworfen (s.a. § 173 S. 1 VwGO i.V.m. § 572 Abs. 2 S. 2 ZPO). Ist die Beschwerdefrist noch nicht abgelaufen, kann erneut Beschwerde eingelegt werden. Für die Beschwerde gegen Beschlüsse in Verfahren des vorläufigen Rechtsschutzes bestehen nach § 146 Abs. 4 besondere Zulässigkeitsanforderungen. Fehlen diese, ist die Beschwerde gem. § 146 Abs. 4 S. 4 zu verwerfen.

2. Begründetheit. Das Beschwerdegericht entscheidet über die *Beschwerde* (§ 150). Gem. § 122 **4** Abs. 1 i.V.m. § 108 Abs. 1 S. 1 entscheidet es nach seiner freien, aus dem Gesamtergebnis des Verfahrens gewonnenen Überzeugung. Für Beschwerden gegen Beschlüsse in Verfahren des vorläufigen Rechtsschutzes enthält § 146 Abs. 4 S. 6 eine Sonderregelung zum Prüfumfang des Beschwerdegerichts (→ § 146 Rn. 99 ff.). Bei der einfachen Beschwerde ist das Gericht an das *Beschwerdebegehren* gebunden.[6] Wendet sich der Beschwerdeführer bspw. gegen eine Aussetzungsentscheidung des Beschwerdegerichts, ist Prüfgegenstand allein der Fortgang des Verfahrens.[7] Bei einer Beschwerde gegen einen Hängebeschluss darf das OVG grds. nur über die Zwischenentscheidung, nicht aber über die eigentliche Eilentscheidung befinden.[8]

Bei einer Ermessensentscheidung des Ausgangsgerichts trifft das Beschwerdegericht in aller Regel eine **5** *eigene Ermessensentscheidung*.[9] Etwas anderes gilt nur, wenn sich dies aus der Rechtsnatur der angefochtenen Entscheidung ergibt. Z.B. wird bei der Aussetzungsentscheidung nach § 94 nur geprüft, ob die Tatbestandsvoraussetzungen vorliegen und die verwaltungsgerichtliche Entscheidung ermessensfehlerhaft ist.[10] Das OVG hat bei seiner Entscheidung die Sach- und Rechtslage zur Zeit der Beendigung der mündlichen Verhandlung oder der Hinausgabe der Entscheidung zugrunde zu legen, sofern sich aus dem materiellen Recht nichts anderes ergibt. Wurde kein Anschlussrechtsmittel eingelegt, ist das Verbot der reformatio in peius zu beachten.[11] Hält das Gericht die Beschwerde nur z.T. für begründet, gibt es ihr insoweit statt.

IV. Entscheidung

Das Beschwerdegericht entscheidet durch Beschluss. Eine *unzulässige* Beschwerde wird *verworfen*; der **6** Beschwerdeführer trägt gem. § 154 Abs. 2 die Kosten. Ist die Beschwerde *unbegründet*, wird sie auf Kosten des Beschwerdeführers *zurückgewiesen*. So wird auch verfahren, wenn das Beschwerdegericht die Begründung, nicht aber das Ergebnis der angefochtenen Entscheidung für unrichtig hält. Bei einer *begründeten* Beschwerde wird die angefochtene Gerichtsentscheidung *aufgehoben*. Entweder entscheidet das Beschwerdegericht selbst in der Sache einschließlich der Kosten oder es überträgt der Aus-

---

5 OVG Weimar DVBl 1999, 483; *M. Kaufmann*, in: Posser/Wolff § 150 Rn. 1; *J. Meyer-Ladewig/R. Rudisile*, in: Schoch/Schneider/Bier § 150 Rn. 3.

6 *T. Stuhlfauth*, in: Bader § 150 Rn. 3.

7 VGH München NVwZ-RR 1992, 334; *J. Ziekow*, JZ 1998, 947, 950.

8 VerfGH Bln NVwZ 1999, 1332, 1333; HmbOVG NVwZ 2004, 1135; s.a. *A. Guckelberger*, NVwZ 2001, 275, 279. A.M. VGH München DVBl 2000, 925, 926.

9 BFHE 133, 8, 11; BFH NJW 1994, 751, 752; OVG Lüneburg OVGE 10, 436, 439; OVG Münster NJW 1981, 1469; VGH Kassel NVwZ-RR 2004, 704, 705; VGH Mannheim NJW 1977, 1308; s.a. *S. Kautz*, in: HK-VerwR § 150 Rn. 4; *J. Meyer-Ladewig/R. Rudisile*, in: Schoch/Schneider/Bier § 150 Rn. 4; *W.-R. Schenke*, in: Kopp/Schenke § 150 Rn. 1, 4. A.M. *T. Stuhlfauth*, in: Bader § 150 Rn. 4.

10 OVG Bautzen SächsVBl 1998, 297, 298; OVG Münster 10.5.2013 – 19 E 835/12; VGH Mannheim DVBl 1964, 878, 879; NVwZ-RR 1993, 276, 277; *J. Meyer-Ladewig/R. Rudisile*, in: Schoch/Schneider/Bier § 150 Rn. 4.

11 *J. Meyer-Ladewig/R. Rudisile*, in: Schoch/Schneider/Bier § 150 Rn. 5; *M. Redeker*, in: Redeker/v. Oertzen § 150 Rn. 1.

gangsinstanz die erforderliche Anordnung bzw. spricht eine Zurückverweisung aus,[12] damit diese über das Ergebnis der Anfechtung und die Kosten entscheidet.

7   Als Rechtsgrundlagen für die Zurückverweisungsbefugnis werden § 130 analog,[13] § 173 S. 1 VwGO i.V.m. § 572 Abs. 3 ZPO[14] oder die Verbindung dieser Vorschriften genannt.[15] Gegen eine analoge Anwendung des § 130 könnte sprechen, dass es an einer Regelungslücke fehlt. Andererseits wird auch im Zivilprozessrecht davon ausgegangen, dass neben § 572 Abs. 3 ZPO die Vorschrift des § 538 Abs. 2 ZPO anwendbar ist. Während die Ausgangsinstanz im Falle der Zurückverweisung lediglich an die Beurteilung des Beschwerdegerichts gebunden wird, welche unmittelbar zur Aufhebung der erstinstanzlichen Entscheidung geführt hat, ist sie bei § 572 Abs. 3 ZPO dazu verpflichtet, die ihr übertragene Anordnung zu treffen.[16] Nach allen Meinungen steht es aufgrund des Wortlauts der einschlägigen Bestimmungen im Ermessen des Beschwerdegerichts, ob es zurückverweist bzw. eine erforderliche Anordnung überträgt oder selbst entscheidet.[17] Nach überwiegender Meinung bestehen keine Bedenken an einer analogen Anwendung des § 130 auf die Beschwerde.[18] Daran hat sich auch durch die im Zuge des Gesetzes zur Bereinigung des Rechtsmittelrechts aufgenommene Beschränkung nichts geändert, die eine Zurückverweisung nur auf Antrag eines Beteiligten erlaubt. Dadurch wollte der Gesetzgeber lediglich die Position der Beteiligten stärken (VGH Mannheim NVwZ-RR 2003, 532, 533). Andererseits gilt es immer zu bedenken, dass sie in diesem Fall einer Instanz verlustig gehen.[19] Es ist umstr., ob eine Verpflichtung zur Zurückverweisung besteht, wenn das VG statt durch Urteil durch Beschluss entschieden hat.[20] Eine Zurückverweisung kommt insbes. bei einem sehr schweren Fehler[21] in Betracht oder wenn der Ausgang des Verfahrens kaum abzusehen ist (VGH München BayVBl 1984, 755) oder eine umfangreiche Beweisaufnahme erforderlich ist (VGH Kassel GewArch 2008, 216). Das OVG Lüneburg (IÖD 2013, 118, 120) wies eine Sache wegen eines Verfahrensfehlers des VG und der nur beschränkten Prüfungsbefugnis des OVG als Beschwerdegericht an das VG zurück. Auf jeden Fall muss das Beschwerdegericht bei seiner Ermessensausübung prüfen, ob nicht wegen der Eilbedürftigkeit der Angelegenheit eine sofortige Entscheidung geboten ist.[22] Bei einer Zurückverweisung ist das VG an die Rechtsauffassung des OVG gebunden.[23] Muss sich das Beschwerdegericht später noch einmal mit der Angelegenheit befassen, darf es von seiner früheren Auffassung nicht abweichen.[24]

8   Ergeht der Beschluss ohne mündliche Verhandlung, wirken an der Entscheidung keine ehrenamtlichen Richter mit (§ 19). In diesem Fall wird der Beschluss den Beteiligten durch Zustellung verkündet

---

12   BVerwG NVwZ-RR 1989, 506, 507; OVG Bln NVwZ-RR 1990, 388; OVG Münster NVwZ-RR 1997, 759; 7.8.1998 – 11 B 1555/98; OVG Weimar DVBl 1999, 480; VGH Kassel NVwZ 1987, 525; NVwZ-RR 1990, 671, 672; VGH Mannheim NJW 1992, 707, 708; VGH München BayVBl 1984, 755. Zu den Kriterien, wann eine Zurückverweisung in Betracht kommt, E. Schneider, MDR 1978, 525 ff.

13   BVerwG NVwZ-RR 1989, 506, 507; OVG Bln NVwZ-RR 1990, 388, 389; OVG Münster NVwZ-RR 1997, 759 f.; OVG Saarlouis NVwZ-RR 2008, 215, 216; OVG Weimar DVBl 1999, 480; VGH Kassel GewArch 2008, 216; VGH Mannheim NJW 1992, 707, 708; VGH München 4.12.2007 – 1 CE 07.2747; T. Stuhlfauth, in: Bader § 150 Rn. 3.

14   OVG Lüneburg IÖD 2013, 118, 120; OVG Magdeburg NVwZ-RR 2009, 271; OVG Saarlouis NVwZ-RR 2008, 215, 216; J. Meyer-Ladewig/R. Rudisile, in: Schoch/Schneider/Bier § 150 Rn. 5; s.a. OVG Saarlouis NVwZ-RR 1997, 391.

15   In diese Richtung VGH Kassel NVwZ-RR 1990, 671, 672; VGH München 23.5.2011 – 11 CS 11.900; für eine kumulative Anwendung dieser Normen M. Happ, in: Eyermann § 150 Rn. 1; M. Redeker, in: Redeker/v. Oertzen § 150 Rn. 3; W.-R. Schenke, in: Kopp/Schenke § 150 Rn. 2.

16   BGH NJW 1969, 1253 f.; W. Ball, in: Musielak/Voit § 572 ZPO Rn. 17.

17   OVG Weimar ThürVBl 1995, 15, 16; so auch J. Meyer-Ladewig/R. Rudisile, in: Schoch/Schneider/Bier § 150 Rn. 5; a.A. für die Notwendigkeit einer Zurückverweisung, wenn das VG durch Urteil hätte entscheiden müssen, VGH München DÖV 1981, 639; W.-R. Schenke, in: Kopp/Schenke § 150 Rn. 2.

18   OVG Bln NVwZ 2002, 1267; OVG Greifswald NVwZ-RR 1999, 542; OVG Münster NVwZ-RR 1999, 540, 541; OVG Weimar NVwZ-RR 1999, 542, 543; VGH Kassel NVwZ-RR 2003, 756; VGH Mannheim NVwZ-RR 2003, 532, 533. A.M. M. Dombert, in: Finkelnburg/Dombert/Külpmann Rn. 447.

19   OVG Bln NVwZ 2002, 1267, 1268; OVG Lüneburg NdsVBl 2013, 112, 113; OVG Weimar NVwZ-RR 1999, 542, 543; VGH Kassel NVwZ 1999, 891, 892; VGH Mannheim NVwZ-RR 2003, 532, 533.

20   Bejahend W.-R. Schenke, in: Kopp/Schenke § 150 Rn. 2; verneinend M. Kaufmann, in: Posser/Wolff § 150 Rn. 2.

21   OVG Bln NVwZ-RR 1990, 388; OVG Münster NVwZ-RR 1997, 759, 760; VGH Kassel NVwZ 1987, 525; VGH Mannheim NJW 1992, 707, 708.

22   OVG Bln NVwZ 2002, 1267, 1268; OVG Münster NVwZ-RR 1997, 759, 760; NVwZ-RR 1999, 540, 541; OVG Weimar DVBl 1999, 480, 481; VGH Mannheim NVwZ-RR 2003, 532, 533; VGH München 10.10.2011 – 12 CE 11.2215; J. Meyer-Ladewig/R. Rudisile, in: Schoch/Schneider/Bier § 150 Rn. 5. Nach A. Hamann, DVBl 1984, 1204, 1205 f. soll dagegen in Eilverfahren wegen der damit verbundenen Verzögerungen eine Zurückverweisung generell nicht möglich sein. Dazu auch C. Külpmann, in: Finkelnburg/Dombert/Külpmann Rn. 1164.

23   BVerwG NVwZ-RR 1989, 506, 507; J. Meyer-Ladewig/R. Rudisile, in: Schoch/Schneider/Bier § 150 Rn. 5.

24   E. Schneider, MDR 1978, 525, 528; J. Meyer-Ladewig/R. Rudisile, in: Schoch/Schneider/Bier § 150 Rn. 5.

(§ 116 Abs. 3). Der Beschluss des Beschwerdegerichts ist grds. zu begründen, außer er weist das Rechtsmittel aus den Gründen der angefochtenen Entscheidung als unbegründet zurück (§ 122 Abs. 2 S. 2, 3). Ist streitig, ob die Beschwerde zwischenzeitlich zurückgenommen wurde, stellt das Beschwerdegericht entweder durch Beschluss die Rücknahme fest oder es entscheidet über die Beschwerde, wobei in den Entscheidungsgründen auf die Unwirksamkeit der Beschwerderücknahme eingegangen wird.[25]

V. Rechtsmittel

Gegen die Entscheidung des Beschwerdegerichts gibt es abgesehen von den in § 152 Abs. 1 aufgezählten Ausnahmen (§§ 99 Abs. 2, 133 Abs. 1 und § 17a Abs. 4 S. 4 GVG) grds. kein weiteres Rechtsmittel.   9

VI. Gegenvorstellung

Bei einer Gegenvorstellung handelt es sich um die Anregung an das Gericht, die eigene Entscheidung   10 nochmals zu überprüfen und ggf. zu ändern.[26] Da sie keinen Devolutiveffekt entfaltet (BVerwG 20.11.2007 – 7 B 63/07), kann sie nicht bei der höheren Instanz eingelegt werden (BVerwG NVwZ-RR 2007, 113). Nach st. Rspr. darf eine unanfechtbare Gerichtsentscheidung allenfalls zur Beseitigung groben Unrechts nachträglich abgeändert werden. Seit Einführung der sog. Anhörungsrüge nach § 152a stellt sich die Mehrzahl der Verwaltungsgerichte auf den Standpunkt, dass eine Gegenvorstellung nur noch in solchen Bereichen möglich sein kann, in denen keine Bindungswirkung des Gerichts an seine Entscheidung eingetreten ist. Um Rechtssicherheit und Rechtsfrieden herbeizuführen, soll aufgrund der Rechtskraft von Gerichtsentscheidungen verhindert werden, dass diese immer wieder ohne weiteres infrage gestellt werden. Aus Gründen der Rechtsmittelklarheit hat der Gesetzgeber die Konstellationen zu regeln, durch welche Rechtsbehelfe und unter welchen Voraussetzungen die Rechtskraft durchbrochen werden kann. Dies hat er mit den Regelungen zur Wiederaufnahme des Verfahrens (§ 153) sowie zur Anhörungsrüge (§ 152a) getan (s.a. OVG Bln-Bbg 3.1.2017 – OVG 5 RN 4.14). Aus diesem Grund ist es ausgeschlossen, rechtskräftige Gerichtsentscheidungen durch die in ihren Voraussetzungen nicht geregelte Gegenvorstellung zu durchbrechen (BVerwG NVwZ-RR 2011, 709). Mit der Schaffung der Anhörungsrüge wollte der Gesetzgeber nicht mehr die Möglichkeit eröffnen, dass die Gerichte derartige Gerichtsentscheidungen auch noch im Wege der Gegenvorstellung überprüfen können (BVerwG 24.5.2013 – 5 B 36/13; 22.3.2016 – 8 B 30/16; für eine abschließende Konzeption der VwGO BVerwG 11.4.2017 – 6 C 28/16; OVG Bautzen 26.9.2017 – 3 D 49/17; OVG Münster 23.1.2015 – 16 B 1240/14). Wegen der sich aus § 152 Abs. 1 ergebenden Unanfechtbarkeit und Bindungswirkung von Beschlüssen nach § 123 scheidet bei ihnen eine Gegenvorstellung aus (VGH München 22.11.2012 – 3 CE 12.1826).[27] Aufgrund des aus Art. 19 Abs. 4 GG folgenden Grundsatzes wohlwollender Auslegung prozessualer Anträge hat das angerufene Gericht jedoch zu prüfen, ob eine Gegenvorstellung wegen eines Gehörsverstoßes als Anhörungsrüge ausgelegt werden kann (BVerfG NJW 2014, 991, 992).

Die Zulässigkeit der Gegenvorstellung kann nach dem BVerwG nur noch in solchen Fällen erwogen   11 werden, in denen ein Gericht nach den einschlägigen Normen zur Abänderung seiner vorangegangenen Entscheidung befugt ist und ihm die Gegenvorstellung ausreichenden Anlass zu einer solchen Prüfung gibt. Daran fehlt es bei einem die Nichtzulassung der Revision zurückweisenden Beschluss (BVerwG NVwZ-RR 2016, 723). „Das mag der Fall sein bei formell rechtskräftigen Beschlüssen über die Versagung der Prozesskostenhilfe, weil Anträge auf Prozesskostenhilfe wiederholt gestellt werden können und eine Gegenvorstellung wie ein neuer Antrag Anlass geben kann, eine zunächst versagte Prozesskostenhilfe zu bewilligen" (BVerwG NVwZ-RR 2011, 709; s.a. 12.3.2013 – 5 B 9/13). Das BVerwG (NVwZ-RR 2011, 709) hält eine Gegenvorstellung darüber hinaus bei Beschlüssen über die

---

25 J. Meyer-Ladewig/R. Rudisile, in: Schoch/Schneider/Bier § 150 Rn. 6.
26 BVerwG NVwZ-RR 1991, 260; 20.11.2007 – 7 B 63/07; OVG Koblenz NJW 1986, 1706; OVG Weimar NVwZ 1998, 1087, 1088 (Berufung); VGH Mannheim NVwZ-RR 2003, 692; VGH München NVwZ-RR 2004, 705; 23.4.2013 – 3 M 12.2331. Vgl. auch P. Kummer, FS Krasney, 1997, 277ff.
27 Ähnl. wegen der materiellen Rechtskraft zu einem Kostenfestsetzungsbeschluss OVG Bautzen 3.7.3017– 3 E 42/16.

Festsetzung des Streitwerts nicht für ausgeschlossen, die vom Gericht innerhalb gewisser zeitlicher Grenzen von Amts wegen geändert werden können.

12   Das BVerfG entschied 2008, dass durch die Einlegung einer Gegenvorstellung und die darauf ergehende gerichtliche Entscheidung die Frist zur Einlegung und Begründung der Verfassungsbeschwerde nicht erneut in Lauf gesetzt werde, weil die Gegenvorstellung den rechtsstaatlichen Anforderungen an die Normenklarheit nicht genüge. Daraus könne aber nicht zugleich entnommen werden, dass ein derartiger Rechtsbehelf vor den Fachgerichten unstatthaft sei, zumal durch diesen Rechtsbehelf der Rechtsschutz für Betroffene erweitert werde (BVerfG NJW 2009, 829 f.; s.a. BVerfG – 1 BvR 173/15). Andererseits betont es, dass die Gerichte nicht von den einschlägigen gesetzlichen Regelungen, namentlich des Verfahrensrechts, befreit würden. „So ist es ausgeschlossen, gesetzlich geregelte Bindungen des Gerichts an seine eigenen Entscheidungen, wie insbesondere die Innenbindung während des laufenden Verfahrens nach § 318 ZPO, ohne gegenläufige gesetzliche Grundlage zu umgehen." In erster Linie sei es Aufgabe des Gesetzgebers, auftretende Konflikte zwischen materieller Gerechtigkeit und Rechtssicherheit zu lösen (BVerfG NJW 2009, 829, 831; s.a. BVerfG 6.9.2016 – 1 BvR 173/15).

13   Der Rechtsbehelf der Gegenvorstellung ist in den Einzelheiten umstritten. Nach dem HmbOVG sollen die formalen Voraussetzungen des § 321 a ZPO a.F. für alle Gegenvorstellungen gelten. Folge davon wäre, dass eine Gegenvorstellung nur noch innerhalb von zwei Wochen ab Zustellung der Gerichtsentscheidung zulässig wäre.[28] Damit die gesetzlichen Regelungen zur Unanfechtbarkeit von Gerichtsentscheidungen nicht völlig ihre Berechtigung verlieren, kann eine Gegenvorstellung nur in Ausnahmefällen zur Beseitigung *groben Unrechts* geltend gemacht werden.[29] Noch nicht abschließend geklärt ist, inwieweit auch für die Gegenvorstellung eine anwaltliche Vertretung nach § 67 Abs. 4 erforderlich ist.[30] Zuständig für die Entscheidung über die Gegenvorstellung ist derjenige Gerichtskörper, der die infrage stehende Gerichtsentscheidung erlassen hat. Allerdings bedarf es keiner Identität der Richter (BVerwG 29.8.2012 – 2 KSt 1/11). Im Hinblick auf die Rechtsnatur der Gegenvorstellung ist es in aller Regel nicht möglich, den oder die an der angegriffenen Entscheidung beteiligten Richter wegen Besorgnis der Befangenheit für das Verfahren der Gegenvorstellung abzulehnen (VGH München NVwZ-RR 2004, 705). Für die Zurückweisung von Gegenvorstellungen sollen weder die Förmlichkeiten von Urteilen noch von Beschlüssen gelten (OVG Saarlouis 23.4.2008 – 1 A 19/08). Gegen eine ablehnende Gerichtsentscheidung gibt es kein Rechtsmittel (VGH München BayVBl 1977, 157). Ob dem Gegner bei einer erfolgreichen Gegenvorstellung ein Rechtsmittel zusteht, richtet sich danach, ob ihm ein solches gegen eine für ihn ungünstige Ausgangsentscheidung zustehen würde.[31]

§ 151   [Beauftragter oder ersuchter Richter; Urkundsbeamter]

[1]Gegen die Entscheidungen des beauftragten oder ersuchten Richters oder des Urkundsbeamten kann innerhalb von zwei Wochen nach Bekanntgabe die Entscheidung des Gerichts beantragt werden. [2]Der Antrag ist schriftlich oder zu Protokoll des Urkundsbeamten der Geschäftsstelle des Gerichts zu stellen. [3]§§ 147 bis 149 gelten entsprechend.

I.   Entstehungsgeschichte und Bedeutung

1   In § 151 S. 2 wurden die Wörter „zur Niederschrift" durch „zu Protokoll" des Urkundsbeamten der Geschäftsstelle mit Wirkung zum 1.1.2018 ersetzt (BGBl 2017 I 2208). § 151 ermöglicht dem jeweiligen Gericht, seine Entscheidungen, gegen die Erinnerung eingelegt wurde, zu korrigieren. Mangels Devolutiveffekts ist die Erinnerung lediglich ein Rechts*behelf*.[1] Sie trägt auf einfache Weise zur Streit-

---

28   HmbOVG DÖV 2004, 583; VGH München 4.8.2009 – 14 ZB 07.3068; so auch *Baumbach/Lauterbach/Albers/Hartmann* Grundz § 567 ZPO Rn. 9; für eine Parallele zu § 93 Abs. 1 BVerfGG BVerwG NJW 2001, 1294.

29   BVerwG NVwZ-RR 1991, 260; NVwZ 1994, 674; HmbOVG DÖV 2004, 583; OVG Münster NVwZ-RR 2003, 695, 696; VGH München NVwZ-RR 2004, 705; 5.7.2007 – 13 C 07.904.

30   Nach VGH Mannheim NVwZ-RR 2003, 692 unterliegt die Einlegung einer Gegenvorstellung jedenfalls dann dem Anwaltszwang des § 67 Abs. 4, wenn ein solcher für das frühere Verfahren vor dem OVG bestand, auf dessen formalen Abschluss sie sich bezieht; ebenso OVG Münster 24.1.2007 – A 6 288/07. S.a. BVerwG 25.8.2014 – 5 B 24/14.

31   HmbOVG NVwZ-RR 2001, 612; *W. Ball*, in: Musielak/Voit § 567 ZPO Rn. 28.

1   BT-Drs. 14/4722, 115 (ZPO-Erinnerung); *C. Jeromin*, in: Gärditz § 151 Rn. 1; *M. Happ*, in: Eyermann § 151 Rn. 1; *W.-R. Schenke*, in: Kopp/Schenke § 151 Rn. 1.

beilegung bei. Stets ist zu prüfen, ob nicht Sonderregelungen für die Erinnerung bestehen (§ 66 Abs. 1 GKG, § 56 Abs. 1 RVG, § 167 Abs. 1 VwGO i.V.m. § 766 ZPO). Nach § 166 Abs. 6 kann gegen Entscheidungen des Urkundsbeamten bezüglich des Prozesskostenhilfeverfahrens nach § 166 Abs. 2, 3 innerhalb von zwei Wochen nach Bekanntgabe die Entscheidung des Gerichts beantragt werden. Laut den Gesetzesmaterialien entspricht diese zweiwöchige Frist für die Einlegung der Erinnerung der Frist in § 165 S. 2 und § 151 S. 1 (BT-Drs. 17/11472, 49).

II. Statthaftigkeit

Gem. § 151 S. 1 kann die Erinnerung gegen Entscheidungen des beauftragten oder ersuchten Richters **2** oder des Urkundsbeamten erhoben werden. Im Verfahren vor dem BVerwG gilt für dieselben Entscheidungen die Vorschrift des § 151 entsprechend (§ 152 Abs. 2). Bei einem beauftragten Richter handelt das Gericht durch ein eigenes Mitglied, während als ersuchter Richter ein Mitglied eines anderen Gerichts tätig wird (vgl. § 96 Abs. 2). Urkundsbeamte sind besonders ausgebildete Personen der Gerichtsverwaltung, welche nach der VwGO bestimmte prozessuale Aufgaben wahrnehmen (§ 13 S. 2 VwGO, § 153 GVG). Nach § 165 S. 2 können die Beteiligten die Kostenfestsetzung durch den Urkundsbeamten in entsprechender Anwendung des § 151 anfechten. Da § 151 S. 3 nicht auf § 146 verweist, ist die Erinnerung auch gegen solche Entscheidungen, bei denen es sich um eine prozessleitende Verfügung handelt oder der Beschwerdewert des § 146 Abs. 3 nicht erreicht wird[2] und die deshalb nicht beschwerdefähig sind, statthaft.[3]

Der Ausschluss der Beschwerde nach § 80 AsylG gilt nicht für Erinnerungsverfahren gegen nichtrichterliche Entscheidungen der Urkundsbeamten (OVG Münster NVwZ-RR 2015, 359, 359 f.).

Teilweise ist *spezialgesetzlich* geregelt, dass gegen gewisse Entscheidungen nicht die Erinnerung, sondern **3** eine Beschwerde zu erheben ist. So ist gegen Entscheidungen des beauftragten oder ersuchten Richters über die Entschädigung von Zeugen oder Sachverständigen gem. § 4 Abs. 3 JVEG die Beschwerde statthaft. Gleiches gilt gem. §§ 180, 181 GVG, wenn ein Ordnungsmittel wegen Ungebühr außerhalb der mündlichen Verhandlung vom verordneten Richter verhängt wird.

III. Erinnerungsbefugnis

Erinnerungsbefugt sind Beteiligte nach § 63,[4] sofern sie durch die angefochtene Entscheidung beschwert werden. Der Vertreter des Bundesinteresses (§ 35) und der Vertreter des öffentlichen Interesses, welcher nicht als Behördenvertreter tätig wird, können unabhängig von einer eigenen Beschwer Erinnerung einlegen (→ § 36 Rn. 10). Weil nach § 164 grundsätzlich nur derjenige die Festsetzung der Kosten beantragen kann, zu dessen Gunsten im Titel eine Kostengrundentscheidung erging, bedarf es für den Fall der Rechtsnachfolge grundsätzlich einer Umschreibung des Titels in Gestalt einer auf den Rechtsnachfolger lautenden vollstreckbaren Ausfertigung.[5] Problematisch ist, ob auch sonst von der Entscheidung betroffene Personen erinnerungsbefugt sind, da § 151 S. 3 nicht auf die entsprechende Anwendung des § 146 Abs. 1 verweist. Dies dürfte jedoch damit zusammenhängen, dass sich die §§ 146 Abs. 1, 151 inhaltlich auf unterschiedliche Gerichtsentscheidungen beziehen. Es deutet nichts darauf hin, dass der Gesetzgeber den Kreis der erinnerungsbefugten Personen enger als bei der Beschwerde fassen wollte, zumal § 151 unter der Überschrift „Beschwerde" eingeordnet wurde (a.M. VG Frankfurt NVwZ-RR 1989, 222; wohl auch OVG Lüneburg JurBüro 2015, 413, 414). Bei der Erinnerung gegen die Kostenfestsetzungsentscheidung ist wegen des Wortlauts des § 165 der Prozessbevollmächtigte nicht selbst erinnerungsbefugt.[6]

4

---

2 Zu Letzterem *M. Happ*, in: Eyermann § 151 Rn. 1.
3 I.E. *M. Happ*, in: Eyermann § 151 Rn. 1; *S. Kautz*, in: HK-VerwR 151 Rn. 4; *M. Redeker*, in: Redeker/v. Oertzen § 151 Rn. 1; *T. Stuhlfauth*, in: Bader § 151 Rn. 1.
4 OVG Lüneburg JurBüro 2015, 413, 414.
5 OVG Münster 10.10.2014 – 2 D 11/11.NE.
6 OVG Lüneburg JurBüro 2015, 413, 414; OVG Münster NJW 1966, 2425 f.; 27.6.2011 – 6 E 656/11; 6.10.1997 – 14 S 2808/97; VGH München BayVBl 1977, 611; VG Frankfurt NVwZ-RR 1989, 222 f.; VG Weimar ThürVBl 1995, 213; *J. Meyer-Ladewig/R. Rudisile*, in: Schoch/Schneider/Bier § 151 Rn. 3. A.M. VGH München 3.5.2005 – M 2K 04.3527.

IV. Form

5 Gem. § 151 S. 2 ist der Antrag schriftlich oder zu Protokoll des Urkundsbeamten der Geschäftsstelle des Gerichts zu stellen. Die seit 1.1.2018 geltende Formulierung „zu Protokoll" soll verdeutlichen, dass „Niederschriften" bei elektronischer Aktenführung auch in elektronischer Form geschehen können.[7] Der Antrag besteht in der Erklärung, dass gegen eine bestimmte Entscheidung Erinnerung eingelegt wird (→ § 147 Rn. 11 f.). Es reicht, wenn sich durch Auslegung des unrichtig bezeichneten Rechtsbehelfs ergibt, dass Erinnerung eingelegt werden soll (VG Ansbach 23.6.2008 – AN 1 M 08.00236; VG Neustadt 21.8.2014 – 3 L 122/14.NW). Der Antrag muss schriftlich verfasst und in aller Regel eigenhändig unterschrieben sein (VG Augsburg 9.1.2014 – Au 6 M 13.30441; insoweit gelten die Ausführungen bei → § 147 Rn. 3 f. sinngemäß). Alternativ kann er zu Protokoll des Urkundsbeamten gestellt werden (→ § 147 Rn. 5 f.). Nach nicht unumstrittener,[8] aber zutreffender Ansicht, enthält § 151 S. 2 Alt. 2 insoweit eine § 67 Abs. 4 verdrängende Sonderregelung (VGH Kassel 24.8.2012 – 3 F 1152/12),[9] d.h. dass für die Antragstellung kein Anwalt erforderlich ist. Dies gilt selbst dann, wenn der Antrag beim OVG[10] oder beim BVerwG (offen gelassen BVerwG 15.3.2016 – 1 KSt 2/16) gestellt wird. Der Antrag braucht nicht begründet zu werden.[11] Das Ziel des Antragstellers muss sich aber aus ihm entnehmen lassen. Wie bei der einfachen Beschwerde muss in der Erinnerung die angefochtene Entscheidung bezeichnet werden (BT-Drs. 14/4722, 115 [ZPO-Erinnerung]; offen gelassen von OVG Magdeburg 1.7.2010 – 2 O 154/09; → § 147 Rn. 12).

V. Frist

6 Der Antrag muss binnen *zwei Wochen* nach Bekanntgabe der Entscheidung des Gerichts gestellt werden. Mit der allgemeinen Befristung wird die Herbeiführung baldiger Rechtsklarheit bezweckt (BT-Drs. 14/4772, 115 [ZPO-Erinnerung]). Nach dem Wortlaut des § 151 S. 1 kommt es für den Fristbeginn auf die Bekanntgabe (OVG Münster DÖV 1970, 102; vgl. dazu § 57 Abs. 1) und nicht generell auf die Zustellung der Entscheidung an. Die Zweiwochenfrist gilt nur bei einer ordnungsgemäßen Rechtsbehelfsbelehrung; andernfalls kann die Erinnerung innerhalb eines Jahres eingelegt werden (§ 58 Abs. 2).[12] Als gesetzliche Frist kann die Zweiwochenfrist gem. § 57 Abs. 2 VwGO i.V.m. § 224 Abs. 2 ZPO nicht verlängert werden (VG Ansbach 25.4.2007 – 14 M 07.00139). Bei unverschuldeter Fristversäumnis kann Wiedereinsetzung in den vorigen Stand beantragt werden (§ 60). Ist die Erinnerungsfrist abgelaufen und hat eine andere Person rechtzeitig Erinnerung eingelegt, ist die an sich verfristete Erinnerung als unselbständige Anschlusserinnerung anzusehen.[13] Diese ist nicht fristgebunden (s. § 173 i.V.m. § 567 Abs. 3 ZPO) und unabhängig vom Vorliegen einer Beschwer zulässig (VG Stuttgart NVwZ-RR 2007, 216).

VI. Adressat der Erinnerung

7 Die Erinnerung ist an denjenigen zu richten, der die angefochtene Entscheidung erlassen hat. Wegen des Verweises auf § 147 wird die Erinnerungsfrist auch bei Eingang der Erinnerung bei dem Gericht gewahrt, welches darüber zu entscheiden hat.[14]

---

7   BT-Drs. 18/9416, 59.

8   Wegen der Verweisung auf § 147 *S. Kautz*, in: HK-VerwR § 151 Rn. 4; *M. Redeker*, in: Redeker/v. Oertzen, § 151 Rn. 3.

9   I.E. auch *T. Stuhlfauth*, in: Bader § 151 Rn. 3; *C. Jeromin*, in: Gärditz § 151 Rn. 3; *M. Kaufmann*, in: Posser/Wolff § 151 Rn. 2; *J. Meyer-Ladewig/R. Rudisile*, in: Schoch/Schneider/Bier § 151 Rn. 4.

10   OVG Bautzen NVwZ 1997, 694 hinsichtlich einer Beschwerde nach §§ 25 Abs. 3 S. 1, 5 Abs. 5 GKG a.F.; OVG Magdeburg 27.10.1997 – E 4 S 113/97 hinsichtlich einer Beschwerde nach §§ 151, 165.

11   OVG Magdeburg 1.7.2010 – 2 O 154/09; a.M. VG SchlH 23.11.1984 – 12 D 55/81 hinsichtlich einer Erinnerung nach §§ 165, 151.

12   OVG Münster DÖV 1970, 102, 103.

13   VG Köln 21.4.1988 – 15 K 10677/84; VG Stuttgart NVwZ-RR 2007, 216; *M. Happ*, in: Eyermann § 151 Rn. 3; *M. Kaufmann*, in: Posser/Wolff § 151 Rn. 1; a.M. VG Neustadt NVwZ-RR 2004, 160; *C. Jeromin*, in: Gärditz § 151 Rn. 9; *J. Meyer-Ladewig/R. Rudisile*, in: Schoch/Schneider/Bier § 151 Rn. 4; *Wysk* § 151 Rn. 3.

14   *M. Kaufmann*, in: Posser/Wolff § 151 Rn. 2.

VII. Verfahren

Weil das Erinnerungsverfahren ein gegenüber dem verwaltungsgerichtlichen Klage- und Beschlussver- 8
fahren selbständiges und unabhängiges Beschlussverfahren ist, ergeht es nicht in einer Art „vorberei-
tendem Verfahren", sondern schließt sich an dieses an (VG Berlin 23.5.2011 – 35 KE 32.10, 33 V
112.08). Gem. § 151 S. 3 gelten die §§ 148, 149 entsprechend. Zunächst prüft die jeweilige Person,
deren Entscheidung angefochten wird, ob sie der Erinnerung abhelfen will; dazu ist sie verpflichtet,
wenn das Vorbringen des Antragstellers begründet ist (zum Abhilfeverfahren → § 148 Rn. 10). Ist keine Abhilfe möglich, legt sie dem Gericht die Rechtsstreitigkeit zur Entscheidung vor. Das Erinnerungsverfahren lässt sich in ein vorbereitendes und ein Schlussverfahren (Beratung, Entscheidung) unterteilen. Sind während des vorbereitenden Erinnerungsverfahrens gerade darauf bezogene Entscheidungen
i.S.d. § 87a Abs. 1 Nr. 3 zu treffen, obliegen sie dem Einzelrichter (VG Berlin 23.5.2011 – 35 KE
32.10, 33 V 112.08). Sofern die angefochtene Entscheidung keine Ordnungsgeld- oder Zwangsmittel-
festsetzung zum Gegenstand hat,[15] kann gem. § 149 Abs. 1 S. 2 die einstweilige Aussetzung der Vollziehung der angefochtenen Entscheidung angeordnet werden. Wegen Art. 103 Abs. 1 GG sind diejenigen Personen, die von der Erinnerungsentscheidung möglicherweise nachteilig betroffen werden, zuvor anzuhören. Es steht im Ermessen des Gerichts, ob es mündlich verhandelt (§ 101 Abs. 3). Das Erinnerungsverfahren ist gerichtsgebührenfrei.[16]

VIII. Entscheidung über die Erinnerung

Über die Erinnerung gegen eine Entscheidung des Urkundsbeamten ist das Gericht zuständig, dem er 9
zugeordnet ist.[17] Ist Streitgegenstand die Entscheidung eines ersuchten oder beauftragten Richters, ist
der Spruchkörper zuständig, auf den das Ersuchen oder die Beauftragung zurückgeht.[18] Je nach Konstellation bilden die Kammer, der Einzelne, der Vorsitzende oder der Einzelrichter das Gericht i.S.d.
§ 151.[19] Für die Entscheidung über die Erinnerung gegen einen Kostenfestsetzungsbeschluss im vorbereitenden Verfahren ist nach § 87a Abs. 1 Nr. 5, Abs. 3 der Berichterstatter des erstinstanzlichen Verfahrens zuständig, wenn er die zugrunde liegende Kostenlastentscheidung getroffen hat (OVG Bautzen
NVwZ 2007, 116, 117; s.a. VGH München NVwZ-RR 2004, 309). Hat der Berichterstatter die Kostenlastentscheidung getroffen, ist er für die Erinnerung im Kostenfestsetzungsverfahren zuständig (VG
Würzburg 4.8.2016 – W 1 M 15.258). Obliegt die Entscheidung der Kammer, wirken die ehrenamtlichen Richter daran nicht mit (VG Augsburg 20.1.2016 – Au 5 M 16.72). Gem. § 54 Abs. 1 VwGO
i.V.m. § 41 Nr. 6 ZPO darf der beauftragte Richter bei der Entscheidung über die Erinnerung gegen
seine Entscheidung nicht mitwirken.[20] Es ist das Verbot der reformatio in peius zu beachten.[21] Über
die Erinnerung wird durch Beschluss entschieden, der gem. § 122 Abs. 2 S. 1 zu begründen ist. Eine
unzulässige Erinnerung wird *verworfen*, eine *unbegründete* Erinnerung wird *zurückgewiesen*. Bei einer
begründeten Erinnerung wird die angefochtene Entscheidung *aufgehoben*. Entweder entscheidet das
Gericht selbst oder es wird dem jeweiligen Richter oder Urkundsbeamten aufgegeben, erneut zu entscheiden.[22]

---

15 Dann wird die angefochtene Entscheidung kraft Gesetzes (§§ 151 S. 3, 149 Abs. 1 S. 1) nicht vollzogen.
16 VGH München NVwZ-RR 2006, 221, 222; s.a. *S. Kautz*, in: HK-VerwR § 151 Rn. 8.
17 VG Augsburg 28.2.2013 – Au 7 M 13.30037. Dabei ist nicht immer klar, wann ein einzelner Richter über die Erinnerung entscheiden darf. Nach dem BVerwG NJW 1995, 2179 hat der Berichterstatter gem. § 87a Abs. 1 Nr. 5 über
eine Erinnerung zu befinden, die im Zusammenhang mit einem gerichtlichen Vergleich beim Einzelrichter erging.
Nach dem VG Bayreuth BayVBl 1998, 765, 766 besteht für die Erinnerung gegen Entscheidungen des Urkundsbeamten grds. die Entscheidungszuständigkeit des gesamten Spruchkörpers.
18 BT-Drs. 14/4722, 115 (ZPO-Beschwerde); *M. Happ*, in: Eyermann § 151 Rn. 5.
19 *M. Kaufmann*, in: Posser/Wolff § 151 Rn. 2.
20 *M. Happ*, in: Eyermann § 151 Rn. 5; *M. Kaufmann*, in: Posser/Wolff § 151 Rn. 2; *J. Meyer-Ladewig/R. Rudisile*, in:
Schoch/Schneider/Bier § 151 Rn. 4; *T. Stuhlfauth*, in: Bader § 151 Rn. 5.
21 *M. Happ*, in: Eyermann § 151 Rn. 6; *S. Kautz*, in: HK-VerwR § 151 Rn. 6; *J. Meyer-Ladewig/R. Rudisile*, in: Schoch/
Schneider/Bier § 151 Rn. 4.
22 Zu Letzterem *M. Happ*, in: Eyermann § 151 Rn. 6; *S. Kautz*, in: HK-VerwR § 151 Rn. 6; *T. Stuhlfauth*, in: Bader
§ 151 Rn. 4.

IX. Rechtsmittel

10 Statthaftes Rechtsmittel gegen die Entscheidung über die Erinnerung ist die Beschwerde nach § 146 Abs. 1. Angesichts der Einschränkungen des § 146 Abs. 1–3 sind nicht alle Erinnerungsentscheidungen beschwerdefähig. Z.B. unterliegt die Entscheidung über die Erinnerung gegen eine prozessleitende Maßnahme nicht der Beschwerde.[23] Eine außerordentliche Beschwerde scheidet insoweit aus (OVG Bln-Bbg NVwZ 2006, 614). Soweit keine unrichtige Rechtsbehelfsbelehrung erteilt wurde, ist die Beschwerde gem. § 147 Abs. 1 S. 1 innerhalb von zwei Wochen einzulegen (VGH München 16.3.2007 – 12 C 07.351). Die Entscheidung über die Beschwerde gegen die Ausgangsentscheidung des VG obliegt, auch wenn sie sich auf eine Kostenentscheidung i.S.d. § 87 a Abs. 1 Nr. 5 bezieht, dem Senat des OVG (OVG Bautzen NVwZ 2007, 116, 117). Hat das OVG über die Erinnerung entschieden, ist dagegen gem. § 152 Abs. 1 kein weiteres Rechtsmittel gegeben. Nach Ansicht des VGH München ist eine Erinnerungsentscheidung, welche die ablehnende Entscheidung des Urkundsbeamten über einen Antrag auf Aktenübersendung bestätigt, beschwerdefähig, denn die Entscheidung des Gerichts über die Rechtmäßigkeit des Handelns des Urkundsbeamten habe keinen prozessleitenden Charakter.[24] Weil § 67 Abs. 4 für die Beschwerde den Vertretungszwang vorschreibt, muss die Beschwerde gegen die Zurückweisung einer Erinnerung gegen einen Kostenfestsetzungsbeschluss durch einen Rechtsanwalt eingelegt werden (§§ 165 S. 2, 151 S. 3, 147 Abs. 1 S. 2).[25] Gem. § 173 VwGO i.V.m. § 572 Abs. 3 ZPO kann die Neufassung eines Kostenfestsetzungsbeschlusses aufgrund einer Erinnerung vom Beschwerdegericht dem Urkundsbeamten übertragen werden (VGH München BayVBl 2004, 505, 506).

§ 152 [Beschwerde zum Bundesverwaltungsgericht]

(1) Entscheidungen des Oberverwaltungsgerichts können vorbehaltlich des § 99 Abs. 2 und des § 133 Abs. 1 dieses Gesetzes sowie des § 17 a Abs. 4 Satz 4 des Gerichtsverfassungsgesetzes nicht mit der Beschwerde an das Bundesverwaltungsgericht angefochten werden.

(2) Im Verfahren vor dem Bundesverwaltungsgericht gilt für Entscheidungen des beauftragten oder ersuchten Richters oder des Urkundsbeamten der Geschäftsstelle § 151 entsprechend.

Schrifttum

C. *Braun*, Unzulässigkeit der (weiteren) Beschwerde gem. § 17 a IV GVG in Eilverfahren, NVwZ 2007, 49.

I. Entstehungsgeschichte

1 § 152 Abs. 1 geht in seiner heutigen Fassung auf das 4. (BGBl 1960 I 35) und 6. (BGBl 1990 I 2816) VwGOÄndG zurück. Der ursprüngliche Normtext aus dem Jahre 1960 (BGBl 1996 I 1629) sah vor, dass Entscheidungen des OVG nach §§ 99 Abs. 2, 125 Abs. 2, 132 Abs. 3 mit der Beschwerde an das BVerwG angefochten werden konnten, wobei für das Beschwerdeverfahren die §§ 137–142 entsprechend galten und das BVerwG über die Beschwerde durch Beschluss entschied. 1990 hat der Gesetzgeber die Rechtsmittel bei einer Verwerfung der Berufung durch die Novellierung des § 125 Abs. 2 vereinheitlicht und vereinfacht (BT-Drs. 11/7030, 31, 36). Seit dem 1.1.1997 ist gegen Normenkontrollbeschlüsse nicht mehr die Nichtzulassungsbeschwerde nach § 47 Abs. 7, sondern die Revision gem. § 132 Abs. 1 statthaft.

II. Bedeutung

2 Zur Entlastung des BVerwG und im Beschleunigungsinteresse sieht § 152 Abs. 1 vor, dass eine Beschwerde zum BVerwG außer in den dort ausdrücklich geregelten Fällen ausgeschlossen ist. Beschlüsse des OVG unterliegen prinzipiell nicht der Beschwerde, unabhängig davon, ob es als erste oder

---

23 Dazu HmbOVG MDR 1980, 258; *J. Meyer-Ladewig/R. Rudisile*, in: Schoch/Schneider/Bier § 151 Rn. 5; hins. § 80 AsylVfG a.F. VGH München 12.2.2008 – 20 C 08.30051.
24 VGH München BayVBl 1983, 535, 536; NVwZ-RR 1998, 687, 688; *M. Kaufmann*, in: Posser/Wolff § 151 Rn. 3. Hätte dagegen nicht der Urkundsbeamte, sondern das Gericht selbst eine Aktenüberlassung abgelehnt, käme nach dem VGH München eine Beschwerde nicht in Betracht.
25 VGH München NVwZ-RR 2003, 690; *M. Kaufmann*, in: Posser/Wolff § 151 Rn. 3.

Rechtsmittelinstanz entschieden hat.[1] Dieser weitgehende Beschwerdeausschluss zum BVerwG ist verfassungsmäßig, da Art. 19 Abs. 4 GG nicht die Eröffnung einer weiteren Instanz gebietet (BVerwG NVwZ 1991, 261 f.; DÖV 1994, 612; zur Unzulässigkeit einer landesrechtlichen Verfassungsbeschwerde BbgVerfG 9.10.2015 – 65/15). Das BVerwG war stets bestrebt, den mit § 152 Abs. 1 verfolgten Gesetzeszweck zum Tragen zu bringen. So entschied es, dass neben § 152 Abs. 1 keine zusätzliche Beschwerdemöglichkeit gegeben ist, wenn der Betroffene eine Grundrechtsverletzung rügt (BVerwG DVBl 1965, 840). Hat das OVG fälschlicherweise anstelle durch Beschluss durch Urteil entschieden und die Revision zugelassen, nimmt das BVerwG wegen § 152 Abs. 1 keine Stellung zur Sache (BVerwG NJW 1986, 1125, 1126; Buchholz 310 § 152 VwGO Nr. 4). Umgekehrt hat es ausgesprochen, dass auch bei einer fehlerhaften Entscheidung des OVG in Gestalt einer nicht rechtsmittelfähigen Entscheidung dasjenige Rechtsmittel eröffnet ist, das bei der verfahrensrechtlich korrekten Entscheidungsform gegeben wäre (BVerwG Buchholz 310 § 152 VwGO Nr. 3). Wird der infrage stehenden Gerichtsentscheidung trotz Unanfechtbarkeit eine fehlerhafte Rechtsmittelbelehrung hinsichtlich der Möglichkeit einer Beschwerde beigefügt, kann dieser Umstand letztlich nicht die Zulässigkeit einer daraufhin eingelegten Beschwerde bewirken (BGHZ 186, 164, 166 f.).

Das BVerwG hat wegen § 152 Abs. 1 die Überprüfung einer Aussetzungsentscheidung abgelehnt, **3** wenn das OVG über diese Frage inzident i.R. der Sachentscheidung erkannt hat (BVerwG 10.9.1990 – 2 B 49/90). Es hält sich allenfalls dann für zuständig, wenn die erhobene Revision nicht unmittelbar eine Vorentscheidung, sondern einen Mangel betrifft, der als Folge der beanstandeten Vorentscheidung dem angefochtenen Urteil selbst weiterwirkend anhaftet (BVerwG BayVBl 1998, 702; Buchholz 303 § 548 ZPO Nr. 4; 12.6.2012 – 3 B 88/11). Wegen des im verwaltungsgerichtlichen Verfahren nach § 173 entsprechend anzuwendenden § 557 Abs. 2 ZPO n.F. unterliegen die dem Endurteil vorausgehenden Entscheidungen nicht der Beurteilung des Revisionsgerichts, sofern sie unanfechtbar sind. Als Beispiele seien die Zurückweisung eines Befangenheitsantrags durch das OVG (BVerwG 12.6.2012 – 3 B 88/11; s.a. BVerfG NJW 2009, 833 f.) oder die Ablehnung eines Sachverständigen durch das OVG (BVerwG 22.12.2011 – 2 B 87/11) genannt.

Wird die Zulassung der Berufung durch Beschluss nach § 124 a Abs. 5 S. 1 abgelehnt, ist dieser gem. **4** § 152 Abs. 1 unanfechtbar (BVerwG Buchholz 310 § 124 a VwGO Nr. 34, wobei ohne Stellungnahme für den Fall der Willkür). Gleiches gilt für Beschlüsse, in denen das OVG die Berufung zugelassen hat. Diese sind für das BVerwG gem. § 173 VwGO i.V.m. § 548 ZPO a.F. bzw. § 557 Abs. 2 ZPO n.F. bindend (BVerwG NVwZ 1998, 1179; 27.10.1999 – 9 B 386/99). Aufgrund spezialgesetzlicher Anordnung ist in bestimmten Fällen trotz der Entscheidung durch Beschluss ein anderes Rechtsmittel statthaft. Gegen Normenkontrollbeschlüsse steht den Beteiligten die Revision zu (§ 132 Abs. 1). Hat das OVG über eine Berufung durch Beschluss entschieden, steht den Beteiligten nach §§ 125 Abs. 2 S. 4, 130 a S. 2 das Rechtsmittel zu, das zulässig wäre, wenn das OVG durch Urteil entschieden hätte. § 93 a Abs. 2 S. 5 enthält eine ähnliche Regelung.

III. Entscheidungen nach § 99 Abs. 2

Handelt es sich um einen Beschluss des OVG über die Rechtmäßigkeit der Verweigerung der Vorlage **5** von Urkunden/Akten oder der Erteilung von Auskünften, ist nach § 99 Abs. 2 S. 12 die Beschwerde zum BVerwG eröffnet.

IV. Entscheidungen nach § 133 Abs. 1

Des Weiteren kann die Nichtzulassung der Revision mit der Beschwerde angefochten werden. Die **6** Nichtzulassung der Revision kann in einem Urteil des OVG oder bei Beschlüssen nach § 47 Abs. 5 S. 1 (§ 132 Abs. 1) sowie gem. § 135 S. 2 in einem Urteil des VG ausgesprochen werden. Die Nichtzulassungsbeschwerde ist spezialgesetzlich in § 133 geregelt. Die Verweisung des § 152 Abs. 1 auf § 133 bezieht sich auf die in § 132 Abs. 1 genannten Entscheidungen. Deshalb ist ein Beschluss des OVG nicht beschwerdefähig, durch den es einen Antrag auf Gewährung von Prozesskostenhilfe abgelehnt hat (BVerwG 19.3.2008 – 9 B 17/08; BGH NJW-RR 2015, 506, 507).

---

1 BVerwG NJW 1961, 187; *M. Happ*, in: Eyermann § 152 Rn. 1; *M. Kaufmann*, in: Posser/Wolff § 152 Rn. 1; *J. Meyer-Ladewig/R. Rudisile*, in: Schoch/Schneider/Bier § 152 Rn. 3; *M. Redeker*, in: Redeker/v. Oertzen § 152 Rn. 1.

V. Entscheidungen nach § 17 a Abs. 4 S. 4 GVG

7   Weiterhin können Entscheidungen des OVG nach § 17 a Abs. 4 S. 4 GVG mit der Beschwerde zum BVerwG angegriffen werden, in denen das OVG den eingeschlagenen Rechtsweg unter Verweisung des Rechtsstreits an ein anderes Gericht für unzulässig erklärt und gegen seine Entscheidung die Beschwerde *zulässt*. Streitig ist, ob dies auch für Beschwerden gegen Rechtswegentscheidungen in vorläufigen Rechtsschutzverfahren gilt (eingehend → § 41 § 17 GVG Rn. 6 ff.).[2] Das BVerwG ließ offen, ob eine weitere Beschwerde nicht bereits wegen des Charakters der gerichtlichen Eilverfahren ausscheide. Angesichts der besonderen Vorkehrungen des Gesetzgebers für einen zügigen Abschluss vorläufiger Rechtsschutzverfahren habe man den Beteiligten für den in einem solchen Verfahren anfallenden Zwischenstreit über den Rechtsweg keinen weitergehenden Rechtszug als in dem zugrunde liegenden Verfahren eröffnen wollen.[3] Die Beschwerde zum BVerwG ist immer *ausgeschlossen*, wenn das OVG diese nicht zugelassen hat.[4]

VI. Entscheidungen nach § 159 Abs. 1 S. 2, 3 GVG

8   In Rechtshilfeangelegenheiten nach § 159 Abs. 1 S. 2, 3 GVG ist eine Beschwerde zum BVerwG nicht möglich.[5] Während in § 152 Abs. 1 die Beschwerde gegen Entscheidungen nach § 17 a Abs. 4 S. 4 GVG ausdrücklich erwähnt wird, werden die Rechtshilfeangelegenheiten nicht genannt.

VII. Untätigkeitsbeschwerde

9   Unter Verweis auf den Gesetzeswortlaut des § 152 Abs. 1 hat das BVerwG eine Untätigkeitsbeschwerde gegen das Unterlassen einer Entscheidung durch das OVG als unstatthaft angesehen (BVerwG NVwZ 2003, 889; eingehend zur Untätigkeitsbeschwerde → § 146 Rn. 9 ff.).

VIII. Außerordentliche Beschwerde

10   In früheren Gerichtsentscheidungen hielt das BVerwG eine außerordentliche Beschwerde bei greifbarer Gesetzeswidrigkeit einer Entscheidung nicht für ausgeschlossen.[6] 2016 ließ es in einer Entscheidung offen, ob eine solche wegen Verletzung des in Art. 101 Abs. 1 S. 2 GG garantierten gesetzlichen Richters in Betracht kommen könnte (BVerwG 3.3.2016 – 1 B 16/16). In vorherigen Entscheidungen lehnte es eine solche ab, weil § 152 die Zuständigkeiten im Instanzenzug abschließend regle. Zum anderen habe der Gesetzgeber mit dem über § 173 anwendbaren § 321 a ZPO bzw. dem jetzigen § 152 a VwGO deutlich gemacht, dass eine im Rechtsmittelzug nicht mögliche Nachprüfung einer gerichtlichen Entscheidung allenfalls demjenigen Gericht vorbehalten bleiben solle, das die jeweilige Entscheidung erlassen habe.[7] Des Weiteren verstoße eine außerordentliche Beschwerde gegen den Grundsatz der Rechtsmittelklarheit[8] (→ § 146 Rn. 118 f.). Möglicherweise kann aber eine Gegenvorstellung an das OVG gerichtet werden (→ § 150 Rn. 10).

---

2   Verneinend OVG Bln NJW 1991, 715, 716; OVG Münster DVBl 2001, 1780; VGH Kassel DÖV 2007, 262, 263; VGH Mannheim BWVP 1991, 162, 164; VGH München BayVBl 1993, 309, 310; BezG Dresden LKV 1992, 337. Zumeist wird darauf hingewiesen, dass das BVerwG wegen § 152 Abs. 1 auch die Sachentscheidungen in den einstweiligen Rechtsschutzverfahren nicht überprüfen kann. Bejahend OVG Lüneburg NZBau 2006, 670; VGH Mannheim NVwZ-RR 2003, 159; VGH München NVwZ 1999, 1015; *M. Happ*, in: Eyermann § 152 Rn. 1; *M. Kaufmann*, in: Posser/Wolff § 152 Rn. 2.

3   BVerwG NVwZ 2006, 1291; 3.3.2016 – 1 B 16/16; krit. *C. Braun*, NVwZ 2007, 49 ff.

4   BVerwG DÖV 1994, 612; Buchholz 300 § 17 a GVG Nr. 11; Buchholz 300 § 17 a GVG Nr. 1; NVwZ 2005, 1201; 3.3.2016 – 1 B 16/16; *C. Jeromin*, in: Gärditz § 152 Rn. 5; *M. Happ*, in: Eyermann § 152 Rn. 1; *J. Meyer-Ladewig/R. Rudisile*, in: Schoch/Schneider/Bier § 152 Rn. 4; *T. Stuhlfauth*, in: Bader § 152 Rn. 3.

5   So auch *M. Happ*, in: Eyermann § 152 Rn. 1; *J. Meyer-Ladewig/R. Rudisile*, in: Schoch/Schneider/Bier § 152 Rn. 5. A.M. *M. Redeker*, in: Redeker/v. Oertzen § 152 Rn. 3.

6   BVerwG NVwZ-RR 1998, 685; Buchholz 310 § 152 VwGO Nr. 12; 30.10.1996 – 11 B 76/96; zur greifbaren Gesetzwidrigkeit BVerwG 22.1.2002 – 9 B 9/02; 21.5.2003 – 5 B 35/03; s.a. *J. Meyer-Ladewig/R. Rudisile*, in: Schoch/Schneider/Bier § 152 Rn. 7.

7   BVerwG DÖV 2002, 954; Buchholz 310 § 146 VwGO Nr. 6; 17.5.2013 – 9 B 19/13; VGH München BayVBl 2007, 221; → § 146 Rn. 116 ff.; s. aber auch BVerwG NVwZ 2005, 1201; zur Gegenvorstellung BVerfG NJW 2009, 829, 830 f.

8   BVerwG 27.6.2003 – 5 PKH 21/03; s. i.E. auch *M. Kaufmann*, in: Posser/Wolff § 152 Rn. 3; *S. Kautz*, in: HK-VerwR § 152 Rn. 5; *W.-R. Schenke*, in: Kopp/Schenke § 152 Rn. 2.

IX. Verfahren

$\S$ 152 schließt den vierzehnten Abschnitt der VwGO zur Beschwerde ab, weshalb die vorherigen Vorschriften Anwendung finden[9]. Da sie auf das Verhältnis zwischen VG und OVG zugeschnitten sind, muss ggf. ihr Wortlaut im Hinblick auf $\S$ 152 modifiziert werden. Die Beschwerde ist binnen zwei Wochen beim OVG einzulegen. Die Beschwerdefrist wird auch gewahrt, wenn die Beschwerde vor Fristablauf beim BVerwG eingeht ($\S$ 147 Abs. 2). Das Ausgangsgericht muss zunächst darüber entscheiden, ob der Beschwerde abzuhelfen ist. Im Falle der Nichtabhilfe legt es dem BVerwG die Beschwerde vor. Die Beteiligten müssen sich gem. $\S$ 67 Abs. 4 vor dem BVerwG durch einen Prozessbevollmächtigten vertreten lassen.

11

X. $\S$ 152 Abs. 2

Nach $\S$ 152 Abs. 2 gilt in dem Verfahren vor dem BVerwG die Vorschrift des $\S$ 151 über die Erinnerung gegen Entscheidungen des beauftragten oder ersuchten Richters oder des Urkundsbeamten der Geschäftsstelle entsprechend.

12

$\S$ 152 a   [Anhörungsrüge]

(1) [1]Auf die Rüge eines durch eine gerichtliche Entscheidung beschwerten Beteiligten ist das Verfahren fortzuführen, wenn

1. ein Rechtsmittel oder ein anderer Rechtsbehelf gegen die Entscheidung nicht gegeben ist und
2. das Gericht den Anspruch dieses Beteiligten auf rechtliches Gehör in entscheidungserheblicher Weise verletzt hat.

[2]Gegen eine der Endentscheidung vorausgehende Entscheidung findet die Rüge nicht statt.

(2) [1]Die Rüge ist innerhalb von zwei Wochen nach Kenntnis von der Verletzung des rechtlichen Gehörs zu erheben; der Zeitpunkt der Kenntniserlangung ist glaubhaft zu machen. [2]Nach Ablauf eines Jahres seit Bekanntgabe der angegriffenen Entscheidung kann die Rüge nicht mehr erhoben werden. [3]Formlos mitgeteilte Entscheidungen gelten mit dem dritten Tage nach Aufgabe zur Post als bekannt gegeben. [4]Die Rüge ist schriftlich oder zu Protokoll des Urkundsbeamten der Geschäftsstelle bei dem Gericht zu erheben, dessen Entscheidung angegriffen wird. [5]$\S$ 67 Abs. 4 bleibt unberührt. [6]Die Rüge muss die angegriffene Entscheidung bezeichnen und das Vorliegen der in Absatz 1 Satz 1 Nr. 2 genannten Voraussetzungen darlegen.

(3) Den übrigen Beteiligten ist, soweit erforderlich, Gelegenheit zur Stellungnahme zu geben.

(4) [1]Ist die Rüge nicht statthaft oder nicht in der gesetzlichen Form oder Frist erhoben, so ist sie als unzulässig zu verwerfen. [2]Ist die Rüge unbegründet, weist das Gericht sie zurück. [3]Die Entscheidung ergeht durch unanfechtbaren Beschluss. [4]Der Beschluss soll kurz begründet werden.

(5) [1]Ist die Rüge begründet, so hilft ihr das Gericht ab, indem es das Verfahren fortführt, soweit dies aufgrund der Rüge geboten ist. [2]Das Verfahren wird in die Lage zurückversetzt, in der es sich vor dem Schluss der mündlichen Verhandlung befand. [3]In schriftlichen Verfahren tritt an die Stelle des Schlusses der mündlichen Verhandlung der Zeitpunkt, bis zu dem Schriftsätze eingereicht werden können. [4]Für den Ausspruch des Gerichts ist $\S$ 343 der Zivilprozessordnung entsprechend anzuwenden.

(6) $\S$ 149 Abs. 1 Satz 2 ist entsprechend anzuwenden.

Schrifttum

1. Monographien: *A. Kettinger,* Die Verfahrensgrundrechtsrüge: Das Anhörungsrügengesetz in der zivilprozessualen Praxis ($\S$ 321 a ZPO), 2007; *D. Schnabl,* Die Anhörungsrüge nach $\S$ 321 a ZPO, 2007.

2. Beiträge in Zeitschriften: *S. Detterbeck,* Fachgerichtliche Gehörsrüge und Verfassungsbeschwerde, NdsVBl 2010, 116; *A. Guckelberger,* Die Anhörungsrüge nach $\S$ 152 a VwGO n.F., NVwZ 2005, 11; *M. Huber,* Anhörungsrüge bei Verletzung des Anspruchs auf rechtliches Gehör, JuS 2005, 109; *K. M. Jost,* Verfassungsprozessuale Probleme der Anhörungsrüge, in: H. Rensen/S. Brink, Linien der Rechtsprechung des Bundesverfassungsgerichts, 2009, 59; *A. Kettinger,* Ein Plädoyer gegen die „Beerdigung" von

---

9 *J. Meyer-Ladewig/R. Rudisile,* in: Schoch/Schneider/Bier $\S$ 152 Rn. 6.

außerordentlichen Rechtsbehelfen, DVBl 2006, 1151; *ders.*, Die Statthaftigkeit der Anhörungsrüge (§ 321a ZPO), JURA 2007, 161; *ders.*, Die Verletzung von Verfahrensgrundrechten – Reicht eine Verfassungsbeschwerde?, BayVBl 2007, 489; *E. Lingens*, Rechtskraft und mangelndes rechtliches Gehör, NZWehrr 2007, 201; *V. Rieble/S. Vielmeier*, Riskante Anhörungsrüge, JZ 2011, 923; *W.-R. Schenke*, Außerordentliche Rechtsbehelfe im Verwaltungsprozessrecht nach Erlass des Anhörungsrügengesetzes, NVwZ 2005, 729; *D. Schnabl*, Die Anhörungsrüge bei versäumten Rechtsmitteln, NJ 2007, 289; *ders.*, Die Anhörungsrüge nach Rechtsmittelverzicht, AnwBl 2008, 188; *S. Schweitzer*, Die Anhörungsrüge in der Rechtsprechung des Bundesverfassungsgerichts, in: Scheffczyk/Wolter, Linien der Rechtsprechung des Bundesverfassungsgerichts, Bd. 4, 2017, S. 43; *I.-J. Tegebauer*, Die Anhörungsrüge in der verfassungsgerichtlichen Praxis, DÖV 2008, 954; *J. Treber*, Neuerungen durch das Anhörungsrügengesetz, NJW 2005, 97; *J. Unterreitmeier*, Kein öffentliches Interesse am rechtlichen Gehör?, DÖV 2013, 343; *R. Zuck*, Kann der Beschwerdeführer eine Grundrechtsrüge im Verfassungsbeschwerdeverfahren zurücknehmen?, NVwZ 2011, 795; *ders.*, Gehört die Anhörungsrüge zum Rechtsweg nach § 90 II 1 BVerfGG?, NVwZ 2006, 1119; *ders.*, Die Anhörungsrüge im Zivilprozess, AnwBl 2008, 168.

I. Entstehungsgeschichte

1   Das BVerfG entschied im April 2003 durch Plenarbeschluss, dass der allgemeine Justizgewährungsanspruch den Rechtsweg bei einer Verletzung der Verfahrensgrundrechte durch ein Gericht eröffnet. Es wäre mit der Verfassung nicht zu vereinbaren, wenn in manchen Fällen der Verletzung eines Verfahrensgrundrechts durch ein Gericht die Betroffenen keine fachgerichtliche Abhilfe erlangen könnten (BVerfG NJW 2003, 1924, 1926). Das BVerfG hielt bis zum Ablauf des 31.12.2004 den Erlass entsprechender Gesetzesbestimmungen für notwendig. Es betonte auf der einen Seite, dass der Gesetzgeber bei der Ausformung des jeweiligen Rechtsbehelfs über einen weiten Gestaltungsspielraum verfügt. Die Abhilfe könne entweder durch das erkennende oder ein übergeordnetes Gericht erfolgen und im Bereich des vorläufigen Rechtsschutzes anders als beim Hauptsacherechtsschutz ausfallen. Auch könne der Rechtsbehelf von besonderen Anforderungen abhängig gemacht werden, z.B. von Fristen für seine Einlegung oder von bestimmten Darlegungen. Andererseits sind folgende drei verfassungsrechtliche Mindestanforderungen zu beachten: 1. Über den Rechtsbehelf muss ein Fachgericht befinden. 2. Es muss für Gehörsverstöße in jeder Instanz eine Abhilfemöglichkeit zur Verfügung stehen. 3. Schließlich muss der Rechtsbehelf in der geschriebenen Rechtsordnung geregelt und seine Voraussetzungen müssen für den Bürger klar erkennbar sein.[1]

2   Durch das Anhörungsrügengesetz vom 9.12.2004 (BGBl I 3220) wurde mit Wirkung zum 1.1.2005 § 152a neu in die VwGO aufgenommen. Die Anhörungsrüge wurde im 14. Abschnitt der VwGO unter der Überschrift „Beschwerde, Erinnerung, Anhörungsrüge" verortet. Dies überrascht, da die Anhörungsrüge einen außerordentlichen Rechtsbehelf darstellt (→ Rn. 4), hätte es eigentlich nahe gelegen, sie zusammen mit dem weiteren außerordentlichen Rechtsbehelf der Wiederaufnahme des Verfahrens nach § 153 (→ § 153 Rn. 2) in einem eigenen Abschnitt zu regeln. Für die Zuordnung zum 14. Abschnitt war möglicherweise bedeutsam, dass in § 152a Abs. 6 auf § 149 Bezug genommen wird, das Ausgangsgericht bei der Beschwerde zunächst nach § 148 über ihre Abhilfe entscheidet und die Erinnerung nach § 151 mangels Devolutiveffekts ebenfalls kein Rechtsmittel ist (→ § 151 Rn. 1). Mit Wirkung zum 1.7.2008 wurde der Verweis in § 152a Abs. 2 S. 5 auf § 67 Abs. 1 an § 67 Abs. 4 n.F. angepasst (BGBl 2007 I 2840). Mit Wirkung zum 1.1.2018 wurden die Wörter „zur Niederschrift" in § 152a Abs. 2 S. 4 durch „zu Protokoll" des Urkundsbeamten der Geschäftsstelle ersetzt (BGBl 2017 I 2208). Nach § 23a Abs. 3 WBO (BGBl 2009 I 81) gilt für die Rüge der Verletzung des Anspruchs auf rechtliches Gehör § 152a entsprechend.

---

[1] BVerfG NJW 2003, 1924, 1926 ff.; 2003, 3687, 3688; 2004, 1371, 1372; BT-Drs. 15/3706, 13.

II. Aufbau der Vorschrift

Neben der Statthaftigkeit der Anhörungsrüge regelt § 152 a Abs. 1, wer zu ihrer Einlegung berechtigt **3** ist. Abs. 2 enthält Vorgaben zur Rügefrist und zur Rügeschrift, Abs. 3 zur Verfahrensweise des Gerichts. § 152 a Abs. 4 und Abs. 5 betreffen die gerichtlichen Entscheidungsmöglichkeiten. Aus Abs. 6 ergibt sich, inwieweit der Anhörungsrüge aufschiebende Wirkung zukommt.

III. Bedeutung der Anhörungsrüge

Die Anhörungsrüge ist ein *außerordentlicher* Rechtsbehelf[2] zur Selbstkontrolle des Gerichts wegen eines **4** ihm unterlaufenen Verfahrensfehlers (VG Cottbus 18.5.2010 – 6 K 1043/09). Die Anhörungsrüge ist kein Rechtsbehelf zur Überprüfung der inhaltlichen Richtigkeit einer Gerichtsentscheidung, sondern zur Korrektur einer Verletzung des rechtlichen Gehörs (BVerwG ZfWG 2012, 36; Buchholz 310 § 152 a VwGO Nr. 15). Sie hat keinen Devolutiveffekt, weil der iudex a quo über sie entscheidet.[3] Ihr fehlt auch der für ein Rechtsmittel typische Suspensiveffekt. Da die Anhörungsrüge nicht (mehr) in § 705 ZPO erwähnt wird, kann sie den Eintritt der formellen Rechtskraft der infrage stehenden Gerichtsentscheidung nicht verhindern.[4] Unter den engen Voraussetzungen des § 149 Abs. 1 S. 2 führt sie aber zu demselben Vollstreckungsschutz wie eine Beschwerde. Der Anhörungsrüge und der Wiederaufnahme des Verfahrens nach § 153 ist gemeinsam, dass durch sie die Rechtskraft einer Gerichtsentscheidung überwindbar ist.[5] Ursache dafür ist bei der Anhörungsrüge der hohe Stellenwert des Anspruchs auf rechtliches Gehör. Art. 103 Abs. 1 GG enthält ein „prozessuales Urrecht" des Menschen und zugleich ein objektiv-rechtliches Verfahrensprinzip, welches für ein rechtsstaatliches Verfahren i.S.d. GG schlechthin konstitutiv ist (BVerfGE 55, 1, 6; BVerfG NJW 2003, 1924, 1926; NZG 2011, 719, 720). Insbes. das rechtliche Gehör schafft die Voraussetzungen für den Erlass einer willkürfreien Gerichtsentscheidung auf einer hinreichend sicheren Tatsachengrundlage (BT-Drs. 15/3706, 13). Mit der Anhörungsrüge lassen sich Gehörsverstöße sach- und zeitnah beseitigen. Sie ermöglicht den Fachgerichten die Korrektur v.a. unbeabsichtigter Verfahrensverstöße und führt zu einer Entlastung des BVerfG.[6] Damit die Beachtung des Art. 103 Abs. 1 GG in der Fachgerichtsbarkeit nicht kontrollfrei bleibt, ist in die Verfahrensordnung eine eigenständige gerichtliche Abhilfemöglichkeit für behauptete Verletzungen dieses Verfahrensgrundrechts in der letzten Instanz aufzunehmen (BVerfG NZG 2011, 719, 720). Mit den Worten von *I. Schübel-Pfister*[7] hat die Anhörungsrüge eine Doppelnatur als fachgerichtliches Rechtsschutz- und verfassungsgerichtliches Vorverfahren.

Solange eine Anhörungsrüge in Betracht kommt, steht einer Verfassungsbeschwerde, mit der die Ver- **5** letzung des Anspruchs auf rechtliches Gehör aus Art. 103 Abs. 1 GG geltend gemacht wird, die mangelnde Erschöpfung des Rechtswegs entgegen.[8] Die diesbezügliche Obliegenheit „erfasst auch die Erhebung einer statthaften und nicht von vornherein völlig aussichtslosen Anhörungsrüge".[9] Nach Ansicht des BVerfG ist die Erhebung einer Anhörungsrüge wegen einer möglichen Gehörsverletzung aus Gründen der Subsidiarität auch geboten, wenn bei den dann „vor den Fachgerichten gegebenenfalls erneut durchzuführenden Verfahrensschritten auch andere Grundrechtsverletzungen, durch die sie [die Beschwerdeführer] sich verletzt fühlen, beseitigt werden" und wenn „den Umständen nach ein Gehörsverstoß durch die Fachgerichte nahe liegt und zu erwarten wäre, dass vernünftige Verfahrensbeteiligte mit Rücksicht auf die geltend gemachte Beschwer bereits im gerichtlichen Verfahren einen entsprechenden Rechtsbehelf ergreifen würden (BVerfG 16.7.2013 – 1 BvR 3057/11 Rn. 27 f.). Die Un-

---

2 BT-Drs. 15/3966, 8 f.; BVerwG AGS 2010, 304; Buchholz 310 § 152 a VwGO Nr. 15; *A. Guckelberger*, NVwZ 2005, 11.
3 *A. Guckelberger*, NVwZ 2005, 11.
4 BT-Drs. 15/3706, 14; BVerwG AGS 2010, 304; *A. Guckelberger*, NVwZ 2005, 11; *J. Treber*, NJW 2005, 97, 99; zu § 321 a ZPO BGH 24.2.2005 – III ZR 263/04.
5 *A. Guckelberger*, NVwZ 2005, 11.
6 BVerfG NJW 2003, 1924, 1926, 1928; krit. gegenüber dem tatsächlichen Entlastungseffekt *S. Schweitzer*, in: Scheffczyk/Wolter, S. 43, 61.
7 In: Gärditz § 152 a Rn. 8.
8 BVerfG 16.7.2013 – 1 BvR 3057/11, Rn. 22; 30.5.2013 – 2 BvR 885/13; ThürVerfGH NVwZ-RR 2005, 145, 146; s.a. *R. Zuck*, NVwZ 2005, 739 ff.
9 BVerfG 14.12.2011 – 2 BvR 68/11; s.a. 16.11.2016 – 2 BvR 323/16; zu den Schwierigkeiten dieser Anforderung *S. Schweitzer*, in: Scheffczyk/Wolter, S. 43, 52 ff.

zumutbarkeit begrenzt somit ein solches Vorgehen (BVerfG NZA 2016, 122).[10] Bei einer Verfassungs-beschwerde wegen eines Gehörsverstoßes muss der Beschwerdeführer den wesentlichen Inhalt der Entscheidung über die erhobene Anhörungsrüge einschließlich des Zeitpunkts des Zugangs dieser Entscheidung mitteilen (BVerfG 30.5.2013 – 2 BvR 885/13).[11] Der bloße Vortrag, die Anhörungsrüge sei inhaltlich nicht nachvollzogen worden, enthält keine substantiierte Rüge einer Grundrechtsverletzung (BVerfG 27.5.2013 – 2 BvR 462/13). Unterlässt eine Person die Einlegung des statthaften Rechtsbehelfs der Anhörungsrüge, ist die Verfassungsbeschwerde nicht nur hins. der Verletzung des Art. 103 Abs. 1 GG, sondern insgesamt, z.B. auch im Hinblick auf das Grundrecht auf ein faires Verfahren, un-zulässig (BVerfG 9.6.2008 – 2 BvR 947/08; 20.6.2012 – 2 BvR 1565/11). Dies gilt jedenfalls dann, wenn sich die behauptete Gehörsverletzung auf den gesamten Streitgegenstand des fachgerichtlichen Verfahrens erstreckt (s.a. BVerfG 16.7.2013 – 1 BvR 3057/11 Rn. 30). Denn dann wird dem Gehörs-verstoß dadurch abgeholfen, dass das Gerichtsverfahren fortgeführt wird.[12] Erst nach Durchführung des Anhörungsrügeverfahrens kann zulässigerweise eine Verfassungsbeschwerde erhoben werden.[13] Soweit die Durchführung einer Anhörungsrüge zur Rechtswegerschöpfung notwendig ist, darf sich der Beschwerdeführer nicht mit irgendeiner Anhörungsrüge begnügen, sondern muss gerade den Ge-hörsverstoß zum Gegenstand des Verfahrens machen, den er später zum Gegenstand des Verfassungs-beschwerdeverfahrens machen will.[14] Die Zurückweisung oder Verwerfung der Anhörungsrüge kann eine eigenständige, verfassungsrechtlich erhebliche Beschwer bewirken.[15] Es würde dem Grundsatz der Subsidiarität zuwiderlaufen, wenn von unterschiedlichen Gehörsverletzungen nur eine mit der fachgerichtlichen Anhörungsrüge geltend gemacht und eine andere erst im Verfassungsbeschwerdever-fahren gerügt würde. Denn das BVerfG soll sich nur mit solchen Gehörsverstößen befassen müssen, mit welchen sich zuvor die Fachgerichte auseinandergesetzt haben (BVerfG NJW 2007, 3054, 3055).[16] Ist eindeutig, dass mit der Anhörungsrüge nur eine Teilkorrektur der gerichtlichen Entschei-dung erreicht werden kann, muss der Betroffene hinsichtlich des anderen Teils sofort Verfassungsbe-schwerde einlegen.[17] Entscheidet ein Verwaltungsgericht über eine Anhörungsrüge, ohne auf ihre Ver-fristung einzugehen, kann dem Beschwerdeführer deren verfristete Einlegung unter dem Gesichts-punkt der ordnungsgemäßen Rechtswegerschöpfung nicht entgegengehalten werden (BVerfG 29.8.2017 – 2 BvR 863/17).

6   In denjenigen Fällen, in denen der Rechtsbehelf der Anhörungsrüge „offensichtlich" nicht greift, weil es z.B. der Sache nach um keine Gehörsverletzung, sondern nur um die richtige rechtliche Bewertung eines Umstands durch ein Gericht geht (BVerfG NVwZ 2007, 946; NVwZ 2013, 1603, 1604),[18] ist sofort Verfassungsbeschwerde zu erheben. In dieser Situation läuft die Verfassungsbeschwerdefrist nicht erst mit Zurückweisung der Anhörungsrüge. Sonst bestünde für den Beschwerdeführer die Mög-lichkeit, durch Einlegung eines offensichtlich unzulässigen Rechtsbehelfs die Frist zur Anrufung des BVerfG hinauszuschieben.[19] Offensichtlich unzulässig oder aussichtslos ist ein Rechtsbehelf, wenn der Beschwerdeführer bei seiner Einlegung über dessen Unzulässigkeit bzw. Aussichtslosigkeit nach dem Stand der Rspr. und Lehre nicht im Ungewissen sein konnte (BVerfG 31.8.2011 – 2 BvR 1979/08). Die Anhörungsrüge gehört mangels Statthaftigkeit nicht zu dem zu erschöpfenden Rechtsweg, wenn dem letztinstanzlich entscheidenden Gericht kein neuer, eigenständiger Gehörsverstoß zur Last gelegt wird, sondern allein die Nichtbehebung eines Gehörsverstoßes durch die Vorinstanz (BVerfG

---

10   Dazu auch *S. Schweitzer*, in: Scheffczyk/Wolter, S. 43, 48 f.
11   Zur Darlegung auch *S. Schweitzer*, in: Scheffczyk/Wolter, S. 43, 59 ff.
12   BVerfG NJW 2005, 3059 f.; 13.12.2007 – 1 BvR 2532/07; *K. M. Jost*, S. 63 f.; *I.-J. Tegebauer*, DÖV 2008, 954 f.
13   *W. Gravenhorst*, NZA 2005, 24, 25; *J. Treber*, NJW 2005, 97, 99; zu § 321 a ZPO a.F. BT-Drs. 14/4722, 86. A.M. *W. Nassall*, ZRP 2004, 164, 167 f. Richtet sich eine Verfassungsbeschwerde gegen die in einem fachgerichtlichen Verfah-ren erfolgte Zurückweisung der Anhörungsrüge, ist nach BVerfG InfAuslR 2009, 249 f. das Rechtsschutzbegehren des Beschwerdeführers regelmäßig dahin auszulegen, dass er der Sache nach die Ausgangsentscheidung angreift (zum möglichen Gegenstand der Verfassungsbeschwerde im Zusammenhang mit Anhörungsrügen *K. M. Jost*, S. 74 ff.).
14   *K. M. Jost*, S. 70.
15   BVerfG NZBau 2008, 456, 457; NJW 2008, 2635; s.a. *K. M. Jost*, S. 78 ff.
16   *S. Schweitzer*, in: Scheffczyk/Wolter, S. 43, 50 f.
17   *W.-R. Schenke*, in: Kopp/Schenke § 152 a Rn. 16 d; aber a. *K. M. Jost*, S. 64.
18   Dazu auch *S. Schweitzer*, in: Scheffczyk/Wolter, S. 43, 53.
19   BVerfG NJW-RR 2008, 75; zu den Fristproblemen auch *S. Schweitzer*, in: Scheffczyk/Wolter, S. 43, 52 ff.

10.10.2012 – 2 BvR 1218/10). Gegen einen solchen eine Anhörungsrüge zurückweisenden Anhörungsbeschluss ist eine erneute bzw. sekundäre Gehörsrüge nicht statthaft.[20]

IV. Prüfungsreihenfolge

Wie bei der Wiederaufnahme nach §153 wird auch bei der Anhörungsrüge *dreistufig* verfahren: Als   7
Erstes ist die Zulässigkeit der Anhörungsrüge zu prüfen. Wurde die Zulässigkeit bejaht, befasst sich
das Gericht anschließend mit der Begründetheit der Rüge. Es prüft, ob der behauptete entscheidungserhebliche Gehörsverstoß tatsächlich vorliegt. Sofern die Anhörungsrüge begründet ist, hilft ihr das
Gericht ab. Das beendete Gerichtsverfahren wird fortgeführt, soweit dies aufgrund der Rüge geboten
ist.

V. Statthaftigkeit

Die Erhebung einer Anhörungsrüge wird nach §152a Abs. 1 gegen *gerichtliche Entscheidungen* eröff-   8
net. Sie hängt von zwei Voraussetzungen ab, die *kumulativ* erfüllt sein müssen. Erstens darf kein
Rechtsmittel oder kein anderer Rechtsbehelf gegen die Gerichtsentscheidung gegeben sein. Zweitens
muss das Gericht den Anspruch des Rügeführers auf rechtliches Gehör in entscheidungserheblicher
Weise verletzt haben.

1. Rügegegenstand. Mit der Anhörungsrüge kann gegen eine *gerichtliche Entscheidung* vorgegangen   9
werden. Darunter fallen z.B. Urteile und Beschlüsse[21] oder der Gerichtsbescheid.[22] Wie vom BVerfG
gefordert, ist der sachliche Anwendungsbereich der Anhörungsrüge für Gerichtsentscheidungen jeder
Instanz eröffnet. Es ist ohne Bedeutung, ob die infrage stehende Gerichtsentscheidung von einer Kammer bzw. einem Senat des Gerichts, dem Einzelrichter, dem Vorsitzenden usw. gefällt wurde. Die Anhörungsrüge des §152a gilt auch für Gerichtsentscheidungen im vorläufigen Rechtsschutz (BVerfG
27.9.2017 – 1 BvR 1979/17). Nach Meinung des Gesetzgebers käme eine Korrektur von Gehörsverstößen bei diesen Entscheidungen im Hauptsacheverfahren oftmals zu spät. Dies gilt insbes., wenn die
infrage stehende Eilentscheidung endgültige Verhältnisse schafft oder angesichts der Dauer des Hauptsacheverfahrens faktisch zu endgültigen Verhältnissen führt. Die Anhörungsrüge gegen Entscheidungen im vorläufigen Rechtsschutz sei mit keinen nennenswerten Verzögerungen verbunden und vermeide die Einleitung von Hauptsacheverfahren allein zur Behebung von Anhörungsmängeln beim Eilrechtsschutz.[23] Auch PKH-Beschlüsse sind gerichtliche Entscheidungen i.S.d. §152a.[24] Bei Untätigkeit
eines Gerichts wird es vielfach an der für eine Anhörungsrüge erforderlichen Gerichtsentscheidung
fehlen,[25] weshalb allenfalls eine analoge Anwendung des §152a in Betracht käme.[26] Eine solche verträgt sich jedoch nur schwer mit dem Charakter der Anhörungsrüge als außerordentlichem Rechtsbehelf. In einer Antwort der Bundesregierung zum Rechtsschutz gegen überlange Verfahren bei Gericht
vom 28.11.2007 wird davon gesprochen, dass die Verfahrensdauer nicht Gegenstand des Anhörungsrügengesetzes sei (BT-Drs. 16/7655, 1).

Von der Anhörungsrüge *ausgenommen* sind Entscheidungen, die der Endentscheidung vorausgehen   10
(§152a Abs. 1 S. 2). Die Anhörungsrüge ist vornehmlich gegen gerichtliche *Endentscheidungen* gegeben. Zu diesen gehört insbes. das Endurteil. Je nachdem, ob insgesamt oder über einen Teil des Streitgegenstands entschieden wird, kann es sich dabei um ein Voll- oder Teilurteil handeln.[27] Instanzabschließend kann sowohl ein Prozess- als auch ein Sachurteil sein (→ §153 Rn. 9). Bzgl. der Rechtsmittel ist auch ein Zwischenurteil (§109) als Endentscheidung anzusehen.[28] Zu den Endentscheidungen zählen des Weiteren Beschlüsse, die entweder die Instanz im Hauptsacheverfahren oder aber einen

---

20 BVerfG 26.4.2011 – 2 BvR 597/11; 20.7.2011 – 1 BvR 3269/10; *S. Schweitzer*, in: Scheffczyk/Wolter, S. 43, 56 ff.
21 BT-Drs. 15/3706, 15 zu §321a ZPO; zur Beschwerde OVG Lüneburg NdsVBl 2011, 54, 55; *A. Guckelberger*, NVwZ
    2005, 11; *J. Treber*, NJW 2005, 97, 98.
22 *A. Guckelberger*, NVwZ 2005, 11.
23 BT-Drs. 15/3706, 14; *A. Guckelberger*, NVwZ 2005, 11, 12.
24 *D. Schnabl*, Anhörungsrüge, S. 46 f.
25 S.a. *D. Schnabl*, Anhörungsrüge, S. 89.
26 Bejahend *W.-R. Schenke*, in: Kopp/Schenke §152a Rn. 22 ff.; abl. *R. Rudisile*, in: Schoch/Schneider/Bier §152a
    Rn. 40.
27 *Schenke* Rn. 51.
28 *Schenke* Rn. 56.

Beschwerderechtszug abschließen (BT-Drs. 15/3706, 16; BVerfG MDR 2008, 223, 224). Eine Anhörungsrüge scheidet demgegenüber bei einem Zwischenurteil nach § 173 S. 1 VwGO i.V.m. § 303 ZPO aus. Im Interesse einer zügigen Erledigung des Rechtsstreits hat der Gesetzgeber die isolierte Überprüfung von Zwischenentscheidungen bewusst eingeschränkt. Erst mit der Endentscheidung lässt sich feststellen, ob diejenige Person, deren Anspruch auf rechtliches Gehör verletzt wurde, durch die Gerichtsentscheidung beschwert wird und die angeprangerte Gehörsverletzung entscheidungserheblich ist (BVerfG MDR 2008, 223, 224).

11   Als Zwischenentscheidung mit der Anhörungsrüge ebenfalls nicht angreifbar sind z.B. Verweisungsbeschlüsse nach § 83.[29] Allerdings lassen nach den Gesetzesmaterialien, die auf die Parallelbestimmung des § 281 ZPO Bezug nehmen, die Regelungen zur Anhörungsrüge die Frage unberührt, ob die Verweisung wegen Unzuständigkeit auch dann bindend ist, wenn der Beschluss unter Versagung rechtlichen Gehörs ergangen ist (BT-Drs. 15/3706, 16). Zu den Zwischenentscheidungen gehören grds. auch die prozessleitenden Verfügungen i.S.d. § 146 Abs. 2, etwa über die Trennung von Verfahren.[30] Umstr. ist, inwieweit gegen die Ablehnung eines Richters durch Beschluss die Anhörungsrüge eröffnet ist.[31] Das BVerfG hat zur Regelung der Anhörungsrüge in § 78 a Abs. 1 S. 2 ArbGG entschieden, dass diese Norm verfassungskonform dahingehend zu interpretieren sei, dass der Zurückweisungsbeschluss eines Richterablehnungsgesuchs durch das BAG eine mit der Anhörungsrüge angreifbare Endentscheidung sei, weil andernfalls bei Gehörsverletzungen eine nicht mehr hinnehmbare Rechtsschutzlücke entstünde. Die behauptete Gehörsverletzung könne mit der Anhörungsrüge gegen die spätere Sachentscheidung nicht mehr in geeigneter, den verfassungsrechtlichen Anforderungen genügender Weise geltend gemacht werden. Auch lasse sich kaum verlässlich feststellen, ob die Gehörsverletzung die Sachentscheidung in entscheidungserheblicher Weise beeinflusst habe. Die Einschränkung ist daher „bei verfassungskonformer Auslegung auf solche Zwischenentscheidungen zu begrenzen, die im Hinblick auf mögliche Gehörsverletzungen im weiteren fachgerichtlichen Verfahren noch überprüft und korrigiert werden können, ohne dass es zur Erlangung des verfassungsrechtlich gebotenen fachgerichtlichen Rechtsschutzes der Erhebung einer Anhörungsrüge bedürfte" (BVerfG MDR 2008, 223, 224; s.a. BVerfG 6.5.2010 – 1 BvR 96/10). Wird in einem Zwischenverfahren, etwa der Richterablehnung, abschließend und mit Bindungswirkung für das weitere Verfahren über einen Antrag befunden und kann diese Entscheidung später nicht mehr i.R. einer Inzidentprüfung korrigiert werden, gebietet der Grundsatz effektiven Rechtsschutzes i.V.m. Art. 103 Abs. 1 GG die Gewährung fachgerichtlichen Rechtsschutzes gegen eine mögliche Gehörsverletzung im Zwischenverfahren.[32]

12   Da die Entscheidung über eine unzulässige bzw. unbegründete Anhörungsrüge gem. § 152 a Abs. 4 S. 3 durch unanfechtbaren Beschluss ergeht, stellt sich die Frage, ob nicht bei einer weiteren Verletzung des rechtlichen Gehörs im Rügeverfahren eine sog. „Rüge der Rüge" in Betracht kommt.[33] Dies stünde aber in Widerspruch zur Rspr. des BVerfG, wonach der Betroffene bei einer unanfechtbaren Entscheidung das Fachgericht einmal mit der Bitte um Selbstkorrektur seiner Entscheidung anrufen soll, bevor eine Verfassungsbeschwerde erhoben werden kann (abl. auch OVG Lüneburg DVBl 2008, 736). Gegen einen die Anhörungsrüge verwerfenden Beschluss gibt es keine weitere Gehörsrüge (BVerfG 26.4.2011 – 2 BvR 597/11; VGH Kassel 11.4.2016 – 8 A 2798./15.Z.R). Andernfalls würde es zu einem „regressus ad infinitum" kommen, welchem der Grundsatz der Rechtssicherheit entgegensteht. Zur Beseitigung der durch die Ausgangsentscheidung eingetretenen Beschwer steht dem Betroffenen nunmehr die Verfassungsbeschwerde offen (VG Berlin 12.9.2012 – 1 K 246.12 R; s.a. OVG Bln-Bbg 23.8.2011 – OVG 5 RN 4.11). Die Erfolglosigkeit eines gegen einen behaupteten Gehörsverstoß eingelegten Rechtsmittels begründet für sich genommen keine neue Gehörsverletzung des entscheidenden Gerichts (BVerfG NJW 2008, 2635, 2636; 20.7.2011 – 1 BvR 3269/10). Nach dem BVerwG kann eine Anhörungsrüge nicht darauf gestützt werden, dass ihm bei der Überprüfung eines Verfah-

---

29   Für die Beschlüsse nach § 281 ZPO LG Görlitz 25.2.2005 – 2 T 29/05.
30   VG München 20.10.2015 – M 2 K9 15.4659; nach OVG Lüneburg 9.11.2017 – 13 ME 362/17, ist eine Anhörungsrüge bei einem Hängebeschluss unstatthaft.
31   Offen gelassen von BVerwG Buchholz 310 § 152 a Nr. 3; abl. OVG Bln NVwZ 2005, 470, 471.
32   BVerfG NJW 2009, 833 f.; OVG Koblenz 13.2.2017 – 2 A 10662/17; OVG Magdeburg 5.3.2015 – 1 M 11/15; VGH München 6.9.2016 – 4 C 16.961; s.a. BVerwG NVwZ-RR 2009, 662, 663, wonach das Ablehnungsgesuch nicht allein darauf gestützt werden kann, dass der Richter mit der Sache vorbefasst war.
33   A. Kettinger, Verfahrensgrundrechtsrüge, S. 229; tendenziell bejahend T. Stuhlfauth, in: Bader § 152 a Rn. 12.

rensfehlers der Vorinstanz, namentlich gegen das rechtliche Gehör, ein Rechtsfehler unterlaufen ist. Deshalb ist eine Anhörungsrüge gegen die Zurückweisung einer Nichtzulassungsbeschwerde unzulässig, wenn sie sich nicht gegen eine neue und eigenständige Verletzung des rechtlichen Gehörs durch das BVerwG richtet, sondern sich darauf beschränkt, eine bereits der Vorinstanz unterlaufene Verletzung des rechtlichen Gehörs (erneut) geltend zu machen.[34]

2. Subsidiarität der Anhörungsrüge. Nach ihrer Struktur ist die Anhörungsrüge ein *subsidiärer* 13 Rechtsbehelf. Sie greift nur, wenn es kein Rechtsmittel oder keinen anderen Rechtsbehelf gegen die jeweilige Gerichtsentscheidung gibt, mit welchem auch eine Überprüfung der behaupteten Verletzung des rechtlichen Gehörs erreicht werden kann.[35] Sofern der Betroffene einen Gehörsverstoß mit einem Rechtsmittel geltend machen kann, hat er kein Wahlrecht zwischen ihm und der Anhörungsrüge,[36] sondern muss das Rechtsmittel einlegen.[37] Dies gilt sogar bei offenkundigen Pannenfällen, bei denen dem entscheidenden Gericht unbeabsichtigt ein Gehörsverstoß unterlief, bspw. weil ihm ein Schriftsatz nicht vorgelegen hat.[38] Bei einem bewussten Verzicht auf Rechtsbehelfe in Kenntnis der Gehörsverletzung ist dementsprechend die Anhörungsrüge unzulässig.[39] Die Verfassungsbeschwerde selbst ist kein Rechtsbehelf, welcher der Anhörungsrüge entgegensteht.[40]

Zur Vermeidung von Konkurrenzen zwischen der Anhörungsrüge und anderen Rechtsbehelfen wird 14 der Anwendungsbereich des § 152 a durch das Subsidiaritätserfordernis beträchtlich eingeschränkt.[41] Bei einem Gehörsverstoß des VG ist im Falle eines Urteils die Zulassung der Berufung nach § 124 Abs. 2 Nr. 5 zu beantragen (VG München 1.8.2012 – M 18 K 11.822), gegen einen verwaltungsgerichtlichen Beschluss ist die Beschwerde nach § 146 einzulegen (VG Augsburg 10.1.2012 – Au 7 S 11.1771). Gleiches gilt für Verweisungsbeschlüsse gem. § 17 a Abs. 4 S. 3 GVG i.V.m. § 146 Abs. 1.[42] Die Anhörungsrüge gegen Beschlüsse ist nur statthaft, wenn der Beschwerdewert des § 146 Abs. 3 nicht erreicht wird.[43] Bei Urteilen des OVG und Normenkontrollbeschlüssen ist gem. § 132 Abs. 2 Nr. 3 die Revision zuzulassen, wenn ein entscheidungserheblicher Verfahrensmangel geltend gemacht wird und vorliegt. Gegen die Nichtzulassung der Revision wegen eines Verfahrensmangels kann Beschwerde erhoben werden, §§ 133 Abs. 1, 138 Nr. 3 (OVG Bautzen 29.3.2016 – 5 A 104/16). Die Rechtsbehelfe gegen einen Gerichtsbescheid sind § 84 Abs. 2 zu entnehmen. Auch ein Wiedereinsetzungsantrag geht der Anhörungsrüge vor.[44] Erst allmählich drängt sich die Frage auf, ob nicht nach Ablauf der Rechtsmittelfrist eine Anhörungsrüge erhoben werden kann, weil dann ein Rechtsmittel „nicht gegeben" ist.[45] Bei der zivilprozessualen Anhörungsrüge setzt sich diese Ansicht zunehmend durch.[46] Dies dürfte in dieser Verallgemeinerung kaum den Intentionen des Gesetzgebers entsprechen.[47] Lediglich wenn der Gehörsverstoß erst nach Ablauf der Rechtsmittelfrist erkennbar wird und daher auch nicht mit vorherigen Rechtsmitteln geltend gemacht werden konnte, kann man in derartigen Konstellationen eine Anhörungsrüge in Erwägung ziehen. Probleme bereiten schließlich Konstellationen, in denen die Gerichtsentscheidung für die beschwerte Partei nicht anfechtbar ist, die Gegenpartei aber ein Rechtsmittel eingelegt hat. Nach einer Meinung soll in diesem Fall die andere Partei ein Anschlussrechtsmittel einlegen. Falls die Anschließung ihre Wirkung verliere, sei das Verfahren sodann in der unteren Instanz fortzuführen. Wieder andere meinen, es sei eine Anhörungsrüge zu erheben, für die ausnahmsweise das Rechtsmittelgericht zuständig sei. Dem steht jedoch der Gesetzeswort-

---

34 BVerwG NJW 2009, 457 f.; s.a. *K. M. Jost*, S. 74 ff.; *I.-J. Tegebauer*, DÖV 2008, 954, 957.

35 BT-Drs. 15/3706, 13; *A. Guckelberger*, NVwZ 2005, 11, 12; *M. Huber*, JuS 2005, 109, 110; *J. Treber*, NJW 2005, 97, 98; *R. Zuck*, NVwZ 2006, 1119, 1121.

36 *A. Guckelberger*, NVwZ 2005, 11, 12.

37 BT-Drs. 15/3706, 13; *A. Guckelberger*, NVwZ 2005, 11, 12.

38 BT-Drs. 15/3706, 13; *A. Guckelberger*, NVwZ 2005, 11, 12; *M. Huber*, JuS 2005, 109, 110.

39 S. *D. Schnabl*, AnwBl 2008, 188 ff.

40 *A. Kettinger*, Verfahrensgrundrechtsrüge, S. 91; *W.-R. Schenke*, in: Kopp/Schenke § 152 a Rn. 6.

41 BT-Drs. 15/3706, 13; *A. Guckelberger*, NVwZ 2005, 11, 12; zu § 321 a ZPO a.F. BGH NJW 2005, 680 f.

42 VG München 4.4.2016 – M 10 K9 16.752.

43 *W.-R. Schenke*, in: Kopp/Schenke § 152 a Rn. 6.

44 OVG Lüneburg 22.7.2008 – 11 ME 132/08; VGH München DÖV 2009, 872; *R. Rudisile*, in: Schoch/Schneider/Bier § 152 a Rn. 17.

45 Abl. *R. Rudisile*, in: Schoch/Schneider/Bier § 152 Rn. 15; *W.-R. Schenke*, in: Kopp/Schenke § 152 a Rn. 5.

46 *D. Schnabl*, Anhörungsrüge, S. 146 ff.; *H.-J. Musielak*, in: MüKo I § 321 a Rn. 6.

47 *R. Rudisile*, in: Schoch/Schneider/Bier § 152 a Rn. 15.

laut entgegen.[48] Letztlich kommt es auf die Umstände des Einzelfalls an. Solange die Gegenpartei noch kein Rechtsmittel eingelegt hat, bleibt dem Betroffenen nur die Möglichkeit der Anhörungsrüge. Wird später ein Anschlussrechtsmittel eingelegt, wird, da die Zulässigkeit des Rechtsbehelfs der Anhörungsrüge kaum vom Verhalten des Gegners abhängen kann, eines der Gerichtsverfahren auszusetzen sein.[49] Im Fall eines bereits eingelegten Rechtsmittels ist die Anschließung ein anderer Rechtsbehelf (s.a. BVerfG NJW 2006, 1505). Lediglich wenn in diesem Verfahren der Gehörsverstoß nicht behoben werden kann, kann der Betreffende nachträglich eine Anhörungsrüge einlegen,[50] wobei ihm ggf. Wiedereinsetzung in den vorigen Stand zu gewähren ist. Wegen der divergierenden Ansichten wird empfohlen, sowohl Gehörsrüge als auch das Anschlussrechtsmittel einzulegen und die Aussetzung des Rügeverfahrens zu beantragen.[51]

15   Obwohl der Gesetzgeber die Anhörungsrüge auch in den vorläufigen Rechtsschutzverfahren zur Verfügung stellen wollte, scheitert sie regelmäßig am Subsidiaritätserfordernis.[52] Das Abänderungsverfahren (analog) § 80 Abs. 7 geht ihr als anderer, im Vergleich zur Gehörsrüge einfacherer Rechtsbehelf vor. Nach der überwiegenden Meinung kann im Abänderungsverfahren die fragliche Gerichtsentscheidung wegen eines schweren Verfahrensfehlers wie der Verletzung rechtlichen Gehörs rückwirkend aufgehoben werden.[53] Wie bei der Wiederaufnahme des Verfahrens (§ 153) ist auch die Zulässigkeit der Anhörungsrüge gegen PKH-Beschlüsse streitig (→ § 153 Rn. 15 f.). Z.T. wird geltend gemacht, dass diese Beschlüsse nicht rechtskräftig würden und der Antrag erneut gestellt werden könnte (OVG Magdeburg 29.2.2008 – 3 O 364/08). Andere verweisen demgegenüber darauf, dass sie nach dem BVerfG mit der Verfassungsbeschwerde angreifbar sind und daher auch bei ihnen eine vorherige fachgerichtliche Abhilfemöglichkeit bei Gehörsverstößen bestehen müsse.[54]

16   In der Praxis wird die Anhörungsrüge v.a. bei letztinstanzlichen Gerichtsentscheidungen relevant, insbes. den Entscheidungen des BVerwG. Unanfechtbar sind auch Beschlüsse des OVG, soweit sie nicht ausnahmsweise nach § 152 beschwerdefähig sind. Bei Ablehnung eines Antrags auf Zulassung der Berufung besteht nach § 124 a Abs. 5 S. 4 keine weitere Rechtsschutzmöglichkeit, sodass unterlaufene Gehörsverstöße nach § 152 a gerügt werden können. Wie bei der Wiederaufnahme des Verfahrens wird davon ausgegangen, dass gegen die gerichtliche Verfahrenseinstellung nach übereinstimmenden Erledigungserklärungen wegen ihrer nur deklaratorischen Wirkung keine Anhörungsrüge statthaft ist (VG Göttingen NVwZ-RR 2007, 360).

17   **3. Entscheidungserhebliche Verletzung des rechtlichen Gehörs.** Nach § 152 a Abs. 1 S. 1 Nr. 2 ist Voraussetzung für den Erfolg der Anhörungsrüge, dass das Gericht den Rügeführer in seinem Anspruch auf rechtliches Gehör in entscheidungserheblicher Weise verletzt hat. Dadurch wird ein Bezug zu Art. 103 Abs. 1 GG hergestellt.[55] Dieses Prozessgrundrecht zielt auf einen angemessenen Ablauf des Verfahrens und garantiert, dass derjenige, der bei Gericht formell ankommt, auch substanziell ankommen soll und wirklich gehört wird (BVerfG NJW 2003, 1924, 1926). Aufgrund des Anspruchs auf rechtliches Gehör sind die erkennenden Gerichte verpflichtet, die Parteien über den Verfahrensstoff zu *informieren* und ihnen *Gelegenheit zur Äußerung* zu geben. Sie haben die Ausführungen und Anträge der Parteien *zur Kenntnis zu nehmen* und bei der Entscheidung *in Erwägung zu ziehen* (BVerfG NJW 2003, 1924, 1926; NJW 2013, 925; NVwZ-RR 2016, 521, 526; VGH München 29.9.2017 – 15 ZB 17.1736). Der Einzelne soll nicht nur Objekt des Gerichtsverfahrens sein. Vor einer Entscheidung mit Auswirkungen auf seine Rechte soll er zu Wort kommen, um als Subjekt Einfluss auf das Verfahren

---

48   Zu den Meinungen *H.-J. Musielak*, in: MüKo I § 321 a Rn. 7.

49   *D. Schnabl*, Anhörungsrüge, S. 158 f.; s.a. *W.-R. Schenke*, in: Kopp/Schenke § 152 a Rn. 6.

50   *D. Schnabl*, Anhörungsrüge, S. 159 f.

51   *A. Kettinger*, Verfahrensgrundrechtsrüge, S. 102 ff.

52   *A. Guckelberger*, NVwZ 2005, 11, 12; *I. Schübel-Pfister*, in: Gärditz § 152 a Rn. 21; offen gelassen von VGH München 20.5.2010 – 8 AS 10.40029; s. aber auch OVG Lüneburg 8.7.2010 – 2 ME 233/10; VGH Mannheim VBlBW 2005, 395, 396; VGH München BayVBl 2011, 413, 414 sieht in der Anhörungsrüge den spezielleren Rechtsbehelf.

53   BVerfGE 70, 180, 190; VGH München 28.5.2014 – 8 CS 13.1328; OVG Münster NVwZ 1999, 894; VG Dessau NJ 1999, 331, 332; s.a. *Wysk* § 152 a Rn. 4; a.A. OVG Greifswald NordÖR 2008, 219, 220 f.; VGH Mannheim NVwZ 2006, 219, wonach § 152 a gegenüber § 80 Abs. 7 bei Gehörsverletzungen vorgehen soll; ebenso *R. Rudisile*, in: Schoch/Schneider/Bier § 152 a Rn. 16; offen gelassen von VGH Kassel ESVGH 65, 129, 130; OVG Bautzen 8.7.2009 – 4 B 444/08.

54   *A. Kettinger*, Verfahrensgrundrechtsrüge, S. 119 f.; *R. Zuck*, NVwZ 2006, 1119, 1121.

55   Nach BT-Drs. 15/3706, 14 wird das Rechtsbehelfssystem um die Möglichkeit ergänzt, „einen Verstoß gegen das in Art. 103 Abs. 1 GG verbürgte Recht auf rechtliches Gehör zu rügen".

und sein Ergebnis nehmen zu können (BVerfG NJW 2003, 1924, 1926; NJW 2017, 318). Dementsprechend muss sich der Prozessbeteiligte zu dem der Entscheidung zugrundeliegenden Sachverhalt unter Einschluss der Rechtslage äußern können (BVerfG NVwZ 2016, 1475, 1476). Bei Einschaltung eines Anwalts sind die sich aus Art. 103 Abs. 1 GG ergebenden Pflichten diesem gegenüber zu erfüllen (BVerfG NJW 2017, 318, 319). Allerdings schützt Art. 103 Abs. 1 GG nach st. Rspr. nicht davor, dass das entscheidende Gericht aus formellen oder materiellen Gründen den Sachvortrag einer Person unberücksichtigt lässt.[56] Kein Gehörsverstoß liegt somit vor, wenn der Betroffene mit seinem Vorbringen nach gesetzlichen Vorschriften präkludiert ist (VGH München 20.8.2007 – 22 ZB 07.1711) oder sein Vortrag nicht den gesetzlichen Darlegungsanforderungen, z.B. an die Beschwerde gem. §146 Abs. 4 S. 3 oder an die Nichtzulassungsbeschwerde gem. §133 Abs. 3 S. 3, genügt (BVerwG NVwZ 2009, 329, 330). Das rechtliche Gehör wird nicht verletzt, wenn das Gericht dem Vortrag eines Beteiligten nicht die aus seiner Sicht richtige Bedeutung beimisst.[57] Es ist nicht Sinn des Rechtsbehelfs nach §152a, das Gericht zu einer Ergänzung oder Erläuterung seiner Entscheidung zu veranlassen (VGH München 14.8.2009 – 6 ZB 09.1955; OVG Münster 21.10.2014 – 13 A 2060/14). Die Anhörungsrüge ist unstatthaft, wenn eine Person gegen eine Gerichtsentscheidung vorgehen will, weil das Gericht ihrem Vorbringen, das es zur Kenntnis genommen und in Erwägung gezogen hat, nicht gefolgt ist.[58] Da im Verfahren auf Zulassung der Berufung bzw. der Beschwerde dem Rechtsmittelführer der Vortrag obliegt, warum das Rechtsmittel zuzulassen ist, kann dem über die Zulassung entscheidenden Gericht grds. nicht vorgeworfen werden, es habe gegen seine Amtsermittlungspflicht verstoßen (OVG Münster 31.1.2007 – 6 A 52/07; OVG Saarlouis 26.4.2012 – 2 A 134/12). Unzulässig ist auch eine Rüge, mit welcher der Betroffene eine Gehörsverletzung durch die Verwaltung rügt (VG Ansbach 24.1.2008 – AN 15 K 07.03092). In Verfahren des vorläufigen Rechtsschutzes kommt das rechtliche Gehör oft nur eingeschränkt zum Tragen.[59] Vom Erfordernis einer vorherigen Anhörung kann abgesehen werden, wenn dadurch der Zweck der Maßnahme vereitelt würde oder die Entscheidung nach Vornahme der Anhörung zu spät käme (BVerfG NVwZ 2009, 581, 584).

Für eine Verletzung des Art. 103 Abs. 1 GG reicht ein *objektiver Verstoß* aus. Es ist kein schuldhaftes 18 Handeln des Gerichts erforderlich (BVerfGE 53, 219, 223; 62, 347, 352). Eine Gehörsverletzung liegt z.B. vor, wenn von dem Gericht ein ordnungsgemäß eingegangener Schriftsatz nicht berücksichtigt wird (BVerfG NJW 2013, 925). Das streitentscheidende Gericht hat einer Partei alle Äußerungen, Anträge und Stellungnahmen anderer Beteiligter im Hinblick auf Art. 103 Abs. 1 GG zur Stellungnahme bekanntzugeben (BVerfG AnwBl 2016, 269). Auch wenn das Gericht den Sachverhalt von Amts wegen zu erforschen hat, muss es der Partei zu solchen Tatsachen, die es von sich aus in den Prozess einführt, rechtliches Gehör gewähren (BVerfG NVwZ-RR 2017, 81, 82). Grds. brauchen die Gerichte nicht jedes Vorbringen der Beteiligten in den Gründen der Entscheidung zu verbescheiden. Für die Feststellung eines Verstoßes gegen Art. 103 Abs. 1 GG muss sich vielmehr aus den besonderen Umständen des Falles ergeben, dass das Gericht seiner hieraus resultierenden Pflicht nicht genügt hat (BVerfG NJW 2009, 1584; NVwZ-RR 2016, 521, 526). Zu bejahen ist dies z.B., wenn ein Gericht auf den wesentlichen Kern des Vortrags zu einer zentralen Frage des Verfahrens in der Entscheidungsbegründung nicht eingeht, sofern er nach seinem Rechtsstandpunkt weder unerheblich noch offensichtlich unsubstanziiert ist (BVerfGE 86, 133, 146; BVerfG NVwZ 2016, 1475, 1476; 29.8.2017 – 2 BvR 863/17). Der Anspruch auf rechtliches Gehör wird verletzt, wenn das Gericht zur Sache entscheidet, obwohl eine Äußerungsfrist noch nicht abgelaufen ist (BVerfGE 34, 344, 346; 42, 243, 247), das Gericht einen Schriftsatz übersieht (VGH München 8.1.2008 – 3 ZB 07.3137) oder eine Überraschungsentscheidung ergeht, d.h. die Gerichtsentscheidung ohne einen vorherigen Hinweis auf einen rechtlichen Gesichtspunkt gestützt wird, mit dem ein gewissenhafter und kundiger Prozessbeteiligter

---

56 BVerfGE 50, 32, 35; 96, 205, 216; BVerfG NVwZ 2008, 304; NVwZ-RR 2016, 521, 526; *A. Kettinger*, Verfahrensgrundrechtsrüge, S. 142.
57 BVerfG NVwZ 2005, 204, 205; BVerwG 11.2.2008 – 5 B 17/08; 24.11.2011 – 8 C 13/11; VGH München 20.11.2008 – 11 CE 08.2957.
58 BVerwG Buchholz 310 §152a VwGO Nr. 3; Buchholz Verfahrensrecht §152a VwGO Nr. 14; 19.7.2017 – 8 C 8/17, 8 C 4/16; OVG Münster 21.10.2014 – 13 A 2060/14.
59 VG Lüneburg 27.1.2005 – 3 B 9/05; s.a. OVG Greifswald NordÖR 2006, 320; *D. Schnabl*, Anhörungsrüge, S. 48 ff.

nach dem Prozessverlauf nicht rechnen musste.[60] Aus Art. 103 Abs. 1 GG ergibt sich keine umfassende gerichtliche Frage-, Aufklärungs- und Informationspflicht, insbes. hins. seiner Rechtsansichten oder zu einem Rechtsgespräch (BVerfG NVwZ-RR 2016, 521, 526). Allerdings müssen die Beteiligten erkennen können, auf welche tatsächlichen und rechtlichen Gesichtspunkte es für die Entscheidung ankommt (BVerfG FamRZ 2008, 244, 245; VGH München NVwZ-RR 2006, 739). Weiterhin kann sich eine Gehörsverletzung aus der unberechtigten Verweigerung von Akteneinsicht (OVG Lüneburg 9.5.2007 – 2 LA 415/07) oder der Nichtberücksichtigung eines erheblichen Beweisangebots ergeben (BVerwG 23.8.2006 – 4 A 1066/06). Eine Gehörsverletzung bei Ablehnung eines Beweisantrags setzt grds. nicht voraus, dass der Betroffene dies bereits während des anhängigen Gerichtsverfahrens geltend gemacht hat, um sein Beanstandungsrecht nicht zu verlieren (BVerwG NVwZ 2007, 813, 817 f.). Auch eine offenkundig unrichtige Anwendung von Verfahrensvorschriften, z.B. Präklusionsnormen, stellt nach der bundesverfassungsgerichtlichen Rspr. einen Gehörsverstoß dar (BVerfG NJW 2004, 3551, 3552). Eine Gehörsverletzung liegt vor, wenn die gerichtliche Nichtberücksichtigung von Vortrag oder Beweismitteln im Prozessrecht keine Stütze mehr findet (BVerfG GesR 2013, 28, 29).

19   Nicht jede Verletzung einfachgesetzlicher Normen beinhaltet zugleich einen Verstoß gegen Art. 103 Abs. 1 GG (BVerfG FamRZ 2015, 2042). Zu bejahen ist dies aber jedenfalls dann, wenn das Gericht bei der Auslegung oder Anwendung der prozessualen Norm die Bedeutung oder Tragweite des Anspruchs auf rechtliches Gehör verkannt hat (BVerfG MDR 2008, 223). Aus Art. 103 Abs. 1 GG folgt grds. kein Anspruch auf Durchführung einer mündlichen Verhandlung (BVerfGE 60, 175, 210 f.; 89, 381, 391; BVerfG NJW 2005, 659, 660). Darf nach dem maßgeblichen Prozessrecht nur ausnahmsweise von einer mündlichen Verhandlung abgesehen werden, wird bei einem gesetzwidrigen Absehen Art. 103 Abs. 1 GG verletzt.[61] Mit dem Anspruch auf rechtliches Gehör ist es nicht zu vereinbaren, wenn einem Antrag auf Verlegung der Verhandlung trotz erheblicher Gründe nicht entsprochen wird.[62] Macht eine Person nachlässig von einer ihr zustehenden Äußerungsmöglichkeit keinen Gebrauch, liegt insoweit keine Verletzung des Art. 103 Abs. 1 GG vor.[63]

20   Da vielfach Probleme bei der Zuordnung eines bestimmten Sachverhaltes zu Art. 103 Abs. 1 GG oder den darüber hinausgehenden einfachgesetzlichen Vorgaben oder zu anderen Verfahrensgrundrechten bestehen, wird zunehmend diskutiert, ob der Begriff des rechtlichen Gehörs in § 152 a nicht losgelöst vom Verfassungsrecht zu interpretieren ist. Z.T. wird dies im Hinblick auf die vergleichbare Bestimmung des § 138 Nr. 3 bejaht.[64] Dagegen lässt sich einwenden, dass § 152 a sprachlich anders ausformuliert wurde und die Anhörungsrüge einen außerordentlichen Rechtsbehelf enthält. Sowohl die Entstehungsgeschichte als auch der Normzweck sprechen für eine Orientierung an Verletzungen des Art. 103 Abs. 1 GG.[65] Da sich das BVerfG nicht als Superrevisionsinstanz versteht, sind aber die von ihm gerade hierzu gemachten Einschränkungen bei der Prüfung des Art. 103 Abs. 1 GG auf der Ebene der Fachgerichtsbarkeit auszublenden.[66] Schon im Hinblick darauf, dass die Zuordnung bestimmter Vorgänge zu Art. 103 Abs. 1 GG und anderen Verfahrensgrundrechten Probleme bereitet, sollte der Anwendungsbereich des Art. 103 Abs. 1 GG de lege ferenda erweitert werden.[67]

21   Hinzukommen muss, dass der Anspruch auf rechtliches Gehör *in entscheidungserheblicher Weise* verletzt wurde. Manche ziehen dabei die Kausalitätsvermutung des § 138 Nr. 3 heran, wonach unwiderleglich zu vermuten sei, dass die Gerichtsentscheidung auf dem Gehörsverstoß beruhe.[68] Dann würde diesem Merkmal jedoch kaum Bedeutung zukommen. Die andere Ausformulierung des § 152 a, die Nähe der Anhörungsrüge zu der Wiederaufnahme sowie die Gesetzesmaterialien sprechen dafür, dass

---

60   BVerfG NJW 2003, 1924, 1927; NVwZ-RR 2016, 521, 526; NVwZ 2016, 1475, 1476; ThürVerfGH NVwZ-RR 2005, 145, 147. Nach BVerfG 7.10.2009 – 1 BvR 178/09 muss ein Verfahrensbeteiligter, auch wenn die Rechtslage umstr. oder problematisch ist, jedoch grds. alle vertretbaren rechtlichen Gesichtspunkte von sich aus in Betracht ziehen und in seinen Vortrag einstellen.

61   BVerfGE 42, 364, 370; zu einer Gehörsverletzung wenn kraft einfachen Rechts mündlich zu verhandeln ist, BVerfG (K) 25.6.2015 – 1 BvR 367/15.

62   BVerwG NJW 1992, 2042; *B. Pieroth*, in: Jarass/Pieroth Art. 103 Rn. 33.

63   BVerfGE 74, 220, 225; *B. Pieroth*, in: Jarass/Pieroth Art. 103 Rn. 34.

64   *R. Rudisile*, in: Schoch/Schneider/Bier § 152 a Rn. 18; *W.-R. Schenke*, in: Kopp/Schenke § 152 a Rn. 3.

65   *A. Kettinger*, Verfahrensgrundrechtsrüge, S. 128 f.; *D. Schnabl*, Anhörungsrüge, S. 78 ff.

66   Näher dazu *D. Schnabl*, Anhörungsrüge, S. 60 ff.

67   *A. Kettinger*, Verfahrensgrundrechtsrüge, S. 169 f.

68   *R. Rudisile*, in: Schoch/Schneider/Bier § 152 a Rn. 19.

die Entscheidungserheblichkeit dann zu bejahen ist, wenn nicht ausgeschlossen werden kann, dass das Gericht ohne die Verletzung des rechtlichen Gehörs zu einem *anderen*, für den Rügeführer günstigeren Entscheidungsergebnis gelangt wäre.[69] Es bedarf also keines strengen Nachweises, dass der Gehörsverstoß für die konkrete gerichtliche Entscheidung kausal war (VGH München 10.7.2012 – 9 AS 12.1312). Zwar wird anders als bei § 580 Nr. 7 lit. b ZPO bei § 152 a nicht explizit davon gesprochen, dass der Gehörsverstoß zu einem für den Rügeführer *günstigeren* Entscheidungsergebnis führen muss (so aber BVerfG NJW 2004, 3551, 3552; NVwZ 2009, 581, 585; NZA 2014, 496, 497; BGH NJW 2003, 3205 f.). Dies ergibt sich jedoch mittelbar aus dem Zusammenhang zur Beschwer des Rügeführers.[70] Außerdem würde dem Rügeführer das Rechtsschutzbedürfnis fehlen, wenn er keine für ihn bessere Gerichtsentscheidung erreichen könnte.[71] An der erforderlichen Entscheidungserheblichkeit fehlt es z.B., wenn das Gericht auch bei ordnungsgemäßer Gewährung des Gehörs aufgrund zwingender rechtlicher Vorgaben in gleicher Weise entschieden hätte (VGH München 10.7.2012 – 9 AS 12.1312), wenn die Gehörsverletzung nur ein hilfsweise herangezogenes Beweismittel betrifft (BVerfGE 17, 86, 96; OVG Magdeburg 20.12.2007 – 1 L 101/07), der unberücksichtigte Schriftsatz keine neuen entscheidungsrelevanten Gesichtspunkte enthält (VGH Mannheim NVwZ-RR 2000, 399), sich der Gehörsverstoß lediglich auf ein obiter dictum bezieht (VGH München 11.4.2007 – 24 ZB 07.155) oder ein Beweisantrag gestellt wird, der für die Entscheidung keinerlei Relevanz hat. Im Berufungszulassungsverfahren können nur solche Gehörsverstöße für den Beschluss entscheidungserheblich sein, durch welche die Berücksichtigung (mindestens) eines Berufungszulassungsgrundes verhindert wurde, der fristgerecht entsprechend den gesetzlichen Anforderungen vorgetragen wurde (VGH München 9.5.2012 – 22 ZB 09.2541). Schließlich kann ein Verstoß gegen das rechtliche Gehör *geheilt* werden, wenn ein Gericht in der gleichen oder weiteren Instanz in der Lage ist, das nunmehr zur Kenntnis genommene Vorbringen zu berücksichtigen. Das BVerfG hält eine Heilung im Verfahren der Anhörungsrüge jedenfalls dann für möglich, wenn das Fachgericht durch Ausführungen zur Rechtslage den gerügten Gehörsverstoß beseitigen kann. Dies soll insbes. dann der Fall sein, wenn es rechtliches Vorbringen nunmehr erstmals zur Kenntnis nimmt und bescheidet oder an einer in der vorangegangenen Entscheidung überraschend eingenommenen Rechtsposition unter Angabe von Gründen festhält (BVerfG 7.10.2009 – 1 BvR 178/09; s.a. BVerfG EuGRZ 2016, 694, 696).

4. Analoge Anwendung des § 152 a bei anderen Verfahrensverstößen? Die Anhörungsrüge beschränkt sich auf Verletzungen des rechtlichen Gehörs. Da bei der Verletzung anderer grundgesetzlicher Verfahrensbestimmungen durch das entscheidende Gericht ebenfalls für den Betroffenen eine Rechtsschutzmöglichkeit zur Verfügung stehen muss, wird diskutiert, ob § 152 a nicht bei derartigen Verstößen analog anzuwenden ist.[72] Der VGH Mannheim ließ zunächst offen, ob bei vergleichbar klar überprüfbaren Verstößen gegen Verfahrensgrundrechte, wie gegen das Verfassungsgebot des gesetzlichen Richters (Art. 101 Abs. 1 S. 2 GG), eine Analogie in Erwägung zu ziehen ist. Im Übrigen lehnte er eine erweiternde Auslegung des § 152 a ab (VGH Mannheim NJW 2005, 920; jetzt abl. VGH Mannheim NVwZ 2009, 792). Auch andere Gerichte berufen sich auf den Gesetzeswortlaut, weshalb § 152 a nicht bei Verstößen gegen andere Verfahrensgrundrechte, wie das Erfordernis des gesetzlichen Richters in Art. 101 Abs. 1 S. 2 GG (OVG Magdeburg 13.5.2015 – 1 L 89/15 m.w.N.; s.a. BVerfG NVwZ-RR 2016, 521, 527) oder das Willkürverbot[73] oder wegen überlanger Verfahrensdauer (VGH München 22.1.2007 – 11 CE 06.3381) zur Anwendung kommen soll (so auch BVerwG 20.3.2013 – 7 C 3/13).[74] Nach einer Entscheidung des BVerfG 30.4.2008 – 2 BvR 482/07, kommt eine Anhörungsrüge bei zu hohen Darlegungsanforderungen im Berufungsverfahren wegen Verletzung

22

---

69 BVerfG NJW 2004, 3551, 3552; NZA 2014, 496, 497; BT-Drs. 15/3706, 16; OVG Bautzen 2.6.2017 – 3 SO 79/17; OVG Saarlouis 1.4.2016 – 1 B 70/16; VGH München 9.5.2012 – 22 ZB 09.2541; *A. Guckelberger*, NVwZ 2005, 11, 13.

70 *H.-J. Musielak*, in: MüKo I § 321 a Rn. 13.

71 *A. Kettinger*, Verfahrensgrundrechtsrüge, S. 171.

72 So OVG Bautzen 20.12.2011 – 5 B 97/11; OVG Lüneburg NJW 2006, 2506, 2507; *T. Stuhlfauth*, in: Bader § 152 a Rn. 3; hinsichtlich Art. 101 Abs. 1 S. 2 GG *R. Rudisile*, in: Schoch/Schneider/Bier § 152 a Rn. 36 f.; offen gelassen hinsichtlich des Verstoßes gegen das faire Verfahren BVerfG 18.7.2008 – 2 BvR 1423/08.

73 OVG Frankfurt (Oder) NVwZ 2005, 1213, 1214; OVG Lüneburg 8.7.2010 – 2 ME 233/10; VGH München 22.1.2013 – 21 ZB 12.2426.

74 Ebenso *S. Kautz*, in: HK-VerwR § 152 a Rn. 8 f.; *I. Schübel-Pfister*, in: Gärditz § 152 a Rn. 9, 52 ff.; *Wysk* § 152 a Rn. 3.

des Art. 19 Abs. 4 GG nicht in Betracht. Der Gesetzgeber wollte diesen Rechtsbehelf nicht auf andere Verfahrensverstöße ausdehnen. So heißt es in den Materialien: „Eine Erstreckung dieses Rechtsbehelfs auf die Verletzung anderer Verfahrensgrundrechte ist nicht Gegenstand des vom BVerfG erteilten Gesetzgebungsauftrages" (BT-Drs. 15/3706, 14). „Damit trifft der Entwurf keine Aussage zu der Frage, wie die Gerichte künftig mit Verletzungen, etwa des Willkürverbots, umgehen sollen; insbesondere die bisher in diesen Fällen zur Anwendung gekommenen außerordentlichen Rechtsbehelfe wie die außerordentliche Beschwerde oder die Gegenvorstellung sollen durch die Beschränkung dieses Entwurfs auf eine Erweiterung der Rügemöglichkeiten bei Anhörungsverstößen nicht ausgeschlossen werden." (BT-Drs. 15/3706, 14). Dies deutet darauf hin, dass der Gesetzgeber die Anhörungsrüge nicht für derartige Verstöße zur Verfügung stellen wollte.[75] Bevor man bei einer Verletzung der Vorgaben zum gesetzlichen Richter vorschnell auf eine Analogie zu § 152 a rekurriert, gilt es zu bedenken, dass derartige Verfahren nach § 153 Abs. 1 VwGO i.V.m. § 579 Abs. 1 Nr. 1 ZPO wiederaufgenommen werden können.[76] Außerdem dürfte der Grundsatz der Rechtsmittelklarheit einer Analogie entgegenstehen (s.a. BVerfG NVwZ-RR 2016, 521, 527). Die von einer Verfahrensverletzung Betroffenen können dem Gesetzestext nicht entnehmen, dass die Anhörungsrüge in weiteren Fällen statthaft ist.[77] Soweit es für den Betroffenen – auch bei Verneinung der Existenz einer außerordentlichen Beschwerde (→ § 146 Rn. 118 ff.) – keine fachgerichtliche Abhilfemöglichkeit gibt, kann der Verfassungsverstoß im Wege der Verfassungsbeschwerde geltend gemacht werden.[78]

VI. Rügeberechtigte Personen

23   Zu den nach Art. 103 Abs. 1 GG anhörungsberechtigten Personen gehören nach dem BVerfG nicht nur die förmlich am Verfahren Beteiligten, sondern auch andere Personen, in deren materiell-rechtliche Stellung die in Rede stehende Gerichtsentscheidung unmittelbar eingreift (BVerfG NZA 2014, 496, 497). Dem ist bei der Auslegung des § 152 a Abs. 1 S. 1 Rechnung zu tragen, wonach die Anhörungsrüge von dem *durch eine gerichtliche Entscheidung beschwerten Beteiligten* erhoben werden kann. Nach § 63 zählen zu den Verfahrensbeteiligten der Kläger, der Beklagte und der Beigeladene. Da nach § 146 Abs. 1 eine Beschwerde auch von „den sonst von der Entscheidung Betroffenen" erhoben werden kann, ist der Begriff des Beteiligten bei § 152 a weit zu interpretieren. Ansonsten könnten diese Personen, wenn das OVG ihr Grundrecht auf rechtliches Gehör bei der Beschwerdeentscheidung verletzt, keine fachgerichtliche Abhilfe erreichen.[79] Ob der Rügeführer durch die infrage stehende Gerichtsentscheidung *beschwert* wird, richtet sich nach ähnlichen Kriterien wie bei den verwaltungsprozessualen Rechtsmitteln (→ § 146 Rn. 43). Aus dem Normtext des § 152 a Abs. 1 S. 1 Nr. 2 folgt, dass immer nur derjenige Beteiligte Rügeführer sein kann, *dessen* Anspruch auf rechtliches Gehör verletzt wurde. Ein durch eine Gerichtsentscheidung Beschwerter kann eine von ihm erhobene Anhörungsrüge also nicht damit begründen, das Gericht habe bei seiner Entscheidung einem anderen Beteiligten nicht in ausreichendem Maße rechtliches Gehör gewährt. Die notwendige Beiladung einer bisher am Rechtsstreit nicht beteiligten Person dient grds. nicht dazu, den Anspruch eines Hauptbeteiligten am verwaltungsgerichtlichen Verfahren auf rechtliches Gehör zu wahren (BVerwG 8.6.2005 – 10 B 29/05).

24   Die Rügeberechtigung des Vertreters des Bundesinteresses und des Vertreters des öffentlichen Interesses i.e.S. ist in zweierlei Hinsicht problematisch. Zum einen stellt sich die Frage, ob sie rügeberechtigt sind, wenn das Gericht ihnen gegenüber einen Gehörsverstoß begangen hat. Ähnlich wie bei der Staatsanwaltschaft ist unklar, ob sich die VöI auf Art. 103 Abs. 1 GG berufen können. Stellt man da-

---

75   VGH Mannheim NJW 2005, 920; *A. Guckelberger*, NVwZ 2005, 11, 13; dazu, dass die Norm nicht wegen Verstoßes gegen Art. 101 Abs. 1 S. 2 GG verfassungswidrig ist, BVerfG München 4.5.2011 – 10 CS 11.274; zu dem möglichen Irrtum des Gesetzgebers *R. Rudisile*, in: Schoch/Schneider/Bier § 152 a Rn. 36; *W.-R. Schenke*, in: Kopp/Schenke § 152 a Rn. 22 ff.; *D. Schnabl*, Anhörungsrüge, S. 103; *I.-J. Tegebauer*, DÖV 2008, 954, 958.

76   *A. Guckelberger*, NVwZ 2005, 11, 13; s.a. BVerfG 19.12.2006 – 2 BvR 2456/06; a.A. *T. Stuhlfauth*, in: Bader § 152 a Rn. 3.

77   S.a. OVG Lüneburg NJW 2005, 2171; VGH Mannheim NJW 2005, 920 (aber ohne Aussage zu Art. 101 Abs. 1 S. 2 GG); s.a. ThürVerfGH NVwZ-RR 2005, 145, 146, wonach eine analoge Anwendung des § 321 a ZPO auf Gehörsverstöße übergeordneter Gerichte den Anforderungen der Rechtsmittelklarheit nicht genügen würde. A.A. *D. Schnabl*, Anhörungsrüge, S. 93 ff.

78   *A. Guckelberger*, NVwZ 2005, 11, 13.

79   *A. Guckelberger*, NVwZ 2005, 11, 13.

rauf ab, dass Art. 103 Abs. 1 GG auch ein objektives Prinzip statuiert und sogar juristischen Personen des öffentlichen Rechts zugute kommt, kann man dies unter Umständen bejahen.[80] Insbes. wenn man den Schwerpunkt mehr auf die grundrechtliche Seite des Art. 103 Abs. 1 GG legt, lässt sich jedoch seine Anwendbarkeit verneinen.[81] Da die VöI ein besonderes Organ der Rechtspflege mit einer vornehmlich beratenden Funktion gegenüber dem Gericht sind, dürften sie wohl eher aus dem Anwendungsbereich des Art. 103 Abs. 1 GG herausfallen. Nach der Systematik der VwGO werden sie im Teil zur Gerichtsverfassung geregelt und daher eher dem erkennenden Gericht zugeordnet. Daran ändert auch der Umstand nichts, dass der VöI seine Stellungnahmen zur Unterstützung einer Partei einbringen kann.[82] Denn es hängt von dem einzelnen Prozess ab, wem seine Unterstützung zugute kommt. Da seine Prozessbeteiligung aus Gründen des „öffentlichen Interesses" erfolgt, hat er sich bei deren Wahrnehmung gerade nicht an den Interessen der Hauptparteien zu orientieren. Lediglich wenn man den Begriff des „rechtlichen Gehörs" nicht – wie es hier bevorzugt wird – i.S.v. Art. 103 Abs. 1 GG versteht (→ Rn. 20), kann man darunter auch das Äußerungsrecht des VöI i.e.S. aus § 36 Abs. 2 i.V.m. § 35 Abs. 2 subsumieren.[83]

Darüber hinaus stellt sich die Frage, ob den VöI, die nach allgemeiner Meinung Berufung und Beschwerde gegen sie nicht beschwerende Gerichtsentscheidungen einlegen können (→ § 36 Rn. 10), auch das Recht zur Erhebung einer Anhörungsrüge zusteht, wenn das erkennende Gericht den Anspruch eines anderen Verfahrensbeteiligten auf rechtliches Gehör verletzt hat.[84] Dagegen lässt sich jedoch einwenden, dass nach dem Wortlaut des § 152 a nur *beschwerte* Beteiligte die Anhörungsrüge erheben können. Im Unterschied zu § 153 Abs. 2 hat der Gesetzgeber von einer Ausdehnung des außerordentlichen Rechtsbehelfs der Anhörungsrüge auf die VöI abgesehen (VGH München NVwZ-RR 2013, 438, 439). Der Wortlaut des § 152 a sowie die Rechtsnatur der Anhörungsrüge als außerordentlicher Rechtsbehelf sprechen deshalb für eine restriktive Auslegung und somit eine Verneinung der Rügeberechtigung des VöI i.e.S.[85] Zwar kann man argumentieren, dass es die spezifische Aufgabe des VöI ist, zur Wahrung des Rechts und des Rechtsstaats gegen bestimmte Verfahrensfehler anzugehen. Wenn aber die Beteiligten selbst von der Einlegung eines Rechtsbehelfs absehen, z.B. weil sie keinen weiteren Rechtsbehelf einlegen wollen oder dem Gehörsverstoß keine dermaßen große Bedeutung beilegen, kann es durchaus eine legitime Entscheidung des Gesetzgebers sein, dem VöI bzw. VBI insoweit keine Rügeberechtigung zu verleihen.

VII. Rügebegehren

Aus § 152 a Abs. 2 S. 3–6 ergeben sich die Anforderungen an die Form und den Inhalt der Anhörungsrüge. Nach § 152 a Abs. 2 S. 4 ist die Rüge *schriftlich* oder *zu Protokoll des Urkundsbeamten der Geschäftsstelle* bei dem Gericht zu erheben, dessen Entscheidung angefochten wird. Nach § 152 a Abs. 2 S. 5 bleibt § 67 Abs. 4 unberührt. Eine Einlegung der Anhörungsrüge zu Protokoll scheidet deshalb aus, wenn sie sich auf Verfahren bezieht, in denen sich der Einzelne eines Prozessbevollmächtigten bedienen muss.[86] Gem. § 67 Abs. 4 S. 1 müssen sich die Beteiligten *außer im Prozesskostenhilfeverfahren* (OVG Münster 17.5.2013 – 13 D 28/13) vor dem OVG und BVerwG durch einen Prozessbevollmächtigten vertreten lassen.[87] Dies gilt auch für Prozesshandlungen, durch die ein Verfahren vor diesen Gerichten eingeleitet wird. Bestand also vor dem Gericht, dessen Entscheidung nun Gegenstand der Anhörungsrüge ist, Vertretungszwang, ist auch für diesen außerordentlichen Rechtsbehelf ein Prozessbevollmächtigter notwendig (BayVerfGH BayVBl 2015, 16 f.). An der Verfassungsmäßigkeit des Vertretungszwangs bestehen keine Bedenken. Sollte ein Beteiligter trotz zumutbarer Anstrengungen keinen Rechtsanwalt für sein Begehren finden, kann er die Beiordnung eines Notanwalts beantragen

---

80 So für die Staatsanwaltschaft *A. Arndt*, NJW 1962, 1192 ff.
81 So in Bezug auf den VöI *E. Schmidt-Aßmann*, in: Maunz/Dürig Art. 103 Rn. 36; hinsichtlich der Staatsanwaltschaft *G. Nolte*, in: v. Mangoldt/Klein/Starck Art. 103 Rn. 25.
82 So *J. Unterreitmeier* DÖV 2013, 343, 345.
83 So *J. Unterreitmeier* DÖV 2013, 343, 345.
84 Bejahend *J. Unterreitmeier* DÖV 2013, 343, 346 ff.
85 S.a. VGH München NVwZ-RR 2013, 438, 439; abl. *J. Unterreitmeier* DÖV 2013, 343, 347 f.
86 *A. Guckelberger*, NVwZ 2005, 11, 13; BVerwG 10.2.2006 – 5 B 7/06; VGH München 19.2.2009 – 7 ZB 09.332.
87 BVerwG Buchholz 310 § 152 a VwGO Nr. 11; OVG Saarlouis NJW 2010, 3050; VGH München 25.10.2011 – 10 ZB 11.2384; dazu, dass der Vertretungszwang nicht grundgesetzwidrig ist, OVG Bautzen 2.8.2010 – 5 E 37/10.

(§ 173 S. 1 i.V.m. § 78 b ZPO), bei fehlenden finanziellen Mitteln kann er PKH erhalten (BayVerfGH BayVBl 2015, 16 f.). Die anwaltliche Prozessvollmacht umfasst auch das Recht zur Einlegung einer Anhörungsrüge (§ 81 ZPO).[88] Dem Postulationserfordernis ist nicht genügt, wenn die Bestellung des bzw. der Prozessbevollmächtigten erst nach Ablauf der Frist für die Anhörungsrüge erfolgt (OVG Saarlouis NJW 2010, 3050). Auch vermag die bloße Erklärung der Anwaltsbestellung nicht zu bewirken, dass die vom Einzelnen persönlich formulierten Anträge und Erklärungen von einer postulations-fähigen Person legitimiert sind (OVG Saarlouis NJW 2010, 3050). Denn diese soll den Streitstoff selbst prüfen, sichten und rechtlich durchdringen (VGH München 4.10.2011 – 7 ZB 11.2240).

26a   Hinsichtlich der Anforderungen an die Schriftform der Anhörungsrüge gelten dieselben Maßstäbe wie bei der Einlegung von Rechtsmitteln (näher zur Schriftform der Beschwerde → § 147 Rn. 3 ff.). Die Rügeschrift muss grds. eigenhändig unterschrieben sein. Es genügt, wenn die Rüge in Form eines Tele-gramms, per Fernschreiben, Computer- oder Telefax erhoben wird. Eine Anhörungsrüge kann nur bei persönlicher Anwesenheit des Rügeführers zu Protokoll des Gerichts eingelegt werden. Die Formulie-rung „zu Protokoll" soll verdeutlichen, dass „Niederschriften" bei elektronischer Aktenführung auch in elektronischer Form geschehen können.[89] Eine telefonisch eingelegte Anhörungsrüge ist unzuläs-sig.[90] *Adressat* der Anhörungsrüge ist nach dem eindeutigen Gesetzestext das Gericht, dessen Ent-scheidung angegriffen wird. Die Anhörungsrüge bezweckt die Korrektur einer gerichtlichen Entschei-dung durch den iudex a quo (BVerfG 6.9.2016 – 1 BvR 173/15, juris Rn. 13). Gem. § 152 a Abs. 4 S. 3 kann das BVerwG nicht über eine Anhörungsrüge befinden, die einen Gehörsverstoß vor dem OVG betrifft (BVerwG 3.5.2007 – 5 B 192/06).

27   Die Anhörungsrüge muss nicht explizit als solche bezeichnet werden. Es ist ausreichend, wenn sich aus dem Schreiben der Wille zur Einlegung eines Rechtsbehelfs i.S.d. § 152 a ergibt.[91] Ein als „Gegen-vorstellung" bezeichneter Rechtsbehelf, mit dem allein eine Verletzung des rechtlichen Gehörs geltend gemacht wird, ist aus Gründen effektiven Rechtsschutzes wohlwollend als Anhörungsrüge aufzufas-sen.[92] Die Ansicht des VGH München 30.8.2007 – 12 C 07.2157, wonach eine von einem Anwalt eingelegte Gegenvorstellung nicht in eine Anhörungsrüge umgedeutet werden könne, widerspricht dem Postulat des effektiven Rechtsschutzes, wenn eindeutig ein Gehörsverstoß geltend gemacht wird und der Schriftsatz im Übrigen die Anforderungen des § 152 a erfüllt (s.a. BVerfG NVwZ 2008, 417, 418). Nach § 152 a Abs. 2 S. 6 *muss* in der Rüge die *angegriffene Entscheidung bezeichnet* werden. Sie ist mit Datum, Aktenzeichen und den Beteiligten zu erwähnen.[93] Da nach Art. 19 Abs. 4 GG Rechts-behelfsvorschriften nicht so ausgelegt werden dürfen, dass der Rechtsschutz in unzumutbarer, sachlich nicht mehr zu rechtfertigender Weise erschwert wird (BVerfG NVwZ 2004, 1112, 1113), ist eine feh-lerhafte oder unvollständige Bezeichnung einer Gerichtsentscheidung unerheblich, wenn für das ange-rufene Gericht aufgrund sonstiger erkennbarer Umstände außer Zweifel steht, gegen welche Entschei-dung sich die eingelegte Anhörungsrüge richtet.[94]

28   Darüber hinaus ist in der Rüge das Vorliegen der in *Abs. 1 S. 1 Nr. 2* genannten Voraussetzungen *dar-zulegen*. Angesichts dessen, dass das Verb „darlegen" auch bei den Rechtsmitteln der Berufung und der Beschwerde (§§ 124 a Abs. 4 S. 4, 146 Abs. 4 S. 3) verwendet wird, liegt es nahe, dass ihm in allen Bestimmungen dieselbe Bedeutung zukommt.[95] Nach dem allgemeinen Sprachgebrauch beschränkt sich eine Darlegung nicht auf einen bloßen Hinweis, sondern hat die Bedeutung von „etwas erläu-

---

88   § 81 ZPO spricht zwar nur von einer Rüge nach § 321 a ZPO. Angesichts der Verweisung des § 173 S. 1 auf die Vor-schriften der ZPO ist diese Bestimmung jedoch sinngemäß so auszulegen, dass die Vollmacht auch die Anhörungsrüge nach § 152 a abdeckt.

89   BT-Drs. 18/9416, 59.

90   A. *Guckelberger*, NVwZ 2005, 11, 13 f.

91   A. *Guckelberger*, NVwZ 2005, 11, 14; zu § 321 a ZPO a.F. *H.-J. Musielak*, in: Musielak § 321 a Rn. 9; VGH Mün-chen 17.6.2008 – 21 ZB 08.1519 (Auslegung Berufung als Anhörungsrüge).

92   S.a. BVerfG NJW 2014, 991, 992; OVG Bln NVwZ 2005, 470, 471; zur Auslegung einer „Beschwerde" als Anhö-rungsrüge OVG Bautzen 4.6.2009 – 5 B 319/08; 6.6.2014 – A 5 B 81/14; VGH München 8.9.2011 – 12 C 11.1958.

93   A. *Guckelberger*, NVwZ 2005, 11, 14; zur Auslegung des ähnlichen § 124 a Abs. 4 S. 3 *W.-R. Schenke*, in: Kopp/Schenke § 124 a Rn. 47.

94   A. *Guckelberger*, NVwZ 2005, 11, 14; so für die gewöhnlichen Rechtsmittel BVerfG NJW 1991, 3140; BGH NJW 2003, 1950.

95   A. *Guckelberger*, NVwZ 2005, 11, 14.

tern", „näher auf etwas eingehen" oder „etwas substanziieren".[96] Da sich das Darlegungserfordernis auf die Verletzung des Anspruchs „auf rechtliches Gehör" bezieht, ist der bloße Vortrag, dass die angefochtene Entscheidung inhaltlich unrichtig ist, nicht ausreichend (BayVerfGH 28.11.2012 – Vf. 67-VI-10). Des Weiteren ist die bloß pauschale Behauptung unzulänglich, das entscheidende Gericht habe dem Rügeführer kein ausreichendes rechtliches Gehör gewährt.[97] Der Rügeführer muss vielmehr im Hinblick auf das konkrete Verfahren bestimmte tatsächliche und/oder rechtliche Umstände vortragen, aus denen sich die Möglichkeit ableiten lässt, dass sein Anspruch auf rechtliches Gehör in entscheidungserheblicher Weise verletzt wurde.[98] Je nach Gehörsverstoß muss er z.B. substanziiert vortragen, zu welchen Sach- oder Rechtsfragen er sich nicht äußern konnte oder welches entscheidungserhebliche Vorbringen das Gericht nicht zur Kenntnis genommen und in Erwägung gezogen hat (BVerwG 15.3.2013 – 5 B 16/13). Insbes. ist auf die Entscheidungserheblichkeit des Gehörsverstoßes einzugehen und aufzuzeigen, warum nicht ausgeschlossen werden kann, dass bei einer korrekten Verfahrensweise eine für den Rügeführer günstigere Entscheidung ergangen wäre.[99] Dazu ist z.B. zu schildern, was der Betroffene bei ausreichender Gewährung rechtlichen Gehörs vorgetragen hätte.[100] Allerdings kann die Substanziierungspflicht nicht weiter gehen, als sie der Betroffene nach seinem Kenntnisstand erfüllen kann. Rügt er, er hätte sich nicht ausreichend äußern können, weil ihm nicht alle Unterlagen vorlagen, kann von ihm kein weiterer Vortrag zum nur vermuteten Inhalt dieser Unterlagen verlangt werden (BVerfG NVwZ 2004, 1112, 1113 f.). An der nötigen Substanziierung fehlt es, wenn der Rügeführer einer Anhörungsrüge nur sein Vorbringen in einem Antrag auf Zulassung der Berufung wiederholt (VGH München 6.7.2016 – 3 ZB 16.1318). Auch muss sich der geltend gemachte Gehörsverstoß gerade auf das Gerichtsverfahren beziehen, bei dem kein Rechtsmittel bzw. kein anderer Rechtsbehelf zur Verfügung steht (BVerwG 21.12.2006 – 2 B 74/06; BayVerfGH München NVwZ 2013, 209).

Aus Gründen effektiven Rechtsschutzes dürfen an die Darlegung keinesfalls so hohe Anforderungen gestellt werden, dass dadurch der außerordentliche Rechtsbehelf der Anhörungsrüge ineffektiv wird (so allgemein zu den Rechtsmitteln BVerfG NVwZ 2004, 1112, 1113). Da von einem nicht-anwaltlich vertretenen Rügeführer keine Ausführungen einem sachkundigen Rechtsbeistand vergleichbar erwartet werden können, sind die Darlegungsanforderungen bei Anhörungsrügen, bei denen kein Anwaltszwang besteht, geringer.[101] Dann ist in laienhafter Weise und in groben Zügen zu schildern, aus welchen Gründen nach Ansicht des Einzelnen ein Gehörsverstoß vorliegen soll (VGH München 1.9.2010 – 20 ZB 10.2207). Außerdem ist bei der Interpretation des Merkmals „darlegen" zu berücksichtigen, dass die Rügeschrift innerhalb von zwei Wochen mit den erforderlichen Darlegungen beim iudex a quo eingehen muss und damit der auch einem Anwalt für eine ordnungsgemäße Darlegung zur Verfügung stehende Zeitraum gering ist.[102] 29

VIII. Die Rügefrist

Die Ausgestaltung der Fristenregelung für die Anhörungsrüge war während des Gesetzgebungsverfahrens umstr. Der Bundesrat hatte sich gegen die Anknüpfung des Fristbeginns an ein subjektives Moment ausgesprochen, weil möglichst schnell Klarheit über den Bestand der jeweiligen Gerichtsentscheidung herbeigeführt werden soll (BT-Drs. 15/3966, 6). Als Argument gegen einen objektiven Fristbeginn wird genannt, dass eine Gehörsverletzung nicht immer ohne Weiteres erkennbar sei oder sich aus dem reinen Studium der Entscheidungsgründe ergebe.[103] Die Anwaltschaft hatte z.T. Bedenken an 30

---

96 VGH München 1.3.2007 – 12 ZB 06.3070; *I. Schübel-Pfister*, in: Gärditz § 152 a Rn. 36; näher zu dem Begriff „darlegen" *D. Schnabl*, Anhörungsrüge, S. 137 ff.
97 OVG Lüneburg 8.7.2010 – 2 PA 234/10; VGH München 1.3.2007 – 12 ZB 06.3070; *A. Guckelberger*, NVwZ 2005, 11, 14.
98 *A. Guckelberger*, NVwZ 2005, 11, 15; zu § 321 a ZPO *Baumbach/Lauterbach/Albers/Hartmann* § 321 a ZPO Rn. 19.
99 *A. Guckelberger*, NVwZ 2005, 11, 14; *A. Kettinger*, Verfahrensgrundrechtsrüge, S. 200; zu § 321 a ZPO a.F. *H.-J. Musielak*, in: Musielak § 321 a ZPO Rn. 9.
100 BVerfGE 58, 1, 25 f.; 72, 122, 132; 77, 275, 281; zu § 321 a ZPO a.F. BayVerfGH 6.2.2004 – Vf.92 – VI – 02.
101 *A. Guckelberger*, NVwZ 2005, 11, 14; krit. *D. Schnabl*, Anhörungsrüge, S. 138.
102 *A. Guckelberger*, NVwZ 2005, 11, 14.
103 *J. Treber*, NJW 2005, 97, 99.

einer Rechtsbehelfsfrist von nur zwei Wochen geäußert.[104] Das BVerfG hatte bislang keine verfassungsrechtlichen Bedenken an der vergleichbaren Frist des § 321 a ZPO.[105]

31   Nach § 152 a Abs. 2 S. 1 ist die Anhörungsrüge innerhalb von *zwei Wochen nach Kenntnis* von der Gehörsverletzung zu erheben. Aus Gründen der Rechtssicherheit und des Rechtsfriedens wird diese Frist jedoch durch die *einjährige Ausschlussfrist* des Satzes 2 begrenzt. Da es sich hier um gesetzliche Fristvorgaben handelt, sind sie nach § 57 Abs. 2 VwGO i.V.m. § 224 Abs. 2 ZPO weder abkürzbar noch verlängerbar.[106] § 58 findet auf die Anhörungsrüge als außerordentlichen Rechtsbehelf keine Anwendung.[107] Der Einzelne kann aus § 152 a die Voraussetzungen der Anhörungsrüge entnehmen und sich durch entsprechende Anfragen beim Gericht oder bei einem Anwalt kundig machen.[108] Zur Vermeidung der Unzulässigkeit der Anhörungsrüge muss vor Ablauf der genannten Fristen eine den gesetzlichen Anforderungen entsprechende Rügeschrift beim iudex a quo eingehen. Ist die Frist für die Anhörungsrüge abgelaufen, ist eine Nachreichung der bislang fehlenden Darlegung nicht mehr möglich (OVG Lüneburg NJW 2011, 326). Nach Fristablauf können lediglich die bisherigen Darlegungen vertieft werden.[109]

32   **1. Zur kenntnisabhängigen Rügefrist.** Die zweiwöchige Rügefrist des § 152 a Abs. 2 S. 1 knüpft an die *Kenntnis von der Gehörsverletzung* an. Sind mehrere Gehörsverletzungen aufgetreten, läuft für jede eine gesonderte Rügefrist.[110] Weil sich die Anhörungsrüge gegen Endentscheidungen richtet, bei denen dem Gericht ein entscheidungserheblicher Gehörsverstoß unterlaufen ist, kann die kenntnisabhängige Rügefrist jedenfalls bei Entscheidungen im schriftlichen Verfahren frühestens mit dem Zugang der jeweiligen Gerichtsentscheidung anfangen.[111] Der Zeitpunkt der Kenntnis kann, muss aber nicht notwendig mit der Bekanntgabe der Entscheidung an den Betroffenen zusammenfallen (BVerwG 22.1.2013 – 4 B 4/13; OVG Bln-Bbg 28.11.2014 – OVG 9 RS 1.14; VGH München 18.9.2015 – 10 ZB 15.1827). Je nach Fallgestaltung können die den Gehörsverstoß begründenden Umstände erst nach Zugang der Gerichtsentscheidung bekannt werden (OVG Bautzen 4.6.2009 – 5 B 319/08), etwa wenn die Gerichtsentscheidung erst an einem der darauffolgenden Tage gelesen wird (BVerwG 22.1.2013 – 4 B 4/13). Umstr. ist, ob die Regelung des § 152 a Abs. 2 S. 3, wonach formlos mitgeteilte Entscheidungen mit dem dritten Tag nach Aufgabe zur Post als bekannt gegeben „gelten", nur für die in S. 2 enthaltene Ausschlussfrist oder aber auch für die subjektive Frist des S. 1 Geltung beansprucht (offen gelassen von BVerwG 14.3.2007 – 2 B 55/06). Das BVerfG hat es zwischenzeitlich in Bezug auf § 78 a Abs. 2 ArbGG abgelehnt, dass die Kenntnis durch die in S. 3 geregelte Bekanntgabefiktion ersetzt werden könne. Nach der Systematik und dem Wortlaut der Norm beziehe sich S. 3 allein auf die unmittelbar vorangestellte Ausschlussfrist.[112] Daraus folgt zugleich, dass der Beginn der Rügefrist unabhängig davon ist, ob die Entscheidung formlos mitgeteilt wurde oder hätte zugestellt werden müssen. Das fristauslösende Ereignis besteht allein in der Kenntnis des Gehörsverstoßes (BVerwG NVwZ-RR 2013, 340).

33   Der Einzelne verfügt über die für den Fristbeginn nötige Kenntnis, wenn ihm alle Umstände bekannt sind, aus denen sich seine Berechtigung zur Erhebung der Anhörungsrüge ergibt (OVG Bautzen 4.6.2009 – 5 B 319/08). Über die rechtlich zutreffende Einordnung der Umstände braucht er sich nicht im Klaren zu sein.[113] Leider hat der Gesetzgeber nicht explizit zum Ausdruck gebracht, ob ein

---

104   S. die Stellungnahme des Deutschen Anwaltvereins Nr. 24/04 vom 28.4.2004 durch den Ausschuss für Sozialrecht und den Zivilverfahrensrechtsausschuss.

105   BVerfG 13.12.2007 – 1 BvR 2532/07; s.a. VGH München 16.1.2007 – 22 ZB 07.118; krit. *A. Kettinger*, Verfahrensgrundrechtsrüge, S. 217 f.

106   *A. Guckelberger*, NVwZ 2005, 11, 14; s.a. *D. Schnabl*, Anhörungsrüge, S. 190 ff.

107   BT-Drs. 15/3966, 7 ff.; BVerwG 15.11.2005 – 6 B 69/05; OVG Bln-Bbg 8.1.2015 – OVG 9 RS 1.14; *I. Schübel-Pfister*, in: Gärditz § 152 a Rn. 30.

108   Zur Frage der Notwendigkeit einer Rechtsmittelbelehrung BVerfG NJW 1995, 3173, 3174.

109   So für die besonders begründungsbedürftige Beschwerde nach § 146 Abs. 4 OVG Greifswald 7.10.2003 – 1 M 34/03.

110   Dies kann dann bedeutsam werden, wenn der Betroffene von dem einen Gehörsverstoß früher als von dem anderen Kenntnis erlangt.

111   BVerwG 22.1.2013 – 4 B 4/13; OVG Bautzen 4.6.2009 – 5 B 319/08; *A. Guckelberger*, NVwZ 2005, 11, 14; für eine Hinweispflicht des Gerichts und den Verstoß *W.-R. Schenke*, in: Kopp/Schenke § 152 a Rn. 8.

112   BVerfG NJW 2007, 2242, 2244; *Wysk* § 152 a Rn. 7.

113   BVerwG NVwZ-RR 2013, 340; OVG Bln-Bbg 28.11.2014 – OVG 9 RS 1.14; *A. Guckelberger*, NVwZ 2005, 11, 14.

bloßes Kennenmüssen für den Lauf der Rügefrist ausreichend ist. Z.T. wird dies unter Verweis auf die entsprechende Auslegung des § 234 Abs. 2 ZPO bejaht.[114] Angesichts dessen, dass der Gesetzgeber in den meisten seiner Vorschriften klar zwischen der Kenntnis und dem Kennenmüssen differenziert (s. etwa § 199 Abs. 1 Nr. 2 BGB, § 48 Abs. 2 S. 3 Nr. 3 VwVfG), spricht der Gesetzeswortlaut des § 152 a Abs. 2 S. 1 dafür, dass nur positive Kenntnis den Fristbeginn auslöst. § 152 a Abs. 2 S. 1 wurde in seiner Struktur an die Regelungen der §§ 586 Abs. 2, 589 ZPO zur Wiederaufnahme des Verfahrens angelehnt, bei welchen die Frist ebenfalls erst ab positiver Kenntnis läuft. Falls sich eine Person bewusst der Kenntnis bestimmter Tatsachen verschließt, wird sie jedoch so gestellt, als würde sie sie positiv kennen (BVerfG 16.8.2017 – 2 BvR 238/17). „Übergeht der Betroffene vorsätzlich eine gleichsam auf der Hand liegende Kenntnisnahmemöglichkeit, die jeder andere in seiner Lage wahrgenommen hätte, so ist sein Berufen auf Unkenntnis rechtsmissbräuchlich und verstößt gegen Treu und Glauben" (BVerfG NJW-RR 2010, 1215, 1216). Gem. § 173 S. 1 VwGO i.V.m. § 85 Abs. 2 ZPO wird dem Rügeführer die Kenntnis seines Prozessbevollmächtigten zugerechnet (OVG Bautzen 4.6.2009 – 5 B 319/08).

Eine Anhörungsrüge ist auf jeden Fall fristgemäß, wenn sie innerhalb von zwei Wochen nach Bekanntgabe der Entscheidung erhoben wird. Weil es in dieser Konstellation nicht auf den Zeitpunkt der Kenntnisnahme ankommt, bedarf es insoweit auch keiner Glaubhaftmachung (BVerwG NVwZ-RR 2013, 340; OVG Bln-Bb 28.11.2014 – OVG 9 RS 1.14). Bei mehr als zwei Wochen nach dem Zeitpunkt der Bekanntgabe muss der Rügeführer den Zeitpunkt der Kenntniserlangung glaubhaft machen (§ 152 a Abs. 2 S. 1 letzter Hs.).[115] Die Glaubhaftmachung kann durch alle Beweismittel geschehen, auch durch die Versicherung an Eides statt; eine Beweisaufnahme ist unstatthaft, wenn sie nicht sofort erfolgen kann (§ 173 S. 1 VwGO i.V.m. § 294 ZPO). Konnte der Beschwerdeführer ohne sein Verschulden die zweiwöchige Rügefrist nicht einhalten, ist ihm gem. § 60 Wiedereinsetzung in den vorigen Stand zu gewähren.[116] Bei der Auslegung und Anwendung der Wiedereinsetzungsvorschriften dürfen unter dem Blickwinkel der Art. 19 Abs. 4 GG und Art. 103 Abs. 1 GG die Anforderungen nicht überspannt werden. Auch wenn die Gehörsrüge keine weitere Instanz eröffnet, sichert dieser Rechtsbehelf den Anspruch auf rechtliches Gehör und dient der Rechtsschutzgarantie (VerfGBbg JZ 2005, 195). Eine Person muss sich das Verschulden ihres Prozessbevollmächtigten zurechnen lassen, wenn Letzterer es einer Büroangestellten überlässt, unanfechtbare Beschlüsse kommentarlos dem Kläger zuzuleiten. Insbes. wenn es Anhaltspunkte für eine mögliche Gehörsverletzung gab, hat der Prozessbevollmächtigte durch organisatorische Maßnahmen dafür Sorge zu tragen, dass ihm die Gerichtsentscheidung alsbald zur Prüfung der Erhebung einer Anhörungsrüge vorgelegt wird (VGH München 20.11.2007 – 26 ZB 07.1827).

2. Ausschlussfrist nach einem Jahr. Gem. § 152 a Abs. 2 S. 2 kann die Anhörungsrüge nach Ablauf eines Jahres seit Bekanntgabe der Entscheidung nicht mehr erhoben werden. Hierbei handelt es sich um eine *absolute* Frist, bei deren Versäumung keine Wiedereinsetzung in den vorigen Stand möglich ist (BT-Drs. 15/3706, 16). Dies ist verfassungsrechtlich unbedenklich. Im Interesse der Rechtssicherheit und des Rechtsfriedens kann der Gesetzgeber vorsehen, dass eine Rechtsstreitigkeit nach Ablauf einer bestimmten Zeitspanne ihren endgültigen Abschluss findet (zur Wiederaufnahme → § 153 Rn. 38). Damit bisher nicht zuzustellende Entscheidungen im Hinblick auf eine mögliche Gehörsrüge nicht zustellungspflichtig werden, wurde in § 152 a Abs. 2 S. 3 eine *Fiktion* aufgenommen (BT-Drs. 15/3706, 16): *Formlos mitgeteilte Entscheidungen* gelten mit dem dritten Tage nach Aufgabe zur Post als bekannt gegeben. Nicht aufgegriffen wurde der Vorschlag des Bundesrats, diese Regelung in Anbetracht des gerügten Verfassungsverstoßes als widerlegbar auszugestalten.[117] Sofern eine Frist von einem gerichtsinternen Ereignis abhängt, muss das Gericht diesen Zeitpunkt im Interesse der Beteiligten dokumentieren.[118]

34

35

---

114 *J. Treber*, NJW 2005, 97, 99; ebenso *A. Kettinger*, Verfahrensgrundrechtsrüge, S. 208 ff.
115 S.a. BVerwG 9.12.2016 – 3 B 29/16 u.a.
116 *A. Guckelberger*, NVwZ 2005, 11, 15.
117 BT-Drs. 15/3966, 7; zum verfassungsrechtlichen Hintergrund *B. Pieroth*, in: Jarass/Pieroth Art. 103 Rn. 25 f.
118 Ähnl. auch *J. Treber*, NJW 2005, 97, 99.

IX. Allgemeine Prozessvoraussetzungen und Postulationsfähigkeit

36   Auch bei der Anhörungsrüge müssen die allgemeinen Prozessvoraussetzungen gegeben sein (z.B. §§ 61, 62). Da die Anhörungsrüge auf eine Fortsetzung des früheren Gerichtsverfahrens abzielt, sind die am damaligen Verfahren Beteiligten bzw. ihre Rechtsnachfolger am Rügeverfahren beteiligt. Die Anhörungsrüge unterliegt dem Vertretungszwang, wenn sich der Betroffene in dem Gerichtsverfahren, dessen Fortführung angestrebt wird, nach § 67 durch einen Bevollmächtigten vertreten lassen muss (→ Rn. 26; dazu auch BayVerfGH BayVBl 2015, 16 f.).

X. Verfahren

37   Angesichts der Verortung des § 152 a in der VwGO kommen mangels spezieller Vorgaben die dortigen allgemeinen Vorschriften zur Anwendung. Wird während der Dauer der Anhörungsrüge ein zum Streitgegenstand identischer Antrag bei einem anderen Gericht gestellt, steht diesem die Rechtshängigkeit des Anhörungsrügeverfahrens entgegen (OVG Lüneburg NVwZ-RR 2006, 295). Gem. § 86 gilt der Untersuchungsgrundsatz. Die Rücknahme der Anhörungsrüge erfolgt analog § 92. Der Rügende kann die Rücknahme der Anhörungsrüge nicht von der Bedingung abhängig machen, dass das BVerfG eine vorherige Anhörungsrüge zur Ausschöpfung des Rechtswegs und zur Wahrung des Subsidiaritäts-erfordernisses für erforderlich hält, da eine derartige Prozesshandlung aus Gründen der Rechtssicher-heit bedingungsfeindlich ist. Das Anknüpfen an die Verfassungsbeschwerde ist keine zulässige inner-prozessuale Bedingung, weil sie keine sichere Grundlage für das Verhalten des Gerichts bildet (BVerfG 13.12.2007 – 1 BvR 2532/07). *Soweit* erforderlich, gibt das Gericht nach § 152 a Abs. 3 den übrigen Beteiligten Gelegenheit zur Stellungnahme. Es muss ihnen kein rechtliches Gehör gewähren, wenn sie durch die Gerichtsentscheidung keinen Nachteil erleiden, z.B. weil die Anhörungsrüge als unzulässig verworfen wird.[119] Ob eine mündliche Verhandlung stattfindet, hängt von der Art der zu erwartenden Gerichtsentscheidung ab. Da über eine unzulässige oder unbegründete Anhörungsrüge durch Beschluss entschieden wird, ist insoweit § 101 Abs. 3 maßgeblich. Danach *können* Entscheidungen des Gerichts, die keine Urteile sind, ohne mündliche Verhandlung ergehen. Bei einer begründeten Rüge ist in denjenigen Fällen eine mündliche Verhandlung durchzuführen, in denen dies für das fortzuführende Verfahren vorgeschrieben ist.

38   Über die Anhörungsrüge befindet der *iudex a quo* (OVG Münster NVwZ-RR 2012, 779). Der Gesetz-geber hat keine von den generellen Vorschriften der VwGO zur Gerichtsbesetzung abweichende Rege-lung getroffen, zumal das § 152a-Verfahren der Selbstkorrektur des Gerichts dient (VG Gelsenkirchen 16.4.2009 – 14 K 1725/09). Somit ist für die Entscheidung über die Anhörungsrüge das Gericht zu-ständig, das die angegriffene Entscheidung erlassen hat und zwar in der Besetzung für die Ausgangs-entscheidung, wobei mit Letzterem die sich aus der aktuellen Geschäftsverteilung ergebende Besetzung gemeint ist.[120] Für die Anhörungsrüge vor dem BVerwG meinte das BVerwG, dass es dem Zweck einer wirksamen Kontrolle der durchgeführten mündlichen Verhandlung am besten entsprechen wür-de, wenn über die Rüge in der Besetzung von fünf Richtern entschieden würde. Wie man an § 10 Abs. 3 sehe, seien aber Entscheidungen in Beschlussform durch drei Richter zu fällen. Auch gebe es keine dem § 119 Abs. 2 S. 3 vergleichbare Regelung, dass nur solche Richter über die Anhörungsrüge befinden dürften, die an der früheren Entscheidung mitgewirkt hätten (BVerwG 6.11.2007 – 8 C 17/07; Buchholz 310 § 152 a Nr. 12). In der Lit. ist die gesetzliche Ausgestaltung auf Kritik gestoßen. Zwar sei der jeweilige Richter bei den offenkundigen Pannenfällen selbst daran interessiert, sie ohne Einschaltung der übergeordneten Instanz korrigieren zu können. In anderen Situationen sei aber kaum mit seiner Bereitschaft zu rechnen, einen ihm unterlaufenen Irrtum nachträglich offen zuzugeben.[121] Nach den geltenden prozessualen Regeln ist ein Richter, der an einer mit der Anhörungsrüge angegrif-

---

119   BVerfGE 7, 95, 98; zu § 321 a ZPO a.F. BT-Drs. 14/4772, 86; *A. Guckelberger*, NVwZ 2005, 11, 15; *R. Rudisile*, in: Schoch/Schneider/Bier § 152 a Rn. 27; a.A. wegen der Verfassungsbeschwerde *D. Schnabl*, Anhörungsrüge, S. 196 f.

120   OVG Münster NVwZ-RR 2012, 779; VGH München 2.12.2016 – 10 BV 16.962; *S. Kautz*, in: HK-VerwR § 152 a Rn. 26; zur Entscheidung durch den Berichterstatter gem. § 87 a Abs. 1 Nr. 3 VwGO VGH München 2.12.2016 – 10 BV 16.962; gem. § 68 Abs. 1 S. 5; § 66 Abs. 6 S. 1 Hs. 2 GKG i.V.m. § 152 a Abs. 4 VwGO OVG Bautzen 23.8.2016 – 3 E 76/16.

121   Dazu *W. Gravenhorst*, NZA 2005, 24 f.; *P. Huber*, JuS 2005, 109, 111; *W. Nassall*, ZRP 2004, 164, 167. Nach *J. Treber*, NJW 2005, 97, 99 handelt es sich bei der Kritik um eine nicht näher belegbare Vermutung.

fenen Entscheidung mitgewirkt hat, aus diesem Grund nicht generell von der Ausübung des Richter-amts ausgeschlossen (VGH Mannheim VBlBW 1990, 135). Der Ausschlussgrund des § 54 Abs. 1 VwGO i.V.m. § 41 Nr. 6 ZPO bezieht sich nicht auf den iudex a quo, sondern auf Streitigkeiten, bei denen der Richter „in einem früheren Rechtszug" mitgewirkt hat.[122] Der Gesetzgeber geht also davon aus, dass der entscheidende Richter aufgrund der gesetzlichen Vorgaben ohne Vorbehalte bereit ist, über eigene Fehlleistungen zu judizieren.[123] Bei besonderen Umständen kommt aber möglicherweise die Ablehnung des Richters wegen Befangenheit in Betracht, wenn er sich im vorherigen Verfahren pflichtwidrig verhielt und nunmehr weitere Anstrengungen unternimmt, um eine Fortführung des Ver-fahrens zu verhindern.[124] Nach der sich zwischenzeitlich abzeichnenden Verwaltungsgerichtsrecht-sprechung wird eine Richterablehnung im Anhörungsrügeverfahren erst bei Erfolg der Anhörungsrüge und der Zurückversetzung des Gerichtsverfahrens in seine frühere Lage für möglich erachtet (VGH Mannheim NVwZ-RR 2016, 934, 935; s.a. OVG Weimar 2.6.2017 – 3 SO 79/17; VGH München 7.11.2016 – 10 BV 16.962).

XI. Entscheidung

Bei der Anhörungsrüge wird dreistufig verfahren. Ihre Behandlung steht nicht im Ermessen des Ge-   39 richts (BVerfG NJW 2003, 1924, 1928). Zunächst prüft das Gericht von Amts wegen die Zulässigkeit der Anhörungsrüge. Ist diese zu bejahen, befasst es sich i.R. der Begründetheit der Anhörungsrüge da-mit, ob tatsächlich der Anspruch des Rügeführers auf rechtliches Gehör in entscheidungserheblicher Weise verletzt wurde. Falls ja, wird das fragliche Gerichtsverfahren fortgeführt und das rechtliche Ge-hör nachträglich gewährt.

1. Zulässigkeit. Nach § 152a Abs. 4 S. 1 prüft das Gericht von Amts wegen, ob die Anhörungsrüge   40 statthaft ist und in der gesetzlichen Form und Frist erhoben wurde. Ist die Anhörungsrüge unzulässig, etwa weil sie verspätet erhoben wurde, wird sie vom Gericht als unzulässig verworfen. Die Entschei-dung ergeht durch unanfechtbaren Beschluss, der *kurz* begründet werden *soll*.[125] Angesichts der Be-deutung des Anspruchs auf rechtliches Gehör kann von einer Begründung allenfalls in Ausnahmesi-tuationen abgesehen werden.[126] Im Übrigen zielt die Anhörungsrüge nicht auf die Ergänzung oder Er-läuterung der Gründe der angegriffenen Entscheidung ab (BVerwG NVwZ 2008, 1027, 1028).

2. Begründetheit. Als Nächstes prüft das Gericht von Amts wegen die Begründetheit der Anhö-   41 rungsrüge. Begründet ist die Rüge, wenn das Gericht die Überzeugung gewinnt, dass es den Anspruch des Beteiligten auf rechtliches Gehör in entscheidungserheblicher Weise verletzt hat. Zu verneinen ist die Begründetheit, wenn das Gericht das erforderliche Gehör gewährt hat oder zwar eine Gehörsver-letzung vorliegt, diese aber nicht entscheidungserheblich ist.[127] Das Gericht weist eine unbegründete Rüge durch Beschluss zurück (§ 152a Abs. 4 S. 2, 3). Dieser ist unanfechtbar und *soll kurz begründet* werden. Im Hinblick auf die Bedeutung des Anspruchs auf rechtliches Gehör kann von einer Begrün-dung nur in Ausnahmefällen abgesehen werden.[128]

3. Fortführung des Verfahrens. Einer begründeten Anhörungsrüge wird gem. § 152a Abs. 5 dadurch   42 abgeholfen, dass das Gericht das Verfahren fortführt. Dazu bedarf es weder eines Aufhebungsbe-schlusses hinsichtlich der angegriffenen Gerichtsentscheidung noch eines besonderen Fortführungsbe-schlusses.[129] Die Fortführung erfolgt, indem das Verfahren in die Lage zurückversetzt wird, in der es sich vor dem Schluss der mündlichen Verhandlung befand. In den schriftlichen Verfahren tritt an die Stelle des Schlusses der mündlichen Verhandlung der Zeitpunkt, bis zu dem Schriftsätze eingereicht werden können. Allerdings wird das Verfahren nicht umfassend wiederaufgerollt. Die Fortführung er-

---

122 So zur Wiederaufnahme *J. Braun*, in: MüKo II § 585 Rn. 2.
123 *J. Treber*, NJW 2005, 97, 99.
124 So zur Wiederaufnahme BFH 12.4.1990 – I B 37/89; *S. Kautz*, in: HK-VerwR § 152a Rn. 27; *I. Schübel-Pfister*, in: Gärditz § 152a Rn. 10, a.A. *A. Kettinger*, Verfahrensgrundrechtsrügen, S. 179 ff.
125 Dazu *A. Kettinger*, Verfahrensgrundrechtsrügen, S. 224 ff.
126 *S. Kautz*, in: HK-VerwR § 152a Rn. 29; *Schübel-Pfister*, in: Gärditz § 152a Rn. 39.
127 *A. Guckelberger*, NVwZ 2005, 11, 15; zu § 321a ZPO a.F. BT-Drs. 14/4722, 86.
128 *S. Kautz*, in: HK-VerwR § 152a Rn. 29.
129 OVG Lüneburg 24.6.2011 – 4 OB 132/11; OVG Münster 14.7.2017 – 13 A 1519/17.A; VGH München 23.5.2011 – 21 AS 11.22; *Wysk* § 152a Rn. 14.

folgt nur *soweit*, wie dies aufgrund der Rüge geboten ist. Die Rechtskraft wird also nur in dem Maße durchbrochen, wie sich die Verletzung des rechtlichen Gehörs ausgewirkt hat.[130] Sofern sich der entscheidungserhebliche Gehörsverstoß auf einen abgrenzbaren Teil des Streitgegenstands beschränkt, wird das Gerichtsverfahren lediglich in diesem Umfang fortgeführt.[131] Unter Beachtung dieser Beschränkung wird das rechtliche Gehör des Rügeführers nachgeholt. Durch das weitere Verfahren kann also ein dem Gericht unterlaufener Gehörsverstoß *geheilt* werden (BVerfG NJW 2009, 1584, 1585; EuGRZ 2016, 694, 696). Nach dem BVerfG bietet die Anhörungsrüge dem jeweiligen Gericht zugleich die Gelegenheit zur Beseitigung anderer verfassungsrechtlicher Mängel, selbst wenn sie mit dem geltend gemachten Gehörsverstoß nicht notwendig in Zusammenhang stehen (BVerfG NVwZ 2009, 776, 777; AnwBl 2016, 852). Art. 103 Abs. 1 GG kann es gebieten, dass das Gericht die anderen Beteiligten zum jetzigen Vorbringen des Rügeführers anhört.[132] Wird bei der Fortführung des Prozesses ein übergangener Beweisantrag ausgeführt und gibt das Ergebnis der Beweisaufnahme Anlass für einen weiteren, bisher nicht gestellten Beweisantrag des einen oder anderen Beteiligten, steht es nach den Gesetzesmaterialien zu § 321 a ZPO a.F. außer Frage, dass das Gericht dem neuen Antrag nachzugehen hat (BT-Drs. 15/3482, 17). Anders als bei den ordentlichen Rechtsmitteln gibt es bei der Anhörungsrüge kein Verbot der reformatio in peius.[133] Gem. § 152 a Abs. 5 S. 4 gilt für den Ausspruch des Gerichts § 343 ZPO entsprechend. Stimmt die aufgrund der Fortführung des Verfahrens ergehende Entscheidung mit der früheren überein, wird diese ausdrücklich aufrechterhalten (s.a. OVG Lüneburg 26.6.2011 – 4 OB 132/11; VGH Kassel NVwZ-RR 2016, 556). Soweit dies nicht der Fall ist, wird die frühere Entscheidung ganz oder teilweise aufgehoben und durch eine andere ersetzt.

43 **4. Kosten.** Die Kostenentscheidung richtet sich nach § 154. Ist die Anhörungsrüge unzulässig oder unbegründet, wird nur über die Kosten des Anhörungsrügeverfahrens entschieden. Für die Anhörungsrüge wird nach § 3 Abs. 2 GKG i.V.m. KV Nr. 5400 eine Festgebühr von 60 € berechnet, wenn sie *in vollem Umfang* verworfen oder zurückgewiesen wird. Nach § 19 Abs. 1 S. 2 Nr. 5 lit. b) RVG zählt die Rüge wegen der Verletzung des Anspruchs auf rechtliches Gehör zum Rechtszug.

XII. Aufschiebende Wirkung der Anhörungsrüge

44 Rechtskräftige Gerichtsentscheidungen können bis zu ihrer Aufhebung vollstreckt werden. Nach § 152 a Abs. 6 i.V.m. § 149 Abs. 1 S. 2 kann jedoch der iudex a quo bestimmen, dass die Vollziehung der angefochtenen Entscheidung auszusetzen ist. Die Anordnung kann von Amts wegen oder auf eine entsprechende Anregung hin erlassen werden (→ § 149 Rn. 5). Erst wenn eine Anhörungsrüge eingelegt wurde, kann ihr aufschiebende Wirkung beigelegt werden. Diese endet spätestens mit der Gerichtsentscheidung über die Anhörungsrüge (→ § 149 Rn. 3). Der iudex a quo entscheidet nach seinem *Ermessen* über die Aussetzung der Vollziehung der angefochtenen Entscheidung (OVG Lüneburg NVwZ-RR 2010, 502). Bei der Ermessensausübung ist zu berücksichtigen, dass der Anhörungsrüge nach dem Gesetz nicht generell aufschiebende Wirkung zukommen soll (→ § 149 Rn. 9). Nach VGH Kassel NVwZ-RR 2006, 740 kommt eine Aussetzung der Vollziehung nur in Betracht, wenn die Anhörungsrüge mit überwiegender Wahrscheinlichkeit erfolgreich sein wird und der Betroffene ohne vorläufige Regelung unzumutbar belastet würde. Steht fest, dass das Anhörungsrügeverfahren keinen Erfolg haben wird, kommt eine einstweilige Anordnung nicht mehr in Betracht (OVG Lüneburg NVwZ-RR 2010, 502).

---

130 A. *Guckelberger*, NVwZ 2005, 11, 15; P. *Huber*, JuS 2005, 109, 110; J. *Treber*, NJW 2005, 97, 99; s.a. BT-Drs. 15/3482, 17 (zu Nr. 12); D. *Schnabl*, Anhörungsrüge, S. 135 ff.
131 A. *Guckelberger*, NVwZ 2005, 11, 15; s.a. BFH NJW 2005, 2639, 2640.
132 A. *Guckelberger*, NVwZ 2005, 11, 15.
133 R. *Rudisile*, in: Schoch/Schneider/Bier § 152 a Rn. 32; W.-R. *Schenke*, in: Kopp/Schenke § 152 a Rn. 15.

§ 153 [Wiederaufnahme des Verfahrens]

(1) Ein rechtskräftig beendetes Verfahren kann nach den Vorschriften des Vierten Buchs der Zivilprozeßordnung[1] wiederaufgenommen werden.

(2) Die Befugnis zur Erhebung der Nichtigkeitsklage und der Restitutionsklage steht auch dem Vertreter des öffentlichen Interesses, im Verfahren vor dem Bundesverwaltungsgericht im ersten und letzten Rechtszug auch dem Vertreter des Bundesinteresses beim Bundesverwaltungsgericht zu.

Schrifttum

1. Monographien und Beiträge in Sammelwerken: *O. P. Behre*, Der Streitgegenstand des Wiederaufnahmeverfahrens, 1968; *J. Braun*, Rechtskraft und Restitution, 2. Teil: Die Grundlagen des geltenden Restitutionsrechts, 1985; *H. F. Gaul*, Die Grundlagen des Wiederaufnahmerechts und die Ausdehnung der Wiederaufnahmegründe, 1956; *J. J. Nolte*, Die Eigenart des verwaltungsgerichtlichen Rechtsschutzes, 2015, S. 289 ff.; *G. Schiedermair*, Zum Verhältnis von Wiederaufnahmeverfahren und Vorprozeß, in: Vom deutschen zum europäischen Recht, FS für Hans Dölle, 1963, 329.

2. Beiträge in Zeitschriften: *W. Bausback*, Keine Wiederaufnahme nach EGMR-Urteil, NJW 1999, 2483; *M. Behn*, Der wiederholende Antrag im Prozeßkostenhilfeverfahren, BayVBl 1983, 690; *J. Braun*, Verletzung des Rechts auf Gehör und Urteilskorrektur im Zivilprozeß, NJW 1981, 425; *ders.*, Anhörungsrüge oder Wiederaufnahmeklage?, NJW 1983, 1403; *F. Drettmann*, Die Zulässigkeit der Wiederaufnahmeklage im Verfahren auf Erlaß einer einstweiligen Anordnung, DVBl 1985, 884; *T. Flint*, Urteilsanmerkung, NJ 1999, 332; *P. Gilles*, Zur Systematik des Wiederaufnahmeverfahrens (Iudicium rescindens), ZZP 78 (1965), 466; *ders.*, Zur Systematik des Wiederaufnahmeverfahrens (Iudicium rescissorium), ZZP 80 (1967), 391; *H.-H. Gotzen*, Einige Überlegungen zum Wiederaufgreifen von Verfahren nach rechtskräftiger Klageabweisung, VR 1998, 361; *F. Haueisen*, Überlegungen zur Wiederaufnahme des Verfahrens nach § 580 Nr. 6 ZPO, NJW 1965, 1214; *O. Jauernig*, Subjektive Grenzen der Rechtskraft und Recht auf rechtliches Gehör, ZZP 101 (1988), 361; *ders.*, Kein Rechtsschutzinteresse für erneute Nichtigkeitsklage?, NVwZ 1996, 31; *C. Kremer*, Gemeinschaftsrechtliche Grenzen der Rechtskraft, EuR 2007, 470; *W. F. Lindacher*, Parteiunfähigkeit als Nichtigkeitsgrund analog § 579 Abs. 1 Nr. 4 ZPO?, JZ 1989, 377; *G. Ress*, Wirkung und Beachtung der Urteile und Entscheidungen der Straßburger Konventionsorgane, EuGRZ 1996, 350; *K. Schenk*, Die verwaltungsgerichtliche Normenkontrolle, DVBl 1976, 198; *T. I. Schmidt*, Die Tenorierung verwaltungsgerichtlicher Entscheidungen im Rechtsmittel- und Wiederaufnahmeverfahren, JA 2003, 67; *E. Schneider*, Nochmals: Verletzung des Rechts auf Gehör und Urteilskorrektur im Zivilprozeß, NJW 1981, 1196; *F. Schoch*, Anmerkung: Zur Frage der Rechtskraftdurchbrechung einer Flüchtlingsanerkennung, NVwZ 2014, 667; *U. Seetzen*, Die Anhörungsrüge kraft Verfassungsrechts, NJW 1982, 2337; *F. Selbmann*, Restitutionsklagen aufgrund von Urteilen des EGMR?, NJ 2005, 103; *ders.*, Anpassungsbedarf der Regelungen zur Wiederaufnahme des Verfahrens an die Vorgaben der EMRK, ZRP 2006, 124; *S. Trechsel*, Ist eine vom Europäischen Gerichtshof festgestellte Menschenrechtsverletzung durch ein Strafverfahren ein Wiederaufnahmegrund?, StV 1987, 187; *E. Pache/J. Bielitz*, Verwaltungsprozessuale Wiederaufnahmepflicht nach Völker- oder Gemeinschaftsrechts?, DVBl 2006, 325; *H.-J. Papier*, Umsetzung und Wirkung der Entscheidungen des Europäischen Gerichtshofes für Menschenrechte aus der Perspektive der nationalen deutschen Gerichte, EuGRZ 2006, 1; *D. Poelzig*, Die Aufhebung rechtskräftiger zivilgerichtlicher Urteile unter dem Einfluss des Europäischen Gemeinschaftsrechts, JZ 2007, 858; *P.-A. Zeihe*, Wiederaufnahmeklage bei einem nicht für die Entscheidung zuständigen Gericht?, NJW 1971, 2292.

---

[1] S. §§ 578–591 ZPO.

I. Entstehungsgeschichte und Bedeutung

1 § 153 regelt die Wiederaufnahme rechtskräftig abgeschlossener Gerichtsverfahren. Abgesehen von der Ersetzung des Begriffs des Oberbundesanwalts durch den VBl beim BVerwG in § 153 Abs. 2 durch das BDG vom 9.7.2001 (BGBl I 1510) wurde diese Vorschrift seit ihrem Erlass nicht geändert. In den Gesetzesmaterialien wird lediglich § 153 Abs. 2 näher erläutert, der der besonderen Funktion des VÖl Rechnung tragen soll (BT-Drs. 3/55, 47). Weil § 153 Abs. 1 dynamisch auf die Vorschriften des Vierten Buchs der ZPO Bezug nimmt, richten sich die Voraussetzungen für die Zulässigkeit und Begründetheit der Wiederaufnahme verwaltungsgerichtlicher Verfahren nach den zivilprozessualen Vorschriften in ihrer jeweils geltenden Fassung.[2]

2 Bei der Wiederaufnahme des Verfahrens handelt es sich um einen *außerordentlichen* Rechtsbehelf,[3] der sich gegen eine *rechtskräftige* Gerichtsentscheidung wendet. Ihm kommt *kein Devolutiveffekt* zu, da für die Wiederaufnahme grds. diejenige Instanz zuständig ist, welche die angefochtene Gerichtsentscheidung erlassen hat. Da diese bis zu ihrer Aufhebung vollstreckbar bleibt, entfaltet die Wiederaufnahme des Verfahrens *keinen Suspensiveffekt.*[4] Gem. § 167 VwGO i.V.m. § 707 ZPO kann jedoch das Gericht unter bestimmten Voraussetzungen die Vollstreckung aus der angefochtenen Gerichtsentscheidung während der Dauer des Wiederaufnahmeverfahrens einstweilen einstellen.[5] Weder die VwGO noch die ZPO sehen für das Wiederaufnahmeverfahren vorläufige Rechtsschutzmöglichkeiten vor.[6]

3 Im Interesse der Rechtssicherheit und des Rechtsfriedens soll eine rechtskräftige Gerichtsentscheidung grds. auf Dauer verbindlich sein, auch wenn sich später ihre Unrichtigkeit herausstellen sollte (BVerwGE 148, 254, 261). Die Wiederaufnahme des Verfahrens nach § 153 ermöglicht eine *Durchbrechung der Rechtskraft* in Fällen, in denen ausnahmsweise das Interesse an einer materiell korrekten Gerichtsentscheidung höher bewertet wird.[7] Dafür muss ein besonders schwerer Fehler vorliegen. Die *Nichtigkeits*gründe nach § 579 ZPO betreffen besonders gravierende Fehler des Gerichtsverfahrens, die *Restitutions*gründe des § 580 ZPO schwerwiegende Mängel der Entscheidungsgrundlage.[8] Die aufgezählten Wiederaufnahmegründe sind grundsätzlich abschließend.[9] Da dem Gesetzgeber die Abwägung zwischen den beiden aus dem Rechtsstaatsprinzip fließenden Komponenten der Rechtssicher-

---

2 Zur Geschichte auch *J. Nolte*, Die Eigenart, S. 289 ff.

3 BSGE 29, 10, 17; OVG Münster DÖV 1961, 559; *S. Brink*, in: Posser/Wolff § 153 vor Rn. 1; *Kugele* § 153 Rn. 4; *J. Meyer-Ladewig/R. Rudisile*, in: Schoch/Schneider/Bier § 153 Rn. 2; *M. Redeker*, in: Redeker/v. Oertzen § 153 Rn. 1; *K. Rennert*, in: Eyermann § 153 Rn. 1; *W.-R. Schenke*, in: Kopp/Schenke § 153 Rn. 2.

4 VGH München BayVBl 1984, 757, 758; *S. Brink*, in: Posser/Wolff § 153 vor Rn. 1; *C. Germelmann*, in: Gärditz § 153 Rn. 5; *J. Meyer-Ladewig/R. Rudisile*, in: Schoch/Schneider/Bier § 153 Rn. 2; *M. Redeker*, in: Redeker/v. Oertzen § 153 Rn. 1; *K. Rennert*, in: Eyermann § 153 Rn. 1; *W.-R. Schenke*, in: Kopp/Schenke § 153 Rn. 3.

5 *S. Kautz*, in: HK-VerwR § 153 Rn. 5; *J. Meyer-Ladewig/R. Rudisile*, in: Schoch/Schneider/Bier § 153 Rn. 2; *M. Redeker*, in: Redeker/v. Oertzen § 153 Rn. 1; *K. Rennert*, in: Eyermann § 153 Rn. 15; *W.-R. Schenke*, in: Kopp/Schenke § 153 Rn. 3

6 VGH Mannheim 12.5.1993 – 2 S 732/93; s.a. BFH NV 2003, 1451; s.a. *J. Brandt*, in: Brandt/Sachs S Rn. 10.

7 BVerwGE 104, 182, 186; OVG Lüneburg 14.11.2017 – 13 ME 367/17; VGH München 28.9.2017 – 15 ZB 17.1001; s.a. *S. Brink*, in: Posser/Wolff § 153 vor Rn. 1; *S. Kautz*, in: HK-VerwR § 153 Rn. 1; *J. Meyer-Ladewig/R. Rudisile*, in: Schoch/Schneider/Bier § 153 Rn. 3; *W.-R. Schenke*, in: Kopp/Schenke § 153 Rn. 1.

8 *H.-J. Musielak*, in: Musielak/Voit § 578 Rn. 2; *K. Rennert*, in: Eyermann § 153 Rn. 1; s.a. FG Hannover 4.7.2000 – 15 K 974/99.

9 BFH 20.3.2001 – XI S 15/00; LSG Essen 18.3.2003 – L 8 LW 14/01; VGH München 8.4.2014 – 20 N 14.711; *J. Brandt*, in: Brandt/Sachs S Rn. 51; *C. Germelmann*, in: Gärditz § 153 Rn. 3; *J. Meyer-Ladewig/R. Rudisile*, in: Schoch/Schneider/Bier § 153 Rn. 7; *K. Rennert*, in: Eyermann § 153 Rn. 3; *W.-R. Schenke*, in: Kopp/Schenke § 153 Rn. 8.

heit und der materiellen Gerechtigkeit obliegt und er dem durch die Vorgabe konkreter Wiederaufnahmetatbestände nachgekommen ist, können diese nicht beliebig erweitert werden.[10] Mangels expliziter Rechtsgrundlage stößt deshalb die Entscheidung des BVerwG unter Rekurs auf den Rechtsgedanken des § 826 BGB teils auf Kritik, wonach die Rechtskraft eines zur Flüchtlingsanerkennung verpflichtenden Urteils dessen Rücknahme bei sachlicher Unrichtigkeit nicht verbietet, wenn die von dem Urteil Gebrauch Machenden dies wissen und besondere, die Ausnutzung des Urteils als sittenwidrig erscheinende, Umstände hinzukommen.[11] Ziel des Wiederaufnahmebegehrens ist es, eine Aufhebung der angefochtenen Gerichtsentscheidung sowie eine Neuentscheidung des Rechtsstreits zu erreichen. Es soll damit einerseits Gestaltungswirkung entfalten, andererseits kommt ihm bei einer Neuverhandlung dieselbe Wirkung wie der angefochtenen Gerichtsentscheidung zu.[12]

Angesichts der Abwägungsentscheidung des Gesetzgebers ist es nicht zu beanstanden, wenn er andernorts keine Möglichkeit zur Wiederaufnahme rechtskräftig beendeter Gerichtsverfahren zur Verfügung stellt. Da Art. 19 Abs. 4 GG lediglich eine volle Rechts- und Tatsacheninstanz garantiert, kann der Einzelne aus dieser Verfassungsnorm keinen Anspruch auf Zulassung eines Wiederaufnahmeantrags herleiten (BVerwG 8.9.2003 – 2 DW 3/03). Die Wiederaufnahme gerichtlicher Disziplinarverfahren wird in §§ 71 ff. BDG geregelt. Mangels abschließender Regelung richtet sich eine Wiederaufnahme in flurbereinigungsgerichtlichen Verfahren nach § 138 Abs. 1 S. 2 FlurbG i.V.m. § 153 (VGH München 16.3.2006 – 13 A 05.988). Demgegenüber wird für das StVollzG davon ausgegangen, dass eine Analogie zu § 153 wegen einer bewussten Entscheidung des Gesetzgebers gegen eine Wiederaufnahme des Verfahrens ausgeschlossen ist (OLG Hamburg 5.3.2001 – 3 Vollz [Ws] 5/01). **4**

Solange ein Wiederaufnahmeverfahren nach § 153 Abs. 1 nicht von vornherein aussichtslos erscheint, steht der Erhebung einer Verfassungsbeschwerde der in § 90 Abs. 2 S. 1 BVerfGG enthaltene *Subsidiaritätsgrundsatz* entgegen. Nach diesem muss der Beschwerdeführer alle ihm über die Erschöpfung des Rechtswegs i.e.S. hinaus zur Verfügung stehenden Möglichkeiten zur Korrektur einer Grundrechtsverletzung ergreifen.[13] **5**

Auch wenn sich die Vorschriften zur Wiederaufnahme des Verfahrens auf rechtskräftig abgeschlossene Gerichtsverfahren beziehen, müssen die Gerichte aus Gründen der *Prozessökonomie* auf erkannte vorliegende Restitutions- oder Nichtigkeitsgründe bereits vor Abschluss des Gerichtsverfahrens reagieren (BVerwG NJW 1990, 925, 927; NVwZ-RR 1995, 360, 361; BSGE 18, 186, 187). So kann ein Vorbringen, das zu einer Wiederaufnahme führen müsste, unter besonderen Umständen auch noch in der Revisionsinstanz berücksichtigt werden,[14] obwohl hier normalerweise keine neuen Tatsachen mehr vorgetragen werden können (VG Schwerin VIZ 2003, 235). Das BVerwG hat aber nunmehr klargestellt, dass es neue Tatsachen i.S. eines Wiederaufnahmegrunds im Revisionsverfahren nur berücksichtigt, wenn ihm eine abschließende Entscheidung in der Sache selbst möglich ist. Zu bejahen ist dies z.B. bei einer unstr. echten Urkunde, nicht aber, wenn die Echtheit der Urkunde nachträglich bestritten wird (BVerwG DVBl 2003, 868). Eine Prozesshandlung, wie die Rücknahmeerklärung einer Nichtzulassungsbeschwerde oder Klage, kann widerrufen werden, wenn ein Wiederaufnahmegrund vorliegt.[15] Auch übereinstimmende Erledigungserklärungen können unter dieser Voraussetzung widerrufen werden (BVerwG NVwZ-RR 2013, 173, 174; OVG Lüneburg NVwZ-RR 2015, 77, 79). Werden einem Gericht Umstände bekannt oder vorgetragen, welche die Wiederaufnahme eines rechtskräftig abgeschlossenen Verfahrens rechtfertigen würden, ist es zur Wiedereröffnung der mündlichen Verhandlung gehalten.[16] **6**

---

10 *F. Schoch* NVwZ 2014, 667, 668 f. Für ein Analogieverbot BVerfGE 22, 322, 329 (Wiederaufnahme im Strafrecht); BVerwG Buchholz 303 § 580 ZPO Nr. 4. A.M. BFHE 123, 310, 311; ausf. zu Für und Wider einer Erweiterung des Gesetzes *H. F. Gaul*, Grundlagen, 1956, 24 ff. S.a. VG Bayreuth 12.7.2016 – B 5 K 12.604.

11 BVerwGE 148, 254, 256 ff.; *U. Berlit* jurisPR-BVerwG 6/2014 Anm. 2; krit. *F. Schoch* NVwZ 2014, 667, 668 f., weil es sich hierbei nur um einen Schadensersatzanspruch handelt.

12 *J. Meyer-Ladewig/R. Rudisile*, in: Schoch/Schneider/Bier § 153 Rn. 3; *H. W. Kruse*, in: Tipke/Kruse § 134 FGO Rn. 2; *W.-R. Schenke*, in: Kopp/Schenke § 153 Rn. 3.

13 BVerfG NJW 1992, 496; 1992, 1030 f.; NVwZ 1998, 1174; s.a. *J. Meyer-Ladewig/R. Rudisile*, in: Schoch/Schneider/Bier § 153 Rn. 4.

14 BVerwGE 10, 357, 358; BVerwG DVBl 2003, 868; *S. Brink*, in: Posser/Wolff § 153 Rn. 2; *J. Meyer-Ladewig/R. Rudisile*, in: Schoch/Schneider/Bier § 153 Rn. 2; *K. Rennert*, in: Eyermann § 153 Rn. 2.

15 BVerwG 1.9.1995 – 11 B 105/95; VGH München 17.3.2016 – 8 ZB 16.60; s.a. BVerwG Buchholz 310 § 92 VwGO Nr. 5; *J. Brandt*, in: Brandt/Sachs S Rn. 7; *J. Meyer-Ladewig/R. Rudisile*, in: Schoch/Schneider/Bier § 153 Rn. 3.

16 *M. Dolderer*, DÖV 2000, 491, 492 f.

II. Prüfungsreihenfolge

7   Das Wiederaufnahmeverfahren gliedert sich in drei Abschnitte, wobei in die nächste Stufe erst eingetreten werden darf, nachdem der vorhergehende Abschnitt geprüft wurde und das Gericht zu einem positiven Ergebnis gekommen ist.[17] Zunächst ist die Zulässigkeit der Wiederaufnahmeklage bzw. des Wiederaufnahmeantrags zu prüfen. Wurde die Zulässigkeit bejaht, ist an zweiter Stelle über die Begründetheit des Wiederaufnahmebegehrens zu befinden, insbes. ob tatsächlich ein Wiederaufnahmegrund vorliegt. Wenn ja, wird in einem dritten Schritt neu verhandelt und in der Hauptsache entschieden.[18]

III. Statthaftigkeit

8   Eine Wiederaufnahme des Verfahrens kommt nach § 153 Abs. 1 nur bei *rechtskräftig beendeten Gerichts*verfahren in Betracht. Formell rechtskräftig abgeschlossen ist ein Verfahren, wenn eine Gerichtsentscheidung nicht mehr mit ordentlichen Rechtsmitteln angegriffen werden kann, sei es, weil sie nicht rechtsmittelfähig oder z.B. die Rechtsmittelfrist abgelaufen ist oder der beschwerte Beteiligte auf das zulässige Rechtsmittel verzichtet hat.[19] Der Wortlaut des § 153 schließt eine Anwendung dieser Vorschrift auf unanfechtbare Verwaltungsakte aus.[20]

9   **1. Rechtskräftige Endurteile.** Gem. § 153 VwGO i.V.m. § 578 Abs. 1 ZPO kann die Wiederaufnahme in Verfahren erfolgen, die durch rechtskräftiges (s. § 121) Endurteil beendet wurden. Ein Endurteil ist nicht nur eine Entscheidung, die das Verfahren letztlich beendet, sondern auch eine solche, die den Prozess für die Instanz endgültig abschließt. Gegenstand eines Wiederaufnahmeverfahrens kann ein rechtskräftiges Prozess-[21] oder Sachurteil, aber auch ein nichtiges Urteil[22] sein. Ihnen steht der einem rechtskräftigen Urteil entsprechende Gerichtsbescheid gleich (§ 84 Abs. 3 Hs. 1).[23]

10   **2. Verfahrensbeendende Beschlüsse.** Da § 153 Abs. 1 selbst von rechtskräftig beendeten „Verfahren" spricht und damit über den Anwendungsbereich der zivilprozessualen Vorschriften hinausgeht, gilt § 578 ZPO entsprechend für Gerichtsverfahren, die durch rechtskräftigen oder unanfechtbaren Beschluss beendet sind.[24] Der Sinn und Zweck des Wiederaufnahmeverfahrens, ausnahmsweise aus Gründen der materiellen Gerechtigkeit nicht mehr anfechtbare Gerichtsentscheidungen aufheben zu können, verbietet es, diesen außerordentlichen Rechtsbehelf ausschließlich auf Gerichtsentscheidungen in der äußeren Form eines Urteils zu beschränken.[25] Bei Beschlüssen ist anstelle der Nichtigkeits- oder Restitutionsklage ein entsprechender Wiederaufnahme*antrag* zu stellen.[26] Wird dieser fälschlicherweise als „Nichtigkeitsklage" bezeichnet, kann ihn das Gericht als Nichtigkeitsantrag auslegen

---

17   BVerwG NVwZ 1987, 218; VG Augsburg 18.3.2014 – Au 1 K 14.356; *C. Germelmann*, in: Gärditz § 153 Rn. 6; *J. Meyer-Ladewig/R. Rudisile*, in: Schoch/Schneider/Bier § 153 Rn. 23; *M. Redeker*, in: Redeker/v. Oertzen § 153 Rn. 6; *K. Rennert*, in: Eyermann § 153 Rn. 17; s.a. BGH JZ 2004, 1075, 1077.

18   BVerwG NVwZ 1987, 218, 219; BSGE 81, 46, 47 ff.; VG Augsburg 18.3.2014 – Au 1 K 14.356; *K. Rennert*, in: Eyermann § 153 Rn. 17; *W.-R. Schenke*, in: Kopp/Schenke § 153 Rn. 4; *T. I. Schmidt*, JA 2003, 67, 69; demgegenüber sprach sich BSGE 29, 10, 17 ff. zumindest bei Urkunden nach § 580 Nr. 7 lit. b ZPO dafür aus, das tatsächliche Vorliegen des Wiederaufnahmegrunds in die Zulässigkeitsprüfung des Wiederaufnahmebegehrens zu integrieren.

19   *Kuhla/Hüttenbrink/Endler* F Rn. 280.

20   BVerwG 8.9.2003 – 2 DW 3/03; vgl. § 51 VwVfG.

21   BVerwGE 32, 124, 125; *S. Brink*, in: Posser/Wolff § 153 Rn. 1; *J. Meyer-Ladewig/R. Rudisile*, in: Schoch/Schneider/ Bier § 153 Rn. 5.

22   VGH München BayVBl 1983, 502; *S. Brink*, in: Posser/Wolff § 153 Rn. 1; *J. Meyer-Ladewig/R. Rudisile*, in: Schoch/ Schneider/Bier § 153 Rn. 5; *K. Rennert*, in: Eyermann § 153 Rn. 5.

23   S.a. *J. Nolte*, Die Eigenart, S. 291.

24   BVerfG NJW 1992, 1030, 1031; BVerwGE 48, 201, 203; 53, 188, 191; BVerwG NZWehrr 1995, 163, 165; Buchholz 310 § 153 VwGO Nr. 31; OVG Münster FamRZ 1986, 493; NVwZ-RR 2003, 535; VGH Kassel WM 1997, 2247; VGH München 23.10.2017 – 9 S 17.1153; BFHE 97, 502, 503; 165, 569, 571; BFH/NV 2003, 1191; BSGE 23, 30, 31; *J. Brandt*, in: Brandt/Sachs S Rn. 13; *J. Meyer-Ladewig/R. Rudisile*, in: Schoch/Schneider/Bier § 153 Rn. 5; *W.-R. Schenke*, in: Kopp/Schenke § 153 Rn. 5.

25   BVerwG NJW 1959, 117 f.; 17.3.2015 – 5 A 1/15; OVG Lüneburg NVwZ-RR 2015, 77, 78 f.; OVG Münster NVwZ-RR 2003, 535; VGH München 23.10.2017 – 9 S 17.1153; *S. Brink*, in: Posser/Wolff § 153 Rn. 4.

26   BVerfG NJW 1992, 1030, 1031; BVerwG Buchholz 310 § 153 VwGO Nr. 31; Buchholz 310 § 153 VwGO Nr. 33; 17.3.2015 – 5 A 1/15; OVG Münster NVwZ-RR 2003, 535; OVG Lüneburg NVwZ-RR 2015, 77, 78; VGH München 14.1.2016 – 14 B 15.2524; *S. Brink*, in: Posser/Wolff § 153 Rn. 4; *S. Kautz*, in: HK-VerwR § 153 Rn. 7; *J. Meyer-Ladewig/R. Rudisile*, in: Schoch/Schneider/Bier § 153 Rn. 16; *K. Rennert*, in: Eyermann § 153 Rn. 14; *W.-R. Schenke*, in: Kopp/Schenke § 153 Rn. 1.

(BVerwG Buchholz 310 § 153 VwGO Nr. 12; 17.3.2015 – 5 A 1/15). Über den Antrag auf Wiederaufnahme eines Beschlussverfahrens ist wiederum in einem solchen Verfahren zu entscheiden (BVerwG Buchholz 310 § 153 VwGO Nr. 33; BayVBl 2017, 713, 714; VGH München 23.10.2017 – 9 S 17.1153). Bezieht sich der außerordentliche Rechtsbehelf auf ein Beschlussverfahren, kann auch eine etwaige erneute Entscheidung in der Sache selbst nur in Beschlussform ergehen (OVG Lüneburg NVwZ-RR 2015, 77, 78; OVG Münster NVwZ-RR 2003, 535).

Der Beschluss, gegen den sich das Wiederaufnahmebegehren richtet, muss zu einer *rechtskräftigen* Be- 11 endigung des Gerichtsverfahrens geführt haben. Als Beispiel hierfür sind Beschlüsse zu nennen, durch die eine Nichtzulassungsbeschwerde als unzulässig verworfen[27] oder zurückgewiesen wurde (BVerwG Buchholz 310 § 153 VwGO Nr. 33; BayVBl 2017, 713, 714; OVG Lüneburg NVwZ-RR 2015, 77, 78 f.). Eine Wiederaufnahme des Verfahrens ist auch bei den sog. urteilsvertretenden Beschlüssen möglich,[28] so bei Beschlüssen nach rechtskräftiger Durchführung eines Musterverfahrens in den ausgesetzten Verfahren (§ 93 a Abs. 2 S. 1), bei der Berufungsverwerfung durch Beschluss (§ 125 Abs. 2) oder wenn gem. § 130 a durch Beschluss über eine (un-)begründete Berufung entschieden wurde.[29] Zu den Beschlüssen, die ein Verfahren rechtskräftig abschließen, zählen auch solche, mit denen die Zulassung der Berufung oder Revision abgelehnt wird (OVG Lüneburg NVwZ-RR 2015, 77, 78 f.; OVG Münster NVwZ-RR 2003, 535), oder ein Verweisungsbeschluss gem. § 17 b Abs. 1 S. 1 GVG (VG München 25.8.2011 – M 17 K 10.5723). Ein Beschluss über eine Streitwertbeschwerde oder eine Streitwertfestsetzung ist nach Ansicht des VGH Mannheim keine der Rechtskraft fähige Nebenentscheidung, weil sie in den Grenzen des § 63 Abs. 3 GKG wieder abgeändert werden kann.[30] Dagegen erwachsen nach Meinung des OVG Münster Beschlüsse nach § 21 GKG im Hinblick auf die Einschränkungen des § 66 Abs. 2–4 GKG in formelle Rechtskraft.[31] Unzulässig ist eine Wiederaufnahme des Verfahrens bei einer Einstellung des Gerichtsverfahrens nach einer Klagerücknahme (§ 92 Abs. 3), weil hier das Gericht lediglich deklaratorisch die unmittelbar kraft Gesetzes eingetretene Verfahrensbeendigung feststellt und im Falle der Unwirksamkeit der Klagerücknahme ein Antrag auf Fortsetzung des Verfahrens zu stellen ist.[32] Gleiches gilt, wenn ein Gerichtsverfahren infolge übereinstimmender Erledigungserklärungen analog § 92 Abs. 3 eingestellt wird (BVerwG NVwZ-RR 2013, 173, 174; OVG Lüneburg NVwZ-RR 2015, 77, 79). Auch gegen einen Prozessvergleich kann keine Wiederaufnahme des Verfahrens beantragt werden. Er ist ein Vertrag und erwächst nicht in Rechtskraft.[33]

a) Wiederaufnahme bei vorläufigen Rechtsschutzverfahren? Nach Ansicht des BVerwG scheidet bei 12 Entscheidungen über Anträge auf einstweilige Anordnungen eine Wiederaufnahme mangels Rechtsschutzbedürfnisses aus, weil bei veränderten Umständen erneut ein Antrag auf Erlass einer einstweiligen Anordnung gestellt werden könne (BVerwGE 76, 127, 128; OVG Münster 22.3.2007 – 18 B 311/07). Dem schloss sich der VGH Mannheim hinsichtlich der Wiederaufnahme eines Beschwerdeverfahrens an, das eine einstweilige Anordnung betraf (VGH Mannheim 12.2.1997 – 4 S 72/97). Die gleiche Meinung vertritt der VGH München für Beschlüsse nach § 80 Abs. 5 und § 123.[34] Demgegenüber sieht der VGH Kassel in einer einstweiligen Anordnung eine endgültige Entscheidung über eine vorläufige Regelung, die auf einer nicht nur summarischen rechtlichen Prüfung beruht und materielle Rechtskraft entfalten kann (VGH Kassel NJW 1984, 378 f.).

---

27 BVerwG Buchholz 310 § 153 VwGO Nr. 31; BayVBl 2017, 713, 714; *M. Redeker,* in: Redeker/v. Oertzen § 153 Rn. 3; *W.-R. Schenke,* in: Kopp/Schenke § 153 Rn. 5.

28 OVG Lüneburg NVwZ-RR 2015, 77, 79; OVG Münster NVwZ-RR 2003, 535; *W.-R. Schenke,* in: Kopp/Schenke § 153 Rn. 5.

29 OVG Lüneburg NVwZ-RR 2015, 77, 79; OVG Münster NVwZ-RR 2003, 535; *J. Meyer-Ladewig/R. Rudisile,* in: Schoch/Schneider/Bier § 153 Rn. 5.

30 Noch zu § 8 GKG a.F. i.V.m. § 5 Abs. 2 S. 2 GKG a.F. VGH Mannheim 12.2.1997 – 4 S 71/97.

31 Noch zu § 8 GKG a.F. i.V.m. § 5 Abs. 2 S. 2 GKG a.F. OVG Münster FamRZ 1986, 493; *Hartmann,* KostG, 2012, § 21 GKG Rn. 67. A.M. *E. Schneider,* MDR 1987, 287, 289.

32 BVerwG 23.10.1998 – 7 B 234/98; ebenso OVG Münster 7.7.2016 – 4 A 1250/16; 29.8.2016 – 4 A 1250/16; VGH Kassel WM 1997, 2247; VG Dessau 14.6.2006 – 2 A 353/05; VG Schwerin 29.1.2015 – 4 A 1052/14; *J. Meyer-Ladewig/R. Rudisile,* in: Schoch/Schneider/Bier § 153 Rn. 6.

33 BVerwGE 28, 332, 333 f.; dazu auch BSG NJW 1968, 2396 f.; 28.11.2002 – B 7 AL 26/02 R; *J. Meyer-Ladewig/R. Rudisile,* in: Schoch/Schneider/Bier § 153 Rn. 6; vgl. *K. Rennert,* in: Eyermann § 153 Rn. 6; *T. Stuhlfauth,* in: Bader § 153 Rn. 3.

34 VGH München NJW 1985, 879, 880; 8.7.2003 – 7 B 03.885; OVG Münster DÖV 1961, 559; so wohl auch VG Dessau NJ 1999, 331 f.

13   Zwar können Beschlüsse in den vorläufigen Rechtsschutzverfahren an und für sich Gegenstand eines Wiederaufnahmeverfahrens sein.[35] Wie von § 153 gefordert, beenden sie ein Gerichtsverfahren. Mit Ablauf der Frist zur Einlegung der Beschwerde (§ 147 Abs. 1) und ihrer Begründung (§ 146 Abs. 4 S. 1) entfalten sie Bindungswirkung für die Beteiligten. Dass ggf. nur summarisch geprüft wird, steht dem nicht entgegen, da sie eine endgültige Regelung eines vorläufigen Zustands beinhalten.[36] Die verschiedenen Meinungen, ob eine Wiederaufnahme dieser Verfahren möglich ist, hängen mit den Unstimmigkeiten hinsichtlich der Abänderbarkeit dieser Beschlüsse zusammen. Beschlüsse nach § 80 Abs. 5 können gem. § 80 Abs. 7 S. 1 jederzeit geändert werden. Ein entsprechender Antrag kann auch wegen im ursprünglichen Verfahren unverschuldet nicht geltend gemachter Umstände gestellt werden. Da dieser Antrag wesentlich einfacher als ein Wiederaufnahmegesuch ist, ist eine Wiederaufnahme des Verfahrens nicht möglich.[37] Nach dem VGH Mannheim können Beschlüsse nach § 80 Abs. 5 auch von Amts wegen für die Vergangenheit geändert werden, wenn sich nachträglich herausstellt, dass eine damals verwendete eidesstattliche Versicherung falsch war. Im Gegensatz zur Wiederaufnahme des Verfahrens müsse dafür keine rechtskräftige Verurteilung (§ 581 Abs. 1 ZPO) vorliegen (VGH Mannheim VBlBW 1991, 179 f.). Grund für die erleichterte Abänderbarkeit durch das Ausgangsgericht ist wohl, dass bei den Beschlüssen nach § 80 Abs. 5 keine vollumfängliche Prüfung von Seiten der Gerichte vorgenommen wird (HmbOVG NVwZ-RR 2011, 384; VGH Mannheim NVwZ-RR 2002, 908, 910), der Gesetzgeber wegen der damit zusammenhängenden Fehleranfälligkeit Korrekturen eher ermöglichen will und für ihn aus diesem Grund der Gesichtspunkt der Rechtssicherheit weiter zurücktritt.

14   Dass eine Wiederaufnahme des Verfahrens bei einstweiligen Anordnungen möglich sein soll, wird vornehmlich von denjenigen vertreten, nach denen derartige Beschlüsse nur in Anlehnung an § 927 ZPO abänderbar sind. Eine Abänderung könne nur wegen nachträglich veränderter Umstände geltend gemacht werden. Deshalb müsse eine Wiederaufnahme des Verfahrens wegen Fehlerquellen, die bereits im Zeitpunkt der ursprünglichen Gerichtsentscheidung vorlagen, möglich sein.[38] Wendet man dagegen – was hier befürwortet wird – § 80 Abs. 7 S. 1 analog auf einstweilige Anordnungen an,[39] fehlt auch bei ihnen das Bedürfnis für ein Wiederaufnahmebegehren (s.a. OVG Lüneburg 14.11.2017 – 13 ME 367/17).[40]

15   **b) Wiederaufnahme bei Beschlüssen zur PKH?** Ebenfalls umstr. ist, ob bei abgelehnten Prozesskostenhilfebeschlüssen eine Wiederaufnahme des Verfahrens möglich ist. Der BFH verneinte dies, weil diese Beschlüsse nicht in materielle Rechtskraft erwachsen und jederzeit abänderbar sind.[41] Das OVG Münster vertrat, dass die der befristeten Beschwerde unterliegenden Prozesskostenhilfeentscheidungen zwar formell rechtskräftig werden, aber keine materielle Rechtskraftwirkung entfalten. Dies ergebe sich insbes. aus ihrer Rechtsnatur, da bei ihnen keine Streitentscheidung zwischen zwei Parteien getroffen werde, sondern die Gerichte über die Gewährung einer staatlichen Begünstigung befinden. Aus diesem Grund sei die Prozesskostenhilfeentscheidung analog § 51 VwVfG, nicht aber gem. § 153 VwGO i.V.m. §§ 578 ff. ZPO abänderbar.[42] Diese Argumentation überzeugt nicht. Indem die Prozess-

---

35 S.a. *J. Nolte*, Die Eigenart, S. 292.
36 Dazu auch *J. Brandt*, in: Brandt/Sachs S Rn. 17; *F. Drettmann*, DVBl 1985, 884 ff.; zur Rechtskraftfähigkeit dieser Beschlüsse HmbOVG DÖV 2004, 583; OVG Lüneburg NVwZ-RR 2004, 170; NordÖR 2009, 428; OVG Münster AuAS 2003, 227; VGH Mannheim NVwZ-RR 2002, 911, 912.
37 HmbOVG NVwZ-RR 2011, 384; *C. Germelmann*, in: Gärditz § 153 Rn. 9; *J. Brandt*, in: Brandt/Sachs S Rn. 17; *C. Külpmann*, in: Finkelnburg/Dombert/Külpmann Rn. 1133; *Kugele* § 153 Rn. 6; *J. Meyer-Ladewig/R. Rudisile*, in: Schoch/Schneider/Bier § 153 Rn. 6; *J. Nolte*, Die Eigenart, S. 292; *M. Redeker*, in: Redeker/v. Oertzen § 153 Rn. 1 (unter Hinweis auf den vorläufigen Charakter); *W.-R. Schenke*, in: Kopp/Schenke § 153 Rn. 5; *T. Stuhlfauth*, in: Bader § 153 Rn. 3; s.a. *Wysk* § 153 Rn. 4.
38 *W. Bergkemper*, in: Hübschmann/Hepp/Spitaler § 134 FGO Rn. 8; *F. Drettmann*, DVBl 1985, 884, 888 f.; *M. Dombert*, in: Finkelnburg/Dombert/Külpmann Rn. 504; so wohl auch *Würtenberger* Rn. 741.
39 Dazu BVerfG InfAuslR 1995, 246, 251; OVG Lüneburg NdsRpfl 2004, 157; VGH Mannheim NVwZ-RR 2002, 908, 909; 2002, 911; VG Augsburg 5.8.2009 – Au 1 E 09.982; *S. Brink*, in: Posser/Wolff § 153 Rn. 6; *F. Schoch*, in: Schoch/Schneider/Bier § 123 Rn. 175 ff.
40 *J. Brandt*, in: Brandt/Sachs S Rn. 17; *T. Flint*, NJ 1999, 331, 332; *S. Kautz*, in: HK-VerwR § 153 Rn. 7; *J. Meyer-Ladewig/R. Rudisile*, in: Schoch/Schneider/Bier § 153 Rn. 6; *M. Redeker*, in: Redeker/v. Oertzen § 153 Rn. 1 (Hinweis auf den vorläufigen Charakter); *W.-R. Schenke*, in: Kopp/Schenke § 153 Rn. 5; *T. Stuhlfauth*, in: Bader § 153 Rn. 3.
41 BFH/NV 1998, 494; BFH/NV 1998, 1252; BFH/NV 2003, 1191; offen gelassen von BFH/NV 1998, 1248. A.M. *J. Brandt*, in: Brandt/Sachs S Rn. 14.
42 OVG Münster DVBl 1983, 952, 953 f.

kostenhilfebeschlüsse der befristeten Beschwerde unterliegen, wird deutlich, dass sie formal wie eine gewöhnliche Gerichtsentscheidung zu behandeln sind.[43] Die Abänderbarkeit von Entscheidungen über Prozesskostenhilfebewilligungen folgt seit dem 1.1.2014 u.a. aus § 166 Abs. 3; § 173 S. 1 i.V.m. § 120a ZPO.

Die Prozesskostenhilfebeschlüsse werden zwar unanfechtbar, sie erwachsen aber nicht in materielle 16 Rechtskraft (BVerwG 17.3.2015 – 5 A 1/15). Aufgrund des mit ihnen verfolgten Zwecks sollen sie erleichtert abänderbar sein. Selbst wenn man der Meinung ist, dass aufgrund der Rechtsmittelfrist in der VwGO ein Abänderungsantrag nur bei einem Vortrag neuer Umstände erfolgreich ist,[44] dürften kaum Zweifel bestehen, dass ein derartiger Antrag auch bei Vorliegen eines Wiederaufnahmegrunds möglich ist. Insoweit ist die Rechtslage nicht anders zu beurteilen als bei den Beschlüssen nach § 80 Abs. 5. Deshalb ist der Antrag auf Abänderung des Prozesskostenhilfebeschlusses gegenüber der Wiederaufnahme des Verfahrens der einfachere Rechtsbehelf.[45]

3. Zwischenentscheidungen. Gegen gerichtliche Zwischenentscheidungen ist der außerordentliche 17 Rechtsbehelf der Wiederaufnahme des Verfahrens nicht gegeben. Denn nach § 153 Abs. 1 steht er nur gegen rechtskräftig *beendete* Verfahren zur Verfügung (BVerwG 7.12.2015 – 6 PKH 10/15). Einen gewissen Ausgleich gewährt § 583 ZPO, wonach Anfechtungsgründe, welche die Zwischenentscheidung betreffen, im Wiederaufnahmeverfahren gegen die das jeweilige Verfahren beendende Gerichtsentscheidung geltend gemacht werden können.[46] § 583 ZPO kommt nach seinem Wortlaut nicht zur Anwendung, wenn die höhere Instanz eine Zwischenentscheidung erlassen hat und das Nachverfahren noch in der niedrigeren Instanz anhängig ist. In dieser Konstellation befürwortet die Lit. im Zivilprozessrecht überwiegend die Zulassung einer Wiederaufnahmeklage gegen das Zwischenurteil, weil die untere Instanz nicht über das Verfahren der höheren Instanz befinden darf.[47]

4. Sonderfall Normenkontrolle. Wurde in einem Normenkontrollverfahren nach § 47 die Unwirk- 18 samkeit einer Norm festgestellt, kann wegen der damit verbundenen allgemeinverbindlichen Wirkung der Entscheidung später nicht mehr die Wiederaufnahme des Verfahrens betrieben werden (→ § 47 Rn. 370).[48] Anders ist dies, wenn der Normenkontrollantrag abgelehnt wurde.[49]

IV. Zuständigkeit

Welches Gericht für die Entscheidung über das Wiederaufnahmebegehren sachlich und örtlich aus- 19 schließlich zuständig ist, ergibt sich aus § 584 Abs. 1 ZPO, der verschiedene Zuständigkeitsregelungen enthält. Grds. soll dasjenige Gericht über die Wiederaufnahme befinden, dessen Gerichtsentscheidung angefochten wird. Wurde das Wiederaufnahmebegehren beim sachlich unzuständigen Gericht eingereicht, ist eine Verweisung (analog) § 83 i.V.m. § 17a Abs. 2 GVG von Amts wegen möglich.[50]

---

43 S.a. OVG Brem NVwZ-RR 1992, 219, 220; krit. zur Entscheidung des OVG Münster *M. Behn*, BayVBl 1983, 690, 694.

44 OVG Brem NVwZ-RR 1992, 219, 220; *S. Olbertz*, in: Schoch/Schneider/Bier § 166 Rn. 75. A.M. VGH Kassel NVwZ-RR 1992, 220. Nach OVG Bautzen NVwZ-RR 2004, 708 f. ist ein erneuter Antrag möglich, wenn neue rechtliche oder tatsächliche Gesichtspunkte vorliegen oder neue entscheidungserhebliche Umstände vorgebracht werden.

45 VGH München 23.10.2017 – 9 S 17.1153; i.E. *C. Germelmann*, in: Gärditz § 153 Rn. 10; *W. Bergkemper*, in: Hübschmann/Hepp/Spitaler § 134 FGO Rn. 10; A.M. *J. Brandt*, in: Brandt/Sachs S Rn. 14; *T. Flint*, NJ 1999, 332; *J. Meyer-Ladewig/R. Rudisile*, in: Schoch/Schneider/Bier § 153 Rn. 5; *W.-R. Schenke*, in: Kopp/Schenke § 153 Rn. 5; *Wysk* § 153 Rn. 4.

46 Vgl. *W. Bergkemper*, in: Hübschmann/Hepp/Spitaler § 134 FGO Rn. 10.

47 *R. Greger*, in: Zöller Vorbem. § 578 Rn. 11; *Baumbach/Lauterbach/Albers/Hartmann* § 583 Rn. 1; *H.-J. Musielak*, in: Musielak/Voit § 578 Rn. 11, § 583 Rn. 3.

48 VGH Mannheim ESVGH 13, 79, 80; *S. Brink*, in: Posser/Wolff § 153 Rn. 3; *C. Germelmann*, in: Gärditz § 153 Rn. 7; *S. Kautz*, in: HK-VerwR § 153 Rn. 7; *J. Meyer-Ladewig/R. Rudisile*, in: Schoch/Schneider/Bier § 153 Rn. 5; *M. Redeker*, in: Redeker/v. Oertzen § 153 Rn. 8; *K. Rennert*, in: Eyermann § 153 Rn. 5; *W.-R. Schenke*, in: Kopp/Schenke § 153 Rn. 5; *T. Stuhlfauth*, in: Bader § 153 Rn. 3; offen gelassen von OVG Frankfurt (Oder) 7.12.2004 – 2 D 14/02.NE.

49 OVG Saarlouis 25.2.1998 – 8 S 1/97; VGH Mannheim NJW 1995, 210; *T. Flint*, NJ 1999, 332; *S. Kautz*, in: HK-VerwR § 153 Rn. 7; *J. Meyer-Ladewig/R. Rudisile*, in: Schoch/Schneider/Bier § 153 Rn. 5; *W.-R. Schenke*, in: Kopp/Schenke § 153 Rn. 5. A.M. VGH Mannheim ESVGH 13, 79, 80; *K. Schenk*, DVBl 1976, 198, 204; § 47 Rn. 370.

50 BVerwG 15.8.1996 – 11 C 17/95; BFH/NV 1998, 1329; VGH München 12.5.2009 – 15 S 09.933; *J. Brandt*, in: Brandt/Sachs S Rn. 19; *S. Brink*, in: Posser/Wolff § 153 Rn. 10.

20   **1. Erstinstanzliche Gerichtsentscheidungen.** Hat ein Gericht im ersten Rechtszug entschieden, ist es für die Wiederaufnahme zuständig. Dies ist das VG (§ 45) oder das OVG, wenn es nach § 48 in erster Instanz entschieden hat.

21   **2. Entscheidungen des Berufungs-/Beschwerdegerichts.** Wurde eine oder auch nur eine von mehreren Gerichtsentscheidungen von einem Berufungsgericht erlassen, entscheidet das Berufungsgericht über die Wiederaufnahme. Entsprechendes gilt für die Gerichtsentscheidungen des Beschwerdegerichts (BFH/NV 1998, 1239). Ausgehend von dem ersten Hs. des § 584 Abs. 1 ZPO ist deshalb ausschließlich das zweitinstanzliche Gericht für die Wiederaufnahme zuständig, wenn mit dieser sowohl das verwaltungsgerichtliche Urteil als auch das hierauf gestützte Urteil des Berufungsgerichts angegriffen werden und das Berufungsgericht die Berufung für zulässig angesehen und in der Sache entschieden hat.[51] Dadurch sollen doppelte Wiederaufnahmeverfahren, die sich auf dasselbe Vorverfahren beziehen, vermieden werden.[52] Das Gericht der ersten Instanz ist demgegenüber zuständig, wenn sich der Wiederaufnahmegrund auf einen Teil der erstinstanzlichen Gerichtsentscheidung bezieht, hinsichtlich dessen kein Rechtsmittel eingelegt wurde.[53] Das Wiederaufnahmegesuch ist außerdem an die erste Instanz zu richten, wenn die Berufung verworfen wurde und ausschließlich ein Fehler der erstinstanzlichen Gerichtsentscheidung gerügt wird.[54]

22   **3. Entscheidungen des Revisionsgerichts.** Die Zuständigkeit für die Wiederaufnahme revisionsinstanzlicher Gerichtsentscheidungen ist gespalten. Das Berufungsgericht ist hinsichtlich der Wiederaufnahmegründe des § 580 Nr. 1–3, 6 und 7 ZPO zuständig, das Revisionsgericht für diejenigen nach §§ 579, 580 Nr. 4, 5 ZPO. Dabei wird das Wort „Berufungsgericht" untechnisch i.S.d. zuletzt entscheidenden Tatsachengerichts interpretiert. Deshalb werden darunter auch erstinstanzliche Gerichtsentscheidungen des OVG subsumiert.[55] § 584 Abs. 1 ZPO wird in st. Rspr. „bereinigend" ausgelegt, weil man ihn als lückenhaft und die dem Restitutionsgrund des § 580 ZPO zugrunde liegende Differenzierung als missglückt betrachtet (VGH Mannheim NVwZ 1995, 1006).

23   Das Revisionsgericht ist zuständig, wenn die Wiederaufnahmegründe der §§ 579, 580 Nr. 4, 5 ZPO erhoben werden. Allerdings macht die Rspr. die Zuständigkeit des Revisionsgerichts zur Wiederaufnahme des Verfahrens davon abhängig, dass es eine Sachentscheidung getroffen hat oder sich die Einwendungen gegen dessen Verfahren richten.[56] Liegt eine Sachentscheidung vor, können Verfahrensfehler nach § 579 ZPO selbst dann gerügt werden, wenn diese nicht im Revisionsverfahren unterlaufen sind, so z.B. wenn die nicht vorschriftsmäßige Besetzung im Verfahren der Vorinstanz gerügt wird.[57] Richtet sich das Wiederaufnahmebegehren demgegenüber gegen einen Beschluss zur Nichtzulassung der Revision wegen der nicht vorschriftsmäßigen Besetzung des Berufungsgerichts, ist Letzteres bei Fehlen einer Sachentscheidung zuständig.[58] Gleiches gilt, wenn das Rechtsmittel der Revision gegen ein Berufungsurteil ohne Sachprüfung verworfen wurde, bspw. wegen fehlender Postulationsfähigkeit.[59]

24   Die Rspr. bejaht über den Gesetzeswortlaut hinaus die Zuständigkeit des Revisionsgerichts bei den anderen, nicht explizit erwähnten Restitutionsgründen des § 580 ZPO, wenn es ausnahmsweise selbst tatsächliche Feststellungen getroffen hat und diese mit der Wiederaufnahme angefochten werden[60]

51   OVG Münster 24.2.1995 – 25 E 267/95; VGH Kassel 21.1.1992 – 7 UE 301/90; *S. Brink,* in: Posser/Wolff § 153 Rn. 8; *R. Greger,* in: Zöller § 584 Rn. 4; *S. Kautz,* in: HK-VerwR § 153 Rn. 22.

52   *Klinger* 663; s.a. *H.-J. Musielak,* in: Musielak/Voit § 584 Rn. 5.

53   *Baumbach/Lauterbach/Albers/Hartmann* § 584 Rn. 4; *H.-J. Musielak,* in: Musielak/Voit § 584 Rn. 5.

54   *S. Brink,* in: Posser/Wolff § 153 Rn. 9; *R. Greger,* in: Zöller § 584 Rn. 3; *Baumbach/Lauterbach/Albers/Hartmann* § 584 Rn. 4.

55   BVerwG VerwRspr 16, 1012, 1013; Buchholz 310 § 153 VwGO Nr. 9; VGH Mannheim NVwZ 1995, 1006; *S. Brink,* in: Posser/Wolff § 153 Rn. 9.

56   BFH/NV 1998, 1239; s.a. BVerwG Buchholz 310 § 153 VwGO Nr. 33; *J. Meyer-Ladewig/R. Rudisile,* in: Schoch/Schneider/Bier § 153 Rn. 22.

57   BVerwG VwRspr 16, 1012 f.; Buchholz 310 § 153 VwGO Nr. 9; 17.3.2015 – 5 A 1/15; 7.12.2015 – 6 PKH 10/15.

58   BVerwG Buchholz 310 § 153 VwGO Nr. 20 (in diesem Fall ist das OVG gem. § 584 Abs. 1 Alt. 2 ZPO zuständig); VGH München DVBl 1993, 55, 56; *S. Brink,* in: Posser/Wolff § 153 Rn. 9.

59   BVerwGE 48, 201, 203; BVerwG Buchholz 310 § 153 VwGO Nr. 9; *S. Brink,* in: Posser/Wolff § 153 Rn. 9; *J. Meyer-Ladewig/R. Rudisile,* in: Schoch/Schneider/Bier § 153 Rn. 21.

60   BVerwG 15.8.1996 – 11 C 17/95; VGH Mannheim NVwZ 1995, 1006; BFHE 90, 454, 455; 164, 504, 505; BFH/NV 2000, 730; *S. Brink,* in: Posser/Wolff § 153 Rn. 9; *Baumbach/Lauterbach/Albers/Hartmann* § 584 Rn. 6; *J. Meyer-Ladewig/R. Rudisile,* in: Schoch/Schneider/Bier § 153 Rn. 22.

bzw. ein Wiederaufnahmegrund allein seiner eigenen Entscheidung anhaftet (BVerwG BayVBl 2017, 713, 714). So hat sich ein Revisionsgericht trotz des geltend gemachten Restitutionsgrunds nach § 580 Nr. 7 ZPO für zuständig erachtet, wenn damit ausnahmsweise von ihm herrührende tatsächliche Feststellungen angegriffen werden.[61] Ist streitig, ob das Revisionsgericht tatsächliche Feststellungen gemacht hat, sei darauf abzustellen, wer für eine auf § 580 Nr. 7 ZPO gestützte Restitutionsklage bei Vorliegen einer Rechtsauffassung des Revisionsgerichts zuständig ist (VGH Mannheim NVwZ 1995, 1006). Das BVerwG verneinte seine Zuständigkeit für ein Wiederaufnahmeverfahren, bei dem sich der Antragsteller auf den Wiederaufnahmegrund des § 580 Nr. 7 lit. b) ZPO berief, wenn ihm die Urkunde erst nach Erlass des vorinstanzlichen Urteils bekannt wurde, weil der Restitutionsgrund nicht das Verfahren der Nichtzulassungsbeschwerde selbst betreffe (BVerwG Buchholz 310 § 153 VwGO Nr. 33). Die Zuständigkeit des Revisionsgerichts wurde beim Wiederaufnahmegrund des § 580 Nr. 6 ZPO angenommen, wenn mit der Restitutionsklage keine tatsächlichen Feststellungen angegriffen werden, sondern diese lediglich darauf gestützt wird, das Revisionsgericht habe seiner Entscheidung ein Urteil zugrunde gelegt, dem das BVerfG nicht gefolgt sei (BFHE 164, 504, 506). Das BVerwG hat in einer Entscheidung angedeutet, dass es für eine Restitution nach § 580 Nr. 3 ZPO allenfalls zuständig sei, wenn die Entscheidung durch eine neue, gerade in Beziehung auf das Revisionsverfahren mit Strafe bedrohte Handlung bewirkt worden ist (BVerwG VwRspr 16, 1012, 1013). Umstr. ist, welches Gericht bei Vorliegen mehrerer Wiederaufnahmegründe zuständig ist, für die teils die Zuständigkeit des Berufungs- und teils die des Revisionsgerichts gegeben ist. Das Schrifttum befürwortet insoweit entweder eine so vom Gesetz nicht gewollte Aufspaltung der Zuständigkeit oder zu deren Vermeidung eine ausschließliche Zuständigkeit des Berufungsgerichts. BVerwG BayVBl 2017, 713, 714 hat sich nunmehr der zuerst genannten Meinung angeschlossen.

Das Berufungsgericht ist nach dem Gesetzeswortlaut für die Wiederaufnahme des Verfahrens zuständig, wenn die Wiederaufnahmegründe des § 580 Nr. 1–3, 6, 7 ZPO geltend gemacht werden. Darüber hinaus muss es um die Wiederaufnahme des Verfahrens ersucht werden, wenn die Revision als unzulässig verworfen wurde und kein das Revisionsverfahren betreffender Wiederaufnahmegrund geltend gemacht wird (BFH/NV 1998, 1239). Außerdem soll es auch bei den Wiederaufnahmegründen der §§ 579, 580 Nr. 4, 5 ZPO zuständig sein, wenn seine tatsächlichen Feststellungen angefochten werden.[62] 25

V. Arten des Wiederaufnahmeverfahrens

Gem. § 153 Abs. 1 VwGO i.V.m. § 578 Abs. 1 ZPO kann die Wiederaufnahme des Verfahrens durch 26
Nichtigkeitsklage/-antrag bzw. durch Restitutionsklage/-antrag erfolgen. Wann ein Nichtigkeitsverfahren in Betracht kommt, ist in § 579 ZPO normiert. §§ 580–582 ZPO regeln das Restitutionsverfahren. Nichtigkeits- und Restitutionsgründe können in einem Begehren geltend gemacht werden. Werden beide Klagen von derselben Partei oder verschiedenen Beteiligten erhoben, ist die Verhandlung und Entscheidung über die Restitutionsklage gem. § 578 Abs. 2 ZPO bis zur rechtskräftigen Entscheidung über die Nichtigkeitsklage zwingend auszusetzen (BFH/NV 2013, 391, 392), weil diese in ihren Wirkungen weiter reicht. Dies wird insbes. daran deutlich, dass bei den Nichtigkeitsgründen des § 579 ZPO kraft Gesetzes eine Verfälschung des Prozessergebnisses unterstellt wird.[63] Demgegenüber müssen die Restitutionsgründe des § 580 ZPO auf die Unrichtigkeit des Urteils schließen lassen. Die Fristvorgabe des § 586 ZPO kann es erforderlich machen, sich gleichzeitig auf Restitutions- und Nichtigkeitsgründe zu berufen. Ausnahmsweise ist keine Aussetzung vorzunehmen, wenn das Prozessgericht eine der Klagen durch Prozessurteil abweisen kann, mithin insoweit keine Sachentscheidung treffen muss (VG Ansbach 17.1.2012 – AN 1 K 10.01128).

---

61 VGH Mannheim NVwZ 1995, 1006; BFHE 90, 454, 455; 165, 504, 505; vgl. auch BVerwG 15.8.1996 – 11 C 17/95, welches aber nicht konkret Stellung bezieht; *H.-J. Musielak*, in: Musielak/Voit § 584 Rn. 6.
62 Dies gilt nach BVerwG NJW 1971, 2328f. nicht bei § 579 ZPO, wenn das Revisionsgericht eine Sachentscheidung gefällt hat.
63 Zu der überkommenen Vorstellung der weiterreichenden Wirkung der Wiederaufnahme des Verfahrens bei „nichtigen" Urteilen *J. Braun*, in: MüKoZPO II § 578 Rn. 34; *Baumbach/Lauterbach/Albers/Hartmann* § 578 Rn. 7; dazu, dass auch § 590 nichts an § 578 Abs. 2 ändert, BFH/NV 2003, 1338.

VI. Zur Wiederaufnahme berechtigte Personen

27 Da die Wiederaufnahme des Verfahrens auf die Durchbrechung der Rechtskraft einer Gerichtsent-scheidung abzielt, kann der Kreis der zur Einleitung des Wiederaufnahmeverfahrens befugten Perso-nen nicht ohne Blick auf § 121 ermittelt werden. Weil eine rechtskräftige Entscheidung die Beteiligten und ihre Rechtsnachfolger bindet (§ 121 Nr. 1), sind diese Personen wiederaufnahmeberechtigt. Wer Beteiligter ist, wird in § 63 geregelt. Wiederaufnahmeberechtigt sind der Kläger, der Beklagte sowie Personen, die die Stellung eines Beigeladenen erlangt haben. Unterließ das Gericht fälschlicherweise die Beiladung einer Person, wurde sie nicht Beteiligter. Da sich die Rechtskraft der Gerichtsentschei-dung nicht auf sie erstreckt, kann sie keine Wiederaufnahme des Verfahrens veranlassen.[64]

28 Bereits aus § 153 Abs. 2 ergibt sich die Wiederaufnahmeberechtigung des VöI und des VBI beim BVerwG unabhängig davon, ob sie am Vorprozess beteiligt waren. Grund dafür ist die ihnen obliegen-de besondere Funktion der Wahrung des öffentlichen Interesses.[65] Da sich das Beteiligungsrecht des VöI bei § 36 Abs. 1 S. 1 auf Gerichtsverfahren vor den Landesgerichten beschränkt, kann er an Wie-deraufnahmeverfahren vor dem BVerwG nur mitwirken, wenn er seine Beteiligung gegenüber einem Gericht seines funktionellen Aufgabenbereichs erklärt hat.[66] Nach dem Gesetzeswortlaut beschränkt sich die Wiederaufnahmebefugnis des VBI auf die Gerichtsverfahren vor dem BVerwG im ersten und letzten Rechtszug, also auf die in § 50 genannten Angelegenheiten. Zu überlegen ist, ob er nicht auch bei revisionsinstanzlichen Gerichtsentscheidungen in seiner Eigenschaft als Beteiligter die Wiederauf-nahme erwirken kann.[67] Nach dem Gesetzestext des § 153 Abs. 2 sprechen gute Argumente dafür, dass dieser eine Sonderregelung für die Wiederaufnahme durch die VöI enthält.[68]

VII. Beschwer

29 Ein erfolgreiches Wiederaufnahmebegehren kann nur von solchen Personen gestellt werden, welche durch die angegriffene Gerichtsentscheidung beschwert werden. Die erforderliche Beschwer fehlt, wenn in der Entscheidung des Vorprozesses den gestellten Anträgen voll entsprochen wurde (OVG Bautzen 28.12.2010 – 4 D 211/10). Ein Beigeladener kann deshalb die Wiederaufnahme des Verfah-rens begehren, wenn seine rechtlichen Interessen durch ein rechtskräftiges verwaltungsgerichtliches Urteil berührt werden (OVG Lüneburg DÖV 1960, 239). Mangels Beschwer kann ein Beteiligter, der im vorausgegangenen Gerichtsverfahren selbst ordnungsgemäß vertreten war, nicht die mangelnde ge-setzliche Vertretung eines anderen geltend machen.[69] Vom Erfordernis der Beschwer macht § 153 Abs. 2 eine *Ausnahme*. Die VöI sind ohne Rücksicht darauf, wer unterlegen ist, wiederaufnahmebe-fugt.[70]

VIII. Geltendmachen eines Wiederaufnahmegrunds

30 Eine Wiederaufnahmeklage ist nur zulässig, wenn der Kläger einen *Wiederaufnahmegrund geltend macht*, was z.B. für die Beurteilung der sachlichen Zuständigkeit wichtig ist (BVerwG 8.4.2015 – 1 A 7/15). Dies setzt voraus, dass der angeführte Wiederaufnahmegrund überhaupt ernsthaft in Erwägung gezogen werden kann[71] bzw. hinreichend schlüssig und substantiiert behauptet wird.[72] Nach dem

---

64 BVerwGE 104, 182, 184 ff.; s.a. *J. Brandt*, in: Brandt/Sachs S Rn. 26; *S. Brink*, in: Posser/Wolff § 153 Rn. 11; *J. Nolte*, Die Eigenart, S. 292 f.; *M. Redeker*, in: Redeker/v. Oertzen § 153 Rn. 7.

65 BT-Drs. 3/55, 47; s.a. *J. Meyer-Ladewig/R. Rudisile*, in: Schoch/Schneider/Bier § 153 Rn. 18.

66 BVerwGE 25, 170, 173 ff.; 90, 337, 339 f.; → § 36 Rn. 16; *M. Redeker*, in: Redeker/v. Oertzen § 153 Rn. 4; *T. Stuhl-fauth*, in: Bader § 153 Rn. 20. A.M. *W.-R. Schenke*, in: Kopp/Schenke § 153 Rn. 7.

67 Vgl. *Koehler* 1155.

68 Nach dem Text des § 153 Abs. 2 sind die VöI „auch" wiederaufnahmeberechtigt; s.a. *J. Meyer-Ladewig/R. Rudisile*, in: Schoch/Schneider/Bier § 153 Rn. 18.

69 VG Ansbach 17.1.2012 – AN 1 K 10.01128; *J. Brandt*, in: Brandt/Sachs S Rn. 34; s.a. *W.-R. Schenke*, in: Kopp/Schenke § 153 Rn. 4, 8.

70 BT-Drs. 3/55, 47; *K. Rennert*, in: Eyermann § 153 Rn. 14; *W.-R. Schenke*, in: Kopp/Schenke § 153 Rn. 4; *T. Stuhl-fauth*, in: Bader § 153 Rn. 18.

71 OVG Münster NVwZ 1995, 95; VGH Mannheim 18.1.1996 – 2 S 1124/93; VGH München BayVBl 2006, 189; ähnl. VGH Mannheim 16.10.1979 – IV 673/79; BFHE 165, 569, 571; *J. Brandt*, in: Brandt/Sachs S Rn. 33.

72 BFH 2.1.2009 – V K 1/07; BVerwG 21.11.2013 – 9 B 60/13; s.a. BVerwGE 53, 188, 191; OVG Münster NVwZ-RR 2003, 535; VGH München 23.7.2013 – 6 BV 13.1273; VG Augsburg 13.8.2012 – Au 5 K 12.30215; VG Schwerin 15.1.2015 – 4 A 1725/13.

BFH zeichnet sich ein schlüssiger Vortrag dadurch aus, dass bei unterstellter Richtigkeit ein Wiederaufnahmegrund besteht (BFHE 165, 569, 571; BFH/NV 2011, 828, 829; s.a. BAG NZA 2016, 127, 128). Der bloße Hinweis auf die vermeintliche Sittenwidrigkeit des angefochtenen Beschlusses reicht zur schlüssigen Darlegung eines Grundes, der zur Nichtigkeitserklärung der angefochtenen Entscheidung oder zur Wiederaufnahme des Verfahrens führen kann, nicht aus (BFH 10.6.2009 – VII K 6/09). Der BGH lässt es genügen, wenn die vorgetragenen Tatsachen geeignet erscheinen, einen Anfechtungsgrund darzutun (BGH BB 1993, 811). Nach Meinung des VGH München genügt eine bloße Bezeichnung eines Restitutionsgrunds nicht, sondern es müssen in nachvollziehbarer Weise konkrete Tatsachen für einen solchen vorgetragen werden (VGH München BayVBl 2006, 189; für eine „[l]aienhafte Darlegung" eines Wiederaufnahmegrunds VGH München 6.7.2009 – 20 C 09.1268). Verneint wurde die Schlüssigkeit z.B. in einem Fall, in dem sich ein Beteiligter auf die nicht ordnungsgemäße Vertretung einer anderen Person berief, weil § 579 Abs. 1 Nr. 4 ZPO von vornherein nur denjenigen schützen will, der ohne die Hilfe eines anderen seine eigenen Angelegenheiten nicht wirksam wahrnehmen kann (OVG Münster NVwZ 1995, 95).

IX. Antrags-/Klageschrift

Die Erhebung des Wiederaufnahmegesuchs richtet sich gem. § 585 ZPO nach den allgemeinen Vorschriften (OVG Frankfurt [Oder] 7.12.2004 – 2 D 14/02.NE).[73] Gem. § 81 Abs. 1 ist das Begehren schriftlich zu erheben und kann beim VG auch zur Niederschrift des Urkundsbeamten der Geschäftsstelle erhoben werden. Als Prozesshandlung darf es nicht bedingt eingelegt werden.[74] Es muss deutlich werden, dass der Antragsteller die gerichtliche Wiederaufnahme eines rechtskräftig abgeschlossenen Gerichtsverfahrens begehrt. Unzureichend ist es, wenn jemand einen als „Dienstaufsichtsbeschwerde" bezeichneten Antrag stellt, dem auch nicht im Wege der Auslegung das Ziel eines gerichtlichen Wiederaufnahmeersuchens entnommen werden kann (BVerwG NZWehr 1995, 163, 165). Gem. § 587 ZPO *muss* die Klage bzw. der Antrag die Gerichtsentscheidung bezeichnen, gegen welche das Nichtigkeits- oder Restitutionsbegehren gerichtet wird, sowie die Erklärung enthalten, welche der beiden Klage- bzw. Antragsarten erhoben wird.[75] Eine ausdrückliche Bezeichnung ist jedoch nicht notwendig. Es genügt, wenn sich das Gewollte mit hinreichender Deutlichkeit aus dem Inhalt des Gesuchs entnehmen lässt.[76]

§ 588 ZPO regelt die Anforderungen an den sonstigen Inhalt des Gesuchs. Da er nur eine „Sollnorm" statuiert, gereicht ein Verstoß hiergegen dem Kläger/Antragsteller nicht zum Nachteil, die Wiederaufnahmefrist wird dennoch gewahrt. Nach § 588 Abs. 1 ZPO *sollen* in dem Gesuch enthalten sein: die Bezeichnung des Anfechtungsgrundes, die Angabe der Beweismittel für die Tatsachen, die den Grund und die Einhaltung der Wiederaufnahmefrist ergeben, sowie die Erklärung, inwieweit die Beseitigung der angefochtenen Gerichtsentscheidung und welche andere Entscheidung in der Hauptsache beantragt wird. Außerdem sind dem Schriftsatz bei einem *Restitutions*begehren die Urkunden, auf die es gestützt wird, in Ur- oder Abschrift beizufügen. Befinden sich die Urkunden nicht in den Händen des Klägers/Antragstellers, muss er erklären, welchen Antrag er zu ihrer Herbeischaffung zu stellen beabsichtigt (§ 588 Abs. 2 ZPO).

X. Frist

§ 586 ZPO gibt vor, innerhalb welcher Zeitspanne die Wiederaufnahme des Verfahrens begehrt werden muss. Dabei läuft für jeden Wiederaufnahmegrund eine eigene Wiederaufnahmefrist. Werden z.B. nacheinander mehrere Urkunden i.S.d. § 580 Nr. 7 lit. b) ZPO aufgefunden oder benutzbar, beginnt jedes Mal eine neue Frist (BGHZ 57, 211, 217). Grds. muss das Wiederaufnahmegesuch innerhalb eines Monats ab Kenntnis des Anfechtungsgrunds erhoben werden, wobei die Frist erst mit der Rechts-

31

32

33

---

73 Für einen Vorrang der §§ 587, 588 ZPO *J. Nolte*, Die Eigenart, S. 295.
74 S.a. BFH/NV 2003, 1214; *J. Brandt*, in: Brandt/Sachs S Rn. 35.
75 *S. Kautz*, in: HK-VerwR § 153 Rn. 17; s.a. FG Dessau-Roßlau 31.1.2012 – 4 K 300/11. A.M. *J. Meyer-Ladewig/R. Rudisile*, in: Schoch/Schneider/Bier § 153 Rn. 16, wonach § 82 an die Stelle der §§ 587, 588 ZPO tritt; OVG Frankfurt (Oder) 7.12.2004 – 2 D 14/02.NE.
76 S.a. OVG Frankfurt (Oder) 7.12.2004 – 2 D 14/02.NE; VG Augsburg 15.4.2010 – Au 5 K 09.681; *J. Brandt*, in: Brandt/Sachs S Rn. 36; *R. Greger*, in: Zöller § 587 Rn. 2; *H.-J. Musielak*, in: Musielak/Voit § 587 Rn. 2.

kraft der Gerichtsentscheidung zu laufen beginnt. Fünf Jahre nach dem Eintritt der Rechtskraft ist jedoch ein Wiederaufnahmegesuch nicht mehr statthaft. Eine Sonderregelung der Frist enthält § 586 Abs. 3 ZPO für die Nichtigkeitsklage wegen mangelnder Vertretung.

34   Vor Ablauf der Frist muss ein Gesuch eingereicht werden, das inhaltlich den gesetzlichen Mindestanforderungen, insbes. § 587 ZPO, entspricht. Fehlt es an dem notwendigen Inhalt, kann die Klageschrift nur innerhalb der Frist des 586 ZPO ergänzt werden (FG Hannover 4.7.2000 – 15 K 974/99), während Verstöße gegen die Sollvorschrift des § 588 ZPO auch noch danach behoben werden können. Zweifelhaft sind die Folgen, wenn ein Wiederaufnahmegesuch vor Fristablauf nur bei einem nach § 153 Abs. 1 VwGO i.V.m. § 584 ZPO unzuständigen Gericht eingeht, dann aber verwiesen wird. Nach Ansicht des BSG wird die Frist dennoch gewahrt, da das Verfahren in der Sozialgerichtsbarkeit im Vergleich zum Zivilprozess weniger formell ausgestaltet sei. § 586 ZPO bestimmt nur die Wiederaufnahmefrist. Daraus wird gefolgert, dass das Wiederaufnahmegesuch fristgemäß zu erheben ist, nicht aber sofort beim zuständigen Gericht eingegangen sein muss.[77] § 585 ZPO verweist auf die allgemeinen Vorschriften und somit auf § 83. Gem. § 83 S. 1 VwGO i.V.m. § 17b Abs. 1 S. 2 GVG bleiben die Wirkungen der Rechtshängigkeit bei einem Verweisungsbeschluss bestehen. Das Wiederaufnahmebegehren ist insoweit wie eine normale Klage zu behandeln, bei der die Wahrung der Klagefrist des § 74 überwiegend auch im Falle einer Verweisung angenommen wird (BVerwG Buchholz 310 § 153 VwGO Nr. 35). Auch ist in Rechnung zu stellen, dass nicht alle Wiederaufnahmegesuche von einem Anwalt erhoben werden müssen (s. § 67 sowie → Rn. 43). Die Gerichtsentscheidungen werden nicht mit einer Rechtsmittelbelehrung in Bezug auf die Wiederaufnahme versehen. Schließlich sei darauf verwiesen, dass die Bestimmung des zuständigen Wiederaufnahmegerichts durchaus nicht immer einfach ist.

35   **1. Einmonatsfrist.** Das Wiederaufnahmebegehren des Verfahrens muss innerhalb eines Monats erhoben werden (§ 153 Abs. 1 VwGO i.V.m. § 586 Abs. 1 ZPO). Die gesetzliche Wiederaufnahmefrist ist weder abkürzbar noch verlängerbar (§ 57 Abs. 2 VwGO i.V.m. § 224 Abs. 2 ZPO). Da das Wiederaufnahmeverfahren kein Rechtsmittel i.S.d. § 58 ist, wird die Wiederaufnahmefrist ohne Rechtsbehelfsbelehrung in Lauf gesetzt.[78] Bei unverschuldeter Fristversäumnis ist eine Wiedereinsetzung in den vorigen Stand nach § 60 möglich.[79]

36   Die Frist beginnt *frühestens* mit dem *Eintritt der Rechtskraft* der Gerichtsentscheidung (→ Rn. 39) zu laufen (§ 586 Abs. 2 S. 1 ZPO). Der Fristbeginn verschiebt sich, wenn der Beteiligte erst zu einem späteren Zeitpunkt *Kenntnis* von dem Anfechtungsgrund erlangt hat (§ 586 Abs. 2 S. 1 ZPO). Für die Kenntnis kommt es nicht auf den Zeitpunkt an, in dem sich der Kläger erstmals über die rechtliche Bedeutung des Anfechtungsgrunds klar wurde, sondern in dem er die den Anfechtungsgrund begründenden tatsächlichen Umstände erstmals wahrnahm.[80] Bspw. soll es für die Kenntnis des Wiederaufnahmegrunds des § 580 Nr. 3 ZPO in Fällen, in denen der jeweilige Zeuge verstorben ist, auf die Kenntnis der Verletzung der Wahrheitspflicht durch ihn und des Todesfalls ankommen (BFHE 152, 35, 38). Nach dem Gesetzestext ist für den Fristbeginn nur die Kenntnis und nicht das Kennenmüssen relevant. Allerdings muss sich eine Person, die sich bewusst der Kenntnisnahme bestimmter Tatsachen

---

77 BSGE 30, 126, 127 ff.; *J. Brandt*, in: Brandt/Sachs S Rn. 39; *S. Brink*, in: Posser/Wolff § 153 Rn. 22; *J. Meyer-Ladewig/R. Rudisile*, in: Schoch/Schneider/Bier § 153 Rn. 17; *H.-J. Musielak*, in: Musielak/Voit § 586 Rn. 5; *K. Reichold*, in: Thomas/Putzo § 586 Rn. 1; *W.-R. Schenke*, in: Kopp/Schenke § 153 Rn. 12; s.a. *P.-A. Zeihe*, NJW 1971, 2292 ff.

78 S.a. BFH/NV 2003, 1436; VGH Kassel 23.5.2017 – 10 C 1501/16; *S. Brink*, in: Posser/Wolff § 153 Rn. 21; *S. Kautz*, in: HK-VerwR § 153 Rn. 16; *J. Meyer-Ladewig/R. Rudisile*, in: Schoch/Schneider/Bier § 153 Rn. 17.

79 Dazu *S. Brink*, in: Posser/Wolff § 153 Rn. 21; *Koehler* 1154; *J. Meyer-Ladewig/R. Rudisile*, in: Schoch/Schneider/Bier § 153 Rn. 17; *M. Redeker*, in: Redeker/v. Oertzen § 153 Rn. 2; offen gelassen von OVG Frankfurt (Oder) 7.12.2004 – 2 D 14/02.NE.

80 BFHE 152, 35, 39 begründet dies mit den sonst entstehenden Unsicherheiten hinsichtlich des Fristbeginns; OVG Frankfurt (Oder) 7.12.2004 – 2 D 14/02.NE. Nach OVG Koblenz DÖV 2012, 532 kann die Monatsfrist nicht durch die Geltendmachung des Klägers unterlaufen werden, dass ihm noch weitere Nachfragen beantwortet werden müssen, obwohl ihm die jeweiligen Umstände ausweislich seiner Klagebegründung maßgeblich bekannt sind. S.a. *R. Greger*, in: Zöller § 586 Rn. 9; *J. Meyer-Ladewig/R. Rudisile*, in: Schoch/Schneider/Bier § 153 Rn. 17 *W.-R. Schenke*, in: Kopp/Schenke § 153 Rn. 12.

verschließt, so behandeln lassen, als hätte sie positive Kenntnis.[81] Gem. § 173 S. 1 VwGO i.V.m. § 85 Abs. 2 ZPO wird dem Beteiligten die Kenntnis seines Prozessbevollmächtigten zugerechnet.

Probleme bereitet die Frage, wann eine *Behörde* die für den Beginn der Wiederaufnahmefrist notwendige Kenntnis vom Anfechtungsgrund nach § 586 Abs. 2 S. 1 ZPO besitzt. Nach Ansicht des BVerwG ist die Kenntnis einer Behörde in aller Regel mit dem Gelangen des Vorgangs in ihren Geschäftsbereich – mit dem Eingang also – gleichzusetzen. Da es nach der ZPO allein auf die Kenntnis des Restitutionsklägers ankomme, sei auf die Kenntnis der das Restitutionsverfahren betreibenden Behörde abzustellen.[82] An dieser Argumentation ist zu kritisieren, dass das BVerwG auf den Zeitpunkt abstellt, in dem die Verwaltung einen Vorgang zur Kenntnis nehmen konnte, weil er in ihren Geschäftsbereich gelangt ist. Der nach dem Gesetzeswortlaut erforderlichen Kenntnis kann aber gerade nicht das Kennenmüssen gleichgestellt werden. Unklar ist, ob auf die Kenntnis irgendeines Mitarbeiters der Behörde oder auf diejenige des nach der innerbehördlichen Geschäftsverteilung zur Wiederaufnahme zuständigen Amtswalters abzustellen ist. Für die erste Alternative wird geltend gemacht, dass die Verwaltung nach außen als Einheit auftrete und sie selbst die Konsequenzen etwaiger Reibungsverluste tragen müsse.[83] Andererseits wird dem Einzelnen auch nicht die Kenntnis jeder Person in seinem Umfeld zugerechnet. Angesichts der sehr kurz bemessenen Einmonatsfrist spricht deshalb viel dafür, auf die Kenntnis des zuständigen Bearbeiters abzustellen (s.a. BGH MDR 1968, 119), die Verwaltung aber unter Umständen für ein Organisationsverschulden einstehen zu lassen. **37**

2. Ausschlussfrist nach 5 Jahren. Gem. § 586 Abs. 2 S. 2 ZPO kann nach Ablauf von fünf Jahren seit dem Tag der Rechtskraft der Gerichtsentscheidung keine Wiederaufnahme des Verfahrens begehrt werden. Es handelt sich hierbei um eine *absolute* Frist, bei deren Versäumung grds. keine Wiedereinsetzung in den vorigen Stand nach § 60 möglich ist.[84] Dies ist verfassungsrechtlich nicht zu beanstanden. Der Einzelne muss es hinnehmen, dass für den Gesetzgeber ab einem bestimmten Zeitpunkt die Rechtssicherheit und der Rechtsfriede vorgehen.[85] **38**

Bei der Ausschlussfrist des § 586 Abs. 2 S. 2 ZPO kommt dem Moment des Eintritts der Rechtskraft der angefochtenen Gerichtsentscheidung maßgebliche Bedeutung zu. Wird eine Nichtzulassungsbeschwerde zurückgewiesen, wird die Gerichtsentscheidung nach dem Gesetzeswortlaut des § 133 Abs. 5 S. 3 mit der Ablehnung und nicht erst mit ihrer Bekanntgabe rechtskräftig. Genauer Zeitpunkt des Eintritts der Rechtskraft ist nach der Rspr. des BVerwG der Augenblick der Herausgabe des ablehnenden Beschlusses aus dem Gerichtsgebäude zur Beförderung mit der Post. Das Gericht muss diesen Zeitpunkt dokumentieren. Tut es dies nicht, dürfen damit zusammenhängende Zweifel nicht zulasten der Partei gehen.[86] **39**

3. Sonderbestimmung für den Fall nicht ordnungsgemäßer Vertretung. Gem. § 586 Abs. 3 ZPO beginnt bei der Nichtigkeitsklage nach § 579 Abs. 1 Nr. 4 ZPO die Einmonatsfrist für das Wiederaufnahmebegehren unabhängig von dem Moment der Kenntnis erst an dem Tag zu laufen, an welchem der Partei bzw. bei mangelnder Prozessfähigkeit ihrem gesetzlichen Vertreter das Urteil zugestellt wird. Für die zuletzt genannte Konstellation reicht es nicht, wenn die Entscheidung an den Prozessbevollmächtigten des damals unerkannt Geschäftsunfähigen zugestellt wird (VG Augsburg 13.8.2012 – Au 5 K 12.30215). Die fünfjährige Ausschlussfrist findet keine Anwendung. **40**

---

81 BVerwG 21.11.2013 – 9 B 60/13; *S. Brink,* in: Posser/Wolff § 153 Rn. 18; *J. Meyer-Ladewig/R. Rudisile,* in: Schoch/Schneider/Bier § 153 Rn. 17; *H.-J. Musielak,* in: Musielak/Voit § 586 Rn. 3; *W.-R. Schenke,* in: Kopp/Schenke § 153 Rn. 12.

82 BVerwGE 34, 113, 120; wird der Rechtsträger vertreten, dürfte wohl auf die Kenntnis der ihn im Rechtsstreit vertretenden Behörde abzustellen sein.

83 *Maurer* § 11 Rn. 35 a hinsichtlich § 48 Abs. 4 VwVfG; *C. Germelmann,* in: Gärditz § 153 Rn. 46.

84 BFH 17.9.2015 – X S 22/15 (PKH); *J. Brandt,* in: Brandt/Sachs S Rn. 43; *S. Brink,* in: Posser/Wolff § 153 Rn. 20; dazu auch *H.-J. Musielak,* in: Musielak/Voit § 586 Rn. 7, der zutr. hervorhebt, dass ausnahmsweise eine Wiedereinsetzung möglich ist, wenn vor Fristablauf ein PKH-Antrag gestellt wurde; *W.-R. Schenke,* in: Kopp/Schenke § 153 Rn. 12.

85 VGH München BayVBl 1992, 405, 406; zur Verfassungsmäßigkeit der Frist auch BVerwG Buchholz 310 § 153 Nr. 1; *T. Stuhlfauth,* in: Bader § 153 Rn. 17; zum Verhältnis zu einer Klage nach § 826 BGB BVerwG Buchholz 310 § 153 VwGO Nr. 23.

86 BVerwGE 95, 64, 66 ff.; dazu auch OVG Frankfurt (Oder) 7.12.2004 – 2 D 14/02.NE; OVG Münster 28.5.1990 – 22 A 2228/88. A.A. VGH München BayVBl 2006, 189.

41 **4. Beweis.** Grds. trifft denjenigen, der die Wiederaufnahme des Verfahrens anstrebt, die materielle Beweislast für die Rechtzeitigkeit seines Begehrens. Gem. § 589 Abs. 2 ZPO müssen die Tatsachen, die ergeben, dass die Klage vor Ablauf der Wiederaufnahmefrist erhoben worden ist, glaubhaft gemacht werden (s. § 294 ZPO). Hängt der Zeitpunkt der Rechtskraft der Gerichtsentscheidung von einem gerichtsinternen Ereignis wie der Herausgabe der Gerichtsentscheidung aus dem Gerichtsgebäude ab, muss das Gericht mit Blick auf die Beteiligten das Datum dieses Vorgangs dokumentieren. Unterlässt es dies, darf ein solcher Fehler nicht zulasten des Beteiligten wirken.[87]

XI. Allgemeine Prozessvoraussetzungen

42 Auch im Wiederaufnahmeverfahren müssen die allgemeinen Prozessvoraussetzungen vorliegen, die von Amts wegen zu prüfen sind. Dazu zählen u.a. die Beteiligten- und Prozessfähigkeit (§§ 61, 62).[88] Da aufgrund der Wiederaufnahme des Verfahrens das frühere gerichtliche Verfahren fortgesetzt werden soll, sind die am damaligen Verfahren Beteiligten bzw. ihre Rechtsnachfolger die Beteiligten des Wiederaufnahmeverfahrens.

XII. Postulationsfähigkeit

43 Wird die Wiederaufnahme eines Verfahrens begehrt, für das Vertretungszwang bestand, muss sich der Beteiligte auch im Wiederaufnahmeverfahren durch eine postulationsfähige Person vertreten lassen.[89] Ein Wiederaufnahmebegehren einer Privatperson vor dem BVerwG muss wegen § 67 Abs. 4 von einem Prozessbevollmächtigten gestellt werden.[90] Gleiches gilt für Wiederaufnahmebegehren bei dem OVG.[91] Gem. § 173 S. 1 VwGO i.V.m. § 81 ZPO ermächtigt die Prozessvollmacht zur Wiederaufnahme des Verfahrens. Davon zu unterscheiden ist die Frage, ob der Prozessbevollmächtigte im Innenverhältnis zu einem solchen Vorgehen beauftragt ist.

XIII. Rechtsschutzbedürfnis

44 Hat ein Beteiligter wegen eines bestimmten Fehlers Nichtigkeitsklage erhoben und nimmt er diese zurück, „verbraucht" er damit nach Ansicht des BVerwG die Möglichkeit, zu einem späteren Zeitpunkt ein weiteres Mal die Wiederaufnahme des Verfahrens wegen dieses Fehlers zu begehren. Ab Kenntnis des Fehlers sei die Frage der Durchbrechung der Rechtskraft so schnell wie möglich zu klären.[92] Dieser Ansicht ist *Jauernig* entgegengetreten. Nach seiner Meinung kann ein zurückgenommenes Wiederaufnahmegesuch ebenso wie eine Klage oder ein normales Rechtsmittel erneut erhoben werden. Grenzen setze lediglich die Wiederaufnahmefrist des § 586 ZPO, die zugleich zur nötigen Rechtssicherheit beitrage.[93] Dem ist zuzustimmen. § 585 ZPO verweist auf die allgemeinen Vorschriften und damit auch auf die Regelungen zur Rücknahme der Klage. Die betreffende Person kann ein berechtigtes Interesse an der Rücknahme ihres Wiederaufnahmebegehrens haben, insbes. wenn sie merkt, dass ihr momentaner Antrag den Begründetheitsanforderungen nicht entspricht. Wird ein Restitutionsgrund nicht fristgemäß geltend gemacht, führt dies nicht zu einem Verbrauch des Wiederaufnahmerechts hinsichtlich anderer Wiederaufnahmegründe. Bereits die Wiederaufnahmefrist trägt dem Beschleunigungsinteresse Rechnung. Selbst wenn ein Wiederaufnahmegrund nicht fristgemäß geltend gemacht wurde, werden die Zweifel an der Gerichtsentscheidung nicht beseitigt, sondern eher verstärkt, wenn ein weiterer Wiederaufnahmegrund hinzutritt (BGHZ 57, 211, 217 f.).

---

87 BVerwGE 95, 64, 69 ff.; insoweit braucht sich die Partei auch nicht entgegenhalten lassen, dass sich dieser Zeitpunkt indirekt aus der Stempelung des Umschlags ergibt.

88 Zur Prozessfähigkeit und der Frage der Bestellung eines besonderen Vertreters VG Frankfurt (Oder) 1.9.2011 – 8 K 637/09.

89 *J. Brandt*, in: Brandt/Sachs S Rn. 27.

90 BVerwG Buchholz 310 § 153 VwGO Nr. 31 (ausnahmsweise besteht kein Anwaltszwang bei Wiederaufnahmebegehren gegen Entscheidungen des Urkundsbeamten); VGH München 1.12.2011 – 12 B 11.2546.

91 OVG Lüneburg 14.11.2017 – 13 ME 367/17; VGH Mannheim 12.2.1997 – 4 S 71/97; 12.2.1997 – 4 S 72/97.

92 BVerwGE 95, 64, 71 f.; *M. Redeker*, in: Redeker/v. Oertzen § 153 Rn. 9; *W.-R. Schenke*, in: Kopp/Schenke § 153 Rn. 9; *Wysk* § 153 Rn. 6.

93 *O. Jauernig*, NVwZ 1996, 31 ff.; s.a. *S. Brink*, in: Posser/Wolff § 153 Rn. 14; *R. Greger*, in: Zöller § 589 Rn. 1 a; *H.-J. Musielak*, in: Musielak/Voit § 591 Rn. 2.

XIV. Kein Verzicht

Ein Wiederaufnahmebegehren ist bei einem Verzicht auf das Wiederaufnahmeverfahren unzulässig. 45
Keine Bedenken bestehen, wenn der Verzicht nach Erlass der das Gerichtsverfahren abschließenden
Entscheidung und in Kenntnis des Anfechtungsgrunds abgegeben wird.[94] Richtigerweise kann auch
schon vor diesem Zeitpunkt auf die Wiederaufnahme des Verfahrens verzichtet werden.[95]

XV. Verfahren

Gem. § 585 ZPO gelten für die Erhebung der Klagen/Anträge und das weitere Verfahren die allgemei- 46
nen Vorschriften entsprechend. Hier wird auf die verwaltungsprozessualen Verfahrensvorschriften zurückverwiesen.[96] Nach § 86 gilt die Untersuchungsmaxime. Die Rücknahme der Klage richtet sich
nach § 92. Da der Gesetzgeber im öffentlichen Recht, wie insbes. §§ 125, 130 a zeigen, zum Ausdruck
gebracht hat, dass über ein Rechtsmittel ohne mündliche Verhandlung entschieden werden kann,
wenn es unzulässig ist oder das OVG die Berufung einstimmig für (un)begründet hält, gelten diese Regelungen für die Ablehnung eines Wiederaufnahmegesuchs entsprechend. Es wäre systemwidrig, wenn
über die wiederaufgenommene Sache ohne mündliche Verhandlung, über die Wiederaufnahme selbst
nur aufgrund einer mündlichen Verhandlung entschieden werden könnte.[97]

Sowohl der VGH Mannheim VBlBW 1990, 135 als auch das VG Frankfurt (Oder) 1.9.2011 – 8 K 47
637/09, sind der Ansicht, dass die Bestellung eines Prozesspflegers im Wiederaufnahmeverfahren allenfalls ausnahmsweise in Betracht kommt. Diejenigen Richter, die an der Entscheidung mitgewirkt
haben, auf welche sich das Wiederaufnahmebegehren bezieht, sind nicht aus diesem Grund generell
nach § 54 VwGO i.V.m. § 41 ZPO von der Ausübung des Richteramts ausgeschlossen.[98] Denn der
Ausschlussgrund des § 41 Nr. 6 ZPO erfasst die Konstellation, in der ein Richter in einer unteren Instanz an einer Entscheidung mitgewirkt hat und diese in der höheren Instanz überprüfen müsste. Bei
der Wiederaufnahmeklage handelt es sich jedoch um kein Rechtsmittel, mit dem die angegriffene Entscheidung in einem höheren Rechtszug zur Überprüfung gestellt wird (BVerwG 30.6.2003 – 4 BN
35/03). Allerdings kann ausnahmsweise Befangenheit vorliegen, wenn sich der Richter im vorangegangenen Verfahren pflichtwidrig verhalten hat und deshalb möglicherweise die Wiederaufnahme des
Verfahrens verhindern will.[99]

XVI. Die verschiedenen Klage-/Antragsarten

Die Anforderungen an eine erfolgreiche Nichtigkeitsklage sind § 579 ZPO zu entnehmen. Die dort ge- 48
nannten Nichtigkeitsgründe stellen die prozedurale Legitimation der Entscheidung dermaßen infrage,
dass keine Kausalitätsprüfung vorzunehmen ist[100] und das Gesetz eine Verfälschung des Prozessergebnisses bei den dortigen Verfahrensfehlern unterstellt.[101] Für die Restitutionsklage sind die §§ 580–582
ZPO maßgeblich. Bei den Restitutionsgründen muss positiv geprüft werden, ob sie für die angefochtene Gerichtsentscheidung kausal sind (VGH München 24.10.2014 – 10 C 13.2182; s.a. BVerwG
NVwZ-RR 2013, 173, 175). Liegt keiner der in §§ 579 Abs. 1, 580 ZPO genannten Wiederaufnahmegründe vor, ist – sofern man nicht ausnahmsweise eine erweiternde Auslegung eines Grundes für
möglich hält – eine Wiederaufnahme ausgeschlossen. Eine Wiederaufnahme des Verfahrens kann da-

---

94 S. Brink, in: Posser/Wolff § 153 Rn. 14; Baumbach/Lauterbach/Albers/Hartmann Grdz. § 578 Rn. 19; J. Meyer-La-
    dewig/R. Rudisile, in: Schoch/Schneider/Bier § 153 Rn. 16.
95 R. Greger, in: Zöller Vorbem. § 578 Rn. 2; H.-J. Musielak, in: Musielak/Voit § 578 Rn. 15 (wenn die Partei den Wie-
    deraufnahmegrund kennt). A.M. Baumbach/Lauterbach/Albers/Hartmann Grdz. § 578 Rn. 19; J. Meyer-Ladewig/R.
    Rudisile, in: Schoch/Schneider/Bier § 153 Rn. 16.
96 Dazu J. Nolte, Die Eigenart, S. 295.
97 OVG Brem NJW 1990, 2337; OVG Münster NVwZ 1995, 95; zur analogen Anwendung des § 125 Abs. 2 VwGO
    VGH München 23.7.2013 – 6 BV 13.1273.
98 VGH Mannheim VBlBW 1990, 135; BFH/NV 1991, 172; J. Braun, in: MüKoZPO II § 585 Rn. 2; S. Brink, in: Pos-
    ser/Wolff § 153 Rn. 24.
99 BFH/NV 1991, 172; OLG Zweibrücken NJW 1974, 955, 956; J. Braun, in: MüKoZPO II § 585 Rn. 3; S. Brink, in:
    Posser/Wolff § 153 Rn. 24; s.a. J. Meyer-Ladewig/R. Rudisile, in: Schoch/Schneider/Bier § 153 Rn. 22.
100 VG Ansbach 27.1.2009 – AN 1 K 07.00541; S. Brink, in: Posser/Wolff § 153 Rn. 27; J. Meyer-Ladewig/R. Rudisile,
    in: Schoch/Schneider/Bier § 153 Rn. 8; J. Nolte, Die Eigenart, S. 290; H.-J. Musielak, in: Musielak/Voit § 579 Rn. 1.
101 C. Germelmann, in: Gärditz § 153 Rn. 12.

her nicht damit begründet werden, dass eine Norm, auf welcher die angegriffene Entscheidung beruht, vom BVerfG oder dem OVG für nichtig erklärt worden ist,[102] oder sich die höchstrichterliche Rspr. geändert hat.[103]

49   **1. Die Nichtigkeitsklage nach § 579 ZPO.**   Die in § 579 Abs. 1 ZPO genannten Nichtigkeitsgründe zeichnen sich dadurch aus, dass bei ihnen wichtige Verfahrensvorschriften verletzt wurden.[104] Unerheblich ist, ob sich der jeweilige Verfahrensmangel tatsächlich auf den Inhalt der Gerichtsentscheidung ausgewirkt hat. Stets ist zu prüfen, ob die Nichtigkeitsklage nicht an der *Subsidiaritätsvorschrift* des § 579 Abs. 2 ZPO scheitert.

50   **a) Die einzelnen Nichtigkeitsgründe.   aa) § 579 Abs. 1 Nr. 1 ZPO.**   Die Vorschrift entspricht § 138 Nr. 1. Unter den Nichtigkeitsgrund der nicht vorschriftsmäßigen Besetzung des Gerichts fällt nach der Rspr. nicht bereits jeder Verfahrensmangel. Erforderlich ist vielmehr, dass der Gesetzesverstoß eine Verletzung des gesetzlichen Richters i.S.d. Art. 101 Abs. 1 S. 2 GG darstellt.[105] Eine nicht vorschriftsmäßige Besetzung des Gerichts liegt vor, wenn ein zahlenmäßig richtig besetzter Spruchkörper sachlich nicht entscheidungsbefugt ist oder einzelne Richter an der Entscheidung nicht hätten mitwirken dürfen oder ein einzelner Richter anstelle des Kollegiums die Entscheidung getroffen hat (LSG Essen 22.3.2011 – L 6 AS 3/11). Hat die Berufungsinstanz in der Sache entschieden, ist eine Nichtigkeitsklage mit der Behauptung unstatthaft, das erstinstanzliche Gericht sei nicht ordnungsgemäß besetzt gewesen (OVG Münster 24.2.1995 – 25 E 267/95).

51   **bb) § 579 Abs. 1 Nr. 2 ZPO.**   Ein Gerichtsverfahren ist wiederaufzunehmen, wenn ein Richter an der Entscheidung mitgewirkt hat, der von der Ausübung des Richteramts ausgeschlossen war, sofern dieses Hindernis nicht mittels eines Ablehnungsgesuchs oder eines Rechtsmittels erfolglos geltend gemacht worden ist. Diesbezüglich ist § 54 VwGO i.V.m. §§ 41–49 ZPO maßgeblich. Wurde der behauptete Nichtigkeitsgrund bereits im Vorprozess vom Gericht geprüft, fehlt es an den Voraussetzungen für eine Wiederaufnahme (BSGE 23, 30, 31).

52   **cc) § 579 Abs. 1 Nr. 3 ZPO.**   Es ist ein schwerwiegender Fehler, wenn an der Entscheidung ein Richter mitgewirkt hat, obwohl er wegen Besorgnis der Befangenheit abgelehnt und das Ablehnungsgesuch für *begründet* erklärt worden war. Die Vorschrift greift nach ihrem Wortlaut nur, wenn ein an der Entscheidung mitwirkender Richter erfolgreich abgelehnt wurde; die bloße Möglichkeit einer Ablehnung ist kein Wiederaufnahmegrund (BAG NZA 2016, 127, 128; BGH NJW-RR 2016, 1406, 1407).

53   **dd) § 579 Abs. 1 Nr. 4 ZPO.**   Die Nichtigkeitsklage kommt des Weiteren in Betracht, wenn eine Partei – bzw. ein Beteiligter im Verwaltungsprozess[106] – in einem Gerichtsverfahren *nicht* nach Vorschrift des Gesetzes *vertreten* war, *sofern* sie nicht die Prozessführung ausdrücklich oder stillschweigend genehmigt hat. Diese Norm bezweckt den Schutz der nicht vertretenen Partei vor einer Gerichtsentscheidung, die bis zu ihrer Aufhebung formell gegen sie wirkt, obwohl sie in einem schlechthin wertlosen Verfahren ergangen ist (BVerwGE 104, 182, 184). Dementsprechend ist § 579 Abs. 1 Nr. 4 ZPO verwirklicht, wenn ein Beteiligter ohne Vertreter am Prozess teilnimmt, obwohl er tatsächlich geschäftsunfähig ist und ihm infolgedessen die Prozessfähigkeit fehlt.[107] Die Nichtigkeitsklage ist auch dann zulässig, wenn die Prozessfähigkeit in dem Hauptsacheverfahren, dessen Wiederaufnahme begehrt

---

102   OVG Lüneburg 31.3.2008 – 10 LA 73/08; VG Potsdam 7.9.2016 – 8 K 1657/13; *J. Brandt*, in: Brandt/Sachs S Rn. 52; *S. Brink*, in: Posser/Wolff § 153 Rn. 26; *W.-R. Schenke*, in: Kopp/Schenke § 153 Rn. 8 a; *T. Stuhlfauth*, in: Bader § 153 Rn. 12.

103   VG Potsdam 7.9.2016 – 8 K 1657/13; *T. Stuhlfauth*, in: Bader § 153 Rn. 12.

104   VG Ansbach 27.1.2009 – AN 1 K 07.00541 spricht von „schwersten Verfahrensmängeln"; VGH München 28.7.2009 – 13 A 07.2526 von „besonders schwerer Fehler".

105   BAG NZA 2016, 127, 128; BFHE 165, 569, 575; i.d.R. OVG Magdeburg 22.12.2016 – 5 M 8/16; s.a. *J. Brandt*, in: Brandt/Sachs S Rn. 53; *S. Brink*, in: Posser/Wolff § 153 Rn. 28; *R. Greger*, in: Zöller § 579 Rn. 2; *J. Meyer-Ladewig/R. Rudisile*, in: Schoch/Schneider/Bier § 153 Rn. 8.

106   Näher dazu *J. Nolte*, Die Eigenart, S. 293 f.

107   BVerwGE 48, 201, 204; VGH Mannheim NVwZ-RR 1996, 539; *S. Brink*, in: Posser/Wolff § 153 Rn. 28; *S. Kautz*, in: HK-VerwR § 153 Rn. 9; zu den Anforderungen an den Beweis der Prozessunfähigkeit BVerwG Buchholz 310 § 153 VwGO Nr. 16. Unzulässig ist eine Wiederaufnahmeklage dagegen, wenn die vor dem Ausbruch der Krankheit erteilte Prozessvollmacht weiter wirkt, s. BFH EFG 2001, 769 f.

wird, ausdrücklich bejaht wurde.[108] Wurde dagegen die Klage im Vorprozess wegen Prozessunfähigkeit des Klägers als unzulässig abgewiesen, ist § 579 Abs. 1 Nr. 4 ZPO nicht gegeben, da der Kläger i.R. des Vorprozesses als prozessführungsbefugt anzusehen war.[109] § 579 Abs. 1 Nr. 4 ZPO ist des Weiteren verwirklicht, wenn im Gerichtsverfahren ein Prozessvertreter auftrat, obwohl er dazu nicht bevollmächtigt war (BVerfG NJW 1998, 745; BFH 29.8.2008 – III B 63/07; BGH NJW 1965, 2252). Die Rspr. greift auch in Fällen mangelnder Parteifähigkeit auf den Nichtigkeitsgrund des § 579 Abs. 1 Nr. 4 ZPO zurück.[110] Z.T. befürworten die Gerichte eine Anfechtungsmöglichkeit nach § 579 Abs. 1 Nr. 4 ZPO in Fällen, in denen eine Person gar keine Kenntnis vom Prozess hatte.[111] Der BGH hat eine Analogie bei einer öffentlichen Zustellung verneint, deren Voraussetzungen für das Gericht erkennbar nicht vorlagen, da unter derartigen Gegebenheiten Rechtsmittel- und Rechtsbehelfsfristen gar nicht in Gang gesetzt würden (BGH NJW 2007, 303 f.).

Der Mangel der Postulationsfähigkeit ist kein Fall einer gesetzwidrigen oder fehlenden Vertretung.[112] 54 Die Regelung des § 67 Abs. 3 S. 2, wonach Prozesshandlungen eines nicht vertretungsbefugten Bevollmächtigten und Zustellungen oder Mitteilungen an diesen bis zu seiner Zurückweisung wirksam sind, schließt jedenfalls insoweit eine Wiederaufnahme aus. Hat ein Beteiligter einen Rechtsbehelf entgegen den einschlägigen prozessualen Vorschriften nicht durch einen zum Auftreten vor Gericht besonders befugten Vertreter, sondern persönlich und deshalb formfehlerhaft angebracht, kann er keine Wiederaufnahme des Verfahrens erwirken (BFH/NV 2003, 175; BAGE 66, 140, 144). Eine Person, die fälschlicherweise nicht beigeladen wurde, kann sich nicht auf § 579 Abs. 1 Nr. 4 ZPO berufen, da die Gerichtsentscheidung ihr gegenüber keinerlei Rechtskraftwirkung entfaltet.[113] Ein derartiges Übergehen des Dritten[114] bzw. der Mangel der vorschriftsmäßigen Vertretung kann nur von dem nicht vertretenen Beteiligten, nicht aber einem anderen in einer Art Prozessstandschaft gerügt werden (BFH/NV 2011, 828, 829). Nach dem Gesetzeswortlaut kann sich eine nicht ordnungsgemäß vertretene Person nicht auf den Nichtigkeitsgrund des § 579 Abs. 1 Nr. 4 ZPO berufen, wenn sie die Prozessführung ausdrücklich oder stillschweigend genehmigt hat (vgl. auch VGH Kassel NJW 1986, 209, 210).

(1) Wiederaufnahme bei Gehörsverletzungen? Lange war umstr., ob eine Wiederaufnahme des Verfahrens in erweiternder Auslegung des § 579 Abs. 1 Nr. 4 ZPO bei Verletzungen des rechtlichen Gehörs begehrt werden kann. Abgelehnt wurde eine derartige Erweiterung vom BFH (BFH/NV 1995, 53; BFH/NV 1998, 1237; BFH/NV 2000, 457) sowie in manchen oberverwaltungsgerichtlichen Entscheidungen.[115] Der VGH Kassel trat jedoch für die analoge Anwendung des § 579 Abs. 1 Nr. 4 ZPO ein.[116] Seit der Einführung der Anhörungsrüge (§ 152 a) scheidet eine analoge Anwendung des § 579 Abs. 1 Nr. 4 ZPO bei Gehörsverstößen aus.[117] Da § 579 Abs. 1 Nr. 4 ZPO eine Ausnahmevorschrift ist, kommt er bei Verstößen gegen das Willkürverbot oder den Justizgewährungsanspruch nicht zur Anwendung (VGH München 28.9.2017 – 15 ZB 17.1001). 55

---

108 VGH Mannheim NVwZ-RR 1996, 539; BGHZ 84, 27; *J. Brandt*, in: Brandt/Sachs S Rn. 57; *S. Brink*, in: Posser/Wolff § 153 Rn. 28; s.a. *J. Meyer-Ladewig/R. Rudisile*, in: Schoch/Schneider/Bier § 153 Rn. 8; *T. Stuhlfauth*, in: Bader § 153 Rn. 7. A.M. *R. Greger*, in: Zöller § 579 Rn. 8.

109 BVerwG Buchholz 310 § 62 VwGO Nr. 14; BFH 29.8.2008 – III B 63/07; *J. Brandt*, in: Brandt/Sachs S Rn. 57; *T. Stuhlfauth*, in: Bader § 153 Rn. 7.

110 BGH JZ 1959, 127; BAG NJW 1991, 1252, 1253; *S. Brink*, in: Posser/Wolff § 153 Rn. 28; *Baumbach/Lauterbach/Albers/Hartmann* § 579 Rn. 21; vgl. krit. zu den Bestrebungen, § 579 Abs. 1 Nr. 4 ZPO bei fehlender Parteifähigkeit analog anzuwenden, *W. F. Lindacher*, JZ 1989, 377 f.

111 BGH NJW 1965, 2252, 2253; BAGE 66, 140, 143; BAG NJW 1991, 1252, 1253; KG NJW-RR 1987, 1215, 1216; OLG Hamm MDR 1979, 765; *S. Brink*, in: Posser/Wolff § 153 Rn. 28.

112 BFHE 145, 500, 501; OVG Münster 13.2.2017 – 13 B 1513/16; s.a. BAG NJW 1991, 1252, 1253; *J. Brandt*, in: Brandt/Sachs S Rn. 58; *S. Brink*, in: Posser/Wolff § 153 Rn. 28; *S. Kautz*, in: HK-VerwR § 153 Rn. 9; *T. Stuhlfauth*, in: Bader § 153 Rn. 7; a.M. VG Meiningen Thür-VGRspr. 2006, 116, 117 f.

113 BVerwGE 104, 182, 185; VGH Kassel 21.1.1992 – 7 UE 301/90; *S. Brink*, in: Posser/Wolff § 153 Rn. 28; *T. Stuhlfauth*, in: Bader § 153 Rn. 7.

114 BVerwGE 104, 182, 185; VGH Kassel 21.1.1992 – 7 UE 301/90; *T. Stuhlfauth*, in: Bader § 153 Rn. 7.

115 VGH Kassel NJW 1984, 378, 379; VGH München BayVGH N. F. 34, 19, 20; 15.2.1985 – 23 S 84 A.133; so wohl auch VGH Mannheim VBlBW 1990, 135; die Frage wurde vom BVerwG Buchholz 310 § 62 VwGO Nr. 14 beiläufig abgelehnt.

116 VGH Kassel NJW 1986, 209, 210; s.a. VGH München BayVGH N. F. 4, 178, 180, 182.

117 BAG NZA 2016, 127, 128; OVG Münster 13.2.2017 – 13 B 1513/16; VGH München 10.1.2012 – 6 BV 11.2897; *K. Rennert*, in: Eyermann § 153 Rn. 8; *W.-R. Schenke*, in: Kopp/Schenke § 153 Rn. 8 a; a.A. möglicherweise VGH München 28.9.2017 – 15 ZB 17.1001.

56 **(2) Beweis.** Da die Geschäfts- und Handlungsfähigkeit eines Volljährigen nach § 104 Nr. 2 BGB die Regel ist, trifft in Zweifelsfällen denjenigen, der die Wiederaufnahme des Verfahrens begehrt, die materielle Beweislast für das Vorliegen des Nichtigkeitsgrunds (VGH Mannheim NVwZ-RR 1996, 539, 540).

57 **b) Subsidiarität.** Die Nichtigkeitsklage findet gem. § 579 Abs. 2 ZPO bei den Nichtigkeitsgründen des § 579 Abs. 1 Nr. 1, 3 ZPO nicht statt, wenn die Nichtigkeit mittels eines Rechtsmittels – abstrakt – geltend gemacht werden konnte (Subsidiarität).[118] Unerheblich ist, ob der Betroffene von dieser Möglichkeit keinen oder erfolglos Gebrauch gemacht hat (BGH NJW-RR 2008, 448). Nach dem Sinn und Zweck des § 579 ist der Begriff des „Rechtsmittels" nicht im technischen Sinne zu verstehen. Darunter fallen sämtliche Mittel, mit denen der Nichtigkeitsgrund geltend gemacht werden kann.[119] Im Zivilprozessrecht herrscht weitgehend Einigkeit, dass über den Gesetzeswortlaut hinaus das Nichtigkeitsgesuch nur dann an der Subsidiaritätsklausel scheitert, wenn der Nichtigkeitsgrund *schuldhaft* nicht durch ein Rechtsmittel geltend gemacht wurde.[120] Für den Nichtigkeitsgrund des § 579 Abs. 1 Nr. 2 ZPO wird explizit vorgesehen, dass keine Nichtigkeitsklage stattfindet, wenn der Mangel mittels eines Ablehnungsgesuchs oder eines Rechtsmittels konkret ohne Erfolg geltend gemacht wurde. Denn die Wiederaufnahme des Verfahrens soll als außerordentlicher Rechtsbehelf nicht die Möglichkeit zu einer weiteren Überprüfung der damaligen Gerichtsentscheidung eröffnen. Obwohl sich diese Ausgrenzung nach ihrem Wortlaut nur auf den Nichtigkeitsgrund der Mitwirkung eines kraft Gesetzes ausgeschlossenen Richters bezieht, wird sie von der h.M. als Ausdruck eines allgemeinen Rechtsgedankens auf die anderen Nichtigkeitstatbestände übertragen.[121] Demnach ist eine Nichtigkeitsklage nur zulässig, wenn der infrage stehende Nichtigkeitsgrund übersehen, nicht aber im Verwaltungsprozess schon geprüft und verneint wurde (BFHE 188, 1, 4).

58 Da sich der Wortlaut des § 579 Abs. 2 ZPO nicht auf § 579 Abs. 1 Nrn. 2, 4 ZPO erstreckt, hat der Beteiligte in diesen Fällen die Wahl zwischen der Einlegung eines Rechtsmittels oder der Erhebung einer Nichtigkeitsklage nach Eintritt der Rechtskraft (VGH Mannheim NVwZ-RR 1996, 539; s.a. BGH NJW 2014, 937, 937 f.). Nach dem VGH Kassel soll der Statthaftigkeit des Wiederaufnahmeverfahrens in den genannten Ausnahmefällen nicht entgegenstehen, dass die infrage stehende Gerichtsentscheidung bei Erhebung des Wiederaufnahmegesuchs noch nicht rechtskräftig war (VGH Kassel NJW 1986, 209, 210). Diese Argumentation ist missverständlich. Der Einzelne muss zwischen der Einlegung eines Rechtsmittels gegen eine noch nicht rechtskräftige Gerichtsentscheidung oder der Erhebung eines Wiederaufnahmegesuchs nach Eintritt der Rechtskraft wählen. Allerdings wird der ursprüngliche Mangel der Rechtskraft durch ihren späteren Eintritt geheilt. Entscheidet sich der Beteiligte für die Einlegung eines Rechtsmittels und befindet das Rechtsmittelgericht über den geltend gemachten Verfahrensmangel, fehlt ihm das Rechtsschutzbedürfnis für ein Wiederaufnahmeverfahren wegen dieses Fehlers (VGH Mannheim NVwZ-RR 1996, 539; BAG SAE 1996, 66, 69).

59 **2. Die Restitutionsklage.** Bei den Restitutionsgründen des § 580 ZPO ist die Basis der Gerichtsentscheidung dermaßen erschüttert, dass ein Beharren auf ihren Fortbestand (als) nicht mehr tragbar erscheint.[122] Im Gegensatz zu den Nichtigkeitsgründen des § 579 ZPO muss bei den Restitutionsgründen geprüft werden, ob sie für den Inhalt der jeweiligen Gerichtsentscheidung *kausal* waren.[123] Gem. § 582 ZPO kommt der Restitutionsklage nur Hilfsnatur zu.

60 **a) Die einzelnen Restitutionsgründe. aa) § 580 Nr. 1–5 ZPO.** Alle Restitutionsgründe des § 580 Nr. 1–5 ZPO haben strafbare Handlungen zum Gegenstand. Die erforderliche *Kausalität* zwischen der Straftat und der aufzuhebenden Gerichtsentscheidung liegt vor, wenn nicht auszuschließen ist, dass diese ohne den Restitutionsgrund einen anderen Inhalt aufweisen würde.[124] Um der Klage bzw. dem

---

118 S.a. BFHE 188, 1, 4.
119 *J. Meyer-Ladewig/R. Rudisile*, in: Schoch/Schneider/Bier § 153 Rn. 10.
120 *R. Greger*, in: Zöller § 579 Rn. 11; *H.-J. Musielak*, in: Musielak/Voit § 579 Rn. 11.
121 BFHE 188, 1, 4; *M. Jacobs*, in: Stein/Jonas VI § 579 Rn. 12; *H.-J. Musielak*, in: Musielak/Voit § 579 Rn. 10.
122 *S. Brink*, in: Posser/Wolff § 153 Rn. 32; *R. Greger*, in: Zöller § 580 Rn. 1; *Baumbach/Lauterbach/Albers/Hartmann* § 580 Rn. 2.
123 VGH München 24.10.2014 – 10 C 13.2182; *J. Brandt*, in: Brandt/Sachs S Rn. 61; *S. Brink*, in: Posser/Wolff § 153 Rn. 32; *R. Greger*, in: Zöller § 580 Rn. 5; *S. Kautz*, in: HK-VerwR § 153 Rn. 11; *T. Stuhlfauth*, in: Bader § 153 Rn. 10.
124 *H.-J. Musielak*, in: Musielak/Voit § 580 Rn. 3.

Antrag auf Wiederaufnahme zum Erfolg zu verhelfen, muss der Restitutionsgrund zur Vorentscheidung in einer solchen Beziehung stehen, dass er dieser eine Grundlage entzieht, auf der sie beruht (VGH München 3.12.2008 – 15 N 04.3176). Eine Wiederaufnahme kommt nur in Betracht, wenn die in § 581 ZPO enthaltenen *zusätzlichen Anforderungen* erfüllt sind.

(1) § 580 Nr. 1 ZPO. Ein Restitutionsgrund ist es, wenn der *Gegner* sich durch die *Beeidigung* einer **61** Aussage, auf die das Urteil gegründet ist, einer vorsätzlichen oder fahrlässigen Verletzung der Eidespflicht schuldig gemacht hat. Darunter fallen insbes. die Eidesdelikte gem. § 154 StGB. An der notwendigen Kausalität fehlt es, wenn das Gericht der falschen eidlichen Aussage keinen Glauben geschenkt hat.[125]

(2) § 580 Nr. 2 ZPO. Die Restitutionsklage findet des Weiteren statt, wenn der Gerichtsentscheidung **62** eine *Urkunde* zugrunde liegt, die *fälschlich angefertigt* oder *verfälscht* war. Es handelt sich hier u.a. um die Straftaten der Urkundenfälschung (§ 267 StGB), mittelbaren Falschbeurkundung (§ 271 StGB) und der Falschbeurkundung im Amt (§ 348 StGB).[126] Nach dem Gesetzeswortlaut ist unerheblich, von wem die Straftat begangen wurde.[127]

(3) § 580 Nr. 3 ZPO. Das Verfahren ist wieder aufzunehmen, wenn die Gerichtsentscheidung auf **63** einem Zeugnis oder Gutachten basiert und sich der *Zeuge* oder *Sachverständige* einer *strafbaren Verletzung der Wahrheitspflicht* schuldig gemacht hat. Es sind die strafrechtlichen Bestimmungen zu den Aussagedelikten (§§ 153 ff. StGB) einschlägig. Insbes. erfasst dieser Restitutionsgrund die uneidliche Falschaussage (§ 153 StGB) sowie Fälle, in denen wahrheitswidrig eine eidesstattliche Versicherung (§ 156 StGB) abgegeben wurde. Falsche Aussagen von anderen als den in Nr. 3 genannten Personen bilden keinen Restitutionsgrund.[128] Dieser Restitutionsgrund erlangt gem. § 581 ZPO nur bei Vorliegen einer rechtskräftigen Verurteilung Bedeutung oder wenn die Einleitung bzw. Durchführung eines Strafverfahrens aus anderen Gründen als wegen Mangels an Beweisen nicht erfolgen kann (BVerwG 7.12.2015 – 6 PKH 10/15). Das Zusammenspiel mit § 581 ZPO ergibt, dass auch in subjektiver Hinsicht gegen die Wahrheitspflicht verstoßen wurde.[129]

(4) § 580 Nr. 4 ZPO. Das Verfahren ist wiederaufzunehmen, wenn die Gerichtsentscheidung von **64** dem *Vertreter der Partei* oder von dem *Gegner* oder *dessen Vertreter* durch eine *in Beziehung auf den Rechtsstreit verübte Straftat* erwirkt worden ist (zu § 581 ZPO BVerwG 7.12.2015 – 6 PKH 10/15). Klassisches Beispiel hierfür ist das Erschleichen der Gerichtsentscheidung durch Prozessbetrug (§ 263 StGB). Des Weiteren kommen z.B. die Urteilserwirkung durch Nötigung (§ 240 StGB) oder Erpressung (§ 253 StGB) in Betracht. Die Straftat muss von einer der in § 580 Nr. 4 ZPO genannten Personen begangen worden sein.[130] Die Norm ist deshalb beim VöI, der nicht als Vertreter einer Partei tätig wurde, nicht einschlägig (VGH München 3.12.2008 – 15 N 04.3176).

(5) § 580 Nr. 5 ZPO. Beim Restitutionsgrund des § 580 Nr. 5 ZPO hat ein *Richter* bei der Gerichts- **65** entscheidung *mitgewirkt*, der sich *in Beziehung auf den Rechtsstreit* einer *strafbaren Verletzung seiner Amtspflicht gegen die Partei* schuldig gemacht hat. Dies ist z.B. bei den Straftaten der Bestechung (§ 334 StGB) oder der Rechtsbeugung (§ 339 StGB) der Fall.

(6) Die zusätzliche Voraussetzung des § 581 ZPO. Bei den Restitutionsgründen des § 580 Nr. 1–5 **66** ZPO ist eine Wiederaufnahme des Verfahrens nur statthaft, wenn entweder wegen der Straftat eine *rechtskräftige* Verurteilung ergangen ist oder die Einleitung oder Durchführung eines Strafverfahrens *aus anderen Gründen* als wegen Mangels an Beweisen nicht erfolgen kann. Demzufolge ist für diese Restitutionsklagen die bloße Behauptung einer Straftat nicht genügend.[131] Wegen des Vorrangs der Verurteilung kann nach der Rspr. nur in Ausnahmefällen auf die zweite Alternative zurückgekommen

---

125 *W. Bergkemper*, in: Hübschmann/Hepp/Spitaler § 134 FGO Rn. 58.

126 Zur Verweisung auf die §§ 267 ff. StGB und zur Maßgeblichkeit des Urkundenbegriffs im strafrechtlichen Sinne BVerwG 4.8.2016 – 8 B 24/15. Zu diesem Restitutionsgrund auch VG Berlin 6.10.2016 – 2 K 277.16.

127 *R. Greger*, in: Zöller § 580 Rn. 9; *Baumbach/Lauterbach/Albers/Hartmann* § 580 Rn. 4; *H.-J. Musielak*, in: Musielak/Voit § 580 Rn. 7.

128 OVG Koblenz RdL 1974, 333 f.; *H.-J. Musielak*, in: Musielak/Voit § 580 Rn. 8.

129 BVerwGE 11, 124, 126; *J. Meyer-Ladewig/R. Rudisile*, in: Schoch/Schneider/Bier § 153 Rn. 11.

130 *J. Meyer-Ladewig/R. Rudisile*, in: Schoch/Schneider/Bier § 153 Rn. 11.

131 BFH 28.1.2004 – VII K 11/03; 24.3.2004 – X K 12/03; 1.4.2004 – X K 16/03; *S. Brink*, in: Posser/Wolff § 153 Rn. 34; *R. Greger*, in: Zöller § 581 Rn. 1.

werden, falls die Strafverfolgung aus vom Restitutionskläger nicht zu beeinflussenden Umständen unmöglich war. Daran fehlt es, wenn bei rechtzeitiger Anzeige die Ermittlung bzw. Durchführung eines Strafverfahrens (noch) möglich gewesen wäre (BGH NJW-RR 2006, 1573 f.). Das Vorliegen einer rechtskräftigen Verurteilung ist dem Tenor des Strafurteils einschließlich der Entscheidungsgründe zu entnehmen.[132] Das Scheitern eines Strafverfahrens aus anderen als beweisrechtlichen Gründen kann z.B. auf die Geringfügigkeit der Tat oder ihre Verjährung zurückzuführen sein.[133] Liegt keine rechtskräftige Verurteilung, aber auch keine der in § 581 Abs. 1 ZPO genannten Ausnahmen vor, ist das Prozessgericht an das negative Prüfergebnis hinsichtlich der strafbaren Handlung gebunden. Eine Wiederaufnahme des Verfahrens ist deshalb bei einem Freispruch nicht möglich.[134] Im umgekehrten Fall, also bei Existenz einer rechtskräftigen Verurteilung, muss das Prozessgericht die Wiederaufnahme für zulässig erklären. Erst bei der Prüfung des Vorliegens des Restitutionsgrunds muss es selbst darüber befinden, ob aus seiner Sicht die von § 580 ZPO geforderte strafbare Handlung vorliegt.[135] Da sich § 581 ZPO nach seinem Wortlaut auf die Statthaftigkeit der Wiederaufnahmeklage bezieht, muss sie bei Nichtvorliegen dieser Voraussetzung als unzulässig verworfen werden (VGH Mannheim NJW 1997, 145, 146).

67   **bb) Die übrigen Restitutionsgründe.**   (1) § 580 Nr. 6 ZPO. Die Restitutionsklage ist statthaft, wenn das *Urteil* eines ordentlichen Gerichts, eines früheren Sondergerichts oder eines VG, auf welches das Urteil *gegründet* ist, durch ein *anderes rechtskräftiges Urteil aufgehoben* wurde. Es müssen also drei Urteile vorliegen.[136] Nach dem Sinn und Zweck sowie der Systematik muss die Aufhebung durch ein anderes rechtskräftiges Urteil jedenfalls nach Erlass des Urteils erfolgt sein, das mit der Restitutionsklage angegriffen wird (OVG Lüneburg 14.3.2005 – 8 LA 264/04). Für die Restitution nach § 580 Nr. 6 ZPO genügt es nicht, wenn eine Gerichtsentscheidung zwar zur gleichen Rechtsfrage, aber nicht in demselben Fall ergangen ist.[137] Das Ergebnis eines erfolgreichen strafrechtlichen Wiederaufnahmeverfahrens kann eine Änderung der Sachlage bewirken und damit zum Wiederaufgreifen eines rechtskräftig abgeschlossenen Verfahrens führen. Allerdings wird dafür ein irgendwie gearteter Zusammenhang zwischen der strafrechtlichen und der weiteren Entscheidung vorausgesetzt.[138] Nach dem BVerwG meint der Terminus „Sondergericht" lediglich die in § 14 GVG genannten besonderen Gerichte und bezieht sich ausschließlich auf Gerichte der deutschen Gerichtsbarkeit. Eine russische Kassationsentscheidung könne daher keine Wiederaufnahme des Verfahrens auslösen.[139]

68   Obwohl dies vom Gesetzeswortlaut des § 580 Nr. 6 ZPO nicht gedeckt ist, liegt nach der Auffassung des BVerwG dieser Restitutionsgrund auch vor, wenn aufgrund eines verwaltungsgerichtlichen Urteils eine Anfechtungsklage gegen einen Festsetzungs- und Rückzahlungsbescheid mit Blick auf Bewilligungsbescheide abgewiesen wurde, die nachträglich aufgehoben wurden.[140] Auf einer ähnlichen Linie liegt die Rspr. des BAG und des BGH: § 580 Nr. 6 ZPO ermöglicht eine Wiederaufnahme, wenn die

---

132   *Baumbach/Lauterbach/Albers/Hartmann* § 581 Rn. 3; *H.-J. Musielak*, in: Musielak/Voit § 581 Rn. 5.

133   Vgl. BSGE 81, 46, 49 f., wonach § 581 ZPO auch erfüllt ist, wenn das Strafverfahren gem. § 153 a StPO endgültig eingestellt wurde; s.a. *J. Brandt*, in: Brandt/Sachs S Rn. 62; *S. Brink*, in: Posser/Wolff § 153 Rn. 34; *Baumbach/Lauterbach/Albers/Hartmann* § 581 Rn. 4.

134   BGHZ 50, 115, 119; BGH NJW-RR 2006, 1573, 1574; *R. Greger*, in: Zöller § 581 Rn. 5; *Baumbach/Lauterbach/Albers/Hartmann* § 581 Rn. 3.

135   Bei § 580 Nr. 1–5 ZPO kommt es im Gegensatz zu § 581 ZPO nicht auf die Verurteilung, sondern das Vorliegen der strafbaren Handlung an. S. BVerwG NVwZ 1987, 218, 219, dessen Entscheidung vom BVerfG gebilligt wurde; *J. Brandt*, in: Brandt/Sachs S Rn. 62; *S. Brink*, in: Posser/Wolff § 153 Rn. 34; *S. Kautz*, in: HK-VerwR § 153 Rn. 13; *J. Meyer-Ladewig/R. Rudisile*, in: Schoch/Schneider/Bier § 153 Rn. 11; *K. Rennert*, in: Eyermann § 153 Rn. 10; missverständlich *W.-R. Schenke*, in: Kopp/Schenke § 153 Rn. 8.

136   OVG Lüneburg 14.3.2005 – 8 LA 264/04; FG Hannover 4.7.2000 – 15 K 974/99; BAG EzA § 580 ZPO 2002 Nr. 2; *R. Greger*, in: Zöller § 580 Rn. 13. Dafür, dass § 580 Nr. 6 ZPO mangels aufhebender Gerichtsentscheidung ausscheidet und ein bloßer Wandel der Rspr. für diesen Wiederaufnahmegrund nicht genügt, VG Potsdam 7.9.2016 – 8 K 1657/13 Rn 20 f.

137   VGH München DVBl 1993, 55, 56; BFHE 123, 310, 311; *T. Stuhlfauth*, in: Bader § 153 Rn. 12.

138   BVerwGE 32, 124 ff.; s.a. *H.-J. Musielak*, in: Musielak/Voit § 580 Rn. 12.

139   BVerwG NVwZ 1999, 1335; *S. Brink*, in: Posser/Wolff § 153 Rn. 35; *Baumbach/Lauterbach/Albers/Hartmann* § 580 Rn. 9; *T. Stuhlfauth*, in: Bader § 153 Rn. 12; a.M. *R. Greger*, in: Zöller § 580 Rn. 14; OLG Köln NJW-RR 1999, 363, sofern das Urteil nach § 328 ZPO anzuerkennen ist.

140   BVerwG Buchholz 310 § 94 VwGO Nr. 7; *S. Brink*, in: Posser/Wolff § 153 Rn. 36; *Lorenz* § 41 Rn. 6; *J. Meyer-Ladewig/R. Rudisile*, in: Schoch/Schneider/Bier § 153 Rn. 12; zur Analogie auch *J. Nolte*, Die Eigenart, S. 294; *K. Rennert*, in: Eyermann § 153 Rn. 11; vgl. *W.-R. Schenke*, in: Kopp/Schenke § 153 Rn. 8.

Grundlage einer Gerichtsentscheidung wegfällt und dadurch ihre Richtigkeit in unerträglichem Maße infrage gestellt wird.[141] Diese Ratio trifft auch in Konstellationen zu, in denen ein Verwaltungsakt für ein Gericht Tatbestandswirkung entfaltet und aufgehoben wird.[142] Unerlässliche Voraussetzung für eine Restitution ist jedoch, dass das Urteil auf dem präjudiziellen Verwaltungsakt beruht (BGH NJW 1988, 1914, 1915). Eine entsprechende Anwendung des § 580 Nr. 6 ZPO im Falle des Widerrufs einer behördlichen Auskunft ist nicht möglich. Auskünfte entfalten für das Gericht keine bindende Wirkung. Im Übrigen fehlt es an der für eine Analogie notwendigen Vergleichbarkeit der Interessenlage (BGH NJW 1984, 438, 439).

(2) § 580 Nr. 7 ZPO. Die Restitutionsklage ist letztlich eröffnet, wenn ein Beteiligter *a)* ein in *dersel-* 69 *ben* Sache erlassenes, *früher rechtskräftig* gewordenes *Urteil* oder *b)* eine andere *Urkunde auffindet* oder *zu benutzen in den Stand gesetzt* wird, *die* eine für ihn günstigere Entscheidung herbeigeführt hätte. § 580 Nr. 7 lit. a) beruht auf der Erwägung, dass die Missachtung der Rechtskraft eines früheren Urteils einen schweren Verfahrensfehler beinhaltet (BVerwG 7.12.2015 – 6 PKH 10/15). Dies ist bei einer erneuten Entscheidung über eine Klage mit gleichem Streitgegenstand oder bei einem Widerspruch zu einer Entscheidung über einen anderen Streitgegenstand mit präjudiziellem Urteil der Fall (BVerwG 7.12.2015 – 6 PKH 10/15). Das Urteil muss bereits vor der Entscheidung des Gerichts rechtskräftig geworden und zwischen denselben Parteien ergangen sein oder sich dessen Rechtskraft auf die Parteien des Vorprozesses erstrecken (VGH Kassel 23.5.2017 – 10 C 1501/16). Unanfechtbare Verwaltungsakte lassen sich nicht unter diesen Restitutionsgrund subsumieren (BVerwG Buchholz 310 § 153 VwGO Nr. 10).

§ 580 Nr. 7 lit. b) ZPO knüpft an das Vorliegen einer anderen Urkunde an. Darunter versteht man die 70 schriftliche Verkörperung eines Gedankens, sofern sie zur Beweiserbringung geeignet ist.[143] Bejaht wurde dies z.B. bei der Beibringung einer russischen Kassationsentscheidung.[144] Die Beweiseignung fehlt dagegen bei bloßen Rechtsausführungen oder Erläuterungen zur Rechtsanwendung (VG Magdeburg 2.3.2012 – 2 A 109/11). Noch nicht abschließend geklärt ist, ob auch Fotokopien unter den Urkundsbegriff fallen.[145] Informationen in einem elektronischen Dokument können nach bisheriger Rechtslage allenfalls durch Ausdruck Urkunden sein (BVerwG BayVBl 2017, 713, 714; beachte aber § 416a ZPO 2018). Augenscheinsobjekte, wie ein Granatsplitter, lösen dagegen keine Wiederaufnahme des Verfahrens aus.[146] Das schriftliche Beweismittel, auf welches die Restitution gestützt wird, darf nicht die Funktion haben, ein nach § 580 Nr. 7 lit. b) an sich ausgeschlossenes Beweismittel zu ersetzen (VGH München 8.12.2010 – 5 ZB 10.2635). Deshalb stellt eine schriftliche Zeugenerklärung keine Urkunde i.S.d. Norm dar.[147] Anders ist dies bei Schriftstücken mit Aufzeichnungen oder Aussagen Dritter, wenn es für die Entscheidung nicht auf die Richtigkeit des Inhalts, sondern lediglich darauf ankommt, dass die betreffende Person dies gesagt oder geschrieben hat (VGH München 8.12.2010 – 5 ZB 10.2635).

Eine andere Urkunde wird *aufgefunden*, wenn ihre Existenz oder ihr Verbleib dem Restitutionskläger 71 im rechtskräftig abgeschlossenen Verfahren ohne sein Verschulden nicht bekannt war. Demgegenüber

---

141 BAGE 34, 275, 277 ff.; BGH NJW 1988, 1914, 1915; vgl. auch *R. Greger*, in: Zöller § 580 Rn. 13; *Baumbach/Lauterbach/Albers/Hartmann* § 580 Rn. 2; *F. Haueisen*, NJW 1964, 1214 ff.
142 BAGE 34, 275, 280; BAG EzA § 580 ZPO 2002 Nr. 2; *J. Brandt*, in: Brandt/Sachs S Rn. 65; *H. F. Gaul*, Grundlagen, 1956, 195 ff., 198 zieht eine Analogie nur bei „streitentscheidenden" Verwaltungsakten in Betracht; *W.-R. Schenke*, in: Kopp/Schenke § 153 Rn. 8 bejaht eine Wiederaufnahme auch, wenn die Behörde einen Verwaltungsakt aufhebt; *T. Stuhlfauth*, in: Bader § 153 Rn. 12.
143 BVerwG BayVBl 2017, 713, 714; VGH München BayVBl 2006, 189, 190; 8.12.2010 – 5 ZB 10.2635; jede verkörperte Gedankenerklärung: BGH 24.4.2013 – XII ZB 242/09; *J. Meyer-Ladewig/R. Rudisile*, in: Schoch/Schneider/Bier § 153 Rn. 13; *H.-J. Musielak*, in: Musielak/Voit § 580 Rn. 16; *T. Stuhlfauth*, in: Bader § 153 Rn. 13.
144 BVerwG NVwZ 1999, 1335; BGH NJW-RR 1991, 380, 381; BSGE 29, 10, 11 (vertrauensärztliches Gutachten als Urkunde); demgegenüber wurde von BFHE 123, 310, 311 die Urkundsqualität eines Urteils verneint.
145 Offen gelassen von BVerwG 4.8.2016 – 8 B 24/15; bejahend VG Münster 11.3.2003 – 5 K 1004/99.A; FG Bln NJW 1977, 2232; *S. Brink*, in: Posser/Wolff § 153 Rn. 39; *C. Germelmann*, in: Gärditz § 153 Rn. 27, in diese Richtung BGH 4.6.1987 – III ZR 139/86; *J. Meyer-Ladewig/R. Rudisile*, in: Schoch/Schneider/Bier § 153 Rn. 13; a.M. KG NJW-RR 1997, 123, 124; VGH München BayVBl 2006, 189 f.
146 BVerwG Buchholz 310 § 153 VwGO Nr. 7; *J. Brandt*, in: Brandt/Sachs S Rn. 66; *S. Brink*, in: Posser/Wolff § 153 Rn. 39; *J. Meyer-Ladewig/R. Rudisile*, in: Schoch/Schneider/Bier § 153 Rn. 14.
147 BVerwG 15.9.1995 – 11 PKH 9/95; BFH/NV 2004, 805; OVG Saarlouis NJW 2012, 871, 871; *J. Brandt*, in: Brandt/Sachs S Rn. 66; *J. Meyer-Ladewig/R. Rudisile*, in: Schoch/Schneider/Bier § 153 Rn. 14; *H.-J. Musielak*, in: Musielak/Voit § 580 Rn. 18; *W.-R. Schenke*, in: Kopp/Schenke § 153 Rn. 8.

wird er *zur Benutzung* dieser Urkunde *in den Stand gesetzt*, wenn er deren Existenz und Verbleib bereits damals kannte, sie aber unverschuldet nicht vorlegen konnte. Ihm muss also der Gebrauch der Urkunde erst nachträglich möglich geworden sein (BVerwG Buchholz 303 § 580 ZPO Nr. 3; BVerwG NVwZ-RR 2013, 173, 174 f.; s.a. BFH/NV 2015, 1426, 1427 f.). Nach dem BVerwG kann der Wiederaufnahmegrund des § 580 Nr. 7 lit. b) ZPO nicht losgelöst vom *Verschulden* bestimmt werden (BVerwG ZOV 2009, 141, 142; BayVBl 2017, 713, 714). Die Restitutionsklage ist deshalb ausgeschlossen, wenn die Urkunde bereits im früheren Prozess gebraucht wurde, die Partei nunmehr aber eine andere Würdigung erreichen will.[148] Gleiches gilt, wenn die Urkunde von Anfang an zur Verfügung stand und nur versehentlich nicht benutzt wurde.[149] So wurde die Wiederaufnahme eines rechtskräftig abgeschlossenen Normenkontrollverfahrens abgelehnt, wenn der Prozessbevollmächtigte des Normenkontrollklägers bereits während des laufenden Normenkontrollverfahrens eine Urkunde aufgefunden, diese aber nicht in dem Normenkontrollverfahren, sondern nur in einem anderen Prozess vorgelegt hat.[150] Da im Verwaltungsprozess der Amtsermittlungsgrundsatz gilt, wird § 580 Nr. 7 ZPO restriktiv interpretiert. Selbst wenn eine Partei eine Urkunde erst nachträglich auffindet, soll kein Wiederaufnahmegrund vorliegen, wenn das VG wegen der Untersuchungsmaxime die Möglichkeit zur Verwertung der Urkunde im früheren Erkenntnisverfahren hatte.[151] An den Voraussetzungen des § 580 Nr. 7 lit. b) ZPO fehlt es bei öffentlich ausgelegten, jederzeit zu beschaffenden oder in behördlichen Akten zugänglichen Urkunden, wie etwa der öffentlich ausgelegten Begründung eines Bauleitplans[152] oder eines Flächennutzungsplans (VGH Mannheim NJW 1995, 210) (→ Rn. 80).

72   Aus dem Sinn und Zweck der Restitutionsklage und der Verwendung der Worte „auffindet oder zu benutzen in den Stand gesetzt wird" folgt, dass es nicht genügt, wenn erstmals nach der rechtskräftigen Verurteilung bestimmte Unterlagen, z.B. ein neues Sachverständigengutachten, erstellt und vorgelegt werden (BVerwG NVwZ-RR 2016, 934). Der Kläger muss außerstande gewesen sein, ein inhaltlich gleichlautendes Schreiben bereits im früheren Verfahren vorzulegen (VG Koblenz 2.7.2007 – 4 K 1480/06.KO). Dies ist zu verneinen, wenn es sich um in behördlichen Akten zugängliche Urkunden handelt oder bereits früher ein Antrag auf Vorlegung der Urkunde hätte gestellt werden können (VG Ansbach 10.1.2006 – AN 1 K 05.02602). Die Restitutionsklage bezieht sich lediglich auf Urkunden, die schon *zur Zeit des Vorprozesses* vorhanden waren und grds. nicht auf solche, die erst nach rechtskräftigem Abschluss des Vorprozesses errichtet worden sind.[153] Eine *Ausnahme* von dem Grundsatz, dass die Urkunde schon während des Vorprozesses existiert haben muss, kommt höchstens bei solchen Urkunden in Betracht, welche ihrer Natur nach nicht stets im zeitlichen Zusammenhang mit den durch sie bezeugten Tatsachen errichtet werden und deshalb zwangsläufig nur einer zurückliegenden Zeit angehörende Tatsachen beweisen.[154] Denkbar ist dies z.B. bei der Vorlage einer Geburtsurkunde nach rechtskräftigem Abschluss des Gerichtsverfahrens.[155]

---

148   BVerwG Buchholz 303 § 580 ZPO Nr. 3 (indem z.B. darauf verwiesen wird, dass erst nach Rechtskraft der Gerichtsentscheidung ein anderes Datum auf der verwendeten Urkunde entdeckt wurde); ähnl. VGH Mannheim 16.10.1979 – IV 673/79; *J. Brandt*, in: Brandt/Sachs S Rn. 65; *S. Brink*, in: Posser/Wolff § 153 Rn. 39; *T. Stuhlfauth*, in: Bader § 153 Rn. 13.

149   BVerwG Buchholz 303 § 580 ZPO Nr. 3; *J. Brandt*, in: Brandt/Sachs S Rn. 65; *S. Brink*, in: Posser/Wolff § 153 Rn. 39; *T. Stuhlfauth*, in: Bader § 153 Rn. 13.

150   OVG Saarlouis 25.2.1998 – 8 S 1/97; s.a. VG Dresden 6.12.2001 – 7 K 873/00.

151   VGH Mannheim VBlBW 1991, 181 f.; *T. Stuhlfauth*, in: Bader § 153 Rn. 13; krit. hierzu *W.-R. Schenke*, in: Kopp/Schenke § 153 Rn. 8.

152   BVerwG Buchholz 310 § 153 VwGO Nr. 8; Buchholz 310 § 153 VwGO Nr. 10; s.a. *S. Brink*, in: Posser/Wolff § 153 Rn. 39; *J. Meyer-Ladewig/R. Rudisile*, in: Schoch/Schneider/Bier § 153 Rn. 14; *M. Redeker*, in: Redeker/v. Oertzen § 153 Rn. 7; *K. Rennert*, in: Eyermann § 153 Rn. 12.

153   BVerwGE 20, 344, 345 f.; BVerwG NJW 1990, 925, 927; NVwZ 1999, 1335; Buchholz 310 § 153 VwGO Nr. 18; BayVBl 2017, 713, 714; VGH Mannheim NJW 1997, 145, 146; BayVerfGH BayVBl 2000, 159, 160; VGH München 20.11.2008 – 13 A 07.386; BAG EzA § 580 ZPO 2002 Nr. 2; BSGE 18, 186, 188; s.a. *J. Brandt*, in: Brandt/Sachs S Rn. 65; *S. Brink*, in: Posser/Wolff § 153 Rn. 40; *S. Kautz*, in: HK-VerwR § 153 Rn. 12; *J. Meyer-Ladewig/R. Rudisile*, in: Schoch/Schneider/Bier § 153 Rn. 13; etwas anders die Argumentation von OVG Brem NJW 1990, 2337; ähnl. BSGE 29, 10, 14.

154   BVerwGE 20, 344, 346; BVerwG NJW 1990, 925, 927; Buchholz 310 § 153 VwGO Nr. 18; BSGE 18, 186, 188; BAG EzA § 580 ZPO 2002 Nr. 2; *H. F. Gaul*, Grundlagen, 1956, 118 ff.; *H.-J. Musielak*, in: Musielak/Voit § 580 Rn. 21; für eine restriktive Handhabung *K. Rennert*, in: Eyermann § 153 Rn. 12; *W.-R. Schenke*, in: Kopp/Schenke § 153 Rn. 8.

155   BFH/NV 1999, 1628; BSGE 18, 186, 188; BAG EzA § 580 ZPO 2002 Nr. 2; *W. Bergkemper*, in: Hübschmann/Hepp/Spitaler § 134 FGO Rn. 76.

Ähnlich wie bei den unter lit. a) genannten Urteilen begründen Urkunden nur deshalb einen Wieder- 73
aufnahmegrund, weil sie in ihrem inhaltlichen Bestand unbeeinflussbar und unwandelbar sind (BSGE
29, 10, 13 f.). Urkunde i.S.d. § 580 Nr. 7 lit. b) ZPO kann nur eine solche sein, die durch ihren eigenen Beweiswert den Mangel des früheren Verfahrens offenbart (BayVerfGH BayVBl 2000, 159, 160).
Deshalb sind nach Ansicht des BSG Privaturkunden, Zeugenprotokolle und Sachverständigengutachten keine Urkunden i.S.d. § 580 Nr. 7 lit. b) ZPO, wenn sie nicht für sich allein, sondern nur i.V.m.
anderen, im Vorprozess nicht vorgebrachten Beweismitteln zu einer günstigeren Entscheidung führen
können und einen Zeugen- oder Sachverständigenbeweis ersetzen sollen (BSGE 29, 10, 14; BFH/NV
2015, 1426, 1428; OVG Saarlouis NJW 2012, 871, 872; VG Magdeburg 2.3.2012 – 2 A 109/11; s.a.
BayVerfGH BayVBl 2000, 159, 160). Die Wiederaufnahme des Verfahrens kann auch nicht durch
nach Abschluss des verwaltungsgerichtlichen Verfahrens erstellte und vorgelegte Bescheinigungen, die
Beurteilungen eines Sachverständigen (BVerwG NVwZRR 2016, 934) oder die Rechtsansicht einer
Behörde zum Gegenstand haben (BVerwG Buchholz 310 § 153 VwGO Nr. 18), oder durch nachträglich eingeholte Interpolauskünfte (VG Freiburg NVwZ-RR 1999, 683) ausgelöst werden.

Der Restitutionsgrund des § 580 Nr. 7 ZPO ist nicht gegeben, wenn der Beteiligte ein seine Rechtsauf- 74
fassung bestätigendes Urteil zwischen anderen Parteien vorlegt, da sich die Beweiskraft der vorgelegten Urkunde gerade auf den rechtskräftig abgeschlossenen Rechtsstreit beziehen muss (VGH Kassel
WM 1997, 2247). Ein Erbschein ist keine zur Wiederaufnahme führende Urkunde i.S.d. § 580 Nr. 7
lit. b) ZPO, da er nur eine Rechtsvermutung darstellt.[156]

Nach dem Wortlaut des § 580 Nr. 7 ZPO muss die Urkunde für die Herbeiführung einer dem Beteilig- 75
ten günstigeren Gerichtsentscheidung *kausal* sein. Dies setzt zweierlei voraus. Die Urkunde muss zunächst zu einem anderen Beweisergebnis führen (BVerwG NVwZ-RR 2013, 173, 175). Maßgeblich
sind insoweit die allgemeinen Beweisgrundsätze und die speziellen Grundsätze des Urkundenbeweises.
Mit diesem lassen sich grds. nur die Tatsachenfeststellungen der angefochtenen Gerichtsentscheidung,
nicht aber die Rechtsauffassung des Gerichts widerlegen.[157]

Sodann besteht die Kausalität nur, wenn gerade das neue Beweisergebnis eine für den Beteiligten güns- 76
tigere Gerichtsentscheidung herbeiführen kann (BVerwG Buchholz 310 § 153 VwGO Nr. 18; NVwZ-
RR 2013, 173, 175; BayVBl 2017, 713, 714). Der Richter des Restitutionsverfahrens hat sich also zu
fragen, wie der Vorprozess zu entscheiden gewesen wäre, wenn zu dem gesamten damaligen Prozessstoff zusätzlich auch die jetzt vorgelegte Urkunde berücksichtigt worden wäre (BFH/NV 2015, 1426,
1428; BGH NJW-RR 2007, 1448, 1449). Für diese Feststellung sind außer der Urkunde nur der Prozessstoff des Vorprozesses und die im Zusammenhang mit der Urkunde vom Restitutionskläger neu
aufgestellten Behauptungen zu berücksichtigen, nicht dagegen die Einlassungen des Restitutionsbe-
klagten (VG Münster 11.3.2003 – 5 K 1004/99.A; BGHZ 38, 333 ff.). Im Schrifttum wird überlegt,
ob nicht doch ausnahmsweise der Vortrag neuer Tatsachen zugelassen werden kann, wenn ein unmittelbarer Zusammenhang zu den mit der Urkunde bewiesenen Tatsachen besteht und diese erst nach
deren Kenntnis sinnvoll vorgetragen werden können.[158] Allein die Urkunde i.V.m. den Feststellungen
des angefochtenen Urteils muss die entscheidungserheblichen Tatsachen beweisen. Es genügt nicht,
wenn die Urkunde nur den Anlass zur Vernehmung weiterer Zeugen oder zur Einholung eines Gutachtens gibt.[159] An der nötigen Kausalität fehlt es, wenn es auf das neue Beweisergebnis nicht ankommt, weil die Gerichtsentscheidung auf einer weiteren, selbständig tragenden Begründung beruht
(zur mangelnden Entscheidungserheblichkeit BFH/NV 2015, 1426, 1428). Für die Restitutionsklage
reicht es nicht, wenn aufgrund der vorgelegten Urkunde nur die Begründung der infrage stehenden
Gerichtsentscheidung günstiger ausfällt. Es muss vielmehr ein günstigerer Entscheidungstenor für den
Betroffenen erreicht werden (BVerwG Buchholz § 341 LAG Nr. 18). Werden durch die Urkunde lediglich Tatsachen bestätigt, die sich bereits aus den Verwaltungsvorgängen im Vorprozess ergeben, d.h.
den Beteiligten bekannt waren bzw. durch Wahrnehmung des Akteneinsichtsrechts hätten bekannt
sein können, ist der Restitutionsgrund des § 580 Abs. 1 Nr. 7 ZPO nicht verwirklicht (BVerwG
NVwZ-RR 2013, 173, 175). Nach Ansicht des BVerwG ist es unzureichend, wenn die Urkunde ledig-

---

156 BVerwGE 20, 344, 346; *H. F. Gaul*, Grundlagen, 1956, 143.
157 OVG Greifswald NordÖR 2003, 271; VGH Mannheim NVwZ 1995, 1006, 1007; *M. Redeker*, in: Redeker/v. Oertzen § 153 Rn. 7.
158 *M. Jacobs*, in: Stein/Jonas VI § 580 Rn. 35; s. BGH NJW-RR 2007, 1448, 1449.
159 BVerwG NVwZ-RR 2013, 173, 175; BFH/NV 2015, 1426, 1428; s.a. *R. Greger*, in: Zöller § 580 Rn. 26.

lich i.S. einer Schlüssigkeit „geeignet" ist, zu einer für den Beteiligten günstigeren Entscheidung zu führen, da im nachfolgenden Verfahrensabschnitt ein Erfolg nur erreicht wird, wenn die zunächst ausgesparten tatsächlichen Voraussetzungen erfüllt sind.[160] Für die Beurteilung der Entscheidungserheblichkeit kommt es seiner Meinung nach nicht auf die Sicht der Rechtslage durch den Richter des Vorprozesses, sondern auf diejenige des Restitutionsrichters an.[161]

77   Es bestehen keine Anhaltspunkte dafür, dass nach dem Willen des Gesetzgebers § 580 Nr. 7 ZPO analog anzuwenden ist, wenn nachträglich eine höchstrichterliche Entscheidung mit einer der angefochtenen Gerichtsentscheidung widersprechenden Rechtsauffassung ergangen ist. Die Richtigkeit dieser Ansicht wird durch § 79 BVerfGG bestätigt. Danach führt eine spätere Entscheidung des BVerfG nur bei rechtskräftigen Strafurteilen zur Wiederaufnahme, nicht aber in sonstigen Fällen.[162] § 580 Nr. 7 lit. b) ZPO ist auch nicht deshalb entsprechend anzuwenden, weil der Sachverhalt von Amts wegen aufzuklären war.[163]

78   (3) § 580 Nr. 8 ZPO. § 580 Nr. 8 ZPO geht auf das 2. Justizmodernisierungsgesetz zurück (BGBl 2006 I 3416). Die Restitutionsklage findet auch statt, wenn der Europäische Gerichtshof für Menschenrechte eine Verletzung der Europäischen Konvention zum Schutz der Menschenrechte und Grundfreiheiten oder ihrer Protokolle festgestellt hat und das Urteil auf dieser Verletzung beruht. Da die Entscheidung des EGMR nicht die Rechtskraft nationaler Gerichtsentscheidungen beseitigt, konnte es bislang dazu kommen, dass sich der Beschwerdeführer mit der Feststellung der Rechtsverletzung durch den EGMR und einem Entschädigungsanspruch nach Art. 41 EMRK begnügen musste, obwohl dadurch nicht in jedem Fall die Rechtsverletzung vollständig bzw. in befriedigender Weise behoben werden konnte (BT-Drs. 16/3038, 39). Zwar verpflichtet die EMRK nicht zur Ermöglichung einer Wiederaufnahme der Gerichtsverfahren.[164] In der Empfehlung des Ministerkomitees des Europarates vom 19.1.2000 wurde jedoch den Mitgliedstaaten die Schaffung eines Wiederaufnahmegrunds angeraten, da sich diese als das effektivste, wenn auch nicht einzige, Mittel der vollständigen Abhilfe bei einer Konventionsverletzung darstelle (BT-Drs. 16/3038, 39). Außerdem sei nicht auszuschließen, dass der EGMR in Einzelfällen neben einem Feststellungsanspruch konkrete Weisungen ausspricht, deren Befolgung eine Beseitigung der entgegenstehenden Rechtskraft voraussetze (BT-Drs. 16/3038, 39). Durch die Novellierung des § 580 ZPO reiht sich Deutschland in die Reihe der Staaten ein, die der Empfehlung des Ministerkomitees gefolgt sind und in besonderem Maße dem Prinzip einer konventionsfreundlichen Ausgestaltung des nationalen Rechts entsprechen (BT-Drs. 16/3038, 40). Gem. § 35 EGZPO ist die Norm nicht auf Verfahren anzuwenden, die vor dem 31.12.2006 „rechtskräftig abgeschlossen" wurden (dazu BVerfG FamRZ 2015, 1263; 20.4.2016 – 2 BvR 1488/14). Nach dem Gesetzeswortlaut löst nicht jede Konventionsverletzung eine Wiederaufnahme aus. Vielmehr muss die infrage stehende Gerichtsentscheidung auf dem von dem EGMR festgestellten Verstoß beruhen (BT-Drs. 16/3038, 40; s.a. OVG Münster A&R 2015, 231, 332 f.). Die Wiederaufnahme kommt selbst dann in Betracht, wenn der EGMR eine Entschädigung nach Art. 41 EMRK ausgesprochen hat (BT-Drs. 16/3038, 40).

79   Zunehmend wird die Frage aufgeworfen, ob der neue Restitutionsgrund nicht auch dann zur Anwendung zu bringen ist, wenn der EuGH nachträglich die Unionsrechtswidrigkeit eines bestimmten staatlichen Verhaltens festgestellt hat. Nach dem Wortlaut ist jedoch § 580 Nr. 8 ZPO bei Unionsrechtsverstößen nicht einschlägig. Diese Norm spricht nicht allgemein vom Europäischen Gerichtshof, sondern von demjenigen für Menschenrechte und stellt auf eine Verletzung der EMRK ab. Nichts deutet in den Gesetzesmaterialien darauf hin, dass der Gesetzgeber diesem Restitutionsgrund einen weiter gehenden Anwendungsbereich verleihen wollte.[165] *Poelzig* hat zutreffend herausgestellt, dass sich der Individual-

---

160   BVerwG DÖV 1982, 856, 858; NVwZ-RR 2013, 173, 175; VGH München 24.10.2014 – 10 C 13.2182; a.M. *H. Korber*, DÖV 1982, 858, 859 f.

161   BVerwGE 34, 113, 115 f.; → § 42 Rn. 93; *J. Brandt*, in: Brandt/Sachs S Rn. 65; *J. Meyer-Ladewig/R. Rudisile*, in: Schoch/Schneider/Bier § 153 Rn. 13; *M. Redeker*, in: Redeker/v. Oertzen § 153 Rn. 7. A.M. BGHZ 171, 23 ff.; *R. Greger*, in: Zöller § 580 Rn. 26.

162   BVerwG Buchholz 303 § 580 ZPO Nr. 4; OVG Lüneburg 31.3.2008 – 10 LA 73/08; VGH München DVBl 1993, 55, 56 f.; s.a. BFHE 123, 310, 311; vgl. *K. Rennert*, in: Eyermann § 153 Rn. 3.

163   BVerwGE 24, 124, 127; s.a. dazu, dass die unvollständige Sachverhaltsaufklärung keinen Wiederaufnahmegrund darstellt, OVG Saarlouis 25.2.1998 – 8 S 1/97.

164   S.a. BAG 22.11.2012 – 2 AZR 570/11; *E. Pache/J. Bielitz*, DVBl 2006, 325, 327 ff.

165   S.a. *C. Kremer*, EuR 2007, 470, 478.

rechtsschutz nach der EMRK von demjenigen im Unionsrecht unterscheidet, bei dem schon vor Abschluss des Gerichtsverfahrens die Unionsgerichte nach Art. 267 AEUV angerufen werden können.[166] Im Schrifttum wird jedoch überlegt, ob nicht ausnahmsweise bei einem Verstoß eines letztinstanzlichen nationalen Gerichts gegen seine Vorlagepflicht an die Unionsgerichte das rechtskräftig abgeschlossene Verfahren wiederaufgenommen werden müsste.[167] Gegen eine Analogie zu § 580 Nr. 6 ZPO spricht jedoch, dass die Wiederaufnahmegründe abschließend konzipiert sind und ein im Jahre 1996 vorgeschlagener Wiederaufnahmegrund im Strafrecht wegen Verletzung des Unionsrechts bis heute nicht aufgegriffen wurde (BT-Drs. 13/3594, 3; i.E. auch OVG Lüneburg 31.3.2008 – 10 LA 73/08). Nach der vorwiegend auf Verwaltungsakte bezogenen Rspr. des EuGH gehört der Grundsatz der Rechtssicherheit zu den im Gemeinschaftsrecht anerkannten allgemeinen Rechtsgrundsätzen, weshalb die nationalen Stellen grds. nicht zur Rückgängigmachung bestands- bzw. rechtskräftiger Entscheidungen verpflichtet sind (EuGH EuZW 2008, 148, 150 Rz. 37). Allerdings könnten *besondere Umstände* eine nationale Behörde nach dem in Art. 4 Abs. 3 EUV verankerten Grundsatz der loyalen Zusammenarbeit dazu verpflichten, eine derartige Entscheidung zu überprüfen, um einer später vom EuGH vorgenommenen Auslegung Rechnung zu tragen. Als einen solchen besonderen Umstand hat es der EuGH angesehen, wenn das nationale Gericht den Rechtsstreit entgegen Art. 267 AEUV nicht vorlegt. Dabei sei es unerheblich, ob sich der Betroffene i.R. seines innerstaatlichen Rechtsbehelfs auf die Unionsrechtswidrigkeit berufen hat (EuGH EuZW 2008, 148 ff.). Auch wenn sich die Entscheidungen des EuGH auf Behördenentscheidungen bezogen haben, hat er seine Rspr. davon abhängig gemacht, dass die jeweilige staatliche Stelle nach dem nationalen Recht zur Aufhebung ihrer Entscheidung befugt sei.[168] In einer Entscheidung von Ende 2015 räumt der EuGH zwar ein, dass die Rechtskraft zur Gewährleistung des Rechtsfriedens und der Rechtsbeständigkeit eine wichtige Bedeutung habe und es unionsrechtlich nicht geboten sei, in jedem Fall zur Beseitigung einer Unionsrechtswidrigkeit von der Anwendung nationaler, zur Rechtskraft beitragender Vorschriften abzusehen. Anderes gelte jedoch aus Effektivitätsgründen im Falle eines mutmaßlichen Verstoßes eines Vertrags gegen das Beihilfenrecht nach Art. 108 Abs. 3 S. 3 AEUV (EuGH EuZW 2016, 57 ff. m.Anm. *Weiß*).

b) Hilfsnatur der Restitutionsklage. Die Restitutionsklage ist nach § 582 ZPO nur zulässig, wenn die Partei *ohne ihr Verschulden* den Restitutionsgrund im früheren Verfahren nicht geltend machen konnte (BVerwG ZOV 2009, 141, 142).[169] Ein Restitutionsverfahren ist unzulässig, wenn der Kläger/Antragsteller bei sorgfältiger Verfahrensweise den Restitutionsgrund auch schon im früheren Verfahren hätte geltend machen können.[170] An die Sorgfaltspflichten werden dabei hohe Anforderungen gestellt.[171] Bereits eine leicht fahrlässige Verletzung der den Beteiligten betreffenden Sorgfaltspflicht schließt die Zulässigkeit der Restitutionsklage aus.[172] Begründet wird diese enge Sichtweise mit der grundlegenden Bedeutung der Rechtskraft für die Rechtssicherheit und die rasche Wiederherstellung des Rechtsfriedens (BVerwG DVBl 2003, 868, 869). Vor diesem Hintergrund kann es den Beteiligten zugemutet werden, sich durch geeignete Maßnahmen rechtzeitig in den Besitz einer beweiserheblichen Urkunde zu setzen und ihren Inhalt und Verbleib ausfindig zu machen.[173] Befindet sich eine Urkunde im Gewahrsam eines Beteiligten, wird regelmäßig sein Verschulden bei einer erst nachträglichen Vorlage der Urkunde zu bejahen sein, wenn er sie infolge ungenügender Ordnung in seinen Unterlagen

80

---

166 *D. Poelzig*, JZ 2007, 858, 863.
167 *E. Pache/J. Bielitz*, DVBl 2006, 325, 331 f.; *D. Poelzig*, JZ 2007, 858, 867 f.
168 S.a. *R. M. Kanitz/M. Wendel*, EuZW 2008, 231, 232.
169 Es ist str., ob § 582 zur Zulässigkeits- oder Begründetheitsprüfung zählt, *R. Greger*, in: Zöller § 582 Rn. 2 (Zuordnung zur Begründetheit); *Baumbach/Lauterbach/Albers/Hartmann* § 582 Rn. 2 (Zuordnung zur Begründetheit); VG München 7.12.2016 – M 7 K 16.107 Rn. 16 (Zuordnung zur Zulässigkeit); *J. Meyer-Ladewig/R. Rudisile*, in: Schoch/Schneider/Bier § 153 Rn. 19 (Zuordnung zur Zulässigkeit); *K. Reichold*, in: Thomas/Putzo § 582 Rn. 1 (Zuordnung zur Zulässigkeit).
170 Dazu auch VG Regensburg 14.2.2007 – RO 13 K 06.1018; *S. Brink*, in: Posser/Wolff § 153 Rn. 42; *R. Greger*, in: Zöller § 582 Rn. 1; *H.-J. Musielak*, in: Musielak/Voit § 582 Rn. 2, differenzierend in Rn. 4.
171 BVerwG DVBl 2003, 868, 869; BGH 24.4.2013 – XII ZB 242/09; *Baumbach/Lauterbach/Albers/Hartmann* § 582 Rn. 3.
172 BVerwG DVBl 2003, 868, 869; Buchholz 310 § 153 VwGO Nr. 25; OVG Saarlouis 25.2.1998 – 8 S 1/97; BGH 24.4.2013 – XII ZB 242/09; *J. Brandt*, in: Brandt/Sachs S Rn. 63; *S. Brink*, in: Posser/Wolff § 153 Rn. 42; *T. Stuhlfauth*, in: Bader § 153 Rn. 10.
173 BVerwG DVBl 2003, 868, 869; BGH 24.4.2013 – XII ZB 242/09; s.a. VG Dresden 6.12.2001 – 7 K 873/00.

oder wegen unzulänglicher Nachforschungen nicht bemerkt hat.[174] Eine Wiederaufnahme des Verfahrens kann nicht erreicht werden, wenn der Beteiligte wusste, dass ein Gutachten in Auftrag gegeben wurde, er sich aber nicht darum bemühte, von seinem Inhalt Kenntnis zu erlangen (OVG Brem NJW 1990, 2337). Des Weiteren ist der Beteiligte (dazu) verpflichtet, in öffentlich zugängliche Register Einsicht zu nehmen (BVerwG DVBl 2003, 868, 869). Ihm wird daher ein Verschulden zur Last gelegt, wenn er es aus einem in seiner Person liegenden Grund unterlassen hat, Einsicht in die von der Behörde dem Gericht vorgelegten Akten zu nehmen und deswegen keine Kenntnis von einer darin befindlichen Urkunde erlangte (BVerwG Buchholz 310 § 153 VwGO Nr. 14; BGH 24.4.2013 – XII ZB 242/09). Ein Schuldvorwurf kann dagegen in aller Regel nicht erhoben werden, wenn sich die Urkunde weder im Besitz des Beteiligten noch in einem öffentlich zugänglichen Register befindet und er deshalb Nachforschungen gleichsam auf Verdacht über ihren Verbleib anstellen muss (BVerwG DVBl 2003, 868, 869). Der Beteiligte muss sich die Kenntnis bzw. das Kennenmüssen seines Bevollmächtigten gem. § 173 S. 1 VwGO i.V.m. § 85 Abs. 2 ZPO zurechnen lassen.[175] Die Verwaltung trifft trotz ihrer Verpflichtung zur Sachverhaltsaufklärung von Amts wegen kein Schuldvorwurf, wenn sie keine weitere Veranlassung zur Sachverhaltsaufklärung hatte. Etwas anderes gilt allenfalls, wenn die von ihr zugrunde gelegte Rechtsansicht so verkehrt ist, dass die dadurch bedingte Untätigkeit als schuldhaft anzusehen ist.[176]

XVII. Entscheidung

81   Wie bereits am Anfang aufgezeigt (→ Rn. 7), gliedert sich die Prüfungsreihenfolge des Gerichts bei einem Wiederaufnahmebegehren in drei Abschnitte. Es steht dem Gericht dabei frei, ob es über jede Stufe gesondert oder aber einheitlich verhandeln will. Entscheidet es sich für eine einheitliche Verhandlung, ist es dennoch an die dreistufige Prüfungsreihenfolge gebunden.

82   **1. Zulässigkeit des Wiederaufnahmebegehrens.** Gem. § 153 Abs. 1 VwGO i.V.m. § 589 Abs. 1 ZPO prüft das Gericht von Amts wegen, ob das Wiederaufnahmegesuch statthaft und in der gesetzlichen Form und Frist erhoben ist. Die Tatsachen für die Wahrung der Wiederaufnahmefrist sind glaubhaft zu machen (§ 589 Abs. 2 ZPO). Fehlt es an einem Zulässigkeitserfordernis, ist das Wiederaufnahmegesuch – nach vorheriger Anhörung des Rechtsbehelfsführers – als unzulässig zu verwerfen (§ 153 VwGO i.V.m. § 589 Abs. 1 S. 2 ZPO). Mangels einer entsprechenden Bestimmung im Vierten Buch der ZPO zur Form der Gerichtsentscheidung richtet sich diese nach der VwGO (VGH Mannheim NJW 1997, 145). Entscheidend ist, welche Art von Gerichtsentscheidung durch den außerordentlichen Rechtsbehelf der Wiederaufnahme ersetzt werden soll. Über die Wiederaufnahme bei einem Beschluss ist in Beschlussform zu entscheiden.[177] Richtet sie sich gegen eine Berufungsentscheidung, sind die hierfür gegebenen Entscheidungsformen maßgebend. Kann eine unzulässige Berufung gem. § 125 Abs. 2 S. 2 durch Beschluss verworfen werden, kann analog dieser Vorschrift ein unzulässiges Wiederaufnahmebegehren verworfen werden.[178] Wurde beim BVerwG ein unzulässiges Wiederaufnahmebegehren erhoben, kann es dieses analog § 144 Abs. 1 durch Beschluss verwerfen.[179] Soweit die Frist des § 586 ZPO nicht entgegensteht, kann erneut unter Vermeidung des Mangels die Wiederaufnahme des

---

174   BVerwG DVBl 2003, 868, 869; *R. Greger,* in: Zöller § 582 Rn. 6.

175   OVG Saarlouis 25.2.1998 – 8 S 1/97; VGH Mannheim VBlBW 1991, 181, 182.

176   BVerwGE 34, 113, 121; *T. Stuhlfauth,* in: Bader § 153 Rn. 10.

177   BVerwG BayVBl 2017, 713, 714; OVG Münster NVwZ-RR 2003, 535; s.a. BFH/NV 2002, 1314; *S. Brink,* in: Posser/Wolff § 153 Rn. 47; *K. Rennert,* in: Eyermann § 153 Rn. 17.

178   BVerwG 15.9.1995 – 11 PKH 9/95; Buchholz 310 § 153 VwGO Nr. 29; OVG Brem NJW 1990, 2337; VGH Mannheim NVwZ-RR 1996, 539; NJW 1997, 145; VGH München BayVBl 2006, 189; 10.1.2012 – 6 BV 11.2897; VG Augsburg 18.3.2014 – Au 1 K 14.358; *J. Meyer-Ladewig/R. Rudisile,* in: Schoch/Schneider/Bier § 153 Rn. 24; *M. Redeker,* in: Redeker/v. Oertzen § 153 Rn. 9; *K. Rennert,* in: Eyermann § 153 Rn. 17; *W.-R. Schenke,* in: Kopp/Schenke § 153 Rn. 13; *T. I. Schmidt,* JA 2003, 67, 69.

179   BVerwG Buchholz 310 § 153 VwGO Nr. 27; *J. Meyer-Ladewig/R. Rudisile,* in: Schoch/Schneider/Bier § 153 Rn. 24; *M. Redeker,* in: Redeker/v. Oertzen § 153 Rn. 9; *K. Rennert,* in: Eyermann § 153 Rn. 17; *T. I. Schmidt,* JA 2003, 67, 69; *T. Stuhlfauth,* in: Bader § 153 Rn. 19.

Verfahrens begehrt werden. Hält das Gericht das Wiederaufnahmegesuch für zulässig, kann es dies gesondert[180] oder i.R. der Begründung seiner Endentscheidung aussprechen.

2. Begründetheit des Wiederaufnahmebegehrens. Das Gericht prüft von Amts wegen, ob das Wiederaufnahmegesuch begründet ist, insbes. ob ein Wiederaufnahmegrund vorliegt. Dafür muss es die sichere Überzeugung gewonnen haben, die rechtskräftige Gerichtsentscheidung beseitigen zu dürfen.[181] Verneint es die Begründetheit des Wiederaufnahmegesuchs, weist es dieses durch Sachentscheidung als unbegründet zurück.[182] Das OVG kann analog § 130 a unter den dort genannten Voraussetzungen durch Beschluss entscheiden.[183] Bei Begründetheit des Wiederaufnahmebegehrens ist die angefochtene Gerichtsentscheidung aufzuheben (Iudicium rescindens).[184] Dies kann in einer Zwischenentscheidung erfolgen. Möglich ist aber auch, hierüber zusammen mit der ersetzenden Entscheidung im dritten Verfahrensabschnitt zu befinden.[185]

3. Eintritt in die Hauptsache. Gem. § 590 Abs. 1 ZPO wird in der Hauptsache neu verhandelt, *soweit* sie von dem Anfechtungsgrund betroffen ist; der Rest bleibt unberührt und besteht fort. Auch wenn das Gericht zunächst über Grund und Zulässigkeit des Wiederaufnahmebegehrens entschieden hat, ist die Verhandlung über die Hauptsache als Fortsetzung der Verhandlung über Grund und Zulässigkeit der Wiederaufnahme des Verfahrens anzusehen (§ 590 Abs. 2 ZPO). Soweit verhandelt wird, wird das Verfahren in die Lage vor Erlass der angefochtenen Gerichtsentscheidung zurückversetzt.[186] Die Rechtskraft der angefochtenen Gerichtsentscheidung wird rückwirkend beseitigt und die Sache erneut rechtshängig.[187] Ausgangspunkt ist der gesamte bisherige Sach- und Streitstand, wobei Sachverhaltsänderungen und neues Vorbringen möglich sind.[188] Zwischenzeitliche Änderungen der Rechtslage können berücksichtigt werden, soweit dies auch sonst in einem anhängigen, noch nicht abgeschlossenen Verfahren zulässig ist.[189] Innerhalb der dem Gericht eröffneten Prüfung darf es den Streitstoff neu würdigen, während es außerhalb des Anfechtungsgrunds an seine ursprüngliche Begründung gebunden bleibt. Die neue Entscheidung tritt an die Stelle der früheren Gerichtsentscheidung (Iudicium rescissorium). Bei Divergenz ist die frühere Gerichtsentscheidung aufzuheben und rückwirkend durch eine neue Entscheidung zu ersetzen.[190] Weicht das Entscheidungsergebnis inhaltlich nicht von der früheren Hauptsacheentscheidung ab, kann erneut eine Entscheidung mit demselben Inhalt erlassen oder die frühere Entscheidung aufrechterhalten werden, die dann aber nicht aufgehoben werden darf.[191]

83

84

---

180 BGH NJW 1993, 1928, 1929; *J. Meyer-Ladewig/R. Rudisile*, in: Schoch/Schneider/Bier § 153 Rn. 24; *M. Redeker*, in: Redeker/v. Oertzen § 153 Rn. 9; *K. Rennert*, in: Eyermann § 153 Rn. 17; *T. I. Schmidt*, JA 2003, 67, 69; *T. Stuhlfauth*, in: Bader § 153 Rn. 19.

181 BVerwG Buchholz 310 § 153 VwGO Nr. 11; *S. Brink*, in: Posser/Wolff § 153 Rn. 45; *J. Meyer-Ladewig/R. Rudisile*, in: Schoch/Schneider/Bier § 153 Rn. 25; *M. Redeker*, in: Redeker/v. Oertzen § 153 Rn. 10.

182 *S. Kautz*, in: HK-VerwR § 153 Rn. 8; *J. Meyer-Ladewig/R. Rudisile*, in: Schoch/Schneider/Bier § 153 Rn. 25. A.M. BSGE 29, 10, 21, sofern man nur von einer zweistufigen Prüfung ausgeht und das Vorliegen des Wiederaufnahmegrunds als Zulässigkeitsvoraussetzung ansieht.

183 OVG Münster NVwZ 1995, 95; s.a. VGH Mannheim NJW 1997, 145; *S. Brink*, in: Posser/Wolff § 153 Rn. 47; *J. Meyer-Ladewig/R. Rudisile*, in: Schoch/Schneider/Bier § 153 Rn. 25; *K. Rennert*, in: Eyermann § 153 Rn. 17; *W.-R. Schenke*, in: Kopp/Schenke § 153 Rn. 13; *T. I. Schmidt*, JA 2003, 67, 69.

184 *J. Meyer-Ladewig/R. Rudisile*, in: Schoch/Schneider/Bier § 153 Rn. 25; *K. Rennert*, in: Eyermann § 153 Rn. 17; *T. I. Schmidt*, JA 2003, 67, 69.

185 *Lorenz* § 41 Rn. 17; *J. Meyer-Ladewig/R. Rudisile*, in: Schoch/Schneider/Bier § 153 Rn. 25; *W.-R. Schenke*, in: Kopp/Schenke § 153 Rn. 13.

186 BFHE 90, 454, 455; vgl. BVerwG NVwZ-RR 1993, 667 allerdings hinsichtlich § 51 VwVfG; *S. Brink*, in: Posser/Wolff § 153 Rn. 46.

187 BVerwG NVwZ 1989, 89; *C. Germelmann*, in: Gärditz § 153 Rn. 7.

188 *J. Brandt*, in: Brandt/Sachs S Rn. 12.

189 BVerwG NVwZ 1989, 68; s.a. *S. Kautz*, in: HK-VerwR § 153 Rn. 25; *J. Meyer-Ladewig/R. Rudisile*, in: Schoch/Schneider/Bier § 153 Rn. 26; *M. Redeker*, in: Redeker/v. Oertzen § 153 Rn. 11; *W.-R. Schenke*, in: Kopp/Schenke § 153 Rn. 10.

190 S.a. *T. I. Schmidt*, JA 2003, 67, 70.

191 Die Möglichkeit der Aufrechterhaltung der angefochtenen Gerichtsentscheidung ist str. Dagegen sind *H.-J. Musielak*, in: Musielak/Voit § 590 Rn. 9; Rosenberg/Schwab/Gottwald § 161 Rn. 34; dafür *Lorenz* § 41 Rn. 18; *S. Kautz*, in: HK-VerwR § 153 Rn. 25; *J. Meyer-Ladewig/R. Rudisile*, in: Schoch/Schneider/Bier § 153 Rn. 26; *M. Redeker*, in: Redeker/v. Oertzen § 153 Rn. 11; *K. Reichold*, in: Thomas/Putzo § 590 Rn. 5; *K. Rennert*, in: Eyermann § 153 Rn. 17; *A. Zeuner*, MDR 1960, 85, 87 f.

XVIII. Rechtsmittel

85   Nach § 591 ZPO sind Rechtsmittel insoweit zulässig, als sie gegen Entscheidungen der mit den Klagen befassten Gerichte überhaupt stattfinden (s.a. BVerwG 21.6.2006 – 5 B 54/06). Die i.R. des Wiederaufnahmeverfahrens ergangene Entscheidung ereilt hinsichtlich der Zulässigkeit des Rechtsmittels das Schicksal derjenigen Entscheidung, gegen welche sich das Wiederaufnahmebegehren richtet (BSG 6.11.1997 – 12 BK 66/97). Rechtsmittel gegen ein erstinstanzliches Urteil des VG ist die Zulassungsberufung, gegen erstinstanzliche Beschlüsse die ggf. besonders zu begründende (s. § 146 Abs. 4) Beschwerde. Gegen Beschlüsse des OVG gibt es grds. keine weitere Beschwerde zum BVerwG (§ 152).

XIX. Erneutes Wiederaufnahmebegehren

86   Ein erneuter Antrag zur Wiederaufnahme des Vorprozesses kann, wenn das frühere Wiederaufnahmebegehren als unbegründet abgewiesen wurde, nur auf einen anderen Wiederaufnahmegrund gestützt werden.[192] Nicht ein erneutes, sondern ein erstmaliges Wiederaufnahmegesuch liegt vor, wenn die Wiederaufnahme des Wiederaufnahmeverfahrens begehrt wird (VGH München 20.11.2008 – 13 A 07.386), weil gerade in diesem Verfahren ein zur Anfechtung berechtigender Fehler unterlaufen ist.[193]

XX. Kosten

87   Es gelten die allgemeinen Vorschriften (§§ 154 ff.). Wird das Wiederaufnahmegesuch als unzulässig/unbegründet abgewiesen, wird nur über die Kosten des Wiederaufnahmeverfahrens entschieden. Wird in der Sache verhandelt, ergeht eine einheitliche Kostenentscheidung über die Kosten des früheren und des Wiederaufnahmeverfahrens. Gem. § 154 Abs. 4 können die Kosten eines erfolgreichen Wiederaufnahmeverfahrens der Staatskasse auferlegt werden, soweit sie nicht durch das Verschulden eines Beteiligten entstanden sind.[194] Regelmäßig entspricht der Streitwert des Wiederaufnahmeverfahrens demjenigen des Verfahrens, dessen Wiederaufnahme begehrt wird (OVG Magdeburg 29.1.2016 – 1 L 14/16).

---

192 BayVerfGH BayVBl 2000, 159, 160; s.a. *S. Brink*, in: Posser/Wolff § 153 Rn. 49; *H.-J. Musielak*, in: Musielak/Voit § 591 Rn. 2; *M. Redeker*, in: Redeker/v. Oertzen § 153 Rn. 9.
193 *S. Brink*, in: Posser/Wolff § 153 Rn. 49; *M. Redeker*, in: Redeker/v. Oertzen § 153 Rn. 9.
194 S.a. *S. Kautz*, in: HK-VerwR § 153 Rn. 28; *J. Meyer-Ladewig/R. Rudisile*, in: Schoch/Schneider/Bier § 153 Rn. 26; *M. Redeker*, in: Redeker/v. Oertzen § 153 Rn. 13; vgl. *K. Rennert*, in: Eyermann § 153 Rn. 19.

16. Abschnitt
Kosten

§ 154 [Kostentragungspflicht]

(1) Der unterliegende Teil trägt die Kosten des Verfahrens.

(2) Die Kosten eines ohne Erfolg eingelegten Rechtsmittels fallen demjenigen zur Last, der das Rechtsmittel eingelegt hat.

(3) Dem Beigeladenen können Kosten nur auferlegt werden, wenn er Anträge gestellt oder Rechtsmittel eingelegt hat; § 155 Abs. 4 bleibt unberührt.

(4) Die Kosten des erfolgreichen Wiederaufnahmeverfahrens können der Staatskasse auferlegt werden, soweit sie nicht durch das Verschulden eines Beteiligten entstanden sind.

Schrifttum

1. Monographien und Beiträge in Sammelwerken: *E. Becker-Eberhard,* Grundlagen der Kostenerstattung bei der Verfolgung zivilrechtlicher Ansprüche – Zugleich ein Beitrag zum Verhältnis zwischen materiell-rechtlichem und prozessualem Kostenerstattungsanspruch, 1985; *G. Christmann,* Der vollmachtlose Vertreter im Zivilprozeß, 1971; *E. Schmitz,* Kostenentscheidung für oder gegen Dritte bei fehlender Vertretungsmacht und bei falscher oder nicht existenter Partei, 1988; *E. Schneider,* Die Kostenentscheidung im Zivilurteil und im Beschluß, einschließlich der Entscheidung über die vorläufige Vollstreckbarkeit, 1977; *R. Scholz,* Justizgewährleistung und wirtschaftliche Leistungsfähigkeit, in: GS Grabitz, 1995, 725; *A. Siebert,* Die Prinzipien des Kostenerstattungsrechts und die Erstattungsfähigkeit vorgerichtlicher Kosten des Rechtsstreits, Ein Beitrag zur Theorie und Praxis der Haftung für Rechtsverfolgungsmaßnahmen, 1985.

2. Beiträge in Zeitschriften: *H.-G. Ehrig,* Kostenerstattung – Erfolgsprämie oder Prozeßstrafe?, ZRP 1971, 252; *P. Finger,* Kostenentscheidung bei unselbständiger Anschlußberufung, MDR 1986, 881; *H. Hansens,* Anwaltsvergütung bei Zulassung des Rechtsmittels und Nichtzulassungsbeschwerde, MDR 1996, 1215; *M. Just,* Der Kostentenor im Falle der Beiladung, NVwZ 2011, 202; *H.-U. Maurer,* Die Kosten unselbständiger Anschlußrechtsmittel, NJW 1991, 72; *G. Renner,* Zur Prozeßkostenpflicht bei vollmachtloser Prozeßführung, MDR 1974, 353; *E. Schneider,* Kostenfolgen bei vollmachtloser Vertretung, Rpfleger 1976, 229; *ders.,* Der materielle Kostenerstattungsanspruch, MDR 1981, 353; *S. Seith,* Kostenerstattungsfragen im Verwaltungsverfahren und im Verwaltungsprozess, VBlBW 2015, 145.

I. Entwicklung des Normbestands

Dass der Unterliegende die gesamten Kosten des Verfahrens trägt, entspricht prozessrechtlicher Tradition.[1] Dieser Grundsatz liegt der ZPO seit ihrer Entstehung zu Grunde. Der Gesetzgeber hat ihn in die VwGO übernommen. [1]

---

1 Zur geschichtlichen Entwicklung *H.-G. Ehrig,* ZRP 1971, 252; BVerfGE 14, 42, 50 ff.

2 Im Gesetzgebungsverfahren hat im Wesentlichen nur die Kostenpflicht des Beigeladenen Anlass zu näheren Überlegungen gegeben. Nach § 151 Abs. 3 des Regierungsentwurfs (BT-Drs. 3/55, 20) sollten
dem Beigeladenen Kosten „nach seiner Beteiligung am Verfahren" auferlegt werden können. Der
Rechtsausschuss (BT-Drs. 3/1094, 14) hielt diese Formulierung für zu ungenau. Nach seinem Vorschlag wurde stattdessen darauf abgestellt werden, ob der Beigeladene Anträge gestellt oder Rechtsmittel eingelegt hat (→ Rn. 60 ff., → § 155 Rn. 77).

3 Seit ihrem Inkrafttreten ist die Vorschrift nur durch das RmBereinVpG (v. 20.12.2001, BGBl I 3987)
geändert worden. Auf Wunsch des Bundesrats (BT-Drs. 14/6854, 6 f.) ist Abs. 3 um einen zweiten
Halbsatz erweitert worden, der die bis dahin umstrittene Frage klärt, ob dem Beigeladenen unabhängig von eigener Antragstellung solche Kosten auferlegt werden können, die durch sein Verschulden
entstanden sind.

II. Bedeutung der Vorschrift

4 § 154 regelt, ebenso wie §§ 155, 156, 160 und 161 Abs. 2 und 3, wer die Kosten des Verfahrens trägt.
§ 154 Abs. 1 und 2 regeln zusammen mit § 155 Abs. 1 die Kostentragung in den Fällen, in denen das
Verfahren durch eine streitige Entscheidung des Gerichts endet. § 155 Abs. 2, § 160 und § 161 Abs. 2
regeln die Kostentragung in Fällen einer unstreitigen Erledigung des Verfahrens, § 156 den Sonderfall
eines prozessualen Anerkenntnisses. § 154 Abs. 4, § 155 Abs. 3 und 4 sowie § 161 Abs. 3 betreffen jeweils Fälle, in denen die Kosten bestimmter Verfahren oder Verfahrenshandlungen unabhängig vom
Ausgang des Verfahrens oder getrennt von den Kosten des Verfahrens im Übrigen verteilt werden
(→ § 155 Rn. 4–7, insbes. → § 155 Rn. 6).

5 **1. Gegenstand der Regelung.** Die § 154 ff. regeln nur das Verhältnis der Beteiligten zueinander. Sie
normieren die (sekundäre) Kostenerstattung zwischen ihnen (zur primären Kostentragung → Rn. 10 ff.).

6 **a) Prozessualer Kostenerstattungsanspruch.** Die Kostenentscheidung des Gerichts begründet einen
prozessualen Kostenerstattungsanspruch. Zweck der §§ 154 ff. ist es, die Belastung durch die Kosten,
die einem Beteiligten durch seine Rechtsverfolgung (z.B. Rechtsanwaltsgebühren; → § 162 Rn. 55 ff.)
entstanden sind, im Verhältnis der Beteiligten zueinander auszugleichen. Die Belastung aus der primären Kostentragungspflicht kann auf einen anderen Beteiligten abgewälzt werden. Die Kostenentscheidung des Gerichts legt fest, welcher Beteiligte gegen welchen anderen Beteiligten einen Anspruch auf
Erstattung seiner Kosten hat, und spiegelbildlich damit, welcher Beteiligte seine Kosten selbst zu tragen hat.

7 Verfassungsrechtlich abgesichert ist eine Kostenerstattung zugunsten des obsiegenden Beteiligten nur
in Grenzen (vgl. BVerfG NJW 2006, 136, 137; strenger: BVerfGE 74, 78, 92; 85, 337, 348 f.; vgl.
auch *W.-R. Schenke*, in: Bonner Kommentar Art. 19 Abs. 4 Rn. 159 [Stand der Bearbeitung: Februar
2009]). Weder Art. 103 Abs. 1 GG noch Art. 19 Abs. 4 GG erfordern nach der Rspr. des BVerfG die
Erstattung außergerichtlicher Kosten, namentlich solcher, die durch die Hinzuziehung eines Rechtsanwalts entstanden sind. Art. 103 Abs. 1 GG gewährleistet nicht, dass das rechtliche Gehör gerade durch
die Vermittlung eines Rechtsanwalts wahrgenommen wird (BVerfGE 31, 306, 308; 85, 337, 348 f.).
Erst recht liegt keine Verletzung dieses Grundrechtes vor, wenn die Vertretung durch einen Rechtsanwalt zwar rechtlich möglich, wegen des Ausschlusses der Kostenerstattung aber praktisch erschwert
ist (BVerfGE 31, 306, 308).

8 Grundlage des Kostenerstattungsanspruchs ist das Prozessrechtsverhältnis. Es wird durch Klageerhebung zwischen den Beteiligten begründet und durch Einlegung von Rechtsmitteln fortgesetzt. Der
Kostenerstattungsanspruch entsteht aufschiebend bedingt mit der Begründung des Prozessrechtsverhältnisses, also mit der Rechtshängigkeit des Verfahrens. Aufschiebende Bedingung ist das Ergehen
einer Kostengrundentscheidung des Gerichts. Der aufschiebend bedingte Anspruch wandelt sich mit
der vorläufig vollstreckbaren Kostengrundentscheidung des Gerichts in einen auflösend bedingten
Kostenerstattungsanspruch. Auflösende Bedingung ist die spätere Änderung der Kostengrundentscheidung in der Rechtsmittelinstanz. Mit der (auch nur vorläufig) vollstreckbaren Kostengrundentscheidung wird der Kostenerstattungsanspruch fällig. Er kann im Kostenfestsetzungsverfahren durchgesetzt
werden. Mit der Rechtskraft der Kostengrundentscheidung wandelt sich der auflösend bedingte Kos-

tenerstattungsanspruch in einen unbedingten Anspruch (BGH NJW 1988, 3204, 3205; MDR 1992, 911; vgl. auch BFHE 156, 392, 394).

Die Kostentragungspflicht nach den §§ 154 ff. ist von materiell-rechtlichen Grundsätzen unabhängig. 9 Der prozessuale Erstattungsanspruch knüpft an das Ergebnis des Prozesses an. Besteht ein materiell-rechtlicher Ausgleichsanspruch, ist er in einem gesonderten (Klage-)Verfahren geltend zu machen. Der materielle Ausgleichsanspruch, etwa aus Vertrag, Verzug oder unerlaubter Handlung, kann der prozessualen Kostenerstattung unter Umständen entgegengerichtet sein. Die Rechtskraft der Kostenentscheidung muss dem nicht entgegenstehen, sofern zusätzliche Umstände hinzukommen, die bei der prozessualen Kostenentscheidung nicht berücksichtigt werden konnten. Bleibt hingegen der Sachverhalt unverändert, der zu der abschließenden prozessualen Kostenentscheidung geführt hat, kann der gleiche Sachverhalt nicht erneut zur Nachprüfung gestellt und in seinen kostenrechtlichen Auswirkungen materiell-rechtlich entgegengesetzt beurteilt werden. In diesem Fall schließt die Rechtskraft der prozessualen Kostenregelung weitere materiell-rechtliche Ansprüche aus (BGHZ 45, 251, 257; BGH NJW 2002, 680; MDR 2011, 442; JurBüro 2012, 311).

b) Primäre Kostentragung. Die primäre Kostentragung ist nicht in den §§ 154 ff. geregelt (→ § 164 10 Rn. 4–7).

aa) Gerichtskosten. Welcher Beteiligte als Kostenschuldner im Verhältnis zur Gerichtskasse als Kos- 11 tengläubiger die Gerichtskosten schuldet, ist im GKG geregelt. Kostenschuldner ist, wer durch seinen Antrag das Verfahren des jeweiligen Rechtszugs und dadurch die Kosten veranlasst hat (§ 22 Abs. 1 S. 1 GKG), also bspw. der Kläger oder der Rechtsmittelführer. Seine Haftung als Kostenschuldner bleibt gegenüber der Gerichtskasse auch dann bestehen, wenn die Kostenentscheidung des Gerichts dem Prozessgegner die Kosten des Verfahrens auferlegt. Er haftet in diesem Fall gesamtschuldnerisch neben dem Prozessgegner. Dessen Haftung gegenüber der Gerichtskasse ergibt sich aus § 29 Nr. 1 GKG und damit mittelbar aus der Kostenentscheidung des Gerichts. Nach § 29 Nr. 1 GKG ist Kostenschuldner derjenige, dem durch gerichtliche Entscheidung die Kosten des Verfahrens auferlegt sind. Der Kläger (oder der Rechtsmittelführer) soll im Verhältnis zu dem erstattungspflichtigen Prozessgegner allerdings nur als Zweitschuldner in Anspruch genommen werden (§ 31 Abs. 2 S. 1 GKG).

Jedoch wird die Verfahrensgebühr als nunmehr einzige Gerichtsgebühr (§ 3 Abs. 2 GKG i.V.m. 12 Nr. 5110 ff. der Anl. 1) bereits mit der Einreichung der Klage-, Antrags-, oder Rechtsmittelschrift fällig (§ 6 Abs. 1 Nr. 5 GKG). Mithin hat der Kläger, Antragsteller oder Rechtsmittelführer regelmäßig bereits mit Einleitung des Verfahrens die gesamten Gerichtskosten an die Gerichtskasse zu zahlen, bevor eine Sachentscheidung des Gerichts mit einer Kostenentscheidung ergeht. Obsiegt er und ergeht deshalb eine Kostenentscheidung zu seinen Gunsten, kann er die bereits gezahlten Gerichtsgebühren nicht von der Gerichtskasse zurückverlangen. Er kann vielmehr aufgrund der Kostenentscheidung des Gerichts nur von dem Prozessgegner die Erstattung der an die Gerichtskasse gezahlten Gerichtsgebühren verlangen. Die bereits gezahlten Gerichtskosten sind im Verhältnis zum Prozessgegner Teil seiner erstattungsfähigen Aufwendungen. Einen Erstattungsanspruch gegen die Gerichtskasse hat er nur, wenn sich das Verfahren ohne Entscheidung in der Hauptsache insbes. durch Klage- oder Rechtsmittelrücknahme oder übereinstimmende Erledigungserklärungen erledigt. In diesen Fällen ermäßigt sich die Verfahrensgebühr. Hat der Kläger oder Antragsteller bereits die volle Verfahrensgebühr an die Gerichtskasse gezahlt, ist ihm von dieser der aufgrund der Ermäßigung „überzahlte" Betrag zurückzuzahlen.

bb) Anwaltskosten. Die primäre Kostentragung für die Anwaltskosten eines Beteiligten ergibt sich 13 aus dem zivilrechtlichen Rechtsverhältnis, das dem Mandat zu Grunde liegt. Aus der Kostenentscheidung nach den §§ 154 ff. ergibt sich nur, ob ein Beteiligter die Leistungen, die er nach RVG seinem Rechtsanwalt schuldet, von dem Prozessgegner erstattet erhält.

2. Grundsätze der Kostentragung. Die Kosten des Rechtsstreits sind grds. von dem unterliegenden 14 Beteiligten zu tragen.

15 **a) Veranlassungsprinzip.** Der Kostentragung nach den §§ 154 ff. liegt das Veranlassungsprinzip zugrunde.[2] Die Kosten werden dem Beteiligten überbürdet, der das Verfahren und den dadurch bedingten Aufwand der anderen Beteiligten veranlasst hat. Die Kostentragungspflicht knüpft zwar an das Unterliegen im Prozess an. Dahinter steht aber der Gedanke, dass der unterliegende Beteiligte Anlass zu dem Rechtsstreit gegeben hat (BGHZ 60, 337, 343; 121, 397, 400).[3] Er hat durch seine Prozessführung die Gegenseite zu Aufwendungen genötigt, und zwar aus der Sicht des Prozessausgangs unnötigerweise. Er hat seine eigenen Aufwendungen selbst zu tragen, die aus der Sicht des Prozessausgangs der eigenen Sache nicht dienlich waren. Der Beklagte hat dem Kläger die Aufwendungen zu erstatten, die er bei ihm durch seine (nach dem Prozessausgang unberechtigte) Weigerung veranlasst hat, den geltend gemachten Anspruch zu erfüllen. Umgekehrt hat der Kläger dem Beklagten die Aufwendungen zu erstatten, die er bei diesem durch die (nach dem Prozessausgang unberechtigte) gerichtliche Inanspruchnahme veranlasst hat (zur Kostentragung Dritter → Rn. 27 ff.). Trotz gewisser Härten im Einzelfall ist das Veranlassungsprinzip z.B. einer Regelung, wonach jeder Beteiligter seine Kosten stets selbst trägt, vorzuziehen.[4]

16 § 156 bestätigt diesen Grundsatz. Danach hat der siegreiche Kläger die Kosten des Verfahrens ausnahmsweise dann zu tragen, wenn der Beklagte keinen Anlass zur Klageerhebung gegeben und den Anspruch sofort anerkannt hat (→ § 156 Rn. 1 f.).

17 Hingegen knüpfen die § 154 ff. grds. nicht an ein Verschulden des unterliegenden Beteiligten an. Deshalb können auch dem Prozessunfähigen die Kosten des Verfahrens auferlegt werden[5] (zum nicht Beteiligtenfähigen → Rn. 28). Die Veranlassung ist ein tatsächlicher Vorgang. Es kommt nicht auf die Gründe an, aus denen der Beteiligte unterliegt. Wenn sein Unterliegen bspw. durch eine ihm nachteilige Rechtsänderung bedingt ist, hat er ebenfalls die Kosten des Verfahrens zu tragen. Er kann der Kostenlast dadurch entgehen, dass er die Hauptsache für erledigt erklärt. Unterlässt er dies, veranlasst er in einer ausgleichspflichtigen Weise den Aufwand der anderen Beteiligten für die streitige Durchführung des Verfahrens.

18 **b) Prinzip des „Alles oder Nichts".** Der Kostentragung nach den §§ 154 ff. liegt das Prinzip des „Alles oder Nichts" zu Grunde. Zu erstatten sind grds. alle Prozesskosten des gesamten Verfahrens in allen Instanzen, einschließlich der Kosten aller (unselbständigen) Neben- und Zwischenverfahren.

19 Ob ein Beteiligter unterliegt und demzufolge die gesamten Kosten des Verfahrens zu tragen hat, ist grds. für das gesamte Verfahren einheitlich zu beurteilen, nicht für die jeweiligen Instanzen gesondert. Zwar ist in jeder Instanz eine Kostenentscheidung für diese Instanz zu treffen. Sie hat jedoch nur vorläufigen Charakter. Hat ein Rechtsmittel Erfolg, wird die angefochtene Entscheidung nicht nur im Ausspruch zur Hauptsache, sondern auch in der Kostenentscheidung geändert. Wird die Entscheidung der Vorinstanz aufgehoben und die Sache zur erneuten Entscheidung an die Vorinstanz zurückverwiesen (§ 130 Abs. 2, § 144 Abs. 3 S. 1 Nr. 2), trägt der Beteiligte, der nach Zurückverweisung endgültig unterliegt, auch die Kosten des Rechtsmittelverfahrens, in dem er die Zurückverweisung der Sache erreicht hat. Aus dem negativen Endergebnis folgt, dass der Rechtsmittelführer durch das i.S. einer Zurückverweisung erfolgreiche Rechtsmittel bei den anderen Beteiligten Aufwand veranlasst hat, der mit Blick auf das Endergebnis des Prozesses unnötig war und deshalb ausgleichsbedürftig ist.

III. Kostentragung nach Abs. 1

20 Nach § 154 Abs. 1 trägt der unterliegende Teil die Kosten des Verfahrens.

21 **1. Anwendungsbereich.** Die Vorschrift ist in Verfahren anwendbar, die mit einer Entscheidung in der Hauptsache enden (→ § 161 Rn. 7–15, auch zu nichtstreitigen Zwischenverfahren). Aus der Entscheidung in der Hauptsache ergibt sich das Unterliegen eines der Beteiligten. Die Vorschrift erfasst die erstinstanzlichen Verfahren, ferner Rechtsmittelverfahren, wenn das Rechtsmittel Erfolg hatte. Den umgekehrten Fall des erfolglosen Rechtsmittels regelt Abs. 2 als lex specialis (→ Rn. 45 ff.). Hat das

---

2 E. *Schmitz*, Kostenentscheidung, 1988, 54 ff.; E. *Becker-Eberhard*, Grundlagen der Kostenerstattung, 1985, 26, 35 ff.; hinsichtlich des Zivilprozesses J. *Braun*, Lehrbuch des Zivilprozeßrechts, 2014, S. 1170.
3 J. *Braun*, Lehrbuch des Zivilprozeßrechts, 2014, S. 1170; vgl. auch R. *Scholz*, GS Grabitz, 1995, 725, 734 f.
4 Hierzu J. *Braun*, Lehrbuch des Zivilprozeßrechts, 2014, S. 1171.
5 BVerwG 26.10.2016 – 1 A 10/16, juris Rn. 5; 19.8.2015 – 5 B 49/15, juris Rn. 3; FamRZ 2016, 1457; BGHZ 121, 397, 399 und bereits RGZ 53, 65, 67.

Rechtsmittel Erfolg, trägt der Rechtsmittelgegner gem. § 154 Abs. 1 neben den Kosten des Rechtsmittelverfahrens auch die Kosten der vorausgegangenen Instanzen.

Der Abänderungsantrag nach § 80 Abs. 7 ist im Vergleich zum Verfahren nach § 80 Abs. 5 ein prozessual selbständiges Verfahren, aber kein Rechtsmittel,[6] weshalb der Unterlegene die Kosten nach § 154 Abs. 1 und nicht nach § 154 Abs. 2 trägt (VGH Kassel ESVGH 65, 129, 132). Das Gericht entscheidet nur über die Kosten des Abänderungsverfahrens, wobei für die Rechtsanwaltsgebühren §§ 15 Abs. 2, 16 Nr. 5 RVG zu beachten sind.[7] Hat der Abänderungsantrag Erfolg, bleibt es für das Ausgangsverfahren bei der dort getroffenen Kostenentscheidung (OVG Münster OVGE 26, 240; VG Sigmaringen 30.3.2011 – 5 K 3036/10; zum Beigeladenen im Abänderungsverfahren → Rn. 64 f.). Ein sog. Hängebeschluss (auch Schiebe- oder Zwischenverfügung genannt) ist kein selbständiges Verfahren (→ § 161 Rn. 8 f. m.w.N.). Ob die Beschwerde gegen einen Hängebeschluss ein Rechtsmittel i.S.d. § 154 Abs. 2 ist, ist str.[8] (→ § 161 Rn. 8 f. m.w.N.). Weiterhin ist die Anhörungsrüge nach § 152 a kein Rechtsmittel i.S.d. § 154 Abs. 2,[9] vielmehr findet § 154 Abs. 1 Anwendung.[10] Schließlich finden die §§ 154 ff. auch keine (analoge) Anwendung auf Kostenentscheidungen im Vorverfahren (BVerwGE 62, 296, 300; 40, 313, 316 ff.).[11]

Soweit in Vollstreckungsverfahren die Vollstreckungsmaßnahme durch eine gerichtliche Entscheidung zu treffen ist, richtet sich die Kostenentscheidung ebenfalls nach § 154 Abs. 1. Beispiele sind die Androhung von Zwangsgeld gegen eine Behörde nach § 172, ferner die Entscheidungen nach § 169 oder nach § 170 (OVG Bln-Bbg 2.6.2014 – OVG 3 I 1.14, juris Rn. 1; OVG Koblenz DVBl 1986, 288). In diesen Fällen fallen die Kosten der Zwangsvollstreckung nicht nach § 167, § 788 Abs. 1 ZPO dem Vollstreckungsschuldner zur Last.[12] § 788 ZPO bezweckt mit seinem Verzicht auf weitere Kostenverfahren, dass der Gläubiger in der Vollstreckung sofort vollständig, also auch wegen seiner Kosten für die Vollstreckung, befriedigt wird. Wenn aber für die Vollstreckung gesonderte Beschlussverfahren notwendig sind, ist § 788 ZPO nach seinem Zweck nicht einschlägig (VGH Mannheim VBlBW 1988, 298).

2. Unterliegender Teil. Der unterliegende Teil in § 154 Abs. 1 ist in jedem Falle einer der Hauptbeteiligten, also entweder der Kläger oder der Beklagte. Dies ergibt sich aus der Systematik des § 154. Er trifft in Abs. 3 eine Sonderregelung für andere Beteiligte, nämlich den Beigeladenen. Dieser haftet zusammen mit einem (dem unterliegenden) Hauptbeteiligten nur, wenn er ohne Erfolg einen eigenen Antrag gestellt hat. Nur dann ist er ebenfalls unterliegender Teil (zum Fall des Obsiegens des Beigeladenen → § 162 Rn. 122 ff.). Dieses Ergebnis entspricht dem Veranlassungsprinzip. Im Anwendungsbereich des Abs. 1 hat notwendig einer der Hauptbeteiligten die Prozessführung veranlasst, entweder der Kläger durch die Inanspruchnahme des Beklagten oder der Beklagte durch die Weigerung, den geltend gemachten Anspruch zu erfüllen.

Weil im Anwendungsbereich des Abs. 1 in jedem Fall einer der Hauptbeteiligten als unterliegender Teil Kosten zu tragen hat, können einem Beigeladenen nicht die gesamten Kosten allein auferlegt werden, wenn er erfolglos einen Antrag gestellt hat. Zusammen mit ihm müssen auch dem Kläger Kosten auferlegt werden, wenn die Klage abgewiesen wird, oder dem Beklagten, wenn der Klage stattgegeben

6 OVG Münster NVwZ-RR 2017, 435 f.; VGH München NJW 2007, 2715; VG München 10.9.2014 – M 11 M 14.50469, juris Rn. 16 ff.; VG Sigmaringen 30.3.2011 – 5 K 3036/10.
7 VGH Kassel NVwZ-RR 2016, 479 f.; OVG Münster NVwZ-RR 2017, 435 f.; VG München 10.9.2014 – M 11 M 14.50469, juris Rn. 16 ff. Im Fall unterschiedlicher Kostengrundentscheidungen in den Verfahren nach §§ 80 Abs. 5 und 7 kann jeder Beteiligte aus der für ihn günstigen Kostengrundentscheidung Kostenerstattung von der Gegenseite verlangen: OVG Münster NVwZ-RR 2017, 435 f.
8 Verneinend: OVG Magdeburg NVwZ-RR 2013, 77; OVG Bautzen 15.9.2011 – 5 B 135/11, BeckRS 2011, 55014; OVG Bln-Bbg 2.7.2010 – OVG 1 S 71.10, juris Rn. 6; OVG Weimar ThürVBl 2003, 14, 16: „keine eigenständige Kostenfolge". Bejahend: BFH BFH/NV 2003, 1593; VGH Mannheim NVwZ-RR 2002, 236, 237; VGH München BayVBl 2002, 443; OVG München OVGE 39, 275.
9 A.A. BVerwG 9.12.2016 – 3 B 29/16, juris Rn. 7; OVG Münster 14.1.2010 – 13 B 1666/09, juris Rn. 23; vgl. auch BSG 2.3.2016 – B 13 SF 7/16 S, juris Rn. 1; für eine analoge Anwendung des § 154 Abs. 2 OVG Bln-Bbg 3.1.2017 – OVG 5 RN 4.14, juris Rn. 10.
10 So auch OVG Saarlouis 23.12.2016 – 1 A 348/16, Rn. 10; VGH München 25.3.2010 – 11 ZB 09.863, juris Rn. 14; 8.11.2016 – 15 ZB 15.1069, juris Rn. 8.
11 Hierzu R. Pietzner, VerwArch 73 (1982), 231.
12 VGH Kassel ESVGH 38, 22; NJW 1995, 1107, 1109; VGH München BayVBl 1977, 668; OVG Münster OVGE 38, 227; OVG Saarlouis NVwZ 1982, 254. A.A.: OVG Lüneburg DÖV 1972, 392; OVG Münster OVGE 35, 106.

wird. Letzteres gilt auch dann, wenn der Beigeladene die Abweisung der Klage beantragt, der Beklagte selbst aber von einem Klageabweisungsantrag absieht. Anderenfalls würde der Beklagte nur deshalb von den Kosten völlig freigestellt, weil der Beigeladene zufällig einen Antrag gestellt hat.

26   Für die Kostentragungspflicht der Hauptbeteiligten knüpft § 154 Abs. 1 allein an die Tatsache des (materiellen) Unterliegens an. Unerheblich ist, ob sie einen Antrag gestellt haben. Das gilt namentlich für den Beklagten. Er kann einer drohenden Kostenlast nicht dadurch entgehen, dass er von einem Klageabweisungsantrag absieht.

27   **3. Kostentragung Dritter.**   Ausnahmsweise können die Kosten Dritten auferlegt werden. Sie müssen aber, wenn auch nicht als Beteiligte, so doch in anderer Rolle im Verfahren aufgetreten sein und die Kosten in prozessual zurechenbarer Weise veranlasst haben.

28   **a) Kostentragung nicht Beteiligtenfähiger.**   Keine Kosten können demjenigen auferlegt werden, der nicht i.S.d. § 61 beteiligtenfähig ist und dessen Klage deshalb unzulässig ist (zu Prozessunfähigen → Rn. 17).[13] Wegen seiner fehlenden Beteiligtenfähigkeit scheidet er als taugliches Subjekt einer prozessualen Verpflichtung zur Kostentragung aus. Die Kosten trägt in diesem Fall derjenige, der hinter dem selbst nicht Beteiligtenfähigen steht und für diesen das Verfahren betreibt.[14] Er hat dadurch den entstandenen Kostenaufwand der Gegenseite veranlasst.[15] Ein prozessualer Kostenerstattungsanspruch steht ihm aber nicht zu; er kann gegen den Gegner allenfalls einen materiell-rechtlichen Anspruch auf Kostenerstattung haben (BGH Rpfleger 2004, 588).

29   Die Rspr. differenziert zum Teil. Für ein Gebilde, das von vornherein nicht beteiligtenfähig war, haften die Personen, welche die Klage veranlasst haben.[16] Verliert hingegen ein ursprünglich beteiligtenfähiger seine Beteiligtenfähigkeit erst während des Prozesses (Beispiel: eine GmbH wird wegen Vermögenslosigkeit im Handelsregister gelöscht), soll er für die Kostenentscheidung ebenso wie für die Sachentscheidung als fortbestehend behandelt werden. Die Kosten des Verfahrens werden dem Beteiligten (im Beispiel der erloschenen GmbH) auferlegt, nicht aber den Personen, die für den Beteiligten den Prozess eingeleitet und fortgesetzt haben (im Beispiel: die Geschäftsführer der erloschenen GmbH).[17] Das erscheint nicht folgerichtig. Wer für ein nicht mehr beteiligtenfähiges Gebilde ein gerichtliches Verfahren fortführt, trägt die dadurch von ihm veranlassten Kosten.

30   **b) Kostentragung nicht rechtsfähiger Beteiligter.**   Bei nicht rechtsfähigen, aber beteiligtenfähigen Gebilden sind die Kosten des Verfahrens diesen aufzuerlegen.[18] Materiell-rechtlich mögen in solchen Fällen Ansprüche auf Erstattung der Kosten oder auf Freistellung von ihnen gegen (natürliche oder juristische) Personen bestehen, die hinter dem Gebilde stehen. Diese Ansprüche müssen ggf. in einem gesonderten Verfahren durchgesetzt werden. Bedeutung hat dies insbes. bei körperschaftsinternen Organstreitigkeiten.[19]

31   **c) Kostentragung bei vollmachtloser Vertretung.**   Keine Kosten können regelmäßig demjenigen auferlegt werden, für den ein vollmachtloser Vertreter gehandelt hat (BVerwG 25.9.2006 Buchholz 310 § 67 VwGO Nr. 108).

32   Wird für einen (angeblich) Vertretenen ohne dessen Vollmacht von einem Dritten als Vertreter ein Verfahren eingeleitet, ist der angeblich Vertretene Beteiligter des Verfahrens (BVerwG NJW 2011, 1894,

---

13   BVerwGE 140, 142, 149 Rn. 30; OVG Greifswald 25.8.2010 – 2 L 155/04, juris Rn. 36; a.A. beiläufig: BGHZ 121, 397, 399.

14   BVerwG 2.4.1992 und 29.4.1992 – jeweils 7 B 13.92; OVG Greifswald 25.8.2010 – 2 L 155/04, juris Rn. 36; OVG Münster NJW 2004, 3730; VG Hmb NVwZ 1988, 1058.

15   Ebenso für die nicht existente Partei: BVerwGE 140, 142, 149 Rn. 30 (für die erloschene KG unter Heranziehung der Grundsätze über die Haftung des vollmachtlosen Vertreters); BGH NJW 2001, 1056, 1060 (zur nichtrechtsfähigen Innengesellschaft bürgerlichen Rechts).

16   BVerwGE 140, 142 Rn. 30: Klage für eine erloschene KG; BGH WM 1976, 686: Klage für einen nicht mehr bestehenden Verein.

17   VGH Mannheim 9.2.1989 – 14 S 2650/88; a.A. OVG Münster NJW 1981, 2373: Kostenentscheidung zulasten der Geschäftsführer der erloschenen GmbH als vollmachtlosen Vertretern.

18   VGH Mannheim DVBl 1999, 108: nicht rechtsfähiger Verein. Zur Inanspruchnahme des Vorstands als Zweitschuldner vgl. BVerwG NVwZ-RR 2000, 60.

19   OVG Münster KommJur 2015, 255, 256: Ratsmitglied; VGH Mannheim NVwZ 1985, 284: Studentenwerk; OVG Saarlouis NVwZ 1982, 140: Gemeinderat; VG Darmstadt NVwZ-RR 1999, 702: kommunalrechtlicher Organstreit. Vgl. aus der Lit.: *K. Lange*, FS Schenke, 2011, 959, 972–974 und ferner zum Anspruch des Personalrats gegen die Dienststelle auf Freistellung von den Kosten personalvertretungsrechtlicher Beschlussverfahren: BVerwGE 90, 76.

1895 f.; BVerwG 25.9.2006 Buchholz 310 § 67 VwGO Nr. 108). Wer in fremdem Namen handelt, wird nicht dadurch zum Beteiligten, dass ihm die Vertretungsmacht fehlt (BFHE 92, 173; 111, 121). Die Entscheidung in der Hauptsache ergeht gegen den angeblich Vertretenen als Beteiligten. Seine Klage wird zumeist durch Prozessurteil als unzulässig abgewiesen. Sie ist nicht ordnungsgemäß erhoben. § 81 Abs. 1 verlangt eine vom Kläger herrührende Erklärung, dass Klage erhoben werden soll.

Der Beteiligte hat die Kosten des Verfahrens nur dann zu tragen, wenn er das Auftreten des vollmachtlosen Vertreters und damit dessen Prozessführung veranlasst hat (zu einem solchen Fall BVerwG NJW 2011, 1894, 1895 f.; vgl. auch BGH RVGreport 2017, 277 f.). Hat er das Auftreten des vollmachtlosen Vertreters hingegen nicht veranlasst, sind nicht ihm, sondern dem vollmachtlosen Vertreter die Kosten des Verfahrens aufzuerlegen.[20] 33

Grundlage der Haftung des vollmachtlosen Vertreters ist eine Analogie zu § 179 BGB. Dieser Vorschrift kann der allgemeine Rechtsgedanke entnommen werden, dass ein vollmachtloser Vertreter die finanziellen Folgen seines unbefugten Auftretens zu tragen hat. Er führt im Prozessrecht dazu, dass der Vertreter ohne Vertretungsmacht für die Folgen seines unbefugten Prozessierens einzustehen hat. Er hat die dadurch entstandenen Kosten kraft des Veranlassungsprinzips zu tragen.[21] 34

Eine Kostentragungspflicht des angeblich Vertretenen kommt nur in Betracht, wenn offenkundige Anhaltspunkte vorgetragen oder sonst erkennbar sind, die darauf hindeuten, dass der Vertretene die Prozessführung veranlasst hat (BVerwG NJW 2011, 1894, 1895 f.). 35

Regelmäßig wird allein darauf abzustellen sein, ob der Vertreter im Besitz einer schriftlichen Vollmacht ist.[22] Hat der angeblich Vertretene sich einer schriftlichen Vollmacht nicht entäußert, hat er das Auftreten des Bevollmächtigten für ihn nicht in einer prozessual zurechenbaren Weise veranlasst (zu einem Ausnahmefall BVerwG NJW 2011, 1894, 1895 f.). Wer im Namen eines anderen einen Prozess beginnt, ohne im Besitz der dafür erforderlichen Vollmachtsurkunde zu sein, veranlasst selbst den Aufwand der anderen Verfahrensbeteiligten.[23] Zwar kann eine Vollmacht – auch rückwirkend noch in zweiter Instanz – erteilt oder nachgereicht werden (OVG Lüneburg NJW 2014, 566, 567). Dies soll jedoch dann nicht gelten, wenn trotz zulässiger Fristsetzung eine ordnungsgemäße Vollmacht in erster Instanz nicht vorgelegt wurde und der Rechtsbehelf deswegen als unzulässig abgewiesen worden ist (OVG Lüneburg NJW 2014, 566, 567; s.a. OVG Münster 19.12.2013 – 16 B 1385/13, juris Rn. 16 ff.). Das Innenverhältnis zwischen ihm und dem Vertretenen hat das Gericht bei dieser Fallgestaltung nicht zu erforschen. Das Gericht kann sich vielmehr an das Fehlen einer Vollmachtsurkunde halten, durch die allein eine Vertretungsbefugnis im Prozess nachgewiesen werden kann. 36

Ist eine tatsächlich erteilte Vollmacht wegen Prozessunfähigkeit des Beteiligten nicht wirksam, hat der Beteiligte den Prozess veranlasst und die Kosten zu tragen. Ist der Vertreter in diesem Falle gutgläubig im Besitz einer tatsächlich erteilten Vollmacht, handelt er als von der Prozessordnung zugelassener Vertreter des Beteiligten (BGH NJW-RR 2011, 488). 37

Die Kosten sind auch dann dem im Prozess aufgetretenen Prozessbevollmächtigten aufzuerlegen, wenn die vollmachtlose Vertretung nicht von dem angeblich vertretenen Beteiligten, sondern von einem Dritten veranlasst ist.[24] Beispiel: Ein angeblich bevollmächtigter Vertreter des Beteiligten (nachfolgend: Dritter) erteilt dem Prozessbevollmächtigten Vollmacht zur Prozessführung namens des Beteiligten. Die Kostenentscheidung kann nicht zulasten des Dritten ergehen, der die unwirksame Vollmacht erteilt hat. Er ist am Verfahren gar nicht, auch nicht als vollmachtloser Prozessbevollmächtigter, beteiligt und im Prozess nicht aufgetreten (OLG Köln NJW 1972, 1330). Der Prozessbevollmächtigte muss ggf. seinen materiell-rechtlichen Anspruch gegen den Dritten in einem gesonderten Klageverfahren geltend machen (→ Rn. 9). 38

---

20 BGHZ 121, 397; BFH NJW 1967, 904; OVG Bln-Bbg 19.3.2015 – OVG 2 A 3.15, juris Rn. 19; OVG Lüneburg DÖV 1967, 724; VGH Mannheim NJW 1982, 842; OLG Zweibrücken NJW-RR 2001, 359; *E. Schmitz*, Kostenentscheidung, S. 58; *G. Renner*, MDR 1974, 353, 355. Hat auch der Beteiligte das Auftreten des vollmachtlosen Vertreters verschuldet, kommt seine Haftung nach § 155 Abs. 4 in Betracht: BVerwG NVwZ-RR 1999, 692.

21 BVerwGE 140, 142, 149 Rn. 30; *E. Schmitz*, Kostenentscheidung, S. 66; *S. Seith*, VBlBW 2015, 145, 146; gegen eine Analogie zu § 179 BGB insbes.: *G. Christmann*, Der vollmachtlose Vertreter, S. 43 ff. Offen lassend: OVG Lüneburg NJW 2014, 566, 567.

22 BVerwG 20.9.1974 Buchholz 310 § 67 VwGO Nr. 39; NVwZ 1982, 499; OVG Münster NJW 1993, 3155.

23 BFH BFH/NV 2003, 1433; HmbOVG DÖV 1988, 523; der Sache nach ebenso: BVerwG NVwZ 1982, 499.

24 OLG Hamburg NJW 1956, 1403; *E. Schneider*, Rpfleger 1976, 229, 230.

39   Anders verhält es sich, wenn die Prozessvollmacht von einem gesetzlichen Vertreter des angeblichen Beteiligten erteilt war, der für dieses Geschäft nicht vertretungsberechtigt ist, oder von einem Dritten, der als gesetzlicher Vertreter des Beteiligten auftrat, ohne es (noch) zu sein. Er tritt als gesetzlicher Vertreter im Prozess auf und ihm können Kosten auferlegt werden, wenn er die Prozessführung veranlasst hat, ohne dazu als gesetzlicher Vertreter befugt zu sein (OLG Hamburg NJW 1956, 1403).

40   Verfahrensrechtlich ist dem vollmachtlosen Vertreter Gelegenheit zur Äußerung zu geben, bevor ihm die Kosten auferlegt werden (rechtliches Gehör).

40a Weiterhin gibt es Fälle, in denen eine unrichtige Sachbehandlung des Gerichts zur Entstehung oder Erhöhung von Kosten führt oder zumindest beiträgt. Dies kann bspw. geschehen, wenn

   ■ trotz übereinstimmender Erledigungserklärungen (→ § 161 Rn. 23 ff.) eine Sachentscheidung ergeht und die Antragstellerin hiergegen Beschwerde erhebt (hierzu HmbOVG 18.3.2015 – 1 Bs 72/15),

   ■ trotz Antragsrücknahme eine Sachentscheidung ergeht und die Antragsgegnerin hiergegen Beschwerde erhebt (hierzu OVG Brem 25.3.2010 – 2 B 447/09),

   ■ das Gericht den Entwurf eines Antrags auf einstweiligen Rechtsschutz im PKH-Verfahren als Antrag ansieht und diesen ablehnt, woraufhin der vermeintliche Antragsteller Beschwerde erhebt (hierzu VGH Mannheim 2.10.2015 – 9 S 1048/15, Rn. 24 f., BeckRS 2015, 53375; OVG Bln-Bbg 27.2.2012 – OVG 2 S 78.11).

   Für die Gerichtskosten bietet § 21 Abs. 1 S. 1 GKG die Möglichkeit, diese der Staatskasse aufzuerlegen. Unmittelbar ist weder diese Vorschrift noch § 154 Abs. 4 noch § 155 Abs. 4 auf die außergerichtlichen Kosten anwendbar. Mangels ausdrücklicher gesetzlicher Grundlage geht die überwiegende Auffassung davon aus, dass die außergerichtlichen Kosten nicht der Staatskasse auferlegt werden können[25] (zum Sonderfall der außergerichtlichen Kosten des Beigeladenen → § 162 Rn. 139). Die außergerichtlichen Kosten müssen deshalb einem der Beteiligten auferlegt werden. Dies ist in den zuvor skizzierten Fällen nach überwiegender Ansicht derjenige, der die unnötige Beschwerde eingelegt hat, selbst dann, wenn er in der Sache obsiegt (→ § 155 Rn. 113).[26]

41   **d) Kostentragung der Erben.**   Ist ein Beteiligter verstorben, sind die Kosten seinen Erben aufzuerlegen (BVerwG DVBl 1963, 523). Sie sind an seiner Stelle durch den Erbfall Beteiligte des Verfahrens geworden. Das gilt auch dann, wenn sie im Zeitpunkt der Kostenentscheidung noch nicht namentlich bekannt sind. Sie werden in der Kostenentscheidung nur als Erben des verstorbenen Beteiligten bezeichnet (VGH Mannheim NJW 1984, 195).[27]

42   **e) Kostentragung bei subjektiver Klageänderung.**   Eine Kostenentscheidung zugunsten oder zulasten eines nicht mehr am Verfahren Beteiligten ergeht in den Fällen der subjektiven Klageänderung.

43   Richtet der Kläger die Klage gegen einen anderen Beklagten oder tritt an die Stelle des bisherigen Klägers ein anderer als Kläger in den Rechtsstreit ein, wird das Auswechseln des Beklagten oder des Klägers als (subjektive) Klageänderung behandelt (→ § 91 Rn. 19 ff.). Sie ist zwar keine Klagerücknahme, kommt ihr aber in der Wirkung gleich. Jedenfalls muss der ausscheidende Beklagte einen prozessualen Anspruch gegen den Kläger auf Erstattung seiner Kosten haben (BGH NJW-RR 2008, 582, 584). Ebenso haftet der ausscheidende Kläger den anderen Beteiligten unabhängig vom Ausgang des Verfahrens im Übrigen auf die Erstattung von deren Kosten, die bis zu seinem Ausscheiden angefallen sind.[28]

44   Dabei ist unerheblich, ob schon aus Anlass der Klageänderung der bisherige Beteiligte durch Beschluss mit Kostenentscheidung aus dem Prozess „entlassen" wird, oder ob erst in der Entscheidung über die

---

25   BVerwG NVwZ-RR 1999, 694, 695; 4.6.1991 – 4 B 189.90; VGH Mannheim 2.10.2015 – 9 S 1048/15, Rn. 24 f., BeckRS 2015, 53375; OVG Bln-Bbg 27.2.2012 – OVG 2 S 78.11, juris Rn. 7; OVG Brem 25.3.2010 – 2 B 447/09, juris Rn. 3; *W. Kunze*, in: Posser/Wolff § 162 Rn. 4. A.A. HmbOVG 18.3.2015 – 1 Bs 72/15, juris Rn. 18; offen lassend: BVerwG BayVBl 2002, 125. S.a. → § 155 Rn. 113.

26   *K. Rennert*, in: Eyermann § 154 Rn. 14. A.A. *W.-R. Schenke*, in: Kopp/Schenke § 155 Rn. 24–27.

27   Zur Zulässigkeit auch *W. Marotzke*, in: Staudinger (2008) BGB § 1922 Rn. 322.

28   A.A. OLG Celle MDR 2004, 410; ferner OLG Hamm MDR 2007, 1447 und OLG Zweibrücken NJW-RR 2001, 359, 360: Belastung des ausscheidenden Klägers nur mit den ausscheidbaren Mehrkosten; OLG Brandenburg MDR 2004, 842: Belastung des ausscheidenden Klägers mit einem Anteil an den bis zum Parteiwechsel entstandenen Kosten, der seinem Kopfteil entspricht, also mit der Hälfte dieser Kosten, wenn ein ursprünglicher Kläger durch einen neuen Kläger ersetzt wird.

geänderte Klage auch über den Kostenerstattungsanspruch oder die Kostenerstattungspflicht des ausgeschiedenen Beteiligten entschieden wird.[29]

IV. Kosten erfolgloser Rechtsmittel (Abs. 2)

1. Kostenpflichtiger. Die Kosten eines ohne Erfolg eingelegten Rechtsmittels fallen nach § 154 Abs. 2   45
stets ausschließlich demjenigen zur Last, der das Rechtsmittel eingelegt hat. Hat ein anderer Beteiligter
den erfolglosen Rechtsmittelführer mit einem gleichgerichteten Antrag unterstützt (ohne aber selbst
ein eigenes Rechtsmittel einzulegen), ist er nicht an den Kosten zu beteiligen. § 154 Abs. 2 knüpft die
Kostenfolge nicht an ein Unterliegen an, sondern allein an die erfolglose Einlegung eines Rechtsmittels
(→ Rn. 68; *K. Rennert*, in: Eyermann § 154 Rn. 6).

Hat nicht einer der Hauptbeteiligten, sondern ein sonstiger Beteiligter (Beigeladener, VöI) das erfolglo-   46
se Rechtsmittel eingelegt, hat er die außergerichtlichen Kosten der Hauptbeteiligten zu tragen, selbst
wenn sie materiell in seinem Lager stehen. Es gibt keine Vorschrift, die den Hauptbeteiligten in einem
solchen Falle mit Kosten, bspw. seinen eigenen außergerichtlichen Kosten, belastet (BVerwG
NJW 1994, 3024, 3027). Selbst wer materiell im Lager des Rechtsmittelführers steht, hat die Fortsetzung des Verfahrens und die dadurch verursachten Kosten nicht veranlasst, wenn er selbst kein
Rechtsmittel einlegt (zur Kostentragung des Beigeladenen → Rn. 60 ff.).

2. Zulassungsantrag und Nichtzulassungsbeschwerde. Rechtsmittel i.S.d. § 154 Abs. 2 sind Berufung,   47
Revision, Beschwerde und auch der Antrag auf Zulassung der Berufung sowie die Nichtzulassungsbe-
schwerde[30] (→ Rn. 22), unabhängig davon, ob der Antrag auf Zulassung der Berufung sowie die
Nichtzulassungsbeschwerde im Übrigen als Rechtsmittel oder Rechtsbehelf zu qualifizieren sind.

Wer ohne Erfolg die Zulassung der Berufung beantragt hat, trägt gem. § 154 Abs. 2 die Kosten des   48
Zulassungsverfahrens. Hat der Zulassungsantrag hingegen Erfolg, ergeht keine Kostenentscheidung.
Das Zulassungsverfahren wird als Berufungsverfahren fortgesetzt (§ 124 a Abs. 5 S. 5). Die Kosten des
Zulassungsverfahrens sind Teil der Kosten der Berufung. Wer sie zu tragen hat, hängt vom Ausgang
des Berufungsverfahrens ab. Der erfolgreiche Zulassungsantrag löst regelmäßig keine besonderen Kosten aus. Namentlich fallen für den erfolgreichen Zulassungsantrag weder gesonderte Gerichtsgebühren noch gesonderte Rechtsanwaltsgebühren an, sondern allenfalls Auslagen.[31]

Hat bei teilbarem Streitgegenstand der Zulassungsantrag nur zu einem Teil Erfolg, kann das Gericht   49
über die Kosten des erfolglos gebliebenen Teils des Zulassungsantrags im Zulassungsbeschluss abschließend entscheiden. Im Übrigen sind die Kosten des Zulassungsverfahrens wiederum Teil der Kosten in der Hauptsache.

Bei der Kostenentscheidung im Zulassungsbeschluss darf das Gericht die Kosten des Zulassungsver-   50
fahrens dem teilweise erfolglos gebliebenem Antragsteller nicht (nur) zur Hälfte oder nach einer anderen Quote auferlegen, die seinem Misserfolg, gemessen am gesamten Streitgegenstand, entspricht. Eine
solche Quotelung berücksichtigte nicht angemessen, dass im Zulassungsverfahren Kosten, insbes. (zusätzliche) Gebühren, regelmäßig nur für den erfolglosen Zulassungsantrag anfielen. Mit diesen Gebühren darf der Gegner nicht (teilweise) belastet werden. Das wäre aber die Folge, wenn die (nur einseitig angefallenen) Kosten verhältnismäßig geteilt würden. Wird der Zulassungsantrag teilweise abgelehnt, müssen die nur dadurch ausgelösten Gebühren vielmehr vollständig von dem insoweit erfolglos
gebliebenen Antragsteller getragen werden. Die Kostenentscheidung ergeht nach § 154 Abs. 2, nicht
nach § 155 Abs. 1 S. 1 (OVG Bautzen SächsVBl 2002, 249).

Das Gericht kann zum einen im Kostenausspruch die Kosten gegenständlich bezeichnen, die der z.T.   51
erfolglos gebliebene Antragsteller tragen soll. Es kann dem Antragsteller die Gerichtsgebühren und die
Rechtsanwaltsgebühren auferlegen, die durch die Ablehnung des Zulassungsantrags entstanden sind.
In diesem Fall muss ein gesonderter Streitwert nur für den erfolglosen Teil des Zulassungsantrags festgesetzt werden, damit die Kostenentscheidung umsetzbar ist. Das Gericht kann zum anderen die Kostenentscheidung insgesamt der Schlussentscheidung vorbehalten. In der abschließenden Kostenent-

---

29 Vgl. VGH München BayVBl 2000, 354; OLG Düsseldorf MDR 1957, 238; OLG Hamburg AnwBl 1978, 143;
     OLG München MDR 1971, 673.
30 *C. M. Jeromin/R. Praml*, in: Gärditz § 154 Rn. 7.
31 Für die Gerichtsgebühren ergibt sich dies aus der Nr. 5120 und Nr. 5121 des Kostenverzeichnisses der Anl. 1 zu § 3
     Abs. 2 GKG, für die Rechtsanwaltsgebühren aus § 15 Abs. 2 i.V.m. § 16 Nr. 11 Hs. 1 RVG.

scheidung kann eine Kostenquote für den Beteiligten ausgeworfen werden, der mit seinem Zulassungsantrag teilweise erfolglos war, wenn dieser nicht im Rechtsmittelverfahren ohnedies insgesamt unterliegt. Diese Quote hat sich daran zu orientieren, in welchem Verhältnis die Kosten des Rechtsmittelverfahrens insgesamt zu den Kosten stehen, die durch die Teilablehnung des Zulassungsantrags ausgelöst wurden.

52   Für die Nichtzulassungsbeschwerde gem. § 133 gilt ähnliches. Hat sie Erfolg, ergeht keine Kostenentscheidung. Das Beschwerdeverfahren wird nach § 139 Abs. 2 S. 1 als Revisionsverfahren fortgesetzt. Die Entscheidung über die Kosten des erfolgreichen Beschwerdeverfahrens bleibt der Entscheidung über die Revision vorbehalten. Anders als der erfolgreiche Zulassungsantrag löst die erfolgreiche Nichtzulassungsbeschwerde gesonderte (Anwalts-)Kosten aus.[32] Hat die Beschwerde bei teilbarem Streitgegenstand nur z.T. Erfolg, kann das Gericht über die Kosten des erfolglos gebliebenen Teils der Beschwerde im Zulassungsbeschluss entscheiden, während die Entscheidung über die restlichen Kosten des Beschwerdeverfahrens der Kostenentscheidung in der Hauptsache folgt.[33] Allerdings können in diesem Falle zwar die Gerichtsgebühren, die nur für den erfolglosen Teil der Beschwerde anfallen, als solche dem erfolglosen Beschwerdeführer auferlegt werden.[34] Die restlichen Kosten des Beschwerdeverfahrens müssen jedoch gequotelt werden, weil außergerichtliche Kosten (Anwaltsgebühren) auch für den erfolgreichen Teil der Beschwerde anfallen, ohne indes schon verteilt werden zu können.[35]

53   **3. Anschlussrechtsmittel.** Die Kosten der erfolgreichen Anschließung (§§ 127, 141)[36] trägt der Hauptrechtsmittelführer, und zwar gemäß § 154 Abs. 1. Hat die Anschließung keinen Erfolg, sei es, dass sie unzulässig ist (BGHZ 86, 51, 56), sei es, dass sie unbegründet ist (vgl. BGHZ 67, 305, 306), hat der Anschlussrechtsmittelführer in zumindest entsprechender Anwendung von § 154 Abs. 2 die Kosten der Anschließung zu tragen (BGH FamRZ 2005, 513; *K. Rennert*, in: Eyermann § 154 Rn. 7). Hat das Hauptrechtsmittel Erfolg, bleibt aber die Anschließung erfolglos, trägt danach der Rechtsmittelgegner und Anschlussrechtsmittelführer die Kosten des Rechtsmittelverfahrens insgesamt; hat hingegen das Hauptrechtsmittel keinen Erfolg, wohl aber das Anschlussrechtsmittel, trägt der Hauptrechtsmittelführer die Kosten des Rechtsmittelverfahrens insgesamt. Haben sowohl das Hauptrechtsmittel als auch die Anschließung Erfolg, sind die Kosten des Rechtsmittelverfahrens gem. § 155 Abs. 1 S. 1 verhältnismäßig zu teilen. Die Kostenquote richtet sich danach, in welchem Wertverhältnis der Gegenstand des Hauptrechtsmittels zu dem Gegenstand der Anschließung steht. Dasselbe gilt, wenn sowohl das Hauptrechtsmittel als auch die Anschließung erfolglos bleiben.

54   Wird das Hauptrechtsmittel zurückgenommen oder als unzulässig verworfen, wird die unselbständige Anschließung dadurch unwirksam (§ 127 Abs. 5, § 141 S. 1). Die Kosten der unwirksam gewordenen Anschließung hat grds. der Hauptrechtsmittelführer zu tragen (BGH FamRZ 2005, 513). Er hat erstens die unselbständige Anschließung durch die Einlegung seines Rechtsmittels herausgefordert. Und er hat zweitens durch sein prozessuales Verhalten das Unwirksamwerden der unselbständigen Anschließung veranlasst.

55   Hat hingegen der Rechtsmittelgegner die Unwirksamkeit seines Anschlussrechtsmittels selbst (mit-)veranlasst, hat er die Kosten des Anschlussrechtsmittels in entsprechender Anwendung des § 154 Abs. 2 zu tragen. Das ist insbes. der Fall, wenn das Hauptrechtsmittel, etwa nach § 126 Abs. 1 S. 2 oder § 140 Abs. 1 S. 2, nur mit seiner Einwilligung zurückgenommen werden konnte und er diese Einwilligung erteilt hat (BVerwGE 26, 297, 301; BGH FamRZ 2005, 513). In diesem Falle sind die Kosten des Rechtsmittelverfahrens verhältnismäßig zu teilen.

---

32   Für die Rechtsanwaltsgebühren ergibt sich dies aus § 16 Nr. 11 Hs. 2 RVG. Eine Gerichtsgebühr fällt für die erfolgreiche Nichtzulassungsbeschwerde nicht an, wie sich aus der Anmerkung nach Nr. 5501 des Kostenverzeichnisses der Anl. 1 zu § 3 Abs. 2 GKG ergibt.

33   BGH NJW 2004, 1048; BFHE 208, 404; BAGE 36, 66, 72; BAG NJW 2010, 1625, 1627. Ebenso für den Fall, dass die Nichtzulassungsbeschwerde eines Beteiligten Erfolg hat, die Beschwerde des anderen Beteiligten hingegen erfolglos bleibt: BVerwG 10.11.1980 Buchholz 310 § 155 VwGO Nr. 7; BFHE 150, 445, 447.

34   Nach dem Gegenstandswert des erfolglos gebliebenen Teils der Beschwerde: BGH NJW 2004, 1048.

35   BGH NJW 2004, 1048; BAG NJW 2010, 1625, 1627; zum Tenor der Kostenentscheidung vgl. BVerwG 10.11.1980 – 1 B 802.80, insoweit in Buchholz 310 § 155 VwGO Nr. 7 nicht abgedruckt: Die Klägerin trägt die Gerichtsgebühren für die Zurückweisung der Beschwerde; im Übrigen ist das Beschwerdeverfahren gerichtsgebührenfrei. Von den sonstigen Kosten des gesamten Beschwerdeverfahrens trägt die Klägerin zehn Elftel. Die Entscheidung über die restlichen Kosten des gesamten Beschwerdeverfahrens folgt der Kostenentscheidung in der Hauptsache.

36   *D. Kley*, DVBl 2017, 282.

Der Anschlussrechtsmittelführer hat die Kosten seiner unselbständigen Anschließung ferner dann zu 56
tragen, wenn die Anschließung unabhängig von der Rücknahme des Hauptrechtsmittels oder dessen
Verwerfung unwirksam war und nicht erst hierdurch unwirksam geworden ist. Das ist der Fall, wenn
der Anschlussrechtsmittelführer sich einem Rechtsmittel anschließt, das im Zeitpunkt der Anschließung bereits zurückgenommen war oder das von Anfang an, jedenfalls im Zeitpunkt der Anschließung unzulässig war.[37]

Der Anschlussrechtsmittelführer trägt die Kosten seines Anschlussrechtsmittels, wenn er es weiterver- 57
folgt, obwohl es, etwa als Folge einer Zurücknahme des Hauptrechtsmittels, unwirksam geworden ist
(BGHZ 100, 383, 390). Dasselbe gilt, wenn das Anschlussrechtsmittel von vornherein unzulässig war,
etwa weil die Frist für die Anschließung oder deren Begründung versäumt ist (§ 127 Abs. 2 S. 2,
Abs. 3).[38]

nicht besetzt 58

nicht besetzt 59

V. Kostentragung des Beigeladenen (Abs. 3)

Dem Beigeladenen können nach § 154 Abs. 3 Hs. 1 nur Kosten auferlegt werden, wenn er Anträge ge- 60
stellt oder Rechtsmittel eingelegt hat. Eine Ausnahme gilt nach Hs. 2 für Kosten, die durch sein Verschulden entstanden sind. Die Regelungen gelten für den einfach wie für den notwendig Beigeladenen.
Enthält die Kostenentscheidung keine Aussage zur Kostentragung des Beigeladenen, dann muss er
auch keine (fremden) Kosten tragen.[39]

1. Funktion des Abs. 3. Der Beigeladene wird in einen fremden Prozess hineingezogen. Er soll es 61
selbst in der Hand haben, ob er sich mit einem eigenen Kostenrisiko im Prozess engagieren will. Ihn
trifft eine Kostenlast nicht schon dann, wenn die Entscheidung in der Sache zu seinen Ungunsten ausgeht. Nach § 154 Abs. 3 ist ein Beigeladener nur dann als unterliegender Teil anzusehen, wenn er mit
einem eigenen Sachantrag unterliegt oder ein eigenes Rechtsmittel erfolglos bleibt. Ein Unterliegen ist
jedoch dann nicht gegeben, wenn das Verfahren unstreitig beendet wird.[40] § 154 Abs. 3 ist keine eigenständige Haftungsgrundlage, sondern eine Haftungsvoraussetzung. Haftungsgrundlage sind vielmehr auch für den Beigeladenen die Kostenvorschriften, die für die anderen Beteiligten gelten. Sie sind
unter den Voraussetzungen des § 154 Abs. 3 auf den Beigeladenen anwendbar. Eine Ausnahme gilt für
§ 155 Abs. 4; er ist auf den Beigeladenen auch dann anwendbar, wenn der keinen Antrag gestellt und
kein Rechtsmittel eingelegt hat (§ 154 Abs. 3 Hs. 2).

2. Antrag des Beigeladenen. Der Beigeladene muss ausdrücklich einen Sachantrag stellen (zur Rück- 62
nahme des Antrags → Rn. 69). Es reicht nicht aus, dass er sich mit Ausführungen zur Sach- und
Rechtslage am Verfahren beteiligt und dabei die Begründetheit oder Unbegründetheit der Klage geltend macht. Hierin kann kein konkludent gestellter Antrag gesehen werden, der die Kostenfolge des
§ 154 Abs. 3 auslöst.[41] Der Gesetzgeber knüpft die Kostenpflicht des Beigeladenen bewusst an ein bestimmtes prozessuales Verhalten, das sich eindeutig von einer sonstigen Beteiligung am Verfahren abgrenzen lässt.

Erforderlich ist ein Sachantrag. Verfahrensanträge oder das bloße Geltendmachen von Angriffs- und 63
Verteidigungsmitteln i.S.d. § 66 reichen nicht aus. Haben besondere Angriffs- und Verteidigungsmittel
des Beigeladenen ausscheidbare Mehrkosten verursacht, können ihm diese Kosten nicht gem. § 159
S. 1, § 100 Abs. 3 ZPO auferlegt werden, wenn er nicht zusätzlich einen Sachantrag gestellt hat.[42] Ohne einen erfolglosen Sachantrag gehört der Beigeladene nicht zum kostenpflichtigen Teil i.S.d. § 159
S. 1. Die Vorschrift begründet im Zusammenwirken mit § 100 Abs. 3 ZPO keine selbständige Kostenpflicht. Sie liefert nur einen Maßstab für die Verteilung der Kosten auf mehrere Kostenpflichtige, deren Kostenpflichtigkeit sich aus anderen Vorschriften ergibt.

---

37 BVerwGE 72, 165, 169; BGHZ 67, 305; 80, 146; *P. Finger*, MDR 1986, 881; *H.-U. Maurer*, NJW 1991, 72.
38 OLG Köln NJW 2003, 1879.
39 *M. Just*, NVwZ 2011, 202, 203.
40 *K. Rennert*, in: Eyermann § 154 Rn. 9; zur beidseitigen Erledigung: VGH Kassel NVwZ-RR 2016, 479, 480.
41 *W.-R. Schenke*, in: Kopp/Schenke § 154 Rn. 8.
42 A.A. *A. Hartung*, in: Posser/Wolff § 154 Rn. 10.

64 Auch in Abänderungsverfahren nach § 80 Abs. 7 (→ Rn. 22) können dem Beigeladenen, der im Ausgangsverfahren materiell obsiegt hat, nicht ohne eigenen Antrag Kosten auferlegt werden. Beantragt der Antragsteller des Ausgangsverfahrens die Änderung eines Beschlusses, der zu seinen Lasten, materiell zugunsten des Beigeladenen ergangen war, wird der Beigeladene nicht zum Antragsgegner des Abänderungsverfahrens. Er behält vielmehr die prozessuale Stellung eines Beigeladenen.[43] Er hat Kosten des Abänderungsverfahrens nur zu tragen, wenn er einen Abweisungsantrag stellt, mit dem er unterliegt.

65 Dies gilt auch in den Fällen, in denen der Begünstigte eines Verwaltungsaktes als Antragsteller vom Gericht gem. § 80 a Abs. 1 Nr. 1 i.V.m. Abs. 3 die Anordnung der sofortigen Vollziehung dieses Verwaltungsakts begehrt hat, gegen den der beigeladene Drittbetroffene Widerspruch eingelegt hat. Ist der Antrag ursprünglich erfolglos geblieben und beantragt der Antragsteller nunmehr wegen veränderter Umstände die Änderung dieses Beschlusses, ist Antragsgegner des Abänderungsverfahrens wie im Ausgangsverfahren die erlassende Behörde, welche die sofortige Vollziehung nicht von sich aus angeordnet hatte. Nicht aber ist Antragsgegner des Abänderungsverfahrens der Beigeladene des Ausgangsverfahrens, der die aufschiebende Wirkung seines Rechtsbehelfs verteidigt. Daran ändert sich nichts, wenn die Behörde nunmehr wegen der veränderten Umstände die begehrte Anordnung der sofortigen Vollziehung für begründet hält, sich aber (nur) wegen der Rechtskraft des ursprünglichen Beschlusses daran gehindert sieht, von sich aus die sofortige Vollziehung jetzt anzuordnen (vgl. VGH München DVBl 1982, 210, 212 [aufgehoben durch BVerwGE 64, 347 ff.]; a.A. OVG Koblenz AS 21, 246).

66 **3. Umfang der Kostenpflicht.** Ob und in welchem Umfang das Gericht dem Beigeladenen Kosten auferlegen will, steht trotz der Verwendung des Wortes „kann" nicht im gerichtlichen Ermessen.[44] Ob der Beigeladene Kosten zu tragen hat, wenn er einen Antrag stellt oder ein Rechtsmittel einlegt, richtet sich vielmehr nach § 154 Abs. 1 oder Abs. 2 oder nach den Vorschriften, die sonst für die Kostenverteilung in Betracht kommen. Stellt ein Beigeladener in einem Normenkontrollverfahren, in dem alle Eigentümer von Grundstücken im Plangebiet beigeladen sind, einen (erfolglosen) Abweisungsantrag, kann das OVG nicht aus Billigkeitsgründen davon absehen, dem Beigeladenen Kosten aufzuerlegen (a.A. VGH München NVwZ 2003, 236).

67 Nach § 154 Abs. 1 hat der Beigeladene als unterliegender Teil Kosten des Verfahrens zu tragen, wenn er in erster Instanz einen Antrag gestellt hat, mit diesem Antrag aber erfolglos bleibt.

68 Nach § 154 Abs. 2 hat der Beigeladene Kosten des Rechtsmittelverfahrens zu tragen, wenn er ein eigenes Rechtsmittel eingelegt hat, dieses Rechtsmittel aber erfolglos bleibt. Hingegen hat der Beigeladene keine Kosten zu tragen, wenn er, ohne selbst ein Rechtsmittel einzulegen, den Rechtsmittelführer mit einem eigenen gleichgerichteten Antrag unterstützt, das Rechtsmittel aber erfolglos bleibt. Die Kosten eines ohne Erfolg eingelegten Rechtsmittels fallen nach § 154 Abs. 2 stets allein demjenigen zur Last, der das Rechtsmittel eingelegt hat (OVG Saarlouis KostRspr VwGO § 154 Nr. 5 m. Anm. *H. Noll*; → Rn. 45 f.). Dass der Beigeladene den Rechtsmittelführer mit einem gleichgerichteten Antrag unterstützt, macht ihn nicht zum Rechtsmittelführer. Insbes. liegt in dem Antrag regelmäßig kein Anschlussrechtsmittel (BVerwG NVwZ-RR 1990, 379).

69 Nach § 155 Abs. 2 hat der Beigeladene Kosten zu tragen, wenn er einen der Hauptbeteiligten mit einem eigenen Antrag unterstützt hat, seinen Antrag aber zurücknimmt, bevor die Instanz durch eine Entscheidung des Gerichts abgeschlossen wird.[45] Die Rücknahme des Antrags ist ein Fall freiwilligen Unterliegens. Dem Beigeladenen sind anteilig neben dem Hauptbeteiligten die Kosten aufzuerlegen, die bis zu seiner Antragsrücknahme angefallen sind. Der Beigeladene trägt ferner die Kosten eines eigenen Rechtsmittels, das von ihm zurückgenommen wird.

70 Die Kostentragung des Beigeladenen kann für verschiedene Instanzen unterschiedlich ausfallen. Hat der Beigeladene sich in erster Instanz noch nicht mit einem eigenen Antrag am Verfahren beteiligt, wohl aber gegen die erstinstanzliche Entscheidung (erfolglos) ein Rechtsmittel eingelegt, können ihm nur Kosten des Rechtsmittelverfahrens auferlegt werden. Dasselbe gilt, wenn der Beigeladene in erster

---

43 A.A. BVerwG NVwZ-RR 2016, 357, 358 mit zahlreichen w. Nachw. auch zur Gegenposition.
44 OVG Bln NVwZ 1990, 681, 682; *K. Rennert*, in: Eyermann § 154 Rn. 8; *W.-R. Schenke*, in: Kopp/Schenke § 154 Rn. 8; *P. Wysk*, in: Wysk § 154 Rn. 12.
45 *K. Rennert*, in: Eyermann § 154 Rn. 9; a.A. VGH Kassel ESVGH 28, 32, 36; *A. Hartung*, in: Posser/Wolff § 154 Rn. 12; *C. M. Jeromin/R. Praml*, in: Gärditz § 154 Rn. 9.

Instanz keinen Antrag stellt hat, aber in zweiter Instanz ebenso wie der Rechtsmittelgegner die Zurückweisung des Rechtsmittels beantragt hat. Hat das Rechtsmittel Erfolg, wird neben der Sachentscheidung auch die Kostenentscheidung erster Instanz geändert. Die Kosten der ersten Instanz können nur dem (jetzt in beiden Instanzen unterliegenden) Rechtsmittelgegner auferlegt werden. Der Beigeladene ist lediglich an den Kosten der Rechtsmittelinstanz zu beteiligen, in der er mit seinem (Zurückweisungs-)Antrag unterlegen ist. Nichts anderes gilt, wenn das Rechtsmittel mit dem Ergebnis einer Zurückverweisung der Sache an die Vorinstanz Erfolg hatte (§ 130 Abs. 2, § 144 Abs. 3 S. 1 Nr. 2). Stellt der Beigeladene nach Zurückverweisung der Sache keinen Sachantrag, kann er nur an den Kosten des Rechtsmittelverfahrens beteiligt werden, wenn sein dort gestellter Antrag aus der maßgeblichen Sicht der Schlussentscheidung erfolglos geblieben ist.

Hat der Beigeladene im Verfahren der Zulassung der Berufung die Zurückweisung des Zulassungsantrags (§ 124a Abs. 4) beantragt, hat der Zulassungsantrag aber Erfolg, kann der Beigeladene an den Kosten des Berufungsverfahrens nur beteiligt werden, wenn er nach Zulassung der Berufung einen Sachantrag stellt. Auch wenn das Antragsverfahren als Berufungsverfahren fortgesetzt wird (§ 124a Abs. 5 S. 5), kann der Antrag auf Zurückweisung des Zulassungsantrags nicht als Sachantrag für das Berufungsverfahren weiterwirken und an ihn eine Kostenpflicht auch für das Berufungsverfahren geknüpft werden. Auch der Antrag des Berufungsklägers wirkt nicht weiter, sondern muss für das Berufungsverfahren nach Zulassung der Berufung gestellt werden (§ 124a Abs. 6 S. 3 i.V.m. Abs. 3 S. 4). Der Antrag des Beigeladenen im Zulassungsverfahren war auf die Zurückweisung des Zulassungsantrags gerichtet, enthielt also nur die Behauptung, dass der Zulassungsantrag unbegründet ist, etwa weil keine Zulassungsgründe gegeben sind; er enthielt hingegen nicht die Behauptung, dass das angestrebte Rechtsmittel im Falle seiner Zulassung unbegründet ist. Schon deshalb muss der Beigeladene die Möglichkeit haben, nach Zulassung der Berufung erneut zu entscheiden, ob er der Berufung mit einen Antrag entgegentreten und dadurch ein Kostenrisiko für das Berufungsverfahren eingehen will. Der Beigeladene könnte nur an den Kosten des Antragsverfahrens beteiligt werden, über die in der Schlussentscheidung mitentschieden wird. Für den erfolgreichen Zulassungsantrag sind jedoch keine besonderen Kosten angefallen, an denen der Beigeladene beteiligt werden könnte (→ Rn. 48). Dasselbe gilt, wenn der Beigeladene erfolglos beantragt hat, eine Nichtzulassungsbeschwerde zurückzuweisen, im Revisionsverfahren aber keinen Sachantrag mehr stellt.

Der Beigeladene kann nicht mit den nach § 162 Abs. 1 erstattungsfähigen Kosten eines Vorverfahrens belastet werden, zu dem er nicht zugezogen war (BVerwG NVwZ 1988, 53).[46]

Der Beigeladene haftet nicht nur auf etwaige Mehrkosten, die durch seinen Antrag verursacht werden. Er hat vielmehr die Kosten des Verfahrens anteilig mit einem der Hauptbeteiligten zu tragen, wenn er einen der beiden Hauptbeteiligten (Kläger oder Beklagten) mit einem gleichgerichteten Antrag unterstützt, aber mit diesem Antrag unterliegt. Der Beigeladene ist dann mit diesem Hauptbeteiligten unterliegender Teil. Der kostenpflichtige Teil besteht i.S.d. § 159 S. 1 aus mehreren Personen (→ § 159 Rn. 7). Dasselbe gilt, wenn er neben einem anderen Beteiligten ein eigenes Rechtsmittel eingelegt hat (vgl. *K. Rennert*, in: Eyermann § 154 Rn. 6).

4. Vertreter des öffentlichen Interesses. Dem VöI können Kosten auferlegt werden, wenn er sich mit einem Sachantrag am Verfahren beteiligt hat und mit diesem Sachantrag unterliegt.[47] Unterliegender Teil i.S.d. § 154 Abs. 1 kann neben einem der Hauptbeteiligten (Kläger oder Beklagter) ein anderer Beteiligter sein, der sich mit einem eigenen Sachantrag auf der Seite eines Hauptbeteiligten am Verfahren beteiligt hat.

Notwendig für eine eigene Kostenpflicht des VöI ist ein eigener Sachantrag. Der VöI bringt das öffentliche Interesse im Zusammenhang mit dem konkreten Verfahren zur Geltung. Dieses öffentliche Interesse lässt sich nicht (notwendig) mit dem Prozesserfolg des einen oder des anderen Hauptbeteiligten identifizieren. Der VöI kann aber gleichsam „Partei ergreifen" und sich die Sache eines der Hauptbeteiligten zu eigen machen, indem er ihn mit einem eigenen Antrag unterstützt.

---

46 *K. Rennert*, in: Eyermann § 154 Rn. 9; *W.-R. Schenke*, in: Kopp/Schenke § 154 Rn. 8.
47 A.A. VG Sigmaringen NVwZ-RR 1998, 696; *H. Geiger*, JuS 1998, 343, 347; *W.-R. Schenke*, in: Kopp/Schenke § 154 Rn 10; *S. Olbertz*, in: Schoch/Schneider/Bier § 154 Rn 18; *K. Rennert*, in: Eyermann § 154 Rn 8; wie hier: *P. Kothe*, in: Redeker/von Oertzen § 154 Rn 7. Vgl. auch BVerwG NJW 1994, 3024, 3027 insoweit nicht abgedruckt in BVerwGE 94, 269.

76   Hat der VÖI erfolglos ein eigenes Rechtsmittel eingelegt, ergibt sich unmittelbar aus § 154 Abs. 2, dass er die Kosten dieses Rechtsmittels zu tragen hat (BVerwG NJW 1994, 3024, 3027).[48]

77   Ist der VÖI gem. § 36 Abs. 1 S. 2 Vertreter des Landes oder einer Landesbehörde, ist das Land oder die Landesbehörde selbst als Beteiligter kostenpflichtig.

78   Legt der VBI ein eigenes Anschlussrechtsmittel ein oder beteiligt er sich als Streithelfer eines der Beteiligten mit eigenen Anträgen am Verfahren,[49] hat er die Kosten im Falle der Erfolglosigkeit zu tragen.

79   nicht besetzt

VI. Kosten des Wiederaufnahmeverfahrens (Abs. 4)

80   § 154 Abs. 4 trifft eine besondere Regelung für die Kosten des erfolgreichen Wiederaufnahmeverfahrens. Die Kosten des erfolglosen Wiederaufnahmeverfahrens trägt gem. § 154 Abs. 1 der unterliegende Wiederaufnahmekläger.

81   Auch für die Kosten des erfolgreichen Wiederaufnahmeverfahrens gilt grds. § 154 Abs. 1. Die Kosten trägt der unterliegende Wiederaufnahmebeklagte. Das Gericht kann hiervon jedoch nach seinem Ermessen[50] abweichen. Es kann die Kosten der Staatskasse oder stattdessen einem Beteiligten auferlegen, sofern sie durch dessen Verschulden entstanden sind. Damit können Kosten des Wiederaufnahmeverfahrens dem erfolgreichen Wiederaufnahmekläger auferlegt werden.

82   Nach dem Sinn der Vorschrift sollen die Kosten des Wiederaufnahmeverfahrens auf denjenigen abgewälzt werden können, in dessen Verantwortungsbereich der Wiederaufnahmegrund gesetzt worden ist und der dadurch die Kosten der Wiederaufnahme veranlasst hat.

83   Die Wiederaufnahmegründe fallen z.T. in den Verantwortungsbereich des Gerichts, insbes. die Wiederaufnahmegründe nach § 153 i.V.m. §§ 579 Abs. 1 Nr. 1–3, 580 Nr. 5 ZPO. In diesen Fällen können der Staatskasse Kosten des erfolgreichen Wiederaufnahmeverfahrens auferlegt werden.

84   Dem obsiegenden Wiederaufnahmekläger können insbes. dann Kosten auferlegt werden, wenn der Wiederaufnahmegrund des § 153, § 580 Nr. 7 b ZPO vorliegt (nachträgliches Auffinden einer Urkunde). Er liegt in seinem Verantwortungsbereich.

85   Vor diesem Hintergrund ist ein Wiederaufnahmeverfahren i.S.d. § 154 Abs. 4 (schon dann) erfolgreich, wenn der Wiederaufnahmeantrag zulässig ist und ein Wiederaufnahmegrund vorliegt. In diesem Fall kommt es gem. § 153, § 590 ZPO im Wiederaufnahmeverfahren zu einer neuen Verhandlung und Entscheidung über die ursprünglich erhobene Klage. Dabei kann die mit der Wiederaufnahmeklage angegriffene Entscheidung in der Sache bestätigt werden. Die Kostenentscheidung im Wiederaufnahmeverfahren verhält sich in diesem Fall nur zu den Kosten des Wiederaufnahmeverfahrens. Für die Kosten des Vorprozesses bleibt es bei der dort ergangenen Kostenentscheidung. Ergeht aufgrund der neuen Verhandlung eine vom Vorprozess abweichende Entscheidung, ist eine einheitliche Kostenentscheidung zu treffen, welche die Kosten des Vorprozesses umfasst (OLG Hamburg FamRZ 1981, 961, 963).

86   Sind unter einem erfolgreichen Wiederaufnahmeverfahren nur die Abschnitte bis zum Wiedereintritt in eine erneute Verhandlung gem. § 153, § 590 ZPO zu verstehen, hat dies Folgerungen in zwei Richtungen: Der Staatskasse können Kosten auferlegt werden, wenn der Wiederaufnahmeantrag zwar zulässig ist und ein Wiederaufnahmegrund vorliegt, der Wiederaufnahmekläger aber im Endergebnis mit seinem Begehren nicht durchdringt, weil die Entscheidung des Vorprozesses in der Sache bestätigt wird. Auf die Staatskasse oder einen anderen Beteiligten können aber nur die ausscheidbaren Mehrkosten abgewälzt werden, die durch das eigentliche Wiederaufnahmeverfahren bis zum Eintritt in die erneute Verhandlung entstanden sind. Die von da an entstehenden Kosten sind dem Beteiligten aufzuerlegen, der bei der erneuten Entscheidung in der Sache unterliegt.

---

48   W.-R. *Schenke*, in: Kopp/Schenke § 154 Rn. 10.
49   Zur Unzulässigkeit solcher Anträge, insbes. von Anschlussrechtsmitteln BVerwGE 96, 258, 261 f.
50   W.-R. *Schenke*, in: Kopp/Schenke § 154 Rn. 11.

§155 [Kostenverteilung]

(1) ¹Wenn ein Beteiligter teils obsiegt, teils unterliegt, so sind die Kosten gegeneinander aufzuheben oder verhältnismäßig zu teilen. ²Sind die Kosten gegeneinander aufgehoben, so fallen die Gerichtskosten jedem Teil zur Hälfte zur Last. ³Einem Beteiligten können die Kosten ganz auferlegt werden, wenn der andere nur zu einem geringen Teil unterlegen ist.

(2) Wer einen Antrag, eine Klage, ein Rechtsmittel oder einen anderen Rechtsbehelf zurücknimmt, hat die Kosten zu tragen.

(3) Kosten, die durch einen Antrag auf Wiedereinsetzung in den vorigen Stand entstehen, fallen dem Antragsteller zur Last.

(4) Kosten, die durch Verschulden eines Beteiligten entstanden sind, können diesem auferlegt werden.

Schrifttum

T. Barczak, Klageänderung, Klagerücknahme und Erledigung des Rechtsstreits im verwaltungsgerichtlichen Verfahren, JA 2014, 778; *J. Berkemann*, Verwaltungsprozeßrecht auf „neuen Wegen"?, DVBl 1998, 446; *J. M. Bühs*, Der Fortsetzungsstreit, NVwZ 2017, 1736; *H. Dahmen*, Zur Anwendung der „Baumbachschen Kostenformel", DRiZ 1979, 343; *R. Emde*, Folgen der Novellierung des §19 GKG: Kostenentscheidungen bei Haupt- und Hilfsantrag, MDR 1995, 990; *C. Fahl*, Die Beteiligung des Beigeladenen an den Kosten des Verfahrens bei teilweisem Unterliegen und teilweisem Obsiegen, NVwZ 1996, 1189; *G. Held*, Tabelle zur Ermittlung der Kostenverteilung bei teilweisem Obsiegen im Zivilprozeß, DRiZ 1984, 317; *K. Herget*, Kostenentscheidung bei teilweise gesamtschuldnerisch unterliegenden Beklagten, DRiZ 1981, 144; *F. Lappe*, Die Bemessung eines Kostenbeitrags, Rpfleger 1963, 74; *M. Pöcker/R. Barthelmann*, Der missglückte §114 Satz 2 VwGO – Ein Beitrag zu den verwaltungsprozessualen, kostenrechtlichen und rechtstheoretischen Problemen der Nachlieferung von Ermessenserwägungen, DVBl 2002, 668; *E. Schneider*, Kostenentscheidung bei teilweiser Klagerücknahme?, NJW 1964, 1055; *ders.*, Streitwertänderungen mit Einfluß auf die Kostenentscheidung des Urteils, NJW 1969, 1237; *ders.*, Kostenfolgen bei vollmachtloser Vertretung, Rpfleger 1976, 229; *W. Speckmann*, Streitwertänderung und Kostenentscheidung, NJW 1972, 232; *V. Voormann*, Die Kostenverteilung bei teilweisem Obsiegen im Zivilprozeß, DRiZ 1985, 57; *A. Zschockelt/E. Schneider*, Kostenverteilung in unterschiedlichen Quoten nach Zeitabschnitten, MDR 1981, 536.

I. Entwicklung des Normbestands

§155 regelte ursprünglich in einem Abs. 4 die Kosten des Verfahrens in den Fällen der Rechtswegverweisung und der Verweisung wegen örtlicher Unzuständigkeit. Das 4. VwGOÄndG (v. 17.12.1990, BGBl I 2809) hob §155 Abs. 4 auf und fügte gleichzeitig in das GVG die Vorschrift des §17b GVG ein, dessen Abs. 2 S. 1 dem früheren §155 Abs. 4 entspricht (s. die Komm. zu §17b GVG nach §40). §17b GVG gilt unmittelbar für die Rechtswegverweisung und über §83 S. 1 entsprechend für die Verweisung bei örtlicher oder sachlicher Unzuständigkeit. [1]

Durch das RmBereinVpG (v. 20.12.2001, BGBl I 3987) wurde der bisherige Abs. 5 zu Abs. 4. Im Gesetzgebungsverfahren konnte sich der Bundesrat nicht mit seinem Vorschlag durchsetzen, die Vorschrift dahin zu erweitern, dass einem Beteiligten auch solche Kosten auferlegt werden können, die [2] durch Prozessverzögerungen oder Mutwillen entstanden sind (BT-Drs. 14/6854, 6 f.). Die Bundesregierung sah darin nur Unterfälle der schuldhaften Verursachung von Kosten (BT-Drs. 14/6854, 10). Durch eine gleichzeitige Ergänzung des § 154 Abs. 3 ermöglichte der Gesetzgeber, auch dem Beigeladenen von ihm schuldhaft verursachte Kosten aufzuerlegen, selbst wenn er keinen Antrag stellt (→ § 154 Rn. 3). Dadurch sollte klargestellt werden, dass § 155 Abs. 4 als lex specialis den übrigen Kostenbestimmungen vorgeht (BT-Drs. 14/6854, 6 f.).

II. Bedeutung der Norm

3 § 155 behandelt zum einen Fälle, in denen die insgesamt angefallenen Kosten auf die Beteiligten unterschiedlich verteilt werden (können). Nach § 155 Abs. 1 werden die gesamten Kosten des Verfahrens auf die Beteiligten aufgeteilt. Nach § 155 Abs. 3 und 4 können einzelne Kostenmassen abgetrennt von den Kosten des Verfahrens im Übrigen einem Beteiligten auferlegt werden; systematisch gehören hierher ferner § 154 Abs. 4 (Kosten der Wiederaufnahme) und § 17b Abs. 2 GVG (Kosten im Falle der Verweisung). Ohne systematischen Zusammenhang mit den übrigen Regelungen behandelt § 155 zum anderen die Kostenfolge, welche die Rücknahme eines Rechtsbehelfs nach sich zieht (Abs. 2).

4 Für die Verteilung der Kosten auf die Beteiligten gilt der Grundsatz der Kosteneinheit (→ Rn. 6). Er steht in engem sachlichen Zusammenhang mit dem Grundsatz der Einheitlichkeit der Kostenentscheidung (→ Rn. 5).

5 Über die Kosten der Instanz ist grds. einheitlich in der Entscheidung zu befinden, welche die Instanz abschließt (Grundsatz der Einheitlichkeit der Kostenentscheidung). Für jeden Rechtszug ergeht nur eine Entscheidung über die gesamten Kosten.

6 Die gesamten in der Instanz angefallenen Kosten sind als eine einheitliche Kostenmasse zu behandeln. Über die insgesamt angefallenen Kosten kann grds. nicht isoliert unterteilt nach Zeitabschnitten, Prozesshandlungen oder Streitgegenständen entschieden werden (Grundsatz der Kosteneinheit). In Ausnahmefällen gestattet das Gesetz über bestimmte Kosten getrennt von der Kostenverteilung im Übrigen zu entscheiden, wenn diese Kosten vom Ausgang des Verfahrens unabhängig sind und sich eindeutig ermitteln lassen (Kostentrennung), so z.B. in §§ 154 Abs. 4, 155 Abs. 3 und 4. Eine weitere – aber nicht gesetzlich geregelte – Ausnahme stellt die sog. Baumbach'sche Formel dar, nach der bei unterschiedlichem Obsiegen bzw. Unterliegen mehrerer Streitgenossen eine Unterscheidung nach den gerichtlichen und außergerichtlichen Kosten erfolgt (→ Rn. 43 ff.).

7 Das Gebührenrecht sowohl des RVG als auch des GKG sind aufgrund der Degression auf den Grundsatz der Kosteneinheit abgestellt und nicht auf eine Kostentrennung angelegt. Wird ein Gebührentatbestand wiederholt verwirklicht, fällt die Gebühr dennoch nur einmal für das gesamte Verfahren an (vgl. § 15 Abs. 2 RVG und das Kostenverzeichnis der Anl. 1 zu § 3 Abs. 2 GKG).

III. Kostenverteilung bei Teilobsiegen (Abs. 1)

8 § 155 Abs. 1 ergänzt § 154 Abs. 1 und § 154 Abs. 2. Auch wenn ein Beteiligter teils obsiegt, teils unterliegt, gilt der Grundsatz, dass der unterliegende Teil die Kosten des Verfahrens trägt. Sie sind grds. auf die Beteiligten im Maß ihres beiderseitigen Unterliegens zu verteilen.

9 **1. Anwendungsbereich.** § 155 Abs. 1 gilt sowohl für erstinstanzliche Verfahren als auch für Rechtsmittelverfahren. Hat ein Rechtsmittel z.T. Erfolg, sind die Kosten des Rechtsmittelverfahrens nach § 155 Abs. 1 zu verteilen. Zugleich ist die Kostenentscheidung erster Instanz zu ändern. Die dort angefallenen Kosten sind ebenfalls nach § 155 Abs. 1 (neu) zu verteilen. Die Kostenquote für die erste Instanz folgt dabei der Kostenquote für die zweite Instanz, es sei denn, der Streitgegenstand ist nicht in vollem Umfang in die höhere Instanz gelangt, weil die Entscheidung der Vorinstanz z.T. rechtskräftig geworden ist. Die Kostenquote für die Rechtsmittelinstanz schlägt auch dann auf die Kostenquote für die erste Instanz durch, wenn der Teilerfolg in höherer Instanz erst auf einer Klageänderung oder auf einer nachträglichen Klagehäufung, etwa auf einem nachträglich gestellten Hilfsantrag beruht (BGH NJW 1957, 543).

10 **2. Teilunterliegen. a) Grundsatz.** Ob ein Beteiligter vollständig obsiegt oder teilweise unterliegt, hängt regelmäßig davon ab, ob das Gericht mit seinem Entscheidungsausspruch hinter dem gestellten Antrag zurückbleibt oder dem Antrag voll entspricht. Teilweise unterliegt ein Beteiligter insbes., wenn

er bei teilbarem Streitgegenstand mit einem Teil des geltend gemachten Anspruchs oder bei einer Klagehäufung mit einem der geltend gemachten Ansprüche abgewiesen wird.

b) Geringfügiges Unterliegen. Nach Abs. 1 S. 3 können einem Beteiligten die Kosten ganz auferlegt 11
werden, wenn der andere nur zu einem geringen Teil unterlegen ist.[1] Die Vorschrift geht über § 92
Abs. 2 ZPO hinaus, nach dem das Gericht einer Partei die gesamten Prozesskosten (nur) auferlegen
kann, wenn die Zuvielforderung der anderen Partei verhältnismäßig geringfügig war und keine besonderen Kosten veranlasst hat. Nach § 155 Abs. 1 S. 3 können hingegen dem anderen Beteiligten die gesamten Kosten des Verfahrens auch dann auferlegt werden, wenn die „Zuvielforderung" besondere
Kosten veranlasst hat, wie der systematische Vergleich mit § 92 Abs. 2 ZPO zeigt.

§ 155 Abs. 1 S. 3 kann auch angewandt werden, wenn der Kläger die Klage wegen eines geringfügigen 12
Teils zurücknimmt, im Übrigen aber obsiegt. Der Beklagte trägt in diesem Fall die gesamten Kosten.
Die Klagerücknahme ist ein Fall freiwilligen Unterliegens.

c) Einzelfälle. aa) Haupt- und Hilfsantrag. § 155 Abs. 1 ist anzuwenden, wenn ein Kläger mit sei- 13
nem Hauptantrag unterliegt, mit einem Hilfsantrag hingegen Erfolg hat.

Für die Festsetzung des Streitwerts sind Hauptantrag und Hilfsantrag grds. zusammenzurechnen, 14
wenn über den Hilfsantrag entschieden wird (§ 45 Abs. 1 S. 2 GKG). Betreffen Haupt- und Hilfsantrag denselben Gegenstand, ist für den Streitwert der Wert des höheren Anspruchs maßgebend (§ 45
Abs. 1 S. 3 GKG); sie betreffen denselben Gegenstand, wenn die Ansprüche einander ausschließen und
damit notwendig die Zuerkennung des einen Anspruchs mit der Aberkennung des anderen verbunden
ist (BGH MDR 2003, 716; OLG Rostock 23.10.2007 – 7 W 75/07, juris Rn. 13).

Betreffen Haupt- und Hilfsantrag nicht denselben Gegenstand, kommt es für die Kostenquote auf das 15
Verhältnis an, in dem der Hauptantrag nach seinem Wert zu dem Wert des gesamten Streitgegenstandes (Haupt- und Hilfsantrag zusammengerechnet) steht.[2]

Betreffen Haupt- und Hilfsantrag denselben Gegenstand, ist danach zu unterscheiden, ob der Hilfsan- 16
trag nach seinem Wert den Hauptantrag oder ob der Hauptantrag nach seinem Wert den Hilfsantrag
übertrifft.[3] Kommt der Hilfsantrag nach seinem Wert dem Hauptantrag gleich oder übertrifft er dessen Wert, trägt der Beklagte die gesamten Kosten des Verfahrens. Geht es bei Haupt- und Hilfsantrag
um denselben Gegenstand und steht der Wert des Hilfsantrags nicht hinter dem Wert des Hauptantrags zurück, erreicht der Kläger mit der Verurteilung des Beklagten nach dem Hilfsantrag vom wirtschaftlichen Interesse her dasselbe, wie er es bei einer Verurteilung nach dem Hauptantrag erreicht
hätte. Der Sache nach steht der Kläger nicht anders da als in den Fällen, in denen er mit einer anderen
Begründung als der geltend gemachten zum selben Erfolg kommt. Bleibt der erfolgreiche Hilfsantrag
nach seinem Wert dagegen hinter dem erfolglosen Hauptantrag zurück, unterliegt der Kläger z.T. Die
Kostenquote richtet sich nach dem Wertverhältnis des Hilfsantrags zum Hauptantrag.

bb) Bescheidungsurteil. Ein Kläger unterliegt teilweise, wenn er die Verpflichtung des Beklagten zum 17
Erlass eines Verwaltungsakts begehrt, das Gericht den Beklagten jedoch nur dazu verpflichtet, über
den Erlass des Verwaltungsakts unter Beachtung der Rechtsauffassung des Gerichts erneut zu entscheiden (§ 113 Abs. 5 S. 2).[4] Bestehen keine Anhaltspunkte für eine abweichende Verteilung, wird es
regelmäßig angemessen sein, die Kosten den Beteiligten zu gleichen Teilen aufzuerlegen (OVG Münster OVGE 22, 183). Eine abweichende Verteilung kann gerechtfertigt sein, wenn die Rechtsauffassung
des Gerichts, unter deren Beachtung der Beklagte den Kläger zu bescheiden hat, dem Beklagten nur
noch einen geringen Spielraum für eine Entscheidung zulasten des Klägers lässt.

Ein Kläger unterliegt teilweise, wenn er zwar von vornherein nur einen Bescheidungsantrag gestellt 18
hat, das Gericht jedoch in seinem Bescheidungsurteil mit seiner Rechtsauffassung eine geringere Bindung des Beklagten für dessen erneute Entscheidung bewirkt, als der Kläger sie mit seiner Klage ange-

---

1 BVerwG NVwZ 1989, 765 (Abschiebungsandrohung); VGH Kassel KostRsp VwGO § 155 Nr. 12 (Zwangsgeld);
  VGH Kassel DVBl 1987, 956 (numerus clausus).
2 Vgl. *R. Emde*, MDR 1995, 990.
3 Vgl. *R. Emde*, MDR 1995, 990.
4 BVerwGE 37, 57, 61; *K. Rennert*, in: Eyermann § 155 Rn. 2; *W.-R. Schenke*, in: Kopp/Schenke § 155 Rn. 2; a.A. VGH
  München BayVBl 1966, 210.

strebt hat (BVerwG 17.9.2015 – 2 C 27/14, juris Rn. 42 – insofern nicht abgedruckt unter BVerwGE 153, 48, 63; BVerwGE 135, 34 Rn. 67).[5]

19　**cc) Normenkontrollverfahren.**　Im Normenkontrollverfahren nach § 47 kann ein Antragsteller vollständig obsiegt haben, auch wenn das Gericht den angegriffenen Bebauungsplan nur für teilweise unwirksam erklärt. Entscheidend ist allein, ob die Festsetzungen des Bebauungsplans für unwirksam erklärt werden, die der Antragsteller abwehren wollte, weil sie ihn in seinen Rechten verletzen. Schon mit einem solchen Teilerfolg ist die subjektive Beschwer des Antragstellers vollständig beseitigt (BVerwGE 88, 268).[6]

20　Der Antragsteller unterliegt hingegen teilweise, wenn er die Feststellung begehrt, den Bebauungsplan insgesamt für unwirksam zu erklären, das OVG aber nur eine teilweise Unwirksamkeit des Bebauungsplans feststellt und dies dem Antragsteller nicht oder nicht in dem angestrebten Maße nützt (BVerwGE 131, 86, 99; BVerwG NuR 1997, 545).

21　nicht besetzt

22　nicht besetzt

23　**dd) Aussetzungsverfahren.**　Der Antragsteller unterliegt z.T., wenn das VG auf seinen Antrag zwar gem. § 80 Abs. 5 die aufschiebende Wirkung seines Rechtsbehelfs wiederherstellt, die Wiederherstellung der aufschiebenden Wirkung aber von der Leistung einer Sicherheit oder von anderen Auflagen abhängig macht oder sie befristet (§ 80 Abs. 5 S. 4 und 5).

24　**3. Verhältnismäßige Teilung. a) Grundsatz.**　Nach § 155 Abs. 1 S. 1 sind die Kosten verhältnismäßig zu teilen. Die Vorschrift erlaubt nur eine Verteilung der Kosten nach Verhältniszahlen. Das sind Brüche oder Prozentsätze. Zulässig ist es auch, einem Beteiligten einen festen Betrag und dem anderen Beteiligten die Kosten im Übrigen aufzuerlegen. Auch dahinter steht eine Verhältniszahl, die nur im Tenor aus Gründen der Vereinfachung nicht ausdrücklich ausgeworfen ist (→ Rn. 34).

25　Bezugspunkte der Quote sind die gesamten, undifferenzierten Kosten des Verfahrens. § 155 Abs. 1 S. 1 ist Ausdruck des Grundsatzes der Kosteneinheit.

26　Eine Verteilung nach anderen Maßstäben ist ausgeschlossen. Unzulässig ist es grds., die Kosten nach Zeitabschnitten, Prozesshandlungen, Angriffs- und Verteidigungsmitteln oder Streitgegenständen zu verteilen (OLG Naumburg NJW-RR 2000, 1740).[7] Waren in einer Klage mehrere Streitgegenstände zusammengefasst und wird der Rechtsstreit für die einzelnen Streitgegenstände nicht einheitlich entschieden, darf die Kostenentscheidung in ihrem Ausspruch nicht auf die einzelnen Streitgegenstände abstellen und die Kosten nach ihnen verteilen.[8] Das schließt nicht aus, bei der Ermittlung der Quote etwa zu berücksichtigen, wie sich bestimmte Prozesshandlungen eines Beteiligten oder besondere Angriffs- und Verteidigungsmittel auf die Gesamtkosten ausgewirkt haben. Für eine sachgerechte Kostenverteilung kann es sogar geboten sein, bspw. zu berücksichtigen, dass nur für einen Teil des Rechtsstreits eine ergebnislose Beweisaufnahme erforderlich war. Das kann dazu führen, die Kostenquote des Beteiligten zu erhöhen, der mit diesem Angriffs- und Verteidigungsmittel unterliegt.

27　**b) Formen verhältnismäßiger Teilung.**　Die verhältnismäßige Teilung der Kosten kann in Brüchen, in Prozentsätzen oder in einem Festbetrag (Kostenbeitrag) eines Beteiligten ausgedrückt werden (→ Rn. 34).

28　Das Verhältnis der Kostenteile hat dem Verhältnis der Prozesserfolge umgekehrt zu entsprechen. Maßstab für die Bewertung ist der Streitwert, der für das Verfahren insgesamt festzusetzen ist. Festzustellen ist, welchen Anteil wertmäßig der Prozesserfolg an dem Verfahren insgesamt hat. Dieser Wert ist ins Verhältnis zum Gesamtstreitwert zu setzen.[9]

5　*W.-R. Schenke*, in: Kopp/Schenke § 155 Rn. 2.
6　*W.-R. Schenke*, in: Kopp/Schenke § 155 Rn. 2.
7　*K. Rennert*, in: Eyermann § 155 Rn. 6.
8　Hat der Kläger sich gegen zwei Bescheide des Beklagten gewandt, ist die Tenorierung unzulässig: Der Kläger trägt die Kosten des Verfahrens, soweit Gegenstand des Verfahrens der Bescheid des Beklagten vom … war; im Übrigen trägt der Beklagte die Kosten.
9　Zur Berechnung der Brüche etwa *G. Held*, DRiZ 1984, 317; zur Ermittlung von Prozentsätzen *V. Voormann*, DRiZ 1985, 57.

Die ausgeurteilte Kostenverteilung ist damit in ihrer Richtigkeit von dem anderweitig festzusetzenden 29
Streitwert abhängig. Der Streitwert kann aber noch geändert werden, wenn die Sachentscheidung einschließlich des Kostenausspruchs bereits rechtskräftig ist (§ 63 Abs. 3 GKG). Wird der Streitwert nachträglich geändert, kann der Kostenentscheidung die Berechnungsgrundlage entzogen werden. Sie kann verfälscht werden. Wird nur der Teilstreitwert für einen Antrag nachträglich deutlich verändert, verschiebt sich das Wertverhältnis.

Daher soll der Streitwert nicht mehr geändert werden dürfen, wenn dadurch eine selbst nicht mehr 30
anfechtbare und deshalb unveränderbare Kostenentscheidung verfälscht würde.[10] Jedoch besteht zwischen der Kostenentscheidung und der Festsetzung des Streitwerts keine rechtliche Abhängigkeit. Die Kostenentscheidung entfaltet nicht kraft ihrer Unanfechtbarkeit eine Bindungswirkung für die Festsetzung des Streitwerts. Das Verbot, den Streitwert nachträglich zu ändern, ginge zulasten der bevollmächtigten Rechtsanwälte und der Staatskasse. Den Rechtsanwälten wird verwehrt, ihre Tätigkeit nach dem richtigen (höheren) Streitwert abzurechnen. Eine Rechtfertigung dafür besteht nicht.

Nach einem anderen Vorschlag soll der Streitwert auch dann nachträglich anderweit festgesetzt werden 31
dürfen, wenn dadurch die unanfechtbare Kostenentscheidung verfälscht wird. Jedoch soll die unrichtig gewordene Kostenentscheidung berichtigt werden dürfen.[11] Jedoch liegt keine offenbare Unrichtigkeit i.S.d. § 118 vor. Das Gericht hat im Zeitpunkt seiner Entscheidung die Kostenverteilung so gewollt, wie sie in der Urteilsformel niedergelegt ist. Die Kostenverteilung ist inhaltlich fehlerhaft, weil das Gericht eine unzutreffende Vorstellung von der richtigen Berechnungsgrundlage, dem richtigen Streitwert, hatte. Eine derartige sachlich falsche Entscheidung kann nicht durch Berichtigung korrigiert werden (BGH MDR 2008, 1292).

Danach muss mit der Änderung des Streitwerts sehenden Auges eine Verfälschung der Kostenentscheidung 32
in Kauf genommen werden.[12] Von der Möglichkeit, den Streitwert zu ändern, sollte nur zurückhaltend Gebrauch gemacht werden. Vertretbare Wertfestsetzungen sollten nicht geändert werden.

Soll bei der Festsetzung der Quote berücksichtigt werden, dass bestimmte Kosten nur einseitig angefallen 33
sind,[13] ist zumindest überschlägig zu ermitteln, welche Kosten für das Verfahren insgesamt angefallen sind. Ihnen sind die ebenfalls zu ermittelnden Kosten gegenüberzustellen, die nur einseitig einem Beteiligten zuzurechnen sind. Aus dem Verhältnis dieser Kosten zu den Gesamtkosten ergibt sich die Quote, die in der Kostenentscheidung auszuwerfen ist.

Soll einem Beteiligten nur ein ziffernmäßig bestimmter Kostenbeitrag auferlegt werden, ist dieser Kosten- 34
tenbeitrag so zu bestimmen, dass die Kostenentscheidung dem gesetzlichen Gebot verhältnismäßiger Teilung gerecht wird. Daher sind die Gesamtkosten zu ermitteln. Aus ihnen ist nach dem Anteil des Unterliegens der Kostenbeitrag ziffernmäßig zu errechnen. Auszugehen ist dabei vom wertmäßigen Anteil des Unterliegens am Gesamtstreit. Der Kostenbeitrag kann nicht in der Weise errechnet werden, dass die Kosten des Verfahrens ermittelt werden, die angefallen wären, wenn der erfolglos gebliebene Teil des Verfahrens allein Gegenstand des Verfahrens gewesen wäre. Dadurch bliebe die Degression, die in den Gebührenstaffeln enthalten ist, entweder unberücksichtigt oder käme nur einseitig dem Beteiligten zugute, der die Kosten des Verfahrens im Übrigen trägt.[14]

c) Kostenaufhebung. Nach § 155 Abs. 1 S. 1 kann das Gericht die Kosten gegeneinander aufheben. 35
Dies ist nur eine besondere Form verhältnismäßiger Teilung. § 155 Abs. 1 S. 2 enthält eine gesetzliche Begriffsbestimmung. Werden die Kosten gegeneinander aufgehoben, trägt jeder Teil die Hälfte der Gerichtskosten. Die außergerichtlichen Kosten werden nicht erstattet. Jeder Beteiligte hat vielmehr seine außergerichtlichen Kosten selbst zu tragen (BVerwGE 57, 311, 314). Für den gerichtlichen Vergleich ohne eigene Kostenregelung ist dies in § 160 ausdrücklich ausgesprochen.

Unterliegen und obsiegen beide Beteiligte im selben Maß, ist es jedenfalls dann angezeigt, die Kosten 36
gegeneinander aufzuheben, wenn bei beiden Beteiligten im Wesentlichen die gleichen außergerichtlichen Kosten angefallen sind, insbes. beide Beteiligte durch einen Rechtsanwalt vertreten waren oder

---

10 BGH MDR 1977, 925, m. abl. Anm. *E. Schneider*; OLG Celle NJW 1969, 279; OLG Nürnberg MDR 1969, 853.
11 VGH Kassel AnwBl 1988, 179, 180; OVG Münster DÖV 2007, 37, 38; OVG Bln 19.12.2012 – OVG 2 S 97.11, juris Rn. 21; ebenso *W. Speckmann*, NJW 1972, 232, 236.
12 So wohl auch BGH MDR 2008, 1292, der auf die Notwendigkeit eines Eingreifens des Gesetzgebers verweist.
13 Eine Beweisaufnahme hat bspw. nur wegen des Teils des Streitgegenstandes stattgefunden, mit dem der Kläger unterlegen ist.
14 Zum Ganzen: *F. Lappe*, Rpfleger 1963, 74.

beide keinen Rechtsanwalt beigezogen haben. Eine Verteilung der Kosten nach Brüchen (jeder Beteiligte zur Hälfte) bewirkte im Kern dasselbe Ergebnis. Zwar wären die außergerichtlichen Kosten auszugleichen. Dieser Ausgleich könnte sich aber nur auf die Auslagen beziehen, die bei den Beteiligten möglicherweise in unterschiedlicher Höhe angefallen sind. Ein solcher Ausgleich erscheint regelmäßig entbehrlich. Es entlastet das Kostenfestsetzungsverfahren, wenn die Kosten gegeneinander aufgehoben werden, statt sie hälftig zu teilen.

37   War nur ein Beteiligter durch einen Rechtsanwalt vertreten, trüge er ungleich höhere außergerichtliche Kosten, wenn das Gericht die Kosten gegeneinander aufhöbe, statt sie den Beteiligten je zur Hälfte aufzuerlegen. Eine verhältnismäßige Teilung der Kosten führt hingegen zu einem Ausgleich der außergerichtlichen Kosten. War lediglich ein Beteiligter durch einen Rechtsanwalt vertreten, ist es regelmäßig nur dann angemessen, die Kosten gegeneinander aufzuheben, wenn die dadurch bewirkte unterschiedliche Kostenbelastung dem Maß des beiderseitigen Unterliegens entspricht.[15]

38   **4. Kostenverteilung bei mehreren Beteiligten. a) Abgrenzung zu § 159.** § 155 Abs. 1 regelt, welcher Beteiligte gegenüber welchem anderen Beteiligten in welchem Umfang erstattungspflichtig ist. Bei beiderseitigem Unterliegen sind die Kosten auf die Beteiligten zu verteilen. In diesem Fall sind zwar mehrere Personen kostenpflichtig. Dennoch besteht der jeweils kostenpflichtige Teil nicht i.S.d. § 159 aus mehreren Personen. Es gibt vielmehr mehrere kostenpflichtige Teile. Sie können ihrerseits wiederum aus mehreren Personen bestehen. Die Anwendung des § 155 Abs. 1 ist mithin der Anwendung des § 159 vorgelagert (→ § 159 Rn. 7).

39   § 155 Abs. 1 ist deshalb nicht einschlägig, wenn der (vollständig) unterliegende Teil aus mehreren Streitgenossen (mehreren Klägern) besteht, die am Streitgegenstand unterschiedlich beteiligt und daher durch den gemeinsamen Misserfolg (vollständige Klageabweisung) unterschiedlich betroffen sind. Zwischen ihnen besteht kein Kostenerstattungsanspruch, den § 155 Abs. 1 allein regelt. Sie haften nur in unterschiedlichem Ausmaß dem allein obsiegenden Beteiligten. Einschlägig ist hierfür § 159 (→ § 159 Rn. 8).

40   **b) Mehrere Streitgenossen.** § 155 Abs. 1 regelt die Kostenverteilung zwischen mehreren teils obsiegenden, teils unterliegenden Streitgenossen einerseits und dem ihnen gegenüber teils obsiegenden, teils unterliegenden Gegner andererseits.

41   § 155 Abs. 1 S. 1 ist zum einen anwendbar, wenn sämtliche Streitgenossen teils obsiegen, teils unterliegen. Das ist etwa der Fall, wenn zwei Kläger gegen einen Beklagten Klage erheben, die wertmäßig zur Hälfte Erfolg hat, zur anderen Hälfte abgewiesen wird. In diesem Fall trägt der Beklagte gemäß § 155 Abs. 1 S. 1 die Kosten des Verfahrens zur Hälfte (nämlich die Hälfte der Gerichtskosten, die Hälfte seiner eigenen außergerichtlichen Kosten und die Hälfte der außergerichtlichen Kosten der Kläger). Den Klägern fällt gem. § 155 Abs. 1 S. 1 die andere Hälfte der Verfahrenskosten zur Last. Wie diese Last unter sie zu verteilen ist, richtet sich nach § 159 und damit nach ihrem rechtlichen Verhältnis zum Streitgegenstand. Sie tragen entweder die Hälfte der Verfahrenskosten als Gesamtschuldner oder jeweils (nach Kopfteilen) ein Viertel der Verfahrenskosten, mit Ausnahme der jeweils eigenen außergerichtlichen Kosten, die jeder Kläger selbst trägt, soweit sie nicht dem Beklagten auferlegt sind. Ein Kostenausgleich zwischen ihnen (jeder Kläger trägt ein Viertel der außergerichtlichen Kosten des anderen Klägers) findet nicht statt.[16]

42   § 155 Abs. 1 S. 1 ist zum anderen anwendbar, wenn von mehreren Streitgenossen (Klägern) der eine (vollständig) obsiegt, der andere (vollständig) unterliegt. Der Gegner obsiegt teils (nämlich im Verhältnis zu dem einen Kläger), teils unterliegt er (nämlich im Verhältnis zu dem anderen Kläger).

43   In diesem Fall steht der Grundsatz der Kosteneinheit entgegen, in der Kostenentscheidung nach Anträgen zu unterscheiden.[17] Zulässig und erforderlich ist es aber, zwischen Gerichtskosten und außergerichtlichen Kosten in den einzelnen Prozessrechtverhältnissen zu unterscheiden (sog. Baumbach'sche Formel).

---

15   Kritik bei *J. Unterreitmeier*, DÖV 2015, 1044.
16   Zur Quotelung der Kosten in diesen Fällen *H. Dahmen*, DRiZ 1979, 343; *K. Herget*, DRiZ 1981, 145.
17   Bsp.: Wenn von zwei Klägern X und Y einer obsiegt, der andere unterliegt, kann nicht tenoriert werden: Der Kläger X trägt die auf seine Klage entfallenden Kosten des Verfahrens; der Beklagte trägt die Kosten des Verfahrens, die auf die Klage des Klägers Y entfallen.

Hat der eine von zwei Klägern vollständig obsiegt und ist der andere vollständig unterlegen, gilt, 44
wenn beide Klagen sich wertmäßig entsprachen, Folgendes: Der eine Kläger hat mit seinem Angriff
Erfolg gehabt. Er ist deshalb von sämtlichen Kosten freizustellen. Ihm gegenüber ist allein der Beklagte unterlegen. Ein Kostenausgleich mit dem anderen Kläger findet nicht statt. Der Beklagte hat die außergerichtlichen Kosten des obsiegenden Klägers vollständig zu tragen. Die erfolgreiche Klage macht
wertmäßig die Hälfte des Gesamtangriffs aus. Der Beklagte hat deshalb die Hälfte der Gerichtskosten
und die Hälfte der eigenen außergerichtlichen Kosten zu tragen, denn in diesem Umfang sind die Kosten durch die erfolglos gebliebene Abwehr des Gesamtangriffs veranlasst. Der andere Kläger ist mit
seinem Angriff vollständig unterlegen. Er hat deshalb seine eigenen außergerichtlichen Kosten vollständig zu tragen. Seine erfolglos gebliebene Klage macht wertmäßig die Hälfte des Gesamtangriffs
aus. Er hat deshalb die Hälfte der Gerichtskosten und die Hälfte der außergerichtlichen Kosten des
Beklagten zu tragen.[18]

Entsprechen sich die beiden Klagen wertmäßig nicht, sind die Gerichtskosten und die außergerichtli- 45
chen Kosten des Beklagten nach einer anderen Quote auf den unterliegenden Kläger und den Beklagten zu verteilen. Auf den unterliegenden Kläger entfällt eine Quote, die dem Wertverhältnis seines Angriffs zum Gesamtangriff entspricht. In jedem Falle hat der Beklagte vollständig die außergerichtlichen
Kosten des erfolgreichen Klägers, der erfolglose Kläger hat vollständig seine eigenen außergerichtlichen Kosten zu tragen.

c) Beigeladene. Regelmäßig unterstützt der Beigeladene mit einem eigenen Antrag einen der Haupt- 46
beteiligten. Ist dieser seinerseits im Verhältnis zum Gegner z.T. unterlegen, bestimmt dies zugleich das
Maß, in dem der Beigeladene obsiegt und unterliegt. Der Beigeladene und der von ihm unterstützte
Hauptbeteiligte tragen zusammen den Kostenanteil, der nach § 155 Abs. 1 auf den Hauptbeteiligten
entfiele, hätte der Beigeladene keinen Antrag gestellt. § 155 Abs. 1 führt also nicht zu einer gleichmäßigen Kostenverteilung auf die drei Beteiligten im Sinne einer Drittelung der Kosten.[19] Dass der Beigeladene einen der Hauptbeteiligten mit einem eigenen Antrag unterstützt hat und auf dessen Seite Partei ergriffen hat, kommt nur diesem Beteiligten, nicht aber der Gegenseite zugute.

§ 155 Abs. 1 erfasst nicht den Fall, dass ein Hauptbeteiligter und ein Beigeladener mit ihren gleichge- 47
richteten Anträgen gemeinsam (vollständig) unterliegen. In dieser Fallgestaltung stellt sich allein die
Frage ihrer (anteiligen) Haftung gegenüber dem obsiegenden und allein erstattungsberechtigten Beteiligten. Die Verteilung dieser Haftung richtet sich nach § 159.

Hat der Beigeladene (auf Seiten des Beklagten) die Abweisung der Klage beantragt und hat die Klage 48
wertmäßig zur Hälfte Erfolg, gilt danach Folgendes: Der Kläger ist mit seinem Angriff wertmäßig zur
Hälfte erfolglos geblieben. Gem. § 155 Abs. 1 S. 1 hat er die Hälfte der Gerichtskosten und der außergerichtlichen Kosten des Beklagten zu tragen, dessen Abwehr wertmäßig in diesem Umfang Erfolg
hatte. Wertmäßig zur Hälfte hatte auch der Beigeladene mit seinem Abweisungsantrag Erfolg. Billigkeit vorausgesetzt, hat der Kläger gem. § 162 Abs. 3 dem Beigeladenen die Hälfte seiner außergerichtlichen Kosten zu erstatten. Im Übrigen sind Beklagter und Beigeladener mit ihren gleichgerichteten
Klageabweisungsanträgen gemeinsam unterlegen. Ein Kostenausgleich zwischen ihnen findet nicht
statt. Beklagter und Beigeladener haben daher ihre außergerichtlichen Kosten zu tragen, soweit sie
nicht dem Kläger aufzuerlegen sind, also jeweils zur Hälfte, der Beklagte gem. § 155 Abs. 1 S. 1, der
Beigeladene gem. § 162 Abs. 3, weil es insoweit nicht der Billigkeit entspricht, sie einem anderen Beteiligten oder der Staatskasse aufzuerlegen. Auf ihre erfolglose Abwehr der Klage entfällt die Hälfte
der Gerichtskosten und der außergerichtlichen Kosten des insoweit erfolgreichen Klägers. Beklagter
und Beigeladener haben sie gem. § 159 S. 1, § 100 Abs. 1 ZPO jeweils zu einem Viertel zu tragen.[20]

---

18 Der Tenor lautet im Kostenausspruch: Der Kläger X trägt seine eigenen außergerichtlichen Kosten selbst sowie die
Hälfte der Gerichtskosten und der außergerichtlichen Kosten des Beklagten; der Beklagte trägt die Hälfte der Gerichtskosten und die Hälfte seiner eigenen außergerichtlichen Kosten sowie die außergerichtlichen Kosten des Klägers Y. Im Einzelnen *Baumbach/Lauterbach/Albers/Hartmann* § 100 Rn. 52 ff.
19 Hierzu auch C. *Fahl*, NVwZ 1996, 1189, 1190.
20 Der Tenor lautet im Kostenausspruch: Der Kläger trägt die Kosten des Verfahrens einschließlich der außergerichtlichen Kosten des Beigeladenen zur Hälfte; der Beklagte und der Beigeladene tragen je ein Viertel der Gerichtskosten
und der außergerichtlichen Kosten des Klägers; im Übrigen trägt jeder Beteiligte seine außergerichtlichen Kosten
selbst.

49   Die Kosten können nicht gegeneinander aufgehoben werden, wenn neben den Hauptbeteiligten ein Beigeladener am Verfahren beteiligt ist, dem Kosten aufzuerlegen sind. Die Gerichtskosten können dann nicht jedem Teil zur Hälfte zur Last fallen. Die Kosten sind vielmehr zu quoteln, um den Beigeladenen an ihnen zu beteiligen.

IV.   Rücknahme eines Rechtsbehelfs (Abs. 2)

50   § 155 Abs. 2 behandelt die Rücknahme eines Antrags, einer Klage, eines Rechtsmittels oder eines anderen Rechtsbehelfs als einen Fall des (freiwilligen) Unterliegens. Wer ein Verfahren eingeleitet hat, das er später aus eigenem Entschluss nicht weiterverfolgt, hat den anderen Beteiligten die Kosten zu erstatten, die er bei ihnen durch die Einleitung des Verfahrens veranlasst hat (→ § 154 Rn. 15–17; zum Antrag des Beigeladenen → § 154 Rn. 62 f.). Ist str., ob ein Rechtsbehelf zurückgenommen wurde oder als zurückgenommen gilt (vgl. § 92 Abs. 1 und 2), und beantragt der Kläger die Fortsetzung des Verfahrens, gilt Folgendes: Gelangt das Gericht zu dem Ergebnis, dass die Klage wirksam zurückgenommen wurde oder als zurückgenommen gilt, wird tenoriert, dass die Klage zurückgenommen ist.[21] Die Kostenentscheidung bezüglich des Fortsetzungsstreits beruht auf § 154 Abs. 1,[22] während der Kostenausspruch der vorangegangenen Entscheidung auf § 155 Abs. 2 beruht. Ist die Rücknahme nicht wirksam oder sind die Voraussetzungen der Rücknahmefiktion nicht gegeben,[23] wird das Verfahren – unter Aufhebung der Einstellungsentscheidung – fortgesetzt (BVerwG NVwZ 1997, 1210, 1211; BFHE 210, 4, 7). Über die Kosten muss dann in der Endentscheidung insgesamt entschieden werden.[24] Allerdings kann das Recht, die Fortsetzung des Verfahrens zu verlangen, verwirkt werden. Dies soll in Anlehnung an die Fristen der §§ 58 Abs. 2, 60 Abs. 3 und § 72 Abs. 2 S. 3 FGO i.V.m. § 56 Abs. 3 FGO nach einem Jahr der Untätigkeit der Fall sein (OVG Lüneburg NVwZ-RR 2012, 533, 534 f.).[25]

51   **1. Anwendungsbereich. a) Klagerücknahme.**   Nimmt der in erster Instanz erfolglose Kläger seine Klage erst im Berufungsverfahren zurück, hat er in unmittelbarer Anwendung von § 155 Abs. 2 die Kosten des erstinstanzlichen Klageverfahrens zu tragen. Mit der Klagerücknahme wird seine Berufung gegenstandslos. Sie ist in entsprechender Anwendung des § 155 Abs. 2 ebenfalls als zurückgenommen anzusehen. § 154 Abs. 2 ist auf die Berufung nicht anwendbar. Diese Vorschrift setzt voraus, dass über das „ohne Erfolg" eingelegte Rechtsmittel gerichtlich entschieden ist (BVerwGE 26, 297, 300).

52   Nimmt der in erster Instanz erfolgreiche Kläger seine Klage im Berufungsrechtszug zurück, hat er wiederum in unmittelbarer Anwendung von § 155 Abs. 2 die Kosten des erstinstanzlichen Klageverfahrens zu tragen. Mit der Klagerücknahme wird der Berufung des Beklagten die Grundlage entzogen. Sie wird gegenstandslos. Der Kläger hat in entsprechender Anwendung des § 155 Abs. 2 als Folge seiner Klagerücknahme die Kosten der gegenstandslos gewordenen Berufung des Gegners zu tragen.

53   **b) Rücknahme eines Rechtsmittels.**   Wird ein Rechtsmittel zurückgenommen, ist nur über die Kosten des Rechtsmittelverfahrens nach § 155 Abs. 2 zu entscheiden. Für die Vorinstanzen bleibt es bei der dort getroffenen Kostenentscheidung.

54   **c) Objektive Klageänderung.**   Die objektive Klageänderung kann kostenrechtlich nicht als (Teil-)Klagerücknahme behandelt werden[26] (zur subjektiven Klageänderung → § 154 Rn. 42 ff.). Die Klageänderung führt zu einer Auswechslung der Streitgegenstände. Entschieden wird nur noch über den neuen Streitgegenstand. Er hat den alten Streitgegenstand ersetzt. Die Streitgegenstände haben sich aber nicht „vermehrt". Deshalb kann nicht für den ursprünglichen Streitgegenstand ein eigener Teilstreitwert angesetzt werden. Er kann nicht bei der Kostenentscheidung nach § 155 Abs. 2 mit einer auf ihn entfallenden Quote berücksichtigt werden. Ebenso wenig kann bei der Kostenentscheidung zeitlich in der Weise differenziert werden, dass der Kläger die bis zur Klageänderung angefallenen Kosten nach

---

21   BVerwG NVwZ 1997, 1210, 1211; VGH München 3.3.2005 – 13 A 04.2868; 21.10.2003 – 12 ZB 03.1650.
22   VGH München 3.3.2005 – 13 A 04.2868, juris Rn. 24; 21.10.2003 – 12 ZB 03.1650, juris Rn. 14; a.A. *K. Rennert*, in: Eyermann § 92 Rn. 26: „entspr. § 154 Abs. 2".
23   Vgl. hierzu *J. M. Bühs*, NVwZ 2017, 1736.
24   Vgl. *K. Rennert*, in: Eyermann § 92 Rn. 26.
25   Zweifelnd *K. Rennert*, in: Eyermann § 92 Rn. 26.
26   *T. Barczak*, JA 2014, 778, 780.

§ 155 Abs. 2 zu tragen hat, während über die danach angefallenen Kosten entsprechend dem Ausgang des Verfahrens entschieden wird (VGH München BayVBl 1991, 211, 212). Die Kosten des gesamten Verfahrens hat vielmehr der Beteiligte zu tragen, der bei der Sachentscheidung über die geänderte Klage unterliegt. Sind einzelne Kosten nur durch den ursprünglichen Streitgegenstand veranlasst gewesen, können damit auch solche Mehrkosten nicht unabhängig vom Ausgang des Verfahrens dem Kläger auferlegt werden.[27] Das gilt etwa für die Kosten einer Beweisaufnahme, die mit Blick auf den ursprünglichen Streitgegenstand erforderlich war, auf die es aber nach der Klageänderung nicht mehr ankommt. Weder § 155 Abs. 2 noch eine andere Vorschrift bieten eine Grundlage dafür, diese Mehrkosten abgetrennt von den Verfahrenskosten im Übrigen dem Kläger aufzuerlegen.

d) Klageverzicht. Auf den Klageverzicht ist § 155 Abs. 2 nicht entsprechend anzuwenden. Im Falle **55** des Verzichts ergeht ein Verzichtsurteil entsprechend § 173, § 306 ZPO mit einer Kostenentscheidung nach § 154 Abs. 1 zulasten des Klägers.

2. Kostenpflichtiger. Die Kosten des Verfahrens sind im Falle der Klagerücknahme nach dem zwin- **56** genden Wortlaut des § 155 Abs. 2 allein demjenigen aufzuerlegen, der die Klage (oder einen anderen Rechtsbehelf) zurücknimmt. Das gilt auch dann, wenn der Kläger sich in einem außergerichtlichen Vergleich zur Rücknahme der Klage verpflichtet hat, die Beteiligten aber eine abweichende Regelung der Kosten vereinbart haben. Die vereinbarte abweichende Kostenverteilung hat nur für das Verhältnis der Beteiligten zueinander Bedeutung, entbindet das Gericht aber nicht davon, die zwingende gesetzliche Kostenfolge auszusprechen (vgl. BGH NJW 2007, 1213; 27.3.2012 – II ZB 6/09, juris Rn. 8; → § 160 Rn. 15, 23).

a) Beigeladener. Einem Beigeladenen können keine Kosten auferlegt werden, wenn er den Kläger mit **57** einem eigenen Antrag unterstützt hat und der Kläger die Klage zurücknimmt. Zwar mag sein Antrag bei einem weiten Verständnis erfolglos geblieben sein. § 154 Abs. 3 setzt jedoch eine Entscheidung über den Antrag voraus, aus der sich dessen Misserfolg ergibt.

b) Vollmachtloser Vertreter. Hat ein vollmachtloser Vertreter die Klage anhängig gemacht, sind ihm **58** die Kosten des Verfahrens aufzuerlegen, wenn er die Klage zurücknimmt (BVerwG 25.11.1974 Buchholz 310 § 155 VwGO Nr. 2). Die Rücknahmeerklärung wird zwar ebenso wie die Klageerhebung dem angeblich vertretenen Kläger zugerechnet. Die Kostentragung folgt jedoch auch hier aus einer Analogie zu § 179 Abs. 3 BGB (→ § 154 Rn. 31 ff.). Aus demselben Grund sind dem vollmachtlosen Vertreter die Kosten aufzuerlegen, wenn der durch ihn angeblich vertretene Kläger die Klage durch eine eigene Erklärung zurücknimmt, nachdem er von der vollmachtlosen Prozessführung erfahren hat (BGH WM 1981, 1332). In der Klagerücknahme liegt keine konkludente Genehmigung der bisherigen Prozessführung, mit der Folge, dass der Kläger die Kosten der von ihm zurückgenommenen Klage gemäß der Regel des § 155 Abs. 2 tragen müsste.[28]

3. Kosten eines Anschlussrechtsmittels. Ein Anschlussrechtsmittel verliert mit der Rücknahme des **59** Hauptrechtsmittels seine Wirksamkeit (§ 127 Abs. 5 ggf. i.V.m. § 141; → § 154 Rn. 53–57). Der Hauptrechtsmittelführer hat gem. § 155 Abs. 2 nicht nur die Kosten seines zurückgenommenen Hauptrechtsmittels zu tragen, sondern auch die Kosten des wirkungslos gewordenen Anschlussrechtsmittels.[29] Das Anschlussrechtsmittel verliert seine Wirksamkeit aufgrund eines Tatbestands (Rücknahme des Rechtsmittels), der eine Kostenpflicht des Hauptrechtsmittelführers auslöst. Das Anschlussrechtsmittel ist vom Hauptrechtsmittel abhängig. Der Rechtsmittelführer kann durch freie Verfügung über sein Rechtsmittel der Anschließung ihre Wirkung nehmen. Daher ist es angemessen, ihm die Kosten aufzuerlegen.

Der Anschlussrechtsmittelführer wird in entsprechender Anwendung des § 155 Abs. 2 kostenrechtlich **60** so behandelt, als hätte er das Anschlussrechtsmittel zurückgenommen, wenn er selbst daran mitgewirkt hat, sein Anschlussrechtsmittel zu Fall zu bringen. Dies kann etwa dann gegeben sein, wenn er seine notwendige Einwilligung in die Rücknahme des Hauptrechtsmittels erteilt, nachdem die Anträge

---

27 A.A. *W.-R. Schenke*, in: Kopp/Schenke § 155 Rn. 8; *T. Barczak*, JA 2014, 778, 780.
28 *E. Schneider*, Rpfleger 1976, 229, 231. Vgl. auch BGH RVGreport 2017, 277 f.
29 BGHZ 4, 229; VGH München BayVBl 1994, 60; krit. *P. Finger*, MDR 1986, 881; offen BVerwGE 26, 297; a.A. OLG Frankfurt FamRZ 1993, 344: Kostenentscheidung nach billigem Ermessen wie bei Hauptsacheerledigung.

in der mündlichen Verhandlung bereits gestellt waren (§ 126 Abs. 1 S. 2, § 140 Abs. 1 S. 2).[30] Dasselbe gilt, wenn der Revisionsbeklagte seine unwirksam gewordene Anschlussrevision trotz ihrer Unwirksamkeit weiterverfolgt und über sie eine Entscheidung des Gerichts begehrt (BVerwG NVwZ 2009, 666, 668).

61   **4. Teilklagerücknahme.** Ein Kläger kann eine Klage auch nur teilweise zurücknehmen. Über den Streitgegenstand im Übrigen wird streitig (durch Urteil) entschieden. Nach dem Grundsatz der Einheitlichkeit der Kostenentscheidung wird über die Kosten des gesamten Verfahrens in der Entscheidung befunden, welche die Instanz abschließt.

62   Unterliegt der Kläger mit dem aufrechterhaltenen Teil seiner Klage, trägt er die gesamten Kosten des Verfahrens, was sich aus §§ 154 Abs. 1, 155 Abs. 2 ergibt. Dass er die Klage teilweise zurückgenommen hat, wirkt sich erst in der Kostenfestsetzung aus. Wegen der Teilklagerücknahme ist ein gespaltener Streitwert für die Zeit vor der Klagerücknahme und für die Zeit danach festzusetzen.

63   Eine einheitliche Kostenentscheidung muss auch dann ergehen, wenn in dem Urteil das Verfahren eingestellt wird, soweit die Klage zurückgenommen ist, und der Klage im Übrigen stattgegeben wird. Grundlage der Kostenentscheidung ist nicht § 155 Abs. 1 S. 1, sondern § 155 Abs. 2 einerseits und § 154 Abs. 1 andererseits. Die Kosten des gesamten Rechtsstreits müssen dabei nach Quoten auf die Beteiligten verteilt werden. Das Gericht darf nicht tenorieren: Der Kläger trägt die Kosten des Rechtsstreits, soweit er die Klage zurückgenommen hat; im Übrigen trägt der Beklagte die Kosten. Das Gericht hat vielmehr die unterschiedlichen Gegenstände zu bewerten und danach die Kosten zu quoteln.

64   Dabei ist der Zeitpunkt zu berücksichtigen, zu dem der Kläger seine Klage teilweise zurückgenommen hat. Für den zurückgenommenen Teil der Klage können geringere Kosten angefallen sein, bspw. für den Rechtsanwalt eine niedrigere Terminsgebühr, wenn die Teilklagerücknahme bereits vor der mündlichen Verhandlung erklärt worden ist. Entsprechen sich der zurückgenommene Teil und der streitig entschiedene Teil ihrem Wert nach, kann das Gericht deshalb nicht die Kosten jedem Beteiligten zur Hälfte auferlegen. Damit würde der Kläger benachteiligt. Es sind vielmehr mindestens überschlägig die Kosten zu ermitteln. Daraus ist die Quote zu bilden.

65   Dem Kläger dürfen aber nicht nur die Mehrkosten auferlegt werden, die dadurch verursacht sind, dass er zunächst eine weitergehende Klage erhoben hat. Vielmehr sind, die Kosten zu ermitteln, die bis zur Teilklagerücknahme angefallen sind. Diese Kosten sind den Beteiligten nach einer Quote zuzuordnen, die dem Wertverhältnis des zurückgenommenen Teils der Klage zum weiterverfolgten Teil der Klage entspricht. Der Betrag, der danach auf den zurückgenommenen Teil der Klage entfällt, ist auf die Gesamtkosten des Verfahrens zu beziehen. Daraus ergibt sich die Kostenquote zulasten des Klägers, wenn ihm nicht der ermittelte Betrag als Festbetrag auferlegt wird.[31]

66   I.E. läuft es im Wesentlichen auf dasselbe hinaus, wenn die Kosten nach Zeitabschnitten getrennt, innerhalb der Zeitabschnitte aber nach Quoten auf die Beteiligten verteilt werden. Eine solche Kostenverteilung ist mit dem Grundsatz der Kosteneinheit vereinbar.[32] Dieser Weg bietet den Vorzug, dass nicht der Richter zur Ermittlung der richtigen Quote gleichsam die Kostenfestsetzung vorwegnehmen muss. Entsprechen sich der zurückgenommene Teil und der streitig entschiedene Teil des Streitgegenstandes ihrem Wert nach, so kann das Gericht in dem gewählten Beispiel (der Kläger obsiegt mit dem aufrechterhaltenen Teil seines Begehrens) tenorieren: Der Kläger und der Beklagte tragen die Kosten des Verfahrens, die bis zur Teilklagerücknahme angefallen sind, je zur Hälfte; der Beklagte trägt die Kosten, die nach der Teilklagerücknahme angefallen sind.

67   Eine solche Aufteilung nach Zeitabschnitten kommt auch in Betracht, wenn von ursprünglich mehreren Klägern einzelne ihre Klage vor der abschließenden Sachentscheidung des Gerichts zurückgenommen haben.[33]

---

30 BVerwGE 26, 297, 301; BVerwG NVwZ 2009, 666 Rn. 17.
31 Vgl. E. Schneider, NJW 1964, 1055, 1057.
32 BFHE 141, 333, 338; OLG Köln MDR 1981, 590; A. Zschockelt/E. Schneider, MDR 1981, 536; dagegen: S. Olbertz, in: Schoch/Schneider/Bier Vorbem. § 154 Rn. 19 u. 27.
33 Bsp.: Von ursprünglich drei Klägern nimmt einer die Klage zurück, im Übrigen weist das Gericht die Klage ab. Der Kostenausspruch kann dahin lauten: Die Kläger tragen jeweils ein Drittel der Kosten des Verfahrens, die bis zur Klagerücknahme des Klägers X angefallen sind. Die Kläger Y und Z tragen die weiteren Kosten des Verfahrens jeweils zur Hälfte. Jeder Kläger trägt seine außergerichtlichen Kosten selbst.

V. Kosten des Wiedereinsetzungsantrags (Abs. 3)

Hat ein Beteiligter die Klagefrist oder die Rechtsmittelfrist versäumt und beantragt er deshalb Wieder- 68 einsetzung in den vorigen Stand, hat er die Kosten der Wiedereinsetzung zu tragen, auch wenn sein Antrag auf Wiedereinsetzung erfolgreich war und er darüber hinaus in der Sache mit seiner Klage oder seinem Rechtsmittel obsiegt. Dies gilt auch dann, wenn der Gegner dem Wiedereinsetzungsgesuch erfolglos widerspricht.

Die Vorschrift ist Ausdruck des Veranlassungsprinzips (→ § 154 Rn. 15 ff.). Sie begründet eine ver- 69 schuldensunabhängige Haftung für Kosten, welche durch die Versäumung einer Frist und die deshalb notwendige Entscheidung über eine Wiedereinsetzung erforderlich werden.

Die Vorschrift durchbricht den Grundsatz der Kosteneinheit (→ Rn. 6). Die Kosten der Wiedereinset- 70 zung werden von den Gesamtkosten abgetrennt verteilt.

Bedeutung hat die Vorschrift nur dann, wenn die Wiedereinsetzung ausscheidbare Mehrkosten veran- 71 lasst hat. Ein besonderer Ausspruch über die Kosten der Wiedereinsetzung ist entbehrlich, wenn durch sie ausscheidbare Mehrkosten offensichtlich nicht entstanden sind. Bei den Mehrkosten kann es sich regelmäßig nur um Auslagen des Gerichts oder der Beteiligten handeln. Gerichtsgebühren fallen für den Antrag auf Wiedereinsetzung mangels eines entsprechenden Gebührentatbestands nicht an. Rechtsanwaltsgebühren nach der Nr. 3100 des Vergütungsverzeichnisses zu § 2 Abs. 2 S. 1 RVG fallen nur dann an, wenn der Rechtsanwalt lediglich für den Antrag auf Wiedereinsetzung tätig wird. Wird er für den Beteiligten allgemein im Verfahren tätig, umfasst die Prozessgebühr die Mühewaltung für den Antrag auf Wiedereinsetzung (§ 15 Abs. 1 RVG).

Entscheidet das Gericht über die Wiedereinsetzung erst zusammen mit der Endentscheidung (§ 173, 72 § 238 Abs. 1 S. 1 ZPO), sind in der Kostenentscheidung die Kosten der Wiedereinsetzung gesondert dem Antragsteller aufzuerlegen, wenn er nicht ohnedies die gesamten Kosten des Verfahrens zu tragen hat, weil er in der Hauptsache unterliegt. Entscheidet das Gericht über die Wiedereinsetzung in einer gesonderten Zwischenentscheidung, sind in dieser Entscheidung die Kosten der Wiedereinsetzung dem Antragsteller aufzuerlegen.

Lehnt das Gericht durch eine gesonderte Entscheidung die Wiedereinsetzung ab (zur Zulässigkeit ei- 73 nes solchen Vorgehens vgl. BVerwGE 74, 289), hat der Antragsteller gem. § 155 Abs. 3 die Kosten einer erfolgreichen Beschwerde zu tragen, mit der er eine Wiedereinsetzung erstreitet. Auch diese Kosten sind noch durch die Fristversäumnis und die deshalb erforderliche Wiedereinsetzung veranlasst. Die Kosten eines erfolglosen Beschwerdeverfahrens hat der Antragsteller hingegen nach § 154 Abs. 2 zu tragen.

nicht besetzt 74

VI. Schuldhafte Kostenverursachung (Abs. 4)

1. Bedeutung der Vorschrift. Nach § 155 Abs. 4 können Kosten, die durch Verschulden eines Betei- 75 ligten entstanden sind, diesem auferlegt werden. Das Veranlassungsprinzip sieht im Allgemeinen den Unterliegenden verschuldensunabhängig allein wegen seines Unterliegens als den Veranlasser des Kostenaufwands an. § 155 Abs. 4 verlangt eine schuldhafte Veranlassung der Kosten, ohne diese Veranlassung mit einem Unterliegen im Übrigen zu verknüpfen. Wer schuldhaft Kosten verursacht hat, soll sie unabhängig vom Ausgang des Verfahrens tragen.

§ 155 Abs. 4 durchbricht den Grundsatz der Kosteneinheit (→ Rn. 6). Schuldhaft verursachte Kosten 76 können von den sonstigen Kosten abgetrennt dem Veranlasser gesondert auferlegt werden.

Die Vorschrift hat nur Bedeutung, wenn der Beteiligte, der schuldhaft Kosten veranlasst hat, nicht oh- 77 nedies nach allgemeinen Vorschriften sämtliche Kosten des Verfahrens zu tragen hat. § 155 Abs. 4 hat Vorrang vor den anderen Kostenregelungen.[34] Abweichend von § 154 Abs. 1 können einem Beteiligten Kosten auferlegt werden, obwohl er obsiegt hat. Abweichend von § 155 Abs. 2 können dem Beklagten Kosten auferlegt werden, wenn der Kläger die Klage zurückgenommen hat.[35] Dem Beigelade-

---

34 VGH München BayVBl 2017, 565, 566; OVG Koblenz 2.9.2015 – 2 B 10765/15, juris Rn. 97; OVG Münster NVwZ-RR 2002, 702.
35 VGH Kassel NVwZ-RR 1989, 54; OVG Münster OVGE 29, 213; vgl. auch OVG Koblenz 2.9.2015 – 2 B 10765/15, juris Rn. 97.

nen können Kosten auferlegt werden, obwohl er keinen Antrag gestellt hat (§ 154 Abs. 3 Hs. 2, zu einem solchen Fall OVG Münster NVwZ-RR 2002, 702).

78   In § 155 Abs. 4 kommt eine gesetzliche Wertung zum Ausdruck. Sie ist geeignet, das billige Ermessen oder die Billigkeit zu konkretisieren, nach denen das Gericht in anderen Fällen Kosten zu verteilen hat. Hat sich der Rechtsstreit durch übereinstimmende Erledigungserklärungen der Beteiligten in der Hauptsache erledigt, kann bei der Kostenentscheidung nach § 161 Abs. 2 berücksichtigt werden, inwieweit Kosten von einem Beteiligten schuldhaft verursacht sind (OVG Münster NVwZ-RR 2015, 561; OVG Bautzen 13.1.2015 – 3 B 256/14, juris Rn. 2). Sind außergerichtliche Kosten eines Beigeladenen durch dessen Verschulden entstanden, entspricht es regelmäßig nicht der Billigkeit i.S.d. § 162 Abs. 3, diese Kosten für erstattungsfähig zu erklären.

79   Die Vorschrift ermächtigt das Gericht lediglich, schuldhaft verursachte Kosten dem Veranlasser aufzuerlegen. Eine Pflicht hierzu besteht nicht. Nach ihrem eindeutigen Wortlaut räumt die Vorschrift dem Gericht Ermessen ein.[36]

80   **2. Haftungsgrundlage.** § 155 Abs. 4 knüpft die Kostentragung an ein Verschulden des Beteiligten. „Er muss unter Außerachtlassung der erforderlichen und ihm zumutbaren Sorgfalt durch sein Verhalten einen anderen Beteiligten oder das Gericht zu Prozesshandlungen oder Entscheidungen veranlasst haben, die an sich nicht erforderliche Kosten verursacht haben".[37] Der Begriff des Verschuldens schließt immer eine Vorwerfbarkeit des Verhaltens ein (a.A. VGH München BayVBl 1974, 537, 538).

81   Das schuldhafte Verhalten des Beteiligten muss ursächlich für das Entstehen bestimmter Kosten gewesen sein. Dem Beteiligten können nach § 155 Abs. 4 nur solche Kosten auferlegt werden, die sich nach Gegenstand (Verfahrenshandlung, Verfahrensabschnitt) oder Betrag einem sie schuldhaft verursachenden Verhalten genau zuordnen lassen.

82   Die Haftung wurzelt in dem Prozessrechtsverhältnis, das zu den anderen Verfahrensbeteiligten besteht. Der Beteiligte haftet daher für das Verschulden seines Vertreters oder Prozessbevollmächtigten, dessen er sich zur Erfüllung seiner Pflichten aus dem Prozessrechtsverhältnis bedient.

83   Berücksichtigt werden kann nicht nur ein Verhalten im Prozess, sondern auch vorprozessuales Verhalten. Schon vor Rechtshängigkeit kann zwischen den Beteiligten ein Rechtsverhältnis bestehen, das mit Blick auf ein späteres gerichtliches Verfahren Sorgfaltspflichten auslöst, deren schuldhafte Verletzung die Überwälzung der dadurch verursachten Kosten auf den Beteiligten rechtfertigt.

84   Dem Beteiligten können deshalb nicht nur die ausscheidbaren Mehrkosten einzelner Prozesshandlungen oder Verfahrensabschnitte auferlegt werden, sondern die gesamten Kosten des Verfahrens, etwa wenn er durch ein schuldhaftes vorprozessuales Verhalten die Erhebung einer an sich vermeidbaren Klage verursacht hat.[38]

85   § 155 Abs. 4 darf Kostenfolgen an ein Fehlverhalten im vorausgegangenen Verwaltungsverfahren knüpfen. Dem lässt sich nicht entgegenhalten, für landesrechtlich geordnete Verwaltungsverfahren fehle es dafür an einer Kompetenz des Bundes (VGH Mannheim UPR 1993, 72). Der Bundesgesetzgeber ist nicht gehindert, an ein Verwaltungshandeln, das sich nach dem einschlägigen Verfahrensrecht des Landes als fehlerhaft darstellt, für den nachfolgenden Verwaltungsprozess kostenrechtliche Folgen zu knüpfen. Der Bundesgesetzgeber nimmt damit nicht die Kompetenz in Anspruch, ein Verwaltungshandeln als fehlerhaft zu bewerten, sondern zieht nur in Anknüpfung an eine solche Bewertung des zuständigen Landesgesetzgebers Folgen für den Verwaltungsprozess.

86   Soweit vorprozessuales Verhalten in Rede steht, ist der Ausgangsbehörde ein Verschulden der Widerspruchsbehörde zuzurechnen (OVG Münster OVGE 29, 213; VGH Mannheim ESVGH 16, 92, 95). Die Widerspruchsbehörde gibt dem Verwaltungsakt die Gestalt, in der er anschließend zum Gegenstand einer Klage gemacht werden kann (§ 79 Abs. 1). Unterliegt die Ausgangsbehörde, hat sie nach § 154 Abs. 1 die Kosten des Verfahrens selbst dann zu tragen, wenn nicht sie, sondern die Widerspruchsbehörde für den Mangel des Verwaltungsakts verantwortlich ist. Dies rechtfertigt es, Widerspruchs- und Ausgangsbehörde auch bei der Anwendung des § 155 Abs. 4 als Einheit anzusehen.

---

36   OVG Koblenz 2.9.2015 – 2 B 10765/15, juris Rn. 97; *S. Olbertz*, in: Schoch/Schneider/Bier § 155 Rn. 24; *W.-R. Schenke*, in: Kopp/Schenke § 155 Rn. 22; a.A. VGH München BayVBl 1974, 537, 538.
37   OVG Münster 23.6.2014 – 2 A 104/12, juris Rn. 110; so auch VGH München BayVBl 2017, 565, 566.
38   OVG Münster NVwZ-RR 2002, 702.

3. Einzelfälle. a) Haftung für vorprozessuales Verhalten. aa) Verschulden der Behörde. Der beklag- 87
ten Behörde können Kosten auferlegt werden, wenn sie durch Fehler im Verwaltungsverfahren die
Klageerhebung oder kostenträchtige Maßnahmen des Gerichts oder sonst vermeidbare Mehrkosten
veranlasst hat.

Hat eine örtlich unzuständige Behörde den Verwaltungsakt erlassen, ist der Verwaltungsakt wegen 88
dieses Mangels regelmäßig nicht aufzuheben (§§ 44 Abs. 3 Nr. 1, 46 VwVfG). Der Behörde können
aber Mehrkosten auferlegt werden, wenn der Erlass des Verwaltungsakts durch sie zugleich die Zuständigkeit eines anderen VG begründet und dem Kläger dadurch Kosten entstehen, die bei einem
Handeln der örtlich zuständigen Behörde nicht oder nicht in dieser Höhe entstanden wären, bspw. höhere Fahrtkosten zur Wahrnehmung von Terminen (BVerwGE 71, 63, 71). Gleiches gilt, wenn ein
Landkreis in einem Schreiben Signatur und Wappen allein des Landkreises verwendet, obwohl das
Landratsamt als Staatsbehörde tätig wird und hierdurch der unzutreffende Eindruck erweckt werde,
dass sich die Klage oder der Antrag (auch) gegen eine andere Person richten müsste (VGH München
BayVBl 2017, 565, 566).

Die Behörde kann durch eine inhaltlich unklare Regelung die Erhebung der Klage veranlasst haben, 89
die sonst nicht erhoben worden wäre. Stellt sie die gewollte Regelung erst im Klageverfahren klar, hat
sie die Kosten zu tragen, wenn der Kläger daraufhin die Klage zurücknimmt (VG Darmstadt NVwZ-
RR 1998, 272). Ihr können die Kosten auferlegt werden, wenn sie schuldhaft das Missverständnis erweckt, ein Verwaltungsakt richte sich an den Kläger, und diesen dadurch zu einer unzulässigen Klage
veranlasst (VGH Kassel HessStGZ 1980, 318, 320; VG Darmstadt NVwZ-RR 1996, 589).

Die Behörde kann schuldhaft den Eindruck erwecken, es liege ein anfechtbarer Verwaltungsakt vor, 90
und dadurch Anlass zu einer unzulässigen Klage geben. Stellt sie nach Unanfechtbarkeit eines Bescheids diesen erneut zu, erweckt sie dadurch den unzutreffenden Eindruck, die Klagefrist sei erneut
eröffnet. Sie hat die Kosten eines nachfolgenden Klageverfahrens zu tragen, in dem die Klage als unzulässig abgewiesen wird (BVerwGE 58, 100).

Die Behörde kann die Inanspruchnahme des Gerichts schuldhaft veranlasst haben, wenn sie sich er- 91
messensfehlerhaft geweigert hat, ein Verwaltungsverfahren bis zur Entscheidung von Musterverfahren
ruhen zu lassen (BFH BFH/NV 2003, 1010).

Auch durch eine unzutreffende Rechtsmittelbelehrung kann die Behörde eine erfolglose Klage veran- 92
lassen (BVerwG NVwZ 2016, 108, 109; VGH München BayVBl 1974, 537). Eine Haftung für die
Richtigkeit der Rechtsmittelbelehrung unabhängig von jedem Verschulden der Behörde besteht jedoch
nicht (OVG Bln DÖV 1977, 376; OVG Brem DÖV 1964, 320).

Die Behörde kann aus dem zugrunde liegenden Rechtsverhältnis verpflichtet sein, den Betroffenen 93
über nur ihr bekannte Umstände zu unterrichten, die für seine Entschließung, Klage zu erheben, von
Bedeutung sind, bspw. über eine bereits eingetretene Erledigung des streitigen Verwaltungsakts
(VGH Kassel NVwZ-RR 1989, 54; vgl. auch OVG Münster NVwZ-RR 2015, 561, 561 f.).

Die Behörde kann schuldhaft ein an sich entbehrliches Aussetzungsverfahren nach § 80 Abs. 5 veran- 94
lassen, wenn sie den Eindruck erweckt, sie werde die aufschiebende Wirkung eines Rechtsbehelfs
nicht beachten (OVG Münster OVGE 29, 213). Das gilt insbes. dann, wenn die Behörde irrtümlich
eine von Gesetzes wegen gegebene sofortige Vollziehbarkeit behauptet (OVG Münster
OVGE 37, 22, 33).

Hat die Behörde entgegen ihrer Amtsermittlungspflicht nach § 24 VwVfG den Sachverhalt nicht auf- 95
geklärt und dadurch eine sonst entbehrliche Beweisaufnahme des Gerichts veranlasst, können ihr deren Kosten auferlegt werden (BVerwG 14.5.1975 Buchholz 310 § 113 VwGO Nr. 78).

Leidet das Verwaltungsverfahren unter einem erheblichen Verfahrensmangel, ist das Gericht nicht in 96
jedem Fall verpflichtet oder berechtigt, die Sache spruchreif zu machen. Wird die Klage deshalb ganz
oder teilweise mangels Spruchreife abgewiesen, sind die Kosten insoweit nicht dem unterliegenden
Kläger, sondern der obsiegenden Behörde aufzuerlegen. Sie hat die mangelnde Spruchreife und damit
die Klageabweisung verschuldet (VGH Kassel FEVS 13, 217, 223; VGH Kassel MDR 1967, 245).

Im Übrigen werden Verfahrens- und Formfehler im Verwaltungsverfahren nur selten dazu führen, der 97
Behörde die Kosten eines nachfolgenden Klageverfahrens ganz oder teilweise aufzuerlegen. Die Ursächlichkeit ihres Fehlers wird in vielen Fällen durch eigenverantwortliche Entscheidungen des Klägers
unterbrochen.

98   Die Behörde kann zwar einen Kläger durch die verfahrensrechtlich unvollständige oder gar fehlende Begründung eines Verwaltungsakts[39] oder durch seine unterbliebene Anhörung in ein Klageverfahren getrieben haben. Hat die Klage trotz des unterlaufenen Verfahrensfehlers keinen Erfolg, weil ein Verfahrensfehler nach § 46 VwVfG nicht zur Aufhebung des Verwaltungsakts führt, hat regelmäßig der Kläger die Kosten zu tragen. Er muss vor Klageerhebung seine Erfolgsaussichten mit Blick darauf einschätzen, ob die Voraussetzungen des § 46 VwVfG vorliegen. Eine Fehleinschätzung gehört zum normalen Prozessrisiko des Klägers, das ihm kostenrechtlich nicht unter Hinweis auf § 155 Abs. 4 abgenommen werden kann. Der Kläger ist nicht durch ein Fehlverhalten der Behörde, sondern durch seine davon unbeeinflusste Fehleinschätzung der Prozessaussichten zur Klageerhebung veranlasst worden.

99   § 155 Abs. 4 kann angewandt werden, wenn das fehlerhafte Verwaltungshandeln, namentlich eine fehlende oder unzulängliche Begründung des Verwaltungsakts, verhindert haben, dass der Kläger seine Erfolgsaussichten in der Sache richtig einschätzen konnte. Das gilt insbes. dann, wenn der Kläger die Klage aufgrund von Hinweisen des Gerichts zur Rechtslage zurücknimmt, die ihm eigentlich schon die Behörde in der Begründung ihres Verwaltungsakts geschuldet hat. Entschließt er sich aber, trotz solcher Hinweise das Verfahren fortzusetzen, spricht dies regelmäßig dafür, dass die Klageerhebung nicht durch die unzulängliche Begründung des Verwaltungsakts veranlasst war.

100   § 155 Abs. 4 bietet nur in Ausnahmefällen eine Handhabe dafür, der beklagten Behörde die Kosten des Verfahrens aufzuerlegen, wenn die Klage nur deshalb abgewiesen wird, weil die Behörde einen Verfahrensmangel erst nachträglich im Klageverfahren geheilt hat (§ 45 Abs. 2 VwVfG). Dasselbe gilt, wenn die Behörde nach § 114 S. 2 Ermessenserwägungen noch im gerichtlichen Verfahren ergänzt und dadurch einer zunächst begründeten Klage die Grundlage entzieht (BVerwG NVwZ-RR 2010, 550, 550 f.).

101   Im Widerspruchsverfahren gleicht § 80 Abs. 1 S. 2 VwVfG aus Gründen der Billigkeit die Heilungsmöglichkeiten der Behörde kostenrechtlich aus. Dem Widerspruchsführer sind die notwendigen Aufwendungen zu erstatten, wenn sein Widerspruch nur deshalb keinen Erfolg hat, weil die Verletzung einer Verfahrens- oder Formvorschrift nach § 45 VwVfG unbeachtlich ist. Der Gesetzgeber hat aber die VwGO nicht um eine Kostenregelung ergänzt, die § 80 Abs. 1 S. 2 VwVfG entspricht.

102   § 155 Abs. 4 kann dessen Funktion allenfalls eingeschränkt übernehmen. Nimmt der Kläger die Heilung der zunächst durchgreifenden Verfahrens- und Formfehler zum Anlass, die Hauptsache für erledigt zu erklären, ist die Kostenentscheidung ohnehin unproblematisch. Es entspricht billigem Ermessen i.S.d. § 161 Abs. 2, der Behörde die Kosten des Verfahrens aufzuerlegen. Sie wäre ohne die zur Erledigung führende Heilung des Verwaltungsakts unterlegen. Gibt der Kläger hingegen keine Erledigungserklärung ab, sei es, dass er eine nachgeschobene Begründung nicht für ausreichend, sei es, dass er den Verwaltungsakt aus anderen Gründen für rechtswidrig hält, hat er die Kosten zu tragen, wenn er unterliegt, weil der Verwaltungsakt nach Heilung der Verfahrens- und Formfehler an keinen anderen (materiellen oder formellen) Mängeln leidet.[40] Der Kläger hat nach Heilung des Verwaltungsakts eine weiterreichende Klärung angestrebt und das Verfahren fortgesetzt. Dabei ist er unterlegen. Im Verständnis von § 155 Abs. 4 hat nicht mehr die Behörde die dadurch entstandenen weiteren Kosten verursacht. Verursacht sind sie vielmehr durch den Entschluss des unterliegenden Klägers, das Verfahren gegen den Verwaltungsakt nach dessen Heilung fortzuführen.

103   Der Behörde können solche abtrennbaren Kosten auferlegt werden, die bis zur Heilung des Verwaltungsaktes angefallen sind. Sie kann bspw. mit den Kosten erster Instanz belastet werden, wenn sie eine Anhörung oder eine Begründung erst im Rechtsmittelverfahren nachgeholt hat.

104   Ebenso ist zu entscheiden, wenn nachträglich eine Rechtsgrundlage für den angefochtenen Verwaltungsakt geschaffen wird und dadurch einer zunächst veranlassten Klage der Boden entzogen wird. Der Kläger kann der nunmehr drohenden Kostenlast nur dadurch entgehen, dass er die Hauptsache für erledigt erklärt (BVerwGE 50, 2, 10).

105   Ist der Mangel des Verwaltungsverfahrens in einem Verfahren auf Gewährung vorläufigen Rechtsschutzes vom Gericht festgestellt worden und hat dieser Fehler zur Aussetzung des Verwaltungsakts geführt, kann die Behörde den Mangel heilen und mit Blick auf eine solche Heilung die Änderung des

---

39   VGH München 20.10.2016 – 12 C 16.1420, juris Rn. 9 f. Ähnl. BVerwGE 60, 245, 252 für eine zunächst nicht oder nicht ausreichend erläuterte dienstliche Beurteilung eines Beamten.
40   A.A. *J. Berkemann*, DVBl 1998, 446, 448; wie hier: *M. Pöcker/R. Barthelmann*, DVBl 2002, 668, 672 f.

ergangenen Beschlusses in einem Verfahren nach § 80 Abs. 7 beantragen. Die Kosten eines erfolgreichen Abänderungsverfahrens hat in diesem Fall der ursprünglich obsiegende Antragsteller nach § 154 Abs. 1 zu tragen, weil er in dem Abänderungsverfahren unterlegen ist. Die Kosten des Abänderungsverfahrens können hingegen nicht gem. § 155 Abs. 4 der Behörde auferlegt werden (vgl. OVG Lüneburg NVwZ-RR 2002, 700).

bb) Verschulden des Klägers. Auch der Kläger kann durch sein Verhalten im vorausgegangenen Verwaltungsverfahren schuldhaft Kosten des späteren Prozesses verursacht haben, die ihm trotz Obsiegens gem. § 155 Abs. 4 auferlegt werden können.   106

Hat ein Kläger im Verwaltungsverfahren eine dort gesetzlich vorgeschriebene und für eine Entscheidung zu seinen Gunsten erforderliche Mitwirkung unterlassen, mit der Folge, dass die Behörde einen von ihm gestellten Antrag ablehnen musste, können dem Kläger gem. § 155 Abs. 4 die Kosten eines nachfolgenden Klageverfahrens auferlegt werden, wenn er nunmehr in der gebotenen Weise mitwirkt und in der Sache eine Entscheidung zu seinen Gunsten ermöglicht (BVerwGE 77, 240, 242). Trägt der Kläger erst im Klageverfahren tatsächliche Umstände vor, die seinen Klageanspruch rechtfertigen, die er aber schon im Verwaltungsverfahren hätte vortragen können, können ihm die Kosten des Verfahrens auferlegt werden (VGH Kassel HessStGZ 1980, 320).   107

Für die beklagte Behörde gilt jedoch dasselbe wie für den Kläger in den Fällen, in denen die Behörde erst im Klageverfahren zur Begründung des Verwaltungsakts erforderliche Umstände nachschiebt. Die Behörde kann den geltend gemachten Anspruch erfüllen oder anerkennen. Der Kläger hat entweder nach § 156 oder nach § 161 Abs. 2 die Kosten des Verfahrens zu tragen (OVG Koblenz NJW 1984, 1914; VGH München BayVBl 1988, 468). Hält die Behörde hingegen die Klage nach wie vor für unbegründet und unterliegt sie, hat sie die Kosten zu tragen. § 155 Abs. 4 hilft ihr allenfalls wegen der Kosten, die bis zur nachgeholten Mitwirkung des Klägers angefallen waren.   108

Ähnliches gilt, wenn ein Beigeladener es in einem anhängigen Verfahren unterlässt, auf einen Umstand hinzuweisen, der in seiner Sphäre liegt und der für das Verfahren von Bedeutung ist. Wäre bei zeitnaher Unterrichtung eine kostenträchtige Maßnahme eines anderen Verfahrensbeteiligten unterblieben, ist es gerechtfertigt, dem Beigeladenen insoweit die Kosten des Verfahrens aufzuerlegen (OVG Münster NVwZ-RR 2002, 702).   109

b) Haftung für prozessuales Verhalten. Macht ein Kläger getrennte Verfahren anhängig, obwohl die Begehren in einem Verfahren hätten verfolgt werden können, können Mehrkosten entstehen. Die Verfahrensgebühr des Rechtsanwalts und die Gerichtsgebühr fallen in allen Verfahren nach den jeweiligen Einzelstreitwerten an. Wegen der Degression in den Gebührenstaffeln sind diese Gebühren zusammengerechnet höher als eine Gebühr bezogen auf die zusammengerechneten Streitwerte. Diese getrennt anzusetzenden Gebühren entstehen mit Rechtshängigkeit der Klagen. Sie fallen nicht weg, wenn das Gericht die Verfahren später gem. § 93 verbindet. Die Verbindung wirkt sich nur für die Gebührentatbestände aus, die nach der Verbindung verwirklicht werden. Mit Blick hierauf wird in der Rspr. z.T. die Erhebung getrennter Klagen als schuldhaftes prozessuales Verhalten des Klägers bewertet. Ihm werden die Mehrkosten auferlegt, die durch die getrennte Klageerhebung entstanden sind.[41] Die Bewertung zulässigen prozessualen Verhaltens als schuldhafte Kostentreiberei kommt aber nur in Ausnahmefällen in Betracht. Es können nachvollziehbare prozesstaktische Überlegungen für eine getrennte Klageerhebung sprechen. Die Zweckmäßigkeit einheitlicher Klageerhebung kann unterschiedlich beurteilt werden.   110

Gibt der Kläger seine ladungsfähige Anschrift nicht korrekt an und müssen deshalb Zustellungen wiederholt werden, hat der Kläger dadurch verursachte Mehrkosten zu tragen (LAG Brem Rpfleger 1988, 165). Ebenfalls als schuldhafte Kostenverursachung kann es sich darstellen, wenn der Kläger zunächst ein unstatthaftes Rechtsmittel einlegt und hierdurch Kosten auslöst, die bei alleiniger Einlegung des richtigen Rechtsmittels nicht entstanden wären (BVerwG NJW 2009, 162, 164).   111

Einen Sonderfall schuldhafter Verursachung von Mehrkosten regelt § 95 ZPO. Wer einen Termin oder eine Frist versäumt oder die Verlegung eines Termins, die Vertagung einer Verhandlung, die Anberaumung eines Termins zur Fortsetzung der Verhandlung oder die Verlängerung einer Frist durch sein   112

---

41 OVG Münster DÖV 1993, 81; dagegen: *K. Rennert*, in: Eyermann § 155 Rn. 12.

Verschulden veranlasst, hat die dadurch verursachten Kosten zu tragen. Die dort geregelten Fälle werden ohne weiteres auch von § 155 Abs. 4 erfasst.

113 **4. Verschulden des Gerichts.** Es ist umstritten, ob Kosten, die durch ein Verschulden des Gerichts verursacht sind, unter § 155 Abs. 4 fallen (→ § 154 Rn. 40 a). Die Vorschrift bietet nach überwiegender Ansicht unmittelbar keine Möglichkeit, der Staatskasse Kosten aufzuerlegen, die das Gericht durch eine unrichtige Sachbehandlung verursacht hat und auch eine analoge Anwendung wird abgelehnt[42]. Gerichtskosten können im Falle unrichtiger Sachbehandlung gem. § 21 Abs. 1 S. 1 GKG niedergeschlagen werden. Die Vorschrift soll sich aber nicht auf außergerichtliche Kosten der Beteiligten beziehen (BFH NVwZ 1999, 807; → § 154 Rn. 40 a). Außergerichtliche Kosten der Beteiligten sind nach dieser Auffassung unter Umständen im Wege der Amtshaftung zu ersetzen. Würden die Kosten hingegen sogleich der Staatskasse auferlegt, würde bereits der Eintritt eines Schadens als Voraussetzung des Amtshaftungsanspruchs verhindert.

VII. Kosten der Verweisung (§ 17 b Abs. 2 GVG)

114 Kosten im Falle der Verweisung sind in § 17 b Abs. 2 GVG geregelt. Die Vorschrift gilt unmittelbar für die Verweisung an das Gericht eines anderen Rechtszugs. Über § 83 S. 1 gilt sie entsprechend für die Verweisung an das örtlich und sachlich zuständige Gericht innerhalb der Verwaltungsgerichtsbarkeit (s. die Komm. zu § 17 b GVG nach § 40).

115 § 17 b Abs. 2 S. 1 GVG ist entsprechend anzuwenden, wenn ein anhängiges Verfahren kraft Gesetzes auf das Gericht einer anderen Gerichtsbarkeit übergeht. Dieser Übergang ist verfahrensrechtlich und kostenrechtlich zu behandeln wie die Verweisung an das Gericht einer anderen Gerichtsbarkeit (BVerwGE 18, 193). Über die Kosten, die bei dem zunächst angegangenen Gericht angefallen sind, hat also nach dem Grundsatz der Einheitlichkeit der Kostenentscheidung das Gericht zu entscheiden, auf welches das Verfahren übergegangen ist. Auf die Fälle des gesetzlichen Übergangs eines Verfahrens auf das Gericht einer anderen Gerichtsbarkeit ist dagegen § 17 b Abs. 2 S. 2 GVG nicht anwendbar. Mehrkosten, die durch die Anrufung des zunächst zuständig gewesenen Gerichts entstanden sind, hat nicht der Kläger durch die Auswahl des unzuständigen Gerichts veranlasst. Die Mehrkosten sind vielmehr von demjenigen zu tragen, der in der Hauptsache unterliegt. Er trägt das Kostenrisiko eines gesetzlichen Zuständigkeitsübergangs.

§ 156 [Kosten bei sofortigem Anerkenntnis]

Hat der Beklagte durch sein Verhalten keine Veranlassung zur Erhebung der Klage gegeben, so fallen dem Kläger die Prozeßkosten zur Last, wenn der Beklagte den Anspruch sofort anerkennt.

Schrifttum

U. Guttenberg, Zur Problematik von Anerkenntnis und Verzichtsurteilen im Verwaltungsprozess, VBlBW 1992, 244; *G. U. Mezger,* Das Verzichtsurteil und das Anerkenntnisurteil im Verwaltungsprozeß, 1996.

I. Bedeutung der Norm

1 Die Vorschrift beruht auf dem Veranlassungsprinzip (→ § 154 Rn. 15 ff.). Die Kosten werden dem Kläger aufgebürdet, wenn der Beklagte keine Veranlassung zur Klageerhebung gegeben hat und er das

---

[42] BVerwG BayVBl 2002, 125; NVwZ-RR 1999, 694, 695; 4.6.1991 – 4 B 189.90; OVG Bln-Bbg 27.2.2012 – OVG 2 S 78.11, juris Rn. 7; OVG Brem 25.3.2010 – 2 B 447/09, juris Rn. 3; OVG Koblenz NVwZ-RR 1995, 362; a.A. HmbOVG 18.3.2015 – 1 Bs 72/15, juris Rn. 18; *W.-R. Schenke,* in: Kopp/Schenke § 155 Rn. 24; Kritik auch bei *C. M. Jeromin/R. Praml,* in: Gärditz § 155 Rn. 21.

Neumann/Schaks

Verfahren durch Anerkennung des geltend gemachten Anspruchs sofort beendet. Der entstandene Aufwand ist noch allein durch den Kläger veranlasst, der gleichsam grundlos Klage erhoben hat. Er obsiegt zwar. Das Anerkenntnisurteil spricht ihm den geltend gemachten Anspruch zu. Das Unterliegen des Beklagten begründet aber nicht wie sonst die Vermutung, er habe zum Streit Veranlassung gegeben und die Gegenseite dadurch zu Aufwendungen genötigt.

§ 156 beugt unüberlegten und im Ergebnis überflüssigen Prozessen vor. Wer sie veranlasst, trägt die 2 Kosten. Denn die Inanspruchnahme gerichtlicher Hilfe war nicht erforderlich. Die Vorschrift schützt den Beklagten, der ohne sein Zutun mit einer Klage überzogen wird. Er soll trotz begründeter Klage das Verfahren kostenfrei beenden können.

Der Beklagte könnte zwar den Anspruch unmittelbar erfüllen. Dies führt zur Erledigung der Hauptsa- 3 che. Ohne § 156 liefe der Beklagte aber Gefahr, nach § 161 Abs. 2 mit den Kosten des Verfahrens belastet zu werden, weil die Klage begründet war. In diesen Fällen entfaltet § 156 seine Schutzwirkung mittelbar. Er steuert mit der hinter ihm stehenden Wertung die Kostenentscheidung nach § 161 Abs. 2, wenn der Beklagte sich entschließt, die Erledigung der Hauptsache herbeizuführen, indem er den geltend gemachten Anspruch erfüllt (OVG Bautzen 13.1.2015 – 3 B 256/14, juris Rn. 2; → § 161 Rn. 95–97).

II. Anerkenntnisurteil

Die ZPO regelt in § 307 ZPO die prozessualen Folgen eines Anerkenntnisses. Erkennt eine Partei den 4 gegen sie geltend gemachten Anspruch ganz oder z.T. an, so ist sie auf Antrag der Gegenpartei dem Anerkenntnis gemäß zu verurteilen (BVerwG 17.8.2017 – 5 A 2/17 D, juris Rn. 18).

1. Zulässigkeit. Die VwGO setzt in § 156 ebenso wie in § 87a Abs. 1 Nr. 2 die prozessuale Möglich- 5 keit eines Anerkenntnisses voraus.[1] Die Zulässigkeit eines Anerkenntnisurteils ergibt sich aus § 173, § 307 ZPO. Grundsätzliche Unterschiede der beiden Verfahrensarten schließen dies nicht aus.[2]

§ 307 ZPO ist Ausdruck der Dispositionsmaxime (→ § 86 Rn. 5). Sie sichert den Beteiligten die Befug- 6 nis, über den Streitgegenstand zu verfügen. Von diesem Grundsatz wird auch das verwaltungsgerichtliche Verfahren beherrscht (VG München 27.5.2016 – M 1 S7 16.157, juris Rn. 17–22). Der Kläger hat es in der Hand, einen Rechtsstreit durch Klageerhebung anhängig zu machen und ihn durch Klagerücknahme zu beenden. Schließen die Beteiligten einen Vergleich oder geben sie übereinstimmende Erledigungserklärungen ab, hat der Rechtsstreit sich ganz oder teilweise erledigt. Das Anerkenntnis stellt ein weiteres Mittel dar, den Kläger ganz oder teilweise klaglos zu stellen.

Zwar haben die Verwaltungsgerichte den Sachverhalt von Amts wegen zu erforschen (§ 86 Abs. 1 7 S. 1), während der Zivilprozess vom Beibringungsgrundsatz geprägt wird. Der Untersuchungsgrundsatz steuert die Sammlung des Tatsachenmaterials, lässt aber die Befugnis der Beteiligten unberührt, über das Prozessrechtsverhältnis zu disponieren. Er zielt darauf ab, das Risiko materiell unrichtiger Gerichtsentscheidungen zu begrenzen. Dieser Zweck lässt die Möglichkeit der Beteiligten unberührt, von der Rechtsverfolgung überhaupt Abstand zu nehmen (→ § 86 Rn. 82).

Auch bei der Anfechtungsklage ist ein Anerkenntnis nicht per se ausgeschlossen (→ § 86 Rn. 82; VG 8 Stuttgart 15.7.2010 – 12 K 1288/10, juris Rn. 19; anders BVerwGE 62, 18; offen lassend BVerwG NVwZ 2015, 1528, 1529). Voraussetzung für die Anwendung des § 156 ist, dass in dem entsprechenden Gerichtsverfahren über einen Anspruch zu befinden ist, der vom Beklagten anerkannt werden kann.[3] Mit der Anfechtungsklage macht der Kläger einen Aufhebungsanspruch geltend (vgl. BVerwGE 85, 368, 376 f.).[4] Diesem kann die Behörde zumindest nach §§ 48, 49 VwVfG nachkommen, so dass sie diesen Aufhebungsanspruch auch anerkennen kann. Erkennt der Beklagte den Aufhebungsanspruch an, spricht das Gericht die Aufhebung des Verwaltungsakts ohne Sach- und Rechtsprüfung aus. Ebenso kommt ein Anerkenntnis bei einer Fortsetzungsfeststellungsklage in Betracht (VG Freiburg NVwZ-RR 2012, 535).

---

1 BVerwG 5.6.2012 – 4 BN 41/11, BeckRS 2012, 53513, Rn. 3, insofern nicht abgedruckt unter ZfBR 2012, 673.
2 BVerwGE 104, 27 für die Verpflichtungsklage; anders für die Anfechtungsklage: BVerwGE 62, 18.
3 BVerwG 5.6.2012 – 4 BN 41/11, BeckRS 2012, 53513, Rn. 3, insofern nicht abgedruckt unter ZfBR 2012, 673.
4 *K. F. Gärditz*, in: Gärditz § 42 Rn. 1; *R. P. Schenke*, in: Kopp/Schenke § 42 Rn. 2 m.w.N.

9   § 156 ist ferner in selbständigen Beschlussverfahren, insbes. des vorläufigen Rechtsschutzes, entsprechend anwendbar (BVerwG NVwZ-RR 1992, 86; VG München 27.5.2016 – M 1 S7 16.157, juris Rn. 17: Abänderungsverfahren gem. § 80 Abs. 7). Hingegen ist ein Anerkenntnis im Verfahren der Normenkontrolle nach § 47 gegen einen Bebauungsplan regelmäßig ausgeschlossen.[5] Der Gemeinde fehlt bei Normenkontrollverfahren gegen Bebauungspläne regelmäßig die Dispositionsbefugnis.[6] Sie kann keine Ansprüche auf Aufhebung des Bebauungsplans begründen. Dem steht § 1 Abs. 3 S. 2 BauGB entgegen. Ob dies auch für das Verfahren der einstweiligen Anordnung gem. § 47 Abs. 6 gilt, ist ungeklärt. Wegen der unterschiedlichen Prüfungsmaßstäbe und Rechtsfolgen (§ 47 Abs. 1, 5: Unwirksamerklärung bei Ungültigkeit nach vollständiger Überprüfung; § 47 Abs. 6: vorläufige Außervollzugsetzung nach summarischer Prüfung und Abwägungsentscheidung) ist es in Einzelfällen denkbar, § 156 im Verfahren nach § 47 Abs. 6 zur Anwendung zu bringen.

10 Die praktische Bedeutung des Anerkenntnisses ist im Verwaltungsprozess gering. In Anfechtungs- oder Verpflichtungssachen besteht regelmäßig nicht das Bedürfnis, einen von der beklagten Behörde anerkannten Anspruch zu titulieren. Die Behörde kann den angefochtenen Verwaltungsakt aufheben oder den begehrten Verwaltungsakt erlassen. Das Verfahren kann dann durch übereinstimmende Erledigungserklärungen der Beteiligten (oder durch Klagerücknahme) beendet werden. Zur Erledigung wird häufig schon die Zusage führen, den streitigen Verwaltungsakt aufzuheben oder zu erlassen. In diesen Fällen steuert die § 156 zugrunde liegende Wertung die Kostenentscheidung nach § 161 Abs. 2 (→ Rn. 3; → § 162 Rn. 95–97). Hat der Beklagte durch sein Verhalten keinen Anlass zur Klage gegeben und den streitigen Verwaltungsakt sofort aufgehoben oder erlassen, wird es regelmäßig der Billigkeit entsprechen, dem Kläger die Kosten des Verfahrens aufzuerlegen (BVerwG 27.9.1973 Buchholz 310 VwGO § 161 Abs. 2 Nr. 41).

11 **2. Anerkenntnis.** Ein Anerkenntnisurteil ergeht, wenn der Beklagte den geltend gemachten Anspruch anerkennt.

12 Das Anerkenntnis muss vorbehaltlos und ohne Bedingungen erklärt werden. Keinen solchen Vorbehalt stellt es dar, wenn der Beklagte sich gegen die Kostenlast verwahrt. Er weist damit nur auf die ihm günstige gesetzliche Rechtsfolge seines Anerkenntnisses hin. Erklärt der Beklagte sich „ohne Anerkennung einer Rechtspflicht" zur Leistung bereit, liegt darin kein prozessuales Anerkenntnis. Er leugnet weiterhin den geltend gemachten Anspruch. Seine Erklärung mag zur Erledigung des Rechtsstreits führen, wenn der Kläger sich mit ihr begnügt. Für die Kostenentscheidung nach § 161 Abs. 2 lässt sich in diesem Fall nicht der Rechtsgedanke des § 156 heranziehen.

13 Auf die Zulässigkeit und Begründetheit der Klage kommt es nicht an. Der Beklagte wird ohne Sach- und Rechtsprüfung seinem Anerkenntnis gemäß verurteilt (BVerwG 17.8.2017 – 5 A 2/17 D, juris Rn. 18), sofern ein solches zulässig ist (→ Rn. 5–9; → § 86 Rn. 82), also insbes. soweit der Beklagte über den Anspruch verfügen kann (BVerwG 17.8.2017 – 5 A 2/17 D, juris Rn. 19).

14 Hat der Beklagte Veranlassung zur Klage gegeben oder hat er den Anspruch nicht sofort anerkannt, ergeht auf sein Anerkenntnis ebenfalls ein Anerkenntnisurteil, jedoch muss er auch die Kosten tragen. Denn von diesen zuvor genannten, weiteren Voraussetzungen des § 156 hängt nur ab, ob der Beklagte aufgrund seines Anerkenntnisses von den Kosten des Verfahrens entlastet wird (→ Rn. 15, 28).

15 **3. Kostenfolge.** Hat der Beklagte Veranlassung zur Klage gegeben hat oder hat er den Anspruch nicht sofort anerkannt, ist die Kostenvorschrift des § 156 nicht anwendbar. Es ergeht zwar ein Anerkenntnisurteil. Die Kostenentscheidung ist jedoch nach § 154 Abs. 1 zu treffen (→ Rn. 28). Die Kosten des Verfahrens trägt der Beklagte. Infolge seines Anerkenntnisses unterliegt er. Von den Kosten wird er nur dann frei, wenn beide Voraussetzungen des § 156 kumulativ vorliegen.

16 **a) Veranlassung zur Klage.** Veranlassung zur Klage ist gegeben, „wenn Tatsachen vorliegen, die in dem Kläger vernünftigerweise die Überzeugung oder Vermutung hervorrufen können, er werde ohne eine Klage nicht zu seinem Recht gelangen" (BVerwG 17.8.2017 – 5 A 2/17 D, juris Rn. 47. So auch BGH NJW 2016, 572, 574; vgl. auch RGZ 118, 261, 264). Es kommt auf das Verhalten des Beklagten vor Prozessbeginn an (BGH NJW 1979, 2040). Der Beklagte darf vorprozessual nicht den Ein-

---

5   A.A. S. *Olbertz*, in: Schoch/Schneider/Bier § 156 Rn. 2.
6   BVerwG 5.6.2012 – 4 BN 41/11, BeckRS 2012, 53513, Rn. 5–7, insofern nicht abgedruckt unter ZfBR 2012, 673; → § 86 Rn. 82.

druck erweckt haben, der Kläger könne sein Ziel nur durch Klageerhebung erreichen.[7] Verschulden des Beklagten ist nicht erforderlich. Umgekehrt entlastet fehlendes eigenes Verschulden den Kläger nicht. Er trägt die Kosten des Verfahrens, wenn er zu Unrecht, aber ohne Verschulden angenommen hat, der Beklagte biete Veranlassung zur Klage.

Leistet der Beklagte trotz Fälligkeit nicht, gibt er damit regelmäßig Veranlassung zur Klage, selbst 17 wenn er seine Leistungspflicht nicht bestreitet. Gegenüber einem säumigen Beklagten bedarf der Kläger eines Vollstreckungstitels, um seinen Anspruch tatsächlich durchzusetzen. Bleibt der Beklagte schlicht untätig, kann eine Nachfrage oder eine Abmahnung angezeigt sein (BGH NJW 1979, 2040; KG NJW 1993, 3336).

In Anfechtungs- und Verpflichtungssachen bietet der Beklagte regelmäßig Veranlassung zur Klageerhe- 18 bung. Entweder hat er einen belastenden Verwaltungsakt erlassen oder einen beantragten Verwaltungsakt abgelehnt.

Der Beklagte oder die Widerspruchsbehörde können zwar durch Untätigkeit Veranlassung zur Klage 19 bieten, indem sie einen Antrag auf Erlass eines Verwaltungsakts oder einen Widerspruch nicht bescheiden. Jedoch hat bei der dadurch veranlassten Untätigkeitsklage § 161 Abs. 3 Vorrang vor § 156.[8] Erkennt der Beklagte auf die Untätigkeitsklage hin den geltend gemachten Anspruch an, bestimmt sich allein nach dem Maßstab des § 161 Abs. 3, ob der Beklagte Veranlassung zur Klage gegeben hat. Liegen die Voraussetzungen des § 161 Abs. 3 vor, trägt der Beklagte nach dieser Vorschrift die Kosten des Verfahrens auch im Falle eines Anerkenntnisses. Bei der Untätigkeitsklage löst ein Anerkenntnis des Beklagten die Kostenfolge des § 156 nur dann aus, wenn der Kläger nach dem Maßstab des § 161 Abs. 3 nicht mit seiner Bescheidung vor Klageerhebung rechnen durfte (→ § 161 Rn. 196 ff.).

Veranlassung zur Erhebung der Klage gibt der Beklagte nicht, wenn er den später geltend gemachten 20 Klageanspruch ablehnt, weil er ihn bezogen auf den Zeitpunkt seiner Entscheidung zu Recht für unbegründet hielt (VGH Mannheim NJW 1991, 859). Ändert sich die Sach- und Rechtslage später, insbes. während des Prozesses, kann der Beklagte den Anspruch noch mit der Kostenfolge des § 156 anerkennen. Die Vorschrift ist jedenfalls wegen der vergleichbaren Interessenlage entsprechend anzuwenden. Der Beklagte hatte ursprünglich keine Veranlassung zur Erhebung der (unbegründeten) Klage gegeben und das Verfahren sofort durch Anerkenntnis beendet, sobald dazu Grund bestand. Die entstandenen Kosten sind durch die bis dahin unbegründete Klageerhebung veranlasst.

Das OVG Lüneburg vertrat in einem Abänderungsverfahren nach § 47 Abs. 6 i.V.m. § 80 Abs. 7 S. 2 21 analog, dass der zunächst erfolgreiche Antragsteller sich nicht der drohenden Kostenlast durch ein sofortiges Anerkenntnis entziehen könne. Für den Antragsgegner des Ausgangsverfahrens soll Veranlassung bestanden haben, den Abänderungsantrag zu stellen, weil er anders nicht das Hindernis beseitigen könne, das der Vollziehbarkeit seines außer Vollzug gesetzten Bebauungsplans entgegensteht (OVG Lüneburg NVwZ-RR 2002, 700, 701). Diese Ausführungen begegnen Zweifeln. Erstens ist fraglich, ob das Änderungsverfahren in dieser Konstellation überhaupt zulässig ist, da mit der Änderung des Bebauungsplans ein aliud vorliegen könnte.[9] Die Anwendbarkeit des § 156 unterstellt (→ Rn. 9), darf zweitens die Veranlassung zur Klage (hier: zum Abänderungsantrag) nicht mit der vorherigen erfolgreichen Antragstellung gem. § 47 Abs. 6 VwGO begründet werden. Aus erfolgreich, also zu Recht in Anspruch genommenem Rechtsschutz kann nicht gefolgert werden, dass der erfolgreiche Antragsteller bei später geänderten Umständen alle nachfolgenden Kosten tragen muss. Für die Frage der Veranlassung ist vielmehr auf die Gründe für die Änderung der Sach- und/oder Rechtslage abzustellen. Ist der Abänderungsantrag deshalb erfolgreich, weil der Antragsgegner einen nach § 215 a BauGB heilbaren Mangel nach verlorenem Verfahren gem. § 47 Abs. 6 heilt, liegt der (zeitlich letzte) Grund und damit die Veranlassung im Bereich des Antragsgegners.

b) Sofortiges Anerkenntnis. Der Beklagte muss sofort anerkennen, wenn er die Vorteile der Kostenre- 22 gelung des § 156 wahren will. Maßgeblich sind die Umstände des Einzelfalles.[10]

---

7 Zu dem Sonderfall einer Entschuldigung eines Innensenators: VG Hmb 27.11.2017 – 11 K 8003/17.
8 *W.-R. Schenke*, in: Kopp/Schenke § 156 Rn. 1 a.
9 Vgl. *Schoch*, in: Schoch/Schneider/Bier § 80 Rn. 587 f.
10 VGH Mannheim NJW 1991, 859: zweifelhaft, ob noch ein sofortiges Anerkenntnis vorliegt, wenn der Beklagte es fünf Monate nach Eintritt der Umstände abgibt, die Anlass zum Anerkenntnis gaben.

23 Der Beklagte muss imstande sein, den Anspruch anzuerkennen. Das ist er regelmäßig nur dann, wenn der Kläger seine Klage begründet hat, der Beklagte Zeit hatte, die Begründung zu prüfen (vgl. VG München 27.5.2016 – M 1 S7 16.157, juris Rn. 29), und ggf. zur Mitwirkung befugte Stellen beteiligt hat. Die Klagebegründung kann ferner weitere (zunächst mit Recht unterbliebene) Nachprüfungen erforderlich machen.

24 Der Beklagte kann nicht in jedem Fall bis zur mündlichen Verhandlung warten, um erst dort ein Anerkenntnis abzugeben. Im Verwaltungsprozess kann das Anerkenntnis schriftsätzlich abgegeben werden (zu einem solchen Fall: VG München 27.5.2016 – M 1 S7 16.157). Das Anerkenntnis muss grds. in dem ersten Schriftsatz enthalten sein, mit dem der Beklagte auf die Klagebegründung reagiert. Mit diesem Schriftsatz darf der Beklagte sich wiederum grundsätzlich nicht mehr Zeit lassen, als zur angemessenen Prüfung der Klagebegründung erforderlich ist.

25 Der Beklagte erkennt einen Anspruch jedenfalls dann nicht mehr „sofort" an, wenn er sich nach Vortrag der klagebegründenden Behauptungen zunächst sachlich auf die Klage eingelassen und den Anspruch bestritten hat (BVerwG 7.4.2017 – 1 WB 4/17, juris Rn. 24 f.; OLG Brandenburg FamRZ 2002, 253).

26 Der Beklagte erkennt nicht mehr „sofort" an, wenn er das Anerkenntnis erst abgibt, nachdem das Gericht eine ihm ungünstige Rechtsauffassung geäußert hat.

27 Der Beklagte muss den Anspruch nicht sofort erfüllen. Das Anerkenntnis soll mit dem Anerkenntnisurteil nur auf einfache Weise den vollstreckbaren Titel schaffen (BGH NJW 1979, 2040).

28 c) **Abgrenzung zu § 155 Abs. 4.** Gibt der Beklagte das Anerkenntnis nicht sofort, sondern erst mit Verzögerung ab, trifft ihn die volle Kostenlast nach § 154 Abs. 1. Hingegen können nicht die Kosten nach § 156 grds. dem Kläger auferlegt werden, während dem Beklagten nach § 155 Abs. 4 nur die Mehrkosten zur Last fallen, die durch seine schuldhafte Verzögerung des Anerkenntnisses verursacht sind.[11]

29 Sachverhalte, die eine Anwendung des § 155 Abs. 4 zulasten des Beklagten nahe legen, dürften regelmäßig zugleich die Tatbestandsvoraussetzungen des § 156 ausschließen. Als Folge davon trägt der Beklagte trotz seines Anerkenntnisses die Kosten des Verfahrens nach § 154 Abs. 1, ohne dass ein Rückgriff auf § 155 Abs. 4 geboten ist. Hat der Beklagte bspw. den Sachverhalt im Verwaltungsverfahren unzureichend ermittelt und erkennt er den geltend gemachten Anspruch an, nachdem das Gericht gehörige Nachermittlungen angestellt hat, kommt ihm § 156 nicht zugute (vgl. LSG Schleswig NZS 1997, 392). Er hat durch seine nachlässige Ermittlung des entscheidungserheblichen Sachverhalts Anlass zur Klage gegeben.

30 d) **Kostenlast des Beigeladenen.** Der Beigeladene kann den geltend gemachten Anspruch nicht anerkennen.[12] Er kann nur durch ein untechnisch verstandenes Anerkenntnis zu einer Erledigung der Hauptsache beitragen.[13]

31 Ergeht ein Anerkenntnisurteil, kann der Beigeladene nicht mit Kosten belastet werden. Hat er den Kläger mit einem eigenen Antrag unterstützt, ergeht das Anerkenntnisurteil in der Sache auch zu seinen Gunsten. Kosten hat bei einem sofortigen Anerkenntnis nach dem Wortlaut von § 156 allein der Kläger als Veranlasser zu tragen. Hat der Beigeladene den Beklagten mit einem eigenen Antrag unterstützt, trägt gem. § 156 allein der Kläger als Veranlasser die Kosten. Das Anerkenntnis des Beklagten „entlastet" auch den auf seiner Seite stehenden Beigeladenen.

32 **4. Teilanerkenntnis.** Der Beklagte kann bei teilbarem Streitgegenstand einen geltend gemachten Anspruch z.T. oder nur einen von mehreren geltend gemachten Ansprüchen anerkennen. Auf dieses Teilanerkenntnis kann ein Teilurteil (s. die Komm. zu § 110) ergehen, durch das der Beklagte seinem Anerkenntnis gemäß verurteilt wird. Über die Klage im Übrigen wird im Schlussurteil streitig entschieden. Das Schlussurteil enthält die einheitliche Kostenentscheidung für das gesamte Verfahren. Sie beruht auf § 156 einerseits und für den streitig entschiedenen Teil – je nach Ausgang – auf § 154 Abs. 1 oder § 155 Abs. 1 andererseits.

---

11 A.A. *S. Olbertz*, in: Schoch/Schneider/Bier § 156 Rn. 2.
12 *C. M. Jeromin/R. Praml*, in: Gärditz § 156 Rn. 7.
13 Bsp.: Der Nachbar (Kläger) erhebt Klage gegen eine Baugenehmigung, die der Beklagte (Bauaufsicht) dem Beigeladenen (Bauherrn) für dessen Bauvorhaben erteilt hat. Der Beigeladene kann auf die Baugenehmigung selbst oder ihre Ausnutzung verzichten, mit der Folge, dass sich der Rechtsstreit in der Hauptsache erledigt.

5. Anfechtbarkeit der Kostenentscheidung. Das Anerkenntnisurteil ist eine „Entscheidung in der 33 Hauptsache" i.S.d. § 158. Das Urteil ergeht nur ohne Sach- und Rechtsprüfung. Die Anfechtung der Kostenentscheidung unterfällt deshalb nicht § 158 Abs. 2. Sie ist vielmehr nach § 158 Abs. 1 zulässig, allerdings nur zusammen mit einem Rechtsmittel gegen die Entscheidung in der Hauptsache. Ein solches Rechtsmittel scheidet für den Kläger aber regelmäßig aus, wenn der Urteilsausspruch dem abgegebenen Anerkenntnis entspricht. In diesem Fall ist der Kläger durch den Urteilsausspruch nicht beschwert. Materiell beschwert ist der Beklagte. Er kann gegen das Anerkenntnisurteil in der Hauptsache ein Rechtsmittel einlegen. Sinn ergibt das nur dann, wenn das Gericht ihm Kosten auferlegt hat, weil er Anlass zur Klage gegeben oder das Anerkenntnis nicht sofort abgegeben habe. Mit seinem Rechtsmittel zur Hauptsache kann der Beklagte auch die Kostenentscheidung zur Überprüfung stellen (→ § 158 Rn. 1 f., 16, 30). Er darf allerdings das Anerkenntnisurteil in der Hauptsache nicht lediglich anfechten, um das Verbot einer isolierten Anfechtung der Kostenentscheidung zu umgehen (→ § 158 Rn. 21).

III. Verzicht

Der Kläger kann auf den geltend gemachten Anspruch verzichten (zum Klageverzicht → § 74 34 Rn. 47 ff.). Die Klage wird ohne Sach- und Rechtsprüfung durch ein Verzichtsurteil nach § 173, § 306 ZPO abgewiesen. Die Kostenentscheidung ergeht nach § 154 Abs. 1, nicht nach § 156. Für den Kläger besteht keine vergleichbare Interessenlage, die eine entsprechende Anwendung des § 156 rechtfertigt. Eine entsprechende Anwendung des § 156 kommt auch nicht in Betracht, wenn der Beklagte Anlass 35 zur Klage gegeben hat, die Klage ursprünglich begründet war, aber auf Grund einer nachträglichen Änderung der Sach- und Rechtslage unbegründet geworden ist und der Kläger dies zum Anlass nimmt, auf den geltend gemachten Anspruch sofort zu verzichten. Der Kläger kann in diesem Fall kostenfrei aus dem Prozess aussteigen, indem er die Hauptsache für erledigt erklärt. Schließt sich der Beklagte seiner Erledigungserklärung an, ist bei der Kostenentscheidung nach § 161 Abs. 2 zu berücksichtigen, dass die Klage ursprünglich begründet war (→ § 161 Rn. 75, 83 ff.). Widerspricht der Beklagte, bietet schon die einseitig gebliebene Erledigungserklärung dem Kläger regelmäßig die Möglichkeit, kostenfrei aus dem Prozess auszusteigen, wenn die Klage nachträglich unbegründet geworden ist (→ § 161 Rn. 192).

§ 157 (weggefallen)
§ 158 [Anfechtung der Kostenentscheidung]

(1) Die Anfechtung der Entscheidung über die Kosten ist unzulässig, wenn nicht gegen die Entscheidung in der Hauptsache ein Rechtsmittel eingelegt wird.

(2) Ist eine Entscheidung in der Hauptsache nicht ergangen, so ist die Entscheidung über die Kosten unanfechtbar.

I. Entwicklung des Normbestands

In seiner ursprünglichen Fassung schloss § 158 die Anfechtung der Kostenentscheidung aus, wenn 1 nicht gegen die Entscheidung in der Hauptsache ein Rechtsmittel eingelegt wurde. Die Vorschrift entsprach damit dem jetzt geltenden § 158 Abs. 1. Ausnahmen bestanden nach Abs. 2 für die Kostenentscheidung in einem Anerkenntnisurteil (§ 156) und die Kostenentscheidung nach dem inzwischen aufgehobenen § 157. Im Falle des § 156 ergeht die Kostenentscheidung regelmäßig zulasten des Klägers, der durch die Entscheidung in der Hauptsache nicht beschwert ist und diese deshalb nicht anfechten kann. Auf seine Beschwerde konnte nach § 158 Abs. 2 a.F. nachgeprüft werden, ob der Beklagte Anlass zur Klageerhebung gegeben und den Anspruch sofort anerkannt hatte.

2   § 158 a.F. sollte nach verbreiteter Auffassung hingegen die selbständige Anfechtung der Kostenentscheidung nicht in den Fällen ausschließen, in denen keine Entscheidung in der Hauptsache erging.[1] Erfasst waren damit insbes. die Kostenentscheidungen nach Klagerücknahme und nach Erledigung in der Hauptsache. Praktische Bedeutung hatte dies vor allem für die Kostenentscheidung nach § 161 Abs. 2. Im Beschwerdeverfahren konnte überprüft werden, ob die Kostenverteilung des VG billigem Ermessen entsprach.

3   Diese Möglichkeit der isolierten Anfechtbarkeit beseitigte der Gesetzgeber zunächst befristet durch das VGFGEntlG (v. 31.3.1978, BGBl I 446). Nach dessen Art. 2 § 8 war der Beschluss nach § 161 Abs. 2 unanfechtbar. Nach der Begründung des Regierungsentwurfs (BT-Drs. 8/842, 13) sollte das OVG nach Erledigung der Hauptsache nicht allein wegen der Kosten mit der Sache befasst werden können. Weil die Kostenentscheidung nach § 161 Abs. 2 sich am bisherigen Sach- und Streitstand zu orientieren hat, erzwang ihre Überprüfung eine erstmalige Befassung mit der Hauptsache.

4   Durch das 4. VwGOÄndG (v. 17.12.1990, BGBl I 2809) hat § 158 seine jetzige Fassung erhalten. Nach der Begründung des Regierungsentwurfs ging es im Wesentlichen darum, Art. 2 § 8 VGFGEntlG in Dauerrecht zu überführen. Die Neuregelung geht aber darüber hinaus. Ein Rechtsmittel gegen isolierte Kostenentscheidungen sollte generell ausgeschlossen werden. Die Begründung nennt als Beispiele die Kostenentscheidungen nach Erledigung der Hauptsache, nach Klage- oder Rechtsmittelrücknahme und nach Vergleich ohne Kostenregelung (BT-Drs. 11/7030, 36).

II. Bedeutung der Vorschrift

5   § 158 dient in seinen beiden Absätzen der Entlastung der höheren Instanz. Diese soll nicht mehr mit Rechtsmitteln allein gegen die Kostenentscheidung befasst werden (BVerwG 9.8.2011 – 4 B 24/11, juris Rn. 1). Kostenentscheidungen als bloße Nebenentscheidungen sollen nicht mehr selbständiger Gegenstand eines Rechtsmittelverfahrens sein können. Ergeht eine Entscheidung in der Hauptsache, kann die Kostenentscheidung nur zusammen mit einem Rechtsmittel gegen diese angefochten werden. Ergeht keine Entscheidung in der Hauptsache, ist die Kostenentscheidung einer Anfechtung gänzlich entzogen. Dabei sind die Gründe gleichgültig, aus denen sich der Streit auf den Kostenpunkt beschränkt (zu Gehörsrüge und Verfassungsbeschwerde → Rn. 39 f.). Die Beschränkung der Anfechtbarkeit der Kostenentscheidung wird als verfassungsgemäß erachtet (VGH München 20.3.2014 – 22 C 14.588, juris Rn. 8 ff.).

III. Anwendungsbereich

6   **1. Kostengrundentscheidung.** § 158 betrifft nur die Kostengrundentscheidung, also den Ausspruch über die Kostenfolge i.S.d. § 120 Abs. 1. Hat das Gericht diesen Ausspruch mit Entscheidungen verbunden, die sachlich der Kostenfestsetzung zuzurechnen sind, gilt § 158 für diese nicht. Sie sind ebenso anfechtbar, wie sie es wären, wenn das Gericht sie gesondert getroffen hätte. In Betracht kommt insbes. der Ausspruch nach § 162 Abs. 2 S. 2, dass die Zuziehung eines Bevollmächtigten für das Vorverfahren notwendig war.[2] Dasselbe gilt für Entscheidungen, die der Sache nach dem Ansatz der Gerichtskosten zuzurechnen sind, wie der Ausspruch nach § 21 Abs. 1 S. 1 GKG, dass Gerichtskosten wegen unrichtiger Sachbehandlung nicht erhoben werden (OVG Koblenz NVwZ-RR 1995, 362).

---

1   Vgl. OVG Bln NVwZ 1985, 205; VGH Mannheim VBlBW 1984, 74; OVG Münster DÖV 1990, 158; weitergehend: BVerwG 13.6.1969 Buchholz 310 § 158 VwGO Nr. 3.

2   BVerwGE 27, 39, 41; OVG Weimar NVwZ-RR 2001, 487 f.; OVG Greifswald NVwZ 2002, 1129; *C. M. Jeromin/ R. Praml*, in: Gärditz § 158 Rn. 1; *K. Rennert*, in: Eyermann § 158 Rn. 2; ferner allerdings jeweils wohl für die isolierte Entscheidung nach § 162 Abs. 2 S. 2: VGH Kassel NVwZ-RR 1996, 616; VGH Mannheim VBlBW 1996, 340; OVG Münster NVwZ-RR 2006, 838; a.A. VGH München NVwZ-RR 1993, 221: Unanfechtbarkeit nach § 158 Abs. 2.

2. Urteilsergänzung. § 158 schließt Rechtsmittel gegen Entscheidungen aus, die nachträglich gem. 7
§ 120 ein Urteil oder einen Beschluss um einen Ausspruch zur Kostenfolge ergänzen (VGH Kassel
NVwZ-RR 1994, 122). In der Praxis geht es zumeist um eine zunächst unterbliebene Entscheidung
über die außergerichtlichen Kosten des Beigeladenen.

Rechtsmittel gegen eine Urteilsergänzung sind zum einen ausgeschlossen, wenn mit dem Rechtsmittel 8
die inhaltliche Unrichtigkeit der Ergänzung gerügt wird, also die ergänzte Kostenentscheidung zur
Überprüfung gestellt wird (OVG Magdeburg NVwZ-RR 2016, 892; OVG Münster 18.9.2014. – 7 E
640/14, BeckRS 2014, 56621). Eine die Kostenfolge betreffende Ergänzungsentscheidung kann zum
anderen auch dann nicht selbständig angefochten werden, wenn der Rechtsmittelführer lediglich rügt,
die Ergänzung an sich sei unstatthaft, weil die Voraussetzungen des § 120 nicht vorgelegen hätten,[3]
etwa die Frist des § 120 Abs. 2 nicht gewahrt gewesen sei. Gegenstand des Rechtsmittelverfahrens ist
zwar nicht die ergänzte Kostenentscheidung selbst, ihre inhaltliche Richtigkeit. Gegenstand der Überprüfung ist aber, ob die Kostenentscheidung in einem ordnungsgemäßen Verfahren zustande gekommen ist. Auch diese Frage ist durch § 158 der (isolierten) Nachprüfung in höherer Instanz entzogen.
§ 158 unterscheidet nicht zwischen Inhalt und Verfahren. Die von vornherein getroffene Kostenentscheidung kann nicht mit der Begründung (isoliert) angefochten werden, sie sei verfahrensfehlerhaft
zustande gekommen. Die ergänzte Kostenentscheidung kann also ebenfalls nur zusammen mit einem
Rechtsmittel gegen die Entscheidung in der Hauptsache angefochten werden. Ist eine solche nicht ergangen, ist auch die ergänzte Kostenentscheidung jeder Anfechtung entzogen.

3. Behördliche Kostenentscheidungen. § 158 gilt nicht für Kostenentscheidungen in Verwaltungsak- 9
ten oder Widerspruchsbescheiden. Ob solche Kostenentscheidungen isoliert anfechtbar sind, richtet
sich nach den Voraussetzungen, die allgemein für Widerspruch oder Klage gegen Verwaltungsentscheidungen gelten.[4]

IV. Abs. 1

Ist eine Entscheidung in der Hauptsache ergangen, kann die Kostenentscheidung nur zusammen mit 10
einem Rechtsmittel gegen die Entscheidung in der Hauptsache angefochten werden. § 158 Abs. 1 verbietet, Rechtsmittel auf den Kostenpunkt zu beschränken.

1. Anwendungsbereich. Das Verbot isolierter Anfechtung der Kostenentscheidung gilt auch für die 11
Entscheidung über die außergerichtlichen Kosten des Beigeladenen gem. § 162 Abs. 3 (→ Rn. 17;
→ § 162 Rn. 146).

Bedürfen Rechtsmittel, wie die Berufung oder die Revision, der Zulassung, ist § 158 Abs. 1 bereits im 12
Zulassungsverfahren zu berücksichtigen. § 158 Abs. 1 schließt die Zulassung von Rechtsmitteln aus,
die auf den Kostenpunkt beschränkt sein sollen (BVerwG 9.8.2011 – 4 B 24/11, juris Rn. 1; BVerwG
NVwZ-RR 1999, 694), mögen auch bezogen auf die Kostenentscheidung Zulassungsgründe vorliegen
(BVerwG 16.11.1992 Buchholz 310 § 158 VwGO Nr. 6). Wegen ihres Zieles einer unzulässigen Berufung oder Revision rechtfertigt dies nicht ihre Zulassung. Die Zulassung dieser Rechtsmittel kann nur
mit Zulassungsgründen erreicht werden, die sich auf die Entscheidung in der Hauptsache beziehen.
Hat ein Beteiligter sich auf Zulassungsgründe gestützt, die sowohl die Entscheidung in der Hauptsache als auch die Kostenentscheidung betreffen, kann die Berufung oder die Revision nur zugelassen
werden, wenn die Zulassungsgründe durchgreifen, die sich auf die Entscheidung in der Hauptsache
beziehen (BVerwG NVwZ 2002, 1385).

2. Zulässigkeit des Rechtsmittels gegen die Hauptsachenentscheidung. Das Rechtsmittel gegen die 13
Entscheidung in der Hauptsache muss zulässig sein. Ist es unzulässig, ist auch die Anfechtung der Kostenentscheidung unzulässig (VGH München VGH n.F. 23 [1970] 174).

Ein Beteiligter kann eine Kostenentscheidung nicht isoliert anfechten, wenn er nur durch die Kosten- 14
entscheidung beschwert ist, die in der Hauptsache ergangene Entscheidung dagegen mangels Beschwer

---

3 A.A.: BVerwG NVwZ-RR 1999, 694; NVwZ 2007, 1442; OVG Lüneburg NVwZ-RR 2002, 897; OVG Weimar
JurBüro 2001, 603; *K. Rennert*, in: Eyermann § 158 Rn. 4; *W.-R. Schenke*, in: Kopp/Schenke § 158 Rn. 3; zweifelnd:
OVG Magdeburg NVwZ-RR 2016, 892. Wie hier: OVG Münster 18.9.2014 – 7 E 640/14, BeckRS 2014, 56621.
4 BVerwGE 32, 346, 347; BVerwG 18.12.1975 Buchholz 424.01 § 147 FlurbG Nr. 3; *W.-R. Schenke*, in: Kopp/Schenke
§ 158 Rn. 4.

nicht anfechten kann (OVG Bautzen 12.12.2012 – NC 2 B 326/11, juris Rn. 2). § 158 Abs. 1 lässt es nicht zu, die Beschwer für das eingelegte Rechtsmittel aus der Beschwer durch die ungünstige Kostenentscheidung herzuleiten (OVG Bautzen DÖV 1998, 930; OVG Koblenz DVBl 1987, 851). Der Beteiligte kann das Verbot des § 158 Abs. 1 nicht dadurch umgehen, dass er ein mangels Beschwer unzulässiges Rechtsmittel einlegt.

15   Lässt das Gesetz ausnahmsweise eine Kostentrennung zu, kann auch der Beteiligte mit Kosten belastet werden, der in der Hauptsache obsiegt. Er kann die Entscheidung in der Hauptsache mangels Beschwer nicht anfechten und sich nicht dagegen wehren, dass ihm bestimmte Kosten auferlegt werden. Neben den Kosten des Wiedereinsetzungsantrags (§ 155 Abs. 3) und den Kosten der Verweisung (§ 17b Abs. 2 S. 2 GVG) gilt dies insbes. für Kosten, die das Gericht einem obsiegenden Beteiligten gem. § 155 Abs. 4 auferlegt, weil er sie schuldhaft verursacht hat (BVerwG NVwZ-RR 1999, 692; OVG Bautzen DÖV 1998, 930).

16   An einer Beschwer des Klägers durch die Entscheidung in der Hauptsache fehlt es bei einem Anerkenntnisurteil. Ihn belastet nur die Kostenentscheidung nach § 156 (→ § 156 Rn. 33).

17   Hat das VG die außergerichtlichen Kosten des Beigeladenen gem. § 162 Abs. 3 für nicht erstattungsfähig erklärt (→ Rn. 11; → § 162 Rn. 146), kann der Beigeladene hiergegen kein isoliertes Rechtsmittel einlegen (VGH Kassel DÖV 1992, 40; VGH München BayVBl 2011, 698; OVG Münster 28.10.2016 – 6 E 879/16, juris Rn. 1). Für ihn ist die Entscheidung über seine außergerichtlichen Kosten unanfechtbar, wenn er gegen die Entscheidung in der Hauptsache kein Rechtsmittel einlegen kann, weil er durch sie nicht beschwert ist (OVG Bln NVwZ-RR 1996, 546).

18   Unanfechtbar ist die Kostenentscheidung schließlich für einen Dritten, der allein durch die Kostenentscheidung beschwert ist und gegen die Entscheidung in der Hauptsache deshalb kein Rechtsmittel einlegen kann. Das gilt insbes. für den vollmachtlosen Vertreter (BVerwG 19.11.2002 – 7 B 104/02, BeckRS 2003, 20107; VGH München BayVBl 2002, 438; → § 154 Rn. 31 ff.).[5]

19   Bei vollmachtloser Vertretung ergeht das Urteil gegen den angeblich vertretenen Beteiligten (→ § 154 Rn. 32), der deshalb allein durch eine Klageabweisung beschwert ist. Hat das VG dem Prozessbevollmächtigten als vollmachtlosem Vertreter die Kosten des Verfahrens auferlegt, kann dieser gegen die Kostenentscheidung kein Rechtsmittel einlegen.[6] Für ihn ist der Ausspruch in der Hauptsache mangels Beschwer nicht anfechtbar. Die Rechtsschutzgarantie des Art. 19 Abs. 4 GG steht dem Ausschluss eines Rechtsmittels nicht entgegen. Sie gewährt keinen Instanzenzug (BVerfGE 107, 395, 401 ff.). Hat das Gericht den Prozessbevollmächtigten nicht zu der Möglichkeit angehört, ihn als vollmachtlosen Vertreter in die Kosten zu verurteilen, kommt eine Abhilfe in entsprechender Anwendung von § 152a in Betracht. Die unmittelbare Anwendung scheidet mangels eigener Beteiligteneigenschaft des vollmachtlosen Vertreters aus.

20   Weist das VG die Klage, die vom vollmachtlosen Vertreter erhoben wurde, fälschlich aus Sachgründen ab, kann der Kläger gegen das Urteil Berufung einlegen, mit der er begehrt, die Klage wegen fehlender ordnungsgemäßer Klageerhebung durch Prozessurteil als unzulässig abzuweisen und die Kosten dem vollmachtlosen Vertreter aufzuerlegen.

21   **3. Umgehung.** Trotz formeller Beschwer durch die Entscheidung zur Hauptsache kann ein Rechtsmittel gegen diese Entscheidung ausnahmsweise als Umgehung des § 158 Abs. 1 unzulässig sein (BVerwG NVwZ-RR 2015, 759). Jedoch ist hier große Zurückhaltung geboten. Aus Gründen der Rechtssicherheit und der Rechtsmittelklarheit knüpft die Zulässigkeit von Rechtsmitteln an eindeutige formale Kriterien an. Sie können allenfalls in Fällen eindeutigen Missbrauchs beiseite geschoben werden. Der Wille, das Urteil nur wegen des Kostenpunktes zu bekämpfen, muss gleichsam mit den Händen zu greifen sein (VGH München BayVBl 1989, 406). Es muss schlechthin ausgeschlossen sein, dass der Rechtsmittelführer an dem Antrag zur Hauptsache um seiner selbst willen ein verständiges und schutzwürdiges Interesse hat.

22   § 158 Abs. 1 schließt hingegen nicht aus, gegen die Entscheidung in der Hauptsache ein Rechtsmittel allein mit dem Ziel einzulegen, die Hauptsache im Rechtsmittelverfahren für erledigt zu erklären und

---

5   *K. Rennert*, in: Eyermann § 158 Rn. 2.
6   BVerwG 19.11.2002 – 7 B 104.02; VGH München NJW 1994, 1019; OVG Münster DÖV 1994, 84; 24.4.2017 – 4 A 879/14, juris Rn. 22.

den Streit dadurch auf den Kostenpunkt zu beschränken.[7] Der Rechtsmittelführer wird durch die Entscheidung in der Hauptsache beschwert. Diese Entscheidung will er mit dem Rechtsmittel beseitigen, indem er das Verfahren in der Hauptsache für erledigt erklärt. Eine Umgehung des § 158 Abs. 1 liegt darin nicht. Hängt das Rechtsmittel von einer Zulassung ab, kann die eingetretene Erledigung der Hauptsache zugleich die Zulassungsgründe beseitigt haben, so dass aus diesem Grund eine Zulassung des Rechtsmittels nicht mehr in Betracht kommt (OVG Münster NVwZ-RR 2002, 796).

4. Änderungen zulasten des Rechtsmittelführers. § 158 Abs. 1 schließt nur die isolierte Anfechtung 23 der Kostenentscheidung aus, normiert aber nicht die Unanfechtbarkeit der Kostenentscheidung schlechthin.

Das Rechtsmittelgericht kann die Kostenentscheidung zulasten des Rechtsmittelführers ändern, wenn 24 und soweit ein Rechtsmittel gegen die Entscheidung in der Hauptsache eingelegt ist (BVerwGE 14, 171, 174; OVG Bln NVwZ 1990, 681). Das Verbot der Verböserung gilt für die Kostenentscheidung nicht.[8] Das Gericht entscheidet über die Kostenfolge von Amts wegen. An Anträge der Beteiligten ist es nicht gebunden. Die Beschränkungen des § 88 gelten nicht. Der Antrag auf Zulassung der Berufung und die Nichtzulassungsbeschwerde begründen noch nicht die Zuständigkeit des Rechtsmittelgerichts zur Abänderung der Kostenentscheidung. Bleiben diese Rechtsmittel erfolglos, kann das Rechtsmittelgericht in dem zurückweisenden Beschluss nicht von Amts wegen eine fehlerhafte Kostenentscheidung der Vorinstanz ändern (BGH NJW-RR 2006, 1508).

Hat das VG die außergerichtlichen Kosten eines Beigeladenen nicht für erstattungsfähig erklärt, kann 25 das Rechtsmittelgericht dem unterliegenden Beteiligten die außergerichtlichen Kosten des Beigeladenen für beide Instanzen auferlegen, selbst wenn der Beigeladene gegen den Kostenausspruch zu seinem Nachteil kein Rechtsmittel eingelegt hat und mangels Beschwer auch nicht einlegen konnte (BVerwGE 14, 171, 174). Hat das VG einem Beigeladenen entgegen § 154 Abs. 3 keine Kosten auferlegt, kann das OVG auf ein in der Sache erfolgloses Rechtsmittel des Beigeladenen gegen die Hauptsachenentscheidung die Kostenentscheidung erster Instanz zu seinen Lasten ändern und ihm Kosten auferlegen (OVG Bln NVwZ 1990, 681).

Das Rechtsmittelgericht kann ferner für die Vorinstanz die Kosten einem vollmachtlosen Vertreter 26 (→ § 154 Rn. 31 ff.) auferlegen, wenn die Vorinstanz noch eine wirksame Bevollmächtigung angenommen, die Klage aus anderen Gründen abgewiesen hat, erst in der Rechtsmittelinstanz die fehlende Vollmacht des Vertreters „entdeckt" wird und zur Zurückweisung des Rechtsmittels führt, weil sich die Klage nunmehr mangels ordnungsgemäßer Vertretung des angeblichen Klägers als nicht wirksam erhoben erweist.

5. Anschlussrechtsmittel. Ist gegen die Entscheidung in der Hauptsache ein Rechtsmittel eingelegt, 27 hindert § 158 Abs. 1 den Rechtsmittelgegner daran, gegen eine zu seinem Nachteil ergangene Kostenentscheidung ein Anschlussrechtsmittel einzulegen.[9] Für das Anschlussrechtsmittel ist eine eigene Beschwer erforderlich (→ § 141 Rn. 27 m.w.N.; a.A. BVerwGE 29, 261, 264), die wegen § 158 Abs. 1 nicht allein aus der Kostenentscheidung hergeleitet werden darf. Der in erster Instanz obsiegende Beteiligte kann sich deshalb nicht mit einem Anschlussrechtsmittel dagegen wehren, dass ihm das Gericht nach § 155 Abs. 4 Kosten auferlegt hat. Das gilt jedenfalls für das Verfahren der Nichtzulassungsbeschwerde. Mit der Nichtzulassungsbeschwerde wird nicht die Hauptsache beim BVerwG anhängig, sondern nur die Frage, ob die Revision zuzulassen ist. Dementsprechend geht es in dem Beschwerdeverfahren nicht darum, ob das Urteil der Vorinstanz, sei es in der Sache, sei es hinsichtlich der Kostenentscheidung, zutrifft. Diese Frage würde sich erst in einem Revisionsverfahren stellen, in dem dann die Kostenentscheidung der Vorinstanz von Amts wegen oder aufgrund eines Anschlussrechtsmittels zu prüfen wäre (BVerwG 9.3.2005 Buchholz 428 § 1 Abs. 6 VermG Nr. 32).

---

7 HmbOVG MDR 1995, 956; VGH Mannheim NVwZ-RR 2003, 392; NVwZ-RR 2002, 75; OVG Münster NVwZ-RR 2003, 701; einschränkend: OVG Brem DÖV 1988, 523: nur wenn der Rechtsmittelführer unter Verletzung seiner Verfahrensgrundrechte daran gehindert worden ist, die Erledigungserklärung schon in erster Instanz abzugeben; VGH Mannheim NVwZ-RR 2010, 416: nicht in Verfahren des vorläufigen Rechtsschutzes; a.A. OVG Brem NVwZ-RR 2017, 5; NordÖR 2010, 369; OVG Saarlouis NVwZ-RR 2016, 528.
8 *W.-R. Schenke*, in: Kopp/Schenke § 158 Rn. 7.
9 A.A. BVerwG 9.3.2005 Buchholz 428 § 1 Abs. 6 VermG Nr. 32; OVG Bautzen NVwZ-RR 2010, 624; OVG Lüneburg 11.7.2014 – 1 ME 71/14, BeckRS 2014, 53502; HmbOVG 11.07.2017 – 2 Bs 114/17, juris Rn. 20; krit. *C. M. Jeromin/R. Praml*, in: Gärditz § 158 Rn. 5.

V. Abs. 2

28　Ergeht zutreffenderweise keine Entscheidung in der Hauptsache, ist die Kostenentscheidung jeder Anfechtung entzogen.

29　Die isolierte Kostenentscheidung ist aber mit der Begründung anfechtbar, dass sie nicht hätte ergehen dürfen, weil das Gericht eine Entscheidung in der Hauptsache hätte treffen müssen. Hat das Gericht angenommen, die Beteiligten hätten den Rechtsstreit übereinstimmend in der Hauptsache für erledigt erklärt, und hat es deshalb über die Kosten nach § 161 Abs. 2 entschieden, kann der Beklagte diese Kostenentscheidung mit der Begründung anfechten, die Erledigungserklärung des Klägers sei einseitig geblieben, das Gericht hätte eine streitige Entscheidung über die Erledigung des Rechtsstreits treffen müssen, die dann mit allgemeinen Rechtsmitteln anfechtbar gewesen wäre. Dem Beteiligten steht gegen die zu Unrecht ergangene Kostenentscheidung das Rechtsmittel zu, welches das Gesetz gegen eine in der richtigen Form ergangene Entscheidung vorsieht (BGH MDR 2002, 534).

30　**1. Anwendungsbereich.** Von § 158 Abs. 2 erfasst sind die Kostenentscheidungen bei Rücknahme eines Rechtsbehelfs, bei übereinstimmenden Erledigungserklärungen der Beteiligten sowie bei Abschluss eines gerichtlichen Vergleichs ohne eigene Kostenregelung. Die Anfechtung eines Anerkenntnisses wird von Abs. 1 erfasst (→ Rn. 16).[10]

31　Ausgeschlossen sind nach § 158 Abs. 2 Rechtsmittel gegen die Kostenentscheidung nach § 161 Abs. 3, wenn diese nicht mit einer Sachentscheidung verbunden ist, die Untätigkeitsklage also bei nachträglicher Bescheidung durch Klagerücknahme oder übereinstimmende Erledigungserklärungen beendet wird (OVG Lüneburg NVwZ-RR 2006, 734).

32　Unanfechtbar ist in den Fällen des Abs. 2 auch der Ausspruch über die außergerichtlichen Kosten des Beigeladenen nach § 162 Abs. 3 (→ Rn. 11, 17; → § 162 Rn. 146).

33　**2. Anfechtbarkeit von Teilentscheidungen.** Nach dem Grundsatz der Einheitlichkeit der Kostenentscheidung (→ § 155 Rn. 4–7) ist erst am Schluss der Instanz in einer einheitlichen Kostenentscheidung über die gesamten Kosten des Verfahrens zu befinden. Wird das Verfahren in Teilen auf unterschiedliche Weise beendet, beruht die einheitliche Kostenentscheidung auf unterschiedlichen Rechtsgrundlagen. Daraus kann sich eine unterschiedliche Anfechtbarkeit ergeben.

34　Hat der Kläger die Klage z.T. zurückgenommen oder haben die Beteiligten das Verfahren z.T. in der Hauptsache für erledigt erklärt, befindet die einheitliche Kostenentscheidung auch über die Kosten des zurückgenommenen oder für erledigt erklärten Teils. Wird die im Übrigen ergangene Entscheidung in der Hauptsache angefochten, kann die Anfechtung nicht auf den Teil der Kostenentscheidung erstreckt werden, der sich zu dem zurückgenommenen oder für erledigt erklärten Teil des Verfahrens verhält.[11]

35　Der Ausschluss der Anfechtbarkeit entspricht dem Zweck des § 158 Abs. 2. Die Vorschrift dient der Entlastung des Verfahrens. Ist ein Rechtsstreit in der Hauptsache erledigt, soll über die Kosten nicht noch eine Rechtsmittelinstanz entscheiden müssen. Dieser Gesetzeszweck gilt bei einer Teilerledigung nicht weniger als bei vollständiger Erledigung der Hauptsache. Im Umfang der Teilerledigung gelangt der Rechtsstreit durch das Rechtsmittel gegen die ergangene Hauptsachenentscheidung nicht in die höhere Instanz.

36　Davon ist eine andere Frage zu unterscheiden. Der Ausgang des Rechtsmittelverfahrens kann es erfordern, die Kostenentscheidung in erster Instanz zu ändern. Es muss aber bei einer einheitlichen Kostenentscheidung für die gesamten Kosten der ersten Instanz bleiben. Das Rechtsmittelgericht muss den rechtskräftig gewordenen Teil der Kostenentscheidung erster Instanz einbeziehen und die Kostenentscheidung für die erste Instanz insgesamt neu fassen. Der rechtskräftig gewordene Teil der Kostenentscheidung hat dabei aber nur die Bedeutung eines Berechnungsfaktors. Einer inhaltlichen Änderung ist er entzogen.

37　Beispiel: In erster Instanz hat sich der Rechtsstreit z.T. durch übereinstimmende Erledigungserklärungen der Beteiligten erledigt; im Übrigen hat das VG die Klage abgewiesen. Die Kosten hat es insgesamt

---

10　*K. Rennert*, in: Eyermann § 158 Rn. 4.
11　BVerwG NVwZ-RR 1999, 407; 3.11.2011 Buchholz 400 IFG Nr. 6 Rn. 32; VGH München BayVBl 2012, 539; OVG Bautzen 6.12.2016 – 4 A 249/14, juris Rn. 27; a.A. BVerwG DVBl 2006, 118, 120 f., für den Fall, dass formal und sachlich nur eine einheitliche Kostenentscheidung der Vorinstanz vorliegt.

dem Kläger auferlegt. Der Kläger legt ein Rechtsmittel gegen die Entscheidung in der Hauptsache ein. Das OVG gibt der Klage insoweit statt. Für die erste Instanz ist die Kostenentscheidung neu zu fassen. Dabei ist wegen insoweit eingetretener Unanfechtbarkeit das OVG an die Annahme des VG gebunden, der Kläger habe die Kosten des erledigten Teils des Verfahrens zu tragen, selbst wenn sich nunmehr im Lichte der abweichenden Entscheidung über den streitig entschiedenen Teil des Verfahrens eine andere Billigkeitsentscheidung aufdrängen sollte. Das OVG hat lediglich die Kosten zu quoteln, entsprechend dem streitig entschiedenen zum erledigten Teil des Verfahrens. Insoweit gilt in den Fällen des Abs. 1 nichts anderes, wenn bei teilbarem Streitgegenstand ein Rechtsmittel nur z.T. eingelegt wird, dessen Erfolg die Änderung der erstinstanzlichen Kostenentscheidung erforderlich macht.

Hat das VG in dem Beispielsfall den erledigten Teil des Verfahrens als geringfügig bewertet und inso-   38
weit § 155 Abs. 1 S. 3 angewandt, ist das OVG ebenfalls daran gebunden, dass der Kläger nach dem insoweit unanfechtbaren Teil der Kostenentscheidung die Kosten für den erledigten Teil des Verfahrens trägt. Es hat eine entsprechende Quote auszubringen, wenn es nunmehr im Übrigen eine abweichende Sachentscheidung trifft. Die Bindung an den unanfechtbar gewordenen Teil der Kostenentscheidung entfällt nicht, weil die dafür gegebene Begründung (§ 155 Abs. 1 S. 3) obsolet geworden ist.

VI. Außerordentliche Beschwerde und Gehörsrüge

Ist ein Rechtsmittel gegen die Kostenentscheidung nach § 158 ausgeschlossen, ist gegen sie auch keine   39
außerordentliche Beschwerde wegen greifbarer Gesetzwidrigkeit statthaft.[12] Gegen rechtskräftige Entscheidungen der Gerichte sind außerordentliche Rechtsbehelfe nur dann zulässig, wenn sie in der geschriebenen Rechtsordnung geregelt sein (BVerfGE 107, 395, 416; schwächer: BVerfGE 122, 190, 199ff. – außerordentliche Rechtsbehelfe lediglich keine Voraussetzung für die Erschöpfung des Rechtswegs und damit der Zulässigkeit der Verfassungsbeschwerde). Es widerspräche der Rechtssicherheit und Rechtsklarheit, neben der nunmehr ausdrücklich geregelten Anhörungsrüge (§ 152a) eine Gegenvorstellung oder eine außerordentliche Beschwerde als ungeschriebenen außerordentlichen Rechtsbehelf gegen rechtskräftige Entscheidungen zuzulassen (vgl. BVerfG NJW 2006, 2907, 2908). Die Gehörsrüge ist aber auch (isoliert) gegen Kostenentscheidungen zulässig.[13] Dem steht der Wortlaut von § 158 Abs. 1 und 2 nicht entgegen. Denn die erst später in der VwGO gesetzlich geregelte Anhörungsrüge gem. § 152a baut tatbestandlich auf einer fehlenden Anfechtbarkeit, etwa gem. § 158, auf. Eine Anhörungsrüge gegen die Verwerfung oder Zurückweisung der Anhörungsrüge oder eine Beschwerde ist hingegen nicht zulässig (vgl. § 152a Abs. 4 S. 3).[14]

VII. Verfassungsbeschwerde

Zulässig ist aber eine Verfassungsbeschwerde gegen die Kostenentscheidung.[15] Voraussetzung ist je-   40
doch gem. § 90 BVerfGG, dass der Rechtsweg erschöpft wurde. Dies ist dann nicht der Fall, wenn sich der geltend gemachte Verfassungsverstoß nicht allein auf die Kostenentscheidung, sondern auch auf die Hauptsache auswirkt und noch ein Rechtsmittel in der Hauptsache eingelegt werden könnte. Umgekehrt muss die Möglichkeit der Verfassungsbeschwerde offen stehen, wenn sich der geltend gemachte Verfassungsverstoß ausschließlich auf die Kosten bezieht, aber einfachgesetzlich keine Rechtsschutzmöglichkeit mehr besteht. Denn die Kostenentscheidung stellt einen Akt öffentlicher Gewalt i.S.d. Art. 93 Abs. 1 Nr. 4a GG dar (vgl. BVerfGE 74, 78, 90f.; NJW 2016, 861, 862).

---

12 BVerwG NJW 2002, 2657; NVwZ-RR 2011, 709; OVG Lüneburg NdsVBl 2009, 291; BGH NJW 2002, 1577; BFHE 200, 42; 201, 11; *W.-R. Schenke*, in: Kopp/Schenke § 158 Rn. 1; a.A. BFH NJW 2005, 3374.
13 *C. M. Jeromin/R. Praml*, in: Gärditz § 158 Rn. 4.
14 Hierzu BVerfG 26.4.2011 – 2 BvR 597/11, Rn. 5; BVerwG 10.3.2010 – 5 B 4/10, Rn. 7; VGH Kassel 11.4.2016 – 8 A 2798/15.Z.R, Rn. 7, jeweils juris; vgl. auch BGH NJW 2005, 73, 74.
15 BVerfGE 74, 78, 89–91; BVerfG NJW 2016 861, 862; BerlVerfGH LKV 2013, 121; BerlVerfGH 20.6.2012 – 119/09, juris Rn. 14.

§ 159   [Mehrere Kostenpflichtige]

¹Besteht der kostenpflichtige Teil aus mehreren Personen, so gilt § 100 der Zivilprozeßordnung entsprechend. ²Kann das streitige Rechtsverhältnis dem kostenpflichtigen Teil gegenüber nur einheitlich entschieden werden, so können die Kosten den mehreren Personen als Gesamtschuldnern auferlegt werden.

§ 100 ZPO Kosten bei Streitgenossen

(1) Besteht der unterliegende Teil aus mehreren Personen, so haften sie für die Kostenerstattung nach Kopfteilen.

(2) Bei einer erheblichen Verschiedenheit der Beteiligung am Rechtsstreit kann nach dem Ermessen des Gerichts die Beteiligung zum Maßstab genommen werden.

(3) Hat ein Streitgenosse ein besonderes Angriffs- oder Verteidigungsmittel geltend gemacht, so haften die übrigen Streitgenossen nicht für die dadurch veranlassten Kosten.

(4) Werden mehrere Beklagte als Gesamtschuldner verurteilt, so haften sie auch für die Kostenerstattung, unbeschadet der Vorschrift des Absatzes 3, als Gesamtschuldner. Die Vorschriften des bürgerlichen Rechts, nach denen sich diese Haftung auf die in Absatz 3 bezeichneten Kosten erstreckt, bleiben unberührt.

Schrifttum

C. *Fahl*, Die Beteiligung des Beigeladenen an den Kosten des Verfahrens bei teilweisem Unterliegen und teilweisem Obsiegen, NVwZ 1996, 1189; F. *Lappe*, Die Kostenerstattung bei Streitgenossenschaft, Rpfleger 1980, 263.

I.   Entstehung

1   Die Vorschrift war bereits wortgleich im Gesetzentwurf der Bundesregierung enthalten.

2   Während § 100 Abs. 4 ZPO eine gesamtschuldnerische Haftung für die Kostenerstattung nur in dem Fall begründet, dass mehrere Beklagte in der Hauptsache als Gesamtschuldner verurteilt werden, sollte nach der Begründung des Gesetzentwurfs (BT-Drs. 3/55, 47 zu § 155) mit Satz 2 des § 159 (im Entwurf § 155) eine gesamtschuldnerische Kostenerstattung in allen Fällen ermöglicht werden, in denen eine Entscheidung mehreren gegenüber nur einheitlich getroffen werden kann. Dadurch sollte dem obsiegenden Teil eine größere Gewähr für die Kostenerstattung gegeben werden.

3   Die Vorschrift greift dafür die Voraussetzungen auf, die eine Beiladung nach § 65 Abs. 2 notwendig machen. Dem Gesetzentwurf lag die Vorstellung zugrunde, in den Fällen notwendiger Beiladung bestehe zwischen dem Beigeladenen und dem Hauptbeteiligten ein Verhältnis, das die Voraussetzungen gesamtschuldnerischer Kostenhaftung nach § 159 S. 2 im Falle gemeinsamen Unterliegens begründe. Der Entwurf wollte an § 154 Abs. 3 (im Entwurf § 151 Abs. 3) einen Satz 2 anfügen, nach dem § 159 S. 2 unberührt bleiben sollte. Dies konnte nur bedeuten, der Beigeladene sollte als Gesamtschuldner für die Kosten haften, wenn er der Sache nach mit dem Hauptbeteiligten unterliegt, selbst wenn er keinen Antrag gestellt hat.

4   Zwar enthält § 154 Abs. 3 keine Regelung, wie der Entwurf sie vorgesehen hat. Daraus lässt sich aber nicht folgern, zwischen Beigeladenem und Hauptbeteiligtem komme eine gesamtschuldnerische Haftung nach § 159 S. 2 nicht in Betracht.[1] Der ursprünglich vorgesehene Satz 2 zu § 154 Abs. 3 hätte keine gesamtschuldnerische Haftung zwischen Beigeladenem und Hauptbeteiligtem begründet. Er setzte die Möglichkeit einer solchen Haftung nach § 159 S. 2 voraus. Er hätte sie lediglich unabhängig von einer eigenen Antragstellung des Beigeladenen eintreten lassen.

II.   Bedeutung der Vorschrift

5   § 159 betrifft den Fall, dass der kostenpflichtige Teil aus mehreren Personen besteht. Er regelt, wie die Kostenpflicht auf diese mehreren Personen zu verteilen ist.

6   § 159 ergänzt die übrigen Kostenregelungen für den Fall, dass dem erstattungsberechtigten Beteiligten mehrere Personen erstattungspflichtig sind. Die Vorschrift beantwortet die Frage, ob der erstattungsberechtigte Beteiligte die mehreren erstattungspflichtigen Personen als Gesamtschuldner oder nur an-

---

1   So K. *Rennert*, in: Eyermann § 159 Rn. 6.

teilig in Anspruch nehmen darf, und ferner die Frage, in welcher Höhe welcher Erstattungspflichtige in Anspruch genommen werden darf, wenn nur eine anteilige Haftung in Betracht kommt.

Die Verteilung von Kosten auf mehrere Personen regelt auch § 155 Abs. 1. Diese Vorschrift betrifft die 7 wechselseitige Pflicht zur Kostenerstattung im Falle beiderseitigen Unterliegens. In diesem Fall sind die Kosten auf die teils obsiegenden, teils unterliegenden Beteiligten zu verteilen. Zwar sind auch hier mehrere Personen kostenpflichtig. Dennoch besteht der kostenpflichtige Teil nicht aus mehreren Personen. Es gibt vielmehr mehrere kostenpflichtige Teile. Sie können ihrerseits wiederum aus mehreren Personen bestehen (→ § 155 Rn. 38 f.).

§ 159 regelt nur die Kostenerstattung zwischen den Gegnern eines gerichtlichen Verfahrens. Die Vor- 8 schrift trifft keine Aussage darüber, wie die mehreren kostenpflichtigen Personen untereinander haften. Ausgleichsansprüche zwischen ihnen regeln sich allein nach materiellem Recht. Sie sind ggf. in einem gesonderten Prozess geltend zu machen (→ § 154 Rn. 9).

§ 159 betrifft ebenfalls nicht die primäre Haftung gegenüber der Gerichtskasse. Die Haftung mehrerer 9 Kostenschuldner ihr gegenüber regelt § 31 GKG (→ § 154 Rn. 10 f.).

III. Mehrere Personen

Der kostenpflichtige Teil besteht aus mehreren Personen, wenn an dem Verfahren auf derselben Seite 10 mehrere Personen beteiligt sind, die mit gleichgerichteten Anträgen dasselbe prozessuale Ziel verfolgt haben.

1. Streitgenossen. Der kostenpflichtige Teil besteht insbes. bei einfacher oder notwendiger Streitge- 11 nossenschaft (§§ 64, 62 ZPO) aus mehreren Personen.

§ 159 erfasst nicht den Fall, dass von mehreren Streitgenossen (Klägern) der eine obsiegt, der andere 12 unterliegt. Denn dann besteht der kostenpflichtige Teil nur aus einer Person. Ebenfalls nicht erfasst wird der Fall, dass von zwei Klägern der eine die Klage zurücknimmt, der Klage des anderen hingegen stattgegeben wird. Die beiden Streitgenossen (Kläger) bilden in diesen Fällen nicht den kostenpflichtigen Teil. Aber auch der unterliegende Streitgenosse (Kläger) oder der Kläger, der seine Klage zurückgenommen hat, bildet nicht mit dem teilweise unterliegenden Beklagten den kostenpflichtigen Teil, da sie nicht auf derselben Seite stehen. Sie bilden vielmehr zwei kostenpflichtige Teile, die aus jeweils einer Person bestehen. Die Verteilung der Kosten auf sie richtet sich nicht nach § 159, sondern nach § 155 Abs. 1 (→ § 155 Rn. 38 ff.). Unterliegen mehrere Streitgenossen in unterschiedlichem Umfang, kommt für sie eine Kostenhaftung nach § 159 nur im Umfang des gleichen Unterliegens in Betracht.

2. Beteiligung Beigeladener. Der kostenpflichtige Teil besteht ferner aus mehreren Personen, wenn 13 sich ein Beigeladener mit einem eigenen Antrag am Verfahren beteiligt (→ § 155 Rn. 46–49).[2] Unterliegt der Beigeladene zusammen mit einem Hauptbeteiligten, den er mit seinem Antrag unterstützt hat, bilden beide zusammen den kostenpflichtigen Teil. In welchem Umfang sie dem obsiegenden Hauptbeteiligten jeweils haften, richtet sich nach § 159, nicht hingegen nach § 155 Abs. 1.

Bezieht sich die Beiladung nur auf einen Teil des Streitgegenstandes und hat der Beigeladene nur bezo- 14 gen auf diesen Teil des Streitgegenstandes einen eigenen Sachantrag gestellt, ist dies bei der Festsetzung der Quote entsprechend zu berücksichtigen, wenn der Beigeladene zusammen mit dem von ihm unterstützten Hauptbeteiligten unterliegt (§ 159 S. 1, § 100 Abs. 2 ZPO).

Ebenfalls aus mehreren Personen besteht der kostenpflichtige Teil, wenn neben einem Hauptbeteilig- 15 ten der VÖI Kosten zu tragen hat.

3. Haftungsgrund. Bilden mehrere Personen den kostenpflichtigen Teil, ist § 159 unabhängig davon 16 anwendbar, worauf die Kostenpflicht beruht. Anders als § 100 Abs. 1 ZPO betrifft § 159 nicht nur den Fall, dass sich die Kostenpflicht aus einem gemeinsamen Unterliegen der kostenpflichtigen Personen ergibt. § 159 ist auch in den Fällen einer besonderen Kostentragung anwendbar, etwa nach § 155 Abs. 4, wenn mehrere Beteiligte durch ihr Verschulden bestimmte Kosten verursacht haben.

Dabei ist im Allgemeinen unerheblich, ob die Kostenpflicht auf demselben Rechtsgrund beruht. § 159 17 ist anwendbar, wenn von zwei Klägern der eine die Klage zurücknimmt und der andere mit seiner Kla-

---

2 *K. Rennert*, in: Eyermann § 159 Rn. 4; a.A. *C. Fahl*, NVwZ 1996, 1189.

ge abgewiesen wird. Nach § 159 können aber nur die Kosten auf die beiden Kläger verteilt werden, die bis zur Klagerücknahme angefallen sind.

18   In den Fällen zulässiger Kostentrennung, bspw. nach § 155 Abs. 4, werden diese Kosten abgetrennt von den Kosten im Übrigen verteilt. Der Beteiligte, dem abgesondert Kosten auferlegt werden, bildet für diese nicht zusammen mit dem Beteiligten, der die Kosten im Übrigen trägt, den kostenpflichtigen Teil i.S.d § 159. Der kostenpflichtige Teil besteht in diesen Fällen nur dann aus mehreren Personen, wenn und soweit sie diese Kosten aus demselben Rechtsgrund zu tragen haben, wenn also etwa mehrere Beteiligte durch ihr Verhalten bestimmte Kosten schuldhaft verursacht haben, die ihnen nach § 155 Abs. 4 auferlegt werden.

IV. Kostenverteilung

19   **1. Haftung nach Kopfteilen.** Besteht der kostenpflichtige Teil aus mehreren Personen, haften sie grds. nach § 159 S. 1, § 100 Abs. 1 ZPO nach gleichen Kopfteilen. Von dieser Verteilung kann das Gericht nach seinem Ermessen abweichen, wenn die kostenpflichtigen Personen an dem Rechtsstreit erheblich verschieden beteiligt sind (§ 100 Abs. 2 ZPO; → Rn. 23). Eine erhebliche Verschiedenheit kann sich aus einer unterschiedlichen Beteiligung am Streitgegenstand ergeben. Klagen etwa Miteigentümer eines Grundstücks gegen eine Beeinträchtigung ihres Grundeigentums, so können erheblich unterschiedliche Miteigentumsanteile Anlass für eine abweichende Bestimmung des Anteils sein, mit dem sie für die Kostenerstattung haften.[3] Eine erhebliche Verschiedenheit der Beteiligung am Rechtsstreit kann sich aus einer erheblich verschiedenen Entwicklung des Verfahrens ergeben. Bspw. kann von mehreren Beklagten einer den Klageanspruch sofort anerkennen, während der andere zur begehrten Leistung durch Urteil verpflichtet wird.

20   **2. Gesamtschuldnerische Haftung.** Werden mehrere Beklagte als Gesamtschuldner verurteilt, so haften sie nach § 159 S. 1, § 100 Abs. 4 ZPO zwingend auch für die Kostenerstattung als Gesamtschuldner. Die gesamtschuldnerische Haftung für die Kosten folgt kraft Gesetzes der gesamtschuldnerischen Verurteilung in der Hauptsache, ohne dass das Gericht dies nochmals besonders aussprechen müsste.

21   Nach § 159 S. 2 kommt darüber hinaus eine gesamtschuldnerische Kostenerstattung in Betracht, wenn das streitige Rechtsverhältnis dem kostenpflichtigen Teil gegenüber nur einheitlich entschieden werden kann. In diesem Fall steht die Anordnung einer gesamtschuldnerischen Haftung im Ermessen des Gerichts (vgl. VG Berlin 17. 5.2017 – 7 K 423.16, juris Rn. 74). Die Vorschrift ist anwendbar in Fällen notwendiger Streitgenossenschaft (§ 64, § 62 ZPO), aber auch dann, wenn ein notwendiger Beigeladener und ein Hauptbeteiligter den kostenpflichtigen Teil bilden (→ Rn. 4).[4] Allerdings entspricht eine gesamtschuldnerische Haftung von Beklagtem und Beigeladenem regelmäßig nicht der Zweckmäßigkeit. Aus diesem Grund wird das Gericht von ihrer Anordnung absehen.

22   Haften mehrere Rechtsanwälte als vollmachtlose Vertreter, kann das Gericht auch für diese gem. § 159 S. 2 eine gesamtschuldnerische Haftung anordnen (VGH München BayVBl 1973, 193).

23   **3. Besondere Angriffs- und Verteidigungsmittel.** Hat ein Streitgenosse besondere Angriffs- und Verteidigungsmittel geltend gemacht, haftet er für die dadurch verursachten Kosten allein (§ 159 S. 1, § 100 Abs. 3 ZPO). Ihm sind aber nur die ausscheidbaren Mehrkosten aufzuerlegen, für die sonst die anderen Streitgenossen mithaften müssen. Ein Beispiel sind die Kosten einer Beweisaufnahme, die nur durch den Vortrag und die Beweisanträge eines Streitgenossen erforderlich geworden ist. Die Vorschrift ist zwingend. Sie geht allen anderen Regelungen des § 159 i.V.m. § 100 ZPO vor.

24   **4. Kostenausspruch.** Schweigt die Kostenentscheidung, gilt die Grundregel des § 159 S. 1, § 100 Abs. 1 ZPO: Die mehreren kostenpflichtigen Personen haften nach gleichen Kopfteilen, es sei denn, mehrere Beklagte seien in der Hauptsache als Gesamtschuldner verurteilt; dann gilt ihre gesamtschuldnerische Kostenhaftung nach § 159 S. 1, § 100 Abs. 4 ZPO auch ohne besonderen Ausspruch. Im Übrigen muss das Gericht eine gesamtschuldnerische Haftung oder eine Verteilung der Kosten abweichend von der Haftung nach gleichen Kopfteilen ausdrücklich anordnen, um die Regel des § 159

---

3   A.A. BVerwG NVwZ-RR 2001, 143, 144: mehrere Miteigentümer haften als Gesamtschuldner.
4   Verneinend: *K. Rennert*, in: Eyermann § 159 Rn. 6; *P. Kothe*, in: Redeker/von Oertzen § 159 Rn. 6; *W.-R. Schenke*, in: Kopp/Schenke § 159 Rn. 5.

S. 1, § 100 Abs. 1 ZPO auszuschließen (VGH Kassel ESVGH 22, 90; OVG Saarlouis Rpfleger 1995, 128).

V. Mehrere erstattungsberechtigte Personen

§ 159 erfasst nicht den Fall, dass mehrere Personen kostenerstattungsberechtigt sind. Das ist eine Frage der Kostenfestsetzung (zu den Anwaltskosten bei mehreren obsiegenden Streitgenossen → § 162 Rn. 62). Jeder Beteiligte kann dabei die Kosten erstattet verlangen, die er für die Führung des Rechtsstreits aufgewandt hat (VG Potsdam NJW 2004, 3443). Waren mehrere erstattungsberechtigte Beteiligte durch einen gemeinsamen Rechtsanwalt vertreten, kann jeder Beteiligte von dem Gegner nur den Anteil an den Kosten des gemeinsamen Rechtsanwalts erstattet verlangen, der nach Maßgabe des Innenverhältnisses auf ihn entfällt (VGH Mannheim NJW 1975, 1671). Das gilt regelmäßig auch dann, wenn mehrere Streitgenossen durch denselben Rechtsanwalt vertreten waren und nur einer dieser Streitgenossen obsiegt (→ § 162 Rn. 62). Der Gegner hat regelmäßig nur die anteiligen Anwaltskosten zu tragen.[5]

§ 160 [Kostenpflicht bei Vergleich]

[1]Wird der Rechtsstreit durch Vergleich erledigt und haben die Beteiligten keine Bestimmung über die Kosten getroffen, so fallen die Gerichtskosten jedem Teil zur Hälfte zur Last. [2]Die außergerichtlichen Kosten trägt jeder Beteiligte selbst.

Schrifttum

B. Bergerfurth, Vergleich ohne Kostenregelung, NJW 1972, 1840; *W. Budach/H. Johlen*, Der Prozessvergleich im verwaltungsgerichtlichen Verfahren, JuS 2002, 371; *M. Renck-Laufke*, Kostenentscheidung bei außergerichtlichem Vergleich, BayVBl 1978, 461.

I. Entstehung

Der Gesetzgeber hat inhaltlich § 98 ZPO übernommen. Der Regierungsentwurf sprach noch ausdrücklich von einer Erledigung des Rechtsstreits durch „gerichtlichen" Vergleich (BT-Drs. 3/55, 20 zu § 156). Das Wort „gerichtlichen" wurde auf Vorschlag des Rechtsausschusses gestrichen: Die Vorschrift sei auch in den Fällen anzuwenden, in denen ein außergerichtlicher Vergleich zustande gekommen sei (BT-Drs. 3/1094, 14 zu § 156; aber → Rn. 15, 22).

II. Bedeutung der Vorschrift

Die Vorschrift regelt, wer die Kosten in den Fällen trägt, in denen der Rechtsstreit durch Vergleich beendet wird. Nach § 160 fallen die Gerichtskosten jedem Teil zur Hälfte zur Last; seine außergerichtlichen Kosten trägt jeder Beteiligte selbst.

1. Subsidiarität. § 160 ist eine bloße Auffangvorschrift. Üblicherweise regeln die Beteiligten in einem Vergleich, wer die Kosten zu tragen hat. Eine solche Kostenregelung hat Vorrang. Die Kosten sind nur dann nach § 160 zu verteilen, wenn die Beteiligten keine andere Bestimmung über die Kosten getroffen haben. Schweigt der Vergleich zu den Kosten, wird eine Einigung auf die Kostenfolge des § 160 zur Ergänzung des sonst unvollständigen Vergleichs gesetzlich fingiert.[1]

Die Beteiligten können sich darauf beschränken, nur einen Teil der Kosten ausdrücklich zu regeln. Im Übrigen gilt dann § 160. Regelt ein Vergleich bspw. nur die außergerichtlichen Kosten der Beteiligten, fallen die Gerichtskosten gem. § 160 S. 1 jedem Beteiligten zur Hälfte zur Last (VGH München BayVBl 1974, 699). Verteilt der Vergleich nur die Gerichtskosten, trägt gem. § 160 S. 2 jeder Beteiligte seine außergerichtlichen Kosten selbst.

Die Kostenfolge des § 160 tritt unabhängig von den Gründen ein, aus denen die Beteiligten den Kostenpunkt im Vergleich übergangen haben. Sie können eine ausdrückliche Kostenregelung mit Rück-

---

5 Vgl. BGH NJW-RR 2003, 1217; NJW-RR 2003, 1507; JurBüro 2004, 199; OVG Münster NVwZ-RR 1992, 389; vgl. auch VGH Mannheim NJW 1973, 2317.
1 *B. Bergerfurth*, NJW 1972, 1840, 1841.

sicht auf § 160 bewusst unterlassen haben. Sie können eine Kostenregelung vergessen haben. Sie können sich darüber geirrt haben, welche Kostenfolge beim Fehlen einer Vereinbarung eintritt.

6 Die Kostenverteilung nach § 160 erfasst die gesamten Kosten des Verfahrens. Die Kosten des Vorverfahrens sind aus der Sicht des späteren Prozesses außergerichtliche Kosten und deshalb von dem Beteiligten zu tragen, bei dem sie entstanden sind (BVerwG DVBl 1976, 80; VGH Mannheim VBlBW 1983, 102). Soweit die Beteiligten nichts Abweichendes vereinbaren, umfasst die Kostenfolge des § 160 auch die Kosten des Vergleichs, selbst wenn der Gegenstand des Vergleichs über den Gegenstand des Verfahrens hinausgeht.[2]

7 **2. Kostenentscheidung des Gerichts.** Die in einem gerichtlichen Vergleich getroffene Kostenregelung gilt unmittelbar auf Grund des Vergleichs. Einer Kostenentscheidung des Gerichts bedarf es nicht. Der Vergleich ist Vollstreckungstitel auch für die Kosten (§ 168 Abs. 1 Nr. 3). Der Vergleich ist Grundlage für eine Kostenfestsetzung nach § 164. Das Gericht kann aber durch einen deklaratorischen Beschluss das Verfahren einstellen und ebenso deklaratorisch die im Vergleich getroffene Kostenentscheidung wiederholen.[3]

8 Fehlt in dem gerichtlichen Vergleich eine Kostenregelung, ist die Kostenfolge durch Beschluss nach § 161 Abs. 1 auszusprechen.[4] Zwar ist die Kostenfolge des § 160 in diesem Fall zwingend. Jedoch ist für das nachfolgende Kostenfestsetzungsverfahren eine Kostengrundentscheidung erforderlich, welche die sich aus dem Gesetz ergebenden Folgen ausspricht. § 160 setzt zudem die wertende Erkenntnis voraus, dass die Beteiligten keine andere Bestimmung getroffen haben.

9 Das Gericht hat notwendig nach § 161 Abs. 1 durch Beschluss über die Kosten zu entscheiden, wenn die Beteiligten im Vergleich lediglich die Kostenfolge des § 160 ausgeschlossen haben, ohne selbst eine eigene Kostenregelung zu treffen (→ Rn. 13 f.). In diesen Fällen hat das Gericht nach § 161 Abs. 2 über die Kosten nach billigem Ermessen zu entscheiden. Der Vergleich hat die Hauptsache erledigt. Das Gericht kann sich bei seiner Kostenentscheidung an dem bisherigen Sach- und Streitstand orientieren.[5] Es kann die Kosten also danach verteilen, wer ohne den Vergleich voraussichtlich in der Hauptsache unterlegen wäre. Das Gericht kann aber auch den Vergleich zur Grundlage der Kostenverteilung machen und die Kosten nach dem Maß beiderseitigen Nachgebens verteilen. In ihm wird sich regelmäßig die Auffassung der Beteiligten über die Erfolgsaussichten spiegeln.[6] Ausgeschlossen ist nur, auf dem Umweg über eine Billigkeitsentscheidung die Kosten schlicht nach der gesetzlichen Regelung des § 160 zu verteilen. Sie kann gewählt werden, wenn eine Verteilung nach diesem Maßstab den Erfolgsaussichten in der Hauptsache oder dem Maß beiderseitigen Nachgebens im Vergleich entspricht.

10 Das Gericht entscheidet ferner durch Beschluss über die Kosten, wenn zwischen den Beteiligten streitig wird, ob und welche Kostenregelung in dem Vergleich getroffen ist (OLG Stuttgart NJW 1971, 1571).

11 **3. Andere Bestimmung.** Eine andere Bestimmung über die Kosten können die Beteiligten in verschiedener Weise treffen. Sie muss aber in den gerichtlichen Vergleich aufgenommen sein. Nur dann vermag sie zu verhindern, dass die gesetzlich fingierte Kostenfolge des § 160 eingreift.[7]

12 Die Beteiligten können eine eigene (positive) Kostenregelung treffen. Sie kann konkludent vereinbart werden. Hat ein Beteiligter unmittelbar im Vergleich eine Klage zurückgenommen und fehlt eine ausdrückliche Kostenregelung, werden die Beteiligten damit die Kostenfolge des § 155 Abs. 2 gewollt haben.

13 Eine andere Bestimmung über die Kosten haben die Beteiligten auch dann getroffen, wenn sie erkennbar nur die Kostenfolge des § 160 ausgeschlossen haben, ohne zugleich selbst eine Kostenverteilung zu vereinbaren (VGH München 18.5.2012 – 11 B 09.2634, juris Rn. 2). In diesem Fall erledigt der Vergleich nur die Hauptsache (VGH München BayVBl 1985, 309). Dies können die Beteiligten auf unter-

---

2 BGHZ 39, 60, 68 f; OLG Düsseldorf Rpfleger 1999, 97; LAG Düsseldorf MDR 2001, 655.
3 S. *Olbertz*, in: Schoch/Schneider/Bier § 160 Rn. 2.
4 VGH München BayVBl 1974, 699; *W. Budach/H. Johlen*, JuS 2002, 371, 375.
5 *W. Budach/H. Johlen*, JuS 2002, 371, 375.
6 Vgl. VGH München JR 1968, 117; OLG Frankfurt MDR 1999, 189; enger: OLG Hamm MDR 2003, 116 (Maßstab dürfen allein die Erfolgsaussichten in der Hauptsache sein).
7 OLG Naumburg FamRZ 2001, 1383; OLG Brandenburg FamRZ 2008, 529; *B. Bergerfurth*, NJW 1972, 1840, 1841.

schiedliche Weise zum Ausdruck bringen. Sie können den Vergleich ausdrücklich auf die Hauptsache beschränken, die Kostenfolge aber von dem Vergleich ausnehmen (a.A. OLG Brandenburg FamRZ 2008, 1202). Sie können die Kostenregelung ausdrücklich in die Entscheidung oder in das billige Ermessen des Gerichts stellen (OLG Brandenburg MDR 2009, 406). Sie können um eine Kostenentscheidung nach dem bisherigen Sach- und Streitstand bitten.[8]

Ein bloßer Ausschluss des § 160 ohne eigene positive Regelung des Kostenpunkts ist zulässig. § 160 ist dispositives Recht (BGH NJW-RR 2006, 1000). Eine solche Vereinbarung der Beteiligten verhindert zwar zulasten des Gerichts die Vereinfachung, die § 160 bietet. Andererseits gebieten praktische Überlegungen, den Beteiligten eine solche Möglichkeit einzuräumen. Vergleiche drohen nicht selten an der Kostenfrage zu scheitern. Es kann den Vergleichsabschluss erleichtern, wenn die Beteiligten nicht selbst die Kostentragung positiv regeln oder sehenden Auges die Kostenregelung des § 160 hinnehmen müssen, sondern die Kostenentscheidung dem Gericht nach billigem Ermessen überlassen können. **14**

III. Anwendungsbereich

§ 160 gilt unmittelbar nur für den gerichtlichen Vergleich i.S.d. § 106 (BVerwG 9.10.1990 – 1 WB 131/90, BeckRS 1990, 31311900; BVerwGE 22, 339, 341), nicht für den außergerichtlichen Vergleich (→ Rn. 22 ff.). Anders als noch der Entwurf spricht die Gesetz gewordene Vorschrift zwar nicht mehr ausdrücklich von einem gerichtlichen Vergleich. Die Streichung des Wortes „gerichtlichen" hat aber entgegen der im Gesetzgebungsverfahren geäußerten Auffassung (→ Rn. 1) den Anwendungsbereich nicht auf den außergerichtlichen Vergleich erweitert. Die Vorschrift ist nach ihrem Wortlaut nur anwendbar, wenn das Verfahren durch Vergleich erledigt wird. Nur ein gerichtlicher Vergleich erledigt aber das Verfahren. Soll infolge eines außergerichtlichen Vergleichs das gerichtliche Verfahren beendet werden, bedarf es über den Vergleichsabschluss hinaus weiterer darauf gerichteter Erklärungen der Beteiligten. Sie müssen die Hauptsache für erledigt erklären oder die Klage oder das Rechtsmittel zurücknehmen. Hieran knüpfen jeweils andere Kostenvorschriften an. Die überwiegende Ansicht geht gleichwohl davon aus, dass § 160 entsprechend auf den außergerichtlichen Vergleich anwendbar sein soll.[9] **15**

IV. Kostentragung eines Beigeladenen

Für die Kostentragung eines Beigeladenen kommt es darauf an, ob er am Vergleich beteiligt war, zumindest der Kostenregelung im Vergleich beigetreten ist. **16**

Ist der Beigeladene an dem gerichtlichen Vergleich beteiligt oder ihm sonst beigetreten, gilt Folgendes: **17**

Enthält der Vergleich eine Kostenregelung, gilt diese unmittelbar auch für den Beigeladenen. Hat er in dem Vergleich Kosten übernommen, hat er diese zu tragen. Seine außergerichtlichen Kosten sind erstattungsfähig, wenn und soweit der Vergleich dies vorsieht. Sie sind nicht erstattungsfähig, wenn der Vergleich zu ihnen schweigt, die Kostenregelung aber ersichtlich als vollständig gewollt ist (VGH München BayVBl 1986, 445). **18**

Enthält der Vergleich keine Kostenregelung, ist in dem Beschluss nach § 161 Abs. 1 auch über die außergerichtlichen Kosten des Beigeladenen zu entscheiden. Er muss sie wie die anderen Beteiligten nach § 160 S. 2 selbst tragen. An den Gerichtskosten ist er nicht zu beteiligen.[10] Sie können nach § 160 S. 1 nur den Hauptbeteiligten je zur Hälfte auferlegt werden. **19**

Haben die Beteiligten die Kostenfolge des § 160 ausgeschlossen und die Kostenverteilung in das billige Ermessen des Gerichts gestellt, hat das Gericht nach dem Maßstab des § 162 Abs. 3 darüber zu entscheiden, ob es der Billigkeit entspricht, die außergerichtlichen Kosten des Beigeladenen einem der anderen Beteiligten aufzuerlegen. Dem Beigeladenen können seinerseits Kosten nur dann auferlegt werden, wenn er einen Antrag gestellt hat. Die Sperre des § 154 Abs. 3 können die Beteiligten nur unter Mitwirkung des Beigeladenen überwinden, indem sie im Vergleich eine Kostenlast des Beigeladenen ausdrücklich regeln. **20**

---

8 OVG Münster NJW 1965, 318; VGH München JR 1968, 117; OLG Naumburg FamRZ 2001, 1383.
9 BVerwG 9.10.1990 – 1 WB 131/90, BeckRS 1990, 31311900; BVerwGE 22, 339, 341 f.; *H. Geiger*, in: Eyermann § 160 Rn. 7 ff; *W.-R. Schenke*, in: Kopp/Schenke § 160 Rn. 3; *S. Olbertz*, in: Schoch/Schneider/Bier § 160 Rn. 10 f. A.A. VGH Kassel DÖV 1983, 558, 559; *M. Renck-Laufke*, BayVBl 1978, 461; *H. Günther*, DVBl 1988, 612, 618 f.
10 *W. Budach/H. Johlen*, JuS 2002, 371, 375.

21 Ist der Beigeladene am Vergleich nicht beteiligt und ist er ihm nicht beigetreten, hat er weder Gerichtskosten noch außergerichtliche Kosten der anderen Beteiligten zu tragen. Über seine außergerichtlichen Kosten ist durch Beschluss nach § 161 Abs. 1 zu entscheiden. Maßstab ist § 162 Abs. 3. Auf den Beigeladenen ist § 160 S. 2 nicht anwendbar, wenn er an dem Vergleich nicht beteiligt ist.[11] Entspricht es der Billigkeit, die außergerichtlichen Kosten des Beigeladenen für erstattungsfähig zu erklären, sind sie den anderen Beteiligten in dem Maße ihres Unterliegens aufzuerlegen, wie es sich aus dem Vergleich ergibt. Als unterliegende Partei i.S.d. § 162 Abs. 3 ist auch anzusehen, wer kraft gerichtlichen Vergleichs die Kosten des Verfahrens ganz oder teilweise zu tragen hat (VGH München DÖV 1973, 62).

V. Außergerichtlicher Vergleich

22 Erledigt sich der Rechtsstreit aufgrund eines außergerichtlichen Vergleichs, sind die Beteiligten an eine dort getroffene Regelung der Kosten zwar für ihr Verhältnis zueinander gebunden. Das Gericht hat jedoch eine Kostenentscheidung nach § 161 Abs. 1 zu treffen. Deren Grundlage richtet sich danach, wie das Verfahren beendet wird.

23 Nimmt der Kläger die Klage oder der Rechtsmittelführer das Rechtsmittel zurück, sind ihnen die Kosten des Verfahrens gem. § 155 Abs. 2 aufzuerlegen, und zwar auch dann, wenn die Beteiligten in ihrem außergerichtlichen Vergleich die Kosten des Rechtsstreits hiervon abweichend geregelt haben.[12] Das Gericht ist an die zwingende Vorschrift des § 155 Abs. 2 gebunden. Der außergerichtliche Vergleich begründet nur außerprozessuale (materielle) Ausgleichs- und Freistellungsansprüche (zu Einwendungen aus einem außergerichtlichen Vergleich im Kostenfestsetzungsverfahren → § 164 Rn. 22).

24 Erklären die Beteiligten den Rechtsstreit für erledigt, entscheidet das Gericht gem. § 161 Abs. 2 nach billigem Ermessen über die Kosten.[13] Regelmäßig wird das Gericht die von den Beteiligten selbst als billig empfundene außergerichtliche Kostenregelung übernehmen.[14]

25 Haben die Beteiligten die Kosten im außergerichtlichen Vergleich nicht geregelt, aber den Rechtsstreit in der Hauptsache übereinstimmend für erledigt erklärt, gilt § 160 nicht unmittelbar. Das Gericht kann aber im Rahmen der Billigkeit die gesetzliche Wertung heranziehen, die dem § 160 zugrunde liegt. Die Interessenlage beim außergerichtlichen Vergleich und beim gerichtlichen Vergleich ist insoweit gleich.[15] Nach den Umständen des Einzelfalles kann aber auch eine andere Kostenregelung billig sein, etwa weil nach dem Maß beiderseitigen Nachgebens oder nach dem bisherigen Sach- und Streitstand eine von § 160 abweichende Kostenverteilung angezeigt erscheint.[16]

26 Das Gericht kann die gesetzliche Wertung des § 160 nicht heranziehen, wenn die Beteiligten die Kostenfolge zwar nicht positiv geregelt, wohl aber die Kostenfolge des § 160 ausgeschlossen haben. In einem solchen Fall hätte auch eine unmittelbare Anwendung des § 160 zu unterbleiben, weil die Beteiligten eine andere Bestimmung im Sinne dieser Vorschrift getroffen haben.[17]

27 In dem Beschluss nach § 161 Abs. 1 hat das Gericht nach dem Maßstab des § 162 Abs. 3 auch über die außergerichtlichen Kosten des Beigeladenen zu befinden. War der Beigeladene an dem außergerichtlichen Vergleich nicht beteiligt, entspricht die Erstattungsfähigkeit seiner außergerichtlichen Kosten unter denselben Voraussetzungen der Billigkeit, die sonst hierfür maßgebend sind (VGH München BayVBl 1973, 81). War der Beigeladene an dem außergerichtlichen Vergleich beteiligt, entspricht es der Billigkeit i.S.d. § 162 Abs. 3, einem anderen Beteiligten die außergerichtlichen Kosten des Beigela-

---

11 *B. Atzler*, DVBl 1986, 1214.

12 OVG Lüneburg NVwZ-RR 2014, 119; VGH Kassel DÖV 1983, 558; OVG Münster DÖV 1981, 975; *M. Renck-Laufke*, BayVBl 1978, 461; a.A. BVerwG 24.1.2017 – 3 A 1/17, juris Rn. 2; BGH MDR 2004, 1251; NJW-RR 2006, 1000; VGH München BayVBl 1986, 507. *W.-R. Schenke*, in: Kopp/Schenke § 160 Rn. 7 differenziert danach, ob sich der Kläger auf den Vergleich beruft (dann Kostenregelung wie im Vergleich) oder nicht (dann § 155 Abs. 2).

13 OVG Bln MDR 1996, 1079; a.A. VGH München 26.2.2008 – 1 B 05.2879; ebenso zu § 91a ZPO: BGH NJW-RR 2006, 1000.

14 VGH München 31.5.2016 – 20 CS 16.865, juris Rn. 2; 18.2.2009 – 6 BV 08.3227, juris Rn. 2; OVG Münster 4.8.2014 – 16 A 2525/09, juris Rn. 2; zu Ausnahmen vgl.: VGH Kassel DÖV 1983, 558.

15 So BVerwG NZWehr 1991, 115; unklar: BVerwG 25.8.1972 Buchholz 427.3 § 339 LAG Nr. 162; für entsprechende Anwendung des § 160 ohne den Umweg über § 161 Abs. 2: BVerwGE 22, 339; VGH München BayVBl 1980, 120; OVG Münster NJW 1965, 2365.

16 BVerwG 13.2.1975 Buchholz 310 § 160 VwGO Nr. 3; 17.9.1986 Buchholz 310 § 160 VwGO Nr. 4; vgl. auch: VGH Kassel DÖV 1983, 558; OVG Münster DÖV 1983, 347.

17 VGH Kassel NJW 1966, 1674; OVG Koblenz NJW 1967, 1437; OVG Bln MDR 1996, 1079.

denen insoweit aufzuerlegen, als die Beteiligten in dem außergerichtlichen Vergleich eine Kostenübernahme zugunsten des Beigeladenen vereinbart haben (VGH München BayVBl 1977, 16). Dem Beigeladenen können Kosten nur nach Maßgabe des § 154 Abs. 3 auferlegt werden. Hat der Beigeladene im außergerichtlichen Vergleich eine weitergehende Kostenlast übernommen, kann dies in der gerichtlichen Kostenentscheidung nicht berücksichtigt werden. Eine vereinbarte weitergehende Kostentragung des Beigeladenen kann nur durch außerprozessuale Ausgleichs- und Freistellungsansprüche realisiert werden.

§ 161 [Kostenentscheidung; Erledigung der Hauptsache]

(1) Das Gericht hat im Urteil oder, wenn das Verfahren in anderer Weise beendet worden ist, durch Beschluß über die Kosten zu entscheiden.

(2) ¹Ist der Rechtsstreit in der Hauptsache erledigt, so entscheidet das Gericht außer in den Fällen des § 113 Abs. 1 Satz 4 nach billigem Ermessen über die Kosten des Verfahrens durch Beschluß; der bisherige Sach- und Streitstand ist zu berücksichtigen. ²Der Rechtsstreit ist auch in der Hauptsache erledigt, wenn der Beklagte der Erledigungserklärung des Klägers nicht innerhalb von zwei Wochen seit Zustellung des die Erledigungserklärung enthaltenden Schriftsatzes widerspricht und er vom Gericht auf diese Folge hingewiesen worden ist.

(3) In den Fällen des § 75 fallen die Kosten stets dem Beklagten zur Last, wenn der Kläger mit seiner Bescheidung vor Klageerhebung rechnen durfte.

Schrifttum

1. Monographien und Beiträge in Sammelwerken: *P. Cormann*, Die Erledigung im Verwaltungsprozess, 1998; *H. Göppinger*, Die Erledigung des Rechtsstreits in der Hauptsache, 1958; *W. J. Habscheid*, Die Rechtsnatur der Erledigung der Hauptsache, in: FS für Friedrich Lent, 1957, 153; *S. Lascho*, Die Erledigung des Verwaltungsakts als materiellrechtliches und verwaltungsprozessuales Problem, 2001; *R. P. Schenke*, Der Erledigungsrechtsstreit im Verwaltungsprozess, 1996; *T. Stahnecker*, Die einseitige Erledigungserklärung im Zivil- und Verwaltungsprozess, 1994; *G. Westermeier*, Die Erledigung der Hauptsache im Deutschen Verfahrensrecht: eine vergleichende Darstellung des Prozeßinstituts der Hauptsacheerledigung vornehmlich im Zivil- und Verwaltungsprozeß unter Berücksichtigung der Arbeitsgerichtsbarkeit, der Finanzgerichtsordnung und der Verfahrensordnung für die Freiwillige Gerichtsbarkeit, zugleich ein Beitrag zur Weiterentwicklung der systematischen Einordnung eines Zwischenstreits, 2005.

2. Beiträge in Zeitschriften: *A. Abramenko*, Die Änderung des Streitwertes bei übereinstimmender Erledigungserklärung, Rpfleger 2005, 15; *T. Barczak*, Klageänderung, Klagerücknahme und Erledigung des Rechtsstreits im verwaltungsgerichtlichen Verfahren, JA 2014, 778; *E. Becht*, Die Kostenentscheidung nach beiderseitiger Erledigungserklärung bei einer unzulässigen Klage, MDR 1990, 121; *M. Bode*, Die Kostenentscheidung nach Erledigung der Hauptsache im Spannungsfeld zwischen der Bindung des Richters an Gesetz und Recht sowie dem Grundsatz der Verfahrensökonomie, DV 50 (2017), 217; *M. Bonifacio*, Freiwilliges Unterliegen und Prozesskosten nach Erledigung des Rechtsstreits, MDR 2004, 1094; *H.J. Bücking*, Zum Urteilstenor bei der Entscheidung im Erledigungsstreit, DRiZ 1974, 226; *M. Burgi*, Die Erledigung des Rechtsstreits in der Hauptsache als Problem der verwaltungsprozessualen Dogmatik, DVBl 1991, 193; *F. Czermak*, Zur Erledigung der Hauptsache im verwaltungsgerichtlichen Verfahren, BayVBl 1975, 698; *H. De Clerck*, Zur Kostenentscheidung bei erledigter Untätigkeitsklage, NJW 1972, 2259; *C. Deckenbrock/W. Dötsch*, Streitwert bei einseitiger Erledigungserklärung, JurBüro 2003, 287; *B. Dietrich*, Die verdrängte Dispositionsmaxime im Verwaltungsprozess am Beispiel der einseitigen Erledigungserklärung, DVBl 2002, 745; *T. Exner*, Die Erledigungserklärung im Verwaltungsprozess, JuS 2012, 607; *A. Feser/R. Kirchmaier*, Die Erledigung des Rechtsstreits in der Hauptsache im Verwaltungsprozess, BayVBl 1995, 641; *P. Gottwald*, Rechtsmittelzulässigkeit und Erledigung der Hauptsache, NJW 1976, 2250; *H. Günther*, Kostenentscheidung nach beidseitiger Erledigungserklärung, DVBl 1988, 612; *A. Hausherr*, Die Erledigung „zwischen den Instanzen", MDR 2010, 973; *W. Heintzmann*, Die Erledigung des Rechtsmittels, ZZP 87 (1974), 199; *F. Jost/W. Sundermann*, Reduzierung des Verfahrensaufwands nach der einseitigen Erledigungserklärung, ZZP 105 (1992), 261; *D. Knöringer*, Die Erledigung der Hauptsache im Zivilprozess, JuS 2010, 569; *P. Köppl*, Hauptsacheerledigung nach Bekanntwerden neuer Tatsachen?, BayVBl 1979, 460; *C. Kremer*, Die streitige Erledigung der Hauptsache im Verwaltungsprozess, NVwZ 2003, 797; *R. Künzl*, Die einseitige Erledigungserklärung im Urteilsverfahren, DB 1990, 2370; *O. Lange*, Erledigungserklärung und Erledigungsfeststellungsantrag, NJW 2001, 2150; *W. Lindacher*, Der Meinungsstreit zur „einseitigen Erledigungserklärung", JA 1970, 687; *W.B. Maetzel*, Zum Erledigungsstreit im Verwaltungsprozess, DÖV 1971, 613; *G. Manssen*, Die einseitige Erledigungserklärung im Verwaltungsprozeß, NVwZ 1990, 1018; *M. Mössner*, Die einseitige Erklärung der Erledigung der Hauptsache, NJW 1970, 175; *G. Müller-Tochtermann*, Die Erledigung des Rechtsstreits in der Hauptsache nach der Verwaltungsgerichtsordnung, VerwArch 53 (1962), 45; *R. Pietzner*, Zur übereinstimmenden Erledigungserklärung im Verwaltungsprozeß, VerwArch 75 (1984), 79; *ders.*, Zur einseitigen Erledigungserklärung im Verwaltungsprozeß, VerwArch 77 (1986), 299; *B. Preusche*, Zum Ändern und Ersetzen angefochtener Verwaltungsakte, DVBl 1992, 797; *E. Proksch*, Kostenentscheidung bei Hauptsacheerledigung einer schlichten Untätigkeitsklage, BayVBl 1975, 548; *H. Prütting/S. Wesser*, Die Erledigung des Rechtsstreits: nicht nur ein Kostenproblem, ZZP 116 (2003), 267; *L. Renck*, Hauptsacheerledigung bei nicht zulässigem Verfahren?, BayVBl 1973, 431; *W.-M. Ring*, Kostenentscheidung gem. § 161 III VwGO, NVwZ 1995, 1191; *F.J. Rinsche*, Beweiserhebung bei beiderseitiger Erledigungserklärungen?, NJW 1971, 1349; *A. Röckle*, Die einseitige Erledigungserklärung des Klägers im Zivilprozeß, AnwBl 1993, 317; *W.-R. Schenke*, Probleme des Vertretungszwangs nach dem novellierten § 67 IV VwGO, NVwZ 2009, 801; *J. Schmidt*, Immer noch Streit um den

„Erledigungsstreit", DÖV 1984, 622; *E. Schneider*, Sachverhaltsaufklärung nach Erledigung der Hauptsache, MDR 1976, 885; *A. Schulz*, Die Erledigung von Rechtsmitteln, JZ 1983, 331; *K.H. Schwab*, Die einseitige Erledigungserklärung, ZZP 72 (1959), 127; *E. Teubner/K. Prange*, Die hilfsweise Erledigungserklärung, MDR 1989, 586; *P. Weides/R. Bertrams*, Die nachträgliche Verwaltungsentscheidung im Verfahren der Untätigkeitsklage, NVwZ 1988, 673; *M. Weigert*, Kann der Kläger einseitig lediglich eine begründete Klage in der Hauptsache für erledigt erklären?, BayVBl 1974, 640.

I. Vorbemerkung

1   § 161 fasst Regelungen zusammen, die systematisch nichts oder wenig miteinander zu tun haben. Abs. 1 bestimmt, dass, wann und in welcher Form das Gericht über die Kosten zu entscheiden hat. Systematisch gehörte er an die Spitze des 16. Abschnitts. Abs. 2 regelt die Kostenfolge, wenn sich der Rechtsstreit in der Hauptsache erledigt hat. Er gehört systematisch zu § 155 Abs. 2 und § 160. Diese Vorschriften regeln jeweils die Kostenfolge, wenn der Rechtsstreit ohne Entscheidung in der Hauptsache endet. Abs. 3 trägt den Besonderheiten der Untätigkeitsklage kostenrechtlich Rechnung.

II. Kostengrundentscheidung (§ 161 Abs. 1)

2   Die §§ 154 ff. unterscheiden zwischen der Kostentragung dem Grunde nach und der Kostenfestsetzung der Höhe nach. § 161 Abs. 1 betrifft die Kostengrundentscheidung. Sie regelt, welcher Beteiligte welchem anderen Beteiligten in welchem Umfang dem Grunde nach Kosten zu erstatten hat. Sie ist in § 120 Abs. 1 mit der Entscheidung über die Kostenfolge gemeint.

3   **1. Erforderlichkeit.** Grds. muss jede gerichtliche Entscheidung aussprechen, wer die Kosten trägt. Das Gericht hat hierüber von Amts wegen zu entscheiden.[1] Ein Antrag der Beteiligten ist nicht erforderlich, braucht deshalb auch nicht protokolliert zu werden.

---

1 BVerwG 14, 171, 174; *R. P. Schenke*, in: Kopp/Schenke § 161 Rn. 3.

Unerheblich ist, ob im Einzelfall tatsächlich Gerichtskosten angefallen oder außergerichtliche Kosten 4 auszugleichen sind. Dies prüft das Gericht nicht nach. Es ist erst Aufgabe der Kostenfestsetzung, festzustellen, ob und welche erstattungsfähigen Kosten angefallen sind.

Eine Kostengrundentscheidung ist regelmäßig in den Verfahren entbehrlich, in denen kraft gesetzlicher 5 Vorschrift keine Gerichtsgebühren erhoben und außergerichtliche Kosten nicht erstattet werden (VGH Kassel AnwBl 1984, 49). Dies sind im Wesentlichen die Verfahren der Erinnerung und der Beschwerde gegen den Ansatz der Gerichtskosten (§ 66 Abs. 8 GKG), der Beschwerde gegen die Festsetzung des Streitwerts (§ 68 Abs. 3 GKG), der Festsetzung der gesetzlichen Vergütung des Rechtsanwalts (§ 11 Abs. 2 S. 4 und 6 RVG), der Beschwerde gegen die richterliche Festsetzung der Vergütung eines Sachverständigen oder Dolmetschers und der Entschädigung eines Zeugen oder ehrenamtlichen Richters (§ 4 Abs. 8 JVEG), ferner das Verfahren der Prozesskostenhilfe (§ 166, § 118 Abs. 1 S. 4 ZPO), jedoch nicht der Beschwerde gegen ihre Versagung (zu den Kosten des PKH-Verfahrens → § 166 Rn. 218–221).

Frei von Gerichtskosten ist jedoch nur der statthafte Rechtsbehelf. Ist der eingelegte Rechtsbehelf unstatthaft, ergeht eine Kostenentscheidung zulasten desjenigen, der ihn eingelegt hat.[2] 6

Keinen Kostenausspruch enthalten die Entscheidungen in einem unselbständigen Neben- und Zwischenstreit (→ § 154 Rn. 21 f.).[3] Soweit Kosten anfallen, sind sie Teil der Verfahrenskosten. Wer sie zu tragen hat, folgt aus der Kostenentscheidung der abschließenden Entscheidung. 7

Zu den Zwischenverfahren ohne eigenen Kostenausspruch gehören die Entscheidungen, durch die das 8 VG nach § 149 Abs. 1 S. 2 die Vollziehung einer angefochtenen Gerichtsentscheidung einstweilen aussetzt oder durch die das Gericht im Verfahren nach § 80 Abs. 5 die Vollziehung eines angefochtenen Verwaltungsakts bis zu seiner abschließenden Entscheidung aussetzt.[4] Wird gegen eine solche Entscheidung Beschwerde eingelegt, ist für das Beschwerdeverfahren eine Kostenentscheidung zu treffen.[5]

Ohne Kostenentscheidung bleiben nichtstreitige prozessuale Zwischenverfahren. In ihnen stehen sich 9 die Beteiligten des Hauptverfahrens nicht als Gegner gegenüber. Es wird der Sache nach zwischen dem Gericht und einem Beteiligten oder dem Gericht und einem Dritten ausgetragen. Es fehlt sowohl an einem unterliegenden Teil, dem Kosten auferlegt werden könnten, als auch an einem obsiegenden Teil, zu dessen Gunsten eine Kostenerstattung in Betracht kommt. Soweit Kosten anfielen, sind sie Teil der Verfahrenskosten. Wer sie zu tragen hat, folgt aus der Kostenentscheidung der abschließenden Entscheidung in der Hauptsache. Hierzu gehören etwa die Entscheidungen über ein Befangenheitsgesuch,[6] über einen Antrag auf Bestimmung des zuständigen Gerichts[7] und über einen Antrag auf Aussetzung des Verfahrens gem. § 94. Soweit in diesen Fällen die Entscheidung mit der Beschwerde anfechtbar ist, ergeht aber eine Kostenentscheidung, wenn die Beschwerde erfolglos bleibt; die Kosten sind dem Beschwerdeführer gem. § 154 Abs. 2 aufzuerlegen (→ § 154 Rn. 22).[8] Aus § 154 Abs. 2 ergibt sich, dass die Kosten der erfolglosen Beschwerde nicht Teil der Kosten des Hauptsacheverfahrens sind, sondern diese Kosten abgetrennt von den Kosten des Hauptsacheverfahrens zu verteilen sind. § 154 Abs. 2 unterscheidet dabei nicht zwischen streitigen und nichtstreitigen Zwischenverfahren. Hat die Beschwerde dagegen Erfolg, ist § 154 Abs. 2 nicht anwendbar. Es bleibt dabei, dass die Kosten des nichtstreitigen Zwischenverfahrens auch insoweit Teil der Kosten des Hauptsacheverfahrens sind. Eine Kostenentscheidung im Beschwerdeverfahren unterbleibt deshalb. Bei der Beschwerde gegen die Aussetzung des Verfahrens nach § 75 S. 3 handelt es sich mit Blick auf die Kostenfolge des § 161 Abs. 3 um ein streitiges Zwischenverfahren zwischen den Beteiligten des Rechtsstreits. In diesen Fällen ergeht im Beschwerdeverfahren auch dann eine Kostenentscheidung, wenn die Beschwerde Erfolg hat (VGH Mannheim NVwZ-RR 2011, 224).

---

2 BVerwG NVwZ-RR 1995, 361; BGH JurBüro 2003, 95; OVG Lüneburg DÖV 2014, 172; LSG München 28.9.2015 – L 15 RF 36/15 B, juris Rn. 23.
3 S. *Olbertz*, in: Schoch/Schneider/Bier Vorbem. § 154 Rn. 12, § 154 Rn. 2.
4 VGH Kassel NVwZ 2000, 1318; OVG Weimar NVwZ 1999, 892, 893; OVG Greifswald NVwZ-RR 2003, 534, 535.
5 VGH München VGH n.F. 24 (1971), 153; a.A. OVG Bautzen NVwZ 2004, 1134; HmbOVG NVwZ 2004, 1135, 1136; OVG Münster NWVBl 2009, 224, 225; OVG Weimar ThürVBl 2003, 14, 16.
6 Anders wohl BGH MDR 2005, 1016; hierzu *T. Stollenwerk*, NJW 2007, 3751; *A. Sturm*, MDR 2007, 382.
7 BVerwG DVBl 2002, 1557.
8 BFH BFH/NV 2003, 1593; VGH Mannheim NVwZ-RR 2002, 236, 237; VGH München BayVBl 2002, 443; OVG Münster OVGE 39, 275. A.A. BGH MDR 2006, 704 (generell keine Kostenentscheidung).

10   Keine Kostenentscheidung ergeht in Zwischenverfahren, die von einem Dritten betrieben werden. Hierzu gehören etwa die Entscheidungen über den Beiladungsantrag eines Dritten, über die Zurückweisung eines Bevollmächtigten nach § 67 Abs. 3 S. 1 oder über die Verhängung von Ordnungsmaßnahmen nach § 178 GVG. Eine Kostenentscheidung unterbleibt in diesen Fällen auch im Beschwerdeverfahren. Lehnt bspw. das VG den Beiladungsantrag eines Dritten ab, hat dessen Beschwerde dagegen aber Erfolg, können die Kosten des Beschwerdeverfahrens weder dem Beklagten noch dem Kläger auferlegt werden. Der Dritte kann seine außergerichtlichen Kosten aus dem Beschwerdeverfahren nicht erstattet verlangen.[9] Es fehlt an einem Gegner des Verfahrens, auf den diese Kosten abgewälzt werden könnten. Hat die Beschwerde keinen Erfolg, ist eine Kostenentscheidung ebenfalls nicht erforderlich. Der Dritte haftet ohnehin gem. § 22 Abs. 1 S. 1 GKG als Antragsteller für die Gerichtskosten. Er ist nicht Gegner der Beteiligten des Hauptsacheverfahrens, sodass diese ihre eventuell angefallenen außergerichtlichen Kosten nicht auf den Dritten abwälzen können.

11   Ein unselbständiger Zwischenstreit ist der Streit über die Weigerung, Akten vorzulegen (§ 99 Abs. 2). Der Beschluss des Fachsenats enthält keine Kostenentscheidung (BVerwG NVwZ-RR 2011, 261 unter Aufgabe der früheren gegenteiligen Rspr., z.B.: BVerwG NVwZ 2003, 347). Anders verhält es sich im Beschwerdeverfahren nach § 99 Abs. 2 S. 12. Die Beschwerdeentscheidung enthält eine Kostenentscheidung zulasten des unterlegenen Beschwerdeführers.

12   Keine eigene Kostenentscheidung enthält das Ergänzungsurteil nach § 120. Für seine Kosten gilt die Kostenentscheidung im ergänzten Urteil (VGH München BayVBl 1978, 378).

13   Weil über die Kosten der Instanz nur einheitlich entschieden werden kann, unterbleibt eine Kostenentscheidung, wenn sich im Zeitpunkt der Entscheidung noch nicht absehen lässt, welcher Beteiligte in welchem Umfang unterliegt. Das gilt für Teilurteile gem. § 110. Wird aber ein Rechtsmittel gegen ein Teilurteil zurückgewiesen, enthält die Rechtsmittelentscheidung eine Kostenentscheidung gem. § 154 Abs. 2 zulasten des unterliegenden Rechtsmittelführers (BVerwGE 36, 16, 21). Dasselbe gilt bei Zwischenurteilen gem. § 109 (VGH München BayVBl 1988, 270, 272) sowie bei Grundurteilen nach § 111.

14   Eine Kostenentscheidung unterbleibt ferner, wenn in der Rechtsmittelinstanz die Entscheidung der Vorinstanz aufgehoben und die Sache an diese nach § 130 Abs. 2 oder § 144 Abs. 3 S. 1 Nr. 2 zurückverwiesen wird (→ § 154 Rn. 19). Die Entscheidung über die Kosten des Rechtsmittelverfahrens ist der Schlussentscheidung vorzubehalten. Entscheidet das Rechtsmittelgericht über einen Teil des Streitgegenstands endgültig, ist ebenfalls noch keine Kostenentscheidung zu treffen. Eine Kostenquote kann nicht ausgeworfen werden, solange nicht feststeht, wer wegen des zurückverwiesenen Teils des Rechtsstreits die Kosten (auch) des Rechtsmittelverfahrens im Übrigen zu tragen hat.[10]

15   Hat das Gericht in der abschließenden Sachentscheidung versehentlich nicht über die Kosten entschieden, ergibt sich aber aus den Entscheidungsgründen, dass und mit welchem Inhalt das Gericht über die Kosten hat entscheiden wollen, kann das Urteil nach § 118 berichtigt werden.[11] Geben die Entscheidungsgründe für eine beabsichtigte Kostenentscheidung nichts her, kann das Urteil nach § 120 ergänzt werden (BVerwG 7.4.1965 – Buchholz 310 § 162 VwGO Nr. 5; VGH München BayVBl 1976, 286).[12] Die Ergänzung ist nur auf Antrag, nicht hingegen von Amts wegen zulässig; der Antrag ist innerhalb einer Frist von zwei Wochen nach Zustellung der unvollständigen Entscheidung zu stellen (BVerwG NVwZ-RR 1999, 694). Wird die Ausgangsentscheidung mit einem Rechtsmittel angefochten, kann das Rechtsmittelgericht die Entscheidung der Vorinstanz um eine Kostenentscheidung ergänzen (OVG Bln NVwZ 1990, 681).

16   **2. Zeitpunkt und Form.** Das Gericht entscheidet über die Kosten in der Entscheidung, welche die Instanz mit einer Sachentscheidung abschließt, und damit auch in der Form dieser Entscheidung. Die Kostenentscheidung ist in die Entscheidungsformel i.S.d. § 117 Abs. 2 Nr. 3 aufzunehmen. Sie ist zu begründen. Hierfür kann die Angabe der einschlägigen Bestimmung ausreichen.

---

9   VGH Mannheim NVwZ-RR 2001, 543; a.A. VGH München BayVBl 2003, 436: Kosten sollen der Staatskasse auferlegt werden.
10   S. *Olbertz*, in: Schoch/Schneider/Bier Vorbem. § 154 Rn. 25.
11   B. *Clausing*, in: Schoch/Schneider/Bier § 161 Rn. 7.
12   B. *Clausing*, in: Schoch/Schneider/Bier § 161 Rn. 7.

Wird die Klage, ein Antrag oder ein Rechtsmittel zurückgenommen, der Rechtsstreit in der Hauptsa- 17
che für erledigt erklärt oder ein gerichtlicher Vergleich ohne Kostenregelung geschlossen, ergeht keine
Sachentscheidung, mit der die Kostenentscheidung verbunden werden könnte. Über die Kosten ist
durch gesonderten Beschluss zu entscheiden.

Erledigt sich vor einer abschließenden Sachentscheidung nur ein Teil des Rechtsstreits, kann das Ge- 18
richt den erledigten Teil des Verfahrens gem. § 93 abtrennen und in dem abgetrennten Verfahren über
dessen Kosten durch gesonderten Beschluss nach § 161 Abs. 1 entscheiden (→ Rn. 104).[13] Trennt das
Gericht die Verfahren nicht, kann es erst mit der abschließenden Sachentscheidung zugleich über die
Kosten des gesamten Verfahrens entscheiden, also die Kostenentscheidung nach § 154 Abs. 1 für den
streitig gebliebenen Teil des Verfahrens mit der Kostenentscheidung bspw. nach § 155 Abs. 2 für den
vorher durch Rücknahme erledigten Teil des Verfahrens verbinden.[14]

3. Inhaltliche Anforderungen. Für die Kostengrundentscheidung nach § 161 Abs. 1 gelten die Grund- 19
sätze der Einheitlichkeit der Kostenentscheidung und der Kosteneinheit (→ § 155 Rn. 4 ff.).

Für jeden Rechtszug ergeht nur eine Kostenentscheidung über die gesamten Kosten. Die Kosten sind 20
entweder vollständig einem der Beteiligten aufzulegen oder verhältnismäßig auf sie zu verteilen. Ausnahmsweise können die Kosten einzelner Verfahrensabschnitte gesondert einem der Beteiligten auferlegt werden (§ 154 Abs. 4, § 155 Abs. 3 oder Abs. 4, § 17 b Abs. 2 S. 2 GVG).

Bezugspunkt der Quote sind die (undifferenzierten und gesamten) Kosten des Verfahrens (→ § 155 21
Rn. 24 ff.). Das Gericht muss den Wert mehrerer Streitgegenstände zueinander ins Verhältnis setzen
und danach eine Kostenquote auswerfen. Ebenso hat das Gericht zu verfahren, wenn das Verfahren
für einzelne Beteiligte oder einzelne Teile des Streitgegenstandes unterschiedlich beendet wird (Beispiel: Teilklagerücknahme und streitige Entscheidung im Übrigen), die Teilentscheidungen aber äußerlich in einer Entscheidung zusammengefasst werden (Urteil mit Teileinstellung des Verfahrens, soweit
die Klage zurückgenommen ist).

Aus Gründen der Praktikabilität wird der Grundsatz der einheitlichen Kostenentscheidung durchbro- 22
chen, wenn auf einer Seite mehrere Streitgenossen standen und der Rechtsstreit für die verschiedenen
Streitgenossen nicht einheitlich entschieden wird. In diesem Fall ist es zulässig zwischen Gerichtskosten und außergerichtlichen Kosten zu unterscheiden (→ § 155 Rn. 42 ff.). Ebenso wenig steht der
Grundsatz einheitlicher Kostenentscheidung entgegen, in dem Kostenausspruch nach Zeitabschnitten
zu differenzieren. Eine solche Aufteilung kommt in Betracht, wenn von ursprünglich mehreren Klägern einzelne ihre Klage vor der abschließenden Sachentscheidung des Gerichts zurückgenommen haben, wenn das Verfahren für einzelne Beteiligte oder einzelne Teile des Streitgegenstandes unterschiedlich beendet wird (→ § 155 Rn. 61 ff.).

III. Erledigung des Rechtsstreits (§ 161 Abs. 2).

1. Bedeutung der Vorschrift. Die Erledigung des Rechtsstreits in der Hauptsache ist ein eigenständi- 23
ges Prozessrechtsinstitut. Es öffnet dem Kläger die Möglichkeit, einen anhängigen Rechtsstreit zu beenden, ohne dass er den Weg der Klagerücknahme gehen muss, der zwingend mit der ihm nachteiligen
Kostenfolge des § 155 Abs. 2 verbunden ist. Ihm eine solche prozessuale Möglichkeit zu verschaffen,
entspricht nicht nur einem praktischen Bedürfnis, sondern auch einem Gebot der Gerechtigkeit jedenfalls dann, wenn sich im Verlauf eines Rechtsstreits die Sach- oder Rechtslage zu seinen Lasten geändert hat und eine ursprünglich zulässige und begründete Klage unzulässig oder unbegründet geworden
ist.

§ 161 Abs. 2 ist Ausdruck der Dispositionsmaxime (→ § 86 Rn. 5). Sie gilt im Verwaltungsprozess 24
ebenso wie im Zivilprozess. Es entspricht der Verfügungsbefugnis der Beteiligten über den Streitgegenstand, das Verfahren durch Abgabe übereinstimmender Erklärungen auf den Kostenpunkt zu beschränken und im Übrigen (wegen der Hauptsache) zu beenden. Aus dem Untersuchungsgrundsatz
(Grundsatz der Amtsermittlung) lässt sich nicht herleiten, nur eine tatsächlich eingetretene und ggf.
vom Gericht zu ermittelnde Erledigung beende das Verfahren (vgl. BVerwGE 46, 215, 216 f.). Ob die

---

13 *S. Olbertz*, in: Schoch/Schneider/Bier Vorbem. § 154 Rn. 30.
14 BVerwG DVBl 1963, 522; 2.6.1965 Buchholz 310 § 161 Abs. 2 VwGO Nr. 16.

Beteiligten befugt sind, durch ihre Erklärungen ein Verfahren zu beenden, auch wenn sich dessen Gegenstand objektiv nicht erledigt hat, beantwortet allein die Dispositionsmaxime.

25 Die VwGO regelt in § 161 Abs. 2 nur die Kostenfolge, wenn sich der Rechtsstreit in der Hauptsache erledigt hat. Sie regelt dagegen nicht die Voraussetzungen der Erledigung und deren weitere Rechtsfolgen. § 161 Abs. 2 setzt die Erledigung des Rechtsstreits in der Hauptsache als Prozessrechtsinstitut voraus.

26 **2. Erledigung des Rechtsstreits.** Zu unterscheiden ist zwischen der Erledigung des Rechtsstreits (in der Hauptsache) einerseits und der Erledigung der Hauptsache (des Rechtsstreits) andererseits (BVerwG 6.8.1987 Buchholz 451.54 MStG Nr. 11). Der Begriff „Hauptsache" bezeichnet dabei den gesamten sachlichen Streitgegenstand im Unterschied zur Kostenentscheidung und zu anderen Nebenentscheidungen (BVerwG 19.5.1995 Buchholz 310 § 161 VwGO Nr. 108). Er umfasst Hauptanträge ebenso wie Hilfsanträge.

27 Die Hauptsache (des Rechtsstreits) ist erledigt, wenn ein nach Klageerhebung eingetretenes außerprozessuales Ereignis dem Klagebegehren die Grundlage entzieht, das Klagebegehren also rechtlich oder tatsächlich gegenstandslos geworden ist, weil das Rechtsschutzziel entweder bereits außerhalb des Prozesses erreicht wurde oder überhaupt nicht mehr erreicht werden kann (BVerwG NVwZ 1989, 48). Der Rechtsstreit ist hingegen (in der Hauptsache) erledigt, wenn die Beteiligten ihren Streit in der Hauptsache beenden und ihn auf den Kostenpunkt beschränken. Es erledigt sich der Streit der Beteiligten, nicht aber notwendig die Hauptsache, über die der Streit geführt wurde. Die Erledigung des Rechtsstreits (in der Hauptsache) tritt nicht aufgrund eines außerprozessualen Ereignisses ein, sondern aufgrund des prozessualen Verhaltens der Beteiligten, nämlich aufgrund ihrer übereinstimmenden Erklärungen, dass der Rechtsstreit in der Hauptsache erledigt ist.[15] Die tatsächliche Erledigung der Hauptsache kann jedoch von den Beteiligten zum Anlass genommen werden, den Rechtsstreit in der Hauptsache für erledigt zu erklären.

28 Von der Erledigung der Hauptsache hängt die Zulässigkeit einer Fortsetzungsfeststellungsklage nach § 113 Abs. 1 S. 4 ab. Die Kostenfolge des § 161 Abs. 2 knüpft hingegen an die Erledigung des Rechtsstreits an. Die Vorschrift stimmt damit der Sache nach mit § 91a Abs. 1 ZPO überein, der ausdrücklich an Erledigungserklärungen der Parteien anknüpft. Dessen „wohl zweckmäßige" Regelung sollte nach der Begründung des Regierungsentwurfs für den Verwaltungsprozess übernommen werden (BT-Drs. 3/55, 47 zu § 158). § 161 Abs. 2 stellt nach seinem Wortlaut nicht darauf ab, dass sich die Hauptsache, sondern darauf, dass sich der Rechtsstreit erledigt hat. Es kommt auf die Erledigung des Streits, nicht des Klagebegehrens (der Hauptsache) an.

29 Eine Kostenentscheidung nach § 161 Abs. 2 ist deshalb immer dann zu treffen, wenn die Beteiligten den Rechtsstreit übereinstimmend in der Hauptsache für erledigt erklärt haben. Ist die Hauptsache objektiv erledigt, kann das Gericht das Verfahren nicht von sich aus, also ohne entsprechende Erklärungen der Beteiligten, mit einer Kostenentscheidung nach § 161 Abs. 2 beenden. Gibt der Kläger keine Erledigungserklärung ab, ist vielmehr über den aufrechterhaltenen Klageantrag zu entscheiden (W.-R. *Schenke* Rn. 1115). Er ist entweder wegen nunmehr fehlenden Rechtsschutzbedürfnisses als unzulässig oder als unbegründet abzuweisen, weil die Voraussetzungen des geltend gemachten Anspruchs weggefallen sind. Geben die Beteiligten übereinstimmende Erledigungserklärungen ab, hat das Gericht nicht nachzuprüfen, ob eine Erledigung tatsächlich vorliegt. In diesem Fall ist das Verfahren mit einer Kostenentscheidung nach § 161 Abs. 2 ohne Rücksicht darauf zu beenden, ob die Hauptsache tatsächlich erledigt ist.[16]

30 Es kommt ferner nicht darauf an, ob die Klage ursprünglich zulässig und begründet war. Schließt der Beklagte sich der Erklärung an, kann der Kläger durch Erledigungserklärung ein Verfahren beenden, dem ein von vornherein unzulässiges oder unbegründetes Begehren zugrunde lag. Die ursprüngliche Zulässigkeit und Begründetheit des Begehrens ist nur noch als Maßstab für die Kostenverteilung bedeutsam.

31 Das Gericht hat die Zulässigkeit des Begehrens auch nicht hinsichtlich solcher Voraussetzungen nachzuprüfen, von denen der gesetzliche Richter i.S.d. Art. 101 Abs. 1 S. 2 GG abhängt, wie der Verwal-

---

15 S. hierzu auch *B. Clausing*, in: Schoch/Schneider/Bier § 161 Rn. 8 m. w. Nachw. in Fn. 44.
16 BVerwG NJW 1962, 1076; DVBl 1964, 874; DÖV 1966, 429; BVerwGE 30, 27; 46, 215; BVerwG 5.9.1973 Buchholz 310 § 161 Abs. 2 VwGO Nr. 41.

tungsrechtsweg (§ 40) oder die örtliche und sachliche Zuständigkeit des angerufenen Gerichts.[17] Die übereinstimmenden Erledigungserklärungen haben die Rechtshängigkeit der Hauptsache beendet. Sie haben damit die Frage erledigt, wer zur Entscheidung über diese Hauptsache berufen war. Die Folgerungen aus der Beendigung des Streits hat das Gericht zu ziehen, bei dem der Streit (zuletzt) anhängig war (BGH MDR 2010, 888). Dieses ist als gesetzlicher Richter für die allein noch zu treffende Kostenentscheidung zuständig, unabhängig davon, ob es für die Hauptsache zuständig gewesen wäre.

3. Anwendungsbereich. § 161 Abs. 2 gilt für Klageverfahren, selbständige Zwischen- und Nebenverfahren (→ Rn. 9; → § 154 Rn. 21 f.) sowie Vollstreckungsverfahren nach § 167, § 170 (OVG Münster OVGE 38, 227). Nicht anwendbar, auch nicht analog, ist § 161 Abs. 2 hingegen bei Erledigung des Widerspruchs (BVerwGE 62, 201, 204; OVG Münster 27.2.2012 – 6 A 445/11).[18] **32**

Die Vorschrift ist im Normenkontrollverfahren nach § 47 anwendbar (BVerwG NVwZ-RR 2002, 152; VGH München 5.2.2015 – 15 N 12.1518; VGH Mannheim NVwZ-RR 1989, 443).[19] Das Normenkontrollverfahren ist zwar auch objektives Prüfungsverfahren. Dadurch wird es aber nicht der Disposition der Beteiligten entzogen (BVerwGE 82, 225, 232), die deshalb befugt sind, ihren Streit über die Wirksamkeit der angegriffenen Rechtsnorm durch übereinstimmende Erledigungserklärungen zu beenden (aber zum Anerkenntnis → § 156 Rn. 9). **33**

In der Rechtsmittelinstanz können die Beteiligten statt des Rechtsstreits als ganzen nur das Rechtsmittelverfahren für erledigt erklären.[20] Die Erledigungserklärung hat ausschließlich prozessuale Bedeutung. Sie beendet das Verfahren in der Sache und beschränkt es auf den Kostenpunkt. Eine solche Wirkung kann auf ein Rechtsmittelverfahren beschränkt werden, unabhängig davon, ob ihm ein eigener Streitgegenstand zugrunde liegt. **34**

Ist der Streitgegenstand teilbar, können die Beteiligten nur einen Teil des Verfahrens für erledigt erklären. Davon zu unterscheiden ist die Erledigung nur einzelner unselbständiger Streitfragen. Erklären die Beteiligten den Rechtsstreit insoweit übereinstimmend teilweise für erledigt, sind ihre Erklärungen gegenstandslos (BVerwG 12.3.1985 Buchholz 310 § 161 VwGO Nr. 65). **35**

4. Beiderseitige Erledigungserklärungen. Die Beteiligten müssen den Rechtsstreit übereinstimmend in der Hauptsache für erledigt erklären, wobei die Reihenfolge der Abgabe der Erklärungen gleichgültig ist (BVerwG NVwZ-RR 1992, 276). Die Erledigungserklärung ist Prozesshandlung. Sie ist gegenüber dem Gericht abzugeben. Die Erledigung des Rechtsstreits kann auch aufgrund einer einseitigen Erledigungserklärung des Klägers eintreten. Das Gericht kann dem Beklagten den Schriftsatz mit der Erledigungserklärung des Klägers mit dem Hinweis zustellen, dass der Rechtsstreit in der Hauptsache erledigt ist, wenn der Beklagte der Erledigungserklärung nicht innerhalb von zwei Wochen seit Zustellung des Schriftsatzes widerspricht. Bleibt ein Widerspruch innerhalb dieser Frist aus, ist der Rechtsstreit nach § 161 Abs. 2 S. 2 erledigt. Das Schweigen des Beklagten löst diese Folge nur aus, wenn ihm der Schriftsatz mit der Erledigungserklärung des Klägers förmlich zugestellt worden ist (§ 56 Abs. 1) und er über die Folgen seines Verschweigens ordnungsgemäß belehrt worden ist. Eine Wiedereinsetzung in den vorigen Stand gegen die Versäumnis der Zweiwochenfrist ist nach § 60 möglich. **36**

a) Inhalt der Erklärung. Mit seiner Erledigungserklärung bringt der Beteiligte zum Ausdruck, dass er seinen Sachantrag nicht weiterverfolgen, sondern den Streit auf die Frage beschränken will, wer die Kosten des Rechtsstreits tragen soll. Wird die „Hauptsache" für erledigt erklärt, so sind damit sämtliche Sachanträge erfasst, es sei denn, der Kläger beschränkt die Erledigungserklärung ausdrücklich auf bestimmte Anträge (BVerwG 19.5.1995 Buchholz 310 § 161 VwGO Nr. 108). **37**

Ob eine solche Erklärung gewollt ist, ist in Zweifelsfällen durch Auslegung zu ermitteln. Die Äußerung eines Beklagten, er widerspreche der Erledigungserklärung des Klägers nicht, kann als Erledigungserklärung zu verstehen sein (BVerwGE 30, 27, 28; BVerwG NVwZ-RR 1992, 276, 277). Selbst die Anregung des Beklagten, das Gericht möge dem Kläger die Abgabe einer Erledigungserklärung nahelegen, kann schon die eigene Erledigungserklärung des Beklagten enthalten (VGH München Verw- **38**

---

17 OVG Weimar NVwZ-RR 1999, 278; a.A. *L. Renck*, BayVBl 1973, 431.
18 *S. Sieweke*, NVwZ 2015, 858.
19 *R. P. Schenke*, in: Kopp/Schenke § 161 Rn. 8.
20 Zur Revision BVerwG NVwZ 1995, 372, 373; BAG NJW 2008, 1979; zur Nichtzulassungsbeschwerde BVerwG 13.12.2010 Buchholz 406.11 § 133 BauGB Nr. 138; BFHE 173, 506, 508; zur Beschwerde BGH NJW-RR 2001, 1007; zum Zulassungsantrag OVG Schleswig NVwZ 2000, 1317; ferner *A. Schulz*, JZ 1983, 331.

Rspr 12, 895). Eine Erledigungserklärung kann darin liegen, dass nur noch ein Kostenantrag gestellt wird. Teilen die Beteiligten dem Gericht mit, sie hätten sich außergerichtlich verglichen, kann diese Mitteilung zugleich eine Erledigungserklärung umfassen, namentlich dann, wenn die Beteiligten sich in ihrem außergerichtlichen Vergleich auf diese Form der Beendigung des Verfahrens verständigt haben und der außergerichtliche Vergleich dem Gericht seinem Inhalt nach mitgeteilt wird.

39 Die Erledigungserklärung ist zwar Willens-, nicht Wissenserklärung. Teilt ein Beteiligter dem Gericht mit, die Hauptsache habe sich erledigt, liegt darin aber eine Erledigungserklärung, wenn er damit zum Ausdruck bringen wollte, dass er wegen der eingetretenen Erledigung seinen Sachantrag nicht weiterverfolge.

40 Eine Erledigungserklärung kann konkludent abgegeben werden (OVG Münster OVGE 12, 159). Hat der Beklagte das Verfahren für erledigt erklärt, kann in dem bloßen Schweigen des Klägers keine Erledigungserklärung gesehen werden.[21] Solange er den Rechtsstreit nicht ausdrücklich für erledigt erklärt, ist anzunehmen, dass er seinen Sachantrag aufrechterhält. Schweigen des Beklagten hat nur unter den Voraussetzungen des § 161 Abs. 2 S. 2 den Erklärungswert einer fingierten Erledigungserklärung.

41 Erklärt der Kläger ausdrücklich den Rechtsstreit für erledigt, kann das Gericht seine Erklärung nicht als Klagerücknahme auslegen und das Verfahren mit der Kostenfolge des § 155 Abs. 2 einstellen. Eine solche Auslegung ist nicht mit der Begründung zulässig, die Erledigungserklärung stelle lediglich eine verschleierte Klagerücknahme dar (VGH Mannheim NJW 1974, 964), wenn tatsächlich kein erledigendes Ereignis vorliege. Einer Prozesserklärung kann nicht gegen ihren eindeutigen Wortlaut ein erkennbar nicht gewollter Sinn unterstellt werden (BFH BFH/NV 2003, 921; VGH München BayVBl 1975, 476; → Rn. 181–184). Wählt der Kläger eine Erledigungserklärung, obwohl „an sich" eine Klagerücknahme angezeigt wäre, hat der Beklagte es in der Hand, ob er sich der Erledigungserklärung anschließt. Schließt er sich an, wird dadurch das Verfahren in der Hauptsache mit der Kostenfolge des § 161 Abs. 2 beendet, ohne Rücksicht darauf, ob die Erledigungserklärung nur eine Flucht vor der an sich angezeigten Klagerücknahme darstellt. Es mag der Billigkeit entsprechen, aus diesem Grund dem Kläger die Kosten aufzuerlegen.

42 **b) Wirksamkeit der Erklärung. aa) Beteiligtenfähigkeit.** Als Prozesshandlung kann die Erledigungserklärung wirksam nur von einem Beteiligtenfähigen abgegeben werden. Erledigt sich der Rechtsstreit dadurch, dass ein Beteiligter seine Rechts- und Beteiligtenfähigkeit verliert, kann er die deshalb gebotene Erledigungserklärung noch wirksam abgeben. Seine Beteiligtenfähigkeit wird hierfür als fortbestehend fingiert (BGH NJW 1982, 238; OVG Münster NJW 1989, 186; → § 154 Rn. 29).[22]

43 **bb) Bedingung.** Als Prozesshandlung kann die Erledigungserklärung nicht unter einer Bedingung abgegeben werden. Keine Bedingung liegt in dem Vorbehalt, dass die Gegenseite ebenfalls den Rechtsstreit für erledigt erklärt.

44 **cc) Widerruf.** Die Erledigungserklärung kann solange widerrufen werden, wie die Erledigungserklärung der Gegenseite dem Gericht noch nicht zugegangen ist.[23] Erst mit dem Zugang beiderseitiger Erledigungserklärungen bei Gericht ist die Rechtshängigkeit beseitigt und der Widerruf einer Erledigungserklärung nicht mehr möglich.

45 Ein Widerruf kommt ausnahmsweise noch in Betracht, wenn ein Restitutionsgrund i.S.d. § 580 ZPO vorliegt (BVerwG NVwZ-RR 1999, 407, 408; BFH BFH/NV 2003, 1060; BGH NJW 2013, 2686). Unter den Voraussetzungen des § 153, § 580 ZPO lässt es der Gesetzgeber zu, sich von der Bindung an ein rechtskräftiges Urteil zu lösen. Es entspricht der Wertung des Gesetzes, sich unter denselben Voraussetzungen von einer Erledigungserklärung zu lösen, wenn diese, nicht aber ein rechtskräftiges Urteil das Verfahren beendet hat.

46 Ein Widerruf kann ferner zulässig sein, wenn es mit den Grundsätzen von Treu und Glauben unvereinbar wäre, einen Beteiligten an seiner Prozesshandlung festzuhalten. Dabei kann eine Rolle spielen,

---

21 BVerwG 3.12.1986 Buchholz 310 § 161 VwGO Nr. 72; 25.10.1988 Buchholz 427.2 § 339 LAG Nr. 169; a.A. BVerwG 12.9.1967 Buchholz 310 § 161 Abs. 2 VwGO Nr. 20; 30.7.1973 Buchholz 310 § 161 Abs. 2 VwGO Nr. 39.
22 *B. Clausing*, in: Schoch/Schneider/Bier § 161 Rn. 14.
23 BVerwG NVwZ-RR 1992, 276; NVwZ 1999, 404; NVwZ-RR 2010, 562 Rn. 14; OVG Brem NVwZ-RR 2003, 700.

ob der Beteiligte durch eine richterliche Belehrung oder Empfehlung zu seiner prozessualen Erklärung bewogen worden ist (BVerwG NVwZ-RR 1999, 407).

In Verfahren mit Vertretungszwang unterliegt der Widerruf dem Vertretungserfordernis, wenn der Beteiligte anwaltlich vertreten ist und die Erledigungserklärung von seinem Rechtsanwalt abgegeben war (BVerwG 28.11.1967 Buchholz 310 § 67 VwGO Nr. 24). 47

dd) Irrtumsanfechtung. Als Prozesshandlung kann die Erledigungserklärung nicht wegen Irrtums entsprechend § 119 BGB angefochten werden (BVerwG DVBl 1964, 874; VGH München BayVBl 1975, 513). 48

ee) Hilfsweise Abgabe. Die Erledigungserklärung kann nicht hilfsweise neben dem aufrechterhaltenen Sachantrag abgegeben werden.[24] Die lediglich hilfsweise erklärte Erledigung des Rechtsstreits beseitigte entgegen dem Hauptantrag unmittelbar dessen Rechtshängigkeit. Sie entzöge damit der gleichzeitig zur Hauptsache beantragten Sachentscheidung wieder die Grundlage. Die Entscheidung zur Hauptsache würde deshalb sofort wieder wirkungslos (BGHZ 106, 359, 368). Damit entfiele zugleich die Voraussetzung, unter der die Erledigungserklärung abgegeben wurde. 49

Umgekehrt kann der Beklagte die Erledigung nicht hilfsweise neben dem in erster Linie aufrechterhaltenen Klageabweisungsantrag erklären. Er widerspricht mit seinem Klageabweisungsantrag der Erledigungserklärung des Klägers. In diesem Fall ist streitig darüber zu entscheiden, ob die Hauptsache erledigt ist (VGH Kassel ESVGH 22, 242; a.A. OVG Münster NVwZ-RR 2003, 701). 50

Dagegen kann neben der Erledigungserklärung der ursprüngliche Sachantrag hilfsweise aufrechterhalten werden, nämlich für den Fall, dass der Gegner sich der Erledigungserklärung nicht anschließt und das Gericht auf den Erledigungsfeststellungsantrag zu dem Ergebnis gelangt, dass eine Erledigung tatsächlich nicht vorliegt (BVerwGE 73, 312, 314; BVerwG DÖV 1988, 224). 51

ff) Abgabe bis Rechtskraft. Die Erledigungserklärungen können wirksam abgegeben werden, solange das Verfahren in der Hauptsache anhängig ist. Eine andere zeitliche Grenze für ihre Abgabe gibt es nicht (BVerwG NVwZ 1993, 979; NVwZ 2004, 353). Ist eine Entscheidung in der Hauptsache ergangen, kann der Rechtsstreit noch für erledigt erklärt werden, jedoch nur während einer noch offenen Rechtsmittelfrist. Die Erklärungen müssen bei Gericht eingehen, bevor die Entscheidung rechtskräftig wird.[25] 52

Ein Beteiligter kann ein Rechtsmittel gegen die Entscheidung in der Hauptsache einlegen und den Rechtsstreit erst gegenüber dem Rechtsmittelgericht für erledigt erklären,[26] hierin liegt keine Umgehung von § 158 (→ § 158 Rn. 22). Das ist auch dann möglich, wenn das erledigende Ereignis eingetreten war, bevor die erstinstanzliche Entscheidung erging (BVerwG NVwZ 2004, 353). Es kann der Billigkeit entsprechen, die Kosten des an sich entbehrlichen Rechtsmittelverfahrens dem Beteiligten aufzuerlegen, der mit seiner Erledigungserklärung „säumig" war (vgl. BVerwG NVwZ 2004, 353; → Rn. 95 ff.).[27] 53

Werden die Erledigungserklärungen erst im Rechtsmittelverfahren abgegeben, sind sie nicht generell ohne prozessuale Wirkung, wenn das Rechtsmittel unzulässig ist. Die gegenteilige Auffassung[28] trifft nur auf das unstatthafte Rechtsmittel zu. Es bringt den Streitgegenstand nicht in die nächsthöhere Instanz. Eine Erledigungserklärung ist im Rechtsmittelverfahren ferner wirkungslos, wenn ein Beteiligter sein Rechtsmittel erst nach Ablauf der Rechtsmittelfrist eingelegt hat. Den Beteiligten fehlt wegen der eingetretenen Rechtskraft die Dispositionsbefugnis (OVG Münster MDR 1980, 259). 54

gg) Abgabe im Zulassungsverfahren. Die Beteiligten können den Rechtsstreit in einem Verfahren auf Zulassung der Berufung (§ 124 a Abs. 4) oder in einem Verfahren der Nichtzulassungsbeschwerde für 55

---

24 BVerwG NVwZ 1982, 560, 561; 12.9.1989 Buchholz 310 § 113 VwGO Nr. 206; 22.1.1996 Buchholz 310 § 113 VwGO Nr. 282; VGH Kassel NVwZ 1987, 235; OVG Lüneburg NJW 1983, 902; VGH Mannheim NVwZ 1984, 451; NVwZ-RR 1997, 395, 397.
25 *B. Clausing*, in: Schoch/Schneider/Bier § 161 Rn. 13.
26 HmbOVG MDR 1995, 956; OVG Koblenz AS 18, 86; OVG Münster OVGE 28, 177; a.A. OVG Koblenz AS 21, 82, 84.
27 *C. M. Jeromin/R. Praml*, in: Gärditz § 161 Rn. 23.
28 BGH MDR 1968, 755; BFHE 101, 209; BFH BFH/NV 2001, 620, 621.

erledigt erklären.[29] Dafür kommt es nicht auf die Streitfrage an, ob die Hauptsache bereits mit dem Zulassungsantrag beim OVG bzw. mit der Nichtzulassungsbeschwerde beim BVerwG anfällt. Den Beteiligten ist jedenfalls aus Gründen der Prozesswirtschaftlichkeit die Möglichkeit einzuräumen, den Rechtsstreit im Zulassungsverfahren insgesamt für erledigt zu erklären.

56   **hh) Vertretungszwang.**   Gibt ein Beteiligter die Erledigungserklärung vor dem BVerwG oder dem OVG ab, muss er gem. § 67 Abs. 4 vertreten sein. Anderenfalls ist seine Erklärung unwirksam.

57   Das BVerwG hingegen verlangt nicht stets eine Vertretung nach § 67 Abs. 4 für die Erledigungserklärung. Jedenfalls soll der nicht durch einen Rechtsanwalt vertretene Beteiligte eine Erledigungserklärung selbst abgeben können, ohne hierfür eigens einen Rechtsanwalt bestellen zu müssen. Ein anwaltlich vertretener Beteiligter soll hingegen nicht ohne oder gar gegen seinen Anwalt das Verfahren beenden können.[30]

58   Das BVerwG hatte zunächst in der Erledigungserklärung keine Prozesshandlung, sondern eine Art von Beweiszeichen dafür gesehen, dass das Verfahren erledigt sein könne (BVerwGE 13, 174). Nachdem es diese Rspr. aufgegeben hat, hat es die Erledigungserklärung von dem Vertretungserfordernis des § 67 mit einer Begründung freigestellt, die nur für die Erledigungserklärung des Beklagten zutrifft: Sie entspreche in ihrer Bedeutung der Zustimmung zur Klage- oder Rechtsmittelrücknahme, die ebenfalls dem Anwaltszwang nicht unterlägen. Unter schlichtem Hinweis auf diese Entscheidung wird in späteren Entscheidungen allgemein auf das Vertretungserfordernis verzichtet.[31]

59   Für das Ergebnis mögen Gründe der Prozesswirtschaftlichkeit sprechen.[32] Den Beteiligten soll die Beendigung des Verfahrens nicht unnötig erschwert werden. Hergeleitet werden kann dieses Ergebnis indes nur aus dem Schutzzweck des § 67 Abs. 4: Das Rechtsmittelgericht soll entlastet, der Streitstoff deshalb auf das Erhebliche konzentriert und rechtlich aufgearbeitet dargeboten werden. Der Beteiligte soll nicht an den besonderen prozessualen Fallstricken des Rechtsmittelrechts scheitern. Von daher mag es angehen, verfahrensbeendende Erklärungen von dem Vertretungszwang auszunehmen (BFHE 128, 327, 330; 136, 448).

60   **c) Erforderlichkeit beiderseitiger Erklärungen.**   Erforderlich sind nur Erledigungserklärungen der Hauptbeteiligten, also des Klägers und des Beklagten.

61   Eine Erledigungserklärung des Beigeladenen ist nicht erforderlich, unabhängig davon, ob es sich um eine notwendige oder um eine einfache Beiladung handelt (BVerwGE 30, 27, 28; BVerwG NVwZ-RR 1989, 110; NVwZ-RR 1992, 276).[33] Das gilt auch dann, wenn das Verfahren aufgrund eines Rechtsmittels des Beigeladenen in einer höheren Instanz anhängig ist. Die Hauptbeteiligten können diesem Rechtsmittel durch ihre übereinstimmenden Erledigungserklärungen die Grundlage entziehen.[34] Der Beigeladene hat im Prozess nur eine abhängige Stellung inne. Er kann nicht verhindern, dass der Streit ohne seine Zustimmung beendet wird (BVerwGE 30, 27). Hält er sein Rechtsmittel aufrecht, ist es als unzulässig zu verwerfen. Als Folge der übereinstimmenden Erledigungserklärungen der Hauptbeteiligten ist die angefochtene Entscheidung unwirksam und das gegen sie eingelegte Rechtsmittel des Beigeladenen gegenstandslos geworden (BVerwG MDR 1960, 339; OVG Münster MDR 1980, 260).

62   Nicht erforderlich sind ferner Erledigungserklärungen des VÖI (VGH München BayVBl 1980, 342; OVG Münster MDR 1980, 260) oder des VBI.

63   Soll ausschließlich ein Rechtsmittel als solches für erledigt erklärt werden, müssen die Erledigungserklärungen von den Hauptbeteiligten des Rechtsmittelverfahrens abgegeben werden, also bspw. vom Berufungskläger und vom Berufungsbeklagten (BVerwG 9.6.1992 Buchholz 310 § 161 VwGO Nr. 96). Diese müssen nicht mit den Hauptbeteiligten des Rechtsstreits identisch sein. Hat bspw. nur der Beigeladene Berufung eingelegt, ist er Berufungskläger und ein in erster Instanz obsiegender Klä-

---

29   VGH Kassel ESVGH 48, 40; OVG Lüneburg NVwZ-RR 1998, 461; NVwZ-RR 2007, 826; OVG Schleswig NVwZ 2000, 1317.
30   BVerwG 28.11.1967 Buchholz 310 § 67 VwGO Nr. 24; zur Entwicklung der Rspr. vgl. *H. Günther*, DVBl 1988, 1039, 1043 ff.; *W.-R. Schenke*, NVwZ 2009, 801, 804 ff.
31   BVerwG 10.2.1965 Buchholz 310 § 161 Abs. 2 Nr. 13; DÖV 1966, 429; BVerwGE 30, 27; 36, 130.
32   A.A. *W.-R. Schenke*, NVwZ 2009, 801, 804 ff.
33   *J. Schmidt*, in: Eyermann § 161 Rn. 6.
34   BVerwG MDR 1960, 260; BFH BFH/NV 2001, 320, 321; VGH Mannheim VBlBW 1991, 17; VGH München BayVBl 1980, 342.

ger Berufungsbeklagter. Das Berufungsverfahren als solches kann in diesem Fall nur vom Beigeladenen und vom Kläger für erledigt erklärt werden. Ein Widerspruch des Beklagten erster Instanz ist unerheblich. Er ist in dem Beispiel nicht Hauptbeteiligter des Berufungsverfahrens (BVerwG 9.6.1992 Buchholz 310 § 161 VwGO Nr. 96; NVwZ 1995, 372). Hat der Rechtsmittelkläger nur das Rechtsmittel für erledigt erklärt, kann das Rechtsmittelgericht in entsprechender Anwendung des § 161 Abs. 2 S. 2 dem Rechtsmittelbeklagten den Schriftsatz mit der Erledigungserklärung zustellen, verbunden mit dem Hinweis, dass das Rechtsmittelverfahren in der Hauptsache erledigt ist, wenn der Rechtsmittelbeklagte der Erledigungserklärung nicht binnen zwei Wochen widerspricht. Es kommt insoweit nicht darauf an, ob der Rechtsmittelbeklagte zugleich Beklagter des Prozesses ist.

In welcher Reihenfolge die Erledigungserklärungen abgegeben werden, ist unerheblich. Der Kläger 64 kann sich einer Erledigungserklärung des Beklagten (BVerwG NVwZ-RR 1992, 276), der Beklagte einer Erledigungserklärung des Klägers anschließen.

Übereinstimmende Erledigungserklärungen sind auch dann erforderlich, wenn der Kläger während 65 des Verfahrens verstirbt und Gegenstand des Verfahrens höchstpersönliche Rechte und Pflichten waren, in die eine Rechtsnachfolge nicht möglich ist. Auch in diesem Fall tritt die Erledigung des Verfahrens nicht von selbst ein.[35]

5. Folgen beiderseitiger Erledigungserklärungen. a) Beseitigung der Rechtshängigkeit. Die Erledi- 66 gungserklärungen beenden konstitutiv die Rechtshängigkeit der Klage. Der Kläger kann nicht mehr zur Fortsetzungsfeststellungsklage übergehen (BVerwG DVBl 1964, 874). Darin läge eine Klageänderung. Sie setzt einen noch anhängigen Rechtsstreit voraus.

Haben die Beteiligten den Rechtsstreit übereinstimmend in der Hauptsache für erledigt erklärt, stellt 67 das Gericht das Verfahren in entsprechender Anwendung des § 92 Abs. 3 S. 1 ein. Die Einstellung des Verfahrens hat wie im Falle der Klagerücknahme nur deklaratorische Bedeutung.

Wird der Rechtsstreit erst in einer höheren Instanz übereinstimmend für erledigt erklärt, sind die er- 68 gangenen, noch nicht rechtskräftigen Entscheidungen für unwirksam zu erklären (§ 92 Abs. 3 S. 1, § 173, § 269 Abs. 3 S. 1 Hs. 2 ZPO).[36] Wirksam bleiben Entscheidungen, die sich darauf beschränken, im Rechtsmittelverfahren den Rechtsstreit an die Vorinstanz zurückzuverweisen. Sie enthalten keine Sachentscheidung über den Streitgegenstand. Hat bspw. das BVerwG den Rechtsstreit an das OVG zurückverwiesen und wird in dem fortgesetzten Berufungsverfahren der Rechtsstreit für erledigt erklärt, ist nur die Ausgangsentscheidung des VG für unwirksam zu erklären (VGH Mannheim NVwZ-RR 2000, 329). Die erste Berufungsentscheidung ist durch das BVerwG aufgehoben. Dessen Revisionsentscheidung wird mangels einer sachlichen Entscheidung über den Streitgegenstand von der Beseitigung der Rechtshängigkeit nicht berührt.

Wird der Rechtsstreit erst in der Rechtsmittelinstanz für erledigt erklärt, ist die Ausgangsentscheidung 69 nur insoweit für unwirksam zu erklären, als sie mit dem Rechtsmittel angefochten worden war. Soweit gegen sie kein Rechtsmittel eingelegt und sie deshalb rechtskräftig geworden ist, bleibt es bei dieser Entscheidung.

Haben die Beteiligten nur das Rechtsmittelverfahren als solches für erledigt erklärt, ist nur das Rechts- 70 mittelverfahren einzustellen. Die angefochtene Entscheidung wird mit der Beendigung des Rechtsmittelverfahrens rechtskräftig.[37]

Haben die Beteiligten das Verfahren übereinstimmend in der Hauptsache für erledigt erklärt, kann der 71 Kläger die Klage nicht mehr zurücknehmen.[38] Bereits mit den beiderseitigen Erledigungserklärungen ist die Rechtshängigkeit des geltend gemachten Anspruchs beseitigt. Die Klagerücknahme kann nicht mehr dieselbe Rechtsfolge herbeiführen. Auch Rechtsmittel von Beigeladenen werden unzulässig (BFH 31.8.2000 – VIII R 33/00, Rn. 5; 26.1.1993 – VI B 112/92, Rn. 7, jeweils juris).

Die Einstellung des Verfahrens steht einer erneuten Klage nicht grds. entgegen (BGH NJW 1991, 72 2280; OVG Bln DÖV 1986, 1067). Die fristgebundenen Anfechtungs- und Verpflichtungsklagen sind allerdings wegen des inzwischen eingetretenen Fristablaufs regelmäßig unzulässig.

---

35 OVG Münster OVGE 11, 50; im Einzelnen R. *Pietzner*, VerwArch 75 (1984), 79, 84.
36 BVerwG NJW 1965, 1732; VGH Mannheim NVwZ-RR 1995, 302; VGH München BayVBl 1982, 469.
37 BFHE 138, 173; BGH NJW-RR 2001, 1007; BAG NJW 2008, 1979; OVG Schleswig NVwZ 2000, 1317.
38 VGH München BayVBl 1980, 342; a.A. R. *Pietzner*, VerwArch 75 (1984), 79, 94; BFHE 91, 18.

73   Die übereinstimmenden Erledigungserklärungen haben nur prozessuale Wirkungen. Sie beenden den Rechtsstreit. Meint ein Kläger irrtümlich, der angefochtene Verwaltungsakt habe sich erledigt, und erklärt er deshalb mit Zustimmung des Beklagten den Rechtsstreit für erledigt, ist damit nur der Rechtsstreit über den Verwaltungsakt erledigt. Der angefochtene, tatsächlich aber nicht erledigte Verwaltungsakt wird mit dem Wegfall der Rechtshängigkeit der gegen ihn erhobenen Klage bestandskräftig (OVG Bln-Bbg 29.11.2016 – OVG 11 S 42.16, BeckRS 2016, 55568, Rn. 6 ff.; OVG Bln NVwZ 1986, 672; VGH München BayVBl 1984, 691).

74   **b) Kostenentscheidung.** Die Kostenentscheidung ist gem. § 161 Abs. 2 nach billigem Ermessen zu treffen; dabei ist der bisherige Sach- und Streitstand zu berücksichtigen. § 155 Abs. 4 geht der Vorschrift des § 161 Abs. 2 vor. Dasselbe gilt für andere Vorschriften, die eine Kostentrennung vorsehen, wie § 155 Abs. 3, § 154 Abs. 4 oder § 17b Abs. 2 S. 2 GVG.

75   **aa) Voraussichtlicher Verfahrensausgang.** Auch § 161 Abs. 2 beruht auf dem Grundsatz, dass die Kosten zu tragen hat, wer sie durch seine (erfolglose) Rechtsverfolgung veranlasst hat (→ § 154 Rn. 14–17).[39] Indem die Vorschrift das Gericht verpflichtet, den bisherigen Sach- und Streitstand zu berücksichtigen, macht sie deutlich, dass Kosten nach den Erfolgsaussichten in der Hauptsache verteilt werden sollen. Es entspricht regelmäßig billigem Ermessen, die Kosten dem Beteiligten aufzuerlegen, der voraussichtlich in der Hauptsache unterlegen wäre, hätte der Rechtsstreit sich nicht in der Hauptsache erledigt (BVerwGE 81, 356, 363). Dagegen kommt es nicht vorrangig darauf an, welcher Beteiligte für die Erledigung verantwortlich ist.[40]

76   Wird der Rechtsstreit erst in einem Rechtsmittelverfahren insgesamt für erledigt erklärt, kommt es darauf an, ob das Rechtsmittel nach dem bisherigen Sach- und Streitstand voraussichtlich Erfolg gehabt hätte. Bei streitiger Entscheidung richtet sich nach dem Ausgang des Rechtsmittelverfahrens auch, wer die Kosten der vorausgegangenen Instanz zu tragen hat. Bedeutung hat dies vor allem in den Fällen eines unzulässigen Rechtsmittels, dem ein möglicherweise begründetes Begehren zugrunde lag. Die Kosten des Verfahrens insgesamt trägt der Rechtsmittelführer. Er wäre bei streitiger Entscheidung durch Verwerfung seines Rechtsmittels insgesamt unterlegen. Erledigt sich ein Antrag auf Gewährung vorläufigen Rechtsschutzes im Beschwerdeverfahren, sind die Erfolgsaussichten nur an Hand der Gründe zu beurteilen, welche der Beschwerdeführer dargelegt hat (§ 146 Abs. 4 S. 3 und 6).[41]

77   Zeichnet sich im Zeitpunkt der Erledigung ab, dass das Rechtsmittel nur im Sinne einer Zurückverweisung an die Vorinstanz Erfolg haben wird, ist für die Kostenentscheidung nicht hieran, sondern an den voraussichtlichen Ausgang des Verfahrens nach Zurückverweisung anzuknüpfen. Erst daraus ergibt sich, wer ohne die Erledigung die Kosten des Verfahrens zu tragen gehabt hätte.[42]

78   Hängt das Rechtsmittel von einer Zulassung ab und erklären die Beteiligten den Rechtsstreit (insgesamt) schon im Zulassungsverfahren für erledigt, kann die Kostenentscheidung nach § 161 Abs. 2 eine doppelte Prüfung erfordern. Es ist zunächst festzustellen, ob der Zulassungsantrag oder die Nichtzulassungsbeschwerde nach dem bisherigen Sach- und Streitstand Erfolg gehabt hätte (OVG Münster 6.7.2017 – 4 A 1811/15.A, juris Rn. 4; VGH München 18.8.2015 – 15 ZB 13.418, juris Rn. 3). Wenn dies der Fall ist, kommt es in einem zweiten Schritt darauf an, wie das dann eröffnete Rechtsmittelverfahren nach dem bisherigen Sach- und Streitstand voraussichtlich ausgegangen wäre (BGH ZfBR 2003, 453).

79   Hingegen kann die Kostenentscheidung nicht unter Ausblendung des ersten Schrittes unmittelbar vom voraussichtlichen Ergebnis eines (zugelassenen) Rechtsmittels und damit von der im Ergebnis „richtigen" Entscheidung des Rechtsstreits abhängig gemacht werden. Auch bei streitiger Entscheidung käme es zunächst auf den Erfolg des Zulassungsantrags oder der Nichtzulassungsbeschwerde, namentlich auf ihre Zulässigkeit an. Hätte der Zulassungsantrag keinen Erfolg gehabt, weil der geltend gemachte Zulassungsgrund nicht vorlag oder nicht hinreichend dargelegt war, wäre es bei der Entscheidung der Vorinstanz und der dort getroffenen Kostenentscheidung geblieben, und zwar selbst dann, wenn diese im Übrigen erkennbar fehlerhaft gewesen sein sollte. Die Zurückweisung des Zulassungs-

---

39   *S. Olbertz,* in: Schoch/Schneider/Bier § 154 Rn. 3.
40   So aber BVerwG NVwZ 1992, 787, 789; ähnl. NVwZ 1991, 871, 872; OVG Münster NVwZ 1982, 636, 637. Vgl. auch → Rn. 98–100.
41   VGH München NVwZ-RR 2004, 622, 623.
42   BVerwG 5.9.1973 Buchholz 310 § 161 Abs. 2 VwGO Nr. 40; 15.3.1982 Buchholz 310 § 161 VwGO Nr. 57.

antrags ist der voraussichtliche Ausgang des Verfahrens, auf den nach § 161 Abs. 2 grds. abzustellen ist.

Hätte der Zulassungsantrag (oder die Nichtzulassungsbeschwerde) bei streitiger Entscheidung voraus- 80 sichtlich Erfolg gehabt, kann die Verteilung der Kosten nicht allein hieran anknüpfen. Es widerspräche billigem Ermessen, dem Gegner des Zulassungsantrags die Kosten des gesamten Verfahrens aufzuerlegen, nur weil der Zulassungsantrag ohne die Erledigung des Rechtsstreits voraussichtlich zur Zulassung des angestrebten Rechtsmittels geführt hätte. Die stattgebende Zulassungsentscheidung enthielte keine Kostenentscheidung. Die Kosten des zugelassenen Rechtsmittels einschließlich der Kosten des Zulassungsverfahrens hätte vielmehr der Beteiligte zu tragen, der nach Zulassung im Rechtsmittelverfahren unterliegt. Er hätte regelmäßig auch die Kosten der Vorinstanz zu tragen.

Es wird nicht immer erforderlich sein, zwischen dem voraussichtlichen Ausgang des Zulassungsver- 81 fahrens und dem voraussichtlichen Ausgang des Rechtsmittelverfahrens zu trennen. Eine solche Trennung wird vielmehr regelmäßig entbehrlich sein, wenn ein Beteiligter die Zulassung der Berufung erstrebt, weil ernstliche Zweifel an der Richtigkeit der angefochtenen Entscheidung bestehen (§ 124 Abs. 2 Nr. 1) oder weil die Rechtssache besondere tatsächliche oder rechtliche Schwierigkeiten aufweist (§ 124 Abs. 2 Nr. 2). Schon diese Zulassungsgründe erfordern bei richtigem Verständnis eine Prognose über den voraussichtlichen Erfolg des angestrebten Rechtsmittels. Mehr verlangt auch § 161 Abs. 2 für die Kostenentscheidung nicht. Die Überlegungen zum voraussichtlichen Ausgang des Zulassungsverfahrens fallen regelmäßig mit den Überlegungen zum voraussichtlichen Ausgang des zugelassenen Rechtsmittels zusammen.

Erklären die Beteiligten ausschließlich das Rechtsmittelverfahren als solches für erledigt, kommt es für 82 die Kostenverteilung lediglich auf den voraussichtlichen Ausgang des Rechtsmittelverfahrens an (BVerwG 8.10.1984 Buchholz 310 § 133 VwGO Nr. 50). Wird ein Verfahren auf Zulassung der Berufung oder ein Verfahren der Nichtzulassungsbeschwerde für erledigt erklärt, kommt es nur darauf an, ob die Berufung oder die Revision voraussichtlich zugelassen worden wäre (a.A. BVerwG NVwZ 1991, 871, 872; HmbOVG NVwZ-RR 1998, 461).

bb) Bisheriger Sach- und Streitstand. Bisheriger Sach- und Streitstand meint den Sachverhalt und die 83 Rechtslage, wie sie im Zeitpunkt des erledigenden Ereignisses bestanden (VGH Kassel NVwZ-RR 1994, 125). Es kommt hingegen nicht auf den Zeitpunkt der Erledigungserklärungen (so aber BFHE 119, 407) oder gar der Kostenentscheidung an. Auch in diesem Zusammenhang kommt es nicht darauf an, ob der Rechtsstreit tatsächlich erledigt ist. Erledigendes Ereignis meint hier den Umstand, an den die Beteiligten mit ihren Erledigungserklärungen anknüpfen, selbst wenn dieser Umstand objektiv ungeeignet war, die Hauptsache zu erledigen.

Abzustellen ist auf den „bisherigen" Sach- und Streitstand. Das Gericht braucht den Sachverhalt nicht 84 weiter aufzuklären. Insbes. hat eine Beweisaufnahme zu unterbleiben.[43] Das Gericht darf nicht weitere Kosten produzieren, wenn nur noch zu entscheiden ist, wer diese zu tragen hat.

Bereits erhobene Beweise dürfen verwertet werden, ebenso nachgereichte Unterlagen oder nachträg- 85 lich bekannt gewordene Tatsachen, sofern die Beteiligten hierzu Stellung nehmen konnten. Ist eine sonst erforderliche Beweisaufnahme wegen der Erledigung des Verfahrens unterblieben, darf das Gericht darauf abstellen, welche Aussichten bestanden, eine behauptete und für den Ausgang des Verfahrens erhebliche Tatsache zu beweisen. Das Verbot vorweggenommener Beweiswürdigung steht einer solchen Prognose nicht entgegen.

Wegen der gewollten Vereinfachung sollen schwierige Rechtsfragen nicht mehr zu entscheiden sein 86 (BVerwGE 46, 215, 218; BVerwG 14.3.2008 Buchholz 310 § 80 VwGO Nr. 77).[44] Das billige Ermessen verlange nur eine summarische Prüfung der Erfolgsaussichten. Das Gericht habe den Aufwand auf das jetzt noch vertretbare Ausmaß zu beschränken.

Hält das Gericht eine Norm für verfassungswidrig, auf deren Gültigkeit es für die Entscheidung der 87 Hauptsache ankam, darf das Gericht nicht mehr die Entscheidung des BVerfG nach Art. 100 GG einholen. Auf die Gültigkeit der Norm kommt es nicht mehr streitentscheidend an. Wenn sich die Frage

---

43 BVerwGE 46, 215, 218; VGH München BayVBl 1979, 618; a.A. OLG Düsseldorf JR 1995, 205; *F.J. Rinsche*, NJW 1971, 1349.
44 *B. Clausing*, in: Schoch/Schneider/Bier § 161 Rn. 23; *A. Zimmermann-Kreher*, in: Posser/Wolff § 161 Rn. 13 f. Zu Recht krit. *M. Bode*, DV 50 (2017), 217, 221 ff.

der Verfassungsmäßigkeit einer Norm ernstlich stellt, ist sie regelmäßig so schwierig zu beantworten, dass sie für die Kostenentscheidung als offen zu betrachten ist.

88　War die Klage im Zeitpunkt der Erledigung zwar unzulässig, hätte der Kläger aber den Mangel etwa auf einen Hinweis des Vorsitzenden nach § 86 Abs. 3 einfach beheben können, soll es darauf ankommen, wie sich die Erfolgsaussichten darstellen, wenn die Behebung des Mangels unterstellt wird (VGH Mannheim NJW 1973, 707). Das Gericht darf sich aber nicht allzu weit vom bisherigen Sach- und Streitstand entfernen und deshalb allenfalls Selbstverständliches als bereits geschehen unterstellen. War der Rechtsstreit vor einem unzuständigen Gericht anhängig gemacht worden und haben die Beteiligten den Rechtsstreit in der Hauptsache für erledigt erklärt, bevor das Gericht den Rechtsstreit an das zuständige Gericht verwiesen hat, kommt es darauf an, wie der Rechtsstreit in der Hauptsache voraussichtlich ausgegangen wäre. In diesem Fall ist von der Verweisung des Rechtsstreits auszugehen und dem Kläger können nicht über die Mehrkosten für die Anrufung des zuständigen Gerichts (§ 281 Abs. 3 ZPO) hinaus die gesamten Kosten des Rechtsstreits mit der Begründung auferlegt werden, er habe die Klage vor dem unzuständigen Gericht erhoben, mit der Folge, dass sie im Zeitpunkt der Erledigung unzulässig war (BGH MDR 2010, 888).

89　cc) Offener Verfahrensausgang. Die Kosten können entsprechend dem Grad der Erfolgsaussichten gequotelt werden. Ist der Ausgang des Verfahrens aus tatsächlichen oder rechtlichen Gründen gänzlich offen, wird es zumeist der Billigkeit entsprechen, die Kosten den Beteiligten zu gleichen Teilen aufzuerlegen.[45] Das ist regelmäßig Fall, wenn der Rechtsstreit eine höchstrichterlich nicht geklärte Rechtsfrage aufwarf.[46] Das gilt namentlich dann, wenn die Berufung oder die Revision wegen grundsätzlicher Bedeutung zugelassen wurde, ohne dass die aufgeworfene Frage bis zur Erledigung des Rechtsstreits anderweitig geklärt wurde.[47] Ein solcher offener Verfahrensausgang darf aber nicht vorschnell und aus bloßen Praktikabilitätserwägungen angenommen werden. Er darf z.B. dann nicht angenommen werden, wenn das BVerwG in einer Entscheidung von mehreren möglichen Gründen nur einen für gegeben hält und allein auf dessen Grundlage einer Klage stattgibt, aber das BVerfG diesen Grund für nicht tragfähig hält und die Sache an das BVerwG zurückverweist. In einem solchen Fall kann das BVerwG – im Falle dann beidseitig erklärter Erledigung – nicht die Kosten gegenseitig aufheben. Die Annahme, dass dann schwierige, bisher nicht geklärte Rechtsfragen zu klären seien, was bei einer Entscheidung nach § 161 Abs. 2 nicht erforderlich sei, überzeugt nicht. Denn in einem solchen Fall haben zunächst das BVerwG und im Anschluss hieran das BVerfG diese Fragen bereits entschieden (a.A. BVerwG 13.10.2015 – 6 C 11/15, S. 3).

90　Sind beide Seiten durch Rechtsanwälte vertreten, sind ihre außergerichtlichen Kosten etwa gleich hoch. Die Kosten können gegeneinander aufgehoben werden. Ist nur eine Seite durch einen Rechtsanwalt vertreten, fallen ihr bei einer Aufhebung der Kosten deutlich mehr Kosten zur Last als der Gegenseite. Eine Aufhebung der Kosten ist in dieser Lage nur dann angezeigt, wenn die dadurch verursachte ungleichmäßige Kostenbelastung, insbes. unter Berücksichtigung der Erfolgsaussichten, billigem Ermessen entspricht.

91　dd) Rechtsänderung. Die Kosten sind auch dann nach dem mutmaßlichen Ausgang des Verfahrens zu verteilen, wenn sich der Rechtsstreit infolge einer Rechtsänderung erledigt hat. Es kommt darauf an, wer nach der früheren Rechtslage voraussichtlich unterlegen wäre.[48] Das gilt auch dann, wenn die Rechtsänderung bei streitiger Entscheidung noch zu berücksichtigen gewesen wäre. Es entspräche nicht der Billigkeit, die Kosten des Verfahrens dem Beteiligten aufzuerlegen, zu dessen Ungunsten sich die Rechtsänderung auswirkt und der deshalb unterlegen wäre, hätte er das Verfahren fortgesetzt (so aber BFHE 119, 407).

92　War eine Anfechtungsklage zunächst begründet, hat deshalb der Beklagte die Kosten zu tragen, wenn der Verwaltungsakt erst durch eine spätere Rechtsänderung eine einwandfreie Rechtsgrundlage erhält.

45　BVerwGE 46, 215, 218; 63, 234, 237; BVerwG DVBl 1988, 150, 151; anders für den Kapazitätsstreit mit Blick auf dessen Besonderheiten BVerwG NVwZ 1982, 500; NVwZ 1990, 348; HmbOVG NVwZ-RR 2007, 766; hiergegen wiederum mit guten Gründen VGH Kassel NVwZ 1987, 702; OVG Saarlouis NVwZ 1984, 128.
46　S.a. *M. Bode*, DV 50 (2017), 217, 221 ff.
47　BVerwG 28.10.1992 Buchholz 310 § 161 VwGO Nr. 98; 12.10.1994 Buchholz 310 § 161 VwGO Nr. 107; 2.2.2006 Buchholz 310 § 161 VwGO Nr. 123; 24.6.2008 – 3 C 5.07.
48　VGH Mannheim NVwZ-RR 1995, 302; VGH München VGH n.F. 14, 8; *H. Günther*, DVBl 1988, 612, 614; a.A. BFHE 119, 407: geänderte Rechtslage maßgeblich; wenig einleuchtend OVG Münster NJW 1973, 386: Kostenteilung.

Beruhte ein angefochtener Beitragsbescheid nicht auf einer wirksamen Satzung, hat der Beklagte die Kosten zu tragen, wenn rückwirkend eine Beitragssatzung in Kraft gesetzt wird, die den Beitragsbescheid deckt (BVerwGE 50, 2, 10; VGH Mannheim VBlBW 1993, 18). Hat der Kläger eine (unbegründete) Anfechtungsklage erhoben, hat er die Kosten des Verfahrens zu tragen, wenn dem (zunächst rechtmäßigen) Verwaltungsakt durch eine Rechtsänderung die Grundlage entzogen wird, die Behörde ihn deshalb aufhebt und die Beteiligten den Rechtsstreit in der Hauptsache für erledigt erklären (a.A. OVG Münster DVBl 1963, 638).

Erklärt das BVerfG eine Rechtsnorm für verfassungswidrig, ist dies einer Rechtsänderung nicht gleichzustellen (→ Rn. 94). Die Entscheidung des BVerfG zeigt nur die verfassungsgemäße Rechtslage auf. Sie ist der Kostenentscheidung zugrunde zu legen. Erledigt sich ein Verfahren, weil das BVerfG eine Rechtsnorm für verfassungswidrig erklärt hat, kommt es für die Kostenentscheidung darauf an, welcher Beteiligte aus der Norm ihm günstige Rechtsfolgen ziehen wollte. Hat die Behörde einen Verwaltungsakt auf eine später für verfassungswidrig erklärte Norm gestützt, hat sie die Kosten zu tragen, wenn sie ihren Verwaltungsakt zurücknimmt und dies zur Erledigung des Rechtsstreits führt.[49] Umgekehrt hat der Kläger die Kosten des Rechtsstreits zu tragen, wenn er einen geltend gemachten Anspruch auf eine später für verfassungswidrig erklärte Rechtsnorm gestützt hat und den Rechtsstreit für erledigt erklärt, nachdem die Norm für verfassungswidrig erklärt wird. 93

Änderungen der Rspr. sind einer Rechtsänderung nicht gleichzustellen.[50] Klärt etwa das BVerwG eine umstrittene Rechtsfrage oder ändert es seine bisherige Rspr. zu einer bestimmten Rechtsfrage, ist der Kostenverteilung die neue Rspr. zugrunde zu legen, wenn mit Blick auf diese ein anhängiges Verfahren für erledigt erklärt wird. Höchstrichterliche Entscheidungen klären nur die bisherige Rechtslage, die gem. § 161 Abs. 2 zu berücksichtigen ist.[51] 94

ee) Andere Gesichtspunkte. Neben dem voraussichtlichen Ausgang des Verfahrens können die gesetzlichen Wertungen herangezogen werden, die anderen Kostenregelungen zugrunde liegen.[52] 95

Das billige Ermessen kann insbes. durch die Wertungen ausgefüllt werden, auf denen § 156 beruht (→ § 156 Rn. 3, 10). Statt den Anspruch anzuerkennen, wird der Beklagte ihn regelmäßig unmittelbar erfüllen, also etwa den angefochtenen Verwaltungsakt aufheben oder den begehrten Verwaltungsakt erlassen. Hat er keinen Anlass zur Klageerhebung gegeben, wird es regelmäßig billigem Ermessen entsprechen, dem Kläger entsprechend der gesetzlichen Wertung des § 156 die Kosten des dadurch erledigten Verfahrens aufzuerlegen (BVerwG 27.9.1973 Buchholz 310 § 161 Abs. 2 VwGO Nr. 41). Das kommt namentlich in Betracht, wenn die Behörde nur auf ihr bisher unbekannte, erstmals vorgetragene Tatsachen insbes. aus dem Lebensbereich des Klägers reagiert, die dieser schon im Verwaltungsverfahren hätte geltend machen können und müssen. 96

Ebenso entspricht es umgekehrt der Wertung des § 156 und damit billigem Ermessen, dem Beklagten die Kosten des Verfahrens aufzuerlegen, wenn er während des Prozesses einen Verwaltungsakt „nachbessert", dadurch einer bis dahin aussichtsreichen Klage die Grundlage entzieht und der Kläger daraufhin den Rechtsstreit für erledigt erklärt (BVerwG NVwZ-RR 2010, 550). Entsprechendes gilt für die Wertung des § 155 Abs. 4, welcher ebenfalls Berücksichtigung finden kann (BVerwG NVwZ-RR 2010, 550, 551; → § 155 Rn. 87 ff.). 97

Auch die Wertung des § 155 Abs. 2 kann für das billige Ermessen nach § 161 Abs. 2 bemüht werden.[53] Erklärt der Kläger den Rechtsstreit für erledigt, ohne dass sich nachträglich die Sach- oder Rechtslage geändert hat, gibt er damit regelmäßig zu erkennen, dass er keine Erfolgsaussichten mehr sieht oder aus anderen Gründen das Interesse am Verfahren verloren hat. Der Kläger hat wie ein Beteiligter aufgegeben, der die Klage zurücknimmt (vgl. BVerwG 24.6.2008 – 3 C 5.07). Es entspricht 98

---

49 BVerwG DÖV 1966, 654; HmbOVG DÖV 1961, 274; OVG Münster NJW 1966, 2377; anders für die Fälle, in denen das BVerfG zwar eine Rechtsnorm für verfassungswidrig erklärt, Folgerungen aber erst für spätere nicht streiterhebliche Zeiträume zieht: BFHE 173, 494; BFHE 173, 498; hiergegen wiederum zutr. BFH NJW 2005, 3310. S.a. *M. Bode*, DV 50 (2017), 217, 229 f.

50 *H. Günther*, DVBl 1988, 612, 614.

51 So auch bei Klärung einer verfassungsrechtlichen Frage durch das BVerfG: BFH NVwZ-RR 1997, 498; ferner OVG Saarlouis DVBl 1969, 632.

52 *M. Bode*, DV 50 (2017), 217, 221; *B. Clausing*, in: Schoch/Schneider/Bier § 161 Rn. 24 f.

53 BVerwG 27.9.1973 Buchholz 310 § 161 Abs. 2 VwGO Nr. 41; 10.4.1989 Buchholz 310 § 161 VwGO Nr. 81; VGH München 25.9.2017 – 21 ZB 16.30420, juris Rn. 2.

billigem Ermessen, ihm entsprechend der Wertung des § 155 Abs. 2 die Kosten des Verfahrens aufzuerlegen, ohne in eine Prüfung der bisherigen Sach- und Rechtslage und damit der Erfolgsaussichten einzutreten. Jedoch kann nicht stets allein aus dem Umstand, dass tatsächlich keine Erledigung eingetreten ist, auf eine „verschleierte Klagerücknahme" geschlossen werden (VGH München BayVBl 1984, 501). Entscheidend bleibt, welche Gründe den Kläger zum Aufgeben bewogen haben, ob er nach Art eines „Verzichts" seinen Rechtsstandpunkt räumt.[54]

99   Der „verschleierten Klagerücknahme" ähnlich ist es zu beurteilen, wenn zwar formal ein erledigendes Ereignis eingetreten ist, dieses aber auf ein Verhalten des Klägers zurückgeht, das sich der Sache nach als Aufgabe seines Rechtsstandpunktes darstellt. Nimmt der Kläger bei einer Verpflichtungsklage den im Verwaltungsverfahren gestellten Antrag bei der Behörde zurück und entzieht er dadurch seinem Rechtsschutzbegehren die Grundlage, wird es regelmäßig billigem Ermessen entsprechen, ihm ohne weitere Sachprüfung die Kosten des Verfahrens aufzuerlegen.[55]

100   Darüber hinaus lässt sich § 155 Abs. 2 nicht die rechtliche Wertung entnehmen, die Kosten des Verfahrens seien per se dem Beteiligten aufzuerlegen, der das erledigende Ereignis willentlich herbeigeführt habe,[56] etwa mit der Erwägung, dieser Beteiligte habe sich „freiwillig in die Rolle des Unterlegenen begeben" (so aber: BVerwG NVwZ 1991, 871, 872; OVG Weimar NVwZ-RR 2001, 205; VGH München 8.5.2017 – 15 CS 16.1773, juris Rn. 3). Dies kann so sein, ist jedoch nicht zwingend. Hat die Behörde bspw. den angefochtenen Verwaltungsakt aufgehoben, können ihr nicht in jedem Fall die Kosten auferlegt werden, weil sie den Kläger klaglos gestellt habe.[57] Es kommt vielmehr darauf an, ob die Behörde unter Aufgabe ihres bisherigen Rechtsstandpunktes nachgegeben hat.[58] Das ist namentlich nicht der Fall, wenn sie nur auf eine Änderung der Sach- und Rechtslage (BVerwG 22.6.2017 – 1 WB 15/17, juris Rn. 18 ff.; vgl. auch VGH München BayVBl 1982, 469, 470) oder nachträglichen Tatsachenvortrag reagiert (VGH München 13.12.2017 – 11 B 17.870, juris Rn. 2; 13.12.2017 – 11 AS 17.1615, juris Rn. 6). Unter Umständen kann es aber billigem Ermessen entsprechen, der Behörde die Kosten des Verfahrens aufzuerlegen, wenn sie pflichtwidrig vollendete Tatsachen geschaffen und dadurch die Erledigung des Rechtsstreits herbeigeführt hat (OVG Münster NVwZ-RR 2010, 703).

101   Ist ein Verwaltungsakt zwar kraft Gesetzes sofort vollziehbar, ist für die Behörde aber bereits bei seinem Erlass erkennbar, dass ein Interesse an der sofortigen Vollziehung im konkreten Fall nicht besteht, und unterlässt sie es gleichwohl, die Vollziehung gem. § 80 Abs. 4 S. 1 von Amts wegen auszusetzen, entspricht es regelmäßig der Billigkeit, ihr die Kosten eines an sich entbehrlichen Verfahrens des vorläufigen Rechtsschutzes aufzuerlegen, wenn sich dieses in der Hauptsache erledigt (BVerwG 7.7.2010 Buchholz 310 § 80 VwGO Nr. 82).

102   Ob ein Beteiligter gegen einen anderen Beteiligten einen materiell-rechtlichen Kostenerstattungsanspruch hat, ist regelmäßig nicht zu berücksichtigen, sondern „allenfalls dann […], wenn sein Bestehen sich ohne besondere Schwierigkeiten, insbesondere ohne Beweisaufnahme feststellen lässt" (BGH NJW 2002, 680). Im Rahmen der nach § 161 Abs. 2 zu treffenden Billigkeitsentscheidung kann jedoch berücksichtigt werden, wenn ein Beteiligter eine Kostenübernahmeerklärung für den Fall übereinstimmender Erledigungserklärungen abgegeben hat (OVG Münster 4.8.2014 – 16 A 2525/09, juris Rn. 2).

103   **6. Einstellungsbeschluss.** Nach § 161 Abs. 2 entscheidet das Gericht durch Beschluss über die Folgen beiderseitiger Erledigungserklärungen.

104   Erledigt sich der Rechtsstreit nur teilweise, kann insoweit grds. kein gesonderter Beschluss ergehen. Vielmehr hat das Gericht über die Einstellung des Verfahrens und über die Kosten in dem Urteil zu

---

54   BVerwG 27.9.1973 Buchholz 310 § 161 Abs. 2 VwGO Nr. 41; OVG Magdeburg NVwZ-RR 1999, 349; VGH München BayVBl 1984, 122.
55   BVerwG 27.9.1973 Buchholz 310 § 161 Abs. 2 VwGO Nr. 41; 18.9.1984 Buchholz 310 § 161 VwGO Nr. 63.
56   So aber BVerwG NVwZ 1992, 787, 788; OVG Koblenz NJW 1969, 1922; VGH München BayVBl 1975, 513, 514 m. abl. Bespr. *F. Czermak*, BayVBl 1975, 698; wie hier VGH München BayVBl 1979, 246, 247.
57   BVerwGE 46, 215, 217; BVerwG 7.2.2007 – 1 C 7.06; a.A. VGH München NVwZ-RR 2001, 543; *M. Bonifacio*, MDR 2004, 1094.
58   BVerwG NJW 1991, 2920; OVG Bautzen 22.2.2016 – 3 A 22/16, juris Rn. 6; OVG Lüneburg NJW 1974, 1102; wohl auch BVerwGE 63, 234, 236; ferner BVerwG 7.4.2008 – 9 VR 6.07.

entscheiden, mit dem es die Sachentscheidung über den nicht erledigten Teil des Rechtsstreits trifft, wenn es nicht den erledigten Teil gem. § 93 abtrennt (→ Rn. 18).[59]

Der Beschluss ist stets zu begründen (§ 122 Abs. 2 S. 2). 105

Zuständig ist das Gericht, bei dem der Rechtsstreit anhängig ist (BVerwG NJW 1965, 1732), selbst 106 wenn es für die Hauptsache nicht zuständig gewesen wäre (OLG Frankfurt MDR 1981, 676). Erklären die Beteiligten den Rechtsstreit für erledigt, nachdem die Entscheidung in der Hauptsache ergangen, aber bevor ein Rechtsmittel eingelegt ist, ist das Gericht zuständig, das die Entscheidung zur Hauptsache getroffen hat. Bei ihm bleibt die Hauptsache anhängig, bis ein Rechtsmittel eingelegt oder die Entscheidung rechtskräftig wird (BGH NJW 1995, 1095; VGH München BayVBl 1961, 121).

Ist gegen die Entscheidung in der Hauptsache das Rechtsmittel der Beschwerde gegeben, bleibt das 107 Ausgangsgericht zuständig, solange es noch nicht über die Abhilfe gegen seine Entscheidung befunden hat. Bis zur Abhilfeentscheidung bleibt das Verfahren bei ihm anhängig (OVG Münster NVwZ-RR 1995, 479).

Ist das Verfahren nur wegen eines Zwischenstreits in höherer Instanz anhängig und erklären die Beteiligten dort das Verfahren insgesamt für erledigt, stellt das Rechtsmittelgericht das Verfahren insgesamt ein und entscheidet über die Kosten des gesamten Verfahrens (VGH Kassel ESVGH 48, 40; OVG Weimar NVwZ-RR 1999, 278). 108

Im vorbereitenden Verfahren ist der Vorsitzende oder der Berichterstatter als Einzelrichter zuständig 109 (§ 87a Abs. 1 Nr. 3 und Abs. 3; § 125 Abs. 1 S. 1). Das gilt nicht im Revisionsverfahren (§ 141 S. 2).

7. Fortsetzung des Verfahrens. Besteht Streit darüber, ob das Verfahren durch übereinstimmende Er- 110 ledigungserklärungen beendet ist, hat das Gericht das Verfahren auf Antrag fortzusetzen (für den Fall des Streits um die Rücknahme → § 155 Rn. 50). Ein Einstellungsbeschluss steht dem nicht entgegen. Er wirkt nur deklaratorisch. Fortzusetzen ist das Verfahren, wenn ein Beteiligter geltend macht, er oder die Gegenseite habe überhaupt keine, keine wirksame oder keine Erledigungserklärung abgegeben, die den gesamten Streitgegenstand umfasst (OVG Koblenz DÖV 1964, 860). Das gilt auch dann, wenn die Einwände gegen die Wirksamkeit der Erledigungserklärung unschlüssig sind (a.A. BVerwG NVwZ-RR 1989, 110). Es bedarf einer Entscheidung, in der eben dies festgestellt wird.

In dem fortgesetzten Verfahren entscheidet das Gericht, je nach Verfahrensart, durch Urteil, Gerichts- 111 bescheid oder Beschluss, auch nach § 130a (BVerwG NVwZ-RR 1994, 362). Fehlte eine wirksame Erledigungserklärung, entscheidet das Gericht in der Sache über den ursprünglichen Streitgegenstand. Erweisen sich die abgegebenen Erledigungserklärungen als wirksam, stellt das Gericht fest, dass das Verfahren durch übereinstimmende Erledigungserklärungen in der Hauptsache beendet ist (BVerwGE 57, 311, 312; BVerwG NVwZ-RR 1989, 110).

Zuständig ist immer das Gericht, das das Verfahren eingestellt hat. Haben die Beteiligten das Verfah- 112 ren nur teilweise für erledigt erklärt und hat das Gericht zusammen mit der abschließenden Sachentscheidung den erledigten Teil des Verfahrens eingestellt, ist das Ausgangsgericht auch dann für den Antrag zuständig, das Verfahren hinsichtlich des eingestellten Teils fortzusetzen, wenn das Verfahren wegen des streitig entschiedenen Teils inzwischen in einer höheren Instanz anhängig ist (BVerwG NVwZ-RR 1999, 407).

IV. Einseitige Erledigungserklärung

1. Ausgangslage. § 161 Abs. 2 behandelt nur den Fall, dass Kläger und Beklagter den Rechtsstreit 113 übereinstimmend in der Hauptsache für erledigt erklären. Ungeregelt ist der Fall, dass allein der Kläger den Rechtsstreit in der Hauptsache für erledigt erklärt, der Beklagte sich der Erledigungserklärung aber nicht anschließt, ihr vielmehr widerspricht. Die einseitig gebliebene Erledigungserklärung hat sich abseits des geschriebenen Rechts zu einem eigenen Prozessrechtsinstituts entwickelt.

Es kann einem schutzwürdigen Interesse des Klägers entsprechen, den Rechtsstreit durch einseitige Er- 114 ledigungserklärung zu beenden. Der Kläger hat eine Klage erhoben, die aus seiner Sicht Erfolg versprach, also zulässig und begründet war. Entzieht ein nachträgliches Ereignis der Klage die Grundlage, hat der Kläger ein anerkennenswertes Interesse daran, den Prozess zu beenden, ohne einseitig und zwingend die Kosten des Verfahrens tragen zu müssen, wie dies bei einer Klagerücknahme nach § 155

---

59 *S. Olbertz*, in: Schoch/Schneider/Bier Vorbem. § 154 Rn. 26.

Abs. 2 der Fall wäre. Der Widerspruch des Beklagten gegen seine Erledigungserklärung verbaut ihm die Möglichkeit, das Verfahren ohne Sachentscheidung und mit einer auf Billigkeit reduzierten Kostenentscheidung nach § 161 Abs. 2 zu beenden.

115 Andererseits kann es berechtigten Interessen des Beklagten widersprechen, wenn der Kläger durch eine Erledigungserklärung aus dem Verfahren aussteigen will. Der Beklagte kann auf dem Standpunkt stehen, die Hauptsache habe sich tatsächlich nicht erledigt, die Klage sei von Anfang an unzulässig oder unbegründet gewesen. Aus diesem Grund mag er nicht einsehen, warum er sich der Erledigungserklärung des Klägers anschließen und damit auf eine rechtskräftige Abweisung der Klage verzichten soll, sich zudem dem Risiko einer Kostenentscheidung nach § 161 Abs. 2 mit ihrer verminderten Sach- und Rechtsprüfung aussetzen soll. Unabhängig davon kann er an einer gerichtlichen Klärung der streitig gewesenen Rechtsfragen interessiert sein.

116 Vor diesem Hintergrund sind die Fragen zu klären, wie die einseitig gebliebene Erledigungserklärung des Klägers prozessual zu behandeln ist, unter welchen Voraussetzungen der Kläger sich trotz Widerspruchs des Beklagten durch einseitige Erledigungserklärung einer Sachentscheidung über die ursprüngliche Klage entziehen kann, namentlich ob die ursprünglich erhobene Klage im Zeitpunkt ihrer Erledigung zulässig und begründet gewesen sein muss, sowie ob und unter welchen Voraussetzungen sonst auf den Widerspruch des Beklagten über die Zulässigkeit und Begründetheit der Klage noch zu entscheiden ist, obwohl ein erledigendes Ereignis eingetreten ist.

117 **2. Prozessuale Einordnung.** Die einseitig gebliebene Erledigungserklärung des Klägers ist als Antrag auszulegen, die Erledigung der Hauptsache festzustellen.[60] Der Kläger braucht einen solchen Antrag nicht eigens zu formulieren, wenn der Beklagte seiner Erledigungserklärung widerspricht.

118 Während übereinstimmende Erledigungserklärungen der Beteiligten den Rechtsstreit unmittelbar in der Hauptsache beenden, bewirkt die einseitige Erledigungserklärung den angestrebten prozessualen Erfolg, nämlich die Beendigung des Verfahrens, nicht unmittelbar selbst. Beendet wird das Verfahren durch die beantragte Entscheidung des Gerichts, die Erledigung der Hauptsache festzustellen. Wenn die Hauptsache tatsächlich nicht erledigt ist, ist nicht die Erledigungserklärung unwirksam, sondern der an das Gericht gerichtete Antrag unbegründet. Er wird deshalb abgewiesen.[61]

119 Die einseitige Erledigungserklärung des Klägers ist eine besondere Form der Klageänderung.[62] An die Stelle des bisherigen Streitgegenstandes tritt der Streit um die Behauptung des Klägers, seinem Klagebegehren sei durch ein nachträgliches Ereignis die Grundlage entzogen.[63] Die Klageänderung wird privilegiert. Sie ist noch im Revisionsverfahren zulässig; § 142 Abs. 1 S. 1 steht ihr nicht entgegen.[64] Auf die Einwilligung des Beklagten gem. § 91 Abs. 1 kommt es nicht an.[65] Ob die Klageänderung i.S.d. § 91 Abs. 1 sachdienlich ist, prüft das Gericht nicht.

120 Die geänderte Klage ist eine Feststellungsklage i.S.d. § 43.[66] Der Kläger braucht aber kein gesondertes berechtigtes Interesse an der begehrten Feststellung darzulegen. Dieses Interesse folgt ohne weiteres aus seiner prozessualen Lage. Die Feststellung, die Hauptsache sei erledigt, ist die einzige Möglichkeit, die Kostenlast zu vermeiden.[67]

121 Der Kläger hat nur dann ein Rechtsschutzinteresse für den Feststellungsantrag, wenn seine Erledigungserklärung einseitig geblieben ist. Hat der Beklagte den Rechtsstreit für erledigt erklärt und hält auch der Kläger die Hauptsache für erledigt, muss er ebenfalls eine Erledigungserklärung abgeben; er kann nicht stattdessen den Antrag stellen, festzustellen, dass die Hauptsache erledigt ist.[68]

---

60 BVerwGE 60, 328, 330; VGH Kassel ESVGH 22, 242, 243; OVG Lüneburg OVGE 22, 464; VGH München BayVBl 1988, 48; VGH München 19.1.2015 – 10 CE 761/13, juris Rn. 6; BFH NVwZ-RR 2002, 799, 800.
61 *R. Pietzner*, VerwArch 77 (1986), 299, 311; *G. Manssen*, NVwZ 1990, 1018, 1019.
62 BVerwGE 60, 328, 330; BVerwG NVwZ 1989, 47, 48; OVG Lüneburg OVGE 22, 464; VGH München BayVBl 1988, 48; *R. Pietzner*, VerwArch 77 (1986), 299, 311.
63 BVerwGE 82, 41, 42; BVerwG 17.2.1993 Buchholz 310 § 161 VwGO Nr. 101.
64 BVerwGE 34, 159, 160; BVerwG 28.4.1988 Buchholz 402.25 § 28 AsylVfG Nr. 13; BVerwGE 82, 41, 42; 114, 149, 151; ebenso BFH NVwZ-RR 2002, 799, 800.
65 BVerwGE 34, 159, 160; 82, 41, 42; hierzu auch *J. Schmidt*, DÖV 1984, 622, 624: die Einlassung des Beklagten, es liege keine Erledigung vor, sei eine Einlassung auf die geänderte Klage i.S.d. § 91 Abs. 2.
66 Die Bestimmung wird ausdrückl. in BVerwG 19.5.1995 Buchholz 310 § 161 VwGO Nr. 108 erwähnt; ebenso *M. Burgi*, DVBl 1991, 193, 198.
67 BVerwG 19.5.1995 – 4 B 247/94, juris Rn. 10; VGH München 19.1.2015 – 10 CE 761/13, juris Rn. 6. Differenzierter *M. Burgi*, DVBl 1991, 193, 198.
68 BVerwG NVwZ 1991, 160; OVG Brem NVwZ-RR 2003, 700; vgl. auch *O. Lange*, NJW 2001, 2150.

Eine zeitliche Grenze für die Abgabe der Erledigungserklärung gibt es nicht (→ Rn. 52–54). Der Klä- 122
ger kann noch zur Erledigungserklärung übergehen, wenn er trotz eines erledigenden Ereignisses zunächst (irrtümlich) an seinem ursprünglichen Sachantrag festgehalten hat.[69]

Die Erledigungserklärung kann noch in der Rechtsmittelinstanz abgegeben werden. Hat der Kläger in 123
erster Instanz obsiegt und der Beklagte ein Rechtsmittel eingelegt, kann der Kläger als Rechtsmittelbeklagter den Rechtsstreit in der Hauptsache für erledigt erklären. Schließt der Beklagte sich dieser Erledigungserklärung nicht an, liegt in der dann anzunehmenden Klageänderung ein Anschlussrechtsmittel des Klägers, das wegen der Privilegierung dieser Klageänderung nicht fristgebunden ist. Denn das
Anschlussrechtsmittel ist das prozessuale Angriffsmittel, das dem Kläger, der nicht Rechtsmittelführer
ist, ermöglicht, einen neuen Streitgegenstand in das Verfahren einzuführen, um so den Erfolg des
Rechtsmittels zu vereiteln. Damit hat der Kläger sein ursprüngliches Klagebegehren fallen gelassen.
Das Rechtsmittel des Beklagten ist nunmehr auf die Abweisung des Erledigungsfeststellungsantrags
gerichtet, den der Kläger jetzt zur Entscheidung stellt (VGH Mannheim NVwZ-RR 1989, 445).

Der Kläger kann die Hauptsache in einem Beschwerdeverfahren gegen die Nichtzulassung der Revisi- 124
on einseitig für erledigt erklären. Das Gericht kann in diesem Beschwerdeverfahren durch Beschluss
die Feststellung treffen, dass die Hauptsache sich erledigt hat. Entsprechendes gilt für Verfahren auf
Zulassung der Berufung (VGH Mannheim NVwZ-RR 2007, 823). Ein Ereignis, durch das sich die
Hauptsache erledigt hat, bewirkt zugleich eine Erledigung des Verfahrens der Nichtzulassungsbeschwerde oder der Berufungszulassung. Es bedarf nicht der Zulassung der Revision oder der Berufung, um dem Kläger den Übergang zum Erledigungsfeststellungsantrag zu ermöglichen.

Der Kläger kann statt des Rechtsstreits insgesamt ausschließlich ein anhängiges Rechtsmittelverfahren 125
für erledigt erklären. Widerspricht der Beklagte, ist der Antrag des Klägers darauf gerichtet, die Erledigung des Rechtsmittelverfahrens festzustellen (vgl. BFHE 173, 506, 508). Ist der Beklagte Rechtsmittelführer und widerspricht er der Erledigungserklärung, bleibt die einseitige Erledigungserklärung
des Klägers als Rechtsmittelgegner prozessual folgenlos (VGH Mannheim NVwZ-RR 2007, 356). Bezogen auf ein erstinstanzliches Verfahren bliebe die einseitige Erledigungserklärung des Beklagten prozessual folgenlos (→ Rn. 29);[70] für die einseitig gebliebene Erledigungserklärung des Rechtsmittelbeklagten kann nicht anderes gelten, wenn er ausschließlich das Rechtsmittel für erledigt erklärt.

Die Erledigungserklärung des Klägers unterliegt dem Vertretungszwang des § 67 Abs. 4. Zwar unter- 126
wirft das BVerwG die Abgabe einer Erledigungserklärung generell nicht dem Anwaltszwang
(→ Rn. 56–59). Das ist aber nur unproblematisch, wenn der Beklagte sich der Erledigungserklärung
anschließt und das Verfahren dadurch beendet wird. Bleibt die Erledigungserklärung des Klägers aber
einseitig, stellt sie eine Klageänderung dar (→ Rn. 119). Hierfür bedarf der Kläger vor dem OVG und
dem BVerwG anwaltlicher Vertretung. Anderenfalls wäre seine einseitig gebliebene Erledigungserklärung als Klageänderung wirkungslos. Seine Klage ist im Rechtsmittelverfahren abzuweisen. Sie ist infolge der Erledigung des Klagebegehrens unzulässig oder unbegründet geworden. Ein mangels ordnungsgemäßer Vertretung unwirksamer Widerspruch des Beklagten führt zu demselben Ergebnis wie
der wirksame Widerspruch: Die Erledigungserklärung des Klägers bleibt einseitig.

Neben der Erledigungserklärung kann der Kläger den ursprünglich gestellten Sachantrag hilfsweise 127
aufrechterhalten. Kommt das Gericht zu dem Ergebnis, die Hauptsache sei nicht erledigt, hat es über
den hilfsweise aufrechterhaltenen ursprünglichen Klageantrag zu entscheiden (BVerwG 17.2.1993
Buchholz 310 § 161 VwGO Nr. 101). Das Gericht kann allerdings nicht ohne weiteres davon ausgehen, dass der Kläger den ursprünglichen Antrag hilfsweise stellt, nur weil er ihn nicht ausdrücklich
fallen lässt (so aber im Falle eines in der mündlichen Verhandlung nicht anwaltlich vertretenen Klägers: BVerwG 28.11.1975 Buchholz 300 § 21 e GVG Nr. 2, S. 5).

Der Kläger kann grds. von dem Erledigungsfeststellungsantrag wieder zu dem ursprünglichen Klage- 128
antrag zurückkehren, auch wenn er diesen zunächst nicht hilfsweise aufrechterhalten hatte (BVerwG
DÖV 1972, 796; BGH NJW 2002, 442; → Rn. 129). Die Erledigungserklärung ist frei widerruflich,
solange die Gegenseite den Rechtsstreit nicht ebenfalls für erledigt erklärt hat. Eine Klageänderung

---

69 BVerwG NVwZ 1989, 47, 48; NVwZ 1993, 979; BVerwGE 114, 149, 151 (Abgabe der Erledigungserklärung noch
   im Revisionsverfahren, obgleich die Erledigung bereits während des erstinstanzlichen Verfahrens eingetreten ist).
70 W.-R. *Schenke* Rn. 1115.

liegt darin nicht (§ 173, § 264 Nr. 2 ZPO). Die Rückkehr zum ursprünglichen Antrag ist noch in der Berufungs- oder Revisionsinstanz möglich (BVerwG DÖV 1988, 224; BayVBl 1998, 668).

129   Allerdings hat der Übergang zum Erledigungsfeststellungsantrag die Klage geändert und damit die Rechtshängigkeit des ursprünglich gestellten Sachantrags beseitigt, wenn der Kläger diesen nicht hilfsweise aufrechterhalten hat. Ein angefochtener Verwaltungsakt wird bestandskräftig, wenn die Rechtshängigkeit eines gegen ihn gerichteten Rechtsbehelfs entfällt. Kehrt der Kläger von seinem Erledigungsfeststellungsantrag zu seinem ursprünglichen Sachantrag zurück, kann dadurch die einmal eingetretene Bestandskraft des ursprünglich angefochtenen Verwaltungsakts nicht wieder beseitigt werden (anders wohl: BVerwG DÖV 1988, 224). Die Klage ist mit dem ursprünglichen Sachantrag wegen der inzwischen eingetretenen Bestandskraft des Verwaltungsakts abzuweisen, unabhängig davon, ob sie ursprünglich zulässig und begründet war.[71]

130   **3. Erledigung der Hauptsache.** Die geänderte Klage mit dem Antrag, festzustellen, dass die Hauptsache erledigt ist, ist nur dann begründet, wenn nachträglich ein erledigendes Ereignis eingetreten ist (BVerwGE 56, 31, 54; BFH NVwZ-RR 2002, 799, 800).[72] Die Hauptsache muss sich objektiv erledigt haben. Nur wenn das Rechtsschutzbegehren infolge eines erledigenden Ereignisses gegenstandslos geworden ist, entspricht es dem schutzwürdigen Interesse des Klägers, den Rechtsstreit notfalls durch einseitige Erledigungserklärung beenden zu können.

131   **a) Allgemeine Voraussetzungen.** Die Hauptsache hat sich objektiv erledigt, wenn der Kläger infolge eines nachträglich eingetretenen Ereignisses sein Klagebegehren nicht mehr mit Aussicht auf Erfolg weiterverfolgen kann, seinem Klagebegehren vielmehr rechtlich oder tatsächlich die Grundlage entzogen ist. Es muss eine Lage eingetreten sein, die eine Entscheidung über den Klageanspruch erübrigt oder ausschließt (BVerwGE 73, 312, 314; VGH München BayVBl 1988, 48). Das BVerwG verwendet vielfach die Formel, die Hauptsache sei erledigt, wenn die Klage nachträglich aus dem Kläger nicht zurechenbaren Gründen unzulässig oder unbegründet geworden sei, wenn also das Rechtsschutzziel aus Gründen, die nicht in der Einflusssphäre des Klägers lägen, in dem Prozessverfahren nicht mehr zu erlangen sei, weil es entweder bereits außerhalb des Prozesses erreicht worden sei oder überhaupt nicht mehr erreicht werden könne (BVerwG NVwZ 1989, 48). Es soll auch ausreichen, wenn das Verfahren eine derartige Wendung zu Ungunsten des Klägers genommen hat, dass eine bis dahin aussichtsreiche Klage in ihren Erfolgsaussichten entscheidend geschmälert worden ist (BVerwG NVwZ 1993, 979).

132   Nicht eindeutig ist die Rspr. in der Frage, ob der Kläger den Erledigungsgrund selbst herbeigeführt haben darf. Z.T. verlangt das BVerwG, es müsse sich um ein von außen kommendes nachträgliches Ereignis handeln (BVerwG VerwRspr 26, 502). Andere Entscheidungen erlauben dem Kläger, von seinem Klagebegehren auch dann durch einseitige Erledigungserklärung Abstand zu nehmen, wenn das nachträglich eingetretene Ereignis letztlich auf seine Aktivitäten zurückgeht.[73] Z.T. wird ausdrücklich für unerheblich erklärt, aus welchen Gründen der Kläger eine Erledigung der Hauptsache selbst herbeigeführt hat.[74] Dieser letztgenannten Auffassung ist zuzustimmen. Es kommt nur darauf an, dass die Hauptsache objektiv erledigt ist, nicht aber darauf, wer die Erledigung aus welchen Gründen herbeigeführt hat.

133   Es genügt nicht, wenn lediglich das Interesse des Klägers an der weiteren Rechtsverfolgung weggefallen ist (BVerwGE 46, 81, 83; VGH München BayVBl 1986, 86), nicht jedoch seine Beschwer durch die streitig gewesene Maßnahme. Die Hauptsache ist bspw. nicht erledigt, wenn der Kläger mit dem Verfahren über den unmittelbaren Prozesserfolg hinausreichende Ziele verfolgt hat, die er aufgrund nachträglicher Ereignisse nicht mehr erreichen kann (BVerwGE 73, 312, 314).

134   Ein Rechtsstreit erledigt sich ferner nicht dadurch, dass eine Rechtsfrage, die den Kern des Streitstoffs ausmacht, in einem anderen Verfahren höchstrichterlich entschieden wird (BVerwG NJW 1998,

---

71   VGH Mannheim VBlBW 1997, 176; mit wenig überzeugender Begründung dagegen die hierzu ergangene Revisionsentscheidung: BVerwG BayVBl 1998, 668 m. krit. Anm. *J. Ziekow*, JZ 1999, 90; ferner *B. Dietrich*, DVBl 2002, 745, 749. Wie hier auch *R. P. Schenke*, in: Kopp/Schenke § 161 Rn. 20.

72   *R. P. Schenke*, in: Kopp/Schenke § 161 Rn. 21.

73   BVerwGE 56, 31, 54: Erledigung des Zulassungsstreits zum Studium an einer Universität durch Zulassung an einer anderen Universität, um die der Kläger sich erfolgreich bemüht hatte.

74   BVerwG NVwZ 1989, 860, 861; hierzu ferner BVerwG 19.5.1995 Buchholz 310 § 161 VwGO Nr. 108.

1064). Geändert haben sich nur die Erfolgsaussichten der Klage (→ Rn. 93 f.) und damit das subjektive Interesse des Klägers, den Rechtsstreit fortzusetzen.

Ebenso wenig erledigt sich objektiv eine Nichtzulassungsbeschwerde oder ein Antrag auf Zulassung 135 der Berufung, mit denen der Beschwerdeführer (oder Antragsteller) geltend macht, die Revision (oder Berufung) sei wegen grundsätzlicher Bedeutung zuzulassen (§ 132 Abs. 2 Nr. 1; § 124 Abs. 2 Nr. 3), wenn die als grds. bedeutsam bezeichnete Rechtsfrage in einem anderen Verfahren nachträglich höchstrichterlich geklärt wird. Damit fällt zwar der geltend gemachte Zulassungsgrund weg. Der Kläger hat aber das Zulassungsverfahren nicht zur Beantwortung der aufgeworfenen Frage betrieben, sondern um seines ursprünglichen Rechtsschutzzieles willen. Dieses mag im Lichte der inzwischen erreichten höchstrichterlichen Klärung nicht mehr erreichbar sein. Damit fällt aber nur das Motiv für das Zulassungsverfahren wie für das Rechtsschutzverfahren insgesamt weg (BFHE 173, 506, 508).

Ob die Hauptsache erledigt ist, beurteilt sich nach der Sach- und Rechtslage im Zeitpunkt der mündli- 136 chen Verhandlung (BVerwG NVwZ-RR 1999, 277).

b) Einzelfälle. Die Erledigung der Hauptsache kann eintreten durch den Verlust der Rechts- und Be- 137 teiligtenfähigkeit (BGH NJW 1982, 238; a.A. wohl: BVerwG VerwRspr 21, 999) oder der Prozessführungsbefugnis (BVerwG NJW 1971, 479). Sie kann eintreten, wenn die Beschwer durch den angefochtenen Verwaltungsakt nachträglich wegfällt, weil dieser rechtliche Wirkungen nicht mehr äußert (BVerwG NVwZ 1991, 571), bspw. infolge Zeitablaufs.[75] Die Beschwer durch den angefochtenen Verwaltungsakt entfällt insbes., wenn der Beklagte den angefochtenen Verwaltungsakt aufhebt oder ihn durch einen neuen Verwaltungsakt ersetzt, nicht aber wenn er ihn lediglich ändert, denn dann fällt die Beschwer nicht weg, weil der Verwaltungsakt im Übrigen fortbesteht.[76] Generell ist die Hauptsache erledigt, wenn der Kläger klaglos gestellt, sein Klageanspruch also erfüllt ist. Das gilt auch, wenn der Kläger sich als Drittbetroffener gegen einen Verwaltungsakt gewehrt hat, der einen anderen begünstigt. Ändert die Behörde diesen Verwaltungsakt und entspricht sie damit dem Begehren des Klägers, erledigt sich die anhängige Klage in der Hauptsache, auch wenn der bislang Begünstigte nunmehr seinerseits den Änderungsbescheid anficht (BVerwG NVwZ 2009, 78).

Bei Verpflichtungsklagen kann die Erledigung durch Rücknahme des bei der Verwaltungsbehörde ge- 138 stellten Antrags eintreten, wenn es um einen mitwirkungsbedürftigen, also antragsabhängigen Verwaltungsakt geht.[77] Ob der Antrag noch zurückgenommen werden kann, beantwortet sich nach dem einschlägigen Verwaltungsverfahrensrecht.[78] Die Hauptsache erledigt sich ferner, wenn der Kläger mit dem begehrten Verwaltungsakt nichts mehr anfangen kann, etwa wenn er um eine Baugenehmigung nachsucht und später die privatrechtliche Befugnis verliert, das Bauvorhaben auszuführen.[79]

Die Hauptsache kann sich durch eine nachträgliche Änderung der Sach- oder Rechtslage zu Unguns- 139 ten des Klägers erledigen (BVerwGE 61, 128, 134). Dies ist etwa der Fall, wenn für einen angefochtenen Verwaltungsakt eine taugliche Rechtsgrundlage nachgeschoben und dieser dadurch geheilt wird.[80] Unerheblich ist, ob der Kläger sich auf das Fehlen einer ausreichenden Rechtsgrundlage berufen hatte.[81] Bei Verpflichtungsklagen reicht nicht aus, wenn sich durch eine Änderung des materiellen Rechts die Durchsetzbarkeit des Verpflichtungsbegehrens verschlechtert. Die Weiterverfolgung des – unverändert zulässigen – Begehrens muss schlechthin sinnlos werden (OVG Münster NJW 1980, 1069).

Im Normenkontrollverfahren ist die Hauptsache erledigt, wenn die angegriffene Rechtsnorm außer 140 Kraft getreten ist (VGH Mannheim NVwZ-RR 1989, 443).

Ein Begehren auf Erlass einer einstweiligen Anordnung erledigt sich durch ein nachträgliches Ereignis, 141 das entweder dem Anordnungsanspruch die Grundlage entzieht oder den Anordnungsgrund, die

---

75 BVerwG DVBl 1989, 873, 874; NVwZ 1991, 571; das gilt auch, wenn die befristete Regelung in einem Verwaltungsakt enthalten ist, dessen Nichtigkeit gem. § 43 Abs. 1 festgestellt werden soll: BVerwG NVwZ-RR 2000, 324; ferner BVerwG DÖV 1991, 935: keine Erledigung einer negativen Prüfungsentscheidung durch Bestehen der Wiederholungsprüfung.
76 OVG Koblenz NVwZ 1990, 1091; a.A. *B. Preusche*, DVBl 1992, 797, 803.
77 BVerwG NVwZ 1989, 860, 861; 19.5.1995 Buchholz 310 § 161 VwGO Nr. 108; 1.9.2011 – 5 C 21.10, juris Rn. 12.
78 Hierzu *H. Schmitz*, in: Stelkens/Bonk/Sachs § 22 Rn 66 ff. insbes. Rn 70.
79 BVerwG 18.4.1986 Buchholz 310 § 161 VwGO Nr. 69.
80 BVerwGE 50, 2, 10; BVerwG NVwZ 1993, 979; VGH Kassel NVwZ-RR 1994, 125; OVG Lüneburg NVwZ-RR 1989, 447; VGH Mannheim NVwZ-RR 1989, 445, 446; VGH München NVwZ 1986, 1032; OVG Münster OVGE 30, 169.
81 OVG Lüneburg NVwZ-RR 1989, 447; VGH Mannheim NVwZ-RR 1989, 445; OVG Münster OVGE 30, 169.

Dringlichkeit, entfallen lässt (VGH Mannheim NVwZ-RR 1992, 442; VGH München NVwZ-RR 2004, 623).

142   Erreicht der Kläger aufgrund eines nachträglichen Ereignisses in der Sache sein Ziel nur teilweise, gibt er sich aber damit zufrieden, ist er an der Weiterverfolgung seines Klagebegehrens nicht gehindert. Die Hauptsache hat sich nicht insgesamt erledigt.[82]

143   **4. Ursprüngliche Zulässigkeit und Begründetheit der Klage.**   Streit besteht über die Frage, ob die Klage im Zeitpunkt der Erledigung zulässig und begründet gewesen sein muss.

144   **a) Rechtsprechung. aa) Zivilgerichte.**   Nach der Rspr. der Zivilgerichte muss die Klage im Zeitpunkt der Erledigung (BGH NJW 1986, 588) sowohl zulässig als auch begründet gewesen sein (BGH MDR 1979, 1000; NJW 1982, 767; BGHZ 91, 126). Erledigt ist die Hauptsache, wenn ein nachträglich eingetretenes Ereignis einer zulässigen und begründeten Klage die Grundlage entzieht. Einer bereits zuvor unzulässigen oder unbegründeten Klage kann durch ein nachträgliches Ereignis nicht die ohnehin fehlende Grundlage entzogen werden. Der Kläger soll sich den Folgen einer von Anfang an unzulässigen oder unbegründeten Klage nicht zulasten des Beklagten durch einseitige Erledigungserklärung entziehen dürfen. Dem Beklagten sollen andererseits nicht zulasten des Klägers prozessuale Vorteile daraus erwachsen, dass die Klage erst nachträglich unbegründet oder unzulässig geworden ist.

145   **bb) Bundesverwaltungsgericht.**   Die Rspr. des BVerwG ist nicht einheitlich.[83] Das BVerwG hat zunächst für den Erfolg des Feststellungsantrags nicht gefordert, die ursprünglich erhobene Klage müsse zulässig und begründet gewesen sein.[84] Es sollte nur darauf ankommen, ob dem behaupteten Anspruch durch ein nachträgliches Ereignis die Grundlage entzogen ist; die Klage musste jedenfalls jetzt unzulässig oder unbegründet sein.

146   Schon in frühen Entscheidungen hat das BVerwG eine Ausnahme für die Zulässigkeitsvoraussetzungen gemacht, die den gesetzlichen Richter bestimmen, etwa die Zulässigkeit des Verwaltungsrechtswegs.[85] Später haben einzelne Senate des BVerwG generell verlangt, die Klage müsse ursprünglich zulässig gewesen sein.[86] Diese Forderung findet sich erstmals in einer Entscheidung, die sich noch in die frühere Rspr. einordnen lässt. Sie betraf den Fall, dass die Erledigung der Hauptsache bereits vor Klageerhebung eingetreten war und dem Kläger deshalb für das Klagebegehren von vornherein das Rechtsschutzbedürfnis fehlte.[87] In anderen Entscheidungen hat das BVerwG ausdrücklich an der früher einheitlich vertretenen Auffassung festgehalten, der Erfolg des Erledigungsfeststellungsantrags hänge nicht von der Zulässigkeit (und Begründetheit) der ursprünglichen Klage ab.[88]

147   Von der ursprünglichen Zulässigkeit der Klage soll nicht die Wirksamkeit der Klageänderung abhängen (BVerwGE 82, 41, 43). Sie ist vielmehr Beurteilungsmaßstab für die Begründetheit des Erledigungsfeststellungsantrags. War die Klage ursprünglich unzulässig, wird die geänderte Klage mit dem Erledigungsfeststellungsantrag als unbegründet abgewiesen.

148   Von diesem Streit ist eine andere Frage zu unterscheiden. Es kann dazu kommen, dass die Hauptsache erst im Rechtsmittelverfahren (einseitig) für erledigt erklärt wird. Die damit verbundene Klageänderung setzt die Zulässigkeit des Rechtsmittels voraus. Im Falle eines unstatthaften oder verspätet eingelegten Rechtsmittels wird der Streitgegenstand nicht an das Rechtsmittelgericht gebracht. Es kann dann kein anderer Streitgegenstand durch Klageänderung an seine Stelle treten.[89]

149   **b) Stellungnahme.**   Es ist wenig sinnvoll, die Lösung im Begrifflichen zu suchen. Begrifflich kann eine Klage nicht durch ein später eingetretenes Ereignis nachträglich unzulässig oder unbegründet werden,

---

82   BVerwGE 56, 31, 55: keine Erledigung des Zulassungsstreit durch nur vorläufige Zulassung an einer anderen Universität.
83   Vgl. die Darstellung von *C. Kremer*, NVwZ 2003, 797.
84   BVerwGE 20, 146; 31, 318; BVerwG 23.10.1979 Buchholz 402.24 § 2 AuslG Nr. 17; DÖV 1988, 224; 18.4.1986 Buchholz 310 § 161 VwGO Nr. 69.
85   BVerwGE 20, 146, 155; hiergegen mit Recht *G. Manssen*, NVwZ 1990, 1018, 1021.
86   Erstmals BVerwGE 82, 41, 42; ebenso VGH Kassel ZfSH/SGB 1988, 603; VGH Mannheim NVwZ-RR 1989, 443; hiergegen *R. Pietzner*, VerwArch 77 (1986), 299, 316 f.
87   BVerwG 6.8.1987 Buchholz 451.54 MStG Nr. 11; ebenso *R. Pietzner*, VerwArch 77 (1986), 299, 315.
88   BVerwGE 87, 62, mit Besprechung von *U. Battis/N. Weber*, JuS 1992, 1012; offen BVerwG NVwZ 1993, 979; BVerwGE 114, 149, 151.
89   BVerwG 6.8.1987 Buchholz 451.54 MStG Nr. 11; ähnl. *B. Dietrich*, DVBl 2002, 745, 751.

wenn sie schon aus anderen Gründen von vornherein unzulässig oder unbegründet war. Einem nicht bestehenden Klageanspruch kann begrifflich nicht der Boden durch ein nachträgliches Ereignis entzogen werden. Begrifflich lässt sich das gewollte Ergebnis „retten". In die gesetzlich nicht vorgegebene Formel braucht lediglich ein „jedenfalls" eingefügt zu werden (BVerwG 19.5.1995 Buchholz 310 § 161 VwGO Nr. 108): Die Hauptsache ist erledigt, wenn die Klage „jedenfalls" nachträglich unzulässig oder unbegründet geworden ist, wenn dem nur behaupteten Klageanspruch „jedenfalls jetzt" der Boden entzogen ist.

Dass die einseitig gebliebene Erledigungserklärung als Klageänderung anzusehen ist, hilft ebenfalls 150 nicht weiter. Zwar kommt es wegen des geänderten Streitgegenstandes auf die Zulässigkeit und Begründetheit der ursprünglichen Klage nicht mehr an. Die geänderte Klage ist aber nur begründet, wenn die Hauptsache erledigt ist. Das hängt wiederum davon ab, wie die Erledigung begrifflich umschrieben wird, und damit davon, ob zur Erledigung der Hauptsache gehört, dass erst und nur durch ein nachträgliches Ereignis der bis dahin zulässigen und begründeten Klage der Boden entzogen wird.

Maßgeblich ist, wie die Interessen der Beteiligten zu werten sind. Die einseitige Erledigungserklärung 151 ist im Gesetz nicht geregelt. Diese Lücke ist unter Heranziehung der gesetzlichen Wertungen für vergleichbare Prozesslagen zu schließen.[90]

Heranzuziehen ist namentlich § 113 Abs. 1 S. 4. Dieser Vorschrift lässt sich die Wertung entnehmen, 152 dass ein Verfahren grds. nicht mehr mit einer Entscheidung über die Zulässigkeit und Begründetheit der erhobenen Klage fortgesetzt werden kann, wenn sich die Hauptsache dieses Streits erledigt hat.[91] Die Zulässigkeit und Begründetheit der Klage sind vielmehr nur noch zu prüfen, wenn der Kläger dies beantragt und er ein berechtigtes Interesse an einer Sachentscheidung trotz Erledigung der Hauptsache hat. Die Vorschrift verbietet zwar unmittelbar nicht, den Kläger gegen seinen Willen an seinem Sachantrag festzuhalten, weil der Beklagte seiner Erledigungserklärung widerspricht.[92] Sie drückt aber das Gebot der Prozessökonomie aus. Die Arbeitskraft des Gerichts soll nicht mehr ohne weiteres, sondern nur noch bei einem berechtigten Interesse beansprucht werden können, wenn die Hauptsache erledigt ist und es sinnvollerweise nur noch um die Kosten des erledigten Verfahrens gehen kann. Nur wegen einer gerechten und sachlich fundierten Kostenentscheidung soll die Zulässigkeit und Begründetheit des erledigten Begehrens nicht mehr durchgeprüft werden. § 161 Abs. 2 enthält denselben Gedanken.

Daraus hat das BVerwG mit Recht abgeleitet, im Verwaltungsprozess komme es für die Erledigung 153 der Hauptsache nicht darauf an, ob die Klage ursprünglich begründet war.[93] Es besteht kein nachvollziehbarer Grund, für die Zulässigkeit der Klage anders zu entscheiden.[94] Unbehelflich ist der Hinweis, eine unzulässige Klage könne durch die Erledigung der Hauptsache nicht zulässig werden.[95] Wegen der Klageänderung geht es nicht mehr um dieselbe Klage. Nicht die ursprüngliche Klage ist zulässig geworden. An die Stelle der (angeblich) unzulässigen Klage ist im Wege der Klageänderung ein anderer zulässiger Klageantrag getreten.[96]

Berechtigte Interessen des Beklagten stehen einem solchen Verständnis der Erledigung nicht entgegen. 154 War die Klage von Anfang an unzulässig oder unbegründet, hat der Beklagte kein Interesse daran, mit 155 den Kosten einer von vornherein aussichtslosen Klage belastet zu werden, nur weil dem Kläger zufällig ein erledigendes Ereignis zu Hilfe kommt, das ihm den Ausstieg aus dem Prozess ermöglicht.[97] Schließt der Beklagte sich der Erledigungserklärung des Klägers an, erlaubt und verlangt die dann fällige Kostenentscheidung nach § 161 Abs. 2 nur eine summarische und deshalb unsichere Prüfung, wie das Verfahren voraussichtlich ausgegangen wäre. Der Beklagte ist damit aber in keiner anderen Lage als der Kläger. Auch der Kläger, der meint, eine erfolgversprechende Klage erhoben zu haben, muss sich im Falle der Erledigung auf die unsichere Kostenentscheidung nach § 161 Abs. 2 einlassen, will er eine Abweisung seiner Klage als nunmehr unzulässig oder unbegründet vermeiden. Dem Interesse des Beklagten an einer Kostenentscheidung auf sicherer Grundlage steht der Grundsatz der Prozessökono-

---

90 *W. B. Maetzel*, DÖV 1971, 613.
91 *B. Clausing*, in: Schoch/Schneider/Bier § 161 Rn 31.
92 So der Einwand von *G. Manssen*, NVwZ 1990, 1018, 1023.
93 BVerwGE 20, 146, 150; BVerwG 23.10.1979 Buchholz 402.24 § 2 AuslG Nr. 17.
94 *C. Kremer*, NVwZ 2003, 797, 802.
95 So *J. Schmidt*, DÖV 1984, 622, 624.
96 Zutr. *G. Manssen*, NVwZ 1990, 1018, 1021.
97 *M. Weigert*, BayVBl 1974, 641.

mie entgegen. Er schließt es regelmäßig aus, nur noch wegen der Kostenentscheidung die Zulässigkeit und Begründetheit der Klage durchzuprüfen.

156   Der Beklagte kann ein Interesse an einer Sachentscheidung haben, die ihm Schutz vor einer erneuten Klage bietet. Das Gesetz erkennt dieses Interesse z.T. an. Nach Stellung der Anträge in der mündlichen Verhandlung kann die Klage nur noch mit Einwilligung des Beklagten zurückgenommen werden (§ 92 Abs. 1 S. 2). Die Vorschrift verhindert ferner zumindest in entsprechender Anwendung, dass der Kläger dem Beklagten noch in zweiter Instanz ein obsiegendes Urteil erster Instanz entzieht. Der Kläger kann zwar noch in zweiter (oder gar dritter) Instanz statt des Rechtsmittels die Klage zurücknehmen. Ein gegen ihn ergangenes Urteil erster Instanz wird für unwirksam erklärt. Für eine solche Klagerücknahme bedarf er indes mit Blick auf § 92 Abs. 1 S. 2 der Einwilligung des Beklagten, gleichgültig in welchem Stadium des Rechtsmittelverfahrens die Rücknahme erklärt wird.

157   Gegen eine erneute Klage ist der Beklagte aber hinreichend geschützt, wenn auf die einseitige Erledigungserklärung des Klägers nachgeprüft wird, ob tatsächlich das Klagebegehren (jetzt) erledigt ist.

158   Bei Anfechtungs- und Verpflichtungsklagen liegt dies auf der Hand. Hat der Kläger einseitig die Hauptsache für erledigt erklärt, obwohl kein erledigendes Ereignis eingetreten ist, wird er aus diesem Grund mit dem Erledigungsfeststellungsantrag abgewiesen. In Rechtskraft erwächst als Begründung für die Klageabweisung nur die Feststellung, dass kein erledigendes Ereignis eingetreten ist. Eine erneute Klageerhebung ist dadurch nicht ausgeschlossen. Jedoch ist mit der Beendigung des Verfahrens der streitige Verwaltungsakt bestandskräftig geworden, wenn der Kläger nicht seinen ursprünglichen Sachantrag hilfsweise aufrechterhalten hat.[98] Diese Bestandskraft hindert den Kläger regelmäßig, die Klage zu erneuern. Die Klagefristen sind regelmäßig abgelaufen (→ Rn. 72 f.).

159   Ist dagegen ein erledigendes Ereignis eingetreten und wird auf die einseitige Erledigungserklärung die Erledigung der Hauptsache festgestellt, steht damit rechtskräftig fest, dass jedenfalls im Zeitpunkt der Entscheidung des Gerichts der geltend gemachte Anspruch nicht (mehr) bestand. Die begehrte Feststellung hat diesen materiellen Gehalt.

160   Im Übrigen ist Beklagter im Verwaltungsprozess regelmäßig ein Hoheitsträger. Der Kläger befindet sich zwar formal in der Rolle des Angreifers, inhaltlich wehrt er sich aber regelmäßig gegen hoheitliche Maßnahmen. Der Anstoß, um Rechtsschutz nachzusuchen, ist von dem Beklagten ausgegangen. Der Beklagte kann sich durch Erlass eines Verwaltungsakts einen vollstreckungsfähigen Titel selbst verschaffen. Er kann ein Begehren des Klägers mit Anspruch auf Bestandskraft durch Verwaltungsakt ablehnen. Der Bürger wird regelmäßig durch den Beklagten zum Einsteigen in den Prozess gezwungen. Als Ausgleich dafür erhält er die Möglichkeit erleichterten Ausstiegs, wenn sich das Verfahren nachträglich erledigt hat.[99]

161   Dass bei einseitiger Erledigungserklärung des Klägers jedenfalls die ursprüngliche Zulässigkeit und Begründetheit der Klage nicht mehr zu prüfen ist, ist mithin im Wesentlichen aus § 113 Abs. 1 S. 4 herzuleiten. Diese Vorschrift gilt zwar für Anfechtungsklagen sowie in analoger Anwendung für Verpflichtungsklagen. Jedoch besteht kein Grund, bei allgemeinen Leistungsklagen die Erledigung der Hauptsache davon abhängig zu machen, dass die Klage ursprünglich zulässig und begründet war.[100]

162   **5. Sachentscheidungsinteresse des Beklagten. a) Rechtsprechung.** Nach der Rspr. des BVerwG soll der Beklagte ausnahmsweise eine Entscheidung darüber verlangen können, ob die Klage zulässig und begründet war (BVerwGE 20, 146, 154; BVerwG 18.4.1986 Buchholz 310 § 161 VwGO Nr. 69). Voraussetzung hierfür soll ein berechtigtes Interesse des Beklagten an dieser Feststellung sein. Das BVerwG wendet § 113 Abs. 1 S. 4 entsprechend an.[101] Das Interesse des Beklagten an einer Sachentscheidung muss dem Interesse entsprechen, das dem Kläger trotz Erledigung eines Verwaltungsakts die Feststellung seiner Rechtswidrigkeit ermöglicht.

---

98 *J. Schmidt*, DÖV 1984, 622, 625.
99 *W.B. Maetzel*, DÖV 1971, 613, 617; *R. Pietzner*, VerwArch 77 (1986), 299, 307; *M. Burgi*, DVBl 1991, 193, 198; dagegen *A. Feser/R. Kirchmaier*, BayVBl 1995, 641, 644.
100 Offengelassen von BVerwGE 60, 328, 331; vgl. ferner OVG Saarlouis AS 21, 366, 368.
101 BVerwG 23.10.1979 Buchholz 402.24 § 2 AuslG Nr. 17; BVerwGE 87, 62; BVerwG 20.10.2010 Buchholz 448.0 § 12 WPflG Nr. 215 Rn. 17; 1.9.2011 – 5 C 21.10, juris Rn. 14; VGH Mannheim NVwZ-RR 1989, 443 will das „Widerspruchsrecht" des Beklagten auf die Fallgestaltung beschränken, dass eine Klagerücknahme seiner Einwilligung bedürfe.

Der Beklagte kann ein berechtigtes Interesse an der Feststellung haben, sein Verwaltungshandeln sei 163 rechtmäßig gewesen, wenn ihm diese Feststellung nutzt, drohende Schadensersatzansprüche bspw. in einem Amtshaftungsprozess abzuwehren.

Der Beklagte kann ein berechtigtes Interesse an der Klärung der streitig gewesenen Fragen haben, 164 wenn diese Fragen in den Rechtsbeziehungen der Beteiligten noch künftig eine Rolle spielen werden (BVerwG 3.6.1988 Buchholz 310 § 113 VwGO Nr. 181; BVerwGE 87, 62), etwa weil der Beklagte beabsichtigt, Verwaltungsakte der streitig gewesenen Art erneut an den Kläger zu richten (einschränkend OVG Saarlouis AS 27, 109, 113).

Das BVerwG hat hierfür gefordert, die Klärung der streitig gewesenen Fragen müsse für das künftige 165 Verhältnis gerade der Beteiligten des konkreten Prozesses von Bedeutung sein. Hingegen hat es ein berechtigtes Interesse des Beklagten zunächst ausnahmslos verneint, wenn Fragen geklärt werden sollten, die für den Beklagten nur von allgemeiner Bedeutung (BVerwG VerwRspr 26, 502) oder lediglich im Verhältnis zu anderen von Bedeutung sein konnten.[102] Hiervon hat das BVerwG später Ausnahmen zugelassen (→ Rn. 177). So soll das Interesse des Beklagten an der Klärung der streitig gewesenen Fragen ausreichen, wenn der Beklagte mit dieser Klärung im Verhältnis zum Rechtsnachfolger des Klägers noch „etwas anfangen" kann, auch wenn der Rechtsnachfolger nicht durch die Rechtskraft der Entscheidung gebunden ist (BVerwG 18.4.1986 Buchholz 310 § 161 VwGO Nr. 69). Ein berechtigtes Interesse soll ferner bestehen, wenn der Beklagte wegen der Eigenart des Sachgebiets (Einberufung zu kurzzeitigen Wehrübungen) im Revisionsverfahren immer mit einer Erledigung der Hauptsache konfrontiert wäre. Dem Beklagten dürfe eine revisionsgerichtliche Entscheidung nicht unter Hinweis auf die eingetretene Erledigung vorenthalten werden, wenn dies der Sache nach auf die Verweigerung des revisionsgerichtlichen Rechtsschutzes hinausliefe (BVerwG BayVBl 1988, 602; BVerwGE 82, 41, 44; BVerwG 20.10.2010 Buchholz 448.0 § 12 WPflG Nr. 215 Rn. 17).

Selbst eine Art Rehabilitationsinteresse wird dem beklagten Hoheitsträger zugebilligt. Er soll an sei- 166 nem Klageabweisungsantrag festhalten dürfen, um bspw. eine Klärung des Vorwurfs herbeizuführen, er habe über einen Antrag nicht in angemessener Zeit entschieden (BFHE 122, 443, 444).

Folgerichtig kann der Beklagte nur im Klageverfahren unter der Voraussetzung eines berechtigten In- 167 teresses eine Sachentscheidung erzwingen. In einem Verfahren auf Gewährung vorläufigen Rechtsschutzes kann der Antragsteller nicht auf einen Fortsetzungsfeststellungsantrag analog § 113 Abs. 1 S. 4 übergehen, wenn sich die Hauptsache erledigt hat. Einstweilige Rechtsschutzverfahren sind nicht dafür gedacht, durch feststellende Entscheidungen streitig gewesene Fragen zu klären. Das muss für den Antragsgegner ebenso gelten.[103]

Dem Beigeladenen wird keine vergleichbare Möglichkeit eingeräumt, trotz Erledigungserklärung des 168 Klägers noch eine Sachentscheidung zu erreichen.[104] Der notwendig Beigeladene wird zu dem Rechtsstreit hinzugezogen, weil die im Verfahren angestrebte Entscheidung unmittelbar und zwangsläufig in seine Rechte eingreifen würde. Dieser Grund für die Beiladung entfällt, wenn infolge der Beendigung des Streits keine Entscheidung mehr droht, welche die Rechte des Beigeladenen unmittelbar und zwangsläufig beeinträchtigt.

Unklar ist, wie das BVerwG das Interesse des Beklagten an einer Sachentscheidung berücksichtigen 169 will.

In den frühen Entscheidungen blieben die Zusammenhänge eher dunkel. Das BVerwG spricht bspw. 170 davon, der Beklagte könne seinen Antrag auf Klageabweisung aufrechterhalten und dadurch eine Sachentscheidung gegen den Willen des Klägers erzwingen. Das Gericht entscheide über den aufrechterhaltenen Klageabweisungsantrag in der Sache (BVerwGE 31, 318, 320). Der Abweisungsantrag ist allerdings kein Sachantrag, über den das Gericht entscheiden könnte (BVerwG 25.3.1981 Buchholz 310 § 113 VwGO Nr. 104). Das BVerwG scheint daher wohl die Voraussetzungen einer Klageänderung verneinen und über die ursprüngliche Klage entscheiden zu wollen, wenn der Beklagte hieran ein berechtigtes Interesse hat (offen: BVerwG NVwZ 1993, 979). Dieses berechtigte Interesse führt jedenfalls nicht zu einem selbständigen (Feststellungs-)Ausspruch (BVerwG 25.3.1981 Buchholz 310

---

102 BVerwGE 20, 146, 155; BVerwG 23.10.1979 Buchholz 402.24 § 2 AuslG Nr. 17; 28.4.1988 Buchholz 402.25 § 28 AsylVfG Nr. 13; BVerwGE 82, 41, 44.
103 OVG Koblenz AS 13, 20, 23; VGH Mannheim NVwZ-RR 1992, 442; DÖV 1996, 792.
104 BVerwG 26.4.1991 Buchholz 310 § 161 VwGO Nr. 90; OVG Saarlouis AS 21, 366, 372.

§ 113 VwGO Nr. 104), etwa des Inhalts, der vom Beklagten erlassene Verwaltungsakt sei rechtmäßig gewesen; war er rechtmäßig, wird vielmehr die Klage abgewiesen.

171   In späteren Entscheidungen hat das BVerwG hingegen deutlich ausgesprochen, dass die einseitige Erledigungserklärung immer in den Erledigungsfeststellungsstreit führt. Die Zulässigkeit dieses Streits (oder der darauf gerichteten Klageänderung) scheitert nicht an dem berechtigten Interesse des Beklagten. Dieses berechtigte Interesse verändert (erweitert) nur den Beurteilungsmaßstab für den zulässigen Antrag auf Feststellung, dass die Hauptsache erledigt ist (BVerwG NJW 1988, 2630; 25.3.1981 Buchholz 310 § 113 VwGO Nr. 104). Dieser Antrag ist ausnahmsweise nur dann begründet, wenn die Klage ursprünglich zulässig und begründet war (BVerwG 18.4.1986 Buchholz 310 § 161 VwGO Nr. 69; 1.9.2011 – 5 C 21.10, juris Rn. 14). Das berechtigte Interesse des Beklagten wird nicht durch einen selbständigen Ausspruch, sondern in den Gründen der Entscheidung befriedigt.

172   **b) Stellungnahme.** Es ist dem BVerwG nicht gelungen, das berechtigte Interesse des Beklagten an einer Sachentscheidung widerspruchsfrei in das Prozessrechtsinstitut der einseitigen Erledigungserklärung einzubauen. Das erscheint auch nicht möglich.[105]

173   Das BVerwG sieht in der einseitigen Erledigungserklärung eine Klageänderung. Denkbar ist die Annahme, ein berechtigtes Interesse des Beklagten an einer Sachentscheidung stehe der Zulässigkeit der Klageänderung entgegen. Damit wäre über die ursprünglich erhobene Klage zu entscheiden.[106] Diese wäre mangels Sachantrags als unzulässig abzuweisen, weil der Kläger diesen mit der Klageänderung hat fallen lassen. Eine Klärung der Zulässigkeit und Begründetheit der ursprünglichen Klage erreichte der Beklagte gerade nicht.

174   Wäre tatsächlich ein erledigendes Ereignis eingetreten, wäre die Klage zudem schon deshalb als (nunmehr) unbegründet oder sogar unzulässig abzuweisen. Der Beklagte erreichte jedenfalls nicht, dass die ursprünglich streitig gewesenen Fragen geklärt werden.

175   Das BVerwG hat deshalb in späteren Entscheidungen angenommen, das berechtigte Interesse des Beklagten an einer Sachentscheidung erweitere den Prüfungsmaßstab für die geänderte Klage. In diesen Fällen kann die Erledigung der Hauptsache nur festgestellt werden, wenn die Klage ursprünglich zulässig und begründet war. Das BVerwG muss mit zwei verschiedenen Erledigungsbegriffen arbeiten, je nachdem, ob der Beklagte ein berechtigtes Interesse an der Prüfung der ursprünglichen Zulässigkeit und Begründetheit der Klage hat oder nicht. In dem zuerst genannten Fall (bei berechtigtem Interesse des Beklagten) ist die Hauptsache erledigt, wenn einem ursprünglich zulässigen und begründeten Rechtsschutzbegehren nachträglich die Grundlage entzogen ist, in dem zweiten Fall ist die Hauptsache schon erledigt, wenn dem Rechtsschutzbegehren nachträglich die Grundlage entzogen wurde (also unabhängig von der anfänglichen Zulässigkeit und Begründetheit) und es jedenfalls jetzt gegenstandslos geworden ist.

176   Dies begegnet einem weiteren Bedenken. Den Streitgegenstand bestimmt der Kläger. Der Erledigungsbegriff bestimmt aber seinerseits den Streitgegenstand mit. Das BVerwG erlaubt der Sache nach dem Beklagten, den Streitgegenstand zu ändern. Ob dies im Wege der Widerklage nach § 89 Abs. 1 möglich wäre oder ob ihr die fehlende Konnexität zum Erledigungsfeststellungsantrag[107] oder § 89 Abs. 2[108] in entsprechender Anwendung entgegenstünde, kann offen bleiben. Regelmäßig beantragt der Beklagte nur Klageabweisung, beantwortet aber den Erledigungsfeststellungsantrag des Klägers nicht widerklagend mit dem Antrag festzustellen, dass der angegriffene Verwaltungsakt rechtmäßig gewesen ist. Erhebt der Beklagte keine Widerklage, hat er keine Möglichkeit auf den Streitgegenstand und damit den gerichtlichen Prüfungsumfang einzuwirken.[109]

177   Vom Ausgangsverfahren löst das BVerwG sich vollends in den Ausnahmefällen, in denen dem Beklagten gestattet wird, sein berechtigtes Interesse aus der Notwendigkeit herzuleiten, bestimmte Rechtsfragen mit Blick auf künftige Fälle zu klären, an denen der Kläger nicht beteiligt ist. Es geht um die Gewährung individuellen Rechtsschutzes. Eine davon losgelöste und deshalb nur abstrakte Klärung von

---

105   Vgl. auch *B. Clausing*, in: Schoch/Schneider/Bier § 161 Rn 32; *B. Dietrich*, DVBl 2002, 745, 750; *C. Kremer*, NVwZ 2003, 797, 802.

106   So wohl *G. Manssen*, NVwZ 1990, 1018, 1022.

107   So *B. Clausing*, in: Schoch/Schneider/Bier § 161 Rn. 32 (Fn. 247).

108   So *M. Burgi*, DVBl 1991, 193, 198; hiergegen mit überzeugenden Gründen *G. Manssen*, NVwZ 1990, 1018, 1021 f.

109   VGH Kassel ESVGH 22, 242, 245 f.; *G. Manssen*, NVwZ 1990, 1018, 1022; *R. Pietzner*, VerwArch 77 (1986), 299, 321.

Rechtsfragen rechtfertigt keine Fortsetzung eines Verfahrens, das unter dem Gesichtspunkt des Individualrechtsschutzes erledigt ist.

Mit der Anerkennung eines berechtigten Interesses des Beklagten reagiert das BVerwG nicht auf eine 178 besondere Interessenlage gerade im Falle der (einseitigen) Erledigungserklärung, sondern auf eine Interessenlage, wie sie bei der Erledigung generell vorliegt. Es geht darum, ob der Ertrag des bisherigen Prozessierens gesichert werden kann. Hat sich die Hauptsache erledigt, kann der Kläger, ein berechtigtes Interesse vorausgesetzt, zur Fortsetzungsfeststellungsklage übergehen. Der Ertrag des bisherigen Verfahrens soll nicht ungenutzt verfallen, wenn der Kläger noch etwas mit der Feststellung anfangen kann, der streitig gewesene Verwaltungsakt sei rechtswidrig gewesen. Der Kläger kann in diesen Fällen wählen, ob er zur Fortsetzungsfeststellungsklage übergeht oder die Hauptsache für erledigt erklärt. Diese Möglichkeit räumt das BVerwG auch dem Beklagten ein. Der Sache nach kann er eine Fortsetzungsfeststellungsklage führen, ohne einen solchen Antrag stellen zu müssen. Das Gesetz sieht die Fortsetzungsfeststellungsklage freilich nur für den Kläger vor. Eine Lücke besteht insoweit nicht.

§ 113 Abs. 1 S. 4 geht von der Situation des Bürgers aus, der mit einem Verwaltungsakt überzogen 179 wurde, sich dagegen gewehrt hat und durch die Erledigung des Verwaltungsakts um die Früchte seines bisherigen Prozessierens gebracht zu werden droht. Sie sollen ihm erhalten bleiben, wenn er ein berechtigtes Interesse an der Feststellung hat, der Verwaltungsakt sei rechtswidrig gewesen. Er kann die Klärung dieser Frage nur durch eine Klage erreichen. Der Beklagte ist vielfach in der Lage, seinen Willen vor der Gewährung von Rechtsschutz durchzusetzen. Insbes. kann er die sofortige Vollziehung nach § 80 Abs. 2 S. 1 Nr. 4 anordnen. Der Kläger ist dadurch in einer besonders schutzbedürftigen Position. Gäbe es die Möglichkeit einer Fortsetzungsfeststellungsklage nicht, bestünde für ihn die Gefahr, keine rechtskräftige Entscheidung in der Sache über die Rechtmäßigkeit einer vollzogenen behördlichen Maßnahme zu erlangen, sei es, weil sich die Maßnahme schon vor Klageerhebung erledigt hat, sei es, weil die beklagte Behörde bei Erledigung nach Klageerhebung ihrerseits für erledigt erklärt, wenn sie kein Interesse an einer rechtskräftigen gerichtlichen Überprüfung der Rechtmäßigkeit ihres Handelns hat.[110]

Auf den beklagten Hoheitsträger passt diese Ausgangslage nicht.[111] Das wird namentlich in den Fällen 180 der Wiederholungsgefahr oder spiegelbildlich der Wiederholungsabsicht deutlich. Droht sich der erledigte Verwaltungsakt zu wiederholen, ist der Bürger erneut auf gerichtliche Klärung angewiesen, um einen Eingriff in seine Rechte abzuwehren. Er kann diese Klärung schon im anhängigen Verfahren zu erreichen suchen. Beabsichtigt der beklagte Hoheitsträger, den erledigten Verwaltungsakt oder vergleichbare Verwaltungsakte zu erlassen, kann er dies tun, ohne auf eine gerichtliche Klärung der Voraussetzungen angewiesen zu sein.

c) **Verschleierte Klagerücknahme.** Das BVerwG hat in einigen Entscheidungen noch einen anderen 181 Weg beschritten, um den Beklagten vor dem Versuch des Klägers zu schützen, das Verfahren durch eine einseitige Erledigungserklärung ohne Sachentscheidung zu beenden. Das BVerwG untersucht, ob (entgegen dem Wortlaut) in der einseitigen Erledigungserklärung eine Klagerücknahme zu sehen ist.

Ausnahmsweise soll es möglich sein, eine Erledigungserklärung nach ihrem Sinngehalt als Klagerück- 182 nahme zu verstehen. Der Kläger müsse erkennen lassen, dass er seinen Anspruch in keinem Falle weiter verfolgen wolle und auch keine Entscheidung über die Frage der Erledigung begehre, wenn der Beklagte sich seiner Erledigungserklärung nicht anschließe (BVerwG 6.8.1987 Buchholz 451.54 MStG Nr. 11). Hat der Kläger den ursprünglichen Klageantrag hilfsweise aufrechterhalten, soll ausgeschlossen sein, den Kläger wegen eines nunmehr fehlenden Sachantrags so zu behandeln, als hätte er die Klage zurückgenommen (BVerwGE 73, 312, 313). Hat der Kläger einen Kostenantrag gestellt, soll eine solche Auslegung ebenfalls nicht möglich sein (BFHE 173, 506, 509).

Ebenso finden sich Entscheidungen, welche die Figur der „verschleierten Klagerücknahme" (auch) im 183 Fall der einseitig gebliebenen Erledigungserklärung zurückweisen.[112] Stehe der wirkliche Wille über jeden Zweifel erhaben fest, so sei an ihm auch dann nicht zu rütteln, wenn er darauf gerichtet sei, Rechtsfolgen zu vermeiden, die das geltende Recht „eigentlich" vorsehe.

---

110 *G. Manssen*, NVwZ 1990, 1018, 1023.

111 So bereits der Sache nach VGH Mannheim ESVGH 13, 82, 84; ausf. *R. Pietzner*, VerwArch 77 (1986), 299, 320; *B. Clausing*, in: Schoch/Schneider/Bier § 161 Rn 32.

112 BVerwG NVwZ 1989, 860, 861; zust. *G. Manssen*, NVwZ 1990, 1018, 1022.

184 Es besteht in der Tat ebenso wenig wie bei beiderseitigen Erledigungserklärungen Anlass, eine einseitige Erledigungserklärung entgegen ihrem eindeutigen Wortlaut in eine Klagerücknahme umzudeuten oder den Kläger so zu behandeln, als habe er die Klage zurückgenommen.[113] Insbes. bedarf der Beklagte nicht des Schutzes durch eine solche Umdeutung. Hat die Hauptsache sich objektiv nicht erledigt, der Kläger sich vielmehr aus anderen Gründen in die Erledigungserklärung „geflüchtet" und widerspricht der Beklagte deshalb der Erledigungserklärung, wird der Kläger auf seine einseitig gebliebene Erledigungserklärung hin mit seiner Klage durch Sachurteil abgewiesen. Hat die Hauptsache sich objektiv erledigt, entspricht die Erledigungserklärung der prozessualen Lage.

185 **6. Entscheidung im Erledigungsstreit.** Auf die einseitig gebliebene Erledigungserklärung des Klägers ergeht ein Sachurteil.

186 nicht besetzt

187 **a) Zuständigkeit.** Zuständig für die Entscheidung ist der Spruchkörper, nicht aber gem. § 87a Abs. 1 Nr. 3 der Berichterstatter oder der Vorsitzende als Einzelrichter. Die Vorschrift bezieht sich nur auf die Entscheidung nach Erledigung des Rechtsstreits durch übereinstimmende Erledigungserklärungen der Beteiligten (VGH Mannheim NVwZ-RR 1992, 442; VBlBW 1997, 176).

188 **b) Tenorierung.** Ist tatsächlich kein erledigendes Ereignis eingetreten, wird die Klage als unbegründet abgewiesen. Hat der Kläger als Rechtsmittelführer erst im Rechtsmittelverfahren die Hauptsache einseitig für erledigt erklärt, lautet das Urteil auf Zurückweisung des Rechtsmittels als unbegründet (BVerwG 3.7.2006 – 7 B 18.06).

189 Ist ein erledigendes Ereignis eingetreten, wird durch Sachurteil festgestellt, dass sich die Hauptsache erledigt hat. Hat der Kläger erst im Rechtsmittelverfahren die Hauptsache einseitig für erledigt erklärt, sind neben dieser Feststellung die bereits ergangenen Entscheidungen für unwirksam zu erklären.[114]

190 Hat der Kläger die Hauptsache in einem Verfahren der Nichtzulassungsbeschwerde oder der Berufungszulassung einseitig für erledigt erklärt, ist in der Entscheidung nicht nur die Erledigung der Hauptsache, sondern auch festzustellen, dass sich das Beschwerdeverfahren bzw. das Zulassungsverfahren erledigt hat.[115]

191 Hat der Rechtsmittelführer nur das Rechtsmittelverfahren einseitig für erledigt erklärt und hat sich dieses Verfahren objektiv erledigt, stellt das Gericht nur die Erledigung des Rechtsmittelverfahrens fest. Die vorausgegangenen Entscheidungen werden dadurch rechtskräftig.

192 **c) Kostenentscheidung.** Das Urteil ergeht im streitigen Verfahren. Die Kostenentscheidung beruht deshalb auf § 154 Abs. 1, nicht auf § 161 Abs. 2.[116] Die Kosten des Verfahrens trägt der Beklagte, der zu Unrecht der Erledigungserklärung des Klägers widersprochen hat. Er trägt nicht nur die Mehrkosten, die durch seinen unberechtigten Widerspruch gegen die Erledigungserklärung des Klägers entstanden sind, während über die Kosten im Übrigen gem. § 161 Abs. 2 nach billigem Ermessen entschieden werden müsste.[117] Für eine gespaltene Kostenentscheidung ist kein Raum. Der Beklagte unterliegt insgesamt. Ein anderer Gegenstand als der Erledigungsfeststellungsantrag ist nach der durch ihn bewirkten Klageänderung nicht mehr anhängig.

193 **d) Streitwert.** Der Streitwert ist regelmäßig auf den Betrag der Kosten festzusetzen, die bis zur Erledigungserklärung entstanden sind.[118] Der Kläger begehrt keine Entscheidung über den ursprünglichen

---

113 VGH Mannheim GewArch 1989, 311; VGH München BayVBl 1986, 86, 87; OVG Münster DÖV 1969, 794; *R. Pietzner,* VerwArch 77 (1986), 299, 313. Krit. auch *R. P. Schenke,* in: Kopp/Schenke § 161 Rn. 9.

114 Vgl. BVerwGE 60, 328, 335; BVerwG 17.12.1993 Buchholz 310 § 161 VwGO Nr. 103; 1.9.2011 – 5 C 21.10, juris Rn. 9; VGH Mannheim NVwZ-RR 2007, 823.

115 BVerwGE 72, 93; BVerwG 17.2.1993 Buchholz 310 § 161 VwGO Nr. 101; NVwZ-RR 1994, 547.

116 BVerwGE 82, 41, 45; BVerwG NVwZ 1998, 1064, 1065; 1.9.2011 – 5 C 21.10, juris Rn. 18; VGH Kassel ESVGH 22, 242, 246; VGH München BayVBl 1988, 48; VGH München 19.1.2015 – 10 CE 761/13, juris Rn. 10; OVG Münster OVGE 30, 169; OVG Saarlouis NJW 1978, 121; ebenso *B. Dietrich,* DVBl 2002, 745, 752; *J. Schmidt,* DÖV 1984, 622, 626; *R. Pietzner,* VerwArch 77 (1986), 299, 309.

117 So aber HmbOVG NJW 1977, 1356; OVG Lüneburg VerwRspr 31, 254; VGH Mannheim ESVGH 13, 82, 84; *M. Weigert,* BayVBl 1974, 640.

118 BVerwG 3.7.2006 – 7 B 18.06; BGHZ 106, 359, 366; HmbOVG NJW 1977, 1356; OVG Lüneburg VerwRspr 31, 254; OVG Magdeburg NVwZ-RR 2003, 247; *J. Schmidt,* in: Eyermann § 161 Rn. 8; a.A. *C. Deckenbrock/ W. Dötsch,* JurBüro 2003, 287; *A. Röckle,* AnwBl 1993, 317, 321: Streitwert der Hauptsache.

Klageanspruch. Mit seinem Erledigungsfeststellungsantrag verfolgt er nur noch das Interesse, aus dem Prozess ohne (einseitige und zwingende) Kostenlast aussteigen zu können.

Dieser Streitwert ist für das Verfahren insgesamt, nicht nur für die Zeit nach Eingang der einseitig ge- 194 bliebenen Erledigungserklärung festzusetzen. Die einseitig gebliebene Erledigungserklärung hat den Streitgegenstand des Verfahrens geändert. Der Streitwert ist ausschließlich nach dem Interesse des Klägers an der geänderten Klage zu bemessen.

e) Rechtsmittel. Die Entscheidung kann mit dem jeweils vorgesehenen Rechtsmittel angegriffen wer- 195 den. § 158 steht dem nicht entgegen, auch wenn in der Sache nur über die Frage gestritten wird, wer die Kosten des erledigten Verfahrens zu tragen hat (VGH Kassel NVwZ-RR 2001, 8).

V. Kosten der Untätigkeitsklage (§ 161 Abs. 3).

1. Entstehung. Der Regierungsentwurf enthielt noch keine eigene Vorschrift über die Kostenvertei- 196 lung im Falle der Untätigkeitsklage. § 161 Abs. 3 geht auf einen Vorschlag des Deutschen Anwaltsvereins zurück, den der Rechtsausschuss aufgriff (BT-Drs. 3/1094, 14 zu § 157). Er wies darauf hin, die Untätigkeitsklage belaste den Kläger einseitig mit dem Prozesskostenrisiko. Die Behörde könne nach Klageerhebung unschwer behördeninterne Gründe für die Verzögerung vortragen, die der Kläger nicht widerlegen könne. Die Kosten der Untätigkeitsklage sollten stets dem Beklagten zur Last fallen, wenn der Kläger mit seiner Bescheidung vor Klageerhebung habe rechnen dürfen. Mit einer solchen Vorschrift könne die Behörde veranlasst werden, den Antragsteller rechtzeitig zu unterrichten, dass und warum sie über den Widerspruch nicht rechtzeitig entscheiden könne. Werde der Antragsteller so unterrichtet, fielen ihm die Kosten der unberechtigt erhobenen Untätigkeitsklage zur Last.

2. Bedeutung der Vorschrift. § 161 Abs. 3 enthält eine Sonderregelung für die Kosten der Untätig- 197 keitsklage. Die Vorschrift ist kein bloßer Unterfall des Abs. 2. Sie trifft eine Sonderregelung nicht nur für den Fall, dass sich die Untätigkeitsklage in der Hauptsache erledigt (BVerwG NVwZ 1991, 1180, 1181).[119]

§ 161 Abs. 3 will dem Kläger das Kostenrisiko im Falle der Untätigkeitsklage abnehmen. Die Kosten 198 der Untätigkeitsklage trägt grds. der Beklagte, wenn der Kläger mit seiner Bescheidung vor Klageerhebung rechnen durfte. Ein Kostenrisiko geht der Kläger mit einer Untätigkeitsklage in zwei Richtungen ein:

Der Kläger kann zum einen nicht beurteilen, ob zureichende Gründe entgegenstehen, über seinen An- 199 trag oder seinen Widerspruch innerhalb angemessener Frist zu entscheiden. Mögliche Gründe liegen regelmäßig im Bereich der Behörde. Lässt sie den Kläger ohne Zwischennachricht, kennt er mögliche zureichende Gründe für die Verzögerung nicht. Erhebt er Untätigkeitsklage, muss er vor den kostenrechtlichen Folgen geschützt werden, wenn er die Gründe fehlerhaft beurteilt hat, aus denen eine Bescheidung seines Antrags oder Widerspruchs ausblieb. Wird während des gerichtlichen Verfahrens der beantragte Verwaltungsakt erlassen oder dem Widerspruch stattgegeben, muss der Kläger von einer Kostenlast verschont bleiben, wenn er mit seiner Bescheidung vor Klageerhebung hatte rechnen dürfen.

Der Kläger kann zum anderen die Erfolgsaussichten seiner Untätigkeitsklage in der Sache nur einge- 200 schränkt beurteilen. Ist ein Bescheid oder Widerspruchsbescheid noch nicht ergangen, kennt der Kläger die Gründe nicht, aus denen die Behörde seinen Antrag oder seinen Widerspruch für unbegründet hält. Er kann mithin die Erfolgsaussichten nicht in derselben Weise abschätzen wie in den Fällen rechtzeitiger Bescheidung. Kennt der Kläger die Gründe der Behörde, ist es allein sein Risiko, wenn er Klage erhebt. Anders verhält es sich, wenn er die Gründe der Behörde wegen deren Säumigkeit nicht kennt, ihm ein weiteres Zuwarten mit seiner Klage aber andererseits nach der Wertung des § 75 nicht zumutbar ist. Wird der Kläger während des Klageverfahrens noch beschieden und überzeugen ihn die jetzt offenbarten Gründe in der Sache, muss er sich ebenfalls ohne Kostenrisiko aus dem Prozess zurückziehen dürfen. Nicht er hat den Prozess veranlasst, sondern die Behörde oder die Widerspruchsbehörde durch ihre verzögerte Bescheidung.

---

119 A.A. W.-M. *Ring*, NVwZ 1995, 1191, 1193f.

201   § 161 Abs. 3 ist Ausdruck des Veranlassungsprinzips, zugeschnitten auf den Fall der Untätigkeitsklage. Die Vorschrift knüpft an die Säumigkeit als das Moment an, das den Kostenaufwand der Beteiligten veranlasst hat. Sie greift damit den Grund auf, der dem § 75 und der Anerkennung der Untätigkeitsklage zugrunde liegt. Sie verdrängt die allgemeinen Vorschriften, nach denen dem Kläger die Kosten aufzuerlegen wären.[120] Er soll kostenrechtlich so gestellt werden, wie er bei unverzögerter Entscheidung stünde.

202   **3. Inhalt der Norm. a) Fälle des § 75.** Nach § 161 Abs. 3 fallen dem Beklagten die Kosten „in den Fällen des § 75" stets zur Last. Die Vorschrift erfasst alle Fälle des § 75 (BVerwG NVwZ 1991, 1180, 1181).[121] Sie setzt nur voraus, dass es sich um eine Untätigkeitsklage nach § 75 handelt.

203   Das sind zunächst die Fälle des § 75 S. 4: Das Gericht hat dem Beklagten gem. § 75 S. 3 eine Frist zur Bescheidung des Klägers gesetzt. Innerhalb der Frist ist dem Widerspruch stattgegeben oder der beantragte Verwaltungsakt erlassen worden. Die Kosten des dadurch erledigten Verfahrens trägt der Beklagte.

204   Der Kläger ist aber unabhängig davon schutzbedürftig und schutzwürdig, ob das Gericht eine Frist für die Bescheidung setzt und ob innerhalb der Frist der beantragte Verwaltungsakt erlassen oder dem Widerspruch stattgegeben wird. Nach dem Zweck der Vorschrift kommt es nicht darauf an, ob die Behörde eine ihr gesetzte Frist einhält.

205   Der Kläger ist ferner vor kostenrechtlichen Folgen zu schützen, wenn das Gericht eine Frist nach § 75 S. 3 nicht setzen konnte, weil kein zureichender Grund dafür vorlag, dass im Zeitpunkt der Klageerhebung noch nicht über den Widerspruch oder den Antrag entschieden war. Wird der Kläger in diesen Fällen nachträglich beschieden, muss dies ebenfalls die Kostenfolge aus § 161 Abs. 3 auslösen.[122]

206   Um einen Fall des § 75 handelt es sich auch dann, wenn der Kläger die Behörde verpflichtet wissen will, unter Beachtung der Rechtsauffassung des Gerichts über seinen (bisher nicht beschiedenen) Antrag auf Erlass des begehrten Verwaltungsakts zu entscheiden.[123] Steht der begehrte Verwaltungsakt im Ermessen der Behörde, ist eine Verpflichtungsklage in der Form der Bescheidungsklage auch dann möglich, wenn die Behörde bisher noch gar nicht entschieden hat, ein Ermessensfehler, der den Anspruch auf (Neu-)Bescheidung auslöst, also nicht festgestellt werden kann. Mangels einer Ermessensbetätigung der Behörde ist Spruchreife im Sinne einer Verpflichtung zum Erlass des Verwaltungsakts nicht eingetreten.

207   Nicht um einen Fall des § 75 soll es sich nach verbreiteter Auffassung handeln, wenn der Kläger bei Untätigkeit der Ausgangsbehörde oder der Widerspruchsbehörde ein Tätigwerden als solches, also nicht einen Widerspruchsbescheid oder einen Bescheid mit bestimmten (ihm günstigen) Inhalt, begehrt.[124] Sofern diese Klagen überhaupt für zulässig gehalten werden (BVerwGE 29, 239, 243; offen: BVerwG NVwZ 1991, 1180), werden sie als allgemeine Leistungsklagen eingestuft.[125] Ergeht während des Klageverfahrens ein Bescheid oder Widerspruchsbescheid, ist das auf unbestimmte Bescheidung gerichtete Begehren in der Hauptsache erledigt. Erklären die Beteiligten den Rechtsstreit übereinstimmend in der Hauptsache für erledigt, soll die Kostenentscheidung nach § 161 Abs. 2 ergehen. Sofern eine Klage auf Entscheidung schlechthin überhaupt für zulässig gehalten wird,[126] soll es regelmäßig billigem Ermessen entsprechen, dem Beklagten die Kosten des Verfahrens aufzuerlegen, wenn der Kläger mit seiner Bescheidung vor Erhebung der Klage rechnen durfte. In diesem Falle war die Klage mit dem eingeschränkten Antrag begründet, jedenfalls dürfte der Rechtsgedanke des § 155 Abs. 4 eine Kostenlast der grundlos säumigen Behörde gebieten. Der Kläger trägt allerdings das Risi-

---

120   *P. Weides/R. Bertrams*, NVwZ 1988, 673, 676.

121   *A. Zimmermann-Kreher*, in: Posser/Wolff § 161 Rn. 20.

122   OVG Bln OVGE 12, 158, 159; HmbOVG NJW 1968, 1396; OVG Lüneburg NJW 1963, 1843; VGH Mannheim ESVGH 11, 148, 150; VGH München NJW 1976, 24, 25; OVG Münster NJW 1972, 1485; *W.-M. Ring*, NVwZ 1995, 1191, 1192; *H. De Clerck*, NJW 1972, 2259.

123   *H. De Clerck*, NJW 1972, 2259; offen gelassen von OVG Lüneburg NVwZ-RR 2006, 734; zum Umfang gerichtlicher Prüfung in einem solchen Fall: BVerwG NVwZ 1991, 1180, 1181.

124   VGH Kassel NJW 1974, 1721; OVG Koblenz NJW 1971, 1855, 1856; VGH Mannheim NJW 1975, 707; VGH München BayVBl 1974, 378; *W.-M. Ring*, NVwZ 1995, 1191, 1193.

125   *H. De Clerck*, NJW 1972, 2259.

126   Sonst trägt der Kläger die Kosten, weil die Klage unzulässig war und aus diesem Grunde ohne die Erledigung hätte abgewiesen werden müssen: OVG Koblenz NJW 1967, 2329; VGH Mannheim NJW 1970, 1143; VGH München BayVBl 1974, 378.

ko, dass die Behörde für ihre Untätigkeit einen ihm unbekannt gebliebenen zureichenden Grund hatte. Von dem darin liegenden Kostenrisiko befreit den Kläger nur die Vorschrift des § 161 Abs. 3.

Richtigerweise ist die Klage auf Tätigwerden schlechthin als Verpflichtungsklage einzustufen. Die ein- 208 geklagte Bescheidung soll die Form eines Verwaltungsaktes haben. Die Klage ist auf den Erlass eines Verwaltungsakts gerichtet, mag dessen genauer Inhalt auch im Dunkeln bleiben. Sie ist eine Klage nach § 75. Die Kostenentscheidung richtet sich bei ihr nach § 161 Abs. 3.[127]

b) Stets. Der Beklagte trägt in den Fällen des § 75 die Kosten des Verfahrens „stets". 209

aa) Inhalt der nachträglichen Entscheidung. Es kommt nicht darauf an, ob dem Widerspruch nach- 210 träglich stattgegeben oder ob der beantragte Verwaltungsakt nachträglich erlassen wird. Auch wenn der Widerspruch nachträglich zurückgewiesen oder der beantragte Verwaltungsakt nachträglich abgelehnt wird, trägt der Beklagte die Kosten des Rechtsstreits, wenn der Kläger seine nachträgliche Bescheidung zum Anlass nimmt, das Verfahren zu beenden.[128]

Hierin liegt sogar die eigentliche Bedeutung des § 161 Abs. 3. Wird dem Widerspruch nachträglich 211 stattgegeben oder wird der beantragte Verwaltungsakt nachträglich erlassen und erklärt der Kläger daraufhin die Hauptsache für erledigt, entspräche es ohnehin regelmäßig billigem Ermessen, die Kosten des Verfahrens gem. § 161 Abs. 2 dem Beklagten aufzuerlegen. Wird hingegen der Widerspruch zurückgewiesen oder der beantragte Verwaltungsakt abgelehnt, überzeugen die Gründe den Kläger aber und beendet er deshalb das Verfahren mit einer Erledigungserklärung, entspräche eine Kostenentscheidung zu seinen Lasten regelmäßig der Billigkeit. Der Kläger ist nur durch die Einsicht in die mangelnden Erfolgsaussichten der Klage zur Aufgabe bewogen worden (→ Rn. 198–201).

Gerade hier kommt ihm der Zweck des § 161 Abs. 3 zugute. Die Vorschrift erwartet vom Kläger 212 nicht, er müsse seine Erfolgsaussichten abschließend bereits vor einer Bescheidung durch die Behörde abschätzen. Hat sie entgegen den berechtigten Erwartungen des Klägers nicht innerhalb angemessener Frist entschieden, nimmt § 161 Abs. 3 ihm das Kostenrisiko ab, wenn ihm erst die nachträgliche Bescheidung die mangelnde Erfolgsaussicht verdeutlicht und er deshalb aufgibt. Er wird so gestellt, wie er stünde, wenn die Entscheidung der Behörde ohne Verzögerung ergangen wäre und die Gründe der behördlichen Entscheidung ihn schon von der Erhebung einer Klage abgehalten hätten.

Eine mögliche Ungereimtheit ist dabei nicht zu vermeiden. Der Kläger kann eine Kostenerstattung er- 213 reichen, die über den Zweck des § 161 Abs. 3 hinausgeht. Der Beklagte hat gem. § 162 Abs. 1 auch die Kosten des Vorverfahrens zu erstatten, wenn der Widerspruch nachträglich zurückgewiesen wird und der Kläger dies zum Anlass nimmt, das Klageverfahren zu beenden. § 161 Abs. 3 will dem Kläger aber nur das Kostenrisiko abnehmen, das ihm gerade durch die Untätigkeit der Behörde und die dadurch veranlasste Klageerhebung entsteht.[129] Systemwidrig wird dem Kläger auch das Kostenrisiko des Widerspruchsverfahrens abgenommen. Dies hat die Behörde aber infolge ihrer Säumigkeit ebenfalls hinzunehmen.

§ 161 Abs. 3 findet ebenso Anwendung, wenn nicht die Widerspruchsbehörde nachträglich dem Wi- 214 derspruch stattgibt, sondern die Ausgangsbehörde im Wege der Abhilfe ihren angefochtenen Bescheid aufhebt (OVG Saarlouis AS 13, 311, 312).

bb) Beendigung des Verfahrens. Die Kostenentscheidung ergeht nicht nur dann nach § 161 Abs. 3, 215 wenn die Beteiligten übereinstimmend die Hauptsache für erledigt erklären. § 161 Abs. 3 ist kein Sonderfall des § 161 Abs. 2.[130]

§ 161 Abs. 3 ist anzuwenden, wenn der Kläger seine nachträgliche (positive oder negative) Bescheidung zum Anlass nimmt, die Klage zurückzunehmen. Die Vorschrift geht in diesem Fall der Kostenre- 216

---

127 OVG Lüneburg NJW 1971, 2278; *E. Proksch*, BayVBl 1975, 548; *W.-M. Ring*, NVwZ 1995, 1191, 1193.
128 BVerwG NVwZ 1991, 1180, 1181; HmbOVG NJW 1968, 1396; OVG Lüneburg NJW 1974, 1103; VGH München NJW 1976, 2141, 2142; OVG Münster OVGE 35, 27, 29; AnwBl 1993, 402; *J. Schmidt*, in: Eyermann § 161 Rn. 21; *P. Weides/R. Bertrams*, NVwZ 1988, 673, 679; *A. Zimmermann-Kreher*, in: Posser/Wolff § 161 Rn. 20; a.A. BVerwG 4.5.1977 Buchholz 310 § 161 VwGO Nr. 46; OVG Bln DÖV 1984, 817; OVG Koblenz NJW 1971, 1855, 1856; VGH Mannheim NJW 1975, 707; VGH München BayVBl 1976, 241, 242; OVG Münster NJW 1972, 1485, 1486; *W.-M. Ring*, NVwZ 1995, 1191, 1193; *H. De Clerck*, NJW 1972, 2259; offen HmbOVG NVwZ 1990, 1093.
129 *W.-M. Ring*, NVwZ 1995, 1191, 1192.
130 So aber BVerwG 4.5.1977 Buchholz 310 § 161 VwGO Nr. 46; VGH München 17.11.2014 – 22 ZB 1633/14, juris Rn. 27; *H. De Clerck*, NJW 1972, 2259. Wie hier *J. Schmidt*, in: Eyermann § 161 Rn. 20.

gelung nach § 155 Abs. 2 vor.[131] Nach dem Zweck der Vorschrift ist dem Kläger das Kostenrisiko unabhängig davon abzunehmen, welchen Weg aus dem Prozess er wählt. Auch die durch Rücknahme beendete Klage war durch die Säumigkeit des Beklagten veranlasst, der deshalb ihre Kosten zu tragen hat (vgl. BVerwG NVwZ 1991, 1180, 1181).

217   Der Beklagte hat die Kosten gem. § 161 Abs. 3 zu tragen, wenn über die Klage streitig entschieden werden muss, weil die Behörde auch nachträglich gar nicht entscheidet (a.A. OVG Magdeburg 28.4.2006 – 4 L 365/05).[132] Sie kann deshalb nicht besser stehen als die Behörde, die, wenn auch verspätet, über Antrag oder Widerspruch noch entscheidet. Umgekehrt ist die Schutzwürdigkeit des Klägers keine andere. § 161 Abs. 3 will ihm auch das Prozesskostenrisiko abnehmen, das darin liegt, dass er mangels Entscheidung der Behörde deren ablehnende Gründe nicht kennt und deshalb seine Erfolgsaussichten nicht so zutreffend einschätzen kann, wie dies bei einer Bescheidung binnen angemessener Frist der Fall ist (→ Rn. 198–201). Entscheidet die Behörde oder Widerspruchsbehörde während des anhängigen Verfahrens nicht, ändert sich an der Lage des Klägers nichts, bis die Entscheidung des Gerichts ergeht.

218   Unerheblich ist, ob die Untätigkeitsklage aus anderen Gründen unzulässig oder unbegründet war.[133] Veranlasst ist auch eine solche unzulässige oder unbegründete Klage durch die verzögerte Entscheidung des Beklagten.

219   Der Zusammenhang zwischen der Säumigkeit des Beklagten und der Kosten verursachenden Prozessführung wird jedoch dann abgebrochen, wenn der Kläger das Verfahren nicht beendet, sondern fortsetzt, nachdem der Widerspruch nachträglich zurückgewiesen oder der beantragte Verwaltungsakt nachträglich abgelehnt wird. Er kann sein Prozessrisiko jetzt so einschätzen, wie er dies bei rechtzeitiger Bescheidung vor Klageerhebung hätte tun können.[134] Setzt er das Verfahren fort, geht er nur dasselbe Prozesskostenrisiko ein, das ihn bei Bescheidung binnen angemessener Frist getroffen hätte. Für den weiteren selbstverantworteten Gang des Verfahrens bedarf er keines kostenrechtlichen Schutzes mehr. Die Kostenentscheidung ergeht nach § 154 Abs. 1.[135] Es reicht aber nicht aus, dass der Kläger nur aus einer Klageerwiderung der Behörde deren Rechtsauffassung kennt, das Verfahren aber trotzdem fortsetzt (a.A. VGH Mannheim VBlBW 2006, 200).

220   Dasselbe gilt, wenn der Kläger zunächst das Verfahren fortsetzt, die Klage aber vor einer abschließenden Entscheidung des Gerichts zurücknimmt oder die Hauptsache für erledigt erklärt.[136] Die besondere Kostenvorschrift des § 161 Abs. 3 kommt dem Kläger nur zugute, wenn er alsbald nach seiner Bescheidung diese zum Anlass nimmt, das Verfahren zu beenden.

221   Wird der Kläger nachträglich beschieden und widerspricht der Beklagte einer daraufhin abgegebenen Erledigungserklärung des Klägers, ergeht die Kostenentscheidung nicht nach § 161 Abs. 3. Die einseitig gebliebene Erledigungserklärung ist als Antrag auszulegen, die Erledigung der Hauptsache festzustellen. Mit diesem Antrag muss der Kläger unterliegen, wenn nachträglich der Widerspruch zurückgewiesen oder der beantragte Verwaltungsakt abgelehnt wird. Die Hauptsache hat sich nicht erledigt. Das Klagebegehren war entweder darauf gerichtet, den angefochtenen Verwaltungsakt aufzuheben, oder darauf, den Beklagten zu verpflichten, den beantragten Verwaltungsakt zu erlassen. Die nachträgliche Zurückweisung des Widerspruchs oder die nachträgliche Ablehnung des Verwaltungsakts entziehen dem Begehren nicht die Grundlage (VGH Kassel NVwZ 1990, 1088). Geändert hat sich durch sie nur die Einschätzung des Klägers über die Erfolgsaussichten seiner Klage. Die Klage ist also

---

131   BVerwG 28.4.1992 Buchholz 310 § 161 VwGO Nr. 94; OVG Münster OVGE 35, 27, 29; AnwBl 1993, 402; *P. Weides/R. Bertrams*, NVwZ 1988, 673, 679; *A. Zimmermann-Kreher*, in: Posser/Wolff § 161 Rn. 20. A.A. *W.-M. Ring*, NVwZ 1995, 1191, 1192.

132   *W.-M. Ring*, NVwZ 1995, 1191, 1192.

133   A.A. OVG Bln OVGE 12, 158, 159; OVG Koblenz VerwRspr 23, 1018, 1019; *H. De Clerck*, NJW 1972, 2259.

134   Zweifelhaft deshalb: OVG Bln DÖV 1984, 817 und VGH München BayVBl 1976, 241: Dass der Kläger nach verspäteter Entscheidung über seinen Antrag gegen den ablehnenden Bescheid zunächst Widerspruch einlegt und erst nach Ergehen auch des Widerspruchsbescheids das gerichtliche Verfahren für erledigt erklärt, dürfte einer Anwendung des § 161 Abs. 3 nicht entgegenstehen. Zutr. dagegen wohl OVG Bln OVGE 16, 106: Keine Kostenentscheidung nach § 161 Abs. 3, wenn der Kläger nach Ergehen des ablehnenden Bescheids zwar das Gerichtsverfahren in der Hauptsache für erledigt erklärt, aber gleichzeitig Widerspruch gegen den ablehnenden Bescheid einlegt.

135   BVerwG NVwZ 1991, 1180, 1181; VGH Kassel ESVGH 14, 125, 130; *H. Günther*, DVBl 1988, 612, 620; VGH München 17.11.2014 – 22 ZB 1633/14, juris Rn. 27; *P. Weides/R. Bertrams*, NVwZ 1988, 673, 679.

136   BVerwG 28.4.1992 Buchholz 310 § 161 VwGO Nr. 94; OVG Lüneburg NJW 1974, 1103; VGH München BayVBl 1976, 241, 242.

mit dem Erledigungsfeststellungsantrag abzuweisen, und zwar gem. § 154 Abs. 1 auf Kosten des Klägers, unter den Voraussetzungen des § 155 Abs. 4 auch zulasten des Beklagten (VGH Kassel NVwZ 1990, 1088). Das Ergebnis erscheint sachgerecht. Das Prozesskostenrisiko eines Erledigungsfeststellungsstreits ist nicht mehr durch die Säumigkeit der Behörde, sondern durch die Klageänderung veranlasst. Anders als sonst bei einseitiger Erledigungserklärung kann der Kläger dem Kostenrisiko ausweichen, indem er die Klage mit der Kostenfolge des § 161 Abs. 3 zurücknimmt (→ Rn. 216). Wird nachträglich dem Widerspruch stattgegeben oder der beantragte Verwaltungsakt erlassen, obsiegt hingegen der Kläger. Die nachträgliche Entscheidung zugunsten des Klägers hat die Hauptsache erledigt. Der Beklagte unterliegt im Erledigungsfeststellungsstreit mit der Kostenfolge des § 154 Abs. 1.[137]

§ 161 Abs. 3 findet schließlich keine Anwendung, wenn der Kläger das Verfahren durch Klagerücknahme oder Erledigungserklärung beendet, bevor die Behörde seinen Antrag oder Widerspruch nachträglich bescheidet.[138] Aus seinem Verhalten ergibt sich, dass die mangelnde Entscheidung innerhalb angemessener Frist die Klage nicht veranlasst hat. | 222

c) Rechnendürfen mit einer Bescheidung vor Klageerhebung. Dem Kläger kommt die Kostenvorschrift des § 161 Abs. 3 nur zugute, wenn er mit seiner Bescheidung vor Klageerhebung rechnen durfte. | 223

Die Vorschrift ist nicht anwendbar, wenn der Kläger die Untätigkeitsklage verfrüht, nämlich vor Ablauf der Sperrfrist des § 75 S. 2, erhoben hat. Es gelten dann die allgemeinen Kostenvorschriften. Dem Kläger hilft es nicht, wenn die Untätigkeitsklage in die Zulässigkeit hineinwächst, weil während ihrer Anhängigkeit die Sperrfrist abläuft, ohne dass die Behörde entschieden hätte. Sie hat die Klage nicht durch ihre verzögerte Entscheidung veranlasst. Der Kläger hat auf eigenes Kostenrisiko verfrüht Klage erhoben.[139] Wird der Kläger nachträglich beschieden und erklärt er das Verfahren in der Hauptsache für erledigt, sind die Kosten nach § 161 Abs. 2, also nach billigem Ermessen zu verteilen. Sie dürften regelmäßig dem Kläger aufzuerlegen sein. Seine Klage war unzulässig. Er hat sie vor Abschluss des erforderlichen Vorverfahrens erhoben, ohne dass die Voraussetzungen einer Untätigkeitsklage vorlagen. Ferner kann die Wertung des § 156 herangezogen werden, wenn die Behörde den Anspruch des Klägers alsbald erfüllt, ohne Anlass zu der verfrühten Untätigkeitsklage gegeben zu haben. | 224

§ 161 Abs. 3 ist nur anwendbar, wenn der Kläger die Untätigkeitsklage nach Ablauf der Sperrfrist des § 75 S. 2 erhoben hat. Regelmäßig darf ein Kläger entsprechend der Wertung in § 75 S. 2 nach Ablauf von drei Monaten mit einer Entscheidung über einen Widerspruch oder über einen Antrag auf Erlass eines Verwaltungsakts rechnen. Die Behörde kann aber zureichende Gründe für eine spätere Entscheidung haben. Waren dem Kläger diese Gründe bekannt oder hätten sie ihm bekannt sein können, konnte er trotz Ablaufs der Sperrfrist nicht mit seiner Bescheidung rechnen. Die Kostenfolge des § 161 Abs. 3 ist ausgeschlossen. | 225

aa) Objektiv zureichender Grund. Ein zureichender Grund für die verzögerte Bescheidung eines Widerspruchs muss objektiv vorliegen und darf nicht gegen die Rechtsordnung verstoßen.[140] Ein Grund für eine verzögerte Entscheidung kann sich etwa aus der Notwendigkeit ergeben, den Sachverhalt durch umfangreiche Ermittlungen erst noch aufzuklären oder die Stellungnahme anderer Behörden einzuholen. Für eine Entscheidung können Unterlagen fehlen, die der Kläger noch nachbringen muss (VGH Kassel NVwZ 1990, 1088; OVG Münster VerwRspr 20, 510, 511). | 226

Ganz allgemein kann eine Angelegenheit ihrer Art nach von einem solchen Schwierigkeitsgrad sein, dass eine Entscheidung binnen drei Monaten regelmäßig nicht erwartet werden kann. | 227

---

137 *P. Weides/R. Bertrams*, NVwZ 1988, 673, 676.
138 BVerwG NVwZ 1991, 1180, 1181; OVG Bln OVGE 16, 106; HmbOVG NJW 1968, 1396; VGH München NJW 1974, 1347, 1348; OVG Saarlouis DÖV 1976, 607; *H. De Clerck*, NJW 1972, 2259; *H. Günther*, DVBl 1988, 612, 621.
139 *C. M. Jeromin/R. Praml*, in: Gärditz § 161 Rn. 29.
140 BVerfG 16.1.2017 – 1 BvR 2406/16 et al, BeckRS 2017, 103410; vgl. auch BVerwG – VIZ 2004, 223, 224; NVwZ 1991, 1180, 1181; VG Potsdam 26.9.2016 – 8 K 1272/16, BeckRS 2016, 54142.

228 Eine vorübergehende Überlastung der Behörde und die Notwendigkeit, Anträge oder Widersprüche nach ihrer Dringlichkeit abzuarbeiten, können zureichende Gründe für eine sich verzögernde Entscheidung sein.[141]

229 Ein zureichender Grund für den Ausstand der Entscheidung kann eine Vereinbarung mit dem Kläger sein, den Ausgang eines Parallelverfahrens abzuwarten.

230 Ebenso kann ein zureichender Grund, über einen Widerspruch noch nicht zu entscheiden, darin liegen, dass der Betroffene gegen den angefochtenen Verwaltungsakt ein Verfahren auf Gewährung vorläufigen Rechtsschutzes beim VG anhängig gemacht hat, die Behörde ihre Akten dorthin versandt hat und den Ausgang dieses Verfahrens für ihre weitere Entscheidung abwarten möchte.[142]

231 nicht besetzt

232 **bb) Kennen oder Kennenmüssen.** Bestand objektiv ein Grund, aus dem die Behörde noch nicht entschieden hatte, ist die Kostenfolge des § 161 Abs. 3 nur ausgeschlossen, wenn der Kläger diesen Grund kannte oder kennen musste. Die Vorschrift will dem Kläger das Risiko abnehmen, Umstände in dem ihm unzugänglichen Verantwortungsbereich der Behörde fehlerhaft einzuschätzen.

233 Besteht objektiv ein zureichender Grund dafür, dass noch nicht entschieden ist, ist es Sache der Behörde, dem Betroffenen eine Zwischennachricht zukommen zu lassen und ihn über den Grund und die voraussichtliche Dauer der Verzögerung aufzuklären. Unterlässt sie dies, veranlasst sie die Erhebung der Klage, deren Kosten sie deshalb grds. zu tragen hat.[143] Gibt sie dem Kläger hingegen eine aussagekräftige (hierzu OVG Münster DWW 1970, 311) Zwischennachricht, kennt er damit den Grund für die verzögerte Entscheidung.[144]

234 Dem Kläger können die Gründe für eine verzögerte Entscheidung der Behörde auch ohne besondere Zwischennachricht bekannt sein. Das liegt etwa auf der Hand, wenn die Behörde bei ihm weitere Unterlagen angefordert hat, die er aber noch nicht eingereicht hat. Das gilt erst recht, wenn der Kläger die Behörde gebeten hat, mit einer Entscheidung zuzuwarten, bis er einer positiven Entscheidung entgegenstehende Hindernisse beseitigt hat (OVG Koblenz VerwRspr 23, 1018). Ebenso kann der Kläger nicht mit einer Entscheidung rechnen, wenn er selbst mit der Behörde vereinbart hat, den Ausgang eines Parallelverfahrens oder eines Musterverfahrens abzuwarten (HmbOVG NVwZ 1990, 1092),[145] die Entscheidung dort aber noch aussteht. In diesen Fällen kann aber etwas anderes gelten, wenn der Kläger sein Einverständnis damit, die Entscheidung zurückzustellen, zurücknimmt und etwa um einen rechtsmittelfähigen Bescheid bittet (VGH Mannheim ESVGH 11, 148, 150).

235 Der Kläger hätte den Grund für die verzögerte Entscheidung kennen müssen, wenn er nach der allgemeinen Lebenserfahrung oder aufgrund besonderer Umstände des Falles erkennen konnte, dass eine abschließende Entscheidung innerhalb einer Frist von drei Monaten nicht möglich war (VGH Kassel DÖV 1973, 684). Die besonderen Umstände des Falles können es jedenfalls erforderlich machen, bei der Behörde nach dem Grund für das Ausbleiben der Entscheidung nachzufragen (OVG Lüneburg MDR 1968, 524).

236 Bestand objektiv ein zureichender Grund für die verzögerte Entscheidung und kannte der Kläger diesen Grund oder hätte er ihn kennen müssen, richtet sich die Kostenentscheidung nach den allgemeinen Vorschriften, im Falle der Hauptsacheerledigung also nach § 161 Abs. 2.

§ 162 [Erstattungsfähige Kosten]

(1) Kosten sind die Gerichtskosten (Gebühren und Auslagen) und die zur zweckentsprechenden Rechtsverfolgung oder Rechtsverteidigung notwendigen Aufwendungen der Beteiligten einschließlich der Kosten des Vorverfahrens.

---

141 BVerfG 16.1.2017 – 1 BvR 2406/16 et al, BeckRS 2017, 103410; VG Potsdam 26.9.2016 – 8 K 1272/16, BeckRS 2016, 54142.
142 *H. Günther*, DVBl 1988, 612, 620.
143 BVerwG 15.11.1974 Buchholz 451.50 § 8 GetrG Nr. 20; OVG Bln OVGE 12, 158, 159; OVG Lüneburg NJW 1971, 2278; VGH Mannheim ESVGH 11, 148, 150.
144 VGH Kassel DÖV 1973, 684; OVG Lüneburg MDR 1968, 524; OVG Münster VerwRspr 20, 510, 511; *H. De Clerck*, NJW 1972, 2259.
145 *J. Schmidt*, in: Eyermann § 161 Rn. 20.

(2) ¹Die Gebühren und Auslagen eines Rechtsanwalts oder eines Rechtsbeistands, in Abgabenangelegenheiten auch einer der in § 67 Abs. 2 Satz 2 Nr. 3 genannten Personen, sind stets erstattungsfähig. ²Soweit ein Vorverfahren geschwebt hat, sind Gebühren und Auslagen erstattungsfähig, wenn das Gericht die Zuziehung eines Bevollmächtigten für das Vorverfahren für notwendig erklärt. ³Juristische Personen des öffentlichen Rechts und Behörden können an Stelle ihrer tatsächlichen notwendigen Aufwendungen für Post- und Telekommunikationsdienstleistungen den in Nummer 7002 der Anlage 1 zum Rechtsanwaltsvergütungsgesetz bestimmten Höchstsatz der Pauschale fordern.

(3) Die außergerichtlichen Kosten des Beigeladenen sind nur erstattungsfähig, wenn sie das Gericht aus Billigkeit der unterliegenden Partei oder der Staatskasse auferlegt.

Schrifttum

F. Berger, Die anwaltliche Tätigkeit in eigener Sache im Widerspruchsverfahren, VR 1988, 340; *R. Brehm*, „Kostenkriege" in Berlin (und anderswo), NVwZ 2006, 640; *J.D. Busch*, Die Erstattung von Kosten im Widerspruchsverfahren bei der Kostenentscheidung im Aussetzungsverfahren, NJW 1974, 891; *A. Decker*, Zur Erstattungsfähigkeit von Kosten für Privatgutachten im Verwaltungsprozess, BayVBl 2000, 518; *A. Dietz*, Die Erstattungsfähigkeit behördlicher Aufwendungen in Verfahren vor den Verwaltungsgerichten, 2004; *ders.*, Ansätze zu einer neuen Kostenlastverteilung im Verwaltungsprozess, BayVBl 2005, 686; *ders.*, Konzept einer Kostenerstattung für Behörden im Verwaltungsprozess, DÖV 2006, 733; *W. Fichte*, Die Auslagenpauschale nach § 162 Abs. 2 Satz 3 VwGO, DVBl 2009, 888; *P. Fölsch*, Die aktuelle Rechtslage zur Anrechnung der anwaltlichen Geschäftsgebühr, MDR 2009, 1137; *K.-H. Friese*, Die Erstattung der Vorverfahrenskosten bei nachfolgendem Verwaltungsrechtsstreit, DÖV 1974, 264; *T. Gohrke*, Der – begrenzte – Anspruch der öffentlichen Hand auf Erstattung von Anwaltskosten im verwaltungsgerichtlichen Verfahren, JurBüro 2003, 62; *H. Hellstab*, Die Entwicklung des Kostenrechts seit 2006, Rpfleger 2008, 238; *M. Just*, Der Kostentenor im Falle der Beiladung, NVwZ 2011, 202; *C. Karczewski*, Die Reisekosten des auswärtigen Rechtsanwalts in der aktuellen BGH-Rechtsprechung, MDR 2005, 481; *T. Kunze/E.-H. Duhme*, Nochmals: „Kostenkriege" in Berlin (und anderswo), NVwZ 2006, 1261; *O. Mallmann*, Erstattung von Anwaltskosten im Widerspruchsverfahren: Von der Regel zur Ausnahme?, NVwZ 1983, 338; *S. Mohsseni*, Kostentragung und Erstattung für Kosten im Vorabentscheidungsverfahren vor dem EuGH, JurBüro 2012, 340; *S. Müller-Rabe*, § 15 a RVG, NJW 2009, 2913; *R. Mußgnug*, Das Recht der Hochschullehrer zur Liquidation nach der BRAGO, NJW 1989, 2037; *A. Neumann*, Reisekosten von Behördenvertretern im (verwaltungs-)gerichtlichen Kostenfestsetzungsverfahren, DÖV 2012, 510; *F.-W. von Oppeln-Bronikowski*, Erstattung von Zeitaufwand der juristischen Personen, Rpfleger 1984, 342; *R. Pietzner*, Die Kostenentscheidung im Widerspruchsverfahren, BayVBl 1979, 107; *T. Reck*, Zum Ausschluss der Auslagenerstattung des Rechtsanwalts für Geschäftsreisen innerhalb der Gemeinde, Rpfleger 2010, 256; *M. Rietdorf*, Die Anrechnung der Geschäftsgebühr auf die Verfahrensgebühr im verwaltungsgerichtlichen Kostenfestsetzungsverfahren nach § 164 VwGO, JurBüro 2009, 171; *J. Schmidt*, Zur Notwendigkeit der Vertretung des Landes vor dem Verwaltungsgericht durch Rechtsanwälte oder: Gibt es in den Landesbehörden keine qualifizierten Juristen?, VBlBW 2002, 422; *H. Schneider*, Erstattung und Umfang von Parteireisekosten, JurBüro 2011, 620; *N. Schneider*, Kostenrechtsmodernisierungsgesetz – Das neue Rechtsanwaltsvergütungsgesetz, AnwBl 2004; *I. Schübel-Pfister*, Aktuelles Verwaltungsprozessrecht, JuS 2015, 418; *S. Seith*, Kostenerstattungsfragen im Verwaltungsverfahren und im Verwaltungsprozess, VBlBW 2015, 145; 129; *C. Sterzinger*, Umsatzsteuer auf Auslagen des Rechtsanwalts?, NJW 2008, 1254; *G. Tersteegen*, Ist die Beratung durch einen Rechtsanwalt im Vorverfahren nach § 162 Abs. 2 Satz 2 VwGO erstattungsfähig?, BayVBl 1991, 167; *J. Unterreitmeier*, Obsiege und zahle! Zur Lehre von der Kostenfreiheit behördlicher Prozessvertretung und ihren paradoxen Konsequenzen, DÖV 2015, 1044; *R.-T. Wittmann*, Zur Erstattungsfähigkeit von Kosten im Vorverfahren gem. § 80 VwVfG unter Berücksichtigung der aktuellen Rechtsprechung, NWVBl 2010, 59.

I. Umfang der Kostenerstattung (§ 162 Abs. 1 und 2)

1 **1. Entwicklung des Normbestands.** Der Gesetzgeber hat mit § 162 Abs. 1 und 2 die Grundregeln der Kostenerstattung aufgegriffen, wie sie herkömmlich für den Zivilprozess galten und dort etwas eingehender in § 91 ZPO geregelt sind. Strittig war im Gesetzgebungsverfahren nur, ob in die prozessuale Kostenerstattung die Kosten einbezogen werden sollen, die im Vorverfahren entstanden sind. Die Bundesregierung verteidigte ihren Vorschlag gegen den Einwand, das Vorverfahren sei Verwaltungs-, nicht Gerichtsverfahren; die Pflicht zur Kostenerstattung habe sich deshalb nach den Verwaltungskostengesetzen zu richten: Das Vorverfahren sei zur Klagevoraussetzung gemacht. Wer die Kosten des Vorverfahrens zu tragen und zu erstatten habe, lasse sich deshalb nicht vom Ausgang des gerichtlichen Verfahrens trennen (BT-Drs. 3/55, 47 f. zu § 157).

2 Durch das RmBereinVpG (v. 20.12.2001, BGBl I 3987) wurde in Abs. 2 als S. 3 eine Bestimmung eingefügt, nach der juristische Personen des öffentlichen Rechts und Behörden an Stelle ihrer tatsächlichen notwendigen Aufwendungen für Post- und Telekommunikationsdienstleistungen den in dem seinerzeitigen § 26 S. 2 BRAGO bestimmten Pauschsatz fordern können. Der Bundesrat hatte seinen Vorschlag damit begründet (BT-Drs. 14/6854, 7), die Verweisung auf die für Rechtsanwälte geltende Typisierung erscheine angesichts der vergleichbaren Situation sachgerecht. Das KostRMoG (v. 5.5.2004, BGBl I 718) hat die Vorschrift an das RVG angepasst.

3 Art. 13 Nr. 6 des Gesetzes zur Neuregelung des Rechtsberatungsrechts (v. 12.12.2007, BGBl I 2840) hat in § 162 Abs. 2 S. 1 die Kostenerstattung bei Heranziehung von Steuerberatern und Angehörigen verwandter Berufe deren erweiterter Vertretungsbefugnis nach § 67 Abs. 2 S. 2 Nr. 3 angepasst.

4 **2. Bedeutung der Vorschrift. a) Erstattungsfähige Kosten.** § 162 Abs. 1 definiert den Begriff der Kosten, den das Gesetz im gesamten 16. Abschnitt verwendet. Kosten des Verfahrens oder Prozesskosten sind die Gerichtskosten und die außergerichtlichen Kosten der Beteiligten. Die Vorschrift umschreibt, ergänzt durch Abs. 2, den Umfang der erstattungsfähigen Kosten. § 162 Abs. 1 und 2 sind systematisch der Kostenfestsetzung zuzuordnen. Sie enthalten die inhaltlichen Vorgaben für die Kostenfestsetzung nach § 164. Von Verfassungs wegen ist es geboten, Vorschriften über die Kostenfestsetzung so zu erlassen und anzuwenden, dass den Betroffenen die Anrufung des Gerichts nicht praktisch unmöglich gemacht wird (BVerfG NJW 2006, 136, 137 m.w.N.).

5 **b) Gerichtskosten.** Zum erstattungsfähigen Aufwand der Beteiligten gehören zum einen die Gerichtskosten. Die Gerichtskosten sind unterteilt in Gebühren und Auslagen. Gebühren sind ein pauschales Entgelt, unabhängig vom tatsächlichen Aufwand, während Auslagen für konkrete Aufwendungen anfallen.[1] Welche Tatbestände Gebühren auslösen und für welche Aufwendungen des Gerichts Auslagen erhoben werden, ist im Gerichtskostengesetz geregelt. Gerichtskosten können gem. § 21 GKG auch niedergeschlagen werden (→ § 154 Rn. 40a; → § 155 Rn. 113).

6 Die Gerichtskosten sind erstattungsfähiger Aufwand des erstattungsberechtigten Beteiligten, soweit er sie verauslagt hat. Bereits mit der Einreichung der Klage-, Antrags-, oder Rechtsmittelschrift oder mit der Abgabe der entsprechenden Erklärung zu Protokoll wird die Verfahrensgebühr fällig (§ 6 Abs. 1 S. 1 Nr. 5 GKG). Im Verwaltungsprozess hat mithin der Kläger oder Antragsteller regelmäßig die Gerichtsgebühren bereits mit Einleitung des Verfahrens an die Gerichtskasse zu zahlen, also bevor eine Sachentscheidung des Gerichts mit einer Kostenentscheidung ergeht. Obsiegt der Kläger oder Antragsteller und ergeht deshalb eine Kostenentscheidung zu seinen Gunsten, kann er die bereits gezahlten Gerichtsgebühren nicht von der Gerichtskasse zurückverlangen. Er kann vielmehr aufgrund der Kostenentscheidung des Gerichts nur von dem Prozessgegner die Erstattung der an die Gerichtskasse gezahlten Gerichtsgebühren verlangen. Sie sind im Verhältnis zum Prozessgegner Teil seiner erstattungsfähigen Aufwendungen (→ § 154 Rn. 12).

---

1 *S. Olbertz*, in: Schoch/Schneider/Bier Vorbem. § 154 Rn. 7. Ausf. *W. Kunze*, in: Posser/Wolff § 162 Rn. 36–47.

c) Außergerichtliche Kosten. Erstattungsfähig sind zum anderen die außergerichtlichen Kosten der 7 Beteiligten. § 162 Abs. 1 beschreibt sie als Aufwendungen, die zur zweckentsprechenden Rechtsverfolgung oder Rechtsverteidigung notwendig sind. Den Ausdruck „außergerichtliche Kosten" für diese Aufwendungen gebraucht das Gesetz in § 160 S. 2 und in § 162 Abs. 3.

aa) Definition. Die außergerichtlichen Kosten umfassen die Leistungen, die ein Beteiligter an einen 8 von ihm beauftragten Prozessbevollmächtigten zu erbringen hat, ferner die Auslagen, die ihm selbst entstehen.

Die Kosten müssen für die Rechtsverfolgung oder Rechtsverteidigung aufgewandt sein. Neben den 9 Aufwendungen, die im Prozess selbst entstehen, sind dies die Aufwendungen, die ein Beteiligter zur Vorbereitung oder Durchführung des Prozesses machen musste, sofern sie in einem unmittelbaren Zusammenhang mit dem Prozess stehen (→ Rn. 91).[2] Nicht zu den Prozesskosten gehören sonstige Unkosten, Nachteile oder Schäden, die im weiteren Zusammenhang mit dem Prozess entstanden sind (VGH München 5.8.2014 – 6 C 14.979, juris Rn. 4). Sie können allenfalls Gegenstand materiellrechtlicher Ausgleichsansprüche sein.

bb) Notwendigkeit. Die außergerichtlichen Kosten sind nur erstattungsfähig, wenn und soweit sie 10 notwendig waren. Die Beteiligten sind aus dem zwischen ihnen begründeten Prozessrechtsverhältnis verpflichtet, aus Gründen der Prozesswirtschaftlichkeit die Kosten des Verfahrens im Rahmen des Verständigen und Zumutbaren so niedrig wie möglich zu halten (BVerwG NJW 2017, 3542; NJW 2007, 453).

Notwendig sind die Aufwendungen, die zur zweckentsprechenden Rechtsverfolgung geeignet und er- 11 forderlich waren. Anzulegen ist ein objektiver Maßstab. Maßgeblich ist die Sicht eines verständigen Beteiligten, der weder besonders ängstlich noch besonders sorglos ist. Ausschlaggebend ist, was ein solcher Beteiligter mit Blick auf die Bedeutung der Sache sowie ihre tatsächliche und rechtliche Schwierigkeit an Aufwendungen vernünftigerweise für erforderlich halten durfte, um seine Interessen sachgerecht zu wahren (BVerwG DVBl 2001, 1763; VGH München NVwZ-RR 2001, 69, 70).

Die Notwendigkeit ist nicht aus der Rückschau zu beurteilen. Es kommt nicht darauf an, ob sich die 12 Aufwendungen nach dem weiteren Gang des Verfahrens und mit Blick auf seinen Ausgang noch als erforderlich darstellen. Ihre Notwendigkeit ist vielmehr aus der Sicht des Zeitpunkts zu beurteilen, zu dem der Beteiligte die Aufwendungen veranlasst hat und veranlassen durfte (BVerwG NVwZ-RR 1999, 611; NJW 2007, 453). Es ist deshalb unerheblich, falls sich die Handlung später als nutzlos erweist (BVerwG NJW 2000, 2832). So können bspw. Kosten des Antragsgegners für die Beauftragung eines Rechtsanwalts nach Rücknahme des Antrags erstattungsfähig sein, wenn der Antragsgegner die Kosten in nicht vorwerfbarer Unkenntnis der Antragsrücknahme veranlasst hat (BGH MDR 2017, 365, 366).

Ob eine bestimmte Maßnahme der Rechtsverfolgung notwendig ist, ist aufgrund einer typisierenden 13 Betrachtung zu prüfen. Der Gewinn an Gerechtigkeit, der bei einer übermäßig differenzierenden Betrachtung im Einzelfall zu erzielen ist, steht in keinem Verhältnis zu den Nachteilen, die sich einstellen, wenn in nahezu jedem Einzelfall mit Fug darüber gestritten werden kann, ob die Kosten einer bestimmten Maßnahme der Rechtsverfolgung oder Rechtsverteidigung zu erstatten sind oder nicht (BGH AnwBl 2003, 181).

d) Kosten des Vorverfahrens. Zum erstattungsfähigen Aufwand der Beteiligten gehören die Kosten 14 des Vorverfahrens (→ Rn. 90 ff.). Der Anfechtungsklage und der Verpflichtungsklage kann ein Widerspruchsverfahren vorausgehen. Die hierfür aufgewandten Kosten waren für die Rechtsverfolgung notwendig, wenn sich später ein Klageverfahren anschließt. Die Kosten des Vorverfahrens sind aus dieser Sicht Teil der außergerichtlichen Kosten der Beteiligten, nicht der Gerichtskosten.

Mit der gerichtlichen Entscheidung in der Hauptsache steht regelmäßig fest, wie im Widerspruchsver- 15 fahren in der Sache richtigerweise hätte entschieden werden müssen. Die Kosten des Vorverfahrens sind deshalb in Konsequenz der §§ 154 ff. von demjenigen zu tragen, der im gerichtlichen Verfahren unterliegt.

---

2 Zu den Kosten anwaltlicher Beratung im Vorfeld eines Prozesses BVerwG 6.12.2007 – 4 KSt 1004.07; VG Koblenz NJW 2005, 1386; *W.-R. Schenke*, in: Kopp/Schenke § 162 Rn. 3.

16   Über die Kosten des Vorverfahrens ist regelmäßig schon im Widerspruchsbescheid entschieden (§ 73 Abs. 3 S. 3). Über die Höhe der zu erstattenden Aufwendungen ergeht ein Kostenfestsetzungsbescheid (§ 80 Abs. 3 VwVfG). Folgt dem Widerspruchsverfahren ein Klageverfahren nach, verdrängt die gerichtliche Kostenentscheidung die Kostenentscheidung im Widerspruchsbescheid (BVerwG NVwZ 2006, 1294; NVwZ 2008, 324). Diese wird gegenstandslos. Das gerichtliche Kostenfestsetzungsverfahren ersetzt die verwaltungsbehördliche Kostenfestsetzung. § 162 Abs. 1 dient der Vereinfachung. Im Gerichtsverfahren muss ohnehin eine Kostenfestsetzung stattfinden. Daneben soll nicht ein weiteres Kostenerstattungsverfahren wegen der Kosten des Vorverfahrens stattfinden.

17   Das gilt auch dann, wenn die Beteiligten das Verfahren durch gerichtlichen Vergleich beenden, der keine Aussage zu den Kosten des Verfahrens enthält. Die gesetzlich fingierte Kostenregelung des § 160 erfasst auch die Kosten des Vorverfahrens als Teil der Verfahrenskosten (a.A. VGH Mannheim NVwZ-RR 2002, 325).

17a   Die gerichtliche Kostenentscheidung verdrängt auch dann die Kostenentscheidung in einem Widerspruchsbescheid, wenn dieser zugunsten nicht des Klägers, sondern eines Beigeladenen des späteren Gerichtsverfahrens ergangen ist und Gegenstand des Gerichtsverfahrens allein der Widerspruchsbescheid ist (BVerwG NVwZ 2006, 1294; OVG Bautzen NVwZ-RR 2005, 291). Das wird in den Fällen praktisch, in denen sich ein Drittbetroffener im Widerspruchsverfahren erfolgreich gegen einen Verwaltungsakt gewandt hat, der zugunsten eines anderen ergangen ist, und dieser (nur) den Widerspruchsbescheid mit der Klage anficht. Der nunmehr beigeladene erfolgreiche Widerspruchsführer kann die Kosten des Vorverfahrens nur dann erstattet verlangen, wenn die gerichtliche Kostenentscheidung gem. § 162 Abs. 3 seine außergerichtlichen Kosten für erstattungsfähig erklärt.

18   Die Kosten des Vorverfahrens sind, wie die außergerichtlichen Kosten insgesamt, nur erstattungsfähig, soweit sie notwendig waren. War der Beteiligte im Widerspruchsverfahren durch einen Bevollmächtigten vertreten, muss dessen Zuziehung notwendig gewesen sein. Das ist für den konkreten Einzelfall festzustellen (§ 162 Abs. 2 S. 2).

18a   Unerheblich ist, ob das Vorverfahren als Sachurteilsvoraussetzung notwendig gewesen ist. Es reicht aus, dass tatsächlich ein Vorverfahren stattgefunden hat (a.A. OVG Lüneburg NordÖR 2007, 180). Das ist insbes. in den Fällen von Bedeutung, in denen der spätere Kläger nur infolge einer unzutreffenden Rechtsmittelbelehrung Widerspruch gegen einen Verwaltungsakt eingelegt hat. Ist die Rechtsmittelbelehrung für den Betroffenen nicht erkennbar unrichtig gewesen, und hat er mit anwaltlicher Unterstützung Widerspruch eingelegt, können die Anwaltskosten erstattungsfähig sein (OVG Lüneburg NVwZ-RR 2005, 660; → Rn. 91–93).

19   **3. Persönliche Aufwendungen des Beteiligten.** Erstattungsfähig sind die notwendigen eigenen Aufwendungen des Beteiligten für seine Rechtsverfolgung. Nicht erstattungsfähig sind die allgemeine Mühewaltung und die allgemeinen Geschäftsunkosten. Diesen Aufwendungen fehlt der konkrete Bezug zu dem jeweiligen Rechtsstreit. Sie lassen sich nicht der Rechtsverfolgung im Einzelfall zuordnen.

20   § 91 Abs. 1 ZPO regelt weitergehend, unter welchen Voraussetzungen und in welchem Umfang bestimmte typischerweise anfallende Aufwendungen erstattungsfähig sind, wie Reisekosten und Zeitversäumnis. Die Vorschrift ist über § 173 ergänzend heranzuziehen.[3]

21   **a) Zeitaufwand.** Nicht erstattungsfähig ist der allgemeine Zeitaufwand, den die Führung eines Prozesses kostet, weil etwa der Prozessstoff bearbeitet, Schriftsätze angefertigt oder der Prozessbevollmächtigte informiert werden muss. Die Mühewaltung für die Rechtswahrung rechnet zum eigenen Aufgabenkreis des Beteiligten. Nach § 91 Abs. 1 S. 2 ZPO ist eine Zeitversäumnis nur zu entschädigen, wenn sie durch notwendige Reisen oder durch die notwendige Wahrnehmung von Terminen verursacht ist.[4]

22   Eine Behörde kann deshalb nicht anteilige Personalkosten für die Zeit erstattet verlangen, in der ein Bediensteter Schriftsätze für das gerichtliche Verfahren anfertigen musste.[5] Der normale Aufwand für

---

3   So auch *W.-R. Schenke*, in: Kopp/Schenke § 162 Rn. 4. A.A. *A. Dietz*, DÖV 2006, 733.
4   BVerfGE 89, 313, 315; BVerfG NJW 2008, 3207; BVerwG Rpfleger 2005, 53, 54; VGH Kassel NVwZ-RR 1999, 213, 214; VGH Mannheim NVwZ-RR 1990, 665; VGH München BayVBl 2006, 55.
5   BVerwG Rpfleger 1989, 255; VGH Kassel DÖV 1986, 618; OVG Koblenz NJW 1982, 1115; OVG Lüneburg NVwZ-RR 1997, 143; VGH Mannheim NVwZ-RR 1990, 665; OLG Köln JurBüro 2012, 203; *W.-R. Schenke*, in: Kopp/Schenke § 162 Rn. 5; a.A. *F.-W. v. Oppeln-Bronikowski*, Rpfleger 1984, 342.

ihr Personal hat keinen eindeutigen kalkulierbaren Bezug zum konkreten Rechtsstreit (zur Entschädigung von Zeitversäumnis infolge der Wahrnehmung von Terminen → Rn. 49 f.).

b) Schreibauslagen. Die notwendigen Kosten für Schreibmaterial werden grds. nicht erstattet 23 (VGH München BayVBl 1980, 157). Sie rechnen zu den allgemeinen Geschäftsunkosten. Hat ein Beteiligter Schriftsätze durch eine bezahlte Schreibkraft anfertigen lassen, werden ihm die Kosten hierfür ausnahmsweise ersetzt, wenn er außerstande oder es ihm unzumutbar ist, den Schriftsatz selbst anzufertigen (HmbOVG Rpfleger 1984, 329; VGH Mannheim NVwZ-RR 1994, 184).

Aufwendungen für Fotografien sind regelmäßig nicht anders zu bewerten als Auslagen für Schreibma- 24 terial. Ihre Vorlage ist nur Parteivortrag in anderer Form. Um den Vortrag zu vereinfachen und anschaulich zu machen, wird nicht das Wort, sondern das Bild als Darstellungsmittel genutzt (OVG Münster NVwZ-RR 1994, 302). Zu erstatten sind allerdings die Kosten für solche Fotografien, deren Vorlage das Gericht gefordert hat, um eine sonst erforderliche Ortsbesichtigung entbehrlich zu machen.

Hat der Beteiligte Ablichtungen angefertigt, sind die Kosten nicht zu erstatten, wenn die Ablichtungen 25 nur den Parteivortrag erläutern sollen. Das gilt etwa für Schriftstücke, auf die im Schriftsatz Bezug genommen wird, ebenso für Urteile anderer Gerichte, die zum Beleg der eigenen Auffassung dem Schriftsatz beigefügt werden (VG Frankfurt/Oder JurBüro 2008, 654). Die beigefügte Ablichtung ersetzt die Wiedergabe im Schriftsatz selbst (vgl. BVerfGE 96, 217, 222; BGH Rpfleger 2003, 215). Hat der Beteiligte seine eigenen Schriftsätze abgelichtet, um die erforderlichen Überstücke für die anderen Verfahrensbeteiligten einzureichen, werden die Kosten hierfür ebenfalls nicht erstattet (VGH Mannheim NVwZ-RR 1994, 184; VG Augsburg 28.4.2014 – Au 1 M 14.605, juris Rn. 12). Dasselbe gilt, wenn der Kläger den angefochtenen Bescheid und den Widerspruchsbescheid abgelichtet hat, um sie der Klageschrift beizufügen (§ 82 Abs. 1 S. 3).

Ablichtungen aus Behördenakten sind erstattungsfähig, soweit das abgelichtete Schriftgut dem Betei- 26 ligten ständig zur Verfügung stehen muss, um die Rechtssache sachgemäß zu bearbeiten (zur Anfertigung der farbigen Kopie eines Bebauungsplans vgl. OVG Koblenz NVwZ-RR 2010, 336; s.a. LG Ravensburg NStZ-RR 2017, 127). Unter dieser Voraussetzung kann er Kosten abwälzen, die er nach § 100 Abs. 2 S. 1 an die Gerichtskasse hat zahlen müssen (zu Grenzen: OLG Hamburg MDR 2017, 972).

Hat die beklagte Behörde ihre Akten ganz oder teilweise abgelichtet, bevor sie sie dem Gericht vorge- 27 legt hat, sollen die Kosten nicht erstattungsfähig sein (OVG Greifswald 30.12.2009 – 3 M 58/09, juris Rn. 7; OVG Münster ZBR 1984, 317). Das ist zweifelhaft, soweit es um die Ablichtung der Schriftstücke geht, die zur Führung des Prozesses stets präsent sein müssen (VG Potsdam NVwZ-RR 2004, 800). In diesem Umfang wären die Kosten erstattungsfähig, die einem anderen Beteiligten für Ablichtungen aus der Behördenakte entstehen.

c) Post- und Telekommunikationsdienstleistungen. Zu den notwendigen Auslagen gehört das Brief- 28 porto für Schriftsätze an das Gericht. In eilbedürftigen Fällen können die Kosten eines Kurierdienstes erstattungsfähig sein (BVerwG 22.6.1993 Buchholz 310 § 162 VwGO Nr. 26).

Zu den notwendigen Aufwendungen können Telefonkosten gehören. Sie müssen allerdings mehr als 29 nur geringfügig und ausscheidbar, insbes. konkret belegbar sein. Anderenfalls sind sie den allgemeinen, nicht erstattungsfähigen Geschäftsunkosten zuzurechnen (OVG Münster NVwZ-RR 1995, 123).

Auch juristischen Personen des öffentlichen Rechts und Behörden sind die Kosten zu erstatten, die sie 30 bspw. für Porto aufgewandt haben. § 162 Abs. 2 S. 3 erleichtert ihnen, derartige Aufwendungen geltend zu machen, sofern überhaupt Auslagen entstanden sind.[6] Statt ihre Auslagen im Einzelnen nachzuweisen, können sie die Pauschale verlangen, die ein Rechtsanwalt nach Nummer 7002 der Anl. 1 zum RVG an Stelle der tatsächlich gezahlten Entgelte für Post- und Telekommunikationsdienstleistungen fordern darf. Dieser Pauschsatz beträgt 20 % der gesetzlichen Gebühren, jedoch höchstens 20 €. Juristische Personen des öffentlichen Rechts und Behörden können stets den Höchstsatz von 20 € fordern und nicht nur einen Anteil i.H.v. 20 % der gesetzlichen Gebühren, die ein Rechtsanwalt fordern könnte. § 162 Abs. 2 S. 3 verweist allein auf diesen Höchstsatz. Damit ist eine fiktive Berechnung der

---

6 VG Berlin NVwZ-RR 2012, 703; *W. Fichte*, DVBl 2009, 888, 889.

Gebühren entbehrlich, die ein Rechtsanwalt fordern könnte.[7] Soweit ein Vorverfahren stattgefunden hat und die Kosten insoweit erstattungsfähig sind, kann die Pauschale sowohl für das Vorverfahren als auch für das anschließende Gerichtsverfahren gefordert werden (VG Gelsenkirchen NVwZ-RR 2008, 359; a.A. VG Gelsenkirchen NVwZ-RR 2009, 624). Die Vorschrift ist zugunsten Beliehener anwendbar (a.A. VG Minden 12.10.2007 – 9 L 629/06).

31 **d) Privatgutachten.** Aufwendungen für Privatgutachten sind (nur) unter mehreren Voraussetzungen erstattungsfähig, wobei deren Handhabung den verfassungsrechtlichen Vorgaben zu entsprechen hat (BVerfG NJW 2006, 136).

32 Das Gutachten muss zeitlich und sachlich eng auf die Rechtsverfolgung im Prozess bezogen sein (hierzu: BVerwG NJW 2012, 1827). Es muss mit dem Ziel seiner Verwertung für das Verfahren eingeholt sein (BGHZ 153, 235; BGH Rpfleger 2008, 536; OVG Lüneburg NVwZ-RR 2000, 64). Dabei reicht aus, wenn das Gutachten für eine Rechtsverfolgung im Widerspruchsverfahren bestimmt war, denn die dort aufgewandten Kosten sind nach § 162 Abs. 1 Kosten des gerichtlichen Verfahrens. Ein im Aussetzungsverfahren nach § 80 Abs. 5 vorgelegtes Gutachten muss gerade für dieses Eilverfahren und nicht erst für ein späteres Hauptsacheverfahren bestimmt sein (BVerwG NJW 2007, 453; VGH Mannheim NVwZ-RR 1998, 691); die Kosten können aber jedenfalls dann im Rahmen des Eilverfahrens erstattungsfähig sein, wenn mit diesem die Hauptsache praktisch vorweggenommen wird (OVG Lüneburg NJW 2012, 1828). Umgekehrt kann ein Gutachten, das zunächst mit Blick auf die Gewährung vorläufigen Rechtsschutzes eingeholt wurde, auch für ein bereits laufendes Klageverfahren erforderlich sein (OVG Lüneburg NVwZ-RR 2002, 703). Nicht erstattungsfähig sind hingegen Kosten für Gutachten, anhand deren sich ein Beteiligter überhaupt erst Klarheit darüber verschaffen wollte, ob er eine bestimmte Rechtsverfolgung ergreifen will,[8] ferner die Kosten für ein Gutachten, das der Beteiligte im Verwaltungsverfahren der Ausgangsbehörde vorgelegt hat.[9] Dasselbe gilt umgekehrt für ein Gutachten, das die Ausgangsbehörde im Verwaltungsverfahren eingeholt hatte (VGH Mannheim VBlBW 1982, 365).

33 Der Beteiligte muss das Gutachten in den Prozess eingeführt haben. Das erfordert grds. seine Vorlage (VGH München BayVBl 2009, 738; OVG Münster NVwZ-RR 2008, 503; VGH Mannheim NVwZ-RR 2002, 315; s. aber auch → Rn. 34). Es genügt nicht, wenn sein Inhalt in den Vortrag des Beteiligten eingearbeitet ist, dies jedoch für das Gericht und die anderen Beteiligten nicht erkennbar ist.[10]

34 Das Gutachten muss ferner auf die Förderung des Verfahrens zugeschnitten sein.[11] Es muss geboten und geeignet gewesen sein, das Verfahren in einer Frage zu fördern, die nach dem erreichten Verfahrensstand entscheidungserheblich sein konnte. An dieser Voraussetzung fehlt es, wenn das Gutachten rechtliche Prämissen zugrunde legt, von denen von vornherein nicht ausgegangen werden konnte, weil sie der bisherigen Rspr. widersprachen, ohne dass Anzeichen dafür sprachen, das Gericht könne sich diese Prämissen abweichend von seiner bisherigen Rspr. zu eigen machen (BVerwG 6.10.2009 Buchholz 310 § 162 VwGO Nr. 47 Rn. 46). Unerheblich ist hingegen, ob ein Gutachten, das der Beteiligte bei Erteilung des Gutachtenauftrags für notwendig halten durfte, im Zeitpunkt der Entscheidung noch erforderlich war, das Gericht das Gutachten verwertet und dieses so den Ausgang des Verfahrens tatsächlich günstig beeinflusst hat (→ Rn. 12).[12]

35 Schließlich muss die Prozesslage es heraufgefordert haben, ein Privatgutachten einzuholen. Der Beteiligte muss sich in einer „prozessualen Notlage" befunden haben, in der es ihm bei verständigem Prozessverhalten unausweichlich erscheinen musste, zur sachgerechten Wahrnehmung seiner Interessen unaufgefordert kostenintensive Maßnahmen zu ergreifen (BVerwG 8.10.2008 – 4 KSt 2000/08,

---

7   A.A. *W. Fichte*, DVBl 2009, 888, 889.
8   OVG Lüneburg NJW 2010, 1301 zu einem anwaltlichen Rechtsgutachten; OLG Köln JurBüro 2003, 313; großzügiger offenbar BVerwG NVwZ-RR 1999, 611, 613: auch Gutachten zur Vorbereitung eines Verfahrens.
9   OVG Greifswald NordÖR 2005, 65; OVG Lüneburg NVwZ-RR 2007, 77; VGH Mannheim NVwZ-RR 1992, 53; VGH München NVwZ-RR 1999, 614; *W. Kunze*, in: Posser/Wolff § 162 Rn. 58 b.
10 OVG Magdeburg 18.1.2016 – 1 K 17/13, BeckRS 2016, 46862, Rn. 7; OVG Lüneburg NJW 2010, 391; VGH Mannheim DÖV 2002, 484; VGH München NVwZ-RR 1999, 614, 615; OVG Münster NVwZ-RR 2008, 503.
11 BVerwG NVwZ 2001, 919; 20.4.2010 Buchholz 310 § 162 Nr. 48 Rn. 2; OVG Magdeburg 18.1.2016 – 1 K 17/13, BeckRS 2016, 46862, Rn. 7, 9.
12 OVG Lüneburg NJW 2010, 391; VGH München BayVBl 1991, 605; VGH Mannheim NVwZ-RR 2002, 315; BGH NJW 2012, 1370.

Rn. 4 ff., BeckRS 2008, 40515; VGH München NVwZ-RR 2002, 316; OVG Münster NVwZ-RR 2008, 503).

Im Verwaltungsprozess gilt der Grundsatz der Amtsermittlung. Es reicht grds. aus, wenn der Beteiligte **36** zunächst schriftsätzlich zur Sach- und Rechtslage vorträgt und ggf. konkrete Beweisanträge stellt. Daneben bedarf es regelmäßig keiner Vorlage eines Privatgutachtens (VGH Kassel NVwZ-RR 2006, 837; VGH Mannheim VBlBW 1996, 375; VGH München NVwZ-RR 2002, 316). Hat das Gericht bereits beschlossen, ein Gutachten einzuholen, ist es erst recht nicht notwendig, dass ein Beteiligter parallel dazu selbst einen Gutachter beauftragt (vgl. BVerwG NVwZ-RR 1999, 611, 613). In Verfahren des vorläufigen Rechtsschutzes kann ein Privatgutachten hingegen als präsentes Beweismittel notwendig sein (§ 123 Abs. 3, § 920 Abs. 2 ZPO, § 294 Abs. 2 ZPO).[13]

Namentlich bei schwierigen fachlichen, insbes. technischen Fragen muss ein Beteiligter andererseits **37** zunächst seinen eigenen Vortrag hinreichend substantiieren, um mit einiger Aussicht auf Erfolg das Gericht zu einer förmlichen Beweisaufnahme zu veranlassen. Der selbst nicht genügend sachkundige Beteiligte muss zu schwierigen fachlichen Fragen substantiiert Stellung nehmen, will er seine Interessen wahren (VG Regensburg 10.9.2014 – RN 8 M 14.468, juris Rn. 11 f.). Das Gericht seinerseits kann Gutachten verwerten, die der Beklagte im Verwaltungsverfahren eingeholt hat, ebenso Stellungnahmen anderer fachkundiger Behörden, die der Beklagte beteiligt hatte. Die Behörde kann über eigene fachkundige Bedienstete verfügen. Das Gericht kann deren Stellungnahmen zu seiner Überzeugungsbildung heranziehen. Der Kläger muss der Gefahr vorbeugen, dass seine Klage abgewiesen wird, weil er den sachkundigen Ausführungen der beklagten Behörde oder den von ihr vorgelegten Gutachten und Stellungnahmen nicht substantiiert entgegengetreten ist. Seiner Substantiierungslast entspricht die Erstattungsfähigkeit insoweit aufgewandter Kosten.[14] Dabei spielt der Gesichtspunkt der „Waffengleichheit" eine Rolle: Behörden können in Fachfragen regelmäßig auf entsprechend ausgebildete eigene Bedienstete zurückgreifen, um dem Vortrag der Gegenseite fundiert entgegenzutreten. Eine Privatperson ist hingegen auf externen Sachverstand angewiesen, um fachspezifische Aussagen der Behörde zu widerlegen (VGH München BayVBl 1991, 605).

Liegt bereits ein gerichtliches Gutachten vor, kann ein Privatgutachten notwendig sein, wenn der Beteiligte anders nicht sachgerecht zu dem gerichtlichen Gutachten Stellung nehmen kann (OVG Lüneburg NJW 2010, 391). Unter Umständen kann es aber genügen, wenn der Beteiligte sich zur Überprüfung des gerichtlich eingeholten Gutachtens fachlich beraten lässt und seinen Privatgutachter zur mündlichen Verhandlung mitbringt, damit er dem gerichtlichen Gutachter sachkundige Fragen stellen und notwendige Vorhalte machen kann. Die Kosten solcher Beratung können erstattungsfähig sein (VGH München BayVBl 1991, 605; DÖV 2003, 170).

Erstattungsfähig sind Kosten für ein Privatgutachten, wenn das Gericht den Beteiligten zur Vorlage **39** des Gutachtens aufgefordert hat (VGH Mannheim DÖV 2002, 484; VGH München NVwZ-RR 2012, 779). Unter dieser Voraussetzung sind die (weiteren) Kosten eines Gutachters erstattungsfähig, der sein Gutachten schon im Verwaltungsverfahren für einen Beteiligten (auch die Behörde) erstellt hat, jedoch von dem Beteiligten auf Aufforderung des Gerichts in der mündlichen Verhandlung gestellt wird, damit er sein Gutachten ergänzt und erläutert (OVG Koblenz NJW 2006, 1689; VGH Mannheim NVwZ-RR 1998, 690).

Diese Grundsätze gelten zunächst für den Kläger eines Verfahrens. Die Behörde verfügt zumeist über **40** eigenes sachkundiges Personal oder vermag Fachbehörden beizuziehen, um sich deren Sachverstand nutzbar zu machen. Hätte schon die ordnungsgemäße Abwicklung des Verwaltungsverfahrens die Einholung eines Gutachtens durch die Behörde geboten, gibt sie ein solches Gutachten aber erst im gerichtlichen Verfahren in Auftrag, um sich mit dem Vortrag des Klägers sachgerecht auseinanderzusetzen, sind die Kosten nicht erstattungsfähig (VGH München DÖV 2008, 564; BayVBl 2010, 735). In besonderen Ausnahmefällen kann auch eine Behörde durch den Kläger mit speziellem Fachvortrag konfrontiert werden, auf den sie nicht aufgrund eigenen Sachverstandes erwidern kann. Um ihre Inter-

---

13   VGH Mannheim NVwZ-RR 1998, 691; VGH München NVwZ-RR 2001, 69, 70; OVG Münster NVwZ-RR 1992, 447.
14   BVerfG NJW 2006, 136, 138; BVerwG NVwZ 1993, 268; DVBl 2001, 1763; NJW 2007, 453; 6.10.2009 Buchholz 310 § 162 VwGO Nr. 47 Rn. 34; 20.4.2010 Buchholz § 162 VwGO Nr. 48 Rn. 2; VGH Kassel NVwZ-RR 2006, 837; OVG Koblenz NVwZ-RR 2012, 453; OVG Lüneburg NJW 2010, 391; VGH Mannheim DÖV 2002, 484; VGH München NVwZ-RR 2002, 316.

essen wahrzunehmen, kann sie dann dritte Personen beiziehen, die mit diesen Fachfragen vertraut sind (OVG Koblenz NVwZ-RR 2012, 453; VGH Mannheim NVwZ-RR 1998, 690; VGH München DÖV 2003, 170). Ähnliches gilt für den Beigeladenen, der nicht über eigenes Fachpersonal verfügt, um die durch das Verfahren aufgeworfenen Fachfragen sachgerecht beantworten zu können,[15] es sei denn, er hätte diese Fragen ohnehin schon während des Verwaltungsverfahrens etwa als Planungsträger unter Hinzuziehung sachverständiger Hilfe klären müssen.[16]

41   In welcher Höhe die Kosten eines notwendigen Privatgutachtens zu erstatten sind, richtet sich ebenfalls nach dem Maßstab der Notwendigkeit (VGH Kassel NVwZ-RR 2006, 837).[17] Notwendig sind Aufwendungen dann, wenn aus der Sicht eines verständigen Beteiligten die vertraglich mit dem Sachbeistand vereinbarte Vergütung erforderlich war, um einen adäquat qualifizierten Sachverständigen zur Übernahme des Auftrags zu bewegen (OVG Koblenz NVwZ-RR 2011, 789). Für Privatgutachten gelten die Stundensätze des § 9 JVEG nicht unmittelbar, sondern bieten nur Anhaltspunkte für die Angemessenheit der Kosten. Ist ihre Überschreitung nicht offensichtlich unangemessen, sind die entstandenen Kosten in der Regel in vollem Umfang zu erstatten.[18] Die Kosten eines ärztlichen Privatgutachtens sind in der Höhe notwendig und damit erstattungsfähig, in der dem ärztlichen Gutachter ein Gebührenanspruch nach der GOÄ zusteht (BVerwG NVwZ-RR 2001, 386).

42   Privatgutachten zu juristischen Fragen gehören nur ausnahmsweise zum erstattungsfähigen Aufwand. Ist ein Beteiligter durch einen Rechtsanwalt vertreten, können Kosten für einen juristischen Gutachter nur erstattet werden, wenn es dem Rechtsanwalt wegen ungewöhnlicher Umstände nicht zumutbar ist, den Fall allein zu bearbeiten, etwa weil zusätzliche nichtjuristische Sonderkenntnisse notwendig sind oder er sich in ausgefallene Sondergebiete oder in ausländisches Recht einarbeiten müsste.[19]

43   **e) Wahrnehmung von Terminen.**   Nach § 173, § 91 Abs. 1 S. 2 ZPO sind die Kosten zu erstatten, die ein Beteiligter für notwendige Reisen aufgewandt hat; er ist ferner für die Zeit zu entschädigen, die er durch die notwendige Wahrnehmung von Terminen versäumt hat. Für beides sind gem. § 91 Abs. 1 S. 2 Hs. 2 ZPO die Vorschriften über die Entschädigung von Zeugen (§§ 19 ff. JVEG) entsprechend anzuwenden. Die Verweisung bezieht sich nur auf Umfang und Höhe der erstattungsfähigen Aufwendungen des Beteiligten.[20]

44   **aa) Notwendigkeit der Wahrnehmung des Termins.**   Notwendig ist die Wahrnehmung von Terminen zur mündlichen Verhandlung, zur Erörterung des Sach- und Streitstands sowie zur Beweisaufnahme, nicht hingegen von reinen Verkündungsterminen (BVerwG NJW 2012, 1827).[21] Die Wahrnehmung des Termins durch den Beteiligten selbst kann notwendig sein, obwohl er durch einen Rechtsanwalt vertreten wird. Unerheblich ist, ob das Gericht sein persönliches Erscheinen gem. § 95 Abs. 1 S. 1 angeordnet hat.[22] Zum einen hat jeder Beteiligte das Recht, vor Gericht zu erscheinen, wenn seine Sache verhandelt wird. In der mündlichen Verhandlung einer Tatsacheninstanz (im Revisionsverfahren allenfalls ausnahmsweise)[23] ist zum anderen der Beteiligte besser als sein Anwalt in der Lage, zur weiteren Klärung des Sachverhalts beizutragen. Der Anwalt ist regelmäßig auf Informationen des Beteiligten angewiesen. Tritt er allein auf, kann er auf (neues) tatsächliches Vorbringen der Gegenseite nicht unmittelbar reagieren. Bei der Erörterung des Sach- und Streitstoffs in der mündlichen Verhandlung können Unklarheiten über den Sachverhalt zu Tage treten, aber auch Fehlvorstellungen des Gerichts über

---

15 BVerwG 15.11.2011 Buchholz 310 § 162 VwGO Nr. 49 Rn. 11; VGH München DÖV 2003, 170; OVG Münster NVwZ-RR 2008, 503.

16 BVerwG 15.11.2011 Buchholz 310 § 162 VwGO Nr. 49 Rn. 12; VGH Kassel ESVGH 61, 239; OVG Lüneburg NVwZ-RR 2012, 454; VGH München NVwZ-RR 2010, 663.

17 W.-R. Schenke, in: Kopp/Schenke § 162 Rn. 8.

18 BGH JurBüro 2007, 317; OVG Lüneburg NVwZ-RR 2014, 495, 496; OVG Koblenz NVwZ-RR 2011, 789; OVG Münster NVwZ-RR 2008, 503; VGH München NVwZ-RR 2001, 69, 71; W.-R. Schenke, in: Kopp/Schenke § 162 Rn. 8; S. Olbertz, in: Schoch/Schneider/Bier § 162 Rn. 29.

19 BVerfGE 88, 382; 96, 251; BayVerfGH NJW 1993, 2794; BVerwG Rpfleger 1991, 388; OVG Lüneburg NJW 2010, 1301; VGH München BayVBl 1986, 541; J. Schmidt, in: Eyermann § 162 Rn. 4; zu Privatgutachten zum ausländischen Recht: VG Münster NVwZ-RR 1994, 424; P. Mankowski, MDR 2001, 194.

20 Zu Einzelheiten H. Schneider, JurBüro 2011, 620.

21 W.-R. Schenke, in: Kopp/Schenke § 162 Rn. 8.

22 OVG Bln-Bbg 12.10.2017 – OVG 3 K 6.17, juris Rn. 3; VGH Kassel ESVGH 21, 182; OVG Koblenz NVwZ-RR 2006, 438, 439; VGH München BayVBl 1974, 595; zu eng: VGH Kassel NVwZ-RR 1999, 213, 214.

23 Vgl. J. Schmidt, in: Eyermann § 162 Rn. 5.

tatsächliche Umstände offenbar werden. Der Beteiligte selbst kann sie unschwer klarstellen und beheben.

Es ist regelmäßig notwendig, dass für die beklagte Behörde oder die beklagte Körperschaft neben einem Rechtsanwalt oder einem juristischen Bediensteten weitere Bedienstete der zuständigen Fachämter auftreten. Regelmäßig können nur sie Nachfragen zum Sachverhalt beantworten oder sich zu fachlichen Fragen ergänzend äußern.[24] Das gilt erst recht, wenn das Gericht deren Erscheinen verlangt hat (§ 95 Abs. 3).[25] Regelmäßig nicht erforderlich ist es jedoch, dass mehrere Behördenvertreter mit ähnlicher Fachkompetenz an der mündlichen Verhandlung teilnehmen und dadurch Reisekosten verursachen (vgl. BVerwG NVwZ-RR 2014, 984; OVG Bln-Bbg 12.10.2017 – OVG 3 K 6.17, juris Rn. 4). 45

Ob die Wahrnehmung eines Termins notwendig war, ist nicht aus der Rückschau zu beurteilen. Es kommt nicht darauf an, ob der Beteiligte oder der Terminsvertreter einer Behörde sich in der mündlichen Verhandlung überhaupt geäußert hat (→ Rn. 12). 46

bb) Zeitversäumnis. War die Wahrnehmung eines Termins notwendig, ist zum einen die Zeitversäumnis zu entschädigen. 47

Hat ein Beteiligter einen Verdienstausfall erlitten, ist dieser zu ersetzen (§ 91 Abs. 1 S. 2 ZPO, § 22 JVEG).[26] Ist ein Verdienstausfall tatsächlich nicht eingetreten, beträgt die Entschädigung 3,50 €, es sei denn, durch die Wahrnehmung des Termins ist ersichtlich kein Nachteil entstanden (§ 20 JVEG); diese Entschädigung steht auch einem Beteiligten zu, der nicht mehr erwerbstätig ist (BVerwG NJW 2012, 1827). Hat ein Beteiligter bezahlten Urlaub genommen, ist die entgangene Freizeit ebenfalls nach diesem Mindestsatz zu entschädigen; der fiktive Verdienstausfall ist nicht zu ersetzen.[27] Personen, die einen eigenen Haushalt für mehrere Personen führen, erhalten eine Entschädigung von derzeit 14 € je Stunde (§ 21 JVEG). Die Kosten einer Kinderbetreuung während der Wahrnehmung des Termins sind nicht erstattungsfähig (VG Koblenz NJW 2005, 1386, 1387). 48

Nimmt eine juristische Person oder eine sonst prozessfähige Personenvereinigung einen gerichtlichen Termin durch ihre Organe oder durch Bedienstete wahr, versäumen diese Mitarbeiter Zeit, die sie sonst für die beteiligte juristische Person eingesetzt hätten. Der hierfür getätigte finanzielle Aufwand kann im Rahmen des § 22 JVEG entschädigt werden.[28] Der entgangene Verdienst ist nur Maßstab für die Höhe, in der Zeitversäumnis eines Beteiligten zu erstatten ist. 49

Die früher streitige Frage, ob juristische Personen des öffentlichen Rechts und Behörden einen Anspruch auf Entschädigung für die Zeitversäumnis wegen der Wahrnehmung eines Termins durch ihre Bediensteten haben, ist durch die Rspr. des BVerwG nunmehr geklärt. Danach besteht ein solcher Anspruch nicht.[29] 50

cc) Reisekosten. War die Wahrnehmung eines Termins notwendig, sind zum anderen Reisekosten zu erstatten.[30] Sie sind nach § 173, § 91 Abs. 1 S. 2 Hs. 2 ZPO in derselben Höhe erstattungsfähig wie bei einem Zeugen (§ 19 Abs. 1 S. 1 Nr. 1, § 5 JVEG).[31] Soweit eine juristische Person des öffentlichen Rechts oder eine Behörde ihren Bediensteten als Terminsvertreter nach den einschlägigen Beamtengesetzen Reisekosten zu gewähren hat, sind diese Reisekosten zu erstatten (vgl. OVG Bln-Bbg 51

24 BVerwG JurBüro 2000, 651; 6.12.2007 – 4 KSt 1004.07; VGH München BayVBl 1983, 56. Strenger: VGH München NVwZ-RR 2015, 717, wonach nur ausnahmsweise die Teilnahme von mehr als einem Vertreter der betroffenen Körperschaft an der mündlichen Verhandlung gerechtfertigt sein soll.

25 VGH München BayVBl 1973, 164.

26 Zur Entschädigung des Zeitverlustes bei einem Freiberufler VGH München BayVBl 1973, 163.

27 VGH Kassel NVwZ-RR 1999, 213, 214; OVG Koblenz NJW 1988, 1807; OVG Münster NVwZ-RR 1995, 123; BGH NJW 2012, 761.

28 BGH NJW 2009, 1001 (für den Geschäftsführer einer GmbH); anders OVG Münster NVwZ-RR 1992, 447: nur Nachteilsentschädigung analog § 20 JVEG.

29 BVerwG NVwZ 2005, 466; a.A. *A. Dietz*, DÖV 2006, 733. Kritik auch bei *J. Unterreitmeier*, DÖV 2015, 1044, 1049 ff.

30 Fahrt- und Übernachtungskosten: OVG Münster 21.9.2016 – 1 E 474/16, BeckRS 2016, 55239, Rn. 1 ff. Zur Erstattung von Reisekosten, wenn die Anreise zu einem Verhandlungstermin mit einem privaten Aufenthalt am Ort der mündlichen Verhandlung verbunden wird: BVerwG NJW 2012, 1827; zu Übernachtungskosten: OLG Dresden MDR 1999, 894; OLG Frankfurt AnwBl 2001, 126, 127.

31 Zu den Kosten einer Flugreise: BVerwG NJW 2017, 3542, 3543; BGH Rpfleger 2008, 279; OLG Koblenz JurBüro 2010, 430.

12.10.2017 – OVG 3 K 6.17, juris Rn. 3 ff.). § 5 JVEG findet insoweit keine Anwendung.[32] Im Einzelfall kann es erforderlich sein, einen nicht im Gerichtsbezirk ansässigen Behördenvertreter aus relativ weiter Entfernung zum Gericht mit der Wahrnehmung des Termins zu betrauen, wenn andere Behördenvertreter nicht annähernd so vertraut mit dem Verfahren sind (OVG Münster 21.9.2016 – 1 E 474/16, juris Rn. 3 ff. Zu auswärtigen Rechtsanwälten → Rn. 66–70).

52 Wird ein Termin aufgehoben und sind Reisekosten bereits zuvor entstanden, so können diese – soweit sie erforderlich waren – erstattungsfähig sein (vgl. BVerwG NJW 2017, 3542 f.).

53 Hat die Behörde zur Wahrnehmung mehrerer Termine in verschiedenen (nicht verbundenen) Streitsachen Reisekosten aufgewendet, muss sie diese nicht auf die verschiedenen Streitsachen aufteilen, sondern kann sie von einem der unterlegenen Beteiligten in voller Höhe erstattet verlangen, soweit die Kosten auch in dessen Sache allein entstanden wären und notwendig waren.[33]

54 Neben den Reisen zu gerichtlichen Terminen können Reisen zur eigenen Information (Sammlung des Prozessstoffes) oder zur Information des Prozessbevollmächtigten notwendig sein.[34] Eine derartige Reise ist in jeder Instanz stets erstattungsfähig.[35] Die Erstattungsfähigkeit weiterer Reisen richtet sich nach den Besonderheiten des Einzelfalls.

55 **4. Kosten eines Rechtsanwalts.** Als notwendige Aufwendungen der Rechtsverfolgung sind nach § 162 Abs. 2 S. 1 stets die Auslagen und Gebühren zu ersetzen, die ein Beteiligter seinem Rechtsanwalt zu zahlen hat.

56 **a) Notwendigkeit der Zuziehung.** § 162 Abs. 2 S. 1 konkretisiert den Maßstab der Notwendigkeit für einen wesentlichen und typischen Aufwand eines Beteiligten, nämlich die Vergütung eines von ihm beauftragten Rechtsanwalts. Die Vorschrift macht es entbehrlich, bei Rechtsanwälten als Bevollmächtigten im Einzelfall zu prüfen, ob ihre Zuziehung zur zweckentsprechenden Rechtsverfolgung notwendig war. Von dieser Notwendigkeit ist vielmehr im Kostenfestsetzungsverfahren ausnahmslos („stets") auszugehen (VGH München NJW 1992, 853).[36] Die Aufwendungen brauchen auch der Höhe nach nicht auf ihre Notwendigkeit geprüft zu werden, wenn nur die gesetzliche Vergütung verlangt wird.

57 § 162 Abs. 2 S. 1 gilt auch zugunsten von Körperschaften des öffentlichen Rechts und Behörden.[37] Unerheblich ist, ob die Behörde über eigene juristisch geschulte Beschäftigte verfügt, die den Prozess für sie hätten führen können (§ 67 Abs. 2 S. 2 Nr. 1). § 67 Abs. 4 S. 4 erlaubt juristischen Personen des öffentlichen Rechts und Behörden zwar, sich auch in Verfahren mit Vertretungszwang durch Beschäftigte mit der Befähigung zum Richteramt vertreten zu lassen. Juristische Personen des öffentlichen Rechts und Behörden müssen aber nicht auf eigene Kräfte zurückgreifen.

58 Die Kosten eines Rechtsanwalts sind ausnahmsweise dann nicht zu erstatten, wenn seine Heranziehung offensichtlich gegen das Gebot verstößt, die Kosten so niedrig wie möglich zu halten.[38] Die Heranziehung muss offensichtlich nutzlos und objektiv nur dazu angetan gewesen sein, dem Gegner Kosten zu verursachen. Ein solcher Ausnahmefall liegt nicht vor, wenn eine Klage nur zur Fristwahrung (zum Beigeladenen → Rn. 137) erhoben wird und der Beklagte schon daraufhin einen Rechtsanwalt mit der Prozessvertretung beauftragt.[39]

---

32 VGH Kassel AgrarR 1989, 256; VGH München BayVBl 1983, 56; *A. Neumann*, DÖV 2012, 510; zu den erstattungsfähigen Kosten bei Benutzung eines Dienstwagens der Behörde: VG Sigmaringen 17.7.2008 – 1 K 971/08.

33 OVG Münster OVGE 22, 19; zu Reisen des Anwalts bei Wahrnehmung mehrerer Termine Vorbem. 7 Abs. 3 der Anl. 1 zu § 2 Abs. 2 RVG.

34 VGH Kassel ESVGH 21, 182; VGH München BayVBl 2006, 55; OVG Münster NVwZ-RR 1995, 123.

35 Vgl. auch BVerfGE 96, 217; enger VGH Kassel NVwZ-RR 1999, 213, 214: nur wenn schriftliche Information des Bevollmächtigten nicht genügt.

36 *W.-R. Schenke*, in: Kopp/Schenke § 162 Rn. 1 c m. Fn. 2, Rn. 10.

37 VGH München 2.6.2014 – 6 C 14.903, juris Rn. 4; OVG Bln NVwZ 2006, 713; HmbOVG NVwZ 2006, 1301; OVG Lüneburg NVwZ-RR 2005, 659; VGH Mannheim DÖV 2005, 391; NVwZ 2006, 1300; VG Dresden JurBüro 2008, 320; *W.-R. Schenke*, in: Kopp/Schenke § 162 Rn. 10; *W. Kunze*, in: Posser/Wolff § 162 Rn. 52; einschränkend *T. Gohrke*, JurBüro 2003, 62. A.A. *R. Brehm*, NVwZ 2006, 640, 643 ff.; hiergegen jedoch *T. Kunze/E.-H. Duhme*, NVwZ 2006, 1261.

38 OVG Bln NVwZ-RR 2001, 613; OVG Greifswald 2.2.2012 – 1 O 39.11, juris Rn. 8; HmbOVG NVwZ-RR 2007, 825; OVG Lüneburg NVwZ-RR 2004, 155; NVwZ-RR 2005, 659; VGH Mannheim NVwZ 1992, 388.

39 HmbOVG NVwZ-RR 2007, 825; VGH Mannheim NVwZ 2006, 1300; a.A. VG Stuttgart DÖV 2004, 848; s.a. *R. Brehm*, NVwZ 2006, 640, 643 ff. Anders zum Verfahren der Nichtzulassungsbeschwerde: BVerwG 17.1.1995 Buchholz 310 § 162 VwGO Nr. 29: keine Notwendigkeit der Beiziehung eines Rechtsanwalts, wenn das Gericht die

Die Gebühren und Auslagen eines Rechtsanwalts sind auch dann erstattungsfähig, wenn dem obsie- 59
genden Beteiligten Rechtsschutz durch eine Gewerkschaft oder einen Berufsverband gewährt wird
(VGH München BayVBl 1983, 634).

b) Zuziehung mehrerer Rechtsanwälte. Nach § 162 Abs. 2 S. 1 sind stets die Gebühren und Auslagen 60
„eines" Rechtsanwalts erstattungsfähig. Hat der Beteiligte zwei oder mehr Rechtsanwälte beauftragt,
sind die Aufwendungen für die weiteren Rechtsanwälte nur zu erstatten, wenn deren Beauftragung
nach dem Maßstab des § 162 Abs. 1 notwendig war.[40] Notwendig sein kann die Zuziehung eines Verkehrsanwalts am Wohnsitz der Partei (VGH München BayVBl 1988, 58). Seine Kosten sind zumindest in dem Umfang erstattungsfähig, in dem sonst erforderliche Reisekosten erspart worden sind.[41]
Nicht notwendig ist regelmäßig die Zuziehung eines Steuerberaters neben dem Rechtsanwalt als Pro- 61
zessbevollmächtigten.[42]

Besteht eine Prozesspartei aus mehreren Streitgenossen, kann sich jeder Streitgenosse durch einen eige- 62
nen Rechtsanwalt vertreten lassen und im Falle seines Obsiegens die Erstattung der Kosten seines
Rechtsanwalts von dem kostenpflichtigen Beteiligten verlangen (VG Potsdam NJW 2004, 3443; zu
einem Sonderfall s. BGH 20.6.2017 – VI ZB 51/16, juris Rn. 6 ff.). Werden mehrere Streitgenossen
von einem gemeinschaftlichen Rechtsanwalt vertreten und obsiegen sie, kann der einzelne obsiegende
Streitgenosse von dem Prozessgegner grds. nur den Bruchteil der Anwaltskosten erstattet verlangen,
der seiner Beteiligung am Rechtsstreit entspricht (VGH Mannheim NJW 1975, 1671). Werden mehrere Streitgenossen von einem gemeinschaftlichen Rechtsanwalt vertreten und hat ein Streitgenosse obsiegt, während der andere unterlegen ist, kann der obsiegende Streitgenosse von dem Prozessgegner
grds. nur den Bruchteil der Anwaltskosten erstattet verlangen, der seiner Beteiligung am Rechtsstreit
entspricht,[43] es sei denn, er hat im Innenverhältnis der mehreren Streitgenossen zueinander die Kosten
allein zu tragen (OLG Koblenz JurBüro 2011, 646; OLG Köln NJW-RR 2012, 1019); dasselbe soll
auch dann gelten, wenn ein Ausgleichanspruch zwischen den Streitgenossen im Innenverhältnis an der
Zahlungsunfähigkeit des unterlegenen Streitgenossen scheitert (OLG Koblenz JurBüro 2012, 429). Es
wird aber nicht bereits deshalb lediglich „ein" Anwalt tätig, weil Anwälte derselben Kanzlei von den
Streitgenossen beauftragt werden (vgl. VG München 29.7.2016 – M 11 M 16.31006, juris Rn. 35 ff.).

c) Höhe der Vergütung. Der Höhe nach sind gem. § 162 Abs. 2 S. 1 Aufwendungen (nur) im Umfang 63
der gesetzlichen Gebühren und Auslagen stets als notwendig anzuerkennen (OVG Münster NJW
1969, 709 f.).[44] Für die Kostenerstattung zwischen den Beteiligten ist das RVG Maßstab für die Notwendigkeit der Aufwendungen. Was der erstattungsberechtigte Beteiligte dem von ihm beauftragten
Rechtsanwalt nach dem RVG schuldet, kann er auf den erstattungspflichtigen Beteiligten abwälzen.

aa) Gebühren. Als Gebühren fallen regelmäßig an eine Verfahrensgebühr[45] für das Betreiben des Ge- 64
schäfts einschließlich der Information und eine Terminsgebühr[46] für die Vertretung in einem Verhand-
lungs-, Erörterungs-, oder Beweisaufnahmetermin (Nr. 3100 und 3104 der Anl. 1 zum RVG), auch in
einem Termin der gerichtlichen oder gerichtsnahen Mediation (OVG Lüneburg NVwZ-RR 2012, 87),
nicht hingegen für bloße Besprechungen in einem Verfahren des vorläufigen Rechtsschutzes (OVG Bln

---

Beschwerde vor Eingang der Beschwerdebegründung nur zur Kenntnisnahme zugestellt hat; zum Beschwerdeverfahren
im einstweiligen Rechtsschutz OVG Magdeburg NVwZ-RR 2015, 719; *W.-R. Schenke*, in: Kopp/Schenke § 162 Rn. 3.

40 BGH FamRZ 2012, 1868. BVerwG 6.10.2009 Buchholz 310 § 162 VwGO Nr. 47 Rn. 12: Zuziehung eines weiteren
Rechtsanwalts zur mündlichen Verhandlung in komplexen Planfeststellungsverfahren; OVG Bautzen 30.8.2007 –
4 E 47/06; OLG Dresden JurBüro 2008, 653: jeweils für die Zuziehung eines weiteren Rechtsanwalts als Terminsvertreter, nachdem das Gericht die Verlegung des Termins trotz Verhinderung des Prozessbevollmächtigten abgelehnt hat;
einschränkend hierzu OVG Münster NJW 2010, 459 für den Fall, dass kein Antrag auf Terminsverlegung gestellt
worden ist; VGH München NVwZ-RR 2000, 531; OVG Greifswald 24.4.2007 – 1 O 53/07: jeweils zur Erstattung
der Mehrkosten im Falle eines Anwaltswechsels.
41 Zu den Kosten eines ausländischen Anwalts, dessen sich eine Partei mit Sitz oder Wohnsitz im Ausland bedient hat,
vgl. OLG Stuttgart NJW-RR 2004, 1581.
42 HmbOVG NVwZ-RR 1998, 462, 463; OLG Karlsruhe NJW-RR 2002, 499 (i.E. Erstattungsfähigkeit angenommen).
43 BGH NJW-RR 2003, 1217, 1218; NJW-RR 2003, 1507; VGH Mannheim NJW 1973, 2317; VG München
29.7.2016 – M 11 M 16.31006, juris Rn. 16 ff.
44 *S. Olbertz*, in: Schoch/Schneider/Bier § 162 Rn. 35; *W.-R. Schenke*, in: Kopp/Schenke § 162 Rn. 10 a.
45 Zum erneuten Anfall einer Verfahrensgebühr nach einer Verfahrenstrennung: BVerwG 4.9.2009 Buchholz 310 § 164
VwGO Nr. 4. S.a. VGH München 8.8.2017 – 14 C 17.559, BeckRS 2017, 122696, Rn. 16 ff.
46 Zur Terminsgebühr bei Verbindung mehrerer Klagen zu gemeinsamer Verhandlung: VGH München NVwZ-RR 2008,
504. Zur Terminsgebühr bei Beschlüssen nach § 93 a Abs. 2 in Musterverfahren BVerwG JurBüro 2008, 142.

JurBüro 2009, 426). Daneben erhält der Rechtsanwalt eine Einigungsgebühr für seine Mitwirkung beim Abschluss eines Vergleichs (Nr. 1000 der Anl. 1 zum RVG) oder eine Erledigungsgebühr, wenn sich die Sache nach Aufhebung oder Änderung des angefochtenen Verwaltungsakts durch die anwaltliche Mitwirkung oder durch Erlass eines bisher abgelehnten Verwaltungsakts erledigt (Nr. 1002 der Anl. 1 zum RVG).[47]

65 Hat der Rechtsanwalt den Beteiligten bereits im Verwaltungsverfahren vor der Ausgangsbehörde vertreten, erhält er hierfür eine Geschäftsgebühr nach Nr. 2300 der Anl. 1 zum RVG. Diese Geschäftsgebühr ist nach der Vorbemerkung 3 Abs. 4 der Anl. 1 zum RVG auf die Verfahrensgebühr des späteren gerichtlichen Verfahrens teilweise anzurechnen. Die Anrechnung betrifft unmittelbar nur das Verhältnis des Mandanten zu seinem Rechtsanwalt (§ 15 a Abs. 1 RVG). Anders verhält es sich mit der Geschäftsgebühr, die nach Nr. 2300 der Anl. 1 zum RVG für die anwaltliche Vertretung schon im Widerspruchsverfahren angefallen ist, wenn das VG die Zuziehung eines Rechtsanwalts im Vorverfahren für notwendig erklärt und die Geschäftsgebühr für das Vorverfahren damit Teil der gerichtlichen Kostenfestsetzung ist.[48] In diesem Fall kann der erstattungspflichtige Beteiligte sich nach § 15 a Abs. 2 RVG auf die Anrechnung berufen, weil beide Gebühren in demselben Verfahren gegen ihn geltend gemacht werden.[49]

66 **bb) Auslagen.** Zu den Auslagen des Rechtsanwalts gehören dessen Reisekosten,[50] namentlich zur Wahrnehmung gerichtlicher Termine (Nr. 7003 ff. der Anl. 1 zum RVG), wenn das Reiseziel außerhalb der Gemeinde liegt, in der sich die Kanzlei oder die Wohnung des Rechtsanwalts befindet.[51] Die Reisekosten des Rechtsanwalts sind nur erstattungsfähig, soweit sie i.S.d. § 162 Abs. 1 notwendig sind.[52] Maßgeblich sind die Verhältnisse in dem Zeitpunkt, zu dem der Beteiligte erstmals einen Rechtsanwalt beauftragt (BVerwG NVwZ-RR 1999, 611, 612).

66a Ob und in welchem Umfang Reisekosten anfallen, hängt namentlich davon ab, an welchem Ort der Rechtsanwalt seine Kanzlei hat. Die Reisekosten sind erstattungsfähig, wenn es zur zweckentsprechenden Rechtsverfolgung notwendig war, einen Rechtsanwalt gerade mit Sitz an diesem Ort mit der Vertretung zu beauftragen (HmbOVG NVwZ-RR 2007, 565). Dabei ist zu berücksichtigen, dass der Gesetzgeber davon abgesehen hat, die Regelung des § 91 Abs. 2 S. 1 ZPO in den Verwaltungsprozess zu übernehmen. Den Beteiligten sollte dadurch ermöglicht werden, sich eines Rechtsvertreters mit besonderen Kenntnissen auf dem Gebiet des Verwaltungsrechts zu bedienen (BT-Drs. 3/55, 48 zu § 159). Sie sollen sich deshalb in einem größeren Kreis umsehen können (BVerwG NVwZ 2007 3656). Aus diesem Grund kann die zivilgerichtliche Rspr., insbes. des BGH,[53] nicht ohne weiteres zur Auslegung des § 162 Abs. 1 herangezogen werden (VGH München 14.8.2014 – 15 C 13.1504, juris Rn. 10).

67 Stets erstattungsfähig sind die Reisekosten, die durch die Beauftragung eines Rechtsanwalts am Wohn- oder Geschäftsort der Partei[54] oder in dessen Nähe entstehen.[55]

68 Regelmäßig sind ferner die Reisekosten erstattungsfähig, die durch die Beauftragung eines Rechtsanwalts am Sitz des angerufenen Gerichts entstehen, unabhängig von der Entfernung zum Wohn- oder Geschäftsort der Partei. Ist das Verfahren – wie zumeist – bei einem VG als erstinstanzlichem Gericht

---

47 Zu den Voraussetzungen der Erledigungsgebühr: OVG Bautzen 6.10.2015 – 3 E 82/15; OVG Brem NVwZ-RR 2014, 700, 701; OVG Lüneburg NVwZ-RR 2007, 215; VGH Mannheim NVwZ-RR 2006, 735; VGH München NVwZ-RR 2007, 497.

48 OVG Bautzen 9.2.2012 – 5 E 96/10; OVG Magdeburg NVwZ-RR 2008, 501; VGH Mannheim 1.2.2011 – 2 S 102/11; VGH München JurBüro 2008, 26; *M. Rietdorf*, JurBüro 2009, 171, 173.

49 Vgl. *S. Müller-Rabe*, NJW 2009, 2913, 2914; *P. Fölsch*, MDR 2009, 1137, 1139 f.

50 Zu den Kosten einer Flugreise und zu Übernachtungsgeld: VGH Mannheim, 19.6.2000 – 6 S 931.99; OLG Hamburg JurBüro 2008, 432; OLG Koblenz JurBüro 2011, 647; LG Leipzig MDR 2007, 433; zu den Kosten einer Bahn-Card: OVG Münster NJW 2006, 1897; VG Ansbach AnwBl 2001, 185; VG Köln NJW 2005, 3513; OLG Celle MDR 2004, 1445; OLG Frankfurt NJW 2006, 2337; OLG Karlsruhe Rpfleger 2000, 129.

51 Zu dieser Einschränkung krit.: *T. Reck*, Rpfleger 2010, 256.

52 Zu Informationsreisen des Rechtsanwalts: OVG Koblenz JurBüro 2001, 427; OVG Lüneburg NVwZ-RR 2001, 414.

53 Zu ihr: *C. Karczewski*, MDR 2005, 481.

54 Auch an deren Zweitwohnsitz: VGH Mannheim NJW 2009, 1895.

55 VGH München JurBüro 2007, 150; mit gewissen Einschränkungen ebenso für den Zivilprozess: BGH NJW 2003, 2027; MDR 2004, 839; FamRZ 2008, 1241. Zu Kanzleien mit Niederlassungen sowohl am Wohnsitz der Partei als auch am Sitz des Gerichts: BGH FamRZ 2008, 1241. Zu Beteiligten mit Wohnsitz im Ausland: VG Berlin InfAuslR 2006, 97.

anhängig zu machen, gilt dasselbe für einen Rechtsanwalt, der seine Kanzlei zwar nicht am Sitz des VG, wohl aber in dessen Bezirk hat.

Beauftragt der Beteiligte einen Rechtsanwalt an einem anderen Ort, sind die Reisekosten dann erstat- 69
tungsfähig, wenn der beauftragte Rechtsanwalt über besondere Fachkenntnisse verfügt und der Streitfall Fragen aus dem betreffenden Fachgebiet von solcher Schwierigkeit aufwarf, dass ein verständiger
Beteiligter zur angemessenen Wahrnehmung seiner Rechte gerade die Hinzuziehung eines solchen
Rechtsanwalts für ratsam halten musste.[56] Dies gilt auch dann, wenn der beauftragte Rechtsanwalt in
einer Gesellschaft tätig ist, die auch am Gerichtsort eine Rechtsanwaltskanzlei unterhält und/oder dort
aber keine Rechtsanwälte mit den erforderlichen besonderen Fachkenntnissen vorhanden sind
(BVerwG NJW 2017, 3542, 3543). Dasselbe kommt in Betracht, wenn zwischen dem Mandanten und
dem Rechtsanwalt ein besonderes Vertrauensverhältnis besteht (anders BGH JurBüro 2007, 319),[57]
etwa weil der Rechtsanwalt den Mandanten bereits im Verwaltungsverfahren vertreten hat und ein
Anwaltswechsel zum Zwecke der Kostenersparnis deshalb unzumutbar ist.[58] Dasselbe gilt für „Haus-
anwälte“, also für solche Anwälte, deren sich der Beteiligte ständig bedient (BVerwG NJW 2007,
3656; BGH NJW 2006, 3008; VGH München 14.8.2014 – 15 C 13.1504, juris Rn. 10).[59] Dies gilt
auch für juristische Personen des Öffentlichen Rechts (OVG Bln-Bbg NVwZ-RR 2013, 782).

War es nach diesen Maßstäben nicht notwendig, einen Rechtsanwalt mit Sitz an dem gewählten Ort 70
zu beauftragen, sind die Reisekosten in der Höhe erstattungsfähig, wie sie für einen Rechtsanwalt entstanden wären, der am Sitz des Gerichts oder am Wohnort des Beteiligten ansässig ist (BGH
Rpfleger 2004, 316; OVG Koblenz NVwZ-RR 2004, 711). Stornierungskosten können ebenso erstattungsfähig sein wie Kosten für tatsächlich in Anspruch genommene Reiseleistungen, entscheidend für
die Bemessung der Erforderlichkeit sind der Zeitpunkt der Tätigung der Kosten sowie die Kostenmin-
derungspflicht (vgl. BVerwG NJW 2017, 3542, 3543; → Rn. 12).

Zu den Auslagen eines Rechtsanwalts gehören ferner solche für Abschriften und Ablichtungen.[60] 71
Grds. sind sie als allgemeine Geschäftsunkosten mit den Gebühren abgegolten (Vorbemerkung 7
Abs. 1 S. 1 der Anl. 1 zum RVG). Bis zur Grenze der Nr. 7000 der Anl. 1 zum RVG (100 Seiten) gehören dazu insbes. Ablichtungen der angefochtenen Bescheide, die gem. § 82 Abs. 1 S. 3 der Klageschrift
beigefügt werden, ferner Ablichtungen anderer Schriftstücke oder Karten, die den Vortrag in einem
Schriftsatz erläutern sollen,[61] sowie Ablichtungen von eigenen Schriftsätzen und solchen der Gegenseite, die der Rechtsanwalt für seinen Mandanten anfertigt, um ihn über den Stand des Verfahrens zu
unterrichten.[62]

Ablichtungen aus Behörden- und Gerichtsakten werden gesondert vergütet, soweit ihre Herstellung 72
zur sachgemäßen Bearbeitung der Rechtssache geboten war (Nr. 7000 der Anl. 1 zum RVG).[63] Ablichtungen aus Behördenakten sind jedenfalls insoweit geboten, als das abgelichtete Schriftgut dem
Rechtsanwalt zur sachgemäßen Bearbeitung der Rechtssache ständig zur Verfügung stehen muss, es
ihm also nicht zugemutet werden kann, sich die erforderliche Kenntnis notfalls durch mehrmalige Akteneinsicht zu verschaffen (OVG Bln-Bbg 18.9.2007 – 1 K 70.06). Eine undifferenzierte Auswahl der
abzulichtenden Schriftstücke ohne Rücksicht auf ihre mögliche Entscheidungserheblichkeit oder gar
eine pauschale Ablichtung der gesamten Behördenakte ist hingegen regelmäßig nicht geboten
(HmbOVG AnwBl 1987, 290; VGH Mannheim VBlBW 1984, 376).

---

56 OVG Frankfurt (Oder) NVwZ-RR 2002, 317; HmbOVG NJW 1966, 1770; VGH Kassel JR 1964, 195;
    OVG Koblenz NJW 1963, 1796; OVG Lüneburg NJW 1962, 462; VGH Mannheim VBlBW 1991, 342; NVwZ-
    RR 1993, 112; NVwZ-RR 1996, 238; VGH München BayVBl 1996, 476.
57 Hierzu auch S. *Seith*, VBlBW 2015, 145, 149.
58 OVG Greifswald NVwZ-RR 1996, 238; VGH Mannheim NVwZ-RR 1996, 238; FG Hmb 12.11.2015 – 3 KO
    117/15, juris Rn. 34; a.A. HmbOVG NVwZ-RR 2007, 565; VG Stuttgart NVwZ-RR 2005, 661; für den Zivilprozess
    BGH AnwBl 2003, 181.
59 *J. Schmidt*, in: Eyermann § 162 Rn. 9.
60 Ausf.: W. *Landmann*, Rpfleger 2001, 477.
61 BVerfGE 96, 217, 222; BGH Rpfleger 2003, 215; VGH Kassel AnwBl 1984, 52; VGH München BayVBl 1986, 379.
62 BGH Rpfleger 2003, 215; VGH Kassel NVwZ-RR 2004, 228, 230; OVG Magdeburg DÖV 2000, 607.
63 BVerwG 6.10.2009 Buchholz 310 § 162 Nr. 47 Rn. 2: zu Ablichtungen, die der Unterrichtung eines Privatgutachters
    dienten; OVG Koblenz NVwZ-RR 2010, 336 (zur Anfertigung einer farbigen Kopie eines Bebauungsplans);
    VGH Mannheim VBlBW 1989, 257; VGH München NVwZ-RR 2001, 413.

73   Ist der Beteiligte Ausländer und der deutschen Sprache nicht hinreichend mächtig, können die Kosten eines Dolmetschers erstattungsfähig sein, der Schriftsätze und andere auf das Verfahren bezogene Schriftstücke übersetzt hat (OLG Köln JurBüro 2002, 591).

74   Zu den Auslagen des Rechtsanwalts gehört die Umsatzsteuer, die bei ihm für seine Vergütung einschließlich seiner Auslagen anfällt.[64] Er kann sie gemäß Nr. 7008 der Anl. 1 zum RVG von seinem Mandanten ersetzt verlangen. Für diesen gehört die Umsatzsteuer auf die Rechtsanwaltsvergütung zu seinen erstattungsfähigen Aufwendungen.[65] Dies gilt nicht, wenn er selbst vorsteuerabzugsberechtigt ist (BFH NJW 1991, 1702). Der Beteiligte muss deshalb im Kostenfestsetzungsverfahren nach § 173, § 104 Abs. 2 S. 3 ZPO erklären, dass er die Beträge nicht als Vorsteuer abziehen kann. Soweit die Auslagen des Rechtsanwalts, bspw. Reisekosten, ihrerseits Umsatzsteuern enthalten, die der Rechtsanwalt gezahlt hat, die er aber andererseits als Vorsteuern abziehen kann, könnte er dem Mandanten nur den Nettobetrag in Rechnung stellen; dementsprechend ist auch dessen Erstattungsanspruch gegen die unterlegene Partei begrenzt (BGH NJW-RR 2012, 1016).

75   **d) Rechtsanwalt in eigener Sache.**   Ist ein Rechtsanwalt selbst Beteiligter eines Verwaltungsprozesses, kann er einen anderen Rechtsanwalt mit seiner Vertretung beauftragen. Er erhält die Aufwendungen hierfür als notwendige Kosten erstattet. Der Rechtsanwalt kann sich stattdessen selbst vertreten. Ihm sind in diesem Fall gem. § 173, § 91 Abs. 2 S. 3 ZPO die Gebühren und Auslagen zu erstatten, die er als Gebühren und Auslagen eines bevollmächtigten Rechtsanwalts erstattet verlangen könnte. Seine Reisekosten sind nach Maßgabe der Nr. 7003 ff. der Anl. 1 zum RVG zu erstatten (BGH AnwBl 2003, 371); zu seinen erstattungsfähigen Auslagen gehört ebenfalls die Umsatzsteuer, die rechnerisch auf seine Gebühren und Auslagen entfällt (BGH JurBüro 2003, 426), es sei denn, der geltend gemachte Anspruch ist seinem beruflichen Bereich zuzurechnen (BGH JurBüro 2005, 145).

76   **5. Kosten anderer Bevollmächtigter.**   § 162 Abs. 2 S. 1 kann nicht entnommen werden, Aufwendungen für Bevollmächtigte und Beistände seien nur nach Maßgabe dieser Vorschrift als notwendig anzuerkennen. Die Vorschrift erleichtert nur die Anwendung des § 162 Abs. 1. Soweit § 162 Abs. 2 S. 1 nicht eingreift, ist im Einzelfall nach Maßgabe des Abs. 1 zu prüfen, ob die Zuziehung dem Grunde nach notwendig war und welche Aufwendungen hierfür der Höhe nach notwendig waren (VGH München BayVBl 1992, 561).

77   **a) Rechtsbeistand.**   Ebenfalls stets erstattungsfähig sind nach § 162 Abs. 2 S. 1 die Auslagen und Gebühren eines Rechtsbeistands. Der Höhe nach sind Aufwendungen entsprechend den gesetzlichen Gebühren und Auslagen der Rechtsanwalte erstattungsfähig (§ 4 Abs. 3 RDGEG).

78   **b) Steuerberater.**   Als notwendige Aufwendungen der Rechtsverfolgung können auch solche für die Bevollmächtigung einer der in § 67 Abs. 2 S. 2 Nr. 3 genannten Personen (insbes. Steuerberater, Steuerbevollmächtigte, Wirtschaftsprüfer und vereidigte Buchprüfer) erstattungsfähig sein.

79   Ob diese Aufwendungen nach Grund und Höhe notwendig waren, braucht nach § 162 Abs. 2 S. 1 nicht im Einzelfall geprüft zu werden, wenn diese Personen in einer Abgabenangelegenheit aufgetreten sind. Abgabenangelegenheit ist im Sinne der öffentlichen Abgaben nach § 80 Abs. 2 S. 1 Nr. 1 zu verstehen (a.A. OVG Münster NVwZ-RR 2006, 151: nur Steuer- und Monopolsachen; so auch VGH Kassel 22.7.2013 – 6 A 1260/13, juris Rn. 6 m. w. Nachw.).

80   Der Höhe nach sind Aufwendungen im Umfang der gesetzlichen Gebühren und Auslagen notwendig. Gem. § 45 StBGebV sind auf die Vergütung der Steuerberater in Verfahren vor den Gerichten der Verwaltungsgerichtsbarkeit die Vorschriften des RVG entsprechend anzuwenden.

81   Wird ein Steuerberater nach § 67 Abs. 2 S. 2 Nr. 3 in anderen Abgabenangelegenheiten als Steuersachen tätig, ist § 45 StBGebV wie die StBGebV insgesamt nicht unmittelbar anwendbar. Sie gilt nur für die Berufstätigkeit des Steuerberaters im Sinne von § 33 StBerG (§ 1 Abs. 1 StBGebV). Diese umfasst jedoch nur die Vertretung in Steuersachen (OVG Münster NVwZ-RR 2000, 733).

82   Deshalb ist jedoch eine (vereinbarte und daher geschuldete) Vergütung nicht von vornherein von den erstattungsfähigen Aufwendungen ausgeschlossen. § 162 Abs. 2 S. 1 konkretisiert nur für die typischen Fälle den Maßstab der Notwendigkeit und erleichtert dadurch die Anwendung des Abs. 1. Er

---

64 Hierzu C. *Sterzinger*, NJW 2008, 1254.
65 Zu Mandanten mit Wohnsitz im Ausland VG Berlin InfAuslR 2006, 97.

grenzt aber mit dem Verweis auf die (gesetzlichen) Gebühren und Auslagen von Rechtsanwälten, Rechtsbeiständen und Steuerberatern andere Vergütungen nicht schlechthin von den erstattungsfähigen Aufwendungen aus. Ausgehend von der Pflicht, aus Gründen der Prozesswirtschaftlichkeit die Kosten des Verfahrens im Rahmen des Verständigen und Zumutbaren so niedrig wie möglich zu halten, ist vielmehr im Einzelfall festzustellen, ob und in welcher Höhe der Beteiligte die Zahlung einer Vergütung für erforderlich halten durfte, um sich die Unterstützung dieses Bevollmächtigten zu sichern. Eine nach den Umständen angemessene Vergütung kann notwendig sein.

Das RVG beschreibt dabei jedenfalls die Höchstgrenze, bis zu der Aufwendungen für sonstige Bevollmächtigte erstattungsfähig sein können. Nach § 67 Abs. 2 S. 1 reicht die Vertretung durch einen Rechtsanwalt aus. Umgekehrt bietet das RVG einen Anhalt dafür, in welcher Höhe Aufwendungen für einen rechtskundigen Bevollmächtigten als angemessene Vergütung erstattungsfähig sein können.[66] Hat der Beteiligte einen Steuerberater in anderen als Steuersachen beigezogen, ist eine Vergütung deshalb regelmäßig nach § 162 Abs. 1 bis zur Höhe der Auslagen und Gebühren eines Rechtsanwalts als angemessen und damit als notwendiger Aufwand anzuerkennen.   83

c) Rechtslehrer. Regelmäßig als notwendig anzuerkennen ist die Zuziehung eines Rechtslehrers i.S.d § 67 Abs. 2 S. 1. Das BVerwG wendet auf sie § 162 Abs. 2 S. 1 entsprechend an.[67]   84

Vertritt ein Rechtslehrer sich selbst, sollen ihm nicht wie einem Rechtsanwalt Gebühren und Auslagen zu erstatten sein. § 91 Abs. 2 S. 3 ZPO soll auf ihn nicht anwendbar sein (BVerfGE 71, 23, 24 f. – bezogen auf das Verfassungsbeschwerdeverfahren; OVG Münster NJW 1976, 1333).[68]   85

d) Eigene Bedienstete der Behörde. Lassen sich juristische Personen des öffentlichen Rechts und Behörden nach § 67 Abs. 2 S. 2 Nr. 1 durch eigene Beschäftigte vertreten, können sie den Aufwand hierfür nicht in entsprechender Anwendung des § 162 Abs. 2 S. 1 in Höhe der Gebühren und Auslagen geltend machen, die einem Rechtsanwalt zustünden (VGH München NVwZ-RR 2001, 611; ferner → Rn. 50).   86

Anders kann es sich verhalten, soweit sie sich durch Beschäftigte anderer Behörden oder bspw. des jeweiligen kommunalen Spitzenverbandes vertreten lassen. Stellt ihnen der kommunale Spitzenverband die Aufwendungen für die übernommene Vertretung in Rechnung, kann dieser Aufwand grds. im Falle des Obsiegens auf den kostenpflichtigen Gegner abgewälzt werden.   87

e) Sonstige Bevollmächtigte. Hat der Beteiligte mit einem sonstigen Bevollmächtigten (§ 67 Abs. 2 S. 2) oder Beistand (§ 67 Abs. 7) eine Vergütung vereinbart, kann dieser tatsächlich entstandene Aufwand erstattungsfähig sein (vgl. VGH Mannheim NVwZ-RR 1990, 167), wobei wiederum das RVG die Höchstgrenze beschreibt (vgl. VG Neustadt a.d.W. NVwZ-RR 2004, 160). Im Übrigen sind die konkreten Auslagen eines sonstigen Bevollmächtigten oder Beistands erstattungsfähig, etwa seine Fahrtkosten für die Wahrnehmung eines gerichtlichen Termins. Jedoch sind solche Aufwendungen nicht erstattungsfähig, die der Beteiligte, wären sie ihm entstanden, selbst zu tragen hätte, also etwa Zeitversäumnis für das Aktenstudium und die Anfertigung von Schriftsätzen. Die Erstattung von Kosten eines Sachbeistands in der mündlichen Verhandlung ist nur notwendig, wenn der Sachbeistand sich in der mündlichen Verhandlung dem Gericht zu erkennen gibt und als Auskunftsperson zur weiteren Aufklärung des Sachverhalts für das Gericht tatsächlich zur Verfügung steht (BVerwG NVwZ-RR 2012, 46).   88

Nicht notwendig sind Aufwendungen für einen Bevollmächtigten oder Beistand, der nach § 67 nicht vertretungsbefugt ist. Diese Aufwendungen sind zur zweckentsprechenden Rechtsverfolgung nicht notwendig.   89

6. Kosten des Vorverfahrens. Die Kostengrundentscheidung des Gerichts bestimmt auch, wer die Kosten des Vorverfahrens zu tragen hat.   90

a) Anwendungsbereich. Die VwGO versteht unter dem Begriff „Vorverfahren" nur das Widerspruchsverfahren. Zu den erstattungsfähigen Kosten des Verfahrens gehören deshalb nicht die Kosten,   91

---

66 VGH München BayVBl 1992, 561; OVG Münster NJW 1968, 1978: Wirtschaftsprüfer.
67 BVerwG BayVBl 1978, 315; ferner VGH München BayVBl 1992, 561; *R. Mußgnug*, NJW 1989, 2037; *W. Kunze*, in: Posser/Wolff § 162 Rn. 57; einschränkend im Falle von Abgabenangelegenheiten i.S.d. § 162 Abs. 2 S. 1 *J. Schmidt*, in: Eyermann § 162 Rn. 11.
68 A.A. *W.-R. Schenke*, in: Kopp/Schenke § 162 Rn. 9.

die dem Beteiligten durch das Verwaltungsverfahren bei der Ausgangsbehörde[69] oder durch einen Aussetzungsantrag nach § 80 Abs. 6 (OVG Münster NVwZ-RR 2006, 856) entstanden sind. Das gilt auch, wenn sich an das Ausgangsverfahren kein Widerspruchsverfahren anschließt, weil gegen den Ausgangsbescheid unmittelbar Klage erhoben werden kann (VGH Mannheim NJW 2006, 2937).[70]

91a Die Erstattung der Kosten eines Widerspruchsverfahrens setzt nur die Statthaftigkeit des Widerspruchs, nicht aber in jedem Fall auch dessen Notwendigkeit voraus. Eine Kostenerstattung kann deshalb auch dann in Betracht kommen, wenn ein Widerspruch zwar statthaft war, aus besonderen prozessualen Gründen ausnahmsweise entbehrlich gewesen wäre, der Betroffene ihn aber gleichwohl eingelegt hat (OVG Greifswald NordÖR 2008, 532, 533). Dies gilt insbes. dann, wenn der angefochtene Bescheid in einer unrichtigen Rechtsbehelfsbelehrung den Widerspruch als einzulegenden Rechtsbehelf benennt (OVG Lüneburg NVwZ-RR 2005, 660; → Rn. 18 a).

92 Die Kosten des Vorverfahrens gehören nur in dem Umfang zu den erstattungsfähigen Kosten des gerichtlichen Verfahrens, in dem der Gegenstand des Widerspruchverfahrens mit dem Gegenstand des späteren Klageverfahrens identisch ist (OVG Münster Rpfleger 2005, 169). Hat die Widerspruchsbehörde dem Widerspruch z.T. stattgegeben und hat sich insoweit kein Klageverfahren angeschlossen, verhält sich die Kostenentscheidung des Gerichts zu diesem Teil des Widerspruchsverfahrens nicht. Dasselbe gilt, wenn der Kläger nach vollständiger Zurückweisung seines Widerspruchs nur einen Teil des ursprünglichen Begehrens mit der Klage weiterverfolgt.

93 Ein Widerspruchsverfahren kann kostenmäßig nur einem nachfolgenden Klageverfahren zugerechnet werden. Die Kosten des Vorverfahrens werden deshalb nicht von der Kostengrundentscheidung erfasst, die das Gericht in den Verfahren nach §§ 80, 80 a und nach § 123 trifft.[71] Diese Verfahren erfordern kein Vorverfahren.

94 Soweit die Verfahrensgegenstände identisch sind, erfasst die Kostengrundentscheidung des Gerichts die Kosten des Vorverfahrens unabhängig davon, ob das Gerichtsverfahren mit einer Sachentscheidung endet, durch die der Widerspruchsbescheid samt Kostenentscheidung aufgehoben wird. Jede Kostengrundentscheidung des Gerichts verdrängt unmittelbar die Kostenentscheidung des Widerspruchsbescheids (OVG Münster NVwZ-RR 2002, 77). § 162 Abs. 1 gilt mithin auch, wenn das Verfahren durch Klagerücknahme,[72] durch übereinstimmende Erledigungserklärungen oder durch gerichtlichen Vergleich[73] beendet wurde, ferner wenn die Klage abgewiesen wurde, der zusammen mit dem Ausgangsbescheid angefochtene Widerspruchsbescheid also Bestand hat. Daraus können sich für einen Kläger nachteilige Folgen in den Fällen ergeben, in denen die Kostenregelung nach § 80 VwVfG für den unterliegenden Widerspruchsführer günstiger ist als die Kostenregelungen der §§ 154 ff. für den unterliegenden Kläger. Nach § 80 Abs. 1 S. 2 VwVfG hat der unterliegende Widerspruchsführer einen Kostenerstattungsanspruch, wenn der Widerspruch nur deshalb keinen Erfolg hat, weil die Verletzung einer Verfahrens- oder Formvorschrift nach § 45 VwVfG unbeachtlich ist. In dienstrechtlichen Angelegenheiten hat der unterliegende Widerspruchsführer der obsiegenden Ausgangsbehörde nicht deren Aufwendungen zu erstatten (§ 80 Abs. 1 S. 3 Hs. 2 Nr. 1 VwVfG). Unterliegt der Kläger in einem nachfolgenden Klageverfahren oder nimmt er die Klage zurück, hat er nach § 154 Abs. 1 oder nach § 155 Abs. 2 sämtliche Kosten des Verfahrens zu tragen und damit auch sämtliche Kosten des Widerspruchsverfahrens, einschließlich der eigenen Aufwendungen, die sonst nach § 80 Abs. 1 S. 2 VwVfG erstattungsfähig wären.

95 Erfasst die Kostengrundentscheidung die Kosten des Vorverfahrens, ist die Festsetzung dieser Kosten Teil der Kostenfestsetzung nach § 164, die der Urkundsbeamte des Gerichts auf der Grundlage der

---

69 VGH Kassel NJW 2008, 678; VGH Mannheim NVwZ-RR 1998, 402; VBlBW 2006, 480; OVG Münster NVwZ-RR 2002, 317; VG Bremen 3.9.2014 – 1 E 801/14, juris Rn. 14; *S. Seith*, VBlBW 2015, 145; dasselbe gilt für das Verfahren zur Aufstellung eines Bebauungsplans im Verhältnis zu einem späteren Normenkontrollverfahren gegen diesen Bebauungsplan: VGH Mannheim NJW 2009, 1895, 1896. Weiter: *W. Kunze*, in: Posser/Wolff § 162 Rn. 54.

70 *W. Kunze*, in: Posser/Wolff § 162 Rn. 54.

71 VGH Kassel NVwZ-RR 1999, 346; OVG Koblenz DÖV 1990, 159; OVG Lüneburg OVGE 28, 366; VGH Mannheim VBlBW 1983, 168; OVG Münster NWVBl 1993, 312; OVG Schleswig NordÖR 2006, 302; OVG Weimar NVwZ-RR 2001, 250.

72 VGH Mannheim NVwZ-RR 1989, 587; a.A. VGH Mannheim VBlBW 1983, 72, 73 m.Anm. *F. Kopp*.

73 Anders offenbar VGH Mannheim NVwZ-RR 2002, 325, jedenfalls für den Fall, dass der Vergleich keine Kostenregelung enthält. Dann ist aber nach § 161 Abs. 1 durch Beschluss eine Kostengrundentscheidung nach dem Maßstab des § 160 zu treffen, welche die Kosten des Vorverfahrens erfasst.

Kostenentscheidung des Gerichts vornimmt (OVG Koblenz DVBl 1985, 1075). Für die Festsetzung der Kosten eines Vorverfahrens durch die Widerspruchsbehörde oder die Ausgangsbehörde nach § 80 Abs. 3 VwVfG ist nur dann Raum, wenn und soweit sich dem Widerspruchsverfahren ein Klageverfahren nicht angeschlossen hat oder das Klageverfahren nur einen Teil des Gegenstandes des Vorverfahrens betrifft (VGH Mannheim NVwZ-RR 1992, 54).

b) Widerspruchsgebühr. Zu den erstattungsfähigen Kosten gehören nicht Gebühren und Auslagen, die der Kläger an die Widerspruchsbehörde zu leisten hatte.[74] Ob ihm die Widerspruchsgebühr zu erstatten ist, ist eine Frage des materiellen Gebührenrechts (HmbOVG NJW 1961, 937; VerwRspr. 27, 1006). Die Gebührenfestsetzung für einen Widerspruchsbescheid ist ein selbständiger Verwaltungsakt. Er wird nicht von der Klage erfasst, die sich gegen den Ausgangsbescheid richtet, der dem Widerspruchsbescheid zu Grunde liegt. Die Rechtmäßigkeit der Gebührenfestsetzung hängt nicht notwendig von der Rechtmäßigkeit des Widerspruchsbescheids ab (OVG Magdeburg NVwZ-RR 2010, 177; OVG Münster KStZ 1984, 217). Wird im Klageverfahren mit dem Ausgangsbescheid der Widerspruchsbescheid aufgehoben (§ 79 Abs. 1 Nr. 1), ist damit nicht gesagt, dass die Widerspruchsgebühr zu Unrecht erhoben wurde und erstattet werden muss. Hierüber ist ggf. in einem gesonderten Prozess gegen die Widerspruchsbehörde zu entscheiden (BVerwG VerwRspr 27, 243). **96**

c) Kosten eines Bevollmächtigten. Zu den erstattungsfähigen Kosten gehören grds. die Aufwendungen für einen Rechtsanwalt, den der Beteiligte schon im Vorverfahren beigezogen hatte. Das gilt aber nur für die Kosten, die durch die Beauftragung des Rechtsanwalts im Widerspruchsverfahren entstanden sind. **97**

Während die Aufwendungen für eine anwaltliche Vertretung im Prozess stets erstattungsfähig sind (§ 162 Abs. 2 S. 1), sind es diejenigen für eine anwaltliche Vertretung im Vorverfahren nur, wenn das Gericht die Zuziehung eines Bevollmächtigten für das Vorverfahren für notwendig erklärt (§ 162 Abs. 2 S. 2, hierzu OVG Brem NVwZ-RR 2014, 700).[75] Über die Notwendigkeit außergerichtlicher Kosten wird im Kostenfestsetzungsverfahren grds. durch den Urkundsbeamten des Gerichts entschieden. § 162 Abs. 2 S. 2 überträgt die Entscheidung hiervon abweichend auf das Gericht. Dieses ist ohnehin mit dem Sach- und Streitstoff befasst und kann die (zusätzliche) Frage, ob die Zuziehung eines Bevollmächtigten im Vorverfahren notwendig war, einfacher und zutreffender beantworten (vgl. VGH Kassel NJW 2006, 460). **98**

aa) Bevollmächtigung. Ein Bevollmächtigter war nur dann i.S.d. § 162 Abs. 2 S. 2 für das Vorverfahren zugezogen, wenn er förmlich bevollmächtigt war und nach außen gegenüber der Widerspruchsbehörde als Bevollmächtigter aufgetreten ist; eine lediglich beratende Tätigkeit reicht nicht aus.[76] **99**

Ist der Rechtsanwalt im Vorverfahren nur beratend tätig geworden, können dadurch ausgelöste Gebühren und Auslagen erstattungsfähig sein. Zwar ist § 162 Abs. 2 S. 2 nicht anwendbar. Damit ist aber nur die Zuständigkeit des Gerichts für eine vorgängige Entscheidung über die Notwendigkeit dieser Form der Zuziehung eines Rechtsanwalts ausgeschlossen. Seine nur beratende Tätigkeit im Vorverfahren ist unmittelbar auf der Grundlage des § 162 Abs. 1 durch den Urkundsbeamten des Gerichts auf ihre Notwendigkeit hin zu beurteilen.[77] **100**

bb) Notwendigkeit der Zuziehung. Nach der Rspr. des BVerwG, jedenfalls zu § 80 Abs. 2 VwVfG, soll die Vertretung durch einen Rechtsanwalt schon im Vorverfahren nur ausnahmsweise notwendig sein.[78] Der Gesetzgeber gehe davon aus, dass im Vorverfahren die Bevollmächtigung eines Rechtsan- **101**

---

74 VGH Mannheim NVwZ-RR 2002, 325; a.A. OVG Koblenz NVwZ-RR 2014, 830, 831 m. w. Nachw.; VGH München BayVBl 1984, 691; VG Weimar JurBüro 2007, 369.
75 *S. Seith*, VBlBW 2015, 145, 147f.
76 OVG Brem NVwZ-RR 2014, 700; OVG Magdeburg JurBüro 2007, 491; OVG Greifswald NordÖR 2005, 121; VGH Mannheim VBlBW 1998, 347, 348; VGH München NVwZ-RR 1993, 221; OVG Münster NVwZ-RR 1989, 53; NWVBl 1993, 312; NVwZ-RR 1996, 620; ebenso für § 80 Abs. 2 VwVfG: BVerwGE 79, 226; a.A. OVG Münster NVwZ-RR 1988, 128.
77 So zu § 80 Abs. 2 VwVfG: BVerwGE 79, 226; enger wohl noch: BVerwGE 75, 107; a.A. OVG Münster NVwZ-RR 1988, 128; zu § 162: OVG Bln AnwBl 1985, 53; VGH München NVwZ-RR 1993, 221; OVG Münster NVwZ-RR 1989, 53; NVwZ-RR 1996, 620.
78 BVerwG 14.11.1979 Buchholz 316 § 80 VwVfG Nr. 1; BVerwGE 61, 100 m. krit. Anm. *P. Schmidt*, BayVBl 1982, 89; BVerwG NVwZ 1983, 346; NVwZ 1987, 883; BayVBl 1988, 158; BayVBl 1994, 285; BayVBl 1996, 571; BayVBl 1999, 736; NVwZ-RR 2002, 446, 447; VG Berlin JurBüro 2008, 654; a.A. BVerwG JurBüro 2000, 650.

walts nicht üblich und in der Regel nicht notwendig sei, trotz der im allgemeinen besseren Ausstattung der Behörden mit fachkundigem Personal. Der Herstellung völliger „Waffengleichheit" bedürfe es im Vorverfahren noch nicht. Die Verwaltung sei an das Gesetz gebunden. Sie sei ohnehin noch der gerichtlichen Kontrolle unterworfen. Vielmehr werde zunächst das unmittelbare Gespräch zwischen der Behörde und dem Betroffenen persönlich als zweckmäßiger angesehen. Notwendig sei die Zuziehung eines Bevollmächtigten im Widerspruchsverfahren nur, wenn es der Partei nach ihren persönlichen Verhältnissen nicht zuzumuten sei, das Vorverfahren selbst zu führen.

102   Diese Rspr. begegnet in ihrer Begründung durchgreifenden Bedenken.[79] Das Widerspruchsverfahren dient nicht nur der Selbstkontrolle der Verwaltung, sondern in gleichem Maße dem individuellen Rechtsschutz. Die Erstattung der Kosten hat dabei nicht zuletzt den Zweck, das Übergewicht der Behörde an sachlicher und personeller Ausstattung auszugleichen und die Waffengleichheit zu wahren. Zwar ist die Behörde an Recht und Gesetz gebunden. Ob sie diese Bindung beachtet hat, ist aber gerade Gegenstand des Widerspruchsverfahrens. Der Bürger ist wegen der Unübersichtlichkeit und Kompliziertheit des Rechts zumeist nicht in der Lage, gesetzliche Regelungen zu verstehen und im Einzelfall seine Rechte in materieller und verfahrensrechtlicher Hinsicht zu erkennen und wirksam gegenüber den Behörden wahrzunehmen (VGH Kassel NVwZ-RR 1996, 616). Das Widerspruchsverfahren trägt zur Entlastung der Verwaltungsgerichte bei. Das verlangt nach effektivem Rechtsschutz des Bürgers schon in diesem Stadium des Verfahrens. Deshalb ist es das gute Recht des Bürgers, einen Rechtsanwalt zu beauftragen, um seine Rechte gegenüber der Verwaltung zu wahren. Ob die Zuziehung eines Rechtsanwalts notwendig war, ist vom Standpunkt eines verständigen Beteiligten aus zu beurteilen, nicht aber nach den objektiven Maßstäben, die einer sach- und rechtskundigen Person zur Verfügung stehen (BVerwGE 17, 245; 55, 299, 306). Die Notwendigkeit, einen Bevollmächtigten für das Vorverfahren zuzuziehen, ist deshalb nicht nur in schwierigen und umfangreichen Verfahren anzunehmen. Sie wird vielmehr für die rechtsunkundige Partei in der Regel zu bejahen sein[80] und kommt auch bei Rechtsanwälten oder anderen rechtskundigen Personen in Betracht (VG Neustadt a.d.W. 16.6.2016 – 4 K 240/16.NW, S. 11 ff.; → Rn. 107).

103   Maßgeblich sind die Verhältnisse des Einzelfalls (BVerwG JurBüro 2000, 650), nämlich, welche Anforderungen in dem konkreten Fall eine zweckentsprechende Rechtsverfolgung verlangt hat. Ausgangspunkt ist die Schwierigkeit der Sache, die jedoch nicht abstrakt, sondern unter Berücksichtigung der Sachkunde und der persönlichen Verhältnisse des Widerspruchsführers festzustellen ist.[81] Dabei berücksichtigt die Rspr. neben dem Bildungs- und Kenntnisstand des Bürgers, wie schwierig und unbekannt die einschlägige Rechtsmaterie ist, wie intensiv die Rechtsbeziehung zwischen Bürger und Behörde ist und ob der Schwerpunkt des Streits eher im rechtlichen oder im tatsächlichen Bereich liegt (BVerwG NVwZ-RR 1999, 611, 612; OVG Magdeburg AnwBl 2001, 578). Ferner können die Bedeutung der Sache für den Widerspruchsführer sowie dessen besondere Arbeits- und Geschäftsbelastung berücksichtigt werden (BVerwG JurBüro 2000, 650). Die Zuziehung eines Rechtsanwalts ist nicht notwendig, wenn der Betroffene berufsbedingt mit dem betreffenden Sach- und Rechtsgebiet vertraut ist und in ständiger Beziehung zu der Verwaltung steht.[82] Die Zuziehung eines Bevollmächtigten im Vorverfahren soll nicht notwendig sein, wenn sich in einem bestimmten Gebiet das Vorverfahren zu einer reinen Formsache ohne förmliche Bescheidung oder nur mit formularmäßiger Bescheidung entwickelt habe.[83] Diese Rspr. ist schon deshalb zweifelhaft, weil der rechtsunkundige Bürger eine solche

---

79 O. *Mallmann*, NVwZ 1983, 338; OVG Brem NVwZ 1989, 75; S. *Seith*, VBlBW 2015, 145, 147.

80 So zu § 80 Abs. 2 VwVfG: OVG Brem NVwZ 1989, 75; zu § 162 Abs. 2 S. 2: OVG Koblenz NVwZ 1988, 842; OVG Lüneburg AnwBl 1989, 108; VGH München BayVBl 1978, 378; OVG Münster NVwZ 1983, 355; NVwZ-RR 2006, 838; *W.-R. Schenke*, in: Kopp/Schenke § 162 Rn. 15.

81 BVerwG NVwZ 1983, 346; 15.3.1999 Buchholz 428 § 38 VermG Nr. 4; JurBüro 2000, 650, 651; 28. 4.2010 – 6 B 46.09; VG Neustadt a.d.W. 16.6.2016 – 4 K 240/16.NW, S. 11 ff.

82 BVerwG BayVBl 1999, 736 Immobiliengesellschaft für die Verfolgung abgetretener Ansprüche auf vermögensrechtliche Rückübertragung eines Grundstücks; anders insoweit BVerwG JurBüro 2000, 650, 651. OVG Bautzen SächsVBl 2004, 162; VGH Mannheim VBlBW 2007, 474; OVG Münster NVwZ 1983, 355: Unternehmen der Werbewirtschaft für die Aufstellung von Werbetafeln. VGH Mannheim VBlBW 1986, 459: Baubetreuer für den steuerbegünstigten Wohnungsbau. OVG Bautzen SächsVBl 2008, 189: Gemeinde als Widerspruchführer in einem Subventionsverfahren; OVG Bautzen NVwZ-RR 2009, 542: Richter am OVG für Beihilfeanspruch. Zweifelhaft OVG Koblenz FEVS 32, 426: langjähriger Sozialhilfeempfänger.

83 So für das Verfahren auf Zulassung zum Studium außerhalb der festgesetzten Kapazität: OVG Münster NVwZ 1983, 356.

Entwicklung nicht kennen und in ihrer Bedeutung einschätzen kann.[84] Die Zuziehung eines Bevollmächtigten ist nicht notwendig, wenn der Betroffene für ihn ohne weiteres erkennbar durch bloße Vorlage fehlender Unterlagen zu seinem Ziel kommt (BVerwG BayVBl 1988, 158), oder wenn eine Rückfrage bei der Behörde ein Missverständnis behoben hätte (OVG Koblenz FEVS 32, 426; VGH Kassel FEVS 36, 330).

In aller Regel ist nicht notwendig, dass die Ausgangsbehörde zu ihrer Vertretung im Widerspruchsverfahren einen Rechtsanwalt zuzieht.[85] Es gehört zu ihrer Zuständigkeit und Aufgabe, einen Verwaltungsakt zu erlassen. Sie muss deshalb regelmäßig als hinreichend kompetent angesehen werden, ohne Zuziehung eines Bevollmächtigten das Widerspruchsverfahren zu betreiben. Etwas anderes gilt für eine Gemeinde, die sich als Drittbetroffene gegen einen VA wehrt, der von einen anderen Behörde erlassen worden ist, wenn sie selbst auf diesem Gebiet keine eigenen Zuständigkeiten besitzt und deshalb insoweit auch nicht über eigene Fachkompetenz verfügt (OVG Koblenz NVwZ-RR 2011, 455; ähnl. OVG Greifswald 22.3.2012 – 3 O 1/12, juris Rn. 3). **104**

cc) Rechtsanwalt in eigener Sache. Hat ein Rechtsanwalt sich in eigener Sache im Vorverfahren selbst vertreten, kann ebenfalls die Zuziehung eines Bevollmächtigten gem. § 162 Abs. 2 S. 2 für notwendig erklärt werden.[86] Vom Wortlaut her lässt sich dies als „Zuziehung" begreifen.[87] § 91 Abs. 2 S. 3 ZPO ist auf die Kosten des Vorverfahrens anwendbar, wenn dem Vorverfahren ein gerichtliches Verfahren folgt. In diesem Fall sind die Kosten des Vorverfahrens gem. § 162 Abs. 1 Teil der gerichtlichen Verfahrenskosten, für die wiederum über § 173 die Bestimmung des § 91 Abs. 2 S. 3 ZPO gilt. **105**

Vor allem ist es in der Sache geboten, § 91 Abs. 2 S. 3 ZPO für das Vorverfahren heranzuziehen. Diese Vorschrift enthält einen allgemeinen Rechtsgedanken (vgl. auch § 1835 Abs. 3 BGB). Sie durchbricht zugunsten von Rechtsanwälten den Grundsatz, dass die Mühewaltung zur Wahrung eigener Rechte dem eigenen Pflichtenkreis zuzurechnen ist, der Aufwand für die Bearbeitung eigener Rechtsangelegenheiten deshalb grds. selbst getragen werden muss. Die in die eigene Sache aufgewandte Zeit und Mühe ist in der Regel dem privaten Bereich zuzuordnen. Anders liegen die Verhältnisse bei einem Rechtsanwalt, der in eigener Sache tätig wird. Er wird regelmäßig seine berufliche Arbeitskraft und die personellen und sächlichen Mittel seiner Kanzlei für ihre Erledigung einsetzen. § 91 Abs. 2 S. 3 ZPO erlaubt dem Rechtsanwalt, kostenrechtlich die Bearbeitung seiner eigenen Rechtsangelegenheiten seiner beruflichen Tätigkeit zuzuordnen. **106**

Es kann nur darum gehen, ob die Zuziehung eines Bevollmächtigten notwendig war. Das kann nicht mit der Begründung verneint werden, der Betroffene sei als Rechtsanwalt selbst rechts- und sachkundig. Seine berufliche Qualifikation als Rechtsanwalt hat außer Betracht zu bleiben.[88] Es muss vielmehr losgelöst von seinem Beruf als Rechtsanwalt nach dem sonst geltenden Maßstab entschieden werden, ob ein vernünftig urteilender Beteiligter die Zuziehung eines Rechtsanwalts für notwendig gehalten hätte. Ist das der Fall, darf der Rechtsanwalt als Beteiligter die Bearbeitung der Sache aus seinem privaten Pflichtenkreis herausnehmen und seiner beruflichen Tätigkeit zuordnen (OVG Münster 1.4.2011 – 12 E 292/10, juris Rn. 9). **107**

dd) Höhe der Aufwendungen. War die Zuziehung eines Rechtsanwalts notwendig, richtet sich die Höhe der zu erstattenden Aufwendungen nach den Gebühren des Rechtsanwalts, die wiederum von dem Gegenstandswert der anwaltlichen Tätigkeit abhängt. Einer besonderen Festsetzung des Gegenstandswertes bedarf es nicht. Hierüber wird regelmäßig inzidenter im Kostenfestsetzungsbeschluss nach § 164 entschieden. Dabei wird grds. der Gegenstandswert des Vorverfahrens durch den Streitwert des gerichtlichen Verfahrens bestimmt (VGH München BayVBl 1995, 599). **108**

---

84 Zu Recht anders deshalb OVG Koblenz NVwZ 1988, 842; OVG Brem NVwZ 1989, 75.
85 VGH Mannheim VBlBW 1983, 333; NVwZ-RR 1993, 111; VBlBW 2006, 69; *R. Pietzner*, BayVBl 1979, 107, 112; anders für das Vergabeverfahren OLG Stuttgart NVwZ 2000, 1329.
86 BVerwGE 61, 100 m. krit. Anm. *P. Schmidt*, BayVBl 1982, 89; OVG Greifswald NVwZ 2002, 1129, 1130; VGH Mannheim ESVGH 26, 178; AnwBl 1980, 219; VGH München BayVBl 1989, 757; *W.-R. Schenke*, in: Kopp/Schenke § 162 Rn. 19; a.A. BFHE 104, 306; 108, 574.
87 Nach VGH München 4.3.2004 – 3 C 04.250, setzt dies voraus, dass der Widerspruchsführer erkennbar als Anwalt in eigener Sache aufgetreten ist.
88 A.A. wohl: OVG Greifswald NVwZ 2002, 1129, 1130; VGH Mannheim ESVGH 26, 178.

109 **ee) Entscheidung des Gerichts.** Eine Entscheidung des Gerichts nach § 162 Abs. 2 S. 2 ist nur erforderlich, wenn die Kostenentscheidung des Gerichts oder die Kostenregelung in einem gerichtlichen Vergleich (VGH München NVwZ-RR 2012, 623) die Kostentragung im Widerspruchsverfahren regelt. Einer Entscheidung bedarf es deshalb nicht in den Verfahren des einstweiligen Rechtsschutzes (→ Rn. 93).[89]

110 Eine Entscheidung hat in den Fällen der Untätigkeitsklage nach § 75 zu ergehen (OVG Lüneburg NVwZ-RR 2008, 849). Hat der Kläger Widerspruch eingelegt, ist das Vorverfahren eingeleitet. Die dadurch entstandenen Kosten sind Teil der Verfahrenskosten nach § 162 Abs. 1. Hat der Kläger Untätigkeitsklage erhoben, weil die Ausgangsbehörde einen Antrag nicht beschieden hat, und ergeht während des Klageverfahrens ein ablehnender Bescheid, gegen den der Kläger Widerspruch eingelegt hat, ist eine Entscheidung erforderlich, ob die Zuziehung eines Bevollmächtigten im Vorverfahren notwendig war.[90] Jedoch dürfte regelmäßig das Widerspruchsverfahren und damit die Tätigkeit des Bevollmächtigten in dessen Rahmen nicht mehr notwendig gewesen sein (OVG Münster NVwZ-RR 2004, 395).

111 Sind die außergerichtlichen Kosten eines Beigeladenen gem. § 162 Abs. 3 erstattungsfähig, ist eine Entscheidung nach § 162 Abs. 2 S. 2 zugunsten des Beigeladenen erforderlich,[91] wenn er erfolgreich Widerspruch gegen einen Verwaltungsakt eingelegt hatte, der einen Dritten begünstigt und dieser gegen den ihn beschwerenden Widerspruchsbescheid Klage erhebt. In diesen Fällen können die Kosten des Vorverfahrens abweichend von § 80 VwVfG nicht nur den Rechtsträger treffen, dessen Behörde den Verwaltungsakt erlassen hat. Sie können vielmehr auch dem Dritten (und späteren Kläger) auferlegt werden. § 162 Abs. 2 S. 2 ist ferner zugunsten eines Beigeladenen anwendbar, dessen Kosten nach § 80 VwVfG nicht zu erstatten wären, weil er nicht Widerspruchsführer, sondern als Dritter zum Widerspruchsverfahren beigezogen war.[92]

112 Das Rechtsschutzinteresse für einen Antrag nach § 162 Abs. 2 S. 2 fehlt, wenn ersichtlich kein Bevollmächtigter tätig geworden ist (OVG Greifswald 8.2.2012 – 1 O 125/11, juris Rn. 5).

113 Die Entscheidung nach § 162 Abs. 2 S. 2 gehört nicht mehr zur Kostengrundentscheidung, sondern zur Kostenfestsetzung.[93] Schon die Kostengrundentscheidung bestimmt, dass der unterliegende Beteiligte dem Grunde nach die Kosten des Vorverfahrens zu tragen hat. Die Entscheidung nach § 162 Abs. 2 S. 2 legt die Notwendigkeit einer einzelnen Kostenposition fest und regelt damit die erstattungsfähigen Kosten ihrer Höhe nach.

114 Die Kostenfestsetzung ist antragsabhängig. Über die Notwendigkeit der Zuziehung eines Bevollmächtigten wird deshalb nur auf Antrag entschieden. Der Antrag kann konkludent gestellt werden. Sind in dem Kostenfestsetzungsgesuch Aufwendungen für eine anwaltliche Vertretung im Vorverfahren aufgeführt, liegt hierin zugleich der Antrag, die Zuziehung eines Bevollmächtigten für notwendig zu erklären. Der Urkundsbeamte des Gerichts, an den das Festsetzungsgesuch gerichtet ist, hat die Sache dem Gericht zur Entscheidung vorzulegen (→ Rn. 98; → § 164 Rn. 19 a, 29).

115 Für den Antrag fehlt das Rechtsschutzinteresse, wenn der Kläger keinen Kostenerstattungsanspruch dem Grunde nach hat (vgl. BVerwG NVwZ 2008, 324).

116 Für die Entscheidung nach § 162 Abs. 2 S. 2 reicht aus, dass das Urteil wegen der Kosten vorläufig vollstreckbar ist. Denn auf der Grundlage eines solchen Urteils kann die Kostenfestsetzung beantragt werden.

117 Die Entscheidung nach § 162 Abs. 2 S. 2 kann in einem gesonderten Beschluss im Kostenfestsetzungsverfahren ergehen (VGH München GewArch 1972, 162). Der Ausspruch nach § 162 Abs. 2 S. 2 kann aber auch in die Entscheidung (Urteil oder Beschluss) aufgenommen werden, welche die Instanz ab-

---

89 VGH Kassel NVwZ-RR 1999, 346; OVG Koblenz DÖV 1990, 159; OVG Lüneburg NJW 1974, 2022 m.Anm. *J.-D. Busch*; VGH Mannheim VBlBW 1981, 291; VBlBW 1983, 168; OVG Münster OVGE 29, 25 m. zust. Anm. *J.-D. Busch*, NJW 1974, 891; OVG Münster NJW 1975, 325; NWVBl 1993, 312; OVG Weimar NVwZ-RR 2001, 205; a.A. OVG Münster NJW 1972, 1766; *K.-H. Friese*, DÖV 1974, 264.
90 HmbOVG NVwZ-RR 1994, 621; VGH Kassel LKRZ 2008, 63; VGH Mannheim NVwZ-RR 1992, 388; a.A. OVG Lüneburg NVwZ-RR 2007, 430.
91 BVerwG NVwZ 1986, 303; OVG Münster NVwZ-RR 2002, 317; *K.-H. Friese*, DÖV 1974, 264, 267.
92 VGH Mannheim 7.3.2012 – 3 S 2452/10, juris Rn. 3; OVG Saarlouis, 6.1.2006 – 3 Y 22/05; a.A. VGH München BayVBl 2003, 476.
93 BVerwG NVwZ 2006, 1294; OVG Münster 18.10.2016 – 19 F 24/16, juris Rn. 1; VGH Kassel NJW 2006, 460; OVG Weimar NVwZ-RR 2001, 487.

schließt und hierfür die Kostengrundentscheidung trifft; auch dann bleibt er jedoch Teil der Kostenfestsetzung (BVerwGE 27, 39; OVG Weimar NVwZ-RR 2001, 487, 488). Hat der Kläger einen Ausspruch nach § 162 Abs. 2 S. 2 beantragt und ist hierüber im Urteil nicht entschieden, ist nicht i.S.d. § 120 Abs. 1 die Kostenfolge teilweise übergangen. Eine Urteilsergänzung ist weder möglich noch erforderlich (BVerwG NVwZ-RR 2003, 246). Die Entscheidung nach § 162 Abs. 2 S. 2 kann auf Antrag jederzeit nachgeholt werden (BVerwG NVwZ 2006, 1294).

Ob die Zuziehung eines Bevollmächtigten für das Vorverfahren notwendig war, hat stets das Gericht 118 des ersten Rechtszugs zu entscheiden, denn dieses ist für die Kostenfestsetzung zuständig (vgl. OVG Münster 18.10.2016 – 19 F 24/16, juris Rn. 1). Es bleibt für die Kostenfestsetzung auch dann zuständig, wenn das Verfahren wegen der Hauptsache beim Rechtsmittelgericht anhängig ist[94] oder wenn der Antrag erst nach Abschluss des Hauptsacheverfahrens gestellt wird. In dem letzteren Fall ist nicht etwa das Gericht zuständig, dessen Entscheidung den Rechtsstreit beendet hat (BVerwG v. 20.10.1995 Buchholz 310 § 161 VwGO Nr. 110; NVwZ-RR 2003, 246). Eine Entscheidung über einen schon in erster Instanz gestellten Antrag ist entbehrlich, wenn das VG die Klage abweist und deshalb eine Kostenerstattung zugunsten des Klägers nicht in Betracht kommt. Gibt das OVG im Berufungsverfahren der Klage statt, bleibt es dabei, dass nunmehr das VG über den Antrag zu entscheiden, also den zunächst entbehrlichen Ausspruch nach § 162 Abs. 2 S. 2 nachzuholen hat. Das OVG korrigiert zwar die Kostengrundentscheidung des VG. Dazu gehört aber der Ausspruch nach § 162 Abs. 2 S. 2 nicht. Für die Kostenfestsetzung ist nicht das Berufungsgericht zuständig.

Die Entscheidung des VG ist isoliert mit der Beschwerde[95] anfechtbar, und zwar auch dann, wenn die- 119 se Entscheidung im Urteil getroffen ist.[96] § 158 Abs. 1 steht dem nicht entgegen. Die Vorschrift betrifft nur die Kostengrundentscheidung, nicht aber die Kostenfestsetzung. Dasselbe gilt für § 158 Abs. 2 in den Fällen, in denen die Entscheidung nach § 162 Abs. 2 S. 2 nicht zusammen mit der Entscheidung in der Hauptsache, sondern durch gesonderten Beschluss ergeht.[97] Die Beschwerde gegen eine Entscheidung nach § 162 Abs. 2 S. 2 ist eine Beschwerde in einer Streitigkeit über Kosten i.S.d. § 146 Abs. 3 (VGH Kassel NVwZ-RR 2005, 581; OVG Münster NVwZ-RR 2006, 838). Ihre Zulässigkeit hängt mithin davon ab, dass der Beschwerdewert von gegenwärtig 200 € überschritten wird (a.A. OVG Greifswald NordÖR 2008, 532, 533). Die Beschwerde unterliegt dem Vertretungszwang (§ 67 Abs. 4 S. 1). Die Beschwerdeentscheidung ist mit einer Kostenentscheidung zu versehen; die Kosten trägt der unterliegende Beteiligte (§ 154 Abs. 2). Es handelt sich um einen Zwischenstreit im Kostenfestsetzungsverfahren. Der Beklagte hat die Kosten des erfolgreichen Beschwerdeverfahrens auch dann zu tragen, wenn er der Notwendigkeit der Zuziehung eines Bevollmächtigten nicht widersprochen hat, das VG den Antrag aber gleichwohl abgelehnt hatte.

7. Kosten von Vorlageverfahren. a) Vorlagen zum BVerfG. Zu den Kosten i.S.d. § 162 Abs. 1 gehö- 120 ren nicht die Kosten, die den Beteiligten im Falle einer Vorlage nach Art. 100 GG im Verfahren vor dem BVerfG entstehen. Die konkrete Normenkontrolle auf Vorlage eines Gerichts stellt ein selbständiges, in sich abgeschlossenes Verfahren mit eigener Regelung über die Kostenerstattung dar (§ 34 BVerfGG). Das Verfahren vor dem BVerfG ist nicht Teil des Verfahrens, aus dem die Normenkontrolle erwachsen ist.

b) Vorlagen an den EuGH. Anders verhält es sich bei Vorlagen an den EuGH. Nach dessen Rspr.[98] 121 ist das Verfahren der Vorabentscheidung nach Art. 267 AEUV für die Beteiligten des Ausgangsverfahrens ein Zwischenstreit in dem beim nationalen Gericht anhängigen Verfahren. Die Kostenentscheidung obliegt dem nationalen Gericht. Nach dem Kostenausspruch in der abschließenden Entscheidung des Ausgangsverfahrens richtet sich deshalb auch, wer die Kosten zu tragen hat, die den Beteilig-

---

94 BVerwG BayVBl 2008, 185; OVG Münster 21.12.2006 – 7 A 4561/05, juris Rn. 1; BFH BFH/NV 2004, 75; a.A. VGH Kassel DÖV 1989, 642; VGH München BayVBl 2009, 702; OVG Münster NVwZ-RR 2002, 785.
95 OVG Greifswald NordÖR 2008, 532, 533; VGH Kassel NJW 2006, 460; VGH Mannheim VBlBW 1996, 340; VGH München BayVBl 2003, 476; OVG Saarlouis NVwZ-RR 1999, 213.
96 BVerwGE 27, 39; OVG Greifswald NVwZ 2002, 1129; VGH Kassel NVwZ-RR 1996, 616; nach OVG Magdeburg 2.6.2004 – 2 L 3/03: wahlweise neben dem Antrag auf Zulassung der Berufung.
97 VGH Kassel DVBl 1996, 113; OVG Weimar NVwZ-RR 2001, 487, 488; ohne nähere Begründung a.A. VGH München NVwZ-RR 1993, 221.
98 EuGH EuR 1974, 57 m. krit. Anm. *O. Brändel*; EuGH EuGRZ 2002, 50.

ten im Verfahren vor dem EuGH entstanden sind.[99] Die Erstattungsfähigkeit von Aufwendungen und die Festsetzung der Kosten bestimmen sich im Verwaltungsprozess nach § 162 Abs. 1 und 2 sowie nach § 164.

II. Außergerichtliche Kosten des Beigeladenen (§ 162 Abs. 3)

122   **1. Bedeutung der Vorschrift.** Der Beigeladene hat nicht ohne Weiteres Kosten zu tragen noch sind ihm seine Kosten ohne Weiteres zu erstatten. Kosten zu tragen hat er nach § 154 Abs. 3 grds. nur, wenn er erfolglos einen Antrag gestellt hat. Ob seine außergerichtlichen Kosten erstattungsfähig sind, hängt nach § 162 Abs. 3 von einer Entscheidung des Gerichts ab.[100] Das Gericht muss sie dem unterliegenden Beteiligten oder der Staatskasse auferlegen, wenn dies der Billigkeit entspricht.

123   Während Abs. 1 und 2 des § 164 die Kostenfestsetzung betreffen, gehört die Entscheidung über die Erstattungsfähigkeit der außergerichtlichen Kosten des Beigeladenen zur Kostengrundentscheidung. Mit ihr wird festgelegt, ob ggf. gegen wen der Beigeladene dem Grunde nach einen Erstattungsanspruch hat. Die Höhe der zu erstattenden Aufwendungen ergibt sich, wie auch sonst, aus § 162 Abs. 1 und 2.

124   Bezieht sich die Beiladung nur auf einen Teil des Streitgegenstandes, kann der Beigeladene, Billigkeit vorausgesetzt, Kostenerstattung nur verlangen, soweit die Kosten durch seine Rechtsverfolgung bezogen auf diesen Teil des Streitgegenstandes entstanden sind. War der Beigeladene durch einen Rechtsanwalt vertreten, kann er dessen Gebühren nur nach dem Wert erstattet verlangen, der seiner Beteiligung am Rechtsstreit entspricht. In diesem Fall sind für die einzelnen Gegenstände getrennte Streitwerte festzusetzen (OVG Lüneburg NVwZ-RR 2001, 278).

125   **2. Anwendungsbereich. a) Persönlicher Anwendungsbereich.** § 162 Abs. 3 ist nur auf den Beigeladenen anzuwenden. Unerheblich ist, ob es sich um eine notwendige oder um eine einfache Beiladung handelt. Beigeladener i.S.d. § 162 Abs. 3 ist nicht die oberste Aufsichtsbehörde, die nach § 99 Abs. 2 S. 6 zum in-camera-Verfahren beizuladen ist (BVerwG 11. 6.2010 – 20 F 12.09); denn bei der „Beiladung" nach dieser Vorschrift handelt es sich nicht um eine Beiladung i.S.d. § 65, sondern um eine besondere Art der Behördenbeteiligung im in-camera-Verfahren (BVerwGE 117, 42).

126   Die Vorschrift kann nicht auf den VöI entsprechend angewendet werden. Seine außergerichtlichen Kosten sind von ihm selbst zu tragen (VG Sigmaringen NVwZ-RR 1998, 696). Außergerichtliche Kosten und damit allein erstattungsfähig sind die zur Rechtsverfolgung aufgewandten Kosten. Die Aufwendungen des VöI dienen nicht der Verfolgung von Rechten.

127   § 162 Abs. 3 kann nicht auf Dritte angewandt werden, die nicht Beteiligte des Verfahrens sind, die das Gericht aber ähnlich einem Beigeladenen zum Verfahren zugezogen hat, etwa in Normenkontrollverfahren nach § 47 Abs. 2 S. 3.

128   nicht besetzt

129   **b) Sachlicher Anwendungsbereich.** § 162 Abs. 3 ist auch im Verfahren auf Zulassung der Berufung anwendbar. Ob es in diesem Verfahren in der Regel der Billigkeit entspricht, die außergerichtlichen Kosten des Beigeladenen nicht für erstattungsfähig zu erklären, ist eine andere Frage (VGH München BayVBl 2002, 378). Sie ist nach denselben Kriterien zu beantworten, die auch sonst anzulegen sind.

130   **3. Billigkeit.** Die außergerichtlichen Kosten eines Beigeladenen können nur dann einem Beteiligten oder der Staatskasse auferlegt werden, wenn dies der Billigkeit entspricht.

131   Hat der Beigeladene einen eigenen Antrag gestellt, mit dem er unterlegen ist, entspricht es nicht der Billigkeit, dass ihm die außergerichtlichen Kosten erstattet werden; im Gegenteil hat der Beigeladene als Unterlegener gem. § 154 Abs. 3 Kosten zu tragen, darunter zuvörderst seine eigenen. Hat der Beigeladene zwar keinen eigenen Antrag gestellt, steht er aber materiell im Lager der unterlegenen Partei, entspricht es ebenfalls der Billigkeit, dass er seine außergerichtlichen Kosten selbst trägt. Der unterlegenen Partei die außergerichtlichen Kosten des Beigeladenen aufzuerlegen, kommt danach im Ausgangspunkt nur dann in Betracht, wenn der Beigeladene ihr gegenüber mit einem eigenen Antrag ob-

---

99   BVerwG 4.5.1973 Buchholz 451.90 EWG Recht Nr. 6; BFHE 106, 481, 482; BGH WM 1977, 795, 796; a.A. S. *Mohsseni*, JurBüro 2012, 340.
100   Hierzu M. *Just*, NVwZ 2011, 202, 203 f.

siegt hat oder doch wenigstens materiell im Lager der obsiegenden Partei steht. Auch in diesen Fällen ist aber zusätzlich nach der Billigkeit einer Kostenerstattung zu fragen.[101]

Stellt der Beigeladene einen Antrag, nimmt er gem. § 154 Abs. 3 (regelmäßig) ein eigenes Kostenrisiko 132 auf sich. Es entspricht regelmäßig der Billigkeit, als Kehrseite dieses übernommenen Kostenrisikos eine Kostenerstattung anzuordnen, wenn er mit seinem Antrag Erfolg hat.[102]

Entgegen einer verbreiteten Auffassung entspricht es aber nicht umgekehrt allein deshalb der Billig- 133 keit, dass der Beigeladene seine außergerichtlichen Kosten selbst trägt, weil er von einem eigenen Antrag abgesehen hat und deshalb selbst kein eigenes Kostenrisiko eingegangen ist.[103] Auch wenn der Beigeladene keinen eigenen Antrag gestellt hat, kann es der Billigkeit entsprechen, ihm die außergerichtlichen Kosten zu erstatten (VGH Mannheim VBlBW 2011, 279. S.a. OVG Bautzen 27.7.2015 – 1 A 137/15, juris Rn. 8 f.; 11.12.2014 – 1 A 431/14, juris Rn. 3).

Dafür reicht aber allein noch nicht aus, dass es sich um einen Fall notwendiger Beiladung handelt.[104] 134 Richtet sich die Klage jedoch gegen einen Verwaltungsakt, der den Beigeladenen begünstigt, wird es regelmäßig der Billigkeit entsprechen, seine Kosten dem unterliegenden Kläger aufzuerlegen, wenn der Beigeladene zwar keinen Antrag gestellt hat, aber den angegriffenen Verwaltungsakt verteidigt oder wenigstens an der mündlichen Verhandlung oder einer Beweisaufnahme (Ortstermin) teilgenommen hat. Es widerspräche der Billigkeit, den beigeladenen Dritten auf seinen Kosten „sitzen zu lassen", wenn vom Ergebnis her gesehen der zu seinen Gunsten ergangene Verwaltungsakt zu Unrecht angegriffen wurde und er für die Verteidigung gegen diesen Angriff Aufwendungen hatte.[105] Dasselbe gilt, wenn mit der Klage der Erlass eines Verwaltungsakts erstrebt wird, der den Beigeladenen belastet. Eine Förderung des Prozesses durch eigenen Sach- und Rechtsvortrag wird in dieser Fallgestaltung nicht verlangt werden können (a.A. VGH Mannheim VBlBW 2011, 279). Eine bloße Teilnahme an einer mündlichen Verhandlung oder die Beauftragung eines Rechtsanwalts für das Verfahren reicht aus. Der Beigeladene darf, wenn er in den Prozess hineingezogen wird, auf diese Weise den Gang des Verfahrens beobachten und sich zu einer aktiveren Beteiligung bereithalten. Schon die hierdurch verursachten Kosten auf den Kläger im Falle seiner Erfolglosigkeit abzuwälzen, ist ein Gebot der Billigkeit.

In anderen Fällen kann die Erstattungsfähigkeit davon abhängig gemacht werden, ob der Beigeladene 135 sich, wenngleich ohne eigenen Antrag, aktiv an dem Prozess beteiligt hat, indem er durch Sach- und Rechtsausführungen den Prozess gefördert hat.[106] Unter diesen Voraussetzungen können auch die außergerichtlichen Kosten einer beigeladenen Behörde erstattungsfähig sein,[107] etwa weil bestimmte Fragen nicht ohne ihre fachliche Stellungnahme oder ohne die Mitwirkung ihrer Vertreter in der mündlichen Verhandlung geklärt werden konnten.[108]

Soziale Gesichtspunkte können für die Billigkeitsentscheidung hingegen nicht berücksichtigt werden. 136 Es kommt nicht darauf an, ob der Beigeladene nach seinen wirtschaftlichen Verhältnissen auf eine Kostenerstattung angewiesen ist und ob es umgekehrt für die unterliegende Partei tragbar ist, ihr die Kosten des Beigeladenen aufzuerlegen (so aber VGH Kassel VerwRspr 21, 887). Zweifelhaft ist es deshalb, in einem Normenkontrollverfahren zur Begrenzung des Kostenrisikos des Antragstellers generell

---

101 Zu den möglichen Kriterien vgl. die Zusammenstellung bei VGH München NVwZ-RR 1990, 665.
102 VGH Mannheim VBlBW 1987, 68; VGH München NVwZ-RR 1990, 665; BayVBl 1991, 476; OVG Lüneburg 3.11.2017 – 12 ME 183/17, juris Rn. 17. Eine beachtliche Förderung des Verfahrens ist darüber hinaus nicht erforderlich: HmbOVG 11.7.2017 – 2 Bs 114/17, BeckRS 2017, 120649, Rn. 20.
103 So aber BVerwG 13.1.1987 Buchholz 310 § 162 VwGO Nr. 21; VGH München BayVBl 2003, 58 für den Abweisungsantrag im Verfahren auf Zulassung der Berufung, der mit keinem Kostenrisiko verbunden ist. S.a. OVG Bautzen 27.7.2015 – 1 A 137/15, juris Rn. 8 f.; 11.12.2014 – 1 A 431/14, juris Rn. 3.
104 So aber BVerwG NVwZ 2006, 1294; VGH München BayVBl 1974, 293; dagegen VGH Mannheim VBlBW 1987, 68; VBlBW 2011, 279; VGH München BayVBl 1991, 476.
105 Vgl. BVerwG NVwZ 1986, 303, 305; VGH Mannheim VBlBW 1984, 74; VBlBW 1996, 437; VGH München NVwZ-RR 2000, 333.
106 BVerwG 24.7.1996 Buchholz 310 § 162 VwGO Nr. 31; VGH Mannheim VBlBW 2011, 279; VGH München NVwZ-RR 1990, 665; BayVBl 2003, 349. Nach BFH BFH/NV 2001, 1443, 1444 soll eine solche Förderung auch darin bestehen, dass der Beigeladene auf mündliche Verhandlung verzichtet und dadurch eine Entscheidung des Revisionsgerichts ohne mündliche Verhandlung ermöglicht.
107 So wohl auch BVerwG 30.11.1978 Buchholz 421.2 Hochschulrecht Nr. 67; 27.12.1978 Buchholz 310 § 120 VwGO Nr. 1; VGH München BayVBl 2003, 349.
108 VGH München BayVBl 1995, 277, für die außergerichtlichen Kosten des beigeladenen Instituts für medizinische und pharmazeutische Prüfungsfragen in Verwaltungsstreitverfahren bezüglich ärztlicher Prüfungen.

die außergerichtlichen Kosten beigeladener Eigentümer von Grundstücken im Plangebiet nicht für erstattungsfähig zu erklären (hierzu: VGH München NVwZ 2003, 236; 16.6.2006 – 1 N 04.2804).

137   Eine Kostenerstattung widerspricht der Billigkeit, wenn der Beigeladene voreilig Kosten verursacht. Das kann etwa in Betracht kommen, wenn eine Klage noch ohne Begründung ausdrücklich nur zur Fristwahrung erhoben wird, der bereits beigeladene Dritte aber sogleich einen Rechtsanwalt für den Prozess beauftragt (vgl. auch OVG Magdeburg NVwZ-RR 2015, 719). Wird die Klage zurückgenommen, kann es der Billigkeit entsprechen, den Beigeladenen seine außergerichtlichen Kosten selbst tragen zu lassen (BVerwG NJW 1995, 2867; OVG Lüneburg 22.12.2006 – 1 KN 109.05). Dasselbe gilt, wenn der Beigeladene sich durch einen Antrag am Verfahren der Nichtzulassungsbeschwerde beteiligt, bevor das BVerwG ihm durch Zustellung der Beschwerdebegründung Gelegenheit und Veranlassung gegeben hat, sich zu der Frage einer Zulassung der Revision zu äußern (BVerwG NVwZ-RR 2001, 276; OVG Saarlouis NVwZ-RR 2007, 359). Grds. ist aber der Beigeladene mit Zustellung des Beiladungsbeschlusses Beteiligter des Verfahrens und befugt, sich zu äußern (s.a. OVG Lüneburg 3.11.2017 – 12 ME 183/17, juris Rn. 17). Er braucht nicht zur Vermeidung von Kostennachteilen mit der Beauftragung eines Rechtsanwalts zuzuwarten.

138   **4. Erstattungspflichtiger.** Die außergerichtlichen Kosten können der unterliegenden Partei auferlegt werden. Unterliegende Partei ist einer der beiden Hauptbeteiligten, also Kläger oder Beklagter. Sie sind unterliegende Partei auch dann, wenn sie eine Klage, einen Antrag oder ein Rechtsmittel zurücknehmen (VGH München BayVBl 1985, 277).

139   Die außergerichtlichen Kosten können auch der Staatskasse auferlegt werden, wie es § 162 Abs. 3 ausdrückl. vorsieht (aber → § 154 Rn. 40 a). Das kommt insbes. in Betracht, wenn das Gericht einen Dritten beigeladen hat, obwohl weder die Voraussetzungen einer einfachen noch einer notwendigen Beiladung vorlagen.[109] Es widerspräche der Billigkeit, die Kosten des Beigeladenen dem unterliegenden Beteiligten aufzuerlegen. Es entspricht allerdings auch nicht der Billigkeit, die Kosten des Beigeladenen der Staatskasse aufzuerlegen, wenn er Kosten aufgewandt hat, obwohl er erkennen konnte, dass er zu Unrecht beigeladen war, weil ihn das Verfahren „nichts anging" oder weil er selbst durch einen Rechtsanwalt seine Beiladung beantragt hatte (VGH München NVwZ-RR 2006, 440). Die außergerichtlichen Kosten des Beigeladenen für ein Rechtsmittelverfahren können nicht der Staatskasse auferlegt werden, wenn es bei richtiger Sachbehandlung des Gerichts zu dem Rechtsmittelverfahren nicht gekommen wäre (BVerwG BayVBl 2002, 125; a.A. OVG Bln NVwZ-RR 1998, 405). Das entspricht nicht der Billigkeit. Der Beigeladene stünde besser als die Hauptbeteiligten. Für sie kommt in einem solchen Fall nur § 21 Abs. 1 S. 1 GKG in Betracht. Er ermöglicht jedoch keine Auferlegung außergerichtlicher Kosten auf die Staatskasse (→ § 154 Rn. 40 a; → § 155 Rn. 113).

140   Nach Billigkeit richtet sich auch, wem die außergerichtlichen Kosten des Beigeladenen auferlegt werden sollen, wenn ihre Erstattung dem Grunde nach der Billigkeit entspricht.

141   **5. Entscheidung des Gerichts.** Der Ausspruch nach § 162 Abs. 3 ist Teil der Kostengrundentscheidung. Ob die außergerichtlichen Kosten des Beigeladenen erstattungsfähig sind und wem sie auferlegt werden, ist deshalb im Urteil oder, wenn das Verfahren in anderer Weise beendet worden ist, in dem dann erforderlichen Kostenbeschluss zu entscheiden (§ 161 Abs. 1). Die Entscheidung setzt keinen Antrag voraus. Sie hat als Teil der Kostengrundentscheidung von Amts wegen zu ergehen (→ § 161 Rn. 3).

142   **a) Entscheidungsausspruch.** Der Ausspruch über die Erstattungsfähigkeit der außergerichtlichen Kosten des Beigeladenen ist in den Tenor aufzunehmen[110] und zu begründen. Im Tenor ist grds. auch kenntlich zu machen, dass die außergerichtlichen Kosten des Beigeladenen nicht erstattungsfähig sein sollen.[111]

---

109 VGH Kassel NJW 1979, 178; VGH München NVwZ-RR 2006, 430; offen gelassen von BVerwG BayVBl 2002, 125.

110 Etwa mit der Formulierung: Der Kläger trägt die Kosten des Verfahrens einschließlich der außergerichtlichen Kosten des Beigeladenen.

111 Etwa mit der Formulierung: Der Kläger trägt die Kosten des Verfahrens mit Ausnahme der außergerichtlichen Kosten des Beigeladenen, die dieser selbst trägt. Oder: Der Kläger trägt die Kosten des Verfahrens. Die außergerichtlichen Kosten des Beigeladenen sind nicht erstattungsfähig.

Eine Entscheidung des Gerichts kann freilich auch dann vorliegen, wenn Tenor und Entscheidungs- 143
gründe zu den außergerichtlichen Kosten des Beigeladenen schweigen. In diesen Fällen trägt der Beigeladene seine außergerichtlichen Kosten selbst (BVerwGE 14, 171, 174). Die Annahme einer solchen
stillschweigenden Entscheidung kommt aber nur in unzweifelhaften Fällen in Betracht (HmbOVG
VerwRspr 31, 1025). Regelmäßig ist eine ausdrückliche Aussage, sei es im Tenor, sei es in den Gründen, erforderlich (BVerwG VerwRspr 17, 638; VGH München BayVBl 1998, 605).

In der Rechtsmittelinstanz ist eine Entscheidung über die außergerichtlichen Kosten des Beigeladenen 144
auch dann erforderlich, wenn nur der Beigeladene ein Rechtsmittel eingelegt hat und dieses Rechtsmittel Erfolg hat. In diesem Fall sind zwar die Kosten der Rechtsmittelinstanz dem sachlich unterliegenden Hauptbeteiligten aufzuerlegen. Ob zu den danach erstattungsfähigen Kosten die außergerichtlichen Kosten des obsiegenden Beigeladenen gehören, bedarf aber einer Entscheidung des Gerichts.

b) Urteilsergänzung. Ist in einem Urteil oder einem Beschluss, auch solchen ohne Sachentscheidung 145
(hierzu: OVG Lüneburg NVwZ-RR 2008, 740), eine Entscheidung über die Erstattungsfähigkeit der
außergerichtlichen Kosten des Beigeladenen unterblieben, ist damit i.S.d. § 120 Abs. 1 die Kostenfolge
teilweise übergangen. Die unterbliebene Entscheidung kann nur im Wege der Urteilsergänzung nachgeholt werden. Sie muss gem. § 120 Abs. 2 binnen zwei Wochen nach Zustellung des Urteils beantragt
werden.[112]

c) Anfechtbarkeit. Weil die Entscheidung über die Erstattungsfähigkeit der Kosten des Beigeladenen 146
zur Kostengrundentscheidung gehört, kann sie nicht isoliert von der Entscheidung in der Hauptsache
angefochten werden. Sie kann auch dann nicht angefochten werden, wenn keine Entscheidung in der
Hauptsache ergeht, etwa in den Fällen der Hauptsacheerledigung, in denen das Verwaltungsgericht
in der Kostenentscheidung nach § 161 Abs. 2 zugleich über die Erstattungsfähigkeit der außergerichtlichen Kosten des Beigeladenen befindet. § 158 schließt in beiden Fällen die (isolierte) Anfechtbarkeit
aus (OVG Münster 28.10.2016 – 6 E 879/16, BeckRS 2016, 53969, Rn. 1; VGH Kassel DÖV 1992,
40; VGH München NVwZ-RR 1992, 223). Ausgeschlossen ist auch die Anfechtung eines Ergänzungsurteils, das die Kostenentscheidung um einen Ausspruch zu den außergerichtlichen Kosten des
Beigeladenen ergänzt (→ § 158 Rn. 7 f.).

§ 163 (weggefallen)

§ 164 [Kostenfestsetzung]

**Der Urkundsbeamte des Gerichts des ersten Rechtszugs setzt auf Antrag den Betrag der zu erstatten-
den Kosten fest.**

Schrifttum

R. Dittmar, Die Berücksichtigung vorprozessual entstandener Anwaltskosten im Kostenfestsetzungsverfahren, NJW 1986, 2088;
P. Fischer-Hüftle, Ungereimtheiten im Kostenrecht der Verwaltungsgerichte, BayVBl 1983, 687; *H. Marx*, Zur Glaubhaftmachung
von Kostenansätzen, Rpfleger 1999, 157; *D. Meyer*, Korrektur einer fehlerhaften Kostengrundentscheidung im Kostenfestsetzungsverfahren, JurBüro 1979, 963; *J. Schmidt-Räntsch*, Neues zur Kostenrückfestsetzung, MDR 2004, 1329.

---

112 BVerwG NVwZ-RR 1994, 236; NVwZ-RR 1999, 694; VGH Kassel DVBl 1996, 113; OVG Weimar JurBüro 2001,
603.

I. Bedeutung der Vorschrift

1   Die Kostenfestsetzung nach § 164 dient dazu, die Kostengrundentscheidung umzusetzen. Sie ist ein bloßes Nachverfahren zum Hauptverfahren. Im Kostenfestsetzungsverfahren werden die zu erstattenden Kosten dem Betrag nach ermittelt und durch Kostenfestsetzungsbeschluss verbindlich festgesetzt. Er ist Vollstreckungstitel (§ 168 Abs. 1 Nr. 4).

2   Für eine stattdessen erhobene Klage des Kostengläubigers gegen den Kostenschuldner auf Erstattung der Kosten fehlt das Rechtsschutzbedürfnis.[1] § 164 stellt mit dem Kostenfestsetzungsverfahren einen einfacheren und sachnäheren Weg zur Verfügung.

3   Unberücksichtigt bleiben materiell-rechtliche Kostenausgleichsansprüche,[2] welche die Kostentragungspflicht materiell-rechtlich abweichend von der prozessualen Kostentragung nach der Kostenentscheidung des Gerichts regeln (→ § 154 Rn. 9), etwa Kostenregelungen in außergerichtlichen Vergleichen (→ § 160 Rn. 22 ff.).

II. Anwendungsbereich

4   § 164 betrifft nur die Kostenfestsetzung im Verhältnis der Beteiligten des Verfahrens zueinander. Eine Kostenfestsetzung nach § 164 kann im Anschluss an jedes gerichtliche Verfahren stattfinden, in dem eine Kostengrundentscheidung nach § 161 Abs. 1 ergeht, ferner im Anschluss an einen gerichtlichen Vergleich mit eigener Kostenregelung.

5   **1. Gerichtskosten.** Die Vorschrift betrifft nicht den Ansatz der Gerichtskosten durch die Gerichtskasse. Er ist in § 19 GKG geregelt (primäre Kostentragung, → § 154 Rn. 11 f.). Die Gerichtskosten werden von dem Urkundsbeamten der jeweiligen Instanz für diese angesetzt. Sie werden durch die Gerichtskasse mit einer Kostenrechnung geltend gemacht. Die Kostenrechnung ist ein Verwaltungsakt (Leistungsbescheid). Sie wird im Wege der Verwaltungsvollstreckung nach dem VwVG durchgesetzt.[3]

6   **2. Vergütungsanspruch des Rechtsanwalts.** Die Vorschrift betrifft ferner nicht die Kostenerstattung zwischen einem Beteiligten und dem von ihm beauftragten Rechtsanwalt (→ § 154 Rn. 13). Die Festsetzung der Vergütung gegen den eigenen Mandanten ist in § 11 RVG geregelt. Sie ist für das verwaltungsgerichtliche Verfahren dem Urkundsbeamten der Geschäftsstelle übertragen (§ 11 Abs. 3 RVG).[4]

7   Der Vergütungsanspruch des Rechtsanwalts hat seine Grundlage in einem zivilrechtlichen Rechtsverhältnis. Er wird lediglich aus Gründen der Vereinfachung im Anschluss an ein gerichtliches Verfahren in einem selbständigen Nachverfahren durch das VG festgesetzt. Der Vergütungsanspruch behält seinen zivilrechtlichen Charakter. Für eine Vollstreckung des Vergütungsfestsetzungsbeschlusses nach § 11 Abs. 3 RVG ist dennoch das VG, nicht aber das AG zuständig.[5] Die Zuständigkeit für das Vollstreckungsverfahren richtet sich nach der Herkunft des Titels, nicht nach dem materiell-rechtlichen Charakter der titulierten Forderung. § 167 Abs. 1 S. 2 regelt auch den Rechtsweg für das Vollstreckungsverfahren (VG Brem NVwZ-RR 1998, 789).

III. Kostenfestsetzung

8   **1. Voraussetzung.** Voraussetzung der Kostenfestsetzung ist ein Vollstreckungstitel i.S.d. § 168 Abs. 1, also insbes. eine rechtskräftige oder (zumindest hinsichtlich der Kosten) vorläufig vollstreckbare gerichtliche Entscheidung mit einem Kostenausspruch. Ist die vorläufige Vollstreckbarkeit von einer Sicherheitsleistung abhängig, hindert es die Kostenfestsetzung nicht, wenn die Sicherheitsleistung noch nicht erbracht ist. Die Erbringung der Sicherheitsleistung ist erst Voraussetzung dafür, dass aus dem Kostenfestsetzungsbeschluss vollstreckt werden kann (OLG Köln MDR 2010, 104). Die Kostenrege-

---

1   *S. Olbertz,* in: Schoch/Schneider/Bier § 164 Rn. 1.

2   Vgl. OVG Weimar 19.1.2017 – 3 VO 927/10, juris Rn. 2. Zu Ausgleichsansprüchen zwischen mehreren Streitgenossen: OVG Lüneburg AnwBl 1979, 154; zu abgetretenen Ansprüchen: VGH München BayVBl 1975, 312.

3   A.A. *P. Fischer-Hüftle,* BayVBl 1983, 687.

4   Zum Vergütungsanspruch aus § 45 RVG und dessen Verhältnis zur Kostenfestsetzungsverfahren gem. § 164, vgl. VGH München 6.6.2017 – 10 C 14.1645; → § 166 Rn. 150 ff.

5   OVG Münster NJW 1984, 2484; NJW 1986, 1190; Rpfleger 2004, 320; a.A. OVG Koblenz NJW 1980, 1541; OVG Lüneburg NJW 1984, 2485; OVG Münster NJW 1987, 396; Rpfleger 2000, 251, 252.

lung in einem außergerichtlichen Vergleich stellt keinen Vollstreckungstitel dar, der zur Grundlage der Kostenfestsetzung gemacht werden könnte.[6]

Im Kostenfestsetzungsverfahren können keine Schadensersatzansprüche berücksichtigt werden, die 9 gem. § 167 Abs. 1 S. 1, § 717 Abs. 2 ZPO durch die Vollstreckung aus einem (hinsichtlich der Kosten) vorläufig vollstreckbaren Urteil entstanden sind. Jedoch können nach § 173, § 91 Abs. 4 ZPO im Kostenfestsetzungsverfahren die Kosten zur Erstattung festgesetzt werden, die ein Beteiligter an den anderen Beteiligten aufgrund einer vorläufig vollstreckbaren Kostenentscheidung geleistet hat.[7]

2. Akzessorietät. Grundlage der Kostenfestsetzung ist die Kostenentscheidung des Gerichts nach 10 § 161 Abs. 1 oder der gerichtliche Vergleich. Das Kostenfestsetzungsverfahren sorgt für die betragsmäßige Ergänzung der Kostenentscheidung (VG München 11.5.2016 – M 17 M 15.3478, M 17 M 15.3815, juris Rn. 28). Der Kostenfestsetzungsbeschluss ist akzessorisch. Der im Erkenntnisverfahren dem Grunde nach zuerkannte Kostenerstattungsanspruch wird seinem Betrage nach festgestellt (BGH NJW 1962, 36, 37).

Der Urkundsbeamte ist an die Kostenentscheidung gebunden, auch wenn er sie für unzutreffend hält 11 (OVG Lüneburg RVGreport 2015, 228; OLG Düsseldorf Rpfleger 2005, 55; OLG Koblenz MDR 2004, 297). Eine unklare Kostenentscheidung darf er auslegen, wenn sie (noch) auslegungsfähig ist und nicht mangels inhaltlicher Bestimmtheit der Wirksamkeit entbehrt (zu weit: KG MDR 2002, 722). Eine vom Wortlaut eindeutige Kostenentscheidung ist allenfalls dann auslegungsfähig, wenn sich aus den Gründen der Entscheidung unmissverständliche Hinweise auf ein vom Wortlaut abweichendes Verständnis ergeben (OVG Bautzen 10.3.2016 – 3 E 6/16, juris Rn. 5–7). Hat das Gericht entgegen dem Grundsatz der Kosteneinheit (→ § 155 Rn. 4–7) den Beteiligten die Kosten des Verfahrens getrennt nach Streitgegenständen auferlegt, soll der Urkundsbeamte aber berechtigt sein, der Kostenfestsetzung Kostenquoten zugrunde zu legen, die sich aus dem Verhältnis der Werte der Streitgegenstände ergeben (OLG Naumburg NJW-RR 2000, 1740; OLG Rostock JurBüro 2001, 591).

Missachtet der Urkundsbeamte seine Bindung, ist der Kostenfestsetzungsbeschluss insoweit nicht nur 12 anfechtbar, sondern unwirksam, auch bei eingetretener formeller Rechtskraft. Seine Rechtsfolge kann er nur im Zusammenwirken mit der Kostengrundentscheidung entfalten, von der er abhängt und die er nur vervollständigt (BVerwGE 29, 115, 117; OVG Saarlouis Rpfleger 1995, 128).

Der Urkundsbeamte darf die Gebühren und Auslagen eines Rechtsanwalts nicht nur dann berücksichtigen, wenn dieser im Rubrum als Prozessbevollmächtigter des erstattungsberechtigten Beteiligten aufgeführt ist (a.A. OVG Münster OVGE 9, 264). Einer Berichtigung oder Ergänzung des Rubrums bedarf es nicht.[8] 13

Ist die Kostengrundentscheidung zugunsten einer nicht existierenden Partei ergangen, können einer 14 solchen „Partei" keine Kosten entstanden sein, die im Kostenfestsetzungsverfahren gegen den Prozessgegner festgesetzt werden könnten (a.A. BGH MDR 2008, 49). Eine Kostenfestsetzung ist auch nicht zugunsten Dritter möglich, die hinter der nicht existierenden Partei stehen und durch das gerichtliche Verfahren Aufwendungen hatten. Eine solche Kostenfestsetzung liefe darauf hinaus, die Kostengrundentscheidung zugunsten eines Dritten auf diesen zu erstrecken. Der Dritte kann einen materiellrechtlichen Erstattungsanspruch, soweit er ihm zusteht, nur im Klagewege verfolgen.[9]

Ist ein anwaltlich vertretener Beteiligter nach Erlass eines Urteils mit einer Kostenentscheidung zu sei- 14a nen Gunsten verstorben, kann der Prozessbevollmächtigte eine Kostenfestsetzung zugunsten der unbekannten Erben erwirken (OLG Koblenz JurBüro 2012, 86).

Wird die Kostenentscheidung des Gerichts, insbes. in höherer Instanz, aufgehoben oder geändert, be- 15 vor ein Kostenfestsetzungsbeschluss ergangen ist, kann ein Kostenfestsetzungsbeschluss auf die ursprüngliche Kostenentscheidung nicht mehr gestützt werden. Das Kostenfestsetzungsgesuch hat sich erledigt. Auf der Grundlage der neuen Kostenentscheidung ist ein neues Kostenfestsetzungsgesuch einzureichen. Wird die Kostenentscheidung des Gerichts aufgehoben oder geändert, nachdem auf ihrer

---

6 VGH München VGH n.F. 19 [1966], 151; VG München 10.3.2015 – M 24 M 15.30075, juris Rn. 17; *S. Olbertz*, in: Schoch/Schneider/Bier § 164 Rn. 2; a.A. LG Köln JurBüro 2003, 200.
7 Hierzu *J. Schmidt-Räntsch*, MDR 2004, 1329.
8 A.A. *P. Kothe*, in: Redeker/von Oertzen § 164 Rn. 1.
9 OLG Brandenburg NJW-RR 2002, 1217; vgl. auch BGH NJW-RR 2004, 501 (Berichtigung der Kostengrundentscheidung, wenn die hinter der nicht existenten Partei stehende Person in Wahrheit Partei sein sollte).

Grundlage bereits ein Kostenfestsetzungsbeschluss ergangen war, wird dieser von selbst gegenstandslos.[10] Er ist kein selbständiger Titel, sondern teilt unmittelbar das Schicksal der Kostenentscheidung. Der Kostenfestsetzungsbeschluss kann aber aufgehoben werden und sollte aus Gründen der Rechtsklarheit auch aufgehoben werden. Dasselbe gilt, wenn in höherer Instanz das Verfahren durch Klagerücknahme oder Hauptsacheerledigung beendet wird und die bereits ergangene Kostengrundentscheidung erster Instanz zusammen mit der Sachentscheidung nach § 173, § 269 Abs. 3 S. 1 ZPO für wirkungslos erklärt wird (VGH München BayVBl 1999, 317).

16   Abhängig ist die Kostenfestsetzung darüber hinaus hinsichtlich bestimmter Kostenpositionen, insbes. der Gebühren eines Rechtsanwalts (vgl. § 32 Abs. 1, § 33 Abs. 1 RVG), von dem Streitwert, den das Gericht festgesetzt hat. Diese Abhängigkeit ist aber eine andere, nur inhaltliche. Der Urkundsbeamte ist bei der Kostenfestsetzung an eine solche Festsetzung gebunden. Er darf etwa die erstattungsfähigen Gebühren eines Rechtsanwalts nicht nach einer anderen eigenen Wertermittlung festsetzen (VGH Kassel 7.2.2012 – 5 E 2167/11).

17   Hat das Gericht den Streitwert oder den Gegenstandswert der anwaltlichen Tätigkeit noch nicht festgesetzt, hat der Urkundsbeamte eine Festsetzung des Streitwerts durch das Gericht zu veranlassen, oder, wenn ein Streitwert nicht festzusetzen ist, dem Antragsteller Gelegenheit zu geben, den erforderlichen Antrag auf Festsetzung des Gegenstandswerts der anwaltlichen Tätigkeit zu stellen.

18   Sind auf der Grundlage eines festgesetzten Streitwerts bestimmte Kostenpositionen in die Kostenfestsetzung eingegangen, ist die Kostenfestsetzung zu ändern, wenn die Festsetzung des Streitwerts später geändert wird. Erforderlich ist ein Antrag. Anders als eine Änderung der Kostengrundentscheidung führt die Änderung einer Streitwertfestsetzung nicht dazu, dass die Kostenfestsetzung von selbst gegenstandslos wird. Sie vollzieht nicht den Streitwertbeschluss, wie sie die Kostengrundentscheidung ergänzt. Der Antrag ist binnen eines Monats nach Bekanntgabe des Beschlusses zu stellen, durch den der Streitwert geändert wurde (§ 173, § 107 ZPO). Wird diese Frist schuldlos versäumt, kann der Urkundsbeamte Wiedereinsetzung in den vorigen Stand gewähren.

19   Sind die Aufwendungen für eine anwaltliche Vertretung im Vorverfahren nach § 162 Abs. 2 S. 2 erstattungsfähig, hat der Urkundsbeamte selbständig im Kostenfestsetzungsbeschluss den Gegenstandswert anwaltlicher Tätigkeit im Vorverfahren inzident festzusetzen (VGH München NVwZ-RR 1993, 334; BayVBl 1995, 599). Das hat Bedeutung vor allem in den Fällen, in denen der Gegenstand des Vorverfahrens nicht vollständig identisch ist mit dem nachfolgenden Klageverfahren.

19a Sind in dem Kostenfestsetzungsgesuch Aufwendungen für eine anwaltliche Vertretung im Vorverfahren aufgeführt, liegt hierin zugleich der Antrag, gem. § 162 Abs. 2 S. 2 die Zuziehung eines Bevollmächtigten im Vorverfahren für notwendig zu erklären (→ § 162 Rn. 114 ff.). Der Urkundsbeamte des Gerichts hat die Sache dem Gericht zur Entscheidung vorzulegen. Ist dies unterblieben oder werden Kosten für eine anwaltliche Vertretung im Vorverfahren erst nach Erlass des Kostenfestsetzungsbeschlusses erstmals durch einen Antrag nach § 162 Abs. 2 S. 2 an das Gericht geltend gemacht, wird ein Kostenfestsetzungsbeschluss gegenstandslos, der die Erstattung dieser Kosten nicht berücksichtigt oder ausdrücklich ablehnt, wenn nachträglich das Gericht die Zuziehung eines Bevollmächtigten im Vorverfahren für notwendig erklärt (OVG Bautzen DÖV 2007, 34).

20   Ebenso wenig wie die Kostengrundentscheidung kann der Urkundsbeamte andere Zwischenentscheidungen oder prozessleitende Maßnahmen des Gerichts im Erkenntnisverfahren überprüfen, die sich kostenrechtlich ausgewirkt haben. Hat das Gericht Verfahren nach § 93 verbunden, kann ein Rechtsanwalt nicht verlangen, seine Gebühren müssten nach den Einzelstreitwerten der verbundenen Verfahren abgerechnet werden, wenn er deren Verbindung für unrichtig hält. Er hat den Verbindungsbeschluss vielmehr kostenrechtlich hinzunehmen (VGH München JurBüro 2002, 583, 584).

21   **3. Zulässige Einwendungen.** Einwendungen des Gegners gegen die Kostenentscheidung des Gerichts sind im Kostenfestsetzungsverfahren unbeachtlich. Solche Einwendungen können nur mit der Vollstreckungsgegenklage nach § 167 Abs. 1, § 767 ZPO vorgebracht werden (BVerwG NJW 2005, 1962) oder in entsprechender Anwendung von § 167 Abs. 1, § 775 Nr. 4 und 5 ZPO mit dem Antrag auf Einstellung oder Beschränkung der Zwangsvollstreckung.

---

10 VGH München BayVBl 1999, 317; OLG Düsseldorf NJW 1974, 1714; OLG Hamm JurBüro 2001, 593; OLG München NJW-RR 2001, 718.

Unberücksichtigt bleiben im Kostenfestsetzungsverfahren ferner materiell-rechtliche Einwendungen 22
gegen den Kostenerstattungsanspruch,[11] bspw. aus einem außergerichtlichen Vergleich, in dem die Beteiligten eine abweichende Kostenregelung getroffen haben. Ein Streit über Wirksamkeit und Auslegung eines außergerichtlichen Vergleichs kann nicht im Kostenfestsetzungsverfahren ausgetragen werden (vgl. BVerwG JurBüro 2008, 142). Im Übrigen sollen materiell-rechtliche Einwendungen dann berücksichtigt werden können, wenn aufgrund eines zweifelsfreien Sachverhalts dem geltend gemachten
Kostenerstattungsanspruch eine dauernde Einrede entgegensteht.[12]

Der Kostenschuldner soll ferner gegen den Ansatz von Anwaltskosten keine Einwendungen des Kost- 23
engläubigers aus dessen Rechtsverhältnis zu seinem Anwalt geltend machen können.[13] Das erscheint
zweifelhaft. Kosten sind nicht notwendig i.S.d. § 162 Abs. 2 S. 1, wenn der Kostengläubiger sie nicht
hätte aufwenden müssen, weil er sie nicht schuldet. Aus der für § 164 maßgeblichen Sicht des Kosten-
erstattungsverfahrens handelt es sich nicht um einen (unzulässigen) materiell-rechtlichen Einwand gegen den Kostenerstattungsanspruch, sondern um einen zulässigen Einwand gegen die Notwendigkeit
der geltend gemachten Kosten (→ Rn. 24 ff.).

4. Inhaltlicher Maßstab. Welche Kosten festgesetzt werden können, richtet sich inhaltlich nach § 162 24
Abs. 1 und 2. Der Urkundsbeamte prüft nach, ob geltend gemachte Kosten tatsächlich entstanden sind
und ob die Aufwendungen nach Maßgabe des § 162 Abs. 1 und 2 zur zweckentsprechenden Rechtsverfolgung notwendig waren.

5. Nachweis der Ansätze. Nach § 173, § 104 Abs. 2 ZPO ist ein Ansatz zu berücksichtigen, wenn er 25
glaubhaft gemacht ist (vgl. auch BGH NJW 2007, 2493). Glaubhaft zu machen ist zum einen, dass
die angesetzten Kosten entstanden sind. Zum anderen sind die Tatsachen (nur) glaubhaft zu machen,
aus denen die Notwendigkeit der Aufwendungen folgen soll.[14]

Sind einem Rechtsanwalt Auslagen für Post- und Telekommunikationsdienstleistungen erwachsen, 26
kann er sich mit der Pauschale nach Nr. 7002 Anl. 1 zum RVG begnügen. Macht er stattdessen Aufwendungen geltend, welche die Pauschale übersteigen, muss er die einzelnen Positionen auflisten. Es
genügt aber seine bloße Versicherung, dass ihm diese (aufgelisteten) Auslagen entstanden sind (§ 104
Abs. 2 S. 2 ZPO). Ob sie notwendig waren, hat das Gericht unabhängig davon zu prüfen und zu entscheiden.[15]

Nach § 104 Abs. 2 S. 3 ZPO sind Umsatzsteuerbeträge gemäß Nr. 7008 der Anl. 1 zum RVG nur zu 27
berücksichtigen, wenn der Kostengläubiger erklärt, dass er die Beträge nicht als Vorsteuer abziehen
kann. Gibt er die Erklärung ab, werden die Umsatzsteuerbeträge ohne weitere Prüfung berücksichtigt.[16] Sie bleiben nur dann unberücksichtigt, wenn die Richtigkeit der abgegebenen Erklärung durch
einen entsprechenden Beweis, den der Kostenschuldner zu erbringen hat, entkräftet wird oder wenn
sich eine offensichtliche Unrichtigkeit der Erklärung aus anderen dem Gericht bekannten Umständen,
etwa dem Inhalt der Akten, zweifelsfrei ergibt.[17] Gibt der Kostengläubiger die Erklärung nicht ab,
kann die Umsatzsteuer nicht berücksichtigt werden. § 104 Abs. 2 S. 3 ZPO ist abschließend (Begründung des Gesetzentwurfs BT-Drs. 12/6962, 111).

---

11 OVG Greifswald NordÖR 2008, 265; OLG Nürnberg FamRZ 2009, 450 (zum Einwand der Erfüllung).
12 BGH NJW 2006, 1962 (Verjährung); OVG Greifswald NordÖR 2008, 265; VGH München BayVBl 2006, 55 (Erfül-
    lung); BayVBl 2007, 506 (Verjährung).
13 OVG Bautzen NJW 2012, 2459 (Verjährung); OVG Greifswald NordÖR 2008, 265 (unwirksamer Anwaltsvertrag);
    HmbOVG NVwZ 2006, 1301 (unwirksame Vollmacht); VGH München Rpfleger 2004, 65 (Verjährung).
14 Zu Einzelheiten H. Marx, Rpfleger 1999, 157.
15 VGH München BayVBl 1973, 163; a.A. H. Geiger, in: Eyermann § 164 Rn. 7: Es sei Sache des Gegners, den Beweis
    zu führen, dass die Aufwendungen nicht notwendig waren.
16 BVerfG NJW 1996, 382; BGH AnwBl 2003, 371, 372; zu dem Fall, dass mehrere Streitgenossen von demselben
    Rechtsanwalt vertreten wurden, aber nur einer von ihnen die Erklärung abgibt, OLG Karlsruhe Rpfleger 2000, 240;
    zur Änderung der abgegebenen Erklärung im Verlauf des Kostenfestsetzungsverfahrens VGH München 13.9.2016 –
    9 M 16.1801, juris Rn. 4; OLG Düsseldorf AnwBl 2002, 187.
17 BGH AnwBl 2003, 371, 372; VGH Mannheim NVwZ-RR 2004, 310; OLG Düsseldorf JurBüro 2010, 427;
    Rpfleger 2004, 184 (zur Erklärung einer GmbH); OLG Köln JurBüro 2001, 428; OLG München NJW-RR 2009,
    1005 (Rechtsanwalt); OLG Nürnberg NJW-RR 2002, 1728; OLG Schleswig NJW-RR 2004, 356; für einen pauscha-
    lierenden Landwirt: FG Hannover NJW-RR 2001, 934, insoweit a.A. OVG Lüneburg NVwZ-RR 2012, 87, 88.

IV. Verfahren

28 § 164 regelt das Verfahren nur bruchstückhaft. Ergänzend sind über § 173 die §§ 103–107 ZPO heranzuziehen.

29 **1. Antrag.** Die Kostenfestsetzung findet nur auf Antrag statt.[18] Ihm sind eine Berechnung der Kosten, eine Abschrift dieser Berechnung für den Gegner sowie die Belege beizufügen, die zur Rechtfertigung der einzelnen Ansätze dienen (§ 103 Abs. 2 S. 2 ZPO). Nicht geltend gemachte Kosten können nicht festgesetzt werden. Abweichend davon wird zum Teil vertreten, bis zur Höhe des insgesamt geltend gemachten Betrages könne der Urkundsbeamte Rechnungspositionen austauschen, also etwa an Stelle einer zwar geltend gemachten, aber nicht entstandenen Gebühr, eine nicht geltend gemachte, aber entstandene Gebühr berücksichtigen (OLG Karlsruhe FamRZ 2004, 966; → § 165 Rn. 24 f.).

30 Der Antrag ist nicht fristgebunden. Das gilt auch, soweit die Partei die Erstattung der Kosten beantragt, die ihr durch die Teilnahme an einer mündlichen Verhandlung entstanden sind. Die Verweisung in § 173, § 91 Abs. 1 S. 2 Hs. 1 ZPO bezieht sich nur auf Umfang und Höhe der erstattungsfähigen Kosten, nicht auf die Fristbestimmung in § 173, § 91 Abs. 1 S. 2 Hs. 2 ZPO, § 2 Abs. 1 S. 1 JVEG (OVG Koblenz NVwZ-RR 2006, 438).

30a Ausgeschlossen ist eine Kostenfestsetzung, wenn der Kostenerstattungsanspruch verjährt ist. Er verjährt nach der allgemeinen Regel des § 195 BGB in drei Jahren (BVerwG Rpfleger 2005, 53; VGH München Rpfleger 2004, 65). Ein wirksamer Antrag auf Kostenfestsetzung unterbricht die Verjährung (OLG Koblenz NJW-RR 2002, 1366). Ist der Kostenerstattungsanspruch rechtskräftig festgestellt, verjährt er nach § 197 Abs. 1 Nr. 3 BGB in dreißig Jahren. Rechtskräftig festgestellt ist der Kostenerstattungsanspruch mit der Rechtskraft der gerichtlichen Entscheidung, welche die Kostengrundentscheidung enthält (BGH NJW 2006, 1962; VGH München BayVBl 2007, 506; offen: BVerwG Rpfleger 2005, 53).

30b Abgesehen davon kann das Recht, Kostenfestsetzung zu verlangen, verwirkt werden.[19] Anders als der Einwand materiell-rechtlicher Verwirkung des Kostenerstattungsanspruchs ist im Kostenfestsetzungsverfahren zu berücksichtigen, dass der Antragsteller das prozessuale Recht verwirkt hat, von dem Gericht die Kostenfestsetzung zu verlangen.[20] Weitere Zulässigkeitsvoraussetzung ist das Rechtsschutzbedürfnis.[21] Es fehlt bspw., wenn offensichtlich ist, dass aus dem Kostenfestsetzungsbeschluss als Vollstreckungstitel nicht vollstreckt werden könnte (OVG Bln-Bbg 12.1.2017 – OVG 3 K 58/16, BeckRS 2017, 100506 Rn. 3).

31 **2. Vertretung.** War ein Beteiligter im Erkenntnisverfahren durch einen Rechtsanwalt vertreten, erstreckt sich die Prozessvollmacht grds. auf ein nachfolgendes Kostenfestsetzungsverfahren (BVerwGE 83, 271).

32 Ist das Kostenfestsetzungsgesuch beim OVG oder beim BVerwG als Gericht des ersten Rechtszuges anzubringen, gilt hierfür der Vertretungszwang des § 67 Abs. 4 S. 1, weil dort von den Nebenverfahren nur das PKH-Verfahren vom Vertretungszwang ausgenommen ist (vgl. OVG Lüneburg NVwZ-RR 2016, 240; OVG Bln-Bbg 17.2.2017 – 3 K 16.17, juris Rn. 1–3).[22]

33 **3. Zuständigkeit.** Zuständig für die Kostenfestsetzung ist das Gericht des ersten Rechtszugs. Dort ist der Antrag einzureichen (§ 173, § 103 Abs. 2 S. 1 ZPO).

34 Für das gesamte Verfahren findet nur eine Kostenfestsetzung statt. Der Urkundsbeamte des Gerichts des ersten Rechtszugs setzt die zu erstattenden Kosten für alle Rechtszüge fest. Soweit gem. § 162 Abs. 1 Kosten des Vorverfahrens zu den erstattungsfähigen Kosten gehören, setzt er auch diese fest. Ist in einem gerichtlichen Vergleich ein anderes ebenfalls anhängiges Verfahren mit verglichen worden, ohne dass beide Verfahren nach § 93 verbunden waren, hat für jedes Verfahren eine gesonderte Kostenfestsetzung stattzufinden.

---

18 *W.-R. Schenke/C. Hug*, in: Kopp/Schenke § 164 Rn. 3.
19 *S. Olbertz*, in: Schoch/Schneider/Bier § 164 Rn. 5.
20 OLG Frankfurt Rpfleger 1977, 261; OLG München NJW 1971, 1755; a.A. VGH Mannheim VBlBW 1990, 15; OLG Stuttgart Rpfleger 1984, 113.
21 *S. Olbertz*, in: Schoch/Schneider/Bier § 164 Rn. 7.
22 A.A. *H. Geiger*, in: Eyermann § 164 Rn. 5; *W. Kunze*, in: Posser/Wolff § 164 Rn. 6.

Ist für ein selbständiges Nebenverfahren eine eigene Kostengrundentscheidung zu treffen, zieht dies 35 ein eigenes Kostenfestsetzungsverfahren nach sich. Gericht des ersten Rechtszugs ist das Gericht, bei dem das Nebenverfahren anhängig gemacht wurde, unabhängig davon, ob dieses Gericht zugleich Gericht des ersten Rechtszugs für das zugehörige Hauptsacheverfahren ist. Hat ein Kläger während eines Berufungsverfahrens bei dem OVG als dem Gericht der Hauptsache einen Antrag nach § 80 Abs. 5 gestellt, ist nicht das VG als Gericht des ersten Rechtszugs der Hauptsache, sondern das OVG für die Festsetzung der Kosten des Verfahrens nach § 80 Abs. 5 zuständig (VGH Mannheim JurBüro 2013, 32; a.A. BFH BFH/NV 2008, 488; OVG Lüneburg OVGE 39, 386).

Funktional zuständig ist grds. (→ § 162 Rn. 98) der Urkundsbeamte des Gerichts i.S.d. § 13 S. 2. An- 36 ders als im Zivilprozess muss das kein Rechtspfleger sein (BVerwG NVwZ-RR 2007, 717). Der Urkundsbeamte wird als richterliches Organ tätig. Er ist an Weisungen nicht gebunden (BVerfGE 22, 299, 310).

4. Beteiligte des Verfahrens. Einen Antrag auf Kostenfestsetzung kann stellen, wer aufgrund der ge- 37 richtlichen Kostenentscheidung gegen einen anderen Beteiligten des Verfahrens einen Anspruch auf Kostenerstattung hat. Dieser Beteiligte ist Gegner im Kostenfestsetzungsverfahren.

Der Rechtsanwalt des erstattungsberechtigten Beteiligten hat kein eigenes Antragsrecht (→ § 165 38 Rn. 15). Er kann die Kostenfestsetzung auch dann nicht in eigenem Namen betreiben, wenn Gegenstand der Festsetzung ausschließlich seine Vergütung ist, die der erstattungsberechtigte Beteiligte ihm schuldet. Die Kostenfestsetzung dient dem Kostenausgleich zwischen den Beteiligten des Verfahrens, nicht der (hier mittelbaren) Durchsetzung von Vergütungsansprüchen der bevollmächtigten Rechtsanwälte. Auch aus abgetretenem Recht seines erstattungsberechtigten Mandanten kann der Rechtsanwalt die Kostenfestsetzung nicht in eigenem Namen betreiben (BFHE 101, 57). Werden die Kosten gleichwohl zugunsten des bevollmächtigten Rechtsanwalts festgesetzt, ist der Kostenfestsetzungsbeschluss wirkungslos. Er ist in seinem Bestand von der Kostengrundentscheidung abhängig. Eine solche ist zugunsten des Rechtsanwalts nicht ergangen (BFHE 101, 57).

Nicht beteiligt sind die Beteiligten des vorausgegangenen Verfahrens, die weder zur Kostenerstattung 39 verpflichtet sind noch einen Kostenerstattungsanspruch haben. Dazu gehört insbes. ein Beigeladener, wenn ihm einerseits keine Kosten auferlegt wurden, seine eigenen außergerichtlichen Kosten andererseits nicht erstattungsfähig sind.

5. Anhörung. Der Anspruch auf rechtliches Gehörs aus Art. 103 Abs. 1 GG gilt auch im Kostenfest- 40 setzungsverfahren (BVerfGE 19, 148; → § 162 Rn. 4). Der Gegner ist deshalb anzuhören. Anzuhören ist auch die Staatskasse, sofern ihr Kosten auferlegt sind, etwa nach § 154 Abs. 4 oder nach § 162 Abs. 3. Nicht gehört zu werden brauchen die Beteiligten des vorausgegangenen Verfahrens, die an der Kostenfestsetzung nicht beteiligt sind (→ Rn. 39).

6. Rücknahme, Hauptsachenerledigung. Das Kostenfestsetzungsverfahren ist einzustellen, wenn der 41 Antrag zurückgenommen oder das Verfahren übereinstimmend in der Hauptsache für erledigt erklärt wird. Ein bereits ergangener noch nicht rechtskräftiger Kostenfestsetzungsbeschluss ist entsprechend § 173, § 269 Abs. 3 S. 1 ZPO für wirkungslos zu erklären. Der erstattungsberechtigte Beteiligte ist nicht gehindert, das Kostenfestsetzungsgesuch später zu erneuern (→ Rn. 29 ff.).

Erledigt sich das Kostenfestsetzungsverfahren, weil die Kostenfestsetzung auf der Grundlage einer nur 42 vorläufig vollstreckbaren Kostenentscheidung betrieben wurde, diese aber während des Festsetzungsverfahrens geändert oder aufgehoben wird, entspricht es billigem Ermessen, die Kosten des erledigten Verfahrens dem Antragsteller aufzuerlegen. Er trägt das Risiko einer Kostenfestsetzung vor Rechtskraft der Kostenentscheidung.[23]

V. Kostenfestsetzungsbeschluss

1. Tenor. Die Kosten werden durch Beschluss festgesetzt. Festgesetzt wird der Gesamtbetrag der zu 43 erstattenden Kosten. Die einzelnen Kostenansätze sind als Rechnungsposten nur Teil der Begründung. Wird der Antrag hinsichtlich eines oder mehrerer Kostenansätze abgelehnt, können diese in den Tenor aufgenommen werden; zulässig ist es aber auch, die zu erstattenden Kosten festzusetzen, den weiterge-

---

23 OLG Düsseldorf NJW 1974, 1714; OLG Hamm AnwBl 1979, 154; KG Rpfleger 1978, 384.

henden Antrag abzulehnen und erst in den Gründen darzulegen, welcher Kostenansatz nicht berücksichtigt wird (→ Rn. 29; → § 165 Rn. 24 f.).

44 Wird dem Antrag entsprochen, ist ferner auszusprechen, dass die festgesetzten Kosten vom Eingang des Festsetzungsantrags an zu verzinsen sind. Erforderlich ist hierfür ein Antrag (§ 104 Abs. 1 S. 2 ZPO). Der Zinssatz beträgt fünf Prozentpunkte über dem (jeweiligen) Basiszinssatz nach § 247 BGB.

45 Sind die Kosten in der Kostenentscheidung nach Quoten verteilt, findet ein Kostenausgleich statt (§ 106 ZPO). Ein Kostenfestsetzungsbeschluss ergeht nur zugunsten des Beteiligten, für den sich ein Überschuss ergibt. Festgesetzt wird nur der überschießende Betrag. Durch den Kostenausgleich wird eine zweimalige Kostenfestsetzung vermieden.

46 **2. Begründung.** Der Kostenfestsetzungsbeschluss ist zu begründen. Das gilt jedenfalls dann, wenn ein Kostenansatz nicht oder nicht vollständig berücksichtigt wird oder wenn seine Berechtigung zwischen den Beteiligten umstritten war. Im Übrigen genügt regelmäßig die Bezugnahme auf die Kostenrechnung.

47 **3. Kostenentscheidung.** Der Kostenfestsetzungsbeschluss sollte eine Kostenentscheidung enthalten.[24] Gerichtsgebühren fallen zwar nicht an, jedoch möglicherweise Auslagen (etwa Zustellkosten). Ebenso fallen für die Vertretung durch einen Rechtsanwalt im Kostenfestsetzungsverfahren keine zusätzlichen Gebühren an (vgl. § 19 Abs. 1 Nr. 14 RVG), jedoch möglicherweise Auslagen. Die Kostenentscheidung richtet sich nach § 154 ff. Der Urkundsbeamte bestimmt nicht nur, wer die Kosten zu tragen hat, sondern setzt zugleich auch deren Höhe fest (vgl. BVerfG NJW 1977, 145).

48 Fehlt die Kostenentscheidung, kann der Kostenfestsetzungsbeschluss nach § 122 Abs. 1, § 120 um einen Ausspruch zur Kostenfolge (und um die Festsetzung der zu erstattenden Kosten) ergänzt werden. Ebenso können noch im Erinnerungsverfahren die Kosten des Festsetzungsverfahrens als erstattungsfähiger Aufwand berücksichtigt werden (VGH München BayVBl 1971, 483).

49 **4. Rechtsbehelfsbelehrung.** Der Kostenfestsetzungsbeschluss ist mit einer Rechtsbehelfsbelehrung zu versehen (Rechtsmittel: Erinnerung → Rn. 52).

50 **5. Unterschrift.** Der Urkundsbeamte hat den Kostenfestsetzungsbeschluss zu unterschreiben. Eine bloße Paraphe genügt nicht (OLG Brandenburg NJW-RR 1998, 862; OLG Karlsruhe NJW-RR 2004, 1507).

51 **6. Zustellung.** Der Kostenfestsetzungsbeschluss ist dem Gegner zuzustellen, dem Antragsteller dann, wenn sein Antrag ganz oder teilweise abgelehnt wird. Nur in diesen Fällen wird jeweils eine Frist, nämlich die Anfechtungsfrist des § 165, § 151 S. 1, in Lauf gesetzt (§ 56 Abs. 1). Im Übrigen ist der Kostenfestsetzungsbeschluss formlos bekannt zu geben (§ 173, § 104 Abs. 1 S. 3 und 4 ZPO).

52 **7. Anfechtung.** Gegen den Kostenfestsetzungsbeschluss des Urkundsbeamten kann die Entscheidung des Gerichts (Erinnerung) beantragt werden (§§ 165, 151).

53 **8. Rechtskraft.** Der Kostenfestsetzungsbeschluss erwächst in formelle und materielle Rechtskraft (VGH München NVwZ-RR 1995, 362). Nach Ablauf der Anfechtungsfrist kann der Gegner keine Einwendungen gegen die Höhe der festgesetzten Kosten mehr geltend machen, der Antragsteller nicht mehr gegen die Absetzung bestimmter Kostenansätze (OVG Lüneburg NVwZ-RR 2010, 661). Der Antragsteller ist hingegen nicht gehindert, nachträglich wegen weiterer, bisher nicht geltend gemachter Kosten eine Nachfestsetzung zu beantragen (zweifelhaft, s.a. → § 165 Rn. 24 f.).[25] Er kann ferner nachträglich die Verzinsung der festgesetzten Kosten beantragen. Der Antrag wirkt auf den Zeitpunkt zurück, zu dem das Kostenfestsetzungsgesuch eingereicht wurde.

54 **9. Vollstreckung.** Der Kostenfestsetzungsbeschluss ist Vollstreckungstitel (§ 168 Abs. 1 Nr. 4). Kostengläubiger und Kostenschuldner können zwei Private sein, etwa wenn das Gericht in seiner Kostenentscheidung die außergerichtlichen Kosten eines Beigeladenen dem Kläger auferlegt hat. Die Vollstreckung des Kostenfestsetzungsbeschlusses richtet sich in diesem Fall mangels besonderer Vorschriften

---

24 Vgl. BVerfG NJW 1977, 145; VGH München BayVBl 1971, 483; OLG Düsseldorf MDR 1991, 449.
25 OLG Stuttgart NJW-RR 2009, 1004 (Nachfestsetzung von Umsatzsteuer); ferner OLG München NJW-RR 2006, 1006; Rpfleger 2003, 45: dabei soll eine Verrechnung mit zu seinen Gunsten zu hoch angesetzten Einzelposten in der ursprünglichen Festsetzung wegen der insoweit eingetretenen Rechtskraft nicht möglich sein.

in der VwGO gem. §167 Abs. 1 nach den Vorschriften der ZPO; für Vollstreckungsmaßnahmen sind die Verwaltungsgerichte zuständig.[26]

§165 [Anfechtung der Kostenfestsetzung]

[1]Die Beteiligten können die Festsetzung der zu erstattenden Kosten anfechten. [2]§151 gilt entsprechend.

Schrifttum

D. *Pauling*, Zum Verschlechterungsverbot im Beschwerdeverfahren der Kostenfestsetzung, JurBüro 2002, 61; G. *Rennen*, Erinnerungs- und Beschwerderecht des Rechtsanwalts im Kostenfestsetzungsverfahren?, MDR 1973, 644.

I. Bedeutung der Vorschrift

§165 regelt den Rechtsbehelf gegen die Entscheidungen des Urkundsbeamten im Kostenfestsetzungsverfahren. Rechtsbehelf ist nach §§165 S. 2, 151 S. 1 der Antrag auf Entscheidung des Gerichts, die sog. Erinnerung. Die Erinnerung ist kein Rechtsmittel, sondern ein sonstiger Rechtsbehelf. Ihr fehlt der Devolutiveffekt. Sie bringt die Sache nicht in die höhere Instanz.[1] Die Erinnerung ist nicht nur gegen den Kostenfestsetzungsbeschluss gegeben, sondern auch dann, wenn der Urkundsbeamte die Kostenfestsetzung ablehnt. Der Gegner kann sich einer Erinnerung anschließen (VG Stuttgart NVwZ 2007, 216). 1

Mit der Erinnerung können nur Einwendungen gegen die Höhe der zu erstattenden Kosten, nicht aber gegen die Kostenpflicht dem Grunde (→ §164 Rn. 21) vorgebracht werden. Der Erinnerungsführer kann nur geltend machen, ein vom Urkundsbeamten berücksichtigter Ansatz sei nicht oder nicht in der berücksichtigten Höhe entstanden oder nicht erstattungsfähig bzw. der Urkundsbeamte hätte weitere Ansätze als erstattungsfähig berücksichtigen müssen. 2

Neben der Erinnerung als Rechtsbehelf kommen andere Möglichkeiten in Betracht, eine unrichtige oder unvollständige Kostenfestsetzung zu korrigieren.[2] 3

Offenbare Unrichtigkeiten des Kostenfestsetzungsbeschlusses können berichtigt werden (§§122 Abs. 1, 118, VG Ansbach 6.12.2007 – AN 9 K 01.00820, BeckRS 2007, 34505). Hat der Urkundsbeamte geltend gemachte Kostenansätze übergangen, kann der Kostenfestsetzungsbeschluss ergänzt werden (§§122 Abs. 1, 120).[3] 4

Hat der Antragsteller es versäumt, bestimmte Kostenpositionen zur Kostenerstattung anzumelden, kann er die Erstattung dieser Kosten in einem Nachverfahren geltend machen. Eine Erinnerung gegen den Kostenfestsetzungsbeschluss kommt mangels Beschwer (→ Rn. 12–16) nicht in Betracht. Der Kostenfestsetzungsbeschluss trifft insoweit keine Entscheidung. Ist der Antragsteller aus anderen Gründen durch den Kostenfestsetzungsbeschluss beschwert, kann er mit der deshalb eingelegten Erinnerung zugleich die Nachfestsetzung bisher nicht geltend gemachter Kostenansätze beantragen.[4] Ebenso kann er Erinnerung einlegen, wenn ein geltend gemachter Kostenansatz nicht berücksichtigt ist, und statt sei- 5

---

26 OVG Münster OVGE 35, 25; a.A. H. *Geiger*, in: Eyermann §164 Rn. 14.
1 S. *Olbertz*, in: Schoch/Schneider/Bier §165 Rn. 2, 7.
2 M. *Happ*, in: Eyermann §165 Rn. 1. Zur Gegenvorstellung und Anhörungsrüge: OVG Bautzen 3.7.2017 – 3 E 42/16.
3 M. *Happ*, in: Eyermann §165 Rn. 1.
4 Vgl. auch BGH NJW-RR 2011, 499; KG NJW-RR 1991, 768; M. *Happ*, in: Eyermann §165 Rn. 4; W.-R. *Schenke*, in: Kopp/Schenke §165 Rn. 2.

ner zur Begründung des verlangten Gesamtbetrags einen bisher nicht angemeldeten Kostenansatz nachschieben. Hat der Gegner Erinnerung eingelegt, kann der Antragsteller sich der Erinnerung mit dem alleinigen Ziel anschließen, eine Nachfestsetzung bisher nicht geltend gemachter Kosten zu erreichen.

6   Ist der Kostenfestsetzungsbeschluss auf der Grundlage einer nur vorläufig vollstreckbaren Kostenentscheidung ergangen und wird diese geändert oder aufgehoben, wird der Kostenfestsetzungsbeschluss gegenstandslos (→ § 164 Rn. 15). Eine Erinnerung gegen ihn wäre mangels Beschwer unzulässig.

7   Enthält der Kostenfestsetzungsbeschluss Kostenansätze, deren Höhe vom Streitwert abhängt, namentlich Gebühren bevollmächtigter Rechtsanwälte, wird er infolge einer nachträglichen Änderung des Streitwerts fehlerhaft. Die Beteiligten haben die fristgebundene Möglichkeit, nach § 173, § 107 ZPO eine Änderung der Kostenfestsetzung zu beantragen (→ § 164 Rn. 18). Eine Erinnerung kommt daneben nicht in Betracht.

II. Anwendungsbereich

8   Die Erinnerung nach §§ 165, 151 ist gegen den Kostenfestsetzungsbeschluss nach § 164 gegeben, also für die Fälle der Kostenerstattung zwischen den Beteiligten des Ausgangsverfahrens. Gegen den Ansatz der Gerichtskosten nach § 19 GKG ist die Erinnerung nach § 66 GKG gegeben. Gegen die Festsetzung des Streitwerts ist die Beschwerde nach § 68 GKG gegeben. Gegen Beschlüsse, durch die das Gericht die Vergütung des Rechtsanwalts gegen dessen Mandanten gem. § 11 Abs. 1 und 3 RVG festsetzt, finden hingegen die §§ 165 S. 2, 151 sinngemäße Anwendung (§ 11 Abs. 3 S. 2 RVG).

III. Erinnerungsverfahren

9   Für das Verfahren gelten nach §§ 165 S. 2, 151 S. 3 die §§ 147–149 entsprechend.

10 **1. Frist und Form.** Die Erinnerung ist innerhalb von zwei Wochen nach Bekanntgabe des Kostenfestsetzungsbeschlusses einzulegen (§ 151 S. 1). Sie kann schriftlich oder zur Niederschrift des Urkundsbeamten der Geschäftsstelle, nicht aber fernmündlich (BGH NJW-RR 2009, 852), eingelegt werden (§ 151 S. 2). Nach Ablauf der Frist kommt die – gesetzlich nicht ausdrücklich vorgesehene – unselbständige Anschlusserinnerung in Betracht.[5] Wiedereinsetzung gem. § 60 ist möglich.[6] Bei unrichtiger Rechtsbehelfsbelehrung gilt die Jahresfrist nach § 58 Abs. 2.[7] War das OVG oder das BVerwG Gericht des ersten Rechtszugs und hat deshalb der Urkundsbeamte dieser Gerichte den Kostenfestsetzungsbeschluss erlassen, ist die Erinnerung beim OVG oder beim BVerwG anzubringen. Dafür gilt der Vertretungszwang nach § 67 Abs. 4 S. 1 (vgl. OVG Lüneburg NVwZ-RR 2016, 240; → § 164 Rn. 32).

11 **2. Anfechtungsantrag.** Der Erinnerungsführer muss einen bestimmten Antrag stellen. Er kann den Kostenfestsetzungsbeschluss ganz oder teilweise, also nur wegen einzelner Kostenansätze, anfechten. Er braucht den Umfang der Anfechtung zwar nicht dem Betrag nach zu beziffern, muss jedoch genau angeben, in welchem Punkt, insbes. hinsichtlich welchen Kostenansatzes, er den Kostenfestsetzungsbeschluss angreift (BFHE 156, 401).

12 **3. Beschwer.** Erinnerung kann nur der Beteiligte einlegen, der durch den Kostenfestsetzungsbeschluss beschwert ist.

13 Der Antragsteller ist beschwert, wenn von ihm geltend gemachte Kosten nicht oder nicht in der begehrten Höhe festgesetzt sind. Er ist auch beschwert, wenn im Kostenfestsetzungsbeschluss über Kosten abschlägig entschieden ist, die er nicht angemeldet hat; denn diese Entscheidung kann einer Nachfestsetzung entgegenstehen (OLG Hamm AnwBl 2002, 437). Der Gegner ist beschwert, wenn die Kosten zu hoch festgesetzt sind, etwa weil einzelne Kostenansätze nicht oder nicht in der geltend gemachten Höhe hätten berücksichtigt werden dürfen.

---

5   VG Stuttgart NVWZ-RR 2007, 216 M. *Happ*, in: Eyermann § 165 Rn. 2; *W.-R. Schenke*, in: Kopp/Schenke § 165 Rn. 1.
6   *W. Kunze*, in: Posser/Wolff § 165 Rn. 6.
7   *S. Olbertz*, in: Schoch/Schneider/Bier § 165 Rn. 3; *W. Kunze*, in: Posser/Wolff § 165 Rn. 6.

War die Staatskasse als Antragsteller oder Gegner am Kostenfestsetzungsverfahren beteiligt, ist sie 14
ebenfalls befugt, Erinnerung einzulegen.[8]

Der Prozessbevollmächtigte eines Beteiligten ist mangels Beschwer nicht befugt, in eigenem Namen ge- 15
gen einen Kostenfestsetzungsbeschluss Erinnerung einzulegen, auch wenn der erstattungsberechtigte
Beteiligte die Gebühren und Auslagen seines Prozessbevollmächtigten zur Erstattung angemeldet hat,
der Urkundsbeamte diese Kosten jedoch nicht oder nicht in der beantragten Höhe gegen den zur Erstattung verpflichteten Beteiligten festsetzt.[9] Der Prozessbevollmächtigte hat einen Vergütungsanspruch gegen seinen Mandanten, der wiederum insoweit einen Erstattungsanspruch gegen den unterlegenen Beteiligten hat. Die Festsetzung des zu erstattenden Betrages nach § 164 ist nicht zugleich bindend für den Vergütungsanspruch, den der Rechtsanwalt gegen seinen Mandanten aus dem Mandatsverhältnis hat (HmbOVG AnwBl 1987, 290). Der Rechtsanwalt kann die Höhe seiner gesetzlichen
Vergütung gegen seinen Mandanten nach § 11 RVG festsetzen lassen. In jenem Verfahren wird selbständig und unabhängig davon entschieden, wie die zu erstattenden Aufwendungen nach § 164 festgesetzt sind. Allerdings ist die Entscheidung nach § 11 RVG umgekehrt bindend für die Kostenfestsetzung nach § 164. Durch den Vergütungsfestsetzungsbeschluss nach § 11 RVG wird verbindlich festgelegt, welche Gebühren und Auslagen in welcher Höhe der Mandant seinem Anwalt gesetzlich schuldet. Diese Kostenlast kann er in vollem Umfang (§ 162 Abs. 2 S. 1) auf den Beteiligten abwälzen, der
ihm nach der gerichtlichen Kostenentscheidung erstattungspflichtig ist. Die abweichende Festsetzung
der Vergütung im Verfahren nach § 11 RVG führt zu einer nachträglichen Korrektur der Kostenfestsetzung nach § 164, ggf. in einem Nachverfahren.

Die Beschwer braucht keinen bestimmten Beschwerdewert zu erreichen. § 146 Abs. 3 gilt nicht für die 16
Erinnerung, sondern erst für die Beschwerde gegen den Beschluss des Gerichts, mit dem dieses über
die Erinnerung entscheidet.

4. Abhilfe. Der Urkundsbeamte hat zunächst darüber zu befinden, ob er der Erinnerung abhelfen will 17
(§§ 165 S. 2, 151 S. 3, 148 Abs. 1). Die Abhilfe besteht in dem Erlass eines neuen Kostenfestsetzungsbeschlusses. Gegen die Abhilfeentscheidung kann der durch sie Beschwerte seinerseits Erinnerung einlegen. Hilft der Urkundsbeamte der Erinnerung nicht ab, legt er sie der Kammer (oder dem Senat) zur
Entscheidung vor.

5. Aussetzung. Die Erinnerung hat keine aufschiebende Wirkung (§§ 165 S. 2, 151 S. 3, 149 Abs. 1 18
S. 1). Der Urkundsbeamte kann die Vollstreckung aus dem Kostenfestsetzungsbeschluss einstweilen
aussetzen (§§ 165 S. 2, 151 S. 3, 149 Abs. 1 S. 2). Dieselbe Befugnis hat das Gericht, dessen noch nicht
rechtskräftige Kostenentscheidung Grundlage der Kostenfestsetzung ist. Wird gegen die Kostenfestsetzung Erinnerung eingelegt, kann es das Kostenfestsetzungsverfahren bis zur Rechtskraft der Kostenentscheidung aussetzen (§ 173, § 104 Abs. 3 S. 2 ZPO).

6. Hauptsacheerledigung. Das Erinnerungsverfahren erledigt sich in der Hauptsache, wenn die Kos- 19
tenfestsetzung auf der Grundlage einer nur vorläufig vollstreckbaren Kostenentscheidung betrieben
wurde, diese aber während des Erinnerungsverfahrens geändert oder aufgehoben wird. In diesem Fall
entspricht es billigem Ermessen, die Kosten des erledigten Verfahrens dem Antragsteller aufzuerlegen
(→ § 164 Rn. 42).

IV. Entscheidung über die Erinnerung

Über die Erinnerung entscheidet das Gericht durch Beschluss, der gem. § 122 Abs. 2 S. 1 zu begründen 20
ist.

---

8 *M. Happ*, in: Eyermann § 165 Rn. 4; *S. Olbertz*, in: Schoch/Schneider/Bier § 165 Rn. 4; *W.-R. Schenke*, in: Kopp/Schen-
ke § 165 Rn. 8.
9 BVerfGE 96, 251; OVG Koblenz DVBl 1985, 1075; VGH München BayVBl 1977, 611; OVG Münster NVwZ-RR
2011, 752; OVG Münster 21.9.2016 – 1 E 474/16, BeckRS 2016, 52239, Rn. 1; OVG Bln-Bbg 19.9.2017 – OVG 3 K
96.17, juris Rn. 2 ff.; *G. Rennen*, MDR 1973, 644; *P. Kothe*, in: Redeker/von Oertzen § 165 Rn 2; *S. Olbertz*, in:
Schoch/Schneider/Bier § 165 Rn. 4; a.A. OVG Saarlouis 10.10.2017 – 1 C 181/15, juris Rn. 4 ff.; VGH Kassel
DÖV 1988, 524; OVG Lüneburg MDR 1973, 257; BFH NJW 1976, 208; *W.-R. Schenke*, in: Kopp/Schenke § 165
Rn 4; *M. Happ*, in: Eyermann § 165 Rn 4.

21 **1. Zuständigkeit.** Über die Erinnerung entscheidet nach §§ 165 S. 2, 151 das Gericht des ersten Rechtszugs, dessen Urkundsbeamter den Kostenfestsetzungsbeschluss erlassen hat.

22 Funktional zuständig ist grds. die Kammer oder der Senat.[10] Der Vorsitzende bzw. Berichterstatter ist gem. § 87 a Abs. 1 Nr. 5 (ggf. i.V.m. Abs. 3) zuständig, wenn die Entscheidung über die Erinnerung im vorbereitenden Verfahren ergeht. Maßgeblich ist, dass das Verfahren insgesamt nicht über das Stadium der Vorbereitung hinaus gelangt ist, etwa weil die Klage vor einer Befassung der Kammer oder des Senats zurückgenommen oder in der Hauptsache für erledigt erklärt wurde (BVerwG NVwZ 2005, 466; HmbOVG NVwZ-RR 1998, 462; s.a. OVG Münster NVwZ-RR 2017, 435; OVG Bln-Bbg NVwZ-RR 2017, 472 m.w.N.) und Grundlage der Kostenfestsetzung die Kostenentscheidung in dem Einstellungsbeschluss des Vorsitzenden bzw. Berichterstatters (§ 87 a Abs. 1 Nr. 2 oder Nr. 3) ist. Die Entscheidung ergeht nicht mehr im vorbereitenden Verfahren, wenn Kammer oder Senat mit der Hauptsache befasst waren, namentlich ein Urteil ergangen ist, dessen Kostenentscheidung Grundlage der Kostenfestsetzung ist.[11] Der Einzelrichter des VG entscheidet über die Erinnerung ferner, wenn ihm der Rechtsstreit insgesamt nach § 6 übertragen ist.

23 **2. Entscheidungsinhalt.** Ebenso wie der Urkundsbeamte ist das Gericht im Erinnerungsverfahren an die Kostengrundentscheidung gebunden. Ist für einen erstattungsfähigen Kostenansatz der festgesetzte Streitwert von Bedeutung, kann das Gericht die Erinnerung gegen einen Kostenfestsetzungsbeschluss zum Anlass nehmen, seine Streitwertfestsetzung von Amts wegen zu ändern (§ 63 Abs. 3 S. 1 GKG).

24 Im Erinnerungsverfahren gilt das Verbot einer reformatio in peius (HmbOVG AnwBl 1987, 290; OLG München Rpfleger 2000, 298). Der festgesetzte Gesamtbetrag der zu erstattenden Kosten darf nicht zulasten des Erinnerungsführers geändert werden. Hingegen können grds. einzelne Kostenansätze bis zur Grenze des festgesetzten Gesamtbetrages miteinander saldiert werden. Hat der Antragsteller Erinnerung eingelegt, weil ein von ihm geltend gemachter Kostenansatz nicht oder nicht in voller Höhe berücksichtigt ist, kann die Erinnerung mit der Begründung zurückgewiesen werden, ein anderer Kostenansatz sei zu Unrecht überhaupt oder in der angesetzten Höhe berücksichtigt worden, wenn eine Saldierung beider Fehler zu keinem höheren als dem festgesetzten Gesamtbetrag führt.[12] Gegenstand der Festsetzung ist der Gesamtbetrag der zu erstattenden Kosten (OVG Münster NVwZ-RR 2007, 214). Die einzelnen Kostenansätze sind nur Teil der Begründung. Eine Verböserung liegt nicht vor, wenn überhöhte Ansätze zum Saldieren verwendet werden, auch wenn der Gegner diese Ansätze nicht angegriffen hat.[13] Eine Teilrechtskraft ist bezüglich einzelner Kostenansätze als bloßen Elementen der Begründung nicht möglich. Im Erinnerungsverfahren fällt die Sache beim Gericht wegen der Richtigkeit des festgesetzten Gesamtbetrages, nicht wegen einzelner Kostenansätze an.

25 Eine Saldierung zulasten des Gegners kann aber ausgeschlossen sein. Die Kostenfestsetzung ist von einem Antrag abhängig. Hat der Gegner Erinnerung eingelegt, weil ein Kostenansatz überhaupt nicht oder nicht in der geltend gemachten Höhe hätte berücksichtigt werden dürfen, kann die Erinnerung jedenfalls nicht ohne Weiteres mit der Begründung zurückgewiesen werden, es sei zu Unrecht ein anderer Kostenansatz nicht oder nicht in der zutreffenden Höhe berücksichtigt worden. Eine solche Saldierung ist unzulässig, wenn für sie auf Kosten zurückgegriffen wird, die zwar erstattungsfähig wären, die der Antragsteller aber nicht oder nicht in dieser Höhe geltend gemacht hat.[14] Im Übrigen ist eine Saldierung zulasten des Gegners möglich, also insbes. wenn geltend gemachte Kosten zu Unrecht nicht oder nicht in der zutreffenden Höhe festgesetzt sind.

26 nicht besetzt

---

10 BVerwG NJW 1995, 2179; OVG Bautzen NVwZ 2007, 116; OVG Lüneburg NVwZ-RR 2007, 816; VGH München NVwZ-RR 2004, 309. Vgl. *W.-R. Schenke*, in: Kopp/Schenke § 165 Rn. 3.

11 BVerwG NJW 2007, 453; OVG Magdeburg 18.1.2016 – 1 K 17/13, BeckRS 2016, 46862, Rn. 1; VG Bayreuth BayVBl 1998, 765.

12 BFHE 98, 12, 14; VGH München BayVBl 1983, 478; anders für den Fall einer Nachfestsetzung: OLG München Rpfleger 2003, 45.

13 A.A. *D. Pauling*, JurBüro 2002, 61.

14 *W.-R. Schenke*, in: Kopp/Schenke § 165 Rn 3; weiter geht wohl OVG Münster NVwZ-RR 1999, 348: keine Saldierung nur bei ausdrücklichem Verzicht auf die Geltendmachung der Kostenpositionen; ferner OVG Münster AnwBl 2000, 376, 377.

Ist die Erinnerung begründet, braucht das Gericht in seiner Entscheidung nicht selbst die zu erstatten- 27
den Kosten neu festzusetzen. Es kann vielmehr die Neufestsetzung dem Urkundsbeamten übertragen
(VGH München NVwZ-RR 2004, 309, 310).

Hat der Gegner auf den Kostenfestsetzungsbeschluss bereits gezahlt und erst anschließend mit seiner 28
Erinnerung ganz oder teilweise Erfolg, kann in dem Beschluss die Rückzahlung bereits geleisteter Beträge in entsprechender Anwendung von § 173, § 91 Abs. 4 ZPO angeordnet werden (→ § 164 Rn. 9).

3. Kosten. Der Beschluss enthält eine Kostenentscheidung (VGH München NVwZ-RR 2004, 309, 29
310). Für das Erinnerungsverfahren fallen zwar keine Gerichtsgebühren an (BVerwG 2.8.2013 –
7 KSt 3.13 [7 A 19.11], BeckRS 2013, 54805, Rn. 16), jedoch sind Auslagen zu erstatten. Außergerichtlich können Anwaltskosten nach Nr. 3500 der Anl. 1 zum RVG anfallen (BVerwG NVwZ-
RR 2007, 717).

Hat die Erinnerung ganz oder teilweise Erfolg, sind die Kosten des Erinnerungsverfahrens in dem zu 30
ändernden Kostenfestsetzungsbeschluss als erstattungsfähige Kosten zu berücksichtigen.

V. Beschwerde

1. Statthaftigkeit. Hat das VG als Gericht des ersten Rechtszugs über die Erinnerung entschieden, ist 31
gegen seinen Beschluss die Beschwerde gegeben, wenn der Wert des Beschwerdegegenstandes 200 €
übersteigt (§ 146 Abs. 3). In Asylsachen ist umstritten, ob sich der Beschwerdeausschluss in § 80
AsylG (zuvor wortgleich in § 80 AsylVfG enthalten, vgl. VGH München BayVBl 1998, 605) auch auf
die Kostenfestsetzung bezieht.[15]

Hat das OVG als Gericht des ersten Rechtszugs über die Erinnerung entschieden, kann seine Entschei- 32
dung gem. § 152 Abs. 1 nicht mit der Beschwerde angefochten werden.

2. Vertretungszwang. Für die Einlegung der Beschwerde besteht Vertretungszwang.[16] § 67 Abs. 4 S. 1 33
enthält insoweit keine Ausnahme.

3. Zuständigkeit. Für die Beschwerdeentscheidung ist funktional der Senat zuständig, nicht aber der 34
Einzelrichter, vorbehaltlich der Fälle des § 87 a Abs. 2. Die (abschließende) Beschwerdeentscheidung
ist nie eine Entscheidung im vorbereitenden Verfahren i.S.d. § 87 a Abs. 1 Nr. 5. Sie ist vielmehr die
Sachentscheidung, auf die das Verfahren gerichtet ist.[17]

4. Inhalt der Entscheidung. Hält das OVG die Beschwerde für begründet, kann es die Entscheidung 35
des VG über die Erinnerung aufheben, den Kostenfestsetzungsbeschluss des Urkundsbeamten ändern
und den Betrag der zu erstattenden Kosten selbst festsetzen. Das OVG kann aber auch neben der Entscheidung des VG über die Erinnerung den Kostenfestsetzungsbeschluss des Urkundsbeamten aufheben und die Sache zur erneuten Festsetzung des zu erstattenden Betrags an den Urkundsbeamten zurückverweisen (OVG Bln-Bbg 4.9.2014 – OVG 3 K 36/14, juris Rn. 3). Das kommt insbes. in Betracht, wenn erst das OVG als Beschwerdegericht den Ansatz einer streitigen Kostenposition dem
Grunde nach für gerechtfertigt hält, die Höhe der insoweit zu berücksichtigenden Kosten noch weitere
Ermittlungen und Berechnungen erfordert, an denen es bisher fehlt (OVG Münster KostRsp VwGO
§ 162 Nr. 74).

5. Kostenentscheidung. Der Beschluss über die Beschwerde enthält eine Kostenentscheidung. Die 36
Kosten einer erfolgreichen Beschwerde sind dem Gegner aufzuerlegen, auch wenn er der Beschwerde
nicht entgegengetreten ist (OLG Nürnberg MDR 1999, 1407; a.A. OVG Bautzen DÖV 2007, 34). Gerichtskosten fallen nur an, wenn die Beschwerde (zumindest teilweise) erfolglos bleibt (Nr. 5502 der
Anl. 1 zum GKG). An außergerichtlichen Kosten können die Gebühren beauftragter Rechtsanwälte
anfallen (Nr. 3500 der Anl. 1 zum RVG).

---

15 Vgl. OVG Bln-Bbg NVwZ-RR 2017, 73; VG Kassel 19.10.2016 – 3 O 1493/16.KS.A; VG Minden 31.7.2017 10 K
    1170/15.A, juris Rn. 15 ff.; *K. Jendrusch*, NVwZ 2017, 516, 517. A.A.: VGH Mannheim 28.2.2017 – A 222 S
    271/17, juris Rn. 2 f.; VG Hannover 1.3.2017 – 7 A 6770/16, juris Rn. 8, s.a. → § 166 Rn. 227.
16 OVG Bln-Bbg 17.2.2017 – OVG 3 K 16/17, juris Rn. 1, 3 m.w.N.; OVG Lüneburg NVwZ-RR 2016, 240; VGH Kas-
    sel NVwZ 2009, 1445; VGH München NVwZ-RR 2003, 690.
17 OVG Brem NVwZ-RR 2014, 700; OVG Bautzen NVwZ 2007, 116; VGH Kassel ESVGH 60, 247; OVG Lüneburg
    NVwZ-RR 2007, 816. S.a. OVG Münster 21.7.2015 – 12 E 522/15, juris Rn. 1.

37   Der Beschwerdeentscheidung folgt ein neues selbständiges Kostenfestsetzungsverfahren, für das ein neuer Kostenfestsetzungsantrag zu stellen ist. Obsiegt der Antragsteller im Beschwerdeverfahren und muss infolgedessen der Betrag der zu erstattenden Kosten neu festgesetzt werden, können dabei die Kosten des erfolgreichen Beschwerdeverfahrens mitfestgesetzt werden.

§ 165 a   [Prozesskostensicherheit]

§ 110 der Zivilprozessordnung gilt entsprechend.

§ 110 ZPO Prozesskostensicherheit

(1) Kläger, die ihren gewöhnlichen Aufenthalt nicht in einem Mitgliedstaat der Europäischen Union oder einem Vertragsstaat des Abkommens über den Europäischen Wirtschaftsraum haben, leisten auf Verlangen des Beklagten wegen der Prozesskosten Sicherheit.
(2) Diese Verpflichtung tritt nicht ein:
1. wenn aufgrund völkerrechtlicher Verträge keine Sicherheit verlangt werden kann;
2. wenn die Entscheidung über die Erstattung der Prozesskosten an den Beklagten aufgrund völker-rechtlicher Verträge vollstreckt würde;
3. wenn der Kläger im Inland ein zur Deckung der Prozesskosten hinreichendes Grundvermögen oder dinglich gesicherte Forderungen besitzt;
4. bei Widerklagen;
5. bei Klagen, die aufgrund einer öffentlichen Aufforderung erhoben werden.

Schrifttum

J. Bader, Die Neuregelung des Rechtsmittelrechts und sonstige Änderungen der VwGO durch das Rechtsmittelbereinigungsgesetz, VBlBW 2002, 471; *J. J. Nolte*, Die Eigenart des verwaltungsgerichtlichen Rechtsschutzes, 2015.

I. Entstehungsgeschichte

1   **1. § 165 a.** § 165 a ist erst durch das RmBereinVpG (v. 20.12.2002, BGBl I 3987)[1] in die VwGO eingefügt worden. Nach der Begründung des Gesetzentwurfs sollte lediglich klargestellt werden, dass § 110 ZPO auch im Verwaltungsprozess anzuwenden ist (BT-Drs. 14/6393, 14). Schon unabhängig davon war § 110 ZPO nach § 173 auch im Verwaltungsprozess anwendbar. Die Vorschrift hatte jedoch im Verwaltungsprozess keine wesentliche praktische Bedeutung erlangt. Nach § 110 ZPO kann nur der Beklagte wegen seiner außergerichtlichen Kosten die Leistung einer Sicherheit verlangen. Beklagter im Verwaltungsprozess ist regelmäßig ein Hoheitsträger. Er ist zumeist nicht durch einen Rechtsanwalt als Prozessbevollmächtigten vertreten. Seine außergerichtlichen Kosten sind mithin regelmäßig gering.

2   **2. § 110 ZPO.** § 110 ZPO seinerseits hat seine jetzige inhaltliche Fassung durch das 3. RpflÄndG (v. 6.8.1998, BGBl I 2030) erhalten. In seiner bis dahin geltenden Fassung machte die Vorschrift die Berechtigung des Beklagten, Sicherheit wegen seiner Prozesskosten zu verlangen, nicht von dem ge-

---

1   Hierzu *J. Bader*, VBlBW 2002, 471, 477.

wöhnlichen Aufenthalt des Klägers, sondern von dessen Staatsangehörigkeit abhängig. Sicherheit für die Prozesskosten des Beklagten hatte danach grds. ein Kläger zu leisten, der nicht die deutsche Staatsangehörigkeit besaß.

Der EuGH hatte die Vorschrift teilweise für unvereinbar mit dem Gemeinschaftsrecht (nunmehr Unionsrecht) angesehen (EuGH NJW 1993, 2431; NJW 1996, 3407; NJW 1997, 3299; NJW 1998, 2127). Das Verbot jeder Diskriminierung aus Gründen der Staatsangehörigkeit verbiete es, im Verhältnis zu Angehörigen der Mitgliedstaaten das Verlangen nach einer Prozesskostensicherheit von der Staatsangehörigkeit abhängig zu machen. Unter Hinweis auf diese Rspr. sowie auf Kritik in der Lit. an der seinerzeitigen Regelung der Prozesskostensicherheit schlug der Rechtsausschuss des Bundestag die dann Gesetz gewordene Neuregelung des Rechts der Prozesskostensicherheit vor (BT-Drs. 13/10871, 13, 16 ff.). **3**

II. Bedeutung der Norm

§ 165 a ordnet die entsprechende Geltung von § 110 ZPO an. Nach dieser Bestimmung hat ein Kläger auf Verlangen des Beklagten Sicherheit für die Prozesskosten zu leisten, wenn er seinen gewöhnlichen Aufenthalt nicht im Inland, in einem anderen Mitgliedstaat der EU oder in einem Vertragsstaat des Abkommens über den Europäischen Wirtschaftsraum (EWR) hat. **4**

1. Umfang der Verweisung. § 165 a verweist ausdrücklich nur auf § 110 ZPO, der die Voraussetzungen regelt, unter denen eine Sicherheit wegen der Prozesskosten zu leisten ist. Die §§ 111–113 ZPO enthalten daneben weitere Vorschriften, die für diese Art prozessualer Sicherheitsleistung gelten. Sie sind zur Ausfüllung des § 110 ZPO ergänzend heranzuziehen, was über § 173 möglich ist. **5**

2. Zweck der Prozesskostensicherheit. Zweck der Norm ist es, den Beklagten vor den Schwierigkeiten zu bewahren, seinen Kostenerstattungsanspruch gegen den unterlegenen Kläger im Ausland durchzusetzen. Die Vorschrift bezweckt hingegen nicht den Schutz der Staatskasse und ihrer Ansprüche auf Gerichtskosten. Zur deren Abdeckung kann von dem Kläger eine Sicherheitsleistung nicht verlangt werden. **6**

Der Gesetzgeber geht dabei davon aus, dass die Vollstreckung titulierter Kostenerstattungsansprüche in den Mitgliedsstaaten der EU und in den Vertragsstaaten des EWR nicht auf unzumutbare Schwierigkeiten stößt. Das Gebiet dieser Staaten wird deshalb von vornherein dem Inland gleichgestellt. **7**

Gefährdungsmoment ist der gewöhnliche Aufenthalt des Klägers außerhalb der Mitgliedstaaten der EU und der Vertragsstaaten des EWR. In der Regel wird sich das Vermögen, in das der Beklagte wegen seines Kostenerstattungsanspruchs vollstrecken könnte, am Ort des gewöhnlichen Aufenthalts befinden. Der gewöhnliche Aufenthalt des Klägers außerhalb des in § 110 Abs. 1 ZPO beschriebenen Gebiets ist ein Anzeichen für den fehlenden Zugriff auf Vermögen des Klägers. **8**

Auf die Staatsangehörigkeit des Klägers kommt es nicht mehr an. Auch Kläger deutscher Staatsangehörigkeit müssen (auf Verlangen des Beklagten) Sicherheit leisten, wenn sie ihren gewöhnlichen Aufenthalt nicht in einem Mitgliedstaat der EU oder einem Vertragsstaat des EWR haben. Dasselbe gilt für Staatenlose (→ Rn. 46). **9**

§ 110 ZPO will den Beklagten vor den Schwierigkeiten einer Vollstreckung im Ausland schützen. Die Vermögensverhältnisse des Klägers sind deshalb unerheblich. Auch der vermögende Kläger muss Prozesskostensicherheit leisten, wenn er sich gewöhnlich im Ausland aufhält und sein Vermögen dort belegen ist (vgl. § 110 Abs. 2 Nr. 3 ZPO). Umgekehrt ist der Beklagte nicht geschützt, wenn der Kläger vermögenslos ist, aber seinen gewöhnlichen Aufenthalt im Inland oder dem sonstigen in § 110 Abs. 1 umschriebenen Gebiet hat. **10**

Unerheblich sind die Erfolgsaussichten der Klage.[2] Das Gericht prüft bei einem Verlangen des Beklagten nicht nach, ob die Klage voraussichtlich abgewiesen werden wird und deshalb ein Kostenerstattungsanspruch des Beklagten überhaupt wahrscheinlich ist. **11**

§ 110 ZPO ist nicht auf andere Fälle entsprechend anwendbar, in denen ein vergleichbares Bedürfnis des Beklagten nach Sicherung seines möglichen Kostenerstattungsanspruchs besteht (BGH NJW 1984, 2762). Das gilt etwa für die Fälle, in denen der Kläger sich im Inland aufhält, sein konkreter Aufent- **12**

---

2 *Rosenberg/Schwab/Gottwald*, Zivilprozessrecht, [17]2010, § 86 Rn. 5.

haltsort aber unbekannt ist, weil der Kläger die Angabe einer ladungsfähigen Anschrift verweigert (BVerwG NJW 1999, 2608).

13   **3. Rechtsfolgen mangelnder Sicherheitsleistung.** Der Kläger hat Sicherheit für die Prozesskosten des Beklagten nur auf dessen Verlangen zu leisten (VG Frankfurt NZG 2013, 556). Kommt der Kläger einem solchen Verlangen nicht freiwillig nach, kann der Beklagte bei dem Prozessgericht beantragen, dass die Leistung einer Sicherheit angeordnet wird. Liegen die Voraussetzungen hierfür vor, ordnet das Gericht die Leistung einer Sicherheit in bestimmter Höhe an und setzt dem Kläger hierfür eine Frist (§ 112 Abs. 1, § 113 S. 1 ZPO). Die Anordnung einer Sicherheitsleistung wird jedoch nicht gegen den Kläger mit dem Ziel der Erfüllung durchgesetzt. Leistet er die erforderliche Sicherheit nicht, wird vielmehr der Prozess zu seinen Lasten beendet. Wiederum auf Antrag des Beklagten ist die Klage für zurückgenommen zu erklären (§ 113 S. 2 Var. 1 ZPO). Das Unterlassen einer Sicherheitsleistung in der festgesetzten Höhe wird mithin als Klagerücknahme fingiert. Ist der Prozess bereits in der Rechtsmittelinstanz anhängig und ist der Kläger Rechtsmittelführer, ist sein Rechtsmittel als unzulässig zu verwerfen (§ 113 S. 2 Var. 2 ZPO).

14   Die Zivilgerichte (OLG Zweibrücken NJW 1995, 537), namentlich der BGH (NJW-RR 1990, 378; NJW-RR 1993, 1021), und ihnen folgend die überwiegende zivilprozessuale Lit.[3] behandeln die mangelnde Sicherheit für die Prozesskosten als ein Prozesshindernis, das zur Unzulässigkeit der Klage führt. Dieses Prozesshindernis soll allerdings nicht von Amts wegen, sondern nur auf Rüge des Beklagten berücksichtigt werden. Die Rüge liegt in dem Verlangen nach einer Sicherheitsleistung. Dieses Verlangen wird nicht nur als ein Antrag an das Gericht angesehen, dieses möge die Leistung einer Sicherheit durch den Kläger anordnen, sondern zugleich als prozesshindernde Einrede fehlender Sicherheit. Diese Einrede führt jedoch nicht unmittelbar zur Abweisung der Klage als unzulässig, wenn Sicherheit bisher nicht geleistet ist, sondern zunächst nur zur Anordnung einer Sicherheitsleistung durch das Gericht.

15   Die Einordnung der fehlenden Prozesskostensicherheit als Prozesshindernis, das auf Einrede zu berücksichtigen ist, vermag nicht zu überzeugen.[4] Der Gesetzgeber hat die Folgen fehlender Prozesskostensicherheit in einer Weise geregelt, die nicht zur Annahme eines Prozesshindernisses passen. Das Gesetz fingiert die mangelnde Leistung einer angeordneten Sicherheit als Klagerücknahme.

III. Anwendungsbereich

16   **1. Sachlicher Anwendungsbereich.** § 110 ZPO ist in allen Verfahrensarten anwendbar, in denen eine Kostenerstattung zu Gunsten des Prozessgegners in Betracht kommt. Neben den Klageverfahren sind dies insbes. Normenkontrollverfahren und Verfahren auf Gewährung einstweiligen Rechtsschutzes.[5] Das Gebot effektiven Rechtsschutzes steht nicht entgegen, eine Sicherheitsleistung auch bei einer Anfechtungsklage zu verlangen, mit der sich ein Bürger gegen eine ihn belastende hoheitliche Maßnahme zur Wehr setzt.[6] Ebenso wenig wie die Pflicht, im Falle des Unterliegens die Prozesskosten zu tragen, ist die Pflicht, für diesen Fall Sicherheit zu leisten, geeignet, die Rechtsverfolgung unzumutbar zu erschweren.

17   **2. Persönlicher Anwendungsbereich. a) Kläger.** Zur Leistung einer Sicherheit verpflichtet ist der Kläger. Es kommt stets auf die prozessrechtliche Stellung in erster Instanz an. Ist der Rechtsstreit im Rechtsmittelverfahren anhängig, ist der Kläger zur Sicherheitsleistung (auch für die Kosten der Rechtsmittelinstanz) verpflichtet, selbst wenn nicht er, sondern der Beklagte das Rechtsmittel eingelegt hat.

---

3   *Baumbach/Lauterbach/Albers/Hartmann* § 110 Rn. 10; *A. Schulz*, in: MüKoZPO § 110 Rn. 36; *J. Braun*, Lehrbuch des Zivilprozeßrechts, 2014, S. 199.

4   So mit Recht *H. Geiger*, in: Eyermann § 165 a Rn. 14.

5   Anders für einstweilige Rechtsschutzverfahren VGH München ZUM-RD 2013, 28, 33 f.; *J. Bader*, in: Bader § 165 a Rn. 2; *W.-R. Schenke*, in: Kopp/Schenke § 165 a Rn. 2; *S. Olbertz*, in: Schoch/Schneider/Bier § 165 a Rn. 7; *H. Geiger*, in: Eyermann § 165 a Rn. 2.

6   *S. Olbertz*, in: Schoch/Schneider/Bier § 165 a Rn. 4; *A. Zimmermann-Kreher*, in: Posser/Wolff § 165 a Rn. 1. A.A. *J. Bader*, in: Bader § 165 a Rn. 3.

b) Beigeladener. Der Beigeladene ist nicht verpflichtet, Sicherheit für die Prozesskosten zu leisten.[7] Er 18
kann zwar neben dem Kläger dem Beklagten zur Erstattung seiner außergerichtlichen Kosten verpflichtet sein, wenn er sich mit einem eigenen Antrag auf der Seite des Klägers am Prozess beteiligt hat.

Auf den auf der Seite des Klägers stehenden Beigeladenen (zum auf Seiten des Beklagten stehenden 19
Beigeladenen → Rn. 50) passen aber nicht die Regeln, die eingreifen, wenn die Sicherheit nicht geleistet wird: Die Klage gilt als zurückgenommen. Dem Kläger darf der Rechtsschutz nicht dadurch erschwert werden, dass die Fortführung seiner Klage von dem Verhalten eines anderen Prozessbeteiligten abhängig gemacht wird, das von ihm nicht zu verantworten ist.

IV. Voraussetzungen der Prozesskostensicherheit

Der Kläger muss für die Prozesskosten auf Verlangen des Beklagten Sicherheit leisten, wenn er seinen 20
gewöhnlichen Aufenthalt außerhalb eines Mitgliedstaats der EU und außerhalb eines Vertragsstaats des EWR hat. Zu den Vertragsstaaten gehören neben denjenigen, die zugleich Mitgliedstaaten der EU sind, zusätzlich Island, Liechtenstein, Norwegen sowie nach Wirksamwerden des EU-Austritts auch das Vereinigte Königreich. Auf die Staatsangehörigkeit kommt es in keinem Falle an (→ Rn. 9, 46). Auch Ausländer, die nicht Staatsangehörige eines der Vertragsstaaten sind, brauchen keine Sicherheit zu leisten, wenn sie in deren Gebiet ihren gewöhnlichen Aufenthalt haben.

§ 110 ZPO verwendet den Begriff des gewöhnlichen Aufenthalts, ohne ihn zu definieren. Gewöhnli- 21
cher Aufenthalt ist ein rein tatsächliches Verhältnis. Natürliche Personen haben ihren gewöhnlichen Aufenthalt an dem Ort, an dem sie längere Zeit oder regelmäßig verweilen (VG Köln 5.10.2016 – 7 K 4417/16, juris Rn. 5). Ein Aufenthalt von nur kurzer Dauer oder ein solcher mit häufigen Ortswechseln ist hingegen kein gewöhnlicher Aufenthalt (BVerwGE 99, 158). Der gewöhnliche Aufenthalt ist nicht notwendig identisch mit dem Wohnsitz, dem räumlichen Schwerpunkt der gesamten Lebensverhältnisse einer Person. Der gewöhnliche Aufenthalt verlangt weniger, als zur Begründung eines Wohnsitzes erforderlich ist. Der Wohnsitz ist deshalb stets zugleich der Ort des gewöhnlichen Aufenthalts.[8]

Seinen gewöhnlichen Aufenthalt hat der Kläger unabhängig von seinem Wohnsitz und seinem momen- 22
tanen Aufenthalt jedenfalls dort, wo sein Lebensmittelpunkt, der Schwerpunkt seiner Bindungen liegt. Maßgeblich ist dafür die Eingliederung in das soziale Umfeld, also insbes. die familiären und beruflichen Bindungen, aber auch die Dauer des Aufenthalts (BVerwGE 99, 158). Hält der Kläger sich erst kurze Zeit an seinem gegenwärtigen Aufenthaltsort auf, kann der erkennbare Wille maßgeblich sein, dort ansässig zu werden. Der Kläger begründet einen gewöhnlichen Aufenthalt deshalb schon, wenn er im Ausland bereits Arbeit und Wohnung hat und einreist, um zu bleiben. Selbst bei einem längeren, aber von vornherein befristeten Aufenthalt im Ausland bleibt der gewöhnliche Aufenthalt regelmäßig in der Heimat, wenn es nicht in der Fremde zur sozialen Verwurzelung kommt. Ausländer, die zur Arbeitsaufnahme in das Bundesgebiet eingereist sind, begründen hier ihren gewöhnlichen Aufenthalt jedenfalls dann, wenn sie erlaubt eingereist sind und Aussicht auf verlängerte Aufenthaltsgenehmigungen und Arbeitsgenehmigungen haben. Ist der Ausländer in das Bundesgebiet eingereist, um hier Asyl zu beantragen, hängt es vom Stand und den Aussichten seines Asylverfahrens ab, ob er hier schon seinen gewöhnlichen Aufenthalt begründet hat. Eine längere Dauer und Duldung des Aufenthalts können für einen gewöhnlichen Aufenthalt im Inland sprechen.[9] Der gewöhnliche Aufenthalt von Minderjährigen ist selbstständig festzustellen. Dabei kommt dem gewöhnlichen Aufenthalt des Sorgeberechtigten faktisch ein erheblicher Einfluss zu.

Ebenso wie eine Person einen Wohnsitz gleichzeitig an mehreren Orten begründen kann, kann sie an 23
mehreren Orten gleichzeitig ihren gewöhnlichen Aufenthalt haben. Besteht einer dieser gewöhnlichen Aufenthalte in dem Gebiet, das in § 110 Abs. 1 ZPO beschrieben ist, ist der Kläger nicht zur Leistung

---

7 S. *Olbertz*, in: Schoch/Schneider/Bier § 165 a Rn. 6 f.; a.A. *H. Geiger*, in: Eyermann § 165 a Rn. 2; *J. J. Nolte*, Die Eigenart des verwaltungsgerichtlichen Rechtsschutzes, 2015, S. 301 f.; *W.-R. Schenke*, in: Kopp/Schenke § 165 a Rn. 2; *A. Zimmermann-Kreher*, in: Posser/Wolff § 165 a Rn. 2. Diff. *M. Stürner*, IPRax 2004, 513.
8 VG Köln, 5.10.2016 – 7 K 4417/16, juris Rn. 6; *A. Schulz*, in: MüKoZPO § 110 Rn. 12.
9 *U. Foerste*, in: Musielak/Voit § 110 Rn. 3.

einer Prozesskostensicherheit verpflichtet. Die Voraussetzung dieser Verpflichtung ist, dass kein gewöhnlicher Aufenthalt in dem beschriebenen Gebiet besteht.[10]

24   Bei juristischen Personen tritt an die Stelle des gewöhnlichen Aufenthalts ihr Sitz. Das ist regelmäßig der Ort, an dem ihre Verwaltung geführt wird (OLG München ZIP 2010, 2069; OLG Karlsruhe NJW-RR 2008, 944).[11] Dasselbe gilt für Vereinigungen, soweit sie nach § 61 beteiligtenfähig sind.

25   Ist Kläger eine Partei kraft Amtes, kommt es nicht auf ihren gewöhnlichen Aufenthalt an, sondern auf die Belegenheit des von ihr verwalteten Vermögens, denn auf dieses Vermögen muss der Beklagte zur Durchsetzung seines Kostenerstattungsanspruchs zugreifen.[12]

26   Klagen mehrere Kläger, ist für jeden Kläger gesondert nach dessen gewöhnlichem Aufenthalt die Frage zu beantworten, ob er zur Leistung einer Prozesskostensicherheit verpflichtet ist. Die Höhe der Sicherheit richtet sich danach, ob der jeweilige Kläger auf die Kosten des Verfahrens im Falle des Unterliegens gesamtschuldnerisch oder nach Kopfteilen zu haften hat. Haftet er als Gesamtschuldner, hat er eine Sicherheitsleistung in Höhe der gesamten voraussichtlich anfallenden Kosten des Beklagten zu leisten; haftet er nach Kopfteilen, hat er nur eine Sicherheitsleistung zu erbringen, die seiner Kostenquote entspricht.[13]

27   Macht der Kläger eine Forderung aus abgetretenem Recht geltend, kommt es ebenfalls auf seinen gewöhnlichen Aufenthalt an, nicht auf denjenigen des Abtretenden. Eine Pflicht zur Sicherheitsleistung besteht ausnahmsweise dann, wenn nachgewiesen ist, dass der Anspruch abgetreten worden ist, um die Pflicht zur Sicherheitsleistung zu umgehen.[14]

28   Maßgeblich sind die Verhältnisse in dem Zeitpunkt, in dem das Gericht über die Anordnung einer Sicherheitsleistung entscheidet. Hingegen kommt es nicht auf die Verhältnisse zu dem Zeitpunkt an, zu dem die Sache rechtshängig wurde.

29   Verlegt der Kläger während eines bereits anhängigen Verfahrens seinen gewöhnlichen Aufenthalt außerhalb des Gebiets der Mitgliedstaaten der EU und der Vertragsstaaten des EWR, kommt eine nachträgliche Anordnung von Prozesskostensicherheit gemäß § 111 ZPO in Betracht. Umgekehrt ist das Verfahren auf Rückgabe der Sicherheit nach § 109 ZPO eröffnet, wenn der Kläger während des anhängigen Verfahrens nach Leistung einer Sicherheit seinen gewöhnlichen Aufenthalt in einem Mitgliedsstaat der EU oder einem Vertragsstaat des EWR nimmt (BGH NJW-RR 2006, 710).

30   Der Beklagte, der die Leistung einer Prozesskostensicherheit verlangt, muss beweisen, dass der Kläger seinen gewöhnlichen Aufenthalt nicht in dem in § 110 Abs. 1 ZPO umschriebenen Gebiet hat.

V. Ausnahmen

31   In bestimmten Fällen befreit Abs. 2 des § 110 ZPO den Kläger von der Pflicht zur Sicherheitsleistung.

32   **1. § 110 Abs. 2 Nr. 1 ZPO.** Nach § 110 Abs. 2 Nr. 1 ZPO braucht der Kläger keine Sicherheit zu leisten, wenn sie aufgrund völkerrechtlicher Verträge nicht verlangt werden kann. Die Verträge müssen ausdrücklich von der Pflicht zur Sicherheitsleistung entbinden. Es reicht hierfür nicht aus, wenn sie lediglich den freien und ungehinderten Zutritt zu den Gerichten gewähren oder Ausländer und Inländer bei gerichtlicher Geltendmachung ihrer Rechte gleichstellen. Denn der Zweck solcher Klauseln ist es nur, den Rechtsweg zu garantieren.[15]

33   Von besonderer Bedeutung sind jeweils Art. 17 der Haager Abkommen über den Zivilprozess vom 17.7.1905 (RGBl 1909, 409) und vom 1.3.1954 (BGBl 1958 II 576)[16] sowie Art. 9 Abs. 2 des Europäischen Niederlassungsabkommens.[17]

---

10   *W.-R. Schenke*, in: Kopp/Schenke § 165 a Rn. 3.

11   S.a. *R. A. Schütze*, IPRax 2014, 272; *A. Stadler*, IPRax 2011, 480, 481.

12   *A. Schulz*, in: MüKoZPO § 110 Rn. 14; *A. Stadler*, IPRax 2011, 480, 481.

13   *A. Schulz*, in: MüKoZPO § 110 Rn. 16.

14   *A. Schulz*, in: MüKoZPO § 110 Rn. 11.

15   *A. Schulz*, in: MüKoZPO § 110 Rn. 20; *Baumbach/Lauterbach/Albers/Hartmann* § 110 ZPO Rn. 14.

16   Zur Geltung der Abkommen für die Nachfolgestaaten des ehemaligen Jugoslawiens: OLG Zweibrücken NJW 1995, 537, 538; OLG Hamm VersR 2001, 733, 734 f.; für die Nachfolgestaaten der ehemaligen UdSSR: OLG Köln JurBüro 2001, 149.

17   Zu weiteren in Betracht kommenden Verträgen vgl. die Nachw. bei *Baumbach/Lauterbach/Albers/Hartmann* Anh. § 110 Rn. 1 ff.

2. § 110 Abs. 2 Nr. 2 ZPO. Nach § 110 Abs. 2 Nr. 2 ZPO braucht der Kläger keine Sicherheit zu leis- 34
ten, wenn die Entscheidung über die Erstattung der Prozesskosten aufgrund völkerrechtlicher Verträge
vollstreckt würde. Diese Ausnahme folgt aus dem Schutzzweck der Norm. Der Beklagte soll gegen die
Schwierigkeiten geschützt werden, die sich einer Durchsetzung seines Kostenerstattungsanspruchs im
Ausland entgegenstellen können. Kann die zu seinen Gunsten ergangene Kostenentscheidung aufgrund völkerrechtlicher Verträge in dem Land vollstreckt werden, in dem der Kläger seinen gewöhnlichen Aufenthalt hat, bedarf der Beklagte dieses Schutzes nicht.

Der völkerrechtliche Vertrag muss die Vollstreckung ausdrücklich zusichern. Das ist auch dann der 35
Fall, wenn der ausländische Staat sich in einer völkerrechtlichen Vereinbarung zur Vollstreckung ausländischer gerichtlicher Entscheidungen verpflichtet hat. Diese vertragliche Zusage schließt die Pflicht
ein, einen Kostenerstattungsanspruch durchzusetzen.[18] Es kommt nicht nur darauf an, ob der in Rede
stehende Staat völkerrechtlich die Verpflichtung eingegangen ist, Entscheidungen ausländischer Gerichte zu vollstrecken. Diese Vollstreckung muss darüber hinaus in der Praxis geübt werden. Fehlt es
hieran, tritt die Befreiung nach § 110 Abs. 2 Nr. 2 ZPO nicht ein.[19]

Von Bedeutung sind insbes.[20] das EuGÜV vom 27.9.1968 (BGBl 1972 II 773) und das Haager Über- 36
einkommen über den Zivilprozess vom 1.3.1954 (BGBl 1958 II 576).

3. § 110 Abs. 2 Nr. 3 ZPO. Nach § 110 Abs. 2 Nr. 3 ZPO ist ein Kläger nicht zur Sicherheitsleistung 37
verpflichtet, wenn er im Inland Grundvermögen oder dinglich gesicherte Forderungen besitzt und dieses Vermögen zur Deckung der Prozesskosten hinreicht. Hat der Kläger örtlich gebundenes Vermögen
im Inland, in das der Beklagte wegen seines Kostenerstattungsanspruchs vollstrecken kann, droht die
Durchsetzung seines Kostenerstattungsanspruchs nicht an den Schwierigkeiten einer Vollstreckung im
Ausland zu scheitern.

Inland ist nur das Gebiet der Bundesrepublik Deutschland, nicht hingegen das Gebiet der anderen 38
Mitgliedstaaten der EU oder das Gebiet der anderen Vertragsstaaten des EWR.[21] Besitzt ein Kläger
innerhalb dieses Gebietes zwar Grundvermögen oder dinglich gesicherte Forderungen, hat er seinen
gewöhnlichen Aufenthalt aber außerhalb dieses Gebiets, ist er nach Abs. 1 der Vorschrift auf Verlangen zur Leistung von Prozesskostensicherheit verpflichtet. Dies folgt nicht nur aus dem Wortlaut, sondern auch aus der Entstehungsgeschichte der Vorschrift. Mit ihr hat der Gesetzgeber namentlich auf
die Rspr. des EuGH reagiert. Dessen Rspr. lässt sich aber ohne weiteres so verstehen, dass keine Diskriminierung von Klägern aus anderen Mitgliedstaaten der EU vorliegt, wenn sie ihren gewöhnlichen
Aufenthalt außerhalb des Gebiets der Mitgliedstaaten der EU haben und sie nur dann von der Leistung einer Prozesskostensicherheit entbunden werden, wenn sie Vermögen in dem Mitgliedstaat haben, in dem sie die Klage anhängig gemacht haben (EuGH NJW 1997, 3299, 3300, insbes. Erwägung 30).

Grundvermögen sind Grundstücke und diesen gleichgestellte dingliche Rechte, wie das Erbbaurecht, 39
das Wohnungseigentum oder das Bergwerkseigentum. Der Kläger muss Eigentümer des Grundstücks
oder des grundstücksgleichen Rechts sein. Miteigentum reicht aus, ebenso ein gesamthänderisch gebundener Eigentumsanteil oder der Erbanteil an einem Nachlass, zu dem Grundvermögen gehört.

Zu den dinglich gesicherten Forderungen gehören die Grundpfandrechte, also Hypotheken und 40
Grundschulden. Dem Wortlaut nach zählen zu den dinglich gesicherten Forderungen auch Pfandrech-
te und Pfändungspfandrechte an beweglichen Sachen. Sie werden jedoch von § 110 Abs. 2 Nr. 3 ZPO
nach dem Sinn der Vorschrift nicht erfasst.[22] Das Eigentum an beweglichen Sachen im Inland befreit
nicht von der Pflicht, für die Prozesskosten Sicherheit leisten zu müssen; deshalb kann nicht angenommen werden, der Gesetzgeber habe den Kläger von dieser Pflicht freistellen wollen, wenn er nur ein
Pfandrecht oder Pfändungspfandrecht an einer beweglichen Sache im Inland besitzt.

---

18 So der Rechtsausschuss des Bundestages in der Begründung seiner Beschlussempfehlung, BT-Drs. 13/10871, 17.
19 *Baumbach/Lauterbach/Albers/Hartmann* § 110 Rn. 14.
20 Wegen der Einzelheiten wird auf die Zusammenstellung bei *Baumbach/Lauterbach/Albers/Hartmann* Anh. § 110
Rn. 1 ff. verwiesen.
21 *A. Schulz*, in: MüKoZPO § 110 Rn. 24; *U. Foerste*, in: Musielak/Voit § 110 Rn. 6; *Baumbach/Lauterbach/Albers/
Hartmann* § 110 ZPO Rn. 16; *S. Olbertz*, in: Schoch/Schneider/Bier § 165 a Rn. 13; a.A. wohl: *J. Bader*, in: Bader
§ 165 a Rn. 8.
22 *A. Schulz*, in: MüKoZPO § 110 Rn. 26; *U. Foerste*, in: Musielak/Voit § 110 Rn. 6.

41   Das Grundvermögen oder die dinglich gesicherten Forderungen müssen nach ihrem Wert die Prozesskosten hinreichend decken. Zu berücksichtigen sind die Kosten, die notwendig werden können, um eine Sicherheit an diesem Vermögen zu begründen und das Vermögen zu verwerten. Vorrangige oder gleichrangige Belastungen vermindern den Wert des Grundvermögens oder der dinglich gesicherten Forderung für den vom Gesetz vorausgesetzten Zweck.

42   § 110 Abs. 2 Nr. 3 ZPO verschafft dem Beklagten keine Sicherheit an dem inländischen Vermögen des Klägers. Verliert der Kläger während des Verfahrens sein im Inland belegenes Vermögen, kann der Beklagte gem. § 111 ZPO nunmehr die Leistung von Prozesskostensicherheit verlangen. Dasselbe gilt, wenn das inländische Vermögen des Klägers infolge nachträglicher Belastungen die voraussichtlichen Kosten des Beklagten nicht mehr deckt.

43   **4. § 110 Abs. 2 Nr. 4 ZPO.** Hat der Beklagte Widerklage erhoben, braucht er seinerseits für die Kosten der Widerklage dem Kläger nicht Sicherheit zu leisten.

44   **5. § 110 Abs. 2 Nr. 5 ZPO.** Keine Sicherheit für die Prozesskosten muss ein Kläger leisten, der die Klage aufgrund einer öffentlichen Aufforderung erhoben hat. Die Vorschrift hat im Verwaltungsprozess keine praktische Bedeutung.

45   **6. Sonstige Ausnahmen.** Ist einem Kläger PKH bewilligt worden, ist er von der Pflicht zur Leistung von Prozesskostensicherheit befreit (§ 166, § 122 Abs. 1 Nr. 2 ZPO).

46   Heimatlose Ausländer sind nach § 11 HAuslG (vom 25.4.1951, BGBl I 269) von den besonderen Pflichten der Angehörigen fremder Staaten und der Staatenlosen zur Sicherheitsleistung befreit. Diese Vorschrift hatte Bedeutung, solange die Pflicht zur Sicherheitsleistung an die Staatsangehörigkeit anknüpfte. Nachdem § 110 ZPO diese Pflicht nunmehr von dem gewöhnlichen Aufenthalt des Klägers abhängig macht, haben heimatlose Ausländer unter denselben Voraussetzungen wie deutsche Staatsangehörige Sicherheit zu leisten.[23] Sie sollen deutschen Staatsangehörigen nur gleichgestellt, nicht aber besser gestellt werden als diese.

47   Unter der Geltung der früheren Fassung des § 110 ZPO hat das BVerwG bestimmte Kläger ausländischer Staatsangehörigkeit von der Pflicht zur Leistung einer Prozesskostensicherheit in Rechtsstreitigkeiten auf dem Gebiet der Wiedergutmachung ausgenommen. Sie waren von der Pflicht zur Sicherheitsleistung freigestellt, wenn sie früher deutsche Staatsangehörige waren und durch die Verfolgungsmaßnahmen des Nationalsozialismus zum Erwerb einer ausländischen Staatsangehörigkeit veranlasst worden waren (BVerwG MDR 1966, 82). An dieser Rechtsprechung ist auf der Grundlage der Neufassung des § 110 ZPO festzuhalten.[24] Verfolgt ein Kläger mit gewöhnlichem Aufenthalt außerhalb des in § 110 Abs. 1 ZPO umschriebenen Gebiets Ansprüche auf Wiedergutmachung nationalsozialistischen Unrechts, ist er von der Pflicht zur Sicherheitsleistung befreit, wenn er oder sein Rechtsvorgänger durch nationalsozialistische Verfolgungsmaßnahmen aus Deutschland vertrieben wurden. Es geht nicht an, dass der Staat als Beklagter aus den Auswirkungen dieses Unrechts verfahrensrechtliche Vorteile zieht und den auswärtigen Aufenthalt des Klägers möglicherweise mit Erfolg dazu nutzt, ihn an der Durchsetzung seiner Ansprüche zu hindern, die auf dieser Verfolgung beruhen.

VI. Anordnung der Sicherheitsleistung

48   **1. Verlangen des Beklagten.** Der Kläger hat nur auf Verlangen des Beklagten wegen dessen Prozesskosten Sicherheit zu leisten. Das Verlangen ist in erster Linie an den Kläger zu richten. Leistet dieser auf ein Verlangen des Beklagten diesem ausreichende Sicherheit für dessen Prozesskosten, wird das Prozessgericht mit der Angelegenheit nicht befasst. Leistet der Kläger keine oder keine ausreichende Sicherheit, ist das Verlangen des Beklagten als Antrag an das Gericht zu richten, dieses möge zu seinen Gunsten eine Sicherheitsleistung des Klägers anordnen (§ 112 ZPO). Ein solcher Antrag setzt für seine Zulässigkeit nicht voraus, dass der Beklagte zuvor ergebnislos außergerichtlich von dem Kläger die Leistung einer Sicherheit verlangt hat.

---

23   A.A. *J. Bader,* in: Bader § 165 a Rn. 9.
24   Weitergehend *J. Bader,* in: Bader § 165 a Rn. 10; gegen eine Übertragung der Rspr. des BVerwG *S. Olbertz,* in: Schoch/Schneider/Bier § 165 a Rn. 9.

Weil § 110 ZPO keine prozesshindernde Einrede begründet (→ Rn. 14 f.), findet auf das Verlangen 49 nach einer Sicherheitsleistung § 282 Abs. 3 S. 1 ZPO keine Anwendung,[25] der im Verwaltungsprozess ohnehin nicht gilt. Das Verlangen muss deshalb nicht zwingend vor der mündlichen Verhandlung erster Instanz gestellt werden. Das Verlangen kann noch in der Berufungsinstanz oder in der Revisionsinstanz geltend gemacht werden, und zwar schon vor der Entscheidung darüber, ob die Berufung oder die Revision zugelassen wird. Die Sicherheitsleistung beschränkt sich in diesen Fällen auf die Kosten, die bis zur Zulassung der Berufung oder der Revision anfallen (also auf die Kosten erster Instanz und die Kosten des Zulassungsverfahrens). Wird die Berufung oder die Revision zugelassen, kann der Beklagte für die darüber hinaus entstehenden Kosten der Berufung oder der Revision erneut Sicherheit verlangen.

Sicherheit für seine außergerichtlichen Kosten kann nach dem Wortlaut des § 110 ZPO nur der Beklagte verlangen. Ihm ist der notwendig Beigeladene gleichzustellen, der materiellrechtlich im Lager des Beklagten steht (zum auf Seiten des Klägers stehenden Beigeladenen → Rn. 18 f.), wenn er sich auf dessen Seite mit einem eigenen Antrag am Verfahren beteiligt.[26] Zwar hängt die Erstattungsfähigkeit seiner außergerichtlichen Kosten von einer Entscheidung des Gerichts ab, die nach billigem Ermessen zu treffen ist. Das steht aber nicht entgegen, dem Kläger eine Sicherheit für den Fall aufzuerlegen, dass eine Kostenentscheidung zu Gunsten des notwendig Beigeladenen ergeht. Der Beigeladene kann aber Sicherheit nur in Höhe seiner eigenen außergerichtlichen Kosten verlangen. Dasselbe gilt in dem (seltenen) Fall mehrerer Beklagter. Jeder Beklagte kann Sicherheit nur für die jeweils eigenen Kosten verlangen.

2. Entscheidung des Gerichts. Macht der Beklagte zu Recht geltend, dass ihm für die Prozesskosten 51 Sicherheit zu leisten ist, gibt das Gericht dem Kläger zunächst auf, eine Sicherheit zu leisten. In welcher Höhe und auf welche Weise die Sicherheit zu leisten ist, ist in der Anordnung näher zu bestimmen.

a) Art der Sicherheitsleistung. Als Art der Sicherheitsleistung kommt in erster Linie die Hinterlegung 52 von Geld (durch Überweisung an die Justizkasse: VG Köln 5.10.2016 – 7 K 4417/16, juris Rn. 13) oder von bestimmten Wertpapieren, insbes. aber die Bürgschaft eines Kreditinstituts in Betracht. Näheres hierzu ist in § 108 ZPO geregelt.

b) Höhe der Sicherheitsleistung. Die Höhe der zu leistenden Sicherheit setzt das Gericht nach freiem 53 Ermessen fest (VG Köln 5.10.2016 – 7 K 4417/16, juris Rn. 13). Es hat dabei aber den Betrag zugrunde zu legen, der dem Beklagten als außergerichtliche Kosten voraussichtlich erwachsen wird (§ 112 Abs. 1 und Abs. 2 S. 1 ZPO). Ein Ermessensspielraum bleibt dem Gericht nur insoweit erhalten, als es die Kosten zu schätzen hat, die dem Beklagten als außergerichtliche Aufwendungen voraussichtlich entstehen werden. Berücksichtigt werden können dabei nur die i.S.d. § 162 notwendigen Kosten, die im Kostenfestsetzungsverfahren erstattungsfähig sind. Stellt sich im Laufe des Verfahrens heraus, dass die erstattungsfähigen Kosten des Beklagten voraussichtlich höher sein werden, kann der Beklagte verlangen, dass das Gericht seine Anordnung ändert und die Leistung einer weiteren Sicherheit anordnet, § 112 Abs. 3 ZPO (vgl. auch BGH MDR 2005, 1021). In entsprechender Anwendung des § 112 Abs. 3 ZPO kann der Kläger verlangen, dass das Gericht eine angeordnete Sicherheitsleistung herabsetzt, wenn sich im Laufe des Verfahrens herausstellt, dass die Sicherheitsleistung zu hoch bemessen war.

Die Gerichtskosten sind in die Bemessung der Sicherheitsleistung nicht einzubeziehen (→ Rn. 6). 54

Der Beklagte kann sich darauf beschränken, Sicherheit zunächst nur für die Kosten zu verlangen, die 55 ihm in erster Instanz entstehen können (VG Köln 5.10.2016 – 7 K 4417/16, juris Rn. 13). In die Schätzung sind dann nur diese Kosten einzubeziehen. Solange nicht feststeht, ob die Rechtsmittelinstanz erreicht wird, was regelmäßig von einer besonderen Zulassung des Rechtsmittels abhängt, ist es weder gerechtfertigt noch geboten, eine höhere Sicherheit zu verlangen.[27] Für das Rechtsmittel kann der Beklagte gesondert die Leistung einer Sicherheit durch den Kläger verlangen. Dies ist nicht davon

---

25 So aber BGH NJW-RR 1990, 378; NJW-RR 1993, 1021; *A. Schulz*, in: MüKoZPO § 110 Rn. 36.

26 *W.-R. Schenke*, in: Kopp/Schenke § 165a Rn. 4; *J. J. Nolte*, Die Eigenart des verwaltungsgerichtlichen Rechtsschutzes, 2015, S. 302; *H. Geiger*, in: Eyermann § 165a Rn. 2; *A. Zimmermann-Kreher*, in: Posser/Wolff § 165a Rn. 5. A.A. *J. Bader*, in: Bader § 165a Rn. 12; *S. Olbertz*, in: Schoch/Schneider/Bier § 165a Rn. 5.

27 *H. Geiger*, in: Eyermann § 165a Rn. 15.

abhängig, dass der Kläger auch Rechtsmittelkläger ist. Für diesen Fall ergibt sich die Möglichkeit, nachträglich eine Sicherheit für die Kosten der Rechtsmittelinstanz zu verlangen, indirekt aus § 113 S. 2 ZPO.

56   **c) Frist für die Sicherheitsleistung.**   In seiner Anordnung hat das Gericht ferner eine Frist zu bestimmen, innerhalb welcher der Kläger die festgesetzte Sicherheit zu leisten hat (§ 113 S. 1 ZPO). Bei der Bemessung der Länge der Frist ist zu berücksichtigen, wo der Kläger seinen gewöhnlichen Aufenthalt hat.[28] Erbringt der Kläger die Sicherheitsleistung nicht, hat das Gericht wiederum auf Antrag des Beklagten die Klage für zurückgenommen zu erklären. Ist das Verfahren bereits in der Rechtsmittelinstanz anhängig und hat der Kläger das Rechtsmittel eingelegt, hat das Gericht das Rechtsmittel zu verwerfen (§ 113 S. 2 ZPO). Die Frist, die das Gericht dem Kläger für die Leistung der Sicherheit gesetzt hat, ist keine Ausschlussfrist. Hat der Kläger die Sicherheitsleistung nicht fristgerecht erbracht, kann er sie noch bis zu der Entscheidung nachholen, durch die das Gericht seine Klage für zurückgenommen erklärt oder sein Rechtsmittel als unzulässig verwirft. Diese Entscheidungen ergehen nach § 113 S. 2 ZPO nur, wenn die Sicherheitsleistung bis zur Entscheidung des Gerichts nicht erbracht ist.

57   **d) Verfahren.**   Liegen die Voraussetzungen vor, unter denen der Kläger wegen der Prozesskosten Sicherheit zu leisten hat, ordnet das Gericht die Leistung einer nach Art und Höhe bestimmten Sicherheit an. Diese Anordnung ergeht durch Beschluss. Ebenso entscheidet das Gericht durch Beschluss, wenn es das Verlangen des Beklagten nach Leistung von Sicherheit für unbegründet hält, weil die Voraussetzungen des § 110 ZPO nicht erfüllt sind. Nach der zivilprozessualen Praxis werden diese Entscheidungen durch Zwischenurteil getroffen (BGH NJW-RR 1990, 378; NJW-RR 1993, 1021). Dem liegt die Vorstellung zugrunde, dass es sich bei dem Verlangen des Beklagten nach Leistung einer Prozesskostensicherheit um die Geltendmachung einer prozesshindernden Einrede handelt. Diese Einordnung ist indes abzulehnen (→ Rn. 14 f.). Die Anordnung der Prozesskostensicherheit oder deren Ablehnung sind keine Entscheidungen über die Zulässigkeit der Klage, sodass ein Zwischenurteil nach § 109 nicht ergehen kann.[29] Die ausscheidbaren Mehrkosten, die durch ein unbegründetes und deshalb erfolgloses Verlangen des Beklagten entstanden sind, sind in jedem Falle ihm aufzuerlegen (BGH NJW 1980, 838, 839). Das Verlangen nach Prozesskostensicherheit ist ein besonderes Verteidigungsmittel i.S.d. § 159 S. 1, § 100 Abs. 3 ZPO, und zwar unabhängig davon, ob das Verlangen nach einer Prozesskostensicherheit zugleich als Rüge einer fehlenden Prozessvoraussetzung gedeutet wird. Ebenfalls ist durch Beschluss, nicht durch Endurteil zu entscheiden, dass die Klage als zurückgenommen gilt oder das Rechtsmittel des Klägers als unzulässig zu verwerfen ist. Die fingierte Klagerücknahme ist insoweit nicht anders zu behandeln wie die vom Kläger erklärte Klagerücknahme. Der Kläger muss den Antrag auf Fortsetzung des Verfahrens stellen, wenn er der Auffassung ist, dass die Voraussetzungen für die Fiktion der Klagerücknahme nicht vorgelegen haben.[30]

§ 166 [Prozesskostenhilfe]

(1) [1]Die Vorschriften der Zivilprozeßordnung über die Prozeßkostenhilfe[1] sowie § 569 Abs. 3 Nr. 2 der Zivilprozessordnung gelten entsprechend. [2]Einem Beteiligten, dem Prozesskostenhilfe bewilligt worden ist, kann auch ein Steuerberater, Steuerbevollmächtigter, Wirtschaftsprüfer oder vereidigter Buchprüfer beigeordnet werden. [3]Die Vergütung richtet sich nach den für den beigeordneten Rechtsanwalt geltenden Vorschriften des Rechtsanwaltsvergütungsgesetzes.

(2) [1]Die Prüfung der persönlichen und wirtschaftlichen Verhältnisse nach den §§ 114 bis 116 der Zivilprozessordnung einschließlich der in § 118 Absatz 2 der Zivilprozessordnung bezeichneten Maßnahmen, der Beurkundung von Vergleichen nach § 118 Absatz 1 Satz 3 der Zivilprozessordnung und der Entscheidungen nach § 118 Absatz 2 Satz 4 der Zivilprozessordnung obliegt dem Urkundsbeam-

---

28   4 Wochen ab Rechtskraft des Beschlusses hielt das Gericht im Falle einer Klägerin mit gewöhnlichem Aufenthalt in Mexiko für angemessen, VG Köln 5.10.2016 – 7 K 4417/16.

29   *H. Geiger*, in: Eyermann § 165 a Rn. 16; a.A. *J. Bader*, in: Bader § 165 a Rn. 17; *S. Olbertz*, in: Schoch/Schneider/Bier § 165 a Rn. 19.

30   *J. Bader*, in: Bader § 165 a Rn. 19.

1   S. §§ 114–127 ZPO.

ten der Geschäftsstelle des jeweiligen Rechtszugs, wenn der Vorsitzende ihm das Verfahren insoweit überträgt. ²Liegen die Voraussetzungen für die Bewilligung der Prozesskostenhilfe hiernach nicht vor, erlässt der Urkundsbeamte die den Antrag ablehnende Entscheidung; anderenfalls vermerkt der Urkundsbeamte in den Prozessakten, dass dem Antragsteller nach seinen persönlichen und wirtschaftlichen Verhältnissen Prozesskostenhilfe gewährt werden kann und in welcher Höhe gegebenenfalls Monatsraten oder Beträge aus dem Vermögen zu zahlen sind.

(3) Dem Urkundsbeamten obliegen im Verfahren über die Prozesskostenhilfe ferner die Bestimmung des Zeitpunkts für die Einstellung und eine Wiederaufnahme der Zahlungen nach § 120 Absatz 3 der Zivilprozessordnung sowie die Änderung und die Aufhebung der Bewilligung der Prozesskostenhilfe nach den §§ 120 a und 124 Absatz 1 Nummer 2 bis 5 der Zivilprozessordnung.

(4) ¹Der Vorsitzende kann Aufgaben nach den Absätzen 2 und 3 zu jedem Zeitpunkt an sich ziehen. ²§ 5 Absatz 1 Nummer 1, die §§ 6, 7, 8 Absatz 1 bis 4 und § 9 des Rechtspflegergesetzes gelten entsprechend mit der Maßgabe, dass an die Stelle des Rechtspflegers der Urkundsbeamte der Geschäftsstelle tritt.

(5) § 87 a Absatz 3 gilt entsprechend.

(6) Gegen Entscheidungen des Urkundsbeamten nach den Absätzen 2 und 3 kann innerhalb von zwei Wochen nach Bekanntgabe die Entscheidung des Gerichts beantragt werden.

(7) Durch Landesgesetz kann bestimmt werden, dass die Absätze 2 bis 6 für die Gerichte des jeweiligen Landes nicht anzuwenden sind.

§ 114 ZPO Voraussetzungen

(1) Eine Partei, die nach ihren persönlichen und wirtschaftlichen Verhältnissen die Kosten der Prozessführung nicht, nur zum Teil oder nur in Raten aufbringen kann, erhält auf Antrag Prozesskostenhilfe, wenn die beabsichtigte Rechtsverfolgung oder Rechtsverteidigung hinreichende Aussicht auf Erfolg bietet und nicht mutwillig erscheint. Für die grenzüberschreitende Prozesskostenhilfe innerhalb der Europäischen Union gelten ergänzend die §§ 1076 bis 1078.
(2) Mutwillig ist die Rechtsverfolgung oder Rechtsverteidigung, wenn eine Partei, die keine Prozesskostenhilfe beansprucht, bei verständiger Würdigung aller Umstände von der Rechtsverfolgung oder Rechtsverteidigung absehen würde, obwohl eine hinreichende Aussicht auf Erfolg besteht.

§ 115 ZPO Einsatz von Einkommen und Vermögen

(1) Die Partei hat ihr Einkommen einzusetzen. Zum Einkommen gehören alle Einkünfte in Geld oder Geldeswert. Von ihm sind abzusetzen:
1. a) die in § 82 Abs. 2 des Zwölften Buches Sozialgesetzbuch bezeichneten Beträge;
*   b) bei Parteien, die ein Einkommen aus Erwerbstätigkeit erzielen, ein Betrag in Höhe von 50 vom Hundert des höchsten Regelsatzes, der für den alleinstehenden oder alleinerziehenden Leistungsberechtigten gemäß der Regelbedarfsstufe 1 nach der Anlage zu § 28 des Zwölften Buches Sozialgesetzbuch festgesetzt oder fortgeschrieben worden ist;*
2. a) für die Partei und ihren Ehegatten oder ihren Lebenspartner jeweils ein Betrag in Höhe des um 10 vom Hundert erhöhten höchsten Regelsatzes, der für den alleinstehenden oder alleinerziehenden Leistungsberechtigten gemäß der Regelbedarfsstufe 1 nach der Anlage zu § 28 des Zwölften Buches Sozialgesetzbuch festgesetzt oder fortgeschrieben worden ist;
*   b) bei weiteren Unterhaltsleistungen auf Grund gesetzlicher Unterhaltspflicht für jede unterhaltsberechtigte Person jeweils ein Betrag in Höhe des um 10 vom Hundert erhöhten höchsten Regelsatzes, der für eine Person ihres Alters gemäß den Regelbedarfsstufen 3 bis 6 nach der Anlage zu § 28 des Zwölften Buches Sozialgesetzbuch festgesetzt oder fortgeschrieben worden ist;*
3. die Kosten der Unterkunft und Heizung, soweit sie nicht in einem auffälligen Missverhältnis zu den Lebensverhältnissen der Partei stehen;
4. Mehrbedarfe nach § 21 des Zweiten Buches Sozialgesetzbuch und nach § 30 des Zwölften Buches Sozialgesetzbuch;
5. weitere Beträge, soweit dies mit Rücksicht auf besondere Belastungen angemessen ist; § 1610 a des Bürgerlichen Gesetzbuchs gilt entsprechend.

Maßgeblich sind die Beträge, die zum Zeitpunkt der Bewilligung der Prozesskostenhilfe gelten. Das Bundesministerium der Justiz und für Verbraucherschutz gibt bei jeder Neufestsetzung oder jeder Fortschreibung die maßgebenden Beträge nach Satz 3 Nummer 1 Buchstabe b und Nummer 2 im Bundesgesetzblatt bekannt. Diese Beträge sind, soweit sie nicht volle Euro ergeben, bis zu 0,49 Euro abzurunden und von 0,50 Euro an aufzurunden. Die Unterhaltsfreibeträge nach Satz 3 Nr. 2 vermindern sich um eigenes Einkommen der unterhaltsberechtigten Person. Wird eine Geldrente gezahlt, so ist sie an Stelle des Freibetrages abzusetzen, soweit dies angemessen ist.

(2) Von dem nach den Abzügen verbleibenden Teil des monatlichen Einkommens (einzusetzendes Einkommen) sind Monatsraten in Höhe der Hälfte des einzusetzenden Einkommens festzusetzen; die Monatsraten sind auf volle Euro abzurunden. Beträgt die Höhe einer Monatsrate weniger als 10 Euro, ist von der Festsetzung von Monatsraten abzusehen. Bei einem einzusetzenden Einkommen von mehr als 600 Euro beträgt die Monatsrate 300 Euro zuzüglich des Teils des einzusetzenden Einkommens, der 600 Euro übersteigt. Unabhängig von der Zahl der Rechtszüge sind höchstens 48 Monatsraten aufzubringen.

(3) Die Partei hat ihr Vermögen einzusetzen, soweit dies zumutbar ist. § 90 des Zwölften Buches Sozialgesetzbuch gilt entsprechend.

(4) Prozesskostenhilfe wird nicht bewilligt, wenn die Kosten der Prozessführung der Partei vier Monatsraten und die aus dem Vermögen aufzubringenden Teilbeträge voraussichtlich nicht übersteigen.

§ 116 ZPO Partei kraft Amtes; juristische Person; parteifähige Vereinigung

Prozesskostenhilfe erhalten auf Antrag

1. *eine Partei kraft Amtes, wenn die Kosten aus der verwalteten Vermögensmasse nicht aufgebracht werden können und den am Gegenstand des Rechtsstreits wirtschaftlich Beteiligten nicht zuzumuten ist, die Kosten aufzubringen;*
2. *eine juristische Person oder parteifähige Vereinigung, die im Inland, in einem anderen Mitgliedstaat der Europäischen Union oder einem anderen Vertragsstaat des Abkommens über den Europäischen Wirtschaftsraum gegründet und dort ansässig ist, wenn die Kosten weder von ihr noch von den am Gegenstand des Rechtsstreits wirtschaftlich Beteiligten aufgebracht werden können und wenn die Unterlassung der Rechtsverfolgung oder Rechtsverteidigung allgemeinen Interessen zuwiderlaufen würde.*

§ 114 Abs. 1 Satz 1 letzter Halbsatz und Absatz 2 ist anzuwenden. Können die Kosten nur zum Teil oder nur in Teilbeträgen aufgebracht werden, so sind die entsprechenden Beträge zu zahlen.

§ 117 ZPO Antrag

(1) Der Antrag auf Bewilligung der Prozesskostenhilfe ist bei dem Prozessgericht zu stellen; er kann vor der Geschäftsstelle zu Protokoll erklärt werden. In dem Antrag ist das Streitverhältnis unter Angabe der Beweismittel darzustellen. Der Antrag auf Bewilligung von Prozesskostenhilfe für die Zwangsvollstreckung ist bei dem für die Zwangsvollstreckung zuständigen Gericht zu stellen.

(2) Dem Antrag sind eine Erklärung der Partei über ihre persönlichen und wirtschaftlichen Verhältnisse (Familienverhältnisse, Beruf, Vermögen, Einkommen und Lasten) sowie entsprechende Belege beizufügen. Die Erklärung und die Belege dürfen dem Gegner nur mit Zustimmung der Partei zugänglich gemacht werden; es sei denn, der Gegner hat gegen den Antragsteller nach den Vorschriften des bürgerlichen Rechts einen Anspruch auf Auskunft über Einkünfte und Vermögen des Antragstellers. Dem Antragsteller ist vor der Übermittlung seiner Erklärung an den Gegner Gelegenheit zur Stellungnahme zu geben. Er ist über die Übermittlung seiner Erklärung zu unterrichten.

(3) Das Bundesministerium der Justiz und für Verbraucherschutz wird ermächtigt, zur Vereinfachung und Vereinheitlichung des Verfahrens durch Rechtsverordnung mit Zustimmung des Bundesrates Formulare für die Erklärung einzuführen. Die Formulare enthalten die nach § 120 a Absatz 2 Satz 4 erforderliche Belehrung.

(4) Soweit Formulare für die Erklärung eingeführt sind, muss sich die Partei ihrer bedienen.

§ 118 ZPO Bewilligungsverfahren

(1) Dem Gegner ist Gelegenheit zur Stellungnahme zu geben, ob er die Voraussetzungen für die Bewilligung von Prozesskostenhilfe für gegeben hält, soweit dies aus besonderen Gründen nicht unzweck-

mäßig erscheint. Die Stellungnahme kann vor der Geschäftsstelle zu Protokoll erklärt werden. Das Gericht kann die Parteien zur mündlichen Erörterung laden, wenn eine Einigung zu erwarten ist; ein Vergleich ist zu gerichtlichem Protokoll zu nehmen. Dem Gegner entstandene Kosten werden nicht erstattet. Die durch die Vernehmung von Zeugen und Sachverständigen nach Absatz 2 Satz 3 entstandenen Auslagen sind als Gerichtskosten von der Partei zu tragen, der die Kosten des Rechtsstreits auferlegt sind.

(2) Das Gericht kann verlangen, dass der Antragsteller seine tatsächlichen Angaben glaubhaft macht, es kann insbesondere auch die Abgabe einer Versicherung an Eides statt fordern. Es kann Erhebungen anstellen, insbesondere die Vorlegung von Urkunden anordnen und Auskünfte einholen. Zeugen und Sachverständige werden nicht vernommen, es sei denn, dass auf andere Weise nicht geklärt werden kann, ob die Rechtsverfolgung oder Rechtsverteidigung hinreichende Aussicht auf Erfolg bietet und nicht mutwillig erscheint; eine Beeidigung findet nicht statt. Hat der Antragsteller innerhalb einer von dem Gericht gesetzten Frist Angaben über seine persönlichen und wirtschaftlichen Verhältnisse nicht glaubhaft gemacht oder bestimmte Fragen nicht oder ungenügend beantwortet, so lehnt das Gericht die Bewilligung von Prozesskostenhilfe insoweit ab.

(3) Die in Absatz 1, 2 bezeichneten Maßnahmen werden von dem Vorsitzenden oder einem von ihm beauftragten Mitglied des Gerichts durchgeführt.

§ 119 ZPO Bewilligung

(1) Die Bewilligung der Prozesskostenhilfe erfolgt für jeden Rechtszug besonders. In einem höheren Rechtszug ist nicht zu prüfen, ob die Rechtsverfolgung oder Rechtsverteidigung hinreichende Aussicht auf Erfolg bietet oder mutwillig erscheint, wenn der Gegner das Rechtsmittel eingelegt hat.

(2) Die Bewilligung von Prozesskostenhilfe für die Zwangsvollstreckung in das bewegliche Vermögen umfasst alle Vollstreckungshandlungen im Bezirk des Vollstreckungsgerichts einschließlich des Verfahrens auf Abgabe der Vermögensauskunft und der eidesstattlichen Versicherung.

§ 120 ZPO Festsetzung von Zahlungen

(1) Mit der Bewilligung der Prozesskostenhilfe setzt das Gericht zu zahlende Monatsraten und aus dem Vermögen zu zahlende Beträge fest. Setzt das Gericht nach § 115 Absatz 1 Satz 3 Nummer 5 mit Rücksicht auf besondere Belastungen von dem Einkommen Beträge ab und ist anzunehmen, dass die Belastungen bis zum Ablauf von vier Jahren ganz oder teilweise entfallen werden, so setzt das Gericht zugleich diejenigen Zahlungen fest, die sich ergeben, wenn die Belastungen nicht oder nur in verringertem Umfang berücksichtigt werden, und bestimmt den Zeitpunkt, von dem an sie zu erbringen sind.

(2) Die Zahlungen sind an die Landeskasse zu leisten, im Verfahren vor dem Bundesgerichtshof an die Bundeskasse, wenn Prozesskostenhilfe in einem vorherigen Rechtszug nicht bewilligt worden ist.

(3) Das Gericht soll die vorläufige Einstellung der Zahlungen bestimmen,

1. wenn die Zahlungen der Partei die voraussichtlich entstehenden Kosten decken;

2. wenn die Partei, ein ihr beigeordneter Rechtsanwalt oder die Bundes- oder Landeskasse die Kosten gegen einen anderen am Verfahren Beteiligten geltend machen kann.

§ 120 a ZPO Änderung der Bewilligung

(1) Das Gericht soll die Entscheidung über die zu leistenden Zahlungen ändern, wenn sich die für die Prozesskostenhilfe maßgebenden persönlichen oder wirtschaftlichen Verhältnisse wesentlich verändert haben. Eine Änderung der nach § 115 Absatz 1 Satz 3 Nummer 1 Buchstabe b und Nummer 2 maßgebenden Beträge ist nur auf Antrag und nur dann zu berücksichtigen, wenn sie dazu führt, dass keine Monatsrate zu zahlen ist. Auf Verlangen des Gerichts muss die Partei jederzeit erklären, ob eine Veränderung der Verhältnisse eingetreten ist. Eine Änderung zum Nachteil der Partei ist ausgeschlossen, wenn seit der rechtskräftigen Entscheidung oder der sonstigen Beendigung des Verfahrens vier Jahre vergangen sind.

(2) Verbessern sich vor dem in Absatz 1 Satz 4 genannten Zeitpunkt die wirtschaftlichen Verhältnisse der Partei wesentlich oder ändert sich ihre Anschrift, hat sie dies dem Gericht unverzüglich mitzuteilen. Bezieht die Partei ein laufendes monatliches Einkommen, ist eine Einkommensverbesserung nur wesentlich, wenn die Differenz zu dem bisher zu Grunde gelegten Bruttoeinkommen nicht nur einma-

lig 100 Euro übersteigt. Satz 2 gilt entsprechend, soweit abzugsfähige Belastungen entfallen. Hierüber und über die Folgen eines Verstoßes ist die Partei bei der Antragstellung in dem gemäß § 117 Absatz 3 eingeführten Formular zu belehren.

(3) Eine wesentliche Verbesserung der wirtschaftlichen Verhältnisse kann insbesondere dadurch eintreten, dass die Partei durch die Rechtsverfolgung oder Rechtsverteidigung etwas erlangt. Das Gericht soll nach der rechtskräftigen Entscheidung oder der sonstigen Beendigung des Verfahrens prüfen, ob eine Änderung der Entscheidung über die zu leistenden Zahlungen mit Rücksicht auf das durch die Rechtsverfolgung oder Rechtsverteidigung Erlangte geboten ist. Eine Änderung der Entscheidung ist ausgeschlossen, soweit die Partei bei rechtzeitiger Leistung des durch die Rechtsverfolgung oder Rechtsverteidigung Erlangten ratenfreie Prozesskostenhilfe erhalten hätte.

(4) Für die Erklärung über die Änderung der persönlichen oder wirtschaftlichen Verhältnisse nach Absatz 1 Satz 3 muss die Partei das gemäß § 117 Absatz 3 eingeführte Formular benutzen. Für die Überprüfung der persönlichen und wirtschaftlichen Verhältnisse gilt § 118 Absatz 2 entsprechend.

§ 121 ZPO Beiordnung eines Rechtsanwalts

(1) Ist eine Vertretung durch Anwälte vorgeschrieben, wird der Partei ein zur Vertretung bereiter Rechtsanwalt ihrer Wahl beigeordnet.

(2) Ist eine Vertretung durch Anwälte nicht vorgeschrieben, wird der Partei auf ihren Antrag ein zur Vertretung bereiter Rechtsanwalt ihrer Wahl beigeordnet, wenn die Vertretung durch einen Rechtsanwalt erforderlich erscheint oder der Gegner durch einen Rechtsanwalt vertreten ist.

(3) Ein nicht in dem Bezirk des Prozessgerichts niedergelassener Rechtsanwalt kann nur beigeordnet werden, wenn dadurch weitere Kosten nicht entstehen.

(4) Wenn besondere Umstände dies erfordern, kann der Partei auf ihren Antrag ein zur Vertretung bereiter Rechtsanwalt ihrer Wahl zur Wahrnehmung eines Termins zur Beweisaufnahme vor dem ersuchten Richter oder zur Vermittlung des Verkehrs mit dem Prozessbevollmächtigten beigeordnet werden.

(5) Findet die Partei keinen zur Vertretung bereiten Anwalt, ordnet der Vorsitzende ihr auf Antrag einen Rechtsanwalt bei.

§ 122 ZPO Wirkung der Prozesskostenhilfe

(1) Die Bewilligung der Prozesskostenhilfe bewirkt, dass
1. die Bundes- oder Landeskasse
   a) die rückständigen und die entstehenden Gerichtskosten und Gerichtsvollzieherkosten,
   b) die auf sie übergegangenen Ansprüche der beigeordneten Rechtsanwälte gegen die Partei
   nur nach den Bestimmungen, die das Gericht trifft, gegen die Partei geltend machen kann,
2. die Partei von der Verpflichtung zur Sicherheitsleistung für die Prozesskosten befreit ist,
3. die beigeordneten Rechtsanwälte Ansprüche auf Vergütung gegen die Partei nicht geltend machen können.

(2) Ist dem Kläger, dem Berufungskläger oder dem Revisionskläger Prozesskostenhilfe bewilligt und ist nicht bestimmt worden, dass Zahlungen an die Bundes- oder Landeskasse zu leisten sind, so hat dies für den Gegner die einstweilige Befreiung von den in Absatz 1 Nr. 1 Buchstabe a bezeichneten Kosten zur Folge.

§ 123 ZPO Kostenerstattung

Die Bewilligung der Prozesskostenhilfe hat auf die Verpflichtung, die dem Gegner entstandenen Kosten zu erstatten, keinen Einfluss.

§ 124 ZPO Aufhebung der Bewilligung

(1) Das Gericht soll die Bewilligung der Prozesskostenhilfe aufheben, wenn
1. die Partei durch unrichtige Darstellung des Streitverhältnisses die für die Bewilligung der Prozesskostenhilfe maßgebenden Voraussetzungen vorgetäuscht hat;
2. die Partei absichtlich oder aus grober Nachlässigkeit unrichtige Angaben über die persönlichen oder wirtschaftlichen Verhältnisse gemacht oder eine Erklärung nach § 120 a Absatz 1 Satz 3 nicht oder ungenügend abgegeben hat;

3. die persönlichen oder wirtschaftlichen Voraussetzungen für die Prozesskostenhilfe nicht vorgelegen haben; in diesem Fall ist die Aufhebung ausgeschlossen, wenn seit der rechtskräftigen Entscheidung oder sonstigen Beendigung des Verfahrens vier Jahre vergangen sind;

4. die Partei entgegen § 120a Absatz 2 Satz 1 bis 3 dem Gericht wesentliche Verbesserungen ihrer Einkommens- und Vermögensverhältnisse oder Änderungen ihrer Anschrift absichtlich oder aus grober Nachlässigkeit unrichtig oder nicht unverzüglich mitgeteilt hat;

5. die Partei länger als drei Monate mit der Zahlung einer Monatsrate oder mit der Zahlung eines sonstigen Betrages im Rückstand ist.

(2) Das Gericht kann die Bewilligung der Prozesskostenhilfe aufheben, soweit die von der Partei beantragte Beweiserhebung auf Grund von Umständen, die im Zeitpunkt der Bewilligung der Prozesskostenhilfe noch nicht berücksichtigt werden konnten, keine hinreichende Aussicht auf Erfolg bietet oder der Beweisantritt mutwillig erscheint.

§ 125 ZPO Einziehung der Kosten

(1) Die Gerichtskosten und die Gerichtsvollzieherkosten können von dem Gegner erst eingezogen werden, wenn er rechtskräftig in die Prozesskosten verurteilt ist.

(2) Die Gerichtskosten, von deren Zahlung der Gegner einstweilen befreit ist, sind von ihm einzuziehen, soweit er rechtskräftig in die Prozesskosten verurteilt oder der Rechtsstreit ohne Urteil über die Kosten beendet ist.

§ 126 ZPO Beitreibung der Rechtsanwaltskosten

(1) Die für die Partei bestellten Rechtsanwälte sind berechtigt, ihre Gebühren und Auslagen von dem in die Prozesskosten verurteilten Gegner im eigenen Namen beizutreiben.

(2) Eine Einrede aus der Person der Partei ist nicht zulässig. Der Gegner kann mit Kosten aufrechnen, die nach der in demselben Rechtsstreit über die Kosten erlassenen Entscheidung von der Partei zu erstatten sind.

§ 127 ZPO Entscheidungen

(1) Entscheidungen im Verfahren über die Prozesskostenhilfe ergehen ohne mündliche Verhandlung. Zuständig ist das Gericht des ersten Rechtszuges; ist das Verfahren in einem höheren Rechtszug anhängig, so ist das Gericht dieses Rechtszuges zuständig. Soweit die Gründe der Entscheidung Angaben über die persönlichen und wirtschaftlichen Verhältnisse der Partei enthalten, dürfen sie dem Gegner nur mit Zustimmung der Partei zugänglich gemacht werden.

(2) Die Bewilligung der Prozesskostenhilfe kann nur nach Maßgabe des Absatzes 3 angefochten werden. Im Übrigen findet die sofortige Beschwerde statt; dies gilt nicht, wenn der Streitwert der Hauptsache den in § 511 genannten Betrag nicht übersteigt, es sei denn, das Gericht hat ausschließlich die persönlichen oder wirtschaftlichen Voraussetzungen für die Prozesskostenhilfe verneint. Die Notfrist beträgt einen Monat.

(3) Gegen die Bewilligung der Prozesskostenhilfe findet die sofortige Beschwerde der Staatskasse statt, wenn weder Monatsraten noch aus dem Vermögen zu zahlende Beträge festgesetzt worden sind. Die Beschwerde kann nur darauf gestützt werden, dass die Partei nach ihren persönlichen und wirtschaftlichen Verhältnissen Zahlungen zu leisten hat. Die Notfrist beträgt einen Monat und beginnt mit der Bekanntgabe des Beschlusses. Nach Ablauf von drei Monaten seit der Verkündung der Entscheidung ist die Beschwerde unstatthaft. Wird die Entscheidung nicht verkündet, so tritt an die Stelle der Verkündung der Zeitpunkt, in dem die unterschriebene Entscheidung der Geschäftsstelle übermittelt wird. Die Entscheidung wird der Staatskasse nicht von Amts wegen mitgeteilt.

(4) Die Kosten des Beschwerdeverfahrens werden nicht erstattet.

§ 569 ZPO Frist und Form

(1) ...

(2) ...

(3) Die Beschwerde kann auch durch Erklärung zu Protokoll der Geschäftsstelle eingelegt werden, wenn

1. ...
2. die Beschwerde die Prozesskostenhilfe betrifft oder
3. ...

Schrifttum

1. Monographien und Beiträge in Sammelwerken: *M. Behn,* Probleme der Prozeßkostenhilfe, 1985; *W. Dürbeck/Y. Gottschalk,* Prozess- und Verfahrenskostenhilfe, Beratungshilfe, 8. Aufl. 2016; *S. Franke,* Zur Reform des Armenrechts, 1980; *H. F. Gelpcke,* Der Prozeßkostenhilfeanspruch des Insolvenzverwalters, 2007; *I. M. Groß,* Beratungshilfe, Prozeßkostenhilfe, Verfahrenskostenhilfe – BerH/PKH/VKH, 14. Aufl. 2018; *A. Huhnstock,* Abänderung und Aufhebung der Prozeßkostenhilfebewilligung (§ 120 Abs. 4 und § 124 ZPO), 1995; *R. Künzl/J. Koller,* Prozeßkostenhilfe, 2. Aufl. 2003; *T. Künzel,* Unstimmigkeiten im Recht der Prozeßkostenhilfe, Diss., 1994; *R. Scholz,* Justizgewährleistung und wirtschaftliche Leistungsfähigkeit, in: GS Grabitz, 1995, 725.

2. Beiträge in Zeitschriften: *M. App,* Die Prozeßkostenhilfe im Verwaltungsprozess, VR 1993, 83; *B. Atzler,* Einige Probleme der Prozeßkostenhilfe aus der Sicht der Sozialhilfe, ZfF 1989, 200; *M. Behn,* Der wiederholende Antrag im Prozeßkostenhilfeverfahren, BayVBl 1983, 690; *ders.,* Ratenprozeßkostenhilfe in mehreren Instanzen, Rpfleger 1983, 337; *J. Biebrach,* Einsatz der Arbeitskraft und Hilfebedürftigkeit in der Prozeßkostenhilfe, NJW 1988, 1769; *H. v. Blumenthal,* Entzug der Prozeßkostenhilfe bei späterem Vermögenserwerb, Rpfleger 1984, 458; *P. Blümler,* Rückwirkende Bewilligung von Prozeßkostenhilfe, insbes. nach rechtskräftiger Entscheidung zur Hauptsache, MDR 1983, 96; *J.E.C. Bönker,* Keine rückwirkende Bewilligung von Prozeßkostenhilfe bei rechtskräftigem Verfahrensabschluß, NJW 1983, 2430; *U. Brinkmann,* Das Einkommen an sich bei der Prozeßkostenhilfeprüfung – die Einkommensquellen, JurBüro 2003, 344; *ders.,* Der Abzug vom Einkommen bei der Prozesskostenhilfe, JurBüro 2004, 5; *J. Brommann,* Prozeßkostenhilfe und Gewerkschaftszugehörigkeit, RdA 1984, 342; *J. Burgard,* Berücksichtigung des Vermögens beim Antrag auf Prozeßkostenhilfe, NJW 1990, 3240; *H. Büttner,* Zur Höhe der Unterhaltsfreibeträge nach § 115 I Nr. 2 ZPO n.F. bei Prozeßkostenhilfe, NJW 1995, 1472; *G. Christl,* Einkommen und Vermögen in der Prozeßkostenhilfe, NJW 1981, 785; *ders.,* Nochmals: Rückwirkende Bewilligung von Prozeßkostenhilfe, einschließlich rückwirkender Anwaltsbeiordnung, MDR 1983, 537 und 624; *O. Elzer,* Prozeßkostenhilfe für Nachlaßpfleger?, Rpfleger 1999, 162; *F. O. Fischer,* Der Tod der PKH-Partei, Rpfleger 2003, 637; *M. Giers,* Die Reform der Prozesskosten-, Verfahrenskosten- und Beratungshilfe, FamRZ 2013, 1341; *J. Gnisa,* Berlin kreißte und gebar ein Reförmchen, DRiZ 2013, 350; *W. Grunsky,* Die neuen Gesetze über die Prozeßkosten- und Beratungshilfe, NJW 1980, 2041; *H. Hellstab,* Die Entwicklung des Prozeßkostenhilfe- und Beratungshilferechts seit 2008, Rpfleger 2010, 197; *ders.,* Die Entwicklung des Prozess-, Verfahrenskostenhilfe- und Beratungshilferechts seit 2010, Rpfleger 2012, 186; *A. Henke,* Verfassungsrechtliche Anforderungen an fachgerichtliche Prozesskostenhilfeentscheidungen, ZZP 123 (2010), 193; *S. Jungbauer,* Die Reform der PKH, 2014; *M. Just,* Die Tücken der neuen Prozesskostenhilfeformulars, NJ 2014, 102; *K.-O. Knops,* Der familienrechtliche Prozeßkostenvorschuß, NJW 1993, 1237; *H. Kollhosser,* Prozeßkostenhilfe als Sozialhilfe in besonderen Lebenslagen, ZRP 1979, 297; *U. Kumme,* Rückwirkung der Bewilligung von Prozeßkostenhilfe, JurBüro 1985, 161; *F. Lappe,* Prozeßkostenhilfe: ansparen oder abzahlen?, Rpfleger 1981, 137; *T. Linke,* Überholte Erfolgsaussichten im Verwaltungsprozess? Zum maßgeblichen Zeitpunkt der prozesskostenhilferechtlichen Beurteilung, NVwZ 2003, 421; *U. Mahrenbach,* Länderreport Berlin, LKV 2017, 17; *J. Meyer,* Versäumung der Berufungsfrist wegen der Beantragung von Prozeßkostenhilfe – wiederholte Antragstellung und Gegenvorstellung, NJW 1985, 2139; *M. Nickel,* Änderungen im Bereich der Prozeßkostenhilfe 2005, MDR 2005, 729; *ders.,* Wiedereinsetzungsprobleme nach Bewilligung von PKH, NJ 2009, 93; *ders.,* Die Berücksichtigung von Kindergeld in der PKH, MDR 2009, 298; *ders.,* Aktuelle Entwicklungen in der Rechtsprechung zur Prozesskostenhilfe, MDR 2010, 1227; *ders.* Aktuelle Entwicklungen in der Rechtsprechung zur Prozesskostenhilfe und Beratungshilfe, MDR 2012, 1260; *ders.,* Die Entwicklung der Rechtsprechung zur Prozesskosten- und Beratungshilfe im Jahr 2014, MDR 2015, 684; *ders.,* Die Entwicklung der Rechtsprechung zur Prozesskosten- und Beratungshilfe im Jahr 2015, MDR 2016, 438; *ders.,* Die Entwicklung der Rechtsprechung zur Prozess- und Beratungshilfe im Jahr 2016, MDR 2017, 499; *ders.,* Mutwilligkeit trotz bestehender Erfolgsaussichten, FamRB 2017, 96; *ders.,* Die Behandlung der Unterhaltsfreibeträge für Ehegatten in der Prozesskostenhilfe, NJW 2017, 868; *M. Notthoff,* Die Gewährung von Prozeßkostenhilfe bei Streitgenossenschaft, AnwBl 1996, 611; *A. Pentz,* Keine Prozeßkostenhilfe für das Prozeßkostenhilfeverfahren, NJW 1982, 1269; *ders.,* Keine Prozeßkostenhilfe nach Erledigung der Hauptsache, NJW 1985, 1820; *W.-R. Schenke,* Probleme des Vertretungszwangs nach dem novellierten § 67 IV VwGO, NVwZ 2009, 801; *E. Schneider,* Der maßgebende Sach- und Streitstand für die Entscheidung über ein PKH-Gesuch, Rpfleger 1985, 430; *ders.,* Beweisantizipation bei der Erfolgsprüfung im PKH-Verfahren, MDR 1987, 22; *ders.,* Verzögerte Prozesskostenhilfe, MDR 2004, 1097; *M. Schultz,* Rechtsmittelbegründungsfrist und Prozeßkostenhilfe, NJW 2004, 2329; *D. Schweigler,* Materiell-rechtliche Implikationen der Rechtsschutzgleichheit und des effektiven sozialen Rechtsschutzes, SGb 2017, 314; *M. Steenbuck,* Die Gewährung von Prozesskostenhilfe an den Insolvenzverwalter, MDR 2004, 1155; *E. Straßfeld,* Änderungen im Recht der Prozesskostenhilfe (Teil I), SGb 2014, 176; *dies.,* Änderungen im Recht der Prozesskostenhilfe (Teil II), SGb 2014, 236; *J. Strnischa,* Die Verbindung von fristgebundener Klage und Prozesskostenhilfeantrag im verwaltungsgerichtlichen Verfahren, NVwZ 2005, 267; *M. Timme,* „Entschärfte" Änderungen im Prozesskosten- und Beratungshilferecht, NJW 2013, 3057; *R. Thorwesten,* Der Fortbestand der Prozessvollmacht im Prozesskostenhilfeüberprüfungsverfahren gemäß § 120 Abs. 4 ZPO, Rpfleger 2009, 491; *B. Unger,* Zur (Neu-)Bestimmung der „hinreichenden Erfolgsaussichten" im Sinne des § 114 Abs. 1 ZPO im verwaltungsprozessualen Prozesskostenhilfebewilligungsverfahren, DVBl 2015, 1425; *V. Wiese,* Neues zur Kostenhaftung bei Vergleich nach Prozess- oder Verfahrenskostenhilfebewilligung, NJW 2012, 3126; *R. Zuck,* Verfassungsrechtliche Rahmenbedingungen der zivilprozessualen Prozesskostenhilfe, NJW 2012, 37.

I. Entwicklung des Normbestands

Die VwGO hat von Anfang an das Armenrecht, später die PKH nicht selbst geregelt, sondern die entsprechende Anwendung der jeweils einschlägigen Vorschriften der ZPO angeordnet. 1

In seiner ursprünglichen Fassung stellte § 166 in einem Abs. 2 klar, dass sich die Anfechtung von (ablehnenden) Armenrechtsbeschlüssen nach den Vorschriften der VwGO über die Beschwerde richten sollte; anwendbar waren damit insbes. die Vorschriften über Form und Frist der Beschwerde (§ 147), die von den (damals geltenden) Vorschriften der ZPO abwichen. 2

Durch das PKHG (v. 13.6.1980, BGBl I 677) wurde zum 1.1.1981 in der ZPO das Armenrecht durch die PKH ersetzt. § 166 wurde entsprechend angepasst (Art. 4 Nr. 13 b PKHG). Der frühere Abs. 2 des § 166 entfiel. Eine sachliche Änderung war damit nicht verbunden. Für Beschwerden in PKH-Sachen 3 gelten weiter die Vorschriften der VwGO über das Beschwerdeverfahren, insbes. § 147 Abs. 1 S. 1 (OVG Münster DVBl 1983, 952).

4   Durch das RmBereinVpG (v. 20.12.2001, BGBl I 3987, hierzu BT-Drs. 14/6393, 7, 14) wurde § 166 um einen Verweis auf § 569 Abs. 3 Nr. 2 ZPO ergänzt. Nachdem zuvor das 6. VwGOÄndG (v. 1.11.1996, BGBl I 1626, hierzu BT-Drs. 13/3993, 4, 11) den Vertretungszwang des § 67 auf Verfahren vor dem OVG erstreckt hatte, war streitig geworden, ob der Vertretungszwang auch für Beschwerden in PKH-Sachen gelten sollte. Der Verweis auf § 569 Abs. 3 Nr. 2 ZPO stellt seitdem klar, dass der Vertretungszwang nicht gilt. Nach dieser Vorschrift kann die Beschwerde durch Erklärung zu Protokoll der Geschäftsstelle eingelegt werden; für solche Prozesshandlungen gilt der Vertretungszwang nicht (§ 173, § 78 Abs. 3 ZPO). Diese Klarstellung ist allerdings obsolet geworden, nachdem § 67 Abs. 4 S. 1 nunmehr ausdrücklich das PKH-Verfahren vom Vertretungszwang ausnimmt (Neufassung durch das Gesetz zur Neuregelung des Rechtsberatungsrechts v. 12.12.2007, BGBl I 2840, hierzu BT-Drs. 16/3655, 21, 97 f.).

4a   Durch das Gesetz zur Änderung des Prozesskostenhilfe- und Beratungshilferechts (v. 31.8.2013, BGBl I 3533, in Kraft getreten am 1.1.2014, hierzu BT-Drs. 17/11472, 13, 49) ist § 166 um weitere Regelungen (→ Rn. 4 b ff.) ergänzt worden. Nach § 166 Abs. 1 S. 2 kann nunmehr nicht nur ein Rechtsanwalt, sondern auch ein Steuerberater, Steuerbevollmächtigter, Wirtschaftsprüfer oder vereidigter Buchprüfer beigeordnet werden. Deren Vergütung richtet sich nach den Vorschriften des RVG, die für einen beigeordneten Rechtsanwalt gelten.

4b   Nach § 166 Abs. 2 kann der Vorsitzende des zuständigen Spruchkörpers dem Urkundsbeamten der Geschäftsstelle die Prüfung der persönlichen und wirtschaftlichen Verhältnisse des Antragstellers übertragen. In diesem Fall entscheidet der Urkundsbeamte über den Antrag, wenn die persönlichen und wirtschaftlichen Verhältnisse für eine Bewilligung der Prozesskostenhilfe nicht vorliegen. Gegen die Entscheidung des Urkundsbeamten kann die Entscheidung des Gerichts beantragt werden (§ 166 Abs. 6, → Rn. 210 a). Kommt der Urkundsbeamte zu dem Ergebnis, dass die persönlichen und wirtschaftlichen Verhältnisse für eine Bewilligung von PKH vorliegen, vermerkt er dies in Akten; ebenso vermerkt er, in welcher Höhe ggf. Raten aus dem Einkommen oder Beiträge aus dem Vermögen zu zahlen sind. In diesem Fall prüft das Gericht, ob die beabsichtigte Rechtsverfolgung oder Rechtsverteidigung nicht mutwillig ist und hinreichende Aussicht auf Erfolg bietet, und entscheidet danach, ob PKH bewilligt werden kann oder mangels Erfolgsaussicht abzulehnen ist. Nach § 166 Abs. 2 in der bis zum 15.7.2014 geltenden Fassung (Fassung des Gesetzes zur Änderung des Prozesskostenhilfe- und Beratungshilferechts [v. 31.8.2013, BGBl I 3533]) konnte der Vorsitzende dem Urkundsbeamten die Befugnisse nach dieser Vorschrift nur „nach Maßgabe des Landesrechts" übertragen. Dies hat das Gesetz zur Durchführung der Verordnung (EU) Nr. 215/2012 sowie zur Änderung sonstiger Vorschriften v. 8.7.2014 m.W.v. 16.7.2014 geändert (BGBl I 890). Unter der vorherigen Rechtslage war streitig, ob § 166 Abs. 2 nur anwendbar war, wenn das jeweilige Land in seinem Ausführungsgesetz zur VwGO die Anwendbarkeit ausdrücklich bestimmt hat. Die 4. Auflage ging davon aus, dass es sich um eine Länderöffnungsklausel handelte.[2] Diese Ansicht hatte zur Folge, dass erstens die Möglichkeit der Übertragung der Prüfung der persönlichen und wirtschaftlichen Verhältnisse des Antragstellers für einen Vorsitzenden Richter am BVerwG nicht bestand. Zweitens konnte ein Vorsitzender Richter an einem Landesgericht die Aufgabe solange nicht übertragen, wie das Landesrecht dies nicht ausdrücklich für zulässig erklärte. Diese Streitfrage ist inzwischen geklärt, denn der Gesetzgeber hat mit dem Gesetz zur Durchführung der Verordnung (EU) Nr. 215/2012 sowie zur Änderung sonstiger Vorschriften die Rechtslage „klargestellt" (vgl. BT-Drs. 18/1492, 4, 6). Demnach kann nach dem derzeit geltenden Recht auch ein Vorsitzender Richter am BVerwG die Aufgabe übertragen. Darüber hinaus können die Länder nunmehr die Möglichkeit der Übertragung der Prüfung der persönlichen und wirtschaftlichen Verhältnisse des Antragstellers nur noch ausdrücklich gem. § 166 Abs. 7 ausschließen, müssen aber nicht die Möglichkeit positiv eröffnen. Von der Ausschlussmöglichkeit nach § 166 Abs. 7 haben die Länder Berlin (§ 5 a BerlAGVwGO [zeitlich befristet bis 30.11.2018], hierzu: VG Berlin NJ 2017,

---

2   So auch *J. Bader*, in: Bader § 166 Rn. 66. Dementsprechend hatte bspw. das Land Baden-Württemberg in § 23 AGVwGO, § 4 RichtAufgÜV bestimmt, dass der Vorsitzende Richter die in § 166 Abs. 2 bezeichneten Aufgaben dem Urkundsbeamten der Geschäftsstelle des jeweiligen Rechtszugs übertragen konnte. Diese Vorschriften sind nicht mehr in Kraft.

391), Sachsen-Anhalt (§ 12 AGVwGO LSA) und Thüringen (§ 3 a ThürAGVwGO) Gebrauch gemacht. In Brandenburg ist das in § 9 BbgVwGG enthaltene Übertragungsverbot inzwischen wieder außer Kraft getreten. § 25 b SächsJG bestimmt, dass die in § 166 Abs. 2 bezeichneten Aufgaben im Regelfall nur Beamten der ersten Einstiegsebene der Laufbahngruppe 2 übertragen werden dürfen.

Nach § 166 Abs. 3 obliegen dem Urkundsbeamten der Geschäftsstelle Befugnisse nach Bewilligung der PKH, namentlich Entscheidungen über die Einstellung und Wiederaufnahme von Zahlungen sowie über die Änderung und Aufhebung der Bewilligung. Diese Befugnisse obliegen dem Urkundsbeamten unmittelbar aufgrund des Gesetzes. § 166 Abs. 3 gilt deshalb auch für das BVerwG. Die Länder können für die Gerichte des jeweiligen Landes nach § 166 Abs. 7 die Anwendbarkeit von § 166 Abs. 3 jedoch ausschließen. **4c**

Durch das Gesetz zur Änderung des Prozesskostenhilfe- und Beratungshilferechts (→ Rn. 4 a, 4 b) ist zugleich § 146 Abs. 2 geändert worden. Dadurch wurde die Möglichkeit der Beschwerde in den Fällen ausgeschlossen, in denen das VG die Bewilligung von PKH allein deswegen abgelehnt hat, weil dafür die persönlichen und wirtschaftlichen Verhältnisse des Antragstellers nicht vorlagen. Eine Beschwerde gegen die Entscheidung des VG ist jetzt nur noch in den Fällen gegeben, in denen die PKH (auch) deswegen versagt wurde, weil es an der erforderlichen hinreichenden Erfolgsaussicht gefehlt hat (→ Rn. 226). **4d**

Durch das Gesetz zur Änderung des Prozesskostenhilfe- und Beratungshilferechts sind vor allem die in § 166 Abs. 1 S. 1 in Bezug genommenen Vorschriften der ZPO über die PKH geändert worden. Diese Änderungen waren das eigentliche Anliegen des Gesetzes. Anlass waren verschiedene Vorstöße der Länder mit dem Ziel, die Ausgaben für die PKH zu senken (zu den Ausgaben vgl. die Darstellung in der Begründung zum Gesetzentwurf der Bundesregierung BT-Drs. 17/11472, 18 ff.). Die Bundesregierung hat diese Vorstöße mit einem eigenen Gesetzentwurf aufgegriffen und gebündelt. Die mit ihm geplanten tiefgreifenden Einschnitte in die PKH hat der Bundestag jedoch nicht mitgetragen. Sie sind auf Empfehlung des Rechtsausschusses gestrichen worden (BT-Drs. 17/13538). Die Länder haben auf einen Einspruch gegen das in dieser Fassung vom Bundestag beschlossene Gesetz verzichtet.[3] Geblieben ist vor allem die erweiterte Möglichkeit, bei nachträglichen Änderungen der persönlichen und wirtschaftlichen Verhältnisse des Antragstellers die Bewilligung zu ändern oder aufzuheben (§§ 120 a ZPO, 124 ZPO). Andere, dem Ziel, Mittel zu sparen, eher untergeordnete Änderungen sind hingegen Gesetz geworden. Dazu gehören vor allem eine gesetzliche Definition der Mutwilligkeit (§ 114 Abs. 2 ZPO; → Rn. 90–92), die Anerkennung bestimmter Mehrbedarfe als einkommensmindernd (§ 115 Abs. 1 S. 3 Nr. 4 ZPO; → Rn. 98 a) und die Abschaffung der Tabelle für die Bemessung von Ratenzahlungen in § 115 Abs. 2 ZPO (→ Rn. 133–138). **4e**

Durch das Gesetz zur Durchführung der Verordnung (EU) Nr. 215/2012 sowie zur Änderung sonstiger Vorschriften v. 8.7.2014 (BGBl I 890) wurden die Regelungen der Prozesskostenhilfe m.W.v. 16.7.2014 abermals geändert. Es handelt sich hierbei jedoch nach Ansicht des Rechtsausschusses lediglich um eine Klarstellung zu § 166 Abs. 2 (→ Rn. 4 b). Darüber hinaus wurde die bisherige Verordnung zur Einführung eines Vordrucks für die Erklärung über die persönlichen und wirtschaftlichen Verhältnisse bei Prozeßkostenhilfe (Prozeßkostenhilfevordruckverordnung – PKHVV) durch die Verordnung zur Verwendung eines Formulars für die Erklärung über die persönlichen und wirtschaftlichen Verhältnisse bei Prozess- und Verfahrenskostenhilfe (Prozesskostenhilfeformularverordnung – PKHFV v. 6.1.2014, BGBl I 36) m.W.v. 22.1.2014 ersetzt (→ Rn. 190 ff.). Sie beruht auf der Verordnungsermächtigung des § 117 Abs. 3 S. 1 ZPO. **4f**

II. Allgemeiner Überblick

1. Verfassungsrechtliche und europarechtliche Grundlagen. Ein allgemeiner verfassungsrechtlicher Anspruch auf Kostenfreiheit im gerichtlichen Rechtsschutz besteht nicht (BVerfGE 10, 264, 268; 18, 302, 303 f.; 78, 104, 117 f.; 80, 103, 107 ff.; 85, 337, 346).[4] Das BVerfG folgert jedoch aus Art. 3 Abs. 1 GG i.V.m. dem Rechtsstaatsprinzip des Art. 20 Abs. 3 GG und teilweise auch i.V.m. dem Sozialstaatsprinzip des Art 20 Abs. 1 GG und Art. 19 Abs. 4 GG, dass bei der Verwirklichung des Rechts- **5**

---

3 Zu Einzelheiten M. *Timme*, NJW 2013, 3057; M. *Giers*, FamRZ 2013, 1341; J. *Gnisa*, DRiZ 2013, 350.
4 R. *Scholz*, GS Grabitz, 1995, 725, 727.

schutzes die Situation des mittellosen Beteiligten weitgehend der Situation des bemittelten Beteiligten anzugleichen ist. Es ist zentraler Aspekt der Rechtsstaatlichkeit, die eigenmächtig-gewaltsame Durchsetzung von Rechtsansprüchen grds. zu verwehren. Die Beteiligten werden auf den Weg vor die Gerichte verwiesen. Dies bedingt zugleich, dass der Staat Gerichte einrichtet und den Zugang zu ihnen jedermann in grds. gleicher Weise eröffnet. Daher sind verfassungsrechtlich Vorkehrungen geboten, die Mittellosen einen weitgehend gleichen Zugang zu Gericht ermöglichen. Andernfalls liefe für einen Teil der Bevölkerung die formal bestehende Möglichkeit, Rechtsschutz zu erlangen, mangels finanzieller Möglichkeit faktisch leer.[5] Zugleich sichert die Gewährung von Prozesskostenhilfe ggf. den Anspruch auf rechtliches Gehör (BVerfGE 92, 122, 124),[6] auch wenn Art. 103 GG grds. keinen Anspruch darauf gewähren soll, dass das rechtliche Gehör mittels eines Rechtsanwalts ausgeübt werde (BVerfGE 38, 105, 118; 39, 156, 168; BVerfG 9.11.2017 – 1 BvR 2440/16, 1 BvR 2441/16, juris Rn. 27).[7]

6   Das GG verlangt keine vollständige Gleichstellung Mittelloser, sondern nur eine weitgehende Angleichung (BVerfGE 78, 104, 117 f.; 122, 39, 49; BVerfG NJW 2013, 1727, 1728). Der Mittellose braucht nur einem solchen Beteiligten gleichgestellt zu werden, der seine Prozessaussichten vernünftig wägt und dabei das Kostenrisiko berücksichtigt. Deshalb durfte der Gesetzgeber die Gewährung von PKH davon abhängig machen, dass die beabsichtigte Rechtsverfolgung hinreichende Aussicht auf Erfolg bietet und nicht mutwillig erscheint.[8] Die Prüfung der Erfolgsaussicht darf jedoch andererseits nicht dazu dienen, die Rechtsverfolgung selbst in das Nebenverfahren der PKH vorzuverlagern. Das PKH-Verfahren will den Rechtsschutz nicht selbst bieten, sondern zugänglich machen (BVerfGE 81, 347; 357 ff.; BVerfG FamRZ 2009, 1654; BVerfG NJW 2013, 1727, 1728; → Rn. 63–69).

7   Die Gerichte dürfen deshalb die Anforderungen an die Erfolgsaussichten der beabsichtigten Rechtsverfolgung nicht überspannen und dadurch den Zweck der PKH deutlich verfehlen, dem Mittellosen den weitgehend gleichen Zugang zu Gericht zu ermöglichen.[9] PKH ist bereits dann zu gewähren, wenn nur hinreichende Erfolgsaussichten für den beabsichtigten Rechtsstreit bestehen, ohne dass der Prozesserfolg schon gewiss sein muss. Dies bedeutet zugleich, dass PKH verweigert werden darf, wenn ein Erfolg in der Hauptsache zwar nicht schlechthin ausgeschlossen, die Erfolgschance aber nur eine entfernte ist.[10]

8   Fehlt es an hinreichenden Erfolgsaussichten, verletzt die Versagung der PKH und in deren Folge die Ablehnung, einen Prozessbevollmächtigten beizuordnen, nicht den Anspruch auf rechtliches Gehör (BVerfGE 9, 124, 131; 9, 256, 257 ff.; 10, 264, 268 f.; 81, 347, 357; BVerwGE 51, 277).

9   Der Gesetzgeber darf zwar von dem mittellosen Beteiligten verlangen, er müsse die Prozesskosten in Raten aufbringen. Ihm muss aber nach Zahlung der Raten noch ein Betrag in Höhe des Existenzminimums ungeschmälert für die Lebensführung zur Verfügung stehen (BVerfGE 78, 104, 118). Um diesen verfassungsrechtlichen Vorgaben besser gerecht zu werden, hat der Gesetzgeber sich von der früher geltenden starren Einkommensgrenze gelöst, von der ab PKH nur noch in Form von Ratenzahlungen gewährt wurde. Er ist in § 115 Abs. 1 S. 3 ZPO zu Freibeträgen übergegangen, die das Existenzminimum erfassen sollen und sich automatisch anpassen.[11]

9a   Dem BVerfG ist hinsichtlich der Schlussfolgerungen weitestgehend zuzustimmen, hinsichtlich der Herleitung der verfassungsrechtlichen Verankerung der PKH bleiben jedoch Fragen offen. Überzeugender dürfte es sein, für den Bereich des verwaltungsgerichtlichen Rechtsschutzes grds. Art. 19 Abs. 4 GG

---

5 BVerfGE 9, 124, 131 f.; 10, 264, 267 ff.; 78, 104, 117 f.; 81, 347, 356; BVerfG NJW 1997, 2103, 2104; BVerfG BeckRS 2014, 59225, Rn. 11 f.; BVerfG 14.2.2017 – 1 BvR 2507/16, juris Rn. 12 f. Zu den unterschiedlichen Ansätzen in der Rspr.: *A. Henke*, ZZP 123 (2010), 193, 195 ff.; *D. Schweigler*, SGb 2017, 314 f. Zu verschiedenen verfassungsrechtlichen Herleitungen des allgemeinen Justizgewährleistungsanspruchs: *R. Scholz*, GS Grabitz, 1995, 725, 740 ff. Vergleichbares gilt für die Verfahrenskostenhilfe: BVerfG 9.11.2017 – 1 BvR 2440/16, 1 BvR 2441/16, juris Rn. 17 ff.

6 *J. Bader*, in: Bader § 166 Rn. 2.

7 Vgl. auch *B. Remmert*, in: Maunz/Dürig Art. 103 Rn. 68.

8 BVerfGE 81, 347, 357; 92, 122, 124; 122, 39, 49; BVerfG NJW 2010, 1657; BVerfG NJW 2013, 1727, 1728; BVerfG 14.2.2017 – 1 BvR 2507/16, juris Rn. 12 f.

9 BVerfGE 81, 347, 358; BVerfG NJW 1997, 2102, 2103; NJW-RR 2002, 1069; NJW 2003, 1857, 1858.

10 BVerfGE 81, 347, 357; BVerfG NJW 1997, 2102, 2103; NJW 2000, 2098; DVBl 2001, 1748, 1749; NJW-RR 2002, 1069; NJW 2003, 576; NJW-RR 2004, 61.

11 So die Begründung zum Regierungsentwurf des PKHÄndG: BT-Drs. 12/6963, 6 ff.

(als die speziellere Vorschrift)[12] als verfassungsrechtlichen Sitz des Gebots, ggf. Prozesskostenhilfe zu gewähren, anzusehen.[13] Denn Art. 19 Abs. 4 GG will effektiven, also tatsächlich erreichbaren Rechtsschutz gewähren.[14] Diese Vorschrift verpflichtet den Gesetzgeber nicht nur objektiv-rechtlich zu einer Ausgestaltung des Zugangs zu Gericht, der für den Rechtsschutzsuchenden nicht in unzumutbarer Weise erschwert oder verhindert wird (BVerfGE 116, 69, 88 m.w.N.; 122, 39, 49).[15] Dies wäre dann der Fall, wenn der Rechtsschutz an fehlenden finanziellen Ressourcen des Bürgers scheitern würde (vgl. BVerfGE 11, 139, 143; 54, 39, 41). Er gewährt dem Einzelnen darüber hinaus auch einen subjektiv-rechtlichen Anspruch und besitzt aus sich heraus eine leistungsrechtliche Komponente.[16] Des Rückgriffs auf die allgemeineren Bestimmungen bedarf es dann nicht. Im Hinblick auf den Anspruch auf rechtliches Gehör ist zu differenzieren. Art. 103 Abs. 1 GG betrifft die Gestaltung des gerichtlichen Verfahrens durch das Rechtsschutz gewährende Gericht selbst; Art. 19 Abs. 4 GG hingegen betrifft alle auf die Rechtsdurchsetzung mit Hilfe des Gerichts zielenden Fragen.[17] Es kann Idealkonkurrenz bestehen, z.B. wenn eine rechtsunkundige mittellose Person Prozesskostenhilfe auch unter Beiordnung eines Rechtsanwalts begehrt. Dies muss jedoch nicht stets der Fall sein. Deshalb ist im Einzelfall danach zu differenzieren, was der Antragsteller begehrt und welche Verfassungsbestimmung hierfür einschlägig ist.

Die Vorgaben des europäischen Rechts sind karger als die verfassungsrechtlichen. Der Verweis in   9b
§ 114 ZPO auf die §§ 1076–1978 ZPO gilt nicht für das verwaltungsgerichtliche Verfahren. Denn die zugrunde liegende RL 2003/8/EG[18] erfasst ausweislich ihres Art. 1 Abs. 2 S. 2 „insbesondere keine Steuer- und Zollsachen und keine verwaltungsrechtlichen Angelegenheiten" und der Gesetzgeber wollte allein die Richtlinie umsetzen (BT-Drs. 15/3281, 10).[19] Art. 47 Abs. 3 EUGrCh fordert ausdrücklich die Existenz des Instituts PKH (inwieweit dies auch für juristische Personen gilt → Rn. 55). Im Übrigen sind die allgemeinen Anforderungen des EU-Rechts zu beachten (→ EVR Rn. 205 ff.).

Die Vorgaben der EMRK haben für das deutsche Verwaltungsprozessrecht vergleichsweise wenig Ver-   9c
änderungsdruck ausgelöst (→ EVR Rn. 289, dort im Folgenden auch zu den Ausnahmen). Dies gilt auch für die PKH. Zwar verlangt Art. 6 Abs. 1 EMRK, dass Zugang zu Gericht gewährt wird, auch für vermögenslose Personen.[20] Das Recht auf Zugang zu Gericht ist jedoch ausgestaltbar und beschränkbar[21] und verlangt nicht, dass in allen Streitigkeiten PKH zur Verfügung gestellt wird. Der EGMR hat bislang judiziert, dass die deutschen Regelungen zur PKH der Konvention gerecht werden, sowohl was natürliche Personen[22] als auch juristische Personen[23] betrifft.

---

12 So auch *P. M. Huber*, in: v. Mangoldt/Klein/Starck GG Art. 19 Rn. 353–355; *W. Krebs*, in: v. Münch/Kunig GG Art. 19 Rn. 56 m.w.N. „Soweit allerdings rechtsstaatliche Anliegen in die normativen Gehalte von konkreten Verfassungsbestimmungen eingegangen sind, ist deren interpretatorische Entfaltung vorzugswürdig."
13 So *P. M. Huber*, in: v. Mangoldt/Klein/Starck GG Art. 19 Rn. 462 f.; *M. Ibler*, in: Friauf/Höfling GG Art. 19 Abs. 4 Rn. 235 ff. (Stand der Bearbeitung: 2015). S.a. *W.-R. Schenke*, in: Bonner Kommentar GG Art. 19 Abs. 4 Rn. 152–157 (Stand der Bearbeitung: Februar 2009); *W. Krebs*, in: v. Münch/Kunig GG Art. 19 Rn. 68, 70.
14 BVerfGE 138, 33, 41; *P. M. Huber*, in: v. Mangoldt/Klein/Starck GG Art. 19 Rn. 459 m. zahlreichen N. aus der Rspr. des BVerfG; *ders.*, FS Hufen 2015, 585, 590 f. *W. Krebs*, in: v. Münch/Kunig GG Art. 19 Rn. 68.
15 *P. M. Huber*, FS Hufen 2015, 585, 588 f.
16 BVerfGE 101, 106, 122–124; 133, 1, 23; *W.-R. Schenke*, in: Bonner Kommentar GG Art. 19 Abs. 4 Rn. 34 (Stand der Bearbeitung: Februar 2009); *M. Sachs*, in: Sachs GG Art. 19. Rn. 11; *H. D. Jarass/B. Pieroth* GG Art. 19 Rn. 32; *M. Ibler*, in: Friauf/Höfler GG Art. 19 IV Rn. 43–46 (Stand: X/2002); s.a. *P. M. Huber*, in: v. Mangoldt/Klein/Starck GG Art. 19 Rn. 355.
17 *P. M. Huber*, in: v. Mangoldt/Klein/Starck GG Art. 19 Rn. 360. S. zur Abgrenzung auch *B. Remmert*, in: Maunz/Dürig GG Art. 103 Rn. 30 f.
18 RL 2003/8/EG des Rates v. 27.1.2003 zur Verbesserung des Zugangs zum Recht bei Streitsachen mit grenzüberschreitendem Bezug durch Festlegung gemeinsamer Mindestvorschriften für die Prozesskostenhilfe in derartigen Streitsachen, ABl L 26/41 v. 31.1.2003, Berichtigung in ABl L 32/15 v. 7.2.2003. S. hierzu EuGH 26.7.2017 – C-670/15.
19 So auch *W.-R. Schenke*, in: Kopp/Schenke § 166 Rn. 1; *A. Zimmermann-Kreher*, in: Posser/Wolff § 166 Rn. 3.
20 EGMR 9.10.1979 – 6289/73, Rn. 24 ff. – Airey/Irland; *J. Meyer-Ladewig/S. Harrendorf/S. König*, in: Meyer-Ladewig/Nettesheim/v. Raumer, EMRK, ⁴2017, Art. 6 Rn. 43 ff.; *J. A. Frowein/W. Peukert*, EMRK, ³2009, Art. 6 Rn. 54; → EVR Rn. 294.
21 EGMR NJW 2010, 3207, 3208 m.w.N.; *J. Meyer-Ladewig/S. Harrendorf/S. König*, in: Meyer-Ladewig/Nettesheim/v. Raumer, EMRK, ⁴2017, Art. 6 Rn. 43; → EVR Rn. 297.
22 EGMR NJW 2010, 3207, 3208 m.w.N. Vgl. auch EGMR 30.6.2016 – 56778/10, juris Rn. 37 ff.; FamRZ 2010, 624, jeweils m.w.N.
23 EGMR NJW-RR 2013, 1075; → Rn. 55.

10   **2. Regelung der primären Kostentragung.** Die PKH ist eine staatliche Beihilfe zur Aufbringung der Gerichtskosten und der eigenen außergerichtlichen Kosten. Der Antragsteller wird von den Gerichtskosten freigestellt (zur Frage, ob dies auch dann gilt, wenn der Beteiligte, dem Prozesskostenhilfe bewilligt wurde, sich in einem Vergleich zur [teilweisen] Übernahme von Kosten verpflichtet hat → Rn. 166). Der ihm beigeordnete Prozessbevollmächtigte hat einen Anspruch auf Vergütung gegen die Staatskasse; gegen den Antragsteller kann er seinen Vergütungsanspruch nicht geltend machen (vgl. auch VGH München 6.6.2017 – 10 C 14.1645, juris Rn. 28 ff.; 5.4.2017 – 19 C 15.2425, juris Rn. 12 ff., dort auch jeweils zum Verhältnis zum Kostenerstattungsanspruch gem. § 164). Die PKH betrifft hingegen nicht die (sekundäre) Kostenerstattung zwischen den Beteiligten des Verfahrens. Ihre Bewilligung lässt die Pflicht des Antragstellers unberührt, die außergerichtlichen Kosten der Gegenseite zu tragen, wenn die Kostenentscheidung des Gerichts ihm die Kosten des Verfahrens auferlegt (§ 123 ZPO).

11   **3. Prozesskostenhilfe als Sozialhilfe.** Die PKH stellt sich nach h.M. als spezialgesetzlich geregelte Einrichtung der Sozialhilfe im Bereich der Rechtspflege dar (BVerfGE 35, 348, 355).[24] Der sozialstaatliche Gehalt dürfte bereits Art. 19 Abs. 4 GG immanent sein,[25] so dass es eines Rückgriffs auf Art. 20 GG regelmäßig nicht bedürfte.

12   **a) Verhältnis Prozesskostenhilfe/Sozialhilfe.** Die Vorschriften der PKH regeln die finanzielle Unterstützung aus öffentlichen Mitteln zum Zwecke der Prozessführung im Verhältnis zur Sozialhilfe abschließend. Für die Führung eines Prozesses kann Sozialhilfe nicht gewährt werden, auch nicht insoweit, als die PKH nicht eingreift oder deren Voraussetzungen mangels hinreichender Erfolgsaussichten nicht vorliegen.[26] Die Sozialhilfe kann namentlich nicht die außergerichtlichen Kosten des Prozessgegners übernehmen, von denen die PKH den unterlegenen mittellosen Beteiligten nicht befreit.

13   **b) Verfahrensrechtliche Auswirkungen.** Die systematische Einordnung der PKH als einer Sozialleistung im Bereich der Rechtspflege wirkt sich zum einen auf die Bewertung des Verfahrens aus (→ Rn. 14 ff.) und zum anderen auf den Kreis der Berechtigten (→ Rn. 52).

14   Das PKH-Verfahren ist kein streitiges Antragsverfahren, sondern ein gerichtsförmiges Verfahren auf Bewilligung einer Sozialleistung (VGH München BayVBl 2013, 27). Der mit dem Antrag befasste Richter bewilligt oder versagt eine staatliche Sozialleistung (BVerfGE 35, 348, 355; BGH NJW 2004, 1805; FamRZ 2009, 1663). Beteiligte dieses Antragsverfahrens sind nur der Antragsteller und das Gericht, das ihm als Bewilligungsstelle gegenüber steht.[27]

15   Der Prozessgegner des Hauptsacheverfahrens ist hingegen nicht Antragsgegner des PKH-Verfahrens. Er wird folgerichtig in den §§ 114 ff. ZPO nicht als Antragsgegner (des PKH-Verfahrens), sondern neutral als Gegner (des Hauptsacheverfahrens) bezeichnet. Er wird zu dem Bewilligungsverfahren als Dritter beigezogen. Nach § 118 Abs. 1 S. 1 ZPO ist ihm zwar Gelegenheit zur Stellungnahme zu geben, ob er die Voraussetzungen für die Bewilligung von Prozesskostenhilfe für gegeben hält. Diese Möglichkeit bezieht sich nicht nur auf die hinreichenden Erfolgsaussichten,[28] sondern nach der Neufassung des § 118 Abs. 1 durch das Gesetz zur Änderung des Prozesskostenhilfe- und Beratungshilferechts (→ Rn. 4 a ff.) auch auf die persönlichen und wirtschaftlichen Verhältnisse des Antragstellers. Der Gesetzgeber hielt diese erweiterte Möglichkeit zur Stellungnahme zum einen im Interesse der Staatskasse an einer möglichst vollständigen und zutreffenden Aufklärung der Bewilligungsgrundlagen und andererseits im Interesse des Gegners für geboten, nicht mit ungerechtfertigter staatlicher Kostenhilfe mit einem Prozess überzogen zu werden (BT-Drs. 17/11472, 31). Ohne Zustimmung des Antragstellers hat der Gegner im verwaltungsgerichtlichen Verfahren[29] aber nach wie vor kein Anhörungsrecht zu den Angaben, die der Antragsteller über seine persönlichen und wirtschaftlichen Verhältnisse

---

24   VGH München 27.7.2017 – 15 C 14.2047, juris Rn. 11; *R. Scholz*, GS Grabitz, 1995, 725, 726. Vergleichbares gilt für die Verfahrenskostenhilfe: BVerfG 9.11.2017 – 1 BvR 2440/16, 1 BvR 2441/16, juris Rn. 17 ff.
25   Vgl. *E. Schmidt-Aßmann*, in: Maunz/Dürig Art. 19 Abs. 4 Rn. 31, 242.
26   BVerwG 6.12.1991 Buchholz 310 § 166 VwGO Nr. 24; 8.7.1992 Buchholz 310 § 166 VwGO Nr. 30; 2.11.1992 Buchholz 310 § 166 VwGO Nr. 32. So auch *J. Albers*, GS Martens, 1987, S. 283, 285.
27   *P. Wysk*, in: Wysk § 166 Rn. 3.
28   So zum früheren Recht: BGHZ 89, 65; BGH NJW 2002, 3554; FamRZ 2009, 1663; OVG Münster DVBl 1983, 952, 953.
29   Die in § 117 Abs. 2 ZPO geregelte Ausnahme hat in verwaltungsgerichtlichen Verfahren keine praktische Bedeutung.

gem. § 117 Abs. 2 S. 1 ZPO machen muss; ihm steht nach § 117 Abs. 2 S. 2 ZPO kein Recht auf Einsicht in die Aktenteile zu, die diese Angaben enthalten (BGHZ 89, 65). Diese Beschränkung des Anhörungsrechts ist mit Art. 103 Abs. 1 GG vereinbar (BVerfG NJW 1991, 2078). Kann der Gegner deshalb allenfalls Vermutungen über die insbes. wirtschaftlichen Verhältnisse des Antragstellers äußern, kann seine Anhörung bezogen auf diese Voraussetzung der Prozesskostenhilfe als unzweckmäßig unterbleiben (§ 118 Abs. 1 S. 1 ZPO).

Beschlüsse, durch die das Gericht die Bewilligung von PKH ablehnt, entbehren der materiellen Rechtskraft.[30] Sie enthalten lediglich eine Entscheidung über eine staatliche Sozialleistung. Ein eigener Streitgegenstand i.S.d. § 121 liegt dem Bewilligungsverfahren nicht zugrunde.   16

nicht besetzt   17

Trägt der Antragsteller keine neuen Gründe vor oder bringt er keine neuen Belege bei, ist sein wiederholter Antrag rechtsmissbräuchlich und deshalb unzulässig.[31] Das PKH-Verfahren ist als bloßes Nebenverfahren zügig abzuschließen. Deshalb kann ein Antragsteller ein formell rechtskräftig abgelehntes PKH-Gesuch nur mit neuen Gründen (OVG Brem DVBl 1991, 1318), auch neuen rechtlichen Gründen (BVerfG NJW 1999, 3112) oder neuen Belegen (VGH Kassel DÖV 1992, 588) wiederholen. Die neu vorgetragenen Gründe müssen nicht erst nach Unanfechtbarkeit der ersten Entscheidung entstanden sein.   18

4. Verhältnis zum Hauptsacheverfahren. Die PKH will dem Antragsteller den Zugang zum Gericht offen halten. Seine Mittellosigkeit steht einer Rechtsverfolgung entgegen. Die PKH hat die Aufgabe, dieses Hindernis auszuräumen. Ausgehend von dieser Funktion ist Bezugspunkt der PKH eine erst noch beabsichtigte Rechtsverfolgung.   19

a) PKH vor Einlegung des Rechtsbehelfs in der Hauptsache. Der Antragsteller hat grds. einen Anspruch darauf, dass geklärt wird, ob die einer Rechtsverfolgung entgegenstehende Mittellosigkeit durch die Bewilligung von PKH überwunden wird, bevor er ein Kostenrisiko eingeht und den Rechtsbehelf in der Hauptsache rechtshängig macht.   20

aa) Bedingte Klageerhebung. Allerdings kann der Antragsteller nicht zusammen mit dem PKH-Gesuch Klage unter der Bedingung erheben, dass PKH bewilligt wird. Eine solche bedingt erhobene Klage ist unwirksam und damit unzulässig.[32] Nach Bewilligung der PKH kann der Antragsteller aber die Klageerhebung wirksam nachholen und Wiedereinsetzung in den vorigen Stand erhalten (BVerwGE 59, 302, 307 f.; BGH FamRZ 2007, 1726, 1728; VGH Kassel AnwBl 1990, 55).   21

bb) Wiedereinsetzung in den vorigen Stand. Ein PKH-Gesuch kann gestellt werden, bevor der Rechtsbehelf in der Hauptsache eingelegt wird. Der Antragsteller kann etwa für eine erst später zu erhebende Klage PKH beantragen und dem Antrag den Entwurf einer Klageschrift beifügen.[33] Dieser dient nur der Begründung des Gesuchs und gibt die Darstellung des Sach- und Streitstands, die § 117 Abs. 1 S. 2 ZPO fordert.[34] Die Mittellosigkeit des Antragstellers ist ein unverschuldetes Hindernis für eine rechtzeitige Klageerhebung, das durch die Bewilligung von PKH beseitigt wird (→ Rn. 26).[35] Dem Antragsteller ist nach Bewilligung von PKH Wiedereinsetzung in den vorigen Stand gegen die versäumte Frist zu gewähren.   22

Der Antrag ist innerhalb von zwei Wochen nach Wegfall des Hindernisses zu stellen (§ 60 Abs. 2 S. 1, → Rn. 35). Das in der Mittellosigkeit des Antragstellers liegende Hindernis entfällt mit der Bekanntgabe des Beschlusses über die Bewilligung von PKH an ihn oder seinen schon vorher bestellten Pro-   23

---

30 BGH NJW 2004, 1805; VGH München NVwZ-RR 2014, 940; VGH Kassel AnwBl 1993, 45, 46; zweifelnd: OVG Brem DVBl 1991, 1318. A.A. *W.-R. Schenke*, in: Kopp/Schenke § 166 Rn. 17.
31 BGH NJW 2004, 1805, 1807; NJW 2009, 857; OVG Bautzen NVwZ-RR 2004, 708; VGH Kassel AnwBl 1993, 45, 46; OVG Lüneburg NVwZ-RR 2005, 437.
32 BVerwGE 59, 302, 304; BVerwG 16.10.1990 Buchholz 310 § 166 VwGO Nr. 22; OVG Bln-Bbg 17.1.2018 – OVG 3 S 6.18, OVG 3 M 5.18, juris Rn. 3. Hierzu *J. Strnischa*, NVwZ 2005, 267. Zur Auslegung, ob eine bedingte Klageerhebung gewollt ist: BGH FamRZ 2005, 1537; FamRZ 2007, 1726; MDR 2009, 400; FamRZ 2011, 29; NJW-RR 2012, 756.
33 Zur Auslegung eines Schriftsatzes, der mit Berufung und Prozesskostenhilfeantrag überschrieben ist: BGH NJW-RR 2010, 278.
34 BVerwG HFR 2010 188; BGH FamRZ 2001, 907; HmbOVG Rpfleger 1986, 68; VGH Mannheim NVwZ-RR 1997, 502.
35 BGH NJW 2011, 230, 231; VGH Kassel NVwZ 1998, 203; VGH Mannheim NVwZ-RR 1997, 502, 503.

zessbevollmächtigten, nicht hingegen mit der Bekanntgabe des Beschlusses an den Rechtsanwalt, der im Rahmen der PKH beigeordnet wird, wenn dieser noch nicht zum Prozessbevollmächtigten bestellt war (BGH FamRZ 2001, 1143, 1144).

24 Wird die versäumte Rechtshandlung innerhalb der Frist des § 60 Abs. 2 S. 1 und 3 nachgeholt, kommt eine Wiedereinsetzung von Amts wegen in Betracht (§ 60 Abs. 2 S. 4), weil dem Gericht die sie begründenden Tatsachen bekannt sind (BVerwGE 59, 302, 307).

25 § 60 Abs. 3 steht einer Wiedereinsetzung nicht entgegen, wenn im Zeitpunkt der Entscheidung des Gerichts über das rechtzeitig gestellte PKH-Gesuch die Frist für die nachzuholende Rechtshandlung seit über einem Jahr verstrichen ist. Die Ursache der Säumnis liegt in der Sphäre des Gerichts. Für den Antragsteller stellt sich dies als höhere Gewalt dar (BVerwG 2.4.1992 Buchholz 310 § 60 VwGO Nr. 177).

26 Eine Wiedereinsetzung kommt auch dann in Betracht, wenn das Gericht PKH versagt, der Antragsteller sich aber entschließt, das Verfahren auf eigene Kosten durchzuführen (BVerfG NJW 2010, 2567). Wird PKH wegen fehlender Mittellosigkeit versagt, kommt es darauf an, ob der Antragsteller vernünftigerweise nicht mit der Ablehnung der PKH aus diesem Grund rechnen musste, sich also für mittellos halten und davon ausgehen durfte, die wirtschaftlichen Voraussetzungen für die Bewilligung von PKH dargetan zu haben.[36] Dann ist aber genau genommen nicht die Mittellosigkeit das Hindernis, sondern ausnahmsweise die unverschuldete Überzeugung von der eigenen Mittellosigkeit. Ein anwaltlich vertretener Antragsteller kann von der eigenen Mittellosigkeit und der hinreichenden Darlegung nicht ausgehen, wenn er das nach § 117 Abs. 4 ZPO erforderliche Formular nicht ordnungsgemäß ausgefüllt vorgelegt (BGH NJW-RR 2002, 2793; FamRZ 2003, 668; NJW 2011, 230) oder sonst zu seinen Einkommens- und Vermögensverhältnissen irreführende oder widersprüchliche Angaben gemacht hat (OLG Brandenburg JurBüro 2002, 373). Anders verhält es sich, wenn er einer Aufforderung des Gerichts fristgerecht nachgekommen ist, seine Angaben über die persönlichen und wirtschaftlichen Verhältnisse zu vervollständigen (BGH NJW-RR 2008, 1306). Beantragt der Antragsteller PKH für ein Rechtsmittelverfahren, muss er vernünftigerweise nicht mit einer Ablehnung wegen Mittellosigkeit rechnen, wenn ihm die Vorinstanz PKH bewilligt hatte. Kann der Antragsteller aufgrund eines gerichtlichen Hinweises nicht mehr mit der Bewilligung der beantragten PKH rechnen, beginnt die Wiedereinsetzungsfrist mit dem Zugang dieses Hinweises (BGH NJW 2009, 854; NJW-RR 2010, 424).

27 Hat das Gericht das PKH-Gesuch mangels hinreichender Erfolgsaussicht abgelehnt, kann Wiedereinsetzung nicht deshalb versagt werden, weil der Antragsteller den versäumten Rechtsbehelf unabhängig von der Entscheidung über sein Gesuch ohnehin habe einlegen wollen (BVerwG 23.5.1985 Buchholz 310 § 60 VwGO Nr. 147). Das unverschuldete Hindernis für die rechtzeitige Einlegung des Rechtsbehelfs ist die Mittellosigkeit, nicht die fehlende Entscheidung über das PKH-Gesuch. Dieses Hindernis wird durch die Versagung der PKH aus Gründen fehlender Erfolgsaussicht nicht berührt. Die überobligatorischen Anstrengungen des Antragstellers, trotz Mittellosigkeit eine Rechtsverfolgung zu ermöglichen, ändern daran nichts.

27a Die Rspr. des BGH ist enger. Danach kommt eine Wiedereinsetzung in den vorigen Stand nur in Betracht, wenn die Mittellosigkeit des Antragstellers für die Fristversäumung kausal geworden ist (BGH NJW 2008, 2855; hierzu auch BVerfG NJW 2010, 2567). Das ist nicht der Fall, wenn der Rechtsanwalt bereit war, den Rechtsbehelf auch ohne Bewilligung von Prozesskostenhilfe einzulegen und/oder zu begründen.[37]

28 Will der Antragsteller den Prozess auf eigene Kosten führen, hat er die versäumte Rechtshandlung innerhalb von zwei Wochen nach der Zustellung des Beschlusses im PKH-Verfahren nachzuholen. Das Hindernis für die Vornahme der Rechtshandlung fällt nicht erst nach einer weiteren Überlegungsfrist von einigen Tagen weg.[38]

---

36 BGH NJW-RR 2001, 2720, 2721; NJW-RR 2008, 942; MDR 2008, 1297; NJW 2011, 230; OVG Münster FamRZ 1984, 603, 605.

37 Zu den unterschiedlichen Fallgestaltungen: BGH NJW 2011, 230, 231 f.; NJW-RR 2012, 757; MDR 2012, 1059.

38 So aber BGH MDR 2008, 99; MDR 2009, 462. Das BVerfG hält eine von der Rspr. des BGH abweichende Praxis für verfassungswidrig, solange der Antragsteller auf diese Rspr. vertrauen und sich auf eine längere Frist als eine solche von zwei Wochen seit dem Zugang des ablehnenden Beschlusses im PKH-Verfahren einstellen darf: BVerfG DVBl 2003, 130.

Der Antragsteller darf auch dann zunächst nur ein PKH-Gesuch einreichen, wenn das Verfahren gem. 29
§ 188 S. 1 oder § 83b AsylG gerichtskostenfrei und eine Vertretung durch einen Rechtsanwalt nicht
vorgeschrieben ist.[39] Das gilt aber nur dann, wenn die Beiordnung eines Rechtsanwalts beantragt ist
oder eine solche Beiordnung in Betracht kommt (→ Rn. 58).[40] Mit der Erhebung der Klage ist auch in
diesen Fällen ein Kostenrisiko verbunden, das der Antragsteller wegen seiner Mittellosigkeit vor einer
Bewilligung von PKH nicht einzugehen braucht. Ist die Beiordnung eines Rechtsanwalts nicht beantragt und kommt sie auch nicht in Betracht, scheidet eine Wiedereinsetzung aus, da die Fristversäumung nicht auf der Mittellosigkeit beruht; der Kläger hätte ohne Kostenrisiko unmittelbar anstelle des
PKH-Gesuchs die gewollte Klage einreichen können (BVerwG NVwZ-RR 1989, 665, 666).

Ist ein Antragsteller infolge seiner Mittellosigkeit nicht in der Lage, die Kosten für einen beabsichtig- 30
ten Normenkontrollantrag aufzubringen, kann er ebenfalls innerhalb der Frist des § 47 Abs. 2 S. 1 zunächst nur PKH für einen beabsichtigten Normenkontrollantrag beantragen. Entscheidet das OVG
erst nach Ablauf der Frist des § 47 Abs. 2 S. 1 über die Bewilligung von PKH, kann der Antragsteller
innerhalb der Frist des § 60 Abs. 2 S. 1 Hs. 1 den Normenkontrollantrag nachholen und Wiedereinsetzung in die versäumte Frist des § 47 Abs. 2 S. 1 erhalten (BVerwG NVwZ-RR 2013, 387; OVG
Weimar ThürVBl 2013, 8). Dem steht nicht entgegen, dass die Normenkontrolle ein objektives Beanstandungsverfahren ist und dem Normunterworfenen die Möglichkeit bleibt, auch nach Ablauf der
Frist des § 47 Abs. 2 S. 1 die Gültigkeit der Norm in Einzelfällen ihrer Anwendung inzident durch das
Gericht überprüfen zu lassen (a.A. OVG Münster NVwZ-RR 2005, 290). Hat der Gesetzgeber den
Normenkontrollantrag als Rechtsbehelf überhaupt zur Verfügung gestellt, muss der Zugang zu diesem
Rechtsbehelf einem mittellosen Antragsteller in gleicher Weise eröffnet sein wie einem bemittelten Antragsteller. Er kann verlangen, dass seine Mittellosigkeit als Hindernis für den Zugang zum Normenkontrollverfahren durch Bewilligung von PKH beseitigt wird, bevor er kostenträchtige Maßnahmen
ergreift. Unerheblich ist ferner, dass die Antragsfrist des § 47 Abs. 2 S. 1 eine Ausschlussfrist darstellt
(a.A. OVG Münster NVwZ-RR 2005, 290). Sie beruht auf der Wertung des Gesetzgebers, aus Gründen der Rechtssicherheit sollten seit längerem angewandte Normen der Nichtigerklärung mit allgemein verbindlicher Wirkung (§ 47 Abs. 5 S. 2 Hs. 2) entzogen werden. Ebenso wie durch einen zunächst nur zur Fristwahrung eingereichten Normenkontrollantrag wird die Rechtssicherheit aber auch
durch einen innerhalb der Antragsfrist eingereichten Antrag auf Bewilligung von PKH für einen beabsichtigten Normenkontrollantrag beseitigt. Die Wiedereinsetzung nach Bewilligung von PKH steht
mithin dem Zweck nicht entgegen, der mit der Ausschlussfrist angestrebt wird.

Der Antragsteller muss ein PKH-Gesuch für einen erst beabsichtigten Rechtsbehelf innerhalb der Frist 31
für dessen Einlegung anbringen, und zwar in bescheidungsfähiger Form.[41] Dazu gehört die Darlegung
der hinreichenden Aussicht auf Erfolg (VGH Mannheim NVwZ-RR 2005, 437). Der Antragsteller
muss insbes. die Erklärung über die persönlichen und wirtschaftlichen Verhältnisse nebst den erforderlichen Belegen (→ Rn. 190 ff.) beifügen (BVerwG 5.9.2016 – 9 PKH 3.16, BeckRS 2016, 55890; sehr
weitgehend BGH FamRZ 2004, 99; ferner BGH FamRZ 2005, 1537; FamRZ 2008, 400; OVG
Greifswald NVwZ-RR 2006, 77). Lücken in den Angaben sind unschädlich, wenn sie auf andere Weise ohne Weiteres, etwa anhand der beigefügten Unterlagen geschlossen werden können oder sich aufgrund der sonstigen Angaben und Belege aufdrängt, dass Einnahmen oder Vermögenswerte nicht vorhanden sind (BGH FamRZ 2008, 871; NJW-RR 2009, 563). Ausnahmsweise kann auch die Bezugnahme auf eine im früheren Rechtszug ordnungsgemäß abgegebene Erklärung ausreichen, sofern die
Verhältnisse unverändert geblieben sind und dies bei der Bezugnahme deutlich gemacht wird (BVerwG
5.9.2016 – 9 PKH 3.16, BeckRS 2016, 55890). Dieses Erfordernis der fristgemäßen Antragsstellung
muss sich bei einer ordnungsgemäßen Rechtsbehelfsbelehrung auch einem anwaltlich nicht vertretenen Antragsteller aufdrängen.[42] Andernfalls kommt eine Wiedereinsetzung nach Entscheidung über

---

39 A.A. OVG Bautzen SächsVBl 2005, 119; OVG Bln NVwZ-RR 1994, 475, 476; HmbOVG NJW 1998, 2547, 2548;
   VGH Kassel NVwZ-RR 2005, 860; VGH Mannheim NVwZ-RR 2001, 802, 803; *J. Strnischa*, NVwZ 2005, 267,
   269 f.; offen OVG Greifswald NVwZ-RR 2006, 77.
40 VerfGH Bln NVwZ-RR 2014, 625 f.; OVG Münster NJW 1983, 2046; FamRZ 1984, 603, 605; ebenso wohl
   BVerwG NVwZ-RR 1989, 665.
41 BVerwG 16.4.2009 Buchholz 310 § 60 VwGO Nr. 264; 10.11.2016 – 9 PKH 3.16, BeckRS 2016, 55890; BGH
   FamRZ 2004, 1961; FamRZ 2008, 871; WM 2013, 61 f.; OVG Münster 5.9.2017 – 4 B 1012/17, juris Rn. 2–4.
42 BVerwG 7.4.1994 Buchholz 310 § 166 VwGO Nr. 34; einschränkend *J. Bader*, in Bader § 166 Rn. 28.

das PKH-Gesuch nicht in Betracht.[43] PKH ist deshalb zu versagen, weil die Rechtsverfolgung keine hinreichende Aussicht auf Erfolg bietet.[44] Hingegen muss der Antragsteller einen zur Vertretung bereiten Rechtsanwalt noch nicht innerhalb der Rechtsmittelfrist namentlich benennen.[45] Diese Angaben kann er, ggf. nach Aufforderung des Gerichts, noch bis zur Entscheidung über seinen PKH-Antrag nachholen. Hat der Antragsteller es ohne sein Verschulden versäumt, den Antrag auf Bewilligung von PKH rechtzeitig innerhalb der Rechtsbehelfsfrist zu stellen, kann er ihn bis zum Ablauf der Frist für die Wiedereinsetzung in den vorigen Stand nachholen (BVerwGE 59, 302, 308; BVerwG 16.4.2009 Buchholz 310 § 60 VwGO Nr. 264; BGH NJW-RR 2008, 1518).

32   Wird PKH für einen erst noch einzulegenden fristgebundenen Rechtsbehelf begehrt, muss der Antrag innerhalb der Rechtsbehelfsfrist bei dem zuständigen Gericht eingehen, auch wenn ein Antrag auf Bewilligung von PKH gem. § 173, § 129a ZPO bei jedem VG gestellt werden kann. Zuständig ist das Gericht, das für die Entscheidung über das Rechtsmittel zuständig ist (VGH Kassel NVwZ-RR 2001, 806; VGH Mannheim VBlBW 2002, 444). Das gilt auch dann, wenn das Rechtsmittel selbst bei einem anderen Gericht einzulegen ist.[46] So ist der Antrag auf Zulassung der Berufung bei dem VG einzulegen, über den Antrag auf Zulassung der Berufung entscheidet aber das OVG. Ein Antrag auf Bewilligung von PKH für einen erst noch beabsichtigten Antrag auf Zulassung der Berufung ist bei dem OVG als dem Prozessgericht einzulegen. Für den Antrag auf PKH sieht das Gesetz keine Trennung in eine Einlegungszuständigkeit und eine Entscheidungszuständigkeit vor (a.A. VGH Kassel NVwZ-RR 2003, 390, 391). Das unzuständige Gericht ist nur verpflichtet, den Antrag im normalen Geschäftsgang an das zuständige Gericht weiterzuleiten. Wird er erst so spät gestellt, dass er auch bei sofortiger Weiterleitung die Frist nicht gewahrt hätte, kann Wiedereinsetzung in den vorigen Stand nicht gewährt werden (VGH Mannheim VBlBW 2002, 444, anders für den Fall, dass im Falle eines Hinweises noch genügend Zeit für die Einreichung vollständiger Unterlagen bestünde: VGH Mannheim NVwZ 2017, 1479).

33   Hat der Antragsteller PKH für einen erst noch einzulegenden Rechtsbehelf beantragt, der innerhalb einer bestimmten Frist zu begründen ist (vgl. etwa § 124a Abs. 4 S. 1 und 4, § 133 Abs. 3 S. 1, § 124a Abs. 2 S. 1 und Abs. 3 S. 1, § 139 Abs. 1 S. 1 und Abs. 3 S. 1, § 146 Abs. 4 S. 1), wird nicht nur die Frist für die Einlegung des Rechtsbehelfs, sondern auch die Frist für dessen Begründung versäumt sein, wenn über den Antrag auf Bewilligung von PKH entschieden wird.

34   nicht besetzt

35   In diesem Fall beginnt mit der Bewilligung der PKH und damit mit dem Wegfall des Hindernisses für eine ordnungsgemäße Begründung des Rechtsmittels zugleich gem. § 60 Abs. 2 S. 1 Hs. 2, Abs. 3 die Frist von einem Monat für die Nachholung der Begründung.[47]

36   **b) Pflicht des Gerichts zu alsbaldiger Entscheidung.** Weil die PKH auf eine erst noch beabsichtigte Rechtsverfolgung ausgerichtet ist, hat das Gericht über ein ordnungsgemäß gestelltes PKH-Gesuch unverzüglich zu entscheiden, um dem Antragsteller alsbald die erforderliche Klarheit zu verschaffen, ob seine Mittellosigkeit als Hindernis der beabsichtigten Rechtsverfolgung ausgeräumt wird (BVerfG Rpfleger 2004, 227; VGH Mannheim VBlBW 2005, 196).

37   Hat der Antragsteller gleichzeitig mit dem PKH-Gesuch den Rechtsbehelf unbedingt eingelegt, darf das Gericht die Entscheidung über das PKH-Gesuch nicht zurückstellen und gleichzeitig über das PKH-Gesuch und den Rechtsbehelf entscheiden.[48] Das gilt auch dann, wenn es dem Antragsteller zuvor einen rechtlichen Hinweis auf die mangelnde Erfolgsaussicht des Rechtsbehelfs gegeben hat (a.A. VGH Kassel NJW 2012, 3738). Das Gericht darf dem Antragsteller nicht die Möglichkeit abschnei-

---

43 Ein Verschulden seines Prozessbevollmächtigten ist dem Antragsteller gem. § 173, § 85 Abs. 2 ZPO zuzurechnen: BGH NJW-RR 2001, 2720, 2721.

44 BVerfG NJW 2000, 3344; BVerwG 30.10.1992 Buchholz 310 § 60 VwGO Nr. 182; 7.4.1994 Buchholz 310 § 166 VwGO Nr. 34; BGH NJW-RR 2002, 2793; BFH BFH/NV 2000, 1228.

45 BVerwG DVBl 2004, 836; VGH Mannheim DÖV 2002, 579; a.A. OVG Münster NWVBl 2001, 428.

46 *S. Olbertz,* in: Schoch/Schneider/Bier § 166 Rn. 21; *J. Bader,* in: Bader § 166 Rn. 31; *J. Orth,* in: Gärditz § 166 Rn. 15. A.A. *P. Kothe,* in: Redeker/von Oertzen § 166 Rn. 9 b.

47 *I. Kraft,* in: Eyermann § 139 Rn. 30; *I. M. Groß,* BerH/PKH/VKH, § 119 ZPO Rn. 55. Vgl. auch *M. Nickel,* MDR 2017, 499, 500 m.w.N.

48 BVerwG NVwZ 2004, 111; BGH FamRZ 2004, 699; HmbOVG NVwZ-RR 2001, 805; VGH Mannheim VBlBW 1998, 344, 346.

den, nach einer Ablehnung der PKH zu wählen, ob er das Verfahren auf eigene Kosten fortsetzt oder den Rechtsbehelf zurücknimmt (OLG Naumburg FamRZ 2000, 106). Hierin liegt eine unrichtige Sachbehandlung i.S.d. § 21 Abs. 1 S. 1 GKG. Daher dürfen die Gerichtskosten nicht erhoben werden, die nicht angefallen oder weggefallen wären, hätte der Antragsteller den Rechtsbehelf nach einer alsbaldigen Entscheidung über sein PKH-Gesuch, aber vor einer Entscheidung in der Hauptsache noch zurücknehmen können (HmbOVG Rpfleger 1986, 68, 69; VGH Kassel NJW 1985, 218). Zugleich kann ein Verstoß gegen den Grundsatz rechtlichen Gehörs vorliegen.[49] Hat der Antragsteller ein begründungspflichtiges Rechtsmittel unbedingt eingelegt, aber noch nicht begründet, jedoch innerhalb der Begründungsfrist PKH beantragt, darf das Gericht nicht gleichzeitig PKH versagen und das Rechtsmittel mangels Begründung als unzulässig verwerfen (BGH FamRZ 2011, 881).

Das Gericht darf ein schon anhängiges Hauptsacheverfahren nicht durch kostenträchtige Maßnahmen, etwa eine Beweisaufnahme, fördern, bevor es über die PKH befunden hat (VGH München NJW 2005, 1677). **38**

Das VG darf nicht das Hauptsacheverfahren fortführen und mit einer Sachentscheidung abschließen, während das PKH-Verfahren noch in der Beschwerdeinstanz anhängig ist.[50] Entscheidet das VG erst in der mündlichen Verhandlung über den Antrag auf Bewilligung von PKH, kann der Antragsteller Vertagung beantragen (OLG Zweibrücken NJW-RR 2003, 1078). **39**

Hat der Antragsteller für einen Antrag auf Gewährung vorläufigen Rechtsschutzes um PKH nachgesucht, kann das Gericht wegen der Eilbedürftigkeit des Verfahrens über beide Anträge gleichzeitig entscheiden.[51] Allerdings ist der Maßstab für den Erfolg des jeweiligen Antrags ein unterschiedlicher. Das kann entgegenstehen, zur Ablehnung des Antrags auf Gewährung von PKH nur auf die Gründe der Sachentscheidung Bezug zu nehmen (BVerfG NJW-RR 2016, 1264, 1265; HmbOVG InfAuslR 2016, 419, 420; VGH Mannheim VBlBW 2005, 196). **40**

c) Prozesskostenhilfe nach Abschluss der Instanz. Weil die PKH die Aufgabe hat, eine beabsichtigte Rechtsverfolgung nicht an der Mittellosigkeit des Antragstellers scheitern zu lassen, muss im Zeitpunkt ihrer Bewilligung grds. eine Rechtsverfolgung noch beabsichtigt sein. **41**

aa) Antrag nach Abschluss der Instanz. Die Funktion der PKH schließt es ausnahmslos aus, PKH zu bewilligen, die erst nach Abschluss der Instanz beantragt wird.[52] Die PKH hätte jetzt nur noch den Sinn, eventuelle Schulden des Antragstellers aus dessen Prozessführung abzudecken. Aus demselben Grund kann PKH nicht mehr bewilligt werden, wenn der Antrag erst zu einem Zeitpunkt gestellt wird, zu dem bereits sämtliche Verpflichtungen entstanden sind, von denen eine Bewilligung der PKH nach § 122 Abs. 1 ZPO befreien würde (VGH München BayVBl 2005, 351). Dies entspricht dem sozialrechtlichen (→ Rn. 11 ff.) Aktualitätsgrundsatz, wonach keine Leistungen für die Vergangenheit gewährt werden. **42**

bb) Bewilligung nach Abschluss der Instanz. Hat der Antragsteller zwar vor Abschluss der Instanz PKH beantragt, das Gericht über sein Gesuch aber vor Abschluss der Instanz nicht mehr entschieden, könnte PKH nur noch rückwirkend bewilligt werden. Sie diente jetzt ebenfalls nicht mehr dazu, eine erst noch beabsichtigte Rechtsverfolgung zu ermöglichen. Das kann in diesen Fällen dem Antragsteller aber nicht entgegengehalten werden. Er ist notgedrungen für das säumige Gericht nur in Vorlage getreten und hat die Prozessführung vorfinanziert, indem er entweder überobligatorisch Mittel (Einkommen oder Vermögen) aufgewandt hat, die er nach der Wertung des Gesetzes für eine Prozessführung nicht einzusetzen braucht, oder indem er einen Kredit aufgenommen hat, was das Gesetz von ihm ebenfalls nicht erwartet. Jedenfalls ist er ein Kostenrisiko eingegangen, das nach der Wertung des Gesetzes nicht bei ihm verbleiben soll. Die Notlage, derer sich die PKH annehmen will, besteht bei dieser **43**

49 VGH Mannheim NVwZ 1998, 647; anders OVG Münster NJW 2011, 549 für den Fall, dass das PKH-Gesuch abgelehnt wurde und vor der hiergegen eingelegten Beschwerde in erster Instanz in der Hauptsache eine Entscheidung getroffen wird.
50 VGH Mannheim VBlBW 1998, 344; LSG Essen 30.11.2015 – L 19 AS 1912/15 B, BeckRS 2015, 73587; a.A. OVG Münster NJW 2011, 549.
51 BVerfG NJW-RR 2016, 1264, 1265; HmbOVG InfAuslR 2016, 419, 420; DVBl 1996, 1318, 1319; VGH Kassel NVwZ-RR 1990, 223, 224; OVG Lüneburg NdsVBl 2005, 244.
52 BVerwG 13.9.1989 Buchholz 310 § 166 VwGO Nr. 20; 5.1.1994 Buchholz 310 § 166 VwGO Nr. 33; VGH München 7.9.2017 – 21 C 17.1651, juris Rn. 4; BayVBl 1995, 531; OVG Münster 5.9.2017 – 4 B 1012/17, juris Rn. 11.

Betrachtung noch fort. Die Bewilligung von PKH im Nachhinein gleicht nur die erzwungene Vorlage durch den Antragsteller aus.

44   Unerheblich ist, ob das Gericht die Bearbeitung des Gesuchs schuldhaft oder pflichtwidrig verzögert hat oder ob es wegen Überlastung nicht zu einer alsbaldigen Entscheidung gekommen ist. Ebenfalls nicht erheblich ist, ob der Antragsteller sich auf ein (unzulässiges) Ansinnen des Gerichts damit einverstanden erklärt hat, das PKH-Gesuch bis zur mündlichen Verhandlung zurückzustellen (a.A. OVG Münster NVwZ-RR 1994, 124).

45   Nach Abschluss der Instanz kann deshalb für diese PKH rückwirkend bewilligt werden, wenn das PKH-Gesuch während des Verfahrens gestellt, aber nicht mehr beschieden worden ist und der Antragsteller mit seinem Antrag bereits alles getan hatte, was für die Bewilligung von PKH erforderlich war.[53] Er muss insbes. einen ordnungsgemäßen und vollständigen Antrag gestellt haben (VGH Mannheim VBlBW 1991, 470; VGH München BayVBl 2003, 696; → Rn. 190 ff.). Reicht er seine Erklärung über die persönlichen und wirtschaftlichen Verhältnisse erst nach Abschluss des Verfahrens nach, kann ihm PKH nicht mehr bewilligt werden (VGH Mannheim VBlBW 2003, 130; OVG Münster NVwZ-RR 2006, 286).

45a   Die rückwirkende Bewilligung von PKH setzt immer voraus, dass ein Hauptsacheverfahren bereits anhängig ist. Hat der Antragsteller PKH für eine nur beabsichtigte Klage oder für einen nur beabsichtigten Rechtsbehelf beantragt und kommt es zu einer Klage oder einem anderen Rechtsbehelf nicht mehr, weil sich während des PKH-Verfahrens der Gegenstand eines möglichen Hauptsacheverfahrens erledigt, kommt eine Bewilligung von PKH nicht mehr in Betracht (OVG Bln NJW-RR 2009, 1003).

46   cc) Bewilligung nach Abschluss des Hauptsacheverfahrens. Unter denselben Voraussetzungen kann PKH rückwirkend bewilligt werden, wenn nicht nur die Instanz abgeschlossen, sondern das Hauptsacheverfahren insgesamt rechtskräftig beendet ist (HmbOVG FamRZ 2005, 44). Im Beschwerdeverfahren kann PKH für die erste Instanz bewilligt werden, selbst wenn diese inzwischen mit einer Sachentscheidung rechtskräftig zulasten des Antragstellers abgeschlossen ist.[54] Über die Bewilligung von PKH ist allein nach den Erfolgsaussichten im Zeitpunkt der Bewilligungsreife (→ Rn. 77 ff.) zu entscheiden.[55] Wegen der unterschiedlichen Voraussetzungen und u.U. unterschiedlichen Zeitpunkten beider Entscheidungen stellt die nachträgliche Bewilligung von PKH die Richtigkeit der zuvor ergangenen Sachentscheidung nicht in Frage.[56]

47   Dasselbe gilt, wenn die Beteiligten den Rechtsstreit in der Hauptsache für erledigt erklärt haben, bevor über das PKH-Gesuch entschieden war.[57] Diese Möglichkeit wird in § 87 a Abs. 1 Nr. 3 vorausgesetzt (OVG Lüneburg NJW 2012, 248). Aus welchen Gründen das Verfahren sich erledigt und dadurch die Bescheidung des PKH-Gesuchs überholt hat, ist unerheblich.[58] PKH kann ebenfalls noch rückwirkend bewilligt werden, wenn die Beteiligten das Verfahren durch Abschluss eines Prozessver-

---

53 BVerwG JurBüro 1992, 346; HmbOVG NVwZ-RR 2001, 68; FamRZ 2005, 44, 45; OVG Magdeburg NJW 2012, 632; VGH Mannheim VBlBW 2005, 197; VGH München BayVBl 2002, 348; OVG Münster NVwZ-RR 2010, 742; OVG Weimar DVBl 1998, 488; *P. Blümler*, MDR 1983, 96, 98; a.A. OVG Koblenz NVwZ-RR 1990, 384; *A. Pentz*, NJW 1985, 1820, 1821.

54 HmbOVG FamRZ 1987, 178; VGH Mannheim VBlBW 1988, 189; OVG Frankfurt (Oder) NVwZ 2002, 789, 790; OVG Münster NVwZ-RR 2009, 502; *P. Blümler*, MDR 1983, 96, 98; *G. Christl*, MDR 1983, 537, 538; einschränkend: VGH München BayVBl 2002, 348, 349, für den Fall, dass das VG den Antrag in der mündlichen Verhandlung abgelehnt hat und sodann in der Hauptsache entschieden hat: Der Antragsteller sei verpflichtet gewesen, sofort Beschwerde gegen die Versagung der PKH einzulegen und die Vertagung der mündlichen Verhandlung bis zur Entscheidung über die Beschwerde zu beantragen; OVG Münster NVwZ-RR 2009, 270, für den Fall, dass der Antragsteller es unterlassen hat, gegen die erstinstanzliche Entscheidung in der Hauptsache das gegebene Rechtsmittel einzulegen.

55 Einschränkend BGH NJW 2012, 1964: nur wenn im Hauptsacheverfahren eine zweifelhafte Rechtsfrage zu entscheiden war, die das Gericht der Hauptsache nicht in das Verfahren der PKH hätte verlagern dürfen, oder wenn das erstinstanzliche Gericht die Entscheidung verzögert hat und die Erfolgsaussicht inzwischen entfallen ist.

56 OVG Frankfurt (Oder) NVwZ-RR 2002, 789, 790; a.A. BGH NJW 2012, 1964: grds. Bindung an die Beurteilung in der rechtskräftig gewordenen Sachentscheidung.

57 OVG Bln NVwZ-RR 2008, 287; OVG Brem NVwZ-RR 1989, 585; VGH Kassel DVBl 2008, 605; VGH Mannheim NVwZ-RR 1992, 442, 443; VGH München NVwZ-RR 1997, 500, 501; OVG Münster NVwZ-RR 1994, 124; OVG Weimar DVBl 1998, 488; a.A. VGH München BayVBl 1988, 93; OVG Schleswig NVwZ-RR 2004, 460; NVwZ-RR 2011 563, für den Fall, dass der Antragsteller es unterlassen hat, vor Abgabe der Erledigungserklärung eine Entscheidung über seinen PKH-Antrag einzufordern.

58 A.A. VG Schwerin DÖV 2002, 624, für den Fall, dass bei antragsabhängigen Entscheidungen der Behörde die Rücknahme des bei der Behörde gestellten Antrags zur Erledigung der Hauptsache führt.

gleichs beendet haben (OVG Brem NVwZ-RR 2009, 271; a.A. VGH München BayVBl 1988, 93. Zur Tragung der Gerichtskosten im Falle eines Vergleichs → Rn. 162–166 c).

Hat der Kläger die Klage vor einer Entscheidung über sein PKH-Gesuch zurückgenommen, kann PKH **48** ebenfalls noch rückwirkend bewilligt werden.[59] Diese Möglichkeit wird ebenfalls in § 87 a Abs. 1 Nr. 2 vorausgesetzt.

Verstirbt der Antragsteller vor einer Entscheidung über sein PKH-Gesuch, kann ihm nachträglich für **49** die Zeit von seiner Antragstellung bis zu seinem Tode PKH bewilligt werden. Sie kommt zwar seinen Erben zugute. Sie müssen nicht für die Kosten der Prozessführung aufkommen, die noch zu Lebzeiten des Antragstellers angefallen sind. Sie stehen damit aber nicht anders, als sie stünden, wenn das Gericht rechtzeitig über das PKH-Gesuch entschieden hätte.[60]

5. Anwendungsbereich. a) Persönlicher Anwendungsbereich. PKH können natürliche Personen so- **50** wie juristische Personen erhalten, ferner beteiligtenfähige Personenvereinigungen i.S.d. § 61 Nr. 2 (§ 116 Abs. 1 ZPO). Unerheblich ist die Parteistellung.[61] PKH kann nicht nur einem Kläger oder einem Beklagten, sondern auch einem Beigeladenen bewilligt werden, wie sich nicht zuletzt aus § 166 Abs. 1 S. 2 ergibt, der von dem Beteiligten spricht und damit auch § 63 Nr. 3 in Bezug nimmt.

aa) Natürliche Personen. PKH ist auch Ausländern und Staatenlosen zu bewilligen, und zwar auch **51** dann, wenn sie im Ausland[62] leben (BFH JurBüro 1997, 201; OLG Brandenburg FamRZ 2007, 2003, 2004; OLG Düsseldorf MDR 1994, 301; LAG Frankfurt MDR 2001, 478). § 114 Abs. 1 S. 1 ZPO spricht nur von der Partei, ohne Beschränkungen wegen der Nationalität oder des Wohnsitzes. Dies ergibt sich aus den verfassungsrechtlichen Grundlagen sowohl des Art. 19 Abs. 4 GG als auch des Art. 103 Abs. 1 GG (→ Rn. 5 ff.), die beide weder nach der Staatsangehörigkeit noch dem Wohnsitz differenzieren.

bb) Juristische Personen. Juristischen Personen und beteiligtenfähigen Personenvereinigungen[63] wird **52** PKH nur unter einschränkenden weiteren Voraussetzungen bewilligt. Dies ist laut BVerfG verfassungsrechtlich unbedenklich (BVerfGE 35, 348), was jedoch differenzierter Betrachtung bedarf. Das BVerfG prüfte in der soeben zitierten Entscheidung die unterschiedlichen Regelungen für natürliche und juristische Personen im damaligen § 114 Abs. 1 und 4 ZPO und maß diese Differenzierung an Art. 3 Abs. 1 GG, nicht hingegen an Art. 19 Abs. 4 GG (→ Rn. 5, 11). Die unterschiedlichen Regelungen werden mit dem „fürsorgerischen Charakter des Armenrechts" und dessen sozialstaatlicher Fundierung gerechtfertigt (BVerfGE 35, 347, 355–358). Diese Betrachtungsweise ist jedoch zu eng. Der juristischen Person geht es um einen tatsächlich erreichbaren Zugang zu Gericht. Dies ist die nachgesuchte „soziale Leistung" und sie wird von Art. 19 Abs. 4 GG gewährleistet, i.V.m. Art. 19 Abs. 3 GG auch inländischen (zu ausländischen → Rn. 55) juristischen Personen.[64] Zwar mag der fürsorgerische Aspekt nicht auf die juristische Person zutreffen, die juristische Person ist jedoch ebenfalls auf Rechtsschutz angewiesen. Da Art. 19 Abs. 4 GG Individualrechtsschutz (BVerfG NVwZ 2009, 240, 242) gewährleistet, ist die in § 116 S. 1 Nr. 2 ZPO enthaltene Voraussetzung, dass „die Unterlassung der Rechtsverfolgung oder Rechtsverteidigung allgemeinen Interessen zuwiderlaufen würde", verfassungsrechtlich nicht unbedenklich. Dieses Erfordernis wird man verfassungskonform eng auslegen müssen (→ Rn. 54).

Es kommt zunächst auf die Mittellosigkeit der juristischen Person oder der Personenvereinigung selbst **53** an (§ 116 S. 1 Nr. 2 ZPO). Insoweit ist auch zu berücksichtigen, ob sie in Kenntnis einer Prozessfü-

59 OVG Lüneburg NJW 2012, 248; VGH Mannheim NVwZ-RR 2002, 791; ferner OVG Bautzen SächsVBl 2005, 89, für den Fall, dass der Kläger zuvor nochmals nachdrücklich um eine Entscheidung über sein Prozesskostenhilfegesuch bittet; OVG Greifswald 3.8.2017 – 1 O 157/17, juris Rn. 7 ff. (nur ausnahmsweise aufgrund besonderer Umstände des Einzelfalls). A.A. OVG Münster NVwZ-RR 1994, 124; NVwZ-RR 2009, 270; 20.04.2017 – 13 E 219/17, juris Rn. 2 ff.; OVG Koblenz DÖV 1989, 36, 37; OVG Schleswig NVwZ-RR 2004, 460.

60 Ebenso wohl BSG MDR 1988, 610, 611; a.A. OVG Bautzen NVwZ 2002, 492, 493; OVG Bln NJW 2012, 3739; HmbOVG DVBl 1996, 1318, 1319; OLG Brandenburg FamRZ 2002, 1199, 1200; OLG Celle JurBüro 2012, 207; OLG Frankfurt FamRZ 2007, 1995; OLG Oldenburg FamRZ 2010, 1587.

61 M. Happ, in: Eyermann § 166 Rn. 9.

62 Zur Frage der Umsatzsteuer bei der Vertretung eines im Ausland lebenden Mandanten: OVG Bln-Bbg RVGreport 2016, 65.

63 Zu einer BGB-Gesellschaft: OLG Dresden MDR 2008, 818.

64 BVerfGE 80, 244, 250; W.-R. Schenke, in: Bonner Kommentar GG Art. 19 Abs. 4 Rn. 81 (Stand der Bearbeitung: Februar 2009); W. Krebs, in: v. Münch/Kunig GG Art. 19 Rn. 32, 57. Zu Art. 47 EUGrCh: EuGH EuZW 2011, 137 ff.

rung die Bildung von Rücklagen unterlassen hat oder ob sie über Möglichkeiten verfügt, ihre Einnahmen zu verbessern. Das gilt namentlich für anerkannte Natur- oder Umweltschutzvereinigungen mit Blick auf Verbandsklagen nach § 64 BNatSchG oder § 2 UmwRG (OVG Münster NuR 2009, 63). Nach § 116 S. 1 Nr. 2 ZPO müssen darüber hinaus die Einkommens- und Vermögensverhältnisse der Personen berücksichtigt werden, die am Gegenstand des Rechtsstreits wirtschaftlich beteiligt sind.[65] Ggf. müssen sie die Kosten der Prozessführung aufbringen. Ob ihnen dies zumutbar ist, ist anders als bei einer Partei kraft Amtes unerheblich (§ 116 S. 1 Nr. 1 ZPO einerseits, Nr. 2 andererseits).

53a   Am Gegenstand des Rechtsstreits wirtschaftlich beteiligt sind vor allem diejenigen, auf deren Vermögenslage sich das Obsiegen oder Unterliegen der juristischen Person auswirkt (BVerwG 16.3.2011 Buchholz 303 § 116 ZPO Nr. 2 zu den Gesellschaftern einer GmbH; OVG Bautzen NVwZ-RR 2016, 120). Als wirtschaftlich Beteiligter ist darüber hinaus anzusehen, wer ein eigenes Interesse am Streitgegenstand hat und als sachlich Betroffener durch die juristische Person repräsentiert wird (OVG Münster NJW 2005, 3512; NuR 2009, 63). Dies gilt etwa für die Mitglieder einer anerkannten Natur- oder Umweltschutzvereinigung, die eine Verbandsklage nach § 64 BNatSchG oder § 2 UmwRG erhebt. Dies ist sowohl mit Art. 19 Abs. 4 GG als auch mit Art. 3 Abs. 1 GG vereinbar. Da sich auch die natürliche Person auf den familienrechtlichen Prozesskostenvorschuss verweisen lassen muss (→ Rn. 128 f.), ist die ähnliche Regelung, die auch für die juristische Person sicherstellen will, dass PKH nur subsidiär gewährt wird, weder gleichheitswidrig, noch eine unzumutbare Rechtsschutzerschwerung.

54   Können die Kosten der Prozessführung weder von der juristischen Person noch von dem wirtschaftlich Beteiligten aufgebracht werden, muss zusätzlich eine Unterlassung der Rechtsverfolgung allgemeinen Interessen zuwiderlaufen. Der Begriff „allgemeine Interessen" ist den Belangen des Einzelnen entgegengesetzt. Deshalb müssen nach h.M. die Interessen Dritter berührt sein. Die Unterlassung der Rechtsverfolgung läuft allgemeinen Interessen zuwider, wenn die Entscheidung größere Kreise der Bevölkerung oder des Wirtschaftslebens ansprächen oder soziale Wirkungen nach sich zöge.[66] In Betracht kommen Fälle, in denen von dem Prozess die Existenz eines Unternehmens abhängt, an dessen Erhalt wegen der großem Zahl dort beschäftigter Arbeitnehmer ein allgemeines Interesse besteht,[67] oder in denen bei einem Erfolg einer Rechtsverfolgung eine größere Zahl von Gläubigern befriedigt werden könnte (BGH NJW 1991, 703; KG ZIP 2011, 542). Einer juristischen Person kann ferner PKH bewilligt werden, wenn sie sonst gehindert wäre, eine öffentliche, der Allgemeinheit dienende Aufgabe zu erfüllen.[68] Fiskalische Interessen sollen ebenso wenig genügen wie die bloße Gemeinnützigkeit eines Vereins (OVG Bautzen NVwZ-RR 2016, 120). Die Unterlassung der Rechtsverfolgung kann allgemeinen Interessen zuwiderlaufen, wenn Grundrechte der juristischen Person oder Personenvereinigung berührt werden (BVerfGE 35, 348, 362). Da dieses Erfordernis vor dem Hintergrund von Art. 19 Abs. 4 GG, der auch juristischen Personen Rechtsschutz gewährt, problematisch ist (→ Rn. 52), ist ein weites Verständnis geboten.

55   Juristischen Personen und Personenvereinigungen, die nicht im Inland, in einem anderen Mitgliedstaat der EU[69] oder in einem anderen Vertragsstaat des Abkommens über den EWR gegründet und dort ansässig sind, kann PKH nicht bewilligt werden, wie sich im Umkehrschluss aus § 116 S. 1 Nr. 2 ZPO ergibt. Der EGMR hat dies für konventionskonform gehalten (EGMR NJW-RR 2013, 1075, 1076). In verfassungsrechtlicher Hinsicht ist dies wegen Art. 19 Abs. 3 GG im Hinblick auf juristische Personen aus dem Nicht-EU-Ausland unproblematisch. Ginge man hingegen davon aus, dass z.B. Art. 103 Abs. 1 GG als sog. Justizgrundrecht auch ausländischen juristischen Personen zusteht (so BVerfGE 12, 6, 8; 18, 441, 447; 64, 1, 11, 129, 78, 95) und dass Art. 103 GG auch für die Bewilligung von PKH eröffnet ist,[70] wäre der Ausschluss ausländischer juristischer Personen von dem Anspruch auf PKH kaum begründbar. Ausnahmen können sich ferner aus Staatsverträgen ergeben. Der EuGH hat im

---

65 Zu den Mitgliedern eines gemeinnützigen Vereins: OVG Saarlouis AS 28, 221; OVG Bautzen NVwZ-RR 2016, 120.
66 BFH 18.1.2017 – V S 37/16 (PKH), BeckRS 2017, 94352, Rn. 8; OVG Münster NWVBl 1988, 117, 118; OVG Saarlouis AS 28, 221, 223; OVG Bautzen NVwZ-RR 2016, 120; KG ZIP 2011, 542.
67 Vgl. die Begründung des Regierungsentwurfs BT-Drs. 8/3068, 26 f.; ferner BFHE 136, 62, 64; KG ZIP 2011, 542.
68 BFH 18.1.2017 – V S 37/16 (PKH), BeckRS 2017, 94352; OVG Greifswald NVwZ-RR 2012, 744; OVG Magdeburg NVwZ-RR 2008, 583; BFHE 136, 62, 64.
69 Zu Art. 19 Abs. 3 GG und der Grundrechtsträgerschaft von juristischen Personen aus dem EU-Ausland: BVerfGE 129, 78, 95.
70 Vgl. B. Remmert, in: Maunz/Dürig GG Art. 103 Rn. 68.

Hinblick auf § 116 S. 1 Nr. 2 ZPO entschieden, dass sich auch juristische Personen auf den in Art. 47 EUGrCh enthaltenen Grundsatz effektiven gerichtlichen Rechtsschutzes berufen könnten und dass dies die Befreiung von der Zahlung des Gerichtskostenvorschusses und/oder der Gebühren eines Rechtsanwalts umfassen könne. Der nationale Richter habe insoweit zu prüfen, „ob die Voraussetzungen für die Gewährung von Prozesskostenhilfe eine Beschränkung des Rechts auf Zugang zu den Gerichten darstellen, die dieses Recht in seinem Wesensgehalt selbst beeinträchtigen, ob sie einem legitimen Zweck dienen und ob die angewandten Mittel in einem angemessenen Verhältnis zum verfolgten Ziel stehen. Im Rahmen dieser Würdigung kann der nationale Richter den Streitgegenstand, die begründeten Erfolgsaussichten des Kl., die Bedeutung des Rechtsstreits für diesen, die Komplexität des geltenden Rechts und des anwendbaren Verfahrens sowie die Fähigkeit des Kl. berücksichtigen, sein Anliegen wirksam zu verteidigen. Bei der Beurteilung der Verhältnismäßigkeit kann der nationale Richter auch der Höhe der vorzuschießenden Gerichtskosten sowie dem Umstand Rechnung tragen, ob sie für den Zugang zum Recht gegebenenfalls ein unüberwindliches Hindernis darstellen oder nicht. Insbes. bei juristischen Personen kann der nationale Richter deren Verhältnisse in Betracht ziehen. So kann er u.a. die Gesellschaftsform der in Rede stehenden juristischen Person, das Bestehen oder Fehlen von Gewinnerzielungsabsicht sowie die Finanzkraft ihrer Gesellschafter oder Anteilseigner und deren Möglichkeit berücksichtigen, sich die zur Einleitung der Rechtsverfolgung erforderlichen Beträge zu beschaffen" (EuGH EuZW 2011, 137, 140 f.). Die deutsche Rspr. versteht dies so, dass § 116 S. 1 Nr. 2 ZPO in unveränderter Fassung angewendet werden könne (vgl. BFH 18.1.2017 – V S 37/16 [PKH], BeckRS 2017, 94352, Rn. 10; KG ZIP 2011, 542 f.).

cc) Partei kraft Amtes. PKH kann einer Partei kraft Amtes bewilligt werden (§ 116 S. 1 Nr. 1 ZPO). 56
Es sind dies der Insolvenzverwalter (OVG Brem JurBüro 2010, 540), der Testamentsvollstrecker, der Nachlassverwalter, der Sequester und der Zwangsverwalter, nicht hingegen der gemeinsame Vertreter für die Gläubiger von inhaltsgleichen Schuldverschreibungen aus Gesamtemissionen gem. § 19 Abs. 3 SchVG (BGH NZI 2016, 1014 m. Anm. *M. Hacker/D. Kamke*). Ihnen kann PKH nur gewährt werden, wenn die Kosten des Prozesses aus der verwalteten Vermögensmasse nicht aufgebracht werden können[71] und außerdem den am Gegenstand des Rechtsstreits wirtschaftlich Beteiligten nicht zugemutet werden kann, die Kosten aufzubringen (§ 116 S. 1 Nr. 1 ZPO). Alle diese Voraussetzungen sind vom Antragsteller darzulegen und ggf. glaubhaft zu machen, § 118 Abs. 1 S. 1 ZPO (OVG Koblenz 29.7.2016 – 5 W 401/16, BeckRS 2016, 16504). Wirtschaftlich beteiligt ist jedenfalls derjenige, dem der beabsichtigte Rechtsstreit endgültig nutzen soll. Im Prozess des Testamentsvollstreckers können dies bspw. die Erben,[72] ein Pflichtteilsberechtigter oder ein Vermächtnisnehmer sein, im Prozess des Insolvenzverwalters etwa solche Gläubiger, die bei einem erfolgreichen Abschluss des konkreten Rechtsstreits damit rechnen können, ihre Ansprüche wenigstens teilweise aus der Masse befriedigt zu erhalten.[73]

b) Sachlicher Anwendungsbereich. PKH kann für jedes gerichtliche Verfahren bewilligt werden, also 57
für Klageverfahren, für Verfahren des einstweiligen Rechtsschutzes sowie für selbständige Neben- und Zwischenverfahren. Außerhalb von gerichtlichen Verfahren kann gem. § 1 BerHG (Gesetz über Rechtsberatung und Vertretung für Bürger mit geringem Einkommen – Beratungshilfegesetz) Beratungshilfe gewährt werden.[74] PKH kann immer nur für den jeweiligen Rechtszug, für diesen aber nur insgesamt, nicht jedoch für einzelne Verfahrenshandlungen oder Verfahrensabschnitte bewilligt wer-

---

71 Zur Darlegung dieser Voraussetzung: BVerwG ZIP 2006, 1542.
72 Im Prozess des Nachlasspflegers kommt es auf die Einkommens- und Vermögensverhältnisse der Erben an; sind sie unbekannt, kann deren Mittellosigkeit nicht glaubhaft gemacht werden und kann PKH nicht versagt werden: OLG Saarbrücken FamRZ 2010, 1358; *J. Bader*, in: Bader § 166 Rn. 16: maßgeblich ist allein der verfügbare Nachlass, s.a. BVerfG NJW-RR 1998, 1081; a.A. HmbOVG FamRZ 1997, 180.
73 BVerwG ZIP 2006, 1542; BGHZ 119, 372, 377. Zur Zumutbarkeit, die Kosten aufzubringen: BGH NJW-RR 2006, 1064; sie ist für Arbeitnehmer nicht gegeben: BGH NJW 1991, 40, 41; ebenso wenig für die Bundesagentur für Arbeit, den Träger der Sozialverwaltung, die Allgemeine Ortskrankenkasse und die Berufsgenossenschaft, wenn sie in Wahrung von Interessen der Arbeitnehmer an dem Rechtsstreit wirtschaftlich beteiligt sind: BGHZ 119, 372, 378; zum Steuerfiskus als Gläubiger: BVerwG ZIP 2006, 1542; BGHZ 138, 188.
74 Die verfassungsrechtlichen Grundlagen entsprechen in weiten Teilen den Anforderungen an PKH: vgl. BVerfGE 122, 39.

den (→ Rn. 159), wohl aber für Teilbeträge einer Klagesumme (OVG Münster 24.3.2017 – 9 E 197/17).

58   **aa) Gerichtskostenfreie Verfahren.**   PKH kann in Verfahren gewährt werden, die gerichtskostenfrei sind (BVerfG NZS 2011, 775, 776), etwa nach § 188 oder nach § 83 b AsylG. In diesen Verfahren ist die Bewilligung von PKH nur als Grundlage für die Beiordnung eines Rechtsanwalts von Bedeutung. Ein Rechtsschutzbedürfnis für ein PKH-Gesuch besteht deshalb nur, wenn die Beiordnung eines Rechtsanwalts beantragt ist (HmbOVG NVwZ-RR 2001, 805), rückwirkend nur, wenn für den Antragsteller in der inzwischen abgeschlossenen Instanz tatsächlich ein Rechtsanwalt aufgetreten ist (VGH Mannheim VBlBW 2005, 152).

59   **bb) PKH-Verfahren.**   Für das PKH-Verfahren selbst kann hingegen PKH grds. nicht bewilligt werden.[75] Das gilt auch für die Beschwerde gegen die Versagung von PKH.[76]

60   Kostennachteile können dem Antragsteller nicht entstehen. Für den PKH-Antrag besteht kein Vertretungszwang. Das gilt auch, wenn PKH für ein Verfahren begehrt wird, das seinerseits dem Vertretungszwang unterliegt (§ 67 Abs. 4 S. 1). Gerichtskosten fallen für das PKH-Gesuch nicht an. Außergerichtliche Kosten des Gegners sind nicht zu erstatten (§ 118 Abs. 1 S. 4 ZPO).

61   nicht besetzt

62   **cc) Vorverfahren.**   Für das Vorverfahren (Widerspruchsverfahren) kann PKH nicht bewilligt werden (VGH Mannheim 20.5.1986 – 10 S 107/86).[77] Insoweit kommt nur Beratungshilfe nach dem BerHG (→ Rn. 57) in Betracht.

III. Voraussetzungen der Bewilligung

63   **1. Hinreichende Aussicht auf Erfolg.**   Nach § 114 Abs. 1 S. 1 ZPO muss die beabsichtigte Rechtsverfolgung oder Rechtsverteidigung hinreichende Aussicht auf Erfolg bieten.[78] Ob die beabsichtigte Rechtsverfolgung hinreichende Aussicht auf Erfolg bietet, ist aufgrund einer summarischen Prüfung zu beantworten. Diese Prüfung hat das Gericht eigenständig durchzuführen, ein bloßer Verweis auf z.B. eine staatsanwaltschaftliche Einstellungsverfügung, ist nicht ausreichend.[79] Nach den verfassungsrechtlichen Vorgaben (→ Rn. 5 ff.) darf die Prüfung der Erfolgsaussichten nicht dazu dienen, die Rechtsverfolgung selbst in das Nebenverfahren der PKH vorzuverlagern.[80]

64   **a) Allgemeine Begriffsbestimmung.**   Die beabsichtigte Rechtsverfolgung bietet hinreichende Aussicht auf Erfolg, wenn das Gericht den Standpunkt des Antragstellers aufgrund dessen eigener Sachdarstellung und der von ihm ggf. eingereichten Unterlagen für zutreffend oder zumindest vertretbar hält und in tatsächlicher Hinsicht zumindest von der Möglichkeit einer Beweisbarkeit überzeugt ist.[81] Es reicht aus, dass ein Obsiegen ebenso wahrscheinlich ist wie ein Unterliegen, wenn also der Erfolg bei summarischer Prüfung offen ist.[82] Andererseits darf die PKH verweigert werden, wenn ein Erfolg in der Hauptsache zwar nicht schlechthin ausgeschlossen, die Erfolgschance aber nur eine entfernte oder bloß theoretische ist.[83] Dies entspricht der Formulierung in § 114 Abs. 1 S. 1 ZPO, wo von hinreichender Aussicht auf Erfolg die Rede ist. Dabei kommt es nur auf den konkreten Prozesserfolg in der

---

75   BVerfG 9.11.2017 – 1 BvR 2440/16, 1 BvR 2441/16, juris Rn. 21 m.w.N.; BVerwG Rpfleger 1991, 63; BGHZ 91, 311; OVG Greifswald 20.9.2017 – 1 O 590/17, juris Rn. 2; OVG Lüneburg NVwZ-RR 2003, 790; VGH Mannheim VBlBW 1997, 425; *J. Bader*, in: Bader § 166 Rn. 3; *P. Wysk*, in: Wysk § 166 Rn. 18.

76   VGH Mannheim NVwZ-RR 2001, 802; a.A. VGH Kassel NVwZ-RR 1990, 223, 224; LSG Schleswig JurBüro 2012, 314.

77   *W. Dürbeck/Y. Gottschalk*, Prozess- und Verfahrenskostenhilfe, Beratungshilfe, Rn. 1135.

78   Nach OVG Brem NJW-RR 2013, 1344 ist auch bei fehlender Erfolgsaussicht in der Hauptsache PKH für den gerichtlichen Vergleich zu gewähren.

79   BVerfG 1.7.2009 – 1 BvR 560/08, BeckRS 2009, 36271.

80   BVerfG DVBl 2001, 1748, 1749; NJW-RR 2002, 1069; NJW 2003, 1857, 1858; NJW-RR 2004, 61; BVerfG NJW 2013, 1727, 1728.

81   BGH NJW 1994, 1160, 1161; OVG Greifswald NVwZ-RR 2006, 509, 510; VGH Kassel NVwZ-RR 1991, 160.

82   VGH Mannheim VBlBW 1989, 96; VGH München NJW 2005, 1677. S.a. *B. Unger*, DVBl 2015, 1425, 1428 ff., der bloße Zweifel an der Richtigkeit der behördlichen Entscheidung als Kriterium ansieht, was jedoch im Falle einer unterlassenen behördlichen Entscheidung nicht praktikabel ist.

83   BVerwG 5.1.1994 Buchholz 310 § 166 VwGO Nr. 33; VGH Mannheim NVwZ-RR 1998, 1098; OVG Münster NVwZ-RR 2010, 742, 743.

Sache selbst, nicht auf ein darüber hinaus verfolgtes (Fern-)Ziel an.[84] Hinreichende Aussicht auf Erfolg in der Sache selbst besteht dann nicht, wenn zwar Aussicht auf Erfolg im Berufungszulassungsverfahren oder im Verfahren der Nichtzulassungsbeschwerde besteht, nicht jedoch in der Berufung oder Revision (BVerfG NJW 1997, 2745 f.; NVwZ 2005, 1418; → Rn. 73 f.).

Bietet der Sachstand für eine weitere Sachaufklärung keinen Anlass und lassen sich aus ihm die gebo-   65
tenen rechtlichen Folgerungen ohne große Schwierigkeiten zulasten des Antragstellers ziehen, bietet
seine beabsichtigte Rechtsverfolgung keine hinreichende Aussicht auf Erfolg.

b) Schwierige Rechtsfragen. Ein Rechtsschutzbegehren hat in aller Regel hinreichende Aussicht auf   66
Erfolg, wenn die Entscheidung in der Hauptsache von der Beantwortung einer schwierigen, bislang
ungeklärten Rechtsfrage abhängt, die in vertretbarer Weise so oder auch anders beantwortet werden
kann.[85] Will das Gericht zulasten des Antragstellers von höchstrichterlicher Rspr. und einer h.M. in
der Lit. abweichen, kann es die Erfolgsaussichten der beabsichtigten Rechtsverfolgung nicht verneinen, selbst wenn für seine Auffassung gute Gründe streiten (BVerfG NJW-RR 2005, 500).[86]

Welche Fragen entscheidungserheblich sind, ist aus der Sicht des Gerichts zu beurteilen, das über die   67
Bewilligung von PKH zu entscheiden hat. Hat die Vorinstanz ein zulassungsbedürftiges Rechtsmittel
zugelassen, weil die Rechtssache grundsätzliche Bedeutung hat (§ 124 a Abs. 1 S. 1, § 124 Abs. 2 Nr. 3;
§ 132 Abs. 1 und Abs. 2 Nr. 1), ist das Rechtsmittelgericht zwar an diese Zulassung gebunden (§ 124 a
Abs. 1 S. 2; § 132 Abs. 3). Es kann aber mangels hinreichender Aussicht auf Erfolg PKH versagen,
wenn es abweichend von der Beurteilung der Vorinstanz der Auffassung ist, der Ausgang des Rechtsmittelverfahrens werde nicht von der Klärung einer grds. bedeutsamen Rechtsfrage abhängen (vgl.
BGH MDR 2003, 109; BFH BFH/NV 2002, 692, 694). Hat umgekehrt das Rechtsmittelgericht das
Rechtsmittel selbst wegen grundsätzlicher Bedeutung zugelassen, hat es damit zu erkennen gegeben,
dass es die Aussichten des Rechtsmittels zumindest für offen hält (BVerfG NJW 2003, 3190; vgl. auch
OVG Brem NJW 2011, 1018).

PKH braucht hingegen nicht schon dann gewährt zu werden, wenn die entscheidungserhebliche   68
Rechtsfrage zwar noch nicht höchstrichterlich geklärt ist, ihre Beantwortung aber mit Blick auf die
einschlägige gesetzliche Regelung oder auf die Auslegungshilfen der hierzu bereits ergangenen Rspr.
keine Schwierigkeiten bereitet (BVerfG FamRZ 2017, 2031, 2032). Erst recht braucht PKH nicht gewährt zu werden, wenn die entscheidungserhebliche Rechtsfrage höchstrichterlich geklärt, nicht umstritten und auch sonst nicht schwierig zu beantworten ist (BVerfG NJW 2005, 1567; NJW 2013,
1727, 1728).

In Asylstreitigkeiten stehen den schwierigen, bislang ungeklärten Rechtsfragen schwierige, noch nicht   69
abschließend entschiedene Tatsachenfragen gleich, welche die Verhältnisse im Heimatland des Asylsuchenden betreffen (VGH Kassel NVwZ-RR 1991, 160).

c) Erforderlichkeit einer Beweisaufnahme. Eine Rechtsverfolgung hat regelmäßig hinreichende Aus-   70
sicht auf Erfolg, wenn zur Klärung des Sachverhalts eine Beweisaufnahme erforderlich oder doch
ernsthaft in Betracht zu ziehen ist.[87] In Asylrechtsstreitigkeiten gilt dies entsprechend, wenn eine persönliche Anhörung des Asylsuchenden geboten erscheint, um entscheidungserhebliche Fragen aufzuklären (VGH Kassel NVwZ-RR 1991, 160; OVG Koblenz NVwZ-RR 1990, 384).

---

84 Unrichtig deshalb VGH Kassel, NVwZ-RR 2006, 508: In Verfahren um Zulassung zum Studium außerhalb der festgesetzten Kapazität wegen „verschwiegener Studienplätze" kommt es, falls über die festgesetzte Kapazität hinaus Studienplätze zu vergeben sind, zu einer Verlosung dieser Studienplätze unter allen Klägern. Für die Erfolgsaussichten der
Klage kommt es nicht darauf an, wie groß die Chance ist, bei der Verlosung einen Studienplatz zu erhalten, sondern
nur darauf, ob auf die Klage die beklagte Universität zur Verlosung verschwiegener Studienplätze verpflichtet werden
wird.
85 BVerfGE 81, 347, 358 f.; BVerfG NJW 2000, 2098; FamRZ 2002, 665; NJW 2003, 576; FamRZ 2004, 1013; NJW-
RR 2005, 500; NVwZ 2006, 1156; NVwZ-RR 2007, 352; NJW 2010, 1657; NJW 2013, 1727, 1728; FamRZ 2017,
2031, 2032.
86 *A. Henke,* ZZP 123 (2010), 193, 205.
87 BVerfG NJW-RR 2003, 1216; NJW-RR 2004, 933; NJW-RR 2005, 140, 141; NJW 2013, 1727, 1728; BFH NJW-
RR 2000, 1373, 1374; OVG Greifswald NVwZ-RR 2006, 509, 510; OVG Koblenz NVwZ 1991, 595, 596; VGH
München NJW 2005, 1677; OVG Saarlouis NJW 2006, 2202. Hierzu *R. Zuck,* NJW 2012, 37, 38.

71   In eng begrenztem Rahmen ist eine vorweggenommene Beweiswürdigung zulässig.[88] Das Ergebnis der Beweiserhebung muss aufgrund der bereits vorliegenden Umstände sicher vorausbeurteilt werden können (VGH Kassel NVwZ-RR 1991, 160). Es müssen Anhaltspunkte dafür vorliegen, dass die Beweisaufnahme mit großer Wahrscheinlichkeit zum Nachteil des Antragstellers ausgehen wird (OVG Greifswald NVwZ-RR 1996, 621). Es muss sich um konkrete und nachvollziehbare Anhaltspunkte handeln (BVerfG NJW-RR 2002, 1069; NJW-RR 2003, 1216).

72   **d) Bezugspunkt der Beurteilung.** PKH kann für einen einheitlichen Rechtszug nur insgesamt bewilligt werden. Ob die Rechtsverfolgung hinreichende Aussicht auf Erfolg bietet, hängt von den Erfolgsaussichten des gesamten Rechtszuges ab (VGH Mannheim DVBl 1999, 108; OVG Weimar NVwZ-RR 1998, 867).

73   **aa) Zulassungsverfahren.** Einen einheitlichen Rechtszug bilden das Verfahren auf Zulassung der Berufung und das anschließende Berufungsverfahren (VGH Kassel NVwZ-RR 2000, 119) sowie das Verfahren der Nichtzulassungsbeschwerde und das anschließende Revisionsverfahren (BVerwG NVwZ-RR 1995, 545). Bietet der Zulassungsantrag bereits für sich keine hinreichende Aussicht auf Erfolg, weil ein Zulassungsgrund nicht erkennbar ist, ist PKH schon aus diesem Grund abzulehnen. Andernfalls sind in einem zweiten Schritt die Erfolgsaussichten des zuzulassenden Rechtsmittels in den Blick zu nehmen. Auch der bemittelte Beteiligte würde keine Kosten für ein Zulassungsverfahren aufwenden, wenn er mit dem zuzulassenden Rechtsmittel erkennbar erfolglos bleiben wird. PKH ist zu versagen, wenn zwar ein Zulassungsgrund erkennbar gegeben ist, dem (zuzulassenden) Rechtsmittel jedoch die hinreichende Aussicht auf Erfolg fehlt, weil sich die angefochtene Entscheidung offensichtlich im Ergebnis aus anderen Gründen als richtig erweist (VGH Mannheim DVBl 1999, 108; OVG Weimar NVwZ-RR 1998, 867). Dies ist verfassungsrechtlich unbedenklich (BVerfG NJW 1997, 2745 f.; NVwZ 2005, 1418).

74   **bb) Zurückverweisung.** Zeichnet sich für ein Rechtsmittel ein Erfolg nur i.S. einer Zurückverweisung an die Vorinstanz ab, etwa wegen eines dort unterlaufenen Verfahrensfehlers, ist PKH zu versagen, wenn für das Rechtsmittelgericht erkennbar ist, dass nach einer Zurückverweisung in die Vorinstanz ein anderes materielles Ergebnis unwahrscheinlich ist.[89] Auch ein bemittelter Beteiligter, der seine Prozessaussichten vernünftig wägt, nähme von einem Rechtsmittel Abstand, das ihm zwar einen verfahrensrechtlichen Erfolg in Form einer Zurückverweisung, aber erkennbar am Ende keinen Erfolg in der Sache bringt.

75   **cc) Untätigkeitsklage.** Bei einer Untätigkeitsklage kommt es darauf an, ob die Klage in der Sache voraussichtlich Erfolg haben wird. Dagegen reicht nicht, dass die Voraussetzungen des § 75 für eine zulässige Untätigkeitsklage vorliegen und § 161 Abs. 3 der beklagten Behörde das Kostenrisiko auferlegt (a.A. OVG Münster AnwBl 1993, 402. S. hierzu: OVG Bln-Bbg 27.7.2017 – 3 M 92/17).

76   **e) Teilweise Erfolgsaussichten.** Hat das Begehren nur zu einem Teil hinreichende Aussicht auf Erfolg, ist PKH für den erfolgversprechenden Teil zu bewilligen (OVG Lüneburg NVwZ-RR 1998, 144; s.a. OLG Naumburg NJW-RR 2015, 1210, 1212).

77   **f) Maßgeblicher Zeitpunkt.** Ob die Rechtsverfolgung hinreichende Aussicht auf Erfolg bietet, beurteilt sich nach dem Zeitpunkt, zu dem das PKH-Gesuch Entscheidungsreife[90] erlangt hat, nicht aber nach dem Zeitpunkt der gerichtlichen Entscheidung.[91] Änderungen in der Beurteilung der Erfolgsaussichten, die nach der Bewilligungsreife des Prozesskostenhilfeantrags eintreten, sollen nach der Rspr.

---

88 BVerfG NJW-RR 2004, 61; NJW 2010, 288; OVG Saarlouis NJW 2006, 2202; OLG Jena MDR 2010, 1344; OLG München MDR 2010, 1342.

89 BVerfG NJW 1997, 2745; BGH Rpfleger 2003, 604; NJW-RR 2003, 1648, 1649.

90 Zur Entscheidungsreife: BVerwG HFR 2009, 933; OVG Lüneburg 7.2.2014 – 2 PA 11/14, BeckRS 2014, 47655; OVG Bln NVwZ-RR 1998, 650; OVG Koblenz NVwZ-RR 1994, 123, 124; VGH Mannheim VBlBW 1991, 470, 471; OVG Magdeburg NVwZ-RR 2010, 702.

91 BVerfG NJW 2003, 3190, 3191; OVG Bautzen SächsVBl 2005, 89; OVG Brem NVwZ-RR 2003, 389; HmbOVG FamRZ 2005, 464; OVG Koblenz NVwZ 1991, 595; VGH Mannheim VBlBW 2004, 385; VGH München NJW 2005, 1677; BGH NJW 2012, 1964, 1966; T. Linke, NVwZ 2003, 421, 423; der Sache nach wohl ebenso OVG Greifswald NVwZ-RR 1996, 621, 622; OVG Weimar DVBl 1998, 488, 489; a.A. OVG Koblenz NVwZ-RR 1990, 384; NVwZ-RR 1994, 123; OVG Lüneburg DÖV 2005, 34; VGH Mannheim VBlBW 1987, 296, 297; VGH München BayVBl 1988, 93; offen gelassen von BVerwG HFR 2009, 933.

des BVerfG grds. nicht mehr zulasten des Rechtsschutzsuchenden berücksichtigt werden können (BVerfG 4.10.2017 – 2 BvR 496/17, juris Rn. 14 m.w.N.). Die Entscheidungsreife tritt regelmäßig erst nach Vorlage der vollständigen Prozesskostenhilfeunterlagen sowie nach einer Anhörung der Gegenseite mit angemessener Frist zur Stellungnahme ein (BVerwG HFR 2009, 933; OVG Lüneburg 27.6.2017 – 13 PA 252/16, juris Rn. 4; 7.2.2014 – 2 PA 11/14, BeckRS 2014, 47655). Eine Ausnahme gilt, wenn sich nach Antragstellung die Sach- und Rechtslage zugunsten des Antragstellers ändert und seine Rechtsverfolgung erst infolge dieser Änderung Erfolg verspricht (OVG Bln NVwZ-RR 2008, 287). Der maßgebliche Zeitpunkt für die Beurteilung der Erfolgsaussicht kann sich von dem maßgeblichen Zeitpunkt für die Beurteilung der Mittellosigkeit unterscheiden (→ Rn. 132).

Ist das PKH-Gesuch entscheidungsreif, hat das Gericht über die Bewilligung von PKH alsbald zu ent- 78 scheiden (→ Rn. 36). Dem widerspräche es, der Prüfung der Erfolgsaussicht einen späteren Kenntnisstand zugrunde zu legen, etwa nach einer Beweisaufnahme und mündlicher Verhandlung oder nach intensiver Rechtsprüfung oder nach der Entscheidung in einem Parallelverfahren.[92] Das ließe sich auch nicht mit der Wertung des § 124 Abs. 1 ZPO vereinbaren. Aus ihm ergibt sich, dass das Gericht die PKH nicht mit Blick auf die sich wandelnden Erfolgsaussichten unter Kontrolle zu halten hat und seinem wachsenden Erkenntnisfortschritt anpassen dürfte.

nicht besetzt 79

Für die Beurteilung der hinreichenden Erfolgsaussichten müssen danach die Erkenntnisse unberück- 80 sichtigt bleiben, die das Gericht aus einer Beweisaufnahme gewonnen hat, die nach Entscheidungsreife des Antrags, aber vor dessen Bescheidung stattgefunden hat (BVerfG FamRZ 2005, 1893; OVG Lüneburg 27.6.2017 – 13 PA 252/16, juris Rn. 3). Die Notwendigkeit einer Beweisaufnahme zeigt vielmehr, dass die beabsichtigte Rechtsverfolgung im maßgeblichen Zeitpunkt hinreichende Aussicht auf Erfolg hatte. Unberücksichtigt bleiben muss eine höchstrichterliche Entscheidung, die eine bis dahin ungeklärte Rechtsfrage beantwortet.[93] Im maßgeblichen Zeitpunkt hatte die beabsichtigte Rechtsverfolgung wegen der damals noch ungeklärten Rechtslage hinreichende Aussicht auf Erfolg.

Auch das Beschwerdegericht hat die Erfolgsaussichten nach der Sach- und Rechtslage zu beurteilen, 81 die bei Eintritt der Entscheidungsreife des PKH-Gesuchs bestand. Im Beschwerdeverfahren muss unberücksichtigt bleiben, dass die Hauptsache inzwischen in erster Instanz rechtskräftig zulasten des Antragstellers abgeschlossen ist.[94] Der Maßstab im PKH-Verfahren ist ein anderer als im Hauptsacheverfahren. Beurteilt das Beschwerdegericht im PKH-Verfahren die Erfolgsaussichten abweichend von der inzwischen ergangenen Entscheidung im Hauptsacheverfahren, leugnet es damit die Bindungswirkung jener Entscheidung nicht.

g) Höherer Rechtszug. Gem. § 119 Abs. 1 S. 2 ZPO ist in einem höheren Rechtszug nicht zu prüfen, 82 ob die Rechtsverfolgung hinreichende Aussicht auf Erfolg bietet, wenn der Gegner das Rechtsmittel eingelegt hat. Gegner kann auch der VöI sein. Dem liegt der Gedanke zugrunde, dass mit dem vorherigen Obsiegen hinreichende Erfolgsaussichten auch für die nächste Instanz bestehen, was eine weitergehende Prüfung entbehrlich macht (BVerfGE 71, 122, 132; BVerfG NJW 2010, 987 f.).

aa) Begünstigte Beteiligte. § 119 Abs. 1 S. 2 ZPO kommt nicht nur dem Hauptbeteiligten zugute, der 83 in der Vorinstanz obsiegt hat, sondern auch einem Beigeladenen, unabhängig davon, ob er in der Vorinstanz erfolgreich einen Antrag gestellt hat. Es kommt nur darauf an, ob das angefochtene Urteil in der Sache (auch) zu seinen Gunsten ergangen ist.

nicht besetzt 84

nicht besetzt 85

§ 119 Abs. 1 S. 2 ZPO lässt sich nicht auf das Verhältnis des Verwaltungsverfahrens zum nachfolgen- 86 den Klageverfahren übertragen. Ist im Verwaltungsverfahren ein Verwaltungsakt zugunsten eines spä-

---

92 BVerfG NJW 2005, 3489, 3490; NJW 2003, 3190, 3191; OVG Greifswald NVwZ-RR 2006, 509, 510.
93 VGH München BayVBl 2002, 348, 349 (allerdings mit der Einschränkung, dass das Gericht eine für die nächste Zeit zu erwartende höchstrichterliche Entscheidung soll abwarten und berücksichtigen dürfen); a.A. BGH Rpfleger 1982, 196, 197; *E. Schneider*, Rpfleger 1985, 430, 431.
94 So aber: BFH BFH/NV 2001, 1132; OVG Koblenz NVwZ-RR 1994, 123; VGH Mannheim VBlBW 1987, 296, 297; mit wenig einleuchtender Differenzierung: *P. Blümler*, MDR 1983, 96, 100; hiergegen zutr. *E. Schneider*, Rpfleger 1985, 430, 433.

teren Beigeladenen ergangen, der von einem Dritten mit der Klage angefochten wird, erhält der Beigeladene in erster Instanz PKH nur nach Prüfung der Erfolgsaussichten seiner Rechtsverteidigung (OVG
Brem JurBüro 1988, 1061).

87   **bb) Ausnahmen.**   Von § 119 Abs. 1 S. 2 ZPO werden Ausnahmen zugelassen.[95] Die Vermutung des
§ 119 Abs. 1 S. 2 ZPO soll entfallen, wenn sich die Sach- und Rechtslage, auf der die angefochtene
Entscheidung beruht, wesentlich zuungunsten des Antragstellers geändert hat.[96] Das kann aber nur
für Änderungen gelten, die als solche und in ihrer Auswirkung für die Beurteilung der Erfolgsaussichten auf der Hand liegen. Lässt sich mit guten Gründen darüber streiten, ob eine wesentliche Änderung
der entscheidungserheblichen Umstände eingetreten ist (→ Rn. 66 ff.), bleibt es bei der Vermutungsregel des § 119 Abs. 1 S. 2 ZPO.

88   Eine weitere Ausnahme soll dann gelten, wenn es sich bei der angefochtenen Entscheidung um eine
offensichtliche Fehlentscheidung handele (OLG Brandenburg NJW-RR 2009, 150). Von dieser Ausnahme ist, sofern sie überhaupt anzuerkennen ist, äußerst zurückhaltend Gebrauch zu machen, auch
zur Entlastung der Rechtsmittelinstanz. Diese kann nicht unter dem Stichwort „offensichtliche Unrichtigkeit" im PKH-Verfahren in eine eingehende Überprüfung der angefochtenen Entscheidung eintreten und zu der schwierigen Grenzziehung zwischen zweifelhaften, unrichtigen und offensichtlich
unrichtigen Entscheidungen gezwungen sein.

89   Eine Ausnahme wird schließlich zugelassen, wenn der Antragsteller die ihm günstige, aber unrichtige
Entscheidung der Vorinstanz in vorwerfbarer Weise herbeigeführt hat (OLG Karlsruhe FamRZ 1999,
726, 728).

90   **2. Fehlende Mutwilligkeit.**   Die beabsichtigte Rechtsverfolgung darf nicht mutwillig erscheinen. Nicht
mutwillig ist sie, wenn ein verständiger, sachgerecht handelnder Beteiligter, der für die Kosten seiner
Prozessführung selbst einstehen muss, in einem gleichgelagerten Fall in gleicher Weise vorginge (OVG
Münster DÖV 1993, 81). § 114 Abs. 2 ZPO enthält i.d.F. des Gesetzes zur Änderung des Prozesskos-
tenhilfe- und Beratungshilferechts (→ Rn. 4 a ff.) eine gesetzliche Definition der Mutwilligkeit, die in
dieselbe Richtung zielt. Danach ist eine Rechtsverfolgung oder Rechtsverteidigung mutwillig, wenn
eine Partei, die keine PKH beansprucht, bei verständiger Würdigung aller Umstände von der Rechtsverfolgung oder Rechtsverteidigung absehen würde, obwohl eine hinreichende Aussicht auf Erfolg besteht. Gedacht ist dabei vor allem an Fälle, in denen von vornherein keine oder eine nur äußerst geringe Aussicht besteht, einen erstrittenen Titel auch vollstrecken zu können.[97] Diese Fallgruppe spielt im
Verwaltungsprozess keine Rolle, weil Gegner in der Regel eine Behörde ist. Die Definition der Mutwilligkeit in § 114 Abs. 2 ZPO (→ Rn. 4 e) bringt gegenüber der bisherigen Rechtslage keinen Zuge-
winn an Rechtsklarheit.

91   Im Verwaltungsprozess kommt der Voraussetzung fehlenden Mutwillens keine große praktische Bedeutung zu. In der Regel wird der Kläger um PKH nachsuchen. In den denkbaren Fällen mutwilligen
Prozessierens wird zumeist das Rechtsschutzinteresse fehlen. Die beabsichtigte Rechtsverfolgung hat
keine hinreichende Aussicht auf Erfolg.

92   Eine selbständige Bedeutung kommt dem Erfordernis fehlenden Mutwillens zu, wenn der Antragsteller eine kostengünstigere Gestaltung seiner Rechtsverfolgung hätte wählen können.[98] Die nachgesuchte PKH kann in diesen Fällen regelmäßig nicht vollständig versagt, jedoch nur bis zur Höhe der Kosten bewilligt werden, die bei der kostengünstigeren Gestaltung des Verfahrens entstanden wären.[99]
Hat ein Rechtsmittel hinreichende Aussicht auf Erfolg nur aufgrund neuen Vorbringens, das der Antragsteller schon in der Vorinstanz hätte geltend machen können, ist die Rechtsverfolgung in der höheren Instanz unnötig kostspielig und deshalb mutwillig. Bei sorgfältiger Prozessführung hätte die Inan-

---

95   Zu den verfassungsrechtlichen Grenzen solcher Ausnahmen: BVerfGE 71, 122; BVerfG NJW 2005, 409; NJW 2010,
     987.
96   BGHZ 36, 280, 281; BGH FamRZ 1989, 265, 266; OVG Weimar DVBl 1998, 488, 489; OLG Koblenz
     Rpfleger 2004, 54.
97   Hierzu OVG Bln-Bbg 27.7.2017 – 3 M 92/17, juris Rn. 2–4 (Mutwilligkeit i.E. verneint). Vgl. *M. Timme*, NJW 2013,
     3057; *R. Zuck*, NJW 2012, 37, 38.
98   OVG Münster DÖV 1993, 81: Erhebung getrennter Asylklagen von Familienangehörigen. Abw. Wertung von VG
     München 3.2.2003 – M 27 K 02.50923, M 27 K 02.50924, BeckRS 2003, 30673.
99   Nach OLG Hamburg FamRZ 1998, 1178 ist eine solche Teilablehnung nicht möglich.

spruchnahme der zweiten Instanz vermieden werden können.[100] Dasselbe gilt, wenn das neue Vorbringen schon im Verwaltungsverfahren hätte geltend gemacht werden können und sich dadurch eine Klage hätte vermeiden lassen (OVG Bln NJW 2012, 249; a.A BFH NJW-RR 2000, 1373).

3. Mittellosigkeit. PKH erhält nur, wer die Kosten der Prozessführung nach seinen persönlichen und **93** wirtschaftlichen Verhältnissen nicht selbst aufbringen kann. Die wirtschaftlichen Verhältnisse werden durch das Einkommen und das Vermögen des Antragsstellers bestimmt, § 115 Abs. 1 S. 1, Abs. 3 S. 1 ZPO. Nach seinen persönlichen Verhältnissen richtet sich, inwieweit vorhandenes Einkommen und Vermögen zur Bestreitung der Prozesskosten zur Verfügung steht oder aber bspw. für die Bestreitung des Lebensunterhalts eingesetzt werden muss.

Betreibt der Antragsteller ein Gewerbe und betrifft der Rechtsstreit seinen Gewerbebetrieb, kann er **93a** ausnahmsweise auf eine Kreditaufnahme verwiesen werden, wenn diese im Rahmen eines ordnungsgemäßen kaufmännischen Geschäftsbetriebes möglich ist (BGH NJW-RR 2007, 379). Streitig ist hingegen, ob die Gewährung von PKH an Gewerbetreibende davon abhängig gemacht werden darf, ob sie in der Vergangenheit generell in der Lage waren, Rücklagen für Rechtsstreitigkeiten ohne konkreten Anlass zu bilden (OLG Celle MDR 2007, 421; zur juristischen Person → Rn. 53).

a) Einzusetzendes Einkommen. Zunächst ist das gesamte Einkommen des Antragstellers zu ermit- **94** teln.[101] Auszugehen ist von dem Bruttobetrag aller seiner Einkünfte. Nicht hingegen sind Einkünfte seines Ehegatten und anderer in seinem Haushalt lebender Personen („Familieneinkommen") zu berücksichtigen (OLG Koblenz FamRZ 2001, 925), ebenso wenig das Einkommen des Partners einer eheähnlichen Gemeinschaft (OLG Karlsruhe JurBüro 2004, 382). Bei minderjährigen Antragstellern kommt es auf deren Einkommen an, nicht auf dasjenige ihrer gesetzlichen Vertreter; sie können jedoch gegen diese einen Anspruch auf einen familienrechtlichen Prozesskostenvorschuss haben, der zu ihrem einzusetzenden Vermögen gehört (→ Rn. 128 f.). Von dem Gesamtbetrag der Einkünfte sind bestimmte Belastungen abzuziehen (§ 115 Abs. 1 S. 3 ZPO).[102] Zunächst sind dies Steuern (etwa Einkommen-, Lohn-, Kirchen- und Gewerbesteuer)[103] und pflichtige Sozialabgaben (z.B. Renten-, Kranken- und Pflegeversicherung), § 115 Abs. 1 S. 3 Nr. 1a ZPO i.V.m. § 82 Abs. 2 S. 1 Nr. 1 und 2 SGB XII. Weiterhin sind abzuziehen Vorsorgeaufwendungen einschließlich der nach § 82 EStG geförderten Altersvorsorgebeiträge („Riester-Rente") sowie Werbungskosten (§ 82 Abs. 2 S. 1 Nr. 3 und 4 SGB XII; → Rn. 106 ff.). Ist ein Antragsteller erwerbstätig, ist ferner ein Mehrbedarf für Erwerbstätige als Belastung abzuziehen (§ 115 Abs. 1 S. 3 Nr. 1 b ZPO). Dieser Betrag gilt die erhöhten privaten Bedürfnisse ab, die durch die Erwerbstätigkeit bedingt sind.

Die Bestreitung der Prozesskosten darf das Existenzminimum des Antragstellers nicht gefährden **95** (BVerfGE 78, 104). Um dies sicherzustellen, sind bestimmte Freibeträge für den Lebensunterhalt des Antragstellers, seines Ehegatten oder Lebenspartners und der Personen abzuziehen, denen der Antragsteller gesetzlich zum Unterhalt verpflichtet ist (§ 115 Abs. 1 S. 3 Nr. 2 ZPO; → Rn. 110 ff.). Lebenspartner sind solche i.S.d. § 1 LPartG.

Ausgangspunkt ist der höchste Regelsatz der laufenden Hilfe zum Lebensunterhalt, der für den allein- **96** stehenden oder alleinerziehenden Leistungsberechtigten gemäß der Regelbedarfsstufe 1 nach der Anlage zu § 28 SGB XII festgesetzt oder fortgeschrieben worden ist. Diesen Regelsatz hat der Gesetzgeber um einen Zuschlag von 10 v.H. für die einmaligen Leistungen der Hilfe zum Lebensunterhalt erhöht. Sie berücksichtigen einen zusätzlichen Grundbedarf, der durch den Regelsatz nicht gedeckt ist.

Für den Ehegatten oder Lebenspartner des Antragstellers ist derselbe Freibetrag anzusetzen wie für **97** ihn selbst.[104] Für unterhaltsberechtigte Kinder und andere unterhaltsberechtigte Personen ist ein Freibetrag i.H. des ebenfalls um 10 v.H. erhöhten höchsten Regelsatzes abzuziehen, der für eine Person ihres Alters gemäß den Regelbedarfsstufen 3–6 nach der Anlage zu § 28 SGB XII festgesetzt oder fortgeschrieben worden ist.

Die sich daraus ergebenden Freibeträge nehmen an der regelmäßigen Neufestsetzung bzw. Fortschrei- **97a** bung der Regelsätze nach §§ 28, 28 a SGB XII automatisch teil. Das Bundesministerium der Justiz und

---

100 OLG Bamberg FamRZ 2000, 1024; OLG Frankfurt MDR 2002, 843; OLG Karlsruhe FamRZ 1999, 726, 727.
101 Hierzu *U. Brinkmann*, JurBüro 2003, 344; *I. M. Groß*, BerH/PKH/VKH, § 115 ZPO Rn. 8 ff.
102 Hierzu *U. Brinkmann*, JurBüro 2004, 5; *I. M. Groß*, BerH/PKH/VKH, § 115 ZPO Rn. 32 ff.
103 Vgl. *I. M. Groß*, BerH/PKH/VKH, § 115 ZPO Rn. 34.
104 Zu Problemen bei der Berechnung: *M. Nickel*, NJW 2017, 868.

für Verbraucherschutz gibt die Höhe der jeweils geltenden Freibeträge im Bundesgesetzblatt bekannt.[105]

98   Zum Lebensbedarf gehören die Kosten der Unterkunft und der Heizung, § 115 Abs. 1 S. 3 Nr. 3 ZPO (→ Rn. 112 f.). Sie sind in voller Höhe der tatsächlich entstehenden Kosten von dem Gesamtbetrag der Einkünfte abzuziehen, es sei denn, sie stünden in einem auffälligen Missverhältnis zu den Lebensverhältnissen des Antragstellers (§ 115 Abs. 1 S. 3 Nr. 3 ZPO). In diesem Fall können die Kosten von Unterkunft und Heizung nur in Höhe eines angemessenen Betrages berücksichtigt werden (hierzu OLG Brandenburg FamRZ 2001, 1085). Die Kosten der Unterkunft sollen nur dann nicht in voller Höhe berücksichtigt werden, wenn sie sich aus den Gegebenheiten des Wohnungsmarktes und den Besonderheiten des Einzelfalles nicht begründen lassen, der Aufwand des Antragstellers für seine Wohnung vielmehr als offensichtlicher Luxus erscheint (Begründung des Gesetzentwurfs BT-Drs. 12/6963, 8).

98a   Vom Einkommen sind aufgrund von § 115 Abs. 1 S. 3 Nr. 4 ZPO i.d.F. des Gesetzes zur Änderung des Prozesskostenhilfe- und Beratungshilferechts (→ Rn. 4 a ff.) bestimmte Mehrbedarfe abzusetzen, nämlich ein Mehrbedarf für werdende Mütter (§ 21 Abs. 2 SGB II), für Alleinerziehende (§ 21 Abs. 3 SGB II),[106] für erwerbsfähige Behinderte, denen Leistungen zur Teilhabe am Arbeitsleben sowie sonstige Hilfen zur Erlangung eines geeigneten Platzes im Arbeitsleben oder Eingliederungshilfen erbracht werden (§ 21 Abs. 4 SGB II), für Personen, die aus medizinischen Gründen einer kostenaufwändigen Ernährung bedürfen (§ 21 Abs. 5 SGB II), für Personen im Rentenalter (§ 30 Abs. 1 Nr. 1 SGB XII) sowie für bestimmte voll erwerbsgeminderte Personen (§ 30 Abs. 1 Nr. 2 SGB XII). Soweit diese Mehrbedarfe als staatliche Leistung nach § 21 SGB II oder nach § 30 SGB XII erbracht werden, sind sie zunächst als Einkommen zu behandeln und sodann nach § 115 Abs. 1 S. 3 Nr. 4 ZPO pauschal wieder abzuziehen. Sie bleiben dem Empfänger dadurch ungeschmälert erhalten. Bestreitet der Antragsteller hingegen seinen Lebensunterhalt aus eigenem Einkommen, so kann er den Freibetrag nach § 115 Abs. 1 S. 3 Nr. 4 ZPO (etwa als Alleinerziehender) in Anspruch nehmen, wenn er die sozialrechtlichen Tatbestandsvoraussetzungen des jeweiligen Mehrbedarfs (also etwa seine Eigenschaft als Alleinerziehender) darlegt und glaubhaft macht (vgl. die Begründung des Regierungsentwurfs BT-Drs. 17/11472, 30).

99   Schließlich können von dem Gesamtbetrag der Einkünfte weitere Beträge abgezogen werden, soweit dies mit Rücksicht auf besondere Belastungen angemessen ist (§ 115 Abs. 1 S. 3 Nr. 5 ZPO; → Rn. 114). Die Vorschrift ermöglicht dem Gericht, Härten zu mildern und den individuellen Verhältnissen des Einzelfalles Rechnung zu tragen. Durch den Verweis auf § 1610 a BGB wird ein behinderungsbedingter Mehrbedarf ohne konkreten Nachweis als besondere Belastung anerkannt (Begründung des Gesetzentwurfs BT-Drs. 12/6963, 13, damals noch zu Nr. 4).

100   Was nach diesen Abzügen von dem Gesamtbetrag der Einkünfte als Einkommen übrig bleibt, ist das einzusetzende Einkommen. Von dem einzusetzenden Einkommen sind Monatsraten in Höhe der Hälfte des einzusetzenden monatlichen Einkommens zu erbringen (§ 115 Abs. 2 S. 1 ZPO). Ergibt sich dabei eine Monatsrate von weniger als 10 €, ist PKH ohne Ratenzahlungen zu bewilligen (§ 115 Abs. 2 S. 2 ZPO). Bei einem einzusetzenden Einkommen von mehr als 600 € im Monat beträgt die Monatsrate 300 € zuzüglich des Teils des einzusetzenden Einkommens, der 600 € übersteigt (§ 115 Abs. 2 S. 3 ZPO).

101   Hat der Antragsteller aus seinem einzusetzenden Einkommen Raten aufzubringen, sind in einem weiteren Schritt die voraussichtlichen Kosten der Prozessführung zu ermitteln, und zwar die Kosten des Rechtszuges, für den PKH beantragt ist. Unberücksichtigt bleiben die außergerichtlichen Kosten des Prozessgegners. Sie werden nicht aus Mitteln der PKH gedeckt. Die voraussichtlichen Kosten der Prozessführung sind durch den Betrag einer Monatsrate zu teilen. Ergeben sich danach vier oder weniger Monatsraten, ist PKH zu versagen (§ 115 Abs. 4 ZPO).[107] Umgekehrt hat der Antragsteller nicht mehr als 48 Monatsraten aufzubringen (§ 115 Abs. 2 S. 4 ZPO); für die dann noch ungedeckten Prozesskosten ist die PKH ratenfrei zu gewähren. Die Zahl von 48 Monatsraten ist die Höchstgrenze für

---

105 Derzeit Bekanntmachung zu § 115 der Zivilprozessordnung (Prozesskostenhilfebekanntmachung 2018 – PKHB 2018) v. 15.12.2017, BGBl I 4012.
106 Hierzu G. Christl, NJW 2016, 3687.
107 Hierzu B. Dölling, NJW 2016, 207.

die Prozessführung in allen Rechtszügen insgesamt, nicht für den einzelnen Rechtszug. Kann in einem höheren Rechtszug PKH nur in Form von Ratenzahlungen bewilligt werden, ist die Zahl der Raten zu berücksichtigen, die der Antragsteller bereits für die Prozesskosten erster Instanz aufzubringen hat.

b) Einzelheiten zum Einkommen. aa) Allgemeine Begriffsbestimmung. Zum Einkommen gehören al-   102
le Einkünfte in Geld oder Geldeswert (§ 115 Abs. 1 S. 2 ZPO). Während Vermögen die Mittel sind, die der Antragsteller in der Bedarfzeit bereits hat (→ Rn. 115 ff.), sind Einkommen die Mittel, die ihm erst in der Bedarfzeit zufließen. Dabei ist grds. vom tatsächlichen Zufluss auszugehen, es sei denn, rechtlich wird ein anderer Zufluss als maßgeblich bestimmt.[108]

bb) Beispiele. Einkommen sind insbes. Einkünfte aus selbständiger Arbeit, Lohn und Gehalt[109] ein-   103
schließlich Arbeitnehmer-Sparzulage, Weihnachts- und Urlaubsgeld (OLG Karlsruhe FamRZ 2004, 1651) sowie andere Nebenleistungen (zu Aufwandsentschädigungen OLG Karlsruhe FamRZ 2004, 645), Renten und Versorgungsbezüge, nicht aber hierzu gezahlte Kindererziehungsleistungen (LSG Bln FamRZ 1993, 343), Unterhaltsleistungen, auch in Form von Naturalunterhalt, der in Geld zu bewer-ten ist,[110] das Taschengeld eines Ehegatten (OLG Karlsruhe FamRZ 2005, 1182), Einnahmen aus Ver-mietung und Verpachtung, Zinserträge. Zum Einkommen gehören staatliche Leistungen wie Kinder-geld,[111] Eigenheimzulage (BVerwG DVBl 2004, 54), grds. auch Sozialleistungen (OLG Jena FamRZ 1999, 1673 für Blindengeld) wie Sozialhilfe (a.A. OLG Koblenz MDR 2007, 1446), Leistun-gen zur Sicherung des Lebensunterhalts nach dem SGB II (BGH FamRZ 2010, 1324), Mehrbedarfe, etwa für Alleinerziehende nach § 30 Abs. 3 SGB XII (KG FamRZ 2007, 915) oder nach § 21 Abs. 3 SGB II (BGH FamRZ 2010, 1324), Ausbildungsförderung, Arbeitslosengeld (BGH Rpfleger 2008, 263; OLG Brandenburg MDR 2009, 345), Leistungen der Grundsicherung für Arbeitssuchende nach SGB II (OLG Stuttgart FamRZ 2008, 1261), Erziehungskostenanteil im Pflegegeld für ein Pflegekind (OLG Karlsruhe FamRZ 2004, 645; OLG Nürnberg FamRZ 2010, 1361). Auch freiwillige Unterstüt-zungsleistungen Dritter, wenn sie regelmäßig und in nennenswertem Umfang gewährt werden, können Einkommen sein (OVG Bautzen NJW 2011, 3738).

cc) Sozialleistungen. Sozialleistungen sind vom Einkommen nur ausgenommen, wenn ihr Einsatz für   104
die PKH in den einschlägigen Leistungsgesetzen ausdrücklich ausgeschlossen ist. Der Gesetzgeber bringt diesen Ausschluss zumeist durch eine Regelung zum Ausdruck, nach der die betreffende Leis-tung als Einkommen bei Sozialleistungen, deren Gewährung von anderem Einkommen abhängig ist, unberücksichtigt bleibt (so z.B. in § 59 Abs. 2 SGB IX; → Rn. 109). Sozialleistung i.S. solcher Bestim-mungen ist auch die PKH.

dd) Unterlassener Erwerb. Die PKH als eine besondere Form der Sozialhilfe (→ Rn. 11 ff.) greift   105
nicht ein, soweit die offensichtliche Möglichkeit einer anderweitigen Selbsthilfe besteht. Der Bewilli-gung von PKH kann demnach entgegenstehen, wenn der Antragsteller es offenkundig leichtfertig un-terlässt, eine tatsächlich bestehende und zumutbare Erwerbsmöglichkeit zu nutzen, und ihm deshalb die Beseitigung seiner Bedürftigkeit ohne Weiteres möglich wäre. Der Antragsteller muss mit dem PKH-Antrag grds. nicht von sich aus darlegen, welche Erwerbsbemühungen er im Einzelnen unter-nommen hat. Vielmehr wird von einem offenkundig leichtfertigen Unterlassen eigener Erwerbsbemü-hungen in der Regel nicht ausgegangen werden können, wenn dem Antragsteller ungekürzte Leistun-gen nach dem SGB II oder dem SGB XII bewilligt worden sind (BGH NJW 2009, 3658).

c) Einzelheiten zu bestimmten abzusetzenden Beträgen. aa) Vorsorgeaufwendungen. Zu den Vorsor-   106
geaufwendungen nach § 115 Abs. 1 S. 3 Nr. 1a ZPO i.V.m. § 82 Abs. 2 S. 1 Nr. 3 SGB XII gehören Beiträge zur Pflegeversicherung, zu einer Sterbeversicherung, zur KFZ-Haftpflichtversicherung (ein-schränkend OVG Münster NVwZ-RR 2001, 244; a.A. OLG Brandenburg FamRZ 2009, 896), zu

---

108 So für das Sozialhilferecht: BVerwGE 108, 296; zu Steuererstattungen: OLG Nürnberg FamRZ 2006, 1132; zu einem Abfindungsbetrag für Ansprüche auf laufenden Unterhalt: OLG Nürnberg Rpfleger 2008, 265.
109 Zu Abfindungen nach §§ 9, 10 KSchG als Einkommen einerseits: BAG JurBüro 2006, 486 andererseits: OLG Karls-ruhe FamRZ 2002, 1196.
110 OLG Celle FamRZ 1993, 1334; zu Unterhalt, der als Darlehen gewährt wird: OLG Karlsruhe FamRZ 2002, 1195.
111 Einkommen des Kindergeldberechtigten, soweit es nicht nach § 82 Abs. 1 S. 2 SGB XII dem Kind als Einkommen zu-zurechnen ist, weil es bei diesem zur Deckung des notwendigen Lebensunterhalts benötigt wird: BGH NJW 2005, 2393; zum Stand der Rspr. ferner: *M. Nickel*, MDR 2009, 298. Zur Berechnung des notwendigen Lebensunterhalts: *I. M. Groß*, BerH/PKH/VKH, § 115 ZPO Rn. 21.

einer privaten Haftpflichtversicherung (BVerwG NJW 2004, 87), zu einer Hausratsversicherung, nicht hingegen die Beiträge zu einer Rechtsschutzversicherung (OLG Brandenburg FamRZ 2009, 896). Beiträge zu einer privaten Lebensversicherung fallen nicht unter diese Bestimmungen, wenn der Antragsteller über eine hinreichende Altersversorgung aus einer gesetzlichen Rentenversicherung verfügt, es sei denn, es handelt sich um eine staatlich geförderte Form der (zusätzlichen) Altersvorsorge (OLG Stuttgart FamRZ 2010, 311).

107   **bb) Werbungskosten.** Zu den Werbungskosten gehören nach § 115 Abs. 1 S. 3 Nr. 1 a ZPO i.V.m. § 82 Abs. 2 S. 1 Nr. 4 SGB XII die Aufwendungen für die notwendigen Fahrten zwischen Wohnung und Arbeitsstätte, die nach § 3 Abs. 6 der DVO zu § 82 SGB XII,[112] nicht aber nach unterhaltsrechtlichen Grundsätzen[113] zu ermitteln sind.

108   **cc) Mehrbedarf für Erwerbstätige.** Ein Mehrbedarf für Erwerbstätige wird nach § 115 Abs. 1 S. 3 Nr. 1 b ZPO pauschal i.H.v. 50 v.H. des höchsten Regelsatzes anerkannt, der für den alleinstehenden oder alleinerziehenden Leistungsberechtigten gemäß der Regelbedarfsstufe 1 nach der Anlage zu § 28 SGB XII festgesetzt oder fortgeschrieben worden ist.

109   Bei Behinderten, die in Behindertenwerkstätten arbeiten, waren das Arbeitsförderungsgeld und Erhöhungsbeträge des Arbeitsentgelts i.S.v. § 43 S. 4 SGB IX nach § 115 Abs. 1 S. 3 Nr. 1 a ZPO, § 82 Abs. 2 Nr. 5 SGB XII a.F. vom Einkommen abzuziehen. Eine Nr. 5 ist in § 82 Abs. SGB XII seit dem Inkrafttreten des Betriebsrentenstärkungsgesetzes[114] jedoch nicht mehr enthalten. Dass das Arbeitsförderungsgeld bei PKH als Einkommen unberücksichtigt bleibt (→ Rn. 104) ergibt sich nunmehr aus § 59 Abs. 2 SGB IX.

110   **dd) Freibetrag für unterhaltsberechtigte Personen.** Der Freibetrag für unterhaltsberechtigte Personen nach § 115 Abs. 1 S. 3 Nr. 2 ZPO ist unabhängig davon abzusetzen, ob zwischen dem Antragsteller und dem Unterhaltsberechtigten eine Haushaltsgemeinschaft besteht. Zu den Unterhaltsleistungen gehört in erster Linie der durch Betreuung geleistete Unterhalt. Ist neben dem Antragsteller auch dessen Ehepartner den gemeinsamen Kindern zum Unterhalt verpflichtet, ist für den Antragsteller gleichwohl der volle Pauschbetrag des § 115 Abs. 1 S. 3 Nr. 2 b ZPO abzusetzen (OLG Hamm JurBüro 2007, 323). Wird Unterhalt nicht durch Aufnahme in den Haushalt, sondern als Unterhaltsrente in Geld gewährt, ist statt des Freibetrags die Unterhaltsrente abzusetzen (§ 115 Abs. 1 S. 8 ZPO), vorausgesetzt, dass der Unterhaltspflichtige seiner Unterhaltspflicht nachkommt (OLG Karlsruhe FamRZ 2004, 1119).

110a   Nicht zu den Unterhaltsleistungen i.S.d. § 115 Abs. 1 S. 3 Nr. 2 ZPO gehören Leistungen an einen nichtehelichen Lebensgefährten. Sie können als besondere Belastungen (§ 115 Abs. 1 S. 3 Nr. 5 ZPO) berücksichtigt werden, soweit sie einer sittlichen Pflicht oder einer Rücksichtnahme auf den Anstand entsprechen (OLG Stuttgart FamRZ 2005, 1182, 1183).

111   Der Freibetrag für einen Unterhaltsberechtigten mindert sich, wenn er eigenes Einkommen hat (§ 115 Abs. 1 S. 7 ZPO). Das Einkommen wird von dem Freibetrag abgezogen. Es ist ebenso wie das Einkommen des Antragstellers zu berechnen; von ihm sind die Abzüge nach § 82 Abs. 2 SGB XII und die Kosten der Unterkunft abzurechnen.[115] Als Einkommen des Unterhaltsberechtigten werden auch Unterhaltsleistungen abgezogen, die der Unterhaltsberechtigte von einem Dritten erhält.

112   **ee) Unterkunftskosten.** Zu den Kosten der Unterkunft i.S.d. § 115 Abs. 1 S. 3 Nr. 3 ZPO gehören Zinsen und Tilgungsleistungen auf ein Darlehen, das zum Erwerb des Hauses oder der Eigentumswohnung aufgenommen ist.[116] Wird die Unterkunft von mehreren Personen bewohnt, sind die Kosten der Unterkunft grds. nach Kopfteilen auf sie zu verteilen, jedenfalls wenn jeder der Mitbewohner über

---

112 So OVG Lüneburg JurBüro 2011, 311; OVG Münster NVwZ-RR 2001, 244; i.E. ebenso BGH MDR 2012, 930: DVO sachgerechte Konkretisierung.

113 So OLG Dresden JurBüro 2011, 204; OLG Hamm MDR 2010, 1344; OLG Karlsruhe FamRZ 2009, 1424; OLG Nürnberg FamRZ 2008, 1961.

114 Art. 2 Nr. 1 des Gesetzes zur Stärkung der betrieblichen Altersversorgung und zur Änderung anderer Gesetze v. 17.8.2017, BGBl I 3214. S. hierzu BT-Drs. 18/11286, 47 ff.

115 *M. Nickel*, MDR 2005, 729.

116 OLG Karlsruhe FamRZ 2008, 70; *M. Happ*, in: Eyermann § 166 Rn. 17; a.A. *J. Bader*, in: Bader § 166 Rn. 8: nur Zinsen, keine Tilgungszahlungen. Ausf. zu Zins- und Tilgungsleistungen als Kosten der Unterkunft nach § 22 Abs. 1 SGB II: *E. Hahn*, NZS 2017, 732 ff.

eigenes Einkommen verfügt, sodass von einer anteiligen Tragung der Unterkunftskosten ausgegangen werden kann.[117] Von dem Einkommen des Antragstellers ist nur der Anteil als Kosten der Unterkunft abzuziehen, der auf ihn entfällt. Bewohnt der Antragsteller die Unterkunft zusammen mit Personen, denen er zum Unterhalt verpflichtet ist, und trägt er die Kosten der Unterkunft allein, ist davon auszugehen, dass er insoweit Unterhaltsleistungen (in Form von Unterkunft) erbringt. Sie sind durch die Freibeträge nach § 115 Abs. 1 S. 3 Nr. 2 ZPO nicht gedeckt und jedenfalls nach Nr. 4 als besondere Belastung, wenn nicht unmittelbar nach Nr. 3 abzuziehen.

Zu den Kosten der Unterkunft i.S.d. § 115 Abs. 1 S. 3 Nr. 3 ZPO gehören sämtliche Neben- und Be- **113** triebskosten, die auf den Mieter umgelegt werden (OLG Brandenburg FamRZ 2009, 897), nicht hingegen die Strom- und Wasserkosten (BGH Rpfleger 2008, 263). Sie sind bereits mit dem Freibetrag der Nr. 2 a erfasst. Die Miete für einen PKW-Stellplatz gehört nicht zu den Kosten der Unterkunft (OLG Brandenburg FamRZ 2008, 69).

ff) Besondere Belastungen. Besondere Belastungen nach § 115 Abs. 1 S. 3 Nr. 5 ZPO (auch in Form **114** von Darlehens- und Kreditverbindlichkeiten) sind vor allem solche, auf die der Antragsteller keinen Einfluss hatte oder die er einging, als noch kein Prozess bevorstand.[118] Dazu gehören etwa Kosten aus familiären Gründen oder Aufwendungen aus besonderem Anlass.[119] Zu den besonderen Belastungen gehören Beiträge zu Gewerkschaften, zu berufsständischen Verbänden oder zu Behindertenverbänden. Auch der Mehrbedarf eines Behinderten ist in Höhe eines ihm gezahlten Pflegegeldes als besondere Belastung abzuziehen (§ 1610 a BGB). Bildet der Antragsteller zusammen mit anderen Personen eine Bedarfsgemeinschaft i.S.d. SGB II oder des SGB XII und haben diese Personen deshalb keinen Anspruch auf Leistungen nach diesen Gesetzen, ist bei dem Antragsteller als besondere Belastung zu berücksichtigen, dass sein Einkommen nicht in vollem Umfang für seinen eigenen Lebensbedarf zur Verfügung steht, sondern für weitere Personen einer Bedarfsgemeinschaft einzusetzen ist (KG FamRZ 2006, 962; OLG Dresden FamRZ 2008, 2287; FamRZ 2009, 1425).

gg) „Ehrenamtspauschale". Durch Art. 2 Nr. 1 des Betriebsrentenstärkungsgesetzes[120] (→ Rn. 104, **114a** 109) wurde § 82 Abs. 2 SGB XII um zwei weitere Sätze ergänzt. Hiernach sind Bezüge oder Einnahmen, die nach § 3 Nr. 12, 26, 26 a oder 26 b EStG steuerfrei sind (sog. Ehrenamtspauschale), abweichend von § 82 Abs. 2 S. 1 Nr. 2–4 SGB XII ein Betrag von bis zu 200 € monatlich nicht als Einkommen zu berücksichtigen.

d) Einzusetzendes Vermögen. Vermögen ist nur insoweit einzusetzen, als dies dem Antragsteller zu- **115** mutbar ist, § 115 Abs. 3 S. 1 ZPO. Deckt das einzusetzende Vermögen die voraussichtlichen Kosten der Prozessführung, ist PKH zu versagen. Deckt es die voraussichtlichen Kosten nur z.T., sind aus ihm in diesem Umfang die Kosten der Prozessführung aufzubringen. PKH kann teilweise bewilligt werden, wenn der Teil der voraussichtlichen Prozesskosten, der durch das einzusetzende Vermögen nicht gedeckt ist, auch aus dem Einkommen nicht, auch nicht in Raten, aufgebracht werden kann. Daraus ergibt sich zugleich die Prüfungsreihenfolge. Vorrangig ist zu prüfen, ob zumutbar einzusetzendes Vermögen vorhanden ist, das die voraussichtlichen Kosten der Prozessführung deckt.[121]

e) Einzelheiten zum Vermögen. aa) Allgemeine Begriffsbestimmung. § 115 Abs. 3 S. 2 ZPO verweist **116** auf § 90 SGB XII, der den Begriff des Vermögens zwar nicht definiert, dessen Abs. 1 das einzusetzende Vermögen aber auf das gesamte verwertbare Vermögen beschränkt. Zum Vermögen gehören danach alle beweglichen und unbeweglichen Sachen, Forderungen (zum Pflichtteilsanspruch OLG Bremen FamRZ 2009, 364) und sonstige Vermögensrechte, soweit sie verwertbar sind. Unter Vermögen ist hingegen nicht ein Überschuss der Aktiva über die Passiva zu verstehen (OLG Bremen FamRZ 2007, 1341). Vielmehr ist nur auf die konkret vorhandenen einzelnen Vermögensgegenstände abzustellen.

---

117 Vgl. OLG Düsseldorf Rpfleger 2001, 434; OLG Koblenz FamRZ 1997, 679; OLG Köln FamRZ 2003, 1394.
118 *J. Bader,* in: Bader § 166 Rn. 8; *H. Geiger,* in: Eyermann § 166 Rn. 18.
119 *S. Olbertz,* in: Schoch/Schneider/Bier § 166 Rn. 44. Zur Berücksichtigung einer Geldstrafe: BGH MDR 2011, 315. Zu den Kosten der Finanzierung eines Kraftfahrzeugs: OLG Karlsruhe MDR 2009, 524.
120 Art. 2 Nr. 1 des Gesetzes zur Stärkung der betrieblichen Altersversorgung und zur Änderung anderer Gesetze v. 17.8.2017, BGBl I 3214. S. hierzu BT-Drs. 18/11286, 47 ff.
121 *I. M. Groß,* BerH/PKH/VKH, § 115 ZPO Rn. 4.

117   Deren Verwertung muss tatsächlich und rechtlich innerhalb des Zeitraums möglich sein, für den der Bedarf besteht, also der Prozess geführt wird.[122] Forderungen müssen realisierbar sein; daran fehlt es, wenn der Schuldner leistungsunfähig ist (OVG Saarlouis AS 28, 286). Ist er leistungsunwillig, ist zwar PKH zu bewilligen. Der Antragsteller ist nicht gezwungen, zunächst einen Prozess zur Realisierung seiner Forderung zu führen (OVG Münster NJW-RR 1999, 1235). Jedoch kann die PKH in entsprechender Anwendung von § 120 Abs. 1 S. 2 ZPO mit der Maßgabe bewilligt werden, dass künftige Zahlungen aus dem Vermögen zu erbringen sind (OLG Düsseldorf MDR 1990, 728; OLG Frankfurt FamRZ 1984, 809, 810).

118   Unerheblich ist, wenn die Verwertung eines Vermögensgegenstandes im Augenblick wirtschaftlich ungünstig ist (→ Rn. 126 f.).

119   Zum nicht verwertbaren Vermögen gehören Sachen, die nach § 811 ZPO unpfändbar sind (OVG Greifswald NVwZ-RR 1996, 621, 622) oder über die der Antragsteller nicht uneingeschränkt verfügen kann, weil sie etwa der Verwaltung eines Testamentsvollstreckers unterliegen (VGH Mannheim NJW 1993, 152).

120   Berücksichtigt werden kann grds. nur gegenwärtig noch vorhandenes Vermögen.[123] Hat der Antragsteller erhebliches Vermögen besessen, dieses aber verschwendet, steht dies einer Bewilligung von PKH allenfalls dann entgegen, wenn er sich seines Vermögens verschwenderisch in Erwartung des Prozesses entäußert hat und mutwillig seine Bedürftigkeit herbeigeführt hat.[124]

121   **bb) Geschütztes Vermögen.** Welche Vermögensgegenstände zumutbar eingesetzt werden können, ergibt sich aus § 90 SGB XII.

122   § 90 Abs. 2 SGB XII nimmt bestimmte Vermögensgegenstände vom einzusetzenden Vermögen aus (sog. Schonvermögen). Ausgenommen ist etwa ein nach § 10 a oder Abschnitt XI des EStG gefördertes Altersvorsorgevermögen i.S.d. § 92 EStG; dies gilt auch für das in der Auszahlungsphase insgesamt zur Verfügung stehende Kapital, soweit die Auszahlung als monatliche oder als sonstige regelmäßige Leistung i.S.v. § 82 Abs. 5 S. 3 SGB XII erfolgt; für diese Auszahlungen ist § 82 Abs. 4 und 5 SGB XII anzuwenden[125] (Nr. 2; zur „Riester-Rente" OLG Brandenburg FamRZ 2011, 1884); anderes Kapitalvermögen, das der Altersvorsorge dient, ist hingegen grds. einzusetzen (OLG Nürnberg FamRZ 2008, 2289; OLG Stuttgart FamRZ 2008, 2290).[126] Ausgenommen sind ferner Gegenstände, die zur Aufnahme oder Fortsetzung einer Berufsausbildung oder der Erwerbstätigkeit unentbehrlich sind (Nr. 5), ferner angemessene Hausgrundstücke (Nr. 8), auch Eigentumswohnungen (zur Angemessenheit: VGH München 27.7.2017 – 15 C 14.2047, juris Rn. 18; OLG Celle FamRZ 2009, 532). Geschützt sind aber nur solche Hausgrundstücke, die schon in dem Zeitpunkt vorhanden waren, zu dem der Anfall von Prozesskosten für den Antragsteller erkennbar wurde. Eine spätere Umwandlung von nicht geschütztem Geldvermögen in Wohnraum ist nicht geschützt (BGH FamRZ 2007, 1720, 1722; NJW-RR 2008, 302). Nicht geschützt sind grds. Mittel, die für den späteren Erwerb eines Hausgrundstücks oder einer Eigentumswohnung bestimmt sind (OLG Frankfurt MDR 2009, 409). Geschützt wird das Hausgrundstück nicht als Vermögenswert, sondern als Familienheim. Der Schutz soll deshalb entfallen, wenn sicher abzusehen ist, dass es in absehbarer Zeit zu einer Veräußerung des Anwesens kommen wird (OLG Zweibrücken Rpfleger 2003, 253). Nicht geschützt wird ein Hausgrundstück, das von dem Antragsteller nicht selbst bewohnt wird (VGH München 27.7.2017 – 15 C 14.2047, juris Rn. 17; OVG Münster 13.3.2017 – 4 E 1039/16, juris Rn. 3); wird es von Angehörigen bewohnt, kann es allenfalls dann geschützt sein, wenn zwischen ihnen und dem Antragsteller eine Bedarfsgemeinschaft besteht (OLG Celle FamRZ 2003, 356). Nicht geschützt sind ferner die Mittel, die aus der Veräußerung oder Zwangsversteigerung eines Familienheims angefallen sind (BGH NJW-RR 2008, 302). Verschont werden weiter kleinere Barbeträge oder sonstige Geldwerte (Nr. 9); ihre Höhe beträgt

---

122   VGH Mannheim VBlBW 2002, 399, 400; zu Grundvermögen im Ausland: OLG Frankfurt FamRZ 1999, 1671; VG Frankfurt NJW 1992, 647; zu Grundvermögen im Inland: OLG Koblenz FamRZ 2006, 136.
123   Zu den erforderlichen Darlegungen über den Verbleib früher vorhanden gewesenen Vermögens: BGH FamRZ 2008, 1163.
124   BGH FamRZ 2007, 1720, 1721; OLG Hamm MDR 2002, 1208; OLG Karlsruhe FamRZ 2006, 1135; OLG Koblenz FamRZ 2006, 1134; zur Tilgung von Verbindlichkeiten: OLG Karlsruhe FamRZ 2009, 363.
125   IdF d. Art. 2 Nr. 3 G v. 17.8.2017, BGBl I 3214 m.W.v. 1.1.2018.
126   M. *Nickel*, MDR 2016, 438, 442.

derzeit für den Antragsteller 5.000 € zuzüglich 500 € für jede Person, die von ihm überwiegend unterhalten wird.[127]

Eingesetzt werden müssen wertvolle Einrichtungsgegenstände, Schmuckstücke, soweit nicht von § 90   123
Abs. 2 Nr. 6 SGB XII erfasst, Kraftfahrzeuge, soweit nicht von § 90 Abs. 2 Nr. 4 SGB XII erfasst,[128]
Grundbesitz, soweit nicht von § 90 Abs. 2 Nr. 8 SGB XII erfasst,[129] Wertpapiere, Sparguthaben, soweit nicht von § 90 Abs. 2 Nr. 2 oder 9 SGB XII erfasst, Guthaben aus zuteilungsreifen Bausparverträgen (BGH NJW-RR 2008, 144).

§ 90 Abs. 3 SGB XII enthält eine allgemeine Härteklausel. Die PKH ist dabei der Hilfe in besonderen   124
Lebenslagen gleichzustellen. Eine besondere Härte liegt deshalb insbes. vor, wenn der Einsatz des Vermögens eine angemessene Lebensführung oder die Aufrechterhaltung einer angemessenen Alterssicherung wesentlich erschwerte (OLG Celle FamRZ 2008, 1962) und der Vermögenswert nicht ohnehin schon nach § 90 Abs. 2 Nr. 2 SGB XII vom Einsatz ausgenommen ist.[130]

Der Einsatz eines Vermögens kann eine Härte i.S.d. § 90 Abs. 3 SGB XII bedeuten, wenn er einer besonderen Zweckbestimmung zuwiderliefe. Aus diesem Grund ist bspw. ein Schmerzensgeld vom einzusetzenden Vermögen ausgenommen.[131]   125

Eine Härte stellt der Einsatz eines Vermögens dar, das nur unter erheblichen Verlusten verwertet werden könnte.[132] In diesen Fällen ist es dem Antragsteller aber ausnahmsweise zuzumuten, zur Bestreitung der Prozesskosten einen Kredit aufzunehmen und ihn durch das vorhandene Vermögen zu sichern.[133] Bloße Einbußen bei vorzeitiger Verwertung von Immobilienvermögen allein stellen noch keine Härte dar, wohl aber, wenn die Einbußen „wirtschaftlich desaströs" sind.[134]   126

Abgesehen von bereits nach § 115 Abs. 3 S. 2 ZPO i.V.m. § 90 Abs. 2 Nr. 2 SGB XII geschütztem Kapital und seiner Erträge ist eine Lebensversicherung grds. für die Prozesskosten zu verwerten, soweit ihr durch Kündigung, Verkauf oder Beleihung erzielbarer Wert das Schonvermögen nach § 90 Abs. 2 Nr. 9 SGB XII übersteigt (BGH NJW 2010, 2887). Die Verwertung der Lebensversicherung kann eine Härte begründen, wenn diese unwirtschaftlich ist[135] oder die Aufrechterhaltung einer angemessenen Alterssicherung wesentlich erschweren würde. Die Umstände, die eine Härte begründen sollen, sind vom Antragsteller darzulegen (BGH NJW 2010, 2887).   126a

Der Einsatz eines Vermögensgegenstandes kann eine Härte darstellen, wenn sich bei seiner Veräußerung nur ein Erlös erzielen lässt, der den kleinen Barbetrag des § 90 Abs. 2 Nr. 9 SGB XII (→ Rn. 122) zusammen mit anderweit vorhandenen Barbeträgen und sonstigen Geldwerten nicht überschreitet (BVerwGE 106, 105, 114; VGH Mannheim VBlBW 2002, 399).   127

cc) Familienrechtlicher Prozesskostenvorschuss. Einzusetzen sind insbes. Ansprüche, die der Antragsteller gegen Dritte auf Übernahme oder auf Vorlage der Prozesskosten hat, namentlich ein Anspruch   128

---

127 § 1 S. 1 Nr. 1 und 2 der Verordnung zur Durchführung des § 90 Abs. 2 Nr. 9 SGB XII i.d.F. v. 22.3.2017 (BGBl I 519). Die PKH ist als Hilfe in besonderen Lebenslagen i.S. dieser Bestimmung zu werten: OLG Nürnberg MDR 2007, 174. Zur (ausnahmsweisen) Schonung eines Guthabens aus einem Bausparvertrag, der diesen Betrag überschreitet: OVG Greifswald NVwZ-RR 2006, 509, 511.

128 OVG Münster FamRZ 1997, 300; OVG Bautzen SächsVBl 2010, 273; OLG Karlsruhe FamRZ 2004, 646; OLG Stuttgart MDR 2010, 1014.

129 OLG Koblenz FamRZ 2001, 960; zu vermieteten Eigentumswohnungen: OLG Koblenz MDR 2002, 904; zu einem Grundstück mit Gartenlaube: KG FamRZ 2001, 631; zu einem Miteigentumsanteil an einem Grundstück: OLG Bremen FamRZ 2011, 386.

130 OLG Frankfurt FamRZ 2006, 135; OLG Karlsruhe FamRZ 2004, 1122; OLG Stuttgart FamRZ 2006, 1850; zu Lebensversicherungen als zusätzlicher Altersvorsorge OLG Celle FamRZ 2007, 913; OLG Karlsruhe FamRZ 2008, 423; OLG Stuttgart FamRZ 2010, 311; OLG Zweibrücken FamRZ 2008, 524.

131 BVerwGE 98, 256; BVerwG BayVBl 2011, 644; zu einer Geldentschädigung wegen Verletzung des Persönlichkeitsrechts vgl. BGH MDR 2006, 827.

132 Zum Einsatz des Guthabens aus einem noch nicht zuteilungsreifen Bausparvertrag BAG JurBüro 2006, 487; OVG Münster NVwZ-RR 2000, 685; zu einem Bausparguthaben, das der Ablösung eines Zwischenfinanzierungsdarlehens dient LAG Hamm MDR 2005, 299; zu nicht selbst bewohnten Eigentumswohnungen OVG Münster 13.3.2017 – 4 E 1039/16.

133 Für den Vermögenswert eines Unternehmens OLG Brandenburg FamRZ 1997, 681; ferner OLG Frankfurt FamRZ 1984, 809, 810; OLG Brandenburg FamRZ 2007, 1340.

134 OVG Münster 13.3.2017 – 4 E 1039/16, juris Rn. 7.

135 Zur Veräußerung einer Lebensversicherung zu einem gegenüber den Einzahlungen geringeren Rückkaufswert BVerwG NJW 2004, 3647; BVerwGE 106, 105, 109; VGH Mannheim VBlBW 2002, 399, 401.

auf den familienrechtlichen Prozesskostenvorschuss,[136] jedenfalls wenn er alsbald realisierbar ist (BGH MDR 2008, 1232). Nach § 1360 a Abs. 4 S. 1 BGB hat ein Ehegatte dem anderen Ehegatten die Prozesskosten vorzuschießen, wenn dieser die Kosten des Rechtsstreits nicht selbst tragen kann, der Rechtsstreit eine persönliche Angelegenheit betrifft und das Vorschießen der Prozesskosten der Billigkeit entspricht. Denselben Anspruch haben in entsprechender Anwendung der Vorschrift unterhaltsberechtigte Kinder gegen ihre unterhaltsverpflichteten Eltern.[137] Persönliche Angelegenheiten betreffen nicht nur solche Verfahren, die lebenswichtig sind, sondern alle Streitigkeiten über nicht ausschließlich vermögensrechtliche Angelegenheiten.[138]

129   Ein Anspruch auf Prozesskostenvorschuss besteht nur, wenn die Inanspruchnahme des Verpflichteten der Billigkeit entspricht. Das setzt zunächst voraus, dass eine Unterhaltspflicht überhaupt besteht (hierzu OVG Bautzen SächsVBl 2010, 239) und der Unterhaltspflichtige nach unterhaltsrechtlichen Maßstäben hinreichend leistungsfähig ist, zudem auch nicht anderen vorrangig zum Unterhalt verpflichtet ist (OVG Bautzen SächsVBl 2011, 167). Im Übrigen entspricht seine Inanspruchnahme nicht der Billigkeit, wenn er, führte er den Prozess selbst, Anspruch auf PKH ohne Ratenzahlungen hätte. Wäre dem Verpflichteten, führte er den Prozess, PKH durch Ratenzahlungen zu bewilligen, kann dem vorschussberechtigten Antragsteller PKH auch nur gegen entsprechende Ratenzahlung bewilligt werden. Denn unterhaltsrechtlich ist in diesen Fällen die Vorschusspflicht in Form von Ratenzahlungen zu erfüllen.[139]

130   **dd) Rechtsschutzansprüche.** Einzusetzen ist ein Anspruch auf Rechtsschutz aus einer Versicherung, jedenfalls ab Deckungszusage des Versicherers. Weitergehend wird teilweise verlangt, dass der Antragsteller sich um eine Kostenübernahme seitens seiner Rechtsschutzversicherung bemühen muss (OVG Bln-Bbg NVwZ-RR 2016, 600). Zum einzusetzenden Vermögen gehört ein Anspruch auf kostenlosen Rechtsschutz durch eine Gewerkschaft (LAG Kiel NJW 1984, 830).

131   **ee) Streitbefangenes Vermögen.** Das streitbefangene Vermögen kann vom Einsatz ausgeschlossen sein, wenn dessen Verwertung den Prozess in der Hauptsache erledigte.[140]

132   **f) Maßgeblicher Beurteilungszeitpunkt.** Ob der Antragsteller nach seinen persönlichen und wirtschaftlichen Verhältnissen die Kosten der Prozessführung aufbringen kann, ist nach den Verhältnissen im Zeitpunkt der Entscheidung des Gerichts zu beurteilen, § 115 Abs. 1 S. 4 ZPO (VGH München 27.7.2017 – 15 C 14.2047, juris Rn. 12; HmbOVG FamRZ 2005, 44, 45; OVG Münster NVwZ-RR 1993, 168; → Rn. 156 ff. Zum maßgeblichen Zeitpunkt für die Beurteilung der Erfolgsaussichten → Rn. 77). Das gilt auch im Beschwerdeverfahren (VGH Mannheim NVwZ-RR 2007, 211). Haben sich die Einkommens- und Vermögensverhältnisse seit der Antragstellung verbessert, ist dies zulasten des Antragstellers zu berücksichtigen (a.A. OLG Bremen FamRZ 2009, 366). Als Sozialleistung will die PKH einer gegenwärtigen Notlage abhelfen. Verfügt der Antragsteller im Zeitpunkt der Entscheidung des Gerichts über hinreichend eigenes Einkommen oder Vermögen, droht die beabsichtigte Rechtsverfolgung nicht mehr an seiner Mittellosigkeit zu scheitern. Zudem soll das Gericht gem. § 120 a Abs. 1 S. 1 ZPO nach Bewilligung von PKH die Entscheidung über die zu leistenden Zahlungen ändern, wenn sich die für die PKH maßgeblichen persönlichen und wirtschaftlichen Verhältnisse wesentlich verändert haben. Dem entspricht es, wenn das Gericht solche Änderungen berücksichtigt, die vor seiner Entscheidung über das PKH-Gesuch eingetreten sind.

---

136   BVerwG 30.11.1972 Buchholz 310 § 166 VwGO Nr. 8; VGH Kassel NVwZ-RR 1990, 518, 519; OVG Münster FamRZ 1984, 603.

137   Für minderjährige Kinder s. BGH FamRZ 2004, 1633, 1634; für volljährige Kinder in der Ausbildung: BGH NJW 2005, 1722. Zur Abhängigkeit des Anspruchs von einer fortdauernden Unterhaltspflicht gegenüber volljährigen Kindern: OVG Münster NJW-RR 1999, 1235; zu einem Promotionsstudenten: OVG Bautzen NJW 2010, 2903. Vgl. auch VGH München 3.8.2017 – 20 C 16.2405, 20 C 16.2407, juris Rn. 18 ff.

138   VGH Kassel NVwZ-RR 1990, 518, 519: aufenthaltsbeendende Maßnahmen gegen Ausländer; OVG Lüneburg NJW 2002, 2489: Aufenthaltserlaubnis; OVG Münster FamRZ 1984, 603: Ausbildungsförderung; NJW-RR 1999, 1235: Prüfungsstreitigkeit; JurBüro 1992, 185: Sozialhilfe; OVG Saarlouis AS 28, 286: Namensführung.

139   BGH FamRZ 2004, 1633; ebenso VGH Kassel NVwZ-RR 1990, 518, 519; OVG Münster FamRZ 1984, 603; OVG Lüneburg NJW 2002, 2489.

140   Vgl. VGH Kassel ESVGH 31, 160; zur Änderung der Bewilligung nach Realisierung der streitbefangenen Forderung § 124 a Abs. 3 ZPO i.d.F. des Gesetzes zur Änderung des Prozesskostenhilfe- und Beratungshilferechts.

IV. Bewilligung von PKH

1. Modalitäten der Bewilligung. a) Ratenzahlungen. Ist einzusetzendes Einkommen vorhanden, hat 133
das Gericht monatliche Raten dem Betrag nach festzusetzen, der sich aus § 115 Abs. 2 ZPO ergibt
(§ 120 Abs. 1 S. 1 ZPO), es sei denn, es ergibt sich daraus eine Monatsrate von weniger als 10 €; in
diesem Fall ist PKH ohne Ratenzahlung zu bewilligen. Das Gericht kann sich nicht stattdessen zunächst die Anordnung von Ratenzahlungen vorbehalten (OLG Hamm FamRZ 2003, 1021;
OLG Köln NJW-RR 2001, 644). Die Anzahl der Raten wird hingegen im Beschluss nicht festgelegt.
Sie ergibt sich aus dem Gesamtbetrag der geschätzten Prozesskosten. Dasselbe gilt für Zahlungen aus
dem Vermögen.

Sind sowohl Zahlungen aus dem Vermögen als auch Raten aus dem Einkommen aufzubringen, hat 134
das Gericht für beides eine Zahlungsbestimmung zu treffen, aus der sich die Höhe des jeweiligen Betrages ergibt. In welcher Reihenfolge die Zahlungen zu erbringen sind, ordnet das Gericht nach seinem Ermessen an.

Das Gericht hat den Beginn der Zahlungen festzulegen. Er kann an die Entstehung oder die Fälligkeit 135
von Kosten anknüpfen (VGH Kassel MDR 1993, 913). Im Verwaltungsprozess werden die Gerichtskosten mit Einreichung der Klage oder des Antrags fällig (§ 6 Abs. 1 Nr. 5 GKG). Schweigt der Beschluss zum Beginn der Zahlungen, sind sie mit dem Wirksamwerden des Beschlusses zu leisten.

Hat das Gericht besondere Belastungen vom Einkommen nach § 115 Abs. 1 S. 3 Nr. 5 ZPO 136
(→ Rn. 114) abgesetzt, ist bei der Zahlungsbestimmung zu berücksichtigen, ob die besonderen Belastungen vorübergehender Natur sind und schon zum Zeitpunkt der Bewilligung absehbar ist, dass sich
die finanziellen Verhältnisse des Antragstellers bis zum Ablauf von vier Jahren nach der Bewilligung
durch den Wegfall oder die Verringerung der besonderen Belastungen verbessern werden. In diesem
Fall sind bereits mit der Bewilligung Monatsraten oder höhere Monatsraten für den absehbaren Zeitpunkt der Verbesserung festzusetzen (§ 120 Abs. 1 S. 2 ZPO).

Wenn die bereits geleisteten Zahlungen die voraussichtlich entstehenden Kosten decken, also die ge- 137
samten auch erst künftig fällig werdenden Kosten (vgl. Begründung des Gesetzentwurfs BT-Drs.
17/11472, 32 f.), soll das Gericht die vorläufige Einstellung der Zahlungen anordnen. Dasselbe gilt,
wenn die Kosten etwa aufgrund einer vollstreckbaren Kostenentscheidung gegen einen anderen Beteiligten des Verfahrens geltend gemacht werden können (§ 120 Abs. 3 ZPO).

Wird einem Antragsteller in erster Instanz PKH ohne Ratenzahlung, in zweiter Instanz aber PKH mit 138
Ratenzahlung bewilligt, dürfen nur Raten eingefordert werden, welche die Kosten der zweiten Instanz
decken (OLG Oldenburg FamRZ 2003, 1020, 1021).

b) Beiordnung eines Rechtsanwalts. aa) Voraussetzungen der Beiordnung. Ist eine Vertretung durch 139
Rechtsanwälte vorgeschrieben, ist dem Antragsteller ein zu seiner Vertretung bereiter Rechtsanwalt
seiner Wahl beizuordnen (§ 121 Abs. 1 ZPO). Ist eine Vertretung durch Rechtsanwälte nicht vorgeschrieben, wird ihm nur dann ein Rechtsanwalt beigeordnet, wenn eine solche Vertretung erforderlich
erscheint oder wenn der Gegner durch einen Rechtsanwalt vertreten ist (§ 121 Abs. 2 S. 1 ZPO). Im
Verwaltungsprozess sind Behörden oder öffentlich-rechtliche Körperschaften als Gegner regelmäßig
durch eigene rechts- und sachkundige Bedienstete vertreten. Diese Art der Vertretung kann zwar nicht
einer solchen durch einen Rechtsanwalt gleichgestellt werden. Dem verfassungsrechtlichen Gebot der
Waffengleichheit ist aber durch die andere Alternative des § 121 Abs. 2 S. 1 ZPO Rechnung zu tragen
(BVerfG NJW 1988, 2597). Maßgeblich ist, ob ein bemittelter Beteiligter in der Lage des Antragstellers vernünftigerweise einen Rechtsanwalt mit der Wahrnehmung seiner Interessen beauftragt hätte
(OVG Bln NJW 2010, 3795). Das ist regelmäßig dann anzunehmen, wenn der Rechtsstreit nicht einfach zu überschauende Tat- und Rechtsfragen aufwirft, der Fall also in tatsächlicher oder rechtlicher
Hinsicht schwierig ist,[141] ebenso wenn im Kenntnisstand und in den Fähigkeiten der Prozessbeteiligten ein deutliches Ungleichgewicht besteht (BVerfG NJW-RR 2007, 1713). Das gilt auch, wenn ausschließlich oder im Schwerpunkt tatsächliche Fragen streitig sind (einschränkend BFH BFH/NV 2001,
919, 920). Die Beiordnung ist nicht erforderlich, wenn die entscheidungserhebliche Rechtsfrage in
einem anderen Verfahren in der Revisionsinstanz anhängig ist und das Verfahren des Antragstellers
deshalb zurückgestellt werden kann (BVerfG NJW 2010, 988). Die Beiordnung eines Rechtsanwalts

---

141 BVerfG FamRZ 2002, 531, 532; OVG Brem JurBüro 2010, 540; HmbOVG NVwZ-RR 2001, 805.

kann nicht mit der Begründung abgelehnt werden, der prozessuale Grundsatz der Amtsermittlung (§ 86 Abs. 1) gleiche das Ungleichgewicht zwischen der sach- und rechtskundig vertretenen Behörde und dem Antragsteller aus. Die Aufklärungs- und Beratungspflicht des Rechtsanwalts geht über die Amtsermittlungspflicht des Gerichts hinaus. Er kann tatsächliche Ermittlungen anregen und fördern, die nach dem Vorbringen eines selbst nicht hinreichend sach- und rechtskundigen Beteiligten nicht veranlasst waren.[142]

140 Nach der Rspr. des BGH kann nicht nur ein bestimmter Rechtsanwalt als Person, sondern auch eine Sozietät oder eine Rechtsanwaltsgesellschaft als solche beigeordnet werden (BGH NJW 2009, 440). Ist nur ein bestimmter Rechtsanwalt beigeordnet worden und scheidet dieser aus der Kanzlei oder Sozietät aus, berührt dies seine Beiordnung nicht (LAG Nürnberg MDR 2002, 1094).

140a Ist der Antragsteller selbst Rechtsanwalt, kann er sich zwar regelmäßig selbst vertreten; dennoch soll ihm auf seinen Antrag ein anderer Rechtsanwalt beizuordnen sein (BGH NJW 2002, 2179; NJW 2006, 1881). Er soll im Falle der Bedürftigkeit aber auch sich selbst als Rechtsanwalt beigeordnet werden können (OLG München FamRZ 2009, 899). Das gilt auch für einen Rechtsanwalt, der als Insolvenzverwalter und damit als Partei kraft Amtes Beteiligter des Verfahrens ist (OVG Brem JurBüro 2010, 540). Insgesamt dürfte zu differenzieren sein: § 121 Abs. 1 und Abs. 2 Var. 2 ZPO sehen zwingend die Beiordnung vor. § 121 Abs. 2 Var. 1 ZPO setzt hingegen Erforderlichkeit voraus. Hieran dürfte es bei einem Rechtsanwalt als mittellosem Antragsteller des Öfteren fehlen. Dies ist im Hinblick auf den subsidiären Charakter der PKH als Sozialhilfe nicht zu beanstanden.

140b Dagegen soll ein Antragsteller, der dem Grunde nach PKH erhalten kann, nicht die Beiordnung eines Elternteils, der Rechtsanwalt ist, verlangen können, da er dessen Hilfe auf der Grundlage der gem. § 1618 a BGB bestehenden familiären Beistandsverpflichtung erhalten könne (OVG Saarlouis NJW 2011, 1019).

141 Die Kosten sind auf das erforderliche Maß zu beschränken. Regelmäßig kann nur ein Rechtsanwalt beigeordnet werden, der im Bezirk des Prozessgerichts niedergelassen ist (VGH München 19.6.2017 10 C 17.1076, juris Rn. 10–12; VGH Mannheim NVwZ-RR 2007, 211). Ein nicht im Bezirk des Prozessgerichts niedergelassener Rechtsanwalt kann nach § 121 Abs. 3 ZPO nur beigeordnet werden, wenn dadurch weitere Kosten nicht entstehen (hierzu OLG Koblenz FamRZ 2007, 1754). Hat der Antragsteller seinen Wohnsitz außerhalb des Bezirks des Prozessgerichts, kann ein an seinem Wohnsitz niedergelassener Rechtsanwalt beigeordnet werden, wenn dem Antragsteller andernfalls nach § 121 Abs. 4 ZPO zusätzlich ein Verkehrsanwalt beizuordnen wäre und die Kosten des Verkehrsanwalts die Mehrkosten durch Beiordnung eines an seinem Wohnsitz niedergelassenen Rechtsanwalts übersteigen (BGHZ 159, 370; VGH München 19.6.2017 – 10 C 17.1076, juris Rn. 12). Im Übrigen ist die Beiordnung eines nicht im Bezirk des Prozessgerichts niedergelassenen Rechtsanwalts auf die Kosten eines solchen Rechtsanwalts zu beschränken (a.A. VGH München JurBüro 2007, 150). Eine solche Beschränkung ist zwar nur im Einverständnis des Rechtsanwalts zulässig.[143] Hat ein nicht im Bezirk des Prozessgerichts niedergelassener Rechtsanwalt den PKH-Antrag gestellt und seine Beiordnung beantragt, liegt darin aber regelmäßig ein konkludentes Einverständnis mit einer Einschränkung der Beiordnung zu den Bedingungen eines im Bezirk des Prozessgerichts niedergelassenen Rechtsanwalts (BGH NJW 2006, 3783). Ist ein Rechtsanwalt ohne Einschränkung beigeordnet worden, können ihm die Reisekosten für die Wahrnehmung des Gerichtstermins nicht verwehrt werden.[144] Eine uneingeschränkte Beiordnung eines nicht im Bezirk des Prozessgerichts niedergelassenen Rechtsanwalts kommt in Betracht, wenn das Verfahren eine besonders qualifizierte rechtliche Beratung erfordert, die nur ein in diesem Sinne auswärtiger Rechtsanwalt gewährleisten kann, oder wenn zu einem solchen auswärtigen Rechtsanwalt ein besonderes Vertrauensverhältnis besteht.[145]

---

142 BVerfG NJW 1997, 2103, 2104; FamRZ 2002, 531, 532; NJW-RR 2007, 1713; BVerwGE 51, 111, 113; HmbOVG NVwZ-RR 2001, 68, 69.
143 HmbOVG NJW 2009, 1433, 1434; OLG Brandenburg JurBüro 2005, 370; OLG Karlsruhe MDR 2001, 1315; OLG Oldenburg FamRZ 2003, 107; a.A. OLG Brandenburg Rpfleger 2000, 279; OLG Celle FamRZ 2000, 1387; OLG Hamm MDR 2001, 832 OLG Nürnberg MDR 2001, 831.
144 OLG Düsseldorf Rpfleger 2004, 709, 710; OLG Koblenz NJW-RR 2002, 420; OLG München MDR 2002, 543; OLG Oldenburg MDR 2004, 842.
145 OVG Greifswald NVwZ-RR 1996, 621, 623; OVG Koblenz NVwZ-RR 1990, 280; VGH Mannheim NVwZ-RR 2007, 211, 212.

Neben dem Prozessbevollmächtigten kann ein weiterer Rechtsanwalt nur unter besonderen Umstän- 142 den beigeordnet werden, um einen Termin zur Beweisaufnahme vor dem ersuchten Richter wahrzunehmen oder den Verkehr mit dem Prozessbevollmächtigten zu vermitteln (§ 121 Abs. 4 ZPO).[146]

Der Antragsteller kann zwar jederzeit die Entpflichtung des ihm beigeordneten Rechtsanwalts verlan- 143 gen, ohne dass hierfür ein wichtiger Grund vorliegen müsste.[147] Die Beiordnung eines anderen Rechtsanwalts kann er jedoch nur beanspruchen, wenn entweder triftige Gründe für den Anwaltswechsel vorliegen oder der Staatskasse dadurch keine höheren Kosten entstehen.[148] Triftige Gründe liegen vor, wenn auch ein Beteiligter, der keine PKH in Anspruch nimmt, Anlass gehabt hätte, sich von seinem bisherigen Rechtsanwalt zu trennen (OVG Lüneburg NJW 2012, 698). Ordnet das Gericht einen neuen Rechtsanwalt bei, steht diesem die volle gesetzliche Vergütung zu. Die Beiordnung kann nicht auf bisher noch nicht verwirklichte Gebührentatbestände beschränkt werden (OLG Celle NJW 2008, 2511; OLG Köln NJW-RR 2002, 134). In einem Verfahren mit Anwaltszwang nach § 67 kommt die Entpflichtung eines beigeordneten Rechtsanwalts nur in Betracht, wenn zugleich die Beiordnung eines neuen Rechtsanwalts verlangt werden kann (OVG Bln NJW 2010, 954).

Zwei Streitgenossen können ein und denselben Prozessbevollmächtigten beauftragen. Liegen nur bei 144 einem von ihnen die persönlichen Voraussetzungen für die Bewilligung von PKH (Mittellosigkeit) vor, kann die Bewilligung bezüglich der Anwaltsgebühren nur beschränkt auf die Erhöhungsbeträge ausgesprochen werden, die der Rechtsanwalt verdient, weil er in derselben Angelegenheit für mehrere Auftraggeber tätig wird (Nr. 1008 der Anl. 1 zu § 2 Abs. 2 RVG). Der finanziell leistungsfähige Streitgenosse wird dadurch nicht mit mehr Kosten belastet, als wenn er den Rechtsanwalt allein beauftragt hätte.[149]

Beigeordnet werden kann nur ein Rechtsanwalt, der als solcher nach der BRAO zugelassen ist. Inha- 145 ber einer Erlaubnis nach dem RBG können nur beigeordnet werden, wenn sie nach § 209 BRAO in die Rechtsanwaltskammer aufgenommen worden sind (BGH NJW 2003, 2244, 2245).

Die Beiordnung eines Rechtsanwalts muss beantragt werden. Stellt ein Antragsteller durch seinen 146 Rechtsanwalt ein PKH-Gesuch, ist damit konkludent beantragt, den Rechtsanwalt als Bevollmächtigten beizuordnen (OVG Bln NJW 2010, 3795). Ebenso enthält der Antrag auf Bewilligung von PKH für ein Verfahren, das dem Anwaltszwang unterliegt, konkludent den Antrag auf Beiordnung eines Rechtsanwalts (OLG München FamRZ 2002, 1196).

Nach § 166 Abs. 1 S. 2 i.d.F. des Gesetzes zur Änderung des Prozesskostenhilfe- und Beratungshilfe- 146a rechts kann auch ein Steuerberater, Steuerbevollmächtigter, Wirtschaftsprüfer, oder vereidigter Buchprüfer beigeordnet werden. Nach dem Wortlaut der Vorschrift ist die Beiordnung nicht ausdrücklich auf bestimmte Verfahren beschränkt. Gleichwohl gilt, dass ein Steuerberater, Steuerbevollmächtigter, Wirtschaftsprüfer oder vereidigter Buchprüfer nur in solchen Verfahren als Prozessbevollmächtigter beigeordnet werden kann, in denen er nach § 67 Abs. 2 S. 2 Nr. 3 auch postulationsfähig ist, also nur in Abgabenangelegenheiten.

bb) Folgen der Beiordnung. Auch im Falle seiner Beiordnung wird der Rechtsanwalt aufgrund eines 147 privatrechtlichen Auftragsverhältnisses tätig, das zwischen ihm und dem Antragsteller abzuschließen ist. Die Beiordnung begründet eine öffentlich-rechtliche Pflicht des Rechtsanwalts, einen solchen Mandatsvertrag abzuschließen (§ 48 Abs. 1 Nr. 1 BRAO). Der Mandatsvertrag kann konkludent dadurch zustande kommen, dass der beigeordnete Rechtsanwalt im Einverständnis des Mandanten für diesen tätig wird (BGH MDR 2005, 435). Die Beiordnung ersetzt nicht die Prozessvollmacht. Sie muss von dem Antragsteller erteilt werden, kann aber bereits konkludent in dessen Antrag liegen, ihm einen bestimmten Rechtsanwalt beizuordnen.

---

146 Zu den Voraussetzungen vgl. etwa OLG Brandenburg JurBüro 2001, 429; zur Beiordnung eines ausländischen Rechtsanwalts für eine ausländische und im Ausland wohnende Partei: OLG Nürnberg MDR 2004, 1017.

147 OLG Frankfurt FamRZ 2001, 237; OLG Nürnberg MDR 2003, 712, 713; enger dagegen BVerwG 9.8.2001 – 8 PKH 10.00: Ein Antrag auf Entpflichtung des beigeordneten Rechtsanwalts bleibt erfolglos, wenn der Antragsteller selbst durch sachlich nicht gerechtfertigtes und mutwilliges Verhalten die Beendigung des Mandats verursacht hat.

148 OVG Bln NJW 2010, 954; VGH Kassel KostRsp ZPO § 121 Nr. 73; OLG Düsseldorf FamRZ 1995, 241, 242; OLG Frankfurt FamRZ 2001, 237; OLG Rostock FamRZ 2003, 1938.

149 BGH MDR 1993, 913; anders OLG Stuttgart MDR 2000, 545, für den Fall, dass die Streitgenossen nicht gemeinsam einen einheitlichen Klageanspruch, sondern jeweils für sich unterschiedliche Klageansprüche verfolgen.

148   Der beigeordnete Rechtsanwalt kann seinerseits gem. § 48 Abs. 2 BRAO die Aufhebung seiner Beiordnung verlangen, wenn hierfür wichtige Gründe vorliegen. Ein wichtiger Grund liegt vor, wenn das Vertrauensverhältnis zwischen dem Prozessbeteiligten und seinem Anwalt nachhaltig gestört ist. Die Beiordnung eines anderen Rechtsanwalts kommt regelmäßig nicht mehr in Betracht, wenn ein sachlich nicht gerechtfertigtes und mutwilliges Verhalten des Prozessbeteiligten für die Entpflichtung des Anwalts ursächlich war (BVerwG NJW 2011, 1894).

149   Aus dem Mandatsvertrag hat der beigeordnete Rechtsanwalt einen Vergütungsanspruch gegen den Antragsteller. Er kann diesen Anspruch aber gegen ihn nicht geltend machen, solange die Bewilligung von PKH nicht aufgehoben ist (§ 122 Abs. 1 Nr. 3 ZPO).

150   Neben den privatrechtlichen Vergütungsanspruch gegen den Antragsteller tritt ein öffentlich-rechtlicher Vergütungsanspruch gegen die Staatskasse (§§ 45, 46 RVG). Die Vergütung wird in einem besonderen Verfahren nach § 55 RVG festgesetzt. Die Gebühren werden gem. § 49 RVG abweichend von § 13 RVG ermittelt. Bei einem Gegenstandswert über 30.000 € steigen die Gebühren nicht mehr (§ 49 RVG).[150] Hat das Gericht die Zahlung von Raten oder von Beträgen aus dem Vermögen angeordnet, erhält der Rechtsanwalt von der Staatskasse Gebühren bis zur Höhe der Regelgebühren, wenn die eingegangenen Zahlungen des Antragstellers diesen Betrag noch decken (§ 50 RVG). Aus diesem Grund hat der Rechtsanwalt ein eigenes Anfechtungsrecht, wenn das Gericht gem. § 120 Abs. 3 Nr. 1 ZPO die vorläufige Einstellung der Zahlungen bestimmt, weil sie die voraussichtlich entstehenden Kosten deckten.

151   Der Rechtsanwalt kann eine Vergütung aus der Staatskasse nur für solche Tätigkeiten beanspruchen, die er im Rahmen der PKH und seiner Beiordnung ausgeübt hat. Die Vertretung im Vorverfahren gehört dazu nicht. Die Kosten des Vorverfahrens gehören nicht zu den Kosten der Prozessführung i.S.d. § 114 Abs. 1 ZPO, auch dann nicht, wenn das Gericht die Zuziehung eines Bevollmächtigten für das Vorverfahren für notwendig erklärt (→ Rn. 62). Dieser Ausspruch ermöglicht nur, die Kosten anwaltlicher Vertretung im Vorverfahren auf den Prozessgegner abzuwälzen (VGH Mannheim NVwZ-RR 1995, 303; OVG Münster NWVBl 1988, 26).

152   Soweit die Staatskasse den gesetzlichen Vergütungsanspruch des beigeordneten Rechtsanwalts erfüllt, gehen zum einen dessen privatrechtlicher Vergütungsanspruch gegen die eigene Partei, zum anderen sein Beitreibungsrecht gegen den kostenerstattungspflichtigen Prozessgegner kraft Gesetzes auf die Staatskasse über (§ 59 Abs. 1 S. 1 RVG).

153   nicht besetzt

154   **cc) Rückwirkende Beiordnung.**   Soweit PKH rückwirkend bewilligt wird (→ Rn. 156 ff.), kommt eine rückwirkende Beiordnung in Betracht (OLG Karlsruhe MDR 2007, 1447). Ist der Rechtsanwalt bereits vor seiner Beiordnung für den Antragsteller tätig gewesen, sind regelmäßig bereits Gebührentatbestände verwirklicht. Insoweit hat der Rechtsanwalt die Gebühr nach den vollen Sätzen verdient. In diesen Besitzstand griffe eine rückwirkende Beiordnung ein. Sie bedarf deshalb der Einwilligung des Rechtsanwalts. Diese kann darin liegen, dass er das Mandat von vornherein mit dem Auftrag annimmt, PKH unter seiner Beiordnung zu erwirken.[151]

155   **dd) Notanwalt.**   Findet der Antragsteller nach Bewilligung von PKH keinen Rechtsanwalt, der zu den Bedingungen der PKH zu seiner Vertretung bereit ist, ist ihm auf Antrag durch das Gericht ein sog. Notanwalt beizuordnen (§ 121 Abs. 4 ZPO, § 48 Abs. 1 BRAO). Der Antragsteller muss nachweisen, dass er keinen zu seiner Vertretung bereiten Rechtsanwalt gefunden hat. Die Anforderungen an den Nachweis dürfen nicht überspannt werden. Der Antragsteller ist nicht zu dem Versuch gezwungen, alle an seinem Wohnsitz oder am Sitz des Gerichts tätigen Rechtsanwälte mit seiner Vertretung zu beauftragen. Erforderlich ist allerdings, dass er zumindest eine gewisse Anzahl von Rechtsanwälten nachweisbar vergeblich um die Übernahme seiner Vertretung gebeten hat.[152]

---

150 Zur Anwendung dieser Vorschrift in Fällen, in denen der beigeordnete Rechtsanwalt mehrere Beteiligte vertritt: VGH Mannheim JurBüro 2009, 490. S.a. VGH München 6.6.2017 – 10 C 14.1645, juris Rn. 28 ff.; 5.4.2017 – 19 C 15.2425, juris Rn. 12 ff.
151 G. *Christl*, MDR 1983, 537, 539.
152 Vgl. zu § 78 b ZPO: BVerwG NVwZ-RR 2000, 59; BGH NJW-RR 2004, 864; HmbOVG NVwZ-RR 2000, 548, 549; VGH Mannheim NVwZ-RR 1999, 280; OVG Münster NVwZ-RR 2001, 612; NJW 2003, 2624. S.a. BVerwG NVwZ 2017, 1550 f.

2. Dauer der Bewilligung. a) Rückwirkende Bewilligung. Die PKH kann rückwirkend bewilligt wer- 156
den, und zwar grds. bezogen auf den Zeitpunkt der Antragstellung,[153] nicht hingegen auf einen Zeitpunkt vor Antragstellung (VGH München 7.9.2017 – 21 C 17.1651, juris Rn. 4; BayVBl 1997, 637).[154] Maßgeblich ist, wann der Antrag Entscheidungsreife erlangt hat, ihm also insbes. alle erforderlichen Unterlagen beigefügt waren (→ Rn. 77).[155] PKH kann rückwirkend bezogen auf den Zeitpunkt bewilligt werden, zu dem ein ordnungsgemäßer, insbes. vollständiger Antrag gestellt war.[156] Die anschließende „normale" Bearbeitungszeit des Gerichts ist von der Rückwirkung nicht auszunehmen. Die Bewilligung ist also nicht auf den – im Einzelnen nur schwer feststellbaren – Zeitpunkt zurückzubeziehen, zu dem das Gericht bei ordnungsgemäßer („unverzögerter") Bearbeitung über das Gesuch hätte entscheiden müssen. Nach dem Grundgedanken der § 124 Abs. 1 Nr. 1 und 2 ZPO muss der Antragsteller hingegen die Nachteile in Kauf nehmen, die entstehen, weil er schuldhaft falsche, unvollständige oder verspätete Angaben und Belege für sein Gesuch beibringt.

Hatte der Antragsteller bereits früher ein PKH-Gesuch angebracht, das rechtskräftig abgelehnt wurde, 157
kann selbst bei gleichgebliebener Sach- und Rechtslage die spätere Bewilligung nicht auf den Zeitpunkt der Anbringung des ersten („verbrauchten") Antrags rückbezogen werden (VGH München NVwZ-RR 1994, 240).

Wenn das Gericht in seinem Beschluss nicht ausdrücklich anderes bestimmt, wirkt die Bewilligung erst 158
mit der Bekanntgabe des Beschlusses. Eine rückwirkende Bewilligung für einen früher liegenden Zeitpunkt muss ausdrücklich ausgesprochen werden.[157] Sind zwischen dem Eingang des PKH-Gesuchs und seiner Bescheidung Gebührentatbestände verwirklicht worden, werden sie nur bei rückwirkender Bewilligung von PKH und Beiordnung eines Rechtsanwalts von der PKH und ihren Wirkungen erfasst.

b) Bewilligung für den ganzen Rechtszug. Die Bewilligung wirkt grds. für den ganzen Rechtszug, vgl. 159
§ 119 Abs. 1 S. 1 ZPO. Unter Rechtszug ist grds. jeder Verfahrensabschnitt zu verstehen, der besondere Kosten verursacht. Stehen mehrere Verfahrensabschnitte in notwendigem inneren Zusammenhang, bilden sie einen einheitlichen Rechtszug selbst dann, wenn sie jeweils mit Kosten verbunden sind. Maßgeblich ist, ob diese Verfahrensabschnitte bei der Bewilligung von PKH nach deren Zweck voneinander getrennt werden können oder nicht (BVerwG NVwZ-RR 1995, 545; OVG Weimar NVwZ-RR 1998, 867).

In diesem Sinne bilden das Verfahren der Berufungszulassung und das Berufungsverfahren ebenso 160
einen einheitlichen Rechtszug wie das Verfahren der Nichtzulassungsbeschwerde und das Revisionsverfahren. Die Bewilligung von PKH kann nicht auf das Zulassungsverfahren beschränkt werden, sondern wirkt auch für das nachfolgende Rechtsmittelverfahren. Einer gesonderten Bewilligung bedarf es nicht.[158] Dasselbe gilt für das Verfahren der Anhörungsrüge.[159]

Die Bewilligung gilt nicht für eine nachträgliche Klageänderung.[160] 160a

Hatte das Berufungsgericht für den Berufungsrechtszug PKH bewilligt, wirkt diese Bewilligung auch 160b
dann fort, wenn das später ergangene Berufungsurteil durch das Revisionsgericht aufgehoben und die Sache an das Berufungsgericht zurückverwiesen wird. Durch die Zurückverweisung wird kein neuer Rechtszug i.S.d. § 119 Abs. 1 S. 1 ZPO eröffnet (BVerwG DÖV 2008, 827).

---

153 BGH NJW 1992, 839, 840; OVG Greifswald NVwZ-RR 1996, 621, 622; OVG Koblenz NVwZ 1991, 595, 596; vgl. ferner → Rn. 43 ff.
154 W.-R. Schenke, in: Kopp/Schenke § 166 Rn. 14.
155 BGH NJW 1982, 446; OVG Bautzen NVwZ-RR 2016, 120; VGH Mannheim VBlBW 2003 130; P. Blümler, MDR 1983, 96, 98; E. Schneider, Rpfleger 1985, 430, 431.
156 BAG 31.07.2017 – 9 AZB 32/17, juris Rn. 5; OVG Bautzen NVwZ-RR 2016, 120; so auch S. Olbertz, in: Schoch/Schneider/Bier § 166 Rn. 56: Zeitpunkt der Antragstellung, sofern die Anforderungen des § 117 ZPO erfüllt sind; dann auch Zeitpunkt der vollständigen Antragstellung, wenn das Gericht Glaubhaftmachung verlangt oder Beweis erhebt.
157 P. Blümler, MDR 1983, 96, 97; G. Christl, MDR 1983, 624, 628; a.A. OLG Brandenburg JurBüro 2008, 486; LSG Erfurt Rpfleger 2000, 165; S. Olbertz, in: Schoch/Schneider/Bier § 166 Rn. 56; W. Dürbeck/Y. Gottschalk, Prozess- und Verfahrenskostenhilfe, Beratungshilfe, Rn. 602 ff.
158 BVerwG NVwZ-RR 1995, 545; VGH Kassel NVwZ-RR 2000, 119; OVG Weimar NVwZ-RR 1998, 867, 868.
159 A.A. H. Schneider, JurBüro 2005, 513, 515.
160 BGH NJW-RR 2006, 429; OVG Magdeburg NVwZ-RR 2010, 702, 703; VGH Mannheim NVwZ-RR 2006, 508; VGH München BayVBl 2008, 382. Zum Vergleichsüberhang: OVG Saarlouis NJW 2013, 1019.

161 **c) Ende der Bewilligung.** Die Bewilligung von PKH erlischt mit dem Tod des Begünstigten. Sie begründet eine höchstpersönliche Berechtigung, aber keine übertragbare und damit vererbliche vermögenswerte Rechtsposition (OLG Hamm MDR 1977, 409). Einer Aufhebung der Bewilligung bedarf es nicht (OLG Frankfurt Rpfleger 1985, 123). Die Wirkungen der PKH werden erst vom Zeitpunkt des Todes des Begünstigten an beseitigt. Soweit dieser von Vergütungsansprüchen eines beigeordneten Rechtsanwalts befreit war, wirkt die Befreiung zugunsten seiner Erben (KG Rpfleger 1986, 281). Sie haben nur für solche Vergütungsansprüche einzustehen, die erst nach dem Tod des Begünstigten entstanden sind. Führen sie den Prozess als Rechtsnachfolger des verstorbenen Beteiligten fort, kann ihnen PKH nur aufgrund eines neuen Antrags und nur nach Maßgabe ihrer persönlichen Mittellosigkeit bewilligt werden.

162 **3. Wirkungen der Bewilligung. a) Wirkungen für den prozesskostenhilfeberechtigten Beteiligten.** Ist PKH ohne Zahlungsbestimmung bewilligt, wird der Antragsteller im zeitlichen und gegenständlichen Umfang der Bewilligung endgültig von den Gerichtskosten sowie von Vergütungsleistungen an den beigeordneten Rechtsanwalt befreit. Hat das Gericht die Zahlung von Raten oder von Beträgen aus dem Vermögen angeordnet, tritt eine Wirkung ähnlich der Stundung ein. Der Antragsteller hat nur Zahlungen an die Staatskasse zu leisten und dadurch nach Maßgabe der festgesetzten Raten und Beträge aus dem Vermögen die Gerichtskosten und die Vergütung aufzubringen, welche die Staatskasse an den beigeordneten Rechtsanwalt zahlt (§ 122 Abs. 1 Nr. 1 und Nr. 3 ZPO). Dies gilt auch dann, wenn der Beteiligte, dem Prozesskostenhilfe bewilligt wurde, sich in einem Vergleich[161] zur (teilweisen) Übernahme von Kosten verpflichtet hat (VGH Kassel NVwZ-RR 2015, 918, 919 m.w.N.; OLG Naumburg NJW-RR 2015, 1210, 1211). Die Gerichtskasse kann also nicht unmittelbar die Gerichtskosten gegen den PKH-Empfänger geltend machen, denn § 122 Abs. 1 Nr. 1 a ZPO differenziert nicht nach Entscheidungs- oder Übernahmeschuldnern gem. § 29 Nr. 1 und Nr. 2 GKG (zu dem Verhältnis der Parteien untereinander → Rn. 165 f.).

163 Die eigenen Auslagen des Antragstellers werden von der PKH nicht erfasst. Er hat sie vielmehr selbst zu tragen. Das gilt auch für Reisekosten aus Anlass eines gerichtlichen Termins.[162]

164 Reisekosten können dem mittellosen Beteiligten jedoch außerhalb der PKH nach einer Allgemeinen Verwaltungsvorschrift (VwV Reiseentschädigung i.d.F. v. 20.1.2014, BAnz AT 29.1.2014 B1) erstattet werden (offen gelassen von VGH Mannheim VBlBW 2010, 45). Dabei handelt es sich nicht um eine Leistung der PKH (OVG Bautzen NVwZ-RR 1999, 814; VGH München BayVBl 1985, 438). Hierfür spricht, dass nach Ziff. 1 S. 5 VwV Reiseentschädigung die Vorschriften über PKH unberührt bleiben. Die Reiseentschädigung kann auch gewährt werden, wenn PKH nicht in Betracht kommt, etwa wenn der Beteiligte in einem gerichtskostenfreien Verfahren ohne Anwaltszwang anwaltlich nicht vertreten ist. Sie setzt zwar Mittellosigkeit voraus, nicht jedoch eine hinreichende Erfolgsaussicht.[163] Sie sichert den Anspruch des Beteiligten auf rechtliches Gehör und ist zu gewähren, wenn auch ein bemittelter Beteiligter den Termin wahrnähme (BVerwG NJW 2017, 1497; VGH Mannheim VBlBW 2010, 45; VGH München NJW 2006, 2204; BayVBl 2009, 608). Auf die Anordnung des persönlichen Erscheinens durch das Gericht kommt es nicht zwingend an (VGH München BayVBl 1985, 438).[164] Ist das persönliche Erscheinen jedoch angeordnet, so ist die Notwendigkeit zu bejahen (BVerwG NJW 2017, 1497).

165 **b) Auswirkungen auf den Prozessgegner.** Die Bewilligung von PKH befreit den Antragsteller nicht von der Pflicht, im Falle seines Unterliegens die Kosten des Prozessgegners zu erstatten (§ 123 ZPO).

166 Wie sich die Bewilligung von PKH auf den Prozessgegner hinsichtlich der Gerichtskosten auswirkt, ist in § 122 Abs. 2 ZPO und § 125 ZPO geregelt. Hat der Prozessgegner Gerichtskosten verauslagt, gehören sie im Falle seines endgültigen Obsiegens zu seinen erstattungsfähigen Aufwendungen, die der An-

---

161 Hierzu OVG Brem NJW-RR 2013, 1344; zum Vergleichsüberhang s. OVG Saarlouis NJW 2013, 1019.

162 OVG Bln NJW 2009, 388; OVG Münster NJW 2009, 871; a.A. für analoge Anwendung der PKH-Vorschriften, welche hinreichende Aussicht auf Erfolg voraussetzen: BGHZ 64, 139, 142 f.; BVerwG NJW 2017, 1497; 19.2.1997 Buchholz 310 § 166 VwGO Nr. 37; HmbOVG DÖV 2010, 703; *W.-R. Schenke*, in: Kopp/Schenke § 166 Rn. 13 b, was insbes. der Fall sein dürfte, wenn das persönliche Erscheinen angeordnet wurde; *P. Wysk*, in: Wysk § 166 Rn. 62.

163 VGH München NJW 2006, 2204; a.A. BVerwG 19.2.1997 Buchholz 310 § 166 VwGO Nr. 37; OVG Bln NJW 2009, 388; OVG Münster NJW 2009, 871.

164 *W.-R. Schenke*, in: Kopp/Schenke § 166 Rn. 13 b.

tragsteller trotz Bewilligung von PKH wegen § 123 ZPO zu erstatten hätte. Der PKH-Berechtigte müsste dann als erstattungsfähige Aufwendungen des Prozessgegners im Ergebnis Gerichtskosten tragen, die er nach dem Inhalt der Bewilligung entweder gar nicht oder nur in Raten aufbringen muss. Die § 122 Abs. 2, § 125 ZPO wollen namentlich dieses Ergebnis verhindern.[165] Im Übrigen wollen sie aus Gründen der Gleichbehandlung vermeiden, dass der Prozessgegner vorläufig mit Gerichtskosten belastet wird, mit denen der PKH-berechtigte Beteiligte in vergleichbarer Lage nicht belastet ist.

Ob auch dann keine Gerichtskosten gezahlt werden müssen, wenn der Beteiligte, dem Prozesskosten- 166a
hilfe bewilligt wurde, sich in einem Vergleich zur (teilweisen) Übernahme von Kosten verpflichtet hat oder sich dies mangels einer expliziten Regelung im Vergleich aus § 160 ergibt, ist umstritten. Zur Beantwortung ist seit dem Inkrafttreten des § 31 Abs. 4 GKG nach altem und neuem Recht zu differenzieren (→ Rn. 166 b f.).

Nach altem Recht, also vor Inkrafttreten des § 31 Abs. 4 GKG m.W.v. 1.8.2013 (→ Rn. 166 c), unter- 166b
sagte lediglich § 31 Abs. 3 S. 1 GKG der Staatskasse, Kosten vom Gegner einzufordern. Teilweise wurde unter bestimmten Voraussetzungen § 31 Abs. 3 S. 1 GKG analog auf den Vergleich angewendet (OLG Zweibrücken 1.3.2010 – 5 UF 147/08), teilweise wurde dies abgelehnt und der Rückgriff zulasten des PKH-Empfängers zugelassen (vgl. BGH NJW 2004, 366). Letzteres wurde vom BVerfG wegen der Missbrauchsgefahr zulasten der Staatskassen und der Freiwilligkeit des Vergleichs für verfassungsgemäß erachtet (BVerfGE 51, 295; BVerfG NJW 2000, 3271).[166]

Nach neuem Recht besteht mit § 31 Abs. 4 GKG[167] eine ausdrückliche Regelung, die von der Ana- 166c
logie zu § 31 Abs. 3 S. 1 GKG bzw. der so operierenden Rspr. inspiriert ist.[168] Danach darf der Gegner nicht in Anspruch genommen werden, wenn (1.) der Kostenschuldner (also der PKH-Empfänger) die Kosten in einem vor Gericht abgeschlossenen oder gegenüber dem Gericht angenommenen Vergleich übernommen hat, (2.) der Vergleich einschließlich der Verteilung der Kosten von dem Gericht vorgeschlagen worden ist und (3.) das Gericht in seinem Vergleichsvorschlag ausdrücklich festgestellt hat, dass die Kostenregelung der sonst zu erwartenden Kostenentscheidung entspricht. Dann ist auch ein Rückgriff über § 123 ZPO ausgeschlossen, da der Gegner nicht zur Kostentragung herangezogen wurde. Sind diese Voraussetzungen jedoch nicht erfüllt, so ergibt – anders als nach altem Recht – der Umkehrschluss, dass die Gerichtskasse Gerichtskosten auch vom Gegner anfordern kann.[169] Dies stellt eine wenig überzeugende Lösung dar. Im verwaltungsgerichtlichen Verfahren dürfte zum einen die Missbrauchsgefahr ohnehin gering sein, zum anderen sind die Kosten für die Staatskasse höher, wenn anstelle eines vollständigen Vergleichs dem Gericht die Kostenentscheidung überlassen wird (→ § 160 Rn. 13 f.).

4. Änderung der Bewilligung. Unter den Voraussetzungen des § 120 a ZPO ist in eingeschränktem 167
Umfang eine Änderung der Bewilligung möglich. Die Vorschrift ist durch das Gesetz zur Änderung des Prozesskostenhilfe- und Beratungshilferechts (→ Rn. 4 a ff.)[170] an Stelle des gleichzeitig aufgehobenen § 120 Abs. 4 ZPO in das Gesetz eingefügt worden und hat die Möglichkeit einer Änderung der Bewilligung gegenüber dem früheren Rechtszustand erweitert. In vielem entspricht die Regelung aber dem früheren § 120 Abs. 4 ZPO. Insoweit kann die Rspr. zu dieser Vorschrift weiter herangezogen werden.

a) Anwendungsbereich. Die Vorschrift regelt nur den Fall, dass sich die persönlichen und wirtschaft- 168
lichen Verhältnisse des Antragstellers ändern, die das Gericht der Bewilligung zugrunde gelegt hat. Eine geänderte Beurteilung der gleichgebliebenen Verhältnisse reicht hingegen nicht aus (OLG Köln Rpfleger 1999, 282). Ohne Einfluss auf die Bewilligung bleibt es ferner, wenn sich die Umstände än-

---

165 Zu der im Verwaltungsprozess seltenen Fallgestaltung, dass dem Beklagten PKH bewilligt worden ist: BVerfG NJW 1999, 3186; hierzu F. *Lappe*, NJW 1999, 3173.
166 A.A. B. *Gsell*, ZZP 114 (2001), 473, 475 ff.
167 Eingefügt durch Art. 3 Nr. 14 des Zweiten Gesetzes zur Modernisierung des Kostenrechts (2. Kostenrechtsmodernisierungsgesetz – 2. KostRMoG) v. 23.7.2013, BGBl I 2586. Hierzu BT-Drs. 17/11471, 244.
168 BT-Drs. 17/11471, 244.
169 Hierzu aus der Rspr.: OLG Oldenburg 4.5.2016 – 12 W 50/16; OLG Naumburg NJW-RR 2015, 1210; AG Bad Segeberg MJW-RR 2014, 894; aus der Lit.: B. *Dölling*, MDR 2013, 1009; W. *Dürbeck*/Y. *Gottschalk*, Prozess- und Verfahrenskostenhilfe, Beratungshilfe, Rn. 761; I. M. *Groß*, BerH/PKH/VKH, § 123 ZPO Rn. 9; N. *Schneider*/L. *Thiel*, NJW 2013, 3222.
170 S.a. J. *Gnisa*, DRiZ 2013, 350, 352 f.

dern, die das Gericht seiner Beurteilung der Erfolgsaussichten zugrunde gelegt hat. Ändern sich die maßgeblichen persönlichen und wirtschaftlichen Verhältnisse wesentlich, ermöglicht auch das dem Gericht einen erneuten Zugriff nur auf seine ursprüngliche Entscheidung, ob und in welcher Höhe Zahlungen zu leisten sind. Hingegen lässt § 120 a ZPO es nicht zu, die Bewilligung aufzuheben. Aus welchen Gründen eine Bewilligung aufgehoben werden darf, ist vielmehr in § 124 ZPO abschließend aufgezählt.

168a   Liegen die Voraussetzungen des § 120 a ZPO vor, steht die Änderung der Bewilligung abweichend vom früheren Recht nicht im Ermessen des Gerichts. Das Gericht soll seine Entscheidung über die zu leistenden Zahlungen vielmehr ändern. In atypischen Fällen bleibt Raum, von der Änderung abzusehen.[171]

169   Die Bewilligung von PKH kann zum Nachteil des Antragstellers nicht mehr geändert werden, wenn seit der rechtskräftigen Entscheidung des Hauptsacheverfahrens oder seit dessen sonstiger Beendigung vier Jahre vergangen sind (§ 120 a Abs. 1 S. 4 ZPO).[172]

170   **b) Mögliche Änderungen.**   Haben sich die persönlichen und wirtschaftlichen Verhältnisse des Antragstellers verschlechtert, sollen festgesetzte Raten der Höhe nach herabgesetzt oder soll ihre Zahlung ganz oder zeitweise ausgesetzt werden. Ändern sich die Freibeträge des § 115 Abs. 1 S. 3 Nr. 1 b und Nr. 2 ZPO aufgrund neufestgesetzter oder fortgeschriebener Regelsätze, ist dies nur dann zu berücksichtigen, wenn infolge der geänderten Freibeträge PKH nunmehr ohne Ratenzahlungen zu bewilligen ist (§ 120 a Abs. 1 S. 2 ZPO). Auf die Höhe festgesetzter Raten bleibt eine Änderung der Freibeträge hingegen ohne Einfluss.

171   Verbessern sich die persönlichen und wirtschaftlichen Verhältnisse, soll das Gericht erstmals die Zahlung von Raten oder die Zahlung höherer Raten als bisher anordnen.

172   Erwirbt der Antragsteller nachträglich Vermögen, aus dem die Kosten der Prozessführung ohne Weiteres aufgebracht werden können, soll die Zahlung eines Betrags aus dem Vermögen angeordnet werden.[173] Dieser Betrag kann die Höhe der gesamten noch offenen Prozesskosten annehmen, also die sofortige volle Zahlung aller bereits fälligen Prozesskosten bedeuten (OLG Brandenburg FamRZ 2002, 403; OLG Naumburg FamRZ 2009, 629). Praktisch kommt dies einer nachträglichen Aufhebung der Bewilligung gleich, allerdings mit Wirkung nur für die Zukunft.

172a   Ähnlich wie der nachträgliche Erwerb von Vermögen ist es zu beurteilen, wenn ein Vermögensgegenstand veräußert wird, über den der Antragsteller nicht allein verfügen konnte, und der Antragsteller dadurch Geldvermögen erlangt, über das er allein verfügen kann (OVG Lüneburg NJW 2011, 1160).

172b   Eine wesentliche Verbesserung der wirtschaftlichen Verhältnisse stellt es insbes. dar, wenn die Partei durch die Rechtsverfolgung etwas erlangt (§ 120 a Abs. 3 S. 1 ZPO). Eine Änderung der Bewilligung aus diesem Grund ist aber ausgeschlossen, soweit die Partei bei rechtzeitiger Leistung des Erlangten ratenfreie PKH erhalten hätte (§ 120 a Abs. 3 S. 3 ZPO). Das ist etwa dann der Fall, wenn bei rechtzeitiger Leistung das Geleistete als Schonvermögen nach § 115 Abs. 3 S. 2 ZPO, § 90 SGB XII vom Einsatz ausgenommen gewesen wäre.

173   § 120 a hat die Möglichkeiten des Gerichts erweitert, eine Veränderung der persönlichen und wirtschaftlichen Verhältnisse zu überprüfen.

173a   Zum einen hat die Partei auf Verlangen des Gerichts jederzeit zu erklären, ob eine Veränderung der Verhältnisse eingetreten ist (§ 120 a Abs. 1 S. 3 ZPO). Ein besonderer Anlass ist für ein solches Verlangen nicht erforderlich; regelmäßige Überprüfungen in bestimmten zeitlichen Abständen sind damit zulässig (anders zum früheren Recht: VGH Kassel NVwZ-RR 2006, 512). Für die verlangte Erklärung ist das Formular nach § 117 Abs. 3 ZPO zu verwenden (§ 120 a Abs. 4 S. 1 ZPO). War für das PKH-Verfahren ein Prozessbevollmächtigter bestellt, ist die Aufforderung zur Abgabe der Erklärung an ihn zu richten, auch wenn das Hauptsacheverfahren bereits beendet ist (BGH MDR 2011, 183).

---

171   So auch *J. Gnisa*, DRiZ 2013, 350, 352; *E. Straßfeld*, SGb 2014, 236, 239.
172   Zur Frage, ob auf die Einleitung des Änderungsverfahrens oder die Entscheidung im Änderungsverfahren abzustellen ist: OLG Brandenburg FamRZ 2001, 1085, 1086; OLG Düsseldorf AnwBl 2001, 373.
173   BVerwG 12.6.2012 – 5 PKH 7.11; auf den Verbrauch des Vermögens zu anderen Zwecken kommt es nicht an: BGH FamRZ 2007, 1720, 1721; NJW-RR 2008, 302. Zum nachträglichen Erwerb von Vermögen durch Realisierung der im Prozess streitig gewesenen Forderung: BGH Rpfleger 2007, 32.

Zum anderen ist die Partei verpflichtet, von sich aus dem Gericht unverzüglich mitzuteilen, dass sich 173b
ihre wirtschaftlichen Verhältnisse wesentlich verbessert haben (§ 120 a Abs. 2 S. 1 ZPO). Bezieht die
Partei ein laufendes monatliches Einkommen, ist eine Einkommensverbesserung nur dann wesentlich,
wenn die Differenz zu dem bisher zugrunde gelegten Bruttoeinkommen nicht nur einmalig 100 €
übersteigt. Soweit abzugsfähige Belastungen wegfallen, ist die dadurch eingetretene Verbesserung der
Verhältnisse ebenfalls nur dann wesentlich, wenn die wegfallende Belastung nicht nur einmalig 100 €
übersteigt (§ 120 a Abs. 2 S. 2 und 3 ZPO). Über diese Mitteilungspflicht ist die Partei schon bei der
Beantragung von PKH zu belehren; die Belehrung ist in das Antragsformular aufzunehmen (§ 120 a
Abs. 2 S. 4, § 117 Abs. 3 S. 2 ZPO).

Um dem Gericht die Überprüfung der persönlichen und wirtschaftlichen Veränderung zu erleichtern, 173c
insbes. durch ein Verlangen nach § 120 a Abs. 1 S. 3 ZPO, hat die Partei ferner von sich aus jede Änderung ihrer Anschrift dem Gericht unverzüglich mitzuteilen (§ 120 a Abs. 2 S. 1 ZPO). Auch hierüber
ist bei Antragstellung zu belehren (§ 120 a Abs. 2 S. 4, § 117 Abs. 3 S. 2 ZPO).

Die Änderung wirkt grds. nur für die Zukunft, beginnend mit der Entscheidung des Gerichts. Haben 174
sich die persönlichen und wirtschaftlichen Verhältnisse verschlechtert, kann das Gericht aber eine Änderung rückwirkend auf den Zeitpunkt anordnen, zu dem die Verhältnisse sich verschlechtert haben.

5. Aufhebung der Bewilligung. Die Bewilligung soll unter den Voraussetzungen des § 124 Abs. 1 175
ZPO aufgehoben werden. Die dort aufgezählten Gründe sind abschließend.[174] Die Aufhebung der Bewilligung hat grds. keinen Strafcharakter, weshalb eine vollständige Erklärung, die im Beschwerdeverfahren nachgereicht wird, einer Aufhebung der Bewilligung von PKH entgegen steht (OVG Bln-Bbg
NVwZ-RR 2016, 840). Der Wortlaut „soll" weist daraufhin, dass nur in seltenen, atypischen Fällen
von der Aufhebung abgesehen werden kann (BT-Drs. 17/11472, 34; LAG BW 5.3.2015 – Ta 2/14,
BeckRS 2015, 68548).[175] Genannt werden als Kriterien die Schwere des Verstoßes bzw. des Verschuldens; die Nichtabgabe einer Erklärung, die auf einem schuldhaften Verhalten der Partei beruht; die
Auswirkungen für die Partei, insbes. etwaige Härten; das schutzwürdige Vertrauen in den Fortbestand
der ursprünglichen Bewilligungsentscheidung; der Kostendeckungsgrad etwaiger Zahlungen des Antragstellers (LAG BW 5.3.2015 – Ta 2/14, BeckRS 2015, 68548). Soweit sie unrichtige Angaben des
Antragstellers oder einen Irrtum des Gerichts über die persönlichen und wirtschaftlichen Verhältnisse
voraussetzt, kann die Bewilligung nicht aufgehoben werden, wenn auch bei richtigen Angaben oder
bei richtiger Beurteilung der persönlichen und wirtschaftlichen Verhältnisse PKH ganz oder teilweise
hätte bewilligt werden müssen (anders BGH MDR 2013, 50 für § 124 Nr. 2 Alt. 1 ZPO).

Der Beschluss, mit dem die Bewilligung aufgehoben wird, ist nicht dem Antragsteller selbst, sondern 175a
seinem (seinerzeitigen) Prozessbevollmächtigten zuzustellen, wenn dieser ihn bereits im Verfahren der
Bewilligung vertreten hat (BGH MDR 2011, 183).

a) § 124 Abs. 1 Nr. 1 ZPO. Nach § 124 Abs. 1 Nr. 1 ZPO soll die Bewilligung aufgehoben werden, 176
wenn der Antragsteller das Streitverhältnis unrichtig dargestellt und dadurch die maßgeblichen Voraussetzungen für die Bewilligung vorgetäuscht hat. Aufgrund seiner Mitwirkungspflicht ist der Antragsteller gehalten, dem Gericht auch nach Antragstellung geänderte Umstände mitzuteilen, welche
die Erfolgsaussichten der beabsichtigten Rechtsverfolgung in einem ihm ungünstigeren Licht erscheinen lassen (OLG München FamRZ 1999, 633; a.A. HmbOVG NVwZ-RR 2011, 661 für Tatsachen,
die nach Eintritt der Bewilligungsreife, aber vor der Entscheidung des Gerichts eingetreten sind).

b) § 124 Abs. 1 Nr. 2 ZPO. Nach § 124 Abs. 1 Nr. 2 ZPO soll die Bewilligung aufgehoben werden, 177
wenn der Antragsteller absichtlich oder aus grober Nachlässigkeit (hierzu: OLG Brandenburg
MDR 2006, 170; OLG Zweibrücken FamRZ 2008, 160) unrichtige Angaben über seine persönlichen
und wirtschaftlichen Verhältnisse gemacht hat (1. Alt.). Dem ist der Fall gleichgestellt, dass der Antragsteller entgegen einem Verlangen des Gerichts nach § 120 a Abs. 1 S. 3 ZPO (→ Rn. 173 a) keine
oder nur eine ungenügende Erklärung dazu abgibt, ob eine Veränderung dieser Verhältnisse eingetreten ist (2. Alt.). Setzt das Gericht dem Antragsteller eine Frist für eine solche Erklärung, handelt es
sich nicht um eine Ausschlussfrist. Holt der Antragsteller eine zunächst unterbliebene Erklärung nach

---

174 *W.-R. Schenke*, in: Kopp/Schenke § 166 Rn. 18; *D. Wache*, in: MüKo ZPO, ⁵2016, § 124 Rn. 6.
175 *E. Straßfeld*, SGb 2014, 236, 240.

und ergibt sich aus ihr, dass die Voraussetzungen der PKH fortbestehen, hat eine Aufhebung der Bewilligung zu unterbleiben (→ Rn. 175).[176]

178　c) **§ 124 Abs. 1 Nr. 3 ZPO.** Nach § 124 Abs. 1 Nr. 3 ZPO soll die Bewilligung aufgehoben werden, wenn die persönlichen und wirtschaftlichen Verhältnisse für eine Bewilligung nicht vorgelegen haben, das Gericht also ihre Voraussetzungen irrig angenommen hat. Der Irrtum muss aber ebenfalls durch objektiv unrichtige oder unvollständige Angaben des Antragstellers verursacht sein. Hingegen kommt eine Aufhebung der Bewilligung nicht in Betracht, wenn das Gericht bei richtigen und vollständigen Angaben des Antragstellers die Voraussetzungen einer Bewilligung fehlerhaft beurteilt hat (OLG Brandenburg FamRZ 2000, 1229). Verschulden des Antragstellers ist nicht erforderlich (OLG Brandenburg FamRZ 2002, 762); jedoch kann das Gericht im Rahmen seines Ermessens fehlendes Verschulden berücksichtigen (OLG Frankfurt MDR 2002, 785).

179　§ 124 Abs. 1 Nr. 3 ZPO erfasst nur den Fall, dass die persönlichen und wirtschaftlichen Verhältnisse für die Bewilligung schon in dem für sie maßgeblichen Zeitpunkt nicht vorgelegen haben. Nachträgliche Veränderungen dieser Verhältnisse fallen nicht unter die Vorschrift.

180　Gegen eine Aufhebung ist der Antragsteller geschützt, wenn seit der rechtskräftigen Entscheidung oder sonstigen Beendigung des Hauptsacheverfahrens vier Jahre vergangen sind, es sei denn, es liegen zugleich die Voraussetzungen der Nr. 1 oder 2 vor.

181　d) **§ 124 Abs. 1 Nr. 4 ZPO.** Nach § 124 Abs. 1 Nr. 4 ZPO soll die Bewilligung aufgehoben werden, wenn der Antragsteller entgegen § 120 a Abs. 2 S. 1–3 ZPO dem Gericht wesentliche Verbesserungen seiner Einkommens- oder Vermögensverhältnisse oder Änderungen seiner Anschrift absichtlich oder aus grober Nachlässigkeit unrichtig oder nicht unverzüglich mitgeteilt hat. Die Vorschrift setzt Verschulden voraus.

182　An einem Verschulden fehlt es, wenn es an der in § 120 a Abs. 2 S. 4 ZPO vorgeschriebenen Belehrung nicht nur über die Pflicht zur Mitteilung und deren Voraussetzungen, sondern auch über die Folgen eines Verstoßes fehlt. Auch hier stellt sich die Frage des Sanktionscharakters (→ Rn. 175).

183　e) **§ 124 Abs. 1 Nr. 5 ZPO.** Nach § 124 Nr. 5 ZPO soll die Bewilligung aufgehoben werden, wenn der Antragsteller länger als drei Monate mit der Zahlung einer Rate oder eines sonstigen Betrags im Rückstand ist. Mit Rückstand ist Verzug gemeint; er setzt also Verschulden voraus (a.A. OLG Stuttgart 23.7.2015 – 2 W 21/15, BeckRS 2015, 15032, Rn. 3 ff.).

183a　An einem Verschulden fehlt es, wenn die Zahlung von Raten zu Unrecht angeordnet worden war oder wenn sich die wirtschaftlichen Verhältnisse des Antragstellers verschlechtert haben und er deshalb nicht mehr in der Lage ist, die Ratenzahlungen einzuhalten. Entschuldigt der Antragsteller den Rückstand mit derartigen Gründen, liegt darin konkludent ein Antrag, die mit der Bewilligung festgesetzten Ratenzahlungen zu ändern (§ 120 a Abs. 1 ZPO). Hierüber ist vor einer Aufhebung der Bewilligung zu entscheiden. Dasselbe gilt, wenn sich aus dem (neuen) Vortrag des Antragstellers ergibt, dass seine wirtschaftlichen Verhältnisse von Anfang an ungünstiger als vom Gericht angenommen waren und Raten in der festgesetzten Höhe nicht zuließen (BGH NJW 1997, 1077; OLG Köln FamRZ 2003, 774). Äußert sich der Antragsteller hingegen zu den Gründen seines Zahlungsrückstands nicht, kann ohne Weiteres davon ausgegangen werden, dass der Rückstand verschuldet ist. Der Antragsteller ist vor der Aufhebung auf die Rückstände hinzuweisen (OLG Brandenburg FamRZ 2002, 1419).

183b　Hat das Gericht die Bewilligung nach § 124 Abs. 1 Nr. 5 ZPO aufgehoben, kommt eine erneute Bewilligung nur in Betracht, wenn sich die wirtschaftlichen Verhältnisse des Antragstellers seit der ersten (aufgehobenen) Bewilligung verschlechtert haben, ihm namentlich nunmehr PKH ohne Ratenzahlung zu bewilligen ist (BGH FamRZ 2005, 2063).

183c　f) **§ 124 Abs. 2 ZPO.** Nach § 124 Abs. 2 ZPO kann die Bewilligung aufgehoben werden, soweit eine von der Partei beantragte Beweiserhebung auf Grund von Umständen, die im Zeitpunkt der Bewilligung der Prozesskostenhilfe noch nicht berücksichtigt werden konnten, keine hinreichende Aussicht auf Erfolg bietet oder der Beweisantritt mutwillig erscheint.[177] § 124 Abs. 2 eröffnet – anders als

---

176　VGH Kassel NVwZ-RR 2006, 512; OVG Lüneburg JurBüro 2012, 316; OLG Brandenburg FamRZ 2008, 72; OLG Hamm Rpfleger 2003, 34, 35; OLG Köln FamRZ 2009, 633; a.A. OLG Brandenburg FamRZ 2005, 47; OLG Koblenz Rpfleger 1997, 442.

177　Vgl. *J. Gnisa,* DRiZ 2013, 350, 351 f.

§ 124 Abs. 1 (→ Rn. 175) – volles Ermessen. Die Vorschrift ermöglicht lediglich eine Teilaufhebung der Bewilligung, nämlich bezogen auf die Prozesskosten, die durch die Beweisaufnahme verursacht werden. Soweit eine Beweisaufnahme mit Auslagen für das Gericht verbunden ist, etwa in Fällen eines Sachverständigengutachtens, hat derjenige, der diese Beweisaufnahme beantragt, nach § 17 Abs. 1 GKG einen zur Deckung der Auslagen hinreichenden Vorschuss zu zahlen. Von der Zahlung eines solchen Vorschusses ist ein Antragsteller befreit, dem PKH bewilligt ist (§ 122 Abs. 1 Nr. 1 a ZPO). Erweist sich eine beantragte Beweisaufnahme nachträglich als nicht aussichtsreich, bewirkt die Teilaufhebung der PKH, dass der Antragsteller insoweit wie jede Partei für die Auslagen des Gerichts vorschusspflichtig wird. Die Anwendung der Vorschrift erfordert, dass das mögliche Ergebnis der Beweisaufnahme antizipiert wird. Dies ist in engem Rahmen zulässig (→ Rn. 71).

g) Wirkung der Aufhebung. Die Aufhebung der Bewilligung lässt die Wirkungen des § 122 ZPO entfallen (KG MDR 2011, 627). Die Staatskasse kann gegen den Antragsteller unbeschränkt alle noch ungedeckten Gerichtskosten und die Vergütungsansprüche des beigeordneten Rechtsanwalts geltend machen, die auf sie gem. § 59 RVG[178] übergegangen sind. Der beigeordnete Rechtsanwalt kann seinen Vergütungsanspruch aus dem Mandatsverhältnis gegen den Antragsteller geltend machen und festsetzen lassen (KG MDR 2011, 627). Seine bereits entstandenen Vergütungsansprüche gegen die Staatskasse bleiben von der Aufhebung der Bewilligung unberührt (OLG Köln JurBüro 2005, 544). Wenn die Bewilligung aufgehoben wird und die Schutzwirkung des § 122 ZPO entfällt, kommt auch eine Haftung des Gegners als Zweitschuldner wieder in Betracht (hierzu OLG Karlsruhe 12.1.2016 – 5 WF 176/15, BeckRS 2016, 04930; OLG Celle NJW 2015, 3670).[179] Dies kann verfassungsrechtlich bedenklich sein (vgl. BVerfG NJW 2013, 2882). **184**

In den Fällen der Abs. 1 Nr. 1, Nr. 2 Alt. 1 und Nr. 3 wirkt die Aufhebung auf den Zeitpunkt der Bewilligung zurück. In den Fällen des Abs. 1 Nr. 5 ist die Aufhebung auf den Zeitpunkt zu beziehen, zu dem der Antragsteller mit der Zahlung in Rückstand geriet. In den Fällen der Abs. 1 Nr. 2 Alt. 2 und Nr. 4 ist die Bewilligung mit Wirkung von dem Zeitpunkt an aufzuheben, zu dem der Antragsteller mit der Abgabe der verlangten Erklärung (Nr. 2) oder der ihm obliegenden Mitteilung (Nr. 4) säumig war. **185**

V. Bewilligungsverfahren

1. Prozesskostenhilfegesuch. a) Antragsabhängigkeit. PKH wird nur auf Antrag bewilligt. **186**
Als Prozesshandlung ist der Antrag bedingungsfeindlich (VGH Kassel DVBl 1998, 975). **187**
Ein schriftlicher Antrag muss als bestimmender Schriftsatz unterschrieben werden (BGH NJW 1994, 2097; OVG Bln-Bbg 9.11.2017 – OVG 11 N 157.16, juris Rn. 6). **188**
Der Antrag kann vor der Geschäftsstelle zu Protokoll erklärt, aber nicht fernmündlich abgegeben werden (BGH NJW-RR 2009, 852). Vertretungszwang besteht für ihn nicht, auch wenn PKH für ein Verfahren begehrt wird, das seinerseits dem Vertretungszwang unterliegt (§ 67 Abs. 4 S. 1). **189**
Der Antrag bezieht sich auf die beabsichtigte Rechtsverfolgung. Hat der Antragsteller bereits in der Hauptsache Klage erhoben und ändert er die Klage, bevor über den PKH-Antrag entschieden ist, ist dem Antrag, insbes. der Prüfung der Erfolgsaussichten, die geänderte Klage zugrunde zu legen, ohne dass der Kläger dies ausdrücklich erklären oder einen neuen Antrag stellen müsste (VGH Mannheim NVwZ-RR 2006, 508; zum Vergleichsüberhang: OVG Saarlouis NJW 2013, 1019). **189a**

b) Erklärung über die persönlichen und wirtschaftlichen Verhältnisse. Dem Antrag ist eine Erklärung über die persönlichen und wirtschaftlichen Verhältnisse (Familienverhältnisse, Beruf, Vermögen, Einkommen und Lasten) beizufügen (§ 117 Abs. 2 S. 1 ZPO). Dies ist verfassungsrechtlich nicht zu beanstanden (BVerfG 14.4.2010 – 1 BvR 362/10, juris Rn. 9; BVerfG NVwZ 2004, 334, 335). Für die Erklärung muss der Antragsteller sich des dafür eingeführten Formulars bedienen.[180] Eine Partei kraft Amtes, eine juristische Person oder eine beteiligtenfähige Personenvereinigung braucht sich des For- **190**

---

178 *H. Hansens*, RVGreport 2016, 4.
179 *H. Hansens*, RVGreport 2010, 161; *ders.*, RVGreport 2010, 291.
180 VO zur Verwendung eines Formulars für die Erklärung über die persönlichen und wirtschaftlichen Verhältnisse bei Prozess- und Verfahrenskostenhilfe (Prozesskostenhilfeformularverordnung – PKHFV v. 6.1.2014, BGBl I 34) m.W.v. 22.1.2014, → Rn. 4 f.; zur temporalen Anwendbarkeit der Formulare: *M. Just*, NJ 2014, 102. Zuvor ProzeßkostenhilfevordruckVO – PKHVV – v. 17.10.1994 i.d.F. v. 13.12.2001, BGBl I 3574. Zur Notwendigkeit, das For-

mulars nicht zu bedienen (§ 1 Abs. 2 PKHFV). Zu den erforderlichen Angaben juristischer Personen gehört auch die Darlegung, dass die Kosten der Prozessführung nicht von den am Gegenstand des Rechtsstreits wirtschaftlich Beteiligten aufgebracht werden können (OVG Bautzen NVwZ-RR 2016, 120; → Rn. 52 ff.).

191   Gehört zum Vermögen des Antragstellers ein Anspruch auf familienrechtlichen Prozesskostenvorschuss (→ Rn. 128 f.), ist auch die Vorlage einer Erklärung über die persönlichen und wirtschaftlichen Verhältnisse des Unterhaltsverpflichteten erforderlich (OVG Münster NJW-RR 1999, 1235).

192   Auch in der Rechtsmittelinstanz muss der Antragsteller die Erklärung grds. erneut abgeben. Die Bezugnahme auf eine frühere Erklärung genügt nur, wenn er unmissverständlich deutlich macht, dass sich seine persönlichen und wirtschaftlichen Verhältnisse nicht geändert haben und eine neue Erklärung denselben Inhalt wie die frühere haben müsste (BVerwG 5.9.2016 – 9 PKH 3.16, BeckRS 2016, 55890; BGH NJW-RR 2000, 1520; FamRZ 2004, 1961).

193   Bezieht ein Antragsteller laufende Leistungen zum Lebensunterhalt nach dem SGB XII, muss er die Abschnitte E–J des in der Anlage bestimmten Formulars nicht ausfüllen, wenn er der Erklärung den zum Zeitpunkt der Antragstellung aktuellen Bewilligungsbescheid des Sozialamtes beifügt, es sei denn, das Gericht ordnet dies ausdrücklich an (§ 2 Abs. 2 PKHFV). Er muss aber seinem Antrag zumindest eine Abschrift oder Ablichtung seines letzten Bewilligungsbescheids beifügen. Fordert das Gericht ihn hierzu auf, hat auch der Sozialhilfeempfänger über die Vorlage des letzten Sozialhilfebescheids hinaus weitere Belege vorzulegen und ergänzende Angaben zu machen. Das Gericht kann jedoch nicht den Antrag ablehnen, wenn es an der Richtigkeit der Angaben in dem Bescheid zweifelt oder diesen für unvollständig hält, ohne den Antragsteller zuvor gem. § 2 Abs. 1 S. 4 oder Abs. 2 letzter Hs. PKHFV aufzufordern, das Formular auszufüllen (vgl. noch zur alten PKHVV BVerfG NJW 2000, 275; Rpfleger 2004, 227). Der Hinweis, wonach Bezieher laufender Leistungen zum Lebensunterhalt nach dem SGB XII unter bestimmten Voraussetzungen die Abschnitte E–J nicht auszufüllen brauchen, bezieht sich nicht sinngemäß auch auf Leistungen nach dem SGB II (OVG Münster 25.5.2016 – 18 A 2206/12, juris Rn. 17).

194   Ist über das Vermögen des Antragstellers das Insolvenzverfahren eröffnet, muss er sich ebenfalls des Formulars bedienen (BGH NJW-RR 2002, 2793).

195   Neben der Erklärung über die persönlichen und wirtschaftlichen Verhältnisse sind dem Antrag die entsprechenden Belege beizufügen (OVG Münster 25.5.2016 – 18 A 2206/12, juris Rn. 9).

196   **c) Unvollständige Erklärung.** Durch die Erklärung und die ihr beizufügenden Belege hat der Antragsteller seine Einkommens- und Vermögensverhältnisse und damit seine Mittellosigkeit glaubhaft zu machen. Die Darlegungs- und Nachweislast für seine Mittellosigkeit liegt nach § 117 Abs. 2 S. 1 und Abs. 4 ZPO bei ihm. Das Gericht ist nur in sehr eingeschränktem Maße zur Ermittlung von Amts wegen verpflichtet (§ 118 Abs. 2 ZPO), insbes. bei anwaltlich vertretenen Antragstellern ist die Amtsermittlungspflicht beschränkt (BAG 31.07.2017 – 9 AZB 32/17, juris Rn. 6; OVG Münster 25.5.2016 – 18 A 2206/12, juris Rn. 11 f., 15 m.w.N. Großzügiger: VGH Mannheim NVwZ 2017, 1479).

197   Fehlt die Erklärung über die persönlichen und wirtschaftlichen Verhältnisse, ist sie unvollständig oder sind ihr nicht die erforderlichen Belege beigefügt, ist der Antrag nicht unzulässig, sondern unbegründet (OVG Bln-Bbg 8.2.2017 – OVG 5 L 4.17, juris Rn. 4 f.; OVG Münster 25.5.2016 – 18 A 2206/12, juris Rn. 13 ff.).

198   Wird das Formular nur lückenhaft ausgefüllt, ist der Antrag nicht notwendig als unbegründet abzuweisen. Die Lücken können etwa durch beigefügte Belege geschlossen werden, wenn diese vergleichbar übersichtlich und klar sind. Insbes. rechtfertigen einzelne Lücken bei der Ausfüllung des Formulars eine Ablehnung der beantragten PKH nicht, wenn aus den Angaben im Übrigen und den beigefügten Unterlagen ersichtlich ist, dass der Antragsteller über keine weiteren Einkünfte und über kein weiteres Vermögen verfügt (BGH FamRZ 2008, 871; FamRZ 2010, 283).

199   Das Gericht kann dem Antragsteller eine Frist setzen,[181] innerhalb der er die Erklärung einzureichen, ergänzende Angaben zu machen oder Fragen zu beantworten und seine Angaben glaubhaft zu machen

---

mular zu verwenden BGH WM 2013, 61; OVG Bln-Bbg 8.2.2017 – OVG 5 L 4.17, juris Rn. 4 f.; OVG Münster 25.5.2016 – 18 A 2206/12, juris Rn. 9 ff.

181   HmbOVG NJW 2012, 551 und OLG Naumburg MDR 2008, 1299 verlangen für eine wirksame Fristsetzung die förmliche Zustellung.

hat (§ 118 Abs. 2 S. 4 ZPO). Hat ein Rechtsanwalt das PKH-Gesuch für den Antragsteller gestellt, muss die Aufforderung ihm zugehen (OLG Karlsruhe FamRZ 1992, 579). Zur Glaubhaftmachung tatsächlicher Angaben kann das Gericht die Abgabe einer eidesstattlichen Versicherung fordern (zur Aufforderung, Kontoauszüge vorzulegen, vgl. OLG Celle FamRZ 2010, 1751). Das Gericht darf den Antrag nicht mit der Begründung ablehnen, die Erklärung sei unvollständig, ohne zuvor den Antragsteller unter Fristsetzung aufgefordert zu haben, die Erklärung zu vervollständigen (OVG Bln-Bbg 17.1.2018 – OVG 3 S 6.18, OVG 3 M 5.18, juris Rn. 6; OVG Lüneburg NordÖR 2006, 450; VGH Mannheim DÖV 2003, 913). Lehnt das VG den Antrag nach erfolgloser Fristsetzung ab, bedarf es im Beschwerdeverfahren keiner erneuten Fristsetzung, wenn die dort vorgelegte Erklärung unter denselben Mängeln leidet (OVG Lüneburg NVwZ-RR 2010, 743). Einer Fristsetzung bedarf es auch dann nicht, wenn der unvollständige Antrag so kurz vor Ablauf der Rechtsbehelfsfrist bei Gericht eingereicht wird, dass der gerichtliche Hinweis erst nach Ablauf der Frist den Antragsteller erreicht.[182]

Lässt der Antragsteller die Frist verstreichen, lehnt das Gericht die Bewilligung von PKH insoweit ab **200** (§ 118 Abs. 2 S. 4 ZPO). Sind die vermissten Angaben nur für die Höhe allfälliger Raten erforderlich, kann PKH nicht insgesamt versagt werden. Vielmehr ist bei Bewilligung im Übrigen für die Bemessung der Raten die dem Antragsteller ungünstigste Annahme zugrunde zu legen.[183] Die Frist ist keine Ausschlussfrist; verspätetes Vorbringen ist zu berücksichtigen (VGH Mannheim VBlBW 2008, 278). PKH kann aber nur von dem Zeitpunkt an bewilligt werden, zu dem die Unterlagen entsprechend der Aufforderung des Gerichts vollständig vorlagen (→ Rn. 156).

d) Darstellung des Streitverhältnisses. Im PKH-Gesuch ist das Streitverhältnis darzustellen; Beweis- **201** mittel sind anzugeben (§ 117 Abs. 1 S. 2 ZPO). Für die Darstellung des Streitverhältnisses wird im Falle der Klageerhebung zumeist genügen, den angefochtenen Verwaltungsakt und einen etwa ergangenen Widerspruchsbescheid abschriftlich vorzulegen, verbunden mit der Erklärung, dass dagegen Klage erhoben werden soll; die fehlende Begründung der Klage rechtfertigt nicht schon als solche die Ablehnung des Antrags (OVG Münster NVwZ-RR 2009, 502). Ist Gegenstand der Klage kein Verwaltungsakt, ist der Anspruch genau zu bezeichnen, der geltend gemacht werden soll. Wird PKH für ein beabsichtigtes Rechtsmittel beantragt, ist das Streitverhältnis regelmäßig durch den Hinweis auf die angegriffene Entscheidung verbunden mit der Erklärung, dass gegen sie Rechtsmittel eingelegt werden soll, hinreichend dargelegt.

Die Angabe der Beweismittel hat im Verwaltungsprozess keine Bedeutung. Das VG hat im Hauptsache- **202** verfahren den Sachverhalt von Amts wegen zu erforschen (§ 86 Abs. 1). Das Gericht kann hinreichende Erfolgsaussichten nicht allein deshalb verneinen, weil der Antragsteller für seine Behauptungen im Hauptsacheverfahren keinen Beweis angetreten hat. Fehlende Beweise können sich jedoch negativ auf die Prüfung der hinreichenden Aussicht auf Erfolg auswirken.

Das Gericht kann gem. § 118 Abs. 2 S. 1 ZPO verlangen, dass der Antragsteller seine tatsächlichen **203** Angaben zum Streitverhältnis glaubhaft macht, soweit dies für die Beurteilung der Erfolgsaussichten erforderlich ist. Es kann hierfür die Abgabe einer eidesstattlichen Versicherung verlangen.

Begehrt der Antragsteller PKH für einen erst noch zu stellenden Antrag auf Zulassung der Berufung **204** oder eine erst noch einzulegende Nichtzulassungsbeschwerde, kann von ihm nicht verlangt werden, er müsse die Zulassungsgründe bereits für das PKH-Gesuch so darlegen, wie dies für die Zulässigkeit und Begründetheit des Zulassungsantrags oder der Nichtzulassungsbeschwerde erforderlich sein wird (a.A. OVG Lüneburg NVwZ-RR 2003, 906). Die Bewilligung von PKH soll dem Antragsteller den rechtskundigen Beistand erst verschaffen, der ihm dann eine formgerechte Darlegung der Zulassungsgründe ermöglicht. Andernfalls würde der Zugang zur Rechtsmittelinstanz unzumutbar erschwert.

Der anwaltlich noch nicht vertretene Antragsteller muss auch nicht in laienhafter Weise und in großen **205** Zügen darlegen, aus welchen Gründen er die Entscheidung der Vorinstanz angreifen will.[184] Er könnte nicht mehr als den Rahmen abstecken, innerhalb dessen das Gericht zu prüfen hätte, ob der Antrag-

---

182 Nachmittag des letzten Tages der Beschwerdefrist: OVG Bln-Bbg 8.2.2017 – OVG 5 L 4.17, juris Rn. 6. Anders für den Fall, dass bei rechtzeitigem Hinweis die Vorlage vollständiger Unterlagen noch möglich gewesen wäre: VGH Mannheim NVwZ 2017, 1479.

183 BVerfG Rpfleger 2004, 227; OLG Karlsruhe FamRZ 1992, 579; ähnl. OLG Bamberg FamRZ 2001, 628: nicht belegte Angaben bleiben außer Ansatz.

184 So aber BVerwG NVwZ-RR 2011, 621, 622; BFH NVwZ-RR 2005, 295, 296; VGH Kassel NJW 2010, 3530; OVG Lüneburg NVwZ-RR 1997, 761; VGH Mannheim NVwZ-RR 1998, 598; wie hier: BGH NJW-RR 2001, 1146,

steller nach Beiordnung eines Rechtsanwalts mit Aussicht auf Erfolg Zulassungsgründe wird geltend machen können. Der anwaltlich nicht vertretene Antragsteller kann aber aus Rechtsunkenntnis die eigentlich erfolgversprechenden Zulassungsgründe verfehlen, nicht einmal laienhaft erfassen. Mangels Kenntnis höchstrichterlicher Rspr. wird er bspw. kaum imstande sein, eine Abweichung von einer höchstrichterlichen Entscheidung wenigstens laienhaft anzusprechen, mag sie auch für den Rechtskundigen auf der Hand liegen. Deshalb muss das Gericht von Amts wegen nachprüfen, ob der beabsichtigte Zulassungsantrag oder die beabsichtigte Nichtzulassungsbeschwerde hinreichende Aussicht auf Erfolg hat (OVG Lüneburg NVwZ 1998, 533). Das Gericht muss sich selbst anhand des Akteninhalts, insbes. der angefochtenen Entscheidung, einen Eindruck davon verschaffen, ob eine Zulassung der Berufung oder der Revision in Betracht kommt. Eine unzulässige einseitige Beratung eines Beteiligten liegt darin nicht. Das Gericht kommt seiner gesetzlichen Aufgabe nach, festzustellen, ob die Voraussetzungen für eine staatliche Sozialleistung vorliegen. Bewilligt das Gericht PKH, braucht es im Übrigen nicht darzulegen, auf welche Gründe ein Zulassungsantrag oder eine Nichtzulassungsbeschwerde möglicherweise erfolgreich gestützt werden könnte (OVG Lüneburg NVwZ 1998, 533).

206   Hat der Antragsteller sein PKH-Gesuch durch einen Rechtsanwalt eingereicht, kann von diesem in diesem Stadium des Verfahrens eine abschließende Aufbereitung der später geltend zu machenden Zulassungsgründe noch nicht verlangt werden. Vor seiner Beiordnung muss er nicht Mühe und Zeit aufwenden, die der erst noch beabsichtigten Rechtsverfolgung geschuldet ist (BGH NJW 1993, 732). Er muss nicht einmal in großen Zügen aufzeigen, welche Zulassungsgründe er geltend zu machen beabsichtigt.[185] Er hat in diesem Stadium des Verfahrens nur das zu leisten, was von dem Antragsteller verlangt wird, den er vertritt.

207   Ist der Antragsteller bereits durch einen Rechtsanwalt vertreten, der das begründungspflichtige Rechtsmittel fristgerecht eingelegt und fristgerecht begründet hat, prüft das Gericht nur nach, ob sich aus dieser Rechtsmittelschrift hinreichende Erfolgsaussichten für das eingelegte Rechtsmittel ergeben (BFH BFH/NV 2003, 1077, 1078).

208   **2. Zuständigkeit.** Zuständig ist nach § 127 Abs. 1 S. 2 Hs. 1 ZPO das Gericht des ersten Rechtszugs, wenn das Hauptsacheverfahren bei ihm anhängig oder anhängig zu machen ist. Ist das Hauptsacheverfahren in einem höheren Rechtszug anhängig, ist das Gericht dieses Rechtszugs zuständig (§ 127 Abs. 1 S. 2 Hs. 2 ZPO). Das gilt auch dann, wenn das Rechtsmittel noch nicht eingelegt ist, der Antragsteller vielmehr PKH für ein beabsichtigtes, erst nach deren Bewilligung einzulegendes Rechtsmittel begehrt (→ Rn. 32).[186]

209   Die Vorinstanz kann einer Beschwerde noch abhelfen, wenn diese eingelegt wird, nachdem das Rechtsmittelgericht PKH für die beabsichtigte Beschwerde bewilligt hat. Hilft die Vorinstanz der Beschwerde ab, wird die Bewilligung von PKH für das beabsichtigte Rechtsmittel gegenstandslos (VGH Mannheim DÖV 1982, 868).

210   Zuständig ist grds. die Kammer oder der Senat, nicht hingegen der Vorsitzende oder der Berichterstatter als Einzelrichter. Die Entscheidung über die PKH ist keine Entscheidung über Kosten i.S.d. § 87a Abs. 1 Nr. 5 (VGH Kassel NVwZ 1991, 594, 595; VGH Mannheim VBlBW 2007, 231; ebenso zu § 128 Abs. 3 FGO: BFHE 116, 111). Der Einzelrichter ist zuständig, wenn ihm gem. § 6 der Rechtsstreit insgesamt oder – bei isoliertem PKH-Antrag – das PKH-Verfahren übertragen ist. Der Vorsitzende oder Berichterstatter entscheidet ferner u.a. in den Fällen der Klagerücknahme oder der Hauptsacheerledigung über einen noch nicht beschiedenen PKH-Antrag (§ 87a Abs. 1 Nr. 2 und 3, ggf. i.V.m. Abs. 3).

210a   Der Vorsitzende, im Falle seiner Bestellung der Berichterstatter, kann dem Urkundsbeamten der Geschäftsstelle die Prüfung der persönlichen und wirtschaftlichen Verhältnisse des Antragstellers übertragen (§ 166 Abs. 2 S. 1 und Abs. 5), sofern das Landesrecht dies nicht ausschließt (§ 166 Abs. 7; → Rn. 4b). In diesem Fall entscheidet der Urkundsbeamte über die Ablehnung der PKH, wenn diese

---

1147; *J. Berkemann*, DVBl 1998, 446, 450. Ausf. und m. zahlr. w.N. aus Rspr. und Lit.: VerfGH BW NVwZ 2017, 622.

185   So aber BVerwG 11.7.1983 Buchholz 310 § 60 Nr. 133; 13.9.1989 Buchholz 310 § 166 VwGO Nr. 20; FamRZ 1995, 1239; OVG Lüneburg NVwZ-RR 2009, 784; VGH Mannheim VBlBW 1998, 344, 346; *F. O. Fischer*, MDR 2004, 1160.

186   BVerwG 11.7.1983 Buchholz 310 § 60 VwGO Nr. 133; VGH Mannheim DÖV 1982, 868; OVG Münster NWVBl 1992, 374; VGH Kassel NVwZ-RR 2003, 390, 391.

Voraussetzungen für eine Bewilligung nicht vorliegen. Anderenfalls vermerkt er in den Akten, dass die persönlichen und wirtschaftlichen Verhältnisse für eine Bewilligung der PKH vorliegen. Das Gericht prüft sodann die hinreichenden Erfolgsaussichten der beabsichtigten Rechtsverfolgung und entscheidet über die Bewilligung. Der Vorsitzende kann die dem Urkundsbeamten obliegenden Aufgaben jederzeit wieder an sich ziehen (§ 166 Abs. 4 S. 1). Hat der Urkundsbeamte entschieden, kann dagegen innerhalb von zwei Wochen nach Bekanntgabe der Entscheidung die Entscheidung des Gerichts beantragt werden (§ 166 Abs. 6).

Hat der Antragsteller ein örtlich oder sachlich unzuständiges Gericht angerufen oder ist der Rechts- **211** weg zu dem angerufenen Gericht nicht gegeben, ist zu unterscheiden:

Hat der Antragsteller zugleich mit dem PKH-Antrag das Hauptsacheverfahren anhängig gemacht, **212** kann das Hauptsacheverfahren an das zuständige Gericht verwiesen werden, ohne dass zuvor über den PKH-Antrag entschieden wird. Nach Rechtskraft des Verweisungsbeschlusses entscheidet das Gericht über den zugleich mit der Hauptsache verwiesenen PKH-Antrag (VGH Mannheim NJW 1992, 707; OVG Münster DÖV 1993, 831).

Hat der Antragsteller PKH für ein erst noch anhängig zu machendes Hauptsacheverfahren beantragt, **213** kommt eine Verweisung des PKH-Antrags an das zuständige Gericht nicht in Betracht.[187] § 17a GVG bezieht sich nur auf Hauptsacheverfahren, wie sich aus § 17a Abs. 5 GVG ergibt. Eine Verweisung hätte zudem Bedeutung nur für das PKH-Verfahren, bände das Gericht, an das verwiesen wird (hierzu KG MDR 2008, 707), aber nicht für das Hauptsacheverfahren (BGH NJW 2016, 1520, 1521; MDR 1992, 190; BAG NJW 1993, 751). Über den PKH-Antrag hat vielmehr das angegangene Gericht zu entscheiden. Es hat den Antrag als unbegründet abzulehnen, wenn die beabsichtigte Klage in dem beschrittenen Rechtsweg nicht erhoben werden kann oder wenn das angegangene Gericht für die beabsichtigte Klage örtlich oder sachlich unzuständig ist. In diesen Fällen bietet die beabsichtigte Rechtsverfolgung keine hinreichende Aussicht auf Erfolg (BGH NJW-RR 2004, 1437). Schwierige Fragen der sachlichen und örtlichen Zuständigkeit oder des Rechtswegs sind aber im PKH-Verfahren wie auch sonst nicht durchzuentscheiden. Stellen sich solche Fragen, kann die begehrte PKH nicht schon ihretwegen aus Gründen mangelnder Erfolgsaussichten abgelehnt werden. Nach Bewilligung von PKH und Erhebung der Klage ist vielmehr im Hauptsacheverfahren über die sachliche und örtliche Zuständigkeit oder den zulässigen Rechtsweg im Verfahren nach § 17a GVG zu entscheiden (OVG Bautzen NJW 1994, 1020).

3. Erhebungen des Gerichts. Nach § 118 Abs. 2 S. 2 ZPO kann das Gericht Erhebungen anstellen. **214** Der Begriff ist nicht mit dem Begriff der Beweisaufnahme identisch. Zu den Erhebungen gehört regelmäßig die Beiziehung der Verwaltungsvorgänge. Beziehen die Erhebungen sich auf die Erfolgsaussichten der beabsichtigten Rechtsverfolgung, darf durch sie nicht schon die Rechtsverfolgung selbst in das PKH-Verfahren vorverlagert werden.[188]

4. Entscheidung des Gerichts. Das Gericht entscheidet ohne mündliche Verhandlung durch Beschluss **215** (§ 127 Abs. 1 S. 1 ZPO).

Lehnt das Gericht die Bewilligung von PKH oder die Beiordnung eines Rechtsanwalts ganz oder teil- **216** weise ab, bedarf der Beschluss einer Begründung (§ 122 Abs. 2 S. 1). Soweit die Gründe Angaben über die persönlichen und wirtschaftlichen Verhältnisse des Antragstellers enthalten, dürfen sie nur mit dessen Zustimmung dem Gegner zugänglich gemacht werden (§ 127 Abs. 1 S. 3 ZPO); im Übrigen sind in der Ausfertigung für den Gegner die entsprechenden Passagen wegzulassen (OLG Brandenburg MDR 2000, 1095). Die Anordnung einer Ratenzahlung und die Höhe festgesetzter Raten sind konkret und fallbezogen zu begründen (OLG Köln MDR 2009, 408; OLG Saarbrücken FamRZ 2010, 1753).

nicht besetzt **217**

---

187 OVG Magdeburg LKV 2017, 524, 525; VGH München, NVwZ-RR 2014, 940 m.w.N.; OVG Bautzen NJW 1994, 1020; OVG Lüneburg NVwZ-RR 2009, 452; VGH Mannheim NVwZ-RR 2005, 860; OVG Münster DÖV 1993, 831, 832; a.A. BGH NJW 2001, 3633; NJW-RR 2004, 1437; OVG Bautzen SächsVBl 2010, 99; OLG Dresden MDR 2016, 1113. Offen lassend BGH NJW 2016, 1520, 1521.
188 VGH München InfAuslR 1991, 50, 52 f.; OLG Brandenburg MDR 2003, 111; OLG Nürnberg FamRZ 2003, 1020.

218   **5. Kosten.**   Der Beschluss, mit dem das Gericht PKH bewilligt oder ihre Bewilligung ablehnt, enthält keine Kostenentscheidung.

219   Gerichtsgebühren fallen mangels entsprechender Gebührentatbestände im Kostenverzeichnis zum GKG für das PKH-Verfahren nicht an.

220   An außergerichtlichen Kosten können insbes. Aufwendungen für eine anwaltliche Vertretung anfallen. Hat der Antrag Erfolg, sind die außergerichtlichen Kosten des Antragstellers nicht erstattungsfähig. Sie können nicht dem Gegner auferlegt werden. Er ist nicht unterliegender Teil i.S.d. § 154 Abs. 1. Sie können aber auch der Staatskasse nicht auferlegt werden (VGH München NVwZ-RR 1990, 336).

221   Obsiegt der Antragsteller im nachfolgenden Hauptsacheverfahren, sollen nach teilweise vertretener Ansicht die Kosten, die ihm im PKH-Verfahren entstanden sind, als Vorbereitungskosten zu den Aufwendungen gehören, die zur zweckentsprechenden Rechtsverfolgung notwendig waren, gem. § 162 Abs. 1 erstattungsfähig sind und deshalb gem. § 164 gegen den Gegner festgesetzt werden können (VGH München NVwZ-RR 1990, 336). Diese Auffassung ist abzulehnen (OLG Düsseldorf Rpfleger 1988, 41; OLG München NJW-RR 2001, 1437). Sie führt zu einer nicht gerechtfertigten Ungleichbehandlung des Antragstellers und des Gegners. Dieser kann im Obsiegensfalle seine außergerichtlichen Kosten aus dem PKH-Verfahren wegen § 118 Abs. 1 S. 4 ZPO nicht als notwendige Kosten der Rechtsverteidigung gegen den Antragsteller festsetzen lassen.

222   **6. Beschwerde. a) Anfechtbare Entscheidungen. aa) Bewilligung von PKH.**   Wird PKH bewilligt, ist die Entscheidung für den Gegner des Hauptsacheverfahrens stets unanfechtbar (§ 127 Abs. 2 S. 1 ZPO i.V.m. Abs. 3; vgl. BGH NJW 2016, 1520, 1521).

223   Nur die Staatskasse hat ein eingeschränktes Anfechtungsrecht, wenn das Gericht PKH bewilligt hat (§ 127 Abs. 3 S. 1 ZPO). Sie kann Beschwerde einlegen, wenn weder Monatsraten noch aus dem Vermögen zu zahlende Beträge festgesetzt sind. Die Beschwerde kann nur darauf gestützt werden, dass der Antragsteller nach seinen persönlichen und wirtschaftlichen Verhältnissen Zahlungen zu leisten hat, § 127 Abs. 3 S. 2 ZPO.[189] Die Staatskasse kann mit ihrer Beschwerde hingegen nicht geltend machen, PKH hätte wegen der finanziellen Verhältnisse des Antragstellers oder mangels hinreichender Erfolgsaussichten insgesamt abgelehnt werden müssen (BGHZ 119, 372, 375; BGH NJW-RR 2010, 494). Der Staatskasse steht ein Beschwerderecht ferner zu, wenn das Gericht bei einer nachträglichen Überprüfung nach § 120 a ZPO erstmalige oder höhere Zahlungen auf die bewilligte PKH ablehnt, weil keine wesentliche Änderung der maßgebenden persönlichen und wirtschaftlichen Verhältnisse eingetreten ist.

224   nicht besetzt

225   nicht besetzt

226   **bb) Versagung von PKH.**   Wird PKH ganz oder teilweise versagt, ist die Entscheidung für den Antragsteller mit der Beschwerde anfechtbar, es sei denn, die Ablehnung ist ausschließlich darauf gestützt, dass die persönlichen und wirtschaftlichen Voraussetzungen der PKH nicht vorliegen. In diesem Fall ist die Ablehnung unanfechtbar (§ 146 Abs. 2 i.d.F. des Gesetzes zur Änderung des Prozesskostenhilfe- und Beratungshilferechts, → Rn. 4 a, 4 d). Das gilt auch dann, wenn PKH teilweise versagt wird, indem sie nur gegen Zahlung von Raten oder Beträgen aus dem Vermögen bewilligt wird. Der Rechtsmittelausschluss greift auch dann, wenn die zur Prüfung der persönlichen und wirtschaftlichen Voraussetzungen der PKH erforderlichen Unterlagen nicht vorgelegt haben,[190] wobei der Antragsteller vor der Ablehnung zur Ergänzung der Unterlagen aufzufordern ist (OVG Bln-Bbg NVwZ-RR 2015, 599). Anderenfalls würde der Antragsteller, der keine (vollständigen) Unterlagen vorlegt, eine Rechtsmittelinstanz haben, die dem Antragsteller, der alle Anforderungen und Fristen einhält, nicht zusteht. Dass der Rechtsmittelausschluss bereits bei Unvollständigkeit der Unterlagen greift, bestätigt die Entstehungsgeschichte, denn ausweislich der Gesetzesbegründung soll die Ablehnung der Prozesskostenhilfe mit der Beschwerde nur noch dann angefochten werden können, „wenn die Erfolgsaussichten in der Hauptsache vom Gericht verneint wurden" (BT-Drs. 17/11472, 48 f.). Jedoch ist die Ablehnung

---

189   Zu den Folgen einer insoweit erfolgreichen Beschwerde: OLG Karlsruhe MDR 2007, 170.
190   OVG Bln-Bbg NVwZ-RR 2015, 320; 10.10.2015 – OVG 5 M 52.14/OVG 5 M 53.14, BeckRS 2015, 53830; *A. Zimmermann-Kreher*, in: Posser/Wolff § 166 Rn. 52; a.A. VGH München 3.7.2014 – 10 C 14.495, BeckRS 2014, 53632, Rn. 2.

des PKH-Gesuchs dann nicht ausschließlich darauf gestützt, dass die persönlichen und wirtschaftlichen Voraussetzungen der PKH nicht vorliegen, wenn der Beschluss zumindest auch Hinweise zur Erfolgsaussicht enthält (OVG Bln-Bbg NVwZ-RR 2015, 599).[191] Anfechtbar sind ferner Entscheidungen, mit denen nachträglich eine Bewilligung geändert (§ 120 a ZPO) oder aufgehoben (§ 124 ZPO) wird. Für diese gilt nicht die Einschränkung des § 146 Abs. 2, denn bereits dessen Wortlaut („Beschlüsse über die Ablehnung von Prozesskostenhilfe") erfasst nicht die „Änderung und Aufhebung der Bewilligung" von PKH (OVG Bln-Bbg NVwZ-RR 2016, 840; OVG Bautzen, NVwZ-RR 2016, 439). Anfechtbar sind aber nur Beschlüsse des VG. Beschlüsse des OVG (§ 152 Abs. 1) und des BVerwG sind hingegen unanfechtbar. Die Beschwerdefrist beträgt nach § 147 Abs. 1 S. 1 zwei Wochen, nicht aber einen Monat (wie in § 127 Abs. 2 S. 3 ZPO) nach Bekanntgabe der Entscheidung.[192]

Ist im zugehörigen Hauptsacheverfahren ein Rechtsmittel gegen die Entscheidung des VG ausgeschlossen, schließt dies nicht ohne Weiteres auch die Beschwerde gegen einen Beschluss aus, mit dem das VG PKH versagt hat. Es gibt keinen Grundsatz, dass im Nebenverfahren der PKH der Rechtszug nicht weiter führen dürfe als im zugehörigen Hauptsacheverfahren (anders zu § 127 Abs. 2 ZPO: BGH NJW 2005, 1659). Das gilt namentlich in den Fällen, in denen ein Rechtsmittel in der Hauptsache nicht gänzlich ausgeschlossen ist, sondern von einer Zulassung abhängt (VGH Mannheim VBlBW 1985, 220). Es kommt darauf an, ob der Gesetzgeber auch die Beschwerde ausdrücklich ausgeschlossen hat.[193] Ist zwar in der Hauptsache ein Rechtsmittel gegen die Entscheidung des VG nicht gegeben, wohl aber die Beschwerde gegen die Versagung von PKH, kann sich das OVG einer Prüfung der Erfolgsaussichten nicht mit der Begründung enthalten, weil es mit der Hauptsache nicht befasst werden könne, dürfe es die Erfolgsaussichten in der Sache nicht abweichend von dem insoweit allein zuständigen VG beurteilen.[194] **227**

nicht besetzt **228**

cc) Untätigkeit des Verwaltungsgerichts. In der Rspr. der Verwaltungsgerichte wird weithin die Möglichkeit abgelehnt, die Untätigkeit des Gerichts als Ablehnung des Antrags auszulegen und hiergegen die Beschwerde zu eröffnen.[195] Eine Beschwerde soll nur dann ausnahmsweise möglich sein, wenn das Gericht sich ausdrücklich weigert, über den PKH-Antrag zu entscheiden oder ihn zu bearbeiten (OVG Münster NWVBl 2011, 109), und stattdessen im Hauptsacheverfahren Beweisanordnungen trifft oder mündliche Verhandlung anberaumt (VGH München NVwZ-RR 1997, 501). Eine Untätigkeitsbeschwerde wird ferner für den Fall in Erwägung gezogen, dass eine unangemessene Verfahrensverzögerung, die außerhalb jeden vertretbaren Rahmens liegt und praktisch zu einer Rechtsverweigerung führt, ernsthaft in Betracht kommt oder zumindest substantiiert gerügt wird (OVG Münster NWVBl 2011, 109). **229**

Nach der VwGO sind beschwerdefähig nur förmliche Entscheidungen des VG.[196] Prozessleitende Verfügungen und Aufklärungsanordnungen etwa sind ausdrücklich nicht mit der Beschwerde anfechtbar (§ 146 Abs. 2); zu diesen prozessleitenden Verfügungen gehört auch die Mitteilung an einen Antragsteller, in welcher Reihenfolge die anhängigen Anträge auf PKH entschieden werden sollen und warum deshalb sein Antrag derzeit noch nicht beschieden wird (OVG Münster NWVBl 2011, 109). Zu den förmlichen Entscheidungen gehört die bloße Untätigkeit des Gerichts nicht. Aus § 127 Abs. 2 S. 2 ZPO kann nichts anderes hergeleitet werden. Während § 127 Abs. 2 S. 1 ZPO die Beschwerde gegen die Bewilligung von PKH beschränkt, findet nach S. 2 „im Übrigen" die Beschwerde statt. Damit ist aber nicht über ablehnende förmliche Entscheidungen hinaus die bloße Untätigkeit des Gerichts ge- **230**

---

191 *W.-R. Schenke*, in: Kopp/Schenke § 146 Rn. 10.
192 OVG Brem JurBüro 2012, 205; OVG Greifswald NVwZ-RR 2004, 544; OVG Lüneburg JurBüro 2010, 434; OVG Münster NVwZ-RR 2004, 544.
193 Vgl. bspw. § 80 AsylG (dazu OVG Münster NWVBl 1993, 113; → § 165 Rn. 31), § 34 WPflG (dazu OVG Lüneburg VerwRspr 16, 364), § 75 ZDG, § 37 Abs. 2 VermG.
194 BVerfGE 78, 88, 99; VGH Mannheim VBlBW 1985, 220, 221; OVG Münster NJW 1983, 2282.
195 OVG Brem NJW 1984, 992; VGH Kassel DVBl 1999, 114, 115; VGH Mannheim VBlBW 2003, 364, 365; OVG Münster JZ 1999, 947 m. Bespr. *J. Ziekow*; ebenso: BFHE 154, 209; offengelassen von VGH Mannheim VBlBW 2003, 241, 243; a.A. VGH München NVwZ 2000, 693; HmbOVG NVwZ-RR 2007, 825.
196 Dem stellt OVG Münster NWVBl 2011, 109 Mitteilungen des VG darüber gleich, dass bestimmte Anträge nicht bearbeitet werden.

meint. Erfasst werden vielmehr bspw. die Aufhebung der Bewilligung nach § 124 ZPO oder die Änderung ihrer Modalitäten nach § 120 a ZPO.

231 Die Annahme einer stillschweigenden Gerichtsentscheidung kommt nicht in Betracht. Sie widerspräche den Geboten der Rechtsklarheit und der Rechtssicherheit, wie sie für gerichtliche Entscheidungen zu fordern sind. Über die Bewilligung der PKH wird ebenso wie über ihre Ablehnung durch Beschluss entschieden. Um wirksam zu werden, bedarf der Beschluss der Bekanntgabe. An ihr fehlt es bei bloßer Untätigkeit. Regelmäßig ist für die Entscheidung über den PKH-Antrag die Kammer zuständig. Lässt der Berichterstatter einen PKH-Antrag unbearbeitet liegen, fehlt es an einer Beschlussfassung des Spruchkörpers. Der Beschluss muss von vorbereitenden Überlegungen, Entwürfen und ähnlichem abgegrenzt werden. Der Beschluss setzt deshalb nicht anders als ein Urteil die Unterschriften der beteiligten Richter voraus, um als eine Entscheidung existent werden zu können, die für die Beteiligten bestimmt ist. Es müsste ferner ein Zeitpunkt fixiert werden, zu dem die stillschweigende Entscheidung ergangen sein soll. Die Beschwerde ist fristgebunden. Das Gesetz bietet keine Handhabe dafür, einen solchen Zeitpunkt zu fingieren. § 92 Abs. 2 S. 1 und die dort genannte Frist von drei Monaten kann nicht auf das Nichtbetreiben des Verfahrens durch das Gericht angewandt werden.

232 nicht besetzt

233 nicht besetzt

234 **dd) Beschwerdewert.** Die Statthaftigkeit der Beschwerde hängt nicht davon ab, ob der Beschwerdewert des § 146 Abs. 3 von derzeit 200 € überschritten ist. Das PKH-Verfahren ist keine Streitigkeit über Kosten i.S. dieser Vorschrift. Im Zivilprozess ist die Beschwerde gegen die Versagung von PKH nur gegeben, wenn der Streitwert in der Hauptsache den Wert von (derzeit) 600 € übersteigt (§ 127 Abs. 2 S. 2 ZPO i.V.m. § 511 Abs. 2 Nr. 1 ZPO). § 127 Abs. 2 ZPO ist im Verwaltungsprozess aber nicht entsprechend anwendbar. Dort hängt die Statthaftigkeit eines Rechtsmittels in der Hauptsache nicht (mehr) von dem Erreichen einer Rechtsmittelsumme ab (VGH München BayVBl 2003, 573).

235 **b) Vertretungszwang.** Die Beschwerde unterliegt nicht dem Vertretungszwang (§ 67 Abs. 4 S. 1).

235a **c) Zuständigkeit.** Über die Beschwerde entscheidet der Spruchkörper, nicht hingegen der Vorsitzende oder der Berichterstatter als Einzelrichter, auch dann, wenn sich das zugrunde liegende Verfahren der Hauptsache erledigt hat. § 87 a Abs. 1 Nr. 3 ist in diesen Fällen nicht (über § 125 Abs. 1) anwendbar, weil sich nicht das Beschwerdeverfahren als solches, sondern nur das Verfahren erster Instanz erledigt hat, auf das sich die PKH bezieht.[197]

236 **d) Kosten.** Im Beschwerdeverfahren können außergerichtliche Kosten anfallen, etwa für eine anwaltliche Vertretung. Sie werden jedoch weder dem Gegner noch dem Antragsteller erstattet (§ 127 Abs. 4 ZPO). Gerichtsgebühren fallen nur an, wenn die Beschwerde erfolglos war (Nr. 5502 des Kostenverzeichnisses Anl. 1 zu § 3 Abs. 2 GKG). Insoweit ist eine Kostenentscheidung zulasten des Antragstellers zu treffen. Im Falle der Beschwerderücknahme fällt eine Gebühr nicht an (VGH München BayVBl 2013, 27).

---

197 VGH Mannheim NVwZ-RR 2007, 210; a.A. HmbOVG NVwZ-RR 2007, 211; OVG Weimar NVwZ-RR 2008, 286.

§ 167 [Anwendung der ZPO; vorläufige Vollstreckbarkeit]

(1) ¹Soweit sich aus diesem Gesetz nichts anderes ergibt, gilt für die Vollstreckung das Achte Buch der Zivilprozeßordnung entsprechend. ²Vollstreckungsgericht ist das Gericht des ersten Rechtszugs.

(2) Urteile auf Anfechtungs- und Verpflichtungsklagen können nur wegen der Kosten für vorläufig vollstreckbar erklärt werden.

Schrifttum

1. Monographien und Beiträge in Sammelwerken: *F. Baur*, Studien zum einstweiligen Rechtsschutz, 1967; *D. Heckmann*, Der Sofortvollzug staatlicher Geldforderungen, 1992; *U. Karpen*, Die Verweisung als Mittel der Gesetzgebungstechnik, 1970; *J. Nolte*, Die Eigenart des verwaltungsgerichtlichen Rechtsschutzes, 2015, *R. Pietzner*, System der verwaltungsgerichtlichen Vollstreckung, in: Planung-Recht-Rechtsschutz. FS für Willi Blümel, 1999, 443; *A. Wettlaufer*, Die Vollstreckung verwaltungs-, sozial- und finanzgerichtlicher Titel zugunsten der öffentlichen Hand, 1989.

2. Beiträge in Zeitschriften: *M. App*, Die Struktur der Verwaltungsvollstreckungsgesetze, DÖV 1991, 415; *A. Guckelberger*, Besonderheiten der Vollstreckungsabwehrklage im Verwaltungsprozeß?, NVwZ 2004, 662; *G. Gaentzsch*, Abwehr der Vollstreckung eines verwaltungsgerichtlichen Bescheidungsurteils bei nachträglicher Änderung der Sach- oder Rechtslage, NVwZ 2008, 950; *H. F. Gaul*, Zur Frage nach dem Zweck des Zivilprozesses, AcP 168 (1968), 27; *H. H. Rupp*, Zur neuen Verwaltungsgerichtsordnung: Gelöste und ungelöste Probleme, AöR 85 (1960), 301; *R. Rödel*, Klagearten im verwaltungsgerichtlichen Verfahren, ZAP Fach 19, 827; *A. Scheidler*, Die Gerichtszuständigkeiten im Verwaltungsprozess, Kommunalpraxis BY 2011, 93; *E. Schilken*, Grundfragen der vorläufigen Vollstreckbarkeit, JuS 1990, 641, *R. Wolfrum*, Tiefflüge vor den Verwaltungsgerichten: Anmerkungen zu den Urteilen des VG Darmstadt und des VG Oldenburgs, NVwZ 1990, 237.

I. Inhalt und Stellung des § 167 in der Vollstreckungsordnung

1. Der Regelungsgegenstand und seine Vorgeschichte. § 167 enthält drei Kernaussagen zur verwaltungsgerichtlichen Vollstreckung. Diese dokumentieren in ihrer Zusammenhanglosigkeit den fragmentarischen Charakter der §§ 167 ff. Zum einen schuf der VwGO-Gesetzgeber bloß unvollständige Regelungen zur Zuständigkeit (§ 167 Abs. 1 S. 2) und vorläufigen Vollstreckbarkeit (§ 167 Abs. 2);[1] zum anderen verweist § 167 Abs. 1 S. 1 auf die zivilprozessuale Zwangsvollstreckung in einer Weise, die ihm den Namen „Angstklausel" eingebracht hat.[2] Dennoch verdienen die drei Kernaussagen eine Hervorhebung. § 167 Abs. 1 S. 1 zeigt, dass verwaltungsgerichtliche und zivilprozessuale Zwangsvollstreckung Gemeinsamkeiten haben, weist aber zugleich auf (Wesens-)[3]Unterschiede hin: Die Wendung „soweit sich aus diesem Gesetz nichts anderes ergibt" meint mehr als den bloßen Vorrang expliziter Vollstreckungsregelungen, wie auch § 173 zeigt. § 167 Abs. 1 S. 2 versteht sich als Absage an ein „einheitliches" Vollstreckungsgericht (etwa das Amtsgericht) für alle Prozessordnungen und betont die Verfahrensherrschaft des VG in der Vollstreckung nach den §§ 167 ff. Schließlich lässt sich § 167 Abs. 2 i.V.m. § 168 Abs. 1 Nr. 1, 5 die Kernaussage entnehmen, dass auch die verwaltungsgerichtliche Vollstreckung von der prinzipiellen vorläufigen Vollstreckbarkeit (mit systembedingten Modifikationen) ausgeht.

§ 167 ist aus § 164 des Regierungsentwurfs hervorgegangen. Besondere Unterschiede zwischen beiden Vorschriften bestehen nicht. § 167 Abs. 1 S. 2 wurde erst auf Vorschlag des Rechtsausschusses eingefügt (BT-Drs. 3/1094, 14, 66 [zu § 164 RegE]). Im Gegensatz zu § 167 Abs. 2 war § 164 Abs. 2 des Regierungsentwurfs noch umfassender gefasst.[4] § 167 ist seit seinem Erlass unverändert.

2. Das Verhältnis des § 167 zu den übrigen Vollstreckungsvorschriften. § 167 ergänzt die §§ 168–172 um Regelungen zu den allgemeinen Vollstreckungsvoraussetzungen, zum Vollstreckungsverfahren und

---

1 Krit. zur Regelung der vorläufigen Vollstreckung in der VwGO *H. H. Rupp*, AöR 85 (1960), 301, 328 ff.
2 *R. Pietzner*, in: Schoch/Schneider/Bier Vorbem. § 167 Rn. 12 (mit dem Hinweis darauf, § 167 Abs. 1 S. 1 solle rechtsstaatswidrige Vollstreckungslücken schließen). *J. Nolte*, die Eigenart des verwaltungsgerichtlichen Rechtsschutzes, 2015, S. 348, geht hingegen davon aus, dass die §§ 167 ff. kein eigenständiges Vollstreckungsrecht regeln; vielmehr habe der Gesetzgeber sich für die Übernahme der zivilprozessualen Grundsätze ausgesprochen, deren Anwendung nur ausgeschlossen sei, sofern Regelungen der VwGO anwendbar sind.
3 BVerwGE 16, 254; VGH Kassel NVwZ 1990, 272, 273 f.; *I. Kraft*, in: Eyermann § 167 Rn. 4.
4 § 164 Abs. 2 RegE lautete: „Urteile auf Anfechtungs- und Verpflichtungsklagen können nicht für vorläufig vollstreckbar erklärt werden". Zu den Motiven für die heutige Fassung BT-Drs. 3/1094, 14.

zum Rechtsschutz in der verwaltungsgerichtlichen Vollstreckung. Für die §§ 170, 172 bezeichnet § 167 Abs. 1 S. 2 das Gericht des ersten Rechtszuges als Vollstreckungsgericht. § 169 Abs. 1 S. 2 spricht demgegenüber von dem „Vorsitzenden" des Gerichts des ersten Rechtszuges als „Vollstreckungsbehörde". Er „ist" damit Vollstreckungsgericht i.S.d. § 167 Abs. 1 S. 2 (→ § 169 Rn. 22). § 167 Abs. 2 spricht in erster Linie die Vollstreckungskonstellation des § 172 (Verpflichtungsklage) an, eröffnet im Umkehrschluss aber auch für die §§ 169, 170 die Möglichkeit einer vorläufigen Vollstreckung.

4   Schließlich hat § 167 Abs. 1 S. 1 Bedeutung für alle Vollstreckungskonstellationen. Die Verweisung in die ZPO (ggf. auch über § 173) ergänzt insbes. die allgemeinen Vollstreckungsvoraussetzungen der §§ 168, 171 um Vorschriften zur Titulierung (etwa §§ 300 ff. ZPO), zur Klauselerteilung (§§ 724 ff. ZPO) und zur Zustellung (§ 750 ZPO). Die allgemeinen Vollstreckungsregelungen der §§ 704 ff. ZPO füllen weitere Lücken. Wesentliche Vollstreckungskonstellationen, die in den §§ 167 ff. ungeregelt blieben – wie etwa die Herausgabevollstreckung – werden durch ZPO-Vorschriften erfasst (z.B. §§ 883 ff. ZPO). Von ganz besonderer Bedeutung ist die Heranziehung der ZPO aber für die Rechtsbehelfe gegen Vollstreckungsmaßnahmen. Die §§ 167–172 enthalten nur eine rudimentäre Regelung (§ 170 Abs. 3 S. 2), und die allgemeinen Vorschriften der VwGO (§§ 146 ff.) erfassen nur einen Teil der denkbaren rechtsschutzbedürftigen Situationen. Für materielle Einwendungen des Vollstreckungsschuldners oder eines Dritten sowie für Einwendungen gegen die Art und Weise der Vollstreckung muss deshalb auf die §§ 766, 767 und 771 ZPO zurückgegriffen werden, wofür § 167 Abs. 1 S. 1 den Weg frei macht.

II. Normzweck

5   Wegen seiner zusammenhanglosen Verbindung von drei Regelungen hat § 167 auch keinen einheitlichen Normzweck. § 167 Abs. 1 S. 1 hat in erster Linie Ergänzungsfunktion (besonders für die Vollstreckung zwischen Privaten, die in den §§ 169, 170 und 172 nicht geregelt wird)[5] und mag darüber hinaus auch sicherstellen, dass die verwaltungsgerichtliche Vollstreckung durch ausreichende Normprägung dem rechtsstaatlichen Gesetzesvorbehalt entspricht. Daneben bezweckt § 167 Abs. 1 S. 2 eine weitgehende Zentrierung des Vollstreckungsverfahrens beim VG (Wahrung des abstrakt-institutionellen Sachzusammenhangs zwischen Erkenntnis- und Vollstreckungsverfahren, Einheit des Verwaltungsrechtswegs. Schließlich hat § 167 Abs. 2 den Zweck, die Zuständigkeit und Entscheidungsfreiheit der Verwaltungsbehörde im Hinblick auf den Verwaltungsakt-Erlass nicht durch vorläufige (d.h. ggf. voreilige) Vollstreckung zu desavouieren.[6] Hoheitliches Handeln ist (nicht immer, aber zumeist)[7] bedingungsfeindlich (BT-Drs. 3/55, 48 [zu § 164 RegE]) und kann in seinen Wirkungen (anders als der Austausch von Wirtschaftsgütern im Zivilrecht) durch Sicherheitsleistung nur selten kompensiert werden.[8] Die weitere Aussage: „Anfechtungsurteile können außerhalb der Kostenentscheidung nicht vorläufig vollstreckt werden" ist trotz der fehlenden Vollstreckungsbedürftigkeit von Gestaltungsurteilen nicht redundant.[9] Dies hängt mit dem besonderen Charakter der Vollstreckbarkeitserklärung zusammen.[10] Diese bezieht sich nämlich nicht nur auf vollstreckungsfähige und -bedürftige Entscheidungen, die es zwangsweise durchzusetzen gilt. Gemeint sind vielmehr sämtliche (auch Feststellungs- und Gestaltungs-)Wirkungen eines Titels, die erst mit „Vollstreckbarkeit" (Vollziehbarkeit) erzielt werden sollen. Die Aufhebung eines Verwaltungsakts durch Anfechtungsurteil „wirkt" deshalb erst mit Rechtskraft oder vorläufiger Vollstreckbarkeit.

---

5   *I. Kraft*, in: Eyermann § 167 Rn. 8.

6   Vor Erlass der VwGO konnten Verpflichtungsurteile zwar vorläufig vollstreckt werden. Davon wurde aber in der Praxis nur wenig Gebrauch gemacht, vgl. OVG Lüneburg NJW 1952, 952; OVG Münster DÖV 1956, 248; DVBl 1959, 443 f.

7   Zum Institut des vorläufigen Verwaltungsakts – gerade im Zusammenhang mit Fragen des Sofortvollzugs – *D. Heckmann*, Sofortvollzug, 1992, 53 ff.

8   Vgl. OVG Brem NJW 1967, 2222 (mit dem plastischen Bsp. einer „vorläufigen Erteilung" einer Fahrerlaubnis); VGH Kassel ESVGH 11, 151, 152. Zum Zweck des § 167 Abs. 2 weiter VGH Mannheim VBlBW 1999, 263.

9   A.A. offenbar *R. Pietzner*, in: Schoch/Schneider/Bier § 167 Rn. 131, der an dieser Stelle nur auf die fehlende Vollstreckungsfähigkeit und -bedürftigkeit eingeht, nicht aber auf den „Vollziehungsbegriff" i.S.d. §§ 80, 167 Abs. 2 (die im Zusammenhang gesehen werden müssen).

10 *Kopp/Schenke* § 167 Rn. 10; *I. Kraft*, in: Eyermann § 168 Rn. 7.

III. Parallelvorschriften

1. Sozial- und Finanzgerichtsbarkeit. § 167 Abs. 1 S. 1 findet seine Entsprechung in § 198 Abs. 1 **6** SGG und (bezogen auf die Vollstreckung gegen die öffentliche Hand) in § 151 Abs. 1 S. 1 FGO; für die Vollstreckung zugunsten der öffentlichen Hand verweist § 150 S. 1 FGO auf die AO (die ihrerseits auf die ZPO z.B. in §§ 263, 284, 295, 319, 322 und 324 AO Bezug nimmt). Hingegen gibt es Parallelen zu § 167 Abs. 1 S. 2 und § 167 Abs. 2 nur in der FGO (§ 151 Abs. 1 S. 2 und Abs. 3),[11] nicht aber im SGG. § 198 Abs. 2 SGG erklärt die Vorschriften (der ZPO) über die vorläufige Vollstreckbarkeit für nicht anwendbar.[12] Dies ist nicht etwa als prinzipielle Absage an die vorläufige Vollstreckbarkeit zu verstehen. Im Gegenteil sind sozialgerichtliche Titel sofort vollstreckbar (§ 199 Abs. 1 Nr. 1 SGG), soweit (wie etwa nach §§ 154, 165, 175 SGG) „kein Aufschub eintritt" oder die Vollstreckung durch einstweilige Anordnung ausgesetzt wird (§ 199 Abs. 2 SGG). Während wiederum im verwaltungsgerichtlichen Rechtsbehelfssystem die Ersetzung der sofortigen Beschwerde (§ 793 ZPO) durch die „einfache" Beschwerde (§ 146) durch Auslegung ermittelt wird (Nachw. → Rn. 10), ordnet dies § 198 Abs. 3 SGG explizit an.

2. Ordentliche Gerichtsbarkeit. § 167 Abs. 1 S. 1 findet naturgemäß in der ZPO (die ihrerseits im **7** Achten Buch die Zwangsvollstreckung ausf. und paradigmatisch für andere Vollstreckungsordnungen regelt) keine Parallele. Die Bestimmung des Amtsgerichts als Vollstreckungsgericht in § 764 ZPO lässt sich hingegen mit § 167 Abs. 1 S. 2 vergleichen. Eine Beschränkung der vorläufigen Vollstreckbarkeit wie in § 167 Abs. 2 kennt die ZPO grds. nicht. Lediglich in § 712 ZPO wird einem Aufschubinteresse des Schuldners Rechnung getragen, das sich freilich mit dem Verwaltungsinteresse gegen die vorläufige Verwaltungsaktserteilung nur teilweise vergleichen lässt (OVG Brem NJW 1967, 2222).

IV. Die subsidiäre Anwendbarkeit der ZPO (§ 167 Abs. 1 S. 1)

1. Allgemeines. Die Vorschriften des Achten Buches der ZPO finden ergänzend Anwendung, soweit **8** in der VwGO nichts geregelt ist und die ZPO-Regelung ihrem Wesen nach übertragbar ist. Bei der subsidiären Anwendung der ZPO ist auf die grundsätzlichen Unterschiede der beiden Verfahrensarten Rücksicht zu nehmen. Dies gilt nicht nur für die allgemeinen Verfahrensvorschriften (§ 173), sondern insbes. auch für die Zwangsvollstreckung. Bei der entsprechenden Anwendung ist schließlich auf systematische Zusammenhänge, terminologische Besonderheiten und interne Verweisungen zu achten. § 167 Abs. 1 S. 1 versteht sich als dynamische Verweisung, sodass alle nach Inkrafttreten der VwGO erfolgten Änderungen der ZPO grds. von dem „Verweisungswillen" des Gesetzgebers gedeckt sind. Die bekannten, gegen solche dynamischen Verweisungen vorgebrachten Bedenken[13] werden vorliegend dadurch entschärft, dass mit den eingangs genannten Einschränkungen der Übertragbarkeit ein probates Mittel zur Vermeidung von Friktionen zwischen den Verfahrensordnungen zur Verfügung steht.

2. Anwendbare ZPO-Vorschriften. Auf die verwaltungsgerichtliche Vollstreckung können folgende **9** Vorschriften der ZPO (ggf. mit Einschränkungen) übertragen werden: § 705 (BVerwG DVBl 1961, 450), §§ 706, 707 (OVG Lüneburg DÖV 1983, 989; VGH Kassel DVBl 1966, 607),[14] §§ 708–720a ZPO[15] – (unter Berücksichtigung des § 167 Abs. 2 und von Besonderheiten bei § 717 Abs. 2 ZPO

---

11 Wiederum nur hinsichtlich der Vollstreckung gegen die öffentliche Hand. Die in § 150 FGO geregelte Vollstreckung zugunsten der öffentlichen Hand kennt keine Regelung über die vorläufige Vollstreckung, die nach BFHE 118, 428, 430 deshalb ohne besonderen Ausspruch möglich sein soll; ebenso *R. Pietzner*, in: Schoch/Schneider/Bier § 167 Rn. 104; a.A. *A. Wettlaufer*, Vollstreckung, 1989, 321 f.: besondere Anordnung erforderlich. In der hier vorgeschlagenen Terminologie wäre besser von „sofortiger" Vollstreckbarkeit zu sprechen.

12 Bzgl. der Anwendbarkeit der Vorschriften über den Arrest und die einstweilige Anordnung wurde mit dem 6. SGGÄndG v. 17.8.2001 (BGBl I 2144) in § 86b Abs. 2 SGG eine Spezialvorschrift geschaffen.

13 Vgl. *M. App*, DÖV 1991, 415, 417; *U. Karpen*, Verweisung, 1970.

14 § 707 soll aber dann nicht entsprechend anwendbar sein, „wenn es um eine Zwangsvollstreckung in einem Verwaltungszwangsverfahren geht, etwa wegen der Gerichtskosten", *P. Hartmann*, in: Baumbach/Lauterbach/Albers/Hartmann § 707 Rn. 33.

15 Hierzu *R. Pietzner*, in: Schoch/Schneider/Bier Vorbem. § 167 Rn. 14. Bei § 716 ZPO tritt § 120 VwGO an die Stelle von § 321 ZPO. Zu § 718 ZPO vgl. OVG Magdeburg 27.10.2014 – 2 L 79/14. Zu § 719 Abs. 1 S. 1 ZPO vgl. OVG Saarlouis NVwZ-RR 2014, 743, OVG Brem NJW 1967, 2222, 2223; VGH Kassel ESVGH 11, 151, 152. Zur Anwendbarkeit von § 720a ZPO OVG Magdeburg NVwZ-RR 2012, 421.

[BVerwGE 60, 328, 334; BVerwG NJW 1960, 1875]) mit Ausnahme des § 719 Abs. 1 S. 2 ZPO (anwendbar dagegen § 719 Abs. 2 ZPO, BVerwG NJW 1999, 79) –, §§ 724–749 und § 750 Abs. 2[16] (soweit eine Klausel nach § 171 erforderlich ist; zu den Rechtsbehelfen im Klauselverfahren → § 171 Rn. 30 ff.), § 750 Abs. 1[17] (zur Zustellung als allgemeine Vollstreckungsvoraussetzung bei den §§ 167 ff. → § 168 Rn. 63), §§ 751, 752, §§ 753–754,[18] § 755,[19] §§ 756–763 (soweit der Gerichtsvollzieher bzw. Vollstreckungsbeamte tätig wird), §§ 764[20] (zur sachlichen Zuständigkeit → Rn. 12), 765, 765 a (hierzu OVG Münster OVGE 8, 206),[21] §§ 766–777,[22] §§ 778–787, §§ 788,[23] 789 (nach Maßgabe der § 169 Abs. 1 S. 2, § 170 Abs. 1 S. 2), 792, 794 a, 795 (nach Maßgabe des § 168), 798, 802 (soweit sich der Gerichtsstand nicht aus der VwGO ergibt), §§ 803–882,[24] §§ 883–887 (nach der hier vertretenen Auffassung [→ § 172 Rn. 52] nicht nur bei der Vollstreckung zwischen Privaten, sondern auch gegen die öffentliche Hand), §§ 888,[25] 889, 891 (vgl. BVerwG NJW 1986, 1125; VGH Kassel NJW 1976, 1766), 892, 893, §§ 894–898,[26] §§ 899–915 h ZPO.[27] Der fünfte Abschnitt über Arrest und einstweilige Verfügung ist nur mit den Vorschriften anwendbar, die § 123 Abs. 3 explizit in Bezug nimmt.

10   **3. Unanwendbare ZPO-Vorschriften.** Auf folgende Vorschriften der ZPO verweist § 167 Abs. 1 S. 1 nicht: § 704 (§ 168 geht vor), §§ 721–723 (auf zivilrechtliche Streitigkeiten zugeschnitten),[28] §§ 793,[29] 794 (§ 168 ist als lex specialis abschließend), 796 (Verwaltungsprozess kennt kein Mahnverfahren), §§ 796 a–796 c (Anwaltsvergleich kein Vollstreckungstitel i.S.d. § 168), §§ 797–797 a und 799–801 (keine tauglichen Vollstreckungstitel im Verwaltungsprozess), §§ 882 a (§ 170 geht vor → § 170 Rn. 13), 890 ZPO (§ 172 geht vor → § 172 Rn. 45).[30]

V. Das Vollstreckungsgericht (§ 167 Abs. 1 S. 2)

11   **1. Zuständigkeitsabgrenzung. a) Allgemeines.** Wenn § 167 Abs. 1 S. 2 das Gericht des ersten Rechtszuges zum Vollstreckungsgericht erklärt, liegt darin zunächst die eher deklaratorische Absage an die Zuständigkeit des Amtsgerichts als Vollstreckungsgericht gem. § 764 Abs. 2 ZPO; deklaratorisch des-

---

16 Vgl. weiter *P. Hartmann,* in: Baumbach/Lauterbach/Albers/Hartmann Einf. §§ 727–729 Rn. 6.

17 VGH Mannheim NVwZ-RR 1993, 520; 1995, 619.

18 Mit der Maßgabe, dass die Vollstreckung bei §§ 169, 170 nicht durch Gläubigerantrag, sondern durch Verfügung des Gerichts(-vorsitzenden) eingeleitet wird.

19 In den Fällen der §§ 169, 170 weist der Besitz der gerichtlichen Anordnung den Gerichtsvollzieher aus, § 273 GVGA, *P. Hartmann,* in: Baumbach/Lauterbach/Albers/Hartmann § 755 Rn. 5.

20 Nur in Bezug auf die örtliche Zuständigkeit; die sachliche Zuständigkeit regelt § 167 Abs. 1 S. 2.

21 *H. v. Nicolai,* in: Redeker/v. Oertzen § 167 Rn. 5.

22 HmbOVG 17.12.2015 – 1 So 70/14; OVG Greifswald 20.10.2015 – 1 M 319/15, BVerwGE 6, 321, 323; BVerwG NJW 1989, 118, 119; 1992, 191 (zur Vollstreckungsgegenklage); OVG Bln NJW 1984, 1370; NVwZ-RR 1989, 510, 512; NVwZ 1993, 73; OVG Bln 4.3.2015 – OVG 6 L 8.15, 21.4.2016 – OVG 11 I 2.16, OVG Bautzen 14.4.2014 – 5 E 103/12 sowie OVG Münster NJW 1980, 1709 (zur Vollstreckungserinnerung); OVG Bln 9.1.2017 – OVG 3 K 135.16, VGH Mannheim NVwZ-RR 2012, 129, VG Leipzig 12.9.2014 – 3 L 289/14 zur Anwendbarkeit der §§ 767, 769 ZPO.

23 OVG Koblenz DVBl 1986, 288; OVG Lüneburg NJW 1971, 2324; OVG Münster DÖV 1981, 545; VG Darmstadt NVwZ 1988, 962; OVG Saarlouis NVwZ 1982, 254; VGH Mannheim VBlBW 1988, 298.

24 Soweit es um die Vollstreckung wegen Geldforderungen gegen die öffentliche Hand (§ 170) oder zwischen Privaten (über § 167 Abs. 1 S. 1) geht (subsidiär gem. § 169 auch gegenüber VwVG und AO bei der Beitreibung von Geldforderungen zugunsten der öffentlichen Hand).

25 Nur bei der Vollstreckung zwischen Privaten; a.A. wohl OVG Koblenz NJW 1987, 1220; OVG Münster NVwZ 1992, 897.

26 Nur bei der Vollstreckung zwischen Privaten → § 172 Rn. 47, oder wenn sich öffentlich-rechtliche Körperschaften auf der Ebene der Gleichordnung gegenüberstehen, vgl. BVerwGE 116, 175, 186; VGH Kassel DVBl 2000, 357.

27 Ohne Weiteres bei § 170 sowie zwischen Privaten. I.R. der Vollstreckung zugunsten der öffentlichen Hand sind über die Verweisungskette § 169 Abs. 1 VwGO, § 5 Abs. 1 VwVG, §§ 284, 315 AO die §§ 901, 902, 904–906, 909 Abs. 1 S. 2, Abs. 2, 910, 913–915 h ZPO in Bezug genommen.

28 *J. Nolte* geht allerdings davon aus, dass die §§ 722, 723 ZPO jedenfalls in der Theorie auch im Verwaltungsprozess Anwendung finden, vgl. Die Eigenart des verwaltungsgerichtlichen Rechtsschutzes, S. 353 m.w.N.

29 An die Stelle der sofortigen Beschwerde tritt die Beschwerde nach §§ 146 ff., OVG Bln 9.1.2017 – OVG 3 K 135.16; OVG Koblenz NVwZ 1989, 573; OVG Münster NJW 1987, 3029; VGH Kassel NVwZ-RR 1998, 77; VGH Mannheim NJW 1978, 287; *I. Kraft,* in: Eyermann § 167 Rn. 15 spricht von „entsprechender" Anwendung des § 793 ZPO, lässt aber die §§ 146 ff. gelten.

30 Nach a.A. kommt für das Begehren auf Durchsetzung von Unterlassungspflichten § 167 Abs. 1 zur Anwendung, VG Stuttgart BeckRS 2011, 56065; VGH BW DÖV 2013, 40; *R. Pietzner/J.A. Möller* in: Schoch/Schneider/Bier § 172 Rn. 16.

wegen, weil die §§ 169 Abs. 1 S. 2, 170 Abs. 1 S. 1, 172 S. 1 bereits die Vollstreckungsherrschaft des VG (bzw. des Gerichtsvorsitzenden) in den einzelnen Vollstreckungskonstellationen dokumentieren.[31] Die eigentliche Bedeutung der Vorschrift liegt jedoch darin, die maßgeblichen Entscheidungen in der verwaltungsgerichtlichen Vollstreckung (im Regelfall) in die Hand einer Stelle zu legen (wie dies § 764 ZPO für die zivilprozessuale Zwangsvollstreckung auch tut). Zwar kommen alle verwaltungsgerichtlichen Instanzen als Vollstreckungsgericht in Betracht.[32] Stets ist so aber das jeweilige „Prozessgericht" (wenn auch nicht in dieser Funktion) zugleich maßgebliches Vollstreckungsorgan.[33] Ohne diese einheitliche Bestimmung wäre die klare Abgrenzung von Vollstreckungsgericht und Vollstreckungshelfern (→ § 169 Rn. 24, 28; → § 170 Rn. 76 ff.; → § 172 Rn. 81) zulasten eines Konglomerats verschiedener Vollstreckungsorgane aufgelöst worden. Ob das Amtsgericht als „ortsnahes Gericht" für die Beteiligten das „rechtsschutzfreundlichere" Gericht auch für die verwaltungsgerichtliche Vollstreckung sein könnte, ist eine – durchaus auch in der Reformdiskussion gestellte – rechtspolitische Frage.

b) Sachliche Zuständigkeit. § 167 Abs. 1 S. 2 regelt die sachliche Zuständigkeit des Vollstreckungsge- 12 richts abschließend und damit vorrangig vor der ZPO, auf die insoweit auch über § 167 Abs. 1 S. 1 nicht zurückgegriffen werden kann. Für die Vollstreckungskonstellationen der §§ 169, 170 und 172 versteht sich dies von selbst. Aber auch für die Konstellationen, für die mangels Anwendbarkeit der vorgenannten Vorschriften die ZPO maßgebend ist (Vollstreckung zwischen Privaten, Herausgabevollstreckung [→ § 172 Rn. 52], Erzwingung vertretbarer Handlungen der öffentlichen Hand [→ § 172 Rn. 50]), geht § 167 Abs. 1 S. 2 vor, bekommt dort gar seine eigenständige Bedeutung). Die sachliche Zuständigkeit umfasst alle Vollstreckungsmaßnahmen und -entscheidungen; andere Vollstreckungsorgane kommen nur als Vollstreckungshelfer in Betracht, die um ihr Mitwirken vom Vollstreckungsgericht zu ersuchen sind.

c) Örtliche Zuständigkeit. Die örtliche Zuständigkeit regelt § 167 Abs. 1 S. 2 nicht.[34] Insoweit finden 13 etwa die §§ 764 Abs. 2, 828 Abs. 2, 899 ZPO Anwendung (vgl. etwa VGH München NJW 1984, 2484; VG Köln NJW 1975, 2224).

2. Unterscheidung zwischen Vollstreckungs- und Prozessgericht? *Pietzner* unterscheidet in Anlehnung 14 an die Terminologie der ZPO genau zwischen Vollstreckungsgericht und Prozessgericht.[35] Das Gericht des ersten Rechtszuges sei danach bei der Vollstreckung nach § 169 (nur Erzwingungsvollstreckung) und § 172 und im Übrigen dann als Prozessgericht zuständig, wenn nach den Regeln der ZPO vollstreckt werde und dort das Prozessgericht die Vollstreckungsgewalt innehabe (z.B. nach den §§ 887 ff. ZPO). Als Vollstreckungsgericht fungiere es demgegenüber bei der Vollstreckung nach § 170, bei der Vollstreckung zwischen Privaten sowie der Beitreibung zugunsten der öffentlichen Hand (§ 169). Diese Unterscheidung „schadet" zwar nicht, erscheint aber überflüssig,[36] wie an anderer Stelle herausgearbeitet wurde (→ § 172 Rn. 24).

VI. Vorläufige Vollstreckbarkeit (§ 167 Abs. 2)

1. Rechtserkenntnis und Rechtsverwirklichung. Die Zwangsvollstreckung ist ein Mittel der Rechts- 15 verwirklichung. Um Ansprüche des Gläubigers „als Recht" zu verwirklichen (tatsächlich umzusetzen), bedarf es im Streitfall der Erkenntnis darüber, was rechtens ist. Dies leistet regelmäßig ein gerichtliches Erkenntnisverfahren, an dessen Ende die Rechtserkenntnis in Form eines vollstreckbaren Titels steht. Ist diese unanfechtbar (§ 705 ZPO), wird die nunmehr rechtskräftige Entscheidung „als Recht" (erkenntnistheoretisch gewendet) fingiert. Vernünftige Gründe gegen die Rechtsverwirklichung beste-

---

31 In der Tat war § 167 Abs. 1 S. 2 im Regierungsentwurf noch nicht enthalten. Seine Einfügung durch den Rechtsausschuss diente der Klarstellung, vgl. BT-Drs. 3/1094, 14, 66 (zu § 164 RegE).

32 Im Regelfall ist das VG Gericht des ersten Rechtszuges (§ 45), ausnahmsweise aber auch das OVG (§§ 47, 48) oder das BVerwG (§ 50) zuständig.

33 VGH Kassel NJW 2011, 1468, 1469 schließt von der Titulierungsbefugnis eines Gerichts auf seine Vollstreckungsbefugnis.

34 *Würtenberger* Rn. 751.

35 Zum Folgenden R. *Pietzner*, in: Schoch/Schneider/Bier § 167 Rn. 93 ff.

36 R. *Pietzner*, in: Schoch/Schneider/Bier § 167 Rn. 93 spricht von einer „verwirrenden Unschärfe" der Gegenauffassung, ohne aber praktische Konsequenzen aufzuzeigen, vgl. im Gegenteil ebd. Rn. 100.

hen (von besonderen Härtefällen abgesehen, vgl. § 765a ZPO) nicht.[37] Durch die gerichtliche Entscheidung muss der Rechtsstreit indessen nicht beendet sein. Solange (weitere) Rechtsbehelfe zur Verfügung stehen, können diese auch mit dem Ziel einer Abänderung der (Vor-)Entscheidung ergriffen werden. In diesen Fällen entsteht eine Spannungslage:[38] Der Gläubiger hat ein Vollzugsinteresse auf der Grundlage des erstrittenen Titels. Er mag – auch angesichts eines regelmäßig länger währenden „Verzugs" des Schuldners – nicht länger zuwarten. Auf der anderen Seite der Schuldner: Er bestreitet (nach wie vor) die Berechtigung der Forderung und sieht einer ihn begünstigenden Rechtsmittelentscheidung entgegen. Sein Aufschubinteresse wird insbes. durch den mit praktisch jeder Vollstreckungsmaßnahme verbundenen Grundrechtseingriff erhärtet. In dieser Phase rechtlicher Ungewissheit zwischen Gläubiger- und Schuldnerinteresse abzuwägen, bedarf einer rechtspolitischen Entscheidung des Gesetzgebers für die jeweilige Verfahrens- und Prozessordnung. Diese wurde getroffen: im Bereich der Verwaltungsvollstreckung durch §§ 3, 6 Abs. 1 VwVG i.V.m. § 80 und in der zivilprozessualen Zwangsvollstreckung durch §§ 704, 707 ff. ZPO. Die VwGO trifft nur die eingangs herausgestellte (→ Rn. 1) Kernaussage zugunsten einer vorläufigen Vollstreckbarkeit mit der erwähnten Ausnahme für Verpflichtungsurteile. Im Übrigen wird über § 167 Abs. 1 S. 1 auf die §§ 707 ff. ZPO verwiesen.[39] Auch verwaltungsgerichtliche Vollstreckungstitel sind damit prinzipiell vorläufig vollstreckbar. Einem berechtigten Aufschubinteresse des Vollstreckungsschuldners wird durch die Möglichkeit der einstweiligen Einstellung der Vollstreckung (§ 707 ZPO [OVG Lüneburg DÖV 1983, 989], § 719 [BVerwG NVwZ 1998, 1177; OVG Bln NVwZ-RR 1999, 811] bzw. § 769 ZPO [OVG Lüneburg NVwZ-RR 2000, 573]), der Sicherheitsleistung des Gläubigers (§ 709 ZPO), der Abwendungsbefugnis des Schuldners (§ 712 ZPO) und insbes. der Schadensersatzpflicht des Gläubigers im Falle von Aufhebung oder Abänderung des Titels, § 717 Abs. 2 ZPO (BVerwGE 60, 328, 334; BVerwG NJW 1960, 1875), Rechnung getragen. Dieses System wechselseitigen Rechtsschutzes erinnert an § 80 Abs. 1, 2, 4, 5, 7. Es bevorzugt in einer Phase rechtlicher Ungewissheit einmal den Gläubiger, dann wieder den Schuldner, je nachdem, wer jeweils die besseren Gründe zur Durchsetzung seiner Rechtsposition hat. Es ist deshalb zutreffend, mit *Baur* bis zur Rechtskraft auch bei der Vollstreckung von der Gewährung (sekundären) vorläufigen bzw. einstweiligen Rechtsschutzes zu sprechen.[40]

16　**2. Die Vollstreckung rechtskräftiger Entscheidungen als Regelfall.**[41]　Nach § 168 Abs. 1 Nr. 1 wird aus rechtskräftigen Entscheidungen[42] vollstreckt. Dies gilt nach § 168 Abs. 1 Nr. 5 auch für Schiedssprüche, über deren Vollstreckbarkeit rechtskräftig entschieden wurde. Die Rechtskraft dieser Vollstreckungstitel rechtfertigt alleine die Anwendung von Zwang im Falle der Nichtbefolgung. Einwendungen des Vollstreckungsschuldners gegen die materielle Berechtigung des Gläubigers sind nur noch unter den engen Voraussetzungen einer Vollstreckungsgegenklage (§ 167 Abs. 1 S. 1 VwGO i.V.m. § 767 ZPO) zulässig. Unter dieser Voraussetzung mögen auch Vollstreckungsmaßnahmen einstweilen verhindert werden (§ 167 Abs. 1 S. 1 VwGO i.V.m. § 769 ZPO).

17　**3. Vorläufige Vollstreckbarkeit.**　Nach § 168 Abs. 1 Nr. 1 wird auch aus vorläufig vollstreckbaren Entscheidungen vollstreckt (sowie entsprechenden Schiedssprüchen, § 168 Abs. 1 Nr. 5). Hiervon macht § 167 Abs. 2 aus verschiedenen Gründen Ausnahmen.

18　**a) Anfechtungsurteile.**　Anfechtungsurteile sind nur „wegen der Kosten" vorläufig vollstreckbar (VGH Kassel NVwZ 1990, 275, 275 f.; OVG Bln-Bbg NVwZ-RR 2015, 804 f.). Sie entfalten ihre kassatorische Wirkung also erst mit formeller Rechtskraft.[43]

19　**b) Verpflichtungsurteile.**　Verpflichtungsurteile sollen deshalb nicht vorläufig vollstreckbar sein, weil der Erlass eines Verwaltungsakts Rechtswirkungen erzeugt, die nach einer späteren Aufhebung des Ti-

---

37　Zur Rechtfertigung der Zwangsvollstreckung rechtskräftiger Titel *H. F. Gaul*, AcP 168 (1968), 27, 53 ff. und 61; Gaul/Schilken/Becker-Eberhard § 14 I 1; *E. Schilken*, JuS 1990, 641.
38　Vgl. *Brox/Walker* Rn. 53.
39　Krit. *H. H. Rupp*, AöR 85 (1960), 301, 328 ff.
40　*F. Baur*, Studien, 1967, 9 ff. Den Zusammenhang zwischen Rechtsschutz und Rechtsverwirklichung stellt auch *D. Heckmann*, Sofortvollzug, 1992, 44 ff. her.
41　Theoretischer Regelfall, praktisch die Ausnahme, *R. Pietzner*, in: Schoch/Schneider/Bier § 167 Rn. 108.
42　Entscheidungen, die unanfechtbar sind, weil entweder die Rechtsbehelfsfrist verstrichen ist oder kein Rechtsbehelf mehr zulässig ist (Revisionsurteile, OVG-Beschlüsse i.S.d. § 152).
43　*B. Clausing*, in: Schoch/Schneider/Bier § 121 Rn. 37; *Kopp/Schenke* § 121 Rn. 2.

tels durch das Rechtsmittelgericht nur bedingt rückgängig gemacht werden können. Am ehesten wäre dies noch bei (Geld-)Leistungsbescheiden der Fall (Rückforderung der verzinsten Geldleistung). Aber schon die Erteilung einer Erlaubnis lässt sich nicht „ex tunc" aufheben, sodass von ihr in der Zwischenzeit auch dann Gebrauch gemacht werden könnte, wenn dies öffentlichen Interessen widerspricht (die etwa als Versagungsgrund erst in der Rechtsmittelinstanz richtig erkannt werden). Der Gesetzgeber wollte indes nicht zwischen verschiedenen Inhalten von Verwaltungsakten (je nach ihrer Umkehrbarkeit, Restituierbarkeit) differenzieren. So erklärt sich die pauschale Inbezugnahme der Verpflichtungsklage. Als Rechtfertigungsgrund für die partielle Versagung von Rechtsschutz (als die die vorenthaltene vorläufige Vollstreckbarkeit zu werten ist) kann noch angeführt werden, dass dem Bürger in Härtefällen noch der Antrag auf Erlass einer einstweiligen Anordnung offen steht (→ Rn. 22), die „sofort" vollstreckbar ist und gerade einer gerechten Interimslösung entsprechen kann.

c) Sonstige Vollstreckungstitel. Sonstige Vollstreckungstitel werden von § 167 Abs. 2 erfasst, sofern 20 sie in vergleichbarer Weise zur vorläufigen Durchsetzung einer Verpflichtung zum Verwaltungsakterlass ermächtigen. Dies betrifft freilich neben den Beschlüssen i.S.d. § 130a und den Gerichtsbescheiden nur die Schiedssprüche, die nur dann für vorläufig vollstreckbar erklärt werden dürfen, wenn sie nicht zum Erlass eines Verwaltungsakts verpflichten. Maßgeblich ist nämlich nicht die Entscheidungsform, sondern der Inhalt. Sofort vollstreckbar sind hingegen einstweilige Anordnungen und auch (schieds-)gerichtliche Vergleiche (sowie öffentlich-rechtliche Verträge mit Unterwerfungsklausel [→ Rn. 26]).

§ 167 Abs. 2 gilt darüber hinaus auch für (allgemeine) Leistungsklagen (auch zwischen Behörden, vgl. 21 VG Braunschweig NdsVBl 1998, 296), die einen Hoheitsträger zur Vornahme einer schlicht-hoheitlichen Handlung verurteilen (VGH Mannheim DVBl 1999, 892; OVG Magdeburg 3.2.2016 – 1 P 8/16) oder auf ein Unterlassen eines Verwaltungsakts[44] oder einer sonstigen schlicht-hoheitlichen Tätigkeit[45] gerichtet sind. Dies liegt deswegen nahe,[46] weil die Rechtsform des Verwaltungsakts vergleichbare Handlungsformen der Verwaltung kennt (insbes. regelungsersetzende Realakte wie polizeiliche Maßnahmen), für die die ratio legis des § 167 Abs. 2 gleichermaßen greift. Maßgebliches Kriterium ist, ob eine hoheitliche Handlung im konkreten Fall vorliegt.[47] § 167 Abs. 2 ist zudem beachtlich, wenn das Gericht zur Leistung und Zahlung der Leistung im Wege der Stufenklage in einem Urteil, § 113 Abs. 4 analog, verurteilt (OVG Bln NVwZ-RR 2015, 804). Eine Ausnahme (i.S.d. Einräumung vorläufiger Vollstreckbarkeit) wird man dort machen müssen, wo es gerade nicht um (typisch) hoheitliche Tätigkeit geht[48] (OVG Lüneburg 24.6.2016 – 21 F 1/16), wie etwa die Säuberung eines Grundstücks. In diesem Fall greift der Schutzzweck des § 167 Abs. 2 nicht, weil eine Kompensation durch Sicherheitsleistung ohne Weiteres zu erzielen ist. Nach der vorliegend vertretenen Auffassung (→ § 172 Rn. 50) ergibt sich dies zwingend schon durch die Anwendung von § 167 Abs. 1 S. 1 VwGO i.V.m. § 887 ZPO in dieser Konstellation, für die die §§ 708 ff. ZPO somit ohne Einschränkung greifen.

d) Rechtsschutz bei Ausschluss der vorläufigen Vollstreckbarkeit. Ist die vorläufige Vollstreckbarkeit 22 eines Hauptsacheurteils nach § 167 Abs. 2 ausgeschlossen, so kann die Vollstreckung durch den Erlass einer – kraft Gesetzes sofort vollstreckbaren – einstweiligen Anordnung nach § 123 erreicht werden, wenn diese erforderlich ist, um wirksamen Rechtsschutz zu erlangen.[49] Dies steht nicht im Widerspruch zu Sinn und Zweck des § 167 Abs. 2; denn während die vorläufige Vollstreckbarkeit nach Maßgabe der §§ 708 ff. ZPO eine Vollstreckung zur Befriedigung des Gläubigers schon vor Rechtskraft ermöglicht und dem Gericht einen dahingehenden Ausspruch zwingend gebietet, erlaubt die

---

44 OVG Brem NJW 1967, 2222, 2223; OVG Lüneburg DÖV 1971, 351, 352 f.; NVwZ 1990, 275; *Kopp/Schenke* § 167 Rn. 11; *R. Pietzner*, in: Schoch/Schneider/Bier § 167 Rn. 133.

45 OVG Lüneburg NVwZ 1990, 275; NVwZ 2000, 578; *Kopp/Schenke* § 167 Rn. 11; *R. Pietzner*, in: Schoch/Schneider/Bier § 167 Rn. 135; a.A. VGH Kassel NVwZ 1990, 272; offen gelassen VGH Kassel NVwZ-RR 2015, 258, 267, welches aber aufgrund der konkreten Gegebenheiten letztlich doch zu einer Anwendbarkeit des § 167 Abs. 2 gelangte.

46 Bejahend auch BFHE 131, 158, 168; VGH Mannheim NVwZ-RR 2012, 165; VGH Kassel NVwZ 1987, 517: mit einer Anfechtungsklage verbundene Leistungsklage.

47 *Wolfrum*, NVwZ 1990, 237, 240.

48 Einschränkend auch *M. Dornberg*, in: Finkelnburg/Dombert/Külpmann Rn. 24; *Kopp/Schenke* § 167 Rn. 11.

49 BVerfG NVwZ 2003, 981; ebenso OVG Lüneburg OVGE 11, 503; VGH Mannheim DVBl 1999, 892; VGH München NJW 1966, 751, 752; *M. Domberg*, in: Finkelnburg/Dombert/Külpmann Rn. 25; *R. Pietzner*, in: Schoch/Schneider/Bier § 167 Rn. 122.

einstweilige Anordnung nach § 123 lediglich einstweilige Maßnahmen, welche die Hauptsache grds. nicht vorwegnehmen dürfen, und darf vom Gericht nur dann erlassen werden, wenn sie zur Abwendung wesentlicher Nachteile oder zur Verhinderung drohender Gewalt oder aus anderen Gründen nötig erscheint (VGH Mannheim DVBl 1999, 992).

23   **e) Kostenentscheidung.** Die vorläufige Vollstreckbarkeit hinsichtlich der Kostenentscheidung richtet sich insbes. nach § 708 Nr. 11 ZPO, sodass eine Sicherheitsleistung entbehrlich ist, wenn die gesamten erstattungsfähigen Kosten (bei Klageabweisung ohne Gerichtskosten) den Wert von 1250 € nicht übersteigen.

24   **f) Ausspruch der vorläufigen Vollstreckbarkeit.** § 167 Abs. 1 S. 1 verweist für die Modalitäten der vorläufigen Vollstreckung auf die §§ 708–720 ZPO.[50] Das VG[51] entscheidet insoweit von Amts wegen (BVerwGE 16, 254) und ohne Ermessen[52] darüber, ob und unter welchen Bedingungen (z.B. Sicherheitsleistung)[53] die vorläufige Vollstreckbarkeit auszusprechen ist.[54] Etwas anderes ergibt sich auch nicht aus dem in § 167 Abs. 2 verwendeten „können", da dieses lediglich zur auf die Kosten beschränkten vorläufigen Vollstreckbarkeitserklärung ermächtigt.[55] Etwaige Anträge (nach §§ 707, 710, 711 S. 2, 712 ZPO) sind bei dieser Entscheidung aber zu berücksichtigen.[56] Wird ein Urteil, dessen vorläufige Vollstreckbarkeit vorher angeordnet wurde, rechtskräftig, ist dieses automatisch „endgültig" vollstreckbar (BVerwG NJW 1993, 2066, 2067). Vollstreckungseinschränkungen werden ebenso gegenstandslos wie etwaige gegen die Vollstreckung gerichtete Anträge (BVerwG NJW 1993, 2066). Umgekehrt endet die Vollstreckbarkeit mit der Aufhebung des Titels; die vorläufige Vollstreckbarkeit ist stets auflösend bedingt.[57]

25   **g) Wirkung der vorläufigen Vollstreckbarkeit.** Nicht anders als auch in der zivilprozessualen Zwangsvollstreckung sind alle in der Phase vorläufiger Vollstreckbarkeit getroffenen Vollstreckungsmaßnahmen wirksam und rechtmäßig. Sie sichern den titulierten Anspruch nicht nur, sondern erfüllen ihn, wenn auch vorläufig (auflösend bedingt durch eine etwaige Änderung des Titels).[58]

26   **4. Sonderfall: „Sofortige Vollstreckung".** Weder von rechtskräftigen noch von vorläufig vollstreckbaren Entscheidungen kann man dort sprechen, wo es überhaupt keine Rechtsbehelfe gegen den Titel gibt oder ein solcher per se keine aufschiebende Wirkung hat. Gemeint sind einstweilige Anordnungen, Beschlüsse[59] und alle freiwilligen Vereinbarungen zwischen Gläubiger und Schuldner (Vergleiche, Verträge). Diese Vollstreckungstitel sind ohne Rücksicht auf einen Ablauf von Rechtsbehelfsfristen oder einen besonderen Vollstreckbarkeitsausspruch „sofort" vollstreckbar.

---

50 *Kopp/Schenke* § 167 Rn. 8.

51 Unterbleibt eine Entscheidung, kann das Berufungsgericht auf Antrag auch die vorläufige Vollstreckbarkeit aussprechen (§ 716 ZPO, § 120 VwGO), VGH Mannheim NVwZ-RR 1994, 472; 1996, 542. Dies wird vorab verhandelt und entschieden (§ 718 ZPO), OVG Lüneburg NVwZ 2000, 578; VGH Kassel NVwZ 1990, 275.

52 BVerwGE 16, 254, 255; OVG Brem NJW 1967, 2222, 2223; VGH München DVBl 1964, 38, 41; OVG Bln-Bbg 9.5.2016 – OVG 11 N 11.16; sowie die Kommentarlit. (vgl. *Kopp/Schenke* § 167 Rn. 9 m.w.N.; *R. Pietzner*, in: Schoch/Schneider/Bier § 167 Rn. 138); a.A. BVerwG NJW 1961, 91: für richterliches Ermessen (ohne nähere Begründung).

53 Dies ist der Regelfall, weil im Verwaltungsprozess nur § 708 Nr. 1, 6, 10 und 11 ZPO in Betracht kommen, *H. v. Nicolai*, in: Redeker/v. Oertzen § 168 Rn. 6; Die Sicherheitsleistung muss in der Form des § 751 Abs. 2 ZPO nachgewiesen sein, bevor die Vollstreckung beginnen darf, VGH Mannheim NVwZ-RR 1993, 520. Sicherheit muss auch die öffentliche Hand – trotz ihrer institutionell gesicherten Leistungsfähigkeit – leisten, BFHE 106, 23, 25; OVG Magdeburg NVwZ-RR 2008, 366, 367; *R. Pietzner*, in: Schoch/Schneider/Bier § 167 Rn. 143; krit. hierzu *H. H. Rupp*, AöR 85 (1960), 301, 330.

54 Ermessen besteht aber hinsichtlich der Bestimmung von Art und Höhe der Sicherheitsleistung.

55 OVG Magdeburg 27.10.2014 – 2 L 79/14; OVG Bln-Bbg 9.5.2016 – OVG 11 N 11.16.

56 *Kopp/Schenke* § 167 Rn. 8.

57 *R. Pietzner*, in: Schoch/Schneider/Bier § 167 Rn. 113.

58 *R. Pietzner*, in: Schoch/Schneider/Bier § 167 Rn. 116.

59 *Kopp/Schenke* § 167 Rn. 8; a.A. VGH Mannheim GewArch 1997, 346: Auch Beschlüsse seien für vorläufig vollstreckbar zu erklären; wohl auch *I. Kraft*, in: Eyermann § 168 Rn. 11: Vorläufige Vollstreckbarkeit von Beschlüssen richte sich nach § 149 Abs. 1.

§168 [Vollstreckungstitel]

(1) Vollstreckt wird

1. aus rechtskräftigen und aus vorläufig vollstreckbaren gerichtlichen Entscheidungen,
2. aus einstweiligen Anordnungen,
3. aus gerichtlichen Vergleichen,
4. aus Kostenfestsetzungsbeschlüssen,
5. aus den für vollstreckbar erklärten Schiedssprüchen öffentlich-rechtlicher Schiedsgerichte, sofern die Entscheidung über die Vollstreckbarkeit rechtskräftig oder für vorläufig vollstreckbar erklärt ist.

(2) Für die Vollstreckung können den Beteiligten auf ihren Antrag Ausfertigungen des Urteils ohne Tatbestand und ohne Entscheidungsgründe erteilt werden, deren Zustellung in den Wirkungen der Zustellung eines vollständigen Urteils gleichsteht.

Schrifttum

1. Monographien und Beiträge in Sammelwerken: *W. J. Bank*, Zwangsvollstreckung gegen Behörden. Die Handhabung der zivilprozessualen Vollstreckungsnormen bei der Zwangsvollstreckung gegen Verwaltungsträger, 1982; *M. Eisenlohr*, Der Prozeßvergleich in der Praxis der Verwaltungsgerichtsbarkeit, 1998; *D. Heckmann*, Der Sofortvollzug staatlicher Geldforderungen, 1992; *M. Jachmann*, Fiktionen im öffentlichen Recht, 1998; *Ch. M. Loos*, Schiedsgerichtsbarkeit in der Verwaltungsgerichtsbarkeit, 1984; *P. J. Martens*, Die Praxis des Verwaltungsverfahrens, 1984; *H. H. Rupp*, Kontrolle und Kontrollmaßstäbe bei der innerstaatlichen Erteilung der europarechtlichen Vollstreckungsklauseln, in: FS Menger, 1985, 859; *P. Schlosser*, Schiedsgerichtsbarkeit und öffentlich-rechtlich beeinflußte Streitgegenstände, in: FS Bülow, 1981, 189; *J. Schröder*, Der Prozeßvergleich in den verwaltungsgerichtlichen Verfahrensarten, 1971; *C. H. Ule*, Die geschichtliche Entwicklung des verwaltungsgerichtlichen Rechtsschutzes in der Nachkriegszeit, in: FS Menger, 1985, 81; *A. Wettlaufer*, Die Vollstreckung verwaltungs-, sozial- und finanzgerichtlicher Titel zugunsten der öffentlichen Hand, 1989; *B. Vogler*, Der Genehmigungsanspruch, 1999.

2. Beiträge in Zeitschriften: *E. Andrews*, Die Rechtsgrundlage der Spruchstellen nach der Fürsorgerechtsvereinbarung (FRV), ZfS 1964, 50; *K. A. Bettermann*, Die zivilprozessuale Zwangsvollstreckung aus verwaltungsgerichtlichen Vergleichen, NJW 1953, 1007; *M. Braatz*, Vorsitzendenvollstreckung mit Auslandsbezug, NdsVBl 2012, 208; *B. Clausing*, Aktuelles Verwaltungsprozessrecht, JuS 2001, 373; *C. Corell*, Vollstreckung verwaltungsrechtlicher Vergleiche gegen Hoheitsträger (zu OVG Münster NVwZ 1998, 534), NVwZ 1998, 469; *P. Fischer-Hüftle*, Ungereimtheiten im Kostenrecht der Verwaltungsgerichte, BayVBl 1983, 687; *H. Hans*, Der Vergleich vor dem Verwaltungsgericht, DVBl 1951, 721; *F. Haueisen*, Die Entscheidung verwaltungsgerichtlicher Streitigkeiten durch Schiedsgerichte, NJW 1962, 2129; *K. Hermann*, Verwaltungsgerichtlicher Rechtsschutz bei Berufungsverfahren, LKV 2011, 49; *K. Löwer*, Zum Inhalt und zur Vollstreckbarkeit verwaltungsgerichtlicher Beschlüsse nach § 80 Abs. 5 Satz 1 und 3 VwGO, DVBl 1966, 251; *C. F. Menger*, Höchstrichterliche Rechtsprechung im Verwaltungsrecht, VerwArch 55 (1964), 275; *H. Müller*, Entscheidung verwaltungsgerichtlicher Streitigkeiten durch Schiedsgerichte, NJW 1963, 282; *E. Noack*, Anmerkungen zu BVerwG, Beschluß vom 26.8.1963, NJW 1964, 369; *H. Quaritsch*, Die einstweilige Anordnung im Verwaltungsprozeß, VerwArch 51 (1960), 210; *F. Rabeneick*, Rechtswegprobleme bei der Verfolgung von Ansprüchen auf Rechtsanwaltsgebühren, DVBl 1969, 614; *H.-G. Rahn*, Die Vollstreckung aus finanzgerichtlichen Entscheidungen, BB 1974, 1434; *M. Renck-Laufke*, Rechtsfragen der Vollstreckung verwaltungsgerichtlicher Vergleiche, BayVBl 1976, 621; *L. Renck*, Vollstreckung aus einem verwaltungsgerichtlichen Prozeßvergleich (zu VGH München NVwZ 1982, 563), NVwZ 1982, 547; *H. H. Rupp*, Zur neuen Verwaltungsgerichtsordnung: Gelöste und ungelöste Probleme, AöR 85 (1960), 301; *W.-R. Schenke*, Probleme des vorläufigen Rechtsschutzes gemäß § 80 Abs. 5 VwGO, DVBl 1986, 9; *E. Schilken*, Grundfragen der vorläufigen Vollstreckbarkeit, JuS 1990, 641; *S. Schill*, Öffentlich-rechtliche Schiedsverfahren zwischen Risikobewältigung und Rechtsrisiko, DÖV 2010, 1013; *T. Schultheiß*, Der Prozessvergleich – typische Fallkonstellationen im Assessorexamen, JuS 2015, 318; *M. Schultzenstein*, Über den Vergleich im Verwaltungsstreitverfahren, DVBl 1985, 104; *R. Stober*, Staatsgerichtsbarkeit und Schiedsgerichtsbarkeit, NJW 1979, 2001; *E.-G. Thomas*, Die Vollstreckung verwaltungsgerichtlicher Entscheidungen, BayVBl 1967, 335; *W. Tietgen*, Bericht über den Jahrestag 1960 der Vereinigung der Verwaltungsgerichtspräsidenten für das Bundesgebiet, DVBl 1960, 767; *A. Voßkuhle / T. Wischmeyer*, Grundwissen – Öffentliches Recht: Verwaltungsvollstreckung, JuS 2016, 698.

I. Inhalt und Stellung des § 168 in der Vollstreckungsordnung

1 **1. Der Regelungsgegenstand und seine Vorgeschichte.** § 168 Abs. 1 zählt diejenigen gerichtlichen Entscheidungen und Vereinbarungen von Prozessbeteiligten auf, „aus" denen „vollstreckt wird" (genauer: vollstreckt werden kann). Die Aufzählung betrifft nur die Entscheidungs- oder Vereinbarungsform (z.B. Urteil, Beschluss, Vergleich, Schiedsspruch), ohne damit zu erklären, dass deren Inhalt in jedem Fall auch vollstreckungsfähig oder -bedürftig ist. Dies wird vielmehr stillschweigend vorausgesetzt (zur Vollstreckungsfähigkeit und -bedürftigkeit → Rn. 13).[1] Die in Bezug genommenen öffentlichen Urkunden[2] werden so zur Grundlage der (verwaltungs-)gerichtlichen Vollstreckung; sie geben der zwangsweisen Rechtsverwirklichung Inhalt und Richtung. Herkömmlich werden sie als Vollstreckungstitel bezeichnet.[3] Als solche zählen sie neben der Vollstreckungsklausel und der Zustellung zu den allgemeinen Vollstreckungsvoraussetzungen.[4]

2 Darüber hinaus trifft § 168 Abs. 1 auch grundsätzliche Aussagen zum Verhältnis von Anfechtbarkeit und Vollstreckbarkeit. Danach gibt es drei Kategorien vollstreckbarer Rechtserkenntnisse: solche, die in Rechtskraft erwachsen (und deshalb unanfechtbar sind), solche, die (anfechtbar sind, aber) für vorläufig vollstreckbar erklärt werden und solche, die – wie einstweilige Anordnungen, Prozessvergleiche und Kostenfestsetzungsbeschlüsse – aus ihrer Rechtsnatur heraus sofort vollstreckbar (→ § 167 Rn. 25)[5] sind.

3 § 168 Abs. 2 regelt die Möglichkeit der Erteilung einer abgekürzten Ausfertigung des Urteils, nämlich (angelehnt an § 317 Abs. 2 S. 2 ZPO) einer solchen ohne Tatbestand und Entscheidungsgründe.

4 § 168 ist aus § 165 des Regierungsentwurfs[6] hervorgegangen.[7] Seit dem Erlass wurde lediglich die Nennung schiedsrichterlicher Vergleiche gestrichen.[8] Im Regierungsentwurf fehlte die Vollstreckung

---

1 Eine Ausnahme gilt für Kostenfestsetzungsbeschlüsse, die ihrem Inhalt nach (Geldforderung) stets vollstreckungsfähig und prinzipiell auch vollstreckungsbedürftig sind.
2 Entscheidungen und Vereinbarungen; *R. Pietzner/J.A. Möller,* in: Schoch/Schneider/Bier § 168 Rn. 3.
3 Vgl. *Kopp/Schenke* § 168 Rn. 2; *R. Pietzner/J.A. Möller,* in: Schoch/Schneider/Bier § 168 Rn. 1.
4 Zur Trias „Titel-Klausel-Zustellung" vgl. *H. Putzo,* in: Thomas/Putzo Vorbem. § 704 Rn. 13 ff.; *I. Kraft,* in: Eyermann § 168 Rn. 18.
5 Vgl. zur Kategorie der „sofortigen" Vollstreckbarkeit *R. Pietzner,* in: Schoch/Schneider/Bier § 167 Rn. 124 f.; *Gaul/ Schilken/ Becker-Eberhard* § 14 I 1 ff; *E. Schilken,* JuS 1990, 641.
6 BT-Drs. 3/55. I.d.F. des Regierungsentwurfs lautete die Vorschrift:
   (1) Vollstreckt wird
   1. aus rechtskräftigen und aus vorläufig vollstreckbaren gerichtlichen Entscheidungen,
   2. aus einstweiligen Anordnungen,
   3. aus gerichtlichen Vergleichen,
   4. aus Kostenfestsetzungsbeschlüssen.
   (2) Für die Vollstreckung können den Beteiligten auf ihren Antrag Ausfertigungen des Urteils ohne Sachverhalt und ohne Entscheidungsgründe erteilt werden, deren Zustellung in den Wirkungen der Zustellung eines vollständigen Urteils gleichsteht.
7 Allg. zu diesem (dritten) Regierungsentwurf *C. H. Ule,* FS Menger, 1985, 81, 93 ff.
8 Durch Gesetz zur Neuregelung des Schiedsverfahrensrechts von 22.12.1997, BGBl I 3224, 3236 f. Die Änderung beruht auf der Ersetzung des Schiedsvergleichs (§ 1044 a ZPO a.F.) durch den Schiedsspruch mit vereinbartem Wortlaut, der nach § 1053 Abs. 2 ZPO dieselbe Wirkung hat wie jeder andere Schiedsspruch zur Sache, vgl. Begründung zum Gesetzentwurf der Bundesregierung, BT-Drs. 13/5274, 68.

aus Schiedssprüchen völlig; als rein begriffliche Korrektur spricht die VwGO in Abs. 2 von „Tatbestand" anstelle von „Sachverhalt".

2. Anwendungsbereich (sog. Vollstreckungsrechtsweg). § 168 Abs. 1 spricht von gerichtlichen Entscheidungen, gerichtlichen Vergleichen usw. und meint damit – schon aus gesetzessystematischen Gründen – offenbar Rechtserkenntnisse in oder aus *verwaltungs*gerichtlichen Verfahren.[9] Vollstreckungstitel ordentlicher oder ausländischer, internationaler und supranationaler Gerichte scheiden damit als Grundlage der verwaltungsgerichtlichen Vollstreckung (§§ 167–172) aus.[10] Umstr. ist dagegen, ob die aus verwaltungsgerichtlichen Erkenntnis-, Vergleichs- oder Schiedsverfahren hervorgegangenen Titel immer oder nur dann nach den §§ 167 ff. vollstreckbar sind, wenn der Verwaltungsrechtsweg i.S.d. § 40 Abs. 1 S. 1 auch im konkreten Fall eröffnet war. Anders ausgedrückt: Sind die §§ 167 ff. anwendbar, weil die Rechtserkenntnis – de facto – durch oder vor dem VG gewonnen wurde oder weil das VG hierfür auch – de jure – zuständig war? Noch einmal gewendet: Ist die („wahre") Rechtsnatur des titulierten Anspruchs erheblich oder wird diese angesichts der verwaltungsgerichtlichen Erkenntnis nicht mehr geprüft oder infrage gestellt? Dieses Problem stellt sich u.a. bei der Titulierung von bürgerlich-rechtlichen Ansprüchen in einem verwaltungsgerichtlichen Prozessvergleich,[11] wird aber auch dann relevant, wenn das VG über eine Leistungsklage urteilt, über die ein ordentliches Gericht hätte entscheiden sollen. Vereinzelt wird in der Lit. die wahre Rechtsnatur des titulierten Anspruchs für maßgeblich erklärt.[12] Die hierfür vorgebrachten Argumente überzeugen indes nicht. Dem Verweis auf die Durchlöcherung der vom Gesetzgeber normierten Ausschließlichkeit der Rechtswegzuweisung[13] ist entgegenzuhalten, dass diese im Vorfeld der Titulierung zu prüfen ist. Bereits in einem frühen Verfahrensstadium muss verhindert werden, dass sich die Parteien den Rechtsweg beliebig aussuchen und über den Rechtsweg Dritter verfügen, die sich dann mittels Drittwiderspruchsklage gegen Vollstreckungsübergriffe schützen müssen. Nach einer Titulierung hingegen überwiegen Gesichtspunkte der Verfahrensökonomie und insbes. der Rechtssicherheit.[14] Eine entsprechende Gewichtung liegt auch § 17a Abs. 1 GVG zugrunde.[15] Überdies ist Gegenstand des Vollstreckungsverfahrens nicht mehr ein materieller Anspruch, sondern dessen Befriedigung mit den Machtmitteln des Staates (OVG Münster NWVBl 1993, 358, 359). Die notwendige Formalisierung des Vollstreckungsrechts erzwingt eine abstrakte Natur des Vollstreckungstitels.[16] Demnach bestimmt die Herkunft des Titels den Vollstreckungsrechtsweg.[17]

3. Das Verhältnis des § 168 zu den übrigen Vollstreckungsvorschriften. § 168 zählt neben § 167 zu den zentralen Vollstreckungsvorschriften, die für sämtliche Vollstreckungskonstellationen (§ 169 einerseits, §§ 170, 172 andererseits) gleichermaßen gelten. In diesen Fällen ist also stets ein Vollstreckungstitel i.S.d. § 168 Abs. 1 erforderlich. Gemeinsam mit § 167 Abs. 2 und § 171 werden durch § 168 die allgemeinen Vollstreckungsvoraussetzungen (Titel und Klausel) geregelt.

II. Der Zweck der Vorschrift

1. Enumerative Aufzählung der Vollstreckungstitel. Die primäre Bedeutung des § 168 Abs. 1 liegt in seinem abschließenden Charakter:[18] Alle dort genannten, durch ein Gericht oder vor einem Gericht

9 *I. Kraft*, in: Eyermann § 168 Rn. 1.
10 So auch *H. H. Rupp*, FS Menger, 1985, 859, 860: Erforderlich ist eine besondere staatliche Vollstreckungsklausel.
11 Hierzu speziell VGH München BayVBl 1981, 627, 628; *L. Renck*, NVwZ 1982, 547, 548.
12 *L. Renck*, NVwZ 1982, 547, 548; wohl auch OVG Koblenz NJW 1980, 1541 (LS). Zum Meinungsstand vor Inkrafttreten der VwGO: *H. Hans*, DVBl 1951, 721, 724; *K. A. Bettermann*, NJW 1953, 1007, 1008.
13 *L. Renck*, NVwZ 1982, 547.
14 *Würtenberger* Rn. 742.
15 Vgl. VGH München BayVBl 1975, 650, 651; *J. Wittschier*, in: Musielak § 17a GVG Rn. 1.
16 Vgl. *R. Pietzner/J.A. Möller*, in: Schoch/Schneider/Bier § 168 Rn. 2.
17 BVerwG NJW 1992, 191; OVG Lüneburg OVGE 3, 234; OVG Münster OVGE 10, 104; 24, 183; NJW 1969, 524; 1984, 2484; DÖV 1993, 831, 832; NWVBl 1993, 358, 359; VGH Kassel ESVGH 28, 106, 108; VGH München VGHE 23, 45; BayVBl 1975, 650, 651; NVwZ 1982, 563 m.Anm. *L. Renck*, NJW 1983, 1992; NVwZ 1987, 308, 309; VerwRspr 21, 1023; *R. Pietzner/J.A .Möller*, in: Schoch/Schneider/Bier § 168 Rn. 2; *I. Kraft*, in: Eyermann § 168 Rn. 1; *Würtenberger* Rn. 747; für das Rechtsbehelfsverfahren auch *Kopp/Schenke* § 168 Rn. 9; VGH Mannheim NVwZ-RR 2008, 581, 582.
18 BVerwG Buchholz 428 § 37 VermG Nr. 25; *R. Pietzner/J.A. Möller*, in: Schoch/Schneider/Bier § 168 Rn. 1 m.w.N.; *I. Kraft*, in: Eyermann § 168 Rn. 1; *Würtenberger* Rn. 747.

gewonnenen Erkenntnisse eignen sich zur verwaltungsgerichtlichen Vollstreckung, aber auch nur diese; ein Rückgriff auf die ZPO ist nicht möglich.[19] Keine Vollstreckungstitel i.S.d. § 168 Abs. 1 sind daher außergerichtliche Verpflichtungen, z.B. in Form eines Widerspruchsbescheides (VGH Saarlouis 19.6.2015 – 5 N 453/15) oder eines verwaltungsbehördlichen Leistungsbescheides (HmbOVG 17.12.2015 – 1 So 70/14).Weil indessen kein hierüber hinausgehender Fall ersichtlich ist, wonach eine vollstreckungsfähige und -bedürftige Entscheidung nicht in die zwangsweise Rechtsverwirklichung münden könnte, gleicht § 168 Abs. 1 trotz seines verbindlichen Charakters eher einer deklaratorischen als einer konstitutiven Regelung. Soweit konzediert wird, dass „selbstverständlich ... späteres spezielles Bundesrecht verwaltungsgerichtliche Vollstreckung auch aus anderen Titeln zulassen" kann,[20] und dies eben nicht durch Ergänzung des § 168 Abs. 1 seinen Niederschlag findet, dann stellt dies die Ausgangsthese von dem abschließenden Charakter der Aufzählung nicht infrage. Der damit gemeinte § 61 Abs. 2 S. 2 und 3 VwVfG ist deshalb ein Sonderfall, weil er lediglich die entsprechende Anwendung der §§ 170, 172 anordnet.

8   Verwaltungsverträge mit Unterwerfungsklausel (§ 61 VwVfG) sind derzeit ohnehin der einzige Fall von Vollstreckungstiteln außerhalb des § 168 Abs. 1.[21] Für sonstige Urkunden scheidet ein Rückgriff auf § 794 Abs. 1 Nr. 5 ZPO schon deshalb aus, weil sonst die Form- und Schutzbestimmungen des § 61 VwVfG unterlaufen würden.[22] Selbst wenn es möglich ist, vollstreckbare Urkunden nach § 794 Abs. 1 Nr. 5 ZPO auch über öffentlich-rechtliche Ansprüche zu errichten (BVerwG NJW 1995, 1104), geht dadurch die Vollstreckungszuständigkeit nicht auf das VG über.[23] Die Urkunde bleibt ein zivilrechtlicher Vollstreckungstitel. Auch die Vollstreckungsgegenklage ist bei den Zivilgerichten zu erheben.[24]

9   **2. Beschleunigung des Vollstreckungsverfahrens.** § 168 Abs. 2 bezweckt eine Vereinfachung bzw. Beschleunigung des Vollstreckungsverfahrens (Begründung zum Regierungsentwurf, BT-Drs. 3/55, 48 zu § 165 Abs. 2), weil der Gläubiger nicht die Zustellung des vollständigen Urteils abwarten muss. Ob dies in der Praxis große Relevanz hat, darf für die Vollstreckung gegen die öffentliche Hand angesichts der verfahrensverzögernden Vollstreckungsprivilegien (§§ 170, 172 [→ § 170 Rn. 65 ff.; → § 172 Rn. 58 ff.]) bezweifelt werden.

10   **3. Inkurs: Funktionen des Vollstreckungstitels.** Als Vollstreckungstitel bezeichnet man Entscheidungen und beurkundete Erklärungen, aus denen durch Gesetz die Zwangsvollstreckung zugelassen ist.[25] Dieser Begriff gehört über alle Gerichtszweige hinweg zum allgemeinen Prozess- bzw. Vollstreckungsrecht.

11   **a) Der Titel als Vollstreckungsvoraussetzung.** Vollstreckungsmaßnahmen, die nicht auf der Grundlage eines Vollstreckungstitels vorgenommen werden, sind nicht bloß anfechtbar, sondern unwirksam (BGHZ 121, 98, 101 ff.). Der Titel ist bestimmender Maßstab der Vollstreckung. Er begründet den Vollstreckungsanspruch des Gläubigers und begrenzt ihn zugleich. In ihm sind Gläubiger und Schuldner des Vollstreckungsverfahrens verbindlich genannt. Die Vollstreckung kann – von den Fällen der Rechtsnachfolge abgesehen[26] – grds. nur für und gegen die im Titel namentlich bezeichneten Personen stattfinden. In der Figur des Vollstreckungstitels manifestiert sich der Grundsatz der Formalisierung des Vollstreckungsrechts.[27].Der Titel löst den Vollstreckungsanspruch vom materiellen Anspruch des

---

19 Vgl. OVG Münster NJW 1987, 396; NWVBl 1993, 358; *Kopp/Schenke* § 168 Rn. 2, 8; *H. Quaritsch*, VerwArch 51 (1960), 210, 236; *I. Kraft*, in: Eyermann § 168 Rn. 1; *Schunck/De Clerck* § 168 Anm. 1; *E.-G. Thomas*, BayVBl 1967, 335; *A. Wettlaufer*, Vollstreckung, 1989, 50 sowie BFHE 108, 479, 480 f.; BFH/NV 1995, 616, 617 zu § 151 FGO.

20 *R. Pietzner/J.A. Möller*, in: Schoch/Schneider/Bier § 168 Rn. 1.

21 So wohl auch *A. Voßkuhle/T. Wischmeyer*, Grundwissen – Öffentliches Recht: Verwaltungsvollstreckung, JuS 2016, 698, 699; für den Fall der Vollstreckungsfähigkeit einer Berufungsvereinbarung als öffentlich-rechtlicher Vertrag vgl. *Hermann*, Verwaltungsgerichtlicher Rechtsschutz bei Berufungsvereinbarungen, LKV 49, 58.

22 *R. Pietzner/J.A. Möller*, in: Schoch/Schneider/Bier § 168 Rn. 37, 38.

23 *Kopp/Schenke* § 168 Rn. 9.

24 Str.; wie hier OVG Münster NWVBl 1993, 358, 359; *R. Pietzner/J.A. Möller*, in: Schoch/Schneider/Bier § 168 Rn. 37; dagegen BGH NJW 1994, 2620, 2621.

25 Vgl. *H. Putzo*, in: Thomas/Putzo Vorbem. § 704 Rn. 14.

26 Hierzu BGH NJW 1967, 1966; *R. Pietzner*, in: Schoch/Schneider/Bier § 167 Rn. 171. Zur Umschreibung VG Stuttgart 7.12.2007 – 11 K 5865/07.

27 *R. Pietzner/J.A. Möller*, in: Schoch/Schneider/Bier § 168 Rn. 5.

Erkenntnisverfahrens und entlastet die Zwangsvollstreckung somit von materiellen Einwendungen.[28] Dies dient nicht zuletzt der Beschleunigung der Rechtsverwirklichung im Interesse des Gläubigers.[29]

b) Anforderungen an den Inhalt des Vollstreckungstitels. Aus den vorgenannten Funktionen folgen   12 auch die Anforderungen, die an den Inhalt des Vollstreckungstitels zu stellen sind. Der Titel muss vollstreckungsfähig und hinreichend bestimmt sein.[30]

aa) Vollstreckungsfähiger Inhalt. Vollstreckungsfähig sind sämtliche (stattgebenden)[31] Leistungsurtei-   13 le, d.h. Verpflichtungen des Schuldners zu einer Leistung, Duldung oder Unterlassung. Dies gilt nicht nur für Urteile, sondern für sämtliche Vollstreckungstitel des § 168 Abs. 1, also auch für Beschlüsse oder Vergleiche. Keinen vollstreckungsfähigen Inhalt haben demgegenüber feststellende Entscheidungen.[32] Gestaltende Aussprüche hingegen (wie z.B. die Aufhebung eines Verwaltungsakts im Anfechtungsurteil) sind nicht vollstreckungsbedürftig; sie tragen ihre Umsetzung bereits in sich (→ § 42 Rn. 15).[33] Dies gilt insbes. für Urteile nach § 113 Abs. 2. Dabei handelt es sich um Gestaltungsurteile, die den Verwaltungsakt als verwaltungseigenen Vollstreckungstitel abändern und keinen eigenständigen gerichtlichen Vollstreckungstitel darstellen. Setzt dieser Verwaltungsakt eine Leistung zugunsten des Bürgers fest (z.B. einen Erstattungsanspruch) und leistet die Behörde trotz (außergerichtlicher) Leistungsaufforderung nicht, erlangt der Bürger einen Vollstreckungstitel nur über eine allgemeine Leistungsklage, die materiell auf die Leistungsfestsetzung im Verwaltungsakt gestützt werden kann (VGH München BayVBl 1982, 692, 693).[34] Unmittelbar aus dem Verwaltungsakt kann in diesem Fall nicht vollstreckt werden; das Verwaltungsvollstreckungsrecht kennt keine Vollstreckung zugunsten des Bürgers.[35]

bb) Bestimmtheit. Vollstreckbar ist nur ein hinreichend bestimmter Titel, aus dem sich Inhalt, Art   14 und Umfang der Vollstreckung sowie die Personen ergeben, für und gegen die sie stattfinden soll (vgl. § 750 Abs. 1 S. 1 ZPO).[36] Aufgrund seiner elementaren Funktion als Vollstreckungsgrundlage sind hieran hohe Anforderungen zu stellen. Wie schon aus § 82 Abs. 1 S. 2 ersichtlich ist, zielt das gerichtliche Erkenntnisverfahren auf eine bestimmte Rechtserkenntnis. Es ist Aufgabe des erkennenden Gerichts oder der Stelle, die den Titel schafft, dessen Inhalt und Grenzen eindeutig zu bezeichnen.[37] Dies muss sich grds. aus dem Tenor selbst ergeben;[38] nur ergänzend sind Tatbestand und Urteilsgründe zur Auslegung heranzuziehen[39] (Bestimmtheit i.S.v. Bestimmbarkeit).[40] Soweit allerdings die Urteilsgründe oder Urkunden, auf die verwiesen wird, i.d.S. aussagekräftig sind, darf bzw. muss das Vollstreckungsorgan sie berücksichtigen, um ein neues Erkenntnisverfahren zu vermeiden (vgl. BGHZ 36, 14 für die Bestimmung der im Titel unklar bezeichneten Währung); Gleiches gilt für zwischenzeitlich eingetretene Veränderungen (BGHZ 122, 16, 18). Im Übrigen ist ein Rückgriff auf Umstände außerhalb des Titels unzulässig, die Auslegung des Titels auf urkundeninhärente Umstände beschränkt.[41]

---

28 Vgl. VGH München BayVBl 1975, 650, 651; *R. Pietzner/J.A. Möller,* in: Schoch/Schneider/Bier § 168 Rn. 5.
29 *R. Pietzner/J.A. Möller,* in: Schoch/Schneider/Bier § 168 Rn. 6.
30 *I. Kraft,* in: Eyermann § 168 Rn. 1.
31 *I. Kraft,* in: Eyermann § 168 Rn. 3.
32 Zu denen in einem weiteren Sinne auch die Abweisung einer Klage oder eines Rechtsbehelfs zählt. Die Abweisung enthält die inzidente Feststellung, dass das Klage- bzw. Rechtsbehelfsbegehren entweder unzulässig oder unbegründet ist. Davon bleibt der Ausspruch über die Kosten als Nebenentscheidung unberührt, wie schon die § 167 Abs. 2, § 168 Abs. 1 Nr. 4 (Kostenfestsetzungsbeschlüsse transformieren die gerichtliche Nebenentscheidung in einen Vollstreckungstitel) deutlich machen, → Rn. 47; → § 167 Rn. 18. S.a. *I. Kraft,* in: Eyermann § 168 Rn. 1.
33 Teilweise wird vertreten, Gestaltungsurteile seien schlicht nicht vollstreckungsfähig, so *I. Kraft,* in: Eyermann § 168 Rn. 3, dem folgend VGH München 22.12.2014 – 15 C 14. 2278.
34 *Pietzner/Ronellenfitsch* § 47 Rn. 15.
35 Vgl. *M. App/A. Wettlaufer,* Praxishandbuch Verwaltungsvollstreckungsrecht, ⁵2011, § 1 Rn. 1, § 5 Rn. 3.
36 VGH Mannheim NJW 1998, 3291; *I. Kraft,* in: Eyermann § 168 Rn. 1; ausf. *R. Pietzner/J.A. Möller,* in: Schoch/Schneider/Bier § 168 Rn. 9 ff.; VG Würzburg 19.3.2008 – W 2 V 07.1584.
37 *R. Pietzner/J.A. Möller,* in: Schoch/Schneider/Bier § 168 Rn. 9 m.w.N.
38 Daran fehlt es, wenn sich die Gegenleistung für die zu vollstreckende Leistung nach einem Gutachten bemisst, BVerfG NJW 1997, 2167, 2168; ebenso *I. Kraft,* in: Eyermann § 168 Rn. 1.
39 *W. Schuschke,* in: Schuschke/Walker, ³2002, Vorbem. §§ 704–707 Rn. 9.
40 *I. Kraft,* in: Eyermann § 168 Rn. 1.
41 Soweit das Prozessgericht als Vollstreckungsgericht tätig wird, ist sein Auslegungsspielraum weiter, so BGH NJW 1993, 1394, 1395; ebenso *R. Pietzner/J.A. Möller,* in: Schoch/Schneider/Bier § 168 Rn. 9.

15 Umstr. ist die Vollstreckbarkeit des Titels bei Unmöglichkeit der Auslegung („Titelunklarheit"). Für die zivilprozessuale Vollstreckung wird teilweise angenommen, es müsse grds. eine erneute Leistungsklage erhoben werden.[42] Dadurch käme es allerdings zu einer systemwidrigen Verdoppelung der Titel.[43] Der Schuldner liefe immerhin Gefahr, dass ein Vollstreckungsorgan den ersten Titel für vollstreckungsfähig hält.[44] Er könnte zudem einem Vorgehen durch Leistungsklage erfolgreich das Fehlen des Rechtsschutzbedürfnisses entgegenhalten, denn die Interessen des Gläubigers sind hinreichend dadurch gewahrt, dass der zur Vollstreckung geeignete Inhalt des unklaren Titels festgestellt wird.[45] Statthafter Rechtsbehelf zur Konkretisierung eines derartigen Titels ist deswegen die Feststellungsklage.[46]

16 Als wesentliche Vollstreckungsvoraussetzung muss ein vollstreckungsfähiger Titel in jeder Phase des Verfahrens vorliegen. Deswegen ist nicht nur das Vollstreckungsgericht, sondern auch das jeweilige Vollstreckungsorgan zur Prüfung des Bestimmtheitserfordernisses verpflichtet. Betreibt das Vollstreckungsorgan die Zwangsvollstreckung, obwohl es an den Vollstreckungsvoraussetzungen fehlt, so kann der Vollstreckungsschuldner dies im Wege der Erinnerung rügen.

17 **c) Der Titel zwischen Rechtsschutz und Rechtsverwirklichung.** Der Vollstreckungstitel schafft eine Zäsur zwischen Erkenntnis- und Vollstreckungsverfahren. In ihm wird verbindlich ausgesprochen, „was rechtens ist" und weiteren Einwendungen (vorerst) der Boden entzogen. Die darin enthaltene relative Richtigkeitsgewähr (bei unanfechtbaren Entscheidungen stärker als im Falle vorläufiger Vollstreckbarkeit), die durchaus Züge einer Fiktion[47] tragen mag, sorgt, wenn schon nicht für die Garantie, dann aber für die Chance einer Verwirklichung des Rechts und beugt einer „Unrechtsverwirklichung" vor.[48] Rechtsschutz bedarf es von nun an im Wesentlichen nicht mehr gegen die Zuerkennung streitiger Ansprüche, sondern gegen die Art und Weise der Vollstreckung. Dem trägt auch das Rechtsschutzsystem in der (verwaltungs-)gerichtlichen Vollstreckung Rechnung.

18 **d) Exkurs: Titelfunktion des Verwaltungsakts?** § 168 Abs. 1 betrifft nur solche Rechtserkenntnisse als Vollstreckungstitel, die entweder durch ein Gericht oder vor einem Gericht geschaffen wurden. Der Verwaltungsakt gehört nicht dazu (→ § 169 Rn. 2). Soweit er als Vollstreckungsgrundlage dient, nämlich i.R. der Verwaltungsvollstreckung (§ 3 Abs. 2 Buchst. a, § 6 VwVG), wird damit ein eigenständiges Vollstreckungsrechtsregime begründet, das von dem der §§ 167 ff. streng zu trennen ist. Dies gilt trotz der Verweisung auf das VwVG auch für § 169. Inwiefern dem Verwaltungsakt innerhalb der Verwaltungsvollstreckung „Titelfunktion" zukommt, ist umstritten.[49]

III. Parallelvorschriften

19 **1. Sozial- und Finanzgerichtsbarkeit.** § 168 findet seine Entsprechung in § 199 Abs. 1 und 4 SGG, wobei dort Schiedssprüche und schiedsrichterliche Vergleiche nicht genannt sind, dafür aber zusätzlich das vom Kläger angenommene Anerkenntnis des Beklagten, das nach § 101 Abs. 2 SGG den Rechtsstreit in der Hauptsache erledigt. Auch § 151 Abs. 2 und 4 FGO entspricht § 168, allerdings fehlen dort Schiedssprüche, schiedsrichterliche Vergleiche und gerichtliche Vergleiche.

20 Eine abweichende Auffassung zur Vollstreckbarkeit von Beschlüssen wird für die gleichlautende Vorschrift des § 151 Abs. 2 Nr. 1 FGO vertreten. Anders als i.R. des § 168 Abs. 1 Nr. 1 (→ Rn. 30) soll es

---

42 *H. Putzo*, in: Thomas/Putzo Vorbem. § 704 Rn. 22. Für ein Vorgehen wahlweise mit Leistungs- oder Feststellungsklage OLG Zweibrücken FamRZ 1996, 749; *G. Götz*, in: MüKoZPO § 704 Rn. 8; *W. Münzberg*, in: Stein/Jonas Vorbem. § 704 Rn. 31.

43 *W. Münzberg*, in: Stein/Jonas Vorbem. § 704 Rn. 31 schlägt deswegen vor, die Vollstreckung aus dem ersten Titel für unzulässig zu erklären.

44 *W. Schuschke*, in: Schuschke/Walker, ³2002, Vorbem. §§ 704–707 Rn. 18, der allerdings zu Recht darauf hinweist, dass es nicht zu einer Verdoppelung des Anspruchs kommen würde, BAG DB 1967, 2036.

45 BGH NJW 1972, 2268; *W. Schuschke*, in: Schuschke/Walker, ³2002, Vorbem. §§ 704–707 Rn. 18; ebenso *R. Pietzner/ J.A. Möller*, in: Schoch/Schneider/Bier § 168 Rn. 10.

46 *R. Pietzner/J.A. Möller*, in: Schoch/Schneider/Bier § 168 Rn. 10; *Gaul/Schilken/Becker-Eberhard* § 10 III 2; *W. Schuschke*, in: Schuschke/Walker, ³2002, Vorbem. §§ 704–707 Rn. 18.

47 Zum fiktionalen Charakter der Rechtskraft *M. Jachmann*, Fiktionen, 1998, 1108 ff.

48 Zum Topos der „Unrechtsverwirklichung" vor dem Hintergrund des Sofortvollzuges *D. Heckmann*, Sofortvollzug, 1992, 44 ff.

49 Vgl. *H.-G. Henneke*, in: Knack/Henneke Vorbem. § 35 Rn. 35; *J. Martens*, Praxis des Verwaltungsverfahrens, 1984, Rn. 318, 320.

nicht ausreichen, dass Beschlüsse einen vollstreckungsfähigen Inhalt haben und sofort vollstreckbar sind. Vielmehr sollen noch nicht rechtskräftige Beschlüsse von Finanzgerichten nur dann vollstreckbar sein, wenn sie vom Gericht ausdrücklich für vorläufig vollstreckbar erklärt worden sind.[50]

2. Ordentliche Gerichtsbarkeit. Die zivilprozessualen Vollstreckungstitel sind in §§ 704 Abs. 1, 794 **21** ZPO aufgezählt. § 168 Abs. 2 entspricht der in § 317 Abs. 2 S. 2 ZPO vorgesehenen Urteilsausfertigung auf Parteiantrag.

a) § 704 ZPO. Gegenüber § 704 ZPO ist § 168 Abs. 1 Nr. 1 weiter gefasst. Während die ZPO in **22** § 704 Abs. 1 nur die Vollstreckung aus Endurteilen regelt, spricht § 168 Abs. 1 Nr. 1 allgemein von gerichtlichen Entscheidungen. Relevanz hat dies für die Einordnung von Beschlüssen. Während § 794 ZPO die vollstreckbaren Beschlüsse im Einzelnen als weitere Vollstreckungstitel aufführt, fehlt eine solche Aufzählung in der VwGO. Gleichwohl sind sie Vollstreckungstitel i.S.d. § 168 Abs. 1 Nr. 1, sofern sie einen vollstreckbaren Inhalt haben (→ Rn. 30).

b) § 794 ZPO. Anders als die VwGO fasst die ZPO die Vollstreckungstitel nicht in einer zentralen **23** Vorschrift zusammen, sondern normiert in § 794 ZPO weitere Vollstreckungstitel, die den Grundfall des § 704 ZPO ergänzen: § 168 Abs. 1 Nr. 3 (gerichtliche Vergleiche) entspricht § 794 Abs. 1 Nr. 1 ZPO. Die unterschiedliche Fassung der Vorschriften erklärt sich daraus, dass die ZPO das Institut des Vergleichs in der Vorschrift definiert. Die VwGO hingegen regelt Begriff und Voraussetzungen des Vergleichs in § 106 und kann es deswegen i.R. des § 168 bei der bloßen Nennung als Vollstreckungstitel belassen. § 168 Abs. 1 Nr. 4 (Kostenfestsetzungsbeschlüsse) ist identisch mit § 794 Abs. 1 Nr. 2 ZPO. § 168 Abs. 1 Nr. 5 (Schiedssprüche) entspricht § 794 Abs. 1 Nr. 4 a ZPO. Weil § 168 Abs. 1 Nr. 5 für sog. unechte Schiedsgerichte nicht gilt (→ Rn. 58), wird ebenso wie in der ZPO ein erfolgtes Exequaturverfahren vorausgesetzt.[51]

Die weiteren in § 794 Abs. 1 ZPO genannten Titel sind für die verwaltungsgerichtliche Vollstreckung **24** bedeutungslos. Insbes. wäre ein Rückgriff hierauf wegen des „abschließenden" Charakters des § 168 Abs. 1 unzulässig. Dies gilt insbes. für die vollstreckbaren Urkunden i.S.d. § 794 Abs. 1 Nr. 5 (→ Rn. 8).[52]

c) §§ 928, 936 ZPO. Einstweilige Verfügungen (§ 168 Abs. 1 Nr. 2) sind in den §§ 704, 794 ZPO **25** nicht als Vollstreckungstitel genannt. Ihre Rechtsnatur als zivilprozessuale Vollstreckungsgrundlage folgt erst aus den §§ 928, 936 ZPO, wonach für diese die Zwangsvollstreckungsvorschriften für anwendbar erklärt werden.

IV. Die verwaltungsgerichtlichen Vollstreckungstitel im Einzelnen (Abs. 1)

1. Gerichtliche Entscheidungen (Nr. 1). Gerichtliche Entscheidungen (Nr. 1) bilden die Hauptgruppe **26** der Vollstreckungstitel. Sie können zwangsweise durchgesetzt werden, wenn sie entweder in Rechtskraft erwachsen oder vorläufig (in besonderen Fällen auch: sofort) vollstreckbar sind.

a) Entscheidungen in der Hauptsache. Als Vollstreckungstitel i.S.d. § 168 Abs. 1 Nr. 1 kommen sämt- **27** liche (vollstreckungsfähigen und -bedürftigen [zu dieser Einschränkung → Rn. 13]) Entscheidungen der VG in der Hauptsache in Betracht (Urteile, Gerichtsbescheide und Beschlüsse).[53] Kostenentscheidungen als Nebenentscheidungen bieten keine selbständige Vollstreckungsgrundlage und sind nur aufgrund eines Kostenfestsetzungsbeschlusses nach § 168 Abs. 1 Nr. 4 durchsetzbar.[54]

aa) Stattgebende Leistungsurteile. In erster Linie zählen stattgebende Leistungsurteile zum Anwen- **28** dungsbereich des § 168 Abs. 1 Nr. 1, also Verpflichtungsurteile und allgemeine Leistungsurteile.

bb) Gerichtsbescheide (§ 84). Gerichtsbescheide stehen in ihren Wirkungen dem Urteil gleich, § 84 **29** Abs. 3 Hs. 1; dementsprechend sind stattgebende Gerichtsbescheide ebenso vollstreckbar wie Urteile

---

50 So auch im LS von BFHE 108, 479, 483 m. abl. Anm. *P. Wendt/H. E. Heyn*, BB 1973, 735; vgl. auch *K. Löwer*, DVBl 1966, 251, 255; *H.-G. Rahn*, BB 1974, 1434, 1437; *H. Schwarz*, in: Hübschmann/Hepp/Spitaler § 151 FGO Rn. 23.
51 Vgl. BT-Drs. 3/55, 79; *R. Pietzner/J.A. Möller*, in: Schoch/Schneider/Bier § 168 Rn. 34; *I. Kraft*, in: Eyermann § 168 Rn. 16.
52 Zur vollstreckbaren Urkunde s.a. *R. Pietzner/J.A. Möller*, in Schoch/Schneider/Bier § 168 Rn. 24.
53 *I. Kraft*, in: Eyermann § 168 Rn. 2.
54 *I. Kraft*, in: Eyermann § 168 Rn. 4; vgl. auch *R. Pietzner/J.A. Möller*, in: Schoch/Schneider/Bier § 168 Rn. 13: die für vorläufig vollstreckbar erklärte Kostengrundentscheidung als Voraussetzung und Grundlage der Kostenfestsetzung.

mit entsprechendem Inhalt. Zu beachten ist allerdings der Unwirksamkeitsgrund des § 84 Abs. 3 Hs. 2. Wenn der Gerichtsbescheid aufgrund Antrags auf mündliche Verhandlung als nicht ergangen gilt, entfällt ohne weiteres der Vollstreckungstitel.[55]

30 **cc) Beschlüsse.** Beschlüsse können vollstreckt werden,[56] wenn sie einen vollstreckungsfähigen Inhalt haben.[57] Sie sind wie Urteile vollstreckbar, wenn sie an deren Stelle treten (z.B. nach § 130 a S. 1).[58] Auch sonst genügen sie wegen § 149 (→ Rn. 32) regelmäßig den Anforderungen des § 168 Abs. 1 Nr. 1.[59] Bsp.: Beschluss über die Rückgabe der Sicherheit, § 167 Abs. 1 S. 1 VwGO i.V.m. § 715 ZPO.[60] Allerdings sind vorrangige Vollstreckungsvorschriften zu beachten; deshalb sind Beschlüsse über die Festsetzung eines Ordnungsgeldes wegen Ungebühr gem. § 55 VwGO, § 178 GVG nach der JBeitrO zu vollstrecken (§ 1 Abs. 1 Nr. 3 JBeitrO).[61]

31 Nach § 168 Abs. 1 Nr. 1 zu vollstrecken sind auch Beschlüsse nach §§ 80 Abs. 5, 80 a Abs. 3 (soweit diese einen vollstreckbaren Inhalt haben und nicht nur die aufschiebende Wirkung eines Rechtsbehelfs gestalten).[62] Einer Analogie zu § 168 Abs. 1 Nr. 2 bedarf es deswegen nicht.[63] Beschlüsse nach § 123 und Kostenfestsetzungsbeschlüsse sind in § 168 Abs. 1 Nr. 2 und 4 besonders genannt.

32 **b) Vorläufige Vollstreckbarkeit.** Die vorläufige Vollstreckbarkeit ist von der Rechtskraft streng zu unterscheiden. Sie ermöglicht die Vollstreckung bei (allgemeinen)[64] Leistungsurteilen[65] (weiterhin → § 167 Rn. 5) und Gerichtsbescheiden auch in den Fällen, in denen noch Rechtsbehelfe mit aufschiebender (und damit vollzugshemmender) Wirkung zulässig sind. Beschlüsse, die nicht urteilsersetzend wirken[66] (→ Rn. 30.) oder die Festsetzung eines Ordnungs- oder Zwangsmittels zum Gegenstand haben, sind deshalb ohne besondere Erklärung sofort[67] vollstreckbar[68] (arg. § 149 Abs. 1 S. 1). Durch die vorläufige Vollstreckbarkeit wird die umfassende Richtigkeitsgewähr rechtskräftiger Entscheidun-

---

55 *I. Kraft*, in: Eyermann § 168 Rn. 2.
56 § 168 Abs. 1 Nr. 1 will lediglich den Inhalt der §§ 704, 794 Nr. 3 ZPO zusammenfassen und beschränkt sich deshalb nicht auf Urteile, vgl. *R. Pietzner/J.A. Möller*, in: Schoch/Schneider/Bier § 168 Rn. 14.
57 *R. Pietzner/J.A. Möller*, in: Schoch/Schneider/Bier § 168 Rn. 14; *Schunck/De Clerck* § 168 Rn. 1 a.
58 *I. Kraft*, in: Eyermann § 168 Rn. 2 und 11.
59 *Kopp/Schenke* § 168 Rn. 3; *R. Pietzner/J.A. Möller*, in: Schoch/Schneider/Bier § 168 Rn. 14, 16.
60 *R. Pietzner/J.A. Möller*, in: Schoch/Schneider/Bier § 168 Rn. 14.
61 *Gaul/Schilken/Becker-Eberhard* § 13 VI 2.
62 *Kopp/Schenke* § 168 Rn. 3; *C. F. Menger*, VerwArch 55 (1964), 275, 286; *R. Pietzner/J.A. Möller*, in: Schoch/Schneider/Bier § 168 Rn. 15; *W. R. Schenke*, DVBl 1986, 9, 13 f.; *I. Kraft*, in: Eyermann § 168 Rn. 2; *Würtenberger* Rn. 747; vgl. auch OVG Münster NJW 1987, 396; *E.-G. Thomas*, BayVBl 1967, 335, 336. Zwar ist die Aussage gängig, Beschlüsse nach § 80 Abs. 5 hätten keinen vollstreckbaren Inhalt, sondern gestalteten nur die aufschiebende Wirkung oder seien rein feststellender Natur, OVG Koblenz DÖV 1965, 674 m. abl. Anm. *K. Redeker*; OVG Lüneburg DÖV 1974, 822; VGH Kassel NVwZ-RR 1999, 158; *Finkelnburg/Dombert/Külpmann* Rn. 880 f.; *Kopp/Schenke* § 80 Rn. 205; *K. Löwer*, DVBl 1966, 251, 252. Dies ist jedoch nur teilweise richtig. Durch § 80 Abs. 5 S. 3 bzw. § 80 a Abs. 3 S. 1 und 2 ist auch bei auf aufschiebende Wirkung gerichteten Rechtsbehelfen eine Verpflichtung zur vorläufigen Vollzugsfolgenbeseitigung möglich, die schon aufgrund Art. 19 Abs. 4 GG gegenüber der Behörde auch durchsetzbar sein muss, *R. Pietzner/J.A. Möller*, in: Schoch/Schneider/Bier § 172 Rn. 17 m.w.N.; ebenfalls OVG Lüneburg DÖV 1974, 822; *R. Pietzner*, a.a.O. sieht deswegen in der fehlenden Erwähnung in § 172 ein Redaktionsversehen des Gesetzgebers und wendet die Norm entsprechend an; ebenso VGH München DVBl 1982, 1012, 1014. Auf der Grundlage dieser Einschätzung muss für gerichtliche Regelungen nach § 113 Abs. 3 S. 2 Entsprechendes gelten.
63 *R. Pietzner/J.A. Möller*, in: Schoch/Schneider/Bier § 168 Rn. 15.
64 Verpflichtungsurteile können in der Hauptentscheidung nicht für vorläufig vollstreckbar erklärt werden, vgl. § 167 Rn. 19 und VGH Kassel ESVGH 11, 151: keine vorläufige Vollstreckbarkeit bei Verpflichtungs- und Unterlassungsurteilen wegen bedingungsfeindlicher hoheitlicher Tätigkeit; ausreichender Schutz durch Suspensiveffekt und Möglichkeit der einstweiligen Anordnung, OVG Lüneburg NVwZ 1990, 275; für die vorläufige Vollstreckbarkeit von Unterlassungsurteilen hingegen VGH Kassel NVwZ 1990, 272.
65 Die vorläufige Vollstreckbarkeit setzt die Vollstreckbarkeit (Vollstreckungsfähigkeit) nicht voraus, sodass § 167 Abs. 2 hinsichtlich der Anfechtungsklage nicht nur seine Selbstverständlichkeit regelt, vgl. *I. Kraft*, in: Eyermann § 168 Rn. 7 unter Hinweis auf *H. Putzo*, in: Thomas/Putzo Vorbem. §§ 708–720 Rn. 1.
66 Etwa wenn die Entscheidung über die Berufung durch Beschluss nach § 130 a an die Stelle eines Urteils tritt; diese Beschlüsse sind auch hinsichtlich der vorläufigen Vollstreckbarkeit wie Urteile zu behandeln.
67 Dies ist zu trennen von der vorläufigen Vollstreckbarkeit i.S.d. §§ 708 ff. ZPO, die es bei Beschlüssen nach richtiger Auffassung nicht gibt, *H. v. Nicolai*, in: Redeker/v. Oertzen § 168 Rn. 2; anders im Terminologie (vorläufig vollstreckbar, wenn die Beschwerde keine aufschiebende Wirkung und die Vollziehung des Beschlusses nicht einstweilen ausgesetzt ist) *I. Kraft*, in: Eyermann § 168 Rn. 12 unter Hinweis auf HmbOVG NVwZ 1997, 691.
68 *Kopp/Schenke* § 168 Rn. 3; *R. Pietzner/J.A. Möller*, in: Schoch/Schneider/Bier § 168 Rn. 14 und 16; *I. Kraft*, in: Eyermann § 168 Rn. 2 und 12; *Schunck/De Clerck* § 168 Anm. 1 a; *E.-G. Thomas*, BayVBl 1967, 335, 336; *A. Wettlaufer*, Vollstreckung, 1989, 54 und 323 gegen die in Rn. 20 geschilderte a.A. der finanzgerichtlichen Rspr. und Lit.

gen aus übergeordneten Gründen hintangestellt und dem Beschleunigungsinteresse zugunsten des Vollstreckungsgläubigers der Vorrang eingeräumt.[69]

Die vorläufige Vollstreckbarkeit wird durch einen besonderen Ausspruch des Prozessgerichts begründet, der regelmäßig gemeinsam mit der Entscheidung in der Hauptsache erfolgt. Sie steht unter der auflösenden Bedingung der Aufhebung des Urteils.[70] Die Entscheidung über die vorläufige Vollstreckbarkeit liegt nicht im Ermessen des Gerichts, sondern ist – nicht anders als im Zivilprozessrecht – verpflichtend von Amts wegen zu treffen.[71] Ist dies unterblieben, muss das Urteil (auf Antrag)[72] ergänzt werden; in der Berufungsinstanz ist gem. § 167 Abs. 1 S. 1 VwGO i.V.m. § 718 Abs. 1 ZPO über die vorläufige Vollstreckbarkeit vorab zu verhandeln und zu entscheiden.[73] Die Einzelheiten wie insbes. die Bestimmung einer Sicherheitsleistung ergeben sich aus den §§ 708–720 ZPO, die über § 167 Abs. 1 S. 1 VwGO Anwendung finden. Danach sind für vorläufig vollstreckbar ohne Sicherheitsleistung zu erklären:[74] Anerkenntnisurteile (§ 708 Nr. 1 ZPO), Urteile des OVG bzw. VGH[75] in vermögensrechtlichen Streitigkeiten (§ 708 Nr. 10 ZPO), Urteile des VG in vermögensrechtlichen Streitigkeiten, wenn der Gegenstand der Verurteilung in der Hauptsache 1.250 € nicht übersteigt (§ 708 Nr. 11 Alt. 1 ZPO), Urteile, wenn nur die Kostenentscheidung vollstreckbar ist und eine Vollstreckung im Wert von nicht mehr als 1.500 € ermöglicht (§ 708 Nr. 11 Alt. 2 ZPO). 33

2. Einstweilige Anordnungen (Nr. 2). Einstweilige Anordnungen (Nr. 2) sind ebenso eigenständige Vollstreckungstitel wie in der zivilprozessualen Vollstreckung (§§ 928, 936 ZPO). 34

a) Anwendungsbereich. § 168 Abs. 1 Nr. 2 bezieht sich auf gerichtliche Entscheidungen, die einem Antrag auf einstweilige Anordnung i.S.d. § 123 stattgeben; nicht erfasst ist die Ablehnung oder Aufhebung einer einstweiligen Anordnung durch das Gericht.[76] Ein Arrestbefehl, der die Zwangsvollstreckung einer Geldforderung sichern könnte, ließe sich schon aufgrund der abschließenden Fassung der Vorschrift nicht unter § 168 Abs. 1 Nr. 2 fassen.[77] Abgesehen davon, dass ein Arrestgrund i.S.d. §§ 917, 918 ZPO für den öffentlichen Schuldner kaum je in Betracht kommen dürfte, ist der Arrest ein Sicherungsmittel, das sich ausschließlich auf die im ordentlichen Rechtsweg durchsetzbaren Geldforderungen beschränkt. Dementsprechend ist weder i.R. des § 170 (→ § 170 Rn. 73) noch innerhalb der Vollstreckung nach § 169 (→ § 169 Rn. 58)[78] ein Arrestbefehl möglich. 35

b) Besonderheiten. Die einstweilige Anordnung ist wegen ihrer Rechtsnatur als dringliche und vorläufige Entscheidung sofort vollstreckbar[79] (solange und soweit die Vollziehung des Beschlusses nicht 36

---

69 Vgl. *G. Götz*, in: MüKoZPO § 708 Rn. 2; *Gaul/Schilken/Becker-Eberhard* § 14 I 1. Zur Richtigkeitsgewähr der Rechtskraft und deren Charakter als Fiktion *M. Jachmann*, Fiktionen, 1998, 1108 ff.

70 *H. v. Nicolai*, in: Redeker/v. Oertzen § 168 Rn. 5.

71 So BVerwGE 16, 254 m. zust. Anm. *W. Tietgen*, DVBl 1963, 926 und abl. Anm. *E. Noack*, NJW 1964, 369; OVG Brem NJW 1967, 2222; *I. Kraft*, in: Eyermann § 168 Rn. 8; a.A. ohne nähere Begründung BVerwG NJW 1961, 91; *H. H. Rupp*, AöR 85 (1960), 327. Vgl. weiter *R. Pietzner*, in: Schoch/Schneider/Bier § 167 Rn. 137 ff.

72 Gem. § 167 Abs. 1 S. 1 i.V.m. § 716 ZPO, § 120, VGH Kassel NVwZ 1990, 275; *P. Hartmann*, in: Baumbach/Lauterbach/Albers/Hartmann Einf. §§ 708–720 Rn. 8 und § 716 Rn. 2; *K. Rennert*, in: Eyermann § 120 Rn. 1 und 5.

73 Vgl. VGH Kassel NVwZ 1990, 275 unter Hinweis auf die Entbehrlichkeit der mündlichen Verhandlung bei Vorabentscheidung, sofern die Beteiligten wirksam darauf verzichtet haben; VGH Mannheim NVwZ-RR 1994, 472 – erfolgreicher Antrag des Klägers auf Vorabentscheidung des VGH über die vorläufige Vollstreckbarkeit gem. § 167 Abs. 1 S. 1 i.V.m. § 718 ZPO, nachdem vom VG nicht über die vorläufige Vollstreckbarkeit entschieden worden war; *I. Kraft*, in: Eyermann § 168 Rn. 10.

74 Auflistung nach *I. Kraft*, in: Eyermann § 168 Rn. 8.

75 Urteile des VG fallen auch dann nicht hierunter, wenn gegen sie nur die Revision nach § 135 gegeben ist; ihnen kommt keine entsprechende erhöhte Richtigkeitsvermutung zu, BVerwGE 16, 254; *R. Pietzner*, in: Schoch/Schneider/Bier § 167 Rn. 142 mit Fn. 306; *I. Kraft*, in: Eyermann § 168 Rn. 8; a.A. *W. Tietgen*, DVBl 1960, 767, 768; im finanzgerichtlichen Verfahren ist § 708 Nr. 10 ZPO anwendbar, weil die Finanzgerichte als obere Landesgerichte gelten, § 2 FGO; BFHE 101, 478, 482 zur Anwendbarkeit der damaligen Vorschrift des § 708 Nr. 7 ZPO.

76 Dass darin eine Entscheidung i.S.d. § 168 Abs. 1 Nr. 1 liegen könnte, wie *Finkelnburg/Dombert/Külpmann* Rn. 413; *P. Hartmann*, in: Baumbach/Lauterbach/Albers/Hartmann § 708 Rn. 8; *R. Pietzner/J.A. Möller*, in: Schoch/Schneider/Bier § 168 Rn. 17 meinen, ist angesichts der fehlenden Vollstreckungsbedürftigkeit kaum nachvollziehbar.

77 So zu Recht *R. Pietzner/J.A. Möller*, in: Schoch/Schneider/Bier § 168 Rn. 17.

78 *H. Quaritsch*, VerwArch 51 (1960), 210, 237 f.

79 BGH NJW 1993, 1076, 1078; *R. Pietzner/J.A. Möller*, in: Schoch/Schneider/Bier § 168 Rn. 18 m.w.N.; *I. Kraft*, in: Eyermann § 168 Rn. 13.

einstweilen ausgesetzt ist).[80] Eines besonderen Ausspruchs bedarf es hierfür nicht. Zu beachten ist allerdings die Vollziehungsfrist des § 929 Abs. 2 ZPO. Mit ihrem Ablauf entfällt die Titeleigenschaft.[81] Das Fehlen des Titels als allgemeine Vollstreckungsvoraussetzung hat zum einen die Unwirksamkeit bereits vorgenommener Vollstreckungsakte zur Folge (→ Rn. 11), zum anderen ist auch jede geplante Vollstreckung unstatthaft.[82] Gleichwohl müsste die (deklaratorische) Aufhebung der Vollstreckungsmaßnahme auf Erinnerung nach § 766 ZPO möglich sein.[83]

37   Eine Vollstreckungsklausel ist nur erforderlich, wenn die Vollziehung für oder gegen andere als die im Titel Genannten erfolgen soll (§ 123 Abs. 3 VwGO i.V.m. § 929 Abs. 1 ZPO).

38   Für den Vollzug einstweiliger Anordnungen, wenn sie eine Geldleistung der öffentlichen Hand zum Gegenstand haben, bedarf es gem. § 170 Abs. 5 nicht der in § 170 Abs. 2 zum Schutz der öffentlichen Hand vorgesehenen Ankündigung der Vollstreckung und Einhaltung einer Wartefrist (→ § 170 Rn. 107).

39   **3. Gerichtliche Vergleiche (Nr. 3).**[84] Wie § 168 Abs. 1 Nr. 3 zeigt, gilt die verwaltungsgerichtliche Vollstreckung nicht nur für gerichtliche Entscheidungen, sondern auch für Vereinbarungen der Prozessbeteiligten vor Gericht.

40   **a) Der Prozessvergleich als Vollstreckungstitel.** Vor Erlass der nachkonstitutionellen Verwaltungsgerichtsgesetze war der gerichtliche Vergleich überwiegend nicht als Vollstreckungstitel anerkannt.[85] In der FGO ist der Vergleich nicht als Titel genannt, wobei umstr. ist, ob Prozessvergleiche im Finanzprozess überhaupt zulässig sind.[86] Die VwGO bestimmt den Prozessvergleich hingegen ausdrücklich zum Vollstreckungstitel. Für seine Vollstreckung bestehen keine besonderen Vorschriften; solche sind auch entbehrlich, weil es i.R. der §§ 169, 170, 172 auf das Vollstreckungsziel ankommt und nicht auf den Ursprung der Rechtserkenntnis.[87] Damit gelten für die Vollstreckung von Prozessvergleichen die allgemeinen Regeln. Auch i.R. des § 172 gelten keine Besonderheiten, insbes. ist es weder erforderlich noch statthaft, eine weitere Klage aus dem Vergleich zu führen, um so einen vollstreckbaren Urteilstitel zu erhalten.[88]

41   **b) Form und inhaltliche Anforderungen.** Der gerichtliche Vergleich muss in der Form des § 106 geschlossen sein und auch sonst den dort aufgestellten Wirksamkeitsanforderungen genügen.[89] Bereits das Fehlen des Verlesens- und Genehmigungsvermerks in der Niederschrift des gerichtlichen Vergleichs führt zur Formunwirksamkeit des gerichtlichen Vergleichs, so dass dieser nicht mehr vollstreckbar ist (VGH München NJW 2014, 955). Für den Fall, dass der Vermerk lediglich unbeabsichtigt unterblieben ist, verbleibt bei tatsächlich stattgefundener Verlesung und Genehmigung, die Möglichkeit der Protokollberichtigung gem. § 105 i.V.m. 164 ZPO.[90] Als Vollstreckungstitel muss auch der

80   Möglich i.R. der Beschwerde durch das OVG bzw. den VGH nach § 173 VwGO i.V.m. § 570 Abs. 3 ZPO, HmbOVG NVwZ 1997, 691; *I. Kraft*, in: Eyermann § 168 Rn. 13; umstr. ist dagegen, ob das VG nach § 149 Abs. 1 S. 2 zur Aussetzung der Vollziehung befugt ist: dafür *I. Kraft*, in: Eyermann § 168 Rn. 12, dagegen HmbOVG, a.a.O. mit der Begründung, § 146 Abs. 6 a.F. schließe aufgrund des engen systematischen Zusammenhangs zu § 148 Abs. 1 auch die Anwendung des § 149 Abs. 1 S. 2 aus.

81   *R. Pietzner/J.A. Möller*, in: Schoch/Schneider/Bier § 168 Rn. 18.

82   *I. Kraft*, in: Eyermann § 168 Rn. 18; ebenso für die zivilprozessuale Vollstreckung BGHZ 112, 356 m.Anm. *R. Stürner*, JZ 1991, 404; BGH NJW 1991, 496; *K. Reichold*, in: Thomas/Putzo § 929 Rn. 5.

83   In der zivilprozessualen Dogmatik wird allerdings z.T. auch vertreten, die Vollstreckungsmaßnahme sei nicht vollständig unwirksam, weil zwar kein Pfandrecht, wohl aber eine öffentlich-rechtliche Verstrickung entstehe (so *Brox/Walker* Rn. 1540). Andere sehen die Vollstreckungsmaßnahme als (auflösend bedingt) wirksam an und bejahen deshalb ein entstandenes Pfandrecht *R. Bruns/E. Peters*, Zwangsvollstreckungs- Konkurs- und Vergleichsrecht, ³1987, § 49 V 2; *O. Jauernig*, Zwangsvollstreckungs- und Insolvenzrecht, ²¹1999, § 36 III; *Gaul/Schilken/Becker-Eberhard* § 78 I.

84   Zum Vergleich im Verwaltungsprozess instruktiv *Büchner/Schlotterbeck* Rn. 485 ff.; s.a. *Frank/Langrehr*, S. 209.

85   Vgl. VG Berlin-Zehlendorf NJW 1950, 397; *M. Schultzenstein*, DVBl 1985, 104, 107; für einen Vergleich i.R. der freiwilligen Gerichtsbarkeit OLG München JZ 1953, 341 m. abl. Anm. *A. Schönke*.

86   Hierzu *T. Stapperfend*, in: Gräber § 76 FGO Rn. 4 m.w.N.: Der Steueranspruch entsteht aufgrund Gesetzes und steht nicht zur Disposition der Parteien. Zulässig sind deshalb nur sog. „tatsächliche Verständigungen", d.h. Abreden bei erschwerter Sachverhaltslage über Schätzungen u.Ä., nicht aber Abreden über rechtliche Fragen.

87   Vgl. *R. Pietzner/J.A. Möller*, in: Schoch/Schneider/Bier § 168 Rn. 19.

88   *R. Pietzner/J.A. Möller*, in: Schoch/Schneider/Bier § 168 Rn. 19.

89   VGH München NJW 2014, 955; *R. Pietzner/J.A. Möller*, in: Schoch/Schneider/Bier § 168 Rn. 20; vgl. weiter *H. Geiger*, in: Eyermann § 106 Rn. 23 ff. Zur Abgrenzung möglicher Rechtsbehelfe VGH München NVwZ-RR 2007, 353.

90   *H. Geiger*, in: Eyermann § 106 Rn. 23 m.w.N.

Vergleich hinreichend bestimmt formuliert sein;[91] es gelten die strengen allgemeinen Anforderungen (→ Rn. 14 und VGH München 28.4.2008 – 11 C 05.2592). Gerichtliche Vergleiche sind – weil unanfechtbar – anders als gerichtliche Entscheidungen i.S.d. § 168 Abs. 1 Nr. 1 von Natur aus sofort und endgültig vollstreckbar,[92] es bedarf keiner vorläufigen Vollstreckbarkeit.

c) Beteiligung Dritter am Vergleich. In § 168 Abs. 1 Nr. 3 werden im Gegensatz zu § 794 Abs. 1 Nr. 1   42
ZPO Dritte nicht erwähnt. Die Rspr. erachtet prozessual zu Recht die Mitwirkung eines einfach oder notwendig beizuladenden Dritten für entbehrlich.[93] Nur dann, wenn nach materiellem Recht die Zustimmung eines Dritten erforderlich ist, gilt dies auch für die Wirksamkeit als Prozesshandlung.[94] Ebenso ist es nur eine Frage der materiellen Rechtswirkung des Vergleichs, inwieweit er unbeteiligte Dritte einbezieht. Diese können sich deshalb an der Vereinbarung beteiligen, ohne dass eine formelle Beiladung erforderlich wäre.[95] Aus dem Vergleich kann dann auch für und gegen den Dritten vollstreckt werden.[96]

d) Rechtswegfremde Forderungen. In Prozessvergleichen bietet es sich gelegentlich an, rechtsweg-   43
fremde Verpflichtungen einzubeziehen. Dies ist prinzipiell zulässig.[97] Zwar wird z.T. vertreten, zivilrechtliche Verpflichtungen könnten von vornherein nicht zulässiger Gegenstand eines verwaltungsgerichtlichen Vergleichs sein, wenn und weil dafür der Verwaltungsrechtsweg unstr. verschlossen wäre.[98] Damit wird allerdings verkannt, dass die Dispositionsbefugnis der Parteien nicht durch Rechtswegschranken begrenzt wird. Der Richter kann im Vergleich über die Grenzen seiner Gerichtsbarkeit hinausgreifen, weil er „nicht judiziert, sondern nur protokolliert".[99] Deswegen ist es nicht zuletzt auch aus Gründen der Prozessökonomie inzwischen wohl unbestritten, dass auch privatrechtliche, sozialrechtliche oder sonstige Ansprüche Gegenstand eines verwaltungsgerichtlichen Prozessvergleichs sein können.[100] Für diese Forderungen stellt sich die Frage nach dem maßgeblichen Vollstreckungsregime. Stellt man nämlich auf die materiell-rechtliche Natur des titulierten Anspruchs ab, so könnten rechtswegfremde Forderungen ungeachtet der Titulierung nach § 168 Abs. 1 Nr. 3 nicht durch die VG vollstreckt werden.[101] Dieser Auffassung ist allerdings auch und gerade für Prozessvergleiche entgegenzutreten (grds. → Rn. 5). Ausschlaggebend ist alleine die Herkunft des Titels.[102] Deshalb fallen alle Ansprüche, die in verwaltungsgerichtlichen Vergleichen geregelt sind, unter die Vollstreckungsvorschriften der VwGO. Ob bei Vergleichen über Forderungen, die „verfassungsfesten Rechtswegbestimmungen (Art. 14 Abs. 3 S. 4, Art. 34 S. 3 GG)" unterliegen, etwas anderes gelten kann,[103] ist fraglich. § 17a Abs. 2 S. 3 GVG mag zwar verfassungskonform dahingehend auszulegen sein, dass etwa das Landgericht einen Amtshaftungsprozess nicht bindend an das VG verweisen kann. D.h. aber nicht, dass i.R. eines Verwaltungsprozesses die Parteien sich über solche Ansprüche nicht vergleichen können (so wie auch ein außergerichtlicher Vergleich möglich ist). Wie gesehen, „entscheidet" das Gericht im Prozessvergleich nicht, sodass § 17 Abs. 2 S. 2 GVG gewahrt ist. Wenn aber auf diese zulässige Weise erst einmal ein Vollstreckungstitel geschaffen wurde, ist damit der Weg in die verwaltungsgerichtliche Vollstreckung eröffnet. Da es sich ohnehin um die Vollstreckungskonstellation des § 170

---

91 Dazu T. Schultheiß, Der Prozessvergleich – typische Fallkonstellationen im Assessorexamen, JuS 2015, 318, 321.
92 A. Wettlaufer, Vollstreckung, 1989, 64.
93 BVerwG MDR 1960, 873; Buchholz 310 § 106 VwGO Nr. 6 und 14; NJW 1988, 662, 663; ebenso H. Geiger, in: Eyermann § 106 Rn. 21; Kopp/Schenke § 106 Rn. 10; K.-M. Ortloff, in: Schoch/Schneider/Bier § 106 Rn. 39; a.A. OVG Lüneburg NVwZ 1987, 234; M. Redeker, in: Redeker/v. Oertzen § 66 Rn. 10.
94 Kopp/Schenke § 106 Rn. 10 m.w.N.; K.-M. Ortloff, in: Schoch/Schneider/Bier § 106 Rn. 52 unter Hinweis auf die mögliche Unwirksamkeit nach § 58 VwVfG, sofern in Rechte eines Dritten eingegriffen wird.
95 OVG Münster NJW 1985, 2491; Kopp/Schenke § 106 Rn. 10a; K.-M. Ortloff, in: Schoch/Schneider/Bier § 106 Rn. 39; a.A. M. Redeker, in: Redeker/v. Oertzen § 106 Rn. 6.
96 R. Pietzner/J.A. Möller, in: Schoch/Schneider/Bier § 168 Rn. 22.
97 Vgl. OVG Münster OVGE 10, 104; VGH Mannheim ESVGH 17, 145; I. Kraft, in: Eyermann § 168 Rn. 14; vorausgesetzt auch bei Büchner/Schlotterbeck Rn. 487.
98 So noch Eyermann/Fröhler § 168 Rn. 6.
99 Treffend R. Pietzner/J.A. Möller, in: Schoch/Schneider/Bier § 168 Rn. 23.
100 Kopp/Schenke § 106 Rn. 5 m.w.N.; K.-M. Ortloff, in: Schoch/Schneider/Bier § 106 Rn. 41; M. Renck-Laufke, BayVBl 1976, 621; Würtenberger Rn. 747.
101 So noch Eyermann/Fröhler § 168 Rn. 6; offen gelassen in OVG Lüneburg NJW 1969, 205, 206.
102 Kopp/Schenke § 168 Rn. 9; R. Pietzner/J.A. Möller, in: Schoch/Schneider/Bier § 168 Rn. 23; H. v. Nicolai, in: Redeker/v. Oertzen § 168 Rn. 11; I. Kraft, in: Eyermann § 168 Rn. 14 und 1.
103 So R. Pietzner/J.A. Möller, in: Schoch/Schneider/Bier § 168 Rn. 23.

handelt, werden die Art. 14 Abs. 3 S. 4, Art. 34 S. 3 GG angesichts der Parallelregelung des § 882 a ZPO nicht unterlaufen. Im Gegenteil: Die „Vollstreckungsherrschaft" des VG mag dem Bürger durchaus nützlich sein.

44   **e) Verwaltungsvollstreckung und Prozessvergleich.**   Wird ein angefochtener Verwaltungsakt in einem Prozessvergleich teilweise geändert, konsumiert der gerichtliche Vollstreckungstitel den behördlichen; die Vollstreckung richtet sich nun nach § 169.[104] Eine Wahlfreiheit zwischen Verwaltungsvollstreckung und gerichtlicher Vollstreckung soll nur dann in Betracht kommen, wenn der Vergleich den Verwaltungsakt nicht ändert, sondern lediglich eine zusätzliche, inhaltlich gleich lautende Verpflichtung des Vollstreckungsschuldners statuiert.[105] Auch bei der Vollstreckung aus einem Prozessvergleich ist der Titel dem Schuldner gem. § 167 Abs. 1. S. 1 i.V.m. §§ 795 S. 1, 750 Abs. 1 ZPO vorab zuzustellen, die bloße Kenntnis des Schuldners vom Inhalt des Vergleichs ist dazu nicht ausreichend (VGH München NVwZ-RR 2016, 679, 680).

45   **f) Außergerichtliche Vergleiche.**   Weder direkt noch entsprechend anwendbar ist § 168 Abs. 1 Nr. 3 auf außergerichtliche Vergleiche.[106] Wird eine darin enthaltene Verpflichtung nicht erfüllt, muss wie auch sonst bei vertraglichen Forderungen auf Erfüllung vor dem VG geklagt werden. Erst die darauf ergehende Entscheidung bildet einen Vollstreckungstitel, regelmäßig nach § 168 Abs. 1 Nr. 1. Davon unberührt bleibt die Möglichkeit, bei einem außergerichtlichen Vergleich durch Unterwerfung unter die sofortige Zwangsvollstreckung nach § 61 VwVfG einen selbständigen Vollstreckungstitel zu schaffen.[107]

46   Wie ein außergerichtlicher Vergleich wird auch der Fall behandelt, dass ein Prozessvergleich den Anforderungen des § 106 nicht genügt.[108] Ein als Prozesshandlung unwirksamer Vergleich kann nämlich als außergerichtlicher Vergleich gültig sein (§ 55 VwVfG, § 54 SGB X).[109] Allerdings zieht nach dem hypothetischen Willen der Beteiligten die verfahrensrechtliche Unwirksamkeit des Vergleichs auch die Ungültigkeit des materiellen Vertrags nach sich, wenn der Beklagte nicht ohne den Vorteil der Prozessbeendigung und der Kläger nicht ohne den Erwerb eines Vollstreckungstitels im Vergleichsweg nachgegeben hätte.[110]

47   **4. Kostenfestsetzungsbeschlüsse (Nr. 4).**   Kostenfestsetzungsbeschlüsse (Nr. 4) bilden eine besondere Art gerichtlicher Vollstreckungstitel, weil die titulierte Kostenforderung nicht Gegenstand, sondern Resultat des ihr vorangehenden Erkenntnisverfahrens ist. Zu unterscheiden sind einerseits die Gerichtskosten und die dem „gegnerischen" Beteiligten zu erstattenden außergerichtlichen Kosten, andererseits der Vergütungsanspruch des Prozessbevollmächtigten gegenüber seinem Mandanten.[111]

---

104 VGH Kassel 15.1.2015 – 3 B 1535/14; VGH München BayVBl 1987, 308, 309; *R. Pietzner/J.A. Möller*, in: Schoch/Schneider/Bier § 168 Rn. 25 unter Hinweis auf die Einheit des Vollstreckungstitels und die Beschleunigung des Vollstreckungsverfahrens.

105 Vgl. *R. Pietzner/J.A. Möller*, in: Schoch/Schneider/Bier § 168 Rn. 25 unter Bezugnahme auf VGH Mannheim ESVGH 10, 73. Der VGH Mannheim geht ohne Begründung von der Möglichkeit einer wahlweisen Vollstreckung aus einer Abbruchverfügung und der durch Prozessvergleich begründeten Abbruchverpflichtung aus. Für die Zulässigkeit einer solchen Wahl spricht, dass es sich um Titel unterschiedlicher Qualität handelt, die einerseits behördliche Selbstvollstreckung, andererseits gerichtliche Fremdvollstreckung ermöglichen. Allenfalls wäre daran zu denken, dass die Behörde mit der Vergleichsvereinbarung auf ein Vorgehen im Wege der Verwaltungsvollstreckung verzichtet hat. Einen solchen Willen wird man ihr aber nicht unterstellen können, geht es doch darum, den Prozess zu beenden und einen zusätzlichen Vollstreckungstitel zu schaffen.

106 *Kopp/Schenke* § 168 Rn. 5; *R. Pietzner/J.A. Möller*, in: Schoch/Schneider/Bier § 168 Rn. 20; *Schunck/De Clerck* § 168 Anm. 1 c.

107 *Kopp/Schenke* § 168 Rn. 5.

108 Für den Fall, dass sich aus der Auslegung des gerichtlichen Vergleichs ergibt, dass ein außergerichtlicher Vergleich vorliegt vgl. VG Stuttgart 22.4.2016 – 2 K 2042/16.

109 Abhängig von der Interessenlage der Parteien, BVerwG NJW 1994, 2306. Eingehend zur Behandlung des Prozessvergleichs *M. Eisenlohr*, Prozeßvergleich, 1998, 175 ff.; *K.-M. Ortloff*, in: Schoch/Schneider/Bier § 106 Rn. 27 ff.; *J. Schröder*, Prozeßvergleich, 1971, 161 ff. und 175 ff.

110 So zutr. OVG Münster DÖV 1977, 790, 791; *H. Geiger*, in: Eyermann § 106 Rn. 27; zur Doppelnatur des Prozessvergleichs vgl. auch BVerwG NJW 1994, 2306.

111 Für Kostenfestsetzungsbeschlüsse, die sich gem. § 138 Abs. 1 S. 2 FlurbG nach §§ 167 Abs. 1, 168 Abs. 1 Nr. 4 richten und für die §§ 136, 137 FlurbG nach § 148 FlurbG entsprechend geltend sollen, ist zu beachten, dass die Anwendung der §§ 136, 137 FlurbG nur die Art und Weise der Vollstreckung betrifft. Hingegen wird keine Zuständigkeit der Flurbereinigungsbehörden für den Vollzug begründet, vgl. VGH Mannheim NVwZ-RR 2011, 174.

a) Kostenfestsetzung. Die Kostenfestsetzung ist in § 164 geregelt. Danach setzt der Urkundsbeamte 48 des Gerichts des ersten Rechtszuges auf Antrag den Betrag der zu erstattenden Kosten fest. Dies meint nur die Erstattung der zur zweckentsprechenden Rechtsverfolgung oder Rechtsverteidigung notwendigen Aufwendungen (außergerichtlichen Kosten) der Beteiligten[112] einschließlich der Kosten des Vorverfahrens (§ 162 Abs. 1 a.E.), nicht aber die Gerichtskosten.[113] Diese werden nach der JBeitrO[114] eingezogen, unabhängig von Rechtskraft und vorläufiger Vollstreckbarkeit der zugrunde liegenden gerichtlichen Entscheidung.[115]

Der Anspruch auf Erstattung der Prozesskosten kann nur aufgrund eines zur Zwangsvollstreckung geeigneten Titels geltend gemacht werden, § 173 VwGO i.V.m. § 103 ZPO. Kostenfestsetzungsbeschlüsse setzen also ihrerseits einen (vorläufig) vollstreckbaren Titel i.S.d. § 168 voraus. Ist in der Hauptsache keine Entscheidung ergangen, folgt die Vollstreckbarkeit der (isolierten) Kostenentscheidung schon aus deren Unanfechtbarkeit, § 158 Abs. 2.[116] Wenn der Ausspruch in der Hauptsache nicht vollstreckungsfähig oder -bedürftig ist, bedarf es notfalls einer Erklärung der vorläufigen Vollstreckbarkeit hinsichtlich der Kosten (arg. § 167 Abs. 2).

Der Kostenfestsetzungsbeschluss selbst ist „sofort" vollstreckbar; einer besonderen Vollstreckungs- 50 klausel bedarf es nicht (VG Gelsenkirchen NVwZ 2002, 1023). Vollstreckungstitel ist jedoch ausschließlich der in der Gerichtsakte befindliche Original-Beschluss; die Ausfertigungen, die den Beteiligten zugestellt werden, sind nicht vollstreckungsfähig (VG Dresden 28.11.2014 – 2 K 2367/14). Nach § 167 Abs. 1 S. 1 VwGO i.V.m. § 798 ZPO darf mit der Zwangsvollstreckung aus Kostenfestsetzungsbeschlüssen jedoch erst begonnen werden, wenn der Titel mindestens zwei Wochen vorher zugestellt wurde; dies gilt nicht, wenn der Kostenfestsetzungsbeschluss nach § 173 VwGO i.V.m. § 105 ZPO auf das Urteil gesetzt wurde. Die Zwangsvollstreckung erfolgt in diesem Fall aufgrund einer vollstreckbaren Ausfertigung des Urteils; einer besonderen Vollstreckungsklausel für den Festsetzungsbeschluss bedarf es nicht (§ 167 Abs. 1 S. 1 VwGO i.V.m. § 795 a ZPO).

Die maßgeblichen Vollstreckungsvorschriften richten sich nach der Person von Erstattungsgläubiger 51 und -schuldner. Erstattungsansprüche des Staates gegen den Bürger werden über § 169, solche des Bürgers gegen den Staat über § 170 vollstreckt. Auch wenn ein Erstattungsverhältnis zwischen Privaten gegeben ist (z.B. bei i.S.d. § 162 Abs. 3 erstattungsfähigen Kosten des Beigeladenen), erfolgt die Vollstreckung des Kostenfestsetzungsbeschlusses nach den Vorschriften der VwGO. Rechtsgrundlage bilden über § 167 Abs. 1 S. 1 die Vorschriften der ZPO.[117] Vollstreckungsgericht ist stets das Gericht des 1. Rechtszuges, § 167 Abs. 1 S. 2.

b) Vergütungsfestsetzungsbeschlüsse. Vergütungsfestsetzungsbeschlüsse[118] betreffen die Ansprüche 52 des Prozessbevollmächtigten (Rechtsanwalt, Hochschullehrer) gegen seinen Mandanten. Diese zivilrechtlichen[119] Ansprüche sind nicht von § 164 umfasst und wären normalerweise durch Leistungsklage vor dem Zivilgericht geltend zu machen (OVG Münster NJW 1987, 396). Jedoch eröffnet § 19

---

112 Über eine Abtretung kann der Kostenerstattungsanspruch auch vom Bevollmächtigten geltend gemacht werden. Einer titelübertragenden Klausel bedarf es nach § 171 nicht, → § 171 Rn. 9; *R. Pietzner/J.A. Möller*, in: Schoch/Schneider/Bier § 168 Rn. 26. Zur Anrechenbarkeit bereits erbrachter Leistungen vgl. VG Aachen 21.11.2007 – 6 K 1313/06.
113 *P. Kothe*, in: Redeker/v. Oertzen § 164 Rn. 2.
114 BVerwG NJW 1983, 899, 900; VGH München BayVBl 1962, 286; *P. Hartmann*, Kostengesetze, [33]2004, IX Rn. 1. Es handelt sich um ein Verwaltungszwangsverfahren, auf das auch *R. Pietzner/J.A. Möller*, in: Schoch/Schneider/Bier § 168 Rn. 26 abstellt. Obwohl *P. Fischer-Hüftle*, BayVBl 1983, 687, 690 die Anwendung der JBeitrO lediglich in Erwägung zieht, ist der von ihm angeführte Beleg für die Anwendung des Verwaltungsvollstreckungsrechts der Länder überholt.
115 VGH München BayVBl 1962, 286; *R. Pietzner/J.A. Möller*, in: Schoch/Schneider/Bier § 168 Rn. 26.
116 Ähnl. *R. Pietzner/J.A. Möller*, in: Schoch/Schneider/Bier § 168 Rn. 27.
117 *R. Pietzner/J.A. Möller*, in: Schoch/Schneider/Bier § 168 Rn. 26.
118 *R. Pietzner/J.A. Möller*, in: Schoch/Schneider/Bier § 168 Rn. 29.
119 Für eine öffentlich-rechtliche Rechtsnatur lediglich *F. Rabeneick*, DVBl 1969, 614, 616 aufgrund der unzutreffenden Einordnung des Anwaltsvertrags als öffentlich-rechtlich. Zu Recht für eine insgesamt privatrechtliche Gestaltung OVG Münster NJW 1987, 396; *K. Fraunholz*, in: F. Riedel/H. Sußbauer, Bundesgebührenordnung für Rechtsanwälte, [7]1995, § 1 Rn. 3; *R. Pietzner/J.A. Möller*, in: Schoch/Schneider/Bier § 168 Rn. 29. Öffentlich-rechtlich ist allerdings der Vergütungsanspruch bei PKH, *K. Fraunholz*, a.a.O.

Abs. 3 S. 1 BRAGO[120] bzw. nunmehr § 11 Abs. 3 S. 1 RVG[121] die Möglichkeit, ein Vergütungsfestsetzungsverfahren beim Urkundsbeamten des VG zu betreiben. Dieses Verfahren beschränkt sich auf gebührenrechtliche Fragen[122] und schließt in diesem Umfang das Rechtsschutzbedürfnis für eine Gebührenklage im Zivilprozess aus,[123] die so vermieden wird.[124] Konsequenterweise eröffnet dies auch den Weg in die verwaltungsgerichtliche Vollstreckung (vgl. OVG Münster NVwZ-RR 2004, 311). Die Titulierungsbefugnis der VG über die gesetzlichen Gebühren des Rechtsanwalts gegen seinen Mandanten aus Verfahren vor den VG ist i.E. unstr. (geregelt nunmehr in § 11 Abs. 3 S. 1 RVG). Umstr. ist dagegen das Vollstreckungsregime für die Vornahme der Vollstreckungsmaßnahmen.[125]

53   Die Frage, ob das Zivilgericht oder das VG über nachträgliche gebührenrechtliche Einwendungen entscheidet, ist bereits mit der Titulierungs- und Vollstreckungsbefugnis des VG beantwortet, denn die Vollstreckungsgegenklage soll beim titulierenden (Prozess-)Gericht erhoben werden (→ Rn. 5).[126]

54   **5. Schiedssprüche und Schiedsvergleiche (Nr. 5).** Schiedssprüche und Schiedsvergleiche (Nr. 5) liegen als Vollstreckungstitel ihrem Wesen nach zwischen den gerichtlichen Entscheidungen (Nr. 1) und der Parteivereinbarung (Nr. 3).[127]

55   **a) Anwendungsbereich.** Für den Begriff der Schiedsgerichtsbarkeit ist strikt zu unterscheiden, ob die Zuweisung auf einer Vereinbarung der Parteien oder auf gesetzlicher Anordnung beruht (→ § 187 Rn. 22). Um Schiedsgerichtsbarkeit im eigentlichen Sinne handelt es sich nur dann, wenn die Zuweisung durch einen Schiedsvertrag erfolgt.[128] Unter § 168 Abs. 1 Nr. 5 fallen also nur Schiedssprüche und Schiedsvergleiche, die auf einem nach § 173 VwGO i.V.m. §§ 1029 ff. ZPO vereinbarten Schiedsverfahren beruhen (VG Gelsenkirchen NVwZ 2002, 1023).Grds. kann für alle öffentlich-rechtlichen Streitigkeiten die Zuständigkeit eines Schiedsgerichts vereinbart werden; es kommt nicht darauf an, ob sich die Parteien in einem Subordinationsverhältnis gegenüberstehen oder sich auf der Ebene der Gleichordnung bewegen.[129] Vorausgesetzt ist allerdings die Disponibilität des betreffenden Rechtsverhältnisses,[130] d.h. die Angelegenheit müsste nach materiellem Verwaltungsrecht durch Vergleich (§ 55 VwVfG, § 106 VwGO)[131] geregelt werden können. Nicht vom Anwendungsbereich der Norm umfasst

---

120 Aufgehoben durch Art. 6 Nr. 4 des Gesetzes zur Modernisierung des Kostenrechts (KostRMoG) vom 5.5.2004, BGBl I 717.

121 In Kraft getreten als Art. 3 des Gesetzes zur Modernisierung des Kostenrechts (KostRMoG) vom 5.5.2004, BGBl I 717.

122 *R. Pietzner/J.A. Möller,* in: Schoch/Schneider/Bier § 168 Rn. 29 Fn. 87. Bei Einwendungen nichtgebührenrechtlicher Art ist der Antrag abzulehnen, außer er ist offensichtlich unbegründet.

123 *G. Swolana/H. Hansens,* Bundesgebührenordnung für Rechtsanwälte, 1991, § 19 Rn. 4; *K. Fraunholz,* in: Fritz Riedel/Heinrich Sußbauer, Bundesgebührenordnung für Rechtsanwälte, 1995, § 19 Rn. 56. Das Rechtsschutzbedürfnis ist nur dann zu bejahen, wenn der Mandant dem Gebührenanspruch Einwendungen entgegenhält, die außerhalb des Gebührenrechts liegen.

124 *K. Fraunholz,* in: F. Riedel/H. Sußbauer, Bundesgebührenordnung für Rechtsanwälte, 1995, § 19 Rn. 2.

125 Nach OVG Koblenz NJW 1980, 1541; OVG Lüneburg NJW 1984, 2485; OVG Münster (17. Senat) NJW 1987, 396; (7 a. Senat) NJW 2001, 3141; VG Berlin NJW 1976, 1420; LG Berlin MDR 1982, 678; LG Heilbronn NJW-RR 1993, 575; *K. v. Eicken,* in: Wilhelm Gerold, Bundesgebührenordnung für Rechtsanwälte, 1997, § 19 Rn. 59; *K. Fraunholz,* in: F. Riedel/H. Sußbauer, Bundesgebührenordnung für Rechtsanwälte, 1995, § 19 Rn. 50 ist für die Vollstreckung daraus der ordentliche Rechtsweg gegeben. Für eine Behandlung wie verwaltungsgerichtliche Kostenfestsetzungsbeschlüsse und damit eine Vollstreckung durch das VG: OVG Münster (4. Senat) NJW 1980, 2373; 1984, 2484; (19. Senat) NJW 1986, 1190; (18. Senat) NVwZ-RR 2004, 311; VG Meiningen NVwZ-RR 1999, 152; *R. Pietzner/J.A. Möller,* in: Schoch/Schneider/Bier§ 168 Rn. 30; *I. Kraft,* in: Eyermann § 168 Rn. 15; ebenfalls LG Bochum Rpfleger 1978, 426; LG Bonn NJW 1977, 814.

126 VGH Mannheim NVwZ-RR 2008, 581, 582.

127 Die auch für die verwaltungsgerichtliche Vollstreckung maßgeblichen Vorschriften des 10. Buches der ZPO (§§ 1025–1066) wurden durch das Schiedsverfahrens-Neuregelungsgesetz vom 22.12.1997 (BGBl I 3224) geändert.

128 *K. Rennert,* in: Eyermann § 40 Rn. 161; allg. zur echten Schiedsgerichtsbarkeit *F. Haueisen,* NJW 1962, 2129; *C. M. Loos,* Schiedsgerichtsbarkeit, 1984; *H. Müller,* NJW 1963, 282; *R. Stober,* NJW 1979, 2001.

129 *J. Hüttenbrink,* in: Kuhla/Hüttenbrink C Rn. 62. Für die Vereinbarung eines Schiedsgutachtens im öffentlichen Recht vgl. auch BVerwG NJW 1990, 1926 ff; der VGH Mannheim geht jedenfalls von einer Zulässigkeit der Schiedsgutachterabrede im öffentlichen Recht aus, sofern die Vertragsbeteiligten sich gleichgeordnet gegenüberstehen, VGH Mannheim 11.2.2016 – 5 S 1098/15.

130 *K. Rennert,* in: Eyermann § 40 Rn. 161; *P. Schlosser,* FS Bülow, 1981, 189, 190 f.; *Schmitt Glaeser/Horn* Rn. 68; vgl. auch *B. Vogler,* Genehmigungsanspruch, 1999, § 1 II. Außerdem muss sich nach § 1026 ZPO der Schiedsvertrag nur auf ein bestimmtes Rechtsverhältnis und die aus ihm herzuleitenden Rechtsstreitigkeiten beziehen, *Ule* § 5 III 1.

131 Darauf rekurriert *K. Rennert,* in: Eyermann § 40 Rn. 161; s.a. *J. Hüttenbrink,* in: Kuhla/Hüttenbrink C Rn. 62; *Schmitt Glaeser/Horn* Rn. 68.

sind Schiedssprüche der Kirchengerichte, da diese aufgrund der Einbettung in die Organisationsstruktur der Religionsgemeinschaften im Verhältnis zu den Beteiligten keine neutrale, unabhängige Instanz darstellen (BVerwG 25.11.2015 – 6 C 18.14).[132]

aa) Echte Schiedsgerichte. Ein Bsp. für echte Schiedsgerichte[133] i.S.d. § 168 Abs. 1 Nr. 5 bildeten seit 1947 Streitigkeiten zwischen Fürsorgeverbänden.[134] § 4 der Fürsorgerechtsvereinbarung[135] sah – bis zu ihrer Kündigung zum 31.12.1996 – die Entscheidung eines Schiedsgerichts vor.   56

Sonderregelungen für die fakultative Vereinbarung einer echten Schiedsklausel auch im subordinationsrechtlichen Bereich sehen etwa vor: § 38 a VermG, § 71 WasserverbandsG, § 83 TierSG, § 16 i TierschutzG. Regelmäßig ist darin ausdrücklich die Geltung der §§ 1025 ff. ZPO angeordnet.[136]   57

bb) Unechte Schiedsgerichtsbarkeit. Unter unechter Schiedsgerichtsbarkeit versteht man die Fälle, in denen die Zuständigkeit eines Schiedsgerichts zwingend durch Rechtsnorm begründet wird.[137] Hierfür gilt § 168 Abs. 1 Nr. 5 nicht.[138] Es handelt sich um besondere VG aufgrund spezieller gesetzlicher Vorschriften (→ § 187 Rn. 1), für die entweder selbständige Verfahrens- und Vollstreckungsregelungen getroffen oder die allgemeinen Vorschriften der VwGO anwendbar sind. In diesem Fall werden die Titel der unechten Schiedsgerichte nach § 168 Abs. 1 Nr. 1 vollstreckt.[139] Schiedsgerichte als besondere VG aufgrund gesetzlicher Zuweisung bestehen insbes. im Kommunalrecht (Bsp.: Art. 13 Abs. 2 S. 3 BayGO; Art. 9 Abs. 3 S. 3 BayLKrO).   58

b) Exequaturverfahren. Die Entscheidung eines echten Schiedsgerichts kann wegen des staatlichen Gewaltmonopols nur Grundlage der Vollstreckung sein, wenn sie in einem besonderen gerichtlichen Verfahren für (vorläufig [vgl. § 1064 Abs. 2 ZPO]) vollstreckbar erklärt wird (§ 167 Abs. 1 S. 1 VwGO i.V.m. §§ 1060 ff. ZPO). Nach der Neuregelung des Schiedsverfahrensrechts ist nunmehr das OLG zuständig (§ 1062 Abs. 1 Nr. 4 ZPO);[140] für den Bereich der Verwaltungsgerichtsbarkeit hingegen verbleibt es nach dem ausdrücklichen Willen des Gesetzgebers bei der Zuständigkeit des VG (§ 173 S. 2).[141]   59

V. Die Erteilung einer abgekürzten Ausfertigung des Urteils (Abs. 2)

1. Abgekürzte Ausfertigung. Nach § 317 Abs. 2 S. 2 ZPO erfolgt die von einer Partei beantragte Ausfertigung eines Urteils im Regelfall ohne Tatbestand und Entscheidungsgründe (abgekürzte Ausfertigung).[142] § 168 Abs. 2 übernimmt diese Möglichkeit im Interesse der Beschleunigung (Begründung zum Regierungsentwurf, BT-Drs. 3/55, 48 zu § 165 Abs. 2). Weil sich der vollstreckbare Ausspruch grds. aus dem Tenor des Vollstreckungstitels ergeben muss, genügt die abgekürzte Ausfertigung für die Zwecke der Vollstreckung. Bei „Titelunklarheit" (→ Rn. 15) wird das zur Auslegung und damit zum Rückgriff auf Tatbestand und Entscheidungsgründe gezwungene Vollstreckungsorgan allerdings ein vollständiges Urteil verlangen dürfen.   60

---

132 Allg. zur Vollstreckung kirchlicher Entscheidungen OVG Münster 29.4.2014 – 5 A 1386/12.
133 *R. Pietzner/J.A. Möller*, in: Schoch/Schneider/Bier § 168 Rn. 32; *P. Stelkens/N. Panzer*, in: Schoch/Schneider/Bier § 1 Rn. 21.
134 Ausdrückl. genannt in der Begründung zu § 169 des Regierungsentwurfs, BT-Drs. 3/55, 49.
135 NDV 1965, 326 f.; vgl. auch BVerwG NVwZ 1993, 584; *H. Saurbier*, ZfF 2003, 121; zum Wahlprüfungsausschuss nach der Wahlordnung des DGB BVerwGE 5, 293.
136 Vgl. die dementsprechenden Änderungen in Art. 2 §§ 21–28 Schiedsverfahrens-Neuregelungsgesetz vom 22.12.1997, BGBl I 3224, 3239 f.
137 *K. Rennert*, in: Eyermann § 40 Rn. 162; *Schmitt Glaeser/Horn* Rn. 86.
138 VG Gelsenkirchen NVwZ 2003, 1023; *Kopp/Schenke* § 168 Rn. 7; *R. Pietzner/J.A. Möller*, in: Schoch/Schneider/Bier § 168 Rn. 33; *H. v. Nicolai*, in: Redeker/v.Oertzen § 168 Rn. 13; a.A. nur *Schunck/De Clerck* § 168 Anm. 1 e bb) ohne nähere Begründung.
139 *R. Pietzner/J.A. Möller*, in: Schoch/Schneider/Bier § 168 Rn. 33.
140 Der Gesetzgeber hat sich nicht zuletzt deswegen für die Eingangszuständigkeit des OLG entschieden, weil das Schiedsgericht quasi die Aufgaben einer ersten Instanz bereits geleistet hat und alle folgenden gerichtlichen Aufgaben bei der höheren Instanz konzentriert werden sollten, vgl. BT-Drs. 13/5274, 63.
141 Der Gesetzgeber konnte hier, anders als im Bereich der ordentlichen Gerichtsbarkeit, kein konkretes Bedürfnis für eine Verlagerung der Eingangszuständigkeiten erkennen; außerdem sollte der Instanzenzug nicht verändert werden, BT-Drs. 13/5274, 71 und 68.
142 Sofern die Partei nicht eine vollständige Ausfertigung beantragt (§ 317 Abs. 2 S. 2 Hs. 2 ZPO).

61   Nach § 173 S. 1 VwGO i.V.m. § 317 Abs. 4 ZPO ist die Ausfertigung des Urteils vom Urkundsbeamten der Geschäftsstelle zu unterschreiben und mit Gerichtssiegel zu versehen. Damit entsteht bereits eine vollstreckbare Ausfertigung, wenn nicht ausnahmsweise eine Vollstreckungsklausel erforderlich ist (arg. § 171).[143]

62   **2. Antrag eines Beteiligten.** Die abgekürzte Ausfertigung wird nur auf Antrag eines Beteiligten erteilt, wobei der jeweilige Vollstreckungsgläubiger gemeint sein muss, der eine Vollstreckungsmaßnahme einleitet („für die Vollstreckung").

63   **3. Wirkungen der Zustellung.** Nach § 168 Abs. 2 steht die – im Parteibetrieb erfolgende[144] – Zustellung der abgekürzten Ausfertigung in den Wirkungen der Zustellung eines vollständigen Urteils gleich. Dies gilt aber nur, soweit es um die Schaffung der (allgemeinen) Vollstreckungsvoraussetzungen – als wesentliche Wirkung der Zustellung – geht. Rechtsmittelfristen laufen erst ab Zustellung des vollständigen Urteils, wie sich zwingend aus dem eindeutigen Wortlaut der entsprechenden Vorschriften (§ 124a Abs. 1 S. 1 und Abs. 2 S. 1,[145] § 133 Abs. 2 S. 1 und Abs. 3 S. 1, § 134 Abs. 1 S. 2, § 139 Abs. 1 S. 1) ergibt; daher ist auch keine Rechtsbehelfsbelehrung für die Vollstreckung nötig.[146]

§ 169 [Vollstreckung zugunsten der öffentlichen Hand]

(1) ¹Soll zugunsten des Bundes, eines Landes, eines Gemeindeverbands, einer Gemeinde oder einer Körperschaft, Anstalt oder Stiftung des öffentlichen Rechts vollstreckt werden, so richtet sich die Vollstreckung nach dem Verwaltungsvollstreckungsgesetz. ²Vollstreckungsbehörde im Sinne des Verwaltungsvollstreckungsgesetzes ist der Vorsitzende des Gerichts des ersten Rechtszugs; er kann für die Ausführung der Vollstreckung eine andere Vollstreckungsbehörde oder einen Gerichtsvollzieher in Anspruch nehmen.

(2) Wird die Vollstreckung zur Erzwingung von Handlungen, Duldungen und Unterlassungen im Wege der Amtshilfe von Organen der Länder vorgenommen, so ist sie nach landesrechtlichen Bestimmungen durchzuführen.

Schrifttum

1. Monographien und Beiträge in Sammelwerken: *K. A. Bettermann*, in: Forschung und Berichte aus dem öffentlichen Recht. GdS für Walter Jellinek, 1955, 361; *J. Erdmann*, Die Kostentragung bei Maßnahmen des unmittelbaren Zwangs, 1987; *D. Heckmann*, Der Sofortvollzug staatlicher Geldforderungen, 1992; *H.-D. Lemke*, Verwaltungsvollstreckungsrecht, 1997; *R. Pietzner*, System der verwaltungsgerichtlichen Vollstreckung, in: FS Blümel, 1999, 443; *A. Wettlaufer*, Die Vollstreckung verwaltungs-, sozial- und finanzgerichtlicher Titel zugunsten der öffentlichen Hand, 1989.

2. Beiträge in Zeitschriften: *M. App*, Die rechtliche Regelung der Verwaltungsvollstreckung in den neuen Bundesländern, NVwZ 1996, 656; *M. Braatz*, Vorsitzendenvollstreckung mit Auslandbezug, NdsVBl 2012, 208; *W. Durner*, Reformbedarf in der Verwaltungsgerichtsordnung, NVwZ 2015, 841; *T. Dünchheim*, Vom Zwangsgeld zurück zur Zwangsstrafe, NVwZ 1996, 117; *ders.*, Die Festsetzung von Zwangsmitteln – ein lästiges Vehikel des Vollstreckungsverfahrens?, NVwZ 1997, 350; *H.-U. Erichsen/D. Rauschenberg*, Verwaltungsvollstreckung, Jura 1998, 31; *H. F. Gaul*, Die Mitwirkung des Zivilgerichts an der Vollstreckung von Verwaltungsakten und verwaltungsgerichtlicher Entscheidungen, JZ 1979, 496; *H. Geiger*, Der Einzelrichter im Verwaltungsprozess, BayVBl 2007, 225; *V. Götz*, Kostenrecht der Polizei und Ordnungsverwaltung, DVBl 1984, 14; *C. F. Menger*, Die Fälligkeit des Anspruchs auf Erstattung der Ersatzvornahmekosten, VerwArch 68 (1977), 83; *W. J. Meyer-Ladewig*, Vollstreckungsanordnung bei Zwangsvollstreckung aus verwaltungsgerichtlichen Titeln?, NVwZ 1984, 699; *E.-G. Thomas*, Die Vollstreckung verwaltungsgerichtlicher Entscheidungen, BayVBl 1967, 335; *G. Wacke*, Das Bundesgesetz über unmittelbaren Zwang, JZ 1962, 137; *W. Zeiss*, Gedanken zum Vollstreckungsmodell der neuen Verwaltungsgerichtsordnung, ZRP 1982, 74.

---

143 *R. Pietzner/J.A. Möller*, in: Schoch/Schneider/Bier § 168 Rn. 41. Die Fallgruppen, in denen eine Vollstreckungsklausel erforderlich ist (§§ 167, 172), sind bei → § 171 Rn. 14 ff. aufgezählt.

144 *R. Pietzner/J.A. Möller*, in: Schoch/Schneider/Bier § 168 Rn. 40.

145 Für die Zulassung der Berufung gilt nichts anderes als bei den übrigen Rechtsmitteln, obwohl das Gesetz hier nicht ausdrückl. von „vollständigem" Urteil spricht, vgl. *Kopp/Schenke* § 124a Rn. 23; *Meyer-Ladewig/Rudisile*, in: Schoch/Schneider/Bier § 124a Rn. 30; *M. Redeker*, in: Redeker/v. Oertzen § 124a Rn. 5.

146 *R. Pietzner/J.A. Möller*, in: Schoch/Schneider/Bier § 168 Rn. 39.

I. Inhalt und Stellung des § 169 in der Vollstreckungsordnung

1. Der Regelungsgegenstand und seine Vorgeschichte. § 169 regelt die *verwaltungsgerichtliche* Vollstreckung zugunsten der öffentlichen Hand, genauer: die Vollstreckung von Titeln der dort näher bezeichneten Verwaltungsträger gegen Privatpersonen. Im Gegensatz zu den §§ 170, 172 werden in dieser Vorschrift allerdings weder Vollstreckungsziele (z.B. „wegen" Geldforderungen oder sonstigen Verpflichtungen) noch -titel (z.B. Urteile oder einstweilige Anordnungen), Zwangsmittel (z.B. Zwangsgeld) oder Verfahrensanforderungen (z.B. Antrag, Anhörung oder Androhung) genannt. Stattdessen wird pauschal auf das VwVG (des Bundes) verwiesen. In formeller Hinsicht äußern sich § 169 Abs. 1 S. 2 und § 169 Abs. 2 lediglich zu den Vollstreckungsorganen. Damit erfolgt die verwaltungsgerichtliche Vollstreckung zugunsten der öffentlichen Hand im Wesentlichen nach dem Vorbild der Vollstreckung von Verwaltungsakten. Der Unterschied liegt praktisch darin, dass die Verwaltung ihre Forderungen gerichtlich geltend machen muss (wenn sie sich nicht anderweitig mit dem Bürger einigt), während sie sich nach dem Verwaltungsvollstreckungsrecht den Vollstreckungstitel selbst schaffen darf. Dies ist wiederum bei der Übertragung der Vorschriften des VwVG auf die verwaltungsgerichtliche Vollstreckung zu beachten.[1] 1

Keine Anwendung findet § 169 auf die Vollstreckung gerichtlich (etwa durch abschlägiges Anfechtungsurteil)[2] bestätigter *Verwaltungsakte*,[3] für die die Verwaltungsvollstreckungsgesetze (oder Spezialgesetze wie im Polizeirecht) unmittelbar gelten.[4] 2

---

1 Vgl. beispielhaft *R. Pietzner/J.A. Möller*, in: Schoch/Schneider/Bier § 169 Rn. 151.

2 Das die Anfechtungsklage abweisende – und damit den angefochtenen Verwaltungsakt „bestätigende" – Urteil ist seiner Rechtsnatur nach (bloßes) Feststellungsurteil und hat damit (von dem Kostenausspruch abgesehen, vgl. auch § 167 Abs. 2) keinen vollstreckungsfähigen Inhalt, *R. Pietzner*, FS Blümel, 1999, 443, 455 (Fn. 50).

3 Einhellige Auffassung, vgl. nur *Kopp/Schenke* § 167 Rn. 14; *R. Pietzner*, FS Blümel, 1999, 443, 455 m.w.N. Aus der Rspr.: BFHE 120, 162, 163; OVG Lüneburg OVGE 27, 410, 411; VGH Mannheim NVwZ 1993, 72; VGH München NVwZ 1984, 462.

4 Dies gilt selbst dann, wenn „ein Tätigwerden des Gerichts erforderlich" sein soll (etwa bei der Anordnung von Durchsuchungen), VGH München (21. Senat) NJW 1984, 2482, entgegen VGH München (11. Senat) NJW 1983, 1077; a.A. auch *Kopp/Schenke* § 169 Rn. 2. Dem Richtervorbehalt kann und braucht in der Verwaltungsvollstreckung nicht über § 169 Abs. 1 S. 2 genügt werden, vgl. *R. Pietzner*, FS Blümel, 1999, 443, 458. Relevanz erlangt § 169 Abs. 1 S. 2 alleine

3   § 169 ist aus § 166 des Regierungsentwurfs zur VwGO[5] hervorgegangen, der sich seinerzeit an § 200 Abs. 1 SGG orientierte. Ursprünglich wurde also ein Modell der Eigenvollstreckung der siegreichen Behörde im Verwaltungswege[6] favorisiert, das sich indes in den Beratungen des Rechtsausschusses nicht durchsetzen konnte (BT-Drs. 3/1094, 15, 67), der der Vorschrift seine heutige Gestalt gab. Sie ist seit ihrem Erlass unverändert geblieben.

4   **2. Das Verhältnis des § 169 zu den übrigen Vollstreckungsvorschriften.** § 169 einerseits und die §§ 170, 172 andererseits schließen sich in ihren Anwendungsbereichen gegenseitig aus. Überschneidungen könnte es überhaupt nur bei der Vollstreckung „zwischen öffentlichen Händen" geben (Verwaltungsträger auf Gläubiger- und Schuldnerseite), die jedoch durch einen Vorrang der §§ 170, 172 in diesem Fall vermieden werden (→ § 170 Rn. 33; → § 172 Rn. 20). § 171 erklärt die Vollstreckungsklausel im Anwendungsbereich des § 169 für entbehrlich. Die §§ 167, 168 regeln auch für die Vollstreckung zugunsten der öffentlichen Hand allgemeine Vollstreckungsvoraussetzungen sowie (über § 167 Abs. 1 S. 1) ergänzend den Rechtsschutz gegen Vollstreckungsmaßnahmen.

5   **3. Rechtsnatur und Rechtsgrundlagen des Vollstreckungsverfahrens.** In besonderer Weise werden durch die Verweisungen in § 169 Abs. 1 S. 1 und Abs. 2 auf die Verwaltungsvollstreckungsgesetze des Bundes und der Länder deren Vollstreckungsvorschriften in das Vollstreckungsregime des § 169 inkorporiert; dies gilt auch für die Weiterverweisung auf die AO durch § 5 Abs. 1 VwVG. § 169 Abs. 1 S. 2 modifiziert diese Regelungen im Hinblick auf die zuständigen Vollstreckungsorgane. Auch wenn der Wortlaut des § 169 Abs. 1 dies nicht vermuten lässt, handelt es sich dort um ein selbständiges, gerichtliches Beschlussverfahren. Weder die Anwendbarkeit des VwVG noch die Bezeichnung des Gerichtsvorsitzenden als Vollstreckungsbehörde[7] machen aus der verwaltungsgerichtlichen Vollstreckung ein Verwaltungsverfahren. Anders als im Sozial- und Finanzprozess geht es im Verwaltungsprozess nicht um behördliche Eigenvollstreckung, sondern um gerichtliche Fremdvollstreckung.[8]

II. Der Zweck der Vorschrift

6   **1. Festlegung des Vollstreckungsweges.** Der Zweck des § 169 Abs. 1 S. 1 liegt in der Festlegung des Vollstreckungsweges für sämtliche durch einen Titel i.S.d. § 168 Abs. 1 begründeten Forderungen des Staates gegenüber Privatpersonen. Durch die „Inkorporierung" des VwVG erreicht der Gesetzgeber (bei allen Anwendungsproblemen im Detail) eine Vereinfachung des Vollstreckungsregimes, weil Forderungen, Gebote und Verbote im Staat-Bürger-Verhältnis im Wesentlichen auf gleiche Weise durchgesetzt werden, egal ob sie durch Verwaltungsakt festgesetzt oder gerichtlich geltend gemacht wurden.[9]

7   **2. Effektuierung des Vollstreckungszugriffs.** § 169 Abs. 1 S. 2 Hs. 2 dient der Effektuierung des Vollstreckungszugriffs durch Inanspruchnahme von Vollstreckungshelfern (Vollstreckungshilfe). Schließlich wird die Vornahme von Vollstreckungshandlungen durch Organe der Länder im Wege der Amtshilfe (§ 169 Abs. 2) dadurch erleichtert, dass diese nach den für sie gewohnten landesrechtlichen Vorschriften handeln.

---

in der verwaltungsgerichtlichen Vollstreckung, wo der Vorsitzende auch über Vollstreckungseingriffe in die Freiheit der Person und die Unverletzlichkeit der Wohnung entscheidet, *R. Pietzner/J.A. Möller*, in: Schoch/Schneider/Bier § 169 Rn. 31 f.; *ders.*, FS Blümel, 1999, 443, 458. Einer Einschaltung des Amtsrichters bedarf es deswegen entgegen *A. Wettlaufer*, Vollstreckung, 1989, 108 ff. nicht.

5   BT-Drs. 3/55, 21: „Soll zugunsten einer Behörde vollstreckt werden, so richtet sich die Vollstreckung nach dem Verwaltungsvollstreckungsgesetz".

6   *R. Pietzner/J.A. Möller*, in: Schoch/Schneider/Bier § 169 Rn. 1.

7   Die von *R. Pietzner*, FS Blümel, 1999, 443, 457 angeführte Entscheidung des OVG Koblenz NJW 1986, 1191 sieht den Gerichtsvorsitzenden nicht unbedingt funktionell als Verwaltungsbehörde, sondern spricht lediglich im Duktus des § 169 Abs. 1 S. 2 von Vollstreckungsbehörde.

8   Ausf. hierzu *R. Pietzner/J.A. Möller*, in: Schoch/Schneider/Bier § 169 Rn. 1 ff., 4.

9   Zur Reichweite der „Inkorporierung" OVG Magdeburg NVwZ-RR 2008, 366; *W. Durner*, NVwZ 2015, 841, spricht sich für ein allg. Modell nach den Vorgaben der ZPO aus, da die Vorgehensweise des § 169 die Vollstreckung einerseits unnötig verkompliziert und es zudem rechtspolitisch problematisch ist bei der Vollstreckung zugunsten des Staates ein anderes Rechtsregime anzuwenden als bei der Vollstreckung gegen den Staat, NVwZ 2015, 841.

III. Parallelvorschriften

Die Vollstreckungsvorschriften der Sozial- und Finanzgerichtsbarkeit[10] unterscheiden sich schon wegen des in ihnen enthaltenen Prinzips der Eigenvollstreckung von § 169. § 200 Abs. 1 SGG erklärt das VwVG für anwendbar, ohne allerdings die „Vollstreckungsbehörde" eigens zu bestimmen. Damit lässt sich die Verfahrensherrschaft des Vorsitzenden des Gerichts des ersten Rechtszugs zwar noch für die Erzwingungsvollstreckung herleiten (das Sozialgericht als Urheber des Titels i.S.d. § 7 Abs. 1 VwVG),[11] die Beitreibung erfolgt indes durch die Hauptzollämter (§ 4 Buchst. a VwVG), d.h. einer Verwaltungsbehörde.[12] Noch drastischer ist dies in der finanzgerichtlichen Vollstreckung, für die § 150 S. 1 und 2 FGO den Finanzämtern die Vollstreckungsgewalt nach den Vorschriften der AO zuweist. Dies ruft erhebliche Kritik insbes. aus Gründen der Gewaltenteilung und der „Waffengleichheit" hervor.[13]

IV. Der sachliche Anwendungsbereich: Vollstreckungskonstellationen des § 169

§ 169 Abs. 1 S. 1 spricht nur von der Vollstreckung zugunsten der öffentlichen Hand, regelt indes nicht die einzelnen Vollstreckungstitel oder -ziele. Daraus ist der Schluss zu ziehen, dass diese Vorschrift (mit ihrer modifizierenden Anwendungserklärung zugunsten des VwVG) unterschiedslos auf alle relevanten Vollstreckungskonstellationen anzuwenden ist, in denen ein Verwaltungsträger Vollstreckungsgläubiger, eine Privatperson Vollstreckungsschuldner ist. Nachdem die Verwaltung jedoch wegen ihrer Macht zur Selbsttitulierung und Selbstvollstreckung nur selten darauf angewiesen ist, sich einen gerichtlichen Vollstreckungstitel zu verschaffen, kommen nur wenige, nämlich die folgenden Vollstreckungskonstellationen in Betracht. Ausgangspunkt ist jeweils die verwaltungsgerichtliche allgemeine Leistungsklage, weil alle anderen Klagearten entweder kein vollstreckungsfähiges bzw. -bedürftiges Klageziel haben (Feststellungsklagen, Normenkontrollantrag) oder gegen Privatpersonen nicht statthaft sind (Anfechtungsklage, Verpflichtungsklage). Ob die Klage durch Urteil, Gerichtsbescheid, einstweilige Anordnung oder Prozessvergleich zu einem Vollstreckungstitel führt, ist an dieser Stelle nicht entscheidend (→ Rn. 31).

1. Vollstreckung wegen staatlicher Geldforderungen. Die Vollstreckung wegen staatlicher Geldforderungen richtet sich nach § 169, wenn die Verwaltung die Geldleistung nicht per Leistungsbescheid festsetzt, sondern (allgemeine) Leistungsklage erhebt: sei es, dass sie durch Leistungsbescheid nicht handeln will (→ § 42 Rn. 52 m. zahlreichen w.N.)[14] oder – der weitaus häufigere Fall –, dass sie nicht handeln darf (BVerwG NJW 1969, 809, 810). Letzteres liegt vor, wenn das Handeln durch Verwaltungsakt weder durch eine eigene gesetzliche Ermächtigungsgrundlage noch durch entsprechende Auslegung der Anspruchsgrundlage gerechtfertigt werden kann (Handlungsformvorbehalt).[15] Weil wiederum § 80 Abs. 2 S. 1 Nr. 1 den Sofortvollzug und damit auch die Handlungsform Verwaltungsakt für alle Abgaben (Steuern, Gebühren, Beiträge) und Kosten erlaubt,[16] sind als Hauptbsp. für § 169 Schadensersatzansprüche sowie Ansprüche aus öffentlich-rechtlichen Verträgen zu nennen; letztere allerdings nur, soweit keine Unterwerfung unter die sofortige Vollstreckung vereinbart wurde, für die § 61 Abs. 2 S. 1 VwVfG mit seiner (praktisch gleichlautenden) Verweisung auf das VwVG dem § 169 vorgeht.[17]

---

10 Umfassend zur Vollstreckung zugunsten der öffentlichen Hand aus sozial- und finanzgerichtlichen Titeln A. *Wettlaufer*, Vollstreckung, 1989, 223 ff., 312 ff.
11 So auch R. *Pietzner/J.A. Möller*, in: Schoch/Schneider/Bier § 169 Rn. 3 im Anschluss an A. *Wettlaufer*, Vollstreckung, 1989, 240 ff., 243.
12 R. *Pietzner/J.A. Möller*, in: Schoch/Schneider/Bier § 169 Rn. 3 spricht insoweit von einem – wenn auch abgemilderten – Systembruch in der Vollstreckung gerichtlicher Titel; ähnl. *Schunck/De Clerck* § 169 Anm. 1 („unzweckmäßig und systemwidrig").
13 So H. F. *Gaul*, JZ 1979, 496, 510: Rückfall in obrigkeitsstaatliches Denken; W. *Zeiss*, ZRP 1982, 74, 75; zuletzt R. *Pietzner*, FS Blümel, 1999, 443, 456; R. *Pietzner/J.A. Möller*, in: Schoch/Schneider/Bier § 169 Rn. 2.
14 I.d.R. ist die Leistungsklage der „verwaltungsaktbefugten" Behörde (ihres Rechtsträgers) wegen fehlenden Rechtsschutzbedürfnisses unzulässig.
15 Dies ist str. Zum Handlungsformvorbehalt *Maurer* § 10 Rn. 5 ff.; ausf. D. *Heckmann*, Sofortvollzug, 1992, 177 ff.
16 Grundlegend hierzu D. *Heckmann*, Sofortvollzug, 1992, 194 ff.
17 R. *Pietzner/J.A. Möller*, in: Schoch/Schneider/Bier § 169 Rn. 10.

11 **2. Vollstreckung zur Vornahme von Handlungen, Duldungen und Unterlassungen.** Die Vollstreckung zur Vornahme von Handlungen, Duldungen und Unterlassungen (Erzwingungsvollstreckung) ist in ähnlicher Weise wie vorstehend zu den Geldforderungen beschrieben davon abhängig, dass ein Gebot oder Verbot nicht durch Verwaltungsakt fest- und durchgesetzt werden kann, sodass eine entsprechende Leistungsklage erhoben wird. Das Leistungsurteil kann je nach Streitgegenstand folgenden Inhalt haben:

12 **Vornahme einer (vertretbaren oder unvertretbaren) Handlung,** z.B. die vertraglich vereinbarte Beseitigung eines Bauwerks oder Einzäunung eines gefährlichen Grundstücks.

13 **Insbes.: Herausgabe einer Sache,** z.B. Anspruch gegen den Verwaltungshelfer auf Herausgabe behördlichen Eigentums oder sonstige vertraglich vereinbarte Herausgabeansprüche.

14 **Insbes.: Abgabe einer Willenserklärung,** z.B. die Verpflichtung aufgrund öffentlich-rechtlichen Vorvertrags auf Abschluss eines öffentlich-rechtlichen Vertrags.

15 **Verpflichtung zur Duldung,** soweit keine Duldungsverfügung ergehen kann.

16 **Verpflichtung zum Unterlassen** im Wege der Unterlassungsklage (als Unterfall der allgemeinen Leistungsklage), etwa aufgrund einer vertraglichen Unterlassungspflicht.

V. Die Beteiligten des Vollstreckungsverfahrens

17 **1. Die „öffentliche Hand" als Vollstreckungsgläubiger.** § 169 führt alle denkbaren Verwaltungsträger als Vollstreckungsgläubiger auf, wobei sich die Aufzählung auf juristische Personen des öffentlichen Rechts beschränkt, denen Rechtsfähigkeit zukommt (sog. Rechtsträger).[18] Die Liste ist identisch mit derjenigen der öffentlichen Hand als Vollstreckungsschuldner in § 170 Abs. 1 S. 1 (→ § 170 Rn. 19 ff.).

18 **2. Vollstreckungsschuldner.** Der Vollstreckungsschuldner ist in § 169 nicht ausdrückl. bezeichnet. Er ergibt sich jedoch zweifelsfrei durch Auslegung.

19 **a) Privatpersonen als Vollstreckungsschuldner.** Von § 169 erfasst werden offensichtlich Privatpersonen als Vollstreckungsschuldner.[19] Der Verweis auf das VwVG zeigt, dass der Gesetzgeber von der typischen Konstellation behördlicher Forderungen gegenüber dem Bürger (bzw. juristischen Personen des Privatrechts) ausging.

20 **b) Keine „Vollstreckung zwischen öffentlichen Händen".** Ob § 169 auch solche Fälle erfasst, in denen ein Verwaltungsträger Vollstreckungsschuldner ist, ergibt die systematische Auslegung mit den §§ 170, 172. Danach gewährt die VwGO spezifischen Vollstreckungsschutz (als Verfahrens-, Vermögens- und Funktionsschutz) für die Behörden bzw. Verwaltungsträger auf Schuldnerseite. Man würde diesen Schutz unterlaufen, käme § 169 i.V.m. dem VwVG auch gegen die öffentliche Hand zur Anwendung. Die Schutzbedürftigkeit der öffentlichen Hand ergibt sich unterschiedslos sowohl bei einem Vorgehen Privater als auch bei Titeln zugunsten eines Verwaltungsträgers. Letztlich wäre die Anwendung des VwVG in solchen Fällen auch systemwidrig.[20] § 169 gilt deshalb nicht für die Vollstreckung gegen einen Verwaltungsträger.[21]

21 **3. Der Vorsitzende des Gerichts des ersten Rechtszugs als Vollstreckungs„behörde".** § 169 Abs. 1 S. 2 Hs. 1 weicht in Inhalt und Sprachgebrauch von der Regel ab, die in § 167 Abs. 1 S. 2 aufgestellt und in den §§ 170, 172 auch umgesetzt wurde. Zum einen spricht die Vorschrift von Vollstreckungsbehörde und nicht von Vollstreckungsgericht (oder nur von: Gericht des ersten Rechtszugs), zum anderen entscheidet nicht der Spruchkörper als ganzer, sondern der Vorsitzende allein.

22 **a) Terminologie.** Die Terminologie ist irreführend, im Ansatz aber nachvollziehbar und letztlich unschädlich. In der Tat wurde zuweilen darüber nachgedacht, ob der Vorsitzende als Vollstreckungsbe-

---

18 Nicht entscheidend ist die Rechtsform, erfasst sind mithin auch Rechtsträger in privater Rechtsform, wie z.B. Beliehene, vgl. VG Gießen 21.8.2013 – 5 N 1294/13.GI; *R. Pietzner/J.A. Möller,* in Schoch/Schneider/Bier § 169 Rn. 5.

19 Zur besonderen Situation von Mitberechtigten und Nichtberechtigten *R. Pietzner/J.A. Möller,* in: Schoch/Schneider/Bier § 169 Rn. 139 f.

20 Ähnl. *R. Pietzner/J.A. Möller,* in: Schoch/Schneider/Bier § 169 Rn. 7.

21 Vgl. *Kopp/Schenke* § 169 Rn. 1.

hörde auch funktionell Verwaltungstätigkeit ausübe.[22] Dies hat sich zu Recht nicht durchgesetzt.[23] Der Sprachgebrauch des § 169 Abs. 1 S. 2 Hs. 1 erklärt sich alleine durch die Inkorporierung des VwVG in das System der verwaltungsgerichtlichen Vollstreckung.[24] Danach bedurfte es aber einer Übertragung der Vollstreckungszuständigkeit nach §§ 4, 7 VwVG. Dies vermeidet, dass der Verweis auf das VwVG zur behördlichen Eigenvollstreckung führt, wie das im Finanzprozess und teilweise auch im Sozialprozess der Fall ist. Der Vorsitzende des Gerichts des ersten Rechtszugs tritt also an die Stelle der Vollstreckungs-[25] bzw. Vollzugsbehörde[26] und hat die Verfahrensherrschaft[27] bei der verwaltungsgerichtlichen Vollstreckung zugunsten der öffentlichen Hand, übt aber materiell Rspr. aus.[28] Er „ist" Vollstreckungsgericht.[29]

b) Einzelrichter. In der Sache selbst hat sich die VwGO bewusst gegen die Entscheidung des ganzen Spruchkörpers gewandt. Die hiergegen gerichtete Kritik[30] ist eher rechtspolitischer Natur. Anstelle des Kammervorsitzenden darf der beisitzende Richter nur dann als Vollstreckungsorgan i.S.d. § 169 Abs. 1 S. 2 tätig werden, wenn ihm bereits im Erkenntnisverfahren die Sache als Einzelrichter (§ 6) übertragen wurde (OVG Münster NVwZ-RR 1994, 619, VG Weimar 19.1.2009 – 1 V 512/08 We); er ist dann praktisch „Vorsitzender"(zum funktionalen Verständnis des Begriffes „Vorsitzender" vgl. OVG Weimar LSK 2010, 410400). Eine Übertragung auf den Einzelrichter erst im Vollstreckungsverfahren kommt nach dem klaren Wortlaut des § 169 Abs. 1 S. 2 nicht in Betracht (OVG Weimar NVwZ-RR 1995, 480). 23

c) Vollstreckungsgewalt und Vollstreckungshilfe. Der Vorsitzende des Gerichts des ersten Rechtszugs als maßgebliche Vollstreckungsinstanz ist gleichermaßen anordnendes und ausführendes Vollstreckungsorgan.[31] Er leitet die Vollstreckung und trägt hierfür die Verantwortung. Soweit er sich sachnaher und kompetenter Vollstreckungshelfer bedienen will,[32] dürfen nur einzelne Vollstreckungsmaßnahmen, nicht aber (abstrakt) die ganze Vollstreckung übertragen werden.[33] Insbes. bei der Übertragung von Vollstreckungsmaßnahmen auf Verwaltungsbehörden ist darauf zu achten, dass aus der in § 169 vorgesehenen gerichtlichen Fremdvollstreckung keine behördliche Eigenvollstreckung wird.[34] Im gerichtlichen Verwaltungsvollstreckungsverfahren ist die Behörde lediglich Verfahrensbeteiligte, es wäre mit dem aus dem Rechtsstaatsprinzip abgeleiteten Prinzip des fairen Verfahrens nicht vereinbar, wenn das Gericht einen Verfahrensbeteiligten mit der Durchsetzung des geltend gemachten Anspruchs, selbst unter gerichtlicher Aufsicht, beauftragen darf (OVG Bln-Bbg 18.11.2016 – OVG 3 K 65.15). 24

d) Zuständigkeit. aa) Sachliche Zuständigkeit. Sachlich zuständig ist nach § 169 Abs. 1 S. 1 Hs. 1 der Vorsitzende des Prozessgerichts des ersten Rechtszugs, also regelmäßig des nach § 45 sachlich zuständigen VG. Rührt der zu vollstreckende Titel aus einem Verfahren her, das nach § 6 Abs. 1 dem 25

---

22 Vgl. OVG Bln NJW 1984, 1370 f.; OVG Koblenz NJW 1986, 1191; VGH Mannheim NVwZ 1993, 73; VG Bremen NJW 1998, 2378.
23 Vgl. *R. Pietzner/J.A. Möller*, in: Schoch/Schneider/Bier § 169 Rn. 26 m.w.N.
24 Ähnl. *H. v. Nicolai*, in: Redeker/v. Oertzen § 169 Rn. 5.
25 Dass § 169 Abs. 1 S. 2 Hs. 1 nur von Vollstreckungs-, nicht aber auch von Vollzugsbehörde spricht, wird allg. als Redaktionsversehen gewertet, vgl. OVG Lüneburg VerwRspr 15, 250 f.; OVG Münster NJW 1977, 727; OVG Weimar NVwZ-RR 1995, 480; *R. Pietzner/J.A. Möller*, in: Schoch/Schneider/Bier § 169 Rn. 26.
26 OVG Münster DÖV 1978, 333; *Kopp/Schenke* § 169 Rn. 2; *H. v. Nicolai*, in: Redeker/v. Oertzen § 169 Rn. 5; *I. Kraft*, in: Eyermann § 169 Rn. 3.
27 Deshalb ist es auch unglücklich, dass § 169 Abs. 1 S. 2 Hs. 2 von einer „anderen Vollstreckungsbehörde" spricht, obwohl damit nur Vollstreckungshelfer gemeint sind.
28 VGH München NVwZ 1984, 736; BayVBl 1987, 149; *R. Pietzner/J.A. Möller*, in: Schoch/Schneider/Bier § 169 Rn. 26.
29 VGH Mannheim NVwZ 1993, 73 f.; VGH München NJW 1983, 1077; VG Hannover 17.11.2011 – 8 D 1461/11; *Kopp/Schenke* § 169 Rn. 2; *H. v. Nicolai*, in: Redeker/v. Oertzen § 169 Rn. 5; *R. Pietzner/J.A. Möller*, in: Schoch/Schneider/Bier § 169 Rn. 26; *I. Kraft*, in: Eyermann § 169 Rn. 3.
30 *R. Pietzner/J.A. Möller*, in: Schoch/Schneider/Bier § 169 Rn. 26.
31 Zur Einordnung des Anordnungsbeschlusses als Vollstreckungsmaßnahme OVG Münster NVwZ-RR 2008, 70 und OVG Weimar DÖV 2007, 159.
32 *Würtenberger* Rn. 762.
33 Dies ist praktisch unstr., vgl. etwa VGH München NVwZ-RR 2014, 252; OVG Koblenz NJW 1986, 1191; OVG Lüneburg OVGE 27, 410 f.; VGH Mannheim NVwZ 1993, 73; VG Gelsenkirchen NVwZ-RR 2012, 457.
34 Im Einzelnen VGH München BayVBl 1987, 149; vgl. auch *R. Pietzner/J.A. Möller*, in: Schoch/Schneider/Bier § 169 Rn. 27.

Einzelrichter zur Entscheidung übertragen war, so ist dieser für die Vollstreckung zuständig (VG Darmstadt NVwZ-RR 2000, 734).

26 **bb) Örtliche Zuständigkeit.** Auch die örtliche Zuständigkeit folgt derjenigen des Erkenntnisverfahrens. Damit ist der Vorsitzende Richter jenes Verwaltungsgerichts örtlich zuständig, das in dem Rechtsstreit, der zum Erlass des Vollstreckungstitels geführt hat, Gericht des ersten Rechtszugs gewesen ist.[35]

27 Sowohl i.R. der Beitreibung als auch bei dem Verfahren zur Erzwingung von Handlungen, Duldungen und Unterlassungen ist der Vorsitzende gleichzeitig Prozess- und Vollstreckungsrichter. Diese Gleichstellung vollzieht § 169 Abs. 1 S. 1 Hs. 1. Daran ändern auch ausschließliche örtliche Zuständigkeiten nichts, die an den Wohnsitz des Schuldners anknüpfen. Bspw. bestimmt § 284 Abs. 5 S. 1 AO in der ab 1.9.2002 geltenden Fassung die Vollstreckungsbehörde am Wohnsitz oder Aufenthaltsort des Schuldners für örtlich zuständig zur Abnahme der eidesstattlichen Versicherung. Ebenso knüpft die allgemeine Regelung des § 764 Abs. 2 ZPO an den Bezirk an, in dem das Vollstreckungsverfahren stattfindet. Allerdings werden diese örtlichen Zuständigkeiten durch § 167 Abs. 1 S. 2 sowie die § 170 Abs. 1 S. 1, § 172 S. 1 und § 169 Abs. 1 S. 2 Hs. 1 verdrängt; örtlich und sachlich zuständig ist stets und gleichlautend das Gericht des ersten Rechtszugs. Deswegen besteht kein Anlass, allgemein zwischen Beitreibung und Erzwingungsvollstreckung zu differenzieren und im erstgenannten Fall eine Veränderung der örtlichen Zuständigkeit anzunehmen.[36] Sofern nämlich der Vorsitzende rechtlich oder tatsächlich nicht in der Lage ist, Vollstreckungsmaßnahmen außerhalb seines Gerichtsbezirks wahrzunehmen, so hat er in beiden Fällen die Hilfe der jeweils örtlich ansässigen Vollstreckungsorgane in Anspruch zu nehmen. Gleichwohl bleibt er dabei Vollstreckungs- und Prozessrichter.

28 **4. Delegation an Vollstreckungshelfer.** Der Vorsitzende kann „geborene" und „gekorene" Vollstreckungshelfer in Anspruch nehmen.[37] Erstere müssen zwingend tätig werden, weil dem Vorsitzenden die Zuständigkeit für bestimmte Arten der Vollstreckung fehlt. Dies betrifft das Amtsgericht einerseits als Grundbuchamt (Eintragung einer Zwangssicherungshypothek), andererseits als Vollstreckungsgericht (Zwangsverwaltung oder Zwangsversteigerung), das die ihm übertragenen Vollstreckungsmaßnahmen als eigene Aufgabe wahrnimmt. Zu den „gekorenen" Vollstreckungshelfern zählen neben dem ausdrückl. in § 169 Abs. 1 S. 2 Hs. 2 erwähnten Gerichtsvollzieher insbes. die Hauptzollämter und die Finanzämter.[38]

29 **5. Vollstreckung durch Länderorgane (§ 169 Abs. 2).** Entsprechend den allgemeinen Grundsätzen des Amtshilferechts leisten Organe der Länder Vollstreckungshilfe nach den ihnen bekannten und vertrauten landesrechtlichen Bestimmungen.[39] Dies sind zumeist Vorschriften der Landesverwaltungsvollstreckungsgesetze.[40]

VI. Allgemeine Vollstreckungsvoraussetzungen

30 Bis auf das Vorliegen einer Vollstreckungsklausel, die § 171 für entbehrlich erklärt, bedarf es auch bei der Vollstreckung zugunsten der öffentlichen Hand aller allgemeinen Vollstreckungsvoraussetzungen.

31 **1. Vollstreckungstitel.** Auch die öffentliche Hand benötigt einen Vollstreckungstitel, wenn sie Ansprüche gegen den Bürger zwangsweise durchsetzen will. Taugliche Vollstreckungsgrundlage sind alle in § 168 Abs. 1 genannten Vollstreckungstitel. Dabei kommt § 168 Abs. 1 Nr. 2 sicherlich eine geringe Rolle zu,[41] weil die öffentliche Hand in Eilfällen kaum auf eine gerichtliche Entscheidung angewiesen

---

35 OVG Münster NJW 1981, 2771; VG Dessau NVwZ-RR 2002, 238; *Kopp/Schenke* § 169 Rn. 2.
36 *R. Pietzner/J.A. Möller*, in: Schoch/Schneider/Bier § 169 Rn. 28 f.
37 *R. Pietzner/J.A. Möller*, in: Schoch/Schneider/Bier § 169 Rn. 21 ff. Zur Terminologie bereits *A. Wettlaufer*, Vollstreckung, 1989, 84.
38 Näher hierzu mit weiteren Bsp. *R. Pietzner/J.A. Möller*, in: Schoch/Schneider/Bier § 169 Rn. 23.
39 Vgl. *R. Pietzner/J.A. Möller*, in: Schoch/Schneider/Bier § 169 Rn. 18 ff. mit einer Auflistung der geltenden Verwaltungsvollstreckungsgesetze der Länder in Rn. 20.
40 Aufgelistet bei *R. Pietzner/J.A. Möller*, in: Schoch/Schneider/Bier § 169 Rn. 20.
41 Sie kommen nach *R. Pietzner/J.A. Möller*, in: Schoch/Schneider/Bier § 169 Rn. 10 „in Betracht" (ohne dass allerdings ein Anwendungsbsp. gegeben wird); ebenso *A. Wettlaufer*, Vollstreckung, 1989, 55.

ist. Sehr häufig sind in der Praxis hingegen die Vollstreckung aus einem Kostenfestsetzungsbeschluss und die Vergleichsvollstreckung.[42]

Eine Sonderrolle spielt § 61 Abs. 2 S. 1 VwVfG für die Vollstreckung zugunsten der öffentlichen Hand 32 aus einem öffentlich-rechtlichen Vertrag. Zwar wird die Unterwerfung unter die sofortige Vollstreckung allgemein als Erweiterung des Kanons der Vollstreckungstitel angesehen. Für die Vollstreckung zugunsten der öffentlichen Hand verweist § 61 Abs. 2 S. 1 VwVfG jedoch *unmittelbar* auf das VwVG. Dies vermeidet einen „Umweg", den die Inbezugnahme des § 169 Abs. 1 S. 1 bedeutet hätte. Wichtiger ist die Aussage zugunsten einer behördlichen Eigenvollstreckung, bei der der Vollstreckungsgläubiger und nicht das Vollstreckungsgericht die Verfahrensherrschaft hat.

2. Zustellung. Auch mit der Vollstreckung zugunsten der öffentlichen Hand darf nicht begonnen 33 werden, bevor der Vollstreckungstitel dem Vollstreckungsschuldner ordnungsgemäß zugestellt wurde (§ 167 Abs. 1 S. 1 i.V.m. § 750 ZPO).[43]

VII. Das Vollstreckungsverfahren

Das Vollstreckungsverfahren ist unterschiedlich, je nachdem, ob es um die Beitreibung von Geldforde- 34 rungen oder die Erzwingung der Herausgabe von Sachen oder von Handlungen, Duldungen und Unterlassungen geht. Diese aus dem VwVG hergeleitete Zweiteilung ist auf die verwaltungsgerichtliche Vollstreckung zugunsten der öffentlichen Hand zu übertragen.[44] In beiden Fällen ist gleichermaßen ein bestimmter Antrag des Vollstreckungsgläubigers erforderlich.[45]

1. Antrag. Anders als die §§ 170, 172 fordert § 169 nicht ausdrückl. einen Vollstreckungsantrag des 35 Gläubigers. Auf diesen kann aber nicht verzichtet werden, weil auch die verwaltungsgerichtliche Vollstreckung zugunsten der öffentlichen Hand nicht von Amts wegen erfolgt. Es gilt aus Gründen richterlicher Neutralität und Unparteilichkeit das auch die zivilgerichtliche Zwangsvollstreckung beherrschende Antragsprinzip („ne eat iudex ex officio"[46]).[47] Während man sich mit diesem Hinweis für die Erzwingungsvollstreckung begnügt, soll für die Beitreibung von Geldforderungen die von der Gläubigerbehörde nach § 3 VwVG zu erlassende Vollstreckungsanordnung als Vollstreckungsantrag zu verstehen sein.[48] Dies überzeugt kaum (§ 3 VwVG passt hier nicht).[49] Wenn es nur darum geht, das Erfordernis eines Vollstreckungsantrags zu begründen,[50] lässt sich dies allemal mit der zur Erzwingungsvollstreckung vorgebrachten Argumentation bewältigen.

Nach *Pietzner* hat der Gläubiger im Vollstreckungsauftrag (Antrag) die zu ergreifenden Vollstre- 36 ckungsmaßnahmen hinreichend bestimmt zu benennen und bei der Auswahl den Verhältnismäßigkeitsgrundsatz zu beachten.[51] Dies ist nicht einleuchtend. Wenn die zu treffende „Auswahl" mehr sein soll als eine bloße Anregung für das Vollstreckungsgericht,[52] bleibt unklar, warum die öffentliche

---

42 *R. Pietzner/J.A. Möller*, in: Schoch/Schneider/Bier § 169 Rn. 12.
43 *Kopp/Schenke* § 168 Rn. 1; *H. v. Nicolai*, in: Redeker/v. Oertzen § 169 Rn. 4. Vgl. auch *Brox/Walker* Rn. 148 ff.
44 Die nachfolgende Darstellung beschränkt sich auf die Besonderheiten der verwaltungsgerichtlichen Vollstreckung und verzichtet auf eine darüber hinausgehende Komm. der Vorschriften des VwVG; hierzu – aus Sicht des § 169 – ausf. *R. Pietzner/J.A. Möller*, in: Schoch/Schneider/Bier § 169 Rn. 41 ff. sowie allg. – *H.-D. Lemke*, Verwaltungsvollstreckungsrecht, 1997, 119 ff. sowie die Kommentare zum VwVG.
45 Zur Haftung des Antragstellers als Gesamtschuldner für die vom Gerichtskostenrecht erfassten Auslagen des Vollstreckungsverfahrens VG Hannover 17.11.2011 – 8 D 1461/11.
46 *R. Pietzner/J.A. Möller*, in: Schoch/Schneider/Bier § 169 Rn. 37.
47 *K. A. Bettermann*, GdS Jellinek, 1955, 361, 371 f.
48 *R. Pietzner/J.A. Möller*, in: Schoch/Schneider/Bier § 169 Rn. 36; vgl. auch VGH Mannheim NVwZ 1993, 73, 74.
49 So auch OVG Bln-Bbg 2.11.2016 – OVG 3 K 90.15; 18.11.2016 – OVG 3 K 65.15; VGH München NVwZ 1985, 352; *J. Meyer-Ladewig*, NVwZ 1984, 699; *I. Kraft*, in: Eyermann § 169 Rn. 5.
50 OVG Lüneburg NVwZ-RR 1991, 387; VGH Mannheim NVwZ 1993, 73; VG Bremen NJW 1998, 2378, 2379; *R. Pietzner/J.A. Möller*, in: Schoch/Schneider/Bier § 169 Rn. 36, der den Antrag in der Anordnung sieht, während bezeichnenderweise umgekehrt *I. Kraft*, in: Eyermann § 169 Rn. 5 die Anordnung im Antrag enthalten sieht, hierzu auch OVG Weimar NVwZ-RR 1995, 480; VGH Mannheim NVwZ 1993, 73.
51 *R. Pietzner/J.A. Möller*, in: Schoch/Schneider/Bier § 169 Rn. 38 und 44 ff. Die von ihm als Beleg (a.a.O. Rn. 38 Fn. 86) angeführte Entscheidung des VGH Mannheim NVwZ 1993, 73 begründet die Zuständigkeit des Gläubigers für die Art der (Geld-)Vollstreckung – etwa die Pfändung in bewegliches oder unbewegliches Vermögen – lediglich m.N. aus dem zivilprozessualen Schrifttum. Diese Parallele ist allerdings nicht zwingend, weil die ZPO in weit höherem Maße von der Verfahrensherrschaft des Gläubigers bestimmt wird.
52 Als bloße Anregung verstanden macht die strikte Beachtung des Verhältnismäßigkeitsgrundsatzes keinen Sinn, den schließlich der Vorsitzende in seiner Vollstreckungsverfügung ohnehin zu wahren hat.

Hand besser behandelt wird als Privatpersonen, die i.R. des § 170 keinen Einfluss auf die Art der Vollstreckung haben (→ § 170 Rn. 73). Diese Auffassung verträgt sich auch nicht mit der Verfahrensherrschaft des Gerichtsvorsitzenden,[53] die – zu Recht – an anderer Stelle hervorgehoben wird: Wenn danach „der Vorsitzende als Vollstreckungsgericht … die Vollstreckung eigenverantwortlich zu leiten und das Verfahren so weit wie möglich und bis zu dessen Abschluss unter seiner Kontrolle zu halten hat",[54] dann darf er der Exekutive gerade nicht die Auswahl der zu ergreifenden Vollstreckungsmaßnahmen überlassen.[55]

37 **2. Vollstreckung wegen Geldforderungen.** Die Vollstreckung wegen Geldforderungen richtet sich nach § 169 Abs. 1 S. 1 i.V.m. §§ 1 ff. VwVG.

38 **a) Vorschriften des VwVG.** Diese Vorschriften des VwVG sind aber nicht alle anwendbar bzw. relevant. Im Mittelpunkt stehen die besonderen Vollstreckungsvoraussetzungen in § 3 Abs. 2 Buchst. b) und c) und Abs. 3 VwVG sowie die Verfahrensgestaltung durch die (Weiter-)Verweisung auf die AO in § 5 Abs. 1 VwVG. § 5 Abs. 2 VwVG entspricht § 169 Abs. 2.[56]

39 ■ § 1 Abs. 1 und 2 VwVG treten hinter den Normanwendungsbefehl des § 169 Abs. 1 S. 1 zurück.

40 ■ § 2 VwVG ist unanwendbar,[57] weil als Vollstreckungsschuldner nur derjenige in Betracht kommt, der im Vollstreckungstitel als solcher bezeichnet ist (vorbehaltlich einer Titelumschreibung etwa bei Rechtsnachfolge).

41 ■ § 3 Abs. 1 und 4 VwVG findet keine Anwendung: Die Vollstreckungsanordnung passt nicht zur verwaltungsgerichtlichen Vollstreckung (→ Rn. 35); § 3 Abs. 1 Hs. 2 VwVG, dessen Bedeutung schon im Verwaltungsvollstreckungsrecht umstr. ist,[58] wird von § 168 Abs. 1 verdrängt.[59]

42 ■ § 3 Abs. 2 Buchst. a) und b) VwVG wird wiederum durch § 168 Abs. 1 verdrängt,[60] dessen (Geldleistungs-)Titel Vollstreckungsgrundlage sind; die Titulierung indiziert die Fälligkeit der Leistung.

43 ■ § 4 VwVG kommt nur ergänzend zur Anwendung, soweit der Vorsitzende des (Verwaltungs-)Gerichts auf „andere Vollstreckungsbehörden" zurückgreift (§ 169 Abs. 1 S. 2 Hs. 2).

44 **b) Besondere Vollstreckungsvoraussetzungen.** Bei der Vollstreckung wegen Geldforderungen sind folgende besondere Vollstreckungsvoraussetzungen zu beachten.

45 **aa) Schonfrist (§ 3 Abs. 2 Buchst. c) VwVG).** Auch bei einer titulierten Geldforderung muss sich der Schuldner auf die Erfüllung einstellen können. Deshalb wird ihm eine Schonfrist von einer Woche ab Zustellung des Zahlungstitels (bei späterer Fälligkeit ab dann) eingeräumt, innerhalb derer ein Vollstreckungsantrag in jedem Fall unzulässig ist.[61]

46 **bb) Weitere Zahlungsfrist/Mahnung (§ 3 Abs. 3 VwVG).** Über die Schonfrist hinaus soll dem Schuldner eine weitere Zahlungsfrist von einer Woche eingeräumt werden. Die insoweit erforderliche Mahnung erfolgt nach Ablauf der Schonfrist durch den Vollstreckungsgläubiger[62] (nicht etwa durch das Gericht):[63] Sie ist Vollstreckungsvoraussetzung und keine Vollstreckungsmaßnahme (BVerwG NVWZ-

---

53 OVG Lüneburg NVwZ-RR 1991, 387 bejaht deswegen zu Recht die volle Kompetenz des Vorsitzenden bzgl. Androhung und Anwendung der Zwangsmittel. Ebenfalls dafür OVG Münster NJW 1977, 727; *Kopp/Schenke* § 169 Rn. 7; *A. Wettlaufer*, Vollstreckung, 1989, 139.

54 *R. Pietzner/J.A. Möller*, in: Schoch/Schneider/Bier § 169 Rn. 27.

55 So eigentlich auch *R. Pietzner/J.A. Möller*, in: Schoch/Schneider/Bier § 169 Rn. 27, mit dem unklaren Zusatz: „unbeschadet der Antragsbefugnis der Behörde als Vollstreckungsgläubigerin". Wie hier dagegen *Kopp/Schenke* § 169 Rn. 7; *Würtenberger* Rn. 762. Zur Bindung der Vollstreckungsbehörde an den Grundsatz der Verhältnismäßigkeit VG Frankfurt/Oder 27.9.2007 – 5 M 19/07.

56 *A. Wettlaufer*, Vollstreckung, 1989, 134.

57 *H. v. Nicolai*, in: Redeker/v. Oertzen § 169 Rn. 7.

58 Vgl. nur *M. App/A. Wettlaufer*, Praxishandbuch Verwaltungsvollstreckungsrecht, [5]2011, § 7 Rn. 2.

59 VG Bremen NJW 1998, 2378: die Vollstreckung eines verwaltungsgerichtlichen Kostenfestsetzungsbeschlusses zugunsten der öffentlichen Hand setzt keinen behördlichen Leistungsbescheid nach § 3 VwVG voraus; *R. Pietzner/J.A. Möller*, in: Schoch/Schneider/Bier § 169 Rn. 49.

60 *R. Pietzner/J.A. Möller*, in: Schoch/Schneider/Bier § 169 Rn. 49.

61 *R. Pietzner/J.A. Möller*, in: Schoch/Schneider/Bier § 169 Rn. 50.

62 OVG Bautzen 14.04.2014 – 5 E 103/12; OVG Koblenz NJW 1986, 1191, 1192; VGH München NVwZ 1984, 736; *R. Pietzner/J.A. Möller*, in: Schoch/Schneider/Bier § 169 Rn. 50.

63 So wohl VGH Mannheim ESVGH 18, 181, 185; *E.-G. Thomas*, BayVBl 1967, 335, 338: Mahnung durch den Vorsitzenden.

RR 1993, 662, 663; OVG Koblenz NJW 1982, 2276, 2277).[64] Auf die Mahnung und Einräumung dieser weiteren Zahlungsfrist kann nur ausnahmsweise verzichtet werden, etwa, wenn der Schuldner auf keinen Fall zahlen will oder kann.[65]

cc) Besondere Fristen. Die Wartefrist des § 798 ZPO (nicht auf das Urteil gesetzte Kostenfestset- 47 zungsbeschlüsse) und die Vollziehungsfrist des § 929 Abs. 2 ZPO (einstweilige Anordnungen) gelten auch für die verwaltungsgerichtliche Vollstreckung zugunsten der öffentlichen Hand.[66]

dd) Nachweis der Sicherheitsleistung. Soweit eine Sicherheitsleistung im Titel angeordnet wurde, ist 48 vor Beginn der Vollstreckung der Nachweis zu führen und eine Abschrift der Urkunde zuzustellen (§ 167 Abs. 1 S. 1 i.V.m. § 751 Abs. 2 ZPO).[67]

c) Vollstreckungsverfügung. Liegen alle allgemeinen und besonderen Vollstreckungsvoraussetzungen 49 einschließlich des Vollstreckungsantrags vor, leitet der Vorsitzende die Vollstreckung ein; andernfalls fordert er den Vollstreckungsgläubiger ggf. zur Nachbesserung auf, bevor der Vollstreckungsantrag (durch Beschluss) als unzulässig zurückgewiesen wird.[68] Die Einleitung der Vollstreckung geschieht entsprechend § 170 Abs. 1 S. 1 durch Vollstreckungsverfügung. Sie dokumentiert den Abschluss der gerichtlichen Prüfung über das Vorliegen der Vollstreckungsvoraussetzungen und enthält die konkrete Vollstreckungsmaßnahme. Der Vorsitzende ist wie jede staatliche Instanz in der Zwangsvollstreckung nicht frei in der Bestimmung des Vollstreckungsweges. Auswahl und Richtung des Zwangsmittels sind an Zwecktauglichkeit, Erforderlichkeit und Angemessenheit zu orientieren. Die Verhältnismäßigkeitsprüfung obliegt dem Vorsitzenden als Vollstreckungsorgan, nicht dem Vollstreckungsgläubiger (→ Rn. 36).

d) Vollstreckungsmaßnahmen. In Betracht kommen sämtliche aus der zivilprozessualen Zwangsvoll- 50 streckung bekannten Vollstreckungsmaßnahmen:

- Vollstreckung in bewegliche Sachen durch Sachpfändung (§§ 281 ff. AO);
- Vollstreckung in Forderungen und andere Vermögensrechte durch Pfändungs- und Einziehungsbeschluss (§§ 309, 314 AO);
- Abnahme eidesstattlicher Versicherungen (§ 284 Abs. 1 AO), wenn Sach- oder Forderungspfändung fehlgeschlagen sind;
- Vollstreckung in das unbewegliche Vermögen durch Eintragung einer (Zwangs-)Sicherungshypothek, Zwangsverwaltung oder Zwangsversteigerung (§ 322 Abs. 1 S. 2 AO i.V.m. § 866 Abs. 1 ZPO), wenn die Mobiliarvollstreckung nicht zum Erfolg führt.

Zu beachten sind aber folgende Modifikationen:[69] 51
Grundlegender Unterschied ist die regelmäßig eintretende „Ersetzung" der Behörde der Finanzverwaltung bzw. des Richters am Amtsgericht durch den Vorsitzenden der VG-Kammer durch § 169 Abs. 1 S. 2. Dies gilt bspw. für den Antrag auf Immobiliarvollstreckung nach § 322 Abs. 3 AO, den der Vorsitzende als Vollstreckungsbehörde stellt; aus Gründen der Einheitlichkeit des Grundstücksrechts obliegt die Durchführung der Immobiliarvollstreckung aber dem Amtsgericht. Anderes gilt allerdings für Maßnahmen mit Richtervorbehalt, wie die Anordnung der Erzwingungshaft nach § 284 Abs. 8 AO, und ebenfalls für die Durchsuchung der Wohn- und Geschäftsräume nach § 287 Abs. 4 S. 1, 3 AO (§ 287 Abs. 5 AO regelt nun die Duldungspflicht von Mitgewahrsamsinhabern). Hier gilt seit 1.1.1999 ausdrückl. ein Richtervorbehalt zugunsten des Amtsgerichts, der jedoch für die verwaltungsgerichtliche Vollstreckung durch den vorrangigen § 169 Abs. 1 S. 2 zugunsten des Vorsitzenden des VG verdrängt wird.[70]
§ 282 Abs. 1 AO ist nicht anwendbar, d.h. nicht die Körperschaft der Vollstreckungsbehörde erwirbt 52 ein Pfandrecht, sondern der Vollstreckungsgläubiger.[71]

---

64 Insoweit nicht mit der Androhung von Zwangsmitteln vergleichbar.
65 OVG Münster OVGE 20, 150, 153; *R. Pietzner/J.A. Möller*, in: Schoch/Schneider/Bier § 169 Rn. 50 Fn. 122.
66 *R. Pietzner/J.A. Möller*, in: Schoch/Schneider/Bier § 169 Rn. 49.
67 Zur Anwendbarkeit der §§ 709, 711 ZPO: OVG Magdeburg NVwZ-RR 2008, 366 m.w.N.
68 *R. Pietzner/J.A. Möller*, in: Schoch/Schneider/Bier § 169 Rn. 49.
69 Vgl. auch *R. Pietzner/J.A. Möller*, in: Schoch/Schneider/Bier § 169 Rn. 55 ff.
70 So auch *R. Pietzner/J.A. Möller*, in: Schoch/Schneider/Bier § 169 Rn. 59.
71 *A. Wettlaufer*, Vollstreckung, 1989, 107: Sonderbestimmung der Steuerverwaltungsvollstreckung.

53   Vollstreckungshelfer können nicht nur Vollziehungsbeamte der Finanzverwaltung (§ 285 Abs. 1 AO) sein, sondern auch der Gerichtsvollzieher nach § 169 Abs. 1 S. 2 Hs. 2.

54   Die Erlaubnis zur Vollstreckung zur Nachtzeit (§ 289 Abs. 1 AO) erteilt der Vorsitzende als Vollstreckungsbehörde.

55   Bei der Pfändung von Forderungen soll der Vorsitzende, anders als in der ZPO, den Bestand und die Pfändbarkeit der Forderungen ermitteln müssen.[72] Allerdings dürfte aufgrund der entsprechenden Möglichkeit der Behörde zur Amtsermittlung für die Vollstreckung nach der AO Entsprechendes gelten.

56   Auch die Abnahme der eidesstattlichen Versicherung (§ 284 AO) hat auf Antrag des Vollstreckungsgläubigers zu geschehen. Weil die AO auf die behördliche Selbstvollstreckung zugeschnitten ist, kann dort ein entsprechendes Antragserfordernis nicht normiert sein.[73]

57   Weil nach § 284 Abs. 5 S. 1 AO an sich die Behörde am Wohnsitz des Schuldners zuständig ist, hat sich der Vorsitzende des Gerichts des ersten Rechtszugs im Wege der Rechtshilfe an den für den Wohnsitz des Schuldners zuständigen Richter zu wenden.[74]

58   Ein Arrest existiert in der VwGO-Vollstreckung nicht, sondern lediglich die Möglichkeit einstweiliger Anordnungen nach § 123 (→ § 168 Rn. 35). Die §§ 324 ff. AO sind dementsprechend nicht anwendbar.[75]

59   **3. Erzwingung von Handlungen, Duldungen und Unterlassungen.** Die Erzwingung von Handlungen, Duldungen und Unterlassungen richtet sich nach § 169 Abs. 1 S. 1 i.V.m. §§ 6 ff. VwVG.

60   **a) Vorschriften des VwVG.** Die pauschal in Bezug genommenen Vorschriften des VwVG sind mit Blick auf Wesen und Zweck der verwaltungsgerichtlichen Vollstreckung zu betrachten. Im Mittelpunkt stehen die einzelnen Zwangsmittel in §§ 9–16 VwVG, die alle mit der Maßgabe anwendbar sind, dass an die Stelle eines Verwaltungsaktes als Vollstreckungsgrundlage ein Vollstreckungstitel tritt.

61   ■ § 6 VwVG ist unanwendbar, weil die verwaltungsgerichtliche Vollstreckung zwingend auf der Grundlage von Vollstreckungstiteln i.S.d. § 168 Abs. 1 erfolgt.

62   ■ § 7 VwVG wird durch § 169 Abs. 1 S. 2 ersetzt.[76]

63   ■ § 8 VwVG wird praktisch durch die Möglichkeit des Vorsitzenden nach § 169 Abs. 1 S. 2 Hs. 2 ersetzt, bei Zwangsmaßnahmen außerhalb seiner örtlichen Zuständigkeit Vollstreckungshelfer in Anspruch zu nehmen.[77]

64   ■ § 17 VwVG ist irrelevant, weil § 169 die Vollstreckung gegen die öffentliche Hand nicht erfasst.

65   ■ § 18 VwVG wird durch das spezifische Rechtsbehelfssystem der verwaltungsgerichtlichen Vollstreckung ersetzt.[78]

66   **b) Besondere Vollstreckungsvoraussetzungen.** Bei der Erzwingungsvollstreckung gelten als besondere Vollstreckungsvoraussetzungen: die besondere Vollziehungsfrist nach § 167 Abs. 1 S. 1 i.V.m. § 929 Abs. 2 ZPO und der Nachweis der Sicherheitsleistung gem. § 167 Abs. 1 S. 1 i.V.m. § 751 Abs. 2 ZPO, der nicht auf Geldleistungstitel beschränkt ist. Im Übrigen allerdings bestehen Unterschiede,[79] weil die

---

72   *R. Pietzner/J.A. Möller,* in: Schoch/Schneider/Bier § 169 Rn. 77.

73   *R. Pietzner/J.A. Möller,* in: Schoch/Schneider/Bier § 169 Rn. 80. Daraus kann entgegen *R. Pietzner* aber nicht gefolgert werden, die Ermächtigung des § 284 Abs. 3 S. 2 AO, von der Abnahme der eidesstattlichen Versicherung abzusehen, bestehe für den Vollstreckungsgläubiger, nicht aber für den Vorsitzenden.

74   So i.E. auch *R. Pietzner/J.A. Möller,* in: Schoch/Schneider/Bier § 169 Rn. 83.

75   So auch OVG Münster 2.9.2013 – 17 E 679/13 mit dem Hinweis, dass der Arrest nicht der Vollstreckung einer Geldforderung, sondern der Sicherung dieser Forderung dient und daher die einstweilige Sicherungsanordnung als Rechtsgrundlage heranzuziehen ist.

76   *A. Wettlaufer,* Vollstreckung, 1989, 135.

77   *A. Wettlaufer,* Vollstreckung, 1989, 135; a.A. jedoch *R. Pietzner/J.A. Möller,* in: Schoch/Schneider/Bier § 169 Rn. 28: Danach kann zwar für einen verzogenen Schuldner das für dessen Wohnort zuständige Vollstreckungsorgan in Anspruch genommen werden, allerdings stützen *R. Pietzner/J.A. Möller* diese Inanspruchnahme gerade auf § 8 VwVG. Dies wäre indes nur dann möglich, wenn es um das Tätigwerden eines weiteren Vollstreckungsgerichts ginge, das nicht als Vollstreckungshelfer tätig wird. Weil es aber stets um eine Delegation an Vollstreckungshelfer gehen wird, ist dieser Fall in § 169 Abs. 1 S. 2 Hs. 2 geregelt, sodass sich ein Rückgriff auf § 8 VwVG erübrigt.

78   *A. Wettlaufer,* Vollstreckung, 1989, 134.

79   Unklar deshalb *R. Pietzner/J.A. Möller,* in: Schoch/Schneider/Bier § 169 Rn. 91, mit einem pauschalen Hinweis auf Rn. 49.

§§ 6 ff. VwVG an die Stelle der §§ 1–5 VwVG treten. Dementsprechend entfällt die Vollstreckungsanordnung nach § 3 VwVG (OVG Weimar NVwZ-RR 1995, 480).[80]

c) Einleitung der Vollstreckung/Zwangsmittelandrohung. Liegen die allgemeinen und besonderen 67
Vollstreckungsvoraussetzungen vor, leitet der Vorsitzende die Vollstreckung ein.[81] In Parallele zu § 172 geschieht dies direkt durch die Androhung des Zwangsmittels, die die Warnfunktion der Vollstreckungsverfügung erfüllt. Die Androhung der Zwangsmittel erfolgt regelmäßig nach § 13 VwVG.[82] Dabei ist eine Frist zu bestimmen, innerhalb derer der Vollzug dem Vollstreckungsschuldner billigerweise zugemutet werden kann (§ 13 Abs. 1 S. 2 VwVG). I.R. dieser Fristbestimmung besteht eine Entsprechung zu der gerichtlichen Prüfung der Nichterfüllung, die von der vorherrschenden Auffassung bei § 172 gefordert wird (→ § 172 Rn. 58).

Die Androhung hat sich auf ein bestimmtes Zwangsmittel zu beziehen (§ 13 Abs. 3 S. 1 VwVG). Im 68
Falle der Ersatzvornahme muss ein Kostenvoranschlag enthalten sein (§ 13 Abs. 4 S. 1 VwVG).[83] Dabei handelt es sich im Unterschied zum Zwangsgeld, dessen angedrohte Höhe (§ 13 Abs. 5 VwVG) nicht überschritten werden darf, lediglich um eine Schätzung der voraussichtlich entstehenden Kosten. Ein schutzwürdiges Vertrauen, von einer Nachforderung verschont zu bleiben, besteht nicht, § 13 Abs. 4 S. 2 VwVG.[84]

d) Die Zwangsmittel. § 9 Abs. 1 VwVG benennt die zugelassenen Zwangsmittel: Ersatzvornahme, 69
Zwangsgeld und unmittelbarer Zwang (ergänzt durch die Ersatzzwangshaft nach § 16 VwVG), die der Sache nach auch in §§ 887, 888 ZPO sowie §§ 328 ff. AO, Art. 54 BayPAG zur Verfügung gestellt werden. Hinter dieser Zwangsmitteltrias stehen normative, sachlogische und rechtsethische Erwägungen. Wenn das Ziel der Zwangsvollstreckung die Rechtsverwirklichung, nämlich die Umsetzung der titulierten Forderung bzw. Verpflichtung in die Rechtswirklichkeit ist, dann kommen genau die Mittel in Betracht, die unmittelbar oder (zumindest) mittelbar zu diesem Ziel führen (können): sei es die Vornahme einer vertretbaren Handlung durch einen Dritten, die Wegnahme der herauszugebenden Sache, die unmittelbare Erzwingung eines Verhaltens durch Einwirkung auf Personen oder Sachen oder eben die Auferlegung persönlicher Nachteile zur Willensbeugung, um die eigenhändige Erfüllung der (zumeist) unvertretbaren Handlung oder Duldung oder Unterlassung durch den Schuldner zu veranlassen. Andere Mittel scheiden entweder sachlogisch aus, weil sie untauglich wären, oder sie sind schlechterdings verboten (wie etwa Folter und ähnliche Maßnahmen). Insofern kann man von einem numerus clausus der Zwangsmittel sprechen.[85]

Eine Besonderheit gilt für die titulierte Verpflichtung zur Abgabe einer Willenserklärung. Dies ist – 70
weil kein tatsächlicher, sondern ein rein rechtlicher Erfolg geschuldet wird – die einzige höchstpersönliche Schuld, die ohne Beugezwang gegen den Schuldner umgesetzt werden kann. In Betracht kommt hier anstelle des Zwangsgeldes die Fiktion der Willenserklärung durch den Titel selbst (§ 894 ZPO), also eine Art Ersatzvornahme[86] durch „hoheitlich inaugurierte Willensübertragung". Ob dieses effiziente Mittel i.R. des § 169 versagt ist,[87] kann man zumindest mit guten Gründen bezweifeln.[88]

aa) Ersatzvornahme. Die Ersatzvornahme kommt bei allen vertretbaren Handlungen in Betracht, zu 71
deren Vornahme der Schuldner durch den Vollstreckungstitel verpflichtet wurde. Wie stets liegt Vertretbarkeit vor, wenn die Vornahme der Handlung durch einen anderen möglich ist (sog. Dritt- oder Fremdvornahme). Die Vornahme durch den Gläubiger selbst (sog. Selbstvornahme) ist – anders als in manchen Vollstreckungsregelungen der Länder (vgl. etwa Art. 55 Abs. 1 S. 1 BayPAG, § 25 VwVG BW, § 59 Abs. 1 VwVG NW) – im VwVG beim unmittelbaren Zwang geregelt (§ 12). Anders als im

---

80 Dafür sind die Zwangsmittel nach § 13 Abs. 1 S. 1 VwVG anzudrohen (*I. Kraft*, in: Eyermann § 169 Rn. 13, s.a. Rn 10 ebd.).
81 Zu den Grenzen der Vollstreckung bei Kleinstbeträgen: VG Frankfurt/Oder 27.9.2007 – 5 M 19/07.
82 So auch OVG Bautzen 26.8.2009 – 1 E 64/09.
83 Hierzu auch OVG Bautzen NVwZ-RR 2010, 88.
84 *Würtenberger/Heckmann/Tanneberger* Rn. 485.
85 Hierzu *R. Pietzner/J.A. Möller*, in: Schoch/Schneider/Bier § 169 Rn. 96.
86 So auch *R. Pietzner/J.A. Möller*, in: Schoch/Schneider/Bier § 169 Rn. 98 im Anschluss an *Gaul/Schilken/Becker-Eberhard* § 72.
87 So *R. Pietzner/J.A. Möller*, in: Schoch/Schneider/Bier § 169 Rn. 98. Für das Verwaltungsvollstreckungsrecht VGH München NJW 1982, 2275.
88 Vgl. *A. Wettlaufer*, Vollstreckung, 1989, 136 f.

Verwaltungsvollstreckungsrecht kann der Vollstreckungsgläubiger die Ersatzvornahme nicht ohne richterliche Ermächtigung anordnen bzw. selbst durchführen. Dies liegt im Wesen der verwaltungsgerichtlichen Vollstreckung als Fremdvollstreckung begründet und entspricht auch dem Prinzip des § 887 ZPO.[89] Wählt der Vorsitzende i.R. seiner Verhältnismäßigkeitsüberlegungen die Selbstvornahme als das gebotene Zwangsmittel, so ordnet er i.R. der Vollstreckungsverfügung unmittelbaren Zwang gem. § 169 Abs. 1 S. 1 i.V.m. § 12 Alt. 2 VwVG an[90] und ermächtigt zugleich die zuständige Behörde des Vollstreckungsgläubigers zur Vornahme der Handlung auf Kosten des Vollstreckungsschuldners. Der Wortlaut des § 12 Alt. 2 VwVG darf in diesem Zusammenhang nicht daraufhin verengt werden, dass etwa der Vorsitzende (als „Vollzugsbehörde") die Handlung selbst vornehmen müsste. Das Zwangsmittel „Selbstvornahme" meint typischerweise „Gläubigervornahme". Dies zeigt auch ein methodischer Vergleich mit § 10 VwVG. Wer nämlich einwendet, „Vollzugsbehörde" sei wegen der Verweisung in § 169 Abs. 1 S. 2 Hs. 1 zwingend der Gerichtsvorsitzende, der kann wiederum leicht § 10 VwVG auch für die Selbstvornahme anwenden, weil dann mit der Verwaltungsbehörde des Gläubigers „ein anderer" beauftragt würde.

72   In jedem Fall trifft den Vollstreckungsschuldner die Pflicht zur Kostentragung. Dies ergibt sich aus § 19 Abs. 1 S. 1 VwVG,[91] soweit man nicht direkt auf § 10 VwVG abstellt, dessen Rechtsgedanke auch auf § 12 Alt. 2 VwVG zu übertragen ist. Die Kostenpflicht des Schuldners ist – i.V.m. der Androhung der Ersatzvornahme – das eigentliche Zwangsmittel (Beugezwang) und – nach deren Vollzug – Erfüllungssurrogat zugunsten des Gläubigers. Ohne sie wäre das Zwangsmittel wirkungslos und die Verbindlichkeit unvollkommen. Dies rechtfertigt es auch, die (voraussichtlichen) Kosten der Ersatzvornahme vorschussartig vor der Durchführung vom Schuldner zu fordern, sodass der Gläubiger nicht (aus Haushaltsmitteln) vorleisten muss.[92] Gegen eine Vorleistungspflicht der öffentlichen Hand spricht bei kostenintensiven Maßnahmen auch das Insolvenzrisiko. Zwar mag die titulierte Verpflichtung auch bei Zahlungsunfähigkeit des Schuldners wegen des regelmäßig dahinter stehenden öffentlichen Interesses zu erfüllen sein. Art und Weise der Erfüllung können aber variieren, je nachdem, ob die Kosten vom Pflichtigen übernommen werden oder von der Allgemeinheit zu tragen sind.

73   Dies bedeutet vom Verfahrensablauf her, dass die Ersatzvornahmekosten bereits mit der Androhung des Zwangsmittels durch Beschluss festgesetzt werden (§ 13 Abs. 4 S. 1 VwVG).[93] Dem erfüllungswilligen und -bereiten Schuldner geschieht dadurch kein Nachteil, weil die Kosten erst nach Ablauf der Erfüllungsfrist fällig werden, die in diesem Beschluss zugleich gem. § 13 Abs. 1 S. 2 VwVG zu bestimmen ist. Erst recht kommt die Beitreibung der Ersatzvornahmekosten (gem. §§ 1–5 VwVG)[94] erst in Betracht, wenn zunächst die Erfüllungsfrist verstrichen ist (Eintritt der Fälligkeit) und daraufhin auch alle Zahlungsfristen (§ 3 Abs. 2 Buchst. c, Abs. 3 VwVG) abgelaufen sind. Erfüllt der Schuldner vor Beitreibung der Ersatzvornahmekosten, ist das Beitreibungsverfahren sofort einzustellen (§ 15 Abs. 3 VwVG); eine – gleichsam repressiv wirkende – Beitreibung dieser Kosten, wie dies beim Zwangsgeld diskutiert wird (→ Rn. 89), kommt hier nicht in Betracht. Dass der Gläubiger zuwarten muss, schadet nicht: Entweder lässt die gebotene Handlung den Aufschub zu, oder es ist Gefahr im Verzug; dann aber handelt die Verwaltung im Zweifel nicht in Erfüllung des Titels, sondern nach Verwaltungsvollstreckungs- oder Gefahrenabwehrrecht.

74   Im Übrigen kann sich der Schuldner gegen den Androhungs- und Festsetzungsbeschluss mit der Einwendung wehren, die Ersatzvornahme sei (weil z.B. unverhältnismäßig) rechtswidrig. Die statthafte Beschwerde hat dann gem. § 149 Abs. 1 S. 1 aufschiebende Wirkung, was nicht nur die Durchführung

---

89   Es leuchtet deshalb nicht ein, wenn *R. Pietzner/J.A. Möller*, in: Schoch/Schneider/Bier § 169 Rn. 100 dies eine unnötige Komplizierung des Vollstreckungsverfahrens nennen und die Übertragung der Vollstreckungsbefugnis auf den Gläubiger nach Abs. 1 S. 2 Hs. 2 vorschlagen.

90   *R. Pietzner/J.A. Möller*, in: Schoch/Schneider/Bier § 169 Rn. 101; *A. Wettlaufer*, Vollstreckung, 1989, 263 f.

91   § 19 Abs. 1 S. 1 VwVG umfasst auch Auslagen für die Anwendung unmittelbaren Zwangs, *H. Engelhardt/M. App*, Verwaltungs-Vollstreckungsgesetz und Verwaltungszustellungsgesetz, ⁶2004, § 19 VwVG Rn. 2. Vgl. weiter *J. Erdmann*, Kostentragung, 1987, 19 ff.; *V. Götz*, DVBl 1984, 14.

92   So auch BVerwG NJW 1976, 1703, 1705; NVwZ 1997, 381, 382; *R. Pietzner/J.A. Möller*, in: Schoch/Schneider/Bier § 169 Rn. 102 f.; *A. Wettlaufer*, Vollstreckung, 1989, 143 f.; a.A. *H. Engelhardt/M. App*, Verwaltungs-Vollstreckungsgesetz und Verwaltungszustellungsgesetz, ⁹2011, § 10 VwVG Rn. 14; *H.-U. Erichsen/D. Rauschenberg*, Jura 1998, 31, 35; *H.-D. Lemke*, Verwaltungsvollstreckungsrecht, 1997, 356 f.; *C. F. Menger*, VerwArch 68 (1977), 83, 89 f.

93   VGH Mannheim NVwZ-RR 1994, 120, 121; *R. Pietzner/J.A. Möller*, in: Schoch/Schneider/Bier § 169 Rn. 103.

94   So für die Verwaltungsvollstreckung VGH Mannheim KKZ 1992, 38; *H. Engelhardt/M. App*, Verwaltungs-Vollstreckungsgesetz und Verwaltungszustellungsgesetz, ⁶2004, § 10 VwVG Rn. 12.

der Ersatzvornahme, sondern auch die Beitreibung der Kosten (für die Dauer des Beschwerdeverfahrens) hemmt.[95]

Wurde die Ersatzvornahme rechtmäßig[96] durchgeführt, ist für eine eventuelle Nachforderung ($ 13   75 Abs. 4 S. 2 VwVG) zu beachten, dass diese innerhalb eines Jahres durch Beschluss festgesetzt wird, $ 19 Abs. 1 VwVG i.V.m. $ 346 Abs. 2 AO (beispielhaft OVG Lüneburg NVwZ-RR 1991, 387).

bb) Zwangsgeld. Das Zwangsgeld ist das typische Zwangsmittel für unvertretbare Handlungen, weil   76 in diesen Fällen unmittelbarer Erfüllungszwang durch Ersatzvornahme sachlogisch ausscheidet. Dem trägt $ 11 Abs. 1 S. 1 VwVG Rechnung. „Unvertretbar" ist auch die Verpflichtung, eine Handlung zu dulden oder zu unterlassen. Auch dort steht das Zwangsgeld zur Verfügung ($ 11 Abs. 2 VwVG). Es ist gegenüber dem unmittelbaren Zwang vorrangig (arg. $ 12 VwVG). Bei vertretbaren Handlungen kann Zwangsgeld verhängt werden, wenn die Ersatzvornahme untunlich ist, $ 11 Abs. 1 S. 2 VwVG. Die Höhe des Zwangsgeldes ist in $ 11 Abs. 3 VwVG geregelt. Mit Wirkung zum 29.11.2014 wurde   77 der Höchstbetrag auf 25.000 EUR angehoben.[97] Der Gesetzgeber hat sich bei der Festlegung des Betrages an den weiteren bundes- und landesgesetzlichen Regelungen, insbes. $ 329 AO sowie $$ 882, 888 ZPO, orientiert.[98] Auf die Festsetzung eines Mindestbetrages wurde bewusst verzichtet, da ein Betrag in Höhe von 5 EUR nicht geeignet erscheint, um den Betroffenen zur Pflichterfüllung zu veranlassen.[99]

cc) Ersatzzwangshaft. Die Anordnung von Ersatzzwangshaft kommt subsidiär in Betracht, wenn das   78 Zwangsgeld uneinbringlich ist, $ 16 Abs. 1 S. 1 VwVG. Sie ist wie das Zwangsgeld ein Beugemittel (VG Dessau LKV 1996, 80; VG Frankfurt/M. NVwZ 1994, 725) und soll den Schuldner zur Rechtstreue in den Fällen anhalten, in denen die Zufügung von wirtschaftlichen Nachteilen nicht fruchtet. Wegen der erheblichen Grundrechtsrelevanz des Eingriffs in die persönliche Freiheit des Art. 2 Abs. 2 S. 2 GG (die auch in $ 16 Abs. 1 S. 2 VwVG zum Ausdruck kommt) sind nicht nur die Verfahrensvorkehrungen des $ 16 Abs. 1 S. 1 VwVG (Anhörung des Pflichtigen, Hinweis bei Androhung des Zwangsgeldes),[100] die von $ 913 ZPO abweichende Höchstdauer der Haft nach $ 16 Abs. 2 VwVG (zwei Wochen) und die Bestimmungen der $$ 904–911 ZPO ($ 16 Abs. 3 VwVG) zu beachten. Die strikte Wahrung des Verhältnismäßigkeitsgrundsatzes[101] mag im Einzelfall auch dazu führen, dass dieses Zwangsmittel gar nicht statthaft ist.

Die Anordnung der Ersatzzwangshaft durch den Gerichtsvorsitzenden wahrt den Richtervorbehalt in   79 Art. 104 Abs. 2 GG. $ 16 Abs. 1 S. 1 VwVG ist dahingehend zu modifizieren, dass nicht das VG (d.h. der ganze Spruchkörper) entscheidet.[102] Wegen der besagten Bedeutung der Verhältnismäßigkeit sollte die Anordnung nicht ohne diesbezüglichen Antrag des Vollstreckungsgläubigers erfolgen. Es wäre nicht einsichtig, dass das Vollstreckungsgericht zu diesem „letzten Mittel" greift, ohne dass hierfür ein Interesse auf Gläubigerseite geltend gemacht wurde. So mag der Gläubiger im Einzelfall auch auf dieses Zwangsmittel verzichten. Andererseits kann der Vorsitzende diesen „ergänzenden" Vollstreckungsantrag auch zurückweisen, wenn er aus eigenen Verhältnismäßigkeitserwägungen die Ersatzzwangshaft für unzulässig hält.[103]

---

95   *R. Pietzner/J.A. Möller,* in: Schoch/Schneider/Bier $ 169 Rn. 103.
96   Zur Rechtmäßigkeit der Zwangsmittelanwendung als Voraussetzung für die Kostenerstattung BVerwG NJW 1984, 2591, 2592; NVwZ 1997, 381, 382; OVG Koblenz NVwZ 1994, 715.
97   Sechstes Gesetz zur Änderung des Verwaltungs-Vollstreckungsgesetzes v. 25.11.2014, BGBl I 1770.
98   BT-Drs. 225/14, 6.
99   BT-Drs. 225/14, 6.
100   Zur Unerlässlichkeit dieses Hinweises OVG Münster NWVBl 1990, 19, 20. Ist der Hinweis unterblieben, muss erneut Zwangsgeld angedroht werden (Ersatzzwangshaft kann nicht selbständig angedroht werden: VGH München BayVBl 1988, 372, 373): VG Dessau LKV 1996, 80; VG Frankfurt/M. NVwZ 1994, 725; *R. Pietzner/J.A. Möller,* in: Schoch/Schneider/Bier $ 169 Rn. 122 m.w.N.; nunmehr auch *H. Engelhardt/M. App,* Verwaltungs-Vollstreckungsgesetz und Verwaltungszustellungsgesetz,⁹2011, $ 16 VwVG Rn. 2.
101   BVerwGE 4, 196, 198; OVG Bln JR 1965, 436; OVG Münster DÖV 1996, 1009; *R. Pietzner/J.A. Möller,* in: Schoch/Schneider/Bier $ 169 Rn. 108 m.w.N.
102   *R. Pietzner/J.A. Möller,* in: Schoch/Schneider/Bier $ 169 Rn. 131.
103   Unverhältnismäßig ist Ersatzzwangshaft insbes. zur Erzwingung vertretbarer Handlungen, weil die Ersatzvornahme als milderes Mittel zur Verfügung steht, vgl. OVG Münster NJW 1976, 1284; VG Dessau LKV 1996, 80; VG Leipzig DÖV 1994, 660.

80   **dd) Unmittelbarer Zwang.** Unmittelbarer Zwang steht als „ultima ratio" zur Verfügung, wenn die Ersatzvornahme oder das Zwangsgeld nicht zum Ziel führen oder „untunlich" sind. § 12 VwVG führt hierfür zwei Varianten unmittelbaren Zwangs auf. Während die Selbstvornahme einer Handlung funktional der Ersatzvornahme zuzurechnen ist (→ Rn. 71), beschreibt die erste Variante der Erzwingung von Handlung, Duldung und Unterlassung zwar das Ziel des Zwangsmittels, lässt aber das Mittel offen. Dieses ergibt sich erst mit Blick auf die Legaldefinition in § 2 Abs. 1 UZwG. Danach fallen unter den unmittelbaren Zwang alle Einwirkungen auf Personen oder Sachen durch körperliche Gewalt, ihre Hilfsmittel und durch Waffen. Die Subsidiarität des unmittelbaren Zwangs erklärt sich aus der Schonung der Freiheit des Bürgers durch Schaffung von Distanz. Bevor der Staat unmittelbar auf die Person und ihr Eigentum zugreift, hält er den Bürger an, selbst tätig zu werden. Der Rechtsstaat scheut sich mit gutem Grund (und aus schlechter Erfahrung), seine Ansprüche durch körperliche Eingriffe durchzusetzen, solange ihm wirkungsvolle Mittel außerhalb dieser Tabuzone zur Verfügung stehen.

81   Als zu erzwingende Handlung kommt jedes aktive Verhalten des Schuldners in Betracht, solange es Gegenstand eines Vollstreckungstitels sein kann. Ausgenommen hiervon sind nur Geldleistungen (wegen des Vorrangs der §§ 1 ff. VwVG) und die Abgabe von Willenserklärungen, für die sich unmittelbarer Zwang schlechterdings nicht eignet. In entsprechenden Spezialvorschriften[104] kommt ein allgemeiner Rechtsgedanke zum Ausdruck, der auch für die verwaltungsgerichtliche Vollstreckung gilt. Unmittelbarer Zwang liefe in solchen Fällen auf ein staatliches Verhalten hinaus, das die Willensfreiheit unzulässig einschränken muss (§ 136 a Abs. 1 StPO).

82   Besonderheiten gelten für die Herausgabevollstreckung. Während § 6 Abs. 1 VwVG die Herausgabe einer Sache noch als Gegenstand der Erzwingungsvollstreckung ausweist, fehlen im Gegensatz zu den §§ 883 ff. ZPO spezielle Vorschriften zur Ausführung. Weil die Herausgabe einer Sache nur in einem weiteren Sinne eine vertretbare Handlung darstellt (→ § 172 Rn. 52) – vertretbar ist nur die Wegnahme der Sache, die indes bereits das Zwangsmittel darstellt – passt hier § 12 VwVG besser: Entweder man sieht dies als besonderen Fall der Selbstvornahme, oder es handelt sich um unmittelbaren Zwang mittels Einwirkung auf die herauszugebende Sache. Adäquates Mittel ist in jedem Fall die Wegnahme. Zwangsgeld kommt nur dort in Betracht, wo der Wegnahme größere Hindernisse im Weg stehen, z.B. wenn die Sache erst gesucht werden müsste (vgl. auch § 883 Abs. 2 ZPO).

83   Sinnvollerweise ist nur die Androhung und Festsetzung des unmittelbaren Zwangs Sache des Gerichtsvorsitzenden, der sich zur Zwangsanwendung selbst ausgebildeter Vollziehungsbeamter bedient (§ 169 Abs. 1 S. 2 Hs. 2). Diese haben die Möglichkeit zur Zwangsanwendung nach § 15 Abs. 2 S. 1 VwVG.

84   **e) Verhältnis der Zwangsmittel.** In der Rechtspraxis bereitet die Auswahl des richtigen Zwangsmittels zuweilen Schwierigkeiten. Zwar sind manche Vorgaben im VwVG deutlich formuliert: So gilt für vertretbare Handlungen die „Reihung": Ersatzvornahme – Zwangsgeld – Unmittelbarer Zwang (arg. § 11 Abs. 1 S. 2, § 12 VwVG), für unvertretbare Handlungen zumindest der Vorrang des Zwangsgeldes vor unmittelbarem Zwang. Problematisch ist aber zum einen die Einordnung der Ersatzzwangshaft, zum anderen die „Untunlichkeit" vorrangiger Zwangsmittel. Schließlich zwingt die große Palette von Handlungsmöglichkeiten bei der Anwendung unmittelbaren Zwangs zu einer weiteren Auswahlentscheidung.[105]

---

104   Wie Art. 58 BayPAG: „Unmittelbarer Zwang zur Abgabe einer Erklärung ist ausgeschlossen".
105   Ausf. *R. Pietzner/J. A. Möller,* in: Schoch/Schneider/Bier § 169 Rn. 124 m.w.N. Dass danach eine weiter gehende Konkretisierung des unmittelbaren Zwangs nicht erforderlich (arg. § 13 Abs. 5 VwVG e contrario) und gar untunlich sei – damit sich der Schuldner nicht darauf einstellen möge – vermag nicht zu befriedigen; s.a. OVG Münster NVwZ-RR 1991, 242; VGH Kassel GewArch 1983, 263, 265.

Unmittelbarer Zwang kann gegenüber der Ersatzzwangshaft das mildere Mittel darstellen,[106] muss   85
dies aber nicht immer sein.[107] Es kommt auf den Einzelfall an, in dem die Eingriffsfolgen zu vergleichen sind.[108]

Auch bei vertretbaren Handlungen kommt Zwangsgeld in Betracht. Der gesetzlich genannte Fall, dass   86
der Pflichtige außerstande ist, die Kosten der Ersatzvornahme zu tragen (§ 11 Abs. 1 S. 2 VwVG), ist
auf den partiell Zahlungsunfähigen zugeschnitten: Die Beitreibung (nur) eines Teils der Ersatzvornahmekosten würde die Ersatzvornahme mangels Kostendeckung nicht rechtfertigen, aber auch das nachfolgende Zwangsgeld uneinbringlich machen. Der Schuldner soll also direkt zur Eigenvornahme gezwungen werden, was in den Fällen sinnvoll ist, in denen die gebotene Handlung wenig Kosten verursacht und die Erhebung des Zwangsgeldes dem Schuldner „weh tut". Im Übrigen ist die Ersatzvornahme „untunlich", wenn sie in besonderer Weise unzweckmäßig oder unverhältnismäßig wäre. Dies
ist etwa dann der Fall, wenn die Vornahme der Handlung durch Dritte sehr hohe Kosten verursachen
würde (z.B. weil es um die Tätigkeit eines Spezialisten geht), die sich der Schuldner durch eigene Vornahme sparen könnte.[109]

Andererseits erscheint Zwangsgeld bei unvertretbaren Handlungen als untunlich, wenn unmittelbarer   87
Zwang leicht zum Erfolg führt und den Schuldner nicht unverhältnismäßig belastet.[110]

f) Verfahrensstufen. Die Erzwingungsvollstreckung erfolgt grds. in den drei Stufen „Androhung –   88
Festsetzung – Anwendung" (§ 13 Abs. 1 S. 1, §§ 14, 15 Abs. 1 VwVG). Dies eröffnet dem Schuldner
vielfältige Möglichkeiten zum Einlenken[111] und spart auch dem Staat Ressourcen. Zum einen ist das
Ausfluss einer rechtsstaatlichen Zwangsvollstreckung,[112] die sich stets der Grundrechtsrelevanz ihrer
Eingriffe versehen muss. Zum anderen lassen sich auf diese Weise Elemente der Willensbeugung und
der Willensumsetzung wirkungsvoll kombinieren. Ein Verzicht auf Androhung und/oder Festsetzung
ist anders als im Verwaltungsvollstreckungsrecht (§ 6 Abs. 2 VwVG) oder Gefahrenabwehrrecht (vgl.
Art. 59 Abs. 1 S. 3 BayPAG) bei der verwaltungsgerichtlichen Vollstreckung nur mit (ausdrückl.)[113]
Einwilligung des Schuldners zulässig, dessen Schutz diese Verfahrensstufen dienen.

Bei Erfolglosigkeit des zunächst angedrohten, festgesetzten und angewendeten Zwangsmittels[114]   89
kommt eine Wiederholung oder ein Wechsel des Zwangsmittels gem. § 13 Abs. 6 VwVG in Betracht.
Vollständige Zweckerreichung (Erfüllung der titulierten Verpflichtung, sei es durch den Schuldner
oder einen Dritten)[115] oder endgültige Zweckverfehlung (z.B. Unmöglichkeit der Erfüllung, etwa wegen Untergangs der herauszugebenden Sache) führen zur Einstellung (§ 15 Abs. 3 VwVG), ungeachtet
des Verfahrensstadiums der Zwangsvollstreckung. Angedrohte Zwangsmittel dürfen nicht mehr festgesetzt, festgesetzte nicht mehr angewendet werden. Dies betrifft insbes. Zwangsgelder, deren reine
Beugefunktion jegliche Fortsetzung verbietet (→ § 172 Rn. 85).[116] Anders, wenn der Vollstreckungs-

---

106 Bsp. aus der Rspr. (nicht nur Fälle des § 169 betreffend): OVG Bln JR 1965, 436 – Wegnahme des Führerscheins,
     vgl. auch VGH Mannheim GewArch 1973, 56 – Schließung eines Kleinbetriebs; VGH München NVwZ-RR 1997,
     69 f.; 1998, 310 – Durchsetzung eines Platzverweises; VG Darmstadt KKZ 1995, 61; VG Oldenburg NJW 1988,
     580 – Herausgabe von Gegenständen.
107 Gegenbsp.: OVG Brem DÖV 1972, 391 – Teilnahme am Verkehrsunterricht; OVG Münster DÖV 1996, 1009 – Un-
     tersagung des Betriebes eines Imbisswagens; VGH München NJW 1982, 2275 – Abgabe einer Willenserklärung –
     nach der hier vertretenen Ansicht kommt unmittelbarer Zwang ohnehin nicht in Betracht.
108 Zutr. *R. Pietzner/J.A. Möller*, in: Schoch/Schneider/Bier § 169 Rn. 110.
109 Vgl. weiter *R. Pietzner/J.A. Möller*, in: Schoch/Schneider/Bier § 169 Rn. 112. Bsp. aus der Rspr.: OVG Saarlouis BRS
     23, 288, 289; VGH Kassel NVwZ 1990, 481.
110 Weitere Bsp. bei *R. Pietzner/J.A. Möller*, in: Schoch/Schneider/Bier § 169 Rn. 109.
111 *R. Pietzner/J.A. Möller*, in: Schoch/Schneider/Bier § 169 Rn. 113.
112 *R. Pietzner/J.A. Möller*, in: Schoch/Schneider/Bier § 169 Rn. 114: „Machtmäßigung und Schonung der Freiheitssphä-
     re durch zeitliche Streckung des Vollstreckungsverfahrens und allmähliche Steigerung der Zwangswirkung".
113 Großzügiger BVerwG NVwZ 1997, 381; krit. *T. Dünchheim*, NVwZ 1997, 350, 352.
114 Zur Frage, ob ein Wechsel bereits nach fruchtlosem Fristablauf oder erst nach erfolgloser Anwendung möglich ist,
     vgl. einerseits OVG Lüneburg NVwZ 1988, 654, andererseits OVG Koblenz NVwZ 1988, 652 sowie *F. A. Hohr-
     mann*, in: Hübschmann/Hepp/Spitaler § 332 AO Rn. 20. Die vorherrschende Auffassung im Zivilprozessrecht for-
     dert die erfolglose Anwendung, *R. Lackmann*, in: Musielak § 888 Rn. 12; *K. Stöber*, in: Zöller § 888 Rn. 8. Nach
     BVerwG NVwZ-RR 1995, 299; VGH Mannheim NVwZ-RR 1995, 120; 1996, 541 kann die erneute Androhung
     mit der Festsetzung verbunden werden.
115 Zu Besonderheiten bei Dauerunterlassungspflichten VGH Kassel NVwZ-RR 1989, 452, 453; 1996, 361, 362; VGH
     Mannheim VBlBW 1996, 213, 214.
116 *R. Pietzner/J.A. Möller*, in: Schoch/Schneider/Bier § 169 Rn. 137 und 94.

schuldner den Vollstreckungszweck durch titelwidriges Verhalten vereitelt: Dann kann ein Zwangsgeld noch festgesetzt und beigetrieben werden.[117]

90   **aa) Androhung.** Der Androhung der Zwangsmittel kommt in der Vollstreckung eine zentrale Rolle
zu. Sie hat gleichermaßen Konkretisierungs- und Beugefunktion. In der Androhung werden dem Vollstreckungsschuldner gegenüber wichtige (Vor-)Entscheidungen getroffen: über die Erfüllungsfrist (§ 13
Abs. 1 S. 2 VwVG),[118] die Art des Zwangsmittels (§ 13 Abs. 3 VwVG), die Höhe der Ersatzvornahmekosten (§ 13 Abs. 4 VwVG)[119] oder des Zwangsgeldes (§ 13 Abs. 5 VwVG).[120] Der Androhungsbe-
schluss leitet die Vollstreckung ein und wirkt bereits auf die Psyche des Adressaten, demgegenüber der
Ernst des bevorstehenden Verfahrens dokumentiert wird.

91   Diese Einzelheiten sind durch § 13 VwVG sehr genau geregelt, dessen Verfahrensanforderungen mit
folgenden Besonderheiten auf die verwaltungsgerichtliche Vollstreckung zu übertragen sind:

92   Die Androhung ist – anders als in § 13 Abs. 2 VwVG beschrieben – im Regelfall nicht mit dem Vollstreckungstitel zu verbinden. Etwas anderes gilt bei (den i.R.v. § 169 sicher seltenen) Unterlassungstiteln wegen der sonst entstehenden Rechtsschutzlücke (ausf. → § 172 Rn. 44 ff.).[121] Die Androhung ergeht nach Anhörung des Schuldners (§ 167 Abs. 1 S. 1 VwGO i.V.m. § 891 ZPO) durch Beschluss.
Dieser wird zugestellt (wobei § 13 Abs. 7 VwVG durch § 56 verdrängt wird).[122]

93   **bb) Festsetzung.** Dem Festsetzungsbeschluss[123] kommt die Funktion eines Bindeglieds zwischen Androhung und Anwendung des Zwangsmittels zu. Die Festsetzung hat den Zweck, eine Entscheidung
über Zeitpunkt und Maß der Zwangsanwendung zu treffen.[124] Sie ist als zweiter, separater Verfahrensschritt selbständig zu beantragen.[125] Sie ist nicht nur beim Zwangsgeld und vor der Anwendung
unmittelbaren Zwangs, sondern auch bei der Ersatzvornahme erforderlich.[126] Dies gebieten die Formenstrenge und Formentreue des (gerichtlichen) Vollstreckungsrechts,[127] die auch in §§ 14 S. 2, 15
VwVG zum Ausdruck kommen (BVerwG NVwZ 1997, 381, 382). Außerdem dient die Festsetzung
für den Unternehmer als Rechtfertigung i.R. der §§ 123, 240 und 303 StGB (BVerwG NVwZ 1997,
381, 382). Die interne Entschließung der Behörde und der Auftrag an einen Dritten genügen demnach
nicht (a.A. VGH Mannheim VBlBW 1996, 214). Eine förmliche Festsetzung erscheint allenfalls dann
entbehrlich, „wenn der Pflichtige auf die Schutzmöglichkeit verzichtet, die ihm eine vorherige Festsetzung zu bieten vermag, z.B. bei ernster und endgültiger Erfüllungsverweigerung" (BVerwG NVwZ
1997, 381, 382). Dieser Verzicht muss allerdings ausdrückl. erklärt werden.[128]

94   **cc) Anwendung.** Die Anwendung des Zwangsmittels treibt die Umsetzung des Vollstreckungstitels
ein weiteres (bei Ersatzvornahme und ggf. bei unmittelbarem Zwang: letztes) Stück voran. Die Verpflichtung wird in die Rechtswirklichkeit umgesetzt, wobei i.d.R. die intensivste Eingriffsstufe erreicht
ist. Dies erfordert besondere Sorgfalt im Hinblick auf weitere formelle und materielle Voraussetzungen, die die Rechtsordnung für Eingriffe in Freiheit und Eigentum des Bürgers durch Zwangsmaßnahmen aufstellt.

---

117 Str., wie hier OVG Magdeburg DÖV 1996, 926; OVG Münster DVBl 1989, 889; *H.-U. Erichsen/D. Rauschberg*,
     Jura 1998, 31, 36; *R. Pietzner/J.A. Möller*, in: Schoch/Schneider/Bier § 169 Rn. 138; a.A. VGH Mannheim DÖV
     1996, 792; *T. Dünchheim*, NVwZ 1996, 117 ff.
118 Hierzu BVerwGE 16, 289; jüngst VGH Kassel NVwZ-RR 1998, 76 f. Zu Einzelheiten der Fristberechnung OVG
     Greifswald NVwZ-RR 1997, 762; OVG Münster NVwZ-RR 1993, 59; VGH München BayVBl 1986, 176, 178; ge-
     gen die Erforderlichkeit einer Erfüllungsfrist bei Unterlassungspflichten VG Köln DVBl 1968, 712, 713.
119 Das Recht auf Nachforderung bleibt unberührt, § 13 Abs. 4 S. 2 VwVG. Die Veranschlagung der voraussichtlichen
     Kosten hat Warn-, nicht Garantiefunktion, vgl. *Würtenberger/Heckmann/Tanneberger* Rn. 485.
120 VGH Kassel NVwZ-RR 1991, 592; 1995, 118, 119; VGH Mannheim VBlBW 1996, 65. Eine kumulierende
     Zwangsgeldandrohung („auf Vorrat") ist unzulässig (§ 13 Abs. 6 S. 2 VwVG), vgl. nur BVerwG NVwZ 1998, 393,
     394; OVG Magdeburg DÖV 1995, 385 f.; OVG Münster NVwZ-RR 1992, 517; *R. Pietzner/J.A. Möller*, in: Schoch/
     Schneider/Bier § 169 Rn. 120, 121.
121 A.A. *R. Pietzner/J.A. Möller*, in: Schoch/Schneider/Bier § 169 Rn. 125: Verbindung passt in keinem Fall.
122 Einzelheiten bei *R. Pietzner/J.A. Möller*, in: Schoch/Schneider/Bier § 169 Rn. 127.
123 Hierzu OVG Lüneburg NVwZ-RR 1991, 387 sowie *R. Pietzner/J.A. Möller*, in: Schoch/Schneider/Bier § 169
     Rn. 128.
124 *Würtenberger/Heckmann/Tanneberger* Rn. 479.
125 *R. Pietzner/J.A. Möller*, in: Schoch/Schneider/Bier § 169 Rn. 129.
126 BVerwG NVwZ 1997, 381, 382; *I. Kraft*, in: Eyermann § 169 Rn. 14; a.A. VGH Mannheim VBlBW 1996, 214.
127 *T. Dünchheim*, NVwZ 1997, 350 ff.
128 *T. Dünchheim*, NVwZ 1997, 350, 352; großzügiger BVerwG NVwZ 1997, 381, 382.

Die Anwendungsstufe der Ersatzvornahme teilt sich in die tatsächliche Vornahme der geschuldeten 95
Handlung und die (anschließende) Beitreibung der durch den Vorschuss nicht gedeckten Ersatzvornahmekosten.[129] Leistet der Pflichtige bei der Ersatzvornahme Widerstand, kann dieser durch Anwendung unmittelbaren Zwangs überwunden werden (§ 15 Abs. 2 S. 1 VwVG), zu dem Vollziehungsbeamte und Gerichtsvollzieher (vgl. § 758 Abs. 3 ZPO) kraft Amtes befugt sind; Privatpersonen erhalten
Hilfe durch die Polizei, deren Mitwirkung sich gegenüber dem anordnenden bzw. ermächtigenden Gerichtsvorsitzenden als Amtshilfe darstellt (§ 15 Abs. 2 S. 2 VwVG).

Die „Anwendung" des Zwangsmittels Zwangsgeld bedeutet nichts anderes als seine Beitreibung als 96
öffentlich-rechtliche Geldforderung zugunsten der öffentlichen Hand (freilich nicht zugunsten des
Vollstreckungsgläubigers [BGH NJW 1983, 1859, 1860]). Die Rechtsgrundlagen sind ähnlich wie
beim Zwangsgeld i.S.d. § 172 umstr. Richtigerweise ist auch hier die JBeitrO anwendbar.[130]

Bei Uneinbringlichkeit des Zwangsgeldes (dies setzt neben seiner rechtskräftigen Festsetzung i.d.R. er 97
folglose Vollstreckungsversuche und die Abgabe der eidesstattlichen Versicherung voraus) kann der
Vorsitzende nach seinem Ermessen Ersatzzwangshaft anordnen, wobei dieses Ermessen durch Erwägungen zur Verhältnismäßigkeit geleitet wird.

Unmittelbarer Zwang wird entsprechend seiner Legaldefinition durch Einwirkung auf Person oder Sa 98
chen des Schuldners angewendet. Seine Ausübung richtet sich nach dem Gesetz über den unmittelbaren Zwang bei Ausübung öffentlicher Gewalt durch Vollzugsbeamte des Bundes (UZwG) bzw. i.R.d.
§ 169 Abs. 2 nach den entsprechenden landesrechtlichen Bestimmungen.[131]

§ 170 [Vollstreckung gegen die öffentliche Hand]

(1) ¹Soll gegen den Bund, ein Land, einen Gemeindeverband, eine Gemeinde, eine Körperschaft, eine
Anstalt oder Stiftung des öffentlichen Rechts wegen einer Geldforderung vollstreckt werden, so verfügt auf Antrag des Gläubigers das Gericht des ersten Rechtszugs die Vollstreckung. ²Es bestimmt die
vorzunehmenden Vollstreckungsmaßnahmen und ersucht die zuständige Stelle um deren Vornahme.
³Die ersuchte Stelle ist verpflichtet, dem Ersuchen nach den für sie geltenden Vollstreckungsvorschriften nachzukommen.

(2) ¹Das Gericht hat vor Erlaß der Vollstreckungsverfügung die Behörde oder bei Körperschaften, Anstalten und Stiftungen des öffentlichen Rechts, gegen die vollstreckt werden soll, die gesetzlichen Vertreter von der beabsichtigten Vollstreckung zu benachrichtigen mit der Aufforderung, die Vollstreckung innerhalb einer vom Gericht zu bemessenden Frist abzuwenden. ²Die Frist darf einen Monat
nicht übersteigen.

(3) ¹Die Vollstreckung ist unzulässig in Sachen, die für die Erfüllung öffentlicher Aufgaben unentbehrlich sind oder deren Veräußerung ein öffentliches Interesse entgegensteht. ²Über Einwendungen entscheidet das Gericht nach Anhörung der zuständigen Aufsichtsbehörde oder bei obersten Bundesoder Landesbehörden des zuständigen Ministers.

(4) Für öffentlich-rechtliche Kreditinstitute gelten die Absätze 1 bis 3 nicht.

(5) Der Ankündigung der Vollstreckung und der Einhaltung einer Wartefrist bedarf es nicht, wenn es
sich um den Vollzug einer einstweiligen Anordnung handelt.

Schrifttum

1. Monographien und Beiträge in Sammelwerken: *W. J. Bank,* Zwangsvollstreckung gegen Behörden. Die Handhabung der zivilprozessualen Vollstreckungsnormen bei der Zwangsvollstreckung aus allgemeinen Leistungsurteilen gegen Verwaltungsträger,
1982; *U. Genuhn,* Zwangsvollstreckung gegen Gemeinden und deren wirtschaftliche Unternehmen in der Bundesrepublik Deutsch

---

129 Die Ersatzvornahmekosten – i.d.R. an private Unternehmer geleistet – stellen sich als Auslagen des Vollstreckungsverfahrens dar (§ 19 Abs. 1 VwVG i.V.m. § 344 Abs. 1 Nr. 8 AO), vgl. *H. Engelhardt/M. App,* Verwaltungs-Vollstreckungsgesetz und Verwaltungszustellungsgesetz, ⁹2011, § 19 VwVG Rn. 2. Soweit sie nicht im Zusammenhang mit
der Androhung als Vorschussforderung festgesetzt wurden, werden sie durch separaten Kostenfestsetzungsbeschluss
erhoben, vgl. *R. Pietzner/J.A. Möller,* in: Schoch/Schneider/Bier § 169 Rn. 134.
130 So auch *A. Wettlaufer,* Vollstreckung, 1989, 152 f.; a.A. *R. Pietzner/J.A. Möller,* in: Schoch/Schneider/Bier § 169
Rn. 130.
131 Vgl. *H. v. Nicolai,* in: Redeker/v. Oertzen § 169 Rn. 8; *G. Wacke,* JZ 1962, 137, 199.

land, Österreich, dem Vereinigten Königreich Großbritannien und Nordirland sowie in Frankreich unter Darstellung der Verwaltungsstruktur und Wirtschaftstätigkeit der Gemeinden in diesen Staaten, 1993; *D. Heckmann*, Der Sofortvollzug staatlicher Geldforderungen, 1992; *W. Miedtank*, Die Zwangsvollstreckung gegen Bund, Länder, Gemeinden und andere juristische Personen des öffentlichen Rechts, 1964; *J. Nolte*, Die Eigenart des verwaltungsgerichtlichen Rechtsschutzes, 2015, *K. Platz*, Die Zwangsvollstreckung verwaltungsgerichtlicher Urteile, 1958; *O. R. Remien*, Rechtsverwirklichung durch Zwangsgeld, 1992; *M. Schulte*, Staat und Stiftung, 1989; *H.-D. Traulsen*, Die Rechtsbehelfe im Verwaltungsvollstreckungsverfahren, 1971; *U. Twiehaus*, Die öffentlich-rechtlichen Kreditinstitute, 1965; *C. H. Ule*, Die geschichtliche Entwicklung des verwaltungsgerichtlichen Rechtsschutzes in der Nachkriegszeit, in: FS Menger, 1985, 81; *A. Wettlaufer*, Die Vollstreckung aus verwaltungs-, sozial- und finanzgerichtlichen Titeln zugunsten der öffentlichen Hand, 1989.

2. Beiträge in Zeitschriften: *R. Appel*, Landesrechtlicher Ausschluß der Konkursfähigkeit „sonstiger" juristischer Personen des öffentlichen Rechts, BayVBl 1980, 652; *H. Bethge*, Staatliche Finanzgewährleistungspflicht und Konkursunfähigkeit öffentlich-rechtlicher Rundfunkanstalten, Media Perspektiven 1991, 720; *K. A. Bettermann*, Beitreibungsverbot eines gemäß § 172 VwGO unanfechtbar festgesetzten Zwangsgeldes nach Fristablauf, DVBl 1969, 120; *H. Borchert*, Öffentliches Recht: Der private Funkstreifenwagen, JuS 1974, 723; *W. Brehm*, Vollstreckungsgegenklage nach Beendigung der Zwangsvollstreckung, ZIP 1983, 1420; *W. Durner*, Reformbedarf in der Verwaltungsvollstreckung, NVwZ 2015, 841; *T. Dünchheim*, Vom Zwangsgeld zurück zur Zwangsstrafe, NVwZ 1996, 117; *D. Fittschen*, Durchsetzung der Prüfungsrechte der Rechnungshöfe, VerwArch 83 (1992), 165; *H. F. Gaul*, Die Mitwirkung des Zivilgerichts an der Vollstreckung von Verwaltungsakten und verwaltungsgerichtlicher Entscheidungen, JZ 1979, 496; *T. Geißler*, Zur Neuregelung der Zwangsvollstreckung gegen den Fiskus, NJW 1953, 1853; *V. Götz*, Anm. zu VGH München Urteil vom 11.2.1974, DÖV 1975, 211; *H. Grziwotz*, Zwangsvollstreckungsunterwerfung von Gemeinden, MittBayNot 2010, 80; *U. Heilemann*, Die Zwangsvollstreckung gegen Behörden aus Grund- und Bescheidungsurteilen, SGb 1994, 636; *B. Kempen*, Zur Konkursfähigkeit der öffentlich-rechtlichen Rundfunkanstalten, DÖV 1988, 547; *T. Kuhl/K. Wagner*, Das Risiko der Gläubiger kommunaler Eigengesellschaften, ZIP 1995, 433; *W. Madert*, Anm. zu AG Mülheim Beschluß vom 10.12.1981, AnwBl 1982, 124; *H.-J. v. Oertzen*, Zur Zulässigkeit der Aufsichtsklage nach der Verwaltungsgerichtsordnung, DVBl 1961, 650; *T. Pencereci/E. Siering*, Die Vollstreckung von Geldforderungen gegen Gemeinden durch Private, LKV 1996, 401; *L. Renck*, Gesetzgebungsbefugnis und Konkursfähigkeit juristischer Personen des öffentlichen Rechts, BayVBl 1982, 300; *L. Renck*, Zwangsvollstreckung gegen Behörden, BayVBl 1984, 703; *H. Roth*, Konkursfähigkeit juristischer Personen des öffentlichen Rechts, BayVBl 1981, 491; *H. H. Rupp*, Zur neuen Verwaltungsgerichtsordnung: Gelöste und ungelöste Probleme, AöR 85 (1960), 149 und 301; *R. Schmitt-Timmermanns/P. Schäfer*, Die Zwangsvollstreckung gegen Gemeinden wegen bürgerlich-rechtlicher Forderungen, BayVBl 1989, 489; *K.-A. Schwarz*, Funktionsfähigkeit als Abwägungstopos, BayVBl 1998, 710; *R. Schweickhardt*, Der Verwaltungsakt als Anknüpfungspunkt im Verwaltungsprozeß, DÖV 1965, 795; *U. Steiner*, Der „beliehene Unternehmer", JuS 1969, 69; *E.-G. Thomas*, Die Vollstreckung verwaltungsgerichtlicher Entscheidungen, BayVBl 1967, 335; *C. H. Ule*, Verfassungsrecht und Verwaltungsprozeßrecht, DVBl 1959, 537; *K. Willenbruch*, Zwangsvollstreckung gegen Gemeinden wegen Geldforderungen, ZIP 1998, 817.

I. Inhalt und Stellung des § 170 in der Vollstreckungsordnung

1. Der Regelungsgegenstand und seine Vorgeschichte. § 170 regelt die Vollstreckung von Geldforde- 1
rungen gegen die (durch Bezeichnung der einzelnen juristischen Personen des öffentlichen Rechts um-
schriebene) öffentliche Hand. Gegenüber dieser Eingrenzung auf Schuldnerseite bleibt die Person des
Vollstreckungsgläubigers offen. Erfasst werden deshalb sowohl Geldforderungen privater Gläubiger
als auch solche von Verwaltungsträgern (sog. Vollstreckung zwischen öffentlichen Händen). Den
Schwerpunkt der Vorschrift bilden Regelungen des Vollstreckungsverfahrens (§ 170 Abs. 1 und 2),
insbes. Vorverfahren und Erlass der gerichtlichen Vollstreckungsverfügung, sowie des Vollstreckungsschutzes für das Verwaltungsvermögen (§ 170 Abs. 3). Diese Regelungen umreißen fragmentarisch das
Vollstreckungsmodell „Vollstreckung *gegen* die öffentliche Hand", ein vollständiges Vollstreckungsrechtsregime bieten sie nicht.[1] Dies erschwert die Auslegung und Anwendung der Vorschrift, zumal
die subsidiär heranzuziehende Verweisung auf die ZPO (§ 167 Abs. 1 S. 1) ihrerseits nur schwer hand-
habbar ist (→ § 167 Rn. 1).

---

1 So auch *I. Kraft*, in: Eyermann § 170 Rn. 1; *J. Nolte*, Die Eigenart des verwaltungsgerichtlichen Rechtsschutzes, 2015,
S. 349; a.A: *R. Pietzner*, in: Schoch/Schneider/Bier Vorbem. § 167 Rn. 24 sowie § 170 Rn 7.

2   § 170 ist aus § 167 des Regierungsentwurfs[2] hervorgegangen[3] und seit seinem Erlass unverändert geblieben. Die Abweichungen vom Regierungsentwurf betreffen eher Marginalien: eine genauere Aufzählung der „ersuchten Stellen" (z.B. Behörden als Vollstreckungshelfer), die zusätzliche Benachrichtigung der Aufsichtsbehörde und ggf. der Finanzminister im „Vorverfahren"; eine Sonderregelung für einstweilige Anordnungen fehlte zunächst. § 170 ist dem 1953 eingefügten § 882a ZPO[4] nachgebildet (Begründung des Regierungsentwurfs zu § 167, BT-Drs. 3/55, 48).

3   Vor Inkrafttreten der VwGO im Jahre 1960 war die Rechtslage uneinheitlich und unübersichtlich; teilweise fehlten entsprechende Vorschriften, teilweise existierten unterschiedliche Regelungen in den Verwaltungsgerichtsgesetzen der Länder.[5] Dass früher eine gerichtliche Vollstreckung gegen den Staat (außerhalb des Fiskus) nicht ausdrücklich normiert war,[6] verwundert nicht. Neben verfassungsrechtlichen Bedenken aus dem Gewaltenteilungsgrundsatz war es schlechterdings nicht vorstellbar, dass ausgerechnet der Inhaber des Gewalt- und Vollstreckungsmonopols Adressat von Zwangsmaßnahmen werden sollte.[7] So wurde vertreten, dass das Ansehen des Staates, insbes. dessen Recht auf Achtung und Ehre, durch eine gegen ihn gerichtete Zwangsvollstreckung geschädigt werde.[8] Außerdem wurde der staatliche Wille zu rechtmäßigem Verhalten vorausgesetzt und gefolgert, in einem Rechtsstaat bestünde deshalb von vornherein kein Bedürfnis zur Vollstreckung gegen den Staat.[9] Schließlich verstoße ein von gerichtlichen Organen ausgeübter Zwang gegenüber der Verwaltung gegen den Gewaltenteilungsgrundsatz.[10] Heute sind diese Bedenken überwunden. Der Gewaltenteilungsgrundsatz ist schon deshalb nicht verletzt, weil er nicht nur die Trennung der staatlichen Gewalten, sondern auch ihre gegenseitige Kontrolle beinhaltet.[11] Ausschlaggebend fordert das Gebot des effektiven Rechtsschutzes (Art. 19 Abs. 4 GG) eine wirkungsvolle Vollstreckung auch gegen die öffentliche Hand mit einem der zivilprozessualen Zwangsvollstreckung entsprechenden Anspruch auf Durchführung der Zwangsvollstreckung.[12] Dem trägt auch § 17 VwVG Rechnung.

4   **2. Das Verhältnis des § 170 zu den übrigen Vollstreckungsvorschriften.**   § 170 steht – nicht nur räumlich – „zwischen" den Vollstreckungsregelungen der §§ 169 und 172. Mit § 172 bildet er zwar die Vollstreckungsvariante „Vollstreckung gegen die öffentliche Hand" und setzt sich damit gegenüber § 169 ab, der die „Vollstreckung zugunsten der öffentlichen Hand" zum Gegenstand hat. Eine kontu-

---

2 BT-Drs. 3/55. I.d.F. des Regierungsentwurfs lautete die Vorschrift:
   „(1) Soll gegen den Bund, ein Land, einen Gemeindeverband, eine Gemeinde, eine Körperschaft, eine Anstalt oder Stiftung des öffentlichen Rechts vollstreckt werden, so verfügt auf Antrag des Gläubigers das Gericht des ersten Rechtszugs die Vollstreckung. Es kann um die Durchführung der Vollstreckung oder einzelner Vollstreckungsmaßnahmen eine Behörde, ein Gericht oder das nach Landesrecht zuständige Vollstreckungsorgan ersuchen. Die ersuchten Stellen sind verpflichtet, dem Ersuchen nachzukommen.
   (2) Das Gericht hat vor Erlaß der Vollstreckungsverfügung die Behörde oder bei Anstalten und Stiftungen des öffentlichen Rechts, gegen die vollstreckt werden soll, die gesetzlichen Vertreter, ferner ihre vorgesetzte Behörde oder Aufsichtsbehörde von der beabsichtigten Vollstreckung zu benachrichtigen mit der Aufforderung, die Vollstreckung innerhalb einer vom Gericht zu bemessenden Frist abzuwenden. Auch der Bundesminister der Finanzen ist entsprechend zu benachrichtigen, wenn in ein von einer anderen Bundesbehörde verwaltetes Vermögen vollstreckt werden soll. Das Land kann für die Landesbehörden Entsprechendes bestimmen.
   (3) Die Vollstreckung ist unzulässig in Sachen, die für die Erfüllung öffentlicher Aufgaben der Behörde unentbehrlich sind oder deren Veräußerung ein öffentliches Interesse entgegensteht. Über Einwendungen, daß eine Sache unentbehrlich sei, entscheidet das Vollstreckungsgericht nach Anhörung des zuständigen Bundesministers oder Landesministers.
   (4) Auf Bank- oder Kreditanstalten des öffentlichen Rechts sind die Absätze 1 bis 3 nicht anzuwenden."
3 *W. Miedtank*, Zwangsvollstreckung, 1964, 92; allg. zu diesem (dritten) Regierungsentwurf *C. H. Ule*, FS Menger, 1985, 81, 93 ff.
4 Hierzu *T. Geißler*, NJW 1953, 1853 ff.
5 Zur Vollstreckungsregelung vor Inkrafttreten der VwGO vgl. den Überblick bei *W. Miedtank*, Zwangsvollstreckung, 1964, 83 ff.
6 Die erste gesetzliche Erwähnung einer verwaltungsgerichtlichen Zwangsvollstreckung gegen den Staat und andere juristische Personen des öffentlichen Rechts enthält das Württembergische Gesetz über die Zwangsvollstreckung wegen öffentlich-rechtlicher Ansprüche vom 18.8.1879, *W. Miedtank*, Zwangsvollstreckung, 1964, 85.
7 Näher *R. Pietzner*, in: Schoch/Schneider/Bier Vorbem. § 167 Rn. 8 unter Hinweis auf *Otto Mayer*, Deutsches Verwaltungsrecht, Bd. I, 1961, 381 ff.
8 *Otto Mayer*, Deutsches Verwaltungsrecht, Bd. I, 1961, 381.
9 *C. H. Ule*, DVBl 1959, 532, 540.
10 Dazu *W. Miedtank*, Zwangsvollstreckung, 1964, 10.
11 *W. Miedtank*, Zwangsvollstreckung, 1964, 11.
12 Eine analoge Anwendung des § 170 im Strafvollzugsrecht wird von der fachgerichtlichen Rspr. abgelehnt, z.B. BVerfG 3.11.2010 – 2 BvR 1277/07.

renscharfe Abgrenzung gelingt damit aber nicht. Zum einen kann bei § 170 auch der Vollstreckungs-gläubiger ein Verwaltungsträger sein (Vollstreckung zwischen öffentlichen Händen), sodass sich zu-mindest dem Wortlaut nach die Anwendungsbereiche der §§ 169 und 170 überschneiden.[13] Zum an-deren mag die der Behörde „in den Fällen des § 113 Abs. 1 S. 2 und Abs. 5 und des § 123 ... auferlegte Verpflichtung" auch in einer Geldforderung bestehen oder auf eine solche hinauslaufen, was die Ab-grenzung der sachlichen Anwendungsbereiche von § 170 und § 172 erschwert (→ Rn. 42 ff.). Im Übri-gen ergänzen die § 167 Abs. 1 und 2, §§ 168 und 171 die Vollstreckungskonstellation des § 170 um Vorschriften zu den Vollstreckungsvoraussetzungen (Titel, Klausel, Zustellung und vorläufige Voll-streckbarkeit) und zum Rechtsschutz (Rechtsbehelfe gegen Vollstreckungsmaßnahmen).

3. Rechtsnatur und Rechtsgrundlagen des Vollstreckungsverfahrens. Das Vollstreckungsverfahren des 5 § 170, gerichtet auf eine die Vollstreckungsmaßnahme und ihre zuständige Stelle bestimmende gericht-liche Vollstreckungsverfügung, ist ein selbständiges Beschlussverfahren.[14] Es beginnt mit dem Vollstre-ckungsantrag (nicht: Auftrag) des Gläubigers und endet mit der Vollstreckungsverfügung durch das Gericht des ersten Rechtszuges (als Vollstreckungsgericht, § 170 Abs. 1 S. 1, § 167 Abs. 1 S. 2). Damit ist freilich die Vollstreckungsmaßnahme noch nicht bewirkt, der auf Geldzahlung gerichtete Titel noch nicht vollstreckt. Die durch § 170 Abs. 1, 2 und 5 verfahrensmäßig ausgeformte und durch § 170 Abs. 3 gegenständlich begrenzte Vollstreckungsverfügung bestimmt lediglich die vorzunehmenden Vollstreckungsmaßnahmen und enthält das Ersuchen an die zuständige Stelle um deren Vornahme (§ 170 Abs. 1 S. 2). Diese Stelle, die verpflichtet ist, dem Ersuchen nachzukommen, führt die angeord-neten Maßnahmen „nach den für sie geltenden Vollstreckungsvorschriften" aus (§ 170 Abs. 1 S. 3). Insofern ist zwischen Vollstreckungshandlungen des *Vollstreckungsgerichts* und solchen der „ersuch-ten Stellen" als *Vollstreckungshelfer* zu unterscheiden. Während das VG nach der VwGO handelt (ggf. mit Weiterverweisung über § 167 Abs. 1 S. 1 in die ZPO, z.B. bei der Forderungspfändung, §§ 828 ff. ZPO), finden für das Amtsgericht, das Grundbuchamt oder den Gerichtsvollzieher die Vorschriften der ZPO bzw. des ZVG, der GBO usw. unmittelbar[15] Anwendung; Behörden des Bundes oder der Länder als Vollstreckungshelfer – sofern diese i.R. des § 170 überhaupt zum Zuge kommen (→ Rn. 29) – handeln nach ihren jeweiligen Verwaltungsvollstreckungsgesetzen (→ Rn. 82).

II. Der Zweck der Vorschrift

§ 170 leistet ein Doppeltes: Er bestimmt zum einen den Verfahrensgang der Vollstreckung solcher 6 Geldzahlungstitel, deren Schuldner ein Träger öffentlicher Verwaltung ist (§ 170 Abs. 1, 2 und 5). Zum anderen wird der Vollstreckungszugriff auf das Verwaltungsvermögen aus Gründen der Funkti-onsfähigkeit[16] der öffentlichen Verwaltung begrenzt (§ 170 Abs. 3).

1. § 170 als Schutznorm für die „öffentliche Hand". Nicht nur durch den zuletzt genannten gegen- 7 ständlichen Vollstreckungsschutz wird die öffentliche Hand gegenüber dem Bürger als Vollstreckungs-schuldner begünstigt. Auch die Verfahrensvorschriften dienen dem Schutz der öffentlichen Verwal-tung,[17] weil sie dem Vollstreckungszugriff mehrere Schritte vorschalten: Benachrichtigung mit Abwen-dungsfrist (sog. Vorverfahren nach § 170 Abs. 2); gerichtliche Vollstreckungsverfügung, durch die das Gericht zur schonenden Auswahl (zu den Ermessenskriterien der gerichtlichen Bestimmung der vorzu-nehmenden Vollstreckungsmaßnahme → Rn. 73) der Vollstreckungsmaßnahme ermächtigt wird

---

13 Was nach zutr. Ansicht (schon wegen der unterschiedlichen Vollstreckungsorgane, Regelungszwecke und Rechts-grundlagen, insbes. der Anwendung von VwVG und AO i.R.d. § 169) allerdings nicht sein darf: zur Begründung eines Vorrangs des § 170 in dieser Konstellation → Rn. 33.

14 VG Saarlouis 16.9.2016 – 5 N 2073/15; OVG Bln-Bbg 2.6.2014 – OVG 3 I 1.14; OVG Münster 23.2.2006 – 12 E 188/06; OVG Münster DÖV 1986, 619; *Kopp/Schenke* § 170 Rn. 2; *R. Pietzner/J.A. Möller*, in: Schoch/Schneider/Bier § 170 Rn. 25; vgl. auch OVG Koblenz DVBl 1986, 288; a.A. *I. Kraft*, in: Eyermann § 170 Rn. 7.

15 Hier braucht § 167 Abs. 1 S. 1 entgegen *R. Pietzner/J.A. Möller*, in: Schoch/Schneider/Bier § 170 Rn. 27 nicht heran-gezogen werden, weil § 170 Abs. 1 S. 3 die Anwendung unmittelbar anordnet; wie hier offenbar *Kopp/Schenke* § 170 Rn. 4; *W. Miedtank*, Zwangsvollstreckung, 1964, 99 ff.; *I. Kraft*, in: Eyermann § 170 Rn. 14; *Schunck/De Clerck* § 170 Anm. 2 e.

16 Zum nicht unproblematischen Begriff der Funktionsfähigkeit allg. *K.-A. Schwarz*, BayVBl 1998, 710 ff.; BayVerfGH DÖV 1997, 1044.

17 So auch *R. Pietzner/J.A. Möller*, in: Schoch/Schneider/Bier § 170 Rn. 1: Einschränkung der Verfahrensherrschaft des Vollstreckungsgläubigers.

(§ 170 Abs. 1 S. 2). Dies zeigt deutlich den Unterschied zur zivilprozessualen Zwangsvollstreckung, die von der grundsätzlichen Dispositionsbefugnis des Vollstreckungsgläubigers beherrscht wird.[18] Gemeinhin spricht man bei § 170 von *„Fiskusprivilegien"*,[19] was der Sache nach zutrifft, in der Wortwahl aber – anders als bei § 882a ZPO – zumindest missverständlich ist, weil der Begriff „Fiskus" heute sowohl für das Staatsvermögen als solches als auch für die gleichgeordnete Tätigkeit des Staates im allgemeinen Wirtschaftsleben verwendet wird.[20]

8　Die genannten Privilegien werden, wie eingangs erwähnt, mit der Aufrechterhaltung der Funktionsfähigkeit der öffentlichen Verwaltung begründet, die Ungleichbehandlung gegenüber dem Bürger[21] damit sachlich gerechtfertigt. Diese Schutzbedürftigkeit des Staates bedarf allerdings der Konkretisierung: Keineswegs soll die öffentliche Verwaltung generell „vor der Vollstreckung" in Schutz genommen werden. Im Gegenteil ist es ein Gebot effektiven Rechtsschutzes, verwaltungsgerichtliche Entscheidungen notfalls im Vollstreckungswege zu verwirklichen, gleich ob der Vollstreckungsschuldner der Staat oder ein Bürger ist. Die Funktionsfähigkeit der öffentlichen Verwaltung würde nur dort leiden, wo der Vollstreckungszugriff der Verwaltung notwendige Ressourcen entzöge, ohne die eine ordnungsgemäße Aufgabenerfüllung nicht möglich ist. I.d.S. ist auch § 170 Abs. 3 formuliert. Man kann diese Regelung vorsichtig mit den Pfändungsschutzvorschriften der zivilprozessualen Zwangsvollstreckung (z.B. §§ 811, 850a ZPO) vergleichen. Vor diesem Hintergrund bedarf es freilich des Schutzes nur in den Fällen, in denen der Vollstreckungszugriff auf das Verwaltungsvermögen möglich ist. Das ist bei Geldforderungen der Fall, weil solche jedenfalls nach dem Vorbild der ZPO gerade über einen Vermögenszugriff (Pfändung etc.) realisiert werden. Anders bspw. die Erzwingung unvertretbarer Handlungen, für die neben dem unmittelbaren Zwang nur das Zwangsgeld zur Verfügung steht. Hier besteht kein Bedarf an einem weiter reichenden Vollstreckungsschutz. Diese Konsequenz zieht auch die VwGO mit ihrer Unterscheidung in den §§ 170, 172, deren Auslegung und Abgrenzung sich nicht zuletzt an dem Normzweck orientiert (→ Rn. 42 ff.).

9　**2. § 170 als Verfahrensnorm für Gericht und Gläubiger.** § 170 darf nicht nur vor dem sicherlich dominanten Hintergrund der Privilegierung gesehen werden. Er enthält ungeachtet dessen Verfahrensregelungen, die den Beteiligten den Weg in die „Geldvollstreckung" weisen. Immerhin stellt diese Vorschrift bei allem Schutz doch klar, dass eine Zwangsvollstreckung auch gegen den Staat möglich ist; insofern ist durch § 170 (wie auch § 172) „etwas anderes bestimmt" i.S.d. § 17 VwVG, der ohne solche Regelungen Zwangsmittel gegen (Bundes-)Behörden gerade ausschließt. Für diese Vollstreckung stellt die Prozessrechtsordnung die entsprechenden Instrumente zur Verfügung. Dabei hat der Hinweis auf die „geltenden Vollstreckungsvorschriften" (§ 170 Abs. 1 S. 3) prozessrechtsordnenden Charakter. Hinzu kommt die wichtige Aussage des § 170 Abs. 4, wonach die Schutzvorschriften für öffentlich-rechtliche Kreditinstitute nicht gelten.

III. Parallelvorschriften

10　**1. Sozial- und Finanzgerichtsbarkeit.** Verfahrens- und Schutzvorschriften bei der Vollstreckung gegen die öffentliche Hand enthalten auch die Prozessordnungen der besonderen Verwaltungsgerichtsbarkeit. So ist § 152 FGO (mit einem Verweis auf § 151 Abs. 1 S. 1 FGO wegen der Vollstreckungsschuldner) praktisch identisch mit § 170. Die §§ 198 ff. SGG sparen in ihrer fragmentarischen Vollstreckungsordnung die Vollstreckung wegen Geldforderungen aus. Demnach ist über die Generalverweisung in § 198 Abs. 1 SGG auf § 882a ZPO abzustellen, dem normativen Vorbild des § 170.[22]

18　Vgl. *F. Baur/R. Stürner*, Zwangsvollstreckungs-, Konkurs- und Vergleichsrecht, [12]1995, Rn. 6.5; *Gaul/Schilken/ Becker-Eberhard* § 5 Rn. 17.

19　BVerfGE 61, 82, 106; *R. Pietzner/J.A. Möller*, in: Schoch/Schneider/Bier § 170 Rn. 1

20　*Peter Eichhorn*, Verwaltungslexikon, [2]1991, Stichwort „Fiskus"; *H. Tilch*, Deutsches Rechts-Lexikon, Bd. I, [3]2001, Stichwort „Fiskus"; *Wolff/Bachof/Stober/Kluth* I § 23 Rn. 39.

21　Diese „Ungleichbehandlung" ist nicht i.S.v. Art. 3 Abs. 1 GG zu verstehen, der nach allg. Verständnis nicht im Vergleich von Rechten oder Befugnissen des Staates und seiner Bürger gilt, vgl. *D. Heckmann*, Sofortvollzug, 1992, 20 Fn. 21. Ob sich staatliche Privilegien vor dem Hintergrund eines „in allen Bereichen geltenden allgemeinen Gleichheitssatzes" (hierzu: BVerfGE 41, 1, 13) oder doch eher mit Blick auf die Freiheitsgrundrechte rechtfertigen müssen, sei dahingestellt.

22　*R. Pietzner/J.A. Möller*, in: Schoch/Schneider/Bier § 170 Rn. 4 ff.

2. Verfassungsgerichtsbarkeit. Weder das BVerfGG noch die Verfahrensordnungen der Landesverfas- 11
sungsgerichte enthalten genauere Regelungen über die Vollstreckung der auf ihrer Grundlage ergangenen – vollstreckbaren – Entscheidungen. So begnügt sich § 35 BVerfGG mit der souveränen Aussage:
„Das Bundesverfassungsgericht kann in seiner Entscheidung bestimmen, wer sie vollstreckt; es kann
auch im Einzelfall die Art und Weise der Vollstreckung regeln".[23] Dies erscheint sachgerecht, zeichnen
sich verfassungsgerichtliche Entscheidungen doch dadurch aus, dass sie – wenn überhaupt vollstreckungsbedürftig – entweder „self-executing" sind oder – wie bei der Verfassungsbeschwerde – in besonderer Beziehung zur Fachgerichtsbarkeit stehen. Ein alle Verfahrenskonstellationen umfassendes
Vollstreckungsregime kann so praktisch nicht normiert werden. Auch wenn es durchaus naheliegt,
sich auch für den Bereich der Vollstreckung mit „Anleihen" aus den fachgerichtlichen Prozessordnungen zu behelfen,[24] begnügt sich das BVerfG mit einer Analogie zu § 170 in vergleichbaren Fällen
(BVerfGE 84, 6, 8. Vgl. auch BVerfG NVwZ 1999, 402).

3. Ordentliche Gerichtsbarkeit. Im Bereich der **ordentlichen Gerichtsbarkeit** interessiert zunächst 12
§ 882 a ZPO, der sich explizit auf die Zwangsvollstreckung gegen den Bund und die Länder (Abs. 1)
und sonstige Körperschaften, Anstalten und Stiftungen des öffentlichen Rechts (Abs. 3) bezieht. Daneben sind wegen des Vorbehalts in § 15 Nr. 3 EGZPO bei der Zwangsvollstreckung gegen Gemeinden
und Gemeindeverbände die „landesgesetzlichen Vorschriften", i.d.R. die jeweilige GO, zu beachten.[25]

a) Verhältnis des § 170 zur Regelung des § 882 a ZPO. Das Verhältnis des § 170 zur Regelung des 13
§ 882 a ZPO lässt sich klar umreißen: Beide Vorschriften schließen sich in ihrem Anwendungsbereich
aus. § 882 a ZPO umfasst nur die Zwangsvollstreckung aus Titeln der *Zivilgerichte*. § 170 gilt nur für
die Vollstreckung aus *verwaltungsgerichtlichen* Zahlungstiteln.

aa) Gemeinsamkeiten. Beide Vorschriften ähneln sich in Inhalt und Zwecksetzung. Es geht um die 14
Begünstigung der öffentlichen Hand als Vollstreckungsschuldner zur Aufrechterhaltung der Funkti-
onsfähigkeit der öffentlichen Verwaltung. Zu diesem Zweck werden jeweils besondere Hürden für die
Vollstreckung errichtet. Dies gilt insbes. für den Vermögensschutz, der in § 170 Abs. 3 S. 1 und § 882 a
Abs. 2 S. 1 ZPO wortidentisch geregelt ist.

bb) Unterschiede. Unterschiede bestehen zunächst aufgrund des Amtsbetriebs in der Verwaltungsge- 15
richtsbarkeit. Dort erfolgt die Ankündigung der Vollstreckung durch das Gericht, bei § 882 a ZPO
durch den Gläubiger. Eingeleitet wird die Vollstreckung durch gerichtliche Vollstreckungsverfügung
und nicht wie bei §§ 753, 882 a ZPO durch Auftrag des Gläubigers. Weitere Unterschiede ergeben
sich aufgrund § 15 Nr. 3 EGZPO. Während die zivilprozessuale Zwangsvollstreckung Gemeinden und
Gemeindeverbände landesrechtlichen Sonderregelungen überlässt, gilt § 170 unterschiedslos für alle
Verwaltungsträger. Schließlich nehmen die § 882 a ZPO, § 15 Nr. 3 EGZPO i.V.m. den GO die Verfolgung dinglicher Rechte ausdrücklich aus ihren Schutzbereichen aus; § 170 kennt eine solche Ausnahme nicht (→ Rn. 43), was allerdings keine praktische Bedeutung haben dürfte.[26]

---

23 Parallelvorschriften der Länder sind § 28 StGHG BW, § 27 StGHG Hessen, § 20 VerfGHG RhPf, § 33 VerfGGBbg,
§ 34 LVerfGG MV; enger § 29 VGHG NRW, § 30 ThürVerfGHG, § 27 VerfGHG Saarl, vgl. auch die rechtsverglei-
chenden Hinweise bei *H. Bethge*, in: Maunz/Schmidt-Bleibtreu/Klein/Bethge § 35.
24 Analogien zum sonstigen deutschen Verfahrensrecht vollzieht das BVerfG regelmäßig, *K. Schlaich/S. Korioth*, Das
Bundesverfassungsgericht, 2012, Rn. 473; auch zum Vollstreckungsinstrumentarium des BVerfG gehören deswegen
Maßnahmen wie Ersatzvornahme und unmittelbarer Zwang, *H. Lechner/R. Zuck*, Bundesverfassungsgerichtsgesetz,
2011, § 35 Rn. 16. Allerdings rekurriert das Gericht gerade im Bereich der Vollstreckung kaum ausdrückl. auf das
Verfahrensrecht der Fachgerichte. Krit. *K. Schlaich/S. Korioth*, Das Bundesverfassungsgericht, 2012, Rn. 473,
474 f. m.w.N., die in der Auslegung des § 35 BVerfGG durch das BVerfG eine Generalermächtigung erkennen, die alle
Kompetenzvorschriften überspringe.
25 Nach h.M. schließt § 15 Nr. 3 EGZPO die Anwendbarkeit des § 882 a ZPO aus, sodass die entsprechenden landesrechtlichen Regelungen ein eigenes „Vollstreckungsregime" begründen, vgl. BVerfGE 60, 135, 156 ff.; *R. Pietzner/*
J.A. Möller, in: Schoch/Schneider/Bier § 170 Rn. 4 m.w.N.; a.A. (mit beachtlichen Gründen) *R. Schmitt-Timmer-*
manns/P. Schäfer, BayVBl 1989, 489 und ein Teil der Kommentarlit. zu den GO, wonach die GO und § 882 a ZPO
zumindest in bestimmten Konstellationen kumulativ anwendbar seien, vgl. etwa *Bauer/Böhle/Ecker*, Bayerische Kommunalgesetze, Art. 77 GO Rn. 1; für kumulative Anwendbarkeit, aber diff. nach unterschiedlichen Fristen *E. Hien/*
Eckart Bayerische Gemeindeordnung, Art. 77 Anm. II.
26 *R. Pietzner/J.A. Möller*, in: Schoch/Schneider/Bier § 170 Rn. 13 m.w.N.

16   **b) Insbes.: Zwangsvollstreckung gegen Gemeinden.** Ist eine Gemeinde oder ein Gemeindeverband Schuldner einer titulierten Geldforderung, sind wegen § 15 Nr. 3 EGZPO die Sondervorschriften aus den GO zu beachten. Dies gilt freilich nur, soweit nicht seinerseits § 170 diese Vollstreckung regelt.

17   **aa) Die Rechtslage bei verwaltungsgerichtlichen Zahlungstiteln.** § 170 gilt ausdrücklich auch für die Zwangsvollstreckung gegen Gemeinden und verdrängt anderslautende landesrechtliche Regelungen wie etwa Art. 77 BayGO,[27] obwohl dieser nach seinem Abs. 2 grds. auch für öffentlich-rechtliche Geldforderungen anwendbar wäre.[28] Dies ist i.E. wohl unstr. Zur Begründung lässt sich zunächst auf die Subsidiaritätsklausel in Art. 77 Abs. 2 BayGO abstellen:[29] § 170 ist insoweit Sondervorschrift. Aber auch dort, wo die GO das Verhältnis nicht explizit regelt, wird man nichts anderes vertreten können. Unabhängig davon, ob § 15 Nr. 3 EGZPO landesrechtliche Regelungen nur für bürgerlich-rechtliche Forderungen erlaubt,[30] wird diese Vorschrift ihrerseits von § 170 verdrängt.[31] Der VwGO-Gesetzgeber hat in Kenntnis der Kompetenz-Problematik zur Regelung der Vollstreckung gegen Gemeinden diese ausdrücklich in den persönlichen Anwendungsbereich des § 170 einbezogen.[32]

18   **bb) Exkurs: Die Rechtslage außerhalb der verwaltungsgerichtlichen Vollstreckung.** Außerhalb der in § 168 Abs. 1 aufgezählten bzw. davon erfassten Zahlungstitel (zum Anwendungsbereich der verwaltungsgerichtlichen Vollstreckung grds. → § 168 Rn. 7) gegen Gemeinden und Gemeindeverbände erlangen die Spezialvorschriften der GO (mit und ohne Verweis über § 15 Nr. 3 EGZPO) Bedeutung. Danach werden dem Vorbild des § 116 DGO 1935 entsprechend Verfahrenshürden aufgestellt, die im Wesentlichen eine Zulassungsverfügung durch die Aufsichtsbehörde (so § 127 GemO BW, § 136 Abs. 1 NdsGO, § 128 GO NRW) oder zumindest die vorherige Zustellung einer beglaubigten Abschrift des vollstreckbaren Titels an die Rechtsaufsichtsbehörde (so etwa Art. 77 Abs. 1 BayGO) als Vollstreckungsvoraussetzung verlangen.

IV. Die Beteiligten des Vollstreckungsverfahrens

19   **1. Die „öffentliche Hand" als Vollstreckungsschuldner (Abs. 1 S. 1).** § 170 legt den persönlichen Geltungsbereich auf Schuldnerseite dem Schutzzweck der Vorschrift entsprechend fest: Sämtliche Träger öffentlicher Verwaltung, aber auch nur diese (zum Sonderfall des „Beliehenen" → Rn. 28), genießen als Schuldner die Vollstreckungsprivilegien.

20   **a) Verwaltungsträger als Vollstreckungsschuldner.** Schuldner einer Geldforderung können nur rechtsfähige Personen sein. Nur diese werden also mit ihrem Vermögen vom Geltungsbereich des § 170 erfasst. Konsequent werden alle juristischen Personen des öffentlichen Rechts aufgeführt.

21   **b) Bund und Länder.** Bund und Länder sind Zuordnungssubjekte sämtlicher Stellen der Bundes- und Landesverwaltung.[33]

22   **c) Gemeinden und Gemeindeverbände.** Gemeinden und Gemeindeverbände[34] werden im Gegensatz zu § 882 a ZPO von § 170 – wie gesehen (→ Rn. 17) – erfasst.

---

27   *R. Pietzner/J.A. Möller,* in: Schoch/Schneider/Bier § 170 Rn. 8. Eine Übersicht über die Regelungen in den neuen Bundesländern bieten *T. Pencereci/E. Siering,* LKV 1996, 401 Fn. 7; zu den Regelungen in den alten Bundesländern *U. Genuhn,* Zwangsvollstreckung, 1993, 53 ff.

28   Art. 77 BayGO läuft damit für die Vollstreckung aus verwaltungsgerichtlichen Titeln leer, *Bauer/Böhle/Ecker,* Bayerische Kommunalgesetze, Art. 77 GO Rn. 6.

29   Abs. 1 gilt entsprechend für öffentlich-rechtliche Geldforderungen, soweit nicht Sondervorschriften bestehen.

30   In diese Richtung lässt sich *E.-G. Thomas,* BayVBl 1967, 335, 338 verstehen.

31   Ganz h.M.: OVG Münster DÖV 1987, 653; VGH Kassel ESVGH 38, 22, 23; *W. J. Bank,* Zwangsvollstreckung, 1982, 68; *W. Miedtank,* Zwangsvollstreckung, 1964, 92; *R. Pietzner/J.A. Möller,* in: Schoch/Schneider/Bier § 170 Rn. 8; *H. v. Nicolai,* in: Redeker/v. Oertzen § 170 Rn. 2; *I. Kraft,* in: Eyermann § 170 Rn. 2 (§ 170 verdrängt § 15 Nr. 3 EGZPO); *E.-G. Thomas,* BayVBl 1967, 335, 338.

32   Ähnl. *R. Pietzner/J.A. Möller,* in: Schoch/Schneider/Bier § 170 Rn. 8 a.E.

33   § 170 findet ebenfalls Anwendung, wenn Vollstreckungsschuldner die Bundesrepublik Deutschland ist, diese aber durch ein Nachfolgeunternehmen der Deutschen Bundespost vertreten wird, VG Darmstadt NVwZ-RR 2006, 743, a.A. VG Frankfurt 15.8.2014 – 9 N 2217/14.F – das die Frage allerdings nur im Rahmen von § 161 Abs. 2 behandelt.

34   Die Errichtung von Gemeindeverbänden ergibt sich aus dem Gemeinderecht der Länder, vgl. etwa für Bayern die Verwaltungsgemeinschaftsordnung (VGemO), die die Selbständigkeit der einzelnen Gemeinden unberührt lässt. In Baden-Württemberg etwa sind verschiedene Gestaltungen möglich, vgl. §§ 59 ff. GO und die Vorschriften des Gesetzes über die kommunale Zusammenarbeit (GKZ).

d) Sonstige Körperschaften des öffentlichen Rechts. Sonstige Körperschaften des öffentlichen Rechts 23 sind, wie die explizit genannten Gebietskörperschaften, alle mitgliedschaftlich verfassten, unabhängig vom Wechsel der Mitglieder bestehenden, mit Hoheitsgewalt versehenen Verwaltungsträger (Real-, Personal- und Verbandskörperschaften),[35] etwa die Landkreise, berufsständische Kammern oder Berufsgenossenschaften. Unter den Voraussetzungen des Art. 140 GG i.V.m. Art 137 Abs. 5 WRV können auch Religionsgemeinschaften mit ihrer staatlichen Anerkennung Körperschaftsstatus erlangen. Dabei ist aber zu beachten, dass Religionsgemeinschaften nur dort als Vollstreckungsschuldner i.S.d. §§ 167ff. in Betracht kommen, wo für Streitigkeiten auch der Verwaltungsrechtsweg eröffnet ist (zum allgemeinen Zusammenhang von Verwaltungsrechtsweg und „Vollstreckungsrechtsweg" → § 168 Rn. 5). Dies kommt etwa in Betracht bei der Klage eines Geistlichen auf Feststellung seiner vermögensrechtlichen Ansprüche gegen seine Landeskirche oder bei Klagen von Witwe und Waisen eines verstorbenen ehemaligen Pastors auf Witwenpension bzw. Waisengeld (Bsp. nach BVerwGE 25, 226, 230; 95, 379).

e) Anstalten des öffentlichen Rechts. Anstalten des öffentlichen Rechts sind nicht verbandsmäßig or- 24 ganisierte rechtsfähige Verwaltungsträger, die der dauerhaften Verfolgung eines bestimmten Anstaltszwecks dienen; sie werden nicht von Mitgliedern getragen, sondern haben Benutzer.[36] Neben den öffentlich-rechtlichen Rundfunkanstalten sind besonders die Deutsche Bibliothek, die Studentenwerke, die Landesversicherungsanstalten und kommunale Sparkassen als Anstalten des öffentlichen Rechts organisiert. Letztere werden allerdings den anderen Verwaltungsträgern nicht gleichgestellt, § 170 Abs. 4 (→ Rn. 103 ff.).

f) Stiftungen des öffentlichen Rechts. Unter Stiftungen des öffentlichen Rechts sind rechtsfähige Stif- 25 tungen zu verstehen (vgl. § 80 BGB), die ausschließlich öffentliche Zwecke verfolgen und zum Staat oder einer anderen Körperschaft des öffentlichen Rechts in einer solchen organisatorischen Beziehung stehen, dass die Stiftung als eine öffentliche Einrichtung erscheint (vgl. etwa Art. 1 Abs. 3 BayStG). Auf nichtrechtsfähige Stiftungen des öffentlichen Rechts[37] ist § 170 nur deswegen nicht anwendbar, weil diese stets in die – ihrerseits rechtsfähige – Rechtsperson integriert sind, der das zweckgebundene Stiftungsvermögen übertragen wurde. Träger der Vermögensrechte sind dann Staat, Gemeinde oder Kirche, gegen die nach allgemeinen Grundsätzen gem. § 170 vollstreckt werden kann.[38] I.R.d. § 170 Abs. 3 ist die besondere Zweckbindung des Stiftungsvermögens zu berücksichtigen.

g) Sonderfälle. Die enumerative Aufzählung der Vollstreckungsschuldner lässt wenige Sonderfälle of- 26 fen, die sich aber durch systematische und teleologische Auslegung klären lassen.

aa) Der „Fiskus". Es ist nicht von vornherein ausgeschlossen, dass über fiskalische Tätigkeiten der 27 öffentlichen Hand durch einen verwaltungsgerichtlichen Titel entschieden wird. Abgesehen von Fällen fälschlicher Titulierung kann eine bindende Verweisung nach § 17a Abs. 2 GVG in die Zwangsvollstreckung nach den Vorschriften der VwGO führen. Hier kann es schon deshalb nicht funktional auf die wahrgenommenen Aufgaben ankommen, weil für die Vollstreckung alleine die Herkunft des Titels maßgeblich ist (→ § 168 Rn. 5).[39] Im Übrigen jedoch ist im fiskalischen Bereich durch die Zivilgerichte zu entscheiden; Vollstreckungsschutz bei privatrechtlichen Forderungen gegen die öffentliche Hand gewährt dann § 882a ZPO.

bb) Beliehene. § 170 ohne nähere Begründung auf Beliehene anzuwenden,[40] ist durchaus problema- 28 tisch. Obwohl dem Beliehenen nach allgemeinem Verwaltungsrecht Behördenstatus zukommt, liegt der Einwand nahe, diese bedürften regelmäßig nicht des Schutzes durch „Fiskusprivilegien". Außerdem sind nur wenige Fallgestaltungen vorstellbar, in denen Geldforderungen gegen Beliehene vor den

---

35 *M. Burgi*, in: Erichsen/Uwe/Burgi § 52 Rn. 12.
36 *M. Burgi*, in: Erichsen/Uwe/Burgi § 52 Rn. 16.
37 Etwa nichtrechtsfähige kirchliche Stiftungen, *M. Schulte*, Stiftung, 1989, 14 m.N. in Fn. 49.
38 *D. Eickmann*, in: MüKoZPO § 882a Rn. 2; *P. Hartmann*, in: Baumbach/Lauterbach/Albers/Hartmann § 882a Rn. 3; *H. v. Nicolai*, in: Redeker/v. Oertzen § 170 Rn. 2.
39 Insoweit missverständlich *R. Pietzner/J.A. Möller*, in: Schoch/Schneider/Bier § 170 Rn. 10 unter Bezugnahme auf die Begründung zum Regierungsentwurf (BT-Drs. 3/55, 49 zu § 167), wonach es für die Anwendbarkeit des § 170 nicht darauf ankomme, ob die Behörde den konkreten Rechtsstreit als Träger öffentlicher Gewalt geführt habe oder als Fiskus.
40 So etwa *R. Pietzner/J.A. Möller*, in: Schoch/Schneider/Bier § 170 Rn. 10.

VG zu titulieren sind. Von der stets bestehenden Möglichkeit eines fehlerhaften verwaltungsgerichtlichen Urteils oder einer bindenden Verweisung nach § 17a Abs. 2 GVG abgesehen, könnte es bspw. um die Durchsetzung eines öffentlich-rechtlichen Erstattungsanspruchs gegen den beliehenen Schornsteinfeger[41] gehen. In diesen Fällen sollte bei Auslegung und Anwendung des § 170 die Nähe zur Vollstreckung zwischen Privaten berücksichtigt werden. So mag etwa die Frist nach § 170 Abs. 2 regelmäßig kürzer zu bemessen sein. Vermögensschutz i.S.d. § 170 Abs. 3 besteht nur für die der hoheitlichen Tätigkeit dienenden Gerätschaften. Die Merkmale der „Unentbehrlichkeit" und des öffentlichen Interesses bieten insofern genügend Spielraum für sachgerechte Entscheidungen im Einzelfall.

29   **cc) Beteiligungsfähige Behörden (§ 61 Nr. 3) als Vollstreckungsschuldner?** Behörden kommen selbst dann nicht als Vollstreckungsschuldner in Betracht, wenn sie als Kläger oder Beklagte im Erkenntnisverfahren beteiligt waren (§ 61 Nr. 3, § 78 Abs. 1 Nr. 2). Zum einen haben sie kein eigenes Vermögen, in das wegen einer Geldforderung nach § 170 vollstreckt werden könnte. Zum anderen ist der Vollstreckungstitel dem Rechtsträger der Behörde zuzurechnen, für den sie als Prozessstandschafter im Verwaltungsprozess[42] agierte.[43] Ob es insoweit einer Titelumschreibung auf den Rechtsträger bedarf, wie in diesem Zusammenhang vielfach diskutiert wird,[44] ergibt sich letztlich aus § 171 (→ § 171 Rn. 25).

30   **2. Der Vollstreckungsgläubiger.** Während § 170 den Kreis der Vollstreckungsschuldner benennt und damit eingrenzt, spricht er auf der anderen Seite bloß von „Gläubiger". Damit sind der verwaltungsgerichtlichen Praxis entsprechend in erster Linie Privatpersonen gemeint; aber auch Verwaltungsträger kommen als Vollstreckungsgläubiger in Betracht.

31   **a) Regelfall: Privatpersonen als Vollstreckungsgläubiger.** Private i.d.S. sind nicht nur natürliche Personen, sondern auch sämtliche juristischen Personen des Privatrechts. Für die Behandlung von Gesamthandsgemeinschaften, insbes. solcher des Handelsrechts, ergibt sich kein Unterschied zum Zivilrecht.[45]

32   **b) Sonderfall: Vollstreckung zwischen „öffentlichen Händen".** Steht die öffentliche Hand sowohl auf der Gläubiger- als auch auf der Schuldnerseite, stellt sich die bedeutende Frage nach dem anwendbaren Recht. Hier gilt es, die Vollstreckungsprivilegien des § 169 (→ § 169 Rn. 6 f., 67 ff.) mit denen des § 170 in Einklang zu bringen.

33   **aa) Vorrang des § 170.** Der Vorrang des § 170 lässt sich mit der ganz h.M.[46] zwanglos begründen: Die Privilegien des prozeduralen und gegenständlichen Vollstreckungsschutzes (§ 170 Abs. 1–3) verlieren ihre Berechtigung nicht mit dem Wechsel des Gläubigers. Während die öffentliche Hand auf den Schutz des § 170 angewiesen ist, braucht sie den erleichterten Zugriff des § 169 (i.V.m. dem VwVG) nicht nur nicht; er wäre gegenüber Hoheitsträgern angewandt geradezu wesensfremd.[47] So löst sich der „Konflikt" zwischen § 169 und § 170 zugunsten Letzterem auf. Eine kumulative Anwendung beider ist weder erforderlich noch – angesichts der Inkompatibilität der Vollstreckungsregeln[48] – durchführbar.

---

41   Entsprechendes gilt für den Prüfingenieur des TÜV; mit Ausnahme Bremens betrifft die gesetzliche Beleihung nur den einzelnen Sachverständigen, nicht aber die technische Prüfstelle, VG Münster NJW 1967, 171; *U. Steiner*, JuS 1969, 69, 74. Allerdings ist die Prüfstelle kraft ausdrückl. gesetzlicher Regelung Gläubiger der Gebühren- und Auslagenforderung (§ 3 Abs. 2 GebOSt). Dementsprechend hat sich auch ein etwaiger Erstattungsanspruch gegen diese zu richten; konsequenterweise wäre sie auch Vollstreckungsschuldner. Allg. zur Frage der Passivlegitimation beim Vorgehen gegen Beliehene VGH München NJW 1975, 1796, 1797 – technische Prüfstelle als Klagegegner; *H. Borchert*, JuS 1974, 723, 726 und *V. Götz*, DÖV 1975, 211, 212 – Klage gegen technische Prüfstelle als Rechtsträger; *U. Steiner*, JuS 1969, 69, 75 – Sachverständiger nach § 78 Abs. 1 Nr. 1 bzw. Nr. 2.

42   BVerwGE 80, 127, 128; *H.-J. v. Oertzen*, DVBl 1961, 650; Einzelheiten zu § 61 Nr. 3 bei § 61 Rn. 33 ff.

43   BVerwGE 35, 247, 248; OVG Münster NJW 1979, 1057; *R. Pietzner/J.A. Möller*, in: Schoch/Schneider/Bier § 170 Rn. 11.

44   Vgl. *R. Pietzner/J.A. Möller*, in: Schoch/Schneider/Bier § 170 Rn. 11.

45   Zur Behandlung im Zivilrecht *W. Schuschke*, in: Schuschke/Walker, ⁴2008, Vorbem. §§ 735, 736 Rn. 3 ff.

46   VGH Kassel NJW 1976, 1766 (LS 1); *D. Fittschen*, VerwArch 83 (1992), 165, 195; *Kopp/Schenke* § 170 Rn. 1; *W. Miedtank*, Zwangsvollstreckung, 1964, 123; *H. v. Nicolai*, in: Redeker/v. Oertzen § 169 Rn. 1 und § 170 Rn. 1; *R. Pietzner/J.A. Möller*, in: Schoch/Schneider/Bier § 170 Rn. 7; *I. Kraft*, in: Eyermann § 170 Rn. 6.

47   Ähnl. *R. Pietzner/J.A. Möller*, in: Schoch/Schneider/Bier § 170 Rn. 7.

48   Darauf weist mit Recht *R. Pietzner/J.A. Möller*, in: Schoch/Schneider/Bier § 170 Rn. 7 hin. Dies entwertet bereits den Hinweis von *Schunck/De Clerck* § 169 Anm. 1 m.w.N. auf § 17 VwVG, wonach Verwaltungszwang gegen Verwal-

bb) Die abweichende Regelung des § 151 Abs. 1 S. 1 Hs. 2 FGO. § 151 Abs. 1 S. 1 Hs. 2 FGO, der 34
die Anwendung der AO auch bei der Vollstreckung zwischen öffentlichen Händen anordnet, wird für
die Vollstreckung wegen Geldforderungen von § 152 FGO verdrängt. Diese Regelung als (nicht verallgemeinerungsfähige) Ausnahme- bzw. Sonderregelung zu § 170 zu bezeichnen,[49] geht also fehl. Auch
in der finanzgerichtlichen Vollstreckung zwischen öffentlichen Händen wird besonderer Vollstreckungsschutz gewährt.

3. Das Prozessgericht als zuständiges Vollstreckungsgericht. Nach § 170 Abs. 1 S. 1 verfügt das Ge- 35
richt des ersten Rechtszuges die Vollstreckung. Es trägt gem. § 167 Abs. 1 S. 2 die Bezeichnung Vollstreckungsgericht (zum Streit um die sachliche bzw. terminologische Abgrenzung von Prozess- und
Vollstreckungsgericht → § 172 Rn. 24).

a) Instanzielle Zuständigkeit. Die instanzielle Zuständigkeit liegt i.d.R. bei den VG (§ 45), ausnahms- 36
weise kommen §§ 47, 48 (erstinstanzliche Zuständigkeit des OVG/VGH) und § 50 (BVerwG) zur Anwendung.

b) Örtliche Zuständigkeit. Die örtliche Zuständigkeit des Vollstreckungsgerichts richtet sich nach 37
§ 167 Abs. 1 S. 1 i.V.m. § 764 Abs. 2 ZPO.[50] Zuständig ist also das Gericht, in dessen Bezirk das Vollstreckungsverfahren stattfinden soll oder stattgefunden hat.[51] Davon zu trennen ist die Zuständigkeit
des ausführenden Organs. Nur wenn das Vollstreckungsgericht selbst tätig wird, gelangt § 167 Abs. 1
S. 1 i.V.m. § 828 Abs. 2 ZPO zur Anwendung.[52] Da andere Vollstreckungsmaßnahmen als Forde-
rungspfändungen auf Vollstreckungshelfer delegiert werden, deren „eigenes" Vollstreckungsrecht gilt,
kommt eine nach § 764 Abs. 2 ZPO an sich mögliche Trennung von Prozess- und Vollstreckungsgericht in der verwaltungsgerichtlichen Vollstreckung nicht in Betracht.

c) Zuständigkeitsveränderungen. Zuständigkeitsveränderungen nach Abschluss des Erkenntnisver- 38
fahrens sind unbeachtlich. Maßgeblich ist also stets das Gericht, das auch tatsächlich das Erkenntnisverfahren durchgeführt hat, nicht das Gericht, das aufgrund einer Veränderung der Umstände nunmehr für ein erneutes Erkenntnisverfahren zuständig wäre.[53]

d) Besetzung des Gerichts. Die Besetzung des Gerichts im Vollstreckungsverfahren folgt der des Er- 39
kenntnisverfahrens. Erforderlich ist also grds. ein vollbesetzter Spruchkörper in Beschlussstärke.[54]

V. Vollstreckungsvoraussetzungen

1. Geldzahlungstitel als Vollstreckungsgrundlage. Soll gegen die öffentliche Hand „wegen einer Geld- 40
forderung vollstreckt werden" (§ 170 Abs. 1 S. 1), dann setzt dies nach § 168 Abs. 1 einen vollstreckbaren Geldzahlungstitel voraus. Ein Vollstreckungstitel ist wie stets allgemeine Vollstreckungsvoraussetzung, sein Inhalt – gerichtet auf Geldzahlung – gibt die Vollstreckungsrichtung vor und begründet
den Vollstreckungsschutz aus § 170 Abs. 1–3.

a) Vollstreckung „wegen einer Geldforderung" (Abs. 1 S. 1). Vollstreckung „wegen einer Geldforde- 41
rung" (§ 170 Abs. 1 S. 1) bedeutet, dass der Vollstreckungstitel, sei es ein Leistungsurteil auf Geldzahlung, ein Kostenfestsetzungsbeschluss oder ein sonstiger der in § 168 Abs. 1 genannten Titel, *unmittelbar* auf die Zahlung von Geld lautet. Dementsprechend stellt die durch eine einstweilige Anordnung
festgesetzte Leistung einer Geldforderung zur Sicherheit auf ein Sperrkonto keine Geldforderung i.S.d.
§ 170 dar, da dadurch dem Gläubiger keine unmittelbare Möglichkeit der Befriedigung gegenüber der
öffentlichen Hand eingeräumt wird (OVG Koblenz NVwZ-RR 2014, 293). Auch die gerichtliche Verfügung einer Sicherheitsleistung in Form der Hinterlegung eines Geldbetrages stellt keine Geldforderung i.S.d. § 170 Abs. 1 dar (VG Trier 17.9.2013 – 1 N 822/13.TR).

---

tungsträger (nur) unzulässig sei, „soweit nicht etwas anderes bestimmt ist". Diese andere „Bestimmung" (hier: § 169)
wird vorliegend i.R. systematischer Auslegung (im Hinblick auf § 170) restriktiv ausgelegt.
49 So *R. Pietzner/J.A. Möller*, in: Schoch/Schneider/Bier § 170 Rn. 7.
50 *R. Pietzner/J.A. Möller*, in: Schoch/Schneider/Bier § 170 Rn. 3 und *R. Pietzner*, in: Schoch/Schneider/Bier § 167
Rn. 89.
51 *R. Pietzner*, in: Schoch/Schneider/Bier § 167 Rn. 89.
52 Vgl. *R. Pietzner/J.A. Möller*, in: Schoch/Schneider/Bier § 170 Rn. 3.
53 Für § 172 *R. Pietzner/J.A. Möller*, in: Schoch/Schneider/Bier § 172 Rn. 7.
54 *R. Pietzner/J.A. Möller*, in: Schoch/Schneider/Bier § 170 Rn. 3.

42 **b) Sonderfälle.** Abgrenzungsprobleme entstehen dort, wo solche Geldzahlungstitel dem Grunde nach (auch) von § 172 erfasst werden oder eine Geldleistung nur mittelbar tituliert ist (etwa bei der Verpflichtung auf Erlass eines Leistungsbescheides).

43 **aa) Verfolgung dinglicher Rechte.** Die Verfolgung dinglicher Rechte (d.h. dinglicher Sicherheiten wie z.B. Grundschulden oder Hypotheken) ist von § 170 anders als bei § 882 a ZPO nicht ausdrücklich ausgenommen. Dies wird z.T. damit erklärt, dass dingliche Rechte mangels Rechtswegeröffnung nie vor einem VG geltend gemacht werden könnten.[55] Damit werden aber die Fälle außer Acht gelassen, in denen aufgrund fehlerhafter Titulierung oder infolge bindender Verweisung (§ 17 a Abs. 2 S. 3 GVG) von den VG über ein dingliches Recht entschieden wird. Jedenfalls dann stellt sich die Frage, ob die Vollstreckung dem Verfahren und den Schutzprivilegien des § 170 unterliegt. Zwar scheint hierfür der von § 882 a ZPO abweichende Wortlaut des § 170 zu sprechen.[56] Diese Interessenlage unterscheidet sich allerdings nicht von der im Zivilprozessrecht: Hinter § 882 a ZPO steht der Gedanke, dass sich die öffentliche Hand nach Belastung ihres Eigentums mit einem dinglichen Recht ebenso behandeln lassen muss wie ein privater Schuldner.[57] Ihr dürfen daher die Schutzprivilegien des § 882 a ZPO nicht zugutekommen. Andernfalls wäre die mit der Bestellung dinglicher Rechte bezweckte Anspruchssicherung gefährdet. Wurde das Verwaltungsvermögen bewusst als Sicherheit gegeben, wäre es widersprüchlich, wenn nicht arglistig, zunächst eine dingliche Sicherheit einzuräumen, um sich dann bei einer Verwertung derselben auf § 170 Abs. 3 zu berufen. Natürlich ließe sich die Anwendbarkeit des § 170 in solchen Fällen damit „retten", dass § 170 Abs. 3 S. 1 restriktiv ausgelegt würde (keine Unentbehrlichkeit bei vorheriger Verpfändung). Ebenfalls denkbar wäre es, bei Unentbehrlichkeit des Gegenstandes gem. § 170 Abs. 3 S. 1 bereits die Bestellung der dinglichen Sicherheit für unwirksam zu halten. Genauso drängt sich aber auch eine extensive Anwendbarkeit des § 172 mit der Überlegung auf, der zugrunde liegende Titel sei nicht auf Geldzahlung, sondern auf Duldung der Zwangsvollstreckung (vgl. § 1147 BGB) gerichtet und entspräche damit mehr der Verpflichtungssituation des § 172 als der Geldleistungssituation des § 170. Ausschlaggebend ist allerdings zu berücksichtigen, dass die Vollstreckung dinglicher Rechte lediglich aufgrund fälschlicher Rechtswegannahme oder -verweisung zum VG gelangt ist; von der gesetzgeberischen Wertung hingegen gilt das Rechtsregime der ZPO. Es ist kein Grund ersichtlich, warum die öffentliche Hand als Vollstreckungsschuldner in der eher zufällig statthaften verwaltungsgerichtlichen Vollstreckung (§ 170) stärkeren Schutz verdient als im eigentlich statthaften Verfahren nach § 882 a ZPO. Deshalb muss die dort getroffene Wertung auch innerhalb der nach § 170 vorzunehmenden Vollstreckung berücksichtigt werden.

44 **bb) Erstattungstitel (§ 113 Abs. 1 S. 2).** Erstattungstitel (§ 113 Abs. 1 S. 2) werden in § 172 Abs. 1 S. 1 zu den Verpflichtungen gezählt, die mittels Zwangsgeld erzwungen und damit nicht über § 170 vollstreckt werden. Ein Teil der Lit. geht deswegen von einer vorrangigen Anwendbarkeit des § 172 aus.[58] Dies überzeugt jedoch nicht. Es ist nach dem Inhalt des Vollzugsfolgenbeseitigungsanspruchs zu differenzieren. Richtet sich dieser auf Geldzahlung (Bsp.: Erstattung rechtsgrundlos geleisteter öffentlicher Abgaben oder Kosten), ist § 170 schon seines Schutzzwecks wegen als sachnähere Vorschrift anzuwenden.[59] Für § 172 bleiben die Konstellationen, in denen die Vollzugsfolgen nicht durch Geldleistung, sondern auf andere Weise zu beseitigen sind (z.B. durch Herausgabe einer Sache).

45 **cc) Verbundene Leistungstitel (§ 113 Abs. 4).** Für verbundene Leistungstitel (§ 113 Abs. 4) gilt die vorstehend vorgeschlagene Differenzierung entsprechend. Auch hier gilt § 170 in allen Fällen, in denen der Leistungstitel auf Geldzahlung gerichtet ist.[60] Ob ein solcher Titel „alleine" ergeht oder im Zusammenhang mit einem Aufhebungsurteil (§ 113 Abs. 1 S. 2, Abs. 4), ist unerheblich. Insoweit ist § 172 stets durch teleologische Reduktion auf die Fälle zu beschränken, in denen die Behörde nicht zu einer Geldzahlung verpflichtet ist.

---

55 So W. *Miedtank*, Zwangsvollstreckung, 1964, 94, auf den R. *Pietzner/J.A. Möller*, in: Schoch/Schneider/Bier § 170 Rn. 13 sowie *Schunck/De Clerk* § 170 Anm. 2 b verweisen.
56 So H. *v. Nicolai*, in: Redeker/v. Oertzen § 170 Rn. 1.
57 P. *Hartmann*, in: Baumbach/Lauterbach/Albers/Hartmann § 882 a Rn. 4.
58 W. *Miedtank*, Zwangsvollstreckung, 1964, 118, 132. Ohne Problembewusstsein *Schunck/De Clerck* § 172 Anm. 2 a 1.
59 *Kopp/Schenke* § 170 Rn. 1; R. *Pietzner/J.A. Möller*, in: Schoch/Schneider/Bier § 170 Rn. 14 und § 172 Rn. 15; I. *Kraft*, in: Eyermann § 172 Rn. 3.
60 So auch R. *Pietzner/J.A. Möller*, in: Schoch/Schneider/Bier § 170 Rn. 14, § 172 Rn. 15.

dd) Einstweilige Anordnungen (§ 123). Einstweilige Anordnungen (§ 123) unterfallen § 170 ebenfalls 46
dann, wenn sie eine Geldleistung zum Inhalt haben.[61] Dass die Erwähnung in § 172 Abs. 1 S. 1 keinen
Vorrang begründen soll, zeigt sich schon an § 170 Abs. 5, der sinnlos wäre, gäbe es keine einstweiligen Anordnungen im Anwendungsbereich des § 170.

ee) Zwangsgeld (§ 172). Die maßgebliche Grundlage für die Vollstreckung des Zwangsgeldes, das ge- 47
genüber der Behörde nach § 172 verhängt wird, ist umstritten. Während Rspr. und Lit. vielfach § 170
wie bei allen sonstigen Geldforderungen anwenden,[62] plädieren *Pietzner/Möller* für eine Anwendung
der Justizbeitreibungsordnung. Dies ergebe sich aus § 1 Abs. 1 Nr. 3 und Abs. 2 JBeitrO. Danach finde
die JBeitrO auf gerichtlich festgesetzte Zwangsgelder auf bundesrechtlicher Grundlage dann Anwendung, wenn die Vollstreckung – wie nach § 172 – von Amts wegen zu betreiben sei.[63] Außerdem passe
das „auf Schonung der öffentlichen Hand abzielende Benachrichtigungsverfahren nach § 170 Abs. 2"
nicht auf die Beitreibung des Zwangsgeldes nach erfolglosem Verlauf des Vollstreckungsverfahrens
nach § 172.[64] Dies überzeugt nur teilweise. Abgesehen davon, dass man das Vorverfahren i.S.d. § 170
Abs. 2 durch teleologische Reduktion abkürzen oder entfallen lassen kann, ist nicht einsichtig, warum
der Vermögensschutz des § 170 Abs. 3 in diesem Fall nicht greifen soll. Mit einer mangelnden Schutzbedürftigkeit des „widerspenstigen" Verwaltungsträgers (der schon der Vollstreckung nach § 172 ge-
trotzt hat) kann nicht argumentiert werden, weil der Schutz des Verwaltungsvermögens öffentlichen
Interessen dient, die weder disponibel sind, noch verwirkt werden können. Dennoch ist die Anwen-
dung der JBeitrO richtig,[65] die Ordnungs- und Zwangsgelder ausdrücklich erfasst (§ 1 Abs. 1 Nr. 3
JBeitrO), nicht auf den Bereich der ordentlichen Gerichtsbarkeit beschränkt ist (vgl. § 2 Abs. 2
JBeitrO) und auch für die Einziehung durch Justizbehörden der Länder gilt (§ 1 Abs. 2 JBeitrO). Das
Zwangsgeld ist nicht nur bereits nach § 172 de lege lata unter § 1 Abs. 1 Nr. 3 JBeitrO zu subsumie-
ren; § 201 EVwPO favorisiert auch die Vollstreckung nach der JBeitrO.[66] Aus den vorgenannten
Gründen ist dabei aber § 170 Abs. 3 ergänzend anzuwenden.[67]

ff) Öffentlich-rechtliche Verträge mit Unterwerfungsklausel. Öffentlich-rechtliche Verträge mit Unter- 48
werfungsklausel unterfallen dem Anwendungsbereich des § 170 kraft Verweisung: Will eine natürliche
oder juristische Person des Privatrechts oder eine nichtrechtsfähige Vereinigung die Vollstreckung wegen einer Geldforderung betreiben, so ist § 170 Abs. 1–3 entsprechend anzuwenden (§ 61 Abs. 2 S. 2
VwVfG).[68] Die gesetzliche Verweisung ist nur konsequent, bedarf es des Vollstreckungsschutzes auch
und gerade bei außergerichtlichen Titeln gegen die öffentliche Hand. Gleiches gilt in analoger Anwendung des § 61 Abs. 2 S. 2 VwVfG, wenn Vollstreckungsgläubiger i.R. eines koordinationsrechtlichen
Vertrages ein Verwaltungsträger ist. Dies dürfte in der Praxis zwar selten vorkommen, weil Rechtsdurchsetzung zwischen Verwaltungsträgern i.d.R. über Aufsichtsmaßnahmen stattfindet.[69] Weder der
auf subordinationsrechtliche Verträge bezogene § 61 VwVfG noch § 17 VwVG schließen jedoch solche Unterwerfungsklauseln in koordinationsrechtlichen Verträgen aus.[70] In keinem Fall darf dann
§ 61 Abs. 2 S. 1 VwVfG i.V.m. dem VwVG Anwendung finden, weil diese Vorschrift mit der vertrags-

---

61 VGH Mannheim DÖV 1976, 606, 607; *R. Pietzner/J.A. Möller*, in: Schoch/Schneider/Bier § 170 Rn. 14 und § 172 Rn. 15.
62 OVG Lüneburg DVBl 1969, 119; *W. J. Bank*, Zwangsvollstreckung, 1982, 76; *E.-G. Thomas*, BayVBl 1967, 335, 339; *Ule* § 71 III – jeweils ohne nähere Begründung.
63 *R. Pietzner/J.A. Möller*, in: Schoch/Schneider/Bier § 172 Rn. 47. Für die Beitreibung des Zwangsgeldes nach § 888 Abs. 1 ZPO wird die JBeitrO für anwendbar gehalten, sofern die Vollstreckung von Amts wegen erfolgt. Umstr. ist dies allerdings für den Fall der Vollstreckung auf Antrag des Gläubigers (für eine Anwendung der JBeitrO *P. Hart-mann*, in: Baumbach/Lauterbach/Albers/Hartmann § 888 Rn. 18; dagegen BGH NJW 1983, 1859). Auch über die Einordnung der Vollstreckung nach § 888 ZPO herrscht keine Einigkeit (für Antrag des Gläubigers: BGH NJW 1983, 1859; *K. Stöber*, in: Zöller § 888 Rn. 4; *H. Putzo*, in: Thomas/Putzo § 888 Rn. 15; für Vollstreckung von Amts we-gen: *P. Hartmann*, in: Baumbach/Lauterbach/Albers/Hartmann § 888 Rn. 18).
64 *R. Pietzner/J.A. Möller*, in: Schoch/Schneider/Bier § 170 Rn. 14, § 172 Rn. 47.
65 So i.E. – für eine Anwendung des § 170 – auch für die Anwendung des § 170 neben der JBeitrO *Schunk/De Clerck* § 172 Anm. 2 3) e.
66 *R. Pietzner/J.A. Möller*, in: Schoch/Schneider/Bier § 172 Rn. 47.
67 I.E. ähnl. *Schunk/De Clerck* § 172 Anm. 2 e).
68 *Kopp/Ramsauer* § 61 Rn. 11; *Kopp/Schenke* § 170 Rn. 1; *I. Kraft*, in: Eyermann § 170 Rn. 2.
69 So auch *H. J. Bonk/W. Neumann*, in: Stelkens/Bonk/Sachs § 61 Rn. 12.
70 *H. J. Bonk/W. Neumann*, in: Stelkens/Bonk/Sachs § 61 Rn. 12. Zum diesbezüglichen Meinungsstand *Ule/Laubinger* § 72 Rn. 19.

schließenden Behörde nur den Vollstreckungsgläubiger meint,[71] Maßnahmen des Verwaltungsvollstreckungsrechts somit nur gegen Privatpersonen gerichtet sein können.

49   Verwirrend ist die Rechtslage im Sozialrecht: Dass § 60 Abs. 2 S. 2 SGB X ebenso auf § 170 verweist, verträgt sich nicht mit der ausdrücklichen Anwendbarkeit des § 882 a ZPO, die § 198 SGG anordnet.

50   **gg) Änderungsfestsetzung (§ 113 Abs. 2).** Nicht nach § 170 durchzusetzen ist die gerichtliche Abänderung eines Geldleistungsverwaltungsaktes nach § 113 Abs. 2 (sog. „ergänzte Anfechtungsklage").[72] Ein solches Urteil beschränkt sich auf die Modifizierung des Verwaltungsakts, ist also gestaltender Natur und bedarf damit keiner weiteren Vollstreckung.[73]

51   **hh) Das Verpflichtungsurteil (§ 113 Abs. 5).** Das Verpflichtungsurteil (§ 113 Abs. 5) ist stets über § 172 zu vollstrecken, auch wenn es auf den Erlass eines Geldleistungsverwaltungsakts (Leistungsbescheides) gerichtet ist. Erlässt die Behörde den streitgegenständlichen Verwaltungsakt nicht, so kommt nur ein Zwangsgeld nach § 172 in Betracht; wird hingegen der Geldleistungsbescheid aufgrund des Verpflichtungsurteils erlassen und bleibt lediglich die Zahlung aus, so muss eine neuerliche Leistungsklage erhoben werden.[74]

52   **2. Besondere Vollstreckungsvoraussetzungen.** Neben den allgemeinen Vollstreckungsvoraussetzungen ([Geldleistungs-]Titel, evtl. Klausel, Zustellung) sind besondere Vollstreckungsvoraussetzungen zu beachten.

53   **a) Einhaltung einer zusätzlichen, ungeschriebenen Erfüllungsfrist.** Die Einhaltung einer zusätzlichen, ungeschriebenen Erfüllungsfrist gehört zu den umstrittensten Vollstreckungsvoraussetzungen. Das BVerfG fordert das Abwarten einer weiteren Erfüllungsfrist mit folgenden Argumenten: Dem Vollstreckungsschuldner müsse Gelegenheit gegeben werden, die Vollstreckung durch freiwillige Leistung abzuwenden. Eine angemessene Frist sei notwendig, weil haushaltsrechtliche Mittel nicht immer sofort verfügbar seien. Das Zuwarten sei dem Vollstreckungsgläubiger auch zumutbar, weil der Vollstreckungsschuldner zahlungsfähig und zahlungswillig sei. Die Länge der Frist ergebe sich nach den Umständen des Einzelfalls, im entschiedenen Fall waren es sechs Wochen (BVerfGE 84, 6, 8).[75] Die Rechtspraxis hat sich hierauf eingestellt: Anträge nach § 170 Abs. 1 S. 1 werden erst nach Ablauf der Erfüllungsfrist beschieden.[76]

54   In Anbetracht der Reichweite der mit § 170 aufgestellten Privilegien und der bereits mit § 170 Abs. 2 S. 2 gewährten Monatsfrist ist dem Erfordernis einer ungeschriebenen Erfüllungsfrist jedoch mit[77] entgegenzutreten: Zum einen fehlt für eine solche, die Rechte des Bürgers einschränkende Frist eine gesetzliche Grundlage. Sie ist zudem sinn- und zweckwidrig, da bereits § 170 Abs. 2 eine Schonfrist enthält. Deshalb sollte ein Vollstreckungsantrag sogleich nach Eintritt der Vollstreckbarkeit des Titels gestellt werden dürfen.[78]
Nichtsdestotrotz entschied das VG Saarlouis (16.9.2016 – 5 N 2073/15) für einen Kostenfestsetzungsbeschluss, dass über die Wartefrist des § 173 i.V.m. § 798 ZPO hinaus (→ Rn. 56) der öffentlichen Hand eine Frist von in der Regel einem Monat einzuräumen ist, die Vollstreckung abzuwenden.

55   **b) Nachweis der Sicherheitsleistung (§ 167 Abs. 1 S. 1 VwGO i.V.m. § 751 Abs. 2 ZPO).** Hängt die Vollstreckung von einer dem Gläubiger obliegenden Sicherheitsleistung ab – dies kommt auch bei Geldleistungstiteln des Bürgers gegen die öffentliche Hand in Betracht (→ § 167 Rn. 9) – darf mit der Zwangsvollstreckung nur begonnen werden, wenn die Sicherheitsleistung in der durch § 751 Abs. 2 ZPO näher bezeichneten Form nachgewiesen wird.

56   **c) Zweiwöchige Wartefrist bei Kostenfestsetzungsbeschlüssen (§ 167 Abs. 1 S. 1 VwGO i.V.m. § 798 ZPO).** Eine Wartefrist von zwei Wochen ab Zustellung des Schuldtitels ist einzuhalten, wenn

71   *H. J. Bonk/W. Neumann,* in: Stelkens/Bonk/Sachs § 61 Rn. 26.
72   *Kopp/Schenke* § 113 Rn. 149.
73   *R. Pietzner/J.A. Möller,* in: Schoch/Schneider/Bier § 168 Rn. 8.
74   So *Kopp/Schenke* § 170 Rn. 1 unter Hinweis auf die vollständige Erfüllung der Verpflichtung aus dem Titel (Erlass eines Verwaltungsakts); a.A.: *R. Pietzner/J.A. Möller,* in: Schoch/Schneider/Bier § 172 Rn. 34.
75   Hierzu auch BayVGH 16.6.2009 – 4 C 09.626.
76   *R. Pietzner/J.A. Möller,* in: Schoch/Schneider/Bier § 170 Rn. 20.
77   *Pietzner/Möller,* in: Schoch/Schneider/Bier § 170 Rn. 20 f.
78   *R. Pietzner/J.A. Möller,* in: Schoch/Schneider/Bier § 170 Rn. 21.

aus einem Kostenfestsetzungsbeschluss vollstreckt werden soll, der nicht auf das Urteil gesetzt ist (§ 105 Abs. 1 ZPO).

3. Rechtsfolgen bei Fehlen von Vollstreckungsvoraussetzungen. Wenn sämtliche allgemeinen und besonderen Vollstreckungsvoraussetzungen vorliegen, ist der Vollstreckungsantrag zulässig. (Erst) dann erfolgt die Benachrichtigung gem. § 170 Abs. 2.[79] Nach Durchführung des Vorverfahrens ergeht die Vollstreckungsverfügung. [57]

Fehlt eine Vollstreckungsvoraussetzung, soll bei Nachholbarkeit (z.B. wirksame Zustellung, Nachweis der Sicherheitsleistung) eine Nachbesserungsaufforderung ergehen;[80] ggf. muss der Ablauf einer Wartefrist abgewartet werden. Bei endgültigen oder unheilbaren Fehlern ist der Vollstreckungsantrag durch Beschluss als unzulässig abzuweisen.[81] Dem kann der Gläubiger durch Zurücknahme des Vollstreckungsantrags oder (etwa bei zwischenzeitlicher Erfüllung der Forderung durch den Schuldner) durch Erledigterklärung des Vollstreckungsantrags entgehen. Das Verfahren endet dann durch Einstellungsbeschluss entsprechend § 92 Abs. 2 S. 4.[82] [58]

VI. Das Vollstreckungsverfahren

1. Einleitung durch Vollstreckungsantrag (Abs. 1 S. 1). Der Antrag des Gläubigers eröffnet das Vollstreckungsverfahren im weiteren Sinne. Ohne einen solchen Antrag darf keiner der weiteren Verfahrensschritte (Vorverfahren gem. § 170 Abs. 2, Vollstreckungsverfügung gem. § 170 Abs. 1 S. 1, Vollstreckungsmaßnahme nach dem für die vollstreckende Stelle maßgebenden Recht) erfolgen. Eine Vollstreckung von Amts wegen gibt es nicht. [59]

a) Anspruch auf Durchführung der Vollstreckung. Liegen die vorstehend genannten Vollstreckungsvoraussetzungen vor, so hat das Gericht das Vollstreckungsverfahren durchzuführen. Der Gläubiger hat darauf einen Anspruch.[83] [60]

b) Formelle Anforderungen. Der Antrag des Gläubigers ist beim Gericht des ersten Rechtszuges zu stellen. Es gelten die Anforderungen des § 81 Abs. 1 entsprechend.[84] Es bedarf lediglich vor dem OVG/VGH beziehungsweise dem BVerwG einer anwaltlichen Vertretung.[85] Eine Antragsfrist besteht nicht; es gelten die allgemeinen Grenzen der Rechtsausübung.[86] Von seinem Umfang her kann der Vollstreckungsantrag auf das der Vollstreckungsverfügung vorgelagerte Verfahren (§ 170 Abs. 2) beschränkt werden. Das macht dann Sinn, wenn man mit dem BVerfG eine weitere Erfüllungsfrist fordert (→ Rn. 53 f.), deren Ablauf Zulässigkeitsvoraussetzung für den Vollstreckungsantrag sein soll. In diesem Fall könnte die „Wartezeit" für das Benachrichtigungsverfahren genutzt werden. Im Zweifel umfasst der Vollstreckungsantrag aber den Erlass der Vollstreckungsverfügung.[87] [61]

c) Antragsberechtigung und Rechtsschutzbedürfnis. Antragsberechtigt ist zunächst der im Titel genannte Gläubiger. Dieser muss (lediglich) geltend machen, durch den Schuldner im Hinblick auf die titulierte Geldforderung nicht (vollständig) befriedigt worden zu sein. Eine weiter gehende Antragsbefugnis ist nicht erforderlich, weil die Nichterfüllung der titulierten Geldforderung stets subjektive Rechte des Gläubigers verletzt. Nichts anderes gilt auch bei einem Rechtsnachfolger des Gläubigers [62]

79 Wie hier OVG Münster DÖV 1987, 653 (LS); *H. v. Nicolai*, in: Redeker/v. Oertzen § 170 Rn. 5; ihm folgend auch *P. Hartmann*, in: Baumbach/Lauterbach/Albers/Hartmann § 882a Rn. 5, 13. Das (bloße) Vorliegen eines vollstreckbaren Titels lassen genügen *R. Pietzner/J.A. Möller*, in: Schoch/Schneider/Bier § 170 Rn. 19; *I. Kraft*, in: Eyermann § 170 Rn. 11; vgl. auch *D. Eickmann*, in: MüKoZPO § 882a Rn. 9; *W. Münzberg*, in: Stein/Jonas § 882a Rn. 10 und 19, offen OLG Köln NJW 1965, 50, 52.
80 *H. v. Nicolai*, in: Redeker/v. Oertzen § 170 Rn. 5.
81 *R. Pietzner/J.A. Möller*, in: Schoch/Schneider/Bier § 170 Rn. 19.
82 Vgl. OVG Münster OVGE 38, 227, 229; *R. Pietzner/J.A. Möller*, in: Schoch/Schneider/Bier § 170 Rn. 29.
83 *W. Münzberg*, in: Stein/Jonas Vorbem. § 704 Rn. 16; *H. Putzo*, in: Thomas/Putzo Vorbem. § 704 Rn. 3; *Gaul/Schilken/Becker-Eberhard* § 6 I Rn. 1.
84 *R. Pietzner/J.A. Möller*, in: Schoch/Schneider/Bier § 170 Rn. 17.
85 *R. Pietzner/J.A. Möller*, in: Schoch/Schneider/Bier § 170 Rn. 17; a.A. *I. Kraft*, in: Eyermann § 170 Rn. 9; *H. v. Nicolai*, in: Redeker/v. Oertzen § 172 Rn. 5.
86 *R. Pietzner/J.A. Möller*, in: Schoch/Schneider/Bier § 170 Rn. 30.
87 *R. Pietzner/J.A. Möller*, in: Schoch/Schneider/Bier § 170 Rn. 17.

(durch Erbfall, Veräußerung, Pfändungs- und Überweisungsbeschluss), dessen Antragsberechtigung ihm durch die Einzel- oder Gesamtrechtsnachfolge zuwächst.[88]

63 Das Rechtsschutzbedürfnis fehlt wie stets, wenn das angestrebte Ziel auf andere Weise zu erreichen ist. Es ist deshalb zu verneinen, wenn eine freiwillige Erfüllung durch den Vollstreckungsschuldner noch zu erwarten ist. Aus diesem Grunde sieht die Vollstreckungsrechtsordnung den erfolglosen Ablauf verschiedener Erfüllungs- bzw. Wartefristen vor (§ 170 Abs. 2 S. 2, § 167 Abs. 1 S. 1 VwGO i.V.m. § 798 ZPO [→ Rn. 52 ff.]).

64 **d) Behandlung des unzulässigen Vollstreckungsantrags.** Je nachdem, ob der Mangel, der den Antrag unzulässig macht, behebbar ist oder nicht, räumt das Gericht Nachbesserung ein oder weist den Antrag durch Beschluss zurück (→ Rn. 58).

65 **2. Das „Vorverfahren" (Abs. 2).** Liegt ein zulässiger Vollstreckungsantrag des Gläubigers (oder seines Rechtsnachfolgers) vor, darf das Gericht – von der Vollstreckung einer einstweiligen Anordnung abgesehen, § 170 Abs. 5 – nicht sofort die Vollstreckung verfügen, sondern muss dem Vollstreckungsschuldner – gewissermaßen letztmals[89] – die Möglichkeit zur Abwendung von Zwangsmaßnahmen geben. Dies geschieht durch Benachrichtigung des Vollstreckungsschuldners von der beabsichtigten Vollstreckung, ausdrückliche Aufforderung zur Abwendung der Vollstreckung und Einräumung einer Abwendungsfrist, nach deren Ablauf die Vollstreckung verfügt werden wird (§ 170 Abs. 2 S. 1). Zweck dieser besonderen Vollstreckungsankündigung ist es, eine Schädigung des Ansehens des Staates und des Vertrauens der Öffentlichkeit in die Verwaltung zu verhindern, die mit der Ausübung von Zwang gegen eine Behörde einhergehen würde.[90] Dies soll die Verzögerung des Verfahrens rechtfertigen.[91]

66 Streitig ist die Rechtsnatur der Ankündigung nach 170 Abs. 2: Handelt es sich um eine bloße Vorbereitungshandlung ohne Vollstreckungscharakter oder um eine Entscheidung über das Vorliegen der Vollstreckungsvoraussetzungen? Bedeutung erlangt diese Frage im Zusammenhang mit den Rechtsschutzmöglichkeiten: Nur eine Entscheidung über das Vorliegen der Vollstreckungsvoraussetzungen ist mit der Beschwerde (§§ 146 ff.) anfechtbar.[92] So wird vertreten, die Ankündigung müsse anfechtbar sein, weil es dem Vollstreckungsschuldner aus prozessökonomischen Gründen und Billigkeitserwägungen nicht zuzumuten sei, erst die Verfügung abzuwarten, bis eine Beschwerde zulässig ist.[93] Dem lässt sich entgegnen, dass die bloße Ankündigung mit Fristsetzung nicht ausreicht, um den Entscheidungscharakter des Beschlusses im Vorverfahren zu begründen.[94] Dem Rechtsschutzbedürfnis des öffentlich-rechtlichen Schuldners wird dadurch Rechnung getragen, dass er formlose Einwendungen erheben kann, welche bei Begründetheit den Erlass der Vollstreckungsverfügung verhindern.[95]

67 **a) Benachrichtigung des Vollstreckungsschuldners.** Die Benachrichtigung des Vollstreckungsschuldners hat gleichermaßen Warn- und Anhörungsfunktion. Das Gericht benachrichtigt bei Körperschaften, Anstalten und Stiftungen des öffentlichen Rechts die gesetzlichen Vertreter, ansonsten die Behörde, die für den Verwaltungsträger nach außen hin tätig wird. Diese – als Beschluss ergehende[96] – Ankündigung der Vollstreckung schafft schon wegen der verbindlichen Bestimmung der Abwendungsfrist für den Vollstreckungsschuldner eine nachteilige Verfahrenssituation und ist deshalb i.S.d. § 56 zuzustellen.[97]

---

88 I.E. ebenso *R. Pietzner/J.A. Möller*, in: Schoch/Schneider/Bier § 170 Rn. 18.

89 Der Schuldner hat spätestens seit Erlass (mit Schaffung) des vollstreckbaren Titels in Kenntnis der Rechtslage die Möglichkeit zur freiwilligen Erfüllung; insofern unterscheidet sich die verwaltungsgerichtliche Vollstreckung nicht von der in anderen Rechtsgebieten bestehenden Vollstreckungssituation. Dies ist auch bei der Bemessung der Abwendungsfrist zu beachten.

90 I.d.S. die Regierungsbegründung zur Vorschrift, vgl. BT-Drs. 3/55, 49 zu § 167.

91 Gleichwohl wird vertreten, dass es sich bei der erneuten Aufforderung der Behörden durch das Gericht um eine rechtsstaatlich problematische Privilegierung handelt, die kaum mit dem „Grundsatz der Waffengleichheit" zwischen Bürger und Staat in Einklang zu bringen ist, *W. Durner*, NVwZ 2015, 841.

92 Dafür OVG Münster DÖV 1987, 653; *Kopp/Schenke* § 170 Rn. 6; *H. v. Nicolai*, in: Redeker/v. Oertzen § 170 Rn. 11.

93 *H. v. Nicolai*, in: Redeker/v. Oertzen § 170 Rn. 11.

94 BFH NJW 1969, 344; *W. Miedtank*, Zwangsvollstreckung, 1964, 97; *R. Pietzner/J.A. Möller*, in: Schoch/Schneider/Bier § 170 Rn. 24; *Schunck/De Clerck* § 170 Anm. 2; *Tipke/Kruse* § 152 FGO Rn. 10.

95 *W. Miedtank*, Zwangsvollstreckung, 1964, 97.

96 *R. Pietzner*, in: Schoch/Schneider/Bier § 170 Rn. 24.

97 *R. Pietzner/J.A. Möller*, in: Schoch/Schneider/Bier § 170 Rn. 24.

b) Aufforderung zur Abwendung der Vollstreckung. Die Aufforderung zur Abwendung der Vollstre- 68 ckung unterstreicht die „Ernsthaftigkeit" des Vollstreckungsantrags (ähnlich wie die Androhung in der Verwaltungsvollstreckung), hat aber gegenüber der Ankündigung der bevorstehenden Zwangsmaßnahmen keinen eigenständigen Regelungsgehalt.[98] Insbes. wird damit keine über die aus dem Vollstreckungstitel resultierende Leistungspflicht hinausgehende Verpflichtung begründet. Vielmehr ist mit diesem Verfahrensprivileg eine Obliegenheit des Vollstreckungsschuldners verbunden: Dieser mag – im eigenen Interesse – nunmehr die titulierte Geldforderung befriedigen, um weitere Nachteile zu vermeiden.

c) Bemessung der Abwendungsfrist. Die Bemessung der Abwendungsfrist liegt innerhalb der gesetzli- 69 chen Höchstgrenze von einem Monat (§ 170 Abs. 2 S. 2) im Ermessen des Gerichts. Die Kriterien für die Fristbemessung sind gesetzlich nicht näher bestimmt, lassen sich aber aus Sinn und Zweck des § 170 Abs. 2 S. 1 ermitteln. Danach soll dem Verwaltungsträger die Chance eröffnet werden, ideelle (Ansehensverlust) und materielle Nachteile (Vollstreckungskosten) zu vermeiden. Deshalb sollte neben dem Zeitaufwand für die Erfüllung der Geldforderung (Kassenanweisung, Überweisungsdauer: ca. 1 Woche) auch ein Zeitbudget für die verwaltungsinterne Willensbildung einkalkuliert werden, um letzte Zweifel an der Berechtigung des Vollstreckungsbegehrens auszuräumen (orientiert an der kürzesten Ladungsfrist für eine etwa erforderliche Gremiensitzung, Vorbereitung, Stellungnahme, Beschlussfassung: ca. 1–3 Wochen).[99] Je nach Sachlage werden also entweder 2 Wochen reichen oder der volle Monat ausgeschöpft. Die Vollzugsinteressen des Gläubigers sind in die Bemessung einzustellen, werden aber im Regelfall bereits durch die gesetzliche Höchstfrist angemessen berücksichtigt sein.[100] Bei dieser Interpretation des § 170 Abs. 2 dürfte wenig Raum für eine weitere, ungeschriebene Erfüllungsfrist bestehen (→ Rn. 53 f.).

3. Die Vollstreckungsverfügung (Abs. 1 S. 1 und 2). Die Vollstreckungsverfügung (§ 170 Abs. 1 S. 1 70 und 2) schließt das Vollstreckungsvorverfahren des § 170 ab, wodurch der Vollstreckungsantrag des Gläubigers beschieden wird und die nachfolgenden Zwangsmaßnahmen Inhalt und Richtung erhalten.

a) Rechtsnatur und Funktion. Das Gericht erlässt die Vollstreckungsverfügung durch Beschluss.[101] In 71 dem Beschluss werden die vorzunehmenden Vollstreckungsmaßnahmen bestimmt und die zuständige Stelle um deren Vornahme ersucht (§ 170 Abs. 1 S. 2). Die Vollstreckungsverfügung hat damit sowohl Konkretisierungs- als auch Auftragsfunktion. Zum einen wird aus der Vielzahl möglicher Zwangsmaßnahmen diejenige ausgewählt, die im betreffenden Fall die Realisierung der Geldforderung sicherstellen soll. Zum anderen wirkt das Vollstreckungsersuchen als verbindlicher Auftrag (§ 170 Abs. 1 S. 3). Man kann in Anlehnung an § 14[102] von einer besonderen Form der Vollzugshilfe sprechen. Durch den Erlass der Vollstreckungsverfügung wird zwar inzident das Vorliegen der allgemeinen und 72 besonderen Vollstreckungsvoraussetzungen festgestellt; allerdings steht dies einem Vorgehen gegen die Vollstreckungsverfügung im Rechtsbehelfsverfahren (Beschwerde, § 146)[103] nicht entgegen.

b) Die Bestimmung der Vollstreckungsmaßnahmen. Die Bestimmung der Vollstreckungsmaßnahmen 73 obliegt gerichtlichem Ermessen.[104] An Vorgaben des Gläubigers ist das Gericht nicht gebunden,[105]

---

98 So i.E. auch *W. Miedtank*, Zwangsvollstreckung, 1964, 97; *R. Pietzner/J.A. Möller*, in: Schoch/Schneider/Bier § 170 Rn. 24; *Schunck/De Clerck* § 170 Anm. 2 g; a.A. OVG Münster DÖV 1987, 653 (LS); *H. v. Nicolai*, in: Redeker/v. Oertzen § 170 Rn. 6. Wie hier ebenso zur Benachrichtigung und Aufforderung zur Abwendung der Vollstreckung nach § 152 Abs. 2 FGO: BFH NJW 1969, 344.

99 Hierzu BVerfGE 84, 6, 8; AG Mülheim AnwBl 1982, 123 f. Zur Zahlungsfrist bei RA-Kosten VG Gera 14.6.2006 – 4 V 247/06 Ge.

100 So i.E. OLG Köln NJW 1965, 50, 52; zu § 152 FGO FG Hmb EFG 1967, 25; zu § 882 a ZPO LAG Hamm AnwBl 1984, 161 f.; a.A. BVerfGE 84, 6, 8; zu § 152 FGO FG Brem EFG 1993, 327, 328; zu § 882 a ZPO AG Mülheim AnwBl 1982, 123 f. m. abl. Anm. *W. Madert*; *W. Miedtank*, Zwangsvollstreckung, 1964, 96 f.: Ablauf einer angemessenen Erfüllungsfrist.

101 *R. Pietzner/J.A. Möller*, in: Schoch/Schneider/Bier § 170 Rn. 25.

102 Nach *R. Pietzner/J.A. Möller*, in: Schoch/Schneider/Bier § 170 Rn. 25 stellt das Handeln der ersuchten Stelle eine „spezialgesetzliche Ausprägung des § 14 VwGO auf dem Gebiet der Zwangsvollstreckung" dar, also eine spezialgesetzliche Amtshilfe; s.a. *H. H. Rupp*, AöR 85 (1960), 301, 335 sowie *H. F. Gaul*, JZ 1979, 496, 505 zu den Anträgen des Gläubigers nach § 322 Abs. 3 AO.

103 *R. Pietzner/J.A. Möller*, in: Schoch/Schneider/Bier § 170 Rn. 35.

104 *Kopp/Schenke* § 170 Rn. 3; *R. Pietzner/J.A. Möller*, in: Schoch/Schneider/Bier § 170 Rn. 25.

105 *Kopp/Schenke* § 170 Rn. 3; *R. Pietzner/J.A. Möller*, in: Schoch/Schneider/Bier § 170 Rn. 25.

wenngleich einem sachlich angemessenen Begehren auf Bestimmung einer geeigneten Maßnahme durchaus entsprochen werden dürfte.[106] Grds. in Betracht kommen sämtliche Vollstreckungsmaßnahmen aus dem Kanon der Geldvollstreckung (§ 167 Abs. 1 S. 1 VwGO i.V.m. §§ 803 ff. ZPO: Pfändung von Sachen oder Forderungen, praktisch seltener – wenngleich rechtlich gleichermaßen zulässig[107] – Zwangsvollstreckung in das unbewegliche Vermögen[108] (näher zu den maßgeblichen Rechtsgrundlagen → § 170 Rn. 86.), kein Arrest)[109] (i.Ü. → § 168 Rn. 35) wobei § 170 Abs. 3 S. 1 die Auswahl dem Zweck der Vorschrift entsprechend begrenzt (→ Rn. 95 ff.).

74 Fraglich ist, ob die Bestimmung der Vollstreckungsmaßnahme nicht nur die Art der Vollstreckung[110] (z.B. Sach- oder Forderungspfändung), sondern auch den Vollstreckungsgegenstand (die konkret zu pfändende Sache oder Forderung)[111] enthält. Abgesehen davon, dass das Gericht mögliche Vollstreckungsobjekte selten aus eigener Anschauung kennen wird, spricht im Regelfall auch strukturell nichts dagegen, die Prüfung des § 170 Abs. 3 dem Vollstreckungshelfer zu überlassen. Unstr. bestimmt das (Verwaltungs-)Gericht die Forderungspfändung en détail, weil in diesem Fall wegen der eigenen Zuständigkeit des Vollstreckungsgerichts (§ 828 Abs. 1 ZPO i.V.m. § 167 Abs. 1 S. 2 VwGO) ein Vollstreckungsersuchen entbehrlich ist.[112]

75 **c) Das Vollstreckungsersuchen.** Das Vollstreckungsersuchen ist – soweit (wie im Fall der Forderungspfändung) keine Selbstvornahme des VG als Vollstreckungsgericht in Betracht kommt – direkt an die „ersuchte Stelle" (→ Rn. 76 ff.) zu richten. Es enthält die Vollstreckungsbestimmung in dem erforderlichen Umfang. Kommt die ersuchte Stelle ihrer Verpflichtung (§ 170 Abs. 1 S. 3) nicht nach – was in der Rechtspraxis sehr unwahrscheinlich ist –, greifen die allgemeinen, aus den Fällen verweigerter Amtshilfe bekannten Instrumente (Übertragung des Rechtsgedankens des § 5 Abs. 5 S. 2 VwVfG).[113]

76 **4. Die „ersuchte Stelle" als Vollstreckungshelfer (Abs. 1 S. 2 und 3).** Das (Verwaltungs-)Gericht des ersten Rechtszuges, obwohl als Vollstreckungsgericht (§ 167 Abs. 1 S. 2) auch in die Zwangsvollstreckung involviert, ist nicht in der Lage, jede Vollstreckungsmaßnahme selbst durchzuführen. Es bedient sich deshalb geeigneter Stellen als Vollstreckungshelfer.

77 **a) Allgemeines. Vollstreckungsgericht und Vollstreckungshelfer.** Die ersuchte Stelle ist nach § 170 Abs. 1 S. 3 verpflichtet, dem Ersuchen des Vollstreckungsgerichts nachzukommen. Daraus folgt gleichzeitig, dass die ersuchte Stelle die Vollstreckungsvoraussetzungen nicht zu prüfen hat.[114] Eine „befreiende Delegation" der Vollstreckung an die Vollstreckungshelfer kommt damit nicht in Betracht. Ob der Gerichtsvollzieher als Organ der verwaltungsgerichtlichen Vollstreckung tätig wird, ist allerdings streitig. Von dieser Frage hängt auch die Entscheidung darüber ab, welche Stelle (Vollstreckungsgericht oder Zivilgericht) über das Vollstreckungsschutzgesuch des Schuldners nach §§ 813 a, 765 a ZPO und die Erinnerung nach § 766 ZPO entscheidet. Durchaus plausibel ist es, die Ausführung der Vollstreckungshilfe durch Vollstreckungshelfer in die verwaltungsgerichtliche Vollstreckung einzuordnen; der Vorsitzende führt dann über die Vollstreckungshelfer die gerichtliche Aufsicht; der Gerichtsvollzieher wird damit zum Organ der Verwaltungsrechtspflege mit der Folge, dass der Vorsitzende des nach der VwGO zu bestimmenden Vollstreckungsgerichts zuständig ist.[115] Ein nur schwaches Argument ist demgegenüber der Verweis auf die selbständige Stellung des Gerichtsvollziehers als Organ der Zivilrechtspflege, um daraus die Zuständigkeit des zivilen Vollstreckungsgerichts zu folgern.[116] Ob im

---

106 Das OVG Koblenz NVwZ-RR 2014, 294, wendet insofern § 88 entsprechend an.
107 *R. Pietzner/J.A. Möller,* in: Schoch/Schneider/Bier § 170 Rn. 13.
108 Vgl. *J. Hüttenbrink,* in: Kuhla/Hüttenbrink I Rn. 33; *R. Pietzner/J.A. Möller,* in: Schoch/Schneider/Bier § 170 Rn. 27.
109 Dies folgt bereits daraus, dass ein Arrestgrund i.S.d. §§ 917, 918 ZPO für den öffentlichen Schuldner nicht in Betracht kommen dürfte.
110 So wohl *H. v. Nicolai,* in: Redeker/v. Oertzen § 170 Rn. 7: „Auswahl zwischen ... den Vollstreckungsarten".
111 Im letztgenannten Sinne *I. Kraft,* in: Eyermann § 170 Rn. 14.
112 *Kopp/Schenke* § 170 Rn. 4; *R. Pietzner/J.A. Möller,* in: Schoch/Schneider/Bier § 170 Rn. 27; *I. Kraft,* in: Eyermann § 170 Rn. 14.
113 Zur Anwendbarkeit *Kopp/Schenke* § 14 Rn. 2; § 766 Abs. 2 ZPO kommt hier entgegen *H. F. Gaul,* JZ 1979, 496, 498 nicht in Betracht.
114 *H. F. Gaul,* JZ 1979, 496, 508.
115 *R. Pietzner/J.A. Möller,* in: Schoch/Schneider/Bier § 169 Rn. 143.
116 So aber *H. F. Gaul,* JZ 1979, 496, 508; i.E. *H.-D. Traulsen,* Rechtsbehelfe, 1971, 50 f. Fn. 73 für den Bereich der Verwaltungsvollstreckung.

Bereich der Immobiliarvollstreckung die Überleitung in die zivilgerichtliche Vollstreckung auch den Rechtsschutz ergreift, ist ebenfalls strittig.[117] Nach vorherrschender Auffassung sind Entscheidungen des Grundbuchamtes nach § 11 Abs. 1 RPflG, §§ 71 ff. GBO anfechtbar, die des Vollstreckungsgerichtes nach § 11 Abs. 1 RPflG, §§ 95 ff. ZVG.[118]

b) Die zuständigen Stellen im Einzelnen. I.S.d. § 170 Abs. 1 S. 2 ist die Stelle zuständig, die nach der 78 Vollstreckungsrechtsordnung die bestimmte Vollstreckungsmaßnahme vorzunehmen hat. Der Kreis der danach zuständigen Vollstreckungshelfer ist abgeschlossen und – nach der gesetzlichen Konzeption – eindeutig.

aa) Das Amtsgericht als Grundbuchamt. Die Vornahme von Eintragungen in das Grundbuch, etwa 79 i.R. der Immobiliarzwangsvollstreckung durch Eintragung einer Sicherungshypothek (§ 866 Abs. 1 und 3, § 867 ZPO) obliegt ausschließlich dem Grundbuchamt, § 1 Abs. 1 S. 1 GBO.[119] Das Amtsgericht wird weiter ausschließlich tätig bei der Eintragung der Pfändung einer durch Buchhypothek gesicherten Forderung (§ 830 Abs. 1 S. 3 ZPO). Maßgebliche Rechtsgrundlage ist die GBO; § 13 Abs. 1 S. 2 GBO sähe hier zwar nur eine Antragsberechtigung des Betroffenen bzw. Begünstigten vor,[120] i.R.d. § 170 erscheint es aber zutr., auch hierfür von einem Amtsbetrieb und damit von einer Anordnungsberechtigung des Vollstreckungsgerichts auszugehen.

bb) Das Amtsgericht als Vollstreckungsgericht. Nicht als Grundbuchamt, sondern als Vollstreckungs- 80 gericht tätig wird das Amtsgericht (funktionell der Rechtspfleger) bei Zwangsversteigerung und Zwangsverwaltung (§§ 1, 15, 146 ZVG, § 866 Abs. 1 ZPO, § 869 ZPO).[121] Ebenfalls obliegt dem Amtsgericht als sog. Verteilungsgericht (funktionell dem Rechtspfleger, § 20 Nr. 17 RPflG) die Durchführung des Verteilungsverfahrens i.R. der Immobiliarvollstreckung (§§ 872 ff. ZPO).

cc) Der Gerichtsvollzieher. Als „Hauptorgan" der zivilprozessualen Zwangsvollstreckung kommt 81 dem Gerichtsvollzieher auch i.R. der verwaltungsgerichtlichen Vollstreckung in körperliche Sachen eine zentrale Bedeutung zu. Rechtsgrundlagen sind stets die Vorschriften der ZPO.[122]

dd) Behörden als Vollstreckungshelfer. Nicht von vornherein auszuschließen ist die Möglichkeit, an- 82 stelle der genannten Organe nach gerichtlichem Ermessen auch Behörden mit der Durchführung der Vollstreckung zu betrauen.[123] Bspw. würde dann die Mobiliarpfändung nach § 4 Buchst. b) BVwVG von den Behörden der Bundesfinanzverwaltung wahrgenommen.[124] Ebenso denkbar wäre eine Vollstreckung nach Landesrecht durch die Finanzämter, etwa in Bayern nach Art. 25 Abs. 1, 2 LVwZVG i.V.m. den Vorschriften der AO. Allerdings erheben sich durchaus strukturelle Bedenken, denn die Anwendung von Verwaltungszwang gegenüber der öffentlichen Hand widerspricht den Grundstrukturen des Verwaltungsvollstreckungsrechts.[125] Jedenfalls aber lässt sich die Anwendung des Verwaltungsvollstreckungsrechts als Rechtsgrundlage nicht auf die Vollstreckung zwischen öffentlichen Händen beschränken,[126] denn die Beauftragung der Behörde obliegt dem Gericht.

5. Die Vornahme der Vollstreckungsmaßnahme. Die Vornahme der Vollstreckungsmaßnahme ist in 83 § 170 selbst nicht mehr geregelt. Auf sie nimmt freilich die Vollstreckungsverfügung Bezug. Das Gericht muss sich die maßgeblichen Rechtsgrundlagen, Zuständigkeiten und Verfahrensschritte vergegenwärtigen, um die geeignete Vollstreckungsmaßnahme auszuwählen und das Ersuchen an die zuständige Stelle zu richten.

a) Bindung an die „Bestimmung" der Vollstreckungsmaßnahme. Während die ersuchte Stelle an das 84 Ersuchen gebunden ist (§ 170 Abs. 1 S. 3), darf das VG insofern von der Bestimmung abweichen, als

---

117 *R. Pietzner/J.A. Möller*, in: Schoch/Schneider/Bier § 169 Rn. 141 Fn. 349 f.
118 *R. Pietzner/J.A. Möller*, in: Schoch/Schneider/Bier § 169 Rn. 141 f.; *H. F. Gaul*, JZ 1979, 496, 506.
119 *R. Pietzner/J.A. Möller*, in: Schoch/Schneider/Bier § 170 Rn. 27.
120 Für die Pfändung einer Buchhypothek *W. Schuschke*, in: Schuschke/Walker, ⁴2008, § 830 Rn. 7.
121 *R. Pietzner/J.A. Möller*, in: Schoch/Schneider/Bier § 170 Rn. 27.
122 § 753 Abs. 1, § 808 Abs. 1 ZPO, vgl. *J. Hüttenbrink*, in: Kuhla/Hüttenbrink Rn. 33; *H. v. Nicolai*, in: Redeker/v. Oertzen § 170 Rn. 8.
123 Vgl. *Kopp/Schenke* § 170 Rn. 4.
124 *Kopp/Schenke* § 170 Rn. 4.
125 So aber *R. Pietzner/J.A. Möller*, in: Schoch/Schneider/Bier § 170 Rn. 7, 28.
126 Davon gehen sowohl *R. Pietzner/J.A. Möller*, in: Schoch/Schneider/Bier § 170 Rn. 28 als auch *I. Kraft*, in: Eyermann § 170 Rn. 6 aus.

es eine neue Vollstreckungsverfügung mit einer anderen Vollstreckungsmaßnahme erlassen kann. Ein solcher Wechsel kommt insbes. bei Fruchtlosigkeit der Vollstreckung in eine bestimmte Vermögensmasse in Betracht. Gerade weil der Wechsel von Vollstreckungsart oder -gegenstand eine Neubestimmung in einer Vollstreckungsverfügung voraussetzt, besitzt das Gericht die entsprechende Änderungsbefugnis.

85   **b) Die maßgeblichen Vollstreckungsvorschriften.** Die maßgeblichen Vollstreckungsvorschriften richten sich nach Vollstreckungsart und -gegenstand. Insofern ist bei der Vollstreckung wegen Geldforderungen die Vollstreckung in körperliche Sachen, in Forderungen und andere Vermögensrechte sowie in Immobilien zu unterscheiden.

86   Die Vollstreckung in körperliche Sachen als Teil des beweglichen Vermögens geschieht durch Pfändung (§§ 808–827 ZPO). Die eigentliche Vornahme der Sachpfändung obliegt in aller Regel dem Gerichtsvollzieher (§ 753 Abs. 1, § 808 Abs. 1 ZPO). An ihn ergeht das Vollstreckungsersuchen (§ 170 Abs. 1 S. 2). Auch die Vollstreckung in Forderungen (§§ 828 ff. ZPO) geschieht durch Pfändung, § 829 Abs. 1 ZPO. Es schließt sich die Überweisung nach § 835 ZPO an, entweder zur Einziehung oder an Zahlungs Statt. In der Praxis werden diese Anordnungen in einem einheitlichen Beschluss, dem Pfändungs- und Überweisungsbeschluss, zusammengefasst. Anders als i.R. der Vollstreckung in bewegliche Sachen obliegt hier die Vornahme der eigentlichen Vollstreckungsmaßnahme dem VG. Dieses wird mit einer Materie befasst, mit der es naturgemäß nicht vertraut ist. Wenn auch der Rechtspfleger des Amtsgerichts zumeist kundiger wäre, so obliegen die folgenden Aufgaben dennoch dem Gericht, ohne die Möglichkeit einer Delegation an das Amtsgericht bzw. dessen Rechtspfleger. Dass die Kammer sich in die Materie einarbeiten muss, ist unabweisbare Konsequenz ihrer Rolle als Vollstreckungsgericht, § 167 Abs. 1 S. 2. Einzelne Maßnahmen des Gerichtsvollziehers, die dieser ungeachtet der Zuständigkeit des Vollstreckungsgerichts vornimmt, sind die Wegnahme des Briefes bei Pfändung einer hypothekarisch gesicherten Forderung, § 830 Abs. 1 S. 2 ZPO, oder die Wegnahme von Urkunden, § 836 Abs. 3 S. 3, § 883 Abs. 1 ZPO. Die Immobiliarvollstreckung nach der ZPO und den Nebengesetzen geschieht durch Eintragung einer Sicherungshypothek, durch Zwangsversteigerung oder Zwangsverwaltung (§§ 864 ff. ZPO). Für Zwangsversteigerung und Zwangsverwaltung sind die Vorschriften des ZVG maßgeblich, § 869 ZPO. Außerdem findet für das Grundbuchamt als Vollstreckungshelfer die GBO Anwendung (→ Rn. 79). Die Vollstreckungsverfügung enthält hier die Anordnung der Vollstreckungsmaßnahmen nach § 866 ZPO, also von Sicherungshypothek, Zwangsversteigerung, Zwangsverwaltung. Das Vollstreckungsersuchen richtet sich an das Amtsgericht, § 170 Abs. 1 S. 2, entweder als Vollstreckungsgericht nach § 1 Abs. 1 ZVG oder als Grundbuchamt. Im erstgenannten Fall ergibt sich also eine Verdoppelung der Vollstreckungsgerichte. Bedenken hiergegen bestehen nicht.[127]

87   Im Grundsatz nichts anderes gilt, wenn vom Gericht Behörden als Vollstreckungshelfer betraut werden (→ Rn. 82). Zwar bildet dann das jeweilige Verwaltungsvollstreckungsrecht die unmittelbare Rechtsgrundlage;[128] dieses verweist allerdings auf die Vorschriften der AO (§ 5 Abs. 1 VwVG und etwa Art. 25 Abs. 2 S. 1 BayVwZVG), die der ZPO entsprechende Zwangsmaßnahmen vorsieht (zu den Vollstreckungsmaßnahmen nach der AO im Einzelnen → § 169 Rn. 50 ff.).

88   **6. Beendigung des Vollstreckungsverfahrens.** Das Vollstreckungsverfahren endet wie jedes zweckgerichtete Verfahren entweder mit (endgültiger) Zweckerreichung oder mit (endgültiger) Zweckverfehlung, darüber hinaus jederzeit durch Disposition des Gläubigers.

89   **a) Beendigung durch Zweckerreichung.** Beendigung durch Zweckerreichung liegt vor, wenn die Geldforderung vollständig (ggf. mit Nebenforderungen wie den Zinsen oder Kosten) beglichen wurde. Geschieht dies infolge der Vollstreckung (z.B. durch Verwertung einer gepfändeten Sache), endet das Ver-

---

127 Vgl. *Kopp/Schenke* § 170 Rn. 4; *R. Pietzner/J.A. Möller*, in: Schoch/Schneider/Bier § 170 Rn. 27.
128 Zutr. *Kopp/Schenke* § 170 Rn. 4; a.A. allerdings *R. Pietzner/J.A. Möller*, in: Schoch/Schneider/Bier § 170 Rn. 28, 7, der eine Anwendung des Verwaltungsvollstreckungsrechts stets ausschließt, und *I. Kraft*, in: Eyermann § 170 Rn. 6, der dies nur für die Vollstreckung zwischen öffentlichen Händen zulässt und sich dafür auf „§ 169 Abs. 1 S. 1 als allgemeines Vollstreckungsrecht" stützt.

fahren ohne weiteres Zutun der Beteiligten („Verbrauch" des Titels).[129] Einer (förmlichen) Einstellung der Vollstreckung bedarf es nicht, weil der Vollstreckungserfolg für alle Beteiligten offenkundig ist. Erfüllt der Schuldner die Forderung jedoch zwischen Vollstreckungsantrag und Vornahme der Vollstreckungsmaßnahme, führt dies zur Erledigung der „Hauptsache". Ob in diesem Fall die Vollstreckung analog § 15 Abs. 3 VwVG einzustellen ist, ist umstritten.[130] Nach dem Rechtsgedanken der § 775 ZPO, § 15 Abs. 3 VwVG, § 257 AO sollte schon aus Gründen der Rechtssicherheit jedes vorzeitig beendete Vollstreckungsverfahren einen förmlichen Abschluss finden.

b) Beendigung durch Zweckverfehlung. Beendigung durch Zweckverfehlung läge vor, wenn der angestrebte Zweck, die Befriedigung des Gläubigers, endgültig nicht mehr erreicht werden kann. Dies ist bei einer Geldforderung im Prinzip kaum möglich. Der einzig denkbare Fall, das Scheitern der Vollstreckung wegen dauernder Zahlungsunfähigkeit des Schuldners, ist bei der öffentlichen Hand gerade nicht möglich. Zwar ist die Konkursunfähigkeit (Insolvenzunfähigkeit) juristischer Personen des öffentlichen Rechts – soweit sie (wie durch § 12 Abs. 1 Nr. 2 InsO i.V.m. Art. 25 BayAGGVG) nicht in verfassungskonformer Weise gesetzlich geregelt ist – nicht unumstritten.[131] I.E. wird man diese Fallgruppe jedoch vernachlässigen können. **90**

c) Beendigung durch Disposition des Gläubigers. Auch wenn das VG und seine Vollstreckungshelfer das Vollstreckungsverfahren beherrschen, kann es doch nicht ohne oder gar gegen den Willen des Gläubigers durchgeführt werden. Entsprechend der Dispositionsmaxime hat der Gläubiger, auch nachdem er einen Vollstreckungsantrag gestellt hat, jederzeit vor Zweckerreichung die Möglichkeit, das Vollstreckungsverfahren zu beenden. Dies geschieht durch Rücknahme des Vollstreckungsantrags (vgl. BFH/NV 1987, 789, 791: Rücknahme des nach § 152 FGO gestellten Antrags). **91**

VII. Vollstreckungsschutz für das Verwaltungsvermögen (Abs. 3)

1. Geschütztes Verwaltungsvermögen. § 170 Abs. 3 bietet neben dem Vorverfahren der Vollstreckungsankündigung (§ 170 Abs. 2) die zweite Privilegierung der öffentlichen Hand. **92**

a) Allgemeines zur Vollstreckungsbeschränkung. Normzweck. Das Ermessen des Gerichts zur Auswahl einer geeigneten Vollstreckungsmaßnahme wird hinsichtlich der Vollstreckungsmasse durch § 170 Abs. 3 S. 1 begrenzt. In Sachen, die einem der in dieser Vorschrift genannten beiden Schutzzwecke (alternativ) dienen, darf nicht vollstreckt werden. Der Begriff „Sachen" meint nur körperliche Gegenstände (bewegliche Sachen und Grundstücke), sodass die Pfändung von Forderungen scheinbar unbegrenzt möglich ist.[132] Davon ist jedoch ein – in der Praxis sicherlich unwahrscheinlicher – Fall auszunehmen: Der Anspruch eines Verwaltungsträgers auf Herausgabe einer Sache, die ihrerseits dem Schutzbereich des § 170 Abs. 3 S. 1 unterfällt, ist ebenfalls unpfändbar.[133] Körperliche Gegenstände sind demgegenüber ohne Weiteres die Kassenbestände (Geldscheine und Münzen), die also dann unpfändbar sind, wenn sie von § 170 Abs. 3 S. 1 Alt. 1 erfasst werden.[134] **93**

---

129 Vgl. *K. Schmidt/M. Brinkmann*, in: MüKoZPO § 775 Rn. 8; *W. Münzberg*, in: Stein/Jonas § 775 Rn. 2, der genauer vom „Verbrauch der vollstreckbaren Ausfertigung" spricht; ausf. zum Rechtsschutz nach Beendigung der Zwangsvollstreckung *W. Brehm*, ZIP 1983, 1420.

130 Vgl. einerseits *I. Kraft*, in: Eyermann § 170 Rn. 13: Beendigung des Vollstreckungsverfahrens ipso iure; andererseits *R. Pietzner/J.A. Möller*, in: Schoch/Schneider/Bier § 170 Rn. 29: Zurücknahme des Vollstreckungsantrags bzw. Erledigterklärung durch den Gläubiger; zur Kostenfrage nach § 136 Abs. 2 FGO, OVGE Münster OVG 38, 227, 229; FG Bln EFG 1988, 652, 653 zu § 152 FGO; FG Brem EFG 1993, 327, 328.

131 § 12 Abs. 1 Nr. 1 InsO schließt nur ein Insolvenzverfahren über das Vermögen des Bundes oder eines Landes aus. Für das Insolvenzunfähigkeit öffentlich-rechtlicher Rundfunkanstalten BVerfG NJW 1994, 1466; 1994, 2348 ff.; *H. Bethge*, Media Perspektiven 1991, 720 ff.; *B. Kempen*, DÖV 1988, 547 ff.; zur Insolvenzunfähigkeit der Kirchen BVerfGE 66, 1, 19 ff. m.Anm. *M. Herdegen*, EuGRZ 1984, 244; diff. nach den einzelnen juristischen Personen BVerfG NJW 1994, 1465, 1466; BVerwGE 75, 318 ff.; *R. Appel*, BayVBl 1980, 652 ff; *T. Kuhl/K. Wagner*, ZIP 1995, 433, 434; *L. Renck*, BayVBl 1982, 300 f.; *H. Roth*, BayVBl 1981, 491 ff.

132 Vgl. *R. Pietzner/J.A. Möller*, in: Schoch/Schneider/Bier § 170 Rn. 33.

133 Stützen lässt sich dies auf die Rechtslage zu § 847 ZPO, der solche Ansprüche nicht erfasst, deren Gegenstand nach den §§ 811 ff. ZPO unpfändbare Sachen sind, sofern diese nicht austauschbar sind oder demnächst pfändbar werden, *S. Smid*, in: MüKoZPO § 847 Rn. 2.

134 Ebenso *R. Pietzner/J.A. Möller*, in: Schoch/Schneider/Bier § 170 Rn. 32; *H. v. Nicolai*, in: Redeker/v. Oertzen § 170 Rn. 10; entsprechend *H. Schwarz*, in: Hübschmann/Hepp/Spitaler § 152 FGO Rn. 5; *Tipke/Kruse* § 152 FGO Rn. 7.

94   Der Zweck des § 170 Abs. 3 S. 1 entspricht dem Normzweck des § 170 überhaupt, die öffentliche Hand vor einem dem öffentlichen Interesse widerstreitenden Vollstreckungszugriff zu bewahren.[135] Der Vermögensschutz kann – soweit er sich auf bewegliche Sachen bezieht und bei aller gebotenen Zurückhaltung – mit dem Pfändungsschutz des § 811 ZPO verglichen werden: So wie Privatpersonen auf bestimmte Gegenstände für ihre private Lebensführung oder ihre Berufsausübung angewiesen sind, ist dies die öffentliche Hand für die Erfüllung der öffentlichen Aufgaben. Wagt man indes diesen Vergleich, stellt sich zugleich die Frage einer Übertragung des Rechtsgedankens des § 811a ZPO auf die verwaltungsgerichtliche Vollstreckung. Immerhin ist es nicht von der Hand zu weisen, dass z.B. ein nobler Dienstwagen gegen ein Mittelklassemodell ausgetauscht werden könnte, ohne die Amtsgeschäfte zu gefährden.

95   **b) Die Schutztatbestände.** § 170 Abs. 3 S. 1 regelt abschließend, in welche Sachen eine Vollstreckung unzulässig ist.

96   **aa) Wegen Unentbehrlichkeit für die Erfüllung öffentlicher Aufgaben (Abs. 3 S. 1 Alt. 1).** Wegen Unentbehrlichkeit für die Erfüllung öffentlicher Aufgaben (§ 170 Abs. 3 S. 1 Alt. 1) sind solche Sachen geschützt, derer die Verwaltung dringend bedarf. Bsp.: Verwaltungsgebäude einschließlich des Inventars, Dienstfahrzeuge und öffentliche Verkehrsmittel, technische Ausrüstung (wie etwa Messinstrumente oder Bergungsgeräte), Waffen, Uniformen, Verteidigungsanlagen.[136] Während die Schutzbedürftigkeit bei manchen Sachen auf der Hand liegt (z.B. bei Verwaltungsgebäuden, Einsatzfahrzeugen, Radargeräten oder Dienstwaffen), wird man im Übrigen im Einzelfall die Ausstattung des Verwaltungsträgers daraufhin untersuchen müssen, ob der Gegenstand überhaupt benötigt wird, ob es Ersatz gibt oder ein solcher ohne Weiteres beschafft werden kann. Die Anforderungen an eine solche Einzelfallprüfung ergeben sich im Umkehrschluss aus § 170 Abs. 3 S. 2 (→ Rn. 100).

97   **bb) Wegen eines der Veräußerung entgegenstehenden öffentlichen Interesses (Abs. 3 S. 1 Alt. 2).** Wegen eines der Veräußerung entgegenstehenden öffentlichen Interesses (§ 170 Abs. 3 S. 1 Alt. 2) besteht Vollstreckungsschutz für weitere Sachen, „mögen sie auch entbehrlich sein“.[137] Genannt werden:[138] Kunstschätze, Museen, Bibliotheken, Archive, Schwimmbäder, Sportanlagen etc. Ist gegen den Vollstreckungsschutz im Prinzip nichts einzuwenden, so überzeugen Begründung bzw. Terminologie der Kommentarliteratur jedoch nicht. Auch die genannten Sachen sind nicht entbehrlich, sonst wäre der Vollstreckungsschutz nicht gerechtfertigt. Der Grund für die missverständliche Auslegung liegt wohl in der missglückten Gesetzesfassung: § 170 Abs. 3 S. 1 regelt einen Schutzgedanken in zwei Alternativen, die sich kaum trennen lassen. Der Veräußerung von Sachen, die für die Erfüllung öffentlicher Aufgaben unentbehrlich sind (Alt. 1), steht immer ein öffentliches Interesse entgegen (Alt. 2); Sachen, deren Veräußerung kein öffentliches Interesse entgegensteht (Alt. 2), sind stets für die Erfüllung öffentlicher Aufgaben entbehrlich (Alt. 1). Öffentliches Interesse und öffentliche Aufgabenerfüllung sind praktisch kongruent. Zu einer unterschiedlichen Auslegung kommt man nur, wenn man die öffentlichen Aufgaben i.S.d. Alt. 1 anders versteht als bei Alt. 2. Betrachtet man die zu den Schutztatbeständen jeweils genannten Bsp., so fällt auf, dass zur 1. Alt. schwerpunktmäßig Gegenstände aus dem Bereich „Sicherheit und Ordnung“, zur 2. Alt. dagegen solche aus dem Bereich „Kultur und Sport“ gehören. Es würde der Bedeutung des Kultusbereichs und der Daseinsvorsorge aber nicht gerecht, deren Gegenstände als „eigentlich entbehrlich“ zu betrachten, zumal letztlich doch wieder Vollstreckungsschutz gewährt wird. I.E. unterfallen alle Sachen dem Schutz dieser Vorschrift, die erstens einer öffentlichen Aufgabe zu dienen bestimmt sind (Sachen im Verwaltungs- oder Anstalts-, aber auch Gemeingebrauch) und zweitens die Aufgabenerfüllung ohne diese Sache unmöglich oder wesentlich erschwert

---

135 *Würtenberger* Rn. 753.
136 Vgl. auch *R. Pietzner/J.A. Möller*, in: Schoch/Schneider/Bier § 170 Rn. 31; *H. v. Nicolai*, in: Redeker/v. Oertzen § 170 Rn. 10; a.A. noch *W. Miedtank*, Zwangsvollstreckung, 1964, 101 f., der nicht auf das Merkmal der Unentbehrlichkeit abstellt, sondern den ganzen Kreis des Verwaltungsvermögens für unpfändbar hält. Hinsichtlich des Vermögens wird zwischen (unpfändbarem) Verwaltungs- und (pfändbarem) Finanzvermögen unterschieden, vgl. BVerfGE 10, 20, 37; BVerfGE 64, 1, 44 zum Begriff des Finanzvermögens, das nicht von der Unpfändbarkeitsvorschrift des § 882a ZPO erfasst wird.
137 *R. Pietzner/J.A. Möller*, in: Schoch/Schneider/Bier § 170 Rn. 31; ebenso *H. v. Nicolai*, in: Redeker/v. Oertzen § 170 Rn. 10; *Schunck/De Clerck* § 170 Anm. 2 f.
138 Nach *R. Pietzner/J.A. Möller*, in: Schoch/Schneider/Bier § 170 Rn. 31. *H. v. Nicolai*, in: Redeker/v. Oertzen § 170 Rn. 10 führt noch Sammlungen, öffentliche Parkanlagen, Straßen, Brücken und Flugplätze an.

wird. Wenn man es also als eine (auch kulturstaatlich bedingte) Verwaltungsaufgabe ansieht, Zeugnisse alter Bauernkunst in einem kommunalen Heimatmuseum aufzubewahren und auszustellen, dann sind diese Gegenstände auch „zur Erfüllung öffentlicher Aufgaben unentbehrlich". Hält man einzelne Gegenstände aus einer großen Sammlung für „eigentlich entbehrlich", dann gilt für diese nichts anderes als für den pfändbaren Dienstwagen eines großen Fuhrparks.

2. Rechtsschutz des Verwaltungsträgers. Der Rechtsschutz des Verwaltungsträgers ist speziell in 98 § 170 Abs. 3 S. 2 geregelt. Diese Vorschrift geht den allgemeinen Rechtsbehelfen vor. Man kann hier von einem spezialgesetzlichen Erinnerungsverfahren sprechen, wie der Verweis auf § 766 ZPO in § 882a Abs. 2 S. 2 ZPO deutlich zeigt.[139]

a) Einwendungen. Einwendungen kann der *Vollstreckungsschuldner* nur auf das Vorliegen der Vor- 99 aussetzungen der Schutztatbestände des § 170 Abs. 3 S. 1 stützen, z.B. die Unentbehrlichkeit einer Sache für die Aufgabenerfüllung. Sie sind schriftlich oder zur Niederschrift (vgl. § 147 Abs. 1) zu erheben und unbefristet bis zur Beendigung der Vollstreckung zulässig.[140]

Fraglich ist, ob § 170 Abs. 3 S. 2 auch für Einwendungen des *Gläubigers* gilt, das Gericht habe eine 100 Sache nicht von der Vollstreckung ausnehmen dürfen. Obwohl der Wortlaut dem nicht entgegensteht, wird diese Frage kaum diskutiert, sondern stillschweigend verneint.[141] Aus systematischen und teleologischen Gründen wird § 766 Abs. 2 ZPO durch die dem verwaltungsgerichtlichen Vollstreckungsverfahren sachnähere Vorschrift des § 170 Abs. 3 S. 2 verdrängt; die Anhörung der Aufsichtsbehörde oder des Ministers ist auch in diesem Fall sinnvoll und ermöglicht eine sachgerechte Beurteilung durch das Gericht.

b) Anhörung der zuständigen Stelle. Vor der Entscheidung über die Einwendung hat das Gericht bei 101 obersten Bundes- oder Landesbehörden den zuständigen Minister, ansonsten die jeweils zuständige Aufsichtsbehörde anzuhören. Auf diese Weise wird sichergestellt, dass die praktisch sehr wichtige Frage des Vollstreckungsschutzes nicht alleine aus der Sicht der betroffenen Behörde beantwortet wird. Das Gericht seinerseits ist vielfach auf die Stellungnahme der Verwaltung angewiesen, weil es insbes. die Entbehrlichkeit einer Sache für die Aufgabenerfüllung aus eigener Anschauung kaum beurteilen kann.

c) Entscheidung des Gerichts. Über die Berechtigung der Einwendung entscheidet das Gericht durch 102 Beschluss. Hiergegen ist die Beschwerde eröffnet (§ 146), die derjenige erheben kann, der durch die stattgebende oder zurückweisende Entscheidung beschwert ist.

VIII. Die Rechtslage bei den öffentlich-rechtlichen Kreditinstituten (Abs. 4)

1. Der Sonderstatus öffentlich-rechtlicher Kreditinstitute. Normzweck. § 170 Abs. 4 schließt die An- 103 wendbarkeit der Abs. 1–3 für öffentlich-rechtliche Kreditinstitute ausdrücklich aus. Damit wird für diese nicht nur ein eigenes Vollstreckungsrechtsregime begründet; die sog. Fiskusprivilegien werden auch bewusst versagt. Dies hängt im Wesentlichen damit zusammen, dass die öffentlich-rechtlichen Kreditinstitute (etwa kommunale Sparkassen,[142] Landesbanken, Förderbanken und die KFW)[143] in unmittelbarer Konkurrenz zu privaten Unternehmen agieren, sodass eine Gleichstellung schon aus Gründen der Wettbewerbs- und Kreditfähigkeit zwingend erforderlich ist:[144] Geldverkehr und Kredit spielen eine solche Rolle, dass die öffentlich-rechtlichen Kreditinstitute zur Erhaltung ihrer Kreditfähigkeit bei der Zwangsvollstreckung den privaten Bankunternehmen gleichgestellt werden müssen, denen sie sich im Aufgabenkreis und Geschäftsablauf weitgehend angeglichen haben.[145] Für Banken ist die Teilnahme am Wirtschaftsverkehr funktionstypisch.[146] Außerdem wird kaum ein Kunde sein Geld

---

139 Ebenso *R. Pietzner/J.A. Möller*, in: Schoch/Schneider/Bier § 170 Rn. 34; *Würtenberger* Rn. 755.
140 *R. Pietzner/J.A. Möller*, in: Schoch/Schneider/Bier § 170 Rn. 34.
141 So etwa bei *R. Pietzner/J.A. Möller*, in: Schoch/Schneider/Bier § 170 Rn. 34.
142 Weitere Bsp.: Giroverbände und Landesbanken, vgl. *Schunck/De Clerck* § 170 Anm. 2a; Art. 2 Abs. 1 des Gesetzes über die Bayerische Landesbank; Art. 24 Sparkassengesetz Bayern; vgl. auch *U. Twiehaus*, Kreditinstitute, 1965, 6ff.
143 *C. Waldhoff*, in: Gärditz § 170 Rn. 3.
144 *D. Eickmann*, in: MüKoZPO § 882a Rn. 3; *W. Miedtank*, Zwangsvollstreckung, 1964, 45f.; *W. Münzberg*, in: Stein/Jonas § 882a Rn. 4; *R. Pietzner/J.A. Möller*, in: Schoch/Schneider/Bier § 170 Rn. 9.
145 *W. Miedtank*, Zwangsvollstreckung, 1964, 45f.
146 *D. Eickmann*, in: MüKoZPO § 882a Rn. 3; *W. Münzberg*, in: Stein/Jonas § 882a Rn. 4.

einem öffentlich-rechtlichen Kreditinstitut anvertrauen, wenn er seinerseits Geldforderungen nur unter erschwerten Umständen durchsetzen kann.[147]

104   Ob § 170 Abs. 4 vor diesem Hintergrund – anders als die Parallelvorschriften der § 882 a Abs. 3 S. 2 ZPO und § 152 Abs. 4 FGO – überhaupt eine besondere Bedeutung hat, mag auch bezweifelt werden. Zum einen dürften nur wenige Geldforderungen gegen Kreditinstitute wirklich verwaltungsgerichtlich erstritten werden.[148] Zum anderen spielt § 170 Abs. 3 hier keine Rolle, weil genügend Mittel (insbes. Forderungen) vorhanden sein dürften, die nicht verwaltungszweckgebunden sind. Das gerichtlich geprägte Verfahren mag wiederum auch vorteilhaft für den Bürger sein.

105   **2. Anwendbare Rechtsvorschriften.** Die Vollstreckung von Geldforderungen gegen öffentlich-rechtliche Kreditinstitute richtet sich nach § 167 Abs. 1 S. 1 i.V.m. den entsprechenden Vorschriften der ZPO (§§ 803 ff.).

IX. Verfahrensbesonderheiten beim Vollzug einstweiliger Anordnungen (Abs. 5)

106   **1. Der Vollzug einer einstweiligen Anordnung. Normzweck.** § 170 gilt trotz der Erwähnung in § 172 Abs. 1 grds. auch für einstweilige Anordnungen, nämlich solche, die unmittelbar auf Geldzahlung gerichtet sind (→ Rn. 46). Insoweit sind aber einige Besonderheiten zu beachten, die der Eilbedürftigkeit des vorläufigen Rechtsschutzes Rechnung tragen.

107   **2. Die Verfahrensbesonderheiten.** Um dem vorstehend geschilderten Eilcharakter der einstweiligen Anordnung gerecht zu werden, müssen solche Verfahrensschritte, die unnötig viel Zeit kosten, modifiziert oder ausgeschlossen werden. Wenn es in § 170 Abs. 5 (vgl. daneben § 882 a Abs. 5 ZPO und § 152 Abs. 5 FGO) heißt, dass es der Ankündigung der Vollstreckung und der Einhaltung einer Wartefrist nicht bedarf, dann kommt letztlich § 170 Abs. 2 beim Vollzug einstweiliger Anordnungen nicht zur Anwendung. Dies lässt sich damit rechtfertigen, dass die Behörde schon durch Erlass und Zustellung der einstweiligen Anordnung die Dringlichkeit der Geldforderung kennt und die gerichtliche Entscheidung gerade auf sofortiges Handeln zielt. Im Gegenteil verbietet § 929 Abs. 2 ZPO geradezu ein längeres Zuwarten.

§ 171   [Vollstreckungsklausel]

In den Fällen der §§ 169, 170 Abs. 1 bis 3 bedarf es einer Vollstreckungsklausel nicht.

Schrifttum

M. Flüß/K. Rellermeyer, Rechtspfleger in der Verfassungsgerichtsbarkeit, Rpfleger 1997, 98; *H. F. Gaul,* Das Rechtsbehelfssystem der Zwangsvollstreckung – Möglichkeiten und Grenzen der Vereinfachung, ZZP 85 (1972), 251; *ders.,* Die Mitwirkung des Zivilgerichts an der Vollstreckung von Verwaltungsakten und verwaltungsgerichtlicher Entscheidungen, JZ 1979, 496; *I. Saenger,* Die Klausel als Voraussetzung der Zwangsvollstreckung, JuS 1992, 861; *A. Schink,* Die Verpflichtung zur Fortschreibung von Luftreinhalteplänen in der Verwaltungsvollstreckung, DVBl 2016, 1557; *J. Nolte,* Die Eigenart des verwaltungsgerichtlichen Rechtsschutz, 2015; *E.-G. Thomas,* Die Vollstreckung verwaltungsgerichtlicher Entscheidungen, BayVBl 1967, 335; *A. Wettlaufer,* Die Vollstreckung verwaltungs-, sozial- und finanzgerichtlicher Titel zugunsten der öffentlichen Hand, 1989; *W. Zeiss,* Gedanken zum Vollstreckungsmodell der neuen Verwaltungsgerichtsordnung, ZRP 1982, 74.

---

147   So wohl auch *R. Pietzner/J.A. Möller,* in: Schoch/Schneider/Bier § 170 Rn. 9.

148   Am ehesten vorstellbar sind noch Forderungen von Aufwandsentschädigungen für die Mitglieder des Verwaltungsrats oder Vertreter der Beschäftigten (z.B. nach § 19 SpKG BW) oder die Forderung einer angemessenen Entschädigung, wie sie von einer Stadtsparkasse an eine Kreissparkasse zu leisten ist, wenn letztere der Stadtsparkasse aufgrund Neugliederung eine Zweigstelle übertragen muss (z.B. nach § 23 Abs. 2 SpKG RP).

I. Inhalt und Stellung des §171 in der Vollstreckungsordnung

1. Der Regelungsgegenstand. §171 führt den Begriff der Vollstreckungsklausel in das Regelungssystem der verwaltungsgerichtlichen Vollstreckung ein.[1] 1

a) Begriff und Wesen der Vollstreckungsklausel. Im Zivilprozessrecht bezeichnet man als Vollstreckungsklausel den besonderen Vermerk über die Vollstreckbarkeit eines Urteils,[2] der mit einem gesetzlich vorgeschriebenen Text (§725 ZPO) der Urteilsausfertigung am Schluss beigefügt wird. Eine solche mit der Vollstreckungsklausel versehene Ausfertigung des Urteils definiert §724 Abs. 1 ZPO als vollstreckbare Ausfertigung.[3] Dies verdeutlicht den Zusammenhang von Urschrift, Ausfertigung und Vollstreckung des Urteils. Die bei den Akten verbleibende Urschrift wird durch die in gesetzlich bestimmter Form gefertigte Abschrift nach außen vertreten (BGH NJW 1981, 2345, 2346). Um als Grundlage der Vollstreckung zu dienen, bedarf diese Ausfertigung eines Prüfvermerks, welcher das Vorliegen der Vollstreckbarkeit („Vollstreckungsreife")[4] gerade für die Vollstreckungsorgane attestiert. Dies dient der Entlastung der Vollstreckungsorgane und allgemein der Rechtssicherheit.[5] Gemeinhin spricht man hier von der Vollstreckungsklausel als „Brücke zwischen Erkenntnis- und Vollstreckungsverfahren".[6] 2

b) Notwendigkeit und Entbehrlichkeit der Vollstreckungsklausel. §171 trifft gleichermaßen Aussagen über Notwendigkeit und Entbehrlichkeit der Vollstreckungsklausel in der verwaltungsgerichtlichen Vollstreckung. Geregelt wird ein Dreifaches: 3

Erstens übernimmt §171 die im Zivilprozessrecht normierte Rechtsfigur der Vollstreckungsklausel grds. für die verwaltungsgerichtliche Vollstreckung.[7] 4

Zweitens regelt er die „Vollstreckungskonstellationen", in denen es einer Vollstreckungsklausel nicht „bedarf"; angesprochen ist damit nicht nur die „Nichterteilung" der Klausel, sondern auch das fehlende „Erteilungsbedürfnis" (damit stellt sich die Frage der Klauselerteilung in den Fällen (der §§169, 170), in denen ein Bedürfnis hierfür ermittelt wird, → Rn. 14 ff.). 5

Drittens regelt die Vorschrift zugleich – nämlich im Umkehrschluss – die Fälle („Vollstreckungskonstellationen"), in denen eine Vollstreckungsklausel doch erteilt wird, ganz unabhängig davon, ob man diese Grenzziehung anhand des Wortlauts oder durch teleologische Erwägungen vornimmt (zu diesem Meinungsstreit → Rn. 18 f.). 6

2. Das Verhältnis des §171 zu den übrigen Vollstreckungsvorschriften. Die Vollstreckungsklausel gehört zu den allgemeinen Vollstreckungsvoraussetzungen (vollstreckbarer Titel – Klausel – Zustellung). Ihre Regelung in §171 ergänzt damit die §§167 Abs. 2, 168 Abs. 1, 2. Ihrem Wortlaut nach bezieht sich die Vorschrift zwar nur auf §169 und §170 Abs. 1–3. Wie auch immer man den Anwendungsbe- 7

---

1 *I. Kraft*, in: Eyermann §171 Rn. 1.
2 Vgl. *P. Hartmann*, in: Baumbach/Lauterbach/Albers/Hartmann §725 Rn. 1; *I. Saenger*, JuS 1992, 861.
3 *R. Pietzner/J. A. Möller*, in: Schoch/Schneider/Bier §168 Rn. 41 sowie §171 Rn. 1 und 8.
4 *A. Wettlaufer*, Vollstreckung, 1989, 67.
5 *Brox/Walker* Rn. 103; *I. Saenger*, JuS 1992, 861; *H. Wolfsteiner*, in: MüKoZPO §724 Rn. 2; für die verwaltungsgerichtliche Vollstreckung: *Würtenberger* Rn. 748.
6 So etwa *H. F. Gaul*, ZZP 85 (1972), 251, 267 und 291 f.; *ders.*, JZ 1979, 496, 498; vgl. weiter *O. Jauernig*, Zwangsvollstreckungs- und Insolvenzrecht, ²¹1999, §4 I; *R. Pietzner/J. A. Möller*, in: Schoch/Schneider/Bier §171 Rn. 2; *Gaul/Schilken/Becker-Eberhard* §5 IV 1 und §16 I 3.
7 Die Kongruenz des zivilprozessualen und verwaltungsgerichtlichen Klauselbegriffs ist unstr., vgl. nur *H. F. Gaul*, JZ 1979, 496, 498; *Kopp/Schenke* §168 Rn. 1; *R. Pietzner/J. A. Möller*, in: Schoch/Schneider/Bier §171 Rn. 1; *E.-G. Thomas*, BayVBl 1967, 335, 337; *Würtenberger* Rn. 748; *W. Zeiss*, ZRP 1982, 74, 77.

reich bestimmen mag (ausf. → Rn. 14 ff.): Auch gegenüber den übrigen Vollstreckungskonstellationen (§ 172 sowie § 170 Abs. 4 bzw. § 167 Abs. 1 S. 1 i.V.m. §§ 883 ff. ZPO) enthält § 171 entweder eine einnehmende oder ausgrenzende Klauselbestimmung.

8 **3. Erforderlichkeit qualifizierter Vollstreckungsklausel.** Eine besondere Bedeutung erhält die Vollstreckungsklausel in den Fällen, in denen sachliche oder personale Änderungen nach Wirksamwerden des Vollstreckungstitels eintreten (titelergänzende und -übertragende Klausel).[8] Gemeint sind insbes. die Fälle bedingter Titel und der Rechtsnachfolge. In den wenigen Fällen, in denen § 171 die Klauselerteilung nicht ausschließt, gelten demnach auch die §§ 726–729 ZPO.

9 Streitig ist hingegen, ob bei den sonstigen Titeln wegen § 171 nicht nur die „einfache“, sondern auch eine „qualifizierte“ Klausel entbehrlich ist. Davon ist nach Wortlaut und Sinn des § 171 auszugehen.[9] Der Wortlaut des § 171 differenziert nicht nach verschiedenen Klauselarten. Nach der ratio legis soll die Entscheidungskompetenz über Fragen, die sonst im Klauselerteilungsverfahren geprüft werden, in das Vollstreckungsverfahren verlagert werden.[10] Da in den Fällen der §§ 169, 170 der Vorsitzende beziehungsweise das Gericht des ersten Rechtszuges zuständiges Vollstreckungsorgan ist, ist die Prüfung des Vollstreckungsschuldners durch diesen ebenso möglich, wie durch den anderenfalls zuständigen Urkundsbeamten der Geschäftsstelle; § 171 entbindet daher auch von der qualifizierten Klauselerteilung (OVG Münster 10.10.2014 – 2 D 11/11). Da § 172 auch von § 171 erfasst ist (→ Rn. 18), kann eine Klausel auch nicht nach § 123 Abs. 3 VwGO i.V.m. § 929 Abs. 1 ZPO gefordert werden (§ 171 ist lex specialis).[11]

10 **4. Instanzenzug.** Im Instanzenzug ist Folgendes zu beachten: Soweit es einer Vollstreckungsklausel wegen § 171 überhaupt bedarf, bezieht sich diese nur auf Entscheidungen mit einem eigenen, vollstreckungserheblichen Ausspruch. Das sind (Berufungs- oder Revisions-)Entscheidungen, die das (vollstreckbare) Urteil der vorgehenden Instanz(en) zumindest teilweise abändern. Entscheidungen, die ein Rechtsmittel vollständig zurückweisen, müssen – auch hinsichtlich der Kostentragungspflicht des Unterlegenen – lediglich in einfacher Ausfertigung der vollstreckbaren Ausfertigung beigefügt werden.[12]

II. Der Zweck der Vorschrift

11 § 171 bezweckt die Vereinfachung[13] und damit letztlich die Beschleunigung des Verfahrens. Weil bei den dort in Bezug genommenen Konstellationen eine „einfache“ Ausfertigung genügt,[14] entfällt die mitunter aufwändige Prüfung der Vollstreckungsvoraussetzungen (insbes. bei bedingter Leistung oder Rechtsnachfolge [→ Rn. 8 f.]) durch den Urkundsbeamten der Geschäftsstelle. Fragen, die sonst im Klauselerteilungsverfahren zu prüfen sind, werden in das Vollstreckungsverfahren verlagert und dort vom Vollstreckungsgericht (§ 167 Abs. 1 S. 2) beantwortet. Demgegenüber findet sich in der Kommentarliteratur der Hinweis, diese Begründung treffe „nicht ganz den Kern“, weil es im Verwaltungsprozess angesichts der meist bestehenden Identität zwischen Prozess- und Vollstreckungsgericht ohnehin nur selten des Klauselverfahrens als „Brücke“ zwischen Erkenntnis- und Vollstreckungsinstanz bedürfe.[15] Diese an sich zutreffende Feststellung betrifft indessen nur den Zweck der Vollstreckungsklausel[16] und ändert nichts an der Zielsetzung der Vorschrift, die hieraus sinnvolle Konsequenzen zieht. Ohne den § 171 stellte sich nämlich die Frage, wie man die Entbehrlichkeit der Vollstreckungsklausel in diesen Fällen hätte herleiten können.

---

8 *Brox/Walker* Rn. 110 ff.; *I. Saenger*, JuS 1992, 861, 862 f.
9 A.A. (mit entsprechender Anwendung der §§ 727, 929 ZPO) VGH Mannheim NJW 1982, 902; *Kopp/Schenke* § 171 Rn. 3; *H. v. Nicolai*, in: Redeker/v. Oertzen § 171 Rn. 2; *Würtenberger* Rn. 749; zu § 153 FGO: BFH/NV 1991, 690, 691.
10 OVG Münster DÖV 1987, 653; *R. Pietzner/J.A. Möller*, in: Schoch/Schneider/Bier § 171 Rn. 15 ff. und § 170 Rn. 19, *I. Kraft*, in: Eyermann § 171 Rn. 5; *A. Wettlaufer*, Vollstreckung, 1989, 68.
11 *R. Pietzner/J.A. Möller*, in: Schoch/Schneider/Bier § 171 Rn. 15.
12 *H. v. Nicolai*, in: Redeker/v. Oertzen § 171 Rn. 1.
13 Vgl. BT-Drs. 3/1094, 15 zu § 167 a (Bericht des Rechtsausschusses); *I. Kraft*, in: Eyermann § 171 Rn. 5.
14 *Kopp/Schenke* § 171 Rn. 1.
15 *R. Pietzner/J.A. Möller*, in: Schoch/Schneider/Bier § 171 Rn. 9; vgl. auch *A. Wettlaufer*, Vollstreckung, 1989, 67.
16 Zum Zweck der Vollstreckungsklausel *Brox/Walker* Rn. 103 f.; *Würtenberger* Rn. 748.

III. Parallelvorschriften

1. Sozial- und Finanzgerichtsbarkeit. Eine dem § 171 entsprechende Vorschrift findet sich in § 153   12
FGO. Einer Vollstreckungsklausel bedarf es – entsprechend der auch zu § 171 vertretenen teleologischen Extension (→ Rn. 18) – prinzipiell nicht.[17] Dagegen äußert sich das SGG nicht zur Rechtsfigur
der Vollstreckungsklausel. Dies bedeutet aber weder, dass die Klausel im sozialgerichtlichen Verfahren
stets, noch dass sie nie erforderlich wäre. Die Abgrenzung erfolgt vielmehr aus allgemeinen Erwägungen. Weil sich die Vollstreckung zugunsten der öffentlichen Hand gem. § 200 SGG (wie bei § 169)
nach dem Verwaltungsvollstreckungsrecht richtet, in dem die Vollstreckbarkeit ohnehin eigenständig
durch die Vollstreckungsbehörde geprüft wird,[18] bedarf es dort keiner Vollstreckungsklausel.[19] Bei der
Vollstreckung von Geldforderungen und sonstigen Verpflichtungen gegen die öffentliche Hand bietet
sich eine entsprechende Anwendung der Grundsätze zu §§ 170, 172 an.[20]

2. Zivilprozessordnung. Soweit § 171 ganz allgemein die Vollstreckungsklausel als allgemeine Voll-   13
streckungsvoraussetzung in das verwaltungsgerichtliche Verfahren einführt, ist an das Vorbild der
§§ 724, 725 ZPO zu erinnern. Was die Entbehrlichkeit der Vollstreckungsklausel in bestimmten Vollstreckungskonstellationen betrifft, entspricht dies einzelnen Regelungen wie § 795 a ZPO oder § 929
Abs. 1 ZPO.

IV. Die Klauselerteilung im Einzelnen

1. Das Klauselerfordernis in den verschiedenen Vollstreckungskonstellationen. § 171 schließt die   14
Klauselerteilung in manchen Fällen aus; in anderen Fällen bleibt es bei dem Klauselerfordernis. Ausnahmen bestehen auch für bestimmte Arten von Vollstreckungstiteln.

a) Titel zugunsten der öffentlichen Hand (§ 169). Alle verwaltungsgerichtlichen Titel zugunsten der   15
öffentlichen Hand (§ 169) werden vollstreckt, ohne dass es einer Vollstreckungsklausel bedarf.[21] Dies
ist auch sinnvoll, weil trotz der Einschaltung von Vollstreckungshelfern (z.B. des Gerichtsvollziehers)
das Vollstreckungsverfahren in der Hand des Gerichtsvorsitzenden des ersten Rechtszuges liegt, § 169
Abs. 1.[22] Dieser prüft als Vollstreckungsgericht die Vollstreckungsvoraussetzungen, was sonst im
Klauselverfahren geschieht. Auch in den Fällen einer sachlichen oder personalen Änderung (bedingte
Leistung, Rechtsnachfolge) muss eine (qualifizierte) Klausel nicht erteilt werden (→ Rn. 8 f.).

b) Geldforderungen zulasten der öffentlichen Hand (§ 170). Geldforderungen zulasten der öffentli-   16
chen Hand (§ 170) werden – von der nachstehenden Ausnahme abgesehen – ebenfalls ohne Vollstreckungsklausel vollstreckt.

c) Geldforderungen gegen öffentlich-rechtliche Kreditanstalten. Geldforderungen gegen öffentlich-   17
rechtliche Kreditanstalten bedürfen einer Vollstreckungsklausel, arg. § 171 e contrario i.V.m. § 170
Abs. 4. Dass § 171 diese nicht von dem Klauselerfordernis ausnimmt, liegt letztlich an dem zivilprozessualer Zwangsvollstreckung angenäherten Vollstreckungsverfahren. Weil in diesem Fall das besondere Verfahren nach § 170 Abs. 1 und 2 nicht greift, ist ohne weiteres ein Vollstreckungsauftrag an
den Gerichtsvollzieher denkbar (§ 167 Abs. 1 S. 1 VwGO i.V.m. § 753 ZPO),[23] dem gegenüber die
Klausel die Vollstreckbarkeit attestieren soll.

d) Sonstige Ansprüche gegen die öffentliche Hand (§ 172). Sonstige Ansprüche gegen die öffentliche   18
Hand (§ 172), insbes. solche auf Erteilung eines Verwaltungsakts, sind ebenfalls ohne Vollstreckungs-

---

17 So wohl *T. Stapperfend*, in: Gräber § 153 Rn. 1.
18 *G. Sadler*, Verwaltungs-Vollstreckungsgesetz, Verwaltungszustellungsgesetz, 2009, § 3 VwVG Rn. 3.
19 So *Meyer-Ladewig/Keller/Leitherer* § 200 Rn. 3; *R. Pietzner/J.A. Möller*, in: Schoch/Schneider/Bier § 171 Rn. 10; i.E.
    auch *A. Wettlaufer*, Vollstreckung, 1989, 235 f.
20 Nur teilweise angesprochen bei *R. Pietzner/J.A. Möller*, in: Schoch/Schneider/Bier § 171 Rn. 10; auch *A. Wettlaufer*,
    Vollstreckung, 1989, 68.
21 Vgl. auch VG Ansbach 21.0.2012 – AN 9 V 12.01519, wonach sich in solchen Fällen die Vollstreckung nach dem
    Verwaltungsvollstreckungsgesetz richtet, § 169 Abs. 1 S. 1.
22 *Kopp/Schenke* § 169 Rn. 6 f.
23 Mit dieser Begründung auch *R. Pietzner/J.A. Möller*, in: Schoch/Schneider/Bier § 171 Rn. 13.

klausel vollstreckbar.[24] Zwar spricht die Tatsache, dass der Gesetzgeber § 172 auch infolge von Novellierungen der VwGO nicht in § 171 einbezogen hat gegen eine solche Auslegung (so abwägend: OVG Saarlouis 21.12.2010 – 2 E 291/10). Eine im Prinzip gegen den Wortlaut des § 171 gerichtete Auslegung lässt sich dennoch wie folgt begründen: Ein Klauselerfordernis im Verfahren des § 172 wäre im Vergleich zur Entbehrlichkeit der Klausel bei den Vollstreckungskonstellationen der §§ 169, 170 vor dem Hintergrund des Art. 3 Abs. 1 GG kaum zu rechtfertigen. Denn die Klauselerteilung bringt regelmäßig administrativen Aufwand mit sich und führt somit zu einer nicht unerheblichen Verzögerung des Vollstreckungsverfahrens. Sachliche Gründe für diese Ungleichbehandlung sind nicht ersichtlich. Dass im Gegensatz zum Verfahren nach § 170 das Gericht des ersten Rechtszuges beim Verfahren nach § 172 zur Prüfung der Voraussetzungen außerstande wäre, die sonst im Klauselerteilungsverfahren verifiziert werden, ist nicht anzunehmen. Vielmehr ist das Vollstreckungsgericht als Prozessgericht im Besitz der Prozessakten und somit in der Lage, diese Prüfung vorzunehmen. Da auch in den Fällen des § 172 das Gericht des ersten Rechtszuges Vollstreckungsbehörde ist, stellt es einen unnötigen Mehraufwand dar, dem Gericht eine von ihm zuvor selbst erteilte vollstreckbare Ausfertigung vorzulegen (VG Hamburg 18.7.2016 – 9 V 1062/16).[25] Auch hinsichtlich der Feststellung der Vollstreckbarkeit ergeben sich zwischen Verpflichtungsurteilen bzw. einstweiligen Anordnungen (§ 172) und Geldzahlungstiteln (§ 170) keine wesentlichen Unterschiede, die ein gesondertes Klauselerteilungsverfahren rechtfertigen. Zwar ist die Frage, ob der Titel einen vollstreckbaren Inhalt aufweist, bei Geldzahlungstiteln einfacher zu beantworten als bei Verpflichtungstiteln. Dies würde in einem Klauselverfahren jedoch die gleichen (lösbaren) Probleme bereiten wie im Vollstreckungsverfahren selbst.

19   Auch nach der Gegenauffassung ist aber bei der Vollstreckung einer einstweiligen Anordnung nach § 123 Abs. 3 VwGO i.V.m. § 929 Abs. 1 ZPO keine Klausel erforderlich, es sei denn, die Vollstreckung erfolgt für oder gegen einen anderen als den im Titel Genannten.[26]

20   e) Vollstreckung zwischen Privaten (§ 167 Abs. 1 S. 1 VwGO i.V.m. §§ 753 ff. ZPO). Die vereinzelt auch im verwaltungsgerichtlichen Verfahren vorkommende Vollstreckung zwischen Privaten (§ 167 Abs. 1 S. 1 VwGO i.V.m. §§ 753 ff. ZPO) bedarf der Vollstreckungsklausel. Diese dem Wortlaut des § 171 entsprechende Auslegung ist auch sachgemäß (näher die vorstehenden Ausführungen zur Vollstreckung gegen öffentlich-rechtliche Kreditinstitute → Rn. 17); lediglich die allgemein geltenden Ausnahmen (z.B. § 167 Abs. 1 S. 1 VwGO i.V.m. § 795a ZPO) sind zu berücksichtigen.

21   f) Klauselerfordernis bei bestimmten Titelarten. Die vorstehenden Abgrenzungen galten für die verschiedenen Vollstreckungskonstellationen, unabhängig von der Art des jeweils zugrunde liegenden Titels. Soweit eine Klausel erforderlich ist, gilt dies grds. sowohl für Urteile (Rechtsgedanke des § 724 Abs. 1 ZPO) als auch für sonstige Vollstreckungstitel (Rechtsgedanke der §§ 794, 795 S. 1 ZPO). Bei folgenden Vollstreckungstiteln bedarf es dagegen keiner Vollstreckungsklausel:[27]

22   Unabhängig von der Auslegung zu § 172 ist die Vollstreckungsklausel in jedem Fall entbehrlich, soweit der Vollstreckungstitel eine einstweilige Anordnung (§ 123) ist und niemand anderes als die in diesem Titel genannten Personen als Vollstreckungsgläubiger und -schuldner fungiert, § 123 Abs. 3 VwGO i.V.m. § 929 Abs. 1 ZPO.[28]

---

24 So auch OVG Münster 10.9.2013 – 16 E 100/13; *R. Pietzner/J.A. Möller*, in: Schoch/Schneider/Bier § 171 Rn. 8; auch *A. Wettlaufer*, Vollstreckung, 1989, 68; für eine Extension de lege ferenda: *W. Zeiss*, ZRP 1982, 74, 78 unter Verweis auf *H. F. Gaul*, ZZP 85 (1972), 251, 292 zu §§ 887 ff. ZPO; a.A. (am Wortlaut des § 171 orientiert) VGH Mannheim NVwZ-RR 1993, 520; VG Gießen NVwZ 1997 Beilage Nr. 9, 72; OVG Saarlouis 21.12.2010 – 2 E 291/10; *H. v. Nicolai*, in: Redeker/v. Oertzen § 171 Rn. 2; *I. Kraft*, in: Eyermann § 171 Rn. 4; *Kopp/Schenke* § 171 Rn. 1; *Schunck/De Clerk* § 172 Anm. 2 c; *E.-G. Thomas*, BayVBl 1967, 335, 339; zu § 153 FGO: *Tipke/Kruse* § 153 FGO Rn. 1; *J. Nolte*, Die Eigenart des verwaltungsgerichtlichen Rechtsschutzes, S. 354, der neben dem Wortlautargument auch die systematische Stellung des § 172 nach § 171 in das Feld führt; offen gelassen: OVG Bautzen 21.10.2016 – 2 E 83/16; VG Freiburg 24.4.2014 – A 4 K 807/14.

25 Abl. *A. Schink*, DVBl 2016, 1557, 1563, der den Verzicht auf die Vollstreckungsklausel einerseits mit dem klaren Wortlaut des § 171 für nicht vereinbar hält, andererseits der Vollstreckungsklausel eine gewisse Schutz- und Warnfunktion zuschreibt, die nicht unterbunden werden darf.

26 *Kopp/Schenke* § 171 Rn. 2.

27 Vgl. auch *R. Pietzner/J.A. Möller*, in: Schoch/Schneider/Bier § 171 Rn. 5.

28 *Kopp/Schenke* § 171 Rn. 2; *H. v. Nicolai*, in: Redeker/v. Oertzen § 171 Rn. 2; hierzu auch *E.-G. Thomas*, BayVBl 1967, 335, 339.

Soweit ein Kostenfestsetzungsbeschluss auf das Urteil[29] gesetzt wird (§ 173 VwGO i.V.m. § 105 Abs. 1   23
S. 1 ZPO) und bereits eine vollstreckbare Ausfertigung dieses Urteils vorliegt, bedarf es – zur Vermei-
dung einer unnötigen Förmelei – keiner besonderen Klausel für den Festsetzungsbeschluss[30] (§ 167
Abs. 1 S. 1 VwGO i.V.m. § 795 a ZPO[31]). Beide bilden einen einheitlichen Vollstreckungstitel.[32]

Weitere Ausnahmen und Besonderheiten kennt die verwaltungsgerichtliche Vollstreckung nicht. Ins-   24
bes. spielt § 796 Abs. 1 ZPO (Vollstreckungsbescheide) dort keine Rolle.

g) Titelumschreibung. Einer Titelumschreibung bedarf es selbst in den Fällen nicht, in denen sich die   25
Klage nicht gegen einen Verwaltungsträger, sondern ein beteiligungsfähiges Organ (§ 61 Nr. 2) oder
eine Behörde (§ 61 Nr. 3) richtete. In diesen Fällen richtet sich die Vollstreckung automatisch gegen
den jeweiligen Rechtsträger, sodass eine Vollstreckungsklausel auch in dem vorbezeichneten Umfang
entbehrlich ist.[33]

2. Das Verfahren der Klauselerteilung. Die Vollstreckungsklausel wird nach folgenden formalen Vor-   26
gaben erteilt, die weitgehend der ZPO entlehnt sind:[34]

a) Zuständigkeit zur Klauselerteilung. Die Zuständigkeit zur Klauselerteilung liegt gem. § 167 Abs. 1   27
S. 1 VwGO i.V.m. § 724 Abs. 2 ZPO beim Urkundsbeamten der Geschäftsstelle des Prozessgerichts
erster Instanz (regelmäßig beim VG).[35]

b) Form. Die Klausel wird begriffsnotwendig schriftlich erteilt. Sie ist nämlich nach § 167 Abs. 1 S. 1   28
VwGO i.V.m. § 725 ZPO der Ausfertigung des Urteils am Schluss beizufügen. Sie hat einen gesetzlich
vorgeschriebenen Wortlaut. Zwingend sind nach dieser Vorschrift auch die Unterschrift des Urkundsbeamten und das Versehen der Klausel mit dem Gerichtssiegel. Diese Formerfordernisse garantieren
Authentizität. Werden sie im Einzelfall nicht eingehalten (die Formulierung weicht im Wortlaut ab,
Unterschrift oder Siegel fehlen), hat dies unterschiedliche Folgen: Die Formulierung muss nicht wortgleich mit der aus § 725 ZPO sein, vielmehr gibt § 725 ZPO nur inhaltlich das Mindestmaß der Klau-
selanforderungen an.[36] Unbeachtlich ist ferner, wenn die Klausel nicht am Schluss der Ausfertigung
steht oder wenn statt des Siegels ein Schwarzstempel angebracht ist.[37] Fehlt hingegen die eigenhändige
Unterschrift des Urkundsbeamten der Geschäftsstelle oder die Beifügung zum Vollstreckungstitel, ist
die Klausel unwirksam, sodass die Vollstreckungsorgane ihre Tätigkeit zu verweigern haben.[38] Der
Vollstreckung aufgrund unwirksamer Klausel kann mit den Rechtsbehelfen, die den §§ 766, 732, 768
ZPO entsprechen, entgegengewirkt werden[39] (zum Rechtsschutz im Klauselerteilungsverfahren
→ Rn. 30 ff.).

c) Anhörung des Vollstreckungsschuldners. Eine Anhörung des Vollstreckungsschuldners kann gem.   29
§ 730 ZPO in den Fällen des § 726 Abs. 1 ZPO (bedingte Leistungen) und der §§ 727–729 ZPO
(Rechtsnachfolger, Nacherbe und Testamentsvollstrecker, Vermögens- und Firmenübernehmer), also
bei der sog. qualifizierten Vollstreckungsklausel, vor Klauselerteilung erfolgen.[40]

V. Rechtsschutz im Klauselverfahren

In den wenigen Fällen, in denen eine Vollstreckungsklausel auch in der verwaltungsgerichtlichen Voll-   30
streckung zu erteilen ist, besteht auch Bedarf für spezielle Klauselrechtsbehelfe, und zwar sowohl auf

---

29 Dies soll gleichermaßen für einen Prozessvergleich gelten, *P. Hartmann*, in: Baumbach/Lauterbach/Albers/Hartmann
     § 795 a Rn. 1.
30 *Kopp/Schenke* § 171 Rn. 2; *H. v. Nicolai*, in: Redeker/v. Oertzen § 171 Rn. 2; *I. Kraft*, in: Eyermann § 171 Rn. 3; VG
     Ansbach 1.12.2006 – AN 5 V 06.03664.
31 Zur Anwendbarkeit des § 795 a ZPO in der verwaltungsgerichtlichen Vollstreckung *P. Hartmann*, in: Baumbach/Lau-
     terbach/Albers/Hartmann § 795 a Rn. 2.
32 *P. Hartmann*, in: Baumbach/Lauterbach/Albers/Hartmann § 795 a Rn. 1.
33 Zutr. *R. Pietzner/J.A. Möller*, in: Schoch/Schneider/Bier § 171 Rn. 16 f.; a.A. VGH Mannheim DÖV 1982, 84; *Kopp/
     Schenke* § 171 Rn. 3.
34 Vgl. *R. Pietzner/J.A. Möller*, in: Schoch/Schneider/Bier § 171 Rn. 18.
35 *H. v. Nicolai*, in: Redeker/v. Oertzen § 171 Rn. 1.
36 *P. Hartmann*, in: Baumbach/Lauterbach/Albers/Hartmann § 725 Rn. 3.
37 *P. Hartmann*, in: Baumbach/Lauterbach/Albers/Hartmann § 725 Rn. 4; *W. Münzberg*, in: Stein/Jonas § 725 Rn. 8.
38 *P. Hartmann*, in: Baumbach/Lauterbach/Albers/Hartmann § 725 Rn. 4; *W. Münzberg*, in: Stein/Jonas § 725 Rn. 11.
39 *W. Münzberg*, in: Stein/Jonas § 725 Rn. 11, § 730 Rn. 5 ff., § 766 Rn. 15.
40 So *W. Zeiss*, ZRP 1982, 74, 77.

Gläubiger- als auch auf Schuldnerseite.[41] Diese Rechtsbehelfe sind im Wesentlichen der ZPO[42] entlehnt.

31 **1. Rechtsschutz des Gläubigers.** Rechtsschutzbedarf besteht für den Vollstreckungsgläubiger dann, wenn die erforderliche Klausel entweder gar nicht oder fehlerhaft erteilt wird. Im Falle der sog. einfachen Klausel ist die Erinnerung gem. §§ 151, 152 Abs. 2 (anstelle der im Zivilprozess statthaften Beschwerde gem. § 576 Abs. 1 ZPO) zu erheben.[43] Gegen die gerichtliche Erinnerungsentscheidung ist die Beschwerde nach den §§ 146 ff. statthaft. Kann dagegen der nach den §§ 726 Abs. 1, 727–729 ZPO erforderliche Nachweis nicht geführt werden, ist Klage auf Erteilung der Vollstreckungsklausel zu erheben (§ 167 Abs. 1 S. 1 VwGO i.V.m. § 731 ZPO).[44] Hierüber entscheidet das Prozessgericht des ersten Rechtszuges. Undenkbar ist demgegenüber die Anwendbarkeit des § 11 RPflG,[45] weil die Institution des Rechtspflegers der ordentlichen Gerichtsbarkeit bewusst vorbehalten wurde (HmbOVG MDR 1980, 258, 259 m.N, zu den Motiven des RPflG) und sich daneben lediglich in der Verfassungsgerichtsbarkeit etabliert hat.[46]

32 **2. Rechtsschutz des Schuldners.** Der Vollstreckungsschuldner wird sich zur Wehr setzen wollen, wenn eine Vollstreckungsklausel fehlerhaft erteilt wurde, weil die Erteilungsvoraussetzungen nicht vorlagen. Auch hier ist zwischen einfacher und qualifizierter Klausel zu unterscheiden. Im ersten Fall können formelle Einwendungen im Wege der Erinnerung gem. § 167 Abs. 1 S. 1 VwGO i.V.m. § 732 ZPO an das Gericht erhoben werden, dessen Urkundsbeamter die Klausel erteilt hat.[47] Gegen dessen Entscheidung ist wiederum Beschwerde nach §§ 146 ff. statthaft. Gegen die fehlerhafte Erteilung einer qualifizierten Vollstreckungsklausel muss Klauselgegenklage gem. § 167 Abs. 1 S. 1 VwGO i.V.m. § 768 ZPO erhoben werden. Sie hat das Ziel, die Zwangsvollstreckung für unzulässig zu erklären.[48] § 767 Abs. 2 ZPO gilt hier nicht, jedoch kann der gleiche Effekt durch Rechtskraft eines Urteils gem. § 731 ZPO eintreten.[49]

§ 172 [Zwangsgeld gegen die Behörde]

[1]Kommt die Behörde in den Fällen des § 113 Abs. 1 Satz 2 und Abs. 5 und des § 123 der ihr im Urteil oder in der einstweiligen Anordnung auferlegten Verpflichtung nicht nach, so kann das Gericht des ersten Rechtszugs auf Antrag unter Fristsetzung gegen sie ein Zwangsgeld bis zehntausend Euro durch Beschluß androhen, nach fruchtlosem Fristablauf festsetzen und von Amts wegen vollstrecken. [2]Das Zwangsgeld kann wiederholt angedroht, festgesetzt und vollstreckt werden.

Schrifttum

1. Monographien und Beiträge in Sammelwerken: O. *Bachof*, Die verwaltungsgerichtliche Klage auf Vornahme einer Amtshandlung, 1951; W. J. *Bank*, Zwangsvollstreckung gegen Behörden, 1982; R. *Fingerhut*, Die planungsrechtliche Gemeindenachbarklage, 1976; K. *Grupp*, Zur allgemeinen Gestaltungsklage im Verwaltungsprozeßrecht, in: FS Lüke, 1997, 207; H.-D. *Lemke*, Verwaltungsvollstreckungsrecht des Bundes und der Länder, 1997; W. *Miedtank*, Die Zwangsvollstreckung gegen Bund, Länder, Gemeinden und andere juristische Personen des öffentlichen Rechts, 1964; J. *Nolte*, Die Eigenart des verwaltungsgerichtlichen Rechtsschutzes, 2015; O. R. *Remien*, Rechtsverwirklichung durch Zwangsgeld, 1992; B. *Stuer*, Zurückverweisung und Bescheidungsverpflichtung im Verwaltungsprozeß, in: FS Menger, 1985, 779; C. H. *Ule*, Die geschichtliche Entwicklung des verwaltungsgerichtlichen Rechtsschutzes in der Nachkriegszeit, in: FS Menger, 1985, 81; A. *Wettlaufer*, Die Vollstreckung verwaltungs-, sozial- und finanzgerichtlicher Titel zugunsten der öffentlichen Hand, 1989.

---

41 Umfassend für die zivilprozessuale Zwangsvollstreckung *Gaul/Schilken/Becker-Eberhard* § 17.
42 Überblick bei *I. Saenger*, JuS 1992, 861, 863 f.
43 R. *Pietzner/J.A. Möller*, in: Schoch/Schneider/Bier § 171 Rn. 7, 18; I. *Kraft*, in: Eyermann § 171 Rn. 6.
44 So auch R. *Pietzner/J.A. Möller*, in: Schoch/Schneider/Bier § 171 Rn. 6; H. v. *Nicolai*, in: Redeker/v. Oertzen § 171 Rn. 1; I. *Kraft*, in: Eyermann § 171 Rn. 6.
45 Anders bei der Erteilung einer qualifizierten Klausel R. *Pietzner/J.A. Möller*, in: Schoch/Schneider/Bier § 171 Rn. 6 und 18, wonach § 11 RPflG gegen Entscheidungen des Rechtspflegers bei der Erteilung einer qualifizierten Klausel offensteht.
46 M. *Flüß/K. Rellermeyer*, Rpfleger 1997, 98 ff.; als Anwendungsbsp.: BVerfG NVwZ 1999, 402.
47 R. *Pietzner/J.A. Möller*, in: Schoch/Schneider/Bier § 171 Rn. 7, 18; H. v. *Nicolai*, in: Redeker/v. Oertzen § 171 Rn. 1; a.A.: I. *Kraft*, in: Eyermann § 171 Rn. 6: Erinnerung gem. § 151.
48 R. *Pietzner/J.A. Möller*, in: Schoch/Schneider/Bier § 171 Rn. 7; H. v. *Nicolai*, in: Redeker/v. Oertzen § 171 Rn. 1; I. *Kraft*, in: Eyermann § 171 Rn. 6.
49 R. *Pietzner/J.A. Möller*, in: Schoch/Schneider/Bier § 171 Rn. 7.

2. Beiträge in Zeitschriften: *J. Bader*, Die Neuregelung des Rechtsmittelrechts und sonstige Änderungen der VwGO durch das Rechtsmittelbereinigungsgesetz, VBlBW 2002, 471; *W. Budach/H. Johlen*, Der Prozessvergleich im Verwaltungsverfahren, JuS 2002, 371; *C. Corell*, Vollstreckung verwaltungsgerichtlicher Vergleiche gegen Hoheitsträger, NVwZ 1998, 469; *F. Czermak*, Verwaltungsgerichtsbarkeit und Gewaltenteilung, DÖV 1967, 673; *W. Durner*, Reformbedarf in der Verwaltungsgerichtsordnung, NVwZ 2015, 841; *T. Dünchheim*, Vom Zwangsgeld zurück zur Zwangsstrafe, NVwZ 1996, 117; *G. Gaentzsch*, Abwehr der Vollstreckung eines verwaltungsgerichtlichen Bescheidungsurteils bei nachträglicher Änderung der Sach- oder Rechtslage, NVwZ 2008, 950; *H. F. Gaul*, Die Mitwirkung des Zivilgerichts an der Vollstreckung von Verwaltungsakten und verwaltungsgerichtlicher Entscheidungen, JZ 1979, 496; *B. Guntau*, Fälle zum Vollstreckungsrecht nach §§ 887 bis 890 ZPO, JuS 1983, 939; *H.-G. Henneke*, Verwaltungszwang mittels Zwangsgeld, Jura 1989, 7; *P. Hilbert*, Zur Frage der Vollstreckung einer Verurteilung zur Änderung eines Luftreinhalteplans (Anmerkung zu einem Beschluss des VG Münchens v. 21.6.2016 [M 1 V 15.5203]), DVBl 2016, 1137; *M. Hoffmann-Becking*, Rechtsweg und Klageart bei Streitigkeiten über die Vergabe von Aufträgen und die Überlassung von Grundstücken durch die öffentliche Hand an gesetzlich begünstigte Personengruppen, VerwArch 62 (1971), 191; *R. Holland*, Verwaltungsrechtsschutz gegenüber erkennungsdienstlichen Maßnahmen der Kriminalpolizei, JuS 1968, 559; *H. P. Ipsen*, Anm. HmbOVG 26.3.1949, MDR 1949, 507; *P. Jacob*, Zur Änderung der Sach- oder Rechtslage im Vollstreckungsstadium und zum Abbruch von Besetzungsverfahren, VBlBW 2012, 135; *B. Jestaedt*, Die Vollstreckung von Unterlassungstiteln nach § 890 ZPO bei Titelfortfall, WRP 1981, 422; *C. Just*, Das Gesetz zur Bereinigung des Rechtsmittelrechts im Verwaltungsprozess (RmBereinVpG) – ein Überblick, LKV 2002, 201; *W. Kuhla/J. Hüttenbrink*, Neuregelungen in der VwGO durch das Gesetz zur Bereinigung des Rechtsmittelrechts im Verwaltungsprozess (RmBereinVpG), DVBl 2002, 85; *C. F. Menger*, Höchstrichterliche Rechtsprechung zum Verwaltungsrecht, VerwArch 49 (1958), 272; *B. Rauch*, Die planungsrechtliche Gemeindenachbarklage, BayVBl 1980, 612; *L. Renck*, Vollstreckungsabwehrklage bei Vollstreckung aus Vergleich, NJW 1992, 2209; *M. Renck-Laufke*, Rechtsfragen der Vollstreckung verwaltungsgerichtlicher Vergleiche, BayVBl 1976, 621; *ders.*, Zwangsvollstreckung aus verwaltungsgerichtlichen Titeln, BayVBl 1991, 44; *G. Robbers*, Schlichtes Verwaltungshandeln, DÖV 1987, 272; *W. Roth*, Die Zwangsvollstreckung verwaltungsgerichtlicher Entscheidungen und Vergleiche gegen Hoheitsträger, VerwArch 91 (2000), 12; *H. H. Rupp*, Zur neuen Verwaltungsgerichtsordnung: Gelöste und ungelöste Probleme, AöR 85 (1960), 149 und 301; *H. Sander*, Zur Wirksamkeit eines Prozessvergleichs, NuR 2007, 527; *A. Schink*, Die Verpflichtung zur Fortschreibung von Luftreinhalteplänen in der Verwaltungsvollstreckung, DVBl 2016, 1557; *M. Schultzenstein*, Zwangsvollstreckung zur Erwirkung von Handlungen oder Unterlassungen und Prozeßunfähigkeit, ZZP 35 (1906), 475; *M.-J. Seibert*, Änderungen der VwGO durch das Gesetz zur Bereinigung des Rechtsmittelrechts im Verwaltungsprozess, NVwZ 2002, 265; *C. H. Ule*, Vorbeugender Rechtsschutz im Verwaltungsprozeß, VerwArch 65 (1974), 291; *W. Zimmerling*, Zur Problematik der Gliedkörperschaftsstreitigkeiten zwischen Studentenschaft und Hochschule, DÖV 1977, 278; *W. Zeiss*, Gedanken zum Vollstreckungsmodell der neuen Verwaltungsgerichtsordnung, ZRP 1982, 74.

I. Inhalt und Stellung des § 172 in der Vollstreckungsordnung

1 **1. Der Regelungsgegenstand und seine Vorgeschichte.** § 172 regelt neben § 170 einen weiteren Fall der Vollstreckung zulasten der öffentlichen Hand. Vereinfacht ausgedrückt geht es um die Festsetzung und Beitreibung eines Zwangsgeldes gegen solche Verwaltungsbehörden, die einer vollstreckbaren Verpflichtung nicht nachkommen. Die VwGO orientiert sich insofern an einer aus dem Verwaltungsvollstreckungsrecht bekannten Unterscheidung: auf der einen Seite die Vollstreckung wegen Geldforderungen, auf der anderen Seite die Erzwingung von Handlungen, Duldungen und Unterlassungen. § 172 will sowohl die Art der vollstreckungsbedürftigen Verpflichtung (durch Bezeichnung ihrer Rechtsgrundlagen) als auch die Weise ihrer zwangsweisen Durchsetzung (nämlich durch Beugezwang [OVG Bln NVwZ 1999, 411]) regeln.

2 Während die nähere Ausgestaltung des Zwangsgeldes in § 172 S. 1 (Zwangsgeld als einziges Zwangsmittel, Höhe des Zwangsgeldes, Androhung, Festsetzung und Vollstreckung des Zwangsgeldes) und § 172 S. 2 (Wiederholung des Zwangsgeldes bei Nichtbefolgung) wenig Auslegungsprobleme aufwirft, bleibt der Anwendungsbereich der Vorschrift im Dunkeln. Zwar führt § 172 S. 1 ausdrücklich die „Fälle des § 113 Abs. 1 S. 2 und Abs. 5 und des § 123" als Vollstreckungsgrundlage an. Damit wird der Anwendungsbereich jedoch nur angedeutet. Es besteht Anlass, ihn im Hinblick auf die genannten Verpflichtungen einschränkend, hinsichtlich weiterer Vollstreckungskonstellationen erweiternd auszulegen (→ Rn. 29 ff.). Der Grund hierfür liegt in der lückenhaften Ausgestaltung des Vollstreckungsregimes „Vollstreckung zulasten der öffentlichen Hand" in den §§ 170, 172, ergänzt durch eine verwirrende subsidiäre Verweisung in die zivilprozessuale Zwangsvollstreckung (insbes. §§ 883 ff. ZPO) durch § 167 Abs. 1 S. 1. Würde man sich streng am Wortlaut der §§ 170, 172 orientieren, käme es zu Lücken, Friktionen und (Wertungs-)Widersprüchen, die es gerade vor dem Hintergrund der auch in die Vollstreckung reichenden Rechtsschutzgarantie zu vermeiden gilt (→ Rn. 29).

3 Bestimmungen zur Zuständigkeit (Gericht des ersten Rechtszuges, vgl. § 167 Abs. 1 S. 2), zum Verfahren (Antragsbedürftigkeit, Fristsetzung) und zur Entscheidungsform (selbständiger Beschluss) komplettieren den Regelungsgehalt des § 172.

4 Gleichsam im Umkehrschluss wird § 172 schließlich entnommen, dass das dort angeordnete Zwangsgeld nicht nur Erfüllungszwang (i.S.v. Ersatzvornahme und unmittelbarem Zwang), sondern auch (Ersatz-)Zwangshaft ausschließt;[1] anders als dies das Verwaltungsvollstreckungsrecht gegenüber dem Bürger regelt (→ Rn. 16). In der Tat lässt der Schutz der Funktionsfähigkeit der Exekutive vor Entzug der Organwalter[2] kein anderes Ergebnis zu (zur Frage der Vollstreckung des Zwangsgeldes gegen Behördenleiter → Rn. 18).

5 § 172 ist aus § 168 des Regierungsentwurfs (BT-Drs. 3/55, 21 f.) hervorgegangen[3] und wurde § 201 SGG nachgebildet.[4] Durch das Gesetz zur Bereinigung des Rechtsmittelrechts im Verwaltungsprozess

---

1 Vgl. VGH Mannheim NVwZ-RR 1995, 619; *R. Pietzner/J.A. Möller*, in: Schoch/Schneider/Bier § 172 Rn. 11.
2 VGH Mannheim NVwZ-RR 1995, 619; *W. J. Bank*, Zwangsvollstreckung, 1982, 89 f.; *R. Pietzner/J.A. Möller*, in: Schoch/Schneider/Bier § 172 Rn. 11; a.A. *J. Nolte*, Die Eigenart des verwaltungsgerichtlichen Rechtsschutzes, S. 369 m.w.N., der bei beständiger Verweigerung der Behörde, eine gerichtliche Verpflichtung zu erfüllen, theoretisch auch eine Zwangs- oder Ordnungshaft des zuständigen Amtsträgers in Betracht zieht. *Nolte* begründet dies damit, dass das gewählte Zwangsmittel *„ernsthaft"* die Behörde zur Umsetzung der Handlung auffordern muss; unvermeidbar ist dabei, dass die Funktionsfähigkeit der Behörde unter Umständen beeinträchtigt wird.
3 § 168 des Regierungsentwurfs lautete:
    „(1) Kommt die Behörde in den Fällen des § 114 Abs. 1 Satz 2 und Abs. 4 der ihr im Urteil auferlegten Verpflichtung nicht nach, so kann das Gericht des ersten Rechtszugs auf Antrag unter Fristsetzung eine Erzwingungsstrafe bis zweitausend Deutsche Mark durch Beschluß androhen und nach vergeblichem Fristablauf festsetzen. Sie ist gegen die Behörde anzudrohen und festzusetzen. Die Erzwingungsstrafe kann wiederholt verhängt werden.
    (2) Absatz 1 gilt nicht für oberste Bundes- und oberste Landesbehörden."
    Allg. zu diesem (dritten) Regierungsentwurf *C. H. Ule*, FS Menger, 1985, 81, 93 ff.; ferner *Klinger* S. 6.
4 *R. Pietzner/J.A. Möller*, in: Schoch/Schneider/Bier § 172 Rn. 1.

(RmBereinVpG)[5] wurde die Angabe „zweitausend Deutsche Mark" durch die Angabe „zehntausend Euro" ersetzt. Die Erhöhung des Zwangsgeldes, das bei einer Vollstreckung gegen eine Behörde verhängt werden kann, war nach Auffassung des Gesetzgebers erforderlich, weil der bisherige Rahmen nicht mehr den heutigen wirtschaftlichen Verhältnissen entsprach und auch nicht geeignet war, effektiven Rechtsschutz zu gewähren (BT-Drs. 14/6393, 14).

Rspr. und Lit. sehen in § 172 (korrespondierend mit § 170) ein „rechtsstaatliches Leitmodell" zur   6
Zwangsvollstreckung gegen Hoheitsträger.[6] Dies ist nur bedingt richtig (zur Kritik → Rn. 29 ff.). Auch seine Tauglichkeit zur „Lückenfüllung" in anderen Verfahrensordnungen[7] bedarf noch der Erprobung.

2. Das Verhältnis des § 172 zu den übrigen Vollstreckungsvorschriften. Wie gesehen bildet § 172 ge-   7
meinsam mit § 170 die normative Grundlage für die „Vollstreckung zu Lasten der öffentlichen Hand". Beide Vorschriften haben voneinander streng zu trennende Anwendungsbereiche (daraus resultieren die eingangs angesprochenen Auslegungsprobleme → Rn. 29 ff.). Dies ist schon deshalb zwingend, weil sich die jeweiligen Vollstreckungsverfahren erheblich unterscheiden: § 170 lässt einen unmittelbar wirkenden Zwang zu, bietet dabei aber Vollstreckungs- bzw. Vermögensschutz für die öffentliche Hand; § 172 begnügt sich mit mittelbarem (Beuge-)Zwang (OVG Bln NVwZ 1999, 411), dies freilich ohne weitere Beschränkung (von der Höhe des jeweiligen Zwangsgeldes abgesehen). § 169 wiederum regelt die Konstellation „Vollstreckung zugunsten der öffentlichen Hand" und wirft deshalb Abgrenzungsfragen gegenüber § 172 nur dort auf, wo die öffentliche Hand auch Vollstreckungsgläubiger ist (Vollstreckung zwischen öffentlichen Händen). Auch hier (zur Abgrenzung von §§ 169 und 170 [Vollstreckung zwischen öffentlichen Händen wegen Geldforderungen] → § 170 Rn. 32 ff.) ist klärungsbedürftig, ob die öffentliche Hand Privilegien eher auf Gläubiger- oder eher auf Schuldnerseite genießt (→ Rn. 20).

Die § 167 Abs. 2, §§ 168 und 171 ergänzen die Vollstreckungskonstellation des § 172 um Regelungen   8
zu den allgemeinen Vollstreckungsvoraussetzungen. § 167 Abs. 1 S. 1 kommt auch hier zentrale Bedeutung zur Ergänzung des Vollstreckungsrechtsregimes zu, insbes. im Hinblick auf Regelungen zum Vollstreckungsrechtsschutz. Daneben stellt sich die Frage, ob § 167 Abs. 1 S. 1 VwGO i.V.m. §§ 883 ff. ZPO (im Hinblick auf sog. schlichte Leistungstitel) Lücken zu schließen vermag, die aus einer wortlautorientierten Beschränkung des § 172 auf Verpflichtungen zum Erlass von Verwaltungsakten (bzw. entsprechenden einstweiligen Anordnungen) resultieren könnte (→ Rn. 50, 52), oder ob § 172 die gesetzgeberische Grundentscheidung zu entnehmen ist, dass die Erfüllung behördlicher Amtshandlungen stets nur mittelbar über ein Zwangsgeld und nicht mit direktem Erfüllungszwang durchgesetzt werden kann.[8]

3. Rechtsnatur und Rechtsgrundlagen des Vollstreckungsverfahrens. Das Zwangsgeldverfahren liegt   9
annähernd vollständig in der Hand des Gerichts. Vollstreckungshelfer kommen vorliegend, anders als etwa i.R. des § 170 (→ § 170 Rn. 76 ff.) sowie des § 169 (→ § 169 Rn. 28), grds. nicht zum Einsatz. I.R. der Beitreibung des Zwangsgeldes nach der JBeitrO (zu den Rechtsgrundlagen der Beitreibung des Zwangsgeldes → Rn. 80 ff. sowie → § 170 Rn. 47) sind die Vorschriften der ZPO (§ 6 Abs. 1 Nr. 1 JBeitrO) anwendbar, wobei allerdings der eigene Vollziehungsbeamte an die Stelle des Gerichtsvollziehers tritt (§ 6 Abs. 3 JBeitrO). Außerdem steht auch die Vollstreckung des Zwangsgeldes unter dem Vorbehalt des § 170 Abs. 3 (Schutz des unentbehrlichen Verwaltungsvermögens und eines etwa entgegenstehenden öffentlichen Interesses [→ § 170 Rn. 47]).

---

5 v. 21.12.2001, BGBl I 3987.
6 So *R. Pietzner/J.A. Möller*, in: Schoch/Schneider/Bier § 172 Rn. 23 unter Bezugnahme auf BVerwGE 33, 230, 231.
7 *R. Pietzner/J.A. Möller*, in: Schoch/Schneider/Bier § 172 Rn. 23 schlagen eine Übertragung dieses Rechtsgedankens auf das Strafvollzugsrecht vor.
8 *R. Pietzner/J.A. Möller*, in: Schoch/Schneider/Bier § 172 Rn. 11. Die Amtshandlung als aus Gewaltenteilungsgründen unvertretbare Handlung. *O. Bachof*, Verwaltungsgerichtliche Klage, 1951, 163; *W. J. Bank*, Zwangsvollstreckung, 1982, 82 f. und 86 f.; *R. Pietzner/J.A. Möller*, in: Schoch/Schneider/Bier § 172 Rn. 11; *H. H. Rupp*, AöR 95 (1960), 336; vgl. auch *W. Miedtank*, Zwangsvollstreckung, 1964, 119, sowie zu diesem auch hinter § 113 Abs. 5 stehende Gedanken → Rn. 30.

II. Zweck der Vorschrift

10 **1. Festlegung des Vollstreckungsweges.** Der Zweck des § 172 liegt in der Festlegung des Vollstreckungsweges für die Erzwingung behördlicher Verpflichtungen außerhalb von Geldforderungen. Wenngleich der diesbezügliche Regelungsumfang deutlich hinter dem des § 170 zurückbleibt, so sind damit doch die wesentlichen Verfahrensschritte vorgezeichnet (Androhung, Festsetzung, Beitreibung). Gleichzeitig ist damit klargestellt, dass ein gegen den Staat gerichteter Zwang nicht nur als „Geldvollstreckung", sondern auch als „Erzwingungsvollstreckung" möglich ist. Die öffentliche Hand ist tauglicher Vollstreckungsschuldner (→ § 170 Rn. 3).

11 **2. Beschränkung des Vollstreckungsweges.** Die Beschränkung des Vollstreckungsweges auf Beugezwang (OVG Bln NVwZ 1999, 411) durch Zwangsgeld bewahrt die Verwaltung vor direkt wirkendem Erfüllungszwang. Bis zur Rechtsänderung 2001 konnte die Effizienz[9] dieser Vollstreckungsregelung wegen der – rechtspolitisch umstr.[10] – summenmäßigen Begrenzung des Zwangsgeldes auf 2.000 DM bezweifelt werden. Eine Behörde, die bereits ein verwaltungsgerichtliches Urteil missachtet, mochte weniger durch angedrohte finanzielle Nachteile in dieser Größenordnung zur Rechtstreue bewogen werden als vielmehr durch eigene (späte) Einsicht (zu der notfalls auch die Aufsichtsbehörde verhelfen mag). Es ging indes zu weit, insoweit – angelehnt an § 170 (→ § 170 Rn. 7) – von einem „Fiskusprivileg" zu sprechen. Hierfür fehlt es an einer Vergleichbarkeit mit der Vollstreckung unter Privaten. Anders als bei Geldforderungen können Verpflichtungen zum Erlass von Verwaltungsakten (oder sonstigen hoheitlichen Handlungen) nur Hoheitsträger treffen und gegen sie vollstreckt werden. Durch die Beschränkung auf den mittelbaren Beugezwang wollte der Gesetzgeber die Verwaltung nicht privilegieren, sondern lediglich dem Grundsatz der Gewaltenteilung Rechnung tragen, der auch Übergriffe der Rspr. (hier in der Form gerichtlicher Vollstreckung) in die eigenverantwortliche Sphäre der Verwaltung verbietet. Nur in diesem weiteren Sinne steht hinter der Vorschrift eine Intention, die auch dem Telos des § 170 entspricht: Beide Vorschriften dienen – wenn auch mit unterschiedlicher Ausrichtung – als Schutznormen der öffentlichen Hand (→ § 170 Rn. 7 f.). Ob sich diese vormaligen Effizienzbedenken[11] angesichts der Novellierung des § 172 vollständig aufrechterhalten lassen, erscheint zweifelhaft, denn durch die Heraufsetzung des Zwangsgeldes von 2.000 DM auf 10.000 € durch das RmBereinVpG vom 20.12.2001 soll dem Vollstreckungsgläubiger nach dem Willen des Gesetzgebers (BT-Drs. 14/6393, 14) nämlich nunmehr effektiver Rechtsschutz gewährt werden.

12 **3. Exkurs: Rechtsnatur und Zweck des Zwangsgeldes.** Zwangs- und Ordnungsgeld wurden früher einheitlich als „Geldstrafen" bezeichnet.[12] Inzwischen fordert Art. 5 EGStGB eine begrifflich klare Unterscheidung der Rechtsfolgen von Straftaten und sonstigen Rechtsnachteilen. Für die Verhängung eines Zwangsgeldes ist nach vorherrschender und richtiger Auffassung kein Verschulden erforderlich.[13] Es handelt sich um ein in die Zukunft gerichtetes, reines Zwangs- und Beugemittel, das bis zuletzt abgewendet werden kann.[14] Ein gewisser Strafcharakter wohnt allerdings dem Ordnungsgeld inne,[15] das als Sanktion für eine in der Vergangenheit liegende Zuwiderhandlung angeordnet werden kann.

---

9   Und nicht nur die praktische Bedeutung der Vorschrift, wie *H. v. Nicolai*, in: Redeker/v. Oertzen § 172 Rn. 1 anmerkt.

10 *W. J. Bank*, Zwangsvollstreckung, 1982, 80 f., 109 f.; *O. R. Remien*, Zwangsgeld, 1992, 30; *H. H. Rupp*, AöR 85 (1960), 301, 336.

11 Nach einer Entscheidung des BVerfG vom 18.8.1999 NVwZ 1999, 1331 sollte § 172 dem Einsatz anderer Zwangsmittel nicht entgegenstehen. Insbes. wenn aufgrund vorangegangener Erfahrungen, eindeutiger Bekundungen oder aufgrund mehrfacher erfolgloser Zwangsgeldandrohungen klar erkennbar sei, dass die Behörde unter dem Druck des Zwangsgeldes nicht einlenkt, dann gebiete es das Gebot des effektiven Rechtsschutzes, von der nach § 167 möglichen entsprechenden Anwendung zivilprozessualer Vorschriften Gebrauch zu machen und einschneidendere Zwangsmaßnahmen zu ergreifen, um die Behörde zu rechtmäßigem Handeln anzuhalten.

12 Erst seit 1975 differenzieren die §§ 888, 890 ZPO, *O. R. Remien*, Zwangsgeld, 1992, 5.

13 *R. Pietzner/J. A. Möller*, in: Schoch/Schneider/Bier § 172 Rn. 2; zu § 888 ZPO ebenso OLG Köln MDR 1981, 505, 506; *W. Brehm*, in: Stein/Jonas § 888 Rn. 21; *Gaul/Schilken/Becker-Eberhard* § 71 II 2; a.A. *Kopp/Schenke* § 172 Rn. 6 b sowie *O. R. Remien*, Zwangsgeld, 1992, 260, der die Vorwerfbarkeit aus der Pflicht ableitet, der gerichtlichen Entscheidung nachzukommen; außerdem stelle das Zwangsgeld etwa bei termingebundenen Handlungen eine Ahndung dar.

14 OVG Bln NVwZ 1999, 411; *F. Baur/R. Stürner*, Zwangsvollstreckungs-, Konkurs- und Vergleichsrecht, 1995, Rn. 40.19; *W. Brehm*, in: Stein/Jonas § 888 Rn. 21; *O. Jauernig*, Zwangsvollstreckungs- und Insolvenzrecht, 1999, § 27 III 1; *R. Pietzner/J. A. Möller*, in: Schoch/Schneider/Bier § 172 Rn. 50.

15 So die h.M., etwa BVerfGE 20, 323, 332; 58, 159, 162; OLG Bremen OLGZ 1979, 368, 369; OLG Frankfurt OLGZ 1980, 336, 338; MDR 1990, 452; OLG Hamm NJW-RR 1990, 1086; *B. Guntau*, JuS 1983, 939, 941; *O. Jauernig*,

Zweck des Zwangsgeldes ist es, den Schuldner zur Erfüllung einer Verpflichtung anzuhalten. Dies geschieht durch den nur mittelbaren Druck einer zusätzlichen Zahlungsverpflichtung, weil eine Möglichkeit der direkten Vollstreckung nicht besteht oder keinen Erfolg verspricht. Das willensbeugende Zwangsmittel kommt insbes. dann zum Tragen, wenn unvertretbare Handlungen durchzusetzen sind (§ 888 ZPO), die ausschließlich vom Willen des Schuldners abhängen, oder bei Duldungs- und Unterlassungspflichten, die ebenfalls nur indirekt vollstreckbar sind, § 890 ZPO.[16] 13

III. Parallelvorschriften

1. Sozial- und Finanzgerichtsbarkeit. Während § 154 FGO, abgesehen von der maximalen Höhe des 14 zu verhängenden Zwangsgeldes, inhaltsgleich mit § 172 ist, weicht die Bestimmung in § 201 SGG teilweise ab. Einerseits fehlt eine ausdrückliche Bezugnahme auf einstweilige Anordnungen. Dennoch ist § 201 SGG auf sie grds. anwendbar.[17] Andererseits äußert sich das SGG hinsichtlich der Beitreibung des Zwangsgeldes (während das Schweigen der VwGO in dieser Frage Auslegungsprobleme aufwirft [→ Rn. 80 ff.]). Sie erfolgt nämlich nach den Vorschriften des VwVG (§§ 201 Abs. 2, 200 SGG). Bzgl. der vollstreckbaren Titel entsprechen § 131 Abs. 1 S. 1, Abs. 2 und 3 SGG den Vorschriften der § 113 Abs. 1 S. 2, Abs. 5 S. 1 und 2. Dass schließlich § 201 Abs. 1 S. 2 SGG lediglich von einer wiederholten Festsetzung des Zwangsgeldes spricht, bedeutet nicht, dass nicht auch Androhung und Beitreibung wiederholt erfolgen dürften (bzw. müssten).[18]

2. Ordentliche Gerichtsbarkeit. Soweit sich § 172 auf die Erzwingung von Hoheitsakten (insbes. Verwaltungsakten) bezieht, kann man kaum von einer Parallele in der zivilprozessualen Zwangsvollstreckung sprechen. Noch am ehesten lässt sich die Regelung der Erzwingung unvertretbarer Handlungen[19] in § 888 ZPO zum Vergleich heranziehen. Diese sieht ein Zwangsgeld bis zu 25.000 € oder Zwangshaft vor, wobei das Zwangsgeld als das regelmäßig weniger beeinträchtigende Mittel vorrangig ist.[20] § 890 ZPO behandelt demgegenüber die Erzwingung von Unterlassungen und Duldungen. Für jede Zuwiderhandlung kann ein Ordnungsgeld bis zu 250.000 € festgesetzt werden. Daneben ist Ordnungshaft bis zu insgesamt zwei Jahren möglich. 15

3. Verwaltungsvollstreckungsrecht. Die §§ 11, 16 VwVG und die entsprechenden Vorschriften der 16 Verwaltungsvollstreckungsgesetze der Länder (in Bayern Art. 31, 33 BayVwZVG) sehen für die Erzwingung von Handlungen, Duldungen und Unterlassungen Zwangsgeld oder Ersatzzwangshaft vor. Während das VwVG das Zwangsgeld nur bei Unvertretbarkeit der Handlung zulässt, ordnet etwa Art. 32 S. 2 BayVwZVG einen grundsätzlichen Vorrang des Zwangsgeldes für die Erzwingung jeder Art von Handlung an.

IV. Die Beteiligten des Vollstreckungsverfahrens

1. Die „Behörde" als Vollstreckungsschuldner. Geht man alleine vom Wortlaut aus, wendet sich 17 § 172 gegen das Rechtsträgerprinzip auf der Vollstreckungsebene. Im Unterschied zu § 170, der als mögliche Schuldner in der Geldvollstreckung nur juristische Personen des öffentlichen Rechts aufzählt, spricht § 172 nur von der verpflichteten „Behörde". Bezeichnet werden soll damit jegliche Stelle der öffentlichen Verwaltung, die konkret zur Vornahme der titulierten Handlung, typischerweise dem Erlass eines Verwaltungsakts, bzw. zur Duldung oder Unterlassung verpflichtet ist. Dies macht die Behörde jedoch nicht zum Vollstreckungsschuldner.[21]

Zwangsvollstreckungs- und Insolvenzrecht, 1999, § 27 IV; *B. Jestaedt*, WRP 1981, 422, 434 f.; a.A. *O. R. Remien*, Zwangsgeld, 1992, 19; *W. Schuschke*, in: Schuschke/Walker, ⁴2008, § 890 Rn. 6 m.w.N.

16 *O. R. Remien*, Zwangsgeld, 1992, 11 und 12.

17 *S. Leitherer*, in: Meyer-Ladewig/Keller/Leitherer § 201 Rn. 2 a.

18 *C. F. Menger*, VerwArch 49 (1958), 272, 280 f.; *H. v. Nicolai*, in: Redeker/v. Oertzen § 172 Rn. 7.

19 Dazu *W. Schuschke*, in: Schuschke/Walker, ³2002, § 888 Rn. 1 und 5 ff.

20 *W. Schuschke*, in: Schuschke/Walker, ³2002, § 888 Rn. 21.

21 VGH München NVwZ-RR 1989, 669, 670; für eine Festsetzung gegen die Behörde selbst demgegenüber *H. v. Nicolai*, in: Redeker/v. Oertzen § 172 Rn. 1.

Vollstreckungsschuldner ist auch bei § 172 der Rechtsträger der Behörde, die gehandelt hat bzw. handeln soll.[22] Die Stellung des Rechtsträgers als Beteiligter im Erkenntnisverfahren setzt sich somit im Vollstreckungsverfahren fort. Selbst wenn die Behörde im Erkenntnisverfahren beteiligtenfähig war (§ 61 Nr. 3, § 78 Abs. 1 Nr. 2), bleibt sie dies nicht im Vollstreckungsverfahren.[23] Sie ist passiver Prozessstandschafter, nicht selbständiges Rechtssubjekt; sie hat keine Rechtsfähigkeit, sondern eine Organstellung. So wenig wie sie Träger eines vollstreckungsfähigen Vermögens ist,[24] vermag sie aus eigener Macht ein Zwangsgeld zu begleichen oder abzuwenden.

18　Ebenso wenig wie (unmittelbar) die Behörde ist auch der Behördenleiter (persönlicher) Adressat des Zwangsgeldes.[25] Er ist Funktionsträger. Verpflichtung und Schuld (be-)treffen nur das Amt, nicht die Person. Wie bei § 888 ZPO kommt deshalb eine Vollstreckung der in § 172 S. 1 genannten Titel gegen den zuständigen Beamten oder Behördenleiter[26] nicht in Betracht.[27] Davon zu trennen ist die Möglichkeit, Regress beim jeweiligen Amtsträger zu nehmen. Die Nichterfüllung der titulierten Verpflichtung wird regelmäßig eine Dienstpflichtverletzung darstellen, für die der Verantwortliche haftet.[28]

19　**2. Der Vollstreckungsgläubiger.**　Vollstreckungsgläubiger sind in erster Linie Privatpersonen, d.h. natürliche oder juristische Personen des Privatrechts. Nach den allgemeinen zivilrechtlichen Regeln zu behandeln sind Gesamthandsgemeinschaften, insbes. solche des Handelsrechts (→ § 170 Rn. 31).

20　Ebenso wie bei § 170 (→ § 170 Rn. 33) kann auch bei der Erzwingungsvollstreckung nach § 172 Vollstreckungsgläubiger ein Träger öffentlicher Gewalt sein (Vollstreckung zwischen öffentlichen Händen). Auch hier findet § 169 keine Anwendung (→ § 169 Rn. 4).[29] Relevant ist in diesem Zusammenhang insbes. die Vollstreckung schlichter Handlungen, Duldungen oder Unterlassungen etwa zwischen Gebietskörperschaften,[30] soweit sie nach der hier vertretenen Auffassung nach § 172 durchsetzbar sind (→ Rn. 41). Vorstellbar sind aber auch Verpflichtungsurteile zwischen Hoheitsträgern, etwa auf Genehmigung eines Beschlusses einer öffentlich-rechtlichen Körperschaft durch die zuständige Aufsichtsbehörde (→ § 42 Rn 135, etwa die Genehmigung eines Bebauungsplanes nach § 10 Abs. 2 BauGB). Für die Vollstreckung greift dann ebenfalls § 172.

21　**3. Verfahrensbeteiligung Dritter.**　Neben Vollstreckungsschuldner und -gläubiger kann die Beteiligung Dritter am Verfahren erforderlich oder zumindest sinnvoll sein. Dies etwa dann, wenn ein Titel auf Erlass eines Verwaltungsakts gegen einen Dritten (z.B. bei einem Anspruch auf polizeiliches Einschreiten) vollstreckt werden soll. Maßstab ist auch im Vollstreckungsverfahren § 65. Ein Fall der notwendigen Beiladung ist hier jedoch nicht denkbar, auch dann nicht, wenn im Hauptsacheverfahren notwendig beizuladen war.[31]

22　Dies ist allerdings nicht unbestritten. Teilweise wird jede Möglichkeit der Beteiligung Dritter (etwa des Nachbarn im Baurechtsstreit) im Vollstreckungsverfahren ausgeschlossen.[32] Dem ist entgegenzutreten. Stets möglich sein sollte jedenfalls die einfache Beiladung unter den Voraussetzungen des § 65 Abs. 1.[33]

22　VGH Kassel KommJur 2016, 271, 272; VGH München SVR 2013, 317, 318; VG München 21.6.2016 – M 1 V 15.5203; VGH Mannheim DVBl 1977, 211; *S. Leitherer*, in: Meyer-Ladewig/Keller/Leitherer § 201 Rn. 3; *R. Pietzner/ J.A. Möller*, in: Schoch/Schneider/Bier § 172 Rn. 8; vgl. auch *W. Zimmerling*, DÖV 1977, 278, 282.

23　So aber *H. v. Nicolai*, in: Redeker/v. Oertzen § 172 Rn. 1; offen gelassen VGH Kassel KommJur 2016, 271, 272.

24　*R. Pietzner/J.A. Möller*, in: Schoch/Schneider/Bier § 170 Rn. 11 m.w.N.

25　*R. Pietzner/J.A. Möller*, in: Schoch/Schneider/Bier § 172 Rn. 8 ff.

26　*W. J. Bank*, Zwangsvollstreckung, 1982, 99 ff.; unklar *R. Pietzner/J.A. Möller*, in: Schoch/Schneider/Bier § 172 Rn. 9.

27　*S. Schultzenstein*, ZZP 35 (1906), 475, 492 f. und 504. Für die Anordnung lediglich der Zwangshaft nach § 888 ZPO gegen den Behördenleiter sprechen sich aus *A. Blomeyer*, Zivilprozeßrecht – Vollstreckungsverfahren, 1975, § 93 III 3; *Gaul/Schilken/Becker-Eberhard* § 71 II 2; w.N. bei *R. Pietzner/J.A. Möller*, in: Schoch/Schneider/Bier § 172 Rn. 9.

28　*W. Miedtank*, Zwangsvollstreckung, 1964, 130; *R. Pietzner/J.A. Möller*, in: Schoch/Schneider/Bier § 172 Rn. 9; *H. v. Nicolai*, in: Redeker/v. Oertzen § 172 Rn. 1; ebenfalls *Kopp/Schenke* § 172 Rn. 3 unter Verweis auf Ansprüche aus Art. 34 GG, § 839 BGB.

29　*R. Pietzner/J.A. Möller*, in: Schoch/Schneider/Bier § 172 Rn. 24.

30　Vgl. *R. Pietzner/J.A. Möller*, in: Schoch/Schneider/Bier § 172 Rn. 24. Zu Unterlassungsansprüchen gegen die Nachbargemeinde auf dem Gebiet des Planungsrechts etwa BVerwGE 40, 323; VGH München BayVBl 1976, 112; *R. Fingerhut*, Gemeindenachbarklage, 1976; *B. Rauch*, BayVBl 1980, 612.

31　*R. Pietzner/J.A. Möller*, in: Schoch/Schneider/Bier § 172 Rn. 39.

32　OVG Münster NVwZ-RR 1994, 121; *H. v. Nicolai*, in: Redeker/v. Oertzen § 172 Rn. 5; *Schunck/De Clerck* §§ 65, 66 Anm. 1 d.

33　So zu Recht *R. Pietzner/J.A. Möller*, in: Schoch/Schneider/Bier § 172 Rn. 39.

4. Das Gericht des ersten Rechtszuges als Vollstreckungsgericht. § 167 Abs. 1 S. 2 bestimmt das Ge- 23
richt des ersten Rechtszuges zum Vollstreckungsgericht. Ebenfalls vom Gericht des ersten Rechtszuges
sprechen sowohl §§ 169, 170 als auch § 172.

a) Die Unterscheidung von Prozess- und Vollstreckungsgericht. Während der Schluss naheliegt, dass 24
hierbei jeweils einheitlich das Vollstreckungsgericht i.S.d. § 167 Abs. 1 S. 2 tätig wird, legt insbes.
Pietzner die vom Zivilrecht her bekannte Unterscheidung in Vollstreckungs- und Prozessgericht zugrunde[34] und gelangt dabei – entgegen der h.L.[35] – zu einer begrifflichen Differenzierung der für die
jeweiligen Vollstreckungsverfahren zuständigen Gerichte: „Gericht des ersten Rechtszuges" soll demnach nur i.R. des § 170 das *Vollstreckungsgericht* sein, während i.R. der Vollstreckung nach § 172 –
ebenso wie bei der Vollstreckung nach § 169 – das Gericht des ersten Rechtszuges in seiner Funktion
als *Prozessgericht* tätig werden soll.[36] Begründet wird dies mit der Anlehnung des § 172 an die
§§ 888, 890 ZPO und dem auch vorliegend gegebenen Sachzusammenhang mit dem vorangegangenen
Erkenntnisprozess sowie der Zulässigkeit des Einwandes der ordnungsgemäßen Erfüllung bereits im
Vollstreckungsverfahren.[37] Weil dieser Einwand vorliegend freilich im Einklang mit einem Teil der zi-
vilgerichtlichen Rspr. (zuletzt OLG Düsseldorf MDR 1996, 309, 310; NJW-RR 1998, 63, 64) und
Lit.[38] abgelehnt wird, besteht auch kein Anlass für die vorgeschlagene Unterscheidung. Auch für die
Geldvollstreckung nach § 169 gilt nichts anderes. Vollstreckt wird stets durch den Vorsitzenden, eine
Unterscheidung in „Prozess- und Vollstreckungsrichter" ist überflüssig.

b) Zuständigkeit. aa) Sachliche Zuständigkeit. Sachlich zuständig ist das Gericht des ersten Rechts- 25
zuges, i.d.R. also das VG. Folgt man der hier vertretenen Ansicht, so erübrigt sich der Zusatz „als
Prozessgericht".[39]

bb) Örtliche Zuständigkeit. § 167 Abs. 1 S. 1 geht § 52 vor;[40] durch § 167 Abs. 1 S. 2 wird lediglich 26
§ 764 Abs. 1 ZPO verdrängt.[41] Die örtliche Zuständigkeit bestimmt sich demnach über § 167 Abs. 1
S. 1 nach den Vorschriften der ZPO, d.h. nach § 764 Abs. 2 ZPO, soweit keine Spezialvorschriften einschlägig sind.[42]

cc) Besetzung des Gerichts. Grds. entscheidet ein vollbesetzter Spruchkörper in Beschlussstärke.[43] 27

dd) Zuständigkeitsveränderungen. Zuständigkeitsveränderungen nach Abschluss des Erkenntnisver- 28
fahrens sind ebenso unbeachtlich wie i.R. des § 170 (→ § 170 Rn. 38). Maßgeblich ist also stets das
Gericht, das auch tatsächlich das Erkenntnisverfahren durchgeführt hat, nicht das Gericht, das aufgrund einer Veränderung der Umstände nunmehr für ein erneutes Erkenntnisverfahren zuständig wäre.[44]

V. Der sachliche Anwendungsbereich des § 172

1. Vorbemerkung. Die Bestimmung des sachlichen Anwendungsbereichs des § 172 gehört zu den um- 29
strittensten Problemen der verwaltungsgerichtlichen Vollstreckung. Dies hängt damit zusammen, dass
§ 172 in seiner Diktion vollkommen verunglückt ist. Nicht nur, dass er lediglich ein fragmentarisches
Vollstreckungsregime bietet (darunter leiden auch die §§ 169 und 170) oder dass er mit der Adressierung an die „Behörde" Auslegungsprobleme hinsichtlich des Vollstreckungsschuldners schafft

---

34 Dies unter Bezugnahme auf *Koehler* Anm. II 18; *Ule* § 70 IV.
35 *Kopp/Schenke* § 167 Rn. 5; *H. v. Nicolai*, in: Redeker/v. Oertzen § 167 Rn. 2, § 172 Rn. 5; *Schunck/De Clerk* § 167
   Anm. 2 b bb und § 172 Anm. 2 d. Für eine Zuständigkeit des *Prozessgerichts* für jede Vollstreckung nach den
   §§ 167 ff.: *H. F. Gaul*, JZ 1979, 496; *W. Zeiss*, ZRP 1982, 74 f.
36 *R. Pietzner/J.A. Möller*, in: Schoch/Schneider/Bier § 172 Rn. 7 sowie *R. Pietzner* a.a.O. § 167 Rn. 94 auch unter Bezugnahme auf § 183 EVwPO, BT-Drs. 10/3437, 167, 170.
37 *R. Pietzner*, in: Schoch/Schneider/Bier § 167 Rn. 94.
38 *Brox/Walker* Rn. 1073 m.w.N.
39 So aber *R. Pietzner/J.A. Möller*, in: Schoch/Schneider/Bier § 172 Rn. 7 und *R. Pietzner* a.a.O. § 167 Rn. 94.
40 VG Köln NJW 1975, 2224; *Kopp/Schenke* § 167 Rn. 5; *R. Pietzner*, in: Schoch/Schneider/Bier § 167 Rn. 88.
41 VG Köln NJW 1975, 2224; *Kopp/Schenke* § 167 Rn. 5; *R. Pietzner*, in: Schoch/Schneider/Bier § 167 Rn. 88.
42 *R. Pietzner/J.A. Möller*, in: Schoch/Schneider/Bier § 172 Rn. 5; *R. Pietzner* a.a.O. § 167 Rn. 89; ebenso VG Köln
   NJW 1975, 2224; *Kopp/Schenke* § 167 Rn. 5; *H. v. Nicolai*, in: Redeker/v. Oertzen § 167 Rn. 2.
43 *R. Pietzner/J.A. Möller*, in: Schoch/Schneider/Bier § 172 Rn. 7.
44 OVG Münster NJW 1981, 2771; *Kopp/Schenke* § 167 Rn. 5; *R. Pietzner/J.A. Möller*, in: Schoch/Schneider/Bier § 172
   Rn. 7.

(→ Rn. 17 f.). Gravierender ist, dass § 170 seinen Anwendungsbereich unvollständig und widersprüchlich „bestimmt": Einerseits geht er offensichtlich *zu weit*, wenn mit der Nennung der §§ 113 Abs. 1 S. 2, 123 auch „Fälle" einbezogen werden, die eine Geldleistung titulieren (die wiederum von § 170 erfasst wird [ausf. → § 172 Rn. 46 f.; → Rn. 49], besonders deutlich: § 170 Abs. 5). Andererseits greift er *zu kurz*, wenn weitere „Fälle" der allgemeinen Leistungsklage – z.B. gerichtet auf schlicht-hoheitliche Handlungen, Unterlassungen, Herausgabe einer Sache oder Abgabe einer Willenserklärung – ungenannt bleiben (obwohl durch die Bezugnahme auf den Vollzugsfolgenbeseitigungsanspruch in § 113 Abs. 1 S. 2 auch schlichtes Verwaltungshandeln dem Vollstreckungsregime des § 172 untergeordnet wird). Dies sieht insbes. die Kommentarliteratur auch so[45] und spart nicht mit Vollstreckungskonzepten, zumeist ausgehend von einer teleologischen Reduktion oder Extension der Vorschrift. Im Detail ist vieles richtig und weiterführend. Insgesamt kann jedoch keines der bislang entwickelten Konzepte überzeugen.[46] Zum einen werden oft wichtige Konstellationen übersehen (wie etwa die Herausgabe einer Sache oder die Abgabe von Willenserklärungen).[47] Zum anderen gehen diese Konzepte zu sehr von den jeweiligen Vollstreckungstiteln aus, anstatt die Vollstreckungsziele in den Blick zu nehmen. Letztere spielen jedoch die entscheidende Rolle, weil nur sie die Interessen von Vollstreckungsgläubiger und -schuldner hinreichend berücksichtigen. Danach kommt es etwa nicht darauf an, ob der Titel in einem Urteil, einem Beschluss oder Prozessvergleich besteht. Vielmehr entscheidet das Vollstreckungsziel (der -gegenstand) – etwa Vornahme einer Handlung, Herausgabe einer Sache etc. – darüber, welche Vollstreckungsart (z.B. Erfüllungs- oder Beugezwang) überhaupt taugt und ob sie öffentlichen Interessen widerstreitet. Der Schutz der öffentlichen Verwaltung – notwendig im Spannungsfeld mit den Rechtsschutzgarantien des Bürgers – steht aber im Mittelpunkt der §§ 170, 172. Vor diesem Hintergrund ist also ein konsistentes Vollstreckungsmodell zu entwickeln.

30   An dieser Stelle sei vorgeschlagen, den Anwendungsbereich des § 172 daran zu orientieren, ob die Behörde (bzw. den hinter ihr stehenden Verwaltungsträger) eine „unvertretbare" oder „vertretbare" Verpflichtung trifft. Im ersten Fall ist § 172 anzuwenden, ansonsten bietet § 167 Abs. 1 S. 1 VwGO i.V.m. §§ 883 ff. ZPO die richtige Vollstreckungsgrundlage.[48] Die „Vertretbarkeit" ergibt sich aus dem Umstand, dass die Erfüllung der Verpflichtung durch einen (staatlichen) Vollstreckungsakt „ersetzt" werden kann, der weder die Zuständigkeitsordnung verletzt noch Entscheidungsspielräume der Verwaltung beschränkt. Die „Substituierung" liegt als systembildendes Merkmal den §§ 170, 172 zugrunde. Paradigmatisch stehen sich die Verpflichtungen zur Geldleistung einerseits und zum Erlass eines Verwaltungsaktes andererseits gegenüber. Die Leistung von Geld gehört zu den substituierbaren Verpflichtungen. Die Vollstreckungsorgane können (unter Beachtung des § 170 Abs. 3) mit unmittelbarer Erfüllungswirkung pfänden und verwerten, ohne in die Zuständigkeitsordnung oder Entscheidungsspielräume der Verwaltung einzugreifen. Anders beim Erlass von Verwaltungsakten. Dieser ist den Verwaltungsbehörden vorbehalten, wie aus Sicht des verwaltungsgerichtlichen Rechtsschutzes auch § 113 Abs. 5 (im Gegensatz zu § 113 Abs. 1 S. 1) verdeutlicht.[49] Eine „Ersatzvornahme" wäre allenfalls durch eine (zuständige) andere Verwaltungsbehörde (etwa im Wege von Aufsichtsmaßnahmen) denkbar, würde den Erlass des Verwaltungsaktes aber – weil kein außenstehender „Dritter" entscheidet – nicht zur vertretbaren Handlung machen.

---

45 Vgl. *Kopp/Schenke* § 172 Rn. 1: Ausdehnung auf hoheitliche Maßnahmen mit spezifisch hoheitlicher Regelungsbefugnis; *R. Pietzner/J.A. Möller*, in: Schoch/Schneider/Bier § 172 Rn. 16: Ausdehnung des § 172 auf alle schlicht-hoheitlichen Amtshandlungen; *H. v. Nicolai*, in: Redeker/v. Oertzen § 172 Rn. 3: jeweils keine Ausdehnung des Anwendungsbereichs; ebenso: *I. Kraft*, in: Eyermann § 172 Rn. 2 f; *J. Nolte*, Die Eigenart des verwaltungsgerichtlichen Rechtsschutzes, 2015, S. 350 m.w.N.

46 Am ehesten noch *Kopp/Schenke* § 172 Rn. 1.

47 Nicht erwähnt etwa bei *I. Kraft*, in: Eyermann § 172 Rn. 3 ff.

48 Auch der VGH München verneint die Anwendbarkeit des § 172 bei vertretbaren Handlungen, VGH München 24.4.2015 – 8 ZB 14.1010; a.A.: *B. Schlink*, DVBl 2016, 1557, 1559, der zwar die Praktikabilität dieser Lösung anerkennt, diese jedoch für nicht vereinbar mit dem Wortlaut des § 172 hält.

49 Wie *H. P. Ipsen*, MDR 1949, 507, 508 richtig erkennt, folgt dies nicht primär aus dem Gewaltenteilungsgrundsatz, der auch einer unmittelbaren Durchsetzung aufgrund der kassatorischen Wirkung der Anfechtungsurteils nicht entgegensteht. Vielmehr setzte der „realisierende Vollzug" eines Verwaltungsakts die „Disposition über Verwaltungsmittel" voraus, die dem Gericht nicht zur Verfügung stehen, *H. P. Ipsen*, a.a.O. Entsprechend entlarvt *F. Czermak*, DÖV 1967, 673, 674 die Behauptung, das Gericht dürfe nicht „verwalten" bzw. keine „Verwaltungsakte erlassen", unter Verweis auf § 113 Abs. 1 S. 1, Abs. 2 als unzutr.: „Wenn die Eingriffsbefugnis des Gerichts in anderen Fällen anders ausgestaltet ist, so beruht dies vornehmlich auf technischen Gründen".

Der tiefere Sinn der Unterscheidung von unmittelbarem Zwang bei § 170 und mittelbarem Zwang bei 31 § 172 liegt in der unterschiedlichen Schonung der öffentlichen Hand. Von generellen Verfahrensvorkehrungen (wie etwa besonderen Abwendungsfristen) abgesehen besteht bei den ersetzbaren Verpflichtungen nur Anlass, den Zugriff auf schutzwürdiges Verwaltungsvermögen zu vermeiden (§ 170 Abs. 3). Im Übrigen gebietet es die Garantie effektiven Rechtsschutzes (als Garantie effektiver Rechtsverwirklichung), die Erfüllung titulierter Verpflichtungen nicht länger dem Gutdünken des säumigen Schuldners zu belassen. Dieser Weg ist bei unvertretbaren Verpflichtungen versperrt. Hierzu zählt nicht nur die tatsächliche Unmöglichkeit der Substituierung (das „Können", etwa bei Unterlassungspflichten), sondern auch die rechtliche Unmöglichkeit (das „Dürfen", etwa der Erlass eines Verwaltungsaktes durch das unzuständige Vollstreckungsorgan). Insoweit nimmt § 172 Rücksicht auf Gestaltungs- und Entscheidungsspielräume, auf Zuständigkeit und Zurechnung, kurz: auf die spezifische Verwaltungsverantwortung im Bereich hoheitlichen Handelns.

2. Von § 172 erfasste Vollstreckungsziele. Nach dem skizzierten Leitmotiv der (Un-)Ersetzbarkeit von 32 Verpflichtungen der öffentlichen Hand lassen sich folgende Titel(-inhalte) im Verfahren des § 172 vollstrecken.

a) Erlass eines Verwaltungsaktes. aa) Urteil. Der typische, bereits vom Wortlaut des § 172 S. 1 er- 33 fasste Fall ist das Urteil, durch das der Beklagte zum Erlass eines Verwaltungsaktes verpflichtet wird. Durch das Beugemittel des Zwangsgeldes soll die Behörde angehalten werden, dieser Verpflichtung „höchstpersönlich" nachzukommen. Die „Unvertretbarkeit" bzw. „Unersetzbarkeit" wird besonders deutlich im Fall fehlender Spruchreife (§ 113 Abs. 5 S. 2), in dem sich die Verpflichtung auf erneute Bescheidung (unter Berücksichtigung der Rechtsauffassung des Gerichts, aber ohne konkrete Entscheidungsvorgabe) beschränkt. Aber auch im Fall des § 113 Abs. 5 S. 1 ist der Gestaltungsspielraum der Behörde beachtlich, der sich mindestens in der „technischen" Ausführung der gebotenen Regelung äußert (die im Verpflichtungsurteil gefordert, aber nicht formuliert und ausgestaltet wird). Weitergehend mag sogar die Beifügung rechtlich erlaubter Nebenbestimmungen in Betracht kommen (VGH Mannheim VBlBW 1991, 297), sowie die erneute Versagung des Verwaltungsaktes, sofern sich die Behörde auf Gründe stützt, mit denen sich das vorangegangene Urteil nicht ausdrücklich befasst hat (OVG Bln NVwZ 2016, 358).

Liegt der Sinn der Beschränkung des Zwangsmittels durch § 172 in der besonderen Handlungsver- 34 pflichtung (Erlass eines Verwaltungsaktes), so kann es nicht darauf ankommen, durch welche Art von Vollstreckungstitel diese Verpflichtung ausgesprochen wurde. § 172 ist deshalb nicht nur auf Verpflichtungs- und Bescheidungsurteile i.S.d. § 113 Abs. 5 anzuwenden. In Betracht kommen darüber hinaus die nachfolgenden Entscheidungsformen.

bb) Einstweilige Anordnungen (§ 123). Einstweilige Anordnungen (§ 123) mögen selten, aber im Ein- 35 zelfall eben auch zum Erlass eines Verwaltungsaktes (etwa auf Zulassung zur Marktteilnahme oder zu öffentlichen Einrichtungen) verpflichten. Die Anwendbarkeit des § 172, der in seinem Wortlaut bereits darauf hinweist, ist unstr.[50] Umstritten ist hingegen die Anwendbarkeit von § 172 bei einstweiligen Anordnungen, die auf schlichtes Verwaltungshandeln gerichtet sind.[51]

cc) Vollzugsfolgenbeseitigungsurteile (§ 113 Abs. 1 S. 2). Vollzugsfolgenbeseitigungsurteile (§ 113 36 Abs. 1 S. 2) sind im Regelfall auf tatsächliches Verwaltungshandeln gerichtet. Soweit der Vollzug eines Verwaltungsaktes nur durch Erlass eines (weiteren) Verwaltungsaktes rückgängig gemacht werden kann, ist die insoweit ausgesprochene Verpflichtung ebenfalls über § 172 durchzusetzen.[52] Bsp.: Vorgehen gegen einen Dritten im Wege der Verwaltungsvollstreckung (Exmittierung des eingewiesenen

---

50 Vgl. nur *Kopp/Schenke* § 172 Rn. 1; *H. v. Nicolai*, in: Redeker/v. Oertzen § 172 Rn. 2; ebenso für eine Vollstreckung der Sicherungsanordnung nach § 80a Abs. 3, § 80 Abs. 2 Nr. 2 Alt. 2 VGH Kassel NVwZ-RR 1999, 158.
51 Vgl. *R. Pietzner/J.A. Möller*, in: Schoch/Schneider/Bier § 172 Rn. 16. Zur Frage, ob § 172 für alle Fälle der Vollstreckung aus einer einstweiligen Anordnung gem. § 123 heranzuziehen ist, vgl. auch VGH Mannheim NVwZ-RR 2013, 541; OVG Weimar 18.1.2010 – 2 VO 327/08; VG Stuttgart 2.11.2011 – 12 K 3194/11; VG Köln 22.4.2016 – 7 M 36/16 für die Anwendbarkeit des § 172 in dem speziellen Fall, dass eine Behörde mittels einstweiliger Anordnung zur Herausgabe einer beweglichen Sache verpflichtet wurde.
52 Ebenso *H. v. Nicolai*, in: Redeker/v. Oertzen § 172 Rn. 2, § 113 Rn. 16; unter Ausnahme schlichten Verwaltungshandelns auch *Kopp/Schenke* § 172 Rn. 1.

Obdachlosen, Androhung von Vollstreckungsmaßnahmen).[53] Selbständige Vollzugsfolgenbeseitigungsurteile, die sich aus der Verurteilung einer Behörde oder Körperschaft zu schlicht-hoheitlichen Amtshandlungen i.R. einer allgemeinen Leistungsklage ergeben, sind hingegen über § 167 Abs. 1 S. 1 VwGO i.V.m. § 887 ZPO zu vollstrecken (VGH München NVwZ 2001, 823 und OVG Koblenz 18.10.2007 – 1 E 10786/07).

37   **dd) Verbundene Leistungsurteile (§ 113 Abs. 4).**   Verbundene Leistungsurteile (§ 113 Abs. 4) sind auch in der Form denkbar, dass neben der Aufhebung eines Verwaltungsaktes der Erlass eines (weiteren) Verwaltungsaktes verlangt werden kann. Soweit nicht schon (vorrangig) ein Fall der Vollzugsfolgenbeseitigung vorliegt, ist der über § 113 Abs. 4 ergehende Titel in seinem Leistungsausspruch nach § 172 vollstreckbar.[54]

38   **ee) Prozessvergleiche.**   Prozessvergleiche sind in § 168 Abs. 1 Nr. 3 als Vollstreckungstitel genannt. Die Beschränkung des § 172 S. 1 auf „Urteile und einstweilige Anordnungen" kann deshalb nur als „Redaktionsversehen" gewertet werden.[55] Es wäre nicht einsichtig, solche gerichtlichen Vergleiche auszusparen, die die vollstreckbare Verpflichtung zum Erlass eines Verwaltungsaktes (oder zur Neubescheidung) beinhalten. Ein relevanter Unterschied zum Verpflichtungsurteil besteht nicht. § 172 ist anwendbar.[56]

39   **ff) Verwaltungsverträge (mit Unterwerfungsklausel).**   Das Gleiche gilt für Verwaltungsverträge (mit Unterwerfungsklausel). Sie sind zwar weder in § 172 noch in § 168 Abs. 1 genannt, aber über die Verweisung in § 61 Abs. 2 S. 3 VwVfG in gleicher Weise vollstreckbar.[57] Dies gilt in erster Linie für „unvertretbare" Vertragspflichten wie den Erlass eines Verwaltungsaktes (zur notwendigen teleologischen Reduktion → § 172 Rn. 50).[58]

40   **gg) Schiedssprüche.**   Schiedssprüche ersetzen den Urteilsspruch und dienen als Vollstreckungstitel, sofern sie durch ein Gericht für vollstreckbar erklärt worden sind (§ 168 Abs. 1 Nr. 5 VwGO, §§ 1055, 1060 ff. ZPO [→ § 168 Rn. 55]). Auch hier zeigt sich die verfehlte Anknüpfung des Normtextes an die Art des Vollstreckungstitels: Weil der Schiedsspruch auch und gerade die Verpflichtung zum Erlass eines Verwaltungsakts enthalten kann, muss er in derselben Weise wie ein Verpflichtungsurteil vollstreckt werden.

41   **b) Andere hoheitliche Maßnahmen.**   Andere hoheitliche Maßnahmen sind nach § 172 in dem gleichen Umfang vollstreckbar (→ Rn. 40), wenn sie den Verwaltungsakten vergleichbar auf eine „unersetzbare" Handlung der Verwaltung gerichtet sind.[59] Aus dem Bereich des schlichten Verwaltungshandelns

---

53 Ähnl. auch VG Stuttgart DVBl 1950, 792; *O. Bachof*, Verwaltungsgerichtliche Klage, 1951, 108 ff. – Beschlagnahme einer Arztpraxis.

54 VGH Mannheim VBlBW 1991, 297; i.d.S. auch *Kopp/Schenke* § 172 Rn. 1; a.A. *I. Kraft*, in: Eyermann § 172 Rn. 4 und 9.

55 Von einem derartigen Redaktionsversehen gehen *R. Pietzner/J.A. Möller*, in: Schoch/Schneider/Bier § 172 Rn. 17 auch bei Beschlüssen nach §§ 80 Abs. 5 S. 3, 80 a Abs. 3 S. 1 aus.

56 So auch OVG Münster 10.9.2013 – 16 E 100/13; OVG Münster DÖV 1997, 794; *C. Corell*, NVwZ 1998, 469; *Kopp/Schenke* § 172 Rn. 2; *H. v. Nicolai*, in: Redeker/v. Oertzen § 172 Rn. 3; *R. Pietzner/J.A. Möller*, in: Schoch/Schneider/Bier § 172 Rn. 21; *M. Renck-Laufke*, BayVBl 1976, 622; *I. Kraft*, in: Eyermann § 172 Rn. 9; a.A. OVG Lüneburg NJW 1980, 414; OVG Münster DÖV 1976, 170; DVBl 1992, 785; *W. Budach/H. Johlen*, JuS 2002, 371, 375: keine Regelungslücke, deswegen § 167 i.V.m. §§ 883 ff. ZPO; *Würtenberger* Rn. 760. Im entschiedenen Fall offengelassen VGH Mannheim NJW 1998, 3291. Vgl. auch *Sander*, NuR 2007, 527; für eine eingeschränkte Anwendbarkeit: VG Freiburg 30.4.2015 – 3 K 1896/13.

57 Unstr., vgl. *Kopp/Schenke* § 172 Rn. 2; *R. Pietzner/J.A. Möller*, in: Schoch/Schneider/Bier § 172 Rn. 22; *I. Kraft*, in: Eyermann § 172 Rn. 10.

58 A.A. bei „vertretbaren" Vertragspflichten.

59 So auch VG München 21.6.2016 – M 1 V 15.5203 zur Frage der Anwendbarkeit des § 172 auf die Vollstreckung aus einem zur Aufstellung eines Lufthaltreinhalteplans verpflichtenden Urteils; Ohne diese Differenzierung gegen jede Vollstreckbarkeit von Leistungsurteilen nach § 172 OVG Bln NVwZ-RR 1999, 411; OVG Koblenz NJW 1987, 1220, 1221; *H. v. Nicolai*, in: Redeker/v. Oertzen § 172 Rn. 3. Ob die Vollstreckung der Verpflichtung, eine Schranke nur kurzfristig für die Durchfahrt von Bauhoffahrzeugen zu öffnen, nach § 172 oder § 888 Abs. 1 ZPO zu vollziehen ist, lässt VGH Mannheim NJW 1998, 3291 m.w.N. ausdrückl. offen.

zählen zunächst alle regelungsersetzenden Realakte[60] (wie z.B. Auskünfte,[61] die beamtenrechtliche Umsetzung oder sonstige Organakte, insbes. aber polizeiliche Maßnahmen in Abwesenheit des Adressaten wie die unmittelbare Ausführung) hierzu, weil dort ein vollstreckungsrechtsrelevanter Unterschied zum Verwaltungsakt nicht ersichtlich ist.[62] Dies gilt weiter für regelungsvorbereitende (Gewährung von Akteneinsicht),[63] ggf. auch für regelungsausführende[64] sowie für regelungsvermeidende (z.B. Warnungen, Duldungen)[65] Realakte, weil auch diese im Zusammenhang mit dem Erlass von Verwaltungsakten stehen,[66] sodass eine Ersatzvornahme durch Dritte in den Zuständigkeits- und Verantwortungsbereich der Verwaltung übergreifen würde. In ähnlicher Weise spricht *Schenke* von „anderen hoheitlichen Maßnahmen ..., bei denen der Staat eine spezifisch hoheitliche Regelungsbefugnis für sich in Anspruch nimmt".[67] Dass er mit „Regelungsbefugnis" (trotz der gewählten Bsp. – Organakte, Umsetzungen, Normerlass –) nicht nur rechtliche Regelungen meinen kann, ergibt sich schon aus der Gegenüberstellung mit dem Verwaltungsakt. Auch tatsächliche Verrichtungen sind als solche hoheitliche Maßnahmen anzusehen. Bsp.: Die Polizei wird verpflichtet, den bereits ausgesprochenen Platzverweis gegen Hausbesetzer, der bislang rechtswidrigerweise weder befolgt noch vollstreckt wurde, durch Anwendung unmittelbaren Zwangs durchzusetzen. Hier wäre eine Ersatzvornahme dergestalt, dass etwa ein privater Sicherheitsdienst für die Räumung beauftragt würde, unzulässig. Die Anwendung unmittelbaren Zwangs ist schon wegen des staatlichen Gewaltmonopols als hoheitliche Maßnahme nicht substituierbar. In diesem Fall einen Verwaltungsakt (z.B. in Form einer Duldungsverfügung) zu konstruieren, damit die gewünschte Rechtsschutzform „passt", ist auf der Vollstreckungsebene (Vollstreckungsart) ebenso widersinnig wie im Erkenntnisverfahren (Klageart).

Nicht zu den „unersetzbaren" Handlungen der Verwaltung zählen die Geldzahlung und die Herausgabe einer Sache (→ Rn. 49, 52). 42

Werden solche hoheitlichen Maßnahmen erst einmal in das Vollstreckungsregime des §172 eingeordnet, spielt die Titelart (Urteil, einstweilige Anordnung, Vergleich etc.) ebenso wenig eine Rolle wie bei der Verpflichtung zum Erlass eines Verwaltungsaktes.[68] Unbedeutend ist ebenfalls der Rechtsgrund der Verpflichtung, sei es eine gesetzliche oder vertragliche Pflicht, ein Anspruch auf behördliches Einschreiten, auf (Vollzugs-)Folgenbeseitigung o.Ä. 43

c) Unterlassung. Die titulierte Verpflichtung der Verwaltungsbehörde, ein bestimmtes Tun zu unterlassen (Bsp. [Nachw. → §42 Rn. 54]: Tiefflugübungen durch die Bundeswehr [VG Oldenburg NJW 1989, 1942]; Unterlassung öffentlich-rechtlich zu bewertender Erklärungen oder Äußerungen, etwa politischer Stellungnahmen einer Ärztekammer [BVerwGE 64, 298, 301 ff.]; Unterlassung öffentlich-rechtlicher Immissionen,[69] etwa des Lärms einer Feuerwehrsirene auf dem Feuerwehrgerätehaus [BVerwGE 79, 254]), ist ebenfalls über §172 zu vollstrecken.[70] Hierbei handelt es sich ohne Weiteres um eine unvertretbare Verpflichtung. 44

---

60 Solche also, die unmittelbar die Rechtsstellung des Betroffenen verändern, ohne selbst Regelung zu sein, *G. Robbers*, DÖV 1987, 272, 275.

61 Demgegenüber ausdrückl. gegen die Vollstreckung einer Auskunftsverpflichtung nach §172 VG Dresden DuD 1998, 665, 666. Zur dogmatischen Einordnung als Verwaltungsakt, wenn die Auskunft i.R. des behördlichen Ermessens ergeht und der Erteilung oder Verweigerung der Auskunft ein Verfahren vorgeschaltet ist, BVerwGE 31, 301 ff.; dagegen *G. Robbers*, DÖV 1987, 272, 276.

62 Dementsprechend muss die Auskunft als regelungsersetzende Handlung mit der Verpflichtungsklage erstritten werden, *G. Robbers*, DÖV 1987, 272, 277. Als Konsequenz erfolgt dann auch die Vollstreckung nach §172. Zur analogen Anwendbarkeit auf faktische Beurteilungen VG Lüneburg 4.12.2006 – 1 D 1/06 m.w.N.

63 *G. Robbers*, DÖV 1987, 272, 274.

64 Etwa die Durchsuchung oder die tatsächliche Wegnahme i.R. der Verwaltungsvollstreckung gegen Dritte, *G. Robbers*, DÖV 1987, 272, 279; ebenso die Durchsetzung eines Platzverweises durch unmittelbaren Zwang.

65 *G. Robbers*, DÖV 1987, 272, 277 f.

66 *G. Robbers*, DÖV 1987, 272, 274 weist zu Recht darauf hin, dass bei regelungsvorbereitenden Handlungen aufgrund der Regelung des §44a fehlerhafte Verfahrenshandlung (etwa Beratungen, Anhörungen, informale vorbereitende Absprachen) über die Klage gegen die verwaltungsaktsförmige Sachentscheidung gerügt werden muss, auch wenn die betreffende vorbereitende Handlung kein Verwaltungsakt war. Entsprechend sind regelungsausführende Handlungen abhängig von dem in der Regelung gesteckten Rahmen und können grds. nur zusammen mit ihr angegriffen werden, *G. Robbers*, DÖV 1987, 272, 279.

67 *Kopp/Schenke* §172 Rn. 1; vgl. i.d.S. auch OVG Lüneburg NVwZ-RR 2007, 139; a.A. VGH Mannheim NVwZ-RR 2004, 459.

68 *Kopp/Schenke* §172 Rn. 1.

69 *Kopp/Schenke* §40 Rn. 29 m.w.N.

70 I.E. ebenso *C. H. Ule*, VerwArch 65 (1974), 309.

45   Klärungsbedürftig ist das Verhältnis des § 172 zu § 890 ZPO, der verschiedentlich als besser geeignete Vollstreckungsform (über § 167 Abs. 1 S. 1) ins Spiel gebracht wird.[71] Drei Unterschiede sind signifikant: § 890 ZPO spricht von Ordnungsgeld anstatt von Zwangsgeld und hebt damit den repressiven Charakter der Maßnahme hervor. Das Ordnungsgeld (bis zu 250.000 €) ist deutlich höher bemessen als das Zwangsgeld in § 172 (bis 10.000 €). § 890 Abs. 2 ZPO geht vom Regelfall der im Urteil enthaltenen Androhung aus, während § 172 hierzu schweigt. Vor diesem Hintergrund wird die Anwendung des § 172 kritisiert, weil das Zwangsgeld nicht geeignet sei, die Unterlassung zu erzwingen.[72] Dieser Einwand kann nicht schon dadurch entkräftet werden, dass auf die Festsetzung und Beitreibung eines Zwangsgeldes auch in dem Fall hingewiesen wird,[73] dass bei (etwa infolge Zeitablaufs) erledigten Verpflichtungen Beugezwang keinen Sinn mehr habe (Verstärkung der Präventivwirkung der Androhung durch bedingungslose anschließende Beitreibung im Fall des Zuwiderhandelns). Damit ist nämlich noch nicht die „Lücke" geschlossen, die sich aus der Verletzung der Unterlassungspflicht vor erstmaliger Androhung ergeben kann. Dem kann nur durch Verbindung des Unterlassungstitels mit der entsprechenden Androhung begegnet werden. Warum dies aber beim Zwangsgeld nicht gehen soll, ist nicht ersichtlich.[74] Im Gegenteil: Für Unterlassungstitel gegen den Bürger wird diese Verknüpfung unter Hinweis auf § 169 Abs. 1 S. 1 VwGO, § 13 Abs. 2 S. 1 VwVG anerkannt.[75] Es widerspräche der „Waffengleichheit", dieses Mittel für die Vollstreckung zulasten der öffentlichen Hand zu versagen. Damit erscheint die Anwendung des Ordnungsgeldes nach § 890 ZPO nicht mehr zwingend. Dass das Beugemittel des Zwangsgeldes auch repressive Züge erhalten mag, ist in diesem Fall nicht nur unschädlich, sondern geboten. Seine Höhe (bis 10.000 €) mag zwar im Verhältnis zum Ordnungsgeld gering sein. Die hiergegen angebrachten Einwände sind freilich rechtspolitischer Natur. Wer Unterlassungspflichten der Verwaltung über § 167 Abs. 1 S. 1 VwGO i.V.m. § 890 ZPO vollstrecken wollte, müsste schon zur Vermeidung eines Systembruchs das Ordnungsgeld in der Höhe dem § 172 anpassen.[76]

46   Ausgeschlossen ist bei § 172 – wie immer – die Verhängung von Zwangshaft (unstr., Nachw. → Rn. 4).

47   **d) Abgabe von Willenserklärungen.** Die Verpflichtung zur Abgabe von Willenserklärungen wird ebenfalls nur mittelbar durch Zwangsgeld durchgesetzt.[77] Die Anwendung von § 894 Abs. 1 S. 1 ZPO ist ausgeschlossen.[78] Dies erklärt sich gleichfalls mit der „Unvertretbarkeit" dieser Verpflichtung. Öffentlich-rechtliche Willenserklärungen (Bsp.: Angebot und Annahme eines öffentlich-rechtlichen Vertrages, die Erklärung des Verzichts, Einverständniserklärungen) sind der jeweiligen Behörde zuzurechnen, die sich in der besagten Weise (freiwillig oder gezwungenermaßen) äußert. Es würde diesen Zurechnungszusammenhang stören, wenn der richterliche Ausspruch im Urteil die Abgabe der Willenserklärung (kraft seiner Fiktionswirkung) gleichsam ersetzen würde. Auch hier mag hilfsweise auf die Gestaltungsbefugnis der Verwaltung abgestellt werden. Unbilligkeiten im Einzelfall (wenn die geschuldete Willenserklärung im Extremfall ein schlichtes „Ja" sein sollte und die Behörde die Erklärung, das

---

71   So von HmbOVG 7.7.2016 – 5 So 110/15, welches insbes. darauf abstellt, dass die bei § 172 verlangte Fristsetzung zur Erfüllung der Verpflichtung im Falle des Unterlassens keinen Sinn ergibt; OVG Bln NVwZ-RR 2001, 99; VGH Mannheim NJW 1973, 1519; VGH München NVwZ-RR 1989, 669, 669 f.; OVG Weimar 18.1.2010 – 2 VO 327/08; *W. J. Bank,* Zwangsvollstreckung, 1982, 81; *H. v. Nicolai,* in: Redeker/v. Oertzen § 172 Rn. 3; ebenfalls *R. Holland,* JuS 1968, 559, 560; *Kopp/Schenke* § 172 Rn. 9; *H. H. Rupp,* AöR 85 (1960), 301, 336.

72   *H. H. Rupp,* AöR 85 (1960), 301, 336, der allerdings darauf hinweist, dass ein gewisser Druck schon durch den Zwang zur Rechtfertigung auch gegenüber dem Rechnungshof „eine gewisse heilsame Wirkung" ausüben könne, v.a., wenn die Regresspflicht straff gehandhabt werde. Die Spürbarkeit soll auch davon abhängen, wen die Folgen einer etwaigen Vollstreckung des Zwangsgelds treffen, *O. R. Remien,* Zwangsgeld, 1992, 283. Allerdings ist die Verhängung gegenüber einem Amtsträger oder Behördenleiter abzulehnen, → Rn. 17 f.

73   So aufzeigend, wenn auch i.E. abl., *R. Pietzner/J.A. Möller,* in: Schoch/Schneider/Bier § 172 Rn. 19; vgl. aber auch OVG Bln NVwZ 1999, 411.

74   A.A. VGH Mannheim NJW 1978, 287; *Kopp/Schenke* § 172 Rn. 5.

75   *Hufen* § 38 Rn. 41.

76   Dies tut etwa *W. J. Bank,* Zwangsvollstreckung, 1982, 89 f.; ebenfalls VGH Mannheim VBlBW 1995, 191, 192, der neben dem Wert der zu vollstreckenden Verpflichtung auf § 172 abstellt und im entschiedenen Fall ein Ordnungsgeld i.H.v. 5000 DM für fehlerfrei gehalten hat.

77   Für eine Anwendung des § 172: *M. Hoffmann-Becking,* VerwArch 62 (1971), 191, 198; modifizierend: *K. Grupp,* FS Lüke, 1997, 207, 219.

78   Demgegenüber für die Anwendung von § 894 ZPO OLG Frankfurt NJW 1982, 113; *Kopp/Schenke* § 172 Rn. 10; *H. H. Rupp,* AöR 85 (1960), 301, 336.

Zwangsgeld zunächst in Kauf nehmend, hinauszögert) müssen hingenommen werden, will man nicht durch weitere Ausdifferenzierung unüberwindbare Auslegungsschwierigkeiten provozieren. Sie sind systembedingt, was sich an einem vergleichbaren Bsp. zeigen lässt: Auch die einfache Verpflichtung zur Rücknahme eines (bestandskräftigen) Verwaltungsaktes wird über § 113 Abs. 5 S. 1 tituliert und nach § 172 vollstreckt, obwohl das der Sache nach auf das gleiche Ziel gerichtete Anfechtungsurteil kassatorische Wirkung hätte.

3. Von § 172 nicht erfasste Vollstreckungsziele. Von § 172 nicht erfasste Vollstreckungsziele sind solche, die unmittelbar auf die Vornahme einer vertretbaren Handlung, auf Herausgabe einer (dem Verwaltungsträger nicht gehörenden oder nicht zustehenden) Sache oder auf Leistung von Geld (als Gattungsschuld) gerichtet sind. Sie werden i.S.d. nachstehenden Vollstreckungsvorschriften durchgesetzt, und zwar unabhängig von der Art des Titels (Urteil, einstweilige Anordnung, Vergleich, Vertrag etc.).

a) Geldforderungen. Wenn man § 172 auch auf schlichte Leistungstitel erstreckt, so betrifft dies nicht solche Titel, die auf Geldzahlung lauten. Diese werden ausschließlich über § 170 vollstreckt.[79] § 170 ist insoweit gegenüber § 172 als lex specialis anzusehen (→ § 170 Rn. 44, 46). Dies ist sachgerecht. Die Verwaltung bedarf in diesen Fällen einerseits eines speziellen Verfahrens- und Vermögensschutzes (wie er durch § 170 Abs. 2 und 3 geleistet wird), andererseits darf dem Vollstreckungsgläubiger die unmittelbare Befriedigungsmöglichkeit nicht genommen werden (wie dies bei einer Beschränkung auf mittelbaren Beugezwang der Fall wäre).[80] Die unmittelbare Vollstreckung einer Geldforderung, zumeist im Wege der Pfändung, greift weder in die Zuständigkeitsordnung ein, noch beschränkt sie Entscheidungs- oder Gestaltungsspielräume der Verwaltung. Der in diesem Zusammenhang unvermeidliche Eingriff in den Haushalt des Verwaltungsträgers ist zwingendes Resultat des (die gesetzlich geforderte Vermögensverschiebung umsetzenden) Geldleistungstitels und deshalb bereits durch die Titulierung gerechtfertigt.

b) Vornahme einer vertretbaren Handlung. Ist die Behörde zu (sonstigem) tatsächlichem Handeln verpflichtet, das gleichermaßen auch von Privatpersonen vorgenommen werden könnte, greift die Ersatzvornahme als Zwangsmittel über § 167 Abs. 1 S. 1 VwGO i.V.m. § 887 ZPO.[81] Dies ist sachgerecht. Die Beschränkung auf mittelbaren Beugezwang i.S.d. § 172 würde den Rechtsschutz des Bürgers ohne Not verkürzen. Besteht die Verpflichtung etwa in der Wiedererrichtung eines zerstörten Gartenzauns (Folgenbeseitigungsanspruch) oder in der Reinigung eines Grundstücks (Anspruch aus öffentlich-rechtlichem Vertrag), ist kein Grund ersichtlich, die der säumigen (!) Verwaltungsbehörde obliegende Handlung nicht durch einen Dritten auf Kosten des Schuldners vornehmen zu lassen. Schutzwürdige Interessen der Verwaltung werden ebenso wenig verletzt wie Gestaltungs- oder Entscheidungsspielräume der Verwaltung unzumutbar beschränkt. Solche Handlungen sind nicht „verwaltungstypisch"; im Gegenteil: Im Regelfall dürfte sich die Behörde zu ihrer Erfüllung selbst privater Hilfe bedienen. Die Beschädigung des Ansehens der Verwaltung (was die Behörde durch Befolgung leicht abwenden kann) wird in diesen Fällen nicht größer sein als bei der unstr. zulässigen Pfändung i.R. der Vollstreckung von Geldforderungen nach § 170.

Das Verfahren des § 887 ZPO ist i.R. der verwaltungsgerichtlichen Vollstreckung dahingehend zu modifizieren, dass nicht der Gläubiger zur Beauftragung des Dritten (etwa des Werkunternehmers) ermächtigt wird, sondern dass dies das VG selbst unternimmt. Dies entspricht der Verfahrensherrschaft, wie sie in § 170 paradigmatisch normiert ist.

c) Herausgabe einer Sache. Die Herausgabe einer Sache wird nach § 167 Abs. 1 S. 1 VwGO i.V.m. §§ 883 ff. ZPO vollstreckt.[82] Im Regelfall der Herausgabe beweglicher Sachen werden diese also vom Gerichtsvollzieher weggenommen und dem Gläubiger übergeben. Der Gerichtsvollzieher wird nicht vom Gläubiger beauftragt, sondern – um der Systemgerechtigkeit willen in Anlehnung an § 170 Abs. 1

48

49

50

51

52

79 VGH Mannheim DÖV 1976, 607; VGH Aachen 29.1.2010 – 2 M 24/09; *Kopp/Schenke* § 172 Rn. 1; *I. Kraft*, in: Eyermann § 172 Rn. 6.
80 *R. Pietzner/J.A. Möller*, in: Schoch/Schneider/Bier § 172 Rn. 15.
81 So zutr. *Würtenberger* Rn. 759; ebenso VGH München 24.4.2015 – 8 ZB 14.1010; VGH München NVwZ 2001, 822, 823; für die Verpflichtung zur Herstellung des rechtmäßigen Zustandes bei Missachtung einer Unterlassungspflicht VGH München NVwZ 1982, 564; *Kopp/Schenke* § 172 Rn. 12; *C. Seiler*, in: Thomas/Putzo § 890 Rn. 1 ff.; gegen jede Anwendung des § 887 ZPO *W. J. Bank*, Zwangsvollstreckung, 1982, 82 f.
82 *Kopp/Schenke* § 172 Rn. 9; *Würtenberger* Rn. 759.

S. 2 – vom Vollstreckungsgericht um die Vornahme der Vollstreckungshandlung ersucht. § 172 ist unanwendbar,[83] weil der durch den Ausschluss unmittelbaren Erfüllungszwangs intendierte besondere
Schutz der öffentlichen Hand das Rechtsverwirklichungsinteresse des Gläubigers unverhältnismäßig
einschränken würde. Entgegenstehende öffentliche Interessen sind nicht ersichtlich. Dass die herauszugebende Sache nicht „unentbehrlich" i.S.d. § 170 Abs. 3 ist, wurde bereits im Erkenntnisverfahren geprüft; insbes. bestehen keine Zurückbehaltungsrechte (sonst hätte nicht auf – unbedingte – Herausgabe erkannt werden dürfen). Entweder steht die Sache sowieso im Eigentum des Gläubigers oder dieser
hat ein Besitzrecht. Gestaltungs- oder Entscheidungsspielräume, die sie nicht schon im Erkenntnisverfahren hätte vorbringen können, hat die Verwaltung nicht. Soweit sich nach der Titulierung neue Aspekte ergeben (z.B. wird die Sache nunmehr für Beweiszwecke benötigt), steht der Verwaltung die
Vollstreckungsgegenklage (§ 167 Abs. 1 S. 1 VwGO i.V.m. § 767 ZPO) zur Verfügung. Vergleicht man
den Herausgabetitel strukturell und in Abwägung privater und öffentlicher Interessen mit den Konstellationen des § 170 einerseits und § 172 andererseits, dann ist die Parallele zur Geldleistung weitaus
stärker als zum Erlass eines Verwaltungsaktes.

VI. Vollstreckungsvoraussetzungen

53 **1. Allgemeine Vollstreckungsvoraussetzungen.** Wie bei jeder Zwangsvollstreckungsmaßnahme bedarf
die Trias „Titel-Klausel-Zustellung" auch bei § 172 näherer Betrachtung.

54 **a) Titel.** Grds. enthält § 168 Abs. 1 in enumerativer Aufzählung die Titel, aus denen in der verwaltungsgerichtlichen Vollstreckung (§§ 169, 170, 172; § 167 Abs. 1 S. 1 VwGO i.V.m. §§ 883 ff. ZPO)
vollstreckt wird. Anders als §§ 169 und 170 enthält § 172 eine Einschränkung, die sich nicht nur auf
den Titelinhalt (z.B. Geldforderung oder behördliche Verpflichtung) und den Vollstreckungsschuldner
(öffentliche Hand oder Bürger), sondern auch auf die Titelart bezieht: Ausdrücklich genannt werden
Urteil und einstweilige Anordnung. Nun mag zwar § 172 auf Kostenfestsetzungsbeschlüsse (§ 168
Abs. 1 Nr. 4) unanwendbar sein. Die übrigen in § 168 Abs. 1 genannten und vom Wortlaut des § 172
S. 1 nicht erfassten Vollstreckungstitel (Beschlüsse, Prozessvergleiche, Schiedssprüche, auch vollstreckbare öffentlich-rechtliche Verträge) auszunehmen, verbietet sich jedoch. Auch für diese Titel muss ein
Vollstreckungsverfahren zur Verfügung stehen. Es ist nicht anzunehmen, dass der Gesetzgeber hierfür
ohne Not die subsidiäre Anwendung der §§ 883 ff. ZPO über § 167 Abs. 1 S. 1 vorgesehen hat. Dies
schon deshalb nicht, weil etwa die Ungleichbehandlung eines Verpflichtungsurteils (dann § 172) und
einer Verpflichtung durch Prozessvergleich (dann § 167 Abs. 1 S. 1 VwGO i.V.m. § 888 ZPO) sachlich
nicht gerechtfertigt ist. Alle Vollstreckungstitel sind damit taugliche Vollstreckungsgrundlage im Verfahren nach § 172.

55 **b) Klausel.** Wie schon an anderer Stelle ausf. begründet (→ § 171 Rn. 18), bedarf es im Verfahren
nach § 172 keiner Vollstreckungsklausel. Ohne die hier vorgeschlagene – gegen den Wortlaut des
§ 171 gerichtete – teleologische Extension käme es zu (Wertungs-)Widersprüchen mit § 170.

56 **c) Zustellung.** Wie üblich darf mit der Vollstreckung nicht begonnen werden, bevor der Vollstreckungstitel dem Vollstreckungsschuldner ordnungsgemäß zugestellt wurde, § 167 Abs. 1 S. 1 VwGO
i.V.m. § 750 ZPO.[84] Dies gilt nicht nur für Urteile, sondern für alle Vollstreckungstitel;[85] auch die den
vollstreckbaren Urkunden vergleichbaren öffentlich-rechtlichen Verträge mit Vollstreckungsklausel
müssen deshalb zugestellt werden, um den Schuldner vor unvermuteter Zwangsvollstreckung zu
schützen.[86]

57 **2. Besondere Vollstreckungsvoraussetzungen.** Im Anwendungsbereich des § 172 sind die folgenden
besonderen Vollstreckungsvoraussetzungen zu beachten.

58 **a) Nichterfüllung/Erfüllungsfrist/grundlose Säumnis.** § 172 S. 1 knüpft das Zwangsgeldverfahren an
den Umstand, dass „die Behörde ... der ihr ... auferlegten Verpflichtung nicht nachkommt". Dies legt

---

83 A.A. *R. Pietzner/J.A. Möller*, in: Schoch/Schneider/Bier § 172 Rn. 18 ff.; weiter gehend *W. J. Bank*, Zwangsvollstreckung, 1982, 87: Unzulässigkeit von Zwangsmaßnahmen im hoheitlichen Tätigkeitsbereich.
84 *Kopp/Schenke* § 168 Rn. 1; vgl. auch *Brox/Walker* Rn. 148 ff.
85 *C. Seiler*, in: Thomas/Putzo § 750 Rn. 1.
86 Zur vollstreckbaren Urkunde: *Gaul/Schilken/Becker-Eberhard* § 13 IV Rn. 39 ff.

zunächst nahe, dass die Nichterfüllung (ggf. auch Schlechterfüllung) der titulierten Verpflichtung als Vollstreckungsvoraussetzung anzusehen ist und nicht – wie sonst – die Erfüllung als Vollstreckungshindernis. Dies hat freilich zur Folge, dass die Erfüllung von Amts wegen zu prüfen ist und Zweifel zunächst zulasten des Vollstreckungsgläubigers (im Wartestand) gehen. Bei dieser Feststellung kann das Vollstreckungsgericht den Inhalt des zu vollstreckenden Urteils über die Auslegung hinaus näher bestimmen, sofern Unklarheiten aus dem Urteil durch dieses nicht beseitigt werden können. Dabei darf das Gericht allerdings nicht auf Gründe zurückgreifen, die nicht Gegenstand des Erkenntnisverfahrens waren (VGH Kassel KommJur 2016, 271, 273). Da die Urteilsgründe oftmals lediglich Maßnahmen benennen, ohne diese zu spezifizieren, sprechen Gründe der Praktikabilität dafür, dass die Verwaltungsvollstreckung diese konkretisiert.[87] Dies birgt zugleich die Gefahr *ausschweifender Entscheidungsbegründungen* der Verwaltungsgerichte, um Ansatzpunkte für eine Auslegung und Fortschreibung durch das Vollstreckungsgericht zu schaffen.[88] Die Rspr. geht indes weiter. Danach setzt die Androhung eines Zwangsgeldes „stets eine grundlose Säumnis in der Erfüllung der vom Gericht auferlegten Pflichten" voraus.[89] Auf ein Verschulden kommt es nicht an.[90] Damit hat sich das Vollstreckungsgericht vor der Einleitung von Zwangsmaßnahmen nicht nur der Nichterfüllung zu vergewissern, sondern auch zu prüfen, ob die Erfüllung ohne zureichenden Grund unterblieben ist.[91] Als Gründe mögen besondere Erfüllungshindernisse im Einzelfall dargetan werden (wobei allgemeine Personalnot, Urlaub von Sachbearbeitern u.Ä. nicht ausreichen [Kriterien ähnlich wie bei § 75]).[92] Allemal wird der Behörde eine besondere Erfüllungsfrist eingeräumt, nach deren Ablauf die Säumnis stets grundlos sein soll. Dies geht sehr weit. Die Behörde ist möglicherweise seit Jahren (je nach Prozessverlauf und „Vorgeschichte" des Titels) in Verzug mit der geschuldeten Verpflichtung. Sie kann sich – bei allem Verständnis für die Unsicherheit der Rechtslage während des Erkenntnisverfahrens – auf die Erfüllung einstellen, wie dies vom Bürger ebenso verlangt wird. Auf jeden Fall muss spätestens mit Zustellung des Titels mit der Erfüllungshandlung begonnen, z.B. das Verwaltungsverfahren auf Neubescheidung in Gang gesetzt werden.[93] Den Nachweis hierüber hat die Behörde zu führen. In diesem Fall wäre der Antrag des Vollstreckungsgläubigers wegen fehlenden Rechtsschutzbedürfnisses unzulässig.

Als Nichterfüllung sind auch die Fälle einzustufen, in denen die Behörde die titulierte Verpflichtung 59 „schlecht", d.h. unzureichend erfüllt hat. Wann dies der Fall ist, hängt von der Art, dem Inhalt und Umfang der Verpflichtung ab. Aus Rspr. und Schrifttum sind folgende Fälle der „Schlechterfüllung" bekannt:[94]

- ■ Erlass eines Verwaltungsaktes gegenüber Dritten (aufgrund einer Verpflichtung zu polizeilichem 60 oder bauaufsichtlichem Einschreiten), ohne diesen auch notfalls mit Zwang durchzusetzen.[95]
- ■ Erlass eines Bewilligungsbescheides (aufgrund einer Verpflichtung zur Bewilligung einer Geldleis- 61 tung), aber Verweigerung der Zahlung.[96]

---

87 *A. Schink*, DVBl 2016, 1557, 1561.

88 *P. Hilbert*, Anm. zu VG München 21.6.2016, DVBl 2016, 1137, 1140.

89 OVG Magdeburg 6.3.2015 – 3 O 19/15; VGH München 17.7.2013 – 3 C 13.458; BVerfG NJW 1981, 2457; BVerwGE 33, 230, 232; 49, 172; BVerwG NJW 1969, 476, 477; VGH Mannheim DÖV 1976, 606; ebenfalls *Kopp/Schenke* § 172 Rn. 5 f.: „Erfüllung billigerweise zumutbar"; vgl. auch VGH Mannheim NVwZ-RR 1993, 447: „angemessene Zeit".

90 VGH Mannheim 29.5.2015 – 10 S 835/15; *R. Pietzner/J.A. Möller*, in: Schoch/Schneider/Bier § 172 Rn. 2.

91 Vgl. VGH München BayVBl 1985, 691, 692 für die Vollziehung einer einstweiligen Anordnung („solange bei sachgerechter Bearbeitung noch mit einem freiwilligen Vollzug ... gerechnet werden" kann); VGH Mannheim NJW 1978, 287: Gelegenheit zur Pflichterfüllung; s.a. *Würtenberger* Rn. 756.

92 Vgl. *K. Rennert*, in: Eyermann § 75 Rn. 9.

93 So auch *R. Pietzner/J.A. Müller*, in: Schoch/Schneider/Bier § 172 Rn. 33; a.A.: VG Freiburg 24.4.2014 – A 4 K 807/14, wonach die Erfüllungsfrist erst mit Rechtskraft des Urteils beginnen kann, da letztlich erst mit Eintritt der Rechtskraft feststeht, ob das Urteil zu befolgen ist; Schink, DVBl 2016, 1557, 1562, dem zur Folge die Frist erst mit Rechtskraft beginnen kann, da der Behörde eine Bedenkzeit eingeräumt werden muss, ob sie gegen die Entscheidung Rechtsmittel einlegen möchte. Offen gelassen: OVG Magdeburg 6.3.2015 – 3 O 19/15.

94 Vgl. *R. Pietzner/J.A. Möller*, in: Schoch/Schneider/Bier § 172 Rn. 34 f.

95 OVG Lüneburg DVBl 1965, 777, 778; OVG Münster NVwZ-RR 1992, 518, 518 f.; NVwZ 1993, 383, 384; gegen eine Verpflichtung zu Vollzugsmaßnahmen OVG Saarlouis NVwZ 1986, 763, 764.

96 *Kopp/Schenke* § 170 Rn. 1.

62 ▪ Erlass eines Verwaltungsaktes (aufgrund eines Bescheidungsurteils), ohne die Rechtsauffassung des Gerichts zu beachten.[97]

63 ▪ Schlichtes Unterlassen (aufgrund eines Unterlassungstitels), ohne Handlungen zur Beseitigung eines zuvor geschaffenen Störungszustandes vorzunehmen.[98]

63a ▪ Bloßes förmliches Befolgen einer einstweiligen Anordnung mit Mitteln, die erkennbar nicht dem Zweck der Anordnung dienlich sind bzw. die Nichterwirkung der Vollziehung der Mittel durch die Behörde.[99]

Nicht als „Schlechterfüllung" wurde eingestuft:

64 ▪ Erlass eines Verwaltungsaktes (aufgrund eines Verpflichtungsurteils) unter Beifügung rechtmäßiger Nebenbestimmungen (wenn dies gerade nicht untersagt wurde [VGH Mannheim VBlBW 1991, 297]).

64a ▪ Erneute Versagung des Verwaltungsaktes nach vorangegangenem Bescheidungsurteil, sofern sich die Behörde auf Gründe stützt, mit denen sich das Urteil nicht befasst hat (OVG Bln NVwZ-RR 2016, 358).

65 **b) Vollziehungsfrist (§ 929 Abs. 2 ZPO).** Speziell für einstweilige Anordnungen ist nach § 123 Abs. 3 die Wahrung der besonderen Vollziehungsfrist nach § 929 Abs. 2 ZPO erforderlich. Soweit man entgegen der hier vertretenen Auffassung eine Erfüllungsfrist einräumt, beginnt die Vollziehungsfrist nicht schon mit ihrem Erlass,[100] sondern erst nach ihrem Ablauf.[101]

66 **c) Sicherheitsleistung (§ 751 Abs. 2 ZPO).** Eine Sicherheitsleistung (§ 751 Abs. 2 ZPO) dürfte i.R. des § 172 kaum praktisch werden (vgl. VGH Mannheim NVwZ-RR 1993, 520).

VII. Das Vollstreckungsverfahren

67 **1. Anspruch des Gläubigers auf Vollstreckung.** Wird die titulierte Verpflichtung nicht erfüllt, so besteht ein Anspruch auf Vollstreckung. Dies gilt entgegen dem Wortlaut des § 172, der die Annahme gerichtlichen Ermessens nahelegt.[102] Ermessen besteht für das Gericht nur hinsichtlich der Höhe des Zwangsgeldes und für die Dauer der Vollziehungsfrist.[103]

68 **2. Festsetzungsverfahren.** Entsprechend den Regelungen in den Verwaltungsvollstreckungsgesetzen[104] gliedert sich das Verfahren in den Dreischritt Androhung – Festsetzung – Vollstreckung.

69 **a) Vollstreckungsantrag des privaten Gläubigers als Verfahrensvoraussetzung.**[105] Die Vollstreckung des Zwangsgeldes ist gekennzeichnet durch ein Nebeneinander von Parteibetrieb und Tätigwerden von Amts wegen. Letzteres ist durch die Offizialmaxime im Verwaltungsprozess in höherem Maße gerechtfertigt als bei § 890 ZPO. Beginn und Fortsetzung des Vollstreckungsverfahrens hingegen hängen von Anträgen des Vollstreckungsgläubigers bei Gericht ab. Für ein Tätigwerden von Amts wegen lässt § 172 ebenso wenig Raum wie § 170 (→ § 170 Rn. 59 und die §§ 883 ff. ZPO).[106]

70 Der Vollstreckungsgläubiger hat gesondert die Androhung und dann die Festsetzung des Zwangsgeldes zu beantragen.[107] Es ist allerdings umstr., ob der Antrag auf Festsetzung bereits mit dem Antrag

---

97 OVG Bln NVwZ-RR 2016, 358; 27.4.2015 – OVG 1 I 1.14; VGH Kassel ESVGH 44, 132; *Kopp/Schenke* § 113 Rn. 216; vgl. auch BVerfG NVwZ 1984, 432; a.A. OVG Lüneburg NVwZ-RR 2006, 742; *B. Stuer*, FS Menger, 1985, 779, 794 f.

98 VGH Mannheim DVBl 1977, 211, 212; ebenso VGH München NVwZ 1982, 563, 564 und i.R. einer Entscheidung nach § 123 Abs. 3 VwGO i.V.m. § 945 ZPO BGHZ 120, 73, 76 f; weiter *Kopp/Schenke* § 172 Rn. 12; *Gaul/Schilken/ Becker-Eberhard* § 73 I.

99 VGH Mannheim DÖV 2015, 980.

100 So aber OVG Münster NVwZ-RR 1992, 388; *F. Schoch*, in Schoch/Schneider/Bier § 123 Rn. 172.

101 So auch *R. Pietzner/J.A. Möller*, in: Schoch/Schneider/Bier § 172 Rn. 36.

102 *Kopp/Schenke* § 172 Rn. 6 a; *R. Pietzner/J.A. Möller*, in: Schoch/Schneider/Bier § 172 Rn. 42.

103 *R. Pietzner/J.A. Möller*, in: Schoch/Schneider/Bier § 172 Rn. 42; *H. v. Nicolai*, in: Redeker/v. Oertzen § 172 Rn. 5.

104 Vgl. § 14 VwVG. Demgegenüber kennt etwa das BayVwZVG keine explizite Festsetzung mehr.

105 Dazu insgesamt *R. Pietzner/J.A. Möller*, in: Schoch/Schneider/Bier § 172 Rn. 25 ff.

106 I.E. ebenso *H. v. Nicolai*, in: Redeker/v. Oertzen § 172 Rn. 5.

107 *Kopp/Schenke* § 172 Rn. 5; *I. Kraft*, in: Eyermann § 172 Rn. 16. Dies folgt nicht nur aus der praktischen Erwägung, dass das Gericht i.d.R. nicht übersehen kann, ob die Behörde der Aufforderung nachgekommen ist, *H. v. Nicolai*, in: Redeker/v. Oertzen § 172 Rn. 6, sondern maßgeblich aus der Verfahrensherrschaft des Vollstreckungsgläubigers, *R. Pietzner/J.A. Möller*, in: Schoch/Schneider/Bier § 172 Rn. 25. Ebenso *W. J. Bank*, Zwangsvollstreckung, 1982, 76 Fn. 27 gegen *W. Miedtank*, Zwangsvollstreckung, 1964, 121.

auf Androhung verbunden werden kann[108].[109] Dagegen spricht nicht bereits, dass dann der Festsetzungsantrag zwingend unter einer – unzulässigen – außerprozessualen Bedingung stehen würde. Über die Festsetzung wird schließlich erst nach Ablauf der Erfüllungsfrist entschieden. Allerdings liegt die wesentliche Funktion des Festsetzungsantrags darin, dem Gericht die Nichterfüllung durch die Behörde anzuzeigen, also über eine Tatsache zu informieren, die primär dem Vollstreckungsgläubiger bekannt ist.[110] Dieser Zweck des Festsetzungsantrags würde unterlaufen werden, ließe man diesen bereits vor Ablauf der in der Androhung bestimmten Frist zu.

Adressat ist das Gericht, nicht der Vorsitzende wie i.R. der Vollstreckung zugunsten der öffentlichen 71
Hand (→ §169 Rn. 21 f.).[111]

Antragsgegner ist der Rechtsträger der Behörde. Die Behörde als solche ist in §172 nur als Organ, 72
nicht als selbständiger Vollstreckungsschuldner angesprochen.

b) Zwangsgeldandrohung unter Fristsetzung (S. 1). Eingeleitet wird die Erzwingungsvollstreckung 73
stets mit der Androhung des Zwangsmittels. Diese ergeht in Beschlussform. Sie muss eine Fristbestimmung enthalten; diese Frist ist so zu bemessen, dass dem Schuldner die Erfüllung unter den gegebenen Umständen möglich ist.

Das Zwangsgeld ist entsprechend §13 Abs. 5 VwVG in bestimmter Höhe anzudrohen.[112] Nur hierfür, 74
nicht aber für die Vollstreckung als solche, besteht gerichtliches Ermessen (→ Rn. 67).[113] Hinsichtlich der Höhe gelten entsprechende Grundsätze wie i.R. der Verwaltungsvollstreckung.[114] Maßstab ist einerseits das Vollstreckungsziel, andererseits der Grundsatz der Verhältnismäßigkeit. Deshalb muss der Betrag so gewählt werden, dass er dazu geeignet ist, den Schuldner zur Erfüllung zu bewegen, andererseits darf er die dazu erforderliche Summe auch nicht übersteigen. Dabei räumt die nunmehr geltende Höchstgrenze von 10.000 € (statt vorher 2.000 DM) dem Gericht einen größeren Spielraum ein. Wenn man freilich nicht der Auffassung ist, alleine der Symbolcharakter des Zwangsgeldes könne bereits die gewünschte Wirkung zeitigen, so wird doch regelmäßig die Androhung (nahezu) der Höchstsumme angebracht sein[115].[116] Zwar wird i.R. der Verwaltungsvollstreckung die volle Ausschöpfung des Zwangsgeldrahmens nur unter besonderen Voraussetzungen und i.d.R. erst nach Wiederholung des Zwangsmittels für zulässig gehalten.[117] Im Hinblick auf die finanzielle Leistungsfähigkeit der öffentlichen Hand lässt sich diese Wertung allerdings nicht unbesehen auf §172 übertragen. Lediglich dann, wenn tatsächlich finanzielle Engpässe dargetan sind oder besondere öffentliche Interessen dies erfordern, kann ein im Einzelfall angemessenes Zwangsgeld unterhalb der Höchstgrenze gewählt werden (a.A. OVG Lüneburg NVwZ-RR 2007, 139). Dies gilt umso mehr, als der zusätzlich angeführte taktische Effekt, den Druck stufenweise zu steigern,[118] der öffentlichen Hand gegenüber unangemessen ist.

Umstr. ist hingegen, ob bei Unterlassungstiteln (zu deren Vollstreckbarkeit nach §172 → Rn. 44 f.) 75
nach dem Rechtsgedanken des §890 Abs. 2 ZPO die Androhung mit dem Titel verbunden werden kann.[119] Zumindest sollte die Verbindung insbes. bei der Zwangsvollstreckung solcher Unterlassungstitel zugelassen werden, die sich bei einmaliger Zuwiderhandlung erledigen (→ Rn. 45).

108 Abl. *R. Pietzner/J.A. Möller*, in: Schoch/Schneider/Bier §172 Rn. 45.
109 Dafür *I. Kraft*, in: Eyermann §172 Rn. 16; *H. v. Nicolai*, in: Redeker/v. Oertzen §172 Rn. 6; weiter gehend
   W. Miedtank, Zwangsvollstreckung, 1964, 121, wonach der Vollstreckungsantrag des Gläubigers sowohl die Androhung als auch die Festsetzung ergreift; dagegen VGH Mannheim VBlBW 1993, 376.
110 *R. Pietzner/J.A. Möller*, in: Schoch/Schneider/Bier §172 Rn. 25.
111 *H. v. Nicolai*, in: Redeker/v. Oertzen §172 Rn. 5; *A. Wettlaufer*, Vollstreckung, 1989, 99.
112 Dazu und i.Ü. *Kopp/Schenke* §172 Rn. 5; *R. Pietzner/J.A. Möller*, in: Schoch/Schneider/Bier §172 Rn. 41 ff.
113 *R. Pietzner/J.A. Möller*, in: Schoch/Schneider/Bier §172 Rn. 42.
114 Hierzu M. *App/A. Wettlaufer*, Praxishandbuch Verwaltungsvollstreckungsrecht, ⁵2011, §34 Rn. 3; *H. Engelhardt/M.
   App*, Verwaltungs-Vollstreckungsgesetz und Verwaltungszustellungsgesetz, ⁶2004, §11 VwVG Rn. 8.
115 *R. Pietzner/J.A. Möller*, in: Schoch/Schneider/Bier §172 Rn. 44.
116 Abl. *A. Schink*, DVBl 2016, 1557, 1563, der dies mit dem Grundsatz der Verhältnismäßigkeit, der bei der Festsetzung des Zwangsgeldes zu beachten ist, für nicht vereinbar hält.
117 *H. Engelhardt/M. App*, Verwaltungs-Vollstreckungsgesetz und Verwaltungszustellungsgesetz, 2004, §11 VwVG
   Rn. 8.
118 Hierzu M. *App/A. Wettlaufer*, Praxishandbuch Verwaltungsvollstreckungsrecht, 2011, §34 Rn. 3; *H. Engelhardt/M.
   App*, Verwaltungs-Vollstreckungsgesetz und Verwaltungszustellungsgesetz, 2004, §11 VwVG Rn. 8; *T. Pencereci*,
   LKV 1996, 236, 237.
119 *R. Pietzner/J.A. Möller*, in: Schoch/Schneider/Bier §172 Rn. 30.

76   **c) Besondere Abwendungsaufforderung?**   Fraglich ist, ob neben der Androhung unter Fristsetzung eine ausdrückliche Aufforderung durch (gesonderten?) Beschluss erforderlich ist, die titulierte Pflicht zu erfüllen.[120] Eine derartige Regelung sieht zwar § 170 Abs. 2 vor (→ § 170 Rn. 68), jedoch ersetzt diese lediglich die fehlende Androhung i.R. der Geldvollstreckung. Innerhalb der Erzwingungsvollstreckung ist eine zweifache Aufforderung überflüssig.

77   **d) Vorgehende Anhörung des Schuldners.**   Nach § 167 Abs. 1 S. 1 VwGO i.V.m. § 891 S. 2 ZPO ist der Schuldner vor Erlass des Androhungsbeschlusses zu hören (BVerwG NJW 1986, 1125).

78   **e) Festsetzung des Zwangsgeldes.**   Nach fruchtlosem Fristablauf hat das Gericht das Zwangsgeld festzusetzen. Bzgl. des „Ob" der Festsetzung besteht, ebenso wie bei den §§ 169 und 170, kein gerichtliches Ermessen,[121] wohl aber hinsichtlich der Höhe des Zwangsgeldes in den Grenzen des § 172. Allerdings bildet die zuvor angedrohte Summe die Obergrenze.[122] Dies hat dann keine praktische Bedeutung, wenn ohnehin die Höchstgrenze ausgeschöpft werden wird.[123]

79   Bei Nichterfüllung der Verpflichtung[124] wird das Zwangsgeld durch gerichtlichen Beschluss festgesetzt. Die maximale Höhe des Zwangsgeldes beträgt nunmehr 10.000 € (→ Rn. 74). Es kann zudem wiederholt angewendet werden (→ Rn. 83).

80   **3. Beitreibungsverfahren: Vollstreckung des Zwangsgeldes.**   Ist das Zwangsgeld festgesetzt, so wird es nach § 172 S. 1 von Amts wegen beigetrieben (OVG Bln NVwZ 1999, 411). Diese § 890 ZPO entsprechende Regelung weicht von § 888 ZPO ab.[125]

81   Das Zwangsgeld stellt nach der Festsetzung eine gerichtlich titulierte Geldforderung gegen die öffentliche Hand dar; es liegt deswegen nahe, diese nach § 170 zu vollstrecken. Dies vertritt auch die ganz überwiegende Ansicht.[126] Hierfür kommen dann ausnahmsweise Vollstreckungshelfer zum Einsatz; auf das zu § 170 Gesagte (→ § 170 Rn. 76 ff.) kann verwiesen werden.

82   Nicht zuletzt für die Rechtspraxis angemessener ist jedoch eine Beitreibung nach den Regelungen der JBeitrO.[127] Unter § 1 Abs. 1 Nr. 3 JBeitrO jedenfalls ließe sich das Zwangsgeld widerspruchsfrei subsumieren. Selbst wenn man dem nicht folgt, so hat sich mangels eindeutiger gesetzlicher Regelung die rechtliche Behandlung nach den Konsequenzen für die Vollstreckung zu richten. Während nun § 170 den Fiskus privilegiert, fehlt in der JBeitrO eine zusätzliche Wartefrist ebenso wie die Person des Gläubigers. Damit entspricht die letztgenannte – im Übrigen auch durch § 201 EVwPO favorisierte – Lösung dem Amtsbetrieb des § 172 und ist deswegen vorzugswürdig.

83   **4. Ggf. wiederholte Anwendung des Zwangsgeldes (S. 2).**   Zwangsgeld kann wiederholt angedroht, festgesetzt und vollstreckt werden (§ 172 S. 2), und zwar so oft, bis die Verpflichtung erfüllt ist, vgl. § 13 Abs. 6 S. 1 VwVG. Dies geschieht auf erneuten Antrag des Vollstreckungsgläubigers und wird ebenfalls von Amts wegen vollstreckt (OVG Bln NVwZ 1999, 411).[128] Voraussetzung ist entsprechend § 13 Abs. 6 S. 2 VwVG die Erfolglosigkeit des zuerst angedrohten Zwangsgelds. Fristablauf allein genügt nicht,[129] eine erneute Festsetzung ist erforderlich.[130] Eine vorhergehende erfolglose Beitrei-

---

120   *W. J. Bank*, Zwangsvollstreckung, 1982, 76.
121   *Kopp/Schenke* § 172 Rn. 6 a.
122   *R. Pietzner/J.A. Möller*, in: Schoch/Schneider/Bier § 172 Rn. 45.
123   Die insoweit allg. geltend gemachten Bedenken (OVG Koblenz NVwZ 1989, 480, 481; OVG Lüneburg DÖV 1967, 279; *H.-D. Lemke*, Verwaltungsvollstreckungsrecht, 1997, 275 m.w.N.) tragen vorliegend nicht, weil es nicht um den Grundrechtsschutz des Bürgers als Schuldner, sondern um massiven Druck gegen den rechtsuntreuen Verwaltungsträger geht.
124   Die Festsetzung eines angedrohten Zwangsgeldes ist nicht deshalb ausgeschlossen, weil den Antragsgegner kein Verschulden trifft; das Verschuldenserfordernis als Voraussetzung von Vollstreckungsmaßnahmen gilt nur für die Durchsetzung von Duldungspflichten bzw. Unterlassungspflichten und ergibt sich insoweit aus dem entsprechend anwendbaren § 890 ZPO, VGH München NVwZ-RR 1999, 410.
125   *R. Pietzner/J.A. Möller*, in: Schoch/Schneider/Bier § 172 Rn. 46 sehen in der Vollstreckung von Amts wegen einen Systembruch, der sich eventuell mit der Tatsache erklären lässt, dass das Zwangsgeld an die Staatskasse abzuführen ist.
126   Vgl. etwa *W. J. Bank*, Zwangsvollstreckung, 1982, 76; *H. v. Nicolai*, in: Redeker/v. Oertzen § 172 Rn. 7.
127   *R. Pietzner/J.A. Möller*, in: Schoch/Schneider/Bier § 172 Rn. 47; *A. Wettlaufer*, Vollstreckung, 1989, 45, 48.
128   *H. v. Nicolai*, in: Redeker/v. Oertzen § 172 Rn. 7.
129   So aber OVG Bln NJW 1968, 1108; VGH München BayVBl 1969, 247 unter Bezugnahme auf Art. 36 Abs. 6 S. 2 BayVwZVG; FG Kassel EFG 1990, 145, 155; *H.-G. Henneke*, Jura 1989, 64, 69.
130   OVG Lüneburg NVwZ 1988, 654; *R. Pietzner/J.A. Möller*, in: Schoch/Schneider/Bier § 172 Rn. 49; *H. v. Nicolai*, in: Redeker/v. Oertzen § 172 Rn. 7.

bung ist hingegen nicht erforderlich.[131] Es sollte freilich der Eindruck vermieden werden, das Gericht würde nur drohen, seine Androhung aber nicht realisieren. Der Schuldner kann nämlich die Beitreibung sämtlicher „aufgelaufener" Zwangsgelder (im Regelfall) verhindern, indem die Verpflichtung zuletzt doch noch erfüllt wird (→ Rn. 85).

5. Einstellung des Erzwingungsverfahrens. Die Einstellung des Erzwingungsverfahrens kommt wegen 84 Zweckerreichung, (endgültiger) Zweckverfehlung, bei Vorliegen sonstiger Vollstreckungshindernisse oder (jederzeit) auf Antrag des Vollstreckungsgläubigers in Betracht.[132]

a) Einstellung wegen Zweckerreichung. Das Erzwingungsverfahren ist einzustellen, sobald der Zweck 85 der Vollstreckung erreicht ist; dies gilt unabhängig davon, ob man diesen Grundsatz aus einer entsprechenden Anwendung des § 15 Abs. 3 VwVG herleitet,[133] oder ihn auf die Rechtsnatur des Vollstreckungszwangs stützt.[134] Zweckerreichung liegt vor, wenn die titulierte Verpflichtung vollständig (durch den Vollstreckungsschuldner) erfüllt wurde.[135] Weil im Anwendungsbereich des § 172 unmittelbar wirkender Erfüllungszwang ausscheidet, wird Erfüllung auch niemals durch Vollstreckungsmaßnahmen selbst eintreten, sondern allenfalls durch diese veranlasst sein. Die i.R. des § 170 diskutierte Zweckerreichung „infolge" der Vollstreckung (bei der das Vollstreckungsverfahren ipso iure endet [→ § 170 Rn. 89]) kommt deshalb beim Beugezwang des § 172 nicht in Betracht.

b) Einstellung wegen Zweckverfehlung. Kann Vollstreckungszwang seinen Zweck nicht mehr erreichen, weil die Erfüllung der titulierten Verpflichtung tatsächlich unmöglich geworden ist, ist die Vollstreckung ebenfalls einzustellen.[136] Bsp. hierfür sind der Erlass eines höchstpersönlichen Verwaltungsaktes (z.B. Fahrerlaubnis), der wegen Todes des Gläubigers ins Leere zielte, oder die Unmöglichkeit der polizeilichen Räumung eines Hauses, dessen Besetzer inzwischen freiwillig und endgültig ausgezogen sind. In diesen Fällen ist der Vollstreckungsschuldner nicht auf die Erhebung einer Vollstreckungsgegenklage angewiesen.[137]

c) Einstellung aufgrund von Vollstreckungshindernissen. Die Vollstreckung ist weiterhin einzustellen, 87 wenn nachträglich Vollstreckungshindernisse entstanden sind.[138] Dies ist etwa der Fall, wenn die (vorläufige) Vollstreckbarkeit infolge einer Titelaufhebung entfallen ist. Ebenso ist im Fall einer nachträglichen Nichtigerklärung der „titeltragenden" Rechtsgrundlage (z.B. einer verfassungswidrigen Befugnisnorm, auf die der Gläubiger seinen Anspruch auf polizeiliches Einschreiten gegen Dritte gestützt hatte) zu entscheiden. Hier ist die Vollstreckung gem. § 183 S. 2 (der auch über § 47 Abs. 5 S. 3 anzuwenden ist) grds. unzulässig. Zwar sieht § 183 S. 3 die „entsprechende" Anwendung des § 767 ZPO i.R. der verwaltungsgerichtlichen Vollstreckung vor. Dies bedeutet jedoch nicht, dass die materielle Einwendung der Nichtigkeit ausschließlich über diesen Rechtsbehelf zu berücksichtigen wäre. Das Vollstreckungsgericht darf nicht „sehenden Auges" eine Vollstreckung anordnen, die die Rechtsordnung schlechterdings für unzulässig hält. Wenn die Vollstreckung allerdings ungeachtet des Wegfalls der entscheidungserheblichen Norm fortgesetzt wird, kann der Schuldner Vollstreckungsgegenklage erheben (→ § 183 Rn. 44).

d) Einstellung auf Antrag des Vollstreckungsgläubigers. Auch wenn das VG und seine Vollstre- 88 ckungshelfer das Vollstreckungsverfahren beherrschen, kann es doch nicht ohne oder gar gegen den

---

131 So aber *W. Miedtank*, Zwangsvollstreckung, 1964, 125; gegen das Erfordernis einer Beitreibung OVG Lüneburg NVwZ 1988, 654; VGH München BayVBl 1969, 247.
132 Zur Situation bei Veränderungen der Rechtslage BVerwG BauR 2007, 1709.
133 So *W. J. Bank*, Zwangsvollstreckung, 1982, 76 für die Beitreibung des Zwangsgeldes; *H. v. Nicolai*, in: Redeker/v. Oertzen § 172 Rn. 7.
134 Vgl. *R. Pietzner/J.A. Möller*, in: Schoch/Schneider/Bier § 172 Rn. 50.
135 Vgl. aber zur Situation bei sinngemäßer Zweckerreichung VG Augsburg 29.3.2007 – 4 V 07.274 und bei rein formaler Erfüllung VG Lüneburg 4.12.2006 – 1 D 1/06.
136 Dies gilt auch, wenn der Vollstreckungsgläubiger infolge Zeitablaufs kein Interesse mehr an der Durchsetzung des titulierten Anspruchs hat, OVG Bln NVwZ 1999, 411.
137 So wohl auch *R. Pietzner/J.A. Möller*, in: Schoch/Schneider/Bier § 172 Rn. 51, 55, die diesen Fall wie die ordnungsgemäße Erfüllung behandeln, bei der der Einwand des Schuldners gegen den Vollstreckungsantrag zugelassen wird; i.E. ebenso OVG Münster NVwZ-RR 1992, 518, 519.
138 Demgegenüber zur Anwendbarkeit von § 167 VwGO, § 767 ZPO bei nachträglichen Änderungen der Sach- und Rechtslage OVG Saarlouis NVwZ 2011, 698; OVG Münster 15.6.2010 – 13 E 201/10 zur Anwendbarkeit von § 167 Abs. 1 S. 1 i.V.m. § 767 im Fall einer nach Rechtskraft eingetretenen Änderung bei einer Verpflichtungsklage.

Willen des Gläubigers durchgeführt werden. Entsprechend der Dispositionsmaxime hat der Gläubiger, auch nachdem er einen Vollstreckungsantrag gestellt hat, jederzeit vor Zweckerreichung die Möglichkeit, das Vollstreckungsverfahren zu beenden. Dies geschieht durch Rücknahme des Vollstreckungsantrags (vgl. BFH/NV 1987, 789, 791: Rücknahme des nach § 152 FGO gestellten Antrags).

§ 173 [Entsprechende Anwendung des GVG und der ZPO]

[1]Soweit dieses Gesetz keine Bestimmungen über das Verfahren enthält, sind das Gerichtsverfassungsgesetz und die Zivilprozeßordnung einschließlich § 278 Absatz 5 und § 278 a entsprechend anzuwenden, wenn die grundsätzlichen Unterschiede der beiden Verfahrensarten dies nicht ausschließen. [2]Die Vorschriften des Siebzehnten Titels des Gerichtsverfassungsgesetzes sind mit der Maßgabe entsprechend anzuwenden, dass an die Stelle des Oberlandesgerichts das Oberverwaltungsgericht, an die Stelle des Bundesgerichtshofs das Bundesverwaltungsgericht und an die Stelle der Zivilprozessordnung die Verwaltungsgerichtsordnung tritt. [3]Gericht im Sinne des § 1062 der Zivilprozeßordnung ist das zuständige Verwaltungsgericht, Gericht im Sinne des § 1065 der Zivilprozeßordnung das zuständige Oberverwaltungsgericht.

Schrifttum

1. Monographien und Beiträge in Sammelwerken: *S. Auer*, Inhalt, Reichweite und Grenzen der Verweisung in § 173 Verwaltungsgerichtsordnung, 1993; *A. G. Debus*, Verweisungen in deutschen Rechtsnormen, 2008; *H.-U. Karpen*, Die Verweisung als Mittel der Gesetzgebungstechnik, 1970; *J. Nolte*, Die Eigenart des verwaltungsgerichtlichen Rechtsschutzes, 2015.

2. Beiträge in Zeitschriften: *M. Ahrens*, Mediationsgesetz und Güterichter – Neue gesetzliche Regelungen der gerichtlichen und außergerichtlichen Mediation, NJW 2012, 2465; *T. Bremkamp*, Klagerücknahme und Erledigung im Zivil- und Verwaltungsprozess, JA 2010, 207; *R. Greger*, Der Güterichter am Verwaltungsgericht – Status quo und Perspektiven, ThürVBl 2014, 65; *A. Guckelberger*, Der neue staatshaftungsrechtliche Entschädigungsanspruch bei überlangen Gerichtsverfahren, DÖV 2012, 289; *C. Meissner*, Die Systematik der Verwaltungsgerichtsordnung, VBlBW 2009, 1; *K.-M. Ortloff*, Vom Gerichtsmediator zum Güterichter im Verwaltungsprozess, NVwZ 2012, 1057; *F. Ossenbühl*, Staatshaftung bei überlangen Gerichtsverfahren, DVBl 2012, 857; *W.-R. Schenke*, Rechtsschutz bei überlanger Dauer verwaltungsgerichtlicher Verfahren, NVwZ 2012, 257; *H. A. Wolff*, Der Verzögerungsentschädigungsanspruch im öffentlichen Recht, VR 2012, 289.

I. Allgemeines

Bereits zum Zeitpunkt des Erlasses der VwGO war eine allgemeine Anordnung der entsprechenden Anwendung von Normen des GVG und der ZPO (heute: S. 1) vorgesehen.[1] Ursprünglich war in S. 1 kein Verweis auf § 278 Abs. 5 ZPO und § 278 a ZPO enthalten. Dieser wurde erst 2012 mit dem Ziel eingefügt, bisherige Unklarheiten hinsichtlich der Anwendbarkeit der Vorschriften über den Güterichter (§ 278 Abs. 5 ZPO) und über die Mediation (§ 278 a ZPO) auszuräumen.[2] 1

Durch das Schiedsverfahrens-Neuregelungsgesetz vom 22.12.1997 wurde ein zweiter Satz angefügt (heute: S. 3).[3] Demnach können Verwaltungsgerichte von den Parteien als Schiedsgerichte bestimmt werden. Der aktuelle S. 2 wurde 2011 ergänzt;[4] der alte S. 2 wurde damit unverändert zu S. 3. Mit der Ergänzung des aktuellen S. 2 wurde der Rechtsschutz bei überlanger Verfahrensdauer nach Maßgabe 2

---

1 *C. Meissner/C. Steinbeiß-Winkelmann*, in: Schoch/Schneider/Bier Rn. 12 ff.; *H. A. Wolff, in:* BeckOK, Stand: 1.10.2016, Rn. 8.

2 Art. 6 Gesetz zur Förderung der Mediation und anderer Verfahren der außergerichtlichen Konfliktbeilegung vom 21.7.2012 (BGBl I 1577).

3 Art. 2 Gesetz zur Neuregelung des Schiedsverfahrensrechts vom 22.12.1997 (BGBl I 3224).

4 Art. 8 Gesetz über den Rechtsschutz bei überlangen Gerichtsverfahren und strafrechtlichen Ermittlungsverfahren vom 24.11.2011 (BGBl I. 2302).

der damals neu geschaffenen §§ 198, 200 f. GVG in die VwGO inkorporiert und an die Verwaltungsgerichtsbarkeit angepasst.

II. Bedeutung der Norm

3   Mit § 173 wird die entsprechende Anwendbarkeit von Normen aus den zivilrechtlichen Prozessord-
nungen geregelt. Dies geschieht auf der einen Seite über die allgemeine Anordnung der entsprechenden
Anwendung in S. 1. Auf der anderen Seite wird für zwei Bereiche, die gütliche Streitbeilegung
(→ Rn. 19 ff.) und den Verzögerungsanspruch (→ Rn. 24 ff.), eine konkrete Anordnung getroffen.

4   Der Zweck des § 173 besteht einerseits darin, die VwGO insgesamt zu entlasten.[5] Andererseits können Lücken geschlossen und die Parallelität von VwGO und ZPO kann sichergestellt werden, wo dies
sachgerecht ist.[6] Auf diese Zielrichtung des § 173 kann auch das Postulat einer wohlwollenden Prüfung der Norminterpretation der Zivilgerichte durch die Verwaltungsgerichte abgestützt werden
(→ Rn. 15).

III. Einzelerläuterungen

5   **1. Generalverweisung (S. 1).** Die auf § 173 gestützte entsprechende Anwendung von Bestimmungen
des GVG und der ZPO unterliegt zwei Voraussetzungen. Zum einen ist es notwendig, dass eine ausfüllungsbedürftige Lücke vorliegt. D.h. die VwGO darf nicht erkennbar eine abschließende Regelung
getroffen haben (→ Rn. 6 ff.). Zum anderen dürfen der entsprechenden Anwendung keine grundsätzlichen Unterschiede des Verwaltungsprozesses und des Zivilprozesses entgegenstehen (→ Rn. 9 ff.). Sind
diese zwei Tatbestandsvoraussetzungen erfüllt, sind die Normen innerhalb des GVG bzw. der ZPO,
die die Lücke ausfüllen, entsprechend anwendbar (→ Rn. 12 ff.). Das in S. 1 genannte „Verfahren"
meint das gesamte Prozessverfahren.[7] § 173 erfasst demnach Regelungslücken im kompletten Anwendungsbereich der VwGO und nicht nur die in Teil II der VwGO enthaltenen Vorschriften.[8]

6   **a) Lücke in der VwGO.** Die erste Tatbestandsvoraussetzung des § 173 bildet die Feststellung, dass
die VwGO keine erforderliche Regelung enthält.[9] Die dadurch entstandene „Lücke"[10] muss planwid-
rig sein.[11] Zu berücksichtigen ist allerdings, dass durch die Generalverweisung in § 173 S. 1 eine gewisse Vermutung begründet wird, der Gesetzgeber habe bei einer fehlenden Vorschrift in der VwGO
den Rückgriff auf das GVG und die ZPO vorsehen wollen, sofern nicht grundsätzliche Unterschiede
der Verfahrensarten dies verbieten.[12]

7   Umstr. ist, ob § 173 S. 1 vorrangig heranzuziehen ist, wenn die fehlende Bestimmung auch durch die
Analogiebildung zu einer anderen VwGO-Norm ersetzt werden kann. Autoren, die einer entsprechenden Anwendung einer Vorschrift des GVG oder der ZPO über § 173 S. 1 den Vorzug gegenüber der
Analogiebildung zu einer Vorschrift der VwGO geben, begründen dies damit, dass die Vorschriften
des GVG und der ZPO durch § 173 S. 1 in die VwGO inkorporiert würden und somit durch die Verweisung erst gar keine eigentliche Lücke in der VwGO entstanden sei.[13] Erst wenn die Schließung
einer Lücke in der VwGO durch die Heranziehung einer Norm des GVG oder der ZPO scheitere, sei
deshalb die Bildung einer Analogie denkbar.[14] Dem stehen Autoren gegenüber, die einer Analogiebildung zu einer anderen VwGO-Norm den Vorzug gegenüber der entsprechenden Anwendung von Vorschriften des GVG und der ZPO geben. Dabei setzen sie allerdings voraus, dass zu der analog heran-

---

5   *P. Wysk,* in: Wysk Rn. 2.
6   *C. Meissner/C. Steinbeiß-Winkelmann,* in: Schoch/Schneider/Bier Rn. 12 ff.; *H. A. Wolff,* in: BeckOK, Stand:
     1.10.2016, Rn. 2.
7   *H. A. Wolff,* in: BeckOK, Stand: 1.10.2016, Rn. 4.
8   *C. Meissner/C. Steinbeiß-Winkelmann,* in: Schoch/Schneider/Bier Rn. 22, 71 f.; *W.-R. Schenke,* in: Kopp/Schenke
     Rn. 2; *H. A. Wolff,* in: BeckOK, Stand: 1.10.2016, Rn. 4.
9   *H. A. Wolff,* in: BeckOK, Stand: 1.10.2016, Rn. 3.
10   Krit. zu dieser Begriffsverwendung: *J. Orth,* in: Gärditz Rn. 8.
11   *J. Orth,* in: Gärditz Rn. 11; *H. A. Wolff,* in: BeckOK, Stand: 1.10.2016, Rn. 3. A.A. *P. Wysk,* in: Wysk Rn. 14.
12   *C. Meissner/C. Steinbeiß-Winkelmann,* in: Schoch/Schneider/Bier Rn. 62 ff.; *J. Orth,* in: Gärditz Rn. 11.
13   *C. Meissner/C. Steinbeiß-Winkelmann,* in: Schoch/Schneider/Bier Rn. 51; *J. Orth,* in: Gärditz Rn. 9. Diff. *V. Schmid,*
     4. Aufl., Rn. 47.
14   *J. Orth,* in: Gärditz Rn. 9.

gezogenen VwGO-Bestimmung eine größere Sachnähe als zu der in Bezug genommenen Bestimmung des GVG oder der ZPO bestehen müsse.[15]

Die allgemeine Verweisung auf das GVG und die ZPO in § 173 S. 1 ist gegenüber der Verweisung auf 8 spezielle Vorschriften des GVG oder der ZPO in einzelnen Bestimmungen der VwGO subsidiär.[16] In diesen Fällen liegt keine Lücke vor. Dies ist z.B. in den §§ 4, 55, 83, 149 Abs. 2 (Verweise auf das GVG) oder in den §§ 54 Abs. 1, 56 Abs. 2, 57 Abs. 2, 62 Abs. 4, 64, 98, 105, 123 Abs. 3, 153 Abs. 1, 159 S. 1, 166, 167 Abs. 1 (Verweise auf die ZPO) der Fall.[17] Ausdrückliche Verweise auf bestimmte Vorschriften des GVG und der ZPO sind auch in § 173 selbst enthalten. So sind die Vorgaben zur Entschädigung bei überlanger Verfahrensdauer (§§ 198–201 GVG) nach § 173 S. 2 entsprechend anwendbar (→ Rn. 24 ff.) und in § 173 S. 1 wird ausdrücklich auf die §§ 278 Abs. 5 und 278 a ZPO verwiesen (→ Rn. 19 ff.).

b) Kein Ausschluss durch grundsätzliche Unterschiede. Die Verweisung darf nicht aufgrund grund- 9 sätzlicher Unterschiede zwischen der verwaltungsgerichtlichen und der zivilgerichtlichen Verfahrensart ausgeschlossen sein. Solche Unterschiede folgen etwa aus dem *Untersuchungsgrundsatz*. § 86 weist primär dem Gericht die Verantwortung für die Sachverhaltsermittlung zu (→ § 86 Rn. 62). Der Zivilprozess ist demgegenüber meist vom Beibringungsgrundsatz, der den Verfahrensbeteiligten die Verantwortung für die Sachverhaltsermittlung auferlegt, geprägt.[18]

Weiter können Unterschiede aus der Handhabung des *Prinzips der Waffengleichheit* resultieren. Im 10 Verwaltungsprozess ist fast überall die Waffengleichzeit zwischen Bürger und Verwaltung herzustellen.[19] Daher können im Verwaltungsprozess je nach Beteiligten bestimmte Voraussetzungen unterschiedlich streng geprüft werden. Eine undeutliche Antragstellung des Bürgers kann etwa über das Institut der „Antragsauslegung" behandelt werden.[20] Die ZPO geht demgegenüber von der formalen Gleichheit der Parteien aus. Aus diesem Grund dürfen im verwaltungsgerichtlichen Verfahren richterliche Hinweise, Belehrungen und Rechtsausführungen an die Naturalpartei, die wie eine Bevorzugung erscheinen könnten, nicht ohne Weiteres als Befangenheit i.S.d. §§ 45 ff. ZPO gedeutet werden.[21] Unterschiede können ferner durch den Einfluss *materieller Rechtsgebiete* bedingt sein. Während das Zivilprozessrecht vom materiellen Recht weitgehend unabhängig ist, kann Letzterem im Verwaltungsprozess eine größere Bedeutung zukommen.[22] Dies kann vor allem dann zutreffen, wenn hinter subjektiven Rechten von Bürgern zentrale Elemente grundrechtlicher Schutzbereiche stehen.[23]

Bei der Beurteilung der Unterschiede zwischen den verschiedenen Verfahrensarten ist dem Gedanken 11 der Einheitlichkeit des Prozessrechts Rechnung zu tragen. Nur zwingende Forderungen, die sich aus verbindlichen Vorschriften und Grundsätzen der VwGO oder aus anderen Vorschriften (etwa Art. 19 Abs. 4 GG) ergeben, können eine entsprechende Anwendung des GVG und der ZPO ausschließen.[24]

c) Rechtsfolge. Liegt eine Lücke vor und ist kein Ausschluss durch grundsätzliche Unterschiede gege- 12 ben, sind die Normen innerhalb des GVG bzw. der ZPO, die die Lücke ausfüllen, entsprechend anwendbar.[25] Durch die „entsprechende" Anwendung ist es möglich, die Anwendung der Normen des GVG und der ZPO an den Kontext der VwGO anzupassen.[26]

Da es sich bei § 173 S. 1 um eine Generalverweisung handelt, die den gesamten Normenbestand des 13 GVG und der ZPO betrifft, ist es erforderlich, im Einzelfall festzustellen, welche Normen von der Verweisung erfasst sind.[27] Im Unterschied zu einer Spezialverweisung ist jeweils im Einzelfall zu prüfen,

---

15 *H. von Nicolai*, in: Redeker/von Oertzen Rn. 2; *H. A. Wolff*, in: BeckOK, Stand: 1.10.2016, Rn. 4.
16 *M. Just*, in: HK-VwGO Rn. 1; *I. Kraft*, in: Eyermann Rn. 2; *W.-R. Schenke*, in: Kopp/Schenke Rn. 1.
17 Vgl. *C. Meissner/C. Steinbeiß-Winkelmann*, in: Schoch/Schneider/Bier Rn. 30 ff.; *P. Wysk*, in: Wysk Rn. 8 f.
18 *J. Orth*, in: Gärditz Rn. 19 f.; *H. A. Wolff*, in: BeckOK, Stand: 1.10.2016, Rn. 6; *P. Wysk*, in: Wysk Rn. 15.
19 *J. Orth*, in: Gärditz Rn. 22 f.; *P. Wysk*, in: Wysk Rn. 16.
20 *H. A. Wolff*, in: BeckOK, Stand: 1.10.2016, Rn. 7.
21 *P. Wysk*, in: Wysk Rn. 16.
22 *H. A. Wolff*, in: BeckOK, Stand: 1.10.2016, Rn. 9.
23 *H. A. Wolff*, in: BeckOK, Stand: 1.10.2016, Rn. 9. Vgl. auch die Bsp. bei *V. Schmid*, 4. Aufl., Rn. 63.
24 *W.-R. Schenke*, in: Kopp/Schenke Rn. 2.
25 *H. A. Wolff*, in: BeckOK, Stand: 1.10.2016, Rn. 10.
26 *J. Orth*, in: Gärditz Rn. 30; *H. A. Wolff*, in: BeckOK, Stand: 1.10.2016, Rn. 12.
27 *J. Orth*, in: Gärditz Rn. 3.

ob die jeweiligen Bestimmungen des GVG bzw. der ZPO, die herangezogen werden sollen, anwendbar sind.[28]

14   § 173 S. 1 enthält eine echte Verweisung.[29] Die Vorschriften des GVG und der ZPO werden mit konstitutiver Wirkung in die VwGO inkorporiert.[30] Der Verweis auf die Normen des GVG und der ZPO bezieht sich auf alle Bestimmungen in der jeweils geltenden Form und mit dem jeweils geltenden Inhalt (dynamische Verweisung).[31]

15   Allerdings bezieht sich die Verweisung lediglich auf die Normen der ZPO und des GVG und nicht gleichzeitig auf die Interpretation dieser Normen durch die Zivilgerichte.[32] Deshalb steht den Verwaltungsgerichten die Möglichkeit offen, die durch Verweisung in die VwGO inkorporierten Normen abweichend von den Zivilgerichten auszulegen.[33] Auch prozessuales Richterrecht oder ungeschriebene Rechtsinstitute müssen die Verwaltungsgerichte nicht übernehmen.[34] Freilich können die Verwaltungsgerichte sich dennoch an der Auslegung, am prozessualen Richterrecht und an ungeschriebenen Rechtsinstituten der Zivilgerichte orientieren.[35] Bisweilen wird unter Verweis auf den Zweck des § 173 (→ Rn. 4) sogar „eine wohlwollende Prüfung"[36] in diese Richtung durch die Verwaltungsgerichte bzw. eine „weitestmöglich angleichende Auslegung"[37] postuliert. Jede Auslegung, die nicht ohne einleuchtenden Grund unterschiedliche Übungen im Prozessrecht der VwGO und der ZPO aufkommen lasse, begegne Bedenken.[38]

16   Sofern eine Lücke vorliegt, die andere Voraussetzung des § 173 allerdings nicht gegeben ist, muss die Lücke nach den allgemeinen Grundsätzen der Lückenausfüllung unter Berücksichtigung der in der VwGO und in anderen verfahrensrechtlichen Regelungen enthaltenen Grundgedanken geschlossen werden.[39]

17   **aa) Entsprechende Anwendung von Bestimmungen des GVG.** Abgesehen von jenen Bestimmungen des GVG, auf die in einzelnen Vorschriften der VwGO direkt verwiesen wird (→ Rn. 8), gehören zu den über § 173 S. 1 erfassten Bestimmungen insbes. die Vorschriften über die Exterritorialität von Mitgliedern diplomatischer Missionen und sonstigen Personen (§§ 18 ff. GVG), über die Zulässigkeit des Rechtswegs, die Rechtswegentscheidung und die Rechtswegverweisung (§§ 17 ff. GVG) sowie über die Zuziehung von Dolmetschern (§ 185 GVG).[40] Über § 173 S. 2 wird außerdem die entsprechende Anwendung der §§ 198, 200 f. GVG, die den Rechtsschutz gegen überlange Verfahren regeln, modifiziert (→ Rn. 24 ff.).

18   **bb) Entsprechende Anwendung von Bestimmungen der ZPO.** Abgesehen von jenen Bestimmungen der ZPO, auf die in einzelnen Vorschriften der VwGO direkt verwiesen wird (→ Rn. 8), gehören zu den über § 173 S. 1 erfassten Bestimmungen insbes. die Vorschriften über die Beiordnung eines Notanwalts (§ 78 b ZPO), über die Vollmacht (§§ 81 ff. ZPO), sofern § 67 Abs. 6 Lücken aufweist, über die Erstattung von Gebühren und Auslagen eines in eigener Sache tätigen Rechtsanwalts gem. § 91 Abs. 2 S. 3 ZPO, über das Verfahren (§§ 128 ff. ZPO), soweit nicht eigene Regelungen in der VwGO oder abweichende Verfahrensgrundsätze bestehen, über die Bestimmung des Termins für die mündliche Verhandlung (§ 216 ZPO, allerdings ohne Abs. 2[41]), über die Entbehrlichkeit einer Ladung (§ 218 ZPO), über die Aufhebung, Verlegung und Vertagung von Terminen (§ 227 ZPO), über die Wieder-

---

28   *J. Orth*, in: Gärditz Rn. 4.
29   *A. G. Debus*, Verweisungen in deutschen Rechtsnormen, 2008, 40 ff.; *H.-U. Karpen*, Die Verweisung als Mittel der Gesetzgebungstechnik, 1970, 21 f.
30   *C. Meissner/C. Steinbeiß-Winkelmann*, in: Schoch/Schneider/Bier Rn. 28; *J. Orth*, in: Gärditz Rn. 3.
31   *C. Meissner*, VBlBW 2009, 1, 2 f.; *C. Meissner/C. Steinbeiß-Winkelmann*, in: Schoch/Schneider/Bier Rn. 29; *J. Orth*, in: Gärditz Rn. 3; *W.-R. Schenke*, in: Kopp/Schenke Rn. 1; *H. A. Wolff*, in: BeckOK, Stand: 1.10.2016, Rn. 10.
32   *H. A. Wolff*, in: BeckOK, Stand: 1.10.2016, Rn. 11.
33   *H. A. Wolff*, in: BeckOK, Stand: 1.10.2016, Rn. 11.
34   *J. Orth*, in: Gärditz Rn. 29; *H. A. Wolff*, in: BeckOK, Stand: 1.10.2016, Rn. 11. A.A. *S. Auer*, Inhalt, Reichweite und Grenzen der Verweisung in § 173 Verwaltungsgerichtsordnung, 1993, 7.
35   *H. A. Wolff*, in: BeckOK, Stand: 1.10.2016, Rn. 11.
36   *H. A. Wolff*, in: BeckOK, Stand: 1.10.2016, Rn. 11.
37   *P. Wysk*, in: Wysk Rn. 3.
38   *P. Wysk*, in: Wysk Rn. 3, unter Verweis auf BVerwG NJW 1971 1284.
39   *H. A. Wolff*, in: BeckOK, Stand: 1.10.2016, Rn. 3.
40   *W.-R. Schenke*, in: Kopp/Schenke Rn. 3. Ausf. *C. Meissner/C. Steinbeiß-Winkelmann*, in: Schoch/Schneider/Bier Rn. 101 ff.; *J. Nolte*, Die Eigenart des verwaltungsgerichtlichen Rechtsschutzes, 2015, 374 ff.
41   *W.-R. Schenke*, in: Kopp/Schenke Rn. 4.

einsetzung in den vorigen Stand, soweit § 60 keine Spezialregelungen enthält, über die Unterbrechung, die Aussetzung und das Ruhen des Verfahrens (§§ 239 ff. ZPO), über die streitbefangene Sache (§§ 265, 266 ZPO), über das Unwirksamwerden vorausgegangener Entscheidungen bei Klagerücknahme, Hauptsacheerledigung usw. (§ 269 Abs. 3 S. 1 ZPO) sowie die erneute Erhebung einer Klage gem. § 269 Abs. 6 ZPO, allerdings nunmehr ohne § 269 Abs. 2 S. 4 ZPO[42] und ohne § 269 Abs. 3 S. 3,[43] über Beweiserleichterungen hinsichtlich der Höhe eines entstandenen Schadens und die eventuelle Schätzung der Schadenshöhe durch das Gericht (§ 287 ZPO), über die Offenkundigkeit von Tatsachen (§ 291 ZPO), über die Art der Ermittlung ausländischen Rechts (§ 293 S. 1 ZPO), über den Verlust von Verfahrensrügen bei nicht rechtzeitiger Geltendmachung (§ 295 ZPO), über die Zulässigkeit einer Zwischenfeststellungsklage (§ 256 Abs. 2 ZPO), über Vorbehaltsurteile (§ 302 ZPO), über Verzichtsurteile (§ 306 ZPO), über die Entbehrlichkeit des Tatbestands und der Entscheidungsgründe bei Anerkenntnis- und Verzichtsurteilen (§ 313 b ZPO), über die Entbehrlichkeit einer mündlichen Verhandlung bei Anerkenntnisurteilen (§ 307 ZPO), über die Erstreckung der Rechtskraft bei der Aufrechnung (§ 322 Abs. 2 ZPO), über die Abänderungsklage bei Änderung der Verhältnisse (§ 323 ZPO), über das selbständige Beweisverfahren,[44] über die grundsätzliche Bindung des Revisionsgerichts an die tatsächlichen Feststellungen des Berufungsgerichts (§ 559 Abs. 2 ZPO), über die Bindung des Revisionsgerichts an die Auslegung des nicht revisiblen Rechts durch das Berufungsgericht (§ 560 ZPO), über die Berücksichtigungsfähigkeit neuer Angriffs- und Verteidigungsmittel im Beschwerdeverfahren (§ 571 Abs. 2 ZPO), über die Bindungswirkung von Urteilen ab dem Zeitpunkt des Erlasses (§ 318 ZPO) sowie über das schiedsrichterliche Verfahren (§§ 1025 ff. ZPO; → Rn. 32).[45]

2. Instrumente einvernehmlicher Streitbeilegung (S. 1). Die Vorschriften über den Güterichter (§ 278 Abs. 5 ZPO) und über die Mediation (§ 278 a ZPO) sind ebenfalls entsprechend anwendbar. Dies wird durch § 173 S. 1 nunmehr explizit verankert. Bis zur ausdrücklichen Regelung durch das Gesetz vom 21.7.2012 (BGBl I 1577; → Rn. 1) gab es Unklarheiten hinsichtlich der Anwendbarkeit der zivilprozessualen Vorschriften über die Güteverhandlung auf verwaltungsgerichtliche Verfahren und auch über den Einsatz der Mediation im Zusammenhang mit verwaltungsgerichtlichen Verfahren.[46]   19

a) Güterichter. § 278 Abs. 5 S. 1 ZPO entsprechend kann das Gericht die Beteiligten in jedem Verfahrensstadium zur gütlichen Streitbeilegung an einen Güterichter verweisen. Ein Einverständnis der Beteiligten ist formell zwar nicht erforderlich, mit Blick auf die Erfolgsaussichten einer einvernehmlichen Konfliktlösung allerdings unerlässlich.[47] Die Anordnung eines Güteversuchs liegt im Ermessen des Gerichts.[48] Als Gericht i.S.d. § 278 a Abs. 5 S. 1 ZPO kommen je nach Zuständigkeit für die Entscheidung des Rechtsstreits das Kollegialorgan oder der Einzelrichter infrage. Der Vorsitzende im Vorbereitungsverfahren oder der Berichterstatter sind für die Verweisung nicht zuständig.[49] Der Güterichter ist im Beschluss des Gerichts zu benennen. Er darf nicht dem erkennenden Spruchkörper, wohl aber demselben Gericht angehören.[50]   20

Der Güterichter, der aufgrund einer Verweisung gem. § 278 Abs. 5 S. 1 ZPO zuständig ist, kann alle Methoden der Konfliktbeilegung einschließlich der Mediation einsetzen (entsprechend § 278 Abs. 5 S. 2 ZPO).[51] Er wird dadurch allerdings nicht selbst zum Mediator (§ 9 MediationsG).[52] Wählt der Güterichter die Mediation, gelten die verfahrensbezogenen Vorschriften des MediationsG sinnge-   21

---

42 Aufgrund von § 92 Abs. 1 S. 3.
43 *C. Meissner/C. Steinbeiß-Winkelmann*, in: Schoch/Schneider/Bier Rn. 197. A.A. *T. Bremkamp*, JA 2010, 207, 212.
44 VG Köln NWVBl 2001, 108.
45 *W.-R. Schenke*, in: Kopp/Schenke Rn. 4. Ausf. *C. Meissner/C. Steinbeiß-Winkelmann*, in: Schoch/Schneider/Bier Rn. 111 ff.; *J. Nolte*, Die Eigenart des verwaltungsgerichtlichen Rechtsschutzes, 2015, 381 ff.
46 *W.-R. Schenke*, in: Kopp/Schenke Rn. 4 a.
47 BT-Drs. 17/8058, 21. Ebenso: *K.-M. Ortloff*, NVwZ 2012, 1057, 1060; *P. Wysk*, in: Wysk Rn. 9 a. Ähnl. *M. Ahrens*, NJW 2012, 2465, 2470; *W.-R. Schenke*, in: Kopp/Schenke Rn. 4 b. Offengelassen in OVG Lüneburg NVwZ-RR 2015, 517, 518.
48 OVG Lüneburg NVwZ-RR 2015, 517, 518; VGH BW BeckRS 2014 48588; *W.-R. Schenke*, in: Kopp/Schenke Rn. 4 b; *H. A. Wolff*, in: BeckOK, Stand: 1.10.2016, Rn. 16; *P. Wysk*, in: Wysk Rn. 9 a.
49 *J. Bader*, in: Bader Rn. 6; *W.-R. Schenke*, in: Kopp/Schenke Rn. 4 b.
50 *W.-R. Schenke*, in: Kopp/Schenke Rn. 4 c; *P. Wysk*, in: Wysk Rn. 9 a.
51 Dazu *R. Greger*, ThürVBl 2014, 65 ff.
52 *W.-R. Schenke*, in: Kopp/Schenke Rn. 4 e; *H. A. Wolff*, in: BeckOK, Stand: 1.10.2016, Rn. 15.

mäß.[53] Im Unterschied zum Mediator darf der Güterichter eigene Bewertungen einfließen lassen und einen eigenen Entscheidungsvorschlag einbringen („erweitertes Güterichtermodell").[54] Eine erfolgreiche Güteverhandlung zieht die Notwendigkeit des formellen Abschlusses des Streitverfahrens nach den Regeln über die Verfahrensbeendigung (Prozessvergleich, Anerkenntnis, Klagerücknahme oder Erledigungserklärung) nach sich.[55] Auf Wunsch darf der Güterichter einen vollstreckbaren Vergleich protokollieren (§§ 106, 168 Abs. 1 Nr. 3 ZPO). Ein Vergleichsvertrag, der inhaltlich dem geltenden Recht widerspricht, wäre allerdings unwirksam.[56] Im Falle des Scheiterns einer Güteverhandlung gibt der Güterichter die Sache an das erkennende Gericht zurück. Für diesen Verfahrensabschnitt fallen keine gesonderten Gerichtskosten an.[57]

22   **b) Mediation.**   Das Gericht kann den Beteiligten außerdem eine Mediation oder ein anderes Verfahren der außergerichtlichen Konfliktbeilegung vorschlagen (entsprechend § 278 a ZPO).[58] Der Vorschlag selbst entfaltet keine Bindungswirkung und kann deshalb formlos vom Vorsitzenden, dem Berichterstatter oder vom Spruchkörper unterbreitet werden.[59] Er ist in jedem Verfahrensstadium möglich und sollte sich an der Mediationseignung orientieren.[60]

23   Ein Einverständnis aller Beteiligten ist für die Durchführung des Mediationsverfahrens notwendig.[61] Das Verfahren ruht auf Anordnung des Gerichts (§§ 278 a Abs. 2 iVm 251 ZPO), wenn die Beteiligten den Vorschlag annehmen. Die Beteiligten wählen sodann einen Mediator. Für das weitere Verfahren enthält das MediationsG die einschlägigen Vorgaben.[62] Zwar darf der Mediator in der Verwaltungsmediation keinen eigenen Entscheidungsvorschlag einbringen, er muss aber darauf achten, dass die von den Beteiligten entwickelte Lösung die gesetzlichen Grenzen einhält.[63] Ein erfolgreiches Mediationsverfahren wird durch eine Mediationsvereinbarung abgeschlossen; diese enthält prozessuale Erklärungen gegenüber dem Gericht, die zur Beendigung des Gerichtsverfahrens führen.[64] Scheitert die Mediation oder verstreicht eine vom Gericht für die Einigung gesetzte Frist, setzt dieses das Verfahren fort.[65]

24   **3. Ansprüche wegen überlanger Verfahrensdauer (S. 2).**   Mit der Einführung der Vorschriften über die Verzögerungsrüge im Siebzehnten Titel des GVG (§§ 198–201 GVG) zum 3.12.2011 ist § 173 S. 2 eingefügt worden (→ Rn. 2). Mit der Bestimmung sollten die Folgen unangemessen langer Verwaltungsgerichtsverfahren kompensiert werden.[66] Die Norm hat entsprechend sowohl eine präventive als auch eine repressive Stoßrichtung: Neben der Kompensation verzögerungsbedingter Nachteile, die aus der Verletzung der gerichtlichen Pflicht zur angemessenen Verfahrensförderung resultieren, werden die Gerichte an die Pflicht zur Beschleunigung[67] erinnert.[68]

25   Soweit die Anwendung des GVG angeordnet wird, ist sie entbehrlich, da die Anwendung des GVG bereits über § 173 S. 1 verankert wird.[69] Die Bedeutung des S. 2 liegt darin, die auf die ordentliche Gerichtsbarkeit zugeschnittenen Zuständigkeits- und Verfahrensregelungen des § 201 GVG und das diesen Regelungen entsprechende Verfahrensrecht (ZPO) an die im verwaltungsgerichtlichen Entschädigungsrechtsstreit relevante Verfahrens- und Zuständigkeitsordnung anzupassen.[70]

---

53   *H. A. Wolff,* in: BeckOK, Stand: 1.10.2016, Rn. 18; *P. Wysk,* in: Wysk Rn. 9 b.
54   BT-Drs. 17/8058, 17; *P. Wysk,* in: Wysk Rn. 9 b.
55   *P. Wysk,* in: Wysk Rn. 9 b.
56   *P. Wysk,* in: Wysk Rn. 9 b.
57   *P. Wysk,* in: Wysk Rn. 9 b.
58   *W.-R. Schenke,* in: Kopp/Schenke Rn. 4 a.
59   *P. Wysk,* in: Wysk Rn. 9 c.
60   *P. Wysk,* in: Wysk Rn. 9 c.
61   *M. Ahrens,* NJW 2012, 2465, 2470; *W.-R. Schenke,* in: Kopp/Schenke Rn. 4 f.; *H. A. Wolff,* in: BeckOK, Stand: 1.10.2016, Rn. 21.
62   *P. Wysk,* in: Wysk Rn. 9 d.
63   *P. Wysk,* in: Wysk Rn. 9 d.
64   *P. Wysk,* in: Wysk Rn. 9 d.
65   *P. Wysk,* in: Wysk Rn. 9 d.
66   *P. Wysk,* in: Wysk Rn. 28.
67   BVerfG NJW 2013 3630.
68   *P. Wysk,* in: Wysk Rn. 29.
69   *M. Just,* in: HK-VwGO Rn. 7.
70   *M. Just,* in: HK-VwGO Rn. 7; *W.-R. Schenke,* in: Kopp/Schenke Rn. 8.

a) Anspruchsvoraussetzungen. Zu den Anspruchsvoraussetzungen gehört zu allererst, dass ein Ver- 26
fahrensbeteiligter eines verwaltungsgerichtlichen (Primär-)Verfahrens einen materiellen oder immateriellen Nachteil erlitten hat, der direkt aus der unangemessenen Verfahrensdauer folgt (§ 198 Abs. 1
GVG).[71] „Verfahrensbeteiligte" umfasst dabei Private und Träger eines Selbstverwaltungsrechts, nicht
hingegen alle sonstigen öffentlichen Stellen (§ 198 Abs. 1 iVm § 198 Abs. 6 Nr. 2 GVG).[72] „Gerichts-
verfahren" kann jedes bei einem VG im administrativen Sinn geführte Hauptsache- oder vorläufige
Rechtsschutzverfahren einschließlich von Neben- und Prozesskostenhilfeverfahren über sämtliche
Rechtszüge von der Einleitung bis zum rechtskräftigen Abschluss (§ 173 S. 2 iVm § 198 Abs. 6 Nr. 1
GVG) sein.[73] Nicht anwendbar ist § 198 GVG dagegen auf das Widerspruchsverfahren, da hier die
Untätigkeitsklage als Rechtsschutz gegen die unangemessene Verfahrensdauer zur Verfügung steht.[74]
Die Unangemessenheit der Verfahrensdauer unterliegt einer Wertungsentscheidung. Dabei ist auf das 27
Gesamtverfahren abzustellen, auch wenn dieses über mehrere Instanzen oder bei verschiedenen Ge-
richten geführt worden ist.[75] Unberücksichtigt bleibt das behördliche Vorverfahren.[76] Die Angemes-
senheit der Verfahrensdauer richtet sich nach den Umständen des Einzelfalles (§ 198 Abs. 1 S. 2
GVG).[77] Haben die Verfahrensbeteiligten selbst oder Dritte die Verzögerung des Verfahrens verursacht
und konnte das Gericht dem nicht gegensteuern, scheiden Entschädigungsansprüche grds. aus.[78] Die
Verfahrensdauer muss zudem kausal für den Nachteil sein (§ 198 Abs. 1 GVG), der materieller oder
immaterieller Natur sein kann.[79]
Der betroffene Verfahrensbeteiligte hat zuerst eine Verzögerungsrüge zu erheben, die das Gericht zur 28
beschleunigten Erledigung der Sache anhalten soll.[80] Auf einer zweiten Stufe kann der Beteiligte eine
Entschädigungsklage erheben, sofern das Verfahren trotz Verzögerungsrüge nicht ausreichend gefördert wurde.[81]

b) Rechtsfolgen. Einem Verfahrensbeteiligten, der infolge einer unangemessenen Verfahrensdauer 29
einen Nachteil erleidet, steht ein Entschädigungsanspruch in angemessener Höhe zu (§ 198 Abs. 1 S. 1
GVG).[82] Daneben sieht § 198 GVG als mögliche Rechtsfolge die Wiedergutmachung vor. Die beiden
Kompensationsformen können sowohl bei immateriellen als auch bei materiellen Nachteilen greifen.[83]
Bei *materiellen* Nachteilen kann der Beteiligte in Geld entschädigt werden. Ein Ersatz entgangenen 30
Gewinns ist ausgeschlossen.[84] § 198 Abs. 4 S. 2 und 3 GVG sehen die Wiedergutmachung auf andere
Weise vor, insbes. durch Feststellung einer unangemessenen Verfahrensdauer.[85] In schwerwiegenden
Fällen kann sie neben die Entschädigung treten. Anstelle einer Entschädigung kann sie verlangt wer-
den, wenn im Primärprozess eine Verzögerungsrüge nicht (wirksam) erhoben worden ist oder der Be-
troffene mit gewichtungsrelevanten Umständen aus seiner Sphäre präkludiert ist.[86]
Bei *immateriellen* Nachteilen kommt in erster Linie die Wiedergutmachung auf andere Weise in Be- 31
tracht, insbes. durch Feststellung einer unangemessenen Verfahrensdauer.[87] Nach der Subsidiaritätsre-

---

71 *P. Wysk*, in: Wysk Rn. 30.
72 *J. Bader*, in: Bader Rn. 16; *I. Kraft*, in: Eyermann Rn. 14; *C. Meissner/C. Steinbeiß-Winkelmann*, in: Schoch/Schnei-
der/Bier Rn. 341.
73 *W.-R. Schenke*, in: Kopp/Schenke Rn. 10; *H. A. Wolff*, in: BeckOK, Stand: 1.10.2016, Rn. 27; *P. Wysk*, in: Wysk
Rn. 30.
74 *W.-R. Schenke*, in: Kopp/Schenke Rn. 10; *H. A. Wolff*, VR 2012, 289, 290.
75 *W.-R. Schenke*, in: Kopp/Schenke Rn. 12; *P. Wysk*, in: Wysk Rn. 31.
76 BVerwG NJW 2014, 96, 98.
77 Vgl. BVerwG NVwZ-RR 2015, 641, 643; BVerwG NVwZ 2014, 1523, 1525; BGH NJW 2014, 220, 222 f.; BGH
NJW 2014, 789, 791 f.; BGH NJW 2014, 939, 941 f.; OVG Lüneburg NVwZ-RR 2015, 72, 75; *A. Guckelberger*,
DÖV 2012, 289, 295; *W.-R. Schenke*, NVwZ 2012, 257, 258 f.
78 *W.-R. Schenke*, in: Kopp/Schenke Rn. 16;
79 *J. Bader*, in: Bader Rn. 17 ff.; *I. Kraft*, in: Eyermann Rn. 30 ff.; *C. Meissner/C. Steinbeiß-Winkelmann*, in: Schoch/
Schneider/Bier Rn. 334.
80 *J. Orth*, in: Gärditz Rn. 40 ff.; *W.-R. Schenke*, in: Kopp/Schenke Rn. 17 f.; *P. Wysk*, in: Wysk Rn. 31 a.
81 *J. Bader*, in: Bader Rn. 9; *I. Kraft*, in: Eyermann Rn. 42 ff.; *W.-R. Schenke*, in: Kopp/Schenke Rn. 23 ff.; *P. Wysk*, in:
Wysk Rn. 34 ff.
82 *H. A. Wolff*, in: BeckOK, Stand: 1.10.2016, Rn. 33.
83 *I. Kraft*, in: Eyermann Rn. 34.
84 BT-Drs. 17/7217, 1, 28. Krit. *F. Ossenbühl*, DVBl 2012, 857, 858 f.
85 *I. Kraft*, in: Eyermann Rn. 37.
86 *I. Kraft*, in: Eyermann Rn. 37.
87 *P. Wysk*, in: Wysk Rn. 33.

gelung des § 198 Abs. 2 S. 2 GVG kann eine Entschädigung nur beansprucht werden, soweit nach den Umständen des Einzelfalles Wiedergutmachung auf andere Weise nicht ausreichend ist.[88]

32 **4. Zuständigkeit in Schiedsgerichtsverfahren (S. 3).** § 173 S. 3 regelt die Zuständigkeit im verwaltungsgerichtlichen Schiedsverfahren. Die Parteien können das VG als Schiedsgericht bestimmen. Dazu ist eine Einigung zwischen den Parteien erforderlich, die in einer Schiedsvereinbarung festgehalten wird.[89] Geschieht dies, ist das VG Gericht i.S.d. § 1062 ZPO und das OVG des Landes Beschwerdegericht i.S.d. § 1065 ZPO. Das verwaltungsgerichtliche Schiedsverfahren kann demnach grds. in zwei Instanzen durchgeführt werden.[90] Mit der Regelung soll sichergestellt werden, dass das OVG zweit- und letztinstanzliches Gericht ist.[91]

§ 174 [Befähigung zum Richteramt]

(1) Für den Vertreter des öffentlichen Interesses bei dem Oberverwaltungsgericht und bei dem Verwaltungsgericht steht der Befähigung zum Richteramt nach dem Deutschen Richtergesetz die Befähigung zum höheren Verwaltungsdienst gleich, wenn sie nach mindestens dreijährigem Studium der Rechtswissenschaft an einer Universität und dreijähriger Ausbildung im öffentlichen Dienst durch Ablegen der gesetzlich vorgeschriebenen Prüfungen erlangt worden ist.

(2) Bei Kriegsteilnehmern gilt die Voraussetzung des Absatzes 1 als erfüllt, wenn sie den für sie geltenden besonderen Vorschriften genügt haben.

1 Ursprünglich beschränkte sich § 174 nicht auf den Vertreter des öffentlichen Interesses (VöI). Vielmehr sah er in seinem Abs. 1 generell die Gleichstellung zwischen der Fähigkeit zum Richteramt und derjenigen des höheren Verwaltungsdienstes vor.[1] Die Ausnahmen hinsichtlich der vorgeschriebenen Mindestzeit des Studiums und der Ausbildung im öffentlichen Dienst für Kriegsteilnehmer geht auf den Bundesrat zurück (BT-Drs. 3/55, 62; s.a. BT-Drs. 3/55, 4, 22 [§§ 15, 174]). Die heutige Fassung des § 174 basiert auf § 89 Nr. 6 DRiG vom 8.9.1961 (BGBl I 1665).

2 § 174 enthält heute eine Sondervorschrift für den in § 36 vorgesehenen VöI. Dieser muss zwar nach § 37 Abs. 2 die Befähigung zum Richteramt nach dem DRiG besitzen. Nach § 174 können aber auch solche Personen VöI sein, welche nach Ablegung des ersten juristischen Staatsexamens nicht bei den Justizbehörden ausgebildet wurden, sondern ihre Ausbildung ausschließlich bei der Verwaltung absolvierten und diese dort mit der Prüfung zum Regierungsassessor abschlossen. Aufstiegsbeamte, denen zwar die Fähigkeit zum höheren Verwaltungsdienst verliehen wurde, die aber nicht die genannten Ausbildungsvoraussetzungen erfüllen, können sich nicht auf § 174 Abs. 1 berufen.[2] Abweichend von § 174 Abs. 1 gelten Kriegsteilnehmer als für das Amt des VöI befähigt, wenn sie den für sie geltenden besonderen Vorschriften genügt haben (§ 174 Abs. 2). Liegen die Befähigungsvoraussetzungen für das Amt des VöI nicht vor, bleibt diese Verletzung für das gerichtliche Verfahren ohne Folgen[3] (allg. zu den Fehlerfolgen → § 37 Rn. 2).

3 Angesichts der Verweisung des § 2 Abs. 2 BayVO über die Landesanwaltschaft (BayGVBl 2008, 554) auf § 174 ist das Verhältnis zwischen dieser Norm und § 122 Abs. 5 DRiG strittig. Dieser nimmt für die *Landesanwälte* bei den Gerichten der Verwaltungsgerichtsbarkeit auf § 122 Abs. 1 DRiG Bezug, welcher die Befähigung zum Richteramt als Ernennungsvoraussetzung normiert. Nach *Stelkens* ist § 122 DRiG lex specialis gegenüber § 174.[4] Der Wortlaut des § 174 gibt an sich keine Unterscheidung zwischen den verschiedenen Formen des VöI vor. Andererseits macht die spezielle Erwähnung der Landesanwälte in § 122 Abs. 5 DRiG kaum einen Sinn, wenn der Gesetzgeber an der bis zur Einfü-

---

88 *I. Kraft*, in: Eyermann Rn. 39.
89 *P. Wysk*, in: Wysk Rn. 36.
90 *J. Orth*, in: Gärditz Rn. 47.
91 BT-Drs. 13/9124, 47; *J. Bader*, in: Bader Rn. 23; *M. Just*, in: HK-VwGO Rn. 8; *W.-R. Schenke*, in: Kopp/Schenke Rn. 31.
 1 *Koehler* 1298 f.
 2 *Koehler* 1299.
 3 *J. Orth*, in: Gärditz § 174 Rn. 1; *W.-R. Schenke*, in: Kopp/Schenke § 174 Rn. 2; *P. Stelkens*, in: Schoch/Schneider/Bier § 174 Rn. 2.
 4 *P. Stelkens*, in: Schoch/Schneider/Bier § 174 Rn. 2; s.a. schon *Klinger* 741; s.a. *I. Kraft*, in: Eyermann § 174 Rn. 2.

gung dieser Bestimmung geltenden Rechtslage hätte festhalten wollen. § 122 Abs. 5 DRiG verweist ausnahmslos auf Abs. 1. Deshalb gilt § 174 nunmehr nur noch für solche VÖI, die *nicht Landesanwälte* sind.[5]

§ 175 [§ 43 EGGVG]

§ 43 des Einführungsgesetzes zum Gerichtsverfassungsgesetz gilt entsprechend.

§ 43 EGGVG[Anwendung von § 169 Abs. 2 GVG]

§ 169 Absatz 2 des Gerichtsverfassungsgesetzes findet keine Anwendung auf Verfahren, die am 18. April 2018 bereits anhängig sind.

§ 169 GVG[Öffentlichkeit]

(2) 1Tonaufnahmen der Verhandlung einschließlich der Verkündung der Urteile und Beschlüsse können zu wissenschaftlichen und historischen Zwecken von dem Gericht zugelassen werden, wenn es sich um ein Verfahren von herausragender zeitgeschichtlicher Bedeutung für die Bundesrepublik Deutschland handelt. 2Zur Wahrung schutzwürdiger Interessen der Beteiligten oder Dritter oder zur Wahrung eines ordnungsgemäßen Ablaufs des Verfahrens können die Aufnahmen teilweise untersagt werden. 3Die Aufnahmen sind nicht zu den Akten zu nehmen und dürfen weder herausgegeben noch für Zwecke des aufgenommenen oder eines anderen Verfahrens genutzt oder verwertet werden. 4Sie sind vom Gericht nach Abschluss des Verfahrens demjenigen zuständigen Bundes- oder Landesarchiv zur Übernahme anzubieten, das nach dem Bundesarchivgesetz oder einem Landesarchivgesetz festzustellen hat, ob den Aufnahmen ein bleibender Wert zukommt. 5Nimmt das Bundesarchiv oder das jeweilige Landesarchiv die Aufnahmen nicht an, sind die Aufnahmen durch das Gericht zu löschen.

§§ 176 und 177 (weggefallen)

§§ 178 und 179 (Änderungsvorschriften)

§ 180 [Zeugen- und Sachverständigenvernehmung nach dem VwVfG oder dem SGB X]

1Erfolgt die Vernehmung oder die Vereidigung von Zeugen und Sachverständigen nach dem Verwaltungsverfahrensgesetz oder nach dem Zehnten Buch Sozialgesetzbuch durch das Verwaltungsgericht, so findet sie vor dem dafür im Geschäftsverteilungsplan bestimmten Richter statt. 2Über die Rechtmäßigkeit einer Verweigerung des Zeugnisses, des Gutachtens oder der Eidesleistung nach dem Verwaltungsverfahrensgesetz oder nach dem Zehnten Buch Sozialgesetzbuch entscheidet das Verwaltungsgericht durch Beschluß.

Ursprünglich regelte § 180 die Verweisung an das zuständige Gericht bei Unzulässigkeit des Rechtswegs zu den FG. Durch den am 1.1.1977 in Kraft getretenen und mittlerweile weggefallenen § 97 VwVfG (BGBl 1976 I 1253) erhielt § 180 seine heutige Gestalt. Da die Verwaltungsgerichtsbarkeit damals die Figur des Einzelrichters nicht kannte, hielt man es für notwendig, dass die Gerichte die Aufgabe der Vernehmung und Vereidigung von Zeugen und Sachverständigen auf Antrag einer Behörde durch den Geschäftsverteilungsplan einem einzelnen Richter übertragen können.[1] Bezog sich § 180 zunächst nur auf die Vernehmung und Vereidigung von Zeugen und Sachverständigen nach dem VwVfG, wurde sein Inhalt 1980 auf die entsprechenden Verfahren nach dem SGB X erstreckt (BGBl 1980 I 1469, 1500). § 180 ist nicht durch die zwischenzeitliche Streichung des § 97 VwVfG durch das 2. Gesetz zur Änderung verwaltungsverfahrensrechtlicher Vorschriften vom 6.8.1996

1

---

5 Wie hier *J. Orth*, in: Gärditz § 174 Rn. 2.
1 BT-Drs. 7/910, 98; *F. Kopp*, NJW 1976, 1961; *P. Tiedemann*, NJW 1998, 3475; *W. Roth*, NVwZ 1999, 155; *U. Ramcke*, DÖV 2000, 69.

(BGBl I 2022) aufgehoben worden.[2] Man ging davon aus, dass der in § 97 VwVfG enthaltene Gesetzesbefehl seine Funktion erfüllt hat,[3] wollte aber im Übrigen keine Änderung des materiellen Rechts herbeiführen. Da sich § 180 sowohl auf das VwVfG als auch das SGB X bezieht, ist davon auszugehen, dass der Gesetzgeber diese Norm nur einheitlich aufheben wird.[4]

2   S. 1 des § 180 regelt, wer für die nach dem VwVfG oder dem SGB X erfolgende Vernehmung und Vereidigung von Zeugen und Sachverständigen zuständig ist. Diese obliegt dem nach dem Geschäftsverteilungsplan dafür im Voraus bestimmten Richter. Daraus folgt zugleich, dass die verwaltungsprozessualen Vorschriften über den Einzelrichter (§ 5 Abs. 3, § 6) nicht anwendbar sind. Eine Bestimmung des zuständigen Richters durch Beschluss über die Verteilung der Geschäfte innerhalb des Spruchkörpers gem. § 21 g GVG ist ausgeschlossen.[5] S. 2 bezieht sich ausschließlich auf die Beurteilung der Rechtmäßigkeit der Verweigerung des Zeugnisses, des Gutachtens oder der Eidesleistung, über die das VG durch Beschluss entscheidet. Durch die Bezugnahme auf die Zeugen- und Sachverständigenvernehmung nach dem VwVfG/SGB X wird deutlich, dass § 180 nicht die Vernehmung der Zeugen und Sachverständigen während eines beim VG rechtshängigen Rechtsstreits zum Gegenstand hat. Unabhängig davon, ob es sich bei dieser Zeugen- und Sachverständigenvernehmung i.R. eines laufenden Verwaltungsverfahrens durch die Gerichte um eine typische Rechtsprechungsfunktion im eigentlichen Sinne handelt, wird ihnen durch § 180 i.V.m. den entsprechenden Verfahrensbestimmungen die Wahrnehmung dieser Aufgabe zugewiesen.

3   Der Bedeutungsgehalt des § 180 erschließt sich nur im Zusammenhang mit den Regelungen des VwVfG/SGB X. Beide Gesetzeswerke enthalten für Zeugen und Sachverständige keine generelle Verpflichtung zur Aussage oder zur Erstellung eines Gutachtens. Für das förmliche Verfahren enthält § 65 VwVfG eine Sonderbestimmung, für das SGB sind die §§ 21 Abs. 3, 22 SGB X zu nennen. In der Lit. wird die Anwendbarkeit des § 180 auf die Vernehmung und Vereidigung von Zeugen und Sachverständigen nach den LVwVfG überwiegend verneint. Der in § 180 verwendete Begriff des Verwaltungsverfahrensgesetzes beziehe sich nur auf das Bundesrecht, zumal er nur von „dem" VwVfG spreche.[6] Überdies nehme er auf das Verwaltungsverfahren („nach" dem VwVfG) Bezug.[7] Einige Bundesländer verweisen in ihren verwaltungsverfahrensrechtlichen Vorschriften auf § 180 (Art. 65 Abs. 6 VwVfG Bayern, § 65 Abs. 6 VwVfG Baden-Württemberg, Bremen, Hessen, Mecklenburg-Vorpommern, Thüringen), was aber unter dem Gesichtspunkt der Gesetzgebungskompetenz von manchen als äußerst fragwürdig angesehen wird.[8] Der Sinn des § 180, aus Vereinfachungsgründen nicht die gesamte Kammer mit der Zeugen- und Sachverständigenvernehmung auf Ersuchen der Behörde zu betrauen, trifft auf die landesrechtlichen Verwaltungsverfahren genauso zu.[9] Da in § 180 nicht explizit von dem BVwVfG gesprochen wird, ist es durchaus möglich, darunter auch die Verfahren nach den LVwVfG zu verstehen. Angesichts der Subsidiaritätsklausel des § 1 Abs. 3 VwVfG ist nicht anzunehmen, dass der Bund den Ländern eine gleiche Regelungsmöglichkeit wie auf Bundesebene versperren wollte.[10] Da sich § 180 auf das VwVfG/SGB X beschränkt, wurde z.B. in § 4 Abs. 2 VereinsG eine spezielle Bestimmung zur Zeugenvernehmung anlässlich vereinsrechtlicher Ermittlungen aufgenommen.

4   Das VG wird nur aufgrund eines entsprechenden *Ersuchens* der Behörde zur Vernehmung oder Vereidigung von Zeugen oder Sachverständigen nach dem VwVfG oder dem SGB X tätig. Dieses muss gem. § 65 Abs. 5 VwVfG, § 22 Abs. 4 SGB X von dem Behördenleiter, seinem allgemeinen Vertreter oder

---

2   *J. Bader*, in: Bader § 180 Rn. 1.
3   Vgl. die Äußerung des Bundesjustizministeriums wiedergegeben bei *P. Tiedemann*, NJW 1998, 3475, 3476; BT-Drs. 13/8884, 5; für den Fortbestand des § 65 VwVfG BVerwG NJW 1999, 1729, 1730; zust. *U. Ramcke*, DÖV 2000, 69 ff.; vgl. auch *W. Roth*, NVwZ 1999, 155 ff. A.M. *P. Tiedemann*, NJW 1998, 3475 f.
4   Wie hier *P. Stelkens/N. Panzer*, in: Schoch/Schneider/Bier § 180 Rn. 9.
5   *M. Just*, in: HK-VerwR § 180 Rn. 4; *H.-J. v. Oertzen*, in: Redeker/v. Oertzen § 180 Rn. 3; *W.-R. Schenke/C. Hug*, in: Kopp/Schenke § 180 Rn. 3; *P. Stelkens*, in: Schoch/Schneider/Bier § 180 Rn. 6.
6   *M. Just*, in: HK-VerwR § 180 Rn. 2; *W.-R. Schenke/C. Hug*, in: Kopp/Schenke § 180 Rn. 2; *P. Stelkens/N. Panzer*, in: Schoch/Schneider/Bier § 180 Rn. 5; *H.-A. Wolff*, in: Posser/Wolff § 180 Rn. 4; i. E. *H.-J. v. Oertzen*, in: Redeker/v. Oertzen § 180 Rn. 4.
7   *I. Kraft*, in: Eyermann § 180 Rn. 1.
8   *W. Clausen*, in: Knack, ⁵1996, § 97 Rn. 6; *Schunck/De Clerck* § 180 Rn. 2 c; *P. Stelkens/N. Panzer*, in: Schoch/Schneider/Bier § 180 Rn. 5; *P. Tiedemann*, in: Obermayer § 97 Rn. 20; *H.-A. Wolff*, in: Posser/Wolff § 180 Rn. 5.
9   *Meyer/Borgs* § 97 Rn. 5; so zunächst auch *F. Kopp*, NJW 1976, 1961, 1967, der aber letztlich dem Gesetzeswortlaut den Vorzug geben will.
10   *W. Clausen*, in: Knack, ⁵1996, § 97 Rn. 6; *J. Orth*, in: Gärditz § 180 Rn. 3.

einem Angehörigen des öffentlichen Dienstes gestellt werden, der die Befähigung zum Richteramt hat oder die Voraussetzungen des § 110 S. 1 DRiG erfüllt. Das Ersuchen ist an das VG zu richten, das für den Wohnsitz oder Aufenthalt des Zeugen oder Sachverständigen zuständig ist (§ 65 Abs. 2 S. 1 VwVfG, § 22 Abs. 1 S. 1 SGB X). In ihm sind der Gegenstand der Vernehmung sowie Namen und Anschriften der Beteiligten zu nennen (§ 65 Abs. 2 S. 3 VwVfG, § 22 Abs. 1 S. 3 SGB X). Der innerhalb des VG zuständige Richter ergibt sich aus dem *Geschäftsverteilungsplan*, welcher gem. § 4 VwGO i.V.m. § 21 e GVG vom Präsidium erstellt wird. Die Durchführung des Vernehmungs- und Vereidigungsverfahrens richtet sich nach der VwGO i.V.m. den einschlägigen verwaltungsverfahrens- bzw. sozialrechtlichen Bestimmungen. Gem. § 65 Abs. 2 S. 4 VwVfG, § 22 Abs. 1 S. 4 SGB X muss das Gericht die Beteiligten von den Beweisterminen benachrichtigen. Es prüft nicht die Erforderlichkeit der Vernehmung[11] oder des Vorliegens der Voraussetzungen einer Beeidigung nach § 65 Abs. 3 VwVfG, § 22 Abs. 2 SGB X.[12]

Ist über die Rechtmäßigkeit einer Verweigerung des Zeugnisses, des Gutachtens oder der Eidesleistung nach dem VwVfG oder nach dem SGB X zu befinden, entscheidet das VG durch Beschluss. Z.T. wird aus der Formulierung „entscheidet das Gericht" die Zuständigkeit der Kammer entnommen[13] bzw. die im Geschäftsverteilungsplan vorgesehenen Regelungen für maßgeblich erachtet.[14] Jedoch kann ein einzelner Richter durchaus das VG repräsentieren.[15] § 180 S. 2 schließt sich an S. 1 an, der die Zuständigkeit des einzelnen Richters nennt. Es ist kein sachlicher Grund dafür ersichtlich, warum es zu einem Wechsel der Entscheidungszuständigkeit im Falle der Weigerung kommen soll.[16] Der besonderen Bedeutung des Zeugnisses, der Gutachtenerstattung oder der Eidesleistung wird bereits durch die Einschaltung der Judikative Rechnung getragen. Auch der mit § 180 angestrebte Zweck, die Kammern der Gerichte zu entlasten,[17] spricht dafür, ihn möglichst weitgehend – also auch im Falle des § 180 S. 2 – zum Tragen zu bringen. 5

Gegen die i.R.d. § 180 getroffenen Entscheidungen ist die Beschwerde nach § 146 Abs. 1 statthaft.[18] Entgegen *W.-R. Schenke/C. Hug ist* keine Erinnerung nach § 151 zu erheben,[19] da der in § 180 S. 1 genannte Richter als die nach dem Gesetz zuständige Person handelt.[20] Zu beachten ist, dass im Zusammenhang mit der Vernehmung/Vereidigung der Zeugen oder Sachverständigen ergehende prozessleitende bzw. hier verfahrensleitende Verfügungen gem. § 146 Abs. 2 nicht beschwerdefähig sind.[21] 6

§§ 181 und 182 (Änderungsvorschriften)

§ 183 [Nichtigkeit von Landesrecht][1]

[1]Hat das Verfassungsgericht eines Landes die Nichtigkeit von Landesrecht festgestellt oder Vorschriften des Landesrechts für nichtig erklärt, so bleiben vorbehaltlich einer besonderen gesetzlichen Regelung durch das Land die nicht mehr anfechtbaren Entscheidungen der Gerichte der Verwaltungsgerichtsbarkeit, die auf der für nichtig erklärten Norm beruhen, unberührt. [2]Die Vollstreckung aus einer solchen Entscheidung ist unzulässig. [3]§ 767 der Zivilprozeßordnung gilt entsprechend.

---

11 BayLSG NZS 1999, 574, 575; *I. Kraft*, in: Eyermann § 180 Rn. 3; *W.-R. Schenke/C. Hug*, in: Kopp/Schenke § 180 Rn. 5.

12 *W.-R. Schenke/C. Hug*, in: Kopp/Schenke § 180 Rn. 5; *P. Stelkens/N. Panzer*, in: Schoch/Schneider/Bier § 180 Rn. 7.

13 *U. Ramsauer/P. Wysk*, in: Kopp/Ramsauer § 65 Rn. 10; *H. Schwarz*, in: Hübschmann/Hepp/Spitaler § 158 FGO Rn. 3.

14 *I. Kraft*, in: Eyermann § 180 Rn. 4; *Meyer/Borgs* § 97 Rn. 30; *J. Orth*, in: Gärditz § 180 Rn. 4; *W.-R. Schenke/C. Hug*, in: Kopp/Schenke § 180 Rn. 3; *P. Stelkens/N. Panzer*, in: Schoch/Schneider/Bier § 180 Rn. 8.

15 *H.-J. v. Oertzen*, in: Redeker/v. Oertzen § 180 Rn. 5; *P. Stelkens/N. Panzer*, in: Schoch/Schneider/Bier § 180 Rn. 8.

16 *P. Stelkens/N. Panzer*, in: Schoch/Schneider/Bier § 180 Rn. 8.

17 *P. Stelkens/N. Panzer*, in: Schoch/Schneider/Bier § 180 Rn. 3.

18 So auch *J. Bader*, in: Bader § 180 Rn. 4; *H.-J. v. Oertzen*, in: Redeker/v. Oertzen § 180 Rn. 5; *H.-A. Wolff*, in: Posser/Wolff § 180 Rn. 10.

19 *W.-R. Schenke/C. Hug*, in: Kopp/Schenke § 180 Rn. 6.

20 So auch BayLSG NZS 1999, 574, 575; *I. Kraft*, in: Eyermann § 180 Rn. 5; *P. Stelkens/N. Panzer*, in: Schoch/Schneider/Bier § 180 Rn. 7.

21 Dazu BFHE 128, 494, 495 f.; *H.-A. Wolff*, in: Posser/Wolff § 180 Rn. 10.

1 Ich danke meinem ehemaligen Assistenten, Dr. Bernd Vogler, für die Mitwirkung bei der Komm. der §§ 183–193.

Schrifttum

1. Monographien und Beiträge in Sammelwerken: *Ch. Böckenförde*, Die sogenannte Nichtigkeit verfassungswidriger Gesetze, 1966; *T. Gerhard*, Die Rechtsfolgen prinzipaler Normenkontrollen für Verwaltungsakte, 2008; *D. Heckmann*, Geltungskraft und Geltungsverlust von Rechtsnormen, 1997; *J. Ipsen*, Rechtsfolgen der Verfassungswidrigkeit von Norm und Einzelakt, 1980; *Ch. Moench*, Verfassungswidriges Gesetz und Normenkontrolle, 1977; *H.-J. Papier*, Normenkontrolle (§ 47 VwGO), in: FS Menger, 1985; 517; *T. Schilling*, Rang und Geltung von Normen in gestuften Rechtsordnungen, 1994; *H. Söhn*, Anwendungspflicht oder Aussetzungspflicht bei festgestellter Verfassungswidrigkeit von Gesetzen?, 1974; *U. Steiner*, Wirkung der Entscheidungen des Bundesverfassungsgerichts auf rechtskräftige und unanfechtbare Entscheidungen (§ 79 BVerfGG), in: Festgabe für das Bundesverfassungsgericht, Bd. I, 1976, 628.

2. Beiträge in Zeitschriften: *H. Heußner*, Folgen der Verfassungswidrigkeit eines Gesetzes ohne Nichtigerklärung, NJW 1982, 257; *A. Kneser*, Der Einfluß der Nichtigerklärung von Normen auf unanfechtbare Entscheidungen, AöR 89 (1964), 129; *E. Knoll*, Kann gegen Entscheidungen von Spruchstellen, die der Gesetzgeber verfassungswidrig als Gerichte bezeichnet hat, noch der Rechtsweg beschritten werden, nachdem das Bundesverfassungsgericht die entsprechende Gesetzesvorschrift für nichtig erklärt hat?, JZ 1956, 358; *I. Kraft*, Wiederaufarbeitungsanlage ohne Bebauungsplan, UPR 1988, 288; *R. Lippold*, Gibt es im deutschen Recht ein Fehlerkalkül für Gesetze?, Staat 29 (1990), 185; *A. Menzel*, Kompetenzkonflikt zwischen Bund und Land in der Gesetzgebung, DVBl 1997, 640; *H. Otto*, Grundprobleme der Vollstreckungsgegenklage, JA 1981, 649; *E. Peuker*, Folgen der Nichtigerklärung der gesetzlichen Grundlage von Verwaltungsakten und Verwaltungsverfahren, DVBl 2015, 1233; *E. Röper*, Anmerkung zu BremStGH Entscheidung vom 29.3.1982, DVBl 1982, 635; *K. Sommerlad*, Nichtigerklärung einer Rechtsnorm durch das Bundesverfassungsgericht, NJW 1984, 1489; *W.-R. Schenke/P. Baumeister*, Probleme des Rechtsschutzes bei der Vollstreckung von Verwaltungsakten, NVwZ 1993, 1; *U. Scheuner*, Die Einwirkung der verfassungsgerichtlichen Feststellung der Nichtigkeit von Rechtsnormen auf vorgängige Hoheitsakte, BB 1960, 1253; *V. Schlette*, Rezension von D. Heckmann, Geltungskraft und Geltungsverlust von Rechtsnormen, ZG 14 (1999), 86; *H. Schneider*, Rezension von D. Heckmann, Geltungskraft und Geltungsverlust von Rechtsnormen, DVBl 1999, 724.

I. Allgemeine Grundlagen

1. Der Regelungsgegenstand und seine Vorgeschichte. § 183 befasst sich mit den *verwaltungs*prozessrechtlichen Folgen einer (landes-)*verfassungsgerichtlichen* Normenkontrollentscheidung. Seine drei Sätze stehen zwar in unmittelbar logischem Zusammenhang, gehören aber systematisch zu unterschiedlichen Regelungskomplexen. § 183 S. 1 trifft die Kernaussage, dass die Nichtigerklärung von (ehemals) entscheidungserheblichen Rechtsnormen auf diejenigen verwaltungsgerichtlichen Entscheidungen keinen Einfluss mehr hat (gleichsam „zu spät kommt"), die bereits rechtskräftig geworden sind. Diese Vorschrift hätte auch im 10. (etwa nach § 121) oder im 15. Abschnitt der VwGO (z.B. als „§ 153 Abs. 3")[2] Platz finden können; immerhin wird klargestellt, dass die Nichtigerklärung die Rechtskraft weder automatisch noch über einen Wiederaufnahmegrund durchbricht.[3] Hingegen wä-

---

2 So *R. Pietzner*, in: Schoch/Schneider/Bier § 183 Rn. 1.

3 *Kopp/Schenke* § 183 Rn. 3; *E. Röper*, DVBl 1982, 632, 635.

ren § 183 S. 2 und 3 eigentlich zum 17. Abschnitt zu zählen.[4] So hätte die Erklärung der Unzulässigkeit der Vollstreckung genauso gut als „167 Abs. 3" geregelt werden können. Der Hinweis auf die Vollstreckungsgegenklage (§ 767 ZPO) in § 183 S. 3 wäre angesichts der Öffnungsklausel in § 167 Abs. 1 S. 1 vielleicht auch entbehrlich gewesen. Insgesamt kommt in § 183 der allgemeine Grundsatz zum Ausdruck, wonach die Verbindlichkeit und Beständigkeit einer Einzelfallentscheidung unabhängig ist von der Weitergeltung der sie tragenden Rechtsnormen.[5] Gleichzeitig soll das unvermeidliche Unrecht, das sich durch die Anwendung erst nachträglich als nichtig erkannter Normen ereignet, nicht durch Vollstreckungsmaßnahmen noch weiter vertieft werden. Der Gesetzgeber stellt gewissermaßen dem Unterlegenen anheim, ob er die vorhergehende Gerichtsentscheidung freiwillig befolgt oder ob er die Umsetzung des nicht mehr vollstreckbaren Urteils verhindert.[6]

Eine weitere wesentliche Aussage des § 183 S. 1 liegt in dem Vorbehalt zugunsten abweichender landesrechtlicher Regelungen. Die Bundesländer werden also ermächtigt, die Folgen von Normenkontrollentscheidungen ihrer Verfassungsgerichte abweichend zu regeln. Dieser „Landesrechtsvorbehalt" ist aber nicht „vor die Klammer" zu ziehen (→ Rn. 30). Er gilt nur für die Nichtigkeitsfolgen selbst und nicht für die Durchsetzung der unter Anwendung nichtiger Normen entstandenen verwaltungsgerichtlichen Vollstreckungstitel.   2

Die VwGO-Regelung konnte sich am Vorbild des § 79 Abs. 2 BVerfGG orientieren und auf die diesbezüglichen Beratungen zurückgreifen.[7] Dieser Norm sollte § 183 ausweislich der gesetzgeberischen Intention in Struktur und Wirkung nachgebildet werden (vgl. BT-Drs. 3/55, 49 zum gleich lautenden § 172 des Regierungsentwurfs). Die Vorschrift ist seit ihrem Erlass unverändert. Von Reformversuchen, wie sie § 79 Abs. 2 BVerfGG seitdem erfahren hat,[8] ist § 183 allerdings trotz der Parallelen in Regelungsanlass und -inhalt weitgehend unberührt geblieben. Dementsprechend betreffen Überlegungen zu alternativen Regelungsmodellen[9] sämtliche Rechtsbeständigkeitsvorschriften (→ Rn. 10) gleichermaßen. Ein gesetzgeberischer Zugriff auf § 79 Abs. 2 BVerfGG oder § 183 dürfte auf lange Sicht auch die jeweils andere Norm nicht unberührt lassen.   3

2. Verfassungsmäßigkeit des § 183. § 183 wirft sowohl in formeller als auch in materieller Hinsicht verfassungsrechtliche Fragen auf.   4

a) Gesetzgebungskompetenz. § 183 S. 1 ist formell verfassungsgemäß.[10] Der Bund hat die Gesetzgebungskompetenz zur Regelung der verwaltungsprozessualen Folgen einer verfassungsgerichtlichen Nichtigerklärung. Kompetenztitel ist Art. 74 Abs. 1 Nr. 1 GG (gerichtliches Verfahren).[11] Die Kompetenz der Bundesländer zur Regelung des Landesverfassungsprozessrechts (BVerfG NJW 1998, 1296, 1299 f.; außerdem StGH Hess NVwZ 1990, 552), beruhend auf der Verfassungsautonomie der Länder,[12] wird dadurch nicht beeinträchtigt. § 183 S. 1 bietet keine verfassungsprozessrechtliche, sondern eine verwaltungsprozessuale Regelung. Die Nichtigerklärung des Landesverfassungsgerichts ist nicht Regelungsgegenstand, sondern nur Anknüpfungspunkt. Der Sache nach handelt es sich bei § 183 S. 1 um eine Regelung der Rechtskraftwirkung mit dem inzidenten Ausschluss eines Wiederaufnahmegrundes; dies zeigt im systematischen Zusammenhang auch der Vergleich zwischen § 79 Abs. 1 und Abs. 2 BVerfGG. Weil sich aus den §§ 121, 153 Abs. 1 VwGO i.V.m. § 580 ZPO ohnehin nichts anderes er-   5

---

4 R. *Pietzner*, in: Schoch/Schneider/Bier § 183 Rn. 1.
5 Grundlegend J. *Ipsen*, Rechtsfolgen, 1980, insbes. 118 ff. und 276 ff.; vgl. weiter U. *Steiner*, FG BVerfG, Bd. I, 1976, 628, 641; krit. hierzu D. *Heckmann*, Geltungsverlust, 1997, 53 ff. u. passim.
6 Keine Anwendung findet § 183, „wenn eine Entscheidung auf der Anwendung einer Norm beruht, deren Nichtigkeit lediglich bezogen auf einen späteren Zeitpunkt als denjenigen der Entscheidung erkannt und festgestellt wurde", OVG Bln-Bbg 19.8.2011 – OVG 5 N 4.08, OVG 5 N 4/08.
7 Zur Entstehungsgeschichte des § 79 BVerfGG: H. *Bethge*, in: Maunz/Schmidt-Bleibtreu/Klein/Bethge § 79 Text- und Entstehungsgeschichte.
8 Dazu H. *Bethge*, in: Maunz/Schmidt-Bleibtreu/Klein/Bethge § 79 Text- und Entstehungsgeschichte.
9 Diese betreffen das Steuerrecht anlässlich der Flut von Rechtsbehelfen gegen Steuerbescheide bei verfassungsrechtlichen Zweifeln; außerdem könnte die Vorschrift des § 26 Abs. 3 VfGHG RP Vorbildcharakter haben, wonach die Folgen der Nichtigerklärung nur mit Wirkung für die Zukunft eintreten, R. *Pietzner*, in: Schoch/Schneider/Bier § 183 Rn. 16 ff.
10 Die Regelungskompetenz für § 183 S. 2 und 3 wird – soweit ersichtlich – nirgends infrage gestellt.
11 Vgl. C. *Degenhart*, in: Sachs Art. 74 Rn. 22 f.; T. *Maunz*, in: Maunz/Dürig Art. 74 Rn. 79. R. *Pietzner*, in: Schoch/Schneider/Bier § 183 Rn. 19 f., bezieht – unnötig – auch das Verwaltungsrecht und Verwaltungsverfahrensrecht ein.
12 C. *Degenhart*, in: Sachs Art. 74 Rn. 22 f.

gibt, hat § 183 S. 1 zunächst nur deklaratorische Bedeutung.[13] Ihre eigentliche Bedeutung erlangt die Vorschrift mit dem „Landesrechtsvorbehalt" (→ Rn. 2), wodurch die Länder ermächtigt werden, gleichsam einen auf die Nichtigkeitsfolgen von entscheidungserheblichen Landesnormen bezogenen Wiederaufnahmegrund zu schaffen. Dies anzuordnen, lässt sich kompetenzrechtlich auf zweierlei Weise rechtfertigen:[14] Entweder wurde hier ausdrückl. eine Lücke im gerichtlichen Verfahrensrecht geschaffen, in die zu stoßen die Länder über Art. 72 Abs. 1 GG berechtigt sind. Oder man sieht dies als Regelungsermächtigung zugunsten der Länder an. Dabei bestehen keine Bedenken dagegen, dass der Bund i.R. von Art. 72 GG ein Gesetz erlässt, in dem die Länder zur Regelung ermächtigt werden.[15] Im Gegenteil entspricht ein solches Vorgehen üblicher Gesetzgebungstechnik (BVerfGE 35, 65, 73 f.).

6　**b) Gleichheitssatz.** Im Anwendungsbereich des § 183 kommt es zwangsläufig zu verschiedenartiger Ungleichbehandlung: Am meisten leiden diejenigen, deren Rechtsposition durch Anwendung einer „nichtigen" Norm beeinträchtigt wurde und denen gegenüber die fehlerhafte Entscheidung auch irreversibel vollstreckt wurde. Besser stehen diejenigen, die das fehlerhafte, aber rechtskräftige Urteil hinnehmen müssen, jedoch die Vollstreckung daraus abwenden können (§ 183 S. 2, 3). Am besten geht es solchen Normadressaten, denen gegenüber im Zeitpunkt der verfassungsgerichtlichen Normenkontrollentscheidung noch keine (rechtskräftige) Entscheidung ergangen ist. Solche abgestufte Präklusion erklärt sich zwanglos aus der Rechtskraft von gerichtlichen Entscheidungen und der Beständigkeit rechtmäßiger Vollstreckungsmaßnahmen. Soweit die Prozessordnung aus durchaus pragmatischen[16] Gründen der Rechtssicherheit den Vorrang vor der materiellen Gerechtigkeit einräumt,[17] ist dies auch vor dem Hintergrund des Art. 3 Abs. 1 GG i.V.m. dem Rechtsstaatsprinzip nicht zu beanstanden.[18] Die „zeitbedingte" unwillkürliche[19] Ungleichbehandlung lässt sich mit Blick auf das jeweilige Verfahrensstadium sachlich rechtfertigen.

7　So hat auch das BVerfG ausdrückl. festgestellt, dass eine Regelung, wie sie in § 79 Abs. 2 S. 1 BVerfGG getroffen ist, mit dem GG, insbes. mit Art. 3 Abs. 1 GG, im Einklang steht (BVerfGE 7, 194, 195 f. auch für § 26 Abs. 5 EStG 1957). Das Gericht rechtfertigt die Beständigkeit rechtskräftiger Entscheidungen aus dem „Gesichtspunkt der entschiedenen Sache" (BVerfGE 13, 39, 45; 15, 167, 205 f.). Demzufolge kann die rechtskräftige Entscheidung Ansprüche zuerkennen, die bei Zugrundelegen der neuen Rechtslage nicht oder nicht in dieser Höhe zugesprochen werden könnten. Diese Begünstigung darf auf die nicht mehr anfechtbaren Entscheidungen beschränkt werden, ohne dass darin eine Verletzung des Gleichheitssatzes zulasten derer zu erblicken wäre, die aufgrund der Nichtigerklärung der Norm nicht mehr in den Genuss der entsprechenden Vergünstigung kommen (BVerfGE 13, 39, 45).

8　Nichts anderes gilt für die entsprechende Vorschrift des § 183 S. 1. Insbes. besteht aus Verfassungsrecht keine Verpflichtung zum Wiederaufgreifen des Verfahrens.[20] Denn der Gesetz- bzw. Verordnungsgeber ist weder durch Art. 19 Abs. 4 GG noch durch Art. 20 Abs. 1 und 3 GG oder seine Grundrechtsbindung verpflichtet, bereits unanfechtbar entschiedene Fälle wiederaufzugreifen.[21]

9　**3. Parallelregelungen.** § 183 erfasst seinem Wortlaut nach im Gegensatz zu § 79 Abs. 2 BVerfGG nicht sämtliche unanfechtbare hoheitliche Entscheidungen, sondern ausschließlich verwaltungsgerichtliche Entscheidungen. Bedeutsam wird dies für die Auswirkung einer Nichtigerklärung auf Verwaltungsakte, die in der Konstellation des § 183 (mangels planwidriger Regelungslücke) aus allgemeinen

---

13　*Kopp/Schenke* § 183 Rn. 3; *I. Kraft*, in: Eyermann § 183 Rn. 5; a.A.: *R. Pietzner*, in: Schoch/Schneider/Bier § 183 Rn. 31.

14　Ausf. *C. Degenhart*, in: Sachs Art. 72 Rn. 29 ff.

15　*P. Kunig*, in: v. Münch/Kunig, GG Art. 72 Rn. 11.

16　Zum Spielraum des Gesetzgebers (bezogen auf § 79 BVerfGG) *H. Heußner*, NJW 1982, 257, 258.

17　Anders etwa in § 79 Abs. 1 BVerfGG; vgl. auch § 26 Abs. 3 und 4 VfGHG RP, wonach der VfGH aus schwerwiegenden Gründen des öffentlichen Wohls einen Zeitpunkt des Außerkrafttretens der Norm bestimmen sowie die Voraussetzungen der Wiederaufnahme und der Aufhebung unanfechtbarer Hoheitsakte festlegen kann. Enger § 40 Abs. 4 StGHG HE, wonach die Wiederaufnahme bei Verstößen gegen Grundstrukturen der Verfassung (Art. 150 LV Hessen) angeordnet wird.

18　Dazu die grds. Ausführungen bei *U. Steiner*, FG BVerfG, Bd. I, 1976, 628, 631 ff.

19　*U. Steiner*, FG BVerfG, Bd. I, 1976, 628, 632.

20　*E. Klein*, in: Benda/Klein/Klein Rn. 1255 verweist darauf, dass auch keine behördliche Verpflichtung zum Wiederaufgreifen des Verfahrens besteht.

21　*Kopp/Schenke* § 183 Rn 3.

Grundsätzen hergeleitet werden muss.[22] Inhaltsgleich ist § 157 FGO. In der Sozialgerichtsbarkeit fehlt eine entsprechende Regelung.[23]

Besondere landesrechtliche Regelungen bleiben von § 183 unberührt. In folgenden Ländern bestehen vorrangige (aber nicht notwendig abweichende) Normierungen: Sachsen: §§ 24, 26 Abs. 1, § 31 Abs. 3, § 36 Abs. 2 VerfGHG; Saarland: § 46 VerfGHG; Rheinland-Pfalz: § 26 Abs. 3, 4 VGHG; Hessen: § 40 Abs. 3, 4 StGHG. **10**

4. Inkurs: Autoritative Normgeltungsbeendigung. § 183 verwendet den Begriff „nichtig" (Erklärung **11** bzw. Feststellung der Nichtigkeit) für den Tenor der verfassungsgerichtlichen Normenkontrollentscheidung. Damit stellt sich die Frage, welche Rechtsnatur die Normenkontrollentscheidung hat: Ist sie konstitutiv in dem Sinne, dass die rechtswidrige Norm durch das Gericht aufgehoben wird oder wird lediglich deklaratorisch das festgestellt, was auch ohne die Normenkontrolle der Rechtslage entspricht, nämlich die ipso iure eingetretene Nichtigkeit. Der Streit um Nichtigkeit oder Vernichtbarkeit rechtswidriger Normen ist ein Grundthema der Rechtstheorie (Normentheorie, Geltungstheorie), hat aber auch Konsequenzen für die Rechtsdogmatik. An dieser Stelle sei nur auf die Frage „nachträglicher" Einwendungen hingewiesen, die je nach theoretischer Grundhaltung unterschiedlich zu beantworten ist (→ Rn. 50). An dieser Stelle lässt sich die Theorie autoritativer Normgeltungsbeendigung fruchtbar machen, die an anderer Stelle ausf. entwickelt wurde.[24]

a) Nichtigkeitsdogma. Die h.L. erklärt alle Vorschriften des (jeweils) höherrangigen Rechts, insbes. **12** Verfassungsnormen, aber auch gesetzliche Vorschriften für untergesetzliches Recht, zu Geltungserlangungsbedingungen. Rechtsnormen, die mit dem höherrangigen Recht unvereinbar, also rechts- bzw. verfassungswidrig sind, erlangen keine juristische Geltung. Sie sind ipso iure nichtig (sog. *Nichtigkeitsdogma*).[25] Dementsprechend treten Rechtsnormen, die erst später rechtswidrig werden, mit dieser Normenkollision automatisch außer Kraft. Eine etwaige Normenkontrollentscheidung, die die Rechtsbzw. Verfassungswidrigkeit der Norm feststellt, hat nur deklaratorische Bedeutung. Begründet wird dieses Dogma zum einen – rechtstheoretisch – mit dem Grundsatz der Einheit i.S. einer Widerspruchslosigkeit der Rechtsordnung, zum anderen – verfassungsrechtlich – mit dem Vorrang der Verfassung (bzw. dem Vorrang des Gesetzes gegenüber untergesetzlichen Normen).

b) Vernichtbarkeitslehre. Die Gegenansicht hat – insbes. unter Auswertung der (die Rechtsfolgen diffe- **13** renzierenden) Judikatur des BVerfG,[26] zudem unter Berücksichtigung der Mechanismen repressiver Normenkontrolle und der normativen Wirkungen verfassungswidriger Gesetze – herausgearbeitet, dass solche Normen nicht ipso iure nichtig, sondern lediglich vernichtbar sind (sog. *Vernichtbarkeitslehre*).[27] Die Annahme quasi-naturrechtlicher und naturwissenschaftlicher Folgen der Rechtswidrigkeit habe ihre Berechtigung allenfalls in einem „self-executing" Rechtssystem ohne autoritative Entscheidungsinstanzen.[28]

c) These von der widerlegbaren Geltungsvermutung. Hieran knüpft die These von der widerlegbaren **14** Geltungsvermutung rechtswidriger Normen an.[29] Sie beruht auf der Unterscheidung von positiven und negativen Geltungsbedingungen. Positive Geltungsbedingungen sind diejenigen, die zur Erlangung der juristischen Normgeltung erfüllt sein müssen. Negative („auflösende") Geltungsbedingungen füh-

22 Vgl. *Hufen* § 38 Rn. 52; *I. Kraft*, in: Eyermann § 183 Rn. 9; *Kopp/Schenke* § 183 Rn. 7; *T. Gerhard*, Die Rechtsfragen prinzipaler Normenkontrollen für Verwaltungsakte, 2008, S. 133 m.w.N.; a.A. *J. Ziekow* → § 47 Rn. 379 m.w.N. (analoge Anwendung des § 183); offen gelassen: OVG Bln 19.8.2011 – OVG 5 N 4.08.

23 Eine Angleichung war geplant durch § 186 EVwPO; freilich wäre die praktische Bedeutung für die Sozialgerichtsbarkeit gering, weil Landesrecht vor Sozialgerichten nur selten angewendet wird, so die Begründung BT-Drs. 10/3437, 171.

24 *D. Heckmann*, Geltungskraft, 1997, 44 ff.

25 Vgl. nur *J. Ipsen*, Rechtsfolgen, 1980, 154 ff. ; *T. Schilling*, Rang und Geltung, 1994, 557 ff.; *A. Menzel*, DVBl 1997, 640, 642 ff.; das BVerfG hat seine ursprüngliche Haltung (BVerfGE 1, 37) sehr bald zugunsten einer rechtsfolgenorientierten, diff. Rspr. aufgegeben (vgl. etwa BVerfGE 7, 377, 387; 8, 51, 71; 14, 174, 190; 61, 319, 356; 73, 40, 101 f.; 84, 9, 20).

26 Ausf. zur Tenorierungspraxis *C. Pestalozza*, FG BVerfG, Bd. I, 1976, 519, 523 ff.

27 Vgl. *C. Böckenförde*, Nichtigkeit, 1966, 23 ff.; *R. Lippold*, Staat 29 (1990), 185, 204 ff.; *C. Moench*, Verfassungswidriges Gesetz, 1977, 114 ff.; *Pestalozza* § 20 Rn. 14 ff.; *H. Söhn*, Anwendungspflicht, 1974, 29 ff.; *M. Graßhof*, in: Umbach/Clemens/Dollinger, Bundesverfassungsgerichtsgesetz, 2005, § 78 Rn. 13.

28 *Pestalozza* § 20 Rn. 16.

29 Grundlegend *D. Heckmann*, Geltungskraft, 1997, 58 ff.

ren, wenn ihr Vorliegen festgestellt wurde, zur Normgeltungsbeendigung. Die Unterscheidung von positiven und negativen Geltungsbedingungen verschafft der eher rechtsdogmatisch (und teilweise auch pragmatisch) ausgerichteten Vernichtbarkeitslehre ein geltungstheoretisches Fundament. Sie trägt den Bedenken des Nichtigkeitsdogmas Rechnung, die Vernichtbarkeitslehre könne nicht erklären, warum rechtswidrige Normen trotz des Vorrangs des höherrangigen Rechts Geltung erlangen und warum diese Geltung dann wieder, auch gegen den Willen des Normgebers, beendet wird.[30] Für das Verhältnis von Verfassung und Gesetz liegt der Grund letztlich darin, dass Art. 82 Abs. 1 GG das Inkrafttreten eines Gesetzes nur von der ordnungsgemäßen Ausfertigung und Verkündung abhängig macht, die prinzipielle Verbindlichkeit dieses Gesetzes in Art. 20 Abs. 3 GG (Gesetzesbindung) anordnet und Einwände gegen die Verfassungsmäßigkeit des Gesetzes durch Rechtsschutzverfahren (Art. 19 Abs. 4, Art. 93 Abs. 1 Nr. 2, 4 a, Art. 100 Abs. 1 GG) kanalisiert. Wegen der vielfachen Absicherungen demokratisch-rechtsstaatlicher Gesetzgebungsverfahren besteht eine Vermutung zugunsten der Verfassungsmäßigkeit von Gesetzen, die lediglich in den hierfür vorgesehenen Normenkontrollverfahren widerlegt werden kann.

15   **d) Theorie der autoritativen Normgeltungsbeendigung.** Ergänzt um methodologische und rechtstheoretische Überlegungen ergeben sich aus der These von der widerlegbaren Geltungsvermutung Elemente einer Theorie der autoritativen Normgeltungsbeendigung.[31]

16   **aa) Zeitaufwändigkeit, Mehrdeutigkeit und Irrtumsanfälligkeit von Rechtserkenntnissen.** Grundannahme dieser Theorie ist die Zeitaufwändigkeit, Mehrdeutigkeit und Irrtumsanfälligkeit von Rechtserkenntnissen.[32] Eine präventive Normenkontrolle findet nach deutschem Prozessrecht (anders als etwa in Frankreich) nicht statt. Der Bundespräsident prüft die beschlossenen Bundesgesetze lediglich darauf hin, ob sie verfahrensfehlerfrei sind und keine evidenten Rechtsmängel aufweisen. Erst dann werden sie verkündet und können in Kraft treten. Damit ist nicht ausgeschlossen, dass ein in Kraft getretenes und damit geltendes Gesetz verfassungswidrig ist. Wegen der Mehrdeutigkeit rechtlicher Erkenntnisse, die sich besonders bei der Prüfung von Normenkonflikten zeigt, kann es kein eindeutiges Nichtigkeitsurteil geben. Pointiert ausgedrückt: Im Prinzip gibt es keine rechtswidrigen Normen „an sich", sondern nur solche Normen, von denen ein Teil der Rechtsgemeinschaft behauptet, sie seien rechtmäßig (insbes. der Normgeber selbst), und ein anderer Teil behauptet, sie seien rechtswidrig. Ob eine Norm mit höherrangigem Recht vereinbar ist oder nicht, ergibt sich nicht aus einer (naturwissenschaftlich präzisen) Deduktion, sondern mittels Auslegung bzw. Konkretisierung der konfligierenden Normen, die unabhängig von der zugrunde gelegten Methode stets ein Stück rechtsschöpferisch ist.[33] Zwei Aspekte treten hinzu: Die Geschichtlichkeit der Rechtsnormen lässt einen Normwandel zu, der sich auch in ihrer rechtlichen Beurteilung niederschlägt und das Rechtmäßigkeitsurteil weiter erschwert. Außerdem verträgt sich eine ipso iure eintretende Nichtigkeitsfolge für rechtswidrige Normen nicht mit den Verfassungsprinzipien der Rechtssicherheit, des Vertrauensschutzes oder des Gleichheitssatzes, sofern diese eine differenzierende Rechtsfolge des formellen oder materiellen Rechtsmangels fordern.

17   **bb) Geltungsentscheidung.** Die Geltungsentscheidung, die den Streit zwischen den divergierenden Geltungsbehauptungen schlichtet, muss deshalb durch eine Instanz getroffen werden, der die Rechtsordnung die Autorität einräumt, konstitutiv-kassatorisch (normgeltungsbeendigend), konzentriert (mit erga-omnes-Wirkung) und konstruktiv (unter Berücksichtigung differenzierender Rechtsfolgenanordnungen) zu entscheiden: Das sind alleine die Normgeber kraft ihrer demokratisch legitimierten Souveränität und die Normenkontrollgerichte kraft ihrer rechtsstaatlich legitimierten Normenkontrollkompetenz.

18   **cc) Schema der Normgeltung.** Geltungsbehauptung, Geltungsvermutung und Geltungsentscheidung werden in folgendem Schema der Normgeltung vereint:[34] Die Verkündung einer Rechtsnorm verschafft dieser Geltung, (1) wenn sie in einem erkennbar formal ordnungsgemäßen Verfahren gesetzt

---

30   So *J. Ipsen*, Rechtsfolgen, 1980, 158; hiergegen *D. Heckmann*, Geltungskraft, 1997, 53 ff.
31   *D. Heckmann*, Geltungskraft, 1997, 44 ff.; zust. *V. Schlette*, ZG 14 (1999), 86, 89; skeptisch *H. Schneider*, DVBl 1999, 724.
32   *D. Heckmann*, Geltungskraft, 1997, 61 ff.
33   Im Anschluss an *Konrad Hesse*, Grundzüge des Verfassungsrechts der Bundesrepublik Deutschland, [20]1997, Rn. 76.
34   *D. Heckmann*, Geltungskraft, 1997, 77.

wurde, und (2) solange nicht in gesetzlich vorgeschriebener Weise festgestellt wurde, dass die Rechtsnorm mit höherrangigem Recht unvereinbar (geworden) ist; die Norm verliert ihre Geltung nur, wenn sie – weil politisch unerwünscht oder rechtswidrig – förmlich außer Kraft gesetzt wird.

Einzige *positive Geltungsbedingung* (Geltungserlangungsbedingung)[35] ist die ordnungsgemäße Ver- 19
kündung der Norm, die nämlich die äußerlich erkennbare Verfahrensmäßigkeit indiziert. Rechtsnormen, die ein (wenn auch rechtsfehlerhaftes) Normsetzungs*verfahren* überhaupt nicht durchlaufen haben, werden gar nicht verkündet.

Sämtliche Rechtsfehler, seien es Verfahrensfehler, Kompetenzverstöße oder materielle Verstöße gegen 20
höherrangiges Recht, sind als *negative Geltungsbedingung* formuliert. Weil ihr Vorliegen nicht für jedermann eindeutig und einsichtig ist, muss es in einem förmlichen Verfahren autoritativ festgestellt werden. Die Feststellung führt konstitutiv zum Geltungsverlust der Norm, der je nach Geltungsbeendigungsentscheidung entweder ex tunc oder ex nunc, vielleicht auch pro futuro eintritt. Für den Zeitraum bis zu dieser Geltungsentscheidung wird das Nichtvorliegen der negativen Geltungsbedingungen vermutet.

II. Normzweck

§ 183 soll im Konflikt zwischen der Forderung nach Rechtssicherheit, zu der auch die Rechtsbestän- 21
digkeit rechtskräftiger Entscheidungen gehört (BVerfGE 2, 380, 403), und der Forderung nach materieller Gerechtigkeit im Einzelfall[36] einen Ausgleich schaffen.[37] Der Gesetzgeber hat sich in § 183 S. 1 grds. gegen eine Unwirksamkeit oder Vernichtbarkeit der auf eine nichtige Norm gestützten Maßnahmen entschieden[38] und damit der Rechtssicherheit Vorrang vor dem Rechtsschutz des einzelnen eingeräumt.[39] Gewährleistet wird Rechtssicherheit durch die Rechtsbeständigkeit rechtskräftiger Entscheidungen trotz Erkenntnis der verfassungswidrigen Rechtsgrundlage. Es soll ein rechtsstaatlicher „Schlussstrich" gezogen werden.[40]

Ausgleichend wirkt der Vollstreckungsausschluss[41] durch § 183 S. 2, 3. Während der Gesetzgeber in 22
§ 183 S. 1 der Rechtssicherheit den Vorrang gegenüber der materiellen Gerechtigkeit im Einzelfall eingeräumt hat (→ Rn. 6), so nimmt er in § 183 S. 3 ersteres zugunsten der letzteren zurück.[42] Geregelt ist ein in die Zukunft gerichteter Schutz vor verfassungswidriger bzw. auf verfassungswidriger Grundlage ergehender Zwangsvollstreckung.[43] Davon, dass ein solcher Ausgleich zur Rechtsbeständigkeit verfassungsrechtlich gefordert ist, kann allerdings keine Rede sein.[44] Der Gesetzgeber kann sich in die eine oder in die andere Richtung entscheiden und dem Verfassungsprinzip der Rechtssicherheit auch mit Blick auf die Zukunft den Vorrang einräumen. So könnte de lege ferenda durchaus geregelt werden, dass auch in Hinblick auf die Vollstreckung einer zwar auf verfassungswidriger Grundlage ergangenen, aber bestandskräftigen Entscheidung das Vertrauen in deren Vollziehbarkeit ebenfalls umfassenden und vorrangigen Schutz beansprucht.[45] Nicht von der Hand zu weisen ist allerdings die Tatsache, dass der in § 183 gefundene Ausgleich im internationalen Vergleich durchaus als elegante Lösung bezeichnet werden kann.[46]

§ 183 begründet gemeinsam mit § 157 FGO und § 79 Abs. 2 BVerfGG einen allgemeinen Rechtsge- 23
danken, demzufolge unanfechtbare fehlerhafte Akte weder vernichtbar noch vollstreckbar sind[47].[48] Dies ist von Bedeutung für die Behandlung von Verwaltungsakten (→ Rn. 9, 31, 39).

---

35 Zur Unterscheidung von positiven und negativen Geltungsbedingungen *D. Heckmann*, Geltungskraft, 1997, 46 ff.
36 BVerfGE 7, 194, 195 f.; vgl. auch BVerfGE 11, 263, 265; 20, 230, 235; 23, 1, 11.
37 *I. Kraft*, in: Eyermann § 183 Rn. 1; zu § 79 BVerfGG vgl. auch *E. Klein*, in: Benda/Klein/Klein Rn. 1254.
38 *H. v. Nicolai*, in: Redeker/v. Oertzen § 183 Rn 1.
39 Entsprechend zu § 79 BVerfGG: *H. Bethge*, in: Maunz/Schmidt-Bleibtreu/Klein/Bethge § 79 Rn. 3.
40 *R. Pietzner*, in: Schoch/Schneider/Bier § 183 Rn. 13.
41 Zu § 79 BVerfGG *U. Scheuner*, BB 1960, 1253, 1253; *U. Steiner*, FG BVerfG, Bd. I, 1976, 628, 630 f.
42 So zu § 79 Abs. 2 S. 2 BVerfGG *U. Steiner*, FG BVerfG, Bd. I, 1976, 628, 637 f.
43 *R. Pietzner*, in: Schoch/Schneider/Bier § 183 Rn. 39.
44 *Pestalozza* § 20 Rn. 79 verweist mit Blick auf § 79 Abs. 2 BVerfGG darauf, dass auch andere Regelungen als die in § 79 Abs. 2 BVerfGG getroffenen möglich sind.
45 So zutr. zu § 79 Abs. 2 BVerfGG *U. Steiner*, FG BVerfG, Bd. I, 1976, 628, 638.
46 Darauf verweist *U. Steiner*, FG BVerfG, Bd. I, 1976, 628, 638 m.w.N. zur Rechtslage in anderen Staaten in Fn. 49.
47 *R. Pietzner*, in: Schoch/Schneider/Bier § 183 Rn. 15.
48 Vgl. auch BGH 14.1.2010 – IX ZR 50/07 Rn 12.

III. Anwendungsbereich

24 **1. Vorbemerkung zur Normstruktur.** Der Tatbestand des § 183 S. 1 setzt zwei Gerichtsentscheidungen voraus: zum einen die Entscheidung eines Landesverfassungsgerichts, welche im Wege prinzipaler Normenkontrolle eine landesrechtliche Norm für nichtig erklärt; zum anderen die Entscheidung eines VG, welche diese Norm trotz ihrer „Nichtigkeit" angewandt hat und deshalb fehlerhaft ist. Nur wenn beide Entscheidungen mit dem vorbeschriebenen Inhalt vorliegen, ist der Tatbestand des § 183 S. 1 erfüllt. Erst dann stellen sich überhaupt die Fragen der Rechtskraftdurchbrechung und des Vollstreckungsschutzes.

25 **2. Verfassungsgerichtliche Normenkontrolle.** Regelungsanlass des § 183 S. 1 ist eine (landes-)verfassungsgerichtliche Normenkontrollentscheidung, die die folgenden Anforderungen erfüllt.

26 **a) Verfassungsgericht eines Landes.** § 183 bezieht sich ausdrückl. auf die Verfassungsgerichte der *Länder* (Landesverfassungsgerichte, Verfassungs- und Staatsgerichtshöfe).[49] Entscheidungen des *Bundes*verfassungsgerichts werden hingegen von § 79 BVerfGG erfasst. Dies gilt jedoch nicht für den Fall, dass das BVerfG „als" Landesverfassungsgericht tätig wird (Art. 99 GG). Solch ein Fall der „Organleihe" fällt genauso unter § 183 wie die derzeit nicht aktuelle (→ § 193 Rn. 2) Konstellation des § 193 (OVG „als" Verfassungsgericht).

27 Ob § 183 darüber hinaus auch für die Ausübung sog. materieller Verfassungsgerichtsbarkeit zählt, als die zuweilen die Normenkontrolle gem. § 47 angesehen wird,[50] mag hier dahinstehen.[51] § 47 Abs. 5 S. 3 erklärt § 183 nämlich hinsichtlich seiner Wirkungen für entsprechend anwendbar (→ § 47 Rn. 379). Dass der Gesetzgeber hierbei lediglich einen deklaratorischen Hinweis im Sinn hatte,[52] ist unerheblich. Die bloß inzidente Normverwerfung durch Instanzgerichte unterfällt dagegen in keiner Weise dem Regelungsumfang des § 183: Zum einen lässt sich dies aus der in § 47 Abs. 5 S. 3 getroffenen Regelung rückschließen, zum anderen lässt auch der Wortlaut des § 183 eine dementsprechende Auslegung nicht zu. Dies ist auch sachgerecht; denn wegen der inter-partes-Wirkung derartiger Entscheidungen lässt sich deren Geltung über den Einzelfall hinaus nicht begründen.[53]

28 **b) Landesrecht.** Dass sich § 183 nur auf die Nichtigkeitsfolgen von Landesrecht bezieht, versteht sich von selbst. Die Verfassungsgerichte der Länder hätten keine darüber hinaus greifende Verwerfungskompetenz. I.d.S. werden freilich sämtliche Normen erfasst, über die i.R. der Landesverfassungsgerichtsbarkeit zu entscheiden ist. Dies gilt auch für Vorschriften des Verfahrensrechts.[54] Eine Einschränkung wie § 79 Abs. 1 BVerfGG, der spezifisch auf Normen des materiellen Strafrechts zugeschnitten ist, kennt § 183 nicht.

29 **c) Feststellung/Erklärung der Nichtigkeit.** Meint § 183 S. 1 offensichtlich prinzipale Normenkontrollentscheidungen, so stellen sich die bekannten Fragen der Tenorierungsvarianten. In der Vorschrift ausdrückl. genannt werden die „Feststellung" und die „Erklärung" der Nichtigkeit. Nicht erwähnt sind die insbes. aus der bundesverfassungsgerichtlichen Rspr. bekannten Entscheidungsformeln, wonach Normen für unvereinbar mit der Verfassung erklärt[55] bzw. bestimmte Auslegungsvarianten wegen Verfassungswidrigkeit verworfen werden.[56] Dieser Rspr. haben sich die Landesverfassungsgerichte indes in ihren Entscheidungsformeln angeschlossen (vgl. nur BayVerfGH 27, 172, 175; 42, 156, 173; 45, 54, 66). Es begegnet deshalb keinen Bedenken, auch bei der Unvereinbarkeitserklärung und bei der Verwerfung verfassungswidriger Auslegungsvarianten die Anwendung von § 183, und zwar um-

---

49 Zur Verfassungsgerichtsbarkeit der Länder allg. *Pestalozza* § 21.
50 *H.-J. Papier*, FS Menger, 1985, 517, 518 (Fn. 6).
51 *R. Pietzner*, in: Schoch/Schneider/Bier § 183 Rn. 24.
52 So *R. Pietzner*, in: Schoch/Schneider/Bier § 183 Rn. 24 unter Verweis auf BT-Drs. 7/4324, 12.
53 So die tragende Argumentation bei *R. Pietzner*, in: Schoch/Schneider/Bier § 183 Rn. 23.
54 *R. Pietzner*, in: Schoch/Schneider/Bier § 183 Rn. 35.
55 Z.B. in BVerfGE 13, 248, 260; 22, 349, 361; allg. *E. Klein*, in: Benda/Klein/Klein Rn. 1267 ff.
56 Etwa BVerfGE 2, 266, 282; 54, 251, 275; 64, 229, 242; grundlegend hierzu *E. Klein*, in: Benda/Klein/Klein Rn. 1284 ff.; ferner *Pestalozza* § 20 Rn. 28.

fassend, zuzulassen.[57] Dies entspricht im Übrigen gängiger Entscheidungspraxis des BVerfG zu § 79 Abs. 2 BVerfGG.[58]

d) Sonderregelungen zur Normenkontrollwirkung. § 183 S. 1 steht unter Landesrechtsvorbehalt, d.h. 30 er lässt ausdrückl. abweichende (oder auch entsprechende)[59] Regelungen durch Landesgesetz zu und räumt diesen den Vorrang ein; solche Vorschriften haben vier Länder erlassen (Nachw. → Rn. 10). Dies schließt auch die Kompetenz der Länder ein, ein Recht auf Wiederaufnahme zuzulassen.[60] Bindend ist allerdings § 183 S. 2 und 3, d.h. die Länder dürfen nicht abweichend von der bundesrechtlichen Vorschrift die Vollstreckung zulassen.[61] Der Landesrechtsvorbehalt ist nicht „vor die Klammer" zu ziehen.

Bundesrechtliche Sonderregelungen hingegen sind auch ohne ausdrücklichen Vorbehalt zulässig.[62] Es 31 gelten lediglich die grundlegenden verfassungsrechtlichen Anforderungen, insbes. das Erfordernis sachlicher Gründe, welche die Regelung willkürfrei erscheinen lasse[63]. Vorstellbar wären etwa Regelungen, wonach der Gesetzgeber die Folgen der Nichtigerklärung von Normen bestimmter Sachbereiche abweichend von § 183 regelt. Allerdings existieren direkte Sonderregelungen innerhalb des Regelungsbereichs des § 183 S. 1 zurzeit nicht. Insbes. lassen sich die für Verwaltungsakte bestehenden Vorschriften (etwa die „Zugunstenregelung" des § 44 SGB X) nicht als Ausnahme zu § 183 S. 1 begreifen, denn Verwaltungsakte sind nicht vom Anwendungsbereich der Vorschrift umfasst (→ Rn. 9).

3. Verwaltungsgerichtliche Normanwendung. Mit der vorstehend beschriebenen prinzipalen Nor- 32 menkontrolle korrespondiert im Anwendungsbereich des § 183 eine verwaltungsgerichtliche Entscheidung, für die die Anwendung der „nichtigen" Norm entscheidungserheblich war.

a) Nicht mehr anfechtbare Entscheidungen. Unmittelbar bezieht sich § 183 auf unanfechtbare (d.h. 33 formell rechtskräftige) Entscheidungen.[64]

aa) Titel i.S.d. § 168 Abs. 1 Nr. 1. Titel i.S.d. § 168 Abs. 1 Nr. 1 sind vor allem (verwaltungsgerichtli- 34 che) Urteile, aber auch Gerichtsbescheide und Beschlüsse[65] (zur Funktion als Vollstreckungstitel → § 168 Rn. 28 ff.). Auch auf Einstellungsbeschlüsse[66] und Kostenentscheidungen ist die Vorschrift anzuwenden.[67]

Als Beschluss zwanglos zu den Entscheidungen i.S.d. § 183 zählen auch die Normenkontrollentschei- 35 dungen des OVG/VGH. Hier ist deutlich zu trennen: Entscheidungen der VG, die auf einer durch verwaltungsgerichtliche Normenkontrolle für nichtig erklärten Norm beruhen, bleiben gem. § 47 Abs. 5 S. 3 i.V.m. § 183 S. 1 rechtsbeständig. Die Normenkontrollentscheidung kann allerdings ihrerseits auf einer für nichtig erklärten Norm beruhen, dies freilich ausgesprochen durch das Landesverfassungsgericht oder durch das BVerfG. In beiden Fällen ist es die Entscheidung des OVG/VGH, die selbst rechtsbeständig bleibt, im letztgenannten Fall nach § 79 Abs. 2 BVerfGG, andernfalls nach § 183 S. 1.

bb) Gerichtliche Vergleiche. § 183 S. 1 ist entsprechend auf andere Vollstreckungstitel gem. § 168 36 Abs. 1 anwendbar.[68] Dies gilt allerdings nur in eingeschränktem Maße für gerichtliche Vergleiche nach

---

57 Ebenso *R. Pietzner*, in: Schoch/Schneider/Bier § 183 Rn. 22; *I. Kraft*, in: Eyermann § 183 Rn. 2; zu § 79 BVerfGG *H. Heußner*, NJW 1982, 257, 258.

58 BVerfGE 37, 217, 262 f.; 81, 363, 384; BVerfG NJW 1981, 445; gegen die entsprechende Anwendung von § 79 Abs. 2 BVerfGG in derartigen Fällen *Pestalozza* § 20 Rn. 77.

59 § 183 S. 1 spricht von „besonderer" und nicht von „anderer" oder „abweichender" gesetzlicher Regelung.

60 *Kopp/Schenke* § 183 Rn. 1.

61 *Kopp/Schenke* § 183 Rn. 1; *R. Pietzner*, in: Schoch/Schneider/Bier § 183 Rn. 25; *I. Kraft*, in: Eyermann § 183 Rn. 7; a.A. allerdings *Pestalozza* § 20 Rn. 77 zu § 79 Abs. 2 BVerfGG; → § 183 Rn. 2.

62 *Pestalozza* § 20 Rn. 77 verweist zu Recht darauf, dass der Vorbehalt zugunsten einer abweichenden bundesgesetzlichen Regelung in § 79 Abs. 2 BVerfGG im Grunde überflüssig und deshalb nicht mehr als ein „Vormerkposten" ist.

63 *R. Pietzner*, in: Schoch/Schneider/Bier § 183 Rn. 27.

64 *Pestalozza* § 20 Rn. 76, im Wortlaut des § 79 Abs. 2 BVerfGG freilich nicht beschränkt auf gerichtliche Hoheitsakte.

65 *Kopp/Schenke* § 183 Rn. 2.

66 Sofern es sich allerdings um Entscheidungen rein deklaratorischer Natur handelt (Einstellungsbeschluss nach Zurücknahme der Klage), kann es am „Beruhen" fehlen; a.A. *R. Pietzner*, in: Schoch/Schneider/Bier § 183 Rn. 32, der hierin bereits keine Entscheidung i.S.d. § 183 S. 1 erblickt. Vgl. außerdem BVerwGE 57, 311, 320 zu dem Fall, dass die Wirkung der vom BVerfG für nichtig erklärten Vorschrift ausschließlich in der Beendigung eines anhängigen Gerichtsverfahrens besteht.

67 *Kopp/Schenke* § 183 Rn. 2 (§ 183 analog); *R. Pietzner*, in: Schoch/Schneider/Bier § 183 Rn. 32.

68 *Kopp/Schenke* § 183 Rn. 4.

§§ 106, 168 Abs. 1 Nr. 3. Hier ist zu berücksichtigen, dass es sich nicht um eine autoritative gerichtliche Entscheidung, sondern um eine Vereinbarung der Parteien handelt.[69] Von deren Gestaltungsfreiheit ist es auch umfasst, bestimmte gesetzlich geregelte Konfliktsituationen erst gar nicht entstehen zu lassen. Deswegen obliegt es primär den Beteiligten, die Folgen der Verfassungswidrigkeit einer Norm einzuschätzen und zu bewerten. Dementsprechend bleibt der Vergleich nicht nur rechtsbeständig, sondern auch die Vollstreckung möglich, wenn er gerade in Hinblick auf bestehende Zweifel bzgl. der Verfassungsmäßigkeit der Norm geschlossen wurde.[70] Allerdings werden die Parteien regelmäßig die Gültigkeit der Norm nicht infrage gestellt haben. Auch in diesem Fall lässt sich § 183 nicht entsprechend auf die Vergleichsvereinbarung anwenden,[71] wohl aber lässt sich der darin zum Ausdruck kommende Rechtsgedanke zur Auslegung des Parteiwillens heranziehen.[72]

37   **cc) Öffentlich-rechtliche Verträge.**   Bei öffentlich-rechtlichen Verträgen richten sich die Folgen der Nichtigerklärung, insbes. die Rückabwicklung bereits erbrachter Leistungen, nach den einschlägigen vertragsrechtlichen Vorschriften und Grundsätzen (§§ 54 ff. VwVfG).[73] Hier kann § 59 VwVfG relevant werden, insbes. aber ein möglicher Wegfall der Geschäftsgrundlage sowie eine Vertragsanpassung oder -kündigung.[74] Eine pauschale Bewertung (dahin tendiert aber VGH München BayVBl 1970, 330, 331) wäre hier fehl am Platz. Insoweit ist jeder Einzelfall gesondert zu bewerten und unter Zuhilfenahme der genannten Grundsätze einem sachgerechten Ergebnis zuzuführen. Insbes. kommt hier der Vertragsauslegung besondere Bedeutung zu.[75] I.d.S. ist im Wege der Vertragsauslegung auch eine Lösung für die Fälle zu finden, in denen sich eine Partei der sofortigen Vollstreckung unterworfen hat. Der Hinweis darauf, dass hier entsprechend den bei Vergleichen gefundenen Grundsätzen (→ Rn. 36) eine Anwendung von § 183 S. 2 nicht in Betracht kommt,[76] ist entbehrlich angesichts der Tatsache, dass sachgerechte Ergebnisse im Wege der Auslegung des Parteiwillens zu gewinnen sind.

38   **dd) Fehlende Anfechtbarkeit.**   Abgestellt wird im Übrigen auf die fehlende Anfechtbarkeit mit *ordentlichen* Rechtsmitteln. Dies trifft ebenso auf Entscheidungen zu, die von vornherein nicht anfechtbar sind,[77] denn auch bei diesen besteht das Bedürfnis, Vollstreckungsschutz zu gewähren.[78] Allerdings ist es nicht erforderlich, dass der Betroffene den Rechtsweg auch tatsächlich erschöpft hat. Er muss nicht nach der für ihn abschlägigen verwaltungsgerichtlichen Entscheidung weitere möglicherweise statthafte Rechtsmittel in Anspruch genommen haben.

39   **b) Gerichte der Verwaltungsgerichtsbarkeit.**   Während sich § 79 Abs. 2 S. 1 BVerfGG auf alle staatlichen (gerichtlichen und behördlichen) Entscheidungen bezieht, beschränkt sich § 183 (naturgemäß) auf solche der Verwaltungsgerichtsbarkeit. Damit sind Entscheidungen aller drei Instanzen gemeint. Auf das Verwaltungsverfahren (auch das verwaltungsgerichtliche Vorverfahren) ist § 183 deshalb nicht anwendbar. Anzusiedeln ist die Frage der Auswirkung einer Nichtigerklärung auf Verwaltungsakte nicht im Prozessrecht, sondern im Verwaltungsverfahrens- und Vollstreckungsrecht.[79] Davon zu unterscheiden ist die Frage, ob aus § 79 Abs. 2 BVerfGG, § 157 FGO, § 183 VwGO ein allgemeiner Rechtsgedanke abzuleiten ist, der in diesem Fall zum Tragen kommt (→ Rn. 9).

40   **c) Entscheidungserheblichkeit der Norm ("beruhen").**   Die gerichtlichen Entscheidungen "beruhen" dann auf der für nichtig erklärten Norm, wenn ohne die beanstandete Norm oder Normauslegung das Gericht zu einem für den Kläger günstigeren Ergebnis gelangt wäre oder – soweit die Nichtigerklärung Verfahrensrecht betrifft – hätte gelangen können.[80] "Beruhen" ist entsprechend zu verstehen wie

---

69   Davon geht zu Recht *R. Pietzner*, in: Schoch/Schneider/Bier § 183 Rn. 59 aus.
70   *Kopp/Schenke* § 183 Rn. 4; *I. Kraft*, in: Eyermann § 183 Rn. 8.
71   So aber *Kopp/Schenke* § 183 Rn. 4; *K. Sommerlad*, NJW 1984, 1489, 1494 zu § 79 BVerfGG.
72   Ähnl. *R. Pietzner*, in: Schoch/Schneider/Bier § 183 Rn. 59, 63: keine Anwendung des Rechtsgedankens des § 183 S. 1, wohl aber von § 183 S. 2 und 3; Lösung nach den Grundsätzen über den Wegfall der Geschäftsgrundlage.
73   Ebenfalls für eine Lösung nach Vertragsrecht *R. Pietzner*, in: Schoch/Schneider/Bier § 183 Rn. 62 f.
74   Vgl. *Kopp/Schenke* § 183 Rn. 8.
75   Im Anwendungsbereich von § 79 BVerfGG weist *Pestalozza* § 20 Rn. 80 auf die Notwendigkeit der Auslegung hin.
76   *Kopp/Schenke* § 183 Rn. 4.
77   Kostenentscheidungen im Umfang des § 158, alle Entscheidungen des BVerwG, Entscheidungen des OVG/VGH gem. § 152.
78   *A. Kneser*, AöR 89 (1964), 129, 146 f.; ebenso für § 183 *R. Pietzner*, in: Schoch/Schneider/Bier § 183 Rn. 33.
79   *I. Kraft*, in: Eyermann § 183 Rn. 9.
80   *R. Pietzner*, in: Schoch/Schneider/Bier § 183 Rn. 35.

in § 132 Abs. 2 Nr. 2, 3 und § 137 Abs. 1.[81] Ein Beruhen ist auch zu verneinen, wenn sich die Entscheidung aus anderen Gründen als richtig erweist, vgl. § 144 Abs. 4.[82] Weiterhin wurde ein Beruhen für den Fall ausgeschlossen, dass sich das Gericht bei seiner Entscheidung auf eine Norm stützt, deren Nichtigkeit erst zu einem späteren Zeitpunkt festgestellt wurde. § 183 geht jedenfalls von dem Fall aus, dass die entsprechende Norm vor Erlass der bestandskräftigen Entscheidung für nichtig erklärt wird (OVG Bln 19.8.2011 – OVG 5 N 4/08). Die Konsequenzen fehlenden „Beruhens" zeigen sich nicht zuletzt i.R. der Vollstreckung: Der Vollstreckungsgläubiger kann dies einwenden, wenn sich der Vollstreckungsschuldner unter Berufung auf § 183 S. 2 mit der Vollstreckungsgegenklage gem. § 183 S. 3 gegen die Vollstreckung zur Wehr setzt (sog. Replik der materiellen Richtigkeit des Vollstreckungstitels).[83]

IV. Rechtsfolgen

1. Keine Rechtskraftdurchbrechung, § 183 S. 1 („Unberührtbleiben"). Wie schon eingangs dargestellt 41 (→ Rn. 6, 22), bestätigt § 183 S. 1 (vorbehaltlich landesrechtlicher Sonderregelungen) die Rechtskraft unanfechtbarer verwaltungsgerichtlicher Entscheidungen, die wegen Nichtigkeit einer entscheidungserheblichen Norm fehlerhaft und damit eigentlich aufzuheben wären.[84] Dass dies nach der dem § 183 S. 1 zugrunde liegenden Wertung nicht geschieht, hängt mit der dem Bürger obliegenden „Rechtsbehelfslast" zusammen. Ihm ist es zuzumuten, gegen einen verfassungswidrigen Eingriff mit den gegebenen Rechtsmitteln, notfalls mit der Verfassungsbeschwerde, vorzugehen. Daran ändert auch die Vermutung für die Verfassungsmäßigkeit nichts, die parlamentarisch beschlossenen und ordnungsgemäß verkündeten Gesetzen zukommt (favor legis).[85] Diese Vermutung ist nämlich widerlegbar.[86]
I.E. bedeutet Rechtsbeständigkeit („Unberührtbleiben") i.S.d. § 183 S. 1 Ausschluss der Rückabwick- 42 lung des bis dahin erreichten Standes der Entscheidungsdurchsetzung.[87] Die erfassten Entscheidungen bestehen als Rechtsgrund fort und bilden die Grundlage für die auf die Entscheidung erbrachten Leistungen. Als Folge ist keine Rückabwicklung, Rückerstattung oder auch Folgenbeseitigung möglich.[88] Dass dies in § 79 Abs. 2 S. 4 BVerfGG und in einigen landesrechtlichen Regelungen ausdrückl. klargestellt ist, ändert nichts an der Geltung dieses Grundsatzes auch für § 183. Der Ausschluss jeglicher Rückabwicklung ist nämlich angesichts § 183 S. 1 nur konsequent. Andernfalls könnte der Betroffene über den Umweg der Rückabwicklung die gesetzgeberische Grundentscheidung des § 183 umgehen. Allerdings bleibt die zeitliche Grenze zu berücksichtigen: Der Fortbestand erstreckt sich nur bis zu dem Zeitpunkt der Nichtigfeststellung bzw. -erklärung. Wenn also Entscheidungsfolgen erst nach der landesverfassungsgerichtlichen Entscheidung realisiert werden, dann können diese rückabgewickelt werden.[89]

2. Unzulässigkeit der Vollstreckung, § 183 S. 2. Die wesentliche Rechtsfolge im Bereich des § 183 43 liegt in der Anordnung des Vollstreckungsverbots. Eine bereits begonnene Vollstreckung darf nicht

---

81 An dieser Abhängigkeit fehlt es bspw. bei deklaratorischen Einstellungsbeschlüssen nach Klagerücknahme oder übereinstimmender Erledigungserklärung, weil sich die Entscheidung nicht auf Landesrecht stützt, *I. Kraft*, in: Eyermann § 183 Rn. 4.
82 *R. Pietzner*, in: Schoch/Schneider/Bier § 183 Rn. 36.
83 *R. Pietzner*, in: Schoch/Schneider/Bier § 183 Rn. 36.
84 VerfGH NRW 10.12.2013 – VerfGH 13/11, leitet aus § 79 Abs. 2 BVerfGG, §§ 183 und 157 FGO einen allg. Rechtsgedanken ab, dem zur Folge bestandskräftige Verwaltungsakte grds. von der Nichtig- bzw. Verfassungswidrigerklärung der Rechtsgrundlage unberührt bleiben; a.A: *T. Gerhard*, Die Rechtsfolgen prinzipaler Normenkontrollen für Verwaltungsakte, 2008, S. 141, der dem Begriff der „Unberührtheit" lediglich einen deklaratorischen Charakter zuschreibt, so dass die Unwirksamkeitserklärung einer Norm selbst zwar keinen Wiederaufnahmegrund darstellt, zugleich aber die Wiederaufnahme eines rechtskräftig abgeschlossenen Verfahrens nicht ausschließt, wenn ein weiterer Wiederaufnahmegrund gegeben ist.
85 BVerfGE 2, 282; 9, 350; 20, 230, 235 f.; ausf. hierzu *D. Heckmann*, Geltungskraft, 1997, 73 ff. und 74.
86 Zur widerlegbaren Geltungsvermutung und ihren Konsequenzen für Geltung und Nichtigkeit von Rechtsnormen *D. Heckmann*, Geltungskraft, 1997, 58 ff., 73 ff.
87 *R. Pietzner*, in: Schoch/Schneider/Bier § 183 Rn. 37.
88 *R. Pietzner*, in: Schoch/Schneider/Bier § 183 Rn. 37; *I. Kraft*, in: Eyermann § 183 Rn. 6; für § 79 BVerfGG *E. Peuker*, DVBl 2015, 1233, 1235.
89 *R. Pietzner*, in: Schoch/Schneider/Bier § 183 Rn. 38; zu § 79 Abs. 2 BVerfGG auch *Pestalozza* § 20 Rn. 78.

fortgeführt werden und ist umgehend einzustellen,[90] eine bevorstehende Vollstreckung hat zu unterbleiben.[91]

44 **a) Beachtung von Amts wegen.** Wenn auch Klarheit über diese Rechtsfolge besteht, so herrscht doch Unsicherheit darüber, ob das Vollstreckungsverbot von Amts wegen zu berücksichtigen ist, die Unzulässigkeit der Zwangsvollstreckung also ipso iure eintritt,[92] oder aber ob das Verbot der Zwangsvollstreckung erst auf Vollstreckungsgegenklage hin beachtet werden darf.[93] Für die letztgenannte Auffassung ließe sich § 79 Abs. 1 BVerfGG anführen, wonach es selbst bei auf verfassungswidriger Grundlage ergangenen Strafurteilen erforderlich ist, die Wiederaufnahme zu betreiben.[94] Dies begründet sich allerdings bereits aus dem Bedürfnis, die strafprozessualen Verfahrensabläufe nicht zu überspielen; ausschlaggebend ist hingegen, dass die Wiederaufnahme nicht nur durch den Beschuldigten, sondern ebenfalls durch die Staatsanwaltschaft betrieben werden kann (§§ 365, 296 StPO). Das Element der Berücksichtigung von Amts wegen ist also auch § 79 Abs. 1 BVerfGG eigen und prägt erst recht § 183 S. 2. Hier ist die gesetzgeberische Entscheidung zugunsten der Einzelfallgerechtigkeit ausgefallen (→ Rn. 41), die auch zur optimalen Wirksamkeit gebracht werden muss. Mit der verfassungsrechtlichen Forderung nach der Gesetzmäßigkeit staatlichen Handelns lässt es sich regelmäßig nicht vereinbaren, ein gesetzliches Vollstreckungsverbot zu übergehen, gleichsam „sehenden Auges" Vollstreckungsmaßnahmen einzuleiten und die Initiative zur Wahrung des rechtmäßigen Zustandes dem Vollstreckungsschuldner zu überlassen. Dagegen spricht auch nicht § 183 S. 3 und die dort normierte Statthaftigkeit der Vollstreckungsgegenklage, § 767 ZPO (näher → Rn. 49). Dieser impliziert nicht die Notwendigkeit,[95] sondern lediglich die Berechtigung für den Vollstreckungsschuldner, sich gegen die gesetzeswidrige Vollstreckung zur Wehr zu setzen. Etwas anderes kann lediglich dann gelten, wenn die Vollstreckung von der Verfahrensherrschaft eines privaten Vollstreckungsgläubigers geprägt ist und der Richter selbst mit der Vollstreckung gar nicht befasst ist. In dieser zivilprozessualen Gestaltung kann er das Fehlen von Vollstreckungshindernissen schlichtweg nicht vorab prüfen, sondern erst auf Rüge des Betroffenen. Sofern aber das Verfahren wie im Fall der verwaltungsgerichtlichen Vollstreckung von vornherein dem Richter/Gericht in die Hand gegeben ist (→ § 167 Rn. 11 ff.), ist § 183 S. 2 zwingend von Amts wegen zu beachten.

45 **b) Umfang und Zeitpunkt.** Das Vollstreckungsverbot wirkt nur für die Zukunft (→ Rn. 22), d.h. ab Erlass des Nichtigkeitsurteils des Landesverfassungsgerichts. § 183 S. 2 hat also nur Auswirkungen auf eine noch bevorstehende oder noch andauernde, nicht aber auf eine bereits vollständig abgeschlossene Vollstreckung.[96] Ebenso wenig wie sonstige Folgen der bestandskräftigen Entscheidung rückabzuwickeln sind,[97] ist eine bereits vorgenommene Vollstreckung rückgängig zu machen.[98] Eine Ausnahme ist freilich für den Fall anzuerkennen, in dem die Vollstreckung nur vorläufig, weil angefochten war.[99] Maßgeblicher Zeitpunkt für das Inkrafttreten des Vollstreckungsverbotes ist der erfolgreiche Abschluss des verfassungsgerichtlichen Verfahrens; seine Einleitung allein vermag das Vollstreckungsverbot noch nicht auszulösen. Während des gerichtlichen Verfahrens bleibt die Vollstreckung also ohne Weiteres möglich.[100]

---

90 Für § 79 BVerfGG: BVerfG 6.12.2005 – 1 BvR 1905/02; *H. Bethge*, in: Maunz/Schmidt-Bleibtreu/Klein/Bethge § 79 Rn. 57; *Pestalozza* § 20 Rn. 78.

91 Nach BVerwG 16.7.2014 – 6 B 6.14 hat im Anschluss an die Nichtigkeitserklärung der Norm jeglicher staatlicher Hoheitsakt zu unterbleiben, der die für nichtig erklärte Norm anwendet.

92 Dezidiert *R. Pietzner*, in: Schoch/Schneider/Bier § 183 Rn. 39; für § 157 FGO vgl. BFH NJW 1995, 1176 (LS); zu § 79 BVerfGG *H. Bethge*, in: Maunz/Schmidt-Bleibtreu/Klein/Bethge § 79 Rn. 57.

93 So zu § 79 BVerfGG *A. Kneser*, AöR 89 (1964), 129, 195 f.; *W.-R. Schenke/P. Baumeister*, NVwZ 1993, 1, 8 (Fn. 43); *U. Steiner*, FG BVerfG, Bd. I, 1976, 628, 638 f.

94 Dazu die Ausführungen bei *U. Steiner*, FG BVerfG, Bd. I, 1976, 628, 639.

95 So aber zu § 79 BVerfGG *A. Kneser*, AöR 89 (1964), 129, 195 f.

96 Zu § 79 BVerfGG *H. Bethge*, in: Maunz/Schmidt-Bleibtreu/Klein/Bethge § 79 Rn. 58; mit Blick auf Verwaltungsakte *Kopp/Schenke* § 183 Rn. 5.

97 *R. Pietzner*, in: Schoch/Schneider/Bier § 183 Rn. 37 f.

98 Insbes. kann das aufgrund der Vollstreckung der Entscheidung Geleistete nicht zurückgefordert werden, so zu § 79 BVerfGG *Pestalozza* § 20 Rn. 78.

99 Vgl. *R. Pietzner*, in: Schoch/Schneider/Bier § 183 Rn. 39 m.w.N.

100 *R. Pietzner*, in: Schoch/Schneider/Bier § 183 Rn. 40.

c) Präklusion des Nichtigkeitseinwandes? Hätte die Verfassungswidrigkeit der Vorschrift noch im ge- 46
richtlichen (Rechtsmittel-)Verfahren berücksichtigt werden können, soll außerdem der Vollstreckungsschutz, den § 183 S. 2, 3 gewährt, entfallen.[101] Die Garantie effektiven Rechtsschutzes schließe nicht
aus, dem Grundrechtsträger ein Mindestmaß an Aufmerksamkeit und eigener Initiative abzuverlangen. Als praktische Folge führt dies zu der „Obliegenheit", sich während des Laufs der Rechtsmittelfristen, ggf. unter Zuhilfenahme kundigen Rechtsrats, zu informieren, ob landesverfassungsrechtliche
Nichtigerklärungen hinsichtlich der streitentscheidenden Normen ergangen sind. Nur dann nämlich
liege unverschuldete Unkenntnis vor,[102] die ggf. zur Wiedereinsetzung nach § 60[103] berechtige.
Diese Auffassung erscheint zumindest im Anwendungsbereich des § 183 bedenklich. Sie kann ohnehin 47
nur zum Tragen kommen, wenn die Nichtigerklärung nach Schaffung des Vollstreckungstitels, aber
vor Eintritt der Rechtskraft erfolgt ist;[104] § 183 ist insgesamt auf unanfechtbare Entscheidungen zugeschnitten. Ergeht die Normenkontrollentscheidung während eines laufenden Verfahrens, ist von den
Beteiligten in einem vom Untersuchungsgrundsatz beherrschten Prozess nicht mehr Wachsamkeit zu
fordern als vom VG, das diesen Umstand von Amts wegen zu berücksichtigen hat. Aber auch bei späterer Nichtigerklärung leuchtet nicht ein, warum § 183 S. 2, 3 nicht greifen soll (sobald die Rechtsbehelfsfrist abgelaufen ist). Hat der Betroffene ohnehin ein Wahlrecht zwischen der Einlegung des
Rechtsbehelfs und der Erhebung der Vollstreckungsgegenklage,[105] ist Schutz vor der Vollstreckung eines fehlerhaften Urteils erst recht zu gewähren, wenn das Gericht die Verfassungswidrigkeit der entscheidungserheblichen Norm nicht erkannt hat.

d) „Vollstreckung" i.S.v. § 183 S. 2. „Vollstreckung" i.S.v. § 183 S. 2 ist nicht eng lediglich als Voll- 48
streckung nach den §§ 167 ff. VwGO i.V.m. §§ 704 ff. ZPO zu verstehen, sondern bezeichnet jegliches
hoheitliche Gebrauchmachen von der auf einer nichtigen Grundlage ergangenen Gerichtsentscheidung
für die Zukunft.[106] Unter das Vollstreckungsverbot fällt deshalb die Aufrechnung mit einer Forderung, die ihren Rechtsgrund in der für nichtig erklärten Rechtsvorschrift hat,[107] ebenso der Erlass
rechtsgestaltender Verwaltungsakte, die die Vollstreckung „gleichsam in sich tragen".[108] Erörterungs-
würdig ist dagegen, ob das Vollstreckungsverbot auch mittelbar Auswirkungen für Dritte haben kann.
Sobald an dem streitigen Rechtsverhältnis außer der Behörde und dem Beschwerten noch ein Drittbe-
günstigter beteiligt ist, stellt sich die Frage nach der Bindung eben dieses Dritten an die Nichtigerklärung durch das Verfassungsgericht. Die Konstellation begegnet in erster Linie bei der Ausnutzung unanfechtbar gewordener Genehmigungen vor allem im Baurecht, aber auch bei Genehmigungen nach
dem BImschG oder dem AtomG. Würde § 183 S. 2 gelesen i.S.v. „Die *Umsetzung* einer solchen Entscheidung ist unzulässig",[109] so wäre auch der Drittbegünstigte vom „Umsetzungsverbot" betroffen.
Damit überdehnte man allerdings den Anwendungsbereich der Vorschrift. Geregelt wird das Vollstreckungsverbot für Hoheitsträger, nicht aber soll verhindert werden, dass überhaupt künftige Folgewirkungen der auf der nichtigen Rechtsgrundlage beruhenden Entscheidung eintreten können.[110]

3. Statthaftigkeit der Vollstreckungsgegenklage, § 183 S. 3. Wenn gegen den Vollstreckungsschuldner 49
entgegen § 183 S. 2 gleichwohl vollstreckt wird, kann er sich dagegen mittels Vollstreckungsgegenklage gem. § 767 ZPO zur Wehr setzen. § 183 S. 3 sieht die Statthaftigkeit dieses Rechtsbehelfs ohne Einschränkungen vor, im Unterschied zu § 79 Abs. 2 S. 3 BVerfGG, der eine entsprechende Anwendung
des § 767 nur dann vorsieht, „soweit die Zwangsvollstreckung nach den Vorschriften der Zivilprozessordnung durchzuführen ist". Obwohl der Wortlaut eine solche Annahme zunächst nahezulegen
scheint, liegt darin bei genauerer Betrachtung kein relevanter Unterschied zur Gestaltung des § 183

---

101 *R. Pietzner*, in: Schoch/Schneider/Bier § 183 Rn. 34.
102 *W. Bier*, in: Schoch/Schneider/Bier § 60 Rn. 33.
103 So für § 79 Abs. 2 BVerfGG *A. Kneser*, AöR 89 (1964), 129, 147 f.; vgl. auch *E. Knoll*, JZ 1956, 358, 359.
104 *R. Pietzner*, in: Schoch/Schneider/Bier § 183 Rn. 34.
105 BGH NJW 1998, 2972, 2975; OLG Frankfurt JurBüro 1983, 143 (LS); *H. Otto*, JA 1981, 649.
106 *I. Kraft*, in: Eyermann § 183 Rn. 6.
107 BFH NJW 1967, 1776; *Kopp/Schenke* § 183 Rn. 7; *I. Kraft*, in: Eyermann § 183 Rn. 8.
108 So die Formulierung bei *R. Pietzner*, in: Schoch/Schneider/Bier § 183 Rn. 43; *R. Pietzner* a.a.O. nennt als Bsp. die
      Ausführungsanordnung nach § 117 Abs. 5 BauGB oder § 61 FlurbG.
109 Für diese Lesart plädiert *I. Kraft*, UPR 1988, 288, 296.
110 Vgl. *R. Pietzner*, in: Schoch/Schneider/Bier § 183 Rn. 44: „(Denn) für den Normzweck der Sätze 2 und 3 des § 183
      ist die Abwehr staatlichen Vollstreckungszwanges prägend.", a.A.: *I. Kraft*, in: Eyermann § 184 Rn. 11, der von
      einer (sinngemäßen) Bindungswirkung der Rechtsfolgen des § 183 in „mehrpoligen Rechtsverhältnissen" ausgeht.

S. 3. Keineswegs soll damit nämlich die Anwendung des § 767 ZPO auf die Vollstreckung zivilgerichtlicher Titel beschränkt werden. Auch ist § 79 Abs. 2 S. 3 BVerfGG nicht auf die Verfahren beschränkt, die tatsächlich Vollstreckungsmaßnahmen auf die §§ 803 ff. ZPO stützen;[111] dies führte zu dem untragbaren Ergebnis, dass die Entscheidung über die Rechtsgrundlagen der Vollstreckung in Zweifelsfällen[112] (dazu eingehend → § 172 Rn. 29 ff.) dazu geeignet wäre, die Statthaftigkeit der Vollstreckungsgegenklage auszuschließen. Zum richtigen Verständnis des § 79 Abs. 2 S. 3 BVerfGG führt vielmehr der Zweck dieser Regelung. Damit soll lediglich verhindert werden, dass durch eine übergreifende bundesrechtliche Regelung einem Vollstreckungsregime ein Rechtsbehelf aufgezwungen wird, der diesem fremd ist. Sofern dort also besondere Vorschriften für die Geltendmachung materieller Einwendungen bestehen, sind diese anzuwenden. Im Übrigen aber ist § 79 Abs. 2 S. 3 BVerfGG wie folgt zu lesen: „Soweit Einwendungen, die den zu vollstreckenden Anspruch selbst betreffen, nach § 767 ZPO geltend zu machen sind, gilt diese Vorschrift für die Einwendung aus S. 2 entsprechend".[113]

50   Angesichts der Tatsache, dass die Unzulässigkeit der Vollstreckung bereits aus § 183 S. 2 folgt, hat das auf die Vollstreckungsgegenklage ergehende Urteil nur Feststellungswirkung.[114] Jedoch macht die Einführung des § 767 ZPO durch § 183 S. 3 durchaus Sinn; weil die Vollstreckung wegen § 183 S. 2 bereits ipso iure unzulässig ist, wäre nämlich ohne S. 3 die Erinnerung gem. § 766 ZPO statthaft.[115] Nicht zu folgen ist allerdings der Einschätzung, die Vollstreckungsgegenklage sei an sich nicht der passende Rechtsbehelf, weil der die Vollstreckungsabwehr tragende Grund (nämlich die Nichtigerklärung) nicht nachträglich entstanden sei.[116] Diese Sichtweise beruht auf dem überkommen Nichtigkeitsdogma. Richtigerweise wird die Unwirksamkeit der Norm erst durch den verfassungsgerichtlichen Nichtigkeitsausspruch ausgelöst (→ Rn. 11 ff.), und das geschieht im Anwendungsbereich von § 183 regelmäßig nach Ergehen der zugrunde liegenden Entscheidung. Insofern ist die Nichtigerklärung durchaus eine nachträgliche Einwendung i.S.v. § 767 Abs. 1, 2 ZPO.

§ 184 [Sonderregelungen der Länder]

Das Land kann bestimmen, daß das Oberverwaltungsgericht die bisherige Bezeichnung „Verwaltungsgerichtshof" weiterführt.

1   **1. Entstehungsgeschichte und Regelungsanlass.** Die Vorschrift ist seit Inkrafttreten der VwGO unverändert.[1] Sie trägt den traditionell unterschiedlichen Gerichtsbezeichnungen[2] in der Verwaltungsgerichtsbarkeit[3] Rechnung. Seit dem Wiederbeginn der Verwaltungsgerichtsbarkeit in den Ländern 1946/47 führen Baden-Württemberg, Bayern und Hessen die traditionelle Bezeichnung „Verwaltungsgerichtshof". Das Hauptanliegen des EVwPO bestand darin, eine übergreifende Vereinheitlichung der Gerichtsbezeichnungen außerhalb der ordentlichen Gerichtsbarkeit herbeizuführen, und machte dabei auch vor § 184 nicht Halt. Diese Bestrebungen[4] haben sich jedoch letztlich nicht durchgesetzt (§ 189 Abs. 1 EVwPO [BT-Drs. 10/3437] übernahm § 184 VwGO wörtlich).

---

111 Insofern durchaus missverständlich verkürzt *E. Klein*, in: Benda/Klein/Klein Rn. 1259 („auch die Entscheidungen der Verwaltungsgerichte werden nach dem 8. Buch der ZPO vollstreckt [§ 167]").
112 Etwa die Frage der Vollstreckung schlichter Leistungsurteile nach § 172 oder § 167 Abs. 1 S. 1 VwGO i.V.m. §§ 883 ff. ZPO.
113 *A. Kneser*, AöR 89 (1964), 129, 186.
114 *H. v. Nicolai*, in: Redeker/v. Oertzen § 183 Rn. 1.
115 *R. Pietzner*, in: Schoch/Schneider/Bier § 183 Rn. 45.
116 So aber *R. Pietzner*, in: Schoch/Schneider/Bier § 183 Rn. 45.
  1 § 176 des Regierungsentwurfs (BT-Drs. 3/55 S. 1, 22) hatte die Fassung: Die Landesgesetzgebung kann bestimmen, daß das Oberverwaltungsgericht die bisherige Bezeichnung „Verwaltungsgerichtshof" weiterführt.
  2 Preußen errichtete 1875 ein OVG, während VGH in Baden (1863), Hessen-Darmstadt (1875), Württemberg (1876), und Bayern (1878) gegründet wurden. Zur Geschichte der Verwaltungsgerichtsbarkeit *Hufen* § 2; *Würtenberger* Rn. 36 ff.
  3 Im Bereich der ordentlichen Gerichtsbarkeit führt das Berliner OLG die traditionelle Bezeichnung Kammergericht, § 1 Nr. 1 AGGVG Berlin.
  4 Vgl. Synopse zum Entwurf einer Verwaltungsprozeßordnung, hrsg. v. Bundesministerium für Justiz, 1977, 12 f.

2. Gesetzgebungskompetenz des Bundes. Die Kompetenz für das Gerichtsverfassungsrecht zugunsten 2 des Bundes (Art. 74 Abs. 1 Nr. 1 GG) umfasst sowohl die positive Bezeichnung der Gerichte[5] als auch die Entscheidung, diese Kompetenz i.S. eines Landesrechtsvorbehalts durch § 184 zu delegieren. Nicht umfasst ist die Bestimmung des Sitzes und der Bezirke von Gerichten. Die Organisationsgewalt der Länder erstreckt sich auch auf die Gerichte[6] (zur Übertragung an die Verwaltungsgerichtsbarkeit → § 187 Rn. 7 ff., 24 ff.).

3. Landesrechtliche Bestimmungen. Von der Ermächtigung des § 184, die gerichtliche Mittelinstanz 3 als VGH zu bezeichnen, haben die süddeutschen Länder Baden-Württemberg, Bayern und Hessen Gebrauch gemacht. Die OVG führen dort nach § 1 Abs. 1 der Ausführungsgesetze zur VwGO die Bezeichnung „Verwaltungsgerichtshof Baden-Württemberg", „Bayerischer Verwaltungsgerichtshof" und „Hessischer Verwaltungsgerichtshof".

4. Rechtsetzungstechnische Gestaltungsmöglichkeiten. Ermächtigungsadressat des § 184 ist das Land 4 als solches. Deshalb könnte die Festlegung nicht nur durch förmliches Landesgesetz (die genannten Vorschriften der AGVwGO) geschehen, sondern wäre auch durch Rechtsverordnung oder bloße Organisationsverfügung zulässig.[7] Dies war noch im Regierungsentwurf anders vorgesehen(s. Fn. 1).

5. Keine Erweiterung. Der Kreis der genannten Länder ist nicht erweiterbar.[8] Eine Änderung der Be- 5 zeichnung in denjenigen Ländern, die gegenwärtig die Bezeichnung OVG führen, ist nicht möglich. Dies gilt auch für Bremen, das die Bezeichnung „Verwaltungsgerichtshof" nach Inkrafttreten der VwGO in „Oberverwaltungsgericht" geändert hat.[9] Ebenso wenig werden die neuen Bundesländer von der Ermächtigung des § 184 erfasst; auch der Einigungsvertrag hat hier keine Erweiterung vorgesehen.[10]

§ 185 [Sonderregelungen für Berlin, Brandenburg, Bremen, Hamburg, Mecklenburg-Vorpommern, Saarland und Schleswig-Holstein]

(1) In den Ländern Berlin und Hamburg treten an die Stelle der Kreise im Sinne des § 28 die Bezirke.

(2) Die Länder Berlin, Brandenburg, Bremen, Hamburg, Mecklenburg-Vorpommern, Saarland und Schleswig-Holstein können Abweichungen von den Vorschriften des § 73 Abs. 1 Satz 2 zulassen.

I. Entstehungsgeschichte und Regelungsanlass

§ 185 war im Regierungsentwurf der VwGO (BT-Drs. 3/55; vgl. auch BT-Drs. 3/1094, 74) nicht ent- 1 halten. Die Vorschrift entstand auf Betreiben der Bundesländer über den Bundesrat und wurde vom Rechtsausschuss als sachdienlich gebilligt (BT-Drs. 3/1094, 16). Den Kreis der in § 185 Abs. 2 genannten Länder hat Art. 7 des Gesetzes vom 24.6.1994[1] um die Länder Brandenburg und Mecklenburg-Vorpommern erweitert.

Die Vorschrift trifft in ihren beiden Absätzen sachlich unterschiedliche Regelungen, die beide ihre 2 Rechtfertigung in den Besonderheiten des Verwaltungsaufbaus der genannten Länder haben. Berlin und Hamburg kennen keine Kreise, sondern sind in Bezirke eingeteilt. Außerdem handelt es sich bei den Stadtstaaten sowie Brandenburg, Mecklenburg-Vorpommern und dem Saarland (vgl. §§ 2, 6 LOG SL)[2] um Länder ohne Behördenmittelbau. Es fehlt damit die Entlastungsfunktion, die sonst den

---

5 P. *Kunig,* in: v. Münch/Kunig, GG Art. 74 Rn. 16: „äußere Organisation der Rechtsprechung, d.h. alle Vorschriften, die den Aufbau der Gerichte … betreffen"; T. *Maunz,* in: Maunz/Dürig Art. 74 Rn. 73 m.w.N.: „alle Vorschriften, die das Errichten oder Einrichten dieser Organe regeln"; P. *Stelkens/N. Panzer,* in: Schoch/Schneider/Bier § 184 Rn. 2.

6 BVerfGE 24, 155, 167; P. *Kunig,* in: v. Münch/Kunig, GG Art. 74 Rn. 18. Ebenfalls von der Bundeskompetenz nicht umfasst sind Regelungen, die Standesgerichte und Disziplinargerichte betreffen; vgl. BVerfGE 4, 74, 83 ff. (Berufsgerichtsbarkeit für Ärzte); BVerfGE 29, 125, 137 f.

7 P. *Stelkens/N. Panzer,* in: Schoch/Schneider/Bier § 184 Rn. 2.

8 *Kopp/Schenke* § 184 Rn. 1.

9 *Kopp/Schenke* § 184 Rn 1.

10 P. *Stelkens/N. Panzer,* in: Schoch/Schneider/Bier § 184 Rn. 2.

1 BGBl I 1374, 1376; Gesetzentwurf des Bundesrates v. 3.12.1993, BT-Drs. 12/6344.

2 W. *Thieme,* DVBl 1958, 261 ff.

Regierungsbezirken hinsichtlich der zentralen Behörden zukommt. Auch verbleiben die Koordination der nachgeordneten Behörden sowie die Aufsicht über diese und die Selbstverwaltungsträger beim Ministerium.[3] In Schleswig-Holstein[4] tritt an die Stelle territorial gegliederter Mittelbehörden ein zentrales Landesverwaltungsamt. Dasselbe gilt für Thüringen;[5] gleichwohl hat der Gesetzgeber bislang keinen Anlass gesehen, den Anwendungsbereich des § 185 Abs. 2 auf dieses Bundesland zu erstrecken.[6]

II. Ersetzung der Kreise in § 28 durch Bezirke (§ 185 Abs. 1)

3 Die Gliederung der Länder Berlin und Hamburg in Bezirke anstelle von Kreisen betrifft für den Regelungsbereich der VwGO lediglich die Vorschrift des § 28. Die erforderliche Angleichung trifft § 185 i.R. der Schluss- und Übergangsbestimmungen. Die Vorschlagsliste für ehrenamtliche Richter wird entsprechend § 28 aufgestellt (→ § 28 Rn. 2 ff.).

III. Disponibilität der Widerspruchszuständigkeiten (§ 185 Abs. 2)

4 **1. Inhalt der Ermächtigung.** § 185 Abs. 2 macht die Widerspruchszuständigkeiten disponibel und ermöglicht deren Anpassung an die Verwaltungsstruktur des jeweiligen Landes. Dazu besteht deswegen Veranlassung, weil § 73 Abs. 1 S. 2 Nr. 1 und 2 auf einen dreistufigen Verwaltungsaufbau zugeschnitten ist[7] („*nächsthöhere* Behörde"). In den Ländern ohne Behördenmittelbau bliebe es dann stets bei der Widerspruchszuständigkeit der Ausgangsbehörde nach § 73 Abs. 1 S. 2 Nr. 2. Diese allgemeine Verhinderung des Devolutiveffekts durch Bundesrecht ist allerdings nur dann gerechtfertigt, wenn aufgrund der besonderen Bedeutung der Sache bereits eine höhere Behörde mit der Ausgangsentscheidung befasst war. Es obliegt nach Abs. 2 den Ländern, die Balance zwischen der für die Widerspruchsentscheidung erforderlichen Sach- und Rechtskompetenz und der gebotenen Entlastung der Ministerialverwaltung herbeizuführen.

5 **2. Ergänzung des § 73 Abs. 1 S. 2.** Eine flexible Gestaltung durch das jeweilige Organisationsrecht des Landes ermöglicht auch der durch das Zuständigkeitslockerungsgesetz vom 10.3.1975 (BGBl I 685) eingeführte Nachsatz des § 73 Abs. 1 S. 2 Nr. 1 („soweit nicht durch Gesetz eine andere höhere Behörde bestimmt wird"). Dennoch verbleibt für § 185 Abs. 2 ein eigenständiger Anwendungsbereich, denn der Vorbehalt des § 73 Abs. 1 S. 2 Nr. 1 Hs. 2 setzt den Devolutiveffekt zwingend voraus. Danach kann lediglich eine andere höhere Behörde, nie aber die Ausgangsbehörde selbst Widerspruchsbehörde sein.[8]

6 **3. Mögliche Abweichungen.** § 185 Abs. 2 ermöglicht somit folgende Abweichungen der Länder: Der Devolutiveffekt des Widerspruchs auf die nächsthöhere Behörde kann angeordnet oder beseitigt werden. Ebenfalls denkbar wäre es, die Widerspruchszuständigkeit einer gesonderten, ansonsten nicht unmittelbar übergeordneten Behörde zu übertragen. Insofern bietet § 185 Abs. 2 Offenheit für neue Entwicklungen, die über die Anpassung an einen zweistufigen Behördenaufbau hinausgehen.

7 Auch wenn dadurch Gestaltungen möglich sind, die den nicht aufgeführten Bundesländern verschlossen bleiben, so steht doch die positive Anstoßwirkung im Vordergrund, die von innovativen Verwaltungskonzepten ausgeht. Eine teleologische Reduktion der Vorschrift auf das zur Anpassung der Unterschiede in der Behördenstruktur zwingend Erforderliche ist deshalb nicht geboten.

8 **4. Selbstverwaltungsangelegenheiten.** In Selbstverwaltungsangelegenheiten kann von der Widerspruchszuständigkeit der Selbstverwaltungsbehörde abgewichen werden. Diese in einigen Bundesländern, wie etwa Bremen (Art. 9 Abs. 2 AGVwGO – Selbstverwaltungsangelegenheiten der Stadtgemein-

---

3 Zu den Regierungsbezirken im Gesamtaufbau der Verwaltung F. *Wagener*, VerwArch 73 (1982), 153 ff.; vgl. auch W. *Loschelder*, VerwArch 48 (1957), 37 ff.; L. *Schrapper*, DÖV 1994, 157 ff.

4 Vgl. Allgemeines Verwaltungsgesetz für das Land Schleswig-Holstein (Landesverwaltungsgesetz) v. 2.6.1992 (GVOBl 243), zuletzt geändert am 11.3.1993 (GVOBl 128).

5 Zum Thüringischen Landesverwaltungsamt B. *Becker*, Verw. 26 (1993), 317 ff.; A. *Kießwetter/H. Parzefall*, LKV 1993, 111.

6 Die Begründung zu Art. 7 des Gesetzes v. 24.6.1994 (Beschlussempfehlung und Bericht des Rechtsausschusses, BT-Drs. 12/7277, 11) führt dazu lediglich aus, dass es aufgrund des Fehlens der Mittelinstanz in Brandenburg und Mecklenburg-Vorpommern geboten erscheint, diese Länder in den Katalog des § 185 Abs. 2 aufzunehmen.

7 K.-P. *Dolde/W. Porsch*, in: Schoch/Schneider/Bier § 73 Rn. 11.

8 K. *Rennert*, in: Eyermann § 73 Rn. 1 a.

de Bremen), getroffene Regelung wird allerdings bereits durch den Vorbehalt des § 73 Abs. 1 S. 2 Nr. 3 selbst ermöglicht. Eines Rückgriffs auf § 185 Abs. 2 bedarf es dazu nicht.

Einem völligen Entzug der Widerspruchszuständigkeit stünde jedenfalls die Selbstverwaltungsgarantie entgegen, die Art. 28 Abs. 2 GG den Gemeinden und Art. 5 Abs. 3 GG den Universitäten und Fakultäten gewährleistet. Der Prüfungsumfang der (von der Selbstverwaltungskörperschaft verschiedenen) Widerspruchsbehörde darf sich deshalb nur für sonstige Selbstverwaltungskörperschaften auch auf die Zweckmäßigkeit erstrecken.[9] **9**

5. Die Regelungen der Länder im Einzelnen. Von der Ermächtigung des Abs. 2 haben die genannten **10** Länder – soweit ersichtlich aber mit Ausnahme Brandenburgs und Mecklenburg-Vorpommerns – Gebrauch gemacht. Im Einzelnen unterscheiden sich die Regelungen und sehen teilweise nur für bestimmte Fälle Abweichungen von § 73 Abs. 1 S. 2 Nr. 2 vor:

- ▪ Berlin: § 67 ASOG, § 27 Abs. 1 AZG, § 30 Abs. 2 lit. a AZG, WiderspruchszuständigkeitsVO Bau- **11** Wohn (GVBl 1995, 61).
- ▪ Bremen: Art. 9 Abs. 1 AGVwGO, wonach der zuständige Senator den Widerspruchsbescheid erlässt, sofern nicht eine andere Stelle die nächsthöhere Behörde ist.[10]
- ▪ Hamburg: § 7 Abs. 1 AGVwGO, der den Devolutiveffekt ausschließt. Die Ausgangsbehörde entscheidet deshalb über den Widerspruch, sofern nicht ein Widerspruchsausschuss nach § 7 Abs. 2 i.V.m. der WiderspruchsausschußVO (GVBl 1987, 85, zuletzt geändert durch Gesetz v. 6.7.2006 [HambGVBl 404, 414]) zuständig ist.
- ▪ Saarland: § 8 Abs. 1 Nr. 4 AGVwGO begründet die Widerspruchszuständigkeit der obersten Landesbehörde. Abweichend davon entscheiden nach § 8 Nr. 1, 2 oder 3 die Stadt-, Kreis- oder Stadtverbandsrechtsausschüsse, sofern der örtliche Zuständigkeitsbereich der unteren Landesbehörde auf das Gebiet der betreffenden Gebietskörperschaft beschränkt bleibt. § 136 S. 2 KSVG regelt die Widerspruchszuständigkeit der obersten Kommunalaufsichtsbehörde. § 193 Abs. 1 des KSVG bestimmt das Landesverwaltungsamt zur Kommunalaufsichtsbehörde der Landkreise, oberste Kommunalaufsichtsbehörde ist gem. Abs. 2 das Ministerium für Inneres und Sport. Das Landesverwaltungsamt ist gem. § 218 Abs. 1 KSVG zudem Kommunalaufsichtsbehörde des Regionalverbandes Saarbrücken.
- ▪ Schleswig-Holstein: § 119 Abs. 2 LVwG i.V.m. WiBeZustVo.[11]

6. Abschließender Charakter des § 185 Abs. 2. Eine Erweiterung des Kreises der in § 185 Abs. 2 ge- **12** nannten Länder ist nicht möglich. Zwar ist es denkbar, dass im Zuge von Verwaltungsreformen die Mittelinstanz auch in anderen Ländern abgeschafft wird, allerdings müsste dann § 185 Abs. 2 zunächst erweitert werden, um die Widerspruchszuständigkeit des § 73 zu vermeiden.[12] Dies ist für die Länder Brandenburg und Mecklenburg-Vorpommern geschehen, im Falle Thüringens aber unterblieben (→ Rn. 2). Die enumerative Fassung des § 185 erlaubt es nicht, sich über den Wortlaut der Vorschrift hinwegzusetzen.

§ 186 [Sonderregelungen für Berlin, Bremen und Hamburg]

[1]§ 22 Nr. 3 findet in den Ländern Berlin, Bremen und Hamburg auch mit der Maßgabe Anwendung, daß in der öffentlichen Verwaltung ehrenamtlich tätige Personen nicht zu ehrenamtlichen Richtern berufen werden können. [2]§ 6 des Einführungsgesetzes zum Gerichtsverfassungsgesetz gilt entsprechend.

---

9 Vgl. K.-P. Dolde/W. Porsch, in: Schoch/Schneider/Bier § 73 Rn. 16 f.; K. Rennert, in: Eyermann § 73 Rn. 6.
10 Die Regelung in Art. 9 Abs. 3 AGVwGO, wonach in Angelegenheiten der Wasser- und Bodenverbände die Aufsichtsbehörde Widerspruchsbehörde ist, wurde aufgehoben.
11 Landesverordnung über die Zuständigkeit für Widerspruchsbescheide, GVOBl 2001, 76.
12 K. Rennert, in: Eyermann § 73 Rn. 4.

I. Regelungsanlass und Entstehungsgeschichte

1   § 186 S. 1 ist inhaltlich seit Erlass der VwGO unverändert.[1] Ebenso wie § 185 entstand die Vorschrift auf Betreiben der Bundesländer über den Bundesrat und wurde vom Rechtsausschuss als sachdienlich gebilligt (BT-Drs. 3/1094, 16). Anlass war die auch heute noch starke Beteiligung ehrenamtlich tätiger Bürger in der aktiven Verwaltung der Stadtstaaten (BT-Drs. 3/55, 63).[2] Demzufolge sollte der zu befürchtenden Kollision mit dem Amt als ehrenamtlicher Richter vorgebeugt werden. § 186 S. 2 wurde durch das Gesetz zur Vereinfachung und Vereinheitlichung der Verfahrensvorschriften zur Wahl und Berufung der ehrenamtlichen Richter vom 21.12.2004 (BGBl I 3599) mit Wirkung zum 1.1.2005 angefügt.

2   § 190 EVwPO (BT-Drs. 10/3437) sah einschränkend einen Ausschluss vom Richteramt bei nicht nur vorübergehender ehrenamtlicher Tätigkeit vor und zielte damit auf die Mitglieder der Bezirks-[3] und Gemeindevertretungen ab. Der Entwurf ist jedoch nicht Gesetz geworden.

II. Systematischer Zusammenhang

3   § 186 gehört systematisch zu § 22. Nach Nr. 3 dieser Vorschrift können ehrenamtliche Ratsmitglieder von Gemeinden und Gemeindeverbänden ebenso ehrenamtliche Richter (§ 19) sein, wie die nur ehrenamtlich tätigen kommunalen Wahlbeamten (→ § 22 Rn. 11; BVerwGE 44, 215, 220; BVerwG DVBl 1978, 112, 113). § 186 erweitert nun für die aufgeführten Bundesländer den Katalog an Hinderungsgründen für ehrenamtliche Richter um die ehrenamtliche Tätigkeit in der Verwaltung. Im Übrigen bleibt der Katalog der Nichtberufungsgründe abschließend (→ § 22 Rn. 4).[4]

III. Regelungszweck

4   § 186 teilt den Regelungszweck des § 22. Geschützt werden soll die (ehren)richterliche Neutralität,[5] indem Interessen- und Pflichtenkollisionen vermieden werden (→ § 22 Rn. 2, 9). Insbes. die Verquickung von Exekutive und der sie kontrollierenden Judikative kann den Verdacht erwecken, dass das Gericht die Verwaltung zum Nachteil des Bürgers schütze (→ § 22 Rn. 9). Zwar gilt der Grundsatz der Gewaltenteilung nicht absolut.[6] Maßgeblich ist vielmehr, ob die Gefahr eines generellen Pflichtenwiderstreits zwischen exekutiver und richterlicher Tätigkeit besteht (→ § 22 Rn. 9). Jedenfalls verfassungsrechtlich unzulässig wäre demnach eine Beteiligung von ehrenamtlichen Richtern an Fällen, mit denen sie als Entscheidungsträger in der Verwaltung befasst waren oder befasst sein könnten (→ § 22 Rn. 9). Nur im erstgenannten Fall würde § 54 Abs. 2 greifen; § 54 Abs. 3 umfasst nur Mitglieder von Körperschaftsvertretungen (→ § 54 Rn. 50) und ist nicht auf Gestaltungen zugeschnitten, in denen der ehrenamtliche Richter bei einer anderen Behörde gleich gelagerte Sachverhalte bearbeitet. § 186 beugt hier Unsicherheiten und Unklarheiten bei Ablehnung und Ausschließung vor und verhindert bereits die Berufung aller in der öffentlichen Verwaltung tätigen Personen. I.V.m. § 22 Nr. 3 sind damit sämtliche mit Exekutivaufgaben befasste Personen vom Richteramt ausgenommen.

5   In den nicht von § 186 erfassten Bundesländern lässt sich ein Verstoß gegen Gewaltenteilungsgrundsätze nicht von vornherein ausschließen. Wenn auch die ehrenamtliche Tätigkeit nicht die Qualität und den Umfang wie in den Stadtstaaten erreichen sollte, so kann doch bei Gemeinderatsmitgliedern im Einzelfall eine bedenkliche, z.T. sogar verfassungswidrige Verquickung von Verwaltungstätigkeit und Rspr. vorliegen. Weil eine Hinderung der Berufung nach § 22 Nr. 3 nicht in Betracht kommt, sind dann die Ausschließungs- und Ablehnungsgründe nach § 54 Abs. 2, 3 und ggf. § 54 Abs. 1 in weiter Auslegung anzuwenden (→ § 22 Rn. 2).

---

1 Nur in der Formulierung abweichend § 177 a i.d.F. des Berichts des Rechtsausschusses (BT-Drs. 3/1094, 16, 75), ebenso wie der am 1.4.1960 in Kraft getretene § 186 (Berufung zu „Verwaltungsrichtern").
2 *Kopp/Schenke* § 186 Rn. 1.
3 *P. Stelkens/N. Panzer* in: Schoch/Schneider/Bier § 186 Rn. 1.
4 Dazu auch OVG Bln-Bbg 8.1.2009 – 4 E 19.08.
5 *P. Stelkens/N. Panzer,* in: Schoch/Schneider/Bier § 186 Rn. 2.
6 Die drei Gewalten sollen nicht unverbunden nebeneinander stehen, sondern sich gegenseitig kontrollieren und begrenzen, BVerfGE 9, 268, 279 f.; *H. D. Jarass,* in: Jarass/Pieroth Art. 20 Rn. 24.

IV. Begriff der „öffentlichen Verwaltung"

Der Begriff der „öffentlichen Verwaltung" ist materiell i.S.v. § 1 Abs. 4 VwVfG zu verstehen. Dies 6
folgt aus dem Regelungsziel des § 186, der die richterliche Neutralität gegen die Verquickung mit inhaltlichen Verwaltungsaufgaben absichern will (→ Rn. 4). Gemeint ist deshalb jede staatliche Tätigkeit außerhalb von Rechtsetzung und Rspr., bei der, unabhängig von der Rechtsform, materiell Aufgaben der öffentlichen Verwaltung wahrgenommen werden.[7] Hinter dieser Bestimmung steht maßgeblich der Schutzzweck der Vorschrift, die Bedenken hinsichtlich der richterlichen Integrität umfassend
begegnen will (→ Rn. 4). Überschneidungen mit nicht-öffentlichen Aufgaben stehen dem Begriff der
öffentlichen Verwaltung nicht entgegen, sofern nur *auch* Tätigkeiten öffentlich-rechtlicher Natur vorgenommen werden. Damit ist die Entscheidung von Zweifelsfällen begrifflich vorgegeben, ohne dass
es auf die allgemeine Frage ankommt, ob § 186 weit auszulegen ist.[8]

V. Ehrenamtliche Tätigkeit

Die ehrenamtliche Tätigkeit umfasst jede unentgeltliche Mitwirkung bei der Erfüllung öffentlicher 7
Aufgaben, die aufgrund behördlicher Bestellung außerhalb eines haupt- oder nebenamtlichen Dienstverhältnisses stattfindet.[9] Es genügt, wenn die ehrenamtliche Tätigkeit befristet bzw. vorübergehend
ausgeübt wird.[10] Insoweit entspricht der Begriff § 81 VwVfG. Abweichungen sind allerdings in zweifacher Hinsicht angebracht. Zum einen ist § 186 insofern enger, als ein nur einmaliges Tätigwerden
zwar ehrenamtliche Tätigkeit i.S.d. Verwaltungsverfahrensrechts ist,[11] allerdings dann keinen
Ausschluss vom Richteramt rechtfertigen kann, wenn künftig keine weitere Wahrnehmung öffentlicher Aufgaben zu erwarten ist. Anderseits ist § 186 insofern weiter zu verstehen, als er auch und
gerade Ehrenbeamte (ehrenamtliche Ratsmitglieder von Gemeinden und Gemeindeverbänden, ehrenamtlich tätige kommunale Wahlbeamte) erfasst, die gem. § 6 Abs. 5, § 133 BBG in das Beamtenverhältnis berufen werden.[12]

VI. Rechtsfolgen eines Verstoßes gegen § 186

Wird eine ehrenamtlich tätige Person zum Laienrichter berufen, so gelten für die Fehlerfolgen die ent- 8
sprechenden Grundsätze wie bei Verstößen gegen §§ 20, 21. Dementsprechend kann man nicht von
einer Unwirksamkeit der Berufung ausgehen, sodass das Gericht nicht vorschriftsmäßig besetzt wäre.[13] Vielmehr bleibt die Wirksamkeit der gerichtlichen Entscheidung, die unter Mitwirkung des jeweiligen ehrenamtlichen Richters getroffen wurde, unberührt, allerdings kommt eine Entbindung vom
Amt in Betracht (→ § 20 Rn. 16; → § 21 Rn. 9; → § 22 Rn. 20) und wird im Regelfall auch zwingend
sein.

VII. Verweis auf § 6 EGGVG

§ 186 S. 2 ordnet die „entsprechende Anwendung" des § 6 EGGVG an. § 6 EGGVG ist durch das 9
StVÄG 1987 eingeführt worden. Mit ihm wurde eine allgemeine Übergangsvorschrift (intertemporale
Regelung) für das Recht der ehrenamtlichen Richter geschaffen, sodass es in Zukunft nicht notwendig
ist, jeweils neue Übergangsvorschriften für einzelne Änderungsgesetze zu erlassen.[14]
Neue Vorschriften über die Wahl oder die Ernennung der ehrenamtlichen Richter, Wahlvorbereitung,
Voraussetzung für die Wahl, Zuständigkeit und Wahlverfahren gelten nicht für ehrenamtliche Richter,
die bei Inkrafttreten der Neuregelung schon im Amt sind. Vielmehr gelten solche Vorschriften (wie alle künftigen Änderungsvorschriften) erst für die nächste Amtsperiode der ehrenamtlichen Richter. Das

---

7 *P. Stelkens/N. Panzer*, in: Schoch/Schneider/Bier § 186 Rn. 2; *H. Geiger*, in: Eyermann § 186 Rn. 1.
8 Diese Auffassung vertreten *P. Stelkens/N. Panzer*, in: Schoch/Schneider/Bier § 186 Rn. 2 und die vorherrschende Auffassung zu § 22 Nr. 3.
9 *H.-G. Henneke*, in: Knack/Henneke § 81 Rn. 3.
10 *P. Stelkens/N. Panzer*, in: Schoch/Schneider/Bier § 186 Rn. 2.
11 *H.-G. Henneke*, in: Knack/Henneke § 81 Rn. 3.
12 *H.-G. Henneke*, in: Knack/Henneke § 81 Rn. 5; *P. Stelkens/N. Panzer*, in: Schoch/Schneider/Bier § 186 Rn. 2.
13 So auch *M. Redeker*, in: Redeker/v. Oertzen § 20 Rn. 2; *ders.* § 21 Rn. 5; *ders.* § 22 Rn. 3.
14 *Kissel/Mayer*, 2005, § 6 EGGVG Rn. 1 ff.

gilt indessen nur (mit Rücksicht auf die notwendigen Vorbereitungen), wenn die nächste Amtsperiode nicht früher als am ersten Tag des auf das Inkrafttreten der Änderungsvorschriften folgenden zwölften Kalendermonats beginnt; es müssen also rund elf Monate zwischen dem Inkrafttreten des Änderungsgesetzes und dem Beginn der nächsten ordentlichen Amtsperiode liegen. Wird dieser Zwischenraum nicht erreicht, gelten die geänderten Vorschriften erst für die übernächste Amtsperiode. Soweit Vorschriften über die Dauer der Amtsperiode ehrenamtlicher Richter geändert werden (§ 6 Abs. 2 EGGVG), gelten diese Vorschriften erst für die Amtsperiode, die nach dem Inkrafttreten der Änderungsvorschriften beginnt.

10   Der Verweis auf § 6 EGGVG in der VwGO findet seine Berechtigung demnach darin, dass – soweit Änderungen der §§ 19 ff. VwGO hinsichtlich der Wahl und Ernennung ehrenamtlicher Richter anstehen – Übergangsregelungen hierfür entbehrlich sind. Das war wohl auch der Grund, warum der Verweis in dem „Gesetz zur Vereinfachung und Vereinheitlichung der Verfahrensvorschriften zur Wahl und Berufung ehrenamtlicher Richter" vom 21.12.2004 in Art. 6 angeordnet wurde; soweit dort die §§ 20 ff. eine Änderung erfahren haben, gilt für diese Änderungen nunmehr (wie für alle folgenden diesbezüglichen Gesetzesänderungen) die abstrahierte Übergangsregelung des § 6 EGGVG mittels Verweis. Allerdings leuchtet der systematische Standort der Verweisung im Gesetz nicht ein.[15] Es liegt zwar nicht fern, eine solche „allgemeine Übergangsregelung" in den „Schluss- und Übergangsbestimmungen" eines Gesetzes zu platzieren. Mehr als verwirrend ist dann aber der Zusammenhang mit § 186 S. 1; die Lektüre der Regelung des § 186 lässt nämlich einem Sachzusammenhang mit der Sonderregelung zu den Stadtstaaten erwarten, der tatsächlich nicht besteht. Vielmehr ergibt der Verweis auf § 6 EGGVG nur dann einen Sinn, wenn er für alle Vorschriften der VwGO zur Wahl der ehrenamtlichen Richter Geltung beansprucht. Nur dies kann auch der Wille des Gesetzgebers gewesen sein (wenn man die entsprechende Regelung in Art. 7 des Gesetzes vom 21.12.2004 bzgl. der Änderung der FGO als Vergleich heranzieht). Insoweit wäre es klarer gewesen, der Gesetzgeber hätte den Verweis (so wie in der FGO) in einer gesonderten Vorschrift geregelt (§ 186 a) oder er hätte den Verweis gleich i.R. der §§ 20 ff. gesetzt.

§ 187 [Disziplinar-, Schieds- und Berufsgerichtsbarkeit; Personalvertretungsrecht]

(1) Die Länder können den Gerichten der Verwaltungsgerichtsbarkeit Aufgaben der Disziplinargerichtsbarkeit und der Schiedsgerichtsbarkeit bei Vermögensauseinandersetzungen öffentlich-rechtlicher Verbände übertragen, diesen Gerichten Berufsgerichte angliedern sowie dabei die Besetzung und das Verfahren regeln.

(2) Die Länder können ferner für das Gebiet des Personalvertretungsrechts von diesem Gesetz abweichende Vorschriften über die Besetzung und das Verfahren der Verwaltungsgerichte und des Oberverwaltungsgerichts erlassen.

Schrifttum

K. A. Bettermann/H. H. Walter, Berufsgerichtsbarkeit und Berufszulassung der Ärzte, NJW 1963, 1649; *G. Meyer-Hentschel,* Berufsgerichtsbarkeit und allgemeine Verwaltungsgerichtsbarkeit, DVBl 1964, 53; *E. Rasch,* Organisationsrechtliche Probleme der Verwaltungsgerichtsbarkeit, VerwArch 60 (1969), 1; *L. Renck,* Vermögensauseinandersetzung zwischen juristischen Personen des öffentlichen Rechts, BayVBl 1978, 12; *A. Scheidler,* Die Gerichtszuständigkeit im Verwaltungsprozess, Kommunalpraxis BY 2011, 98; *R. Woltereck,* Echte und unechte Schiedsgerichtsbarkeit, DÖV 1966, 323.

---

15 So auch *P. Stelkens/N. Panzer,* in: Schoch/Schneider/Bier § 186 Rn. 4, die von einer „gesetzestechnischen Fehlleistung" sprechen; ebenso *H, Geiger,* in: Eyermann § 186 Rn. 2.

I. Inhalt und Stellung des § 187 in der Verwaltungsgerichtsbarkeit

1. Der Regelungsgegenstand und seine Vorgeschichte. § 187 Abs. 1 ermächtigt die Bundesländer, [1] Sonderregelungen für die Disziplinar- und (unechte) Schiedsgerichtsbarkeit (zum Begriff → Rn. 19 ff.) sowie für die Berufsgerichtsbarkeit zu treffen. Bei letzterer wird die Angliederung an die VG, bei den beiden ersten die Eröffnung des Verwaltungsrechtsweges erlaubt. Für diese Zweige ist nicht bereits der allgemeine Verwaltungsrechtsweg nach § 40 Abs. 1 eröffnet. Es handelt sich zwar um öffentlich-rechtliche Streitigkeiten nichtverfassungsrechtlicher Art. Wie bei der Sozial- und Finanzgerichtsbarkeit entscheiden aber grds. selbständige Gerichte nach eigenen Verfahrensordnungen. Zu den maßgeblichen Rechtswegzuweisungen → Rn. 9 ff., 23 und zur Frage der Selbständigkeit des Rechtswegs bei Eingliederung → Rn. 13. Für die Disziplinargerichtsbarkeit des Bundes folgt die Zugehörigkeit zur besonderen Verwaltungsgerichtsbarkeit bereits aus Art. 95 Abs. 1, Art. 96 Abs. 4 GG, wo zwischen den verschiedenen Rechtswegen unterschieden wird.[1] In allen drei genannten Zweigen dürfen die Länder auch die Gerichtsbesetzung und das Verfahren selbständig und abweichend zu den sonstigen verwaltungsgerichtlichen Streitigkeiten regeln.

Anders insoweit § 187 Abs. 2: Für Personalvertretungssachen bestehen bundesrechtliche Rechtswegzu- [2] weisungen an die allgemeine Verwaltungsgerichtsbarkeit, die § 40 Abs. 1 vorgehen. § 187 Abs. 2 setzt diese voraus und ändert nichts an der anderweitig geregelten (→ Rn. 32) Entscheidungszuständigkeit. Ermächtigt wird lediglich zum Erlass von Verfahrens- und Besetzungsvorschriften für die auf diesem Gebiet angerufenen VG und OVG. Auch soweit dort Fachspruchkörper entscheiden, bleiben diese Bestandteil der allgemeinen Verwaltungsgerichtsbarkeit. Insoweit handelt es sich um eine mit der Eingliederung vergleichbare Gestaltung.[2] Aus der Zugehörigkeit des Personalvertretungsrechts zur allgemeinen Verwaltungsgerichtsbarkeit erklärt sich auch die gegenüber § 187 Abs. 1 eingeschränkte Fassung der Ermächtigung. Weil die VwGO anwendbar ist, wird nur die Abweichung von deren Vorschriften zugelassen (→ Rn. 33 ff.), nicht aber zum Erlass gesonderter prozessrechtlicher Regelungen ermächtigt.

§ 187 Abs. 1 und 2 ist seit Inkrafttreten der VwGO unverändert.[3] § 187 Abs. 3 regelte den Ausschluss [3] der aufschiebenden Wirkung von Rechtsbehelfen gegen Maßnahmen der Verwaltungsvollstreckung durch förmliches Landesgesetz. Die systematisch verunglückte Vorschrift wurde durch Art. 1 Nr. 32 des 6. VwGOÄndG (vom 1.11.1996, BGBl I 1626) gestrichen. Nunmehr enthält § 80 Abs. 2 S. 1 Nr. 3 eine allgemeine landesrechtliche Öffnungsklausel, die nicht mehr auf den Bereich der Verwaltungsvollstreckung nach Landesrecht beschränkt ist (→ § 80 Rn. 66). Für Maßnahmen der Länder in der Verwaltungsvollstreckung nach Bundesrecht enthält § 80 Abs. 2 S. 2 eine ausdrückliche Ermächtigung (→ § 80 Rn. 67 f.).

---

1 *D. Ehlers/J.P. Schneider*, in: Schoch/Schneider/Bier § 40 Rn. 693, 694.
2 Vgl. *E. Rasch*, VerwArch 60 (1969), 1, 30 ff.; *P. Stelkens*, in: Schoch/Schneider/Bier § 187 Rn. 8.
3 § 178 des Regierungsentwurfs (BT-Drs. 3/55, 22; vgl. auch BT-Drs. 3/1094, 75) lautete: „Die Landesgesetzgebung kann unter Regelung des Verfahrens den Gerichten der Verwaltungsgerichtsbarkeit Dienststrafgerichte angliedern und Aufgaben der Schiedsgerichtsbarkeit bei Vermögensauseinandersetzungen öffentlicher Verbände übertragen". Der Rechtsausschuss hat die vom Bundesrat empfohlene und vom Ausschuss für Inneres gebilligte Regelung hinsichtlich des Personalvertretungsrechts ausdrückl. als notwendig anerkannt, BT-Drs. 3/1094, 16; vgl. weiter zur Entstehungsgeschichte der Vorschrift BVerfGE 29, 125, 139 ff.

4   **2. Gesetzgebungskompetenz.** Die Befugnis, organisatorisch verselbständigte „besondere" Gerichte einzurichten, ergibt sich aus Art. 101 Abs. 2, Art. 30 GG.[4] Voraussetzung ist allerdings stets, dass Land oder Bund auch die sachliche Gesetzgebungskompetenz zusteht.[5] Der Bund ist hierbei nach Art. 92 Hs. 2 GG auf die Schaffung der im GG selbst vorgesehenen Gerichte beschränkt.[6] Neben den in Art. 95 GG aufgeführten obersten Bundesgerichten ermöglicht Art. 96 GG lediglich in begrenztem Umfang die Errichtung weiterer Bundesgerichte.

II. Normzweck

5   Anknüpfend an gewachsene Strukturen in den Ländern[7] öffnet § 187 die allgemeine Verwaltungsgerichtsbarkeit, um eine möglichst ökonomische Gestaltung der Verwaltungsgerichtsbarkeit zu ermöglichen. Mit der Abstufung zwischen Ein- und Angliederung[8] soll eine sachgerechte Verbindung der Gerichtsbarkeiten gewährleistet werden. Innerhalb dieser bundesrechtlichen Vorgaben sind die Länder allerdings frei. Sie sollen selbst entscheiden können, ob eine Übertragung an die allgemeine Verwaltungsgerichtsbarkeit oder die Errichtung selbständiger Gerichte den jeweiligen Strukturen und Gegebenheiten entspricht (BT-Drs. 3/55, 49, 63).

III. Besondere Verwaltungsgerichtsbarkeit (Abs. 1)

6   **1. Kompetenz der Länder.** § 187 ermöglicht eine Öffnung hinsichtlich der Gerichtszuständigkeiten und -organisation, beschränkt sich allerdings in doppelter Hinsicht auf Landesrecht. Die Ermächtigung ist schon deswegen nur an den Landesgesetzgeber adressiert, weil der Bund einer gesonderten Ermächtigung auf dem Gebiet des Prozessrechts nicht bedarf (Art. 74 Nr. 1 GG). Weiterhin beschränkt sich die Vorschrift auf Sachbereiche des Landesrechts.[9] § 187 ermächtigt nur deshalb zu einer abweichenden Gestaltung des gerichtlichen Verfahrens, weil die jeweiligen Sachbereiche in die Kompetenz der Länder fallen. Dementsprechend gilt § 187 Abs. 1 etwa ausschließlich für Angelegenheiten des Landesdisziplinarrechts, nicht aber für Streitigkeiten nach der Bundesdisziplinarordnung (→ Rn. 8 f.). Ohne Übertragung an die VG würden die Landesdisziplinargerichte entscheiden, für deren Gerichtsverfassung und Verfahrensgestaltung (etwa nach den Vorschriften der LDO) der Landesgesetzgeber frei wäre.[10] Ebenfalls sind Schiedsgerichtsklauseln i.S.d. § 187 Abs. 1 nur solche, die auf Vorschriften des Landesrechts beruhen.

7   **2. Disziplinargerichtsbarkeit.** Während Schieds- und Berufsgerichtsbarkeit nur partiell in Bezug genommen werden, spricht § 187 Abs. 1 allgemein von „Aufgaben der Disziplinargerichtsbarkeit".

8   **a) Rechtsweg in Disziplinarangelegenheiten.** Die Gesetzgebungskompetenz für die Disziplinargerichtsbarkeit bestimmt sich nicht nach Art. 74 Nr. 1 GG, sondern folgt als Annex aus der Kompetenz zur Regelung des materiellen Amtsrechts.[11] Deswegen existiert kein einheitlicher Rechtsweg. Die Bestimmung obliegt für bundesrechtliche Sonderstatusverhältnisse dem Bund, für landesrechtliche dem Land. Dem trägt § 187 Abs. 1 Rechnung.

9   **aa) Bund.** Für Personen, die in einem öffentlich-rechtlichen Dienstverhältnis zum Bund stehen, gestattet Art. 96 Abs. 4 GG die Errichtung von Bundesgerichten. Das früher bestehende Bundesdisziplinargericht mit Sitz in Frankfurt wurde zum 31.12.2003 aufgelöst. Die Aufgaben der Disziplinarge-

---

4   *D. Ehlers/ J.P. Schneider,* in: Schoch/Schneider/Bier § 40 Rn. 694, der für die Disziplinargerichtsbarkeit darauf hinweist, dass Art. 96 Abs. 4 GG keine Sperrwirkung für die Länder entfaltet; *K. Rennert,* in: Eyermann § 40 Rn. 153.

5   *K. Rennert,* in: Eyermann § 40 Rn. 153.

6   *C. Hillgruber,* in: Maunz/Dürig Art. 92 Rn. 77.

7   BT-Drs. 3/55, 49, 63, 79; *P. Stelkens,* in: Schoch/Schneider/Bier § 187 Rn. 3.

8   Unter Angliederung versteht man die Einrichtung bestimmter Kammern oder Senate der Verwaltungsgerichtsbarkeit, die als besondere VG entscheiden, *P. Stelkens,* in: Schoch/Schneider/Bier § 187 Rn. 7. Ihnen stehen lediglich die Geschäftseinrichtungen des Gerichts, dem sie angegliedert sind, zur Verfügung, vgl. *E. Rasch,* VerwArch 60 (1969), 1, 28. Sie werden aber nicht zu unselbständigen Bestandteilen der allgemeinen VG, *Kopp/Schenke* § 187 Rn. 6.

9   *H. Geiger,* in: Eyermann § 187 Rn. 1.

10   *T. Maunz,* in Maunz/Dürig Art. 74 Rn. 73.

11   *E. Schmidt-Aßmann/W. Schenk,* in: Schoch/Schneider/Bier Einl. Rn. 63.

richtsbarkeit werden nunmehr gem. § 45 BDG von den Gerichten der Verwaltungsgerichtsbarkeit wahrgenommen.[12]

Für Soldaten, Wehrpflichtige und Zivildienstleistende bestehen Sonderregelungen.[13] Über Dienstverge- 10
hen der Soldaten[14] (§ 23 SoldatenG) entscheiden nach § 68 WDO die Truppendienstgerichte (§§ 69 ff.
WDO); Rechtsmittelinstanz ist das BVerwG (§ 80 WDO).

bb) Länder. Den Ländern obliegt es, den Rechtsweg in Landesdisziplinarangelegenheiten zu bestim- 11
men (für die neuen Bundesländer → § 187 Rn. 17).[15] Zwischenzeitlich haben alle Bundesländer entsprechende Gesetze erlassen.[16] Ihnen steht die originäre Kompetenz zu, Landesdisziplinargerichte zu
errichten und die Gerichtsverfassung und das Verfahren eigenständig zu regeln (→ Rn. 6).

Wird von der Ermächtigung des § 187 Abs. 1 nicht Gebrauch gemacht (besteht insbes. eine selbständi- 12
ge Disziplinargerichtsbarkeit), dann schließen die landesrechtlichen Vorschriften den allgemeinen Verwaltungsrechtsweg aus. Zu den Disziplinargerichten führt ein selbständiger, von § 40 Abs. 1 zu unter-
scheidender Rechtsweg; einer Gewährung durch den Bund bedarf es dazu nicht.[17] Disziplinarangelegenheiten sind Gegenstand der besonderen Verwaltungsgerichtsbarkeit (*Ule* § 6 V). Für sie gelten die
Vorschriften bundesrechtlicher Prozessordnungen nur, sofern Landesrecht diese ausdrücklich für anwendbar erklärt.

cc) Folgen der Eingliederung. Wird von § 187 Abs. 1 Gebrauch gemacht und – wie häufig 13
(→ Rn. 16) – die Disziplinargerichtsbarkeit in die allgemeine Verwaltungsgerichtsbarkeit eingegliedert, führt dies zur uneingeschränkten Zuständigkeit der allgemeinen VG mit allen Konsequenzen
auch hinsichtlich des Rechtsweges. Die Gerichte verlieren damit ihren eigenständigen Charakter. Anders als im Fall der Angliederung werden nicht besondere VG tätig, sondern die allgemeine Verwaltungsgerichtsbarkeit. Nach diesem Verständnis kommt dann der landesrechtlichen Vorschrift über den
Disziplinarrechtsweg der Charakter einer aufdrängenden Rechtswegzuweisung zu.[18]

dd) Bloße Angliederung. Die Übertragung i.S.d. § 187 Abs. 1 umfasst als „Minus" auch die bloße 14
Angliederung, ist also Oberbegriff für Ein- und Angliederung.[19] Damit haben die Länder im Bereich
der Disziplinar- und Schiedsgerichtsbarkeit die Wahl zwischen beiden Gestaltungen. Disziplinargerichte der Länder, die den VG lediglich angegliedert sind, sind organisatorisch selbständig (→ Rn. 5). Der
allgemeine Verwaltungsrechtsweg nach § 40 Abs. 1 ist nicht eröffnet.[20]

b) Begriff der Disziplinarangelegenheit. Disziplinarangelegenheiten sind Verletzungen von Pflichten 15
aus Sonderstatusverhältnissen.[21] In erster Linie zählen hierzu die schuldhaften Dienstvergehen der Beamten (§ 77 Abs. 1 S. 1 BBG und die entsprechenden landesrechtlichen Vorschriften). Disziplinarangelegenheiten bestehen außerdem in sonstigen besonderen Pflichtenverhältnissen[22] wie im Hochschulver-
hältnis (dazu BVerfGE 29, 125, 137 ff.; BVerfG DVBl 1970, 728, 729), Soldaten-, Wehrpflicht- oder
Zivildienstverhältnis, nicht jedoch im Schulverhältnis.[23] Ebenfalls nicht unter § 187 Abs. 1 fallen wohl
Disziplinarsachen gegen Richter,[24] unabhängig davon, ob es sich um Richter im Bundes- oder Landes-

---

12 Zur Reform C. *Müller-Eising*, NJW 2001, 3587.
13 Dazu näher *J. Hüttenbrink*, in: Kuhla/Hüttenbrink Rn. 104; *K. Rennert*, in: Eyermann § 40 Rn. 156; die Sonderrege-
    lungen für Wehrpflichtige haben auch nach der Novellierung des Wehrpflichtgesetzes (WPflG) v. 15.8.2011 (BGBl I
    1730) Bestand, da ausweislich § 2 WPflG die Wehrpflicht im Falle des Spannungs- oder Verteidigungsfalls wiederauf-
    lebt.
14 Sowie Soldaten im Ruhestand und regelmäßig auch Angehörige der Reserve, vgl. § 1 Abs. 2, 3, § 2 WDO.
15 Vgl. nur Art. 42 BayDG; § 50 HessDG; § 44 BremDG.
16 *D. Ehlers/J.P. Schneider*, in: Schoch/Schneider/Bier § 40 Rn. 55.
17 Unzutr. deswegen *H. Geiger*, in: Eyermann § 187 Rn. 2, der in § 187 Abs. 1 die Ermächtigung der Länder erblickt,
    Disziplinarangelegenheiten eigenen Gerichten zuzuweisen.
18 Als praktische Konsequenz richtet sich die Verweisung nicht direkt, sondern über § 83 nach den §§ 17 ff. GVG. Eine
    formlose Abgabe zwischen den Spruchkörpern scheidet aus. Vgl. *D. Ehlers/J.P. Schneider*, in: Schoch/Schneider/Bier
    § 40 Rn. 55 ; *K. Rennert*, in: Eyermann § 40 Rn. 153.
19 *D. Ehlers/J.P. Schneider*, in: Schoch/Schneider/Bier § 40 Rn. 693; *E. Rasch*, VerwArch 60 (1969), 1, 32; *P. Stelkens*, in:
    Schoch/Schneider/Bier § 187 Rn. 5.
20 *D. Ehlers/J.P. Schneider*, in: Schoch/Schneider/Bier § 40 Rn. 55.
21 Zum Sonderstatusverhältnis bzw. besonderen Pflichtenverhältnis *P. Stelkens*, in: Stelkens/Bonk/Sachs § 35 Rn. 128 f.;
    ausf. auch *Maurer* § 8 Rn. 27 ff.
22 *Kopp/Schenke* § 187 Rn. 2; *P. Stelkens*, in: Schoch/Schneider/Bier § 187 Rn. 5.
23 *Kopp/Schenke* § 183 Rn. 2; *P. Stelkens*, in: Schoch/Schneider/Bier § 187 Rn. 5 m.w.N.
24 Vgl. §§ 61 ff., 77 ff. DRiG. Näher zur Zuständigkeit der Richterdienstgerichte *K. Rennert*, in: Eyermann § 40 Rn. 157.

dienst handelt. Stets entscheiden besondere Dienstgerichte.[25] Mit Urteil vom 26.11.2013 (BGH 26.11.2013 – RiSt(R) 1/13) entschied das Dienstgericht des Bundes, das der Dienstgerichtshof für Richter des Landes Brandenburg dem OVG Bln-Bbg angegliedert werden konnte, da die Länder auf Grundlage des § 187 Abs. 1 Berufsgerichte an die Verwaltungsgerichtsbarkeit angliedern können. Ob sich dies lediglich auf eine Angliederung von Berufsgerichten bezieht oder aber auch auf eine Übertragung von Disziplinargerichten übertragen lässt, bleibt offen.[26]

16   c) Übertragung durch die Länder.   Sämtliche Bundesländer haben von der Ermächtigung des § 187 Abs. 1 Gebrauch gemacht. Fast ausnahmslos entscheiden Spruchkörper (Disziplinarkammern) der allgemeinen Verwaltungsgerichtsbarkeit auch in Disziplinarangelegenheiten. Beispielhaft seien genannt: Art. 42 BayDG i.V.m. Art. 2 Abs. 2 AGVwGO Bay; § 50 HessDG; § 44 BremDG. Berlin verweist insoweit nach Maßgabe des § 41 BlnDiszG auf das Bundesdisziplinargesetz.

17   Für die neuen Bundesländer vgl. nur § 45 SächsDG, § 45 BdgDG.

18   d) Die Regelungen der Länder über Besetzung und Verfahren.   Neben der Kompetenz zur Aufgabenübertragung können die Länder auch bei vorgenommener Übertragung an die allgemeine Verwaltungsgerichtsbarkeit die Besetzung und das Verfahren regeln (§ 187 Abs. 1 a.E.). Den Landesgesetzgebern steht es dabei frei, lediglich einige von der VwGO abweichende Regelungen zu erlassen.[27] Mögliche Regelungen sind etwa die Bildung besonders zusammengesetzter Disziplinarkammern mit ehrenamtlichen Beisitzern aus dem Kreis der Betroffenen und ähnliche Gestaltungen.[28] Regelungen über Besetzung und Verfahren haben etwa Bayern (Art. 42 ff. BayDG, Art. 2 Abs. 2 S. 2 AGVwGO) und Sachsen (§§ 45 ff. SächsDG) getroffen. Die Kompetenz der Länder, Besetzung und Verfahren zu regeln, umfasst auch die Befugnis, „den Instanzenzug abweichend vom Regelfall der Verwaltungsgerichtsordnung zu regeln".[29] So hat der Gesetzgeber in Sachsen-Anhalt keine Revisionsinstanz für Disziplinarverfahren eingeführt[30] und hat der Gesetzgeber in Baden-Württemberg „keinen Gebrauch von der nach § 187 Abs. 1 bestehenden Möglichkeit gemacht, die Revisionsinstanz in Landesdisziplinarsachen auszuschließen".[31]

19   3. Schiedsgerichtsbarkeit.   § 187 Abs. 1 erfasst nicht die Schiedsgerichtsbarkeit als Ganzes, sondern nur in dem dort genannten Sachbereich, den Vermögensauseinandersetzungen öffentlich-rechtlicher Verbände.

20   a) Öffentlich-rechtlicher Verband.   Bilden Auseinandersetzungen i.R. einer kommunalen Gebietsreform auch einen viel zitierten Anwendungsfall des § 187 Abs. 1,[32] kommt eine Regelung doch nicht nur für Gemeindeverbände oder Zweckverbände nach Kommunalrecht in Betracht. Vielmehr umfasst der Begriff des Verbandes sämtliche Körperschaften, Anstalten und ggf. auch Stiftungen des öffentlichen Rechts. Denn es ist kein Grund für eine Differenzierung ersichtlich. Insoweit ist der Wortlaut in einem untechnischen Sinne zu verstehen.

21   b) Vermögensauseinandersetzungen.   § 187 Abs. 1 ist auf Vermögensauseinandersetzungen *öffentlich-rechtlicher Natur* beschränkt. Zwar lässt sich diese Einschränkung dem Wortlaut nicht entnehmen, es wird jedoch allgemein auf öffentlich-rechtliche Verbände abgestellt. Eine Einschränkung muss allerdings anhand des Begriffs der öffentlich-rechtlichen Streitigkeit vorgenommen werden.[33] Die Länder sind deshalb nicht für jegliche Art der Vermögensauseinandersetzung berechtigt, Schiedsgerichte zu

---

25   Für den Bund schreibt § 61 Abs. 1 DRiG die Errichtung eines besonderen Senats des BGH vor; die Länder verpflichtet § 77 Abs. 1 i.V.m. § 71 DRiG zur Errichtung von Dienstgerichten, etwa nach Art. 56 Abs. 1 BayRiG beim OLG bzw. BayObLG. Es handelt sich um eine rein organisatorische Verbindung, die den Status der Dienstgerichte als besondere (Verwaltungs-)Gerichte unberührt lässt, mithin um eine bloße Angliederung im oben (→ Rn. 14) beschriebenen Sinne. Eine Übertragung der Disziplinarangelegenheiten als bloßer Teilbereich der den Richterdienstgerichten zugewiesenen Aufgaben (vgl. § 78 Nr. 1 DRiG) ließe sich mit der von § 77 DRiG vorausgesetzten Selbständigkeit nicht vereinbaren.
26   *H. Wolf*, in: Posser/Wolf § 187 Rn. 4.1.
27   BVerwG 7.3.2014 – 2 B 94.13.
28   *Kopp/Schenke* § 187 Rn. 3.
29   BVerwG 12.12.2011 – 2 B 34.11.
30   BVerwG 12.12.2011 – 2 B 34.11.
31   BVerwG 25.5.2012 – 2 B 133.11.
32   VGH München BayVBl 1982, 749, 750; *L. Renck*, BayVBl 1978, 12 f.; *P. Stelkens*, in: Schoch/Schneider/Bier § 187 Rn. 6; *R. Woltereck*, DÖV 1966, 323, 326.
33   Zutr. *P. Stelkens*, in: Schoch/Schneider/Bier § 187 Rn. 6.

bilden. Wenn die Auseinandersetzung von Fiskalvermögen der ordentlichen Gerichtsbarkeit unterfällt, dann ist auch für die Anwendung des § 187 Abs. 1 von vornherein kein Raum.

c) „Unechte" Schiedsgerichtsbarkeit. Für den Begriff der Schiedsgerichtsbarkeit ist strikt zu unter- 22 scheiden, ob die Zuweisung auf einer Vereinbarung der Parteien oder auf gesetzlicher Anordnung beruht. Um Schiedsgerichtsbarkeit im eigentlichen Sinne handelt es sich nur dann, wenn die Zuweisung durch eine Schiedsvereinbarung erfolgt (zur Zulässigkeit einer solchen Vereinbarung und zur Vollstreckung aus Schiedssprüchen → § 168 Rn. 55 ff.).[34] Demgegenüber versteht man unter unechter Schiedsgerichtsbarkeit die Fälle, in denen die Zuständigkeit eines Schiedsgerichts durch Rechtsnorm begründet wird (→ § 168 Rn. 58).[35] Nur auf letzteres bezieht sich § 187 Abs. 1.[36]

d) Die Regelungen der Länder über Besetzung und Verfahren. Regelungen über die unechte Schieds- 23 gerichtsbarkeit bestehen in den Ländern Bayern (Art. 12 Abs. 1 und 2 AGVwGO: grundsätzliche Anwendung der VwGO, Entscheidung nach billigem Ermessen, ausfüllende gesetzliche Vorschriften etwa in Art. 13 Abs. 2 S. 3 BayGO und Art. 9 Abs. 3 S. 3 BayLKrO) und Hessen (§ 19 Nr. 2 AGVwGO) sowie dem Saarland (§ 21 Nr. 2 AGVwGO).

4. Angliederung von Berufsgerichten. Die Berufsgerichtsbarkeit (auch: Ehren- oder Standesgerichts- 24 barkeit) der beratenden bzw. freien Berufe entscheidet über Streitigkeiten um die Berufszulassung sowie über standes- und disziplinarrechtliche Angelegenheiten.[37]

a) Rechtsweg in Berufsangelegenheiten. Für den Rechtsweg gilt das zu den Disziplinarangelegenhei- 25 ten Gesagte entsprechend (→ Rn. 8 ff.). Auch die Berufsgerichtsbarkeit ist Gegenstand der besonderen Verwaltungsgerichtsbarkeit,[38] und die Gesetzgebungskompetenz für die Gerichtsbarkeit ergibt sich nicht aus der Zuständigkeit für die Gerichtsverfassung gem. Art. 74 Abs. 1 Nr. 1 GG, sondern folgt als Annex derjenigen für das materielle Berufsrecht.[39]

aa) Bund. Aus der Gesetzgebungskompetenz des Bundes für die beratenden Berufe nach Art. 74 26 Abs. 1 Nr. 1 GG folgt die Kompetenz zur Errichtung einer Berufsgerichtsbarkeit für Rechtsanwälte (§ 119 BRAO), Notare (§§ 99, 111 BNotO), Steuerberater und -bevollmächtigte (§§ 95 ff. SteuerberatungsG), Wirtschafts- und Buchprüfer, §§ 72, 130 WPO.[40]

bb) Länder. Demgegenüber betrifft § 187 Abs. 1 ausschließlich die Berufsgerichtsbarkeit der Länder. 27 Nach Landesrecht dürfen Berufsgerichte errichtet werden, sofern den Ländern die Gesetzgebungskompetenz für das materielle Berufsrecht zusteht[41] (Art. 30, 101 Abs. 2 GG). Dies trifft zu für Architekten und Ingenieurberufe sowie für die Heilberufe (Ärzte, Zahnärzte, Tierärzte, Apotheker).[42] Bei den Heilberufen ist die Landeskompetenz allerdings beschränkt auf die standes- und disziplinarrechtlichen

---

34 Als Rechtsfolge einer Schiedsgerichtsvereinbarung wird angeführt, es würde der staatliche Verwaltungsrechtsweg ausgeschlossen; an dessen Stelle trete ein „Privatgericht", *Schmitt Glaeser/Horn* Rn. 68. Nach zivilrechtlichem Verständnis bestehe die Wirkung im Prozess nur darin, dass „das Gericht die einem Schiedsgutachter vorgelegten Tatsachen [...] oder Elemente nicht ohne weiteres selbst feststellen darf", eine derartige Vereinbarung begründe aber weder die Unzulässigkeit des Rechtswegs, noch die Unzulässigkeit der Klage, *P. Hartmann*, in: Baumbach/Lauterbach/Albers/Hartmann Grundz § 1025 Rn. 17. Es ist kein Grund ersichtlich, warum davon abgewichen werden sollte, wenn die §§ 1025 ff. ZPO über § 173 entsprechend anzuwenden sind. Außerdem liegt es nicht in der Macht der Parteien, vielmehr ausschließlich in der Kompetenz des Gesetzgebers, Rechtswegbestimmungen zu treffen. Auch die echten Schiedsverträge des Verwaltungsrechts bilden deswegen lediglich ein *von Amts wegen* zu beachtendes Prozesshindernis: BVerwGE 5, 293; *J. Hüttenbrink*, in: Kuhla/Hüttenbrink C Rn. 64; *H. v. Nicolai*, in: Redeker/v. Oertzen § 40 Rn. 79; abweichend *K. Rennert*, in: Eyermann § 40 Rn. 161 (nur *auf Einrede* zu beachten).
35 *Schmitt Glaeser/Horn* Rn. 68; *P. Stelkens*, in: Schoch/Schneider/Bier § 1 Rn. 22, 21; *R. Wolteeck*, DÖV 1966, 323, 324.
36 *P. Stelkens*, in: Schoch/Schneider/Bier § 187 Rn. 6.
37 BVerfGE 26, 186, 192; BVerwG NJW 1961, 2368; DÖV 1974, 430; BGHZ 34, 244; *K. Rennert*, in: Eyermann § 40 Rn. 159. In Form einer Generalklausel sind weitere Angelegenheiten zugewiesen über § 223 BRAO, § 184 Abs. 1 PAO, § 111 BNotO, vgl. *K. Rennert*, ebenda.
38 Vgl. *D. Ehlers*, in: Schoch/Schneider/Bier § 40 Rn. 708; *H. v. Nicolai*, in: Redeker/v. Oertzen § 40 Rn. 76.
39 Vgl. *T. Maunz*, in: Maunz/Dürig Art. 74 GG Rn. 73 (Fn. 3); *E. Schmidt-Aßmann/W. Schenk*, in: Schoch/Schneider/Bier Einl. Rn. 63.
40 *K. Rennert*, in: Eyermann § 40 Rn. 159.
41 BVerwG 14.5.2013 – 3 B 13.13; *D. Ehlers/J. P. Schneider*, in: Schoch/Schneider/Bier § 40 Rn. 701 m.w.N.; *K. Rennert*, in: Eyermann § 40 Rn. 160.
42 *K. A. Bettermann/H. H. Walter*, NJW 1963, 1649; *G. Meyer-Hentschel*, DVBl 1964, 53, 54; *P. Stelkens*, in: Schoch/Schneider/Bier § 187 Rn. 7.

Angelegenheiten;[43] Fragen der Berufszulassung unterliegen der (konkurrierenden) Bundeskompetenz gem. Art. 74 Abs. 1 Nr. 19 GG.[44] Dementsprechend sind auch die Zuständigkeiten der Berufsgerichte der Länder.

28 **b) Keine Eingliederung.** Berufsgerichte können der Verwaltungsgerichtsbarkeit lediglich *angegliedert* werden (zur Angliederung näher → Rn. 14, 5). Diese bleiben besondere selbständige VG, denen lediglich die Geschäftseinrichtungen des Gerichts, dem sie angegliedert sind, zur Verfügung stehen.[45] Gleichwohl darf der Landesgesetzgeber die Besetzung sowie das berufsgerichtliche Verfahren selbstständig und abweichend von den Vorgaben der VwGO eigenständig regeln (BVerwG 14.5.2013 – 3 B 13.13). Die Angliederung ändert nichts an der Zuordnung zu den Rechtswegen,[46] die sich nach Vorschriften außerhalb des § 187 bestimmt (→ Rn. 25 ff.). Im Unterschied zur Disziplinar- und Schiedsgerichtsbarkeit ist demnach eine Eingliederung der Berufsgerichte nicht möglich.[47] Wenn das BVerfG formuliert, die Berufsgerichtsbarkeit sei ein besonderer Teil der Disziplinargerichtsbarkeit, sodass dem Landesgesetzgeber neben der Möglichkeit der Angliederung auch die Übertragung offen stünde,[48] so ist dem nicht allgemein zu folgen. Im betreffenden Sachverhalt war über Ordnungsmaßnahmen aufgrund Landeshochschulrechts zu entscheiden, die ohne weiteres als Disziplinargerichtsbarkeit i.S.d. § 187 Abs. 1 gelten (→ Rn. 15). Für die Berufsgerichtsbarkeit der Architekten, Ingenieure und Heilberufe hingegen kann eine Gleichsetzung mit der Disziplinargerichtsbarkeit nicht aus der Entstehungsgeschichte der Norm abgeleitet werden.[49]

29 **c) Landesregelungen zur Angliederung.** Die folgenden Bundesländer haben u.a. von § 187 Abs. 1 Gebrauch gemacht und die Berufsgerichte den VG angegliedert. Hessen: § 19 Nr. 3 AGVwGO, § 51 HeilberG; Mecklenburg-Vorpommern: § 65 HeilberG; Saarland: § 21 Nr. 3 AGVwGO. Demgegenüber bestehen selbständige Berufsgerichte in Baden-Württemberg (§ 55 Abs. 1 HBKG), dem Saarland (§ 33 SHKG) und Niedersachsen (§ 67 HKG). Eine Angliederung an die ordentlichen Gerichte besteht in Bayern (Art. 66 HkaG).

30 **d) Regelungen der Länder über Besetzung und Verfahren.** Regelungen der Länder über Besetzung und Verfahren finden sich z.B. in Hessen (§§ 49 ff. HeilberG, § 19 Nr. 3 AGVwGO) und Schleswig-Holstein (§§ 59 ff. HeilberG).

IV. Personalvertretungsrecht (Abs. 2)

31 **1. Kompetenz der Länder.** § 187 Abs. 2 bietet eine eigene Ermächtigungsgrundlage für abweichende Landesregelungen auf dem Gebiet des Personalvertretungsrechts. Dies setzt voraus, dass die Länder für die besagte Materie gesetzgebungsbefugt sind. Deshalb gilt § 187 Abs. 2 nicht für Bundespersonalvertretungssachen (→ Rn. 6, 8).

32 **2. Rechtsweg in Personalvertretungssachen.** Für das Personalvertretungsrecht bestehen aufdrängende Sonderzuweisungen, die der allgemeinen Vorschrift des § 40 Abs. 1 vorgehen. § 83 BPersVG eröffnet für die Personalvertretung im Bundesdienst, § 106 BPersVG für die Personalvertretung in den Ländern den Rechtsweg zu den VG. Die Regelung ist als Rahmenvorschrift (§ 94 BPersVG) gleichwohl bindend und schließt es aus, personalvertretungsrechtliche Streitigkeiten des Landesrechts der ordentlichen (oder einer anderen) Gerichtsbarkeit zuzuweisen.[50] Dementsprechend enthalten die Landespersonalvertretungsgesetze identische oder ähnliche Rechtswegbestimmungen.[51]

---

43 *K. Rennert*, in: Eyermann § 40 Rn. 160.
44 Zur Abgrenzung im Einzelnen *K. A. Bettermann/H. H. Walter*, NJW 1963, 1649.
45 *P. Stelkens*, in: Schoch/Schneider/Bier § 187 Rn. 7.
46 *P. Stelkens*, in: Schoch/Schneider/Bier § 187 Rn. 2.
47 *Kopp/Schenke* § 187 Rn. 6; *D. Ehlers/J.P. Schneider*, in: Schoch/Schneider/Bier § 40 Rn. 701; *E. Rasch*, VerwArch 60 (1969), 1, 27, 32; *H. Geiger*, in: Eyermann § 187 Rn. 5; *P. Stelkens*, in: Schoch/Schneider/Bier § 187 Rn. 7.
48 BVerfGE 29, 125, 138, dagegen *Kopp/Schenke* § 187 Rn. 6; *H. Geiger*, in: Eyermann § 187 Rn. 5.
49 Dies gesteht auch das BVerfG (BVerfGE 29, 125, 139 f.) zu und sieht sich deswegen genötigt, im Folgenden auf den „größeren Rahmen der geschichtlichen Entwicklung des Disziplinarrechts" zu rekurrieren. Dabei beschränkt es sich auf den Bereich des Hochschuldisziplinarrechts.
50 *E. Rasch*, VerwArch 60 (1969), 1, 30; ebenso *D. Ehlers/J.P. Schneider*, in: Schoch/Schneider/Bier § 40 Rn. 77.
51 Eine Übersicht bieten *A. Fischer/H.-J. Goeres*, in: Fürst, Gesamtkommentar Öffentliches Dienstrecht, 1998, § 83 Rn. 28.

§ 187 Abs. 2 lässt Abweichungen hinsichtlich der Besetzung und des Verfahrens ausdrücklich nur für 33 die Instanzgerichte (VG, OVG bzw. VGH) zu. Das BVerwG ist damit – wie stets – der Regelungskompetenz des Landesgesetzgebers entzogen. Weil es dabei alleine auf das Tätigwerden des Bundesgerichts, nicht aber auf die Natur der zu entscheidenden Streitigkeit ankommt, gilt dies auch für das Revisionsverfahren nach Art. 99 GG.[52] Dort sind stets die allgemeinen Verfahrensvorschriften anzuwenden.

a) Bund. Das Bundespersonalvertretungsrecht trifft Sonderregelungen, welche die Verfahrensvorschriften der VwGO modifizieren. Die Vorschriften bestanden bereits vor Erlass der VwGO und gelten als vorrangige Sonderregelungen weiter (§ 190 Nr. 5). So treffen die §§ 83 Abs. 2, 84 BPersVG besondere Regelungen hinsichtlich des gerichtlichen Verfahrens und der Besetzung der Richterbank. Insbes. finden gem. § 83 Abs. 2 BPersVG für das Beschlussverfahren die Vorschriften des ArbGG entsprechende Anwendung. Ebenfalls sieht § 84 BPersVG die Bildung von Fachkammern und Fachsenaten bei den VG und OVG vor (vgl. BVerwGE 17, 43, 46). Diese Vorschriften bleiben gem. § 190 Nr. 5 von der VwGO unberührt, genießen also Anwendungsvorrang (→ § 190 Rn. 1).

b) Länder. Für die Länder sind im Rahmenrecht entsprechende Normierungen nicht vorgesehen. 35 Hier greift die Öffnungsklausel des § 187 Abs. 2, die eine Angleichung an Bundesrecht ermöglichen soll,[53] aber durchaus auch andere Gestaltungen zulässt. Eine Beschränkung auf die bundesrechtlichen Vorschriften ist dem Wortlaut der Norm nicht zu entnehmen und ließe sich auch nicht begründen. Die Länder können die Besetzung entsprechend § 84 Abs. 2, 3 BPersVG regeln und das Beschlussver- 36 fahren nach ArbGG einführen.[54] Weil die Besonderheiten des arbeitsgerichtlichen Verfahrens aufgrund der Wesensnähe zum Personalvertretungsrecht eine sachgerechte Handhabung ermöglichen, hat die Mehrzahl der Länder eine den §§ 83 Abs. 2, 84 BPersVG entsprechende Gestaltung gewählt. Gleichwohl ließe die Vorschrift Raum für abweichende Gestaltungen.

3. Die Regelungen der Länder über Besetzung und Verfahren. Regelungen nach § 187 Abs. 2 haben 37 z.B. getroffen: Bayern (Art. 81 f. BayPVG); Bremen (Art. 10 Abs. 2 AGVwGO); Hamburg (§ 9 Nr. 2 AGVwGO); Hessen (§ 19 Nr. 4 AGVwGO); Saarland (§ 21 Nr. 4 AGVwGO); Sachsen (§§ 78 f. PersVG).

§ 188 [Sozialkammern; Sozialsenate; Kostenfreiheit]

[1]Die Sachgebiete in Angelegenheiten der Fürsorge mit Ausnahme der Angelegenheiten der Sozialhilfe und des Asylbewerberleistungsgesetzes, der Jugendhilfe, der Kriegsopferfürsorge, der Schwerbehindertenfürsorge sowie der Ausbildungsförderung sollen in einer Kammer oder in einem Senat zusammengefaßt werden. [2]Gerichtskosten (Gebühren und Auslagen) werden in den Verfahren dieser Art nicht erhoben; dies gilt nicht für Erstattungsstreitigkeiten zwischen Sozialleistungsträgern.

Schrifttum
H. Geiger, Verlagerung der Sozialhilfestreitigkeiten auf die Sozialgerichte, NJW 2004, 1850; *T. Gühlstorf,* Die Reform des Sozialgerichtsgesetzes (SGG), ZfF 2005, 12; *A. v. Mutius,* Gerichtskostenfreiheit bei Streitigkeiten über Ausbildungsförderung?, VerwArch 64 (1973), 325; *H. z. Rocklage,* Gerichtskostenfreiheit in Fürsorgesachen und die geplante Änderung des § 188 VwGO, DVBl 1973, 28; *J. Strnischa,* Zur Frage der Gerichtskostenfreiheit nach § 188 Satz 2 VwGO bei Streitigkeiten aus dem Grundsicherungsgesetz, BayVerwBl 2004, 233; *ders.,* Die Verbindung von fristgebundener Klageerhebung und Prozesskostenhilfeantrag im verwaltungsgerichtlichen Verfahren, NVwZ 2005, 267.

I. Entstehungsgeschichte

§ 188 hat mehrfach Änderungen und Ergänzungen in den angeführten Sachgebieten erfahren und 1 zeichnet damit Entwicklungen auf dem Gebiet des Sozial- bzw. Sozialverwaltungsrechts nach. In der ursprünglichen Fassung (im damaligen § 179 RegE, vgl. BT-Drs. 3/1094, 75) war von den Sachgebieten der „allgemeinen öffentlichen Fürsorge, der Tuberkulosehilfe und der sozialen Fürsorge für Kriegs-

---

52 *P. Stelkens,* in: Schoch/Schneider/Bier § 187 Rn. 8; vgl. auch BGHZ 16, 159, 160 f.
53 *P. Stelkens,* in: Schoch/Schneider/Bier § 187 Rn. 8.
54 *P. Stelkens,* in: Schoch/Schneider/Bier § 187 Rn. 8.

opfer" die Rede. Zwischenzeitlich[1] wurde der Begriff der allgemeinen öffentlichen Fürsorge durch den der Sozialhilfe ersetzt und damit einer modernen Terminologie angepasst. § 188 S. 2 Hs. 2 wurde mit Wirkung vom 1.1.2002 durch das Gesetz zur Bereinigung des Rechtsmittelrechts im Verwaltungsprozess (RmBereinVpG vom 21.12.2001, BGBl I 3987) angefügt. Seine jetzige Fassung verdankt § 188 S. 1 dem Siebenten Gesetz zur Änderung des SGG (7. SGGÄndG vom 9.12.2004, BGBl I 3302) mit Wirkung vom 1.1.2005, das Konsequenzen aus der Neuordnung der Gerichtszuständigkeiten im Bereich des Sozialrechts zieht.[2]

II. Grundlagen – das Verhältnis zur Sozialgerichtsbarkeit

2 **1. Sozialversicherungs- und Sozialverwaltungsrecht.** Das Sozialrecht insgesamt zählt zu den öffentlich-rechtlichen Streitigkeiten nichtverfassungsrechtlicher Art i.S.d. § 40 Abs. 1; gleichwohl sind einige Bereiche des Sozialrechts durch § 51 SGG in Form einer abdrängenden Sonderzuweisung besonderen VG – den Sozialgerichten – zugewiesen. Dies gilt besonders für die Sachbereiche der Sozialhilfe und des Asylbewerberleistungsgesetzes gem. § 51 Abs. 1 Nr. 6 a SGG. Nur das, was § 188 S. 1 in seiner neuen Fassung „Angelegenheiten der Fürsorge" nennt und nicht von der anschließenden Aufzählung der Ausnahmen erfasst wird, verbleibt im Verwaltungsrechtsweg. Nur hierfür trifft § 188 Regelungen.

3 **2. Angelegenheiten der Fürsorge.** Der Begriff der Fürsorge, der zuweilen mit dem der Sozialhilfe gleichgesetzt wird, bezeichnet im Kontext des neuen § 188 einen Oberbegriff, der seine Konturen in Abgrenzung zu den ausgeschlossenen sozialrechtlichen Kategorien erhält. Umfasst sind jedenfalls all diejenigen Sachgebiete, die in die Zuständigkeit der Verwaltungsgerichtsbarkeit fallen, die Fürsorgemaßnahmen im weiteren Sinne zum Gegenstand haben und nicht bereits von den in § 188 Abs. 1 genannten Gebieten erfasst sind (BVerwG NVwZ-RR 2011, 622; OVG Münster 19.5.2016 – 4 A 1047/16). Entscheidend ist nicht ein bestimmtes Regelwerk, sondern das jeweilige Sachgebiet.[3] Er ist ein typischer Klammerbegriff wie zuvor jener der Sozialhilfe[4] und bedarf als solcher der Umsetzung in den implizierten Akten der Gerichtsorganisation. Soweit Streit über die so definierten Sozialkammern bzw. -senate entsteht, ist dieser ohne eine (unsinnige) enumerative Auflistung für den Gesetzgeber unvermeidbar und im Wege der Rspr. zu lösen.

4 **3. Erweiterung/Einschränkung der Sachbereiche.** Bei Orientierung am Fürsorgecharakter ist die Aufzählung anhand gesetzlicher Regelungen nicht abschließend. So umfasst der Begriff „Sachgebiet" nicht nur einzelne, sondern regelmäßig alle Gesetze, die dem entsprechenden Bereich zuzuordnen sind (VGH München 3.9.2008 – 12 C 08.28). Auch neu erlassene Regelungen unterfallen zwanglos dem Begriff der Fürsorge, sodass es einer Erweiterung des Katalogs des § 188 S. 1 nicht bedarf. Eine Einschränkung wie durch die jüngste Reform zur Einordnung des Sozialhilferechts in das SGB ist aber auch in Zukunft denkbar.

III. Der Regelungsgehalt des § 188

5 **1. Normzweck.** Hinter § 188 S. 1 steht der enge sachliche Zusammenhang, der eine Aufspaltung der damit befassten Spruchkörper als untunlich erscheinen lässt.[5] Dadurch können schwierige Fragen in einem damit besonders erfahrenen Spruchkörper zusammengefasst werden (BT-Drs. 3/55, 63).[6] § 188 S. 2 gleicht Sozialverwaltungs- und Sozialversicherungsrecht hinsichtlich der Gerichtskosten an. Die sozialstaatlichen Erwägungen, die zur Privilegierung des § 183 SGG geführt haben,[7] greifen ebenso im Anwendungsbereich des § 188. Gleichwohl dürfte eine diesbezügliche Änderung verfassungsrechtlich nicht unhaltbar sein.

---

1 Durch Gesetz vom 20.8.1975, BGBl I 2189, 2229; vgl. auch *H. z. Rocklage*, DVBl 1973, 28.
2 *H. Geiger*, NJW 2004, 1850; *T. Gühlstorf*, ZfF 2005, 12.
3 *Kopp/Schenke* § 188 Rn. 2; *M. Happ*, in: Eyermann § 188 Rn. 3.
4 BVerwGE 18, 216, 220; 44, 110, 113; OVG Brem DÖV 1973, 97, 98; HmbOVG NJW 1983, 1748, 1749; VGH München NVwZ-RR 1997, 230, 232; *Kopp/Schenke* § 188 Rn. 2; *A. v. Mutius*, VerwArch. 64 (1973), 325, 328.
5 *P. Stelkens/B. Clausing*, in: Schoch/Schneider/Bier § 188 Rn. 4.
6 *M. Happ*, in: Eyermann § 188 Rn. 1.
7 *S. Leitherer*, in: Meyer-Ladewig/Keller/Leitherer Vorbem. § 183 Rn. 2.

2. Gerichtsinterne Konzentration der Zuständigkeit (S. 1). §188 S.1 regelt nicht die Abgrenzung 6 zwischen allgemeiner und besonderer Verwaltungsgerichtsbarkeit, sondern setzt sie voraus. Es handelt sich ausschließlich um eine Norm der Geschäftsverteilung innerhalb des Gerichts. Seiner systematischen Stellung nach steht sie in ergänzendem Zusammenhang mit §4 VwGO i.V.m. §21e GVG.[8] Während die Geschäftsverteilung in den sonstigen Bereichen dem Gericht selbst nach Zweckmäßigkeitsgesichtspunkten obliegt, erzwingt §188 S.1 für den Regelfall die Konzentrierung der genannten Sachgebiete bei einer Kammer oder einem Senat.

3. Pflicht zur Konzentration im Regelfall; Fehlerfolgen. Bei §188 S.1 handelt es sich um eine „Soll"- 7 Vorschrift im technischen Sinne. Die Nichtbeachtung wirkt sich nicht aus.[9] Es ist keine bloße Ordnungsvorschrift statuiert, sondern eine – überprüfbare – Pflicht in Regelfällen. Geboten ist eine enge, am Normzweck orientierte Auslegung. Atypische Gestaltungen, in denen von §188 S.1 abgewichen werden könnte, sind deshalb kaum vorstellbar.

4. Kostenfreiheit (S. 2 Hs. 1). Der Anwendungsbereich des §188 S.2 Hs.1 deckt sich mit dem von 8 §188 S.1; die Kostenfreiheit erfasst deshalb alle – verbliebenen – Sachgebiete der Fürsorge (zum Normzweck des §188 S.2 → Rn. 5). Unberührt von §188 S.2 Hs.1 bleibt die Möglichkeit, PKH zu gewähren.[10] Die Bewilligung von PKH hat allerdings nur Bedeutung für die Kosten eines von der antragstellenden Partei beauftragten Rechtsanwalts und kommt deshalb – soweit nicht nach §67 Vertretungszwang besteht – nur dann in Betracht, wenn auch die Voraussetzungen des §121 Abs. 2 ZPO für die Beiordnung eines Rechtsanwalts gegeben sind.[11] Da gem. §188 bei gerichtskostenfreien Verfahren ohne Vertretungszwang für die Partei kein Kostenrisiko besteht, kommt eine Wiedereinsetzung in den vorherigen Stand aufgrund eines vorgeschalteten Prozesskostenhilfeverfahrens nicht in Betracht – die Partei kann selbst ohne Prozessbevollmächtigten fristwahrend und kostenfrei Klage erheben (OVG Lüneburg NVwZ-RR 2015, 117).[12] Umstr. ist die Gerichtskostenfreiheit in Wohngeldsachen. Während das BVerwG regelmäßig von einer Kostenpflicht ausgeht,[13] vertritt das OVG Schleswig (NVwZ-RR 2015, 665) nunmehr die Meinung, dass Wohngeldleistungen der Fürsorge zuzurechnen sind. Einerseits dient das Wohngeld der Sicherstellung einer angemessenen Wohnung für jedermann, andererseits steht dem auch nicht der Umstand entgegen, dass sowohl die öffentliche Fürsorge als auch das Wohngeld in Art. 74 GG an verschiedener Stelle genannt werden (OVG Schleswig NVwZ-RR 2015, 665, 666 m.w.N.);[14] zur Gerichtskostenfreiheit von verwaltungsgerichtlichen Streitigkeiten um eine Befreiung von Rundfunkgebühren s. OVG Weimar 15.4.2009 – 1 ZO 165/09; BVerwG 20.4.2011 – 6 C 10/10; VG München 20.4.2016 – M 26 K 15.985; OVG Lüneburg NVwZ-RR 2016, 54; sofern der Antrag auf Befreiung von Rundfunkbeiträgen allerdings ausschließlich damit begründet wird, diese seien verfassungswidrig, findet §188 S. 2 keine Anwendung, da dieser auf soziale Gründe abstellt s. OVG Münster 1.9.2016 – 2 A 2243/15; zur Gerichtskostenfreiheit in Angelegenheiten der Ausbildungs- und Begabtenförderung s. VGH München BayVBl 2008, 736; zur (Ablehnung) der Gerichtskostenfreiheit von verwaltungsgerichtlichen Streitigkeiten über Elternbeiträge i.S.d. §90 SGB VIII s. OVG Münster 16.10.2015 – 12 E 157/15; zur (Ablehnung) der Gerichtskostenfreiheit von verwaltungsgerichtlichen Streitigkeiten um die Förderung einer beruflichen Fortbildung nach dem Aufstiegsfortbildungsförderungsgesetzes s. OVG Koblenz 22.9.2016 – 6 A 10081/16; zur (Ablehnung) der Gerichtskostenfreiheit bei der Zuweisung einer Unterkunft zur Vermeidung von Obdachlosigkeit vgl. einerseits VGH Mannheim 21.6.2012 – 1 S 866/12, andererseits HmbOVG 14.2.2011 – 4 Bs 11/11; zur Gerichtskostenfreiheit bei entsprechender Anwendung des §188 S.2 für den Fall, dass streitgegenständlich Normen aus dem SGB II sind s. OVG Koblenz NZS 2014, 346; zur Gerichtskostenfreiheit von verwaltungsgerichtlichen Streitigkeiten über die Höhe von Personalkostenzuschüssen nach §16

---

8 *Kopp/Schenke* §188 Rn. 1; *P. Stelkens/B. Clausing*, in: Schoch/Schneider/Bier §188 Rn. 3.
9 BVerwG 15.1964 – V C 45/63; *Kopp/Schenke* §188 Rn. 1.
10 VGH Kassel ZfSH 1968, 21; *P. Stelkens/B. Clausing*, in: Schoch/Schneider/Bier §188 Rn. 8.
11 BVerwG NVwZ-RR 1989, 665, 666; HmbOVG NVwZ-RR 2001, 805; VGH München 7.12.2004 – 12 C 04.2751; VG Frankfurt 27.9.2007 – 10 E 5726/04; VerfGH Bln NVwZ-RR 2014, 625; OVG Lüneburg 20.6.2016 – 4 PA 177/16.
12 So auch *R. Strnischa*, NVwZ 2005, 267, 269 ff. m.w.N.
13 BVerwG 25.10.1972 – VIII C 12771; BVerwG 3.11.2014 – 5 KSt 5.14 (5 B 34.14).
14 So i.E. auch *Kopp/Schenke* §188 Rn. 2; a.A: *M. Happ*, in: Eyermann §188 Rn. 5; *H. v. Nicolai*, in: Redeker/v. Oertzen, §188 Rn. 1

Abs. 2 KitaG s. OVG Bln 17.4.2015 – OVG 3 K 40.14; zur Gerichtskostenfreiheit bei Elternbeiträgen für die Kindergartenbetreuung s. OVG Bln NVwZ-RR 2015, 800; zur (Ablehnung) der Gerichtskostenfreiheit bei Klageverfahren zur Gewährung von Fördermitteln für den Bau einer Kindertagesstätte auf Grundlage rheinland-pfälzischer Verwaltungsvorschriften s. VG Trier 6.7.2015 – 5 K 797&14 m.Anm. *Heinrich* JurBüro 2015, 596.

9   **5. Ausnahme von der Kostenfreiheit (S. 2 Hs. 2).** § 188 S. 2 Hs. 2 wurde mit Wirkung vom 1.1.2002 durch das Gesetz zur Bereinigung des Rechtsmittelrechts im Verwaltungsprozess (RmBereinVpG vom 21.12.2001, BGBl I 3987) angefügt. Erstattungsstreitigkeiten zwischen Sozialhilfeträgern sind danach ausdrückl. von der in § 188 S. 2 Hs. 1 normierten Kostenfreiheit ausgenommen, da hier keine Rechtfertigung für eine Kostenbefreiung ersichtlich ist, weil es an einer möglichen Bedürftigkeit der Beteiligten mangelt.[15] Zugleich wird damit klargestellt, dass die Vorschrift des § 64 Abs. 3 S. 2 SGB X im Verwaltungsprozess keine entsprechende Anwendung finden kann, auch wenn ihr der Rechtsgedanke einer möglichst umfassenden Kostenbefreiung der angesprochenen Sozialleistungsträger zugrunde liegen mag (vgl. BVerwG NVwZ-RR 2000, 189). Die Neufassung des § 188 S. 2 gilt nach § 194 Abs. 5 für sämtliche ab dem 1.1.2002 bei Gericht anhängig werdenden Verfahren.

§ 189 [Fachsenate]

Für die nach § 99 Abs. 2 zu treffenden Entscheidungen sind bei den Oberverwaltungsgerichten und dem Bundesverwaltungsgericht Fachsenate zu bilden.

Schrifttum

Beiträge in Zeitschriften: *H. Geiger*, Der Abschied von der Gesetzgebungskunst, NJW 2002, 1248; *B. Holznagel*, Rechtsschutz und TK-Regulierung im Referentenentwurf zum TKG, MMR 2003, 513; *M. Redeker*, Die Änderungen der VwGO durch das Gesetz zur Bereinigung des Rechtsmittelrechts im Verwaltungsprozess, NordÖR 2002, 183; *P. Steinwärder*, Vorlage der Akten zu den TAL-Entgelten durch die Regulierungsbehörde, MMR 2003, 732.

I. Entstehungsgeschichte

1   § 189 wurde durch das Gesetz zur Bereinigung des Rechtsmittelrechts im Verwaltungsprozess vom 20.12.2001 (BGBl I 3987) in die VwGO eingefügt. Der ursprüngliche Gesetzesentwurf der Bundesregierung enthielt § 189 noch nicht. Die Zuständigkeit der OVG bzw. des BVerwG wurde im Entwurf noch durch § 48 Abs. 1 S. 1 Nr. 10 bzw. § 50 Abs. 1 Nr. 3 sichergestellt (BT-Drs. 14/6393, 10). Im weiteren Verlauf des Gesetzgebungsverfahrens setzte sich dann die Auffassung durch, dass die gesetzgeberische Intention, den Kreis der Geheimnisträger möglichst gering halten zu können, am besten zu erreichen sei, wenn die nach § 99 Abs. 2 zu treffenden Entscheidungen bei speziellen Fachkammern bzw. -senaten konzentriert würden (BT-Drs. 14/6854, 4). § 189 sollte deshalb wie folgt lauten: „Für die nach § 99 Abs. 2 zu treffenden Entscheidungen sind bei den Verwaltungsgerichten Fachkammern, bei dem Oberverwaltungsgericht und dem Bundesverwaltungsgericht Fachsenate zu bilden. Die Zuständigkeit einer Fachkammer kann auf Bezirke anderer Gerichte oder Teile von ihnen erstreckt werden" (BT-Drs. 14/6854, 3).

2   § 189 S. 2 lag dabei ein Vereinfachungsgedanke[1] zugrunde. Dadurch sollte den Ländern – ähnlich wie im Personalvertretungsrecht – die Möglichkeit eröffnet werden, Streitigkeiten i.S.v. § 99 Abs. 2 auf ein Gericht zu konzentrieren. Damit könne insbes. der organisatorische Aufwand auf ein Minimum reduziert werden (BT-Drs. 14/6854, 4).

3   Diese Konzeption hat sich nicht durchsetzen können. In der Beschlussempfehlung des Rechtsausschusses war § 189 S. 2 ersatzlos gestrichen worden. § 189 S. 1 wurde als notwendige Konsequenz der Neuregelung in § 99 Abs. 2 angesehen, die sicherstellen sollte, dass die nach § 99 Abs. 2 zu treffenden Entscheidungen bei jeweils einem Senat des OVG bzw. des BVerwG konzentriert würden (BT-Drs. 14/7474, 16).

---

15   Zu § 188 S. 2 Hs. 1 und Hs. 2 vgl. VGH München 24.7.2012 – 12 C 12.1364.

1   Etwa im Hinblick auf die Vorhaltung erforderlicher Sicherheitseinrichtungen oder die Zahl der Sicherheitsüberprüfungen, vgl. dazu den Gesetzesantrag des Freistaats Bayern, BR-Drs. 600/00, 22 f.

II. Ratio und Anwendungsfragen

Die Regelung des § 189 steht im Kontext der Einführung des sog. in-camera-Verfahrens in § 99   4
Abs. 2. Ein „in-camera"-Verfahren zeichnet sich dadurch aus, dass die geheimhaltungsbedürftigen Akten nur gegenüber dem Gericht offengelegt werden, das dann in eine vollständige Rechtmäßigkeitsprüfung über die Aktenverweigerung eintritt.

Nach den Gesetzesmaterialien soll durch die an § 99 Abs. 2 anknüpfende Regelung sichergestellt wer-   5
den, dass die Entscheidungen, die nach § 99 Abs. 2 zu treffen sind, bei jeweils einem Senat des OVG und des BVerwG konzentriert werden (BT-Drs. 14/7474, 16). Es geht dabei nicht darum, bei den Verwaltungsrichtern den Eindruck zu erwecken, der Gesetzgeber sei „ihnen gegenüber argwöhnisch" (BT-Drs. 14/7474, 13). Ratio des § 189 ist es, den Kreis der Geheimnisträger möglichst gering halten zu können.[2] Es trifft deshalb zu, wenn im Schrifttum aus dieser gesetzgeberischen Intention und Ratio der Schluss einer auf einen einzigen Senat bei dem jeweiligen Gericht bezogenen Einrichtung der Fachsenate gezogen wird.[3] Auch der ursprüngliche Gesetzentwurf war von einer Konzentration bei einem Senat ausgegangen (BT-Drs. 14/6393, 10).

Die Mitglieder des Fachsenats sind – was § 99 Abs. 2 S. 10 auch ausdrücklich normiert – zur Geheim-   6
haltung verpflichtet. Den Fachsenaten können nur Richter auf Lebenszeit zugeordnet werden (BT-Drs. 14/7474, 14). Die Sicherstellung dieser Geheimhaltungspflicht ist organisatorisch durch die Vorschriften des materiellen *Geheimschutzes* sicherzustellen. Eine danebenstehende Sicherheitsüberprüfung der Richter der Fachsenate wird einfachrechtlich schon durch § 2 Abs. 3 Nr. 2 SÜ (vgl. SÜG vom 20. 4. 1994 [BGBl I 867]) ausgeschlossen und wäre nur schwer mit der verfassungsrechtlich in Art. 97 GG garantierten richterlichen Unabhängigkeit vereinbar.

Organisatorisch besteht bei den Fachsenaten die Besonderheit, dass deren Besetzung vom an sich gel-   7
tenden Jährlichkeitsprinzip abweicht. Nach § 21 e Abs. 1 S. 1 und 2 GVG bestimmt das Präsidium die Besetzung der Spruchkörper vor Beginn des Geschäftsjahres für dessen Dauer. Demgegenüber werden nach § 4 S. 2 die Mitglieder sowie deren Vertreter des für die Entscheidung nach § 99 Abs. 2 zuständigen Spruchkörpers vom Präsidium jeweils für die Dauer von vier Jahren bestimmt. Auch diese Regelung dient dem Ziel des *Geheimschutzes*. Die Abweichung vom Jährlichkeitsprinzip will sicherstellen, dass nicht durch einen Präsidiumsbeschluss jedes Jahr ein anderer Senat, d.h. andere Richter zuständig werden (BT-Drs. 14/7474, 14) und damit die Zahl der mit geheimhaltungsbedürftigen Akten betrauten Richter ansteigt. Zudem dürfte die gesetzliche Regelung, auch wenn Streitigkeiten über die Geheimhaltungsbedürftigkeit von Akten nicht übermäßig häufig sind, der Abschöpfung erworbener Kompetenzen im Umgang mit Verfahren nach § 99 Abs. 2 dienen.

Den Fachsenaten werden die Hauptsacheakten vom dafür zuständigen Gericht zusammen mit dem   8
Antrag auf Durchführung des Zwischenverfahrens übergeben. Die Sachentscheidung des Fachsenats setzt voraus, dass das Gericht der Hauptsache zuvor förmlich auf die Entscheidungserheblichkeit des Inhalts der umstrittenen Akten eingegangen ist, diese Akten angefordert und die oberste Aufsichtsbehörde eine Ermessensentscheidung über die Offenlegung der Akten getroffen hat.[4] Das Zwischenverfahren nach § 99 Abs. 2 dient aber nicht dazu, dem Fachsenat materielle Rechtsfragen vorzulegen, deren Klärung allein dem Gericht der Hauptsache obliegt. Ebenso führen Streitigkeiten um Zugangsrechte zu Informationen über Dritte nicht per se zur Verlagerung in das Zwischenverfahren nach § 99 Abs. 2.[5] Zu den Einzelheiten hinsichtlich der Einhaltung der Geheimschutzerfordernisse bei der Einsichtnahme der geheimhaltungsbedürftigen Akten vgl. die Kommentierung zu § 99.

Irritationen können in der praktischen Anwendung der Regelung in § 189 namentlich dadurch entste-   9
hen, dass Richter der Fachsenate in Rechtsmittelverfahren mit den Akten konfrontiert werden, über deren Geheimhaltungsbedürftigkeit sie zuvor im Fachsenat entscheiden mussten. Da derartige Konstellationen zwar keine Ausschließung nach § 54 VwGO i.V.m. § 41 ZPO begründen, als die Besorgnis der Befangenheit (§ 54 VwGO i.V.m. § 42 ZPO) tragender Umstand aber durchaus in Betracht ge-

---

2 Zu dieser gesetzgeberischen Ratio vgl. Gesetzesantrag des Freistaats Bayern, BR-Drs. 600/00, 22.
3 *H. Geiger*, in: Eyermann Rn. N 1; A.A. *B. Clausing*, in: Schoch/Schneider/Bier § 189 Rn. 5, grds. nur ein Fachsenat, anders aber – im eher unwahrscheinlichen Fall –, dass ein einzelner Fachsenat zur zeitnahen Bearbeitung nicht mehr in der Lage wäre.
4 OVG Lüneburg NVwZ 2010, 199 f.
5 Vgl. BVerwG 31.8.2009 – 20 F 10/08; OVG Lüneburg NVwZ 2010, 199 f.

zogen werden können, empfiehlt es sich bei der Auswahl der Richter der Fachsenate Kollisionsfälle derart, dass Richter ausgewählt werden, die in Sachgebieten tätig sind, in denen es typischerweise zu Streitigkeiten über die Aktenvorlage kommen kann, zu vermeiden.[6]

§ 190 [Fortgeltung bestimmter Sonderregelungen]

(1) Die folgenden Gesetze, die von diesem Gesetz abweichen, bleiben unberührt:

1. das Lastenausgleichsgesetz vom 14. August 1952 (Bundesgesetzbl. I S. 446) in der Fassung der dazu ergangenen Änderungsgesetze,
2. das *Gesetz über die Errichtung eines Bundesaufsichtsamtes für das Versicherungs- und Bausparwesen*[1] vom 31. Juli 1951 (Bundesgesetzbl. I S. 480) in der Fassung des Gesetzes zur Ergänzung des Gesetzes über die Errichtung eines Bundesaufsichtsamtes für das Versicherungs- und Bausparwesen vom 22. Dezember 1954 (Bundesgesetzbl. I S. 501),
3. (weggefallen)
4. das Flurbereinigungsgesetz vom 14. Juli 1953 (Bundesgesetzbl. I S. 591),
5. das *Personalvertretungsgesetz*[2] vom 5. August 1955 (Bundesgesetzbl. I S. 477),
6. die Wehrbeschwerdeordnung (WBO) vom 23. Dezember 1956 (Bundesgesetzbl. I S. 1066),
7. das *Kriegsgefangenenentschädigungsgesetz (KgfEG)*[3] in der Fassung vom 8. Dezember 1956 (Bundesgesetzbl. I S. 908),
8. § 13 Abs. 2 des Patentgesetzes und die Vorschriften über das Verfahren vor dem Deutschen Patentamt.

(2) (weggefallen)

(3) (weggefallen)

§ 191 [Revision bei Klagen aus dem Beamtenverhältnis]

(1) (Änderungsvorschrift)

(2) § 127 des Beamtenrechtsrahmengesetzes und § 54 des Beamtenstatusgesetzes bleiben unberührt.

I. Regelungsinhalt

1   § 190 Abs. 1 und § 191 Abs. 2 ordnen im Wesentlichen an, dass die dort genannten Gesetze von dem Regelungswerk der VwGO „unberührt" bleiben. D.h. nichts anderes, als dass die von der VwGO abweichenden verwaltungsprozessualen Regelungen[1] (seien es solche zur Gerichtsorganisation, zum Verwaltungsrechtsweg, zu statthaften Klagen, zur Klagebefugnis, zum Vorverfahren, zu den Rechtsmitteln u.s.w.) in diesen Gesetzen Geltung beanspruchen, also von der VwGO nicht nach dem Grundsatz „lex posterior derogat legi priori" verdrängt werden. Z.T. ergibt sich dies zwar schon aus einzelnen Regelungsvorbehalten (§§ 40 Abs. 1, 42 Abs. 2, 68 Abs. 1 S. 2, 73 Abs. 1 S. 2 Nr. 1 u.s.w.). Es entspricht jedoch gängiger Gesetzgebungstechnik, mittels solcher „salvatorischer" Klauseln Normenkollisionen zu vermeiden. Dies ist sachgerecht und schafft in der Praxis Rechtssicherheit. Aus rechtstheoretischer Sicht wird das zuweilen behauptete Außerkrafttreten abweichender früherer Regelungen indessen nicht vermieden, weil es ohnehin nicht eintreten kann. Weil der „lex-posterior"-Satz richtigerweise als bloße Anwendungsvorrangregelung zu verstehen ist,[2] vermag das bloße Inkraftsetzen einer neuen Regelung abweichende Altregelungen nicht außer Kraft zu setzen. Vielmehr gilt Altrecht solange fort, bis dieses ausdrücklich aufgehoben wurde. Ein automatisches Außerkrafttreten widerspräche nicht nur der Rechtssicherheit und der Normsetzungsmacht des demokratisch legitimierten Gesetzge-

---

6 So völlig zu Recht M. *Funke-Kaiser*, in: Bader § 4 Rn. 27; *H. Posser*, in: Posser/Wolff § 189 Rn. 3 a.
1 **Aufgehoben mWv 2. 9. 2005** durch G v. 29. 8. 2005 (BGBl I 2546).
2 **Aufgehoben mWv 1. 4. 1974** durch G v. 15. 3. 1974 (BGBl I 693); s. jetzt das BundespersonalvertretungsG.
3 **Aufgehoben mWv 1. 1. 1993** durch G v. 21. 12. 1992 (BGBl I 2094).
1 Im Einzelnen aufgelistet bei *H. Geiger/I. Kraft*, in: Eyermann § 190 Rn. 2 ff., § 191 Rn. 2 ff.
2 *D. Heckmann*, Geltungskraft und Geltungsverlust von Rechtsnormen, 1997, 157 ff., 170 ff.

bers (die auch eine Normaußerkraftsetzungsmacht beinhaltet), sondern lässt sich auch rechtstheoretisch nicht herleiten (zur rechtstheoretischen Fundierung die Theorie der autoritativen Normgeltungsbeendigung, skizziert bei → § 183 Rn. 11 ff.). Gleichermaßen gibt es keinen Geltungsverlust durch konkludente Derogation.[3]

§ 191 Abs. 1 fügte mit § 126 Abs. 3 BRRG Sonderregelungen zum Vorverfahren in beamtenrechtlichen Streitigkeiten ein (→ § 68 Rn. 99 ff.).   2

II. Fortgeltung

Der in den §§ 190 Abs. 1, 191 Abs. 2 angeordnete Anwendungsvorrang ist Ausdruck des methodischen Satzes „lex specialis derogat legi generali". Als solcher ist er unabhängig von dem Zeitpunkt der Inkraftsetzung bzw. Änderung der konfligierenden Normen.[4] Das speziellere Gesetz ist immer vorrangig anzuwenden, ob es nun vor dem generelleren erlassen wurde oder nach ihm. Das zuweilen aufgeworfene Problem des „Vorbehalts für spätere Änderungen"[5] stellt sich deshalb (zumindest in dieser Schärfe) nicht. Allenfalls mag im Einzelfall zu prüfen sein, ob bestimmte „Sonderregelungen" wirklich als leges speciales einzustufen sind. Dies gilt freilich bereits für die erstmalige Normenkonkurrenz.[6]   3

§ 192 (Änderungsvorschrift)

§ 193 [Oberverwaltungsgericht als Verfassungsgericht]

In einem Land, in dem kein Verfassungsgericht besteht, bleibt eine dem Oberverwaltungsgericht übertragene Zuständigkeit zur Entscheidung von Verfassungsstreitigkeiten innerhalb des Landes bis zur Errichtung eines Verfassungsgerichts unberührt.

I. Regelungsanlass und Normzweck

§ 193 sollte eine mögliche Rechtsschutzlücke i.R. der Zuständigkeit der Landesverfassungsgerichte schließen.[1] Die Vorschrift trägt den bei Erlass der VwGO teilweise bestehenden Zuweisungen verfassungsrechtlicher Streitigkeiten zum OVG Rechnung. Allerdings gibt es keine zwingenden kompetenzrechtlichen Gründe, die eine Öffnungsklausel wie § 193 fordern.[2] Vielmehr folgt aus der ausschließlichen Landeskompetenz für die Landesverfassungsgerichtsbarkeit gleichzeitig die Befugnis zur Übertragung auf das OVG. § 193 hat damit nur klarstellende Funktion in dem Sinne, dass der Erlass der VwGO an der Zuständigkeit des OVG für Landesverfassungsrecht nichts geändert hat.[3]   1

II. Anwendungsbereich

Dieser Vorschrift kommt derzeit keine Bedeutung mehr zu. Sie war bis zum Jahr 2008 allein auf Schleswig-Holstein anwendbar, da in allen anderen Ländern bereits zuvor eigenständige Landesverfassungsgerichte bestanden. Im Mai 2008 wurde schließlich auch in Schleswig-Holstein ein Landesverfassungsgericht eingerichtet,[4] sodass § 193 nunmehr auch für dieses Land ohne Belang ist. Die Frage, ob sich § 193 auf Zuweisungen beschränkt, die bereits bei Inkrafttreten der VwGO bestanden   2

---

3 D. *Heckmann*, Geltungskraft und Geltungsverlust von Rechtsnormen, 1997, 166 ff.

4 Dezidiert D. *Heckmann*, Geltungskraft und Geltungsverlust von Rechtsnormen, 1997, 171.

5 Vgl. etwa *Kopp/Schenke* § 190 Rn. 1 mit dem nicht belegten Zusatz „str."

6 D. *Heckmann*, Geltungskraft und Geltungsverlust von Rechtsnormen, 1997, 159; allg. zu den Auslegungsstrategien zur Geltungserhaltung, a.a.O., 153 ff.

1 Eine entsprechende Vorschrift war im Regierungsentwurf nicht vorhanden, BT-Drs. 3/1094, 77. Die Aufnahme erfolgte auf Vorschlag des Innenausschusses des Bundestages, BT-Drs. 3/1094, 17.

2 Anders muss man wohl P. *Stelkens/N. Panzer*, in: Schoch/Schneider/Bier § 193 Rn. 1 f. verstehen, der von einer Ermächtigungskompetenz des Bundesgesetzgebers ausgeht.

3 Ebenfalls Zweifel an der Notwendigkeit einer bundesrechtlichen Ermächtigung äußert I. *Kraft/M. Happ*, in: Eyermann § 193 Rn. 1, lässt dies aber mangels verbleibenden Anwendungsbereich der Norm offen.

4 Die Errichtung erfolgte auf Grundlage der Verfassungsänderung durch das Gesetz v. 17.10.2006 (GVOBl 2006, 220) sowie der Einführung des Gesetzes über das Schleswig-Holsteinische Landesverfassungsgericht (LVerfGG, GVOBl 2008, 25).

(→ Rn. 3), stellt sich also allenfalls für den hypothetischen Fall der Abschaffung eines bestehenden Verfassungsgerichts.

III. Übertragung de lege ferenda

3 Eine Übertragung weiterer Zuständigkeiten de lege ferenda wäre durch § 193 nicht ausgeschlossen, es bedürfte dazu aber einer ausdrücklichen landesrechtlichen Regelung. Denkbar wäre bspw. eine Zuweisung nach § 193 an das OVG im Falle der Auflösung eines Landesverfassungsgerichts.[5]

§ 194 [Übergangsvorschriften für Rechtsmittel]

(1) Die Zulässigkeit der Berufungen richtet sich nach dem bis zum 31. Dezember 2001 geltenden Recht, wenn vor dem 1. Januar 2002

1. die mündliche Verhandlung, auf die das anzufechtende Urteil ergeht, geschlossen worden ist,
2. in Verfahren ohne mündliche Verhandlung die Geschäftsstelle die anzufechtende Entscheidung zum Zwecke der Zustellung an die Parteien herausgegeben hat.

(2) Im Übrigen richtet sich die Zulässigkeit eines Rechtsmittels gegen eine gerichtliche Entscheidung nach dem bis zum 31. Dezember 2001 geltenden Recht, wenn vor dem 1. Januar 2002 die gerichtliche Entscheidung bekannt gegeben oder verkündet oder von Amts wegen an Stelle einer Verkündung zugestellt worden ist.

(3) Fristgerecht vor dem 1. Januar 2002 eingelegte Rechtsmittel gegen Beschlüsse in Verfahren der Prozesskostenhilfe gelten als durch das Oberverwaltungsgericht zugelassen.

(4) In Verfahren, die vor dem 1. Januar 2002 anhängig geworden sind oder für die die Klagefrist vor diesem Tage begonnen hat, sowie in Verfahren über Rechtsmittel gegen gerichtliche Entscheidungen, die vor dem 1. Januar 2002 bekannt gegeben oder verkündet oder von Amts wegen an Stelle einer Verkündung zugestellt worden sind, gelten für die Prozessvertretung der Beteiligten die bis zu diesem Zeitpunkt geltenden Vorschriften.

(5) § 40 Abs. 2 Satz 1, § 154 Abs. 3, § 162 Abs. 2 Satz 3 und § 188 Satz 2 sind für die ab 1. Januar 2002 bei Gericht anhängig werdenden Verfahren in der zu diesem Zeitpunkt geltenden Fassung anzuwenden.

Schrifttum

B. Kienemund, Das Gesetz zur Bereinigung des Rechtsmittelrechts im Verwaltungsprozess, NJW 2002, 1231; *W. Kuhla/J. Hüttenbrink*, Neuregelungen in der VwGO durch das Gesetz zur Bereinigung des Rechtsmittelrechts im Verwaltungsprozess (RmBereinVpG), DVBl 2002, 85; *G. Laudemann*, Das Gesetz zur Bereinigung des Rechtsmittelrechts im Verwaltungsprozess, NJ 2002, 68; *K. W. Lotz*, Das Gesetz zur Bereinigung des Rechtsmittelrechts im Verwaltungsprozess – Praktische Verbesserungen und einige neue Probleme –, BayVBl 2002, 353; *M.-J. Seibert*, Das Verfahren auf Zulassung der Berufung – Erfahrungen mit der 6. VwGO-Novelle, NVwZ 1999, 113; *ders.*, Änderungen der VwGO durch das Gesetz zur Bereinigung des Rechtsmittelrechts im Verwaltungsprozess, NVwZ 2002, 265.

I. Entstehungsgeschichte

1 Die Ursprungsfassung des § 194 enthielt die gegenstandslos gewordene so genannte Berlin-Klausel. Die heutige Fassung des § 194 ist durch das „Gesetz zur Bereinigung des Rechtsmittelrechts im Verwaltungsprozess (RmBereinVpG)" vom 20.12.2001 (BGBl I 2987) eingefügt worden. Sie regelt die Übergangsvorschriften der am 1.1.2002 in Kraft getretenen Änderungen der VwGO durch das RmBereinVpG. Während vorangegangene VwGO-Änderungsgesetze die Übergangsvorschriften jeweils in Artikeln des betreffenden Änderungsgesetzes normiert hatten, wurden sie hier auf Vorschlag des Rechtsausschusses[1] in die VwGO selbst aufgenommen. Diese Lösung erscheint „anwenderfreundlicher".

---

5   Zur früher umstrittenen Frage, ob § 193 auf Zuweisungen beschränkt ist, die bereits bei Erlass der VwGO bestanden *Pestalozza* § 24 Rn. 53, § 32 Rn. 7.
1   BT-Drs. 14/7474, 11 f., 16 gegen den ursprünglichen Vorschlag von Bundesregierung und Bundesrat, BT-Drs. 14/6393, 7 (Art. 6) und BT-Drs. 14/6856, 8 f. (Art. 2).

II. Berufungs(zulassungs)verfahren (§ 194 Abs. 1)

§ 194 Abs. 1 normiert die Übergangsregelung für die „Zulässigkeit der Berufungen". Die Wendung ist 2 weit auszulegen. Sie schließt den Antrag auf Zulassung der Berufung als ersten Teil der zweistufig ausgestalteten Zulassungsberufung (→ § 124 Rn. 31 ff.) ein; die Zulassung der Berufung ist Voraussetzung der Statthaftigkeit und damit der Zulässigkeit der Berufung.[2] Sinn und Zweck des § 194 Abs. 1 zielen im Übrigen auf eine einheitliche Anwendung entweder der alten oder der neuen Berufungszulassungsregelungen auf den jeweiligen Fall. Dieses Verständnis lag auch dem inhaltsgleichen Art. 10 Abs. 1 des 6. VwGOÄndG[3] zugrunde. Erfasst werden damit folgende ab 1.1.2002 geltende Neuregelungen:

- Die Zulassung der Berufung durch das VG und die sich anschließende Berufungseinlegung (§ 124 Abs. 1 i.V.m. § 124 a Abs. 1–3),
- die Änderung der Antrags- und Begründungsfrist im Berufungszulassungsverfahren (§ 124 a Abs. 4 S. 1 und 4),
- alle sonstigen Regelungen des § 124 a, seien sie inhaltsgleich oder klarstellend (vgl. § 124 a Abs. 5 S. 2)[4] und
- die Neuregelung der Anschlussberufung (§ 127).[5]

Hat eine mündliche Verhandlung vor dem VG stattgefunden, so kommt es für die Frage der Anwen- 3 dung von „altem" oder „neuem" Recht auf den Zeitpunkt des Schließens der mündlichen Verhandlung an, nicht etwa auf den Zeitpunkt der Entscheidung oder der Verkündung. Mit der Wahl dieses Zeitpunkts sollte der Gefahr begegnet werden, dass eine bereits geschlossene mündliche Verhandlung hätte wiedereröffnet werden müssen, um über die Zulassung der Berufung zu entscheiden.[6] Aus demselben Grund wurde für Verfahren ohne mündliche Verhandlung der Zeitpunkt der Herausgabe der Entscheidung durch die Geschäftsstelle gewählt; das Gericht hat nach diesem Zeitpunkt keine Einwirkungsmöglichkeit mehr auf die Entscheidung (BT-Drs. 14/6856, 14 f.; ferner BT-Drs. 13/1433, 15).

Hat das VG die Berufung zugelassen, obwohl nach § 194 Abs. 1 Altrecht Anwendung findet, geht die- 4 se Zulassung ins Leere; statthaft ist trotz der Zulassung allein der Antrag auf Zulassung der Berufung beim OVG.

III. Übrige Rechtsmittel (§ 194 Abs. 2)

Die Übergangsregelung des § 194 Abs. 2 betrifft die Zulässigkeit der nicht von Abs. 1 erfassten 5 Rechtsmittel, also der Beschwerden. Sonderregelungen enthalten § 194 Abs. 3 für Rechtsmittel gegen ablehnende PKH-Beschlüsse und § 194 Abs. 4 für die Prozessvertretung nach § 67. § 194 Abs. 2 bezieht sich auf die Neuregelung des § 146. Danach ist das Zulassungserfordernis für alle Beschwerden entfallen; zugleich sind ein Begründungs- und Darlegungserfordernis sowie eine neue Begründungsfrist eingeführt worden.[7]

Soweit § 194 Abs. 2 auf die Bekanntgabe oder Zustellung einer Entscheidung abstellt, ist stets die *ers*- 6 *te* Bekanntgabe oder Zustellung an einen Beteiligten maßgeblich, also weder die letzte noch die jeweilige Bekanntgabe an den Adressaten.[8] Der Gesetzgeber wollte ersichtlich erreichen, dass das bisherige Recht Anwendung findet, wenn die betreffende Entscheidung vor dem Inkrafttreten des Gesetzes erlassen und wirksam geworden ist.[9] In einer der Verkündung vergleichbaren Weise wirksam wird eine verwaltungsgerichtliche Entscheidung aber bereits mit der *ersten* Zustellung bzw. Bekanntgabe an einen der Beteiligten. Von diesem Zeitpunkt an kann jeder Beteiligte unabhängig von der Zustellung bzw. Bekanntgabe auch ihm gegenüber, die allein für den Lauf der Rechtsmittelfrist bedeutsam ist, ein

---

2 A.A. *M. Happ*, in: Eyermann § 194 Rn. 4: Der Antrag auf Zulassung der Berufung falle unter § 194 Abs. 2.
3 Sechstes Gesetz zur Änderung der VwGO und anderer Gesetze vom 1.11.1996 (BGBl I 1626).
4 Zum klarstellenden Charakter des § 124 a Abs. 5 S. 2 s. *M.-J. Seibert*, NVwZ 2002, 265, 267.
5 Nach *M. Happ*, in: Eyermann § 194 Rn. 5 ist auf die Anschlussberufung § 194 Abs. 2 analog anzuwenden. Es ist jedoch kein hinreichender Grund ersichtlich, warum die Anschlussberufung nicht vom Begriff der „Berufung" i.S.d. § 194 Abs. 1 erfasst sein sollte.
6 Vgl. BT-Drs. 13/1433, 15 zur inhaltsgleichen Regelung des Art. 10 Abs. 1 des 6. VwGOÄndG.
7 Vgl. *M.-J. Seibert*, NVwZ 2002, 265, 268 f.
8 I.E. ebenso OVG Münster 1.2.2002 – 14 B 154/02.
9 Zu vergleichbaren Übergangsregelungen BVerwG NVwZ 1992, 661; DVBl 1994, 209; BGH NVwZ 1991, 606 f.

Rechtsmittel einlegen.[10] Damit wird auch dem Zweck der Übergangsregelung Rechnung getragen, möglichst zu verhinden, dass die der angegriffenen Entscheidung beigefügte Rechtsmittelbelehrung unrichtig wird und deshalb die einjährige Rechtsmittelfrist des § 58 Abs. 2 gelten würde.[11] I.d.S. hat die Rspr. auch vergleichbare Übergangsregelungen zum 4. VwGOÄndG (vgl. BVerwG NVwZ 1992, 661; DVBl 1994, 209) und zum 6. VwGOÄndG[12] verstanden. Ausreichend ist eine telefonische Bekanntgabe des Entscheidungstenors (vgl. BVerwG NVwZ 1992, 691; DVBl 1994, 209).

6a   § 194 Abs. 2 findet bei fehlenden Übergangsvorschriften analoge Anwendung. Die Vorschrift kann als Ausdruck einer gewohnheitsrechtlichen Übergangsregelung des intertemporalen Rechtsmittelrechts verstanden werden. Danach wird eine bei „Verlautbarung" der gerichtlichen Entscheidung richtige Rechtsmittelbelehrung nicht durch eine vor Ablauf der Rechtsmittelfristen eintretende Änderung des Rechtsmittelrechts unrichtig. Diese Regel trägt dem rechtstaatlichen Gebot der Rechtsmittelsicherheit und des Vertrauensschutzes Rechnung (VGH München NJW 2005, 2634 m.w.N.).

IV. PKH-Beschwerde (§ 194 Abs. 3)

7   Nach § 194 Abs. 3 gelten fristgerecht vor dem 1.1.2002 eingelegte Rechtsmittel gegen Beschlüsse in PKH-Verfahren als durch das OVG zugelassen. Zweck der Regelung ist, dass dem PKH-Antragsteller die Zulassungsfreiheit der Beschwerde gegen die Ablehnung des PKH-Antrags sofort zugutekommen soll (BT-Drs. 14/6856, 15). Offensichtlich übersehen hat der Gesetzgeber dabei, dass für bis zum 31.12.2001 zugestellte PKH-Beschlüsse auch nach diesem Zeitpunkt noch Anträge auf Zulassung der Beschwerde zu stellen sind (vgl. § 194 Abs. 2), auf die sich die Fiktion der Zulassung nicht erstreckt. Diese unbeabsichtigte Lücke ist durch eine analoge Anwendung des § 194 Abs. 3 zu schließen.[13]

V. Prozessvertretung (§ 194 Abs. 4)

8   § 194 Abs. 4 enthält die Übergangsregelung zur Änderung der Prozessvertretungsregeln (§ 67). § 67 Abs. 1 S. 2 hat den Vertretungszwang auf alle zulassungsfreien Beschwerden sowie alle sonstigen Nebenverfahren erstreckt, bei denen in der Hauptsache Vertretungszwang besteht. Ferner ist der Kreis der postulationsfähigen Personen erweitert worden (§ 67 Abs. 1 S. 1, 3, 4 und 6).[14]

9   „Verfahren, die vor dem 1.1.2002 anhängig geworden sind oder für die die Klagefrist vor diesem Tage begonnen hat" (§ 194 Abs. 4 Alt. 1) betreffen erstinstanzliche Verfahren vor dem OVG oder dem BVerwG. „Verfahren über Rechtsmittel gegen gerichtliche Entscheidungen" (Alt. 2) betreffen alle Rechtsmittel zum OVG oder BVerwG. Soweit es nach § 194 Abs. 4 auf die Bekanntgabe oder Zustellung einer Entscheidung ankommt, ist stets die *erste* Bekanntgabe oder Zustellung an einen Beteiligten maßgeblich (im Einzelnen → Rn. 6).

VI. Sonstige Vorschriften (§ 194 Abs. 5)

10   § 194 Abs. 5 bestimmt, dass die Neufassungen von § 40 Abs. 2 S. 1, § 154 Abs. 3, § 162 Abs. 2 S. 3 und § 188 S. 2 für Verfahren gelten, die nach dem 1.1.2002 anhängig werden. Auch für die Rechtsmittelinstanzen kommt es danach auf den Zeitpunkt der Anhängigkeit beim erstinstanzlichen Gericht an.

---

10 Vgl. OVG Münster DVBl 1981, 691, 692; 28.4.1997 – 15 B 211/97; ferner *Rudisile*, in: Schoch/Schneider/Bier Vorbem. § 124 Rn. 34.
11 Vgl. zu Art. 21 des 4. VwGOÄndG: OVG Koblenz NVwZ 1992, 800, 801; OVG Münster 10.8.1993 – 22 B 1757/93.
12 Vgl. OVG Münster 28.4.1997 – 15 B 211/97; 10.8.1998 – 22 A 2167/97.
13 OVG Münster 31.1.2002 – 16 E 47/02; VGH Mannheim NVwZ 2002, 1395 („berichtigende Auslegung"); *M.-J. Seibert*, NVwZ 2002, 265, 269.
14 Vgl. näher *M.-J. Seibert*, NVwZ 2002, 265, 269.

§ 195 [Inkrafttreten, Außerkrafttreten, Übergangsregelung]

(1) (Inkrafttreten)

(2) bis (6) (Aufhebungs-, Änderungs- und zeitlich überholte Vorschriften)

(7) Für Rechtsvorschriften im Sinne des § 47, die vor dem 1. Januar 2007 bekannt gemacht worden sind, gilt die Frist des § 47 Abs. 2 in der bis zum Ablauf des 31. Dezember 2006 geltenden Fassung.

Schrifttum

M. Koch, Die Grundsätze des intertemporalen Rechts im Verwaltungsprozess, 2009; *F. Kopp*, Grundsätze des intertemporalen Verwaltungsrechts, SGb 1993, 593.

§ 195 Abs. 7 enthält eine Überleitungsregelung zu der ebenfalls durch das Gesetz zur Erleichterung 1 von Planungsvorhaben für die Innenentwicklung der Städte vom 21.12.2006 (BGBl I 3316) vorgenommenen Verkürzung der Antragsfrist des § 47 Abs. 2 S. 1 von zwei Jahren auf ein Jahr. Anders als Art. 10 Abs. 4 6. VwGOÄndG ordnet Abs. 7 nicht den Lauf der neuen Frist für vor dem Inkrafttreten der Neuregelung bekannt gemachte Vorschriften ab Inkrafttreten des Änderungsgesetzes an, sondern belässt es für die vor dem 1.1.2007 bekannt gemachten Normen bei der Geltung der Zweijahresfrist nach § 47 Abs. 2 a.F.

Damit wird seitens des Gesetzgebers unmissverständlich klargestellt, dass es für die Anwendbarkeit 2 des § 47 Abs. 2 n.F. nicht darauf ankommt, ob der Normenkontrollantrag vor oder nach dem 1.1.2007 gestellt worden ist. In beiden Fällen gilt vielmehr die Zweijahresfrist nach § 47 Abs. 2 a.F., wenn die angegriffene Rechtsvorschrift vor diesem Zeitpunkt bekannt gemacht worden ist. Die als allgemeiner Grundsatz des intertemporalen Prozessrechts verstandene Regel, dass Änderungen des Verfahrensrechts mit ihrem Inkrafttreten auch anhängige Rechtsstreitigkeiten erfassen,[1] kann hier nicht zur Anwendung gebracht werden, da insoweit eine anderslautende Entscheidung des Gesetzgebers vorliegt.[2]

---

1 OVG Münster NVwZ 1997, 694, 695; 1997, 1002, 1003; VGH München BayVBl 1997, 591, 592.
2 Ebenso *Kopp/Schenke* § 195 Rn. 1. Zur Erforderlichkeit einer gesetzlichen Regelung BVerfGE 87, 48, 64.

Stichwortverzeichnis

Fette Zahlen bezeichnen die Paragrafen, magere die Randnummern.